地名でたどる郷土の歴史

地方史誌にとりあげられた地名文献目録

飯澤文夫 監修

日外アソシエーツ

Bibliography of Place Names
Compiled by Prefecture

in Japan

Supervised by

©Fumio Iizawa

Compiled by

©Nichigai Associates, Inc.

Nichigai Associates, Inc.

Printed in Japan, 2017

●編集担当● 小川 修司／青木 竜馬
装　丁：赤田 麻衣子

刊行にあたって

　地名は土地の記憶である。地名の成り立ちについて柳田国男は、「数千年来の日本国民が、必要に応じておいおいにかつ徐々に制定したものである」(『地名研究』)と述べている。郷土史研究の目的は、人々が悠久の歴史の中で積み重ねてきた土地の記憶を呼び起こし、それに虚心に耳を傾けて正しく次世代に伝え、よりよき地域作りに資することにあり、さしづめ地名はその最重要キーワードということができよう。

　本書は日本各地で発行されている地方史研究雑誌などに掲載された、タイトル(シリーズ名や特集名を含む)に地名を有する論文・記事を、それぞれの地名のもとに集約した文献索引である。2015年に刊行した飯澤監修『郷土ゆかりの人々—地方史誌にとりあげられた人物文献目録』(日外アソシエーツ)の姉妹編になる。

　論文・記事に表記された地名は、東日本のような広域地名から、旧国・藩、行政地名、大字・小字、通称地名までさまざまであるが、見出し語は原則として最下位にあたる地名をそのまま採り、表記の統一や上位地名への吸収・序列化など手を加えることは避けた。小さい地名こそ、柳田が前掲書で記したように、「人が土地に名をつけようとしたもとの心持」を知り、土地の人々の地名認識をより直截に表現するものと考えたからである。

　文献索引はデータベース検索が簡便であることは疑うべくもないが、手元に置いていつでも広げ、一覧化された文献を物語を紡ぐように読み進めていくことができる冊子体の有用性は大きいものと確信する。ここには、全国で地道に続けられている郷土史・地域史研究の成果が集約されている。予期せぬ発見や出会いもあるに違いない。レファレンスツール、郷土研究の基礎資料として活用されることを願うものである。

　なお、文献量の関係で、宗教、民俗、考古学は割愛せざるを得なかった。他日を期したい。

　『地方史文献年鑑』データの転用を快諾くださった岩田書院の岩田博氏と、データ構築・編集をされている白鳥舎の白鳥聡氏に感謝を申し上げる次第である。併せて、企画・編集され、困難をきわめた小さい地名の同定作業などに夜を日に継いで取り組まれた日外アソシエーツの青木竜馬、小川修司さん、及びスタッフの皆さんに敬意を表したい。

　2017年11月

　　　　　　　　　　　　　　　　　　　　　　　　　　　　飯澤　文夫

凡　例

1. 収録期間と範囲

　2000年1月〜2014年12月に発行された地方史研究雑誌・地域文化誌及び地方史関係記事が比較的多く掲載される全国誌2,041誌から、21,897の土地の歴史に関する文献64,126点を収録した。各文献の書誌事項は、飯澤文夫編『地方史文献年鑑』（岩田書院　2000年版〜2014年版）収録データを利用した。

2. 収録対象

(1) 歴史地名、現行行政地名、通称地名、自然地名、人文地名など広く収録対象とした。

(2) 宗教・信仰・民俗・伝統芸能・考古学・人物に関する雑誌・文献は原則収録対象外とした。

3. 見出し語

(1) 見出し語は記事タイトル中から切り出した地名をそのまま用いたが、収録範囲に該当すると判断された文献については例外措置として誌名または発行団体名中の地名を用いた。ただし、各都道府県全体に関係する文献は、各都道府県名の下に収めた。

(2) 見出し語は、原則最下位にあたる地名とし、複数の地名が主題となる文献はそれぞれの地名を見出し語とした。

(3) 漢字は原則常用漢字・新字とした。

4. 見出しの排列

(1) 地域（都道府県別）の下に見出し語の読みの五十音順で排列した。都道府県は記事タイトル中の表記及び掲載誌の出版地から判断した。複数の都道府県に亘る地名については原則掲載誌の出版地の下の都道府県に排列した。

(2) 濁音・半濁音は清音扱いとし、ヂ→シ、ヅ→スとした。拗音・促音は直音扱い、長音符（音引き）は無視した。

5. 文献の排列と記載の形式

（1）排列

見出し語のもとに、記事が掲載された雑誌の刊行年月順で排列した。

（2）記載の形式

下記の原則によって記載した。各回タイトルのない連載記事は集約して表示したものがある。

論題／（著編者）／「誌名」／発行者／巻（号）／発行年月

6. 地名索引

見出し語の読みの五十音順に排列し、本文での地域と掲載ページを示した。

(5)

目　　次

全国 ……………………………	1
北方地域 ………………………	2
東日本 …………………………	6
北海道 ……………………	11

東北 …………………………… 49
青森県 ……………………	55
岩手県 ……………………	67
宮城県 ……………………	80
秋田県 ……………………	104
山形県 ……………………	122
福島県 ……………………	137

関東 …………………………… 165
茨城県 ……………………	174
栃木県 ……………………	193
群馬県 ……………………	212
埼玉県 ……………………	246
千葉県 ……………………	272
東京都 ……………………	310
神奈川県 …………………	405

北陸甲信越 …………………… 446
新潟県 ……………………	447
富山県 ……………………	481
石川県 ……………………	490
福井県 ……………………	501
山梨県 ……………………	507
長野県 ……………………	513

東海 …………………………… 557
岐阜県 ……………………	558
静岡県 ……………………	573
愛知県 ……………………	602
三重県 ……………………	627

西日本 …………………………	642

近畿 …………………………… 645
滋賀県 ……………………	649
京都府 ……………………	668
大阪府 ……………………	690
兵庫県 ……………………	724
奈良県 ……………………	756
和歌山県 …………………	782

中国 …………………………… 796
鳥取県 ……………………	799
島根県 ……………………	806
岡山県 ……………………	821
広島県 ……………………	839
山口県 ……………………	873

四国 …………………………… 894
徳島県 ……………………	896
香川県 ……………………	902
愛媛県 ……………………	910
高知県 ……………………	932

九州・沖縄 …………………… 948
福岡県 ……………………	951
佐賀県 ……………………	978
長崎県 ……………………	988
熊本県 ……………………	1001
大分県 ……………………	1009
宮崎県 ……………………	1027
鹿児島県 …………………	1037
沖縄県 ……………………	1052

その他 ………………………… 1096
満州 ………………………	1097
朝鮮 ………………………	1102
台湾 ………………………	1114
南洋群島 …………………	1117
邪馬台国 …………………	1118

地名索引 ……………………	1121

全国

初めに—ガイト地名について（第64回例会ガイト・ヤト地名の語源と漢字表記）（後藤光）「練馬区地名研究会会報」 練馬区地名研究会 65 2003.8

研究発表（要旨）（第64回例会ガイト・ヤト地名の語源と漢字表記）（宮城正勝）「練馬区地名研究会会報」 練馬区地名研究会 65 2003.8

愛宕と秋葉の地名分布（小寺慶昭）「地名探究」 京都地名研究会 (2) 2004.3

私の主張 平成市町村大合併と地名の危機（仲尾宏）「地名探究」 京都地名研究会 (2) 2004.3

明治2年の道中日記—東京から大阪まで（安陪光正）「西日本文化」 西日本文化協会 406 2004.11

続・明治2年の道中日記—東京から大阪まで（安陪光正）「西日本文化」 西日本文化協会 407 2004.12

地名類型を考える (2)（後藤光）「練馬区地名研究会会報」 練馬区地名研究会 (71) 2005.2

宝永4年の大地震記事をめぐって—『朝林』と『鸚鵡籠中記』（鵜飼尚代）「東海地域文化研究」 名古屋学芸大学短期大学部附属東海地域文化研究所 (16) 2005.3

平成の大合併 新市町村名239「群馬地名だより : 群馬地名研究会会報」 群馬地名研究会 (60) 2005.5

地名類型を考える（後藤光）「練馬区地名研究会会報」 練馬区地名研究会 (73) 2005.8

小字名「ハ山」の謎（《特集 地名と地図から考える歴史 (1)》）（岡田功）「歴史と神戸」 神戸史学会 45(2)通号255 2006.4

地名・「杉の下」について（《特集 地名と地図から考える歴史 (2)》）（岸政一）「歴史と神戸」 神戸史学会 45(3)通号256 2006.6

地名類型を考える (7) サンヤ（後藤光）「練馬区地名研究会会報」 練馬区地名研究会 (81) 2007.6

地名類型を考える (8) 立野 タテノ（後藤光）「練馬区地名研究会会報」 練馬区地名研究会 (82) 2007.12

広島市立中央図書館浅野文庫所蔵「諸国古城之図」の一事例 つながる三枚の絵図（高橋洋允）「城」 東海古城研究会 (199) 2008.1

地名類型を考える (9) ヤのつく地名（後藤光）「練馬区地名研究会会報」 練馬区地名研究会 (83) 2008.5

「平成の大合併」で増えたかな書きの市町名に思う（和田昌三）「遊悠」 郡上・地名を考える会 (18) 2009.5

日本各地の「舎人」という地名（上）（竹内秀夫）「足立史談会だより」 足立史談会 (260) 2009.11

第90回例会 enrum 由来の地名を探る（村崎恭子）「練馬区地名研究会会報」 練馬区地名研究会 (90) 2010.2

地名類型を考える (12) 「谷」地名再考（後藤光）「練馬区地名研究会会報」 練馬区地名研究会 (90) 2010.2

ヤツ地名談義—地名類型を考える (13)（後藤光）「練馬区地名研究会会報」 練馬区地名研究会 (92) 2010.8

地名類型を考える—入 イリ（後藤光）「練馬区地名研究会会報」 練馬区地名研究会 (93) 2010.11

地名類型を考える (15)—「島」地名（後藤光）「練馬区地名研究会会報」 練馬区地名研究会 (94) 2011.2

第13回地名談話会「地名類型を考える」の基礎となる地名（後藤光）「練馬区地名研究会会報」 練馬区地名研究会 (97) 2011.11

東日本大震災に関連して 三輪田米山日記にみる安政南海地震のことなど（武智成保）「東温史談」 東温史談会 (7) 2011.11

慶長大地震の特殊性（近世の土佐 特集号）（原田英祐）「土佐史談」 土佐史談会 (248) 2011.12

地震津波歴史に学ぶ（特集 東日本大震災）（森幸治郎）「故郷の花」 小郡市郷土史研究会 (37) 2012.3

歴史の小径 征韓論・日清日露・固有の領土（田村貞雄）「東海近代史研究」 東海近代史研究会 (33) 2012.7

日本の名城（県別）一覧（藤川憲男）「城」 東海古城研究会 (210) 2012.10

平成24・9・23 地名の峠越え（第14回地名談話会）（後藤光）「練馬区地名研究会会報」 練馬区地名研究会 (102) 2013.2

コラム 全国の長柄・長江地名調査一覧表（鶴泰）「郷土誌葉山」 葉山郷土史研究会 (10) 2013.4

第100回例会 平成24・4・29「五十嵐」という地名について（村崎恭子）「練馬区地名研究会会報」 練馬区地名研究会 (103) 2013.5

高山彦九郎日記による歴史散歩 (42)〜(45) 『北行日記』(1)〜(4)（正田喜久）「群馬歴史散歩」 群馬歴史散歩の会 (234)/(236) 2014.5/2014.10

アスカ

地名発掘 (89) 「アスカ」は各地にあった（池田末則）「月刊大和路ならら」 地域情報ネットワーク 9(3)通号90 2006.3

安嘉門院領

八条院領の伝領にみる安嘉門院領処分（遠城悦子）「ソーシアル・リサーチ」 ソーシアル・リサーチ研究会 (29) 2004.2

石山尼譲進領

九条道家惣処分状にみえる石山尼譲進領について（遠城悦子）「ソーシアル・リサーチ」 ソーシアル・リサーチ研究会 (37) 2012.3

一宮

一宮と旧諸国に関わる地名（生谷陽之助）「地名探究」 京都地名研究会 (3) 2005.3

鳥羽金剛心院領

鳥羽金剛心院領ノート（研究ノート）（遠藤基郎）「年報中世史研究」 中世史研究会 (39) 2014.5

日本海

「能州馬緤浦と日本海交通」抜粋—狩野家伝来『船客帳』の分析を中心に（泉昇）「すずろものがたり」 珠洲郷土史研究会 62 2001.9

基調報告 雄物川水運と日本海海運の展開（《第15回大会特集 近世日本海海運の展開と雄物川水運》）（渡辺英夫）「秋田歴研協会誌」 秋田県歴史研究者・研究団体協議会 (42) 2009.12

第93回例会 海洋名の変遷と日本海呼称問題（谷治正孝）「練馬区地名研究会会報」 練馬区地名研究会 (93) 2010.11

東北から見る日本海（開館10周年記念特別展「日本海の至宝」記念講演録）（赤坂憲雄）「新潟県立歴史博物館研究紀要」 新潟県立歴史博物館 (12) 2011.3

第102回例会 平成24・11・4 日本における日本海名の定着過程（谷治正孝）「練馬区地名研究会会報」 練馬区地名研究会 (102) 2013.2

例会報告 3月例会報告（平成26年3月8日）薩摩筒の定義と機構（須川勲雄氏）/日本海海戦における敵前大回頭と丁字戦法（堤明夫氏）/西南戦争の珍しい兵器—ロケット・火筒・火矢（高橋信武氏）/Sttar Carbine and its Ammunition（磯村照男氏）「銃砲史研究」 日本銃砲史学会 (379) 2014.7

日本国有鉄道

昭和30年・晩秋の加賀路 日本国有鉄道・北陸鉄道・尾小屋鉄道を乗り継いで（いがらしかずお）「加南地方史研究」 加南地方史研究会 (54) 2007.3

日本三碑

多胡碑と日本三碑（三津間弘）「群馬風土記」 群馬出版センター 19(2)通号81 2005.4

八条院領

八条院領の伝領にみる安嘉門院領処分（遠城悦子）「ソーシアル・リサーチ」 ソーシアル・リサーチ研究会 (29) 2004.2

八条院領の伝領にみる後鳥羽院と春華門院昇子内親王（遠城悦子）「ソーシアル・リサーチ」 ソーシアル・リサーチ研究会 (38) 2013.3

本州

本州の「舞台」地名の語源はアイヌ語プト—関東地方の舞台地名とその立地地形（清水清次郎）「アイヌ語地名研究」 アイヌ語地名研究会，北海道出版企画センター（発売）通号7 2005.1

近世の商品流通と駄賃稼ぎ—本州中央内陸部を中心として（増田廣實）「練馬古文書研究会会報」 練馬古文書研究会 (34) 2005.6

本州のアイヌ語（起源の）地名研究—コッ・オウコッ・オコッペ・地名（清水清次郎）「アイヌ語地名研究」 アイヌ語地名研究会，北海道出版企画センター（発売）通号9 2006.12

本州のアイヌ語地名（地蔵慶護）「アイヌ語地名研究」 アイヌ語地名研究会，北海道出版企画センター（発売）通号9 2006.12

古層日本語とアイヌ語地名 (2) 本州からみた北海道の崖地名（長谷川勲）「越佐の地名」 越後・佐渡の地名を語る会 (8) 2008.3

本州アイヌと津軽エゾ—九戸城の戦いの「夷人」から遡って（新井隆一）「弘前大学国史研究」 弘前大学国史研究会 (137) 2014.10

北方地域

アヴァチャ湾
若宮丸漂流地図（8）千島列島/カムチャッカ半島アヴァチャ湾「ナジェージダ（希望）」石巻若宮丸漂流民の会 （15）2006.10

オタス
サハリン先住民の民族誌再検討 オタスの杜の戦前・戦後（中生勝美）「北海道立北方民族博物館研究紀要」北海道立北方民族博物館 （11）2002.3

木村捷司が描く樺太・オタスの北方民族 その背景と人々（1）網走市立美術館所蔵作品より（調査報告）（古道谷朝生, 笹倉いる美）「北海道立北方民族博物館研究紀要」北海道立北方民族博物館 （23）2014.3

カムチャッカ
カムチャッカ先住民の生業活動（2）―伝統と現代 トナカイ飼育を中心に（中間報告）（渡部裕）「北海道立北方民族博物館研究紀要」北海道立北方民族博物館 通号9 2000.3

カムチャッカ先住民の文化接触―洋上漁業と先住民の関係（渡部裕）「北海道立北方民族博物館研究紀要」北海道立北方民族博物館 （10）2001.3

カムチャッカにおける経済構造の変化と先住民経済―伝統的経済活動と政治・経済体制（渡部裕）「北海道立北方民族博物館研究紀要」北海道立北方民族博物館 （11）2002.3

北前船とカムチャッカ漁業（牧野隆信）「江沼の久爾」江沼地方研究会 （47）2002.4

カムチャッカの日本人漁業者―先住民の記憶と日魯漁業史料から見えるもの（渡部裕）「市立函館博物館研究紀要」市立函館博物館 13 2003.3

カムチャッカ先住民社会における経済の現状と狩猟の意味（渡部裕）「北海道立北方民族博物館研究紀要」北海道立北方民族博物館 （13）2004.3

カムチャッカ調査（渡部裕）「北方民族博物館だより」北海道立北方民族博物館 56 2005.1

カムチャッカ先住民社会における集団化、集落再編とその影響（渡部裕）「北海道立北方民族博物館研究紀要」北海道立北方民族博物館 （15）2006.3

特集 カムチャッカの自然と文化（1）カムチャッカの火山・氷河そして環境変動（白岩孝行）「Arctic circle」北方文化振興協会 （59）2006.6

特集 カムチャッカの自然と文化（2）カムチャッカの森と環境（原登志彦）「Arctic circle」北方文化振興協会 （60）2006.9

カムチャッカ・千島列島漂泊紀行（木村成忠）「ナジェージダ（希望）」石巻若宮丸漂流民の会 （15）2006.10

特集 カムチャッカの自然と文化（3）考古学から見たカムチャッカ半島の歴史（高瀬克範）「Arctic circle」北方文化振興協会 （61）2006.12

特集 カムチャッカの自然と文化（4）先住民の文化と歴史（渡部裕）「Arctic circle」北方文化振興協会 （62）2007.3

花と火山の秘境「カムチャッカ」（南へ北へ）（吉川佳瓱）「うすみ」臼井文化懇話会 （23）2007.12

カムチャッカにおけるトナカイ飼育の課題―新たな政策とトナカイ飼育の意味（渡部裕）「北海道立北方民族博物館研究紀要」北海道立北方民族博物館 （17）2008.3

カムチャッカ調査報告―サケ孵化場の訪問（調査・研究）（渡部裕）「北方民族博物館だより」北海道立北方民族博物館 （71）2008.12

ペレストロイカ以降のカムチャッカの先住民社会（渡部裕）「北海道立北方民族博物館研究紀要」北海道立北方民族博物館 （19）2010.3

企画展「カムチャッカ先住民調査の10年」（渡部裕）「北方民族博物館だより」北海道立北方民族博物館 （76）2010.3

カムチャッカにおける日本漁業とロシア/ソ連漁業の関係―日本人漁業は何をもたらしたか（渡部裕）「北海道立北方民族博物館研究紀要」北海道立北方民族博物館 （20）2011.3

カムチャッカ先住民をめぐる政治経済環境（渡部裕）「Arctic circle」北方文化振興協会 （80）2011.9

松田伝十郎の北方探検とカムチャッカ訪問（広井忠男）「柏崎・刈羽」柏崎刈羽郷土史研究会 （39）2012.4

「十五歳露国少年の書いたカムチャッカ旅行記」とアルセーニエフ（野村崇）「北方博物館交流 ： （財）北海道北方博物館交流協会会誌」北海道北方博物館交流協会 （25）2013.3

樺太
講座「ウイルタの歴史と樺太時代の映像上映」笹倉いる美（笹倉いる美）「北方民族博物館だより」北海道立北方民族博物館 46 2002.7

農業移民に見る樺太と北海道―外地の実質性と形式性をめぐって（三木理史）「歴史地理学」歴史地理学会, 古今書院（発売）45（1）通号212 2003.1

樺太の敗戦記（高橋太一郎）「おくやまのしょう ： 奥山荘郷土研究会誌」奥山荘郷土研究会 （28）2003.3

文化12年のカラフト探索日記（有田政博）「北海道史研究協議会会報」北海道史研究協議会 73 2003.12

樺太漁業への追想―新潟市出身田代吉蔵の足跡（中村義隆）「郷土新潟」新潟郷土史研究会 （44）2004.3

須藤秀之助『唐太紀行』―佐倉藩士のカラフト調査記録を読む（濱口裕介）「佐倉市史研究」佐倉市総務部 （17）2004.3

日露戦争と樺太物語（高橋太一郎）「おくやまのしょう ： 奥山荘郷土研究会誌」奥山荘郷土研究会 （29）2004.5

山丹交易の一史料（資料紹介）（本田克代）「北海道史研究協議会会報」北海道史研究協議会 75 2004.10

服部文庫公開シリーズ3 服部健『樺太旅行記 昭和12年』附・日本学術振興会宛て報告書下書き（笹倉いる美）「北海道立北方民族博物館研究紀要」北海道立北方民族博物館 （14）2005.3

樺太関係資料館について（鈴木仁）「文化情報」北海道文化財保護協会 279 2005.7

樺太島漁場実測図（田村将人）「北海道開拓記念館だより」北海道開拓記念館 35（3）通号189 2005.11

幕末カラフトにおける蝦夷通詞と幕府の蝦夷地政策（東俊佑）「北海道・東北史研究」北海道出版企画センター （2）2005.12

樺太・千島交換条約の締結交渉―大久保利通の東アジア外交の展開との関係（犬飼ほなみ）「明治維新史研究」明治維新史学会 （2）2005.12

20世紀前半のある樺太アイヌ村落の歴史的な位置づけ（田村将人）「北海道開拓記念館研究紀要」北海道開拓記念館 （34）2006.3

史料紹介 『東微私筆』―幕末周宿藩士の北海道・樺太紀行（並木和子）「野田市史研究」野田市 （17）2006.3

白浜における集住政策の意図と樺太アイヌの反応（田村将人）「北海道開拓記念館研究紀要」北海道開拓記念館 （35）2007.3

北海道立北方民族博物館所蔵の田辺尚雄氏樺太調査関連資料について（1）,（2）（篠原智花, 笹倉いる美）「北海道立北方民族博物館研究紀要」北海道立北方民族博物館 （16）/（17）2007.3/2008.3

巻頭言 樺太に育って（《特集 樺太博物館事績調査（続々）》）（神沢利子）「北方博物館交流 ： （財）北海道北方博物館交流協会会誌」北海道北方博物館交流協会 （19）2007.3

樺太庁博物館刊行の出版物とシリーズ『樺太叢書』・『樺太庁博物館叢書』（《特集 樺太庁博物館事績調査（続々）》）（野村崇, 出村文理）「北方博物館交流 ： （財）北海道北方博物館交流協会会誌」北海道北方博物館交流協会 （19）2007.3

樺太アイヌの人たちの追憶（ト部信臣）「北方博物館交流 ： （財）北海道北方博物館交流協会会誌」北海道北方博物館交流協会 （19）2007.3

樺太物語（7）ロシア樺太に進出（高橋太一郎）「おくやまのしょう ： 奥山荘郷土研究会誌」奥山荘郷土研究会 （32）2007.3

温存された首長の役割―樺太庁が任命した樺太アイヌの「土人部落総代」について（田村将人）「北海道・東北史研究」北海道出版企画センター （4）2007.12

カラフトアイヌ供養・顕彰碑と嘉永六年クシュンコタン占拠事件（関根達人, 市毛幹幸）「弘前大学国史研究」弘前大学国史研究会 （124）2008.3

サハリンの樺太方言における二拍名詞アクセント（第178回例会研究発表資料（2008.6.22））（朝日祥之）「北海道方言研究会会報」北海道方言研究会 （85）2008.9

FIELD NOTE 北の隣人ウイルタのことばを学ぶ（山田祥子）「Arctic circle」北方文化振興協会 （69）2008.12

樺太における農作物の病害（舟山廣治）「北方博物館交流 ： （財）北海道北方博物館交流協会会誌」北海道北方博物館交流協会 （21）2009.3

樺太関係主要書誌（出村文理）「文献探索人」金沢文圃閣 2009 2009.12

FIELD NOTE 樺太アイヌの歴史を追って（田村将人）「Arctic circle」北方文化振興協会 （74）2010.3

日本領期の樺太における温泉文化誌・覚書（池田貴夫）「北海道開拓記念館研究紀要」北海道開拓記念館 （38）2010.3

大坪道政の樺太視察報告（紙谷信雄）「魚津史談」魚津歴史同好会

（32）2010.3

オロッコ族に就いて（杉浦重信補注）（鳥居龍蔵）「北方博物館交流 ：（財）北海道北方博物館交流協会会誌」 北海道北方博物館交流協会（22）2010.3

樺太における図書館設置運動（鈴木仁）「北方博物館交流 ：（財）北海道北方博物館交流協会会誌」 北海道北方博物館交流協会（22）2010.3

樺太民政署時代の記念絵葉書について（福井卓治）「郵便史研究 ：郵便史研究会紀要」 郵便史研究会（30）2010.9

古文書を読む 慶応3年のカラフト 樺太島仮規則後のオムシヤ申渡書（案）（田端宏）「北海道史研究協議会会報」 北海道史研究協議会（87）2010.12

樺太までの出稼ぎ（1）,（2）樺太まで片道一週間（上）,（下）（鈴木金作）「北のむらから」 能代文化出版社（287）/（288）2011.6/2011.7

樺太までの出稼ぎ（3）,（4）一歳で樺太に行く（上）,（下）（鎌田ミナ）「北のむらから」 能代文化出版社（289）/（290）2011.8/2011.9

樺太からの脱出（第二の故郷を目指して）証言 望郷樺太（特集 孫たちに伝えたい「私の戦争体験」（前））（佐藤愛子）「佐久」 佐久史学会（63）2011.8

明治六年政変と樺太確保論・蜂起論（伊牟田比呂多）「敬天愛人」 西郷南洲顕彰会（29）2011.9

史料紹介 小包送票異聞（6）樺太と南洋群島の小包送票（加藤秀夫）「郵便史研究 ：郵便史研究会紀要」 郵便史研究会（32）2011.9

樺太までの出稼ぎ（5）,（6）樺太で生きぬく（植松キクエ）「北のむらから」 能代文化出版社（291）/（292）2011.10/2011.11

地域史の窓 近年の樺太・樺太史研究について（出村文理）「北海道史研究協議会会報」 北海道史研究協議会（89）2011.12

昭和戦前期の樺太におけるコンブ漁（会田理人）「北海道開拓記念館研究紀要」 北海道開拓記念館（40）2012.3

『樺太日日新聞』掲載樺太実業団野球関係記事 目録と紹介（会田理人）「北海道開拓記念館研究紀要」 北海道開拓記念館（40）2012.3

樺太庁農事試験場開設初期の試験調査（付 樺太庁農事試験場年表）（舟山廣治）「北方博物館交流 ：（財）北海道北方博物館交流協会会誌」 北海道北方博物館交流協会（23・24）2012.3

場所図・古地図にみる1850年代の樺太（サハリン）島における先住民族と国家―目賀田帯刀筆「北海道歴検図」の検討を中心として（関根達人）「北海道・東北史研究」 北海道出版企画センター（8）2012.8

樺太先住民の国籍―無国籍から日本臣民へ（加藤絢子）「北海道・東北史研究」 北海道出版企画センター（8）2012.8

江戸時代に樺太で亡くなった人々―「白主村墓所幷死亡人取調書上」の検討（研究ノート）（関根達人）「弘前大学国史研究」 弘前大学国史研究会（133）2012.10

「樺太ことば集」にみる樺太方言と北海道方言の関係（第195回例会研究発表資料（2011.11.13））（朝日祥之）「北海道方言研究会会報」 北海道方言研究会（89）2012.12

樺太の出稼ぎ（7）～（9）―少年時代の樺太（金弘）「北のむらから」 能代文化出版社（309）/（311）2013.4/2013.6

樺太巡検（今野淳子）「北海道れきけん」 北海道歴史研究会（79）2013.5

「日露和親条約」がカラフト島を両国の雑居地としたとする説は正しいか？（榎森進）「東北学院大学東北文化研究所紀要」 東北学院大学東北文化研究所（45）2013.12

「航空通信隊―北海道・樺太駐屯―」語り手：荒川清一さん（熊谷市）（戦時中の体験を聞く会 平成25年11月17日（日））「埼玉ピースレター」 埼玉ピースミュージアム 1通号51 2014.1

文献課の窓から 樺太に見る失われた文化（若林正博）「総合資料館だより」 京都府立総合資料館友の会（178）2014.1

樺太における「郷土読本」編纂の背景（研究ノート）（鈴木仁）「北海道地域文化研究」 北海道地域文化学会（6）2014.3

「脱出」という引揚げの方法―樺太から北海道へ（論文）（木村由美）「北海道・東北史研究」 北海道出版企画センター（9）2014.3

「樺太引揚者」像の創出（論文）（ジョナサン・ブル［著］ 天野尚樹［訳］）「北海道・東北史研究」 北海道出版企画センター（9）2014.3

ウイルタ語調査報告―南部方言の語彙と文例（調査報告）（山田祥子）「北海道立北方民族博物館研究紀要」 北海道立北方民族博物館（23）2014.3

映像上映会 サハリン・樺太の映像上映 2014.5.25 講師：笹倉いる美（笹倉いる美）「北方民族博物館だより」 北海道立北方民族博物館（93）2014.6

特集 サハリン（3）樺太の先住民教育（池田裕子）「Arctic circle」 北方文化振興協会（92）2014.12

地域史の窓 樺太領有初期の地名変遷小史―地名になった近藤重蔵と消されたアイヌ語地名（鈴木仁）「北海道史研究協議会会報」 北海道史研究協議会（95）2014.12

北サハリン

FIELD NOTE 北サハリンの西海岸は今どうなっているのか―間宮林蔵

ナニヲー到達200周年によせて（白石英才）「Arctic circle」 北方文化振興協会（71）2009.6

小能登城城

南サハリンの小能登呂・馬群潭土城について（杉浦重信）「北方博物館交流 ：（財）北海道北方博物館交流協会会誌」 北海道北方博物館交流協会 14 2002.3

コルサコフ港

わたしの写真紀行 コルサコフ港の桟橋 ロシア・サハリン州コルサコフ市「北のむらから」 能代文化出版社（267）2009.10

サハリン

B.ピウスツキのサハリン紀行（荻原真子）「北海道立アイヌ民族文化研究センター研究紀要」 北海道立アイヌ民族文化研究センター（6）2000.3

北方の丸木舟の民俗 東シベリア・アムール川・サハリン・北海道を辿る丸木舟の流れ（赤羽正春）「東北学．［第1期］」 東北芸術工科大学東北文化研究センター，作品社（発売）5 2001.10

日ロ関係・サハリンの史料を探って（アナトーリイ・トリョフスビャツキ）「地域史研究はこだて」 函館市史編さん室 35 2002.9

サハリンと千島列島 編年史（1906～10年）（ミハイル・ヴィソーコフ）「釧路公立大学地域研究」 釧路公立大学地域分析研究委員会（12）2003.12

調査だより サハリンを訪ねて―「もう一つの蒙古襲来」を探る（前川要）「中央史学」 中央史学会（27）2004.3

研究潮流 サハリン郷土誌ビュレティン総目次（1）（兎内勇津流）「北海道・東北史研究」 北海道出版企画センター（1）2004.12

平安貴族社会とサハリンのクロテン（蓑島栄紀）「北方島文化研究」 北方島文化研究会，北海道出版企画センター（発売）（3）2005.7

サハリンと千島列島：編年史 1911～15年（ミハイル・ヴィソーコフ）「釧路公立大学地域研究」 釧路公立大学地域分析研究委員会（14）2005.12

サハリン郷土誌ビュレティン総目次（2）,（3）（兎内勇津流）「北海道・東北史研究」 北海道出版企画センター（2）/（3）2007.12

サハリンと千島列島編年史 1916―20年（ミハイル・ヴィソーコフ，松井憲明）「釧路公立大学地域研究」 釧路公立大学地域分析研究委員会（15）2006.12

1905年夏，サハリン戦と住民（1）最初期の軍政機構と住民の処遇方針（板橋政樹）「北海道・東北史研究」 北海道出版企画センター（3）2006.12

サハリン朝鮮民族の食生活―その歴史と現在（趙倉敏夫）「北海道開拓記念館調査報告」 北海道開拓記念館（46）2007.3

『樺太日日新聞』掲載在サハリン朝鮮民族関係記事 目録と紹介（山田伸一）「北海道開拓記念館調査報告」 北海道開拓記念館（46）2007.3

『サガレン新聞』（1921―1924年）掲載アイヌ関係記事 目録と紹介（田村将人）「北海道開拓記念館調査報告」 北海道開拓記念館（46）2007.3

『新唐書』の「流鬼」は琉球にあらず，サハリンなり（小玉正任）「沖縄学：沖縄学研究所紀要」 沖縄学研究所 10（1）通号10 2007.3

サハリンと千島列島 編年史 1921―25年（ミハイル・ヴィソーコフ，松井憲明）「釧路公立大学地域研究」 釧路公立大学地域分析研究委員会（16）2007.12

『樺太日日新聞』掲載在サハリン朝鮮民族関係記事（2）～（3）主要記事の紹介（山田伸一）「北海道開拓記念館調査報告」 北海道開拓記念館（47）/（48）2008.3/2009.3

サハリンの樺太方言における二拍名詞アクセント（第178回例会研究発表資料（2008.6.22））（朝日祥之）「北海道方言研究会会報」 北海道方言研究会（85）2008.9

国内植民地の「遺産」サハリン・シンポジウムで考えたこと（〈寄稿―各地からの風〉）（今西一）「女性史研究ほっかいどう」 札幌女性史研究会（3）2008.10

サハリンと千島列島 編年史 1926～30年（ミハエル・ヴィソーコフ，松井憲明）［訳］「釧路公立大学地域研究」 釧路公立大学地域分析研究委員会（17）2008.12

網走の観光資源とサハリン先住民文化に関する新聞資料（1）（2008年度分野別研究）（田村将人）「北海道開拓記念館調査報告」 北海道開拓記念館（48）2009.3

7～14世紀におけるサハリン諸民族の対外関係（上）,（下）考古学資料と文献資料の概観（O.YU.デヂャーヒン［著］，中川昌久［訳］，菊池俊彦，中村和之［監修・解説］）「北海道・東北史研究」 北海道出版企画センター（5）/（6）2009.4/2010.4

無秩序 対 無慈悲：副次的戦場としてのサハリン（マリ・セヴェラ［著］，天野尚樹［訳］）「北海道・東北史研究」 北海道出版企画センター（5）2009.4

サハリンとウラジオストクにある博物館，文書館の刊行物あれこれ（研究潮流）（田村将人）「北海道・東北史研究」 北海道出版企画センター（5）2009.4

サハリンの奉安殿（野添憲治）「秋田県朝鮮人強制連行真相調査団会報」秋田県朝鮮人強制連行真相調査団 （60） 2009.11

サハリンと千島列島 編年史 1931〜35年（ミハイル・ヴィソーコフ, 松井憲明［訳］）「釧路公立大学地域研究」 釧路公立大学地域分析調査委員会 （18） 2009.12

1905年夏、サハリン戦と住民（2）―虐殺の予兆としてのヴラティミロフカ戦（上）（板橋政樹）「北海道・東北史研究」 北海道出版企画センター （6） 2010.4

サハリン植民史における強制労働と自由労働（ミハイル・ヴィソーコフ, 天野尚樹［訳］）「北海道・東北史研究」 北海道出版企画センター （6） 2010.4

翻訳 サハリンと千島列島 編年史 1936〜39年（ミハイル・ヴィソーコフ, 松井憲明［訳］）「釧路公立大学地域研究」 釧路公立大学地域分析研究委員会 （19） 2010.12

1912年、サハリン先住民と研究者、行政の三者に関するメモ（田村将人）「北海道開拓記念館研究紀要」 北海道開拓記念館 （39） 2011.3

アイヌ語地名サハリン（1） 東海岸―知床半島（伊藤せいち）「アイヌ語地名研究」 アイヌ語地名研究会, 北海道出版企画センター（発売） 通号14 2011.12

地域史の窓 近年のサハリン・樺太史研究について（出村文理）「北海道史研究協議会会報」 北海道史研究協議会 （89） 2011.12

場所図・古地図にみる1850年代の樺太（サハリン）島における先住民族と国家―目賀田帯刀筆「北海道探検図」の検討を中心として（関根達人）「北海道・東北史研究」 北海道出版企画センター （8） 2012.8

サハリン北部のナビリ文化とピリトゥン文化（菊池俊彦）「北方島文化研究」 北方島文化研究会, 北海道出版企画センター（発売） （10） 2012.12

FIELD NOTE 境界を跨ぐサハリン残留日本人・韓人（中山大将）「Arctic circle」 北方文化振興協会 （90） 2014.3

サハリンから満州、そして三沢補へ（市民の証言）（奥山明子）「郷土史三沢」 三沢郷土史研究会 （10） 2014.3

特集 サハリン（1） コンブからみるサハリン島の歴史（神長英輔）「Arctic circle」 北方文化振興協会 （91） 2014.6

映像上映会 サハリン・樺太の映像上映 2014.5.25 講師：笹倉いる美（笹倉いる美）「北方民族博物館だより」 北海道立北方民族博物館 （93） 2014.6

特集 サハリン（2） 地域開発と製糸産業―樺太パルプ三国志（井澗裕）「Arctic circle」 北方文化振興協会 （92） 2014.9

サハリン島
V.N.ヴァシーリエフ「エゾおよびサハリン島アイヌ紀行」（荻原眞子）「北海道立アイヌ民族文化研究センター研究紀要」 北海道立アイヌ民族文化研究センター （10） 2004.3

サハリン博物館
日露戦争時のサハリン博物館焼失事件について（鈴木仁）「北方博物館交流 （財）北海道北方博物館交流協会会誌」 北海道北方博物館交流協会 （26） 2014.3

山丹
山丹交易 白主・ウショロ御用所などの文書から（小林眞人）「赤れんが ： 北海道立文書館報」 北海道立文書館 39 2004.10

敷香
タライカと敷香周辺のアイヌ語地名（伊藤せいち）「アイヌ語地名研究」 アイヌ語地名研究会, 北海道出版企画センター（発売） （13） 2010.12

白主御用所
山丹交易 白主・ウショロ御用所などの文書から（小林眞人）「赤れんが ： 北海道立文書館報」 北海道立文書館 39 2004.10

白主村
江戸時代に樺太で亡くなった人々―「白主村墓所幷死亡人取調書上」の検討（研究ノート）（関根達人）「弘前大学国史研究」 弘前大学国史研究会 （133） 2012.10

タライカ
タライカと敷香周辺のアイヌ語地名（伊藤せいち）「アイヌ語地名研究」 アイヌ語地名研究会, 北海道出版企画センター（発売） （13） 2010.12

内幌
異国のふるさと内幌（ゴルノザボーック）（新岡保夫）「いしがみ ： 郷土文化誌」 「いしがみ」刊行会 （16） 2005.9

能登呂村
樺太・能登呂村のアイヌ語地名（宮崎耕太）「アイヌ語地名研究」 アイヌ語地名研究会, 北海道出版企画センター（発売） 通号9 2006.12

北方地域
図絵紹介 鵺鵡石と『栖家の山』（小松由珠）「真澄」 秋田県立博物館菅江真澄資料センター （1） 2003.3

江戸時代の『後三年合戦絵巻』（時田里志）「いわて文化財」 岩手県文化財愛護協会 196 2003.7

前九年の役と後三年の役（高橋龍夫）「岩手県南史談会研究紀要」 岩手県南史談会 32 2003.7

庚申年と蝦夷戦争（宮原武夫）「千葉史学」 千葉歴史学会 （42） 2003.7

後三年の役についての一考察―軍事的観点から定説を検討する（佐藤真基夫）「北方風土 ： 北国の歴史民俗考古研究誌」 イズミヤ出版 通号46 2003.8

蝦夷征討（菅野守恵男）「船引地方史研究」 船引地方史研究会 （11） 2004.6

参考資料 道の記（丹羽子爵夫人記）「東北戊辰戦争懇話会報」 東北戊辰戦争懇話会 2 2004.12

「古代『えみし』社会の成立とその系統的位置付け」（女鹿潤哉）「北海道・東北史研究」 北海道出版企画センター （1） 2004.12

現代語訳 雪の山越（田口昌樹）「北方風土 ： 北国の歴史民俗考古研究誌」 イズミヤ出版 通号50 2005.7

菅江真澄 日記の中の災害史―東北・北海道編（井筒桃子）「真澄学」 東北芸術工科大学東北文化研究センター （2） 2005.11

延久蝦夷合戦の実像（大石直正）「六軒丁中世史研究」 東北学院大学中世史研究会 （14） 2009.10

磯永和貴報告と尾﨑久美子報告によせて（シンポジウム「歴史地理学における絵図・地図」特集）（平井松午）「歴史地理学」 歴史地理学会, 古今書院（発売） 52（1） 通号248 2010.1

史料紹介 東游雑記 上（弘前大学人文学部附属亀ヶ岡文化研究センター所蔵成田彦栄氏旧蔵図書）（上條信彦, 市毛幹幸）「弘前大学国史研究」 弘前大学国史研究会 （129） 2010.10

東遊雑記 中（弘前大学人文学部附属亀ヶ岡文化研究センター所蔵成田彦栄氏旧蔵図書）（史料紹介）（白石睦弥）「弘前大学国史研究」 弘前大学国史研究会 （130） 2011.3

随想 戸沢氏のルーツを訪れる旅（土屋道郎）「聴雪」 新庄古文書の会 （15） 2011.7

平成23年度東北地方太平洋沖地震調査（3.11特集）（松田磐余）「Collegio」 之潮 （45） 2011.7

被災地を訪ねる（地域誌だより（21））（滝沢真喜子）「まんだら ： 東北文化友の会会報」 東北芸術工科大学東北文化研究センター （48） 2011.8

東遊雑記 下（弘前大学人文学部附属亀ヶ岡文化研究センター所蔵成田彦栄氏旧蔵図書）（史料紹介）（蔦谷大輔）「弘前大学国史研究」 弘前大学国史研究会 （131） 2011.10

松田伝十郎の北方探検とカムチャツカ訪問（広井忠男）「柏崎・刈羽」 柏崎刈羽郷土史研究会 （39） 2012.4

9世紀の城柵と北方社会―田村麻呂プランとその挫折（新井隆一）「弘前大学国史研究」 弘前大学国史研究会 （133） 2012.10

復興ダイアリー（1）―新聞紙面にみる復興（2011.3.11〜2012.9.10）「東北学. ［第3期］」 東北芸術工科大学東北文化研究センター, はる書房（発売） 1 2013.1

復興ダイアリー（2）―新聞紙面にみる復興（2012.9.11〜2013.3.11）「東北学. ［第3期］」 東北芸術工科大学東北文化研究センター, はる書房（発売） 2 2013.7

津波伝承と防災（特集 災害の民俗知）（川島秀一）「東北学. ［第3期］」 東北芸術工科大学東北文化研究センター, はる書房（発売） 3 2014.1

馬群潭土城
南サハリンの小能登呂・馬群潭土城について（杉浦重信）「北方博物館交流 ： （財）北海道北方博物館交流協会会誌」 北海道北方博物館交流協会 14 2002.3

南樺太
鳥居龍蔵の南樺太調査について（杉浦重信）「北方博物館交流 ： （財）北海道北方博物館交流協会会誌」 北海道北方博物館交流協会 （17） 2005.3

南サハリン
巻頭言 南サハリンの日本期の歴史的建造物調査（角幸博）「北方博物館交流 ： （財）北海道北方博物館交流協会会誌」 北海道北方博物館交流協会 （20） 2008.3

南サハリンにおける sian（本流）と moan（支流）（伊藤せいち）「アイヌ語地名研究」 アイヌ語地名研究会, 北海道出版企画センター（発売） 通号11 2008.12

戦後処理における未解決の問題 南サハリン朝鮮人の送還問題（1945〜1950年）（論文）（ユリア・ディン［著］, 天野尚樹［訳］）「北海道・東北史研究」 北海道出版企画センター （9） 2014.3

サハリン州郷土博物館における南サハリンアイヌのコレクション―収蔵と研究の歴史から（M.M.プロコーフィエフ［著］, 萩原眞子, 古原敏弘［訳］）「北海道立アイヌ民族文化研究センター研究紀要」 北海道立アイヌ民族文化研究センター （20） 2014.3

モネロン島
表紙解説 モネロン島の今昔（《特集 樺太庁博物館事績調査（続々）》）

北方地域 地名でたどる郷土の歴史

（野村崇）「北方博物館交流 ： （財）北海道北方博物館交流協会会誌」
北海道北方博物館交流協会 （19） 2007.3

東日本

羽越

羽越のクニ国境を歩く（佐藤貢）「秋田地名研究年報」 秋田地名研究会 18 2002.6

「羽越クニ境を往く旅」報告記—8月29日〜30日（高橋暁樹）「北方風土：北国の歴史民俗考古研究誌」 イズミヤ出版 通号45 2003.2

羽越地名抄（大沼浩）「おくやまのしょう：奥山荘郷土研究会誌」 奥山荘郷土研究会 （29）2004.5

続 羽越地名抄[1]〜(3),(6),(7)（大沼浩）「おくやまのしょう：奥山荘郷土研究会誌」 奥山荘郷土研究会 （30）/（36）2005.3/2011.3

羽越水害と7・13水害（外川一實）「おくやまのしょう：奥山荘郷土研究会誌」 奥山荘郷土研究会 （30）2005.3

羽越水害と安田地方の崩壊地名（廣田康也）「越佐の地名」 越後・佐渡の地名を語る会 （9）2009.7

奥羽越列藩

盛岡藩戊辰戦争(1)—奥羽越列藩同盟と江幡五郎（論考）（高野豊四郎）「岩手の古文書：the Iwate journal of diplomatics」 岩手古文書学会 （28）2014.3

戊辰戦争と奥羽越列藩同盟の関係について（内山和博）「柏崎・刈羽」 柏崎刈羽郷土史研究会 （41）2014.4

岩越線

帝国議会の開設と地域有力者—岩越線の官設第一期線上運動を事例に（徳竹剛）「東北文化研究室紀要」 東北大学大学院文学研究科東北文化研究室 （21）2011.3

岩越線敷設前史—岩越鉄道株式会社創設に至る過程について（齋藤昭）「阿賀路：東蒲原郡郷土誌」 阿賀路の会 49 2011.5

岩越線の全通と会津（特集 はつかりから、はやぶさ、へ）（徳竹剛）「東北学．[第3期]」 東北芸術工科大学東北文化研究センター，はる書房（発売）1 2013.1

関東甲信越

第382例会報告 戦国期における制札の研究—関東甲信越地方を中心として（例会報告要旨）（佐藤雄太）「戦国史研究」 戦国史研究会，吉川弘文館（発売）（63）2012.2

越の国

越の国の柵 私考（藤井嘉孝）「おくやまのしょう：奥山荘郷土研究会誌」 奥山荘郷土研究会 （28）2003.3

越の国と蝦夷（〈講演—15周年記念講演集〉）（谷川健一）「越佐の地名」 越後・佐渡の地名を語る会 （8）2008.3

高志国

論考 遠々し高志の国（根岸尚克）「備陽史探訪」 備陽史探訪の会 （163）2011.12

東国

史料紹介 渤海からの使者/多賀名重経官途状/『東国戦記』/関口惣重郎宛初見八郎書簡/贈問宮倫宗序「町史研究伊奈の歴史」 伊奈町 7 2003.3

東国・吉備・大和（近藤義郎）「古代吉備」 古代吉備研究会 24 2003.7

鳥名木文書に見る室町期東国の政治状況—永享の乱・結城合戦時の霞ヶ浦周辺と足利万寿王丸の鎌倉公方復権運動について（内山俊身）「茨城県立歴史館報」 茨城県立歴史館 通号31 2004.3

古代東国の牧と貢馬（千葉美知）「岩手史学研究」 岩手史学会 （87）2004.3

特別展「ヤマトとアズマ—武具からみるヤマト王権と東国」によせて（平野卓治）「横浜市歴史博物館news：Yokohama History Museum news」 横浜市歴史博物館 （19）2004.9

古代東国の交通網—古墳時代の局地的道路の復原（雨宮龍太郎）「研究連絡誌」 千葉県教育振興財団文化財センター （67）2005.3

平治の乱に破れ東国に逃れた源氏一行の其の後の話（清水忠雄）「磐南文化」 磐南文化協会 （31）2005.3

東国における平地城館跡研究の深化のために（松岡進）「中世城郭研究」 中世城郭研究会 （19）2005.7

室町前期の東国における内乱の再検討—小山氏、小田氏の乱と鎌倉府（石橋一展）「千葉史学」 千葉歴史学会 （47）2005.11

「今昔物語集」にみる東国武士団の形成過程—軍記物語の系譜における「巻第二十五」説話群の位相（小林敏男）「埼玉史談」 埼玉県郷土文化会 53（2）通号286 2006.7

鎌倉末期の東国所領と蝦夷問題—越後・北関東を中心に（《大会特集 東

西交流の地域史—列島の境目・静岡》—〈問題提起〉）（清水亮）「地方史研究」 地方史研究協議会 56（5）通号323 2006.10

中世東国の大道について（江田郁夫）「栃木県立文書館研究紀要」 栃木県立文書館 （11）2007.3

古代東国の交通網—古墳時代の水運ルートの復原（雨宮龍太郎）「研究連絡誌」 千葉県教育振興財団文化財センター （68）2007.3

中世東国における陶磁器流通—常総地域を中心として（森田義史）「中央史学」 中央史学会 （30）2007.3

古代東国の交通網—古墳時代の東国主要道の復原（雨宮龍太郎）「研究連絡誌」 千葉県教育振興財団文化財センター （69）2008.3

東国の古代村落の復元—下総国印旛郡八代郷・埴生郡王作郷から古代を探る（田形孝一）「成田市史研究」 成田市教育委員会 通号32 2008.3

古墳時代における畿内と東国—5世紀後半における古東山道ルートの成立とその背景（右島和夫）「研究紀要」 由良大和古代文化研究協会 13 2008.3

東国の中の出雲世界—主に北武蔵の入間・比企地域を中心にて（《特集 出雲国造をめぐる諸問題》）（黒済和彦）「出雲古代史研究」 出雲古代史研究会 （18）2008.7

パネルディスカッション「東国の中の熊野」（〈報告1 開館25周年記念シンポジウム「房総と熊野をつなぐもの」〉）（林雅彦、桐村久美子、笹生衛、湯浅治久、三石学）「袖ケ浦市郷土博物館」 袖ケ浦市郷土博物館 （14）2009.3

九〜十世紀における貴族層の東国下向—「東国配置説」の再検討（研究ノート）（廣瀬亮輔）「群馬歴史民俗」 群馬歴史民俗研究会 （33）2012.3

中世前期東国の村落構造と村役所の機能—鹿島神宮文書「大賀村検注取帳副日記」の分析を通して（高橋裕文）「史学研究集録」 國學院大學大学院史学専攻大学院会 （37）2012.3

戦国期東国領主の儀式・儀礼（木村真理子）「歴史と文化」 栃木県歴史文化研究会，随想舎（発売）（21）2012.8

動向 東国武士団論の可能性II—山本隆志著『東国における武士勢力の成立と展開』を読んで（高橋修）「常総中世研究」 茨城大学中世研究会 （1）2013.3

東国における近世前期の村落と村請制—新治郡太田村を中心として（論文）（栗原亮）「茨城史林」 筑波書林 （37）2013.6

第32回講演会の記録 2013年7月7日（日）高橋一樹氏「鎌倉期東国の交通体系における上野国」「武尊通信」 群馬歴史民俗研究会 （135）2013.9

室町期東国村落における年貢請負契約の成立とその意義—熊野那智山・覚園寺領常陸国酒依荘・郷（高橋裕文）「鎌倉」 鎌倉文化研究会 （116）2014.1

中世東国の宿の構造と検断職—常陸国新治郡田宮宿を中心に（高橋裕文）「地方史研究」 地方史研究協議会 64（2）通号368 2014.4

東北新幹線

回想 東北新幹線蔵王隧道掘削で農業用水渇水恒久対策（赤坂正勝）「郷土の研究」 国見町郷土史研究会 （35）2005.3

明治から平成まで 那須町地内の鉄道の変遷—東北本線、東北新幹線及び未成線那須電気鉄道のあらまし（那須町プロジェクト調査報告書）（高久久二）「那須文化研究」 那須文化研究会 （26）2012.12

東北本線

明治から平成まで 那須町地内の鉄道の変遷—東北本線、東北新幹線及び未成線那須電気鉄道のあらまし（那須町プロジェクト調査報告書）（高久久二）「那須文化研究」 那須文化研究会 （26）2012.12

東日本

福島県歴史資料館保管『東講商人鑑』の成立時期（嶋田克史）「福島県歴史資料館研究紀要」 福島県文化振興事業団 （26）2004.3

報徳仕法遺跡をめぐって思ったこと「いまいち一円会誌」 報徳道研修いまいち一円会 （8）2004.9

長吏・かわたの河原巻物に込められた意味・主張について—東日本の弾左衛門由緒書を中心に（《特集 由緒と伝承》—研究報告にあたって）（大熊哲雄）「歴文だより：栃木県歴史文化研究会会報」 栃木県歴史文化研究会事務局 （56）2005.7

高山彦九郎日記による歴史散歩(12)〜(20)『乙未の春旅』(1)〜(9)（正田喜久）「群馬歴史散歩」 群馬歴史散歩の会 （204）/（212）2008.5/2010.1

旧国名の呼び方 相模を相州・甲斐を甲州・遠江を遠州。伊豆を伊州といわない？「豆州歴史通信」 豆州研究社歴史通信部 （430）2009.2

高山彦九郎日記による歴史散歩(21)〜(34)『丁酉春旅』(1)〜(14)(正田喜久)「群馬歴史散歩」 群馬歴史散歩の会 (214)/(227) 2010.5/2013.1

3.11「東日本大震災」に思う「郷土研究」 砂川市教育委員会 44 2011.3

伊勢参宮旅日記にみる江戸時代の旅行行程—東日本における観光行動を中心として(加藤芳典)「藤沢市史研究」 藤沢市文書館 (44) 2011.3

東日本巨大地震(F・M)「六甲倶楽部報告」 六甲倶楽部 (96) 2011.3

関東大震災と東日本大震災「群文研新報」 群馬県文化財研究会 (36) 2011.4

新燃岳噴火と東日本大震災(齊藤勉)「ひなもり」 小林史談会 (51) 2011.4

東日本大震災に思う(開沼正)「家系研究協議会会報」 家系研究協議会 (36) 2011.4

おうちの思い出、まちの記憶を残すために(2011年3月発生 東日本大震災緊急特別号)「史料ネットnews letter」 歴史資料ネットワーク (65) 2011.4

東日本大震災と文化財(舟山廣治)「文化情報」 北海道文化財保護協会 (325) 2011.5

東日本大震災に思う(長谷川成一)「豊泉：弘前大学附属図書館報」 弘前大学附属図書館 (33) 2011.5

東日本大震災のお見舞い「菅江真澄研究」 菅江真澄研究会 (73) 2011.5

東日本大震災(早坂よしひろ)「杉並郷土史会報」 杉並郷土史会 (227) 2011.5

東日本大震災を想う(藤田愛子)「杉並郷土史会史報」 杉並郷土史会 (227) 2011.5

東日本大震災によせて(加藤導男)「歴研よこはま」 横浜歴史研究会 (66) 2011.5

三郷文化(巻頭言)—東日本大震災からの教訓(斉藤昇三)「三郷文化」 三郷郷土史研究会 (116) 2011.5

世界を震撼させた"東日本巨大地震"の記録「地名あいち」 地名研究会あいち (9) 2011.5

東日本大震災の記録(上河内良平)「広郷土史研究会会報」 広郷土史研究会 (103) 2011.5

巻頭言 東日本大震災をどう受け止めるのか(奥村弘)「史料ネットnews letter」 歴史資料ネットワーク (66) 2011.5

速報 歴史学研究会大会で「東日本大震災に関する緊急集会」開催「史料ネットnews letter」 歴史資料ネットワーク (66) 2011.5

「マグニチュード9.0 東日本大震災」史上最悪の地震と津波(編集部)「郷土わたり」 亘理郷土史研究会 (106) 2011.6

海が傾き黒い津波が来た(特集 東日本大震災 各地の報告)(木皿光夫)「仙台郷土研究」 仙台郷土研究会 36(1)通号282 2011.6

津波来襲余話一二題(特集 東日本大震災 各地の報告)(海野京子)「仙台郷土研究」 仙台郷土研究会 36(1)通号282 2011.6

私の震災体験(特集 東日本大震災 各地の報告)(大西恵美子)「仙台郷土研究」 仙台郷土研究会 36(1)通号282 2011.6

文化遺産の消失を嘆く(特集 東日本大震災 各地の報告)(吉岡一男)「仙台郷土研究」 仙台郷土研究会 36(1)通号282 2011.6

日本史上に鑑みる大震災—特に東北地方と常陸国を中心として(但野正弘)「水戸史学」 水戸史学会 (74) 2011.6

東日本大震災・長野県北部地震アンケート(1) 本会幹事「長野」 長野郷土史研究会 (277) 2011.6

東日本大震災・長野県北部地震アンケート(2) 東京に行っていた方、避難者を受け入れた方「長野」 長野郷土史研究会 (277) 2011.6

地震・津波・原発ノート(特集 東日本大震災に寄せて)(米川五郎)「碧」 碧の会 (29) 2011.6

天災と人災(特集 東日本大震災に寄せて)(小谷野錦子)「碧」 碧の会 (29) 2011.6

東日本大震災に思う(特集 東日本大震災に寄せて)(八重田和久)「碧」 碧の会 (29) 2011.6

「東日本大震災に寄せて」を編集して(特集 東日本大震災に寄せて)(砂村洋)「碧」 碧の会 (29) 2011.6

参考 東日本大震災スクラップ(岡野繁松)「旧四日市を語る」 旧四日市を語る会 (21) 2011.6

緊急報告 東日本大震災を、私たちはどう受けとめるのか(藤田明良)「奈良歴史研究」 奈良歴史研究会 (76) 2011.6

震災に思う事(山本華与子)「秦文談」 秦文談会 (163) 2011.6

東日本の大震災メモ(永国淳哉)「秦文談」 秦文談会 (163) 2011.6

被災地の遺跡を訪ねて(熊谷常正)「いわて文化財」 岩手県文化財愛護協会 (244) 2011.7

東日本大震災考 12,000人もの犠牲はなぜ(渡邊慎也)「仙臺文化往來」「仙臺文化」編集室 (11) 2011.7

巻頭言 大震災と原子力発電(瓜生多喜夫)「会北史談」 会北史談会 (53) 2011.7

東日本大震災の被害の日を追って見る(飯島昭喜)「会北史談」 会北史談会 (53) 2011.7

テレビ報道からみた私のメモ 東日本大震災から3か月半 希望の持てる社会をめざして(木野本鉷子)「小千谷文化」 小千谷市総合文化協会『小千谷文化』編集委員会 (204) 2011.7

東日本大震災!(池田隆介)「年魚市風土記」 戦争遺跡研究会 (3) 2011.7

東日本大震災に思う(神戸史談会会員一同)「神戸史談」 神戸史談会 (308) 2011.7

東日本大震災を受けて沖縄の防災を考える(加藤祐三)「しまたてぃ：建設情報誌」 沖縄しまたて協会 (58) 2011.7

座談 大震災・原発事故と地域社会—課題に向き合う議論の場をどうつくるか(特集 地震・津波・原発—東日本大震災)(澤田哲生, 清水亮, 田口洋美)「東北学.[第2期]」 東北芸術工科大学東北文化研究センター, 柏書房(発売) (28) 2011.8

津波と民俗学(特集 地震・津波・原発—東日本大震災)(藤井弘章)「東北学.[第2期]」 東北芸術工科大学東北文化研究センター, 柏書房(発売) (28) 2011.8

貞観津波と大地動乱の九世紀(特集 地震・津波・原発—東日本大震災)(保立道久)「東北学.[第2期]」 東北芸術工科大学東北文化研究センター, 柏書房(発売) (28) 2011.8

東日本大震災と九世紀の地震(特集 地震・津波・原発—東日本大震災)(寒川旭)「東北学.[第2期]」 東北芸術工科大学東北文化研究センター, 柏書房(発売) (28) 2011.8

震災地復興の主体と条件—生活再建とコミュニティづくりに向けての覚書(特集 地震・津波・原発—東日本大震災)(大矢根淳)「東北学.[第2期]」 東北芸術工科大学東北文化研究センター, 柏書房(発売) (28) 2011.8

エッセイ 流された漁村に立つ(特集 地震・津波・原発—東日本大震災)(川島秀一)「東北学.[第2期]」 東北芸術工科大学東北文化研究センター, 柏書房(発売) (28) 2011.8

写真 消せない記憶(特集 地震・津波・原発—東日本大震災)(荒川健一)「東北学.[第2期]」 東北芸術工科大学東北文化研究センター, 柏書房(発売) (28) 2011.8

写真 原発事故の体験と記録—三か月を経ての覚え書き(特集 地震・津波・原発—東日本大震災)(大山孝正)「東北学.[第2期]」 東北芸術工科大学東北文化研究センター, 柏書房(発売) (28) 2011.8

写真 杞憂が杞憂でなくなった日(特集 地震・津波・原発—東日本大震災)(廣瀬玲子)「東北学.[第2期]」 東北芸術工科大学東北文化研究センター, 柏書房(発売) (28) 2011.8

写真 ルポ・被災地若者物語(特集 地震・津波・原発—東日本大震災)(岩崎孝正)「東北学.[第2期]」 東北芸術工科大学東北文化研究センター, 柏書房(発売) (28) 2011.8

災害と文書資料室(7) 東日本大震災への対応から(田中洋史)「長岡あーかいぶす」 長岡市立中央図書館文書資料室 (11) 2011.8

海と金魚—東日本大震災 大津波の予兆 京座愛子・則幸さんのインタビュー(小澤恭子)「伊爾」 伊爾史学会 59(8)通号999 2011.8

東日本大震災に想う(東日本大震災特集)(田村紘一)「歴史懇談」 大阪歴史懇談会 (25) 2011.8

東日本大震災(東日本大震災特集)(古田敬子)「歴史懇談」 大阪歴史懇談会 (25) 2011.8

東日本大震災被災地の復興を祈る(宇井啓)「西村山地域史の研究」 西村山地域史研究会 (29) 2011.9

東日本大震災覚え書き 3月11・12日の体験(泉真代)「板橋史談」 板橋史談会 (266) 2011.9

東日本大震災に思う(佐伯安子)「にーだんご」 くにたちの暮らしを記録する会 (24) 2011.9

自然災害と郷土史考—平成23年・東日本大震災が教えるもの(丸山正男)「頸城文化」 上越郷土研究会 (59) 2011.9

東日本大震災の被災状況と課題(緊急企画 東日本大震災の被災状況と課題)(関東近世史研究会常任委員会)「関東近世史研究」 関東近世史研究会 (70) 2011.10

震災活動状況報告(緊急企画 東日本大震災の被災状況と課題)(新井浩文)「関東近世史研究」 関東近世史研究会 (70) 2011.10

2011年(平成23年)3月11日(齋藤誠)「郷土目黒」 目黒区郷土研究会 55 2011.10

語り継ぐべき3.11東日本大震災(松島信幸)「伊那」 伊那史学会 59(10)通号1001 2011.10

地震・津波にどのように向き合うか?—東日本大震災から学ぶこと(松本剛)「季刊沖縄」 沖縄協会 16(3・4)通号41 2011.10

東日本大震災 から 手紙・写真など「地名」 宮城県地名研究会 (34) 2011.11

浸水線に祀られるもの—被災漁村を歩く(上)(特集 東北の海—東日本大震災2)(川島秀一)「東北学.[第2期]」 東北芸術工科大学東北文化研究センター, 柏書房(発売) (29) 2011.11

復興と海縁ネットワーク(特集 東北の海—東日本大震災2)(野地恒有)「東北学.［第2期］」 東北芸術工科大学東北文化研究センター，柏書房 (29) 2011.11

「思い出の風景」から考える被災地復興(特集 東北の海—東日本大震災2)(廣瀬俊介)「東北学.［第2期］」 東北芸術工科大学東北文化研究センター，柏書房(発売) (29) 2011.11

エッセイ 集落の歴史を包む海と山、そこに在る家(特集 東北の海—東日本大震災2)(中村只吾)「東北学.［第2期］」 東北芸術工科大学東北文化研究センター，柏書房(発売) (29) 2011.11

エッセイ 「地域の力」と緊急支援—震災の現場で感じたこと(特集 東北の海—東日本大震災2)(佐藤稔)「東北学.［第2期］」 東北芸術工科大学東北文化研究センター，柏書房(発売) (29) 2011.11

東日本大震災による石造物損傷調査結果について(田村勲)「史談八千代 ： 八千代市郷土歴史研究会機関誌」 八千代市郷土歴史研究会 (36) 2011.11

歴史研究を志す者は震災に対し、どう向きあっていくべきか(会報100号記念特集)(梶原勝)「多摩地域史研究会会報」 多摩地域史研究会 (100) 2011.11

東日本大震災考(特集 災害の歴史)(間淵二三夫)「歴研よこはま」 横浜歴史研究会 (67) 2011.11

東日本大震災を考える(澤田憲孝)「嘉飯山郷土研究会会誌」 嘉飯山郷土研究会 (25) 2011.11

ことばの力—東日本大震災(特集 太宰府の絵図)(桜川冴子)「都府楼」 古都大宰府保存協会 (43) 2011.11

大地震の記録を歴史に重ねると(山野上純夫)「サットバ ： みんなほさつ」 (433) 2011.11

三・一一のこと(中野潤一)「サットバ ： みんなほさつ」 (433) 2011.11

巻頭言 東日本大震災をどう受け止めるか(松岡弘之)「史料ネットnewsletter」 歴史資料ネット (67) 2011.11

東日本の方言における格配列の多様性(第194回例会研究発表資料(2011.9.18))(佐々木冠)「北海道方言研究会会報」 北海道方言研究会 (88) 2011.12

私の震災体験(特集 東日本大震災 各地の報告(続))(丹野恭夫)「仙台郷土研究」 仙台郷土研究会 36(2)通号283 2011.12

寄稿 東日本大震災で思うこと(塩田安示)「いしぶみ」 まちだ史考会 (32) 2011.12

東日本大震災活動の記録(大本進)「高梁川」 高梁川流域連盟 (69) 2011.12

提言「潮目」社会の住環境—東日本大震災から学ぶこと(特集 災害と人権)(佐藤俊郎)「リベラシオン ： 人権研究ふくおか」 福岡県人権研究所 (144) 2011.12

東日本大震災・被災地支援ボランティア活動と被災地の現状(特集 災害と人権)(片岡遼平)「リベラシオン ： 人権研究ふくおか」 福岡県人権研究所 (144) 2011.12

特別アピール 東日本大震災にあたって「地方史研究」 地方史研究協議会 61(6)通号354 2011.12

文化遺産の復興(正月特集)(亀田公明)「いわて文化財」 岩手県文化財愛護協会 (247) 2012.1

早期復興にむけて(正月特集)(佐々木敏夫)「いわて文化財」 岩手県文化財愛護協会 (247) 2012.1

震災から教わったもの(正月特集)(川崎一弘)「いわて文化財」 岩手県文化財愛護協会 (247) 2012.1

文化財保護と復興(正月特集)(今野洋二)「いわて文化財」 岩手県文化財愛護協会 (247) 2012.1

語り継ごう「歴史学」の役割(正月特集)(伊藤博幸)「いわて文化財」 岩手県文化財愛護協会 (247) 2012.1

日本の国のかたち(6)—東日本大震災に見る日本人の心(伊達宗弘)「いしぶみ」 「いしぶみ」発行所 (40) 2012.1

東日本大震災に思う 古典からの贈り物(吉田侍江)「郷土史」 八王子市川口郷土史研究会 (33) 2012.1

東日本大震災被災文化財等の状況について—岩手・宮城両県を中心として(池田憲和)「出羽路」 秋田県文化財保護協会 通号150 2012.2

波に消えた少年(特集 若者たちの東北—東日本大震災3)(岩崎孝正)「東北学.［第2期］」 東北芸術工科大学東北文化研究センター，柏書房(発売) (30) 2012.2

3.11 それから(特集 若者たちの東北—東日本大震災3)(田口洋美)「東北学.［第2期］」 東北芸術工科大学東北文化研究センター，柏書房(発売) (30) 2012.2

少しでもできること、意識し続けること(特集 若者たちの東北—東日本大震災3—学生たちの3.11—震災と向き合う 蛯原一平監修)(白石明香)「東北学.［第2期］」 東北芸術工科大学東北文化研究センター，柏書房(発売) (30) 2012.2

受け入れるという事(特集 若者たちの東北—東日本大震災3—学生たちの3.11—震災と向き合う 蛯原一平監修)(阿久津真那)「東北学.［第2期］」 東北芸術工科大学東北文化研究センター，柏書房(発売)

(30) 2012.2

生きることの実感(特集 若者たちの東北—東日本大震災3—学生たちの3.11—震災と向き合う 蛯原一平監修)(田山雄貴)「東北学.［第2期］」 東北芸術工科大学東北文化研究センター，柏書房(発売) (30) 2012.2

普通で残酷だ(特集 若者たちの東北—東日本大震災3—学生たちの3.11—震災と向き合う 蛯原一平監修)(木村真綾)「東北学.［第2期］」 東北芸術工科大学東北文化研究センター，柏書房(発売) (30) 2012.2

一歩前へ(特集 若者たちの東北—東日本大震災3—学生たちの3.11—震災と向き合う 蛯原一平監修)(千尋美紀)「東北学.［第2期］」 東北芸術工科大学東北文化研究センター，柏書房(発売) (30) 2012.2

甘かった認識(特集 若者たちの東北—東日本大震災3—学生たちの3.11—震災と向き合う 蛯原一平監修)(原田京葉)「東北学.［第2期］」 東北芸術工科大学東北文化研究センター，柏書房(発売) (30) 2012.2

あたたかさ(特集 若者たちの東北—東日本大震災3—学生たちの3.11—震災と向き合う 蛯原一平監修)(渡邊みなみ)「東北学.［第2期］」 東北芸術工科大学東北文化研究センター，柏書房(発売) (30) 2012.2

帰宅難民となって(特集 若者たちの東北—東日本大震災3—学生たちの3.11—震災と向き合う 蛯原一平監修)(香取千晴)「東北学.［第2期］」 東北芸術工科大学東北文化研究センター，柏書房(発売) (30) 2012.2

私たちは「被害者」なのか(特集 若者たちの東北—東日本大震災3—学生たちの3.11—震災と向き合う 蛯原一平監修)(及川葉月)「東北学.［第2期］」 東北芸術工科大学東北文化研究センター，柏書房(発売) (30) 2012.2

東日本大震災—千年に一度の災害か(岸昌一)「年報新発田学」 敬和学園大学 (3) 2012.2

巻頭言 東日本大震災に人間の歴史を想う(松本建策)「北方博物館交流 ： (財)北海道北方博物館交流協会会誌」 北海道北方博物館交流協会 (23・24) 2012.3

東日本大震災と方言—これから、あるいは今、できること(今村かほる)「地域学 ： 地域の理解にむけて」 弘前学院大学，北方新社(発売) 10 2012.3

復興と地域の文化財(特集 新天地の町づくり村づくり 津波にも負けず)(金賢治)「いわて文化財」 岩手県文化財愛護協会 (248) 2012.3

文化財保護を復興の力に(特集 新天地の町づくり村づくり 津波にも負けず)(伊藤正治)「いわて文化財」 岩手県文化財愛護協会 (248) 2012.3

文化財にもっと関心を(特集 新天地の町づくり村づくり 津波にも負けず)(石岡三郎)「いわて文化財」 岩手県文化財愛護協会 (248) 2012.3

東日本大震災による大災害発生(小田島三夫)「西和賀史談」 西和賀史談会 (6) 2012.3

大震災後、一年を経過して(小川蒼秀)「ホツマ」 ホツマ研究会 (68) 2012.3

東日本大震災・被災と復旧 震災被害と資料レスキュー「資料館だより」 仙台市教育委員会 (44) 2012.3

提言 東日本大震災を受けての提言(小林貴宏)「羽陽文化」 山形県文化財保護協会 (156) 2012.3

東日本大震災大津波に思う(東日本大震災特集)(八島孝雄)「郷土の研究」 国見町郷土史研究会 (42) 2012.3

「故郷に必ず戻る」の手記を読んで(東日本大震災特集)(渡邊等)「郷土の研究」 国見町郷土史研究会 (42) 2012.3

大震災に思う(東日本大震災特集)(加藤拙生)「郷土の研究」 国見町郷土史研究会 (42) 2012.3

大震災の年・終戦記念日に思う事(東日本大震災特集)(秦宏)「郷土の研究」 国見町郷土史研究会 (42) 2012.3

わが家の大震災避難状況(東日本大震災特集)(佐藤豊治)「郷土の研究」 国見町郷土史研究会 (42) 2012.3

震災その日 その時(東日本大震災特集)(紺野愛子)「郷土の研究」 国見町郷土史研究会 (42) 2012.3

二ヵ月振りに戻ったわが家の猫(東日本大震災特集)(中村洋平)「郷土の研究」 国見町郷土史研究会 (42) 2012.3

大震災に思った様々なことと教訓(東日本大震災特集)(佐藤治男)「郷土の研究」 国見町郷土史研究会 (42) 2012.3

瞬きの間に倒壊した石蔵(東日本大震災特集)(岡部文介)「郡山地方史研究」 郡山地方史研究会 42 2012.3

三・十一東日本大震災について(東日本大震災特集)(細田栄)「郡山地方史研究」 郡山地方史研究会 42 2012.3

市町村広報誌特集記事に見る東日本大震災 H23.3.11～H23.12.31(二瓶優)「福島県郷土資料情報」 福島県立図書館 (52) 2012.3

東日本大震災から一年あの日を忘れない(谷田泰章)「麻生の文化」 行方市教育委員会 (43) 2012.3

大震災のその時、その後(私たちの震災体験記)(高橋裕文)「茨城大学中世史研究」 茨城大学中世史研究会 9 2012.3

津波、原発、避難生活と一時帰宅のこと(私たちの震災体験記)(泉田邦彦)「茨城大学中世史研究」 茨城大学中世史研究会 9 2012.3

インドでの東日本大震災(私たちの震災体験記)(藤井達也)「茨城大学中世史研究」 茨城大学中世史研究会 9 2012.3

東日本大震災の津波による公文書の被災(特集 東日本大震災と文書館)(富岡守)「双文」 群馬県立文書館 29 2012.3

東日本大震災 三・一一詠(榊原朗秋)「川口史林 : 川口市郷土史会々誌」 川口市郷土史会 (77) 2012.3

資料の保存と修復―東日本大震災の被災現場に発生から十日目に入って(坂本勇)「千葉県の文書館」 千葉県文書館 (17) 2012.3

新聞から見た東日本大震災M9.0(生徒歴史研究発表大会の記録)(工藤吉生)「房総史学」 国書刊行会 (52) 2012.3

東日本大震災の津波と元禄地震の津波について(生徒歴史研究発表大会の記録)(小見川高校郷土史研究会)「房総史学」 国書刊行会 (52) 2012.3

東日本大震災に思う(会員館活動報告)(武蔵村山市立歴史民俗資料館)「ミュージアム多摩 : 東京都三多摩公立博物館協議会会報」 東京都三多摩公立博物館協議会 2012.3

記念講演 地名から見た東日本大震災―災害とかかわりある地名を被災地から探る(秋山正道)「越佐の地名」 越後・佐渡の地名を語る会 (12) 2012.3

東日本大震災・三陸津波被害に関する考察(地濃茂雄)「新潟の生活文化 : 新潟県生活文化研究会誌」 新潟県生活文化研究会 (18) 2012.3

東日本大震災を撮る―岩手県宮古市から宮城県松島町まで(本谷文雄)「石川県立歴史博物館紀要」 石川県立歴史博物館 (24) 2012.3

東日本大震災被災地にて(特集1 災害支援 "絆")(栗本真弓)「津・市民文化」 津市 (6) 2012.3

東日本大震災から一年 3月11日(編集者より)「史談福智山」 福知山史談会 (720) 2012.3

東日本大震災一年をふり返って「文書館だより」 徳島県立文書館 (33) 2012.3

東日本大震災と自衛隊(石川秀雄)「宇摩史談」 宇摩史談会 (100) 2012.3

特集 東日本大震災(山崎信行)「大平山」 三里史談会 (38) 2012.3

世界の共通語となったツナミ 東日本大震災を忘れないために(特集 東日本大震災)(中野勝美)「故郷の花」 小郡市郷土史研究会 (37) 2012.3

東日本大震災の教訓からみた郷土史研究の重要性(特集 東日本大震災)(加地良光)「故郷の花」 小郡市郷土史研究会 (37) 2012.3

届け! 勇気と希望の光(特集 東日本大震災)(前田俊範)「故郷の花」 小郡市郷土史研究会 (37) 2012.3

東日本大震災後の対応について―被災地の大学から(エッセイ・評論等)(岩本愛子)「想林」 江角学びの交流センター地域人間科学研究所 (3) 2012.3

東日本大震災臨時委員会の活動について(特集1 東日本大震災と記録資料)(福島幸宏)「記録と史料 : journal of the Japan Society of Archives Institutions」 全国歴史資料保存利用機関連絡協議会 (22) 2012.3

日本の国のかたち(7)―東日本大震災に見る日本人の心(2)(伊達宗弘)「いしぶみ」 「いしぶみ」発行所 (41) 2012.4

東日本大震災特集(千葉隆胤)「会津史談」 会津史談会 (86) 2012.4

三・一一を心に刻んで(特集)(若泉孝子)「玉造史叢」 玉造郷土文化研究会 53 2012.4

東日本大震災の時、わたしは…(特集)(中田美代子)「玉造史叢」 玉造郷土文化研究会 53 2012.4

三月十一日あれこれのこと(特集)(相川誠子)「玉造史叢」 玉造郷土文化研究会 53 2012.4

東日本大震災の我が家と私(特集)(塚越松江)「玉造史叢」 玉造郷土文化研究会 53 2012.4

「3・11」その時篆刻をしていた(特集)(野原小右二)「玉造史叢」 玉造郷土文化研究会 53 2012.4

東日本大震災について(特集)(風間享夫)「玉造史叢」 玉造郷土文化研究会 53 2012.4

心のざわめき(特集)(舘洞強)「玉造史叢」 玉造郷土文化研究会 53 2012.4

その時(特集)(飯田俊彦)「玉造史叢」 玉造郷土文化研究会 53 2012.4

東日本大震災(特集)(鈴木周也)「玉造史叢」 玉造郷土文化研究会 53 2012.4

あの日あの時(特集)(柳瀬徳造)「玉造史叢」 玉造郷土文化研究会 53 2012.4

三月十一日、十四時四十六分(特集)(白鳥和代)「玉造史叢」 玉造郷土文化研究会 53 2012.4

がんばれ日本・東日本大震災復興 辰(龍)年、飛翔を願う(廣崎篤夫)「北九州市の文化財を守る会会報」 北九州市の文化財を守る会 (136) 2012.4

東日本大震災と復興 3.11 未曾有の大震災/吉野作造記念館ホームページがリニューアル!!「吉野作造記念館だより」 古川学人 (20) 2012.4

防災遺産の収集(熊谷常正)「いわて文化財」 岩手県文化財愛護協会 (249) 2012.5

東日本大震災一年 陛下が哀悼(河北新報)/天皇陛下のおことば/首相式辞/平成24年3月11日 死者数 避難者(東日本大震災特集)「郷土たじり」 田尻郷土研究会 (34) 2012.5

地震の思い出(東日本大震災特集)(佐藤紀久子)「郷土たじり」 田尻郷土研究会 (34) 2012.5

「東日本大震災」の記録のひとこま(東日本大震災特集)(平野一郎)「郷土たじり」 田尻郷土研究会 (34) 2012.5

天災に想う(東日本大震災特集)(武田恒哉)「郷土たじり」 田尻郷土研究会 (34) 2012.5

古きを学び今を制す、海岸林の再生を願う(東日本大震災特集)(伊藤民雄)「郷土たじり」 田尻郷土研究会 (34) 2012.5

強い絆に感動する日々(東日本大震災特集)(泉田まさこ)「郷土たじり」 田尻郷土研究会 (34) 2012.5

大震災から学んだ事(東日本大震災特集)(扇明美)「郷土たじり」 田尻郷土研究会 (34) 2012.5

東日本大震災に思う(東日本大震災特集)(平吹弘子)「郷土たじり」 田尻郷土研究会 (34) 2012.5

大震災一年を振り返って(東日本大震災特集)(菅原幸子)「郷土たじり」 田尻郷土研究会 (34) 2012.5

あの日、あの時(東日本大震災特集)(武田道直)「郷土たじり」 田尻郷土研究会 (34) 2012.5

東日本大震災から一年(東日本大震災特集)(小野塚てる子)「郷土たじり」 田尻郷土研究会 (34) 2012.5

郷土史研究会講演(講演要旨)「3.11東日本大震災・地震・津波・原發―この震災から何を学び、なにを伝えるか― 講師 菅原正煕氏「栗原郷土研究」 栗原郷土研究会 (43) 2012.5

東日本大震災を経験して(大竹一弘)「郷土やながわ」 福島県伊達市梁川町郷土研究会 (17) 2012.5

東日本大震災を振り返りながら(小坂いち)「史談しもふさ」 下総町郷土史研究会 (33) 2012.5

泉区民の東日本大震災体験アンケート集計(東日本大震災と泉区特集―東日本大震災発生時の記録)(調査委員会)「郷土いずみ」 (18) 2012.5

研究動向 東日本大震災以降の各地ネットの情報(今津勝紀)「岡山地方史研究」 岡山地方史研究会 (126) 2012.5

東日本大震災に見た内藤家の知恵(吉田継男)「亀井 : 内藤家顕彰会会誌」 内藤家顕彰会 2012年度 2012.5

活動レポート 東日本大震災による被災文化財等救援状況―平成23年度の活動を通して(赤沼英男)「岩手県立博物館だより」 岩手県文化振興事業団 (133) 2012.5

震災について思うこと(佐久間好雄)「茨城史林」 筑波書林 (36) 2012.6

被災状況―震災後のメールから(東日本大震災特集)(富田任)「茨城史林」 筑波書林 (36) 2012.6

学校現場における3月11日とその後(東日本大震災特集)(毛塚裕之)「茨城史林」 筑波書林 (36) 2012.6

回顧(374) 東日本大震災と七〇年前の東南海地震に思いを重ねて(佐藤敏夫)「旧四日市を語る」 旧四日市を語る会 (22) 2012.6

東日本大震災の現状(資料)「旧四日市を語る」 旧四日市を語る会 (22) 2012.6

巻頭言 東日本大震災と集落共同体(中村修)「古代史の海」 「古代史の海」の会 (68) 2012.6

東日本大震災による遺跡被災とその課題(特集 震災と文化財)(熊谷常正)「岩手史学研究」 岩手史学会 (93) 2012.7

東日本復興 ゆめ パンダ(あすに向かって)(菅原康雄)「伊那」 伊那史学会 60(8)通号1011 2012.8

すべての人に目を配るということ―大震災と歴史研究(特集 東日本大震災を体験して)(今野真)「宮城歴史科学研究」 宮城歴史科学研究会 (71) 2012.9

鎮魂としての歴史研究へ向けて(特集 東日本大震災を体験して)(目時和哉)「宮城歴史科学研究」 宮城歴史科学研究会 (71) 2012.9

特集にあたって(特集 公開シンポジウム「東日本大震災 奈良で考える復興と文化」)「奈良歴史研究」 奈良歴史研究会 (78) 2012.9

歴史資料の救出・保全活動から見た現地の被害と復興(特集 公開シンポジウム「東日本大震災 奈良で考える復興と文化」)(吉川圭太)「奈良歴史研究」 奈良歴史研究会 (78) 2012.9

文化財が伝えるもの―東日本大震災を越えて(桂雄三)「広島県文化財ニュース」 広島県文化財協会 (214) 2012.10

被災地の一年半 宮城県地名研究会・東北アイヌ語地名研究会(太宰幸子)「日本地名研究所通信」 日本地名研究所 (75) 2012.10

復興と文化振興(八重樫勝)「いわて文化財」 岩手県文化財愛護協会 (252) 2012.11

震災後の文化振興事業―復興支援を中心に(池田克典)「いわて文化財」 岩手県文化財愛護協会 (252) 2012.11

文献史料からみた貞観地震に関する一考察（特集 東日本大震災と地域史の再発見―研究ノート）（二上玲子）「市史せんだい」 仙台市博物館 22 2012.11
震災がよみがえらせた古地形（特集 東日本大震災と地域史の再発見）（清水川伸）「市史せんだい」 仙台市博物館 22 2012.11
東日本大震災その後及び平成24年7月北部九州災害より学ぶ（澤田憲孝）「嘉飯山郷土研究会会誌」 嘉飯山郷土研究会 （26） 2012.11
東日本大震災における「戦災・原発」の記録化事例研究―法政大学「環境アーカイブズ」の活動を中心に（特集 東日本大震災1年―これまでの活動と今後の課題）（金慶南）「アーカイブズ学研究」 日本アーカイブズ学会 （17） 2012.11
『東日本大震災の復旧・復興への取り組み―ドキュメンタリー映画の製作を通して―』（阿部和夫）「仙台郷土研究」 仙台郷土研究会 37（2） 通号285 2012.12
災害と文学―文学作品から東日本大震災を考える（村山精二）「扣之帳」 扣之帳刊行会 （38） 2012.12
東日本大震災を体験して（東日本大震災の体験）（大藤修）「国史談話会雑誌」 東北大学国史談話会 （53） 2012.12
復旧までの日々（東日本大震災の体験）（風間亜紀子）「国史談話会雑誌」 東北大学国史談話会 （53） 2012.12
備忘（震災記）抄（東日本大震災の体験）（羽下徳彦）「国史談話会雑誌」 東北大学国史談話会 （53） 2012.12
文化財を復興の力に（特集 小さな郷土の大きな文化遺産）（達増拓也）「いわて文化財」 岩手県文化財愛護協会 （253） 2013.1
東日本大震災のこと 他（依頼解説）（駒木佐助）「茂呂瀾」 室蘭地方史研究会 （47） 2013.3
市町村広報誌特集記事に見る東日本大震災 H24.1.1～12.31（二瓶優）「福島県郷土資料情報」 福島県立図書館 （53） 2013.3
報告1 東日本の部落解放運動の歴史と課題（東日本部落解放研究所機関誌『明日を拓く』100号記念フォーラム これからの部落解放運動を拓くために―フォーラム1「部落解放運動の現在を考える」）（藤沢靖介）「明日を拓く」 東日本部落解放研究所，解放書店（発売） 39（5）通号100 2013.3
東日本大震災から考える津波対策―やどかりプランと空襲警報（第28回「新修名古屋市史を語る集い」から 歴史と最新研究から学ぶ南海トラフの巨大地震）（溝口常俊）「新修名古屋市史だより」 名古屋市市政資料館 （31） 2013.3
別府大学アーカイブズ研修/記録史料保存セミナー/仙台青葉学院短期大学ビジネスキャリア学科 小形准教授の講演「震災と個人記録―東日本大震災を経験して―」「大分県公文書館だより」 大分県公文書館 （20） 2013.3
東日本大震災から2年（藤田正義）「秋田県朝鮮人強制連行真相調査団会報」 秋田県朝鮮人強制連行真相調査団 （74） 2013.4
特集 思い出す大地震（野原小右二）「玉造史叢」 玉造郷土文化研究会 54 2013.4
特集 大地震（八木操）「玉造史叢」 玉造郷土文化研究会 54 2013.4
特集 大地震その後（柳瀬徳造）「玉造史叢」 玉造郷土文化研究会 54 2013.4
田中正造没後100年、3・11事件三年目の課題（特集 田中正造没後100年）（赤上剛）「田中正造と足尾鉱毒事件研究」 随想舎 16 2013.4
個人が行う記録管理―東日本大震災からの教訓（小形美樹）「レコード・マネジメント ： 記録管理学会誌」 記録管理学会 （64） 2013.5
東日本大震災に関する記録・証言などの収集活動の現状と課題（永村美奈，佐藤翔輔，柴山明寛，今村文彦，岩崎雅宏）「レコード・マネジメント ： 記録管理学会誌」 記録管理学会 （64） 2013.5
阪神・淡路大震災から東日本大震災へ―大震災その後に関する調査（研究プロジェクト）（佐々木和子［ほか］）「レコード・マネジメント ： 記録管理学会誌」 記録管理学会 （65） 2013.11
実地踏査の概要（第38回上伊那歴史研究会県外実地踏査報告「茨城県と上伊那とのつながりを探る」）（田村栄作）「伊那路」 上伊那郷土研究会 57（12）通号683 2013.12
県外踏査に参加して（第38回上伊那歴史研究会県外実地踏査報告「茨城県と上伊那とのつながりを探る」）（北原斉）「伊那路」 上伊那郷土研究会 57（12）通号683 2013.12
東日本大震災、三千km慰問活動―未だ復興ならず（森高康行）「宇摩史談」 宇摩史談会 （102） 2014.2
震災史料をのこす―阪神・淡路大震災から東日本大震災へ（佐々木和子）「史料ネットnews letter」 歴史資料ネットワーク （75） 2014.2
「東日本大震災現地を視察して」（読者の声）（山田大隆）「文化情報」 北海道文化財保護協会 （342） 2014.3
東日本大震災（伝えたい！ 東日本大震災）（小川恵見）「郷土の研究」 国見町郷土史研究会 （44） 2014.3
東日本大震災で思うこと（伝えたい！ 東日本大震災）（野村和夫）「郷土の研究」 国見町郷土史研究会 （44） 2014.3
「東日本大震災」・私の体験（伝えたい！ 東日本大震災）（阿部恒夫）「郷土の研究」 国見町郷土史研究会 （44） 2014.3
東日本大震災の体験（伝えたい！ 東日本大震災）（鈴木政明）「郷土の研究」 国見町郷土史研究会 （44） 2014.3
震災の二日間の出来事（伝えたい！ 東日本大震災）（佐野キミ）「郷土の研究」 国見町郷土史研究会 （44） 2014.3
震災 あの時から二年余（伝えたい！ 東日本大震災）（阿部義男）「郷土の研究」 国見町郷土史研究会 （44） 2014.3
震災の記憶（伝えたい！ 東日本大震災）（鈴木周一）「郷土の研究」 国見町郷土史研究会 （44） 2014.3
三.一一大震災と原発事故（伝えたい！ 東日本大震災）（松浦常雄）「郷土の研究」 国見町郷土史研究会 （44） 2014.3
震災に思う（伝えたい！ 東日本大震災）（松村彦衛）「郷土の研究」 国見町郷土史研究会 （44） 2014.3
大震災、あの日あの時（伝えたい！ 東日本大震災）（佐藤榮壽）「郷土の研究」 国見町郷土史研究会 （44） 2014.3
東日本震災を振り返って（伝えたい！ 東日本大震災）（宮本言）「郷土の研究」 国見町郷土史研究会 （44） 2014.3
阪神・淡路大震災と東日本大震災発生後に実施したアンケート結果の比較（寄稿）（河尻清和）「神奈川県博物館協会々報」 神奈川県博物館協会 （85） 2014.3
巻頭言 「東日本大震災」三周年に思う 歴史と科学に学ぶ叡智と決断をもとう（今成卓而）「みなみうおぬま ： 郷土史編さん誌」 南魚沼市教育委員会 （11） 2014.3
体験者が記した元禄大地震と大津波（古山豊）「忘らえぬかも ： 故里の歴史をさぐる」 （8） 2014.4
東日本大震災後の博物館における災害史展示を考える（展示批評）（橋本直子）「地方史研究」 地方史研究協議会 64（2）通号368 2014.4
東日本大震災から3年（細川健裕）「文化情報」 北海道文化財保護協会 （343） 2014.5
地名が知らせる自然災害 東日本大震災と岩手・宮城内陸地震から（太宰幸子）「地名」 宮城県地名研究会 （39） 2014.5
震災被災物の言葉を紡ぐ―文化的記憶を再生するために（特集 東日本大震災 各地の報告（続々））（山内宏泰）「仙台郷土研究」 仙台郷土研究会 39（1）通号288 2014.6
1年半の派遣を終えて―東日本大震災の復興支援（伴瀬宗一）「The amuseum」 埼玉県立歴史と民俗の博物館 9（1）通号25 2014.6
記録 東日本大震災の被害状況「旧四日市を語る」 旧四日市を語る会 （24） 2014.6
震災から三年が過ぎたが（小特集 東日本大震災と地方史研究）（佐々木淳）「地方史研究」 地方史研究協議会 64（4）通号370 2014.8
東日本大震災から3年 「復興グルメF―1大会」による被災地間交流（大政朋子）「中庄の歴史」 中庄の歴史を語り継ぐ会 （9） 2014.9

北東日本

記念講演 古代北東日本の歴史から（《創立50周年記念事業の記録》）（新野直吉）「出羽路」 秋田県文化財保護協会 通号143 2008.7

野岩鉄道

野岩鉄道・会津鉄道の開通と変容（《創立50周年記念特集号 変容福島県》―〈会津地方に関する論考〉）（佐々木修）「福島地理論集」 福島地理学会 51 2008.9

北海道

愛国駅
『愛国駅』と『幸福駅』の原アイヌ語地名（早田国光）「アイヌ語地名研究」アイヌ語地名研究会，北海道出版企画センター（発売）（17）2014.12

アイヌ古道
松浦武四郎文献における空知の「アイヌ古道」―第1報 石狩川右岸 前編（平隆一）「アイヌ語地名研究」アイヌ語地名研究会，北海道出版企画センター（発売）通号9 2006.12

松浦武四郎文献における空知の「アイヌ古道」(2)～(6)（平隆一）「アイヌ語地名研究」アイヌ語地名研究会，北海道出版企画センター（発売）通号10/通号14 2007.12/2011.12

相内兵村
相内兵村は今年入植105年（見陣章彦）「屯田」北海道屯田倶楽部 30 2001.10

屯田兵村公有地財産をめぐって(7) 最終処分の優等生，相内，江部乙兵村（河野民雄）「屯田」北海道屯田倶楽部（49）2011.4

青葉城
わが故郷は青葉城のほとりに（野村喜代春）「屯田」北海道屯田倶楽部（38）2005.10

青山別邸
青山別邸と豪農の館(上)，(下)（夏坊寛一郎）「オール諏訪 ： 郷土の総合文化誌」諏訪郷土文化研究会 24(2)通号236/24(3)通号237 2004.5/2004.6

赤川村
亀田郡赤川村の結社「原泉社」（近江幸雄）「北の青嵐 ： 道史協支部交流会報」北海道史研究協議会 149 2005.6

赤平
赤平地内炭鉱の系譜（相良主彦）「空知地方史研究」空知地方史研究協議会 36 2002.6

赤平農業自立への道（相良主彦）「空知地方史研究」空知地方史研究協議会 38 2004.6

強制連行外国人労働者の一考察―赤平の炭鉱を中心に（目黒孝二）「空知地方史研究」空知地方史研究協議会 39 2005.6

類型別北海道移住状況と赤平への入植（相良主彦）「空知地方史研究」空知地方史研究協議会 39 2005.6

戦時下の赤平各炭鉱の開坑状況と外国労働（相良主彦）「空知地方史研究」空知地方史研究協議会（42）2009.3

赤平市
私の炭坑の記憶―北海道・赤平市で学んだこと（西日本文化協会創立50周年記念論文）（山本伸生）「西日本文化」西日本文化協会（460）2012.12

赤レンガ庁舎
道庁赤レンガ庁舎の歴史画（舟山廣治）「文化情報」北海道文化財保護協会（295）2006.11

秋田藩元陣屋第二台場
市川村指定文化財(110) 領土の緊張物語るあかし 秋田藩元陣屋第二台場「文化情報」北海道文化財保護協会 282 2005.10

旭川
「旭川」の地名起源考(1)～(3)（高橋基）「アイヌ語地名研究」アイヌ語地名研究会，北海道出版企画センター（発売）通号4/通号6 2001.12/2003.12

北海道スキーの発祥地・旭川（続）―上原勇作第七師団長と北鎮小学校のスキーについて（中浦皓志）「旭川研究 ： 旭川市史編集機関誌 ： 今と昔」旭川市 20 2003.2

大正九年の新聞に見える種々の旭川の歴史（余言余話）（平野友彦）「旭川研究 ： 旭川市史編集機関誌 ： 今と昔」旭川市 20 2003.2

旭川地方におけるタプカラについて―杉村満さんの伝承より（甲地利恵）「北海道立アイヌ民族文化研究センター研究紀要」北海道立アイヌ民族文化研究センター（10）2004.3

旭川採集アイヌ語名詞集（魚井一由）「旭川市博物館研究報告」旭川市博物館（12）2003.3

上川百万石 密林と暴れ川との闘い 旭川屯田会「屯田を知る集い」から「屯田」北海道屯田倶楽部（39）2006.4

屯田兵ふるさと紀行 旭川二兵村を訪ねて（後藤良二）「屯田」北海道屯田倶楽部（40）2006.10

旭川採集アイヌ語名詞集（魚井一由）「旭川市博物館研究報告」旭川市博物館（13）2007.3

FIELD NOTE「アイヌ語旭川方言研究」というフィールドワーク（井筒勝信）「Arctic circle」北方文化振興協会（68）2008.9

旭川市
旭川市のアイヌ語地名表示板と町内会記念誌について（高橋基）「アイヌ語地名研究」アイヌ語地名研究会，北海道出版企画センター（発売）（17）2014.12

旭川村
開村草創期における旭川村の戸口数（原田一典）「旭川研究 ： 旭川市史編集機関誌 ： 今と昔」旭川市 18 2001.3

余言余話 旭川村の設置と村落の形成（原田一典）「旭川研究 ： 旭川市史編集機関誌 ： 今と昔」旭川市 19 2002.1

朝日町
高度経済成長期前後における北海道林業労働者の生業技術の変遷―士別市朝日町の事例（青柳かつら）「北海道開拓記念館研究紀要」北海道開拓記念館（40）2012.3

旭野小学校
学校の統廃合シリーズ(2) 上富良野で最初に統合した旭野小学校（倉本千代子）「郷土をさぐる」上富良野町郷土をさぐる会（31）2014.4

アシリコタン
近世の別海を探る 「西別川河口から南，風蓮湖内」(3) アシリコタン 地名の由来，地勢・建物など「別海町郷土資料館だより」別海町郷土資料館（130）2010.5

厚別
随筆 アシベツ（地蔵慶護）「北海道れきけん」北海道歴史研究会（72）2010.2

難読アイヌ語地名「厚別」を「あしりべつ」に（横平弘）「アイヌ語地名研究」アイヌ語地名研究会，北海道出版企画センター（発売）（15）2012.12

アイヌ語地名「厚別」の呼称と語源（横平弘）「アイヌ語地名研究」アイヌ語地名研究会，北海道出版企画センター（発売）（16）2013.12

厚別弾薬庫
戦後60年 北海道陸軍兵器補給廠・厚別弾薬庫と戦後処理（西田秀子）「札幌の歴史 ： 「新札幌市史」機関誌」札幌市 49 2005.8

厚別山水車器械場
開拓使札幌器械場の歴史と技術 特に厚別山水車器械場の実態について（山田大隆）「北海道の文化」北海道文化財保護協会（84）2012.2

厚真川
コタンを訪ねて(8) 厚真川流域の人々（山本融定）「北海道の文化」北海道文化財保護協会 通号81 2009.3

アツウシベツ会所
アツウシベツ会所踏査記（藤野家古文書解読会）「くるまいし ： 根室市歴史と自然の資料館だより」根室市歴史と自然の資料館（22）2007.6

厚岸
厚岸における佐賀藩からの移民について（熊崎農夫博）「北の青嵐 ： 道史協支部交流会報」北海道史研究協議会 124 2003.5

厚岸の「モイワ」について（井口利夫）「アイヌ語地名研究」アイヌ語地名研究会，北海道出版企画センター（発売）通号6 2003.12

嘉永三年厚岸漂着の異国船一件―イーモント号の処遇をめぐって（河元由美子）「洋学史研究」洋学史研究会（21）2004.3

「加賀文書歴史講座」のお知らせ―根室から箱館への道のり・厚岸のお殿様が見た別海「別海町郷土資料館だより」別海町郷土資料館 71 2005.6

第一次幕領期における南部藩のアッケシ警備について―菊池作左衛門「蝦夷地日記」をめぐって（高嶋弘志）「釧路公立大学地域研究」釧路公立大学地域分析研究委員会（15）2006.12

絵はがき「東北海道の要地 厚岸」（山田伸一）「北海道開拓記念館だより」北海道開拓記念館 37(1)通号195 2007.6

厚岸出張陣屋
仙台藩厚岸出張陣屋絵図（佐藤宏一）「仙台藩白老元陣屋資料館報」仙台藩白老元陣屋資料館（10）2004.3

北海道　　　　　　　　　　　　　　　地名でたどる郷土の歴史　　　　　　　　　　　　　　東日本

アッケシ場所

道東の移民が持ち込んだモノと作り出したモノ─太田屯田兵とアッケシ場所の墓標の比較から（朽木量）「釧路市立博物館々報」　釧路市立博物館　（392）2006.3

厚田

石狩・厚田・浜益俳句小史（抄）明治以前から明治33年まで（鈴木トミエ）「いしかり暦」　石狩市郷土研究会　（24）2011.3

厚田郡

明治20年（1887）の石狩・厚田・浜益三郡水陸物産品評会について─北海道最初の民設品評会（鈴木トミエ）「北の青嵐 : 道史協支部交流会報」　北海道史研究協議会　（158）2006.9

厚田浜

石狩浜、厚田浜の履物（吉岡玉吉）「いしかり暦」　石狩市郷土研究会　（22）2009.3

厚田村

石狩国厚田郡厚田村旧樺太アイヌ鰊場漁撈絵図瞥見（吉岡玉吉，村山耀一，安井澄子）「いしかり暦」　石狩市郷土研究会　（23）2010.3

厚真

みどりの遺産─伊達・室蘭・厚真のサイカチ（久光四郎）「伊達の風土」　伊達郷土史研究会　（25）2006.12

アトサヌプリ

武四郎はなぜアトサヌプリを落としたか（福浦寛）「久摺」　釧路アイヌ文化懇話会　13　2010.10

アトサヌプリ硫黄山

アトサヌプリ硫黄山事業の経営者と損益金（寺島敏治）「釧路市史研究」　釧路市　6　2008.3

網走

網走の漆は誰が植えたか？─あるいは、斜里アイヌの歴史認識をめぐって（谷本晃久）「北海道・東北史研究」　北海道出版企画センター　（1）2004.12

北海道・最果ての日本史（1）網走郷土博物館の「葛籠」と「高札」（山田雅也）「文化情報」　北海道文化財保護協会　（299）2007.3

網走の観光資源とサハリン先住民文化に関する新聞資料（1）（2008年度分野別研究）（田村将人）「北海道開拓記念館調査報告」　北海道開拓記念館　（48）2009.3

"明治時代の網走のくらし"とアイヌ─小学社会科のための素材探し（齋藤玲子）「北海道立北方民族博物館研究紀要」　北海道立北方民族博物館　（19）2010.3

講座 網走周辺のアイヌ語地名 講師・伊藤せいち氏（渡部裕）「北方民族博物館だより」　北海道立北方民族博物館　（81）2011.6

企画展「アイヌ語地名を歩く」「2012・知床/斜里」「2013・網走/オホーツク」「アイヌ民族文化研究センターだより」　北海道立アイヌ民族文化研究センター　（37）2012.9

企画展 アイヌ語地名を歩く─山田秀三の地名研究から2013・冬 網走/オホーツク 2013.2.2～4.7（渡部裕）「北方民族博物館だより」　北海道立北方民族博物館　（88）2013.3

網走線

特集 網走線・池北線・銀河線 鉄路の一世紀（斎藤省三）「トカプチ : 郷土史研究」　NPO十勝文化会議郷土史研究部会　（18）2007.12

五十嵐

地名、藻岩山・遠軽・五十嵐の謎（第163回例会発表資料）（三橋誠之）「北海道方言研究会会報」　北海道方言研究会　（81）2005.12

咜別

難読現有地名「梅花都」と旧地名「潮踏」「咜別」（横平弘）「アイヌ語地名研究」　アイヌ語地名研究会，北海道出版企画センター（発売）通号11　2008.12

生田原

難読地名「生田原」と「砂原」（横平弘）「アイヌ語地名研究」　アイヌ語地名研究会，北海道出版企画センター（発売）通号10　2007.12

池売橋

昭和35年池売橋流出（二谷真奈美）「沙流川歴史館だより」　沙流川歴史館　（27）2007.10

イサリ

恵庭市イサリ・ムサイリのウライ紛争（地蔵慶護）「北海道れきけん」　北海道歴史研究会　50　2003.1

石狩

明治・大正期における北海道石狩 平野南部の土地利用と人口分布─地理情報システムを利用した人口分布の推定（阿онの隆）「キリスト教文化研究所研究年報 : 民族と宗教」　宮城学院女子大学キリスト教文化研究所　（37）2004.3

石狩十三場所（元禄13〈1700〉年）と地名由来（吉岡玉吉）「いしかり暦」　石狩市郷土研究会　（18）2005.3

村山家文書解読「村山本家石狩転出ニ伴う十二ヶ条心得ノ事」（村山家文書を読む会）「いしかり暦」　石狩市郷土研究会　（21）2008.3

村山家文書解読 石狩改革と石狩場所請負人村山伝次郎の苦悩─旧幕府軍から要求された2500両の運上金（村山耀一，安井澄子）「いしかり暦」　石狩市郷土研究会　（24）2011.3

石狩・厚田・浜益俳句小史（抄）明治以前から明治33年まで（鈴木トミエ）「いしかり暦」　石狩市郷土研究会　（24）2011.3

武四郎の献言による石狩改革の余沢 浜 湧別は滅び。山 ユウベツのペナシクルと文化が残った（秋葉實）「松浦竹四郎研究会会誌」「松浦竹四郎研究会」事務局　（65）2012.12

石狩改革後の処遇と独立を望む文書（村山家文書「石狩場所で番人・支配人を勤めた能登屋圓吉」（村山耀一，藤村久和）「いしかり暦」　石狩市郷土研究会　（27）2014.3

古地図の散歩道「石狩原野植民地撰定図」（北大図書館北方資料室所蔵）明治21（1888）年・北海道廳「屯田」　北海道屯田倶楽部　（55）2014.4

石狩川

明治末期の石狩川 水上交通の中心だった外輪船（山本敬一郎）「郷土研究」　砂川市教育委員会　34　2001.3

治水記念碑"石狩川"に思う（中山孝）「えべつの歴史 : 市民がつくるまちのれきし」　江別市総務部　7　2002.3

石狩川内陸運河（白井重有）「そうらっぷち」　滝川市郷土研究会　37　2002.3

武四郎余話 石狩川について（佐藤金造）「郷土研究」　砂川市教育委員会　36　2003.3

石狩川中流域のアイヌについて（卜部信臣）「北の青嵐 : 道史協支部交流会報」　北海道史研究協議会　130　2003.11

石狩川河口におけるサケ地引網漁回顧（吉岡玉吉）「いしかり暦」　石狩市郷土研究会　（20）2007.3

船から見た石狩川（歴史随筆）（野口久男）「えべつの歴史 : 市民がつくるまちのれきし」　江別市総務部　（9）2007.3

石狩川再発見の船旅（歴史随筆）（斉藤松夫）「えべつの歴史 : 市民がつくるまちのれきし」　江別市総務部　（9）2007.3

石狩川・豊平川の治水について─その歩みと私の見聞（歴史随筆）（斉藤松夫）「えべつの歴史 : 市民がつくるまちのれきし」　江別市総務部　（10）2008.2

石狩川の舟運について（新川寛）「北海道の文化」　北海道文化財保護協会 通号80　2008.3

「石狩川鮭漁」の図瞥見（吉岡玉吉）「いしかり暦」　石狩市郷土研究会　（22）2009.3

村山家文書解読 北海道開拓記念館所蔵「イシカリ川借證文之事」（村山耀一）「いしかり暦」　石狩市郷土研究会　（22）2009.3

古地図に見る西蝦夷地と石狩川川筋（抄）─古地図略（たきかわ歴史地図研究会）「北の青嵐 : 道史協支部交流会報」　北海道史研究協議会　（182）2009.6

「石狩川鮭漁」の図について（工藤義衛）「いしかり暦」　石狩市郷土研究会　（23）2010.3

石狩川築堤工事で消えた一原部落（歴史・点描）（高澤光雄）「えべつの歴史 : 市民がつくるまちのれきし」　江別市総務部　（16）2014.3

石狩郡

明治20年（1887）の石狩・厚田・浜益三郡水陸物産品評会について─北海道最初の民設品評会（鈴木トミエ）「北の青嵐 : 道史協支部交流会報」　北海道史研究協議会　（158）2006.9

石狩市

石狩市民図書館所蔵兵部省文書を読む（田岡克介）「いしかり暦」　石狩市郷土研究会　（19）2006.2

高島家文書 明治三十六年六月廿日 運動会順序（三島照子）「いしかり暦」　石狩市郷土研究会　（21）2008.3

石狩市内の屋号（高瀬たみ，吉岡玉吉）「いしかり暦」　石狩市郷土研究会　（21）2008.3

石狩市市街歴史写真（今井光男，田中實）「いしかり暦」　石狩市郷土研究会　（26）2013.3

石狩市市街歴史写真解説（田中實［編集］，鈴木トミエ［調査］）「いしかり暦」　石狩市郷土研究会　（26）2013.3

石狩市での今井家漁撈回顧（今井光男）「いしかり暦」　石狩市郷土研究会　（26）2013.3

昭和初期から昭和20年代までの石狩市の漁船について 補遺吉岡玉吉著作目録（吉岡玉吉）「いしかり暦」　石狩市郷土研究会　（26）2013.3

石狩市大水害概略史と札幌市等の降雨量（田中實［編］）「いしかり暦」　石狩市郷土研究会　（27）2014.3

石狩小学校

石狩小学校、花川小学校の開校と統廃合の経緯（安井澄子）「いしかり暦」

東日本 地名でたどる郷土の歴史 北海道

石狩市郷土研究会　(21)　2008.3

石狩町
付：明治39年9月18日 石狩案内 石狩新聞社/石狩町勢要覧 石狩町役場 大正11年7月（〈回想録―郷土研究会と私〉）「いしかり暦」 石狩市郷土研究会　(17)　2004.3
石狩町沿革史 明治42年5月編纂石狩町役場「いしかり暦」 石狩市郷土研究会　(18)　2005.3
明治九年石狩町大火と市街地の形成（工藤義衛）「いしかり暦」 石狩市郷土研究会　(22)　2009.3

石狩場所
イシカリ場所人別帳 松浦武四郎 札幌市史より転載「郷土研究北ひろしま」 北広島郷土史研究会　(17)　2005.9
村山家文書解読「石狩場所蝦夷人撫育筋書上」「村山家家訓」（村山家文書を読む会）「いしかり暦」 石狩市郷土研究会　(20)　2007.3
近世イシカリ場所疱瘡流行史ノート―文化14年を中心に（《特集 札幌の歴史 新たな出発のために（3）》）（山保洋子）「札幌の歴史 ： 新札幌市史」機関誌」 札幌市　(53)　2007.8
アイノの人種を救った石狩場所改革の上書（「慮心餘赤」）（秋葉實）「松浦竹四郎研究会会誌」「松浦竹四郎研究会」事務局　(60)　2011.2
村山家文書解読「イシカリ御場所新規開墾漁取建約定書之覚」について（村山耀一）「いしかり暦」 石狩市郷土研究会　(25)　2012.3
村山家文書（北海道開拓記念館収蔵）解読 『石狩場所営業許可願』（村山耀一）「いしかり暦」 石狩市郷土研究会　(26)　2013.3

石狩浜
石狩浜の漁業―小手操網漁業（吉岡玉吉，田中實）「いしかり暦」 石狩市郷土研究会　(16)　2003.3
石狩浜、厚田浜の履物（吉岡玉吉）「いしかり暦」 石狩市郷土研究会　(22)　2009.3
石狩湾新港建設で消えた石狩浜の集落―小樽内川集落（オタネ浜）と分部越集落（十線浜）（高瀬たみ）「いしかり暦」 石狩市郷土研究会　(25)　2012.3
石狩浜の「鯨」と「塚」をめぐって（工藤義衛）「いしかり暦」 石狩市郷土研究会　(26)　2013.3

石狩勇払
伊能間宮蝦夷図の石狩―勇払横断線の地名（1）（井口利夫）「アイヌ語地名研究」 アイヌ語地名研究会，北海道出版企画センター（発売）通号10　2007.12
伊能間宮蝦夷図の石狩勇払横断ルートの地名（2）（井口利夫）「アイヌ語地名研究」 アイヌ語地名研究会，北海道出版企画センター（発売）通号11　2008.12
伊能間宮蝦夷図の石狩勇払横断ルート地名（3）（井口利夫）「アイヌ語地名研究」 アイヌ語地名研究会，北海道出版企画センター（発売）通号12　2009.12

石狩油田
北海道の油田史とその遺構―特に石狩油田遺構について（山田大隆）「北海道の文化」 北海道文化財保護協会　(77)　2005.3

石狩湾
「丸山出し」と石狩湾のさかなたち（吉岡玉吉）「いしかり暦」 石狩市郷土研究会　(21)　2008.3
石狩湾新港建設で消えた石狩浜の集落―小樽内川集落（オタネ浜）と分部越集落（十線浜）（高瀬たみ）「いしかり暦」 石狩市郷土研究会　(25)　2012.3

石倉
森町にある「石倉」の地名―新説の地名起源（高木崇世芝）「北の青嵐 ： 道史協支部交流会報」 北海道史研究協議会　136　2004.5

以平
幻だった上途別・以平六百町歩水田（山崎孝作）「トカプチ ： 郷土史研究」 NPO十勝文化会議郷土史研究部会　(15)　2003.8

一原
砺波から一原へ―祖父と父と私の想い出（歴史・点描）（高澤光雄）「えべつの歴史 ： 市民がつくるまちのれきし」 江別市総務部　(13)　2011.3

一番通り
調査・昭和20年頃の一番通り（和田俊作）「えべつの歴史 ： 市民がつくるまちのれきし」 江別市総務部　7　2002.3

伊能橋
「伊能橋」について―伊能忠敬は「伊能橋」を渡ったか（井口利夫）「茂呂瀾」 室蘭地方史研究会　(38)　2004.2

胆振
胆振の山立て（5）（池田実）「茂呂瀾」 室蘭地方史研究会　(37)　2003.2
漁労と地名―「胆振の山立て」から（池田実）「アイヌ語地名研究」 アイヌ語地名研究会，北海道出版企画センター（発売）通号6　2003.12
「岩見沢」と記す胆振地方の碑（杉山四郎）「空知地方史研究」 空知地方史研究協議会　39　2005.6
胆振管内海岸域のアイヌ語地名について（榊原正文）「アイヌ語地名研究」 アイヌ語地名研究会，北海道出版企画センター（発売）通号9　2006.12
胆振の旧道を訪ねる（2）（池田実）「アイヌ語地名研究」 アイヌ語地名研究会，北海道出版企画センター（発売）通号9　2006.12

胆振線
胆振線の誕生から廃止までを振り返って（市民学芸員修了論文要旨）（小西京子）「噴火湾文化 ： newsletter」 伊達市噴火湾文化研究所　5　2010.3

入船陸橋
入船陸橋ものがたり（星良助）「小樽市総合博物館紀要」 小樽市総合博物館　(21)　2008.3

岩知志小学校
旧岩知志小学校（昭和42年）（二谷真奈美）「沙流川歴史館だより」 沙流川歴史館　(35)　2010.1

岩内
明治初年の岩内―岩内市街区画図に見る（論文・研究ノート）（瀧澤正）「北海道史研究協議会会報」　(88)　2011.6
岩内の今日を築いた会津藩の人々（坂井弘治）「文化情報」 北海道文化財保護協会　(343)　2014.5

岩見沢
「岩見沢」と記す胆振地方の碑（杉山四郎）「空知地方史研究」 空知地方史研究協議会　39　2005.6

岩見沢市
岩見沢市と北村との「境界一直線」解明の記録（中野尚幸）「文化情報」 北海道文化財保護協会　(297)　2007.1
岩見沢市と北村との「境界一直線」解明記（中野尚幸）「空知地方史研究」 空知地方史研究協議会　(41)　2007.6

上野
厚真町上野地区発見の丸木舟と松浦武四郎の厚真行（養島栄紀）「北方博物館交流 ： （財）北海道北方博物館交流協会会誌」 北海道北方博物館交流協会　(21)　2009.3

ウコエキウシ
近世の別海を探る「西別川河口から南、風蓮湖内」(8) ヘケレシリ 地名の由来/ムヌシ 地名の由来/ヤウシヘツ 地名の由来、地勢・建物など/シヤンヌエ/ハシヨツヘ/ウコエキウシ 地名の由来「別海町郷土資料館だより」 別海町郷土資料館　(136)　2010.11

ウショロ御用所
山丹交易 白主・ウショロ御用所などの文書から（小林眞人）「赤れんが ： 北海立文書館報」 北海道立文書館　39　2004.10

ウショロ場所
北蝦夷ウショロ場所行きの大野藩の雇船「栄寿丸」利尻島仙法志海岸に漂着（西谷榮治）「北の青嵐 ： 道史協支部交流会報」 北海道史研究協議会　132　2004.1
幕末期北蝦夷地における大野藩のウショロ場所経営（東俊佑）「北海道開拓記念館研究紀要」 北海道開拓記念館　(35)　2007.3

有珠
有珠のいしぶみ（酒井卓晃）「伊達の風土」 伊達郷土史研究会　22　2003.12
有珠沿岸の地名（池田実）「アイヌ語地名研究」 アイヌ語地名研究会，北海道出版企画センター（発売）通号7　2005.1

有珠山
有珠山噴火「茂呂瀾」 室蘭地方史研究会　(35)　2001.1
二千年有珠山噴火―避難生活（木村正一）「茂呂瀾」 室蘭地方史研究会　(35)　2001.1
田村顕允の書簡で読む明治43年の有珠山噴火―併せて同2年移住地受取時の秘記（田中實）「北の青嵐 ： 道史協支部交流会報」 北海道史研究協議会　140　2004.9

有珠新道
有珠新道（本願寺道路）雑記（橋本とおる）「北海道れきけん」 北海道歴史研究会　58　2005.5

歌越
豊頃町の旅来と遠別町の歌越の語源―北海道のタプコプ地名を追って（扇谷昌康）「アイヌ語地名研究」 アイヌ語地名研究会，北海道出版企画センター（発売）通号7　2005.1

浦幌
明治は遠く―浦幌史話（高橋悦子）「トカプチ ： 郷土史研究」 NPO十

勝文化会議郷土史研究部会 (15) 2003.8

浦幌炭坑の盛衰(高橋悦子)「浦幌町立博物館紀要」 浦幌町立博物館 (5) 2005.3

浦幌の昔話(エッセイ)(高橋悦子)「トカプチ : 郷土史研究」 NPO十勝文化会議郷土史研究部会 (18) 2007.12

浦幌川

明治29年(1896)夏、十勝国浦幌川の河畔にて 内田瀞関係の新着資料より(三浦泰之)「北海道開拓記念館だより」 北海道開拓記念館 39(3)通号205 2009.10

浦幌原野

北海道十勝國浦幌原野開墾事業概要(三浦直春)「浦幌町立博物館紀要」 浦幌町立博物館 3 2003.3

浦幌坑山

資料紹介「尺別礦業所…浦幌坑山史…昭和二十九年十月」(佐藤芳雄)「浦幌町立博物館紀要」 浦幌町立博物館 (12) 2012.3

浦幌炭鉱

浦幌炭鉱の盛衰(高橋悦子)「トカプチ : 郷土史研究」 NPO十勝文化会議郷土史研究部会 (17) 2005.12

浦幌炭鉱覚え書き(笹川幸震)「トカプチ : 郷土史研究」 NPO十勝文化会議郷土史研究部会 (17) 2005.12

浦幌炭礦

巻頭フォト ふるさとの肖像―浦幌炭砿(特集 ふるさとの肖像―浦幌炭砿)(谷崎由喜男)「ふるさとの語り部」 帯広百年記念館 (23) 2011.8

語り部 飯田和幸さん(特集 ふるさとの肖像―浦幌炭砿)(作間勝彦, 阿部玲子)「ふるさとの語り部」 帯広百年記念館 (23) 2011.8

語り部 久保一江さん(特集 ふるさとの肖像―浦幌炭砿)(小野寺敵子, 阿部玲子)「ふるさとの語り部」 帯広百年記念館 (23) 2011.8

語り部 荘目喜與志さん(特集 ふるさとの肖像―浦幌炭砿)(山中玲子, 阿部玲子)「ふるさとの語り部」 帯広百年記念館 (23) 2011.8

付録 ふるさとの語り部収録者(特集 ふるさとの肖像―浦幌炭砿)「ふるさとの語り部」 帯広百年記念館 (23) 2011.8

浦幌町

明治三十七年一月 町村長戸長會議事項(三浦直春)「浦幌町立博物館紀要」 浦幌町立博物館 2 2002.3

浦幌町に残る鉄道用煉瓦構造物(持田誠)「浦幌町立博物館紀要」 浦幌町立博物館 (14) 2014.3

浦幌村

浦幌村郷土誌編纂材料(三浦直春)「浦幌町立博物館紀要」 浦幌町立博物館 3 2003.3

解読 村有土地に関する書類(三浦直春)「浦幌町立博物館紀要」 浦幌町立博物館 4 2004.3

村有土地に関する書類(三浦直春)「浦幌町立博物館紀要」 浦幌町立博物館 (14) 2014.3

村有土地ニ關スル書類(11)(三浦直春[解読])「浦幌町立博物館紀要」 浦幌町立博物館 (14) 2014.3

売買村

かわにし探検隊―売買村・上帯広村・戸蔦村に惹かれて(水本憲)「トカプチ : 郷土史研究」 NPO十勝文化会議郷土史研究部会 (16) 2004.7

植民地区画期のウリカリ村(水本憲)「大津十勝川研究」 大津・十勝川学会 (7) 2009.3

雨竜屯田

雨竜屯田の入植(1)〜(3)(橋本とおる)「北海道れきけん」 北海道歴史研究会 51/54 2003.5/2004.1

雨竜農場

雨竜原野開拓の魁 組合雨竜農場(橋本亨)「北海道の文化」 北海道文化財保護協会 (75) 2003.3

雨竜原野開拓の魁 組合雨竜農場(承前)(橋本亨)「北海道の文化」 北海道文化財保護協会 (76) 2004.3

雨竜発電所

一枚の写真から(7) 雨竜発電所建設と「やすらぎの碑」(山本融定)「文化情報」 北海道文化財保護協会 282 2005.10

ウルップ島

若宮丸漂流民異聞 ウルップ島殖民団との運命の出会い(高橋寿一)「ナジェージダ(希望)」 石巻若宮丸漂流民の会 (15) 2006.10

江差

江差八勝(新川寛)「文化情報」 北海道文化財保護協会 278 2005.6

北前船の交易 江差の繁栄と柏崎四港(桑山省吾)「柏崎・刈羽」 柏崎刈羽郷土史研究会 (35) 2008.4

江差における幕末維新史関係史料について(〈2009年度第39回明治維新

史学会大会報告要旨〉)(宮原浩)「会報明治維新史学会だより」 明治維新史学会 (11) 2009.5

江差の歴史を物語る「関川家文書」について(宮原浩)「文化情報」 北海道文化財保護協会 (315) 2009.9

宮原浩氏「江差における幕末維新史関係史料について」(〈2009年度第39回明治維新史学会大会討論要旨〉)(檜皮瑞樹)「会報明治維新史学会だより」 明治維新史学会 (12) 2009.10

北海道江差という町 そして珠洲との関係について(橋本秀一郎)「すずろものがたり」 珠洲郷土史研究会 (68) 2013.11

枝幸

メイベル・トッドの見た百年前の枝幸(高畠孝宗, 山浦清)「枝幸研究」 オホーツクミュージアムえさし (2) 2010.12

江差町

郷土資料館における「地方史活動」の取組みと課題―北海道江差町の事例(大会特集I 地方史、その先へ―再構築への模索―問題提起)(宮原浩)「地方史研究」 地方史研究協議会 62(4)通号358 2012.8

江差湊

歌碑紹介「江差湊」北海道江差町「長興寺」長野県塩尻市「菅江真澄研究」 菅江真澄研究会 50 2003.6

エシヨマヘツ

近世の別海を探る「西別川河口から北」(1) ホンニシユマペツ/エシヨマヘツ(現在の西丸別川) 地名の由来、地勢・建物など「別海町郷土資料館だより」 別海町郷土資料館 (137) 2010.12

蝦夷

北海道大学付属図書館北方資料室蔵 仮称蝦夷河川図についての一考察(秋葉實)「北の青嵐 : 道史協支部交流会報」 北海道史研究協議会 126 2003.7

V.N.ヴァシーリエフ「エゾおよびサハリン島アイヌ紀行」(荻原眞子)「北海道立アイヌ民族文化研究センター研究紀要」 北海道立アイヌ民族文化研究センター (10) 2004.3

蝦夷とアイヌと馬と(1)(さいとうせいや)「歴研みやぎ」 宮城県歴史研究会 63 2004.3

蝦夷とアイヌと馬と(2)(さいとうせいや)「歴研みやぎ」 宮城県歴史研究会 64 2004.7

近世初期のエゾ認識―北方地理認識からのアプローチ(児島正弥)「新しい歴史学のために」 京都民科歴史部会 (255) 2004.11

「蝦夷巡覧筆記」に見える地名(高木崇世芝)「アイヌ語地名研究」 アイヌ語地名研究会, 北海道出版企画センター(発売) 通号7 2005.1

えぞ歴史放談(1)(岡村正吉)「北海道れきけん」 北海道歴史研究会 57 2005.1

蝦夷とアイヌと馬と(さいとうせいや)「歴研みやぎ」 宮城県歴史研究会 66 2005.3

「蝦夷」の語源と地名(勝又秀夫)「地名」 宮城県地名研究会 (21) 2005.5

蝦夷方言集の翻刻(野崎宏子)「小樽市博物館紀要」 小樽市博物館 (19) 2006.3

義経蝦夷渡り(北行)伝説の生成をめぐって―民衆・地方が作り出したのか(菊池勇夫)「キリスト教文化研究所研究年報 : 民族と宗教」 宮城学院女子大学キリスト教文化研究所 (39) 2006.3

「蝦夷」語源考(菅原伸一)「地名」 宮城県地名研究会 通号25 2007.5

「蝦夷生計図説」中の木幣(北原次郎太)「北海道・東北史研究」 北海道出版企画センター (4) 2007.12

「蝦夷」語源考(2)(菅原伸一)「地名」 宮城県地名研究会 通号27 2008.5

蝦夷錦の年代測定と今後の展望(中村和之)「文化情報」 北海道文化財保護協会 (309) 2008.9

武川久兵衛家文書の紹介―飛騨屋久兵衛四代に渡る蝦夷軌跡(平塚剛)「岐阜県歴史資料館報」 岐阜県教育文化財団歴史資料館 (32) 2009.3

史料紹介 重要文化財指定「松浦武四郎関係資料」と「蝦夷屛風」(山本命)「北海道・東北史研究」 北海道出版企画センター (5) 2009.4

ヨイチ場所でのアイヌと出稼和人の取引(論文・研究ノート)(駒木根思蔵)「北海道史研究協議会会報」 北海道史研究協議会 (87) 2010.12

表紙写真 北大図書館蔵『蝦夷南海岸図』(1)「フシコヘツよりシツカリまで」(資料紹介)(編集担当)「茂呂瀾」 室蘭地方史研究会 (45) 2011.3

松浦武四郎と義経蝦夷渡り伝説(菊池勇夫)「キリスト教文化研究所研究年報 : 民族と宗教」 宮城学院女子大学キリスト教文化研究所 (44) 2011.3

アイヌ人別帳 所在一覧(史料の紹介)「北海道史研究協議会会報」 北海道史研究協議会 (91) 2012.12

松浦武四郎記念館所蔵「蝦夷屛風」に貼り交ぜの領収証類について(1)―安政三年(一八五六)分(三浦泰之)「松浦竹四郎研究会会誌」 [松浦竹四郎研究会]事務局 (70) 2014.10

蝦夷島

史料紹介 堀川屋廻船蝦夷嶋漂流記録について（中西捷美）「あかね」 御坊文化財研究会 （29）2003.7

北海道開拓記念館所蔵の『蝦夷島奇観』写本をめぐって―平沢屏山筆絵画との関係（山際晶子）「北海道開拓記念館研究紀要」 北海道開拓記念館 （40）2012.3

早坂文嶺筆『蝦夷島奇観』写本について（山際晶子）「北海道開拓記念館研究紀要」 北海道開拓記念館 （41）2013.3

蝦夷館山

大正期に市民に開放された函館山―蝦夷館山（市史編さん室）「はこだて市史編さん室だより」 函館市総務部 （7）2006.9

蝦夷地

文化4年蝦夷地御用米送状幷積立仕訳帳（史料紹介）（長谷川昭一）「加茂郷土誌」 加茂郷土調査研究会 22 2000.3

蝦夷地誌（大場敏文）「古事記通信」 多元的古代研究会・古事記の会 64 2000.8

講演 日本海海運における蝦夷地と山形―松前藩の領主蔵米を支えた山形（榎森進）「山形県地域史研究」 山形県地域史研究協議会 （27）2002.2

享保12年「松前西東在郷幷蝦夷地所附」に見える地名（高木崇世芝）「アイヌ語地名研究」 アイヌ語地名研究会、北海道出版企画センター（発売） 25 2002.12

蝦夷地での先触と旅日記（1），（2）（堀江敏夫）「樺前文化」 苫小牧地方史研究会 （1）/（2）2003.6/2003.12

第56回特別展「北・貝・道―海と陸と人びと」関連講演会報告蝦夷地のアワビ、中国へ（山田伸一）「北海道開拓記念館だより」 北海道開拓記念館 33（2）通号180 2003.9

寛文期の蝦夷地アイヌ社会の様相について―寛文蝦夷蜂起の戦後処理を手掛かりとして（市毛幹幸）「弘前大学国史研究」 弘前大学国史研究会 （115）2003.10

蝦夷地名解のルーツを辿る（1）（渡辺隆）「アイヌ語地名研究」 アイヌ語地名研究会、北海道出版企画センター（発売） 通号6 2003.12

蝦夷地の山道再開削運動（伊達東）「北の青嵐 ： 道史協支部交流会報」 北海道史研究協議会 133 2004.2

寛政12年蝦夷地鯨漁御用のため江府日記・帰路日記―山縣二之助（三郎大夫）正眞（賓亀道聰）「郷土研究」 佐世保市立図書館 （31）2004.3

安政2年以降の蝦夷地警備史料について―室蘭南部出張陣屋史料に関連して（駒木佐助）「北の青嵐 ： 道史協支部交流会報」 北海道史研究協議会 134 2004.3

『松本吉兵衛紀行絵巻』について―安政6年（1859）秋田藩士の蝦夷地紀行（三浦泰之，東俊佑）「北海道開拓記念館調査報告」 北海道開拓記念館 43 2004.3

蝦夷地 急き旅（五勝手組）「菅江真澄研究」 菅江真澄研究会 52 2004.4

歴史探訪 会津と北海道 会津藩の蝦夷地出陣を顧みる（大塚實）「会津人群像」 歴史春秋出版 （2）2004.6

伊能大図（蝦夷地部分）一挙公開（高木崇世）「アイヌ語地名研究会会報」 アイヌ語地名研究会 20 2004.7

アイヌモシリにおけるウレシパの原則―複数の視点から見る前近代蝦夷地社会史にむけて（坂田美奈子）「北海道・東北史研究」 北海道出版企画センター （1）2004.12

江戸東京博物館所蔵の蝦夷地関連文書―幕臣井上貫流左衛門関係資料を中心に（石山秀和）「北海道・東北史研究」 北海道出版企画センター （1）2004.12

蝦夷地名解のルーツを辿る（2）（渡邊隆）「アイヌ語地名研究」 アイヌ語地名研究会、北海道出版企画センター（発売） 通号7 2005.1

「蝦夷地へ最初に渡った医師」のこと（小笠原実）「永 福島町史研究会会報」 福島町史研究会 4 2005.3

水戸藩と蝦夷地（地蔵慶護）「北海道の文化」 北海道文化財保護協会 （77）2005.3

出稼ぎ民衆（和人）の横暴―幕末の蝦夷地場所（菊池勇夫）「東北学．［第2期］」 東北芸術工科大学東北文化研究センター、柏書房（発売） （3）2005.5

第一次幕領期の蝦夷地政策と箱館―場所経営方法の変化への対応を中心に（寺崎仁樹）「論集きんせい」 近世史研究会 （27）2005.5

文化4・5年蝦夷地出兵にみる仙台藩の深謀（髙橋良志男）「仙台郷土研究」 仙台郷土研究会 30（1）通号270 2005.6

「蝦夷邁天布利」の成立年をめぐって（菊池勇夫）「真澄学」 東北芸術工科大学東北文化研究センター （2）2005.11

幕末カラフトにおける蝦夷通詞と幕府の蝦夷地政策（東俊佑）「北海道・東北史研究」 北海道出版企画センター （2）2005.12

古文書を読む 井上貫流左衛門と最上徳内―江戸東京博物館の蝦夷地関連文書（田端宏）「北海道史研究協議会会報」 北海道史研究協議会 77 2005.12

デ・アンジェリスの蝦夷地図（中塚徹朗）「永 福島町史研究会会報」 福

島町史研究会 （5）2006.3

秋田県公文書館所蔵の蝦夷地警衛関係史料（後藤富貴）「秋田県公文書館研究紀要」 秋田県公文書館 （12）2006.3

松平忠明の蝦夷地調査（中條昭雄）「長野県立歴史館研究紀要」 長野県立歴史館 （12）2006.3

長崎県に所在する近世根室、蝦夷地関係資料調査概要（猪熊樹人）「くるまいし ： 根室市歴史と自然の資料館だより」 根室市歴史と自然の資料館 （21）2006.5

蝦夷地関係年譜（岡村正吉）「北海道れきけん」 北海道歴史研究会 （61）2006.5

古文書を読む 蝦夷地御買上米前渡金の運用―蝦夷地御用米の名目を利用した利子稼ぎ（田端宏）「北海道史研究協議会会報」 北海道史研究協議会 （78）2006.5

高木崇世芝会員の講演「蝦夷地を表す古地図」を拝聴して（平隆一）「アイヌ語地名研究会会報」 アイヌ語地名研究会 （28）2006.11

しょっぱい川向こうの北海道史料 秋田藩の蝦夷地出兵関係史料（畑中康博）「赤れんが ： 北海道立文書館報」 北海道立文書館 （42）2006.11

蝦夷地場所請負人による江戸廻米（小山義雄）「山形県地域史研究」 山形県地域史研究協議会 （32）2007.2

菅江真澄と蝦夷地（地蔵慶護）「北海道の文化」 北海道文化財保護協会 通号79 2007.3

秋田県公文書館所蔵「蝦夷地目録」について（後藤富貴）「秋田県公文書館研究紀要」 秋田県公文書館 （13）2007.3

武士の発生を促した蝦夷戦争（佐藤貢）「北方風土 ： 北国の歴史民俗考古研究誌」 イズミヤ出版 通号54 2007.3

貢納と支配―幕末期小笠原諸島と蝦夷地の「内国化」を事例に（谷本晃久）「北海道・東北史研究」 北海道出版企画センター （4）2007.12

近藤家資料のなかの書状について（2） 嘉永7年（1854）幕末蝦夷地巡見随行関係文書（三浦泰之，東俊佑，松本あずさ）「北海道開拓記念館調査報告」 北海道開拓記念館 （47）2008.3

蝦夷の地から（成田育男）「柳田国男研究論集」 柳田国男の会 （6）2008.8

初期の刊行蝦夷地図二題―「蝦夷国全図」と「蝦夷松前図」（秋月俊幸）「北の青嵐 ： 道史協支部交流会報」 北海道史研究協議会 （174）2008.10

十和田市立新渡戸記念館所蔵の幕末蝦夷地関係絵図の書誌的検討（《「歴史地理学における絵図・地図」特集号》）（戸祭由美夫，出田和久，平井松午，小野寺淳，中西和子）「歴史地理学」 歴史地理学会、古今書院（発売）51（1）通号243 2009.1

蝦夷地・北海道の風景を描いた絵図（高木崇世芝）「北の青嵐 ： 道史協支部交流会報」 北海道史研究協議会 （178）2009.2

史料紹介 「蝦夷地開発記」と堀田仁助の由緒書（岡宏三）「古代文化研究」 島根県古代文化センター （17）2009.3

平成20年度第4回文化史講座 蝦夷地・北方警備に殉じた会津藩士を偲ぶ旅（水澤繁雄）「会津史談」 会津史談会 （83）2009.4

文献史料を読む 「松平忠明蝦夷地踏査開拓見積図」（長野県立歴史館だより」 長野県立歴史館 （59）2009.7

しょっぱい川向こうの北海道史料 仙台藩足軽の蝦夷地勧番日記（時田里志）「赤れんが ： 北海道立文書館報」 北海道立文書館 （45）2009.12

幕末・明治期における蝦夷地/北海道開発と内地―定住促進政策を中心に（佐藤匠）「群馬文化」 群馬県地域文化研究協議会 通号301 2010.1

東北地方所在の蝦夷地関係史料（概報）（東俊佑）「北海道開拓記念館調査報告」 北海道開拓記念館 （49）2010.3

北遊紀行（2）―越後中村浜佐藤存軒の蝦夷地紀行（高橋亀司郎）「おくやまのしょう ： 奥山荘郷土研究会誌」 奥山荘郷土研究会 （35）2010.3

もう一つの戊辰（渡邊良三）「金山史談」 （19）2010.3

蝦夷地における漆器の流通と使途―椀（盌）・盃台（台盌）（浅倉有子）「北海道・東北史研究」 北海道出版企画センター （6）2010.4

蝦夷地調査旅行から見る和風改俗（大会報告要旨）（新藤透）「交通史研究」 交通史学会、吉川弘文館（発売）（72）2010.10

北遊紀行（3）―越後中村浜佐藤存軒の蝦夷地紀行（高橋亀司郎）「おくやまのしょう ： 奥山荘郷土研究会誌」 奥山荘郷土研究会 （36）2011.3

福井県関係者のロシア認識と蝦夷地開発及び防備構想について（塚越俊志）「洋学史研究」 洋学史研究会 （28）2011.4

9月例会 兵庫北風家の蝦夷地御用産物取扱いに関する史料について（木南弘）「神戸史談」 神戸史談会 （309）2011.7

蝦夷地への派遣―島田（谷）元旦が果たした役割とその成果（山下真由美）「鳥取県立博物館研究報告」 鳥取県立博物館 （49）2012.3

古文書を読む 幕閉蝦夷地では勝手次第の交易 最上徳内 寛政12年の申上書（田端宏）「北海道史研究協議会会報」 北海道史研究協議会 （90）2012.6

史料紹介 岩手県宮古市所在・金沢家文書の蝦夷地関係史料について（特集 災害史と被災地史料）（東俊佑）「北海道・東北史研究」 北海道出版企画センター （8）2012.8

寛政11年の蝦夷地採薬使（研究大会要旨）（佐藤麻莉）「北海道史研究協

議会会報」 北海道史研究協議会 （91） 2012.12

文化期における富山藩の蝦夷地出陣計画（倉田守）「北陸史学」 北陸史学会 （60） 2013.2

安政六年武市九郎三郎通達の蝦夷地警固日記（水野沙織）「仙台市博物館調査研究報告」 仙台市博物館 （32・33） 2013.3

天保期における抜荷問題と新潟・蝦夷地（20周年記念講演）（浅倉有子）「越佐の地名」 越後・佐渡の地名を語る会 （13） 2013.3

北遊紀行（4）―越後中村浜佐藤存軒の蝦夷地紀行（高橋亀司郎）「おくやまのしょう： 奥山荘郷土研究会誌」 奥山荘郷土研究会 （38） 2013.3

建部七郎右衛門家文書 松前・蝦夷地関係史料（史料翻刻・紹介）（岩崎奈緒子）「滋賀大学経済学部附属史料館研究紀要」 滋賀大学経済学部附属史料館 （46） 2013.3

黄葉夕陽文庫「松前えそ図」について（久下実）「広島県立歴史博物館研究紀要」 広島県立歴史博物館 （15） 2013.3

屯田兵前史 津軽藩士殉難の歴史と蝦夷地警備（前），（後）（中神哲二）「屯田」 北海道屯田倶楽部 （53）／（54） 2013.4／2013.10

北辺の咆哮―会津藩士の蝦夷地移住（河野十四生）「会津人群像」 歴史春秋出版 （24） 2013.9

第48回アイヌ語地名研究大会終わる 研究発表1「オペレペレケプから帯広へ」早田国光／研究発表2―1「アイヌ語正典」―真義への研究 打田元輝／研究発表2―2「蝦夷地全沿岸の古地名比較」打田元輝「アイヌ語地名研究会会報」 アイヌ語地名研究会 （48） 2013.10

蝦夷地の「論所」と証文（論文・研究ノート）（松本あづさ）「北海道史研究協議会会報」 北海道史研究協議会 （93） 2013.12

清川大庄屋文書にみる蝦夷地事情（小野寺綜）「山形県地域史研究」 山形県地域史研究協議会 （39） 2014.2

『蝦夷古記』について―滋賀県大津市西教寺所蔵の蝦夷地関係資料（山際晶子）「北海道開拓記念館研究紀要」 北海道開拓記念館 （42） 2014.3

幕末会津藩と蝦夷地（大会発表要旨）（佐藤愛未）「中央史学」 中央史学会 （37） 2014.3

北海道移民史を探る旅（1） 幕末以前―蝦夷地を目指した人々（北国諒星）「屯田」 北海道屯田倶楽部 （55） 2014.4

近世蝦夷地に渡来した捕鯨船―鎮国から箱館開港へ（論文・研究ノート）（松本あづさ）「北海道史研究協議会会報」 北海道史研究協議会 （95） 2014.12

蝦夷地仙台藩領

古文書を読む 蝦夷地仙台藩領の経営策 安政六年 相沢儀伝太の上申（田端宏）「北海道史研究協議会会報」 北海道史研究協議会 （88） 2011.6

絵鞆半島

絵鞆半島の交通路―エトモ道を探る（井口利夫）「茂呂瀾」 室蘭地方史研究会 （42） 2008.3

択捉

択捉の思い出―鱒缶詰工場と加里製造事業（永野弥三雄）「地域史研究はこだて」 函館市史編さん室 35 2002.9

択捉漁業と駒井漁場（駒井麗子）「市立函館博物館研究紀要」 市立函館博物館 （17） 2007.3

幕末・明治の山名探索 資料編（国後・択捉・北海道）（渡辺隆）「アイヌ語地名研究」 アイヌ語地名研究会，北海道出版企画センター（発売）通号12 2009.12

択捉島

米国捕鯨船員択捉島上陸一件―ローレンス号事件の記録をめぐって（河元由美子）「洋学史研究」 洋学史研究会 （20） 2003.4

宝暦6（1756）年紀州船エトロフ島漂流記について（川上淳）「比較文化論叢： 札幌大学文化学部紀要」 札幌大学文化学部 通号17 2006.3

文化4（1817）年ロシアのエトロフ島襲撃を巡る諸問題（川上淳）「比較文化論叢： 札幌大学文化学部紀要」 札幌大学文化学部 通号22 2008.11

千島択捉島守備隊回想記（芦田史朗）「丹波史」 丹波史懇話会 （29） 2009.6

文化四年のロシア船エトロフ島襲撃事件を探る―『松前下蝦夷地エトロフ見聞記』を読む（岩崎繁芳）「北奥文化 ： 郷土誌」 北奥文化研究会 （32） 2011.11

続・文化四年のロシア船エトロフ島襲撃（露寇）事件を探る―『北條章次郎書留』を読む（岩崎繁芳）「北奥文化 ： 郷土誌」 北奥文化研究会 （33） 2012.12

古文書を読む 安間純之進 安政四年の廻浦―エトロフ島の「国界棒示杭」を確認する（田端宏）「北海道史研究協議会会報」 北海道史研究協議会 （92） 2013.6

「鱒をもって塞ぎたる海の如し」―択捉島薬取漁場からの手紙（論文・研究ノート）（靏原美恵子）「北海道史研究協議会会報」 北海道史研究協議会 （92） 2013.6

続々・文化三、四年のロシア船による襲撃事件（露寇事件）を探る―「北地聞書」を読む（1）（会員論文）（岩崎繁芳）「北奥文化 ： 郷土誌」 北奥文化研究会 （34） 2013.11

寛文元年に伊勢の船がエトロフ島へ漂着した記録（大沼忠春）「北海道の文化」 北海道文化財保護協会 （86） 2014.2

恵庭

えにわ地名小史（1）～（4）（地蔵慶護）「アイヌ語地名研究会会報」 アイヌ語地名研究会 （27）／（30） 2006.7／2007.7

恵庭岳

千歳 恵庭岳におけるオリンピックの記憶―札幌オリンピック滑降競技周辺史（守屋憲治）「志古津 ： 『新千歳市史』編さんだより ： 過去からのメッセージ ： massage from the past」 千歳市 （19） 2014.3

恵庭岳滑降コース緑化復元から四〇年―コース跡地の現状を見る（先田次雄）「志古津 ： 『新千歳市史』編さんだより ： 過去からのメッセージ ： massage from the past」 千歳市 （19） 2014.3

江部乙屯田

江部乙屯田小史 入植の記録を探る（寺本忠孝）「屯田」 北海道屯田倶楽部 34 2003.11

江部乙兵村

屯田兵村公有地財産をめぐって（7） 最終処分の優等生、相内、江部乙兵村（河野ँ雄）「屯田」 北海道屯田倶楽部 （49） 2011.4

江別

飲料街が映じた江別の街50年―50年史話（高間和儀）「北の青嵐 ： 道史協支部交流会報」 北海道史研究協議会 123 2003.4

飲料街が映じた江別の街50年―50年史話（続）（高間和儀）「北の青嵐 ： 道史協支部交流会報」 北海道史研究協議会 125 2003.6

江別をあるく 北海道材木育種場／旧北陸銀行江別支店（藤沼恵美子）「えべつの歴史 ： 市民がつくるまちのれきし」 江別市総務部 （8） 2006.3

アイヌ民族の大地・イベチマタ（中村崇）「えべつの歴史 ： 市民がつくるまちのれきし」 江別市総務部 （9） 2007.3

ふるさとの心を訪ねて―江別の民話から（末岡登）「えべつの歴史 ： 市民がつくるまちのれきし」 江別市総務部 （9） 2007.3

江別空襲と根室空襲（歴史随筆）（中山孝）「えべつの歴史 ： 市民がつくるまちのれきし」 江別市総務部 （10） 2008.2

江別競馬の消長（斉藤俊彦）「えべつの歴史 ： 市民がつくるまちのれきし」 江別市総務部 （10） 2008.2

ふるさとの心を訪ねて（2） 江別の民話から（歴史随筆）（末岡登）「えべつの歴史 ： 市民がつくるまちのれきし」 江別市総務部 （11） 2009.3

周辺市町村と江別の歴史（歴史・点描）（野口久男）「えべつの歴史 ： 市民がつくるまちのれきし」 江別市総務部 （12） 2010.3

江別のレンガについて（新川寛）「北海道の文化」 北海道文化財保護協会 通号82 2010.3

江別と自分史（歴史・点描）（中山孝）「えべつの歴史 ： 市民がつくるまちのれきし」 江別市総務部 （14） 2012.3

松浦武四郎の記録に見る江別の自然と人々の生活（研究・調査）（野口久男）「えべつの歴史 ： 市民がつくるまちのれきし」 江別市総務部 （14） 2012.3

米軍資料から見た北海道空襲―江別の場合（研究・調査）（西田秀子）「えべつの歴史 ： 市民がつくるまちのれきし」 江別市総務部 （14） 2012.3

江別創造舎と「江別カルタ」のこと（歴史・点描）（佐々木孝一）「えべつの歴史 ： 市民がつくるまちのれきし」 江別市総務部 （15） 2013.3

王子野球部の誕生―えべつスポーツ史覚書（『江別地域史』の周辺）（藤倉徹夫）「えべつの歴史 ： 市民がつくるまちのれきし」 江別市総務部 （15） 2013.3

わがまち江別は極寒地なり（研究・調査）（成田智志）「えべつの歴史 ： 市民がつくるまちのれきし」 江別市総務部 （16） 2014.3

土管暗渠と江別―土地改良の源流を探る（研究・調査）（奈良幸則）「えべつの歴史 ： 市民がつくるまちのれきし」 江別市総務部 （16） 2014.3

戦後（昭和二〇年代）の社会人野球―えべつスポーツ史覚書（2）（『江別地域史の周辺』）（藤倉徹夫）「えべつの歴史 ： 市民がつくるまちのれきし」 江別市総務部 （16） 2014.3

映画の中で描かれた江別―町村農場を中心に（『江別地域史の周辺』）（須藤睦）「えべつの歴史 ： 市民がつくるまちのれきし」 江別市総務部 （16） 2014.3

江別市

街ができた小さな街が―明治期の市街地の形成「えべつの歴史 ： 市民がつくるまちのれきし」 江別市総務部 5 2000.3

調査・地名の由来あれこれ（栄田祐子）「えべつの歴史 ： 市民がつくるまちのれきし」 江別市総務部 7 2002.3

明治・大正期 えべつ農畜産発展史（素稿）―米事始から自作農創設まで（市史編さん室）「えべつの歴史 ： 市民がつくるまちのれきし」 江別市総務部 7 2002.3

北海道江別市での聞き取り（谷川隼也）「昔風と当世風」 古々路の会 （88） 2005.4

地図の余白—昭和はじめの市街図より(佐々木孝一)「えべつの歴史 ： 市民がつくるまちのれきし」 江別市総務部 （増刊）2005.6

情報図書館ができるまで—江別市の図書館活動のあゆみ（『新江別市史』補遺）(佐々木孝一)「えべつの歴史 ： 市民がつくるまちのれきし」 江別市総務部 （13）2011.3

情報図書館ができるまで—江別市の図書館活動のあゆみ（『新江別市史』補遺）(佐々木孝一)「えべつの歴史 ： 市民がつくるまちのれきし」 江別市総務部 （14）2012.3

江別市議会のあゆみ（『江別地域史の周辺』）(佐々木孝一)「えべつの歴史 ： 市民がつくるまちのれきし」 江別市総務部 （16）2014.3

江別第三中学校八幡分校
江別第三中学校八幡分校(中村廣)「えべつの歴史 ： 市民がつくるまちのれきし」 江別市総務部 5 2000.3

江別町
再論 江別町営軌道—その前史と特許について(渡辺鉄雄)「えべつの歴史 ： 市民がつくるまちのれきし」 江別市総務部 （8）2006.3

江別町教育事情（1）,（2）(『新江別市史』補遺)(佐々木孝一)「えべつの歴史 ： 市民がつくるまちのれきし」 江別市総務部 （9）/（10）2007.3/2008.2

再論・江別町営軌道—資本・設備(渡辺鉄雄)「えべつの歴史 ： 市民がつくるまちのれきし」 江別市総務部 （11）2009.3

再論・江別町営軌道—設備(渡辺鉄雄)「えべつの歴史 ： 市民がつくるまちのれきし」 江別市総務部 （12）2010.3

江別町営軌道
再論・江別町営軌道—車両・運賃(渡辺鉄雄)「えべつの歴史 ： 市民がつくるまちのれきし」 江別市総務部 （13）2011.3

江別町立第二国民学校
江別町立第二国民学校六期生(歴史・点描)(関矢信一郎)「えべつの歴史 ： 市民がつくるまちのれきし」 江別市総務部 （13）2011.3

江別二中
江別二中三期生(歴史随筆)(関矢信一郎)「えべつの歴史 ： 市民がつくるまちのれきし」 江別市総務部 （11）2009.3

江別兵村
屯田兵交友財産をめぐって(9) 戦後まで保持した野幌、江別、端野兵村(河野眞雄)「屯田」 北海道屯田倶楽部 （51）2012.4

江別村
江別村教育事情(『新江別市史』補遺)(佐々木孝一)「えべつの歴史 ： 市民がつくるまちのれきし」 江別市総務部 （8）2006.3

えりも町
えりも町内における防風土手について(1) 土手の分布と家屋との位置関係(中岡利泰, 白川由香里)「えりも研究 ： えりも町郷土資料館調査研究報告」 えりも町郷土資料館・水産の館 （2）2005.3

えりもの方言(1)(小川とく子, 新松隆, 新松信子, 中岡利泰)「えりも研究 ： えりも町郷土資料館調査研究報告」 えりも町郷土資料館・水産の館 （4）2007.3

生きられる民俗としての微小地名(関礼子)「えりも研究 ： えりも町郷土資料館調査研究報告」 えりも町郷土資料館・水産の館 （6）2009.3

えりも町内の郷土史研究について—えりも町郷土資料館所蔵の資料紹介(地域史の窓)(中岡利泰)「北海道史研究協議会会報」 北海道史研究協議会 （87）2010.12

北海道えりも町内に残る江戸時代開拓の猿留山道について(中岡利泰)「えりも研究 ： えりも町郷土資料館調査研究報告」 えりも町郷土資料館・水産の館 （10）2013.3

遠軽
地名、藻岩山・遠軽・五十嵐の謎(第163回例会発表資料)(三橋誠之)「北海道方言研究会会報」 北海道方言研究会 （81）2005.12

大臼山
大臼山焼崩日記—文政噴火の日記を読む(抄)(川鰭定明)「北の青嵐 ： 道史協支部交流会報」 北海道史研究協議会 （171）2008.7

大江村
大江村地史「調査研究報告」 仁木町教育委員会 （4）2004.3

大川通り
大川通り(三角地)(昭和初期の家並み—十二戸と大川通り)(飯塚正男)「えべつの歴史 ： 市民がつくるまちのれきし」 江別市総務部 5 2000.3

太田
道東の移民が持ち込んだモノと作り出したモノ—太田屯田兵とアッケシ場所の墓標の比較から(朽木量)「釧路市立博物館々報」 釧路市立博物館 （392）2006.3

太田村
山形県士族の北海道移住について—太田村の新庄士族を中心に(研究ノート)(高嶋弘志)「釧路公立大学地域研究」 釧路公立大学地域分析研究委員会 （23）2014.12

大津
生剛市街と大津(堀田信昭)「大津十勝川研究」 大津・十勝川学会 （1）2003.3

明治20年代「大津市街図」の復元(中井松雄, 塚本俶, 西俣亘)「大津十勝川研究」 大津・十勝川学会 （1）2003.3

父の思い出と大津の古地図(赤澤公磨)「大津十勝川研究」 大津・十勝川学会 （1）2003.3

近世文書に見るトカチ・ヒロウ・ヲホツナイ(講演と資料)(後藤秀彦)「トカプチ ： 郷土史研究」 NPO十勝文化会議郷土史研究部会 （15）2003.8

近世文書に見るトカチ・ヒロウ・ヲホツナイ(後藤秀彦)「北の青嵐 ： 道史協支部交流会報」 北海道史研究協議会 139 2004.8

明治25年の小西和太郎『北海道旅行日誌』—大津を中心とした当時の状況(井上壽)「大津十勝川研究」 大津・十勝川学会 （3）2005.3

蝦夷文化考古館と大津(小助川勝義)「大津十勝川研究」 大津・十勝川学会 （4）2006.3

移住地十勝へのゲート・ウエーイ大津・帯広(上)(大石嘉映)「大津十勝川研究」 大津・十勝川学会 （6）2008.3

藩政期におけるトカチ(十勝太)とヲホツナイ(大津)(後藤秀彦)「浦幌町立博物館紀要」 浦幌町立博物館 （9）2009.3

谷藤文書から見える大津(佐藤信勝)「大津十勝川研究」 大津・十勝川学会 （10）2012.3

大津村
大津村東部地区の歴史と現況(後藤秀彦)「大津十勝川研究」 大津・十勝川学会 （1）2003.3

大津村の歴史と3分割編入の評価(君尹彦)「大津十勝川研究」 大津・十勝川学会 （1）2003.3

くり返す歴史—大津村米軍接収事件から(西浦妙子)「トカプチ ： 郷土史研究」 NPO十勝文化会議郷土史研究部会 （16）2004.7

大津村分村と漁業・漁組(大津村三分割編入の評価)(金子順一, 中井松雄)「大津十勝川研究」 大津・十勝川学会 （3）2005.3

第三章 大津村浪漫 波止場の血煙 博徒綺談大津事件/博徒綺談 大津事件/旧大津村長の異動について/豊北沢の原生花園/大津年表(《 十勝の歴史と文化—若林三郎の著作と研究》)「大津十勝川研究」 大津・十勝川学会 （5）2007.3

大通
所蔵資料紹介 大通の火防線への変貌(榎本洋介)「文化資料室ニュース」 札幌市文化資料室 （17）2012.7

大野町
大野町文化財保護研究会文化講演会 二百年前の大野大開田と箱館海運(岸甫一)「文化情報」 北海道文化財保護協会 278 2005.6

大野養蚕場
大野養蚕場(木下寿実夫)「文化情報」 北海道文化財保護協会 254 2003.6

大曲
山田秀三文庫の資料から 網走市の大曲(YF0147)「アイヌ民族文化研究センターだより」 北海道立アイヌ民族文化研究センター （37）2012.9

丘珠
投稿 烈々布と丘珠 札幌市東区のアイヌ語二地名について(薩川益明)「札幌の歴史 ： 「新札幌市史」機関誌」 札幌市 （52）2007.2

丘珠飛行場
丘珠飛行場の60年(林恒子)「札幌の歴史 ： 「新札幌市史」機関誌」 札幌市 49 2005.8

奥尻
奥尻のワイン(舟山廣治)「文化情報」 北海道文化財保護協会 （322）2010.11

奥尻島
被災した民俗—北海道南西沖地震後の奥尻島における民俗事例の軌跡と文化再活性化について(池田貴夫)「北海道開拓記念館研究紀要」 北海道開拓記念館 （31）2003.3

開拓使による奥尻島へのシカ移入とその後(山田伸一)「北海道開拓記念館研究紀要」 北海道開拓記念館 （38）2010.3

奥尻島における水田稲作の変遷—開拓とは何だったのかを考える手がかりとして(池田貴夫)「北海道開拓記念館研究紀要」 北海道開拓記念館 （40）2012.3

北海道　　　　　　　　　　　　　地名でたどる郷土の歴史　　　　　　　　　　　　　東日本

小車

《小車にあった水銀鉱山》「美深町郷土資料報告」 美深町郷土研究会
（1）2004.3

興部

コイドイェ（声問・恋問）とオウコッペ（興部）（早田国光）「アイヌ語地
名研究」 アイヌ語地名研究会，北海道出版企画センター（発売）
（15）2012.12

興部町

興部町のアイヌ語地名（伊藤せいち）「アイヌ語地名研究」 アイヌ語地名
研究会，北海道出版企画センター（発売）通号6 2003.12

長都駅

千歳線長都駅史（守屋憲治）「志古津 ： 『新千歳市史』編さんだより ：
過去からのメッセージ ： massage from the past」 千歳市 （17）
2013.3

長都街道

消えた街道―旧長都街道を中心とした風景（小田賢一）「志古津 ： 『新
千歳市史』編さんだより ： 過去からのメッセージ ： massage from
the past」 千歳市 （4）2006.7

尾札部村

古文書を読む 村並になった箱館六ケ場所―「書上 尾札部村」（田端宏）
「北海道史研究協議会会報」 北海道史研究協議会 （81）2008.1

オサナイ

アイヌ語地名「オサナイ」の確認（太宰幸子）「全国地名研究交流誌 地名
談話室」 日本地名研究所 20 2005.12

納内

須納内から（遥かなときから）（小中清）「屯田」 北海道屯田倶楽部 33
2003.4

屯田兵ルーツ情報 納内・宮内氏 公有財産問題の処理に奔走「屯田」 北
海道屯田倶楽部 （55）2014.4

納内屯田兵村

納内屯田兵村における教育の発展（下）（高橋貞光）「屯田」 北海道屯田
倶楽部 35 2004.4

長流川

長流川上流原野（上），（下）（中村茂夫）「伊達の風土」 伊達郷土史研究会
（28）/（29）2009.12/2010.12

長流枝

オサルシ焼子争議―葭原・居辺・高橋（成田直樹）「トカプチ ： 郷土史
研究」 NPO十勝文化会議郷土史研究部会 （16）2004.7

渡島大島

天然記念物の島「渡島大島」（林吉彦）「永 福島町史研究会会報」 福島町
史研究会 2 2003.2

「大島爆発被害」について 常磐井家文書「松前年々記」に詳述（常磐井
武宮）「永 福島町史研究会会報」 福島町史研究会 3 2004.2

渡島半島

菅江真澄から近世史をさぐる（1）鰊漁に生きる人々―渡島半島西海岸の
旅（菊池勇夫）「真澄学」 東北芸術工科大学東北文化研究センター
（1）2004.11

菅江真澄から近世史をさぐる（2）昆布刈りのわざ―渡島半島東海岸の旅
（菊池勇夫）「真澄学」 東北芸術工科大学東北文化研究センター （2）
2005.11

長万部町

ふるさとの文学を訪ねる―森町・八雲町・長万部町（白井雄三）「箱館昔
話」 函館バルス企画 （16）2004.4

ヲショロ場所

旧刊「ヲショロ場所をめぐる人々」須磨正敏著の新視点に思う（鈴木卓
郎）「北の青嵐 ： 道史協支部交流会会報」 北海道史研究協議会 129
2003.10

オソツベツ

アイヌ語地名「オソツベツ」の語源―河川名「オソベツ」との関連（横
平弘）「標茶町郷土館報告」 標茶町郷土館 （20）2008.7

御卒別

現有地名「留寿都」と難読旧地名「御卒別」（横平弘）「アイヌ語地名研
究」 アイヌ語地名研究会，北海道出版企画センター（発売）通号12
2009.12

難読旧地名「御卒別」に対する新たな考察（横平弘）「アイヌ語地名研究」
アイヌ語地名研究会，北海道出版企画センター（発売）（13）2010.12

オソベツ

アイヌ語地名「オソツベツ」の語源―河川名「オソベツ」との関連（横
平弘）「標茶町郷土館報告」 標茶町郷土館 （20）2008.7

ヲタエト

近世の別海を探る 「西別川河口から北」（13）タモカ 地名の由来、地
勢・建物など／ヲタエト 地名の由来、地勢・建物など「別海町郷土資
料館だより」 別海町郷土資料館 （152）2012.3

小樽

小樽のスキー産業―野村スキー「実用新案登録願」と「登記簿謄本」を
中心に（松尾友美）「小樽市博物館紀要」 小樽市博物館 16 2003.3

小樽の銀行小史（渡辺真吾）「小樽市博物館紀要」 小樽市博物館 16
2003.3

戦争中はつらかった―太平洋戦争中の小樽を中心とした列車運転時刻
（星良助）「小樽市博物館紀要」 小樽市博物館 18 2005.3

銭湯の背景画について―特別展「小樽の銭湯いまむかし」より（松尾友
美）「小樽市博物館紀要」 小樽市博物館 18 2005.3

「小樽の銀行小史」補遺（渡辺真吾）「小樽市博物館紀要」 小樽市博物館
18 2005.3

近藤重蔵『蝦夷地図』における小樽付近の本陣屋位置（平隆一）「アイヌ
語地名研究会会報」 アイヌ語地名研究会 （33）2008.3

小樽の石造倉庫で保管した品々―明治期の「小樽倉庫業組合保管料定額
表」について（佐々木美香）「小樽市総合博物館紀要」 小樽市総合博物
館 （22）2009.3

戦前期北海道内における婦人方面委員関係資料―札幌・小樽を例に（それ
ぞれの時代を生きた女たち―大正・昭和戦前期・戦前期）（海保洋
子）「女性史研究ほっかいどう」 札幌女性史研究会 （4）2010.8

山田秀三文庫の資料から 小樽の地名調査関係資料「アイヌ民族文化研究
センターだより」 北海道立アイヌ民族文化研究センター （33）
2010.9

小樽地方図の変遷―江戸初期の小樽地方（白濱和彦）「小樽市総合博物館紀
要」 小樽市総合博物館 （25）2012.3

戦時期小樽における教育資料の紹介―女子教員の残した日記「山路」(1)
（山本侑奈）「小樽市総合博物館紀要」 小樽市総合博物館 （25）
2012.3

小樽における菓子文化の基礎研究（1）―旧吉乃屋所蔵の菓子木型（櫻井
美香）「小樽市総合博物館紀要」 小樽市総合博物館 （26）2013.3

小樽における菓子文化の基礎的研究（2）―菓子木型における地域的比較
研究にむけて（櫻井美香）「小樽市総合博物館紀要」 小樽市総合博物
館 （27）2014.3

小樽運河

小樽運河における氷紋（大鐘卓哉）「小樽市総合博物館紀要」 小樽市総合
博物館 （27）2014.3

小樽駅

ハマの鉄道線路―昭和7年7月1日小樽駅の誕生をめぐって（星良助）「小
樽市総合博物館紀要」 小樽市総合博物館 （22）2009.3

小樽拘置支所

小樽拘置支所の設置にみる地域的特質―その立地と建築の形態に着目して
（横田勉）「小樽市総合博物館紀要」 小樽市総合博物館 （26）2013.3

小樽市

小樽市歴史的建造物の建築年代について（渡辺真吾）「小樽市博物館紀
要」 小樽市博物館 18 2005.3

小樽における印の現況報―小樽市博物館歴史文化調査会調査報告2（小樽
市博物館歴史文化調査会）「小樽市博物館紀要」 小樽市博物館 （19）
2006.3

小樽における印の現況報告（2）小樽市博物館歴史文化調査会調査報告
（3）（小樽市総合博物館歴史文化調査会）「小樽市博物館紀要」 小樽市
博物館 （20）2007.2

小樽における印の現況報告（3）小樽市総合博物館歴史文化調査会調査報
告（4）（小樽市総合博物館歴史文化調査会）「小樽市総合博物館紀要」
小樽市総合博物館 （22）2009.3

旧軍事道路（小樽市・龍徳寺前―銭函）の張碓山中にある建造物の正体
―小樽市総合博物館歴史文化調査会調査報告（5）（小樽市総合博物館
歴史文化調査会「軍事道路調査班」）「小樽市総合博物館紀要」 小樽市
総合博物館 （22）2009.3

小樽における印の現状報告（4）―小樽市総合博物館歴史文化調査会調査
報告（5）（小樽市総合博物館歴史文化調査会）「小樽市総合博物館紀要」
小樽市総合博物館 （24）2011.3

小樽市内における印の現状報告（5）―小樽市総合博物館歴史文化調査会
調査報告（7）（小樽市総合博物館歴史文化調査会）「小樽市総合博物館
紀要」 小樽市総合博物館 （27）2014.3

小樽内

小樽内、銭函、樽前―タ゚ォロの概念について（榊原正文）「アイヌ語地名
研究」 アイヌ語地名研究会，北海道出版企画センター（発売）通号
12 2009.12

小樽内川

旧小樽内川の今昔（横平弘）「文化情報」 北海道文化財保護協会 261

小樽内川集落

石狩湾新港建設で消えた石狩浜の集落―小樽内川集落（オタネ浜）と分部越集落（十線浜）（高瀬たみ）「いしかり暦」 石狩市郷土研究会 （25） 2012.3

穂足内村

「穂足内村騒立一件書類」の周囲―箱館奉行所同心木村源次郎のこと（白浜和彦）「小樽市博物館紀要」 小樽市博物館 18 2005.3

音江法華

「音江法華」開拓2年間の空白（岡田斎）「空知地方史研究」 空知地方史研究協議会 38 2004.6

帯広

帯広水物語（池田健一）「トカプチ ： 郷土史研究」 NPO十勝文化会議郷土史研究部会 （16） 2004.7

古地図に見える帯広・十勝（秋山秀敏）「帯広百年記念館紀要」 帯広百年記念館 （26） 2008.3

移住地十勝へのゲート・ウエーイ大津・帯広（上）（大嘉映）「大津十勝川研究」 大津・十勝川学会 （6） 2008.3

帯広十勝の詩吟（エッセイ）（山中岳剛）「トカプチ ： 郷土史研究」 NPO十勝文化会議郷土史研究部会 （19） 2008.12

第48回アイヌ地名研究大会終わる 研究発表1「オペレペレケプから帯広へ」早田国光/研究発表2―1「アイヌ語正典」―真義への研究 打田元輝/研究発表2―2「蝦夷島全沿岸の古地名比較」打田元輝「アイヌ語地名研究会会報」 アイヌ語地名研究会 （48） 2013.10

オペレペレケプから帯広へ（早田国光）「アイヌ語地名研究」 アイヌ語地名研究会，北海道出版企画センター（発売） （16） 2013.12

晩成社のバター製造及び販売について（大和田務）「大津十勝川研究」 大津・十勝川学会 （12） 2014.3

帯広刑務所

帯広刑務所誕生夜話［第一話］～（4）（阿部富喜男）「トカプチ ： 郷土史研究」 NPO十勝文化会議郷土史研究部会 （16）/（19） 2004.7/2008.12

帯広刑務所誕生夜話（阿部富喜男）「北の青嵐 ： 道史協支部交流会報」 北海道史研究協議会 143 2004.12

帯広航空廠

帯広航空廠を中心に "軍部帯広" の光と影を追う（下）（笹川幸震）「トカプチ ： 郷土史研究」 NPO十勝文化会議郷土史研究部会 （13） 2001.3

帯広市

十勝のアイヌ語地名（1） 帯広市（秋山秀敏）「アイヌ語地名研究」 アイヌ語地名研究会，北海道出版企画センター（発売） 通号10 2007.12

小平葉川

山田秀三文庫の資料から 小平町・小平葉川（YF0028）「アイヌ民族文化研究センターだより」 北海道立アイヌ民族文化研究センター （39） 2013.9

雄冬岬

冬の雄冬岬廻り運上家の継立―9里22丁に43日間（田中實）「北の青嵐 ： 道史協支部交流会報」 北海道史研究協議会 133 2004.2

雄冬岬灯台

雄冬岬灯台の誕生と消滅（小寺幸一）「いしかり暦」 石狩市郷土研究会 （23） 2010.3

オホーツク

17年度通常総会文化財講演会（要旨）オホーツク地方の郷土史（清水昭典）「文化情報」 北海道文化財保護協会 280 2005.8

企画展「アイヌ語地名を歩く」「2012・知床/斜里」「2013・網走/オホーツク」「アイヌ民族文化研究センターだより」 北海道立アイヌ民族文化研究センター （37） 2012.9

企画展 アイヌ語地名を歩く―山田秀三の地名研究から 2013・冬 網走/オホーツク 2013.2.2―4.7（渡部裕）「北方民族博物館だより」 北海道立北方民族博物館 （88） 2013.3

ロビー展 オホーツクシリーズ2 北海道写真紀行（1）オホーツク編―写真館が残した、数知れぬ北海道を求めて 2013.6.8―6.23（笹倉いる美）「北方民族博物館だより」 北海道立北方民族博物館 （90） 2013.9

オホーツク海

コラム 北海道オホーツク海沿岸の津波と地震に関するアイヌの地名伝承（特集 災害史と被災地史料）（田村将人）「北海道・東北史研究」 北海道出版企画センター （8） 2012.8

オユンベ

オユンベ石油採油に成功する（坂本エミ）「沙流川歴史館だより」 沙流川歴史館 （42） 2011.10

居辺

オサルシ焼子争議―葭原・居辺・高橋（成田直樹）「トカプチ ： 郷土史研究」 NPO十勝文化会議郷土史研究部会 （16） 2004.7

尾張村

尾張村と八雲村（地蔵慶護）「北海道れきけん」 北海道歴史研究会 （69） 2009.1

恩根

樹木名の名付くアイヌ語地名「キキン」―木禽原野、津別町恩根・本岐（三好勲）「アイヌ語地名研究」 アイヌ語地名研究会，北海道出版企画センター（発売） 通号7 2005.1

アイヌ語地名「キキン」をめぐって―木禽原野、津別町恩根・本岐（三好勲）「北海道の文化」 北海道文化財保護協会 （77） 2005.3

オンネキキン川

メナシクシュは東側を通る川 地名の変更なるか―津別町メナシクシュキキン川とオンネキキン川（三好勲）「アイヌ語地名研究会会報」 アイヌ語地名研究会 （33） 2008.8

恩根内

火災災害編 美深消防の変遷/恩根内消防の変遷/美深の火災/昭和3年の大火「昭和46年発行 美深町史」/美深ふるさと散歩/各種資料「美深町郷土資料報告」 美深町郷土研究会 （2） 2005.3

海岸町

昭和12年海岸町（石井勉）「茂呂瀾」 室蘭地方史研究会 （34） 2000.1

開拓記念公園

北広島の石碑/開拓記念公園/旧島松駅逓所/馬頭観世音菩薩/地蔵尊/その他/北広島の神社「郷土研究北ひろしま」 北広島郷土研究会 （18） 2005.12

偕楽園

歴史遺産としての偕楽園、そのかたちを求めて（冨士田金輔）「北海道の文化」 北海道文化財保護協会 （76） 2004.3

古地図の散歩道 明治15年作成「偕楽園図」明治15（1882）年・作者不詳「屯田」 北海道屯田倶楽部 （54） 2013.10

角田炭礦

炭鉱よもやま話（29）角田炭礦と専用鉄道（青木隆夫）「文化情報」 北海道文化財保護協会 271 2004.11

角山

角山の発祥は六軒村（西角山）部落民の熱意「辺地に学校を！」（歴史・点描）（斉藤松夫）「えべつの歴史 ： 市民がつくるまちのれきし」 江別市総務部 （12） 2010.3

河西郡

かわにし探検隊―売買村・上帯広村・戸蔦村に惹かれて（水本憲）「トカプチ ： 郷土史研究」 NPO十勝文化会議郷土史研究部会 （16） 2004.7

旧金沢友次郎邸

旧金澤友次郎邸（金沢秀一）「永 福島町史研究会会報」 福島町史研究会 3 2004.2

カバト山

近藤重蔵『蝦夷地図』におけるカバト山麓の本陣屋位置（平隆一）「アイヌ語地名研究会会報」 アイヌ語地名研究会 （31） 2007.11

樺戸集治監

"挿話" 樺戸集治監をめぐって（歴史・点描）（中山孝）「えべつの歴史 ： 市民がつくるまちのれきし」 江別市総務部 （15） 2013.3

上帯広村

かわにし探検隊―売買村・上帯広村・戸蔦村に惹かれて（水本憲）「トカプチ ： 郷土史研究」 NPO十勝文化会議郷土史研究部会 （16） 2004.7

上川

上川開発の兵站基地神居市街（木村光夫）「旭川研究 ： 旭市史編集機関誌 今と昔」 旭川市 18 2001.3

農業災害編 大正7年発行発行「下名寄村誌・全」農業編/昭和46年発行「美深町史」農業災害/昭和53年発行「共済組合30周年の歩み」/昭和54年発行「びふか農場史」/上川北部地区農業改良センター資料/美深ふるさと散歩「美深町郷土資料報告」 美深町郷土研究会 （2） 2005.3

上川百万石 密林と暴れ川との闘い 旭川屯田会「屯田を知る集い」から「屯田」 北海道屯田倶楽部 （39） 2006.4

上士幌町

十勝上士幌町における防風林の分布と変遷（乙幡康之）「上士幌町ひがし大雪博物館研究報告」 上士幌町ひがし大雪博物館 （33） 2011.3

上手稲村

上手稲村開拓史を補う新しい資料（中濱康光）「札幌の歴史 ： 「新札幌市史」機関誌」 札幌市 48 2005.2

上途別

幻だった上途別・以平六百町歩水田（山崎孝作）「トカプチ ： 郷土史研究」 NPO十勝文化会議郷土史研究部会 （15） 2003.8

上富良野

札幌・上富良野会と私（各地で活躍している郷土の人達）（久保勝美）「郷土をさぐる」 上富良野町郷土をさぐる会 20 2003.4

上富良野と私 木の実豊かな故郷（各地で活躍している郷土の人達）（泉川睦雄）「郷土をさぐる」 上富良野町郷土をさぐる会 21 2004.4

飢餓を救った上富良野の燕麦（竹内正夫）「郷土をさぐる」 上富良野町郷土をさぐる会 21 2004.4

ふるさと上富良野の思い出（各地で活躍している郷土の人達）（辻内祐二）「郷土をさぐる」 上富良野町郷土をさぐる会 22 2005.4

ふるさと上富良野の追憶（塩井セツ子）「郷土をさぐる」 上富良野町郷土をさぐる会 22 2005.4

望郷の大地 上富良野援農と関わりの追憶（各地で活躍している郷土の人達）（平久保榮）「郷土をさぐる」 上富良野町郷土をさぐる会 （25） 2008.4

上富良野歴史年表「郷土をさぐる」 上富良野町郷土をさぐる会 （25） 2008.4

上富良野の冬と北京の夏（佐々木学）「郷土をさぐる」 上富良野町郷土をさぐる会 （26） 2009.3

上富良野及び富良野地域で操業した、木工場の歴史（岩崎治男）「郷土をさぐる」 上富良野町郷土をさぐる会 （29） 2012.4

石碑が語る上富の歴史（17）札幌に建立の上富良野関係の碑〈沖縄戦 戦没者慰霊碑〉（中村有秀）「郷土をさぐる」 上富良野町郷土をさぐる会 （30） 2013.3

昭和三年頃の上富良野における農業（田中正人）「郷土をさぐる」 上富良野町郷土をさぐる会 （31） 2014.4

上富良野駐屯地

東日本大震災における上富良野駐屯地の活動（藤野憲明）「郷土をさぐる」 上富良野町郷土をさぐる会 （29） 2012.4

上富良野町

熱き想い 我が心の故郷（各地で活躍している郷土の人達）（長谷部元雄）「郷土をさぐる」 上富良野町郷土をさぐる会 21 2004.4

石碑が語る上富の歴史（13）十勝岳産業開発道路記念歌碑（中村有秀）「郷土をさぐる」 上富良野町郷土をさぐる会 （24） 2007.4

自衛隊駐屯地と上富良野町（森野安弘）「郷土をさぐる」 上富良野町郷土をさぐる会 （26） 2009.3

上富良野農業協同組合 三億円大騒動（荻野昭一）「郷土をさぐる」 上富良野町郷土をさぐる会 （28） 2011.3

八坂内大火の追憶（大森金男）「郷土をさぐる」 上富良野町郷土をさぐる会 （28） 2011.3

「郷土をさぐる会」三十年の歩み（田中正人）「郷土をさぐる」 上富良野町郷土をさぐる会 （28） 2011.3

石碑が語る上富の歴史（16）馬魂碑（中村有秀）「郷土をさぐる」 上富良野町郷土をさぐる会 （28） 2011.3

各地で活躍している郷土の人達 私の上富つれづれ（杉本劭）「郷土をさぐる」 上富良野町郷土をさぐる会 （29） 2012.4

上富良野町 字名廃止の経過について（野尻巳知雄）「郷土をさぐる」 上富良野町郷土をさぐる会 （31） 2014.4

神居

上川開発の兵站基地神居市街（木村光夫）「旭川研究 ： 旭川市史編集機関誌 ： 今と昔」 旭川市 18 2001.3

亀田

懐古・亀田の住事（近江幸雄）「箱館昔話」 函館パルス企画 （15） 2003.4

川上駅

旧ふるさと銀河線川上駅『旅ノート』から（宮城旅人）「郷土研究 陸別町郷土研究会会報」 陸別町郷土研究会 （14） 2007.3

川西

川西の亜麻工場の謎にせまる（水本憲）「トカプチ ： 郷土史研究」 NPO十勝文化会議郷土史研究部会 （17） 2005.12

かわにし探検隊 川西合併50年（水本憲）「トカプチ ： 郷土史研究」 NPO十勝文化会議郷土史研究部会 （19） 2008.12

川向小学校

昭和29年川向小・中学校（坂本エミ）「沙流川歴史館だより」 沙流川歴史館 （51） 2014.1

川向中学校

昭和29年川向小・中学校（坂本エミ）「沙流川歴史館だより」 沙流川歴史館 （51） 2014.1

木禽原野

樹木名の名付くアイヌ語地名「キキン」―木禽原野、津別町恩根・本岐（三好勲）「アイヌ語地名研究」 アイヌ語地名研究会, 北海道出版企画センター（発売） 通号7 2005.1

アイヌ語地名「キキン」をめぐって―木禽原野、津別町恩根・本岐（三

好勲）「北海道の文化」 北海道文化財保護協会 （77） 2005.3

北蝦夷地

北蝦夷地・松浦武四郎の道（西成辰雄）「地名」 宮城県地名研究会 通号27 2008.5

北蝦夷地における直捌の展開と越後差配人の漁場開設（東俊治）「北海道開拓記念館研究紀要」 北海道開拓記念館 （37） 2009.3

北郷東町

郷土誌を読む『私たちの北郷東―北郷東町内会創立50周年記念誌』（橋場ゆみこ）「札幌の歴史 ： 「新札幌市史」機関誌」 札幌市 49 2005.8

北三条西

フィールドからデスクから 札幌北3条西7丁目物語（下）（小川正人）「アイヌ民族文化研究センターだより」 北海道立アイヌ民族文化研究センター （32） 2010.3

北千島

北千島地名調査報告（1），（2）（北方地域研究会）「根室市博物館開設準備室紀要」 根室市博物館開設準備室 16/17 2002.3/2003.3

地図の中の記憶（15）北千島（大堀和利）「Collegio」 之潮 （29） 2007.12

珍しい北千島発信のエンタイヤ（福井卓治）「郵便史研究 ： 郵便史研究会紀要」 郵便史研究会 （27） 2009.3

学芸員のこぼれ話 北千島の旧陸海軍工事と朝鮮人労務者について（寺林伸明）「北海道開拓記念館だより」 北海道開拓記念館 43（4）通号222 2014.1

1908（明治41）年軍艦金剛の調査で記録された北千島アイヌ（猪熊樹人）「根室市歴史と自然の資料館紀要」 根室市歴史と自然の資料館 （26） 2014.3

北浜

第三章 大津村浪漫 波止場の血煙 博徒綺談大津事件/博徒綺談 大津事件/旧大津村長の異動について/豊北浜の原生花園/大津年表《〈十勝の歴史と文化―若林三郎の著作と研究〉》「大津十勝川研究」 大津・十勝川学会 （5） 2007.3

北広島

新版 碑は語る（大谷義明）「郷土研究北ひろしま」 北広島郷土史研究会 （18） 2005.12

北広島の石碑/開拓記念公園/旧島松駅逓所/馬頭観世音菩薩/地蔵尊/その他/北広島の神社「郷土研究北ひろしま」 北広島郷土史研究会 （18） 2005.12

北防波堤ドーム

稚内 北防波堤ドーム（回廊）（田中喜幸）「川口史林 ： 川口市郷土史会々誌」 川口市郷土史会 （72） 2007.3

北見

北見地方開拓の夜明け（遥かなときから）（林敏男）「屯田」 北海道屯田倶楽部 33 2003.4

「北見ハッカ」の濫觴 薫るミントの風（山田雅也）「文化情報」 北海道文化財保護協会 （294） 2006.10

北見道路

北見道路策定の経緯（横平弘）「北海道の文化」 北海道文化財保護協会 通号80 2008.3

北村

岩見沢市と北村との「境界一直線」解明の記録（中野尚幸）「文化情報」 北海道文化財保護協会 （297） 2007.1

岩見沢市と北村との「境界一直線」解明記（中野尚幸）「空知地方史研究」 空知地方史研究協議会 （41） 2007.6

北矢

別海北矢に移住した木地師たち―惟喬親王像と木地師文書（戸田博史）「別海町郷土資料館だより」 別海町郷土資料館 74 2005.9

北湧別兵村

屯田兵村公有地財産をめぐって（8）定着率が高く、長期保有した南・北湧別兵村（河野民雄）「屯田」 北海道屯田倶楽部 （50） 2011.10

喜登牛

春を待つ―喜登牛・張碓等の地名起源（三好勲）「文化情報」 北海道文化財保護協会 276 2005.4

銀河線

特集 網走線・池北線・銀河線 鉄路の一世紀（斎藤省三）「トカプチ ： 郷土史研究」 NPO十勝文化会議郷土史研究部会 （18） 2007.12

鎖塚

囚人道路紀行〈鎖塚〉（小澤操）「地名」 宮城県地名研究会 （37） 2013.5

釧路

クスリ・サコロベー釧路の物語り（浅野恵子）「久摺」 釧路アイヌ文化懇話会 10 2003.12

市立釧路博物館の魚皮衣（畠山歌子）「久摺」 釧路アイヌ文化懇話会 （特集号） 2005.2
巡視船「そうや」の街―釧路と流氷（中山雅茂）「釧路市立博物館々報」 釧路市立博物館 389 2005.5
百年前の釧路の方言（山本悦也）「久摺」 釧路アイヌ文化懇話会 11 2005.8
釧路地方のアイヌ語地名について（山本修平）「全国地名研究交流誌 地名談話室」 日本地名研究所 20 2005.12
百年前の釧路の方言（第165回例会発表資料）（山本悦也）「北海道方言研究会会報」 北海道方言研究会 （81） 2005.12
第二章 アイヌ語地名研究 北海道アイヌ語地名解/蝦夷語地名について/北海道の地名/十勝国郡の地名について/釧路の語源について/豊頃町内の地名について/豊頃町アイヌ語地名解（《十勝の歴史と文化―若林三郎の著作と研究》）「大津十勝川研究」 大津・十勝川学会 （5） 2007.3
第四章 鮭とシシャモの文化誌 鮭/鮭の方言/シシャモ/アイヌのシシャモ伝説/シシャモの名詞とその系統種別/佐藤直太郎先生「釧路アイヌとシシャモ」との見解の相違点（《十勝の歴史と文化―若林三郎の著作と研究》）「大津十勝川研究」 大津・十勝川学会 （5） 2007.3
明治期の北海道釧路地方の産業発展 武富善吉の事業を軸として（加藤伊都子）「釧路市史研究」 釧路市 6 2008.3
北海道にいて山形を知る―釧路の市河文書のことなど（佐久間昇）「最上地域史」 最上地域史研究会 （30） 2008.3
寒川と皐内、釧路について（関口重男）「高校地理歴史・公民科紀要」 栃木県高等学校教育研究会地理歴史・公民部会 （47） 2009.3
鉄道の街釧路から（星匠）「釧路市立博物館々報」 釧路市立博物館 （403） 2009.11
市町村合併による行政サービス水準と地価の変化（下山朗）「釧路公立大学地域研究」 釧路公立大学地域分析研究委員会 （18） 2009.12
「アイヌ語地名」看板の紹介 「二級河川 野田追川」/図書・会誌・会報・論文などの紹介 くしろ地名考 42号、アイヌ民族文化研究センターだより 37号、日本地名研究所通信 75号、れら rera 東北 18号、くしろ地名考 43号/お知らせ 第32回全国地名研究者大会―地名は警告する「アイヌ語地名研究会会報」 アイヌ語地名研究会 （46） 2013.3
釧路沖を巡る―海の王を求めて（笹森琴絵）「釧路市立博物館々報」 釧路市立博物館 （411） 2013.3
釧路に来て思うこと（チャランケチャシ）（野本和宏）「釧路市立博物館々報」 釧路市立博物館 （412） 2013.9
「アイヌ語地名」看板の紹介 「二級河川古武井川水系古武井川 古武井川」/図書・会誌・会報・論文などの紹介 第15回探索会、くしろ地名考第44号、第16回探索会、くしろ地名考第45号、第17回探索会、加越能の地名 No.42「アイヌ語地名研究会会報」 アイヌ語地名研究会 （48） 2013.10

釧路川

釧路川流路の変遷（予報）―標茶町域内の状況（横平弘, 三好勲）「標茶町郷土館報告」 標茶町郷土館 16 2004.6
母なる川 釧路川の源流を訪ねて（山本修平）「日本地名研究所通信」 日本地名研究所 （73） 2011.1

釧路コールマイン

炭鉱よもやま話（25）釧路コールマインの坑口食堂（青木隆夫）「文化情報」 北海道文化財保護協会 265 2004.5
シリーズ日本の炭鉱（2） 釧路コールマイン株式会社と砂子炭鉱（安蘇龍生）「田川市石炭・歴史博物館だより」 田川市石炭・歴史博物館 （30） 2007.1

釧路市

チャランケチャシ（坪岡始, 奥宮恪）「釧路市立博物館々報」 釧路市立博物館 380 2003.3
チャランケチャシ（石川朗）「釧路市立博物館々報」 釧路市立博物館 381 2003.5
チャランケチャシ（山代淳一, 高橋勇人）「釧路市立博物館々報」 釧路市立博物館 383 2003.11
チャランケチャシ「釧路市立博物館々報」 釧路市立博物館 388 2005.3
チャランケチャシ（五ノ井秀明）「釧路市立博物館々報」 釧路市立博物館 389 2005.5
釧路市キムウンクルコタンチャシ（西幸隆）「釧路市立博物館紀要」 釧路市立博物館 30 2006.3
釧路市経済の変遷（新山毅）「釧路公立大学地域研究」 釧路公立大学地域分析研究委員会 （15） 2006.12
チャランケチャシ（戸田恭司, 針生勤）「釧路市立博物館々報」 釧路市立博物館 （402） 2009.3
チャランケチャシ（松本文雄, 山代淳一）「釧路市立博物館々報」 釧路市立博物館 （403） 2009.11
チャランケチャシ（石川孝織, 加藤春雄）「釧路市立博物館々報」 釧路市立博物館 （404） 2010.1
南北石炭交流―田川市石炭・歴史博物館と釧路市立博物館の交流事業「田川市石炭・歴史博物館だより」 田川市石炭・歴史博物館 （34） 2010.2
「炭鉱（ヤマ）のくらし・マチの記憶」地域間・地域内連携の取り組み（石川孝織）「釧路市立博物館紀要」 釧路市立博物館 33 2010.3
チャランケチャシ（高橋勇人, 中塚恵美子）「釧路市立博物館々報」 釧路市立博物館 （405） 2010.3
チャランケチャシ（加藤春雄, 松本文雄）「釧路市立博物館々報」 釧路市立博物館 （406） 2011.2
チャランケチャシ（戸田恭司, 澤田恭平）「釧路市立博物館々報」 釧路市立博物館 （408） 2011.9
北海道釧路市における言語変化―「釧路言語調査」の結果から（第190回例会研究発表資料（2010.11.14））（朝日祥之, 尾崎喜光）「北海道方言研究会会報」 北海道方言研究会 （88） 2011.12
釧路市における地震・津波痕跡（澤田恭平）「釧路市立博物館々報」 釧路市立博物館 （409） 2012.3
大震災をその身に受けて（安達麻理子, 澤田恭平）「釧路市立博物館々報」 釧路市立博物館 （409） 2012.3
3・11の記憶を絵に残す（中塚美恵子）「釧路市立博物館々報」 釧路市立博物館 （410） 2012.9
北海道における方言使用の現状と実時間変化―札幌市・釧路市における多人数調査の結果から（第200回例会研究発表資料（2012.11.18））（尾崎喜光, 朝日祥之）「北海道方言研究会会報」 北海道方言研究会 （89） 2012.12

釧路集治監

釧路集治監「官署」移転復元を想い起こして（三栖達夫）「標茶町郷土館報告」 標茶町郷土館 16 2004.6
写真で見ましょう釧路集治監の建物（三栖達夫）「標茶町郷土館報告」 標茶町郷土館 （17） 2005.7

釧路町

釧路町達古武の地名起源（三好勲, 横平弘）「標茶町郷土館報告」 標茶町郷土館 15 2003.6

釧路臨港鉄道

石炭を運び続けて80年―釧路臨港鉄道（《続・太平洋炭砿の軌跡》）（星匠）「釧路市史研究」 釧路市 5 2006.1

久摺

アイヌ民族が食した植物についての一考察―『久摺日誌』の挿絵に描かれたランはなにか（高嶋八千代, 奥田幸子）「標茶町郷土館報告」 標茶町郷土館 （26） 2014.8

九度山

九度山―いつもそこにある山（鈴木邦輝）「北国研究集録」 名寄市北国博物館 （13） 2012.3

国後

クナシリ・メナシの戦いを考える（大庭英保）「久摺」 釧路アイヌ文化懇話会 11 2005.8
18世紀末における近世国家とアイヌ社会の関係秩序―クナシリ・メナシの戦いのアイヌ仕置を手掛かりとして（市毛幹幸）「北海道・東北史研究」 北海道出版企画センター （3） 2006.12
幕末・明治の山名探索 資料編（国後・択捉・北海道）（渡辺隆）「アイヌ語地名研究」 アイヌ語地名研究会, 北海道出版企画センター（発売） 通号12 2009.12
「クナシリ・メナシの戦いとラクスマン来航」の研究（論文・研究ノート）（川上淳）「北海道史研究協議会会報」 北海道史研究協議会 （89） 2011.12
文化八年クナシリ島事件―ゴローニン事件の現地始末書上（齋藤良治）「宮城史学」 宮城歴史教育研究会 （31） 2012.5
アイヌ語地名 千島 クナシリ（1）,（2）（伊藤せいち, 本田克代）「アイヌ語地名研究」 アイヌ語地名研究会, 北海道出版企画センター（発売） （15）/（16） 2012.12/2013.12

国後島

文化5年クナシリ島御丁場事情（佐藤宏一）「仙台藩白老元陣屋資料館報」 仙台藩白老元陣屋資料館 （8・9） 2003.3
クナシリ島の地名―安政四年佐倉藩士による地名（本田克代, 吉田千萬）「アイヌ語地名研究」 アイヌ語地名研究会, 北海道出版企画センター（発売） 通号10 2007.12
続クナシリ島の地名―クナシリ場所東西里数并川々所々小名漁場、安政四年佐倉藩士による記録（吉田千萬, 本田克代）「アイヌ語地名研究」 アイヌ語地名研究会, 北海道出版企画センター（発売） 通号11 2008.12

クムシ

近世の別海を探る 「西別川河口から北」（6） クムシ 地名の由来、地勢・建物など「別海町郷土資料館だより」 別海町郷土資料館 （153）

北海道　　　　　　　　　地名でたどる郷土の歴史　　　　　　　　　東日本

2012.4

栗丘

栗山・栗丘・栗沢（室蘭線駅名）沿線（卜部信臣）「北の青嵐 ： 道史協支部交流会報」 北海道史研究協議会 143 2004.12

栗沢

栗沢と報徳精神（稗田武四郎）「北の青嵐 ： 道史協支部交流会報」 北海道史研究協議会 134 2004.3

栗山・栗丘・栗沢（室蘭線駅名）沿線（卜部信臣）「北の青嵐 ： 道史協支部交流会報」 北海道史研究協議会 143 2004.12

栗山

栗山・栗丘・栗沢（室蘭線駅名）沿線（卜部信臣）「北の青嵐 ： 道史協支部交流会報」 北海道史研究協議会 143 2004.12

栗山市街の草創期（卜部信臣）「北海道地域文化研究」 北海道地域文化学会 （4） 2012.3

栗山のアイヌ語地名考（高橋慎）「アイヌ語地名研究」 アイヌ語地名研究会，北海道出版企画センター（発売） （17） 2014.12

栗山町

栗山町はヤムニウシ由来？——一次資料と二次資料（平隆一）「アイヌ語地名研究会会報」 アイヌ語地名研究会 （29） 2007.5

武四郎碑のまとめと栗山町の“準”碑（杉山四郎）「空知地方史研究」 空知地方史研究協議会 （41） 2007.6

クリル諸島

戦後におけるサハリン・クリル諸島史研究について（板橋政樹）「根室市博物館開設準備室紀要」 根室市博物館開設準備室 15 2001.3

北方文化共同研究事業関連講演会「戦後におけるサハリン・クリル諸島史研究について」「北海道開拓記念館だより」 北海道開拓記念館 31 （5）通号171 2002.1

旧黒岩家住宅

わがまち温故知新 旧黒岩家住宅（旧簾舞通行屋）保存会（北室かず子）「札幌の歴史 ： 「新札幌市史」機関誌」 札幌市 46 2004.2

訓子府

訓子府の世界（戸部千春）「アイヌ語地名研究」 アイヌ語地名研究会，北海道出版企画センター（発売） （13） 2010.12

軍馬補充部川上支部

軍馬補充部川上支部と標茶（1）～（2） 標茶町郷土館講座にて行われた座談会と若干の考察（坪岡始）「標茶町郷土館報告」 標茶町郷土館 （18）/（19） 2006.8/2007.8

ケネタイ

近世の別海を探る 「西別川河口から北」（4） ケネタイ 地名の由来/ホンケ子ニタイ 地名の由来、地勢・建物など「別海町郷土資料館だより」 別海町郷土資料館 （140） 2011.3

剣淵

剣淵屯田兵の開拓（剣淵町史より）「屯田」 北海道屯田倶楽部 27 2004.4

剣淵盆地

剣淵盆地における溜池について——いわゆる「たこつぼ」にみる農業景観の変化（鈴木邦輝，義光康弘）「北国研究集録」 名寄市北国博物館 （10） 2006.3

恋問

コイドイェ（声問・恋問）とオウコッペ（興部）（早田国光）「アイヌ語地名研究」 アイヌ語地名研究会，北海道出版企画センター（発売） （15） 2012.12

皁内

寒川と皁内、釧路について（関口重男）「高校地理歴史・公民科紀要」 栃木県高等学校教育研究会地理歴史・公民部会 （47） 2009.3

鴻之舞鉱山

北海道の産業遺産（44） 紋別市住友鴻之舞鉱山（1）（三好勲）「文化情報」 北海道文化財保護協会 242 2002.6

北海道の産業遺産（45） 紋別市住友鴻之舞鉱山（2） 旧精錬所遺稿大煙突（三好勲）「文化情報」 北海道文化財保護協会 243 2002.7

北海道の産業遺産（46） 紋別市住友鴻之舞鉱山（3） 鉱水送水橋と5号坑橋（三好勲）「文化情報」 北海道文化財保護協会 244 2002.8

北海道の産業遺産（47） 紋別市住友 鴻之舞鉱山（4） 鴻紋軌道遺構（三好勲）「文化情報」 北海道文化財保護協会 245 2002.9

北海道の産業遺産（48） 紋別市住友鴻之舞鉱山（5） トロッコ軌道 地と木樋土台（三好勲）「文化情報」 北海道文化財保護協会 246 2002.10

北海道の産業遺産（49） 紋別市住友鴻之舞鉱山（6） 鉱滓木樋と沈殿池（三好勲）「文化情報」 北海道文化財保護協会 247 2002.11

北海道の産業遺産（50） 紋別市住友鴻之舞鉱山（7） 学舎の里碑が語るもの（三好勲）「文化情報」 北海道文化財保護協会 248 2002.12

北海道の産業遺産（51） 紋別市住友鴻之舞鉱山（8） 鴻之舞鉱山博物館に

（三好勲）「文化情報」 北海道文化財保護協会 249 2003.1

地名考「鴻之舞」—紋別市住友鴻之舞鉱山の地名の起源をさぐる（三好勲）「北海道の文化」 北海道文化財保護協会 （75） 2003.3

鴻之舞鉱山から秋田への配転（野添憲治）「秋田県朝鮮人強制連行真相調査団会報」 秋田県朝鮮人強制連行真相調査団 （58） 2009.5

幸福駅

『愛国駅』と『幸福駅』の原アイヌ語地名（早田国光）「アイヌ語地名研究」 アイヌ語地名研究会，北海道出版企画センター（発売） （17） 2014.12

声問

コイドイェ（声問・恋問）とオウコッペ（興部）（早田国光）「アイヌ語地名研究」 アイヌ語地名研究会，北海道出版企画センター（発売） （15） 2012.12

声問川

稚内声問（幕別）川流域のアイヌ語地名（宮崎耕太）「アイヌ語地名研究」 アイヌ語地名研究会，北海道出版企画センター（発売） 通号11 2008.12

濃昼山道

濃昼山道の開墾（伊達東）「北の青嵐 ： 道史協支部交流会報」 北海道史研究協議会 147 2005.4

国端崎

地図の中の記憶 国端崎（大堀和利）「Collegio」 之潮 （17） 2006.12

五軒沢

平成13年度研究発表内容 五軒沢の開拓（森美典）「伊達の風土」 伊達郷土史研究会 21 2002.12

コトコイ

シリーズ「近世の別海を探る 野付～その6～」 コトコイ 地名の由来、地勢・建物など「別海町郷土資料館だより」 別海町郷土資料館 （175） 2014.2

琴似

琴似屯田兵の末裔は歴史の迷宮の案内人 サッポロ堂書店・店主 石原誠さん（梶川博昭）「屯田」 北海道屯田倶楽部 （52） 2012.10

レジュメより 奨励作物に見る琴似の農業「屯田」 北海道屯田倶楽部 （52） 2012.10

札幌琴似屯田兵の子孫会が亘理へ 「先祖のふるさとを巡る旅」を歓迎（総務委員会）「郷土わたり」 亘理郷土史研究会 （109） 2013.4

調査リポート 琴似兵屋「八畳間のナゾ」解明へ（梶川博昭）「屯田」 北海道屯田倶楽部 （54） 2013.10

ルーツを追って一広がる親戚 琴似屯田兵の子孫が亘理を訪問 長瀞出身、斎藤常吉さんの玄孫ら3名（われらの広場）（斎藤興二）「郷土わたり」 亘理郷土史研究会 （110） 2013.10

琴似屯田兵村

兵村だより 琴似屯田兵村（前）「屯田」 北海道屯田倶楽部 （48） 2010.10

兵村だより 琴似屯田兵村（後） 屯田兵村発祥の「琴似屯田歴史館」建設について/屯田兵と琴似神社/琴似の足跡/かがやけコトニ屯田兵の里まつり「屯田」 北海道屯田倶楽部 （49） 2011.04

古武井川

「アイヌ語地名」看板の紹介 「二級河川古武井川水系古武井川 古武井川」/図書・会誌・会報・論文などの紹介 第15回探索会、くしろ地名考第44号、第16回探索会、くしろ地名考第45号、第17回探索会、加越能の地名 No.42「アイヌ語地名研究会会報」 アイヌ語地名研究会 （48） 2013.10

小幌

知られざる鉄道文化財（7） 小幌—戦時の輸送力増強で生まれた苦心の煙管型信号場（河野哲也）「文化情報」 北海道文化財保護協会 268 2004.8

駒ヶ岳

知られざる鉄道文化財（8） 砂原線と藤城線—駒ヶ岳をめぐる8の字線路（河野哲也）「文化情報」 北海道文化財保護協会 269 2004.9

研究動向 寛永17年（1640年） 駒ヶ岳噴火津波—伊達市に残された史実と物証（西村裕一）「噴火湾文化 ： newsletter」 伊達市噴火湾文化研究所 2 2006.11

表紙写真 駒ヶ岳大噴火（昭和4年6月17日）室蘭市所蔵「茂呂瀾」 室蘭地方史研究会 （47） 2013.3

五稜郭

回想・五稜郭周辺（平野鶴男）「地域史研究はこだて」 函館市史編さん室 33 2001.3

知られざる五稜郭（田原良信）「箱館昔話」 函館パルス企画 （15） 2003.4

今野邸

海を渡る相馬の古民家（今野邸）（植松達也）「えおひっぷす」 相馬郷土

研究会　（218）2006.5

サクシュコトニ川

サクシュコトニ川とアイヌ語（談話室）（鳴海英之）「アイヌ語地名研究」アイヌ語地名研究会，北海道出版企画センター（発売）（17）2014.12

札内川

札内川と闘った父（エッセイ）（上田信一）「トカプチ ： 郷土史研究」NPO十勝文化会議郷土史研究部会　（18）2007.12

札幌

札幌の歴史的建物保存と市民活動―札幌建築鑑賞会10年の歩みから（杉浦正人）「北海道の文化」北海道文化財保護協会　73　2001.3

占領期札幌の公衆衛生改革―GHQ政策・モデル保健所・衛生組合を中心に（西田秀子）「札幌の歴史 ： 「新札幌市史」機関誌」札幌市　44　2003.2

札幌・上富良野会と私（各地で活躍している郷土の人達）（久保勝美）「郷土をさぐる」上富良野町郷土をさぐる会　20　2003.4

札幌における県人会の形成（中村英重）「札幌の歴史 ： 「新札幌市史」機関誌」札幌市　45　2003.8

戦後札幌の地域子ども会活動について（平中忠信）「札幌の歴史 ： 「新札幌市史」機関誌」札幌市　45　2003.8

札幌での私の戦後（わたしの戦中・戦後体験）（星玲子）「札幌の歴史 ： 「新札幌市史」機関誌」札幌市　45　2003.8

札幌女性史研究会25年の歩み（札幌女性史研究会）「女性史研究ほっかいどう」札幌女性史研究会　（1）2003.8

林檎の碑（橋本亨）「文化情報」北海道文化財保護協会　260　2003.12

絵図にみる "観光札幌" ―吉田初三郎の世界（橋場ゆみこ）「札幌の歴史 ： 「新札幌市史」機関誌」札幌市　46　2004.2

札幌における信州出身の群像（1）～（14）（夏坊寛一郎）「オール諏訪 ： 郷土の総合文化誌」諏訪郷土文化研究会　24（4）通号238/25（6）通号252　2004.7/2005.9

児童文化運動の高揚期にみる札幌（谷暎子）「札幌の歴史 ： 「新札幌市史」機関誌」札幌市　47　2004.8

札幌における藍づくりと篠路興産社（富士田金輔）「札幌の歴史 ： 「新札幌市史」機関誌」札幌市　47　2004.8

「札幌のアイヌ地名を尋ねて」の要点（山田秀三）「アイヌ語地名研究会会報」アイヌ語地名研究会　21　2004.11

札幌における信州出身の群像（4）下（夏坊寛一郎）「オール諏訪 ： 郷土の総合文化誌」諏訪郷土文化研究会　24（8）通号242　2004.11

GHQ/SCAP検閲文書に見る札幌発行文芸誌（田中綾）「札幌の歴史 ： 「新札幌市史」機関誌」札幌市　49　2005.8

大正期、札幌への進学と郷里の対応を示す史料2点（谷本晃久）「北海道・東北史研究」北海道出版企画センター　（2）2005.12

特集 札幌の歴史 新たな出発のために（1）「札幌の歴史 ： 「新札幌市史」機関誌」札幌市　（51）2006.8

戦時期札幌の会社について（白木沢旭児）「札幌の歴史 ： 「新札幌市史」機関誌」札幌市　（51）2006.8

札幌の青年学級（《特集 札幌の歴史 新たな出発のために（2）》）（大矢和子）「札幌の歴史 ： 「新札幌市史」機関誌」札幌市　（52）2007.2

門田ビッケル（高知市広報）（広谷喜十郎）「秦史談」秦史談会　（139）2007.5

札幌書even前史―書画会から近代書画へ（橋場ゆみこ）「札幌の歴史 ： 「新札幌市史」機関誌」札幌市　（53）2007.8

「札幌沿革史」に見る明治・札幌の成長 札幌史学会編「屯田」北海道屯田倶楽部　（43）2008.4

札幌女性史の30年―北海道の女性史研究の中で（〈寄稿―各地からの風〉）（林恒子）「女性史研究ほっかいどう」札幌女性史研究会　（3）2008.10

企画展情報 「札幌のパノラマ写真と札幌紹介の役割」開催しています/行事予定/古文書講座「文化資料室ニュース」札幌市文化資料室　（6）2008.12

随筆 サッポロ（地蔵慶護）「北海道れきけん」北海道歴史研究会　（71）2009.12

戦前期北海道内における婦人方面委員関係資料―札幌・小樽を例に（それぞれの時代を生きた女たち―大正・昭和戦前期・戦前期）（海保洋子）「女性史研究ほっかいどう」札幌女性史研究会　（4）2010.8

船越長首「札幌近郊の墨絵」について（工藤義衛、渡辺隆）「アイヌ語地名研究」アイヌ語地名研究会，北海道出版企画センター（発売）（13）2010.12

札幌『山形屋』廃業 本多新の実弟大竹敬助操業（北海道新聞 昭和54年5月10日号）（資料紹介）（福田隆三）「茂呂瀾」室蘭地方史研究会　（46）2012.3

北海道庁赤れんが庁舎「北海道の歴史ギャラリー」トピック展示「SAPPORO'72―オリンピックと札幌―」（山際晶子）「北海道開拓記念館だより」北海道開拓記念館　42（1）通号215　2012.6

古地図の散歩道 明治6年作成「北海道石狩州札幌地形見取図」「屯田」

北海道屯田倶楽部　（52）2012.10

北海道石狩州札幌地形見取図 アートな超時空マップ（梶田博昭）「屯田」北海道屯田倶楽部　（52）2012.10

石碑が語る上富の歴史（17）札幌に建立の上富良野関係の碑「沖縄戦 戦没者慰霊碑」（中村有秀）「郷土をさぐる」上富良野町郷土をさぐる会　（30）2013.3

札幌遠友夜学校

慈善事業・社会事業からみた札幌遠友夜学校（新渡戸稲造とその水脈）（松本郁代）「地域学 ： 地域の理解にむけて」弘前学院大学，北方新社（発売）7　2009.3

札幌官園

開拓使の洋式農業導入における札幌官園と現術生徒の役割（《特集 札幌の歴史 新たな出発のために（2）》）（富士田金輔）「札幌の歴史 ： 「新札幌市史」機関誌」札幌市　（52）2007.2

札幌器械場

開拓使札幌器械場の歴史と技術 特に厚別山水車器械場の実態について（山田大隆）「北海道の文化」北海道文化財保護協会　（84）2012.2

札幌区立女子職業学校

札幌区立女子職業学校の設立と展開（仙波千枝）「札幌の歴史 ： 「新札幌市史」機関誌」札幌市　49　2005.8

札幌区立女子職業学校の遠足・修学旅行（仙波千枝）「札幌の歴史 ： 「新札幌市史」機関誌」札幌市　（51）2006.8

札幌県

札幌県による十勝川流域のサケ禁漁とアイヌ民族（山田伸一）「北海道開拓記念館研究紀要」北海道開拓記念館　（37）2009.3

札幌県治類典に関する覚書（石川淳）「北海道立文書館研究紀要」北海道立文書館　（22）2009.3

札幌市

札幌市における昭和期の煉瓦造建築（喜田信代）「札幌の歴史 ： 「新札幌市史」機関誌」札幌市　39　2000.8

終戦後の札幌市における地域住民組織―公区制度廃止前後の状況をめぐって（小幡尚）「札幌の歴史 ： 「新札幌市史」機関誌」札幌市　44　2003.2

市史を読む（君尹彦、坂下明彦、佐藤京子、工藤一廣）「札幌の歴史 ： 「新札幌市史」機関誌」札幌市　44　2003.2

札幌市の老人医療費用無料化運動（海保洋子）「札幌の歴史 ： 「新札幌市史」機関誌」札幌市　46　2004.2

郷土誌を読む『玉葱と共に生きて』（石田武彦）「札幌の歴史 ： 「新札幌市史」機関誌」札幌市　46　2004.2

わがまち温故知新 アマとホップが彩る地域おこし（北室かず子）「札幌の歴史 ： 「新札幌市史」機関誌」札幌市　47　2004.8

札幌市の各種学校（大矢一人）「札幌の歴史 ： 「新札幌市史」機関誌」札幌市　48　2005.2

新札幌市史拡大編集会議報告（文化資料室）「札幌の歴史 ： 「新札幌市史」機関誌」札幌市　49　2005.8

市史を読む（関秀志、杉本修、古村えり子、茂内義雄）「札幌の歴史 ： 「新札幌市史」機関誌」札幌市　49　2005.8

旅の手帖 札幌市内土曜歴史散歩（関秀志）「とどまつ ： 北海道開拓記念館・開拓の村友の会会報」北海道開拓記念館・開拓の村友の会　（29）2006.3

戦後札幌市の農業関係資料―行政資料を中心に（《特集 札幌の歴史 新たな出発のために（2）》）（石田武彦）「札幌の歴史 ： 「新札幌市史」機関誌」札幌市　（52）2007.2

北海道における関西方言の受容について―札幌市若年層の場合（第171回例会発表資料）（道塚優）「北海道方言研究会会報」北海道方言研究会　（83）2007.3

『新札幌市史』の完結を迎えて（《特集『新札幌市史』の完結を迎えて》）（海保洋子）「札幌の歴史 ： 「新札幌市史」機関誌」札幌市　（54）2008.2

回顧と展望―『新札幌市史』（《特集『新札幌市史』の完結を迎えて》）（田端宏、井上勝生、大庭幸生、杉本修、一瀬啓恵、高木博志、林恒子、白木沢旭児、君尹彦）「札幌の歴史 ： 「新札幌市史」機関誌」札幌市　（54）2008.2

地域史の窓 札幌市史と今後（中村英重）「北海道史研究協議会会報」北海道史研究協議会　（82）2008.6

企画展情報 文化資料室所蔵物展「札幌市都市計画の地図」開催/行事予定/2008年度文化資料室古文書講座「文化資料室ニュース」札幌市文化資料室　（5）2008.7

札幌市の女性における方言使用の現況―30歳代から50歳代の年齢層の場合（第179回例会研究発表資料（2008.9.7））（見野久幸）「北海道方言研究会会報」北海道方言研究会　（85）2008.9

自治体史編纂事業と女性史―『新札幌市史』は女性史をどう書いてきたか（《北からの女性史30年》）（海保洋子）「女性史研究ほっかいどう」

北海道　　　　　　　　　　　　　地名でたどる郷土の歴史　　　　　　　　　　　　東日本

札幌女性史研究会　(3)　2008.10

北海道における方言使用の現状と実時間変化―札幌市・釧路市における多人数調査の結果から(第200回例会研究発表資料(2012.11.18))(尾崎喜光, 朝日祥之)「北海道方言研究会会報」北海道方言研究会　(89)　2012.12

八垂別そして豊平川(研究レポート)(西田安弘)「からいどすこーぷ」歴史学同好会　(15)　2013.1

郷土相談室だより(16)写真で見る札幌市―先日ご寄贈いただきました昭和25年頃の写真を紹介します(蔵満和泉)「文化資料室ニュース」札幌市文化資料室　(19)　2013.3

石狩市大水害概略史と札幌市等の降雨量(田中實[編])「いしかり暦」石狩市郷土研究会　(27)　2014.3

札幌農学校

札幌農学校開校(1876年)の経緯(井上高聡)「北海道大学大学文書館年報」北海道大学大学文書館　(7)　2012.3

札幌農学校と建学の精神―青年・岩崎行雄の精神的風土について(論文)(三浦嘉久)「想林」江角学びの交流センター地域人間科学研究所　(5)　2014.3

札幌本道

札幌本道の変遷(調査研究報告)(井口利夫)「茂呂瀾」室蘭地方史研究会　(46)　2012.3

札幌本道に関する「定説」への疑問3題(調査研究報告)(井口利夫)「茂呂瀾」室蘭地方史研究会　(46)　2012.3

里仁

里仁の有線ラジオ共同聴取事業(高橋博男)「郷土をさぐる」上富良野町郷土をさぐる会　(24)　2007.4

早苗別橋

早苗別橋界隈(西山清子)「えべつの歴史 : 市民がつくるまちのれきし」江別市総務部　6　2001.3

様似郡

明治初年アイヌ昆布漁家の「経営」と「家計」―様似郡の例にみる(瀧澤正)「北海道・東北史研究」北海道出版企画センター　(5)　2009.4

寒川

寒川と阜内、釧路について(関口重男)「高校地理歴史・公民科紀要」栃木県高等学校教育研究会地理歴史・公民部会　(47)　2009.3

更別村

十勝のアイヌ語地名(4)　更別村(秋山秀敏)「アイヌ語地名研究」アイヌ語地名研究会, 北海道出版企画センター(発売)　(17)　2014.12

沙流川

沙流川の流送(佐々木知代)「沙流川歴史館だより」沙流川歴史館　(45)　2012.7

沙流川流域のチャシ跡(12)(森岡健治)「沙流川歴史館だより」沙流川歴史館　(53)　2014.7

猿払村

小学校 猿払村の酪農(新鮮力！もぎたて授業)(塩谷弘子)「北海道歴史教室」歴史教育者協議会北海道協議会　177　2003.2

地域の歴史と市町村史編さん 猿払村に関する史料と村史編さん事業について(廣瀬猛士)「赤れんが : 北海道立文書館報」北海道立文書館　(44)　2008.12

佐瑠太学校平取分校

佐瑠太学校平取分校(明治13年頃)(久米智江)「沙流川歴史館だより」沙流川歴史館　(22)　2006.7

猿留山道

北海道ウォッチング(14)歴史の道を子どもたちと歩く―江戸時代の凸道が残っている 猿留凸道(中岡利泰, 岡野正丸)「北海道歴史教室」歴史教育者協議会北海道協議会　(184)　2006.7

北海道えりも町内に残る江戸時代開削の猿留山道について(中岡利泰)「えりも研究 : えりも町郷土資料館調査研究報告」えりも町郷土資料館・水産の館　(10)　2013.3

砂原

難読地名「生田原」と「砂原」(横山弘)「アイヌ語地名研究」アイヌ語地名研究会, 北海道出版企画センター(発売)　通号10　2007.12

砂原線

知られざる鉄道文化財(8)砂原線と藤城線―駒ヶ岳をめぐる8の字線路(河野哲也)「文化情報」北海道文化財保護協会　269　2004.9

三礦温泉

炭鉱よもやま話(42)鍋と三砿温泉(青木隆夫)「文化情報」北海道文化財保護協会　(287)　2006.3

珊内

山田秀三文庫の資料から 稚内・宗谷岬の「珊内」(YF0030)「アイヌ民族

文化研究センターだより」北海道立アイヌ民族文化研究センター　(34)　2011.3

三本木

三岳地区(旧山崎・三本木)の歴史(成田民夫)「永 福島町史研究会会報」福島町史研究会　2　2003.2

三里浜

明治12年ロシア船の遭難(1)根室市別当賀三里浜での遭難(城田貴子, 本田克代, 猪熊樹人)「根室市歴史と自然の資料館紀要」根室市歴史と自然の資料館　(21)　2007.3

潮路

難読現有地名「梅花都」と旧地名「潮路」「咤別」(横平弘)「アイヌ語地名研究」アイヌ語地名研究会, 北海道出版企画センター(発売)　通号11　2008.12

鹿追・木野線

幻の鉄道十勝の鹿追・木野線(井上壽)「文化情報」北海道文化財保護協会　264　2004.4

志古津

志古津から千歳(大谷敏三)「志古津 : 『新千歳市史』編さんだより : 過去からのメッセージ : massage from the past」千歳市　(7)　2007.11

シコツと千歳の地名解(西田秀子)「志古津 : 『新千歳市史』編さんだより : 過去からのメッセージ : massage from the past」千歳市　(9)　2009.3

支笏湖

支笏湖を眺めながら(瀬戸静恵)「志古津 : 『新千歳市史』編さんだより : 過去からのメッセージ : massage from the past」千歳市　(8)　2008.11

支笏湖畔有料道路史(大島仁)「志古津 : 『新千歳市史』編さんだより : 過去からのメッセージ : massage from the past」千歳市　(19)　2014.3

シコツ十六箇場所

古文書を読む「松前国中記」と「シコツ十六箇場所」(田端宏)「北海道史研究協議会会報」北海道史研究協議会　(85)　2009.12

支寒内

支寒内(先田次雄)「志古津 : 『新千歳市史』編さんだより : 過去からのメッセージ : massage from the past」千歳市　(15)　2012.3

シシヨイビラ

シャリ持場之内「シ、ヨイビラ」の位置について(伊藤せいち)「北の青嵐 : 道史協支部交流会報」北海道史研究協議会　128　2003.9

静内

アイヌの人たちと淡路島―北海道静内の風土を通して(五島清弘)「あわじ : 淡路地方史研究会会誌」淡路地方史研究会　(23)　2006.1

新冠・静内に語り継がれたアイヌ語彙地名(狩野義美)「アイヌ語地名研究」アイヌ語地名研究会, 北海道出版企画センター(発売)　(13)　2010.12

静内川

静内川周辺のチャシめぐり(1), (2)(地蔵慶護)「北海道れきけん」北海道歴史研究会　(66)/(67)　2008.1/2008.6

篠津

篠津屯田の頃(長沢武)「屯田」北海道屯田倶楽部　36　2004.10

《北海道江別市篠津地区合同調査特集》「昔風と当世風」古々路の会　(88)　2005.4

篠津合同調査を顧みて(種市宏之)「昔風と当世風」古々路の会　(88)　2005.4

篠津雑感(早瀬哲恆)「昔風と当世風」古々路の会　(88)　2005.4

北海道江別市篠津で見かけた民家とサイロ(宮崎勝弘)「昔風と当世風」古々路の会　(88)　2005.4

篠津開拓の足跡をたどって(三浦久美子)「昔風と当世風」古々路の会　(88)　2005.4

篠津の思い出―人生儀礼(神かほり)「昔風と当世風」古々路の会　(88)　2005.4

篠津屯田兵移住者の帰属性についての一考察―広島県出身者の聞き取りから(佐志原圭子)「昔風と当世風」古々路の会　(88)　2005.4

篠津の伝承と生活(長野晃子)「昔風と当世風」古々路の会　(88)　2005.4

江別市篠津地区見聞抄(五十嵐稔)「昔風と当世風」古々路の会　(88)　2005.4

篠津屯田兵村

篠津屯田兵村について(工藤英一)「屯田」北海道屯田倶楽部　(52)　2012.10

東日本　　　　　　　　　　　地名でたどる郷土の歴史　　　　　　　　　　　北海道

東雲町
表紙 仲の橋と千歳栄光教会会堂・幼稚園園舎（昭和35年撮影）、『千歳町市街案内図』一部/朝鮮動乱時の東雲町と清水町の空撮（昭和28年春撮影）「志古津 ： 『新千歳市史』編さんだより ： 過去からのメッセージ ： massage from the past」 千歳市 （16） 2012.9

志苔館
再考 志海苔古銭と志苔館（田原良信）「市立函館博物館研究紀要」 市立函館博物館 14 2004.3

篠路
札幌における藍づくりと篠路興産社（冨士田金輔）「札幌の歴史 ： 「新札幌市史」機関誌」 札幌市 47 2004.8

篠路屯田兵村
新・屯田兵物語（2）篠路屯田兵村、伊藤小弥太家の系譜について—旧福井士族の屯田移住に関する一考察（小森重紀）「屯田」 北海道屯田倶楽部 （54） 2013.10

標茶町
釧路川流路の変遷（予報）—標茶町域内の状況（横平弘，三好勲）「標茶町郷土館報告」 標茶町郷土館 16 2004.6
軍馬補充部川上支部と標茶（1）～（2） 標茶町郷土館講座にて行われた座談会と若干の考察（坪岡始）「標茶町郷土館報告」 標茶町郷土館 （18）/（19） 2006.8/2007.8

士別
士別屯田兵の開拓（士別市史より）「屯田」 北海道屯田倶楽部 27 2000.4

標津
屏風に見る百五十年前の標津（小野哲也）「文化情報」 北海道文化財保護協会 （340） 2013.11

士別軌道
士別軌道—天塩川に沿って走った軽便鉄道（義光康弘）「北国研究集録」 名寄市北国博物館 8 2004.3

標茶線
旧殖民軌道「標茶線」の「両国停留所」（本報）（横平弘，三好勲）「標茶町郷土館報告」 標茶町郷土館 15 2003.6

士別屯田
士別屯田の土地所有（河野民雄）「屯田」 北海道屯田倶楽部 （39） 2006.4
士別屯田覚書（河野民雄）「屯田」 北海道屯田倶楽部 （42） 2007.10

士別兵村
屯田兵村公有地財産をめぐって（6） 士別兵村最終処分で大もめ（河野民雄）「屯田」 北海道屯田倶楽部 （48） 2010.10

士別村
士別村にあった輪西屯田兵村（河野民雄）「北海道史研究協議会会報」 北海道史研究協議会 （78） 2006.5
士別村騒動記（河野民雄）「屯田」 北海道屯田倶楽部 （45） 2009.4
屯田兵交友財産をめぐって（10）士別村に置かれた輪西屯田兵村部会（河野民雄）「屯田」 北海道屯田倶楽部 （52） 2012.10

旧島松駅逓所
北広島の石碑/開拓記念公園/旧島松駅逓所/馬頭観世音菩薩/蔵尊/その他/北広島の神社「郷土研究北ひろしま」 北広島郷土史研究会 （18） 2005.12

島松官林
風土略記 地理課山林係 野津幌官林、月寒官林、輪厚官林、島松官林「郷土研究北ひろしま」 北広島郷土史研究会 （17） 2005.9

清水町
表紙 仲の橋と千歳栄光教会会堂・幼稚園園舎（昭和35年撮影）、『千歳町市街案内図』一部/朝鮮動乱時の東雲町と清水町の空撮（昭和28年春撮影）「志古津 ： 『新千歳市史』編さんだより ： 過去からのメッセージ ： massage from the past」 千歳市 （16） 2012.9

下名寄村
農業災害編 大正7年発行発行「下名寄村誌・全」農業編/昭和46年発行「美深町史」農業災害/昭和53年発行「共済組合30周年の歩み」/昭和54年発行「びふか農協史」/上川北部地区農業改良センター資料/美深ふるさと散歩「美深町郷土資料報告」 美深町郷土研究会 （2） 2005.3
下名寄村市街図 大正7年7月25日発行「美深町郷土資料報告」 美深町郷土研究会 （5） 2007.10
明治末期の下名寄村図（石橋英樹）「美深町郷土資料報告」 美深町郷土研究会 （5） 2007.10

尺別礦業所
資料紹介 「尺別礦業所…浦幌坑山史…昭和二十九年十月」（佐藤芳雄）「浦幌町立博物館紀要」 浦幌町立博物館 （12） 2012.3

色丹島
色丹島のアイヌ語地名（伊藤せいち）「アイヌ語地名研究」 アイヌ語地名研究会, 北海道出版企画センター（発売） 通号12 2009.12

積丹半島
積丹半島の高年齢層でのことばづかい（第189回例会研究発表資料（2010.9.19））（見野久幸）「北海道方言研究会会報」 北海道方言研究会 （87） 2010.12

社名淵
遠軽町の社名淵の地名について（伊藤せいち）「文化情報」 北海道文化財保護協会 （289） 2006.5

斜里
網走の漆は誰が植えたか？—あるいは、斜里アイヌの歴史認識をめぐって（谷本晃久）「北海道・東北史研究」 北海道出版企画センター （1） 2004.12
知床・斜里の近世年表（宇仁義和）「知床博物館研究報告」 斜里町立知床博物館 （31） 2010.3
企画展「アイヌ語地名を歩く」 「2012・知床/斜里」「2013・網走/オホーツク」「アイヌ民族文化研究センターだより」 北海道立アイヌ民族文化研究センター （37） 2012.9
会津藩と斜里山道 「標津番屋昇風」（新潟県西蕨寺所蔵）「北海道歴検図 根室州 下」「チラエワタラ」目賀田帯刀画（北海道大学附属図書館所蔵）「中標津町郷土館だより」 中標津町郷土館 （25） 2013.11

斜里駅
写真から見る国鉄斜里駅舎の歴史（宮内盛一）「知床博物館研究報告」 斜里町立知床博物館 （28） 2007.3

斜里岳
昭和初期の北海道観光—「観光の斜里岳と知床半島」にみる地域の魅力（乙部純子）「知床博物館研究報告」 斜里町立知床博物館 （29） 2008.3

シヤンヌエ
近世の別海を探る 「西別川河口から南、風蓮湖内」（8） ヘケレシリ 地名の由来/ムヌシ 地名の由来/ヤウシヘツ 地名の由来、地勢・建物など/シヤンスエ/ハシヨツヘ/ウコエキウシ 地名の由来「別海町郷土資料館だより」 別海町郷土資料館 （136） 2010.11

十三号渡船場
自由研究 十三号渡船場（竹森勝太郎）「なえい」 奈井江町教育委員会 （29） 2010.4

十二戸通り
十二戸通り（昭和初期の家並み—十二戸と大川通り）（氷上シナヲ）「えべつの歴史 ： 市民がつくるまちのれきし」 江別市総務部 5 2000.3

朱円
山田秀三文庫の資料から 斜里町の峰浜と朱円（YF0037）「アイヌ民族文化研究センターだより」 北海道立アイヌ民族文化研究センター （36） 2012.3

シュムシュ島
表紙写真 北千島シュムシュ島の「志士之碑」（野村崇）「北方博物館交流 ： （財）北海道北方博物館交流協会会誌」 北海道北方博物館交流協会 （21） 2009.3

占守島
北千島の遥かなる日々—父が語る占守島の戦い（2）（特別寄稿）（岩下幸一）「温故知新」 熱塩加納郷土史研究会 （19） 2013.3

春国岱
山田秀三文庫の資料から 根室市の春国岱（YF0417）「アイヌ民族文化研究センターだより」 北海道立アイヌ民族文化研究センター （38） 2013.3

シユンベツ
近世の別海を探る 「西別川河口から北」（11） シユンベツ 地名の由来、地勢や建物など「別海町郷土資料館だより」 別海町郷土資料館 （150） 2012.1

定山渓鉄道
第139回テーマ展「汽笛が響いたこの道—定山渓鉄道の思い出」（池田貴夫）「北海道開拓記念館だより」 北海道開拓記念館 33（4）通号182 2004.3

昭和新山鉄橋
知られざる鉄道文化財（6）昭和新山鉄橋遺構—山腹に押し上げられたコンクリート橋台（河野哲也）「文化情報」 北海道文化財保護協会 266 2004.6

白老
「しらおい・海岸線物語—海と文化の交差点」から（本田祐）「仙台藩白老元陣屋資料館報」 仙台藩白老元陣屋資料館 （8・9） 2003.3

北海道　　地名でたどる郷土の歴史　　東日本

「自然からの恵み―しおらい・食の文化を考える」から（本田孜）「仙台藩白老元陣屋資料館報」　仙台藩白老元陣屋資料館　（10）2004.3

開館20周年記念事業から　白老の生き証人　陣屋赤松の作品／陣屋のひとびと／区切りの年に大きな受賞（渡邉裕美）「仙台藩白老元陣屋資料館報」　仙台藩白老元陣屋資料館　（11）2005.3

「馬産地 しらおいの歩み展」から（本田孜）「仙台藩白老元陣屋資料館報」　仙台藩白老元陣屋資料館　（12）2006.3

随筆 シラオイ（地蔵慶護）「北海道れきけん」　北海道歴史研究会　（75）2011.1

近年の研究動向と古文書から探るアイヌの交易活動（平成22年度仙台藩白老元陣屋資料館特別記念講演）（東俊佑）「仙台藩白老元陣屋資料館報」　仙台藩白老元陣屋資料館　（17）2012.3

ふるさと白老の未来を探る（平成21年度しらおい歴史講座より）（中村齋）「仙台藩白老元陣屋資料館報」　仙台藩白老元陣屋資料館　（17）2012.3

白老川

「しらおい・川物語―その歴史・自然・文化を訪ねて」から（相吉正亮）「仙台藩白老元陣屋資料館報」　仙台藩白老元陣屋資料館　（8・9）2003.3

白老川本流流域のアイヌ語地名（榊原正文）「アイヌ語地名研究」　アイヌ語地名研究会，北海道出版企画センター（発売）　通号11　2008.12

白老元陣屋

仙台藩白老元陣屋／歴史姉妹都市年表（附録）「仙台藩白老元陣屋資料館報」　仙台藩白老元陣屋資料館　（8・9）2003.3

62万石、外様大名の矜持（平成23年度仙台藩白老元陣屋資料館特別展記念講演）（佐藤宏一）「仙台藩白老元陣屋資料館報」　仙台藩白老元陣屋資料館　（17）2012.3

仙台藩白老元陣屋跡と資料館を訪ねて（大場淳子）「歴研みやぎ」　宮城県歴史研究会　（90）2013.1

白老陣屋と氏家秀之進（会員交流の広場）（渡邊喜久雄）「歴研みやぎ」　宮城県歴史研究会　（92）2013.11

白糠

白糠のアイヌ語の伝承（増野光教）「久摺」　釧路アイヌ文化懇話会　10　2003.12

白糠アイヌ文化年（《「アイヌ先住民族」国会決議記念》）（磯部恵津子）「久摺」　釧路アイヌ文化懇話会　12　2008.9

白糠町

白糠町アイヌ文化年と先住民族決議について（《「アイヌ先住民族」国会決議記念》）（滝池良子）「久摺」　釧路アイヌ文化懇話会　12　2008.9

白浜

白浜における集住政策の意図と樺太アイヌの反応（田村将人）「北海道開拓記念館研究紀要」　北海道開拓記念館　（35）2007.3

白符村

白符村を語る（池田龍夫）「永 福島町史研究会会報」　福島町史研究会　2　2003.2

知床

知床の地名（渡辺隆）「アイヌ語地名研究会会報」　アイヌ語地名研究会　22　2005.1

知床―自然・歴史・生活（宇仁義和）「歴史地名通信」　平凡社地方資料センター　49　2005.1

講座 北方領土の自然と人びと　「北方領土における自然生態系の変化―その現状と問題点」小林万里氏／「ヤミ経済からの脱却―知床世界遺産の拡張構想」本間浩昭氏（角達之助）「北方民族博物館だより」　北海道立北方民族博物館　（75）2009.12

黎明期の知床観光―観光関連資料からみた知床の観光地化と観光拠点の変遷（平井純子）「知床博物館研究報告」　斜里町立知床博物館　（31）2010.3

知床・斜里の近世年表（宇仁義和）「知床博物館研究報告」　斜里町立知床博物館　（31）2010.3

企画展「アイヌ語地名を歩く」「2012・知床／斜里」「2013・網走／オホーツク」「アイヌ民族文化研究センターだより」　北海道立アイヌ民族文化研究センター　（37）2012.9

知床半島

知床半島のアイヌ語地名―知床・世界自然遺産登録記念（尾崎功）「アイヌ語地名研究」　アイヌ語地名研究会，北海道出版企画センター（発売）　通号8　2005.12

昭和初期の北海道観光―「観光の斜里岳と知床半島」にみる地域の魅力（乙部純子）「知床博物館研究報告」　斜里町立知床博物館　（29）2008.3

白石

もうひとつの白石―札幌市西区・手稲記念館（半田英博）「仙台郷土研究」　仙台郷土研究会　30（2）通号271　2005.12

白石村

史料紹介 武田家史料と白石村（中村英重）「札幌の歴史 ：「新札幌市史」機関誌」　札幌市　（51）2006.8

新琴似

新琴似中隊長襲撃事件に新事実（小林博明）「屯田」　北海道屯田倶楽部　（41）2007.4

新琴似屯田

新琴似屯田に係るささやかな疑問（小林博明）「屯田」　北海道屯田倶楽部　（40）2006.10

新琴似屯田兵中隊本部

屯田兵のデザイン考 新琴似屯田兵中隊本部の鬼瓦 一本角に和魂洋才を見た「屯田」　北海道屯田倶楽部　（52）2012.10

新琴似屯田兵村

所蔵史料紹介 新琴似屯田兵村での水田の試み（榎本洋介）「文化資料室ニュース」　札幌市文化資料室　（3）2007.8

新琴似兵村

亜麻の栽培と新琴似兵村（小林博明）「屯田」　北海道屯田倶楽部　（38）2005.10

新十津川

豊かな史跡、新緑あふれる新十津川に集う（相良主彦）「空知地方史研究」　空知地方史研究協議会　（40）2006.6

新十津川の丸木舟について（随想）（卜部信臣）「北海道の文化」　北海道文化財保護協会　通号80　2008.3

新十津川町

殖民地区図面と開拓―長沼町、新十津川町を例として（卜部信臣）「北海道史研究協議会会報」　北海道史研究協議会　（85）2009.12

新野幌

ある戦後緊急開拓史―江別市・新野幌部落のこと（西田秀子）「女性史研究ほっかいどう」　札幌女性史研究会　（2）2005.8

ノート 消えた集落 新野幌物語（上）―断章・戦後緊急開拓の顛末（藤倉徹夫）「えべつの歴史 ：市民がつくるまちのれきし」　江別市総務部　（8）2006.3

新幌内

炭鉱よもやま話（21）新幌内の飛行場風呂（青木隆夫）「文化情報」　北海道文化財保護協会　260　2003.12

森林鉄道橋梁群

知られざる鉄道文化財（9）陸軍組立式トラス―落橋と鋼材不足から生まれた森林鉄道橋梁群（河野哲也）「文化情報」　北海道文化財保護協会　272　2004.12

薄野

薄野遊郭（新川寛）「北海道の文化」　北海道文化財保護協会　通号79　2007.3

砂川

砂川と忠臣蔵（佐藤隆）「郷土研究」　砂川市教育委員会　36　2003.3

砂川が誕生した時代 道路・鉄道・船・馬（山本敬一郎）「郷土研究」　砂川市教育委員会　37　2004.3

「むかしの砂川」に会える戦中・戦後コーナーを（山本敬一郎）「郷土研究」　砂川市教育委員会　38　2005.3

エッセイ もう一つの砂川（梅原達治）「文化情報」　北海道文化財保護協会　283　2005.11

「歌碑」は砂川の歴史を語る（吉田繁幸）「郷土研究」　砂川市教育委員会　39　2006.3

「歌詩」は砂川の歴史を語る（吉田繁幸）「郷土研究」　砂川市教育委員会　40　2007.3

砂川の文化財「青年流汗の碑」について「郷土研究」　砂川市教育委員会　44　2011.3

砂川亜麻工場跡

大正期北光実在の「砂川亜麻工場跡」を辿って（前谷理）「郷土研究」　砂川市教育委員会　34　2001.3

砂川希望学院

砂川希望学院設置実現の頃の思い出（神代秀雄）「郷土研究」　砂川市教育委員会　36　2003.3

砂川市

開拓こぼれ話し［1］～（7）「郷土研究」　砂川市教育委員会　37/42　2004.3/2009.3

北海土功組合史［1］,（2）（佐藤隆）「郷土研究」　砂川市教育委員会　43/44　2010.3/2011.03

開拓こぼれ話（8）鉄道創始時代「郷土研究」　砂川市教育委員会　43　2010.3

東日本　　　　　　　　　　　　　　　　地名でたどる郷土の歴史　　　　　　　　　　　　　　北海道

砂川川柳社

砂川川柳社のあしあと（鈴木利雄）「郷土研究」　砂川市教育委員会　43　2010.3

砂川町

終戦直前の砂川町役場（山本敬一郎）「郷土研究」　砂川市教育委員会　35　2002.3

砂川発電所

砂川発電所と水害/砂川発電所の石炭輸送「郷土研究」　砂川市教育委員会　33　2000.3

砂子炭鉱

シリーズ日本の炭鉱（2）釧路コールマイン株式会社と砂子炭鉱（安蘇龍生）「田川市石炭・歴史博物館だより」　田川市石炭・歴史博物館　（30）2007.1

生剛

生剛市街と大津（堀田信昭）「大津十勝川研究」　大津・十勝川学会　（1）2003.3

石勝線

石勝線を形成する工事線・追分線史（守屋憲治）「志古津　：　『新千歳市史』編さんだより　：　過去からのメッセージ　：　massage from the past」　千歳市　（15）2012.3

銭亀沢

銭亀沢の世間話（久保孝夫）「箱館昔話」　函館パルス企画　（15）2003.4

銭亀沢のことわざ・俗信（久保孝夫）「箱館昔話」　函館パルス企画　（16）2004.4

銭函

小樽内、銭函、樽前一タォロの概念について（榊原正文）「アイヌ語地名研究」　アイヌ語地名研究会，北海道出版企画センター（発売）　通号12　2009.12

銭函・花畔間運河

銭函・花畔間運河の消長―小樽市博物館歴史文化調査会調査報告（小樽市博物館歴史文化調査会，竹内勝治）「小樽市博物館紀要」　小樽市博物館　18　2005.3

千軒

千軒山道（伊達東）「北の青嵐　：　道史協支部交流会報」　北海道史研究協議会　143　2004.12

仙台藩陣屋

仙台陣屋を描いた作品の寄贈（白老美術館）「仙台藩白老元陣屋資料館報」　仙台藩白老元陣屋資料館　（8・9）2003.3

北海道の陣屋について―仙台藩陣屋の縄張りを中心に（石川浩治）「仙台藩白老元陣屋資料館報」　仙台藩白老元陣屋資料館　（10）2004.3

北海道白老町「復元された仙台藩元陣屋」考（伊東正征）「藩報きずな」　仙台藩志会　34　2005.10

続・北海道白老町「復元された仙台藩元陣屋」考―建設から代官自決の悲劇まで（伊東正征）「藩報きずな」　仙台藩志会　（36）2006.10

仙法志

北蝦夷ウショロ場所行きの大野藩の雇船「栄寿丸」利尻島仙法志海岸に漂着（西谷榮治）「北の青嵐　：　道史協支部交流会報」　北海道史研究協議会　132　2004.1

釧網線

JR釧網線形成後の沿線経過と現状（横平弘）「標茶町郷土館報告」　標茶町郷土館　（19）2007.8

釧網本線

JR釧網本線「標茶―釧路」区間の代替路線（標茶―鶴居―釧路）線―JR釧網本線の調査研究シリーズ（完結編）（横平弘）「標茶町郷土館報告」　標茶町郷土館　（20）2008.7

桑園

旧庄内藩士と北海道における桑園開拓の秘話（奥田静夫）「屯田」　北海道屯田倶楽部　（52）2012.10

創成川

『わがまち温故知新』変わりゆく創成川から都市再生を「創成川ルネッサンス」（北室かず子）「札幌の歴史　：　『新札幌市史』機関誌」　札幌市　49　2005.8

創生小学校

泥流地（ふるさと）創生小学校回顧録 しだれ柳は見ていた（鹿俣政三）「郷土をさぐる」　上富良野町郷土をさぐる会　（30）2013.3

ソウヤ

北方警備文書「文化十年 松前ソウヤ詰覚書」を読む（岩崎繁芳）「北奥文化　：　郷土誌」　北奥文化研究会　（27）2006.10

宗谷

宗谷と神昌丸『船頭の立場』「大黒屋光太夫だより」　大黒屋光太夫資料研究会　（39）2013.10

宗谷村

旧宗谷村（舟山廣治）「文化情報」　北海道文化財保護協会　（310）2008.11

空知

空知アイヌの足跡を追って（卜部信臣）「空知地方史研究」　空知地方史研究協議会　34　2000.6

私からみた屯田兵（藤沢忠志）「空知地方史研究」　空知地方史研究協議会　34　2000.6

農地改革前夜の米作農村（小林英輔）「空知地方史研究」　空知地方史研究協議会　36　2002.6

北海道ウォッチング（9）「産炭地」空知の今むかし（北海道歴教協空知支部）「北海道歴史教室」　歴史教育者協議会北海道協議会　（178）2003.7

松浦武四郎描画記録における空知のアイヌ語山名（平隆一）「アイヌ語地名研究」　アイヌ語地名研究会，北海道出版企画センター（発売）　通号6　2003.12

炭鉱よもやま話（26）空知地域炭鉱ヒストリー（青木隆夫）「文化情報」　北海道文化財保護協会　267　2004.7

資料 空知の屯田兵[1]～（3）（空知地方史協議会）「屯田」　北海道屯田倶楽部　36/（38）2004.10/2005.10

空知におけるuray地名（平隆一）「アイヌ語地名研究」　アイヌ語地名研究会，北海道出版企画センター（発売）　通号7　2005.1

空知におけるtapkop地名（平隆一）「アイヌ語地名研究」　アイヌ語地名研究会，北海道出版企画センター（発売）　通号8　2005.12

文化の新しい風 北海道遺産（2）空知を流れるもう一つの「道」北海幹線用水路（北海道遺産構想推進協議会）「文化情報」　北海道文化財保護協会　（289）2006.5

空知の亜麻会社（卜部信臣）「空知地方史研究」　空知地方史研究協議会　（40）2006.6

文化の新しい風 北海道遺産（8）空知の炭鉱関連施設と生活文化 産業観光にはガイドが不可欠（北海道遺産構想推進協議会）「文化情報」　北海道文化財保護協会　（295）2006.11

松浦武四郎文献における空知の「アイヌ古道」―第1報 石狩川右岸 前編（平隆一）「アイヌ語地名研究」　アイヌ語地名研究会，北海道出版企画センター（発売）　通号9　2006.12

文化の新しい風 北海道遺産（9）北海道の馬文化「世界でたった一つの競馬」の危機（北海道遺産構想推進協議会）「文化情報」　北海道文化財保護協会　（296）2006.12

松浦武四郎文献における空知の「アイヌ古道」(2)～（6）（平隆一）「アイヌ語地名研究」　アイヌ語地名研究会，北海道出版企画センター（発売）　通号10/通号14　2007.12/2011.12

空知郡

空知管内小中学校校歌にうたわれている山（間嶋勉）「空知地方史研究」　空知地方史研究協議会　（41）2007.6

空知アイヌと平田角平氏（河野敏昭）「空知地方史研究」　空知地方史研究協議会　（42）2009.3

空知農学校

空知農学校と地域文化（研究ノート）（占部信臣）「北海道地域文化研究」　北海道地域文化学会　（6）2014.3

大函電鉄

幻の大函電鉄（木下寿実夫）「文化情報」　北海道文化財保護協会　255　2003.7

大樹

講演 角倉三郎日記にみえる大樹開拓のころ（武井敬宣）「トカプチ　：　郷土史研究」　NPO十勝文化会議郷土史研究部会　（17）2005.12

大千軒岳

「大千軒岳大吊り橋構想」その歴史背景と意義（中塚徹朗）「永 福島町史研究会会報」　福島町史研究会　（8）2009.5

太平洋炭礦

地形図と写真から見た昭和期の炭鉱（《続・太平洋炭砿の軌跡》）（酒井多加志）「釧路市史研究」　釧路市　5　2006.1

事例研究 戦後復興期、太平洋炭礦株式会社の経営―雄別炭砿鉄道株式会社との比較から（《続・太平洋炭砿の軌跡》）（寺島敏治）「釧路市史研究」　釧路市　5　2006.1

太平洋炭砿「経営者清談」藤森正男氏聞き覚え書き/古舘六郎氏聞き覚え書き/新野英一氏聞き覚え書き（《続・太平洋炭砿の軌跡》）（神戸潔）「釧路市史研究」　釧路市　5　2006.1

太平洋炭礦図書館と機関誌「読書タイムス」（川島直樹）「釧路市立博物館々報」　釧路市立博物館　（410）2012.9

北海道　　　　　　　　　　　　　　　　地名でたどる郷土の歴史　　　　　　　　　　　　　　　　東日本

表紙写真 1971年太平洋炭砿撮影 釧路市教育委員会太平洋炭砿資料室蔵
（石川孝織）「釧路市立博物館々報」 釧路市立博物館 （411） 2013.3

高島郡

大正・昭和初期における大規模鰊漁家の漁夫雇用と経営の多角化—北海
道高島郡青山家を事例に（服部亜由未）「歴史地理学」 歴史地理学会,
古今書院（発売） 54（5）通号262 2012.12

高橋

オサルシ焼子争議—霞原・居辺・高橋（成田直樹）「トカプチ ： 郷土史
研究」 NPO十勝文化会議郷土史研究部会 （16） 2004.7

滝川

故郷滝川の想い出（西長みつ）「そうらっぷち」 滝川市郷土研究会 38
2004.3

夢まほろしの軍需工場—北海道人造石油（株）滝川工場（新川寛）「北海道
の文化」 北海道文化財保護協会 （76） 2004.3

「戦時体制」下の修学旅行—昭和14年 滝川高女（高畑イク，西田秀子）
「女性史研究ほっかいどう」 札幌女性史研究会 （2） 2005.8

最後の士族屯田・滝川（佐藤文弥）「屯田」 北海道屯田倶楽部 （38）
2005.10

特集2 シリーズ 滝川半世紀「そうらっぷち」 滝川市郷土研究会 （40）
2008.7

滝川市

明治31年9月洪水（2）（白井重有）「そうらっぷち」 滝川市郷土研究会
36 2000.3

我が滝中時代 下級生なき四年間《特集 戦中戦後の体験》（白井重有）
「そうらっぷち」 滝川市郷土研究会 38 2004.3

特集1 滝川市制施行記念式典・祝賀行事 写真集「そうらっぷち」 滝川
市郷土研究会 （40） 2008.7

特集3 ふるさとの資料「そうらっぷち」 滝川市郷土研究会 （40）
2008.7

古写真検証（山崎修）「そうらっぷち」 滝川市郷土研究会 （40） 2008.7

伊達

みどりの遺産—伊達・室蘭・厚真のサイカチ（久光四郎）「伊達の風土」
伊達郷土史研究会 （25） 2006.12

伊達地方のアイヌ語方言の言語的特徴（佐藤知己）「北海道立アイヌ民族
文化研究センター研究紀要」 北海道立アイヌ民族文化研究センター
（14） 2008.3

伊達の半世紀の人口変化（森美典）「伊達の風土」 伊達郷土史研究会
（27） 2008.12

北海道開拓 文化遺産鉄道の鐘 伊達空襲と「平和の鐘」の軌道（泉隆）
「北海道の文化」 北海道文化財保護協会 通号83 2011.3

北海道開拓 文化遺産鉄道の鐘 伊達空襲と「平和の鐘」の軌道（泉隆）
「伊達の風土」 伊達郷土史研究会 （30） 2011.12

伊達鉱山

伊達市喜門別町史跡探求—伊達鉱山編（太畑重秋）「伊達の風土」 伊達郷
土史研究会 23 2004.12

伊達市

伊達市内の名字ランキング（太細重秋）「伊達の風土」 伊達郷土史研究会
22 2003.12

研究動向 寛永17年（1640年）駒ヶ岳噴火津波—伊達市に残された史実と
物証（西村裕一）「噴火湾文化 ： newsletter」 伊達市噴火湾文化研究
会 （2） 2006.11

心の伊達市民（新川寛）「文化情報」 北海道文化財保護協会 （303）
2007.9

北海道伊達市物語「伊達邦成さまの業績」（秦宏）「郷土の研究」 国見町
郷土史研究会 （40） 2010.3

伊達市街地の街路樹（久光四郎）「伊達の風土」 伊達郷土史研究会
（29） 2010.12

旅来

豊頃町の旅来と遠別町の歌越の語源—北海道のタプコプ地名を追って
（扇谷昌康）「アイヌ語地名研究」 アイヌ語地名研究会, 北海道出版企
画センター（発売）通号7 2005.1

タモカ

近世の別海を探る 「西別川河口から北」（13） タモカ 地名の由来, 地
勢・建物など）ヲタエト 地名の由来, 地勢・建物など」 別海町郷土資
料館だより」 別海町郷土資料館 （152） 2012.3

樽前

樽前賛歌（堀江敏夫）「樽前文化」 苫小牧地方史研究会 （2） 2003.12

小樽内, 銭函, 樽前ニタオロの概念について（榊原正文）「アイヌ語地名
研究」 アイヌ語地名研究会, 北海道出版企画センター（発売） 通号
12 2009.12

樽前山

〈特集 樽前山〉「樽前文化」 苫小牧地方史研究会 （2） 2003.12

谷文晁の樽前山について（堀江敏夫）「樽前文化」 苫小牧地方史研究会
（2） 2003.12

統一枚の写真から（6）米軍機「樽前山」に衝突（山本融定）「文化情報」
北海道文化財保護協会 281 2005.9

端野兵村

屯田兵交友財産をめぐって（9）戦後まで保持した野幌、江別、端野兵村
（河野民雄）「屯田」 北海道屯田倶楽部 （51） 2012.4

千島

文書館所蔵資料紹介「昭和20年度 千島及び離島ソ連軍進駐状況綴」（資
料課公文書係）「赤れんが ： 北海道立文書館報」 北海道立文書館
32 2001.1

鳥居龍蔵収集の千島アイヌ資料（川上淳）「根室市博物館開設準備室だよ
り」 根室市博物館開設準備室 16 2001.6

千島艦遭難について（近藤勲）「東予史談」 （6） 2001.6

千島通史（2）千島の発見（川上淳）「根室市博物館開設準備室紀要」 根
室市博物館開設準備室 16 2002.3

国立国会図書館の根室・千島関係資料（川上淳）「根室市博物館開設準備
室だより」 根室市博物館開設準備室 17 2002.6

千島通史（3）17世紀の千島（川上淳）「根室市博物館開設準備室紀要」
根室市博物館開設準備室 17 2003.3

根室・千島地方の主な歴史文献解題（城田貴子，本田克代，川上淳）「根
室市博物館開設準備室紀要」 根室市博物館開設準備室 18 2004.3

千島通史（4）18世紀の千島（川上淳）「根室市博物館開設準備室紀要」
根室市博物館開設準備室 18 2004.3

千島通史（5）18世紀後半の千島（1）（川上淳）「根室市歴史と自然の資料
館紀要」 根室市歴史と自然の資料館 （19） 2005.3

天明年間の幕府による千島探検（コラー・スサンネ）「北海道・東北史研
究」 北海道出版社 （2） 2005.12

樺太・千島交換条約の締結交渉—大久保利通の東アジア外交の展開との
関係（犬飼ほなみ）「明治維新史研究」 明治維新史学会 （2） 2005.12

千島通史（6）18世紀後半の千島（2）（川上淳）「根室市歴史と自然の資料
館紀要」 根室市歴史と自然の資料館 （20） 2006.3

千島通史（7）19世紀初めの千島（川上淳）「根室市歴史と自然の資料館紀
要」 根室市歴史と自然の資料館 （21） 2007.3

「東山道陸奥松前千島及方州掌覧之図」（当館蔵・藤田幸子氏寄贈）「岩手
県立博物館だより」 岩手県文化振興事業団 （116） 2008.3

近世期千島への漂流民（川上淳）「北方島文化研究」 北方島文化研究会,
北海道出版企画センター（発売）（6） 2008.10

千島通史（9）千島の場所請負（1）（川上淳）「根室市歴史と自然の資料館
紀要」 根室市歴史と自然の資料館 （22） 2010.3

千島通史（10）千島の場所請負（2）（川上淳）「根室市歴史と自然の資料
館紀要」 根室市歴史と自然の資料館 （23） 2011.3

鳥居龍蔵千島調査の歴史的位置と意義—アイヌ民族・文化の視点をふま
えた一考察（鳥居龍蔵の視点・論点）（吉原秀喜）「鳥居龍蔵研究」 鳥
居龍蔵を語る会 （1） 2011.3

千島通史（11）最初の国境確定（川上淳）「根室市歴史と自然の資料館紀
要」 根室市歴史と自然の資料館 （24） 2012.3

千島通史（12）幕末から明治初年の千島（川上淳）「根室市歴史と自然の
資料館紀要」 根室市歴史と自然の資料館 （25） 2013.3

サンフランシスコ講和条約と千島・竹島＝独島問題（1）〜（3）（朴炳渉）
「北東アジア文化研究」 鳥取環境大学・鳥取短期大学 （38）/（39）
2014.2/2014.11

千島通史（13）開拓使時代の千島（川上淳）「根室市歴史と自然の資料館
紀要」 根室市歴史と自然の資料館 （26） 2014.3

報告 千島アイヌの失われた伝統技術「テンキ」の博物館講座における復
元の試み（斎藤和範）「北海道立北方民族博物館研究紀要」 北海道立
北方民族博物館 （23） 2014.3

千島列島

サハリンと千島列島 編年史（1906〜10年）（ミハイル・ヴィソーコフ）
「釧路公立大学地域研究」 釧路公立大学地域分析研究委員会 （12）
2003.12

サハリンと千島列島：編年史 1911—15年（ミハイル・ヴィソーコフ）
「釧路公立大学地域研究」 釧路公立大学地域分析研究委員会 （14）
2005.12

カムチャツカ・千島列島漂泊紀行（木村成忠）「ナジェージダ（希望）」
石巻若宮丸漂流民の会 2006.10

若宮丸漂流地図（8）千島列島/カムチャツカ半島アヴァチャ湾「ナ
ジェージダ（希望）」 石巻若宮丸漂流民の会 （15） 2006.10

サハリンと千島列島編年史 1916—20年（ミハイル・ヴィソーコフ, 松井
憲明）「釧路公立大学地域研究」 釧路公立大学地域分析研究委員会
（15） 2006.12

千島列島にオホーツク文化の北限を求めて（天野哲也, B.フィッツ
ヒュー, V.シュービン）「北方博物館交流 ： （財）北海道北方博物館交
流協会会誌」 北海道北方博物館交流協会 （19） 2007.3

サハリンと千島列島 編年史 1921—25年（ミハイル・ヴィソーコフ，松井憲明）「釧路公立大学地域研究」 釧路公立大学地域分析研究委員会 （16） 2007.12

千島列島への植民と生態環境復原への試み（手塚薫，添田雄二）「北海道開拓記念館研究紀要」 北海道開拓記念館 （36） 2008.3

サハリンと千島列島 編年史 1926～30年（ミハエル・ヴィソーコフ，松井憲明［訳］）「釧路公立大学地域研究」 釧路公立大学地域分析研究委員会 （17） 2008.12

千島列島における環境変動と居住史の関係解明に向けて―2008年KBP調査の成果から（手塚薫，添田雄二）「北海道開拓記念館研究紀要」 北海道開拓記念館 （37） 2009.3

第24回特別展 環太平洋の文化IV 千島列島に生きる―アイヌと日露・交流の記憶（角達之助）「北方民族博物館だより」 北海道立北方民族博物館 （74） 2009.9

特別展関連講演会 千島・北海道交流史 「道東・千島におけるアイヌの生活世界の変容―日本とロシアの登場がもたらしたもの」菊池勇夫氏/「千島列島へ人はいかに居住したか」手塚薫（角達之助）「北方民族博物館だより」 北海道立北方民族博物館 （74） 2009.9

サハリンと千島列島 編年史 1931～35年（ミハイル・ヴィソーコフ，松井憲明［訳］）「釧路公立大学地域研究」 釧路公立大学地域分析研究委員会 （18） 2009.12

翻訳 サハリンと千島列島 編年史 1936～39年（ミハイル・ヴィソーコフ，松井憲明［訳］）「釧路公立大学地域研究」 釧路公立大学地域分析研究委員会 （19） 2010.12

千島列島で形成された日本語の言語変種に見られる特徴（第186回例会研究発表資料（2010.2.14））（朝日祥之）「北海道方言研究会会報」 北海道方言研究会 （87） 2010.12

秩父別町

屯田兵のデザイン考 「たこ足」直播機（秩父別町郷土館所蔵） 七寸五分にチャレンジャーの魂「屯田」 北海道屯田倶楽部 （55） 2014.4

千歳

千歳の開拓史（畠中好信）「ひなもり」 小林史談会 （43） 2003.4

米軍基地チトセの売買春の実態と住民の動向―売春防止法施行以前を中心に（海保洋子）「女性史研究ほっかいどう」 札幌女性史研究会 （1） 2003.8

千歳の道路舗装について（小田賢一）「志古津 ： 『新千歳市史』編さんだより ： 過去からのメッセージ ： massage from the past」 千歳市 （2） 2006.1

千歳の歴史的建築物調査―商家住宅と海軍官舎の事例（小田賢一，北海道建築士千歳支部）「志古津 ： 『新千歳市史』編さんだより ： 過去からのメッセージ ： massage from the past」 千歳市 （3） 2006.3

アイヌ語千歳方言のアスペクト― kor an, wa an を中心として（佐藤知己）「北海道立アイヌ民族文化研究センター研究紀要」 北海道立アイヌ民族文化研究センター （12） 2006.3

千歳の軍需工場 第41海軍航空廠―元年少工員と元女子挺身隊の記憶（小田賢一）「志古津 ： 『新千歳市史』編さんだより ： 過去からのメッセージ ： massage from the past」 千歳市 （5） 2007.3

明治・大正の千歳を支えた薪炭業（大谷敏三）「志古津 ： 『新千歳市史』編さんだより ： 過去からのメッセージ ： massage from the past」 千歳市 （6） 2007.7

志古津から千歳（大谷敏三）「志古津 ： 『新千歳市史』編さんだより ： 過去からのメッセージ ： massage from the past」 千歳市 （7） 2007.11

シコツと千歳の地名解（西田秀子）「志古津 ： 『新千歳市史』編さんだより ： 過去からのメッセージ ： massage from the past」 千歳市 （9） 2009.3

明治期千歳の学校教育の実情（西田秀子）「志古津 ： 『新千歳市史』編さんだより ： 過去からのメッセージ ： massage from the past」 千歳市 （10） 2009.11

米軍文書にみる空襲目標としての千歳（及川琢英）「志古津 ： 『新千歳市史』編さんだより ： 過去からのメッセージ ： massage from the past」 千歳市 （10） 2009.11

地域内村落小史―農村集落の形成（佐々木昭）「志古津 ： 『新千歳市史』編さんだより ： 過去からのメッセージ ： massage from the past」 千歳市 （11） 2010.3

米空軍千歳基地（守屋憲治）「志古津 ： 『新千歳市史』編さんだより ： 過去からのメッセージ ： massage from the past」 千歳市 （12） 2010.9

終戦前後の千歳（榊原武雄）「志古津 ： 『新千歳市史』編さんだより ： 過去からのメッセージ ： massage from the past」 千歳市 （13） 2011.3

ちとせ路線バス事始（小田賢一）「志古津 ： 『新千歳市史』編さんだより ： 過去からのメッセージ ： massage from the past」 千歳市 （13） 2011.3

『ちとせ歴史ものがたり』「バランス」秘話（渡辺敏子）「志古津 ： 『新千

歳市史』編さんだより ： 過去からのメッセージ ： massage from the past」 千歳市 （14） 2011.9

『石に刻まれた千歳の歴史』から（手塚賢）「志古津 ： 『新千歳市史』編さんだより ： 過去からのメッセージ ： massage from the past」 千歳市 （15） 2012.3

サーモンパークと千歳サケのふるさと館―千歳青少年教育財団設立30周年に寄せて（菊池基弘）「志古津 ： 『新千歳市史』編さんだより ： 過去からのメッセージ ： massage from the past」 千歳市 （16） 2012.9

深刻な基地問題に直面した千歳の対応（1），（2）―朝鮮戦争当時の米兵と特殊女性（星野一博）「志古津 ： 『新千歳市史』編さんだより ： 過去からのメッセージ ： massage from the past」 千歳市 （16）/（17） 2012.9/2013.3

千歳における海軍地下壕等の戦後処理（大野明男，守屋憲治）「志古津 ： 『新千歳市史』編さんだより ： 過去からのメッセージ ： massage from the past」 千歳市 （18） 2013.8

千歳川

千歳川における真珠養殖事業（吉野克）「志古津 ： 『新千歳市史』編さんだより ： 過去からのメッセージ ： massage from the past」 千歳市 （12） 2010.9

千歳川放水路

五六台風と千歳川放水路（大谷敏三）「志古津 ： 『新千歳市史』編さんだより ： 過去からのメッセージ ： massage from the past」 千歳市 （1） 2005.3

千歳空港

民間航空・千歳空港開設（守屋憲治）「志古津 ： 『新千歳市史』編さんだより ： 過去からのメッセージ ： massage from the past」 千歳市 （13） 2011.3

千歳鉱山

美笛―千歳鉱山専用軌道の一考察（守屋憲治）「志古津 ： 『新千歳市史』編さんだより ： 過去からのメッセージ ： massage from the past」 千歳市 （5） 2007.3

千歳市

千歳市における経済発展のパラダイム―域内経済と産業構造（島一浩）「志古津 ： 『新千歳市史』編さんだより ： 過去からのメッセージ ： massage from the past」 千歳市 （5） 2007.3

千歳線

千歳線80年の歩みを振り返る―小さな私鉄の大きな変身（守屋憲治）「志古津 ： 『新千歳市史』編さんだより ： 過去からのメッセージ ： massage from the past」 千歳市 （4） 2006.7

千歳町

占領と朝鮮戦争に翻弄された地方都市―北海道千歳町（大谷敏三）「志古津 ： 『新千歳市史』編さんだより ： 過去からのメッセージ ： massage from the past」 千歳市 （3） 2006.3

表紙 仲の橋と千歳栄光教会会堂・幼稚園園舎（昭和35年撮影）、『千歳町市街案内図』一部/朝鮮動乱時の東雲町と清水町の空撮（昭和28年春撮影）「志古津 ： 『新千歳市史』編さんだより ： 過去からのメッセージ ： massage from the past」 千歳市 （16） 2012.9

自治体警察・千歳町警察署―北海道警察誕生までの戦後千歳警察史（守屋憲治）「志古津 ： 『新千歳市史』編さんだより ： 過去からのメッセージ ： massage from the past」 千歳市 （16） 2012.9

千歳村

千歳村と兵事（及川琢英）「志古津 ： 『新千歳市史』編さんだより ： 過去からのメッセージ ： massage from the past」 千歳市 （7） 2007.11

千歳村と兵事（2）（及川琢英）「志古津 ： 『新千歳市史』編さんだより ： 過去からのメッセージ ： massage from the past」 千歳市 （8） 2008.11

チホイ

近世の別海を探る 「西別川河口から南、風蓮湖内」(7) チホイ 地名の由来、地勢・建物など/ハルタモシリ 地名の由来「別海町郷土資料館だより」 別海町郷土資料館 （135） 2010.10

池北線

特集 網走線・池北線・銀河線 鉄路の一世紀（斎藤省三）「トカプチ ： 郷土史研究」 NPO十勝文化会議郷土史研究部会 （18） 2007.12

チャシ跡群

"チャシの里"にアイヌ語地名をたずねて（貫井進）「アイヌ語地名研究会会報」 アイヌ語地名研究会 20 2004.7

茶志内

茶志内物語（石倉三郎）「屯田」 北海道屯田倶楽部 37 2005.4

北海道　　　　　　　　　　　　　　地名でたどる郷土の歴史　　　　　　　　　　　　　　東日本

知利別

チリベツについて（1）（井口利夫）「茂呂瀾」　室蘭地方史研究会　（37）　2003.2

「チリベツ」について（3）地域名としてのチリベツの変遷（井口利夫）「茂呂瀾」　室蘭地方史研究会　（41）　2007.2

知利別川

「チリベツ」について（2）地図から見る知利別川の変遷（井口利夫）「茂呂瀾」　室蘭地方史研究会　（40）　2006.2

月寒

戦後月寒の"子ども"と"子どもを守る会"について（阿部幸一）「札幌の歴史：「新札幌市史」機関誌」　札幌市　46　2004.2

月寒の産婆さん 明治時代の暮しを考える（斉藤忠一）「北の青嵐：道史協支部交流会報」　北海道史研究協議会　133　2004.2

食うや食わずの戦後間もない頃花開いた「月寒文芸クラブ」（阿部星道）「北の青嵐：道史協支部交流会報」　北海道史研究協議会　134　2004.3

つきさっぷ今・昔 つさきさっぷと煉瓦（喜田信代）「北の青嵐：道史協支部交流会報」　北海道史研究協議会　137　2004.6

戦争体験（2）月寒の北部軍司令部 秘密書類の焼却（スケッチ）元北部軍司令部参謀「掘る」　札幌郷土を掘る会　（232）　2006.3

月寒官林

風土略記 地理課山林係 野津幌官林、月寒官林、輪厚官林、島松官林「郷土研究北ひろしま」　北広島郷土史研究会　（17）　2005.9

月寒北部軍防空指揮所

札幌市月寒北部軍防空指揮所の平成20年春解体について（山田大隆）「北海道の文化」　北海道文化財保護協会　通号81　2009.3

月寒村

月寒村における醸造用ビール麦栽培の消長（斎藤忠一）「北の青嵐：道史協支部交流会報」　北海道史研究協議会　134　2004.3

月寒村 地租改正創定御請書 中山久蔵、矢浦甚太郎、三ノ宮粂蔵「郷土研究北ひろしま」　北広島郷土史研究会　（17）　2005.9

出会沢

アイヌ渡船物語―長谷藤蔵、出会沢コタン周辺（岡田斉）「空知地方史研究」　空知地方史研究協議会　（41）　2007.6

天塩川

士別軌道―天塩川に沿って走った軽便鉄道（義光康弘）「北国研究集録」　名寄市北国博物館　8　2004.3

文化の新しい風 北海道遺産（3）「北海道」命名の地はカヌーのメッカ天塩川（北海道遺産構想推進協議会）「文化情報」　北海道文化財保護協会　（290）　2006.6

幻の報文日誌 武四郎の天塩川探検（佐久間昌美）「美深町郷土資料報告」　美深町郷土資料研究会　（4）　2007.3

19世紀の天塩川筋のコタン（鈴木邦輝）「北国研究集録」　名寄市北国博物館　（11）　2008.3

弟子屈

難読アイヌ語地名を考える 「弟子屈」と「手師学」を事例として（横平弘）「アイヌ語地名研究」　アイヌ語地名研究会，北海道出版企画センター（発売）通号8　2005.12

手師学

難読アイヌ語地名を考える 「弟子屈」と「手師学」を事例として（横平弘）「アイヌ語地名研究」　アイヌ語地名研究会，北海道出版企画センター（発売）通号8　2005.12

手宮

知られざる鉄道文化財（3）手宮高架桟橋連絡線路煉瓦擁壁―華やかなりし石炭輸送の残影（河野哲也）「文化情報」　北海道文化財保護協会　263　2004.3

手宮工場34年間のあゆみ―幌内鉄道（1880年）から鉄道院（1914年）まで（星良助）「小樽市総合博物館紀要」　小樽市総合博物館　（23）　2010.3

手宮工場で組立・製造・改造された車輌（上）―幌内鉄道から北海道炭礦鉄道～鉄道院まで（星良助）「小樽市総合博物館紀要」　小樽市総合博物館　（24）　2011.3

手宮工場で組立・製造・改造された車輌（中）―北海道炭礦鉄道時代（1）（星良助）「小樽市総合博物館紀要」　小樽市総合博物館　（27）　2014.3

手宮洞窟

史跡「手宮洞窟」の御難（竹田輝雄）「北海道の文化」　北海道文化財保護協会　通号79　2007.3

戸井線

未成線の戸井線と強制労働（〈郷土の営み後世に 高文連全道郷土研究発表大会から〉）（函館北高等学校）「文化情報」　北海道文化財保護協会　（286）　2006.2

戸井町

南方言圏・戸井町における日常生活語の動態（第160回例会発表資料）（見野久幸）「北海道方言研究会会報」　北海道方言研究会　（80）　2005.6

道東

道東のアイヌ語地名を尋ねて（4）（鎌田正信）「久摺」　釧路アイヌ文化懇話会　9　2001.11

道東のアイヌ語地名を尋ねて（5）表現豊かな地名など（鎌田正信）「久摺」　釧路アイヌ文化懇話会　10　2003.12

明治初め、厳寒の道東に立ちつくした佐賀藩開拓民（佐久間仁）「西日本文化」　西日本文化協会　通号418　2006.2

道東の夢とロマンを！（野々村邦夫）「釧路市立博物館々報」　釧路市立博物館　（399）　2008.3

特別展「道東のクジラ」講演会「クジラと東北海道」（宇仁義和）「釧路市立博物館々報」　釧路市立博物館　（401）　2008.12

道東における明治開拓以降の環境変化と森川海のつながり―予報（鎌内宏光）「美幌博物館研究報告」　美幌博物館　（19）　2012.3

道東における江戸時代の移出向天然林伐採（小荷田行男）「標茶町郷土館報告」　標茶町郷土館　（26）　2014.8

道南

道南の城郭めぐり（赤崎寿子，潤潟洋子，雪田道子，武田信昭，高橋淳一）「仙台藩白老元陣屋資料館報」　仙台藩白老元陣屋資料館　（12）　2006.3

道南十二館

「道南十二館」の現状（森川隆）「城郭史研究」　日本城郭史学会，東京堂出版（発売）23　2003.8

道南十二館（新川寛）「文化情報」　北海道文化財保護協会　274　2005.2

東沸

国後島東沸のチャシ―聞き取りによる（本田克代）「根室市歴史と自然の資料館紀要」　根室市歴史と自然の資料館　（20）　2006.3

トウフト

近世の別海を探る 「西別川河口から南、風蓮湖内」（5）トウフト 地名の由来、地勢・建物など「別海町郷土資料館だより」　別海町郷土資料館　（133）　2010.8

当別村

当別村第三次移住と吾妻謙の書翰（櫻井滋郎）「仙台郷土研究」　仙台郷土研究会　30（2）通号271　2005.12

当麻鍾乳洞

内も外も大変身 当麻鍾乳洞（地蔵慶護）「北海道れきけん」　北海道歴史研究会　（68）　2008.10

当麻町

当麻町郷土史「礎」より「屯田」　北海道屯田倶楽部　34　2003.11

当麻屯田兵に関る昔談し（当麻町郷土史「礎」より）（松田茂）「屯田」　北海道屯田倶楽部　35　2004.4

祖父との思い出（当麻町郷土史「礎」より）（土橋有道）「屯田」　北海道屯田倶楽部　35　2004.4

当麻屯田兵村

開基110周年を迎えた当麻屯田兵村の歩み（木村秀雄）「屯田」　北海道屯田倶楽部　32　2002.10

洞爺湖

洞爺湖周辺のアイヌ語地名（榊原正文）「アイヌ語地名研究」　アイヌ語地名研究会，北海道出版企画センター（発売）通号10　2007.12

塘路元村

標茶町塘路元村地区における詳細分布調査（坪岡始）「標茶町郷土館報告」　標茶町郷土館　（22）　2010.8

トエヒラ

近世の別海を探る 「西別川河口から北」（7）トヘンチヒラ 地名の由来/トエヒラ 地名の由来、地勢・建物など/シヤマンヘナイ 地名の由来「別海町郷土資料館だより」　別海町郷土資料館　（154）　2012.5

十勝

北海道庁の設置と十勝開拓の特徴（飛岡久）「トカプチ：郷土史研究」　NPO十勝文化会議郷土史研究部会　（13）　2001.3

「加賀團體移住記念碑」が語ること（明治30年石川県新丸村から北海道十勝へ）（五十嵐一雄）「加南地方研究」　加南地方研究会　（50）　2003.2

トカチの登場とトカチ場所の成立（後藤秀彦）「浦幌町立博物館紀要」　浦幌町立博物館　3　2003.3

〈十勝の歴史を学ぶ〉講演会）「トカプチ：郷土史研究」　NPO十勝文化会議郷土史研究部会　（15）　2003.8

探検家からみたトカチ・ヒロウの歴史（講演と資料）（太田善繁）「トカプチ：郷土史研究」　NPO十勝文化会議郷土史研究部会　（15）　2003.8

近世文書に見るトカチ・ヒロウ・ヲホツナイ（講演と資料）（後藤秀彦）「トカプチ ： 郷土史研究」 NPO十勝文化会議郷土史研究部会 （15） 2003.8

昭和史断章/十勝 治安維持法下の青春（1）（松本尚志）「トカプチ ： 郷土史研究」 NPO十勝文化会議郷土史研究部会 （15） 2003.8

探検家からみたトカチ・ヒロウの歴史（大田善繁）「北の青嵐 ： 道史協支部交流会報」 北海道史研究協議会 135 2004.4

十勝の家畜事始め 山羊の飼育（井上壽）「文化情報」 北海道文化財保護協会 266 2004.6

《研究特集 新しい十勝史 20の視点》「トカプチ ： 郷土史研究」 NPO十勝文化会議郷土史研究部会 （16） 2004.7

十勝獣医事はじめ─田垣獣医師と森田獣医師のこと（石田和雄）「トカプチ ： 郷土史研究」 NPO十勝文化会議郷土史研究部会 （16） 2004.7

新・十勝日誌─松浦武四郎の足跡をたずねて（原尾進）「トカプチ ： 郷土史研究」 NPO十勝文化会議郷土史研究部会 （16） 2004.7

十勝の家畜事始め 豚の飼育［正］（続）（井上壽）「文化情報」 北海道文化財保護協会 267/269 2004.7/2004.9

十勝の家畜事始め めん羊の飼育（井上壽）「文化情報」 北海道文化財保護協会 268 2004.8

探検家から見たトカチ・ヒロウの歴史（太田善繁）「北の青嵐 ： 道史協支部交流会報」 北海道史研究協議会 139 2004.8

近世文書に見るトカチ・ヒロウ・ヲホツナイ（後藤秀彦）「北の青嵐 ： 道史協支部交流会報」 北海道史研究協議会 139 2004.8

十勝五郡総鎮守の証（史料紹介）（赤澤公麿）「大津十勝川研究」 大津・十勝川学会 （3） 2005.3

昭和十年代の新窟足風景（田中清一）「トカプチ ： 郷土史研究」 NPO十勝文化会議郷土史研究部会 （17） 2005.12

戦間期北海道・十勝の雑穀について（白木沢旭児）「大津十勝川研究」 大津・十勝川学会 （4） 2006.3

アイヌ語十勝方言民族語彙の検討（哺乳類）（高橋靖以）「Itahcara」 『Itahcara』編集事務局 （5） 2006.12

再考 十勝のめん羊飼育事始め（井上壽）「文化情報」 北海道文化財保護協会 （297） 2007.1

グラフで見る十勝農業の歴史（1） 畜産（1） 乳牛・肉牛「帯広百年記念館紀要」 帯広百年記念館 （25） 2007.3

第一章 アイヌ語地名研究の視点 地名に現れる古い生活や観念/アイヌ語地名研究各説《十勝の歴史と文化─若林三郎の著作と研究》「大津十勝川研究」 大津・十勝川学会 （5） 2007.3

第二章 アイヌ語地名解 北海道アイヌ語地名解/蝦夷語地名について/北海道の地名/十勝国部の地名について/釧路の語源について/豊頃町内の地名について/豊頃町アイヌ語地名解《十勝の歴史と文化─若林三郎の著作と研究》「大津十勝川研究」 大津・十勝川学会 （5） 2007.3

第三章 大津町浪漫 波止場の血煙 博徒綺談大津事件/博徒綺談 大津事件/旧大津町長の異動について/豊北浜の原生花園/大津年表《十勝の歴史と文化─若林三郎の著作と研究》「大津十勝川研究」 大津・十勝川学会 （5） 2007.3

第六章 伝説・逸話 笑い話 偉方の寄行さまざま/アイヌ伝説について/喰いもの漫言/アイヌの笑い話・逸話《十勝の歴史と文化─若林三郎の著作と研究》「大津十勝川研究」 大津・十勝川学会 （5） 2007.3

若林三郎のアイヌ語地名カードの概要について/若林三郎年譜《十勝の歴史と文化─若林三郎の著作と研究》「大津十勝川研究」 大津・十勝川学会 （5） 2007.3

故岩崎きくえ（旧長澤）大正2年3月20日生（93歳）の半生記 十勝岳大爆発・山津波に遭遇して（岩崎治男）「郷土をさぐる」 上富良野町郷土をさぐる会 （24） 2007.4

トマムに関寛斎の足跡を訪ねる 十勝文化会議（佐々木春志）「郷土研究 陸別町郷土研究会会報」 陸別郷土研究会 （15） 2007.11

十勝美術史の形成、その大局的展望（エッセイ）（米山将治）「トカプチ ： 郷土史研究」 NPO十勝文化会議郷土史研究部会 （18） 2007.12

講演 十勝にも「戦争」があった（松本尚志）「トカプチ ： 郷土史研究」 NPO十勝文化会議郷土史研究部会 （18） 2007.12

安政5年の十勝越え足跡図成る 佐藤輝雄氏精魂を傾け20年「松浦竹四郎研究会会誌」［松浦竹四郎研究会］事務局 （52） 2008.3

古地図に見える帯広・十勝（秋山秀敏）「帯広百年記念館紀要」 帯広百年記念館 （26） 2008.3

グラフで見る十勝農業の歴史（2） 畜産（2） 馬・中小家畜（綿羊、山羊、鶏、豚）「帯広百年記念館紀要」 帯広百年記念館 （26） 2008.3

移住地十勝へのゲート・ウエーイ大津・帯広（上）（大石嘉映）「大津十勝川研究」 大津・十勝川学会 （6） 2008.3

帯広十勝の詩吟（エッセイ）（山中岳剛）「トカプチ ： 郷土史研究」 NPO十勝文化会議郷土史研究部会 （19） 2008.12

グラフで見る十勝農業の歴史（3） 作物（1） 水稲・陸稲・麦類（小麦、大麦、裸麦）・雑穀類（粟、稗、黍）「帯広百年記念館紀要」 帯広百年記念館 （27） 2009.3

アイヌ語十勝方言による事実談（ucaskoma）祖父の熊狩りの話（高橋靖以）「Itahcara」 『Itahcara』編集事務局 （6） 2009.7

グラフで見る十勝農業の歴史（4）─作物（2） 蕎麦・玉蜀黍・豆類（大豆、小豆、菜豆、豌豆）「帯広百年記念館紀要」 帯広百年記念館 （28） 2010.3

十勝交通史─乗合バス・バス路線の開拓・秘境ブームと愛国から幸福（石黒靖夫）「大津十勝川研究」 大津・十勝川学会 （8） 2010.3

十勝関係旧記・写真・地図・絵葉書等目次─北海道大学附属図書館、北海道立図書館、函館市中央図書館「大津十勝川研究」 大津・十勝川学会 （8） 2010.3

近世トカチにおける昆布生産（菅原慶郎）「大津十勝川研究」 大津・十勝川学会 （8） 2013.3

十勝美術作家史（1）─美術編（米山将治）「帯広百年記念館紀要」 帯広百年記念館 （31） 2013.3

開拓使館の十勝アイヌ共有財産（山田伸一）「北海道開拓記念館研究紀要」 北海道開拓記念館 （41） 2013.3

松浦武四郎と十勝（高瀬英雄）「大津十勝川研究」 大津・十勝川学会 （12） 2014.3

十勝の古地図（秋山秀敏）「大津十勝川研究」 大津・十勝川学会 （12） 2014.3

十勝美術作家史（2）─書道編（米山将治）「帯広百年記念館紀要」 帯広百年記念館 （32） 2014.3

十勝沖地震のとき（市民の証言）（浅野哲朗）「郷土史三沢」 三沢郷土史研究会 （10） 2014.3

明治～大正期の十勝におけるバター製造・販売について─晩成社を事例にして（研究大会要旨）（大和田努）「北海道史研究協議会会報」 北海道史研究協議会 （95） 2014.12

十勝海岸

松浦武四郎弘化2年初航の十勝海岸を歩む（戸部千春）「アイヌ語地名研究」 アイヌ語地名研究会，北海道出版企画センター（発売） 通号9 2006.12

十勝川

札幌県による十勝川流域のサケ禁漁とアイヌ民族（山田伸一）「北海道開拓記念館研究紀要」 北海道開拓記念館 （37） 2009.3

コタンを訪ねて（9）─十勝川流域の人々（山本融定）「北海道の文化」 北海道文化財保護協会 （85） 2013.2

十勝監獄

十勝監獄 明治27年坪井直彦の「巡閲復命書」について（阿部富喜男）「トカプチ ： 郷土史研究」 NPO十勝文化会議郷土史研究部会 （13） 2001.3

十勝監獄の成立と初代典獄、黒木鯤太郎（小森重紀）「大津十勝川研究」 大津・十勝川学会 （8） 2010.3

十勝路

第五章 北海道の生活誌 北海道の方言/味覚と十勝路/アイヌ料理/土を喰う話/ジュンサイ《十勝の歴史と文化─若林三郎の著作と研究》「大津十勝川研究」 大津・十勝川学会 （5） 2007.3

十勝岳

十勝岳爆発災害と復旧工事の思い出（長井禧武）「郷土をさぐる」 上富良野町郷土をさぐる会 18 2001.4

二代目の教員の十勝岳との出会い（各地で活躍している郷土の人達）（末廣晃）「郷土をさぐる」 上富良野町郷土をさぐる会 22 2005.4

十勝岳と生きる（水谷甚四郎）「郷土をさぐる」 上富良野町郷土をさぐる会 （23） 2006.4

各地で活躍している郷土の人達 北の大地に育まれて 十勝岳に生かされた青春（齋藤嘉哉）「郷土をさぐる」 上富良野町郷土をさぐる会 （24） 2007.4

十勝岳大噴火の思い出（昭和37年十勝噴火のとき）（成田政一）「郷土をさぐる」 上富良野町郷土をさぐる会 （28） 2011.3

十勝岳噴火の思い出（昭和37年十勝岳噴火のとき）（西口登）「郷土をさぐる」 上富良野町郷土をさぐる会 （28） 2011.3

大噴火と学校へき地調査（昭和37年十勝岳噴火のとき）（岡田三一）「郷土をさぐる」 上富良野町郷土をさぐる会 （28） 2011.3

昭和37年（1962年）十勝岳噴火の写真（三原康敬）「郷土をさぐる」 上富良野町郷土をさぐる会 （28） 2011.3

『十勝岳爆發災害志』を読み解く（三原康敬）「郷土をさぐる」 上富良野町郷土をさぐる会 （30） 2013.3

十勝岳産業開発道路記念歌碑

石碑が語る上富の歴史（13）十勝岳産業開発道路記念歌碑（中村有秀）「郷土をさぐる」 上富良野町郷土をさぐる会 （24） 2007.4

十勝岳爆発碑

石碑が語る上富の歴史（14）美瑛町に建立されている十勝岳爆発碑（中村有秀）「郷土をさぐる」 上富良野町郷土をさぐる会 （26） 2009.3

北海道　　　　　　　　　　　　地名でたどる郷土の歴史　　　　　　　　　　　　東日本

十勝鉄道
まぼろしの十勝鉄道幸震線（笹川幸震）「トカプチ ： 郷土史研究」 NPO十勝文化会議郷土史研究部会　（16）2004.7

十勝国郡
第二章 アイヌ語地名研究 北海道アイヌ語地名解／蝦夷語地名について／北海道の地名／十勝国郡の地名について／釧路の語源について／豊頃町内の地名について／豊頃町アイヌ語地名解《十勝の歴史と文化—若林三郎の著作と研究》）「大津十勝川研究」 大津・十勝川学会　（5）2007.3

十勝太
藩政期におけるトカチ（十勝太）とヲホツナイ（大津）（後藤秀彦）「浦幌町立博物館紀要」 浦幌町立博物館　（9）2009.3

常呂
ところの語源とアイヌ語（合沢寛）「久摺」 釧路アイヌ文化懇話会　13　2010.10

常呂、本当は「トゥコロ」なんだよ（戸部千春）「アイヌ語地名研究会会報」 アイヌ語地名研究会　（46）2013.3

常呂町
北海道北見市常呂町における方言接触と変容 岐阜地区移住者を中心に（第209回例会研究発表資料（2014.9.7））（朝日祥之）「北海道方言研究会会報」 北海道方言研究会事務局　（91）2014.12

トーサンケヲマヱ
近世の別海を探る 「西別川河口から北」（3）ニシハヲマツヘツ 地名の由来、地勢・建物など／ヒラクシナイ 地名の由来／トーサンケヲマヱ 地名の由来「別海町郷土資料館だより」 別海町郷土資料館　（139）2011.2

トシユンベツ
近世の別海を探る 「西別川河口から北」（12）トシユンベツ 地名の由来、地勢・建物など「別海町郷土資料館だより」 別海町郷土資料館　（151）2012.2

戸蔦村
かわにし探検隊—売買村・上帯広村・戸蔦村に惹かれて（水本憲）「トカプチ ： 郷土史研究」 NPO十勝文化会議郷土史研究部会　（16）2004.7

礪波
礪波から一原へ—祖父と父と私の想い出（歴史・点描）（高澤光雄）「えべつの歴史 ： 市民がつくるまちのれきし」 江別市総務部（13）2011.3

殿様街道
「殿様街道」（金沢秀一）「永 福島町史研究会会報」 福島町史研究会　2　2003.2

福島町「殿様街道」を通った偉人たち（中塚徹朗）「永 福島町史研究会会報」 福島町史研究会　（7）2008.7

北海道千軒殿様街道通行人歴史年表（中塚徹朗）「永 福島町史研究会会報」 福島町史研究会　（9）2010.5

トヘンチヒラ
近世の別海を探る 「西別川河口から北」（7）トヘンチヒラ 地名の由来／トエヒラ 地名の由来、地勢・建物など／シヤマンヘナイ 地名の由来「別海町郷土資料館だより」 別海町郷土資料館　（154）2012.5

トホロ
近世の別海を探る 「西別川河口から北」（8）トホロ 地名の由来、地勢・建物など「別海町郷土資料館だより」 別海町郷土資料館　（155）2012.6

苫小牧
王子主婦連の活動が語るもの—王子製紙労働組合苫小牧支部・主婦連絡協議会（岸伸子）「女性史研究ほっかいどう」 札幌女性史研究会　（1）2003.8

王子製紙争議50周年—王子争議をうたごえ運動とともに（岸伸子）「女性史研究ほっかいどう」 札幌女性史研究会　（3）2008.10

苫小牧市
苫小牧市におけるアッシュブロック住宅（武田正哉）「館報」 苫小牧市博物館　（4）2007.3

泊村
膝栗毛で見た文化財（2）難破船の鐘（泊村）（藤谷栄也）「文化情報」 北海道文化財保護協会　（290）2006.6

膝栗毛で見た文化財（3）ライマンの冷蔵庫（泊村）（藤谷栄也）「文化情報」 北海道文化財保護協会　（291）2006.7

難破船の鐘（泊村）（藤谷栄也）「北の青嵐 ： 道史協支部交流会報」 北海道史研究協議会　（163）2007.11

富内線
富内線 富内〜振内間開通式（久米智江）「沙流川歴史館だより」 沙流川歴史館　（40）2011.4

豊浦町
豊浦町所蔵のアイヌ資料（福田茂夫，髙橋理，古原敏弘）「北海道立アイヌ民族文化研究センター研究紀要」 北海道立アイヌ民族文化研究センター　（11）2005.3

豊頃
豊頃一昔前の話・三人からの聞き書き（寺井睦久，堀田幸子）「大津十勝川研究」 大津・十勝川学会　（2）2004.3

豊頃町
第二章 アイヌ語地名研究 北海道アイヌ語地名解／蝦夷語地名について／北海道の地名／十勝国郡の地名について／釧路の語源について／豊頃町内の地名について／豊頃町アイヌ語地名解《十勝の歴史と文化—若林三郎の著作と研究》）「大津十勝川研究」 大津・十勝川学会　（5）2007.3

豊頃町のアイヌ語地名（秋山秀敏）「大津十勝川研究」 大津・十勝川学会　（11）2013.3

豊里
70年前の豊里を偲んで（管野弘彌）「郷土をさぐる」 上富良野町郷土をさぐる会　21　2004.4

豊羽鉱山
朝鮮人強制連行・強制労働の豊羽鉱山FW報告 元リンチ現場で目撃者が証言／他 「掘る」 札幌郷土を掘る会　（223）2005.6

豊平
トイピラ見付けた 札幌のヘソ、豊平橋東岸南側（秋葉實）「松浦竹四郎研究会会誌」 ［松浦竹四郎研究会］事務局　（49）2006.9

豊平川
石狩川・豊平川の治水について—その歩みと私の見聞（歴史随筆）（斉藤松夫）「えべつの歴史 ： 市民がつくるまちのれきし」 江別市総務部（10）2008.2

奈井江
『ないえに生きる』を通してみた農村女性の労働（小林英輔）「空知地方史研究」 空知地方史研究協議会　37　2003.6

奈井江開拓の特異性（竹森勝太郎）「空知地方史研究」 空知地方史研究協議会　37　2003.6

半世紀にわたる奈井江の乳業会社（竹森勝太郎）「なえい」 奈井江町教育委員会 ［ほか］　23　2004.4

半世紀にわたる奈井江の乳業会社（竹森勝太郎）「空知地方史研究」 空知地方史研究協議会　38　2004.6

農業一筋前田家100年の歩み（奈井江百年を支えた人々）（前田孝彦）「なえい」 奈井江町教育委員会 ［ほか］　（25）2006.4

わが家の100年を支えた人びと（奈井江百年を支えた人々）（鈴木一男）「なえい」 奈井江町教育委員会 ［ほか］　（25）2006.4

わが家を支えた人たち（奈井江百年を支えた人々）（小林広幸）「なえい」 奈井江町教育委員会 ［ほか］　（25）2006.4

土地改良を終わって祖先に感謝（奈井江百年を支えた人々）（後藤政弘）「なえい」 奈井江町教育委員会 ［ほか］　（25）2006.4

我が家の100年を振り返って（奈井江百年を支えた人々）（浜本良治）「なえい」 奈井江町教育委員会 ［ほか］　（25）2006.4

我が家の100年（奈井江百年を支えた人々）（阿部謙一）「なえい」 奈井江町教育委員会 ［ほか］　（26）2007.4

北海道に開拓の夢を持って（奈井江百年を支えた人々）（佐野富雄）「なえい」 奈井江町教育委員会 ［ほか］　（27）2008.4

我が家の百年（奈井江百年を支えた人々）（大矢雅史）「なえい」 奈井江町教育委員会 ［ほか］　（27）2008.4

東藤家の百年（奈井江百年を支えた人々）（東藤勲）「なえい」 奈井江町教育委員会 ［ほか］　（27）2008.4

奈井江百年を支えた人々（17）わが家の百年（板東昭恵）「なえい」 奈井江町教育委員会 ［ほか］　（27）2009.4

奈井江小学校
古文書の紹介 奈井江小学校の郷土教育（1）「なえい」 奈井江町教育委員会 ［ほか］　（26）2007.4

奈井江町
奈井江町郷土研究会20年の歩み「なえい」 奈井江町教育委員会 ［ほか］　20　2001.3

奈井江町の毛利医院とそのルーツ（毛利進）「なえい」 奈井江町教育委員会 ［ほか］　22　2003.3

奈井江開拓の特異性（竹森勝太郎）「なえい」 奈井江町教育委員会 ［ほか］　22　2003.3

奈井江町の毛利医院とそのルーツ（毛利進）「空知地方史研究」 空知地方史研究協議会　37　2003.6

奈井江町の史跡を歩く（1），（2）（郷土研究会）「なえい」 奈井江町教育委員会 ［ほか］　24／（25）2005.4／2006.4

昭和20年の市街図と記憶に残る屋号（自由研究）（深井旭）「なえい」 奈

東日本 　地名でたどる郷土の歴史 　北海道

井江町教育委員会［ほか］ （30） 2011.4

奈江村
明治23年奈江村（砂川）誕生前後の内陸開拓史の変遷を辿る（井村勇）「郷土研究」 砂川市教育委員会 35 2002.3

明治19年以降 内陸開拓と奈江村近隣の夜明け（井村勇）「郷土研究」 砂川市教育委員会 39 2006.3

中川町
学校跡がある廃村を訪ねて—中川町大和編（成瀬健太）「北海道の文化」 北海道文化財保護協会 （85） 2013.2

長崎港
北千島サケ・マス流し網漁めしたき物語—北千島占守島長崎港を基地として（吉岡玉吉）「いしかり暦」 石狩市郷土研究会 （19） 2006.2

中礼内村
十勝のアイヌ語地名（3）中礼内村（秋山秀敏）「アイヌ語地名研究」 アイヌ語地名研究会，北海道出版企画センター（発売）（15） 2012.12

中標津町
中標津市街の今昔（2）昭和初期の街並み／標津線の開通当時／雪印乳業株式会社の工場／旧駅前通り／東3条北1丁目付近／約半世紀前の市街地／中標津高等学校／中標津中学校／中心市街地／中標津体育館／丸山公園の殉公碑／東7条橋／東7条通り／町立中標津病院／歩行者天国／秋の消防演習／開校10周年の東小／丸山公園での宴「中標津町郷土館だより」 中標津町郷土館 （20） 2009.1

町内の小中学校 俵橋小学校 開校：大正5年8月／武佐小中学校 開校：大正6年12月／開陽小学校 開校：大正7年12月／中標津小学校 開校：大正9年10月／中標津中学校 開校：昭和22年5月／第二俣落小学校 開校：昭和28年7月 閉校：昭和47年3月／中標津東小学校 開校：昭和44年4月／広陵中学校 開校：昭和53年4月／丸山小学校 開校：昭和57年4月「中標津町郷土館だより」 中標津町郷土館 （24） 2012.11

中千島
回想「中千島駐留時代」（坂元哲郎）「ふるさとみまた」 三股郷土史研究会 19 2001.11

長沼町
殖民地区図面と開拓—長沼町、新十津川町を例として（卜部信臣）「北海道史研究協議会会報」 北海道史研究協議会 （85） 2009.12

中山峠
中山峠の歴史を巡る（1），（2）（地蔵慶護）「北海道れきけん」 北海道歴史研究会 57/58 2005.1/2005.5

鍋島町
鍋島山の鍋島家（田丸太郎）「目黒区郷土研究」 目黒区郷土研究会 577 2003.2

名寄
戦中・戦後名寄の時計商—木村時計店の日誌より（成毛哲也）「北国研究集録」 名寄市北国博物館 8 2004.3

パスイ集成名寄・佐藤、柴田収集資料篇（戸部千春）「北国研究集録」 名寄市北国博物館 （12） 2010.3

名寄・風速の銭湯小史（金田卓浩）「北国研究集録」 名寄市北国博物館 （13） 2012.3

南部陣屋
南部陣屋跡関係記録（本年度の事業から）（駒木佐助）「茂呂瀾」 室蘭地方史研究会 （38） 2004.2

南部陣屋の職人たち（石井勉）「茂呂瀾」 室蘭地方史研究会 （40） 2006.2

蝦夷地の南部陣屋—南部・盛岡藩士の足跡を辿る（浅沼公雄）「仙台藩白老元陣屋資料館報」 仙台藩白老元陣屋資料館 （12） 2006.3

新冠
日高地方の戦後開拓（3）—新冠の太陽開拓団（山本敏従）「北海道の文化」 北海道文化財保護協会 （77） 2005.3

新冠・静内に語り継がれたアイヌ語彙地名（狩野義美）「アイヌ語地名研究」 アイヌ語地名研究会，北海道出版企画センター（発売）（13） 2010.12

ニオイチャシ
平取町のチャシ&遺物（11）ニオイチャシ跡「沙流川歴史館だより」 沙流川歴史館 14 2004.7

西胆振
西胆振のアイヌ語地名 誤写・誤記による幽霊地名（森美典）「伊達の風土」 伊達郷土史研究会 23 2004.12

西蝦夷地
『西蝦夷地分間』は寛政五年中村小市郎著／武四郎翁の足跡を訪ねて IN 下田「松浦竹四郎研究会会誌」 ［松浦竹四郎研究会］事務局 40 2003.8

『西蝦夷地行程』に見える地名（高木崇世芝）「アイヌ語地名研究」 アイヌ語地名研究会、北海道出版企画センター（発売）通号10 2007.12

古地図に見る西蝦夷地と石狩川川筋（抄）—古地図略（たきかわ歴史地図研究会）「北の青嵐 ： 道史協支部交流会報」 北海道史研究協議会 （182） 2009.6

ニシハヲハマツヘツ
近世の別海を探る 「西別川河口から北」（3）ニシハヲハマツヘツ 地名の由来、地勢・建物など／ヒラクシナイ 地名の由来／トーサンケヲマエ 地名の由来「別海町郷土資料館だより」 別海町郷土資料館 （139） 2011.2

西別
近世の別海を探る 「ニシベツ」（1）地名の由来について「別海町郷土資料館だより」 別海町郷土資料館 （125） 2009.12

近世の別海を探る 「ニシベツ」（2）前期松前藩時代 18世紀後半の文献史料から／幕府直轄時代 寛政11年（1799）～文政3年（1820）「別海町郷土資料館だより」 別海町郷土資料館 （126） 2010.1

近世の別海を探る 「ニシベツ」（3）松前藩復領時代 文政4年（1821）～安政元年（1854）／幕府直轄時代 安政2年（1855）～慶応3年（1867）「別海町郷土資料館だより」 別海町郷土資料館 （127） 2010.2

爾志役所
「旧爾志役所」を題材にして（横山嘉弘）「文化情報」 北海道文化財保護協会 272 2004.12

荷菜大橋
昭和38年当時の荷菜大橋（早川和男）「沙流川歴史館だより」 沙流川歴史館 （41） 2011.7

糠南
知られざる鉄道文化財（12）糠南—「駅」になった仮乗降場（河野哲也）「文化情報」 北海道文化財保護協会 275 2005.3

貫気別川
貫気別川筋のアイヌ語地名（池田実）「アイヌ語地名研究」 アイヌ語地名研究会，北海道出版企画センター（発売）通号8 2005.12

貫気別小学校
昭和33年12月に新築された「貫気別小学校」（黒川かおり）「沙流川歴史館だより」 沙流川歴史館 （24） 2007.1

根室
国立国会図書館の根室・千島関係資料（川上淳）「根室市博物館開設準備室だより」 根室市博物館開設準備室 17 2002.6

明治初期、根室住民の自立と地域づくり（船津均）「根室市博物館開設準備室紀要」 根室市博物館開設準備室 17 2003.3

根室銀行史 1898～1923（竹田竜彦）「根室市博物館開設準備室紀要」 根室市博物館開設準備室 17 2003.3

明治時代の根室の人々（8）徳川義親／崔承喜（本田克代）「根室市博物館開設準備室だより」 根室市博物館開設準備室 18 2003.5

仙台市博物館・（財）斎藤報恩会・宮城県図書館の根室関係史料（川上淳）「根室市博物館開設準備室だより」 根室市博物館開設準備室 18 2003.5

根室・千島地方の主な歴史文献解題（城田貴子，本田克代，川上淳）「根室市博物館開設準備室紀要」 根室市博物館開設準備室 18 2004.3

根室の明治時代の灯台（本田克代）「北の青嵐 ： 道史協支部交流会報」 北海道史研究協議会 140 2004.9

「加賀家文書歴史講座」のお知らせ—根室から箱館への道のり・厚岸のお殿様が見た別海「別海町郷土資料館だより」 別海町郷土資料館 71 2005.6

根室牛飼事始（半田一延）「くるまいし ： 根室市歴史と自然の資料館たより」 根室市歴史と自然の資料館 （21） 2006.5

長崎県に所在する近世根室、蝦夷地関係資料調査概要（猪熊樹人）「くるまいし ： 根室市歴史と自然の資料館たより」 根室市歴史と自然の資料館 （21） 2006.5

江別空襲と根室空襲（歴史随筆）（中山孝）「えべつの歴史 ： 市民がつくるまちのれきし」 江別市総務部 （10） 2008.3

根室の明治時代の幼稚園（本田克代）「くるまいし ： 根室市歴史と自然の資料館たより」 根室市歴史と自然の資料館 （23） 2008.7

「加賀家文書」の中のアイヌ語—根室アイヌ仁助（ニシケ）の口述を読む（《「アイヌ先住民族」国会決議記念》）（奥田幸子，合沢寛）「久摺」 釧路アイヌ文化懇話会 12 2008.9

根室空襲の記憶（新富三代）「くるまいし ： 根室市歴史と自然の資料館たより」 根室市歴史と自然の資料館 （24） 2009.8

戦時中発疹チフスで倒れた根室の医師たち—牧の内哀歌（森紫朗）「くるまいし ： 根室市歴史と自然の資料館たより」 根室市歴史と自然の資料館 （24） 2009.8

平成21年度根室関係近世史料調査報告（猪熊樹人）「くるまいし ： 根室市歴史と自然の資料館たより」 根室市歴史と自然の資料館 （25） 2010.8

北海道　　　　　　　　　　　地名でたどる郷土の歴史　　　　　　　　　　東日本

安政2年から3年の根室勤務日記（論文・研究ノート）（有田政博）「北海道史研究協議会会報」 北海道史研究協議会 （89） 2011.12
企画展「アイヌ語地名を歩く2013・夏 根室」が終了しました「アイヌ民族文化研究センターだより」 北海道立アイヌ民族文化研究センター （39） 2013.9

根室市
根室市歴史と自然の資料館蔵の根室市街図（猪熊樹人）「くるまいし ： 根室市歴史と自然の資料館だより」 根室市歴史と自然の資料館 （27） 2012.10

根室場所
「加賀家文書」の調査研究から（24） 史料「日記 ノツケ 伝蔵」―根室場所のアイヌを天然痘から救った貴重な記録から「別海町郷土資料館だより」 別海町郷土資料館 （103） 2008.2
「加賀家文書」の調査研究から（25） 史料「日記 ノツケ 伝蔵」―根室場所のアイヌを天然痘から救った貴重な記録から（2） 桑田一門、江戸から箱館へ向かう！「別海町郷土資料館だより」 別海町郷土資料館 （104） 2008.3
「加賀家文書」の調査研究から（26） 史料「日記 ノツケ 伝蔵」―根室場所のアイヌを天然痘から救った貴重な記録から（3） 箱館から子モロ（根室）へ向かう「別海町郷土資料館だより」 別海町郷土資料館 （105） 2008.4
「加賀家文書」の調査研究から（27） 史料「日記 ノツケ 伝蔵」―根室場所のアイヌを天然痘から救った貴重な記録から（4） 子モロ（根室）の地でアイヌに接種し、クナシリに渡り、箱館（函館）・江戸へ（戸田峯雄）「別海町郷土資料館だより」 別海町郷土資料館 （106） 2008.5
「加賀家文書」の調査研究から（28）～（30） 史料「日記 ノツケ 伝蔵」―根室場所のアイヌを天然痘から救った貴重な記録から（5）～（7）（戸田峯雄）「別海町郷土資料館だより」 別海町郷土資料館 （107）／（109） 2008.6/2008.8
「加賀家文書」の調査研究から（31） 史料「日記 ノツケ 伝蔵」―根室場所のアイヌを天然痘から救った貴重な記録から（8） 安政六年正月となる（子モロ（根室）の正月）（戸田峯雄）「別海町郷土資料館だより」 別海町郷土資料館 （110） 2008.9
「加賀家文書」の調査研究から（32） 史料「日記 ノツケ 伝蔵」―根室場所のアイヌを天然痘から救った貴重な記録から（9） 根室場所での「牛や馬の飼育・使役」の様子（戸田峯雄）「別海町郷土資料館だより」 別海町郷土資料館 （111） 2008.10
「加賀家文書」の調査研究から（33） 史料「日記 ノツケ 伝蔵」―根室場所のアイヌを天然痘から救った貴重な記録から（10） 根室場所での「牛の飼育・使役」の様子（戸田峯雄）「別海町郷土資料館だより」 別海町郷土資料館 （112） 2008.11

根室半島
旧日本軍本土防衛陣地遺構現況調査報告書（3）―根室半島に所在するトーチカ群ならびに旧牧の内飛行場とその周辺施設について（北方地域研究会）「根室市博物館開設準備室紀要」 根室市博物館開設準備室 15 2001.3

子モロ場所
場所請負制下、子モロ場所におけるアイヌの漁場労働（長澤政之）「歴史」 東北史学会 101 2003.9

納沙布岬灯台
根室市内の灯台―納沙布岬灯台点灯140周年に寄せて（猪熊樹人）「くるまいし ： 根室市歴史と自然の資料館だより」 根室市歴史と自然の資料館 （28） 2013.8

野田追川
「アイヌ語地名」看板の紹介 「二級河川 野田追川」/図書・会誌・会報・論文などの紹介 くしろ地名考 42号、アイヌ民族文化研究センターだより 37号、日本地名研究所通信 75号、れら rera 東北 18号、くしろ地名考 43号/お知らせ 第32回全国地名研究者大会―地名は警告する「アイヌ地名研究会会報」 アイヌ地名研究会 （46） 2013.3

野付牛兵村
屯田兵村公有財産をめぐって（3） 不動産会社を立ち上げた野付牛兵村（河野民雄）「屯田」 北海道屯田倶楽部 （45） 2009.4

野付
シリーズ「近世の別海を探る 野付～その5～」 ノツケトウ 地名の由来、地勢「別海町郷土資料館だより」 別海町郷土資料館 （174） 2014.1
シリーズ「近世の別海を探る 野付～その6～」 コトコイ 地名の由来、地勢・建物など「別海町郷土資料館だより」 別海町郷土資料館 （175） 2014.2

ノツケトウ
シリーズ「近世の別海を探る 野付～その5～」 ノツケトウ 地名の由来、地勢「別海町郷土資料館だより」 別海町郷土資料館 （174） 2014.1

野付半島
「加賀家文書」の調査研究から（34）～（36） 史料「日記 ノツケ 伝蔵」―根室場所のアイヌを天然痘から救った貴重な記録から（11）～（13） 野付半島での農耕の記録をみる［1］～（3）（戸田峯雄）「別海町郷土資料館だより」 別海町郷土資料館 （113）／（115） 2008.12/2009.2

野幌
野幌市街（昭和20年代）のこと（山地洋）「えべつの歴史 ： 市民がつくるまちのれきし」 江別市総務部 6 2001.3
歴史探訪 野幌を開いた人々（1）～（5）（岡田義明）「えべつの歴史 ： 市民がつくるまちのれきし」 江別市総務部 （10）／（15） 2008.2/2013.3
思い出が残る野幌（歴史・点描）（中山孝）「えべつの歴史 ： 市民がつくるまちのれきし」 江別市総務部 （12） 2010.3
道草の想い出―昭和三〇年代の野幌（歴史・点描）（今井秀幸）「えべつの歴史 ： 市民がつくるまちのれきし」 江別市総務部 （16） 2014.3

野津幌官林
風土略記 地理課山林係 野津幌官林、月寒官林、輪厚官林、島松官林「郷土研究北ひろしま」 北広島郷土史研究会 （17） 2005.9

野幌兵村
交通の要所として多彩に発展―野幌兵村の歩み「屯田」 北海道屯田倶楽部 （41） 2007.4
屯田兵交友財産をめぐって（9） 戦後まで保持した野幌、江別、端野兵村（河野民雄）「屯田」 北海道屯田倶楽部 （51） 2012.4

能取
能取の馬 加藤東一 1971年（昭和46年） 24.5×35.6（P5号） 紙本着色、水彩絵具、パステル、額装「岐阜市歴史博物館博物館だより」 岐阜市歴史博物館 （85） 2013.11

登別温泉
文化の新しい風 北海道遺産（5） 登別温泉「地獄谷」（北海道遺産構想推進協議会）「文化情報」 北海道文化財保護協会 （292） 2006.8

登別市
山田秀三文庫の資料から 登別でのアイヌ語地名調査の記録を書き込んだ地図「登別市のアイヌ語地名」（YM0002―06）「アイヌ民族文化研究センターだより」 北海道立アイヌ民族文化研究センター （41） 2014.11

梅花都
難読現有地名「梅花都」と旧地名「潮路」「咾別」（横平弘）「アイヌ語地名研究」 アイヌ語地名研究会, 北海道出版企画センター（発売） 通号 11 2008.12

函館
函館における都市化と出稼労働者との相互関連性―歴史的ネットワークの視点をとおして（根本直樹）「地域史研究はこだて」 函館市史編さん室 31 2000.3
写真で語る函館物語（1） 私と連絡船と写真（金丸大作）「地域史研究はこだて」 函館市史編さん室 32 2000.9
昆布とつぼの碑―函館と東北の昔の話（大石圭一）「いしがみ ： 郷土文化誌」 「いしがみ」刊行会 （11） 2000.12
写真で語る函館物語（2） 働く（金丸大作）「地域史研究はこだて」 函館市史編さん室 33 2001.3
函館市北方民族資料館 13年の歩み―現状と今後の課題（渡辺文子）「市立函館博物館研究紀要」 市立函館博物館 12 2002.3
第二次世界大戦下の太洋漁業と函館―日魯漁業株式会社を中心に（鈴木旭）「地域史研究はこだて」 函館市史編さん室 34 2002.3
写真で語る函館物語（3） 子供（金丸大作）「地域史研究はこだて」 函館市史編さん室 34 2002.3
写真で語る函館物語（4） 最終回 追憶の街（金丸大作）「地域史研究はこだて」 函館市史編さん室 35 2002.9
嫁入り今昔（箱館一地区）（川合正子）「永 福島町史研究会会報」 福島町史研究会 2 2003.2
明治期函館商業史の一考察―西澤弥兵衛関係文書の紹介を中心に（熊谷與志子）「市立函館博物館研究紀要」 市立函館博物館 13 2003.3
箱館戦争北の激戦地（木下寿実夫）「文化情報」 北海道文化財保護協会 251 2003.3
激動時代を歩んできた函館商人（富澤嘉平）「箱館昔話」 函館パルス企画 （15） 2003.4
ディスカバー箱館英学―No.452マイクロコピーは何を語らんと（井上能孝）「箱館昔話」 函館パルス企画 （15） 2003.4
ばんだい号遭難回想記（長川清悦）「箱館昔話」 函館パルス企画 （15） 2003.4
昭和9年函館大火（村山捨儀）「箱館昔話」 函館パルス企画 （15） 2003.4
ホームページに載った「函館に伝わる不思議な話」（久保登史）「箱館昔話」 函館パルス企画 （15） 2003.4

昭和20年代から30年代の函館（細見一夫）「はこだて市史編さん室だより」　函館市総務部　1　2003.7

昭和20年代の函館（2）〜（4）—旧「函館新聞」の写真と当時の取材から（細見一夫）「はこだて市史編さん室だより」　函館市総務部　2/4　2004.2/2005.3

史料紹介　「稜城戦記」について（高野宏峰）「東村山市史研究」　東村山市教育委員会　（13）　2004.3

「開拓使函館支庁外事課等関係文書」の原状復元に関する一考察（石川淳）「北海道立文書館研究紀要」　北海道立文書館　（19）　2004.3

箱館新選組の隊士について（近江幸雄）「箱館昔話」　函館パルス企画　（16）　2004.4

大逆事件と函館ゆかりの人々（中村正勝）「箱館昔話」　函館パルス企画　（16）　2004.4

函館で南部漂流民と対顔していた帰国後の仙台漂流民—堀田正敦の『松前紀行』が教えること（鈴木道男）「ナジェージダ（希望）」　石巻若宮丸漂流民の会　9　2004.7

函館における輸出規制の困難—蚕種紙改印制の変転（田端宏）「北海道史研究協議会会報」　北海道史研究協議会　75　2004.12

昭和20年代から30年代の函館（5）〜（8）—旧「函館新聞」の写真と当時の取材から（細見一夫）「はこだて市史編さん室だより」　函館市総務部　5/（8）　2005.8/2007.3

時報の変遷と「函館時間」（市史編さん室）「はこだて市史編さん室だより」　函館市総務部　（8）　2007.3

函館、ウラジオストクの新たな交流（長谷部一弘）「市立函館博物館研究紀要」　市立函館博物館　（18）　2008.3

各地の戦跡保存活動の紹介　夜景を見下ろす軍事要塞（3）函館周辺の戦跡（小笠原康夫）「浅川地下壕の保存をすすめる会ニュース」　浅川地下壕の保存をすすめる会　（65）　2008.8

函館にある長慶天皇伝説（須藤隆仙）「北の青嵐　：　道史協支部交流会報」　北海道史研究協議会　（175）　2008.11

橋立出身　忠谷・田端家の函館に於ける商業活動（山口精次）「市立函館博物館研究紀要」　市立函館博物館　（20）　2010.3

「函館華僑が残したもの」—函館の中の中国（小川正樹）「文化情報」　北海道文化財保護協会　（318）　2010.3

函館の建築物の変遷について—大正昭和期撮影「函館全景」写真内の建築物を中心に（吉田忠博）「市立函館博物館研究紀要」　市立函館博物館　（21）　2011.3

明治期函館のパノラマ写真を読み解く（田原良信）「市立函館博物館研究紀要」　市立函館博物館　（23）　2013.3

箱館

遥かなる箱館戦争（上）、（中）、（下）（夏坊寛一郎）「オール諏訪　：　郷土の総合文化誌」　諏訪郷土文化研究会　20（4）通号199/20（6）通号201　2001.4/2001.6

箱館戦争と福島（常磐井武宮）「永　福島町史研究会会報」　福島町史研究会　2　2003.2

「箱館開港前夜のたま」のその後（穂里かほり）「北の青嵐　：　道史協支部交流会報」　北海道史研究協議会　125　2003.6

第一次幕領期の蝦夷地政策と箱館—場所経営方法の変化への対応を中心に（寺崎仁樹）「論集きんせい」　近世史研究会　（27）　2005.5

大野町文化財保護研究会文化講演会　二百年前の大野大開田と箱館海運（岸甫一）「文化情報」　北海道文化財保護協会　278　2005.6

「加賀家文書歴史講座」のお知らせ—根室から箱館への道のり・厚岸のお殿様が見た別海「別海町郷土資料館だより」　別海町郷土資料館　71　2005.6

箱館戦争における徳山藩諸隊（山崎隊・献功隊）の活躍について（小林省三）「山口県地方史研究」　山口県地方史学会　（98）　2007.11

日米協約と長崎・箱館の「交易会所開港」—三段階の開港を経る日本の開国（清水憲朔）「市立函館博物館研究紀要」　市立函館博物館　（20）　2010.3

ペリー艦隊、箱館を揺るがす（奥田静夫）「屯田」　北海道屯田倶楽部　（47）　2010.4

「箱館大戦争之図」（鎌田純子）「ミュージアム・レター」　学習院大学史料館　（13）　2010.5

会津藩士らの戊辰戦争最後の死闘を描く『箱館戦争全史』（好川之範）「会津会々報」　会津会　（116）　2010.6

箱館戦争と東蝦夷地—モロラン開拓奉行を中心として（高嶋弘志）「釧路公立大学地域研究」　釧路公立大学地域分析研究委員会　（20）　2011.12

幕末の世相—真忠組騒動・箱館戦争（秋葉輝夫）「忘らえぬかも　：　故里の歴史をさぐる」　大網白里町文化協会　（7）　2012.4

近世蝦夷地に渡来した捕鯨船—鎖国から箱館開港へ（論文・研究ノート）（松本あづさ）「北海道史研究協議会会報」　北海道史研究協議会　（95）　2014.12

函館市

五十集商、箱館市中を警固す　運上会所の文書から（鶴原美恵子）「赤れん

が　：　北海道立文書館報」　北海道立文書館　39　2004.10

町内会の源流—函館市における町内会のルーツ（菅原良子）「長崎談叢」　長崎史談会　94　2005.5

北海道空襲と函館市内の学童集団疎開（成田民夫）「永　福島町史研究会会報」　福島町史研究会　（8）　2009.5

箱館府

箱館府の窮地と松前藩正議士接近の目的—正議隊事件の背景（山崎香）「北海道・東北史研究」　北海道出版企画センター　（4）　2007.12

箱館奉行所

箱館奉行所吏員の板額（近江幸雄）「北海道史研究協議会会報」　北海道史研究協議会　72　2003.6

箱館奉行所の役割（田端宏）「赤れんが　：　北海道立文書館報」　北海道立文書館　39　2004.10

箱館奉行の文書群の伝来（青山英幸）「赤れんが　：　北海道立文書館報」　北海道立文書館　39　2004.10

箱館奉行所文書を調べるために（普及閲覧係）「赤れんが　：　北海道立文書館報」　北海道立文書館　39　2004.10

蝦夷地から見た対馬事件—箱館奉行所の外交的機能（佐藤匠）「北海道・東北史研究」　北海道出版企画センター　（1）　2004.12

箱館奉行文書の伝来過程について（資料紹介）（青山英幸）「北海道史研究協議会会報」　北海道史研究協議会　75　2004.12

箱館奉行所旧蔵洋書について（長谷川識一）「文化情報」　北海道文化財保護協会　273　2005.1

箱館奉行支配下の御家人について—調役下役〜定役の改称は安政6年「3月28日」ではないか（江本嘉敏）「北の青嵐　：　道史協支部交流会報」　北海道史研究協議会　148　2005.5

五稜郭箱館奉行所復元—奉行所本主要部を忠実に再現「城郭だより　：　日本城郭史学会会報」　［日本城郭史学会］　（71）　2010.10

箱館奉行と支配組頭について（研究大会報告要旨）（江本嘉敏）「北海道史研究協議会会報」　北海道史研究協議会　（87）　2010.12

古文書を読む　箱館奉行施政「夷人」の不信—「蝦夷地御用内密留」（田端宏）「北海道史研究協議会会報」　北海道史研究協議会　（93）　2013.12

函館俘虜収容所

函館俘虜収容所と「俘虜収容所月寒分所」（《特集 札幌の歴史 新たな出発のために（3）》）（白戸仁康）「札幌の歴史　：　「新札幌市史」機関誌」　札幌市　（53）　2007.8

函館山

大正期に市民に開放された函館山—蝦夷館山（市史編さん室）「はこだて市史編さん室だより」　函館市総務部　（7）　2006.9

函館要塞

明治時代の城郭　函館港を守った「函館要塞」（富岡由夫）「北海道の文化」　北海道文化財保護協会　（76）　2004.3

各地の戦跡保存活動の紹介　夜景を見下ろす軍事要塞（1）函館要塞（小笠原康夫）「浅川地下壕の保存をすすめる会ニュース」　浅川地下壕の保存をすすめる会　（63）　2008.4

箱館六ケ所

古文書を読む　村並になった箱館六ケ場所—「書上 尾札部村」（田端宏）「北海道史研究協議会会報」　北海道史研究協議会　（81）　2008.1

函館湾

森武寅雄と3人の海藻学者「函館湾の海藻」はどのようにして誕生したか（川嶋昭二）「市立函館博物館研究紀要」　市立函館博物館　14　2004.3

ハシヨツヘ

近世の別海を探る「西別川河口から南、風蓮湖内」（8）ヘケレシリ　地名の由来/ムヌシ　地名の由来/ヤウシヘツ　地名の由来、地勢・建物など/シヤンヌエ/ハシヨツヘ/ウコエキウシ　地名の由来「別海町郷土資料館だより」　別海町郷土資料館　（136）　2010.11

八郎沼公園

八郎沼公園（木下寿実夫）「文化情報」　北海道文化財保護協会　259　2003.11

抜海

背負い石から名付いた「抜海」の地名（三好勲）「アイヌ語地名研究会会報」　アイヌ語地名研究会　（29）　2007.5

八垂別

八垂別そして豊平川（研究レポート）（西田安弘）「からいどすこーぷ」　歴史学同好会　（15）　2013.1

花川小学校

石狩小学校、花川小学校の開校と統廃合の経緯（安井澄子）「いしかり暦」　石狩市郷土研究会　（21）　2008.3

花川南

花川南地域（旧新札幌団地ほか）開発概説年表（田中實）「いしかり暦」　石狩市郷土研究会　（23）　2010.3

母妻富士

母妻富士のアイヌ地名（上），（下）（井口利夫）「アイヌ語地名研究会会報」　アイヌ語地名研究会　（35）/（36）　2009.3/2009.07

浜中

浜中の廃坑（近藤憲久）「根室市博物館開設準備室だより」　根室市博物館開設準備室　18　2003.5

浜益

石狩・厚田・浜益俳句小史（抄）明治以前から明治33年まで（鈴木トミエ）「いしかり暦」　石狩市郷土研究会　（24）　2011.3

浜益郡

明治20年（1887）の石狩・厚田・浜益三郡水陸物産品評会について—北海道最初の民設品評会（鈴木トミエ）「北の青嵐 ： 道史協支部交流会報」　北海道史研究協議会　（158）　2006.9

浜益陣屋

庄内藩のえぞ地警備・開拓の夢を追う—浜益陣屋の建設・経営を中心として（特別寄稿）（北国源星）「いしかり暦」　石狩市郷土研究会　（25）　2012.3

浜益村

随筆 浜益村でマスを捕らえる（地蔵慶護）「北海道れきけん」　北海道歴史研究会　（71）　2009.12

ハラサン

近世の別海を探る「西別川河口から北」（2）ヒラヲロ 地名の由来/ヒラウトル 地名の由来、地勢や建物など/ハラサン 地名の由来、地勢・建物など「別海町郷土資料館だより」　別海町郷土資料館　（138）　2011.1

張碓

春を待つ—喜登牛・張碓等の地名起源（三好勲）「文化情報」　北海道文化財保護協会　276　2005.4

張碓隧道

知られざる鉄道文化財（2）張碓隧道—クロフォードが開削した幌内鉄道の遺産（河野哲也）「文化情報」　北海道文化財保護協会　262　2004.2

春採湖

春採湖の自然と歴史（1）春採公園と記念碑「釧路市立博物館々報」　釧路市立博物館　388　2005.3

地名探索会 春採湖周辺のアイヌ語地名（山本修平）「日本地名研究所通信」　日本地名研究所　（69）　2009.2

巻頭言 よみがえれ春採湖！（木村俊宏）「釧路市立博物館々報」　釧路市立博物館　（412）　2013.9

班渓

灌漑溝と開拓余話 班渓地区聞き取り調査（原武ふみえ）「美深町郷土資料報告」　美深町郷土研究会　（5）　2007.10

花畔団地

北海道住宅供給公社「花畔団地」開発概説年表（田中實）「いしかり暦」　石狩市郷土研究会　（23）　2010.3

美瑛町

石碑が語る上富の歴史（14）美瑛町に建立されている十勝岳爆発碑（中村有秀）「郷土をさぐる」　上富良野町郷土をさぐる会　（26）　2009.3

東蝦夷

村井宗吉氏の東蝦夷日記帳（野尻和朗）「茂呂瀾」　室蘭地方史研究会　（37）　2003.2

東蝦夷夜話「オムシャ」のアイヌ語について（山本悦也）「久摺」　釧路アイヌ文化懇話会　10　2003.12

寛政アイヌ蜂起の「口書」にみる権力・利害関係（菊池勇夫）「キリスト教文化研究所研究年報 ： 民族と宗教」　宮城学院女子大学キリスト教文化研究所　（41）　2008.3

東蝦夷地

『東蝦夷地屏風』と『東蝦夷地名考』（高木崇世芝）「アイヌ語地名研究」　アイヌ語地名研究会，北海道出版企画センター（発売）　通号8　2005.12

寛政アイヌ蜂起の初期情報—ツキノエの反乱（菊池勇夫）「キリスト教文化研究所研究年報 ： 民族と宗教」　宮城学院女子大学キリスト教文化研究所　（40）　2007.3

前幕領期の東蝦夷地各場所における建築活動—『東蝦夷地各場所様子大概書』および『東行漫筆』から見た和人の建築活動（小林孝二）「北海道開拓記念館研究紀要」　北海道開拓記念館　（37）　2009.3

箱館戦争と東蝦夷地—モロラン開拓奉行を中心として（高嶋弘志）「釧路公立大学地域研究」　釧路公立大学地域分析研究委員会　（20）　2011.12

松前藩復領期、東蝦夷地における疱瘡予防対策とアイヌ社会（研究大会要旨）（永野正宏）「北海道史研究協議会会報」　北海道史研究協議会　（91）　2012.12

東区

郷土誌を読む『東区物語』—区史の状況と役割について（大矢和子）「札

幌の歴史 ： 「新札幌市史」機関誌」　札幌市　（50）　2006.2

東札幌町

郷土誌を読む『東札幌町内連合会の記念誌』（石田武彦）「札幌の歴史 ： 「新札幌市史」機関誌」　札幌市　48　2005.2

東知床市

新市名の「東知床」は再考をうながしたい「アイヌ語地名研究会会報」　アイヌ語地名研究会　21　2004.11

新市名「東知床」の再考をうながしたい（秋葉實）「日本地名研究所通信」　日本地名研究所　59　2005.3

東大雪山

東大雪山系のアイヌ語地名—特に東大雪を中心にして（秋山秀俊）「アイヌ語地名研究」　アイヌ語地名研究会，北海道出版企画センター（発売）　（16）　2013.12

日高

風土と人間形成—日高の愛荻舎教育（亀岡武）「北海道の文化」　北海道文化財保護協会　通号79　2007.3

明治末期の日高産馬とその流通の特異性（研究大会報告要旨）（寺島敏治）「北海道史研究協議会会報」　北海道史研究協議会　（87）　2010.12

日高馬に見られる軍馬と馬商馬の買上げ競争（研究大会報告要旨）（寺島敏治）「北海道史研究協議会会報」　北海道史研究協議会　（89）　2011.12

第1次世界大戦特需期における日高馬の生産と流通（研究大会要旨）（寺島敏治）「北海道史研究協議会会報」　北海道史研究協議会　（93）　2013.12

日高町

日高町に所在する飯田家住宅（小林孝二）「北海道開拓記念館研究紀要」　北海道開拓記念館　（39）　2011.3

美唄

美唄屯田兵は特科隊（草地英二）「屯田」　北海道屯田倶楽部　30　2001.10

屯田兵のルーツ情報 美唄屯田兵が発明した「稲田補虫器」「屯田」　北海道屯田倶楽部　（54）　2013.10

美唄町

開拓苦労座談会　「美唄町史」より「屯田」　北海道屯田倶楽部　37　2005.4

美深

火災害編 美深消防の変遷/恩根内消防の変遷/美深の火災/昭和3年の大火「昭和46年発行 美深町史」/美深ふるさと散歩/各種資料「美深町郷土資料報告」　美深町郷土研究会　（2）　2005.3

美深の先史時代 古代にロマンを求めて（佐々木雅博）「美深町郷土資料報告」　美深町郷土研究会　（4）　2007.3

美深の先住民族（1）アイヌの人たちの歴史と文化（佐々木雅博）「美深町郷土資料報告」　美深町郷土研究会　（4）　2007.3

武四郎とアイヌ エカシテカニ 一家で（田口耕平）「美深町郷土資料報告」　美深町郷土研究会　（4）　2007.3

美深の先住民族（2）開拓とアイヌ（佐々木雅博）「美深町郷土資料報告」　美深町郷土研究会　（4）　2007.3

美深駅

美深駅より東側の地図 大正末期〜昭和初期「美深町郷土資料報告」　美深町郷土研究会　（5）　2007.10

美深町

水銀鉱山の盛衰をたどる 美深町郷土研究会月例学習会の記録より「美深町郷土資料報告」　美深町郷土研究会　（1）　2004.3

吉田清さんからの聞き取り（式部義明）「美深町郷土資料報告」　美深町郷土研究会　（1）　2004.3

坑内人夫と搬送を体験（山内重一）「美深町郷土資料報告」　美深町郷土研究会　（1）　2004.3

外国からの就労者と母校の変遷（三条滝雄）「美深町郷土資料報告」　美深町郷土研究会　（1）　2004.3

ヤマでの詳細を語る（斉藤良知）「美深町郷土資料報告」　美深町郷土研究会　（1）　2004.3

資料編「美深町郷土資料報告」　美深町郷土研究会　（1）　2004.3

《美深町の火災と農業災害》「美深町郷土資料報告」　美深町郷土研究会　（2）　2005.3

農業災害編 大正7年発行発行「下名寄村誌・全」農業編/昭和46年発行「美深町史」農業災害/昭和53年発行「共済組合30周年の歩み」/昭和54年発行「びふか農協史」/上川北部地区農業改良センター資料/美深ふるさと散歩「美深町郷土資料報告」　美深町郷土研究会　（2）　2005.3

天塩日誌 多気志楼 蔵版 美深町史「美深町郷土資料報告」　美深町郷土研究会　（4）　2007.3

美深町の開拓時代 堀捨次郎の手記より（諸岡勇）「美深町郷土資料報告」　美深町郷土研究会　（5）　2007.10

美深町名の由来（三島滋夫）「美深町郷土資料報告」　美深町郷土研究会　（5）　2007.10

ヒラウトル
近世の別海を探る　「西別川河口から北」（2）　ヒラヲロ　地名の由来/ヒラウトル　地名の由来、地勢や建物など/ハラサン　地名の由来、地勢・建物など「別海町郷土資料館だより」　別海町郷土資料館　（138）　2011.1

ヒラヲロ
近世の別海を探る　「西別川河口から北」（2）　ヒラヲロ　地名の由来/ヒラウトル　地名の由来、地勢や建物など/ハラサン　地名の由来、地勢・建物など「別海町郷土資料館だより」　別海町郷土資料館　（138）　2011.1

ヒラクシナイ
近世の別海を探る　「西別川河口から北」（3）　ニシハヲマツハッヘツ　地名の由来、地勢・建物など/ヒラクシナイ　地名の由来/トーサンケヲマエ　地名の由来「別海町郷土資料館だより」　別海町郷土資料館　（139）　2011.2

平取
平取消防団本部（本町）（尾崎友香）「沙流川歴史館だより」　沙流川歴史館　（25）　2007.4

大正時代の平取（廣岡絵美）「沙流川歴史館だより」　沙流川歴史館　（28）　2008.1

昭和20年 村立病院（二谷真奈美）「沙流川歴史館だより」　沙流川歴史館　（29）　2008.4

平取市街の大火（昭和18年 本町）（二谷真奈美）「沙流川歴史館だより」　沙流川歴史館　（39）　2011.4

操業開始当時の日本アスパラガス（株）平取工場（早川和男）「沙流川歴史館だより」　沙流川歴史館　（46）　2012.10

平取大橋
平取大橋落橋（昭和30年）（久米智江）「沙流川歴史館だより」　沙流川歴史館　（26）　2007.7

平取高等学校貫気別分教室
平取高等学校貫気別分教室（久米智江）「沙流川歴史館だより」　沙流川歴史館　（44）　2012.4

平取小学校特別分教場
「平取小学校特別分教場」創立当時の校舎（尾崎友香）「沙流川歴史館だより」　沙流川歴史館　（23）　2006.10

平取町
平取町歴史の散歩道 金成マツ/意見・感想コーナー「沙流川歴史館だより」　沙流川歴史館　8　2003.1

平取町歴史の散歩道 松浦武四郎ゆかりの品々/企画展のお知らせ/本の紹介「沙流川歴史館だより」　沙流川歴史館　9　2003.4

平取町歴史の散歩道 金田一京助/台風10号、北海道を直撃「沙流川歴史館だより」　沙流川歴史館　11　2003.10

平取町歴史の散歩道 エディース・メアリー・ブライアント/意見・感想コーナー「沙流川歴史館だより」　沙流川歴史館　12　2004.1

平取町歴史の散歩道 ニール・ゴードン・マンロー/沙流川歴史館収蔵展示室「沙流川歴史館だより」　沙流川歴史館　13　2004.4

平取町歴史の散歩道 達星北斗/平成16年度企画展「沙流川歴史館だより」　沙流川歴史館　14　2004.7

大昔のびらとり（1）　人類の歴史（森岡健治）「沙流川歴史館だより」　沙流川歴史館　17　2005.4

わかりやすい平取町百年史（1）（長田佳宏）「沙流川歴史館だより」　沙流川歴史館　17　2005.4

大昔のびらとり（2）～（3）　古環境（森岡健治）「沙流川歴史館だより」　沙流川歴史館　18/19　2005.7/2005.10

わかりやすい平取町百年史（2）～（3）　第一編「自然環境」　第一章「位置・面積と地質・気候」（1）～（2）（尾崎友香）「沙流川歴史館だより」　沙流川歴史館　18/19　2005.7/2005.10

旧平取町農業協同組合事務所
旧平取町農業協同組合事務所（早川和男）「沙流川歴史館だより」　沙流川歴史館　（33）　2009.4

旧平取町郵便局
旧平取町郵便局（平取町本町）（二谷真奈美）「沙流川歴史館だより」　沙流川歴史館　（32）　2009.1

広尾
探検家からみたトカチ・ヒロウの歴史（講演と資料）（太田善繁）「トカプチ ： 郷土史研究」　NPO十勝文化会議郷土史研究部会　（15）　2003.8

近世文書に見るトカチ・ヒロウ・ヲホツナイ（講演と資料）（後藤秀彦）「トカプチ ： 郷土史研究」　NPO十勝文化会議郷土史研究部会　（15）　2003.8

探検家からみたトカチ・ヒロウの歴史（太田善繁）「北の青嵐 ： 道史協支部交流会報」　北海道史研究協議会　135　2004.4

探検家から見たトカチ・ヒロウの歴史（太田善繁）「北の青嵐 ： 道史協支部交流会報」　北海道史研究協議会　139　2004.8

近世文書に見るトカチ・ヒロウ・ヲホツナイ（後藤秀彦）「北の青嵐 ： 道史協支部交流会報」　北海道史研究協議会　139　2004.8

広島開墾地
北海道毎日新聞 創業五年目の月寒村広島開墾地の状況（連載記事）「郷土研究北ひろしま」　北広島郷土史研究会　（17）　2005.9

北海民報 拓殖彙報 広島開墾地水田の景況「郷土研究北ひろしま」　北広島郷土史研究会　（17）　2005.9

丹頂鶴献納、広島開墾地から宮中へ（研究郷土史北広島市ひろしま）「郷土研究北ひろしま」　北広島郷土史研究会　（17）　2005.9

北海之殖産 第36号 谷本篤治 月寒村字広島開墾地米作概況「郷土研究北ひろしま」　北広島郷土史研究会　（17）　2005.9

北海之殖産 第38号 北海道の米作の概況 月寒村字広島開墾地米作概況（和田郁次郎提出）「郷土研究北ひろしま」　北広島郷土史研究会　（17）　2005.9

広島村
北海道毎日新聞 豊平外四ケ村長役場移転 札幌郡に広島村を置く、基本金分割、総代人名等「郷土研究北ひろしま」　北広島郷土史研究会　（17）　2005.9

北海道殖況状況報文 広島村「郷土研究北ひろしま」　北広島郷土史研究会　（17）　2005.9

フウレントウ
近世の別海を探る　「西別川河口から南、風蓮湖内」（6）　フウレントウ　地名の由来、地勢・建物など「別海町郷土資料館だより」　別海町郷土資料館　（134）　2010.9

深川
知られざる鉄道文化財（1）深川林地―寒冷泥炭地に繁る鉄道防雪林（河野哲也）「文化情報」　北海道文化財保護協会　261　2004.1

吹上温泉
温泉発見から買収まで 吹上温泉と飛騨清治の功績（上）（野尻巳知雄）「郷土をさぐる」　上富良野町郷土をさぐる会　18　2001.4

吹上温泉の変遷（中）―十勝岳爆発から飛沢自動車運行まで（野尻巳知雄）「郷土をさぐる」　上富良野町郷土をさぐる会　19　2002.4

吹上温泉の変遷（下）―飛澤温泉から吹上温泉の廃業まで（野尻巳知雄）「郷土をさぐる」　上富良野町郷土をさぐる会　20　2003.4

福島
箱館戦争と福島（常磐井武宮）「永 福島町史研究会会報」　福島町史研究会　2　2003.2

福島町
故郷の歴史（山内繁樹）「永 福島町史研究会会報」　福島町史研究会　2

福島町スルメの歴史（中塚徹朗）「永 福島町史研究会会報」　福島町史研究会　（6）　2007.3

新福島町の街づくりについて（小松孝夫）「永 福島町史研究会会報」　福島町史研究会　（7）　2008.7

「福島町内における戊辰戦争状況について」（常磐井武宮）「永 福島町史研究会会報」　福島町史研究会　（7）　2008.7

福島町を去るにあたって（山下章）「永 福島町史研究会会報」　福島町史研究会　（8）　2009.5

新福島町の街づくりについて（小松孝夫）「永 福島町史研究会会報」　福島町史研究会　（9）　2010.5

フシコトウブト
近世の別海を探る　「西別川河口から南、風蓮湖内」（4）　フシコトウブト　地名の由来、地勢・建物など「別海町郷土資料館だより」　別海町郷土資料館　（131）　2010.6

藤城線
知られざる鉄道文化財（8）砂原線と藤城線―駒ヶ岳をめぐる8の字線路（河野哲也）「文化情報」　北海道文化財保護協会　269　2004.9

二股口
箱館戦争二股口・大野の戦い―榎本軍隊長土方歳三の戦い方（永吉治美）「箱館昔話」　函館パルス企画　（15）　2003.4

太櫓川
山田秀三文庫の資料から「太櫓川川筋図」と太櫓川の地名調査資料「アイヌ民族文化研究センターだより」　北海道立アイヌ民族文化研究センター　（32）　2010.3

富良野
ふらの沿線初めての商店 幾久屋物語（金子隆一）「郷土をさぐる」　上富良野町郷土をさぐる会　20　2003.4

上富良野及び富良野地域で操業した、木工場の歴史（岩崎治男）「郷土をさぐる」　上富良野町郷土をさぐる会　（29）　2012.4

富良野原野

ふらの原野開拓のあゆみ[1]～(6)完(野尻巳知雄)「郷土をさぐる」 上富良野町郷土をさぐる会 (23)/(29) 2006.4/2012.4

富良野盆地

富良野盆地の平原—灌漑溝(大森金男)「郷土をさぐる」 上富良野町郷土をさぐる会 (29) 2012.4

俘虜収容所月寒分所

函館俘虜収容所と「俘虜収容所月寒分所」《《特集 札幌の歴史 新たな出発のために(3)》》(白戸仁康)「札幌の歴史 :「新札幌市史」機関誌」 札幌市 (53) 2007.8

振内

振内巡査駐在所(久米智江)「沙流川歴史館だより」 沙流川歴史館 (34) 2009.7

振内高等学校

『平取町百年史』に掲載された振内高等学校(福澤希美)「沙流川歴史館だより」 沙流川歴史館 (20) 2006.1

噴火湾

研究動向 アイヌ文化研究の現状—噴火湾沿岸のアイヌ資料(古原敏弘)「噴火湾文化 : newsletter」 伊達市噴火湾文化研究所 3 2007.12

分部越

石狩湾新港建設で消えた石狩浜の集落—小樽内川集落(オタネ浜)と分部越集落(十線浜)(高瀬たみ)「いしかり暦」 石狩市郷土研究会 (25) 2012.3

ヘケレシリ

近世の別海を探る 「西別川河口から南、風蓮湖内」(8) ヘケレシリ 地名の由来/ムヌシ 地名の由来/ヤウシヘツ 地名の由来、地勢・建物など/シヤンヌエ/ハシヨツヘ/ウコエキウシ 地名の由来「別海町郷土資料館だより」 別海町郷土資料館 (136) 2010.11

別海

「加賀家文書歴史講座」のお知らせ—根室から箱館への道のり・厚岸のお殿様が見た別海「別海町郷土資料館だより」 別海町郷土資料館 71 2005.6

歴史を語る資料たち(16)—別海外五ヶ村戸長役場管内第一回国勢調査記念写真(戸田博史)「別海町郷土資料館だより」 別海町郷土資料館 76 2005.11

特別寄稿 開拓使別海缶詰所(戸田博史)「北海道大学大学文書館年報」 北海道大学大学文書館 (3) 2008.3

近世の別海を探る 「ベツカイ」(1) 前期松前藩時代 17世紀～18世紀「別海町郷土資料館だより」 別海町郷土資料館 (122) 2009.9

近世の別海を探る 「ベツカイ」(2) 幕府直轄時代 寛政11年(1799)～文政3年(1820)/松前藩復領時代 文政4年(1821)～安政元年(1854)「別海町郷土資料館だより」 別海町郷土資料館 (123) 2009.10

近世の別海を探る 「ベツカイ」(3) 幕府直轄時代 安政2年(1855)～慶応3年(1867)「別海町郷土資料館だより」 別海町郷土資料館 (124) 2009.11

近世の別海を探る 「西別川河口から南、風蓮湖内」(1) ルエサルサン 地名の由来、地勢・建物など「別海町郷土資料館だより」 別海町郷土資料館 (128) 2010.3

近世の別海を探る 「西別川河口から南、風蓮湖内」(3) アシリコタン 地名の由来、地勢・建物など「別海町郷土資料館だより」 別海町郷土資料館 (130) 2010.5

近世の別海を探る 「西別川河口から南、風蓮湖内」(4) フシコトウプト 地名の由来、地勢・建物など「別海町郷土資料館だより」 別海町郷土資料館 (131) 2010.6

近世の別海を探る 「西別川河口から南、風蓮湖内」(5) トウフト 地名の由来、地勢・建物など「別海町郷土資料館だより」 別海町郷土資料館 (133) 2010.8

近世の別海を探る 「西別川河口から南、風蓮湖内」(6) フウレントウ 地名の由来、地勢・建物など「別海町郷土資料館だより」 別海町郷土資料館 (134) 2010.9

近世の別海を探る 「西別川河口から南、風蓮湖内」(7) チホイ 地名の由来、地勢・建物など/ハルタモシリ 地名の由来「別海町郷土資料館だより」 別海町郷土資料館 (135) 2010.10

近世の別海を探る 「西別川河口から南、風蓮湖内」(8) ヘケレシリ 地名の由来/ムヌシ 地名の由来/ヤウシヘツ 地名の由来、地勢・建物など/シヤンヌエ/ハシヨツヘ/ウコエキウシ 地名の由来「別海町郷土資料館だより」 別海町郷土資料館 (136) 2010.11

近世の別海を探る 「西別川河口から北」(1) ホンニシユマベツ/エシヨマヘツ(現在の西丸別川) 地名の由来、地勢・建物など「別海町郷土資料館だより」 別海町郷土資料館 (137) 2010.12

近世の別海を探る 「西別川河口から北」(2) ヒラヲロ 地名の由来/ヒラウトル 地名の由来、地勢や建物など/ハラサン 地名の由来、地勢・建物など「別海町郷土資料館だより」 別海町郷土資料館 (138) 2011.1

近世の別海を探る 「西別川河口から北」(3) ニシハヲマツヘツ 地名の由来、地勢・建物など/ヒラクシナイ 地名の由来/トーサンケヲマエ 地名の由来「別海町郷土資料館だより」 別海町郷土資料館 (139) 2011.2

近世の別海を探る 「西別川河口から北」(4) ケネタイ 地名の由来/ホンケ子ニタイ 地名の由来、地勢・建物など「別海町郷土資料館だより」 別海町郷土資料館 (140) 2011.3

近世の別海を探る 「西別川河口から北」(9) ユーエト 地名の由来、地勢と建物など「別海町郷土資料館だより」 別海町郷土資料館 (147) 2011.10

近世の別海を探る 「西別川河口から北」(10) ホンシュンベツ 地勢や建物など「別海町郷土資料館だより」 別海町郷土資料館 (148) 2011.11

近世の別海を探る 「西別川河口から北」(11) シユンベツ 地名の由来、地勢や建物など「別海町郷土資料館だより」 別海町郷土資料館 (150) 2012.1

近世の別海を探る 「西別川河口から北」(12) トシユンベツ 地名の由来、地勢・建物など「別海町郷土資料館だより」 別海町郷土資料館 (151) 2012.2

近世の別海を探る 「西別川河口から北」(13) タモカ 地名の由来、地勢・建物など/ヲタエト 地名の由来、地勢・建物など「別海町郷土資料館だより」 別海町郷土資料館 (152) 2012.3

近世の別海を探る 「西別川河口から北」(6) クムシ 地名の由来、地勢・建物など「別海町郷土資料館だより」 別海町郷土資料館 (153) 2012.4

近世の別海を探る 「西別川河口から北」(7) トヘンチヒラ 地名の由来/トエヒラ 地名の由来、地勢・建物など/シヤマンヘナイ 地名の由来「別海町郷土資料館だより」 別海町郷土資料館 (154) 2012.5

近世の別海を探る 「西別川河口から北」(8) トホロ 地名の由来、地勢・建物など「別海町郷土資料館だより」 別海町郷土資料館 (155) 2012.6

シリーズ「近世の別海を探る 野付～その5～」 ノッケトウ 地名の由来、地勢「別海町郷土資料館だより」 別海町郷土資料館 (174) 2014.1

シリーズ「近世の別海を探る 野付～その6～」 コトコイ 地名の由来、地勢・建物など「別海町郷土資料館だより」 別海町郷土資料館 (175) 2014.2

別海町

別海町の歴史・自然を学ぼう 平成18年度の講座・観察会「別海町郷土資料館だより」 別海町郷土資料館 (81) 2006.4

別狩

厚田浜別狩今昔物語—昭和初期～昭和二十年前後まで(吉岡玉吉)「いしかり暦」 石狩市郷土研究会 (27) 2014.3

宝来

音更町宝来地区の変遷—帯広市街の形成と密接な関係は今も(寺井睦久)「大津十勝川研究」 大津・十勝川学会 (9) 2011.3

北鎮小学校

北海道スキーの発祥地・旭川(続)—上原勇作第七師団長と北鎮小学校のスキーについて(中浦皓至)「旭川研究 : 旭川市史編集機関誌 : 今と昔」 旭川市 20 2003.2

北斗スキー工業所

北斗スキー工業所 工場内の様子(早川和男)「沙流川歴史館だより」 沙流川歴史館 (49) 2013.7

北海道

明治期愛知県から北海道へ移住した人々 下(1),(2)—国立史料館所蔵愛知県庁文書より([資料紹介])(加藤英俊)「もりやま」 守山郷土史研究会 19/20 2000.1/2001.1

明治年間石川からの北海道移民(池端大二)「加南地方史研究」 加南地方史研究会 (47) 2000.2

北海道共通語の考察(5)—若者の敬語意識とその敬語度(第135回例会研究報告概要)(斎藤昭夫)「北海道方言研究会会報」 北海道方言研究会 71 2000.3

北海道移住に関する資料—渡道準備・渡道費・入植地等の資料等(池端大二)「江沼の久爾」 江沼地方史研究会 (45) 2000.4

屯田前史 北海道開拓の先駆者達(2)—船岡支藩の場合(村瀬正)「屯田」 北海道屯田倶楽部 27 2000.4

屯田前史 北海道の開拓の先駆者たち(3)—白石支藩の場合(村瀬正)「屯田」 北海道屯田倶楽部 28 2000.10

米国国立公文書館新館における占領期北海道の資料について(栗田尚弥)「地域史研究はこだて」 函館市市編さん室 33 2001.3

屯田兵とアイヌの伝統文化(屯田編集委員会)「屯田」 北海道屯田倶楽部 29 2001.4

屯田兵屋公開記録(小林広明)「屯田」 北海道屯田倶楽部 29 2001.4

屯田兵の家が語るフロンティア精神(さんらいふ)「屯田」 北海道屯田倶楽部 29 2001.4

屯田前史 北海道開拓の先駆者たち(4)—岩出山支藩の場合(村瀬正)「屯

田」北海道屯田倶楽部 29 2001.4

北海道女性史研究会30年の歩み（大塚美栄子）「北海道女性史研究」北海道女性史研究会 （36）2001.7

第141回例会研究発表資料 北海道共通語の考察（6）—若者の敬語意識とその敬語度（2）（斉藤昭夫）「北海道方言研究会会報」北海道方言研究会 74 2001.8

北方の丸木舟の民俗 東シベリア・アムール川・サハリン・北海道を辿る丸木舟の流れ（赤羽正春）「東北学．［第1期］ 東北芸術工科大学東北文化研究センター，作品社（発売）5 2001.10

北海道屯田倶楽部初期の思い出（高橋貞光）「屯田」北海道屯田倶楽部 30 2001.10

屯田前史 北海道開拓の先駆者たち—仙台角田支藩の場合（村瀬正）「屯田」北海道屯田倶楽部 30 2001.10

開拓使文書にみる農業現役生徒の実際（富士田金輔）「とどまつ ：北海道開拓記念館・開拓の村友の会会報」北海道開拓記念館・開拓の村友の会（21）2002.3

アメリカ海軍資料にみる北海道空襲（1）（松本尚志）「トカプチ ：郷土史研究」NPO十勝文化会議郷土史研究部会（14）2002.3

石見人による北海道開拓史—山陰移住会社（松尾登）「郷土石見 ：石見郷土研究懇話会機関誌」石見郷土研究懇話会 59 2002.4

屯田兵土地給与規則廃止について（高橋貞光）「屯田」北海道屯田倶楽部 31 2002.4

屯田前史 北海道開拓の先駆者たち（村瀬正）「屯田」北海道屯田倶楽部 31 2002.4

北の守りと屯田兵（新国辰男）「屯田」北海道屯田倶楽部 31 2002.4

北海道開拓の先駆者たち（7）—会津藩の場合（村瀬正）「屯田」北海道屯田倶楽部 32 2002.10

北の系譜—ある屯田兵家族の記録（亀井俊介）「屯田」北海道屯田倶楽部 32 2002.10

1990年代の北海道経済（新山毅）「釧路公立大学地域研究」釧路公立大学地域分析研究委員会（11）2002.12

炭鉱よもやま話（9）北海道の竪鉱ヤグラ（青木隆夫）「文化情報」北海道文化財保護協会 248 2002.12

北海道産物会所と浦賀商人—北海道立文書館所蔵「開拓使公文録」から（大豆生田稔）「市史研究横須賀」横須賀市総務部（2）2003.1

北海道水田発祥の地（木下寿実夫）「文化情報」北海道文化財保護協会 249 2003.1

農業移民に見る樺太と北海道—外地の実質性と形式性をめぐって（三木理史）「歴史地理学」歴史地理学会，古今書院（発売）45（1）通号212 2003.1

北海道の森林事業史と森林鉄道史（1）（山田大隆）「北海道の文化」北海道文化財保護協会 （75）2003.3

松浦武四郎「北海道国郡検討図」について（三浦泰之，笹木義友）「北海道開拓記念館研究紀要」北海道開拓記念館 （31）2003.3

幕末・明治期の北海道における文化と民族に関する研究—平成14年度調査概報（山田伸一，海保嶺夫，寺林伸明，林昇太郎，三浦泰之）「北海道開拓記念館調査報告」北海道開拓記念館調査報告 42 2003.3

北海道の馬をめぐる技術史・文化史的研究—平成14年度調査概報（山際秀紀，丹治輝一，三浦泰之）「北海道開拓記念館調査報告」北海道開拓記念館 42 2003.3

北海道和種馬の保存、活用について—在来馬保存団体の活動から（丹治輝一）「北海道開拓記念館調査報告」北海道開拓記念館 42 2003.3

方言と川柳（第151回例会研究発表資料）（田中孝一郎）「北海道方言研究会会報」北海道方言研究会 77 2003.3

北海道共通語の考察（8）（第151回例会研究発表資料）（斎藤昭夫）「北海道方言研究会会報」北海道方言研究会 77 2003.3

『開拓使日誌』に関する史料学的研究（吉田千絵）「北海道立文書館研究紀要」北海道立文書館（18）2003.3

明治～昭和期の北海道の和人社会における毛皮利用、特にイヌ皮について—企画展「毛皮」に関する覚え書き（斎藤玲子）「北海道立北方民族博物館研究紀要」北海道立北方民族博物館（12）2003.3

資料紹介 自昭和三十九年三月六日 至全年十六日 随筆 船出第十八巻（街道喜一）「留萌市海のふるさと館紀要」留萌市海のふるさと館 14 2003.3

輝かしい農業の発展（高橋貞光）「屯田」北海道屯田倶楽部 33 2003.4

北海道開拓の先駆者たち（7）（後）（村瀬正）「屯田」北海道屯田倶楽部 33 2003.4

開拓の頃（遥かなときから）（田中伊次郎）「屯田」北海道屯田倶楽部 33 2003.4

安政生まれの祖父の開拓（遥かなときから）（吉井博）「屯田」北海道屯田倶楽部 33 2003.4

戦後北海道出版事情—思いがけない文芸復興（ルネサンス）（市立小樽文学館）「北の青嵐 ：道史協支部交流会報」北海道史研究協議会 123 2003.4

北海道における娼妓の自由廃業と抵抗（1）（星玲子）「北の青嵐 ：道史協支部交流会報」北海道史研究協議会 124 2003.5

財閥の形成と北海道の炭鉱（相良主彦）「空知地方史研究」空知地方史研究協議会 37 2003.6

北海道における娼妓の自由廃業と抵抗（2）（星玲子）「北の青嵐 ：道史協支部交流会報」北海道史研究協議会 125 2003.6

道内郷土研究誌—北海道立図書館所蔵資料から（2003.5現在）（大島教子）「北海道史研究協議会会報」北海道史研究協議会 72 2003.6

幕末の開拓地（7）藩士等の楽しみ（2）狩猟（関秀志）「北の青嵐 ：道史協支部交流会報」北海道史研究協議会 126 2003.7

郷土史を読む 北海道電力3つの杜史（石田武彦）「札幌の歴史 ：「新札幌市史」機関誌」札幌市 45 2003.8

近代前期北海道における産婆の実態—北海道庁設置から1926年（大正15）まで（北隅静子）「女性史研究ほっかいどう」札幌女性史研究会（1）2003.8

戦時下北海道における朝鮮人「労務慰安婦」の成立と実態—強制連行との関連性において（西田秀子）「女性史研究ほっかいどう」札幌女性史研究会 （1）2003.8

移住者が下りた終着駅（橋本とおる）「北の青嵐 ：道史協支部交流会報」北海道史研究協議会 127 2003.8

歴史講座 ある開拓使官員の日記を読む（三浦泰之）「北海道開拓記念館だより」北海道開拓記念館 33（2）通号180 2003.8

北前船による文化交流（第153回例会研究発表資料）（武沢和義）「北海道方言研究会会報」北海道方言研究会 78 2003.9

方言の使用と方言意識（第154回例会研究発表資料）（見野久幸）「北海道方言研究会会報」北海道方言研究会 78 2003.9

屯田兵における教育の発展（1）（高橋貞光）「屯田」北海道屯田倶楽部 34 2003.11

報道 屯田兵「屯田」北海道屯田倶楽部 34 2003.11

占領期北海道刊行の出版物と占領軍の検閲（覚書）（1），（2）（出村文理）「北の青嵐 ：道史協支部交流会報」北海道史研究協議会 130/131 2003.11/2003.12

寛政3年『絵図面方角道規地名控』に見える地名（高木崇世芝）「アイヌ語地名研究」アイヌ語地名研究会，北海道出版企画センター（発売）通号6 2003.12

公開講座 描かれた蝦夷錦はなにを語るのか—小玉貞良筆（アイヌ盛装図）（五十嵐聡美）「久摺」釧路アイヌ文化懇話会 10 2003.12

翻訳 J.バチェラー 北海道の穴居民とアイヌ語地名に関する考察（鈴木史朗）「久摺」釧路アイヌ文化懇話会 10 2003.12

満州移民と北海道（高嶋弘志）「釧路公立大学地域研究」釧路公立大学地域分析研究委員会 131 2003.12

財閥の形成と北海道の炭鉱（相良主彦）「北の青嵐 ：道史協支部交流会報」北海道史研究協議会 131 2003.12

『ないえに生きる』を通してみた農村女性の労働（小林英輔）「北の青嵐 ：道史協支部交流会報」北海道史研究協議会 131 2003.12

古文書あれこれ 封印されていた開拓使文書、その後（石川淳）「赤れんが ：北海道立文書館」北海道立文書館 38 2004.1

観賞 書画通版目録にみる道史上の名士の筆蹟（田中實）「北の青嵐 ：道史協支部交流会報」北海道史研究協議会 132 2004.1

日本歴史地名体系第1巻「北海道の地名」の執筆を担当して（山下章）「永福島町史研究会会報」福島町史研究会 3 2004.2

北海道の森林事業史と森林鉄道史（2）（山田大隆）「北海道の文化」北海道文化財保護協会 （76）2004.3

北海道開拓の村経築建造物・旧遠近商店の建築年代等に関する考察（村上孝一，水島未記，氏家等，山田健，黒川郁）「北海道開拓記念館調査報告」北海道開拓記念館 43 2004.3

明治六年・七年・八年の「戸籍表」について—明治前期北海道における「家」の創出過程（2）（青山英幸）「北海道立文書館研究紀要」北海道立文書館 （19）2004.3

波切から北海道へ松井家六代のあゆみ（各地で活躍している郷土の人達）（松井博和）「郷土をさぐる」上富良野町郷土をさぐる会 21 2004.4

旧三田藩、北海道移住の背景（高田義久）「三田史談」三田市郷土文化研究会 （24）2004.4

ある屯田兵家族史（古川和多留）「屯田」北海道屯田倶楽部 35 2004.4

知られざる鉄道文化財（4）簡易軌道の自走客車—「道路の一変形」に走った道産子気動車（河野哲也）「文化情報」北海道文化財保護協会 264 2004.4

場所請負人によるアイヌの強制使役 15歳から50歳までの男女を場所別の二割（秋葉実）「北の青嵐 ：道史協支部交流会報」北海道史研究協議会 136 2004.5

幕末の開拓地（8）（関秀志）「北の青嵐 ：道史協支部交流会報」北海道史研究協議会 136 2004.5

北海道弁の中のアイヌ語（第157回例会研究発表資料）（三橋誠之）「北海道方言研究会会報」北海道方言研究会 79 2004.6

アメリカ海軍資料に見る北海道空襲（2）（松本尚志）「トカプチ ：郷土史研究」NPO十勝文化会議郷土史研究部会 （16）2004.7

北海道に生きた秩父事件の男たち（合田一道）「北の青嵐 ： 道史協支部交流会報」 北海道史研究協議会 138 2004.7

北海道の岐部氏（芥川龍男）「玖珠郡史談」 玖珠郡史談会 （55）2004.10

米国人水夫殺害事件に関する外交交渉 運上会所の文書から（吉田千絵）「赤れんが ： 北海道立文書館報」 北海道立文書館 39 2004.10

しょっぱい川向こうの北海道関係史料 稲田主従の北海道移住関係文書（金原祐঳）「赤れんが ： 北海道立文書館報」 北海道立文書館 39 2004.10

〈北の大自然に挑む―開拓時代の回想から〉「屯田」 北海道屯田倶楽部 36 2004.10

九兵村を歴任して（名越源五郎）「屯田」 北海道屯田倶楽部 36 2004.10

共同開墾より始める（安孫子倫彦）「屯田」 北海道屯田倶楽部 36 2004.10

マラリアに悩まされることも（小田マツ）「屯田」 北海道屯田倶楽部 36 2004.10

三年経てば帰れる（大釜励）「屯田」 北海道屯田倶楽部 36 2004.10

屯田兵制度の成立とある医師（小林博明）「屯田」 北海道屯田倶楽部 36 2004.10

屯田兵村の町並み景観（遠藤明久）「屯田」 北海道屯田倶楽部 36 2004.10

報道 屯田兵「屯田」 北海道屯田倶楽部 36 2004.10

新墾と試墾の特殊二屯田（高間和儀）「屯田」 北海道屯田倶楽部 36 2004.10

北海道分領支配と福岡藩（1）（浦伸英）「筑前維新史」 筑前維新史研究会 （19）2004.11

地名が消える（緊急提言）市町村合併と地名について（工藤欣弥）「文化情報」 北海道文化財保護協会 271 2004.11

本邦篤志解剖第一号と三田村日誌（1）―本道の史料から135年前の医史 灰色の実証（宮下舜一）「北の青嵐 ： 道史協支部交流会報」 北海道史研究協議会 142 2004.11

講演 北海道の開拓と監獄（「トカプチ」16号）（阿部富喜男）「北の青嵐 ： 道史協支部交流会報」 北海道史研究協議会 142 2004.11

地域通貨の類型と多様性について―北海道の事例から見た（河村一）「釧路公立大学地域研究」 釧路公立大学地域分析研究委員会 （13）2004.12

戦時下の「市長通達」と勉三翁銅像（斎藤節子）「北の青嵐 ： 道史協支部交流会報」 北海道史研究協議会 143 2004.12

本邦篤志解剖第一号と三田村日誌（2）―本道の史料から135年前の医史 灰色の実証（宮下舜一）「北の青嵐 ： 道史協支部交流会報」 北海道史研究協議会 144 2005.1

大いなる北のロマン "光は北方より"の歴史刻む―北海道単級複式教育連盟の結成と私の周辺（鈴木卓郎）「北の青嵐 ： 道史協支部交流会報」 北海道史研究協議会 144 2005.1

しょっぱい川向こうの北海道史料 海を渡った近江商人たち（堀井靖枝）「赤れんが ： 北海道立文書館報」 北海道立文書館 40 2005.2

古文書あれこれ 東武の口添え状（宮崎美恵子）「赤れんが ： 北海道立文書館報」 北海道立文書館 40 2005.2

本邦篤志解剖第一号と三田村日誌（3）―本道の史料から135年前の医史 灰色の実証（宮下舜一）「北の青嵐 ： 道史協支部交流会報」 北海道史研究協議会 145 2005.2

富山の関東・東北移民と北海道移民（前田英雄）「近代史研究」 富山近代史研究会 （28）2005.3

盛岡藩と北方警備―盛岡と北海道のえにしに（小西宏明）「仙台藩白老元陣屋資料館報」 仙台藩白老元陣屋資料館 （11）2005.3

アイヌ民族と北海道「開拓」（松本尚志）「北の青嵐 ： 道史協支部交流会報」 北海道史研究協議会 146 2005.3

第60回特別展「20世紀はじめのアイヌ文化」（手塚薫）「北海道開拓記念館だより」 北海道開拓記念館 34（4）通号186 2005.3

アイヌ語地名の近現代史に関するノート（山田伸一）「北海道開拓記念館研究紀要」 北海道開拓記念館 （33）2005.3

「申渡」のアイヌ語訳文に関する一考察（佐藤知己）「北海道立アイヌ民族文化研究センター研究紀要」 北海道立アイヌ民族文化研究センター （11）2005.3

近世北海道におけるアットゥシ着用の様相（本田優子）「北海道立アイヌ民族文化研究センター研究紀要」 北海道立アイヌ民族文化研究センター （11）2005.3

企画展「アイヌ語地名を歩く―山田秀三の地名研究から―」記念講演会「アイヌ語地名研究めぐって」「北海道立アイヌ民族文化研究センター研究紀要」 北海道立アイヌ民族文化研究センター （11）2005.3

山田秀三と知里真志保の地名調査（萩中美枝）「北海道立アイヌ民族文化研究センター研究紀要」 北海道立アイヌ民族文化研究センター （11）2005.3

山田秀三のアイヌ語地名研究（切替英雄）「北海道立アイヌ民族文化研究センター研究紀要」 北海道立アイヌ民族文化研究センター （11）

2005.3

明治前期北海道における土地処分―文書の編纂と処分手続（靍原美恵子）「北海道立文書館研究紀要」 北海道立文書館 （20）2005.3

開拓の状況と入植ルートについて（野尻巳知雄）「郷土をさぐる」 上富良野町郷土をさぐる会 22 2005.4

北海道の農耕馬（森隆男）「昔風と当世風」 古々路の会 （88）2005.4

屯田兵二世・父の地に生きる（大野久夫）「屯田」 北海道屯田倶楽部 37 2005.4

報道 屯田兵「屯田」 北海道屯田倶楽部 37 2005.4

北海道（救らい）ハンセン病協会の歩み―会報「すずらん」を中心に（平中忠信）「北の青嵐 ： 道史協支部交流会報」 北海道史研究協議会 148 2005.5

戦後北海道女性政策の概括―「国際婦人年」から30年に立って（"国際婦人年"から30年）（林恒子）「女性史研究ほっかいどう」 札幌女性史研究会 （2）2005.8

シンポジウムに寄せて 中世総合資料学と歴史教育―北方世界の交流と変容（臼杵勲）「文化情報」 北海道文化財保護協会 280 2005.8

第61回特別展「HORSE―北海道の馬文化―」によせて（丹治輝一）「北海道開拓記念館だより」 北海道開拓記念館 35（2）通号188 2005.9

屯田兵の歴史（竹沢和義）「屯田」 北海道屯田倶楽部 （38）2005.10

菅江真澄 日記の中の災害史―東北・北海道編（井筒桃子）「真澄学」 東北芸術工科大学東北文化研究センター （2）2005.11

文書館資料の充実 蘇った開拓使の文書（山田博司）「赤れんが ： 北海道立文書館報」 北海道立文書館 41 2005.11

試論・「モイワ」考―全道の地形図に「モイワ」を探す（井口利夫）「アイヌ語地名研究」 アイヌ語地名研究会，北海道出版企画センター（発売）通号8 2005.12

大分県出身の屯田兵たち（小泊良矢）「大分県地方史」 大分県地方史研究会 （196）2005.12

明治・大正期、被差別部落への北海道移住奨励・事業について試論（1）（大藪岳史）「部落解放史・ふくおか」 福岡県人権研究所 120 2005.12

開拓使による欧米技術の導入と農業現術生徒の役割（富士田金輔）「北海道史研究協議会会報」 北海道史研究協議会 77 2005.12

インターネットにおける北海道方言集（第165回例会発表資料）（道場優）「北海道方言研究会報」 北海道方言研究会 （81）2005.12

北海道の城館（〈研究レポートダイジェスト〉）（窪田剛）「からいどすこーぶ」 歴史学同好会 （8）2006.1

戦争体験（1）樋口司令官、道民の一人米兵10殺を要望―米軍北海道上陸時の北部軍司令官の作戦 証言：元北部方面軍（北部軍司令部）参謀「掘る」 札幌郷土を掘る会 （232）2006.3

北海道開拓と気象観測（武井時紀）「北海道の文化」 北海道文化財保護協会 通号78 2006.3

北海道の力石（高島愼助）「北海道の文化」 北海道文化財保護協会 通号78 2006.3

研究者の目線―北海道史とは何なのか（斉藤傑）「北海道の文化」 北海道文化財保護協会 通号78 2006.3

「北海道鹿猟規則」施行後のアイヌ民族のシカ猟（山田伸一）「北海道開拓記念館研究紀要」 北海道開拓記念館 （34）2006.3

角田県における北海道移民（1）封建家臣団解体の一過程として（岩本由輝）「相馬郷土」 相馬郷土研究会 （21）2006.3

史料紹介 『東微私筆』―幕末関宿藩士の北海道・樺太紀行（並木和子）「野田市史研究」 野田市 （17）2006.3

明治・大正期、被差別部落への北海道移住奨励・事業についての試論（2）（〈特集 部落改善から融和へ（2）〉）（大藪岳史）「部落解放史・ふくおか」 福岡県人権研究所 （121）2006.3

北海道の開拓と屯田兵（安細契裝雄）「屯田」 北海道屯田倶楽部 （39）2006.4

炭鉱よもやま話（43）熊本移民坑夫（青木隆夫）「文化情報」 北海道文化財保護協会 （288）2006.4

炭鉱よもやま話（46）その後の熊本移民坑夫（青木隆夫）「文化情報」 北海道文化財保護協会 （292）2006.8

阿部敏夫「北海道移住者の民間説話について―事例：北広島・大蛇神社伝説の誕生と変容」（〈第30回大会報告〉研究発表）（花部英雄）「伝え ： 日本口承文芸学会報」 日本口承文芸学会 （39）2006.9

北海道百年記念塔の構造―塔は倒れないか？（とどまつノート）（井口健）「とどまつ ： 北海道開拓記念館・開拓の村友の会会報」 北海道開拓記念館・開拓の村友の会 （30）2006.11

「北海道の馬文化」展雑感（とどまつノート）（新川寛）「とどまつ ： 北海道開拓記念館・開拓の村友の会会報」 北海道開拓記念館・開拓の村友の会 （30）2006.11

講演要旨 那須野ヶ原開拓史研究会創立30周年記念講演会 北海道開拓・北からの視点 講師・関秀志氏（入江啓介）「那須野ヶ原開拓史研究」 那須野ヶ原開拓史研究会 （61）2006.12

資料よもやま話1 開拓使官有物払下げに関する黒田清隆の文書―稲生典

太郎の文庫から（伊藤泉美）「開港のひろば ： 横浜開港資料館館報」横浜開港資料館 （95） 2007.1

戦後・北海道炭鉱史の研究（寺島敏治）「地方史研究」 地方史研究協議会 57（1）通号325 2007.2

第二章 アイヌ語地名研究 北海道アイヌ語地名解／蝦夷語地名について／北海道の地名／十勝国郡の地名について／釧路の語源について／豊頓町内の地名について／豊頓町アイヌ語地名解（《十勝の歴史と文化—若林三郎の著作と研究》）「大津十勝川研究」 大津・十勝川学会 （5） 2007.3

第五章 北海道の生活誌 北海道の方言／味覚と十勝路／アイヌ料理／土を喰う話／ジュンサイ（《十勝の歴史と文化—若林三郎の著作と研究》）「大津十勝川研究」 大津・十勝川学会 （5） 2007.3

北海道さ、行くべ 式部家の足跡（式部義明）「美深町郷土資料報告」 美深町郷土研究会 （4） 2007.3

巻頭言 北海道の文化としてのアイヌ文化（岡田淳子）「北海道の文化」 北海道文化財保護協会 通号79 2007.3

北海道における新方言「ナマラ」の源流と動態（第169回例会発表資料）（見野久幸）「北海道方言研究会会報」 北海道方言研究会 （83） 2007.3

北海道立北方民族博物館所蔵の寺田弘氏収集資料について—収集までの経緯と主なアイヌ民族資料（齋藤玲子）「北海道立北方民族博物館研究紀要」 北海道立北方民族博物館 （16） 2007.3

角田県における北海道移民（2）（岩本由輝）「相馬郷土」 相馬郷土研究会 （22） 2007.3

巻頭言 北海道の農作物と屯田兵（後藤良二）「屯田」 北海道屯田倶楽部 （41） 2007.4

北海道開拓の先駆者たち（8）仙台水沢支藩の場合（村瀬正）「屯田」 北海道屯田倶楽部 （41） 2007.4

屯田兵たちの明治維新（上）（若林滋）「屯田」 北海道屯田倶楽部 （41） 2007.4

北海道開拓移民（森源勝）「下野街道」 ヤマト企画編集部 （7） 2007.5

北海道の歴史を考える（岡村正吉）「北海道れきけん」 北海道歴史研究会 （64） 2007.6

山口団体と北海道移住（《特集 札幌の歴史 新たな出発のために（3）》）（中村泰重）「札幌の歴史 ： 『新札幌市史』機関誌」 札幌市 （53） 2007.8

九州人と北海道 食の春夏秋冬（熊澤端夫）「西日本文化」 西日本文化協会 通号428 2007.8

北海道の歴史を考える（3）（4）,（5）（6）（岡村正吉）「北海道れきけん」 北海道歴史研究会 （65）/（66） 2007.9/2008.1

屯田兵たちの明治維新（下）（若林滋）「屯田」 北海道屯田倶楽部 （42） 2007.10

ある北海道移住者の歩んだ道（庵宗訓）「美深町郷土資料報告」 美深町郷土研究会 （5） 2007.10

「ケプロン報文」—異文明の融合による北海道の近代化（佐々木晴美）「北の青嵐 ： 道史協支部交流会報」 北海道史研究協議会 （163） 2007.11

北海道における日本語地名事例（伊藤せいち）「アイヌ語地名研究」 アイヌ語地名研究会, 北海道出版企画センター（発売） 通号10 2007.12

旧日本陸軍資料に見る北海道空襲（1）（松本尚志）「トカプチ ： 郷土史研究」 NPO十勝文化研究所 （18） 2007.12

所蔵資料紹介 北海道開拓銀行文書について（大和田瑞穂）「赤れんが ： 北海道立文書館報」 北海道立文書館 （43） 2007.12

明治・大正期における北海道鰊漁出稼ぎ漁夫の動向—菊地久太郎の出稼ぎ記録より（服部亜由未）「歴史地理学」 歴史地理学会, 古今書院（発売）49（5）通号236 2007.12

北海道の開拓と社会事業（山田雅也）「文化情報」 北海道文化財保護協会 （305） 2008.1

北海道開拓の村 2007年秋・冬「とどまつ ： 北海道開拓記念館・開拓の村友の会会報」 北海道開拓記念館・開拓の村友の会 （32） 2008.2

明治期北海道の山火と禿山（2007年度分野別研究）（山田伸一）「北海道開拓記念館調査報告」 北海道開拓記念館 （47） 2008.3

「味方」アイヌの御目見—「夷酋列像」成立の背景（講演録）（菊池勇夫）「キリスト教文化研究所研究年報 ： 民族と宗教」 宮城学院女子大学キリスト教文化研究所 （41） 2008.3

北海道団体移住の全貌（原義男）「郷土の香り ： 郷土文化財資料」 保原町文化財保存会 41 2008.3

古層日本語とアイヌ語地名（2）本州からみた北海道の崖地名（長谷川勲）「越佐の地名」 越後・佐渡の地名を語る会 （2） 2008.3

北海道移民（田中勇）「故郷乃研究」 白山市教育委員会 （3） 2008.3

「馬追原野」をよむ—北海道開拓伝承の在りか（前野雅彦）「日本文化史研究」 帝塚山大学奈良学総合文化研究所 （39） 2008.3

県人の北海道移住—分領支配と「規制」・農場（伊藤康）「鳥取県立公文書館研究紀要」 鳥取県立公文書館 （4） 2008.3

自転車で北海道の史跡を巡る（中神哲二）「屯田」 北海道屯田倶楽部

（43） 2008.4

北海道の歴史を考える（7）シャクシャインの蜂起/（8）赤えぞ風説考/（9）「ツキノエ」と「イコトイ」（岡村正吉）「北海道れきけん」 北海道歴史研究会 （67） 2008.6

橋浦一族と北海道（《寄稿—各地からの風》）（折井美耶子）「女性史研究ほっかいどう」 札幌女性史研究会 （3） 2008.10

北海道の教育現場とジェンダー（《寄稿—各地からの風》）（笹谷春美）「女性史研究ほっかいどう」 札幌女性史研究会 （3） 2008.10

北海道移住（雨池光雄）「氷見春秋」 氷見春秋会 （58） 2008.11

松浦武四郎文献の特色と山の呼称（渡辺隆）「アイヌ語地名研究」 アイヌ語地名研究会, 北海道出版企画センター（発売） 通号11 2008.12

ロミン・ヒチコックが語った北海道・アイヌの人々（矢口祐人, 出利葉浩司）「北海道開拓記念館調査報告」 北海道開拓記念館 （48） 2009.3

アイヌの蜂起と自然災害（平山裕人）「北海道の文化」 北海道文化財保護協会 通号81 2009.3

天皇家から寄贈された16mm映画フィルムと昭和11年の北海道（齋原美恵子）「北海道立文書館研究紀要」 北海道立文書館 （22） 2009.3

地誌学からみた北海道のイメージの変遷（山下克彦）「北海道地域文化研究」 北海道地域文化学会 （［1］） 2009.3

北海道移民の展開—北海道移民史研究の現状から（桑原真人）「北海道地域文化研究」 北海道地域文化学会 （［1］） 2009.3

FM北海道—屯田兵の功績を讃える 『ほっいいかいどう宝島』で放送 解説編「屯田」 北海道屯田倶楽部 （45） 2009.4

北海道の歴史と屯田兵（宿村行雄）「屯田」 北海道屯田倶楽部 （45） 2009.4

兵村の今昔 歴史に育まれた環境と文化（後藤良二）「屯田」 北海道屯田倶楽部 （45） 2009.4

明治七年・北海道開拓（橋口冊子）「目黒区郷土研究」 目黒区郷土研究会 （651） 2009.4

北海道開拓と伊達侍（窪田剛）「家系研究協議会会報」 家系研究協議会 （29） 2009.7

北海道開拓と屯田兵（廣瀬新太郎）「歴研みやぎ」 宮城県歴史研究会 （79） 2009.7

明治政府による北海道農業開拓の構想—黒田清隆とホーレス・ケプロンに注目して（中西僚太郎）「史境」 歴史人類学会, 日本図書センター（発売） （59） 2009.9

北海道新方言と現代新表現（第180回「北海道新方言の上京」改稿版）（井上史雄）「北海道方言研究会会報」 北海道方言研究会 （86） 2009.9

面白い北海道の地名（竹田津実）「全国地名保存連盟会報」 全国地名保存連盟 （70） 2009.12

チライのつく地名（高橋慎）「アイヌ語地名研究」 アイヌ語地名研究会, 北海道出版企画センター（発売） 通号12 2009.12

幕末・明治の山名探索 資料編（国後・択捉・北海道）（渡辺隆）「アイヌ語地名研究」 アイヌ語地名研究会, 北海道出版企画センター（発売） 通号12 2009.12

中学校教育と地域史研究のある試み（研究大会報告要旨）（卜部信臣）「北海道史研究協議会会報」 北海道史研究協議会 （85） 2009.12

幕末・明治期における蝦夷地／北海道開発と内地—定住促進政策を中心に（佐藤匠）「群馬史」 群馬県地域文化研究協議会 通号301 2010.1

永田地名解の謎解き（渡辺隆）「アイヌ語地名研究会会報」 アイヌ語地名研究会 （38） 2010.2

北海道における木造船および車櫂調査記録（1）（中岡利泰）「えりも研究 ： えりも町郷土資料館調査研究報告」 えりも町郷土資料館・水産の館 （7） 2010.3

ミニコラム 北海道開拓の知識の種 北海道庁草創期の長官（岩村通俊, 永山武四郎, 渡辺千秋）「郷土研究」 砂川市教育委員会 43 2010.3

戦前・戦中の風景 北海道の奉安殿（山田雅也）「北海道の文化」 北海道文化財保護協会 通号82 2010.3

昭和30年代初期に建築された都市住宅の建築状況と変遷—都市住宅から見た「高度経済成長期」における道民生活の変化（小林孝二, 山際秀紀）「北海道開拓記念館研究紀要」 北海道開拓記念館 （38） 2010.3

アイヌ民族の伝承における八王子千人同心（古川寛武）「北海道地域文化研究」 北海道地域文化学会 （2） 2010.3

巻頭言 三十七兵村のつながり（後藤良二）「屯田」 北海道屯田倶楽部 （47） 2010.4

北海道を開墾した侍たち（宿村行雄）「屯田」 北海道屯田倶楽部 （47） 2010.4

屯田兵村公有地財産をめぐって（5）公有地全てを稲作に投じた兵村（河野民雄）「屯田」 北海道屯田倶楽部 （47） 2010.4

戦前期北海道内における婦人方面委員関係資料—札幌・小樽を例に（それぞれの時代を生きた女たち—大正・昭和戦前期・戦前期）（保保洋子）「女性史研究ほっかいどう」 札幌女性史研究会 （4） 2010.8

北海道の教育における女性教員 1975～2005年の教研を軸に（それぞれの時代を生きた女たち—昭和戦後期から）（林恒子）「女性史研究ほっかいどう」 札幌女性史研究会 （4） 2010.8

松田伝十郎「北夷談」とアイヌ（浅野恵子）「久摺」釧路アイヌ文化懇話会 13 2010.10

巻頭言 屯田兵と北海道農業―歴史は屯田兵によって築かれた（寺本忠孝）「屯田」北海道屯田倶楽部 （48）2010.10

北海道歴史紀行（広谷喜十郎）「佐川史談霧生関」佐川史談会 （46）通号79 2010.11

鰊網元が残した文書に見られる方言（音韻）―北海道海岸部方言文献資料としての祝津鰊網元青山家文書の考察（第185回例会研究発表資料（2009.11.15））（見野久幸）「北海道方言研究会会報」北海道方言研究会 （87）2010.12

北海道における木造船および車櫂調査記録（2）（中岡利泰）「えりも研究：えりも町郷土資料館調査研究報告」えりも町郷土資料館・水産の館 （8）2011.3

「松林哲五郎の『北海紀行』―百三十年前の若人商人の北海道旅行記―」について（資料紹介）（遠藤龍畝）「北海道地域文化研究」北海道地域文化学会 （3）2011.3

巻頭言 屯田兵制度と南下政策（後藤良二）「屯田」北海道屯田倶楽部 （49）2011.4

2010年屯田兵入植地を訪ねて（2）（中村哲二）「屯田」北海道屯田倶楽部 （49）2011.4

25年ぶりの北海道（陳宝来）「博友：沖縄県立博物館友の会機関誌」沖縄県立博物館友の会 （23）2011.5

北の土木建築（上）（丹野忠志）「北海道れきけん」北海道歴史研究会 （76）2011.6

北海道にある石見焼について（阿部志朗）「郷土石見：石見郷土研究懇話会機関誌」石見郷土研究懇話会 （87）2011.8

第15回アイヌ語地名研究大会終わる―研究発表「19世紀アイヌ語文献」北海道史研究 石原誠氏、「移動する地名」北海道大学文学研究科准教授 谷本晃久氏／探訪 北大周辺のアイヌ語地名（高橋基）「アイヌ語地名研究会会報」アイヌ語地名研究会 （15）2011.9

シラッチセに残されたアイヌ文化（田村俊之）「志古津：『新千歳市史』編さんだより：過去からのメッセージ：massage from the past」千歳市 （14）2011.9

戦時下、農林学校の北海道援農隊派遣―もう一つの学徒勤労動員（研究ノート）（田所顕平）「和歌山地方史研究」和歌山地方史研究会 （61）2011.9

記念館分野別研究「高度経済成長」に道民生活の変化に関する基礎的研究「北海道開拓記念館だより」北海道開拓記念館 41（3）通号213 2011.10

北海道の大地に立つ―援農したころの思い出をたどって（山崎栄一郎）「須高」須高郷土史研究会 （73）2011.10

まかり通る日本語（誤説）と危機にある縄文語（アイヌ語）残存地名（清水清次郎）「アイヌ語地名研究会、北海道出版企画センター（発売）通号14 2011.12

『近世日本の北方図研究』を執筆して（談話室）（高木崇世芝）「アイヌ語地名研究」アイヌ語地名研究会、北海道出版企画センター（発売）通号14 2011.12

もうひとつの明治維新 海を渡った武士たちの残したもの（帰山義和）「伊達の風土」伊達郷土史研究会 （30）2011.12

北海道における（約）27年間の言語変化（文法項目について）―国立国語研究所のパネル調査から（第194回例会研究発表資料（2011.9.18））（佐藤亮一）「北海道方言研究会会報」北海道方言研究会 （88）2011.12

屯田兵村公有財産をめぐる諸問題（研究大会報告要旨）（河野民雄）「北海道史研究協議会会報」北海道史研究協議会 （89）2011.12

北海道のハンセン病問題―道と市町村を中心に（研究大会報告要旨）（平中忠信）「北海道史研究協議会会報」北海道史研究協議会 （89）2011.12

北海道の石炭輸送と石炭船積設備（二宮康昌）「北海道の文化」北海道文化財保護協会 （84）2012.2

幕末・明治の肥前 こぼれ話（5）屯田兵として佐賀から北海道へ渡った人々（末岡暁美）「葉隠研究」葉隠研究会 （72）2012.2

モノをとおしてみた北海道における高度経済成長期前後の産業と生活の変化について―分野別研究「『高度経済成長期』における道民生活の変化に関する基礎的研究」の終通報告（村利栗浩司、会田理人、青柳かつら、池田貴夫、小林孝二、舟山直志、村上孝一、山際秀紀）「北海道開拓記念館研究紀要」北海道開拓記念館 （40）2012.3

『北海道の口碑伝説』の底流（斉藤大朋）「北海道地域文化研究」北海道地域文化学会 （4）2012.3

資料紹介『将鑑記』にみる地震津波記録（車塚洋）「北海道地域文化研究」北海道地域文化学会 （4）2012.3

12世紀前後における奥州藤原氏と北海道の関連について（越田賢一郎）「平泉文化研究年報」岩手県教育委員会 （12）2012.3

興復社による北海道移民に関する重要資料（岩本由輝）「相馬郷土」相馬郷土史研究会 （27）2012.3

松前広長『夷酋列像附録』の歴史認識（菊池勇夫）「キリスト教文化研

究所研究年報：民族と宗教」宮城学院女子大学キリスト教文化研究所 （45）2012.3

屯田兵関係の主な博物館・史跡等一覧「屯田」北海道屯田倶楽部 （51）2012.4

天を覆う飛蝗の大襲来―北海道開拓途上に起きた虫害の秘話（奥田静夫）「屯田」北海道屯田倶楽部 （51）2012.4

古地図の散歩道「北門の鎖鑰」図上で検討？ 北海道略図1895年（明治28）年作成 北海道大学附属図書館北方資料室所蔵「屯田」北海道屯田倶楽部 （51）2012.4

「家族教令」は封建統治の軛だったのか―屯田兵村の精神風土を探る（梶田博昭）「屯田」北海道屯田倶楽部 （51）2012.4

表紙から軍記に描かれた屯田兵「通俗絵本鹿児島軍記」明治20（1887）年「屯田」北海道屯田倶楽部 （51）2012.4

屯田兵二世の歩んだ道 北海道陶芸の先駆け 山田昌雄（佐藤公子）「屯田」北海道屯田倶楽部 （51）2012.4

図説北海道屯田兵制度（1）「屯田」北海道屯田倶楽部 （51）2012.4

新聞記事 無告の歴史（6）花岡鉱山の朝鮮人強制連行 北海道の一田、環境激変（ジャーナリスト 野添憲治）「秋田県朝鮮人強制連行真相調査団会報」秋田県朝鮮人強制連行真相調査団 （70）2012.4

地域史の窓「太湖」（大湖社 滋賀県八幡町）北海道関係記事抜粋（大島教子）「北海道史研究協議会会報」北海道史研究協議会 （90）2012.6

コレクションの系譜（40）知里幸恵 銀のしずく記念館（青柳文吉）「Arctic circle」北方文化振興協会 （83）2012.7

コレクションの系譜（41）市立函館博物館所蔵「馬場コレクション」（大矢京右）「Arctic circle」北方文化振興協会 （84）2012.9

屯田兵ゆかりの方・郷土史家の皆さんへ「屯田」北海道屯田倶楽部 （52）2012.10

講演録 北海道屯田倶楽部第1回公開セミナー 郷土に学ぶ―学ぶ子孫会を目指して 講師：永峰貴さん「屯田」北海道屯田倶楽部 （52）2012.10

図説北海道屯田兵制度（2）「屯田」北海道屯田倶楽部 （52）2012.10

地名と伝承ばなしから見るコタン（因幡勝雄）「アイヌ語地名研究」アイヌ語地名研究会、北海道出版企画センター（発売）（15）2012.12

今井八九郎の北海道測量原図（和人地部分）（打田元輝）「アイヌ語地名研究」アイヌ語地名研究会、北海道出版企画センター（発売）（15）2012.12

「トパ」（乾魚）アイヌ語地名に登場（談話室）（伊藤せいち）「アイヌ語地名研究」アイヌ語地名研究会、北海道出版企画センター（発売）（15）2012.12

「樺太ことば集」にみる樺太方言と北海道方言の関係（第195回例会研究発表資料（2011.11.13））（朝日祥之）「北海道方言研究会会報」北海道方言研究会 （89）2012.12

『恵曽谷日誌』に見られることばづかい（第196回例会研究発表資料（2012.2.19））（見野久幸）「北海道方言研究会会報」北海道方言研究会 （89）2012.12

19世紀おわりの北海道方言に見られる言語的特徴―「古老の声」を用いて（第198回例会研究発表資料（2012.6.10））（朝日祥之）「北海道方言研究会会報」北海道方言研究会 （89）2012.12

北海道方言の共通語化・新方言の半世紀後の様相―実時間トレンド調査による検証（第200回例会研究発表資料（2012.11.18））（高野照司）「北海道方言研究会会報」北海道方言研究会 （89）2012.12

北海道における方言使用の現状と実時間変化―札幌市・釧路市における多人数調査の結果から（第200回例会研究発表資料（2012.11.18））（尾崎喜光、朝日祥之）「北海道方言研究会会報」北海道方言研究会 （89）2012.12

庚午事変 その後―稲田家家臣団の北海道開拓（五島清弘）「あわじ：淡路地方史研究会会誌」淡路地方史研究会 （30）2013.1

北の旅日記 カッチ（発火棒）のある地名をたずねて（伊藤せいち）「Arctic circle」北方文化振興協会 （86）2013.3

覚書 改良を追求した開拓実験農場の人びと―海を渡った北海道農法（高間和儀）「えべつの歴史：市民がつくるまちのれきし」江別市総務部 （15）2013.3

伊豆から見た開拓者・北海道（橋本敬之）「大津十勝川研究」大津・十勝川学会 （11）2013.3

酒谷商店が建設した本道初のガソリンスタンド（山口精次）「市立函館博物館研究紀要」市立函館博物館 （23）2013.3

B.S.ライマンのアイヌ資料収集に関する小論―「北海道地質調査助手への一般的指示」を中心に（財部香枝）「北海道開拓記念館研究紀要」北海道開拓記念館 （41）2013.3

V.N.ヴァシーリエフのアイヌ物質資料の収集過程に関する資料（田村将人）「北海道開拓記念館研究紀要」北海道開拓記念館 （41）2013.3

余市町教育委員会所蔵の《アイヌ絵（武者のぼり下絵）》について―「島の為朝」図との関係（山際晶子）「北海道開拓記念館研究紀要」北海道開拓記念館 （41）2013.3

札幌農学校開校のころの北海道道―三条実美太政大臣北巡を手掛かりに

（研究ノート）（井上高聡）「北海道大学大学文書館年報」 北海道大学大学文書館 （8）2013.3

巻頭言 屯田兵制度が残したもの（後藤良二）「屯田」 北海道屯田倶楽部 （53）2013.4

新・屯田兵物語（1）プロローグ―伊藤廣先生との思い出（小松重紀）「屯田」 北海道屯田倶楽部 （53）2013.4

屯田兵のデザイン考 屯田兵洋造耐ストーブ「屯田」 北海道屯田倶楽部 （53）2013.4

屯田兵公有財産をめぐって（11）屯田兵恩給支給運動の明暗（河野民雄）「屯田」 北海道屯田倶楽部 （53）2013.4

侵攻作戦支えた地理情報（江口憲人）「屯田」 北海道屯田倶楽部 （53）2013.4

屯田兵と北辰旗―開拓使文書からたどる制定の経緯（佐藤公子）「屯田」 北海道屯田倶楽部 （53）2013.4

101年目からの屯田兵研究 世界精神遺産を未来へ（梶田博昭）「屯田」 北海道屯田倶楽部 （53）2013.4

図説 北海道屯田兵制度（3）兵村の収穫総額の推移/産品別収穫高の構成比の変化（屯田」 北海道屯田倶楽部 （53）2013.4

ロビー展 北海道の古地図展―伊能大図と蝦夷地古地図の変遷 2013.4.27―6.2（渡部裕）「北方民族博物館だより」 北海道立北方民族博物館 （89）2013.6

講座 北海道古地図展・展示解説講座 2013.4.27 講師：打田元輝氏（渡部裕）「北方民族博物館だより」 北海道立北方民族博物館 （89）2013.6

講座 北海道の古地図にみるアイヌ語地名 2013.5.11 講師：伊藤せいち氏（渡部裕）「北方民族博物館だより」 北海道立北方民族博物館 （89）2013.6

講座 北海道の古地図とその歴史 2013.5.18 講師：高木崇世芝氏（中田篤）「北方民族博物館だより」 北海道立北方民族博物館 （89）2013.6

伊能（間宮）・今井・松浦の三図による地名比較（打田元輝）「アイヌ語地名研究会会報」 アイヌ語地名研究会 （47）2013.8

屯田兵村設置の拡大と囚人の役割（武石詔吾）「屯田」 北海道屯田倶楽部 （54）2013.10

屯田兵公有財産をめぐって（12）最終回 多数ある最終処分不明の兵村―まとめとして（河野民雄）「屯田」 北海道屯田倶楽部 （54）2013.10

図説 北海道屯田兵制度（4）新墾地と累積面積の推移/明治33年時点での兵村別の開墾の進捗状況「屯田」 北海道屯田倶楽部 （54）2013.10

統・矛盾「亘理要害跡」看板 渡道開拓の末裔の方々の思惑は!!（寺島喬）「郷土わたり」 亘理郷土史研究会 （110）2013.10

北海道における市町村合併の現状と課題（研究ノート）（下山肇）「釧路公立大学地域研究」 釧路公立大学地域分析研究委員会 （22）2013.12

古文書に見られる明治初期の北海道方言（音韻）（第201回例会研究発表資料（2013.2.17））（見野久幸）「北海道方言研究会会報」 北海道方言研究会 （90）2013.12

言葉時評―北海道のことばあれこれ（第203回例会研究発表資料（2013.6.9））（菅泰雄）「北海道方言研究会会報」 北海道方言研究会 （90）2013.12

北海道における方言使用の現状と実時間変化（2）―音韻・アクセント項目から見る（第205回例会研究発表資料（2013.11.10））（朝日祥之，尾崎喜光）「北海道方言研究会会報」 北海道方言研究会 （90）2013.12

本道が誇る馬、北海道和種馬（ドサンコ）について（近藤誠司）「文化情報」 北海道文化財保護協会 （341）2014.1

「航空通信隊―北海道・樺太駐屯―」語り手：荒川清一さん（熊谷市）（戦時中の体験を聞く会 平成25年11月17日（日））「埼玉ピースレター」 埼玉ピースミュージアム 1通号51 2014.1

北海道人造石油の歴史と北海道人造石油滝川工場の産業遺産（山田大隆）「北海道の文化」 北海道文化財保護協会 （86）2014.2

「酒谷家資料」から読み解く北前船主チガイヤマサ酒谷家の諸様相（山口精次）「市立函館博物館研究紀要」 市立函館博物館 （24）2014.3

置き薬と北海道―先用後利で先人たちの信頼を得た薬売り（論文）（中島宏一）「北海道地域文化研究」 北海道地域文化学会 （6）2014.3

「脱出」という引揚げの方法―樺太から北海道へ（論文）（木村由美）「北海道・東北史研究」 北海道出版企画センター （9）2014.3

平泉文化と北海道（研究報告）（越田賢一郎）「平泉文化研究年報」 「世界遺産平泉」保存活用推進実行委員会 （14）2014.3

出雲大社と北海道松前氏（藤澤秀晴）「大社の史話」 大社史話会 （178）2014.3

北海道移民史を探る旅（1）幕末以前―蝦夷地を目指した人々（北国諒星）「屯田」 北海道屯田倶楽部 （55）2014.4

図説 北海道屯田兵制度（5）移住者戸数の推移/1個大隊における扶助1年分の概算経費「屯田」 北海道屯田倶楽部 （55）2014.4

開拓の歴史を映す屯田兵像（武石詔吾）「屯田」 北海道屯田倶楽部 （55）2014.4

講演録 北海道開拓の礎（上）―囚人兵、囚人労働、タコ部屋（河野民雄）「屯田」 北海道屯田倶楽部 （55）2014.4

辺境に蓄積するアーカイブズ―内国殖民地北海道の文書における国家と

地方（リレー企画「帝国の拡大とアーカイブズ」（1））（鈴江英一）「アーカイブズ学研究」 日本アーカイブズ学会 （20）2014.5

相食・無形文化遺産と北海道の食文化（小田嶋政子）「文化情報」 北海道文化財保護協会 （345）2014.9

北海道における方言使用の現状と実時間変化（3）―音韻・アクセント項目から見る（第209回例会研究発表資料（2014.9.7））（朝日祥之，尾崎喜光）「北海道方言研究会会報」 北海道方言研究会事務局 （91）2014.12

北海道に見られる菓子文化―木型を中心に（研究大会要旨）（櫻井美香）「北海道史研究協議会会報」 北海道史研究協議会 （95）2014.12

北海道家庭学校

百周年を迎える北海道家庭学校（佐藤京子）「文化情報」 北海道文化財保護協会 （339）2013.9

北海道沙流病院

昭和10年頃の「北海道沙流病院」（尾崎友香）「沙流川歴史館だより」 沙流川歴史館 （21）2006.4

北海道集治監釧路分監本館

標茶町指定有形文化財「北海道集治監釧路分監本館」の変遷と、その建築構造について（坪岡始）「標茶町郷土館報告」 標茶町郷土館 （24）2012.8

北海道人造石油滝川工場

北海道人造石油の歴史と北海道人造石油滝川工場の産業遺産（山田大隆）「北海道の文化」 北海道文化財保護協会 （86）2014.2

北海道大学

北海道大学農学部学生運動史（藤原一暢）「北海道大学大学文書館年報」 北海道大学大学文書館 （4）2009.3

北海道庁

北海道庁の設置と十勝開拓の特徴（飛国久）「トカプチ：郷土史研究」 NPO十勝文化会議郷土史研究部会 （13）2001.3

北海道庁旧本庁舎

重要文化財「北海道庁旧本庁舎」の歴史画のこと（工藤欣弥）「北海道の文化」 北海道文化財保護協会 通号78 2006.3

北海道鉄道

北海道鉄道の運転時刻 補遺（小樽市博物館紀要第15号p.45）（星良助）「小樽市博物館紀要」 小樽市博物館 16 2003.3

北海道（官設）鉄道（星良助）「小樽市博物館紀要」 小樽市博物館 17 2004.3

北方領土

北方領土に思う（新国辰男）「屯田」 北海道屯田倶楽部 28 2000.10

北方領土と会津藩家老田中玄宰（小池明）「会津会々報」 会津会 108 2002.6

講座 北方領土の自然と人びと 「北方領土における自然生態系の変化―その現状と問題点」小林万里氏/「ヤミ経済からの脱却―知床世界遺産の拡張構想」本間浩昭氏（角達之助）「北方民族博物館だより」 北海道立北方民族博物館 （75）2009.12

幌内鉄道

知られざる鉄道文化財（2）張碓隧道―クロフォードが開削した幌内鉄道の遺産（河野哲也）「文化情報」 北海道文化財保護協会 262 2004.2

手宮～幌内間の幌内鉄道はわが国第三の鉄道なのか、実は四番目の開通（星良助）「小樽市博物館紀要」 小樽市博物館 （19）2006.3

規則から見える幌内鉄道（佐藤美智雄）「小樽市総合博物館紀要」 小樽市総合博物館 （21）2008.3

幌内鉄道のトンネル（星良助）「小樽市総合博物館紀要」 小樽市総合博物館 （21）2013.3

ポロモイチャシ

平取町のチャシ&遺物（10）ポロモイチャシ跡「沙流川歴史館だより」 沙流川歴史館 13 2004.4

本岐

樹木名の名付くアイヌ語地名「キキン」―木禽原野、津別町恩根・本岐（三好勲）「アイヌ語地名研究」 アイヌ語地名研究会，北海道出版企画センター（発売）通号7 2005.1

アイヌ語地名「キキン」をめぐって―木禽原野、津別町恩根・本岐（三好勲）「北海道の文化」 北海道文化財保護協会 （77）2005.3

ホンケ子ニタイ

近世の別海を探る 「西別川河口から北」（4）ケネタイ 地名の由来/ホンケ子ニタイ 地名の由来、地勢・建物など「別海町郷土資料館だより」 別海町郷土資料館 （140）2011.3

ホンシュンベツ

近世の別海を探る 「西別川河口から北」（10）ホンシュンベツ 地勢や建物など「別海町郷土資料館だより」 別海町郷土資料館 （148）2011.11

本陣屋

近藤重蔵『蝦夷地図』におけるカバト山麓の本陣屋位置（平隆一）「アイヌ語地名研究会会報」 アイヌ語地名研究会 （31）2007.11

本町

石狩本町地区あやかり名—昭和初期〜昭和20年代まで（吉岡玉吉）「いしかり暦」 石狩市郷土研究会 （18）2005.3

ホンニシユマベツ

近世の別海を探る 「西別川河口から北」（1）ホンニシユマベツ/エシヨマベツ（現在の西丸別川）地名の由来、地勢・建物など「別海町郷土資料館だより」 別海町郷土資料館 （137）2010.12

幕別

マクンベツ『幕別』は道草川である（早田国光）「アイヌ語地名研究」 アイヌ語地名研究会, 北海道出版企画センター（発売）通号14 2011.12

増毛

「郷土館めぐり」紀行記 増毛山道周辺道すがら（中村泰二）「そうらっぷち」 滝川市郷土研究会 38 2004.3

増毛のまちは文化財の宝庫（舟山廣治）「文化情報」 北海道文化財保護協会 （291）2006.7

松江番屋の素描と留萌・増毛にみるニシン漁場の歩み（高橋明雄，高橋勝也）「留萌市海のふるさと館紀要」 留萌市海のふるさと館 （20）2009.3

古文書を読む 幕末期蝦夷地山道の開削事情 増毛山道・伊達林右衛門家の場合（田端宏）「北海道史研究協議会会報」 北海道史研究協議会 （91）2012.12

増毛街道

増毛街道の周辺（ト部信臣）「北の青嵐 ： 道史協支部交流会報」 北海道史研究協議会 127 2003.8

増毛事業区

増毛事業区 第24号根拠地の実態（宮澤秀男）「東奥文化」 青森県文化財保護協会 通号74 2003.3

増毛町

増毛町にみる出稼ぎの歩み—昭和40年代を中心に、その盛衰をたどる（高橋明雄）「留萌市海のふるさと館紀要」 留萌市海のふるさと館 14 2003.3

摩周

摩周の里の郷土歴史資料を集めて（地域史の窓）（細川音治）「北海道史研究協議会会報」 北海道史研究協議会 （86）2010.6

増幌川

稚内 増幌川流域のアイヌ語地名（宮崎耕太）「アイヌ語地名研究」 アイヌ語地名研究会, 北海道出版企画センター（発売）通号12 2009.12

馬渡島

馬渡島大火百年—今も続く心の絆（熊本典宏）「郷土史誌末盧國」 松浦史談会, 芸文堂（発売）（193）2013.3

馬渡島ブラジル移民90年—その背景と経過（熊本典宏）「郷土史誌末盧國」 松浦史談会, 芸文堂（発売）（194）2013.6

松江番屋

松江番屋の素描と留萌・増毛にみるニシン漁場の歩み（高橋明雄，高橋勝也）「留萌市海のふるさと館紀要」 留萌市海のふるさと館 （20）2009.3

松前

享保12年『松前西東在郷幷蝦夷地所附』に見える地名（高木崇世芝）「アイヌ語地名研究」 アイヌ語地名研究会, 北海道出版企画センター（発売）通号5 2002.12

口内武士団の松前（蝦夷地）警備（伊藤誠一）「北上史談」 北上史談会 42 2003.2

松前船松栄丸漂流余話（高木重俊）「北の青嵐 ： 道史協支部交流会報」 北海道史研究協議会 128 2003.9

「大島爆発被害」について 常磐井家文書「松前年々記」に詳述（常磐井武宣）「永 福島町史研究会会報」 福島町史研究会 3 2004.2

函館で南部漂流民と対面していた帰国後の仙台漂流民—堀田正敦の『松前紀行』が教えること（鈴木道男）「ナジェージダ（希望）」 石巻若宮丸漂流民の会 9 2004.7

中世の松前について（内海清慈）「ソーシアル・リサーチ」 ソーシアル・リサーチ研究会 （30）2005.2

近世前期における弘前藩のアイヌ支配について—松前飛脚回送の実態から（武田亜弓）「弘前大学国史研究」 弘前大学国史研究会 （118）2005.3

古文書を読む 松前の津波—神も仏も逃げ去る（田端宏）「北海道史研究協議会会報」 北海道史研究協議会 76 2005.6

松前方言考 鱗介の部 解説（堺比呂志）「とどまつ ： 北海道開拓記念館・開拓の村友の会会報」 北海道開拓記念館・開拓の村友の会 （28）2005.11

研究ノート 松前方言考 鱗介の部（2）訳解説（堺比呂志）「とどまつ ： 北海道開拓記念館・開拓の村友の会会報」 北海道開拓記念館・開拓の村友の会 （29）2006.3

「松前御鷹」の通行と本宮宿（糠澤章雄）「福大史学」 福島大学史学会 （78・79）2006.3

松前・蝦夷地における異国船打ち払い（松本あずさ）「北海道・東北史研究」 北海道出版企画センター （3）2006.12

研究ノート 松前方言考 鱗介の部（3）（堺比呂志）「とどまつ ： 北海道開拓記念館・開拓の村友の会会報」 北海道開拓記念館・開拓の村友の会 （31）2007.3

『日本近世生活絵引』の作成をめざして—近世の北陸農村と松前地漁村の人びとの暮らしと生業《特集 公開研究会「人びとの暮らしと生業—『日本近世生活絵引』作成への問題点をさぐる—」を振り返って》（田島佳也）「非文字資料研究」 神奈川大学21世紀COEプログラム拠点推進会議 （16）2007.6

研究ノート—会員の研究 松前方言考 鱗介の部（4）（堺比呂志）「とどまつ ： 北海道開拓記念館・開拓の村友の会会報」 北海道開拓記念館・開拓の村友の会 （32）2008.2

山崎半蔵、松前下蝦夷地行（文化三年）（新谷正隆）「北方風土 ： 北国の歴史民俗考古研究誌」 イズミヤ出版 通号56 2008.6

奥羽松前巡見使の足跡（細井計）「いわて文化財」 岩手県文化財愛護協会 （230）2009.3

研究ノート—会員の研究 松前方言考（遺稿）（堺比呂志）「とどまつ ： 北海道開拓記念館・開拓の村友の会会報」 北海道開拓記念館・開拓の村友の会 （56）2009.3

古文書を読む 「松前国中記」と「シコツ十六箇所」（田端宏）「北海道史研究協議会会報」 北海道史研究協議会 （85）2009.12

菅江真澄がみた十八世紀末の松前・近蝦夷地の鱈漁業（田島佳也）「真澄学」 東北芸術工科大学東北文化研究センター （6）2011.2

「公私用書記」に見える海難事故処理について—寛政12年松前沖海難事故を手がかりとして（鈴木幹人）「東奥文化」 青森県文化財保護協会 通号82 2011.3

松前風景（北海道大学附属図書館 北方関係資料室蔵）（史料紹介）（藤原義天恩）「弘前大学国史研究」 弘前大学国史研究会 （130）2011.3

松前・蝦夷地における長崎俵物の集荷—18世紀後半を中心に（菅原慶郎）「北海道・東北史研究」 北海道出版企画センター （7）2011.4

寛政の松前大津波—被害と記憶（特集 地震・津波・原発—東日本大震災）（菊池勇夫）「東北学．[第2期]」 東北芸術工科大学東北文化研究センター, 柏書房（発売）（28）2011.8

北奥文化研究会 平成22年度文化講演会記録 石造物と過去帳からみた津軽・松前の飢饉（関根達人）「北奥文化 ： 郷土誌」 北奥文化研究会 （32）2011.11

長崎貿易に占める南部昆布の歴史的意義—松前・津軽昆布との比較から（研究大会報告要旨）（菅原慶郎）「北海道史研究協議会会報」 北海道史研究協議会 （89）2011.12

俵物・昆布類—松前・蝦夷地と南部藩領を事例に（菅原慶郎）「帯広百年記念館紀要」 帯広百年記念館 （30）2012.3

資料紹介 松前の海揚がり陶磁器（佐藤雄生）「弘前大学国史研究」 弘前大学国史研究会 （136）2014.3

松前街道

寛政7年（1795）の東国紀行「東海道より松前街道まで あら方旧跡おぼへ」考（中西捷美）「由良町の文化財」 由良町教育委員会 （30）2003.3

松前城

私と文化財 松前城の銅雀台の瓦硯をめぐって（中村和之）「文化情報」 北海道文化財保護協会 （336）2013.3

松前線

なつかしの旧国鉄松前線（山下章）「永 福島町史研究会会報」 福島町史研究会 （9）2010.5

松前島

天保国絵図「松前嶋図」に見える地名（高木崇世芝）「アイヌ語地名研究」 アイヌ語地名研究会, 北海道出版企画センター（発売）通号12 2009.12

松前藩

松前藩と近江商人（宮下正司）「とどまつ ： 北海道開拓記念館・開拓の村友の会会報」 北海道開拓記念館・開拓の村友の会 （20）2001.10

講演 日本海海運における蝦夷地と山形—松前藩の領主蔵米を支えた山形（榎森進）「山形県地域史研究」 山形県地域史研究協議会 （27）2002.2

北海道松前藩昆布漁史料調査（小野まさ子）「沖縄県史だより」 沖縄県教育庁 （13）2004.3

水戸藩蝦夷地場所借受懇合一件—松前藩内政情混乱の余波（田端宏）「北海道史研究協議会会報」 北海道史研究協議会 74 2004.6

蝦夷人「介抱」の発生—17〜18世紀におけるアイヌ・松前藩間の交渉に

東日本　　　　　　　　　　　　地名でたどる郷土の歴史　　　　　　　　　　　　北海道

ついて（《月例会報告要旨》）（坂田美奈子）「関東近世史研究」 関東近世史研究会 （55） 2004.7

わが町の古文書（松前町）松前藩政史料について（久保泰）「赤れんが : 北海道立文書館報」 北海道立文書館 40 2005.2

松前藩家臣の由緒書―『近藤家由緒書』について（三浦泰之，東俊佑）「北海道開拓記念館調査報告」 北海道開拓記念館 44 2005.3

「松前藩の政治・経済・文化」 17年度新春特別展示解説（久保泰）「仙台藩白老元陣屋資料館報」 仙台藩白老元陣屋資料館 （12） 2006.3

菅江真澄から近代史をさぐる（3）島渡りと旅人改め―松前藩の入国管理（菊池勇夫）「真澄学」 東北芸術工科大学東北文化研究センター （3） 2006.11

箱館府の窮地と松前藩正議士接近の目的―正議隊事件の背景（山崎香）「北海・東北史研究」 北海道出版企画センター （4） 2007.12

江戸中期松前藩で遭われた鳥の名（第176回例会研究発表資料（2008.2.17））（武沢和義）「北海道方言研究会会報」 北海道方言研究会 （85） 2008.9

『新羅之記録』における松前藩の意図について（研究大会報告要旨）（川端裕介）「北海道史研究協議会会報」 北海道史研究協議会 （83） 2008.12

新藤透「松前景広『新羅之記録』の資料的研究」（資料・文献の紹介）（川端裕介）「北海道史研究協議会会報」 北海道史研究協議会 （85） 2009.12

松前藩復領期、東蝦夷地における疱瘡予防対策とアイヌ社会（研究大会要旨）（永野正宏）「北海道史研究協議会会報」 北海道史研究協議会 （91） 2012.12

円山

円山のこと（円山方面探訪資料）（渡辺隆）「アイヌ語地名研究会会報」 アイヌ語地名研究会 （48） 2013.10

円山地区の植物のアイヌ語（円山方面探訪資料）（藤村久和）「アイヌ語地名研究会会報」 アイヌ語地名研究会 （48） 2013.10

円山公園

探訪 札幌・円山公園（渡辺隆）「アイヌ語地名研究会会報」 アイヌ語地名研究会 （48） 2013.10

丸山橋

元祖「丸山橋」（エッセイ）（赤石富美子）「トカプチ : 郷土史研究」 NPO十勝文化会議郷土史研究部会 （19） 2008.12

旧マンロー邸

旧マンロー邸（森岡健治）「沙流川歴史館だより」 沙流川歴史館 （37） 2010.7

三笠炭鉱

産業遺産 みかさ炭鉱（3）歴史を語る鉱業所所長住宅（伊佐治知子）「文化情報」 北海道文化財保護協会 （315） 2009.9

三岳

三岳地区（旧山崎・三本木）の歴史（成田民夫）「永 福島町史研究会会報」 福島町史研究会 2 2003.2

「三岳＝三十五十山」―三岳名起源のひみつ（中塚徹朗）「永 福島町史研究会会報」 福島町史研究会 3 2004.2

道草川

マクンベツ『幕別』は道草川である（早田国光）「アイヌ語地名研究」 アイヌ語地名研究会，北海道出版企画センター（発売） 通号14 2011.12

三石

新ひだか町三石の津波伝承（斉藤大朋）「北海道地域文化研究」 北海道地域文化学会 （4） 2012.3

三股

山の幸に恵まれた四季70年代前半の三股（斎藤卓三）「トカプチ : 郷土史研究」 NPO十勝文化会議郷土史研究部会 （16） 2004.7

南空知

南空知の戸長役場の設置と開拓（歴史・点描）（卜部信臣）「えべつの歴史 : 市民がつくるまちのれきし」 江別市総務部 （15） 2013.3

南千島

南千島等地名調査報告（北方地域研究会）「根室市博物館開設準備室紀要」 根室市博物館開設準備室 18 2004.3

南湧別兵村

屯田兵村公有地財産をめぐって（8）定着率が高く、長期保有した南・北湧別兵村（河野民雄）「屯田」 北海道屯田倶楽部 （50） 2011.10

峰延

峰延道路の測量・工事とのろし（狼煙・狼火）について（研究大会報告要旨）（白戸仁康）「北海道史研究協議会会報」 北海道史研究協議会 （85） 2009.12

峰浜

山田秀三文庫の資料から 斜里町の峰浜と朱円（YF0037）「アイヌ民族文化研究センターだより」 北海道立アイヌ民族文化研究センター （36） 2012.3

宮歌村

宮歌村の沿革（米塚誠）「永 福島町史研究会会報」 福島町史研究会 2 2003.2

ムサイリ

恵庭市イサリ・ムサイリのウライ紛争（地蔵慶護）「北海道れきけん」 北海道歴史研究会 50 2003.1

室蘭

昭和11年 室蘭の風景イラスト（寺地憲一）「茂呂瀾」 室蘭地方史研究会 （34） 2000.1

室蘭地方の地名散歩（1）～（5）（岩瀬義明）「茂呂瀾」 室蘭地方史研究会 （34）／（38） 2000.1/2004.2

昭和12年室蘭（2）～（6）（石井勉）「茂呂瀾」 室蘭地方史研究会 （35）／（39） 2001.1/2005.2

「事業場報告」が記録した強制連行（3）日本港運業会室蘭第二華工管理事務所事業場報告の内容とその分析（上），（下）（上野志郎）「茂呂瀾」 室蘭地方史研究会 （35）／（36） 2001.1/2002.1

添田家文書から 室蘭郡民の主義（駒木佐助）「茂呂瀾」 室蘭地方史研究会 （35） 2001.1

室蘭のやきものの歴史（本間広朗）「茂呂瀾」 室蘭地方史研究会 （36） 2002.1

室蘭開港130年・市政施行80年記念事業・行事「茂呂瀾」 室蘭地方史研究会 （37） 2003.2

「事業場報告」が記録した強制連行（4）日本港運業会室蘭第三華工管理事務所事業場報告の内容とその分析（上），（下）（上野志郎）「茂呂瀾」 室蘭地方史研究会 （37）／（38） 2003.2/2004.2

むろらんおもしろ史（本年度の事業から）「茂呂瀾」 室蘭地方史研究会 （38） 2004.2

『室蘭毎日新聞』掲載アイヌ関係記事 目録と紹介（1）（小川正人）「アイヌ民族博物館研究報告」 アイヌ民族博物館 （8） 2004.3

山田秀三からの宿題―室蘭のアイヌ語地名3題（井口利夫）「アイヌ語地名研究」 アイヌ語地名研究会，北海道出版企画センター（発売） 通号7 2005.1

「事業場報告」が記録した強制連行（5）株式会社川口組室蘭出張所事業場報告の内容とその分析（上），（下）（上野志郎）「茂呂瀾」 室蘭地方史研究会 （39）／（40） 2005.2/2006.2

むろらんおもしろ古文書講座（本年度の事業から）（野尻和朗）「茂呂瀾」 室蘭地方史研究会 （39） 2005.2

「北海道郵政百年史資料昭和46年」に書き洩らした室蘭港郵便脚夫凍死ノ件（福井卓治）「茂呂瀾」 室蘭地方史研究会 （40） 2006.2

室蘭地方郷土史こぼれ話「茂呂瀾」 室蘭地方史研究会 （40） 2006.2

19世紀の室蘭図に見るアイヌ語地名（井口利夫）「アイヌ語地名研究」 アイヌ語地名研究会，北海道出版企画センター（発売） 通号9 2006.12

みどりの遺産―伊達・室蘭・厚真のサイカチ（久光四郎）「伊達の風土」 伊達郷土史研究会 （25） 2006.12

写真で見る室蘭のうつりかわり（太田篤司）「茂呂瀾」 室蘭地方史研究会 （42） 2008.3

室蘭民報が募集した平成19年西胆振の十大ニュース/十年一昔・十年ごとに室蘭の出来事を顧みる/ふるさと室蘭を再生しよう ルネッサンスの力/20回を迎えた平林記念賞/前田享之さんの作品を評価/室蘭地方史研究会事業報告「茂呂瀾」 室蘭地方史研究会 （42） 2008.3

十年一昔・十年ごとに室蘭の出来事を顧みる「茂呂瀾」 室蘭地方史研究会 （43） 2009.2

丸井今井室蘭店のあゆみ（太田篤司）「茂呂瀾」 室蘭地方史研究会 （44） 2010.2

1972年室蘭新道工事人骨発掘事件（上野志郎）「茂呂瀾」 室蘭地方史研究会 （44） 2010.2

十年一昔・十年ごとに室蘭の出来事を顧みる「茂呂瀾」 室蘭地方史研究会 （44） 2010.2

室蘭最初の停車場と幻の輪西田上市街（調査研究報告）（井口利夫）「茂呂瀾」 室蘭地方史研究会 （45） 2011.3

箱館戦争と東蝦夷地―モロラン開拓奉行を中心として（高嶋弘志）「釧路公立大学地域研究」 釧路公立大学地域分析研究委員会 （20） 2011.12

室蘭最初の消防ポンプ「籠吐水」（資料紹介）（井口利夫）「茂呂瀾」 室蘭地方史研究会 （46） 2012.2

"亘理伊達家の資料"展示資料紹介 伊達政宗書状 年未詳3月19日 五郎（成実宛）、第1回移住者 室蘭に上陸 小野潭画/桜小路横穴墓群パネル展示中「郷土しりょうかん」 亘理町郷土資料館 （106） 2012.8

提案 最後の室蘭戦争被害を「茂呂瀾」 室蘭地方史研究会 （47） 2013.3

明治の室蘭を見たジョージ・ルイス（調査研究報告）（久末進一）「茂呂瀾」 室蘭地方史研究会 （48） 2014.3

室蘭郡

『膽振國室蘭郡全圖』について（井口利夫）「茂呂瀾」 室蘭地方史研究会（39）2005.2

胆振国宝室蘭郡全図の収蔵年代への推定（調査研究報告）（松田宏介）「茂呂瀾」 室蘭地方史研究会（46）2012.3

室蘭線

栗山・栗丘・栗沢（室蘭線駅名）沿線（卜部信臣）「北の青嵐 ： 道史協支部交流会報」 北海道史研究協議会 143 2004.12

室蘭南部陣屋

室蘭南部陣屋の探究（鈴木孝範）「茂呂瀾」 室蘭地方史研究会（39）2005.2

室蘭南部陣屋の終焉と撤兵—新史料紹介（小田島洋）「茂呂瀾」 室蘭地方史研究会（41）2007.2

虚説「南部藩士による室蘭南部陣屋の焼棄と撤退」を検証する（小田島洋）「茂呂瀾」 室蘭地方史研究会（42）2008.3

虚説「南部藩士による室蘭南部陣屋の焼棄と撤退」を検証する（研究大会報告要旨）（小田島洋）「北海道史研究協議会会報」 北海道史研究協議会（83）2008.12

戊辰戦争と室蘭南部陣屋—時系列から検証する（小田島洋）「茂呂瀾」 室蘭地方史研究会（44）2010.2

室蘭南部陣屋勤番人数の推移—350人説を検証する（調査研究報告）（小田島洋）「茂呂瀾」 室蘭地方史研究会（45）2011.3

室蘭の南部陣屋について（依頼解説）（駒木佐助）「茂呂瀾」 室蘭地方史研究会（47）2013.3

室蘭南部出張陣屋

安政2年以降の蝦夷地警備史料について—室蘭南部出張陣屋史料に関連して（駒木佐助）「北の青嵐 ： 道史協支部交流会報」 北海道史研究協議会 134 2004.3

室蘭捕虜収容所

室蘭捕虜収容所芦別移動時期について（中山章）「茂呂瀾」 室蘭地方史研究会（34）2000.1

室蘭本線

室蘭本線（本輪西〜黄金間）の変遷（太田篤司）「茂呂瀾」 室蘭地方史研究会（43）2009.2

目梨

クナシリ・メナシの戦いを考える（大庭英保）「久摺」 釧路アイヌ文化懇話会 11 2005.8

18世紀末における近世国家とアイヌ社会の関係秩序—クナシリ・メナシの戦いのアイヌ位置を手掛かりとして（市毛幹幸）「北海道・東北史研究」 北海道出版企画センター（3）2006.12

「クナシリ・メナシの戦いとラクスマン来航」の研究（論文・研究ノート）（川上淳）「北海道史研究協議会会報」 北海道史研究協議会（89）2011.12

メナシクシュキキン川

メナシクシュは東側を通る川 地名の変更なるか—津別町メナシクシュキキン川とオンネキキン川（三好勲）「アイヌ語地名研究会会報」 アイヌ語地名研究会（33）2008.8

メム

深川村字メム、菊亭農場「百戸団体」入植—土地登記にみる開拓者（岡田章）「空知地方史研究」 空知地方史研究協議会 39 2005.6

芽室町

十勝のアイヌ語地名（2）芽室町（秋山秀敏）「アイヌ語地名研究」 アイヌ語地名研究会，北海道出版企画センター（発売）通号14 2011.12

藻岩山

地名、藻岩山・遠軽・五十嵐の謎（第163回例会発表資料）（三橋誠之）「北海道方言研究会会報」 北海道方言研究会（81）2005.12

母子里

幌加内町母子里の歴史（卜部信臣）「北の青嵐 ： 道史協支部交流会報」 北海道史研究協議会（168）2008.4

藻別川

紋別市内藻別川のアイヌ語地名（伊藤せいち）「アイヌ語地名研究」 アイヌ語地名研究会，北海道出版企画センター（発売）通号4 2001.12

森町

ふるさとの文学を訪ねる—森町・八雲町・長万部町（白井雄三）「箱館昔話」 函館パルス企画（16）2004.4

森町にある「石倉」の地名—新説の地名起源（高木崇世芝）「北の青嵐 ： 道史協支部交流会報」 北海道史研究協議会 136 2004.5

モロラン陣屋

モロラン陣屋跡と資料館（地蔵慶護）「北海道れきけん」 北海道歴史研究会（65）2007.9

史跡東蝦夷地南部藩陣屋跡モロラン陣屋跡における植生調査概報（松田宏介）「茂呂瀾」 室蘭地方史研究会（43）2009.2

紋別

北海道・最果ての日本史（3），（4）紋別に見る開進社その後（上），（下）（山田雅也）「文化情報」 北海道文化財保護協会（301）/（303）2007.5/2007.9

北海道・最果ての日本史（5）紋別植民期の鉄道（山田雅也）「文化情報」 北海道文化財保護協会（304）2007.11

モンベツ御用所

濃やかな近世アイヌ社会像を知る モンベツ御用所の文書から（谷本晃久）「赤れんが ： 北海道立文書館報」 北海道立文書館 39 2004.10

紋別市

北海道非稲作地域の暮らしと民俗—紋別市内陸部における麦の稈利用と脱穀をめぐる営み（土ជ拓）「北海道・東北史研究」 北海道出版企画センター（2）2005.12

ヤウシヘツ

近世の別海を探る「西別川河口から南、風蓮湖内」（8）ヘケレシリ 地名の由来／ムヌシ 地名の由来／ヤウシヘツ 地名の由来、地勢・建物など／シヤンヌエ／ハシヨツヘ／ウコエキウシ 地名の由来「別海町郷土資料館だより」 別海町郷土資料館（136）2010.11

八雲町

ふるさとの文学を訪ねる—森町・八雲町・長万部町（白井雄三）「箱館昔話」 函館パルス企画（16）2004.4

八雲村

尾張村と八雲村（地蔵慶護）「北海道れきけん」 北海道歴史研究会（69）2009.1

矢越

尻屋と矢越—ヤというアイヌ語地名（谷川健一）「全国地名研究交流誌 地名談話室」 日本地名研究所（24）2009.8

ヤソの小池

ひろば 北海道の鮭鱒資源保護の先駆者「ヤソの小池」「直江の津」 直江津経済文化研究会 5（2）通号18 2005.6

八幡

「つのぶえ」に見る八幡地区 昭和30年代の若者たち（歴史随筆）（中村齋）「えべつの歴史 ： 市民がつくるまちのれきし」 江別市総務部（11）2009.3

山形

由仁町山形団体北海道移住関係資料について（遠藤龍猷）「空知地方史研究」 空知地方史研究協議会（42）2009.3

山崎

三岳地区（旧山崎・三本木）の歴史（成田民夫）「永 福島町史研究会会報」 福島町史研究会 2 2003.2

山谷孤児院

資料 山谷孤児院考証（1）（山谷一夫）「郷土研究」 砂川市教育委員会 35 2002.3

抄録 山谷孤児院考証（2）（山谷一夫）「郷土研究」 砂川市教育委員会 36 2003.3

山谷孤児院考証（3）（山谷一夫）「郷土研究」 砂川市教育委員会 38/40 2005.3/2007.3

夕張

夕張鉄道線を辿って（歴史随筆&一葉の写真）（野口久男）「えべつの歴史 ： 市民がつくるまちのれきし」 江別市総務部（8）2006.3

炭鉱よもやま話（48）夕張新鉱災害の記憶（青木隆夫）「文化情報」 北海道文化財保護協会（294）2006.10

危機にある夕張石炭産業遺産をどう保存するか（山田大隆）「文化情報」 北海道文化財保護協会（298）2007.2

論考 危機にある夕張石炭産業遺産をどう保存するか（山田大隆）「とどまつ ： 北海道開拓記念館・開拓の村友の会会報」 北海道開拓記念館・開拓の村友の会（31）2007.3

地域資料の保存 夕張地域史研究資料調査室の設立の経緯と事業活動（青木隆夫）「赤れんが ： 北海道立文書館報」 北海道立文書館（47）2012.3

夕張川

曾祖父の足跡と夕張川（歴史随筆）（中山孝）「えべつの歴史 ： 市民がつくるまちのれきし」 江別市総務部（9）2007.3

夕張川沿いの人たち（卜部信臣）「北海道の文化」 北海道文化財保護協会（84）2012.2

由仁の夕張川筋 アイヌ語地名の考察—松浦武四郎の足跡（岡本武雄）「アイヌ語地名研究」 アイヌ語地名研究会，北海道出版企画センター（発売）（17）2014.12

勇払

八王子千人同心について―勇払開拓悲話を中心に（新川寛）「北海道の文化」 北海道文化財保護協会 （77）2005.3

勇払場所

古文書を読む 文化六年のユウフツ場所 荒井保恵「東行漫筆」の記録（田端宏）「北海道史研究協議会会報」 北海道史研究協議会 （86）2010.6

湧別

武四郎の献言による石狩改革の余沢 浜 湧別は滅び。山 ユウベツのペナシクルと文化が残った（秋葉實）「松浦竹四郎研究会会誌」［松浦竹四郎研究会］事務局 （65）2012.12

雄別炭礦

事例研究 戦後復興期、太平洋炭礦株式会社の経営―雄別炭砿鉄道株式会社との比較から《続・太平洋炭砿の軌跡》（寺島敏治）「釧路市史研究」 釧路市 5 2006.1

ユーエト

近世の別海を探る 「西別川河口から北」（9）ユーエト 地名の由来、地勢と建物など「別海町郷土資料館だより」 別海町郷土資料館 （147）2011.10

ユオイチャシ

平取町のチャシ＆遺物（9）ユオイチャシ跡「沙流川歴史館だより」 沙流川歴史館 12 2004.1

由仁

武四郎の由仁足跡をたどる（渡辺隆）「アイヌ語地名研究会会報」 アイヌ語地名研究会 （48）2013.10

由仁の夕張川筋 アイヌ語地名の考察―松浦武四郎の足跡（岡本武雄）「アイヌ語地名研究」 アイヌ語地名研究会，北海道出版企画センター（発売）（17）2014.12

勇振の滝

武四郎が見たユウフのソウ（地蔵慶護）「文化情報」 北海道文化財保護協会 249 2003.1

余市

幕末余市アイヌの追鰊・追秋味漁―アイヌは「漁場の過酷な強制労働者」だったのか（田島佳也）「北の青嵐 ： 道史協支部交流会報」 北海道史研究協議会 130 2003.11

北の零年 会津の場合―余市に残る「緋の衣」（畑敬之助）「会津人群像」 歴史春秋出版 （5）2005.10

木戸孝允書翰と余市開拓（櫻井滋郎）「仙台郷土研究」 仙台郷土研究会 31（2）通号273 2006.12

地名「ヨイチ」の語源について（佐藤利雄）「余市水産博物館研究報告」 余市水産博物館 （10）2007.3

江戸時代後期の北海道の文書に見られる方言（音韻・語法）―余市運上屋林家文書を資料として（第206回例会研究発表資料（2014.2.16））（見野久幸）「北海道方言研究会会報」 北海道方言研究会事務局 （91）2014.12

ヨイチ場所

ヨイチ場所請負人柏屋と「長者丸」「北の青嵐 ： 道史協支部交流会報」 北海道史研究協議会 132 2004.1

吉岡村

吉岡村或る漁師の歴史（1）〜（3）（永田富智）「永 福島町史研究会会報」 福島町史研究会 2/4 2003.2/2005.3

吉岡村沿革と沖の口の仕組（川合正子）「永 福島町史研究会会報」 福島町史研究会 2 2003.2

葭原

オサルシ焼子争議―葭原・居辺・高橋（成田直樹）「トカプチ ： 郷土史」 NPO十勝文化会議郷土史研究部会 （16）2004.7

よぼろ村

兵村今昔 我野幌の「よぼろ村」って？/3人の桐野氏の関係は？「屯田」 北海道屯田倶楽部 （55）2014.4

羅臼町

羅臼町のアイヌ民族マキリ鞘（戸部千春）「知床博物館研究報告」 斜里町立知床博物館 （29）2008.3

ラッコ島

特集 北海道東部・千島列島（4）ラッコ島とはどこか―近世ラッコ猟の歴史（菊池勇夫）「Arctic circle」 北方文化振興協会 （74）2010.3

蘭越

続蘭越で使われていた方言「郷土探索」 蘭越町郷土研究会 （22）2000.3

利尻

札幌農学校所蔵博物館の利尻・礼文調査資料について（加藤克）「利尻研究 ： 利尻町立博物館年報」 利尻町立博物館 （30）2011.3

利尻山

展示「思い出の利尻山」「リイシリ ： 博物館だより」 利尻町立博物館 （286）2012.8

利尻島

利尻島登山路の石碑―利尻山岳環境史（1）（佐藤雅彦，志摩進，工藤浄真）「利尻研究 ： 利尻町立博物館年報」 利尻町立博物館 （30）2011.3

オホーツク文化における利尻島の位置―動物利用を中心に（内山幸子）「北海道・東北史研究」 北海道出版企画センター （7）2011.4

大正期利尻島のアワビ移植事業（1）（会田理人）「北海道開拓記念館研究紀要」 北海道開拓記念館 （41）2013.3

利尻島にある井上円了資料（資料紹介）（西谷榮治）「北海道地域文化研究」 北海道地域文化学会 （6）2014.3

利尻岳

百名山と利尻岳（塚本浩）「奥武蔵」 奥武蔵会 通号357 2007.9

昭和40年代利尻岳遠征記録「リイシリ ： 博物館だより」 利尻町立博物館 （284）2012.5

利尻町

利尻町のアイヌ語地名（伊藤せいち）「アイヌ語地名研究」 アイヌ語地名研究会，北海道出版企画センター（発売）通号7 2005.1

利尻地学十景（4）万年雪 万年も残っていない？（近藤玲介）「リイシリ ： 博物館だより」 利尻町立博物館 （279）2011.8

利尻地学十景（5）沼浦展望台 マグマ水蒸気爆発、マール地形、スコリア丘（近藤玲介）「リイシリ ： 博物館だより」 利尻町立博物館 （280）2011.10

利尻地学十景（6）南浜湿原・メヌショロ沼 湿原の形成（近藤玲介）「リイシリ ： 博物館だより」 利尻町立博物館 （281）2012.2

利尻地学十景（7）仙法志と野中の境界 スコリアラフト（近藤玲介）「リイシリ ： 博物館だより」 利尻町立博物館 （282）2012.3

利尻地学十景（8）久連 海が削ったガケ（近藤玲介）「リイシリ ： 博物館だより」 利尻町立博物館 （283）2012.4

利尻地学十景（9）どんと岬 テュムラス（近藤玲介）「リイシリ ： 博物館だより」 利尻町立博物館 （284）2012.5

利尻地学十景（10）ペシ岬からの眺め 利尻の火山の活動に思いをはせる（近藤玲介）「リイシリ ： 博物館だより」 利尻町立博物館 （287）2012.10

両国停留所

旧殖民軌道「標茶線」の「両国停留所」（本報）（横平弘、三好勲）「標茶町郷土館報告」 標茶町郷土館 15 2003.6

ルエサルサン

近世の別海を探る 「西別川河口から南、風蓮湖内」（1）ルエサルサン 地名の由来、地勢・建物など「別海町郷土資料館だより」 別海町郷土資料館 （128）2010.3

留寿都

現有地名「留寿都」と難読旧地名「御卒別」（横平弘）「アイヌ語地名研究」 アイヌ語地名研究会，北海道出版企画センター（発売）通号12 2009.12

ルタモシリ

近世の別海を探る 「西別川河口から南、風蓮湖内」（7）チホイ 地名の由来、地勢・建物など/ハルタモシリ 地名の由来「別海町郷土資料館だより」 別海町郷土資料館 （135）2010.10

留萌

松江番屋の素描と留萌・増毛にみるニシン漁場の歩み（高橋明雄、高橋勝也）「留萌市海のふるさと館紀要」 留萌市海のふるさと館 （20）2009.3

留萌市

佐賀家文書「土蔵建築経費帳」にみるトタン蔵の建設（御船達雄）「留萌市海のふるさと館紀要」 留萌市海のふるさと館 16 2005.3

企画展「アイヌ語地名を歩く―山田秀三の地名研究から」/留萌市で「伊能忠敬・大図」と「松浦武四郎・国郡検討図」が展示されます「アイヌ語地名研究会会報」 アイヌ語地名研究会 （24）2005.7

留萌市の佐賀漁場と赤灯台（地蔵慶護）「北海道れきけん」 北海道歴史研究会 （65）2007.9

留萌町

留萌地方にみる栽培植物の歩みについて―アイヌ民族の食物、幕末庄内藩の開発、明治期の試作（高橋明雄）「留萌市海のふるさと館紀要」 留萌市海のふるさと館 16 2005.3

留萌町潮静尋常小学校

資料紹介 昭和九年 郷土誌 留萌町潮静尋常小学校 全潮静青年学校（福士廣志、高橋勝也）「留萌市海のふるさと館紀要」 留萌市海のふるさと館 15 2004.3

北海道　　　　　　　　　　　地名でたどる郷土の歴史　　　　　　　　　　　　　東日本

留萌町潮静青年学校

資料紹介 昭和九年 郷土誌 留萌町潮静尋常小学校 全潮静青年学校（福士廣志，高橋勝也）「留萌市海のふるさと館紀要」 留萌市海のふるさと館　15　2004.3

礼髭村

礼髭村の沿革（松村三鈴）「永 福島町史研究会会報」 福島町史研究会　2　2003.2

烈々布

投稿 烈々布と丘珠 札幌市東区のアイヌ語二地名について（薩川益明）「札幌の歴史 ：「新札幌市史」機関誌」 札幌市　（52）2007.2

礼文

札幌農学校所蔵博物館の利尻・礼文調査資料について（加藤克）「利尻研究 ： 利尻町立博物館年報」 利尻町立博物館　（30）2011.3

礼文島

27年ぶりの礼文島（吉井貞俊）「西宮文化協会会報」 西宮文化協会　（454）2006.1

テングサ採りの海女の出稼ぎ―三重県志摩地方から北海道利尻・礼文島へ（会田理人）「北海道開拓記念館研究紀要」 北海道開拓記念館　（39）2011.3

禄軒

郷土資料室からのつぶやき 禄軒町内誕生史「郷土研究」 砂川市教育委員会　37　2004.3

六軒村

角山の発祥は六軒村（西角山）部落民の熱意「辺地に学校を！」（歴史・点描）（斉藤松夫）「えべつの歴史 ： 市民がつくるまちのれきし」 江別市総務部　（12）2010.3

『井戸掘りで火柱』 六軒村の出来事（歴史・点描）（斉藤松夫）「えべつの歴史 ： 市民がつくるまちのれきし」 江別市総務部　（14）2012.3

若生町

八幡町古老が残した石狩市八幡町若生町の記録―田岡定男氏の「若生町の頃」（資料紹介）（三島照子）「いしかり暦」 石狩市郷土研究会　（25）2012.3

八幡町の古老が残した石狩市八幡町若生町の記録（2）田岡定男氏の「若生の頃 街の風景」（三島照子）「いしかり暦」 石狩市郷土研究会　（27）2014.3

和田

和田屯田被服庫の保存（関川修司）「北海道の文化」 北海道文化財保護協会　通号79　2007.3

和田屯田被服庫 その後（関川修司）「北海道の文化」 北海道文化財保護協会　通号80　2008.3

和田小学校

屯田の象徴・和田小学校―苦難の歴史に有終の美飾る（《和田屯田兵村特集 前編》）（島治雄）「屯田」 北海道屯田倶楽部　（46）2009.10

和田屯田兵村

はじめに（《和田屯田兵村特集 前編》）（編集部）「屯田」 北海道屯田倶楽部　（46）2009.10

序文（《和田屯田兵村特集 前編》）（伊藤初太郎）「屯田」 北海道屯田倶楽部　（46）2009.10

和田兵村史（《和田屯田兵村特集 前編》）「屯田」 北海道屯田倶楽部　（46）2009.10

和田屯田兵村のあらまし（《和田屯田兵村特集 前編》）「屯田」 北海道屯田倶楽部　（46）2009.10

蘇る和田屯田兵の開拓魂 和田屯田兵記念館（《和田屯田兵村特集 前編》）「屯田」 北海道屯田倶楽部　（46）2009.10

歴史写真集「屯田兵」から和田兵村を偲ぶ（《和田屯田兵村特集 前編》）「屯田」 北海道屯田倶楽部　（46）2009.10

和田屯田兵村関係略年表（《和田屯田兵村特集 前編》）「屯田」 北海道屯田倶楽部　（46）2009.10

屯田兵村公有財産をめぐって（4）新方式移行期に不祥事続発（《和田屯田兵村特集 前編》）（河野民雄）「屯田」 北海道屯田倶楽部　（46）2009.10

公有財産（《和田屯田兵村特集 前編》）（三澤了三）「屯田」 北海道屯田倶楽部　（46）2009.10

兵村の今昔 歴史に恵まれた環境と文化（《和田屯田兵村特集 前編》）（後藤良二）「屯田」 北海道屯田倶楽部　（46）2009.10

和田屯田被服庫の保存（和田屯田兵村特集 後編）（関川修司）「屯田」 北海道屯田倶楽部　（47）2010.4

和田屯田兵村大隊本部庁舎の変遷（猪熊樹人）「根室市歴史と自然の資料館紀要」 根室市歴史と自然の資料館　（24）2012.3

子思孫尊 和田兵村の給与地守り抜く 16軒の牧場経営者（中神哲二）「屯田」 北海道屯田倶楽部　（54）2013.10

和田村

和田村のいわれ（《和田屯田兵村特集 前編》）「屯田」 北海道屯田倶楽部　（46）2009.10

稚内

北の旅 稚内（大山照代）「むかしの馬宮」 馬宮郷土史同好会　（30）2011.3

稚内半島

稚内半島のアイヌ語地名（宮崎耕太）「アイヌ語地名研究」 アイヌ語地名研究会，北海道出版企画センター（発売）通号10　2007.12

輪厚

難読アイヌ語地名「輪厚」を「輪ッ津」に（横平弘）「アイヌ語地名研究」 アイヌ語地名研究会，北海道出版企画センター（発売）通号14　2011.12

輪津

勧農協会報告 第45号 月寒村字輪津移住概況「郷土研究北ひろしま」 北広島郷土史研究会　（17）2005.9

輪厚官林

風土略記 地理課山林係 野津幌官林、月寒官林、輪厚官林、島松官林「郷土研究北ひろしま」 北広島郷土史研究会　（17）2005.9

輪西

室蘭最初の停車場と幻の輪西旧市街（調査研究報告）（井口利夫）「茂呂瀾」 室蘭地方史研究会　（45）2011.3

サロン 輪西界隈の昔をたずねる―市民活動ミュージアム展示資料紹介（事務局）「茂呂瀾」 室蘭地方史研究会　（46）2012.3

屯田兵交友財産をめぐって（10）士別村に置かれた輪西屯田兵村部会（河野民雄）「屯田」 北海道屯田倶楽部　（52）2012.10

輪西屯田

士別にあった輪西屯田公有地（河野民雄）「屯田」 北海道屯田倶楽部　（40）2006.10

輪西屯田兵村

士別村にあった輪西屯田兵村（河野民雄）「北海道史研究協議会会報」 北海道史研究協議会　（78）2006.5

東北

会津三方道路
阿賀町岡沢から見た会津三方道路（齋藤正美）「阿賀路 ： 東蒲原郡郷土誌」 阿賀路の会 52 2014.5

羽州
澤為量戊辰戦争史料の事（3）―松島湾上陸から羽州戦線陣容まで、並びに羽州戦線概要日誌（神宮滋）「北方風土 ： 北国の歴史民俗考古研究誌」 イズミヤ出版 通号45 2003.2

戊辰羽州戦争と大村藩―大村隊羽州久保田から庄内鶴岡へ（松井保男）「大村史談」 大村史談会 55 2004.3

羽州私領御手船の造立と大石田河岸（《最上川にかかわる絵図・絵画資料の研究》）（小山義雄）「最上川文化研究」 東北芸術工科大学東北文化研究センター （4） 2006.3

戊辰戦争羽州戦線における情報探索―副総督澤為量公記録より（神宮滋）「北方風土 ： 北国の歴史民俗考古研究誌」 イズミヤ出版 通号55 2008.1

化政期における羽州幕領廻米と酒田湊―郡中惣代の「湊渡切」要求と実際（横山昭男）「地方史研究」 地方史研究協議会 62（1）通号355 2012.2

羽州私領御手船の造立と大石田河岸（小山義雄）「山形県地域史研究」 山形県地域史研究協議会 （38） 2013.2

奥羽
天保4年の奥羽飢饉聞書について（菊池勇夫）「キリスト教文化研究所研究年報 ： 民族と宗教」 宮城学院女子大学キリスト教文化研究所 （36） 2003.3

『僧妙達蘇生注記』と十一・二世紀の奥羽社会（大石直正）「東北学院大学東北文化研究所紀要」 東北学院大学東北文化研究所 （37） 2005.11

奥羽道記の紹介―水戸黄門の家臣丸山可澄の津軽紀行（佐藤博）「東奥文化」 青森県文化財保護協会 通号77 2006.3

古文書解読講座について（5）『奥羽戦日記 上』からみた戊辰戦争―東北からの視点（水久保克英）「研究紀要」 南相馬市博物館 （9） 2007.3

奥羽古代・中世交易史―西と南を視野に入れて（《特集 平泉、一万年の系譜のもとに》）（柳原敏昭）「東北学. ［第2期］」 東北芸術工科大学東北文化研究センター，柏書房（発売）（16） 2008.8

奥六部から奥羽両国へ―平泉の政権の成り立ちをふりかえって（《特集 平泉、一万年の系譜のもとに》）（入間田宣夫）「東北学. ［第2期］」 東北芸術工科大学東北文化研究センター，柏書房（発売）（16） 2008.8

奥羽松前巡見使の足跡（細井計）「いわて文化財」 岩手県文化財愛護協会 （230） 2009.3

奥羽従軍日誌（高橋玲子）「岩手の古文書 ： the Iwate journal of diplomatics」 岩手古文書学会 （2） 2009.3

講演 古代奥羽の蝦夷支配（熊谷公男）「米沢史学」 米沢史学会（山形県立米沢女子短期大学日本史学科内）（25） 2009.10

奥羽の山道と海道（真山悟）「東北歴史博物館研究紀要」 東北歴史博物館 （13） 2012.3

豊臣政権の関東・奥羽政策（中野等）「茨城県史研究」 茨城県教育委員会 （97） 2013.3

丸山可澄著『奥羽道記』を読む（堀切武）「郷土ひたち」 郷土ひたち文化研究会 （63） 2013.3

奥羽安東氏と織田政権の交渉に関する二点の史料（羅針盤）（功刀俊宏）「戦国史研究」 戦国史研究会，吉川弘文館（発売）（68） 2014.8

奥羽仕置と稗貫氏―『稗貫家譜』の分析から（熊谷隆次）「弘前大学国史研究」 弘前大学国史研究会 （137） 2014.10

奥羽北部
9世紀前半における奥羽北部の城柵（樋口知志）「国史談話会雑誌」 東北大学国史談話会 （50） 2010.3

奥羽列藩
連載 京都守護職の苦悩 会津救済としての奥羽列藩同盟（鈴木荘一）「会津人群像」 歴史春秋出版 （27） 2014.8

横黒線
資料散歩 記念出版物に見る大正13年の「横黒線全通」（塩図彦）「横手郷土史資料」 横手郷土史研究会 （84） 2010.3

奥州
奥州探題・大崎氏と氏家氏（小竹弘則）「氏家の歴史と文化」 氏家歴史文化研究会 2 2003.3

将門伝承の伝播―下総相馬氏から奥州相馬氏へ（岡田清一）「沼南町史研究」 沼南町教育委員会 7 2003.3

『奥州道中絵図』（木目沢伝重郎家文書一1、部分）（轡田克史）「福島県史料情報 ： 福島県歴史資料館」 福島県立文化振興財団 9 2004.9

蝦夷征伐と奥州合戦―蝦夷の反乱（菊池利雄）「郷土の研究」 国見町郷土史研究会 （35） 2005.3

特別寄稿 奥州古鍛冶への思いとふるさとの刀工たち（中鉢弘）「東磐史学」 東磐史学会 （31） 2006.8

上総国萬喜城（木）城主の謎 奥州の藤原氏出自か、上総の土岐氏か（川城文庫）「房総 ： 郷土の古文書研究」 川城文庫・藩政史研究会 （113） 2006.8

奥州年貢輸送と下利根川流域村々（椎名和宏）「歴史科学と教育」 歴史科学と教育研究会 （50） 2007.5

近世社会における在地の規定力―19世紀、奥州南域の斃牛馬皮取得を事例に（《50号記念特集》）（横山陽子）「千葉史学」 千葉歴史学会 （50） 2007.5

20年度委託調査・区外史料調査報告 中川番所の史料をもとめて（3）奥州幕領の廻米輸送（龍澤潤）「下町文化」 江東区地域振興部 （246） 2009.7

奥州に小野寺氏の興亡の地を訪ねる（篠崎澄子）「史談」 安蘇史談会 （27） 2011.9

奥州一覧 道中膝栗毛（二編上巻）について（篠原陸郎）「越谷市郷土研究会会報 ： 古志賀谷」 越谷市郷土研究会 （16） 2011.12

奥州藤原文化の背景（天童市民史跡めぐり特集）（湯村章男）「郷土てんどう ： 天童郷土研究会会報」 天童郷土研究会 （40） 2012.2

12世紀前後における奥州藤原氏と北海道の関連について（越田賢一郎）「平泉文化研究年報」 岩手県教育委員会 （12） 2012.3

応永の乱と奥州長沼氏―応永の乱後の奥州支配体制をめぐって（江田郁夫）「栃木県立博物館研究紀要. 人文」 栃木県立博物館 （30） 2013.3

平安時代における奥州の規定性―九世紀陸奥海溝地震を切り口に（2012年度東北史学会大会 公開講演要旨）（保立道久）「歴史」 東北史学会 120 2013.4

東北・奥州の歴史を訪ねて（甲斐泰）「延岡史談会報」 延岡史談会 （25） 2014.3

奥郡
古代陸奥国の「奥郡」とその性格―「奥邑・奥県」、「奥地」との比較検討を通して（武廣亮平）「史叢」 日本大学史学会 （77） 2007.9

オトモ
主として東北に散在する「オトモ」地名の調査と報告／村崎先生のオトモ地名「全国地名研究交流誌 地名談話室」 日本地名研究所 （25） 2009.8

北東北
特別展 北東北三県共同展「描かれた北東北」「岩手県立博物館だより」 岩手県文化振興事業団 102 2004.7

中世・北東北の豪族たちの領地と戦乱（高橋暁樹）「北方風土 ： 北国の歴史民俗考古研究誌」 イズミヤ出版 通号48 2004.7

北東北3県共同展 描かれた北東北（熊谷常正）「擬宝珠」 盛岡の歴史を語る会 （150） 2004.11

北東北における民族形成の系譜について（西成辰雄）「北方風土 ： 北国の歴史民俗考古研究誌」 イズミヤ出版 通号51 2006.1

防御性集落とその時代―前九年・後三年の合戦前夜の北東北（工藤雅樹）「東北歴史博物館研究紀要」 東北歴史博物館 通号7 2006.3

城柵の北の平安時代―平安後期の北東北地方と出土文字資料（講演）（鐘江宏之）「学習院史学」 学習院大学史学会 （44） 2006.3

特別展紹介 北東北三県共同展「北東北自然史博物館」「秋田県立博物館ニュース」 秋田県立博物館 （143） 2007.6

北東北中部の鉱山ものがたり（高橋暁樹）「北方風土 ： 北国の歴史民俗考古研究誌」 イズミヤ出版 通号62 2011.7

三陸
宮城県社会奉仕団と三陸地震津波（羽生正一）「郷土たじり」 田尻郷土研究会 （26） 2004.3

『慶長日件録』の慶長三陸津波関連記事―地震学に果たすべき歴史学の役割（下川雅弘）「史叢」 日本大学史学会 （80） 2009.3

「地場資本」による海運インフラ整備事業と地方行政の対応―明治後期三陸汽船株式会社の設立過程を事例に（大会報告要旨）（佐藤文吉）「交通史研究」 交通史学会，吉川弘文館（発売）（72） 2010.10

「地場資本」による海運インフラ整備事業と地方行政の対応―明治後期

三陸汽船株式会社の設立過程を事例に（第36回交通史研究会大会 共通論題「東北地方の交通と交易」─共通論題論文）（佐藤文吉）「交通史研究」 交通史学会，吉川弘文館（発売） (73) 2011.1

津浪と人間 「昭和三陸地震(1933年)津波に関する考察」(昭和8年『鉄塔』)(寺田寅彦)「足立史談会だより」 足立史談会 (278)（別冊）2011.5

三陸巨大地震に寄せて（広谷喜十郎）「秦史談」 秦史談会 (163) 2011.6

官報掲載の明治三陸大津波（山内幹夫）「福島県史料情報 : 福島県歴史資料館」 福島県文化振興財団 (30) 2011.7

三陸の漁村の記憶（特集 地震・津波・原発─東日本大震災）（森本孝）「東北学．[第2期]」 東北芸術工科大学東北文化研究センター，柏書房（発売） (28) 2011.8

座談 三陸の海、歴史と風土そして復興─浦々の漁民たちの暮らしとネットワーク（特集 東北の海─東日本大震災2）（森本孝，川島秀一，田口洋美）「東北学．[第2期]」 東北芸術工科大学東北文化研究センター，柏書房（発売） (28) 2011.8

慶長大津波と震災復興（特集 東北の海─東日本大震災2）（蝦名裕一）「東北学．[第2期]」 東北芸術工科大学東北文化研究センター，柏書房（発売） (29) 2011.11

明治三陸津波における義捐金と寄贈品（特集 東北の海─東日本大震災2）（竹原万雄）「東北学．[第2期]」 東北芸術工科大学東北文化研究センター，柏書房（発売） (29) 2011.11

明治29年の三陸大津波（特集 東日本大震災 各地の報告（続））（大西恵美子）「仙台郷土研究」 仙台郷土研究会 36 (2) 通号283 2011.12

三陸沿岸の復興なくして、岩手の復興はあり得ない（特集 新天地の町づくり村づくり 津波にも負けず）（大内豊）「いわて文化財」 岩手県文化財愛護協会 (248) 2012.3

明治29年三陸大津波 宮城集治監雄勝分監遭厄記録（柴修也）「歴研みやぎ」 宮城県歴史研究会 (87) 2012.3

石に刻まれた明治29年・昭和8年の三陸沖地震津波（目時和哉）「岩手県立博物館研究報告」 岩手県文化振興事業団 (30) 2013.3

大会報告特集 論説 『慶長津波』の矮小化がもたらしたもの（岩本由輝）「宮城歴史科学研究」 宮城歴史科学研究会 (72・73) 2013.9

三陸はどこ（本田義幾）「会報いしばし」 石橋郷土史研究会 2013年秋季号 2013.9

三陸沿岸、今─気仙沼/長面浦/雄勝 2013年11月（渡部桂）「東北学．[第3期]」 東北芸術工科大学東北文化研究センター，はる書房（発売）3 2014.1

『小樽新聞』掲載明治三陸地震・津波関係記事：目録と紹介（会田理人）「北海道開拓記念館研究紀要」 北海道開拓記念館 (42) 2014.3

明治三陸地震津波の新聞報道と絵画─洋画家・中村不折による『日本』の挿画から（研究報告）（林誠）「長野県立歴史館研究紀要」 長野県立歴史館 (20) 2014.3

明治三陸大海嘯と細谷十太夫（特集 東日本大震災 各地の報告（続々））（佐藤千尋）「仙台郷土研究」 仙台郷土研究会 39 (1) 通号288 2014.6

三陸沿岸、今─気仙沼唐桑から南三陸町志津川にかけて 2014年6月（蛭原一平）「東北学．[第3期]」 東北芸術工科大学東北文化研究センター，はる書房（発売）4 2014.7

三陸文化復興プロジェクトの取り組み（小特集 東日本大震災と地方史研究）（小笠原晋）「地方史研究」 地方史研究協議会 64 (4) 通号370 2014.8

三陸地方五十物の商業活動（大西恵美子）「仙台郷土研究」 仙台郷土研究会 39 (2) 通号289 2014.12

三陸海岸

写真 三陸海岸の津波の碑（特集 地震・津波・原発─東日本大震災）（野添憲治）「東北学．[第2期]」 東北芸術工科大学東北文化研究センター，柏書房（発売） (28) 2011.8

三陸海岸、今─釜石市から久慈市にかけて 2013年5月（蛭原一平）「東北学．[第3期]」 東北芸術工科大学東北文化研究センター，はる書房（発売）2 2013.7

白神山地

世界遺産シンポジウム みちのく世界遺産 出羽三山/平泉/白神山地─東北に息づく地域文化を未来へ（黒田乃生，牧田肇，高野公男，入間田宣夫）「まんだら : 東北文化友の会会報」 東北芸術工科大学東北文化研究センター (30) 2007.2

世界遺産のある山 白神山地の森林のいま─森の管理と利用、そして自然林の再生《特集 東北の森一万年の旅》（牧田肇）「東北学．[第2期]」 東北芸術工科大学東北文化研究センター，柏書房（発売） (14) 2008.2

津軽学─白神山地とまちづくり（北のまほろば 津軽再発見）（渋谷拓弥）「津軽学 : 歩く見る聞く津軽」 津軽に学ぶ会 (9) 2014.4

中奥

中世南部氏の北・中奥における地域展開（滝尻侑貴）「東奥文化」 青森県文化財保護協会 通号82 2011.3

出羽

出羽の庶民江戸へ行く─伊勢参宮記に記録された江戸風景（大内町古文書解読会）「北方風土 : 北国の歴史民俗考古研究誌」 イズミヤ出版 通号45 2003.2

近世前期出羽幕領御城米の払方について（本間勝喜）「西村山地域史の研究」 西村山地域史研究会 (22) 2004.9

西和賀地域の山ふところ、そのくらし─そして和我ノ君・計安塁の出羽との交流、清原氏のくらしをみる（高橋暁樹）「北方風土 : 北国の歴史民俗考古研究誌」 イズミヤ出版 通号53 2007.1

明和元年出羽幕領の佐渡廻米（本間勝喜）「山形県地域史研究」 山形県地域史研究協議会 (32) 2007.2

古代東北の陸奥・出羽の産金と駿馬・農耕開拓、そして清原氏と平泉藤原氏と十三藤原氏と平泉の文化遺産をみる（高橋暁樹）「北方風土 : 北国の歴史民俗考古研究誌」 イズミヤ出版 通号55 2008.1

沢内の湖と狩人伝説、西和賀の風俗、そして出羽との交流（高橋暁樹）「北方風土 : 北国の歴史民俗考古研究誌」 イズミヤ出版 通号56 2008.6

出羽の城柵と由理柵（公開講演会より）（小松正夫）「由理 : 本荘由利地域史研究会・会誌」 本荘由利地域史研究会 (3) 2010.12

近世中期出羽幕領の廻米請負をめぐって（本間勝喜）「山形県地域史研究」 山形県地域史研究協議会 (38) 2013.2

第320回例会法話 平泉・出羽そして平民（吉田歓）「故town」 米沢温故会 (40) 2013.8

出羽への道（淳足柵・磐舟柵）（鰐渕好輝）「郷土新潟」 新潟郷土史研究会 (54) 2014.3

出羽の蝦夷と柵戸（会員論考）（仲川成章）「由理 : 本荘由利地域史研究会・会誌」 本荘由利地域史研究会 (7) 2014.12

出羽三山

世界遺産シンポジウム みちのく世界遺産 出羽三山/平泉/白神山地─東北に息づく地域文化を未来へ（黒田乃生，牧田肇，高野公男，入間田宣夫）「まんだら : 東北文化友の会会報」 東北芸術工科大学東北文化研究センター (30) 2007.2

出羽三山宿坊集落

宿坊町のいま昔 出羽三山宿坊集落の現在《特集 旅学の時代》（吉住登志喜）「別冊東北学」 東北芸術工科大学東北文化研究センター，作品社（発売）8 2004.8

出羽七郡

資料紹介 元禄国絵図（出羽七郡絵図）について（佐藤隆）「秋田県公文書館だより」 秋田県公文書館 (23) 2009.3

出羽国七郡絵図の魅力（太田研）「古文書倶楽部」 秋田県公文書館 (58) 2014.3

出羽国

県歴史資料館 陸奥出羽国郡行程全図「文化福島」 福島県文化振興事業団 34 (4) 通号387 2004.7

古代国家と出羽国（吉田歓）「置賜文化」 置賜史談会 (105) 2005.7

第24回談話会 古代史からみた寒河江荘の成立─馬・金・皮から出羽国荘園成立の前提を考える（三上喜孝）「西村山地域史の研究」 西村山地域史研究会 (24) 2006.9

古代出羽国の水駅─野後駅推定地の駒籠楯跡を中心に（大会報告要旨）（阿部明彦）「交通史研究」 交通史学会，吉川弘文館（発売） (72) 2010.10

製鉄地名から地域の歴史を探る─中世初期の出羽国の製鉄をめぐって（木村清幸）「秋田地名研究年報」 秋田地名研究会 (26) 2010.12

講演 出羽国ができるころ（総会・研究大会）（川崎利夫）「山形県地域史研究」 山形県地域史研究協議会 (36) 2011.2

昭和25年の奇跡 「出羽一国御絵図」の再発見─数奇な運命をたどった巨大国絵図（柴田知彰）「古文書倶楽部」 秋田県公文書館 (44) 2011.11

平泉藤原氏と出羽国（天童市民史跡めぐり特集）（川崎利夫）「郷土てんどう : 天童郷土研究会会報」 天童郷土研究会 (40) 2012.2

享保十八年出羽国における幕府の米買上げ（本間勝喜）「西村山地域史の研究」 西村山地域史研究会 (30) 2012.9

太古・古代・中世・近世の陸奥と出羽国の歴史を辿る─西和賀・和賀・黒沢尻・北上・稗貫・宮守・協和・雄物川（高橋暁樹）「西和賀史談」 西和賀史談会 (7) 2013.3

百家風発 太古・古代・中世・近世の陸奥と出羽の歴史を掘る 西和賀、和賀、黒沢尻、北上、稗貫、宮守、協和（高橋暁樹）「北方風土 : 北国の歴史民俗考古研究誌」 イズミヤ出版 (66) 2013.6

地名が語る古代出羽国の建国（研究）（長瀬一男）「郷土てんどう : 天童郷土研究会会報」 天童郷土研究会 (42) 2014.2

出羽柵

天平九年大野東人の多賀柵・出羽柵直路開通計画挫折考（田牧久穂）「北方風土 : 北国の歴史民俗考古研究誌」 イズミヤ出版 通号49 2005.1

東奥

森嘉兵衛資料集「東奥古傳」(白根光久)「岩手の古文書 ： the Iwate journal of diplomatics」 岩手古文書学会 (24) 2010.3

東北

昆布とつぼの碑—函館と東北の昔の話(大石圭一)「いしがみ ： 郷土文化誌」 「いしがみ」刊行会 (11) 2000.12

東北と沖縄研究 東北と沖縄研究 眼前から歴史的諸相(田場由美雄)「東北学. [第1期]」 東北芸術工科大学東北文化研究センター, 作品社(発売) 6 2002.4

火打石と火打鉄 東北地方南部の鍛冶技術補遺(野崎準)「東北学院大学東北文化研究所紀要」 東北学院大学東北文化研究所 (34) 2002.9

中世東北の境界(大石直正)「東北学. [第1期]」 東北芸術工科大学東北文化研究センター, 作品社(発売) 7 2002.10

近代と東北(川西英通)「東北学. [第1期]」 東北芸術工科大学東北文化研究センター, 作品社(発売) 7 2002.10

「東北学」から「部落学」へ(辻本正教, 赤坂憲雄)「別冊東北学」 東北芸術工科大学東北文化研究センター, 作品社(発売) 5 2003.2

〈東北と部落差別〉「別冊東北学」 東北芸術工科大学東北文化研究センター, 作品社(発売) 5 2003.2

東北の空に響く「部落の音」「怒」メンバーに聞く(田口泰正)「別冊東北学」 東北芸術工科大学東北文化研究センター, 作品社(発売) 5 2003.2

大阪の部落から 東北人のための部落問題入門講座(小島伸豊)「別冊東北学」 東北芸術工科大学東北文化研究センター, 作品社(発売) 5 2003.2

〈東北の声が聴きたい 関東甲信越・部落史研究者からのメッセージ〉「別冊東北学」 東北芸術工科大学東北文化研究センター, 作品社(発売) 5 2003.2

部落差別のあり方と東北の特質を考えたい(藤沢靖介)「別冊東北学」 東北芸術工科大学東北文化研究センター, 作品社(発売) 5 2003.2

そして、釜ヶ崎へ あいりん地区で生きる東北の人々(馬場竹千代)「別冊東北学」 東北芸術工科大学東北文化研究センター, 作品社(発売) 5 2003.2

モダニストたちの東北(小山実稚恵, 赤坂憲雄)「別冊東北学」 東北芸術工科大学東北文化研究センター, 作品社(発売) 5 2003.2

図絵紹介 鸚鵡石と『栖家の山』(小松由珠)「真澄」 秋田県立博物館菅江真澄資料センター (14) 2003.3

古代東北と阿弖流為の時代(高橋暁樹)「湯田史談」 湯田史談会 (21) 2003.3

飢餓の宗教・即身仏 木食行・飢饉・トチモチ正月・焼畑 連載・東北の原風景(8)(内藤正敏)「東北学. [第1期]」 東北芸術工科大学東北文化研究センター, 作品社(発売) 8 2003.4

菅江真澄の東北学「往にし方」ざまの発見(磯沼重治)「東北学. [第1期]」 東北芸術工科大学東北文化研究センター, 作品社(発売) 8 2003.4

東北と沖縄研究(2) なぜ、沖縄(の人)が東北に目を向けるのか 金城治雄の所説に即しながら(田場由美雄)「東北学. [第1期]」 東北芸術工科大学東北文化研究センター, 作品社(発売) 8 2003.4

江戸時代の『後三年合戦絵巻』(時田里志)「いわて文化財」 岩手県文化財愛護協会 196 2003.7

前九年の役と後三年の役(高橋龍大)「岩手県南史談会研究紀要」 岩手県南史談会 32 2003.7

庚申年と蝦夷戦争(宮原武夫)「千葉史学」 千葉歴史学会 (42) 2003.7

後三年の役についての一考察—軍事的観点から定説を検討する(佐藤真基夫)「北方風土 ： 北国の歴史民俗考古研究誌」 イズミヤ出版 通号46 2003.8

古代東北と阿弖流為の時代(高橋暁樹)「北方風土 ： 北国の歴史民俗考古研究誌」 イズミヤ出版 通号46 2003.8

資料 番付「東北六縣繁華市街鑑」「奥羽史談」 奥羽史談会 113 2003.9

東北における織豊系城郭研究10年の現状と課題(近藤真佐夫)「織豊城郭」 織豊期城郭研究会 (10) 2003.9

東北における市町村合併の現状(阿部和夫)「全国地名研究交流誌 地名談話室」 日本地名研究所 18 2003.9

もう一つの東北地方の鍛冶技術—「奥州丸」から「金研刀」まで(野崎準)「東北学院大学東北文化研究所紀要」 東北学院大学東北文化研究所 (35) 2003.9

東北を歩く 東北人のための部落問題入門講座II(小島伸豊)「別冊東北学」 東北芸術工科大学東北文化研究センター, 作品社(発売) 7 2004.1

文室氏と律令国家東北経略(中村光一)「町史研究伊奈の歴史」 伊奈町 8 2004.3

講演 8世紀東北の住民(伊藤玄三)「法政史学」 法政大学史学会 (61) 2004.3

講演 宝暦・天明期の経済政策と物流(細井計)「歴史」 東北史学会 102 2004.4

蝦夷征討(菅野守男)「船引地方史研究」 船引地方史研究会 (11) 2004.6

韓国と東北を繋ぐ橋 日韓交流の仕掛け人たち(《特集 旅学の時代》)(千葉由香)「別冊東北学」 東北芸術工科大学東北文化研究センター, 作品社(発売) 8 2004.8

古代の東北に思いを馳せて—新直木賞作家・熊谷達也さんに聞く「まんだら ： 東北文化友の会会報」 東北芸術工科大学東北文化研究センター (21) 2004.11

鉱山伝承小考—東北地方の金属鉱山(野崎準)「東北学院大学東北文化研究所紀要」 東北学院大学東北文化研究所 (36) 2004.11

東北地方における人口動向と商業集積の変化(千葉昭彦)「東北学院大学東北文化研究所紀要」 東北学院大学東北文化研究所 (36) 2004.11

描かれた北東北 人々の姿写す絵画資料(川向富貴子)「擬宝珠」 盛岡の歴史を語る会 (151) 2004.12

戊辰戦争とは一近現代「東北」の基層(小池純一)「東北戊辰戦争懇話会報」 東北戊辰戦争懇話会 2 2004.12

参考資料 道の記(丹羽子爵夫人記)「東北戊辰戦争懇話会報」 東北戊辰戦争懇話会 2 2004.12

『古代「えみし」社会の成立とその系統的位置付け』(女鹿潤哉)「北海道・東北史研究」 北海道出版企画センター (1) 2004.12

東北地方の雑穀栽培農耕から見た稲作以前の用具(名久井文明)「東北学. [第2期]」 東北芸術工科大学東北文化研究センター, 柏書房(発売) (2) 2005.2

北の雑穀農耕(山田悟郎)「東北学. [第2期]」 東北芸術工科大学東北文化研究センター, 柏書房(発売) (2) 2005.2

貫井川上流を考える—練馬にもあった東北の谷地(宮城正勝)「練馬区地名研究会会報」 練馬区地名研究会 (71) 2005.3

富山の関東・東北移民と北海道移民(前田英雄)「近代史研究」 富山近代史研究会 (28) 2005.3

湖北路を歩いた人々 東北農民の湖北紀行(1)～(2)(江竜喜之)「長浜城歴史博物館友の会友の会だより」 長浜城歴史博物館友の会 65/66 2005.3/2005.4

《特集 東北の農耕文化》「東北芸術工科大学東北文化研究センター研究紀要」 東北芸術工科大学東北文化研究センター 通号4 2005.3

東北の農耕事情と民俗芸能(菊池和博)「東北芸術工科大学東北文化研究センター研究紀要」 東北芸術工科大学東北文化研究センター 通号4 2005.3

現代語訳 雪の山越(田口昌樹)「北方風土 ： 北国の歴史民俗考古研究誌」 イズミヤ出版 通号50 2005.7

東北学事始？(大室幹雄)「東北学. [第2期]」 東北芸術工科大学東北文化研究センター, 柏書房(発売) (4) 2005.8

蝦夷反乱 北の民の目覚め豪華建物 朝廷の力誇示「擬宝珠」 盛岡の歴史を語る会 (157) 2005.10

律令国家東北経略と上野国—人員・物資の移動経路を中心として(中村光一)「群馬文化」 群馬県地域文化研究協議会 (284) 2005.10

菅江真澄 日記の中の災害史—東北・北海道編(井筒桃子)「真澄学」 東北芸術工科大学東北文化研究センター (2) 2005.11

東北戦国武者の技術文化—東国武士の技術文化 補遺(野崎準)「東北学院大学東北文化研究所紀要」 東北学院大学東北文化研究所 (37) 2005.11

何故「東北は日本のスコットランドたれ」なのか(田村眞一)「仙台郷土研究」 仙台郷土研究会 30(2)通号271 2005.12

東北と将棋—庄内三郡将棋番附(エッセイ)(《特集 東北の地域のいま》)(増川宏一)「東北学. [第2期]」 東北芸術工科大学東北文化研究センター, 柏書房(発売) (6) 2006.1

対談 東北遺産とは何か(《特集 東北遺産を探る》)(高野公男, 赤坂憲雄)「まんだら ： 東北文化友の会会報」 東北芸術工科大学東北文化研究センター (26) 2006.2

東北芸術工科大学芸術学部歴史遺産学科 東北文化コース新設記念シンポジウム 自然とともに生きる人々へのまなざし—環境、生業、技術の視座から(《特集 東北遺産を探る》)(入間田宣夫, 赤坂憲雄, 田口洋美, 北野博司, 六車由実)「まんだら ： 東北文化友の会会報」 東北芸術工科大学東北文化研究センター (26) 2006.2

東北産業博覧会と宮沢賢治(中地文)「仙臺文化往来」「仙臺文化」編集室 (3) 2006.8

養蚕と蚕糸業で開けた東北商都(丹治伸吉)「すぎのめ」 福島市杉妻地区史跡保存会 (29) 2007.1

朝鮮半島と東北文化の歴史的交流(岩舞通明)「山形県地域史研究」 山形県地域史研究協議会 (32) 2007.2

昭和初期東北地方における百貨店の催物—三越仙台支店、藤崎を事例に(加藤諭)「東北文化研究室紀要」 東北大学大学院文学研究科東北文化研究室 48 2007.3

東北像再考 地域へのまなざし、地域からのまなざし—その概要とこれからの展望(〈東北文化公開シンポジウム〉)(佐倉由泰)「東北文化研究室紀要」 東北大学大学院文学研究科東北文化研究室 48 2007.3

東北と琉球弧—島尾敏雄「ヤポネシア論」の視界(〈東北文化公開シンポジウム〉)(柳原敏昭)「東北文化研究室紀要」 東北大学大学院文学研

究科東北文化研究室　48　2007.3

湖北路を歩いた人々　東北農民の湖北紀行(1)～(2)「長浜城歴史博物館友の会友の会だより」　長浜城歴史博物館友の会　(89)/(90)　2007.3/2007.4

東北地方のアイヌ地名と北からの文化(講演)(佐々木高明)「地名探究」　京都地名研究会　(5)　2007.3

特別寄稿　東北の国からの葉山地名考(1)～(3)(辻井善弥)「郷土誌葉山」　葉山郷土史研究会　(4)/(6)　2007.4/2009.4

東北の焼畑再考《(特集　焼畑と火の思想)》(岡惠六)「東北学. [第2期]」　東北芸術工科大学東北文化研究センター, 柏書房(発売)　(11)　2007.5

エッセイ　東北の土蔵(小林澄夫)「東北学. [第2期]」　東北芸術工科大学東北文化研究センター, 柏書房(発売)　(12)　2007.8

戻りの言葉の地方・東北—『神秘日本』を読み直す《(特集 明日の岡本太郎)》(森繁哉)「東北学. [第2期]」　東北芸術工科大学東北文化研究センター, 柏書房(発売)　(13)　2007.11

水戸藩と東北戊辰戦争(3)(清水理繪)「東北戊辰戦争懇話会報」　東北戊辰戦争懇話会　(5)　2007.12

東北戊辰戦争と講話義士伝(太畑重秋)「東北戊辰戦争懇話会報」　東北戊辰戦争懇話会　(5)　2007.12

東北太平記と鶴ヶ崎順法寺城(金子潤子)「うそり」　下北の歴史と文化を語る会　通号44　2008.2

神祇史料から窺う古代東北史(鈴木惠治)「岩手史学研究」　岩手史学会　(89)　2008.3

東北南部のアイヌ語地名(〈講演—15周年記念講演集〉)(太宰幸子)「越佐の地名」　越後・佐渡の地名を語る会　(8)　2008.3

研究ノート　焼津鰹節職人の東北地方における製造技術指導について(中村羊一郎)「焼津市史研究」　焼津市　(5)　2008.3

博物館の展示から(4)　東北地方の稲作開始—ご飯に想う(進藤秋輝)「いしぶみ」　「いしぶみ」発行所　(26)　2008.4

東北民衆史の水脈(1)　北の町の天文警世家・前原寅吉(色川大吉)「東北学. [第2期]」　東北芸術工科大学東北文化研究センター, 柏書房(発売)　(15)　2008.5

絵はがきに見る東北日本・アジア(2), (3)　韓国文化の風景[1], (2)(東北文化センター)「東北学. [第2期]」　東北芸術工科大学東北文化研究センター, 柏書房(発売)　(17)/(18)　2008.11/2009.2

「後三年の役」古戦場について(尾崎裕子)「いしぶみ」　まちだ史考会　(26)　2008.12

9世紀の〈奥地〉と元慶の乱(渕原智幸)「古代文化」　古代学協会　60(3)通号574　2008.12

東北の赤子養育政策が唐津へ流動—政策の流動がもたらしたもの(斉藤友美)「郷土史誌末盧國」　松浦党談会, 芸文堂(発売)　(176)　2008.12

疎開学童の見た米軍空襲　8月9～10日艦上機・東北大空襲「かたりべ：豊島区立郷土資料館ミュージアム開設準備だより」　豊島区立郷土資料館　(92)　2009.1

東北民衆史の水脈(2)　東北人は「御一新」に何を望んだか—避けて通れない文献史料考(色川大吉)「東北学. [第2期]」　東北芸術工科大学東北文化研究センター, 柏書房(発売)　(18)　2009.2

水戸藩と東北戊辰戦争(4)(草野楓子)「東北戊辰戦争懇話会報」　東北戊辰戦争懇話会　(6)　2009.2

方言形成と意味変化—「スガリ」を例として(澤村美幸)「東北文化研究室紀要」　東北大学大学院文学研究科東北文化研究室　50　2009.3

「最上の陣」を考える—東北の関ヶ原の合戦(田中邦彦)「懐風」　米沢御堀端史跡保存会　(34)　2009.3

被災地取材の日々(地域誌だより(12))(滝沢真喜子)「まんだら：東北文化友の会会報」　東北芸術工科大学東北文化研究センター　(39)　2009.5

東北地方の赤米地名(菅野郁雄)「杉並郷土史会史報」　杉並郷土史会　(217)　2009.9

延久蝦夷合戦の実像(大石直正)「東北学院大学中世史研究会」　(14)　2009.10

磯永和貴報告と尾﨑久美子報告によせて(シンポジウム「歴史地理学における絵図・地図」特集号)(平井松午)「歴史地理学」　歴史地理学会, 古今書院(発売)　52(1)通号248　2010.1

菅江真澄のみた農村女性たち(長島淳子)「真澄学」　東北芸術工科大学東北文化研究センター　(5)　2010.2

列島北部日本海沿岸地域における律令的支配の特質(渡部育子)「国史談話会雑誌」　東北大学国史談話会　(50)　2010.3

東北地方のあいさつ表現の分布形成過程—朝の出会い時の表現を中心にして(中西太郎)「東北文化研究室紀要」　東北大学大学院文学研究科東北文化研究室　51　2010.3

1934年東北凶作での救世軍による婦女売買防止運動(杉山博昭)「東北社会福祉史研究」　東北社会福祉史研究会連絡会　(28)　2010.3

特派員レポート(4)　宮本常一の日記と、東北・旅の記録(今石みぎわ)「まんだら：東北文化友の会会報」　東北芸術工科大学東北文化研究センター　(44)　2010.8

対談　旅—新たな風景の発見—東北・文芸・フォークロア(特集 旅学の時代へ)(佐伯一麦, 赤坂憲雄)「東北学. [第2期]」　東北芸術工科大学東北文化研究センター, 柏書房(発売)　(24)　2010.8

史料紹介　東游雑記 上(弘前大学人文学部附属亀ヶ岡文化研究センター所蔵成田彦栄氏旧蔵図書)(上條信彦, 市毛幹幸)「弘前大学国史研究」　弘前大学国史研究会　(129)　2010.10

近世後期における東北地方窯業の同形態製品を受容する市場領域について—上三宮焼窯跡表土採取陶片の分析から(髙橋拓)「米沢史学」　米沢史学会(山形県立米沢女子短期大学日本史学科内)　(26)　2010.10

「東北」への道(河西英通)「米沢史学」　米沢史学会(山形県立米沢女子短期大学日本史学科内)　(26)　2010.10

キャプテン・クックの太平洋探検と東北史(公開講演要旨)(平川新)「交通史研究」　交通史学会, 吉川弘文館(発売)　(72)　2010.10

人口減少時代を迎える東北地方の都市システムの動向(高野岳彦)「東北学院大学東北文化研究所紀要」　東北学院大学東北文化研究所　(42)　2010.12

史論　東北地名の特異性(山中和恵)「からいどすこーぷ」　歴史学同好会　(13)　2011.1

趣旨説明(第36回交通史研究会大会 共通論題「東北地方の交通と交易」)(原淳一郎)「交通史研究」　交通史学会, 吉川弘文館(発売)　(73)　2011.1

公開講演 キャプテン・クックの太平洋探検と東北史(第36回交通史研究会大会 共通論題「東北地方の交通と交易」)(平田新)「交通史研究」　交通史学会, 吉川弘文館(発売)　(73)　2011.1

近世東北の疱瘡対策(研究ノート)(竹原万雄)「真澄学」　東北芸術工科大学東北文化研究センター　(6)　2011.2

東遊雑記 中(弘前大学人文学部附属亀ヶ岡文化研究センター所蔵成田彦栄氏旧蔵図書)(史料紹介)(白石睦弥)「弘前大学国史研究」　弘前大学国史研究会　(130)　2011.3

東北諸方言アスペクトの捉え方(津田智史)「東北文化研究室紀要」　東北大学大学院文学研究科東北文化研究室　52　2011.3

東北地方の民話に見るオノマトペ後接辞「テ」「ト」の用法(川越めぐみ)「東北文化研究室紀要」　東北大学大学院文学研究科東北文化研究室　52　2011.3

東北地方太平洋沖大地震と津波の脅威「西上総文化会報」　西上総文化会　(71)　2011.3

巻末特集 平成の大地震・津波東北各地を襲う 瑞鳳殿・感仙殿・善応殿・大年寺山墓所に甚大な被害「藩報きずな」　仙台藩志会　(45)　2011.6

随想 戸沢氏のルーツを訪れる旅(土屋道郎)「聴雪」　新庄古文書の会　(15)　2011.7

平成23年度東北地方太平洋沖地震調査(3.11特集)(松田磐余)「Collegio」　之潮　(45)　2011.7

東日本大震災と阪神大震災の与えた課題—神戸から東北への声援(特集 地震・津波・原発—東日本大震災)(森栗茂一)「東北学. [第2期]」　東北芸術工科大学東北文化研究センター, 柏書房(発売)　(28)　2011.8

東北地方太平洋沖地震の地核変動と変動地形(特集 地震・津波・原発—東日本大震災)(渡辺満久)「東北学. [第2期]」　東北芸術工科大学東北文化研究センター, 柏書房(発売)　(28)　2011.8

東北発の震災論へ—コミュニティ交流支援の現場から(特集 地震・津波・原発—東日本大震災)(山下祐介)「東北学. [第2期]」　東北芸術工科大学東北文化研究センター, 柏書房(発売)　(28)　2011.8

公開講座 極東ロシアと東北地方との相対研究の可能性(平成23年度文部科学省オープン・リサーチ・センター整備事業「東北地方における環境・生業・技術に関する歴史動態的総合研究」)(佐々木史郎, 田口洋美, 福田正宏)「まんだら：東北文化友の会会報」　東北芸術工科大学東北文化研究センター　(48)　2011.8

被災地を訪ねる(地域誌だより(21))(滝沢真喜子)「まんだら：東北文化友の会会報」　東北芸術工科大学東北文化研究センター　(48)　2011.8

東遊雑記 下(弘前大学人文学部附属亀ヶ岡文化研究センター所蔵成田彦栄氏旧蔵図書)(史料紹介)(蒿谷大輔)「弘前大学国史研究」　弘前大学国史研究会　(131)　2011.10

東北太平洋に関する考察(澁谷聰志)「うそり」　下北の歴史と文化を語る会　(48)　2012.2

座談 大震災後の東北の自然と動物—放能汚染の状況と狩猟の環境をめぐって(佐々木洋平, 小原正弘, 溝口俊夫, 田口洋美)「東北学. [第2期]」　東北芸術工科大学東北文化研究センター, 柏書房(発売)　(30)　2012.2

「命でんでんこ」の語り継ぎ—田畑ヨシさんの紙芝居「つなみ」(特集 若者たちの東北—東日本大震災3)(山崎友子)「東北学. [第2期]」　東北芸術工科大学東北文化研究センター, 柏書房(発売)　(30)　2012.2

体に刻まれた記憶—被災地村を歩く(下)(特集 若者たちの東北—東日本大震災3)(川島秀一)「東北学. [第2期]」　東北芸術工科大学東北文化研究センター, 柏書房(発売)　(30)　2012.2

〈東北〉と呼ばれた土地から(特集 若者たちの東北—東日本大震災3)(田

附勝）「東北学．［第2期］」 東北芸術工科大学東北文化研究センター，柏書房（発売）（30）2012.2

リレー対談 若者たちの東北（1）贈答の気持ちを支える仕事（加勢宏子，竹原万雄）「まんだら：東北文化友の会会報」 東北芸術工科大学東北文化研究センター （50）2012.2

故郷・東北・農業に関する災害略史年表（ふるさとの研究）（笠松金次）「郷土の研究」 国見町郷土史研究会 （42）2012.3

非常・非命の歴史学—近世東北の災害・飢饉史（特集 災害と歴史資料保全）（菊池勇夫）「歴史」 東北史学会 118 2012.4

イベント情報 自然民俗誌「やま かわ うみ VOL.5」発刊イベント シンポジウム「震災後の表現—神戸から東北—／神戸からの発信（東北の復興・日本の明日）」「瓦版なまず」 震災・まちのアーカイブ （27）2012.4

東北大震災（東日本大震災特集）（平野末子）「郷土たどり」 田尻郷土研究会 （34）2012.5

地租改正事務局の基礎的研究—「東北地方地租改正資料」（2012年度第42回明治維新史学会大会報告要旨）（滝島功）「会報明治維新史学会だより」 明治維新史学会 （17）2012.5

手記集を介したコミュニティー市民の震災記録活動と、神戸と東北の繋がりについて（特集 地域歴史文化の形成と災害資料—認識すること・記録すること・伝えることの意味を考える）（高森順子）「Link：地域・大学・文化」 神戸大学大学院人文学研究科地域連携センター 4 2012.8

9世紀の城柵と北方社会—田村麻呂プランとその挫折（新井隆一）「弘前大学国史研究」 弘前大学国史研究会 （133）2012.10

滝島功氏「地租改正事務局の基礎的研究—「東北地方地租改正資料」—」（2012年度第42回明治維新史学会大会討論要旨）（牛米努）「会報明治維新史学会だより」 明治維新史学会 （18）2012.10

東北大地震と熊谷（調査・研究）（松岡淳一）「熊谷市郷土文化会誌」 熊谷市郷土文化会 （68）2012.11

東北アイヌ語地名と考古学（小野有五）「アイヌ語地名研究」 アイヌ語地名研究会，北海道出版企画センター（発売）（15）2012.12

有明王国の東北進出（太平洋岸）—石棺、石室、装飾画、冠より（佐々木洋）「古代朝鮮文化を考える」 古代朝鮮文化を考える会 （27）2012.12

東北地方の鉄道路線開業の歩み（特集 はつかりから、はやぶさ、へ）（原口隆行）「東北学．［第3期］」 東北芸術工科大学東北文化研究センター，はる書房（発売）1 2013.1

東北に残る最後のブルートレイン（特集 はつかりから、はやぶさ、へ）（小牟田哲彦）「東北学．［第3期］」 東北芸術工科大学東北文化研究センター，はる書房（発売）1 2013.1

東北の鉄道と文学（特集 はつかりから、はやぶさ、へ）（小関和弘）「東北学．［第3期］」 東北芸術工科大学東北文化研究センター，はる書房（発売）1 2013.1

復興ダイアリー（1）—新聞紙面にみる復興（2011.3.11〜2012.9.10）「東北学．［第3期］」 東北芸術工科大学東北文化研究センター，はる書房（発売）1 2013.1

近代日本と東北地方の鉄道（津軽の近代化と鉄道—津軽学公開講座）（老川慶喜）「津軽学：歩く見る聞く津軽」 津軽に学ぶ会 8 2013.3

戦時体制下の東北振興政策（1）—準戦時体制下の東北大凶作と農村疲弊問題（研究報告）「調査報告書」 仙台市教育委員会 31 2013.3

東北地方のアイヌ語地名の痕跡研究（20周年記念講演）（鏡味明克）「越佐の地名」 越後・佐渡の地名を語る会 （13）2013.3

企画展「未は博士か大臣か」開催記念講演会 東北に明るい光を—吉野信次と東北電力／平成25年度 各種募集のお知らせ「吉野作造記念館だより」 古川学人 （21）2013.4

復興ダイアリー（2）—新聞紙面にみる復興（2012.9.11〜2013.3.11）「東北学．［第3期］」 東北芸術工科大学東北文化研究センター，はる書房（発売）2 2013.7

東北地方の渥美と常滑（特集 シンポジウム報告）（八重樫忠郎）「知多半島の歴史と現在」 日本福祉大学知多半島総合研究所 （17）2013.10

吉田松陰の「東北遊日記」（千葉明伸）「古文書研究会報」 岩舟古文書研究会 （412）2013.11

津波伝承と防災（特集 災害の民俗知）（川島秀一）「東北学．［第3期］」 東北芸術工科大学東北文化研究センター，はる書房（発売）3 2014.1

資料は語る 東京と東北をつなぐ記憶 宮城県大川国民学校などの学校生活関連資料（山本唯人）「東京大空襲・戦災資料センターニュース：平和研究交流誌」 東京大空襲・戦災資料センター （24）2014.2

戦時体制下の東北振興政策（2）—東北の地域要望と東北振興調査会への陳情問題（研究報告）「調査報告書」 仙台市教育委員会 32 2014.3

蝦夷と呼ばれた人々—東北の受難・律令下の三十八年戦争（ふるさとの研究）（笠松金次）「郷土の研究」 国見町郷土史研究会 （44）2014.3

Q&A「写真展 東北—風土・人・くらし」の見どころは？（飯沢耕太郎）「博物館だより」 福島県立博物館 （112）2014.3

上廣歴史文化フォーラム 旅人はなぜ行くのか—東北を見つめた人々

2014年2月9日（講演会）（高橋陽一）「史の杜 ： 東北大学東北アジア研究センター上廣歴史資料学研究部門ニューズレター」 東北大学東北アジア研究センター上廣歴史資料学研究部門 （2）2014.4

特集 知ってほしい、東文研アーカイブス 「近現代の絵はがき・写真」について／絵はがきピッチピチ小話01／「空から見た東北」について「まんだら：東北文化友の会会報」 東北芸術工科大学東北文化研究センター （56）2014.11

地域に伝えられる災害伝承をいかに受け止めるのか—「津波でんでんこ」をめぐって（特集 専門知と市民知—現場から問う）（遠州尋美）「Link：地域・大学・文化」 神戸大学大学院人文学研究科地域連携センター 6 2014.12

東北縦貫自動車道

東北縦貫自動車道の回顧（後藤光弘）「尾上文誌」 尾上町郷土史研究会 平成14年版 2003.3

東北大

東北大難魂見聞録—あなたへ（特集 若者たちの東北—東日本大震災3）（鏡ともり）「東北学．［第2期］」 東北芸術工科大学東北文化研究センター，柏書房（発売）（30）2012.2

トコドの沼

「トコドの沼」（安倍貞任とエミシと差別と魔物）（松橋由雄）「北方風土：北国の歴史民俗考古研究誌」 イズミヤ出版 通号58 2009.7

なべつる線

なべつる線沿革史—「磐仙鉄道」と「磐仙軽便鉄道」（菅原良太）「東磐史学」 東磐史学会 （33）2008.8

続・なべつる線沿革史—政治と、「国有鉄道大船渡線」（菅原良太）「東磐史学」 東磐史学会 （34）2009.8

続々・なべつる線沿革史—政治と、「国有鉄道大船渡線」（菅原良太）「東磐史学」 東磐史学会 （35）2010.8

南部

近世陸奥国南部における被差別身分の実態（大内寛隆）「別冊東北学」 東北芸術工科大学東北文化研究センター，作品社（発売）5 2003.2

第54回大会を迎えるにあたって南部の風土と地域形成（《大会特集 南部の風土と地域形成》）（常任委員会）「地方史研究」 地方史研究協議会 53（4）通号304 2003.8

古代蝦夷の成立・交易・集落（《大会特集 南部の風土と地域形成》—〈問題提起〉）（八木光則）「地方史研究」 地方史研究協議会 53（4）通号304 2003.8

中世城館跡からみた室町期・戦国期南部氏の権力構造（《大会特集 南部の風土と地域形成》—〈問題提起〉）（小山彦逸）「地方史研究」 地方史研究協議会 53（4）通号304 2003.8

「南部地域」の歴史における馬産・畑作・狩猟の位置再考（《大会特集 南部の風土と地域形成》—〈問題提起〉）（榎森進）「地方史研究」 地方史研究協議会 53（4）通号304 2003.8

第54回大会を迎えるにあたって南部の風土と地域形成（《大会特集II 南部の風土と地域形成》）（常任委員会）「地方史研究」 地方史研究協議会 53（5）通号305 2003.10

海を渡る南部鉄器 300年の伝統とブランド力（滝沢真喜子）「別冊東北学」 東北芸術工科大学東北文化研究センター，作品社（発売）7 2004.1

函館で南部漂流民と対面していた帰田後の仙台漂流民—堀田正敦の「松前紀行」が教えること（鈴木道男）「ナジェージダ（希望）」 石巻若宮丸漂流民の会 9 2004.1

注釈「奥の手風俗」菅江真澄現代語訳（細川純子，今石みぎわ）「真澄学」 東北芸術工科大学東北文化研究センター （1）2004.11

南部地方における放牧馬の生態と蒼前神信仰（赤田光男）「帝塚山大学人文科学部紀要」 帝塚山大学人文科学部 （18）2005.11

近世陣屋と町の形態に関する再検討—陸奥国南部を事例として（土平博）「奈良大学紀要」 奈良大学 （37）2009.3

一揆風聞録「南部騒立一件」等（武田功）「北方風土 ： 北国の歴史民俗考古研究誌」 イズミヤ出版 通号59 2010.1

長崎貿易に占める南部昆布の歴史的意義—松前・津軽昆布との比較から（研究大会報告要旨）（菅原慶郎）「北海道史研究協議会会報」 北海道史研究協議会 （89）2011.12

奥州南部流鏑馬史—流鏑馬の変遷に国替えの及ぼした影響（黄綿昶行）「八戸地域史」 伊吉書院 （48）2011.12

奥州南部流鏑馬史（2）—八戸藩の流鏑馬（黄綿昶行）「八戸地域史」 伊吉書院 （50）2013.12

磐仙軽便鉄道

なべつる線沿革史—「磐仙鉄道」と「磐仙軽便鉄道」（菅原良太）「東磐史学」 東磐史学会 （33）2008.8

磐仙鉄道

なべつる線沿革史—「磐仙鉄道」と「磐仙軽便鉄道」（菅原良太）「東磐史学」 東磐史学会 （33）2008.8

北奥

王朝国家期の国郡制と北奥の建郡—奥州五十四郡新考（八木光則）「岩手史学研究」 岩手史学会 （84）2001.3

北方・海防問題と北奥諸藩・民衆《〈大会特集 南部の風土と地域形成〉—〈問題提起〉》（千葉一大）「地方史研究」 地方史研究協議会 53（4）通号304 2003.8

北奥の古代区画集落について（斎藤淳）「中世城郭研究」 中世城郭研究会（18）2004.7

近世北奥地域における被差別集団—弘前藩領の歴史的な実態とその編成（浪川健治）「明日を拓く」 東日本部落解放研究所，解放出版（発売）32（4）通号64 2006.3

『北奥路程記』について「擬宝珠」 盛岡の歴史を語る会 （169）2008.10

中世南部氏の北・中奥における地域展開（滝尻侑貴）「東奥文化」 青森県文化財保護協会 通号82 2011.3

古代北奥におけるロクロ食膳具の地域性（会員論文）（斎藤淳）「北奥文化：郷土誌」 北奥文化研究会 （35）2014.12

みちのく

『みちのく山河行』を考える（色川大吉）「真壁仁研究」 東北芸術工科大学東北文化研究センター （4）2003.12

史跡めぐり みちのくの旅（駒津武茂）「須高」 須高郷土史研究会 （63）2006.10

「みやこ」と「みちのく」（野崎準）「東北学院大学東北文化研究所紀要」 東北学院大学東北文化研究所 （38）2006.11

みちのくの影—「みやこ」と「みちのく」拾遺（野崎準）「東北学院大学東北文化研究所紀要」 東北学院大学東北文化研究所 （39）2007.12

記念講演「文化財」から平泉・みちのくを考える《〈創立50周年記念事業の記録〉》（大矢邦宣）「出羽路」 秋田県文化財保護協会 通号143 2008.7

関のかなた—都とみちのく 補足（野崎準）「東北学院大学東北文化研究所紀要」 東北学院大学東北文化研究所 （40）2008.12

失われたみちのく図巻—谷元旦・大野文泉の東北地方写生図をめぐって（内山捷一）「仙台市博物館調査研究報告」 仙台市博物館 （29）2009.3

みちのくの自然と史跡を訪ねて 芭蕉の奥の細道、直江兼続・上杉鷹山（米沢）《〈斎藤〉》「荒川史談」 荒川史談会 （300）2009.12

賃下げ闘争—みちのくの城下町にあった話（小野寺美代）「郷土やながわ」 福島県伊達市梁川町郷土史研究会 （16）2010.3

真澄の「ひがおもひ」—金花咲く「みちのくの山」探索（菊池勇夫）「真澄学」 東北芸術工科大学 4 2011.2

境界の東北人たち—「みやことみちのく」伝説の周辺（野崎準）「東北学院大学東北文化研究所紀要」 東北学院大学東北文化研究所 （44）2012.12

災害支援みちのくの旅—平泉・遠野・多賀城跡と災害地（史蹟を尋ねて緑の旗は行く）（今牧久）「伊那」 伊那史学会 60（12）通号1015 2012.12

「みちのく」と「万葉集」（佐藤精一）「郡山地方史研究」 郡山地方史研究会 43 2013.3

北東北みちのく文化財の旅—世界遺産をめざす縄文遺産を中心に古代中世から近代の歴史と文化を訪ねる 「増えた‥」（たかやまじゅん）「文化情報」 北海道文化財保護協会 （340）2013.11

南奥羽

「伊達氏包囲網」再考—天正16年の南奥羽の政治状況（吉村雄多）「戦国史研究」 戦国史研究会，吉川弘文館（発売）（63）2012.2

南奥州

地方史余滴 南奥州の近世に生きた人々（1）（糠沢章雄）「郡山地方史研究」 郡山地方史研究会 43 2013.3

陸奥

陸奥古代史 アイヌ語紀行（38）〜（40），（42）〜（44）（阿久津恒也）「古事記通信」 多元的古代研究会・古事記の会 57/62 2000.1/2000.6

『陸奥話記』所見の人物について（佐々木博康）「岩手史学研究」 岩手史学会 通号83 2000.2

『陸奥話記』と安倍氏（樋口知志）「岩手史学研究」 岩手史学会 （84）2001.3

小宮山楓軒の陸奥紀行について—『浴陸奥温泉記』を中心に（仲田昭一）「水戸史学」 水戸史学会 58 2003.6

陸奥話記あれこれ（小野敏男）「郷土わたり」 亘理郷土史研究会 91 2003.10

平安期の貿易決裁をめぐる陸奥と大宰府（渡邊誠）「九州史学」 九州史学研究会 （140）2005.2

古代東北の陸奥・出羽の産金と駿馬・農耕開拓、そして清原氏と平泉藤原氏と十三藤原氏と平泉の文化遺産をみる（高橋暁樹）「北方風土：北国の歴史民俗考古研究誌」 イズミヤ出版 通号55 2008.1

『陸奥話記』について（樋口知志）「歴史」 東北史学会 113 2009.9

古代陸奥国の「名取以南一十四郡」と多賀・階上二郡の権置（佐々木茂

植）「国史談話会雑誌」 東北大学国史談話会 （50）2010.3

上毛野氏及び上毛野—上野国地域とエミシ政策との関連（3）近江・上毛野・陸奥地域を結ぶワニ系氏族のあり方を中心に（小池浩平）「群馬県立歴史博物館紀要」 群馬県立歴史博物館 （33）2012.3

太古・古代・中世・近世の陸奥と出羽国の歴史を辿る—西和賀・和賀・黒沢尻・北上・稗貫・宮守・協和・雄物川（高橋暁樹）「西和賀史談」 西和賀史談会 （7）2013.3

百ország風発 太古・古代・中世・近世の陸奥と出羽の歴史を掘る 西和賀、和賀、黒沢尻、北上、稗貫、宮守、協和（高橋暁樹）「北方風土：北国の歴史民俗考古研究誌」 イズミヤ出版 （66）2013.6

陸奥南部

陸奥南部における古代交通路—郡家と官道・川・海の利用（荒木隆）「福島県立博物館紀要」 福島県立博物館 （28）2014.3

陸奥国

律令期の陸奥国官営施設における鉄器獲得方法—城柵・官衙出土鉄器の解析を通して（関博充，女鹿潤哉，赤沼英男，佐々木整）「岩手県立博物館研究報告」 岩手県文化振興事業団 （23）2006.3

古代陸奥国の「奥郡」とその性格—「奥邑・奥県」、「奥地」との比較検討を通して（武廣亮平）「史叢」 日本大学史学会 （77）2007.9

資料紹介 陸奥の国—『人国記』に見るその姿（望月健男）「郷土史三沢」 三沢郷土史研究会 （5）2009.3

陸奥国の「東山道」（神谷深）（宮下周子）「地名」 宮城県地名研究会 通号33 2011.6

過去の歴史地震・火山災害に学ぶ（3）「大地動乱の時代」—9世紀の陸奥国（柳澤和明）「いしぶみ」 「いしぶみ」発行所 （40）2012.1

過去の歴史地震・火山災害に学ぶ（4）「大地動乱の時代」—9世紀の陸奥国（柳澤和明）「いしぶみ」 「いしぶみ」発行所 （41）2012.4

『日本三大実録』より知られる貞観11年（869）陸奥国巨大地震・津波の被害とその復興（柳澤和明）「歴史」 東北史学会 119 2012.10

貞観十一年陸奥国震災記事と自然災害痕跡研究（特集 歴史地震・津波を再考察する）（斎野裕彦）「市史せんだい」 仙台市博物館 23 2013.9

陸羽

陸羽大地震を教訓に（古澤邦廣）「西和賀史談」 西和賀史談会 （3）2009.3

小字地名と地震の液状化被害地—陸羽地震と日本海中部地震に学ぶ（木村清幸）「秋田地名研究年報」 秋田地名研究会 （27）2011.12

陸羽東線

陸羽東線沿線地域における方言音の動態について（内間早俊）「東北文化研究室紀要」 東北大学大学院文学研究科東北文化研究室 53 2012.3

青森県

相内

相内御馬別當の文書（長谷川篤哉）「ふるさとなんぶ」 南部町郷土研究会 （25） 2002.7

青森

ものは語る 宇宙からのメッセンジャー「青森隕石」（島口天）「青森県立郷土館だより ： 総合博物館」 青森県立郷土館 34（1）通号126 2003.5

天明3年「大凶年店表日記写銘細書并青森出火之図」（菊池勇夫）「青森県史」 青森県 （8） 2003.12

「あおもり新発見2003展」出展資料紹介「青森県立郷土館だより ： 総合博物館」 青森県立郷土館 34（3）通号128 2003.12

史料館蔵津軽家文書『青森勤番並同所御蔵廻御締方見聞言上書』について（工藤大輔）「弘前大学国史研究」 弘前大学国史研究会 （117） 2004.10

木村秀政生誕百年記念「青森と飛行機」「青森県立郷土館だより ： 総合博物館」 青森県立郷土館 35（3）通号131 2004.11

青森 北方に向かう道に義経を偲ぶ（高木真琴）「擬宝珠」 盛岡の歴史を語る会 （160） 2006.1

青森地名雑記（中村幸弘）「地域学 ： 地域の理解にむけて」 弘前学院大学, 北方新社（発売） 4 2006.6

青森名物雪切り「細越物語」「若佐谷五郎兵衛」 （11） 2007.2

青森に於ける藍栽培と藍染（飯田美苗）「東奥文化」 青森県文化財保護協会 通号78 2007.3

企画展「養虫山人と青森」 放浪の画家が描いた明治の青森（太田原慶子）「青森県立郷土館だより ： 総合博物館」 青森県立郷土館 39（3）通号145 2008.12

都市の発展—青森 三内丸山からコンパクトシティ、そして新幹線開通まで（山下祐介）「津軽学 ： 歩く見る聞く津軽」 津軽に学ぶ会 （4） 2008.12

青森空襲〈5周年記念特集〉—伝えておきたい私の体験談・見聞録）（傳法類司）「郷土史三沢」 三沢郷土史研究会 （9） 2009.3

実地明細絵図から読み解く明治の青森（安田道）「青森県立郷土館研究紀要」 青森県立郷土館 （33） 2009.3

青森県の江戸期数学、及び算額について（吉岡政和）「東奥文化」 青森県文化財保護協会 通号81 2010.3

大正時代の青森の美術団体について（對馬恵美子）「青森県立郷土館研究紀要」 青森県立郷土館 （35） 2011.3

あおもり街角探偵団—青森の歴史を探す街歩き（佐藤良宣）「青森県立郷土館だより ： 総合博物館」 青森県立郷土館 43（2）通号154 2012.11

地図と軍部との関わり—「弘前」「青森」図を中心に（小熊健）「東奥文化」 青森県文化財保護協会 （84） 2013.3

青森再訪—文化露寇と北方警備（高橋寿之）「ナジェージダ（希望）」 石巻若宮丸漂流民の会 （30） 2013.8

青森歴史散歩で出会ったもの（井野修二）「群馬歴史散歩」 群馬歴史散歩の会 （233） 2014.3

青森学園

戦時厚生事業下における小規模な少年救護院の救護実践の実態について—青森学園の事例をとおして（佐々木光郎）「東北社会福祉史研究」 東北社会福祉史研究連絡会 （28） 2010.3

青森県

開館30周年記念展「青森県の文化財」（成田敏）「青森県立郷土館だより ： 総合博物館」 青森県立郷土館 34（1）通号126 2003.5

開館30周年記念展「青森県の文化財」紹介（岩渕宏子, 瀧本壽安）「青森県立郷土館だより ： 総合博物館」 青森県立郷土館 34（1）通号126 2003.5

「近代の青森県」コーナー（坂本壽夫）「青森県立郷土館だより ： 総合博物館」 青森県立郷土館 34（1）通号126 2003.5

出前授業いかがですか？／土曜セミナー「青森県の安産祈願」 ゲストキュレーター・長谷川方子「青森県立郷土館だより ： 総合博物館」 青森県立郷土館 34（3）通号128 2003.12

ものは語る 明治末期の引札—青森県と日露戦争（坂本壽夫）「青森県立郷土館だより ： 総合博物館」 青森県立郷土館 35（1）通号129 2004.4

県民の「記録」で作る青森県史（中園裕）「青森県史だより」 青森県環境生活部 13 2005.3

郷土館「特別展」 東奥美術展の画家たち—青森県昭和前期の美術「青森

県立郷土館だより ： 総合博物館」 青森県立郷土館 36（3）通号134 2005.9

60年前の学童集団疎開と青森県（福士光俊）「いしがみ ： 郷土文化誌」「いしがみ」刊行会 （16） 2005.12

戦時下の教育—60年前の学童集団疎開と青森県（福士光俊）「北奥文化 ： 郷土誌」 北奥文化研究会 （26） 2005.12

県史をやさしく伝えたい（中園裕）「青森県史だより」 青森県環境生活部 （14） 2006.3

六十年前の学童集団疎開と青森県（福士光俊）「東奥文化」 青森県文化財保護協会 通号77 2006.3

戦時下の教育崩壊と学徒勤労動員—青森県・西北五を中心にして（福士光俊）「北奥文化 ： 郷土誌」 北奥文化研究会 （27） 2006.10

講演集録 青森県の稲づくりの変遷（千葉純逸）「いしがみ ： 郷土文化誌」「いしがみ」刊行会 （17） 2006.12

青森県における学徒勤労動員—西北五を中心にして（研究発表）（福士光俊）「東奥文化」 青森県文化財保護協会 通号78 2007.3

青森県の看護教育（1） 旧制度の看護婦等養成について（大串靖子）「地域学 ： 地域の理解にむけて」 弘前学院大学, 北方新社（発売） 5 2007.5

南部藩領成立以前の青森県（工藤釟）「ふる里なんぶ ： 会誌」 南部町歴史研究会 （2） 2008.7

「遊浴日記」の民俗的意義について（高松敬吉）「うそり」 下北の歴史と文化を語る会 通号45 2009.3

なぜ『青森県労働運動史』は大事か—地域学における労働運動史の可能性（篠田徹）「地域学 ： 地域の理解にむけて」 弘前学院大学, 北方新社（発売） 7 2009.3

青森県における明治期の美術（對馬恵美子）「青森県立郷土館研究紀要」 青森県立郷土館 （33） 2009.3

青森県のオトモ地名（島脇芳勝）「全国地名研究交流誌 地名談話室」 日本地名研究所 （25） 2009.8

青森県の自由民権運動（橋本正信）「八戸地域史」 伊吉書院 （46） 2009.10

青森縣報にみる青森県内看護婦養成の歴史—大正期「内務省令看護婦規則」制定前後二十年間の調査（大串靖子, 木村紀美, 一戸とも子, 山本春江, 早坂佳子, 小山敦代, 田中広美）「地域学 ： 地域の理解にむけて」 弘前学院大学, 北方新社（発売） 9 2011.3

地域社会の皇族表象—昭和10年代・青森県を事例に（茂木謙之介）「東北文化研究室紀要」 東北大学大学院文学研究科東北文化研究室 52 2011.3

研究ノート「青森県地図」にみる諸問題（小熊健）「弘前大学国史研究」 弘前大学国史研究会 （131） 2011.10

青森県の軍隊絵葉書（稲垣森太）「東奥文化」 青森県文化財保護協会 （83） 2012.3

青森県の自由民権運動に寄与した「青森新聞」の役割（研究ノート）（橋本正信）「弘前大学国史研究」 弘前大学国史研究会 （132） 2012.3

青森県鉄道史概観（津軽の近代化と鉄道）（中園裕）「津軽学 ： 歩く見る聞く津軽」 津軽に学ぶ会 （8） 2013.3

講演録 青森県の歴史資料所在調査について（石塚雄士）「秋田県公文書館研究紀要」 秋田県公文書館 （19） 2013.3

青森県の母胎となった六藩と各藩主一族末裔の動向（葛西富夫）「うそり」 下北の歴史と文化を語る会 （50） 2014.2

近代日本における工業学校生の就職に関する地域的展開としての一考察—青森県を中心として（竹村俊哉）「青森県立郷土館研究紀要」 青森県立郷土館 （38） 2014.3

青森市

「昭和の大合併」への一考察—青森市・野内村合併問題を通して（末永洋一）「市史研究あおもり」 青森市 6 2003.3

青森市・相馬家文書の紹介（資料紹介）（末永洋一）「市史研究あおもり」 青森市 6 2003.3

青森市街空襲記録（芳賀助雄）「尾上文化誌」 尾上町郷土史研究会 平成14年版 2003.3

青森市の衣生活の変遷と地域的特徴—昭和初期から昭和30年代（長谷川方子）「市史研究あおもり」 青森市 7 2004.3

明治・大正・昭和初期において青森市内で発行された新聞とその所在（末永洋一）「市史研究あおもり」 青森市 7 2004.3

近世漁業調査報告（1） 近世前期における青森市周辺の沿岸漁業について（坂本壽夫）「青森県立郷土館調査研究年報」 青森県立郷土館 （30）

青森県　　　　　　　　　　　地名でたどる郷土の歴史　　　　　　　　　　　　東北

2006.3
青森市内の「天和書上絵図」について─明治期に書写された近世資料料の一断面 (工藤大輔)「弘前大学国史研究」 弘前大学国史研究会 (125) 2008.10
青森市内における暮らしの変遷─食生活を中心に (工藤睦美)「青森県立郷土館研究紀要」 青森県立郷土館 (34) 2010.3
写真で見る青森市の都市化 (安田道)「青森県立郷土館研究紀要」 青森県立郷土館 (35) 2011.3
青森市内における暮らしの変遷─衣生活を中心に (工藤睦美)「青森県立郷土館研究紀要」 青森県立郷土館 (35) 2011.3

旧青森飛行場
旧青森飛行場の歴史と現存する遺構 (稲垣森太)「東奥文化」 青森県文化財保護協会 通号79 2008.3

赤石沢目
鰺ヶ沢赤石沢目の俳諧─その史資料紹介 (1) (桜井冬樹)「北奥文化 : 郷土誌」 北奥文化研究会 (33) 2012.12

浅虫村
近世浅虫村の生産環境と居住空間 (浪川健治, 魚川江美子)「市史研究あおもり」 青森市 6 2003.3

鰺ケ沢
わが町の遺産 鰺ヶ沢の街角から (中田書矢)「津軽学 : 歩く見る聞く津軽」 津軽に学ぶ会 (4) 2008.12

鰺ケ沢町
北前船の湊・西浜を歩く─鰺ヶ沢町編 (歩く見る聞く 津軽ルポ) (須藤ゆか)「津軽学 : 歩く見る聞く津軽」 津軽に学ぶ会 (6) 2011.2

芦野
芦野開拓団 (大東ヶ丘) の60年 (葛西敏江)「かたりべ」 わがふるさとを探る会 (17) 2006.4

芦野の渡し
聞き書き 古老に聞く (加藤正彦氏) 「芦野の渡し」の思い出 (編集委員会)「いしがみ : 郷土文化誌」 「いしがみ」刊行会 (21) 2010.12

油川
油川錦屋西田家御用留とその周辺 (木村愼一)「東奥文化」 青森県文化財保護協会 通号75 2004.3
総会油川大会特別講演油川を守った先人達の事績 (木村愼一)「東奥文化」 青森県文化財保護協会 通号76 2005.3

天ヶ森
天ヶ森・砂森の集団移転 (赤沼晃)「郷土史三沢」 三沢郷土史研究会 (10) 2014.3

安渡浦
安渡浦と七軒町 (橘善光)「うそり」 下北の歴史と文化を語る会 (41) 2005.2

安渡村
南部藩安渡村の歩み─むつ市大湊上町の小史 (前田哲男)「うそり」 下北の歴史と文化を語る会 (49) 2013.2

暗門の滝
ものは語る─簑虫山人「暗門山三面瀑布之図」 (太田原慶子)「青森県立郷土館だより : 総合博物館」 青森県立郷土館 39(2)通号144 2008.8
資料紹介 平尾魯仙が見た暗門の滝─書陵部所蔵「安門瀑布紀行」の成立事情 (本田伸, 竹村俊哉)「青森県立郷土館研究紀要」 青森県立郷土館 (37) 2013.3

飯詰高楯城
飯詰高楯城について (半沢紀)「北奥文化 : 郷土誌」 北奥文化研究会 (33) 2012.12
飯詰高楯城の中世陶磁器について (会員論文) (半澤紀)「北奥文化 : 郷土誌」 北奥文化研究会 (34) 2013.11

碇ヶ関
碇ヶ関の歴史を校正にと御関所付近略絵図を贈る (西谷逸泉)「尾上文化誌」 尾上町郷土史研究会 2005年度版 2006.3
フィールド探訪「碇ヶ関編」 (弘前大学人文学部社会学研究室)「津軽学 : 歩く見る聞く津軽」 津軽に学ぶ会 (4) 2008.12

石神
田附家 (通称田元) の商いについて─田附家文書を読む (桜井冬樹)「いしがみ : 郷土文化誌」 「いしがみ」刊行会 (20) 2009.12

市子林
地名「市子林」 (1) (松橋由雄)「地名」 宮城県地名研究会 通号26 2007.11

稲生川用水
移動ふるさと歴史講座「奥州街道・稲生川用水に沿って」 (工藤明)「北奥文化 : 郷土誌」 北奥文化研究会 (32) 2011.11

稲垣
稲垣の史跡 (藤田明夫)「いしがみ : 郷土文化誌」 「いしがみ」刊行会 (15) 2004.12
稲垣歴史探索をして (藤田明夫)「いしがみ : 郷土文化誌」 「いしがみ」刊行会 (16) 2005.12
グラビア つがる市の探訪─稲垣地区 (「いしがみ」編集委員会)「いしがみ : 郷土文化誌」 「いしがみ」刊行会 (17) 2006.12
昔の農村のくらしについて 稲垣地区の高齢者 (寿幸公) に聞く (〈特集 つがる市の農業の今昔2)〉)「いしがみ : 郷土文化誌」 「いしがみ」刊行会 (18) 2007.12

稲垣村
稲垣村「沼館」 (〈特集 つがる市の農業の今昔1〉) (藤田明夫)「いしがみ : 郷土文化誌」 「いしがみ」刊行会 (17) 2006.12

今泉鉄山
今泉鉄山について─仮称「建功記」による (1) 領内鉱山と今泉鉄山原料鉄砂について (桜井冬樹)「北奥文化 : 郷土誌」 北奥文化研究会 (26) 2005.12
今泉鉄山について (2) 仮称「建功記」による (1) 炭、鉄値、経費 (桜井冬樹)「北奥文化 : 郷土誌」 北奥文化研究会 (27) 2006.10

岩木川
岩木川下流部の今昔─水害からの解放 (塚本恭一)「東奥文化」 青森県文化財保護協会 通号75 2004.3
北奥文化研究会平成15年度文化講演会記録 岩木川下流の今昔─水害からの開放 (塚本恭一)「北奥文化 : 郷土誌」 北奥文化研究会 (25) 2004.12
岩木山・岩木川が育む津軽のリンゴ (富岡誠司)「津軽学 : 歩く見る聞く津軽」 津軽に学ぶ会 (2) 2006.12
津軽岩木リゾート構想から二十年 船沢・弥生から考える、岩木山・岩木川と津軽のくらし (山下祐介)「津軽学 : 歩く見る聞く津軽」 津軽に学ぶ会 (6) 2011.2

岩木山
岩木山・岩木川が育む津軽のリンゴ (富岡誠司)「津軽学 : 歩く見る聞く津軽」 津軽に学ぶ会 (2) 2006.12
講演記録 山田野の歴史をたずねて─岩木山麓に残る旧陸軍演習場跡 (中田書矢)「いしがみ : 郷土文化誌」 「いしがみ」刊行会 (21) 2010.12
津軽岩木リゾート構想から二十年 船沢・弥生から考える、岩木山・岩木川と津軽のくらし (山下祐介)「津軽学 : 歩く見る聞く津軽」 津軽に学ぶ会 (6) 2011.2

宇曽利湖
恐山と宇曾利湖の地名考 (大八木昭)「日本地名研究所通信」 日本地名研究所 (71) 2010.1

宇曽利郷
肥後菊地一族の宇曽利郷進出説 (澁谷聰志)「うそり」 下北の歴史と文化を語る会 (47) 2011.3
中世における東の境界域と宇曾利郷─宇曽利郷の住人像と中世地名 (長谷川俊行)「うそり」 下北の歴史と文化を語る会 (50) 2014.2

宇田
「刈田・柴田・伊具・宇田・亘理 五郡南部家へ引渡留」「岩手の古文書 : the Iwate journal of diplomatics」 岩手古文書学会 (19) 2005.3

大川原
ルポ・あずましの里「大川原」読み聞き書き (佐々木牧恵)「津軽学 : 歩く見る聞く津軽」 津軽に学ぶ会 (7) 2012.3

大館村
資料 明治初期頃の大館村・現在の大館集落「いしがみ : 郷土文化誌」 「いしがみ」刊行会 (12) 2001.12

大橋村
蘇る大橋村「細越物語」 [若佐谷五郎兵衛] (11) 2007.2

大湊
大湊要港部スキー登山史 (長内誠一)「うそり」 下北の歴史と文化を語る会 38 2002.2
大湊開港運動の資料発見 (長内誠一)「うそり」 下北の歴史と文化を語る会 (40) 2004.3
昭和下北歳時記 (1) 大湊 (小川洋一)「うそり」 下北の歴史と文化を語る会 (42) 2006.4
古い絵葉書の大湊と今 (長内誠一)「うそり」 下北の歴史と文化を語る会 通号43 2007.2
旧大湊水源地水道施設 国重要文化財指定に携わって (飛内進)「うそり」 下北の歴史と文化を語る会 通号45 2009.3
大湊海軍スキー史補遺 大正15年全日本大会不参加の理由 (長内誠一)「うそり」 下北の歴史と文化を語る会 通号46 2010.3

青森県における看護教育史に関する研究—大湊海軍共済組合看護婦要請所の概要(大串靖子，田中広美，早坂佳子，木村紀美)「地域学 : 地域の理解にむけて」 弘前学院大学，北方新社(発売)8 2010.3

「大湊・青空空襲展 2010.3.13」を見て(前田哲男)「うそり」 下北の歴史と文化を語る会 (47) 2011.3

昭和5年の大湊海軍スキー 海軍生徒の来湊とシュナイダーの来弘(長内誠一)「うそり」 下北の歴史と文化を語る会 (47) 2011.3

大湊における明治・大正期の海軍遺産(飛内進)「うそり」 下北の歴史と文化を語る会 (48) 2012.2

大湊海軍スキー発祥百周年(長内誠一)「うそり」 下北の歴史と文化を語る会 (48) 2012.2

大湊上町

南部藩安渡村の歩み—むつ市大湊上町の小史(前田哲男)「うそり」 下北の歴史と文化を語る会 (49) 2013.2

おかしき滝

おかしき滝と旧木野部峠街道—菅江真澄の足跡をたどって(瀬川威)「うそり」 下北の歴史と文化を語る会 通号46 2010.3

小川原湖

三沢の文化財(2) 国道338号線沿いと小川原湖周辺の文化財(小比類巻みつる)「郷土史三沢」 三沢郷土史研究会 (10) 2014.3

沖中野

資料 勝山/栄田・沖中野の昔と今の地図「いしがみ : 郷土文化誌」 「いしがみ」刊行会 (13) 2003.3

沖中野村

史料 笹木村・栄田村・沖中野村の由来について「いしがみ : 郷土文化誌」 「いしがみ」刊行会 (13) 2003.3

奥津軽

ユメノキシャに乗って。—奥津軽の不便でステキな鉄道の旅(津軽の近代化と鉄道)(川嶋大史)「津軽学 : 歩く見る聞く津軽」 津軽に学ぶ会 (8) 2013.3

御蔵街道

「床前御蔵御用留と御蔵街道」(森田村古文書解読研究会)「いしがみ : 郷土文化誌」 「いしがみ」刊行会 (15) 2004.12

恐山

〈歴史的景観と県史の編さんを考える—弘前城と恐山〉「青森県史だより」 青森県環境生活部 11 2003.3

恐山と宇曾利湖の地名考(大八木昭)「日本地名研究所通信」 日本地名研究所 (71) 2010.1

小田川

俺ァ村コの絆 小田川の流れ(山中長三郎)「かたりべ」 わがふるさとを探る会 (16) 2002.8

遺稿 小田川治水物語(秋元惣之進)「かたりべ」 わがふるさとを探る会 (17) 2006.4

尾上町

激動の昭和その年表(成田光雄)「尾上文化誌」 尾上町郷土史研究会 平成14年版 2003.3

尾上村

尾上村開村と造り酒屋(村上義直)「尾上文化誌」 尾上町郷土史研究会 平成14年版 2003.3

尾駮の牧

「尾駮の牧」と奥地の俘囚・安倍富忠とのつながりについての一考察(相内知昭)「東奥文化」 青森県文化財保護協会 通号81 2010.3

「尾駮の牧」の一試論—摂関期における馬の需要の意味と"尾駮の牧"(相内知昭)「東奥文化」 青森県文化財保護協会 通号82 2011.3

「尾駮の牧」と下毛野氏とのつながりについての一考察—蝦夷の族長，爾散南公・宇漢米公の二つの移住蝦夷集団の動向から考える(相内知昭)「東奥文化」 青森県文化財保護協会 (83) 2012.3

柏

グラビア 柏地区の探訪(「いしがみ」編集委員会)「いしがみ : 郷土文化誌」 「いしがみ」刊行会 (16) 2005.12

嘉瀬

遺稿 嘉瀬の歳時記(秋元惣之進)「かたりべ」 わがふるさとを探る会 (17) 2006.4

嘉瀬観音山

嘉瀬観音山をめぐって(山中長三郎)「かたりべ」 わがふるさとを探る会 (16) 2002.8

勝山

資料 勝山/栄田・沖中野の昔と今の地図「いしがみ : 郷土文化誌」 「いしがみ」刊行会 (13) 2003.3

金木

金木の集落をさぐる(秋元惣之進)「かたりべ」 わがふるさとを探る会 (16) 2002.8

金木駅

金木駅(櫛引八千代)「かたりべ」 わがふるさとを探る会 (17) 2006.4

金木新田

金木新田について(佐藤文孝)「北奥文化 : 郷土誌」 北奥文化研究会 (29) 2008.11

金木町

わがふるさと(金木町)の歴史を探る(木村治利)「かたりべ」 わがふるさとを探る会 (17) 2006.4

金山

地域に生きる(10) かまぐれの里 津軽金山焼の方法(福士正一)「まんだら : 東北文化友の会会報」 東北芸術工科大学東北文化研究センター 15 2003.3

上北鉱山

上北鉱山広報誌「上北ニュース」について(竹村俊哉)「青森県立郷土館研究紀要」 青森県立郷土館 (36) 2012.3

川内

昭和下北歳時記(2) 川内(小川洋一)「うそり」 下北の歴史と文化を語る会 通号43 2007.2

木崎野

木崎野誌要略(新堂一郎)「郷土史三沢」 三沢郷土史研究会 (10) 2014.3

木造

グラビア 木造地区の探訪(「いしがみ」編集委員会)「いしがみ : 郷土文化誌」 「いしがみ」刊行会 (17) 2006.12

木造馬市今昔物語(三浦克己)「いしがみ : 郷土文化誌」 「いしがみ」刊行会 (20) 2009.12

五所川原と木造の第四中学校設置をめぐる顚末(会員論文)(福士光俊)「北奥文化 : 郷土誌」 北奥文化研究会 (34) 2013.11

木造新田

木造新田の融雪水害よ，さらば!(〈特集 つがる市の農業の今昔2〉)(山内恒男)「いしがみ : 郷土文化誌」 「いしがみ」刊行会 (18) 2007.12

「文久三年 広須・木造新田両組代官御用留」(3) 付・芦萱刈取り人夫代銭取扱い一件(岩崎繁芳)「北奥文化 : 郷土誌」 北奥文化研究会 (30) 2009.12

「文久三年 広須・木造新田両組代官御用留」(4)(岩崎繁芳)「北奥文化 : 郷土誌」 北奥文化研究会 (31) 2010.12

木野部峠街道

おかしき滝と旧木野部峠街道—菅江真澄の足跡をたどって(瀬川威)「うそり」 下北の歴史と文化を語る会 通号46 2010.3

黒石市

こみせ 夢街 憧れ街(《場のちから 地の記憶》)(須藤ゆか)「津軽学 : 歩く見る聞く津軽」 津軽に学ぶ会 (3) 2007.12

黒石陣屋

天明黒石陣屋無心騒動(戸田敏博)「尾上文化誌」 尾上町郷土史研究会 平成16年版 2005.4

五所川原

北奥文化研究会平成16年度文化講演会記録 史料に見る五所川原民衆像(坂本寿夫)「北奥文化 : 郷土誌」 北奥文化研究会 (26) 2005.12

五所川原と木造の第四中学校設置をめぐる顚末(会員論文)(福士光俊)「北奥文化 : 郷土誌」 北奥文化研究会 (34) 2013.11

五所川原高等女学校

聞き書き 五所川原高等女学校 水難事故について(編集委員会)「いしがみ : 郷土文化誌」 「いしがみ」刊行会 (21) 2010.12

五所川原市

由緒書に見る五所川原市の新田開発(佐藤文孝)「北奥文化 : 郷土誌」 北奥文化研究会 (25) 2004.12

考古学からみた旧五所川原市小史(半沢紀)「北奥文化 : 郷土誌」 北奥文化研究会 (31) 2010.12

青森県五所川原市方言における質問の文末形式—文末形式「ナ」と「バ」の用法と意味・機能(田附敏尚)「東北文化研究室紀要」 東北大学大学院文学研究科東北文化研究室 52 2011.3

考古学からみた旧五所川原市小史(2)(半沢紀)「北奥文化 : 郷土誌」 北奥文化研究会 (32) 2011.11

小泊

小泊地域・歴史追加年表「とひょう」 小泊村の歴史を語る会 (8) 2007.3

青森県　　　　　　　　　　　　　　地名でたどる郷土の歴史　　　　　　　　　　　　　　　　東北

小泊村

鯨が寄った/山の上の豆腐屋/ドラ息子追放/非人志願/小泊が記された古地図/にせ隠密を見破る/六部行き倒れ/小泊人は串鮑づくりの名人/庄屋勤めはつらいなあ/牛買い急死/キリシタン類族あわれ/長宝丸物語/他（〈小泊村史こぼれ話〉）「とひょう」 小泊村の歴史を語る会　6　2000.1

《小泊村史 磯野家文書集》「とひょう」 小泊村の歴史を語る会　7　2001.2

小中野村

古文書 栄田・小中野両村にかかわる「境界変更誓願書」について（森田村古文書解読研究会）「いしがみ ： 郷土文化誌」 「いしがみ」刊行会　（11）2000.12

佐井

青森県下北郡佐井の渋田家に伝わる菅江真澄文書を読んで（論考）（清水川修）「菅江真澄研究」 菅江真澄研究会　（82）2014.5

佐井村

下北郡・佐井村「金丸家文書」にみる俵物生産の推移（飯田美苗）「東奥文化」 青森県文化財保護協会　通号80　2009.3

栄田

資料 勝山/栄田・沖中野の昔と今の地図「いしがみ ： 郷土文化誌」 「いしがみ」刊行会　（13）2003.3

栄田村

古文書 栄田・小中野両村にかかわる「境界変更誓願書」について（森田村古文書解読研究会）「いしがみ ： 郷土文化誌」 「いしがみ」刊行会　（11）2000.12

史料 笹木村・栄田村・沖中野村の由来について「いしがみ ： 郷土文化誌」 「いしがみ」刊行会　（13）2003.3

笹木村

史料 笹木村・栄田村・沖中野村の由来について「いしがみ ： 郷土文化誌」 「いしがみ」刊行会　（13）2003.3

淋代牧場

三沢市行政史文書「淋代牧場日録」（及川光男，古文書を読む会）「郷土史三沢」 三沢郷土史研究会　（6）2010.3

三沢市行政史文書「淋代牧場日録」（及川光男，古文書を読む会）「郷土史三沢」 三沢郷土史研究会　（7）2011.3

三沢市行政史文書「淋代牧場日録」（及川光男，古文書を読む会）「郷土史三沢」 三沢郷土史研究会　（8）2012.3

猿辺川

猿辺川の語源について―南部町のアイヌ語地名(2)（上）(寺本千名夫)「ふるさとなんぶ」 南部町郷土研究会　（25）2002.7

三省

三省学区の歴史（三浦行一）「陸奥史談」 陸奥史談会　（58）2014.5

山内丸山

古文書から見た三内丸山（鈴木政四郎）「東奥文化」 青森県文化財保護協会　通号74　2003.3

三戸

史料紹介 佐々木高行による三戸地方巡視（伊藤一允）「ふる里なんぶ ： 会誌」 南部町歴史研究会　（2）2008.7

三戸町

「みちのく松陰道」と三戸町を訪ねて（会史亭）（塚原美保子）「会津史談」 会津史談会　（84）2010.4

三本木

三本木開拓を支えた新渡戸一族の活躍（伊藤實）「花巻史談」 花巻史談会　（31）2006.3

旧会津藩士の斗南藩転封と三本木移住（阿部和夫）「奥羽史談」 奥羽史談会　（119・120）2009.3

三本木開拓 穴堰功者の吉助（伊藤一允）「東奥文化」 青森県文化財保護協会　通号80　2009.3

三本木原

三本木原開発の新しい村づくりと町づくり（阿部和夫）「岩手史学研究」 岩手史学会　（86）2003.1

三本木原用水

三本木原用水開削技術の特色と継承（阿部和夫）「奥羽史談」 奥羽史談会　（117）2007.2

市浦

講演記録 市浦の発掘から見た十三湊と安藤氏の歴史（榊原滋高）「いしがみ ： 郷土文化誌」 「いしがみ」刊行会　（16）2005.12

七軒町

安渡浦と七軒町（橘善光）「うそり」 下北の歴史と文化を語る会　（41）

2005.2

七戸

中世の七戸と海老名氏（中岫正雄）「東奥文化」 青森県文化財保護協会　通号75　2004.3

七戸藩

七戸藩の成立とそれに関与した新渡戸伝（阿部和夫）「奥羽史談」 奥羽史談会　112　2003.3

七里長浜

旧車力村七里長浜の埋没林（鳴海ユキエ）「いしがみ ： 郷土文化誌」 「いしがみ」刊行会　（19）2008.12

下北

下北 忘れえぬ人々 思い出の姥たち（田中忠三郎）「別冊東北学」 東北芸術工科大学東北文化研究センター，作品社（発売）2　2001.7

下北 忘れえぬ人々 ゴンパ開墾の昭コとその家族（田中忠三郎）「別冊東北学」 東北芸術工科大学東北文化研究センター，作品社（発売）3　2002.1

大正期の鉱山と係わった小学校（遠藤克巳）「うそり」 下北の歴史と文化を語る会　38　2002.2

下北 忘れえぬ人々 姉・田中の君枝ちゃ（田中忠三郎）「別冊東北学」 東北芸術工科大学東北文化研究センター，作品社（発売）4　2002.7

下北 忘れえぬ人々 母の声（田中忠三郎）「別冊東北学」 東北芸術工科大学東北文化研究センター，作品社（発売）5　2003.2

下北 忘れえぬ人々 海辺の娘たち（田中忠三郎）「別冊東北学」 東北芸術工科大学東北文化研究センター，作品社（発売）7　2004.1

下北の小・中学生への下北の曙について（橘善光）「うそり」 下北の歴史と文化を語る会　（40）2004.3

下北 忘れえぬ人々 奈津子さんのセーター（田中忠三郎）「別冊東北学」 東北芸術工科大学東北文化研究センター，作品社（発売）8　2004.8

寛政アイヌ蜂起と下北民衆―菅江真澄と北村伝七の出会い（菊池勇夫）「キリスト教文化研究所研究年報 ： 民族と宗教」 宮城学院女子大学キリスト教文化研究所　（38）2005.3

地方史研究発表会特別講演岩手に所在する青森県の史料について―盛岡藩主の下北視察（時田里志）「東奥文化」 青森県文化財保護協会　通号76　2005.3

下北の海と山（村中健太）「青森県史だより」 青森県環境生活部　（14）2006.3

下北アイヌ社会の成立過程についての研究（女鹿潤哉）「岩手県立博物館研究報告」 岩手県立博物館振興事業団　（23）2006.3

下北紀行―「漂流民と菅江真澄」序説（《特集 若宮丸を偲ぶ会 in 禅昌寺》）（大島幹雄）「ナジェージダ（希望）」 石巻若宮丸漂流民の会　（18）2008.1

昭和下北歳時記(3)～(8)（小川洋一）「うそり」 下北の歴史と文化を語る会　通号44/（49）2008.2/2013.2

藩政時代に現在のむつ・下北地区を治めた為政者末裔の動向（葛西富夫）「うそり」 下北の歴史と文化を語る会　通号46　2010.3

下北紀行―五郎次・慶祥丸・治五平を追って（高橋寿之）「ナジェージダ（希望）」 石巻若宮丸漂流民の会　（24）2010.8

下北の滝を訪ねる―写真と文（瀬川威）「うそり」 下北の歴史と文化を語る会　（47）2011.3

下北の滝・巨木・奇岩[1]，(2)―写真と文（瀬川威）「うそり」 下北の歴史と文化を語る会　（48）/（49）2012.2/2013.2

巻頭言 厳しい自然と共存の新下北の合理主義（下北の村落共同体）（前田哲男）「うそり」 下北の歴史と文化を語る会　（50）2014.2

下北の滝・巨木・奇岩(3)―下北半島の滝との出会いを通して（瀬川威）「うそり」 下北の歴史と文化を語る会　（50）2014.2

青森・下北「原始謾筆風土年表」を読む 下北から（佐藤ミドリ）「ナジェージダ（希望）」 石巻若宮丸漂流民の会　（32）2014.8

下北郡

青森県下北郡の河川漁法の習俗―特に鮭漁の変遷を中心に（高松敬吉）「うそり」 下北の歴史と文化を語る会　（42）2006.4

下北半島

下北半島の秘境めぐり（千田孝雄）「奥羽史談」 奥羽史談会　112　2003.3

下北半島の風土に生きる（《大会特集 南部の風土と地域形成》―〈問題提起〉）（橘善光）「地方史研究」 地方史研究協議会　53（4）通号304　2003.8

松前出稼ぎ・往来者・アイヌ民族―下北半島の村落の在り方をめぐって（《大会特集II 南部の風土と地域形成》―〈問題提起〉）（瀧本壽史）「地方史研究」 地方史研究協議会　53（5）通号305　2003.10

江戸の漂流と「原始謾筆風土年表」(下北半島に残る漂流民史料「原始謾筆風土年表」をめぐって）（松井てつろう）「ナジェージダ（希望）」 石巻若宮丸漂流民の会　（14）2006.6

写真・下北半島の滝（瀬川威）「うそり」 下北の歴史と文化を語る会　通

58

号43　2007.2

写真・下北半島の滝(瀬川威)「うそり」　下北の歴史と文化を語る会　通号44　2008.2

菅江真澄から近代史をさぐる(4)　馬と牛―下北半島を中心に(菊池勇夫)「真澄学」　東北芸術工科大学東北文化研究センター　(4)　2008.11

下北半島の滝―写真と文(瀬川威)「うそり」　下北の歴史と文化を語る会　通号45　2009.3

特別寄稿 下北半島と若宮丸(特集 日本の漂流民研究のいま(2))(松井哲朗)「ナジェージダ(希望)」　石巻若宮丸漂流民の会　(23)　2010.1

下北半島の滝―写真と文(瀬川威)「うそり」　下北の歴史と文化を語る会　通号46　2010.3

「うそり」発刊50年の軌跡を通して 半島の史的問題点・課題を中心に(前田哲男)「うそり」　下北の歴史と文化を語る会　(50)　2014.2

車力

グラビア つがる市の探訪―車力地区(「いしがみ」編集委員会)「いしがみ : 郷土文化誌」　「いしがみ」刊行会　(19)　2008.12

車力村

人道愛、今に(1)、(2)―車力村民のチェスボロー号救助活動(鳴海義昭)「北奥文化 : 郷土誌」　北奥文化研究会　23/(24)　2002.11/2003.10

人道愛、今に(3)―車力村とバス市との交流は続く(鳴海義昭)「北奥文化 : 郷土誌」　北奥文化研究会　(25)　2004.12

十三湖

史料ノート 「十三湖水戸口穿替一件」(1)長谷川清次郎上申書(岩崎繁芳)「北奥文化 : 郷土誌」　北奥文化研究会　23　2002.11

史料ノート 「十三湖水戸口穿替一件」(2)長谷川清次郎上申書に対する藩の対応(岩崎繁芳)「北奥文化 : 郷土誌」　北奥文化研究会　(24)　2003.10

十三湖の宿と土偶の里(地蔵慶護)「北海道れきけん」　北海道歴史研究会　(64)　2007.6

十三日町

盛岡商人伝 「大清水多賀」の発祥「鍵屋」と村井源三 工場街の十三日町 ビジネスホテル「高七」製造業もさかんに(大正十三造)「擬宝珠」　盛岡の歴史を語る会　(142)　2003.11

城ヶ沢

城ヶ沢「新松」姓について由来と考察(新松文明)「うそり」　下北の歴史と文化を語る会　(47)　2011.3

尻屋

尻屋と矢越―ヤというアイヌ語地名(谷川健一)「全国地名研究交流誌 地名談話室」　日本地名研究所　(24)　2009.8

尻矢海軍望楼

断片史料 尻矢海軍望楼について(長内誠一)「うそり」　下北の歴史と文化を語る会　通号45　2009.3

新青森駅

「東北新幹線新青森駅開業」は、津軽という風土に何をもたらし、何を削ぎ落そうとするのか?(佐々木淳一)「津軽学 : 歩く見る聞く津軽」　津軽に学ぶ会　(6)　2011.2

砂ヶ森

三澤村字砂ヶ森「昭和十九年夏から二十年秋の始め」(赤沼晃)「郷土史三沢」　三沢郷土史研究会　(4)　2008.3

砂森

天ヶ森・砂森の集団移転(赤沼晃)「郷土史三沢」　三沢郷土史研究会　(10)　2014.3

西北

凶作下の西北の小学校教育(福士光俊)「北奥文化 : 郷土誌」　北奥文化研究会　(25)　2004.12

西北の学童・学徒の勤労動員(福士光俊)「いしがみ : 郷土文化誌」　「いしがみ」刊行会　(17)　2006.12

『石に刻まれた歴史―西北地方の記念碑』編集余話(川村眞一)「北奥文化 : 郷土誌」　北奥文化研究会　(32)　2011.11

『石に刻まれた歴史―西北地方の記念碑』補遺・正誤表・総索引「北奥文化 : 郷土誌」　北奥文化研究会　(32)　2011.11

西北五

戦時下の教育崩壊と学徒勤労動員―青森県・西北五を中心にして(福士光俊)「北奥文化 : 郷土誌」　北奥文化研究会　(27)　2006.10

青森県における学徒勤労動員―西北五を中心にして(研究発表)(福士光俊)「東奥文化」　青森県文化財保護協会　通号78　2007.3

外浜

資料紹介 菅江真澄「外浜奇勝」 津軽滞在中に書かれた唯一の現存直筆本―平成23年度寄贈資料(本田伸)「青森県立郷土館だより : 総合博物館」　青森県立郷土館　43(1)通号153　2012.7

大東ヶ丘

芦野開拓団(大東ヶ丘)の60年(葛西敏江)「かたりべ」　わがふるさとを探る会　(17)　2006.4

平舘台場

弘前藩の海防敷設 平舘台場の考察(佐藤仁)「東奥文化」　青森県文化財保護協会　通号75　2004.3

高森鉱山

青森県上北郡に存在した高森鉱山の鉱山史(島口天)「青森県立郷土館研究紀要」　青森県立郷土館　(37)　2013.3

田子町

みじか史 真田太古事件は士族民権運動か(橋本正信)「八戸地域史」　伊吉書院　(49)　2012.12

館岡

館岡に防空監視哨があった(佐々木達司)「いしがみ : 郷土文化誌」　「いしがみ」刊行会　(17)　2006.12

館岡尋常小学校

旧村民の教育振興に懸ける心意気―館岡尋常小学校沿革誌より(福士光俊)「いしがみ : 郷土文化誌」　「いしがみ」刊行会　(20)　2009.12

田名部

写真帳に見る「田名部」あの頃(長内誠一)「うそり」　下北の歴史を語る会　(50)　2014.2

田名部村

田名部村(現むつ市)残留会津人の不動産―明治16年の状況(葛西富夫)「うそり」　下北の歴史と文化を語る会　(49)　2013.2

坂井家文書にみる田名部村に残留した旧斗南藩士族の生業(甲羽智武)「うそり」　下北の歴史と文化を語る会　(50)　2014.2

種差海岸

わたしの写真紀行 種差海岸の天然芝生 青森県八戸市「北のむらから」　能代文化出版社　(290)　2011.9

随想 岡山と種差海岸(八戸市) 最初の国立公園と最新の国立公園(柳沢卓美)「きび野」　岡山県郷土文化財団　(130)　2013.6

種里城

種里城のこころ―城跡と聖地のあいだ(中田書矢)「津軽学 : 歩く見る聞く津軽」　津軽に学ぶ会　(6)　2011.2

俵本新田

俵本新田について(佐藤文孝)「北奥文化 : 郷土誌」　北奥文化研究会　(30)　2009.12

塚越

分村塚越顚末私記(須藤誠逸)「尾上文化誌」　尾上町郷土史研究会　平成14年版　2003.3

津軽

寛政原本の幻想―なぜ「和田文書」を信じるのか(斎藤隆一)「季刊邪馬台国」　「季刊邪馬台国」編纂委員会、梓書院(発売)71　2000.12

和田家文書報告(1)(竹田侑子)「北奥文化 : 郷土誌」　北奥文化研究会　23　2002.11

発掘『和田文書』を否定する(斎藤隆一)「北奥文化 : 郷土誌」　北奥文化研究会　23　2002.11

ニュースフラッシュ 「東日流外三郡誌」偽書論争の決着/捏造した旧石器からなぜナウマン象の脂肪酸が「発見」されたのか/「斯馬国」の拠点集落を発掘か「季刊邪馬台国」　「季刊邪馬台国」編纂委員会、梓書院(発売)79　2003.4

〈小特集『東日流外三郡誌』偽書事件の本質〉「季刊邪馬台国」　「季刊邪馬台国」編纂委員会、梓書院(発売)79　2003.4

『東日流外三郡誌』事件に関連して 古田武彦氏の議論の本質「季刊邪馬台国」　「季刊邪馬台国」編纂委員会、梓書院(発売)79　2003.4

『東日流外三郡誌』の原点―和田喜八郎宅の検証(斎藤隆一)「季刊邪馬台国」　「季刊邪馬台国」編纂委員会、梓書院(発売)79　2003.4

『東日流三郡誌』事件偽作の「現場」を訪ねる(原田実)「季刊邪馬台国」　「季刊邪馬台国」編纂委員会、梓書院(発売)80　2003.6

矢立杉・津軽秋田境目紛争と現在(鷲谷豊)「出羽路」　秋田県文化財保護協会　(133)　2003.7

津軽の相撲史―弘前藩の抱え力士を中心に(佐藤文孝)「北奥文化 : 郷土誌」　北奥文化研究会　(24)　2003.10

津軽・那須家の養子縁組・相続儀礼(岡崎寛徳)「弘前大学国史研究」　弘前大学国史研究会　(116)　2004.3

エゾと刀と眉間尺と―津軽の民話伝承から(水上勲)「帝塚山大学人文科学部紀要」　帝塚山大学人文科学部　(15)　2004.3

私の予科練から津軽まで(清野眞人)「いしがみ : 郷土文化誌」　「いしがみ」刊行会　(16)　2005.12

津軽のケシ栽培(斎藤隆一)「北奥文化 : 郷土誌」　北奥文化研究会　(26)　2005.12

津軽のこぎん刺し着物（《特集 東北遺産を探る》―私の東北遺産）（田中忠三郎）「まんだら：東北文化友の会会報」東北芸術工科大学東北文化研究センター （26）2006.2

奥羽道記の紹介―水戸黄門の家臣丸山可澄の津軽紀行（佐藤博）「東奥文化」青森県文化財保護協会 通号77 2006.3

鉄道実現に情熱を燃焼させたその先人の夢を知ろう「映画・津軽の鉄道」（佐藤喜代造）「尾上文化誌」尾上町郷土史研究会 2005年度版 2006.3

和田家文書報告（2）和田左馬之介から和田喜八郎まで（竹田侑子）「北奥文化：郷土誌」北奥文化研究会 （27）2006.10

菅江真澄（主として津軽関係）（工藤弘）「陸奥史談」陸奥史談会 （57）2006.10

ある偽書の顛末―二十年前の番組とその後（《特集 偽書『東日流外三郡誌』事件の現在》）（永田浩三）「季刊邪馬台国」「季刊邪馬台国」編纂委員会，梓書院（発売）（93）2006.10

『東日流外三郡誌』近年の動向（《特集 偽書『東日流外三郡誌』事件の現在》）（原田実）「季刊邪馬台国」「季刊邪馬台国」編纂委員会，梓書院（発売）（93）2006.10

『和田文書』真偽論争その後（《特集 偽書『東日流外三郡誌』事件の現在》）（齋藤隆一）「季刊邪馬台国」「季刊邪馬台国」編纂委員会，梓書院（発売）（93）2006.10

津軽人の生き方を通してみる津軽（地域誌だより（2））（山下祐介）「まんだら：東北文化友の会会報」東北芸術工科大学東北文化研究センター （29）2006.11

土曜セミナーより（9月30日実施）戦国期の津軽の村と村人（工藤弘樹）「青森県立郷土館だより：総合博物館」青森県立郷土館 37（4）通号139 2006.12

津軽人の人生写真館（1）（《強烈な脱出と回帰の願望》）（赤川健太郎）「津軽学：歩く見る聞く津軽」津軽に学ぶ会 （2）2006.12

津軽人の生き方を通して見る津軽 第一部（1）東北学から地域学へ（《強烈な脱出と回帰の願望》）（赤坂憲雄）「津軽学：歩く見る聞く津軽」津軽に学ぶ会 （2）2006.12

津軽人の人生写真館（2）（《強烈な脱出と回帰の願望》）（藤巻健二）「津軽学：歩く見る聞く津軽」津軽に学ぶ会 （2）2006.12

津軽人の生き方を通して見る津軽 第一部（2）津軽人（《強烈な脱出と回帰の願望》）（鎌田慧）「津軽学：歩く見る聞く津軽」津軽に学ぶ会 （2）2006.12

津軽人の生き方を通して見る津軽 第二部（1）津軽人の人生の背景（《強烈な脱出と回帰の願望》）（作道信介）「津軽学：歩く見る聞く津軽」津軽に学ぶ会 （2）2006.12

津軽人の人生写真館（3）（《強烈な脱出と回帰の願望》）（赤川健太郎）「津軽学：歩く見る聞く津軽」津軽に学ぶ会 （2）2006.12

津軽人の生き方を通して見る津軽 第二部（2）語り合い「素直でしたか『津軽人』の人生」（《強烈な脱出と回帰の願望》）（鎌田慧，赤坂憲雄，菊池正浩，作道信介，杉山陸子，山下祐介）「津軽学：歩く見る聞く津軽」津軽に学ぶ会 （2）2006.12

津軽と越前のご縁（《強烈な脱出と回帰の願望》）（藤川直迪）「津軽学：歩く見る聞く津軽」津軽に学ぶ会 （2）2006.12

岩木山・岩木川が育む津軽のリンゴ（富岡誠司）「津軽学：歩く見る聞く津軽」津軽に学ぶ会 （2）2006.12

津軽の人生（作道信介）「津軽学：歩く見る聞く津軽」津軽に学ぶ会 （2）2006.12

人口から見る津軽の人生（山下祐介）「津軽学：歩く見る聞く津軽」津軽に学ぶ会 （2）2006.12

ダムに沈むムラの生活世界（辻村大生）「津軽学：歩く見る聞く津軽」津軽に学ぶ会 （2）2006.12

それぞれの津軽の旅（松本三喜夫）「隣人：草志会年報」草志会 （20）2007.1

近世漁業調査報告（2）津軽領近世前期の製塩と後期漁業の実態について（坂本寿夫）「青森県立郷土館調査研究年報」青森県立郷土館 （31）2007.3

津軽十夜（中村幸弘）「地域学：地域の理解にむけて」弘前学院大学，北方新社（発売）5 2007.5

青森県の看護教育（2）津軽地方の看護教育史について 明治から戦時下の看護教育まで（木村延美）「地域学：地域の理解にむけて」弘前学院大学，北方新社（発売）5 2007.5

TSUGARU（《場のちから 地の記憶》）（沢田としき）「津軽学：歩く見る聞く津軽」津軽に学ぶ会 （3）2007.12

『想い続けて』津軽（《場のちから 地の記憶》）（三上寛）「津軽学：歩く見る聞く津軽」津軽に学ぶ会 （3）2007.12

第一部（1）記憶を掘り起こし，名付け，物語を創造して空間が場所になる（《場のちから 地の記憶》―津軽学公開講座）（赤坂憲雄）「津軽学：歩く見る聞く津軽」津軽に学ぶ会 （3）2007.12

第一部（2）地方にある文化の将来を開く鍵（《場のちから 地の記憶》―津軽学公開講座）（針生一郎）「津軽学：歩く見る聞く津軽」津軽に学ぶ会 （3）2007.12

第二部 語り合い「場のちから 地の記憶」（《場のちから 地の記憶》―津軽学公開講座）（山田尚，北原啓司，作道信介，川嶋大史，山下祐介）「津軽学：歩く見る聞く津軽」津軽に学ぶ会 （3）2007.12

津軽新田開発の先人たち（《場のちから 地の記憶》）（藤川直）「津軽学：歩く見る聞く津軽」津軽に学ぶ会 （3）2007.12

自分とつながる地「津軽」のもつちから（《場のちから 地の記憶》）（三上寛，佐藤通弘，沢田としき，新妻好正，鈴木公，杉山陸子）「津軽学：歩く見る聞く津軽」津軽に学ぶ会 （3）2007.12

津軽の「地」と「血」（地域誌だより（7））（杉山陸子）「まんだら：東北文化友の会会報」東北芸術工科大学東北文化研究センター （34）2008.2

研究余禄「津軽一統志」の流布と利用について（蔦谷大輔）「弘前大学国史研究」弘前大学国史研究会 （125）2008.10

土曜セミナー 並列・立体交差する津軽の用水路（齋藤岳）「青森県立郷土館だより：総合博物館」青森県立郷土館 39（3）通号145 2008.12

写真集「津軽」より（《ジャワメク磁場『津軽』その深層》）（小島一郎）「津軽学：歩く見る聞く津軽」津軽に学ぶ会 （4）2008.12

石をめぐる二題（《ジャワメク磁場『津軽』その深層》）（長谷川成一）「津軽学：歩く見る聞く津軽」津軽に学ぶ会 （4）2008.12

第一部「津軽、近代化のダイナミズム」前史 半島としての津軽（《ジャワメク磁場『津軽』その深層》―津軽学公開講座）（赤坂憲雄）「津軽学：歩く見る聞く津軽」津軽に学ぶ会 （4）2008.12

第一部「津軽、近代化のダイナミズム」（お茶の御水書房刊）を語る（《ジャワメク磁場『津軽』その深層》―津軽学公開講座）「津軽学：歩く見る聞く津軽」津軽に学ぶ会 （4）2008.12

私の津軽学（《ジャワメク磁場『津軽』その深層》）「津軽学：歩く見る聞く津軽」津軽に学ぶ会 （4）2008.12

ルポ 津軽一代様紀行（菊池正浩）「津軽学：歩く見る聞く津軽」津軽に学ぶ会 （4）2008.12

太宰治の『津軽』を歩く（《汝を愛し、汝を憎む 太宰治的なものを問う》―津軽学公開講座）（赤坂憲雄）「津軽学：歩く見る聞く津軽」津軽に学ぶ会 （4）2008.12

表象としての「津軽」（《汝を愛し、汝を憎む 太宰治的なものを問う》―津軽学公開講座）（作道信介）「津軽学：歩く見る聞く津軽」津軽に学ぶ会 （4）2008.12

『明るい方へ』―津軽の男性像（《汝を愛し、汝を憎む 太宰治的なものを問う》―津軽学公開講座）（太田治子）「津軽学：歩く見る聞く津軽」津軽に学ぶ会 （4）2008.12

語り合い「汝を愛し、汝を憎む 太宰治的なものを問う」（《汝を愛し、汝を憎む 太宰治的なものを問う》―津軽学公開講座）「津軽学：歩く見る聞く津軽」津軽に学ぶ会 （4）2008.12

津軽、その「北」的なもの。そして、そこから遠く離れた「南」的なもの（佐々木淳一）「津軽学：歩く見る聞く津軽」津軽に学ぶ会 （4）2008.12

地域の言葉と空間（楊天爾）「津軽学：歩く見る聞く津軽」津軽に学ぶ会 （4）2008.12

津軽・北斗七星やしろ紀行（歩く見る聞く 津軽ルポ）（菊池正浩）「津軽学：歩く見る聞く津軽」津軽に学ぶ会 （4）2008.12

津軽から近代化を問い直す―周縁から見る近代化の可能性（地域誌だより（11））（山下祐介）「まんだら：東北文化友の会会報」東北芸術工科大学東北文化研究センター （38）2009.2

特集「津軽領元禄国絵図写」について（長谷川成一）「豊泉：弘前大学附属図書館報」弘前大学附属図書館 （29）2009.5

「津軽領元禄国絵図写」（弘前大学附属図書館蔵）（本田伸）「青森県立郷土館だより：総合博物館」青森県立郷土館 40（1）通号146 2009.6

石井忠行、嘉永七年「津軽紀行」、「津軽表見関記」―秋田藩の台場と大砲術の始まり（新谷正隆）「北方風土：北国の歴史民俗考古研究誌」イズミヤ出版 通号58 2009.7

現代語訳（注釈『つがろのおく（第一部）』）（細川純子）「真澄学」東北芸術工科大学東北文化研究センター （5）2010.2

注釈（注釈『つがろのおく（第一部）』）（川合正裕，井筒桃子，西脇千瀬）「真澄学」東北芸術工科大学東北文化研究センター （5）2010.2

注釈ノート 北限の椿について（注釈『つがろのおく（第一部）』）（西脇千瀬）「真澄学」東北芸術工科大学東北文化研究センター （5）2010.2

北奥文化研究会平成21年度文化講演会講師寄稿 研究ノート 津軽の秘薬「一粒金丹」と弘前藩「御用格」（本田伸）「北奥文化：郷土誌」北奥文化研究会 （31）2010.12

半島としての津軽（弘前城築城400年 時の伝言）（赤坂憲雄）「津軽学：歩く見る聞く津軽」津軽に学ぶ会 （6）2011.2

津軽学公開講座 弘前城築城と都市プラン（弘前城築城400年 時の伝言）（長谷川成一）「津軽学：歩く見る聞く津軽」津軽に学ぶ会 （6）2011.2

津軽学公開講座 語り合い「弘前城築城400年 時の伝言」（弘前城築城400年 時の伝言）「津軽学：歩く見る聞く津軽」津軽に学ぶ会 （6）

2011.2

津軽のナンバースクール（藤川直廸）「津軽学 ： 歩く見る聞く津軽」 津軽に学ぶ会　（6）2011.2

「東北新幹線新青森駅開業」は、津軽という風土に何をもたらし、何を削ぎ落とそうとするのか?（佐々木淳一）「津軽学 ： 歩く見る聞く津軽」 津軽に学ぶ会　（6）2011.2

「ホールドとしての出稼ぎ」の展開 故郷で暮らす方法（作道信介，社会調査実習・人生班）「津軽学 ： 歩く見る聞く津軽」 津軽に学ぶ会　（6）2011.2

津軽岩木リゾート構想から二十年 船沢・弥生から考える、岩木山・岩木川と津軽のくらし（山下祐介）「津軽学 ： 歩く見る聞く津軽」 津軽に学ぶ会　（6）2011.2

原子家文書の紹介—東海道季候書を中心に（原子慧）「弘奥文化」 青森県文化財保護協会　通号82　2011.3

転換期の中の津軽学—六年の意義をふりかえって（地域学）（山下祐介）「東北学．［第2期］」 東北芸術工科大学東北文化研究センター，柏書房（発売）（27）2011.5

北奥文化研究会 平成22年度文化講演会記録 石造物と過去帳からみた津軽・松前の飢饉（関根達人）「北奥文化 ： 郷土誌」 北奥文化研究会　（32）2011.11

永沢得右衛門と「津軽史」について（佐藤文孝）「北奥文化 ： 郷土誌」 北奥文化研究会　（32）2011.11

長崎貿易に占める南部昆布の歴史的意義—松前・津軽昆布との比較から（研究大会報告要旨）（菅原慶郎）「北海道史研究協議会会報」 北海道史研究協議会　（89）2011.12

森にきく 土に問う（震災を生きる 津軽と災害）「津軽学 ： 歩く見る聞く津軽」 津軽に学ぶ会　（7）2012.3

興国の大津波（震災を生きる 津軽と災害）（藤川直廸）「津軽学 ： 歩く見る聞く津軽」 津軽に学ぶ会　（7）2012.3

震災を生きる（震災を生きる 津軽と災害—津軽学公開講座）（赤坂憲雄）「津軽学 ： 歩く見る聞く津軽」 津軽に学ぶ会　（7）2012.3

環境変動と災害を乗り越えて 先史災害社会史のこころ（震災を生きる 津軽と災害—津軽学公開講座）（辻誠一郎）「津軽学 ： 歩く見る聞く津軽」 津軽に学ぶ会　（7）2012.3

語り合い「津軽と災害」（震災を生きる 津軽と災害—津軽学公開講座）「津軽学 ： 歩く見る聞く津軽」 津軽に学ぶ会　（7）2012.3

津軽から南部へ 東日本大震災から一年 コミュニティ交流支援という新しい形（震災を生きる 津軽と災害）（山下祐介）「津軽学 ： 歩く見る聞く津軽」 津軽に学ぶ会　（7）2012.3

災害社会史のゆくえ 忘却の生き物である人間と、過去の対話である歴史（震災を生きる 津軽と災害）（白石睦弥）「津軽学 ： 歩く見る聞く津軽」 津軽に学ぶ会　（7）2012.3

こっぱみたいな貴重な体験（震災を生きる 津軽と災害）（成田光治）「津軽学 ： 歩く見る聞く津軽」 津軽に学ぶ会　（7）2012.3

カオスの海—震災後を生きている。（震災を生きる 津軽と災害）（川嶋大史）「津軽学 ： 歩く見る聞く津軽」 津軽に学ぶ会　（7）2012.3

近世津軽領における廻船建造システムと地域社会—17世紀後半を中心に（石山晃子）「弘前大学国史研究」 弘前大学国史研究会　（132）2012.3

史料紹介「公辺江諸家より御届書抜」—文政10年鰺軽事件に関する「津軽家各ニ付五大力其外共 六」の史料翻刻及び解説を中心に（山石勉）「弘前大学国史研究」 弘前大学国史研究会　（132）2012.3

資料紹介 菅江真澄「外浜奇勝」 津軽滞在中に書かれた唯一の現存直筆本—平成23年度寄贈資料（本田伸）「青森県立郷土館だより ： 総合博物館」 青森県立郷土館　43（1）通号153　2012.7

元弘・建武津軽合戦に関する一考察（橋本竜男）「国史談話会雑誌」 東北大学国史談話会　（53）2012.12

津軽の変遷と浪岡城落城400年（青森・弘前例会特集）（平泉喜久郎）「銃砲史研究」 日本銃砲史学会　（374）2012.12

津軽の近代化と鉄道（津軽の近代化と鉄道）（サトウコウジ［写真］）「津軽学 ： 歩く見る聞く津軽」 津軽に学ぶ会　（8）2013.3

東京からの距離が作った津軽の精神構造（津軽の近代化と鉄道）（赤坂憲雄，山下祐介）「津軽学 ： 歩く見る聞く津軽」 津軽に学ぶ会　（8）2013.3

語り合い「津軽の近代化と鉄道」（津軽の近代化と鉄道—津軽学公開講座）「津軽学 ： 歩く見る聞く津軽」 津軽に学ぶ会　（8）2013.3

鉄道史におけるこぎん刺（津軽の近代化と鉄道）（九戸眞樹）「津軽学 ： 歩く見る聞く津軽」 津軽に学ぶ会　（8）2013.3

鉄道を民間活力で（津軽の近代化と鉄道）（藤川直廸）「津軽学 ： 歩く見る聞く津軽」 津軽に学ぶ会　（8）2013.3

今こそ、津軽は鉄道進化宣言!（津軽の近代化と鉄道）（角田周）「津軽学 ： 歩く見る聞く津軽」 津軽に学ぶ会　（8）2013.3

幻の津軽環状線計画（津軽の近代化と鉄道）（菊池正浩）「津軽学 ： 歩く見る聞く津軽」 津軽に学ぶ会　（8）2013.3

いとおしき遠景—昭和20〜30年代の乗り物たち（津軽の近代化と鉄道）（成田光治）「津軽学 ： 歩く見る聞く津軽」 津軽に学ぶ会　（8）

2013.3

「都市」の成立、その繁栄と衰退—この厳寒の街で、これからもずっと生きてゆくということ（津軽の近代化と鉄道）（佐々木淳一）「津軽学 ： 歩く見る聞く津軽」 津軽に学ぶ会　（8）2013.3

鉄道の人生 鉄道と地域をめぐる現代社会論（津軽の近代化と鉄道）（平井太郎）「津軽学 ： 歩く見る聞く津軽」 津軽に学ぶ会　（8）2013.3

『俾弥呼』と『和田文書』（齋藤隆一）「季刊邪馬台国」 「季刊邪馬台国」編纂委員会，梓書院（発売）（119）2013.10

戦前期津軽における開発とアイヌ社会（研究大会要旨）（上田哲司）「北海道史研究協議会会報」 北海道史研究協議会　（93）2013.12

つがる衆（ひろば）（吉岡興）「鷹巣地方史研究」 鷹巣地方史研究会　（69）2013.12

北のまほろば 津軽再発見（北のまほろば 津軽再発見）（菊池敏［写真］）「津軽学 ： 歩く見る聞く津軽」 津軽に学ぶ会　（9）2014.4

津軽ら呼ばれる人がいる限り（北のまほろば 津軽再発見）（赤坂憲雄）「津軽学 ： 歩く見る聞く津軽」 津軽に学ぶ会　（9）2014.4

鼎談・北のまほろば 津軽再発見（北のまほろば 津軽再発見—津軽学公開講座）（菊池正浩，永井一顕，平井太郎）「津軽学 ： 歩く見る聞く津軽」 津軽に学ぶ会　（9）2014.4

対談・津軽は日本の原風景（北のまほろば 津軽再発見）（葛西憲之，檜槫貢）「津軽学 ： 歩く見る聞く津軽」 津軽に学ぶ会　（9）2014.4

漂泊者の津軽（北のまほろば 津軽再発見）（檜槫貢）「津軽学 ： 歩く見る聞く津軽」 津軽に学ぶ会　（9）2014.4

夢のまほろば—津軽の偏見とプライド（北のまほろば 津軽再発見）（川嶋大史）「津軽学 ： 歩く見る聞く津軽」 津軽に学ぶ会　（9）2014.4

津軽学—白神山地とまちづくり（北のまほろば 津軽再発見）（渋谷拓弥）「津軽学 ： 歩く見る聞く津軽」 津軽に学ぶ会　（9）2014.4

津軽、春のウグイ漁（北のまほろば 津軽再発見）（曽我亨）「津軽学 ： 歩く見る聞く津軽」 津軽に学ぶ会　（9）2014.4

津軽と相撲—データとエピソードでみる津軽の相撲（北のまほろば 津軽再発見）（成田凌）「津軽学 ： 歩く見る聞く津軽」 津軽に学ぶ会　（9）2014.4

都市、その繁栄と衰退—この厳寒の風土に新しい文化の息吹はあるか（北のまほろば 津軽再発見）（佐々木淳一）「津軽学 ： 歩く見る聞く津軽」 津軽に学ぶ会　（9）2014.4

炉辺に咲いた津軽の華。民の暮らしが生んだ、津軽こぎん刺し（北のまほろば 津軽再発見）（須藤ゆか）「津軽学 ： 歩く見る聞く津軽」 津軽に学ぶ会　（9）2014.4

本州アイヌと津軽エゾ—九戸城の戦いの「夷人」から逎って（新井隆一）「弘前大学国史研究」 弘前大学国史研究会　（137）2014.10

津軽海峡

シンポジウム「津軽海峡とアイヌ文化」青森市で開催（小池平和）「日本地名研究所通信」 日本地名研究所　58　2004.11

津軽海峡はさみ共通性一連の交易社会形成（女鹿潤哉）「擬宝珠」 盛岡の歴史を語る会　（155）2005.7

津軽海峡に生きる（川合正子）「永 福島町史研究会会報」 福島町史研究会　（5）2006.3

アメリカ捕鯨船、津軽海峡に現る（三浦泰之）「北の青嵐 ： 道史協支部交流会報」 北海道史研究協議会　（161）2007.9

津軽海峡と青玉象嵌（福田友之）「青森県立郷土館調査研究年報」 青森県立郷土館　（32）2008.3

津軽海峡を渡る船—「青函連絡船なつかしの百年」（昆政明）「青森県立郷土館だより ： 総合博物館」 青森県立郷土館　39（2）通号144　2008.8

津軽郡

森嘉兵衛資料 津軽郡古戦聞書（3）「岩手の古文書 ： the Iwate journal of diplomatics」 岩手古文書学会　（17）2003.3

津軽五所川原窯跡群

津軽五所川原窯跡群の系譜（井出靖夫）「中央史学」 中央史学会　（27）2004.3

つがる市

腰切田・乳切田からの脱出（〈特集 つがる市の農業の今昔1〉）（林嗣郎）「いしがみ ： 郷土文化誌」 「いしがみ」刊行会　（17）2006.12

農政と農作物検査の歴史と変遷（〈特集 つがる市の農業の今昔〉）（神元勝）「いしがみ ： 郷土文化誌」 「いしがみ」刊行会　（17）2006.12

リンゴ栽培のうつりかわり（〈特集 つがる市の農業の今昔2〉）（木村国史郎）「いしがみ ： 郷土文化誌」 「いしがみ」刊行会　（17）2007.12

特集 つがる市の農業の今昔3 屏風山地域の開発と整備（編集委員会）「いしがみ ： 郷土文化誌」 「いしがみ」刊行会　（19）2008.12

講演記録 古文書に見るつがる市の出来事（佐藤魔五）「いしがみ ： 郷土文化誌」 「いしがみ」刊行会　（21）2010.12

連載 わが町遺産 「災害」と「つがる市」（佐野忠史）「津軽学 ： 歩く見る聞く津軽」 津軽に学ぶ会　（7）2012.3

津軽森林鉄道

津軽森林鉄道の建設とその背景―六部越えのつわものたち(津軽の近代化と鉄道)(佐藤仁)「津軽学 : 歩く見る聞く津軽」 津軽に学ぶ会 (8) 2013.3

津軽西洋館

総会弘前大会特別講演 ここに人あり 津軽西洋館の生い立ち(工藤哲彦)「東奥文化」 青森県文化財保護協会 通号77 2006.3

津軽鉄道

復刻版 津軽鉄道沿線案内「かたりべ」 わがふるさとを探る会 (16) 2002.8

「津軽鉄道」と「はやぶさグランクラス」(津軽の近代化と鉄道)(佐藤きむ)「津軽学 : 歩く見る聞く津軽」 津軽に学ぶ会 (8) 2013.3

津軽藩

津軽藩・南部藩への陣屋・北方関係資料調査(武田信昭)「仙台藩白老元陣屋資料館報」 仙台藩白老元陣屋資料館 (8・9) 2003.3

藩主の教養と藩政―津軽信政が遺したもの(石塚雄士)「青森県史だより」 青森県環境生活部 12 2004.3

史料紹介 慶安元年(1648)11月成立の「津軽領分大道磯辺路并船路之帳」(函館市中央図書館蔵)(福井敏隆)「弘前大学国史研究」 弘前大学国史研究会 (121) 2006.10

幕末・津軽藩の海防と和洋砲術の展開(青森・弘前例会特集)(宇田川武久)「銃砲史研究」 日本銃砲史学会 (374) 2012.12

屯田兵前史 津軽藩殉難の歴史と蝦夷地警備(前)、(後)(中神哲二)「屯田」 北海道屯田倶楽部 (53)/(54) 2013.4/2013.10

津軽半島

グラビア 平成23年度地方史研究発表会/史跡巡り 津軽半島を巡る旅「東奥文化」 青森県文化財保護協会 (83) 2012.3

津軽平野

北奥文化研究会 平成13年度文化講演会記録 津軽平野の歴史(川村眞一)「北奥文化 : 郷土誌」 北奥文化研究会 23 2002.11

津軽平野における農業的土地利用―昭和38年と平成14年の比較(工藤明)「北奥文化 : 郷土誌」 北奥文化研究会 (26) 2005.12

津軽平野に見られる蝦夷系由来の不思議な地名(齋藤和範)「アイヌ語地名研究会会報」 アイヌ語地名研究会 (38) 2010.2

「津軽平野に見られる蝦夷系由来の不思議な地名」への質問(平隆一)「アイヌ語地名研究会会報」 アイヌ語地名研究会 (42) 2011.9

津軽要塞

各地の戦跡保存活動の紹介 夜景を見下ろす軍事要塞(2) 津軽要塞(小笠原康夫)「浅川地下壕の保存をすすめる会ニュース」 浅川地下壕の保存をすすめる会 (64) 2008.6

壺の碑

歌枕「壺の碑」―青森県東北町坪を訪れて(福岡龍太郎)「菅江真澄研究」 菅江真澄研究会 (63) 2008.1

鶴ヶ崎順法寺城

鶴ヶ崎順法寺城の時代(橘善光)「うそり」 下北の歴史と文化を語る会 通号43 2007.2

東北太平記と鶴ヶ崎順法寺城(金子潤子)「うそり」 下北の歴史と文化を語る会 通号44 2008.2

鶴ヶ崎順法寺城に関する考察(新松文明)「うそり」 下北の歴史と文化を語る会 通号45 2009.3

鶴ヶ崎順法寺城に関する考察(2)(新松文明)「うそり」 下北の歴史と文化を語る会 通号46 2010.3

天狗岩

天狗岩探訪記(橘善光)「うそり」 下北の歴史と文化を語る会 (40) 2004.3

天狗岩探訪記(橘善光)「うそり」 下北の歴史と文化を語る会 (42) 2006.4

東青

医療組合初期における地域的展開―医療組合運動史上における東青病院設立の意義を中心に(川内淳史)「北海道・東北研究」 北海道出版企画センター 2 2005.12

道仏城

九戸の乱(2) 道仏城落城と豊臣軍への援軍要請(正部家奨)「ふる里なんぶ : 会誌」 南部町歴史研究会 (2) 2008.7

東北町

歌枕「壺の碑」―青森県東北町坪を訪れて(福岡龍太郎)「菅江真澄研究」 菅江真澄研究会 (63) 2008.1

床舞

床舞はアイヌ語地名か(米谷米三郎)「いしがみ : 郷土文化誌」 「いしがみ」刊行会 (11) 2000.12

続・床舞はアイヌ語地名ではないか(米谷米三郎)「いしがみ : 郷土文化誌」 「いしがみ」刊行会 (12) 2001.12

聞き書き 古老に聞く 昔の床舞の様子(編集委員会)「いしがみ : 郷土文化誌」 「いしがみ」刊行会 (20) 2009.12

十三湊

北の中世・書きかえられる十三湊と安藤氏(斉藤利男)「東北学.[第1期]」 東北芸術工科大学東北文化研究センター, 作品社(発売) 7 2002.10

講演記録 市浦の発掘から見た十三湊と安藤氏の歴史(榊原滋高)「いしがみ : 郷土文化誌」 「いしがみ」刊行会 (16) 2005.12

十三湊の古伊万里(1)(会員論文)(半沢紀)「北奥文化 : 郷土誌」 北奥文化研究会 (35) 2014.12

斗南

会津から斗南への一考察(田名部清一)「八戸地域史」 伊吉書院 (44) 2007.12

斗南藩

斗南藩廃藩後の転変(橋本哲男)「会津会々報」 会津会 108 2002.6

斗南藩の開拓と新渡戸傳(阿部和夫)「奥羽史談」 奥羽史談会 115 2004.11

斗南藩史跡を訪ねて(渡部敬三)「会津会々報」 会津会 111 2005.6

「斗南藩記録」解説(史料紹介)(安össy勇雄)「会津若松市史研究」 会津若松市 (8) 2006.9

史料が語る 斗南に移転した会津人の実相(2) 神谷きを(旧姓此村)の「口述」から(葛西富夫)「うそり」 下北の歴史と文化を語る会 通号45 2009.3

旧会津藩士の斗南藩転封と三本木移住(阿部和夫)「奥羽史談」 奥羽史談会 (119・120) 2009.3

私見・浜三沢と旧斗南藩士のこと(小比類巻みつる)「郷土史三沢」 三沢郷土史研究会 (6) 2010.3

旧会津藩士(斗南藩士)安積開拓入植についての一考察(研究ノート)(伊藤光子)「歴史春秋」 歴史春秋社 (71) 2010.4

坂井家文書にみる田名部村に残留した旧斗南藩士族の生業(甲羽智武)「うそり」 下北の歴史と文化を語る会 (50) 2014.2

苫米地橋

半世紀を迎えた吊り橋―苫米地橋(澁田三孝)「ふる里なんぶ : 会誌」 南部町歴史研究会 (3) 2009.7

十和田湖

十和田湖をめぐる開発と環境保護について(宮本利行)「弘前大学国史研究」 弘前大学国史研究会 (119) 2005.10

中柏木

中世期中柏木地区を通行した道の跡を探る(原田萬治)「かたりべ」 わがふるさとを探る会 (17) 2006.4

中里

移動ふるさと歴史講座・平成24年度第2回 わがふるさと中里をゆく(会員論文)(新岡巌)「北奥文化 : 郷土誌」 北奥文化研究会 (34) 2013.11

中田駅

中田駅の誕生(盛武司)「いしがみ : 郷土文化誌」 「いしがみ」刊行会 (11) 2000.12

中泊

連載 わが町遺産 中泊の「ものがたり」(齋藤淳)「津軽学 : 歩く見る聞く津軽」 津軽に学ぶ会 (6) 2011.2

長橋溜池

新田文書探訪(1) 長橋溜池水門の新規取り立て一件―「寛政十三年御用留」を読む(1)(岩崎繁芳)「北奥文化 : 郷土誌」 北奥文化研究会 (25) 2004.12

名川

町内史跡探訪(名川地区)(南部町歴史研究会―事業報告)(江戸忠雄)「ふる里なんぶ : 会誌」 南部町歴史研究会 (2) 2008.7

名久井通

猪荒れと地域社会―八戸藩名久井通を中心に(菊池勇夫)「ふる里なんぶ : 会誌」 南部町歴史研究会 (3) 2009.7

浪岡城

浪岡落城異聞(小森小二郎)「尾上文化誌」 尾上町郷土史研究会 平成14年版 2003.3

講演記録 城と館―浪岡城の調査から見えてくるもの(工藤清泰)「いしがみ : 郷土文化誌」 「いしがみ」刊行会 (18) 2007.12

浪岡城の概要と歴史等(青森・弘前例会特集)(木村浩一)「銃砲史研究」 日本銃砲史学会 (374) 2012.12

津軽の変遷と浪岡城落城400年(青森・弘前例会特集)(平泉喜久郎)「銃砲史研究」 日本銃砲史学会 (374) 2012.12

鳴沢中学校

旧山田野兵舎が中学校の校舎であった（木村健一）「いしがみ ： 郷土文化誌」 「いしがみ」刊行会 （21） 2010.12

南部

南部地方中世城館跡の研究現状と研究方法（小山彦逸）「東奥文化」 青森県文化財保護協会 通号74 2003.3

八戸城下町の形成・変容と「南部」地域《〈大会特集 南部の風土と地域形成〉―〈問題提起〉》（千葉正樹）「地方史研究」 地方史研究協議会 53（4）通号304 2003.8

南部の相撲史［1］,（2）（佐藤文孝）「北奥文化 ： 郷土誌」 北奥文化研究会 （26）/（27） 2005.12/2006.10

南部の話あれこれ一戸の話と村井家襖の下張り文書（三浦忠司）「ふる里なんぶ ： 会誌」 南部町歴史研究会 （2） 2008.7

南部馬について（江戸忠雄）「ふる里なんぶ ： 会誌」 南部町歴史研究会 （2） 2008.7

「あおもり検定」から見る南部地方の考察について（江戸忠雄）「ふる里なんぶ ： 会誌」 南部町歴史研究会 （3） 2009.7

みじか史 南部ニセ銭物語（酒井久男）「八戸地域史」 伊吉書院 （46） 2009.10

津軽から南部へ 東日本大震災から一年 コミュニティ交流支援という新しい形（震災を生きる 津軽と災害）（山下祐市）「津軽学 ： 歩く見る聞く津軽」 津軽に学ぶ会 （7） 2012.3

南部ふるさと塾第1回講座 飢えの歴史体験―天明の飢饉を中心（概要）（菊池勇夫）「ふる里なんぶ ： 会誌」 南部町歴史研究会 （6） 2012.7

南部地方と西南戦争（江戸忠雄）「ふる里なんぶ ： 会誌」 南部町歴史研究会 （6） 2012.7

南部赤門

南部赤門と南部山（松尾政重）「ふるさとなんぶ」 南部町郷土研究会 （24） 2001.7

南部九牧

南部九牧の成立―御野馬別当の任命を中心として（伊藤一允）「東奥文化」 青森県文化財保護協会 通号82 2011.3

南部町

ふる里の文化財（餓死供養塔、藩境塚、古文書）「ふる里なんぶ ： 会誌」 南部町歴史研究会 （2） 2008.7

南部山

南部赤門と南部山（松尾政重）「ふるさとなんぶ」 南部町郷土研究会 （24） 2001.7

新井田

八戸市新井田の地名から（松橋由雄）「地名」 宮城県地名研究会 通号29 2009.5

西津軽

寛政西津軽地震（1793）の被害と地形変化（白石睦弥、長谷川成一）「弘前大学国史研究」 弘前大学国史研究会 （134） 2013.3

西浜

西浜の交易余聞（2）―「津軽御廻米船難破一件」について（1）（桜井冬樹）「北奥文化 ： 郷土誌」 北奥文化研究会 21 2000.11

明治・大正期津軽西浜の海難記（4）～（6）（森山嘉蔵）「北奥文化 ： 郷土誌」 北奥文化研究会 21/23 2000.11/2002.11

西浜の交易余聞（3）―「津軽御廻船難破一件」について（2）（桜井冬樹）「北奥文化 ： 郷土誌」 北奥文化研究会 22 2001.12

西浜の交易余聞（4）―「津軽御廻米船難破」他について（桜井冬樹）「北奥文化 ： 郷土誌」 北奥文化研究会 22 2001.12

津軽西浜保存の北前船が運んだ石造物など（森山嘉蔵）「北奥文化 ： 郷土誌」 北奥文化研究会 （25） 2004.12

西屋町

西屋町文書にみる三戸西町屋の成立（相馬英生）「八戸地域史」 伊吉書院 （41） 2003.12

糠部

鎌倉時代の糠部郡史料 工藤祐薫先生遺稿から（雇地昭）「ふる里なんぶ ： 会誌」 南部町歴史研究会 （6） 2012.7

野内村

「昭和の大合併」への一考察―青森市・野内村合併問題を通して（末永洋一）「市史研究あおもり」 青森市 6 2003.3

野辺地

野辺地の海運について（永峰文男）「東奥文化」 青森県文化財保護協会 通号74 2003.3

塩の流通と野辺地湊（研究発表）（宮澤秀男）「東奥文化」 青森県文化財保護協会 通号78 2007.3

野辺地町

野辺地町の金融機関―上北銀行、野村銀行、勤有株式会社を中心として（宮澤秀男）「東奥文化」 青森県文化財保護協会 通号76 2005.3

「旅日記」に見える符牒について―野辺地町野坂忠尚家文書をてがかりとして（鈴木幹人）「東奥文化」 青森県文化財保護協会 （83） 2012.3

白山溜池

新田文書探訪（2） 白山溜池水門改築と水下農民の要望―「寛政十三年御用留」を読む（2）（岩崎繁方）「北奥文化 ： 郷土誌」 北奥文化研究会 （26） 2005.12

八戸

北の拠点・八戸 礎築いた南部氏 新体制の理想いちず 分藩草創の大任担う/県指定文化財に「握宝珠」 盛岡の歴史を語る会 （136） 2003.1

羽仁もと子を育んだ八戸の時代と気風《〈大会特集II 南部の風土と地域形成〉―〈問題提起〉》（田代優子）「地方史研究」 地方史研究協議会 53（5）通号305 2003.10

幻の来満鉄道―未完の大八戸論（小泉敦）「八戸地域史」 伊吉書院 （42） 2005.6

城主格大名 八戸の南部氏（加藤隆）「城」 東海古城研究会 （193） 2005.10

八戸の市日町名の由来について（松橋由雄）「地名」 宮城県地名研究会 通号23 2006.5

垂水社の人々―幕末維新期八戸における知的集団の存在について（本田敏雄）「八戸地域史」 伊吉書院 （43） 2006.12

八戸地域の交通史から見た地域活性化一考―鉄道史を中心に（小笠原剛）「八戸地域史」 伊吉書院 （43） 2006.12

昭和初期の八戸地域における金融危機について―八戸銀行の休業と復活（宮本利行）「はちのへ市史研究」 八戸市 （5） 2007.3

資料紹介 戦時下、八戸の暮らし―戦時資料の紹介（小泉敦）「はちのへ市史研究」 八戸市 （5） 2007.3

「プランゲ文庫」と八戸―占領期の八戸（資料紹介）（小泉敦）「はちのへ市史研究」 八戸市 （6） 2008.3

東洋捕鯨会社鮫事業所焼打事件始末記―焼尽のはてに（田名部清一）「八戸地域史」 伊吉書院 （47） 2010.10

八戸地方の大小暦（斎藤潔）「八戸地域史」 伊吉書院 （50） 2013.12

八戸市

「場所の個性」とその歴層についての覚書―戦後八戸市の地域開発をとおして《〈大会特集 南部の風土と地域形成〉―〈問題提起〉》（高橋英博）「地方史研究」 地方史研究協議会 53（4）通号304 2003.8

ギリシャ正教徒産馬騒擾を指導す/都市動態論の模索/八戸地方の農業用水のあり方/地方都市の発展と産業の構造/八戸地域史発刊にあたって/「昌益国際フェスティバル・八戸」を終えて/八戸市史編纂の方針について/ケタクソ悪い県民文化祭「八戸地域史」 伊吉書院 （42） 2005.6

八戸市の史跡・文化財めぐりと二戸市の田中館愛橘記念館 福田繁雄デザイン館見学（星川香代）「古文書研究会報」 岩手古文書研究会 （332） 2006.8

八戸市近郊における暮らしの変遷―食生活を中心に（工藤睦美）「青森県立郷土館研究紀要」 青森県立郷土館 （35） 2011.3

地域の歴史団体の連携と活性化―八戸市（小特集 地方史研究の現在）（三浦忠司）「地方史研究」 地方史研究協議会 61（2）通号350 2011.4

八戸市の市名地名と陰陽五行―八戸市の町名の由来・陰陽道の町（三日町、十三日町、八日町、六日町、朔日町など）（松橋由雄）「北方風土 ： 北国の歴史民俗考古研究誌」 イズミヤ出版 通号63 2012.1

八戸城

八戸城下町の形成・変容と「南部」地域《〈大会特集 南部の風土と地域形成〉―〈問題提起〉》（千葉正樹）「地方史研究」 地方史研究協議会 53（4）通号304 2003.8

八戸城の築城計画―「御城御普請向伺之覚」より（中野渡一耕）「八戸地域史」 伊吉書院 （45） 2008.12

八戸中学校

旧制八戸中学校 "奉安殿" の成立から解体まで（滝尻善英）「東奥文化」 青森県文化財保護協会 通号82 2011.3

八戸藩

盛岡御領通行を八戸藩御老中の判鑑により通行可能となった経緯其外について（長谷川篤該）「ふるさとなんぶ」 南部町郷土研究会 （24） 2001.7

八戸藩における地方知行制の展開（三浦忠司）「岩手史学研究」 岩手史学会 （85） 2002.2

八戸藩の藩政改革と相撲取りの大名抱え《〈大会特集II 南部の風土と地域形成〉―〈問題提起〉》（小林文雄）「地方史研究」 地方史研究協議会 53（5）通号305 2003.10

八戸藩の海運資料とその特色（三浦忠司）「東奥文化」 青森県文化財保護協会 通号76 2005.3

青森県　　地名でたどる郷土の歴史　　東北

江戸時代の経塚にみる八戸藩士 接待宗碩の事績(森淳)「八戸地域史」　伊吉書院　(43) 2006.12

公儀馬買と八戸藩(市史随想)(中野渡一耕)「はちのへ市史研究」 八戸市　(6) 2008.3

八戸藩武家の結婚・離婚などの家族関係―遠山家日記を通して(三浦忠司)「八戸地域史」 伊吉書院　(47) 2010.10

みじか史 八戸藩士の湯治(中野渡一耕)「八戸地域史」 伊吉書院　(47) 2010.10

報告要旨 八戸藩江戸留守居研究序説(第32回全体会の記録)(永嶺信孝)「岡山藩研究」 岡山藩研究会　(66) 2012.2

参加記 永嶺信孝氏報告「八戸藩江戸留守居研究序説」を聞いて(第32回全体会の記録)(白根孝胤)「岡山藩研究」 岡山藩研究会　(66) 2012.2

参加記 永嶺信孝氏の報告を聞いて(第32回全体会の記録)(山本英貴)「岡山藩研究」 岡山藩研究会　(66) 2012.2

「目付所日記」にみる八戸藩士の湯治(中野渡一耕)「八戸地域史」 伊吉書院　(49) 2012.12

奥州南部流鏑馬史(2)―八戸藩の流鏑馬(黄綿昶行)「八戸地域史」 伊吉書院　(50) 2013.12

八戸藩の天保飢饉における五万両貸出政策(三浦忠司)「八戸地域史」 伊吉書院　(50) 2013.12

みじか史 江戸期八戸藩領の鴇(大岡達夫)「八戸地域史」 伊吉書院　(50) 2013.12

八戸分士数と直房の官職名―八戸藩家老中里弥次右衛門家家系からの考察(佐々木勝宏)「岩手県立博物館研究報告」 岩手県文化振興事業団　(31) 2014.3

史料紹介「元禄拾弐年日記」(八戸藩士遠山家旧蔵本)―元禄一二～一五年の江戸幕府・八戸藩関係史料(熊谷隆次, 石毛あゆみ)「岩手史学研究」 岩手史学会　(94・95) 2014.3

近世後期八戸藩の豪農による書物受容の特質―淵沢円右衛門定啓の場合(論説)(鈴木淳世)「歴史」 東北史学会　122 2014.4

八戸湊

八戸湊の飯盛女(相馬英生)「はちのへ市史研究」 八戸市　(5) 2007.3

八戸湊の飯盛女―船小宿・出稼ぎ・祭礼(相馬英生)「八戸地域史」 伊吉書院　(48) 2011.12

八甲田山

資料で見る「雪中行軍」―新規資料の発見と研究史の整理(中園裕)「市史研究あおもり」 青森市　7 2004.3

八甲田雪中行軍遭難異聞(葛西勇三朗)「尾上文化誌」 尾上町郷土史研究会　平成16年版　2005.4

明治35年1月歩兵第五聯隊雪中行軍遭難捜索概況について(古川光男)「東磐史学」 東磐史学会　(31) 2004.8

民衆と軍隊・戦争の近代史(12) 北清事変 八甲田山雪中行軍(前澤哲也)「上州路 : 郷土文化誌」 あさを社　34(7)通号398 2007.7

わたしの写真紀行 八甲田山の「雪の大回廊」 青森市笠松峠「北のむらから」 能代文化出版社　(262) 2009.5

真説・八甲田山「死の雪中行軍」(1)(鈴木英男)「歴研よこはま」 横浜歴史研究会　(64) 2010.5

八甲田山における山岳ガイドの変遷(1), (2)(羽根田治)「東北学.［第3期］」 東北芸術工科大学東北文化研究センター, はる書房(発売) 1/2 2013.1/2013.07

八甲田山における山岳ガイドの変遷(3)最終回―八甲田に通い続ける地元カメラマンの回顧録(語り・藤巻健二)(羽根田治)「東北学.［第3期］」 東北芸術工科大学東北文化研究センター, はる書房(発売) 4 2014.7

浜三沢

推測 大正期の浜三沢(小比類巻満)「郷土史三沢」 三沢郷土史研究会　(4) 2008.3

私見・浜三沢と旧斗南藩士のこと(小比類巻みつる)「郷土史三沢」 三沢郷土史研究会　(6) 2010.3

番長塚

番長塚と盛・原田家(桜井冬樹)「いしがみ : 郷土文化誌」「いしがみ」刊行会　(17) 2006.12

東岳

青森県東岳における鉱山史(島口天)「青森県立郷土館研究紀要」 青森県立郷土館　(35) 2011.3

東岳石灰岩鉱山

大正時代の藤田組青森発電所と東岳石灰岩鉱山(島口天)「青森県立郷土館研究紀要」 青森県立郷土館　(38) 2014.3

一ツ森村

弘前藩における猟師の処遇と収入―一ツ森村の辰蔵に着目して(村上一馬)「東北芸術工科大学東北文化研究センター研究紀要」 東北芸術工科大学東北文化研究センター　(13) 2014.3

屏風山

特集 つがる市の農業の今昔3 屏風山地域の開発と整備(編集委員会)「いしがみ : 郷土文化誌」「いしがみ」刊行会　(19) 2008.12

平内

明治の激動と平内―入会権裁判の発端と結末(鬼柳恵照)「東奥文化」 青森県文化財保護協会　通号77 2006.3

弘前

元禄・享保期の富山売薬、反魂丹売りと香具師―弘前の活動から(深井甚三)「富山史壇」 越中史壇会　142・143 2004.3

弘前弁の挨拶言葉あれこれ(佐藤きむ)「津軽学 : 歩く見る聞く津軽」 津軽に学ぶ会　(6) 2011.2

移動ふるさと歴史講座・平成24年度第1回 弘前―その奥深さを知る見聞録(新岡巌)「北奥文化 : 郷土誌」 北奥文化研究会　(33) 2012.12

地図と軍部との関わり―「弘前」「青森」図を中心に(小熊健)「東奥文化」 青森県文化財保護協会　(84) 2013.3

弘前駅

鈴木榮太郎『都市社会学原理』から 弘前駅前調査の五十年後(津軽の近代化と鉄道)(山下祐介)「津軽学 : 歩く見る聞く津軽」 津軽に学ぶ会　(8) 2013.3

弘前公園

弘前公園成立史(中園美穂)「弘前大学国史研究」 弘前大学国史研究会　(131) 2011.10

弘前高等学校

官立弘前高等学校資料の管理について(特集 官立弘前高等学校資料について)(官立弘前高等学校資料整理作業チーム)「豊泉 : 弘前大学附属図書館報」 弘前大学附属図書館　(29) 2009.5

近代日本の高等教育制度が明らかに！―大変貴重な官立弘前高等学校資料(特集 官立弘前高等学校資料について)(中園裕)「豊泉 : 弘前大学附属図書館報」 弘前大学附属図書館　(29) 2009.5

弘前市

弘前市成田裕家文書(〔史料紹介〕)(石塚雄士)「弘前大学国史研究」 弘前大学国史研究会　(117) 2004.10

城下町の商家の年中行事―青森県弘前市石場家調査報告(小山隆秀, 増田公寧)「青森県立郷土館研究紀要」 青森県立郷土館　(36) 2012.3

弘前城

〈歴史的景観と県史の編さんを考える―弘前城と恐山〉「青森県史だより」 青森県環境生活部　11 2003.3

残された巨大遺構―弘前城(中野渡一耕)「青森県史だより」 青森県環境生活部　11 2003.3

津軽弘前城築城400年(地域誌だより(16))(杉山陸子)「まんだら : 東北文化友の会会報」 東北芸術工科大学東北文化研究センター　(43) 2010.5

弘前城築城400年「時の伝言」(地域誌だより(18))(杉山陸子)「まんだら : 東北文化友の会会報」 東北芸術工科大学東北文化研究センター　(45) 2010.11

弘前城 曼陀羅(弘前城築城400年 時の伝言)(花田千秋［写真］)「津軽学 : 歩く見る聞く津軽」 津軽に学ぶ会　(6) 2011.2

津軽学公開講座 弘前城築城と都市プラン(弘前城築城400年 時の伝言)(長谷川成一)「津軽学 : 歩く見る聞く津軽」 津軽に学ぶ会　(6) 2011.2

津軽学公開講座 語り合い「弘前城築城400年 時の伝言」(弘前城築城400年 時の伝言)「津軽学 : 歩く見る聞く津軽」 津軽に学ぶ会　(6) 2011.2

江戸時代の城郭統制と弘前城(弘前城築城400年 時の伝言)(小石川透)「津軽学 : 歩く見る聞く津軽」 津軽に学ぶ会　(6) 2011.2

築城の概念・弘前城(高嶋喜兵衛)「陸奥史談」 陸奥史談会　(58) 2014.5

弘前藩

津軽の相撲史―弘前藩の抱え力士を中心に(佐藤文孝)「北奥文化 : 郷土誌」 北奥文化研究会　(24) 2003.10

弘前藩の海防敷設 平舘台場の考察(佐藤仁)「東奥文化」 青森県文化財保護協会　通号75 2004.3

近世前期における弘前藩のアイヌ支配について―松前飛脚回送の実態から(武田亜弓)「弘前大学国史研究」 弘前大学国史研究会　(118) 2005.3

弘前藩の敦賀屋敷―津軽と敦賀を結ぶもの(《大会特集敦賀―日本海～琵琶湖、風の通り道》―〈問題提起〉)(福井敏隆)「地方史研究」 地方史研究協議会　55(4)通号316 2005.8

近世北奥地域における被差別集団―弘前藩領の歴史的な実態とその編成(浪川健治)「明日を拓く」 東日本部落解放研究所, 解放書店(発売) 32(4)通号64 2006.3

弘前藩の猟師と熊狩り―「弘前藩庁御国日記」から(《特集 日本の狩猟・アジアの狩猟》)(村上一馬)「東北学.［第2期］」 東北芸術工科大学

東北　地名でたどる郷土の歴史　青森県

東北文化研究センター．柏書房（発売）（10）2007.1

北方の政治的コンテクストからみた天保国絵図改訂事業―盛岡藩・弘前藩を中心として（シンポジウム「歴史地理学における絵図・地図」特集号）（尾﨑久美子）「歴史地理学」歴史地理学会，古今書院（発売）52（1）通号248　2010.1

「国日記」にみる弘前藩の漁師―「後狩詞記」を起点にして（特集　遠野物語百年）（村上一馬）「東北学」［第2期］東北芸術工科大学東北文化研究センター，柏書房（発売）（23）2010.5

北奥文化研究会平成21年度文化講演会講師寄稿　研究ノート　津軽の秘薬「一粒金丹」と弘前藩「御用格」（本田伸）「北奥文化 ： 郷土誌」北奥文化研究会（31）2010.12

史料紹介　「弘前藩・藩庁日記から」―金浦・三森船の漁を巡って（須田高）「由理 ： 本荘由利地域史研究会・会誌」本荘由利地域史研究会（3）2010.12

弘前藩の地方制度について―郷土西田三郎右衛門「御用留」による一考察（1）（木村愼一）「東奥文化」青森県文化財保護協会　通号82　2011.3

弘前藩江戸日記の管理と日記役（研究例会報告要旨）（中野達哉）「地方史研究」地方史研究協議会　62（2）通号356　2012.4

弘前藩士が記録した静岡学問所の教育（樋口雄彦）「静岡県近代史研究」静岡県近代史研究会（37）2012.10

弘前藩の地方制度　郷土西田三郎右衛門「御用留」による一考察（2）（木村愼一）「東奥文化」青森県文化財保護協会（84）2013.3

弘前藩における「生類憐み令」の一端―領内への伝達と処罰例を中心に（門脇裕将）「弘前大学国史研究」弘前大学国史研究会（134）2013.3

弘前藩における平田門人の活動と交流―鶴舎有節・平尾魯仙・下沢保躬（中川和明）「弘前大学国史研究」弘前大学国史研究会（136）2014.3

弘前藩における猟師の処遇と収入―一ツ森村の辰蔵に着目して（村上一馬）「東北芸術工科大学東北文化研究センター研究紀要」東北芸術工科大学東北文化研究センター（13）2014.3

弘前幼稚園

神の愛による青森県初めての幼稚園（4）～（9）明治38年の私立弘前幼稚園の保育（野口伐名）「地域学 ： 地域の理解にむけて」弘前学院大学，北方新社（発売）4/9　2006.6/2011.3

広須新田

「文久三年　広須・木造新田両組代官御用留」（3）付・芦萱刈取り人夫代銭取扱い一件（岩崎繁芳）「北奥文化 ： 郷土誌」北奥文化研究会（30）2009.12

「文久三年　広須・木造新田両組代官御用留」（4）（岩崎繁芳）「北奥文化 ： 郷土誌」北奥文化研究会（31）2010.12

深浦

「深浦の中世を探る」中世の名族葛西氏末裔木庭袋氏の六百年（1）（森山嘉蔵）「北奥文化 ： 郷土誌」北奥文化研究会（33）2012.12

「深浦の中世を探る」中世の名族葛西氏末裔木庭袋氏の六百年（2）（会員論文）（森山嘉蔵）「北奥文化 ： 郷土誌」北奥文化研究会（34）2013.11

深浦町

深浦町における笏谷石造物（地方史研究発表）（伊東信）「東奥文化」青森県文化財保護協会　通号76　2005.3

深宮

石田三成ゆかりの地　奥州深味深宮（《場のちから　地の記憶》）（杉山陸子）「津軽学 ： 歩く見る聞く津軽」津軽に学ぶ会（3）2007.12

深谷

フィールド探訪―鰺ヶ沢町深谷地区の取り組みから（弘前大学人文学部社会学研究室）「津軽学 ： 歩く見る聞く津軽」津軽に学ぶ会（4）2008.12

藤田組青森発電所

大正時代の藤田組青森発電所と東岳石灰岩鉱山（島口天）「青森県立郷土館研究紀要」青森県立郷土館（38）2014.3

藤田組通り

青森市「藤田組通り」の名称由来（島口天）「青森県立郷土館研究紀要」青森県立郷土館（36）2012.3

船沢

フィールド探訪「船沢編」（《場のちから　地の記憶》）（弘前大学人文学部社会学研究室）「津軽学 ： 歩く見る聞く津軽」津軽に学ぶ会（3）2007.12

津軽岩木リゾート構想から二十年　船沢・弥生から考える、岩木山・岩木川と津軽のくらし（山下祐介）「津軽学 ： 歩く見る聞く津軽」津軽に学ぶ会（6）2011.2

北洋館

「北洋館」の創設に関わって（長内誠一）「うそり」下北の歴史と文化を語る会（49）2013.2

細越

細越歴史を垣間見る　上と下との分岐点「細越物語」［若佐谷五郎兵衛］（1）2007.2

細越町

細越の位置（略図）/明治ノ初メ居住者名簿/昭和50年までの細越の名所旧跡図/慶長時代の地図/新細越町内見取図（略）「細越物語」［若佐谷五郎兵衛］（11）2007.2

堀越城

史跡津軽氏城跡　堀越城跡の調査概要（岩井浩介）「東奥文化」青森県文化財保護協会　通号80　2009.3

馬淵川

馬淵川の語源について―南部町のアイヌ語地名（1）（寺本千名夫）「ふるさとなんぶ」南部町郷土研究会（24）2001.7

三沢

パネルディスカッション　テーマ「昭和二〇年代の三沢」「郷土史三沢」三沢郷土史研究会（5）2009.3

三沢の方言（《5周年記念特集》）（馬場操，地名方言研究会）「郷土史三沢」三沢郷土史研究会（5）2009.3

5周年記念事業記録（パネルディスカッション―戦後の三沢）（《5周年記念特集》）「郷土史三沢」三沢郷土史研究会（5）2009.3

特集　三沢の方言　名詞・名称の部（2）（馬場操，地名方言研究会）「郷土史三沢」三沢郷土史研究会（6）2010.3

三沢の事件・事故・災害（米田清威）「郷土史三沢」三沢郷土史研究会（6）2010.3

コラム　市川日記と三沢/南部三郎光行/「つれづれ日記」より/甲子園球場に三沢旋風起こる/小鳥捕り/代かきと田植え「郷土史三沢」三沢郷土史研究会（6）2010.3

三沢の方言　動作にかかわる方言「あ行」（馬場操，地名方言研究会）「郷土史三沢」三沢郷土史研究会（7）2011.3

郷土史にみる三沢の読書事情（三沢郷土史研究会研究発表会）（小比類巻みつる）「郷土史三沢」三沢郷土史研究会（7）2011.3

三沢の方言　動作にかかわる方言「か行」（馬場操，地名方言研究会）「郷土史三沢」三沢郷土史研究会（8）2012.3

三沢の大砲場（御台場）（小比類巻文幸）「郷土史三沢」三沢郷土史研究会（9）2013.3

三沢の方言　動作にかかわる方言「さ行」（馬場操，地名方言研究会）「郷土史三沢」三沢郷土史研究会（9）2013.3

三沢の文化財（抄）県道170号線沿いと南山から浜身沢周辺の文化財（小比類巻みつる）「郷土史三沢」三沢郷土史研究会（9）2013.3

サハリンから満州、そして三沢補へ（市民の証言）（奥山明子）「郷土史三沢」三沢郷土史研究会（10）2014.3

私が三沢に嫁いできた頃（市民の証言）（冨田トミノ）「郷土史三沢」三沢郷土史研究会（10）2014.3

三沢の文化財（2）国道338号線沿いと小川原湖周辺の文化財（小比類巻みつる）「郷土史三沢」三沢郷土史研究会（10）2014.3

三沢の方言　動作にかかわる方言「た行」（馬場操，地名方言研究会）「郷土史三沢」三沢郷土史研究会（10）2014.3

三沢海岸

口絵　三沢海岸「郷土史三沢」三沢郷土史研究会（5）2009.3

三沢市

三沢市行政史文書「淋代牧場目録」（及川光男，古文書を読む会）「郷土史三沢」三沢郷土史研究会（6）2010.3

三沢市行政史文書「淋代牧場目録」（及川光男，古文書を読む会）「郷土史三沢」三沢郷土史研究会（7）2011.3

まえがき（特集 3.11東日本大震災 三沢市内の被災状況写真と体験記）（新堂一郎）「郷土史三沢」三沢郷土史研究会（8）2012.3

被災状況写真（特集 3.11東日本大震災 三沢市内の被災状況写真と体験記）（種市嗣彦、栗原隆成、赤沼晃、馬場操、小比類巻満）「郷土史三沢」三沢郷土史研究会（8）2012.3

三・十一 地震の思い出（特集 3.11東日本大震災 三沢市内の被災状況写真と体験記―震災体験記「そのとき、私は…」）（新堂一郎）「郷土史三沢」三沢郷土史研究会（8）2012.3

そのとき、わたしは…（特集 3.11東日本大震災 三沢市内の被災状況写真と体験記―震災体験記「そのとき、私は…」）（米谷章子）「郷土史三沢」三沢郷土史研究会（8）2012.3

地震 そのとき（特集 3.11東日本大震災 三沢市内の被災状況写真と体験記―震災体験記「そのとき、私は…」）（米田清威）「郷土史三沢」三沢郷土史研究会（8）2012.3

大震災の教訓（特集 3.11東日本大震災 三沢市内の被災状況写真と体験記―震災体験記「そのとき、私は…」）（三浦金四郎）「郷土史三沢」三沢郷土史研究会（8）2012.3

あの時――東日本大震災と図書館（特集 3.11東日本大震災 三沢市内の被災状況写真と体験記―震災体験記「そのとき、私は…」）（望月健

男）「郷土史三沢」 三沢郷土史研究会 （8） 2012.3

その時、私は（特集 3.11東日本大震災 三沢市内の被災状況写真と体験記
—震災体験記「そのとき、私は…」）（中里豊子）「郷土史三沢」 三沢
郷土史研究会 （8） 2012.3

その時、私は…（特集 3.11東日本大震災 三沢市内の被災状況写真と体験
記—震災体験記「そのとき、私は…」）（赤沼晃）「郷土史三沢」 三沢
郷土史研究会 （8） 2012.3

そのとき、わたしは…（特集 3.11東日本大震災 三沢市内の被災状況写真
と体験記—震災体験記「そのとき、私は…」）（蛯名佳一）「郷土史三
沢」 三沢郷土史研究会 （8） 2012.3

三・十一 その時、私は（特集 3.11東日本大震災 三沢市内の被災状況
写真と体験記—震災体験記「そのとき、私は…」）（馬場操）「郷土史三
沢」 三沢郷土史研究会 （8） 2012.3

一般投稿 震災の日（特集 3.11東日本大震災 三沢市内の被災状況写真と
体験記—震災体験記「そのとき、私は…」）（家永勝彦）「郷土史三沢」
三沢郷土史研究会 （8） 2012.3

その時、わたしは…（特集 3.11東日本大震災 三沢市内の被災状況写真と
体験記—震災体験記「そのとき、私は…」）（及川光男）「郷土史三沢」
三沢郷土史研究会 （8） 2012.3

その時、私は（特集 3.11東日本大震災 三沢市内の被災状況写真と体験
記—震災体験記「そのとき、私は…」）（小比類巻満）「郷土史三沢」
三沢郷土史研究会 （8） 2012.3

取材 その時、わたしは…（特集 3.11東日本大震災 三沢市内の被災状況
写真と体験記—震災体験記「そのとき、私は…」）（中里七蔵）「郷土史
三沢」 三沢郷土史研究会 （8） 2012.3

三沢市行政史文書「淋代牧場日録」（及川光男，古文書を読む会）「郷土史
三沢」 三沢郷土史研究会 （8） 2012.3

みちのく松陰道
みちのく松陰道を行く（滝沢洋之）「会津人群像」 歴史春秋出版 （15）
2009.10

「みちのく松陰道」と三戸町を訪ねて（会史亭）（塚原美保子）「会津史談」
会津史談会 （84） 2010.4

妙野ノ牧
日本一の「野馬土手」と「牧」遺跡—アイヌの伝説に包まれた八戸市の
妙野ノ牧（松橋由雄）「北方風土 ： 北国の歴史民俗考古研究誌」 イズ
ミヤ出版 （64） 2012.8

陸奥黒石
小藩大名の陣屋町「陸奥黒石」について（米田藤博）「パイオニア」 関西
地理学研究会 （93） 2010.11

陸奥八戸
小藩大名の陣屋町「陸奥八戸」について（米田藤博）「パイオニア」 関西
地理学研究会 （94） 2011.2

陸奥湾
陸奥湾藩境設定の顛末（永峰文男）「東奥文化」 青森県文化財保護協会
通号77 2006.3

メドツ河原
メドツ河原（嶋脇芳勝）「全国地名研究交流誌 地名談話室」 日本地名研
究所 （28） 2013.11

目屋
講演記録 白神山地の目屋マタギ（工藤欣治）「いしがみ ： 郷土文化誌」
「いしがみ」刊行会 （14） 2003.12

森田村
森田村リンゴ共同防除について（〈特集 つがる市の農業の今昔2〉）「いし
がみ ： 郷土文化誌」 「いしがみ」刊行会 （18） 2007.12

薬師町
薬師町のこと（中里豊子）「郷土史三沢」 三沢郷土史研究会 （10）
2014.3

矢立峠
矢立峠を越えた人達（斎藤光子）「東奥文化」 青森県文化財保護協会
通号74 2003.3

山田野
菜の花の山田野や溜め池など（藤田守昭）「いしがみ ： 郷土文化誌」
「いしがみ」刊行会 （20） 2009.12

講演記録 山田野の歴史をたずねて—岩木山麓に残る旧陸軍演習場跡（中
田書矢）「いしがみ ： 郷土文化誌」 「いしがみ」刊行会 （21）
2010.12

山田野演習場
聞き書き 古老に聞く（佐藤三郎氏）山田野演習場と開拓団への入植（編
集委員会）「いしがみ ： 郷土文化誌」 「いしがみ」刊行会 （21）
2010.12

山田野兵舎
旧山田野兵舎が中学校の校舎であった（木村健一）「いしがみ ： 郷土文
化誌」 「いしがみ」刊行会 （21） 2010.12

弥生
津軽岩木リゾート構想から二十年 船沢・弥生から考える、岩木山・岩木
川と津軽のくらし（山下祐介）「津軽学 ： 歩く見る聞く津軽」 津軽に
学ぶ会 （6） 2011.2

来満鉄道
幻の来満鉄道—未完の大八戸論（小泉敦）「八戸地域史」 伊吉書院
（42） 2005.6

六郷
鶴田町六郷地区の成り立ちについて—山道・中野（工藤巧）「北奥文化 ：
郷土誌」 北奥文化研究会 （31） 2010.12

鶴田町六郷地区の成り立ちについて—胡桃舘・境（工藤忍）「北奥文化 ：
郷土誌」 北奥文化研究会 （33） 2012.12

鶴田町六郷地区の成り立ちについて—胡桃舘・境考察（会員論文）（工藤
忍）「北奥文化 ： 郷土誌」 北奥文化研究会 （34） 2013.11

六戸町
青森県六戸町「小平家文書」所収の南部利直発給文書について（西野隆
次）「岩手史学研究」 岩手史学会 通号83 2000.2

脇野沢村
脇野沢村の方言について（高松敬吉）「うそり」 下北の歴史と文化を語る
会 （41） 2005.2

北前船の足跡—脇野沢村佐渡屋川岸家文書からの視座（1） 新造船（弁財
船）の経緯（高松敬吉）「うそり」 下北の歴史と文化を語る会 通号45
2009.3

北前船の足跡—脇野沢村佐渡屋川岸家文書からの視座（2） 鉄吹き関連事
業（高松敬吉）「うそり」 下北の歴史と文化を語る会 通号46 2010.3

北前船の足跡—脇野沢村佐渡屋川岸家文書からの視座（3） 脇野沢鯡の記
録（高松敬吉）「うそり」 下北の歴史と文化を語る会 （47） 2011.3

和徳城
和徳城落成五百年有余年史（長尾まり子）「いしがみ ： 郷土文化誌」
「いしがみ」刊行会 （17） 2006.12

岩手県

赤生津

「赤生津・安部氏」の出自を尋ねて（1）岩手県奥州市前沢区生母・赤生津地区における「アベ」姓世帯分布の特長（紙上発表）（安部徹良，安部皓三，安部公良，森静子）「岩手県南史談会研究紀要」岩手県南史談会 38 2009.7

「赤生津・安部氏」の出自を尋ねて（2）葛西氏時代（鎌倉・室町時代）及びそれ以前の「赤生津・安部氏」に関連する歴史上の記録の検討（紙上発表）（安部徹良，安部皓三，安部公良，森静子）「岩手県南史談会研究紀要」岩手県南史談会 39 2010.7

「赤生津・安部氏」の出自を尋ねて（3）仙台藩時代（江戸時代）前半期における「赤生津・安部氏」に関連する歴史上の記録の検討（紙上発表）（安部徹良，安部皓三，安部公良，森静子）「岩手県南史談会研究紀要」岩手県南史談会 40 2011.7

「赤生津・安部氏」の出自を尋ねて（5）「赤生津・安部氏」の歴史における「安部小次郎重綱」の位置づけに関する検討（紙上発表）（安部徹良，安部皓三，安部公良，森静子）「岩手県南史談会研究紀要」岩手県南史談会 42 2013.7

赤生津村

「赤生津・安部氏」の出自を尋ねて（4）前沢町史及び岩手県史にみる中世・近世移行期の「赤生津村」を巡る状況（紙上発表）（安部徹良，安部皓三，安部公良，森静子）「岩手県南史談会研究紀要」岩手県南史談会 41 2012.7

網張温泉

「網張温泉行」紀行文を読む（横山侑）「古文書研究会報」岩手古文書研究会 （361）2009.3

胆沢

延暦八年胆沢の合戦の再検討（樋口知志）「アテルイ通信」アテルイを顕彰する会 40 2003.2

胆沢の民家調査（7）若柳下萱刈窪 高橋家（菊地憲夫）「胆沢史談」胆沢史談会 （69）2003.12

胆沢・水沢地方史跡文化財めぐり（小笠原勝郎）「奥羽史談」奥羽史談会 114 2004.4

岩手県胆沢地方における近世の家作規制（菊地憲夫）「金ヶ崎史談」金ヶ崎史談会 （35）2004.4

胆沢の民家調査（8）門脇家住宅（菊地憲夫）「胆沢史談」胆沢史談会 （70）2004.12

胆沢の民俗調査（8）恩賜郷倉（南都田広岡）（菊地憲夫）「胆沢史談」胆沢史談会 （71）2006.3

胆沢川

胆沢川の親水を求めて「前沢堰」[1]〜（3）（菊地安雄）「胆沢史談」胆沢史談会 （67）/（69）2001.12/2003.12

胆沢川渡船賃銭之定（小野勝賢）「胆沢史談」胆沢史談会 （71）2006.3

胆沢川上流域の歴史的環境（研究ノート）（須原拓，村木敬）「紀要」岩手県文化振興事業団埋蔵文化財センター （33）2014.3

伊沢郡

中世後期における城館とその集団構造—陸奥国伊沢・江刺郡域を中心として（遠藤栄一）「岩手史学研究」岩手史学会 （91）2010.3

胆沢町

胆沢町指定文化財（安倍庄吉）「胆沢史談」胆沢史談会 （69）2003.12

またべえ・堰の今昔もの語り（又兵衛・又平・赤平）（村上六七男）「胆沢史談」胆沢史談会 （69）2003.12

二の台堰・堰名考と開発状況（小野勝賢）「胆沢史談」胆沢史談会 （71）2006.3

旧石井県令私邸

いわての橋 下の橋（盛岡市）教会との風景調和/壬生義士伝の浅田次郎氏が歩く 貫一郎の故郷 盛岡/旧石井県令私邸 盛岡市 欧州風れんが造る/盛岡市の誕生「擬宝珠」盛岡の歴史を語る会 （143）2003.12

石鳥谷

石鳥谷の歴史と地名（福山哲郎）「いしどりや歴史と民俗」石鳥谷歴史民俗研究会 15 2001.3

石鳥谷バイパス、高速道路、新幹線（2）（瀬川正隆）「いしどりや歴史と民俗」石鳥谷歴史民俗研究会 16 2003.8

一関

一関地方における古道に関する一考察（畠山喜一）「岩手県南史談会研究紀要」岩手県南史談会 35 2006.7

一関の文学の蔵（《特集 いま、よみがえる建物》—〈建物再生の現場から〉）（佐藤眈僖）「まんだら：東北文化友の会会報」東北芸術工科大学東北文化研究センター （29）2006.11

平泉藤原氏の歴史・文化と一関（藤堂隆則）「いわて文化財」岩手県文化財愛護協会 （238）2010.7

明治26年の地形図を見る—一関・平泉の参考文献とともに（紙上発表）（阿部和夫）「岩手県南史談会研究紀要」岩手県南史談会 40 2011.7

一関市

一関の歴史と一関城/泥田廃寺跡/配志和神社/世嬉の一酒造/旧沼田家住宅/願成寺/祥雲寺/一関市博物館（一関市歴史散歩）「宮城県文化財友の会だより」宮城県文化財友の会 （187）2010.5

厳美渓（国名勝天然記念物）/一関大槻家/千葉胤秀と一関地方の和算/建部清庵/豊吉の墓/芭蕉の通った道「岩ヶ崎道」（一関市歴史散歩）「宮城県文化財友の会だより」宮城県文化財友の会 （187）2010.5

一関市歴史散歩記（大崎市松山・鹿島台歴史散歩）（渡辺美智子）「宮城県文化財友の会だより」宮城県文化財友の会 （189）2010.9

一関市の歴史散歩記（大崎市松山・鹿島台歴史散歩）（菅野晶子）「宮城県文化財友の会だより」宮城県文化財友の会 （189）2010.9

一関城

一関の歴史と一関城/泥田廃寺跡/配志和神社/世嬉の一酒造/旧沼田家住宅/願成寺/祥雲寺/一関市博物館（一関市歴史散歩）「宮城県文化財友の会だより」宮城県文化財友の会 （187）2010.5

一関藩

一関藩における蘭学浸透状況—慎済館と「稽古登御改始末」を中心に（鈴木幸彦）「岩手史学研究」岩手史学会 （84）2001.3

幕藩体制の崩壊過程—一関藩の場合（金野清治郎）「岩手県南史談会研究紀要」岩手県南史談会 31 2002.7

一関藩の戊辰戦役（赤塚愛人）「岩手県南史談会研究紀要」岩手県南史談会 32 2003.7

一関藩磐井郡東山寺沢村千葉家文書—その入手経緯と史料の概要（鈴木幸彦）「岩手県立博物館研究報告」岩手県文化振興事業団 （31）2014.3

表紙の写真解説 ハイカラな軍装の一関藩兵（畠山喜一）「岩手県南史談会研究紀要」岩手県南史談会 43 2014.7

藩制後期の地逃・沽却・散田化と一作売について—一関藩勘定方の上申にみる地方荒廃の連鎖（研究発表）（大島晃一）「岩手県南史談会研究紀要」岩手県南史談会 43 2014.7

「一関藩」のこと（菊池静枝）「古文書研究会報」岩手古文書研究会 （419）2014.7

一戸町

一戸町・南舘家の型紙（工藤紘一）「いわて文化財」岩手県文化財愛護協会 196 2003.7

磐井清水

磐井清水と若水送り（畠山喜一）「東磐史学」東磐史学会 （30）2005.7

岩泉

マンガ岩泉ものがたり 作るぞ！アワ餅（杉山明弘）「とりら」ふるさと岩手の芸能とくらし研究会 （5）2010.12

マンガ いわいずみ物語（2）津波と川と人と鱒（杉山明弘）「とりら」ふるさと岩手の芸能とくらし研究会 （7）2013.11

岩崎城

岩崎城をめぐる二人の武将（鎌田雅夫）「花巻史談」花巻史談会 （31）2006.3

岩手

岩手の文化の根源をたどる（黒沼芳朗）「いわて文化財」岩手県文化財愛護協会 183 2001.5

岩手の漆蝋（工藤紘一）「自然と文化」日本ナショナルトラスト 通号72 2003.3

岩手の現存算額98面の問題の分類（安富有恒）「岩手県南史談会研究紀要」岩手県南史談会 33 2004.7

岩手の3城柵官衙 最新研究成果を考察「擬宝珠」盛岡の歴史を語る会 （147）2004.7

企画展「消えゆく岩手の自然」/平泉の文化遺産巡回展「奥州藤原氏の時代/テーマ展「新指定文化財展」「岩手県立博物館だより」岩手県文化振興事業団 103 2004.10

岩手県

天保の諸国巡見使を迎えるに当たって「御用留帳」を中心に「古文書研究会報」岩手古文書研究会 315 2005.1

東遊雑記から（横山衛）「古文書研究会報」岩手古文書研究会 316 2005.2

東遊雑記書抜弐拾弐之巻「古文書研究会報」岩手古文書研究会 316 2005.2

東遊雑記から（2）（横山衛）「古文書研究会報」岩手古文書研究会 317 2005.3

安政大地震と道中記（横山衛）「古文書研究会報」岩手古文書研究会 324 2005.11

岩手の食の遺産「雑穀」《《特集 食べて保全》—〈「作る」「食べる」「保つ」の現場から〉》（赤塚環）「まんだら : 東北文化友の会会報」東北芸術工科大学東北文化研究センター （28） 2006.8

岩手 森と風のがっこう《《特集 廃校から始まる》—よみがえった学び舎》（黍原豊）「まんだら : 東北文化友の会会報」東北芸術工科大学東北文化研究センター （30） 2007.2

岩手のセリ（及川昭男）「北上史談」北上史談会 （47） 2007.6

群馬と岩手（200号に寄せて）（阿部功）「群馬歴史散歩」群馬歴史散歩の会 （200） 2007.7

企画展紹介「秋田の手しごと その弐」/企画コーナー展紹介「真澄の旅、岩手と宮城」／随筆と引用書」「秋田県立博物館ニュース」秋田県立博物館 （144） 2007.10

巻頭言 ネット企画の充実と岩手・宮城内陸地震での保全活動支援（奥村弘）「史料ネットnews letter」歴史資料ネットワーク （54） 2008.6

緊急特集 岩手・宮城内陸地震発生!!!「史料ネットnews letter」歴史資料ネットワーク （54） 2008.6

緊急報告 岩手・宮城内陸地震と歴史資料の保全活動（平川新）「全国歴史資料保存利用機関連絡協議会会報」全国歴史資料保存利用機関連絡協議会 （83） 2008.10

国立工芸指導所と岩手（工藤紘一）「岩手史学研究」岩手史学会 （90） 2009.3

巻頭言 大規模災害時の歴史資料保全のあり方を学ぶ—岩手・宮城内陸地震の取り組みを通して（奥村弘）「史料ネットnews letter」歴史資料ネットワーク （57） 2009.5

報告 岩手に偉人を訪ねる旅（土屋道郎）「聴雪」新庄古文書の会 （13） 2009.6

「伝統の里・岩手」の保存を（吉田英男）「いわて文化財」岩手県文化財愛護協会 （236） 2010.3

記念講演 岩手の大地を20年間のフィールド研究の地にして（岡村光展）「越佐の地名」越後・佐渡の地名を語る会 （10） 2010.3

岩手の近代化遺産—銀行建築（宍戸文彦）「古文書研究会報」岩手古文書研究会 （373） 2010.5

岩手文化財ノート「岩手県立博物館だより」岩手県文化振興事業団 （127） 2010.12

「南部道はるかに見やりて岩手の里の泊まる」の小考（京野英一）「仙台郷土研究」仙台郷土研究会 35（2）通号281 2010.12

平泉を中心とする岩手の文化財の今後（正月特集 歴史に輝く平泉文化）（逹増拓也）「いわて文化財」岩手県文化財愛護協会 （241） 2011.1

一里塚と旧街道（鈴木美砂子）「古文書研究会報」岩手古文書研究会 （382） 2011.2

村上水軍は岩手にきたか（赤塚愛人）「古文書研究会報」岩手古文書研究会 （383） 2011.3

いわて文化財ノート 岩手の麺が持つちから（目時和哉）「岩手県立博物館だより」岩手県文化振興事業団 （132） 2012.3

三陸沿岸の復興なくして、岩手の復興はあり得ない（特集 新天地の町づくり村づくり 津波にも負けず）（大内豊）「いわて文化財」岩手県文化財愛護協会 （248） 2012.3

沿岸の心意気（橋本裕之）「とりら」ふるさと岩手の芸能とくらし研究会 （6） 2012.4

とりら海に出会う（飯坂真紀）「とりら」ふるさと岩手の芸能とくらし研究会 （6） 2012.4

村上水軍は岩手に来たか（研究発表）（赤塚愛人）「岩手県南史談会研究紀要」岩手県南史談会 41 2012.7

岩手沿岸部の展示施設の被害状況について（特集 震災と文化財）（伊藤博幸）「岩手史学研究」岩手史学会 （93） 2012.7

地名が知らせる自然災害 東日本大震災と岩手・宮城内陸地震から（太宰幸子）「地名」宮城県地名研究会 （39） 2014.5

岩手県

大正7年岩手県地域の米騒動（名須川溢男）「岩手史学研究」岩手史学会 通号83 2000.2

南部利昭氏所蔵「斉藤文書」について（細井計，菅野文夫，高橋清明）「岩手史学研究」岩手史学会 通号83 2000.2

「斎藤文書」発見の経緯（細井計）「いわて文化財」岩手県文化財愛護協会 177 2000.5

斎藤文書の行方（2）（森ノブ）「岩手の古文書 : the Iwate journal of diplomatics」岩手古文書学会 15 2001.3

野田利右衛門家文書（1）（資料紹介）（佐々木祐子）「岩手の古文書 : the Iwate journal of diplomatics」岩手古文書学会 （17） 2003.3

岩手県内の曲り屋の歴史的変遷について（瀬川修）「岩手県立博物館研究報告」岩手県文化振興事業団 （20） 2003.3

『旅日記』を比べ読む（相原康二）「いわて文化財」岩手県文化財愛護協会 198 2003.11

岩手県北部の幕末期における民家規模の特徴（瀬川修）「岩手県立博物館研究報告」岩手県文化振興事業団 （21） 2003.12

野田利右衛門家文書（2）（資料紹介）（佐々木祐子）「岩手の古文書 : the Iwate journal of diplomatics」岩手古文書学会 （18） 2004.3

研究ノート 春子谷地湿原の植物と訪花昆虫/岩手県の誕生「岩手県立博物館だより」岩手県文化振興事業団 101 2004.4

占領期における「婦人」教育政策の地域的展開—岩手の地域婦人団体を事例に（佐藤和賀子）「地方史研究」地方史研究協議会 54（3）通号309 2004.6

郷史百話（6）第45～47話（遠藤輝夫）「岩手県南史談会研究紀要」岩手県南史談会 33 2004.7

いわて文化ノート「岩手県立博物館だより」岩手県文化振興事業団 102 2004.7

津波の恐ろしさ常設展で伝える（白土豊）「いわて文化財」岩手県文化財愛護協会 207 2005.5

博物館明治村機械館の重要文化財「菊花紋章付き平削り盤」（島和雄，高崎昭）「産業遺産研究」中部産業遺産研究会事務局 （12） 2005.5

いわて地元学のすすめ（船越昭治）「いわて文化財」岩手県文化財愛護協会 （213） 2005.6

1930年代の岩手県における農村社会事業の一断面（松本郁代）「地域学 : 地域の理解にむけて」弘前学院大学，北方新社（発売） 4 2006.6

明治初年の東北開発—岩手県令島惟精の道路建設（《例会報告要旨》）（多田万里子）「交通史研究」交通史学会，吉川弘文館（発売） （60） 2006.8

日の目を見なかった請願書 岩手県南五郡を分離し宮城県に編入することの請願（西村力雄）「東磐史学」東磐史学会 （32） 2007.8

岩手県内のコミセのある町家について（瀬川修，菊地憲夫，菊地建）「岩手県立博物館研究報告」岩手県文化振興事業団 （26） 2009.3

岩手県内のオトモ（小林紘一）「全国地名研究交流誌 地名談話室」日本地名研究所 （25） 2009.8

菩提寺をめぐる地名と風土記（畠山宗太郎）「東磐史学」東磐史学会 （34） 2009.8

故郷いわての創生（佐藤宏）「いわて文化財」岩手県文化財愛護協会 （243） 2011.5

東日本大震災による岩手県の戦災資料館・戦争遺跡の被害について「岩手・戦争を記録する会」事務局長（加藤昭雄）「東京大空襲・戦災資料センターニュース : 平和研究交流誌」東京大空襲・戦災資料センター （19） 2011.7

宮城県の一口知識「岩手県との県境変更の動き」「宮城県公文書館だより」宮城県公文書館 （19） 2011.12

鍵屋・村井文書（論考）（森ノブ）「岩手の古文書 : the Iwate journal of diplomatics」岩手古文書学会 （26） 2012.3

伝統と文化を支えに（特集 新天地の町づくり村づくり 津波にも負けず）（岩船敏行）「いわて文化財」岩手県文化財愛護協会 （248） 2012.3

「秀衡塗」発祥のナゾ（工藤紘一）「いわて文化財」岩手県文化財愛護協会 （248） 2012.3

「赤生津・安部氏」の出自を尋ねて（4）前沢町史及び岩手県史にみる中世・近世移行期の「赤生津村」を巡る状況（紙上発表）（安部徹良，安部皓三，安部公良，森静子）「岩手県南史談会研究紀要」岩手県南史談会 41 2012.7

岩手県の菅江真澄の足跡「菅江真澄研究」菅江真澄研究会 （77） 2012.8

幻の古武道を訪ねて（特集 小さな郷土の大きな文化遺産）（菊地由加奈）「いわて文化財」岩手県文化財愛護協会 （253） 2013.1

岩手県立博物館テーマ展 いわての昭和モノがたり—戦後復興の軌跡、震災復興への希望（目時和哉）「いわて文化財」岩手県文化財愛護協会 （254） 2013.3

「生存」を問い直す歴史学—震災後の現在と岩手県の戦後史との往還を通じて（2012年度東北史学会大会 公開講演要旨）（大門正克）「歴史」東北史学会 120 2013.4

市外史跡探訪「東北への旅 岩手県・宮城県方面」（重田武男）「史談足柄」足柄史談会 51 2013.4

地方官官制の制定と公文書管理—岩手県永年保存文書を手がかりとして（山田英明）「近代史料研究」日本近代史研究会 （13） 2013.10

天明三年田山暦の蛇足庵本版と岩手県博本版の違いについて（瀬川修）「岩手県立博物館研究報告」岩手県文化振興事業団 （31） 2014.3

いわて文化ノート 明治期の博覧会と物産会「岩手県立博物館だより」岩手県文化振興事業団 （140） 2014.3

いわて文化ノート 10世紀前半に起こった二つの巨大噴火の痕跡「岩手県立博物館だより」 岩手県文化振興事業団 （142）2014.9

岩手山
盛岡藩雑書刊行 興味深い岩手山噴火 「焼走り」時期示す記述（細井計）「擬宝珠」 盛岡の歴史を語る会 （135）2002.11

岩手山―宮沢賢治の世界、その出会いと、そして別れ（岡澤敏男）「奥羽史談」 奥羽史談会 112 2003.3

岩手山をめぐる文化（太田忠雄）「擬宝珠」 盛岡の歴史を語る会 （149）2004.10

伊那市民登山のあゆみと東北の名峰早池峰山・岩手山登高記（《広域特集》）（唐木勉）「伊那路」 上伊那郷土研究会 50（12）通号599 2006.12

岩鷲山
「岩鷲山」と言う名前の誕生について（論考）（髙橋正）「岩手の古文書 ： the Iwate journal of diplomatics」 岩手古文書学会 （28）2014.3

上野
下伊沢大肝入と上野肝入（小野勝賢）「胆沢史談」 胆沢史談会 （72）2007.3

上野村
近世上野村（小山村）の開発（小野勝賢）「胆沢史談」 胆沢史談会 （69）2003.12

薄衣
明治に生きた人々（5）幕末の秘史「薄衣と若生文十郎」（村上光一）「東磐史学」 東磐史学会 （34）2009.8

薄衣町
藩政期薄衣町（諏訪前町場）沿革考証―「文化的景観」としての諏訪前聚落の価値（海野洋平）「東磐史学」 東磐史学会 （32）2007.8

馬町
盛岡商人伝 南部公と「小田喜」 話題も多い「馬町」 エリート商人「木津権」「御仮屋」と斉藤家近江商人の舞台呉服町（大正十三造）「擬宝珠」 盛岡の歴史を語る会 （143）2003.12

江刺
歴史が彩る江刺の暮らしと文化（千葉俊一）「いわて文化財」 岩手県文化財愛護協会 （229）2009.1

前平泉期の歴史と江刺―餅田地区の人々の活動（千葉俊一）「いわて文化財」 岩手県文化財愛護協会 （236）2010.3

平泉文化の原点・江刺（菊池慧）「いわて文化財」 岩手県文化財愛護協会 （250）2012.7

江刺郡
中世後期における城館とその集団構造―陸奥国伊沢・江刺郡域を中心として（遠藤栄一）「岩手史学研究」 岩手史学会 （91）2010.3

えさし藤原の郷
「えさし藤原の郷」の背景（千葉俊一）「いわて文化財」 岩手県文化財愛護協会 （251）2012.9

江釣子城
「江釣子城」の所在地について（大渡賢一）「北上史談」 北上史談会 （48）2008.7

江曽
おらがふるさと（江曽）文化遺産（1）（高橋庄四郎）「いしどりや歴史と民俗」 石鳥谷歴史民俗研究会 15 2001.3

大歩
若柳・大歩で紙生産（小野勝賢）「胆沢史談」 胆沢史談会 （70）2004.12

大籠村
大籠村鉄吹き方書上（横山衛）「古文書研究会報」 岩手古文書研究会 322 2005.9

大口堰
大口堰と開田の推移（堀合徳身）「花巻史談」 花巻史談会 （34）2009.3

大瀬川
大瀬川と小瀬川について（加藤辰五郎）「花巻史談」 花巻史談会 （37）2012.3

太田橋
いわての橋 産業基盤結ぶ要所 太田橋（盛岡市）「擬宝珠」 盛岡の歴史を語る会 （127）2001.12

大槌町
岩手歴史民俗ネットワークの大槌町・被災文化財調査（特集 新天地の町づくり村づくり 津波にも負けず）（佐藤由紀男）「いわて文化財」 岩手県文化財愛護協会 （248）2012.3

岩手県大槌町の前川善兵衛さんと小田原（小貝眞）「扣之帳」 扣之帳刊行会 （41）2013.9

大野村
『大野村誌』第二巻史料編I 「歴史の残像から史料で知るムラの姿」を読んで（菊池淳）「岩手の古文書 ： the Iwate journal of diplomatics」 岩手古文書学会 （21）2007.3

大迫
大迫地方の方言（1） まがってみる―実はこれ、でかい態度か（小野義春）「早池峰文化」 大迫町教育委員会 13 2001.3

大迫地方の地名（3）デェンプツは大淵か台淵か（小野義春）「早池峰文化」 大迫町教育委員会 13 2001.3

大迫地方の地名（4）ニササは西が沢の意か―アササという沢名との類似性（小野義春）「早池峰文化」 大迫町教育委員会 14 2002.3

大迫地方の地名（5）ツムノという地名について（小野義春）「早池峰文化」 大迫町教育委員会 15 2003.3

大迫葡萄試験地
大迫葡萄試験地創設とその時代―小野公二氏への弔辞から読み取れるもの（小野義春）「早池峰文化」 大迫町教育委員会 13 2001.3

大原
菅江真澄が見た大原―はしわの若葉の世界（畠山喜一）「東磐史学」 東磐史学会 （31）2006.8

明治戊辰戦争と東磐井―越後長岡藩士および家族の大原・猿沢の抑留記録の紹介（研究発表）（畠山喜一）「岩手県南史談会研究紀要」 岩手県南史談会 43 2014.7

大更
伊賀と大更（岡本栄）「伊賀暮らしの文化探検隊レポート ： 伊賀で育まれた暮らしの文化を見つけよう！」 伊賀暮らしの文化探検隊 6 2004.3

大淵
大迫地方の地名（3）デェンプツは大淵か台淵か（小野義春）「早池峰文化」 大迫町教育委員会 13 2001.3

奥玉
奥玉の鋳物師について（畠山篤雄）「東磐史学」 東磐史学会 （30）2005.7

小国村
西和賀郡、中世（1200）から近世（1600）までの小国村と沢内通をみる（高橋暁樹）「北方風土 ： 北国の歴史民俗考古研究誌」 イズミヤ出版 通号52 2006.6

奥六郡
10世紀北奥における衣関成立試論―平泉・中尊寺の遺構から見た「奥六郡」体制形成の一断面（菅野成寛）「岩手史学研究」 岩手史学会 （84）2001.3

陸奥国の六郡と「奥六郡」―『吾妻鏡』文治5年9月23日条をめぐる北条本と吉川本（川島茂裕）「岩手史学研究」 岩手史学会 （85）2002.2

奥六郡の蝦夷 岩手古代史「擬宝珠」 盛岡の歴史を語る会 （157）2005.10

奥六郡から奥羽両国へ―平泉の政権の成り立ちをふりかえって（《特集 平泉、一万年の系譜のもとに》）（入間田宣夫）「東北学．［第2期］」 東北芸術工科大学東北文化研究センター，柏書房（発売）（16）2008.8

御田屋町
昭和二十年前後の御田屋町と人々（大橋盛）「花巻史談」 花巻史談会 （28）2003.3

御田屋町の今昔（南館昌）「花巻史談」 花巻史談会 （39）2014.3

小野村
小野村の古文書の価値（郷土資料紹介）（両ী典子，平船圭子，川守田ヒロ，高橋玲子）「早池峰文化」 大迫町教育委員会 15 2003.3

小山村
近世上野村（小山村）の開発（小野勝賢）「胆沢史談」 胆沢史談会 （69）2003.12

織笠川
山田町・織笠川に鮭の遡上を訪ねて20年（小木曽淑子）「すみだ川 ： 隅田川市民交流実行委員会会報」 隅田川市民交流実行委員会 （56）2014.10

折壁
折壁という地名について（小野義春）「早池峰文化」 大迫町教育委員会 12 2000.3

開運橋
いわての橋 盛岡駅開業で誕生 開運橋（盛岡市）「擬宝珠」 盛岡の歴史を語る会 （130）2002.6

盛岡市と盛岡 ゆがめられた維新 県境越えたきずな/消防 火消し連中の架橋した開運橋「擬宝珠」 盛岡の歴史を語る会 （142）2003.11

雑学開運橋（石川明彦）「日本学研究」 藤原暹ゼミ（日本学）藤之会 （5）2010.7

覚鼇城

「覚鼇城」の謎（勝又秀人）「地名」 宮城県地名研究会 通号23 2006.5

覚鼇城はどこにあったか─山目・泥田廃寺を擬定する（紙上発表）（小野寺啓）「岩手県南史談会研究紀要」 岩手県南史談会 43 2014.7

桂子沢村

桂子沢村─小繁沢・「徳兵衛古文書」から中世（1650）の小繁沢地域の情況をみる（高橋暁樹）「湯田史談」 湯田史談会 （23）2005.3

門脇家住宅

胆沢の民家調査（8）門脇家住宅（菊地憲夫）「胆沢史談」 胆沢史談会 （70）2004.12

金ヶ崎町

金ヶ崎町の町並保存（千葉周秋）「いわて文化財」 岩手県文化財愛護協会 180 2000.11

金沢

絵師佐々木藍田と金沢金山絵巻（花石公夫）「岩手史学研究」 岩手史学会 （88）2006.6

釜石

軍出動・釜石労働争議鎮圧から戦時態勢へ（名須川溢男）「岩手史学研究」 岩手史学会 （85）2002.2

釜石一揆に出陣の侍達（加藤進一）「東磐史学」 東磐史学会 （31）2006.8

1919年釜石労働争議の過程とその特質（松石泰彦）「岩手史学研究」 岩手史学会 （90）2009.3

釜石市

釜石市 「夢であって欲しい」とずっと思っていました（山本洋佑）「とりら」 ふるさと岩手の芸能とくらし研究会 （6）2012.4

釜石シーウェイブスRFCジュニアの台湾でのラグビー交流と日本郵船─東日本大震災被災地への支援の背景（論説）（原英子）「南島史学」 南島史学会 （81）2013.11

釜石製鉄所

工場委員会と企業城下町形成─戦間期の釜石製鉄所真道会と地域を中心に（松石泰彦）「地方史研究」 地方史研究協議会 59（1）通号337 2009.2

釜石線

釜石線全通運動を検証（堀合徳身）「花巻史談」 花巻史談会 （28）2003.3

上奥玉村

上奥玉村登戸屋敷菊右衛門の行方─寛政九年仙台領東山北方百姓一揆の謎（千葉貞一）「東磐史学」 東磐史学会 （37）2012.8

上郷村

戦後岩手上郷分村調査報告（調査報告）（森武麿，齊藤俊江，向山敦子）「飯田市歴史研究所年報」 飯田市教育委員会 （6）2008.9

花流泉

続平泉志（17）陣馬張山／束稲山／豊田城跡碑／白鳥柵／千懸旧跡／花流泉「いわて文化財」 岩手県文化財愛護協会 （253）2013.1

川口町

花巻川口町の大正時代に於ける積極的な町づくり（堀合徳身）「花巻史談」 花巻史談会 （36）2011.3

河崎の柵

安倍氏時代の「河崎の柵」探し（羽柴直人）「いわて文化財」 岩手県文化財愛護協会 198 2003.11

「河崎の柵」について（千葉明伸）「古文書研究会報」 岩手古文書研究会 （374）2010.6

「河崎の柵」について（続）（千葉明伸）「古文書研究会報」 岩手古文書研究会 （375）2010.7

川崎村

資料紹介 肝入文書目録（写）連載・川崎村「東磐史学」 東磐史学会 （28）2003.8

北赤堰

北赤堰の地名と三田家（三田武）「胆沢史談」 胆沢史談会 （70）2004.12

北上

太古・古代・中世・近世の陸奥と出羽国の歴史を辿る─西和賀・和賀・黒沢尻・北上・稗貫・宮守・協和・雄勝川（高橋暁樹）「西和賀史談」 西和賀史談会 （7）2013.3

百家風発 太古・古代・中世・近世の陸奥と出羽の歴史を掘る 西和賀、和賀、黒沢尻、北上、稗貫、宮守、協和（高橋暁樹）「北方風土 ： 北国の歴史民俗考古研究誌」 イズミヤ出版 （66）2013.6

北上川

焔と北上川と原野、アテルイ大勝の周辺思考（深田新一郎）「秋田の地名

：秋田地名研究会会報」 「秋田地名研究会」 36 2003.4

焔と北上川と原野、アテルイ大勝の周辺思考（深田新一郎）「秋田地名研究年報」 秋田地名研究会 19 2003.6

黒沢尻川岸・立花の北上川沈床について（沼山源喜治）「北上史談」 北上史談会 43 2004.2

北上川を舟で（太宰幸子）「地名」 宮城県地名研究会 （20）2004.11

北上川の舟運一考察（小川誠三）「横手郷土史資料」 横手郷土史研究会 （81）2007.3

石巻市の歴史／石井閘門／北上川運河交流館／慶長使節船ミュージアム サン・ファン・バウティスタパーク／石巻文化センター／旧石巻ハリストス正教会堂／日和山公園／瀰仏堂（〈石巻の歴史散歩〉）「宮城県文化財友の会だより」 宮城県文化財友の会 （173）2007.8

北上川の舟運と三大難所（千葉明伸）「東磐史学」 東磐史学会 （34）2009.8

北上川の舟運（横山衛）「古文書研究会報」 岩手古文書研究会 （371）2010.2

北上川流域用水開発に携わった人々─盛岡・仙台藩の用水開発の功労者たち（研究発表）（阿部和夫）「岩手県南史談会研究紀要」 岩手県南史談会 43 2014.7

北上市

旧奥州街道の現状─北上市分（川邊隆男）「北上史談」 北上史談会 （45）2006.1

北上市内の和算家や門人たち（菊池國男）「北上史談」 北上史談会 （45）2006.1

城戸城

大東町城戸城について（今岡稔）「戦乱の空間」 戦乱の空間編集会 （3）2004.7

衣関

10世紀北奥における衣関成立試論─平泉・中尊寺の遺構から見た「奥六郡」体制形成の一断面（菅野成寛）「岩手史学研究」 岩手史学会 （84）2001.3

橋上市場

釜石橋上市場興亡秘話（《特集 あなたも知らない昭和30年代路地裏の民俗学》）（田村勇）「歴史民俗学」 批評社 （24）2005.7

金鶏山

金鶏伝説と金鶏山（佐藤松雄）「北方風土 ： 北国の歴史民俗考古研究誌」 イズミヤ出版 通号59 2010.1

続平泉志（4）高舘、金鶏山、弁慶堂跡（及川和哉）「いわて文化財」 岩手県文化財愛護協会 （240）2010.11

葛巻町

葛巻町の文化財（近藤好郎）「いわて文化財」 岩手県文化財愛護協会 188 2002.3

天保年間の大凶作・飢饉への一視点─「遠子春秋録」（葛巻町遠藤家文書）解題（堀籠謙）「古文書研究会報」 岩手古文書研究会 2005.10

未来に伝える葛巻町の歴史・文化（特集 小さな郷土の大きな文化遺産）（鈴木重男）「いわて文化財」 岩手県文化財愛護協会 （253）2013.1

口内

口内武士団の松前（蝦夷地）警備（伊藤誠一）「北上史談」 北上史談会 42 2003.2

口内の伝説の豪農「樋渡加賀」（伊藤誠一）「北上史談」 北上史談会 42 2003.2

口内町

口内町の藩境塚（伊藤誠一）「北上史談」 北上史談会 （46）2006.11

九戸

九戸軍記 巻之壱「古文書研究会報」 岩手古文書研究会 313 2004.11

九戸の乱 後日物語（横山衛）「古文書研究会報」 岩手古文書研究会 314 2004.12

九戸の乱籠城者の出自とその一族（1）（会員の研究）（畠山一鴬）「上津野」 鹿角市文化財保護協会 （33）2008.3

小猿部の歴史「九戸合戦」と横淵、千葉常左衛門を語る（阿部幹男）「鷹巣地方研究」 鷹巣地方研究会 （62）2008.4

九戸の乱（2）道仏城落城と豊臣軍への援軍要請（正部家奨）「ふる里なんぶ ： 会誌」 南部町歴史研究会 （2）2008.7

九戸の乱（3）援軍豊臣軍来たる（正部家奨）「ふる里なんぶ ： 会誌」 南部町歴史研究会 （2）2009.7

九戸騒擾の歴史的異議（阿部薫）「栗原郷土研究」 栗原郷土史研究会 （42）2011.5

「九戸の乱」にみる後世の潤色（横山衛）「古文書研究会報」 岩手古文書研究会 （386）2011.7

九戸の乱 降伏勧告状（横山衛）「古文書研究会報」 岩手古文書研究会 （388）2011.9

九戸の乱（6）九戸政実、宮城県栗駒町で斬首され、その生涯を閉じる

（正部家奨）「ふる里なんぶ ： 会誌」 南部町歴史研究会 （6） 2012.7

九戸城

日本中世史終焉の舞台九戸城跡（玉谷邦穂）「秋田のいにしえ」 安東氏顕彰会 2007.5

甦る中世豪族の世界・九戸城跡（関豊）「奥羽史談」 奥羽史談会 （118） 2007.11

九戸城と城の主（柴田知二）「いわて文化財」 岩手県文化財愛護協会 （249） 2012.5

本州アイヌと津軽エゾ―九戸城の戦いの「夷人」から遡って（新井隆一）「弘前大学国史研究」 弘前大学国史研究会 （137） 2014.10

栗駒山

入会記念講演 栗駒山と馬を語る（浅野一志）「岩手県南史談会研究紀要」 岩手県南史談会 32 2003.7

厨川柵

伝承されてきた「厨川柵」（千田和文）「いわて文化財」 岩手県文化財愛護協会 （256） 2013.9

黒沢尻

黒沢尻川岸・立花の北上川沈床について（沼山源喜治）「北上史談」 北上史談会 43 2004.2

コラム 黒沢尻「新町」の南境はどこか「北上史談」 北上史談会 （45） 2006.1

黒沢尻の商家における名字御免と襲名（千葉淳子）「北上史談」 北上史談会 （47） 2007.6

間宿黒沢尻における人馬継立て（沼山源喜治）「北上史談」 北上史談会 （48） 2008.7

黒沢尻における近代の産馬組合と市場の概要（菊池國雄）「北上史談」 北上史談会 （48） 2008.7

太古・古代・中世・近世の陸奥と出羽国の歴史を辿る―西和賀・和賀・黒沢尻・北上・稗貫・宮守・協和・雄物川（高橋暁樹）「西和賀史談」 西和賀史談会 （7） 2013.3

百家風発 太古・古代・中世・近世の陸奥と出羽の歴史を掘る 西和賀、和賀、黒沢尻、北上、稗貫、宮守、協和（高橋暁樹）「北方風土 ： 北国の歴史民俗考古研究誌」 イズミヤ出版 （66） 2013.6

黒沢尻製糸場

斎藤忠兵衛と黒沢尻製糸場（伊藤誠一）「北上史談」 北上史談会 44 2004.5

黒沢尻町

落穂拾い 旧黒沢尻町の舟場前に杉土手があった/藩政期の黒沢尻河港に沈床はなかった「北上史談」 北上史談会 （48） 2008.7

黒森山

黒森山・絵図書森の再考（アベツトム）「邑知」 大内文化財保護協会 （33） 2007.11

気仙郡

吉田大肝入文書（14）～（24）（宝暦12年）～（明和二年）「岩手の古文書 ： the Iwate journal of diplomatics」 岩手古文書学会 14/（24） 2000.3/2010.3

絵図に見る気仙郡「盛」の由来（名村榮治）「仙台郷土研究」 仙台郷土研究会 28（1）通号266 2003.6

気仙郡大肝煎吉田家文書に見る「安永風土記書上」成立の事情（郷右近忠男）「仙台郷土研究」 仙台郷土研究会 29（1）通号268 2004.6

明治前期の地方教育行政―気仙郡遠外四ケ村戸長役場の史料より（大西恵美子）「仙台郷土研究」 仙台郷土研究会 34（1）通号278 2009.6

第二部 吉田大肝煎文書（25）（明和二年）（含む「校訂を終えて」）「岩手の古文書 ： the Iwate journal of diplomatics」 岩手古文書学会 （25） 2011.3

小瀬川

大瀬川と小瀬川について（加藤辰五郎）「花巻史談」 花巻史談会 （37） 2012.3

狐禅寺村

旧狐禅寺村小野寺家文書―その整理と概要（鈴木幸彦）「岩手県南史談会研究紀要」 岩手県南史談会 31 2002.7

小繋沢

桂子沢村―小繋沢・「徳兵衛古文書」から中世（1650）の小繋沢地域の情況をみる（高橋暁樹）「湯田史談」 湯田史談会 （23） 2005.3

小梨

資料 千鼠町小梨西城家肝入文書目録/千鼠町の民俗芸能の紹介「東磐史学」 東磐史学会 （32） 2007.8

五葉山

山の小文 五葉山の「日の出岩」の文字（田牧久穂）「北方風土 ： 北国の歴史民俗考古研究誌」 イズミヤ出版 通号65 2013.1

衣川

衣川の歴史を講談で語ろう（伊藤敏男）「いわて文化財」 岩手県文化財愛護協会 （227） 2008.9

続平泉志（16） 衣川（及川和哉）「いわて文化財」 岩手県文化財愛護協会 （252） 2012.11

紺屋町

もりおか今昔 紺屋町「擬宝珠」 盛岡の歴史を語る会 （149） 2004.10

紺屋町番屋

21世紀へのいわて遺産 紺屋町番屋 八幡町番屋 盛岡市「粋」を競い洋風化（渡辺敏男）「擬宝珠」 盛岡の歴史を語る会 （136） 2003.1

十八ヶ城

十八ヶ沢の十八ヶ城はどこにあったのか（加藤辰五郎）「花巻史談」 花巻史談会 （32） 2007.3

桜町中学校

東日本大震災 被災地の学校から 岩手県一関市立桜町中学校教諭（古里康彦）「東京大空襲・戦災資料センターニュース ： 平和研究交流誌」 東京大空襲・戦災資料センター （19） 2011.7

砂鉄川

砂鉄川の水害史の研究（阿部和夫）「東磐史学」 東磐史学会 （28） 2003.8

猿沢

明治戊辰戦争と東磐井―越後長岡藩士および家族の大原・猿沢の抑留記録の紹介（研究発表）（畠山喜一）「岩手県南史談会研究紀要」 岩手県南史談会 43 2014.7

猿沢村

東山郷猿澤村（横山衛）「古文書研究会報」 岩手古文書研究会 325 2005.12

沢内

峠を越えて 「沢内年代記」より南民領民の欠落をみる（高橋暁樹）「北方風土 ： 北国の歴史民俗考古研究誌」 イズミヤ出版 通号45 2003.2

沢内年代記 回想「湯田史談」 湯田史談会 （22） 2004.3

沢内の湖と狩人またぎ伝説（高橋暁樹）「西和賀史談」 西和賀史談会 （2） 2008.3

沢内の湖と狩人伝説、西和賀の風俗、そして出羽との交流（高橋暁樹）「北方風土 ： 北国の歴史民俗考古研究誌」 イズミヤ出版 通号56 2008.6

「沢内年代記」のナゾ「正」,（続）（高橋繁）「西和賀史談」 西和賀史談会 （5）/（6） 2011.3/2012.3

南部盛岡藩の一大事件と「沢内年代記」（高橋繁）「西和賀史談」 西和賀史談会 （7） 2013.3

沢内通

沢内通の百姓一揆・高札破毀と給人の交流をみる（高橋暁樹）「北方風土 ： 北国の歴史民俗考古研究誌」 イズミヤ出版 通号47 2004.1

沢内通の百姓一揆「湯田史談」 湯田史談会 （22） 2004.3

西和賀郡、中世（1200）から近世（1600）までの小国村と沢内通をみる（高橋暁樹）「北方風土 ： 北国の歴史民俗考古研究誌」 イズミヤ出版 通号52 2006.6

戊辰戦争と沢内通り（その1）（高橋繁）「西和賀史談」 西和賀史談会 （8） 2014.3

沢内通り

「『新生沢内通り』をどう表記するか」 初代会長 故加藤宏泰さんを偲んで（高橋繁）「西和賀史談」 西和賀史談会 （4） 2010.3

「前九年の役」と「沢内通り」（現・西和賀町）に残る伝説について（高橋繁）「西和賀史談」 西和賀史談会 （4） 2010.3

西和賀地方の大飢饉と一揆―それにかかる沢内通りの歌の数々（高橋暁樹）「北方風土 ： 北国の歴史民俗考古研究誌」 イズミヤ出版 通号61 2011.1

西和賀地方の大飢饉と一揆―それにかかわる沢内通りの歌の数々（高橋暁樹）「西和賀史談」 西和賀史談会 （5） 2011.3

讃衡蔵

続平泉志（22） 讃衡蔵/讃衡蔵の敷地調査/ケマン盗難事件/文化財の流失（及川和哉）「いわて文化財」 岩手県文化財愛護協会 （258） 2014.3

さんさの館

私設「さんさの館」の意義（遊佐斉）「いわて文化財」 岩手県文化財愛護協会 198 2003.11

「さんさの館」その後（遊佐斉）「いわて文化財」 岩手県文化財愛護協会 （214） 2006.7

三下閉伊

黒船来航と三下閉伊一揆（畠山栄一）「擬宝珠」 盛岡の歴史を語る会 （154） 2005.6

山王窟

近世地誌のなかの骨寺・山王窟《特集 骨寺村に日本の原風景をさぐる》(菊池勇夫)「東北学」[第2期] 東北芸術工科大学東北文化研究センター，柏書房(発売) (21) 2009.11

三閉伊

盛岡藩一揆頭取「弥五兵衛こと万六」考―三閉伊一揆150周年に寄せて(名須川溢男)「岩手史学研究」岩手史学会 (87) 2004.3

三閉伊一揆のことなど(横山衛)「古文書研究会報」岩手古文書研究会 306 2004.3

内史略 南旧秘事記 嘉永六年三閉伊一揆(抄)「古文書研究会報」岩手古文書研究会 306 2004.3

三閉伊一揆のルーツを探る(佐藤昭吾)「古文書研究会報」岩手古文書研究会 310 2004.8

三陸町

三陸町「スネカ」保存の課題(高橋直人)「いわて文化財」岩手県文化財愛護協会 194 2003.3

雫石

雫石の汗はじきと亀甲織(平山貞)「いわて文化財」岩手県文化財愛護協会 182 2001.3

雫石の文化財(吉川健次)「いわて文化財」岩手県文化財愛護協会 (243) 2011.5

雫石町

雫石町の「お宝」最新情報とこれから(特集 小さな郷土の大きな文化遺産)(吉川健次)「いわて文化財」岩手県文化財愛護協会 (253) 2013.1

渋民

啄木の故郷渋民の歴史(森ノブ)「岩手の古文書 ： the Iwate journal of diplomatics」岩手古文書学会 (22) 2008.3

下伊沢

下伊沢大肝入と上野肝入(小野勝賢)「胆沢史談」胆沢史談会 (72) 2007.3

妙法山大林寺と下伊沢最後の大肝入(小野勝賢)「胆沢史談」胆沢史談会 (72) 2007.3

下胆沢郡

資料『下胆沢郡風土記』―安永六年書出(抜粋)(佐藤英男)「胆沢史談」胆沢史談会 (70) 2004.12

下黒沢

下黒沢館(千葉武志)「古文書研究会報」岩手古文書研究会 325 2005.12

下斗米村

宗門改帳に見る飢饉の爪痕と理論的子供数の算出法―本来生まれるべきだった子供の人数の復元(南部藩福岡代官所・下斗米村の悲劇)(松橋由雄)「北方風土 ： 北国の歴史民俗考古研究誌」イズミヤ出版 通号60 2010.7

寿庵堰

寿庵堰開削説に虚構はないか(小野勝賢)「胆沢史談」胆沢史談会 (70) 2004.12

浄法寺町

終戦前後の漆の動向―浄法寺町増田家資料「漆関係文書」から(工藤紘一)「岩手史学研究」岩手史学会 (87) 2004.3

白鳥峠

続平泉志(17) 陣馬張山/束稲山/豊田城跡碑/白鳥柵/千厩旧跡/花流泉「いわて文化財」岩手県文化財愛護協会 (253) 2013.1

白木峠

南部藩と佐竹藩の重要な道路白木峠(高橋信一)「湯田史談」湯田史談会 (21) 2003.3

志波城

「志波城跡」の保存整備と活用(今野公顕)「いわて文化財」岩手県文化財愛護協会 (249) 2012.5

紫波町

紫波町内の文化財 保存と活用のグループ(桜井芳彦)「いわて文化財」岩手県文化財愛護協会 (228) 2008.11

紫波町に残る経清の縁(会員交流の広場)(大場淳子)「歴研みやぎ」宮城県歴史研究会 (83) 2010.11

慎済館

一関藩における蘭学浸透状況―慎済館と「稽古登御改始末」を中心に(鈴木幸彦)「岩手史学研究」岩手史学会 (84) 2001.3

陣馬張山

続平泉志(17) 陣馬張山/束稲山/豊田城跡碑/白鳥柵/千厩旧跡/花流泉「いわて文化財」岩手県文化財愛護協会 (253) 2013.1

巣子

巣子見衆(松本美笙)「相馬郷土」相馬郷土研究会 (18) 2003.3

諏訪前聚落

藩政期薄衣村(諏訪前町場)沿革考証―「文化的景観」としての諏訪前聚落の価値(海野洋平)「東磐史学」東磐史学会 (32) 2007.8

生母

「赤生津・安部氏」の出自を尋ねて(1) 岩手県奥州市前沢区生母・赤生津地区における「アベ」姓世帯分布の特長(紙上発表)(安部徹良，安部晧三，安部公良，森静子)「岩手県南史談会研究紀要」岩手県南史談会 38 2009.7

関口知行代官所

関口知行代官所とその侍たち(上)，(中)(加藤辰五郎)「花巻史談」花巻史談会 (33) / (34) 2008.3/2009.3

摂待

摂待開拓相 ある開拓農民の回想(村山喜誉志丸)「別冊東北学」東北芸術工科大学東北文化研究センター，作品社(発売) 2 2001.7

摂待開拓相 ある開拓農民の回想(村山喜誉志丸)「別冊東北学」東北芸術工科大学東北文化研究センター，作品社(発売) 3 2002.1

摂待開拓相 ある開拓農民の回想(村山喜誉志丸)「別冊東北学」東北芸術工科大学東北文化研究センター，作品社(発売) 4 2002.7

摂待開拓相 ある開拓農民の回想(村山喜誉志丸)「別冊東北学」東北芸術工科大学東北文化研究センター，作品社(発売) 5 2003.2

摂待開拓相 ある開拓農民の回想(村山喜誉志丸)「別冊東北学」東北芸術工科大学東北文化研究センター，作品社(発売) 7 2004.1

仙北町

わが町探訪 仙北町界わい「擬宝珠」盛岡の歴史を語る会 (151) 2004.12

豪商「徳清」蔵の並ぶ屋敷(盛岡市仙北町)[1]，(2)(宍戸文彦)「古文書研究会報」岩手古文書研究会 315/316 2005.1/2005.2

仙北町駅

仙北町駅 原敬に建設を陳情(冨手淳)「擬宝珠」盛岡の歴史を語る会 (137) 2003.5

千厩

千厩の文化遺産 登録有形文化財の紹介(畠山篤雄)「東磐史学」東磐史学会 (32) 2007.8

煙草と塩・二つの専売局建物遺構―千厩 渡波(畠山篤雄)「東磐史学」東磐史学会 (37) 2012.8

千厩旧跡

続平泉志(17) 陣馬張山/束稲山/豊田城跡碑/白鳥柵/千厩旧跡/花流泉「いわて文化財」岩手県文化財愛護協会 (253) 2013.1

曽慶

郷里の陶磁撰(3) 民窯曽慶枡畑窯の大水甕から(村上光一)「東磐史学」東磐史学会 (31) 2006.8

大慈清水

みず景色 盛岡市大慈清水「擬宝珠」盛岡の歴史を語る会 (153) 2005.5

大東町

資料紹介 大東町の肝入文書目録(抄)/大東町の民俗芸能の紹介「東磐史学」東磐史学会 (31) 2006.8

台淵

大迫地方の地名(3) デェンブツは大渕か台渕か(小野義春)「早池峰文化」大迫町教育委員会 13 2001.3

高田

調査ノート 持ち込まれた土人形の型 長野と高田の土人形(細井雄次郎)「長野市立博物館博物館だより」長野市立博物館 (62) 2004.12

高舘

高舘からの眺め(堺茂樹)「東方に在り」平泉文化会議所 (9) 2006.4

続平泉志(4) 高舘、金鶏山、弁慶堂跡(及川和哉)「いわて文化財」岩手県文化財愛護協会 (240) 2010.11

高館城

立花所在高館城、城主の推考について(菊池日出海)「北上史談」北上史談会 42 2003.2

高田松原

大震災に耐えた「奇蹟の一本松」力強く復興せよと願う「希望の一本松」(東日本大震災特集)(松坂定徳)「歴史懇談」大阪歴史懇談会 (25) 2011.8

家系研究協議会 平成25年度秋の例会報告 平成25年10月27日(日)「高田松原と松坂氏について―東日本大震災で有名に「奇跡の一本松」」松坂定徳氏「家系研究協議会会報」家系研究協議会 (47) 2014.1

東北　　　　　　　　　　　　　地名でたどる郷土の歴史　　　　　　　　　　　　岩手県

高橋家

胆沢の民家調査（7）若柳下萱刈窪 高橋家（菊地憲夫）「胆沢史談」 胆沢史談会 （69）2003.12

高松

高松の池（宍戸文彦）「古文書研究会報」 岩手古文書研究会 （348）2008.1

束稲山

続平泉志（17）陣馬張山／束稲山／豊田城跡碑／白鳥柵／千畳旧跡／花流泉「いわて文化財」 岩手県文化財愛護協会 （253）2013.1

玉山金山

玉山金山（1）～（5）（松坂定徳）「歴史懇談」 大阪歴史懇談会 （21）/（25）2007.9/2011.8

玉山金山（6）―東日本大震災との遭遇（松坂定徳）「歴史懇談」 大阪歴史懇談会 （26）2012.8

玉山金山（7）―松坂新右衛門定宣（松坂定徳）「歴史懇談」 大阪歴史懇談会 （27）2013.8

玉山村

わが街ふるさと 岩手・玉山村（高橋和夫）「擬宝珠」 盛岡の歴史を語る会 （147）2004.7

田山

天明七年の田山暦（工藤紘一）「いわて文化財」 岩手県文化財愛護協会 204 2004.11

新発見・明治9年の田山暦（工藤紘一）「いわて文化財」 岩手県文化財愛護協会 210 2005.11

いわて文化ノート 新発見！ 天明三年田山暦の謎（瀬川修）「岩手県立博物館だより」 岩手県文化振興事業団 （137）2013.6

中尊寺

「中尊寺通り」町並みづくり（特集 まちの風）（小野寺郁夫）「東方に在り」 平泉文化会議所 （11）2010.2

津軽石中学校

語り継ぐ 東日本大震災被災地 宮古市立津軽石中学校から／西会津町立西会津中学校修学旅行報告文集から「東京大空襲・戦災資料センターニュース ： 平和研究交流誌」 東京大空襲・戦災資料センター （20）2012.2

繋大橋

岩手の橋 繋大橋「擬宝珠」 盛岡の歴史を語る会 （147）2004.7

ツムノ

大迫地方の地名（5）ツムノという地名について（小野義春）「早池峰文化」 大迫町教育委員会 15 2003.3

寺沢村

一関藩磐井郡東山寺沢村千葉家文書―その入手経緯と史料の概要（鈴木幸彦）「岩手県立博物館研究報告」 岩手県文化振興事業団 （31）2014.3

照井堰

照井堰について（阿部四郎）「岩手県南史談会研究紀要」 岩手県南史談会 32 2003.7

続平泉志（12）毛越寺十八坊／照井堰（及川和哉）「いわて文化財」 岩手県文化財愛護協会 （248）2012.3

伝法寺館

矢巾町指定史跡 伝法寺館跡の保存活動（西野修）「いわて文化財」 岩手県文化財愛護協会 （258）2014.3

伝法寺通

諸国巡見使を迎えた街道筋の一郷村について―徳田伝法寺通の例（平成20年度会員研究発表資料）（星川香代）「奥羽史談」 奥羽史談会 （119・120）2009.3

唐丹

「戊辰戦役 唐丹守備 四十日」（赤塚愛人）「岩手県南史談会研究紀要」 岩手県南史談会 34 2005.7

東和町

東和町の小向家文書（中島茂光）「花巻史談」 花巻史談会 （34）2009.3

遠野

遠野旧事記 余滴「古文書研究会報」 岩手古文書研究会 302 2003.11

『遠野史料』の位置（石井正己）「遠野文化誌」 遠野物語研究所 32 2005.1

対談 昭和初期の遠野の町場（太田耕一，高柳俊郎，佐藤誠輔）「遠野物語通信」 遠野物語研究所 20 2005.3

「やさしい遠野旧事記」発刊について（〈2005年度 遠野学会記録（特集）〉）（小原六郎）「遠野文化誌」 遠野物語研究所 （39）2006.9

遠野の歴史（近藤隆）「ひたち小川の文化」 小美玉市小川郷土文化研究会 （30）2010.6

伝記廿「遠野の事」（横山衞）「古文書研究会報」 岩手古文書研究会

（380）2010.12

遠野の金属伝承（特集 風土としての東北）（内藤正敏）「まんだら ： 東北文化友の会会報」 東北芸術工科大学東北文化研究センター （46）2011.2

災害支援みちのくの旅―平泉・遠野・多賀城跡と災害地（史蹟を尋ねて 緑の旗は行く）（今牧久）「伊那」 伊那史学会 60（12）通号1015 2012.12

遠野市

老舗「仙臺屋」と市街地（佐藤浩彦）「いわて文化財」 岩手県文化財愛護協会 （227）2008.9

遠山村

夷俘の根拠地「遠山村」について（2）（宍戸文彦）「古文書研究会報」 岩手古文書研究会 （360）2009.2

俘夷の根拠地「遠山村」について（千葉明伸）「東磐史学」 東磐史学会 （35）2010.8

徳岡

享保12年4月徳岡・堀切境界確定（小野勝賢）「胆沢史談」 胆沢史談会 （72）2007.3

徳丹城

律令制最後の城柵 徳丹城（矢巾）「擬宝珠」 盛岡の歴史を語る会 （121）2001.5

ふるさと散歩 古代城さく貫く国道 矢巾町・徳丹城跡「擬宝珠」 盛岡の歴史を語る会 （138）2003.6

鳥海柵

安倍氏の歴史を伝える史跡・鳥海柵跡（浅利英克）「いわて文化財」 岩手県文化財愛護協会 （256）2013.9

豊田城跡碑

続平泉志（17）陣馬張山／束稲山／豊田城跡碑／白鳥柵／千畳旧跡／花流泉「いわて文化財」 岩手県文化財愛護協会 （253）2013.1

杜陵

杜陵地区 昔と今（伊東吉之助）「擬宝珠」 盛岡の歴史を語る会 （148）2004.8

泥田廃寺

覚鼈城はどこにあったか―山目・泥田廃寺を擬定する（紙上発表）（小野寺啓）「岩手県南史談会研究紀要」 岩手県南史談会 43 2014.7

長田町

梨木町・長田町・夕顔瀬町界わいわがマチ探訪「擬宝珠」 盛岡の歴史を語る会 （155）2005.7

長洞

現代における屋号の利用と継承―岩手県長洞部落を事例として（卒業論文要旨）（藤田香）「御影史学論集」 御影史学研究会 通号34 2009.10

梨木町

梨木町・長田町・夕顔瀬町界わいわがマチ探訪「擬宝珠」 盛岡の歴史を語る会 （155）2005.7

なめとこ山

なめとこ山の熊の胆（《特集 日本の狩猟・アジアの狩猟》）（中路正恒）「東北学.［第2期］」 東北芸術工科大学東北文化研究センター，柏書房（発売） （10）2007.1

南昌荘

南昌荘 昭和天皇もご宿泊（伊山治男）「擬宝珠」 盛岡の歴史を語る会 （141）2003.10

南部

南部キリとその活用（八重樫良暉）「早池峰」 早池峰の会 29 2003.5

テーマ展「南部鉄器―盛岡と水沢 美と技の伝承」「岩手県立博物館だより」 岩手県文化振興事業団 101 2004.4

南部鉄器の歴史をたどる（斎藤里香）「いわて文化財」 岩手県文化財愛護協会 203 2004.9

南部「角土俵」の再現（舟山晋）「いわて文化財」 岩手県文化財愛護協会 （217）2007.1

南部絵暦の疑問点（編集部）「杉並郷土史会史報」 杉並郷土史会 （218）2009.11

諸山開立年限附 南部家（資料紹介）（佐々木和夫）「岩手の古文書 ： the Iwate journal of diplomatics」 岩手古文書学会 （25）2011.3

『安永風土記』の贈りもの（2）―岩手県南地方「安永古碑」の成立（千葉貞一）「東磐史学」 東磐史学会 （36）2011.8

南部鉄器の技術伝承に関する一考察（研究ノート）（長野暹）「佐賀大学地域学歴史文化研究センター研究紀要」 佐賀大学地域学歴史文化研究センター （7）2013.3

南部藩

資料紹介 南部藩経済意見書（毛馬内桃太郎）「岩手の古文書 ： the Iwate

journal of diplomatics」 岩手古文書学会　15　2001.3

《小特集 近世南部領の諸相》「岩手史学研究」 岩手史学会　(85)　2002.2

盛岡南部藩の「田村語り」(阿部幹男)「岩手県立博物館研究報告」 岩手県文化振興事業団　(20)　2003.3

津軽藩・南部藩への陣屋・北方関係資料調査(武田信昭)「仙台藩白老元陣屋資料館報」 仙台藩白老元陣屋資料館　(8・9)　2003.3

南部藩と佐竹藩の重要な道路白木峠(高橋信一)「湯田史談」 湯田史談会　(21)　2003.3

米沢牛 三百年前に南部藩からその南部牛のルーツは蒙古牛(尾崎世一)「懐風」 米沢御堀端史跡保存会　(28)　2003.4

南部と伊達の藩境(時田里志)「いわて文化財」 岩手県文化財愛護協会　199　2004.1

「刈田・柴田・伊具・宇田・亘理 五郡南部家へ引渡留」「岩手の古文書 ： the Iwate journal of diplomatics」 岩手古文書学会　(19)　2005.3

第一次幕領期における南部藩のアツケシ警備について―菊池作左衛門「蝦夷地日記」をめぐって(高嶋弘志)「釧路公立大学地域研究」 釧路公立大学地域分析研究委員会　(15)　2006.12

虚説「南部藩士による室蘭南部陣屋の焼棄と撤退」を検証する(小田島洋)「茂呂瀾」 室蘭地方史研究会　(42)　2008.3

南部藩領成立以前の青森県(工藤釗)「ふる里なんぶ ： 会誌」 南部町歴史研究会　(2)　2008.7

俵物・昆布類―松前・蝦夷地と南部藩領を事例に(菅原慶郎)「帯広百年記念館紀要」 帯広百年記念館　(30)　2012.3

新堀

新堀の板屋家(旧家の語らい)(藤原正造)「いしどりや歴史と民俗」 石鳥谷歴史民俗研究会　15　2001.3

西が沢

大迫地方の地名(4)ニササは西が沢の意か―アササという沢名との類似性(小野義春)「早池峰文化」 大迫町教育委員会　14　2002.3

西和賀

「西和賀風土記」編纂を(田口光昭)「湯田史談」 湯田史談会　(21)　2003.3

西和賀の歴史と現在の町村合併(越後谷幹雄)「湯田史談」 湯田史談会　(21)　2003.3

西和賀地域の山ふところ、そのくらし―そして和我ノ君・計安塁の出羽との交流、清原氏のくらしをみる(高橋暁樹)「北方風土 ： 北国の歴史民俗考古研究誌」 イズミヤ出版　通号53　2007.1

西和賀地域の山の郷と、そのくらし(高橋暁樹)「西和賀史談」 西和賀史談会　(1)　2007.3

「おらほの地名」を探る楽しみ(細川春雄)「西和賀史談」 西和賀史談会　(1)　2007.3

西和賀地域の山の郷、そのくらし―古代の遺跡、西和賀の山の木をみる(高橋暁樹)「北方風土 ： 北国の歴史民俗考古研究誌」 イズミヤ出版　通号54　2007.6

沢内の湖と狩人伝説、西和賀の風俗、そして出羽との交流(高橋暁樹)「北方風土 ： 北国の歴史民俗考古研究誌」 イズミヤ出版　通号56　2008.6

西和賀地方の水田農業の開拓について(高橋暁樹)「西和賀史談」 西和賀史談会　(3)　2009.3

陸羽大地震を教訓に(古澤邦廣)「西和賀史談」 西和賀史談会　(3)　2009.3

西和賀地方の大飢饉と一揆―それにかかる沢内通りの歌の数々(高橋暁樹)「北方風土 ： 北国の歴史民俗考古研究誌」 イズミヤ出版　通号61　2011.1

西和賀地方の大飢饉と一揆―それにかかわる沢内通りの歌の数々(高橋暁樹)「西和賀史談」 西和賀史談会　(5)　2011.3

太古・古代・中世・近世の陸奥と出羽国の歴史を辿る―西和賀・和賀・黒沢尻・北上・稗貫・宮守・協和・雄物川(高橋暁樹)「西和賀史談」 西和賀史談会　(7)　2013.3

百家風発 太古・古代・中世・近世の陸奥と出羽の歴史を掘る 西和賀、和賀、黒沢尻、北上、稗貫、宮守、協和(高橋暁樹)「北方風土 ： 北国の歴史民俗考古研究誌」 イズミヤ出版　(66)　2013.6

西和賀郡

西和賀郡、中世(1200)から近世(1600)までの小国村と沢内通をみる(高橋暁樹)「北方風土 ： 北国の歴史民俗考古研究誌」 イズミヤ出版　通号52　2006.6

西和賀町

鷲ノ巣金山に想う 中尊寺文化世界遺産登録とわが町(高橋徳夫)「湯田史談」 湯田史談会　(23)　2005.3

二ノ台

二ノ台の開発(小野勝賢)「胆沢史談」 胆沢史談会　(72)　2007.3

二戸市

二戸市のうるし振興(中村裕)「いわて文化財」 岩手県文化財愛護協会

(240)　2010.11

糠塚

糠塚、小国家(中島)文書(中島茂光)「花巻史談」 花巻史談会　(32)　2007.3

糠部

中世糠部の世界と大名南部氏《〈大会特集 南部の風土と地域形成〉―〈問題提起〉》(入間田宣夫)「地方史研究」 地方史研究協議会　53(4)通号304　2003.8

旧沼田家住宅

一関の歴史と一関城/泥田廃寺跡/配志和神社/世嬉の一酒造/旧沼田家住宅/願成寺/祥雲寺/一関市博物館(一関市歴史散歩)「宮城県文化財友の会だより」 宮城県文化財友の会　(187)　2010.5

猫間が淵

続平泉志(3)猫間が渕、無量光院跡(及川和哉)「いわて文化財」 岩手県文化財愛護協会　(239)　2010.9

野田街道

「塩の道・野田街道」雑感(沼田博子)「いわて文化財」 岩手県文化財愛護協会　(256)　2013.9

萩荘

萩荘における田村宗顕公の御功績(紙上発表)(千葉武志)「岩手県南史談会研究紀要」 岩手県南史談会　42　2013.7

函館街道

資料 明治14年刊 巌手県管内「函館街道図誌畧」(4)(吉田義昭)「奥羽史談」 奥羽史談会　108　2000.6

八幡町番屋

21世紀へのいわて遺産 紺屋町番屋 八幡町番屋 盛岡市「粋」を競い洋風化(渡辺敏男)「擬宝珠」 盛岡の歴史を語る会　(136)　2003.1

花巻

花巻における敵討一件(千田田鶴子)「岩手の古文書 ： the Iwate journal of diplomatics」 岩手古文書学会　14　2000.3

花巻の歴史断片(鎌田雅夫)「花巻史談」 花巻史談会　(29)　2004.3

「平泉」と「花巻」を訪ねて(史蹟を訪ねる)(佐藤一彦)「餘戸」 余目町郷土史研究会　(2)　2006.3

特別寄稿 花巻魂と武士道(佐藤孝)「花巻史談」 花巻史談会　(32)　2007.3

戊辰戦争と花巻(鎌田雅夫)「花巻史談」 花巻史談会　(33)　2008.3

平泉の黄金文化と花巻・水沢の著名人を訪ねて(山崎正)「群馬歴史散歩」 群馬歴史散歩の会　(226)　2012.9

花巻の寺子屋物語(1)(伊藤俊雄)「花巻史談」 花巻史談会　(39)　2014.3

花巻城

花巻城の春木奉行について(堀合徳身)「花巻史談」 花巻史談会　(37)　2012.3

花巻城給人家の年中行事例―江戸末期の民俗資料として(松岡信)「花巻史談」 花巻史談会　(39)　2014.3

花巻城時鐘の銘について(伊藤實)「花巻史談」 花巻史談会　(39)　2014.3

早池峰

早池峰の文化遺産旧宮古街道の文化(矢羽々文一郎)「擬宝珠」 盛岡の歴史を語る会　(158)　2005.11

早池峰に遊び難に遭ふ 勝村蝮齊の早池峰紀行(横山侗)「古文書研究会報」 岩手古文書研究会　(335)　2006.11

早池峯

森・村田両先学から早池峯を学ぶ(船越昭治)「早池峰」 早池峰の会　30　2004.6

早池峰山

土が語る早池峰山の古代と現代(照井隆一)「早池峰」 早池峰の会　30　2004.6

伊那市民登山のあゆみと東北の名峰早池峰山・岩手山登高記《〈広域特集〉》(唐木勉)「伊那路」 上伊那郷土研究会　50(12)通号599　2006.12

稗貫

郷土資料紹介 和賀稗貫郷村志 巻之上,中,下(松井道円)「早池峰文化」 大迫町教育委員会　11/13　1999.3/2001.3

和賀・稗貫一乱の事(伝記十三)(横山侗)「古文書研究会報」 岩手古文書研究会　(377)　2010.9

太古・古代・中世・近世の陸奥と出羽国の歴史を辿る―西和賀・和賀・黒沢尻・北上・稗貫・宮守・協和・雄物川(高橋暁樹)「西和賀史談」 西和賀史談会　(7)　2013.3

百家風発 太古・古代・中世・近世の陸奥と出羽の歴史を掘る 西和賀、和賀、黒沢尻、北上、稗貫、宮守、協和(高橋暁樹)「北方風土 ： 北国

の歴史民俗考古研究誌」 イズミヤ出版 （66） 2013.6

東磐井

平泉文化と東磐井（八重樫忠郎）「東磐史学」 東磐史学会 （30） 2005.7

明治戊辰戦争と東磐井―越後長岡藩士および家族の大原・猿沢の抑留記録の紹介（研究発表）（畠山喜一）「岩手県南史談会研究紀要」 岩手県南史談会 43 2014.7

東磐井郡

東磐史学会50周年の歩み「東磐史学」 東磐史学会 （25） 2000.8

東山

明治に生きた人々（4） 幕末・東山地方の産業改革（村上光一）「東磐史学」 東磐史学会 （33） 2013.7

磐井郡東山における紙漉（特別寄稿）（相馬美貴子）「東磐史学」 東磐史学会 （39） 2014.8

東山郷

高山彦九郎『北方日記』 現代語訳の試み―東山郷の部分のみ（1）（紙上発表）（岩渕国雄）「岩手県南史談会研究紀要」 岩手県南史談会 42 2013.7

高山彦九郎『北方日記』 現代語訳の試み―東山郷の部分のみ（2）（紙上発表）（岩渕国雄）「岩手県南史談会研究紀要」 岩手県南史談会 43 2014.7

東山町

資料 東山町岩入中倉屋敷岩淵家肝入文書目録／東山町の民俗芸能の紹介「東磐史学」 東磐史学会 （33） 2008.8

秀衡街道

奥羽山脈の東西交通路、秀衡街道と往古からの鉱山地域を探査して（高橋暁樹）「北方風土 ： 北国の歴史民俗考古研究誌」 イズミヤ出版 通号49 2005.1

歴史の道「秀衡街道筋」に寄せて（高橋純子）「湯田史談」 湯田史談会 （23） 2005.3

湯田町秀衡街道「黄金の道」探査会のみちのり（湯田史談）「湯田史談」 湯田史談会 （23） 2005.3

秀衡街道筋を探査して（湯田樹）「北方風土 ： 北国の歴史民俗考古研究誌」 イズミヤ出版 通号51 2006.1

黄金の道・秀衡街道を考える（小川誠三）「横手郷土史資料」 横手郷土史研究会 （86） 2012.3

秀衡街道について（佐々木周一郎）「出羽路」 秋田県文化財保護協会 通号151 2012.8

黄金の道 秀衡街道案内標柱を建て替える（高橋定信）「西和賀史談」 西和賀史談会 （8） 2014.3

平泉

世界文化遺産を語る 「平泉」の原風景（佐々木邦世）「いわて文化財」 岩手県文化財愛護協会 194 2003.3

地方公論 いま平泉は（佐々木邦世）「東方に在り」 平泉文化会議所 7 2004.4

エッセイ 平泉周辺の文化遺産「岩手県立博物館だより」 岩手県文化振興事業団 103 2004.10

企画展「消えゆく岩手の自然」／平泉の文化遺産巡回展「奥州藤原氏の時代／テーマ展「新指定文化財展」「岩手県立博物館だより」 岩手県文化振興事業団 103 2004.10

平泉の世界遺産、飛躍のとし（斎藤邦雄）「いわて文化財」 岩手県文化財愛護協会 205 2005.1

掘立柱建物とはなにか―平泉を例にとって（金丸義一）「東方に在り」 平泉文化会議所 8 2005.4

安倍氏・清原氏と平泉藤原氏の時代（工藤雅樹）「古川市郷土研究会会報」 古川市郷土研究会 （31） 2005.5

大槻文彦「平泉游記」とその解説（大島英介）「岩手県南史談会研究紀要」 岩手県南史談会 34 2005.7

平泉文化と東磐井（八重樫忠郎）「東磐史学」 東磐史学会 （30） 2005.7

「平泉都市」の範囲を明確に（及川洵）「いわて文化財」 岩手県文化財愛護協会 209 2005.9

「平泉」と「花巻」を訪ねて（史蹟を訪ねる）（佐藤一彦）「餘戸」 余目町郷土史研究会 （2） 2006.3

「平泉」を考える（鈴木男）「東方に在り」 平泉文化会議所 （9） 2006.4

わが心の平泉（五十嵐亮二）「東方に在り」 平泉文化会議所 （9） 2006.4

私の平泉（岩渕真理子）「東方に在り」 平泉文化会議所 （9） 2006.4

わが平泉（藤沢摩彌子）「東方に在り」 平泉文化会議所 （9） 2006.4

私の平泉（阿部和夫）「東方に在り」 平泉文化会議所 （9） 2006.4

平泉の文化遺産の価値（中村英俊）「いわて文化財」 岩手県文化財愛護協会 （213） 2006.5

新春講演会 平泉の文化遺産（八重樫忠郎）「岩手県南史談会研究紀要」 岩手県南史談会 35 2006.8

中尊寺十界阿弥陀堂の成立―CG「甦る都市平泉」と平泉寺院研究（《特

集 CG「甦る都市平泉」をめぐって―平泉研究の現在》）（菅野成寛）「宮城歴史科学研究」 宮城歴史科学研究会 （60） 2006.8

平泉建築の復元一考証と課題（《特集 CG「甦る都市平泉」をめぐって―平泉研究の現在》）（冨島義幸）「宮城歴史科学研究」 宮城歴史科学研究会 （60） 2006.8

世界遺産シンポジウム みちのく世界遺産 出羽三山／平泉／白神山地―東北に息づく地域文化を未来へ（黒田乃生、牧田肇、高野公男、入間田宣夫）「まんだら ： 東北文化友の会会報」 東北芸術工科大学東北文化研究センター （30） 2007.2

やまや文化フォーラム "黄金都市" 平泉―今あかされる中世都市の秘密（工藤雅樹、前川佳代、入間田宣夫）「まんだら ： 東北文化友の会会報」 東北芸術工科大学東北文化研究センター （30） 2007.2

祈りと対話の都 平泉（照井翠）「東方に在り」 平泉文化会議所 （10） 2007.4

こだわり・インタビュー 平泉の食を考える―滝の上工房 千葉淳子（小賀坂勝美）「東方に在り」 平泉文化会議所 （10） 2007.4

平泉の住まい―民家について（達谷窟敬祐）「東方に在り」 平泉文化会議所 （10） 2007.4

「平泉の文化遺産」の登録（金野静一）「いわて文化財」 岩手県文化財愛護協会 （220） 2007.7

平泉歴史散歩記 悠久の史跡平泉を訪ねて（森信彦）「宮城県文化財友の会だより」 宮城県文化財友の会 （174） 2007.9

古代東北の陸奥・出羽の産金と駿馬・農耕開拓、そして清原氏と平泉藤原氏と十三湊原氏と平泉の文化遺産をみる（高橋暁樹）「北方風土 ： 北国の歴史民俗考古研究誌」 通号55 2008.1

平泉文化の史的意義（《平泉特集》）（金野静一）「いわて文化財」 岩手県文化財愛護協会 226 2008.7

文化遺産の中の地域社会（《平泉特集》―提言）（加藤章）「いわて文化財」 岩手県文化財愛護協会 （226） 2008.7

今後、充実すべき面（《平泉特集》―提言）（安藤厚）「いわて文化財」 岩手県文化財愛護協会 （226） 2008.7

世界の「世界遺産」と平泉（《平泉特集》―提言）（合田武）「いわて文化財」 岩手県文化財愛護協会 （226） 2008.7

史跡の整備と活用再考（《平泉特集》―提言）（相原康二）「いわて文化財」 岩手県文化財愛護協会 （226） 2008.7

イコモスからの指摘（《平泉特集》―提言）（千坂嶤峰）「いわて文化財」 岩手県文化財愛護協会 （226） 2008.7

古都再現の夢（《平泉特集》―提言）（勝部民男）「いわて文化財」 岩手県文化財愛護協会 （226） 2008.7

「平泉と漆」を知りたい（《平泉特集》―提言）（工藤紘一）「いわて文化財」 岩手県文化財愛護協会 （226） 2008.7

記念講演「文化財」から平泉・みちのくを考える（《創立50周年記念事業の記録》）（大矢邦宣）「出羽路」 秋田県文化財保護協会 通号143 2008.7

座談会 国際交易都市・平泉の歴史と文化―世界遺産記載延期の勧告をめぐり（《特集 平泉、一万年の系譜のもとに》）（入間田宣夫、熊谷公男、八重樫忠郎、赤坂憲雄）「東北学. ［第2期］」 東北芸術工科大学東北文化研究センター，柏書房（発売） （16） 2008.8

蝦夷の系譜（《特集 平泉、一万年の系譜のもとに》）（工藤雅樹）「東北学. ［第2期］」 東北芸術工科大学東北文化研究センター，柏書房（発売） （16） 2008.8

奥六郡から奥羽両国へ―平泉の政権の成り立ちをふりかえって（《特集 平泉、一万年の系譜のもとに》）（入間田宣夫）「東北学. ［第2期］」 東北芸術工科大学東北文化研究センター，柏書房（発売） （16） 2008.8

絵はがきに見る東北日本・アジア（1） 戦前の平泉風景（東北文化センター）「東北学. ［第2期］」 東北芸術工科大学東北文化研究センター，柏書房（発売） （16） 2008.8

平泉世界遺産に思う（瀬川司男）「いわて文化財」 岩手県文化財愛護協会 （227） 2008.9

「平泉の文化遺産」と無形遺産（中村英俊）「いわて文化財」 岩手県文化財愛護協会 （231） 2009.5

平泉文化の「こころ」を世界へ（高橋一男）「いわて文化財」 岩手県文化財愛護協会 （234） 2009.11

特別紀行 平泉―平和の源泉（特集 まちの風）（川勝平太）「東方に在り」 平泉文化会議所 （11） 2010.2

平泉の誇り（特集 まちの風）（高倉弘明）「東方に在り」 平泉文化会議所 （11） 2010.2

『平泉』浄土をあらわす文化遺産の全容（日報転載）（特集 まちの風）「東方に在り」 平泉文化会議所 （11） 2010.2

講演 都市平泉研究の問題点（入間田宣夫）「学習院史学」 学習院大学史学会 （48） 2010.3

地誌考証と偽書批判―相原友直『平泉雑記』の義経蝦夷渡り説比定論を中心に（菊池勇夫）「キリスト教文化研究所研究年報 ： 民族と宗教」 宮城学院女子大学キリスト教文化研究所 （43） 2010.3

続平泉志（1）（及川和哉）「いわて文化財」 岩手県文化財愛護協会

（237）2010.5

平泉藤原氏の歴史・文化と一関（藤堂隆則）「いわて文化財」 岩手県文化財愛護協会 （238）2010.7

続平泉志（2）柳之御所（及川和哉）「いわて文化財」 岩手県文化財愛護協会 （238）2010.7

新春講演会「みちのく平泉を歩いた文化人たち」の周辺—真澄は骨寺の地を踏んだか（岩渕国雄）「岩手県南史談会研究紀要」 岩手県南史談会 39 2010.7

続平泉志（3）猫間が淵、無量光院跡（及川和哉）「いわて文化財」 岩手県文化財愛護協会 （239）2010.9

「平泉」再チャレンジの取り組み（千葉信胤）「いわて文化財」 岩手県文化財愛護協会 （240）2010.11

続平泉志（4）高舘、金鶏山、弁慶堂跡（及川和哉）「いわて文化財」 岩手県文化財愛護協会 （240）2010.11

平泉を中心とする岩手の文化財の今後（正月特集 歴史に輝く平泉文化）（達ић拓也）「いわて文化財」 岩手県文化財愛護協会 （241）2011.1

「平泉」世界遺産登録の道（正月特集 歴史に輝く平泉文化）（菅原正義）「いわて文化財」 岩手県文化財愛護協会 （241）2011.1

世界遺産登録年を迎えて（正月特集 歴史に輝く平泉文化）（藤里明久）「いわて文化財」 岩手県文化財愛護協会 （241）2011.1

世界遺産への再挑戦（正月特集 歴史に輝く平泉文化）（中村英俊）「いわて文化財」 岩手県文化財愛護協会 （241）2011.1

愛護協会の役員 平泉を語る（上）地上の浄土の願い地域住民も守り救う（正月特集 歴史に輝く平泉文化）（相原康二、竹内重徳、阿部孝夫、一戸秀光）「いわて文化財」 岩手県文化財愛護協会 （241）2011.1

愛護協会の役員 平泉を語る（下）施設づくりに寺側も支援を 経済と賑わいは文化の相乗効果（正月特集 歴史に輝く平泉文化）（相原康二、竹内重徳、阿部孝夫、一戸秀光）「いわて文化財」 岩手県文化財愛護協会 （241）2011.1

これからの平泉文化遺産—座談会を傍聴して（正月特集 歴史に輝く平泉文化）（加藤章）「いわて文化財」 岩手県文化財愛護協会 （241）2011.1

「菅江真澄・芦東山・平泉」の旅（菊池正則）「岩手の古文書 ：the Iwate journal of diplomatics」 岩手古文書学会 （25）2011.3

文化振興の明日へ（特集 平泉の町づくり）（池田克典）「いわて文化財」 岩手県文化財愛護協会 （242）2011.3

座談会「平泉の町づくり」を振り返って（上）（下）（特集 平泉の町づくり）（千葉信胤、藤里明久、遠藤セツ子、千葉敏明、小野寺郁夫）「いわて文化財」 岩手県文化財愛護協会 （242）2011.3

平泉の町づくりの方向—座談会を傍聴して（特集 平泉の町づくり）（大矢邦宣）「いわて文化財」 岩手県文化財愛護協会 （242）2011.3

平泉世界遺産に希望の光（安藤厚）「いわて文化財」 岩手県文化財愛護協会 （243）2011.5

明治26年の地形図を見る——一関・平泉の参考文献とともに（紙上発表）（阿部和夫）「岩手県南史談会研究紀要」 岩手県南史談会 40 2011.7

平泉の世界遺産登録が成って（達拓也）「いわて文化財」 岩手県文化財愛護協会 （244）2011.7

平泉の世界遺産登録と今後（大内豊）「いわて文化財」 岩手県文化財愛護協会 （244）2011.7

平泉の世界遺産登録を祝う（伊藤敏男）「いわて文化財」 岩手県文化財愛護協会 （244）2011.7

「世界遺産」実現を契機に（相原康二）「いわて文化財」 岩手県文化財愛護協会 （244）2011.7

再挑戦—「平泉」世界遺産登録の実現（中村英俊）「いわて文化財」 岩手県文化財愛護協会 （245）2011.9

もう一つの平泉—地名そのもの（菊池慧）「いわて文化財」 岩手県文化財愛護協会 （246）2011.11

平泉の世界遺産に思う（正月特集）（瀬川司男）「いわて文化財」 岩手県文化財愛護協会 （247）2012.1

平泉の地に「浄土思想」を基とした平和文化の花を開いた奥州藤原氏（高橋暁樹）「北方風土 ：北国の歴史民俗考古研究誌」 イズミヤ出版 通号63 2012.1

平泉藤原氏と出羽国（天童市民史跡めぐり特集）（川崎利夫）「郷土てんどう ：天童郷土研究会会報」 天童郷土研究会 （40）2012.2

続平泉志（12）毛越寺十八坊／照井堰（及川和哉）「いわて文化財」 岩手県文化財愛護協会 （248）2012.3

平泉の地に浄土思想を基とした平和文化の花開いた奥州藤原氏（高橋暁樹）「西和賀史談」 西和賀史談会 （6）2012.3

基調講演 世界遺産登録後の平泉を考える（五味文彦）「平泉文化研究年報」 岩手県教育委員会 （12）2012.3

平泉の特殊性（吉田歓）「平泉文化研究年報」 岩手県教育委員会 （12）2012.3

第12回平泉文化フォーラム実施報告「平泉文化研究年報」 岩手県教育委員会 （12）2012.3

世界遺産、平泉の文化遺産（一般投稿）（赤間孝一）「すぎのめ」 福島市

杉妻地区史跡保存会 （33）2012.3

特別報告 平泉文化遺産の世界遺産登録への歩み（概略報告その1）（遠藤東海）「岩手県南史談会研究紀要」 岩手県南史談会 41 2012.7

平泉文化の原点・江刺（菊池慧）「いわて文化財」 岩手県文化財愛護協会 （250）2012.7

平泉の世界遺産 追加登録は県民みんなの力で（菊池修一）「いわて文化財」 岩手県文化財愛護協会 （251）2012.9

平泉の黄金文化と花巻・水沢の著名人を訪ねて（山崎正）「群馬歴史散歩」 群馬歴史散歩の会 （226）2012.9

続平泉志（16）衣川（及川和哉）「いわて文化財」 岩手県文化財愛護協会 （252）2012.11

災害支援みちのくの旅—平泉・遠野・多賀城跡と災害地（史蹟を尋ねて緑の旗は行く）（今牧久）「伊那」 伊那史学会 60（12）通号1015 2012.12

平泉文化遺産の文化圏に生まれた誇り（特集 小さな郷土の大きな文化遺産）（畠山喜一）「いわて文化財」 岩手県文化財愛護協会 （253）2013.1

続平泉志（17）陣馬張山／束稲山／豊田城跡碑／白鳥柵／千疋旧跡／花流泉「いわて文化財」 岩手県文化財愛護協会 （253）2013.1

いわて文化ノート 世界遺産「平泉」回顧と展望（阿部勝則）「岩手県立博物館だより」 岩手県文化振興事業団 （136）2013.3

基調講演 平泉の文化遺産の可能性—今後の調査・活用への期待（坂井秀弥）「平泉文化研究年報」 岩手県教育委員会 （13）2013.3

中国の地方都市と平泉（研究報告）（吉田歓）「平泉文化研究年報」 岩手県教育委員会 （13）2013.3

平泉文化の鍋と玉（研究報告）（越田賢一郎）「平泉文化研究年報」 岩手県教育委員会 （13）2013.3

二つの平泉 岩手の平泉と中国の平泉（今功夫）「横手郷土史資料」 横手郷土史研究会 （87）2013.3

平泉の文化課題（相原康二）「いわて文化財」 岩手県文化財愛護協会 （255）2013.6

「平泉」地名の由来（伊藤博幸）「いわて文化財」 岩手県文化財愛護協会 （255）2013.6

近代平泉に生きた人々—平泉人物列伝（研究発表）（阿部和夫）「岩手県南史談会研究紀要」 岩手県南史談会 42 2013.7

平泉文化遺産の文化圏に生まれた誇り（畠山喜一）「いしぶみ」 「いしぶみ」発行所 （45）2013.7

第320回例会法話 平泉・出羽そして平民（吉田歓）「温故」 米沢温故会 （40）2013.8

世界遺産「平泉」の追加登録の向けた取組（菊池修一）「いわて文化財」 岩手県文化財愛護協会 （256）2013.9

続平泉志（20）毛越寺の蘇民祭／平泉の保存整備計画／平泉キャンペーン（及川和哉）「いわて文化財」 岩手県文化財愛護協会 （256）2013.9

紫波町平泉関連史跡（参考資料 パンフレット『紫波の歴史巡り』）「古文書研究会報」 岩手古文書研究会 （414）2014.1

続平泉志（22）讃衡蔵／讃衡蔵の敷地調査／ケマン盗難事件／文化財の流失（及川和哉）「いわて文化財」 岩手県文化財愛護協会 （258）2014.3

平泉文化と北海道（研究報告）（越田賢一郎）「平泉文化研究年報」 「世界遺産平泉」保存活用推進実行委員会 （14）2014.3

平泉の食文化（研究報告）（前川佳代）「平泉文化研究年報」 「世界遺産平泉」保存活用推進実行委員会 （14）2014.3

平泉藤原氏の権力基盤に関する基礎的研究（1）（研究報告）（七海雅人）「平泉文化研究年報」 「世界遺産平泉」保存活用推進実行委員会 （14）2014.3

四面廂建物からみた平泉の都市景観（研究報告）（荒木志伸）「平泉文化研究年報」 「世界遺産平泉」保存活用推進実行委員会 （14）2014.3

最近の平泉地名の研究（伊藤博幸）「いわて文化財」 岩手県文化財愛護協会 （259）2014.6

続平泉志（23）無量光院跡の調査／毛越寺庭園の調査／観自在王院跡の調査（及川和哉）「いわて文化財」 岩手県文化財愛護協会 （259）2014.6

「平泉世界遺産の日」制定について（特集 平泉世界遺産の日）（達拓也）「いわて文化財」 岩手県文化財愛護協会 （260）2014.9

平泉文化の原点（千葉明伸）「古文書研究会報」 岩手古文書研究会 （421）2014.9

平泉町

平泉の歴史／平泉文化を世界遺産へ／九つの遺産の内容（概略）／金色堂（国宝）／源義経、最期の地／平泉文学散歩／柳御所資料館／平泉に対する仙台藩の保護政策／延年の舞／能舞台／曲水の宴（《平泉町の歴史散歩》）「宮城県文化財友の会だより」 宮城県文化財友の会 （172）2007.5

広岡

胆沢の民俗調査（8）恩賜郷倉（南都田広岡）（菊地憲夫）「胆沢史談」 胆沢史談会 （71）2006.3

東北　　　　　　　　　　　　地名でたどる郷土の歴史　　　　　　　　　　　岩手県

洋野町

洋野町 土木作業員が見た震災（瀧音幸司）「とりら」 ふるさと岩手の芸能とくらし研究会 （6） 2012.4

岩手県九戸郡洋野町の被災と震災後の状況（小特集 東日本大震災と地方史研究）（酒井久男）「地方史研究」 地方史研究協議会 64（4）通号370 2014.8

藤沢町

文化講演会「藤沢町の和算家たち」 講師・千葉充氏/事業概要・資料（事業記録）「藤沢史談」 藤沢町史談会 （2） 2010.3

舟橋

いわての橋 藩政時代には舟橋 明治橋（盛岡市）「擬宝珠」 盛岡の歴史を語る会 （126） 2001.11

舟橋八景

よみがえれ「舟橋八景」（吉田六太郎）「擬宝珠」 盛岡の歴史を語る会 （142） 2003.11

閉伊

身代銭 粟三升 閉伊地方文書から（横山衛）「古文書研究会報」 岩手古文書研究会 （364） 2009.7

平和街道

平和街道が与えてくれたもの（高橋文治）「湯田史談」 湯田史談会 （21） 2003.3

骨寺

新春講演会「みちのく平泉を歩いた文化人たち」の周辺―真澄は骨寺の地を踏んだか（岩渕国雄）「岩手県南史談会研究紀要」 岩手県南史談会 39 2010.7

論考二題 菅江真澄「骨寺来訪」論/安部外記之介論考―安部徹良氏論文と関連して（紙上発表）（小野寺啓）「岩手県南史談会研究紀要」 岩手県南史談会 40 2011.7

骨寺など関連資産登録に努力（特集 平泉世界遺産の日―「平泉世界遺産の日」に寄せて）（勝部修）「いわて文化財」 岩手県文化財愛護協会 （260） 2014.9

骨寺村

新春講演会 絵図が伝える中世骨寺村の歴史的景観について（工藤武）「岩手県南史談会研究紀要」 岩手県南史談会 32 2003.7

座談会 日本の村の〈原風景〉をさぐる―西の田染荘と東の骨寺村（《特集 骨寺村に日本の原風景をさぐる》）（飯沼賢司，入間田宣夫，赤坂憲雄）「東北学．［第2期］」 東北芸術工科大学東北文化研究センター，柏書房（発売） （21） 2009.11

骨寺村所出物日記にみえる干菓と立木について（覚書）（《特集 骨寺村に日本の原風景をさぐる》）（入間田宣夫）「東北学．［第2期］」 東北芸術工科大学東北文化研究センター，柏書房（発売） （21） 2009.11

"中山間地"骨寺村の生活―近世・近代への展望（《特集 骨寺村に日本の原風景をさぐる》）（竹原万雄）「東北学．［第2期］」 東北芸術工科大学東北文化研究センター，柏書房（発売） （21） 2009.11

「東北学」骨寺村に日本の原風景をさぐる（特集 まちの風）「東方に在り」 平泉文化会議所 （11） 2010.2

公開講座 骨寺村に日本の原風景をさぐる（小岩弘明，入間田宣夫，竹原万雄，菊池勇夫）「まんだら ： 東北文化友の会会報」 東北芸術工科大学東北文化研究センター （42） 2010.2

骨寺村荘園遺跡

骨寺村荘園遺跡を巡って（フィールドレポート）（服部友里子）「まんだら ： 東北文化友の会会報」 東北芸術工科大学東北文化研究センター （37） 2008.11

骨寺村荘園遺跡における調査研究と景観保全の軌跡―過去から未来に向けて（《特集 骨寺村に日本の原風景をさぐる》）（小岩弘明）「東北学．［第2期］」 東北芸術工科大学東北文化研究センター，柏書房（発売） （21） 2009.11

堀切

享保12年4月徳岡・堀切境界確定（小野勝賢）「胆沢史談」 胆沢史談会 （72） 2007.3

本寺

一関市本寺地区の農村景観―その意義と保全にむけての提言（《特集 見学検討会 中世荘園の景観―日根荘大木》）（吉田敏弘）「ヒストリア ： journal of Osaka Historical Association」 大阪歴史学会 （202） 2006.11

前沢堰

胆沢川の親水を求めて「前沢堰」[1]～（3）（菊地安雄）「胆沢史談」 胆沢史談会 （67）/（69） 2001.12/2003.12

前沢町

まえさわかるた（《特集 東北遺産を探る》―私の東北遺産）（三好京三）「まんだら ： 東北文化友の会会報」 東北芸術工科大学東北文化研究

センター （26） 2006.2

「赤生津・安部氏」の出自を尋ねて（4） 前沢町史及び岩手県史にみる中世・近世移行期の「赤生津村」を巡る状況（紙上発表）（安部徹良，安部皓三，安部公良，森静子）「岩手県南史談会研究紀要」 岩手県南史談会 41 2012.7

松尾鉱山

廃墟に心惹かれて 松尾鉱山に去来する時間（《特集 旅学の時代》）（馬場竹千代）「別冊東北学」 東北芸術工科大学東北文化研究センター，作品社（発売） 8 2004.8

松川村

松川状に見る延宝五年松川村御百姓直訴事件の意味（畠山喜一）「東磐史学」 東磐史学会 （32） 2007.8

水沢

胆沢・水沢地方史跡文化財めぐり（小笠原勝郎）「奥羽史談」 奥羽史談会 114 2004.4

テーマ展「南部鉄器―盛岡と水沢 美と技の伝承」「岩手県立博物館だより」 岩手県文化振興事業団 101 2004.4

平泉の黄金文化と花巻・水沢の著名人を訪ねて（山崎正）「群馬歴史散歩」 群馬歴史散歩の会 （226） 2012.9

平成25年度通常総会と若林の歴史散歩記（奥州市水沢地区歴史散歩 平成25年6月9日（日））（芳賀孝雄）「宮城県文化財友の会だより」 宮城県文化財友の会 （203） 2013.5

水沢県

明治初期の付県監獄建築について―水沢県囚獄・懲役場（徒刑場）に関する覚書（関口重樹）「東北歴史博物館研究紀要」 東北歴史博物館 通号8 2007.3

水沢市

〈水沢市の歴史散歩〉「宮城県文化財友の会だより」 宮城県文化財友の会 152 2003.5

水沢市の歴史/水沢市の文化財「宮城県文化財友の会だより」 宮城県文化財友の会 152 2003.5

水沢市の歴史散歩記（大嶋尚志）「宮城県文化財友の会だより」 宮城県文化財友の会 154 2003.9

宮古

宮古・菊池文書「岩手の古文書 ： the Iwate journal of diplomatics」 岩手古文書学会 （20） 2006.3

旧宮古街道

早池峰の文化遺産旧宮古街道の文化（矢羽々文一郎）「擬宝珠」 盛岡の歴史を語る会 （158） 2005.11

宮古市

宮古市 宮古の三百日を振り返って（假屋雄一郎）「とりら」 ふるさと岩手の芸能とくらし研究会 （6） 2012.4

宮守

太古・古代・中世・近世の陸奥と出羽国の歴史を辿る―西和賀・和賀・黒沢尻・北上・稗貫・宮守・協和・雄物川（高橋暁樹）「西和賀史談」 西和賀史談会 （7） 2013.3

百家風発 太古・古代・中世・近世の陸奥と出羽の歴史を掘る 西和賀、和賀、黒沢尻、北上、稗貫、宮守、協和（高橋暁樹）「北方風土 ： 北国の歴史民俗考古研究誌」 イズミヤ出版 （66） 2013.6

見前

盛岡市見前地区・明治の鑑札について（小笠原勝郎）「奥羽史談」 奥羽史談会 108 2000.6

陸奥一関

小藩大名の陣屋町「陸奥一関」について（米田藤博）「パイオニア」 関西地理学研究会 （95） 2011.5

室根村

資料 室根村横沢家大肝入文書目録（抄）/室根村民俗芸能の紹介「東磐史学」 東磐史学会 （30） 2005.7

明治橋

蔵にあった明治橋写真 創建当時背景に船頭屋敷「擬宝珠」 盛岡の歴史を語る会 （151） 2004.12

旧明治橋中島跡 移り変わる橋（高橋清明）「擬宝珠」 盛岡の歴史を語る会 （151） 2004.12

毛越寺庭園

私の毛越寺庭園（戸田芳樹）「東方に在り」 平泉文化会議所 （9） 2006.4

続平泉志（23）無量光院跡の調査/毛越寺庭園の調査/観自在王院跡の調査（及川和哉）「いわて文化財」 岩手県文化財愛護協会 （259） 2014.6

餅田

前平泉期の歴史と江刺―餅田地区の人々の活動（千葉俊一）「いわて文化

財」岩手県文化財愛護協会 （236）2010.3

盛岡

森嘉兵衛資料 陸奥盛岡南部家譜附書継(1)「岩手の古文書 ： the Iwate journal of diplomatics」岩手古文書学会 14 2000.3

盛岡御領通行を八戸藩御老中の判鑑により通行可能となった経緯其外について(長谷川篤哉)「ふるさとなんぶ」南部町郷土研究会 （24）2001.7

「冷麺」の町、盛岡 朝鮮料理が盛岡市の名物になるまで(滝沢真喜子)「別冊東北学」東北芸術工科大学東北文化研究センター，作品社(発売) 4 2002.7

近代産業誕生の時一発祥地となった盛岡機業場(吉田義昭)「奥羽史談」奥羽史談会 112 2003.3

秋田鹿角市と盛岡 奪われた尾去沢鉱山「擬宝珠」盛岡の歴史を語る会 （138）2003.6

老杉に銃撃戦の跡 秋田比内町と盛岡「擬宝珠」盛岡の歴史を語る会 （139）2003.7

もりおか豊かな自然・歴史 保存の努力、誇らしく(斎藤純)「擬宝珠」盛岡の歴史を語る会 （140）2003.8

城下町都市における「鉄道忌避伝説」をめぐって一盛岡と熊本の事例《大会特集 南部の風土と地域形成》一〈問題提起〉)(岡田直)「地方史研究」地方史研究協議会 53(4)通号304 2003.8

盛岡商人伝「大清水多賀」の鍵屋「鍵屋」と村井源三 工場街の十三日町 ビジネスホテル「高七」製造業もさかんに(大正十三造)「擬宝珠」盛岡の歴史を語る会 （142）2003.11

盛岡商人伝 南部公と「小田喜」話題も多い「馬町」エリート商人「木津権」「御仮屋」と斉藤家近江商人の舞台呉服町(大正十三造)「擬宝珠」盛岡の歴史を語る会 （143）2003.12

盛岡名物「わんこそば」親切を食わせる(福田常雄)「擬宝珠」盛岡の歴史を語る会 （144）2004.1

テーマ展「南部鉄器一盛岡と水沢 美と技の伝承」「岩手県立博物館だより」岩手県文化振興事業団 101 2004.4

北の馬文化 大きい経済的役割 優れた改良、高い評価(阿部守雄)「擬宝珠」盛岡の歴史を語る会 （146）2004.6

昔の盛岡の松皮餅(川村等)「擬宝珠」盛岡の歴史を語る会 （149）2004.10

盛岡散歩案内「擬宝珠」盛岡の歴史を語る会 （150）2004.11

盛岡藩と北方警備一盛岡と北海道のえにし(小西宏明)「仙台藩白老元陣屋資料館報」仙台藩白老元陣屋資料館 （11）2005.3

蝦夷の生業 木製農具牛馬使い水田耕作(佐々木勝)「擬宝珠」盛岡の歴史を語る会 （154）2005.6

ぶらり盛岡「擬宝珠」盛岡の歴史を語る会 （158）2005.11

室蘭所在 盛岡・葛系系図について(森ノブ)「岩手の古文書 ： the Iwate journal of diplomatics」岩手古文書学会 （20）2006.3

盛岡・小野慶蔵文書「岩手の古文書 ： the Iwate journal of diplomatics」岩手古文書学会 （21）2007.3

盛岡村井家裃の下張り文書と尾去沢銅山経営(三浦忠司)「東奥文化」青森県文化財保護協会 通号79 2008.3

明治41年盛岡電話交換開始 電話開通百年(渡辺新一)「擬宝珠」盛岡の歴史を語る会 （168）2008.5

盛岡放送局放送開始70周年 盛岡放送局事始め(渡辺新一)「擬宝珠」盛岡の歴史を語る会 （169）2008.10

明治41年盛岡電話交換開始 電話開通百年 (2)(渡辺新一)「擬宝珠」盛岡の歴史を語る会 （170）2008.12

近代日本における野菜種子流通の展開とその特質一盛岡近郊の種苗業者の取引記録からの考察(清水克志)「歴史地理学」歴史地理学会，古今書院(発売) 51(5)通号247 2009.12

盛岡散策(神内幹子)「讃岐のやまなみ」香川県歴史研究会 （3）2010.4

盛岡築城(千葉明伸)「古文書研究会報」岩手古文書研究会 （401）2012.11

盛岡の風土と金田一京助(前)，(後)(千葉明伸)「古文書研究会報」岩手古文書研究会 （404）／（408）2013.2/2013.7

表紙 御旧領名所図巻(江戸時代)「もりおか歴文館だより」もりおか歴史文化館活性化グループ （3）2013.6

盛岡散歩 慶応四年「久保田藩兵盛岡に駐屯す」(塩崗彦)「横手郷土史資料」横手郷土史研究会 （88）2014.3

盛岡市

21世紀へのいわて遺産 紺屋町番屋 八幡町番屋 盛岡市「粋」を競い洋風化(渡辺敏男)「擬宝珠」盛岡の歴史を語る会 （136）2003.1

いわての橋 盛岡市中の橋 明治・大正イメージ「擬宝珠」盛岡の歴史を語る会 （138）2003.8

盛岡市と盛岡 ゆがめられた維新 県境越えたきずな/消防 火消し連中の架橋した開運橋「擬宝珠」盛岡の歴史を語る会 （142）2003.11

いわての橋 下の橋(盛岡市) 教会との風景調和/壬生義士伝の浅田次郎氏が歩く 貫一郎の故郷 盛岡/旧石井県令公私邸 盛岡市 欧州風れんが造

る/盛岡市の誕生「擬宝珠」盛岡の歴史を語る会 （143）2003.12

盛岡市の寄贈の所蔵史料 南部家伝来の品々「擬宝珠」盛岡の歴史を語る会 （148）2004.8

草相撲の盛衰一盛岡市周辺の中相撲の変遷から(舟山晋)「岩手県立博物館研究報告」岩手県文化振興事業団 （24）2007.3

盛岡城

ふるさとの歴史を訪ねて 岩手公園の盛岡城(1)「擬宝珠」盛岡の歴史を語る会 （144）2004.1

盛岡城下「雪洋堂版木の暦」(工藤紘一)「奥羽史談」奥羽史談会 （118）2007.11

文政年中「八戸藩御用盛岡城下御仮屋(御本陣)図文書」考(平成20年度会員研究発表資料)(吉田義昭)「奥羽史談」奥羽史談会 （119・120）2009.3

盛岡城下河南歴史散策に参加して(阿部敏男)「いわて文化財」岩手県文化財愛護協会 （253）2013.1

藩政期における盛岡城下の火災(学芸トピックス)(小西治子)「もりおか歴文館だより」もりおか歴史文化館活性化グループ （4）2014.7

盛岡馬検場

21世紀へのいわて遺産 盛岡馬検場 馬産の隆盛支える(小野寺一雅)「擬宝珠」盛岡の歴史を語る会 （138）2003.6

盛岡藩

天保7・8年 盛岡藩の百姓一揆について(阿部茂巳)「岩手史学研究」岩手史学会 通号83 2000.2

盛岡藩「雑書」原稿作成を終了して(両川典子)「岩手の古文書 ： the Iwate journal of diplomatics」岩手古文書学会 15 2001.3

仙台藩と盛岡藩の境目相論(阿部茂巳)「岩手史学研究」岩手史学会 （84）2001.3

義民「弥五兵衛」と藩政改革(名須川溢男)「岩手史学研究」岩手史学会 （84）2001.3

盛岡藩初期の百姓一揆(阿部茂巳)「岩手史学研究」岩手史学会 （85）2002.2

盛岡藩弘化一揆と藩政改革覚え書(名須川溢男)「岩手史学研究」岩手史学会 （86）2003.1

盛岡藩の藩政と民衆負担(《大会特集 南部の風土と地域形成》一〈問題提起〉)(中野渡一耕)「地方史研究」地方史研究協議会 53(4)通号304 2003.8

俵物生産と盛岡藩の対応一安永期を中心に(《大会特集 南部の風土と地域形成》一〈問題提起〉)(畑井洋樹)「地方史研究」地方史研究協議会 53(4)通号304 2003.8

盛岡藩の人足札と揚札 概報(1)(吉田義昭)「奥羽史談」奥羽史談会 114 2004.4

幕府体制確立期の東北諸藩(盛岡藩)(兼平賢治)「擬宝珠」盛岡の歴史を語る会 （150）2004.11

盛岡藩雑書の断片から一「村尹」の解釈について(小川桂史)「岩手の古文書 ： the Iwate journal of diplomatics」岩手古文書学会 （19）2005.3

地方史研究発表会特別講演岩手に所在する青森県の史料について一盛岡藩主の下北視察(時田里志)「東奥文化」青森県文化財保護協会 通号76 2005.3

盛岡藩成立期の城郭(室野秀文)「中世城郭研究」中世城郭研究会 （19）2005.7

江戸後期の盛岡藩(細井計)「擬宝珠」盛岡の歴史を語る会 （156）2005.8

盛岡藩の遊郭をめぐる社会関係について(武林弘恵)「歴史」東北史学会 105 2005.9

盛岡藩歴代伝承の記録 街道筋の松並木天下一の美観なり(工藤利悦)「擬宝珠」盛岡の歴史を語る会 （157）2005.10

近世後期盛岡藩における神道優遇策について(岩森譲)「弘前大学国史研究」弘前大学国史研究会 （119）2005.10

盛岡藩伝承の記録 家康拝領のトラ逃げ町民を食らう(工藤利悦)「擬宝珠」盛岡の歴史を語る会 （158）2005.11

平成20年度郷土史講座 近世における用水開削事業一仙台藩・盛岡藩の事例の考察を中心として(阿部和夫)「奥羽史談」奥羽史談会 （119・120）2009.3

北方の政治的コンテクストからみた天保国絵図改訂事業一盛岡藩・弘前藩を中心として(シンポジウム「歴史地理学における絵図・地図」特集号)(尾崎久美子)「歴史地理学」歴史地理学会，古今書院(発売) 52(1)通号248 2010.1

盛岡藩の大地震(細井計)「いわて文化財」岩手県文化財愛護協会 （246）2011.11

18世紀〈変容する地域と民衆移動〉一盛岡藩「宗門人別目録」をてがかりに(同窓通信 2012年度国史談話会大会記事一公開講演要旨)(浪川健治)「国史談話会雑誌」東北大学国史談話会 （53）2012.12

南部盛岡藩の一大事件と「沢内年代記」(高橋繁)「西和賀史談」西和賀

史談会 （7） 2013.3

18世紀〈変容する地域と民衆移動〉—盛岡藩「宗門人別目録」をてがかりに（論説）（浪川健治）「歴史」 東北史学会 120 2013.4

盛岡藩戊辰戦争（1）—奥羽越列藩同盟と江緒五郎（論考）（高野豊四郎）「岩手の古文書 ： the Iwate journal of diplomatics」 岩手古文書学会 （28） 2014.3

四月から新法人 文化財愛護協会/盛岡藩と仙台藩を比較 1月の郷土史学習会/盛岡の演劇と芸妓の変遷 2月の郷土史学習会/大矢邦宣理事が死去/東西南北（砂子田）「いわて文化財」 岩手県文化財愛護協会 （258） 2014.3

北上川流域用水開発に携わった人々—盛岡・仙台藩の用水開発の功労者たち（研究発表）（阿部和夫）「岩手県南史談会研究紀要」 岩手県南史談会 43 2014.7

焼山

私の生郷・焼山部落の歴史を探りて（村上六七男）「胆沢史談」 胆沢史談会 （71） 2006.3

私の生郷・焼山部落の歴史をさぐりて（2）（村上六七男）「胆沢史談」 胆沢史談会 （72） 2007.3

矢沢

矢沢の川村家文書（中島茂光）「花巻史談」 花巻史談会 （31） 2006.3

八ツ又

「八ツ又」という地名の紹介（吉田清一）「西和賀史談」 西和賀史談会 （2） 2008.3

柳之御所

平泉柳之御所跡発見の「磐前村印」と荘園公領（大石直正）「米沢史学」 米沢史学会（山形県立米沢女子短期大学日本史学科内） （20） 2004.10

堀のある風景—柳之御所に至るまでの弥生時代からの系譜（《特集 平泉、一万年の系譜のもとに》）（大平聡）「東北学。［第2期］」 東北芸術工科大学東北文化研究センター，柏書房（発売） （16） 2008.8

続平泉志（2） 柳之御所（及川和哉）「いわて文化財」 岩手県文化財愛護協会 （238） 2010.7

矢作

森嘉兵衛資料集「矢作氏由緒記」（資料紹介）（川守田ヒロ［原稿作成］）「岩手の古文書 ： the Iwate journal of diplomatics」 岩手古文書学会 （28） 2014.3

矢幅

星川さん、「久慈文書」を発刊/前田一利さん、「矢幅の地名」第3弾「古文書研究会報」 岩手古文書研究会 298 2003.7

演題 矢幅の地名について（前田一利）「古文書研究会報」 岩手古文書研究会 304 2004.1

矢巾町

矢巾町指定史跡 伝法寺館跡の保存活動（西野修）「いわて文化財」 岩手県文化財愛護協会 （258） 2014.3

山口鉱山

第65回地質観察会を終えて 山口鉱山跡を訪ねて 平成25年7月7日（日）（事業報告）（吉田充）「岩手県立博物館だより」 岩手県文化振興事業団 （138） 2013.9

山田町

大津波と山田町（堀合俊郎）「いわて文化財」 岩手県文化財愛護協会 （246） 2011.11

山田町 いつまでも浜の人（佐藤辰吾）「とりら」 ふるさと岩手の芸能とくらし研究会 （6） 2012.4

山田町・織笠川に鮭の遡上を訪ねて20年（小木曽淑子）「すみだ川 ： 隅田川市民交流実行委員会会報」 隅田川市民交流実行委員会 （56） 2014.10

山目村

山目村鍛冶町通り見聞録—鍛冶町に生きた人々（研究発表）（阿部和夫）「岩手県南史談会研究紀要」 岩手県南史談会 41 2012.7

山室橋

山室橋の設計者が判明（小田島三夫）「西和賀史談」 西和賀史談会 （7） 2013.3

夕顔瀬町

梨木町・長田町・夕顔瀬町界わいわがマチ探訪「擬宝珠」 盛岡の歴史を語る会 （155） 2005.7

夕顔瀬橋

いわての橋 最古の歴史を誇る夕顔瀬橋（盛岡市）「擬宝珠」 盛岡の歴史を語る会 （131） 2002.7

湯田町

湯田町の地名を考える「湯田史談」 湯田史談会 （22） 2004.3

湯田町秀衡街道「黄金の道」探査会のみちのり「湯田史談」 湯田史談会

（23） 2005.3

湯田村

「岩手縣管轄地誌」の中の湯田村誌から［1］〜（5）（小田島三夫）「西和賀史談」 西和賀史談会 （2）/（8） 2008.3/2014.3

湯ノ高館

湯ノ高館（室野秀文）「早池峰文化」 大迫町教育委員会 15 2003.3

吉田家住宅

吉田家住宅の復元を（正月特集）（佐々木勝宏）「いわて文化財」 岩手県文化財愛護協会 （247） 2012.1

陸前高田

平成の大津波が文化財を呑んだ—東日本大震災と陸前高田市（特集 東日本大震災 各地の報告（続））（細谷英男）「仙台郷土研究」 仙台郷土研究会 36（2）通号283 2011.12

東日本大震災と歴史資料—岩手県陸前高田市の事例を中心として（特集1 秋の歴史フォーラム 災害と歴史資料の保存）（茶谷十六）「秋田歴研協会誌」 秋田県歴史研究者・研究団体協議会 （51・52） 2013.6

両磐

特別寄稿 岩手県両磐地域の近代和風建築（高橋恒夫）「東磐史学」 東磐史学会 （32） 2007.8

綾里

大船渡市 三陸町綾里における芸能と災害（熊谷常孝）「とりら」 ふるさと岩手の芸能とくらし研究会 （6） 2012.4

和賀

郷土資料紹介 和賀稗貫郷村志 巻之上，中，下（松井道円）「早池峰文化」 大迫町教育委員会 11/13 1999.3/2001.3

和賀・稗貫一乱の事（伝記十三）（横山厳）「古文書研究会報」 岩手古文書研究会 （377） 2010.9

和賀と仙北の交流（百家風発）（森本彌吉）「北方風土 ： 北国の歴史民俗考古研究誌」 イズミヤ出版 通号62 2011.7

太古・古代・中世・近世の陸奥と出羽国の歴史を辿る—西和賀・和賀・黒沢尻・北上・稗貫・宮守・協和・雄物川（高橋暁樹）「西和賀史談」 西和賀史談会 （7） 2013.3

百家風発 太古・古代・中世・近世の陸奥と出羽の歴史を掘る 西和賀、和賀、黒沢尻、北上、稗貫、宮守、協和（高橋暁樹）「北方風土 ： 北国の歴史民俗考古研究誌」 イズミヤ出版 （66） 2013.6

和賀川

奥州街道和賀川の周辺—絵地図に見る（沼山源喜治）「北上史談」 北上史談会 （46） 2006.11

和賀仙人

古文書に見る和賀仙人の連理スギ（八重樫領暉）「北上史談」 北上史談会 43 2004.2

鷲ノ巣金山

鷲ノ巣金山に想う 中尊寺文化世界遺産登録とわが町（高橋徳夫）「湯田史談」 湯田史談会 （23） 2005.3

宮城県

青葉区

青葉区 "ニッカ1番地" 誕生物語 氏家一郎遺稿集 (2)「仙臺文化往來」「仙臺文化」編集室 (5) 2007.8

青葉通り

江戸時代に「青葉通り」(半田英博)「仙台郷土研究」 仙台郷土研究会 29 (2) 通号269 2004.12

青柳文庫

「宮城縣郷土讀本」で見る仙台の誇り "青柳文庫"(特集 仙台生まれの教科書)「仙臺文化 : 杜の都の都市文化継承誌」「仙臺文化」編集室 (11) 2010.11

仙台藩青柳文庫の成立・運営と利用 (大友優香)「国史談話会雑誌」 東北大学国史談話会 (52) 2012.2

赤児村

第5回 赤児村の歴史を考える (佐藤義夫)「研究紀要」 金成町史談会 1 2004.8

赤洰

2011「玉造地名の会」探訪報告 鳴子温泉蓬田/久田/赤洰の屋号と地名 (鴇田勝彦)「地名」 宮城県地名研究会 (35) 2012.5

秋保温泉

近世の温泉運営と湯守・村―陸奥国名取郡秋保温泉を事例に (高橋陽一)「歴史」 東北史学会 104 2005.4

藩政時代の秋保郷及び秋保温泉 (賛助会員)(佐藤勘三郎)「藩報きずな」 仙台藩志会 (51) 2014.4

秋保電車

付録「仙台鉄道・秋保電車」沿線案内「仙臺文化 : 杜の都の都市文化継承誌」「仙臺文化」編集室 (8) 2008.11

秋保町長袋

秋保町長袋のこと (藤原一良)「えおひっぷす」 相馬郷土研究会 (303) 2013.11

浅布渓谷

栗原市花山の自然/(旧)村名「花山」の由来/花山湖/花山寺跡/不動明王立像と脇仏 栗原市花山字本沢山下49―10/花山峠/千葉周作/孤雲屋敷と千葉周作 旧佐藤家住宅 (指定有形文化財)/孤雲屋敷 (旧佐藤家住宅)/仙台藩花山村寒湯番所跡/仙北御境目守三浦家/花山ダム/浅布渓谷/御嶽神社/花山鉄砲祭り「宮城県文化財友の会だより」 宮城県文化財友の会 (210) 2014.10

網地島

網地島、田代島 (被災地の有人島は宮城のみ)/原発・放射能は?/牡鹿半島と網地島 (つづき)/提言 増田博之様 (栃木県)/外国人の思い (倶楽部MIA 11.8)(3・11ココ新生へ)「道鏡を守る会通信」 道鏡を守る会 別冊10 2012.10

網地浜

仙台藩漁村における天明の飢饉の様相―牡鹿郡網地浜の場合 (高倉淳)「宮城史学」 宮城歴史教育研究会 (20・21・22) 2001.10

あずま街道

仙台・太白区坪沼に見る伝承「あずま街道」の道標 (佐藤達夫)「仙台郷土研究」 仙台郷土研究会 32 (2) 通号275 2007.12

あずま街道雑感 (高倉淳)「仙台郷土研究」 仙台郷土研究会 36 (2) 通号283 2011.12

愛宕

「愛宕」(アタゴ) の考察 (勝又秀夫)「地名」 宮城県地名研究会 通号24 2006.11

愛宕上杉通

歩いて実感 仙台の歴史―『仙台市史 特別編9 地域誌』さきどり企画 せんだい地域誌さんぽ その3―若林区にまつわるあれこれ編 若林城の影響―愛宕上杉通/いにしえの川の流れ―古川/地名に無いバス停―荒井「せんだい市史通信」 仙台市博物館市史編さん室 (31) 2013.9

安達ヶ原ふるさと村

二本松のおいたち/二本松の風景/二本松城の歴史/粟ノ須古戦場跡/藩政時代から菊人形/二本松提灯祭り/安達ヶ原ふるさと村/鬼婆の岩屋/鬼婆ものがたり/智恵子の生家「宮城県文化財友の会だより」 宮城県文化財友の会 162 2005.5

姉歯

姉歯の松について (小野寺健太郎)「栗原郷土研究」 栗原郷土史研究会 (38) 2007.3

姉歯村

第7回 姉歯村風土記御用書出 (二階堂文夫)「研究紀要」 金成町史談会 1 2004.8

阿武隈川

開館20周年記念 講演会開催 宮城資料ネット歴史叙述事業―亘理町報告会 7月12日 (土)「荒浜湊のにぎわい―東廻り海運と阿武隈川舟運の結節点―」井上拓巳氏、「慶長奥州地震津波と亘理町の製塩―400年前の津波と復興―」蝦名裕一氏「郷土しりょうかん」 亘理町郷土資料館 (117) 2014.6

荒井

歩いて実感 仙台の歴史―『仙台市史 特別編9 地域誌』さきどり企画 せんだい地域誌さんぽ その3―若林区にまつわるあれこれ編 若林城の影響―愛宕上杉通/いにしえの川の流れ―古川/地名に無いバス停―荒井「せんだい市史通信」 仙台市博物館市史編さん室 (31) 2013.9

荒浜

荒浜 未来をめざして前に進もう!―荒浜小の再生に向けて(特集・震災から一年経って) (齋藤博)「ナジェージダ (希望)」 石巻若宮丸漂流民の会 (28) 2012.7

荒浜のくらしとビールット (仙台市若林区荒浜地区)(調査報告)「調査報告書」 仙台市教育委員会 31 2013.3

表紙写真解説 若林区荒浜から望む仙台市街地と泉ケ岳 (三好俊文)「市史せんだい」 仙台市博物館 24 2014.9

荒浜湊

開館20周年記念 講演会開催 宮城資料ネット歴史叙述事業―亘理町報告会 7月12日 (土)「荒浜湊のにぎわい―東廻り海運と阿武隈川舟運の結節点―」井上拓巳氏、「慶長奥州地震津波と亘理町の製塩―400年前の津波と復興―」蝦名裕一氏「郷土しりょうかん」 亘理町郷土資料館 (117) 2014.6

荒巻

仙台市と宮城郡七北田村荒巻・北根の合併 (仁昌寺正一)「市史せんだい」 仙台市博物館 15 2005.9

荒谷

伝統北辰夢想流の地荒谷 (姉歯景孝)「古川市郷土研究会会報」 古川市郷土研究会 (30) 2004.5

有壁駅

国鉄有壁駅の空襲に関する記録 (菅原昭治)「岩手県南史談会研究紀要」 岩手県南史談会 33 2004.7

有壁本陣

奥州街道と有壁本陣について (佐々木哲, 菅原昭治)「栗原郷土研究」 栗原郷土史研究会 (43) 2012.5

粟ノ須古戦場跡

二本松のおいたち/二本松の風景/二本松城の歴史/粟ノ須古戦場跡/藩政時代から菊人形/二本松提灯祭り/安達ヶ原ふるさと村/鬼婆の岩屋/鬼婆ものがたり/智恵子の生家「宮城県文化財友の会だより」 宮城県文化財友の会 162 2005.5

安藤家住宅

わがまちの文化財 七ヶ宿町 東光寺山門/安藤家住宅/聖観音像/六峰桜 (七ヶ宿町教育委員会)「宮城の文化財」 宮城県文化財保護協会 (117) 2008.2

飯土井

利府町の飯土井という地名 (菅原伸一)「地名」 宮城県地名研究会 通号30 2009.11

利府町の飯土井という地名 (2), (3)(菅原伸一)「地名」 宮城県地名研究会 通号31/通号32 2010.5/2010.11

五十嵐

「五十嵐」地名探訪記 (村崎恭子)「地名」 宮城県地名研究会 通号27 2008.5

伊具

「刈田・柴田・伊具・宇田・亘理 五郡南部家へ引渡留」「岩手の古文書 : the Iwate journal of diplomatics」 岩手古文書学会 (19) 2005.3

戦国時代の伊具地方の伊達氏と相馬氏の抗争―齋藤家文書「拾七貫文知行」をめぐって（齋藤良治）「宮城史学」 宮城歴史教育研究会 （26） 2007.3

伊治
遠山村と伊治（太宰幸子）「全国地名研究交流誌 地名談話室」 日本地名研究所 19 2004.8

「伊治」を何と読むか 「イジ」か「コレハリ」か（菅原伸一）「地名」 宮城県地名研究会 （39） 2014.5

石井閘門
石巻市の歴史／石井閘門／北上川運河交流館／慶長使節船ミュージアム サン・ファン・バウティスタパーク／石巻文化センター／旧石巻ハリスト ス正教会堂／日和山公園／濡仏堂（〈石巻市の歴史散歩〉）「宮城県文化財友の会だより」 宮城県文化財友の会 （173） 2007.8

石越
石越の若者中 契約講中 掟書（佐藤亨）「栗原郷土研究」 栗原郷土史研究会 （40） 2009.3

石越町
石越町における難読難解な地名（佐藤亨）「栗原郷土研究」 栗原郷土史研究会 （33） 2002.4

石越町の地名 難訓・難解な地名（佐藤亨）「栗原郷土研究」 栗原郷土史研究会 （36） 2005.3

石越町の地名―難訓難解な地名にアイヌ語の助けを借りて（佐藤亨）「栗原郷土研究」 栗原郷土史研究会 （37） 2006.3

石越村
寛政の農民一揆における石越村の願書を読む（佐藤亨）「栗原郷土研究」 栗原郷土史研究会 （38） 2007.3

伊治城
伊治城の乱から出てきた陸奥の栗駒山（狩野忠志）「栗原郷土史研究」 栗原郷土史研究会 （36） 2005.3

石巻
若宮丸漂流民異聞（2）梅ヶ崎仮館における若宮丸漂流民（松竹秀雄）「ナジェージダ（希望）」 石巻若宮丸漂流民の会 8 2004.3

若宮丸漂流民異聞 ウルップ島殖民団との運命の出会い（高橋寿一）「ナジェージダ（希望）」 石巻若宮丸漂流民の会 （15） 2006.10

環黄海間の距離の記述より若宮丸の漂着地を推察する（《特集 若宮丸漂流民の謎のせまる！》）（本間英一）「ナジェージダ（希望）」 石巻若宮丸漂流民の会 （16） 2007.4

石巻歴史散歩記（高野剛）「宮城県文化財友の会だより」 宮城県文化財友の会 （175） 2007.10

「仙臺郷土研究会」創立期における石巻（特集 仙台郷土研究会創立期あたりの考察）（阿部和夫）「仙台郷土研究」 仙台郷土研究会 36（1）通号282 2011.6

東日本大震災 石巻地域の場合（特集 東日本大震災 各地の報告）（阿部和夫）「仙台郷土研究」 仙台郷土研究会 36（1）通号282 2011.6

あの日から3ヵ月の日に思う（東日本大震災―石巻から）（木村成忠）「ナジェージダ（希望）」 石巻若宮丸漂流民の会 （26） 2011.7

東日本大震災に思う（東日本大震災―石巻から）（阿部和夫）「ナジェージダ（希望）」 石巻若宮丸漂流民の会 （26） 2011.7

東日本大震災津波被害報告（東日本大震災―石巻から）（本間英一）「ナジェージダ（希望）」 石巻若宮丸漂流民の会 （26） 2011.7

Messages（東日本大震災―石巻から）（高平良子，久我恵美子，木村恵子，武山伸）「ナジェージダ（希望）」 石巻若宮丸漂流民の会 （26） 2011.7

石巻医療ボランティア報告（東日本大震災―石巻から）（飯塚修三）「ナジェージダ（希望）」 石巻若宮丸漂流民の会 （26） 2011.7

朝日新聞記事より 石巻焼きそば「B―1」参戦（東日本大震災―石巻から）「ナジェージダ（希望）」 石巻若宮丸漂流民の会 （26） 2011.7

石巻への書簡（東日本大震災―各地から）（若宮丸協会サンタカタリーナ島）「ナジェージダ（希望）」 石巻若宮丸漂流民の会 （26） 2011.7

土蔵保存へ向けての活動の現状（東日本大震災―石巻震災土蔵メモリアル基金）（大島幹雄）「ナジェージダ（希望）」 石巻若宮丸漂流民の会 （26） 2011.7

石巻 東日本大震災より1年（特集・震災から一年経って）（本間英一）「ナジェージダ（希望）」 石巻若宮丸漂流民の会 （28） 2012.7

津波被災地調査報告（3）石巻・女川・雄勝・北上町（宮下周子）「地名」 宮城県地名研究会 （36） 2012.11

私の若宮丸（小特集 まだ続く連載読み物「我にナジェージダ（希望）あり」）（武内宏之）「ナジェージダ（希望）」 石巻若宮丸漂流民の会 （29） 2012.12

若宮丸漂流民異聞『7000キロを突っ走れ』（高橋寿之）「ナジェージダ（希望）」 石巻若宮丸漂流民の会 （31） 2013.12

被災地のフェーズ変化に対応した遠隔地からの中長期的支援―山形から石巻への支援を行う大学生の団体「STRAT Tohoku」を事例として

（川口幸大，菊池遼，関美菜子）「東北文化研究室紀要」 東北大学大学院文学研究科東北文化研究室 55 2014.3

東日本大震災 三年目現状―石巻地域の場合（特集 東日本大震災 各地の報告（続々））（阿部和夫）「仙台郷土研究」 仙台郷土研究会 39（1）通号288 2014.6

石巻市
石巻市の歴史／石井閘門／北上川運河交流館／慶長使節船ミュージアム サン・ファン・バウティスタパーク／石巻文化センター／旧石巻ハリストス正教会堂／日和山公園／濡仏堂（〈石巻市の歴史散歩〉）「宮城県文化財友の会だより」 宮城県文化財友の会 （173） 2007.8

速報 東日本大震災 被災地より（1）石巻市街地・雄勝町・北上町 宮城資料ネット・ニュース 第100号（2011年4月7日）（2011年3月発生 東日本大震災緊急特別号）（NPO法人宮城歴史資料保全ネットワーク）「史料ネットnews letter」 歴史資料ネットワーク （65） 2011.4

3.11東日本大震災被災地（石巻市）支援業務報告から（上富良野町役場）「郷土をさぐる」 上富良野町郷土をさぐる会 （29） 2012.4

東日本大震災―石巻市にて（阿部理恵）「宮城史学」 宮城歴史教育研究会 （31） 2012.5

東日本大震災地石巻市・会津若松市を訪ねた青空教室（報告）（橋本正準）「加南地方史研究」 加南地方史研究会 （61） 2014.3

石巻湊
石巻千石船の会「奥州石巻湊旧町名・史跡地図」を制作（地域の話題）（阿部和夫）「宮城史学」 宮城歴史教育研究会 （25） 2006.3

石橋
地名「石橋」（松橋由雄）「地名」 宮城県地名研究会 通号30 2009.11

石文
石文と言う地名について［1］，（2）（村上俊則）「地名」 宮城県地名研究会 通号26／通号27 2007.11／2008.5

伊豆野堰
第6回 伊豆野堰と近世栗原の開発（小野寺和夫）「研究紀要」 金成町史談会 1 2004.8

泉ケ岳
泉ケ岳登山道の地名（庄子勲）「地名」 宮城県地名研究会 （39） 2014.5

表紙写真解説 若林区荒浜から望む仙台市街地と泉ケ岳（三好俊文）「市史せんだい」 仙台市博物館 24 2014.9

泉区
地下鉄南北線の泉中央駅延伸前後の泉区の変容（《特集 政令指定都市20年あれこれ》）（針生登）「市史せんだい」 仙台市博物館 19 2009.9

歩いて実感 仙台の歴史―『仙台市史 特別編9 地域誌』刊行記念 せんだい地域誌さんぽ その4―源頼朝も通った!? 泉区を横断する往古の道編 県道泉塩竈線に寄り添いながら／堂所でタイムスリップ／七北田川の西を行く？ 東を行く？／松森に残る戦いの記憶「せんだい市史通信」 仙台市博物館市史編さん室 （33） 2014.7

泉区役所
歩いて実感 仙台の歴史―『仙台市史 特別編9 地域誌』さきどり企画 せんだい地域誌さんぽ その2―七北田・根白石編 曲がってないのに曲がる道 七北田宿／空き地にそびえる白亜の建物 泉区役所／江戸時代初期の計画都市 根白石「せんだい市史通信」 仙台市博物館市史編さん室 （29） 2013.1

泉中央駅
地下鉄南北線の泉中央駅延伸前後の泉区の変容（《特集 政令指定都市20年あれこれ》）（針生登）「市史せんだい」 仙台市博物館 19 2009.9

市川
多賀城跡の思い出（11）公民館市川分館の史跡学級（岡田茂弘）「いしぶみ」 「いしぶみ」発行所 （37） 2011.1

一迫川
宮城県一迫川上流の城館について―姫松館を中心として（小山文好）「中世城郭研究」 中世城郭研究会 （21） 2007.7

一番町
一番町今昔 第1話（渡邊洋一）「歴研みやぎ」 宮城県歴史研究会 （88） 2012.7

一番町今昔 第2話（渡邊洋一）「歴研みやぎ」 宮城県歴史研究会 （89） 2012.11

五日市
亘理町五日市の三不思議のこと（寺島喬）「郷土わたり」 亘理郷土史研究会 （111） 2014.4

今泉渡船場
安田家文書「渡船営業に関する書類」から見た今泉渡船場（安田倪）「郷土わたり」 亘理郷土史研究会 （97） 2006.10

宮城県　　　　　　　　　　　　　地名でたどる郷土の歴史　　　　　　　　　　　　　東北

岩ヶ崎

計須見城から岩ヶ崎への移動に関する一考察［1］,（2）（狩野忠志）「栗原郷土研究」栗原郷土史研究会　（41）/（42）2010.3/2011.5

岩切

せんだいの歴史 仙台の中世（1）岩切あたり「文化財せんだい」仙台市教育委員会文化財課　（85）2006.6

岩切郵便局

岩切郵便局と松島村旅籠・扇屋の資料（私の報告）（京野英一）「仙台郷土研究」仙台郷土研究会　33（2）通号277　2008.12

岩崎山金窟址

遠刈田の歴史散歩に当って/蔵王町/真田豊治墓碑（案内板より）/真田幸清筆子塚（案内板より）/仙台真田氏―郷土に伝わる日本一の兵 真田幸村の血脈（案内板より）/岩崎山金窟址 蔵王町指定文化財（史跡）/遠刈田製鉄所 高炉跡 蔵王町指定文化財（史跡）/蔵王刈田嶺神社（「こけしのふる里」蔵王町・遠刈田歴史散歩）「宮城県文化財友の会だより」宮城県文化財友の会　（194）2011.9

岩尻村

最知・月立・岩尻村絵図とウンナン・ホウリョウ（鴇田勝彦）「地名」宮城県地名研究会　通号26　2007.11

岩出山

岩出山の鐘銘と棟札銘（石黒伸一郎）「仙台郷土研究」仙台郷土研究会　32（1）通号274　2007.6

岩出山の歴史/岩出山の文化財/竹細工（〈大崎市岩出山地区歴史散歩〉）「宮城県文化財友の会だより」宮城県文化財友の会　（175）2007.10

岩出山地区の歴史散歩記（甲州力）「宮城県文化財友の会だより」宮城県文化財友の会　（176）2008.4

講座：地域の歴史を学ぶ◎岩出山II 2013年12月1日（講演会）（友田昌宏）「史の杜 ：東北大学東北アジア研究センター上廣歴史資料学研究部門ニューズレター」東北大学東北アジア研究センター上廣歴史資料学研究部門　（2）2014.4

地図に見る岩出山の100年（鴇田勝彦）「地名」宮城県地名研究会　（39）2014.5

岩出山支藩

屯田前史 北海道開拓の先駆者たち（4）―岩出山支藩の場合（村瀬正）「屯田」北海道屯田倶楽部　29　2001.4

岩出山町

奥州氏家氏の拠点・岩出山町を訪ねる（小林俊夫）「氏家の歴史と文化」氏家歴史文化研究会　3　2004.3

岩沼市

わがまちの文化財 岩沼市（岩沼市教育委員会）「宮城の文化財」宮城県文化財保護協会　（115）2006.3

岩沼市玉浦の防潮林と愛林碑について（阿部俊雄）「仙台郷土研究」仙台郷土研究会　39（2）通号289　2014.12

岩沼本郷

明治前期岩沼本郷の地番変遷（高橋昭夫）「仙台郷土研究」仙台郷土研究会　37（1）通号284　2012.6

鴬沢

栗原市鴬沢・栗駒地区の歴史散歩（及川宏）「宮城県文化財友の会だより」宮城県文化財友の会　（185）2009.10

裏城戸

城下町亘理・わかりの地名 裏城戸・下木戸についての一考察（関連して獄屋などのこと）（寺島喬）「郷土わたり」亘理郷土史研究会　（101）2008.10

浦戸諸島

寒風沢 塩竈市浦戸諸島の現況報告―ふるさとは胸が詰まる辛い風景だった（特集・震災から一年経って）（綿晋）「ナジェージダ（希望）」石巻若宮丸漂流民の会　（28）2012.7

江合川

鳴瀬川から江合川へ（1）,（2）古川西中学校区を探る（太宰幸子）「地名」宮城県地名研究会　通号31/通号32　2010.5/2010.11

思い出の大崎タイムスの記事 きょう、終戦から42年目 昭和62年8月15日（土）/新任の大崎市地方町村会長 平成元年6月7日（火）/縄文時代の人骨か 平成5年12月22日（水）/稲作に新たな道 平成6年1月1日（土）/再生農家を探る 平成6年1月22日（土）/皇太子さまが来県 平成6年2月15日（火）/お年寄りに激励のお言葉 平成6年2月16日（水）/17人に修了証を交付 平成7年10月25日（水）/親しみやすい紙面づくり 平成8年3月15日（金）/加護坊山で"たこあげ" 平成8年3月15日（金）/植木の現状など調査 平成8年6月9日（日）/江合川で水難君臨 平成9年8月26日（火）/二階堂女史の功績学ぶ 平成17年10月20日（木）/92歳で28本"健在" 平成17年11月9日（水）/ふゆみずたんぼ始まる 平成17年12月8日（木）/環境保全米づくりへ 平成18年4月19日（水）「郷土たじ

り」田尻郷土研究会　（35）2013.4

榎木

榎木と吠榎という地名「地名」宮城県地名研究会　14　2000.6

煙雲館

気仙沼の概要/気仙沼港/気仙沼（気仙沼市片浜）/宝鏡寺（気仙沼市川原崎31）/補陀寺六角堂（気仙沼市古町）/補陀寺の樫/観音寺（気仙沼市本町1―4―16）/リアス・アーク美術館（気仙沼市字赤岩牧沢）/浮見堂（気仙沼市魚町）（気仙沼市歴史散歩）「宮城県文化財友の会だより」宮城県文化財友の会　（188）2010.8

生出尋常高等小学校

資料みつけた 『生出尋常高等小学校沿革誌』「せんだい市史通信」仙台市博物館市史編さん室　（17）2007.1

追抜踏切

大榎踏切か追抜踏切か（われらの広場）（羽田正喜）「郷土わたり」亘理郷土史研究会　92　2004.4

奥州路

古代・中世初頭の奥州路について（岩井茂）「埼玉史談」埼玉県郷土文化会　53（3）通号287　2006.10

大榎踏切

大榎踏切か追抜踏切か（われらの広場）（羽田正喜）「郷土わたり」亘理郷土史研究会　92　2004.4

大川渓谷

大川渓谷・前木不動峡を絶賛した五人の文人墨客（1）～（3）,（最終回）（吉田雅博）「歴研みやぎ」宮城県歴史研究会　（83）/（86）2010.11/2011.11

大川国民学校

資料は語る 東京と東北をつなぐ記憶 宮城県大川国民学校などの学校生活関連資料（山本唯人）「東京大空襲・戦災資料センターニュース ：平和研究交流誌」東京大空襲・戦災資料センター　（24）2014.2

逢隈

逢隈地区内の旧街道（われらの広場）（岡田寛一）「郷土わたり」亘理郷土史研究会　（104）2010.4

逢隈地区懇談会について 震災から復興への山元いちご農園の取り組み（各地区懇談会だより）（岩佐隆［講師］）「郷土わたり」亘理郷土史研究会　（112）2014.10

逢隈村

逢隈村村名の由来（起源）について（大友壽一）「郷土わたり」亘理郷土史研究会　（100）2008.3

逢隈蕨

亘理町逢隈蕨小字の変遷（鴇田勝彦）「地名」宮城県地名研究会　（34）2011.11

大崎

大崎タイムス「郷土たじり」田尻郷土研究会　（25）2003.3

大崎タイムス「郷土たじり」田尻郷土研究会　（26）2004.3

有り難うございます/大崎タイムス紙の記事から/トピックス 町の出来事 史跡で学ぶたじりの歴史/田尻町の貴重な写真（20）/平成18年度総会・新年会写真/平成18年度総会・新年会記録「郷土たじり」田尻郷土研究会　（28）2006.3

弔辞/歴代天皇一覧と女帝/大崎タイムス/三陸新報/田尻町の貴重な写真（21）「郷土たじり」田尻郷土研究会　（29）2007.3

「狂歌」が語る地域の歴史―江戸時代の「大崎」文化（〈東北文化公開シンポジウム〉）（高橋章則）「東北文化研究室紀要」東北大学大学院文学研究科東北文化研究室　48　2007.3

大崎タイムス紙の記事「郷土たじり」田尻郷土研究会　（30）2008.3

大崎タイムス紙の記事「郷土たじり」田尻郷土研究会　（31）2009.5

思い出の大崎タイムスの記事 蕪栗沼の銃猟規制に 平成7年5月5日/化女沼のヒシクイ保護 平成7年3月30日/とんがりぼうし 加護坊山に 平成9年4月27日/田尻町 二名を名誉町民推載 平成16年9月17日/田尻町名誉町民の推戴 峯浦耘蔵さん 平成16年9月25日/おおさき抄 平成16年10月3日「郷土たじり」田尻郷土研究会　（33）2011.7

思い出の大崎タイムスの記事 蕪栗沼保存の機運高まる 昭和58年6月22日（水）/「遮光器土偶」を複製 平成元年9月2日（土）/蕪栗沼（田尻町など）を視察 平成9年4月18日（金）/ガン研究の第一人者、ゲラシモフ博士 平成9年10月14日（火）/化女沼の渡り鳥に理解 平成21年2月16日（月）/上田2等曹の霊慰める 平成22年9月23日（木）/上田2等曹航空自演官を慰霊 平成21年9月30日（水）「郷土たじり」田尻郷土研究会　（34）2012.5

円形庁舎と加護峰「郷土たじり」田尻郷土研究会　（36）2014.4

大崎市

大崎市誕生に思う（津田きよ子）「郷土たじり」田尻郷土研究会　（27）2005.3

大崎市誕生の悲喜こもごも（小野塚てる子）「郷土たじり」 田尻郷土研究会 （28）2006.3

玉造郡21箇村から大崎市まで（玉造・地名の会）「地名」 宮城県地名研究会 通号24 2006.11

千石城跡（御本丸公園）（松山千石字本丸38−4ほか）/上野城跡（松山千石字松山1−1）/駒池（松山千石字松山428）/龍門山石雲寺（曹洞宗）（松山千石字大欅）/茂庭家霊屋（県指定有形文化財）（松山千石字大欅91 石雲寺境内）/大崎市松山ふるさと歴史館（松山千石字松山428）/酒ミュージアム（松山千石字松山242−1）/松山座敷蔵（松山千石字松山250）/刀匠法華三郎信房・栄喜父子（松山千石字南亀田76）/羽黒神社（松山千石字大欅99）/実相山妙傳院（曹洞宗）（松山千石字弁慶坂27）/金谷亀井囲横穴古墳群（松山金谷字亀井70）/品井沼の干拓/鎌田三之助（大崎市松山・鹿島台歴史散歩）「宮城県文化財友の会だより」 宮城県文化財友の会 （189）2010.9

思い出の大崎タイムスの記事 きょう、終戦から42年目 昭和62年8月15日（土）/新任の大崎市地方町村会長 平成元年6月7日（火）/縄文時代の人骨か 平成5年12月22日（水）/稲作に新たな道 平成6年1月1日（土）/再生農家を探る 平成6年1月22日（土）/皇太子さまが来県 平成6年2月15日（火）/お年寄りに激励のお言葉 平成6年2月16日（水）/17人に修了証を交付 平成7年10月25日（水）/親しみやすい紙面づくり 平成8年3月15日（金）/加護坊山で"たこあげ" 平成8年3月15日（金）/植木の現状など調査 平成8年6月9日（日）/江合川で水難君臨 平成9年8月26日（火）/二階堂女史の功績学ぶ 平成17年10月20日（木）/92歳で28本"健在" 平成17年11月9日（水）/ふゆみずたんぼ始まる 平成17年12月8日（木）/環境保全米づくりへ 平成18年4月19日（水）「郷土たじり」 田尻郷土研究会 （35）2006.3

歴史資料調査と活動の発信―白石市・利府町・大崎市（歴史資料保全活動）（荒武賢一朗）「史の杜： 東北大学東北アジア研究センター上廣歴史資料学研究部門ニューズレター」 東北大学東北アジア研究センター上廣歴史資料学研究部門 （2）2014.4

大郷町

〈大郷町の歴史散歩〉「宮城県文化財友の会だより」 宮城県文化財友の会 153 2003.8

大郷町の歴史/大郷町の文化財「宮城県文化財友の会だより」 宮城県文化財友の会 153 2003.8

大郷町の歴史散歩記（小坂仁）「宮城県文化財友の会だより」 宮城県文化財友の会 155 2003.10

大沢

大沢の地域史の中から（羽生正一）「郷土たじり」 田尻郷土研究会 （25）2003.3

仙台の地域誌を考える―大沢地域（大倉・芋沢）を中心に はじめに/地域の範囲と地形/原始古代/中世/近世/近代/現代/おわりに（足元から見る民俗20―失われた伝承・変容する伝承・新たなる伝承―調査報告）「調査報告書」 仙台市教育委員会 30 2012.3

大杉

モノがたり仙台 大杉の記憶「せんだい市史通信」 仙台市博物館市史編さん室 （26）2012.1

大須浜

陸奥国桃生郡大須浜・阿部源左衛門家文書目録（付解説）（斎藤善之）「東北学院大学東北文化研究所紀要」 東北学院大学東北文化研究所 （34）2002.9

大貫

大貫物語（1）（小野武）「郷土たじり」 田尻郷土研究会 （34）2012.5

大貫山

大貫山十六境について（小野武）「郷土たじり」 田尻郷土研究会 （25）2003.3

雑考「大貫山一六境」の探索（1）〜（3）（三神貞夫）「郷土たじり」 田尻郷土研究会 （28）/（31）2006.3/2009.5

大沼

写真に見る亘理城（御舘）大沼周辺の50年の変遷（寺島喬）「郷土わたり」 亘理郷土史研究会 （105）2010.10

大野田

大野田地区に古代の役所跡を発見！ 文献にない仙台の歴史が明らかに…「文化財せんだい」 仙台市教育委員会文化財課 （93）2009.2

大野田小学校

きらり小さな博物館（6）仙台市立東長町小学校/仙台市立大野田小学校「文化財せんだい」 仙台市教育委員会文化財課 （102）2012.2

大橋

せんだい今昔 大橋のむかしといま「せんだい市史通信」 仙台市博物館市史編さん室 （11）2003.11

大畑

多賀城跡の思い出（16）多賀城東門跡・大畑地区の調査（岡田茂弘）「い

しぶみ」 「いしぶみ」発行所 （42）2012.9

大衡村

消滅した大衡村の奥州街道（私の報告）（高倉淳）「仙台郷土研究」 仙台郷土研究会 34（1）通号278 2009.6

大崎市三本木・大衡村歴史散歩記（気仙沼市歴史散歩）（星忠幸）「宮城県文化財友の会だより」 宮城県文化財友の会 （188）2010.8

大古町遺跡

伊達稙宗が隠居した丸山城と大古町遺跡―丸森町大古町遺跡の中世遺物と古文書の考察を中心にして（齋藤良治）「宮城史学」 宮城歴史教育研究会 （27）2008.3

雄勝

〈雄勝・河北の歴史散歩〉「宮城県文化財友の会だより」 宮城県文化財友の会 165 2005.10

雄勝・河北の歴史散歩記（三浦昇）「宮城県文化財友の会だより」 宮城県文化財友の会 （166）2006.4

東日本大震災による近世村落の崩壊―石巻市雄勝地区の場合（阿部和夫）「宮城史学」 宮城歴史教育研究会 （31）2012.5

津波被災地調査報告（3）石巻・女川・雄勝・北上町（宮下周子）「地名」 宮城県地名研究会 （36）2012.11

三陸沿岸、今―気仙沼/長面浦/雄勝 2013年11月（渡部桂）「東北学」 ［第3期］ 東北芸術工科大学東北文化研究センター、はる書房（発売）3 2014.1

雄勝町

雄勝の歴史/雄勝町の板碑/雄勝法印神楽/雄勝石について/雄勝の文化財等/海に生きた人びと「宮城県文化財友の会だより」 宮城県文化財友の会 165 2005.10

速報 東日本大震災 被災地より（1）石巻市街地・雄勝町・北上町 宮城資料ネット・ニュース 第100号（2011年4月7日）（2011年3月発生 東日本大震災緊急特別号）（NPO法人宮城歴史資料保全ネットワーク）「史料ネットnews letter」 歴史資料ネットワーク （65）2011.4

荻浜

地域学習を通して育んだ郷土愛―荻浜の歴史を全校劇として発表した事例（黒澤礼子）「宮城史学」 宮城歴史教育研究会 （31）2012.5

荻生田村

寛永検地帳の分析―栗原郡荻生田村（千葉景一）「栗原郷土研究」 栗原郷土史研究会 （44）2013.6

奥松島

「奥松島」の風景―雑誌『奥松島物語』創刊（西脇千瀬）「ナジェージダ（希望）」 石巻若宮丸漂流民の会 （31）2013.12

牡鹿半島

ベーリングを探して―濃霧の牡鹿半島（高橋寿之）「ナジェージダ（希望）」 石巻若宮丸漂流民の会 （23）2010.1

小田原遊郭

小田原遊郭物語 常盤町に封印された女たちの記憶（千葉由香）「別冊東北学」 東北芸術工科大学東北文化研究センター、作品社（発売）2 2001.7

小田原遊郭物語 常盤町に封印された女たちの記憶（千葉由香）「別冊東北学」 東北芸術工科大学東北文化研究センター、作品社（発売）3 2002.1

小田原遊郭物語 常盤町に封印された女たちの記憶（千葉由香）「別冊東北学」 東北芸術工科大学東北文化研究センター、作品社（発売）4 2002.7

小田原遊郭物語 常盤町に封印された女たちの記憶（千葉由香）「別冊東北学」 東北芸術工科大学東北文化研究センター、作品社（発売）5 2003.2

小田原遊郭物語 常盤町に封印された女たちの記憶（千葉由香）「別冊東北学」 東北芸術工科大学東北文化研究センター、作品社（発売）7 2004.1

小田原遊郭物語 常盤町に封印された女たちの記憶（千葉由香）「別冊東北学」 東北芸術工科大学東北文化研究センター、作品社（発売）8 2004.8

落合

聞き取り調査 里山地域と田園地域の子どもたち―青葉区落合・栗生地区と太白区郡山地区《〈特集 仙台・戦中戦後の子どもたち〉》（松浦順一）「市史せんだい」 仙台市博物館 16 2006.9

夫内

夫内・音無はアイヌ語地名か（三文字孝司）「地名」 宮城県地名研究会 通号23 2006.5

音無

音無という地名（1）（二郷成子）「地名」 宮城県地名研究会 （19）2004.6

夫内・音無はアイヌ語地名か（三文字孝司）「地名」 宮城県地名研究会

宮城県　　　　　地名でたどる郷土の歴史　　　　　東北

通号23　2006.5

女川
津波被災地調査報告(3) 石巻・女川・雄勝・北上町(宮下周子)「地名」 宮城県地名研究会　(36) 2012.11

女川町
女川町の概要/地名の由来/曹洞宗 板橋山照源寺/生涯教育センター・文化財展示館/高村光太郎文学碑/横浦三十三観音像/横浦の磨崖仏/独国和尚/夏浜・小屋取浜の鳴り砂/塚浜の太子堂/塚浜のヒサカキ/塚浜のタブノキ/東北電力女川原子力発電所/女川原子力PRセンター(〈女川町の歴史散歩〉)「宮城県文化財友の会だより」 宮城県文化財友の会　(178) 2008.8

女川町の歴史散歩記 「女川町の歴史散歩」でタイムスリップ(森智)「宮城県文化財友の会だより」 宮城県文化財友の会　(180) 2008.10

鬼首
寄稿 鬼首のアイヌ語地名(冨塚友二郎)「地名」 宮城県地名研究会　通号32　2010.11

講座：地域の歴史を学ぶ◎鬼首 2013年10月6日 (講演会) (荒武賢一朗)「史の杜 ： 東北大学東北アジア研究センター上廣歴史資料学研究部門ニューズレター」 東北大学東北アジア研究センター上廣歴史資料学研究部門　(2) 2014.4

小野田
加美町宮崎・小野田の歴史散歩記(H24.10.8) (特別寄稿) (森信彦)「宮城県文化財友の会だより」 宮城県文化財友の会　(201) 2013.2

小野田町
小野田町の水車(太宰幸子)「地名」 宮城県地名研究会　(18) 2003.5

最上海道と小野田町ゆかりの地名(太宰幸子)「地名」 宮城県地名研究会　通号33　2011.6

御舟引堀
「御舟引堀」を探る―仙台城下への舟の道(佐藤昭典)「仙台郷土研究」 仙台郷土研究会　32(2)通号275　2007.12

小山田川
小山田川の川筋を歩く(鴇田勝彦)「地名」 宮城県地名研究会　(20) 2004.11

角田市
角田の歴史/角田の文化財(〈角田市の歴史散歩〉)「宮城県文化財友の会だより」 宮城県文化財友の会　(174) 2007.9

角田市の歴史散歩記(小田島政雄)「宮城県文化財友の会だより」 宮城県文化財友の会　(176) 2008.4

宮城県角田市における地場産大豆を活かした納豆製造業の展開(酒井宣昭，伊藤恵祐)「東北学院大学東北文化研究所紀要」 東北学院大学東北文化研究所　(46) 2014.12

角田支藩
屯田前史 北海道開拓の先駆者たち―仙台角田支藩の場合(村瀬正)「屯田」 北海道屯田倶楽部　30　2001.10

角間
角間(かくま)地名(太宰幸子)「全国地名研究交流誌 地名談話室」 日本地名研究所　20　2005.12

鹿島小学校
新着資料紹介 鹿島小学校教科書 寄贈日：平成24年4月13日 寄贈者：亘理町立小学校「郷土しりょうかん」 亘理町郷土資料館　(116) 2014.4

鹿島台
大崎市松山・鹿島台歴史散歩記(平成23年度総会と仙台駐屯地歴史散歩)(遠藤佳珍)「宮城県文化財友の会だより」 宮城県文化財友の会　(191) 2011.4

春日窯跡群
わがまちの文化財 利府町 菅谷横穴墓群/春日窯跡群/利府城跡(利府町教育委員会)「宮城の文化財」 宮城県文化財保護協会　(118) 2009.3

加瀬沼
多賀城の地名 「加瀬沼 かせぬま」(太宰幸子)「いしぶみ」 「いしぶみ」発行所　(20) 2006.10

片平町
本県煉瓦発祥の地 片平町(柴修也)「歴研みやぎ」 宮城県歴史研究会　(78) 2009.3

甲冑堂
郡外の史跡めぐり―高蔵寺、白石城、田村神社、甲冑堂(宮城)、福島県歴史資料館、二本松とまわって(渡部一郎)「阿賀路 ： 東蒲原郡郷土誌」 阿賀路の会　44　2006.5

門脇
東日本大震災 石巻市門脇・本間家の被災土蔵をめぐって(東日本大震災―石巻震災土蔵メモリアル基金)(斎藤善之)「ナジェージダ(希望)」

石巻若宮丸漂流民の会　(26) 2011.7

金堀
多賀城跡の思い出(19) 金堀地区での漆紙文書と便所跡の発見(岡田茂弘)「いしぶみ」 「いしぶみ」発行所　(45) 2013.7

河南町
宮城史料ネットの活動報告(3) 河南町の斎藤家の古文書が東北大学に寄贈「歴史と神戸」 神戸史学会　43(2)通号243　2004.4

宮城県北部連続地震による河南町の被害と救済活動(中野裕平)「六軒丁中世史研究」 東北学院大学中世史研究会　(10) 2004.6

近代巨大地主家宮城県桃生郡河南町斎藤家の来歴と伝存史料群の構成―被災救出史料の整理・公開の一事例(特集 災害と歴史資料保全)(大藤修)「歴史」 東北史学会　118　2012.4

宮城県 『河南町史』にみる長江氏の足跡(特集 続・長柄)(滝本誠一)「郷土誌葉山」 葉山郷土史研究会　(10) 2013.4

金山椿村
消えた村「金山椿村」(かねやまつばきむら)(小澤操)「地名」 宮城県地名研究会　通号27　2008.5

蕪栗沼
ガン 蕪栗沼 そして今(平野一郎)「郷土たじり」 田尻郷土研究会　(27) 2005.3

ラムサール条約関係資料/おおさき探訪 田尻地域「蕪栗沼」「郷土たじり」 田尻郷土研究会　(29) 2007.3

わたくしの蕪栗沼今昔ものがたり(平野末子)「郷土たじり」 田尻郷土研究会　(30) 2008.3

「蕪栗沼は残った」(白旗成典)「郷土たじり」 田尻郷土研究会　(32) 2010.6

蕪栗沼について思い出すこと(平野一郎)「郷土たじり」 田尻郷土研究会　(32) 2010.6

河北
〈雄勝・河北の歴史散歩〉「宮城県文化財友の会だより」 宮城県文化財友の会　165　2005.10

雄勝・河北の歴史散歩記(三浦昇)「宮城県文化財友の会だより」 宮城県文化財友の会　(166) 2006.4

上真山
大崎市岩出山上真山を歩く 地名と屋号の聞き書き(鈴木進, 鴇田勝彦, 村上俊則)「地名」 宮城県地名研究会　(39) 2014.5

神谷沢
陸奥国の「東山道」(神谷沢)(宮下周子)「地名」 宮城県地名研究会　通号33　2011.6

紙屋別所
紙屋別所について(柴田弘武)「地名」 宮城県地名研究会　(21) 2005.5

紙屋別所という地名(菅原伸一)「地名」 宮城県地名研究会　通号33　2011.6

紙屋別所という地名(2),(3)(菅原伸一)「地名」 宮城県地名研究会　(34)/(36) 2011.11/2012.11

上山
文学散歩 金華山・関山峠・上山―紀行文「鉛筆日記」、「旅の日記」(松野高久)「長塚節研究会会報」 長塚節研究会　(46) 2009.12

神割崎
南三陸町/南三陸町の地殻変動/東日本大震災/椿島暖地性植物群落(国指定 戸倉津の宮)/歌津館崎の魚竜化石産地及び魚竜化石(国指定 歌津館崎)/紺紙金泥大般若経(県指定・書跡典籍 志津川神浜)/志津川の太郎坊の杉(県指定 志津川袖浜)/田束山経塚群(県指定・史跡 歌津樋の口)/大雄寺の山門・鐘楼(町指定・建造物 志津川田尻畑)/松笠屋敷(町指定・建造物)/歌建山津龍院の寺宝(町指定・歴史資料 歌津樋の口)/志津川のモアイ/神割崎/上山八幡神社/道標(町指定 町内)/木造不動明王坐像 重要文化財 平成9年 登米市津山町/白魚山大徳寺(曹洞宗) 登米市津山町「宮城県文化財友の会だより」 宮城県文化財友の会　(209) 2014.8

亀岡
報告 山田家の日常 宮城県東松島市野蒜字亀岡の民俗(山田栄克)「昔話伝説研究」 昔話伝説研究会　(31) 2012.4

蒲生村
明治初期の蒲生村の商店について(研究ノート)「調査報告書」 仙台市教育委員会　32　2014.3

唐桑半島
『唐桑半島』(畠山喜一)「古文書研究会報」 岩手古文書研究会　322　2005.9

烏川
宮崎町・烏川の名刀の伝説(山田四郎)「地名」 宮城県地名研究会

東北　　　　　　　　　　　　　　　　　地名でたどる郷土の歴史　　　　　　　　　　　　　　　　　宮城県

（18）2003.5

刈敷
志波姫町刈敷後藤家先祖の群像（佐藤清一）「栗原郷土研究」 栗原郷土史研究会　（36）2005.3

刈田
古代地名「刈田」と製鉄―陸奥国刈田郡刈田郷の語源（菅原伸一）「地名」 宮城県地名研究会　17　2002.12

古代地名「刈田」と製鉄（2），（3）（菅原伸一）「地名」 宮城県地名研究会（18）/（19）2003.5/2004.6

「刈田・柴田・伊具・宇田・亘理 五郡南部家へ引渡留」「岩手の古文書： the Iwate journal of diplomatics」 岩手古文書学会　（19）2005.3

古代地名「刈田」と製鉄（菅原伸一）「地名」 宮城県地名研究会　（21）2005.5

古代地名 "刈田" と製鉄（菅原伸一）「地名」 宮城県地名研究会　（22）2005.11

軽井沢御番所
純粋奥の細道 最上海道と軽井沢御番所（柳原榮夫）「古川市郷土研究会会報」 古川市郷土研究会　（31）2005.5

川内
座談会 戦中戦後の川内付近（相原陽三，高橋五郎，千葉久太郎，広瀬喜美子，濱田直嗣）「市史せんだい」 仙台市博物館　18　2008.9

川崎町
川崎町の概要/神明社/桜地蔵/地蔵桜/逆さ銀杏/川崎要害/陽廣山龍雲寺/青雲山西福寺/国営みちのく杜の湖畔公園/圓長山円福寺/支倉六右衛門常長の墓/支倉と支倉常長/滝前不動のフジ（〈川崎町の歴史散歩〉）「宮城県文化財友の会だより」 宮城県文化財友の会　（180）2008.10

川崎町の歴史散歩記（笠原弘邦）「宮城県文化財友の会だより」 宮城県文化財友の会　（181）2009.4

金成
第1回 遊歴の文人菅江真澄と金成紀行（菅原昭治）「研究紀要」 金成町史談会　1　2004.8

第9回 歴史地名の読み方「金成の散歩手帖」を執筆して（石川繁）「研究紀要」 金成町史談会　1　2004.8

真澄の足跡を金成に訪ねる―天明6年の旅の空白を求めて（田口昌樹）「北方風土： 北国の歴史民俗考古研究誌」 イズミヤ出版　通号52　2006.6

金成町
金成町の歴史「宮城県文化財友の会だより」 宮城県文化財友の会　148　2002.8

金成町の文化財「宮城県文化財友の会だより」 宮城県文化財友の会　148　2002.8

金成町の地名（太宰幸子）「地名」 宮城県地名研究会　17　2002.12

第4回 米産三百五拾年史（長栄賢治）「研究紀要」 金成町史談会　1　2004.8

北上川
葦繁る大河 北上川から世界を眺めて（田口泰正）「別冊東北学」 東北芸術工科大学東北文化研究センター，作品社（発売）7　2004.1

北上川の葦原《特集 東北遺産を探る》―私の東北遺産（熊谷達也）「まんだら： 東北文化友の会会報」 東北芸術工科大学東北文化研究センター　（26）2004.3

北上川舟運について（佐藤博）「花巻史談」 花巻史談会　（31）2006.3

北上町
速報 東日本大震災 被災地より（1）石巻市街地・雄勝町・北上町 宮城資料ネット・ニュース 第100号（2011年4月7日）（2011年3月発生 東日本大震災緊急特別号）（NPO法人宮城歴史資料保全ネットワーク）「史料ネットnews letter」 歴史資料ネットワーク　（65）2011.4

津波被災地調査報告（3）石巻・女川・雄勝・北上町（宮下周子）「地名」 宮城県地名研究会　（36）2012.11

北根
仙台市と宮城郡七北田村荒巻・北根の合併（仁昌寺正一）「市史せんだい」 仙台市博物館　15　2005.9

北村山
北村山地方の気象・災害地名（鈴木聖雄）「地名」 宮城県地名研究会　（35）2012.5

北目城
ぶらり仙台 文化財のたび（3）"北の関ヶ原"の軍事拠点「北目城」を歩く「文化財せんだい」 仙台市教育委員会文化財課　（96）2010.2

北目町
北目町の街道起点考（京野英一）「仙台郷土研究」 仙台郷土研究　28（2）通号267　2003.12

北山
北山「新道記念碑」に関して（若生克雄）「仙台郷土研究」 仙台郷土研究会　38（2）通号287　2013.12

喜連川
喜連川（きつれがわ）の歴史について（一宮嘉輝）「郷土わたり」 亘理郷土史研究会　（101）2008.10

木間塚橋
野田道路と八丁道路・野田橋と木間塚橋（大石論）「地名」 宮城県地名研究会　通号29　2009.5

木間塚
南郷町の地名「木間塚」（二郷成子）「地名」 宮城県地名研究会　17　2002.12

休可町
休可町と仙台侯の政策（小野寺啓）「岩手県南史談会研究紀要」 岩手県南史談会　35　2006.7

久田
2011「玉造地名の会」探訪報告 鳴子温泉蓬田/久田/赤這の屋号と地名（鶖田勝彦）「地名」 宮城県地名研究会　（35）2012.5

麒麟堂
仙台いしぶみ夜話（15）麒麟堂跡記念碑（高木治夫）「歴研みやぎ」 宮城県歴史研究会　（71）2006.11

金華山
田尻の「金華山碑」（伊藤哲子）「郷土だたり」 田尻郷土研究会　（28）2006.3

『虎勢道中記』に見る松島・金華山の描写（私の報告）（吉岡一男）「仙台郷土研究」 仙台郷土研究会　34（2）通号279　2009.12

文学散歩 金華山・関山峠・上山―紀行文「鉛筆日記」「旅の日記」（松野高久）「長塚節研究会会報」 長塚節研究会　（46）2009.12

宮城県・金華山の「ヘチ」ち四国の「ヘチ」補追（桑原康宏）「紀南・地名と風土研究会会報」 紀南・地名と風土研究会　（48）2011.4

口梨
口梨（くちなし）の地名（太宰幸子）「全国地名研究交流誌 地名談話室」 日本地名研究所　（22）2006.10

栗駒
平成18年度栗駒方面歴史探訪記（研修委員会）「郷土わたり」 亘理郷土史研究会　（98）2007.4

栗原市鶯沢・栗駒地区の歴史散歩（及川宏）「宮城県文化財友の会だより」 宮城県文化財友の会　（185）2009.9

栗駒町
九戸の乱（6）九戸政実、宮城県栗駒町で斬首され、その生涯を閉じる（正部家奨）「ふる里なんぶ： 会誌」 南部町歴史研究会　（6）2012.7

栗駒山
伊治城の乱から出てきた陸奥の栗駒山（狩野忠志）「栗原郷土研究」 栗原郷土史研究会　（36）2005.3

栗原電鉄（株）と栗駒山登山回想記（高橋啓三）「栗原郷土研究」 栗原郷土史研究会　（38）2007.3

栗原
明治2年の冷害と大水亡（小野寺健太郎）「栗原郷土研究」 栗原郷土史研究会　（33）2002.4

第6回 伊豆野野堰と近世栗原の開発（小野寺和夫）「研究紀要」 金成町史談会　1　2004.8

幕末期栗原地方の接待料理について（小野寺健太郎）「栗原郷土研究」 栗原郷土史研究会　（36）2005.3

講演要旨 栗原地方の伊達藩の侍と農民たちについて（氏家多智雄）「栗原郷土研究」 栗原郷土史研究会　（36）2005.3

遺稿 古代みちのくの栗原（氏家多智雄）「栗原郷土研究」 栗原郷土史研究会　（37）2006.3

当地にも「女工哀史」は存在した（佐藤清一）「栗原郷土研究」 栗原郷土史研究会　（37）2006.3

栗原の地名―アイヌ語地名から伊治城まで（講演・懇話会要旨）（狩野忠志）「栗原郷土研究」 栗原郷土史研究会　（37）2006.3

講演 栗原の歴史を再考する（佐藤正助）「栗原郷土研究」 栗原郷土史研究会　（38）2007.3

ある事件を物語る 今は忘れられた昔の地名（榊原八郎）「栗原郷土研究」 栗原郷土史研究会　（40）2009.3

栗原郡
栗原市に二つある「大土森」は語る―古代栗原郡を誕生させた大和の神々（狩野忠志）「栗原郷土研究」 栗原郷土史研究会　（37）2006.3

旧栗原郡に依存した二つの富村（三浦瑞穂）「栗原郷土研究」 栗原郷土史研究会　（41）2010.3

栗原市

栗原市に二つある「大土森」は語る―古代栗原郡を誕生させた大和の神々（狩野忠志）「栗原郷土研究」 栗原郷土史研究会 （37）2006.3

戊辰経済戦争―栗原市での贋金造り（小野寺健太郎）「栗原郷土研究」 栗原郷土史研究会 （37）2006.3

紀行文に著された、栗原市内の奥州街道（小野寺健太郎）「栗原郷土研究」 栗原郷土史研究会 （39）2008.3

栗原鉄道

栗原鉄道狭軌時代の見聞記（高橋啓三）「栗原郷土研究」 栗原郷土史研究会 （36）2005.3

くりはら田園鉄道

若柳の歴史／若柳の文化財等／くりはら田園鉄道／日韓近代史に秘められた「心の絆」「宮城県文化財友の会だより」 宮城県文化財友の会 163 2005.8

くりはら田園鉄道資料の整理と保存（大平聡）「宮城歴史科学研究」 宮城歴史科学研究会 （62）2007.4

細倉鉱山のこと／くりはら田園鉄道のこと／正藍染のこと／菊王山黄金寺／長屋門とは／首級清めの池と九ノ戸神社／茂庭石見綱元の墓（〈栗原市鶯沢・栗駒地区の歴史散歩〉）「宮城県文化財友の会だより」 宮城県文化財友の会 （183）2009.8

栗原電鉄

栗原電鉄（株）と栗駒山登山回想記（高橋啓三）「栗原郷土史研究会」 栗原郷土史研究会 （38）2007.3

電化前の栗原電鉄について（高橋啓三）「栗原郷土研究」 栗原郷土史研究会 （40）2009.3

栗生

聞き取り調査 里山地域と田園地域の子どもたち―青葉区落合・栗生地区と太白区郡山地区（《特集 仙台・戦中戦後の子どもたち》）（松浦順一）「市史せんだい」 仙台市博物館 16 2006.9

計須見城

計須見城から岩ヶ崎への移動に関する一考察［1］，（2）（狩野忠志）「栗原郷土研究」 栗原郷土史研究会 （41）／（42）2010.3／2011.5

化女沼

化女沼・古代の里「宮城県文化財友の会だより」 宮城県文化財友の会 （198）2012.8

気仙

戊辰戦争と気仙地方（渡辺兼雄，名村栄治）「仙台郷土研究」 仙台郷土研究会 29（2）通号269 2004.12

気仙海岸

仙台藩の気仙海岸防備と下折壁真山家（小野寺健）「東磐史学」 東磐史学会 （28）2003.8

気仙沼

気仙沼の概要／気仙沼港／煙雲館（気仙沼市片浜）／宝鏡寺（気仙沼市川原崎31）／補陀寺六角堂（気仙沼市古町）／補陀寺の樅／観音寺（気仙沼市本町1―4―16）／リアス・アーク美術館（気仙沼市字赤岩牧沢）／浮見堂（気仙沼市魚町）（気仙沼市歴史散歩）「宮城県文化財友の会だより」 宮城県文化財友の会 （188）2010.8

気仙沼熊谷氏を訪ねて（紹介・随筆・思い出）（平井加余子）「熊谷市郷土文化会誌」 熊谷市郷土文化会 （68）2012.11

三陸沿岸、今―気仙沼／長面浦／雄勝 2013年11月（渡部桂）「東北学．［第3期］」 東北芸術工科大学東北文化研究センター，はる書房（発売）3 2014.1

気仙沼港

気仙沼の概要／気仙沼港／煙雲館（気仙沼市片浜）／宝鏡寺（気仙沼市川原崎31）／補陀寺六角堂（気仙沼市古町）／補陀寺の樅／観音寺（気仙沼市本町1―4―16）／リアス・アーク美術館（気仙沼市字赤岩牧沢）／浮見堂（気仙沼市魚町）（気仙沼市歴史散歩）「宮城県文化財友の会だより」 宮城県文化財友の会 （188）2010.8

気仙沼市

気仙沼市歴史散歩記（亘理町歴史散歩）（赤澤啓司）「宮城県文化財友の会だより」 宮城県文化財友の会 （190）2010.10

津波被災地調査報告（1）気仙沼市内（三文字孝司）「地名」 宮城県地名研究会 （36）2012.11

気仙沼湾

湾史における汽水域―宮城県気仙沼湾内の水産史から（第二期共同研究活動報告―第4班 水辺の生活環境史）（川島秀一）「年報非文字資料研究」 神奈川大学日本常民文化研究所非文字資料研究センター （10）2014.3

県道泉塩竈線

歩いて実感 仙台の歴史―『仙台市史 特別編9 地域誌』刊行記念 せんだい地域誌さんぽ その4―源頼朝も通った!? 泉区を横断する往古の道編

県道泉塩竈線に寄り添いながら／堂所でタイムスリップ／七北田川の西を行く？ 東を行く？／松森に残る戦いの記憶「せんだい市史通信」 仙台市博物館市史編さん室 （33）2014.7

小泉村

新発見「本吉郡小泉村」私札（本田勇）「仙台郷土研究」 仙台郷土研究会 32（1）通号274 2007.6

孤雲屋敷

栗原市花山の自然／（旧）村名「花山」の由来／花山湖／花山寺跡／不動明王立像と脇仏 栗原市花山字本沢山下49―10／花山峠／千葉周作／孤雲屋敷と千葉周作 旧佐藤家住宅（指定有形文化財）／孤雲屋敷（旧佐藤家住宅）／仙台藩花山村寒湯番所跡／仙北御境目守三浦家／花山ダム／浅布渓谷／御嶽神社／花山鉄砲祭り「宮城県文化財友の会だより」 宮城県文化財友の会 （210）2014.10

桑折

二か所の桑折地名の謎（三文字孝司）「地名」 宮城県地名研究会 （21）2005.5

郡山

聞き取り調査 里山地域と田園地域の子どもたち―青葉区落合・栗生地区と太白区郡山地区（《特集 仙台・戦中戦後の子どもたち》）（松浦順一）「市史せんだい」 仙台市博物館 16 2006.9

国拓村南郷屯

国拓村南郷屯・満蒙開拓団の終戦（郷右近忠男）「仙台郷土研究」 仙台郷土研究会 28（2）通号267 2003.12

穀町

史料紹介古代中世史料・補遺（4）穀町検断佐藤利兵衛勤功書（菅野正道）「市史せんだい」 仙台市博物館 15 2005.9

小牛田

東北学ことはじめ（13）宮城県小牛田の山神社と土木組合（菊地和博）「まんだら：東北文化友の会会報」 東北芸術工科大学東北文化研究センター 15 2003.3

五色沼

復元された茶室「残月亭」／初代ブロンズ政宗胸像／日本フィギュアスケート発祥の地 五色沼「無限の軌跡」「宮城県文化財友の会だより」 宮城県文化財友の会 （196）2012.4

才槌小路

城下町わたり・ゆかりの地名 「才槌小路」についての一考察（寺島喬）「郷土わたり」 亘理郷土史研究会 （100）2008.3

最知

最知・月立・岩尻村絵図とウンナン・ホウリョウ（鴇田勝彦）「地名」 宮城県地名研究会 通号26 2007.11

蔵王町

〈蔵王町の歴史散歩〉「宮城県文化財友の会だより」 宮城県文化財友の会 164 2005.9

蔵王町の現況と歴史／蔵王町の文化財「宮城県文化財友の会だより」 宮城県文化財友の会 164 2005.9

刈田郡蔵王町の歴史散歩記（後藤昌男）「宮城県文化財友の会だより」 宮城県文化財友の会 （166）2006.4

桜木

砂押（川）龍ヶ崎・桜木などの地名（太宰幸子）「いしぶみ」 「いしぶみ」発行所 （35）2010.7

猿飛来

「猿飛来」地名伝説と「青雲権現」の謎に迫る（狩野忠志）「栗原郷土研究」 栗原郷土史研究会 （45）2014.6

旧佐藤家住宅

栗原市花山の自然／（旧）村名「花山」の由来／花山湖／花山寺跡／不動明王立像と脇仏 栗原市花山字本沢山下49―10／花山峠／千葉周作／孤雲屋敷と千葉周作 旧佐藤家住宅（指定有形文化財）／孤雲屋敷（旧佐藤家住宅）／仙台藩花山村寒湯番所跡／仙北御境目守三浦家／花山ダム／浅布渓谷／御嶽神社／花山鉄砲祭り「宮城県文化財友の会だより」 宮城県文化財友の会 （210）2014.10

佐沼

故郷の文学史 佐沼の俳壇（1），（2）（太布磯雄）「栗原郷土研究」 栗原郷土史研究会 （44）／（45）2013.6／2014.06

佐沼城

郷土史研究会講演会（講演要旨）「佐沼城における葛西大崎一揆の戦い」遊佐英男氏「栗原郷土研究」 栗原郷土史研究会 （44）2013.6

寒風沢

寒風沢の惨状（東日本大震災―塩釜から）（綿普）「ナジェージダ（希望）」 石巻若宮丸漂流民の会 （26）2011.7

寒風沢 塩竈市浦戸諸島の現況報告―ふるさととは胸が詰まる辛い風景

だった（特集・震災から一年経って）（綿晋）「ナジェージダ（希望）」　石巻若宮丸漂流民の会　（28）　2012.7

鮫ノロ

地名「鮫ノロ」（松橋由雄）「地名」　宮城県地名研究会　通号25　2007.5

笊川

笊川合戦のこと（新妻郁男）「えおひっぷす」　相馬郷土研究会　（293）　2013.1

沢田村

史料紹介　牡鹿郡沢田村阿部理明家所蔵古文書目録（庄司恵一）「石巻文化センター調査研究報告」　石巻文化センター　7　2003.3

沢辺

金成・沢辺地域の要害と入城菅原家について（菅原一也）「栗原郷土研究」　栗原郷土史研究会　（39）　2008.3

三居沢発電所

三居沢発電所考（鶴本勝夫）「仙台郷土研究」　仙台郷土研究会　25（2）通号261　2000.12

残月亭

復元された茶室「残月亭」/初代ブロンズ政宗胸像/日本フィギュアスケート発祥の地　五色沼「無限の軌跡」「宮城県文化財友の会だより」　宮城県文化財友の会　（196）　2012.4

三条山

寄稿　三条山（葉山城跡？）探索記（鈴木紀良）「地名」　宮城県地名研究会　通号32　2010.11

三迫

奥州三迫の合戦（氏家多智雄）「歴研みやぎ」　宮城県歴史研究会　63　2004.3

三本木

大崎市三本木・大衡村歴史散歩記（気仙沼市歴史散歩）（星忠幸）「宮城県文化財友の会だより」　宮城県文化財友の会　（188）　2010.8

三本木町

三本木町の地名から（勝又秀夫）「地名」　宮城県地名研究会　17　2002.12

三本木町伊賀地名考（二郷成子）「地名」　宮城県地名研究会　（18）　2003.5

塩竈

近世塩竈の町並み調査（高橋守克）「宮城史学」　宮城歴史教育研究会　（19）　2001.2

「写真集　塩竈　東日本大震災の記録」の発行について（綿晋）「ナジェージダ（希望）」　石巻若宮丸漂流民の会　（29）　2012.12

塩竈街道

「塩竈街道」の考証（京野英一）「仙台郷土研究」　仙台郷土研究会　30（1）通号270　2005.6

塩竈市

志波彦神社・鹽竈神社（国重要文化財）/文治神燈（燈籠）/日時計/鹽竈桜（特別天然記念物）/幻の仙台藩灯台/法連寺/勝画楼/源融/松尾芭蕉/塚塚知明/小池曲江〈（平成21年度総会と塩竈市歴史散歩）〉「宮城県文化財友の会だより」　宮城県文化財友の会　（181）　2009.4

平成21年度総会と塩竈市歴史散歩（齋藤紀雄）「宮城県文化財友の会だより」　宮城県文化財友の会　（183）　2009.8

鹿飼沼

鹿飼沼開拓とその地域（1）～（3の1）（高梨義一）「郷土たじり」　田尻郷土研究会　（29）/31　2007.3/2009.5

色麻町

色麻町の歴史「宮城県文化財友の会だより」　宮城県文化財友の会　149　2002.9

色麻町の文化財「宮城県文化財友の会だより」　宮城県文化財友の会　149　2002.9

色麻町の歴史散歩記（赤間覚）「宮城県文化財友の会だより」　宮城県文化財友の会　151　2003.4

わがまちの文化財　色麻町（色麻町教育委員会）「宮城の文化財」　宮城県文化財保護協会　（114）　2005.1

鹿除土手

旧公図に見る「鹿除土手」の連続性（佐藤達夫）「宮城史学」　宮城歴史教育研究会　（29）　2010.3

志津川

南三陸町/南三陸町の地殻変動/東日本大震災/椿島暖地性植物群落（国指定　戸倉津の宮）/歌津館崎の魚竜化石産地及び魚竜化石（国指定　歌津館崎）/紺紙金泥大般若経（県指定・書跡典籍　志津川神浜）/志津川の太郎坊の杉（県指定　志津川袖沢）/田東山経塚群（県指定・史跡　歌津樋の口）/大雄寺の山門・鐘楼（町指定・建造物　志津川田尻畑）/松笠

屋敷（町指定・建造物）/歌建山津龍院の寺宝（町指定・歴史資料　歌津館浜）/大雄寺の古碑（町指定　志津川田尻畑）/田東山ツツジ園（町指定　歌津樋の口）/志津川のモアイ（神割崎/上山八幡神社/道標（町指定　町内）/木造不動明王坐像　重要文化財　平成9年　登米市津山町/白魚山大徳寺（曹洞宗）登米市津山町「宮城県文化財友の会だより」　宮城県文化財友の会　（209）　2014.8

志津川高校

被災地南三陸町　志津川高校からの発信（佐々木純）「吉野作造記念館だより」　古川学人　（20）　2012.4

志津川町

〈志津川町の歴史散歩II〉「宮城県文化財友の会だより」　宮城県文化財友の会　157　2004.5

志津川町の歴史/神社/寺院/館/塚・壇/古碑/板碑/天然記念物/化石/民俗芸能「宮城県文化財友の会だより」　宮城県文化財友の会　157　2004.5

志津川町の歴史散歩（白鳥次男）「宮城県文化財友の会だより」　宮城県文化財友の会　158　2004.8

清水浜

七ヶ浜町清水浜から（太宰幸子）「いしぶみ」　「いしぶみ」発行所　（37）　2011.1

志田郡

志田郡五拾貳ヶ村歌盡（長沼宗彰）「地名」　宮城県地名研究会　（20）　2004.11

七ヶ宿町

〈七ヶ宿町の歴史散歩〉「宮城県文化財友の会だより」　宮城県文化財友の会　159　2004.9

七ヶ宿町の歴史/七ヶ宿町の文化財「宮城県文化財友の会だより」　宮城県文化財友の会　159　2004.9

七ヶ宿町の歴史散歩記（小坂仁）「宮城県文化財友の会だより」　宮城県文化財友の会　161　2005.4

わがまちの文化財　七ヶ宿町　東光寺山門/安藤家住宅/聖観音像/六峰桜（七ヶ宿町教育委員会）「宮城の文化財」　宮城県文化財保護協会　（117）　2008.2

七ヶ浜町

七ヶ浜町東宮浜から小友へ（太宰幸子）「いしぶみ」　「いしぶみ」発行所　（30）　2009.4

七ヶ浜町菖蒲田浜から松ヶ浜へ（太宰幸子）「いしぶみ」　「いしぶみ」発行所　（34）　2010.4

品井沼

品井沼干拓の概要（京野英一）「仙台郷土研究」　仙台郷土研究会　37（1）通号284　2012.6

階上郡

古代陸奥国の「名取以南一十四郡」と多賀・階上二郡の権置（佐々木茂槇）「国史談話会雑誌」　東北大学国史談話会　（50）　2010.3

柴田

「刈田・柴田・伊具・宇田・亘理　五郡南部家へ引渡留」「岩手の古文書：the Iwate journal of diplomatics」　岩手古文書学会　（19）　2005.3

柴田町

柴田町の歴史「宮城県文化財友の会だより」　宮城県文化財友の会　146　2002.4

柴田町の文化財「宮城県文化財友の会だより」　宮城県文化財友の会　146　2002.4

わがまちの文化財　柴田町（柴田町教育委員会）「宮城の文化財」　宮城県文化財保護協会　（116）　2007.2

渋江城

奥州葛西氏の城　渋江城は何処か（浅野鐵雄）「歴研みやぎ」　宮城県歴史研究会　（94）　2014.7

下一栗村

「玉造郡下一栗村絵図」を読む（鴇田勝彦）「地名」　宮城県地名研究会　（35）　2012.5

下折壁

仙台藩の気仙海岸防備と下折壁真山家（小野寺健）「東磐史学」　東磐史学会　（28）　2003.8

下木戸

城下町亘理・わかりの地名　裏城戸・下木戸についての一考察（関連して獄屋などのこと）（寺島喬）「郷土わたり」　亘理郷土史研究会　（101）　2008.10

下館城

史実と伝説の狭間—沼部下館城主と「沼部氏」とその周辺（久保自平）「郷土たじり」　田尻郷土研究会　（35）　2013.4

宮城県　　　　　　　　　　　　　地名でたどる郷土の歴史　　　　　　　　　　　　　東北

下長井荘

再稿・下長井荘における桑折氏（笠松金次）「郷土の研究」 国見町郷土史研究会 （36） 2006.3

下長根幼駒運動場

下長根幼駒運動場の思い出あれこれ（高梨義一）「郷土たじり」 田尻郷土史研究会 （26） 2004.3

下野目村

「下野目村風土記御用書出」の絵図化（鴇田勝彦）「地名」 宮城県地名研究会 （36） 2012.11

天保の飢饉に対する村方の対応—玉造郡下野目村の例（論文）（千葉景一）「宮城史学」 宮城歴史教育研究会 （33） 2014.5

十三塚

松山道と十三塚（佐々木信義）「栗原郷土研究」 栗原郷土史研究会 （41） 2010.3

銃初稔

日の丸・神力・富国・総力・躍進・銃初稔の地名（鴇田勝彦）「地名」 宮城県地名研究会 通号29 2009.5

十里平

仙台市青葉区大倉「十里平」開拓のあゆみ（佐藤達夫）「宮城史学」 宮城歴史教育研究会 （27） 2008.3

勝画楼

志波彦神社・鹽竈神社（国重要文化財）/文治神燈（燈籠）/日時計/鹽竈桜（特別天然記念物）/幻の仙台藩灯台/法連寺/勝画楼/源融/松尾芭蕉/藤塚知明/小池曲江〈（平成21年度総会と塩竈市歴史散歩）〉「宮城県文化財友の会だより」 宮城県文化財友の会 （181） 2009.4

城生柵

菜切谷廃寺と城生柵跡（伊東信雄）「宮城県文化財友の会だより」 宮城県文化財友の会 155 2003.10

丈六

「丈六」という地名の場所（三文字孝司）「地名」 宮城県地名研究会 （18） 2003.5

白石原

長瀞白石原を開拓した「安田忠平」は開墾場の創始者（鈴木博）「郷土わたり」 亘理郷土史研究会 （100） 2008.3

白子田

加美郡白子田・多田川流域から（1），（2）（太宰幸子）「地名」 宮城県地名研究会 通号29/通号30 2009.5/2009.11

白石

私のふるさと「白石」（会員交流の広場）（佐久間義昌）「歴研みやぎ」 宮城県歴史研究会 （82） 2010.7

白石市

お城と温麺（うーめん）—歴史の町・白石市への旅（北川芳男）「北海道の文化」 北海道文化財保護協会 （76） 2004.3

白石市〈（白石市の歴史散歩）〉「宮城県文化財友の会だより」 宮城県文化財友の会 （169） 2006.9

白石市の歴史散歩記（笠松秀志）「宮城県文化財友の会だより」 宮城県文化財友の会 （171） 2007.4

歴史資料調査と活動の発信—白石市・利府町・大崎市（荒武賢一朗）「史の杜 ： 東北大学東北アジア研究センター上廣歴史資料学研究部門ニューズレター」 東北大学東北アジア研究センター上廣歴史資料学研究部門 （2） 2014.4

白石支藩

屯田前史 北海道の開拓の先駆者たち（3）—白石支藩の場合（村瀬正）「屯田」 北海道屯田倶楽部 28 2000.10

白石城

城めぐり（3） 白石城・山形城（平野茂）「下野史談」 下野史談会 96 2002.12

郡外の史跡めぐり—高蔵寺、白石城、田村神社、甲冑堂（宮城）、福島県歴史資料館・二本松とまわって（渡部一郎）「阿賀路 ： 東蒲原郡郷土誌」 阿賀路の会 44 2006.5

志波姫町

志波姫町の地名から知る歴史（太宰幸子）「地名」 宮城県地名研究会 （37） 2013.5

新堤

与兵衛沼窯跡（新堤地区）保存決定！「文化財せんだい」 仙台市教育委員会文化財課 （89） 2007.10

神力

日の丸・神力・富国・総力・躍進・銃初稔の地名（鴇田勝彦）「地名」 宮城県地名研究会 通号29 2009.5

末の松山

歌枕「末の松山」と東日本大震災（特集 災害の歴史）（丹下重明）「歴研よこはま」 横浜歴史研究会 （67） 2011.11

末野村

第10回 三迫末野村行宝院杉岡家について（千田茂男）「研究紀要」 金成町史談会 1 2004.8

菅生道

菅生道に残る伝承「東街道」（佐藤達夫）「宮城史学」 宮城歴史教育研究会 （24） 2005.3

砂押

砂押（川）龍ヶ崎・桜木などの地名（太宰幸子）「いしぶみ」 「いしぶみ」発行所 （35） 2010.7

砂押川

後世に伝えたい「平成の大津波砂押川を遡る」（小澤操）「いしぶみ」 「いしぶみ」発行所 （41） 2012.4

静修

静修第一農事実行組合（宮城団体）の変遷（佐藤公）「郷土をさぐる」 上富良野町郷土をさぐる会 17 2000.4

関合

関合界隈を歩く（太宰幸子）「いしぶみ」 「いしぶみ」発行所 （38） 2011.7

関山

明治初年の奥羽横断道路—関山隧道への道（特集 仙台への道 仙台からの道）（佐藤大介）「市史せんだい」 仙台市博物館 20 2010.9

関山街道

関山街道・落合橋・嶺汲り（特集 仙台への道 仙台からの道）（平川新）「市史せんだい」 仙台市博物館 20 2010.9

関山峠

関山峠の話（佐藤晃）「民話」 東北文教大学短期大学部民話研究センター 10 2004.6

節も越えた関山峠（河合宏）「長塚節の文学」 長塚節研究会 （15） 2009.4

文学散歩 金華山・関山峠・上山—紀行文「鉛筆日記」、「旅の日記」（松野高久）「長塚節研究会会報」 長塚節研究会 （46） 2009.12

背戸山

地域自然と和合した伝統的な〝暮らし空間〟の景観生態学的描写（1） 仙台市堂所の里山農家における屋敷と背戸山（平吹喜彦，伊藤ひかる，冨知智美，内山槙子）「東北学院大学東北文化研究所紀要」 東北学院大学東北文化研究所 （41） 2009.12

仙岳院

『仙岳院日鑑』から見える東照宮門前の諸相（水野沙織）「市史せんだい」 仙台市博物館 15 2005.9

仙台

せんだい今昔 仙台の門松「せんだい市史通信」 仙台市博物館市史編さん室 2 2000.1

仙台の出版物『盡忠録』の校正摺本について（野崎準）「東北学院大学東北文化研究所紀要」 東北学院大学東北文化研究所 （32） 2000.8

《特集 仙台開府400年》「せんだい市史通信」 仙台市博物館市史編さん室 5 2001.3

モノがたり仙台 松川達磨「せんだい市史通信」 仙台市博物館市史編さん室 6 2001.11

仙台に設立された移民会社の顛末—沖縄県における営業活動を中心に（岩本由輝）「東北学院大学東北文化研究所紀要」 東北学院大学東北文化研究所 （34） 2002.9

せんだい今昔 仙台異聞—仙台に住む異界の住人「せんだい市史通信」 仙台市博物館市史編さん室 10 2003.7

仙台と地震「せんだい市史通信」 仙台市博物館市史編さん室 10 2003.7

モノがたり仙台 修実徳勿求虚栄「せんだい市史通信」 仙台市博物館市史編さん室 10 2003.7

伊達氏ゆかりの地巡見会報告（新関昌利）「仙台郷土研究」 仙台郷土研究会 28（2）通号267 2003.12

二つの国際交流 速報展「総天然色せんだい—エイブラハム・リンカーン氏撮影による50年前の仙台」事情/企画展「青い目の人形と Miss みやぎ」—Mrs. Margaret R. Corbet を迎えて「資料館だより」 仙台市教育委員会 （36） 2003.12

火とレンガを操る 仙台のカマド職人・二科一男（佐藤賢太郎）「別冊東北学」 東北芸術工科大学東北文化研究センター，作品社（発売）7 2004.1

仙台画壇の黎明期—寛政・文化期の画譜と書画会を中心に（内山淳一）「仙台市博物館調査研究報告」 仙台市博物館 （24） 2004.3

戦争と女性—軍都仙台の女性動員「調査報告書」 仙台市教育委員会 22 2004.3

仙台地方の織機と織布「調査報告書」 仙台市教育委員会 22 2004.3

特集 仙台の歳の市「せんだい市史通信」 仙台市博物館市史編さん室 (13) 2004.7

函館で南部漂流民と対顔していた帰国後の仙台漂流民—堀田正敦の『松前紀行』が教えること (鈴木道男)「ナジェージダ (希望)」 石巻若宮丸漂流民の会 9 2004.7

平成の参勤交代 仙台—東京365キロ見事踏破 (梁川繁夫)「藩報きずな」 仙台藩志会 32 2004.10

"緑陰を映して清流走る仙台…"を夢見て… (一力徳子)「藩報きずな」 仙台藩志会 32 2004.10

風と共に去った幻の旅路—つくばから仙台へ (太田理)「わかくす : 河内ふるさと文化誌」 わかくす文芸研究会 (46) 2004.11

仙台領の街道ólについての試論 (高倉淳)「仙台郷土研究」 仙台郷土研究会 29 (2) 通号269 2004.12

仙台いしぶみ夜話 (7) 御用酒記念碑/ (8) 八幡宮の碑 (高木治夫)「歴研みやぎ」 宮城県歴史研究会 66 2005.3

仙台の工芸 (1) 工芸指導所試作品に見るニューデザイン (庄子晃子)「仙臺文化 : 杜の都の都市文化継承誌」 『仙臺文化』編集室 (1) 2005.5

昭和初年の仙台の盛り場 (街の賑わい) (伊勢民夫)「仙臺文化 : 杜の都の都市文化継承誌」 『仙臺文化』編集室 (1) 2005.5

仙台の出版 (1) 大正2年・安部眞藏発行『宮城縣名園寫眞帖』前編「仙臺文化 : 杜の都の都市文化継承誌」 『仙臺文化』編集室 (1) 2005.5

仙台のお菓子 (1) 日本一の味 白松がモナカ (渡邊慎也)「仙臺文化 : 杜の都の都市文化継承誌」 『仙臺文化』編集室 (1) 2005.5

平成の市町村合併について (編集部)「仙台郷土研究」 仙台郷土研究会 30 (1) 通号270 2005.6

せんだいの歴史 (1) 水田稲作の開始「文化財せんだい」 仙台市教育委員会文化財課 82 2005.6

『仙台市史 通史編5 近世3』近世後期の仙台と仙台藩「せんだい市史通信」 仙台市博物館市史編さん室 (14) 2005.8

《特集 仙台の合併史》「市史せんだい」 仙台市博物館 15 2005.9

仙台の合併史—生出村合併50周年を機に「市史せんだい」 仙台市博物館 15 2005.9

せんだいの歴史 (2) 弥生時代の土器と石器「文化財せんだい」 仙台市教育委員会文化財課 83 2005.10

表紙の物語 (2) 仙台飛行場への一番機—6人乗りで時速は170km (渡邊慎也)「仙臺文化 : 杜の都の都市文化継承誌」 『仙臺文化』編集室 (2) 2005.11

仙台の工芸 (2) 埋木細工—その実用のかたち (庄子晃子)「仙臺文化 : 杜の都の都市文化継承誌」 『仙臺文化』編集室 (2) 2005.11

街の賑わい (2) 昭和初年の仙台の映画・演劇・花街 (伊勢民夫)「仙臺文化 : 杜の都の都市文化継承誌」 『仙臺文化』編集室 (2) 2005.11

マッチラベルで見る昭和初年 (2) カフエー・酒場写真で見る横丁の名のいわれ「仙臺文化 : 杜の都の都市文化継承誌」 『仙臺文化』編集室 (2) 2005.11

仙台の出版 (2) 大正14年・仙臺市発行『仙臺市寫眞帖』(斎藤広通, 八島倫子)「仙臺文化 : 杜の都の都市文化継承誌」 『仙臺文化』編集室 (2) 2005.11

仙台の乗物 (1) "銀バス"は街のマスコット (佐藤雅也, 氏家香菜子)「仙臺文化 : 杜の都の都市文化継承誌」 『仙臺文化』編集室 (2) 2005.11

仙台のお菓子 (2) 懐かしの味が籠る 石橋屋の黒パン「仙臺文化 : 杜の都の都市文化継承誌」 『仙臺文化』編集室 (2) 2005.11

仙台いしぶみ夜話 (9) 小椋三五郎の頌徳/ (10) 天地友情の碑と晩翠草堂 (高木治夫)「歴研みやぎ」 宮城県歴史研究会 68 2005.11

懐かしい建物をしのぶ 明治生命保険株式会社仙台支店/宮城貯蓄銀行本店 (のち七十七銀行南町通支店)「仙臺文化往來」 『仙臺文化』編集室 (2) 2006.2

せんだいの歴史 仙台の弥生時代 (3) 弥生時代の木製品「文化財せんだい」 仙台市教育委員会文化財課 (84) 2006.2

近代仙台における庶民の生活暦 (『会津農書』) にみる稲と藁と暮らし)「調査報告書」 仙台市教育委員会 24 2006.3

仙台いしぶみ夜話 (11) 桜田虎門顕彰碑/ (12) 橋供養の碑 (高木治夫)「歴研みやぎ」 宮城県歴史研究会 (69) 2006.3

仙台の工芸 (3) 門間箪笥店の昭和3年 (庄子晃子)「仙臺文化 : 杜の都の都市文化継承誌」 『仙臺文化』編集室 (3) 2006.5

仙台—現在に繋がる昭和3年 (街の賑わい (3)) (伊勢民夫)「仙臺文化 : 杜の都の都市文化継承誌」 『仙臺文化』編集室 (3) 2006.5

仙台の街並み 昭和3年の店と街並み『東北産業博覧会記念写真帖』から「仙臺文化 : 杜の都の都市文化継承誌」 『仙臺文化』編集室 (3) 2006.5

仙台のお菓子 (3) 幻の銘菓 鹽瀬饅頭と伊達豆「仙臺文化 : 杜の都の都市文化継承誌」 『仙臺文化』編集室 (3) 2006.5

せんだいの歴史 仙台の中世 (1) 岩切あたり「文化財せんだい」 仙台市教育委員会文化財課 (85) 2006.6

せんだい今昔 日本最初の交流電気機関車「せんだい市史通信」 仙台市博物館市史編さん室 (16) 2006.7

仙台いしぶみ夜話 (13) 大淀三千風追善碑/ (14) 与兵衛沼と水神碑 (高木治夫)「歴研みやぎ」 宮城県歴史研究会 (70) 2006.7

いきおい増す "地下水流" いま仙台でなにが…… (編集室)「仙臺文化往來」 『仙臺文化』編集室 (3) 2006.8

いま街なかで (仙台の出版活動) /東北産業博覧会絵葉書から「仙臺文化往來」 『仙臺文化』編集室 (3) 2006.8

座談会 仙台・戦中戦後の子どもたち—遊びと学び (《特集 仙台・戦中戦後の子どもたち》)「市史せんだい」 仙台市博物館 16 2006.9

城下町仙台「芭蕉の辻」ものがたり (小埜寺秀二, 佐藤平治)「藩報きずな」 仙台藩志会 (36) 2006.10

せんだいの歴史 仙台の中世 (2) 南小泉あたり「文化財せんだい」 仙台市教育委員会文化財課 (86) 2006.10

仙台の工芸 (3) 仙台の産業工芸にみる昭和3年 東北産業博覧会の受賞者たち (《特集 仙台の昭和3年II》) (庄子晃子)「仙臺文化 : 杜の都の都市文化継承誌」 『仙臺文化』編集室 (4) 2006.11

仙台の昭和3年 東北産業博覧会ポスター/鳥瞰図と絵葉書で訪ねる東北産業博覧会/東北産業博覧会の宿 (《特集 仙台の昭和3年II》)「仙臺文化 : 杜の都の都市文化継承誌」 『仙臺文化』編集室 (4) 2006.11

東北産業博覧会のこと (《特集 仙台の昭和3年II》) (伊勢民夫)「仙臺文化 : 杜の都の都市文化継承誌」 『仙臺文化』編集室 (4) 2006.11

仙台の乗物 (3) 日本一の臨海電車 斬新な地下鉄 展望車も導入 (佐藤茂, 氏家香菜子)「仙臺文化 : 杜の都の都市文化継承誌」 『仙臺文化』編集室 (4) 2006.11

仙台のお菓子 (4) 和風な洋菓子 嵯加露府のまんじゅう「仙臺文化 : 杜の都の都市文化継承誌」 『仙臺文化』編集室 (4) 2006.11

仙台いしぶみ夜話 (15) 麒麟堂跡記念碑 (高木治夫)「歴研みやぎ」 宮城県歴史研究会 (71) 2006.11

溢れ出る "地下水流" いま仙台でなにが…… (2) (編集室)「仙臺文化往來」 『仙臺文化』編集室 (4) 2007.2

せんだいの歴史 仙台の中世 (3) 富沢あたり「文化財せんだい」 仙台市教育委員会文化財課 (87) 2007.2

特別展「なつかし仙台2—いつか見た街・人・暮らし」/企画展「総天然食せんだい2」「青い目の人形」「食卓のある風景」「夏の行事とまつり」/楽しむ・学ぶ・考える—平成18年度のイベント (講座) /新しい仲間たち—平成18年寄贈資料/映像で見る仙台の民俗—自主制作ビデオ/研究・調査の記録—平成18年度刊行物/平成19年度年間スケジュール「資料館だより」 仙台市教育委員会 (39) 2007.3

近代仙台における庶民の生活暦 (2) (《足元から見る民俗15—失われた伝承・変容する伝承・新たなる伝承》)「調査報告書」 仙台市教育委員会 25 2007.3

仙台の刃物鍛冶 (《足元から見る民俗15—失われた伝承・変容する伝承・新たなる伝承》)「調査報告書」 仙台市教育委員会 25 2007.3

新聞で見る仙台地方の人々のくらし (《足元から見る民俗15—失われた伝承・変容する伝承・新たなる伝承》)「調査報告書」 仙台市教育委員会 25 2007.3

仙台いしぶみ夜話 (16) 役行者石像の碑/ (17) 工芸指導所発祥の碑 (高木治夫)「歴研みやぎ」 宮城県歴史研究会 (72) 2007.3

仙台のお菓子 (5) 名よし味よし "延命餅"「仙臺文化 : 杜の都の都市文化継承誌」 『仙臺文化』編集室 (5) 2007.5

せんだいの歴史 ものから探る仙台の歴史 古代編 (1) 瓦「文化財せんだい」 仙台市教育委員会文化財課 (88) 2007.6

仙台平 (センダイヒラ) (桑原滋郎)「いしぶみ」 「いしぶみ」発行所 (23) 2007.7

モノがたり仙台 真壁屋の瓦「せんだい市史通信」 仙台市博物館市史編さん室 (18) 2007.7

その後の "地下水流" いま仙台でなにが…… (3)「仙臺文化往來」 「仙臺文化」編集室 (5) 2007.8

Digital Kochizu Libraryから昭和8年の仙台「Collegio」 之潮 (26) 2007.9

せんだいの歴史 ものから探る仙台の歴史 古代編 (2) 文字「文化財せんだい」 仙台市教育委員会文化財課 (89) 2007.10

仙台の出版 (3) 還暦記念『童謡スズキ・ヘキ』から (《特集 おてんとさんの世界》)「仙臺文化 : 杜の都の都市文化継承誌」 『仙臺文化』編集室 (6) 2007.11

仙台の工芸 (6) 独創的製法の「仙台堆朱」 創始者川崎栄之丞の見事デザイン (庄子晃子)「仙臺文化 : 杜の都の都市文化継承誌」 『仙臺文化』編集室 (6) 2007.11

仙台領北辺の史跡を訪ねて (煤孫晴夫)「仙台郷土研究」 仙台郷土研究会 32 (2) 通号275 2007.12

その後の地下水流 いま仙台でなにが……(4)～(6)「仙臺文化往來」「仙臺文化」編集室 (6)/(8) 2008.2/2009.2

せんだいの歴史 ものから探る仙台の歴史 古代編(3) 紙・木・鉄「文化財せんだい」 仙台市教育委員会文化課 (90) 2008.2

近代仙台における庶民の生活暦(3)(《足元から見る民俗16―失われた伝承・変容する伝承・新たなる伝承》)「調査報告書」 仙台市教育委員会 26 2008.3

仙台いしぶみ夜話(18)仙臺叢書居士の碑/(19)宗禅寺の鶏塚(高木治夫)「歴研みやぎ」 宮城県歴史研究会 (75) 2008.3

仙台の工芸(7) 仙台の染物デザイン―常盤紺形木綿染め(《特集 仙台の芝居と映画》)(庄子晃子)「仙臺文化 ： 杜の都の都市文化継承誌」『仙臺文化』編集室 (7) 2008.5

仙台のお菓子(7) 美味しいおいしい KENZOのレーズンフリアン「仙臺文化 ： 杜の都の都市文化継承誌」『仙臺文化』編集室 (7) 2008.5

せんだい今昔 仙台みやげものがたり「せんだい市史通信」 仙台市博物館市史編さん室 (20) 2008.7

「文化魯窟」と仙台に残る三つの史跡(高橋寿之)「ナジェージダ(希望)」 石巻若宮丸漂流民の会 (20) 2008.9

仙台付木(加藤宏)「市史せんだい」 仙台市博物館 18 2008.9

表紙の物語(8) 仙台発刊の雑誌いろいろ(《特集 仙台の近代印刷》)「仙臺文化 ： 杜の都の都市文化継承誌」『仙臺文化』編集室 (8) 2008.11

仙台における印刷・出版事情―明治～昭和初期(《特集 仙台の近代印刷》)(伊勢民夫)「仙臺文化 ： 杜の都の都市文化継承誌」『仙臺文化』編集室 (8) 2008.11

街の文化を記録し伝え140年(《特集 仙台の近代印刷》)「仙臺文化 ： 杜の都の都市文化継承誌」『仙臺文化』編集室 (8) 2008.11

仙台印刷界140年のあゆみ(仙台印刷業略年表)(《特集 仙台の近代印刷》)(渡邊洋一)「仙臺文化 ： 杜の都の都市文化継承誌」『仙臺文化』編集室 (8) 2008.11

出版の自由を得て―活気あふれる印刷界 1946～55(《特集 仙台の近代印刷》)「仙臺文化 ： 杜の都の都市文化継承誌」『仙臺文化』編集室 (8) 2008.11

仙台の工芸(8) 仙台の染物デザイン―常盤紺形木綿染めII(秋保の仕事着)(庄子晃子)「仙臺文化 ： 杜の都の都市文化継承誌」『仙臺文化』編集室 (8) 2008.11

街の賑わい(8) マッチラベルで見る昭和初年(8) 仙台名産・仙台みやげ「仙臺文化 ： 杜の都の都市文化継承誌」『仙臺文化』編集室 (8) 2008.11

街のともし火(4) 常盤型伝承館「仙臺文化 ： 杜の都の都市文化継承誌」『仙臺文化』編集室 (8) 2008.11

仙台のお菓子(8) 日本の美味 仙台の誇り 白松の栗ヨーカン「仙臺文化 ： 杜の都の都市文化継承誌」『仙臺文化』編集室 (8) 2008.11

モノがたり仙台 亜炭「せんだい市史通信」 仙台市博物館市史編さん室 (20) 2009.1

資料 長岡落城よ里会津・仙台迄之日記 牧野彝子手記「東北戊辰戦争懇話会報」 東北戊辰戦争懇話会 (6) 2009.2

民俗文化財調査 仙台の七夕飾り/仙台の木綿染め/仙台の竹細工「文化財せんだい」 仙台市教育委員会文化課 (93) 2009.2

現代仙台における戦後の文化活動(1)(研究報告)「調査報告書」 仙台市教育委員会 27 2009.3

街の賑わい(9) マッチラベルで見る昭和初年(9) 仙台近郊の温泉旅館「仙臺文化 ： 杜の都の都市文化継承誌」『仙臺文化』編集室 (9) 2009.5

付録 明治23年 繪入明細僊臺市街全圖「仙臺文化 ： 杜の都の都市文化継承誌」『仙臺文化』編集室 (9) 2009.5

ぶらり仙台 文化財のたび(1) 「奥の細道」芭蕉の足跡をたどって「文化財せんだい」 仙台市教育委員会文化財課 (94) 2009.6

"地下水流" 脈々 いま仙台でなにが…(7)、(8)(渡邊慎也)「仙臺文化往來」「仙臺文化」編集室 (9)/(10) 2009.8/2010.05

「仙臺文化」談話室から(2) 仙台を語る 仙台を考える「仙臺文化往來」「仙臺文化」編集室 (9) 2009.8

ぶらり仙台 文化財のたび(2) "お引越し"した文化財を訪ねて「文化財せんだい」 仙台市教育委員会文化財課 (95) 2009.10

仙台いしぶみ夜話(高木治夫)「歴研みやぎ」 宮城県歴史研究会 (80) 2009.11

明治の仙台激安戦争―書肆兎屋の仙台進出とその顛末について(佐藤千尋)「仙台郷土研究」 仙台郷土研究会 34(2)通号279 2009.12

口絵・資料紹介 カラー写真でみる昭和29年頃の仙台―元米軍兵士ポンザール氏撮影写真「調査報告書」 仙台市教育委員会 28 2010.3

仙台・宮城の出版文化―メディアの変遷から(講座記録)「調査報告書」 仙台市教育委員会 28 2010.3

児童福祉法前夜における新しい養護実践の模索―仙台基督教育児院と敗戦後浮浪児の出会い(田澤薫)「東北社会福祉史研究」 東北社会福祉史研究連絡会 (28) 2010.3

せんだい今昔 探検家ビスカイノと仙台「せんだい市史通信」 仙台市博物館市史編さん室 (23) 2010.7

仙台の内水面漁業 鮭/鱒/鮎/鮒やどじょう「せんだい市史通信」 仙台市博物館市史編さん室 (23) 2010.7

実践の証 熱血教師たちの教科書・教授法(特集 仙台生まれの教科書)(渡辺慎也)「仙臺文化 ： 杜の都の都市文化継承誌」『仙臺文化』編集室 (11) 2010.11

私の教科書ものがたり(特集 仙台生まれの教科書)(伊勢民夫)「仙臺文化 ： 杜の都の都市文化継承誌」『仙臺文化』編集室 (11) 2010.11

郷土を語り自校を讃える教科書のいろいろ(特集 仙台生まれの教科書)「仙臺文化 ： 杜の都の都市文化継承誌」『仙臺文化』編集室 (11) 2010.11

明治前期・仙台生まれの教科書(教科書、掛図を含む)(特集 仙台生まれの教科書)(渡邊慎也)「仙臺文化 ： 杜の都の都市文化継承誌」『仙臺文化』編集室 (11) 2010.11

せんだい今昔 "和風建築"の誕生「せんだい市史通信」 仙台市博物館市史編さん室 (24) 2011.1

白菜王国 仙台白菜、東京へ行く/仙台白菜、全国を席巻/仙台白菜、王座を堅守/仙台白菜、その凋落と復活「せんだい市史通信」 仙台市博物館市史編さん室 (24) 2011.1

調査報告 病と人々―仙台地方の民間療法「調査報告書」 仙台市教育委員会 29 2011.3

体験―仙台空襲と終戦(特集 戦争回顧録)(渡辺享子)「郷土の香り ： 郷土文化財資料」 保原町文化財保存会 44 2011.4

仙台競馬場(佐藤千尋)「仙台郷土研究」 仙台郷土研究会 36(1)通号282 2011.6

街の記憶を記録する(渡邊洋一)「仙台郷土研究」 仙台郷土研究会 36(1)通号282 2011.6

東日本大震災 仙台の文化財も被災 仙台城跡―国指定史跡(青葉区)、旧熊谷家住宅―市指定史跡(泉区)、岩切城跡―国指定史跡(宮城野区)、経ヶ峯伊達家墓所―市指定史跡(青葉区)、陸奥国分寺跡―国指定史跡(若林区)・陸奥国分寺薬師堂―国指定有形文化財「文化財せんだい」 仙台市教育委員会文化課 (100) 2011.7

モノがたり仙台 仙台式運搬車(仙台自転車)「せんだい市史通信」 仙台市博物館市史編さん室 (25) 2011.8

木と生きる―仙台の林業事情 政宗の植林/山守の仕事/城下の燃料・流木(ながしぎ)/森林鉄道「せんだい市史通信」 仙台市博物館市史編さん室 (25) 2011.8

遠刈田の歴史散歩に当って(蔵王町/真田豊治墓碑(案内板より)/真田幸清筆子塚(案内板より)/仙台真田氏―郷土に伝わる日本一の兵 真田幸村の血脈(案内板より)/岩崎山金窟址 蔵王町指定文化財(史跡)/遠刈田製鉄所 高炉跡 蔵王町指定文化財(史跡)/蔵王刈田神社「こけしのふる里」蔵王町・遠刈田歴史散歩)「宮城県文化財友の会だより」 宮城県文化財友の会 (194) 2011.9

概説 仙台の大正時代―粗描(特集「大正100年」)(難波信雄)「市史せんだい」 仙台市博物館 21 2011.11

その年の仙台(特集「大正100年」)(相原陽三，市史編さん室)「市史せんだい」 仙台市博物館 21 2011.11

研究ノート 仙台市域北部の奥州合戦(三好俊文)「市史せんだい」 仙台市博物館 21 2011.11

展示のご紹介 企画展 仙台古地図の旅/企画展 教科書でたどる学都仙台の200年/特別展 昭和の仙台―街とくらし/季節展示 七夕と盆・正月・ひな祭り「資料館だより」 仙台市教育委員会 (44) 2012.3

仙台の地域誌を考える―大沢地域(大倉・芋沢)を中心に はじめに/地域の範囲と地形/原始古代/中世/近世/近代/現代/おわりに(《足元から見る民俗20―失われた伝承・変容する伝承・新たなる伝承―調査報告》)「調査報告書」 仙台市教育委員会 30 2012.3

仙台の松浦党小川内氏(寺沢光世)「郷土史誌末盧國」 松浦史談会、芸文堂(発売) (190) 2012.6

せんだい今昔 占領軍兵士が歩いた木々のみち「せんだい市史通信」 仙台市博物館市史編さん室 (28) 2012.7

歩いて実感 仙台の歴史―『仙台市史 特別編9 地域誌』さきどり企画 せんだい地域誌さんぽ その一―ちょっと気になるスポット編 広瀬橋交差点に残る、ふしぎな路側帯/車道と緑地がつくる街道/なぜか広い、澱橋下の丁字路交差点/どこにも行けない、涌沢のトンネル「せんだい市史通信」 仙台市博物館市史編さん室 (28) 2012.7

旧国有財産法の成立と地域行政―大正期仙台の都市計画と軍用地管理換え問題(同窓通信 2012年度国史談話会大会記事―研究発表要旨)(手嶋泰伸)「国史談話会雑誌」 東北大学国史談話会 (53) 2012.12

せんだい今昔 富田鉄之助と東華学校「せんだい市史通信」 仙台市博物館市史編さん室 (29) 2013.1

展示のご紹介 企画展「オールドグラフィック2―仙台の出版文化―」/企画展「日々の装い―野良着と普段着とアクセサリー――」/企画展「戦争と庶民のくらし」/季節展示(1)/特別展「おやつ―今や昔の甘味事情―」/季節展示(2)「資料館だより」 仙台市教育委員会 (45) 2013.3

東北　　　　　　　　　　　　　　地名でたどる郷土の歴史　　　　　　　　　　　　　　宮城県

仙台・宮城の出版文化（1）—近世から戦後復興期まで（研究報告）（渡邊慎也）「調査報告書」　仙台市教育委員会　31　2013.3

仙台・宮城の出版文化（2）—戦後から現代を中心に（研究報告）「調査報告書」　仙台市教育委員会　31　2013.3

モノがたり仙台 お茶どころ仙台「せんだい市史通信」　仙台市博物館市史編さん室　（31）2013.9

仙台耕土の成り立ち（佐々木敦夫）「仙台郷土研究」　仙台郷土研究会　38（2）通号287　2013.12

慶長遣欧使節をめぐる諸問題—大使支倉の名乗りと「震災復興派遣説」について（佐々木徹）「仙台市博物館調査研究報告」　仙台市博物館　（34）2014.3

仙台耕土の成り立ち（2）—明治から昭和初期の農地開発（佐々木敦夫）「仙台郷土研究」　仙台郷土研究会　39（1）通号288　2014.6

せんだい今昔 調練場の記憶「せんだい市史通信」　仙台市博物館市史編さん室　（33）2014.7

『入生田家之故実』（史料紹介）「市史せんだい」　仙台市博物館　24　2014.9

せんだい今昔 森に浮かぶ白亜のビル 仙台簡易保険支局「せんだい市史通信」　仙台市博物館市史編さん室　（34）2014.10

旧国有財産法の成立と地域行政—大正期仙台の都市計画と軍用地管理換え問題（論文）（手嶋泰伸）「国史談話会雑誌」　東北大学国史談話会　（55）2014.11

再録・抄録 伊達政宗卿騎馬像と仙台郷土研究（日下龍生）「仙台郷土研究」　仙台郷土研究会　40（1）通号290　2015.6

近代の仙台を中心とした市場形成（仁昌寺正一）「仙台郷土研究」　仙台郷土研究会　40（2）通号291　2015.12

仙台駅

表紙の物語（5）夢乗せて 流線型の時代—蒸気機関車・仙台市電（《特集 仙台駅120周年》）（佐藤茂，氏家香菜子）「仙臺文化 ： 杜の都の都市文化継承誌」　『仙臺文化』編集室　（5）2007.5

ステーションの移り変わり（《特集 仙台駅120周年》）「仙臺文化 ： 杜の都の都市文化継承誌」　『仙臺文化』編集室　（5）2007.5

鉄道路線図で見る宮城の交通（《特集 仙台駅120周年》）「仙臺文化 ： 杜の都の都市文化継承誌」　『仙臺文化』編集室　（5）2007.5

野山を駆け抜けた蒸気機関車（《特集 仙台駅120周年》）「仙臺文化 ： 杜の都の都市文化継承誌」　『仙臺文化』編集室　（5）2007.5

仙台駅前の120年（伊勢民夫）「仙臺文化 ： 杜の都の都市文化継承誌」　『仙臺文化』編集室　（5）2007.5

表紙の物語（6）仙台駅の移り変わり 親しまれた表玄関の戦前・戦後（《特集 おてんとさんの世界》）（斎藤広通）「仙臺文化 ： 杜の都の都市文化継承誌」　『仙臺文化』編集室　（6）2007.11

仙台往還

登米伊達氏・仙台往還の一里塚（京野英一）「仙台郷土研究」　仙台郷土研究会　29（2）通号269　2004.12

遷台区

資料みつけた 「遷台区及近傍村落之図 全」「せんだい市史通信」　仙台市博物館市史編さん室　（12）2004.5

仙台市

『通史編4 近世2』からお届けするスクープ4連発「せんだい市史通信」　仙台市博物館市史編さん室　9　2003.3

資料みつけた 第1回仙台市長選挙と市会「せんだい市史通信」　仙台市博物館市史編さん室　（14）2005.8

政令指定都市仙台市の区名選定に関する資料（難波信雄）「市史せんだい」　仙台市博物館　15　2005.9

仙台市と宮城郡七北田村茂庭・北根の合併（仁昌寺正一）「市史せんだい」　仙台市博物館　15　2005.9

表紙の物語（3）旧仙台市庁舎—市民に親しまれた白亜の3階建（斎藤広通）「仙臺文化 ： 杜の都の都市文化継承誌」　『仙臺文化』編集室　（3）2006.5

昭和3年ころの仙台市中心部（街の賑わい（3））「仙臺文化 ： 杜の都の都市文化継承誌」　『仙臺文化』編集室　（3）2006.5

1938年の仙台市中心部住宅地図を再現（渡邊洋一）「仙臺文化往來」　『仙臺文化』編集室　（5）2007.8

元禄期『仙台領国絵図』関係資料—『陸奥国仙台領変地其外相改之候目録』仙台市域関係分抜粋（史料紹介）（倉橋真紀）「市史せんだい」　仙台市博物館　18　2008.9

資料紹介 仙台市区及び区制関係資料（斎藤誠）「市史せんだい」　仙台市博物館　18　2008.9

せんだい今昔 銀盤にかけた情熱「せんだい市史通信」　仙台市博物館市史編さん室　（20）2009.1

仙台をひろめた刊行物のいろいろ（《特集 仙台市制120周年》）「仙臺文化 ： 杜の都の都市文化継承誌」　『仙臺文化』編集室　（9）2009.5

わたくしの仙台市制施行120年（《特集 仙台市制120周年》）（伊勢民夫）

「仙臺文化 ： 杜の都の都市文化継承誌」　『仙臺文化』編集室　（9）2009.5

昭和33年 復興途上の街並み 空から見た仙台中心部（《特集 仙台市制120周年》）（石川安寿）「仙臺文化 ： 杜の都の都市文化継承誌」　『仙臺文化』編集室　（9）2009.5

仙台市民生活史年表（1989〜2009）（《特集 仙台市制120周年》）（佐藤雅也）「仙臺文化 ： 杜の都の都市文化継承誌」　『仙臺文化』編集室　（9）2009.5

"仙台の歩んできた道"—あの日あのとき（《特集 仙台市制120周年》）「仙臺文化 ： 杜の都の都市文化継承誌」　『仙臺文化』編集室　（9）2009.5

モノがたり仙台 仙台市長印と市政の拡大「せんだい市史通信」　仙台市博物館市史編さん室　（21）2009.7

戦後最大の冷害と米の自由化（《特集 政令指定都市20年あれこれ》）（渡邊龍彦）「市史せんだい」　仙台市博物館　19　2009.9

仙台市国際知的産業特区（《特集 政令指定都市20年あれこれ》）（白川由利枝）「市史せんだい」　仙台市博物館　19　2009.9

仙台市に見る地域情報と創作活動（《特集 政令指定都市20年あれこれ》）（浅井宣夫）「市史せんだい」　仙台市博物館　19　2009.9

街の賑わい（10）マッチラベルで見る昭和初年（10）「仙臺文化 ： 杜の都の都市文化継承誌」　『仙臺文化』編集室　（9）2009.11

仙台市における切り花消費の背景を探る—切り花消費の地域性（高野岳彦）「東北学院大学東北文化研究所紀要」　東北学院大学東北文化研究所　（41）2009.12

戦国時代の道と城—仙台市域の奥州街道前夜（特集 仙台への道 仙台からの道）（菅野正道）「市史せんだい」　仙台市博物館　20　2010.9

地方都市の政治状況に関する研究ノート—1889年〜1912年の仙台市（遠城明雄）「史淵」　九州大学大学院人文科学研究院　148　2011.3

東日本大震災の被害報告—仙台市街地の住宅の状況（特集 東日本大震災各地の報告（続））（渡邊洋一）「仙台郷土研究」　仙台郷土研究会　36（2）通号283　2011.12

資料紹介 内務省時代の仙台市一般会計臨時部の経費動向（越智洋三）「市史せんだい」　仙台市博物館　22　2012.11

歩いて実感 仙台の歴史—『仙台市史 特別編9 地域誌』さきどり企画 せんだい地域誌さんぽ その2—七北田・根白石編 曲がってないのに曲がる道 七北田宿／空き地にそびえる白亜の建物 泉区役所／江戸時代初期の計画都市 根白石「せんだい市史通信」　仙台市博物館市史編さん室　（29）2013.1

歩いて実感 仙台の歴史—『仙台市史 特別編9 地域誌』さきどり企画 せんだい地域誌さんぽ その3—若林区にまつわるあれこれ編 若林城の影響—愛宕上杉通／いにしえの川の流れ—古川／地名に無いバス停—荒井「せんだい市史通信」　仙台市博物館市史編さん室　（31）2013.9

資料紹介「伊達の黒箱」文書（菅原美咲）「仙台市博物館調査研究報告」　仙台市博物館　（34）2014.3

戦争と庶民のくらし（1）—仙台市歴史民俗資料館の所蔵資料を中心に（調査報告）「調査報告書」　仙台市教育委員会　32　2014.3

歩いて実感 仙台の歴史—『仙台市史 特別編9 地域誌』刊行記念 せんだい地域誌さんぽ その4—源頼朝も通った!? 泉区を横断する往古の道編 県道泉塩竈線に寄り添いながら／堂所でタイムスリップ／七北田川の西を行く？ 東を行く？／松森に残る戦いの記憶「せんだい市史通信」　仙台市博物館市史編さん室　（33）2014.7

表紙写真解説 若林区荒浜から望む仙台市街地と泉ケ岳（三好俊文）「市史せんだい」　仙台市博物館　24　2014.9

仙台市電

モノがたり仙台 長崎に渡った仙台市電「せんだい市史通信」　仙台市博物館市史編さん室　（11）2003.11

仙台の乗物（2）昭和3年に循環線全通の"仙台市電"（渡邊洋一，氏家香菜子）「仙臺文化 ： 杜の都の都市文化継承誌」　『仙臺文化』編集室　（3）2006.5

表紙の物語（5）夢乗せて 流線型の時代—蒸気機関車・仙台市電（《特集 仙台駅120周年》）（佐藤茂，氏家香菜子）「仙臺文化 ： 杜の都の都市文化継承誌」　『仙臺文化』編集室　（5）2007.5

庄子喜隆写真集『杜の都の路面電車』 仙台市電の写真集 終業35年を記念し再刊 同人庄子喜隆の力作「仙臺文化往來」　『仙臺文化』編集室　（11）2011.7

仙台城

仙台城と城下町—そのあゆみと特色「せんだい市史通信」　仙台市博物館市史編さん室　5　2001.3

仙台城下における資源回収「せんだい市史通信」　仙台市博物館市史編さん室　5　2001.3

せんだい今昔 仙台城下の端午の節句「せんだい市史通信」　仙台市博物館市史編さん室　7　2002.3

せんだい今昔 仙台城下の消防事情「せんだい市史通信」　仙台市博物館市史編さん室　8　2002.11

せんだい今昔 仙台城下の流木「せんだい市史通信」　仙台市博物館市史

編さん室　9　2003.3

訪ねてみよう!!　仙台城（1）本丸・二の丸・三の丸―築城から現在まで「文化財せんだい」　仙台市教育委員会文化財課　76　2003.6

国史跡指定記念文化財展記念シンポジウム「仙台城展―政宗が築いた仙台城」「文化財せんだい」　仙台市教育委員会文化財課　77　2003.10

訪ねてみよう!!　仙台城（2）本丸への登城路「文化財せんだい」　仙台市教育委員会文化財課　77　2003.10

訪ねてみよう!!仙台城（3）明らかになりつつある本丸跡「文化財せんだい」　仙台市教育委員会文化財課　78　2004.2

表紙の物語（1）仙台城大手門―仙台空襲で焼失した国宝（斎藤広通）「仙臺文化 ： 杜の都の都市文化継承誌」『仙臺文化』編集室　（1）2005.5

武家屋敷に住む都市民衆―仙台城下町の宿守に関する基礎的考察（渡辺浩一）「市史せんだい」　仙台市博物館　15　2005.9

仙台城二の丸跡南西境の杉並木（部分）が新たな指定文化財に「文化財せんだい」　仙台市教育委員会文化財課　（87）2007.2

「御舟引堀」を探る―仙台城下への舟の道（佐藤昭典）「仙台郷土研究」　仙台郷土研究会　32（2）通号275　2007.12

伊達政宗の浪漫―仙台城見聞館／仙台城と若林城「文化財せんだい」　仙台市教育委員会文化財課　（92）2008.10

仙台城（《創立30周年記念特集》―報告 東北・宮城の取り組みと課題）（柳原敏昭）「宮城歴史科学研究」　宮城歴史科学研究会　（63・64）2009.1

仙台城跡国史跡指定時の石垣保存と艮櫓復元の問題（《特集 政令指定都市20年あれこれ》）（七海雅人）「市史せんだい」　仙台市博物館　19　2009.9

せんだい今昔 仙台城 もう一つの大手筋「せんだい市史通信」　仙台市博物館市史編さん室　（22）2010.2

仙台城下構築とその理由（渡邊洋一）「歴研みやぎ」　宮城県歴史研究会　（82）2010.7

研究ノート 仙台城の門松（倉橋真紀）「市史せんだい」　仙台市博物館　20　2010.9

平成24年度総会・博物館企画展観覧と仙台城三の丸とその周辺歴史散歩「宮城県文化財友の会だより」　宮城県文化財友の会　（196）2012.4

仙台城下の芭蕉遺跡探訪（京野英一）「仙台郷土研究」　仙台郷土研究会　38（1）通号286　2013.6

ぶらり仙台 文化財のたび（4）仙台城下町を歩く―辻標と素朴なギモン「文化財せんだい」　仙台市教育委員会文化財課　（106）2013.7

仙台城等量数調―『仙台市史 特別編7 城郭』「第三部 城館関係文献史料」補遺（1）（史料紹介）（羽下徳彦，倉橋真紀）「市史せんだい」　仙台市博物館　23　2013.9

仙台市立学校

表紙の物語（4）「仙台市立学校教育一班」に見る昭和3年 市勢の発展 教室不足に《特集 仙台の昭和3年II》（斎藤広通）「仙臺文化 ： 杜の都の都市文化継承誌」『仙臺文化』編集室　（4）2006.11

昭和3年 祖父母たちの学んだ木造校舎 「仙臺市立學校教育市班」から（特集 仙台生まれの教科書）「仙臺文化 ： 杜の都の都市文化継承誌」『仙臺文化』編集室　（11）2010.11

仙台停車場

仙台停車場位置変更運動と奈良原繁（志田清一）「仙台郷土研究」　仙台郷土研究会　29（1）通号268　2004.6

仙台停車場位置変更問題にみる明治前期官民関係（手嶋泰伸）「国史談話会雑誌」　東北大学国史談話会　（51）2010.12

仙台鉄道

付録「仙台鉄道・秋保電車」沿線案内「仙臺文化 ： 杜の都の都市文化継承誌」『仙臺文化』編集室　（8）2008.11

仙台藩

仙台藩と盛岡藩の境目相論（阿部茂巳）「岩手史学研究」　岩手史学会　（84）2001.3

仙台藩の参勤交代（渡邊洋一）「歴研みやぎ」　宮城県歴史研究会　60　2003.3

仙台藩の気仙海岸防備と下折壁真山家（小野寺健）「東磐史学」　東磐史学会　（28）2003.8

和算と西洋数学の接点 仙台藩の事例について（佐藤賢一）「洋学史通信」　洋学史学会　（19）2003.8

近世初期における人返しの協定と実態―陸奥中村藩と仙台藩における関係を中心に（岩本由輝）「東北学院大学東北文化研究所紀要」　東北学院大学東北文化研究所　（35）2003.9

仙台藩士殉難のこと（大場光即）「藩報きずな」　仙台藩志会　30　2003.10

白河仙台藩士殉難者供養並びに伊達家の源流の地を訪ねて（飯澤道久）「藩報きずな」　仙台藩志会　30　2003.10

仙台藩の舟運（渡辺圭祐）「藩報きずな」　仙台藩志会　30　2003.10

戊辰戦争 からす組の事（丹治伸吉）「すぎのめ」　福島市杉妻地区史跡保

存会　26　2003.11

大船渡市猪川町龍宝院文書に見る仙台藩風土記成立の事情（渡辺兼雄，名村栄治）「仙台郷土研究」　仙台郷土研究会　28（2）通号267　2003.12

仙台藩の参勤交代（伊勢民夫）「藩報きずな」　仙台藩志会　31　2004.4

仙台藩天文学の黎明期に関する一考察 土守神道と近代天文学の成立（黒須潔）「仙台郷土研究」　仙台郷土研究会　29（1）通号268　2004.6

近世武家社会のジェンダー・システムと女性の役割―近世中期の仙台藩伊達家を事例として（松崎瑠美）「歴史」　東北史学会　103　2004.9

近世初期の陸奥中村藩と仙台藩における人返しの実態（岩本由輝）「東北学院大学東北文化研究所紀要」　東北学院大学東北文化研究所　（36）2004.11

仙台藩領の「癩人小屋」について（鯨井千佐登）「東北学院大学東北文化研究所紀要」　東北学院大学東北文化研究所　（36）2004.11

仙台藩正月行事「御野始め」とその絵図について（島貫裕）「仙台郷土研究」　仙台郷土研究会　29（2）通号269　2004.12

仙台藩における伊能忠敬の足跡（高橋昭夫）「仙台郷土研究」　仙台郷土研究会　29（2）通号269　2004.12

仙台藩縁りの人と物流の跡を常総の地に訪ねる（庄司舜一）「仙台郷土研究」　仙台郷土研究会　29（2）通号269　2004.12

ある仙台藩農兵の戊辰戦争（太田秀春）「東北戊辰戦争懇話会報」　東北戊辰戦争懇話会　2　2004.12

仙台藩の戊辰戦争について（2）（草野楓子）「東北戊辰戦争懇話会報」　東北戊辰戦争懇話会　2　2004.12

文化4・5年蝦夷地出兵にみる仙台藩の深謀（高橋良志男）「仙台郷土研究」　仙台郷土研究会　30（1）通号270　2005.6

仙台藩の藩体制と支城（太田秀春）「中世城郭研究」　中世城郭研究会　（19）2005.7

幕藩体制下における支城の補修と管理―仙台藩の事例を中心に（太田秀春）「城郭史研究」　日本城郭史学会，東京堂出版（発売）25　2005.9

大藩の選択―仙台藩の明治維新（難波信雄）「東北学院大学東北文化研究所紀要」　東北学院大学東北文化研究所　（37）2005.11

戊辰戦争期の諸藩について―仙台藩の場合（難波信雄）「仙台郷土研究」　仙台郷土研究会　30（2）通号271　2005.12

せんだい今昔 仙台藩領、最古の絵図 寛永の巡見使絵図「せんだい市史通信」　仙台市博物館市史編さん室　（15）2006.1

近世の幕藩関係と大名支城の統制―仙台藩の事例から（太田秀春）「歴史」　東北史学会　106　2006.4

維新変革と仙台藩の京都情報（難波信雄）「市史せんだい」　仙台市博物館　16　2006.9

仙台藩における国元産物の献上・贈答について（籠橋俊光）「歴史」　東北史学会　107　2006.9

額兵隊を知っていますか？（大林昭雄）「藩報きずな」　仙台藩志会　（36）2006.10

宇和島藩との本末争い（渡辺圭祐）「藩報きずな」　仙台藩志会　（36）2006.10

せんだい今昔 イグネと仙台藩「せんだい市史通信」　仙台市博物館市史編さん室　（18）2007.7

仙台藩における諸医師とその把握・動員（張基善）「歴史」　東北史学会　109　2007.9

幕末の仙台藩天文方（黒須潔）「仙台郷土研究」　仙台郷土研究会　32（2）通号275　2007.12

仙台藩の江戸廻米 その航跡をたどって（《特集 若宮丸を偲ぶ会 in 禅昌寺》）（邊見清二）「ナジェージダ（希望）」　石巻若宮丸漂流民の会　（18）2008.1

仙台藩の知行士（研究発表）（千田一司）「岩手県南史談会研究紀要」　岩手県南史談会　37　2008.7

平成20年度郷土史講座 近世における用水開削事業―仙台藩・盛岡藩の事例の考察を中心として（阿部和взв）「奥羽史談」　奥羽史談会　（119・120）2009.3

しょっぱい川向こうの北海道史料 仙台藩足軽の蝦夷地勤番日記（時田里志）「赤れんが ： 北海道立文書館報」　北海道立文書館　（45）2009.12

さむらい達の天保飢饉―仙台藩の天保4・5年飢饉と藩士・藩官僚（佐藤大介）「国史談話会雑誌」　東北大学国史談話会　（50）2010.3

『安永風土記』の贈りもの（千葉貞一）「東磐史学」　東磐史学会　（35）2010.8

藩境の街道と荷継―仙台藩の境目番所を事例に（大会報告要旨）（坂田美咲）「交通史研究」　交通史学会，吉川弘文館（発売）（72）2010.10

藩境の街道と荷継ぎ争論―仙台藩の境目を事例に（第36回交通史研究会大会 共通論題「東北地方の交通と交易」―共通論題論文）（坂田美咲）「交通史研究」　交通史学会，吉川弘文館（発売）（73）2011.1

創立50周年記念講演「政宗と仙台藩の国づくり」（伊達宗弘）「郷土わたり」　亘理郷土史研究会　（106）2011.6

寛文事件一件落着 その後、あの人は？ 刃傷事件の生存者、古内志摩義如―事件後の藩政を憂う／伊達兵部宗勝のその後―政宗の末子、無念の最期／原田甲斐宗輔の七回忌法要―残された旧家臣の忠義／自立した

東北　　　　　　　　　　　　　　　地名でたどる郷土の歴史　　　　　　　　　　　　　宮城県

4代藩主、伊達綱村一藩主親政に燃える…しかし「せんだい市史通信」仙台市博物館市史編さん室　（27）2012.3

伊達仙台藩の長宗我部直系（香宗我部嵰志）「土佐史談」　土佐史談会（249）2012.3

企画展 仙台藩の御家騒動 寛文事件を追いかけろ！（平成24年4月20日〜6月10日）仙台市博物館 坂田美咲氏「宮城県文化財友の会だより」宮城県文化財友の会　（196）2012.4

歴史講演会「仙台藩の赤子養育仕法からみた武士・農民の妊娠・出産・子育て」講師：沢山美果子氏/事業概要・資料（事業記録）「藤沢史談」藤沢町史談会　（4）2013.3

2012年11月21日例会報告 仙台藩廻米体制における穀宿の機能（研究例会報告）（井上拓巳）「地方史研究」　地方史研究協議会　63（3）通号363　2013.6

伊能測量顕彰碑と仙台藩天文学との関わり（田村眞一）「仙台郷土研究」仙台郷土研究会　38（2）通号287　2013.12

仙台藩の「海岸方」試考―重臣中嶋恒康の軍制改革政策を中心に（2013年度駒沢史学会大会発表要旨）（竹ヶ原康佑）「駒沢史学」　駒沢史学会（81）2013.12

四月から新法人 文化財愛護協会/盛岡藩と仙台藩を比較 1月の郷土史学習会/盛岡の演劇と芸妓の変遷 2月の郷土史学習会/大矢邦宣理事が死去/東西南北（砂子田）「いわて文化財」　岩手県文化財愛護協会（258）2014.3

一八世紀の検見制度改革と藩領社会―仙台藩を事例に（論説）（高橋陽一）「歴史」　東北史学会　122　2014.4

北上川流域用水開発に携わった人々―盛岡・仙台藩の用水開発の功労者たち（研究発表）（阿部和夫）「岩手県南史談会研究紀要」　岩手県南史談会　43　2014.7

仙台藩の在郷屋敷（研究ノート）（倉橋真紀）「市史せんだい」　仙台市博物館　24　2014.9

奉勅攘夷体制確立期における仙台藩の動向―藩主上洛をめぐる諸相から（竹ヶ原康佑）「風俗史学 ： 日本風俗史学会誌」　日本風俗史学会，岩田書店（発売）（59）2014.9

元治元年における仙台藩の動向―藩主伊達慶邦と一門伊達六郎を中心に（論文）（竹ヶ原康佑）「米沢史学」　米沢史学会　30　2014.10

仙台藩武家社会における一門の存在意義（論文）（浅井陽子）「国史談話会雑誌」　東北大学国史談話会　（55）2014.11

明治維新と仙台藩（木村紀夫）「仙台郷土研究」　仙台郷土研究会　39（2）通号289　2014.12

仙台藩灯台

志波彦神社・鹽竈神社（国重要文化財）/文治神燈（燈籠）/日時計/鹽竈桜（特別天然記念物）/幻の仙台藩灯台/法連寺/勝画楼/源融/松尾芭蕉/藤塚知明/小池曲江（〈平成21年度総会と塩竈市歴史散歩〉）「宮城県文化財友の会だより」　宮城県文化財友の会　（181）2009.4

仙台平野

仙台平野中部におけるイグネの分布―仙台市若林区におけるイグネ分布（菊地立，佐藤裕子，二瓶由子）「東北学院大学東北文化研究所紀要」東北学院大学東北文化研究所　（32）2000.8

仙台平野中部におけるイグネの分布（3）―名取市北東部におけるイグネ分布（菊地立，阿部貴伸，内藤崇）「東北学院大学東北文化研究所紀要」東北学院大学東北文化研究所　（33）2001.9

仙台平野中部におけるイグネの分布（4）―名取市南東部におけるイグネ分布（菊地立，三浦一世，岩田和也）「東北学院大学東北文化研究所紀要」　東北学院大学東北文化研究所　（35）2003.9

仙台平野中部におけるイグネの分布（5）―名取市T氏宅イグネ周辺の気温日変化特性における季節性（菊地立）「東北学院大学東北文化研究所紀要」　東北学院大学東北文化研究所　（37）2005.11

仙台平野に来襲した三回の巨大津波―地層から復元される過去の津波被害（特集 地震・津波・原発―東日本大震災）（松本秀明）「東北学。［第2期］」　東北芸術工科大学東北文化研究センター，柏書房（発売）（28）2011.8

イグネとくらし はじめに/イグネとは/仙台平野のイグネについて/仙台市若林区長喜城のイグネ/おわりに（足元から見る民俗20―失われた伝承・変容する伝承・新たなる伝承―調査報告）「調査報告書」　仙台市教育委員会　30　2012.3

仙台平野地域の歴史と民俗に関する調査報告―近代仙台の生業、広瀬川・名取川・七北田川下流域の民俗を中心に（調査報告）「調査報告書」　仙台市教育委員会　31　2013.3

仙台ホテル

幻の名建築 平面図 仙臺ホテル/松島ニューパークホテル「仙臺文化往来」「仙臺文化」編集室　（1）2005.8

仙台水沢支藩

北海道開拓の先駆者たち（8）仙台水沢支藩の場合（村瀬正）「屯田」　北海道屯田倶楽部　（41）2007.4

仙台陸軍幼年学校

私と仙台陸軍幼年学校（山内恒男）「いしがみ ： 郷土文化誌」「いしがみ」刊行会　（16）2005.12

仙北

宮城県北（仙北）紀行―金成ハリストス正教会と酒井篤礼・千葉卓三郎（久光四郎）「伊達の風土」　伊達郷土史研究会　（26）2007.12

総力

日の丸・神力・富国・総力・躍進・銃初稔の地名（鎬田勝彦）「地名」　宮城県地名研究会　通号29　2009.5

太白区

調査報告 桶作り―仙台市太白区の桶職人「調査報告書」　仙台市教育委員会　27　2009.3

太白山

太白山考（熊谷恵一）「いしぶみ」　「いしぶみ」発行所　（28）2008.11

大坊浦

大坊浦開田事業 裏方（佐藤栄久）「郷土たより」　田尻郷土研究会　（29）2007.3

大和町

大和町の歴史「宮城県文化財友の会だより」　宮城県文化財友の会　143　2001.8

大和町の文化財「宮城県文化財友の会だより」　宮城県文化財友の会　143　2001.8

多賀郡

古代陸奥国の「名取以南一十四郡」と多賀・階上二郡の権置（佐々木茂楨）「国史談話会雑誌」　東北大学国史談話会　（50）2010.3

高清水

高清水/高清水の文化財（〈栗原市高清水の歴史散歩〉）「宮城県文化財友の会だより」　宮城県文化財友の会　（168）2006.8

高清水文化財めぐり寸描（渋谷澄子）「宮城県文化財友の会だより」　宮城県文化財友の会　（170）2006.10

栗原市高清水の歴史散歩記（遠藤哲雄）「宮城県文化財友の会だより」　宮城県文化財友の会　（170）2006.10

高清水村

幕末奥州街道の賑わい―奥州街道高清水村宿駅検断鎌田家文書にみる（千葉景一）「栗原郷土研究」　栗原郷土史研究会　（45）2014.6

高清水町

わがまちの文化財 高清水町「宮城の文化財」　宮城県文化財保護協会（113）2004.1

多賀城

多賀城の近世（小沢操）「地名」　宮城県地名研究会　14　2000.6

特別展「ふるきいしぶみ―多賀城碑と日本古代の謎」「とうほく・れきはくニュース」　東北歴史博物館　2　2001.3

多賀城史考（大川誠一）「静岡歴研会報」　静岡県歴史研究会　102　2003.1

陸奥国府多賀城の建設（岡田茂弘）「東北歴史博物館研究紀要」　東北歴史博物館　通号4　2003.3

多賀城創建期の造瓦活動について（進藤秋輝）「東北歴史博物館研究紀要」　東北歴史博物館　通号4　2003.3

県歴史資料館 つぼのいしぶみと多賀城碑（轡田克史）「文化福島」　福島県文化振興事業団　33（4）通号377　2003.7

資料紹介1 多賀城碑拓影（桑原隆博）「広島県立歴史博物館ニュース」　広島県立歴史博物館　58　2004.2

《特集 古代多賀城の町並みを考える》「宮城の文化財」　宮城県文化財保護協会　（114）2005.1

古代多賀城の町並みを考える（進藤秋輝）「宮城の文化財」　宮城県文化財保護協会　（114）2005.1

東北の城柵シリーズ 特別史跡多賀城跡（関口重樹）「日本遺跡学会会報」日本遺跡学会　（4）2005.3

わたしの見学ノートから多賀城碑と多賀城跡を訪ねて（佐藤ナカコ）「史談」　安蘇史談会　（21）2005.6

多賀城の地名（2）（太宰幸子）「いしぶみ」　「いしぶみ」発行所　（18）2006.1

多賀城にもあった「恩賜の郷倉」幻となった登録有形文化財建造物（編集部取材班）「いしぶみ」　「いしぶみ」発行所　（24）2007.11

多賀城政庁の建物塗装―赤色顔料付着の軒平瓦から（高野芳宏）「東北歴史博物館研究紀要」　東北歴史博物館　通号9　2008.3

多賀城関連瓦に付着した赤色顔料について（朽津信明）「東北歴史博物館研究紀要」　東北歴史博物館　通号9　2008.3

大宰府だより 家持終焉の地「多賀城」（早瀬ひろ子）「いしぶみ」　「いしぶみ」発行所　（26）2008.4

多賀城跡の想い出（1）初めての多賀城跡見学（岡田茂弘）「いしぶみ」

93

「いしぶみ」発行所 （27）2008.8

大宰府だより 多賀城と犬養先生の万葉歌碑（松尾セイ子）「いしぶみ」「いしぶみ」発行所 （28）2008.11

終戦63年、多賀城に旧海軍工廠「いしぶみ」「いしぶみ」発行所 （28）2008.11

多賀城跡の想い出（2）文化財保護委員会記念物課の頃（岡田茂弘）「いしぶみ」「いしぶみ」発行所 （28）2008.11

多賀城跡の想い出（3）多賀城跡調査研究所の創設（岡田茂弘）「いしぶみ」「いしぶみ」発行所 （29）2009.1

大宰府だより 多賀城との深い絆に感動（矢野文夫）「いしぶみ」「いしぶみ」発行所 （29）2009.1

多賀城跡の想い出（4）調査計画策定と発掘開始（岡田茂弘）「いしぶみ」「いしぶみ」発行所 （30）2009.4

博物館の展示から（9）多賀城碑雑感（1）（進藤秋輝）「いしぶみ」「いしぶみ」発行所 （31）2009.7

多賀城跡の想い出（5）多賀城跡第五次発掘調査（岡田茂弘）「いしぶみ」「いしぶみ」発行所 （31）2009.7

博物館の展示から（10）多賀城碑雑感（2）（進藤秋輝）「いしぶみ」「いしぶみ」発行所 （32）2009.10

多賀城跡の想い出（6）日の出山窯跡群の発掘（岡田茂弘）「いしぶみ」「いしぶみ」発行所 （32）2009.10

多賀城跡の想い出（7）多賀城政庁正殿跡の発掘調査（岡田茂弘）「いしぶみ」「いしぶみ」発行所 （33）2010.1

博物館の展示から（12）多賀城創建軒瓦に寄せて（1）（進藤秋輝）「いしぶみ」「いしぶみ」発行所 （34）2010.4

多賀城跡の想い出（8）多賀城政庁正殿跡の発掘調査（岡田茂弘）「いしぶみ」「いしぶみ」発行所 （34）2010.4

博物館の展示から（13）多賀城創建軒瓦に寄せて（2）（進藤秋輝）「いしぶみ」「いしぶみ」発行所 （35）2010.7

多賀城跡の想い出（9）宮多の施設とスタッフ（岡田茂弘）「いしぶみ」「いしぶみ」発行所 （35）2010.7

多賀城跡の想い出（10）漆紙の発掘（第9次調査）（岡田茂弘）「いしぶみ」「いしぶみ」発行所 （36）2010.11

多賀城の大路造営（鈴木琢郎）「福大史学」 福島大学史学会 （81）2010.12

多賀神社と多賀城（真山悟）「いしぶみ」「いしぶみ」発行所 （37）2011.1

多賀城跡の思い出（11）公民館市川分館の史跡学級（岡田茂弘）「いしぶみ」「いしぶみ」発行所 （37）2011.7

多賀城跡の思い出（12）宮城県考古展─東北歴博の萌芽（岡田茂弘）「いしぶみ」「いしぶみ」発行所 （38）2011.7

多賀城跡の思い出（13）多賀城外郭西辺跡の発見（岡田茂弘）「いしぶみ」「いしぶみ」発行所 （39）2011.10

多賀城跡の思い出（14）多賀城外郭東南隅の調査（岡田茂弘）「いしぶみ」「いしぶみ」発行所 （40）2012.1

多賀城跡の思い出（15）多賀城内東西道路跡の発見（岡田茂弘）「いしぶみ」「いしぶみ」発行所 （41）2012.4

多賀城跡の思い出（16）多賀城東門跡・大畑地区の調査（岡田茂弘）「いしぶみ」「いしぶみ」発行所 （42）2012.9

災害支援みちのくの旅─平泉・遠野・多賀城跡と災害地（史蹟を尋ねて緑の旗は行く）（今牧久）「伊那」 伊那史学会 60（12）通号1015 2012.12

近代多賀城の史跡利用─聖蹟顕彰事業の失敗例の検討（鈴木琢郎）「国史談話会雑誌」 東北大学国史談話会 （53）2012.12

多賀城跡の思い出（17）多賀城市制記念展示会と史跡勉強会など（岡田茂弘）「いしぶみ」「いしぶみ」発行所 （43）2013.1

多賀城跡の思い出（18）政庁跡西北部調査のことなど（岡田茂弘）「いしぶみ」「いしぶみ」発行所 （43）2013.1

「多賀城の謎を探る！」優秀賞 「西」は何を意味しているのか？（小林悦子）「いしぶみ」「いしぶみ」発行所 （44）2013.4

多賀城跡の思い出（19）金堀地区での漆紙文書と便所跡の発見（岡田茂弘）「いしぶみ」「いしぶみ」発行所 （45）2013.7

「多賀城の謎を探る！」入選 「西」は何を意味しているのか？（松浦佳子）「いしぶみ」「いしぶみ」発行所 （45）2013.7

多賀城城外における南北大路の創建および拡幅史跡について（論文）（村松稔）「福大史学」 福島大学史学会 （82）2013.9

蝦夷の朝貢・饗給と多賀城─南北大路隣接地の大型建物群の理解をめぐって（論文）（鈴木琢郎）「福大史学」 福島大学史学会 （82）2013.9

多賀城跡の思い出（20）東北歴史資料館の建設（岡田茂弘）「いしぶみ」「いしぶみ」発行所 （46）2013.10

「多賀城の謎を探る！」H25年度入選作品 「多賀」の由来は？（武田俊一郎）「いしぶみ」「いしぶみ」発行所 （46）2013.10

東日本大震災被災地と陸前の歴史（多賀城・松島）を訪ねて（小山邦昭）「郷土研だより」 東村山郷土研究会 （401）2013.10

多賀城跡の思い出（21）多賀城跡東南隅の調査（第24次）（岡田茂弘）「いしぶみ」「いしぶみ」発行所 （47）2014.10

23年度優秀賞作品「多賀城碑のなぞを探る！」碑は西を向いた（古谷エミ）「いしぶみ」「いしぶみ」発行所 （47）2014.10

多賀城市

多賀城市の歴史「宮城県文化財友の会だより」 宮城県文化財友の会 141 2001.4

多賀城市の文化財「宮城県文化財友の会だより」 宮城県文化財友の会 141 2001.4

古代の碑／多賀城碑（〈平成19年度総会と多賀城市の歴史散歩〉）「宮城県文化財友の会だより」 宮城県文化財友の会 （171）2007.4

平成19年度総会と多賀城市の歴史散歩記（坪池信夫）「宮城県文化財友の会だより」 宮城県文化財友の会 （173）2007.8

後世に伝えたい記録（多賀城市）平成の巨大地震と大津波（小澤操）「地名」 宮城県地名研究会 （35）2012.5

多賀城市内の金属地名（太宰幸子）「いしぶみ」「いしぶみ」発行所 （46）2013.10

南宮から山王付近の地名（太宰幸子）「いしぶみ」「いしぶみ」発行所 （47）2014.10

多賀城碑

秋田城と多賀城碑の伝言（佐藤宗久）「史談」 土崎史談会 （46）2006.3

高舘

名取の里 高舘の歴史に触れる（藤原令江）「市民文化財研究員活動報告書」 仙台市教育委員会 通号10 2006.3

多賀柵

天平九年大野東人の多賀柵・出羽柵直路開通計画挫折考（田牧久穂）「北方風土 ： 北国の歴史民俗考古研究誌」 イズミヤ出版 通号49 2005.1

高柳

名取市高柳における明治期の米麦売買帳と頼母子講帳（私の報告）（丹野恭夫）「仙台郷土研究」 仙台郷土研究会 34（1）通号278 2009.6

田尻

田尻郷土研究会小史「郷土たじり」 田尻郷土研究会 （25）2003.3

田尻地震（宮城県北部地震）（平野末子）「郷土たじり」 田尻郷土研究会 （25）2003.3

田尻の「金華山碑」（伊藤哲子）「郷土たじり」 田尻郷土研究会 （28）2006.3

田尻の思い出の一端（和田勝義）「郷土たじり」 田尻郷土研究会 （31）2009.5

田尻への郷愁と俳句雑感（武田道直）「郷土たじり」 田尻郷土研究会 （31）2009.5

郷土を中心とした馬の話（承前），（承前2・3・4）（平野一郎）「郷土たじり」 田尻郷土研究会 （31）/（32）2009.5/2010.6

地域の人々との和（平野末子）「郷土たじり」 田尻郷土研究会 （31）2009.5

先人の碑を訪ねて 寺子屋の師匠たち／学者と技能師匠たち（平野一郎）「郷土たじり」 田尻郷土研究会 （33）2011.4

「田尻地域での被害状況（9月29日現在）」田尻総合支所（東日本大震災特集）「郷土たじり」 田尻郷土研究会 （34）2012.5

二つの地震・その相違点（小塚てる子）「郷土たじり」 田尻郷土研究会 （35）2013.4

田尻よいとこ、後世に残そう（1）（平野末子）「郷土たじり」 田尻郷土研究会 （35）2013.4

大崎市田尻（地図）／ごれんらく「宮城県文化財友の会だより」 宮城県文化財友の会 （204）2013.8

田尻の消防について考える（佐藤紀久子）「郷土たじり」 田尻郷土研究会 （36）2014.4

往時茫々たる記憶の一端と3.11大震災のこと（和田勝義）「郷土たじり」 田尻郷土研究会 （36）2014.4

田尻さくら高校

田尻さくら高校の誕生に思う（平野末子）「郷土たじり」 田尻郷土研究会 （32）2010.6

田尻町

10年後のわが田尻町（広報たじり第36号 昭和39年2月29日）（今川美枝子）「郷土たじり」 田尻郷土研究会 （25）2003.3

〈田尻町の歴史散歩II〉「宮城県文化財友の会だより」 宮城県文化財友の会 154 2003.9

田尻町の歴史／田尻町の文化財「宮城県文化財友の会だより」 宮城県文化財友の会 154 2003.9

田尻町の歴史散歩記（若生茂夫）「宮城県文化財友の会だより」 宮城県文化財友の会 156 2004.4

田尻町制50周年に思う（平野末子）「郷土たじり」 田尻郷土研究会 （27）2005.3

東北　　　　　　　　　　　　　　　　地名でたどる郷土の歴史　　　　　　　　　　　　　　宮城県

有り難うございます／大崎タイムス紙の記事から／トピックス 町の出来事 史跡で学ぶたじりの歴史／田尻町の貴重な写真(20)／平成18年度総会・新年会写真／平成18年度総会・新年会記録「郷土たじり」 田尻郷土研究会 (28) 2006.3

弔辞／歴代天皇一覧と女帝／大崎タイムス／三陸新報／田尻の貴重な写真(21)「郷土たじり」 田尻郷土研究会 (29) 2007.3

田尻町内の産婆さんの碑と産婆さん達(1)(平野一郎)「郷土たじり」 田尻郷土研究会 (35) 2013.4

田尻町内の産婆さんの碑と産婆さん達(承前)(その1) 堀野いく産婆さんの巻／小原範子産婆さん(平野一郎)「郷土たじり」 田尻郷土研究会 (36) 2014.4

田代島
網地島、田代島(被災地の有人島は宮城のみ)／原発・放射能は？／牡鹿半島と網地島(つづき)／提言 増田博之様(栃木県)／外国人の思い(倶楽部MIA 11.8)(3・11ココ新生へ)「道鏡を守る会通信」 道鏡を守る会 別冊10 2012.10

多田川
加美町白子田・多田川流域から(1),(2)(太宰幸子)「地名」 宮城県地名研究会 通号29／通号30 2009.5／2009.11

蓼池村
勝岡郷蓼池村南屋敷名頭日誌(佐々木綱洋)「季刊南九州文化」 南九州文化研究会 (119) 2014.5

伊達藩
南部と伊達の藩境(時田里志)「いわて文化財」 岩手県文化財愛護協会 199 2004.1

北海道開拓と伊達侍(窪田剛)「家系研究協議会会報」 家系研究協議会 (29) 2009.7

石井忠行「道中日記」嘉永三年─伊達と米沢の養蚕を視察し、切種師の派遣を求めた旅(新谷正隆)「北方風土 : 北国の歴史民俗考古研究誌」 イズミヤ出版 通号60 2010.7

戦国時代の伊達領国にみる村請の村─段銭帳の分析(遠藤ゆり子)「弘前大学国史研究」 弘前大学国史研究会 (137) 2014.10

玉造郡
玉造郡21箇村から大崎市まで(玉造・地名の会)「地名」 宮城県地名研究会 通号24 2006.11

玉造柵
城柵と城司─最近の「玉造等五柵」に関する研究を手がかりとして(熊谷公男)「東北学院大学東北文化研究所紀要」 東北学院大学東北文化研究所 (39) 2007.12

多門通
「多門通」の誕生について─当時の新聞記事を中心に(《足元から見る民俗16─失われた伝承・変容する伝承・新たなる伝承》)「調査報告書」 仙台市教育委員会 26 2008.3

長喜城
イグネとくらし はじめに／イグネとは／仙台平野のイグネについて／仙台市若林区長喜城のイグネ／おわりに(足元から見る民俗20─失われた伝承・変容する伝承・新たなる伝承─調査報告)「調査報告書」 仙台市教育委員会 30 2012.3

月立
最知・月立・岩尻村絵図とウンナン・ホウリョウ(鵜田勝彦)「地名」 宮城県地名研究会 通号26 2007.11

築館
南北朝期における城館築館考(調査報告研究)(佐藤鎮雄)「さあべい」 さあべい同人会 (28) 2013.4

津久毛橋
「吾妻鏡」津久毛橋(佐々木信義)「栗原郷土研究」 栗原郷土史研究会 (42) 2011.5

土樋
歩いて実感 仙台の歴史─『仙台市史 特別編9 地域誌』さきどり企画 せんだい地域誌さんぽ その1─ちょっと気になるスポット編 広瀬橋交差点に残る、ふしぎな路側帯／車道と緑地がつながる、土樋の測道／なぜか広い、澱橋下の丁字路交差点／どこにも行けない、涌沢のトンネル「せんだい市史通信」 仙台市博物館市史編さん室 (28) 2012.7

燕沢
燕沢の碑について 仙台市郊外の古碑(寺崎幹洋)「福岡地方史研究 : 福岡地方史研究会会報」 福岡地方史研究会, 海鳥社(発売) (44) 2006.7

坪沼
仙台・太白区坪沼に見る伝承「あずま街道」の道標(佐藤達夫)「仙台郷土研究」 仙台郷土研究会 32(2)通号275 2007.12

坪沼村
道しるべでたどる近世の「坪沼村」(佐藤達夫)「仙台郷土研究」 仙台郷土研究会 30(2)通号271 2005.12

つぼのいしぶみ
県歴史資料館 つぼのいしぶみと多賀城碑(櫧田克史)「文化福島」 福島県文化振興事業団 33(4)通号377 2003.7

壺の碑
"壺の碑"は見ていた(渡邊慎也)「仙臺文化往來」 「仙臺文化」編集室 (11) 2011.7

津山町
登米町と津山町の文化財／教育資料館／水沢県庁記念館／登米懐古館／天山公廟／警察資料館／武家屋敷／伝統芸能伝承館・森舞台／玄昌石の館／横山不動尊／青銅五重塔／うぐい生息地／白魚山大慈寺／柳津虚空蔵尊／山宝性院(《登米市(登米町・津山町)の歴史散歩》)「宮城県文化財友の会だより」 宮城県文化財友の会 (179) 2008.9

鶴城
安藤昌之進氏遺稿「鶴城」(羽生正一)「郷土たじり」 田尻郷土研究会 (29) 2007.3

貞山運河
貞山運河と政宗公(大場光昭)「藩報きずな」 仙台藩志会 33 2005.4

藩祖政宗のご意思に沿って貞山運河平成の大改修進む(大場光昭)「藩報きずな」 仙台藩志会 (38) 2007.10

貞山運河の改修工事始まる 藩祖伊達政宗公の御遺思を体して(大場光昭)「藩報きずな」 仙台藩志会 (41) 2009.4

貞山堀
よみがえれ仙台藩苦心の「貞山堀」(大場光昭)「藩報きずな」 仙台藩志会 33 2005.4

手長山
伝承 手長山のたたら製鉄と「おいらん、縫い笹」の傾城塚(吉田雅博)「歴研みやぎ」 宮城県歴史研究会 (87) 2012.3

出羽街道
'02夏 出羽街道を往く(歌川智)「五頭郷土文化」 五頭郷土文化研究会 50 2003.7

東街道
古代亘理の東街道推察(今野修平)「郷土わたり」 亘理郷土史研究会 91 2003.10

菅生道に残る伝承「東街道」(佐藤達夫)「宮城史学」 宮城歴史教育研究会 (24) 2005.3

東華学校
せんだい今昔 富田鉄之助と東華学校「せんだい市史通信」 仙台市博物館市史編さん室 (29) 2013.1

堂所
地域自然と和合した伝統的な"暮らし空間"の景観生態学的描写(1) 仙台市堂所の里山農家における屋敷と背戸山(平吹喜彦, 伊藤ひかる, 菊知智美, 内山槙子)「東北学院大学東北文化研究所紀要」 東北学院大学東北文化研究所 (41) 2009.12

歩いて実感 仙台の歴史─『仙台市史 特別編9 地域誌』刊行記念 せんだい地域誌さんぽ その4─源頼朝も通った!? 泉区を横断する往古の道編 県道泉塩竈線に寄り添いながら／堂所でタイムスリップ／七北田川の西を行く？ 東を行く？／松森に残る戦いの記憶「せんだい市史通信」 仙台市博物館市史編さん室 (33) 2014.7

東北大学
企画展「市民からのおくりもの─平成18年度新収蔵品から─」「東北大学創立100周年記念展示 東北大学の至宝─資料が語る1世紀」「江戸東京博物館news : Edo-Tokyo Museum news」 東京都歴史文化財団 東京都江戸東京博物館 58 2007.6

『東北大学百年史』編纂と今泉先生(今泉隆雄先生との思い出)(中川学)「国史談話会雑誌」 東北大学国史談話会 (50) 2010.3

講演1 女性たち・留学生たちの学部仙台(2013年度 東北文化公開講演会 歴史のなかの東北大学と社会─「門戸開放」と女子学生)(永田英明)「東北文化研究室紀要」 東北大学大学院文学研究科東北文化研究室 55 2014.3

講演2 女子学生運動事始(2013年度 東北文化公開講演会 歴史のなかの東北大学と社会─「門戸開放」と女子学生)(柳原敏昭)「東北文化研究室紀要」 東北大学大学院文学研究科東北文化研究室 55 2014.3

東北大学史料館
東日本大震災における東北大学史料館の被災状況と対応(特集 創立40周年を迎えた国立公文書館)(永田英明, 徳竹剛)「アーカイブズ」 国立公文書館 (45) 2011.10

東北大学付属図書館
東北大学付属図書館の3・11直後とポスト3・11(東日本大震災の体験)

宮城県　　　　　　地名でたどる郷土の歴史　　　　　　東北

（阿部文夫）「国史談話会雑誌」　東北大学国史談話会　（53）　2012.12

東北帝国大学
大会報告特集　滝川事件と東北帝国大学（柳原敏昭）「宮城歴史科学研究」　宮城歴史科学研究会　（66）　2010.4
"男女平等"を特色とした東北帝國大學（牧野正久）「仙臺文化往來」「仙臺文化」編集室　（11）　2011.7

東和町
東和町の地名（太宰幸子）「地名」　宮城県地名研究会　（21）　2005.5
海無沢の三経塚／後藤寿庵の碑／華足寺の山門／華足寺客殿／華足寺馬頭観音堂／「アメリカ及甚」の碑／新田次郎文学碑／梁川宗元夫妻の墓（頼光寺内）／大慈寺の山門／米川の水かぶり／天然記念物（国指定）東和町のゲンジボタル（米川鱒淵川流域）（登米市東和町歴史散歩）「宮城県文化財友の会だより」　宮城県文化財友の会　（193）　2011.8
登米市東和町歴史散歩記（「こけしのふる里」蔵王町・遠刈田歴史散歩）（中鉢盛一）「宮城県文化財友の会だより」　宮城県文化財友の会　（194）　2011.9

遠刈田
遠刈田地方にみる昔のお山がけ（郷右近忠男）「仙台郷土研究」　仙台郷土研究会　28（1）通号266　2003.6
遠刈田の歴史散歩に当って／蔵王町／真田豊治墓碑（案内板より）／真田幸清筆子塚（案内板より）／仙台真田氏─郷土に伝わる日本一の兵　真田幸村の血脈（案内板より）／岩崎山金窟址　蔵王町指定文化財（史跡）／遠刈田製鉄所　高炉跡　蔵王町指定文化財（史跡）／蔵王刈田神社（「こけしのふる里」蔵王町・遠刈田歴史散歩）「宮城県文化財友の会だより」　宮城県文化財友の会　（194）　2011.9
蔵王町・遠刈田地区マップ（「こけしのふる里」蔵王町・遠刈田歴史散歩）「宮城県文化財友の会だより」　宮城県文化財友の会　（194）　2011.9

遠刈田製鉄所
遠刈田の歴史散歩に当って／蔵王町／真田豊治墓碑（案内板より）／真田幸清筆子塚（案内板より）／仙台真田氏─郷土に伝わる日本一の兵　真田幸村の血脈（案内板より）／岩崎山金窟址　蔵王町指定文化財（史跡）／遠刈田製鉄所　高炉跡　蔵王町指定文化財（史跡）／蔵王刈田神社（「こけしのふる里」蔵王町・遠刈田歴史散歩）「宮城県文化財友の会だより」　宮城県文化財友の会　（194）　2011.9

遠田郡
思い出の新聞記事　毎日　みやぎ群像（6）遠田郡（下）昭和37年1月10日（水）／朝日　沖縄返還交渉　昭和44年5月29日（木）／毎日　「ある教師の生物ものがたり」昭和61年8月1日（日）／朝日　これが縄文人の手形　昭和61年1月12日／河北　斉藤竹堂の「藩史」国訳出版　平成6年8月10日（火）「郷土たじり」　田尻郷土研究会　（35）　2013.4

遠田郷
遠山村と遠田郷「地名」　宮城県地名研究会　14　2000.6

遠山村
遠山村と遠田郷「地名」　宮城県地名研究会　14　2000.6
遠山村と伊治（太宰幸子）「全国地名研究交流誌　地名談話室」　日本地名研究所　19　2004.8

鴇波
登米市旧豊里町鴇波の地名（鴇田勝彦）「地名」　宮城県地名研究会　通号33　2011.6

常盤町
小田原遊郭物語　常盤町に封印された女たちの記憶（千葉由香）「別冊東北学」　東北芸術工科大学東北文化研究センター，作品社（発売）2　2001.7
小田原遊郭物語　常盤町に封印された女たちの記憶（千葉由香）「別冊東北学」　東北芸術工科大学東北文化研究センター，作品社（発売）3　2002.1
小田原遊郭物語　常盤町に封印された女たちの記憶（千葉由香）「別冊東北学」　東北芸術工科大学東北文化研究センター，作品社（発売）4　2002.7
小田原遊郭物語　常盤町に封印された女たちの記憶（千葉由香）「別冊東北学」　東北芸術工科大学東北文化研究センター，作品社（発売）5　2003.2
小田原遊郭物語　常盤町に封印された女たちの記憶（千葉由香）「別冊東北学」　東北芸術工科大学東北文化研究センター，作品社（発売）7　2004.1
小田原遊郭物語　常盤町に封印された女たちの記憶（千葉由香）「別冊東北学」　東北芸術工科大学東北文化研究センター，作品社（発売）8　2004.8

土手
地名　金剛院土手・深渕など（大石論）「地名」　宮城県地名研究会　通号27　2008.5

富沢
せんだいの歴史　仙台の中世（3）富沢あたり「文化財せんだい」　仙台市教育委員会文化財課　（87）　2007.2

富村
旧栗原郡に依存した二つの富村（三浦瑞穂）「栗原郷土研究」　栗原郷土史研究会　（41）　2010.3

登米
宮城　登米の文化財校舎（《特集　廃校から始まる》─よみがえった学び舎）（石川孝一郎）「まんだら　：　東北文化友の会会報」　東北芸術工科大学東北文化研究センター　（30）　2007.2
「宮城の明治村」登米を訪ねて（小山則子）「まきの木」　巻郷土資料館友の会　（93）　2010.10

登米市
登米市歴史散歩記（遠藤哲雄）「宮城県文化財友の会だより」　宮城県文化財友の会　（182）　2009.5
登米市内小・中・高等学校所有の扁額・掛軸・絵画等（冨士原勝衛）「仙台郷土研究」　仙台郷土研究会　37（2）通号285　2012.12

登米町
登米町と津山町の文化財／教育資料館／水沢県庁記念館／登米懐古館／天山公廟／警察資料館／武家屋敷／伝統芸能伝承館／森舞台／玄昌石の館／横山不動尊／青銅五重塔／うぐい生息地／白魚山大徳寺／柳津山宝性院（《登米市（登米町・津山町）の歴史散歩》）「宮城県文化財友の会だより」　宮城県文化財友の会　（179）　2008.9

鳥屋
大和町鳥屋の地名（鴇田勝彦）「地名」　宮城県地名研究会　（18）　2003.5

永志田
永志田地名考（1）（高橋てい子）「地名」　宮城県地名研究会　通号27　2008.5

中島池
蘇らせよう"中島池と幽玄な自然"（渡邊慎也）「仙臺文化往來」「仙臺文化」編集室　（8）　2009.2

長面浦
三陸沿岸、今一気仙沼／長面浦／雄勝　2013年11月（渡部桂）「東北学．［第3期］」　東北芸術工科大学東北文化研究センター，はる書房（発売）3　2014.1

長床
長床について（三文字孝司，昆野良喜）「地名」　宮城県地名研究会　17　2002.12

長瀞
ルーツを追って─広がる親戚　琴似屯田兵の子孫が亘理を訪問　長瀞出身、斎藤常吉さんの玄孫ら3名（われらの広場）（斎藤興二）「郷土わたり」　亘理郷土史研究会　（110）　2013.10

中新田
〈加美町中新田地区の歴史散歩II〉「宮城県文化財友の会だより」　宮城県文化財友の会　155　2003.10
加美町中新田地区歴史散歩（大谷由紀子）「宮城県文化財友の会だより」　宮城県文化財友の会　156　2004.4

中新田町
中新田町の歴史／中新田町の文化財「宮城県文化財友の会だより」　宮城県文化財友の会　155　2003.10

長根
長根部落に於いての講のあらまし（高梨義一）「郷土たじり」　田尻郷土研究会　（25）　2003.3

中野村
幕末農村の年中行事の解釈─宮城県中野村の農家の記録　はじめに／「懐宝年中行事」写真と読み下し文（足元から見る民俗20─失われた伝承・変容する伝承・新たなる伝承─資料紹介）「調査報告書」　仙台市教育委員会　30　2012.3
幕末の七北田川下流域における農村の家族構成「宮城県中野村南方人数御改帳」（資料紹介）「調査報告書」　仙台市教育委員会　31　2013.3

長町
長町周辺の歴史散歩記（岩渕隆是）「宮城県文化財友の会だより」　宮城県文化財友の会　158　2004.8

仲萌改良区
仲萌改良区について（佐藤松男）「郷土たじり」　田尻郷土研究会　（36）　2014.4

菜切谷
菜切谷の地名（笠原剛）「地名」　宮城県地名研究会　（22）　2005.11

勿来関

「勿来関」考（1），（2）（菅原伸一）「地名」 宮城県地名研究会 通号23/通号24 2006.5/2006.11

名取郡

陸奥国名取郡をめぐる中世的都、在地社会のあり方（若林陵一）「六軒丁中世史研究」 東北学院大学中世史研究会 （13） 2008.4

戦国時代の伊達氏と名取郡—境目の領主たち（論文）（大石直正）「六軒丁中世史研究」 東北学院大学中世史研究会 （15） 2013.12

名取市

仙台平野中部におけるイグネの分布（3）—名取市北東部におけるイグネ分布（菊地立，阿部貴伸，内藤崇）「東北学院大学東北文化研究所紀要」 東北学院大学東北文化研究所 （33） 2001.9

仙台平野中部におけるイグネの分布（4）—名取市南東部におけるイグネ分布（菊地立，三浦一世，岩田和也）「東北学院大学東北文化研究所紀要」 東北学院大学東北文化研究所 （35） 2003.9

名取市の地名［1］，（2）（太宰幸子）「地名」 宮城県地名研究会 （19）/（21） 2004.6/2005.5

仙台平野中部におけるイグネの分布（5）—名取市T氏宅イグネ周辺の気温日変化特性における季節性（菊地立）「東北学院大学東北文化研究所紀要」 東北学院大学東北文化研究所 （37） 2005.11

七北田

歩いて実感 仙台の歴史—『仙台市史 特別編9 地域誌』刊行記念 せんだい地域誌さんぽ その4—源頼朝も通った!? 泉区を横断する往古の道編 県道泉塩竃線に寄り添いながら/堂所でタイムスリップ/七北田川の西を行く？ 東を行く？/松森に残る戦いの記憶「せんだい市史通信」 仙台市博物館市史編さん室 （33） 2014.7

七北田川

七北田川下流域と木道社（畑井洋樹）「市史せんだい」 仙台市博物館 20 2014.9

幕末の七北田川下流域における農村の家族構成「宮城県中野村南方人数御改帳」（資料紹介）「調査報告書」 仙台市教育委員会 31 2013.3

七北田宿

歩いて実感 仙台の歴史—『仙台市史 特別編9 地域誌』さきどり企画 せんだい地域誌さんぽ その2—七北田・根白石編 曲がってないのに曲がる道 七北田宿/空き地にそびえる白亜の建物 泉区役所/江戸時代初期の計画都市 根白石「せんだい市史通信」 仙台市博物館市史編さん室 （29） 2013.1

七曲り道

城下町ゆかりの地名二つあった「七曲り道」（寺島喬）「郷土わたり」 亘理郷土史研究会 （98） 2007.4

鳴子温泉

集団学童疎開補遣 鳴子温泉のみなさんありがとう 小石川区、浅草区の学童疎開を受け入れて（特集 森まゆみ「聞き書きという幸せな作業」）「谷中・根津・千駄木」 谷根千工房 （90） 2008.7

鳴子温泉郷

天下に冠たる鳴子温泉郷（伊達康志）「郷土たどり」 田尻郷土研究会 （34） 2012.5

鳴瀬川

鳴瀬川河口を歩く（太宰幸子）「地名」 宮城県地名研究会 （21） 2005.5

鳴瀬川から江合川へ（1），（2） 古川西中学校区を探る（太宰幸子）「地名」 宮城県地名研究会 通号31/通号32 2010.5/2010.11

南郷町

南郷町の地名異聞太兵衛代掻いた（大石諭）「地名」 宮城県地名研究会 （22） 2005.11

新井町

新井町 鈴木家の家譜（鈴木仁）「郷土わたり」 亘理郷土史研究会 （107） 2012.4

近代の新井町鈴木家（われらの広場）（鈴木仁）「郷土わたり」 亘理郷土史研究会 （109） 2013.4

新山

新山の不思議（太宰幸子）「地名」 宮城県地名研究会 （37） 2013.5

西公園

おてんとさんの世界「おてんとさん」時代の西公園界隈《特集 おてんとさんの世界》）（伊勢民夫）「仙臺文化 : 杜の都の都市文化継承誌」『仙臺文化』編集室 （6） 2007.11

廿一

地名「廿一」について（松橋由雄）「地名」 宮城県地名研究会 （22） 2005.11

二本松

〈二本松方面の歴史散歩〉「宮城県文化財友の会だより」 宮城県文化財友の会 162 2005.5

二本松のおいたち/二本松の風景/二本松城の歴史/栗ノ須古戦場跡/藩政時代から菊人形/二本松提灯祭り/安達ヶ原ふるさと村/鬼婆の岩屋/鬼婆ものがたり/智恵子の生家「宮城県文化財友の会だより」 宮城県文化財友の会 162 2005.5

二本松城

二本松のおいたち/二本松の風景/二本松城の歴史/栗ノ須古戦場跡/藩政時代から菊人形/二本松提灯祭り/安達ヶ原ふるさと村/鬼婆の岩屋/鬼婆ものがたり/智恵子の生家「宮城県文化財友の会だより」 宮城県文化財友の会 162 2005.5

糠塚城

糠塚城について（中井正代）「中世城郭研究」 中世城郭研究会 （18） 2004.7

猫塚

増田の猫塚と大衡の猫森（私の報告）（石黒伸一朗）「仙台郷土研究」 仙台郷土研究会 34（2）通号279 2009.12

猫森

増田の猫塚と大衡の猫森（私の報告）（石黒伸一朗）「仙台郷土研究」 仙台郷土研究会 34（2）通号279 2009.12

根白石

『根白石史蹟踏査の手引』と史跡の現況（海野京子）「仙台郷土研究」 仙台郷土研究会 37（2）通号285 2012.12

歩いて実感 仙台の歴史—『仙台市史 特別編9 地域誌』さきどり企画 せんだい地域誌さんぽ その2—七北田・根白石編 曲がってないのに曲がる道 七北田宿/空き地にそびえる白亜の建物 泉区役所/江戸時代初期の計画都市 根白石「せんだい市史通信」 仙台市博物館市史編さん室 （29） 2013.1

根白石村

資料紹介 宮城県根白石村地図 明治38年（部分）「宮城県公文書館だより」 宮城県公文書館 （23） 2013.9

野田道路

野田道路と八丁道路・野田橋と本間塚橋（大石諭）「地名」 宮城県地名研究会 通号29 2009.5

野田橋

野田道路と八丁道路・野田橋と本間塚橋（大石諭）「地名」 宮城県地名研究会 通号29 2009.5

野蒜

エッセイ 野蒜幻燈（特集 東北の海—東日本大震災2）（西脇千瀬）「東北学.［第2期］」 東北芸術工科大学東北文化研究センター，柏書房（発売） （29） 2011.11

野蒜築港

収蔵資料紹介 野蒜築港中止の兆し「野蒜市街地計画方之義ニ付伺」「宮城県公文書館だより」 宮城県公文書館 （4） 2003.10

東北開発の拠点となるはずだった野蒜築港（石垣宏）「宮城県文化財友の会だより」 宮城県文化財友の会 （170） 2006.10

東松島市の歴史散歩記—幻の港野蒜築港を歩く（吉田信子）「宮城県文化財友の会だより」 宮城県文化財友の会 （171） 2007.4

築港の社会史—野蒜築港をめぐって（西脇千瀬）「東北芸術工科大学東北文化研究センター研究紀要」 東北芸術工科大学東北文化研究センター 通号8 2009.3

灰塚

戦国の遺風と灰塚（渡邊洋一）「歴研みやぎ」 宮城県歴史研究会 （86） 2011.11

萩浜

地域の歴史を生かした総合的な学習の時間—「支倉常長と萩浜の関わり」の劇化を通して（宮崎敏明）「宮城史学」 宮城歴史教育研究会 （30） 2011.5

迫町

迫町の歴史「宮城県文化財友の会だより」 宮城県文化財友の会 145 2001.10

迫町の文化財「宮城県文化財友の会だより」 宮城県文化財友の会 145 2001.10

波路上

東日本大震災に思う 気仙沼市波路上（佐藤達夫）「宮城史学」 宮城歴史教育研究会 （31） 2012.5

旗巻峠

戊辰戦役古戦場を訪ねて—近代兵器の前にあえなく散る 丸森「旗巻峠」などの古戦場をめぐる（煤孫晴夫）「藩報きずな」 仙台藩志会 （40） 2008.11

宮城県　　　　　　　　　地名でたどる郷土の歴史　　　　　　　　　東北

八丁道路
野田道路と八丁道路・野田橋と本間塚橋（大石論）「地名」 宮城県地名研究会　通号29　2009.5

鳩原
「鳩原」(2)（三文字孝司）「地名」 宮城県地名研究会　(39)　2014.5

花山
栗原市花山の自然/（旧）村名「花山」の由来/花山湖/花山寺跡/不動明王立像と脇仏 栗原市花山字本沢山下49—10/花山峠/千葉周作/孤雲屋敷と千葉周作 旧佐藤家住宅（指定有形文化財）/孤雲屋敷（旧佐藤家住宅）/仙台藩花山村寒湯番所跡/仙北städ界目守三浦家/花山ダム/浅布渓谷/御嶽神社/花山鉄砲祭り「宮城県文化財友の会だより」 宮城県文化財友の会　(210)　2014.10
栗原市花山地区（地図）「宮城県文化財友の会だより」 宮城県文化財友の会　(210)　2014.10

花山峠
栗原市花山の自然/（旧）村名「花山」の由来/花山湖/花山寺跡/不動明王立像と脇仏 栗原市花山字本沢山下49—10/花山峠/千葉周作/孤雲屋敷と千葉周作 旧佐藤家住宅（指定有形文化財）/孤雲屋敷（旧佐藤家住宅）/仙台藩花山村寒湯番所跡/仙北境目守三浦家/花山ダム/浅布渓谷/御嶽神社/花山鉄砲祭り「宮城県文化財友の会だより」 宮城県文化財友の会　(210)　2014.10

花山湖
栗原市花山の自然/（旧）村名「花山」の由来/花山湖/花山寺跡/不動明王立像と脇仏 栗原市花山字本沢山下49—10/花山峠/千葉周作/孤雲屋敷と千葉周作 旧佐藤家住宅（指定有形文化財）/孤雲屋敷（旧佐藤家住宅）/仙台藩花山村寒湯番所跡/仙北境目守三浦家/花山ダム/浅布渓谷/御嶽神社/花山鉄砲祭り「宮城県文化財友の会だより」 宮城県文化財友の会　(210)　2014.10

花山ダム
栗原市花山の自然/（旧）村名「花山」の由来/花山湖/花山寺跡/不動明王立像と脇仏 栗原市花山字本沢山下49—10/花山峠/千葉周作/孤雲屋敷と千葉周作 旧佐藤家住宅（指定有形文化財）/孤雲屋敷（旧佐藤家住宅）/仙台藩花山村寒湯番所跡/仙北境目守三浦家/花山ダム/浅布渓谷/御嶽神社/花山鉄砲祭り「宮城県文化財友の会だより」 宮城県文化財友の会　(210)　2014.10

花山村
花山村の文化財「宮城県文化財友の会だより」 宮城県文化財友の会　144　2001.9

花山村寒湯御番所
経ヶ峯 仙台藩花山村寒湯御番所表門（奥に仮託が見える）「藩報きずな」 仙台藩志会　(44)　2010.10

花山村寒湯番所
栗原市花山の自然/（旧）村名「花山」の由来/花山湖/花山寺跡/不動明王立像と脇仏 栗原市花山字本沢山下49—10/花山峠/千葉周作/孤雲屋敷と千葉周作 旧佐藤家住宅（指定有形文化財）/孤雲屋敷（旧佐藤家住宅）/仙台藩花山村寒湯番所跡/仙北境目守三浦家/花山ダム/浅布渓谷/御嶽神社/花山鉄砲祭り「宮城県文化財友の会だより」 宮城県文化財友の会　(210)　2014.10

浜方
近世初期仙台領浜方の諸役について一海上高を中心に（佐々木淳）「歴史」 東北史学会　115　2010.9

葉山城
寄稿 三条山（葉山城跡？）探索記（鈴木紀良）「地名」 宮城県地名研究会　通号32　2010.11

東長町小学校
きらり小さな博物館(6) 仙台市立東長町小学校/仙台市立大野田小学校「文化財せんだい」 仙台市教育委員会文化財課　(102)　2012.2

東松島
明日は明日の風が吹く（東日本大震災—東松島から）（久野義文）「ナジェージダ（希望）」 石巻若宮丸漂流民の会　(26)　2011.7
時事通信配信記事より 島の言い伝え、命救った（東日本大震災—東松島から）「ナジェージダ（希望）」 石巻若宮丸漂流民の会　(26)　2011.7

東松島市
東松島市の現状/新山神社/姥杉/阿弥陀三尊来迎図板碑/松池山潤洞院（〈東松島市の歴史散歩〉）「宮城県文化財友の会だより」 宮城県文化財友の会　(170)　2006.10
東松島市の歴史散歩記—幻の港野蒜築港を歩く（吉田信子）「宮城県文化財友の会だより」 宮城県文化財友の会　(171)　2007.4

日の丸
日の丸・神力・富国・総力・躍進・銃初稔の地名（鎗田勝彦）「地名」 宮城県地名研究会　通号29　2009.5

姫松館
宮城県一迫川上流の城館について一姫松館を中心として（小山文好）「中世城郭研究」 中世城郭研究会　(21)　2007.7

日和山公園
石巻市の歴史/石井閘門/北上川運河交流館/慶長使節船ミュージアム サン・ファン・バウティスタパーク/石巻文化センター/旧石巻ハリストス正教会堂/日和山公園/濡仏堂（〈石巻市の歴史散歩〉）「宮城県文化財友の会だより」 宮城県文化財友の会　(173)　2007.8

広瀬川
広瀬川河畔のタイムトンネル（地域誌だより(12)）（千葉由香）「まんだら：東北文化友の会会報」 東北芸術工科大学東北文化センター　(39)　2009.5
広瀬川を渡る！一橋がつなぐ人びとの暮らし 市街を分断する高い崖/都市計画と幻の橋/強固な橋を求めて/広瀬川と東北産業博覧会「せんだい市史通信」 仙台市博物館市史編さん室　(21)　2009.7
「広瀬川の清流を守る条例」制定後の広瀬川の変遷（《特集 政令指定都市20年あれこれ》）（日下均）「市史せんだい」 仙台市博物館　19　2009.9
広瀬川沿岸の地名(1) 愛宕橋から河原町界隈（太宰幸子）「地名」 宮城県地名研究会　通号31　2010.5
報告 夏の地名講座 広瀬河畔を行く（編集部）「地名」 宮城県地名研究会　通号32　2010.11
街の牛乳物語 戦前の搾乳所分布図/学生と牛乳/広瀬川と牛「せんだい市史通信」 仙台市博物館市史編さん室　(26)　2012.1

広瀬橋交差点
歩いて実感 仙台の歴史—『仙台市史 特別編9 地域誌』さきどり企画 せんだい地域誌さんぽ その1—ちょっと気になるスポット編 広瀬橋交差点に残る、ふしぎな路側帯/車道と緑地がつながる、土樋の測道/なぜか広い、澱橋下の丁字路交差点/どこにも行けない、涌沢のトンネル「せんだい市史通信」 仙台市博物館市史編さん室　(28)　2012.7

深淵
地名 金剛院土手・深淵など（大石論）「地名」 宮城県地名研究会　通号27　2008.5

福田村
資料紹介 『安永風土記書上字多郡福田村』（吉岡一男）「仙台郷土研究」 仙台郷土研究会　28(1)通号266　2003.6

袋
加美町小野田の袋地区を歩く（太宰幸子）「地名」 宮城県地名研究会　(34)　2011.11

富国
日の丸・神力・富国・総力・躍進・銃初稔の地名（鎗田勝彦）「地名」 宮城県地名研究会　通号29　2009.5

船岡支藩
屯田前史 北海道開拓の先駆者達(2)—船岡支藩の場合（村瀬正）「屯田」 北海道屯田倶楽部　27　2000.4

古川
古川ふるさと歌留多創作について（小島善一郎）「古川市郷土研究会会報」 古川市郷土研究会　(31)　2005.5
古川ふるさと歌留多補説・一口感想（宮崎千巌，加藤兵市，草刈時廣，橋本正治，川島知一）「古川市郷土研究会会報」 古川市郷土研究会　(31)　2005.5
ふるかわ観光マップ「宮城県文化財友の会だより」 宮城県文化財友の会　(198)　2012.8
大崎市古川歴史散歩記（伊藤博正）「宮城県文化財友の会だより」 宮城県文化財友の会　(200)　2012.10
地図に見る古川の100年（鎗田勝彦）「地名」 宮城県地名研究会　(37)　2013.5
歩いて実感 仙台の歴史—『仙台市史 特別編9 地域誌』さきどり企画 せんだい地域誌さんぽ その3—若林区にまつわるあれこれ編 若林城の影響—愛宕上杉通/いにしえの川の流れ—古川/地名に無いバス停—荒井「せんだい市史通信」 仙台市博物館市史編さん室　(31)　2013.9

古川新田
大崎市古川新田付近の地名 台所と耕地整理後の地名（太宰幸子）「地名」 宮城県地名研究会　(39)　2014.5

古川西中学校区
鳴瀬川から江合川へ(1),(2) 古川西中学校区を探る（太宰幸子）「地名」 宮城県地名研究会　通号31/通号32　2010.5/2010.11

風呂
「風呂」地名の踏査報告（熊谷恵一）「地名」 宮城県地名研究会　(22)　2005.11

東北　　　　　　　　　　　　　　地名でたどる郷土の歴史　　　　　　　　　　　　　　宮城県

閖上

「閖上」地名由来考（木村成忠）「ナジェージダ（希望）」 石巻若宮丸漂流民の会 （27） 2011.12

ヘグリ沢

仙台の地名「ヘグリ沢に沿って［1］，（2）」（太宰幸子）「地名」 宮城県地名研究会 通号33／（34） 2011.6／2011.11

帽子屋敷

地名 帽子屋敷（松橋由雄）「地名」 宮城県地名研究会 通号24 2006.11

ほうりょう

宮城の「ほうりょう」地名（上），（下）（鍋田勝彦）「地名」 宮城県地名研究会 通号31／通号32 2010.5／2010.11

吠榎

榎木と吠榎という地名「地名」 宮城県地名研究会 14 2000.6

細倉鉱山

細倉鉱山のこと／くりはら田園鉄道のこと／正藍染のこと／菊王山黄金寺／長屋門とは／首級清めの池と九ノ戸神社／茂庭石見綱元の墓（〈栗原市鴬沢・栗駒地区の歴史散歩〉「宮城県文化財友の会だより」 宮城県文化財友の会 （183） 2009.8

前木不動峡

大川渓谷・前木不動峡を絶賛した五人の文人墨客（1）～（3），（最終回）（吉田雅博）「歴研みやぎ」 宮城県歴史研究会 （83）／（86） 2010.11／2011.11

前谷地

東日本大震災と斎藤養之助家史料（東日本大震災の体験）（手嶋泰伸）「国史談話会雑誌」 東北大学国史談話会 （53） 2012.12

万吉堀

忘れられた記念碑（1）「万吉堀」（千葉景一）「栗原郷土研究」 栗原郷土史研究会 （43） 2012.5

松笠屋敷

南三陸町／南三陸町の地殻変動／東日本大震災／椿島暖地性植物群落（国指定 歌津の宮）／歌津館崎の魚竜化石産地及び魚竜化石（国指定 歌津館崎）／紺紙金泥大般若経（県指定・書跡典籍 志津川神浜）／志津川の太郎坊の杉（県指定 志津川袖浜）／田束山経塚群（県指定・史跡 歌津樋の口）／大雄寺の山門・鐘楼（町指定・建造物 志津川田尻畑）／松笠屋敷（町指定・歴史資料 歌津館浜）／歌建山津龍院の寺宝（町指定・歴史資料 歌津館浜）／大雄寺の古碑（町指定 志津川田尻畑）／田束山ツツジ園（町指定 歌津樋の口）／志津川のモアイ／神割崎／上山八幡神社／道標（町指定 町内）／木造不動明王坐像 重要文化財 平成9年 登米市津山町／白魚山大徳寺（曹洞宗） 登米市津山町「宮城県文化財友の会だより」 宮城県文化財友の会 （209） 2014.8

松島

新収集資料紹介 松島図「とうほく・れきはくニュース」 東北歴史博物館 2 2001.3

女性による道中日記 浜岡たみ著「松嶋旅行日記」を読む（堀切武）「郷土文化」 茨城県郷土文化研究会 （46） 2005.3

「まつしま紀行」（長島家文書）を読む（堀切武）「郷土文化」 茨城県郷土文化研究会 （47） 2006.3

長南氏と松島（横瀬和萬）「下妻の文化」 下妻市文化団体連絡協議会 （32） 2007.5

特集「松島」を世界遺産に（宮城県教育庁文化財保護課）「宮城の文化財」 宮城県文化財保護協会 （117） 2008.2

「扶桑第一の好風」はこうして産まれた（京野英一）「いしぶみ」 「いしぶみ」発行所 （31） 2009.7

中世松島の景観—学びの折節をふりかえって（《特集 環境と景観》）（入間田宣夫）「東北学.［第2期］」 東北芸術工科大学東北文化研究センター、柏書房（発売） （20） 2009.8

「虎勢道中記」に見る松島・金華山の描写（私の報告）（吉岡一男）「仙台郷土研究」 仙台郷土研究会 36（2）通号279 2009.12

松島の自然環境／松島の歴史的環境（中世を中心に）／雄島について／雄島・頼賢の碑（国重要文化財）／国宝 瑞巌寺／観瀾亭・松島博物館（県重要文化財）／陽徳院・御霊屋（賓華殿）（県重要文化財）／円通院・御霊屋（三慧殿）（国重要文化財）／天麟院（平成22年度総会と松島町歴史散歩）「宮城県文化財友の会だより」 宮城県文化財友の会 （186） 2010.4

表紙説明 渡辺文三郎「松島」（妹尾克己）「きび野」 岡山県郷土文化財団 （122） 2011.6

松島での地震被害と過去の震災からの対策（特集 東日本大震災 各地の報告（続）（曽根juan）「仙台郷土研究」 仙台郷土研究会 36（2）通号283 2011.12

東日本大震災被害と松島観光（特集 東日本大震災 各地の報告（続）（佐藤久一郎）「仙台郷土研究」 仙台郷土研究会 36（2）通号283 2011.12

東日本大震災被災地と陸前の歴史（多賀城・松島）を訪ねて（小山邦昭）

「郷土研だより」 東村山郷土研究会 （401） 2013.10

近代の日本三景を描いた鳥瞰図（中西僚太郎）「厳島研究：広島大学世界遺産・厳島-内海の歴史と文化プロジェクト研究センター研究成果報告書」 世界遺産・厳島-内海の歴史と文化プロジェクト研究センター （10） 2014.3

松島路

「おくの細道」松島路について（京野英一）「仙台郷土研究」 仙台郷土研究会 28（1）通号266 2003.6

松島町

平成22年度総会と松島町の歴史散歩記（気仙沼市歴史散歩）（芳賀公子）「宮城県文化財友の会だより」 宮城県文化財友の会 （188） 2010.8

松島ニューパークホテル

幻の名建築 平面図 仙嚢ホテル／松島ニューパークホテル「仙嚢文化往来」 「仙嚢文化」編集室 （1） 2005.8

松島パークホテル

松島パークホテルの誕生（大和晴彦）「仙嚢文化往来」 「仙嚢文化」編集室 （4） 2007.2

松島村

岩切郵便局と松島村旅籠・扇屋の資料（私の報告）（京野英一）「仙台郷土研究」 仙台郷土研究会 33（2）通号277 2008.12

松島湾

澤為量戊辰戦争史料の事（3）—松島湾上陸から羽州戦線陣容まで、並びに羽州戦線概要日誌（神宮滋）「北方風土：北国の歴史民俗考古研究誌」 イズミヤ出版 通号45 2003.2

平成の大津波と松島湾（特集 東日本大震災 各地の報告）（京野英一）「仙台郷土研究」 仙台郷土研究会 36（1）通号282 2011.6

松森

歩いて実感 仙台の歴史—「仙台市史 特別編9 地域誌」刊行記念 せんだい地域誌さんぽ その4—源頼朝も通った!? 泉区を横断する往古の道編 県道泉塩竈線に寄り添いながら／堂所でタイムスリップ／七北田川の西を行く? 東を行く?／松森に残る戦いの記憶「せんだい市史通信」 仙台市博物館市史編さん室 （33） 2014.7

松山

大崎市松山・鹿島台歴史散歩記（平成23年度総会と仙台駐屯地歴史散歩）（遠藤佳裕）「宮城県文化財友の会だより」 宮城県文化財友の会 （191） 2011.4

松山道

松山道と十三塚（佐々木信義）「栗原郷土研究」 栗原郷土史研究会 （41） 2010.3

丸森町

丸森町の歴史「宮城県文化財友の会だより」 宮城県文化財友の会 142 2001.5

丸森町の文化財「宮城県文化財友の会だより」 宮城県文化財友の会 142 2001.5

丸森町筆甫（ヒッポ）考（三文字孝司）「地名」 宮城県地名研究会 通号30 2009.11

丸森町（地図）／文化財公開講演のご案内／お問い合わせは左記まで「宮城県文化財友の会だより」 宮城県文化財友の会 （205） 2013.10

丸森町歴史散歩（畑田鶸鋭）「宮城県文化財友の会だより」 宮城県文化財友の会 （206） 2014.1

丸山城

伊達稙宗が隠居した丸山城と大古町遺跡—丸森町大古町遺跡の中世遺物と古文書の考察を中心にして（齋藤良治）「宮城史学」 宮城歴史教育者 （27） 2008.3

味噌作

石巻市雄勝町の「味噌作・ミソサク」地名について（千葉昌子）「地名」 宮城県地名研究会 通号30 2009.11

三門山

古代ロマン（1）～（4） 三門山になぜ?（三品正隆）「郷土わたり」 亘理郷土史研究会 （103）／（106） 2009.10／2011.6

南小泉

せんだいの歴史 仙台の中世（2） 南小泉あたり「文化財せんだい」 仙台市教育委員会文化財課 （86） 2006.10

南三陸町

被災地南三陸町 志津川高校からの発信（佐々木純）「吉野作造記念館だより」 古川学人 （20） 2012.4

津波被災地から 南三陸町戸倉字水戸辺で（太宰幸子）「地名」 宮城県地名研究会 （35） 2012.5

津波被災地調査報告（2） 南三陸町（二郷成子）「地名」 宮城県地名研究会 （36） 2012.11

宮城県 地名でたどる郷土の歴史 東北

南三陸町/南三陸町の地殻変動/東日本大震災/椿島暖地性植物群落（国指定 戸倉津の宮）/歌津館崎の魚竜化石産地及び魚竜化石（国指定 歌津館崎）/紺紙金泥大般若経（県指定・書跡典籍 志津川神浜）/志津川の太郎坊の杉（県指定 志津川袖浜）/田束山経塚群（県指定・史跡 歌津樋の口）/大雄寺の山門・鐘楼（町指定・建造物 志津川田尻畑）/松笠屋敷（町指定・建造物）/歌建山津龍院の寺宝（町指定・歴史資料 歌津館浜）/大雄寺の古碑（町指定 志津川田尻畑）/田束山ツツジ園（町指定 歌津樋の口）/志津川のモアイ/神割崎/上山八幡神社/道標（町指定 町内）/木造不動明王坐像 重要文化財 平成9年 登米市津山町/白魚山大徳寺（曹洞宗）登米市津山町「宮城県文化財友の会だより」宮城県文化財友の会（209）2014.8

南三陸町県史散歩（畑田鵬鋭）「宮城県文化財友の会だより」宮城県文化財友の会（210）2014.10

南目城

南目城（1）/南目城（2）（平成23年度総会と仙台駐屯地歴史散歩）「宮城県文化財友の会だより」宮城県文化財友の会（191）2011.4

宮城

宮城地名に思う（勝又秀夫）「地名」宮城県地名研究会（18）2003.5

戦争と宮城―地域社会と軍隊「調査報告書」仙台市教育委員会 22 2004.3

明治に溯る合併とともに消えた村名（宮城）（吉田勝郎）「歴研みやぎ」宮城県歴史研究会 65 2004.11

大切にしたい「郡」の伝統（東理浩明）「仙台郷土研究」仙台郷土研究会 30（2）通号271 2005.12

鉄道路線図で見る宮城の交通（《特集 仙台駅120周年》）「仙臺文化 ： 杜の都の都市文化継承誌」「仙臺文化」編集室（5）2007.5

宮城の鉄道唱歌（《特集 仙台駅120周年》）（渡邊慎也）「仙臺文化 ： 杜の都の都市文化継承誌」「仙臺文化」編集室（5）2007.5

宮城・山形に現存する神輿万国全図（黒須潔）「仙台郷土研究」仙台郷土研究会 32（1）通号274 2007.6

新線・廃線二つの鉄道事情（吉岡一男）「仙台郷土研究」仙台郷土研究会 32（1）通号274 2007.6

企画展紹介「秋田の手しごと その弐」/企画コーナー展紹介「真澄の旅、岩手と宮城」/随筆と引用書」「秋田県立博物館ニュース」秋田県立博物館（144）2007.10

茨城から宮城へ、そして故里大阪へ（渡部幸子）「わかくす ： 河内ふるさと文化誌」わかくす文芸研究会（52）2007.11

巻頭言 ネット企画の充実と岩手・宮城内陸地震での保全活動支援（奥村弘）「史料ネットnews letter」歴史資料ネットワーク（54）2008.6

緊急特集 岩手・宮城内陸地震発生!!!「史料ネットnews letter」歴史資料ネットワーク（54）2008.6

緊急報告 岩手・宮城内陸地震と歴史資料の保全活動（平川新）「全国歴史資料保存利用機関連絡協議会会報」「全国歴史資料保存利用機関連絡協議会」（83）2008.10

関東軍・満州開拓団と宮城の農村（講演会記録）「調査報告書」仙台市教育委員会 27 2009.3

巻頭言 大規模災害時の歴史資料保全のあり方を学ぶ―岩手・宮城内陸地震の取り組みを通して（奥村弘）「史料ネットnews letter」歴史資料ネットワーク（57）2009.5

がんばろう!!宮城 東日本大震災、お見舞い申し上げます。「宮城県文化財友の会だより」宮城県文化財友の会（号外）2011.4

被災地宮城の文化財破損のいくつか（本田義ъ）「史迹と美術」史迹美術同攷会 81（5）通号815 2011.6

所蔵資料紹介「公文書にみる明治期の宮城の馬」「宮城県公文書館だより」宮城県公文書館（20）2012.3

津波と地名 塩田跡の地名と津波伝説（太宰幸子）「地名」宮城県地名研究会（36）2012.11

宮城での歴史資料保全と3.11大震災―震災「前」・震災「後」・これから（特集 東日本大震災1年―これまでの活動と今後の課題）（佐藤大介）「アーカイブズ学研究」日本アーカイブズ学会（17）2012.11

トリビアの泉―すばらしき宮城の雑学 電信柱が立っていた「宮城県公文書館だより」宮城県公文書館（23）2013.9

近代宮城の裁縫教育と朴澤三代治―裁縫雛形を用いた一斉教授法（菊池慶子）「東北学院大学東北文化研究所紀要」東北学院大学東北文化研究所（45）2013.12

地名が知らせる自然災害 東日本大震災と岩手・宮城内陸地震から（太宰幸子）「地名」宮城県地名研究会（39）2014.5

公文書レポート 宮城書籍館と宮城の近代（鈴木琢郎）「宮城県公文書館だより」宮城県公文書館（26）2014.11

宮城と関東大震災―宮内庁宮内公文書館所蔵史料から（特集 流域の災害）（野中和夫）「利根川文化研究」利根川文化研究会（38）2014.12

宮城郡

陸軍特別大演習と宮城郡（研究ノート）（中武敏彦）「市史せんだい」仙台市博物館 24 2014.9

宮城県

宮城県の土浦藩士（海野京子）「仙台郷土研究」仙台郷土研究会 25（2）通号261 2000.12

巡検に見るふるさと（3）―宮城県北部の場合（1）（松浦順一）「宮城史学」宮城歴史教育研究会（19）2001.2

昭和5年「宮城県重要生産物番附」宮城県「郷土たじり」田尻郷土研究会（25）2003.3

くらし昨今（小林真佐子）「地名」宮城県地名研究会（18）2003.5

古代人の移動をさぐる（太宰幸子）「地名」宮城県地名研究会（18）2003.5

『宮城県歴史の道調査報告書』について（高倉淳）「仙台郷土研究」仙台郷土研究会 28（1）通号266 2003.6

仙台の戊辰戦争について（1）（草野楓子）「東北戊辰戦争懇話会報」東北戊辰戦争懇話会 1 2003.11

巡見に見るふるさと 宮城県中部の場合（2）（松浦順一）「宮城史学」宮城歴史教育研究会（23）2004.3

宮城県社会奉仕団と三陸地震津波（羽生正一）「郷土たじり」田尻郷土研究会（26）2004.3

「内」と「河」を考える（勝又秀夫）「地名」宮城県地名研究会（19）2004.6

金属地名の重要性（谷川健一）「地名」宮城県地名研究会（20）2004.11

古代地名が消える（西成辰雄）「地名」宮城県地名研究会（20）2004.11

巡検に見るふるさと（5）宮城県南部の場合（2）―一部福島県相馬地方を含む（松浦順一）「宮城史学」宮城歴史教育研究会（24）2005.3

伊達成実作「伊達日記」を読む（星宮智光）「郷土わたり」亘理郷土史研究会（94）2005.4

仙台の出版（1）大正2年・安部寫眞館発行『宮城縣名園寫眞帖』前編「仙臺文化 ： 杜の都の都市文化継承誌」「仙臺文化」編集室（1）2005.5

二つのホウリョウ塚（鵜田勝彦）「地名」宮城県地名研究会（21）2005.5

宮城県内の合併状況「地名」宮城県地名研究会（21）2005.5

地名調査あれこれ（太宰幸子）「地名」宮城県地名研究会（22）2005.11

巡検に見るふるさと（6）宮城県南部の場合（3）（松浦順一）「宮城史学」宮城歴史教育研究会（25）2006.3

日の目を見なかった請願書 岩手県南五郡を分離し宮城県に編入することの請願（西村力雄）「東磐史学」東磐史学会（32）2007.8

都市景観の保全と歴史学（《創立30周年記念特集》―報告 東北・宮城の取り組みと課題）（柳谷慶子）「宮城歴史科学研究」宮城歴史科学研究会（63・64）2009.1

巡見に見るふるさと（7）宮城県南部の場合（3）（松浦順一）「宮城史学」宮城歴史教育研究会（28）2009.3

宮城県における「友情人形」（青い目の人形）人形のたどった道をさぐる（研究報告）「調査報告書」仙台市教育委員会 27 2009.3

地名で使われる「熊」とは何か（勝又秀夫）「地名」宮城県地名研究会 通号29 2009.5

宮城県内のオトモ（村上俊則，渡辺恒子）「全国地名研究交流誌 地名談話室」日本地名研究所（29）2009.8

「ハセ」「ハサマ」の思考（勝又秀夫）「地名」宮城県地名研究会 通号30 2009.11

「盗人地名」について（三文字孝司）「地名」宮城県地名研究会 通号31 2010.5

宮城県の一口知識「鮫氷」「宮城県公文書館だより」宮城県公文書館（18）2011.4

巡見に見るふるさと（8）宮城県東部の場合（2）（松浦順一）「宮城史学」宮城歴史教育研究会（30）2011.5

岐阜県の先生、宮城県で復興支援「郷土研究・岐阜 ： 岐阜県郷土資料研究協議会会報」岐阜県郷土資料研究協議会（116）2011.9

『宮城県郷土かるた』復刻披露（地域誌だより（22））（千葉由香）「まんだら ： 東北文化友の会会報」東北芸術工科大学東北文化研究センター（49）2011.11

東日本大震災 宮城県慶長使節船ミュージアムの場合（特集 東日本大震災 各地の報告（続））（濱田直嗣）「仙台郷土研究」仙台郷土研究会 36（2）通号283 2011.12

宮城県の一口知識「岩手県との県境変更の動き」「宮城県公文書館だより」宮城県公文書館（19）2011.12

大地震、大津波を語り継ぐために―「みやぎ民話の学校」を開く（小野和子）「民話」東北文教大学短期大学部民話研究センター（32）2012.1

宮城県の一口知識「歩兵第4連隊」「宮城県公文書館だより」宮城県公文書館（20）2012.3

震災について 聞取りしたお話から（宮下周子）「地名」宮城県地名研究会（35）2012.5

震災を振り返って（二郷成子）「地名」宮城県地名研究会（35）2012.5

自然災害と地名 地震と津波から（太宰幸子）「地名」宮城県地名研究会（35）2012.5

東北 　　　　　　　　　　　　　地名でたどる郷土の歴史 　　　　　　　　　　　　　宮城県

災害と地名 宮城県地名研究会(太宰幸子)「日本地名研究所通信」 日本地名研究所 (74) 2012.5

宮城県の一口知識「郡役所」「宮城県公文書館だより」 宮城県公文書館 (21) 2012.6

宮城県の一口知識「史蹟・名勝・天然紀念物」「宮城県公文書館だより」 宮城県公文書館 (22) 2012.9

古代地名にみる「キ」終止について(勝又秀夫)「地名」 宮城県地名研究会 (36) 2012.11

祖からの伝言 地名から語る自然災害(太宰幸子)「地名」 宮城県地名研究会 (36) 2012.11

侮るなかれ小字地名(太宰幸子)「地名」 宮城県地名研究会 (36) 2012.11

宮城県公文書館の被災状況(東日本大震災の体験)(兼平賢治)「国史談話会雑誌」 東北大学国史談話会 (53) 2012.12

宮城県における「友情人形(青い目の人形)」と「新友情人形」の東日本大震災による被害状況調査の報告(調査報告)「調査報告書」 仙台市教育委員会 31 2013.3

市外史跡探訪「東北への旅 岩手県・宮城県方面」(重田武男)「史談足柄」 足柄史談会 51 2013.4

屋号=阿弥陀堂の家(太宰幸子)「地名」 宮城県地名研究会 (37) 2013.5

要害地名一考察(菅原伸一)「地名」 宮城県地名研究会 (37) 2013.5

自然災害と地名(太宰幸子)「地名」 宮城県地名研究会 (37) 2013.5

宮城県知事公館

特集 歴史遺産としての宮城県知事公館(関口重樹)「宮城の文化財」 宮城県文化財保護協会 (115) 2006.3

宮城個人史図書館

街のともし火(1) 宮城個人史図書館「仙臺文化 ： 杜の都の都市文化継承誌」 『仙臺文化』編集室 (5) 2007.5

宮城集治監雄勝分監

明治29年三陸大津波 宮城集治監雄勝分監遭厄記録(柴修也)「歴研みやぎ」 宮城県歴史研究会 (87) 2012.3

宮城野

宮城野の萩(高倉淳)「仙台郷土研究」 仙台郷土研究会 30(2)通号271 2005.12

地域の話題 宮城野の木萩(高倉淳)「宮城史学」 宮城歴史教育研究会 (26) 2007.3

宮城野略年表/商工省工藝指導所(〈平成20年度総会と宮城野区の歴史散歩〉)「宮城県文化財友の会だより」 宮城県文化財友の会 (176) 2008.4

宮城野区

平成20年度総会と宮城野区の歴史散歩記(菅野静枝)「宮城県文化財友の会だより」 宮城県文化財友の会 (178) 2008.8

宮城野区から探る今昔(太宰幸子)「地名」 宮城県地名研究会 (35) 2012.5

宮城野原

宮城野原の昔を訪ねて「仙臺文化往来」 「仙臺文化」編集室 (1) 2005.8

Survey宮城野 ボールパークの第一歩/宮城野原を飛んだ飛行機/宮城野萩/それこそそれよ 宮城野の原「せんだい市史通信」 仙台市博物館市史編さん室 (19) 2008.7

宮崎

加美町宮崎・小野田の歴史散歩記(H24.10.8)(特別寄稿)(森信彦)「宮城県文化財友の会だより」 宮城県文化財友の会 (201) 2013.2

宮床

大和町・宮床地区マップ(「まほろばの国」大和町・宮床歴史散歩)「宮城県文化財友の会だより」 宮城県文化財友の会 (195) 2011.10

大和宮床歴史散歩記(高橋三郎)「宮城県文化財友の会だより」 宮城県文化財友の会 (196) 2012.4

宮戸島

宮戸島から(東日本大震災—東松島から)(菅野利一)「ナジェージダ(希望)」 石巻若宮丸漂流民の会 (26) 2011.7

宮野

栗原市宮野地区へ(編集部)「地名」 宮城県地名研究会 通号29 2009.5

陸奥国府

"蘇る"幻の陸奥国府とその時代(菅野紀男)「市民文化財研究員活動報告書」 仙台市教育委員会 8 2004.3

村田

公開講演会 よみがえる村田の歴史—江戸時代からのメッセージ 2013年6月29日(講演会)(高橋陽一)「史の杜 ： 東北大学東北アジア研究センター上廣歴史資料学研究部門ニュースレター」 東北大学東北アジ

ア研究センター上廣歴史資料学研究部門 (2) 2014.4

村田町

宮城県村田町におけるソラマメを活かした地域づくりの特徴(酒井宣昭,中村慎司)「東北学院大学東北文化研究所紀要」 東北学院大学東北文化研究所 (41) 2009.12

村田町の歴史散歩記(平成22年度総会と松島町歴史散歩)(遠藤哲雄)「宮城県文化財友の会だより」 宮城県文化財友の会 (186) 2010.4

最上街道

純粋奥の細道 最上海道と軽井沢御番所(柳原榮大)「古川市郷土研究会会報」 古川市郷土研究会 (31) 2005.5

元町

亘理郡元町地区での復興・再生の状況(特集 東日本大震災 各地の報告(続々))(菊地文武)「仙台郷土研究」 仙台郷土研究会 39(1)通号288 2014.6

本吉

被災地 気仙沼市本吉地区へ(渡辺恒子)「地名」 宮城県地名研究会 (35) 2012.5

茂庭村

記念碑に見る天保の飢饉と名取郡茂庭村(佐藤達夫)「宮城史学」 宮城歴史教育研究会 (32) 2013.5

八木山

会津(越後)街道を辿る—白坂から八木山までの街道の記録(神田久)「阿賀路 ： 東蒲原郡郷土誌」 阿賀路の会 47 2009.5

八木山・いま・むかし—歴史を知る(渡邊洋一)「仙台郷土研究」 仙台郷土研究会 40(2)通号291 2015.12

薬師山

薬師山の荒く起こし(村上久子)「郷土たじり」 田尻郷土研究会 (25) 2003.3

躍進

日の丸・神力・富国・総力・躍進・銃初稔の地名(鍋田勝彦)「地名」 宮城県地名研究会 通号29 2009.5

柳生

モノがたり仙台 柳生和紙「せんだい市史通信」 仙台市博物館市史編さん室 (15) 2006.1

仙台の柳生和紙(《特集 東北遺産を探る》—私の東北遺産)(横山英子)「まんだら ： 東北文化友の会会報」 東北芸術工科大学東北文化研究センター (26) 2006.2

仙台の柳生和紙と松川達磨(《足元から見る民俗15—失われた伝承・変容する伝承・新たなる伝承》)「調査報告書」 仙台市教育委員会 25 2007.3

仙台の工芸(4) 柳生「強製紙」による工芸品(庄子晃子)「仙臺文化 ： 杜の都の都市文化継承誌」 『仙臺文化』編集室 (5) 2007.5

山下村

亘理郡山下村分村騒動の顚末(高橋昭夫)「仙台郷土研究」 仙台郷土研究会 32(2)通号275 2007.12

山元町

〈山元町の歴史散歩〉「宮城県文化財友の会だより」 宮城県文化財友の会 160 2004.10

山元町の歴史/山元町の文化財「宮城県文化財友の会だより」 宮城県文化財友の会 160 2004.10

山元町の歴史散歩記(佐久間克恵)「宮城県文化財友の会だより」 宮城県文化財友の会 161 2005.4

山元町からの被災報告(特集 東日本大震災 各地の報告(続))(冨沢實)「仙台郷土研究」 仙台郷土研究会 36(2)通号283 2011.12

八幡沖区

消された集落 多賀城村八幡沖区(小澤操)「地名」 宮城県地名研究会 (36) 2012.11

八幡

八幡荘と治承・寿永内乱(論文)(三好俊文)「市史せんだい」 仙台市博物館 23 2013.9

湯坪

多賀城の地名 「湯坪 ゆつぼ」(塩竈市)(太宰幸子)「いしぶみ」 「いしぶみ」発行所 (19) 2006.4

閖上

大津波を表す地名「閖上」(東日本大震災—塩釜から)(本馬貞夫)「ナジェージダ(希望)」 石巻若宮丸漂流民の会 (26) 2011.7

養賢堂

近世の教育事情—藩学養賢堂の成立と庶民教育(渡邊洋一)「仙台郷土研究」 仙台郷土研究会 37(2)通号285 2012.12

宮城県　　　　　　　　　　　地名でたどる郷土の歴史　　　　　　　　　　　東北

吉田野

写真 予想しなかった津波―宮城県亘理町吉田・野地区での出来事（特集 地震・津波・原発―東日本大震災）（七海雅人）「東北学.［第2期］」 東北芸術工科大学東北文化研究センター，柏書房（発売）（28）2011.8

吉田浜

吉田浜ものがたり―石碑を訪ねて（半澤磨）「郷土わたり」 亘理郷土史研究会 （99）2007.10

吉田浜ものがたり 碑を訪ねて（2）（半澤磨）「郷土わたり」 亘理郷土史研究会 （100）2008.3

四ツ谷

都市史からみた四ツ谷用水支倉堀遺構の価値（千葉正樹）「宮城歴史科学研究」 宮城歴史科学研究会 （65）2009.12

澱橋

歩いて実感 仙台の歴史―『仙台市史 特別編9 地域誌』さきどり企画 せんだい地域誌さんぽ その1―ちょっと気になるスポット編 広瀬橋交差点に残る、ふしぎな路側帯／車道と緑地がつながる、土樋の測道／なぜか広い、澱橋下の丁字路交差点／どこにも行けない、涌沢のトンネル 「せんだい市史通信」 仙台市博物館市史編さん室 （28）2012.7

与兵衛沼窯

与兵衛沼窯跡（新堤地区）保存決定！「文化財せんだい」 仙台市教育委員会文化財課 （89）2007.10

蓬田

2011「玉造地名の会」探訪報告 鳴子温泉蓬田／久田／赤逗の屋号と地名（鶴田勝彦）「地名」 宮城県地名研究会 （35）2012.5

寄磯浜

琉球人奥州牡鹿郡寄磯浜漂着一件（菊池勇夫）「沖縄研究ノート：《共同研究》南島における民族と宗教」 宮城学院女子大学キリスト教文化研究所 （10）2001.3

利府城

わがまちの文化財 利府町 菅谷横穴墓群／春日窯跡群／利府城跡（利府町教育委員会）「宮城の文化財」 宮城県文化財保護協会 （118）2009.3

利府町

〈平成15年度総会と利府町の歴史散歩II〉「宮城県文化財友の会だより」 宮城県文化財友の会 151 2003.4

利府町の歴史／利府町の文化財「宮城県文化財友の会だより」 宮城県文化財友の会 151 2003.4

平成15年度総会と利府町の歴史散歩記（佐藤博）「宮城県文化財友の会だより」 宮城県文化財友の会 151 2003.8

わがまちの文化財 利府町 菅谷横穴墓群／春日窯跡群／利府城跡（利府町教育委員会）「宮城の文化財」 宮城県文化財保護協会 （118）2009.3

歴史資料調査と活動の発信―白石市・利府町・大崎市（歴史資料保全活動）（荒武賢一朗）「史の杜 : 東北大学東北アジア研究センター上廣歴史資料学研究部門ニューズレター」 東北大学東北アジア研究センター上廣歴史資料学研究部門 （2）2014.4

六郷

六郷あたりの自然災害について（庄司壽夫）「市民文化財研究員活動報告書」 仙台市教育委員会 7 2003.3

六丁の目

条里制と地名「六丁の目」（勝又秀夫）「地名」 宮城県地名研究会 通号31 2010.5

六丁目村

研究ノート 受け継がれていた地域の歴史―被災した六丁目村遠藤家の資料にみる地肝入の出世（緊急特集「東日本大震災における資料レスキュー活動」）（倉橋真紀）「市史せんだい」 仙台市博物館 21 2011.11

若林区

仙台平野中部におけるイグネの分布―仙台市若林区におけるイグネ分布（菊地立，佐藤裕子，二瓶由子）「東北学院大学東北文化研究所紀要」 東北学院大学東北文化研究所 （32）2000.8

歩いて実感 仙台の歴史―『仙台市史 特別編9 地域誌』さきどり企画 せんだい地域誌さんぽ その3―若林区にまつわるあれこれ編 若林城の影響―愛宕上杉通／いにしえの川の流れ―古川／地名に無いバス停―荒井「せんだい市史通信」 仙台市博物館市史編さん室 （31）2013.9

若林城

若林城と臥竜梅（大場光昭）「藩報きずな」 仙台藩志会 31 2004.4

伊達政宗の浪漫―仙台城見聞館／仙台城と若林城「文化財せんだい」 仙台市教育委員会文化財課 （92）2008.10

仙台・旧若林城跡（渡邊喜久雄）「歴研みやぎ」 宮城県歴史研究会 （85）2011.7

歩いて実感 仙台の歴史―『仙台市史 特別編9 地域誌』さきどり企画 せんだい地域誌さんぽ その3―若林区にまつわるあれこれ編 若林城の影

響―愛宕上杉通／いにしえの川の流れ―古川／地名に無いバス停―荒井「せんだい市史通信」 仙台市博物館市史編さん室 （31）2013.9

若柳

〈若柳の歴史散歩〉「宮城県文化財友の会だより」 宮城県文化財友の会 163 2005.8

若柳の歴史／若柳の文化財等／くりはら田園鉄道／日韓近代史に秘められた「心の絆」「宮城県文化財友の会だより」 宮城県文化財友の会 163 2005.8

若柳の散歩記（児玉逸夫）「宮城県文化財友の会だより」 宮城県文化財友の会 165 2005.10

米の旅―幕末若柳の米移出の実態（小野寺健太郎）「栗原郷土研究」 栗原郷土史研究会 （43）2012.5

涌沢

歩いて実感 仙台の歴史―『仙台市史 特別編9 地域誌』さきどり企画 せんだい地域誌さんぽ その1―ちょっと気になるスポット編 広瀬橋交差点に残る、ふしぎな路側帯／車道と緑地がつながる、土樋の測道／なぜか広い、澱橋下の丁字路交差点／どこにも行けない、涌沢のトンネル「せんだい市史通信」 仙台市博物館市史編さん室 （28）2012.7

涌谷

ロマンの町 涌谷（松川和夫）「いしぶみ」 「いしぶみ」発行所 （20）2006.10

涌谷の種痘（小笠原康隆）「仙台郷土研究」 仙台郷土研究会 34（1）通号278 2009.6

涌谷町

涌谷町の歴史「宮城県文化財友の会だより」 宮城県文化財友の会 150 2002.10

涌谷町の文化財「宮城県文化財友の会だより」 宮城県文化財友の会 150 2002.10

涌谷町の歴史散歩記（大谷正人）「宮城県文化財友の会だより」 宮城県文化財友の会 152 2003.5

涌谷要害

陣屋町点描（7）陸奥涌谷要害の太鼓堂（櫓）（米田藤博）「パイオニア」 関西地理学研究会 （97）2011.11

渡波

煙草と塩・二つの専売局建物遺構―千厩 渡波（畠山篤雄）「東磐史学」 東磐史学会 （37）2012.8

亘理

亘理の寺子屋（渡邉治男）「郷土わたり」 亘理郷土史研究会 88 2002.4

古代亘理の東街道推察（今野修平）「郷土わたり」 亘理郷土史研究会 91 2003.10

仙台亘理騒動記（横山衛）「古文書研究会報」 岩手古文書研究会 301 2003.10

亘理戦後史秘話（二題）（今野修平）「郷土わたり」 亘理郷土史研究会 93 2004.10

亘理耕土水利の変遷（1），（2）（石間大暉）「郷土わたり」 亘理郷土史研究会 93／（94）2004.10／2005.4

「刈田・柴田・伊具・宇田・亘理 五郡南部家へ引渡留」「岩手の古文書 : the Iwate journal of diplomatics」 岩手古文書学会 （19）2005.3

御二ノ丸界隈物語（後）（寺島喬）「郷土わたり」 亘理郷土史研究会 （94）2005.4

旧邑村境界杭の破棄免る（第94号に続いて歴史上の難読人名から〈何んと読むの？〉）（月田秀吾）「郷土わたり」 亘理郷土史研究会 （95）2005.10

「亘理伊達家ゆかりの史跡」について（寺島喬）「郷土わたり」 亘理郷土史研究会 （96）2006.4

故郷 亘理の憶い出（村松巌）「郷土わたり」 亘理郷土史研究会 （96）2006.4

戊辰戦争 江戸からも亘理隊に参加・抗戦（月田秀吾）「郷土わたり」 亘理郷土史研究会 （97）2006.10

亘理の地名（鈴木光範）「地名」 宮城県地名研究会 通号24 2006.11

わたり建物語「旧松浦医院」について（寺島喬）「郷土わたり」 亘理郷土史研究会 （98）2007.4

城下町亘理のゆかりの地名 「東側穢多」「西側小屋頭」について（寺島喬）「郷土わたり」 亘理郷土史研究会 （99）2007.10

城下町わたり・ゆかりの地名「才槌小路」についての一考察（寺島喬）「郷土わたり」 亘理郷土史研究会 （100）2008.3

「町の花 町の木」制定への経過について（われらの広場）（小山義憲）「郷土わたり」 亘理郷土史研究会 （100）2008.3

城下町亘理・わかりの地名 裏城戸・下木戸についての一考察（関連して獄屋などのこと）（寺島喬）「郷土わたり」 亘理郷土史研究会 （101）2008.10

総会記念講演要旨（2）日本最北端の地・思国―亘理は早くから中央政府の一部（三浦弘嗣）「郷土わたり」 亘理郷土史研究会 （105）2010.10

亘理地方の方言(清野一夫)「伊達の風土」 伊達郷土史研究会 （29）
　2010.12

"続編"城下町亘理のゆかりの地名 「東側穢多」「西側小屋頭」のこと
　(寺島喬)「郷土わたり」 亘理郷土史研究会 （106） 2011.6

東日本大震災が残したもの(東日本大震災―亘理から)(斎藤博)「ナ
　ジェージダ（希望）」 石巻若宮丸漂流民の会 （26） 2011.7

亘理地域での大震災(特集 東日本大震災 各地の報告(続))(鈴木仁)「仙
　台郷土研究」 仙台郷土研究会 36(2)通号283 2011.12

「東日本大震災」亘理地方の平成大津波と歴史上の大津波(三品正明)「郷
　土わたり」 亘理郷土史研究会 （107） 2012.4

城下町亘理のゆかりの地 東日本大震災と大津波について(寺島喬)「郷土
　わたり」 亘理郷土史研究会 （107） 2012.4

"亘理伊達家の資料"展示資料紹介 伊達政宗書状 年未詳3月19日 五郎
　(成実宛)、第1回移住者 室蘭に上陸 小野潭画/桜小路横穴墓群パネル
　展示中「郷土しりょうかん」 亘理町郷土資料館 （106） 2012.8

奥州藤原氏と亘理(熊谷惠一)「いしぶみ」 「いしぶみ」発行所 （44）
　2013.4

札幌琴似屯田兵の子孫会が亘理へ 「先祖のふるさとを巡る旅」を歓迎
　(総務委員会)「郷土わたり」 亘理郷土史研究会 （109） 2013.4

奥州藤原氏と亘理(前号からの続き)(熊谷惠一)「いしぶみ」 「いしぶ
　み」発行所 （45） 2013.7

心の復興―震災を乗り越えながら(各地区懇談会だより)(清野和夫)「郷
　土わたり」 亘理郷土史研究会 （110） 2013.10

ルーツを追って―広がる親戚 琴似屯田兵の子孫が亘理を訪問 長瀞出身、
　斎藤常吉さんの玄孫ら3名(われらの広場)(斎藤興二)「郷土わたり」
　亘理郷土史研究会 （110） 2013.10

亘理地区での復旧・復興状況について(特集 東日本大震災 各地の報告
　(続々))(鈴木仁)「仙台郷土研究」 仙台郷土研究会 39(1)通号288
　2014.6

伊達成実霊屋御開帳と解説会/よみがえるふるさとの歴史―海運と製塩
　の町・亘理―に92人「郷土しりょうかん」 亘理町郷土資料館
　（118） 2014.8

亘理郡

明治初期の新生亘理を伝える『皇国地誌』『亘理郡地誌』の価値(星宮智
　光)「郷土わたり」 亘理郷土史研究会 （98） 2007.4

記念講演 古代亘理郡での鉄生産に関して 新地―山元の海岸線は砂鉄の
　採取地(菊池文武)「郷土わたり」 亘理郷土史研究会 （110） 2013.10

亘理郡の城(舘)(編集委員会)「郷土わたり」 亘理郷土史研究会
　（111） 2014.4

亘理城

亘理城に「伊達な看板」お目見得(予定)(われらの広場)(寺島喬)「郷
　土わたり」 亘理郷土史研究会 （102） 2009.4

亘理城(御館)御本丸物語(寺島喬)「郷土わたり」 亘理郷土史研究会
　（103） 2009.10

写真に見る亘理城(御舘)大沼周辺の50年の変遷(寺島喬)「郷土わたり」
　亘理郷土史研究会 （105） 2010.10

"続"矛盾の「亘理要害跡」看板 亘理町史の「亘理城跡」は行政的名称
　(われらの広場)(寺島喬)「郷土わたり」 亘理郷土史研究会 （106）
　2011.6

亘理小学校

亘理小学校体育館物語(寺島喬)「郷土わたり」 亘理郷土史研究会
　（97） 2006.10

亘理伊達屋敷

亘理伊達家の仙台屋敷(邸)と片平丁について(寺島喬)「郷土わたり」
　亘理郷土史研究会 （109） 2013.4

"判明" 仙台の亘理伊達屋敷(邸)のこと(寺島喬)「郷土わたり」 亘理郷
　土史研究会 （110） 2013.10

亘理町

わがまちの文化財 亘理町「宮城の文化財」 宮城県文化財保護協会
　（112） 2003.9

亘理町の地名(太宰幸子)「地名」 宮城県地名研究会 （20） 2004.11

亘理町歴史散歩記(平成23年度総会と仙台駐屯地歴史散歩)(芳賀孝雄)
　「宮城県文化財友の会だより」 宮城県文化財友の会 （191） 2011.4

開館20周年記念 講演会開催 宮城資料ネット歴史叙述事業―亘理町報告
　会 7月12日(土) 「荒浜湊のにぎわい―東廻り海運と阿武隈川舟運の
　結節点―」井上拓巳氏、「慶長奥州地震津波と亘理町の製塩―400年前
　の津波と復興―」蝦名裕一氏「郷土しりょうかん」 亘理町郷土資料
　館 （117） 2014.6

亘理藩

亘理藩の参戦記録―横手盆地での展開(相馬精)「北方風土 ： 北国の歴
　史民俗考古研究誌」 イズミヤ出版 通号40 2000.6

亘理要害

矛盾の「亘理要害跡」看板 建立に対する反響(われらの広場)(寺島喬)

「郷土わたり」 亘理郷土史研究会 （105） 2010.10

"続"矛盾の「亘理要害跡」看板 亘理町史の「亘理城跡」は行政的名称
　(われらの広場)(寺島喬)「郷土わたり」 亘理郷土史研究会 （106）
　2011.6

矛盾「亘理要害跡」看板 亘理は「城下町でない」でいいのか(総務委員
　会)「郷土わたり」 亘理郷土史研究会 （107） 2012.4

続・矛盾「亘理要害跡」看板 独善的・裁量権の乱用か(総務委員会)「郷
　土わたり」 亘理郷土史研究会 （109） 2013.4

続・矛盾「亘理要害跡」看板 渡道開拓の末裔の方々の思惑は!!(寺島喬)
　「郷土わたり」 亘理郷土史研究会 （110） 2013.10

蕨村

蕨村の鈴木塾(日下幸一)「郷土わたり」 亘理郷土史研究会 89 2002.
　10

秋田県

合川

合川地域の国有林経営について（1）（佐藤勇助）「史友」 合川地方史研究会 （30）2007.11

合川風土記（1）（福岡龍太郎）「史友」 合川地方史研究会 （32）2009.12

合川風土記（2）川井家の巻（福岡龍太郎）「史友」 合川地方史研究会 （33）2010.12

合川風土記 李岱の巻（福岡龍太郎）「史友」 合川地方史研究会 （34）2011.12

ろばた講座 ふるさとの文化財から（照内捷二）「史友」 合川地方史研究会 （34）2011.12

記録で辿る合川地方史研究会（2）（編集部）「史友」 合川地方史研究会 （35）2013.1

合川風土記（3）鎌沢村の巻（上）（福岡龍太郎）「史友」 合川地方史研究会 （35）2013.1

合川西小学校

特別企画 閉校 元合川南小／元合川西小（編集部）「史友」 合川地方史研究会 （35）2013.1

合川東小学校

合川東小学校での思い出（稲山純子）「史友」 合川地方史研究会 （35）2013.1

合川町

教育制度草創の頃 合川町（6）根田小学校の巻（山岡多郎右衛門）「史友」 合川地方史研究会 （25）2004.10

中世の合川町は馬の特産地だった―大野という地名が伝えるもの（木村清幸）「史友」 合川地方史研究会 （33）2010.12

合川南小学校

特別企画 閉校 元合川南小／元合川西小（編集部）「史友」 合川地方史研究会 （35）2013.1

赤神

男鹿半島の赤神と古代氏族を考える（伊藤祐紀）「北方風土 ： 北国の歴史民俗考古研究誌」 イズミヤ出版 通号47 2004.1

赤田村

近世後期の村・家・家族・個人―出羽国亀田藩領赤田村のキリシタン改帳から（今野真）「東北学院大学東北文化研究所紀要」 東北学院大学東北文化研究所 （36）2004.11

赤利又城

比内浅利氏と赤利又城（ひろば）（小塚嘉七）「鷹巣地方史研究」 鷹巣地方史研究会 （70）2014.12

明利又城

比内郡と明利又城（古内龍夫）「鷹巣地方史研究」 鷹巣地方史研究会 （57）2005.10

明利又村

「赤利又（明利又）村」について（永井高道）「鷹巣地方史研究」 鷹巣地方史研究会 （58）2006.4

秋田

縄文時代の秋田の地名語彙（新谷正隆）「秋田地名研究年報」 秋田地名研究会 16 2000.6

近代秋田の農村と出稼ぎ・移民（3）―明治・大正期を中心として（田口勝一郎）「北方風土 ： 北国の歴史民俗考古研究誌」 イズミヤ出版 通号40 2000.6

第四『秋田のことば』ここが違っている（三木藤佑）「北方風土 ： 北国の歴史民俗考古研究誌」 イズミヤ出版 通号45 2003.2

弘化三年／道中日記／惣兵衛／三月十一日（佐藤貢）「秋田地名研究年報」 秋田地名研究会 19 2003.6

矢立杉・津軽秋田境目紛争と現在（鷲谷豊）「出羽路」 秋田県文化財保護協会 （133）2003.7

律令制下の秋田と広域行政圏（渡部育子）「秋田市史研究」 秋田市 12 2003.8

秋田実季時代の村（塩谷順耳）「秋田市史研究」 秋田市 12 2003.8

秋田紀行補遺（石塚政吾）「秋田市史研究」 秋田市 12 2003.8

第五『秋田のことば』ここが違っている（三木藤佑）「北方風土 ： 北国の歴史民俗考古研究誌」 イズミヤ出版 通号46 2003.8

地名改変考（斎藤廣志）「秋田の地名 ： 秋田地名研究会会報」 「秋田地名研究会」 37 2003.9

「東遊雑記」（幕府巡見使随行記）について（古谷正巳）「鷹巣地方史研究」 鷹巣地方史研究会 53 2003.10

明治14年のいわゆる秋田事件後の官側表彰史料などについて（高橋秀夫）「秋田近代史研究」 秋田近代史研究会 45 2003.12

明治期の静岡と秋田、東北地方との茶文化の交流（二村悟、小松知子）「秋田歴研協会誌」 秋田県歴史研究者・研究団体協議会 24 2003.12

第七「秋田のことば」ここが違っている（三木藤佑）「北方風土 ： 北国の歴史民俗考古研究誌」 イズミヤ出版 通号47 2004.1

続・北前船が結ぶ縁―男鹿の田沼慶吉と土崎（夏井勇）「史談」 土崎史談会 （44）2004.6

秋田「安東氏」のあらまし（渋谷鉄五郎）「史談」 土崎史談会 （44）2004.6

『西郷隆盛と秋田戊辰戦争』を推奨する（編集部）「北方風土 ： 北国の歴史民俗考古研究誌」 イズミヤ出版 通号48 2004.7

参宮道中記の世界、峠越えの事（佐藤貢）「秋田地名研究年報」 秋田地名研究会 （20）2004.9

地名余禄（11）（斎藤廣志）「秋田地名研究年報」 秋田地名研究会 （20）2004.9

菅江真澄と秋田（金森正也）「真澄学」 東北芸術工科大学東北文化研究センター （1）2004.11

70年前の円カメ（深田新一郎）「秋田の地名 ： 秋田地名研究会会報」 「秋田地名研究会」 39 2004.12

蝦夷に向けられた「弩」の存在について（佐藤貢）「鶴舞」 本荘地域文化財保護協会 （88）2004.12

佐竹義和時代の文教政策―『御亀鑑』の記事を柱として（加藤民夫）「秋田県公文書館研究紀要」 秋田県公文書館 （11）2005.3

誇り高い秋田の言葉―民俗資料として保存伝承したい（河田竹治）「鷹巣地方史研究」 鷹巣地方史研究会 （56）2005.4

『秋田震災誌』を読む（編集部）「北方風土 ： 北国の歴史民俗考古研究誌」 イズミヤ出版 通号50 2005.7

藩政期の秋田領（神宮滋）「北方風土 ： 北国の歴史民俗考古研究誌」 イズミヤ出版 通号50 2005.7

村の女たちの美意識 野良着に魅せられて（25）袖無し（2）付・北秋田連合婦人会誕生（福岡サヨ）「史友」 合川地方史研究会 （27）2005.10

寺号と地名［1］～（2）（斎藤廣志）「秋田地名研究会会報」 「秋田地名研究会」 40/（41）2005.12/2006.6

地名雑記 アイヌにふれて（西成辰雄）「秋田の地名 ： 秋田地名研究会会報」 「秋田地名研究会」 40 2005.12

秋田叢書を作った人達（冨樫泰時）「秋田歴研協会誌」 秋田県歴史研究者・研究団体協議会 （30）2005.12

新秋田叢書を作った人達（田口勝一郎）「秋田歴研協会誌」 秋田県歴史研究者・研究団体協議会 （30）2005.12

史料に見る「鹿季、秋田攻め」の周辺（森山嘉蔵）「北奥文化 ： 郷土誌」 北奥文化研究会 （26）2005.12

江戸城と秋田方言―方言は古語を保存する宝言であること（三木藤佑）「北方風土 ： 北国の歴史民俗考古研究誌」 イズミヤ出版 通号51 2006.1

秋田の先覚記念室「明治文学と後藤宙外の文壇回顧録―」（企画展紹介 秋田の先覚記念室・菅江真澄資料センター開設10周年記念展）（中村美也子）「秋田県立博物館ニュース」 秋田県立博物館 （139）2006.3

郷土の地名（1）（佐藤好次）「温故」 秋田県文化財保護協会 西仙北支部 （3）2006.4

秋田方言辞書の疑義を質す―ネイティブ・スピーカーからの意義申し立て（三木藤佑）「北方風土 ： 北国の歴史民俗考古研究誌」 イズミヤ出版 通号52 2006.6

近世越後の熊猟と秋田猟師の関係―魚沼郡を中心に（桑原孝）「魚沼文化」 魚沼文化の会 （52）2006.11

寺号と地名（斎藤廣志）「秋田地名研究年報」 秋田地名研究会 （22）2006.12

われつくれた民俗語彙 地名に残る微かな痕跡（大場久太郎）「秋田地名研究年報」 秋田地名研究会 （22）2006.12

自著を語る 『菅江真澄図絵集 秋田の風景』（田口昌樹）「秋田歴研協会誌」 秋田県歴史研究者・研究団体協議会 （33）2006.12

菅江真澄と秋田の民俗語彙（三木藤佑）「北方風土 ： 北国の歴史民俗考古研究誌」 イズミヤ出版 通号53 2007.1

乾田馬耕の普及と実業教師―福岡から秋田へ渡った実業教師（草野真

樹）「福岡県地域史研究」 西日本文化協会福岡県地域史研究所 （24）
2007.3

秋田の米の生産力（齊藤正一）「温故」 秋田県文化財保護協会 西仙北支
部 （4） 2007.4

「鹿季、秋田攻め」の周辺（森山嘉蔵）「秋田のいにしえ」 安東氏顕彰会
（24） 2007.5

特集 秋田の城郭（編集局）「秋田のいにしえ」 安東氏顕彰会 （24）
2007.5

企画展紹介「秋田美・人」「秋田国体の軌跡」／企画コーナー展紹介「地誌
拾い読み雄勝郡」「歌人 後藤逸女」「秋田県立博物館ニュース」 秋田
県立博物館 （143） 2007.6

国日付、巡見使の秋田入国と記録文書（神宮滋）「北方風土 ： 北国の歴
史民俗考古研究誌」 イズミヤ出版 通号54 2007.6

秋田伝説・秋田弁・マタギ語・アイヌ語（高坂昭男）「北方風土 ： 北国
の歴史民俗考古研究誌」 イズミヤ出版 通号54 2007.6

自著を語る 『秋田ことば再考』（三木藤佑）「秋田歴協会誌」 秋田県歴
史研究者・研究団体協議会 （35） 2007.8

平成19年度秋田方面歴史探訪記（研修委員会）「郷土わたり」 亘理郷土
史研究会 （99） 2007.10

企画展紹介「秋田の手しごと その弐」／企画コーナー展紹介「真澄の旅、
岩手と宮城」「随筆と引用書」「秋田県立博物館ニュース」 秋田県立博
物館 （144） 2007.10

舞台裏から見た『東遊雑記』の世界—天明巡見使を迎える地元側の動き
（佐藤貢）「鶴舞」 本荘地域文化財保護協会 （94） 2007.11

秋田のスポーツ（歴研協会誌）（大友康二）「秋田歴研協会誌」 秋
田県歴史研究者・研究団体協議会 （36） 2007.12

「秋田間道」（佐藤政信）「西和賀談誌」 西和賀談会 （2） 2008.3

幕末から明治十年代にかけての秋田のコレラ対策（菊池保男）「秋田県公
文書館研究紀要」 秋田県公文書館 （14） 2008.3

企画展「秋田の手しごと その弐」実演六題・目次「秋田県立博物館
ニュース」 秋田県立博物館 （145） 2008.3

企画展紹介「あきたの街道を歩く」「秋田県立博物館ニュース」 秋田県
立博物館 （145） 2008.3

研究余録 山尾小野崎氏、常陸から秋田へ（笹岡明）「郷土ひたち」 郷土
ひたち文化研究会 （58） 2008.6

交代寄合本堂氏と志筑—秋田から来た武将（千葉隆司）「常総の歴史」 崙
書房出版茨城営業所 （37） 2008.7

古代製鉄・雑考—原始は沼鉄とカトウ？（渡部耕輝）「秋田地名研究年報」
秋田地名研究会 （24） 2008.12

明治14年 秋田の温泉調査 今月のおすすめ資料 明治14年「衛生課司薬掛
事務簿」（資料番号940108—00111）（畑中康博）「古文書倶楽部」 秋田
県公文書館 （26） 2009.1

『戊辰秋田勤王記』『戊辰秋田戦争記』成立に関する史料群（畑中康博）
「秋田県公文書館研究紀要」 秋田県公文書館 （15） 2009.3

戊辰秋田戦争序奏（研究発表）（赤塚愛人）「岩手県南史談会研究紀要」
岩手県南史談会 38 2009.7

秋田の鉄と日本海交易路（佐々木稔）「北方風土 ： 北国の歴史民俗考古
研究誌」 イズミヤ出版 通号58 2009.7

写真展「戦争の記憶 in あきた」を終える（田中淳）「秋田県朝鮮人強制
連行真相調査団会報」 秋田県朝鮮人強制連行真相調査団 （60）
2009.11

首都圏秋田歴史と文化の会—第4・5回大会と碩学2氏の訪秋（歴史情報）
（神宮滋）「秋田歴研協会誌」 秋田県歴史研究者・研究団体協議会
（42） 2009.12

中世の秋田（9）南北朝の内乱（塩谷順耳）「秋田手仕事たより」 秋田手
仕事文化研究会 （73） 2009.12

地名（字名）に残る地域の歴史—求められる改訂時の慎重さ（木村清幸）
「秋田地名研究年報」 秋田地名研究会 （25） 2009.12

昭和前期秋田県の地域史研究—高橋幸一氏の歴史研究にもふれて（田口
勝一郎）「北方風土 ： 北国の歴史民俗考古研究誌」 イズミヤ出版
通号59 2010.1

近世秋田の城の呼称を論ずる（松淵眞洲雄）「秋大史学」 秋田大学史学会
通号56 2010.3

「自由民権運動 秋田事件」130年に向けて（川越良明）「横手郷土史料」
横手郷土史研究会 （84） 2010.3

講演「山川順子と秋田」（高橋秀晴）「鶴舞」 本荘地域文化財保護協会
（97） 2010.3

小林一茶の故郷を歩く（佐藤貢）「鶴舞」 本荘地域文化財保護協会
（97） 2010.3

「秋田へ」（桂木祐宝）「おくやまのしょう ： 奥山荘郷土研究会誌」 奥山
荘郷土研究会 （35） 2010.3

『秋田風俗問状答』と菅江真澄—真澄の知識がどのように生かされたか
（田口昌樹）「菅江真澄研究」 菅江真澄研究会 （70） 2010.5

菅江真澄入門（15）秋田のかりね（松山修）「秋田手仕事たより」 秋田手
仕事文化研究会 （74） 2010.5

中世の秋田（10）沙弥浄光譲状（塩谷順耳）「秋田手仕事たより」 秋田手
仕事文化研究会 （74） 2010.5

秋田の竿燈と旧地名（齋藤廣志）「全国地名保存連盟会報」 全国地名保存
連盟 （71） 2010.5

古代秋田への旅（土屋道郎）「聴雪」 新庄古文書の会 （14） 2010.6

古文書こぼればなし 城下町秋田の原風景（久保田城下三の曲輪のことど
も）（渡部紘一）「古文書倶楽部」 秋田県公文書館 （36） 2010.9

50年の歩みI 秋田近代史研究会50年の歩み—思い出を中心に（秋田近代
史研究会創立50周年記念特集号）（田口勝一郎）「秋田近代史研究」 秋
田近代史研究会 50 2010.12

秋田近代史研究会創立50周年記念講演 農業史研究の回顧と展望（秋田近
代史研究会創立50周年記念特集号）（岩本純爾）「秋田近代史研究」 秋
田近代史研究会 50 2010.12

災害史（秋田近代史研究会創立50周年記念特集号—研究史でつづる秋田
の近代史I）（大島正美）「秋田近代史研究」 秋田近代史研究会 50
2010.12

研究から見る近代秋田のスポーツ史（秋田近代史研究会創立50周年記念
特集号—研究史でつづる秋田の近代史I）（森田信博）「秋田近代史研
究」 秋田近代史研究会 50 2010.12

近代化遺産をめぐる旅（秋田近代史研究会創立50周年記念特集号—研究
史でつづる秋田の近代史I）（二村悟）「秋田近代史研究」 秋田近代史
研究会 50 2010.12

秋田の竿燈と旧地名（斎藤廣志）「秋田地名研究年報」 秋田地名研究会
（26） 2010.12

近世秋田の農書について（田口勝一郎）「秋大史学」 秋田大学史学会
通号57 2011.3

秋田立志会事件から百三十年—解明できない個人的疑問（吉沢昻）「横手
郷土史資料」 横手郷土史研究会 （85） 2011.3

『秋田立志会暴動記』切抜帳（歴史の検証）（吉沢昻）「横手郷土史資料」
横手郷土史研究会 （85） 2011.3

特別寄稿 2010年度本県史学界の歩み—近代・現代史を中心に（田口勝一
郎）「秋田歴研協会誌」 秋田県歴史研究者・研究団体協議会 （46）
2011.5

佐竹氏の転封先のなぜ秋田か（塩谷順耳）「秋田歴研協会誌」 秋田県歴史
研究者・研究団体協議会 （46） 2011.5

菅江真澄の旅（17）天明五年、未発見日記の三ヶ月（松山修）「秋田手仕
事たより」 秋田手仕事文化研究会 （76） 2011.7

文化財保護関係資料 文化財保護法令の歩み／文化財の種類と保護の体
系／秋田県内の国・県指定文化財等件数一覧／所在市町村別 国指定・
県指定等文化財件数一覧／県指定文化財 年月日別指定件数の推移「出
羽路」 秋田県文化財保護協会 通号149 2011.8

国宝・重要文化財、秋田県指定有形文化財 建造物／絵画／彫刻／工芸品／
書跡・典籍／古文書／考古資料／歴史資料（秋田県内の国・県指定文化
財一覧）「出羽路」 秋田県文化財保護協会 通号149 2011.8

重要有形民俗文化財、秋田県指定有形民俗文化財（秋田県内の国・県指定
等文化財一覧）「出羽路」 秋田県文化財保護協会 通号149 2011.8

重要無形民俗文化財、秋田県指定無形民俗文化財（秋田県内の国・県指定
等文化財一覧）「出羽路」 秋田県文化財保護協会 通号149 2011.8

特別史跡、史跡、秋田県指定史跡（秋田県内の国・県指定等文化財一覧）
「出羽路」 秋田県文化財保護協会 通号149 2011.8

名勝、秋田県指定名勝（秋田県内の国・県指定等文化財一覧）「出羽路」
秋田県文化財保護協会 通号149 2011.8

特別名勝及び天然記念物、秋田県指定名勝及び天然記念物（秋田県内の
国・県指定等文化財一覧）「出羽路」 秋田県文化財保護協会 通号149
2011.8

特別天然記念物、天然記念物、秋田県指定天然記念物（秋田県内の国・
県指定等文化財一覧）「出羽路」 秋田県文化財保護協会 通号149
2011.8

重要伝統的建造物群保存地区（秋田県内の国・県指定等文化財一覧）「出
羽路」 秋田県文化財保護協会 通号149 2011.8

雪中田植（ひろば）（JA鷹巣町青年部）「鷹巣地方史研究」 鷹巣地方史研
究会 （67） 2011.11

学生たちのフィールドレポート（6）秋田の木造と船を訪ねる（角田美
里）「まんだら ： 東北文化友の会会報」 東北芸術工科大学東北文化研
究センター （49） 2011.11

廃娼県における売春管理の再編過程—群馬、埼玉、秋田を事例として
（眞杉侑里）「立命館史学」 立命館史学会 （32） 2011.11

「内（ナイ）」地名は密教寺院が命名—地名アイヌ語地名説に疑問が（木
村清幸）「秋田地名研究年報」 秋田地名研究会 （27） 2011.12

用語解説 佐竹式部家／本御家中・角館住居（半田和彦）「秋田歴研協会誌」
秋田県歴史研究者・研究団体協議会 （48） 2012.1

文化財保護関係資料（149号より続く）秋田県内の国登録文化財一覧 登
録有形文化財（建造物）、登録記念物（動物）／国による記録作成等の措
置を講ずべき無形の文化財／国による記録作成等の措置を講ずべき無
形の民俗文化財（国記録選択）風俗慣習関係、民俗芸能・行事関係／秋

田県記録選択無形民俗文化財/国登録抹消有形文化財(建造物)「出羽路」 秋田県文化財保護協会 通号150 2012.2

大好評!!「県政映画上映会」―懐かしき昭和30年代の我が秋田「秋田県公文書館だより」 秋田県公文書館 (27) 2012.3

郷土の地名(2),(3)(佐藤好攻)「温故」 秋田県文化財保護協会 西仙北支部 (9)/(10) 2012.5/2013.05

公文書館講座顧問湯所解説コース・初級編 「秋田の関ヶ原」を読む(佐藤隆)「古文書倶楽部」 秋田県公文書館 (47) 2012.5

古文書こぼればなし 元禄7年の秋田地震―地震情報の精度について(加藤民夫)「古文書倶楽部」 秋田県公文書館 (48) 2012.7

秋田に遺る伊勢道中記(神宮滋)「出羽路」 秋田県文化財保護協会 通号151 2012.8

後三年合戦研究と地域おこし(特集 春の歴史フォーラム 歴史遺産と地域おこし)(島田祐悦)「秋田歴研協会誌」 秋田県歴史研究者・研究団体協議会 (50) 2012.9

秋田マタギの開明性(村上一馬)「武蔵保谷村だより : 高橋文太郎の『武蔵保谷村郷土資料』を手掛かりに」 下保谷の自然と文化を記録する会 (7) 2012.10

古文書こぼればなし 玉子ふわふわ―『宇都宮孟綱旅中日記』から(菊地利雄)「古文書倶楽部」 秋田県公文書館 (50) 2012.11

平成24年度 企画展報告「絵図にみる近世秋田/平成24年度 公文書館講座「秋田県公文書館だより」 秋田県公文書館 (28) 2013.3

歴史 明治の商業デザイン―松本家資料の引き札(学芸ノート)(新堀702生)「秋田県立博物館ニュース」 秋田県立博物館 (156) 2013.3

秋田立志会事件の真相を追って(長沼宗次)「横手郷土史資料」 横手郷土史研究会 (87) 2013.4

秋田営と元慶の乱(神宮滋)「北方風土 : 北国の歴史民俗考古研究誌」 イズミヤ出版 (66) 2013.6

ふたつの「御城下絵図」と「宝暦の銀札事件」―秋田県公文書館所蔵文化財展より(太田研)「古文書倶楽部」 秋田県公文書館 (54) 2013.7

記念講演のご案内 新野直吉「古代史上の秋田―秋田 北辺の郷にあらず―」11月1日(金)「古文書倶楽部」 秋田県公文書館 (55) 2013.9

宝暦・天皇の飢饉と秋田―第2回公開講座および公文書館所蔵文化財展より(鍋島真)「古文書倶楽部」 秋田県公文書館 (56) 2013.11

中世の秋田(14) 「秋田氏」研究史の一断面(塩谷順耳)「秋田手仕事たより」 秋田手仕事文化研究会 (28) 2014.2

展示報告 平成26年2月1日(土)～4月6日(日) 企画展「秋田のくすり今昔物語」(浅利絵里子)「Museum news」 秋田県立博物館 (158) 2014.3

自由民権運動 秋田立志会事件の真相とその歴史的位置(長沼宗次)「秋田近代史研究」 秋田近代史研究会 52 2014.3

講演録 開館20周年記念講演「古代史上の秋田―秋田 北辺の郷にあらず―」(新野直吉)「秋田県公文書館研究紀要」 秋田県公文書館 (20) 2014.3

講演記録 秋田の伝説と真澄―「貞任伝説」生成の軌跡とその背景(阿部幹男)「菅江真澄資料センター真澄研究」 秋田県立博物館菅江真澄資料センター (18) 2014.3

郷土の地名(4) 植物地名その1(佐藤好攻)「温故」 秋田県文化財保護協会 西仙北支部 (11) 2014.5

自由民権運動 秋田立志会事件と県内自由党形成の視点(長沼宗次)「秋田近代史研究」 秋田近代史研究会 53 2014.9

研究史でつづる秋田の近代史 自由民権運動―「秋田事件」を中心に(牧野尚信)「秋田近代史研究」 秋田近代史研究会 53 2014.9

首都圏秋田歴史と文化の会第15回記念大会(歴史情報)(神宮滋)「秋田歴研協会誌」 秋田県歴史研究者・研究団体協議会 (57) 2014.12

秋田口

戊辰戦争医療事情(1)―秋田口における新政府軍の衛生系統(石山順子)「東北戊辰戦争懇話会報」 東北戊辰戦争懇話会 2 2004.12

秋田県

国文学研究資料館史料館所蔵「祭魚洞文庫」中の秋田県庁文書(柴田知彰)「秋田県公文書館だより」 秋田県公文書館 17 2003.3

明治後期大正期秋田県公文書館の職務分課の変遷について(柴田知彰)「秋田県公文書館研究紀要」 秋田県公文書館 (9) 2003.3

秋田県の職務規程(明治4～8年度)(公文書班)「秋田県公文書館研究紀要」 秋田県公文書館 (9) 2003.3

秋田県在郷軍人会の組織について(高本明博)「秋田歴研協会誌」 秋田県歴史研究者・研究団体協議会 24 2003.12

昭和戦前期秋田県の職務分課の変遷について(柴田知彰)「秋田県公文書館研究紀要」 秋田県公文書館 (10) 2004.3

史料紹介 秋田県の職務規程(明治9～13年度)(公文書班)「秋田県公文書館研究紀要」 秋田県公文書館 (10) 2004.3

統計に見る秋田県の茶生産について(二村悟, 小松知子)「秋田歴研協会誌」 秋田県歴史研究者・研究団体協議会 (25) 2004.4

新指定の国指定名勝と秋田県指定有形文化財の紹介(秋田県教育庁生涯学習課文化財保護室)「出羽路」 秋田県文化財保護協会 通号135 2004.7

統計に見る秋田県の茶の消費について(二村悟, 小松知子)「秋田歴研協会誌」 秋田県歴史研究者・研究団体協議会 (26) 2004.8

『黒沢家日記 文化11年～12年』(編集部)「秋田歴研協会誌」 秋田県歴史研究者・研究団体協議会 (26) 2004.8

大正期秋田県における薬工品の生産とその流通(松田壌司)「交通史研究」 交通史学会, 吉川弘文館(発売) (55) 2004.9

渤海船航路と便処, 女楽(深田新一郎)「秋田地名研究年報」 秋田地名研究会 (20) 2004.9

秋田県における「ジョウ柱」と地名の関係について(佐藤貢)「秋田の地名」 秋田地名研究会 39 2004.12

大正期における秋田県の企業投資の特色についての覚え書き(菊池保男)「秋田県公文書館研究紀要」 秋田県公文書館 (11) 2005.3

明治前期秋田県の文書管理制度の成立について(柴田知彰)「秋田県公文書館研究紀要」 秋田県公文書館 (11) 2005.3

史料紹介秋田県の職務規程(明治14年)(公文書班)「秋田県公文書館研究紀要」 秋田県公文書館 (11) 2005.3

雑誌『第三帝国』の地域的基盤―秋田県内における益進会支部を事例として(水谷悟)「秋田近代史研究」 秋田近代史研究会 46 2005.6

秋田県での第1回スキー講習会(明治45年2月)について(森田信博)「秋田近代史研究」 秋田近代史研究会 46 2005.6

筑波根日記について(黒沢三郎)「北方風土 : 北国の歴史民俗考古研究誌」 イズミヤ出版 通号50 2005.7

秋田県公文書館所蔵の蝦夷地警衛関係史料(後藤富貴)「秋田県公文書館研究紀要」 秋田県公文書館 (12) 2006.3

「各郡全図」について(伊勢正子)「秋田県公文書館研究紀要」 秋田県公文書館 (12) 2006.3

秋田県の廃村と高度過疎集落の実態(《特集 廃村―少子高齢化時代を迎えて》)(佐藤晃之輔)「東北学. 第2期」 東北芸術工科大学東北文化研究センター, 柏書房(発売) (9) 2006.4

秋田県の実業補習学校について(煙山英俊)「秋田県公文書館研究紀要」 秋田県公文書館 (13) 2007.3

秋田県に於ける戦中戦後の木材統制の概要とその影響について(九島武雄)「鷹巣地方史研究」 鷹巣地方史研究会 (60) 2007.4

秋田県文化財保護協会50年の歩み(岩見誠夫)「出羽路」 秋田県文化財保護協会 通号141・142 2007.10

二階堂道形著 筑波根日記 下―筑波根日記附録 翻刻(黒沢三郎)「北方風土 : 北国の歴史民俗考古研究誌」 イズミヤ出版 通号55 2008.1

秋田県内での朝鮮人死亡者51人「秋田県朝鮮人強制連行真相調査団会報」 秋田県朝鮮人強制連行真相調査団 (53) 2008.2

官林の直轄化と秋田県(《研究報告会「国有林史料の保存と活用にむけて」報告要旨》)(成田雅美)「地方史研究」 地方史研究協議会 58(1) 通号331 2008.2

秋田県地域史研究の歩みと現状(《研究報告会「国有林史料の保存と活用にむけて」報告要旨》)(田口勝一郎)「地方史研究」 地方史研究協議会 58(1) 通号331 2008.2

「実業補修学校関係資料」(資料紹介)(煙山英俊)「秋田県公文書館だより」 秋田県公文書館 (22) 2008.3

平成19年度企画展「秋田県の成立と市町村の移りかわり―廃藩置県から平成の合併まで―」(柴田知彰)「秋田県公文書館だより」 秋田県公文書館 (22) 2008.3

平成19年度特選展示「公文書館所蔵の秋田県指定有形文化財」(伊藤成孝)「秋田県公文書館だより」 秋田県公文書館 (22) 2008.3

椿やまの物語(上),(中),(下)―それ見たビッキが笑ってるべ(宮崎昌子)「秋田県朝鮮人強制連行真相調査団会報」 秋田県朝鮮人強制連行真相調査団 (54)/(55)2009.2

資料紹介 石製砲弾―戊辰戦争を伝えるもの「秋田県立博物館ニュース」 秋田県立博物館 (146) 2008.6

学芸ノート 宿札をめぐる二、三の資料「秋田県立博物館ニュース」 秋田県立博物館 (146) 2008.6

資料紹介 戊辰戦争従軍日誌にみる合言葉/秋田県産コメツキムシ科標本「秋田県立博物館ニュース」 秋田県立博物館 (147) 2008.10

寒い雪の現場を歩く―第8回朝鮮人強制連行者のいた現場を歩く会(田中淳)「秋田県朝鮮人強制連行真相調査団会報」 秋田県朝鮮人強制連行真相調査団 (57) 2009.2

新資料が語る虚構の楽土(1)～(5)(野添憲治)「秋田県朝鮮人強制連行真相調査団会報」 秋田県朝鮮人強制連行真相調査団 (57) 2009.2

資料紹介 「秋田県略史」について(柴田知彰)「秋田県公文書館だより」 秋田県公文書館 (23) 2009.3

秋田県の言語調査報告(中西太郎, 田附敏尚, 内間早俊)「東北文化研究室紀要」 東北大学大学院文学研究科東北文化研究室 50 2009.3

秋田県の朝鮮人強制連行の記録(藤田正義)「秋田県朝鮮人強制連行真相調査団会報」 秋田県朝鮮人強制連行真相調査団 (58) 2009.5

新資料が語る虚構の楽土(6)～(10)(野添憲治)「秋田県朝鮮人強制連行

真相調査団会報」 秋田県朝鮮人強制連行真相調査団 (58) 2009.5

稲の伝播と秋田県稲作のあゆみ（ひろば）(小塚嘉七)「鷹巣地方史研究」 鷹巣地方史研究会 (65) 2009.10

秋田県朝鮮人強制連行真相調査団活動報告「秋田県朝鮮人強制連行真相調査団会報」 秋田県朝鮮人強制連行真相調査団 (62) 2010.5

秋田県下の第1回貴族院多額納税者議員選挙(伊藤寛崇)「秋田近代史研究」 秋田近代史研究会 49 2010.7

秋田県行政文書の県指定有形文化財の指定(柴田知彰)「アーカイブズ」 国立公文書館 (41) 2010.9

中嶋千代吉氏と秋田県農業改良普及事業のあゆみ（ひろば）(小塚嘉七)「鷹巣地方史研究」 鷹巣地方史研究会 (66) 2010.11

秋田県の歴史家群像—明治期を中心に(秋田近代史研究会創立50周年記念特集号—研究史でつづる秋田の近代史I)(田口勝一郎)「秋田近代史研究」 秋田近代史研究会 50 2010.12

秋田県における軍事と地域社会の相互関係史について(秋田近代史研究会創立50周年記念特集号—研究史でつづる秋田の近代史I)(高本明博)「秋田近代史研究」 秋田近代史研究会 50 2010.12

秋田県の茶業史(秋田近代史研究会創立50周年記念特集号—研究史でつづる秋田の近代史I)(二村悟)「秋田近代史研究」 秋田近代史研究会 50 2010.12

幕末の秋田県と土佐藩史的条件の共有について(歴史情報)(伊藤正)「秋田歴研協会誌」 秋田県歴史研究者・研究団体協議会 (45) 2010.12

昭和後期秋田県の地域史研究(1)(田口勝一郎)「北方風土 : 北国の歴史民俗考古研究誌」 イズミヤ出版 通号61 2011.1

「北辺の茶」の話(1) 秋田県の部(相馬登)「北方風土 : 北国の歴史民俗考古研究誌」 イズミヤ出版 通号61 2011.1

研究ノート 旧秋田営林局史料から見た明治初期秋田県下の官林(脇野博)「秋大史学」 秋田大学史学会 通号57 2011.3

秋田県朝鮮人強制連行真相調査団活動報告 2010年4月10日から2011年3月10日まで/秋田県朝鮮人強制連行事業場/新聞記事「秋田県朝鮮人強制連行真相調査団会報」 秋田県朝鮮人強制連行真相調査団 (66) 2011.4

企画コーナー展(菅江真澄資料センター)「真澄、県北の旅—真栖のころ—」 平成23年10月22日(土)～12月4日(日)(展示報告)「秋田県立博物館ニュース」 秋田県立博物館 (154) 2012.3

「秋田県庁旧蔵古文書」における廃藩置県以後資料—ISAD（G）を応用した構造分析(柴田知彰)「秋田県公文書館研究紀要」 秋田県公文書館 (18) 2012.3

平成23年度秋田県公文書企画展「公文書館資料に見る近代秋田の電気事情」/秋田県公文書館巡回展「戦国時代の秋田展」開催「秋田県公文書館だより」 秋田県公文書館 (27) 2012.3

秋田県朝鮮人強制連行真相調査団活動報告 2011年4月10日から2012年3月25日まで「秋田県朝鮮人強制連行真相調査団会報」 秋田県朝鮮人強制連行真相調査団 (70) 2012.4

秋田県朝鮮人強制連行事業場/秋田県の朝鮮人強制連行事業場「秋田県朝鮮人強制連行真相調査団会報」 秋田県朝鮮人強制連行真相調査団 (70) 2012.4

平成23年秋田県の地域史研究—近代・現代を中心に(田口勝一郎)「北方風土 : 北国の歴史民俗考古研究誌」 イズミヤ出版 (64) 2012.8

戦後67年、今なお放置されている朝鮮人の遺骨—日本人戦没者の遺骨未帰還報道の陰で(岩垂弘)「秋田県朝鮮人強制連行真相調査団会報」 秋田県朝鮮人強制連行真相調査団 (72) 2012.11

過去から現在への67年—過酷な時代を顧みて(磐城章存)「秋田県朝鮮人強制連行真相調査団会報」 秋田県朝鮮人強制連行真相調査団 (73) 2013.2

史料紹介 府県制下の秋田県会議員選挙の結果について(伊藤寛崇)「秋大史学」 秋田大学史学会 (59) 2013.3

昭和20年代秋田県の職務分課の変遷について—本庁事務部局内部機関(柴田知彰)「秋田県公文書館研究紀要」 秋田県公文書館 (19) 2013.3

資料紹介 湊八八「日記」(郡方見回役加勢勤中日記) 文政七年甲申三月国季「秋田県公文書館研究紀要」 秋田県公文書館 (19) 2013.3

県政映画上映会—懐かしき昭和三十年代の我が秋田—/公文書の引渡し・公開状況/平成24年度 市町村公文書・歴史資料保存利用推進会議「秋田県公文書館だより」 秋田県公文書館 (28) 2013.3

展示報告 企画展「新着・収蔵資料 未見! 発見! 秋田県!」 平成24年12月15日(土)～平成25年4月7日(日)(藤原尚彦)「秋田県立博物館ニュース」 秋田県立博物館 (156) 2013.3

招魂社と県公園の絵図—「秋田県行政文書」より(柴田知彰)「古文書倶楽部」 秋田県公文書館 (7) 2013.3

秋田県朝鮮人強制連行真相調査団活動報告 2012年4月から2013年3月まで 現状調査会/会報の発行/朝鮮人連行者に関する調査/2013年度の事業計画/2013年度の役員「秋田県朝鮮人強制連行真相調査団会報」 秋田県朝鮮人強制連行真相調査団 (74) 2013.4

秋田県朝鮮人強制連行事業場/秋田県の朝鮮人強制連行事業場「秋田県朝鮮人強制連行真相調査団会報」 秋田県朝鮮人強制連行真相調査団

(74) 2013.4

戦争と私(藤村英子)「秋田県朝鮮人強制連行真相調査団会報」 秋田県朝鮮人強制連行真相調査団 (74) 2013.4

秋田県における教育史研究の軌跡(研究史でつづる秋田の近代史II)(柴田知彰)「秋田近代史研究」 秋田近代史研究会 51 2013.5

明治 秋田の薬事情—秋田県南の史料から(原千秋)「北方風土 : 北国の歴史民俗考古研究誌」 イズミヤ出版 (66) 2013.6

「沖縄の軌跡」第102号 関東大震災虐殺事件 大正12年9月1日(11時58分) 秋田県人・三重県人・沖縄三県人殺害の〈検見川事件〉の真相/検見川事件関係記事「秋田県朝鮮人強制連行真相調査団会報」 秋田県朝鮮人強制連行真相調査団 (77) 2014.2

昭和20年代秋田県の職務分課の変遷について(2)—本庁事務部局附属機関・地方機関(柴田知彰)「秋田県公文書館研究紀要」 秋田県公文書館 (20) 2014.3

平成25年度 企画展報告 秋田県公文書館所蔵文化財展「秋田県公文書館だより」 秋田県公文書館 (29) 2014.3

県政映画上映会—懐かしき昭和三十年代の我が秋田/県内文化施設の所蔵資料が閲覧できます!!「デジタルアーカイブ」のご案内「秋田県公文書館だより」 秋田県公文書館 (29) 2014.3

秋田県朝鮮人強制連行事業場/秋田県の朝鮮人強制連行事業場(地図)「秋田県朝鮮人強制連行真相調査団会報」 秋田県朝鮮人強制連行真相調査団 (78) 2014.5

秋田県下の大正14年貴族院多額納税者議員選挙(伊藤寛崇)「秋田近代史研究」 秋田近代史研究会 53 2014.9

秋田県第二中学校

「秋田県第二中学校開校紀念展覧会」について—収集書画の展示を中心に(清野宏隆)「出羽路」 秋田県文化財保護協会 通号141・142 2007.10

秋田県抑留所

秋田県の戦争遺跡(29) 秋田県抑留所(鹿角市十和田湖下小路10)「北のむらから」 能代文化出版社 (274) 2010.5

秋田鉱山学校

帝国石油秋田鉱山学校(上),(下)—奪われた若者の生命(野添憲治)「北のむらから」 能代文化出版社 (301)/(302) 2012.8/2012.9

秋田市

歩兵第17連隊秋田市移駐に関する諸問題について—明治29年8月の臨時県会を中心として(高本明博)「秋田近代史研究」 秋田近代史研究会 44 2002.12

『秋田市史』13巻現代史篇(編集部)「秋田歴研協会誌」 秋田県歴史研究者・研究団体協議会 23 2003.8

自著を語る 『秋田市史』16巻 民俗篇(鎌田幸男)「秋田歴研協会誌」 秋田県歴史研究者・研究団体協議会 23 2003.8

秋田市工業徒弟学校と職人技術に関する覚書(脇野博)「秋田近代史研究」 秋田近代史研究会 45 2003.12

死亡統計から秋田市民の生活を考える—求められる行政の対応とは何か(大杉由香)「秋田市史研究」 秋田市 13 2004.7

秋田市内の小字境界図—作成の概要(渡部景俊)「秋田地名研究年報」 秋田地名研究会 (2) 2004.9

エッマタアリマシタ! 誤りが秋田市空襲と終戦の思い出(柳田圭一)「豆州歴史通信」 豆州研究社歴史通信部 339 2005.4

秋田市とその周辺の文化財(嘉津山清)「史迹と美術」 史迹美術同攷会 75(5)通号755 2005.6

1918年の米価騰貴と地域社会—秋田市の動向を中心に(大川裕)「秋大史学」 秋田大学史学会 通号56 2010.3

秋田城

秋田城史跡公園化事業の推進に寄せて(船木彰之輔)「史談」 土崎史談会 (44) 2004.6

(6)史跡秋田城跡(東北の城柵シリーズ)(松下秀博)「日本遺跡学会会報」 日本遺跡学会 (5) 2005.10

秋田城と多賀城碑の伝言(佐藤宗久)「史談」 土崎史談会 (46) 2006.3

秋田城を訪ねて(冨樫欣一)「鶴舞」 本荘地域文化財保護協会 (97) 2010.3

レンタルされる陪臣たち(秋のフォーラム特集 秋田城下のくらし・文化 パートII)(半田和彦)「秋田歴研協会誌」 秋田県歴史研究者・研究団体協議会 (45) 2010.12

秋田城下のくらし、文化—成果と課題(秋のフォーラム特集 秋田城下のくらし・文化 パートII)(塩谷順耳)「秋田歴研協会誌」 秋田県歴史研究者・研究団体協議会 (45) 2010.12

秋田藩

秋田藩の大砲鋳造についての一考察(佐藤真基夫)「北方風土 : 北国の歴史民俗考古研究誌」 イズミヤ出版 通号40 2000.6

歴史教室 徳川三代と秋田藩(永井高道)「鷹巣地方史研究」 鷹巣地方史研究会 48 2001.3

続徳川三代と秋田藩（2）（永井高道）「鷹巣地方史研究」 鷹巣地方史研究会 50 2002.4

秋田藩街道史料と国絵図―正保道帳と天和道程（渡辺英夫）「国史談話会雑誌」 東北大学国史談話会 （43）2002.9

報告要旨「秋田藩における『寛政改革』の歴史的位置」（金森正也）「岡山藩研究」 岡山藩研究会 42 2003.2

金森正也氏報告「秋田藩における『寛政改革』の歴史的位置」を聴いて（早田旅人）「岡山藩研究」 岡山藩研究会 42 2003.2

「産物」地名の語源考―秋田藩、勧業政策の申し子（石井俊男）「秋田地名研究年報」 秋田地名研究会 19 2003.6

秋田藩江戸邸の戯作（井上隆明）「秋田市史研究」 秋田市 12 2003.8

『松本吉兵衛紀行絵巻』について―安政6年（1859）秋田藩士の蝦夷地紀行（三浦泰之、東俊佑）「北海道開拓記念館調査報告」 北海道開拓記念館 43 2004.3

ペリー来航期の秋田藩―佐藤源右衛門の政策指示を中心に（畑中康博）「秋田県公文書館研究紀要」 秋田県公文書館 （11）2005.3

明治維新期における藩財政―秋田藩を対象として（赤坂美保）「国史談話会雑誌」 東北大学国史談話会 （46）2006.3

しょっぱい川向こうの北海道史料 秋田藩の蝦夷地出兵関係史料（畑中康博）「赤れんが : 北海道立文書館報」 北海道立文書館 （42）2006.11

秋田藩における「雑木」に関する一考察（土谷紘子）「弘前大学国史研究」 弘前大学国史研究会 （123）2007.10

秋田藩郷校をめぐる諸問題―湯沢・刈和野・能代の場合（加藤民夫）「出羽路」 秋田県文化財保護協会 通号141・142 2007.10

宝永期の秋田藩政と利根川・荒川手伝普請―「岡本元朝日記」の分析を中心に（伊藤成孝）「秋田県公文書館研究紀要」 秋田県公文書館 （14）2008.3

秋田藩米家督町に関する一考察―「米沢町記録」の分析を通じて（加藤昌宏）「秋田県公文書館研究紀要」 秋田県公文書館 （14）2008.3

藩政期の秋田領内有力社寺の社頭寺領に関する文書（3）（神宮滋）「北方風土 : 北国の歴史民俗考古研究誌」 イズミヤ出版 通号56 2008.6

鰻を食べる秋田藩公議人（加藤民夫）「古文書倶楽部」 秋田県公文書館 （25）2008.10

古文書こぼれ話 秋田藩の大名飛脚について（越中正一）「古文書倶楽部」 秋田県公文書館 （27）2009.03

秋田藩家蔵文書に見る「天地人」の世界（畑中康博）「古文書倶楽部」 秋田県公文書館 （28）2009.05

石井忠行、嘉永七年「津軽紀行」、「津軽表見聞記」―秋田藩の台頭と大砲術の始まり（新谷正隆）「北方風土 : 北国の歴史民俗考古研究誌」 イズミヤ出版 通号58 2009.7

鼠小僧 秋田藩江戸藩邸で9両盗む 今月のおすすめ古文書 安政二卯年十月二日江戸地震記録（混架18―160）（畑中康博）「古文書倶楽部」 秋田県公文書館 （30）2009.9

寛政7年、郡奉行再設置以前の秋田藩境口番所（渡辺英夫）「国史談話会雑誌」 東北大学国史談話会 （50）2010.3

参考資料「秋田藩町触集」にみる「鎌倉」考（塩国彦）「横手郷土史資料」 横手郷土史研究会 （84）2010.3

秋田藩天保国絵図の作成過程とその特質（加藤昌宏）「秋田県公文書館研究紀要」 秋田県公文書館 （16）2010.3

維新期を迎える秋田藩内の町と村（秋田近代史研究会創立50周年記念特集号―研究史でつづる秋田の近代史I）（越中正一）「秋田近代史研究」 秋田近代史研究会 50 2010.12

秋田藩の冷泉派歌人―真澄の記録から（細川純子）「真澄学」 東北芸術工科大学東北文化研究センター （6）2011.2

秋田藩家蔵文書と「戦国時代の秋田」（佐藤隆）「秋田県公文書館研究紀要」 秋田県公文書館 （17）2011.3

秋田藩における鉄砲使用と狩人の関連性（池端夏実）「帝塚山大学大学院人文科学研究科紀要」 帝塚山大学大学院人文科学研究科 （13）2011.3

古文書こぼればなし 古文書が記す藩政期秋田の地震災害―文化七年の男鹿地震のことども（渡部紘一）「古文書倶楽部」 秋田県公文書館 （40）2011.5

秋田藩所預城下町主従制にみる城下町（特集 春の歴史フォーラム 久保田城下のくらし・文化（パートIII））（高橋雄七）「秋田歴研協会誌」 秋田県歴史研究者・研究団体協議会 （47）2011.9

研究例会報告要旨 天保期秋田藩における感恩講の活動に関する一考察（塩屋朋子）「地方史研究」 地方史研究協議会 61（5）通号353 2011.10

嫡孫承祖と人生儀礼―秋田藩佐竹義真を事例に（清水翔太郎）「国史談話会雑誌」 東北大学国史談話会 （52）2012.2

秋田藩の学館制度―運営上の諸問題とその画期（加藤民夫）「出羽路」 秋田県文化財保護協会 通号150 2012.2

エッセイ「勤王」秋田藩の苦悩―秋田藩士高瀬権平とその周辺（特集 若者たちの東北―東日本大震災3）（天野真志）「東北学．［第2期］」 東北芸術工科大学東北文化研究センター，柏書房（発売）（30）2012.2

報告2 秋田藩林政と森林資源の保続（講座記録 徳川林政史研究所公開講座 in 秋田「史料に見る江戸時代の森林」）（脇野博）「秋田県公文書館研究紀要」 秋田県公文書館 （18）2012.3

報告3 秋田藩における銅山用山林の経営計画（講座記録 徳川林政史研究所公開講座 in 秋田「史料に見る江戸時代の森林」）（芳賀和樹）「秋田県公文書館研究紀要」 秋田県公文書館 （18）2012.3

佐竹北家文書・佐竹西家文書について（佐藤隆）「秋田県公文書館研究紀要」 秋田県公文書館 （18）2012.3

赤穂義士と秋田藩士（伊沢美佐子）「横手郷土史資料」 横手郷土史研究会 （86）2012.3

マタギの秋田藩製薬と地域経済にはたした役割（池端夏実）「帝塚山大学大学院人文科学研究科紀要」 帝塚山大学大学院人文科学研究科 （14）2012.3

近代の秋田県における「秋田藩史観」形成に関する一考察―明治中後期の県内の動向を中心に（長南伸治）「風俗史学 : 日本風俗史学会誌」 日本風俗史学会 （45）2012.3

奥羽鎮撫副総督澤為量に対する秋田藩の応接―慶応四年五月戊辰戦争秋田戦線（神宮滋）「北方風土 : 北国の歴史民俗考古研究誌」 イズミヤ出版 （64）2012.8

古文書こぼればなし 秋田藩の国産―原料供給地型の秋田藩の物流（渡部紘一）「古文書倶楽部」 秋田県公文書館 （49）2012.9

安東氏と秋田藩―考古学調査の成果から（神田和彦）「歴史」 東北史学会 119 2012.10

貞享元年、秋田藩三〇万石昇格運動と郷村高辻帳（論文）（渡辺英夫）「秋大史学」 秋田大学史学会 （59）2013.3

近世中後期における秋田藩の殖産政策について（論文）（渡部拓）「秋大史学」 秋田大学史学会 （59）2013.3

「岡本元朝日記」と秋田藩の修史事業（佐藤隆）「秋田県公文書館研究紀要」 秋田県公文書館 （19）2013.3

県指定有形文化財「秋田藩家蔵文書」とは？（鈴木満）「古文書倶楽部」 秋田県公文書館 （53）2013.5

特集2 第19回大会公開講座 藩政後期の文化・秋田蘭画（山本丈志）「秋田歴研協会誌」 秋田県歴史研究者・研究団体協議会 （51・52）2013.6

報告2 秋田藩における村の飢饉と飢え（講座記録 第2回徳川林政史研究所公開講座 in 秋田「改革の幕開け―村と山の復興と秋田藩政―」）（栗原健一）「秋田県公文書館研究紀要」 秋田県公文書館 （20）2014.3

報告3 復興を目指して―山と川と村をつなぐ秋田藩政（講座記録 第2回徳川林政史研究所公開講座 in 秋田「改革の幕開け―村と山の復興と秋田藩政―」）（芳賀和朗）「秋田県公文書館研究紀要」 秋田県公文書館 （20）2014.3

戸村家文書について―秋田藩藩政文書史研究の一視角（鈴木満）「秋田県公文書館研究紀要」 秋田県公文書館 （20）2014.3

秋田藩家蔵文書 佐竹御宜書状（AS289―1）、秋田藩家蔵文書37（A280―69―37）上の文書の写し「秋田県公文書館だより」 秋田県公文書館 （29）2014.3

秋田藩家老小場宣忠関係文書について（論文）（金子拓）「秋大史学」 秋田大学史学会 （60）2014.3

寛永十一年、秋田藩佐竹氏の二つの領知高（論文）（渡辺英夫）「秋大史学」 秋田大学史学会 （60）2014.3

大坂留守居役と飯入ー天保飢饉前後の秋田藩と大坂（論文）（金森正也）「秋大史学」 秋田大学史学会 （60）2014.3

秋田町

古文書こぼればなし 明達館と秋田町―明治維新期の機構変遷（加藤民夫）「古文書倶楽部」 秋田県公文書館 （53）2013.5

浅内

浅内はアイヌ語地名か―地域の古代史から検証する（木村清幸）「秋田地名研究年報」 秋田地名研究会 （24）2008.12

阿仁

鷹巣・阿仁地域に於ける馬産に関する一考察（1）～（3）―明治期のセリ場を中心に（庄司博信）「鷹巣地方史研究」 鷹巣地方史研究会 （54）/（57）2004.4/2005.10

阿仁の文化財再発見！（照内捷二）「鷹巣地方史研究」 鷹巣地方史研究会 （61）2007.10

鷹巣・阿仁地域の馬産について―明治期のセリ場を中心に（歴史教室）（庄司博信）「鷹巣地方史研究」 鷹巣地方史研究会 （68）2012.11

阿仁街道

ろばた講座 阿仁歴史物語「阿仁鉱山と阿仁街道」（戸嶋喬）「史友」 合川地方史研究会 （35）2013.1

阿仁鉱山

戦後の阿仁・古河鉱山跡を訪ねて（嶺脇勉）「鷹巣地方史研究」 鷹巣地方史研究会 （56）2005.4

特集 新たに指定された貴重資料 秋田阿仁鉱山関係絵図について（長谷川成一）「豊泉 : 弘前大学附属図書館報」 弘前大学附属図書館

（34）2011.11

阿仁鉱山と地域の交流（歴史教室）（戸嶋喬）「鷹巣地方史研究」 鷹巣地方史研究会 （68）2012.11

ろばた講座 阿仁歴史物語「阿仁鉱山と阿仁街道」（戸嶋喬）「史友」 合川地方史研究会 （35）2013.1

阿仁銅山

花田家古文書より 屋形様御一行下筋海岸並びに阿仁銅山御渡野（歴史教室）（首藤佳子）「鷹巣地方史研究」 鷹巣地方史研究会 （59）2006.10

阿仁町

ふるさと歴史教室 阿仁町史跡探訪 マタギの里と鉱山の町（河田正治）「鷹巣地方史研究」 鷹巣地方史研究会 49 2001.10

阿仁町のアイヌ語地名（新谷正隆）「秋田地名研究年報」 秋田地名研究会 （21）2005.9

秋田県・阿仁町界隈を歩いて（太宰幸子）「地名」 宮城県地名研究会 通30 2009.11

阿部家住宅

新指定の秋田県指定文化財と国登録有形文化財 洲崎遺跡出土人魚木簡／一日市盆踊／旧奈良家住宅／渡部家住宅／阿部家住宅（秋田県教育庁生涯学習課文化財保護室）「出羽路」 秋田県文化財保護協会 通号139 2006.7

荒郷屋

秋田県の戦争遺跡（33）航空勇士遭難碑（秋田市下浜字荒郷屋）「北のむらから」 能代文化出版社 （276）2010.7

あら町

「あら町」地名の分布とその役割（木村清幸）「秋田地名研究年報」 秋田地名研究会 16 2000.6

新屋

新屋の史跡を訪ねて（佐々木正明）「史談」 土崎史談会 （43）2003.5

自著紹介『秋田市新屋郷土史』（歴史情報）（大島正美）「秋田歴研協会誌」 秋田県歴史研究者・研究団体協議会 （51・52）2013.6

新屋町

雄物川放水路事業が周辺の市町村に何をもたらしたか―新屋町を中心として（特集 春の歴史フォーラム 近世・近代の雄物川の治水）（大島正美）「秋田歴研協会誌」 秋田県歴史研究者・研究団体協議会 （53）2013.9

新屋村

近世における雄物川の治水―新屋村を中心として（特集 春の歴史フォーラム 近世・近代の雄物川の治水）（菅原忠）「秋田歴研協会誌」 秋田県歴史研究者・研究団体協議会 （53）2013.9

有屋峠街道

調査続報 有屋峠街道を探る（矢野光夫，笹原忠昭）「さあべい」 さあべい同人会 （25）2009.5

池田氏庭園

大仙市と美郷町に遊ぶ―池田氏庭園と坂本東嶽邸を探訪して（アベットム）「北方風土 ： 北国の歴史民俗考古研究誌」 イズミヤ出版 通号51 2006.1

国名勝「池田氏庭園」を訪ねて（津幡トシ）「史友」 合川地方史研究会 （28）2006.11

国指定名勝 旧池田氏庭園の洋館修復―時代を超えて受け継がれる文化財（歴史情報）（高橋一倫）「秋田歴研協会誌」 秋田県歴史研究者・研究団体協議会 （45）2010.12

石川郷

秋田県の戦争遺跡（8）寒葱河石川郷開拓団と「拓魂」碑（潟上市昭和豊川山田字家の上63）「北のむらから」 能代文化出版社 （267）2009.10

石沢郷

旧石沢郷の村医者（猪股直樹）「鶴舞」 本荘地域文化財保護協会 （88）2004.12

石脇

石脇のむかし（小松文夫）「鶴舞」 本荘地域文化財保護協会 （97）2010.3

石脇港

明治十年代不況と石脇港の衰退―齋藤彌太郎翁の『自叙伝』を手掛かりにして（会員論考）（佐藤俊介）「由理 ： 本荘由利地域史研究会・会誌」 本荘由利地域史研究会 （6）2013.12

伊勢堂

伊勢堂の森の想出（見上中）「鷹巣地方史研究」 鷹巣地方史研究会 （61）2007.10

市日通り

市日通りと家並みの変移（ひろば）（佐藤國治）「鷹巣地方史研究」 鷹巣地方史研究会 （68）2012.11

稲庭

伝統を綯う 稲庭うどん、伝承の味を地場産業へ（林由美）「別冊東北学」 東北芸術工科大学東北文化研究センター，作品社（発売）7 2004.1

石山リツ稲庭うどん100年の記憶「別冊東北学」 東北芸術工科大学東北文化研究センター，作品社（発売）7 2004.1

成長傾向にある稲庭うどん産地の存続基盤の諸特徴（酒井宣昭，我妻真史）「東北学院大学東北文化研究所紀要」 東北学院大学東北文化研究所 （39）2007.12

古文書こぼればなし 稲庭干うどんと桂寿院のこと―雄勝郡郡方『御用留書』から（嵯峨稔雄）「古文書倶楽部」 秋田県公文書館 （51）2013.1

岩瀬

第47回現場調査会（大館市岩瀬）朝鮮人が働いた田村鉄工（野添憲治）「秋田県朝鮮人強制連行真相調査団会報」 秋田県朝鮮人強制連行真相調査団 （64）2010.11

岩付山隧道

岩付山隧道のこと（佐藤勇助）「史友」 合川地方史研究会 （25）2004.10

岩谷山

第49回現場調査会（由利本荘市岩谷山麓）トンネルを掘った朝鮮人（野添憲治）「秋田県朝鮮人強制連行真相調査団会報」 秋田県朝鮮人強制連行真相調査団 （67）2011.8

岩谷町村

岩谷町村の始まり（佐藤貢）「秋田地名研究年報」 秋田地名研究会 16 2000.6

岩谷町村の始まり―村の中に町が有る不思議（佐藤貢）「邑知」 大内文化財保護協会 （33）2007.11

院内銀山

地方への牛痘法伝播の一事例―秋田院内銀山における医師門屋養安の場合（三好貴子）「橘史学」 京都橘大学歴史文化学会 （23）2008.11

院内村

音内村（院内村）について（小石勇）「邑知」 大内文化財保護協会 （37）2012.7

羽後上大野駅

地名考「羽後上大野駅」（小笠原みつ代）「史友」 合川地方史研究会 （27）2005.10

羽州中村

相馬中村から羽州中村へ―将門伝承の伝播（岡田清一）「福島史学研究」 福島県史学会 78 2004.3

後谷地

秋田県の戦争遺跡（9）松根油を採る伐根を掘った跡（能代市後谷地国有林）「北のむらから」 能代文化出版社 （267）2009.10

内越

「内越」という地名の意味（鎌田景吉）「鶴舞」 本荘地域文化財保護協会 （93）2007.6

姥懐

「姥懐」という中世地名について（木村清幸）「秋田地名研究年報」 秋田地名研究会 （20）2004.9

浦城

中世の秋田（13）浦城とその周辺（塩谷順耳）「秋田手仕事たより」 秋田手仕事文化研究会 （77）2012.12

絵図書森

絵図書森の幻想（1），（3）〜（5）（アベットム）「邑知」 大内文化財保護協会 （29）/（33）2003.10/2007.11

黒森山・絵図書森の再考（アベットム）「邑知」 大内文化財保護協会 （33）2007.11

円行寺郷

円行寺郷の亀田藩について（佐々木毅）「温故」 秋田県文化財保護協会西仙北支部 （3）2006.4

老方

老方地名の意味（新谷正隆）「秋田の地名 ： 秋田地名研究会会報」［秋田地名研究会］ 36 2003.4

横荘鉄道

第55回 現地調査会（由利本荘市東由利老方）橋荘鉄道と朝鮮人（上），（下）（野添憲治）「秋田県朝鮮人強制連行真相調査団会報」 秋田県朝鮮人強制連行真相調査団 （79）/（80）2014.8/2014.11

大内

巻頭言 郷土に根付いた文化財保護活動（阿部力）「邑知」 大内文化財保護協会 （29）2003.10

由利本荘市大内地区における源義経伝説と金売り吉次伝説（アベットム）「北方風土 ： 北国の歴史民俗考古研究誌」 イズミヤ出版 通号

50 2005.7

由利本荘市大内地区における『深井家三代の参宮道中記』を読む(佐藤貢)「北方風土 : 北国の歴史民俗考古研究誌」 イズミヤ出版 通号52 2006.6

大内地域の『小字一覧』(堀鐵三郎)「邑知」 大内文化財保護協会 (39) 2014.7

大内沢

第2回ふるさと歴史研究賞優秀賞「大内ざわ部落の歴史」(幹事会)「史友」 合川地方史研究会 (23) 2003.9

大内町

明治の変革に対する庶民の眼差し—大内町に残る古文書を読んで(佐藤貢)「北方風土 : 北国の歴史民俗考古研究誌」 イズミヤ出版 通号46 2003.8

大内町風談義(堀清太郎)「邑知」 大内文化財保護協会 (29) 2003.10

大内町の黒森山金峰山のこと(田牧久穂)「北方風土 : 北国の歴史民俗考古研究誌」 イズミヤ出版 通号47 2004.1

随想 大内町並びにその周辺地域の地名の意味、あるいは語源(1),(2)(鎌田景吉)「邑知」 大内文化財保護協会 (35)／(36) 2010.7／2011.03

大潟村

南秋田郡大潟村史跡探訪(河田正治)「鷹巣地方史研究」 鷹巣地方史研究会 (61) 2007.10

大沢

秋田県の戦争遺跡(44) 鎮魂碑(横手市雄物川町大沢)「北のむらから」 能代文化出版社 (284) 2011.3

大沢鉱山

秋田県の戦争遺跡(17) 大沢鉱山(大館市比内町)「北のむらから」 能代文化出版社 (271) 2010.2

韓国に帰った連行者たち(15)—金商榮さん(大沢鉱山)は語る「秋田県朝鮮人強制連行真相調査団会報」 秋田県朝鮮人強制連行真相調査団 (71) 2012.8

太田

天保五年仙北郡前・奥北浦一揆の新出史料について—大仙市太田地域・高橋久四郎家文書「覚書」(高橋一倫)「北方風土 : 北国の歴史民俗考古研究誌」 イズミヤ出版 通号57 2009.1

太田新田村

特別寄稿 太田新田村の歴史と太田ぜき(ひろば)(小林千寛)「鷹巣地方史研究」 鷹巣地方史研究会 (68) 2012.11

太田堰

特別寄稿 太田新田村の歴史と太田ぜき(ひろば)(小林千寛)「鷹巣地方史研究」 鷹巣地方史研究会 (68) 2012.11

大刀洗川

幕洗川・大刀洗川の流痕と流域付近の史跡(渋谷鉄五郎)「史談」 土崎史談会 (45) 2005.3

大館

明治期の大館地域における遊里に関する一考察(庄司博信)「鷹巣地方史研究」 鷹巣地方史研究会 49 2001.10

大館佐竹氏と北秋田(歴史教室)(鷲谷豊)「鷹巣地方史研究」 鷹巣地方史研究会 53 2003.10

矢立峠をめぐる事件からみえてくるもの—大館西家と湯沢南家との確執や、峠における馬盗人のことなど(日景健)「鷹巣地方史研究」 鷹巣地方史研究会 (65) 2009.10

大館城

羽州街道・大館城下(鷲谷豊)「秋田地名研究年報」 秋田地名研究会 17 2001.6

秋田の城下のくらし、文化—大館城下の給人の紛争をとおして(特集 春の歴史フォーラム 久保田城下のくらし・文化〈完結編〉)(清野宏隆)「秋田県歴史研究者・研究団体協議会 (48) 2012.1

大館城下の武士とその生活(清野宏隆)「出羽路」 秋田県文化財保護協会 通号151 2012.8

史、資料を読む(3)—大館城代(所預)について(研究)(永井高道)「鷹巣地方史研究」 鷹巣地方史研究会 (70) 2014.12

太田町

自著を語る 太田町史写真集(全3巻)(黒田貴彦)「秋田歴研協会誌」 秋田県歴史研究者・研究団体協議会 (34) 2007.4

大野

中世の合川町は馬の特産地だった—大野という地名が伝えるもの(木村清幸)「史友」 合川地方史研究会 (33) 2010.12

大野尻

歴代会長原稿 河川の移動で消え去った大野尻近傍の集落(長崎久)「鷹巣地方史研究」 鷹巣地方史研究会 50 2002.4

大畑

秋田県の戦争遺跡(34) 松ヤニを採取した松(秋田市寺内大畑)「北のむらから」 能代文化出版社 (277) 2010.8

大曲

まほろしの山本郡家—地形から考える平安初期の大曲(深田新一郎)「秋田の地名 : 秋田地名研究会会報」 秋田地名研究会 38 2004.5

大曲「まるこ吟社」(高倉光一)「北方風土 : 北国の歴史民俗考古研究誌」 イズミヤ出版 通号50 2005.7

大町

古文書こぼればなし 革羽織—「大町三丁目記録永代帳」より(菊地利雄)「古文書倶楽部」 秋田県公文書館 (56) 2013.11

大屋

大屋学校沿革史(河村正市)「横手郷土史資料」 横手郷土史研究会 (78) 2004.3

大柳

秋田県の戦争遺跡(34) 田村鉄工(大館市岩瀬字大柳30)「北のむらから」 能代文化出版社 (275) 2010.6

男鹿

ナマハゲ伝説と地名に隠された男鹿古代史の謎を解く(伊藤祐紀)「北方風土 : 北国の歴史民俗考古研究誌」 イズミヤ出版 通号51 2006.1

古文書こぼればなし 古文書が記す藩政期秋田の地震災害—文化七年の男鹿地震のことども(渡部統一)「古文書倶楽部」 秋田県公文書館 (40) 2011.5

男鹿石細工のはじまり(三浦正宏)「秋田手仕事たより」 秋田手仕事文化研究会 (76) 2011.7

男鹿の鹿狩り(半田和彦)「出羽路」 秋田県文化財保護協会 (152) 2013.2

小勝

古代史上の小勝(伊藤正)「秋田地名研究年報」 秋田地名研究会 16 2000.6

雄勝

第61回企画コーナー展 真澄片手に男鹿半島へ 平成25年7月6日(土)〜8月25日(日)「雄勝名勝誌」の旅／「をがさべり」の旅／男鹿五風をめぐる／文人墨客の男鹿紀行「真澄」 秋田県立博物館菅江真澄資料センター (31) 2014.3

雄勝郡

企画展紹介「秋田美・人」「秋田国体の軌跡」／企画コーナー展紹介「地誌拾い読み雄勝郡」「歌人 後藤逸女」「秋田県立博物館ニュース」 秋田県立博物館 (143) 2007.6

古文書こぼればなし 稲庭干うどんと桂寿院のこと—雄勝郡郡方「御用留書」から(嵯峨稔雄)「古文書倶楽部」 秋田県公文書館 (51) 2013.1

雄勝城

沼館・沼柵そして雄勝城(土肥稔)「全国地名研究交流誌 地名談話室」 日本地名研究所 (24) 2009.8

雄勝村

秋田県旧雄勝村の語源(清水清次郎)「北海道れきけん」 北海道歴史研究会 (63) 2007.1

男鹿半島

今月のおすすめ 男鹿半嶋図(資料番号 地7)(加藤昌宏)「古文書倶楽部」 秋田県公文書館 (43) 2011.10

展示報告 企画コーナー展(菅江真澄資料センター)「真澄片手に男鹿半島へ」 平成25年7月6日(土)〜8月25日(日)(松山修)「秋田県立博物館ニュース」 秋田県立博物館 (157) 2013.9

第61回企画コーナー展 真澄片手に男鹿半島へ 平成25年7月6日(土)〜8月25日(日)「雄勝名勝誌」の旅／「をがさべり」の旅／男鹿五風をめぐる／文人墨客の男鹿紀行「真澄」 秋田県立博物館菅江真澄資料センター (31) 2014.3

沖田面

沖田面部落の名称と実態について(中嶋修三)「鷹巣地方史研究」 鷹巣地方史研究会 (60) 2007.4

奥北浦

天保五年仙北郡前・奥北浦一揆の新出史料について—大仙市太田地域・高橋久四郎家文書「覚書」(高橋一倫)「北方風土 : 北国の歴史民俗考古研究誌」 イズミヤ出版 通号57 2009.1

尾去沢鉱山

秋田鹿角市と盛岡 奪われた尾去沢鉱山「擬宝珠」 盛岡の歴史を語る会 (138) 2003.6

秋田の戦争遺跡(20) 尾去沢鉱山の強制連行(鹿角市尾去沢)(野添憲治)「秋田県朝鮮人強制連行真相調査団会報」 秋田県朝鮮人強制連行真相調査団 (61) 2010.2

尾去沢銅山

盛岡村井家襖の下張り文書と尾去沢銅山経営（三浦忠司）「東奥文化」　青森県文化財保護協会　通号79　2008.3

小猿部

小猿部の歴史「九戸合戦」と横澤、千葉常左衛門を語る（阿部幹男）「鷹巣地方史研究」　鷹巣地方史研究会　（62）　2008.4

小猿部川

小猿部川の改修（捷水路）工事について（歴史教室）（上田正光）「鷹巣地方史研究」　鷹巣地方史研究会　（58）　2006.4

牡鹿半島

網地島、田代島（被災地の有人島は宮城のみ）/原発・放射能は？/牡鹿半島と網地島（つづき）/提言 増田博之様（栃木県）/外国人の思い（倶楽部MIA 11.8）（3・11ココ新生へ）「道鏡を守る会通信」　道鏡を守る会　別冊10　2012.10

小友

秋田県のオトモ（土肥稔）「全国地名研究交流誌 地名談話室」　日本地名研究所　（25）　2009.8

小野

菅江真澄入門（16）小野のふるさと（松山修）「秋田手仕事たより」　秋田手仕事文化研究会　（75）　2010.12

表町

秋田県の戦争遺跡（13）幻の軍用工場跡（大仙市角館町表町）「北のむらから」　能代文化出版社　（270）　2010.1

雄物川

雄物川（加賀谷保）「温故」　秋田県文化財保護協会 西仙北支部　（1）　2004.4

古代・雄物川縁りにて（西成辰雄）「地名」　宮城県地名研究会　通号23　2006.5

基調報告 雄物川水運と日本海海運の展開《第15回大会特集 近世日本海海運の展開と雄物川水運》（渡辺英夫）「秋田歴研協会誌」　秋田県歴史研究者・研究団体協議会　（42）　2009.12

雄物川民家苑「木戸五郎兵衛村」の事（伊沢美佐子）「横手郷土史資料」　横手郷土史研究会　（85）　2011.3

太古・古代・中世・近世の陸奥と出羽国の歴史を辿る—西和賀・和賀・黒沢尻・北上・稗貫・宮守・協和・雄物川（高橋暁樹）「西和賀史談」　西和賀史談会　（7）　2013.3

百家風発 太古・古代・中世・近世の陸奥と出羽の歴史を掘る 西和賀、和賀、黒沢尻、北上、稗貫、宮守、協和（高橋暁樹）「北方風土 ： 北国の歴史民俗考古研究誌」　イズミヤ出版　（66）　2013.6

近世における雄物川の治水—新屋村を中心として（特集 春の歴史フォーラム 近世・近代の雄物川の治水）（菅原忠）「秋田歴研協会誌」　秋田県歴史研究者・研究団体協議会　（53）　2013.9

雄物川放水路事業が周辺の市町村に何をもたらしたか—新屋を中心として（特集 春の歴史フォーラム 近世・近代の雄物川の治水）（大島正美）「秋田歴研協会誌」　秋田県歴史研究者・研究団体協議会　（53）　2013.9

フォーラムを終えて（特集 春の歴史フォーラム 近世・近代の雄物川の治水）（佐々木久吾）「秋田歴研協会誌」　秋田県歴史研究者・研究団体協議会　（53）　2013.9

鯎淵

「鯎淵」地名考—その歴史と由来をさぐる（木村清幸）「秋田地名研究年報」　秋田地名研究会　19　2003.6

角館

角館の武家屋敷・顚末記《特集 いま、よみがえる建物》—〈建物再生の現場から〉〉（富木耐一）「まんだら ： 東北文化友の会会報」　東北芸術工科大学東北文化研究センター　（29）　2006.11

角館領主の移り変わり（横山脩）「古文書研究会報」　岩手古文書研究会　（376）　2010.8

鹿角

鹿角 おらほの真澄（佐藤和子）「菅江真澄研究」　菅江真澄研究会　50　2003.6

「鹿角戦いの道」補説（会員の研究）（柳澤弘志）「上津野」　鹿角市文化財保護協会　（33）　2008.3

鹿角における水稲冷害の今昔（会員の研究）（増村昭三）「上津野」　鹿角市文化財保護協会　（35）　2010.3

古代鹿角紫根染・茜染を守り抜いた栗山家（会員の研究）（関幸子）「上津野」　鹿角市文化財保護協会　（37）　2012.3

井上円了の見た大正の鹿角（資料紹介）（研究ノート）（阿部正記）「上津野」　鹿角市文化財保護協会　（38）　2013.3

鹿角街道

鹿角街道を確かめる（会員の研究）（関友征）「上津野」　鹿角市文化財保護協会　（34）　2009.3

鹿角市

秋田鹿角市と盛岡 奪われた尾去沢鉱山「擬宝珠」　盛岡の歴史を語る会　（138）　2003.6

鹿角戦いの道論に寄せて 鹿角地方史充実のために（第34回鹿角市文化財保護研究発表会）（柳澤弘志）「上津野」　鹿角市文化財保護協会　（34）　2009.3

鹿角市誕生のドラマ（会員の研究）（工藤利栄）「上津野」　鹿角市文化財保護協会　（38）　2013.3

加田喜沼

加田喜沼について（堀川喜久雄）「邑知」　大内文化財保護協会　（37）　2012.7

片山村

寛政四年の片山村絵図と打直検地に見る村の状況—片山八坂神社資料による（清野宏隆）「出羽路」　秋田県文化財保護協会　通号148　2011.2

蟹場温泉

明治14年の温泉調査（3）蟹場温泉（現・秋田県仙北市田沢湖田沢字先達沢国有林）「古文書倶楽部」　秋田県公文書館　（32）　2010.1

釜沢村

藩政期における「釜沢村暦代表」（加藤鉄雄）「史友」　合川地方史研究会　（23）　2003.9

鎌沢村

合川風土記（3）鎌沢村の巻（上）（福岡龍太郎）「史友」　合川地方史研究会　（35）　2013.1

神岡町

印象にのこる『神岡町史』（編集部）「秋田歴研協会誌」　秋田県歴史研究者・研究団体協議会　22　2003.4

神室山

山の小文 神室山のこと—付・比羅保許山（田牧久穂）「北方風土 ： 北国の歴史民俗考古研究誌」　イズミヤ出版　通号49　2005.1

印象に残った論文田牧久穂「神室山のこと」（林浩平）「北方風土 ： 北国の歴史民俗考古研究誌」　イズミヤ出版　通号50　2005.7

亀田

再録（北方風土1号より）由利郡亀田・仙北郡強首の例を見る村落と祭祀線《ぬめひろし追悼特集》（ぬめひろし）「北方風土 ： 北国の歴史民俗考古研究誌」　イズミヤ出版　通号45　2003.2

「亀田」地名の思想（佐藤貢）「鶴舞」　本荘地域文化財保護協会　（92）　2006.12

亀田の岩城氏（加藤隆）「城」　東海古城研究会　（199）　2008.1

亀田藩

近世後期の村・家・家族・個人—出羽国亀田藩領赤田村のキリシタン改帳から（今野真）「東北学院大学東北文化研究所紀要」　東北学院大学東北文化研究所　（36）　2004.11

円行寺郷の亀田藩について（佐々木毅）「温故」　秋田県文化財保護協会西仙北支部　（3）　2006.4

搦田

古文書こぼれ話 久保田城北搦田の勝景（渡部紘一）「古文書倶楽部」　秋田県公文書館　（30）　2009.9

刈和野

刈和野の方言（五十嵐五郎）「温故」　秋田県文化財保護協会 西仙北支部　（3）　2006.4

秋田藩郷校をめぐる諸問題—湯沢・刈和野・能代の場合（加藤民夫）「出羽路」　秋田県文化財保護協会　通号141・142　2007.10

戊辰の役・刈和野激戦略記（五十嵐五郎）「温故」　秋田県文化財保護協会西仙北支部　（7）　2010.5

嘉永二年酉二月刈和野屋敷間数書上帳（山口弘靖）「温故」　秋田県文化財保護協会 西仙北支部　（9）　2012.5

仙北郡刈和野一圓之図（県C—91、133cm×126cm）「秋田県公文書館だより」　秋田県公文書館　（28）　2013.5

資料紹介 刈和野旧格願書写（山口弘靖）「温故」　秋田県文化財保護協会 西仙北支部　（10）　2013.5

刈和野にもあった「石敢當」（阿部一雄）「温故」　秋田県文化財保護協会西仙北支部　（10）　2013.5

刈和野御米蔵御物成上納御目付判突帳（元治元年十月）（山口弘靖）「温故」　秋田県文化財保護協会 西仙北支部　（11）　2014.5

峨瓏大滝

藤里町の峨瓏大滝の「がろう」の意味（新谷正隆）「秋田地名研究年報」　秋田地名研究会　（21）　2005.9

川口

秋田県の戦争遺跡（37）小林多喜二生誕の地（大館市川口）「北のむらから」　能代文化出版社　（278）　2010.9

秋田県　　　　　　　　　　　　地名でたどる郷土の歴史　　　　　　　　　　　　東北

河辺郡

真澄が記した河辺郡 『月の出羽路河辺郡』『勝地臨毫河辺郡』を中心に（大場与志美）「菅江真澄研究」 菅江真澄研究会　54　2004.12

象潟

象潟―「きさかた」か「きさがた」か（熊谷直春）「鶴舞」 本荘地域文化財保護協会　85　2003.6

つるはぎ考「奥の細道」象潟句をみる（佐藤貢）「鶴舞」 本荘地域文化財保護協会　(89)　2005.7

象潟の語源再考（熊谷直春）「鶴舞」 本荘地域文化財保護協会　(89)　2005.7

象潟の別称について―八十島と八十八潟九十九島（熊谷直春）「鶴舞」 本荘地域文化財保護協会　(90)　2005.12

象潟と鶴（熊谷直春）「鶴舞」 本荘地域文化財保護協会　(91)　2006.9

『おくのほそ道』の象潟条と現代（熊谷直春）「鶴舞」 本荘地域文化財保護協会　(92)　2006.12

新出の象潟の地名語源説と私説再考（熊谷直春）「鶴舞」 本荘地域文化財保護協会　(93)　2007.6

象潟の将来（熊谷直春）「鶴舞」 本荘地域文化財保護協会　(94)　2007.11

近世象潟の景観―初期象潟図と景観保全（《特集 環境と景観》）（長谷川成一）「東北学」［第2期］ 東北芸術工科大学東北文化研究センター，柏書房（発売）(20)　2009.8

フィールドからデスクから 秋田県にかほ市象潟の「藻汐草」（本田優子）「アイヌ民族文化研究センターだより」 北海道立アイヌ民族文化研究センター　(33)　2010.9

"象潟地震"の謎―そのとき、鳥海山は噴火したか（大会特集I 出羽庄内の風土と歴史像―その一体性と多様性）（土岐正勝）「地方史研究」 地方史研究協議会　61(4)通号352　2011.8

松尾芭蕉が訪れた象潟とまちおこし（特集 春の歴史フォーラム 歴史遺産と地域おこし）（齋藤一樹）「秋田歴研協会誌」 秋田県歴史研究者・研究団体協議会　(50)　2012.9

蚶形

蚶形の駅家の竹田継と駅家の比定地（熊谷直春）「鶴舞」 本荘地域文化財保護協会　(88)　2004.12

北秋田

ふるさと歴史教室 北秋田の近、現代史から（富樫泰雄）「鷹巣地方史研究」 鷹巣地方史研究会　49　2001.10

大館佐竹氏と北秋田（歴史教室）（鷲谷豊）「鷹巣地方史研究会」 鷹巣地方史研究会　53　2003.10

米代川戊辰戦争と北秋田地区（太田實）「鷹巣地方史研究」 鷹巣地方史研究会　(64)　2009.4

北秋田の歴史と人物（武藤拓自）「鷹巣地方史研究」 鷹巣地方史研究会　(65)　2009.10

秋田のまほろば北秋田（澤田昌治）「鷹巣地方史研究」 鷹巣地方史研究会　(66)　2010.11

秋田のまほろば北秋田（2）（ひろば）（澤田昌治）「鷹巣地方史研究」 鷹巣地方史研究会　(67)　2011.11

古文書・古記録の解明から 北秋田の地域社会づくり（歴史教）（澤田昌治）「鷹巣地方史研究」 鷹巣地方史研究会　(69)　2013.12

北秋田の景観に魅せられ 平成26年7月12日（土）講師：山田實氏（歴史教室）（照内建二）「鷹巣地方史研究」 鷹巣地方史研究会　(70)　2014.12

北秋田市

かくて北秋田市の歴史は始まった（ひろば）（澤田昌治）「鷹巣地方史研究」 鷹巣地方史研究会　(65)　2009.10

講話 北秋田市歴史文化構想（小松武志）「史友」 合川地方史研究会　(34)　2011.12

北秋田市の歴史伝承（ひろば）（澤田昌治）「鷹巣地方史研究」 鷹巣地方史研究会　(70)　2014.12

北浦

北浦の古道を辿る（柴田正蔵）「北方風土 ： 北国の歴史民俗考古研究誌」 イズミヤ出版　通号45　2003.2

北の又

表紙 秋田県五城目町北の又の民家（版画と文・安藤ひろし）「秋田手仕事たより」 秋田手仕事文化研究会　(78)　2014.2

キツガ沢

キツガ沢館と郷倉について（佐々木毅）「温故」 秋田県文化財保護協会西仙北支部　(2)　2005.4

木戸

木戸地名と領域空間（木村清幸）「秋田地名研究年報」 秋田地名研究会　(23)　2007.12

木戸石村

下田平は木戸石村だった（小笠原みつ代）「史友」 合川地方史研究会　(32)　2009.12

きみまち阪

きみまち阪の北と南で差違のある農事用語二、三（日景健）「鷹巣地方史研究」 鷹巣地方史研究会　(57)　2005.10

きみまちロマンチック街道

きみまちロマンチック街道―杉・さくら・おおい 木材と観光の町二ツ井（さとうとみお）「鷹巣地方史研究」 鷹巣地方史研究会　50　2002.4

協和

太古・古代・中世・近世の陸奥と出羽国の歴史を辿る―西和賀・和賀・黒沢尻・北上・稗貫・宮守・協和・雄物川（高橋暁樹）「西和賀史談」 西和賀史談会　(7)　2013.3

百家風発 太古・古代・中世・近世の陸奥と出羽の歴史を掘る 西和賀、和賀、黒沢尻、北上、稗貫、宮守、協和（高橋暁樹）「北方風土 ： 北国の歴史民俗考古研究誌」 イズミヤ出版　(66)　2013.6

協和町

佐土原町と協和町（有村政則）「まいづる」 佐土原地区郷土史同好会　20　2003.9

金照寺山

秋田県の戦争遺跡（35）金照寺山の防空壕跡（秋田市楢山城南町）「北のむらから」 能代文化出版社　(277)　2010.8

金峰山

大内町の黒森山金峰山のこと（田牧久穂）「北方風土 ： 北国の歴史民俗考古研究誌」 イズミヤ出版　通号47　2004.1

久保田

再録 秋田県城下町久保田の「町穢多」について（金森正也）「別冊東北学」 東北芸術工科大学東北文化研究センター，作品社（発売）5　2003.2

戊辰羽州戦争と大村藩―大村隊羽州久保田から庄内鶴岡へ（松井保男）「大村史談」 大村史談会　55　2004.3

久保田城

提言 久保田城に思う―史跡指定に関して（加賀谷辰雄）「出羽路」 秋田県文化財保護協会　(132)　2003.2

報告 企画展「久保田城下町の建設と変遷」（伊藤成季）「秋田県公文書館研究紀要」 秋田県公文書館　(11)　2005.3

通町・大町の変遷と文化（第16回大会特集 久保田城下のくらし、文化―渋江和光日記を通して）（川尻日出夫）「秋田歴研協会誌」 秋田県歴史研究者・研究団体協議会　(44)　2010.9

城下の上級家臣の生活の一端―『渋江和光日記』、『黒沢家日記』、『秋田藩町触集』を通して（第16回大会特集 久保田城下のくらし、文化―渋江和光日記を通して）（越中正一）「秋田歴研協会誌」 秋田県歴史研究者・研究団体協議会　(44)　2010.9

城下武家町に住む人びと―武士・歩行・下男など（第16回大会特集 久保田城下のくらし、文化―渋江和光日記を通して）（塩谷順耳）「秋田歴研協会誌」 秋田県歴史研究者・研究団体協議会　(44)　2010.9

菅江真澄の記録した久保田城下の暮らし―民俗行事を中心として（特集 春の歴史フォーラム 久保田城下のくらし・文化（パートIII））（田口昌樹）「秋田歴研協会誌」 秋田県歴史研究者・研究団体協議会　(47)　2011.9

フォーラムの成果と課題（特集 春の歴史フォーラム 久保田城下のくらし・文化（パートIII））（半田和彦）「秋田歴研協会誌」 秋田県歴史研究者・研究団体協議会　(47)　2011.9

「城下のくらしと文化」シリーズを終えて（特集 春の歴史フォーラム 久保田城下のくらし・文化（完結編））（塩谷順耳）「秋田歴研協会誌」 秋田県歴史研究者・研究団体協議会　(48)　2012.1

久保田外町

用語解説 久保田外町の町運営に係わる用語（半田和彦）「秋田歴研協会誌」 秋田県歴史研究者・研究団体協議会　(49)　2012.5

久保田藩

資料散歩 慶応四年「久保田藩兵盛岡に駐屯す」（塩圀彦）「横手郷土史資料」 横手郷土史研究会　(88)　2014.3

久保田領

沢為量戊辰戦争史料の事（2）―久保田領内行軍及び在陣日誌（神宮滋）「北方風土 ： 北国の歴史民俗考古研究誌」 イズミヤ出版　通号40　2000.6

『校訂・解題・久保田領郡邑記』（自著を語る）（柴田次雄）「秋田歴研協会誌」 秋田県歴史研究者・研究団体協議会　(26)　2004.8

胡桃館

胡桃館の謎に挑んだ人々（編集部）「鷹巣地方史研究」 鷹巣地方史研究会　(54)　2004.4

胡桃館の謎に挑む（1）、（2）（高橋善之）「鷹巣地方史研究」 鷹巣地方史研究会　(55)／(56)　2004.10/2005.4

胡桃館埋没建物と部材の意義（箱崎和久）「鷹巣地方史研究」 鷹巣地方史研究会　(62)　2008.4

毛馬内

毛馬内地名の始まり（試論）（柳沢兌衛）「秋田の地名 ： 秋田地名研究会会報」〔秋田地名研究会〕 32 2001.1

鹿角の古地名「毛馬内」稿（1），（2）（柳沢兌衛）「秋田地名研究年報」 秋田地名研究会 18/19 2002.6/2003.6

毛馬内御境奉行（横山衛）「古文書研究会報」 岩手古文書研究会 298 2003.7

毛馬内御境御用留に登場する主要人物（横山衛）「古文書研究会報」 岩手古文書研究会 300 2003.9

幕末期に於ける毛馬内通りの士族について（会員の研究）（庄司博信）「上津野」 鹿角市文化財保護協会 （33） 2008.3

幸兵衛滝

わたしの写真紀行 阿仁の「幸兵衛滝」 北秋田市立又渓谷「北のむらから」 能代文化出版社 （314） 2013.9

康楽館

康楽館が繋いだ思い ふるさとを愛するということ（《特集 旅学の時代》）（山川徹）「別冊東北学」 東北芸術工科大学東北文化研究センター、作品社（発売） 8 2004.8

秋田県の戦争遺跡（7） 康楽館と中国人連行者（鹿角市小坂町）「北のむらから」 能代文化出版社 （266） 2009.9

小坂鉱山

小坂鉱山「元山採鉱」の事務所のこと（岩城洋一）「秋田県朝鮮人強制連行真相調査団会報」 秋田県朝鮮人強制連行真相調査団 （66） 2011.4

小坂鉱山における自家用発電に関する考察（神居正暢）「秋田県公文書館研究紀要」 秋田県公文書館 （18） 2012.3

小坂鉱山貯水池堤防決潰罹災事故の記録―56名の命を奪った真夜中の大惨事（会員の研究）（庄司博信）「上津野」 鹿角市文化財保護協会 （39） 2014.3

小坂鉄道

強制連行者を運んだ鉄道の思い出―小坂鉄道の廃止にあたって（岩城洋一）「秋田県朝鮮人強制連行真相調査団会報」 秋田県朝鮮人強制連行真相調査団 （54） 2008.5

御指南町

秋田県の戦争遺跡（12） 軍需工場の秋木機械（能代市御指南町）「北のむらから」 能代文化出版社 （269） 2009.12

金浦

史料紹介「弘前藩・藩庁日記から」―金浦・三森船の漁を巡って（須田高）「由理 ： 本荘由利地域史研究会・会誌」 本荘由利地域史研究会 （3） 2010.12

五ノ宮岳

山の小文（3）鹿角市の五ノ宮岳のこと（田牧久穂）「北方風土 ： 北国の歴史民俗考古研究誌」 イズミヤ出版 通号48 2004.7

小又川

人のよく死ぬ場所―小又川「秋田県朝鮮人強制連行真相調査団会報」 秋田県朝鮮人強制連行真相調査団 （61） 2010.2

子吉

秋田県の戦争遺跡（38） 学童集団疎開と紅梅（由利本荘市子吉）「北のむらから」 能代文化出版社 （279） 2010.10

子吉川

本荘湊と子吉川（特集 秋の歴史フォーラム 米代川・子吉川の舟運）（半田和彦）「秋田歴研協会誌」 秋田県歴史研究者・研究団体協議会 （54） 2013.12

子吉川河岸場跡の地理的研究（熊谷直春）「鶴舞」 本荘地域文化財護協会 （101） 2014.3

強首

再録（北方風土1号より） 由利郡亀田・仙北郡強首の例を見る村落と祭祀線《ぬめひろし追悼特集》（ぬめひろし）「北方風土 ： 北国の歴史民俗考古研究誌」 イズミヤ出版 通号45 2003.2

根田小学校

教育制度草創の頃 合川町（6）根田小学校の巻（山岡多郎右衛門）「史友」 合川地方史研究会 （25） 2004.10

栄村

旧栄村の歴史について（歴史教室）（岩谷利男）「鷹巣地方史研究」 鷹巣地方史研究会 53 2003.10

坂嶋村

坂嶋村（高野光悦）「邑知」 大内文化財保護協会 （31） 2005.10

坂本東岳邸

大仙市と美郷町に遊ぶ―池田氏庭園と坂本東嶽邸を探訪して（アベツトム）「北方風土 ： 北国の歴史民俗考古研究誌」 イズミヤ出版 通号51 2006.1

佐竹藩

南部藩と佐竹藩の重要な道路白木峠（高橋信一）「湯田史談」 湯田史談会 （21） 2003.3

江戸における佐竹藩屋敷の跡蹟探訪（首藤佳子）「鷹巣地方史研究」 鷹巣地方史研究会 （62） 2008.4

寒川

「寒川」地名は韓鍛冶部の軌跡（木村清幸）「全国地名研究交流誌 地名談話室」 日本地名研究所 （21） 2006.2

沢口村

旧沢口村の歴史（小塚嘉七）「鷹巣地方史研究」 鷹巣地方史研究会 51 2002.10

三貫

三貫堰（小川正太郎）「横手郷土史資料」 横手郷土史研究会 （79） 2005.3

山内

横手・山内 峠道探訪（小川誠三）「横手郷土史資料」 横手郷土史研究会 （85） 2011.3

三枚

村木其友著 三枚紀行・森吉山紀行（黒澤三郎）「北方風土 ： 北国の歴史民俗考古研究誌」 イズミヤ出版 通号56 2008.6

下道城

呼び方について―下道城の場合（津幡トシ）「史友」 合川地方史研究会 （31） 2008.9

東雲原

わたしの写真紀行 開拓一代目 秋田県能代市東雲原「北のむらから」 能代文化出版社 （311） 2013.6

四羽出

南比内二井田村四羽出小畑家の系譜と蔵書（三宅正彦）「鷹巣地方史研究」 鷹巣地方史研究会 （57） 2005.10

清水

横手の清水散歩（小川誠三）「横手郷土史資料」 横手郷土史研究会 （78） 2004.3

下田平

下田平は木戸石村だった（小笠原みつ代）「史友」 合川地方史研究会 （32） 2009.12

釈迦内

わたしの写真紀行 多喜二の母・小林セキの生家（大館市釈迦内）「北のむらから」 能代文化出版社 （276） 2010.7

蛇の崎橋

蛇の崎橋を渡る福バス（歴史の検証）（伊藤信一）「横手郷土史資料」 横手郷土史研究会 （83） 2009.3

蛇喰

五城目町の蛇喰について（門間光夫）「秋田の地名 ： 秋田地名研究会会報」〔秋田地名研究会〕 33 2001.9

十二所

大館市十二所の三哲伝説―『真澄遊覧記』の記述をめぐって（佐伯和香子）「昔話伝説研究」 昔話伝説研究会 （27） 2007.5

十文字町

減反政策の展開と地域農民の対応―旧秋田県平鹿郡十文字町域の場合（柴田裕）「秋大史学」 秋田大学史学会 通号56 2010.3

秋田県の戦争遺跡（43） 奉安殿の台座（横手市十文字町）「北のむらから」 能代文化出版社 （284） 2011.3

十文字村

大正10年（1921）小作慣行調査にみる県南部地域の実態―主として秋田県旧平鹿郡十文字村周辺諸村の場合（柴田裕）「秋大史学」 秋田大学史学会 （58） 2012.3

将軍野遊園地

将軍野遊園地が閉館してから60年（夏井勇）「史談」 土崎史談会 （45） 2005.3

条里

新住居表示「条里」に因んで（半田作治）「横手郷土史資料」 横手郷土史研究会 （85） 2011.3

如斯亭

追加指定の名勝 旧秋田藩主佐竹氏別邸（如斯亭）庭園（国指定文化財紹介）「出羽路」 秋田県文化財保護協会 通号148 2011.2

白岩街道

百家風発 白岩街道の跡（森本彌吉）「北方風土 ： 北国の歴史民俗考古研究誌」 イズミヤ出版 通号61 2011.1

白神市

「白神市」撤回の申し入れを行う(野添憲治)「日本地名研究所通信」 日本地名研究所 59 2005.3

白津の峠

鷹巣阿仁部の峠(3)—白津の峠(福岡龍太郎)「鷹巣地方史研究」 鷹巣地方史研究会 (55) 2004.10

神宮寺油田

神宮寺油田図調査、夢の又夢を追う—旧南外村から由利郡東部など(神宮滋)「北方風土 : 北国の歴史民俗考古研究誌」 イズミヤ出版 通号52 2006.6

神宮寺渡し

羽州街道神宮寺渡しと周辺鷹野の事(神宮滋)「北方風土 : 北国の歴史民俗考古研究誌」 イズミヤ出版 通号49 2005.1

神宮寺渡し追書き(神宮滋)「北方風土 : 北国の歴史民俗考古研究誌」 イズミヤ出版 通号50 2005.7

新田村

新田村の耕地守った川除柳林(歴史の検証)(吉沢昂)「横手郷土史資料」 横手郷土史研究会 (83) 2009.3

陣馬岱

陣馬岱巡り(ひろば)(桜田俊)「鷹巣地方史研究」 鷹巣地方史研究会 (69) 2013.12

清内路

再考「松永惣兵衛」 清内路越の事(佐藤貢)「邑知」 大内文化財保護協会 (29) 2003.10

西部

史料紹介 明治期の秋田県公文書館史料—秋田市西部地区を中心として(大島正美)「秋田近代史研究」 秋田近代史研究会 45 2003.12

千秋久保田町

秋田県の戦争遺跡(36)歩兵第一七連隊(秋田市千秋久保田町)「北のむらから」 能代文化出版社 (278) 2010.9

千秋公園

秋田県の戦争遺跡(39) 千秋公園の防空壕跡(秋田市千秋公園)「北のむらから」 能代文化出版社 (280) 2010.11

仙北

仙北の一農民が見た戊辰戦争 萬覚書之事(A212、1—63)(畑中康博)「古文書倶楽部」 秋田県公文書館 (33) 2010.3

和賀と仙北の交流(百家風発)(森本彌吉)「北方風土 : 北国の歴史民俗考古研究誌」 イズミヤ出版 通号62 2011.7

仙北郡

「草彅」伝承と『月の出羽路・仙北郡』—真澄の地誌を考えるために(志立正知)「真澄学」 東北芸術工科大学東北文化研究センター (6) 2011.2

仙北市

明治14年の温泉調査(2) 鶴ノ湯温泉(現・仙北市田沢湖田沢字先達沢)(畑中康博)「古文書倶楽部」 秋田県公文書館 (27) 2009.3

仙北路

春の仙北路巡り(ひろば)(桜田俊)「鷹巣地方史研究」 鷹巣地方史研究会 (70) 2014.12

大成館

思い出の大成館(寺田ヤシ)「鷹巣地方史研究」 鷹巣地方史研究会 (60) 2007.4

太平黒沢

秋田市太平黒沢の箕つくり(今石みぎわ)「東北芸術工科大学東北文化研究センター研究紀要」 東北芸術工科大学東北文化研究センター 通号7 2008.3

太平山

鷹巣地内の太平山を歩いて(歴史教室)(佐藤喜美男)「鷹巣地方史研究」 鷹巣地方史研究会 (66) 2010.11

高清水公園

私の「寺内のはなし」から高清水公園(中野みのる)「史談」 土崎史談会 (43) 2003.5

高清水公園周辺の「碑」探訪(船木彰之輔)「史談」 土崎史談会 (43) 2003.5

高城

『高城』わが郷土調べ記—初めての私作品をかえりみて(池田久雄)「温故」 秋田県文化財保護協会 西仙北支部 (8) 2011.5

高城堤

高城堤—先人たちの源(池田久雄)「温故」 秋田県文化財保護協会 西仙北支部 (10) 2013.5

高長橋

資料にみる高橋長四郎家の歴史—愛郷心と高長橋について(研究)(中嶋忠輝)「鷹巣地方史研究」 鷹巣地方史研究会 (70) 2014.12

鷹ノ巣

鷹ノ巣という地名(谷川健一)「日本地名研究所通信」 日本地名研究所 60 2005.9

鷹巣

子どもの頃の たかのす(さとうとみお)「鷹巣地方史研究」 鷹巣地方史研究会 48 2001.3

菅江真澄と北秋田の旅—真澄は鷹巣でなにを見聞きしたか(田口正樹)「鷹巣地方史研究」 鷹巣地方史研究会 50 2002.4

綴子と鷹巣の両郵便局について(見上中)「鷹巣地方史研究」 鷹巣地方史研究会 52 2003.4

鷹巣・阿仁地域に於ける馬産に関する一考察(1)～(3)—明治期のセリ場を中心に(庄司博信)「鷹巣地方史研究」 鷹巣地方史研究会 (54)/(57) 2004.4/2005.10

たかのすの女たちのこれまでの歩みの中から(中嶋喜代)「鷹巣地方史研究」 鷹巣地方史研究会 (57) 2005.10

戊辰戦役の薬莢(桜田俊)「鷹巣地方史研究」 鷹巣地方史研究会 (63) 2008.10

菅江真澄の歩いた道の地名を考察す(清水修智)「鷹巣地方史研究」 鷹巣地方史研究会 (64) 2009.4

史談会 鷹巣を通った人々—江戸から明治にかけて(伊藤徳治)「鷹巣地方史研究」 鷹巣地方史研究会 (64) 2009.4

ディスコ吹き喜ぶ、鷹巣のアンサン(山田実)「鷹巣地方史研究」 鷹巣地方史研究会 (65) 2009.10

地方史の手帳 七座昔語り(桜田俊)「鷹巣地方史研究」 鷹巣地方史研究会 (66) 2010.11

生きていた方言(ひろば)(桜田俊)「鷹巣地方史研究」 鷹巣地方史研究会 (66) 2010.11

「たかのす」考(永井高道)「鷹巣地方史研究」 鷹巣地方史研究会 (67) 2011.11

鷹巣・阿仁地域の馬産について—明治期のセリ場を中心に(歴史教室)(庄司博信)「鷹巣地方史研究」 鷹巣地方史研究会 (68) 2012.11

鷹巣市日考(ひろば)(桜田俊)「鷹巣地方史研究」 鷹巣地方史研究会 (68) 2012.11

旧営林署の森林軌道について(歴史教)(上田正光)「鷹巣地方史研究」 鷹巣地方史研究会 (69) 2013.12

鷹巣盆地

米代川の風土と文化—鷹巣盆地を中心に(川村公一)「鷹巣地方史研究」 鷹巣地方史研究会 50 2002.4

賛083は鷹巣盆地にあり(歴史教室)(木村清幸)「鷹巣地方史研究」 鷹巣地方史研究会 (58) 2006.4

鷹巣町

鷹巣町の亜炭鉱(歴史教室)(千葉命一郎)「鷹巣地方史研究」 鷹巣地方史研究会 52 2003.4

私が子供のころ(昭和初期)の鷹巣町(歴史教室)(三上中)「鷹巣地方史研究」 鷹巣地方史研究会 (55) 2004.10

旧たかのすまちの"餅っこ物語"(中嶋喜代)「鷹巣地方史研究」 鷹巣地方史研究会 (58) 2006.4

鷹巣町の思い出(随想)(北嶋洋子)「鷹巣地方史研究」 鷹巣地方史研究会 (66) 2010.11

鷹巣村

総会講演 北比内鷹巣村の台頭について(永井高道)「鷹巣地方史研究」 鷹巣地方史研究会 (63) 2008.10

鷹巣村草創期の恩人たち(歴史教室)(永井高道)「鷹巣地方史研究」 鷹巣地方史研究会 (66) 2010.11

高花

秋田の「竹ノ花・高花」地名(新谷正隆)「秋田地名研究年報」 秋田地名研究会 17 2001.6

高屋

高屋の歴史について(第35回鹿角市文化財保護研究発表会)(村木弘滋)「上津野」 鹿角市文化財保護協会 (35) 2010.3

竹ノ花

秋田の「竹ノ花・高花」地名(新谷正隆)「秋田地名研究年報」 秋田地名研究会 17 2001.6

たけふ

「たけふ」地名と渤海使(木村清幸)「秋田地名研究年報」 秋田地名研究会 (22) 2006.12

田沢

不作と冷たい風の流れ—ヤマセ田沢宝風説に一考(深田新一郎)「秋田の

地名 ： 秋田地名研究会会報」「秋田地名研究会」 37 2003.9

田沢湖
秋田 田沢湖畔の渇分校（《特集 廃校から始まる》―よみがえった学び舎）（佐藤和志）「まんだら」 東北文化友の会会報」 東北芸術工科大学東北文化研究センター （30） 2007.2

韓国に帰った連行者たち(16)―趙元株さん（田沢湖導水管工事）は語る「秋田県朝鮮人強制連行真相調査団会報」 秋田県朝鮮人強制連行真相調査団 （72） 2012.11

描かれなかった田沢湖―企画展「絵図にみる近世秋田」（後期）展示資料から（太田研）「古文書倶楽部」 秋田県公文書館 （50） 2012.11

タタラの坂
鷹巣阿仁部の峠(4)―タタラの坂（福岡龍太郎）「鷹巣地方史研究」 鷹巣地方史研究会 （56） 2005.4

立町
短編二題 朝市（立町）について（伊沢美佐子）「横手郷土史資料」 横手郷土史研究会 （88） 2014.3

舘合村集団生活所
秋田県の戦争遺跡(11) 舘合村集団生活所（横手市雄物川町薄井）「北のむらから」 能代文化出版社 （269） 2009.12

鳥海山
注目される鳥海山の歴史・文化に新資料―「鳥海山和讃縁起」一巻（神宮滋）「北方風土 ： 北国の歴史民俗考古研究誌」 イズミヤ出版 通号56 2008.6

"象潟地震"の謎―そのとき、鳥海山は噴火したか（大会特集I 出羽庄内の風土と歴史像―その一体性と多様性）（土岐田正勝）「地方史研究」 地方史研究協議会 61(4)通号352 2011.8

貞観13年の鳥海山噴火について―「日本三代実録」と「鳥海山史」を通して（仲川成章）「由理 ： 本荘由利地域史研究会・会誌」 本荘由利地域史研究会 （4） 2011.7

鳥海山と承和の遣唐使（里牧久穂）「北方風土 ： 北国の歴史民俗考古研究誌」 イズミヤ出版 通号63 2012.1

鳥海山の噴火、火山泥流、津波について、八峰町における津波対策―火山地質学・歴史上の地震をふまえて（特集 秋田歴研協第18回大会記録 講演）（林信太郎）「秋田歴研協会誌」 秋田県歴史研究者・研究団体協議会 （49） 2012.5

百家風発 小著『鳥海山縁起の世界』に対する批判と評価―鈴木正崇教授の教導に学ぶ（神宮滋）「北方風土 ： 北国の歴史民俗考古研究誌」 イズミヤ出版 （66） 2013.6

塚堀
昭和初め頃の塚堀（高橋忠雄）「横手郷土史資料」 横手郷土史研究会 （77） 2003.3

綴子
綴子と鷹巣の両郵便局について（見上中）「鷹巣地方史研究」 鷹巣地方史研究会 52 2003.4

綴子地区県営低コスト化 水田農業大区画ほ場整備事業（桜田俊）「鷹巣地方史研究」 鷹巣地方史研究会 52 2003.4

ししりこのむかしっこ［1］,(2)（随想）（三澤昭彦）「鷹巣地方史研究」 鷹巣地方史研究会 （65）/（66） 2009.10/2010.11

「世界の先覚」の原点は綴子と坊沢だった―近年解明された昌益から（研究）（武藤琢司）「鷹巣地方史研究」 鷹巣地方史研究会 （69） 2013.12

土浦海軍航空隊秋田基地
わたしの写真紀行 土浦海軍航空隊秋田基地跡（上） 北秋田市大野台「北のむらから」 能代文化出版社 （304） 2012.11

土浦海軍航空隊秋田基地跡（下）「北のむらから」 能代文化出版社 （305） 2012.12

土浦海軍航空隊秋田基地（野添憲治）「秋田県朝鮮人強制連行真相調査団会報」 秋田県朝鮮人強制連行真相調査団 （74） 2013.4

土崎
百年前の土崎（佐々木正明）「史談」 土崎史談会 （41） 2001.5

土崎経済同友会の歩み―地域の活性化に48年（浅野俊夫）「史談」 土崎史談会 （44） 2004.6

続・北前船が結ぶ縁―男鹿の田沼慶吉と土崎（夏井勇）「史談」 土崎史談会 （44） 2004.6

コラム 湊の移り変わり「史談」 土崎史談会 （44） 2004.6

土崎米穀取引所設置をめぐって（松田寿志）「史談」 土崎史談会 （44） 2004.6

コラム 一世紀前の土崎のこと「史談」 土崎史談会 （44） 2004.6

『みなと祭りのしおり』から見た国・県・市そして土崎の33年間の歴史（秋元辰二）「史談」 土崎史談会 （45） 2005.3

コラム(4) 黒船入港から湊港の話そして工業都市へ「史談」 土崎史談会 （45） 2005.3

真澄の「水の面影」から（中野みのる）「史談」 土崎史談会 （45）

2005.3

東京にいて土崎を思う（武田容子）「史談」 土崎史談会 （45） 2005.3

特集 終戦から60年 土崎空襲の記録・土崎空襲の証言・土崎空襲の逸話「史談」 土崎史談会 （45） 2005.3

土崎の豪商幕末から明治にかけて（澁谷鐵五郎）「史談」 土崎史談会 （46） 2006.3

コラム(7) 知られざる土崎の揮毫「史談」 土崎史談会 （46） 2006.3

秋田県の戦争遺跡(40),(41) 土崎空襲（上）,（下）（秋田市土崎）「北のむらから」 能代文化出版社 （281）/（282） 2010.12/2011.1

地名が語る土崎の歴史―逆説的に読む地名論（木村清幸）「秋田地名研究年報」 秋田地名研究会 （28） 2012.12

土崎小学校
コラム(8) 港の歴史今昔(2) さよむしろ稲荷/土崎小学校「史談」 土崎史談会 （47） 2007.10

土崎港
秋田市土崎港の旧地名（渡部景俊）「秋田地名研究年報」 秋田地名研究会 16 2000.6

シリーズ土崎港夜話(1) 大火を土崎名物？ でなくした話（越中谷太郎）「史談」 土崎史談会 （41） 2001.5

シリーズ土崎港夜話(2) みなと祭りの思い出（越中谷太郎）「史談」 土崎史談会 （42） 2002.5

小西傳助家と土崎港について（鷲谷良一）「史談」 土崎史談会 （42） 2002.5

シリーズ土崎港夜話(3) 港に船を沈めた話（越中谷太郎）「史談」 土崎史談会 （43） 2003.5

土崎港と秋田萬歳について（鷲谷良一）「史談」 土崎史談会 （43） 2003.5

シリーズ土崎港夜話(4) 土崎の野球と大相撲―河西アナが土崎を読み違えた話（越中谷太郎）「史談」 土崎史談会 （44） 2004.6

シリーズ土崎港夜話(5) 「カド船」の思い出（越中谷太郎）「史談」 土崎史談会 （45） 2005.3

シリーズ土崎港夜話(6) 土崎に自動電話を架設した話（越中谷太郎）「史談」 土崎史談会 （46） 2006.3

シリーズ土崎港夜話(7) 土崎騒擾事件こぼれ話（越中谷太郎）「史談」 土崎史談会 （47） 2007.10

「見返し」に見る 土崎港の批判精神（青崎輝雄）「史談」 土崎史談会 （47） 2007.10

土崎港の築港史 明治―大正―昭和（玉谷邦穂）「史談」 土崎史談会 （47） 2007.10

コラム(8) 港の歴史今昔(2) さよむしろ稲荷/土崎小学校「史談」 土崎史談会 （47） 2007.10

鶴山
「鶴山開拓記念誌」（編集部）「鷹巣地方史研究」 鷹巣地方史研究会 53 2003.10

手形村
秋田市旧手形村の変遷（渡部景俊）「秋田の地名 ： 秋田地名研究会会報」「秋田地名研究会」 37 2003.9

寺内
私の「寺内のはなし」から（中野稔）「史談」 土崎史談会 （40） 2000.5

消えた「寺内」地名と中世村落（木村清幸）「秋田地名研究年報」 秋田地名研究会 18 2002.6

菅江真澄と寺内のはなし（中野みのる）「北方風土 ： 北国の歴史民俗考古研究誌」 イズミヤ出版 通号44 2002.6

私の「寺内のはなし」から高清水公園（中野みのる）「史談」 土崎史談会 （43） 2003.5

続・寺内のはなし（中野みのる）「史談」 土崎史談会 （44） 2004.6

出羽亀田
小藩大名の陣屋町「出羽亀田」について（米田藤博）「パイオニア」 関西地理学研究会 （98） 2012.3

出羽路
「雪の出羽路」のホウリュ（ョ）ウ（鎬田勝彦）「地名」 宮城県地名研究会 （22） 2005.11

「月の出羽路」のホウリュ（ョ）ウ(1),(2)（鎬田勝彦）「地名」 宮城県地名研究会 通号23/通号24 2006.5/2006.11

「草薙」伝承と『月の出羽路・仙北郡』―真澄の地誌を考えるために（志立正知）「真澄学」 東北芸術工科大学東北文化研究センター （6） 2011.2

出羽矢島陣屋
旗本交代寄合表御札衆 生駒氏の「出羽矢島陣屋」について（米田藤博）「パイオニア」 関西地理学研究会 （97） 2011.11

東北振興発電
韓国に帰った連行者たち(17)―金容在さん（西松組・東北振興発電工

秋田県　　　　　　　　　　地名でたどる郷土の歴史　　　　　　　　　　東北

事）は語る「秋田県朝鮮人強制連行真相調査団会報」　秋田県朝鮮人強
制連行真相調査団　（73）2013.2

玉米郷

「玉米郷三拾六歌」の保存を願って（歴史情報）（佐藤晃之輔）「秋田歴研
協会誌」　秋田県歴史研究者・研究団体協議会　（43）2010.4

トドメキ

「トドメキ」地名考—語義の転変を探る（渡部耕輝）「秋田地名研究年報」
秋田地名研究会　（26）2010.12

豊川油田

分科会活動報告　近代化産業遺産「豊川油田」と神田・昌平橋の話（佐々
木栄一）「明治大学博物館友の会会報」　明治大学博物館友の会　（24）
2010.4

鳥越坂

鷹巣阿仁部の峠（2）—鳥越坂（トリゴジャガ）（福岡龍太郎）「鷹巣地方史
研究」　鷹巣地方史研究会　（54）2004.4

十和田湖

十和田湖と和井内貞行（会員の研究）（柳沢兌衛）「上津野」　鹿角市文化
財保護協会　（33）2008.3

音内村

音内村（院内村）について（小石勇）「邑知」　大内文化財保護協会　（37）
2012.7

長浜小学校

秋田県の戦争遺跡（26）旧長浜小学校の奉安殿（秋田市下浜長浜字荒郷
屋138）「北のむらから」　能代文化出版社　（273）2010.4

苗代沢

秋田県の戦争遺跡（3）赤十字救護員記念像（秋田市上北手猿田字苗代
沢）「北のむらから」　能代文化出版社　（264）2009.7

七ツ館坑

七ツ館坑陥没災害報告書　花岡鉱業所　昭和29年12月23日（目次）「秋田県
朝鮮人強制連行真相調査団会報」　秋田県朝鮮人強制連行真相調査団
（65）2011.2

七ツ館坑陥没災害報告書　花岡鉱業所「秋田県朝鮮人強制連行真相調査団
会報」　秋田県朝鮮人強制連行真相調査団　（66）2011.4

新聞記事　無告の歴史（2）花岡鉱山の朝鮮人強制連行　人災だった七ツ館
坑落盤（ジャーナリスト　野添憲治）「秋田県朝鮮人強制連行真相調査団
会報」　秋田県朝鮮人強制連行真相調査団　（71）2012.8

旧奈良家住宅

新指定の秋田県指定文化財と国登録有形文化財　洲崎遺跡出土人魚木簡/
一日市盆踊/旧奈良家住宅/渡部家住宅/阿部家住宅（秋田県教育庁生
涯学習課文化財保護室）「出羽路」　秋田県文化財保護協会　通号139
2006.7

鳴見沢

短編二題　鳴見沢は何処・若勢（小川誠三）「横手郷土史資料」　横手郷土
史研究会　（87）2013.3

贄柵

贄柵は鷹巣盆地にあり（歴史教室）（木村清幸）「鷹巣地方史研究」　鷹巣
地方史研究会　（58）2006.4

にかほ市

由利本荘・にかほ両市の地名あれこれ（小松文夫）「鶴舞」　本荘地域文化
財保護協会　（99）2012.3

濁川街道

濁川街道通り抜け（桜田俊）「鷹巣地方史研究」　鷹巣地方史研究会
（63）2008.10

西木村

西木村のアイヌ語地名（新谷正隆）「秋田地名研究年報」　秋田地名研究会
（20）2004.9

西仙北

西仙北支部のあゆみ（五十嵐五郎）「温故」　秋田県文化財保護協会　西仙
北支部　（11）2014.5

二藤次楯

中世文書の「二藤次楯」についての一考察（会員の研究）（柳澤弘志）「上
津野」　鹿角市文化財保護協会　（35）2010.3

仁別

消えた日記『あさひ川』を追う—秋田市仁別探訪の記事（田口昌樹）「菅
江真澄研究」　菅江真澄研究会　（75）2011.12

入道崎

入道崎（旧畠村）の沿革覚え書・もくじ IV・畠の米軍通信施設をめぐっ
て「男鹿半島史」　日本海域文化研究所　（53）2008.2

沼館

沼館・沼柵そして雄勝城（土肥稔）「全国地名研究交流誌　地名談話室」
日本地名研究所　（24）2009.8

沼柵

沼館・沼柵そして雄勝城（土肥稔）「全国地名研究交流誌　地名談話室」
日本地名研究所　（24）2009.8

能代

博覧会出品の能代春慶塗（柴田知彰）「秋田県公文書館だより」　秋田県公
文書館　17　2003.3

秋田藩郷校をめぐる諸問題—湯沢・刈和野・能代の場合（加藤民夫）「出
羽路」　秋田県文化財保護協会　通号141・142　2007.10

資料　昭和3年の能代の新地名/アメリカ合衆国50州の州名のなかで語源
が先住民言語によるもの（新谷正隆）「秋田地名研究年報」　秋田地名
研究会　（23）2007.12

古代の能代を探る（1）先住民はだれか（渡部耕輝）「秋田地名研究年報」
秋田地名研究会　（24）2008.12

古代の能代を探る（2）アイヌは先住民ではない（渡部耕輝）「秋田地名研
究年報」　秋田地名研究会　（24）2008.12

中世の秋田（11）桧山安東氏入部と能代地方（塩谷順耳）「秋田手仕事た
より」　秋田手仕事文化研究会　（75）2010.12

2011年7月7日　秋田藩能代木山における文化期林政改革一「介川東馬日
記」を中心に（研究例会報告要旨）（芳賀和樹）「地方史研究」　地方史
研究協議会　61（6）通号354　2011.12

能代、風の産業史（渡部耕輝）「秋田地名研究年報」　秋田地名研究会
（27）2011.12

能代市

能代市の上空にグラマンが来ていた（上），（下）敗戦後63年目の資料か
ら「北のむらから」　能代文化出版社　（261）/（262）2009.4/2009.5

第46回現場調査会（能代市）朝鮮人と働く一大谷正吉（野添憲治）「秋田
県朝鮮人強制連行真相調査団会報」　秋田県朝鮮人強制連行真相調査
団　（62）2010.5

能代飛行場

秋田県の戦争遺跡（6）能代飛行場と掩体壕（能代市落合字上大野）「北の
むらから」　能代文化出版社　（266）2009.9

わたしの写真紀行　能代飛行場の弾薬庫（能代市真壁地上野）「北のむらか
ら」　能代文化出版社　（278）2010.9

能代山本

新聞記事　能代山本　戦争の痕跡を巡る（4）道路工事の朝鮮人従事　集会
所（野添憲治　ルポライター）「秋田県朝鮮人強制連行真相調査団会報」
秋田県朝鮮人強制連行真相調査団　（76）2013.11

新聞記事　能代山本　戦争の痕跡を巡る（10）堤の埋め立てに朝鮮人　第二
貯木場（野添憲治　ルポライター）「秋田県朝鮮人強制連行真相調査団会
報」　秋田県朝鮮人強制連行真相調査団　（76）2013.11

新聞記事　能代山本　戦争の痕跡を巡る（12）戦時中に農地を開墾　朝鮮人
自活隊（野添憲治　ルポライター）「秋田県朝鮮人強制連行真相調査団会
報」　秋田県朝鮮人強制連行真相調査団　（76）2013.11

新聞記事　能代山本　戦争の痕跡を巡る（13）労働力不足を補う朝鮮人　石
切り場（野添憲治　ルポライター）「秋田県朝鮮人強制連行真相調査団会
報」　秋田県朝鮮人強制連行真相調査団　（76）2013.11

新聞記事　能代山本　戦争の痕跡を巡る（17）今も削った跡が生々しく　道
路掘削（野添憲治　ルポライター）「秋田県朝鮮人強制連行真相調査団会
報」　秋田県朝鮮人強制連行真相調査団　（76）2013.11

新聞記事　能代山本　戦争の痕跡を巡る（21）護岸工事などに使役　朝鮮人
労働者（野添憲治　ルポライター）「秋田県朝鮮人強制連行真相調査団会
報」　秋田県朝鮮人強制連行真相調査団　（76）2013.11

野田

わたしの写真紀行　冬の柿　南秋田郡五城目町野田「北のむらから」　能代
文化出版社　（307）2013.2

袴腰山

袴腰地名・袴腰山について（鷲谷豊）「秋田地名研究年報」　秋田地名研究
会　（21）2005.9

畠村

入道崎（旧畠村）の沿革覚え書・もくじ IV・畠の米軍通信施設をめぐっ
て「男鹿半島史」　日本海域文化研究所　（53）2008.2

八幡平

八幡平地区の歴史（研究発表）（桜田守宏）「上津野」　鹿角市文化財保護
協会　（38）2013.3

八森

秋田県の戦争遺跡（2）帝国石油八森工場道路工事（山本郡八峰町八森）
「北のむらから」　能代文化出版社　（263）2009.6

発盛精錬所

発盛精錬所と朝鮮人墓地のこと（野添憲治）「秋田県朝鮮人強制連行真相調査団会報」　秋田県朝鮮人強制連行真相調査団　（53）2008.2

秋田の戦争遺跡（22）発盛精錬所の朝鮮人墓地（山本郡八峰町八森泊台）（野添憲治）「秋田県朝鮮人強制連行真相調査団会報」　秋田県朝鮮人強制連行真相調査団　（61）2010.2

発盛精錬所が盛んに営業していたころ、上空から撮影した写真（4頁に説明があります）（野添憲治）「秋田県朝鮮人強制連行真相調査団会報」　秋田県朝鮮人強制連行真相調査団　（71）2012.8

前頁の写真で見る発盛精錬所（野添憲治）「秋田県朝鮮人強制連行真相調査団会報」　秋田県朝鮮人強制連行真相調査団　（71）2012.8

八峰町

鳥海山の噴火、火山泥流、津波について、八峰町における津波対策―火山地質学・歴史上の地震をふまえて（特集 秋田歴研協第18回大会記録講演）（林信太郎）「秋田歴研協会誌」　秋田県歴史研究者・研究団体協議会　（49）2012.5

花岡

花岡事件・その時（松橋三郎）「史友」　合川地方史研究会　（23）2003.9

花岡事件・その時（後日談）（松橋三郎）「史友」　合川地方史研究会　（23）2003.9

水上勉著「釈迦内柩歌」を読む―花岡事件にふれて（西成辰雄）「秋田県朝鮮人強制連行真相調査団会報」　秋田県朝鮮人強制連行真相調査団　（55）2008.8

七ツ館坑陥没災害報告書 花岡鉱業所 昭和29年12月23日（目次）「秋田県朝鮮人強制連行真相調査団会報」　秋田県朝鮮人強制連行真相調査団　（65）2011.2

七ツ館坑陥没災害報告書 花岡鉱業所「秋田県朝鮮人強制連行真相調査団会報」　秋田県朝鮮人強制連行真相調査団　（66）2011.4

花岡事件を読む（小島淑子）「秋田県朝鮮人強制連行真相調査団会報」　秋田県朝鮮人強制連行真相調査団　（80）2014.11

花岡鉱山

第44回現場調査会（横浜市）花岡鉱山で働く―鄭龍喆（野添憲治）「秋田県朝鮮人強制連行真相調査団会報」　秋田県朝鮮人強制連行真相調査団　（53）2008.2

第45回現場調査会 花岡鉱山の朝鮮人募集の写真―福岡県田川市で見つかる（野添憲治）「秋田県朝鮮人強制連行真相調査団会報」　秋田県朝鮮人強制連行真相調査団　（56）2008.11

朝鮮人労働者122人生存 花岡鉱山は最多の35人「秋田県朝鮮人強制連行真相調査団会報」　秋田県朝鮮人強制連行真相調査団　（56）2008.11

「花岡鉱山朝鮮人事件に関し資料提供の件」の覚え書き（野添憲治）「秋田県朝鮮人強制連行真相調査団会報」　秋田県朝鮮人強制連行真相調査団　（64）2010.11

新聞記事 無告の歴史（1）花岡鉱山の朝鮮人強制連行 日弁連の調査資料入手（ジャーナリスト 野添憲治）「秋田県朝鮮人強制連行真相調査団会報」　秋田県朝鮮人強制連行真相調査団　（69）2012.2

新聞記事 無告の歴史（2）花岡鉱山の朝鮮人強制連行 36年前、県北5カ所で（ジャーナリスト 野添憲治）「秋田県朝鮮人強制連行真相調査団会報」　秋田県朝鮮人強制連行真相調査団　（69）2012.2

新聞記事 無告の歴史（3）花岡鉱山の朝鮮人強制連行 戦後の隠蔽工作を指摘（ジャーナリスト 野添憲治）「秋田県朝鮮人強制連行真相調査団会報」　秋田県朝鮮人強制連行真相調査団　（69）2012.2

新聞記事 無告の歴史（4）花岡鉱山の朝鮮人強制連行 戦況悪化が色濃く影響（ジャーナリスト 野添憲治）「秋田県朝鮮人強制連行真相調査団会報」　秋田県朝鮮人強制連行真相調査団　（69）2012.2

韓国に帰った連行者たち（13）―金基洙さん（花岡鉱山）は語る「秋田県朝鮮人強制連行真相調査団会報」　秋田県朝鮮人強制連行真相調査団　（70）2012.4

韓国に帰った連行者たち（14）―張成基さん（花岡鉱山）は語る「秋田県朝鮮人強制連行真相調査団会報」　秋田県朝鮮人強制連行真相調査団　（70）2012.4

新聞記事 無告の歴史（5）花岡鉱山の朝鮮人強制連行 「第1～5橘寮」に収容（ジャーナリスト 野添憲治）「北羽新報」2011年11月3日から10回「秋田県朝鮮人強制連行真相調査団会報」　秋田県朝鮮人強制連行真相調査団　（70）2012.4

新聞記事 無告の歴史（6）花岡鉱山の朝鮮人強制連行 北海道の一団、環境激変（ジャーナリスト 野添憲治）「秋田県朝鮮人強制連行真相調査団会報」　秋田県朝鮮人強制連行真相調査団　（70）2012.4

新聞記事 無告の歴史（7）花岡鉱山の朝鮮人強制連行 空腹に耐え、寒さに震え（ジャーナリスト 野添憲治）「秋田県朝鮮人強制連行真相調査団会報」　秋田県朝鮮人強制連行真相調査団　（70）2012.4

新聞記事 無告の歴史（9）花岡鉱山の朝鮮人強制連行 人災だった七ツ館坑落盤（ジャーナリスト 野添憲治）「秋田県朝鮮人強制連行真相調査団会報」　秋田県朝鮮人強制連行真相調査団　（71）2012.8

新聞記事 無告の歴史（8）花岡鉱山の朝鮮人強制連行 過酷な労働、乏し

い食事（ジャーナリスト 野添憲治）「秋田県朝鮮人強制連行真相調査団会報」　秋田県朝鮮人強制連行真相調査団　（72）2012.11

新聞記事 無告の歴史（10）花岡鉱山の朝鮮人強制連行 知らなかった中国人蜂起（ジャーナリスト 野添憲治）「秋田県朝鮮人強制連行真相調査団会報」　秋田県朝鮮人強制連行真相調査団　（72）2012.11

花岡町

わたしの写真紀行 花岡事件学ぶ小学生 大館市花岡町「北のむらから」　能代文化出版社　（268）2009.11

秋田県の戦争遺跡（28）七ツ館弔魂碑（大館市花岡町）「北のむらから」　能代文化出版社　（273）2010.4

秋田県の戦争遺跡（30）日中不再戦友好碑（大館市花岡町）「北のむらから」　能代文化出版社　（274）2010.5

秋田県の戦争遺跡（33）リンチのあった共楽館跡（大館市花岡）「北のむらから」　能代文化出版社　（275）2010.6

花輪

ハナワ（花輪）地名考（柳沢兌衛）「秋田地名研究年報」　秋田地名研究会　16　2000.6

花輪館

顕彰事業 「花輪館」説明板の設置について（文化財ニュース）（阿部正記）「上津野」　鹿角市文化財保護協会　（37）2012.3

東由利

東由利の地名を考える（松野満）「秋田地名研究年報」　秋田地名研究会　17　2001.6

由利本荘市東由利地区の文化財（小松正昭）「出羽路」　秋田県文化財保護協会　通号139　2006.7

東由利町

東由利町法内の地名について（阿部松雄）「秋田地名研究年報」　秋田地名研究会　19　2003.6

比内郡

比内郡と明利又城（古内龍夫）「鷹巣地方史研究」　鷹巣地方史研究会　（57）2005.10

比内町

ふるさと歴史教室 比内町史跡探訪（伊藤保之, 松橋巌）「鷹巣地方史研究」　鷹巣地方史研究会　49　2001.10

老杉に銃撃戦の跡 秋田比内町と盛岡「擬宝珠」　盛岡の歴史を語る会　（139）2003.7

北秋田郡比内町のアイヌ語系地名（新谷正隆）「秋田の地名 : 秋田地名研究会会報」［秋田地名研究会］　38　2004.5

檜山

北限の茶園 檜山茶の由来と現状（上田正光）「鷹巣地方史研究」　鷹巣地方史研究会　（62）2008.4

中世檜山安東氏の馬産地を探る―地名と野馬土手地形の跡から（木村清幸）「秋田地名研究年報」　秋田地名研究会　22　2006.6

中世の秋田（12）湊・桧山安東（藤）氏の成立（塩谷順耳）「秋田手仕事たより」　秋田手仕事文化研究会　（76）2011.7

平鹿郡

第29回企画展「地誌『雪の出羽路平鹿郡』の世界」/第30回企画展「真澄」　秋田県立博物館菅江真澄資料センター　（14）2003.3

歴史の検証 桜の平鹿郡役所と平鹿郡公会堂（伊藤信一）「横手郷土史資料」　横手郷土史研究会　（84）2010.3

地誌『雪の出羽路平鹿郡』にみる菅江真澄の執筆態度（田口昌樹）「菅江真澄研究」　菅江真澄研究会　（79）2013.5

比羅保許山

山の小文 神室山のこと一付・比羅保許山（田牧久穂）「北方風土 : 北国の歴史民俗考古研究誌」　イズミヤ出版　通号49　2005.1

福田

大仙市福田の黒沢三郎家所蔵の歳代記の分析（新谷正隆）「北方風土 : 北国の歴史民俗考古研究誌」　イズミヤ出版　通号57　2009.1

二ツ井

きみまちロマンチック街道―杉・さくら・おおるい 木材と観光の町二ツ井（さとうとみお）「鷹巣地方史研究」　鷹巣地方史研究会　50　2002.4

船川築港

船川築港関係資料（資料紹介）（煙山英俊）「秋田県公文書館だより」　秋田県公文書館　（25）2010.3

船川港

秋田県の戦争遺跡（16）中国人強制連行者の飯場（男鹿市船川港）「北のむらから」　能代文化出版社　（271）2010.2

船越

海苔養殖の伝播と技術伝承（7）―秋田県男鹿市船越の事例から（藤塚悦司）「大田区立郷土博物館紀要」　大田区立郷土博物館　（14）2004.3

古河鉱山

戦後の阿仁・古河鉱山跡を訪ねて（嶺脇勉）「鷹巣地方史研究」鷹巣地方史研究会（56）2005.4

不老倉鉱山

秋田県の戦争遺跡（25）不老倉鉱山（鹿島市大湯）「北のむらから」能代文化出版社（272）2010.3

韓国に帰った連行者たち（11）—呉秀鐸さん（不老倉鉱山）は語る「秋田県朝鮮人強制連行真相調査団会報」秋田県朝鮮人強制連行真相調査団（69）2012.2

韓国に帰った連行者たち（12）—姜道杏さん（不老倉鉱山）は語る「秋田県朝鮮人強制連行真相調査団会報」秋田県朝鮮人強制連行真相調査団（69）2012.2

坊沢

羽州街道沿いに観る（3）〜（7）—坊沢（1）〜（5）（嶺脇勉）「鷹巣地方史研究」鷹巣地方史研究会 50/（54）2002.4/2004.4

水害と米代川坊沢地区築堤（1）（鈴木敏雄）「鷹巣地方史研究」鷹巣地方史研究会（55）2004.10

「世界の先覚」の原点は綴子と坊沢だった—近年解明された昌益から（研究）（武藤琢司）「鷹巣地方史研究」鷹巣地方史研究会（69）2013.12

坊沢堰

坊沢堰二題（桜田俊）「鷹巣地方史研究」鷹巣地方史研究会（55）2004.10

坊沢堰と五義民（嶺脇勉）「鷹巣地方史研究」鷹巣地方史研究会（56）2005.4

坊沢村

ふるさと歴史教室 旧坊沢村の歴史（嶺脇勉）「鷹巣地方史研究」鷹巣地方史研究会 49 2001.10

北秋

北秋—国境の村々 平成26年10月14日（土）講師：福岡龍太郎氏（歴史教室）（澤田昌治）「鷹巣地方史研究」鷹巣地方史研究会（70）2014.12

北鹿

種苗交換会の草創期と北鹿地域—明治14年（1881）、石川理紀之助の御達案文書を通して（研究）（庄司博信）「鷹巣地方史研究」鷹巣地方史研究会（70）2014.12

払田柵

払田柵跡の変遷について—払田柵跡はいつ頃大幅に縮小されたのか（大野憲司）「秋大史学」秋田大学史学会 通号57 2011.3

国史跡払田柵跡—最近の調査成果から（秋田県教育庁払田柵跡調査事務所）「出羽路」秋田県文化財保護協会（152）2013.2

本荘

回想 本荘の今昔に拾う—鳳山学園の講話から（菊地正男）「鶴舞」本荘地域文化財保護協会 85 2003.6

『本荘の歴史』普及版（編集部）「秋田歴研協会誌」秋田県歴史研究者・研究団体協議会 23 2003.8

『本荘の歴史』普及版（今野喜次）「秋田歴研協会誌」秋田県歴史研究者・研究団体協議会 24 2003.12

本荘地区の衣食住（藤田秀司）「鶴舞」本荘地域文化財保護協会（92）2006.12

「本荘ごてんまり」の歴史と今日的課題（石川恵美子）「由理：本荘由利地域史研究会・会誌」本荘由利地域史研究会（4）2011.12

「慶長庚戌開城繪圖面」を読む—満茂本荘館創建400年を期して（今野喜次）「由理：本荘由利地域史研究会・会誌」本荘由利地域史研究会（5）2012.10

本荘県

元本荘県による壬申正月の家禄調（鈴木登）「由理：本荘由利地域史研究会・会誌」本荘由利地域史研究会（5）2012.10

本荘城

本荘藩と本荘城下（特集 春の歴史フォーラム 久保田城下のくらし・文化〈完結編〉）（半田和彦）「秋田歴研協会誌」秋田県歴史研究者・研究団体協議会（48）2012.1

本荘城下の宿老役について（佐々木昌喜）「由理：本荘由利地域史研究会・会誌」本荘由利地域史研究会（5）2012.10

本荘城下の探訪（会員論考）（今野喜次）「由理：本荘由利地域史研究会・会誌」本荘由利地域史研究会（6）2013.12

本荘藩

西南戦争と本荘藩士（仲川成章）「鶴舞」本荘地域文化財保護協会 86 2003.11

本荘藩と本荘城下（特集 春の歴史フォーラム 久保田城下のくらし・文化〈完結編〉）（半田和彦）「秋田歴研協会誌」秋田県歴史研究者・研究

団体協議会（48）2012.1

本荘町

明治・大正期における本荘銀行の展開—地域金融史から見た本荘町の動向（佐藤俊介）「由理：本荘由利地域史研究会・会誌」本荘由利地域史研究会（5）2012.10

本荘湊

本荘湊と子吉川（特集 秋の歴史フォーラム 米代川・子吉川の舟運）（半田和彦）「秋田歴研協会誌」秋田県歴史研究者・研究団体協議会（54）2013.12

本荘由利

方言辞書『本荘・由利のことばっこ』に再考を促す—ネイティブ・スピーカーからの異議申し立て（三木藤佑）「鶴舞」本荘地域文化財保護協会（91）2006.9

本荘由利地域の地形形成史—三枚の模式図を用いて（板垣直俊）「由理：本荘由利地域史研究会・会誌」本荘由利地域史研究会（3）2010.12

幻の原子力発電所と地域社会—昭和30年代〜40年代の本荘由利の一断面（佐藤俊介）「由理：本荘由利地域史研究会・会誌」本荘由利地域史研究会（4）2011.12

前北浦

天図五年仙北郡前・奥北浦一揆の新出史料について—大仙市太田地域・高橋久四郎家文書「覚書」（高橋一倫）「北方風土：北国の歴史民俗考古研究誌」イズミヤ出版 通号57 2009.1

前田村

明治・大正期前田村の農業経営事情について—法政大学一部農村問題研究会調査を基に（庄司博信）「史友」合川地方史研究会（35）2013.1

前田村文書調査（フィールドワークの現場から）（菅沼信輝）「まんだら：東北文化友の会会報」東北芸術工科大学東北文化研究センター（52）2013.2

幕洗川

幕洗川・大刀洗川の流痕と流域付近の史跡（渋谷鉄五郎）「史談」土崎史談会（45）2005.3

増沢郷

『増沢郷中小史』を読んで（小笠原みつ代）「史友」合川地方史研究会（35）2013.1

増田水電

近代史随想 増田水電の軌跡と地域エネルギーの未来（脇野博）「秋田近代史研究」秋田近代史研究会 49 2010.7

増田成城疎開学園

秋田県の戦争遺跡（10）増田成城疎開学園（横手市増田町増田）「北のむらから」能代文化出版社（268）2009.11

松下造船能代工場

第45回現場調査会（能代市）能代工場に朝鮮人を見る—細田陽子（野添憲治）「秋田県朝鮮人強制連行真相調査団会報」秋田県朝鮮人強制連行真相調査団（55）2008.8

松下造船能代工場の写真［1］〜（4）（野添憲治）「秋田県朝鮮人強制連行真相調査団会報」秋田県朝鮮人強制連行真相調査団（59）/（62）2009.8/2010.5

秋田の戦争遺跡（21）松下造船能代工場（能代市清助町）（野添憲治）「秋田県朝鮮人強制連行真相調査団会報」秋田県朝鮮人強制連行真相調査団（61）2010.2

松下造船所能代工場で朝鮮人が働く（野添憲治）「秋田県朝鮮人強制連行真相調査団会報」秋田県朝鮮人強制連行真相調査団（62）2010.5

摩当館

中世城館を考える—摩当館の調査・研究を通して（地方史の手帳—歴史教室）（照内捷二）「鷹巣地方史研究」鷹巣地方史研究会（67）2011.11

真昼山

真昼山あれこれ（並木美穂）「北方風土：北国の歴史民俗考古研究誌」イズミヤ出版 通号56 2008.6

美郷町

第39回企画コーナー展「美郷町資料の紹介」「真澄」秋田県立博物館菅江真澄資料センター（20）2006.3

秋田県立博物館・美郷町学友館共同展 菅江真澄と歩く美郷町 平成25年10月5日（土）〜11月24日（日）記録者としての真澄/真澄を伝える/パネルで見る真澄の記録/真澄、美郷町の記録「真澄」秋田県立博物館菅江真澄資料センター（31）2014.3

水沢集落

同族意識のあり方—秋田県水沢集落を事例として《《民俗学特輯号》》（伊藤康博）「信濃［第3次］」信濃史学会 58（1）通号672 2006.1

三森

史料紹介「弘前藩・藩庁日記から」—金浦・三森船の漁を巡って（須田

高)「由理 ： 本荘由利地域史研究会・会誌」 本荘由利地域史研究会
（3） 2010.12

見内
見内のことなど、アイヌ語地名から思う（深田新一郎）「秋田地名研究年報」 秋田地名研究会 18 2002.6

湊
中世の秋田（12） 湊・桧山安東（藤）氏の成立（塩谷順耳）「秋田手仕事たより」 秋田手仕事文化研究会 （76） 2011.7

湊城
湊城跡の調査成果について（〈第12回大会報告〉）（神田和彦）「秋田歴研協会誌」 秋田県歴史研究者・研究団体協議会 （33） 2006.12

南秋田郡
中世南秋田郡三浦氏と系譜についての一考察（安部川智浩）「三浦一族研究」 横須賀市 （16） 2012.3

南平沢
秋田県の戦争遺跡（14）謎の火薬庫跡（男鹿市南平沢）「北のむらから」 能代文化出版社 （270） 2010.1

三原
三原堰開墾の謎（半田作治）「横手郷土史資料」 横手郷土史研究会 （77） 2003.3

三原村
「三原村開御検地帳」での小字「平城」について（小川笙太郎）「横手郷土史資料」 横手郷土史研究会 （82） 2008.3

耳取
耳取合戦異聞（小川誠三）「横手郷土史資料」 横手郷土史研究会 （83） 2009.3

明達館
古文書こぼればなし 明達館と秋田町—明治維新期の機構変遷（加藤民夫）「古文書倶楽部」 秋田県公文書館 （53） 2013.5

明徳館
幕末期における明徳館の運営—秋田藩校職員の動きを追って（加藤民夫）「出羽路」 秋田県文化財保護協会 通号137 2005.7

茂屋村
藩政期田代地方の入会林野について—茂屋村の歴史と生活（清野宏隆）「みつがしわ ： 田代町史研究」 田代町 4 2000.2

森吉山
村木其友著 三枚紀行・森吉山紀行（黒澤三郎）「北方風土 ： 北国の歴史民俗考古研究誌」 イズミヤ出版 通号56 2008.6
我が古里の遺産、森吉山の自然（熊谷凌）「鷹巣地方史研究」 鷹巣地方史研究会 （63） 2008.10

森吉炭山
「森吉炭山…湯の沢炭田」「秋田県朝鮮人強制連行真相調査団会報」 秋田県朝鮮人強制連行真相調査団 （61） 2010.2

森吉町
森吉町のアイヌ語地名（新谷正隆）「秋田の地名 ： 秋田地名研究会会報」「秋田地名研究会」 39 2004.12
（旧）森吉町のアイヌ語地名（新谷正隆）「秋田地名研究年報」 秋田地名研究会 （22） 2006.12

八塩山
八塩山のおこり（三木藤祐）「秋田地名研究年報」 秋田地名研究会 17 2001.6

安田
羽越水害と安田地方の崩壊地名（廣田康也）「越佐の地名」 越後・佐渡の地名を語る会 （9） 2009.7

安田原
安田原移転計画（太田利三郎）「横手郷土史資料」 横手郷土史研究会 （77） 2003.3

八十島
象潟の別称について—八十島と八十八潟九十九島（熊谷直春）「鶴舞」 本荘地域文化財保護協会 （90） 2005.12

八十八潟九十九島
象潟の別称について—八十島と八十八潟九十九島（熊谷直春）「鶴舞」 本荘地域文化財保護協会 （90） 2005.12

矢立峠
羽州街道・矢立峠越え・村々地名考（鷲谷豊）「秋田地名研究年報」 秋田地名研究会 18 2002.6
矢立峠をめぐる事件からみえてくるもの—大館西家と湯沢南家との確執や、峠における馬盗人のことなど（日景健）「鷹巣地方史研究」 鷹巣地方史研究会 （65） 2009.10

山田
地名で探る中世村落の歴史—田代町山田の事例（木村清幸）「秋田地名研究年報」 秋田地名研究会 17 2001.6

雄和平沢
秋田県の戦争遺跡（45）疎開学寮の門標（秋田市雄和平沢）「北のむらから」 能代文化出版社 （285） 2011.4

湯沢
佐竹南家と湯沢（山内信弘）「出羽路」 秋田県文化財保護協会 （133） 2003.7
秋田藩郷校をめぐる諸問題—湯沢・刈和野・能代の場合（加藤民夫）「出羽路」 秋田県文化財保護協会 通号141・142 2007.10
矢立峠をめぐる事件からみえてくるもの—大館西家と湯沢南家との確執や、峠における馬盗人のことなど（日景健）「鷹巣地方史研究」 鷹巣地方史研究会 （65） 2009.10

湯沢市
秋田の戦争遺跡（18）雄勝郷開拓団を記録した巻物（湯沢市山田）（野添憲治）「秋田県朝鮮人強制連行真相調査団会報」 秋田県朝鮮人強制連行真相調査団 （61） 2010.2
第48回現場調査会（湯沢市秋の宮字湯ノ又）道路の拡張工事（野添憲治）「秋田県朝鮮人強制連行真相調査会報」 秋田県朝鮮人強制連行真相調査団 （64） 2010.11
第50回現地調査会（湯沢市秋の宮湯ノ又）道路の拡張工事（野添憲治）「秋田県朝鮮人強制連行真相調査団会報」 秋田県朝鮮人強制連行真相調査団 （69） 2012.2

湯の沢炭田
「森吉炭山…湯の沢炭田」「秋田県朝鮮人強制連行真相調査団会報」 秋田県朝鮮人強制連行真相調査団 （61） 2010.2

由利
永禄末・元亀期の由利地方の状況拾遺—本荘市史I上所収文書の年代比定（吉川徹）「鶴舞」 本荘地域文化財保護協会 （99） 2012.3

由利郡
家紋が語る—中世由利郡の小笠原氏族（大井俊郎）「鶴舞」 本荘地域文化財保護協会 （97） 2010.3
出羽国由利郡の地名の付け方—北佐久郡小沼村を基準として（柳沢賢次）「佐久」 佐久史学会 （65） 2012.8
昭和期における由利郡内の密造酒事情と背景（佐々木日出夫）「由理 ： 本荘由利地域史研究会・会誌」 本荘由利地域史研究会 （5） 2012.10

由理郡
菅江真澄・由理ノ郡の旅—「秋田のかりね」に濡れたことなど（北嶋隆一）「菅江真澄研究」 菅江真澄研究会 53 2004.8

由理の柵
由理の柵歴史探訪（仲川成章）「鶴舞」 本荘地域文化財保護協会 （94） 2007.11

由理柵
出羽の城柵と由理柵（公開講演会より）（小松正夫）「由理 ： 本荘由利地域史研究会・会誌」 本荘由利地域史研究会 （3） 2010.12

由利本荘市
資料 由利本荘市内の国・県・市指定文化財一覧（由利本荘市文化課）「鶴舞」 本荘地域文化財保護協会 （90） 2005.12
由利本荘・にかほ両市の地名あれこれ（小松文夫）「鶴舞」 本荘地域文化財保護協会 （99） 2012.3
二つの地名に関する由来—将来の『由利本荘市史』のために（熊谷直春）「鶴舞」 本荘地域文化財保護協会 （100） 2013.3

由利町
旧由利町の文化財（三浦良隆）「出羽路」 秋田県文化財保護協会 通号137 2005.7

横沢滑空道場
秋田県の戦争遺跡（32）横沢滑空道場「秋田県朝鮮人強制連行真相調査団会報」 秋田県朝鮮人強制連行真相調査団 （62） 2010.5

横手
羽州街道「地名漫歩、横手路」（川越祐助）「秋田地名研究年報」 秋田地名研究会 17 2001.6
慶長の“まちづくり”横手古図を追う（川越祐助）「出羽路」 秋田県文化財保護協会 （133） 2003.7
家伝通信にみる明治横手の疫禍と震災の一考察（塩圀彦）「横手郷土史資料」 横手郷土史研究会 （78） 2004.3
入会地に関わる古文書（小川誠三）「横手郷土史資料」 横手郷土史研究会 （79） 2005.3
鉄道誘致運動の展開と疑問（吉沢昴）「横手郷土史資料」 横手郷土史研究会 （79） 2005.3
郷土の歴史の跡を案内して（伊沢美佐子）「横手郷土史資料」 横手郷土史

研究会 (79) 2005.3

横手・方言散歩「とぜねぁ」(小川正太郎)「横手郷土史資料」 横手郷土史研究会 (80) 2006.3

六郡郡邑記の中の横手(伊沢美佐子)「横手郷土史資料」 横手郷土史研究会 (80) 2006.3

横手方言散歩 「ぶう」、「ばれる」、すぎは(過ぎ端)(小川笙太郎)「横手郷土史研究会」 (81) 2007.3

秋田戊辰戦争レポート 横手の町民戦士を探して(吉沢昂)「横手郷土史資料」 横手郷土史研究会 (83) 2009.3

横手空襲について(黒澤純一)「横手郷土史資料」 横手郷土史研究会 (84) 2010.3

古文書「戸村家文書」他の解説(片庭秀吉)「横手郷土史資料」 横手郷土史研究会 (85) 2011.3

近世後期における対外危機と横手給人の行動(特集 春の歴史フォーラム 久保田城下のくらし・文化(完結編))(畑中康博)「秋田歴研協会誌」 秋田県歴史研究者・研究団体協議会 (48) 2012.1

横手での紙漉き開基のこと(吉沢昂)「横手郷土史資料」 横手郷土史研究会 (86) 2012.3

野州下野の佐竹藩(茂木治長・茂木城主)が秋田県横手へゆく—茂木より横手への順路について一・二の考察(工藤忠道)「下野史談」 下野史談会 (109) 2012.11

『横手郷土史資料』創刊と大山順造(吉沢昂)「横手郷土史資料」 横手郷土史研究会 (87) 2013.3

茂木百騎・横手給人 長沼家の祖先とその系譜(長沼宗次)「横手郷土史資料」 横手郷土史研究会 (88) 2014.3

横手北小学校

元横手北小学校校舎移転の経緯(半田作治)「横手郷土史資料」 横手郷土史研究会 74 2000.3

横手市

市内の歴史と文学にふれる半日観光(伊沢美佐子)「横手郷土史資料」 横手郷土史研究会 (77) 2003.3

横手市指定文化財(川越雄助)「横手郷土史資料」 横手郷土史研究会 (77) 2003.3

市町村合併の時代における行政文書のゆくえ—秋田県横手市と旧町村の事例(高橋純)「記録と史料 ： journal of the Japan Society of Archives Institutions」 全国歴史資料保存利用機関連絡協議会 通号14 2004.3

横手市の四十八小屋地名と伝承(新谷正隆)「秋田地名研究年報」 秋田地名研究会 (22) 2006.12

年表(横手市史資料)(木村隆)「横手郷土史資料」 横手郷土史研究会 (81) 2007.3

年表(横手市史資料)(木村隆)「横手郷土史資料」 横手郷土史研究会 (82) 2008.3

横手市史資料 年表(永沢正毅)「横手郷土史資料」 横手郷土史研究会 (83) 2009.3

年表(横手市史資料)(永沢正毅)「横手郷土史資料」 横手郷土史研究会 (84) 2010.3

年表(横手市史資料)(永沢正毅)「横手郷土史資料」 横手郷土史研究会 (85) 2011.3

横手といえば—『横手市史 通史編近現代』刊行に寄せて(歴史情報)(河西英通)「秋田歴研協会誌」 秋田県歴史研究者・研究団体協議会 (49) 2012.5

『横手郷土史年表』を検証する試み(1),(2)—横手市史『近現代』を通しての事例(伊藤武士)「横手郷土史資料」 横手郷土史研究会 (87)/(88) 2013.3/2014.3

横手城

寛文9年横手城下絵図 余録(川越雄助)「横手郷土史資料」 横手郷土史研究会 75 2001.3

庄内藩士の記録に見えたる横手落城の状況(伊藤武士)「横手郷土史資料」 横手郷土史研究会 (83) 2009.3

「横手城下絵図」の変遷について(高本明博)「横手郷土史資料」 横手郷土史研究会 (84) 2010.3

横手中学校

横手中学校(旧制)生の修学旅行記(小川誠三)「横手郷土史資料」 横手郷土史研究会 (84) 2010.3

横手平野

後三年合戦後の横手平野(歴史情報)(塩谷順耳)「秋田歴研協会誌」 秋田県歴史研究者・研究団体協議会 (50) 2012.9

横手盆地

亘理藩の参観記録—横手盆地での展開(相馬精)「北方風土 ： 北国の歴史民俗考古研究誌」 イズミヤ出版 通号40 2000.6

横手盆地中央部の氾濫平野考(深田新一郎)「秋田地名研究年報」 秋田地名研究会 (21) 2005.9

地形史論 横手盆地中央部を川の流れから考える(深田新一郎)「北方風土 ： 北国の歴史民俗考古研究誌」 イズミヤ出版 通号52 2006.6

深江弥加止は横手盆地の湧水・出水・沼の意味する(深田新一郎)「北方風土 ： 北国の歴史民俗考古研究誌」 イズミヤ出版 通号56 2008.6

横手町

〔関東大震災〕秋田県人殺害事件 検見川事件の被害者・横手町の藤井金蔵さん(島袋和幸)「秋田県朝鮮人強制連行真相調査団会報」 秋田県朝鮮人強制連行真相調査団 (80) 2014.11

横淵

小猿部の歴史「九戸合戦」と横淵、千葉常左衛門を語る(阿部幹男)「鷹巣地方史研究」 鷹巣地方史研究会 (62) 2008.4

吉乃鉱山

鉱さいダム工事中、相当な人骨を発見—横手市・吉乃鉱山(野添憲治)「秋田県朝鮮人強制連行真相調査団会報」 秋田県朝鮮人強制連行真相調査団 (54) 2008.5

秋田の戦争遺跡(19) 吉乃鉱山の朝鮮人墓地(横手市増田町上吉野)(野添憲治)「秋田県朝鮮人強制連行真相調査団会報」 秋田県朝鮮人強制連行真相調査団 (61) 2010.2

吉乃鉱山の朝鮮人墓地(秋田県朝鮮人強制連行真相調査団)「秋田県朝鮮人強制連行真相調査団会報」 秋田県朝鮮人強制連行真相調査団 (70) 2012.4

吉乃鉱山の朝鮮人たち(吉乃鉱山の朝鮮人たち)(田中淳, 野添憲治)「秋田県朝鮮人強制連行真相調査団会報」 秋田県朝鮮人強制連行真相調査団 (73) 2013.2

死人は戸板で運んできた(吉乃鉱山の朝鮮人たち)(佐々木重蔵)「秋田県朝鮮人強制連行真相調査団会報」 秋田県朝鮮人強制連行真相調査団 (73) 2013.2

多くの朝鮮人が逃げた(吉乃鉱山の朝鮮人たち)(佐藤巽)「秋田県朝鮮人強制連行真相調査団会報」 秋田県朝鮮人強制連行真相調査団 (73) 2013.2

吉乃鉱山の同朋たち(金孝敏)「秋田県朝鮮人強制連行真相調査団会報」 秋田県朝鮮人強制連行真相調査団 (77) 2014.2

米沢町

「米沢町記録」について(資料紹介)(加藤昌宏)「秋田県公文書館だより」 秋田県公文書館 (22) 2008.3

秋田藩米家督制に関する一考察—「米沢町記録」の分析を通じて(加藤昌宏)「秋田県公文書館研究紀要」 秋田県公文書館 (14) 2008.3

米代川

米代川の舟運—舟場跡を訪ねて(1),(2)(桜田俊)「鷹巣地方史研究」 鷹巣地方史研究会 49/50 2001.10/2002.4

米代川の風土と文化—鷹巣盆地を中心に(川村公一)「鷹巣地方史研究」 鷹巣地方史研究会 50 2002.4

米代川戊辰戦争と北秋田地区(太田實)「鷹巣地方史研究」 鷹巣地方史研究会 (64) 2009.4

長崎御用銅廻船と四国の金比羅宮—米代川流域との繋がりについて(木村清幸)「鷹巣地方史研究」 鷹巣地方史研究会 (68) 2012.11

古文書こぼればなし 米代川舟運の事ども—銅と木材の川路と日本海物流(渡部紘一)「古文書倶楽部」 秋田県公文書館 (55) 2013.9

銅と木材の川路 米代川(特集 秋の歴史フォーラム 米代川・子吉川の舟運)(渡部紘一)「秋田歴研協会誌」 秋田県歴史研究者・研究団体協議会 (54) 2013.12

六郷

六郷の郷土史研究の歩みをたぐる(高橋悦央)「秋田歴研協会誌」 秋田県歴史研究者・研究団体協議会 (34) 2007.4

史料編 六郷御役屋日記(慶応4年~明治元年)(黒澤三郎)「北方風土 ： 北国の歴史民俗考古研究誌」 イズミヤ出版 通号62 2011.7

史料編 六郷御役屋日記(慶応4年~明治元年)(黒澤三郎)「北方風土 ： 北国の歴史民俗考古研究誌」 イズミヤ出版 通号63 2012.1

旧六郷飛行場

秋田県の戦争遺跡(15) 旧六郷飛行場跡(仙北郡美郷町六郷東根字東明天地)「北のむらから」 能代文化出版社 (271) 2010.2

六郷町

六郷町の文化財(安倍堯爾)「出羽路」 秋田県文化財保護協会 通号135 2004.7

六文坂

鷹巣阿仁部の峠(1)—「六文坂」の巻(福岡龍太郎)「鷹巣地方史研究」 鷹巣地方史研究会 53 2003.10

脇神館

わが先祖と脇神館検証(1),(2)(畠山忠明)「鷹巣地方史研究」 鷹巣地方史研究会 (58)/(59) 2006.4/2006.10

| 東北 | 地名でたどる郷土の歴史 | 秋田県 |

脇神村

歴史教室 検地に見る脇神村（首藤佳子）「鷹巣地方史研究」 鷹巣地方史
研究会 （57） 2005.10

渡部家住宅

新指定の秋田県指定文化財と国登録有形文化財 洲崎遺跡出土人魚木簡/
一日市盆踊/旧奈良家住宅/渡部家住宅/阿部家住宅（秋田県教育庁生
涯学習課文化財保護室）「出羽路」 秋田県文化財保護協会 通号139
2006.7

渡部村

渡部村（男鹿市拂戸）の開発と地区名（渡部景俊）「秋田地名研究年報」
秋田地名研究会 （23） 2007.12

山形県

合海
史料紹介 大蔵村清水・合海地区水害関係資料（熊谷勝保）「最上地域史」最上地域史研究会 （24）2002.3

明治十八年 合海町村「議定証」について（史料紹介）（大友義助）「最上地域史」最上地域史研究会 （35）2013.3

新庄の地名「合海」と「本合海」（一粒一滴）（大友義助）「聴雪」新庄古文書の会 （18）2014.6

赤川
赤川・聖なる大河の山の恵み（内藤正敏）「最上川文化研究」東北芸術工科大学東北文化研究センター （1）2003.3

赤川の鮭・鱒漁一姿を消した伝統漁法（犬塚幹士）「羽陽文化」山形県文化財保護協会 （149）2005.3

赤湯
東北学ことはじめ（16）赤湯のブドウから新しい「東北学」を（内藤正敏）「まんだら：東北文化友の会会報」東北芸術工科大学東北文化研究センター 18 2003.12

米沢街道の衰微及び湯町赤湯と宿駅赤湯―第199回学習会「南陽の歴史：南陽の歴史を語る会会報」南陽の歴史を語る会 （177）2010.6

赤湯・山のえ医者佐藤家の周辺（須崎寛二）「南陽の歴史：南陽の歴史を語る会会報」南陽の歴史を語る会 （191）2012.10

赤湯温泉
上杉の御湯 御殿守の由来―赤湯温泉と赤湯御殿について（石岡要蔵）「懐風」米沢御堀端史跡保存会 （33）2008.4

江戸時代の赤湯温泉まち（須崎寛二）「南陽の歴史：南陽の歴史を語る会会報」南陽の歴史を語る会 （178）2010.8

赤湯学校
明治10年赤湯学校新築落成式の「祝詞」（須崎寛二）「南陽の歴史：南陽の歴史を語る会会報」南陽の歴史を語る会 （151）2006.2

赤湯宿
赤湯宿駅の伝馬数と「馬士」（須崎寛二）「南陽の歴史：南陽の歴史を語る会会報」南陽の歴史を語る会 （176）2010.4

阿古屋
「阿古屋（耶）」地名・人名の語るもの（野口一雄）「郷土てんどう：天童郷土研究会会報」天童郷土研究会 （36）2008.2

朝日軍道
庄内新道（朝日軍道）に関する史料と課題（原敬一）「置賜文化」置賜史談会 （111）2012.10

朝日鉱泉
山形県朝日鉱泉について（宇井啓）「西村山地域史の研究」西村山地域史研究会 （26）2008.9

芦沢
［芦沢御田地水林に設置の御高札三枚下渡願］（矢口實）「新庄古文書の会会誌」新庄古文書の会 7 2003.6

芦沢村
芦沢村建御百姓願下書（大友武）「新庄古文書の会会誌」新庄古文書の会 8 2004.7

付一解説「芦沢村建御百姓願下書」（土屋道郎）「新庄古文書の会会誌」新庄古文書の会 8 2004.7

東屋敷館
我妻館跡・東屋敷館跡（《山形の城館特集》）（月山隆弘）「さあべい」さあべい同人会 （20）2003.5

愛宕山
監視哨・愛宕山に思う（《史談会50周年記念誌》）（菅原光一郎）「史談」白鷹町史談会 （22・23）2007.2

愛宕山は火の山、鉄の山（清野春樹）「懐風」米沢御堀端史跡保存会 （39）2014.4

左沢
近世の左沢絵図を開く―「左沢絵図面」を中心に（金山耕三）「西村山地域史の研究」西村山地域史研究会 （30）2012.9

左沢楯山城
左沢楯山城遺跡について（日下部美紀）「山形県地域史研究」山形県地域史研究協議会 （32）2007.2

左沢楯山城跡（上田美紀）「羽陽文化」山形県文化財保護協会 （153）2009.3

国史跡左沢楯山城跡の概観（山形の中世城館跡特集―城館跡調査研究報告）（菊地泰子）「さあべい」さあべい同人会 （27）2011.8

左沢橋
表紙解説 （旧）左沢橋の架橋工事（庄司英二）「西村山地域史の研究」西村山地域史研究会 （32）2014.9

余目
余目の水環境について（むかしを探る）（日野淳）「餘戸」余目町郷土史研究会 （2）2006.3

余目の染屋（むかしを探る）（足利谷喜平）「餘戸」余目町郷土史研究会 （2）2006.3

近世後期余目地域の天領（本間勝喜）「山形県地域史研究」山形県地域史研究協議会 （39）2014.2

余目郷
中世安氏の余目郷支配と乗慶寺への一考察（むかしを探る）（佐藤幸夫）「餘戸」余目町郷土史研究会 （2）2006.3

荒城
荒城とその周辺（山形の中世城館跡特集―城館跡調査研究報告）（眞壁建）「さあべい」さあべい同人会 （27）2011.8

荒谷
報告 半日歴史散歩〔荒谷地区をめぐる〕（今田勝義，近藤守利）「郷土てんどう：天童郷土研究会会報」天童郷土研究会 （42）2014.2

荒谷村
嘉永6年の大旱魃についての一考察―羽州村山郡荒谷村を中心に（近藤守利）「郷土てんどう：天童郷土研究会会報」天童郷土研究会 （40）2012.2

安中坊遺跡
西川町安中坊遺跡（《山形の城館特集》）（清野幸夫）「さあべい」さあべい同人会 （20）2003.5

飯豊
源流の森から学ぶ（山形 飯豊）（尾形純平）「郷土たじり」田尻郷土研究会 （31）2009.5

飯豊山穴堰
飯豊山、穴堰行より（香坂文夫）「懐風」米沢御堀端史跡保存会 （34）2009.4

飯豊町
山形県飯豊町の佐原一族の謎（原源司）「温故知新」熱塩加納郷土史研究会 （10）2004.4

第3回 飯豊町散村のルーツ（学習会 講義の概要）（澁谷敏己）「歴史と考古」いいで歴史考古の会 1 2004.6

池黒学校
池黒学校の分離独立事件―私が小学校1年生の頃の思い出（高橋肇）「南陽の歴史：南陽の歴史を語る会会報」南陽の歴史を語る会 （167）2008.10

池黒村
池黒村に肝煎りが2人いた？（須崎寛二）「南陽の歴史：南陽の歴史を語る会会報」南陽の歴史を語る会 （179）2010.10

池里村
池里村の由来（池里の馬頭観音さま）「夕鶴」夕鶴の里友の会 27 2004.8

五十沢村
近世の五十沢村（《特集 茅葺き集落の調査研究―山形県村山市上五十沢》）（梅津保一）「東北芸術工科大学東北文化研究センター研究紀要」東北芸術工科大学東北文化研究センター 通号6 2007.3

石山
やまがた女相撲異聞（後）石山女相撲の80年（千葉由香）「別冊東北学」東北芸術工科大学東北文化研究センター，作品社（発売）7 2004.1

手記 石山女相撲の戦後（石山國彦）「別冊東北学」東北芸術工科大学東北文化研究センター，作品社（発売）7 2004.1

板谷宿
第266回例会講話 鷹山公初入部について―板谷宿焚き火について考える

（青木昭博）「温故」 米沢温故会 （33） 2006.8

井出楯
井出（大石田）楯主とその末裔について（小山義雄）「北村山の歴史」 北村山地域史研究会 （13） 2013.6

猪野沢新道
小山田（猪野沢）新道再考（研究）（淺井紀夫）「郷土てんどう : 天童郷土研究会会報」 天童郷土研究会 （42） 2014.2

岩清水
調査報告 山形県最上郡戸沢村岩清水の漁小屋について（関口重樹）「東北歴史博物館研究紀要」 東北歴史博物館 通号5 2004.3

岩部山館
岩部山館跡（山形県南陽市）について《《山形の城館特集》》（松岡進）「さあべい」 さあべい同人会 （20） 2003.5

羽州幕領
羽州幕領の廻米と最上川舟運—江戸後期の廻米川下しと農民負担（横山昭男）「最上川文化研究」 東北芸術工科大学東北文化研究センター （1） 2003.3

羽州幕領廻米の海上輸送と村山郡中惣代（《最上川にかかわる絵図・絵画資料の研究》）（横山昭男）「最上川文化研究」 東北芸術工科大学東北文化研究センター （4） 2006.3

内川
新庄の地名「内町・内川」（一粒一滴）（大友義助）「聴雪」 新庄古文書の会 （16） 2012.7

内町
新庄の地名「内町・内川」（一粒一滴）（大友義助）「聴雪」 新庄古文書の会 （16） 2012.7

内町陣城
鮭延城攻め「内町陣城跡」調査報告（調査報告研究）（保角里志）「さあべい」 さあべい同人会 （29） 2014.5

宇津峠
宇津峠の今昔（井上俊雄）「懐風」 米沢御堀端史跡保存会 （31） 2006.4

姥湯
秘湯「姥湯」紀行（外山崇行）「下妻の文化」 下妻市文化団体連絡協議会 （34） 2009.5

海辺荘
大泉荘・海辺荘ができたころ（むかしを探る）（阿部公彦）「餘戸」 余目町郷土史研究会 （2） 2006.3

漆山
宮内・漆山の製糸工場の一面（須崎寛二）「南陽の歴史 : 南陽の歴史を語る会会報」 南陽の歴史を語る会 （167） 2008.10

越後米沢街道
越後米沢街道（十三峠）の保存活用の現状と地域作り（渡部眞治）「羽陽文化」 山形県文化財保護協会 （153） 2009.3

御足軽町屋敷
宮内の「御足軽町屋敷」の一史料（須崎寛二）「南陽の歴史 : 南陽の歴史を語る会会報」 南陽の歴史を語る会 （191） 2012.10

置賜
置賜地域における献上鷹について（井上俊雄）「置賜文化」 置賜史談会 （103） 2003.7

置賜地域における郡衙の変遷について（川崎利夫）「米沢史学」 米沢史学会（山形県立米沢女子短期大学日本史学科内） （19） 2003.10

第3講座奥州藤原氏と置賜地方（地域史学習会）（吉田歓）「歴史と考古」 いいで歴史考古の会 2 2005.6

置賜紀行—米沢・高畠屋代郷への郷愁（木村旭志）「明治大学博物館友の会会報」 明治大学博物館友の会 （11） 2007.1

対談 置賜地方の古代史を描いて《《特集 東北からの文学》》（清野春樹、赤坂憲雄）「まんだら : 東北文化友の会会報」 東北芸術工科大学東北文化研究センター （34） 2008.2

置賜と会津（入間田宣夫）「山形県地域史研究」 山形県地域史研究協議会 （33） 2008.2

置賜と越後における中世交通の一断面（小林貴宏）「山形県地域史研究」 山形県地域史研究協議会 （33） 2008.2

第三講座（考古）置賜地方の城（地域史学習会）（保角里志）「歴史と考古」 いいで歴史考古の会 （5） 2008.6

近世置賜地方の焼き物と椿焼（高橋拓）「歴史と考古」 いいで歴史考古の会 （7） 2010.6

置賜地方の紀行文芸を読む—白鷹町瑞龍院龍門図書館所蔵「中仙道中旅寝の夢」の紹介を中心に（小林文雄）「置賜文化」 置賜史談会 （110） 2010.11

江戸時代の置賜地方の生活を絵で見る（須崎寛二）「南陽の歴史 : 南陽

の歴史を語る会会報」 南陽の歴史を語る会 （194） 2013.4

往還東
往還東地区旧羽州街道松並木について（斎藤シヅエ）「最上地域史」 最上地域史研究会 （24） 2002.3

大石田
山形県尾花沢・大石田地方の大規模な山城跡について（保角里志）「さあべい」 さあべい同人会 17 2000.5

紙本著色「大石田河岸絵図」について（《最上川にかかわる絵図・絵画資料の研究》）（関淳一）「最上川文化研究」 東北芸術工科大学東北文化研究センター （4） 2006.3

参勤交代「大石田通行」について（小山義雄）「北村山の歴史」 北村山地域史研究会 （9） 2007.6

大石田河岸
羽州私領御手船の造立と大石田河岸（《最上川にかかわる絵図・絵画資料の研究》）（小山義雄）「最上川文化研究」 東北芸術工科大学東北文化研究センター （4） 2006.3

羽州私領御手船の造立と大石田河岸（小山義雄）「山形県地域史研究」 山形県地域史研究協議会 （38） 2013.2

大石田町
北村山地方の動向 大石田町（関淳一）「北村山の歴史」 北村山地域史研究会 （4） 2002.5

大石田町（北村山地区の動向）（関淳一）「北村山の歴史」 北村山地域史研究会 （5） 2003.5

大石田町（北村山地区の動向）（関淳一）「北村山の歴史」 北村山地域史研究会 （6） 2004.6

大石田町（北村山地区の動向）（関淳一）「北村山の歴史」 北村山地域史研究会 （7） 2005.6

大石田町（北村山地区の動向）（関淳一）「北村山の歴史」 北村山地域史研究会 （8） 2006.6

大石田町（北村山地区の動向）（関淳一）「北村山の歴史」 北村山地域史研究会 （9） 2007.6

北村山地区の動向 大石田町（関淳一）「北村山の歴史」 北村山地域史研究会 （10） 2010.6

大石田町の二つの小規模城館跡の調査—里楯跡と小屋楯跡（保角里志）「北村山の歴史」 北村山地域史研究会 （11） 2011.6

北村山地方の動向 大石田町（海藤直行）「北村山の歴史」 北村山地域史研究会 （11） 2011.6

大石田町（北村山地区の動向）（海藤直行）「北村山の歴史」 北村山地域史研究会 （13） 2013.6

山形県大石田町の歴史散歩 平成26年6月8日（日）「宮城県文化財友の会だより」 宮城県文化財友の会 （208） 2014.5

山形県大石田町（地図）「宮城県文化財友の会だより」 宮城県文化財友の会 （208） 2014.5

大石田町（北村山地区の動向）（海藤直行）「北村山の歴史」 北村山地域史研究会 （14） 2014.6

山形県大石田町歴史散歩記（星忠幸）「宮城県文化財友の会だより」 宮城県文化財友の会 （209） 2014.8

大泉荘
大泉荘・海辺荘ができたころ（むかしを探る）（阿部公彦）「餘戸」 余目町郷土史研究会 （2） 2006.3

大江町
大江町における学校のはじまり（渡辺信）「山形県地域史研究」 山形県地域史研究協議会 （32） 2007.2

大蔵村
大蔵村文化財巡検（大泉友子）「最上地域史」 最上地域史研究会 （26） 2004.3

大蔵村成沢家文書「乍恐口上」について（大友義助）「最上地域史」 最上地域史研究会 （35） 2013.3

大曽根
大曽根史とその物語（寒河江哲夫）「山形郷土史研究協議会研究資料集」 山形郷土史研究協議会 27 2005.3

大曽禰荘
大曽禰荘の景観復元について（茨城光裕）「さあべい」 さあべい同人会 （22） 2006.5

大沼
朝日町大沼の「十三蓋」について（臼田勤）「西村山地域史の研究」 西村山地域史研究会 （26） 2008.9

大森山
大森山をめぐる説話考証（石井浩幸）「北村山の歴史」 北村山地域史研究会 （5） 2003.5

山形県　　　　　　　　　　　　　地名でたどる郷土の歴史　　　　　　　　　　　　　東北

小国
小国地方が「小田嶋庄小国」と呼ばれたことについて（大友義助）「最上地域史」　最上地域史研究会　（31）2009.3

浪高山東善院所蔵、小国馬産史関連史料の考察（伊藤和美）「最上地域史」　最上地域史研究会　（36）2014.3

小国城
山形県最上町小国城跡の再調査（保角里志）「さあべい」　さあべい同人会　（23）2007.5

小国城の現場　山形県鶴岡市小国町尻（旧山形県西田川郡温海町大字小国字町尻）所在の山城調査（山形の中世城館特集─城館跡調査研究報告）（横山勝栄）「さあべい」　さあべい同人会　（27）2011.8

小田島城
小田島城跡（《山形の城館特集》）（高桑登）「さあべい」　さあべい同人会　（20）2003.5

小田嶋庄小国
小国地方が「小田嶋庄小国」と呼ばれたことについて（大友義助）「最上地域史」　最上地域史研究会　（31）2009.3

小幡藩
史料紹介 1 貞山様御自筆御書之写/2 宝暦11年4月小幡藩家老屋敷へ離縁駆ヶ込み一件について詫状（湯村章男）「郷土てんどう：天童郷土研究会会報」　天童郷土研究会　（42）2014.2

尾花沢
山形県尾花沢・大石田地方の大規模な山城跡について（保角里志）「さあべい」　さあべい同人会　17 2000.5

享保改革期の尾花沢代官 日野小左衛門と幕領支配─庄内幕領を中心に（本間勝喜）「山形県地域史研究」　山形県地域史研究協議会　（28）2003.2

史料にみる「尾花沢のそば」（梅津保一）「出羽文化」　出羽文化ネットワーク　3 2004.7

東廻廻運による江戸廻漕─享保20年（1735）の尾花沢領米（小山義雄）「北村山の歴史」　北村山地域史研究会　（7）2005.6

「おくのほそ道」ひとこま 尾花沢（エッセイ）（高島治）「歴研よこはま」　横浜歴史研究会　（71）2014.11

尾花沢市
北村山地方の動向 尾花沢市（大類誠）「北村山の歴史」　北村山地域史研究会　（4）2002.5

尾花沢市（北村山地区の動向）（大類誠）「北村山の歴史」　北村山地域史研究会　（5）2003.5

尾花沢市（北村山地区の動向）（大類誠）「北村山の歴史」　北村山地域史研究会　（6）2004.6

尾花沢市（北村山地区の動向）（大類誠）「北村山の歴史」　北村山地域史研究会　（7）2005.6

尾花沢市（北村山地区の動向）（大類誠）「北村山の歴史」　北村山地域史研究会　（8）2006.6

尾花沢市（北村山地区の動向）（大類誠）「北村山の歴史」　北村山地域史研究会　（9）2009.6

北村山地区の動向 尾花沢市（大類誠）「北村山の歴史」　北村山地域史研究会　（10）2010.6

尾花沢出張所
明治初期における「区制」の展開─山形県尾花沢出張所管内を中心に（小山義雄）「山形県地域史研究」　山形県地域史研究協議会　（27）2002.2

尾花沢代官所
尾花沢代官所管内における秤改の展開（小山義雄）「山形県地域史研究」　山形県地域史研究協議会　25 2000.3

江戸末期の海防策と村々─尾花沢代官所領への触書から（小山義雄）「北村山の歴史」　北村山地域史研究会　（5）2003.5

小山田新道
小山田（猪野沢）新道再考（研究）（浅井紀夫）「郷土てんどう：天童郷土研究会会報」　天童郷土研究会　（42）2014.2

かぎ掛け峠
「かぎ掛け峠」のこと（大友義助）「最上地域史」　最上地域史研究会　（32）2010.3

「かぎかけ峠」補論（大友義助）「最上地域史」　最上地域史研究会　（34）2012.3

鍛冶町
鍛冶町「水道組合」記録（大友義助）「最上地域史」　最上地域史研究会　（26）2004.3

柏倉
柏倉に伝わる最上家臣達の行方について（武田辰巳）「山形郷土史研究協議会研究資料集」　山形郷土史研究協議会　23 2001.3

「柏倉」地名考（丹野富雄）「郷土山形」　山形郷土史研究協議会　95 2001.9

佐倉藩ゆかりの地 柏倉見聞記（畠山隆）「郷土史研通信」　八千代市郷土歴史研究会　51 2005.8

柏倉陣屋
柏倉陣屋「成徳北庠」の数学（結城敏雄）「郷土山形」　山形郷土史研究協議会　（112）2007.3

月山道
月山道について（上），（中），（下）（山本弘光）「西南四国歴史文化論叢よ」　西南四国歴史文化研究会　（10）/（12）2009.4/2011.04

角川鉄山
角川鉄山について（大友義助）「最上地域史」　最上地域史研究会　（31）2009.3

金池
第264回例会講話 金池の歴史散歩（高野安弘）「温故」　米沢温故会　（33）2006.8

第290回例会講話 金池の由来と金沢権兵衛（河野由一）「温故」　米沢温故会　（36）2009.8

金山
随想 金山杉の生い立ち（阿部一）「聴雪」　新庄古文書の会　（15）2011.7

金山町
金山町史跡文化財巡検（岸征志）「最上地域史」　最上地域史研究会　（25）2003.3

金山町漆坊に伝わる「鋳物師文書」について（史料紹介）（大友義助）「最上地域史」　最上地域史研究会　（35）2013.3

河北
河北地方における最上川の風景（研究・史料紹介）（鈴木勲）「西村山地域史の研究」　西村山地域史研究会　（32）2014.9

河北町
安部権内家文書を整理して（鈴木勲）「羽陽文化」　山形県文化財保護協会　（156）2012.3

史料紹介 安部権内家の仏壇文書から（北畠教爾）「羽陽文化」　山形県文化財保護協会　（156）2012.3

上三宮焼窯
近世後期における東北地方窯業の同形態製品を受容する市場領域について─上三宮焼窯跡表土採取陶片の分析から（高橋拓）「米沢史学」　米沢史学会　（山形県立米沢女子短期大学日本史学科内）（26）2010.10

上貫津
天にのぼった竜─上貫津の伝説から（川崎利夫）「郷土てんどう：天童郷土研究会会報」　天童郷土研究会　（34）2006.2

上谷地郷
特別寄稿 新庄領上谷地郷の一断面（鈴木勲）「聴雪」　新庄古文書の会　（15）2011.7

加茂村
羽州加茂村の者唐土へ漂流記（神宮滋）「山形県地域史研究」　山形県地域史研究協議会　（31）2006.2

唐戸屋鉱山
唐戸屋鉱山について（香坂文夫）「懐風」　米沢御堀端史跡保存会　（39）2014.4

狩川通
庄内狩川通の民間育種家について（大会特集II 出羽庄内の風土と歴史像─その一体性と多様性）（日野淳）「地方史研究」　地方史研究協議会　61（5）通号353 2011.10

川西
疎開先の川西の田んぼに爆弾（細谷文子）「懐風」　米沢御堀端史跡保存会　（30）2005.4

川西町
川西町の文化財を訪ねて（小杉もり子）「史談」　白鷹町史談会　（22・23）2007.2

川西町文化財と保護協会のあゆみ（大木善吉）「懐風」　米沢御堀端史跡保存会　（32）2007.4

川前楯
川前楯と最上川舟運（保角里志）「北村山の歴史」　北村山地域史研究会　（6）2004.6

北村山
北村山地名の諸考察［1］,（2）（鈴木聖雄）「北村山の歴史」　北村山地域史研究会　（7）2005.6

木ノ沢楯
木ノ沢楯跡（《山形の城館特集》）（伊藤邦弘）「さあべい」　さあべい同人会　（20）2003.5

東北　　　　　　　　　　　　　　　　地名でたどる郷土の歴史　　　　　　　　　　　　　　　山形県

吉良町

第306回例会講話 吉良町と私（上杉虎雄）「温故」 米沢温故会 （38） 2011.8

木和田館

木和田館跡（《山形の城館特集》）（米沢市教育委員会）「さあべい」 さあべい同人会 （20） 2003.5

櫛山楯

隣合う山城 「楯岡城跡と櫛山楯跡」（山形県村山市）について（保角里志）「中世城郭研究」 中世城郭研究会 （18） 2004.7

黒沢峠

小国黒沢峠の今昔（保科充）「懐風」 米沢御堀端史跡保存会 （32） 2007.4

黒田玄仙

山形の薬本舗「黒田玄仙」と湯殿山行者（高橋信敬）「山形郷土史研究協議会研究資料集」 山形郷土史研究協議会 （29） 2007.3

興譲館

二つの興譲館（西方旅人）「懐風」 米沢御堀端史跡保存会 （36） 2011.4

高野

飯豊町高野の鏡石といわれる黒曜石（秦昭繁）「さあべい」 さあべい同人会 （26） 2010.5

小坂峠

羽州街道と小坂峠（菊池利雄）「郷土の研究」 国見町郷土史研究会 （36） 2006.3

小菅

山形県米沢市小菅の近代窯業の研究―小菅焼荒井喜重窯跡の採取資料の報告（高橋拓）「さあべい」 さあべい同人会 （26） 2010.5

小滝街道

白鷹丘陵南西部に分布する城館跡―小滝街道と最上氏関連の城館跡について（茨木光裕）「さあべい」 さあべい同人会 （18） 2001.5

宮内の賑わいと小滝街道―第198回学習会から「南陽の歴史 ： 南陽の歴史を語る会会報」 南陽の歴史を語る会 （176） 2010.4

碁点

最上川三難所流域と碁点水域の歴史時代（青柳重美）「山形県地域史研究」 山形県地域史研究協議会 25 2000.3

牛房野

昭和18年の山口弥一郎の牛房野調査に関して（六車由実）「東北芸術工科大学東北文化研究センター研究紀要」 東北芸術工科大学東北文化研究センター 通号3 2004.3

駒籠

古代「野後駅」擬定地、大石田町駒籠地区における考古学的調査（《総会・研究大会》）（石井浩幸）「山形県地域史研究」 山形県地域史研究協議会 （31） 2006.2

駒籠楯

古代出羽国の水駅―野後駅推定地の駒籠楯跡を中心に（大会報告要旨）（阿部明彦）「交通史研究」 交通史学会、吉川弘文館（発売） （72） 2010.10

野後駅推定地 駒籠楯跡（研究）（竹田純子）「羽陽文化」 山形県文化財保護協会 （158） 2014.3

野後駅推定地 駒籠楯跡（研究・史料紹介）（竹田純子）「西村山地域史の研究」 西村山地域史研究会 （32） 2014.9

蔵王温泉

蔵王温泉スキー場50年（川崎豊）「別冊東北学」 東北芸術工科大学東北文化研究センター、作品社（発売） 8 2004.8

蔵王山

蔵王山の碑 分布の一考察（長岡幹夫）「山形郷土史研究協議会研究資料集」 山形郷土史研究協議会 （30） 2008.3

蔵王隧道

回想 東北新幹線蔵王隧道掘削で農業用水渇水恒久対策（赤坂正勝）「郷土の研究」 国見町郷土史研究会 （35） 2005.3

寒河江

『御諸米ニ付所々出役一式相定書留帳』―文化六年寒河江付代官領の年貢米納めに用した準備金等について（野口孝雄）「北村山の歴史」 北村山地域史研究会 （11） 2011.6

寒河江川

寒河江川の砂金掘り（宇井啓）「西村山地域史の研究」 西村山地域史研究会 （21） 2003.9

寒河江市

寒河江の歴史/寒河江の文化財（〈寒河江市の歴史散歩〉）「宮城県文化財友の会だより」 宮城県文化財友の会 （167） 2006.5

寒河江市・慈恩寺の歴史散歩記（遠藤慎治）「宮城県文化財友の会だより」 宮城県文化財友の会 （168） 2006.8

寒河江市域の集落移動（2）（宇井啓）「西村山地域史の研究」 西村山地域史研究会 （24） 2006.9

寒河江城

寒河江城跡《《山形の城館特集》》（大宮富善）「さあべい」 さあべい同人会 （20） 2003.5

寒河江荘

第24回談話会 古代史からみた寒河江荘の成立―馬・金・皮から出羽国荘園成立の前提を考える（三上喜孝）「西村山地域史の研究」 西村山地域史研究会 （24） 2006.9

逆川

資料紹介 逆川界隈物語（1）（草苅明栄）「郷土山形」 山形郷土史研究協議会 （113） 2007.7

酒田

大庄屋文書から見た酒田の世相（研究ノート）（須藤良弘）「山形県地域史研究」 山形県地域史研究協議会 （36） 2011.2

大庄屋文書から見た酒田の世相（2）,（3）（須藤良弘）「山形県地域史研究」 山形県地域史研究協議会 （37）/（38） 2012.2/2013.02

酒田県

酒田県の初等教育（須藤良弘）「山形県地域史研究」 山形県地域史研究協議会 （29） 2004.2

酒田港

酒田港への機雷投下と戦争末期の酒田港（研究・資料紹介）（蜂谷敏）「郷土てんどう ： 天童郷土研究会会報」 天童郷土研究会 （41） 2013.2

酒田市

山形県酒田市及び飽海郡平田町山間部における城館跡（小松良導）「さあべい」 さあべい同人会 17 2000.5

酒田湊

酒田湊の浦役人（本間勝喜）「山形県地域史研究」 山形県地域史研究協議会 （29） 2004.2

酒田湊御廻米置場における「野積」と「詰蔵」（本間勝喜）「山形県地域史研究」 山形県地域史研究協議会 （33） 2008.2

化政期における羽州幕領廻米と酒田湊―郡中惣代の「湊渡切」要求と実際（横山昭男）「地方史研究」 地方史研究協議会 62（1）通号355 2012.2

佐倉藩城付領

地域における虚無僧の位置づけについて―佐倉藩城付領を事例に（論文）（長谷川佳澄）「千葉史学」 千葉歴史学会 （62） 2013.5

鮭川村

報告 鮭川村文化財巡検（甲州進）「最上地域史」 最上地域史研究会 （27） 2005.3

最上・鮭川村の伝統漁 鮎止め漁の漁師たち（特派員レポート（2））（腰高直樹）「まんだら ： 東北文化友の会会報」 東北芸術工科大学東北文化研究センター （42） 2010.2

リレーエッセイ「東北を撮る」（4） 鮭川村のサケ一漁とじんぎりの今（腰高直樹）「まんだら ： 東北文化友の会会報」 東北芸術工科大学東北文化研究センター （46） 2011.2

鮭延城

鮭延城攻め「内町陣城跡」調査報告（調査報告研究）（保角里志）「さあべい」 さあべい同人会 （29） 2014.5

笹谷街道

資料紹介 「笹谷街道四車線完成記念誌」雑感（鈴木基司）「郷土山形」 山形郷土史研究協議会 （111） 2006.11

昔の笹谷街道―峠道の名称をたづねる（曾田庄一）「羽陽文化」 山形県文化財保護協会 （153） 2009.3

幸生銅山

第27回総会講演 幸生銅山と住友（今井典子）「西村山地域史の研究」 西村山地域史研究会 （27） 2009.8

猿羽根楯館

最上郡域の二つの大規模城館の調査―鳥越楯跡と猿羽根楯館について（保角里志）「さあべい」 さあべい同人会 （19） 2002.5

餐霞館

餐霞館の思い出―今泉先生と主人（酒井登美子）「懐風」 米沢御堀端史跡保存会 （28） 2003.4

旧蚕糸試験場新庄支場建物群

旧蚕糸試験場新庄支場建物群の登録有形文化財登録（地域短信）（大友義助）「最上地域史」 最上地域史研究会 （35） 2013.3

三本橋

新庄の地名(4)「三本橋」(さんぼんばし)(一粒一滴)(大友義助)「聴雪」新庄古文書の会 (15) 2011.7

塩根川

戦前期における青年団「塩根川向上会」の設立過程(日置麗香)「最上地域史」最上地域史研究会 (34) 2012.3

慈恩寺

城館寺院 慈恩寺《山形の城館特集》(堀宗夫)「さあべい」さあべい同人会 (20) 2003.5

慈恩寺城館群

「慈恩寺城館群『前山遺構』」について(大場雅之)「西村山地域史の研究」西村山地域史研究会 (28) 2010.9

次年子

次年子地名(海藤忠男)「北村山の歴史」北村山地域史研究会 (5) 2003.5

次年子箕(海藤忠男)「北村山の歴史」北村山地域史研究会 (7) 2005.6

昭和中期の次年子弁(海藤忠男)「北村山の歴史」北村山地域史研究会 (8) 2006.6

次年子備忘録[正],(続)(海藤忠男)「北村山の歴史」北村山地域史研究会 (10)/(11) 2010.6/2011.6

柴橋代官所

柴橋代官所手附の遺した村山郡幕領関係史料(戸森麻衣子)「西村山地域史の研究」西村山地域史研究会 (28) 2010.9

清水

史料紹介 大蔵村清水・合海地区水害関係資料(熊谷勝保)「最上地域史」最上地域史研究会 (24) 2002.3

大蔵村清水「あらがね」歌碑の裏面を読む(矢口實)「聴雪」新庄古文書の会 (14) 2010.6

清水河岸

第26号に寄せて─近世の清水河岸について(滝田勉)「最上地域史」最上地域史研究会 (26) 2004.3

清水城

清水城址《山形の城館特集》(黒坂雅人)「さあべい」さあべい同人会 (20) 2003.5

ものがたり清水城(鈴木敬三)「山形郷土史研究協議会研究資料集」山形郷土史研究協議会 (29) 2007.3

清水町旧本陣

清水町旧本陣龕絵図をながめて(矢口實)「聴雪」新庄古文書の会 (14) 2010.6

清水村

清水村小屋家文書二点(矢口實)「聴雪」新庄古文書の会 (16) 2012.7

清水村小屋家文書二点 解説(大友義助)「聴雪」新庄古文書の会 (16) 2012.7

蛇崩

「蛇崩」の地名(1)(大友義助)「最上地域史」最上地域史研究会 (36) 2014.3

十王

十王・鷹山地区の文化財を訪ねて(平吹利数)「史談」白鷹町史談会 (22・23) 2007.2

庄内

享保改革期の尾花沢代官 日野小左衛門と幕領支配─庄内幕領を中心に(本間勝喜)「山形県地域史研究」山形県地域史研究協議会 (28) 2003.2

最上川の伝統漁撈─庄内のヤツメ漁と鮭漁を中心として(犬塚幹士)「最上川文化研究」東北芸術工科大学東北文化研究センター (1) 2003.3

庄内の農業図絵と農耕具─資料紹介(犬塚幹士)「東北芸術工科大学東北文化研究センター研究紀要」東北芸術工科大学東北文化研究センター 通号4 2005.3

東北と将棋─庄内三郡将棋番附(エッセイ)《特集 地名のいま》(増川宏一)「東北学．[第2期]」東北芸術工科大学東北文化研究センター,柏書房(発売) (6) 2006.1

第28号に寄せて─近くて遠い "庄内と最上"(佐久間昇)「最上地域史」最上地域史研究会 (28) 2006.3

沙汰ながれ(上),(下)─庄内騒動始末記(佐藤繁)「埼玉史談」埼玉県郷土文化会 53(1)通号285/53(2)通号286 2006.4/2006.7

庄内への旅(ふるさと古学)(土屋道郎)「聴雪」新庄古文書の会 (10) 2006.7

ワッパ騒動後の庄内の村(日塔哲之)「山形県地域史研究」山形県地域史研究協議会 (34) 2009.2

「ワッパ騒動義民顕彰」について(星野正紘)「山形県地域史研究」山形県地域史研究協議会 (34) 2009.2

庄内の史跡を訪れて(加藤弘一)「邑知」大内文化財保護協会 (35) 2010.7

庄内地方における近世後期から近代初頭の屋根瓦について(酒井英一)「羽陽文化」山形県文化財保護協会 (155) 2011.3

第62回大会を迎えるにあたって(大会特集I 出羽庄内の風土と歴史像─その一体性と多様性)(常任委員会,第62回大会実行委員会)「地方史研究」地方史研究協議会 61(4)通号352 2011.8

問題提起(大会特集I 出羽庄内の風土と歴史像─その一体性と多様性)「地方史研究」地方史研究協議会 61(4)通号352 2011.8

出羽国成立前後の庄内地域(大会特集I 出羽庄内の風土と歴史像─その一体性と多様性)(川崎利夫)「地方史研究」地方史研究協議会 61(4)通号352 2011.8

新史料に見る中世庄内と他地域の交流(大会特集I 出羽庄内の風土と歴史像─その一体性と多様性)(秋保良)「地方史研究」地方史研究協議会 61(4)通号352 2011.8

出羽庄内は「上杉領」なり─中世の越後と庄内をめぐる交流と地域感覚(大会特集I 出羽庄内の風土と歴史像─その一体性と多様性)(長谷川伸)「地方史研究」地方史研究協議会 61(4)通号352 2011.8

庄内と最上との関係─二つの峠道のこと(大会特集I 出羽庄内の風土と歴史像─その一体性と多様性)(佐久間昇)「地方史研究」地方史研究協議会 61(4)通号352 2011.8

三方領地替反対一揆における "一体性" と "多様性"(大会特集I 出羽庄内の風土と歴史像─その一体性と多様性)(岩淵令治)「地方史研究」地方史研究協議会 61(4)通号352 2011.8

明治期庄内の青春群像(大会特集I 出羽庄内の風土と歴史像─その一体性と多様性)(阿部博行)「地方史研究」地方史研究協議会 61(4)通号352 2011.8

災害は歴史を変えるか─明治27年庄内地震をめぐって(大会特集I 出羽庄内の風土と歴史像─その一体性と多様性)(北原糸子)「地方史研究」地方史研究協議会 61(4)通号352 2011.8

庄内地域史の検証と再構築─実証的研究への第一歩(大会特集I 出羽庄内の風土と歴史像─その一体性と多様性)(三原容子)「地方史研究」地方史研究協議会 61(4)通号352 2011.8

ワッパ騒動の研究の進展(大会特集I 出羽庄内の風土と歴史像─その一体性と多様性)(星野正紘)「地方史研究」地方史研究協議会 61(4)通号352 2011.8

問題提起(大会特集II 出羽庄内の風土と歴史像─その一体性と多様性)「地方史研究」地方史研究協議会 61(5)通号353 2011.10

古代の庄内と越後(大会特集II 出羽庄内の風土と歴史像─その一体性と多様性)(相沢央)「地方史研究」地方史研究協議会 61(5)通号353 2011.10

協議体としての庄内会について(大会特集II 出羽庄内の風土と歴史像─その一体性と多様性)(谷口裕信)「地方史研究」地方史研究協議会 61(5)通号353 2011.10

山形県庄内地方を訪ねて(渡辺積一)「宇須比」松井田町文化会 (65) 2011.12

庄内における育英事業と地域社会─青年の上京遊学の実態と彼らの育英観・庄内観を視点として(布施賢治)「米沢史学」米沢史学会(山形県立米沢女子短期大学日本史学科内) (28) 2012.10

上杉謙信期における小泉庄の政治的位置─出羽庄内との関係から(論文)(阿部哲人)「米沢史学」米沢史学会 (30) 2014.10

巡見会報告 山形庄内地方の巡見会(佐藤幹雄)「仙台郷土研究」仙台郷土研究会 39(2)通号289 2014.12

庄内映画村

巻頭特集 地域と映像─松ヶ岡開墾場と庄内映画村(酒井天美,酒井忠順,平野克己,森繁哉)「まんだら : 東北文化友の会会報」東北芸術工科大学東北文化研究センター (39) 2009.5

庄内沖

明応地震と庄内沖地震の津波被害(特集 地震・津波・原発─東日本大震災)(矢田俊文)「東北学．[第2期]」東北芸術工科大学東北文化研究センター,柏書房(発売) (28) 2011.8

庄内新道

庄内新道(朝日軍道)に関する史料と課題(原敬一)「置賜文化」置賜史談会 (111) 2012.10

庄内浜

江戸時代庄内浜の寄鯨・流鯨(前田光彦)「山形県地域史研究」山形県地域史研究協議会 (34) 2009.2

近世庄内浜の漁村(大会特集I 出羽庄内の風土と歴史像─その一体性と多様性)(前田光彦)「地方史研究」地方史研究協議会 61(4)通号352 2011.8

庄内藩

史料紹介 庄内藩大工棟梁小林家文書(1)～(3)(吉田歓)「米沢史学」米沢史学会(山形県立米沢女子短期大学日本史学科内) (19)/(21) 2003.10/2005.6

幕府巡見使と庄内藩の対応（小野寺雅吉）「山形県地域史研究」 山形県地域史研究協議会 （29）2004.2

留萌地方にみる栽培植物の歩みについて—アイヌ民族の食物、幕末庄内藩の開発、明治期の試作（高橋明雄）「留萌市海のふるさと館紀要」 留萌市海のふるさと館 16 2005.3

庄内藩の戦略について（石山順子）「東北戊辰戦争懇話会報」 東北戊辰戦争懇話会 （5）2007.12

庄内藩士の記録に見えたる横手落城の状況（伊藤武士）「横手郷土史資料」 横手郷土史研究会 （83）2009.3

庄内藩にみる士族授産・興産事業—国指定史跡「松ヶ岡開墾場」を訪ねる（佐藤恒男）「新発田郷土誌」 新発田郷土研究会 （38）2010.3

庄内藩のえぞ地警備・開拓の夢を追う—浜益陣屋の建設・経営を中心として（特別寄稿）（北国諒星）「いしかり暦」 石狩市郷土研究会 （25）2012.3

旧庄内藩士と北海道における桑園開拓の秘話（奥田静夫）「屯田」 北海道屯田倶楽部 （52）2012.10

慶応四年書を庄内藩の村山郷「預地」支配（上）—戊辰戦争との関連（研究・史料紹介）（本間勝喜）「西村山地域史の研究」 西村山地域史研究会 （31）2013.9

荘内藩
荘内藩士と鮭汁（工藤義衛）「いしかり暦」 石狩市郷土研究会 （25）2012.3

庄内町
庄内町の集落史への取組みについて（大滝成紀）「山形県地域史研究」 山形県地域史研究協議会 （39）2014.2

白岩宿
近代白岩宿に泊った行者たち（宇井啓，柏倉栄子）「西村山地域史の研究」 西村山地域史研究会 （28）2010.9

白岩新楯
寒河江市白岩新楯（しんたて）楯跡について—未調査であった大規模山城の調査報告（山形の中世城館跡特集—城館跡調査研究報告）（保角里志）「さあべい」 さあべい同人会 （27）2011.8

白鷹丘陵
白鷹丘陵南西部に分布する城館跡—小滝街道と最上氏関連の城館跡について（茨木光裕）「さあべい」 さあべい同人会 （18）2001.5

白鷹山地
白鷹山地域の陸水（〈最上川にかかわる絵図・絵画資料の研究〉）（佐藤五郎）「最上川文化研究」 東北芸術工科大学東北文化研究センター （4）2006.3

白鷹町
山形県西置賜郡白鷹町の弘法水伝説と近現代（関根綾子）「世間話研究」 世間話研究会 （18）2008.10

白鳥城
中級講座の学習 天正最上軍記 実録—白鳥十郎落城「聴雪」 新庄古文書の会 （12）2008.6

付 解説「天正最上軍記 実録—白鳥十郎落城」（滝田勉）「聴雪」 新庄古文書の会 （12）2008.6

白鳥館
白鳥館跡跡（《山形の城館特集》）（黒沼昭夫）「さあべい」 さあべい同人会 （20）2003.5

新庄
「藩政期末頃の新荘家中屋敷割絵図」について（大友武）「新庄古文書の会会誌」 新庄古文書の会 7 2003.6

戊辰戦争雑感（大泉友子）「新庄古文書の会会誌」 新庄古文書の会 9 2005.6

古瀬本「古老覚書壱」(1)（中級講座の学習）（杳沢正昭，矢口實，武田清夫）「聴雪」 新庄古文書の会 （15）2011.7

古瀬本「古老覚書壱」(1) 解説（中級講座の学習）（大友義助）「聴雪」 新庄古文書の会 （15）2011.7

荒木家文書「覚」解説（入門講座の学習）（伊藤勉）「聴雪」 新庄古文書の会 （16）2012.7

沼沢明収集文書「本〆勤方書上留」（沼沢美恵子・佐藤周一）（入門講座の学習）「聴雪」 新庄古文書の会 （16）2012.7

沼沢明収集文書「本〆勤方書上留」 解説（入門講座の学習）（土屋道郎）「聴雪」 新庄古文書の会 （16）2012.7

古瀬本「古老覚書壱」(2)（矢口三直・高橋秀弥・梁瀬平吉・成沢清久・梁瀬龍夫・杉原實・矢口實・杳沢正昭・武田清夫・阿部一・大山昭徳）（中級講座の学習）「聴雪」 新庄古文書の会 （16）2012.7

古瀬本「古老覚書壱」(2) 解説（中級講座の学習）（大友義助）「聴雪」 新庄古文書の会 （16）2012.7

戸沢家文書「御家老勤方類」 解説（入門講座の学習）（伊藤勉）「聴雪」 新庄古文書の会 （17）2013.6

荒川家文書「家作諸掛書留帳」（荒川輝夫・佐藤寿也・早坂誠）（入門講座の学習）「聴雪」 新庄古文書の会 （17）2013.6

荒川家文書「家作諸掛書留帳」 解説（入門講座の学習）（大友義助）「聴雪」 新庄古文書の会 （17）2013.6

古瀬本「古老覚書 壱」(3)（高橋秀弥・大場英一・矢口實・大山昭徳）（中級講座の学習）「聴雪」 新庄古文書の会 （17）2013.6

古瀬本「古老覚書 二」(1)（矢口三直・杳沢正昭・武田清夫）（中級講座の学習）「聴雪」 新庄古文書の会 （17）2013.6

解説「古老覚書 壱」(3)・「古老覚書 二」(1)（中級講座の学習）（大友義助）「聴雪」 新庄古文書の会 （17）2013.6

余語家文書「軍記」（自由研究・史料紹介）（武田清夫）「聴雪」 新庄古文書の会 （17）2013.6

庄司家文書「山守辞令・せり金請取証文等」（解読 佐藤由美子・箱山伶・伊豆倉公子）（入門講座の学習）「聴雪」 新庄古文書の会 （18）2014.6

庄司家文書「山守辞令・せり金請取証文等」 解説（入門講座の学習）（新國吉朗）「聴雪」 新庄古文書の会 （18）2014.6

小野家文書「覚」・「差出申証文之事」（解読 大津純一・高橋正則・福士ちのり・矢口實・沼沢恵子・阿部一）（入門講座の学習）「聴雪」 新庄古文書の会 （18）2014.6

小野家文書「覚」・「差出申証文之事」 解説（入門講座の学習）（伊藤勉）「聴雪」 新庄古文書の会 （18）2014.6

当時村方五人組帳（解読 神崎清次・大友寿美代・小関清純・早坂誠・大山昭徳）（入門講座の学習）「聴雪」 新庄古文書の会 （18）2014.6

当時村方五人組帳 解説（入門講座の学習）（土屋道郎）「聴雪」 新庄古文書の会 （18）2014.6

古瀬本「古老覚書 二」(2)（解読 杳澤正昭・梁瀬平吉・佐藤周一・矢口實・成沢清久・大場英一・大山昭徳・荒川輝夫・佐藤寿也・杉原實・矢口三直・武田清夫）（中級講座の学習）「聴雪」 新庄古文書の会 （18）2014.6

古瀬本「古老覚書 二」(2) 解説（中級講座の学習）（大友義助）「聴雪」 新庄古文書の会 （18）2014.6

敷居に残った刀の瘡—新庄戊辰戦争・角沢口の戦い（随想）（大場英一）「聴雪」 新庄古文書の会 （18）2014.6

山形県士族の北海道移住について—太田村の新庄士族を中心に（研究ノート）（高嶋弘志）「釧路公立大学地域研究」 釧路公立大学地域分析研究委員会 （23）2014.12

新庄駅
新庄駅（奥羽南線）開業を前にして（富田允雄）「聴雪」 新庄古文書の会 （14）2010.6

新庄市
新庄市域における城館について（新国吉朗）「山形県地域史研究」 山形県地域史研究協議会 （28）2003.2

新指定文化財二件（新庄市）（地域短信）（大友義助）「最上地域史」 最上地域史研究会 （36）2014.3

新庄城
井関家旧蔵「新庄城下絵図」について（土屋道郎）「最上地域史」 最上地域史研究会 （25）2003.3

會澤氏は新庄城主だったか？（土屋道郎）「新庄古文書の会会誌」 新庄古文書の会 9 2005.6

新庄城（重杉俊樹）「北陸の中世城郭」 北陸城郭研究会 （16）2006.7

新庄藩
新庄藩の江戸藩邸について[1],(2)（土屋道郎）「最上地域史」 最上地域史研究会 22/23 2000.3/2001.3

新庄藩主の「参勤道中記」について（土屋道郎）「最上地域史」 最上地域史研究会 （24）2002.3

新庄藩主の参勤交代の道筋と江戸藩邸について（土屋道郎）「山形県地域史研究」 山形県地域史研究協議会 （28）2003.2

新庄藩の職制改革（史料紹介）（大友義助）「最上地域史」 最上地域史研究会 （27）2005.3

特別寄稿 戊辰戦争と新庄藩医（入門講座の学習）（大友義助）「聴雪」 新庄古文書の会 （11）2007.7

ぬくもりの『藩物語・新庄藩』（大場英一）「聴雪」 新庄古文書の会 （11）2007.7

新庄藩の鮭の種川制について（大友義助）「最上地域史」 最上地域史研究会 （34）2012.3

新庄町
新庄町における「酒株」譲渡の一例（土屋道郎）「最上地域史」 最上地域史研究会 （31）2009.3

神町
神町開村333年（武田末男）「山形県地域史研究」 山形県地域史研究協議会 25 2000.3

1945年8月9・10日山形県神町・楯山への艦上機攻撃—疎開学童の見た空

山形県　　　　　　　　　地名でたどる郷土の歴史　　　　　　　　　東北

襲とは何であったか(青木哲夫)「生活と文化 ： 研究紀要」 豊島区
　(19) 2010.3

神明町
新庄の地名(3)「神明町」(しんめいちょう)(一粒一滴)(大友義助)「聴
　雪」 新庄古文書の会 (15) 2011.7
新庄の地名「神明町」(一粒一滴)(大友義助)「聴雪」 新庄古文書の会
　(16) 2012.7

筋違橋
新庄の地名(2)「筋違橋」(すずがえばせす)(一粒一滴)(大友義助)「聴
　雪」 新庄古文書の会 (15) 2011.7

鈴川
鈴川の史跡散歩道(鈴木敬三)「山形郷土史研究協議会研究資料集」 山形
　郷土史研究協議会 (31) 2009.3

成徳北庠
柏倉陣屋 「成徳北庠」の数学(結城敏雄)「郷土山形」 山形郷土史研究
　協議会 (112) 2007.3

瀬見温泉
「瀬見温泉記」について(史料紹介)(伊藤善一)「最上地域史」 最上地域
　史研究会 (27) 2005.3

帯刀堰
帯刀堰・直江兼続橋・西山のこと(変集更紀―編集後記にかえて)(山田
　恒雄)「温故」 米沢温故会 (36) 2009.8

大平村
山刀伐峠大平村の今昔(菅藤俊一郎)「北村山の歴史」 北村山地域史研究
　会 (8) 2006.6

大宝寺城
大宝寺城跡を考える(堀宗夫, 大沢淳志, 中野喜吉)「さあべい」 さあべ
　い同人会 (23) 2007.5
中世の大宝寺城跡について(山形の中世城館跡特集―城館跡調査研究報
　告)(堀宗夫)「さあべい」 さあべい同人会 (27) 2011.8

大宝寺町
大宝寺町を追って(大宝寺調査グループ)「北陸の中世城郭」 北陸城郭研
　究会 15 2005.7

高楯城
山野辺城跡と高楯城跡(山形の中世城館跡特集―城館跡調査研究報告)
　(三浦浩人)「さあべい」 さあべい同人会 (27) 2011.8

高擶
住居表示と町内会の歴史を探る―天童市高擶の例(村山正市)「郷土てん
　どう ： 天童郷土研究会会報」 天童郷土研究会 (38) 2010.2
幕末期における館林陣屋と高擶の地主たち(湯村章男)「郷土てんどう ：
　天童郷土研究会会報」 天童郷土研究会 (39) 2011.2
天童市高擶の水道事業―高擶の三つの上水道(村山正市)「郷土てんどう
　： 天童郷土研究会会報」 天童郷土研究会 (39) 2011.2

高擶駅
高擶駅設置の経緯を探る(研究)(村山正市)「郷土てんどう ： 天童郷土
　研究会会報」 天童郷土研究会 (42) 2014.2

高擶村
高擶村社会事業協会の活動―社会福祉事業を中心として(村山正市)「郷
　土てんどう ： 天童郷土研究会会報」 天童郷土研究会 (34) 2006.2
明治期における地主・小作関係の一断面―高擶村佐藤荘右衛門家を中心
　にして(湯村章男)「郷土てんどう ： 天童郷土研究会会報」 天童郷土
　研究会 (38) 2010.2

高畠
羽州街道楢下宿とまほろばの里高畠(菅原美智子)「之波太 ： 柴田町郷
　土研究会会報」 柴田町郷土研究会 27 2000.9

高畠町
高畠町の沿革/阿久津八幡神社本殿/八幡神社三重塔/八幡神社舞楽殿/高
　畠町郷土資料館/千年松/山形県立うきたむ風土記の丘考古資料館/日
　向洞窟/九世伊達政宗夫妻墓所/高畠石/浜田広介記念館/亀岡文珠/亀
　岡文殊開祖 徳一上人/筬舟和尚石像/高畠ワイナリー(〈山形県高畠町
　の歴史散歩〉)「宮城県文化財友の会だより」 宮城県文化財友の会
　(177) 2008.5
山形県高畠町の歴史散歩記(今野義朗)「宮城県文化財友の会だより」 宮
　城県文化財友の会 (178) 2008.8
伊達家のふるさと山形県高畠町を訪ねて(永山ヒテ子)「藩報きずな」 仙
　台藩志会 (51) 2014.4
米沢東部の歴史文化を探る―西置賜郡高畠町(随想)(矢口實)「聴雪」
　新庄古文書の会 (18) 2014.6

田沢
郷入のむら・田沢(佐々木勝夫)「山形県地域史研究」 山形県地域史研究

協議会 (34) 2009.2

立川町
庄内旧立川町肝煎の若勢関係史料三点(史料紹介)(大友義助)「最上地域
　史」 最上地域史研究会 (35) 2013.3

立谷川
「立谷川境界紛争一件」について(近藤守利)「郷土てんどう ： 天童郷土
　研究会会報」 天童郷土研究会 (31) 2003.2

館岩
飛島・館岩の考察(堀宗夫)「さあべい」 さあべい同人会 (22) 2006.5

楯岡会所
楯岡会所および貝塩蔵方発行の村札等について(大友義助)「羽陽文化」
　山形県文化財保護協会 (149) 2005.3

楯岡城
隣合う山城 「楯岡城跡と櫛山楯跡」(山形県村山市)について(保角里
　志)「中世城郭研究」 中世城郭研究会 (18) 2004.7
楯岡城跡について(保角里志)「北村山の歴史」 北村山地域史研究会
　(8) 2006.6
「楯岡城」絵図の検証(調査報告研究)(大沼輿右エ門)「さあべい」 さあ
　べい同人会 (28) 2013.4

館林藩山形分領
館林藩山形分領の善政(《特集 郷土史巡礼》)(山田秀穂)「群馬風土記」
　群馬出版センター 21(2)通号89 2007.4

楯山
1945年8月9・10日山形県神町・楯山への艦上機攻撃―疎開学童の見た空
　襲とは何であったか(青木哲夫)「生活と文化 ： 研究紀要」 豊島区
　(19) 2010.3

舘山北館
舘山北館跡(《山形の城館特集》)(米沢市教育委員会)「さあべい」 さあ
　べい同人会 (20) 2003.5

舘山城
「舘山城」に思う(小野里一桑)「懐風」 米沢御堀端史跡保存会 (36)
　2011.4
舘山城に思う(2)(小野里一桑)「懐風」 米沢御堀端史跡保存会 (37)
　2012.4
「舘山城」は政宗の居城であったか「歴研みやぎ」 宮城県歴史研究会
　(93) 2014.3
舘山発電所跡地「舘山城」は、「狼煙台砦」遺跡である(伊藤正俊)「懐
　風」 米沢御堀端史跡保存会 (39) 2014.4

谷木沢楯
最上の戦国期山城の典型「中山町谷木沢楯跡の調査報告」(保角里志)「さ
　あべい」 さあべい同人会 (26) 2010.5

玉庭
玉庭士族の栄光と美徳(第250回例会講話)(田宮友亀雄)「温故」 米沢温
　故会 (31) 2004.8
玉庭駒調査報告―天童駒のルーツを探る(桜井和男)「郷土てんどう ：
　天童郷土研究会会報」 天童郷土研究会 (33) 2005.2

田麦野
歴史散歩 田麦野をめぐる(武田良一)「郷土てんどう ： 天童郷土研究会
　会報」 天童郷土研究会 (40) 2012.2

鳥海山
鳥海山縁起考(神宮滋)「山形県地域史研究」 山形県地域史研究協議会
　(34) 2009.2
「大蕨邑鳥海山縁起」の世界(総会・研究大会)(神宮滋)「山形県地域史
　研究」 山形県地域史研究協議会 (36) 2011.2

角沢口
敷居に残った刀の瘢―新庄戊辰戦争・角沢口の戦い(随想)(大場英一)
　「聴雪」 新庄古文書の会 (18) 2014.6

角沢楯
角沢楯にまつわること(大場英一)「聴雪」 新庄古文書の会 (14)
　2010.6

角沢村
旧角沢村庄屋大場家文書について(大友義助)「新庄古文書の会会誌」 新
　庄古文書の会 9 2005.6
角沢大場家文書解読文角沢村分間絵図面(元治元年)にみる居屋敷配置
　図(矢口實, 大場英一)「新庄古文書の会会誌」 新庄古文書の会 9
　2005.6
万覚帳 文政13年(説明―角沢村分間絵図面(元治元年)にみる居屋敷配置
　図)(伊藤善一)「新庄古文書の会会誌」 新庄古文書の会 9 2005.6
當三ヶ村難渋之者共年賦拝借御米願帳―焼失之者共御願勘取調帳(説明
　―角沢村分間絵図面(元治元年)にみる居屋敷配置図)(武田清夫)「新

庄古文書の会会誌」 新庄古文書の会 9 2005.6

天野八右衛門様吉高健治郎様御普請ニ付人馬夫覚帳（説明―角沢村分間絵図面（元治元年）にみる居屋敷配置図）（大泉友子）「新庄古文書の会会誌」 新庄古文書の会 9 2005.6

御軍用諸人馬扣帳（説明―角沢村分間絵図面（元治元年）にみる居屋敷配置図）（大友武）「新庄古文書の会会誌」 新庄古文書の会 9 2005.6

焼失之者江御取扱仕訳帳（説明―角沢村分間絵図面（元治元年）にみる居屋敷配置図）（土屋道郎）「新庄古文書の会会誌」 新庄古文書の会 9 2005.6

御軍用人足取調帳（説明―角沢村分間絵図面（元治元年）にみる居屋敷配置図）（村上正清）「新庄古文書の会会誌」 新庄古文書の会 9 2005.6

覚（諸事書留帳）（説明―角沢村分間絵図面（元治元年）にみる居屋敷配置図）（矢口実）「新庄古文書の会会誌」 新庄古文書の会 9 2005.6

角沢村の御朱印米に関する一考察（大場英一）「聴雪」 新庄古文書の会 （12） 2008.6

地所譲渡證券（角沢村）（自由研究・史料紹介）（大場英一）「聴雪」 新庄古文書の会 （17） 2013.6

椿焼裏山窯

いわゆる岸窯系製品と同形態の製品を生産した窯業について―椿焼裏山窯跡の採取資料から（高橋拓）「米沢史学」 米沢史学会（山形県立米沢女子短期大学日本史学科内） （27） 2011.10

鶴岡

戊辰羽州戦争と大村藩―大村隊羽州久保田から庄内鶴岡へ（松井保男）「大村史談」 大村史談会 55 2004.3

前代未聞の大学疎開 日本医大、鶴岡へ（新田基子）「谷中・根津・千駄木」 谷根千工房 （87） 2007.6

鶴岡の特異な文化遺産について（大宝寺調査グループ）「北陸の中世城郭」 北陸城郭研究会 （18） 2008.7

鶴ヶ岡城

鶴ヶ岡城跡（《山形の城館特集》）（眞壁建）「さあべい」 さあべい同人会 （20） 2003.5

絵はがきで見る鶴ヶ岡城（大宝寺調査グループ）「北陸の中世城郭」 北陸城郭研究会 （17） 2007.7

手ノ子館

戦国期伊達領長井（置賜郡）と越後への通路と手ノ子館について（安部俊治）「歴史と考古」 いいで歴史考古の会 （6） 2009.6

出羽天童

小藩大名の陣屋町「出羽天童」について（米田藤博）「パイオニア」 関西地理学研究会 （96） 2011.8

天童

文献史から見た天童氏の合戦（村山正市）「郷土てんどう ： 天童郷土研究会会報」 天童郷土研究会 （31） 2003.2

玉庭駒調査報告―天童駒のルーツを探る（桜井和男）「郷土てんどう ： 天童郷土研究会会報」 天童郷土研究会 （33） 2005.2

村方騒動と一村役人（近藤守利）「郷土てんどう ： 天童郷土研究会会報」 天童郷土研究会 （38） 2010.2

史料紹介 明治35年「暴風雨ノ記」（赤塚長一郎）「郷土てんどう ： 天童郷土研究会会報」 天童郷土研究会 （38） 2010.2

文献史からみた天童合戦とそのころの城郭構造をめぐる（総会・研究大会）（村山正市）「山形県地域史研究」 山形県地域史研究協議会 （36） 2011.2

街道調査と保存整備の動向（会員の声）（淺井紀夫）「郷土てんどう ： 天童郷土研究会会報」 天童郷土研究会 （41） 2013.2

『天童羽鉄』（貫津隈鉄）（会員の声）（安喰洋一）「郷土てんどう」 天童郷土研究会 （41） 2013.2

天童温泉

講演 日本人と温泉（天童温泉開湯100周年講演・シンポジウム）（野口一雄）「郷土てんどう ： 天童郷土研究会会報」 天童郷土研究会 （40） 2012.2

講演 天童温泉のこれまでとこれから 開湯100周年を迎えて（天童温泉開湯100周年講演・シンポジウム）（森谷智昭）「郷土てんどう ： 天童郷土研究会会報」 天童郷土研究会 （40） 2012.2

シンポジウム 温泉文化を考える（天童温泉開湯100周年講演・シンポジウム）（湯村章男［コーディネーター］）「郷土てんどう ： 天童郷土研究会会報」 天童郷土研究会 （40） 2012.2

天童古城

天童古城とその周辺（《山形の城館特集》）（川崎利夫）「さあべい」 さあべい同人会 （20） 2003.5

天童古城跡の構造と落城の要因（村山正市）「山形県地域史研究」 山形県地域史研究協議会 （32） 2007.2

天童市

天童市の新指定の文化財について（天童市教育委員会）「郷土てんどう ：

天童郷土研究会会報」 天童郷土研究会 （31） 2003.2

2005.8.20の天童市東部の雷集中豪雨について（赤塚長一郎）「郷土てんどう ： 天童郷土研究会会報」 天童郷土研究会 （34） 2006.2

天童市とその周辺の石造層塔（川崎利夫）「郷土てんどう ： 天童郷土研究会会報」 天童郷土研究会 （35） 2007.2

市制施行50周年記念『天童市の文化財』改訂版の発刊（天童市教育委員会）「郷土てんどう ： 天童郷土研究会会報」 天童郷土研究会 （37） 2009.2

がんばっぺ！ 文化財友の会 ふるさと復興を願って（天童市歴史散歩）（芳賀孝雄）「宮城県文化財友の会だより」 宮城県文化財友の会 （192） 2011.5

天童市歴史散歩記（今野義朗）「宮城県文化財友の会だより」 宮城県文化財友の会 （193） 2011.8

外川山

「最上郡外川山仙人堂幷ニ近里略絵図」を読む（《最上川にかかわる絵図・絵画資料の研究》）（大友義助）「最上川文化研究」 東北芸術工科大学東北文化研究センター （4） 2006.3

時沢集落

山形県高畠町時沢集落におけるブドウ施設栽培の展開（酒井宣昭，太田伸佳）「東北学院大学東北文化研究所紀要」 東北学院大学東北文化研究所 （45） 2013.12

常盤橋

地研だより 明治の南山形常盤橋と早坂新道（渡邊信三）「郷土山形」 山形郷土史研究協議会 108 2005.11

戸沢

村山戸沢歴史人物伝について（高橋幸雄）「山形県地域史研究」 山形県地域史研究協議会 （38） 2013.2

土生田楯

土生田楯跡（《山形の城館特集》）（石井浩幸）「さあべい」 さあべい同人会 （20） 2003.5

土生田楯跡を再び考える（保角里志）「北村山の歴史」 北村山地域史研究会 （13） 2013.6

土生田村

天保末年の土生田村・本飯田村（大友義助）「北村山の歴史」 北村山地域史研究会 （10） 2010.6

飛島

古文書解読405号室（2） 飛島・島民の勇姿と船乗りの信仰心（中村只吾）「まんだら ： 東北文化友の会会報」 東北芸術工科大学東北文化研究センター （46） 2011.2

佐渡航海史要・拾遺（6） 飛島行（風間進）「佐渡郷土文化」 佐渡郷土文化の会 （127） 2011.10

近世から近代にかけての飛島における「生業知」（大会特集号II 出羽庄内の風土と歴史像―その一体性と多様性）（中村只吾）「地方史研究」 地方史研究協議会 61（5）通号353 2011.10

戸蒔郷

戸蒔郷について（戸蒔晟光）「最上地域史」 最上地域史研究会 （36） 2014.3

富並八景

近江八景と富並八景へ（居駒永幸）「山形県地域史研究」 山形県地域史研究協議会 （38） 2013.2

鳥越楯

最上郡域の二つの大規模城館の調査―鳥越楯跡と猿羽根楯館について（保角里志）「さあべい」 さあべい同人会 （19） 2002.5

直江兼続橋

帯刀堰・直江兼続橋・西山のこと（変集更記―編集後記にかえて）（山田恒雄）「温故」 米沢温故会 （36） 2009.8

直江石堤

直江石堤から見る時代の流れ（鈴木正則）「懐風」 米沢御堀端史跡保存会 （36） 2011.4

長井

戦国期伊達領長井（置賜郡）と越後への通路と手ノ子館について（安部俊治）「歴史と考古」 いいで歴史考古の会 （6） 2009.6

中川

第9回夕鶴の里「民話まつり」/第10回子どもまつり/大晦日の縁起物 そば/中川の史跡・名所巡り「夕鶴」 夕鶴の里友の会 （40） 2008.12

中川村

長野県の塩崎と山形県の旧中川村（加藤和徳）「むしくら ： むしくら交流会ニュースレター」 虫倉交流会 （59） 2004.7

長崎城

中山町長崎城について（山形の中世城館跡特集―城館跡調査研究報告）

（横尾尚寿）「さあべい」 さあべい同人会 （27）2011.8

中里館
二口街道と二本堂館（中里館）《《山形の城館特集》）（大場雅之）「さあべい」 さあべい同人会 （20）2003.5

中谷金山
間沢（中谷）金山の絵図を読む（研究・史料紹介）（宇井啓）「西村山地域史の研究」 西村山地域史研究会 （31）2013.9

中津川
近世内中津川における天然痘流行と大肝煎小田切清左衛門（渡辺理絵）「山形県地域史研究」 山形県地域史研究協議会 （37）2012.2

長瀞城
長瀞城の地籍図による復元（調査報告研究）（梅津操）「さあべい」 さあべい同人会 （28）2013.4

長瀞本楯
長瀞本楯の字切図による考察（梅津操）「さあべい」 さあべい同人会 （26）2010.5

中山町
近世の豪農柏倉家の発展とその背景（横山昭男）「山形郷土史研究協議会研究資料集」 山形郷土史研究協議会 27 2005.3

名高村
荒木家文書「名高村開発 覚書」（神崎清次・荒川輝夫・大友寿美代・丹栄一）（入門講座の学習）「聴雪」 新庄古文書の会 （16）2012.7
荒木家文書「名高村開発 覚書」 解説（入門講座の学習）（伊藤善一）「聴雪」 新庄古文書の会 （16）2012.7

楢下宿
羽州街道楢下宿とまほろばの里高畠（菅原美智子）「之波太 ： 柴田町郷土研究会会報」 柴田町郷土研究会 27 2000.9

成島
山形県米沢市成島の近世窯業の研究（高橋拓）「米沢史学」 米沢史学会（山形県立米沢女子短期大学日本史学科内）（24）2008.10

南陽
南陽の青苧栽培と青苧一揆―第202回学習会から「南陽の歴史 ： 南陽の歴史を語る会会報」 南陽の歴史を語る会 （180）2010.11
第203回学習会報告 第六節 宝暦・天明の飢饉「南陽の歴史 ： 南陽の歴史を語る会会報」 南陽の歴史を語る会 （181）2011.2
江戸時代、南陽の農業用水の問題（須崎寛二）「南陽の歴史 ： 南陽の歴史を語る会会報」 南陽の歴史を語る会 （197）2013.10

南陽市
伊達氏史料と南陽市内の城館（錦三郎）「南陽の歴史 ： 南陽の歴史を語る会会報」 南陽の歴史を語る会 （152）2006.4
南陽市内の文学碑を巡る（須崎寛二）「南陽の歴史 ： 南陽の歴史を語る会会報」 南陽の歴史を語る会 （185）2011.10

仁間
新庄の地名「四つ屋・仁間・六軒町」（一粒一滴）（大友義助）「聴雪」 新庄古文書の会 （16）2012.7

西高玉本館
西高玉本館跡（《山形の城館特集》）（川崎利夫）「さあべい」 さあべい同人会 （20）2003.5

西村山
第24回総会講演会 中世の都市と交通 西村山地域を中心として（藤原良章）「西村山地域史の研究」 西村山地域史研究会 （24）2006.9
西村山地区の漢詩文化（発表の概要）（熊木成夫）「山形県地域史研究」 山形県地域史研究協議会 （32）2007.2

西山
帯刀堰・直江兼続橋・西山のこと（変集更紀―編集後記にかえて）（山田恒雄）「温故」 米沢温故会 （36）2009.8
第304回例会講話 米沢盆地西山に宿る神々と史跡（山田恒雄）「温故」 米沢温故会 （38）2011.8

二本堂館
二口街道と二本堂館（中里館）（《山形の城館特集》）（大場雅之）「さあべい」 さあべい同人会 （20）2003.5

根際山
碑は語る一根際山一件の歩み（第21・第22回談話会）（梅津保一）「西村山地域史の研究」 西村山地域史研究会 （22）2004.9

野後駅
古代「野後駅」擬定地、大石田町駒籠地区における考古学的調査（《総会・研究大会》）（石井浩幸）「山形県地域史研究」 山形県地域史研究協議会 （31）2006.2
古代出羽国の水駅―野後駅推定地の駒籠楯跡を中心に（大会報告要旨）

（阿部明彦）「交通史研究」 交通史学会，吉川弘文館（発売）（72）2010.10
野後駅推定地 駒籠楯跡（研究）（竹田純子）「羽陽文化」 山形県文化財保護協会 （158）2014.3
野後駅推定地 駒籠楯跡（研究・史料紹介）（竹田純子）「西村山地域史の研究」 西村山地域史研究会 （32）2014.9

野中
野中拾三ヶ村取締議定（総会・研究大会）（佐藤継雄）「山形県地域史研究」 山形県地域史研究協議会 （36）2011.2

萩野
伊藤家文書「萩野往来」（入門講座の学習）（松坂嘉明，大山昭徳，伊藤善一）「聴雪」 新庄古文書の会 （15）2011.7
伊藤家文書「萩野往来」 解説（入門講座の学習）（伊藤勉）「聴雪」 新庄古文書の会 （15）2011.7

萩野村
萩野村廣野家旧蔵文書「懐中控帳」について（史料紹介）（大友義助，伊藤善一）「最上地域史」 最上地域史研究会 （34）2012.3

幕府東根代官所領
近世後期、非領国地域の困窮百姓相続・村再建仕法―出羽国村山郡幕府東根代官所領を事例として（論説）（森谷圓人）「歴史」 東北史学会 120 2013.4

羽黒川
支流―羽黒川における人と川とのかかわり（六車由実）「最上川文化研究」 東北芸術工科大学東北文化研究センター （1）2003.3

羽黒山
羽黒山の歴史公園指定は現段階で困難「アテルイ通信」 アテルイを顕彰する会 （54）2008.7

羽付
江戸時代、羽付・平家の酒造業経営の一面（須崎寛二）「南陽の歴史 ： 南陽の歴史を語る会会報」 南陽の歴史を語る会 （166）2008.8

幅村
幅村青年団『当青年記録簿』について（大友義助）「最上地域史」 最上地域史研究会 （35）2013.3

早坂新道
地研だより 明治の南山形常盤橋と早坂新道（渡邊信三）「郷土山形」 山形郷土史研究協議会 108 2005.11

原方村
新史料・『原方村定納之一紙』（寛永16年）考（野口孝雄）「北村山の歴史」 北村山地域史研究会 （13）2013.6

東根
史料紹介 写本『東根田畠知行人数』（里見薩摩守景佐分限帳）について（野口孝雄）「山形県地域史研究」 山形県地域史研究協議会 25 2000.3
東根の湖沼、水路（河川・堰）、橋、清水、坂、小路（こうじ）、道の呼称を探る（野口孝雄）「北村山の歴史」 北村山地域史研究会 （6）2004.6

東根市
北村山地方の動向 東根市（太田浩雅）「北村山の歴史」 北村山地域史研究会 （4）2002.5
東根市（北村山地区の動向）（太田浩雅）「北村山の歴史」 北村山地域史研究会 （5）2003.5
東根市（北村山地区の動向）（太田浩雅）「北村山の歴史」 北村山地域史研究会 （6）2004.6
東根市（北村山地区の動向）（野口孝雄）「北村山の歴史」 北村山地域史研究会 （7）2005.6
東根市（北村山地区の動向）（野口孝雄）「北村山の歴史」 北村山地域史研究会 （8）2006.6
東根市（北村山地区の動向）（野口孝雄）「北村山の歴史」 北村山地域史研究会 （9）2007.6
北村山地区の動向 東根市（野口孝雄）「北村山の歴史」 北村山地域史研究会 （10）2010.6
北村山地区の動向 東根市（野口孝雄）「北村山の歴史」 北村山地域史研究会 （11）2011.6
東根市横尾家「第二回旧家のもちもの展」を見学して（会員の声）（高橋昭三郎）「郷土てんどう ： 天童郷土研究会会報」 天童郷土研究会 （41）2013.2
東根市（北村山地区の動向）（野口孝雄）「北村山の歴史」 北村山地域史研究会 （13）2013.6
東根市（北村山地区の動向）（野口孝雄）「北村山の歴史」 北村山地域史研究会 （14）2014.6

東根城
「正保城絵図東根城」を考える（保角里志）「北村山の歴史」 北村山地域史研究会 （14）2014.6

東山丘陵

東山丘陵の標石と石碑（史料紹介）（三条正夫）「最上地域史」 最上地域史研究会 （33）2011.3

日向洞窟

高畠町の沿革／阿久津八幡神社本殿／八幡神社三重塔／八幡神社舞楽殿／高畠町郷土資料館／千年松／山形県立うきたむ風土記の丘考古資料館／日向洞窟／九世伊達政宗夫妻墓所／高畠石／浜田広介記念館／亀岡文殊／亀岡文殊開眼 徳一上人／筏舟和尚石像／高畠ワイナリー（《山形県高畠町の歴史散歩》）「宮城県文化財友の会だより」 宮城県文化財友の会 （177）2008.5

平塩集落

平塩集落の水利と稲作の推移について（鈴木正栄）「西村山地域史の研究」 西村山地域史研究会 （26）2008.9

平田町

山形県酒田市及び飽海郡平田町山間部における城館跡（小松良博）「さあべい」 さあべい同人会 17 2000.5

平田町の史蹟探訪記（史蹟を訪ねる）（渡部實）「餘戸」 余目町郷土史研究会 （2）2006.3

日和田村

近世後期、高抜地負高請をめぐる幕府代官所、村と地主集団—出羽国村山郡日和田村を事例として（森谷圓人）「東北文化研究室紀要」 東北大学大学院文学研究科東北文化研究室 52 2011.3

藤島城

藤島城跡《山形の城館特集》（伊藤邦弘）「さあべい」 さあべい同人会 （20）2003.5

二口街道

二口街道と二本堂館（中里館）（《山形の城館特集》）（大場雅之）「さあべい」 さあべい同人会 （20）2003.5

船町

元禄時代の船町と最上川舟運（横山昭男）「最上川文化研究」 東北芸術工科大学東北文化研究センター （2）2004.3

北条郷

北條郷の私塾・寺子屋 補遺（7）（須崎寛二）「南陽の歴史 : 南陽の歴史を語る会会報」 南陽の歴史を語る会 （142）2004.8

「北条郷」の名称由来（須崎寛二）「置賜文化」 置賜史談会 （105）2005.7

北条郷の詐欺事件 うまい話には裏が…（須崎寛二）「南陽の歴史 : 南陽の歴史を語る会会報」 南陽の歴史を語る会 （152）2006.4

最上合戦と北條郷地侍—第183回学習会報告「南陽の歴史 : 南陽の歴史を語る会会報」 南陽の歴史を語る会 （163）2008.2

米沢藩の農村支配と北條郷—第186回学習会から「南陽の歴史 : 南陽の歴史を語る会会報」 南陽の歴史を語る会 （164）2008.4

江戸時代初期の北條郷（南陽市）の開発（上）、（下）—第187,188回学習会から「南陽の歴史 : 南陽の歴史を語る会会報」 南陽の歴史を語る会 （165）/（166）2008.6/2008.8

第189回学習会の報告 第4節 寛永の総検地と北條郷の農民（前）「南陽の歴史 : 南陽の歴史を語る会会報」 南陽の歴史を語る会 （167）2008.10

北条郷の金山—第197回学習会から「南陽の歴史 : 南陽の歴史を語る会会報」 南陽の歴史を語る会 （176）2010.4

北条郷の商品流通—第200回学習会から「南陽の歴史 : 南陽の歴史を語る会会報」 南陽の歴史を語る会 （178）2010.8

第205回学習会報告 明和・安永の改革と北条郷「南陽の歴史 : 南陽の歴史を語る会会報」 南陽の歴史を語る会 （183）2011.6

米沢藩の寛政改革と北条郷［前］、（後）—第206,207回学習会から「南陽の歴史 : 南陽の歴史を語る会会報」 南陽の歴史を語る会 （184）/（185）2011.8/2011.10

北条郷の狂歌師たち（須崎寛二）「南陽の歴史 : 南陽の歴史を語る会会報」 南陽の歴史を語る会 （187）2012.2

第211回学習会報告 村の生活、在郷宿医、種痘、北条郷の「赤ひげ」「南陽の歴史 : 南陽の歴史を語る会会報」 南陽の歴史を語る会 （189）2012.6

北条郷 江戸時代の歌人たち—北条郷の狂歌師たち・補遺（須崎寛二）「南陽の歴史 : 南陽の歴史を語る会会報」 南陽の歴史を語る会 （195）2013.6

本城

新庄の地名「本城と向町」（一粒一滴）（大友義助）「聴雪」 新庄古文書の会 （16）2012.7

曲川村

曲川村騒動について—矢口伝三郎家文書「御用永代控」より（大友義助）「最上地域史」 最上地域史研究会 （33）2011.3

間沢金山

間沢（中谷）金山の絵図を読む（研究・史料紹介）（宇井啓）「西村山地域史の研究」 西村山地域史研究会 （31）2013.9

松ヶ岡開墾場

巻頭特集 地域と映像—松ヶ岡開墾場と庄内映画村（酒井天美、酒井忠順、平野克己、森繁哉）「まんだら : 東北文化友の会会報」 東北芸術工科大学東北文化研究センター （39）2009.5

庄内藩にみる士族授産・興産事業—国指定史跡「松ヶ岡開墾場」を訪ねる（佐藤恒男）「新発田郷土誌」 新発田郷土研究会 （38）2010.3

松岬

松岬名の起源（井上まこと）「懐風」 米沢御堀端史跡保存会 （28）2003.4

廻戸橋

「吉田橋」はもと廻戸橋と言った（須崎寛二）「南陽の歴史 : 南陽の歴史を語る会会報」 南陽の歴史を語る会 （141）2004.6

松原宿

山形・松原宿駅の助郷（佐藤継雄）「山形県地域史研究」 山形県地域史研究協議会 （27）2002.2

松山城

知られざる城郭遺構 出羽松山城の構成「城郭だより : 日本城郭史学会会報」［日本城郭史学会］ （80）2013.1

真室川町

真室川町文化財巡検報告記（矢口實）「最上地域史」 最上地域史研究会 （30）2008.3

丸岡城

庄内・丸岡城と献珠院（今川徳子）「扣之帳」 扣之帳刊行会 （13）2006.9

水窪ダム

水窪ダムに思いを寄せて（遠藤岩根）「懐風」 米沢御堀端史跡保存会 （30）2005.4

水口

続・水口の楯跡捜し（海藤忠男）「北村山の歴史」 北村山地域史研究会 （6）2004.6

南出羽

『南出羽の城』をめぐる対話（松岡進、保角里志）「さあべい」 さあべい同人会 （23）2007.5

南出羽北部

南出羽北部の城館跡分布から—村の城・境目の城・川の城（《シンポジウム 城館の分布から何がわかるか》）（保角里志）「中世城郭研究」 中世城郭研究会 （21）2007.7

南原猪苗代町

原方下級武士の屋敷割りについて—南原猪苗代町を中心に（曽根伸良）「懐風」 米沢御堀端史跡保存会 （31）2006.4

南山小学校

聞き書き 学び舎の記憶をたどって／南山小学校の子どもたちの今／教師たちの回想（《山形県大蔵村・学び舎の記憶回想「ムラの学校」》）「別冊東北学」 東北芸術工科大学東北文化研究センター，作品社（発売） 8 2004.8

座談会 母親たちの南山小学校《山形県大蔵村・学び舎の記憶回想「ムラの学校」》）「別冊東北学」 東北芸術工科大学東北文化研究センター，作品社（発売） 8 2004.8

宮内

宮内病院の前史（須崎寛二）「南陽の歴史 : 南陽の歴史を語る会会報」 南陽の歴史を語る会 （166）2008.8

宮内・漆山の製糸工場の一面（須崎寛二）「南陽の歴史 : 南陽の歴史を語る会会報」 南陽の歴史を語る会 （167）2008.10

宮内の賑わいと小滝街道—第198回学習会から「南陽の歴史 : 南陽の歴史を語る会会報」 南陽の歴史を語る会 （176）2010.4

新庄の地名「宮内」（一粒一滴）（大友義助）「聴雪」 新庄古文書の会 （17）2013.6

向町

新庄の地名「本城と向町」（一粒一滴）（大友義助）「聴雪」 新庄古文書の会 （16）2012.7

睦合館

睦合館跡《山形の城館特集》（伊藤元）「さあべい」 さあべい同人会 （20）2003.5

村山

村山地方（山形）の方言について（斎藤佐吉）「山形郷土史研究協議会研究資料集」 山形郷土史研究協議会 23 2001.3

元禄期における羽州村山城米 塩飽船による江戸廻米について（小山義

雄）「北村山の歴史」北村山地域史研究会 （6）2004.6

近代山形県の同郷会について—村山会と村山同郷会を中心に（布施賢治）「西村山地域史の研究」西村山地域史研究会 （27）2009.8

「村山」と「最上」地名小考（保角里志）「北村山の歴史」北村山地域史研究会 （10）2010.6

第28回総会講演 庶民剣士と村山の農兵（平川新）「西村山地域史の研究」西村山地域史研究会 （28）2010.9

同郷会と育英事業—村山会と村山同郷会の事例から（布施賢治）「米沢史学」米沢史学会（山形県立米沢女子短期大学日本史学科内）（26）2010.10

村山郡

羽州村山郡における天保飢饉の再検討—羽州村山郡山口村を題材に（宮崎裕希）「専修史学」専修大学歴史学会 （34）2003.3

出羽最上・村山郡の城館編年《《山形の城館特集》》（保角里志）「さあべい」さあべい同人会 （20）2003.5

幕末期、出羽国村山郡における幕領陣屋統合反対運動《《大会特集II 南部の風土と地域形成》》—〈問題提起〉（戸森麻衣子）「地方史研究」地方史研究協議会 53（5）通号305 2003.10

考古学から見た古代村山郡の成立と展開（阿部明彦）「最上川文化研究」東北芸術工科大学東北文化研究センター （2）2004.3

近世出羽国における焼畑の検地・経営・農法—村山郡のカノを中心に（米家泰作）「歴史地理学」歴史地理学会，古今書院（発売）47（2）通号223 2005.3

山形（村山郡）のある村における（斎藤秀幸）「家系研究」家系研究協議会 39 2005.4

羽州幕領廻米の海上輸送と村山郡中惣代《〈〈最上川にかかわる絵図・絵画資料の研究〉〉（横山昭男）「最上川文化研究」東北芸術工科大学東北文化研究センター （4）2006.3

近世の村山郡における地域リーダーの役割について—天保4年〜5年飢饉における村山郡の地域政治過程（佐藤大介）「西村山地域史の研究」西村山地域史研究会 （26）2008.9

市民レクチャー 刑事部門所蔵の古文書について—出羽国村山郡関係文書（日比佳代子）「Museum eyes」明治大学博物館 （51）2008.10

刑事部門展示紹介 刑事部門「収蔵品紹介 出羽国村山郡関係文書」展のお知らせ（日比佳代子）「明治大学博物館友の会会報」明治大学博物館友の会 （18）2008.10

天保期、高抜地をめぐる地域社会と権力—羽州村山郡松橋村上組を事例として（森谷圓人）「歴史」東北史学会 114 2010.4

柴橋代官所手附の遺した村山郡幕領関係史料（戸森麻衣子）「西村山地域史の研究」西村山地域史研究会 （28）2010.9

古代村山郡の集落展開と舟運（水駅）（阿部明彦）「山形県地域史研究」山形県地域史研究協議会 （38）2013.2

幕末維新期、村・地域社会の民衆運動と高抜地—出羽国村山郡の課題（森谷圓人）「東北文化研究室紀要」東北大学大学院文学研究科東北文化研究室 54 2013.3

村山郷

慶応四年書を庄内藩の村山郷「預地」支配（上）—戊辰戦争との関連（研究・史料紹介）（本間勝喜）「西村山地域史の研究」西村山地域史研究会 （31）2013.9

村山市

明治以降の村山市における「養蚕業」の変遷（柴田百合子）「山形県地域史研究」山形県地域史研究協議会 25 2000.3

村山市東部地域の城館跡（保角里志）「北村山の歴史」北村山地域史研究会 （4）2002.5

村山市の城館跡調査ノートから（保角里志）「北村山の歴史」北村山地域史研究会 （5）2003.5

村山（北村山地区の動向）（大沼与右エ門）「北村山の歴史」北村山地域史研究会 （5）2003.5

村山（北村山地区の動向）（大沼與右エ門）「北村山の歴史」北村山地域史研究会 （6）2004.6

村山（北村山地区の動向）（大沼與右衛門）「北村山の歴史」北村山地域史研究会 （7）2005.6

村山市の中世石造物集録（加藤和徳）「さあべい」さあべい同人会 （22）2006.5

村山（北村山地区の動向）（大沼與右衛門）「北村山の歴史」北村山地域史研究会 （8）2006.6

村山（北村山地区の動向）（大沼與右衛門）「北村山の歴史」北村山地域史研究会 （9）2007.6

北村山地区の動向 村山市（大沼與右衛門）「北村山の歴史」北村山地域史研究会 （10）2010.6

北村山地区の動向 村山市（大沼與右衛門）「北村山の歴史」北村山地域史研究会 （11）2011.6

村山市の城館跡について（保角里志）「山形県地域史研究」山形県地域史研究協議会 （38）2013.2

村山市再発見（佐藤敏春）「山形県地域史研究」山形県地域史研究協議会 （38）2013.2

村山市（北村山地区の動向）（大沼與右衛門）「北村山の歴史」北村山地域史研究会 （13）2013.6

村山市（北村山地区の動向）（大沼與右衛門）「北村山の歴史」北村山地域史研究会 （14）2014.6

村山藩

村山藩と米沢地方（大場喜代司）「歴史と考古」いいで歴史考古の会 （7）2010.6

最上

最上地方の冷害（井澤隆一）「真壁仁研究」東北芸術工科大学東北文化研究センター （4）2003.12

第28号に寄せて—近くて遠い "庄内と最上"（佐久間昇）「最上地域史」最上地域史研究会 （28）2003.3

最上領国における山城の破却について（保角里志）「さあべい」さあべい同人会 （22）2006.5

近世における「最上漆」の生産についての一考察（椿井達也）「山形県地域史研究」山形県地域史研究協議会 （32）2007.2

最上の御家騒動に想う（1）（大場淳子）「歴研みやぎ」宮城県歴史研究会 （72）2007.3

最上合戦と北條郷地侍—第183回学習会報告「南陽の歴史：南陽の歴史を語る会会報」南陽の歴史を語る会 （163）2008.2

平成19年度講演会講演要旨「最上地方の俳諧の歴史 武士のたしなんだ俳諧」（落合晁）「最上地域史」最上地域史研究会 （30）2008.3

育英事業と人材観—最上育英会と旧藩意識・士族意識・実業との関係から（布施賢治）「米沢史学」米沢史学会（山形県立米沢女子短期大学日本史学科内）（26）2010.10

最上氏領国と城郭（伊藤清郎）「山形県地域史研究」山形県地域史研究協議会 （35）2010.2

「村山」と「最上」地名小考（保角里志）「北村山の歴史」北村山地域史研究会 （10）2010.6

最上紅花取引における飛脚問屋「京屋」「嶋屋」の利用—決済と情報（巻島隆）「郵便史研究 ： 郵便史研究会紀要」郵便史研究会 （30）2010.9

庄内と最上との関係—二つの峠道のこと（大会特集I 出羽庄内の風土と歴史像—その一体性と多様性）（佐久間昇）「地方史研究」地方史研究協議会 61（4）通号352 2011.8

最上紅花の輸送経路に関する考察（森田昌一）「山形県地域史研究」山形県地域史研究協議会 （37）2012.2

最上海道

最上海道と小野田町ゆかりの地名（太宰幸子）「地名」宮城県地名研究会 通号33 2011.6

最上川

最上川のさけます（中）〜（下）（西長秀雄）「西村山地域史の研究」西村山地域史研究会 17／（21）1999.9/2003.9

最上川三難所流域と基点水域の歴史時代（青柳重美）「山形県地域史研究」山形県地域史研究協議会 25 2000.3

最上川の地形とくらし（阿子島功）「最上川文化研究」東北芸術工科大学東北文化研究センター （1）2003.3

最上川の伝統漁撈—庄内のヤツメ漁と鮭漁を中心として（犬塚幹士）「最上川文化研究」東北芸術工科大学東北文化研究センター （1）2003.3

最上川と水田稲作の受容・展開（川崎利夫）「最上川文化研究」東北芸術工科大学東北文化研究センター （1）2003.3

最上川筋の莇もれ（武田正）「最上川文化研究」東北芸術工科大学東北文化研究センター （1）2003.3

自然と共生する最上川文化（三田育雄）「最上川文化研究」東北芸術工科大学東北文化研究センター （1）2003.3

最上川に生きる言語文化（矢作春樹）「最上川文化研究」東北芸術工科大学東北文化研究センター （1）2003.3

羽州幕領の廻米と最上川舟運—江戸後期の廻米川下しと農民負担（横山昭男）「最上川文化研究」東北芸術工科大学東北文化研究センター （1）2003.3

最上川文化遺産とその活用をめぐる提言（菊地和博）「最上川文化研究」東北芸術工科大学東北文化研究センター （1）2003.3

奈良・平安時代の最上川右岸の様相（野尻侃）「山形県地域史研究」山形県地域史研究協議会 （29）2004.2

元禄時代の船町（横山昭男）「最上川文化研究」東北芸術工科大学東北文化研究センター （2）2004.3

最上川と城館（保角里志）「最上川文化研究」東北芸術工科大学東北文化研究センター （2）2004.3

最上川流域に存在する船絵馬について（浅黄喜悦）「最上川文化研究」東北芸術工科大学東北文化研究センター （2）2004.3

最上川と文学（梅津保一）「最上川文化研究」東北芸術工科大学東北文化研究センター （2）2004.3

ある利水の取り組みと最上川（菊地和博）「最上川文化研究」 東北芸術工科大学東北文化研究センター　（2）2004.3

川前楯と最上川舟運（保角里志）「北村山の歴史」 北村山地域史研究会　（6）2004.6

最上川の変遷（加藤啓）「最上川文化研究」 東北芸術工科大学東北文化研究センター　（3）2005.3

廻米積川船の破船と「弁米」―江戸後期における最上川舟運の場合（横山昭男）「最上川文化研究」 東北芸術工科大学東北文化研究センター　（3）2005.3

最上川舟運史研究ノート（梅津保一）「最上川文化研究」 東北芸術工科大学東北文化研究センター　（3）2005.3

最上川をのぼった上方の品々（野口一雄）「最上川文化研究」 東北芸術工科大学東北文化研究センター　（3）2005.3

最上川中流域におけるサケの伝統的漁法―簗漁・居繰漁・掻き倉漁（大友義助）「最上川文化研究」 東北芸術工科大学東北文化研究センター　（3）2005.3

最上川の断片《《特集 東北遺産を探る》―私の東北遺産（中澤忠正）「まんだら：東北文化友の会会報」 東北芸術工科大学東北文化研究センター　（26）2006.2

最上川の鮭大網―大網の図に描かれた漁撈を中心に（《最上川にかかわる絵図・絵画資料の研究》）（犬塚幹士）「最上川文化研究」 東北芸術工科大学東北文化研究センター　（4）2006.3

最上川絵図と最上川水運（《最上川にかかわる絵図・絵画資料の研究》）（小野寺淳）「最上川文化研究」 東北芸術工科大学東北文化研究センター　（4）2006.3

最上川河口の絵画資料より（《最上川にかかわる絵図・絵画資料の研究》）（土岐田正勝）「最上川文化研究」 東北芸術工科大学東北文化研究センター　（4）2006.3

最上川中流域が描かれた絵図（《最上川にかかわる絵図・絵画資料の研究》）（野口一雄）「最上川文化研究」 東北芸術工科大学東北文化研究センター　（4）2006.3

海牛と最上川（《最上川にかかわる絵図・絵画資料の研究》）（長澤一雄）「最上川文化研究」 東北芸術工科大学東北文化研究センター　（4）2006.3

羽州私領廻手船の造立と大石田河岸（《最上川にかかわる絵図・絵画資料の研究》）（小山義雄）「最上川文化研究」 東北芸術工科大学東北文化研究センター　（4）2006.3

羽州幕領廻米の海上輸送と村山郡中惣代（《最上川にかかわる絵図・絵画資料の研究》）（横山昭男）「最上川文化研究」 東北芸術工科大学東北文化研究センター　（4）2006.3

青苧と最上川と北陸地域（《最上川にかかわる絵図・絵画資料の研究》）（菊地和博）「最上川文化研究」 東北芸術工科大学東北文化研究センター　（4）2006.3

最上川舟運の実務について（関淳一）「北村山の歴史」 北村山地域史研究会　（8）2006.6

最上紅花研究ノート（《特集 最上川と紅花―その源流・栽培・色彩文化を探る》）（梅津保一）「最上川文化研究」 東北芸術工科大学東北文化研究センター　（5）2007.3

最上地方における紅花商人について（《特集 最上川と紅花―その源流・栽培・色彩文化を探る》）（大友義助）「最上川文化研究」 東北芸術工科大学東北文化研究センター　（5）2007.3

思想の形象化・服飾化の事例としての紅染衣服文様について（《特集 最上川と紅花―その源流・栽培・色彩文化を探る》）（徳永幾久）「最上川文化研究」 東北芸術工科大学東北文化研究センター　（5）2007.3

最上中流域の紅花栽培（《特集 最上川と紅花―その源流・栽培・色彩文化を探る》）（野口一雄）「最上川文化研究」 東北芸術工科大学東北文化研究センター　（5）2007.3

在来紅花の草姿と栽培（《特集 最上川と紅花―その源流・栽培・色彩文化を探る》）（渡部俊三）「最上川文化研究」 東北芸術工科大学東北文化研究センター　（5）2007.3

「紅花絵巻」を読む（《特集 最上川と紅花―その源流・栽培・色彩文化を探る》）（菊地和博）「最上川文化研究」 東北芸術工科大学東北文化研究センター　（5）2007.3

最上川の文化的景観の世界遺産登録をめぐって（渡部泰山，菊地和博，入間田宣夫）「まんだら：東北文化友の会会報」 東北芸術工科大学東北文化研究センター　（35）2008.5

新庄藩主正令の紀行文「最上川舟行」について（土屋道郎）「最上地域史」 最上地域史研究会　（31）2009.3

最上川の舟道開削と舟運の歴史（佐藤五郎）「歴史と考古」 いいで歴史考古の会　（7）2010.6

最上川舟運と三難所（小山義雄）「北村山の歴史」 北村山地域史研究会　（10）2010.6

最上川と青苧と地域文化（菊地和博）「西村山地域史の研究」 西村山地域史研究会　（29）2011.9

米沢藩の寛政改革と最上川御手船（横山昭男）「山形県地域史研究」 山形

県地域史研究協議会　（37）2012.2

最終講義 最上川の文化的景観―21世紀の地域づくりのために（特集 内藤正敏・入間田宣夫両先生のご退職に寄せて）（入間田宣夫）「まんだら：東北文化友の会会報」 東北芸術工科大学東北文化研究センター　（53）2013.8

庄内最上川南岸地域の農業水利と民間育種家について（日野淳）「山形県地域史研究」 山形県地域史研究協議会　（39）2014.2

総会記念講演 淀川と最上川（大澤研一）「西村山地域史の研究」 西村山地域史研究会　（32）2014.9

河北地方における最上川の風景（研究・史料紹介）（鈴木勲）「西村山地域史の研究」 西村山地域史研究会　（32）2014.9

最上川水駅
古代最上川水駅と中世舟運への展開（保角里志）「最上川文化研究」 東北芸術工科大学東北文化研究センター　（3）2005.3

最上峡
仙境・最上峡について（大友義助）「最上川文化研究」 東北芸術工科大学東北文化研究センター　（1）2003.3

最上郡
「最上郡会議事筆記」（8）～（12）（安田正毅）「最上地域史」 最上地域史研究会　22／（26）2000.3/2004.3

最上堰
最上堰土地改良区史について（原田真一）「山形県地域史研究」 山形県地域史研究協議会　（27）2002.2

最上堰（総会・研究大会）（鈴木健一）「山形県地域史研究」 山形県地域史研究協議会　（36）2011.2

最上藩
或る歴史的懐合 奥羽最上藩と柳川藩、四百年の時を越えて（三池賢一）「西日本文化」 西日本文化協会　通号436　2008.12

本合海
新庄の地名「合海」と「本合海」（一粒一滴）（大友義助）「聴雪」 新庄古文書の会　（18）2014.6

本飯田村
天保末年の土生田村・本飯田村（大友義助）「北村山の歴史」 北村山地域史研究会　（10）2010.6

物見山館
物見山館（加藤和徳）「さあべい」 さあべい同人会　（20）2003.5

門外れ
新庄の地名（1）「門外れ」（もんはずれ）（一粒一滴）（大友義助）「聴雪」 新庄古文書の会　（15）2011.7

谷木沢城
谷木沢城と中山氏について（総会・研究大会）（横尾尚壽）「山形県地域史研究」 山形県地域史研究協議会　（36）2011.2

八鍬村
八鍬村の百姓相続をめぐる強請一件（高子秋夫）「西村山地域史の研究」 西村山地域史研究会　（21）2003.9

羽州村山郡八鍬村屋敷出入一件（高子秋夫）「西村山地域史の研究」 西村山地域史研究会　（22）2004.9

屋代郷
置賜紀行―米沢・高畠屋代郷への郷愁（木村旭志）「明治大学博物館友の会会報」 明治大学博物館友の会　（11）2007.1

安沢館
安沢館（山形県金山町）小考（山形の中世城館跡特集―城館跡調査研究報告）（松岡進）「さあべい」 さあべい同人会　（27）2011.8

谷地
近世前期谷地頭の年貢廻米―新町村を中心に（研究ノート）（本間勝喜）「山形県地域史研究」 山形県地域史研究協議会　（36）2011.2

近世前期谷地頭の石代金納―新町村の事例を中心に（本間勝喜）「西村山地域史の研究」 西村山地域史研究会　（29）2011.9

乍恐申上候御事（横目付の谷地大火等の上申書）（大場英一）「聴雪」 新庄古文書の会　（16）2012.7

谷地郷
近世谷地郷に関する絵図2点（鈴木勲）「西村山地域史の研究」 西村山地域史研究会　（26）2008.9

山形
講演 日本海海運における蝦夷地と山形―松前藩の領主蔵米を支えた山形（榎森進）「山形県地域史研究」 山形県地域史研究協議会　（27）2002.2

主な発掘城館の概要（《山形の城館特集》）（伊藤邦弘，高桑登）「さあべい」 さあべい同人会　（20）2003.5

山形の郷土史研究と三浦新七博士（横山昭男）「郷土山形」 山形郷土史研

究協議会　101　2003.8

やまがたの歴史を巡る「郷土山形」　山形郷土史研究協議会　105　2004.11

山家集と郷土(片桐勘一)「山形郷土史研究協議会研究資料集」　山形郷土史研究協議会　27　2005.3

市町村史・郷土史にみる山形の焼畑(六車由実)「東北芸術工科大学東北文化研究センター研究紀要」　東北芸術工科大学東北文化研究センター　通号4　2005.3

「水の種」伝説―山形へ運ばれた箱根の水(木村庄一)「扣之帳」　扣之帳刊行会　(8)　2005.5

17世政宗公の母義姫様の郷山形をめぐる旅日記(永山三男)「藩報きずな」　仙台藩志会　34　2005.10

女相撲(女大力)絵馬について―近代女相撲発祥の地(村山正市)「羽陽文化」　山形県文化財保護協会　(151)　2006.3

中級講座の学習 最上山形騒動実録(矢口實，大場英一，大泉友子，村上正清)「聴雪」　新庄古文書の会　(10)　2006.7

付―解説「最上山形騒動実録」(滝田勉)「聴雪」　新庄古文書の会　(10)　2006.7

特別寄稿 高橋泥舟の「山形行日記」(大友義助)「聴雪」　新庄古文書の会　(10)　2006.7

対談 ヤマガタ蔵プロジェクトのゆくえ(《特集 いま、よみがえる建物》)(山畑信博，竹内昌義)「まんだら : 東北文化友の会会報」　東北芸術工科大学東北文化研究センター　(29)　2006.11

編集担当者の余録 近代資料を尋ねて「大正二年八月の洪水」に関わる資料(小関徳雄)「郷土山形」　山形郷土史研究協議会　(112)　2007.3

宮城・山形に現存する神輿万国全図(黒須潔)「仙台郷土研究」　仙台郷土研究会　32(1)通号274　2007.6

北海道にいて山形を知る―釧路の市河文書のことなど(佐久間昇)「最上地域史」　最上地域史研究会　(30)　2008.3

山形のサトイモ―二つの栽培型について(井筒桃子)「東北学．[第2期]」　東北芸術工科大学東北文化研究センター，柏書房(発売)　(18)　2009.2

元士官候補生の見た山形合戦の一考察(石澤精三)「山形郷土史研究協議会研究資料集」　山形郷土史研究協議会　(31)　2009.3

山形とサトイモ(井筒桃子)「東北芸術工科大学東北文化研究センター研究紀要」　東北芸術工科大学東北文化研究センター　通号8　2009.3

享保十年五月 山形分限帳(市史編さん担当)「佐倉市史研究」　佐倉市総務部　(23)　2010.3

もうひとつの山の歴史―山形の鉱山と温泉(特集 風土としての東北)(五十嵐利行，田宮良一)「まんだら : 東北文化友の会会報」　東北芸術工科大学東北文化研究センター　(46)　2011.2

被災地のフェーズ変化に対応した遠隔地からの中長期的支援―山形から石巻への支援を行う大学生の団体「STRAT Tohoku」を事例として(川口幸大，菊池遥，関美菜子)「東北文化研究室紀要」　東北大学大学院文学研究科東北文化研究室　55　2014.3

山形県

奥羽鎮撫副総督山形県域行軍及び滞陣の事―澤為量戊辰戦争史料を読む(神宮滋)「山形県地域史研究」　山形県地域史研究協議会　(28)　2003.2

山形県の「ニワ」と「土間」(佐藤啓一)「別冊東北学」　東北芸術工科大学東北文化研究センター，作品社(発売)　5　2003.2

発掘された山形県の城館(《山形の城館特集》)(斎藤仁，須藤英之)「さあべい」　さあべい同人会　(20)　2003.5

山形県の城館関係文献について―城館研究抄史からの集約(《山形の城館特集》)(保角里志)「さあべい」　さあべい同人会　(20)　2003.5

戦時下の山形県詩人会(草苅亀一郎)「真壁仁研究」　東北芸術工科大学東北文化研究センター　(4)　2003.12

講演 公益的視点から地域の歴史を考える―地域の石碑めぐりから(三原容子)「山形県地域史研究」　山形県地域史研究協議会　(29)　2004.2

山形県内の貞門・談林・元禄俳人について(関淳一)「最上川文化研究」　東北芸術工科大学東北文化研究センター　(2)　2004.3

〈特集 この10年の研究の回顧と展望〉「山形県地域史研究」　山形県地域史研究協議会　(30)　2005.2

中世(北畠教彌)「山形県地域史研究」　山形県地域史研究協議会　(30)　2005.2

近世(梅津保一)「山形県地域史研究」　山形県地域史研究協議会　(30)　2005.2

近現代(山内励)「山形県地域史研究」　山形県地域史研究協議会　(30)　2005.2

佐藤熊治郎が称え、教育会が広めた「教育県山形」―「山形県教育雑誌」よりその実像を探る(大塚浩介)「山形県地域史研究」　山形県地域史研究協議会　(31)　2006.2

山形県の在来カブ―焼畑がカブの生育と品質に及ぼす効果(《特集 焼畑と火の思想》)(江頭宏昌)「東北学．[第2期]」　東北芸術工科大学東北文化研究センター，柏書房(発売)　(11)　2007.5

新発見の中世石造物(1)〜(7)(加藤利徳)「羽陽文化」　山形県文化財保護協会　(152)／(158)　2008.3/2014.3

絵図に見る紅花畑の実相(鈴木勲)「羽陽文化」　山形県文化財保護協会　(152)　2008.3

地域における蔵調査活動の一事例(栗原伸一郎)「山形県地域史研究」　山形県地域史研究協議会　(34)　2009.2

近代山形県の同郷会について―村山会と村山同郷会を中心に(布施賢治)「西村山地域史の研究」　西村山地域史研究会　(27)　2009.8

焼畑再考―山形県のカノ型焼畑のカブの食べ方と儀礼を通して(阿部龍平)「東北芸術工科大学東北文化研究センター研究紀要」　東北芸術工科大学東北文化研究センター　通号10　2011.3

日置麗香「戦前期、山形県下青年団の組織と性格」発表(郷土出版案内)「最上地域史」　最上地域史研究会　(36)　2014.3

山形市

〈山形市の歴史散歩〉「宮城県文化財友の会だより」　宮城県文化財友の会　158　2004.8

山形市の歴史/山形市の文化財「宮城県文化財友の会だより」　宮城県文化財友の会　158　2004.8

山形市の歴史散歩記(及川宏)「宮城県文化財友の会だより」　宮城県文化財友の会　160　2004.10

山形城

城めぐり(3) 白石城・山形城(平野茂)「下野史談」　下野史談会　96　2002.12

史跡山形城跡(《山形の城館特集》)(五十嵐貴久)「さあべい」　さあべい同人会　(20)　2003.5

史跡山形城跡の調査について(五十嵐貴久)「山形県地域史研究」　山形県地域史研究協議会　(30)　2005.2

山形城下の町名と地名(高橋信敬)「山形郷土史研究協議会研究資料集」　山形郷土史研究協議会　27　2005.3

山形鉄道

東北本線・山形鉄道事件と鉄道局長井上勝(新春郷土文化講演会)(岡澤敏男)「奥羽史談」　奥羽史談会　114　2004.4

山形藩

山形藩ゆかりの地探訪(草苅明栄)「郷土山形」　山形郷土史研究協議会　104　2004.7

旧山形藩士族が設立した霞城育英会について―近代山形県に旧藩を母体として設立された育英事業の検討(布施賢治)「米沢史学」　米沢史学会(山形県立米沢女子短期大学日本史学科内)　(25)　2009.10

山口村

羽州村山郡における天保飢饉の再検討―羽州村山郡山口村を題材に(宮崎裕希)「専修史学」　専修大学歴史学会　(34)　2003.3

山楯楯

山楯楯跡(《山形の城館特集》)(眞壁建)「さあべい」　さあべい同人会　(20)　2003.5

山野辺城

山野辺城跡と高楯城跡(山形の中世城館跡特集―城館跡調査研究報告)(三浦浩人)「さあべい」　さあべい同人会　(27)　2011.8

山びこ学校

山びこ学校 その後―大震災と原発事故にふれながら(特集 若者たちの東北―東日本大震災3)(佐藤藤三郎)「東北学．[第2期]」　東北芸術工科大学東北文化研究センター，柏書房(発売)　(30)　2012.2

湯殿山

山形の薬本舗「黒田玄仙」と湯殿山行者(高橋信敬)「山形郷土史研究協議会研究資料集」　山形郷土史研究協議会　(29)　2007.3

中級講座の学習 湯殿山縁記(高橋秀弥，矢口實)「聴雪」　新庄古文書の会　(11)　2007.7

付 解説「湯殿山縁記」(滝田勉)「聴雪」　新庄古文書の会　(11)　2007.7

湯殿山への旅の費用(堀切武)「郷土ひたち」　郷土ひたち文化研究会　(62)　2012.3

鷹山

十王・鷹山地区の文化財を訪ねて(平吹利数)「史談」　白鷹町史談会　(22・23)　2007.2

吉川村

吉川村と「村送病人継出書付」(那須恒吉)「西村山地域史の研究」　西村山地域史研究会　(28)　2010.9

吉田橋

「吉田橋」はもと廻戸橋と言った(須崎寛二)「南陽の歴史 : 南陽の歴史を語る会会報」　南陽の歴史を語る会　(141)　2004.6

吉野

吉野の伝説・史跡巡り/第5回民話の「語り駅伝」/語り部養成講座「公開講座」「夕鶴」　夕鶴の里友の会　(36)　2007.8

東北　　　　　　　　　　　　　　地名でたどる郷土の歴史　　　　　　　　　　　　　山形県

四つ屋

新庄の地名「四つ屋・仁間・六軒町」(一粒一滴)(大友義助)「聴雪」 新庄古文書の会　(16) 2012.7

米沢

米沢牛 三百年前に南部藩からその南部牛のルーツは蒙古牛(尾崎世一)「懐風」 米沢御堀端史跡保存会　(28) 2003.4

安積開拓と米沢士族(第242回例会講話)(玉上利幸)「温故」 米沢温故会　(30) 2003.8

米陽八幡の所感(斎藤武)「置賜文化」 置賜史談会　(104) 2004.7

米沢・米沢人・「置賜文化」と、私のことども(立岩寧)「置賜文化」 置賜史談会　(104) 2004.7

米沢上杉家における武田家関連の士について(早川春仁)「甲斐路」 山梨郷土研究　106 2004.8

9月13日、米の将校が米沢に初視察侵入―警察署長のメモから「懐風」 米沢御堀端史跡保存会　(30) 2005.4

「碑東西南北」米沢地方の石碑について(清野悦良)「置賜文化」 置賜史談会　(105) 2005.7

米沢の木流し(《最上川にかかわる絵図・絵画資料の研究》)(武田正)「最上川文化研究」 東北芸術工科大学東北文化研究センター　(4) 2006.3

米沢の夜明け(米野一雄)「懐風」 米沢御堀端史跡保存会　(31) 2006.4

米沢織物組合回顧録(根津勝雄)「懐風」 米沢御堀端史跡保存会　(31) 2006.4

巻頭言 方言を考えてみる(米野一雄)「温故」 米沢温故会　(33) 2006.8

置賜紀行―米沢・高畠屋代郷への郷愁(木村旭志)「明治大学博物館友の会会報」 明治大学博物館友の会　(11) 2007.1

絶壁の無人駅と開墾地(井上まこと)「懐風」 米沢御堀端史跡保存会　(33) 2008.4

第278回例会講話 薩摩藩士のみた米沢(木村喜雄)「温故」 米沢温故会　(35) 2008.8

米沢での戊辰戦争"碑"(《特集 戊辰戦争140年》―各地の戊辰戦争)(満田隆之)「会津人群像」 歴史春秋出版　(12) 2008.10

米沢の詩吟(平吹懐吉)「懐風」 米沢御堀端史跡保存会　(34) 2009.4

「天地人」の旅を詠む―春日山城址から会津・米沢(第445回郷土巡礼記 史蹟を尋ねて緑の旗は行く)(吉川進久)「伊那」 伊那史学会　57 (12) 通号979 2009.12

村山藩と米沢地方(大場喜代司)「歴史と考古」 いいで歴史考古の会　(7) 2010.6

米沢の逸話「養善寺恵秀和尚 三十五人力の大力僧」(赤尾雷水)「懐風」 米沢御堀端史跡保存会　(37) 2012.4

八重の桜 会津と米沢をつなぐ街道(米沢編)―米沢と八重は、密接な関係(鈴木正則)「懐風」 米沢御堀端史跡保存会　(38) 2013.4

育英事業と同郷会・旧藩団体・将官養成会・郡―米沢有為会と米沢教育会における育英観と人材観を事例として(2013年度明治維新学会大会報告要旨)(布施賢治)「会報明治維新学会だより」 明治維新学会　(37) 2013.5

布施賢治氏「育英事業と同郷会・旧藩団体・将官養成会・郡―米沢有為会と米沢教育会における育英観と人材観を事例として―」(2013年度第43回明治維新学会大会討論要旨)(宮間純一)「会報明治維新学会だより」 明治維新学会　(37) 2013.10

ルポ 再発見！ 米沢の街並み―山形県立米沢東高等学校総合大学体験学習「まんだら：東北文化友の会会報」 東北芸術工科大学東北文化研究センター　(54) 2013.12

第328回例会講話 確認された伊達氏関連城について(手塚孝)「温故」 米沢温故会　(41) 2014.8

米沢市

米沢市・兼続縁の地巡り(巡見報告)(内藤孝)「長岡郷土史」 長岡郷土史研究会　通号46 2009.5

米沢城

米沢城下町絵図と侍の居住について(渡辺理絵)「山形県地域史研究」 山形県地域史研究協議会　(28) 2003.2

米沢城跡(《山形の城館特集》)(高桑登)「さあべい」 さあべい同人会　(20) 2003.5

お城界隈の九十年(井上まこと)「懐風」 米沢御堀端史跡保存会　(34) 2009.4

米沢城と二人の武将(斎藤秀夫)「懐風」 米沢御堀端史跡保存会　(35) 2010.4

大震災の年に於ける米沢城跡での活動(井上忠)「懐風」 米沢御堀端史跡保存会　(37) 2012.4

歴代の米沢城主(米野一雄)「懐風」 米沢御堀端史跡保存会　(37) 2012.4

米沢製糸場

米沢製糸場の成立(伊田吉春)「山形県地域史研究」 山形県地域史研究協議会　(37) 2012.2

米沢藩

語り伝えて どん底の米沢藩を蘇生した名君鷹山公(小野清恒)「新居浜史談」 新居浜郷土史談会　337 2003.9

米沢藩の戦略―謙信の遺骨について(石山順子)「東北戊辰戦争懇話会報」 東北戊辰戦争懇話会　1 2003.11

米沢藩と堀江家文書(阿部俊夫)「福島県史料情報 : 福島県歴史資料館」 福島県文化振興財団　9 2004.9

米沢藩明和・安永改革における「仁政」論の再編過程―竹俣当綱の「地利」「国産」理念を中心に(小関悠一郎)「歴史」 東北史学会　103 2004.9

国指定史跡 米沢藩主上杉家墓所保存修理事業「米沢市文化財年報」 米沢市教育委員会　(18) 2006.3

国指定史跡 米沢藩主上杉家墓所保存修理事業「米沢市文化財年報」 米沢市教育委員会　(19) 2007.3

お触書から見た米沢藩農村の戊辰戦争(上)、(下)(須崎寛二)「南陽の歴史 : 南陽の歴史を語る会会報」 南陽の歴史を語る会　(163)/(164) 2008.2/2008.4

一般文化財事業 史跡 米沢藩主上杉家墓所保存修理事業/史跡 上杉治憲敬師郊迎跡保存管理計画策定事業「米沢市文化財年報」 米沢市教育委員会　(20) 2008.3

米沢藩の農村支配と北條郷―第186回学習会から「南陽の歴史 : 南陽の歴史を語る会会報」 南陽の歴史を語る会　(164) 2008.4

米沢藩の会津観降の一斑(冨田国衛)「会北談」 会北談会　(50) 2008.7

西郷吉之助、米沢藩通行の件(高井耕次)「置賜文化」 置賜史談会　(109) 2009.10

米沢藩の山林政策及び入会地の問題―第196回学習会から「南陽の歴史 : 南陽の歴史を語る会会報」 南陽の歴史を語る会　(176) 2010.4

石井忠行「道中日記」嘉永三年―伊達と米沢の養蚕を視察し、切種師の派遣を求めた旅(新谷正隆)「北方風土 : 北国の歴史民俗考古研究誌」 イズミヤ出版　通号60 2010.7

米沢藩領の幕末期の道路改修(大会報告要旨)(青木昭博)「交通史研究」 交通史学会. 吉川弘文館(発売)　(72) 2010.10

17世紀における米沢藩の家中奉公人確保策(新堀道生)「秋大史学」 秋田大学史学会　通号57 2011.3

米沢藩の寛政改革と北条郷[前]、(後)―第206,207回学習会から「南陽の歴史 : 南陽の歴史を語る会会報」 南陽の歴史を語る会　(184)/(185) 2011.8/2011.10

米沢藩の寛政改革と最上川御手船(横山昭男)「山形県地域史研究」 山形県地域史研究協議会　(37) 2012.2

米沢藩知事の東京移住阻止運動(須崎寛二)「置賜文化」 置賜史談会　(111) 2012.10

米沢藩と蘭方医学(香坂文夫)「懐風」 米沢御堀端史跡保存会　(38) 2013.4

松一本の盗み伐りに三千本植え立ての償い―米沢藩の山林政策(須崎寛二)「南陽の歴史 : 南陽の歴史を語る会会報」 南陽の歴史を語る会　(195) 2013.6

例会発表 第390回例会報告(平成25年6月8日) 関東譜代の軍事レベル―壬生藩士・テクノクラート友平栄を中心に(中野正人)/兵器生産の歴史から何を学ぶか(飯島矢素夫)/岩倉使節団の見た欧米軍事事情・銃砲関連(室賀悌)/米沢藩鉄砲の文久二年製・黒色火薬の分析(瀧上昭治)/幕末佐賀藩における長崎砲台の見聞記録(前田達男・田口芙季)「銃砲史研究」 日本銃砲史学会　(377) 2013.9

乱馬堂遺跡

乱馬堂遺跡(《山形の城館特集》)(黒坂雅人)「さあべい」 さあべい同人会　(20) 2003.5

臨雲文庫

08年5月 臨雲文庫表門について(板垣昭次)「南陽の歴史 : 南陽の歴史を語る会会報」 南陽の歴史を語る会　(165) 2008.6

梨郷

梨郷舟渡し賃は16文だった(須崎寛二)「南陽の歴史 : 南陽の歴史を語る会会報」 南陽の歴史を語る会　(165) 2008.6

梨郷小学校

梨郷小学校の「天の橋立」(須崎寛二)「南陽の歴史 : 南陽の歴史を語る会会報」 南陽の歴史を語る会　(166) 2008.8

六軒町

新庄の地名「四つ屋・仁間・六軒町」(一粒一滴)(大友義助)「聴雪」 新庄古文書の会　(16) 2012.7

六郷

古戦場そして名水の里「六郷」へ(土屋道郎)「聴雪」 新庄古文書の会　(12) 2008.6

六十里越街道

六十里越街道の石畳(那須恒吉)「西村山地域史の研究」 西村山地域史研

山形県　　　　　　　　　　　　　　地名でたどる郷土の歴史　　　　　　　　　　　　　　　東北

　　究会　（26）　2008.9
　地域を創る広域連携プロジェクト 内なる光の旅路 六十里越街道をゆく
　　（張大石）「まんだら ： 東北文化友の会会報」 東北芸術工科大学東北
　　文化研究センター　（41）　2009.11

我妻館
　我妻館跡・東屋敷館跡（《山形の城館特集》）（月山隆弘）「さあべい」　さ
　　あべい同人会　（20）　2003.5

福島県

相高

大混迷期の相中、相高俗史（渡部行）「相馬郷土」 相馬郷土研究会
（27） 2012.3

会津

会津心学（藤樹学）禁令の背景（伊藤豊松）「会津若松市史研究」 会津若
松市 （2） 2000.11

会津地方の仕事着をめぐる二、三の問題（佐々木長生）「会津若松市史研
究」 会津若松市 （3） 2001.10

会津の山河（1）～（3）（辻野敏雄）「那須野ケ原開拓史研究」 那須野ケ原
開拓史研究会 52/54 2002.6/2003.6

会津紀行（1）～（5）小笠原長行の足跡（原口泱泰）「郷土誌末盧國」
松浦いさむ会，芸文堂（発売） 151/155 2002.9/2003.9

15世紀の町づくり 氏郷の城下町経営（吉田行雄）「会津史談通信」 会津
史談会 48 2002.10

会津の漆蠟の歴史と技術（佐々木長生）「自然と文化」 日本ナショナルト
ラスト 通号72 2003.3

会津地方におけるソバ生産の拡大と地域づくりの展開（高野岳彦，深谷
奈緒子）「福島地理論集」 福島地理学会 46 2003.3

農書と飢饉への対策 『会津農書』にみる飢饉への心構え（佐々木長生）
「東北学. ［第1期］」 東北芸術工科大学東北文化研究センター，作品
社（発売） 8 2003.4

「戊辰怨念と深層」執筆の背景（畑敬之助）「会津史談」 会津史談会
（77） 2003.5

会津松平家・家紋の正しい使用を望む（鈴木邦意）「会津史談」 会津史談
会 （77） 2003.5

会津戦争を経験した人々の記録を見る（橋本哲男）「会津会々報」 会津会
109 2003.6

会津農書を読む「福島県史料情報 ： 福島県歴史資料館」 福島県文化振
興財団 4 2003.6

会津の歴史から学ぶこと（斎藤光男）「温故知新」 熱塩加納郷土史研究会
（9） 2003.8

諏方暦こと「会津暦」（安藤紫香）「会津若松市史研究」 会津若松市
（5） 2003.9

小泉改革と会津（小河努）「月刊会津人」 月刊会津人社 （1） 2003.10

会津学の提唱（佐野次郎）「月刊会津人」 月刊会津人社 （1） 2003.10

インタビュー 会津経済の現状と課題 早川廣中 元中央大学教授「月刊会
津人」 月刊会津人社 （1） 2003.10

会津から軽井沢へ（水木正）「月刊会津人」 月刊会津人社 （1） 2003.10

風土論（1）～（14）（前田新）「月刊会津人」 月刊会津人社 （2）/（15）
2003.11/2004.12

新撰組と会津（畑敬之助）「月刊会津人」 月刊会津人社 （2） 2003.11

資料 「綾」 竹内智恵子著「昭和遊女考」より/「会津侯と慶喜公」「会
津落城餘説」山川健次郎述「東北戊辰戦争懇話会報」 東北戊辰戦争
懇話会 1 2003.11

合併は会津百年の計で（会津草莽隊）「月刊会津人」 月刊会津人社 （3）
2003.12

会津を救う政治家（会津草莽隊）「月刊会津人」 月刊会津人社 （4）
2004.1

北朝鮮で会えなかった会津人（滝沢洋之）「月刊会津人」 月刊会津人社
（4） 2004.1

歴史探訪 武田一族と会津 遠く「さいたま市」からのエール（星野和央）
「会津人群像」 歴史春秋出版 （1） 2004.2

会津の美の美（1） 会津漆器（赤沼博志）「会津人群像」 歴史春秋出版
（1） 2004.2

会津御菓子図鑑（1） 本家長門屋（赤沼博志）「会津人群像」 歴史春秋出
版 （1） 2004.2

会津を食す（1） 宮森四郎兵衛の子孫たち（須田麻智子）「会津人群像」
歴史春秋出版 （1） 2004.2

〈特集 会津の恩人〉「月刊会津人」 月刊会津人社 （6） 2004.3

両magellan地域の明治維新（田崎公司）「西会津史談」 西会津史談会 （7）
2004.4

古文書紹介 福島県令「三島通庸文書」/越後・上杉景勝が会津122万石へ
移封の「上杉文書」（古文書研究会）「西会津史談」 西会津史談会
（7） 2004.4

記念講演 「会津暦」について（柏川修一）「歴史春秋」 歴史春秋社
（59） 2004.4

「会津暦」について（安藤紫香）「歴史春秋」 歴史春秋社 （59） 2004.4

会津戦争、避け得なかった真因を探る（橋本哲男）「会津史談」 会津史談
会 （78） 2004.5

会津戦争を体験した人々の記録を見る（橋本哲男）「会津会々報」 会津会
110 2004.6

会津人に残されたもの—負の遺産を正の遺産に（三角美冬）「会津人群
像」 歴史春秋出版 （2） 2004.6

エッセイ 会津の歴史に誘われて（坂詰智美）「会津人群像」 歴史春秋出
版 （2） 2004.6

11世紀の古代会津（簗田直幸）「月刊会津人」 月刊会津人社 （10）
2004.7

会津・武士の道踏破（陽信孝）「月刊会津人」 月刊会津人社 （11）
2004.8

郷里会津と野口英世（小桧山六郎）「会津若松市史研究」 会津若松市
（6） 2004.9

会津における「馬と農耕と運送」（大塚實）「会津若松市史研究」 会津若
松市 （6） 2004.9

会津の近代交通（若林善教）「月刊会津人」 月刊会津人社 （12） 2004.9

非会津人の戊辰戦争観（孤峰庵宗信）「月刊会津人」 月刊会津人社
（13） 2004.10

明治戊辰会津戦役略史（1）～（3），（7），（8）（高野磐美）「月刊会津人」
月刊会津人社 （13）/（30） 2004.10/2006.4

山口県歴史モノ語り（18）会津白虎隊自刃石版画（土井浩）「山口県史だよ
り」 山口県県史編さん室 （21） 2004.10

江戸時代の史跡宿場町「大内宿」散策と会津地方の史跡めぐり（小笠原
勝郎）「奥羽史談」 奥羽史談会 115 2004.11

申10月 『奥州会津戸口十六石橋之全図』（内池輝夫家文書1956）（阿部俊
夫）「福島県史料情報 ： 福島県歴史資料館」 福島県文化振興財団
（10） 2004.12

〈特集 会津志士・萩を行く〉「月刊会津人」 月刊会津人社 （16） 2005.1

各地の声（2） 『会津学』（遠藤由美子）「まんだら ： 東北文化友の会会
報」 東北芸術工科大学東北文化研究センター （22） 2005.2

「会津人」はどこから来たのか—伊那谷と会津盆地（畑敬之助）「会津人群
像」 歴史春秋出版 （4） 2005.2

会津を食す（4） 花嫁ささげ（北塩原村早稲沢地区）（むとうかずこ）「会
津人群像」 歴史春秋出版 （4） 2005.2

『会津農書』にみる焼畑農耕（佐々木長生）「東北学. ［第2期］」 東北芸
術工科大学東北文化研究センター，柏書房（発売） （2） 2005.2

『会津農書』にみるもう一つの農耕文化—稗の栽培技術をめぐって（佐々
木長生）「東北芸術工科大学東北文化研究センター研究紀要」 東北芸
術工科大学東北文化研究センター 通号4 2005.3

近世における会津地方の収穫儀礼—「会津農書」を中心に（佐々木長生）
「福島県立博物館紀要」 福島県立博物館 （19） 2005.3

会津地方における幕末維新 茅本村を事例として（田端公司）「西会津史
談」 西会津史談会 （8） 2005.4

新編会津風土記と郷土の諸相（杉崎巌）「阿賀路 ： 東蒲原郡郷土誌」 阿
賀路の会 43 2005.5

《特集 会津に生きる》「会津学」 会津学研究会 1 2005.8

蘇る『会津農書』—佐藤与次右衛門の現代の教え子たち（佐々木長生）
「会津学」 会津学研究会 1 2005.8

薩摩征伐に参軍した会津農民（目黒章三郎）「会津学」 会津学研究会 1
2005.8

会津漆器業の系譜と変遷（高野弘道）「福島地理論集」 福島地理学会
48 2005.9

『会津旧事雑考』天文五年六月廿八日条の検証（坂内三彦）「会津若松市史
研究」 会津若松市 （7） 2005.10

会津の伝統野菜（平出美穂子）「会津若松市史研究」 会津若松市 （7）
2005.10

会津におけるボーイスカウト運動（赤城良一）「会津若松市史研究」 会津
若松市 （7） 2005.10

第一回内国勧業博覧会から見た会津の産業（小関栄助）「会津若松市史研
究」 会津若松市 （7） 2005.10

北の零年 会津の場合—余市に残る「緋の衣」（畑敬之助）「会津人群像」
歴史春秋出版 （5） 2005.10

会津を食す（5） 南郷トマト（南会津郡南郷村）（むとうかずこ）「会津人
群像」 歴史春秋出版 （5） 2005.10

「会津学」（菅家博昭）「まんだら ： 東北文化友の会会報」 東北芸術工科

大学東北文化研究センター　（25）2005.11

冬の収蔵資料展「江戸時代の地図・絵図—会津領二十三万石を歩く—」「博物館だより」 福島県立博物館 （7）2005.12

会津遺産掘り起こしのための旅学（《特集 東北遺産を探る》—私の東北遺産）（遠藤由美子）「まんだら ： 東北文化友の会会報」 東北芸術工科大学東北文化研究センター （26）2006.2

会津の歴史を語る（ふるさとの歴史講座）（福岡九州男）「温故知新」 熱塩加納郷土研究会 （12）2006.3

城下以外の各地の武芸（《特集 会津の武芸者群像》）（間島勲）「会津人群像」 歴史春秋出版 （6）2006.3

幕末における会津の武芸者（《特集 会津の武芸者群像》）（山田英明）「会津人群像」 歴史春秋出版 （6）2006.3

会津と長州との交流士（滝沢洋之）「会津人群像」 歴史春秋出版 （6）2006.3

会津の木地師と木地師の入らなかった山（滝沢洋之）「会大史学」 福島大学史学会 （78・79）2006.3

『会津農書』下巻にみる農業技術と民俗—寛延元年・文化12年写を中心に（佐々木長生）「福島県立博物館紀要」 福島県立博物館 （20）2006.3

『会津農書』をめぐる近代の語り（山内明美）「福島県立博物館紀要」 福島県立博物館 （20）2006.3

歴史教育における多様な歴史認識形成への視座—会津の「二つの敗戦」からみる地域・戦争・平和（須賀忠芳）「史境」 歴史人類学会，日本図書センター（発売）（52）2006.3

平成17年度会津史談会記念講演 イザベラ・バードの見た会津（赤坂憲雄）「会津史談」 会津史談会 （80）2006.4

旧会津領主加藤氏と水口（会史亭）（吉野集平）「会津史談」 会津史談会 （80）2006.4

会津文化史講座今昔（会史亭）（小熊和子）「会津史談」 会津史談会 （80）2006.4

古代律令会津確立期の軌跡（簗田直幸）「会津史談」 会津史談会 （80）2006.4

ここまで分かった古代・中世・戦国の会津（2）東日本最大の窯跡「会津大戸窯」（石田明夫）「会津史談通信」 会津史談会 （55）2006.4

会津の絵画史—埋もれた画人たち（川延安直）「歴史春秋」 歴史春秋社 （63）2006.4

各地の声（5） 『イザベラ・バードの会津紀行』（遠藤由美子）「まんだら ： 東北文化友の会会報」 東北芸術工科大学東北文化研究センター （27）2006.5

年不詳『会津細見絵図』（馬場篤家文書—1）（阿部俊夫）「福島県史料情報 ： 福島県歴史資料館」 福島県文化振興財団 （15）2006.5

高崎藩一ノ木戸陣屋「会津加勢」組の戦闘斬跡（中島明）「越佐研究」 新潟県人文研究会 63 2006.5

会津の鉄道網と主要幹線建設の歩み（遠藤進）「会津会々報」 会津会 （112）2006.6

会津をたずねて肥後豊後をゆく（萩野貞樹）「会津会々報」 会津会 （112）2006.6

会津の市町村紹介「会津会々報」 会津会 （112）2006.6

会津の葦名氏の史跡を訪ねて（見学記）（石黒幸雄）「三浦一族研究」 横須賀市 （6）2006.6

会津桐の民俗土壌—カノ＝焼畑を窓口として（《特集 植物に添う》）（野本寛一）「会津学」 会津学研究会 2 2006.8

記憶の森を歩く—山に生きた暮らしを地名から聞く試み（《特集 植物に添う》）（菅家博昭）「会津学」 会津学研究会 2 2006.8

私の「会津学」—「木曜の広場—会津学事始め」を振り返って（特別寄稿）（佐々木長生）「会津学」 会津学研究会 2 2006.8

会津学夏季ゼミナール「会津遺産を探る」（江川和弥）「会津学」 会津学研究会 2 2006.8

会津産漆の復興活動（郷田みほ）「会津人群像」 歴史春秋出版 （7）2006.8

歴史探訪 会津と三浦半島との奇縁（森雄三）「会津人群像」 歴史春秋出版 （7）2006.8

会津を食す（7）高田梅（むとうかずこ）「会津人群像」 歴史春秋出版 （7）2006.8

会津砲術師の系譜（井上昌威）「歴史春秋」 歴史春秋社 （64）2006.10

会津長寿考（2）（川原太郎）「歴史春秋」 歴史春秋社 （64）2006.10

会津を食す（8）立川牛蒡（むとうかずこ）「会津人群像」 歴史春秋出版 （8）2006.12

私が選んだ会津の歴史の一コマ—『会津歴史年表』の中から考えたこと（1）蠟漆と川嶋與五右衛門のこと（海老名俊雄）「会津人群像」 歴史春秋出版 （8）2006.12

金沢藩士と戊辰戦争—越後・会津に派遣された藩士たち（吉田國夫）「石川郷土史学会々誌」 石川郷土史学会 （39）2006.12

高湯四百年史（本誌取材班）「月刊会津人」 月刊会津人社 （33）2007.1

『会津学』静かに広がる聞き書きの活動（地域誌だより（3））（渡部和）「まんだら ： 東北文化友の会会報」 東北芸術工科大学東北文化研究センター （30）2007.2

『会津農書』にみる村落風景—『会津幕之内誌』と『佐瀬家記録』を中心に（佐々木長生）「福島県立博物館紀要」 福島県立博物館 （21）2007.3

教科書のなかの会津戦争—戦前の小学校歴史教科書を題材に（坂詰智美）「会津史談」 会津史談会 （81）2007.4

ここまで分かった古代・中世・戦国の会津（4）古代中世の流通 塩はどこから運ばれたのか（石田明夫）「会津史談通信」 会津史談会 （57）2007.4

記念講演 会津の城と館（石田明夫）「歴史春秋」 歴史春秋社 （65）2007.4

『会津農書』にみる焼畑と火耕（《特集 焼畑と火の思想》）（佐々木長生）「東北学.［第2期］」 東北芸術工科大学東北文化研究センター，柏書房（発売）（11）2007.5

外から見た会津（《猪苗代町編 二本松街道》）（上石辰裕）「下野街道」 ヤマト企画編集部 （7）2007.5

理解し合おう長州と会津（畑敬之助）「会津会々報」 会津会 （113）2007.6

戊辰戦争は遠くなったが（丹藤佳紀）「会津会々報」 会津会 （113）2007.6

葦名の城（《特集 会津の中世》）（石田明夫）「会津人群像」 歴史春秋出版 （9）2007.6

会津を食す（9）喜多方のアスパラガス（むとうかずこ）「会津人群像」 歴史春秋出版 （9）2007.6

三浦一族の会津進出時期（加藤順弘）「三浦一族研究」 横須賀市 （11）2007.6

『会津学』聞き書きの周辺（地域誌だより（5））（菅家博昭）「まんだら ： 東北文化友の会会報」 東北芸術工科大学東北文化研究センター （32）2007.8

『会津農書』に見る雪と農業（《特集 雪と暮らす》）（佐々木長生）「会津学」 会津学研究会 3 2007.8

伝統を繋ぐからむし（苧麻）の栽培（《特集 会津に生きる》）（羽染兵吉）「会津学」 会津学研究会 3 2007.8

引き継がれる刺し子（写真レポート）（玉川美江）「会津学」 会津学研究会 3 2007.8

『会津旧事雑考』天文五年六月廿八日条の再検討（坂内三彦）「会津若松市史研究」 会津若松市 （9）2007.9

会津茶道史（渡邉明）「会津若松市史研究」 会津若松市 （9）2007.9

ここまで分かった古代・中世・戦国の会津（5）会津の金 金山開発と穴沢氏の戸山城築城（石田明夫）「会津史談通信」 会津史談会 （58）2007.10

会津の鉱山あれこれ（佐藤一男）「歴史春秋」 歴史春秋社 （66）2007.10

『家世実紀』の面白さ（会津長寿考3）「日本女子教育の初めての提言書」 会津藩儒者上田冬蔵の存寄（川原太郎）「歴史春秋」 歴史春秋社 （66）2007.10

会津から斗南への一考察（田名部清一）「八戸地域史」 伊吉書院 （44）2007.12

河原田家と会津戊辰戦争（河原田久雄，大竹邦洋）「東北戊辰戦争懇話会報」 東北戊辰戦争懇話会 （5）2007.12

Q&A 会津と暦の関係（阿部綾子）「博物館だより」 福島県立博物館 通号87 2007.12

まほろん移動展「考古学から探る古代会津—古墳・飛鳥・奈良・平安時代—」「博物館だより」 福島県立博物館 通号87 2007.12

置賜と会津（入間田宣夫）「山形県地域史研究」 山形県地域史研究協議会 （33）2008.2

芋田家資料「會津應援」（佐々木隆三，菊池正則）「岩手の古文書 ： the Iwate journal of diplomatics」 岩手古文書学会 （22）2008.3

特別寄稿 会津北部の峠路は黄金街道だった（佐藤一男）「温故知新」 熱塩加納郷土研究会 （14）2008.3

切望する「会津の歴史アラカルト・会津史談通信で綴る郷土史（二）」の発行（五ノ井三男）「会津史談通信」 会津史談会 （59）2008.4

ここまで分かった古代・中世・戦国の会津（6）直江兼続と神指城（石田明夫）「会津史談通信」 会津史談会 （59）2008.4

会津にゆかりの方々の生き様 戊辰戦争後、活躍した群像（五十嵐康夫）「会津会々報」 会津会 （114）2008.6

会津繁栄への提案（満田守雄）「会津会々報」 会津会 （114）2008.6

会津の「こづゆ」は農民の常食だった（内藤昭子）「塩川史研究」 塩川史振興会 （3）2008.7

米沢藩の会津観降の一斑（冨田国衛）「会北史談」 会北史談会 （50）2008.7

イベントレポート まほろん移動展「考古学から探る古代会津—古墳・飛鳥・奈良・平安時代—」関連事業 考古学講座・展示解説会「考古学から探る古代会津の謎」講師・横須賀倫達（横須賀倫達）「博物館だより」 福島県立博物館 通号89 2008.7

『会津農書』にみる天気・地気と農業（《特集 会津に生きる》）（佐々木長

生)「会津学」会津学研究会 4 2008.8

幕末会津の地方貸(鈴木正敏)「会津若松市史研究」会津若松市 (10) 2008.9

会津漆器業の系譜と変遷《《創立50周年記念特集号 変容福島県》—〈会津地方に関する論考〉》(高野弘道)「福島地理論集」福島地理学会 51 2008.9

ここまで分かった古代・中世・戦国の会津(7) 幻の白河合戦(石田明夫)「会津史談通信」会津史談会 (60) 2008.9

会津、長州の和解とは、理解できない《特集 戊辰戦争140年》)(鈴木荘一)「会津人群像」歴史春秋出版 (12) 2008.10

会津と長州—幕末5年間、因果の曼陀羅《《特集 戊辰戦争140年》)(畑敬之助)「会津人群像」歴史春秋出版 (12) 2008.10

津川と会津戊辰戦争《特集 戊辰戦争140年》—各地の戊辰戦争)(赤城正男)「会津人群像」歴史春秋出版 (12) 2008.10

会津—萩往還《特集 戊辰戦争140年》)(高谷雄三)「会津人群像」歴史春秋出版 (12) 2008.10

会津は「戊辰百四十年」萩は「明治維新百四十年」《《特集 戊辰戦争140年》)(山本貞壽)「会津人群像」歴史春秋出版 (12) 2008.10

会津と長州、21年間の交流《特集 戊辰戦争140年》)(滝沢洋之)「会津人群像」歴史春秋出版 (12) 2008.10

戊辰戦争関連の資料を展示している施設《《特集 戊辰戦争140年》)「会津人群像」歴史春秋出版 (12) 2008.10

戊辰戦争が残した秘話《《特集 戊辰戦争140年》—戊辰戦争と私)(田村幸志郎)「会津人群像」歴史春秋出版 (12) 2008.10

会津を食す(11)「大塩の会津山塩」「会津人群像」歴史春秋出版 (12) 2008.10

資料 長岡落城より里会津・仙台迄之日記 牧野葊子手記「東北戊辰戦争懇話会報」東北戊辰戦争懇話会 (6) 2009.2

『会津農書』にみる農業技術と村落風景(佐々木長生)「福島県立博物館紀要」福島県立博物館 (23) 2009.3

史料が語る 斗南に移転した会津人の実相(2) 神谷きを(旧姓北村)の『口述』から(葛西富夫)「うそり」下北の歴史と文化を語る会 通号45 2009.3

ふるさと歴史講座(1) 習合文化圏の会津(簗田直幸)「温故知新」熱塩加納郷土史研究会 (15) 2009.3

ふるさと歴史講座(2) 会津の鉱山の歩み(佐藤一男)「温故知新」熱塩加納郷土史研究会 (15) 2009.3

記念講演「中世会津の特色」—東北中世史のなかの会津(大石直正)「歴史春秋」歴史春秋社 (69) 2009.4

「会津まほろば街道」歴史散策(佐藤孝)「会津史談」会津史談会 (83) 2009.4

小川荘上赤谷の会津魂(井上昌威)「会津史談」会津史談会 (83) 2009.4

明治からのスポーツ発展と会津の水泳(吉津正)「会津史談」会津史談会 (83) 2009.4

会津の心を学ぼう(1)(井上昌威)「会津史談」会津史談会 (83) 2009.4

会津人気質を育んだもの(上野啓次)「会津史談」会津史談会 (83) 2009.4

会津の歴史を語り・伝える(坂内實)「会津史談通信」会津史談会 (61) 2009.4

ここまで分かった古代・中世・戦国の会津(8) 会津の直江兼続ゆかりの地(石田明夫)「会津史談通信」会津史談会 (61) 2009.4

古文書紹介 会津代々城主(伊東實)「会津史談通信」会津史談会 (61) 2009.4

食に見る京と会津(平出美穂子)「会津人群像」歴史春秋出版 (13) 2009.4

会津まほろば街道を行く《《会津坂下町編 越後街道》)(沢井清英)「下野街道」ヤマト企画編集部 (9) 2009.5

会津街道と越後街道(渡部敬三)「会津会々報」会津会 (115) 2009.6

現代農業に語りかける『会津農書』(寄稿)(佐々木長生)「会津学」会津学研究会 5 2009.8

会津の「公方」について(伊藤喜良)「福大史学」福島大学史学会 (80) 2009.10

ここまで分かった古代・中世・戦国の会津(9) 天地人でわかったこと(石田明夫)「会津史談通信」会津史談会 (62) 2009.10

古文書紹介「南摩・町野家の戊辰悲劇」(伊東實)「会津史談通信」会津史談会 (62) 2009.10

会津の美の美(5) 会津絵ろうそく(吉田利昭)「会津人群像」歴史春秋出版 (15) 2009.10

会津を食す(13) かんどうかぼちゃ(むとうかずこ)「会津人群像」歴史春秋出版 (15) 2009.10

『天地人』の旅を詠む—春日山城址から会津・米沢(第445回郷土巡礼記史蹟を尋ねて緑の旗は行く)(吉川進久)「伊那」伊那史学会 57 (12)通号979 2009.12

会津の鋳物師(渡邊明)「会津若松市史研究」会津若松市 (11) 2010.1

会津の鉱産史(佐藤一男)「会津若松市史研究」会津若松市 (11) 2010.1

会津地方における鉄道の発達と商品流通(吉田博行)「会津若松市史研究」会津若松市 (11) 2010.1

ここまで分かった古代・中世・戦国の会津(10) 四二〇年と四三〇年目(石田明夫)「会津史談通信」会津史談会 (63) 2010.4

古文書紹介「会津奇人録」抜書(1)(川原太郎)「会津史談通信」会津史談会 (63)/(64) 2010.4/2010.10

視察研究 県外歴史研究 郡山・会津方面 大内宿・塔のへつり・芦ノ牧温泉・鶴ヶ城・三春滝桜など(小林富幸, 清水幸子)「於保為」大井町郷土史研究会 (29) 2010.4

会津戦争と明治維新(秋山隆)「兵庫歴研」兵庫歴史研究会 (26) 2010.4

会員の声(2) 食の思い出 会津の農村の食風景(佐藤真理子)「まんだら:東北文化友の会会報」東北芸術工科大学東北文化研究センター (43) 2010.5

東蒲原郡と会津・福島県の関係(杉崎巌)「阿賀路:東蒲原郡郷土誌」阿賀路の会 48 2010.5

会津武士道の発信(渡部麗)「会津会々報」会津会 (116) 2010.6

グラビア 会津人群像 懐かしの鉄道(1) SL、会津を走る(佐藤保)「会津人群像」歴史春秋出版 (17) 2010.8

懐かしの鉄道(2)「けいべん」の雄姿に感謝をこめて(安部なか)「会津人群像」歴史春秋出版 (17) 2010.8

戦国・織豊期の会津の漆と蠟燭(高橋充)「米沢史学」米沢史学会(山形県立米沢女子短期大学日本史学科内) (26) 2010.8

東松事件と思案橋事件(新会員のひとこと)(小林昌夫)「会津史談通信」会津史談会 (64) 2010.10

ここまで分かった古代・中世・戦国の会津(11) 戦国時代の産業(石田明夫)「会津史談通信」会津史談会 (64) 2010.10

会津地方における鉄道の発達と商品流通(大会報告要旨)(吉田博行)「交通史研究」交通史学会, 吉川弘文館(発売) (72) 2010.10

『会津農書』にみる農の道—近世の農民思想の一形態(佐々木長生)「会津学」会津学研究会 6 2010.11

会津史跡探訪の旅 晩秋の会津で先人に香を手向ける(田口三千男)「たつなみ:顕彰会機関誌」小栗上野介顕彰会 (35) 2010.11

会津巡見使と古川古松軒の旅日記(酒井哲也)「会津人群像」歴史春秋出版 (18) 2010.12

地方における鉄道の発達と商品流通—福島県会津地方を中心に(第36回交通史研究会大会 共通論題「東北地方の交通と交易」—共通論題論文)(吉田博行)「交通史研究」交通史学会, 吉川弘文館(発売) (73) 2011.1

坂井家の人々と会津戊辰戦争(大竹邦洋)「会津人群像」歴史春秋出版 (19) 2011.4

震災後の会津(地域誌だより(20))(菅家博昭)「まんだら:東北文化友の会会報」東北芸術工科大学東北文化研究センター (47) 2011.5

会津悲運の歴史—人間形成の実像に学ぶ(思い出メッセージ)(天川久代)「会津史談」会津史談会 (85) 2011.5

昭和初期の会津観光案内—時代を物語る観光案内本を題材として(坂詰智美)「会津史談」会津史談会 (85) 2011.5

山崎闇斎作『会津に学ぶ』(湯野尻強)「会津史談」会津史談会 (85) 2011.5

会津の心を学ぼう(3) 九戸の乱、歴史の隠にあった史実—蒲生氏郷公と甥の氏興の義挙(井上昌威)「会津史談」会津史談会 (85) 2011.5

研究ノート 会津慶長地震の被害と復興(高橋充)「博物館だより」福島県立博物館 (101) 2011.6

会津一円の扁額(特集「扁額」)(小堀千明)「歴史春秋」歴史春秋社 (74) 2011.10

原発震災後に思う白虎隊と会津(特集 若者たちの東北—東日本大震災3)(川添安直)「東北学」第2期」東北芸術工科大学東北文化研究センター, 柏書房(発売) (30) 2012.2

『会津農書』にみる民俗知識(佐々木長生)「福島県立博物館紀要」福島県立博物館 (26) 2012.3

上杉120万石の栄華について(遠藤孝助)「懐風」米沢御堀端史跡保存会 (37) 2012.4

巻頭言 凜として幕末・明治に生きた会津の女性たち(坂内實)「会津史談」会津史談会 (86) 2012.4

あいづ幻想(桑原勇蔵)「会津史談」会津史談会 (86) 2012.4

会津乱世日記 松崎矩綱(松崎建[読下し・編集])「会津史談」会津史談会 (86) 2012.4

会津の心を学ぼう(4) 日本人初の女子留学生 山川家の人々と捨松(1)(井上昌威)「会津史談」会津史談会 (86) 2012.4

藤樹学と朱子学の精神風土の違い—今の世に通じる二つの会津の潮流(遠藤久)「会北史談」会北史談会 (54) 2012.8

会津戦争異聞(仲川成章)「由理:本荘由利地域史研究会・会誌」本荘

由利地域史研究会　（5）2012.10

岩越線の全通と会津（特集 はやぶさから、はやぶさ、へ）（徳竹剛）「東北学．［第3期］」東北芸術工科大学東北文化研究センター，はる書房（発売）1　2013.1

田名部村（現むつ市）残留会津人の不動産―明治16年の状況（葛西富夫）「うそり」下北の歴史と文化を語る会　（49）2013.2

歴史随想 福島・喜多方事件に関する一考察―会津自由党と「敗北の素因」を中心として（幕内満雄）「茨城の思想研究」茨城の思想研究会（12）2013.2

会津漆器、その歴史は古く（古川力）「温故知新」熱塩加納郷土史研究会（19）2013.3

自由民権運動会津遺族会雑感（三浦主税）「温故知新」熱塩加納郷土史研究会　（19）2013.3

『老媼茶話』にみる近世会津の民俗風景（佐々木長生）「福島県立博物館紀要」福島県立博物館　（27）2013.3

くろ谷 金戒光明寺について―会津と京都のかかわり（橋本周現）「文化財レポート」京都文化財団　（26）2013.3

町先の行間 有田と会津との縁（えにし）―深川キヨさんを通して（尾﨑葉子）「季刊皿山 : 有田町歴史民俗資料館館報」有田町歴史民俗資料館　（97）2013.3

会津 葦名氏の支配から伊達政宗の支配へ（遠藤孝助）「懐風」米沢御堀端史跡保存会　（38）2013.4

八重の桜 会津と米沢をつなぐ街道（米沢編）―米沢と八重は、密接な関係（鈴木正則）「懐風」米沢御堀端史跡保存会　（38）2013.4

會津乱世日記（2）松﨑矩綱（第12回会津史談会賞入賞作）（松﨑建［読下し・編集］）「会津史談」会津史談会　（87）2013.4

観光の中心としての城・城址 戦前の観光案内本「祖国認識旅行叢書」に見える若松城址と会津観光（坂詰智美）「会津史談」会津史談会（87）2013.4

涙なくして読み切れない実話 戊辰後の会津人の苦難！秘話（大竹邦洋）「会津人群像」歴史春秋出版　（23）2013.4

『会津万葉集』その後（三角美冬）「会津人群像」歴史春秋出版　（23）2013.4

幕末・明治期に名を挙げた、会津の女性達（資料紹介）（井上昌威）「歴史春秋」歴史春秋社　（80）2013.4

会津乱世日記［1］,（2）松﨑矩綱（松﨑建）「会津会々報」会津会（119）/（120）2013.6/2014.6

二つの戦後を経験した会津から、日本の今を考える（満田守雄）「会津会々報」会津会　（119）2013.6

Q&A 会津の半唐箕（佐々木長生）「博物館だより」福島県立博物館（109）2013.6

会津戊辰戦争と神仏分離政策 豊富な史料で新事実を解明（大竹邦洋）「会津人群像」歴史春秋出版　（24）2013.9

特集座談会 新しい史実を語る!! 会津戊辰戦争を考える 今会津人は!!（大竹邦洋、簗田直幸、井上昌威、鈴木荘一）「会津人群像」歴史春秋出版　（25）2013.12

会津の絵ろうそく（研究ノート）（佐々木長生）「博物館だより」福島県立博物館　（111）2013.12

会津弁つれづれ（遠藤仁）「温故知新」熱塩加納郷土史研究会　（20）2014.3

会津地方における木綿栽培と普及過程―「会津農書」と風俗帳を中心に（佐々木長生）「福島県立博物館紀要」福島県立博物館　（28）2014.3

会津の「昭和時代」（五ノ井三男）「会津史談」会津史談会　（88）2014.4

会津に在る小梅隊（子塚）（異聞 戊辰会津戦争悲話）（井上昌威）「会津人群像」歴史春秋出版　（26）2014.4

郡外史跡巡り 会津戊辰戦争の地を訪ねて（江川一男）「阿賀路 : 東蒲原郡郷土誌」阿賀路の会　52　2014.4

県復興に影響を与えた 警視庁警視抜刀隊―会津士族の奮戦（吉田柳太郎）「会津会々報」会津会　（120）2014.6

特集 異聞 戊辰会津戦争 白虎隊の真実（井上昌威）「会津人群像」歴史春秋出版　（27）2014.8

横須賀の中の「會津」（河野十四生）「会津人群像」歴史春秋出版　（27）2014.8

会津戊辰戦争・伝承秘話 おけいの戊辰戦争（研究ノート）（井上昌威）「歴史春秋」歴史春秋社　（80）2014.10

異聞 戊辰会津戦争 白虎隊の真実（2）（井上昌威）「会津人群像」歴史春秋出版　（28）2014.11

近代会津の復権と戦没者慰霊（今井昭彦）「会津人群像」歴史春秋出版（28）2014.11

会津加藤領

会津加藤領における土免の考察（加藤義久）「郡山地方史研究」郡山地方史研究会　43　2013.3

会津郡

ここまで分かった古代・中世・戦国の会津（1）会津郡の郡衙（石田明

夫）「会津史談通信」会津史談会　（54）2005.10

ここまで分かった古代・中世・戦国の会津（3）古代会津の寺院跡「謎の高寺と会津郡の寺」（石田明夫）「会津史談通信」会津史談会　（56）2006.10

まほろん移動展「新編陸奥国風土記巻之五 会津郡・耶麻郡その一」（高橋満）「博物館だより」福島県立博物館　通号83　2006.12

まほろん移動展「新編陸奥国風土記巻之五 会津郡・耶麻郡その一」（高橋満）「博物館だより」福島県立博物館　通号84　2007.3

まほろん移動展「新編陸奥国風土記巻之五 会津郡・耶麻郡その一」関連事業 展示と解説会（森幸彦）「博物館だより」福島県立博物館　通号85　2007.6

会津工業高校

創設期の福島県立会津工業高校について（小関栄助）「歴史春秋」歴史春秋社　（59）2004.4

会津五街道

会津五街道と札の辻（白河編 白河街道）「下野街道」ヤマト企画編集部（14）2014.6

会津城

戊辰戦争後の石州流茶道を立ち上げた会津城下の面面（佐藤紀典）「会津史談」会津史談会　（81）2007.4

会津新宮城

国指定史跡 会津新宮城跡（喜多方編 米沢街道）（山中雄志）「下野街道」ヤマト企画編集部　（10）2010.5

会津中学校

旧制会津中学校の日露戦争軍資金献納（芳賀英一）「福島県史料情報 : 福島県歴史資料館」福島県文化振興財団　（39）2014.6

会津鉄道

野岩鉄道・会津鉄道の開通と変容（《創立50周年記念特集号 変容福島県》―〈会津地方に関する論考〉）（佐々木修）「福島地理論集」福島地理学会　51　2008.9

会津中街道

那須野ケ原と会津中街道（4）,（5）（辻野敏雄）「那須野ケ原開拓史研究」那須野ケ原開拓史研究会　49/50　2000.12/2001.12

会津中街道を歩く（木村軍一）「ふるさと矢板」矢板市教育委員会生涯学習課　（32）2006.9

会津中街道「三斗小屋宿」について（那須塩原市黒磯地区プロジェクト調査報告書）（高根沢広之）「那須文化研究」那須文化研究会　（27）2013.12

会津中街道往還

地方文書は語る（12）―会津中街道往還荷物馬次ぎ一件文書について（高根沢広之）「那須文化研究」那須文化研究会　（27）2013.12

相津国

歴史文化講演 「相津国」誕生の由来―文献と考古資料から探る（鈴木啓）「歴史春秋」歴史春秋社　（75）2012.4

会津藩

会津藩時代の天変地異（木村武）「阿賀路 : 東蒲原郡郷土誌」阿賀路の会　38　2000.5

会津藩『家世実紀』にみる凶作・飢饉についての考察（大塚実）「会津若松市史研究」会津若松市　（2）2000.11

上方における会津藩御用達の活動（長谷川和夫）「会津若松市史研究」会津若松市　（2）2000.11

会津藩『家世実記』にみる藩政初期における藩内抗争（大塚實）「会津若松市史研究」会津若松市　（3）2001.10

会津藩における無楽流居合術の伝承（間島勲）「会津若松市史研究」会津若松市　（3）2001.10

会津藩と御用達商人との依存関係（長谷川和夫）「会津若松市史研究」会津若松市　（3）2001.10

会津藩における御法度をめぐって（羽染健一，玉川圭佑，栗城好次）「会津若松市史研究」会津若松市　（3）2001.10

会津藩と朝廷の関係をめぐる考察（上）,（下）（大塚實）「会津若松市史研究」会津若松市　（4）/（5）2002.8/2003.9

会津藩番頭沼沢家の今昔（渡邊良三）「会津若松市史研究」会津若松市（4）2002.8

会津藩における宝蔵院流高田派槍術の伝承（間島勲）「会津若松市史研究」会津若松市　（4）2002.8

北海道開拓の先駆者たち（7）―会津藩の場合（村瀬正）「屯田」北海道屯田倶楽部　32　2002.10

阿賀川舟運の史実を回顧する―会津藩の阿賀川開鑿工事と西廻米通運の史料を探求（角田十三男）「西会津史談」西会津史談会　（6）2003.4

会津藩の倹約令（川口芳昭）「会北史談」会北史談会　（45）2003.7

会津藩における藩政改革 一班（伊藤豊松）「会北史談」会北史談会（45）2003.7

会津藩の林業政策と庶民生活（峯岸幸雄）「温故知新」 熱塩加納郷土史研究会 （9）2003.8

会津藩における徂徠学派の消長（間島勲）「会津若松市史研究」 会津若松市 （5）2003.9

会津藩における町政組織の特質について（酒井民樹）「会津若松市史研究」 会津若松市 （5）2003.9

会津藩の「小普請」について（坂詰智美）「歴史春秋」 歴史春秋社 （58）2003.10

『会津藩家世実紀』にみえる武士の刑罰について（上）（井関鐵雄）「歴史春秋」 歴史春秋社 （58）2003.10

農耕図の絵農書的存在について―会津藩絵師補遠藤香村筆農耕図を中心に（佐々木長生）「福島県立博物館紀要」 福島県立博物館 （18）2004.3

会津藩の怨念について思う（山本清）「会津史談」 会津史談会 （78）2004.5

歴史探訪 会津と北海道 会津藩の蝦夷地出陣を顧みる（大塚實）「会津人群像」 歴史春秋出版 （2）2004.6

歴史のある風景 会津藩主松平家廟所（笹川壽夫）「会津人群像」 歴史春秋出版 （2）2004.6

徳川幕府の会津藩監察をめぐる考察（大塚實）「会津若松市史研究」 会津若松市 （6）2004.9

会津藩の少子化対策と農民家族（太田素子）「会津若松市史研究」 会津若松市 （6）2004.9

会津藩の教育制度に見える「小普請」（坂詰智美）「会津若松市史研究」 会津若松市 （6）2004.9

会津藩における社倉法制定についての一考察―山崎闇斎の思想的影響を再検討する（上田麻菜）「福島史学研究」 福島県史学会 （79）2004.9

会津藩士・萩を行く（金子健一）「月刊会津人」 月刊会津人社 （16）2005.1

幕末期における会津藩の行動理念の形成過程（村上由佳）「日本史の方法」 奈良女子大学「日本史の方法」研究会 （[1]）2005.3

布引山争論の論所裁許と元禄国絵図―会津藩の国絵図作成（上）（下）（阿部俊夫）「福島県歴史資料館研究紀要」 福島県文化振興事業団 （27）/（28）2005.3/2006.3

会津藩における公儀及び藩主の御位牌所（横山秀夫）「歴史春秋」 歴史春秋社 （61）2005.4

会津藩の和歌の系譜（間島勲）「歴史春秋」 歴史春秋社 （61）2005.4

河内国御厨村と京都守護職会津藩役知（田崎公司）「会北史談」 会北史談会 （47）2005.7

会津藩における亀趺（鈴木健太郎）「会津若松市史研究」 会津若松市 （7）2005.10

会津藩の和歌の系譜（続）（間島勲）「歴史春秋」 歴史春秋社 （62）2005.10

会津藩における武士階級に対する刑罰権の公使について―『会津藩家世実紀』をとおして（1）（井関鐵雄）「歴史春秋」 歴史春秋社 （62）2005.10

会津藩の御稽古小普請（坂詰智美）「歴史春秋」 歴史春秋社 （62）2005.10

会津藩の武芸者たち（《特集 会津の武芸者群像》）（間島勲）「会津人群像」 歴史春秋出版 （6）2006.3

会津藩の弓術（《特集 会津の武芸者群像》）（菊池力衛）「会津人群像」 歴史春秋出版 （6）2006.3

会津藩の馬術（《特集 会津の武芸者群像》）（芳賀幸雄）「会津人群像」 歴史春秋出版 （6）2006.3

会津藩の槍術（《特集 会津の武芸者群像》）（勝田多加志）「会津人群像」 歴史春秋出版 （6）2006.3

会津藩の剣術（《特集 会津の武芸者群像》）（間島勲）「会津人群像」 歴史春秋出版 （6）2006.3

会津藩の水業（《特集 会津の武芸者群像》）（玉川芳男）「会津人群像」 歴史春秋出版 （6）2006.3

会津藩の江戸湾警備（淺川道夫）「開国史研究」 横須賀市 （6）2006.3

会津藩の江戸湾警備と房総諸藩の動向―弘化・嘉永期を中心に（山本哲也）「開国史研究」 横須賀市 （6）2006.3

会津藩政改革における徂徠学の影響とその実践（村上由佳）「会津若松市史研究」 会津若松市 （6）2006.9

第6回会津史談会入賞作 受賞者のことば 会津藩の水錬・水業（吉津正）「会津史談」 会津史談会 （81）2007.4

こちら会津通信局（8）会津藩の世界遺産（石原健治）「会津人群像」 歴史春秋出版 （9）2007.6

京都守護職会津藩の京都防衛構想と楠葉台場（《小特集 大阪府枚方市楠葉台場跡の保存問題をめぐって》）（馬部隆弘）「ヒストリア ： journal of Osaka Historical Association」 大阪歴史学会 （206）2007.9

南山城御蔵入騒動の研究史的考察（渡部力夫）「歴史春秋」 歴史春秋社 （66）2007.10

会津藩における公儀御位牌所（《特集 仏都会津》）（横山秀夫）「会津人群像」 歴史春秋出版 （10）2007.11

会津藩第二遊撃隊を追え（内藤斗志矢）「東北戊辰戦争懇話会報」 東北戊辰戦争懇話会 （5）2007.12

平成19年度第4回文化史講座 「東京方面の会津藩ゆかりの地」を訪ねて（坂内實）「会津史談」 会津史談会 （82）2008.4

会津藩士の越後高田における謹慎生活（《特集 戊辰戦争140年》―各地の戊辰戦争）（村山和夫）「会津人群像」 歴史春秋出版 （12）2008.10

総会講演 幕末・維新期の経済秘話―会津藩の贋金札について（川口芳昭）「歴史春秋」 歴史春秋社 （68）2008.10

旧会津藩士の斗南藩転封と三本木移住（阿部和夫）「奥羽史談」 奥羽史談会 （119・120）2009.3

平成20年度第4回文化史講座 蝦夷地・北方警備に殉じた会津藩士を偲ぶ旅（水澤繁雄）「会津史談」 会津史談会 （83）2009.4

淀川警備体制と京都守護職会津藩の関門構想（特集 幕末京都口の関門―枚方・楠葉台場跡）（馬部隆弘）「ヒストリア ： journal of Osaka Historical Association」 大阪歴史学会 （217）2009.10

会津藩の江戸湾警備 三浦半島から房総半島まで（《特集 会津藩の江戸湾警備》）（五ノ井三男）「会津人群像」 歴史春秋出版 （15）2009.10

江戸湾防備から二百年 現在に残る会津藩の残映（《特集 会津藩の江戸湾警備》）（河野十四生）「会津人群像」 歴史春秋出版 （15）2009.10

旧会津藩士（斗南藩士）安積開拓入植についての一考察（研究ノート）（伊藤光子）「歴史春秋」 歴史春秋社 （71）2010.4

京都守護職会津藩と楠葉台場―幕末会津藩の政治的地位と日本唯一の河川砲台との関連（吉野隼平）「会津史談」 会津史談会 （84）2010.4

会津藩らの戊辰戦争最後の死闘を描く『箱館戦争全史』（好川之範）「会津会々報」 会津会 （116）2010.6

京都守護職会津藩役知再論―河内国を中心として（田﨑公司，池田治司）「会北史談」 会北史談会 （53）2011.7

楠葉・梶原の「関門」台場と会津藩―八幡・山崎の関門構築構想から見えてくる京都守護職会津藩の姿（第11回会津史談会賞入賞作）（吉野集平）「会津史談」 会津史談会 （86）2012.4

特集 海の会津藩（好川之範）「会津人群像」 歴史春秋出版 （21）2012.4

明治中期の若松町在住の旧會津藩士の名明らかに（河野十四生）「会津人群像」 歴史春秋出版 （22）2012.4

江戸幕府を震撼させた会津藩二大騒動秘話（御蔵入騒動の巻）（酒井哲也）「会津人群像」 歴史春秋出版 （22）2012.12

名君・会津藩主保科正之と信濃とのかかわり―信州教育の礎を築いた福島県の二人の教育者（鎌倉治雄）「ちょうま」 更埴郷土を知る会 （33）2013.1

会津藩の主従・秘話（丸山義雄）「会津会々報」 会津会 （119）2013.6

加担した者たちから見た結城戦争―彰義隊士と会津藩士（論文）（あさくらゆう）「茨城史林」 筑波書林 （37）2013.6

北辺の咆哮―会津藩士の蝦夷地移住（河野十四生）「会津人群像」 歴史春秋出版 （24）2013.9

県庁文書に残る会津藩分限帳（小野孝太郎）「福島県史料情報 ： 福島県歴史資料館」 福島県文化振興財団 （37）2013.10

会津藩の行財政について（会員研究発表）（池上晃次）「歴史春秋」 歴史春秋社 （78）2013.10

会津藩と斜里山道「標津番屋屏風」（新潟県西巌寺所蔵）、『北海道歴検図 根室州 下』「チラエワタラ」目賀田帯刀画（北海道大学附属図書館所蔵）「中標津町郷土館だより」 中標津町郷土館 （25）2013.11

歴史の小径 会津藩の惨状（田村貞雄）「東海近代史研究」 東海近代史研究会 （34）2013.11

報告 第50回市民史跡めぐり「会津藩と戊辰戦争」（相田俊雄）「郷土てんどう ： 天童郷土研究会会報」 天童郷土研究会 （42）2014.2

第一部 講演 山国会津の侍、日本の海を守る―幕末会津藩海防史（開国史講演会）（野口信一）「開国史研究」 横須賀市 （14）2014.3

幕末会津藩と蝦夷地（大会発表要旨）（佐藤愛未）「中央史学」 中央史学会 （37）2014.3

平成二十五年度会津史談会総会 記念講演 世界に誇るべき幕末会津藩の栄光（鈴木荘一）「会津史談」 会津史談会 （88）2014.4

資料紹介 会津藩の経済を救った、会津和人蔘清国輸出の立て役者 会津和人蔘栽培と足立仁十郎（井上昌威）「会津史談」 会津史談会 （88）2014.4

会津藩士を巡る旅（会史亭）（鈴木郁志美）「会津史談」 会津史談会 （88）2014.4

会津藩北方防備時の軍事奉行 丹羽能教曾孫丹羽五郎が率いた 開拓に生きた会津人（成田勝義）「会津史談通信」 会津史談会 （71）2014.4

会津の藩札を強奪して、贋金の決め付けた詐謀久保村の暴虐（異聞 戊辰会津戦争悲話）（井上昌威）「会津人群像」 歴史春秋出版 （26）2014.4

連載 京都守護職の苦悩 総督大河内正質の戦術ミスによる鳥羽伏見の敗北（鈴木荘一）「会津人群像」 歴史春秋出版 （26）2014.4

岩内の今日を築いた会津藩の人々（坂井弘治）「文化情報」 北海道文化財保護協会 （343）2014.5

會津藩の主従・秘話（2）（丸山義雄）「会津会々報」 会津会 （120）2014.6

連載 京都守護職の苦悩 会津救済としての奥羽列藩同盟(鈴木荘一)「会津人群像」 歴史春秋出版 (27) 2014.8

連載 京都守護職の苦悩 母成峠陥つ(鈴木荘一)「会津人群像」 歴史春秋出版 (28) 2014.11

会津坂下町

会津坂下町付近における越後街道の変遷(菅野康二)「福島地理論集」 福島地理学会 47 2004.9

会津坂下町付近における宿駅集落の変容(菅野康二)「福島地理論集」 福島地理学会 47 2004.9

会津坂下町付近における宿駅集落の変容《創立50周年記念特集号 変容福島県》―〈会津地方に関する論考〉(菅野康二)「福島地理論集」 福島地理学会 51 2008.9

会津坂下町付近における越後街道の変遷《創立50周年記念特集号 変容福島県》―〈会津地方に関する論考〉(菅野康二)「福島地理論集」 福島地理学会 51 2008.9

百四十年前に思いを馳せて《会津坂下町編 越後街道》(渡部三郎)「下野街道」 ヤマト企画編集部 (9) 2009.5

会津坂下町は会津文化の源流 未来に向けて対談 前竹内町長大いに語る「会津人群像」 歴史春秋出版 (24) 2013.9

会津本郷

会津本郷焼のあゆみと変容(〈変容福島県〉)(高野弘道)「福島地理論集」 福島地理学会 49 2006.9

会津本郷焼のあゆみと変容《創立50周年記念特集号 変容福島県》―〈会津地方に関する論考〉)(高野弘道)「福島地理論集」 福島地理学会 51 2008.9

会津本郷焼の歴史(会津美里編 下野街道)(森源勝)「下野街道」 ヤマト企画編集部 (13) 2013.5

会津盆地

「会津」人はどこから来たのか―伊那谷と会津盆地(畑敬之助)「会津人群像」 歴史春秋出版 (4) 2005.2

会津盆地の農業の変容(〈変容福島県〉)(湯浅恵寿)「福島地理論集」 福島地理学会 50 2007.9

会津盆地の農業の変容《創立50周年記念特集号 変容福島県》―〈会津地方に関する論考〉)(湯浅恵寿)「福島地理論集」 福島地理学会 51 2008.9

会津美里町

会津を食す(15) 「軟白ネギ」会津美里町「会津人群像」 歴史春秋出版 (18) 2010.12

会津美里町の戊辰戦争(会津美里編 下野街道)(石田明夫)「下野街道」 ヤマト企画編集部 (13) 2013.5

会津若松

会津若松の歩みを見る、ふれる「発掘調査で探る会津の歴史」「あいづわかまつ文化財だより」 会津若松市教育委員会 8 2001.3

戦後の会津若松風景(苅谷鷺行)「会津会々報」 会津会 108 2002.6

古文書紹介 正之公愈山形より会津若松へ移される(伊東寛)「会津史談通信」 会津史談会 50 2003.10

歴史の宝庫・会津若松探訪記―佐原義連と会津・極楽寺のものがたり(会員コーナー)(奥田寶實)「三浦一族研究」 横須賀市 (9) 2005.5

「模擬原爆」積載のB29 目標の会津若松から謎の反転(菊池良輝)「会津会々報」 会津会 (115) 2009.6

会津飛来のB29、私はその機を見ていた―爆撃目標は若松連隊だったのか？(遠藤暢喜)「会津会々報」 会津会 (116) 2010.6

藤倉氏の研究 南北朝時代の佐原一族と藤原氏(3)(宇津味善助)「会北史談」 会北史談会 (54) 2012.8

会津若松と矢野商店をつないだ道 会津街道(神山勇)「桐生史苑」 桐生文化史談会 (52) 2013.3

会津若松と瓜生岩子(渡邊喜久雄)「歴研みやぎ」 宮城県歴史研究会 (93) 2014.3

第27回「会津と越後を語る会」会津若松大会 歴史の街会津若松を訪れる(会の活動)(石塚端夫)「郷土新潟」 新潟郷土研究会 (54) 2014.3

江戸時代の情報伝達―会津若松の安永の大火(小野孝太郎)「福島県史料情報 ： 福島県歴史資料館」 福島県文化振興財団 (39) 2014.6

会津若松機関区

懐かしの鉄道(3) 思い出・鉄道の話 会津若松機関区と日中線(佐原義春)「会津人群像」 歴史春秋出版 (17) 2010.8

会津若松市

『野村家系譜』について(間川勲)「会津若松市史研究」 会津若松市 (3) 2001.10

会津若松市域行政区画の変遷について(五十嵐勇作)「会津若松市史研究」 会津若松市 (4) 2002.8

〔史料紹介〕 小林哲郎家文書(栗城好次)「会津若松市史研究」 会津若松市 (4) 2002.8

〔史料紹介〕 古川明家文書(羽染健一)「会津若松市史研究」 会津若松市 (4) 2002.8

〔史料紹介〕 横山秀夫家文書(玉川圭佑)「会津若松市史研究」 会津若松市 (4) 2002.8

〔史料紹介〕 川島孝一家文書 解説(大塚實)「会津若松市史研究」 会津若松市 (4) 2002.8

森田慶一家文書(〔史料紹介〕)(玉川圭佑)「会津若松市史研究」 会津若松市 (5) 2003.9

中村義明家文書(〔史料紹介〕)(羽染健一)「会津若松市史研究」 会津若松市 (5) 2003.9

渡部孝雄家文書(〔史料紹介〕)(栗城好次)「会津若松市史研究」 会津若松市 (5) 2003.9

河村俊介家文書(〔史料紹介〕)(長谷川和夫)「会津若松市史研究」 会津若松市 (5) 2003.9

沈没寸前の会津若松市(会津奇兵隊)「月刊会津人」 月刊会津人社 (1) 2003.10

横山敏彦家文書(〔史料紹介〕)(長谷川和夫)「会津若松市史研究」 会津若松市 (6) 2004.9

飯岡七郎家文書(史料紹介)(長谷川和夫)「会津若松市史研究」 会津若松市 (7) 2005.10

小野修家文書(史料紹介)(玉川圭佑)「会津若松市史研究」 会津若松市 (7) 2005.10

坂内宗一家文書(史料紹介)(長谷川和夫)「会津若松市史研究」 会津若松市 (8) 2006.9

大橋知伸家文書(史料紹介)(皆川恭子)「会津若松市史研究」 会津若松市 (9) 2007.9

東日本大震災地石巻市・会津若松市を訪ねた青空教室(報告)(橋本正準)「加南地方史研究」 加南地方史研究会 (61) 2014.3

会津若松城

会津若松城下町の丁字路《創立50周年記念特集号 変容福島県》―〈会津地方に関する論考〉)(原田榮)「福島地理論集」 福島地理学会 51 2008.9

史料発掘 加賀藩士の会津若松城訪問記―青地礼幹「青地紀行」(鈴木景二)「歴史春秋」 歴史春秋社 (71) 2010.4

赤瓦になった会津若松城と城主について(一般投稿)(赤間孝一)「すぎのめ」 福島市杉妻地区史跡保存会 (33) 2012.3

平成24年度会津史談会総会 記念講演 会津若松城下絵図散歩(野口信一)「会津史談」 会津史談会 (87) 2013.4

会津若松郵便局

古き写真の発掘(1) 会津若松郵便局(野口信一)「会津人群像」 歴史春秋出版 (22) 2012.12

相中

大混迷期の相中、相高俗史(渡部行)「相馬郷土」 相馬郷土研究会 (27) 2012.3

青木山

50年前の青木山の遠足を再現して 青木山で生きたおしん・成田あきゑさん(滝沢洋之)「会津人群像」 歴史春秋出版 (9) 2007.6

阿賀川

阿賀川舟運の史実を回顧する―会津藩の阿賀川開鑿工事と西廻米通運の史料を探求(角田十三男)「西会津史談」 西会津史談会 (6) 2003.4

赤崩越

ふるさと歴史講座 陣場山と赤崩越の可能性(高橋明)「温故知新」 熱塩加納郷土史研究会 (17) 2011.3

赤崎

赤崎松林と近隣住民の動向(峯岸幸雄)「温故知新」 熱塩加納郷土史研究会 (20) 2014.3

赤谷

慶応四辰年三月ヨリ赤谷口江出張以来戦争覚書実録 望月(辰太郎)安益(星甚恵)「歴史春秋」 歴史春秋社 (63) 2006.4

曙酒造

会津人と酒(5) 会津坂下、三つの酒蔵の物語 曙酒造・豊国酒造・廣木酒造(会津坂下町)(須田麻智子)「会津人群像」 歴史春秋出版 (5) 2005.10

安子島

安子島(亀井館)ノート(広長典典)「郡山地方史研究」 郡山地方史研究会 40 2010.3

安子島城

慶長五年の安子島城(本間宏)「福島県史料情報 ： 福島県歴史資料館」 福島県文化振興財団 (38) 2014.2

安積

安積開拓縁の地と歴史と観光の島「しまなみ海道」を訪ねる(柳田家光)

「富田町史談会会報」　富田町史談会　（11）2003.4
安積開拓と米沢士族（第242回例会講話）（玉上利幸）「温故」米沢温故会（30）2003.8
安積開拓と安積疏水地域の変容（〈変容福島県〉）（高田衛）「福島地理論集」福島地理学会　50　2007.9
安積開拓と安積疏水地域の変容（《創立50周年記念特集号 変容福島県》—（中通り地方に関する論考））（高田衛）「福島地理論集」福島地理学会　51　2008.9
旧会津藩士（斗南藩士）安積開拓入植についての一考察（研究ノート）（伊藤光子）「歴史春秋」歴史春秋社　（71）2010.4
公文書でみる明治時代（1）明治天皇の東北巡幸/安積開拓と安積疎水（小暮伸之）「福島県史料情報 : 福島県歴史資料館」福島県文化振興財団　（30）2011.7

安積郡
まほろん春のてんじ 収蔵資料展「新編陸奥国風土記―巻之三、安積郡」「文化福島」福島県文化振興事業団　33（9）通号382　2004.1
まほろん移動展 新編陸奥国風土記―巻之三、安積郡「文化福島」福島県文化振興事業団　34（3）通号386　2004.6
『郡山埋文ニュース』から見る古代安積郡（独鈷仁吉）「郡山地方史研究」郡山地方史研究会　35　2005.3
古代安積郡の成立（垣内和孝）「福島史学研究」福島県史学会　（84）2007.3
戦国期安積郡の城館（垣内和孝）「中世城郭研究」中世城郭研究会　（25）2011.7
近世における安積郡の水利について（上）,（下）（柳田和久）「福島史学研究」福島県史学会　（91）/（92）2013.3/2014.03
伊達氏天文の乱における南奥諸氏の動向―安積郡をめぐる争い（研究発表要旨）（菅井優士）「国史談話会雑誌」東北大学国史談話会　（55）2014.11

安積原野
安積原野の利用状況と秣場争論について（上）,（下）（柳田和久）「福島史学研究」福島県史学会　75/76　2002.8/2003.3

安積疏水
安積疏水と白河を訪ねて（青木源作）「群馬風土記」群馬出版センター　17（2）通号73　2003.4
和算と安積疏水（仲澤朴雄）「船引地方史研究」船引地方史研究会　（14）2009.8
安積疏水がもたらしたもの 講師：日本大学工学部教授 矢部洋三氏（平成24年度那須野が原開拓史研究会講演会）（後藤悟）「那須野ケ原開拓史研究」那須野ケ原開拓史研究会　（72）2012.12

安積歴史博物館
安積歴史博物館大震災被災体験記（東日本大震災特集）（国分敏雄）「郡山地方史研究」郡山地方史研究会　42　2012.3

浅川陣屋
浅川陣屋の三遷と陣屋屋敷（近藤進一）「石川史談」石陽史学会　（17）2004.7

芦野
猪苗代兼載の隠棲の地 芦野を訪ねて（上野邦男）「会津人群像」歴史春秋出版　（17）2010.8

芦ノ牧
芦ノ牧史料（大塚實）「会津若松市史研究」会津若松市　（3）2001.10

阿津賀志山
阿津賀志山画像碑群拓本採取奮闘戦記（内池育男）「郷土の研究」国見町郷土史研究会　（40）2010.3
歴史講演会「文治五年 阿津賀志山の戦い」（行事報告）（事務局）「郷土の研究」国見町郷土史研究会　（41）2011.3
歴史講演会「日本の古代合戦史よりみた阿津賀志山の戦い」（行事報告）（事務局）「郷土の研究」国見町郷土史研究会　（42）2012.3
歴史講演会「吾妻鏡」で読む阿津賀志山の戦い―その疑問点をさぐる（活動報告）（事務局）「郷土の研究」国見町郷土史研究会　（43）2013.3
歴史講演会 奥州合戦 阿津賀志山の戦い―天然の要害と奥州軍の戦い（活動報告）（事務局）「郷土の研究」国見町郷土史研究会　（44）2014.3

阿津賀志山防塁
歴史講演会「奥州藤原氏と阿津賀志山防塁」（行事報告）（事務局）「郷土の研究」国見町郷土史研究会　（40）2010.3

篤ヶ森館
懸田城跡と篤ヶ森館跡（特別寄稿）（高橋圭次）「霊山史談」霊山町郷土史研究会　（11）2008.10

熱塩加納
ふるさと歴史講座 伊達侵攻と熱塩・加納（高橋明）「温故知新」熱塩加納郷土史研究会　（13）2007.3

ふるさと歴史講座（1）自由民権運動と熱塩加納の人々（赤城弘）「温故知新」熱塩加納郷土史研究会　（16）2010.3
村の今昔（遠藤徳雄）「温故知新」熱塩加納郷土史研究会　（16）2010.3
ひかりを求めて―災害と復興の足跡（遠藤徳雄）「温故知新」熱塩加納郷土史研究会　（17）2011.3
自由民権運動と熱塩加納の人々（大沢君一）「温故知新」熱塩加納郷土史研究会　（19）2013.3

熱塩加納村
家紋の話（3）熱塩加納村の家紋（古川力）「温故知新」熱塩加納郷土史研究会　（10）2004.4
ふるさと歴史講座（2）平金吾義連碑文解 私考（佐原義春）「温故知新」熱塩加納郷土史研究会　（16）2010.3

阿武隈
阿武隈・八溝中山間地域のこんにゃくいも（〈変容福島県〉）（高田衛）「福島地理論集」福島地理学会　49　2006.9
阿武隈梁山泊外伝（1）～（4）（たくきよしみつ）「東北学．［第3期］」東北芸術工科大学東北文化研究センター，はる書房（発売）1/4　2013.1/2014.07

阿武隈川
福島市指定文化財「阿武隈川舟運図」を読む（鐵貞治）「すぎのめ」福島市杉妻地区史跡保存会　24　2001.11
伊那人の阿武隈川上流開拓―白河藩市田陣屋に関わって（林登美人）「伊那」伊那史学会　50（3）通号886　2002.3
福島市指定文化財「阿武隈川舟運図」を読む（2）（鐵貞治）「すぎのめ」福島市杉妻地区史跡保存会　25　2002.11
阿武隈川渡舟場物語（石間大暉）「郷土わたり」亘理郷土史研究会　90　2003.4
阿武隈川における漁業の推移と漁協の役割（高野岳彦）「福島地理論集」福島地理学会　47　2004.9
実地見聞阿武隈川の舟運について（遠藤利夫）「郷土の香り : 郷土文化財資料」保原町文化財保存会　38　2005.3
阿武隈川の御城米運送（清野一夫）「伊達の風土」伊達郷土史研究会　24　2005.12
阿武隈川の御城米運送（武者惣蔵）「郷土わたり」亘理郷土史研究会　（96）2006.4
阿武隈川における漁業の推移と漁協の役割（《創立50周年記念特集号 変容福島県》—〈中通り地方に関する論考〉）（高野岳彦）「福島地理論集」福島地理学会　51　2008.9
阿武隈川上流の農業水利構造の変容―社川流域の農業用水（《創立50周年記念特集号 変容福島県》—（中通り地方に関する論考））（山縣重信）「福島地理論集」福島地理学会　51　2008.9
「オウクマガワ」はどこへいった（われらの広場）（渡辺修身）「郷土わたり」亘理郷土史研究会　（104）2010.4
阿武隈川の舟運と諏訪幸右衛門玄好（諏訪貞夫）「西上総文化会報」西上総文化会　（71）2011.3
史料紹介 享保八・九年の阿武隈川の洪水と徳定村の移転に関する史料（松本和子）「郡山地方史研究」郡山地方史研究会　42　2012.3
「国見・桑折両町史」からみた阿武隈川流域の地名考（ふるさとの研究）（笠松金次）「郷土の研究」国見町郷土史研究会　（43）2013.3
阿武隈川舟運と浦高札（佐々木慎一）「福島県史料情報 : 福島県歴史資料館」福島県文化振興財団　（38）2014.2

阿武隈急行線
阿武隈急行線の開通と地域の変容―保原町・梁川町の場合（〈変容福島県〉）（小針征次）「福島地理論集」福島地理学会　50　2007.9
阿武隈急行線の開通と地域の変容―保原町・梁川町の場合（《創立50周年記念特集号 変容福島県》—〈中通り地方に関する論考〉）（小針征次）「福島地理論集」福島地理学会　51　2008.9

阿武隈高地
阿武隈高地における放牧桑園の拡大（〈変容福島県〉）（高田明典）「福島地理論集」福島地理学会　50　2007.9
阿武隈高地における放牧桑園の拡大（《創立50周年記念特集号 変容福島県》—〈中通り地方に関する論考〉）（高田明典）「福島地理論集」福島地理学会　51　2008.9
阿武隈高地のイバラ餅のこと（佐久間良雄）「いわき地方史研究」いわき地方史研究会　（46）2009.10

荒井村
元禄16年「小山荒井村絵図」（安斎直巳家文書―43）（高橋信一）「福島県史料情報 : 福島県歴史資料館」福島県文化振興財団　（16）2006.9

荒海
南会津町荒海地区町有林の森林植生と土地利用履歴（鈴木和次郎，菊地賢，渡部康人）「奥会津博物館研究紀要」奥会津博物館　（1）2010.3

福島県　　地名でたどる郷土の歴史　　東北

荒浜
荒浜で知る漁村の暮らし (柴野三代次)「柏崎・刈羽」 柏崎刈羽郷土史研究会　(30)　2003.4

荒谷館
荒谷館―大蕨村の中世から近世 (調査報告研究) (三浦浩人)「さあべい」 さあべい同人会　(29)　2014.5

安養寺口
地区で辿る『奥相志中村』の道筋 (2) 田町枡形から田中安養寺口に至る (南部孝之)「えおひっぷす」 相馬郷土研究会　(241)　2008.4

飯坂
飯坂の美 (田中勇治)「寿里可美」 飯坂町史跡保存会　(10)　2003.6

浪漫うまれる町―飯坂 (会員投稿) (椎野裕子)「寿里可美」 飯坂町史跡保存会　(18)　2012.12

飯坂温泉
飯坂温泉を語る (伝承講演会の記録) (斎藤康夫)「寿里可美」 飯坂町史跡保存会　(18)　2012.12

飯坂温泉と摺上川 (伝承講演会の記録) (菅野栄二)「寿里可美」 飯坂町史跡保存会　(20)　2014.12

飯坂町
小さなわが町内 七十年前のあれこれ (伝承講演会の記録) (佐藤恒晴)「寿里可美」 飯坂町史跡保存会　(19)　2013.12

飯坂村
摺上川の氾濫から上飯坂村を守る蛇籠 文政元年 (1816) 8月10日付 陸奥国信夫郡上飯坂村摺上川除築立御普請所絵図 (堀切三郎家文書264号、部分) (渡邉智裕)「福島県史料情報 : 福島県歴史資料館」 福島県文化振興財団　(38)　2014.2

飯舘
「いいたての歴史と風土」展開催のいきさつ (本間宏)「福島県史料情報 : 福島県歴史資料館」 福島県文化振興財団　(34)　2012.10

「いいたての歴史と風土」展示資料紹介 馬代廿分一囲帳/養育料帳/御固メ処控帳 (小野孝太郎)「福島県史料情報 : 福島県歴史資料館」 福島県文化振興財団　(34)　2012.10

飯舘村
車窓から見た飯舘村 (第37回上伊那歴史研究会県外実地踏査報告「福島県と上伊那とのつながりを探る」) (下平哲)「伊那路」 上伊那郷土研究会　56 (12) 通号671　2012.12

飯豊山
飯豊山 (長谷川清)「温故知新」 熱塩加納郷土史研究会　(11)　2005.3

飯野町
飯野町における学童疎開の一端―疎開児の回顧録と受入校訓導の日記から (須田将司)「福島史学研究」 福島史学会　(84)　2007.3

川俣町・飯野町における織物業の変容 (《創立50周年記念特集号 変容福島県》―〈中通り地方に関する論考〉) (高野弘道)「福島地理論集」 福島地理学会　51　2008.9

飯盛山
會津探訪 (1) 飯盛山編 (横山秀夫)「会津人群像」 歴史春秋出版　(17)　2010.8

会員研究発表 飯盛山周辺の碑文研究 (大塚セイ子)「歴史春秋」 歴史春秋社　(74)　2011.10

福島会津 飯盛山に郡上凌霜隊碑建設 秘話哀話 綾成し歴史は有為転変す (高橋義一)「郡上史談」 郡上史談会　(138)　2012.10

五十辺村
「五十辺村絵図」(安斎直巳家文書49 32.5×38cm) (高橋信一)「福島県史料情報 : 福島県歴史資料館」 福島県文化振興財団　(19)　2008.1

砂子壔
『砂子壔江筋絵図』(阿部俊夫)「福島県史料情報 : 福島県歴史資料館」 福島県文化振興財団　8　2004.5

砂子壔・東根堰始点及び終点考 (岡崎勇七)「郷土の香り : 郷土文化財資料」 保原町文化財保存会　45　2012.4

石川
戊辰戦争における石川地方―支配者の変遷と農民たち (有賀究)「石川史談」 石陽史学会　(16)　2003.5

石川地方における自由民権運動の開始 (有賀究)「石川史談」 石陽史学会　(21)　2010.1

石川の自由民権運動と顕彰の役割 (安在邦夫)「石川史談」 石陽史学会　(22)　2012.3

幕末期石川地方における海産物の流通について (佐原崇彦)「石川史談」 石陽史学会　(23)　2014.3

石川郡
明治初期における石川郡の小学校の開校 (有賀究)「石川史談」 石陽史学会　(23)　2014.3

石川荘
中世石川荘の村 富沢・廻谷私見 (近藤進一)「石川史談」 石陽史学会　(22)　2012.3

石田
石田の歴史 [1] , (2) (斎藤富勝)「霊山町史談」 霊山町郷土史研究会　(10) / (11)　2005.11/2008.10

石田村
中世石田村に生きた人びと (高橋健一)「霊山町史談」 霊山町郷土史研究会　(10)　2005.11

石田邑
講演記録 石田邑をめぐる歴史 (菅野宏)「霊山町史談」 霊山町郷土史研究会　(11)　2008.10

石那坂
石那坂合戦の時と所 (小林清治)「すぎのめ」 福島市杉妻地区史跡保存会　24　2001.11

石母田城
石母田城 (ふるさとの研究) (菊池利雄)「郷土の研究」 国見町郷土史研究会　(43)　2013.3

泉城
特別寄稿 焼塩壺の一つの流れ―いわき市泉城から豊田市挙母城 (渡辺誠)「いわき地方史研究」 いわき地方史研究会　(46)　2009.10

泉廃寺跡
郡衙と官道 泉廃寺跡 (藤本海)「海韻古道を往く」 浜通り歴史の道研究会　(1)　2007.8

板橋
板橋今昔物語 (1) (2) , (3) (4) (野村和夫)「郷土の研究」 国見町郷土史研究会　(40) / (41)　2010.3/2011.3

一ノ戸橋梁
ふくしまの近代遺産―橋梁 一ノ戸橋梁 (喜多方市) (渡辺新)「会津史談」 会津史談会　(86)　2012.4

糸沢宿
よみがえった絲澤の宿 (馬場敏)「下野街道」 ヤマト企画編集部　(6)　2006.4

伊南
伊南三千石騒動 (山内太郎)「歴史春秋」 歴史春秋社　(61)　2005.4

猪苗代
鎌倉時代末期の猪苗代に関する一試論 (柳内壽彦)「会津若松市史研究」 会津若松市　(3)　2001.10

慶応四年猪苗代幷高田謹慎中御見舞請納帳 (小原覚右衛門)「歴史春秋」 歴史春秋社　(61)　2005.4

会津方部の戊辰戦争 猪苗代 (《特集 戊辰戦争140年》―各地の戊辰戦争) (小桧山六郎)「会津人群像」 歴史春秋出版　(12)　2008.10

研究発表から 越後・旧中之口村と会津・猪苗代地方をつなぐ一考察 (越後と会津を語る会―猪苗代大会) (平賀巳代治)「阿賀路 : 東蒲原郡郷土誌」 阿賀路の会　48　2010.5

猪苗代湖
猪苗代湖のマリーナ整備の変遷 (〈変容福島県〉) (蓮見隆)「福島地理論集」 福島地理学会　50　2007.9

猪苗代湖のマリーナ整備の変遷 (《創立50周年記念特集号 変容福島県》―〈会津地方に関する論考〉) (蓮見隆)「福島地理論集」 福島地理学会　51　2008.9

猪苗代城
会津の鬼門を守護した猪苗代城 (《猪苗代町編 二本松街道》) (兼田芳宏)「下野街道」 ヤマト企画編集部　(7)　2007.5

猪苗代第四発電所切立橋
表紙の説明 猪苗代第四発電所切立橋 (東京電力) (1) (佐藤一男)「塩川史研究」 塩川史振興会　(3)　2008.7

猪苗代第四発電所と切立橋 (2) (佐藤一男)「塩川史研究」 塩川史振興会　(3)　2008.7

猪苗代町
歴史の猪苗代町、磐梯町の紀行 (横田廣)「すぎのめ」 福島市杉妻地区史跡保存会　(31)　2009.3

猪苗代・磐梯両郡選定理由 (郡外史跡巡り) (杉崎巌)「阿賀路 : 東蒲原郡郷土誌」 阿賀路の会　49　2011.5

今泉
陸軍史と郷土 (今泉) (菅野守恵男)「船引地方研究」 船引地方史研究会　(12)　2006.3

いわき

平泉出土資料『人々給絹日記』に見るいわきの動静（《特集 縄文から近代までの生業・信仰・芸能そして建国論》）（菅原文也）「いわき地方史研究」 いわき地方史研究会 （39）2002.9

まほろんでの古代鉄づくりといわきの製鉄（吉田秀享）「いわき古代の風」 いわき古代史研究会 （2）2007.12

いわき地方の史跡を訪ねる（渡部芳雄）「郡山地方史研究」 郡山地方史研究会 41 2011.3

岩城

静遠堂文庫蔵「岩城道中記」解題と翻刻（小野一雄）「潮流」 いわき地域学会 33 2005.12

石城

毛野と石城（森田悌）「ぐんま史料研究」 群馬県立文書館 （19）2002.9

磐城

律令軍団磐城団の所在地について（予察）（《特集 いわきの原始・古代から近世までの生業と信仰》）（菅原文也）「いわき地方史研究」 いわき地方史研究会 （40）2003.9

古代・磐城軍団と行方軍団（渡邊行郎）「いわき地方史研究」 いわき地方史研究会 （41）2004.9

古きよき常陸・いわき路（市川三郎）「府中史談」 府中市史談会 （31）2005.5

史料紹介奉公人訴訟の文書について（鈴木榮紀）「いわき地方史研究」 いわき地方史研究会 （42）2005.9

磐城地方の自然と文化を訪ねる（大和田由紀子）「栃木県立博物館友の会だより」 栃木県立博物館友の会 （38）2005.10

『磐城誌料歳時民俗記』に記された田仕事―「鍬入れ」から「鍬からき」まで（夏井芳徳）「潮流」 いわき地域学会 33 2005.12

『磐城物産志』に記載された乾アワビづくり（夏井芳徳）「潮流」 いわき地域学会 34 2006.12

『磐城物産志』の蒟蒻粉（夏井芳徳）「汀 ： いわき地域学会会員通信」 いわき地域学會 （8）2007.1

第1回講演会概要「磐城と相馬（その国境と諸問題）」佐藤孝徳副会長（講演会概要）「海韻古道を往く」 浜通り歴史の道研究会 （1）2007.8

『提醒記談』とマンボウ―近世磐城漁業史研究の一視点（《特集 縄文から近代までの生業・信仰・社会構造》）（渡辺裕行）「いわき地方史研究」 いわき地方史研究会 （44）2007.9

磐城地方の漁業の構造変化（《変容福島県》）（高野岳彦）「福島地理論集」 福島地理学会 50 2007.9

磐城地方の漁業の構造変化（《創立50周年記念特集号 変容福島県》）―〈浜通り地方に関する論考〉（高野岳彦）「福島地理論集」 福島地理学会 51 2008.9

いわきの思い出（小脇實美）「亀井 ： 内藤家顕彰会会誌」 内藤家顕彰会 2012年度 2012.5

いわき駅

いわき駅の改築と鉄道交通の変遷―駅および周辺の移り変わりを歴史で綴る（おやけこういち）「潮流」 いわき地域学会 35 2007.12

岩城郡

岩城郡における中世前期の開発の覚書（中山雅弘）「潮流」 いわき地域学会 32 2004.12

磐城郡大領

磐城郡大領の氏姓に関する一考察（木田浩）「福島県立博物館紀要」 福島県立博物館 （19）2005.3

いわき市

いわき地域学會市民講座のあゆみ（草チエ子）「汀 ： いわき地域学會会員通信」 いわき地域学會 （4）2004.11

福島県いわき市における信州（高遠）石工（池上武）「伊那路」 上伊那郷土研究会 49（7）通号582 2005.7

四倉の道標（渡邊彩）「汀 ： いわき地域学会会員通信」 いわき地域学會 （6）2006.1

再訪『文化福島』いわき絵のぼり（いわき市）「ふくしま文化情報 ： 文化福島」 福島県文化振興事業団 （425）2008.5

いわき市における児童数の変容（《創立50周年記念特集号 変容福島県》―〈浜通り地方に関する論考〉）（菅野康二）「福島地理論集」 福島地理学会 51 2008.9

故郷いわき市の大惨事の衝撃（私たちの震災体験記）（山川千博）「茨城大学中世史研究」 茨城大学中世史研究会 9 2012.3

磐城線

大野延太郎「磐城線十日の旅」をめぐって（《特集 いわきの原始・古代から近世までの生業と信仰》）（坂本和也）「いわき地方史研究」 いわき地方史研究会 （40）2003.9

磐城平城

城と天守を訪ねて（6）磐城平城と三階櫓（祖谷敏行）「歴研よこはま」 横浜歴史研究会 （52）2003.5

岩城炭鉱

岩城炭礦・入山採炭の合併に関する資料（鞍石東）「常磐炭田史研究」 常磐炭田史研究会 （1）2004.6

磐城常葉駅

「磐城常葉駅（請願）開業八十周年」によせて（鈴木進）「船引地方史研究」 船引地方史研究会 （17）2014.10

岩城国

福島県立図書館所蔵 貴重郷土資料探照（7）「岩城岩代両国全図」（阿部千春）「福島県郷土資料情報」 福島県立図書館 （43）2003.3

磐城国

「常磐」地域の生成―近代地域経済編成の展開（中武敏彦）「北海道・東北史研究」 北海道出版企画センター （1）2004.12

磐前県

福島県の誕生―明治巡幸と三県合併（上）（渡辺智裕）「福島県歴史資料館研究紀要」 福島県文化振興事業団 （29）2007.3

『磐前縣治一覧概表』について 磐前県管内略図（『磐前縣治一覧概表』部分、個人蔵、右が北）（渡邉智裕）「福島県史料情報 ： 福島県歴史資料館」 福島県文化振興財団 （34）2012.10

磐前村

平泉柳之御所跡発見の「磐前村印」と荘園公領（大石直正）「米沢史学」 米沢史学会 （山形県立米沢女子短期大学日本史学科内）（20）2004.10

岩代

福島県立図書館所蔵 貴重郷土資料探照（7）「岩城岩代両国全図」（阿部千春）「福島県郷土資料情報」 福島県立図書館 （43）2003.3

中川忠英旧蔵本『岩代国絵図』について（阿部俊夫）「福島県歴史資料館研究紀要」 福島県文化振興事業団 （26）2004.3

表紙『岩代国絵図 白河県』［明治初期］「福島県郷土資料情報」 福島県立図書館 （54）2014.3

岩代郵便局

福島県岩代郵便局史料［1］,（2）（史料紹介）（菅野泰次）「福島史学研究」 福島県史学会 （83）/（85）2006.9/2007.9

岩瀬郡衙

古代陸奥国岩瀬郡衙の発見意義（皆川隆男）「文化福島」 福島県文化振興事業団 35（3）通号395 2005.5

請戸

双鶴丸は原釜・請戸に回航したか（岩本由輝）「えおひっぷす」 相馬郷土研究会 （242）2008.5

うさぎ田

地名うさぎ田考（菅野郁雄）「福島史学研究」 福島県史学会 （92）2014.3

牛越城

相馬氏の牛越城移転と泉氏（岡田清一）「戦国史研究」 戦国史研究会，吉川弘文館（発売）（53）2007.2

羽州街道

歴史教室 羽州街道沿いに観る（1），（2）（嶺脇勉）「鷹巣地方史研究」 鷹巣地方史研究会 48/49 2001.3/2001.10

羽州街道・大館城下（鷲谷豊）「秋田地名研究年報」 秋田地名研究会 17 2001.6

羽州街道「地名漫歩、横手路」（川越祐助）「秋田地名研究年報」 秋田地名研究会 17 2001.6

羽州街道「協和路」（進藤孝一）「秋田地名研究年報」 秋田地名研究会 17 2001.6

往還東地区旧羽州街道松並木について（斎藤シヅエ）「最上地域史」 最上地域史研究会 （24）2002.3

羽州街道沿いに観る（3）～（7）―坊沢（1）～（5）（嶺脇勉）「鷹巣地方史研究」 鷹巣地方史研究会 50/54 2002.4/2004.4

羽州街道と小坂峠（菊池尚雄）「郷土の研究」 国見町郷土史研究会 （36）2006.3

宇多川

清流「宇多川」に親しむ回想（佐藤庄吉）「相馬郷土」 相馬郷土研究会 （24）2009.3

撃ち返し山

古戦塚「撃ち返し山」の史跡検証（吉田満）「会津史談」 会津史談会 （83）2009.4

内郷宮

元炭鉱町・内郷宮、そこはわが故郷（鈴木啓子）「常磐炭田史研究」 常磐炭田史研究会 （1）2004.6

内槙村

外槙村と内槙村の成立（〈「石川史談20号記念特集」〉）（石渡直子）「石川史談」 石陽史学会 （20） 2008.3

宇津志

宇津志のこと（海老根實）「船引地方史研究」 船引地方史研究会 （12） 2006.3

宇津野

宇津野・栗生沢行政区の歴史（遠藤徳雄）「温故知新」 熱塩加納郷土史研究会 （19） 2013.3

裏磐梯

回想の裏磐梯―同級会に集う（遠藤輝男）「会津会々報」 会津会 （114） 2008.6

越後街道

西会津の古い道（2） 『日誌・陸奥の編笠』（越後街道）の古文書（西会津史談会古文書研究部）「西会津史談」 西会津史談会 （6） 2003.4

会津坂下町付近における越後街道の変遷（菅家康二）「福島地理論集」 福島地理学会 47 2004.9

旧越後街道の宿駅を歩く（《西会津編 越後街道》）（角田十三男）「下野街道」 ヤマト企画編集部 （8） 2008.4

会津坂下町付近における越後街道の変遷（《創立50周年記念特集号 変容福島県》―〈会津地方に関する論考〉）（菅家康二）「福島地理論集」 福島地理学会 51 2008.9

旧越後街道の活性化をめざして（《会津坂下町編 越後街道》）（佐藤勝司）「下野街道」 ヤマト企画編集部 （9） 2009.5

会津地震と越後街道（渡部敬三）「会津会々報」 会津会 （115） 2009.6

江名

福島県いわき市江名における漁業の変容―漁村社会の把握にむけて（玄蕃充子）「常民文化」 成城大学常民文化研究会 （34） 2011.3

笈川

湯川村笈川 大関家文書天元術資料『加入』について（歌川初之輔）「会津若松市史研究」 会津若松市 （7） 2005.10

奥羽南線

新庄駅（奥羽南線）開業を前にして（富田允雄）「聴雪」 新庄古文書の会 （14） 2010.6

大石

表紙 霊山村大字大石官有山野地図（大石 日下家所蔵）「霊山史談」 霊山町郷土史研究会 （12） 2012.3

大内宿

大内宿 過去こそ未来（相沢韶男，温井亨，赤坂憲雄）「別冊東北学」 東北芸術工科大学東北文化研究センター，作品社（発売）7 2004.1

江戸時代の史跡宿場町「大内宿」散策と会津地方の史跡めぐり（小笠原勝郎）「奥羽史談」 奥羽史談会 115 2004.11

〈尊民撰夷〉の民俗学―宮本常一「大内宿」再考（相沢韶男）「東北学．［第2期］」 東北芸術工科大学東北文化研究センター，柏書房（発売）（4） 2005.8

歴史的町並み保存地区における住民意識―福島県下郷町大内宿を事例に（《景観の保存と利用の歴史地理 特集号》）（中尾千明）「歴史地理学」 歴史地理学会，古今書院（発売）48（1）通号227 2006.1

グラビア 大内宿のくらし「会津人群像」 歴史春秋出版 （27） 2014.8

大内宿の保存に賭けた二人の男（笹川壽夫）「会津人群像」 歴史春秋出版 （28） 2014.11

大枝小学校

大枝小学校の思い出（小学校の思い出）（松浦常雄）「郷土の研究」 国見町郷土史研究会 （43） 2013.3

大枝村

昭和の町村合併に見る大枝村の分村問題を振り返る（大橋彰）「郷土やながわ」 福島県伊達市梁川町郷土史研究会 （14） 2006.3

大木戸小学校

大木戸小学校の思い出（小学校の思い出）（八島進一）「郷土の研究」 国見町郷土史研究会 （43） 2013.3

大越

戦争について―大越空襲などを中心として（渡辺宗一）「船引地方史研究」 船引地方史研究会 （14） 2009.8

大笹生

大笹生で育った十年間の想い出（山田春雄）「郷土のあゆみ」 大笹生笹谷文化保存会 （78） 2013.4

大塩

会津を食す（11） 「大塩の会津山塩」「会津人群像」 歴史春秋出版 （12） 2008.10

大塚村

歴訪 大塚村の歴史を尋ねる（長谷川廣）「郷土の香り ： 郷土文化財資料」 保原町文化財保存会 37 2004.3

大槻舘

大槻文彦『復軒旅日記』と大槻舘址探訪記（佐藤教昭，佐藤一伯）「日本学研究」 藤原遑ゼミ（日本学）藤之会 （5） 2010.7

大寺宿

大寺宿の風景（《磐梯町編 慧日寺と徳一》）（齋藤五郎）「下野街道」 ヤマト企画編集部 （6） 2006.4

大戸窯

ここまで分かった古代・中世・戦国の会津（2） 東日本最大の窯跡「会津大戸窯」（石田明夫）「会津史談通信」 会津史談会 （55） 2006.4

大鳥城

大鳥城中根家絵図について（鈴木啓）「福島史学研究」 福島県史学会 （81） 2005.9

連郭の大鳥城（会員投稿）（但木秀徳）「寿里可美」 飯坂町史跡保存会 （17） 2011.11

大野第一小学校

大野第一小学校の奉安殿（資料紹介）（中山雅弘）「いわき地方史研究」 いわき地方史研究会 （42） 2005.9

大場山

久之浜点描 地獄の坂道―大場山（しらどてつや）「久之浜通信」 もろびと舎 17 2003.8

大久

続 久之浜・大久の炭鉱（志賀賢司）「久之浜通信」 もろびと舎 11 2000.8

大久村

大久村の戦後開拓（1）～（3）（志賀賢司）「久之浜通信」 もろびと舎 15/17 2002.8/2003.8

大平口

慶応四年大平口御固ニ付人馬起払帳―馬入問屋場（小原覚右衛門）「歴史春秋」 歴史春秋社 （59） 2004.4

大堀

東北陶磁文化館と相馬大堀焼（新妻郁男）「えおひっぷす」 相馬郷土研究会 （257） 2009.8

大堀焼の駒絵徳利の骨董を買う（新妻郁男）「えおひっぷす」 相馬郷土研究会 （314） 2014.10

大甕小学校

1948～1950年の県指定実験学校・相馬郡大甕小学校―附：研究主任・飯野信一氏回顧談（須田将司）「福島史学研究」 福島県史学会 （89） 2011.3

大蕨村

荒谷館―大蕨村の中世から近世（調査報告研究）（三浦浩人）「さあべい」 さあべい同人会 （29） 2014.5

小川庄

小川庄の歴史と文化―越後と会津の狭間で（長谷川武雄）「郷土村松」 村松郷土史研究会 （59） 2002.4

戊辰戦争・会津小川庄の戦況について（安部利男）「会津史談」 会津史談会 （80） 2006.4

翁島演習場

旧原町翁島演習場現況報告（稲垣森太）「いわき地方史研究」 いわき地方史研究会 （46） 2009.10

奥会津

奥会津かすみ草物語（菅家博昭）「会津学」 会津学研究会 1 2005.8

冬の特選資料展「奥会津の職人巻物」（佐々木長生）「博物館だより」 福島県立博物館 通号83 2006.12

冬の特選資料展「奥会津の職人巻物」関連事業 民俗講座「会津の職人絵巻の民俗的世界」（佐々木長生）「博物館だより」 福島県立博物館 通号84 2007.3

奥会津・箕の物語2007（鈴木克彦）「福島県立博物館紀要」 福島県立博物館 （22） 2008.3

奥会津 トンボ（厠）と肥の物語―2008（鈴木克彦）「福島県立博物館紀要」 福島県立博物館 （23） 2009.3

奥会津 暮らしの物語―地域の風土の中で（鈴木克彦）「福島県立博物館紀要」 福島県立博物館 （24） 2010.3

北洋の守り 奥会津に流れた歴史の波 波瀾と冥利の人 沼沢氏（酒井哲也）「会津人群像」 歴史春秋出版 （25） 2013.12

奥川村

旧奥川村の概要と宮城三平翁（《西会津編 越後街道》）（波多野秀夫）「下野街道」 ヤマト企画編集部 （8） 2008.4

東北　　　　　　　　　　　　　　　　地名でたどる郷土の歴史　　　　　　　　　　　　　　　　福島県

奥久慈

福島県奥久慈地域における木材産業の存立形態と林家の現状（弥勒地浩太，関根良平）「福島地理論集」 福島地理学会　49　2006.9

御薬園

武将・大名の庭園（6）会津松平氏庭園（御薬園）（松山茂雄）「城」 東海古城研究会　（202）2009.10

雄国沼堤防

明治29年の雄国沼堤防決壊災厄について（川口芳昭）「会北史談」 会北史談会　（48）2006.7

御蔵入

御蔵入騒動の深層を探る―主要古文書の紹介と併せて（酒井哲也）「会津史談」 会津史談会　（81）2007.4

会津方部の戊辰戦争 御蔵入地方（《特集 戊辰戦争140年》―各地の戊辰戦争）（飯塚恒夫）「会津人群像」 歴史春秋出版　（12）2008.10

江戸幕府を震撼させた会津藩二大騒動秘話（御蔵入騒動の巻）（酒井哲）「会津人群像」 歴史春秋出版　（22）2012.12

旧小塩邸

新地町のくるめがすりの家―遠藤新設計による旧小塩邸（加藤純二）「仙台郷土研究」 仙台郷土研究会　29（1）通号268　2004.6

大島

歴史点描で綴る鮫川河畔の集落・大島（おやけこういち）「潮流」 いわき地域学会　36　2008.12

小田村

地方職制下の小田村組郷頭五十嵐家について（伊藤豊松）「会北史談」 会北史談会　（46）2004.7

小田山城

小田山城冠木門と小山田麓の歴史を訪ねる会（長谷川慶一郎）「会津人群像」 歴史春秋出版　（9）2007.6

小手

小手地方の政所について（高橋圭次）「福島史学研究」 福島県史学会　（85）2007.9

小手保

安積氏の小手保亡命（高橋明）「郡山地方史研究」 郡山地方史研究会　41　2011.3

小名浜港

小名浜港の港湾整備による変容（蓮見隆）「福島地理論集」 福島地理学会　47　2004.9

小名浜港内の軍艦防波堤（《特集 縄文から近代までの生業・信仰・社会構造》）（稲垣森太）「いわき地方史研究」 いわき地方史研究会　（44）2007.9

小名浜港の港湾整備による変容（《創立50周年記念特集号 変容福島県》―〈浜通り地方に関する論考〉）（蓮見隆）「福島地理論集」 福島地理学会　51　2008.9

鬼越

私考地名由来「鬼越」（会員投稿）（小柴俊男）「寿里可美」 飯坂町史跡保存会　（18）2012.12

小野町

再訪「文化福島」 石工（小野町）「ふくしま文化情報 ： 文化福島」 福島県文化振興事業団　（427）2008.7

小幡村

小幡村今昔（鈴木鉄也）「郷土の香り ： 郷土文化財資料」 保原町文化財保存会　36　2003.3

小浜城

巡見会報告 初秋や兵どもの夢の＠小浜城―白河の関と伊達氏合戦の地をめぐる（私の報告）（鹿倉航）「仙台郷土研究」 仙台郷土研究会　33（2）通号277　2008.12

開成山農学校

郡山―開成山農学校（立岩寧）「福島史学研究」 福島県史学会　77　2003.9

郡山―開成山農学校（承前）（立岩寧）「福島史学研究」 福島県史学会　78　2004.3

開田

戦後開田地域における農業生産およびコメ生産調整の現状と問題点（関根良平，金科哲，大場彩）「福島地理論集」 福島地理学会　44　2001.3

貝田村

奥州伊達郡貝田村絵図（阿部俊夫）「福島県史料情報 ： 福島県歴史資料館」 福島県文化振興財団　（13）2005.9

角田県

府県制度確立以前における県政の一端―角田県を事例として（岩本由

輝）「相馬郷土」 相馬郷土研究会　（20）2005.3

角田県における北海道移民（1）封建家臣団解体の一過程として（岩本由輝）「相馬郷土」 相馬郷土研究会　（21）2006.3

角田県における北海道移民（2）（岩本由輝）「相馬郷土」 相馬郷土研究会　（22）2007.3

掛田

上杉領時代の掛田周辺の合戦（高橋圭次）「霊山史談」 霊山町郷土史研究会　（12）2012.3

懸田城

懸田城跡と篤ヶ森館跡（特別寄稿）（高橋圭次）「霊山史談」 霊山町郷土史研究会　（11）2008.10

掛田防空監視哨

「四番掛田 異常ありません!!」―掛田防空監視哨物語（長井廣吉）「霊山史談」 霊山町郷土史研究会　（10）2005.11

そのとき若者は一統 掛田防空監視哨物語（長井廣吉）「霊山史談」 霊山町郷土史研究会　（11）2008.10

掛田村

伊達郡掛田村佐藤家文書（資料）（佐藤健一）「霊山史談」 霊山町郷土史研究会　（10）2005.11

甲子高原

甲子高原の魅力（白河編 白河街道）（有賀圭子）「下野街道」 ヤマト企画編集部　（14）2014.6

鹿島街道

ふるさとの道「鹿島街道」（水落正夫）「鹿行の文化財」 鹿行文化財保護連絡協議会　（35）2005.3

鹿島館

郡山市の中世城館（8）多田野本郷館と鹿島館／多田野の中世と周辺の城館（広長秀典）「郡山地方史研究」 郡山地方史研究会　43　2013.3

郡山市の中世城館（10）55黒鹿毛城、56小屋館、57鹿島館、58成山館（広長秀典）「郡山地方史研究」 郡山地方史研究会　44　2014.3

鹿島鉱山

八溝山地の依上・鹿島マンガン鉱山（2）（笠井勝美）「ほない歴史通信」 遊史の会　（72）2014.9

葛尾村

葛尾村再発見プロジェクト歴史講座「郷土史料からの葛尾の歴史を探る」（山内幹夫）「福島県史料情報 ： 福島県歴史資料館」 福島県文化振興財団　（22）2008.10

金川集落

金川集落雑考（湯浅勇）「塩川史研究」 塩川史振興会　（3）2008.7

要田村

要田村の歴代村長について（高橋秀紀）「船引地方史研究」 船引地方史研究会　（14）2009.8

戦前に書かれた旧要田村について（高橋秀紀）「船引地方史研究」 船引地方史研究会　（16）2012.8

金谷

金谷部落の成立と荒神様の再建（八島省己）「郷土やながわ」 福島県伊達市梁川町郷土史研究会　（13）2004.1

鐘撞堂

鐘撞堂の思い出（新妻郁男）「えおひっぷす」 相馬郷土研究会　（229）2007.4

金山ヶ谷

鉄砲伝来と会津金山ヶ谷（若林義教）「月刊会津人」 月刊会津人社　（16）2005.1

金山町

会津の市町村紹介 高郷村・昭和村・新鶴村・金山町「会津会々報」 会津会　109　2003.6

食と暮らしの作法（金山町）（《特集 会津に生きる》）（いきいき生活倶楽部）「会津学」 会津学研究会　4　2008.8

加納

「加納」という地名からみた半在家研究（遠藤三郎）「温故知新」 熱塩加納郷土史研究会　（9）2003.8

加納鉱山

加納鉱山と喜多方の産業（佐藤一男）「塩川史研究」 塩川史振興会　（2）2005.10

加納鉱山の繁栄と思い出あれこれ（佐藤一男）「温故知新」 熱塩加納郷土史研究会　（13）2007.3

叶津村

文化元年（1804）9月付 叶津村絵図（長谷部大作家文書796）（渡辺智裕）「福島県史料情報 ： 福島県歴史資料館」 福島県文化振興財団　（12）

福島県　　　　　　　　　地名でたどる郷土の歴史　　　　　　　　　東北

2005.5

鎌田小学校
教え子と先生で綴る「鎌田小学校百年史」編集の思い出―明治時代の教育を中心に（〈石川史談20号記念特集〉）（有賀究）「石川史談」 石陽史学会 （20）2008.3

上飯村
摺上川の氾濫から上飯村を守る蛇籠 文政元年（1816）8月10日付 陸奥国信夫郡上飯坂村摺上川川除築立御普請所絵図（堀切三郎家文書264号、部分）（渡邉智裕）「福島県史料情報 : 福島県歴史資料館」 福島県文化振興財団 （38）2014.2

上鳥渡村
陸奥国信夫郡上鳥渡村の絵図（山内幹夫）「福島県史料情報 : 福島県歴史資料館」 福島県文化振興財団 （18）2007.12

上二井田村
講中仲間議定書（上二井田）（原義男）「郷土の香り : 郷土文化財資料」 保原町文化財保存会 40 2007.3

上野尻村
戊辰の役における西軍へのある対応 上野尻村肝煎 石本太十郎奮闘記（上野昭男）「西会津史談」 西会津史談会 （8）2005.4

上保原
「上保原の史跡と高子二十境」探勝会（清野明是）「郷土の香り : 郷土文化財資料」 保原町文化財保存会 43 2010.3

上町
郡山上町・下町の形成と村役人・宿役人について（柳田和久）「郡山地方史研究」 郡山地方史研究会 43 2013.3

茅本村
会津地方における幕末維新 茅本村を事例として（田崎公司）「西会津史談」 西会津史談会 （8）2005.4

川内村
鳥居龍蔵と「川内村史」―川内村史における石造物への視点を中心に（鳥居龍蔵の足跡を辿る）（西本沙織）「鳥居龍蔵研究」 鳥居龍蔵を語る会 （2）2013.8
高田馬島―福島県双葉郡川内村の一角から（1），（2）（河野保雄）「Collegio」 之潮 （56）／（57）2014.6/2014.10

川桁駅
磐越西線「川桁駅」の思い出（濱津幸則）「会津会々報」 会津会 （119）2013.6

川平
市営住宅へ転用された川平炭礦住宅（おやけこういち）「常磐炭田史研究」 常磐炭田史研究会 （6）2009.6

川沼落雁
地図で辿る『奥相志中村』の道筋（3）『字限図』に「川沼落雁」の形状を探る（南部孝之）「えおひっぷす」 相馬郷土研究会 （246）2008.9

川俣
伊達地方史跡めぐり「月舘・川俣編」（佐藤忠夫）「郷土の香り : 郷土文化財資料」 保原町文化財保存会 46 2013.3

川俣村
川俣町・飯野町における織物業の変容（《創立50周年記念特集号 変容福島県》―〈中通り地方に関する論考〉）（高野弘道）「福島地理論集」 福島地理学会 51 2008.9
農村地域中心商店街の活性化戦略の展開―福島県川俣町の場合（《創立50周年記念特集号 変容福島県》―〈中通り地方に関する論考〉）（山川充夫）「福島地理論集」 福島地理学会 51 2008.9

岩越鉄道
地方官と明治期の地域振興策について―日下彊雄と岩越鉄道敷設問題を視座として（猪巻恵）「福島県立博物館紀要」 福島県立博物館 （18）2004.3
岩越鉄道の歩み―開通から、現在まで「会津人群像」 歴史春秋出版 （17）2010.8

菊多浦
海と川の囲まれた須賀集落の漁業―菊多浦に沿う小漁村における地曳網漁の盛衰（おやけこういち）「潮流」 いわき地域学会 33 2005.12

菊田庄
菊田庄の成立を考える（脇坂省吾）「汀 : いわき地域学会会員通信」 いわき地域学会 （8）2007.1

菊多剗
第4回講演会概要「古代ロマン 菊多剗と勿来関」「菊多剗について」馬目順一氏、「名古曽関について」里見庫男氏、「歌枕なこそ」酒主真希氏、内藤風虎と勿来関」佐藤孝徳氏（講演会概要）「海韻古道を往く」 浜通り歴史の道研究会 （1）2007.8

菊多剗と勿来関の検討（菅原文也）「いわき地方史研究」 いわき地方史研究会 （45）2008.9

菊多関
探検ロマン 消えた菊多関（佐藤福太郎）「潮流」 いわき地域学会 34 2006.12
研究レポート 古代官道「東海道」と「菊多関」の考察（里見庫男）「海韻古道を往く」 浜通り歴史の道研究会 （1）2007.8

喜多方
喜多方の小字名（川口芳昭）「会北史談」 会北史談会 （43）2001.7
模擬授業「語りつぐ喜多方事件」をおこなって（森田鉄平）「自由民権 : 町田市立自由民権資料館紀要」 町田市教育委員会 通号16 2003.3
戦後の農民運動と喜多方政治のある断面について（磯部正一）「会北史談」 会北史談会 （45）2003.7
小荒井小四郎と喜多方製糸設立について（田崎公司）「会北史談」 会北史談会 （45）2003.7
喜多方事件の研究と顕彰の歩み（赤城弘）「自由民権 : 町田市立自由民権資料館紀要」 町田市教育委員会 通号17 2004.3
桜に学ぶ 喜多方高校「桜煌の桜―想い出の記」（三留昭明）「会津人群像」 歴史春秋出版 （2）2004.6
喜多方と画家たち 喜多方美術倶楽部と大正浪漫（後藤學）「会津人群像」 歴史春秋出版 （2）2004.6
加納鉱山と喜多方の産業（佐藤一男）「塩川史研究」 塩川史振興会 （2）2005.10
喜多方地方に於ける婚姻の変遷（遠藤徳雄）「温故知新」 熱塩加納郷土史研究会 （12）2006.3
戊辰戦争・喜多方三題（冨田国衛）「会北史談」 会北史談会 （48）2006.7
喜多方の染型紙（辻めぐみ）「会津人群像」 歴史春秋出版 （7）2006.8
繭と生糸の歴史と喜多方地方の養蚕業（1），（2）（遠藤徳雄）「温故知新」 熱塩加納郷土史研究会 （13）／（14）2007.3/2008.3
会津を食す（9）喜多方のアスパラガス（むとうかずこ）「会津人群像」 歴史春秋出版 （9）2007.6
会津方部の戊辰戦争 喜多方（《特集 戊辰戦争140年》―各地の戊辰戦争）（川口芳昭）「会津人群像」 歴史春秋出版 （12）2008.10
研究交流 相模国三浦郡と会津喜多方（冨田国衛）「郷土誌葉山」 葉山郷土史研究会 （8）2011.4
喜多方碑石めぐり（2）「会北史談」 会北史談会 （53）2011.7
喜多方碑石めぐり「会北史談」 会北史談会 （54）2012.8
歴史随想 福島・喜多方事件に関する一考察―会津自由党と「敗北の素因」を中心として（幕内満雄）「茨城の思想研究」 茨城の思想研究会 （12）2013.2
喜多方を振り返って（大友立）「会報いしばし」 石橋郷土史研究会 2013年秋季号 2013.9
自由民権運動喜多方事件記念事業「自由民権関連他視察報告」（三浦主税）「温故知新」 熱塩加納郷土史研究会 （20）2014.3
グラビア 喜多方碑石めぐり（5）「会北史談」 会北史談会 （56）2014.8

喜多方駅
喜多方駅開業100年を迎えて（川口芳昭）「会北史談」 会北史談会 （46）2004.7

北村
大沼郡会津高田町北村の旭煉瓦工場について（佐藤一男）「会津若松市史研究」 会津若松市 （8）2006.9

清沢小学校
田沢部落に県下一のマンモス団地誕生と清沢小学校（編集部）「すぎのめ」 福島市杉妻地区史跡保存会 27 2004.11

幾世橋村
浪江町指定重要文化財「幾世橋村繪圖」を読む（松本美笙）「相馬郷土」 相馬郷土研究会 （20）2005.3

百済部
古代磐城郡内における百済部についての一考察（論考・論説）（中井忠和）「いわき地方史研究」 いわき地方史研究会 （51）2014.10

国見
国見石について（赤坂正勝）「郷土の研究」 国見町郷土史研究会 （38）2008.3
国見する子ども達（小学校の思い出）（菅野光廣）「郷土の研究」 国見町郷土史研究会 （43）2013.3

国見町
国見町郷土史研究会20年の歩みと今後の展望―座談会（《国見物語20周年記念特集》―〈特別研究班の研究項目〉）（末綱杵一［他］）「国見物語」 国見町郷土史研究会 20 2001.4
〈特集 国見町村合併50年〉「郷土の研究」 国見町郷土史研究会 （35）2005.3

平成16年度国見町文化祭展示「国見町合併50年の歩み」年表（文化祭委員会）「郷土の研究」　国見町郷土史研究会　（35）2005.3

国見町郷土史研究会展示テーマ「国見町合併50年の歩み」展示記録（文化祭委員会）「郷土の研究」　国見町郷土史研究会　（35）2005.3

溜池の今昔（赤坂正勝）「郷土の研究」　国見町郷土史研究会　（37）2007.3

国見町東部の歴史散歩（阿部善雄，加藤拙生）「郷土の研究」　国見町郷土史研究会　（37）2007.3

国見町における戸数・人口の推移について（菊池利雄）「郷土の研究」　国見町郷土史研究会　（38）2008.3

せき堀の思い出（阿部義男）「郷土の研究」　国見町郷土史研究会　（38）2008.3

戦後の国見町公営住宅建設状況と核家族化について（赤坂正勝）「郷土の研究」　国見町郷土史研究会　（39）2009.3

国見町の簡易水道について（赤坂正勝）「郷土の研究」　国見町郷土史研究会　（40）2010.3

国見町郷土史研究会40年の歩み概要（創立40周年記念特集）（事務局）「郷土の研究」　国見町郷土史研究会　（42）2012.3

『国見・桑折両町史』からみた阿武隈川流域の地名考（ふるさとの研究）（笠松金次）「郷土の研究」　国見町郷土史研究会　（43）2013.3

熊倉宿

熊倉宿（喜多方編 米沢街道）（山本祐一郎）「下野街道」　ヤマト企画編集部　（10）2010.5

栗出

栗出の戊辰戦争―栗出村羽山大権現信心講帳から（佐久間良雄）「船引地方史研究」　船引地方史研究会　（16）2012.8

栗村堰

永水用水証文と栗村堰並びに遠藤家文書について（遠藤豊子）「歴史春秋」　歴史春秋社　（57）2003.4

栗生沢

宇津野・栗生沢行政区の歴史（遠藤徳雄）「温故知新」　熱塩加納郷土史研究会　（19）2013.3

栗生沢橋

栗生沢橋の過去・現在（山口四郎）「温故知新」　熱塩加納郷土史研究会　6　2000.8

くるめがすりの家

再訪「文化福島」　くるめがすりの家（新地町）「ふくしま文化情報 ： 文化福島」　福島県文化振興事業団　（430）2008.11

黒岩

天保8年遊黒岩記（〔文化福島〕 杉妻地区について）（村川友彦）「すぎのめ」　福島市杉妻地区史跡保存会　26　2003.11

黒鹿毛城

郡山市の中世城館（10）55黒鹿毛城、56小屋館、57鹿島館、58成山館（広長秀典）「郡山地方史研究」　郡山地方史研究会　44　2014.3

黒川

黒川辺りの歴史（遠藤仁）「温故知新」　熱塩加納郷土史研究会　（16）2010.3

黒木宿

万延元年九月、黒木宿の黒砂商継留め一件（南部孝之）「えおひっぷす」　相馬郷土研究会　（299）2013.7

桑原

大戸町桑原の三浦家文書紹介（大塚実）「会津若松市史研究」　会津若松市　（2）2000.11

気多宮村

史料紹介 河沼郡気多宮村覚書之事（海老名俊雄）「歴史春秋」　歴史春秋社　（56）2002.10

河沼郡気多宮村覚書之事（続）（史料紹介）（海老名俊雄）「歴史春秋」　歴史春秋社　（57）2003.4

県合同庁舎

県合同庁舎（旧郡山市役所）の永久保存を「郡山地方史研究」　郡山地方史研究会　33　2003.3

県庁通り

表紙 『福島交通電車軌道廃止関係写真集』（部分）県庁通りから県庁方面への写真「福島県郷土資料情報」　福島県立図書館　（52）2012.3

神指城

神指城と鶴ヶ原（石田明夫）「会津若松市史研究」　会津若松市　（3）2001.10

まぼろしの神指城（水澤繁雄）「会津史談」　会津史談会　（82）2008.4

ここまで分かった古代・中世・戦国の会津（6）直江兼続と神指城（石田明夫）「会津史談通信」　会津史談会　（59）2008.4

地籍図に見る神指城（1）～（3）（本間宏）「福島県史料情報 ： 福島県歴史資料館」　福島県文化振興財団　（21）/（23）2008.5/2009.2

神指城跡の再検討（本間宏）「福島県歴史資料館研究紀要」　福島県文化振興事業団　（31）2009.3

上杉景勝の首都機能移転事業 神指城跡地籍復元図（明治15・16年の地籍図をもとに作図）（本間宏）「福島県史料情報 ： 福島県歴史資料館」　福島県文化振興財団　（24）2009.5

グラビア 幻の神指城「会津人群像」　歴史春秋出版　（28）2014.11

小塩川

小塩川（こうじが）（鈴木泰仲）「会北史談」　会北史談会　（49）2007.7

九々布郷

地下風俗覚書 南山下郷九々布郷（芳賀幸雄）「歴史春秋」　歴史春秋社　（66）2007.10

高野北郷

高野北郷の領域について（近藤進）「石川史談」　石陽史学会　（18）2006.3

桑折町

随想 私のふるさと桑折町（角田文衛）「土車 ： 公益財團法人古代學協會だより」　古代学協会　（120）2010.9

『国見・桑折両町史』からみた阿武隈川流域の地名考（ふるさとの研究）（笠松金次）「郷土の研究」　国見町郷土史研究会　（43）2013.3

郡山

郡山・白河・須賀川3都市における大型店舗分布の変容について（《変容 福島県》）（菱沼正孝）「福島地理論集」　福島地理学会　49　2006.9

郡山合戦について―猪苗代盛種書状等三文書を読み解く（高橋明）「郡山地方史研究」　郡山地方史研究会　38　2008.3

福島県立図書館所蔵 貴重郷土資料照（12）「郡山発達史須語録」（遠藤豊）「福島県郷土資料情報」　福島県立図書館　（48）2008.3

郡山・白河・須賀川3都市における大型店舗分布の変容（《創立50周年記念特集号 変容福島県》）―〈中通り地方に関する論考〉）（菱沼正孝）「福島地理論集」　福島地理学会　51　2008.9

郡山空襲（1945年4月12日）資料探索の旅（佐藤和司）「郡山地方史研究」　郡山地方史研究会　39　2009.3

視察研究 県外歴史研究 郡山・会津方面 大内宿・塔のへつり・芦ノ牧温泉・鶴ヶ城・三春滝桜など（小林富幸，清水幸子）「於保為」　大井町郷土史研究会　（29）2010.4

郡山市

郡山市の名字に関する調査について（独鈷仁吉）「郡山地方史研究」　郡山地方史研究会　34　2004.3

郡山市の中世城館（1）～（8）（広長秀典，垣内和孝）「郡山地方史研究」　郡山地方史研究会　34/42　2004.3/2012.3

福島県郡山市と周辺の中世城館（陣城と陣城型城館を中心に）（《第22回全国城郭研究者セミナーの報告》）（広長秀典）「中世城郭研究」　中世城郭研究会　（20）2006.7

郡山市における市街地の変容（1）変容の実態資料（菅野康二）「福島地理論集」　福島地理学会　50　2007.9

御遺稿 郡山市における市街地変容（1）変容の実態資料（《創立50周年記念特集号 変容福島県》）（菅野康二）「福島地理論集」　福島地理学会　51　2008.9

郡山市の中世城館（8）多田野本郷館と鹿島館/多田野の中世と周辺の城館（広長秀典）「郡山地方史研究」　郡山地方史研究会　43　2013.3

郡山市の中世城館（10）55黒鹿毛城、56小屋館、57鹿島館、58成山館（広長秀典）「郡山地方史研究」　郡山地方史研究会　44　2014.3

郡山市における明治以後の都市域の変容（高橋康彦）「郡山地方史研究」　郡山地方史研究会　44　2014.3

旧郡山市役所

県合同庁舎（旧郡山市役所）の永久保存を「郡山地方史研究」　郡山地方史研究会　33　2003.3

郡山宿

近世後期宿場社会の犯罪と内済―奥州郡山宿を事例に（坂田美咲）「歴史」　東北史学会　111　2008.9

明治初期における地域有力者の政治的活動―福島県安積郡郡山宿の官民関係を手がかりに（徳竹剛）「歴史」　東北史学会　111　2008.9

天保九年閏四月御巡見使案内 郡山宿手控帳（史料紹介）（糠澤章雄）「郡山地方史研究」　郡山地方史研究会　41　2011.3

宿場における売買春存立の一考察―奥州郡山宿の判元見届人・見廻り分析（論説）（武林弘恵）「歴史」　東北史学会　120　2013.4

資料考察 近世郡山宿の支配機構について（橋本今祐）「郡山地方史研究」　郡山地方史研究会　44　2014.3

郡山町

郡山町の富商と家守の役割について（柳田和久）「福島史学研究」　福島県史学会　（83）2006.9

福島県　　　　地名でたどる郷土の歴史　　　　東北

郡山町の富商と家守の役割について（続）（柳田和久）「福島史学研究」　福島県史学会　（85）2007.9

郡山町検断役交代の挨拶状（史料紹介）（大河峯夫）「郡山地方史研究」　郡山地方史研究会　41　2011.3

郡山村

殖産興業政策の転換と「富国」の担い手─福島県安積郡郡山村の地域振興（徳竹剛）「歴史」　東北史学会　116　2011.4

陸奥二本松領郡山村名主の系譜について（大河峯夫）「郡山地方史研究」　郡山地方史研究会　42　2012.3

黄金街道

特別寄稿　会津北部の峠路は黄金街道だった（佐藤一男）「温故知新」　熱塩加納郷土史研究会　（14）2008.3

小坂小学校

小坂小学校の思い出　閉校にあたって（小学校の思い出）（渡邊等）「郷土の研究」　国見町郷土史研究会　（43）2013.3

懐かしい小坂小学校（小学校の思い出）（佐藤榮壽）「郷土の研究」　国見町郷土史研究会　（43）2013.3

小坂郵便局

小坂郵便局の電報配達余話（安孫子光夫）「郷土の研究」　国見町郷土史研究会　（34）2004.3

腰巻

腰巻という地名（会員投稿）（安斎鉄夫）「寿里可美」　飯坂町史跡保存会　（18）2012.12

御殿場公園

御殿場公園の歩み（共同研究）「塩川史研究」　塩川史振興会　（2）2005.10

此花

工業地域としての福島・此花区地域の形成（小田康徳）「大阪の歴史」　大阪市史料調査会　（73）2009.7

五百川

五百川川名考（佐藤精一）「郡山地方史研究」　郡山地方史研究会　38　2008.3

駒止湿原

駒止峠と駒止湿原（佐々木善孝）「会津史談」　会津史談会　（83）2009.4

駒止峠

駒止峠と駒止湿原（佐々木善孝）「会津史談」　会津史談会　（83）2009.4

小峰城

城めぐり（5）小峰城　築城家丹羽長重の城（平野茂）「下野史談」　下野史談会　98　2003.12

永正・大永期の畠山氏の抗争と「小峰城」─大和・河内・紀伊国境付近の城郭と関連づけて（岩倉哲夫）「和歌山城郭研究」　和歌山城郭調査研究会　（5）2006.3

史跡小峰城跡（白河編　白河街道）（鈴木功）「下野街道」　ヤマト企画編集部　（14）2014.6

小山

小山の「評定」の真実（高橋明）「福島史学研究」　福島県史学会　（91）2013.3

小屋館

郡山市の中世城館（10）55黒鹿毛城、56小屋館、57鹿島館、58成山館（広長秀典）「郡山地方史研究」　郡山地方史研究会　44　2014.3

今野邸

相馬の豪農古民家「今野邸」アメリカへ渡る（植松達也）「えおひっぷす」　相馬郷土史研究会　（231）2007.6

西郷頼母邸

秦・史跡めぐり余滴（1）─西郷頼母邸の悲劇「秦史談」　秦史談会　（175）2013.8

坂下

会津方部の戊辰戦争　本郷・高田・坂下《特集 戊辰戦争140年》─各地の戊辰戦争（笹川壽夫）「会津人群像」　歴史春秋出版　（12）2008.10

桜岳

明治15年地籍図（伊達郡梁川村大字梁川字櫻岳）「松川合戦」論の問題（3）─地籍図に残る簗川城の防備（本間宏）「福島県史料情報 : 福島県歴史資料館」　福島県文化振興財団　（29）2011.2

栄螺堂

世界唯一の木造建築　飯盛山栄螺堂と先人の思い─宮大工山岸清次氏と福島県文化財保護審議会委員梅宮茂氏（資料紹介）（長谷川和夫）「歴史春秋」　歴史春秋社　（75）2012.4

佐々河

中世安積郡佐々河について（渡部芳雄）「郡山地方史研究」　郡山地方史研

究会　43　2013.3

笹谷

郷土と住民の歴史（油井周二郎）「郷土のあゆみ」　大笹生笹谷文化保存会　（78）2013.4

鮫川

鮫川流域の水害と治水（おやけこういち）「潮流」　いわき地域学会　31　2003.12

歴史点描で綴る鮫川河畔の集落・大島（おやけこういち）「潮流」　いわき地域学会　36　2008.12

『水産旧慣調』と鮫川の鮭漁 鮭ヲ捕漁スル図（『水産旧慣調』、明治・大正期の福島県庁文書3017号）（渡邊智裕）「福島県史料情報 : 福島県歴史資料館」　福島県文化振興財団　（33）2012.6

鮫川橋

鮫川の往来と架橋─新しい鮫川橋建設に至る歴史的考察（おやけこういち）「潮流」　いわき地域学会　34　2006.12

沢田郵便局

地域と共に歩んだ沢田郵便局（《石川史談20号記念特集》）（野崎良子）「石川史談」　石陽史学会　（20）2008.3

塩川

磐梯山開発─塩川の先人たち（大竹禮子）「塩川史研究」　塩川史振興会　（2）2005.10

塩川資料の教えから（佐藤一男）「塩川史研究」　塩川史振興会　（2）2005.10

塩川史振興会の歩み（共同研究）「塩川史研究」　塩川史振興会　（2）2005.10

天明八年（1788）申二月二五日 以御条目被仰渡之写（深田文内文書から）「塩川史研究」　塩川史振興会　（3）2008.7

会津方部の戊辰戦争 塩川《特集 戊辰戦争140年》─各地の戊辰戦争（佐藤一男）「会津人群像」　歴史春秋出版　（12）2008.10

塩川の流れ（喜多方編 米沢街道）（湯浅勇）「下野街道」　ヤマト企画編集部　（10）2010.5

塩川宿

米沢街道と塩川宿の繁栄（喜多方編 米沢街道）（佐藤一男）「下野街道」　ヤマト企画編集部　（10）2010.5

塩川代官所

旧塩川代官所と廃官後の関係施設の現況（会史亭）（花見詮）「会津史談」　会津史談会　（84）2010.4

塩川町

塩川町の思い出（武蔵好彦）「塩川史研究」　塩川史振興会　（2）2005.10

塩川町本名家系図（湯浅勇）「塩川史研究」　塩川史振興会　（2）2005.10

塩川町今昔（共同研究）「塩川史研究」　塩川史振興会　（2）2005.10

塩川村

戊辰戦争と塩川村謹慎あれこれ（佐藤一男）「塩川史研究」　塩川史振興会　（2）2005.10

塩田

小形図紹介（13）磐城塩田図〈福島第一原発敷地〉（山下和正）「Collegio」之潮　（50）2012.9

地切

浜の歳時記 地切に貨車がやって来た（新妻英正）「久之浜通信」　もろびと舎　（23）2007.2

下町

郡山上町・下町の形成と村役人・宿役人について（柳田和久）「郡山地方史研究」　郡山地方史研究会　43　2013.3

信夫郡

明治45年大正元年 福島県信夫郡統計書に見る杉妻村の実勢（鐵貞雄）「すぎのめ」　福島市杉妻地区史跡保存会　26　2003.11

信夫橋

銅版画に描かれた福島の信夫橋（佐々木慎一）「福島県史料情報 : 福島県歴史資料館」　福島県文化振興財団　（39）2014.6

渋川問屋

渋川問屋から見える風景（《特集 いま、よみがえる建物》─〈建物再生の現場から〉）（石原健治）「まんだら : 東北文化友の会会報」　東北芸術工科大学東北文化研究センター　（29）2006.11

紫明峰山

紫明峰山頂の霊山無線中継所（菅野末治）「霊山史談」　霊山町郷土史研究会　（11）2008.10

下小国村

年貢取り立て基準「御取箇帳」（下小国村）について（資料）（大波正昭）「霊山史談」　霊山町郷土史研究会　（10）2005.11

（下小国村）地方御取箇附旧例（筆耕 菅野貞蔵）（資料）（大波正昭）「霊山史談」 霊山町郷土研究会 （10） 2005.11

下手渡藩

となりの城下町—下手渡藩（新妻郁男）「えおひっぷす」 相馬郷土研究会 208 2005.7

宿地千軒

戦国城下町の成立—宿地千軒から八丁目城下町へ（小林清治）「福大史学」 福島大学史学会 （74・75） 2003.3

常磐炭鉱

炭礦遺産を見て保存を考える（菅野勝雄）「常磐炭田史研究」 常磐炭田史研究会 （1） 2004.6

写真特集 炭礦の子供たち［I］〜III（おやけこういち）「常磐炭田史研究」 常磐炭田史研究会 （1）/（3） 2004.6/2006.6

常磐炭礦の歩みを辿る（中田信夫）「常磐炭田史研究」 常磐炭田史研究会 （1） 2004.6

常磐炭礦の炭質と燃焼特性（矢吹晃二）「常磐炭田史研究」 常磐炭田史研究会 （1） 2004.6

炭鉱28年の歩み（いわきエッセイ）（佐久間宏殷）「常磐炭田史研究」 常磐炭田史研究会 （2） 2005.6

常磐炭鉱よもやま話（いわきエッセイ）（矢吹晃二）「常磐炭田史研究」 常磐炭田史研究会 （2） 2005.6

続 炭鉱遺産「坑夫の像」について（いわきエッセイ）（菅野勝雄）「常磐炭田史研究」 常磐炭田史研究会 （2） 2005.6

「新聞に見る炭鉱と女性の記録」展（小野浩）「常磐炭田史研究」 常磐炭田史研究会 （2） 2005.6

炭鉱美術展を見て（中田信夫）「常磐炭田史研究」 常磐炭田史研究会 （2） 2005.6

我この地、炭礦に生まれけり（巻頭エッセイ）（松本幸子）「常磐炭田史研究」 常磐炭田史研究会 （8） 2011.11

回想 常磐炭鉱（巻頭エッセイ）（結城良一）「常磐炭田史研究」 常磐炭田史研究会 （8） 2011.11

常磐炭田

発刊にあたって 「炭田史」にあたらしい息吹きを「常磐炭田史研究」 常磐炭田史研究会 （1） 2004.6

絵画展「炭鉱への想い」を見て（結城良一）「常磐炭田史研究」 常磐炭田史研究会 （1） 2004.6

炭鉱（加藤隆史）「常磐炭田史研究」 常磐炭田史研究会 （1） 2004.6

文学館の「山代吉宗旧蔵資料」について（小野浩）「常磐炭田史研究」 常磐炭田史研究会 （1） 2004.6

〈特集 常磐炭田企画展〉「常磐炭田史研究」 常磐炭田史研究会 （2） 2005.6

「炭鉱（ヤマ）へのまなざし—常磐炭田と美術—」展（杉浦友治）「常磐炭田史研究」 常磐炭田史研究会 （2） 2005.6

常磐炭田における産業遺産の現状と将来（おやけこういち）「常磐炭田史研究」 常磐炭田史研究会 （2） 2005.6

常磐炭田と高等学校社会科（地理）教育（大谷明）「常磐炭田史研究」 常磐炭田史研究会 （2） 2005.6

「大閉山」と離職労働者のその後—4600名の30年間の生活を追跡する（〈特集 常磐炭田開田150年記念講演会〉）（正岡寛司）「常磐炭田史研究」 常磐炭田史研究会 （3） 2006.6

鉱山鉄道の敷設をめぐる地域社会の対応（〈特集 常磐炭田開田150年記念講演会〉）（おやけこういち）「常磐炭田史研究」 常磐炭田史研究会 （3） 2006.6

炭鉱現場用語解説集（〈特集 常磐炭田開田150年記念講演会〉）（中田信夫）「常磐炭田史研究」 常磐炭田史研究会 （3） 2006.6

石炭を「いわき」と読んだの、知ってますか？（〈特集 常磐炭田開田150年記念講演会〉）（野木和夫）「常磐炭田史研究」 常磐炭田史研究会 （3） 2006.6

常磐炭田が生んだ技術遺産（〈特集 常磐炭田開田150年記念講演会〉）（矢吹晃二）「常磐炭田史研究」 常磐炭田史研究会 （3） 2006.6

いわき市の常磐炭田と跡地の変容（〈変容福島県〉）（鈴木貞夫）「福島地理論集」 福島地理学会 50 2007.9

いわき市の常磐炭田と跡地の変容（〈創立50周年記念特集号 変容福島県〉—〈浜通り地方に関する論考〉）（鈴木貞夫）「福島地理論集」 福島地理学会 51 2008.9

巻頭エッセ 常磐炭田南部地区の巡検について（野木和夫）「常磐炭田史研究」 常磐炭田史研究会 （7） 2010.6

「東日本大震災」及び誘発地震による常磐炭田関連遺産の被害調査について（特集 いわき・フクシマ・東日本大震災）（菅波晋）「常磐炭田史研究」 常磐炭田史研究会 （8） 2011.11

聞き書きと地域の記憶—常磐炭田聞き書き中間報告に代えて（特集 いわき・フクシマ・東日本大震災）（渡辺文久）「常磐炭田史研究」 常磐炭田史研究会 （8） 2011.11

研究ノート 近代における常磐炭の販売先について（1）（小松雅文）「常磐炭田史研究」 常磐炭田史研究会 （8） 2011.11

醸芳小学校

昭和の恐慌・凶作期における貧困児童と学校教育—福島県伊達郡桑折町立醸芳小学校の事例をもとに（田中智洋）「宮城歴史科学研究」 宮城歴史科学研究会 （56） 2004.9

昭和村

会津の市町村紹介 高郷村・昭和村・新鶴村・金山町「会津会々報」 会津会 109 2003.6

白河

安積疏水と白河を訪ねて（青木源作）「群馬風土記」 群馬出版センター 17（2）通号73 2003.4

近世後期の番太身分と地域社会—陸奥国白河地域を事例に（横山陽子）「千葉史学」 千葉歴史学会 （45） 2004.11

郡山・白河・須賀川3都市における大型店舗分布の変容について（〈変容福島県〉）（菱沼正孝）「福島地理論集」 福島地理学会 49 2006.9

郡山・白河・須賀川3都市における大型店舗分布の変容（《創立50周年記念特集号 変容福島県》—〈中通り地方に関する論考〉）（菱沼正孝）「福島地理論集」 福島地理学会 51 2008.9

ここまで分かった古代・中世・戦国の会津（7） 幻の白河合戦（石田明夫）「会津史談通信」 会津史談会 （60） 2008.10

北の関ヶ原—幻の白河決戦（《会津坂下町編 越後街道》）（石田明夫）「下野街道」 ヤマト企画編集部 （9） 2009.5

慶長五年「白河決戦」（本間宏）「福島県史料情報 ：福島県歴史資料館」 福島県文化振興財団 （26） 2010.2

慶長5年「白河決戦」論の誤謬（本間宏）「福島史学研究」 福島県史学会 （89） 2011.3

古道探訪（白河編 白河街道）（鈴木栄二）「下野街道」 ヤマト企画編集部 （14） 2014.6

白河古事考（白河編 白河街道）（遠藤喜久雄）「下野街道」 ヤマト企画編集部 （14） 2014.6

我が町の小さな城郭と史跡（白河編 白河街道）（石田清勝）「下野街道」 ヤマト企画編集部 （14） 2014.6

白河街道と二度の白河決戦（白河編 白河街道）（石田明夫）「下野街道」 ヤマト企画編集部 （14） 2014.6

白河街道

白河街道 湖南の宿場三代駅（石井義八郎）「郡山地方史研究」 郡山地方史研究会 38 2008.3

白河県

表紙 『岩代国絵図 白河県』「明治初期」「福島県郷土資料情報」 福島県立図書館 （54） 2014.3

白河市

白河・須賀川両市における中心市街地の変容（〈変容福島県〉）（菱沼正孝）「福島地理論集」 福島地理学会 50 2007.9

白河・須賀川両市における中心市街地の変容（《創立50周年記念特集号 変容福島県》—〈中通り地方に関する論考〉）（菱沼正孝）「福島地理論集」 福島地理学会 51 2008.9

白川道

白川道を行き来した白川殿と葦名氏（白河編 白河街道）（篆田直幸）「下野街道」 ヤマト企画編集部 （14） 2014.6

白河の関

巡見会報告 初秋や兵どもの夢の＠小浜城—白河の関と伊達氏合戦の地をめぐる（私の報告）（鹿倉航）「仙台郷土研究」 仙台郷土研究会 33（2）通号277 2008.12

白河藩

田村郡内の白河藩領村々高免記をめぐって（糠澤章雄）「郡山地方史研究」 郡山地方史研究会 34 2004.3

白河藩（久松）の貢租・諸役徴収について—安永二年「白河郡村々細見記」史料紹介（加藤義久）「郡山地方史研究」 郡山地方史研究会 34 2004.3

幕末白河藩の遠景—若干の古文書、史料から（荒井忠秋）「福島史学研究」 福島県史学会 （82） 2006.3

浜松藩領「川東組」と白河藩飛地—天竜川以東の村々（堀内健吾）「磐南文化」 磐南文化協会 （33） 2007.3

白坂

会津（越後）街道を辿る—白坂から八木山までの街道の記録（神田久）「阿賀路：東蒲原郡郷土誌」 阿賀路の会 47 2009.5

白沢村

養蚕講異聞—白沢村のコジラ講を中心に（秋山政一）「すぎのめ」 福島市杉妻地区史跡保存会 25 2002.11

白峯銀山

17世紀中葉白峯銀山争論と論所のその後―絵図にみる国境・村境（阿部俊夫）「福島県歴史資料館研究紀要」 福島県文化振興事業団 （25） 2003.3

17世紀中葉白峯銀山争論の論所裁許とその特質（阿部俊夫）「福島県歴史資料館研究紀要」 福島県文化振興事業団 （26） 2004.3

白田郷

磐城郡白田郷についての一考察（中井忠和）「いわき古代の風」 いわき古代史研究会 （3） 2008.12

多摩川下流域律令期における生業基盤への一視角―磐城郡白田郷に関する御高論にふれて（村田文夫）「いわき地方史研究」 いわき地方史研究会 （46） 2009.10

新開

新開の今・むかし（紺野昭平）「郷土やながわ」 福島県伊達市梁川町郷土史研究会 （15） 2007.3

新開町

新開町内会設立と集会所建設（紺野昭平）「郷土やながわ」 福島県伊達市梁川町郷土史研究会 （17） 2012.5

陣が峯城跡

史跡 陣が峯城跡（《会津坂下町編 越後街道》）（吉田博行）「下野街道」 ヤマト企画編集部 （9） 2009.5

新宮城

整備が進む新宮城址（水島大二）「城郭だより ： 日本城郭史学会会報」 ［日本城郭史学会］ 41 2003.4

信達

近藤喜一『信達民譚集』を読む―研究素描（佐藤優）「昔話伝説研究」 昔話伝説研究会 （27） 2007.5

信達盆地

特別寄稿 信達盆地と倭国大乱（木本元治）「郷土の研究」 国見町郷土史研究会 （40） 2010.3

新地町

新地町のくるめがすりの家―遠藤新設計による旧小塩邸（加藤純二）「仙台郷土研究」 仙台郷土研究会 29（1）通号268 2004.6

新田村

『新編会津風土記』にみる新田村・端村新田の記録（川口芳昭）「会北史談」 会北史談会 （56） 2014.8

陣場山

ふるさと歴史講座 陣場山と赤崩越の可能性（高橋明）「温故知新」 熱塩加納郷土史研究会 （17） 2011.3

末続

末続の聖徳太子（久之浜のかたち）（太田史人）「久之浜通信」 もろびと舎 17 2003.8

末続トンネル

末続トンネルからの奇骨発見（久之浜のかたち）（高橋紀信）「久之浜通信」 もろびと舎 15 2002.8

須賀川

明治以後―須賀川俳壇の断章（道山昭次）「文化福島」 福島県文化振興事業団 33（6）通号379 2003.10

須賀川二酸堂氏の成立（垣内和孝）「福島史学研究」 福島県史学会 （80） 2005.3

郡山・白河・須賀川3都市における大型店舗分布の変容について（《変容福島県》）（菱沼正孝）「福島地理論集」 福島地理学会 49 2006.9

随想 後藤新平 心は錦の須賀川時代（江幡美奈子）「文化福島」 福島県文化振興事業団 37（6）通号419 2007.11

郡山・白河・須賀川3都市における大型店舗分布の変容（《創立50周年記念特集号 変容福島県》―（中通り地方に関する論考））（菱沼正孝）「福島地理論集」 福島地理学会 51 2008.9

須賀川産馬会社

須賀川産馬会社（『大日本博覧絵』、佐藤健一家文書174号）（渡邉智裕）「福島県史料情報 ： 福島県歴史資料館」 福島県文化振興財団 （27） 2010.5

須賀川市

白河・須賀川両市における中心市街地の変容（《変容福島県》）（菱沼正孝）「福島地理論集」 福島地理学会 50 2007.9

白河・須賀川両市における中心市街地の変容（《創立50周年記念特集号 変容福島県》―〈中通り地方に関する論考〉）（菱沼正孝）「福島地理論集」 福島地理学会 51 2008.9

須賀集落

海と川の囲まれた須賀集落の漁業―菊多浦に沿う小漁村における地曳網漁の盛衰（おやけこういち）「潮流」 いわき地域学会 33 2005.12

菅沼

菅沼の先祖櫻（菊地眞洲男）「会北史談」 会北史談会 （53） 2011.7

杉妻

福島藩板倉領のころの杉妻地区のすがた（太田隆夫）「すぎのめ」 福島市杉妻地区史跡保存会 23 2000.11

杉妻地区の村絵図と小字（編集部）「すぎのめ」 福島市杉妻地区史跡保存会 27 2004.11

杉妻に置かれた農林省養蚕試験場圃場と杉妻地区養蚕業の終末（横田廣,赤間勲）「すぎのめ」 福島市杉妻地区史跡保存会 （29） 2007.1

杉妻地区新聞資料（編集部）「すぎのめ」 福島市杉妻地区史跡保存会 （29） 2007.1

杉妻地区郷土史年表（編集部）「すぎのめ」 福島市杉妻地区史跡保存会 （30） 2008.1

杉妻小学校

杉妻小学校の思い出（羽田仲男）「すぎのめ」 福島市杉妻地区史跡保存会 （31） 2009.3

杉妻村

杉妻村、村議会雑記（鈴木重晴）「すぎのめ」 福島市杉妻地区史跡保存会 24 2001.11

明治45年大正元年 福島県信夫郡統計書に見る杉妻村の実勢（鐵貞雄）「すぎのめ」 福島市杉妻地区史跡保存会 26 2003.11

終戦当時の福島市杉妻村、農業のすがた（横田廣）「すぎのめ」 福島市杉妻地区史跡保存会 28 2005.11

杉妻村誕生までの村々（横田廣）「すぎのめ」 福島市杉妻地区史跡保存会 （30） 2008.1

李平村

『奥州信夫郡李平村絵図』（轡田克史）「福島県史料情報 ： 福島県歴史資料館」 福島県文化振興財団 8 2004.5

磨上原

奥州の関ヶ原 磨上原の合戦考（遠藤秀一）「下野街道」 ヤマト企画編集部 （6） 2006.4

奥州の関ヶ原 磨上原の合戦考（遠藤秀一）「下野街道」 ヤマト企画編集部 （7） 2007.5

摺上川

摺上川・十綱橋の懐古（特集 十綱橋百年）（田中勇治、菅野栄二）「寿里可美」 飯坂町史跡保存会 （19） 2013.12

摺上川の氾濫から上飯村を守る蛇籠 文政元年（1816）8月10日付 陸奥国信夫郡上飯坂村摺上川川除築立御普請所絵図（堀切三郎家文書264号、部分）（渡邉智裕）「福島県史料情報 ： 福島県歴史資料館」 福島県文化振興財団 （38） 2014.2

飯坂温泉と摺上川（伝承講演会の記録）（菅野栄二）「寿里可美」 飯坂町史跡保存会 （20） 2014.12

関柴村

関柴村における戦時中の馬について（冨田国衛）「会北史談」 会北史談会 （53） 2011.7

瀬上小学校

遥かなる思い出 瀬上小学校（小学校の思い出）（内池育男）「郷土の研究」 国見町郷土史研究会 （43） 2013.3

相双

第2回講演会概要「街道を活かした地域づくり」宮原育子先生、「相双の歴史の道」西徹雄先生（講演会概要）「海韻古道を往く」 浜通り歴史の道研究会 （1） 2007.8

相馬

旅人たちが見た相馬地方（堀切武）「相馬郷土」 相馬郷土研究会 （17） 2002.3

慶長7年5月・相馬家改易における佐竹義宣の飛札の考察（佐藤勝彦）「相馬郷土」 相馬郷土研究会 （17） 2002.3

相馬領への道筋 浜街道の長白洲通りと八坂峠（1）～（3）（南部孝之）「えおひっぷす」 相馬郷土研究会 171/173 2002.6/2002.8

旅人たちが見た相馬地方その三 原ノ町から中村へ（堀切武）「相馬郷土」 相馬郷土研究会 （18） 2003.3

旅人たちが見た相馬地方その四 中村城下・松川浦（堀辺武）「相馬郷土」 相馬郷土研究会 （19） 2004.3

相馬の「岩穴」の効用（渡部行）「えおひっぷす」 相馬郷土研究会 194 2004.5

相馬の言葉「おけはくする」考（上田昌孝）「えおひっぷす」 相馬郷土研究会 197 2004.8

福島県 相馬から（高橋利枝）「六甲倶楽部報告」 六甲倶楽部 70 2004.9

相馬の言葉「たてどおし」考（上田昌孝）「えおひっぷす」 相馬郷土研究会 199 2004.10

相馬の原風景 松川浦（大迫徳行）「文化福島」 福島県文化振興事業団

34(7)通号390 2004.11

巡検に見るふるさと(5) 宮城県南部の場合(2)一部福島県相馬地方を含む(松浦順一)「宮城史学」 宮城歴史教育研究会 (24) 2005.3

なぜ姉妹都市となった相馬と流山(山本鉱太郎)「東葛流山研究」 流山市立博物館友の会事務局,崙書房出版(発売)(23) 2005.3

東京で見られる相馬ゆかりの文化財(植松達也)「えおひっぷす」 相馬郷土研究会 207 2005.6

相馬の言葉「えんとんこ」考(上田昌孝)「えおひっぷす」 相馬郷土研究会 210 2005.9

海路をとった北陸門徒の相馬移民(田中照禾)「相馬郷土」 相馬郷土研究会 (21) 2006.3

『戦国時代の相馬』新資料─相馬顕胤と田村御前に関する文書(水久保克英)「研究紀要」 南相馬市博物館 (8) 2006.3

相馬地方の製塩用具絵図「製塩用具一斑」(二本松文雄)「研究紀要」 南相馬市博物館 (8) 2006.3

相馬の言葉「じょうぐち」考(上田昌孝)「えおひっぷす」 相馬郷土研究会 (217) 2006.4

今市の二宮仕法を支えた相馬を訪ねる(駒場明房)「今市史談」 今市史談会 (15) 2006.4

海を渡る相馬の古民家(今野邸)(植松達也)「えおひっぷす」 相馬郷土研究会 (218) 2006.5

相馬の言葉「地獄星」考(上田昌孝)「えおひっぷす」 相馬郷土研究会 (219) 2006.6

相馬移民に尽力した功労者たち(1)(田中照禾)「相馬郷土」 相馬郷土研究会 (22) 2007.3

藩名の話(山田實)「相馬郷土」 相馬郷土研究会 (22) 2007.3

相馬の豪農古民家「今野邸」アメリカへ渡る(植松達也)「えおひっぷす」 相馬郷土研究会 (231) 2007.6

藩校について(藤原一良)「えおひっぷす」 相馬郷土研究会 (233) 2007.8

第1回講演会概要「磐城と相馬(その国境と諸問題)」佐藤孝徳副会長(講演会概要)「海韻古道を往く」 浜通り歴史の道研究会 (1) 2007.8

藩校について(藤原一良)「えおひっぷす」 相馬郷土研究会 (234) 2007.9

本の中で出会った、相馬の人、相馬のことなど(朝倉毅彦)「相馬郷土」 相馬郷土研究会 (24) 2009.3

『吉田屋日記』に見る慶応四年(1)～(3)(藤原一良)「えおひっぷす」 相馬郷土研究会 (258)/(261) 2009.9/2009.12

繰り返される悲劇(当時の新聞)/相馬流れ山(原町観光協会ホームページより)「杉並郷土史史料集」 杉並郷土史会 (227) 2011.5

口絵写真 巨大津波の痕跡、相馬地方視察「郷土の研究」 国見町郷土史研究会 (42) 2012.3

教育史の窓から見える近現代の相馬─地域に根ざした教育群像(須田将司)「相馬郷土」 相馬郷土研究会 (28) 2013.3

相馬報徳社活動再開記(横田康正)「相馬郷土」 相馬郷土研究会 (28) 2013.3

震災の爪痕(歴代藩公墓 撮影記録)(大槻明生)「相馬郷土」 相馬郷土研究会 (28) 2013.3

相馬港

相馬港の変容(《変容福島県》)(今野末治)「福島地理論集」 福島地理学会 49 2006.9

相馬港の変容《創立50周年記念特集号 変容福島県》─《浜通り地方に関する論考》(今野末治)「福島地理論集」 福島地理学会 51 2008.9

相馬市

相馬市の歴史「宮城県文化財友の会だより」 宮城県文化財友の会 147 2002.5

相馬市の文化財「宮城県文化財友の会だより」 宮城県文化財友の会 147 2002.5

三分一所家文書について「えおひっぷす」 相馬郷土研究会 180 2003.3

相馬市における郊外化・空洞化の進展と街づくりへの取り組み─地方小都市の地域商業問題《創立50周年記念特集号 変容福島県》─《浜通り地方に関する論考》(高野岳彦、円谷栄子)「福島地理論集」 福島地理学会 51 2008.9

相馬市の今を見て(第37回上伊那歴史研究会県外実地踏査報告「福島県と上伊那とのつながりを探る」)(内藤りつ子)「伊那路」 上伊那郷土研究会 56(12)通号671 2012.12

相馬中学校

昭和九年刊相馬中学校同窓名簿について(菅野俊之)「えおひっぷす」 相馬郷土研究会 (251) 2009.2

相馬中村

相馬中村から羽州中村へ─将門伝承の伝播(岡野清一)「福島史学研究」 福島県史学会 78 2004.3

相馬中村藩

企画展「相馬中村藩の御仕法」に富田文最後の手紙を借用展示(《佐藤高俊先生追悼号》)(西徹雄)「相馬郷土」 相馬郷土研究会 (20) 2005.3

天下普請助役と相馬中村藩(田原口保貞)「相馬郷土」 相馬郷土研究会 (21) 2006.3

砺波農民の相馬中村藩への移民(千秋謙治)「砺波散村地域研究所研究紀要」 砺波市立砺波散村地域研究所 (26) 2009.3

相馬中村藩の移民政策の成果─荒和田左衛門の波乱の生涯(渡部行)「相馬郷土」 相馬郷土研究会 (29) 2014.3

相馬藩

相馬藩における入百姓の生活実態(1)～(4)(田中照禾)「相馬郷土」 相馬郷土研究会 (26)/(29) 2011.3/2014.03

二つの相馬藩と中村藩(山田實)「相馬郷土」 相馬郷土研究会 (27) 2012.3

外槙村

外槙村と内槙村の成立(《石川史談20号記念特集》)(石渡直子)「石川史談」 石陽史学会 (20) 2008.3

太鼓橋

今泉神社前に架かる太鼓橋について(菅野守恵男)「船引地方史研究」 船引地方史研究会 (12) 2006.3

第百壱国立銀行

明治期の第百壱国立銀行の生成並びに営業状況について(大竹一弘)「郷土やながわ」 福島県伊達市梁川町郷土史研究会 11 2000.2

高木

昭和15年12月～16年4月 まぼろしの町村合併(1)～(2)─和木沢村高木地区(渡辺善和)「歴程 : 本宮町史だより」 本宮町教育委員会町史編纂室 (71)/(72) 2002.1/2002.3

高子二十境

「上保原の史跡と高子二十境」探勝会(清野明是)「郷土の香り : 郷土文化財資料」 保原町文化財保存会 43 2010.3

高子二十境と「永慕編」・「永慕後編」の成立過程(幕田一義)「福島史学研究」 福島県史学会 (91) 2013.3

高坂村

幕末期の日記にみえる地震関係記事─陸奥国磐前郡高坂村「四家又左衛門日記」から(佐藤孝之)「近世史藁」 近世村落史研究会 (7) 2014.5

高郷村

会津の市町村紹介 高郷村・昭和村・新鶴村・金山町「会津会々報」 会津会 109 2003.6

高田

会津方部の戊辰戦争 本郷・高田・坂下(《特集 戊辰戦争140年》─各地の戊辰戦争)(笹川壽夫)「会津人群像」 歴史春秋出版 (12) 2008.10

高田街道

高田橋の架橋と高田街道(〔史料紹介〕)(大塚實)「会津若松市史研究」 会津若松市 (5) 2003.9

高田橋

高田橋の架橋と高田街道(〔史料紹介〕)(大塚實)「会津若松市史研究」 会津若松市 (5) 2003.9

竹貫城

竹貫城とその周辺の城館群(上),(中),(下)(八巻孝夫)「中世城郭研究」 中世城郭研究会 (20)/(22) 2006.7/2008.7

高松山

わが郷愁の高松山(渡部行)「えおひっぷす」 相馬郷土研究会 (276) 2011.6

高森山

高森山金鉱伝説の由来(樋口光雄)「郷土の香り : 郷土文化財資料」 保原町文化財保存会 45 2012.4

滝川

鳥取邑を中心とした、瀧川上流地の郷村(菊池利雄)「郷土の研究」 国見町郷土史研究会 (33) 2003.3

歴史講演会「鳥取邑を中心とした瀧川上流の郷村」(事務局)「郷土の研究」 国見町郷土史研究会 (34) 2004.3

旧滝沢本陣

まちなかの文化財─市内の代表的な指定建造物 藩主の休息の場─旧滝沢本陣/珍しい建築様式─善龍門の山門/市内唯一の鞘堂─蒲生秀行廟「あいづわかまつ文化財だより」 会津若松市教育委員会 10 2003.3

岳温泉

岳温泉の今昔─ふるさとの山・安達太良(1)～(5)(若林伸亮)「歴程 : 本宮町史だより」 本宮町教育委員会町史編纂室 (71)/(75) 2002.1/2002.9

福島県　　　　　　　　　　　　　　　　　　地名でたどる郷土の歴史　　　　　　　　　　　　　　　　　東北

温泉の長距離移送による湯治場の移動―安達太良山麓・岳温泉(《変容福島県》)(若林伸亮)「福島地理論集」　福島地理学会　50　2007.9

温泉の長距離移送による湯治場の移動―安達太良山麓・岳温泉(《創立50周年記念特集号 変容福島県》―〈中通り地方に関する論考〉)(若林伸亮)「福島地理論集」　福島地理学会　51　2008.9

県庁文書に残る岳温泉の原風景 陸奥嶽山畧図、部分(「村界事件 其の他」、明治・大正期の福島県庁文書2207号)(小野孝太郎)「福島県史料情報 : 福島県歴史資料館」　福島県文化振興財団　(36)　2013.6

岳山

県庁文書に残る岳温泉の原風景 陸奥嶽山畧図、部分(「村界事件 其の他」、明治・大正期の福島県庁文書2207号)(小野孝太郎)「福島県史料情報 : 福島県歴史資料館」　福島県文化振興財団　(36)　2013.6

田沢

田沢部落に県下一のマンモス団地誕生と清沢小学校(編集部)「すぎのめ」　福島市杉妻地区史跡保存会　27　2004.11

多田野

郡山市の中世城館(8) 多田野本郷館と鹿島館／多田野の中世と周辺の城館(広長秀典)「郡山地方史研究」　郡山地方史研究会　43　2013.3

只見

平成の只見の大水害(会史亭)(坂内久泰)「会津史談」　会津史談会　(86)　2012.4

伊達

伊達地方史跡めぐり「月舘・川俣編」(佐藤忠夫)「郷土の香り : 郷土文化財資料」　保原町文化財保存会　46　2013.3

舘岩

舘岩カブのいまをめぐって(《特集 食べて保全》―〈「作る」「食べる」「保つ」の現場から〉)(今石みぎわ)「まんだら : 東北文化友の会会報」　東北芸術工科大学東北文化研究センター　(28)　2006.8

舘岩村

会津の市町村紹介 舘岩村「会津会々報」　会津会　110　2004.6

「水引」の風景―舘岩村(佐藤昌明)「会津学」　会津学研究会　1　2005.8

会津を食す(9) 舘岩村の赤かぶ(むとうかずこ)「会津人群像」　歴史春秋出版　(6)　2006.3

伊達郡

歴史講演会 伊達郡の町村合併の歴史(事務局)「郷土の研究」　国見町郷土史研究会　(37)　2007.3

近現代における、伊達郡での行政区画の変遷(特別寄稿)(菊池利雄)「霊山史談」　霊山町郷土史研究会　(11)　2008.10

伊達郡役所

県外から見た「須坂製糸」の評価について 福島県伊達郡役所「各県製糸場巡回調書」より(中野国雄)「須高」　須高郷土史研究会　(66)　2008.4

伊達市

平成の大合併が生んだ新たな市の課題と展望―田村市と伊達市を例に(小檜山浩)「福島地理論集」　福島地理学会　49　2006.9

平成の伊達騒動記「漢字の伊達市は残った」(秦宏)「郷土の研究」　国見町郷土史研究会　(37)　2007.3

伊達市発足第二年度に当り(佐藤光)「郷土の香り : 郷土文化財資料」　保原町文化財保存会　40　2007.3

平成の大合併が生んだ新たな市の課題と展望―田村市と伊達市を例に(《創立50周年記念特集号 変容福島県》―〈中通り地方に関する論考〉)(小檜山浩)「福島地理論集」　福島地理学会　51　2008.9

福島県中通り北部・伊達市の概要／厚畑山／厚樫二重堀跡／大枝城跡／八幡神社／臥龍山興国寺／梁川城跡／浅間神社由来／天神社／広瀬川／伊達市保原総合公園／伊達市保原歴史文化資料館／旧亀岡家住宅／霊山と霊山神社／福島県伊達市の歴史散歩)「宮城県文化財友の会だより」　宮城県文化財友の会　(182)　2009.5

福島県伊達市歴史散歩(齋藤紀雄)「宮城県文化財友の会だより」　宮城県文化財友の会　(184)　2009.9

伊達市歴史散歩記(遠藤哲雄)「宮城県文化財友の会だより」　宮城県文化財友の会　(184)　2009.9

伊達町

伊達市内旧伊達町の文化財史跡めぐり(稲村信市)「郷土の香り : 郷土文化財資料」　保原町文化財保存会　46　2013.3

棚倉

陸奥国棚倉藩多階支配組織の内部動向と地域社会(《特集 第14回全国部落史研究交流会》―前近代史分科会報告)(横山陽子)「解放研究 : 東日本部落解放研究所紀要」　東日本部落解放研究所, 解放書店(発売)　(22)　2008.9

棚倉城

城めぐり(4) 棚倉城 築城家丹羽長重の城(平野茂)「下野史談」　下野史談会　97　2003.6

「棚倉城引渡一件帳」報告[1], (2)(堤昭憲)「郷土史誌末盧國」　松浦史談会, 芸文堂(発売)　(169)／(170)　2007.3/2007.6

束松峠

茶屋物語(2) 束松峠(笹川壽夫)「会津人群像」　歴史春秋出版　(8)　2006.12

越後街道束松峠(《会津坂下町編 越後街道》)(古川利意)「下野街道」　ヤマト企画編集部　(9)　2009.5

束松峠の今昔と「北越潜行の詩」(前), (後)(畑敬之助)「会津史談」　会津史談会　(87)／(88)　2013.4/2014.4

秋月悌次郎「北越潜行の詩」を「束松峠」に(畑敬之助)「会津会々報」　会津会　(119)　2013.6

束松峠に建つ「北越潜行の詩」碑―韋と逸の人(桑原勇蔵)「会津史談」　会津史談会　(88)　2014.4

玉野

相馬市玉野地区の「石造物」紹介(千枝章一)「相馬郷土」　相馬郷土研究会　(20)　2005.3

田村

田村地域の本城と支城(垣内和孝)「郡山地方史研究」　郡山地方史研究会　43　2013.3

田村郡

田村郡内の白河藩領村々高免記をめぐって(糠澤章雄)「郡山地方史研究」　郡山地方史研究会　34　2004.3

田村市

平成の大合併が生んだ新たな市の課題と展望―田村市と伊達市を例に(小檜山浩)「福島地理論集」　福島地理学会　49　2006.9

平成の大合併が生んだ新たな市の課題と展望―田村市と伊達市を例に(《創立50周年記念特集号 変容福島県》―〈中通り地方に関する論考〉)(小檜山浩)「福島地理論集」　福島地理学会　51　2008.9

団子山

消えた団子山(今井和幸)「柏崎・刈羽」　柏崎刈羽郷土史研究会　(30)　2003.4

銚子の口

幻と消えた「銚子の口」の刎橋(角田十三男)「西会津史談」　西会津史談会　(8)　2005.4

長白洲通り

相馬領への道筋 浜街道の長白洲通りと八坂峠(1)～(3)(南部孝之)「えおひっぷす」　相馬郷土研究会　171/173　2002.6/2002.8

月舘

伊達地方史跡めぐり「月舘・川俣編」(佐藤忠夫)「郷土の香り : 郷土文化財資料」　保原町文化財保存会　46　2013.3

月田農園

私の月田農園物語(《特集 会津に生きる》)(菅家博昭)「会津学」　会津学研究会　4　2008.8

静かに夢を耕す―南会津に月田農園をたずねて(寄稿)(松山誠)「会津学」　会津学研究会　4　2008.8

綱城

綱取城跡雑考(渡部新一)「歴史春秋」　歴史春秋社　(68)　2008.10

鶴ヶ城

会津若松鶴ヶ城の悲劇(友永武男)「松前史談」　松前町松前史談会　20　2004.3

若松城(鶴ヶ城)(内藤りつ子)「伊那路」　上伊那郷土史研究会　48(12)通号575　2004.12

加藤時代と鶴ヶ城改築考(研究ノート)(渡部四郎)「歴史春秋」　歴史春秋社　(80)　2014.10

鶴ヶ城跡地払い下げ(河野十四生)「会津人群像」　歴史春秋出版　(28)　2014.11

徳定村

史料紹介 享保八・九年の阿武隈川の洪水と徳定村の移転に関する史料(松本和子)「郡山地方史研究」　郡山地方史研究会　42　2012.3

栃山神

資料紹介 栃山神の「救民碑」について(渡辺康芳)「郡山地方史研究」　郡山地方史研究会　39　2009.3

鳥取

飛んで、飛んで、鳥取(野崎欽五)「いわき古代の風」　いわき古代史研究会　(2)　2007.12

鳥取邑

鳥取邑を中心とした、瀧川上流地の郷村(菊池利雄)「郷土の研究」　国見町郷土史研究会　(33)　2003.3

歴史講演会「鳥取邑を中心とした瀧川上流の郷村」(事務局)「郷土の研究」　国見町郷土史研究会　(34)　2004.3

東北 地名でたどる郷土の歴史 福島県

十綱橋

摺上川・十綱橋の懐古（特集 十綱橋百年）（田中勇治，菅野栄二）「寿里可美」 飯坂町史跡保存会 （19）2013.12

十綱橋四季の思い出（特集 十綱橋百年）（小柴俊男）「寿里可美」 飯坂町史跡保存会 （19）2013.12

十綱橋はみんな知っている（特集 十綱橋百年）（菅野栄二）「寿里可美」 飯坂町史跡保存会 （19）2013.12

木橋十綱橋秘話（特集 十綱橋百年）（菅野栄二）「寿里可美」 飯坂町史跡保存会 （20）2014.12

十綱橋あれこれ（特集 十綱橋百年）「寿里可美」 飯坂町史跡保存会 （20）2014.12

アーチ橋十綱橋の百年（特集 十綱橋百年）（安斎鉄夫）「寿里可美」 飯坂町史跡保存会 （20）2014.12

十綱橋年表（特集 十綱橋百年）「寿里可美」 飯坂町史跡保存会 （20）2014.12

戸ノ口原

戸ノ口原の白虎隊奮戦の地・慰霊碑建立秘話—土佐人 結城治（会史亭）（井上昌威）「会津史談」 会津史談会 （81）2007.4

白虎隊と戸ノ口原の戦・再考（前田宣裕）「会津若松市史研究」 会津若松市 （9）2007.9

冨田国衛著『戸ノ口原の戦い』—日向内記と白虎隊の真相（読んだので、ちょっと）（佐藤紀子）「歴史春秋」 歴史春秋社 （70）2009.10

富沢村

富沢村古舘（遠藤利夫）「郷土の香り ： 郷土文化財資料」 保原町文化財保存会 37 2004.3

富野村

資料 富野村に於ける文化史的考察抄（立花秀孝）「郷土やながわ」 福島県伊達市梁川町郷土史研究会 （14）2006.3

資料 富野村に於ける文化史的考察抄（続）（立花秀孝）「郷土やながわ」 福島県伊達市梁川町郷土史研究会 （15）2007.3

鳥谷野

新平家物語と鳥谷野（斎藤博）「すぎのめ」 福島市杉妻地区史跡保存会 28 2005.11

新平家物語と鳥谷野（前号より続く）（斎藤博）「すぎのめ」 福島市杉妻地区史跡保存会 （29）2007.1

戸山城

ここまで分かった古代・中世・戦国の会津（5）会津の金 金山開発と穴沢氏の戸山城築城（石田明夫）「会津史談通信」 会津史談会 （58）2007.10

豊国酒造

会津人と酒（5）会津坂下、三つの酒蔵の物語 曙酒造・豊国酒造・廣木酒造（会津坂下町）（須田麻智子）「会津人群像」 歴史春秋出版 （5）2005.10

戸渡

隣町の戸渡（小川町）から（三ツ森ゼミナール）（吉田桂子）「久之浜通信」 もろびと舎 （23）2007.2

戸渡牧場

牧生共立社と戸渡牧場（関内幸介，太田史人，関内裕人）「潮流」 いわき地域学会 35 2007.12

長瀬川

磐梯山噴火後の長瀬川の災害と治水について（小桧山六郎）「会津若松市史研究」 会津若松市 （3）2001.10

中瀬村

古書探聞 中瀬村今昔（鈴木鉄弥）「郷土の香り ： 郷土文化財資料」 保原町文化財保存会 37 2004.3

中妻村

幕末から明治にかけての下郷町中妻村の医者たち（研究ノート）（佐藤公男）「歴史春秋」 歴史春秋社 （77）2013.4

長沼

型紙がつなぐ長沼のものづくり（市川一秋，國分早苗）「文化福島」 福島県文化振興事業団 34（4）通号387 2004.7

長沼地検令の考察（加藤義久）「郡山地方史研究」 郡山地方史研究会 35 2005.3

幕領陸奥国岩瀬郡長沼総検地（加藤義久）「郡山地方史研究」 郡山地方史研究会 36 2006.3

中野

中野の白土生産（伝承講演会の記録）（紺野四郎）「寿里可美」 飯坂町史跡保存会 （18）2012.12

寿里可美に学ぶ中野よもやま話（伝承講演会の記録）（菅野栄二）「寿里可美」 飯坂町史跡保存会 （19）2013.12

中村

旅人たちが見た相馬地方その三 原ノ町から中村へ（堀切武）「相馬郷土」 相馬郷土研究会 （18）2003.3

地図で辿る『奥相志中村』の道筋（1）「弘化三年田野之図」から城址の地形を探る（南部孝之）「えおひっぷす」 相馬郷土研究会 （240）2008.3

地図で辿る『奥相志中村』の道筋（2）田町枡形から田中安養寺口に至る（南部孝之）「えおひっぷす」 相馬郷土研究会 （241）2008.4

地図で辿る『奥相志中村』の道筋（3）「字限図」に「川沼落雁」の形状を探る（南部孝之）「えおひっぷす」 相馬郷土研究会 （246）2008.9

地図で辿る『奥相志中村』の道筋（4）北山に「山上連建」の古蹟を考察する（南部孝之）「えおひっぷす」 相馬郷土研究会 （247）2008.10

中村開府直前、中村を訪れた南蛮人（岩本由輝）「えおひっぷす」 相馬郷土研究会 （280）2011.11

中村城

旅人たちが見た相馬地方その四 中村城下・松川浦（堀辺武）「相馬郷土」 相馬郷土研究会 （19）2004.3

中村藩

中村藩移民政策の一裏面史 女買入れ人 荒和田左衛門の功罪（渡辺行）「相馬郷土」 相馬郷土研究会 （16）2001.3

中村藩、移民政策の一裏面史（続）女買い入れ人、荒和田左衛門の伝承（渡部行）「相馬郷土」 相馬郷土研究会 （18）2003.3

中村藩江戸下屋敷取得の事情（岩本由輝）「えおひっぷす」 相馬郷土研究会 187 2003.10

二つの相馬藩と中村藩（山田實）「相馬郷土」 相馬郷土研究会 （27）2012.3

戯文による幕末中村藩政諷刺（1の1），（1の2）（岩本由輝）「えおひっぷす」 相馬郷土研究会 （309）/（310）2014.5/2014.6

中村町

『文久二年中村町軒数絵図之写』を『衆臣系譜』と照合して（南部孝之）「えおひっぷす」 相馬郷土研究会 （237）2007.12

なかむらや旅館

なかむらや旅館と東日本大震災（伝承講演会の記録）（高橋武子）「寿里可美」 飯坂町史跡保存会 （20）2014.12

名倉山

名倉山の射撃訓練場跡「歴程 ： 本宮町史だより」 本宮町教育委員会町史編纂室 （78）2003.3

名倉山酒造

会津人と酒（4）蔵元達の心象風景名倉山酒造（会津若松市）（須田麻智子）「会津人群像」 歴史春秋出版 （4）2005.2

名古曽関

第4回講演会概要「古代ロマン 菊多割と勿来関」「菊多割について」馬目順一氏、「名古曽関について」里見庫男氏、「歌枕なこそ」酒主真希氏、内藤風虎と勿来関」佐藤孝徳氏（講演会概要）「海韻古道を往く」 浜通り歴史の道研究会 （1）2007.8

勿来の関

推考・勿来の関（国分喜代明）「潮流」 いわき地域学会 34 2006.12

勿来関

第4回講演会概要「古代ロマン 菊多割と勿来関」「菊多割について」馬目順一氏、「名古曽関について」里見庫男氏、「歌枕なこそ」酒主真希氏、内藤風虎と勿来関」佐藤孝徳氏（講演会概要）「海韻古道を往く」 浜通り歴史の道研究会 （1）2007.8

菊多割と勿来関の検討（菅原文也）「いわき地方史研究」 いわき地方史研究会 （45）2008.9

夏井川沖積低地

夏井川沖積低地における微地形と土地利用の変遷（〈変容福島県〉）（沢貴史）「福島地理論集」 福島地理学会 49 2006.9

夏井川沖積低地における微地形と土地利用の変遷（《創立50周年記念特集号 変容福島県》—〈浜通り地方に関する論考〉）（沢貴史）「福島地理論集」 福島地理学会 51 2008.9

七日町

七日町開通記念碑（小熊和子）「会津史談」 会津史談会 （82）2008.4

浪江町

浪江町指定重要文化財「幾世橋村繪圖」を読む（松本美笙）「相馬郷土」 相馬郷土研究会 （20）2005.3

風土形成序説—浪江町の風景を読むことを通して（廣瀬俊介）「東北学．［第2期］」 東北芸術工科大学東北文化研究センター，柏書房（発売）（5）2005.10

行方

古代・磐城軍団と行方軍団（渡邊行郎）「いわき地方史研究」 いわき地方史研究会 （41）2004.9

155

福島県　地名でたどる郷土の歴史　東北

滑沢

見いっけた「滑沢の宝物」(わが家の歴史シリーズ)(高橋和子)「西会津史談」　西会津史談会　(7)　2004.4

楢木峠

史実を語る古い峠道の碑—楢木峠の「上様御休所」記念碑を訪ねて(角田十三男)「西会津史談」　西会津史談会　(6)　2003.4

成田村

伊達一族成田氏と故郷伊達郡成田村(笠松金次)「郷土の研究」　国見町郷土史研究会　(38)　2008.3

成山館

郡山市の中世城館(10) 55黒鹿毛城、56小屋館、57鹿島館、58成山館(広長秀典)「郡山地方史研究」　郡山地方史研究会　44　2014.3

縄沢村

山論から400年間も姻戚関係のない村—松尾村と縄沢村の境塚について(滝沢洋之)「福大史学」　福島大学史学会　(74・75)　2003.3

二井田川

《特集 二井田川流域》「潮流」　いわき地域学会　32　2004.12

新舘

新舘の七不思議・天明の大飢饉(渡辺博長)「船引地方史研究」　船引地方史研究会　(16)　2012.8

二井田村

古文書解読 二井田村困窮高引願(原義男)「郷土の香り : 郷土文化財資料」　保原町文化財保存会　38　2005.3

新鶴村

会津の市町村紹介 高郷村・昭和村・新鶴村・金山町「会津会々報」　会津会　109　2003.6

旧会津が交差する旧新鶴村(会津美里編 下野街道)(横山満)「下野街道」　ヤマト企画編集部　(13)　2013.5

濁川

濁川の思い出(平野茂子)「塩川史研究」　塩川史振興会　(2)　2005.10

西会津

西会津の古い道(2) 『日誌・陸奥の編笠』(越後街道)の古文書(西会津史談会古文書研究部)「西会津史談」　西会津史談会　(6)　2003.4

外から見た西会津《西会津編 越後街道》(佐藤栄一)「下野街道」　ヤマト企画編集部　(8)　2008.4

会津と越後東蒲原の「方言の似比べ」《西会津編 越後街道》(和久井正巳)「下野街道」　ヤマト企画編集部　(8)　2008.4

町の玄関口・町の顔「道の駅」にしあいづ《西会津編 越後街道》(小山源昭)「下野街道」　ヤマト企画編集部　(8)　2008.4

西会津中学校

語り継ぐ 東日本大震災被災地 宮古市立津軽石中学校から／西会津町立西会津中学校修学旅行報告文集から「東京大空襲・戦災資料センターニュース : 平和研究交流誌」　東京大空襲・戦災資料センター　(20)　2012.2

西会津町

生きぬくための知恵 耶麻郡西会津町(2) 町に健康と誇りをもたらした「百歳への挑戦」(須田麻智子)「会津人群像」　歴史春秋出版　(2)　2004.6

会津を食す(16)「椎茸」西会津町「会津人群像」　歴史春秋出版　(19)　2011.4

西大枝中屋敷舘堀

西大枝中屋敷舘堀と西大枝氏(笠松金次)「郷土の研究」　国見町郷土史研究会　(35)　2005.3

西国見

史料よりみた旧森山村 東国見・西国見地内の西根上堰(菊池利雄)「郷土の研究」　国見町郷土史研究会　(40)　2010.3

西根

創立30周年記念講演会「伊達郡西根の水田開発と西根堰」(事務局)「郷土の研究」　国見町郷土史研究会　(33)　2003.3

伊達郡西根の段丘崖上にある城館(井沼千秋)「福島史学研究」　福島県史学会　(86)　2008.3

西根上堰

史料よりみた旧森山村 東国見・西国見地内の西根上堰(菊池利雄)「郷土の研究」　国見町郷土史研究会　(40)　2010.3

西根堰

創立30周年記念講演会「伊達郡西根の水田開発と西根堰」(事務局)「郷土の研究」　国見町郷土史研究会　(33)　2003.3

特別講演会「世界に誇る郷土の偉業 西根堰の開鑿」(事務局)「郷土の研究」　国見町郷土史研究会　(34)　2004.3

西原廃寺

西原廃寺を語る(伝承講演会の記録)(但木秀徳)「寿里可美」　飯坂町史跡保存会　(20)　2014.12

西向山

西向山の共有林(佐藤兵一)「郡山地方史研究」　郡山地方史研究会　40　2010.3

日新館

会津藩校 日新館を訪ねて(福士光俊)「いしがみ : 郷土文化誌」　「いしがみ」刊行会　(14)　2003.12

会津藩校日新館と沖縄久米崇聖廟(竹内良雄)「閑谷学校研究」　特別史跡閑谷学校顕彰保存会　(11)　2007.5

第58回文化財防火デー 1月26日 国史跡若松城跡／(仮称)歴史資料保管センター 旧会津図書館3階(城東町) 会津若松市史等を販売／日新館資料群 新たに市指定文化財へ／出前講座で知る文化財「あいづわかまつ文化財だより」　会津若松市教育委員会　(19)　2012.4

「什の掟」と会津日新館の武士道教育(福永弘之)「葉隠研究」　葉隠研究会　(74)　2013.1

日中線

懐かしの鉄道(3) 思い出・鉄道の話 会津若松機関区と日中線(佐原義春)「会津人群像」　歴史春秋出版　(17)　2010.8

写真で語る今×昔 今も受け継がれる日中線「会津人群像」　歴史春秋出版　(17)　2010.8

日橋川

日橋川を下る(湯浅佳子)「塩川史研究」　塩川史振興会　(2)　2005.10

日橋川改修と南大橋(共同研究)「塩川史研究」　塩川史振興会　(2)　2005.10

二本松

郡外の史跡めぐり—高蔵寺、白石城、田村神社、甲冑堂(宮城)、福島県歴史資料館・二本松とまわって(渡部一郎)「阿賀路 : 東蒲原郡郷土誌」　阿賀路の会　44　2006.5

写真 二本松少年隊の歴史と東北(特集 若者たちの東北—東日本大震災3)(星亮一)「東北学. [第2期]」　東北芸術工科大学東北文化研究センター，柏書房(発売)　(30)　2012.2

二本松街道

二本松街道沿いの文化財(石田明夫)「下野街道」　ヤマト企画編集部　(6)　2006.4

旧二本松街道を往く《猪苗代町編 二本松街道》(川井源治)「下野街道」　ヤマト企画編集部　(7)　2007.5

街道の活用について《猪苗代町編 二本松街道》(天野信雄)「下野街道」　ヤマト企画編集部　(7)　2007.5

昔をたずねて《猪苗代町編 二本松街道》(大川原源一)「下野街道」　ヤマト企画編集部　(7)　2007.5

旧二本松街道を訪ねる《猪苗代町編 二本松街道》(鈴木清孝)「下野街道」　ヤマト企画編集部　(7)　2007.5

旧二本松街道を偲ぶ(新会員のひとこと)(内山武彦)「会津史談通信」　会津史談会　(62)　2009.10

二本松城

城めぐり(6) 二本松城(平野茂)「下野史談」　下野史談会　99　2004.6

二本松藩

二本松藩の郷士(1),(2)(山崎清敏)「歴程 : 本宮町史だより」　本宮町教育委員会町史編纂室　(77)／(78)　2003.1／2003.3

天狗党の乱と二本松藩の出動(山崎清敏)「福島史学研究」　福島県史学会　77　2003.9

二本松藩領内奥州街道沿いの宿場集落の形成について(柳田和久)「郡山地方史研究」　郡山地方史研究会　39　2009.3

二本松藩領の寛延一揆について(柳田和久)「福島史学研究」　福島県史学会　(87)　2009.3

二本松藩領の初期村役人と村役人の移動について(上),(下)(柳田和久)「福島史学研究」　福島県史学会　(89)／(90)　2011.3／2012.03

布引山

布引山争論の論所裁許と元禄国絵図—会津藩の国絵図作成(上),(下)(阿部俊夫)「福島県歴史資料館研究紀要」　福島県文化振興事業団　(27)／(28)　2005.3／2006.3

沼尻軽鉄道

「沼尻軽便鉄道」のこと《猪苗代町編 二本松街道》(安部なか)「下野街道」　ヤマト企画編集部　(7)　2007.5

沼尻軽便鉄道

ふくしまの近代遺産—鉄道 沼尻軽便鉄道(猪苗代町)(渡辺新)「会津史談」　会津史談会　(85)　2011.5

沼田街道

幕末の沼田街道(若林善教)「月刊会津人」　月刊会津人社　(15)　2004.12

古文書で語る歴史の道 沼田街道と馬継ぎ問屋の入札(岡田昭二)「上州文化」 群馬県教育文化事業団 (105) 2006.2
沼田街道 その1(小池照一)「群馬地名だより : 群馬地名研究会会報」 群馬地名研究会 (87) 2014.9

根子町
根子町物語(一般投稿)(丹治康吉)「すぎのめ」 福島市杉妻地区史跡保存会 (33) 2012.3

農林省養蚕試験場圃場
杉妻に置かれた農林省養蚕試験場圃場と杉妻地区養蚕業の終末(横田廣,赤間勲)「すぎのめ」 福島市杉妻地区史跡保存会 (29) 2007.1

野沢
西会津(野澤)開拓史料 『野澤熊野神社縁起』に見る野澤六人衆(西会津史談会古文書研究部)「西会津史談」 西会津史談会 (6) 2003.4
藩政時代 野沢組の行政組織(根本一)「西会津史談」 西会津史談会 (7) 2004.4

野沢民政局
明治初年の直轄地支配再考—野沢民政局を事例として(田崎公司)「西会津史談」 西会津史談会 (6) 2003.4

端村
『新編会津風土記』にみる新田村・端村新田の記録(川口芳昭)「会北史談」 会北史談会 (56) 2014.8

八十里越
八十里越の横顔[1],(2)(轡田克史)「福島県史料情報 : 福島県歴史資料館」 福島県文化振興財団 (11)/(12) 2005.2/2005.5

八十里峠
司馬遼太郎と歩いた八十里峠(飯塚恒夫)「会津学」 会津学研究会 1 2005.8
「八十里峠新道の儀に付伺書」付図(長谷部大作家文書2566)(轡田克史)「福島県史料情報 : 福島県歴史資料館」 福島県文化振興財団 (13) 2005.9

波立海岸
まちの文化財 波立海岸のイブキ(志賀賢司)「久之浜通信」 もろびと舎 (22) 2006.9

八丁目
戦国城下町の成立—宿地千軒から八丁目城下町へ(小林清治)「福大史学」 福島大学史学会 (74・75) 2003.3

塙
塙の鍛冶(1)~(3)(小暮伸之)「福島県史料情報 : 福島県歴史資料館」 福島県文化振興財団 (19)/(25) 2008.1/2009.10

塙陣屋
陸奥国塙陣屋付幕領の村社会と「年番」制(《月例会報告要旨》)(戸森麻衣子)「関東近世史研究」 関東近世史研究会 (53) 2003.10

馬入峠
嗚呼馬入峠—誇り高ききもり衆(会史亭)(鈴木湖村)「会津史談」 会津史談会 (86) 2012.4

浜通り
浜通り地方の自由民権運動と名望家—興民社会・興風社・北辰社(吉村仁作)「福大史学」 福島大学史学会 (74・75) 2003.3
江戸時代における浜通り地方の源流について(《特集 いわきの原始・古代から近世までの生業と信仰》)(佐々木竜二)「いわき地方史研究」 いわき地方史研究会 (40) 2003.9
いわきから見た浜通りの公共交通機関—今後のあり方を考える(高木敏夫)「潮流」 いわき地域学会 (3) 2005.12
第2回講演会概要「街道を活かした地域づくり」宮原育子先生、「相双の歴史の道」西徹雄先生(講演会概要)「海韻古道を往く」 浜通り歴史の道研究会 (2) 2007.8
第3回講演会概要「浜通りの古代道路について」鈴木貞夫先生、討論会「浜通りの古代官道はどこだ」里見庫男氏・鈴木貞夫氏・渡辺一雄氏・馬目順一氏・山名隆弘氏(講演会概要)「海韻古道を往く」 浜通り歴史の道研究会 (1) 2007.8
自給製塩時代の福島県浜通り(3)(岩本由輝)「えおひっぷす」 相馬郷土研究会 (291) 2012.11

祓川
されど「祓川(はらいがわ)」は動かず(菅野家弘)「霊山史談」 霊山町郷土史研究会 (12) 2012.3

原釜
双鶴丸は原釜・請戸に回航したか(岩本由輝)「えおひっぷす」 相馬郷土研究会 (242) 2008.5

原ノ溜井
役目を終えた原ノ溜井(玉手正平)「郷土の研究」 国見町郷土史研究会 (33) 2003.3

原ノ町
旅人たちが見た相馬地方その三 原ノ町から中村へ(堀切武)「相馬郷土」 相馬郷土研究会 (18) 2003.3

原町陸軍飛行場
旧原町陸軍飛行場調査報告(稲垣森太)「いわき地方史研究」 いわき地方史研究会 (45) 2008.9

万世大路
万世大路の開削と整備(福島河川国道事務所)「文化福島」 福島県文化振興事業団 34(5)通号388 2004.9
公文書でみる明治時代(2) 万世大路事業誌(小暮伸之)「福島県史料情報 : 福島県歴史資料館」 福島県文化振興財団 (32) 2012.2
万世大路(伝承講演会の記録)(木村義吉)「寿里可美」 飯坂町史跡保存会 (20) 2014.12

磐梯山
磐梯山噴火後の長瀬川の災害と治水について(小桧山六郎)「会津若松市史研究」 会津若松市史 (3) 2001.10
磐梯山開発—塩川の先人たち(大竹禮子)「塩川史研究」 塩川史振興会 (2) 2005.10
会津磐梯山は宝の山ヨ(《猪苗代町編 二本松街道》)(小桧山六郎)「下野街道」 ヤマト企画編集部 (7) 2007.5
磐梯山と私(《猪苗代町編 二本松街道》)(鈴木琢美)「下野街道」 ヤマト企画編集部 (7) 2007.5
ピックアップ・コレクション 表紙解説 磐梯山噴火坑画図(苅宿仲衛家文書)福島県歴史資料館収蔵(渡辺智裕)「ふくしま文化情報 : 文化福島」 福島県歴史資料館 (425) 2008.5
「磐梯山噴火真図」(個人蔵)(渡辺智裕)「福島県史料情報 : 福島県歴史資料館」 福島県文化振興財団 (21) 2008.5
夏の企画展 共同企画展「会津磐梯山」「宝の山2008—磐梯山をめぐる人と自然—」「博物館だより」 福島県立博物館 通号89 2008.7
研究ノート G.ビゴーが見た磐梯山噴火—120年前を語る絵の証言者(星幸)「博物館だより」 福島県立博物館 通号89 2008.7
トピックス 共同企画展 会津磐梯山「博物館だより」 福島県立博物館 通号89 2008.7
「磐梯山噴火坑真図」を読み解く—磐梯山噴火研究深化のために(渡辺智裕)「いわき地方史研究」 いわき地方史研究会 (45) 2008.9
イベントレポート 夏の企画展「宝の山2008—磐梯山をめぐる人と自然—」関連事業 記念講演会・パネルディスカッション 演題「磐梯山噴火に地元の人々はどう対処したか—避難・救援救護・災害記録とその意義」講師・米地文夫さん、テーマ「磐梯山噴火をめぐる謎に迫る!」/フォーラム・公演「玄如節 民謡『会津磐梯山』のルーツをたどる」講師・玄如節顕彰会の皆さん(高橋充)「博物館だより」 福島県立博物館 通号90 2008.10
磐梯山1888年噴火「地震引き金」論—和田雄治らの調査報告の検討に基づいて(《特集 磐梯山》)(米地文夫)「福島県立博物館紀要」 福島県立博物館 (23) 2009.3
1888年磐梯山噴火における小磐梯の崩壊と噴火後の湯桁山の地形変化(《特集 磐梯山》)(竹谷陽二郎)「福島県立博物館紀要」 福島県立博物館 (23) 2009.3
磐梯朝日国立公園指定60周年 磐梯山にかける夢と情熱—小林才二が築いた道標の軌跡(《特集 磐梯山》)(小桧山六郎)「福島県立博物館紀要」 福島県立博物館 (23) 2009.3
写真から見る1888年の磐梯山の噴火(《特集 磐梯山》)(佐藤公)「福島県立博物館紀要」 福島県立博物館 (23) 2009.3
岩代国耶麻郡磐梯山噴火実況之図(個人蔵) 中川耕山の『岩代国耶麻郡磐梯山噴火実況之図』(渡邊智裕)「福島県史料情報 : 福島県歴史資料館」 福島県文化振興財団 (30) 2011.7
中川耕山の『岩代国耶麻郡磐梯山噴火実況之図』について(渡辺智裕)「いわき地方史研究」 いわき地方史研究会 (48) 2011.12
苅宿仲衛が持っていた磐梯山噴火の写真 磐梯山噴火の写真(苅宿仲衛家文書)(渡邊智裕)「福島県史料情報 : 福島県歴史資料館」 福島県文化振興財団 (32) 2012.2
官報掲載の磐梯山噴火記事(山内幹夫)「福島県史料情報 : 福島県歴史資料館」 福島県文化振興財団 (32) 2012.2
福島県に献納されていた小口信明の磐梯山噴火写真(渡邊智裕)「福島県史料情報 : 福島県歴史資料館」 福島県文化振興財団 (34) 2012.10

磐梯町
歴史の猪苗代町、磐梯町の紀行(横田廣)「すぎのめ」 福島市杉妻地区史跡保存会 (31) 2009.3
猪苗代・磐梯両町選定理由(郡外史跡巡り)(杉崎巌)「阿賀路 : 東蒲原郡郷土誌」 阿賀路の会 49 2011.5

半田銀山
国見町の半田銀山関連鉱山史料について(菊池利雄)「郷土の研究」 国見

町郷土史研究会　32　2002.3

東大橋

東大橋の記録(共同研究)「塩川史研究」　塩川史振興会　(2)　2005.10

東国見

史料よりみた旧森山村 東国見・西国見地内の西根上堰(菊池利雄)「郷土の研究」　国見町郷土史研究会　(40)　2010.3

東沢金山

東沢金山(菊地真洲男)「会北史談」　会北史談会　(49)　2007.7

東根堰

砂子堰・東根堰始点及び終点考(岡崎勇七)「郷土の香り ： 郷土文化財資料」　保原町文化財保存会　45　2012.4

久之浜

続 久之浜・大久の炭鉱(志賀賢司)「久之浜通信」　もろびと舎　11　2000.8

戦国時代の新妻家をたずねて(1)～(3)(久之浜のかたち)(佐藤孝徳)「久之浜通信」　もろびと舎　15/17　2002.8/2003.8

末続の聖徳太子(久之浜のかたち)(太田史人)「久之浜通信」　もろびと舎　17　2003.8

久之浜点描 地獄の坂道―大場山(しらどてつや)「久之浜通信」　もろびと舎　17　2003.8

久之浜と佐渡(山本修巳)「久之浜通信」　もろびと舎　17　2003.8

久之浜と佐渡(山本修巳)「佐渡郷土文化」　佐渡郷土文化の会　103　2003.10

海から訪れた久之浜(三ツ森ゼミナール)(織田好孝)「久之浜通信」　もろびと舎　20　2005.8

久之浜のこと(三ツ森ゼミナール)(馬上光夫)「久之浜通信」　もろびと舎　20　2005.8

久之浜と戸渡を結ぶ道(久之浜のかたち)(太田史人)「久之浜通信」　もろびと舎　(22)　2006.9

久之浜点描 南町跨線橋(おおひらまさえ)「久之浜通信」　もろびと舎　(23)　2007.2

檜枝岐

檜枝岐散歩(矢久保徳司)「小千谷文化」　小千谷市総合文化協会『小千谷文化』編集委員会　(178・179)　2005.3

檜枝岐―開拓村の夏(佐藤昌明)「会津学」　会津学研究会　1　2005.8

檜枝岐村

『当所八景』(檜枝岐村文書―1177 福島県歴史資料館保管)(渡辺智裕)「福島県史料情報 ： 福島県歴史資料館」　福島県文化振興財団　6　2003.12

檜枝岐村の概要/伝統文化/尾瀬/檜枝岐歴史回廊 昔を偲ぶ歴史散策(《特集 檜枝岐村(福島県)》)(平野聡)「群馬歴史散歩」　群馬歴史散歩の会　(199)　2007.5

檜枝岐村絵図について(1)～(5)(山内幹夫)「福島県史料情報 ： 福島県歴史資料館」　福島県文化振興財団　(24)/(29)　2009.5/2011.02

檜原宿

米沢街道と檜原宿について(宇津味善助)「会北史談」　会北史談会　(45)　2003.7

檜原城

伊達・蘆名領国境と桧原城(垣内和孝)「地方史研究」　地方史研究協議会　63(3)　通号363　2013.6

平田村

平田村の今昔を語る(伝承講演会の記録)(佐藤勝栄)「寿里可美」　飯坂町史跡保存会　(19)　2013.12

広木酒造

会津人と酒(5) 会津坂下、三つの酒蔵の物語 曙酒造・豊国酒造・廣木酒造(会津坂下町)(須田麻智子)「会津人群像」　歴史春秋出版　(5)　2005.10

広野

「広野焼」の足跡(1)(渡邉一雄)「潮流」　いわき地域学会　34　2006.12

広野村

昭和の郷食―広野村の場合(《特集 縄文から近代までの生業・信仰・社会構造》)(渡邉一雄)「いわき地方史研究」　いわき地方史研究会　(44)　2007.9

日和田町

院省特達並指令(県庁文書F122)と地籍丈量帳(現在の郡山市日和田町)「福島県史料情報 ： 福島県歴史資料館」　福島県文化振興財団　3　2003.2

福島

ふくしまの原像(1) のびやかに…福島の平和通り(阿部輝郎)「文化福島」　福島県文化振興事業団　32(2)　通号365　2002.5

ふくしまの原像(2)～(10)(阿部輝郎)「文化福島」　福島県文化振興事業団　32(3)通号366/33(1)通号374　2002.6/2003.4

福島の蔵書印(33) 関場不二彦の蔵書印(菅野俊之)「福島県郷土資料情報」　福島県立図書館　(43)　2003.3

ふくしまの原像(11) 戦後写真にみる暮らしの原点 牛と車―ある国道風景(阿部輝郎)「文化福島」　福島県文化振興事業団　33(2)通号375　2003.5

県歴史資料館 収蔵資料テーマ展「ふくしまの自然環境―江戸の博物誌」(渡辺智裕)「文化福島」　福島県文化振興事業団　33(2)通号375　2003.5

光と影の青春―戦中、戦後の狭間に生きた福商時代(椎野健二郎)「寿里可美」　飯坂町史跡保存会　(10)　2003.6

ふくしまの原像(12) 戦後写真にみる暮らしの原点 お蚕さま―養蚕の思い出(阿部輝郎)「文化福島」　福島県文化振興事業団　33(3)通号376　2003.6

秋の企画展「ふくしまの工芸」「博物館だより」　福島県立博物館　74　2004.9

県歴史資料館 ふくしまの医学史料展について「文化福島」　福島県文化振興事業団　34(6)通号389　2004.10

県歴史資料館 ふくしまの医学史料展について(2)「文化福島」　福島県文化振興事業団　34(7)通号390　2004.11

ふくしまから歴史を考える(工藤雅樹)「文化福島」　福島県文化振興事業団　34(8)通号391　2004.12

福島の医学史料(村川友彦)「福島県歴史資料館研究紀要」　福島県文化振興事業団　(27)　2005.3

県歴史資料館 収蔵資料テーマ展「わが町の誕生～公文書にみる市町村合併」の案内(阿部俊夫)「文化福島」　福島県文化振興事業団　34(10)通号393　2005.3

県歴史資料館 収蔵資料テーマ展「描かれた村の暮らし―ふくしまの村絵図」案内(阿部俊夫)「文化福島」　福島県文化振興事業団　35(8)通号401　2005.12

春の企画展「馬と人との年代記―大陸から日本、そして福島へ―」「博物館だより」　福島県立博物館　通号80　2006.3

トピックス 移動展「馬と人との年代記 in まほろん―大陸からふくしまへ」ドキュメント開催前の四日間(横須賀倫達)「博物館だより」　福島県立博物館　通号82　2006.9

福島の蔵書印(37) 鯨龍文庫の蔵書印(丹野律子)「福島県郷土資料情報」　福島県立図書館　(47)　2007.3

県歴史資料館「描かれたふくしま」展「文化福島」　福島県文化振興事業団　37(3)通号416　2007.6

ふくしまの郡役所(1),(2)(高橋信一)「福島県史料情報 ： 福島県歴史資料館」　福島県文化振興財団　(18)/(20)　2007.12/2008.3

歴史美術テーマ展「おかえりなさい！ ミス福島」関連事業 記念講演会「80年前の国際交流―人形交流は人間交流―」講師・高岡美知子さん(イベントレポート)(榎陽介)「博物館だより」　福島県立博物館　通号88　2008.3

Q&A 青い目の人形、福島での歓迎は？(木田浩)「博物館だより」　福島県立博物館　通号88　2008.3

福島の蔵書印(38) 石黒忠悳の蔵書印(丹野律子)「福島県郷土資料情報」　福島県立図書館　2008.3

『福島新聞』の発行形態(渡辺智裕)「福島県史料情報 ： 福島県歴史資料館」　福島県文化振興財団　(20)　2008.3

企画展示「福島の製鉄史」誌上報告(木暮伸之)「福島県歴史資料館研究紀要」　福島県文化振興事業団　(30)　2008.3

成長傾向にある福島あんぽ柿産地の存続基盤の諸特徴(酒井宣昭、梅津道彦)「東北学院大学東北文化研究所紀要」　東北学院大学東北文化研究所　(42)　2010.12

『諸国温泉功能鑑』とふくしまの温泉(渡邉智裕)「福島県史料情報 ： 福島県歴史資料館」　福島県文化振興財団　(29)　2011.2

福島震災地の城跡は？(末廣清司)「備陽史探訪」　備陽史探訪の会　(161)　2011.8

ヒロシマから福島へ・断絶と連続(堀江和義)「足利文林」　足利文林会　(75)　2011.10

3.11の時の福島と原発問題(特集 若者たちの東北―東日本大震災3―学生たちの3.11―震災と向き合う 蛯原一平監修)(神郁江)「東北学. [第2期]」　東北芸術工科大学東北文化研究センター，柏書房(発売)　(30)　2012.2

資料紹介 〔(福島自由) 新聞紙発行趣意書〕「石川史談」　石陽史学会　(22)　2012.3

9月例会レジュメ 2011年3月11日から2012年3月11日―FUKUSHIMAと静岡 影響と連動(清水実)「静岡県近代史研究会会報」　静岡県近代史研究会　(408)　2012.9

郷土やふるさとについて考える―福島から避難の方の詩(谷田きよ)「刈羽村文化」　刈羽村郷土研究会　(98)　2012.9

パネル展示 みんなの福島展「明石市立文化博物館ニュース」　明石市立

文化博物館　(67)　2012.10

福島からこんにちは―東日本大震災復旧・復興支援派遣職員レポート（妹尾聡）「梱りぽーと : さいたま市文化財時報」　さいたま市教育委員会生涯学習部　(48)　2013.3

足尾―福島 歴史に学ぶ意義（特集 田中正造没後100年）（菅井益郎）「田中正造と足尾鉱毒事件研究」　随想舎　16　2013.4

福島からこんにちは―東日本大震災復旧・復興支援派遣職員レポート（橋本玲未）「梱りぽーと : さいたま市文化財時報」　さいたま市教育委員会生涯学習部　(49)　2013.6

「旅行用心集」とふくしま（小野孝太郎）「福島県史料情報 : 福島県歴史資料館」　福島県文化振興財団　(38)　2014.2

福島からこんにちは―東日本大震災復旧・復興支援派遣職員レポート（平成25年度・第4回）（橋本玲未）「梱りぽーと : さいたま市文化財時報」　さいたま市教育委員会生涯学習部　(52)　2014.3

道中記・案内記にみえるふくしま　「弘化改正 大日本道中獨案内大全」（柳沼吉四郎家文書5号、部分）（小野孝太郎）「福島県史料情報 : 福島県歴史資料館」　福島県文化振興財団　(39)　2014.6

福島からこんにちは―東日本大震災復旧・復興支援派遣職員レポート（平成26年度・第1回）（妹尾聡）「梱りぽーと : さいたま市文化財時報」　さいたま市教育委員会生涯学習部　(53)　2014.6

福島からこんにちは―東日本大震災復旧・復興支援派遣職員レポート（平成26年度・第2回）（妹尾聡）「梱りぽーと : さいたま市文化財時報」　さいたま市教育委員会生涯学習部　(54)　2014.9

近世ふくしまの漂流民と『海外異聞』イスパニアの端船に救助される永住丸の乗組員（海外異聞）巻一、青砥惣一郎家文書191号）（渡邊智裕）「福島県史料情報 : 福島県歴史資料館」　福島県文化振興財団　(40)　2014.10

福島からこんにちは―東日本大震災復旧・復興支援派遣職員レポート（平成26年度・第3回）（妹尾聡）「梱りぽーと : さいたま市文化財時報」　さいたま市教育委員会生涯学習部　(55)　2014.12

福島空港

福島空港の整備事業の変遷（《創立50周年記念特集号 変容福島県》―〈中通り地方に関する論考〉）（蓮見隆）「福島地理論集」　福島地理学会　51　2008.9

福島県

明治14年1月における福島県下の町村別人口密度について（五十嵐勇作）「福島地理論集」　福島地理学会　44　2001.3

明治中期の福島県における興行税・芸人税の動向(1)～(5)（橋本今祐）「歴程 : 本宮町史だより」　本宮町教育委員会町史編纂室　(74)/(78)　2002.7/2003.3

県歴史資料館 福島県の成立と古地図(1),(2)「文化福島」　福島県文化振興事業団　32(5) 通号368/32(6) 通号369　2002.9/2002.10

明治9年の府県合併と公文書―福島県庁文書の成立（山田英明）「近代史料研究」　日本近代史研究会　(2)　2002.10

福島県の入歯師（小林剛三）「郡山地方史研究」　郡山地方史研究会　33　2003.3

『福島県報』の誕生―府県公報の史料学的検討（山田英明）「福島県歴史資料館研究紀要」　福島県文化振興事業団　(25)　2003.3

明治初期の福島県における興行税・芸人税の動向（橋本今祐）「福島史学研究」　福島県史学会　76　2003.3

福島県の地名（吉田伊勢吉）「福島地理論集」　福島地理学会　46　2003.3

春の企画展「戊辰戦争といま」「博物館だより」　福島県立博物館　72　2004.3

古文書紹介 福島県令「三島通庸文書」/越後・上杉景勝が会津122万石へ移封の「上杉文書」（古文書研究会）「西会津史談」　西会津史談会　(7)　2004.4

『福島県報』の「原本」（山田英明）「福島県史料情報 : 福島県歴史資料館」　福島県文化振興財団　8　2004.5

講演要旨 企画展「戊辰戦争といま」記念講演会「白虎隊はどのように語られてきたか」講師・後藤康二氏（高橋充）「博物館だより」　福島県立博物館　73　2004.6

「明治31年日本帝国人口統計」による福島県内の人口（五十嵐勇作）「福島地理論集」　福島地理学会　47　2004.9

戦後福島県における社会福祉事業の出発と永井健二(8)―社会事業団体の統合化への以降期における牧賢一の社会服地協議会結成への理論的問題提起（本田久市）「福島史学研究」　福島県史学会　(80)　2005.3

福島県における自由民権運動研究の現在・過去・未来（大内雅人、森田鉄平，渡部恵一）「福島史学研究」　福島県史学会　(81)　2005.9

福島県における小学校廃校と地域社会の展開（菅野康二）「福島地理論集」　福島地理学会　48　2005.9

菅江真澄の福島県紀行（田口昌樹）「菅江真澄研究」　菅江真澄研究会　57　2005.12

福島県の水稲品種変遷記（阿部貞尚）「文化福島」　福島県文化振興事業団　35(8) 通号401　2005.12

戦後福島県における社会福祉事業の出発と永井健二(13)「小地域社会福祉協議会の運営について」（本田久市）「福島史学研究」　福島県史学会　(82)　2006.3

県歴史資料館「資料にみる福島県の歴史」展[1],(2)「文化福島」　福島県文化振興事業団　36(2) 通号405/36(3) 通号406　2006.5/2006.6

県歴史資料館 収蔵資料テーマ展「ふるさとの先人と村の歴史」「文化福島」　福島県文化振興事業団　36(4) 通号407　2006.7

福島県周辺の臨時の城館（〈シンポジウム 陣城・臨時築城をめぐって〉）（石田明夫）「中世城郭研究」　中世城郭研究会　(20)　2006.7

国土数値情報の分析による福島県の土地利用と変化の特徴（後藤秀昭）「福島地理論集」　福島地理学会　49　2006.9

福島県の市町村数の変遷（〈変容福島県〉）（五十嵐勇作）「福島地理論集」　福島地理学会　49　2006.9

福島県の主な水害の史的変容（〈変容福島県〉）（山縣重信）「福島地理論集」　福島地理学会　49　2006.9

県歴史資料館「福島県の誕生」展「文化福島」　福島県文化振興事業団　36(6) 通号409　2006.9

福島県立図書館所蔵 貴重郷土資料探照(11)「福島県百番附」（遠藤豊）「福島県郷土資料情報」　福島県立図書館　(47)　2007.3

福島県の誕生―明治巡幸と三県合併（上）（渡辺智裕）「福島県歴史資料館研究紀要」　福島県文化振興事業団　(29)　2007.3

県歴史資料館『文化福島』にみる福島県歴史資料館のあゆみ「文化福島」　福島県文化振興事業団　37(1) 通号414　2007.4

福島県における耕地放棄地の拡大とその対策（高田明典）「福島地理論集」　福島地理学会　50　2007.9

1965年の福島県を通過する鉄道路線―国鉄の特急・急行・準急を中心に（〈変容福島県〉）（原田榮）「福島地理論集」　福島地理学会　50　2007.9

2000年国勢調査による福島県の人口（〈変容福島県〉）（五十嵐勇作）「福島地理論集」　福島地理学会　50　2007.9

県文化振興事業団 ふくしま発信!!! 古代鉄生産の技術（本間宏）「文化福島」　福島県文化振興事業団　37(9) 通号422　2008.1

福島県の圃場整備事業の展開―進む水田区画整理（《創立50周年記念特集号 変容福島県》―〈福島県全体に関する論考〉）（高田衛）「福島地理論集」　福島地理学会　51　2008.9

福島県の農業生産の変容―1960年代以降の粗生産額統計による概観（《創立50周年記念特集号 変容福島県》―〈福島県全体に関する論考〉）（高野岳彦）「福島地理論集」　福島地理学会　51　2008.9

拡大するサービス業の動向―福島県における事業所統計の分析から（《創立50周年記念特集号 変容福島県》―〈福島県全体に関する論考〉）（高野岳彦）「福島地理論集」　福島地理学会　51　2008.9

1965年の福島県を通過する鉄道路線―国鉄の特急・急行・準急を中心に（《創立50周年記念特集号 変容福島県》―〈福島県全体に関する論考〉）（原田榮）「福島地理論集」　福島地理学会　51　2008.9

我が国のマリーナ整備の現状について―福島県のマリーナを中心にして（《創立50周年記念特集号 変容福島県》―〈福島県全体に関する論考〉）（蓮見隆）「福島地理論集」　福島地理学会　51　2008.9

福島県における小学校廃校化と地域社会の展開（《創立50周年記念特集号 変容福島県》―〈福島県全体に関する論考〉）（菅野康二）「福島地理論集」　福島地理学会　51　2008.9

福島県の市町村数の変遷（《創立50周年記念特集号 変容福島県》―〈福島県全体に関する論考〉）（五十嵐勇作）「福島地理論集」　福島地理学会　51　2008.9

福島県における平成の大合併（《創立50周年記念特集号 変容福島県》―〈福島県全体に関する論考〉）（小檜山浩）「福島地理論集」　福島地理学会　51　2008.9

福島県の主な水害の史的変容（《創立50周年記念特集号 変容福島県》―〈福島県全体に関する論考〉）（山縣重信）「福島地理論集」　福島地理学会　51　2008.9

国土数値情報の分析による福島県の土地利用と変化の特徴（《創立50周年記念特集号 変容福島県》―〈福島県全体に関する論考〉）（後藤秀昭）「福島地理論集」　福島地理学会　51　2008.9

福島県における近年の人口増減率にみる地域性（《創立50周年記念特集号 変容福島県》―〈福島県全体に関する論考〉）（菅野康二）「福島地理論集」　福島地理学会　51　2008.9

福島県の人口（《創立50周年記念特集号 変容福島県》―〈福島県全体に関する論考〉）（五十嵐勇作）「福島地理論集」　福島地理学会　51　2008.9

2000年国勢調査による福島県の人口（《創立50周年記念特集号 変容福島県》―〈福島県全体に関する論考〉）（五十嵐勇作）「福島地理論集」　福島地理学会　51　2008.9

民家の「曲がり」の原型とその変容（《創立50周年記念特集号 変容福島県》―〈会津地方に関する論考〉）（菅野康二）「福島地理論集」　福島地理学会　51　2008.9

「福島県地誌略 上」（庄司家寄託文書H3327）（山田英明）「福島県史料情報 : 福島県歴史資料館」　福島県文化振興財団　(22)　2008.10

福島県　　　　　　　　　地名でたどる郷土の歴史　　　　　　　　　東北

史料群としての「明治期福島県地籍帳・地籍図・丈量帳」―県重要文化財指定十周年によせて (山田英明)「福島県歴史資料館研究紀要」 福島県文化振興事業団 (31) 2009.3

福島県における日米親善人形交流 (榎洋介，木田浩)「福島県立博物館紀要」 福島県立博物館 (23) 2009.3

福島県が生んだ平和と人権の先駆者たち (特別寄稿) (吉原泰助)「すぎのめ」 福島市杉妻地区史跡保存会 (31) 2009.3

歴史講演会「県北地方における古代の東山道について」―街へ続く一本の道 (行事報告) (事務局)「郷土の研究」 国見町郷土史研究会 (39) 2009.3

福島県立図書館所蔵 貴重郷土資料探照 (13)「福島県写真帖」(遠藤豊)「福島県郷土資料情報」 福島県立図書館 (49) 2009.3

県庁文書にみる川漁 (今野徹)「福島県史料情報 ： 福島県歴史資料館」 福島県文化振興財団 (24) 2009.5

明治10年代地方海運会社について―福島県磐城丸回漕会社事業と白井遠平と地域の人々 (本田善人)「いわき地方史研究」 いわき地方史研究会 (46) 2009.10

『大樹銘調査書』について―明治福島県の緑の文化財調査 (渡辺智裕)「いわき地方史研究」 いわき地方史研究会 (46) 2009.10

今月の各地 福島家の統治が続いていたら (正田公佑)「わが町三原」 みはら歴史と観光の会 235 2010.10

府県制下における行政改革と公文書管理―明治45年の福島県を事例として (山田英明)「近代史料研究」 日本近代史研究会 (10) 2010.10

水没した村の絵図 (小暮伸之)「福島県史料情報 ： 福島県歴史資料館」 福島県文化振興財団 (29) 2011.2

『観光の福島県 福島県史蹟名勝鳥瞰図』(部分) 福島県観光協会，1937「福島県郷土資料情報」 福島県立図書館 (51) 2011.3

貴重郷土資料探照 (15)『観光の福島県 福島県史蹟名勝鳥瞰図』「福島県郷土資料情報」 福島県立図書館 (51) 2011.3

五万分一地形図―福島県内「福島県郷土資料情報」 福島県立図書館 (51) 2011.3

震災へ経て，いま (財) 福島県文化振興事業団歴史資料課 (被災館レポート) (本間宏)「全国歴史資料保存利用機関連絡協議会会報」 全国歴史資料保存利用機関連絡協議会」 (90) 2011.8

明治九年福島県の成立と旧県庁文書の移管―県庁文書群形成の起点 (阿部俊夫)「福島史学研究」 福島県史学会 (90) 2012.3

高遠石工福島県の作品 (北原多喜夫)「伊那路」 上伊那郷土研究会 56 (12) 通号671 2012.12

福島県への旅 (第37回上伊那歴史研究会県外実地踏査報告「福島県と上伊那地方とのつながりを探る」) (田村栄作)「伊那路」 上伊那郷土研究会 56 (12) 通号671 2012.12

兵庫県・京都府・岡山県・福島県のとうほし田・たいとう田 (菅野郁雄)「赤米ニュース」 東京赤米研究会 (189) 2012.6

表紙『東日本大震災福島県復興ライブラリー』 当館撮影写真「福島県郷土資料情報」 福島県立図書館 (53) 2013.3

福島県警戒区域の再興を担う博物館の復興・再生に向けて「歴史と神戸」 神戸史学会 52 (3) 通号298 2013.6

大陸に飛翔した福島県人たち (東亜同文書院)「風信 ： 在野史探究手造り個人誌」 牧野登 (79) 2014.1

東日本大震災・原発事故被災地を行く (遠藤仁)「温故知新」 熱塩加納郷土史研究会 (20) 2014.3

福島県監獄署

福島県立図書館所蔵 貴重郷土資料探照 (14)「福島県監獄署写真」(河野まきこ)「福島県郷土資料情報」 福島県立図書館 (50) 2010.3

福島県庁

明治10年代における福島県庁移転論争 (前)，(後) (大内雅人)「福島史学研究」 福島県史学会 76/77 2003.3/2003.9

福島県歴史資料館

大震災と福島県歴史資料館 (本間宏)「福島県史料情報 ： 福島県歴史資料館」 福島県文化振興財団 (30) 2011.7

福島県歴史資料館の震災被害について (特集 創立40周年を迎えた国立公文書館) (山内幹夫)「アーカイブズ」 国立公文書館 (45) 2011.10

福島港

福島港の移り変わり (島田節次)「くしま史談会報」 串間史談会 (20) 2008.3

福島高女

福島高女設置に至る迄 (木島正之)「くしま史談会報」 串間史談会 (16) 2004.3

福島交通電車軌道

表紙『福島交通電車軌道廃止関係写真集』(部分) 県庁通りから県庁方面への写真「福島県郷土資料情報」 福島県立図書館 (52) 2012.3

福島県立図書館所蔵 貴重郷土資料探照 (16)「福島交通電車軌道廃止関係写真集」(遠藤豊)「福島県郷土資料情報」 福島県立図書館 (52) 2012.3

福島市

福島市中心部の変容 (〈変容福島県〉) (県北支部研究グループ)「福島地理論集」 福島地理学会 49 2006.9

地域文化を考える 近・現代の福島市の歴史散策 (高橋重義)「文化福島」 福島県文化振興事業団 37 (1) 通号414 2007.4

福島市の人口増減について―小学校児童数を指標として (〈変容福島県〉) (齋藤光夫，齋藤吉成)「福島地理論集」 福島地理学会 50 2007.9

福島市の人口増減について―小学校児童数を指標として (《創立50周年記念特集号 変容福島県》―〈中通り地方に関する論考〉) (齋藤光夫，齋藤吉成)「福島地理論集」 福島地理学会 51 2008.9

福島市中心部の変容 (《創立50周年記念特集号 変容福島県》―〈中通り地方に関する論考〉) (県北支部研究グループ)「福島地理論集」 福島地理学会 51 2008.9

福島県中通り／福島城跡／信夫山／文知摺観音／城下町福島／陽泉寺／福島市民家園／荒川の堤防／医王寺／大鳥城／天王寺／中野不動尊 (曹洞宗中野山大正寺)／福島市国指定等文化財／福島市 (地図) (福島市歴史散歩)「宮城県文化財友の会だより」 宮城県文化財友の会 (197) 2012.5

福島市歴史散歩記 (戸田憲一)「宮城県文化財友の会だより」 宮城県文化財友の会 (198) 2012.8

福島城

福島城下の絵図 (山内幹夫)「福島県史料情報 ： 福島県歴史資料館」 福島県文化振興財団 (33) 2012.6

福島城 (渡邊喜久雄)「歴研みやぎ」 宮城県歴史研究会 (88) 2012.7

「福島舊城内立木明細圖」に見る福島城の遺構 (本間宏)「福島県史料情報 ： 福島県歴史資料館」 福島県文化振興財団 (36) 2013.6

福島関所

木曽町矢洞千村家所蔵の福島関所通行女手形 (わが町の文化財保護) (田中博)「文化財信濃」 長野県文化財保護協会 34 (3) 通号129 2007.12

国史跡「福島関所」の整備と現況 (田中博)「文化財信濃」 長野県文化財保護協会 37 (1) 通号139 2010.6

福島第一原発

福島第一原発事故と文明史の転換 (栗原亮)「茨城の思想研究」 茨城の思想研究会 (11) 2012.5

提言 福島第一原発事故以後の私 漂流する日本 (高村主水)「茨城の思想研究」 茨城の思想研究会 (12) 2013.2

福島第一尋常高等小学校

福島の蔵書印 (36) 福島第一尋常高等小学校の蔵書印と蔵書票 (丹野律子)「福島県郷土資料情報」 福島県立図書館 (46) 2006.3

福島藩

元禄十六年 福島藩御高札 (古文書等の研究) (鈴木正雄)「しみず」 清水地区郷土史研究会 (25) 2014.3

福島盆地

福島盆地南縁の河川争奪地形 (後藤秀昭)「福島地理論集」 福島地理学会 50 2007.9

福島盆地北部における活断層分布と高速交通路線 (《創立50周年記念特集号 変容福島県》―〈中通り地方に関する論考〉) (後藤秀昭)「福島地理論集」 福島地理学会 51 2008.9

伏拝

伏拝の地名伝説と伊達政宗 (小林清治)「すぎのめ」 福島市杉妻地区史跡保存会 25 2002.11

藤田宿

藤田宿の旅籠はどこにきえた？ (秦宏)「郷土の研究」 国見町郷土史研究会 (35) 2005.3

藤田小学校

藤田小学校の思い出 (小学校の思い出) (阿部義男)「郷土の研究」 国見町郷土史研究会 (43) 2013.3

藤田宮町通り

子どもの頃の藤田宮町通りの思い出 (随感随想) (阿部義男)「郷土の研究」 国見町郷土史研究会 (42) 2012.3

双葉町

東日本大震災の被災状況と文化財保全―福島県双葉町に於ける現状― (小特集 東日本大震災と地方史研究) (吉野高光)「地方史研究」 地方史研究協議会 64 (4) 通号370 2014.8

船引

故郷の伝説と伝承 (堀越春男)「船引地方史研究」 船引地方史研究会 (11) 2004.6

資料提供 船引旧街道調査に関するこれまでの経過「船引地方史研究」 船引地方史研究会 (12) 2006.3

船引村

特別寄稿 旧船引村（江戸時代）の名所 七壇・七石・七清水の謂れについて（橋本吉貞）「船引地方史研究」 船引地方史研究会 （12） 2006.3

古町

古町のあゆみ（湯浅勇）「塩川史研究」 塩川史振興会 （2） 2005.10

牧牛共立社

牧牛共立社と戸渡牧場（関内幸介，太田史人，関内裕人）「潮流」 いわき地域学会 35 2007.12

母成峠

Q&A もうひとつの母成峠の戦い（竹内浩）「博物館だより」 福島県立博物館 75 2004.12

連載 京都守護職の苦悩 母成峠陥つ（鈴木荘一）「会津人群像」 歴史春秋出版 （28） 2014.11

保原

随筆 黄金と文学の郷・保原（遠藤利夫）「郷土の香り ： 郷土文化財資料」 保原町文化財保存会 37 2004.3

野砲兵第72連隊の思い出 保原に兵隊がやってきた（特集 戦争回顧録）（鈴木一栄）「郷土の香り ： 郷土文化財資料」 保原町文化財保存会 44 2011.4

保原郷

中世における伊達氏家臣中島氏 保原郷の在地支配の状況（ふるさとの研究）（菊池利雄）「郷土の研究」 国見町郷土史研究会 （42） 2012.3

保原小学校

保原小学校140周年記念式典（二瓶洋允）「郷土の香り ： 郷土文化財資料」 保原町文化財保存会 46 2013.3

保原町

郷土の城主・名門渋川氏（原義男）「郷土の香り ： 郷土文化財資料」 保原町文化財保存会 37 2004.3

保原町・梁川町におけるニット産業の変容（高野弘道）「福島地理論集」 福島地理学会 47 2004.9

阿武隈急行線の開通と地域の変容—保原町・梁川町の場合（《変容福島県》）（小針征次）「福島地理論集」 福島地理学会 50 2007.9

保原町・梁川町におけるニット産業の変容（《創立50周年記念特集号 変容福島県》—〈中通り地方に関する論考〉）（高野弘道）「福島地理論集」 福島地理学会 51 2008.9

阿武隈急行線の開通と地域の変容—保原町・梁川町の場合（《創立50周年記念特集号 変容福島県》—〈中通り地方に関する論考〉）（小針征次）「福島地理論集」 福島地理学会 51 2008.9

ふるさとの消防沿革を懐古して（鈴木一栄）「郷土の香り ： 郷土文化財資料」 保原町文化財保存会 43 2010.3

写真で見る保原町のあゆみ「郷土の香り ： 郷土文化財資料」 保原町文化財保存会 47 2014.6

堀ノ内

福島県内における「堀ノ内」に関する一考察（高橋信一）「福島県歴史資料館研究紀要」 福島県文化振興事業団 （29） 2007.3

本郷

本郷焼き雑考（佐藤一郎）「月刊会津人」 月刊会津人社 （11） 2004.8

会津方部の戊辰戦争 本郷・高田・坂下（《特集 戊辰戦争140年》—各地の戊辰戦争）（笹川壽夫）「会津人群像」 歴史春秋出版 （12） 2008.10

本郷館

郡山市の中世城館（8） 多田野本郷館と鹿島館／多田野の中世と周辺の城館（広長秀典）「郡山地方史研究」 郡山地方史研究会 43 2013.3

本玉野村

「本玉野村」の位置についての考察（千枝章一）「相馬郷土」 相馬郷土研究会 （21） 2006.3

枡形

地図で辿る『奥相志中村』の道筋（2） 田町枡形から田中安養寺口に至る（南部孝之）「えおひっぷす」 相馬郷土研究会 （241） 2008.4

松尾村

山論から400年間も姻戚関係のない村—松尾村と縄沢村の境塚について（滝沢洋之）「福大史学」 福島大学史学会 （74・75） 2003.3

松川

松川と『定勝公御年譜』（渡邉智治）「福島県史料情報 ： 福島県歴史資料館」 福島県文化振興財団 （25） 2009.10

「松川合戦」論の問題（1），（2）（本間宏）「福島県史料情報 ： 福島県歴史資料館」 福島県文化振興財団 （27）／（28） 2010.5／2010.10

明治15年地籍図（伊達郡梁川村大字梁川字櫻丘）「松川合戦」論の問題（3）—地籍図に残る簗川城の防備（本間宏）「福島県史料情報 ： 福島県歴史資料館」 福島県文化振興財団 （29） 2011.2

松川浦

旅人たちが見た相馬地方その四 中村城下・松川浦（堀辺武）「相馬郷土」 相馬郷土研究会 （19） 2004.3

相馬の原風景 松川浦（大迫徳行）「文化福島」 福島県文化振興事業団 34（7）通号390 2004.11

松川浦ノリ養殖業の変容（《変容福島県》）（高野岳彦）「福島地理論集」 福島地理学会 50 2007.9

松川浦ノリ養殖業の変容（《創立50周年記念特集号 変容福島県》—〈浜通り地方に関する論考〉）（高野岳彦）「福島地理論集」 福島地理学会 51 2008.9

松山

昭和村松山物語—2005年聞書から（鈴木克彦）「福島県立博物館紀要」 福島県立博物館 （20） 2006.3

万歳山

呪文の山 萬歳山考察 薬石鉱物研究者（紺野七郎）「郷土の研究」 国見町郷土史研究会 （38） 2008.3

三島町

三島町に復活したカノヤキ—焼畑プロジェクト活動記録（写真レポート）（遠藤由美子）「会津学」 会津学研究会 3 2007.8

水引

「水引」の風景—舘岩村（佐藤昌明）「会津学」 会津学研究会 1 2005.8

三橋

義経と皆鶴姫—三橋の地名と野郎墓場の由来（真壁宗志）「塩川史研究」 塩川史振興会 （2） 2005.10

三橋の人びと（湯浅勇）「塩川史研究」 塩川史振興会 （2） 2005.10

三津谷煉瓦窯

再訪『文化福島』 三津谷煉瓦窯（喜多方市）「ふくしま文化情報 ： 文化福島」 福島県文化振興事業団 （429） 2008.10

水口

旧会津領主加藤氏と水口（会史亭）（吉野集平）「会津史談」 会津史談会 （80） 2006.4

湊町

湊町の中世について（石田明夫）「会津若松市史研究」 会津若松市 （6） 2004.9

南会津

南会津歴史散歩（田口孝之）「郷土史会報」 南河内町教育委員会 （19） 2006.8

南会津の思い出（大山峨）「郷土史会報」 南河内町教育委員会 （19） 2006.8

冬の展示「南会津の地図・絵図展」（高橋充）「博物館だより」 福島県立博物館 通号86 2007.9

冬の展示「南会津の地図・絵図展—福島県歴史資料館の資料から—」（高橋充）「博物館だより」 福島県立博物館 通号87 2007.12

冬の展示「南会津の地図・絵図展—福島県歴史資料館の資料から—」関連事業 歴史講座「展示室講座『南会津の地図・絵図展』の見どころ」 講師・高橋充（イベントレポート）（高橋充）「博物館だより」 福島県立博物館 通号88 2008.3

南会津郡

明治前期南会津郡の人口密度（五十嵐勇作）「福島地理論集」 福島地理学会 49 2006.9

『南会津郡 方言聞き取り調査資料』より（特集 暮らしを編む〈聞き書き〉—先人たちの聞き書き）（福島県立南会津高等学校国語科）「会津学」 会津学研究会 6 2010.11

南大橋

日橋川改修と南大橋（共同研究）「塩川史研究」 塩川史振興会 （2） 2005.10

南相馬

南相馬の炭焼き—記録映画「南相馬の炭焼き」制作から（二本松文雄）「研究紀要」 南相馬市博物館 （11） 2009.3

南相馬市

南相馬市の野鍛冶と犂—農業近代化と犂製作技術の系譜（二本松文雄）「研究紀要」 南相馬市博物館 （9） 2007.3

南相馬市を訪ねて（第37回上伊那歴史研究会県外実地踏査報告「福島県と上伊那とのつながりを探る」）（新井幸徳）「伊那路」 上伊那郷土研究会 56（12）通号671 2012.12

南原村

南原村記（〔史料紹介〕）（星甚恵）「会津若松市史研究」 会津若松市 （5） 2003.9

南福島駅

南福島駅の沿革について（斎藤博）「すぎのめ」 福島市杉妻地区史跡保存

会　(29) 2007.1

南町跨線橋

久之浜点描 南町跨線橋(おおひらまさえ)「久之浜通信」 もろびと舎 (23) 2007.2

南山御蔵入

19世紀初頭の会津・南山御蔵入領における他邦者引入任役の動向(川口洋)「史境」 歴史人類学会, 日本図書センター(発売)(50) 2005.3

巡見使の南山御蔵入来訪(渡邊良三)「会津史談」 会津史談会　(81) 2007.4

南山御蔵入騒動新史料ついて(渡部力夫)「奥会津博物館研究紀要」 奥会津博物館　(1) 2010.3

三春

朝鮮通信使と福島諸藩—三春張子人形をてがかりに(研究ノート)(福田和久)「福大史学」 福島大学史学会　(81) 2010.12

宮川

宮川に架かる橋の今昔(伊東實)「歴史春秋」 歴史春秋社　(58) 2003.10

宮古橋

私設の舟橋架設と宮古橋周辺 今昔(《会津坂下町編 越後街道》)(佐藤渉)「下野街道」 ヤマト企画編集部　(9) 2009.5

宮崎

宮崎のあゆみ(4)(長谷川浩一)「金山史談」　(19) 2010.3

三代駅

白河街道 湖南の宿場三代駅(石井義八郎)「郡山地方史研究」 郡山地方史研究会　38 2008.3

三芦城

「石川三芦城」と「陸奥国石川風土記」の基礎的考察(小豆畑毅)「石川史談」 石陽史学会　(17) 2004.7

みろく沢石炭の道遊歩道

「みろく沢石炭の道遊歩道」の坑内跡を修復(渡辺為雄)「常磐炭田史研究」 常磐炭田史研究会　(1) 2004.6

向羽黒山城

向羽黒山城(岩崎城)跡探訪考(森源勝)「会津史談」 会津史談会　(77) 2003.5

「巌館銘」に思う—向羽黒山城(会津太守・葦名盛氏公園城)を詠った漢詩文(杉野廣美)「歴史春秋」 歴史春秋社　(60) 2004.10

東北最大級の山城跡向羽黒山城跡の魅力(梶原圭介)「文化福島」 福島県文化振興事業団　35(5)通号398 2005.9

本郷、向羽黒山城(岩崎城)と領主葦名十六代盛氏(森源勝)「会津史談」 会津史談会　(81) 2007.4

会津美里町 向羽黒山城跡(会津美里編 下野街道)(梶原圭介)「下野街道」 ヤマト企画編集部　(13) 2013.5

陸奥中村藩

陸奥中村藩における新百姓取立に関する史料拾遺(岩本由輝)「東北学院大学東北文化研究所紀要」 東北学院大学東北文化研究所　(33) 2001.9

近世初期における人返しの協定と実態—陸奥中村藩と仙台藩における関係を中心に(岩本由輝)「東北学院大学東北文化研究所紀要」 東北学院大学東北文化研究所　(35) 2003.9

近世初期の陸奥中村藩と仙台藩における人返しの実態(岩本由輝)「東北学院大学東北文化研究所紀要」 東北学院大学東北文化研究所　(36) 2004.11

本宮

本宮空襲に思う(高橋善作)「二歴研」 二本松歴史研究会　(16) 2003.2

本宮宿

「松前御鷹」の通行と本宮宿(糠澤章雄)「福大史学」 福島大学史学会　(78・79) 2006.3

本宮町

永久に揺らがぬ本宮町史(引地洲夫)「歴程 : 本宮町史だより」 本宮町教育委員会町史編纂室　(77) 2003.1

茂庭

茂庭の歴史(伝承講演会の記録)(今野哲朗)「寿里可美」 飯坂町史跡保存会　(18) 2012.12

森江野小学校

森江野小学校の思い出(小学校の思い出)(中村洋平)「郷土の研究」 国見町郷土史研究会　(43) 2013.3

思い出の森江野小(小学校の思い出)(渡邊勝則)「郷土の研究」 国見町郷土史研究会　(43) 2013.3

森江野小学校の思い出(小学校の思い出)(渡辺恵子)「郷土の研究」 国見町郷土史研究会　(43) 2013.3

守山

守山と田村氏—「守山」から見る一試論(佐藤新一)「郡山地方史研究」 郡山地方史研究会　33 2003.3

中世の守山(佐藤新一)「郡山地方史研究」 郡山地方史研究会　36 2006.3

天保九年守山領江戸屋敷奉公人の音羽町騒動一件について(大河峯夫)「郡山地方史研究」 郡山地方史研究会　40 2010.3

守山藩

守山藩成立の事情について(大河峯夫)「郡山地方史研究」 郡山地方史研究会　33 2003.3

守山藩の学問について—二代藩主松平頼寛と徂徠学の展開(大河峯夫)「郡山地方史研究」 郡山地方史研究会　44 2014.3

森山村

史料よりみた旧森山村 東国見・西国見地内の西根上堰(菊池利雄)「郷土の研究」 国見町郷土史研究会　(40) 2010.3

八茎鉱山

輸送手段からみた鉱山の盛衰—八茎鉱山の鉱石を索道・鉄道により運搬(おやけこういち)「潮流」 いわき地域学会 32 2004.12

八坂峠

相馬領への道筋 浜街道の長白洲通りと八坂峠(1)〜(3)(南部孝之)「えおひっぷす」 相馬郷土研究会　171/173 2002.6/2002.8

社川

阿武隈川上流の農業水利構造の変容—社川流域の農業用水(《創立50周年記念特集号 変容福島県》—〈中通り地方に関する論考〉)(山縣重信)「福島地理論集」 福島地理学会　51 2008.9

谷地小屋要害

東日本大震災被災報告から 谷地小屋要害の被災(星淳也)「城郭だより : 日本城郭史学会会報」 [日本城郭史学会]　(74) 2011.7

柳津

Q&A 柳津の微細彫刻(榎陽介)「博物館だより」 福島県立博物館　(104) 2012.3

梁川

蚕都梁川—繁昌こぼればなし[1]〜[3](中村敏男)「郷土やながわ」 福島県伊達市梁川町郷土史研究会　11/(13) 2000.2/2004.1

垣間見る幕末・維新期の梁川—小説「流離譚」を窓として(斎藤義男)「郷土やながわ」 福島県伊達市梁川町郷土史研究会　(13) 2004.1

梁川の歴史(1) 地質時代の梁川と化石(八巻善兵衛)「郷土やながわ」 福島県伊達市梁川町郷土史研究会　(14) 2006.3

記憶をたどって大正期の梁川を描く[正],(続)(中村敏男)「郷土やながわ」 福島県伊達市梁川町郷土史研究会　(15)/(16) 2007.3/2010.3

梁川の歴史(2) 原始時代の梁川(八巻善兵衛)「郷土やながわ」 福島県伊達市梁川町郷土史研究会　(15) 2007.3

梁川の歴史(4) 伊達氏の成立と梁川地方(八巻善兵衛)「郷土やながわ」 福島県伊達市梁川町郷土史研究会　(17) 2012.5

梁川伊達氏を「補修伊達世臣家譜」で読む(梁川幸子)「仙台郷土研究」 仙台郷土研究会　37(1)通号284 2012.6

梁川商工業者一覧表 昭和二十一年五月「伊達文化通信社発行」より(横山次雄)「郷土やながわ」 福島県伊達市梁川町郷土史研究会　(18) 2014.6

梁川の歴史(5) 南北朝の争乱と梁川地方(八巻善兵衛)「郷土やながわ」 福島県伊達市梁川町郷土史研究会　(18) 2014.6

梁川城

梁川城址に憶う—保存と公園化(斎藤義男)「郷土やながわ」 福島県伊達市梁川町郷土史研究会　(17) 2012.5

簗川城

明治15年地籍図(伊達郡梁川村大字梁川字櫻岳)「松川合戦」論の問題(3)—地籍図に残る簗川城の防備(本間宏)「福島県史料情報 : 福島県歴史資料館」 福島県文化振興財団　(29) 2011.2

梁川商業組合

梁川商業組合発達史(1),(2)(横山次雄)「郷土やながわ」 福島県伊達市梁川町郷土史研究会　(16)/(17) 2010.3/2012.05

梁川製糸株式会社

梁川製糸株式会社の変遷(大竹一弘)「郷土やながわ」 福島県伊達市梁川町郷土史研究会　(13) 2004.1

梁川町

保原町・梁川町におけるニット産業の変容(高野弘道)「福島地理論集」 福島地理学会　47 2004.9

資料よもやま話2 福島県旧梁川町とその周辺地域における『横浜貿易新報』の購読者(上田由美)「開港のひろば : 横浜開港資料館館報」 横浜開港資料館　(95) 2007.1

東北　　　　　　　　　　　　　　地名でたどる郷土の歴史　　　　　　　　　　　　福島県

阿武隈急行線の開通と地域の変容─保原町・梁川町の場合（《変容福島県》）(小針征次)「福島地理論集」 福島地理学会　50　2007.9

保原町・梁川町におけるニット産業の変容（《創立50周年記念特集号 変容福島県》─〈中通り地方に関する論考〉）(高野弘道)「福島地理論集」 福島地理学会　51　2008.9

阿武隈急行線の開通と地域の変容─保原町・梁川町の場合（《創立50周年記念特集号 変容福島県》─〈中通り地方に関する論考〉）(小針征次)「福島地理論集」 福島地理学会　51　2008.9

梁川町文化団体連絡協議会 40周年の歩み(斎藤昭夫)「郷土やながわ」 福島県伊達市梁川町郷土史研究会　(17)　2012.5

東日本大震災とふる郷の放射能汚染(八巻康雄)「郷土やながわ」 福島県伊達市梁川町郷土史研究会　(17)　2012.5

郷土史を活かした着地型観光の可能性(高橋英子)「郷土やながわ」 福島県伊達市梁川町郷土史研究会　(18)　2014.6

柳田

柳田青年同志会(橘邦夫)「郷土やながわ」 福島県伊達市梁川町郷土史研究会　(17)　2012.5

耶麻

耶麻地方の農村の恐慌と凶作(峯岸幸雄)「温故知新」 熱塩加納郷土史研究会　(8)　2002.8

山形山

村絵図と古文書─貝田村山形山の御林(小野孝太郎)「福島県史料情報 : 福島県歴史資料館」 福島県文化振興財団　(38)　2014.2

山上連建

地図で辿る『奥相志中村』の道筋(4) 北山に「山上連建」の古蹟を考察する(南部孝之)「えおひっぷす」 相馬郷土研究会　(247)　2008.10

耶麻郡

古代耶麻郡の成立について(ふるさとの歴史講座)(兼田芳宏)「温故知新」 熱塩加納郷土史研究会　(12)　2006.3

まほろん移動展「新編陸奥国風土記巻之五 会津郡・耶麻郡その一」(高橋満)「博物館だより」 福島県立博物館　通号83　2006.12

まほろん移動展「新編陸奥国風土記巻之五 会津郡・耶麻郡その一」(高橋満)「博物館だより」 福島県立博物館　通号84　2007.3

まほろん移動展「新編陸奥国風土記巻之五 会津郡・耶麻郡その一」関連事業 展示と解説会(森幸彦)「博物館だより」 福島県立博物館　通号85　2007.6

承暦四年「会津耶麻郡一国」問題小考(坂内三彦)「会津若松市史研究」 会津若松市　(11)　2010.1

山崎村

『山崎町村絵図』(「国見町山崎区有文書321」)(小暮伸之)「福島県史料情報 : 福島県歴史資料館」 福島県文化振興財団　(26)　2010.2

山中郷

御仕法と山中郷(小野孝太郎)「福島県史料情報 : 福島県歴史資料館」 福島県文化振興財団　(33)　2012.6

山ノ内

総会講演 横田山ノ内と縁の人々(酒井哲也)「歴史春秋」 歴史春秋社　(76)　2012.11

山舟生

山舟生地区の方言(1)～(3)(中澤重雄)「郷土やながわ」 福島県伊達市梁川町郷土史研究会　(14)/(16)　2006.3/2010.3

八溝山

阿武隈・八溝中山間地域のこんにゃくいも(《変容福島県》)(高田衛)「福島地理論集」 福島地理学会　49　2006.9

佑賢堂

福島の蔵書印(34) 佑賢堂の蔵書印(阿部千春)「福島県郷土資料情報」 福島県立図書館　(44)　2004.3

湯桁山

1888年磐梯山噴火における小磐梯の崩壊と噴火後の湯桁山の地形変化(《特集 磐梯山》)(竹谷陽二郎)「福島県立博物館紀要」 福島県立博物館　(23)　2009.3

湯館山

湯館山 山城遺跡村指定文化財決定までの経緯(峯岸幸雄)「温故知新」 熱塩加納郷土史研究会　(11)　2005.3

湯館山城

湯館山城について(山崎四朗)「温故知新」 熱塩加納郷土史研究会　(9)　2003.8

湯野村

湯野村の地籍(山田久夫)「寿里可美」 飯坂町史跡保存会　(9)　2002.6

湯野村の地籍(4)(山田久夫)「寿里可美」 飯坂町史跡保存会　(10)　2003.6

湯野村の絵図を繙く(会員投稿)(菅野栄二)「寿里可美」 飯坂町史跡保存会　(18)　2012.12

湯本鉱

研究ノート 温泉レジャー施設の「地霊」─熱水で結ばれた三井鑛山湯本礦と常磐ハワイアンセンター(おやけこういち)「常磐炭田史研究」 常磐炭田史研究会　(7)　2010.6

要害山

福島県只見町の「要害山」について(太宰幸子)「地名」 宮城県地名研究会　通号32　2010.11

吉志田橋

明治18年の吉志田橋架替えについて(冨田国衛)「会北史談」 会北史談会　(48)　2006.7

吉田町

吉田町史編纂こぼれ話 旧粟生津村(野本新田)と平松遮那一郎(旧道上村福島)(北澤昭松)「郷土史燕」 燕市教育委員会　(2)　2009.3

好間江

好間堰と好間江筋(佐藤孝徳)「いわき地方史研究」 いわき地方史研究会　(41)　2004.9

好間堰

好間堰と好間江筋(佐藤孝徳)「いわき地方史研究」 いわき地方史研究会　(41)　2004.9

四倉町

いわき雑感─四倉家の末裔として(四倉襄一)「亀井 : 内藤家顕彰会会誌」 内藤家顕彰会　平成17年度　2005.5

与内畑鉱山

与内畑鉱山・大落盤事故(樋口和男)「温故知新」 熱塩加納郷土史研究会　(9)　2003.8

米沢街道

米沢街道と檜原宿について(宇津味善助)「会北史談」 会北史談会　(45)　2003.7

米沢街道と塩川宿の繁栄(喜多方編 米沢街道)(佐藤一男)「下野街道」 ヤマト企画編集室　(10)　2010.5

米沢街道の衰微及び湯町赤湯と宿駅赤湯─第199回学習会「南陽の歴史 : 南陽の歴史を語る会会報」 南陽の歴史を語る会　(177)　2010.6

米沢街道宿駅問屋の性格(須崎寛二)「南陽の歴史 : 南陽の歴史を語る会会報」 南陽の歴史を語る会　(186)　2011.12

寄居館

伊達氏の野臥動員と寄居─川俣町寄居館跡の検討(高橋圭次)「福島史学研究」 福島県史学会　(84)　2007.3

利兵衛堰

「利兵衛堰」の今昔(渡部行)「相馬郷土」 相馬郷土研究会　(21)　2006.3

霊山

霊山軍記上の巻(2)(森藤勇、斎藤勲)「郷土の香り : 郷土文化財資料」 保原町文化財保存会　33　2000.3

霊山軍紀(3)(森藤勇、斎藤勲)「郷土の香り : 郷土文化財資料」 保原町文化財保存会　35　2002.3

霊山無線中継所

紫明峰山頂の霊山無線中継所(菅野末治)「霊山史談」 霊山町郷土史研究会　(11)　2008.10

六供

六供集落(信夫山六供)について(地域の伝承、まつりなど)(西坂君子)「しみず」 清水地区郷土史研究会　(24)　2013.3

若松県

若松県管内略図(三島町河越家文書 19.6×23.8cm 福島県歴史資料館保管)(阿部俊夫)「福島県史料情報 : 福島県歴史資料館」 福島県文化振興財団　5　2003.9

福島県の誕生─明治巡幸と三県合併(上)(渡辺智裕)「福島県歴史資料館研究紀要」 福島県文化振興事業団　(29)　2007.3

若松市

街角の忘れ物 若松市道路元標(赤沼博志)「会津人群像」 歴史春秋出版　(1)　2004.2

若松城

百数十年の時を越えて─復元された千飯櫓・南走長屋「あいづわかまつ文化財だより」 会津若松市教育委員会　8　2001.3

よみがえる往時のすがた─干飯櫓・南走長屋ができるまで「あいづわかまつ文化財だより」 会津若松市教育委員会　8　2001.3

絵図から見た若松城下の武家屋敷(近藤真佐夫)「会津若松市史研究」 会津若松市　(4)　2002.8

明治初期の若松城下─絵図面寄贈される/赤井谷地─始まった保存整備

福島県 　　　　　　　　　　地名でたどる郷土の歴史 　　　　　　　　　　　　　　東北

　「あいづわかまつ文化財だより」 会津若松市教育委員会 　10 　2003.3

　若松城（鶴ヶ城）（内藤りつ子）「伊那路」 上伊那郷土研究会 　48（12）通
　　号575 　2004.12

　松平家文書から見る若松城払下げの事実（小林等）「会津若松市史研究」
　　会津若松市 　（8）　2006.9

　若松城天守閣郷土博物館と戊辰戦争（《特集 戊辰戦争140年》）（中岡進）
　　「会津人群像」 歴史春秋出版 　（12）　2008.10

　第58回文化財防火デー 1月26日 国史跡若松城跡／（仮称）歴史資料保管
　　センター 旧会津図書館3階（城東町） 会津若松市史等を販売／日新館資
　　料群 新たに市指定文化財へ／出前講座で知る文化財「あいづわかまつ
　　文化財だより」 会津若松市教育委員会 　（19）　2012.4

　観光の中心としての城・城址 戦前の観光案内本「祖国認識旅行叢書」に
　　見える若松城址と会津観光（坂詰智美）「会津史談」 会津史談会
　　（87）　2013.4

若松本丸御殿
　調査報告 若松本丸御殿の変遷と絵図（近藤真佐夫）「会津若松市史研究」
　　会津若松市 　（11）　2010.1

若松町
　明治中期の若松町在住の旧會津藩士の名明らかに（河野十四生）「会津人
　　群像」 歴史春秋出版 　（22）　2012.12

和郷
　陸奥国磐城郡十二郷中の「和」郷について（山名隆弘）「汀 ： いわき地
　　域学會会員通信」 いわき地域学會 　2 　2004.1

渡戸区
　山崎宣吉撰文「渡戸区有林沿革之碑」（資料紹介）（大竹憲治）「いわき地
　　方史研究」 いわき地方史研究会 　（42）　2005.9

関東

牛街道
武蔵野台地の古道・「牛街道」の伝説の由来について（三浦久美子）「月曜ゼミナール」　月曜ゼミナール　（5）2013.3

江戸地廻り圏
江戸地廻り圏・首都圏における薪炭の流通（笹川裕）「武尊通信」　群馬歴史民俗研究会　99　2004.9

奥古道
奥古道とその研究課題―古道は東京低地・埼玉低地を如何に越えたか（長沼映夫）「かつしか台地 ： 野田地方史懇話会会誌」　野田地方史懇話会　27　2004.3

小田急
1927（昭和2）年 新宿～小田原直通小田急の発展［第11号］（宇佐美ミサ子）「西さがみ庶民史録」　西さがみ庶民史録の会　50　2003.5

小田急線
小田急線は鞍部を走る（田中正大）「Collegio」　之潮　（46）2011.10

会員研究発表 新百合ヶ丘と旧小田急線跡について（星野仁）「川崎研究」　川崎郷土研究会　（52）2014.5

葛西用水
近世葛西用水体系の成立―葛西井堀から大葛西用水へ（橋本直子）「葦のみち ： 三郷市史研究」　三郷市　14　2002.3

近世後期の葛西用水八条領組合の組織的変遷と地域意識（〈小特集 埼玉古地図を読む〉）（工藤航平）「文書館紀要」　埼玉県立文書館　（19）2006.3

葛西用水十ヶ領組合における二郷半領の開発と地域性（市史研究レポート）（宇田川龍馬）「葦のみち ： 三郷市史研究」　三郷市　（22）2011.3

葛西用水に架かる平和橋（旧称・瓦曽根橋）（高崎力）「越谷市郷土研究会会報 ： 古志賀谷」　越谷市郷土研究会　（16）2011.12

香取の海
平成20年度市史講座講演録 古代の成田と香取の海（平川南）「成田市史研究」　成田市教育委員会　通号34　2010.3

川越鉄道
甲武鉄道と青梅・川越鉄道（中村明美）「八王子市郷土資料館だより」　八王子市郷土資料館　（88）2010.12

鉄道からみた小平の歩み―川越鉄道にかかる小史（研究報告）（堤一郎）「小平の歴史を拓く ： 市史研究」　小平市企画政策部　（5）2013.3

川崎・木更津フェリー航路
モータリゼーションの進展と東京湾内定期航路輸送の変遷―湾岸高速道路と川崎・木更津フェリー航路小史（中川洋）「東京湾学会誌 ： 東京湾の水土」　東京湾学会　2(1)　2003.3

関東
関東の地租改正（奥田晴樹）「京浜歴科研年報」　京浜歴史科学研究会　（15）2001.1

永田区有文書の語るもの―幕末における関東取締出役の通達について（秋葉輝夫）「房総の郷土史」　千葉県郷土史研究連絡協議会　29　2001.3

関東における人車鉄道（伊佐九三四郎）「武蔵野」　武蔵野文化協会　78(1) 通号335　2002.2

古文書を読んでみよう（3）秀吉の関東征伐と香取神宮（山田邦明）「佐原の歴史」　佐原市教育委員会　3　2003.3

《中世特集号 中世の房総、そして関東》「千葉県史研究」　千葉県史料研究財団　11（別冊2）2003.3

関東取締出役の罷免事件について（川田純之）「栃木県立文書館研究紀要」　栃木県立文書館　（7）2003.3

閉園した関東近県の遊園地「武蔵野」　武蔵野文化協会　79(1) 通号337　2003.3

諸書に「鳩ヶ谷」を見る（8）御宮地絵図の新視点・関東取締出役と鳩ヶ谷の賭場（加藤信明）「郷土はとがや ： 鳩ヶ谷郷土史会会報」　鳩ヶ谷郷土史会　51　2003.5

永享記と鎌倉持氏記―永享の乱の記述を中心に（小国浩寿）「鎌倉」　鎌倉文化研究会　96　2003.6

べいべい言葉のルーツは何か？（浅見喜義）「上州路 ： 郷土文化誌」　あさを社　30(6) 通号349　2003.6

閲覧室から 新聞万華鏡（12）関東大震災後の新聞（上田由美）「開港のひろば ： 横浜開港資料館館報」　横浜開港資料館　81　2003.7

仮説と通説との間を考える―戦国初期の東海・関東の事例を題材に（柳

下晃一）「古城」　静岡古城研究会　（49）2003.7

享徳の乱と関東公方権力の変質（阿部能久）「史境」　歴史人類学会，日本図書センター（発売）　通号47　2003.9

関東大震災と私（岩下芳子）「ひさみね」　広瀬地区郷土史同好会　（20）2003.10

近世後期関東農村における奉公人の労働と生活（〈月例会報告要旨〉）（佐藤雅子）「関東近世史研究」　関東近世史研究会　（53）2003.11

関東大震災80周年に思う（サトウマコト）「郷土つるみ」　鶴見歴史の会　58　2003.10

関東大地震の惨劇にも一すじの灯り（辻野弥生）「東葛流山研究」　流山市立博物館友の会事務局，崙書房出版（発売）　（22）2003.11

関東の部落の青年たちとささえあって―斎川政男さん（編集部）「明日を拓く」　東日本部落解放研究所，解放書店（発売）30(2・3) 通号52・53　2003.11

特集にあたって―関東大震災と寒川（内海孝）「寒川町史研究」　寒川町　（17）2004.3

聞き書き 関東大震災の記憶（阿諏訪庚二）「寒川町史研究」　寒川町　（17）2004.3

史料紹介 関東大震災の記録「寒川町史研究」　寒川町　（17）2004.3

関東大震災と桐生の地震―そのとき市民は（藤井光男）「桐生史苑」　桐生文化史談会　（43）2004.3

史料紹介 関東取締出役の織物注文状（長沢家文書）（巻島隆）「桐生史苑」　桐生文化史談会　（43）2004.3

尾張藩川並支配体制における駒塚奉行と関東百人組（林順子）「東海地域文化研究」　名古屋学芸大学短期大学部附属東海地域文化研究所　（15）2004.3

関東大震災時の朝鮮人虐殺―その国家責任と民衆責任（講演）（山田昭次）「明日を拓く」　東日本部落解放研究所，解放書店（発売）30(5) 通号55　2004.3

村役人家と医療―18世紀後半、関東村落の医療意識をめぐって（〈月例会報告要旨〉）（細野健太郎）「関東近世史研究」　関東近世史研究会　（55）2004.7

桐生悠々「関東防空大演習を嗤う」の論理と歴史的意味（青木哲夫）「生活と文化 ： 研究紀要」　豊島区　（14）2004.12

本州の「舞台」地名の語源はアイヌ語ブト―関東地方の舞台地名とその立地地形（清水清次郎）「アイヌ語地名研究」　アイヌ語地名研究会，北海道出版企画センター（発売）　通号7　2005.1

日光例幣使と公家の関東下向（宍戸忠明）「風俗史学 ： 日本風俗史学会誌」　日本風俗史学会　（29）2005.1

富山の関東・東北移民と北海道移民（前田英雄）「近代史研究」　富山近代史研究会　（28）2005.3

関東周辺の砂金産地について（特別コラム）（大森直之）「金山史研究」　甲斐黄金村・湯之奥金山博物館　（5）2005.3

応永～永享期の関東における信濃小笠原氏の動向とその役割（秋山正典）「群馬歴史民俗」　群馬歴史民俗研究会　（26）2005.3

関東大震災に於ける政府の対応（常石芳英）「秦史談」　秦史談会　126　2005.3

史料紹介 明治18年の関東6県古文書採訪記録―群馬県を中心として（岡田則二）「双文」　群馬県立文書館　22　2005.3

特集2 関東大震災時の葉山（森田昌明）「郷土誌葉山」　葉山郷土史研究会　（2）2005.4

関東大震災時の記録に見る統計上の比較（鈴木雅子）「郷土誌葉山」　葉山郷土史研究会　（2）2005.4

関東大震災についての聞き書き（編集部）「郷土誌葉山」　葉山郷土史研究会　（2）2005.4

関東大震災聞書控（加藤勉）「埼玉史談」　埼玉県郷土文化会　52(2) 通号282　2005.7

藤枝と「関東大震災」（清水実）「藤枝市だより」　藤枝市　13　2005.9

関東大震災の思い出（奥田基道）「郷土目黒」　目黒区郷土研究会　49　2005.10

『都市資料集成』第6巻 関東大震災と救護活動「東京都公文書館だより」　東京都公文書館　（7）2005.11

第73回例会アイヌ語地名と関東地方（村崎恭子）「練馬区地名研究会会報」　練馬区地名研究会　（74）2005.11

関東地方の古代・中世石材流通に関する一視点（利根川章彦）「研究紀要」　埼玉県立歴史資料館　2005.12

天保期における幕府関東支配政策の展開（坂本達彦）「地方史研究」　地方

史研究協議会 55（6）通号318 2005.12

関東地震 その時、群馬県は「文書館だより」 群馬県立文書館 （43） 2006.1

第74回例会 関東地方のヤト地名について（村崎恭子）「練馬区地名研究会会報」 練馬区地名研究会 （75） 2006.2

名産多摩川梨―80年の歴史とその起源を探る（1），（2）（宮田豊）「川崎研究」 川崎郷土研究会 （44）／（45） 2006.5／2007.5

関東大震災の片瀬村米神あたり（植田博之）「小田原史談 : 小田原史談会々報」 小田原史談会 （206） 2006.7

江戸の街・東京の街（9）関東大震災と内務省納本コレクションの運命（白石弘之）「Collegio」 之潮 （14） 2006.9

戦国期関東における山林利用と植林（盛本昌広）「千葉史学」 千葉歴史学会 （49） 2006.11

シンポジウム報告「関東河川の環境をめぐるシンポジウム」 足尾に緑を育てる会／荒川流域ネットワーク／小櫃川の水を守る会／利根川文化研究会ム／八ツ場ダムを考える会／多摩川センター「利根川文化研究」 利根川文化研究会 通号29 2006.12

関東側から見た戊辰戦争（水野希悉）「練馬古文書研究会会報」 練馬古文書研究会 （37） 2007.1

平成19年度特別展記念「関東・戦国の城を知る」「博物館だより」 葛飾区郷土と天文の博物館 86 2007.3

近世前期関東における惣百姓印（千葉真由美）「関東近世史研究」 関東近世史研究会 （61） 2007.3

小松原春直日記から見えるもの―近世近代移行期の関東水上交通史素描（龍澤潤）「江東区文化財研究紀要」 江東区教育委員会生涯学習部 （15） 2007.3

関東大震災と練馬―円明院の「大震災横死者弔魂碑」から（木村隆）「練馬郷土研究会会報」 練馬郷土史研究会 （309） 2007.5

永代橋・清洲橋国指定重要文化財内定記念特集 関東大震災と江東区の近代橋梁（赤澤春彦）「下町文化」 江東区地域振興部 （238） 2007.7

江戸東京を歩く―地形・災害・防災の視点から（9）関東地震（関東大震災）（松田磐余）「Collegio」 之潮 （24） 2007.7

新収資料コーナー（5）大震災直前の横浜市街（伊藤泉美）「開港のひろば : 横浜開港資料館館報」 横浜開港資料館 （97） 2007.8

近代消防制度の展開と関東大震災―横浜市を事例として（《2006年度総会記念シンポジウム「首都圏大地震と文化財保存を考える」》）（直島博和）「神奈川地域史研究」 神奈川地域史研究会 （25） 2007.12

震災と情報―安政江戸地震と関東大地震（講演録）（北原糸子）「松戸市立博物館紀要」 松戸市立博物館 （15） 2008.3

日光地方の災害について／関東地方における寛永年間の大開発（佐藤壽修）「今市史談」 今市史談会 （17） 2008.4

関東大震災後の都市復興過程とそのデータベース化、並びに資料収集（個別共同研究）（北原糸子）「非文字資料研究」 神奈川大学21世紀COEプログラム拠点推進会議 （20） 2008.9

戦国時代の関東―享徳の乱から三つ巴の争覇のなかの城郭（《東京都江戸東京博物館シンポジウム「太田道灌と城館の戦国時代」》）（峰岸純夫）「東京都江戸東京博物館研究報告」 東京都江戸東京博物館 （15） 2009.3

高崎馬車運輸会社・郵便馬車会社・廣運舎に関する東京都公文書館所蔵文書について（金沢真之）「郵便史研究 : 郵便史研究会紀要」 郵便史研究会 （27） 2009.3

関東大震災と横浜市役所（吉田律人）「市史通信」 横浜市史資料室 （5） 2009.7

講演会盛況に終わる 「徳川氏関東入国と近郊の開発」（編集部）「目黒区郷土研究」 目黒区郷土研究会 （656） 2009.9

問題提起（《2008年度大会特集 近世後期関東の流通と消費社会》）（関東近世史研究会常任委員会）「関東近世史研究」 関東近世史研究会 （67） 2009.10

近世後期関東における酒造業経営と酒の流通―地域酒造家の分析を中心に（《2008年度大会特集 近世後期関東の流通と消費社会》）（髙橋伸拓）「関東近世史研究」 関東近世史研究会 （67） 2009.10

高橋報告コメント（《2008年度大会特集 近世後期関東の流通と消費社会》）（落合功）「関東近世史研究」 関東近世史研究会 （67） 2009.10

小林報告コメント（《2008年度大会特集 近世後期関東の流通と消費社会》）（桑原功一）「関東近世史研究」 関東近世史研究会 （67） 2009.10

大会討論要旨（《2008年度大会特集 近世後期関東の流通と消費社会》）「関東近世史研究」 関東近世史研究会 （67） 2009.10

徳川氏の関東入国と江戸近郊の開発（村上直）「郷土目黒」 目黒区郷土研究会 53 2009.10

近世からの関東々南域の石工たち（中村守）「埼玉史談」 埼玉県郷土文化会 56（3）通号299 2009.10

横浜・関東大震災の記憶（吉田律人）「市史通信」 横浜市史資料室 （6） 2009.11

震災復興期における都市の文化変容―モダン文化の諸相と震災の記憶

（第1回・第3回公開研究会報告）「非文字資料研究」 神奈川大学21世紀COEプログラム拠点推進会議 （23） 2010.1

よみがえる都市景観―震災復興期の「都市美」運動（第1回・第3回公開研究会報告）「非文字資料研究」 神奈川大学21世紀COEプログラム拠点推進会議 （23） 2010.1

絵巻紹介 東部大震災過限録（紙本淡彩・抄録）（北原糸子）「非文字資料研究」 神奈川大学21世紀COEプログラム拠点推進会議 （23） 2010.1

天保期の「囲籾」御用と関東在々質上籾出話人（栗原健一）「熊谷市史研究」 熊谷市教育委員会 （2） 2010.3

関東大震災の記録から（諏訪良夫）「西上総文化会報」 西上総文化会 （70） 2010.3

横浜・関東大震災の記憶―日高帝さんの震災体験（吉田律人）「市史通信」 横浜市史資料室 （7） 2010.3

描かれた関東大震災―絵巻・版画・素描（北原糸子）「年報非文字資料研究」 神奈川大学日本常民文化研究所非文字資料研究センター （6） 2010.3

「震災の記憶」の変遷と展示―復興記念館および東京都慰霊堂収蔵・関東大震災関係資料を中心に（髙野宏康）「年報非文字資料研究」 神奈川大学日本常民文化研究所非文字資料研究センター （6） 2010.3

シンポジウム 震災の経験を "伝える" ―今に継承される関東大震災と阪神・淡路大震災の〈記憶〉（板垣貴志，吉川圭太，兒玉州平）「史料ネットnews letter」 歴史資料ネットワーク （62） 2010.5

関東大震災について（拾遺あれこれ）（土屋博）「東庄の郷土史」 東庄郷土史研究会 （26） 2010.8

谷保のむかし話（二）良ちゃんの関東大震災（佐伯安子）「にーだんご」 くにたちの暮らしを記録する会 （23） 2010.9

日本の鉄道のあけほの（白根貞夫）「三浦半島の文化」 三浦半島の文化を考える会 （20） 2010.10

近世後期関東農村の豪農経営と酒造業（2009年度九州史学研究会大会公開講演・研究発表要旨―研究発表）（加納亜由子）「九州史学」 九州史学研究会 （157） 2010.10

関東そして松戸・人と水の歴史（末満宗治）「松戸史談」 松戸史談会 （50） 2010.11

史跡を訪ねて（17）近県の古民家を巡る（終）（猪瀬尚志）「板橋史談」 板橋史談会 （261） 2010.11

葛飾区水元四丁目に残る関東大震災の地割りについて（研究ノート）（五十嵐聡江，谷口榮）「博物館研究紀要」 葛飾区郷土と天文の博物館 （12） 2011.3

関東大震災と東日本大震災「群文研新報」 群馬県文化財研究会 （36） 2011.4

正徳三年四月大庄屋停止令と関東郡代（第52回日本史関係卒業論文発表会要旨）（道上和洋）「地方史研究」 地方史研究協議会 61（3）通号351 2011.6

転載 世田谷松原、相原家文書と関東大震災（編集部）「せたかい : 歴史さろん」 世田谷区誌研究会 （63） 2011.7

関東大震災竜巻体験記（奥津福太郎）「扣之帳」 扣之帳刊行会 （33） 2011.9

平成23年度冬季展 信州の歴史遺産Ｖ 郷土のお宝 重文・県宝を見よう 世界最古の日向林Ｂ遺跡群資料／関東大震災と長野県／3300本の長野県測量図「長野県立歴史館たより」 長野県立歴史館 （69） 2011.11

事務報告に見る関東大震災（内藤佳康）「厚木市史だより」 厚木市 （4） 2012.1

関東における寺院・官衙の造作と鉄生産―7・8世紀の様相（特集 古代東国の鉄生産）（佐々木義則）「たたら研究」 たたら研究会 （51） 2012.1

関東における古代から中世にかけての鋳造操業について（特集 古代東国の鉄生産）（村上伸二）「たたら研究」 たたら研究会 （51） 2012.1

第383例会報告 企画展「関東戦国の大乱―享徳の乱、東国の三十年戦争―」見学／展示資料について解説（例会報告要旨）（森田真一）「戦国史研究」 戦国史研究会 発表（8） 2012.1

資料紹介 関東大震災を報せた一市民の書状 附・昭和12年の崖崩れ（髙山優）「研究紀要」 港区立港郷土資料館 （14） 2012.3

横浜市史資料室所蔵「関東大震災」画像データ目録の整備（吉田律人）「市史通信」 横浜市史資料室 （13） 2012.3

平塚・大磯地域での1923年大正関東地震の体験記録（森慎一，浜口哲一）「自然と文化 : 平塚市博物館研究報告」 平塚市博物館 （35） 2012.3

関東大震災悲話（保科ツネ）「小千谷文化」 小千谷市総合文化協会『小千谷文化』編集委員会 （206・207） 2012.3

『関東地方大震災記念写真帳』デジタル化の試み「中央博物館だより」 千葉県立中央博物館 （69） 2012.3

企画展紹介「吉野作造と震災・復興―関東大震災と人々の生きる希望―」2011年8月13日～11月13日「吉野作造記念館だより」 古川学人 （20） 2012.4

関東地震による中和田村の被害（東日本大震災と泉区特集―東日本大震災発生時の記録）（翠川三郎）「郷土いずみ」 （18） 2012.5

関東大震災と横浜そして泉区（東日本大震災と泉区特集―東日本大震災

発生時の記録（緑川宣子）「郷土いずみ」（18）2012.5

資料紹介 関東大震災発生時の新聞から「郷土いずみ」（18）2012.5

表紙裏 関東地震における中和田村の被害「郷土いずみ」（18）2012.5

絵はがきは語る(2),(3) 関東大震災の惨状を伝える(1),(2)（横山）「かたりべ：豊島区立郷土資料館ミュージアム開設準備だより」 豊島区立郷土資料館 (106)/(107) 2012.7/2012.10

北原糸子氏講演「関東大震災―被害者の行方」を聞いて（岸明）「歴史だより」 栃木県歴史文化研究会会報 栃木県歴史文化研究会事務局 (85) 2012.10

じいさんは「関東大震災被害報告」の警察官（井上仁男）「小田原史談：小田原史談会々報」 小田原史談会 (231) 2012.10

関東大震災被害報告（小田原警察署資料）(1) 震災の一般的な状況、皇族貴顕の警戒（小田原史談 ： 小田原史談会々報） 小田原史談会 (231) 2012.10

明和の一揆由緒探訪記（角田恵一）「岡部史話」 岡部郷土文化会 (32) 2012.11

天保後期における関東取締出役の教諭政策（児玉憲治）「民衆史研究」 民衆史研究会 (84) 2013.1

近世被差別部落を生きた女性群像―近世関東の部落内史料に見る女性の具体像（特集 女性と部落）（松浦利良）「明日を拓く」 東日本部落解放研究所、解放書店（発売）39(4) 通号99 2013.3

関東の地から（日野原正）「道鏡を守る会通信」 道鏡を守る会 (99) 2013.2

豊臣政権の関東・奥羽政策（中野等）「茨城県史研究」 茨城県教育委員会 (97) 2013.3

多摩の歴史講座第16回「八州廻りとアウトロー」（会員館活動報告）（たましん地域文化資料館）「ミュージアム多摩 ： 東京都三多摩公立博物館協議会会報」 東京都三多摩公立博物館協議会 (34) 2013.3

近現代 関東大震災と復興計画（特集 武蔵野の災害(後編)―歴史）（樋渡達也）「武蔵野」 武蔵野文化協会 88(1) 通号352 2013.3

関東大震災と神奈川県 地震のメカニズムと被害の実態（武村雅之）「藤沢市史研究」 藤沢市文書館 (46) 2013.3

関東大震災を記録した人びと―横浜・藤沢を中心に（藤沢市史講座）（松本洋幸）「藤沢市史研究」 藤沢市文書館 (46) 2013.3

関東大震災での鵠沼の津波と現在の津波対策（藤沢市史講座）（内藤喜嗣）「藤沢市史研究」 藤沢市文書館 (46) 2013.3

茅ヶ崎における関東大震災に関する証言について（須藤格）「文化資料館調査研究報告」 茅ヶ崎市教育委員会 (22) 2013.3

歴史講演会のお知らせ（仮題）「関東大震災と厚木市内各地の被害」 講師：樋口雄一氏「厚木市史たより」 厚木市 (8) 2013.4

八州廻りの誕生と村々（特集 八州廻りとアウトロー）（桜井昭男）「多摩のあゆみ」 たましん地域文化財団 (150) 2013.5

武装する集団と八州廻り（特集 八州廻りとアウトロー）（牛米努）「多摩のあゆみ」 たましん地域文化財団 (150) 2013.5

史料紹介「安政江戸大地震記録」をよむ（金周古文書好楽会）「茨城史林」 筑波書林 (37) 2013.6

下総文書の整理をめぐって―関東取締出役御用見張所史料の分析（研究発表大会要旨）（荒井信司）「房総の郷土史」 千葉県郷土史研究連絡協議会 (41) 2013.6

企画展 被災者が語る関東大震災（吉田律人）「開港のひろば ： 横浜開港資料館館報」 横浜開港資料館 (121) 2013.7

企画展 地震発生と被災者の行動（吉田律人）「開港のひろば ： 横浜開港資料館館報」 横浜開港資料館 (121) 2013.7

永享九年の「大乱」―関東永享の乱の始期をめぐって（呉座勇一）「鎌倉」 鎌倉文化研究会 (115) 2013.7

市史資料室たより 平成25年度横浜市史資料室展示会「レンズがとらえた震災復興―1923～1929」/展示記念講演会「関東大震災の災害教訓―東京・横浜の比較から―」/横浜市史資料室刊行物のご案内/寄贈資料「市史通信」 横浜市史資料室 (17) 2013.7

関東大震災―一千万円の下賜金について（研究論文 本会第22回大会関連論文）（北原糸子）「歴史と文化」 栃木県歴史文化研究会、随想舎（発売）(22) 2013.8

上野東歌探訪 関東方言と東海方言/上野国東歌のうち方言を含まない歌、また末勘国歌について/本歌の後に異伝を載せる歌「伊香保ろの岨の榛原」（北川和秀）「上州文化」 群馬県教育文化事業団 (136) 2013.11

基調報告 17世紀の関東と開発（2012年度大会特集 17世紀の関東と開発）（鈴木直樹）「関東近世史研究」 関東近世史研究会 (74) 2013.11

佐々木報告コメント（2012年度大会特集 17世紀の関東と開発）（斉藤司）「関東近世史研究」 関東近世史研究会 (74) 2013.11

開発からみる関東村落の近世化（2012年度大会特集 17世紀の関東と開発）（小酒井大悟）「関東近世史研究」 関東近世史研究会 (74) 2013.11

小酒井報告コメント（2012年度大会特集 17世紀の関東と開発）（佐藤孝之）「関東近世史研究」 関東近世史研究会 (74) 2013.11

大会討論要旨（2012年度大会特集 17世紀の関東と開発）「関東近世史研究」 関東近世史研究会 (74) 2013.11

市史資料室たより 横浜市史資料室内ミニ展示「声楽家佐藤美子 誕生から昭和20年まで―所蔵資料紹介」/9/1展示記念講演会「関東大震災の災害教訓―東京・横浜の比較から」を開催しました/寄贈資料「市史通信」 横浜市史資料室 (18) 2013.11

関東公方の支配・権力構造―持氏期を中心として（研究）（浅川祥太）「橘史学」 京都橘大学歴史文化学会 (28) 2013.12

「沖縄の軌跡」第102号 関東大震災虐殺事件 大正12年9月1日（11時58分）秋田県人・三重県人・沖縄三県人殺害の〈検見川事件〉の真相/検見川事件関係記事「秋田県朝鮮人強制連行真相調査団会報」 秋田県朝鮮人強制連行真相調査団 (77) 2014.2

連載コラム 郷土史の視界(1) 関東大震災と長野（小林一郎）「長野」 長野郷土史研究会 (293) 2014.2

横浜都市発展記念館特別展「関東大震災と横浜―廃墟から復興まで―」、横浜開港資料館企画展示「被災者が語る関東大震災」（展示批評）（池田真歩）「地方史研究」 地方史研究協議会 64(1) 通号367 2014.2

四街道市の近代編(1) 関東大震災と四街道（林良紀）「四街道の歴史 ： 市史研究誌」 四街道市教育委員会 (9) 2014.3

車町の写真館と関東大震災―館蔵資料より（大坪潤子）「港郷土資料館だより」 港区立港郷土資料館 (73) 2014.3

防災講演会「歴史に学ぶ防災論―関東大震災と神奈川―」（特集 関東大震災と寒川）（武村雅之）「寒川町史研究」 寒川町 (26) 2014.3

企画展「関東大震災と寒川」（特集 関東大震災と寒川）（渡辺真治）「寒川町史研究」 寒川町 (26) 2014.3

上映会記録「関東大震災と防災対策」（特集 関東大震災と寒川）（高木秀彰）「寒川町史研究」 寒川町 (26) 2014.3

ある英国人女性の手紙 関東大震災からの逃避行（伊藤泉美）「横浜開港資料館紀要」 横浜市ふるさと歴史財団 (32) 2014.3

米国人女性宣教師たちが残した関東大震災の記録（中武香奈美）「横浜開港資料館紀要」 横浜市ふるさと歴史財団 (32) 2014.3

絵葉書で見る関東大震災「郷土八街」 八街郷土史研究会 (23) 2014.4

資料よもやま話 関東大震災と東海道線（吉田律人）「開港のひろば ： 横浜開港資料館館報」 横浜開港資料館 (125) 2014.7

問題提起 幕末変革期における関東豪農の役割と根岸友山（大会特集I 北武蔵の地域形成―水と地形が織りなす歴史像）（根岸友憲）「地方史研究」 地方史研究協議会 64(4) 通号370 2014.8

大会討論要旨（特集 関東の地域経済と社会）「関東近世史研究」 関東近世史研究会 (76) 2014.10

称名寺の二代長老釼阿と『関東往還記前記』（高橋秀栄）「金沢文庫研究」 神奈川県立金沢文庫 (333) 2014.10

宮城と関東大震災―宮内庁宮内公文書館所蔵史料から（特集 流域の災害）（野中和夫）「利根川文化研究」 利根川文化研究会 (38) 2014.12

関東盆地

利根川の流路変遷と関東造盆地運動について（柴田徹）「松戸市立博物館紀要」 松戸市立博物館 (11) 2004.3

北関東

江戸時代北関東農村における米穀の流通・加工―下野国芳賀郡の地域経済・資源活用と村方地主（平野哲也）「歴史と文化」 栃木県歴史文化研究会、随想舎（発売）(12) 2003.8

北関東人の江戸への向都性と「べいべい」言葉（芳賀登）「風俗史学 ： 日本風俗史学会誌」 日本風俗史学会 (29) 2005.1

越中門徒の北関東移住者の子孫を尋ねて（大野康太郎）「魚津史談」 魚津歴史同好会 (27) 2005.3

佐竹氏の常陸統一と北関東諸氏の縁組（《大会特集I 茨城の歴史的環境と地域形成》―〈問題提起〉）（今泉徹）「地方史研究」 地方史研究協議会 58(4) 通号334 2008.8

研究論文 地域調査の教材化 09北関東編（工藤統久）「地理の集い」 福岡県高等学校地理研究会 (40) 2010.0

第1日目（県地域調査報告 京浜圏の生活・経済を支える北関東の産業と暮らしを探る―近代産業・伝統産業今昔と移民百年に見る在日日系人労働者の現状を探る）（武石久史）「地理の集い」 福岡県高等学校地理研究会 (40) 2010.0

第2日目（県地域調査報告 京浜圏の生活・経済を支える北関東の産業と暮らしを探る―近代産業・伝統産業今昔と移民百年に見る在日日系人労働者の現状を探る）（秋吉響一）「地理の集い」 福岡県高等学校地理研究会 (40) 2010.0

第3日目（県地域調査報告 京浜圏の生活・経済を支える北関東の産業と暮らしを探る―近代産業・伝統産業今昔と移民百年に見る在日日系人労働者の現状を探る）（豊原晋一）「地理の集い」 福岡県高等学校地理研究会 (40) 2010.0

第4日目（県地域調査報告 京浜圏の生活・経済を支える北関東の産業と暮らしを探る―近代産業・伝統産業今昔と移民百年に見る在日日系人労働者の現状を探る）（大杉満）「地理の集い」 福岡県高等学校地理研究会 (40) 2010.0

地域調査を振り返って（県地域調査報告 京浜圏の生活・経済を支える北関東の産業と暮らしを探る―近代産業・伝統産業今昔と移民百年に見る在日日系人労働者の現状を探る）（村橋武裕）「地理の集い」 福岡県高等学校地理研究会 （40） 2010.0

豪族居館・首長居宅と関わる鉄器生産―北関東地域の古墳時代鍛冶（特集 古代東国の鉄生産）（内山敏行）「たたら研究」 たたら研究会 （51） 2012.1

第398回例会 天正期北関東諸氏「惣無事」（例会報告要旨）（宮川展夫）「戦国史研究」 戦国史研究会，吉川弘文館（発売） （66） 2013.8

北関東にもあった和田氏関連地（会員コーナー）（矢部武司）「三浦一族研究」 横須賀市 （18） 2014.3

京王線

京王線―変わりゆく駅とその周辺（《特集 かわりゆく駅風景》）（清水正之）「多摩のあゆみ」 たましん地域文化財団 （129） 2008.2

資料が語る多摩 写真：京王線5000系の導入と聖蹟桜ヶ丘行きボンネットバス（細井和雄）「多摩地域史研究会会報」 多摩地域史研究会 （85） 2008.8

企画展「京王線100年と調布」の開催（会員館活動報告）（調布市郷土博物館）「ミュージアム多摩 ： 東京都三多摩公立博物館協議会会報」 東京都三多摩公立博物館協議会 （33） 2012.3

資料紹介 古写真から見た京王線開業百年（長瀬衛）「郷土博物館だより」 調布市郷土博物館 （74） 2012.12

京王線 高架化構想から地下化へ「郷土博物館だより」 調布市郷土博物館 （75） 2014.3

京王電鉄

京王電鉄のあゆみと沿線行楽地の開発（奥原哲志）「調布史談会誌」 調布史談会 （42） 2013.4

25.2.3 第94回地域文化講演会「京王電鉄のあゆみと沿線行楽地の開発」講師：奥原哲志氏（本会のあしあと（42））（高石たか子）「調布史談会誌」 調布史談会 （42） 2013.4

京成電鉄

2014年6月11日（水） 新京成電鉄の誕生とその歴史 講師：川上隆氏（松戸史談会講演会（要旨））「松戸史談」 松戸史談会 （54） 2014.11

甲武

再び甲武国境について（岡部義重）「郷土研究」 奥多摩郷土研究会 （13） 2002.3

またまた甲武国境の記（岡部義重）「郷土研究」 奥多摩郷土研究会 （14） 2003.3

甲武国境（4）―小河内衆の末裔（岡部義重）「郷土研究」 奥多摩郷土研究会 （15） 2004.3

甲武国境（5） 小河内の寺院（岡部義重）「郷土研究」 奥多摩郷土研究会 （17） 2006.3

甲武国境（6） 辺境閑話（岡部義重）「郷土研究」 奥多摩郷土研究会 （18） 2007.3

甲武国境（7） 辺境余談（岡部義重）「郷土研究」 奥多摩郷土研究会 （19） 2008.3

甲武国境（8） 檜原村の御厨神事（岡部義重）「郷土研究」 奥多摩郷土研究会 （20） 2009.3

甲武鉄道

東京の都市計画と都市鉄道―甲武鉄道市街線の建設をめぐって（加藤新一）「多摩のあゆみ」 たましん地域文化財団 97 2000.2

展示資料紹介（8） 甲武鉄道の開通「立川市歴史民俗資料館だより」 立川市歴史民俗資料館 （8） 2004.3

甲武鉄道と青梅・川越鉄道（中村明美）「八王子市郷土資料館だより」 八王子市郷土資料館 （88） 2010.12

企画展「甲武鉄道と立川」の開催（会員館活動報告）（立川市歴史民俗資料館）「ミュージアム多摩 ： 東京都三多摩公立博物館協議会会報」 東京都三多摩公立博物館協議会 （32） 2011.3

甲武鉄道反対運動の真相―最初の町長、清水斎兵衛は（小澤幸治）「府中史談」 府中市史談会 （39） 2013.10

狭山丘陵

狭山丘陵周辺の史跡を巡って（池上昌宏）「目黒区郷土研究」 目黒区郷土研究会 574 2002.11

西武鉄道と狭山丘陵開発―東村山文化圏から西武圏へ（野田正穂）「東村山市史研究」 東村山市教育委員会 （13） 2004.3

特集 歴史館講座「あなたの街の東村山学」 伝統文化講座「秋から冬にかけての民俗行事」/郷土歴史講座「狭山丘陵と武蔵野」/もっと知りたい、見たい、やりたい海外へ 東村山に伝わる年中行事について「歴史館だより」 東村山ふるさと歴史館 （33） 2008.9

特集 狭山丘陵の古道 いざ鎌倉への道/鎌倉街道上道/狭山丘陵の中世のみち「歴史館だより」 東村山ふるさと歴史館 （37） 2010.11

ちょっとよりみち 狭山丘陵の古代のみち―東山道武蔵路「歴史館だより」 東村山ふるさと歴史館 （37） 2010.11

狭山丘陵をめぐる交通網の盛衰（北村拓）「東村山市史研究」 東村山市教育委員会 （20） 2011.3

下総

『下総旧事』所収文書と由緒（盛本昌広）「そうわ町史研究」 総和町教育委員会 6 2000.3

三遊亭円朝「下総の記」補遺（須賀田省一）「かつしか台地 ： 野田地方史懇話会会誌」 野田地方史懇話会 20 2000.9

戦国期関宿の河川と交通―船橋市西図書館蔵「下総之図」の史料紹介を通して（新井浩文）「研究報告」 千葉県立関宿城博物館 （6） 2002.3

下総・武蔵国境は“たんぼ”の畦（佐々木克哉）「千葉県史料研究財団だより」 千葉県史料研究財団 14 2003.1

将門伝承の伝播―下総相馬氏から奥州相馬氏へ（岡田清一）「沼南町史研究」 沼南町教育委員会 7 2003.3

史料紹介 「武蔵下総下野戦録」―第一大隊二番中隊司令・萩藩士楢崎頼三の戦況報告書（道迫真吾）「萩市郷土博物館研究報告」 萩市郷土博物館 13 2003.3

武蔵と下総を渡る―江戸以前における隅田川・太日川の渡河について（谷口榮）「武蔵野」 武蔵野文化協会 79（1）通号337 2003.3

千葉県（下総部分での）私の地方史研究（記念講演）（木村礎）「房総の郷土史」 千葉県郷土史研究連絡協議会 （32） 2004.3

駆込寺と下総の村々（講演録）（佐藤孝之）「松戸市立博物館紀要」 松戸市立博物館 （12） 2005.3

文化講演 下総に華やかに登場した小金城と群雄割拠の時代（第57回松戸市文化祭参加）（中山文人）「松戸史談」 松戸史談会 （46） 2006.10

火附盗賊改と上総・下総（石出聡史）「房総の郷土史」 千葉県郷土史研究連絡協議会 （35） 2007.5

下総の凹地（羽鳥謙三）「Collegio」 之潮 （22） 2007.5

中世の常陸・下総における城館と拠点形成（《大会特集I 茨城の歴史的環境と地域形成》―〈問題提起〉）（宇留野主悦）「地方史研究」 地方史研究協議会 58（4）通号334 2008.8

大名が通る―常陸・下総の一部の場合（河野弘）「郷土文化」 茨城県郷土文化研究会 （50） 2009.3

資料紹介 江戸、武蔵、下総等金石拓本集（篠崎四郎旧蔵）（斎木勝）「千葉県立中央博物館研究報告.人文科学」 千葉県立中央博物館 11（1）通号22 2009.3

開墾手續窺帳/開墾会社持場取扱承リ規則/今般改正 原野窮民取扱規則凡割方/下総開墾の顚末（特集 下総開墾はこうして始まった）「郷土八街」 八街郷土史研究会 （10） 2009.7

下総境の名称起源と記述のエチカ（青木敏雄）「利根川文化研究」 利根川文化研究会 通号33 2009.8

陸上自衛隊による『下総戊辰戦争研究』について（編集委員会）「お城山だより」 村上城跡保存会 （41） 2009.12

下総における弘文天皇妃の伝承（研究余滴）（松井安俊）「研究紀要」 日本村落自治史料調査研究所 通号14 2010.3

下総開墾の結末「郷土八街」 八街郷土史研究会 （11） 2010.3

下総（八街）開墾資料確保目録（史料翻刻 下総開墾3）「郷土八街」 八街郷土史研究会 （臨時号） 2012.2

明丰農舎調（4年1月）/談之覚（香実からの移住者に扶助米 2月）/談之覚（牧残馬之儀 3月）/香実移住者開墾人 農具取調書（6月）/談之覚（埴生村嶋澤の訴え 6月）/烈風被害届（7月）/烈風被害届（三咲詰・原寛介の手紙 7月）/諸邸内惣人員高（6月）/開墾離出来者/願上文書（「小笠原長次郎帰農につき加籍 12月）/談之覚（牧残馬之儀 別2478・11と同一内容）/談之覚（為替会社 4月）（史料翻刻 下総開墾4 明治4（1871）年分）「郷土八街」 八街郷土史研究会 （臨時号） 2012.4

佐倉六牧実生木御拂代金仕訳書（3年6月）/柳澤牧実生木引渡請取書（3年11月）/柳澤牧御林木数幷ニ直段積書（4年8月）/小金牧佐倉牧御林実生木代調書（5年5月）/小金佐倉反別窮民授産諸入費幷年貢凡積書（4年）/現在人員調 八街一～五番会社（5年4月）/改名願 大鐘永蔵（5年1月）（史料翻刻 下総開墾5 実生木関連・明治5（1872）年4月現在人員調）「郷土八街」 八街郷土史研究会 （臨時号） 2012.6

正誤表/「史料翻刻 下総開墾」構成案内/会員名簿/下総開墾史料確保目録/会則/今まで出した会誌・臨時号/あとがき/転載複写配布はやめて！「誌友・会員募集」「郷土八街」 八街郷土史研究会 （19） 2012.9

小間子牧捕馬一件ニ付願書（5年5月）/小間子牧捕馬入用調書（5年11月）/小間子牧入用取調書（5年11月25日）/小間子牧諸入費取調書（5年11月）/小間子牧捕馬幷売払日勘取調帳（5年11月）/小間子牧捕馬諸入用請取書（5年11月）/小間子牧捕馬給金受取書（5月11月）/小間子牧込場諸入用調（一部）（6年10月）/小間子牧込場中牧士幷卒廻捕手日当調書（6年11月）/下総国印旛郡小間子牧一円野馬共売渡之証/小間子牧入札後売渡條件ニ付約定書控/（付随）契約証写（8年3月31日）（史料翻刻 下総開墾6 小間子牧関連・明治5～8年）「郷土八街」 八街郷土史研究会 （臨時号） 2012.12

受贈図書目録/資料 人口/会則/24年度事業報告/史料翻刻 下総開墾/今まで出した会誌・臨時号/会員名簿/無断転載・複写・配布はやめて！、誌友になってください/あとがき（高）/追悼 安井由美子さん

「郷土八街」 八街郷土史研究会 （20） 2013.1

戦国期下総臼井氏をめぐる諸問題—「家譜」の性格と政治的位置を中心に（研究）(石渡洋平)「佐倉市史研究」 佐倉市総務部 （26） 2013.3

戦国期下総国分氏における矢作惣領家と庶流（石渡洋平)「十六世紀史論叢」 十六世紀史論叢刊行会 （1） 2013.3

下総國学の影響—平田國学（随想)(宮負克己)「房総の郷土史」 千葉県郷土史研究連絡協議会 （41） 2013.6

考古資料からみた中世常陸・下総の道（研究)(比毛君男)「常総中世史研究」 茨城大学中世史研究会 （2） 2014.3

戦国期下総における馬の流通と生産（長塚孝)「馬の博物館研究紀要」 馬事文化財団・馬の博物館 （19） 2014.4

元柳澤牧御用地願書（差戻/明治6.5)/添付絵図面（元柳澤牧論地)（史料翻刻 下総開墾7—明治5〜6(1872〜3)年)「郷土八街」 八街郷土史研究会 （臨時号） 2014.9

金子借用証文（再録)（史料翻刻 下総開墾7—明治5〜6(1872〜3)年)「郷土八街」 八街郷土史研究会 （臨時号） 2014.9

七栄八街十倉十余三開墾地地券証下渡ニ付願書（史料翻刻 下総開墾7—明治5〜6(1872〜3)年)「郷土八街」 八街郷土史研究会 （臨時号） 2014.9

小金佐倉町歩并人員調（明治7.9)（史料翻刻 下総開墾7—明治5〜6(1872〜3)年)「郷土八街」 八街郷土史研究会 （臨時号） 2014.9

香実生死手当金取調書（5.5)（史料翻刻 下総開墾7—明治5〜6(1872〜3)年)「郷土八街」 八街郷土史研究会 （臨時号） 2014.9

小金佐倉両牧引請反別調書（7.2)（史料翻刻 下総開墾7—明治5〜6(1872〜3)年)「郷土八街」 八街郷土史研究会 （臨時号） 2014.9

下総（八街）開墾史料確保目録（史料翻刻 下総開墾7—明治5〜6(1872〜3)年)「郷土八街」 八街郷土史研究会 （臨時号） 2014.9

開墾會社持地入札拂外二ケ条決評書社中調印証（明治7.2)（史料翻刻 下総開墾8—明治7(1874)年)「郷土八街」 八街郷土史研究会 （臨時号） 2014.10

開墾會社売拂地所落札覚（明治7.2.17)（史料翻刻 下総開墾8—明治7(1874)年)「郷土八街」 八街郷土史研究会 （臨時号） 2014.10

小金佐倉両牧総勘定調書（抄録)（史料翻刻 下総開墾8—明治7(1874)年)「郷土八街」 八街郷土史研究会 （臨時号） 2014.10

小金佐倉引請地書上（抄/明治7.3)（史料翻刻 下総開墾8—明治7(1874)年)「郷土八街」 八街郷土史研究会 （臨時号） 2014.10

開墾人扶助米貸渡米出納調（明治7)（史料翻刻 下総開墾9—明治7〜10(1874〜7)年)「郷土八街」 八街郷土史研究会 （臨時号） 2014.11

小金佐倉両牧反別書（明治7年6月）（史料翻刻 下総開墾9—明治7〜10(1874〜7)年)「郷土八街」 八街郷土史研究会 （臨時号） 2014.11

小金佐倉町歩高（明治7.12)（史料翻刻 下総開墾9—明治7〜10(1874〜7)年)「郷土八街」 八街郷土史研究会 （臨時号） 2014.11

元牧々開墾地移住窮民救助方法箇条之答案（史料翻刻 下総開墾9—明治7〜10(1874〜7)年)「郷土八街」 八街郷土史研究会 （臨時号） 2014.11

元牧々開墾地移住窮民救助方法御下問ニ付御請（史料翻刻 下総開墾9—明治7〜10(1874〜7)年)「郷土八街」 八街郷土史研究会 （臨時号） 2014.11

土地立木買上代金 受取証（抄録)（史料翻刻 下総開墾9—明治7〜10(1874〜7)年)「郷土八街」 八街郷土史研究会 （臨時号） 2014.11

下総（八街）開墾史料確保目録（史料翻刻 下総開墾9—明治7〜10(1874〜7)年)「郷土八街」 八街郷土史研究会 （臨時号） 2014.11

松戸史談会会員・勉強会報告論考として(1) 鎌倉・南北朝期における社会変動による下総千葉氏とその被官群の対応の一考察（斎藤敏明)「松戸史談」 松戸史談会 （54） 2014.11

ファイル/ゆるキャラ続/受贈図書目録/会則/史料翻刻 下総開墾/今まで出した会誌・臨時号/安井由美子さんワールド/会員名簿/あとがき（高)/挿絵 広瀬邦子さん「郷土八街」 八街郷土史研究会 （25） 2014.12

下総（八街）開墾史料確保目録「郷土八街」 八街郷土史研究会 （25） 2014.12

下総台地

下総台地西部の牧とその周辺における薪炭林化—寛政期以降の変容（白井豊)「歴史地理学」 歴史地理学会. 古今書院（発売）49(2)通号233 2007.3

近世下総台地の牧御林と藩御林—樹種・管理・利用の比較から（佐々木克哉)「鎌ケ谷市史研究」 鎌ケ谷市教育委員会 （26） 2013.3

下総台地の開発と小金牧—延宝期を中心に（2012年度大会特集 17世紀の関東と開発)（佐々木克哉)「関東近世史研究」 関東近世史研究会 （74） 2013.11

下総国

史料紹介 芦崎寺宗徒が常陸国・上総国・下総国で形成した檀那場—文献史料再の檀那場（福江充)「富山史壇」 越中史壇会 140 2003.3

『海夫注文 下總國』の地名に関する考察（石出猛史)「房総の郷土史」 千葉県郷土史研究連絡協議会 31 2003.3

下総国における「旦那場・勧進場」成立の前提について（研究協議会の記録)(坂井康人)「房総史学」 国書刊行会 （46） 2006.3

古代の郡家間の交通・通信制度「郡伝」について—伊勢国・上総国・下総国を例として（佐々木虔一)「千葉史学」 千葉歴史学会 （48） 2006.5

国立公文書館所蔵下総国元禄・天保国絵図調査報告(1)「「地図史料学の構築」の新展開」研究グループ（史料紹介と研究)(杉本史子, 梅田千尋)「東京大学史料編纂所附属画像史料解析センター通信」 東京大学史料編纂所 （46） 2009.7

鼎談 正倉院文書と下総国戸籍（皆川完一, 吉村武彦, 加藤友康)「市史研究いちかわ」 市川市文化国際部 （3） 2012.3

『家忠日記』にみる下総国の水陸交通（論文)(石渡洋平)「千葉史学」 千葉歴史学会 （62） 2013.5

下総国牧地開墾場

東京都公文書館所蔵 下総國牧地開墾場へ移住之者授産向大意規則（史料翻刻 下総開墾7—明治5〜6(1872〜3)年)「郷土八街」 八街郷土史研究会 （臨時号） 2014.9

下河辺庄

下川辺庄と金沢氏について（岩井茂)「埼玉史談」 埼玉県郷土文化会 49(2)通号270 2002.7

下河辺庄における喫茶文化（橋本素子)「金沢文庫研究」 神奈川県立金沢文庫 （324） 2010.3

下総国下河辺庄の現状と課題（特集「荘園調査」の現在地)(永井晋)「民衆史研究」 民衆史研究会 （85） 2013.5

十六島

十六島全域の調査を終えて 東西に調査範囲を拡大して/土盛りの土砂量/新たなフィールドミュージアムへ「たかっぽ通信 ： 大利根川のフィールドミュージアムニュースレター」 千葉県立中央博物館大利根分館 （4） 2012.3

十六島新田

十六島新田の成り立ち(1)「たかっぽ通信 ： 大利根川のフィールドミュージアムニュースレター」 千葉県立中央博物館大利根分館 （1） 2009.3

十六島新田の成り立ちと歴史(2)「たかっぽ通信 ： 大利根川のフィールドミュージアムニュースレター」 千葉県立中央博物館大利根分館 （2） 2010.3

常総

合同企画展「常総を旅する人々」「世喜宿 ： 千葉県立関宿城博物館報」 千葉県立関宿城博物館 9 2000.2

中世東国における陶磁器流通—常総地域を中心として（森田義史)「中央史学」 中央史学会 （30） 2007.3

房総と常総と（塚本学)「研究紀要」 日本村落自治史料調査研究所 通号11 2007.12

明治十六年五月、常総汽船同盟成立す—航運会社に対抗した千葉・茨城両県の蒸気船船主及び汽船取扱人（村越博茂)「利根川文化研究」 利根川文化研究会 通号32 2008.12

常総の城における民家防衛の諸相（余湖浩一)「千葉城郭研究」 千葉城郭研究会 （10） 2011.10

中世成立期常総内乱の構造—将門・忠常の軍事基盤「馬と船」を中心に（千野原靖方)「常総の歴史」 崙書房出版茨城営業所 （48） 2014.6

常総線

常総線の記憶（小野寺梅代)「下妻の文化」 下妻市文化団体連絡協議会 （31） 2006.5

常磐線

私の常磐線ものがたり（古木均)「松戸史談」 松戸史談会 （54） 2014.11

上武

幕末政治情報の受容と上武両国の一揆動向（内田満)「埼玉地方史」 埼玉県地方史研究会 （53） 2005.5

慶応二年「上武打毀一条見聞録」の紹介（佐藤孝之)「群馬歴史民俗」 群馬歴史民俗研究会 （28） 2007.3

上武国境「合の川」付近の河道変遷（澤口宏)「えりあぐんま」 群馬地理学会 （13） 2007.8

上武両国における文政改革の展開と『教論書』(特集 声と文字の近世メディア)(児玉憲治)「民衆史研究」 民衆史研究会 （86） 2013.12

常野

幕府歩兵の創設と展開—常野の乱を中心として（福田舞子)「一滴 ： 洋学研究誌」 津山洋学資料館 （20） 2012.12

西部池袋線

西部池袋線車窓の三角点（藤本一美)「奥武蔵」 奥武蔵研究会 （390） 2013.3

西武圏

西武鉄道と狭山丘陵開発—東村山文化圏から西武圏へ（野田正穂)「東村

山市史研究」東村山市教育委員会 （13） 2004.3

西武線

西武線沿線の駅（《特集 かわりゆく駅風景》）（奥原哲志）「多摩のあゆみ」たましん地域文化財団 （129） 2008.2

西武鉄道

西武鉄道と狭山丘陵開発―東村山文化圏から西武圏へ（野田正穂）「東村山市史研究」東村山市教育委員会 （13） 2004.3

清水建設社宅の集会室/西武鉄道の前身、武蔵野鉄道会社設立100周年「武蔵保谷村だより：高橋文太郎の『武蔵保谷村郷土資料』を手掛かりに」下保谷の自然と文化を記録する会 （5） 2012.4

西武鉄道と武蔵野鉄道―E11型電気機関車公開に寄せて（藤本均）「武蔵保谷村だより：高橋文太郎の『武蔵保谷村郷土資料』を手掛かりに」下保谷の自然と文化を記録する会 （6） 2012.7

資料紹介 西武鉄道の旅客自動車運輸事業計画について（高野宏峰）「東村山市史研究」東村山市教育委員会 （22） 2013.1

第15回地名談話会 平成25・9・22 西武鉄道に新駅（新桜台）を開設される、ためについて（鈴木曹元）「練馬区地名研究会会報」練馬区地名研究会 （105） 2013.12

西武電車

西武電車うろ覚えあれこれ（郷土資料の紹介）（配島信子）「むかしの馬宮」馬宮郷土史同好会 （28） 2009.2

相武国

相武国・師長国・鎌倉之別の史料の再検討（鳥養直樹）「神奈川地域史研究」神奈川地域史研究会 （21） 2003.3

相馬御厨

相馬御厨の成立と伊奈地域について覚書（小森正明）「町史研究伊奈の歴史」伊奈町 8 2004.3

第二産業道路

大宮～東京線（第二産業道路）の立体交差の実現（自分史で語る鳩ヶ谷現代史）（鈴木勉）「郷土はとがや：鳩ヶ谷郷土史会会報」鳩ヶ谷郷土史会 （63） 2009.5

中武馬車鉄道

第58回例会報告 中武馬車鉄道の跡を歩く（北村和寛）「多摩地域史研究会会報」多摩地域史研究会 （77） 2006.12

つくばエクスプレス

つくばエクスプレス 日光東往還を横断（福島茂太）「東葛流山研究」流山市立博物館友の会事務局，崙書房出版（発売）（25） 2007.3

つくばエクスプレス開通に伴う地域の変容（鈴木勉）「埼玉地理」埼玉地理学会 （30・31） 2007.7

霞間

第409回例会 後北条領国の宿と市―霞間・根岸と松山本郷の事例より（例会報告要旨）（山下智也）「戦国史研究」戦国史研究会，吉川弘文館（発売）（68） 2014.8

東京湾内定期航路

モータリゼーションの進展と東京湾内定期航路輸送の変遷―湾岸高速道路と川崎・木更津フェリー航路小史（中川洋）「東京湾学会誌：東京湾の水土」東京湾学会 2(1) 2003.3

東京湾要塞

東京湾要塞地帯における第二・第三海堡の建設と住民の対応―横須賀・永嶋家における富津漁民との関わり（花木宏直，山邊瑞穂子）「歴史地理学野外研究」筑波大学人文社会科学研究科歴史・人類学専攻歴史地理学研究室 （14） 2010.3

東上線

東上線あれこれ（《特集 東上線の思い出》）（吉田隆光）「板橋史談」板橋史談会 （232） 2006.1

東上線の思い出（《特集 東上線の思い出》）（星野紀昭）「板橋史談」板橋史談会 （232） 2006.1

東上線の思い出（《特集 東上線の思い出》）（百瀬謙三）「板橋史談」板橋史談会 （232） 2006.1

東上線の思い出（《特集 東上線の思い出》）（猪瀬尚志）「板橋史談」板橋史談会 （232） 2006.1

特集「東上線の戦国城郭と社会」にあたって（《特集 東上線の戦国城郭と社会》）（千葉城郭研究会）「千葉城郭研究」千葉城郭研究会 （8） 2006.11

東上線物語（1），（2）（宮岡正一郎）「川越の文化財」川越市文化財保護協会 （117）/（118） 2014.7/2014.10

東上鉄道

東上鉄道建設の過程を知る（吉安耕一）「郷土志木」志木市郷土史研究会 （40） 2011.10

東武鉄道

葛生の石灰を運んだ鉄道 安蘇馬車鉄道～佐野鉄道～東武鉄道（山本訓志）「文書館だより」栃木県立文書館 （41） 2007.3

聞き書き『大沢町の四方山話』 蛭田武秀氏「小学校の思い出」、荒井敏雄氏「桐産業と浅間神社の思い出」、藤浪保雄氏「戦前戦後の思い出」、秦野徳久氏「東武鉄道開業時の話」（越谷市郷土研究会会報：古志賀谷）越谷市郷土研究会 （16） 2011.12

新収蔵の戦時中資料 若き東武鉄道社員の徴用と出征（郷土博物館）「足立史談」足立区教育委員会 （559） 2014.9

新田庄

足利庄（藤原・源姓）・新田庄・八幡庄について（井上正明）「史學義仲」木曽義仲史学会 （13） 2012.3

八高線

八高線今昔（新井芳雄）「奥武蔵」奥武蔵研究会 通号370 2009.11

坂東

「坂東乱逆」と佐竹氏の成立―義光流源氏の常陸留任・定着を考える（高橋修）「茨城県史研究」茨城県教育委員会 （96） 2012.3

坂東鉄道

まぼろしの坂東鉄道―新発見史料の紹介を中心に（荻原研一）「桐生史苑」桐生文化史談会 （53） 2014.3

武州鉄道

武州鉄道顛末記［1］～最終回（北村拓）「多摩地域史研究会会報」多摩地域史研究会 63/69 2003.9/2005.1

武州南

あきる野の武州南一揆関連文書について（《50号記念特集》）（呉座勇一）「千葉史学」千葉歴史学会 （50） 2007.5

武相

近世後期の武相農村―武州多摩郡小野路村小島家を中心に（安川一平）「町田市史研究」町田市史談会 （17） 2008.3

武相地域における国会開設要求の動向と論理（《特集 『武相自由民権史料集』を繙く》）（金井隆典）「自由民権：町田市立自由民権資料館紀要」町田市教育委員会 通号21 2008.3

特集にあたって（開催趣旨・プログラム）（《特集 シンポジウム 民権運動再考II「地域から描く自由民権」》）「自由民権：町田市立自由民権資料館紀要」町田市教育委員会 通号22 2009.3

『武相自由民権史料集』のねらったもの（《特集 シンポジウム 民権運動再考II「地域から描く自由民権」》）（松崎稔）「自由民権：町田市立自由民権資料館紀要」町田市教育委員会 通号22 2009.3

「文明」と民権（《特集 シンポジウム 民権運動再考II「地域から描く自由民権」》）（金井隆典）「自由民権：町田市立自由民権資料館紀要」町田市教育委員会 通号22 2009.3

ミニ郷土史 武相国境の変遷について（内田征一）「いしぶみ」まちだ史考会 （30） 2010.12

宝珠花

野田の歴史を聞く 元せきね屋女将が語る 宝珠花むかしばなし（飯田好）「かつしか台地：野田地方史懇話会会誌」野田地方史懇話会 （31） 2006.3

宝珠花河岸

史跡探訪（2） 宝珠花河岸周辺探訪記（木野和子）「かつしか台地：野田地方史懇話会会誌」野田地方史懇話会 （34） 2007.9

本多氏下総領

天保上知令と大名領飛地の動向―本多氏下総領を事例に（笠真由美）「市立市川歴史博物館館報」市立市川歴史博物館 2007年度 2009.3

南関東

シンポジウム「惣構」成立の歴史的背景―南関東を事例として（柴田龍司）「中世城郭研究」中世城郭研究会 （17） 2003.7

幕末期南関東農村の養子縁組と村落構造―武州秩父郡上名栗村古組宗門改帳を素材として（戸石七生）「論集きんせい」近世史研究会 （27） 2005.5

南武蔵

南武蔵の古代の役所（荒井健治）「武蔵野」武蔵野文化協会 81(1)通号341 2005.3

南北朝・室町期の南武蔵領主の様態と前提―武州普済寺と平姓柴崎氏を手がかりに（《特集 中世の立川を考える》）（小国浩寿）「多摩のあゆみ」たましん地域文化財団 （118） 2005.5

南武蔵の古代鍛冶関連遺跡と鉄器生産（《特集 古代・中世の武蔵野の鉄生産》）（松崎元樹）「武蔵野」武蔵野文化協会 82(2)通号344 2006.10

「南武蔵」あれやこれや（石井清）「川口史林：川口市郷土史会々誌」川口市郷土史会 （74） 2009.3

関東　　　　　　　　　　　　　　　地名でたどる郷土の歴史

見沼代用水

見沼代用水と私（野崎雅秀）「埼玉地方史」　埼玉県地方史研究会　50　2003.5

見沼代用水滞流一件考—見沼通船差配役・国学者高田與清の一挿話・足立郡土村名主石田家文書から（岡田博）「埼玉地方史」　埼玉県地方史研究会　（58）2007.6

天保期における見沼代用水分水の事例について（田村敬）「利根川文化研究」　利根川文化研究会　通号31　2008.9

改めて見沼代用水について（青木義綷）「うらわ文化」　浦和郷土文化会　（112）2010.9

平成23年度那須野が原開拓史研究会講演会 見沼代用水と武蔵の新田開発 講師：さいたま市教育委員会文化財保護課副参事兼文化財保護係長 野尻靖氏（川島秀世）「那須野ケ原開拓史研究」　那須野ケ原開拓史研究会　（71）2011.12

見沼代用水とさいたまの歴史を訪ねて（植木不二夫）「那須野ケ原開拓史研究」　那須野ケ原開拓史研究会　（71）2011.12

見沼代用水路工事—谷地における路線選定と手法（阿部美喜雄）「緑の歴史」　さいたま市緑区歴史の会　（7）2012.1

見沼代用水（足立タイムズ所載）（先駆けの「足立史談」第2号から）（羽田栄太）「足立史談会だより」　足立史談会　（299）2013.2

宮谷県

宮谷県の県民教化について（第533回研究発表会II）（三浦茂一）「西上総文化会報」　西上総文化会　（64）2004.3

武蔵

武蔵・豊島氏の興亡（1）〜（4）（豊島信夫）「北区史を考える会会報」　北区史を考える会　64/68　2002.5/2003.5

下総・武蔵国境は"たんぼ"の畔（佐々木克哉）「千葉県史料研究財団だより」　千葉県史料研究財団　14　2003.1

「武蔵国造の乱」はあったか—6世紀前半以降の上野・武蔵地域の政治勢力の所在（利根川章彦）「調査研究報告」　埼玉県立さきたま資料館　（16）2003.3

史料紹介「武蔵下総下野戦録」—第一大隊二番中隊司令・萩藩士楢崎頼三の戦況報告書（道迫真吾）「萩市郷土博物館研究報告」　萩市郷土博物館　13　2003.3

武蔵と下総を渡る—江戸以前における隅田川・太日川の渡河について（谷口榮）「武蔵野」　武蔵野文化協会　79（1）通号337　2003.3

武蔵武士研究の動向（青木文彦）「埼玉地方史」　埼玉県地方史研究会　50　2003.5

「新編武蔵風土記稿」考（井口昭英）「杉並郷土史会史報」　杉並郷土史会　181　2003.9

歴史のしおり（51）武蔵武士と源平合戦図屏風（加藤功）「埼玉県立博物館だより：The Amuseum」　埼玉県立博物館　33（2）通号120　2005.10

共催展における地域展示—特別展「お伊勢さんと武蔵」展示拾遺（杉山正司）「紀要」　埼玉県立歴史と民俗の博物館　（2）2008.3

弥生時代の「土偶形容器」と「新編武蔵風土記稿」の「人の面のさましたる陶器」（久世辰男）「利根川」　利根川同人　30　2008.5

特別展「誕生 武蔵武士」（水口由紀子）「The amuseum」　埼玉県立歴史と民俗の博物館　3（3）通号9　2009.1

武蔵吉良氏の散在所領と関係地域—品川、大井との関係をめぐって（《特集 品川の中世・再発見》）（谷口雄太）「品川歴史館紀要」　品川区立品川歴史館　（24）2009.3

資料紹介 江戸、武蔵、下総等金石拓本集（篠崎四郎旧蔵）（斎木勝）「千葉県立中央博物館研究報告.人文科学」　千葉県立中央博物館　11（1）通号22　2009.3

天正18年前後の武蔵出身武士達の去就（2）（大圖口承）「埼玉史談」　埼玉県郷土文化会　56（1）通号297　2009.4

展示会批評 埼玉県立歴史と民俗の博物館特別展「誕生 武蔵武士」（大澤泉）「民衆史研究」　民衆史研究会　（77）2009.5

武蔵七党「正」、（続）、（追録）（染谷鷹治）「奥武蔵」　奥武蔵研究会　通号367/通号371　2009.5/2010.1

新編武蔵風土記稿（読書会）（新井紘）「いしぶみ」　まちだ史考会　（27）2009.7

記念論文 武蔵と物部—東山道からの進出（森田悌）「埼玉史談」　埼玉県郷土文化会　56（4）通号300　2010.1

武蔵七党後記（染谷鷹治）「奥武蔵」　奥武蔵研究会　通号373　2010.5

八木家文書による『新編武蔵風土記原稿の翻刻』の紹介（矢沢湊著）（金井共和夫）「町田地方史研究」　町田地方史研究会　（20）2010.8

『武蔵名勝図絵』の写本について（紺野英二）「八王子市郷土資料館だより」　八王子市郷土資料館　（88）2010.12

埼玉と武蔵国造（森田悌）「埼玉史談」　埼玉県郷土文化会　57（4）通号304　2011.1

鎌倉幕府の政所と武蔵国務（菊池紳一）「埼玉地方史」　埼玉県地方史研究会　（64）2011.3

巻頭言 新編武蔵風土記稿のこと（大村進）「岩槻史林」　岩槻地方史研究会　（38）2011.6

多摩地域史研究と『武蔵名勝図会』—植田孟縉の記録に学ぶ（馬場喜信）「多摩地域史研究会会報」　多摩地域史研究会　（100）2011.11

平成23年度那須野が原開拓史研究会講演会 見沼代用水と武蔵の新田開発 講師：さいたま市教育委員会文化財保護課副参事兼文化財保護係長 野尻靖氏（川島秀世）「那須野ケ原開拓史研究」　那須野ケ原開拓史研究会　（71）2011.12

鎌倉幕府の政所と武蔵国務（地域研究発表大会要旨）（菊池紳一）「埼玉地方史」　埼玉県地方史研究会　（65）2011.12

武蔵千葉氏と石浜城（江戸名所図会と新編武蔵風土記稿から）（井上富夫）「板橋史談」　板橋史談会　（268）2012.1

新編武蔵風土記稿に参加して（読書会）（小山健介）「いしぶみ」　まちだ史考会　（34）2012.12

復刻・郷土史料「足立」昭和26年刊、「郷土のあゆみ」昭和28年、「足立区史資料集・足立史考」昭和31年／「戦国期東武蔵の戦乱と信仰」加増啓二著「足立史談会だより」　足立史談会　（308）2013.11

問題提起 武蔵成田氏と鎌倉府権力・享徳の乱（大会特集II 北武蔵の地域形成—水と地形が織りなす歴史像）（清水亮）「地方史研究」　地方史研究協議会　64（5）通号371　2014.1

中世前期武蔵武士のテリトリーと交通—秩父一族と横山党（小特集 鎌倉武士と馬と街道）（清水亮）「馬の博物館研究紀要」　馬事文化財団・馬の博物館　（19）2014.4

新編武蔵風土記稿とのかかわり（矢澤湊）「いしぶみ」　まちだ史考会　（20周年記念号）2014.12

『風土記I』「新編武蔵風土記稿」のこと（読書会）（藤本好邦）「いしぶみ」　まちだ史考会　（38）2014.12

武蔵国衙

平安後期における武蔵国衙軍制と「党」—「武蔵七党」を中心に（釈迦堂光浩）「パルテノン多摩博物館部門年報・紀要」　多摩市文化振興財団　8　2004.12

武蔵扇状地

武蔵扇状地の範囲（羽鳥謙三）「Collegio」　之潮　（24）2007.7

武蔵電気鉄道

展示余話「リバーサイドヒストリー 鶴見川—幕末から昭和初期まで—」鶴見川中流域における鉄道敷設問題—武蔵電気鉄道の敷設をめぐって（松本洋幸）「開港のひろば：横浜開港資料館館報」　横浜開港資料館　87　2005.2

武蔵東部

平成17年度第1回収蔵文書展実施成果報告 安政2年（1855）の大地震時における武蔵東部地域の動向（加藤光男）「文書館紀要」　埼玉県立文書館　（19）2006.3

武蔵野

古文書は語る（2）江戸時代初期の武蔵野開発—吉野家文書「仁君開村記」より（馬場憲一）「多摩のあゆみ」　たましん地域文化財団　100　2000.11

さし絵のなかの多摩（23）日光街道と二筋の青梅街道の辻—「武蔵野話」「御嶽菅笠」の箱根ヶ崎（斎藤慎一）「多摩のあゆみ」　たましん地域文化財団　110　2003.8

武蔵野だった昔を懐古（高橋武雄）「目黒区郷土研究」　目黒区郷土研究会　580　2003.5

《特集 武蔵野の古井戸》「多摩のあゆみ」　たましん地域文化財団　111　2003.8

武蔵野の古井戸と関西のいくつかの古井戸（細野義純）「多摩のあゆみ」　たましん地域文化財団　111　2003.8

さし絵のなかの多摩（26）武蔵野の蕎麦—「江戸名所図会」より「深大寺蕎麦」饗膳図（斎藤慎一）「多摩のあゆみ」　たましん地域文化財団　113　2004.2

武蔵野の万葉歌碑（藤倉明）「武蔵野」　武蔵野文化協会　79（2）通号338　2004.3

《特集 武蔵野の水車》「多摩のあゆみ」　たましん地域文化財団　115　2004.8

《特集 古代の武蔵野》「武蔵野」　武蔵野文化協会　81（1）通号341　2005.3

記念講演 武蔵野の古代を掘る（坂詰秀一）「武蔵野」　武蔵野文化協会　81（1）通号341　2005.3

NOTE 移動する境界、野から川へ—武蔵国と武蔵野（小野一之）「あるむぜお：府中市郷土の森博物館だより」　府中文化振興財団府中市郷土の森博物館　（72）2005.6

御門訴事件と高札（小川望）「多摩地域史研究会会報」　多摩地域史研究会　71　2005.8

絵葉書、チラシの地図に見られる戦前の武蔵野（《特集 武蔵野台地》）（鈴木純子）「多摩のあゆみ」　たましん地域文化財団　（121）2006.2

地図で読む武蔵野 多摩川上流の低位段差（羽鳥謙三）「Collegio」　之潮

（11）2006.6

地図で読む武蔵野 武蔵野に伝わる "逃げ水" の話（羽鳥謙三）「Collegio」之潮　（12）2006.7

地図で読む武蔵野 『武蔵野話』と武蔵野扇状地（羽鳥謙三）「Collegio」之潮　（14）2006.9

武蔵野の地下ダム構想（羽鳥謙三）「Collegio」之潮　（18）2007.1

西脇順三郎の風土 武蔵野をめぐりて（今津弘）「幻影 ： 西脇順三郎を偲ぶ会」会報　西脇順三郎を偲ぶ会　（23・24）2007.5

武蔵野北部の里山地域の変貌（秋本弘章）「埼玉地理」埼玉地理学会　（30・31）2007.7

武蔵野の広がりと多摩川の変遷（羽鳥謙三）「Collegio」之潮　（27）2007.10

水みちからみた多摩、武蔵野のなりたち（《特集 デジタル地図の可能性》）（神谷博）「多摩のあゆみ」たましん地域文化財団　（130）2008.5

多摩～武蔵野の歴史的風致の再生考―日野の用水路と国分寺崖線をフィールドとして（《特集 デジタル地図の可能性》）（高橋賢一）「多摩のあゆみ」たましん地域文化財団　（130）2008.5

特集 歴史館講座「あなたの街の東村山学」伝統文化講座「秋から冬にかけての民俗行事」/郷土歴史講座「狭山丘陵と武蔵野」/もっと知りたい、見たい、やりたい海外へ 東村山に伝わる年中行事について「歴史館だより」東村山ふるさと歴史館　（33）2008.9

会員研究 観応の擾乱と武蔵野合戦（近内信輝）「郷土研だより」東村山郷土研究会　（351）2009.8

会員研究 観応の擾乱と武蔵野合戦（近内信輝）「郷土研だより」東村山郷土研究会　（352）2009.8

『武蔵野』創刊93周年略史（『武蔵野』創刊93周年記念号―『武蔵野』総目録 第二部）「武蔵野」武蔵野文化協会　85（1・2）通号348・349　2010.9

武蔵野の民家 二題―国営昭和記念公園こもれびの里の旧石井家住宅と東久留米市柳窪の村野家住宅について（特集 むかしの暮らしを再現する）（稲葉和也）「多摩のあゆみ」たましん地域文化財団　（142）2011.5

モノ・記憶・記録―民具からたどる武蔵野の水車屋ぐらし（特集 むかしの暮らしを復元する）（神野善治）「多摩のあゆみ」たましん地域文化財団　（142）2011.5

武蔵野を語る（『武蔵野』創刊93周年記念号（2）特集・武蔵野を語る―記念講演）（竹内誠）「武蔵野」武蔵野文化協会　86（1）通号350　2011.7

『武蔵野』創刊93周年のあゆみ（『武蔵野』創刊93周年記念号（2）特集・武蔵野を語る―記念講演）（加藤功）「武蔵野」武蔵野文化協会　86（1）通号350　2011.7

特集「武蔵野の災害」に寄せて（特集 武蔵野の災害〈前編〉）（坂詰秀一）「武蔵野」武蔵野文化協会　87（1）通号351　2012.7

富士山宝永噴火とそれに伴う降灰災害（特集 武蔵野の災害〈前編〉）（小山真人）「武蔵野」武蔵野文化協会　87（1）通号351　2012.7

古代武蔵野の災害年表（特集 武蔵野の災害〈前編〉）（三橋広延）「武蔵野」武蔵野文化協会　87（1）通号351　2012.7

『発心集』にみる武蔵野の災害―入間川の洪水と河越氏館について（特集 武蔵野の災害〈前編〉）（加藤功）「武蔵野」武蔵野文化協会　87（1）通号351　2012.7

近現代 資料紹介 昭和16年7月22日 武蔵野に残した台風8号の足跡（付・折込カラー図）（特集 武蔵野の災害〈後編〉―歴史）（岡部清）「武蔵野」武蔵野文化協会　88（1）通号352　2013.3

近世 寛保2年の大水害と奥貫友山の記録（特集 武蔵野の災害〈後編〉―歴史）（太田富康）「武蔵野」武蔵野文化協会　88（1）通号352　2013.3

近世 安政大地震の鯰絵（特集 武蔵野の災害〈後編〉―歴史）（杉山正司）「武蔵野」武蔵野文化協会　88（1）通号352　2013.3

武蔵野の災害碑の一覧表（特集 武蔵野の災害〈後編〉―武蔵野の災害碑）（事務局）「武蔵野」武蔵野文化協会　88（1）通号352　2013.3

連載 武蔵野の災害碑（1）（特集 武蔵野の災害〈後編〉―武蔵野の災害碑）（事務局）「武蔵野」武蔵野文化協会　88（1）通号352　2013.3

特別展「小麦と武蔵野のくらし」調査報告（川上香）「東京都江戸東京博物館紀要」東京都江戸東京博物館　（3）2013.3

武蔵野の民家の縮尺モデル制作1/20 縮尺モデル制作：本橋俊雄/記録・写真：高橋孝「武蔵保谷村だより ： 高橋文太郎の『武蔵保谷村郷土資料』を手掛かりに」下保谷の自然と文化を記録する会　（9）2013.4

武蔵国

シンポジュウム「古代武蔵国を考える―役所・寺院・文字」の開催について（村山光一）「東山道武蔵路ニュース」東山道を保存する会　（28）2003.5

謎の名族 武蔵武士木曽大石氏（吉田裕志）「郷土研だより」東村山郷土研究会　305　2005.4

NOTE 移動する境界、野から川へ―武蔵国と武蔵野（小野一之）「あるむぜお ： 府中市郷土の森博物館だより」府中文化振興財団府中市郷土の森博物館　（72）2005.6

第394回例会記 古典に描かれた武蔵国 貝瀬弘子先生「杉並郷土史会史報」杉並郷土史会　（195）2006.1

武蔵国における天保国絵図の調査過程（〈小特集 埼玉古地図を読む〉）（重田正夫）「文書館紀要」埼玉県立文書館　（19）2006.3

八世紀の武蔵国司と在地社会（中村順昭）「史叢」日本大学史学会　（74）2006.3

図書館で調べる 地図・地誌編（10）（庄司信由）「Collegio」之潮　（9）2006.4

図書館で調べる 地図・地誌編（11）『新編武蔵風土記稿』（3）（庄司信由）「Collegio」之潮　（10）2006.5

武蔵国防人の足柄坂袖振りの歌―夫婦の問答歌にみる女歌の表現（田中夏陽子）「高岡市万葉歴史館紀要」高岡市万葉歴史館　（17）2007.3

武蔵国の東歌について―国府と万葉集（小野一之）「府中市郷土の森博物館紀要」府中文化振興財団府中市郷土の森博物館　（21）2008.3

古文書解読入門講座（21）―古文書から歴史を読む 上野・武蔵両国の国境争論―国境論争幕府裁許絵図（貞享二年）を事例として（諏訪和雄）「ぐんま地域文化」群馬地域文化振興会　（34）2010.5

武蔵国の七世紀（特集 武蔵の上円下方墳とその周辺）（佐藤信）「武蔵野」武蔵野文化協会　84（1）通号347　2010.5

資料研究 近世後期武蔵国東部における稲作反当収量に関する資料―武蔵国埼玉郡備後村森泉家の「籾種反別石取扣帳」の紹介（兼子順）「紀要」埼玉県立歴史と民俗の博物館　（5）2011.3

武蔵国号を探る（『武蔵野』創刊93周年記念号（2）特集・武蔵野を語る―「総目録」活用法）（芦田正次郎）「武蔵野」武蔵野文化協会　86（1）通号350　2011.7

地誌『新編武蔵風土記稿』の一考察―長久寺文書「地蔵院過去帳」の検討をとおして（赤石光資）「埼玉史談」埼玉県郷土文化会　58（3）通号307　2011.10

古代武蔵国の律令的鉄生産の様相（特集 古代東国の鉄生産）（赤熊浩一）「たたら研究」たたら研究会　（51）2012.1

武蔵の国、中世の城跡めぐり（山行報告）（岡野守，若月龍之）「奥武蔵」奥武蔵山岳会　（385）2012.5

近世中後期における武蔵国の入札（例会報告要旨―3月例会 卒業論文発表会 3月3日（土））（森村圭介）「国史学」国史学会　（208）2012.10

平田塾と地方国学の展開―武蔵国の豪農商・武士層を中心に（中川和明）「鈴屋学会報」鈴屋学会　（29）2012.12

大蔵合戦再考―12世紀武蔵国の北と南（木村茂光）「府中市郷土の森博物館紀要」府中文化振興財団府中市郷土の森博物館　（26）2013.3

武蔵成田氏について（調査・研究）（櫻井英勝）「熊谷市郷土文化会誌」熊谷市郷土文化会　（69）2013.11

武蔵国南部

元禄期「山検地帳」からみた武蔵国南部における山野所持の特質（研究ノート）（武田周一郎）「歴史地理学」歴史地理学会，古今書院（発売）55（2）通号264　2013.3

武蔵国北部

武蔵国北部における上州の飛脚利用―中奈良村名主、野中彦兵衛を事例に（巻島隆）「群馬文化」群馬県地域文化研究協議会　通号295　2008.7

武蔵国北部にみる御鷹場と鷹場役人（水品洋介）「熊谷市史研究」熊谷市教育委員会　（4）2012.3

武蔵国留守所

重忠没後の武蔵国留守所について（岡田清一）「武蔵野」武蔵野文化協会　81（2）通号342　2005.6

武蔵野新田

矢沢大堅と武蔵野新田開発（佐伯安子）「にーだんご」くにたちの暮らしを記録する会　13　2000.1

矢沢大堅と武蔵野新田開発（佐伯安子）「にーだんご」くにたちの暮らしを記録する会　14　2001.8

武蔵野新田地帯における救済と備荒貯蓄（松澤裕作）「論集きんせい」近世史研究会　（25）2003.5

北多摩―甲州街道・鷹場・武蔵野新田（牛米努）「多摩のあゆみ」たましん地域文化財団　113　2004.2

武蔵野新田における明治維新―関前新田・名主忠左衛門の「建言」と門訴事件（森安彦）「練馬古文書研究会会報」練馬古文書研究会　（36）2006.7

武蔵野新田御栗林

川崎平右衛門が開いた「武蔵野新田御栗林」について（野田政和）「府中市郷土の森博物館紀要」府中文化振興財団府中市郷土の森博物館　（22）2009.3

武蔵野新田村

古文書は語る（13）武蔵野新田村への年季奉公と寺請制度―小川家文書「指上ヶ申手形之事」より（馬場憲一）「多摩のあゆみ」たましん地域文化財団　115　2004.8

武蔵野扇状地

地図で読む武蔵野 『武蔵野話』と武蔵野扇状地（羽鳥謙三）「Collegio」之潮　（14）2006.9

関東　　　　　　　　　　　地名でたどる郷土の歴史

武蔵野台地

武蔵野台地における古井戸の歴史（角田清美）「多摩のあゆみ」 たましん
地域文化財団　111　2003.8

自然災害から見た武蔵野台地（《特集 武蔵野台地》）（松田磐余）「多摩の
あゆみ」 たましん地域文化財団 （121）2006.2

武蔵野台地のクボ地名（《特集 武蔵野台地》）（今尾恵介）「多摩のあゆ
み」 たましん地域文化財団 （121）2006.2

古文書は語る（36）武蔵野台地の初期村落関係（上）―吉野家文書「仁君
開村記」（馬場憲一）「多摩のあゆみ」 たましん地域文化財団 （149）
2013.2

武蔵野台地の古道・「牛街道」の伝説の由来について（三浦久美子）「月曜
ゼミナール」 月曜ゼミナール （5）2013.3

東流する武蔵野台地の川（高山博之）「武蔵保谷村だより ： 高橋文太郎
の『武蔵保谷村郷土資料』を手掛かりに」 下保谷の自然と文化を記
録する会 （9）2013.4

古文書は語る（37）武蔵野台地の初期村落関係（下）―小川家文書「新田
開発に伴う除地の理由書」（馬場憲一）「多摩のあゆみ」 たましん地域
文化財団 （150）2013.5

武蔵野台地の文化的景観（特集 流域の文化的景観）（須田大樹）「利根川
文化研究」 利根川文化研究会 （37）2013.12

武蔵野鉄道

「武蔵野鐵道開設由来」に往時を偲ぶ（町田尚夫）「奥武蔵」 奥武蔵研究
会　338　2004.7

「武蔵野鉄道開設由来」の作者を追う（町田尚夫）「奥武蔵」 奥武蔵研究
会　340　2004.11

清水建設社宅の集会室/西武鉄道の前身、武蔵野鉄道会社設立100周年
「武蔵保谷村だより ： 高橋文太郎の『武蔵保谷村郷土資料』を手掛か
りに」 下保谷の自然と文化を記録する会 （5）2012.4

西武鉄道と武蔵野鉄道―E11型電気機関車公開に寄せて（藤本均）「武蔵
保谷村だより ： 高橋文太郎の『武蔵保谷村郷土資料』を手掛かりに」
下保谷の自然と文化を記録する会 （6）2012.7

横浜線

「町田地方史研究20号」特集―横浜線開業100年・町田市制施行50年（小
島政孝）「町田地方史研究会会報」 町田地方史研究会 （10）2007.7

遙かなむかし ハマセン―75年ほどまえの横浜線風景（特集 町田市50周
年記念・横浜線開通100周年）（三橋國民）「町田地方史研究」 町田地
方史研究会 （20）2010.8

横浜線のことと原町田駅のこと（特集 町田市50周年記念・横浜線開通
100周年）（萩原清高）「町田地方史研究」 町田地方史研究会 （20）
2010.8

明治の横浜線―一枚の時刻表から（随筆）（安藤利也）「いしぶみ」 まち
だ史考会 （35）2013.7

明治の横浜線―初代のSLは（寄稿）（安藤利也）「いしぶみ」 まちだ史考
会 （37）2014.7

明治の横浜線―新聞に見る町田市域（寄稿）（安藤利也）「いしぶみ」 ま
ちだ史考会 （38）2014.12

横浜線開業時に走ったSLについての考察（広場）（直井宏）「いしぶみ」
まちだ史考会 （38）2014.12

わたらせ渓谷鉄道

第76回企画展「ぐんまの鉄道―上信・上電・わ鐵のあゆみ」（手島仁）「博
物館だより」 群馬県立歴史博物館　94　2004.3

渡良瀬水力電気会社

まぼろしの小規模発電事業―渡良瀬水力電気会社について（亀田光三）
「桐生史苑」 桐生文化史談会 （48）2009.3

湾岸高速道路

モータリゼーションの進展と東京湾内定期航路輸送の変遷―湾岸高速道
路と川崎・木更津フェリー航路小史（中川洋）「東京湾学会誌 ： 東京
湾の水土」 東京湾学会　2（1）2003.3

茨城県

秋山村

江戸時代の年中行事ならびに農民の食生活をみる―秋山村の宮田氏「年中仕方帳」より（江尻光昭）「郷土文化」 茨城県郷土文化研究会 （52） 2011.3

葦穂山

『常陸国風土記』の探求（1）葦穂山と大神駅家の比定地の再検討（増田修）「常総の歴史」 崙書房出版茨城営業所 26 2001.12

麻生

麻生の電話開設（内田義男）「麻生の文化」 行方市教育委員会 （35） 2004.9

昭和期麻生の教育関係者たち（故人）（飯島正彦）「麻生の文化」 行方市教育委員会 （37） 2006.3

麻生の金くそ（羽生均）「麻生の文化」 行方市教育委員会 （37） 2006.3

大生と麻生（内田義男）「麻生の文化」 行方市教育委員会 （38） 2007.3

麻生の文化と激動の昭和史回顧（茂木岩夫）「麻生の文化」 行方市教育委員会 （38） 2007.3

鹿島鉄道廃線と麻生地方運輸の歴史（茂木岩夫）「麻生の文化」 行方市教育委員会 （39） 2008.3

麻生日記から藩政時代の刑罰（内田義男）「麻生の文化」 行方市教育委員会 （44） 2013.3

麻生の大火（麻生郷土文化研究会）「麻生の文化」 行方市教育委員会 （44） 2013.3

麻生藩

麻生藩のお家騒動（内田義男）「麻生の文化」 行方市教育委員会 （40） 2009.3

麻生藩支族旗本新庄氏の知行所支配（植田敏雄）「麻生の文化」 行方市教育委員会 （43） 2012.3

麻生藩の家老・用人と郡奉行・代官について（植田敏雄）「麻生の文化」 行方市教育委員会 （44） 2013.3

麻生町

麻生町における方言（追加）（高野悦男）「麻生の文化」 行方市教育委員会 （36） 2005.3

愛宕

研究ノート 宿駅名「あたご」と浜沿いの道（堀切武）「郷土ひたち」 郷土ひたち文化研究会 （58） 2008.3

逢鹿郷

古代常陸国行方郡逢鹿郷について（久信田喜一）「耕人」 耕人社 10 2004.5

余戸郷

『和名抄』にみえる常陸国行方郡の郷について（8）―余戸・井上郷を中心に（久信田喜一）「常総の歴史」 崙書房出版茨城営業所 （32） 2005.3

『和名抄』にみえる常陸国行方郡の郷について（10）荒原郷（2）、余戸郷の補遺（久信田喜一）「常総の歴史」 崙書房出版茨城営業所 （34） 2006.7

阿見

海軍の町阿見 各界著名人をふまえて 霜月楼のあゆみ（仲田安夫）「郷土文化」 茨城県郷土文化研究会 （52） 2011.3

鮎川

鮎川（諏訪川）とキャサリン台風（瀬谷弘圀）「会報郷土ひたち」 郷土ひたち文化研究会 （35） 2006.7

荒原郷

『和名抄』にみえる常陸国行方郡の郷について（9）―荒原郷（1）（久信田喜一）「常総の歴史」 崙書房出版茨城営業所 （33） 2005.12

『和名抄』にみえる常陸国行方郡の郷について（10）荒原郷（2）、余戸郷の補遺（久信田喜一）「常総の歴史」 崙書房出版茨城営業所 （34） 2006.7

現原小学校

現原小学校のあゆみ（〈特集 学校のあゆみ2〉）（相川誠子）「玉造史叢」 玉造郷土文化研究会 47 2006.4

分校、本校、現原小学校と三つの学校の思い出（〈特集 学校のあゆみ2〉）（江原眞弓）「玉造史叢」 玉造郷土文化研究会 47 2006.4

現原小学校のあゆみ（追補）（学校のあゆみ3）（金田修三）「玉造史叢」 玉造郷土文化研究会 48 2007.4

現原の丘

常陸国風土記「現原の丘」について（風間亭夫）「玉造史叢」 玉造郷土文化研究会 45 2004.4

現原の丘と行方（風間亭夫）「玉造史叢」 玉造郷土文化研究会 48 2007.4

安侯

常陸国における古代駅制の研究 とくに国府・安侯・河内駅家間の直線道について（長谷川武）「郷土文化」 茨城県郷土文化研究会 42 2001.7

常陸国における古代駅制の研究とくに国府・安侯・河内駅家間の直線道について（長谷川武）「郷土文化」 茨城県郷土文化研究会 43 2002.3

飯沼

飯沼・見沼・紫雲寺潟―井澤為永の東国三大新田開発（青木義脩）「うらわ文化」 浦和郷土文化会 （121） 2014.9

飯沼新田

研究ノート 享保改革期飯沼新田開発について―下総国仁連町名主鈴木善右衛門を例に（長尾政紀）「史叢」 日本大学史学会 （82） 2010.3

飯沼村

史料紹介 常州茨城郡飯沼村尾吹氏 嘉永元年伊勢西国道中日記帳（太田尚一）「常総の歴史」 崙書房出版茨城営業所 （32） 2005.3

為桜学園

為桜学園（特別寄稿）（横倉和夫）「下妻の文化」 下妻市文化団体連絡協議会 （35） 2010.5

井貝

井貝の起源考（板橋博）「麻生の文化」 行方市教育委員会 （41） 2010.3

池の川

ふるさと逍遥 「池の川」のうつりかわり（清水博之）「会報郷土ひたち」 郷土ひたち文化研究会 26 2002.1

伊讃郷

『和名抄』にみえる常陸国新治郡の郷について（9）―伊讃・下真両郷を中心に（久信田喜一）「常総の歴史」 崙書房出版茨城営業所 （43） 2011.7

石岡

「秋水（しゅうすい）」と石岡呂号施設工事（屋口正一）「郷土文化」 茨城県郷土文化研究会 （46） 2005.3

石岡戦時略史[1]～（3）（屋口正一）「郷土文化」 茨城県郷土文化研究会 （50）/（53） 2009.3/2012.3

桜と看板建築の歴史の里「石岡探訪」（荒井茂男）「我孫子市史研究センター会報」 我孫子市史研究センター （147） 2014.5

石岡城

石岡城（外城）の成立とその軍事的位置（小佐野浅子）「茨城大学中世史研究」 茨城大学中世史研究会 2 2005.3

石岡城（外城）の成立とその軍事的位置（小佐野浅子）「常総の歴史」 崙書房出版茨城営業所 （35） 2007.2

伊師町

伊師町の古代官道跡（笹岡明）「会報郷土ひたち」 郷土ひたち文化研究会 （35） 2006.7

石塚城

相賀城・石塚城・館岸城（特集 茨城県の中世城郭）（三島正之）「中世城郭研究」 中世城郭研究会 （28） 2014.7

伊勢宇橋

木下街道の伊勢宇橋（天下井恵）「たいわ ： 語り伝える白井の歴史 ： 白井市郷土史の会機関誌」 白井市郷土史の会 （26） 2009.4

木下街道の伊勢宇橋（続き）（天下井恵）「たいわ ： 語り伝える白井の歴史 ： 白井市郷土史の会機関誌」 白井市郷土史の会 （27） 2010.4

磯浜海防陣屋

東茨城郡大洗町所在望洋館跡および磯浜海防陣屋跡の紹介（蓼沼香未由）「郷土文化」 茨城県郷土文化研究会 （45） 2004.3

板来郷

古代常陸国行方郡板来郷について（久信田喜一）「茨城史林」 筑波書林 （30） 2006.7

古代常陸国行方郡板来郷について（2）（久信田喜一）「茨城史林」 筑波書林 （31） 2007.6

潮来

水郷点描 (11) 十二橋巡り (糠谷隆)「おおとね : 千葉県立中央博物館大利根分館報」 千葉県立中央博物館大利根分館 72 2003.7

あやめ咲く潮来へ―1泊研修/平成15年歴史資料展―音無川沿いを得る「荒川史談」 荒川史談会 275 2003.9

潮来の繁важと遊郭 (藤島一郎)「鹿行の文化財」 鹿行文化財保護連絡協議会 (35) 2005.3

近代で潮来及び周辺を舞台にした大衆文化 (小沼正司)「鹿行の文化財」 鹿行文化財保護連絡協議会 (36) 2006.3

「水郷潮来」誕生の原点を探る (研究報告) (今泉元成)「鹿行の文化財」 鹿行文化財保護連絡協議会 (41) 2011.3

潮来地方における明治期俳諧の動向 (研究報告――一般研究) (石津藤好)「鹿行の文化財」 鹿行文化財保護連絡協議会 (44) 2014.4

井田郷

古代常陸国新治郡井田郷について (久信田喜一)「茨城史林」 筑波書林 (32) 2008.6

糸繰川排水機場

糸繰川排水機場の設立 (粟野寿樹)「下妻の文化」 下妻市文化団体連絡協議会 (28) 2003.5

印波の鳥見の丘

『常陸国風土記』における「印波の鳥見の丘」の一考察 (佐藤誠)「成田史談」 成田市文化財保護協会 (57) 2012.3

井上郷

『和名抄』にみえる常陸国行方郡の郷について (8)―余戸・井上郷を中心に (久信田喜一)「常総の歴史」 崙書房出版茨城営業所 (32) 2005.3

茨城

昭和61年から平成12年の茨城の年表 (野内正美)「茨城県立歴史館報」 茨城県立歴史館 通号28 2001.3

関東地図 石岡市茨城地区の旧景観と現況/近世常陸府中 (平村) 地名表「茨城大学中世史研究」 茨城大学中世史研究会 2 2005.3

米軍資料に見る茨城進駐 (栗田尚弥)「茨城県史研究」 茨城県教育委員会 通号90 2006.2

茨城の社会詩 (柴野哲)「常総の歴史」 崙書房出版茨城営業所 (34) 2006.7

茨城の軍需産業 (屋口正一)「郷土文化」 茨城県郷土文化研究会 (48) 2007.3

茨城から宮城へ、そして故里大阪へ (渡部幸子)「わかくす : 河内ふるさと文化誌」 わかくす文芸研究会 (52) 2007.11

茨城歴史紀行・平将門ゆかりの地を訪ねる (永瀬礼一郎)「下野史談」 下野史談会 (105) 2007.12

茨城の平将門縁の地を訪ねて (井口清)「下野史談」 下野史談会 (105) 2007.12

茨城の著者と作者 (1) (小野崎紀男)「郷土文化」 茨城県郷土文化研究会 (49) 2008.3

第59回大会を迎えるにあたって 茨城の歴史的環境と地域形成「地方史研究」 地方史研究協議会 58 (2) 通号332 2008.4

第59回大会を迎えるにあたって (《大会特集I 茨城の歴史的環境と地域形成》) (常任委員会, 第59回大会実行委員会)「地方史研究」 地方史研究協議会 58 (4) 通号334 2008.8

19世紀の地域史 (《大会特集I 茨城の歴史的環境と地域形成》―《問題提起》) (佐々木寛司)「地方史研究」 地方史研究協議会 58 (4) 通号334 2008.8

茨城の著書と著作 (2) (小野崎紀男)「郷土文化」 茨城県郷土文化研究会 (51) 2010.3

茨城の著者と著作 (3) (小野崎紀男)「郷土文化」 茨城県郷土文化研究会 (52) 2011.3

速報 東北関東大震災による茨城の被災状況―歴史資料の救済に向けて (2011年3月発生 東日本大震災緊急特別号)「史料ネット news letter」 歴史資料ネットワーク (65) 2011.4

速報 東北関東大震災による茨城の被災状況―歴史資料の救済に向けて (高橋修)「多摩地域史研究会会報」 多摩地域史研究会 (98) 2011.5

茨城探訪 (田中美好)「道鏡を守る会 : 道鏡禅師を知ろう」 道鏡を守る会 (33) 2011.11

東日本大震災と茨城大学中世史研究会 (高橋修)「茨城大学中世史研究」 茨城大学中世史研究会 9 2012.3

茨城の著書と著作 (4) (小野崎紀男)「郷土文化」 茨城県郷土文化研究会 (53) 2012.3

情報ネットワーク 新刊情報/展覧会情報/講演会・シンポジウム情報 第9回地域史シンポジウム「明治維新と茨城の歴史」「首都圏ネットワーク」 首都圏形成史研究会 (62) 2013.10

「二十年の歩みに思う」(第20号)(『茨城史林』から) (佐久間好雄)「茨城史林」 筑波書林 (特集号) 2013.12

『茨城の歴史』三巻の出版について」(第27号)(『茨城史林』から) (佐久

間好雄)「茨城史林」 筑波書林 (特集号) 2013.12

茨城地方史研究会六十年の歩み 研究例会・研究発表会の歩み/地方史公開セミナーの歴史/他の研究団体との連携/史料調査の歩み/古文書教室の歩み/『茨城史林』発行の歩み/『茨城史林』総目次「茨城史林」 筑波書林 (特集号) 2013.12

「資料が語る 日本の歴史 茨城の歩み」を開催して (公文書管理・公文書館をめぐる動き) (富田任)「アーカイブズ」 国立公文書館 (53) 2014.6

茨城県

行政資料目録 (4) 『茨城県行政文書目録4』(永井博)「茨城県立歴史館だより」 茨城県立歴史館 79 2000.7

史料紹介 『茨城県報』を読む (藤田雅一)「茨城県立歴史館だより」 茨城県立歴史館 81 2001.1

茨城県立歴史館史料叢4 南梁年録 (宮澤正純)「茨城県立歴史館だより」 茨城県立歴史館 82 2001.4

行政資料目録5 『茨城県行政文書目録 (5)』(岩倉則幸)「茨城県立歴史館だより」 茨城県立歴史館 82 2001.4

茨城県史と中世古文書 (糸賀茂男)「茨城県史研究」 茨城県教育委員会 (86) 2002.2

市町村合併と歴史的地名について (佐久間好雄)「茨城史林」 筑波書林 (28) 2004.6

第一回内国勧業博覧会と茨城県 (河野弘)「常総の歴史」 崙書房出版茨城営業所 (31) 2004.7

所蔵資料紹介「戦後60年」―戦災復興都市計画関係資料から (塩澤俊之)「茨城県立歴史館だより」 茨城県立歴史館 94 2005.12

地域史研究と歴史的地名の消滅 (佐久間好雄)「茨城史林」 筑波書林 (30) 2006.7

所蔵資料紹介「昭和恐慌前後の茨城県」―失業対策事業関係資料から (富田任)「茨城県立歴史館だより」 茨城県立歴史館 (95) 2006.8

大正期茨城県下で発行された新聞・雑誌について―新聞記者、編集人と文学者の関わり (金子未佳)「茨城県史研究」 茨城県教育委員会 通号92 2008.2

歩く見る聞く (21) 幻の堀碑 (榎本實)「会報郷土ひたち」 郷土ひたち文化研究会 (39) 2008.7

茨城県における人造肥料普及と農業の発展 (《大会特集I 茨城の歴史的環境と地域形成》―《問題提起》) (市川大祐)「地方史研究」 地方史研究協議会 58 (4) 通号334 2008.8

茨城県における「南朝」顕彰 (《大会特集II 茨城の歴史的環境と地域形成》―《問題提起》) (田中淳)「地方史研究」 地方史研究協議会 58 (5) 通号335 2008.10

茨城県南部における古代の竈とその周辺 (駒澤悦郎)「常総台地」 常総台地研究会 (16) 2009.12

平成21年度地域共同史料調査概要 (歴史資料課・行政資料課)「茨城県立歴史館報」 茨城県立歴史館 通号37 2010.3

平成22年度地域共同史料調査概要 (歴史資料室・行政資料課)「茨城県立歴史館報」 茨城県立歴史館 通号38 2011.3

茨城県の地方史研究の現状と課題 (小特集 地方史研究の現在) (久保田喜一)「地方史研究」 地方史研究協議会 61 (2) 通号350 2011.4

ふたたび歴史的地名の消失について (佐久間好雄)「茨城史林」 筑波書林 (35) 2011.6

平成23年度地域共同史料調査概要報告 (歴史資料課・行政資料課)「茨城県立歴史館報」 茨城県立歴史館 (39) 2012.3

茨城県下の近代区有文書と保存・引継 (白井哲良)「茨城県史研究」 茨城県教育委員会 (96) 2012.3

明治期における千葉・茨城県境変更事件 (論文) (錫崎清治)「房総の郷土史」 千葉県郷土史研究連絡協議会 (40) 2012.5

平成24年度地域共同史料調査概要報告 (歴史資料課)「茨城県立歴史館報」 茨城県立歴史館 (40) 2013.3

海岸地域の自然地名名称を探る (佐藤惣一)「郷土ひたち」 郷土ひたち文化研究会 (63) 2013.3

茨城県の文化人 (香山俊)「郷土文化」 茨城県郷土文化研究会 (54) 2013.3

平成25年度地域共同史料調査概要報告 (歴史資料課)「茨城県立歴史館報」 茨城県立歴史館 (41) 2014.3

相賀城・石塚城・館岸城 (特集 茨城県の中世城郭) (三島正之)「中世城郭研究」 中世城郭研究会 (28) 2014.7

茨城県北

災害伝承としての千軒の村―茨城県北地域における事例 (笹岡明)「常総の歴史」 崙書房出版茨城営業所 (45) 2012.12

茨城貯蓄銀行

茨城貯蓄銀行の沿革 (進藤寛)「茨城県史研究」 茨城県教育委員会 通号93 2009.3

岩井

岩井戦争における旧幕府軍についての考察(あさくらゆう)「茨城史林」筑波書林 (32) 2008.6

岩城相馬街道

道中記にみる岩城相馬街道の景観と民俗—水戸~北茨城まで(堀切武)「交通史研究」交通史学会, 吉川弘文館(発売) (56) 2005.2

資料紹介 岩城相馬街道下孫宿・長山家の宿札など(榎本實)「郷土ひたち」郷土ひたち文化研究会 (59) 2009.2

岩瀬町

関東北部益子町・岩瀬町の文化財を訪ねて(金田殖)「史迹と美術」史迹美術同攷会 74(1)通号741 2004.1

浮島

資料紹介 昭和十二年「浮島御案内」(太田尚一)「常総の歴史」崙書房出版茨城営業所 (44) 2012.7

『常陸国風土記』に学ぶ—先史考古学から観た8世紀の霞ヶ浦と浮島の「印象風土論」(鈴木正博)「常総台地」常総台地研究会 (17) 2014.12

牛久宿

牛久宿助郷一揆参加人数と日時について(鈴木昭三)「常総の歴史」崙書房出版茨城営業所 (31) 2004.7

牛堀

中世上野の東西交通路について—古代東山道駅路「牛堀・矢ノ原ルート」との関わり(久保田順一)「ぐんま史料研究」群馬県立文書館 (26) 2009.3

牛堀村

藩政をめぐる村役人の蔵書と献策—水戸藩領牛堀村須田家を事例として(榎本博)「茨城県史研究」茨城県教育委員会 (98) 2014.3

内原訓練所

満蒙開拓青少年義勇軍内原訓練所の跡を訪ねて(第38回上伊那歴史研究会県外実地踏査報告「茨城県と上伊那とのつながりを探る」)(渡辺弘行)「伊那路」上伊那郷土研究会 57(12)通号683 2013.12

内原町

近接市町村文化財めぐり(内原町)(内田哲夫)「ひたち小川の文化」小美玉市小川郷土文化研究会 24 2004.4

鵜取島

絵地図を読む—鵜取島と大沼村海防役家(榎本實)「郷土ひたち」郷土ひたち文化研究会 55 2005.3

鵜の岬

随想 鵜の岬にて(川上千尋)「郷土ひたち」郷土ひたち文化研究会 (57) 2007.3

江田島

江田島に想う(大津喜代志)「おがわの文化」常陸大宮市緒川郷土文化研究会 (28) 2008.1

烏帽子岩

烏帽子岩の東湖詩碑—伯爵香川敬三と無名の同志(瀬谷義彦)「郷土ひたち」郷土ひたち文化研究会 (56) 2006.3

御岩山

御岩山からの想いはるか(川上千尋)「郷土ひたち」郷土ひたち文化研究会 (59) 2009.2

会瀬海岸

会瀬海岸の八景(榎本實)「会報郷土ひたち」郷土ひたち文化研究会 32 2004.12

会瀬浜

史料紹介 異国船をめぐる会瀬浜漁師たちの行動—松浦静山「甲子夜話」より(島崎和夫)「郷土ひたち」郷土ひたち文化研究会 (64) 2014.3

大洗町

東茨城郡大洗町所在望洋館跡および磯浜海防陣屋跡の紹介(蓼沼香未由)「郷土ひたち」茨城県郷土文化研究会 (45) 2004.3

茨城県大洗町に「どんきょうさんの松」尋ねる他(本田義幾)「道鏡を守る会 : 道鏡禅師を知ろう」道鏡を守る会 (28) 2006.10

大生

大生と麻生(内田義男)「麻生の文化」行方市教育委員会 (38) 2007.3

大生郷

古代常陸国行方郡大生郷について(久信田喜一)「茨城史林」筑波書林 (27) 2003.6

大神駅

『常陸国風土記』の探求(1) 葦穂山と大神駅家の比定地の再検討(増田修)「常総の歴史」崙書房出版茨城営業所 26 2001.12

大形村

村の農地改革—茨城県結城郡宗道村・玉村・大形村を中心として(小野崎克巳)「地方史研究」地方史研究協議会 54(2)通号308 2004.4

大賀村

中世前期東国の村落構造と村役所の機能—鹿島神宮文書「大賀村検注取帳副日記」の分析を通して(高橋裕文)「史学研究集録」國學院大學大学院史学専攻大学院会 (37) 2012.3

大窪郷

「大窪郷」とその古跡(大窪範光)「会報郷土ひたち」郷土ひたち文化研究会 (38) 2007.12

大菅

大菅田んぼの用水路(大金博紀)「さとみ風土記」里美を知る会 (10) 2006.3

大堤

大堤の人柱(ふるさと絵本の会「蘗」)「玉造史叢」玉造郷土文化研究会 49 2008.4

太田新田

太田新田の開発の歴史(太田宗伯)「鹿行の文化財」鹿行文化財保護連議会 (32) 2002.3

太田村

東国における近世前期の村落と村請制—新治郡太田村を中心として(論文)(栗原亮)「茨城史林」筑波書林 (37) 2013.6

太田屋旅館

解体された旧脇本陣「太田屋旅館」—その歴史と建物の特徴について(東海大学羽生研究室)「泉石 : 古河歴史博物館紀要」古河歴史博物館 (8) 2008.3

大貫郷

古代常陸国筑波郡大貫郷について(論文)(久信田喜一)「茨城史林」筑波書林 (38) 2014.6

大沼村

絵地図を読む—鵜取島と大沼村海防役家(榎本實)「郷土ひたち」郷土ひたち文化研究会 55 2005.3

大幡郷

『和名抄』にみえる常陸国新治郡の郷について(10)—大幡郷を中心に(久信田喜一)「常総の歴史」崙書房出版茨城営業所 (44) 2012.7

大堀

中井城と新堀・大堀地名(石崎勝三郎)「鹿行の文化財」鹿行文化財保護連絡協議会 (36) 2006.3

大町

常陸国茨城郡小河大町御検地水帳について(小塙義輔)「ひたち小川の文化」小美玉市小川郷土文化研究会 23 2003.4

大宮

大宮地方の「郷土史」について(資料紹介)(野内正美)「大宮郷土研究」大宮町郷土研究会 (18) 2014.6

大宮町

大宮町外七か村の町村長の事績について(研究ノート)(野内正美)「大宮郷土研究」大宮町郷土研究会 (17) 2013.6

大谷川

大谷川、鉾田川の水運計画について(飛田壽)「鉾田の文化」鉾田市郷土文化研究会 (29) 2005.5

大山

大山・小場抗争と戦国期佐竹氏の権力構造—大山氏と頓化原合戦をめぐって(安達和人)「常総の歴史」崙書房出版茨城営業所 (42) 2011.1

大山守大場家郷士屋敷

大山守 大場家 郷士屋敷(第38回上伊那歴史研究会県外実地踏査報告「茨城県と上伊那とのつながりを探る」)(池上和子)「伊那路」上伊那郷土研究会 57(12)通号683 2013.12

岡郷村

『稲宮小竹家文書』からみた昭和期の旧岡郷村(茶谷誠一)「そうわ町史研究」総和町教育委員会 7 2001.3

緒川

私のおがわ(桑名輝美)「おがわの文化」常陸大宮市緒川郷土文化研究会 (24) 2000.3

農村の片隅で思うこと(堀江鶴治)「おがわの文化」常陸大宮市緒川郷土文化研究会 (24) 2000.3

ふるさとの記(吉村優)「おがわの文化」常陸大宮市緒川郷土文化研究会 (24) 2000.3

緒川の地名について(矢野忠)「おがわの文化」常陸大宮市緒川郷土文化研究会 (27) 2006.1

関東　　　　　　　　　　　　地名でたどる郷土の歴史　　　　　　　　　　　　茨城県

緒川の大洪水―国勢調査の大木（坂本達保）「大宮郷土研究」　大宮町郷土研究会　（11）2007.6

大正9年の大洪水と耕地整理（小林茂）「おがわの文化」　常陸大宮市緒川郷土文化研究会　（28）2008.1

緒川の地名（矢野忠）「おがわの文化」　常陸大宮市緒川郷土文化研究会　（28）2008.1

地名が示す崩れやすい場所（矢野忠）「おがわの文化」　常陸大宮市緒川郷土文化研究会　（29）2010.3

緒川地区の文化財について（西村和美）「おがわの文化」　常陸大宮市緒川郷土文化研究会　（30）2011.3

小川

武家時代の小河（宮窪弘）「ひたち小川の文化」　小美玉市小川郷土文化研究会　20　2000.4

日本最初の庶民大学（倉田庄三郎）「ひたち小川の文化」　小美玉市小川郷土文化研究会　20　2000.4

小川各地区略白地図（石田源）「ひたち小川の文化」　小美玉市小川郷土文化研究会　20　2000.4

小河の城・館跡について「ひたち小川の文化」　小美玉市小川郷土文化研究会　22　2002

共同研究 小川地方の小字名「ひたち小川の文化」　小美玉市小川郷土文化研究会　23　2003.4

御追討士付戦士施療治扣（井坂浚庸）「ひたち小川の文化」　小美玉市小川郷土文化研究会　25　2005.4

江戸寛政期の福祉―八文字家文書より（内面哲夫）「ひたち小川の文化」　小美玉市小川郷土文化研究会　（27）2007.6

氏姓と地名（檜山寿夫）「ひたち小川の文化」　小美玉市小川郷土文化研究会　（30）2010.6

小川館

幕末小川館に拠った郷土勤王派の動向に関する一考察（江幡彦衛）「鉾田の文化」　鉾田市郷土文化研究会　（28）2004.5

緒川十景

選定の経緯（《名所「緒川十景」特集》）（会沢淳）「おがわの文化」　常陸大宮市緒川郷土文化研究会　（24）2000.3

緒川十景の選定について（《名所「緒川十景」特集》）（今井雅晴）「おがわの文化」　常陸大宮市緒川郷土文化研究会　（24）2000.3

水戸黄門ゆかりの里（松之草）（《名所「緒川十景」特集》）―名所「緒川十景」紹介）「おがわの文化」　常陸大宮市緒川郷土文化研究会　（24）2000.3

緒川十景のしおり（《名所「緒川十景」特集》）（長山一雄）「おがわの文化」　常陸大宮市緒川郷土文化研究会　（24）2000.3

「緒川十景」その後（案内板設置）「おがわの文化」　常陸大宮市緒川郷土文化研究会　（26）2004.3

小河の原

例会報告要旨 第370回例会 常陸小河の原合戦と天正六年の政治情勢（千葉篤志）「戦国史研究」　戦国史研究会，吉川弘文館（発売）（61）2011.2

小川町

小川町の屋号調べ（続き）「ひたち小川の文化」　小美玉市小川郷土文化研究会　22　2002

小川町の長屋門と四脚門 追加「ひたち小川の文化」　小美玉市小川郷土文化研究会　22　2002

共同研究 小川町のため池調査「ひたち小川の文化」　小美玉市小川郷土文化研究会　24　2004.4

共同研究 小川町における「火の見櫓」の研究「ひたち小川の文化」　小美玉市小川郷土文化研究会　25　2005.4

小川三町船帳を読む（小塙義輔）「ひたち小川の文化」　小美玉市小川郷土文化研究会　（27）2007.6

小川町（九町の成立）区の分離分町（菊地省一郎）「ひたち小川の文化」　小美玉市小川郷土文化研究会　（30）2010.6

於下村

消えて行く小字名と於下村の小字名（濱田茂良）「麻生の文化」　行方市教育委員会　（35）2004.3

旗本新庄氏と於下村の支配（濱田茂良）「麻生の文化」　行方市教育委員会　（38）2007.3

オジロが池

「支那」と言う国名の探求伝説「オジロが池」（水内一夫）「麁行の文化財」　麁行文化財保護連絡協議会　（33）2003.3

小瀬

小瀬一揆の研究文書について（《小瀬義民一揆125周年記念特集》）（小林茂）「おがわの文化」　常陸大宮市緒川郷土文化研究会　（25）2002.3

資料解読（《小瀬義民一揆125周年記念特集》）「おがわの文化」　常陸大宮市緒川郷土文化研究会　（25）2002.3

「小瀬一揆」を巡る追憶（特別寄稿）（東谷満也）「おがわの文化」　常陸大宮市緒川郷土文化研究会　（28）2008.1

私の小瀬（特別寄稿）（篠原武夫）「おがわの文化」　常陸大宮市緒川郷土文化研究会　（28）2008.1

伊勢暴動と小瀬暴動の数え唄（八木淳夫）「三重の古文化」　三重郷土会庶務部　（97）2012.3

小瀬城

小瀬城跡とその周辺（高村恵美）「おがわの文化」　常陸大宮市緒川郷土文化研究会　（29）2010.3

小田

小田氏の乱と宗教ネットワーク《《大会特集II 茨城の歴史的環境と地域形成》―〔問題提起〕》（小国浩寿）「地方史研究」　地方史研究協議会　58（5）通号335　2008.10

小高小学校

小高小学校の歩み（門井俊道）「麻生の文化」　行方市教育委員会　（44）2013.3

小田城

一通の上杉輝虎書状写―常陸国小田城の破却（佐々木倫朗）「戦国史研究」　戦国史研究会，吉川弘文館（発売）（45）2003.2

小田城跡確認調査の成果―本丸跡を中心に（《第22回全国城郭研究者セミナーの報告》）（広瀬季一郎）「中世城郭研究」　中世城郭研究会　（20）2006.7

女化

地名探訪 地名「女化（オナバケ）」（桐井總男）「日本地名研究所通信」　日本地名研究所　（79）2014.8

小野

小野の昔と今（宇留野義昭）「大宮郷土研究」　大宮町郷土研究会　（11）2007.6

小野崎

「小野崎文書」の中の伊達政宗文書（研究ノート）（菅野正道）「茨城県史研究」　茨城県教育委員会　（98）2014.3

資料紹介 菊池家蔵「小野崎文書」―小野崎昭通と伊達政宗（泉田邦彦）「常総の歴史」　崙書房出版茨城営業所　（48）2014.6

小場

大山・小場抗争と戦国期佐竹氏の権力構造―大山氏と頓化原合戦をめぐって（安達和人）「常総の歴史」　崙書房出版茨城営業所　（42）2011.1

小幡城

常陸小幡城―茨城県の中世城郭「小幡城」に関する考察（砕玉類題）（坂井尚登）「城郭史研究」　日本城郭史学会，東京堂出版（発売）（29）2010.3

常陸小幡城―明らかになった空堀の断面形とその機能をめぐって（砕玉類題）（坂井尚登）「城郭史研究」　日本城郭史学会，東京堂出版（発売）（30）2011.2

小幡城・林外城・谷貝峰城（特集 茨城県の中世城郭）（渡辺敬）「中世城郭研究」　中世城郭研究会　（28）2014.7

小張

資料紹介 告発された常陸国司/小田氏治書状/小張の文芸雑誌『扶桑青年』/福岡堰普通水利組合の「書類目録」と「簿書台帳」（下）/岡口民蔵への申渡書「町史研究伊奈の歴史」　伊奈町　9　2005.3

小張城

常陸国小張城の研究（《茨城県西部特集》）（間宮正光）「常総の歴史」　崙書房出版茨城営業所　（36）2007.11

海門橋

海門橋覚書（1）（佐藤次男）「郷土文化」　茨城県郷土文化研究会　（48）2007.3

偕楽園

弘道館・偕楽園の被災と復旧への歩み（東日本大震災特集）（小坏のり子）「茨城史林」　筑波書林　（36）2012.6

偕楽園の領域―徳川斉昭の「庭園」構想（永井博）「茨城県立歴史館報」　茨城県立歴史館　（41）2014.3

偕楽園公園

偕楽園公園の鐘楼と学生像について（根本弘之）「耕人」　耕人社　（14）2008.12

笠間

笠間の歴史と文化を訪ねる「栃木県立博物館友の会だより」　栃木県立博物館友の会　30　2003.2

笠間の村と笠間の神（久信田喜一）「常総台地」　常総台地研究会　（16）2009.12

エッセイ「笠間」―牧野家移封の地（新妻久郎）「亀井 ： 内藤家顕彰会会誌」　内藤家顕彰会　2013年度　2013.5

笠間市

時朝ゆかりの地 笠間市を訪ねる（鈴木幸市）「ふるさと矢板」 矢板市教育委員会生涯学習課 （32） 2006.9

明治20年代における茨城県産花崗岩石材業の展開―茨城県桜川市・笠間市を主として（論文）（川俣正英）「茨城史林」 筑波書林 （38） 2014.6

笠間城

笠間城をめぐって―茨城県笠間市の中世城郭（1）（三島正之）「中世城郭研究」 中世城郭研究会 （22） 2008.7

笠間盆地

笠間盆地の単郭城郭―茨城県笠間市の中世城郭（2）（三島正之）「中世城郭研究」 中世城郭研究会 （23） 2009.7

梶無川

梶無川（鈴木逸雄）「玉造史叢」 玉造郷土文化研究会 50 2009.4

梶無川の水利（長谷川源一）「玉造史叢」 玉造郷土文化研究会 50 2009.4

鹿島

鹿嶋の7世紀後半から8世代の様相（石橋美和子）「栃木史学」 国学院大学栃木短期大学史学会 （20） 2006.3

鹿島の砂山は何故ハダカ山だったのか（研究報告）（伊東正一）「鹿行の文化財」 鹿行文化財保護連絡協議会 （42） 2012.3

中世鹿島地方の歴史―南北朝期を中心にした鉾田市域の氏族の動向（研究発表）（飛田壽）「鉾田の文化」 鉾田市郷土文化研究会 （37） 2013.5

鹿島軌道

鹿島軌道について（飛田寿）「鉾田の文化」 鉾田市郷土文化研究会 （36） 2012.5

鹿島郡

小宮山楓軒の記録した鹿行二郡（1），（2）（伊東正一）「鹿行の文化財」 鹿行文化財保護連絡協議会 （32）/（33） 2002.3/2003.3

古代常陸国鹿島郡の瓦生産について―鉾田市塔ヶ崎遺跡採集の瓦から（新垣清貴）「利根川」 利根川同人 32 2010.5

鹿島参宮鉄道

鹿島参宮鉄道（研究発表）（濱田憲一）「鉾田の文化」 鉾田市郷土文化研究会 （37） 2013.5

鹿島鉄道

鹿島鉄道廃線と麻生地方運輸の歴史（茂木岩夫）「麻生の文化」 行方市教育委員会 （39） 2008.3

鉄道のあらまし（特集 玉造町に鉄道が走っていた）（相川誠子）「玉造史叢」 玉造郷土文化研究会 49 2008.4

鉄道のはじまり（特集 玉造町に鉄道が走っていた）（相川誠子）「玉造史叢」 玉造郷土文化研究会 49 2008.4

鉄道が輝いていた頃 五十嵐司（語る）（特集 玉造町に鉄道が走っていた）「玉造史叢」 玉造郷土文化研究会 49 2008.4

鉄道の存続活動と廃線（特集 玉造町に鉄道が走っていた）（栗又衛）「玉造史叢」 玉造郷土文化研究会 49 2008.4

廃線となる鹿島鉄道を追って（スケッチで残す）（特集 玉造町に鉄道が走っていた）（多崎貞夫）「玉造史叢」 玉造郷土文化研究会 49 2008.4

鹿島灘

寄稿 鹿島灘沿岸・七釜・八沢の地名（大貫一郎）「鉾田の文化」 鉾田市郷土文化研究会 （34） 2010.5

鹿島行方

明治初期の鹿島行方地域の地方行政を担った人たち（海老沢正孝）「鹿行の文化財」 鹿行文化財保護連絡協議会 （35） 2005.3

鹿島堀

「鹿島堀」と常陸に亡命した里美氏（上），（下）（飛田寿）「鹿行の文化財」 鹿行文化財保護連絡協議会 （36）/（37） 2006.3/2007.3

梶山村

梶山村・二重作村月番帳より「村割」について（大沼信夫）「鉾田の文化」 鉾田市郷土文化研究会 （31） 2007.5

梶山病院

梶山病院結社始末記（水内一夫）「鹿行の文化財」 鹿行文化財保護連絡協議会 （38） 2008.3

霞ヶ浦

霞ヶ浦沿岸共同史料調査概要（史料部）「茨城県立歴史館報」 茨城県立歴史館 通号28 2001.3

平成13年度霞ヶ浦沿岸共同史料調査概要（史料部）「茨城県立歴史館報」 茨城県立歴史館 通号29 2002.3

平成14年度霞ヶ浦沿岸共同史料調査概要（史料部）「茨城県立歴史館報」 茨城県立歴史館 通号30 2003.3

烏名木文書に見る室町期東国の政治状況―永享の乱・結城合戦時の霞ヶ浦周辺と足利万寿王丸の鎌倉公方復権運動について（内山俊身）「茨城県立歴史館報」 茨城県立歴史館 通号31 2004.3

平成15年度霞ヶ浦沿岸共同史料調査概要（史料部）「茨城県立歴史館報」 茨城県立歴史館 通号31 2004.3

平成16年度霞ヶ浦沿岸共同史料調査概要（史料部）「茨城県立歴史館報」 茨城県立歴史館 通号32 2005.3

平成17年度霞ヶ浦沿岸共同史料調査概要（史料部）「茨城県立歴史館報」 茨城県立歴史館 通号33 2006.3

平成18年度霞ヶ浦沿岸共同史料調査概要（史料部）「茨城県立歴史館報」 茨城県立歴史館 通号34 2007.3

平成19年度霞ヶ浦沿岸共同史料調査概要（史料部）「茨城県立歴史館報」 茨城県立歴史館 通号35 2008.3

近世中期の霞ヶ浦―安永期の牛堀前洲浚えを中心として（栗原亮）「茨城史林」 筑波書林 （32） 2008.6

平成20年度霞ヶ浦沿岸共同史料調査概要（史料部）「茨城県立歴史館報」 茨城県立歴史館 通号36 2009.3

よみがえれ霞ヶ浦（宮本嘉博）「玉造史叢」 玉造郷土文化研究会 52 2011.4

霞ヶ浦と水戸藩南領の関連考（第38回上伊那歴史研究会県外実地踏査報告「茨城県と上伊那とのつながりを探る」）（池上昭）「伊那路」 上伊那郷土文化研究会 57（12）通号683 2013.12

『常陸国風土記』に学ぶ―先史考古学から観た8世紀の霞ヶ浦と浮島の「印象風土論」（鈴木正博）「常総台地」 常総台地研究会 （17） 2014.12

霞ヶ浦湖岸

江戸時代霞ヶ浦湖岸に移住した人々（野原小右二）「玉造史叢」 玉造郷土文化研究会 52 2011.4

常陸国新治郡田村の「十六人当」―霞ヶ浦湖岸村落の近世宮座および座配史料（渡部圭一）「土浦市立博物館紀要」 土浦市立博物館 （22） 2012.3

霞ヶ浦東岸

講演レジュメ「江戸時代霞ヶ浦東岸に移住した人々」（野原小右二）「鉾田の文化」 鉾田市郷土文化研究会 （36） 2012.5

香澄郷

『和名抄』にみえる常陸国行方郡の郷について（1）―香澄郷を中心に（久信田喜一）「常総の歴史」 崙書房出版茨城営業所 25 2000.12

加須

常州深穴村と地名加須（野本寛一）「常総の歴史」 崙書房出版茨城営業所 （34） 2006.7

片岡之村

「輔時臥之山」と「片岡之村」（久信田喜一）「常総の歴史」 崙書房出版茨城営業所 （42） 2011.1

片野城

前小屋城・田渡城・片野城・古徳城（特集 茨城県の中世城郭）（山本浩之）「中世城郭研究」 中世城郭研究会 （28） 2014.7

方穂郷

『和名抄』にみえる常陸国筑波郡の郷について（3）―方穂・渚蒲両郷を中心に（久信田喜一）「常総の歴史」 崙書房出版茨城営業所 （47） 2013.12

桂村

幕末の桂村は製鉄の里（菊池敏明）「水戸史学」 水戸史学会 （63） 2005.11

香取海

歴史館まつり・歴史館シンポジウム『中世東国における内海世界』「茨城県立歴史館だより」 茨城県立歴史館 （96） 2006.12

古代東国内海世界の形成と板来《（大会特集I 茨城の歴史的環境と地域形成）―〈問題提起〉（久信田喜一）「地方史研究」 地方史研究協議会 58（4）通号334 2008.8

「香取の海」を基盤とした中世の権力と文化（大会特集II 北総地域の水辺と台地―生活空間の歴史的変容―問題提起）（外山信司）「地方史研究」 地方史研究協議会 60（5）通号347 2010.10

金沢金山

金沢金山考（橘松壽）「郷土ひたち」 郷土ひたち文化研究会 54 2004.3

金沢村

金沢村正保の再検地による年貢高の軽減状況（鷺松四郎）「郷土ひたち」 郷土ひたち文化研究会 54 2004.3

金上

「金上文書」（佐々木倫朗）「十王町の歴史と民俗」 日立市郷土博物館 （15） 2006.3

金田城

金田城（特集 茨城県の中世城郭）（佐藤旺）「中世城郭研究」 中世城郭研究会 （28） 2014.7

関東　　　地名でたどる郷土の歴史　　　茨城県

加波山

加波山事件をめぐる歴史認識《大会特集I 茨城の歴史的環境と地域形成》—〈問題提起〉(佐藤明俊)「地方史研究」 地方史研究協議会 58(4)通号334 2008.8

史料紹介 加波山事件富松正安裁判関係資料(加藤時男)「千葉歴史学」 千葉歴史学会 (53) 2008.12

加波山事件と秩父事件—宇都宮平一と西郷旭堂(黒沢正則)「秩父事件研究顕彰」 秩父事件研究顕彰協議会 (16) 2009.3

珂北

特別寄稿 珂北の文人たち—地域文化史の方法(秋山高志)「大宮郷土研究」 大宮町郷土研究会 (11) 2007.6

畑田

畑田旧記と暦註・天文現象(大沼信夫)「鉾田の文化」 鉾田市郷土文化研究会 (36) 2012.5

鎌田遺跡

伊奈町鎌田遺跡について—奈良・平安時代を中心にして(川村満博)「町史研究伊奈の歴史」 伊奈町 7 2003.3

上砂井村

〔史料紹介〕 下総国葛飾郡上砂井村「御用留」について—明治初年を中心に(青木祐一)「そうわ町史研究」 総和町教育委員会 7 2001.3

神栖市

神栖市の史跡めぐり(海上義治)「東庄の郷土史」 東庄郷土史研究会 (24) 2008.6

神峯山

神峯山の最高地点は598.7メートル 5枚の地図の高さはどれが適性なのか(佐藤惣一)「郷土ひたち」 郷土ひたち文化研究会 54 2004.3

上野宮

南朝皇族「上野宮」考(岸本愛彦)「家系研究」 家系研究協議会 36 2003.10

上山川村

慶応三年の不穏集会—下総結城郡上山川村など三村窮民の集会(木戸田四郎)「常総の歴史」 崙書房出版茨城営業所 30 2003.12

幕末の村方騒動(上),(下)—下総国結城郡上山川村の場合(木戸田四郎)「茨城県史研究」 茨城県教育委員会 (89)/通号90 2005.2/2006.2

茅沼

茅沼と周辺の伝説について(町民の記録)(古手進吾)「郷土研究誌かわち」 河内町史編さん委員会 (8) 2003.11

軽野

軽野・軽部地名考(柴田弘武)「常総の歴史」 崙書房出版茨城営業所 29 2003.7

軽部

軽野・軽部地名考(柴田弘武)「常総の歴史」 崙書房出版茨城営業所 29 2003.7

何陋館

「再建何陋館記」の読み方(大沼美雄)「那須文化研究」 那須文化研究会 (18) 2004.12

川尻

友部と川尻—山尾小野崎氏と水運(笹岡明)「郷土ひたち」 郷土ひたち文化研究会 (57) 2007.3

川尻地区の碑を読む(堀切武)「郷土ひたち」 郷土ひたち文化研究会 (57) 2007.3

河内東部

事業施設の記録(県営河内東部地区圃場整備事業をめぐって)(桜井信)「郷土研究誌かわち」 河内町史編さん委員会 (5) 2000.5

河内駅家

常陸国における古代駅制の研究 とくに国府・安侯・河内駅家間の直線道について(長谷川武)「郷土文化」 茨城県郷土文化研究会 42 2001.7

常陸国における古代駅制の研究 とくに国府・安侯・河内駅家間の直線道について(長谷川武)「郷土文化」 茨城県郷土文化研究会 43 2002.3

河内町

河内町の俳諧(加藤定彦)「郷土研究誌かわち」 河内町史編さん委員会 (5) 2000.5

河原子

歩く見る聞く(12) 河原子のオオセンド(榎本實)「会報郷土ひたち」 郷土ひたち文化研究会 30 2003.12

表紙解説 河原子と川瀬巴水の版画—烏帽子岩と河原子の夜雨(水庭久尚)「郷土ひたち」 郷土ひたち文化研究会 (56) 2006.3

文化文政期河原子地方海防の様子(橘松壽)「郷土ひたち」 郷土ひたち文化研究会 (56) 2006.3

河原子年表(小松徳年)「郷土ひたち」 郷土ひたち文化研究会 (56) 2006.3

《河原子特集号》「郷土ひたち」 郷土ひたち文化研究会 (56) 2006.3

河原子海岸

河原子海岸の烏帽子岩の崩落を探る—烏帽子岩と一ツ島の対比から(佐藤惣一)「郷土ひたち」 郷土ひたち文化研究会 55 2005.3

河原子八景

資料紹介 『常陸河原子八景之眞圖』(笹岡明)「郷土ひたち」 郷土ひたち文化研究会 (56) 2006.3

河原子浜

河原子浜における製塩業の変遷(梅原勇)「郷土ひたち」 郷土ひたち文化研究会 (56) 2006.3

河原子町北浜海岸

日立市河原子町北浜海岸の特性を探る—大島・小島の磯と離岸堤といなさ風がつくった砂浜(佐藤惣一)「郷土ひたち」 郷土ひたち文化研究会 (56) 2006.3

河原子町役場

大正2年の河原子町役場(水庭久尚)「会報郷土ひたち」 郷土ひたち文化研究会 27 2002.7

川曲郷

古代常陸新治郡川曲郷について(久信田喜一)「茨城史林」 筑波書林 (34) 2010.8

北茨城市

北茨城市・常陸太田市・水戸市・行方市・鉾田市の調査(史料調査報告)(久信田喜一)「茨城史林」 筑波書林 (37) 2013.6

北浦

涸沼・巴川・北浦の河岸—誰が河岸を営んだのか(海老沢正孝)「鉾田の文化」 鉾田市郷土文化研究会 (31) 2007.5

北山

「八国山たいけんの里」に"北山けやき"の由来板(日笠山正治)「郷土研だより」 東村山郷土研究会 (349) 2009.6

鬼怒川

明治期の鬼怒川(河合宏)「長塚節の文学」 長塚節研究会 (12) 2006.4

享保・元文期における小貝川・鬼怒川再合流問題(飯島章)「茨城史林」 筑波書林 (35) 2011.6

鬼怒川の昔・今(随想集)(島田武男)「下妻の文化」 下妻市文化団体連絡協議会 (37) 2012.5

鬼怒川中流の変遷とその影響(坂入正夫)「常総の歴史」 崙書房出版茨城営業所 (45) 2012.12

巨神郷

『和名抄』にみえる常陸国新治郡の郷について(4)～(8) 巨神郷(1)～(5)(久信田喜一)「常総の歴史」 崙書房出版茨城営業所 (38)/(42) 2009.2/2011.1

久慈河口

ふるさと逍遥 久慈河口の記念碑(大森林造)「会報郷土ひたち」 郷土ひたち文化研究会 (35) 2006.7

櫛形村

系統農会の成立と櫛形村農会(安典久)「十王町の歴史と民俗」 日立市郷土博物館 (15) 2006.3

久慈川

久慈川の水害(平成17年度研究発表会配布資料)(坂本達保)「大宮郷土研究」 大宮町郷土研究会 (10) 2006.7

古代の政権交代 久慈川物語—星神天香々背男命について(古市巧)「郷土文化」 茨城県郷土文化研究会 (53) 2012.3

久慈川の河岸(自由テーマ)(木村宏)「大宮郷土研究」 大宮町郷土研究会 (17) 2013.6

公事塚

公事塚と平成ノ木(板橋博)「麻生の文化」 行方市教育委員会 (43) 2012.3

久慈浜

光圀と海と久慈浜と(榎本實)「郷土ひたち」 郷土ひたち文化研究会 (58) 2008.3

棟峰城

境目の城郭—羽黒山城、棟峰城を通して(小山文好)「中世城郭研究」 中世城郭研究会 (25) 2011.7

郡上

郡上一揆について《小瀬義民一揆125周年記念特集》)「おがわの文化」 常陸大宮市緒川郷土文化研究会 (25) 2002.3

沓掛

嘉永期の沓掛 (林一之)「郷土研究さしま」 猿島町立資料館 (16) 2005.1

倉持

史料紹介 倉持文書 (藤木久志)「茨城県史研究」 茨城県教育委員会 通号92 2008.2

栗橋城

戦国期の利根川流路と交通―栗橋城と関宿城の機能を中心に (研究ノート) (新井浩文)「研究報告」 千葉県立関宿城博物館 (15) 2011.3

栗原郷

『和名抄』にみえる常陸国筑波郡の郷について (4)―水守・栗原両郷を中心に (久信田喜一)「常総の歴史」 崙書房出版茨城営業所 (48) 2014.6

輔時臥之山

「輔時臥之山」と「片岡之村」(久信田喜一)「常総の歴史」 崙書房出版茨城営業所 (42) 2011.1

晡時臥之山

晡(輔)時臥之山をめぐって「常総の歴史」 崙書房出版茨城営業所 (42) 2011.1

『常陸国風土記』輔時臥之山・考 (松崎建一郎)「常総の歴史」 崙書房出版茨城営業所 (42) 2011.1

晡時臥山の説話をめぐって (志田諄一)「常総の歴史」 崙書房出版茨城営業所 (42) 2011.1

黒沢小学校

黒沢小学校の校庭の鈴懸けの木 (飯村尋道)「ほない歴史通信」 遊史の会 (36) 2005.9

弘道館

『水戸弘道館大観』付録跋に序の再刻について (宮田正彦)「水戸史学」 水戸史学会 (62) 2005.6

再刻『水戸弘道館大観』付録跋に序 (1), (2) (名越漠然)「水戸史学」 水戸史学会 (62) / (63) 2005.6/2005.11

弘道館設立過程の一断面 (鈴木暎一)「耕人」 耕人社 (12) 2006.6

世界遺産 水戸の弘道館 徳川斉昭の教育観 (永井博)「閑谷学校研究」 特別史跡閑谷学校顕彰保存会 (16) 2012.5

弘道館・偕楽園の被災と復旧への歩み (東日本大震災特集) (小圷のり子)「茨城史林」 筑波書林 (36) 2012.6

弘道館と水戸学 (第38回上伊那歴史研究会県外実地踏査報告「茨城県と上伊那とのつながりを探る」) (北原利雄)「伊那路」 上伊那郷土研究会 57(12) 通号683 2013.12

弘道館公園

弘道館公園の開設 (宮川修)「耕人」 耕人社 11 2005.5

甲の山

一枚の写真 (甲の山)「ふるさと」 橘郷土会 (34) 2012.2

弘法松公園

伝承の一本松 (地元歴史探究者)「麻生の文化」 行方市教育委員会 (43) 2012.3

小泊瀬山

「畢波頭勢夜麻」と「小泊瀬山」(久信田喜一)「茨城史林」 筑波書林 (33) 2009.6

古河

古河を訪ねる (史跡探訪) (川鍋清)「かつしか台地 : 野田地方史懇話会会誌」 野田地方史懇話会 19 2000.3

在番衆と境目地域―古河・関宿地域を事例として (糟谷幸裕)「野田市史研究」 野田市 (16) 2005.3

史跡探訪 史跡めぐり古河の思い出 (細谷英雄)「かつしか台地 : 野田地方史懇話会会誌」 野田地方史懇話会 (32) 2006.9

旅の野帳から 李朝の街 古河公方の街 (紀行・随想) (海老原郁雄)「氏家の歴史と文化」 氏家歴史文化研究会 (12) 2013.6

文化財巡り 喜連川氏ゆかりの古河を巡る (活動報告) (鈴木挙)「氏家の歴史と文化」 氏家歴史文化研究会 (12) 2013.6

城下町「古河」を歩く (茂木勝己)「我孫子市史研究センター会報」 我孫子市史研究センター (136) 2013.6

古河公方の地を訪ねる (特集 古河公方の地を訪ねる) (伊藤清)「佐倉の地名 : 佐倉地名研究会会報」 佐倉地名研究会 (7) 2014.4

古河探訪―佐倉と古河 (特集 古河公方の地を訪ねる) (田中征志)「佐倉の地名 : 佐倉地名研究会会報」 佐倉地名研究会 (7) 2014.4

史料紹介 高瀬家文書所収の古河公方足利政氏文書について (鴨志田智啓)「史談」 安蘇史談会 (30) 2014.5

小貝川

享保・元文期における小貝川・鬼怒川再合流問題 (飯島章)「茨城史林」 筑波書林 (35) 2011.6

古河市

古河の歴史概観/古河の人物列伝/古河城/古河の伝説・まつり/古河の施設めぐり/古河ゆかりの文学/古河史跡めぐり/旧古河市略図/古河の味 (《特集 古河市 (茨城県)》) (鷲尾政市, 立石尚之, 秋澤正之)「群馬歴史散歩」 群馬歴史散歩の会 (194) 2006.4

古河城

古河の歴史概観/古河の人物列伝/古河城/古河の伝説・まつり/古河の施設めぐり/古河ゆかりの文学/古河史跡めぐり/旧古河市略図/古河の味 (《特集 古河市 (茨城県)》) (鷲尾政市, 立石尚之, 秋澤正之)「群馬歴史散歩」 群馬歴史散歩の会 (194) 2006.4

古河城二丸御殿「書院」の機能と荘厳―障壁画の考察を中心に (平井良直)「泉石 : 古河歴史博物館紀要」 古河歴史博物館 (8) 2008.3

古河藩

古河藩の弓術について (小野崎紀男)「郷土文化」 茨城県郷土文化研究会 (44) 2003.3

延宝期古河藩の年貢納払いについて (白川部達夫)「そうわ町史研究」 総和町教育委員会 10 2004.3

舘野丈夫家文書「諸覚見出」について―東牛谷に残った古河藩庁史料 (針谷武志)「そうわ町史研究」 総和町教育委員会 10 2004.3

文政期古河藩の内願交渉―御内用役の活動を事例として (荒木裕行)「論集きんせい」 近世史研究会 (27) 2005.5

西脇地域史話 古河藩の農兵取立て (脇坂俊夫)「童子山 : 西脇市郷土資料館紀要」 西脇市教育委員会 (15) 2008.7

国府

常陸国における古代駅制の研究 とくに国府・安侯・河内駅家間の直線道について (長谷川武)「郷土文化」 茨城県郷土文化研究会 42 2001.7

常陸国における古代駅制の研究とくに国府・安侯・河内駅家間の直線道について (長谷川武)「郷土文化」 茨城県郷土文化研究会 43 2002.3

小嶋郷

東国内乱期における安保氏の立場について―常陸国下妻庄小嶋郷の宛行と還補をめぐって (森内優子)「文書館紀要」 埼玉県立文書館 (18) 2005.3

御前山

御前山を訪ねる (最近のことから) (田中實之)「道鏡を守る会 : 道鏡禅師を知ろう」 道鏡を守る会 26 2004.9

御前山周辺をたずねる (探訪報告) (本田義幾)「道鏡を守る会 : 道鏡禅師を知ろう」 道鏡を守る会 27 2005.4

2008年 茂木・御前山探訪 (田中美好)「道鏡を守る会 : 道鏡禅師を知ろう」 道鏡を守る会 (30) 2008.8

地名「御前山」について (諸沢信子)「道鏡を守る会 : 道鏡禅師を知ろう」 道鏡を守る会 (31) 2009.9

伝承に関して 茂木・御前山一帯の孝謙・道鏡伝承 (誌上交流 意見交換1) (吉村光右)「道鏡を守る会 : 道鏡禅師を知ろう」 道鏡を守る会 (35) 2013.11

後台村

後台村の鈴木家―里正 寺子屋 尊攘派 (田口誠二)「郷土文化」 茨城県郷土文化研究会 (54) 2013.3

古徳城

前小屋城・田渡城・片野城・古徳城 (特集 茨城県の中世城郭) (山本浩之)「中世城郭研究」 中世城郭研究会 (28) 2014.7

小舟城

特別寄稿 小舟城―もう一つの番衆の城 (五十嵐雄大, 高橋宏和)「おがわの文化」 常陸大宮市緒川郷土文化研究会 (31) 2014.3

小舟村

水戸藩反射炉の小舟村への影響 (川野辺富次)「おがわの文化」 常陸大宮市緒川郷土文化研究会 (24) 2000.3

小舟村の天狗諸生の乱 (長山邦一)「おがわの文化」 常陸大宮市緒川郷土文化研究会 (29) 2010.3

古分屋敷

漆掻き―男体山麓の古分屋敷を訪ねて (菊池信也)「ほない歴史通信」 遊史の会 (34) 2005.3

権現山

友部村権現山博奕一件 (小松徳年)「十王町の歴史と民俗」 日立市郷土博物館 (18) 2009.3

権現山城

常陸国志筑郷における城館の成立と展開―権現山城と志筑城の関係を中心として (間宮正光)「常総の歴史」 崙書房出版茨城営業所 30 2003.12

関東 地名でたどる郷土の歴史 茨城県

境河岸
運賃精算にみる河と陸とによる運輸機構—境河岸・小松原家文書を中心に（〈月例会報告要旨〉）(原淳二)「関東近世史研究」 関東近世史研究会 （63） 2007.10

境町
境町の魚類と漁法—利根川のウサギ谷津等の魚類と漁法について (早瀬長利)「町史研究下総さかい」 境町史編さん委員会 （8） 2003.3

境町の山林について (五木田悦郎)「町史研究下総さかい」 境町史編さん委員会 （8） 2003.3

利根川をさかのぼる (中・上流編) (5)—境町の船大工と船 (榎美香)「世喜宿 : 千葉県立関宿城博物館報」 千葉県立関宿城博物館 16 2003.8

川名登先生と境町史のことなど (青木敏雄)「利根川文化研究」 利根川文化研究会 通号26 2005.2

境村
〈特集1 近世 村の生活〉「町史研究下総さかい」 境町史編さん委員会 （8） 2003.3

『史料編近世II村の生活』刊行記念講演 関宿藩主と境の村々 (神崎彰久)「町史研究下総さかい」 境町史編さん委員会 （8） 2003.3

近世境村域村々の耕地と生業についての予備的考察 (森朋久)「町史研究下総さかい」 境町史編さん委員会 （8） 2003.3

逆井城
逆井城跡探訪の記 (新井通代)「群馬歴史散歩」 群馬歴史散歩の会 （236） 2014.10

坂門郷
『和名抄』にみえる常陸国新治郡の郷について (2), (3) 坂門郷 (1), (2) (久信田喜一)「常総の歴史」 崙書房出版茨城営業所 （36）/ （37） 2007.11/2008.7

酒依荘
室町期東国村落における年貢請負契約の成立とその意義—熊野那智山・覚園寺領常陸国酒依荘・郷 (高橋裕文)「鎌倉」 鎌倉文化研究会 （116） 2014.1

桜川市
明治20年代における茨城県産花崗岩石材業の展開—茨城県桜川市・笠間市を主として (論文) (川俣正英)「茨城史林」 筑波書林 （38） 2014.6

茨城県桜川市の被災と復旧事業について (小特集 東日本大震災と地方史研究) (寺崎大貴)「地方史研究」 地方史研究協議会 64（4）通号370 2014.8

猿島
猿島方言の背景 (山崎正巳)「郷土研究さしま」 猿島町立資料館 （12） 2000.3

猿島茶—寛文検地と茶銭 (栗原四郎)「町史研究下総さかい」 境町史編さん委員会 （8） 2003.3

猿島小学校
猿島小学校の思い出 (石山眞道)「町史研究下総さかい」 境町史編さん委員会 （8） 2003.3

猿島町
猿島町域における農地改革の経緯と実績について (長命豊)「郷土研究さしま」 猿島町立資料館 （12） 2000.3

猿島町立資料館展示「中世」の解説「郷土研究さしま」 猿島町立資料館 （12） 2000.3

猿島町立資料館展示「近世」の解説 (資料館)「郷土研究さしま」 猿島町立資料館 （13） 2001.3

猿島町立資料館展示「近現代」の解説 (資料館)「郷土研究さしま」 猿島町立資料館 （14） 2002.3

図説寺子屋教育での教科書—猿島町域の場合 (長命豊)「郷土研究さしま」 猿島町立資料館 （16） 2005.1

佐竹坑
旧坑「佐竹坑」について (吉成茂)「郷土ひたち」 郷土ひたち文化研究会 53 2003.3

猿壁城
猿壁城 (特集 茨城県の中世城郭) (西村和夫)「中世城郭研究」 中世城郭研究会 （28） 2014.7

里川
里川水系の3発電所について (濱島正士)「さとみ風土記」 里美を知る会 （9） 2004.3

里美
源蔵・郡蔵日記の中の里美地方 (片野宗和)「さとみ風土記」 里美を知る会 （10） 2006.3

里美地区の小字地名について (吉成英文)「さとみ風土記」 里美を知る会 （10） 2006.3

佐沼小学校
お世話になった佐沼小学校 (茨城県登米市) での感動のドラマ《高井戸第四府民学校からの集団疎開》(特集 国民学校と学童疎開70年—体験者の投稿) (武之内みどり)「大阪春秋」 新風書房 42（1）通号154 2014.4

佐野郷
『和名抄』にみえる常陸国筑波郡の郷について (2)—佐野・清水両郷を中心に (久信田喜一)「常総の歴史」 崙書房出版茨城営業所 （46） 2013.6

佐原村
佐原村の誕生「ほない歴史通信」 遊史の会 （53） 2009.12

三の丸小学校
水戸学教と水戸の学校教育—水戸市立三の丸小学校の事例を中心に (小林宏次)「茨城県立歴史館報」 茨城県立歴史館 通号30 2003.3

三和町
史料目録 (45) 猿島郡三和町中村家・新治郡千代田町木村家文書目録 (内山俊身)「茨城県立歴史館だより」 茨城県立歴史館 82 2001.4

自彊舎
久木家文書にみる「自彊舎」の教育活動の一端 (小林宏次)「茨城県立歴史館報」 茨城県立歴史館 通号35 2008.3

宍塚
土浦市「宍塚の里山」の価値—里山の宝と保全活動 (特集 流域の文化的景観) (及川ひろみ)「利根川文化研究」 利根川文化研究会 （37） 2013.12

志筑
交代寄合本堂氏と志筑—秋田から来た武将 (千葉隆司)「常総の歴史」 崙書房出版茨城営業所 （37） 2008.7

志筑郷
常陸国志筑郷における城館の成立と展開—権現山城と志筑城の関係を中心として (間宮正光)「常総の歴史」 崙書房出版茨城営業所 30 2003.12

志筑城
常陸国志筑郷における城館の成立と展開—権現山城と志筑城の関係を中心として (間宮正光)「常総の歴史」 崙書房出版茨城営業所 30 2003.12

下淵
下渕の兄弟分制度について (立原勇)「麻生の文化」 行方市教育委員会 （35） 2004.3

七釜
寄稿 鹿島灘沿岸・七釜・八沢の地名 (大貫一郎)「鉾田の文化」 鉾田市郷土文化研究会 （34） 2010.5

清水郷
『和名抄』にみえる常陸国筑波郡の郷について (2)—佐野・清水両郷を中心に (久信田喜一)「常総の歴史」 崙書房出版茨城営業所 （46） 2013.6

下砂井
下砂井の今昔 (相良守治)「町史研究下総さかい」 境町史編さん委員会 （8） 2003.3

下大野
〔史料紹介〕 下大野青木徳治家文書調査報告 (高村恵美, 横山陽子)「そうわ町史研究」 総和町教育委員会 7 2001.3

下高井城
下高井城址について (池田光雄)「中世城郭研究」 中世城郭研究会 （21） 2007.7

下館藩
日記に見る天狗騒動の一齣 (上), (下)—下館藩士の筑波陣中日記から (上牧健二)「常総の歴史」 崙書房出版茨城営業所 30/ （31） 2003. 12/2004.7

霜月楼
海軍の町阿見 各界著名人をふまえて 霜月楼のあゆみ (仲田安夫)「郷土文化」 茨城県郷土文化研究会 （52） 2011.3

下妻
下妻の天明打ちこわし (中村貞夫)「下妻の文化」 下妻市文化団体連絡協議会 25 2000.5

下妻の近代化遺産 (佐久間秀樹)「下妻の文化」 下妻市文化団体連絡協議会 26 2001.5

五街道其外分間延絵図並見取絵図における「下妻」の記載について (佐久間秀樹)「下妻の文化」 下妻市文化団体連絡協議会 （33） 2008.5

市制施行55周年を迎えて (小倉敏雄)「下妻の文化」 下妻市文化団体連絡協議会 （34） 2009.5

茨城県

戦没詩人と下妻（寺田陽子）「下妻の文化」 下妻市文化団体連絡協議会 （34） 2009.5

下妻歴史散歩（随想編）（中尾仁）「下妻の文化」 下妻市文化団体連絡協議会 （38） 2013.5

南北朝を歩く（随想編）（角田惟也）「下妻の文化」 下妻市文化団体連絡協議会 （39） 2014.5

下妻市
新下妻市の飛躍をめざして（小倉敏雄）「下妻の文化」 下妻市文化団体連絡協議会 （31） 2006.5

下妻藩
井上下妻藩上屋敷及び下屋敷跡の現況について（随想編）（佐久間秀樹）「下妻の文化」 下妻市文化団体連絡協議会 （35） 2010.5

下妻養護学校
下妻養護学校について（特別寄稿）（高野恭一）「下妻の文化」 下妻市文化団体連絡協議会 （35） 2010.5

下総西部
下総西部の「中世の道」について―鎌倉街道中道の様相（内山俊身）「常総の歴史」 崙書房出版茨城営業所 （43） 2011.7

下真郷
『和名抄』にみえる常陸国新治郡の郷について（9）―伊讃・下真両郷を中心に（久信田喜一）「常総の歴史」 崙書房出版茨城営業所 （43） 2011.7

下孫宿
資料紹介 岩城相馬街道下孫宿・長山家の宿札など（榎本實）「郷土ひたち」 郷土ひたち文化研究会 （59） 2009.2

下孫停車場
「下孫停車場紀年碑」の再建を喜ぶ（小松徳年）「郷土ひたち」 郷土ひたち文化研究会 （62） 2012.3

十王
安政改革期の十王地方と農民統制―樫村吉左衛門の「諸御用手控」（野上平）「十王町の歴史と民俗」 日立市郷土博物館 14 2005.3

水戸藩における御立山制度とその展開（下）―十王地方を中心にして（橘松壽）「十王町の歴史と民俗」 日立市郷土博物館 （17） 2008.3

常磐南部炭田と十王地域の炭礦（戦前）（安典久）「十王町の歴史と民俗」 日立市郷土博物館 （17） 2008.3

十王町
『図説十王町史』の刊行に寄せて（鈴木暎一）「十王町の歴史と民俗」 日立市郷土博物館 14 2005.3

時雍館
野口 時雍館の設立とその運営（自由テーマ）（木村宏）「大宮郷土研究」 大宮町郷土研究会 （16） 2012.6

常総
仙台藩縁りの人と物流の跡を常総の地に訪ねる（庄司舜一）「仙台郷土研究」 仙台郷土研究会 29（2）通号269 2004.12

常総地方の風景（諸井勉）「下妻の文化」 下妻市文化団体連絡協議会 （30） 2005.5

流域に生きる人々 民権家関戸覚蔵と常総の自由民権運動（大島文二郎）「利根川文化研究」 利根川文化研究会 通号29 2006.12

除地の年貢地化と地域社会―常総地域を事例にして《《大会特集I 茨城の歴史的環境と地域形成》―〈問題提起〉》（宍戸知）「地方史研究」 地方史研究協議会 58（4）通号334 2008.8

常総市
方言を使わない人たち（宮島達夫）「長塚節の文学」 長塚節研究会 （11） 2005.4

常南
常南・北総地域における和算の系譜と展開―『大塚算法記』を手がかりとして（宍戸知）「町史研究伊奈の歴史」 伊奈平 9 2005.3

常北
巨智部忠承『概測 常北地質編』の記録から（國府田克彦）「郷土ひたち」 郷土ひたち文化研究会 （62） 2012.3

表紙写真説明 青山延寿『常北遊記』 明治2（1869）年刊（島崎和夫）「郷土ひたち」 郷土ひたち文化研究会 （63） 2013.3

白鳥
地名「白鳥」と白鳥伝説（大沼信夫）「鉾田の文化」 鉾田市郷土文化研究会 （36） 2012.5

水郡線
根本正の水郡線鉄道建設の関する建議「ほない歴史通信」 遊史の会 （71） 2014.6

水府村
斉昭公の『陶の道』についての試論―水府村「町田焼の調査」（伊藤瓢堂）「水戸史学」 水戸史学会 59 2003.11

水門橋
水戸・水門橋の変遷（小野寺靖）「常総の歴史」 崙書房出版茨城営業所 （39） 2009.7

水漏舎小学校
水漏舎小学校から成沢小学校へ―明治五年学制の地方的展開（瀬谷義彦）「郷土ひたち」 郷土ひたち文化研究会 （57） 2007.3

陶の道
斉昭公の『陶の道』についての試論―水府村「町田焼の調査」（伊藤瓢堂）「水戸史学」 水戸史学会 59 2003.11

須賀
鹿嶋市須賀という集落の流れ（研究報告）（鈴木栄三）「鹿行の文化財」 鹿行文化財保護連絡協議会 （42） 2012.3

渚蒲郷
『和名抄』にみえる常陸国筑波郡の郷について（3）―方穂・渚蒲両郷を中心に（久信田喜一）「常総の歴史」 崙書房出版茨城営業所 （47） 2013.12

菅又村
山横目と庄屋のつながり―菅又村長山家文書を通して（長山博實）「大宮郷土研究」 大宮町郷土研究会 （15） 2011.6

菅又村の記録から―身売り・奉公人について（自由テーマ）（長山博實）「大宮郷土研究」 大宮町郷土研究会 （16） 2012.6

研究発表 人身売買の歴史を辿って―菅又村の記録から（資料編）（長山博實）「大宮郷土研究」 大宮町郷土研究会 （17） 2013.6

助川海防城
助川海防城関係史料―『甲子雑録』から（瀬谷義彦）「郷土ひたち」 郷土ひたち文化研究会 54 2004.3

近世の城郭・台場跡と砲台跡（2）助川海防城と七つの海防施設（佐浦信男）「城」 東海古城研究会 （204） 2010.5

びっくり！ 発見!!助川海防城（田村遥香，横田さやか）「郷土ひたち」 郷土ひたち文化研究会 （63） 2013.3

諏訪川
鮎川（諏訪川）とキャサリン台風（瀬谷弘圀）「会報郷土ひたち」 郷土ひたち文化研究会 （35） 2006.7

諏訪館
諏訪館跡の縄張り―藤井（汀安衛）「玉造史叢」 玉造郷土文化研究会 44 2003.4

関宿藩
『史料編近世II村の生活』刊行記念講演 関宿藩主と境の村々（神崎彰久）「町史研究下総さかい」 境町史編さん委員会 （8） 2003.3

芹沢城
芹澤城は存在したか遺存する縄張りから（汀安衛）「玉造史叢」 玉造郷土文化研究会 46 2005.4

芹沢村
旧芹澤村上山稗倉について（風間亨夫）「玉造史叢」 玉造郷土文化研究会 50 2009.4

旧芹沢村上山の稗蔵について（歴史・考古）（風間亨夫）「玉造史叢」 玉造郷土文化研究会 55 2014.4

千田区
寛永18年検地帳（千田区古文書）（小室道夫）「おがわの文化」 常陸大宮市緒川郷土文化研究会 （24） 2000.3

宗道村
村の農地改革―茨城県結城郡宗道村・玉村・大形村を中心として（小野崎克巳）「地方史研究」 地方史研究協議会 54（2）通号308 2004.4

相馬藩
二つの相馬藩と中村藩（山田實）「相馬郷土」 相馬郷土研究会 （27） 2012.3

総和
総和地域における地租改正（佐々木寛司）「そうわ町史研究」 総和町教育委員会 10 2004.3

総和町
『下総旧事』所収文書と由緒（盛本昌広）「そうわ町史研究」 総和町教育委員会 6 2000.3

《特集 総和町の近現代史料》「そうわ町史研究」 総和町教育委員会 7 2001.3

総和町内現存近現代史料について（岩下祥子）「そうわ町史研究」 総和町教育委員会 7 2001.3

『そうわ町史研究』最終号の刊行によせて（村上直）「そうわ町史研究」

総和町教育委員会　10　2004.3

曽尼
郷土史探訪―私の視点 曽尼の駅家の一断面想起（宮崎幸男）「玉造史叢」 玉造郷土文化研究会　50　2009.4

曽祢郷
『和名抄』にみえる常陸国行方郡の郷について（2）、（3）―曽祢郷（1）、（2）（久信田喜一）「常総の歴史」 崙書房出版茨城営業所　26/27　2001.12/2002.6

大子
『大子風土記』の発行にあたって（小澤圀彦）「ほない歴史通信」 遊史の会　（34）2005.3
『大子風土記』雑感（飯島満男）「ほない歴史通信」 遊史の会　（36）2005.9
『大子風土記』を読んで（菊池信也）「ほない歴史通信」 遊史の会　（36）2005.9
秋の八溝山に登る―大子の自然と歴史を体験（斎藤典生）「ほない歴史通信」 遊史の会　（37）2005.12
ふるさと写真帖 天狗党の宿営地となった大子「ほない歴史通信」 遊史の会　（49）2008.12
大子司法機関（裁判所・検察庁）を回顧して（浅野牧男）「ほない歴史通信」 遊史の会　（58）2011.3
大子弁になじんで（野内恵子）「ほない歴史通信」 遊史の会　（59）2011.6
天狗党も諸生党も通った大子「ほない歴史通信」 遊史の会　（60）2011.9
天狗党西上 大子で戦う（ある従軍日記から）「ほない歴史通信」 遊史の会　（63）2012.6
「大子を学ぶ・大子学」について「ほない歴史通信」 遊史の会　（64）2012.9
百年前の大子を行く（3）（大金祐介）「ほない歴史通信」 遊史の会　（72）2014.9

大子町
新聞記事にみる満州移民の断片（8）～（10）、（14）―第九次冷家店大子町開拓団の軌跡「ほない歴史通信」 遊史の会　（59）/（72）2011.6/2014.9
人口減少問題にどう向き合うか―"消滅可能性都市" 大子町の行方「ほない歴史通信」 遊史の会　（73）2014.12

当麻郷
『和名抄』にみえる常陸国行方郡の郷について（6）、（7）―当麻郷（1）、（2）（久信田喜一）「常総の歴史」 崙書房出版茨城営業所　30/（31）2003.12/2004.7

平村
関連地図 石岡市茨城地区の旧景観と現況/近世常陸府中（平村）地名表「茨城大学中世史研究」 茨城大学中世史研究会　2　2005.3

多賀山地
多賀山地南部の山地を縁取る丘陵を探る（佐藤惣一）「郷土ひたち」 郷土ひたち文化研究会　（60）2010.3

高須堤
高須堤防築堤回向碑（茨城県）（報告―報告 禹王遺跡レポート）（木谷幹一）「治水神・禹王研究会誌」 治水神・禹王研究会　（1）2014.4

高須水防
「田子水除土手」（高須堤防）築堤の背景（羽生春芳）「玉造史叢」 玉造郷土文化研究会　51　2010.4

高萩市
高萩市の古代の東海道と条里制遺構（鈴木貞夫）「福島地理論集」 福島地理学会　44　2001.3

高浜
水陸交通の結節点 高浜の近代（《大会特集I 茨城の歴史的環境と地域形成》―〈問題提起〉）（寺門雄一）「地方史研究」 地方史研究協議会　58（4）通号334　2008.8

高部宿
近世高部宿の形成と流通ネットワーク（常陸大宮市の山城跡 調査概報（2））（高橋裕文）「茨城大学中世史研究」 茨城大学中世史研究会　6　2009.3

高部城
高部城跡とその周辺（常陸大宮市の山城跡 調査概報（2））（前川辰徳）「茨城大学中世史研究」 茨城大学中世史研究会　6　2009.3
付図 高部城跡とその周辺 現況調査図「茨城大学中世史研究」 茨城大学中世史研究会　6　2009.3

高家郷
『和名抄』にみえる常陸国行方郡の郷について（4）―高家郷を中心に（久

信田喜一）「常総の歴史」 崙書房出版茨城営業所　28　2002.12

田子水除土手
「田子水除土手」（高須堤防）築堤の背景（羽生春芳）「玉造史叢」 玉造郷土文化研究会　51　2010.4

田尻宿
田尻宿の歴史（田尻明徳）「郷土ひたち」 郷土ひたち文化研究会　（64）2014.3

橘郷
若舍人郷と玉造郷と橘郷（歴史・考古）（箱根紀千也）「玉造史叢」 玉造郷土文化研究会　53　2012.4

立花郷
常陸国茨城郡立花郷はどこか（歴史・考古）（海老澤幸雄）「玉造史叢」 玉造郷土文化研究会　54　2013.4

立花中学校
立花中学校の思い出（特集 学校のあゆみ4）（小沼政雄）「玉造史叢」 玉造郷土文化研究会　49　2008.4

立木村
幕末期、下総国相馬郡立木村における年貢収取（中小路純）「茨城県史研究」 茨城県教育委員会　（88）2004.2

館岸城
相賀城・石塚城・館岸城（特集 茨城県の中世城郭）（三島正之）「中世城郭研究」 中世城郭研究会　（28）2014.7

棚倉街道
旅人が見た棚倉街道沿いの村々―近世の道中日記を読む（堀切武）「さとみ風土記」 里美を知る会　（10）2006.3

田伏
茨城県田伏の飯屋家の伊勢屋宇兵衛資料について（飯塚良哉）「たいわ : 語り伝える白井の歴史 : 白井市郷土史の会機関誌」 白井市郷土史の会　（24）2007.4

玉川
かつて玉川地区にも中学校があった―昭和30年代後半の学校と生徒達（相川誠子）「玉造史叢」 玉造郷土文化研究会　46　2005.4

玉川小学校
玉川小学校の沿革（仲田洋二）「玉造史叢」 玉造郷土文化研究会　46　2005.4

田町
常陸国茨城郡小川田町御検地水帳について（小塙義輔）「ひたち小川の文化」 小美玉市小川郷土文化研究会　24　2004.4

玉造
玉造は醤油の一大産地だった（海老澤幸雄）「玉造史叢」 玉造郷土文化研究会　45　2004.4
〈特集 学校〉「玉造史叢」 玉造郷土文化研究会　46　2005.4
地名の伝承文化―地名の起源こぼれ話（宮崎幸男）「玉造史叢」 玉造郷土文化研究会　46　2005.4
顕彰碑（八木操）「玉造史叢」 玉造郷土文化研究会　46　2005.4
新選組を創った男の町・玉造（あさくらゆう）「幕末史研究」 三十一人会、小島資料館（発売）（41）2005.9
地名玉造の起源は？（宮崎幸男）「玉造史叢」 玉造郷土文化研究会　47　2006.4
郷土史探訪―私の視点「倭武命」→諡号～日本武尊 玉造地方遍歴説話と背景（宮崎幸男）「玉造史叢」 玉造郷土文化研究会　49　2008.4
地域の小さな歴史「呉竹会の歩み」（特集 守ろう、郷土の伝統と文化）（飯田祐子）「玉造史叢」 玉造郷土文化研究会　50　2009.4
残しておきたい郷土の歴史 野仏/史跡/日本の年中行事とお正月/方言/地名の由来（特集 守ろう、郷土の伝統と文化）（「玉造史叢」編集委員会）「玉造史叢」 玉造郷土文化研究会　51　2010.4
郷土史探訪―私の視点（宮崎幸男）「玉造史叢」 玉造郷土文化研究会　51　2010.4
戦跡を歩いて（仲島長文）「玉造史叢」 玉造郷土文化研究会　52　2011.4

玉造郷
若舍人郷と玉造郷と橘郷（歴史・考古）（箱根紀千也）「玉造史叢」 玉造郷土文化研究会　53　2012.4

玉造小学校
玉造小学校の沿革（〈特集 学校のあゆみ2〉）（大和田鴻）「玉造史叢」 玉造郷土文化研究会　47　2006.4

玉造中学校
新制中学校時代の思い出（玉造中学校）（特集 学校のあゆみ4）（大場浩一）「玉造史叢」 玉造郷土文化研究会　49　2008.4
新制中学校時代発足当時について（玉造中学校）（特集 学校のあゆみ4）（中島安右衛門）「玉造史叢」 玉造郷土文化研究会　49　2008.4

茨城県　　　　　　　　　　　　　　地名でたどる郷土の歴史　　　　　　　　　　　　　　関東

玉造西小学校
玉造西小学校のあゆみ（学校のあゆみ3）（小沼政雄）「玉造史叢」 玉造郷土文化研究会 48 2007.4

玉造西小学校のスタートの頃（学校のあゆみ3）（鈴木節子）「玉造史叢」 玉造郷土文化研究会 48 2007.4

玉造町
玉造町の思い出（稲岡美久）「玉造史叢」 玉造郷土文化研究会 45 2004.4

鉄道のあらまし（特集 玉造町に鉄道が走っていた）（相川誠子）「玉造史叢」 玉造郷土文化研究会 49 2008.4

鉄道のはじまり（特集 玉造町に鉄道が走っていた）（相川誠子）「玉造史叢」 玉造郷土文化研究会 49 2008.4

鉄道が輝いていた頃 五十嵐司（語る）（特集 玉造町に鉄道が走っていた）「玉造史叢」 玉造郷土文化研究会 49 2008.4

鉄道の存続活動と廃線（特集 玉造町に鉄道が走っていた）（栗又衛）「玉造史叢」 玉造郷土文化研究会 49 2008.4

廃線となる鹿島鉄道を追って（スケッチで残す）（特集 玉造町に鉄道が走っていた）（多崎貞夫）「玉造史叢」 玉造郷土文化研究会 49 2008.4

玉村
村の農地改革―茨城県結城郡宗道村・玉村・大形村を中心として（小野崎良巳）「地方史研究」 地方史研究協議会 54（2）通号308 2004.4

田宮宿
中世東国の宿の構造と検断職―常陸国新治郡田宮宿を中心に（高橋裕文）「地方史研究」 地方史研究協議会 64（2）通号368 2014.4

田村
常陸国新治郡田村の「十六人当」―霞ヶ浦湖岸村落の近世宮座および座配史料（渡部圭一）「土浦市立博物館紀要」 土浦市立博物館 （22）2012.3

田渡城
前小屋城・田渡城・片野城・古徳城（特集 茨城県の中世城郭）（山本浩之）「中世城郭研究」 中世城郭研究会 （28）2014.7

筑西市
筑西市と二宮尊徳（《茨城県西部特集》）（宮本朔夫）「常総の歴史」 崙書房出版茨城営業所 （36）2007.11

長左衛門新田
新田領主と検地帳の所持―下総国猿島郡長左衛門新田を事例として（鈴木直哉）「千葉県史研究」 千葉県史料研究財団 11（別冊1）2003.3

長者山遺跡
長者山遺跡と「高播満」―古代常陸国北部の駅家と水運（笹岡明）「常総の歴史」 崙書房出版茨城営業所 （47）2013.12

千代田町
史料目録（45）猿島郡三和町中村家・新治郡千代田町木村家文書目録（内山俊身）「茨城県立歴史館だより」 茨城県立歴史館 82 2001.4

塚原舘
常陸鹿島の塚原舘調査―確認された剣聖・塚原卜伝の居城址「城郭だより ： 日本城郭史学会会報」［日本城郭史学会］（72）2011.1

月波郷
古代常陸新治郡月波郷について（久信田喜一）「茨城史林」 筑波書林 （35）2011.6

筑波
日記に見る天狗騒動の一齣（上），（下）―下館藩士の筑波陣中日記から（上牧健二）「常総の歴史」 崙書房出版茨城営業所 30/（31）2003.12/2004.7

風と共に去った幻の旅路―つくばから仙台へ（太田理）「わかくす ： 河内ふるさと文化誌」 わかくす文芸研究会 （46）2004.11

筑波に南北朝動乱を見る（清水綾子）「松戸史談」 松戸史談会 （45）2005.10

史料「浮浪追討各所合戦之首末・筑波落之記」について（水代勲）「栃木市史談」 栃木市古文書研究会 （16）2011.8

筑波郷
古代常陸国筑波郡筑波郷について（論文）（久信田喜一）「茨城史林」 筑波書林 （37）2013.6

筑波郡
『和名抄』にみえる常陸国筑波郡の郷について（1）―三村郷を中心に（久信田喜一）「常総の歴史」 崙書房出版茨城営業所 （45）2012.12

『和名抄』にみえる常陸国筑波郡の郷について（2）―佐野・清水両郷を中心に（久信田喜一）「常総の歴史」 崙書房出版茨城営業所 （46）2013.6

『和名抄』にみえる常陸国筑波郡の郷について（3）―方穂・渚蒲両郷を中心に（久信田喜一）「常総の歴史」 崙書房出版茨城営業所 （47）

2013.12

『和名抄』にみえる常陸国筑波郡の郷について（4）―水守・栗原両郷を中心に（久信田喜一）「常総の歴史」 崙書房出版茨城営業所 （48）2014.6

筑波山
筑波山周辺の歴史散歩（内田俊男）「郷土文化」 茨城県郷土文化研究会 （44）2003.3

表紙 筑波山絵図（部分・下）「郷土文化」 茨城県郷土文化研究会 （54）2013.3

天狗党筑波挙兵一五〇年記念によせて（研究報告―天狗党関連（筑波山挙兵一五〇年記念））（山野恵通）「鹿行の文化財」 鹿行文化財保護連絡協議会 （44）2014.4

天狗党騒乱（旭村史より抜粋）（研究報告―天狗党関連（筑波山挙兵一五〇年記念））（白田忠教）「鹿行の文化財」 鹿行文化財保護連絡協議会 （44）2014.4

天狗党の墓（研究報告―天狗党関連（筑波山挙兵一五〇年記念））（松田光彦）「鹿行の文化財」 鹿行文化財保護連絡協議会 （44）2014.4

つくば道
日本の道百選 つくば道・歴史散歩（仲田安夫）「郷土文化」 茨城県郷土文化研究会 （48）2007.3

筑波路
筑波路の旅（岩田トメ）「目黒区郷土研究」 目黒区郷土研究会 605 2005.6

造谷
北陸加賀農民の常陸国鹿島郡旭村造谷への走り移民（池端大二）「江沼の久爾」 江沼地方研究会 （48）2003.4

土浦
常州土浦の史跡を訪ねる（史跡探訪）（山野実）「かつしか台地 ： 野田地方史懇話会会誌」 野田地方史懇話会 20 2000.9

水戸から土浦へ、徒歩での脱出（私たちの震災体験記）（阮焜）「茨城大学中世史研究」 茨城大学中世史研究会 9 2012.3

土浦市
地籍図から読み解く土浦市街地の変化―統合型地理情報システムを利用して（石川功）「土浦市立博物館紀要」 土浦市立博物館 （20）2010.3

土浦城
土浦城の構造―縄張り復元の基礎的検討を中心に（高田徹）「土浦市立博物館紀要」 土浦市立博物館 （15）2005.3

土浦藩
宮城県の土浦藩士（海野京子）「仙台郷土研究」 仙台郷土研究会 25（2）通号261 2000.12

近世備荒貯蓄の形成と村落社会―土浦藩「集穀」を中心に（《2006年度大会特集 格差社会と「御救」》）（栗原健一）「関東近世史研究」 関東近世史研究会 （63）2007.10

「土屋蔵帳」の成立とその意義（《大会特集I 茨城の歴史的環境と地域形成》―〈問題提起〉）（木塚久仁子）「地方史研究」 地方史研究協議会 58（4）通号334 2008.8

嘉永・安政期の大坂城代―常陸国土浦藩・土屋寅直の大坂、兵庫開港問題への対応を中心に（菅良樹）「日本研究」 人間文化研究機構国際日本文化研究センター 43 2011.3

土浦町
豪農の出店と地域流通―常陸国土浦町を事例に（柳下顕紀）「交通史研究」 交通史学会，吉川弘文館（発売）（54）2004.4

鶴子海岸
鶴首岬と鶴子海岸（水庭久尚）「会報郷土ひたち」 郷土ひたち文化研究会 34 2005.12

鶴首岬
鶴首岬と鶴子海岸（水庭久尚）「会報郷土ひたち」 郷土ひたち文化研究会 34 2005.12

手賀
手賀と手賀沼（鈴木逸雄）「玉造史叢」 玉造郷土文化研究会 49 2008.4

提賀郷
『和名抄』にみえる常陸国行方郡の郷について（5）―提賀郷を中心に（久信田喜一）「常総の歴史」 崙書房出版茨城営業所 29 2003.7

手賀小学校
手賀小学校の沿革（秋山岩勇）「玉造史叢」 玉造郷土文化研究会 46 2005.4

手賀新田
開拓二百年を迎えた手賀新田集落（上）（野原小右二）「鹿行の文化財」 鹿行文化財保護連絡協議会 （36）2006.3

開拓二百年を迎えた手賀新田（下）（野原小右二）「鹿行の文化財」 鹿行文化財保護連絡協議会 （37）2007.3

関東　　　　　　　　　　地名でたどる郷土の歴史　　　　　　　　　　茨城県

手賀中学校
手賀中学校卒業の頃（特集 学校のあゆみ4）（野原小右二）「玉造史叢」
玉造郷土文化研究会　49　2008.4

提賀の里
提賀の里（飯田祐子）「玉造史叢」 玉造郷土文化研究会　48　2007.4

天保の締め切り
現利根川中流域左岸における「天保の締め切り」跡について―群馬・埼
玉の県境を流れた古利根川（「間の川」）をめぐって（宮田裕紀枝）「利根
川」 利根川同人　33　2011.5

東海村
茨城県東海村の文化的景観（特集 流域の文化的景観）（宮田裕紀枝）「利
根川文化研究」 利根川文化研究会　（37）　2013.12

東海村役場
東海村役場の震災体験（私たちの震災体験記）（土屋奈津子）「茨城大学中
世史研究」 茨城大学中世史研究会　9　2012.3

塔ヶ崎河岸
塔ヶ崎河岸の隆盛期（浅野志朗）「鉾田の文化」 鉾田市郷土文化研究会
（32）　2008.5

塔ヶ崎遺跡
古代常陸国鹿島郡の瓦生産について―鉾田市塔ヶ崎遺跡採集の瓦から
（新垣清貴）「利根川」 利根川同人　32　2010.5

東野城
東野城跡とその周辺―「つなぎの城」の全体像（調査報告）（五十嵐雄
大）「常総中世史研究」 茨城大学中世史研究会　（1）　2013.3

東部中学校
東部中学校今昔（特別寄稿）（廣瀬成男）「下妻の文化」 下妻市文化団体
連絡協議会　（38）　2013.5

常磐高等女学校
茨城県における私立女学校の展開―水戸常磐女学校・常磐高等女学校を中
心として（佐藤環）「茨城県史研究」 茨城県教育委員会　（97）　2013.3

常磐南部炭田
常磐南部炭田と十王地域の炭礦（戦前）（安典久）「十王町の歴史と民俗」
日立市郷土博物館　（17）　2008.3

徳宿
徳宿合戦記―江戸軍記・勝下合戦記とは（渡辺耕男）「鹿行の文化財」 鹿
行文化財保護連絡協議会　（33）　2003.3

頓化原
大山・小場抗争と戦国期佐竹氏の権力構造―大山氏と頓化原合戦をめぐっ
て（安達和人）「常総の歴史」 崙書房出版茨城営業所　（42）　2011.1

鳥名木
史料紹介集「鳥名木文書にみる中世の世界」（内山俊身）「茨城県立歴史館
だより」 茨城県立歴史館　83　2001.10
鳥名木文書について（内山俊身）「玉造史叢」 玉造郷土文化研究会　44
2003.4
鳥名木文書の伝来をめぐって（内山俊身）「茨城史林」 筑波書林　（29）
2005.6

利根川
17世紀の利根川水運と地廻経済（渡辺英夫）「茨城県史研究」 茨城県教
育委員会　（87）　2003.2
境内の魚類と漁法―利根川のウサギ谷津等の魚類と漁法について（早瀬
長利）「町史研究下総さかい」 境町史編さん委員会　（8）　2003.3
利根川東遷の町での地元研究《《大会特集II 茨城の歴史的環境と地域形
成》―〈問題提起〉》（吉田優）「地方史研究」 地方史研究協議会　58
（5）通号335　2008.10
利根川中流域における河道変遷の再検討―16世紀後半から17世紀前半を
中心に（橋本直子）「地方史研究」 地方史研究協議会　59（2）通号338
2009.4
加茂常堅と利根川・渡良瀬川改修（松浦茂樹）「泉石 ： 古河歴史博物館
紀要」 古河歴史博物館　（9）　2010.3
現利根川中流域左岸における「天保の締め切り」跡について―群馬・埼
玉の県境を流れた古利根川（「間の川」）をめぐって（宮田裕紀枝）「利根
川」 利根川同人　33　2011.5

騰波ノ江
騰波ノ江［1］～（7）（角田惟也）「下妻の文化」 下妻市文化団体連絡協議
会　（28）～（34）　2003.5/2009.5
騰波ノ江（8），（9）（随想編）（角田惟也）「下妻の文化」 下妻市文化団体
連絡協議会　（35）/（36）　2010.5/2011.5

富岡城
富岡城・谷中城（特集 茨城県の中世城郭）（小山文好）「中世城郭研究」
中世城郭研究会　（28）　2014.7

巴川
巴川沿岸耕地整理組合―その設立・経過・結末（渡辺耕男）「鉾田の文化」
鉾田市郷土文化研究会　（30）　2006.5
巴川を遡る（水落正夫）「鉾田の文化」 鉾田市郷土文化研究会　（30）
2006.5
涸沼・巴川・北浦の河岸―誰が河岸を営んだのか（海老沢正孝）「鉾田の
文化」 鉾田市郷土文化研究会　（31）　2007.5
巴川周辺から見たはるかなる風景―自然環境の変化がもたらしたもの
（大山勝之）「鉾田の文化」 鉾田市郷土文化研究会　（31）　2007.5

友部
友部と川尻―山尾小野崎氏と水運（笹岡明）「郷土ひたち」 郷土ひたち文
化研究会　（57）　2007.3
多賀郡友部の三城郭―江戸期の伝承・認識を中心に（笹岡明）「常総の歴
史」 崙書房出版茨城営業所　（41）　2010.7

豊田村
山崎家文書目録（茨木一成，井田知子）「論叢ゆほびか」 古記録を読む会
2　2001.12
山崎家文書（2）（史料研究）（茨木一成，井田知子）「論叢ゆほびか」 古
記録を読む会　4　2005.7

取手宿
第24回地方史公開セミナー講演 水戸街道と取手宿の成立（飯島章）「茨
城史林」 筑波書林　（28）　2004.6
史跡探訪 取手宿を訪ねて（中村公一）「かつしか台地 ： 野田地方史懇話
会会誌」 野田地方史懇話会　（37）　2009.3

取手宿本陣
徳川後期の宿場町における土地市場と不動産経営―取手宿本陣染野家の
ケーススタディ（鷲崎俊太郎）「歴史地理学」 歴史地理学会，古今書院
（発売）51（4）通号246　2009.9
徳川後期の「地方町場」と土地不動産市場 取手宿本陣染野家の地貸店賃
経営（シンポジウム記録 地方都市・町場史研究会シンポジウム 地方
都市の形成と展開―その多様性―第66回例会）（鷲崎俊太郎）「首都圏
形成史研究会会報」 首都圏形成史研究会　（24）　2010.8

鷲子
鷲子 薄井友衛門家の系譜をめぐって（1），（2）（野上平）「大宮郷土研究」
大宮町郷土研究会　（15）/（16）　2011.6/2012.06

那珂
那珂国造とヤマト王権（井上辰雄）「常総の歴史」 崙書房出版茨城営業所
29　2003.7

中井城
中井城と新堀・大堀地名（石崎勝三郎）「鹿行の文化財」 鹿行文化財保護
連絡協議会　（36）　2006.3

中居城
中居城周辺の遺構と地名（石崎勝三郎）「鉾田の文化」 鉾田市郷土文化研
究会　（32）　2008.5

那珂川
那珂川の河岸（自由テーマ）（木村宏）「大宮郷土研究」 大宮町郷土研究
会　（18）　2014.6

那珂川水府橋
姿を変える「日本百名橋」 那珂川水府橋 77年ぶりの大改造 国道交通省
洪水氾濫防止事業で（網代茂）「郷土文化」 茨城県郷土文化研究会
（51）　2010.3

長久保
長久保「イシタテバ」調査報告（海老澤修子，河西修）「十王町の歴史と
民俗」 日立市郷土博物館　（17）　2008.3

長倉城
長倉城跡とその周辺―地籍図からよみがえる中世城郭（常陸大宮市の山
城跡 調査概報（3））（額賀大輔）「茨城大学中世史研究」 茨城大学中世
史研究会　7　2010.3
付図 長倉城跡とその周辺 現況調査図/地籍図にみる長倉城跡「茨城大学
中世史研究」 茨城大学中世史研究会　7　2010.3
長倉城跡とその周辺（補遺）（調査報告）（額賀大輔）「常総中世史研究」
茨城大学中世史研究会　（1）　2013.3

那珂郡
那珂郡一揆始末（下嶋敏夫）「グループ秩父事件会報」 グループ秩父事件
事務局　78　2001.2
那珂郡一揆125周年にあたって《《小瀬義民一揆125周年記念特集》》（木
戸田四郎）「おがわの文化」 常陸大宮市緒川郷土文化研究会　（25）
2002.3
曽祖父の義侠―那珂郡農民一揆余話（だすとおる）「おがわの文化」 常陸
大宮市緒川郷土文化研究会　（29）　2010.3

那賀郡衙

常陸国那賀郡衙周辺における瓦倉の造営—対蝦夷政策に伴う兵站基地の荘厳化（《大会特集II 茨城の歴史的環境と地域形成》—〈問題提起〉）（川口武彦）「地方史研究」 地方史研究協議会 58（5）通号335 2008.10

中里発電所

部下からの「久原翁宛書簡」を繙き 中里発電所建設工事の推移を読み取る（吉成茂）「郷土ひたち」 郷土ひたち文化研究会 （62）2012.3

那珂市

那珂市域における中世城郭遺跡の分布状況（調査報告）（五十嵐雄大, 山川千博）「常総中世史研究」 茨城大学中世史研究会 （2）2014.3

中島飛行機製作所阿見出張所

中島飛行機製作所阿見出張所跡及び飛行機搬送路の現況（宮崎修士）「研究ノート」 茨城県教育財団 10 2001.6

中原遺跡

古代集落における文字の伝播と展開—茨城県つくば市中原遺跡出土文字資料の検討（石崎高臣）「古代文化」 古代学協会 58（1）通号564 2006.6

中家郷

常陸国信太郡中家郷の調布と法隆寺（堀部猛）「土浦市立博物館紀要」 土浦市立博物館 （24）2014.3

那珂湊

中世港湾都市那珂湊と権力の動向（市村高男）「茨城県史研究」 茨城県教育会 （87）2003.2

新発見「那珂湊略図」について—東日本大震災被災土蔵から古地図発見（菊池恒雄）「常総の歴史」 崙書房出版茨城営業所 （48）2014.6

七浦郷

貴重な江戸、明治の庶民史料 七浦郷庄屋家文書について（荒川剛志）「鹿島史談」 鹿島史談会 （35）2013.3

生瀬

「生瀬乱」年代考（上）—「山方乱」の伝承記録（野上平）「茨城史林」 筑波書林 （29）2005.6

常陸「生瀬の乱」と河内との関連について（望月金人）「峡南の郷土」 峡南郷土研究会 46 2006.3

「生瀬乱」年代考（下）（野上平）「茨城史林」 筑波書林 （32）2008.6

行方

現原の丘と行方（風間亨夫）「玉造史叢」 玉造郷土文化研究会 48 2007.4

在郷の文人たち 「花橘和歌集」と行方の歌人（秋山高志）「郷土文化」 茨城県郷土文化研究会 （50）2009.3

行方郡

『和名抄』にみえる常陸国行方郡の郷について（1）—香澄郷を中心に（久信田喜一）「常総の歴史」 崙書房出版茨城営業所 25 2000.12

『和名抄』にみえる常陸国行方郡の郷について（2）,（3）—曽祢郷（1）,（2）（久信田喜一）「常総の歴史」 崙書房出版茨城営業所 26/27 2001.12/2002.6

小宮山楓軒の記録した鹿行二郡（1）,（2）（伊東正一）「鹿行の文化財」 鹿行文化財保護連絡協議会 （32）/（33）2002.3/2003.3

『和名抄』にみえる常陸国行方郡の郷について（4）—高家郷を中心に（久信田喜一）「常総の歴史」 崙書房出版茨城営業所 28 2002.12

『和名抄』にみえる常陸国行方郡の郷について（5）—提賀郷を中心に（久信田喜一）「常総の歴史」 崙書房出版茨城営業所 29 2003.7

『和名抄』にみえる常陸国行方郡の郷について（6）,（7）—當麻郷（1）,（2）（久信田喜一）「常総の歴史」 崙書房出版茨城営業所 30/（31）2003.12/2004.7

行方郡外三ヶ村組合立農業公民学校（高野悦男）「麻生の文化」 行方市教育委員会 （35）2004.3

『和名抄』にみえる常陸国行方郡の郷について（8）—余戸・井上郷を中心に（久信田喜一）「常総の歴史」 崙書房出版茨城営業所 （32）2005.3

古代常陸国行方郡の郷について—道田・八代両郷を中心に（久信田喜一）「茨城史林」 筑波書林 （29）2005.6

『和名抄』にみえる常陸国行方郡の郷について（9）—荒原郷（1）（久信田喜一）「常総の歴史」 崙書房出版茨城営業所 （33）2005.12

古代の行方郡（内り義男）「麻生の文化」 行方市教育委員会 （37）2006.3

古代行方郡の水運について（久信田喜一）「耕人」 耕人社 （12）2006.6

『和名抄』にみえる常陸国行方郡の郷について（10）荒原郷（2）、余戸郷の補遺（久信田喜一）「常総の歴史」 崙書房出版茨城営業所 （34）2006.7

『常陸国行方郡諸家文書』と若舎人氏（箱根紀千也）「玉造史叢」 玉造郷土文化研究会 52 2011.4

行方郷

古代常陸国行方郡行方郷について（久信田喜一）「茨城史林」 筑波書林 （28）2004.6

行方市

北茨城市・常陸太田市・水戸市・行方市・鉾田市の調査（史料調査報告）（久信田喜一）「茨城史林」 筑波書林 （37）2013.6

行方市尊皇志士（歴史・考古）（箱根紀千也）「玉造史叢」 玉造郷土文化研究会 55 2014.4

成沢小学校

水濡舎小学校から成沢小学校へ—明治五年学制の地方的展開（瀬谷義彦）「郷土ひたち」 郷土ひたち文化研究会 （57）2007.3

南郷街道

「南郷街道」の名称は誤伝承（飯村尋道）「水戸史学」 水戸史学会 （81）2014.11

男体山

漆掻き—男体山麓の古分屋敷を訪ねて（菊池信也）「ほない歴史通信」 遊史の会 （34）2005.3

新治郡

和名抄にみえる新治郡の郷について（1）沼田郷を中心に（久信田喜一）「常総の歴史」 崙書房出版茨城営業所 （35）2007.2

近世前期・中期の隷属農村の自立過程—常陸国新治郡下の隷属農民を中心として（栗原亮）「茨城史林」 筑波書林 （31）2007.6

『和名抄』にみえる常陸国新治郡の郷について（2）,（3）坂門郷（1）,（2）（久信田喜一）「常総の歴史」 崙書房出版茨城営業所 （36）/（37）2007.11/2008.7

『和名抄』にみえる常陸国新治郡の郷について（4）～（8）巨神郷（1）～（5）（久信田喜一）「常総の歴史」 崙書房出版茨城営業所 （38）/（42）2009.2/2011.1

『和名抄』にみえる常陸国新治郡の郷について（9）—伊讃・下真両郷を中心に（久信田喜一）「常総の歴史」 崙書房出版茨城営業所 （43）2011.7

『和名抄』にみえる常陸国新治郡の郷について（10）—大幡郷を中心に（久信田喜一）「常総の歴史」 崙書房出版茨城営業所 （44）2012.7

新治郷

古代常陸国新治郡新治郷について（久信田喜一）「茨城史林」 筑波書林 （36）2012.6

新堀

中井城と新堀・大堀地名（石崎勝三郎）「鹿行の文化財」 鹿行文化財保護連絡協議会 （36）2006.3

二条山城

二条山城（特集 茨城県の中世城郭）（木地谷了一）「中世城郭研究」 中世城郭研究会 （28）2014.7

仁連町

研究ノート 享保改革期飯沼新田開発について—下総国仁連町名主鈴木善右衛門を例に（長尾政紀）「史叢」 日本大学史学会 （82）2010.3

額田

「額田小野崎文書」（佐々木倫朗）「十王町の歴史と民俗」 日立市郷土博物館 13 2004.3

額田小野崎氏の系譜に関する一考察（特集 伊達政宗の「密書」—その後）（高橋裕文）「常総中世史研究」 茨城大学中世史研究会 （2）2014.3

額田城

戦国期の額田小野崎氏と額田城合戦（高橋裕文）「常総の歴史」 崙書房出版茨城営業所 （45）2012.12

守谷城・額田城（特集 茨城県の中世城郭）（八巻孝夫）「中世城郭研究」 中世城郭研究会 （28）2014.7

沼尾

常陸国風土記から見る沼尾について（研究報告——一般研究）（五十嵐靖幸, 伊藤正一）「鹿行の文化財」 鹿行文化財保護連絡協議会 （44）2014.4

沼田郷

和名抄にみえる新治郡の郷について（1）沼田郷を中心に（久信田喜一）「常総の歴史」 崙書房出版茨城営業所 （35）2007.2

野爪村

「嘉永五年 門人入学帳」（旧野爪村大久保家文書）（史料紹介）（小野崎克己）「茨城史林」 筑波書林 （38）2014.6

蝿帽子峠

蝿帽子峠を越えた水戸浪士たち（廣瀬重見）「水戸史学」 水戸史学会 （73）2010.11

羽黒山城

境目の城郭—羽黒山城、棟峰城を通して（小山文好）「中世城郭研究」 中世城郭研究会 （25）2011.7

波崎

波崎の伝統工芸品「籐細工」(堀江正則)「鹿行の文化財」 鹿行文化財保護連絡協議会 (36) 2006.3

茨城県神栖市波崎方言におけるコピュラの無声化(第202回例会研究発表資料(2013.4.21))(佐々木冠)「北海道方言研究会会報」 北海道方言研究会 (90) 2013.12

波崎町

第2回研修会報告「波崎町文学の検証」(佐藤新司)「鹿行の文化財」 鹿行文化財保護連絡協議会 (35) 2005.3

波崎町の伝統工芸品「籐細工」(我が郷土の匠)(佐藤正)「鹿行の文化財」 鹿行文化財保護連絡協議会 (35) 2005.3

畑要害城

峠の城―畑要害城(今岡稔)「戦乱の空間」 戦乱の空間編集会 (4) 2005.7

八里小学校

八里小学校当時の追憶(大塚国次)「おがわの文化」 常陸大宮市緒川郷土文化研究会 (24) 2000.3

羽生小学校

羽生小学校のあゆみ(学校のあゆみ3)(小沼政雄)「玉造史叢」 玉造郷土文化研究会 48 2007.4

羽生館

羽生館跡の縄張り(汀安衛)「玉造史叢」 玉造郷土文化研究会 45 2004.4

林外城

小幡城・林外城・谷貝峰城(特集 茨城県の中世城郭)(渡辺敬)「中世城郭研究」 中世城郭研究会 (28) 2014.7

林村

楓巷余韻 大貳と東雄―新治郡林村を訪れて(名越時正)「水戸史学」 水戸史学会 (76) 2012.6

坂東市

平将門の遺跡をたずねて、坂東市、国王神社「下野史談」 下野史談会 (104) 2007.6

歴史散歩の報告(事務局企画)平将門ゆかりの地 坂東市 平成26年6月15日(山崎正)「群馬歴史散歩」 群馬歴史散歩の会 (236) 2014.10

東牛谷

舘野丈夫家文書「諸覚見出」について―東牛谷に残った古河藩庁史料(針谷武志)「そうわ町史研究」 総和町教育委員会 10 2004.3

日高村

多賀郡日高村の全村教育(伊藤純郎)「茨城県史研究」 茨城県教育委員会 (85) 2001.1

常陸

万葉集に見る常陸の国(内田俊男)「郷土文化」 茨城県郷土文化研究会 43 2002.3

近世常陸障害者史考(田中日出夫)「茨城史林」 筑波書林 (28) 2004.6

常陸佐竹氏における官途(木下聡)「戦国史研究」 戦国史研究会, 吉川弘文館(発売) (48) 2004.8

『常陸風土記』と私(宮路久子)「玉造史叢」 玉造郷土文化研究会 46 2005.4

古きよき常陸・いわき路(市川三郎)「府中史談」 府中市史談会 (31) 2005.5

出雲、上総、常陸のイジミ地名考(澤田文夫)「常総の歴史」 崙書房出版茨城営業所 (33) 2005.12

「鹿島契」と常陸に亡命した里美氏(上)、(下)(飛田寿)「鹿行の文化財」 鹿行文化財保護連絡協議会 (36)/(37) 2006.3/2007.3

常陸紀行(県外学習)(坪井敏)「たいわ : 語り伝える白井の歴史 : 白井市郷土史の会機関誌」 白井市郷土史の会 (24) 2007.4

古文書学習の楽しみ(常陸旧家帳を読んで)(野沢満)「大宮郷土研究」 大宮町郷土研究会 (11) 2007.6

中世の常陸・下総における城館と拠点形成(《大会特集I 茨城の歴史的環境と地域形成》―〈問題提起〉)(宇留野主悦)「地方史研究」 地方史研究協議会 58(4) 通号334 2008.8

戦国期常陸の茶生産(《大会特集I 茨城の歴史的環境と地域形成》―〈問題提起〉)(長塚孝)「地方史研究」 地方史研究協議会 58(4) 通号334 2008.8

佐竹氏の常陸統一と北関東諸氏の縁組(《大会特集I 茨城の歴史的環境と地域形成》―〈問題提起〉)(今泉徹)「地方史研究」 地方史研究協議会 58(4) 通号334 2008.8

水運史から見た近世常陸の位置(《大会特集I 茨城の歴史的環境と地域形成》―〈問題提起〉)(渡辺英夫)「地方史研究」 地方史研究協議会 58(4) 通号334 2008.8

大名が通る―常陸・下総の一部の場合(河野弘)「郷土文化」 茨城県郷土文化研究会 (50) 2009.3

常陸風土記菅政友による写本を読む(羽生均)「麻生の文化」 行方市教育委員会 (40) 2009.3

「常陸・日立」の語源・漢字表記について(飯岡由紀雄)「九州古代史の会NEWS」 九州古代史の会 (148) 2009.11

山方城跡とその周辺―常陸北部の境目の城(常陸大宮市の山城跡 調査概報(3))(高橋裕文)「茨城大学中世史研究」 茨城大学中世史研究会 7 2010.3

続 常陸風土記菅政友による写本を読む(羽生均)「麻生の文化」 行方市教育委員会 (41) 2010.3

常陸風土記から郷土を散策する(榎本徹郎)「ひたち小川の文化」 小美玉市小川郷土文化研究会 (30) 2010.6

続々 常陸風土記菅政友による写本を読む(羽生均)「麻生の文化」 行方市教育委員会 (43) 2012.3

「坂東乱逆」と佐竹氏の成立―義光流流源氏の常陸留任・定着を考える(高橋修)「茨城県史研究」 茨城県教育委員会 (96) 2012.3

常陸地方の津波災害(笹岡明)「郷土ひたち」 郷土ひたち文化研究会 (62) 2012.3

関東足利氏発給文書にみる戦国期常陸の動向―基頼・晴氏文書を中心に(寺崎理香)「茨城県立歴史館報」 茨城県立歴史館 (41) 2014.3

考古資料からみた中世常陸・下総の道(研究)(比毛君男)「常総中世史研究」 茨城大学中世史研究会 (2) 2014.3

大掾浄永発給文書に関する一考察―観応の擾乱期の常陸(研究)(中根正人)「常総中世史研究」 茨城大学中世史研究会 (2) 2014.3

幕末常陸の尊皇攘夷(歴史・考古)(箱崎千也)「玉造史叢」 玉造郷土文化研究会 55 2014.3

中世常陸の馬と武士団(小特集 鎌倉武士と馬と街道)(高橋修)「馬の博物館研究紀要」 馬事文化財団・馬の博物館 (19) 2014.4

中世前期常陸大掾氏の代替りと系図(中根正人)「常総の歴史」 崙書房出版茨城営業所 (48) 2014.6

日立

史料紹介 道中記にみる日立地方(1)~(5)(堀切武)「郷土ひたち」 郷土ひたち文化研究会 49/(56) 1999.3/2006.3

日立の湧き水その後(樋口正雄)「会報郷土ひたち」 郷土ひたち文化研究会 (38) 2007.12

戦前の日立を考える 第14回実業補習・中等教育(1)(志田諄一)「市民と博物館」 日立市郷土博物館 通号90 2009.3

「常陸・日立」の語源・漢字表記について(飯岡由紀雄)「九州古代史の会NEWS」 九州古代史の会 (148) 2009.11

須恵器生産の展開と供給地別分業の発現―律令成立期前後の日立を中心として(渥美賢吾)「常総台地」 常総台地研究会 (16) 2009.12

戦前の日立を考える 第17回 日立の教育への提言(3)(志田諄一)「市民と博物館」 日立市郷土博物館 通号94 2010.3

ひたちの自然誌(50) 日立地方の『山水小記』(水庭久尚)「会報郷土ひたち」 郷土ひたち文化研究会 (50) 2014.2

「ふるさと逍遥」原稿募集「常陸国風土記にみる日立」/郷土博物館の開館「会報郷土ひたち」 郷土ひたち文化研究会 (50) 2014.2

常陸太田

早秋の常陸太田に視察地を求めて(仲田洋二)「玉造史叢」 玉造郷土文化研究会 44 2003.4

常陸太田市

北茨城市・常陸太田市・水戸市・行方市・鉾田市の調査(史料調査報告)(久信田喜一)「茨城史林」 筑波書林 (37) 2013.3

常陸太田市武子家文書の保存・調査(西潟潔)「じゃんぴん : NPO法人歴史資料継承機構news letter」 歴史資料継承機構 (17) 2014.8

常陸大宮市

常陸大宮市内における創設期の小学校(河野弘)「大宮郷土研究」 大宮町郷土研究会 (10) 2006.7

第1回内国勧業博覧会と常陸大宮市(河野弘)「大宮郷土研究」 大宮町郷土研究会 (11) 2007.6

常陸大宮市の山城跡 調査概報(1)(高橋修, 前川辰徳)「茨城大学中世史研究」 茨城大学中世史研究会 5 2008.3

常陸大宮市域の中世銘文史料―棟札を中心に(梅田由子)「茨城大学中世史研究」 茨城大学中世史研究会 7 2010.3

調査報告 常陸大宮市の山城跡 調査概報(4) 常陸大宮市甲神社の慶長四年銘棟札(高村恵美)「茨城大学中世史研究」 茨城大学中世史研究会 8 2011.3

常陸大宮市の善行者―「官刻孝義録」より(共通テーマ 常陸大宮ゆかりの歴史的人物について)(河野弘)「大宮郷土研究」 大宮町郷土研究会 (16) 2012.6

常陸大宮市内における佐竹氏所縁の開基本像(資料紹介)(高村恵美)「常総中世史研究」 茨城大学中世史研究会 (1) 2013.3

常陸大宮城の天狗・諸生の乱(自由テーマ)(河野弘)「大宮郷土研究」 大宮町郷土研究会 (17) 2013.6

常陸大宮市域の天狗・諸生の乱の犠牲者(自由テーマ)(河野弘)「大宮郷土研究」 大宮町郷土研究会 (18) 2014.6

日立海岸
記録をたどる日立海岸ものがたりから(川上千尋)「郷土ひたち」 郷土ひたち文化研究会 54 2004.3

日立港
日立港造成と茂宮川河口干潟について(川上千尋)「郷土ひたち」 郷土ひたち文化研究会 (58) 2008.3

日立鉱山
商店長屋と公設市場のことなど―日立鉱山創業期の本山の商業(吉成茂)「郷土ひたち」 郷土ひたち文化研究会 54 2004.3

常陸国衙
常陸国衙の調査とその成果(箕輪健一)「常総の歴史」 崙書房出版茨城営業所 (35) 2007.2

常陸国府
常陸国府を訪ねて(松川和夫)「いしぶみ」 「いしぶみ」発行所 (19) 2004.4

日立製作所日立工場
昭和初期の日立製作所日立工場俯瞰写真(高橋市蔵)「郷土ひたち」 郷土ひたち文化研究会 52 2002.3

常陸南部
貞享・元禄期の野論―常陸南部の入会地紛争を中心として(栗原亮)「茨城史林」 筑波書林 (27) 2003.6

近世村落の成立と入会地紛争―常陸南部の入会地紛争を中心として(栗原亮)「関東近世史研究」 関東近世史研究会 (57) 2004.10

常陸国
常陸国古代戸籍考(上)―常陸国辛未年籍とその周辺(平田耿二)「茨城県史研究」 茨城県教育委員会 84 2000.3

常陸国古代戸籍考(下)―正倉院文書「常陸国戸籍」の編製年(平田耿二)「茨城県史研究」 茨城県教育委員会 (85) 2001.1

常陸における古代駅制の研究 とくに国府・安侯・河内駅家間の直線道について(長谷川武)「郷土文化」 茨城県郷土文化研究会 42 2001.7

『常陸国風土記』の探求(1) 葦穂山と大神駅家の比定地の再検討(増田修)「常総の歴史」 崙書房出版茨城営業所 26 2001.12

常陸における古代駅制の研究 とくに国府・安侯・河内駅家間の直線道について(長谷川武)「郷土文化」 茨城県郷土文化研究会 43 2002.3

『常陸国風土記』の探求(2) 「西野宣明の閲歴」研究の現状と課題(増田修)「常総の歴史」 崙書房出版茨城営業所 27 2002.6

『常陸国風土記』の探求(3) 「西野宣明の著作」研究の現状と課題―「常陸風土記鈔一」の紹介と「風土記概論」の翻訳(増田修)「常総の歴史」 崙書房出版茨城営業所 28 2002.12

史料紹介 芦崎寺衆徒が常陸国・上総国・下総国で形成した檀那場―文献史料再考の檀那場(福江充)「富山史壇」 越中史壇会 140 2003.9

岐阜県揖斐郡大野町付近と『常陸国風土記』と結城紬の関係(石田明乗)「城」 東海古城研究会 (186) 2003.6

《『常陸国風土記』研究特集》「常総の歴史」 崙書房出版茨城営業所 29 2003.7

常陸国風土記研究の現状と課題(志田諄一)「常総の歴史」 崙書房出版茨城営業所 29 2003.7

敗者の立場で読む『常陸国風土記』(松崎健一郎)「常総の歴史」 崙書房出版茨城営業所 29 2003.7

史料紹介 常陸国の写経生/北条氏照書状/谷原領の御仕法積鶏卵と鶏卵米/福岡堰普通水利組合の「書類目録」と「簿書台帳」(上)/第1回カラフト探査報告書「町史研究伊奈の歴史」 伊奈町 8 2004.3

風土記の編纂と撰進―『常陸国風土記』の成立をめぐって(荊木美行)「つどい」 豊中歴史同好会 196 2004.7

「常磐」地域の生成―近代地域経済編成の展開(中武敏彦)「北海道・東北史研究」 北海道出版企画センター (1) 2004.12

資料紹介 告発された常陸国司/小田氏治書状/小張の文芸雑誌「扶桑青年」/福岡堰普通水利組合の「書類目録」と「簿書台帳」(下)/岡口民蔵への申渡書「町史研究伊奈の歴史」 伊奈町 9 2005.3

『常陸・豊後・肥前国風土記』に描かれた神・人・集団一覧(田井恭一)「東播磨 地域史論集」 東播磨地域史懇話会 (11) 2005.3

鎌倉期常陸国における国衙機構の変遷と在庁官人(大澤泉)「茨城県史研究」 茨城県教育委員会 通号91 2007.2

常陸国の「辛未年籍」(《大会特集I 茨城の歴史的環境と地域形成》―〈問題提起〉)(堀部猛)「地方史研究」 地方史研究協議会 58(4)通号334 2008.8

絵図を写す人々―正保常陸国絵図を例に(《大会特集II 茨城の歴史的環境と地域形成》―〈問題提起〉)(小野寺淳)「地方史研究」 地方史研究協議会 58(5)通号335 2008.10

『常陸国風土記』を貫く「民間伝承と民間神話」(大芝英雄)「九州古代史の会NEWS」 九州古代史の会 (147) 2009.9

クニから評へ―常陸国の領域編成(論考・論説)(中井忠和)「いわき地方史研究」 いわき地方史研究会 (50) 2013.10

長者山遺跡と「高播満」―古代常陸国北部の駅家と水運(笹岡明)「常総の歴史」 崙書房出版茨城営業所 (47) 2013.12

歴史随想 『常陸国風土記』と藤原氏(特集 常陸国風土記1300年)(井上辰雄)「茨城県史研究」 茨城県教育委員会 (98) 2014.3

常陸国北部
常陸国北部の歴史と特産奨励のこと(加藤寛斎の事跡)(菊池健晴)「郷土文化」 茨城県郷土文化研究会 (46) 2005.3

常陸府中
常陸府中現況調査概報(1)―中世都市のフィールドワーク(有賀和成,小佐野浅子,高橋修,皆川昌三)「茨城大学中世史研究」 茨城大学中世史研究会 1 2004.3

常陸府中現況調査概報(2)―中世都市のフィールドワーク(有賀和成,石橋一展,小佐野浅子,酒井吐夢,高橋修,皆川昌三)「茨城大学中世史研究」 茨城大学中世史研究会 2 2005.3

関連地図 石岡市茨城地区の旧景観と現況/近世常陸府中(平村)地名表「茨城大学中世史研究」 茨城大学中世史研究会 2 2005.3

近世都市府中の形成過程と水戸街道の変遷(《特集 常陸府中の景観変遷―現況調査概報IIIにかえて》)(増渕禎志)「茨城大学中世史研究」 茨城大学中世史研究会 3 2006.3

常陸府中に関する絵図・地図について(酒井吐夢)「茨城大学中世史研究」 茨城大学中世史研究会 4 2007.3

付録 府中城古絵図・常陸府中関係絵図・回り舞台組み立て作業参加記(茨城大学中世史研究会編集・茨城大学五浦美術文化研究所発行)「茨城大学中世史研究」 茨城大学中世史研究会 4 2007.3

常陸北部
青山延寿『常北遊記』を読む―150年前の常陸北部をたどる(大森林造)「郷土ひたち」 郷土ひたち文化研究会 55 2005.3

日立村
鉱山の発展と地域変容―明治末～大正期の日立村を対象に(研究会報告要旨―第69回例会)(西谷直樹)「首都圏形成史研究会会報」 首都圏形成史研究会 (24) 2010.8

涸沼
涸沼・巴川・北浦の河岸―誰が河岸を営んだのか(海老沢正孝)「鉾田の文化」 鉾田市郷土文化研究会 (31) 2007.5

涸沼南岸地域における郡・県の組替(論文)(海老澤正孝)「茨城史林」 筑波書林 (38) 2014.6

日の出
首都圏液状化の地(1) 潮来市日の出地区(清水靖夫)「Collegio」 之潮 (45) 2011.7

深穴村
常州深穴村と地名加須(野本寛一)「常総の歴史」 崙書房出版茨城営業所 (34) 2006.7

福岡堰
史料紹介 常陸国の写経生/北条氏照書状/谷原領の御仕法積鶏卵と鶏卵米/福岡堰普通水利組合の「書類目録」と「簿書台帳」(上)/第1回カラフト探査報告書「町史研究伊奈の歴史」 伊奈町 8 2004.3

資料紹介 告発された常陸国司/小田氏治書状/小張の文芸雑誌「扶桑青年」/福岡堰普通水利組合の「書類目録」と「簿書台帳」(下)/岡口民蔵への申渡書「町史研究伊奈の歴史」 伊奈町 9 2005.3

袋田
加茂上条の蒟蒻は袋田・大子から(関正平)「加茂郷土誌」 加茂郷土調査研究会 (32) 2010.4

上条商人と常陸袋田などとのつながり(関正平)「加茂郷土誌」 加茂郷土調査研究会 (33) 2011.4

袋田小学校
資料紹介 母親文庫から婦人学級へ―袋田小学校の取り組み(野内正美)「ほない歴史通信」 遊史の会 (34) 2005.3

袋田の滝
袋田の滝(一瀬隆子)「わかくす : 河内ふるさと文化誌」 わかくす文芸研究会 (52) 2007.11

イメージアップした袋田の滝新観瀑台(鈴木徹)「ほない歴史通信」 遊史の会 (50) 2009.3

袋田瀑布
ふるさと写真帖 袋田瀑布「日本新八景百選」で日本二十五勝「ほない歴史通信」 遊史の会 (55) 2010.6

藤井
諏訪館跡の縄張り―藤井(汀安衛)「玉造史叢」 玉造郷土文化研究会 44 2003.4

関東　　　　　　　　　　　　　　　地名でたどる郷土の歴史　　　　　　　　　　　　　　　茨城県

二重作村
梶山村・二重作村月番帳より「村割」について（大沼信夫）「鉾田の文化」　鉾田市郷土文化研究会　（31）2007.5

府中城
付録 府中城古絵図・常陸府中関係絵図・回り舞台組み立て作業参加記（茨城大学中世史研究会編集・茨城大学五浦美術文化研究所発行）「茨城大学中世史研究」　茨城大学中世史研究会　4　2007.3

部垂城
部垂城跡とその周辺―水陸交通からみた部垂城の位置（調査報告 常陸大宮市の山城跡 調査概報（4））（牡丹健一）「茨城大学中世史研究」　茨城大学中世史研究会　8　2011.3

部垂城跡とその周辺 補遺（調査報告 常陸大宮市の山城跡 調査概報（4））（前川辰徳）「茨城大学中世史研究」　茨城大学中世史研究会　8　2011.3

部垂の乱に関する伝承資料（調査報告 常陸大宮市の山城跡 調査概報（4））（高橋裕文）「茨城大学中世史研究」　茨城大学中世史研究会　8　2011.3

付図 部垂城跡とその周辺 現況調査図（牡丹健一）「茨城大学中世史研究」　茨城大学中世史研究会　8　2011.3

望洋館
東茨城郡大洗町所在望洋館跡および磯浜海防陣屋跡の紹介（蓼沼香未由）「郷土文化」　茨城県郷土文化研究会　（45）2004.3

鉾田
鉾田地方の俳諧―田山有甫の墓碑銘（中根誠）「鉾田の文化」　鉾田市郷土文化研究会　（30）2006.5

下町から山の手へ（大山勝之）「鉾田の文化」　鉾田市郷土文化研究会　（31）2007.5

明治の町村合併―旧町村の成立とその過程及び役場について（大沼信夫）「鉾田の文化」　鉾田市郷土文化研究会　（34）2010.5

寄稿「ごさい漬け」の語源に関する一考察と製法（石崎勝三郎）「鉾田の文化」　鉾田市郷土文化研究会　（35）2011.5

近世における現鉾田地域の様子（研究発表）（大沼信夫）「鉾田の文化」　鉾田市郷土文化研究会　（37）2013.5

鉾田河岸
明治期鉾田河岸について（追加資料）（渡辺耕男）「鉾田の文化」　鉾田市郷土文化研究会　（29）2005.5

大正期 鉾田河岸について（渡辺耕男）「鉾田の文化」　鉾田市郷土文化研究会　（29）2005.5

鉾田川
大谷川、鉾田川の水運計画について（飛田壽）「鉾田の文化」　鉾田市郷土文化研究会　（29）2005.5

鉾田市
古文書紹介「楠正成文書」（飛田壽）「鉾田の文化」　鉾田市郷土文化研究会　（29）2005.5

鉾田市鉾田関連「明治・大正・昭和初期年表」（渡辺耕男）「鉾田の文化」　鉾田市郷土文化研究会　（33）2009.5

中世鹿島地方の歴史―南北朝期を中心にした鉾田市域の氏族の動向（研究発表）（飛田壽）「鉾田の文化」　鉾田市郷土文化研究会　（37）2013.5

講演 レジュメ 古代の鉾田市をさぐる（渡部俊夫）「鉾田の文化」　鉾田市郷土文化研究会　（37）2013.5

北茨城市・常陸太田市・水戸市・行方市・鉾田市の調査（史料調査報告）（久信田喜一）「茨城史林」　筑波書林　（37）2013.6

新発見の徳川慶喜関係資料について―鉾田市・田山家文書から（史料紹介）（久信田喜一）「茨城史林」　筑波書林　（38）2014.6

佐藤次男氏収集資料・鉾田市田山家文書・水戸市芝山家文書の調査（史料調査班調査報告）（久信田喜一）「茨城史林」　筑波書林　（38）2014.6

鉾田城
表紙 鉾田城主の墓「鉾田の文化」　鉾田市郷土文化研究会　（38）2014.5

鉾田城物語（研究発表）（渡辺康男）「鉾田の文化」　鉾田市郷土文化研究会　（38）2014.5

鉾田飛行学校
鉾田陸軍鉾田飛行学校と陸軍特別攻撃隊（野口信）「鉾田の文化」　鉾田市郷土文化研究会　（33）2009.5

鉾田飛行場
鉾田陸軍鉾田飛行場から出撃した陸軍特別攻撃隊（野口信）「鉾田の文化」　鉾田市郷土文化研究会　（34）2010.5

鉾田町
地名考察 鉾田町町内（烟田信雄）「鉾田の文化」　鉾田市郷土文化研究会　24　2000.5

鉾田町災害史―明治・大正期/昭和期（渡辺幸男）「鉾田の文化」　鉾田市郷土文化研究会　（27）2003.5

鉾田町の地名（小字名）附訂正された読み（大沼信夫）「鉾田の文化」　鉾田市郷土文化研究会　（30）2006.5

徳宿氏と烟田氏―鉾田町史中世編批判（渡辺耕男）「鉾田の文化」　鉾田市郷土文化研究会　（32）2008.5

「鉾田町内の道路の移り変わり」について（大沼信夫）「鉾田の文化」　鉾田市郷土文化研究会　（34）2010.5

近世後期常陸国鹿島郡鉾田町の動向（長谷川伸三）「研究紀要」　日本村落自治史料調査研究所　（15）2011.4

保内
保内の農民騒動（下）二 家毀し（高橋裕文）「ほない歴史通信」　遊史の会　（72）2014.9

堀割川
堀割川（前島準）「鹿行の文化財」　鹿行文化財保護連絡協議会　（35）2005.3

前小屋城
前小屋城・田渡城・片野城・古徳城（特集 茨城県の中世城郭）（山本浩之）「中世城郭研究」　中世城郭研究会　（28）2014.7

真壁
院政期・鎌倉期の常陸国真壁氏とその拠点（清水亮）「茨城大学中世史研究」　茨城大学中世史研究会　6　2009.3

真壁郡
中世真壁郡域研究の進展にむけて（《大会特集I 茨城の歴史的環境と地域形成》―〈問題提起〉）（清水亮）「地方史研究」　地方史研究協議会　58（4）通号334　2008.8

真壁城
戦国期真壁城と城下町の景観（宇留野主悦）「茨城県史研究」　茨城県教育委員会　通号92　2008.2

孫沢
合戦伝承の構図―永禄5年「孫沢合戦」の場合（笹岡明）「郷土ひたち」　郷土ひたち文化研究会　55　2005.3

町田城
佐竹支城 町田城（御城）址を訪ねて（後藤進）「郷土文化」　茨城県郷土文化研究会　（46）2005.3

松浦郷
古代常陸国鹿嶋郡松浦郷について（久信田喜一）「茨城県立歴史館報」　茨城県立歴史館　通号27　2000.3

松之草
水戸黄門ゆかりの里（松之草）（《名所「緒川十景」特集》―名所「緒川十景」紹介）「おがわの文化」　常陸大宮市緒川郷土文化研究会　（24）2000.3

見川城
常陸見川城をめぐって（西股総生）「中世城郭研究」　中世城郭研究会　（22）2008.7

水海村
文化財調査報告 寛永2年水海村検地帳について「そうわの文化財」　総和町教育委員会　9　2003.3

道田郷
古代常陸国行方郡の郷について―道田・八代両郷を中心に（久信田喜一）「茨城史林」　筑波書林　（29）2005.6

水戸
水戸浪士（天狗党）の伊那谷通行について―関川文書を中心にして（吉沢章）「伊那」　伊那史学会　48（3）通号862　2000.3

江戸高輪東禅寺事件と水戸浪士の動向（白井光弘）「郷土文化」　茨城県郷土文化研究会　41　2000.3

水戸教学と水戸の学校教育―水戸市立三の丸小学校の事例を中心に（小林宏次）「茨城県立歴史館報」　茨城県立歴史館　通号30　2003.3

史料紹介 総管公水戸江戸御供日記（川俣正英）「茨城史林」　筑波書林　（27）2003.6

「水戸小史」の立場（瀬谷義彦）「耕人」　耕人社　9　2003.6

水戸天狗党遺聞二題（高藤大）「那須野ケ原開拓史研究」　那須野ケ原開拓史研究会　54　2003.6

歴史随想・幕末の宣伝戦―水戸の天狗党と諸生派（瀬谷義彦）「茨城県史研究」　茨城県教育委員会　（88）2004.2

水戸天狗党最後の地を訪ねて（篠崎澄子）「史談」　安蘇史談会　（20）2004.6

水戸天狗党外伝―その生きざまとロマンを求めて（大塚政義）「水戸史学」　水戸史学会　（61）2004.11

近世初中期の水戸領皮多集団の構造と職業（高橋裕文）「明日を拓く」　東日本部落解放研究所，解放出版（発売）31（4）通号59　2005.3

水戸・東京・アメリカ “進歩”があこがれであった頃（《特集 あなたも知

らない昭和30年代路地裏の民俗学）)（青木茂雄）「歴史民俗学」 批評社　(24)　2005.7

水戸の都市基盤『城下町の歴史地理学的考察』（江原忠昭）「耕人」 耕人社　(12)　2006.6

遺稿 水戸の誇り十撰（名越時正）「水戸史学」 水戸史学会　(65)　2006.11

旅人が見た江戸時代の水戸地方一道中日記を読む（堀切武）「郷土文化」 茨城県郷土文化研究会　(48)　2007.3

講演要旨 比較文明学としての水戸学（長谷川三千子）「水戸史学」 水戸史学会　(66)　2007.6

「水戸の漢詩人たち」を聞いて（窪谷悌二郎）「鹿行の文化財」 鹿行文化財保護連絡協議会　(38)　2008.3

上州路を駆け抜けた水戸天狗党一諸藩・住民と下仁田戦争（大塚政義）「水戸史学」 水戸史学会　(71)　2009.11

梨野峠に水戸浪士の跡を追う（民俗特集）（林登美人）「伊那」 伊那史学会　58(1)通号980　2010.1

浦和の恩師・水戸の恩師（菊池慎一）「耕人」 耕人社　(15)　2010.2

楓巷余韻 水戸気風論（名越時正）「水戸史学」 水戸史学会　(73)　2010.11

試論「水戸の商業」（江原忠昭）「郷土文化」 茨城県郷土文化研究会　(52)　2011.3

水戸人の辞世（吉成英文）「郷土文化」 茨城県郷土文化研究会　(52)　2011.3

戦災の記憶一水戸空襲について（羽生春芳）「玉造史叢」 玉造郷土文化研究会　52　2011.4

被災地・水戸の4日間（私たちの震災体験記）（平岡崇）「茨城大学中世史研究」 茨城大学中世史研究会　9　2012.3

水戸から土浦へ、徒歩での脱出（私たちの震災体験記）（阮焜）「茨城大学中世史研究」 茨城大学中世史研究会　9　2012.3

水戸義士伝余話（田中勇）「故郷乃研究」 白山市教育委員会　(7)　2012.3

寄稿 水戸・銚子紀行(1)～(3)「月刊歴史ジャーナル」 NPO法人尾道文化財研究所　(102)／(104)　2012.6/2012.08

水戸天狗党乱当時における栗橋関所の検問と対応一幕府常備軍兵器の査検を中心として（第2回交通史学会大会報告・総会発表要旨（自由論題））（丹治健蔵）「交通史研究」 交通史学会, 吉川弘文館（発売)　(81)　2013.9

水戸浪士の足跡を下仁田に訪ねて（第38回上伊那歴史研究会県外実地踏査報告「茨城県と上伊那とのつながりを探る」）（新井幸徳）「伊那路」 上伊那郷土研究会　57(12)通号683　2013.12

水戸浪士の足跡を中津川に訪ねて（第39回上伊那歴史研究会県外実地踏査報告「愛知県三河と上伊那とのつながりを探る」）（新井徳）「伊那路」 上伊那郷土研究会　58(12)通号695　2014.12

水戸市

水戸市の旧町名保存について（宮川修）「耕人」 耕人社　(13)　2007.6

地域団体の歴史一水戸市の場合（江原忠昭）「耕人」 耕人社　(15)　2010.2

『水戸市近現代年表』を活かすために（宮川修）「耕人」 耕人社　(15)　2010.2

北茨城市・常陸太田市・水戸市・行方市・鉾田市の調査（史料調査報告）（久信田喜一）「茨城史林」 筑波書林　(37)　2013.6

佐藤次男氏収集資料・鉾田市田山家文書・水戸市芝山家文書の調査（史料調査班調査報告）（久信田喜一）「茨城史林」 筑波書林　(38)　2014.6

水戸市営競馬場

水戸市営競馬場の顚末と収支決算（宮川修）「耕人」 耕人社　(12)　2006.6

水戸市森林公園

水戸市森林公園ものがたり(1),(2)（宮嶋敬夫）「耕人」 耕人社　10/11　2004.5/2005.5

水戸市森林公園物語(3),(4)（宮嶋敬夫）「耕人」 耕人社　(12)／(13)　2006.6/2007.6

水戸城

水戸城と天狗党の悲劇（仲田安夫）「郷土文化」 茨城県郷土文化研究会　(45)　2004.3

水戸常磐女学校

茨城県における私立女学校の展開一水戸常磐女学校・常磐高等女学校を中心として（佐藤環）「茨城県史研究」 茨城県教育委員会　(97)　2013.3

水戸八景

水戸八景覚書（佐藤次男）「郷土文化」 茨城県郷土文化研究会　(45)　2004.3

水戸八景覚書(2),(3)（佐藤次男）「郷土文化」 茨城県郷土文化研究会　(46)／(47)　2005.3/2006.3

水戸藩

水戸藩元治の乱と藩北部の様相「北郡御用留」の一部を読む（菊池健晴）

「郷土文化」 茨城県郷土文化研究会　41　2000.3

水戸藩ゆかりの地訪問記（川上千尋）「郷土ひたち」 郷土ひたち文化研究会　51　2001.3

水戸藩ゆかりの文化財を訪ねる（吉田稔）「郷土ひたち」 郷土ひたち文化研究会　53　2003.3

幕末水戸藩の軍艦製造所覚書（佐藤次男）「郷土文化」 茨城県郷土文化研究会　(44)　2003.3

水戸様が通る一文化年間における水戸藩主の帰国と通棺（河野弘）「常総の歴史」 崙書房出版茨城営業所　30　2003.12

日光植物園の創設と三人の水戸藩士（寺門秀明）「耕人」 耕人社　10　2004.5

『交衆帳』に見る水戸藩領近世末に見られる談林所の活動の実態及び修学活動への内乱の影響（矢島英雄）「茨城史林」 筑波書林　(28)　2004.6

水戸藩士の富士登山（秋山高志）「富士信仰研究」 富士信仰研究会　(5)　2004.7

水戸藩浪士越前へ乗込騒の事（畑勝治）「武生市史編さんだより」 武生市史編さん委員会　37　2005.3

水戸藩と蝦夷地（地蔵慶護）「北海道の文化」 北海道文化財保護協会　(77)　2005.3

天狗党の乱（瀬谷義彦）「耕人」 耕人社　11　2005.5

水戸藩政期の密通と成敗（野上平）「会報郷土ひたち」 郷土ひたち文化研究会　34　2005.12

私観 幕末の水戸藩（三浦間弘）「群馬風土記」 群馬出版センター　20(2)通号85　2006.4

水戸徳川家と江戸屋敷の跡を訪れて（加藤元信）「文京ふるさと歴史館だより」 ［文京ふるさと歴史館］　(13)　2006.4

水戸浪士蜂起の背景と伊那路通過の波紋（伊藤昭雄）「伊那」 伊那史学会　54(5)通号936　2006.5

幕末における水戸藩の窯業から（伊藤瓢堂）「水戸史学」 水戸史学会　(65)　2006.11

水戸藩に関する作業ノート（江原忠昭）「耕人」 耕人社　(13)　2007.6

水戸藩と東北戊辰戦争(3)（清水理絵）「東北戊辰戦争懇話会報」 東北戊辰戦争懇話会　(5)　2007.12

幕末の天狗党秘史一水戸藩に於ける悲劇(1)～(3)（小林義忠）「郷土文化」 茨城県郷土文化研究会　(49)／(51)　2008.3/2010.3

水戸藩における御立山制度とその展開（下）一十王地方を中心にして（橘松壽）「十王町の歴史と民俗」 日立市郷土博物館　(17)　2008.3

水戸藩と東北戊辰戦争(4)（草野楓子）「東北戊辰戦争懇話会報」 東北戊辰戦争懇話会　(6)　2009.2

学問教育遺産の提唱一「水戸藩の学問・教育遺産群」の回顧と展望（〈新たな文化財の評価のあり方をめざして〉)（関口勝久）「常総の歴史」 崙書房出版茨城営業所　(39)　2009.7

高森町歴史資料館特別展「水戸浪士天狗党の伊那街道通行」（展示評）（竹ノ内雅人）「飯田市歴史研究所年報」 飯田市教育委員会　(7)　2009.8

水戸藩国産鮮荷物の継送をめぐる紛争一安食村文内について（研究ノート）（今井康之）「印西の歴史」 印西市教育委員会　(5)　2010.3

赤穂義士残照一関鉄之介の赤穂来訪並びに水戸藩の赤穂義士礼賛（佐藤誠）「赤穂の文化研究紀要」 赤穂市文化とみどり財団　(6)　2012.2

江戸の水戸藩邸（河野弘）「常総の歴史」 崙書房出版茨城営業所　(44)　2012.7

水戸藩教育史の原点一儒塾講釈と馬場講釈（鈴木暎一）「茨城県史研究」 茨城県教育委員会　(97)　2013.3

照山事件の裁判過程一その全経緯と審理内容（高島千代）「秩父事件研究顕彰」 秩父事件研究顕彰協議会　(18)　2013.3

水戸様と殿中儀礼（河野弘）「常総の歴史」 崙書房出版茨城営業所　(46)　2013.6

水戸藩の海防政策（河野弘）「常総の歴史」 崙書房出版茨城営業所　(47)　2013.12

水戸藩諸生派残影（市村眞一）「常総の歴史」 崙書房出版茨城営業所　(47)　2013.12

藩政をめぐる村役人の蔵書と献策一水戸藩領牛堀村須田家を事例として（榎本博）「茨城県史研究」 茨城県教育委員会　(98)　2014.3

歴史講演会「奥女中のみた幕末の水戸藩一『落葉の日記』から一」 笹目礼子先生（資料編）「大宮郷土研究」 大宮町郷土研究会　(18)　2014.6

水戸藩南領

霞ヶ浦と水戸藩南領の関連考（第38回上伊那歴史研究会県外実地踏査報告「茨城県と上伊那とのつながりを探る」）（池上昭）「伊那路」 上伊那郷土研究会　57(12)通号683　2013.12

水戸藩反射炉

水戸藩反射炉の小舟村への影響（川野辺富次）「おがわの文化」 常陸大宮市緒川郷土文化研究会　(24)　2000.3

壬生郡

『常陸国風土記』に於ける壬生郡とその豪族（井上辰雄）「茨城県史研究」 茨城県教育委員会　(85)　2001.1

三村郷

『和名抄』にみえる常陸国筑波郡の郷について(1)―三村郷を中心に(久信田喜一)「常総の歴史」 崙書房出版茨城営業所 (45) 2012.12

水守郷

『和名抄』にみえる常陸国筑波郡の郷について(4)―水守・栗原両郷を中心に(久信田喜一)「常総の歴史」 崙書房出版茨城営業所 (48) 2014.6

宮谷県

宮谷県の救恤政策(飯島章)「茨城県史研究」 茨城県教育委員会 通号93 2009.3

宮田

昭和10年撮影・宮田地区の写真解説(水庭久尚)「郷土ひたち」 郷土ひたち文化研究会 52 2002.3

宮田川水抜きアーチ橋

宮田川のアーチ橋(水庭久尚)「会報郷土ひたち」 郷土ひたち文化研究会 (38) 2007.12

村松宿

旅人たちが見た村松宿(現東海村村松)―近世の道中日記・紀行文から(堀切武)「郷土文化」 茨城県郷土文化研究会 (44) 2003.3

明々館

明々館の思い出(とばのえ余話)(随想編)(角田惟也)「下妻の文化」 下妻市文化団体連絡協議会 (38) 2013.5

茂田村

茂田村の歴史散歩(現下館市大字茂田)(高橋義恭)「郷土文化」 茨城県郷土文化研究会 (45) 2004.3

本山

商店長屋と公設市場のことなど―日立鉱山創業期の本山の商業(吉成茂)「郷土ひたち」 郷土ひたち文化研究会 54 2004.3

茂宮川

ふるさと逍遥 茂宮川あたり[1],(2)(茅根博)「会報郷土ひたち」 郷土ひたち文化研究会 28/50 2002.12/2014.2

茂宮川河口干潟

日立港造成と茂宮川河口干潟について(川上千尋)「郷土ひたち」 郷土ひたち文化研究会 (58) 2008.3

守谷城

古河公方足利義氏と関宿簗田氏―下総守谷城移座計画をめぐって(佐藤博信)「千葉城郭研究」 千葉城郭研究会 (10) 2011.10

守谷城・額田城(特集 茨城県の中世城郭)(八巻孝夫)「中世城郭研究」 中世城郭研究会 (28) 2014.7

谷貝峰城

小幡城・林外城・谷貝峰城(特集 茨城県の中世城郭)(渡辺敬)「中世城郭研究」 中世城郭研究会 (28) 2014.7

八沢

寄稿 鹿島灘沿岸・七釜・八沢の地名(大貫一郎)「鉾田の文化」 鉾田市郷土文化研究会 (34) 2010.5

八代郷

古代常陸国行方郡の郷について―道田・八代両郷を中心に(久信田喜一)「茨城史林」 筑波書林 (29) 2005.6

谷田部

茨城県つくば市谷田部市街にみる往年のにぎわい(小口千明, 高橋淳, 上形智香, 新宮千恵, 中川紗智)「歴史地理学野外研究」 筑波大学人文社会科学研究科歴史・人類学専攻歴史地理学研究室 (16) 2014.3

八千代町

史料目録(44) 結城郡八千代町 秋葉剛士家文書目録(久信田喜一)「茨城県立歴史館だより」 茨城県立歴史館 79 2000.7

谷中城

富岡城・谷中城(特集 茨城県の中世城郭)(小山文好)「中世城郭研究」 中世城郭研究会 (28) 2014.7

矢畑村

江戸時代中期の村方騒動―下総国結城郡矢畑村の場合(木戸田四郎)「茨城県史研究」 茨城県教育委員会 (85) 2001.1

近世後期における一橋領知の農村復興―下総国結城郡矢畑村の事例(柳橋正雄)「茨城県立歴史館報」 茨城県立歴史館 通号37 2010.3

谷原

史料紹介 常陸国の写経生/北条氏照書状/谷原領の御仕法積鶏卵と鶏卵米/福岡堰普通水利組合の「書類目録」と「簿書台帳」(上)/第1回カラフト探査報告書「町史研究伊奈の歴史」 伊奈町 8 2004.3

山尾

研究余録 山尾小野崎氏、常陸から秋田へ(笹岡明)「郷土ひたち文化研究会 (58) 2008.3

山尾城

要害から城郭へ―文書に見る山尾城とその城下(笹岡明)「茨城史林」 筑波書林 (35) 2011.6

戦国末期の山尾城―江戸期資料による縄張復元(笹岡明)「常総の歴史」 崙書房出版茨城営業所 (43) 2011.7

山方城

戦国期佐竹東義久と常陸国山方城の位置(上),(下) 佐竹氏の南奥進出と境目の城としての軍事・交易的機能(高橋裕文)「常総の歴史」 崙書房出版茨城営業所 (40)/(41) 2009.12/2010.7

山方城跡とその周辺―常陸北部の境目の城(常陸大宮市の山城跡 調査概報(3))(高橋裕文)「茨城大学中世史研究」 茨城大学中世史研究会 7 2010.3

史料紹介 山方城下商人鈴木氏の史料―鈴木惣次郎旧蔵文書(高橋裕文)「茨城大学中世史研究」 茨城大学中世史研究会 8 2011.3

山野辺

資料紹介 山野邊地図(後藤禮三)「市民と博物館」 日立市郷土博物館 通号90 2009.3

八溝山

秋の八溝山に登る―大子の自然と歴史を体験(斎藤典生)「ほない歴史通信」 遊史の会 (37) 2005.12

水戸天狗党(田中隊)、八溝山麓に散る(飯村尋道)「水戸史学」 水戸史学会 (73) 2010.11

歴史講演会 八溝山麓の金山について 萩野谷悟先生(資料編)「大宮郷土研究」 大宮町郷土研究会 (17) 2013.6

結城

〔史料紹介〕翻刻「結城御城地見分覚帳」(白峰旬)「愛城研報告」 愛知中世城郭研究会 5 2000.6

『結城軍記』について(上),(下)(史料紹介)(高橋恵美子)「二宮町史研究」 二宮町 1/2 2003.3/2004.3

岐阜県揖斐郡大野町付近と『常陸国風土記』と結城紬の関係(石田明乗)「城」 東海古城研究会 (186) 2003.6

鳥名木文書に見る室町期東国の政治状況―永享の乱・結城合戦時の霞ヶ浦周辺と足利万寿王丸の鎌倉公方復権運動について(内山俊身)「茨城県立歴史館報」 茨城県立歴史館 通号31 2004.3

結城紬展をふりかえって(篠崎茂雄)「栃木県立博物館友の会だより」 栃木県立博物館友の会 35 2004.10

ユネスコ無形文化遺産登録1周年記念特別展「本場結城紬」展を終えて「小山市立博物館博物館だより」 小山市立博物館 54 2012.3

史料紹介 結城水野家文書「水野落去記」「茨城史林」 筑波書林 (36) 2012.6

結城合戦絵詞の錯書簡について(研究)(藤本正行)「常総中世史研究」 茨城大学中世史研究会 (1) 2013.3

加担した者たちから見た結城戦争―彰義隊士と会津藩士(論文)(あさくらゆう)「茨城史林」 筑波書林 (37) 2013.6

吉田用水

吉田用水通船計画―生活史の視点から(小野崎克巳)「茨城県史研究」 茨城県教育委員会 84 2000.3

依上鉱山

マンガン鉱床「依上鉱山」の紹介(笠井勝美)「ほない歴史通信」 遊史の会 (60) 2011.9

八溝山地の依上・鹿島マンガン鉱山(2)(笠井勝美)「ほない歴史通信」 遊史の会 (72) 2014.9

竜ヶ崎

砂押(川)龍ヶ崎・桜木などの地名(太宰幸子)「いしぶみ」 「いしぶみ」発行所 (35) 2010.7

竜ヶ崎村

近世龍ヶ崎村の町場形成―中世城下町から近世陣屋町へ(飛田英世)「茨城史林」 筑波書林 25 2001.6

鹿行

30年の歩み《30周年記念誌》(野原幸之助)「鹿行の文化財」 鹿行文化財保護連絡協議会 30 2000.3

文化財保護連絡協議会合同研修会報告「鹿行地方の古代史」(飛田寿)「鹿行の文化財」 鹿行文化財保護連絡協議会 (33) 2003.3

文学から見る鹿行の歴史(研究報告)(小沼正司)「鹿行の文化財」 鹿行文化財保護連絡協議会 (42) 2012.3

文学から見る鹿行の歴史(研究報告)(小沼正司)「鹿行の文化財」 鹿行文化財保護連絡協議会 (43) 2013.4

茨城県 　　　　　　　　　　　　　地名でたどる郷土の歴史 　　　　　　　　　　　　　　　　　関東

若舎人郷
　若舎人郷と玉造郷と橘郷（歴史・考古）（箱根紀千也）「玉造史叢」 玉造
　　郷土文化研究会 　53 　2012.4

若林村
　下総猿島郡若林村の草切り伝承と偽文書（原田信男）「戦国史研究」 戦国
　　史研究会，吉川弘文館（発売）（50）2005.8

渡良瀬川
　加茂常堅と利根川・渡良瀬川改修（松浦茂樹）「泉石 ： 古河歴史博物館
　　紀要」 古河歴史博物館 　（9）2010.3

栃木県

赤麻沼
赤麻沼八景（石川善克）「藤岡史談」 藤岡町古文書研究会 （7）2001.6
赤見町
赤見町市場の鎮守―消えた石垣への随想（川田春樹）「史談」 安蘇史談会 （30）2014.5
赤見村
史料紹介 一村に二〇給の下野国安蘇郡赤見村（京谷博次）「史談」 安蘇史談会 （27）2011.9
千代ケ岡の幻影―鮫嶋大将と赤見村の人々（川田春樹）「史談」 安蘇史談会 （29）2013.6
秋山川
秋山川畔の飛行機遭難の記念碑（黒田哲哉）「史談」 安蘇史談会 （20）2004.6
昭和初期の頃の秋山川について（大森千哥子）「史談」 安蘇史談会 （23）2007.6
鷹部屋橋について（特集 秋山川水系に架かる橋梁）（海老原脩治）「史談」 安蘇史談会 （27）2011.9
浅沼村
元和4年の「検地帳」に見る "佐野庄浅沼村" の風景（京谷博次）「史談」 安蘇史談会 （24）2008.6
旭橋
絵葉書で見る那須地方の昔（5）―那須湯本温泉の玄関口「旭橋」（長谷川操）「那須文化研究」 那須文化研究会 （27）2013.12
足尾
足尾鉱毒事件と日本の公害の歴史（宇井純）「田中正造と足尾鉱毒事件研究」 随想舎 13 2003.11
正造直訴後の二つの勝利―もっとも輝いてみられた時期（布川了）「田中正造と足尾鉱毒事件研究」 随想舎 13 2003.11
座談会 地域を守る、地域を掘り起こす（板橋明治、田村秀明、針谷不二男、広瀬武、布川了）「田中正造と足尾鉱毒事件研究」 随想舎 13 2003.11
鉱害シンポジウム30年を歩んで（布川了）「田中正造と足尾鉱毒事件研究」 随想舎 13 2003.11
足尾鉱毒・渡良瀬川沿岸事情（坂原辰男）「田中正造と足尾鉱毒事件研究」 随想舎 13 2003.11
故郷「足尾」と鉱毒事件（内田康子）「目黒区郷土研究」 目黒区郷土研究会 599 2004.12
足尾の煙害・鉱毒問題を考えるためのスケッチ（加藤清次）「高校地理歴史・公民科紀要」 栃木県高等学校教育研究会地理歴史・公民部会 43 2005.3
足尾鉱毒・渡良瀬川沿岸事情（坂原辰男）「田中正造と足尾鉱毒事件研究」 随想舎 14 2006.11
峠と古道を歩く（36）六林班峠と阿世潟峠―足尾の峠とその歴史を訪ねて（須田茂）「上州路 ： 郷土文化誌」 あさを社 34（2）通号393 2007.2
文人達の足尾 国木田独歩の足尾―独歩社 足尾銅山暴動画報（小野崎敏）「足尾を語る会会報.第2次」 足尾を語る会 （11）2007.4
「学窓」から考える足尾（今足尾は……）（加藤清次）「足尾を語る会会報.第2次」 足尾を語る会 （11）2007.4
最近の足尾（エッセイ）（山本正夫）「足尾を語る会会報.第2次」 足尾を語る会 （11）2007.4
足尾の自然に学ぶ（エッセイ）（伊藤博）「足尾を語る会会報.第2次」 足尾を語る会 （11）2007.4
足尾と「テロリズム」（今足尾は……）（加藤清次）「足尾を語る会会報.第2次」 足尾を語る会 （12）2008.5
足尾鉱毒・渡良瀬川沿岸事情（坂原辰男）「田中正造と足尾鉱毒事件研究」 随想舎 15 2009.2
足尾に強制連行されたある朝鮮人の物語（今足尾は……）（しまくらまさし）「足尾を語る会会報.第2次」 足尾を語る会 （14）2010.5
「光」と「影」―「無公害自熔精錬設備」が撤去されて（今足尾は……）（安達豊）「足尾を語る会会報.第2次」 足尾を語る会 （15）2012.1
足尾―福島 歴史に学ぶ意義（特集 田中正造没後100年）（菅井益郎）「田中正造と足尾鉱毒事件研究」 随想舎 16 2013.4
足尾鉱毒・渡良瀬川沿岸事情（特集 田中正造没後100年）（坂原辰男）「田中正造と足尾鉱毒事件研究」 随想舎 16 2013.4

足尾鉱毒事件と四人の文壇人（黒田哲哉）「史談」 安蘇史談会 （29）2013.6
連載「再生の原風景」で出会った足尾（今足尾は……）（堀内洋助）「足尾を語る会会報.第2次」 足尾を語る会 （16）2013.7
足尾・水俣・原発―過去から学ぶもの（今足尾は……）（しまくらまさし）「足尾を語る会会報.第2次」 足尾を語る会 （16）2013.7
足尾時代の回想（エッセイ）（橋本政信）「足尾を語る会会報.第2次」 足尾を語る会 （16）2013.7
田中正造と館林・板倉地域の人びと―足尾鉱毒問題をめぐって（小特集 利根川・渡良瀬川合流域の歴史と景観―研究）（中嶋久人）「群馬文化」 群馬県地域文化研究協議会 （317）2014.1
中央政界の足尾鉱毒事件における認識をめぐって―第十六議会前から第十八議会後まで（論文）（笠原亮介）「史叢」 日本大学史学会 （90）2014.3
足尾銅山
《特集 足尾銅山と渡良瀬川》「桐生史苑」 桐生文化史談会 （42）2003.3
足尾銅山の発見と強制開発（五十嵐昭雄）「桐生史苑」 桐生文化史談会 （42）2003.3
生かされていない足尾鉱毒の教訓（牧野喜好）「田中正造と足尾鉱毒事件研究」 随想舎 14 2006.11
銅山時代の懐古（エッセイ）（安達豊）「足尾を語る会会報.第2次」 足尾を語る会 （11）2007.4
泉屋（住友）が一時、足尾銅山の警衛を検討か……内部事情で断念（曽我幸弘）「新居浜史談」 新居浜郷土史談会 （371）2008.4
足尾文化の顕彰と検証のとき（足尾銅山の歴史と文化）（小野崎敏）「足尾を語る会会報.第2次」 足尾を語る会 （12）2008.5
生きている足尾銅山（エッセイ）（坂本寛明）「足尾を語る会会報.第2次」 足尾を語る会 （13）2009.5
文書で読む栃木の歴史 「足尾銅山鉱業停止誓願運動趣旨」（山本訓志）「文書館だより」 栃木県立文書館 （46）2009.7
三酔人銅山問答（1）～（3）（今足尾は……）（加藤清次）「足尾を語る会会報.第2次」 足尾を語る会 （14）/（16）2010.5/2013.7
足尾銅山の世界遺産登録を考える（講演録）（神山勝次）「救現 ： 田中正造大学ブックレット」 田中正造大学出版部、随想舎（発売）通号11 2010.7
足尾銅山産業遺産群の保存と活用―世界遺産登録推進とその課題（研究会報告要旨―第71回例会）（鈴木泰浩）「首都圏形成史研究会会報」 首都圏形成史研究会 （24）2010.8
足尾銅山からの技術―塚越家文書より（山本訓志）「文書館だより」 栃木県立文書館 （49）2011.3
足尾銅山の史跡探訪（野田地方史懇話会 会員とつづる20周年）（渡辺孝夫）「かつしか台地 ： 野田地方史懇話会会誌」 野田地方史懇話会 （41）（別冊2）2011.3
足尾銅山鉱毒反対運動と地方改良運動―「一等国の模範村」「亡国の模範地」（特集 田中正造没後100年）（板橋文夫）「田中正造と足尾鉱毒事件研究」 随想舎 16 2013.4
大学での交流型授業と大学生による足尾銅山鉱毒事件関係史跡等の保存の提言（特集 田中正造没後100年）（本城昇、黒柳裕行、鎌田諒）「田中正造と足尾鉱毒事件研究」 随想舎 16 2013.4
長野県民の足尾銅山鉱毒被害救済の実相（上）,（下）―田中正造没後100年にあたり（小平千文）「信濃［第3次］」 信濃史学会 65（8）通号763/65（9）通号764 2013.8/2013.9
足尾銅山第六鉄索（安生信夫）「鹿沼史林」 鹿沼史談会 （53）2013.11
ぐんまの歴史入門講座 第158講 足尾銅山裏山史（根利山）（高山正）「ぐんま地域文化」 群馬地域文化振興会 （43）2014.10
足尾町
旧足尾町文化財分布図/日本の近代化に貢献したまち「足尾」/足尾のシンボルーコウシンソウ/旧足尾町文化財一覧表《特集 旧足尾町（栃木県日光市）》「群馬歴史散歩」 群馬歴史散歩の会 （197）2007.1
足尾町の名は残った（エッセイ）（齋藤正三）「足尾を語る会会報.第2次」 足尾を語る会 （12）2008.5
足利
足利地方史における二、三の問題点―人名・地名の読（呼）方再考（菊地卓）「研究紀要」 足利教育会 （39）2002.3
古代における足利文化の一端（植竹豊）「足利文林」 足利文林会 58 2003.5

足利の武将たち(33)～(46)(丸山裕)「足利文林」 足利文林会 58/
(71) 2003.5/2009.10

近代足利織物へのステップ(日下部高明)「足利文林」 足利文林会 58
2003.5

江戸への道 足利歴史探訪(1)(植木静山)「足利文林」 足利文林会 59
2003.10

私的足利年表(1),(2)(岩下隆一)「足利文林」 足利文林会 (62)/
(63) 2005.5/2005.10

足利における道の変遷(足利市教育委員会)「群馬歴史散歩」 群馬歴史散
歩の会 190 2005.7

足利の織物産業と近代化遺産(日下部高明)「群馬歴史散歩」 群馬歴史散
歩の会 190 2005.7

佐野足利山村の歴史と文化を訪ねる―田沼・飛駒地方の歴史と文化(横
倉忠男)「栃木県立博物館友の会だより」 栃木県立博物館友の
会 (41) 2006.10

「足利」地名のアイヌ語解(関口重男)「松龍史談」 大月手紙の会 (7)
2006.12

足利学校と鑁阿寺に伝来する武田勝頼の禁制に関する一考察―足利・館
林領主長尾氏と足利学校の関連について《中世後期と近世初頭にお
ける足利学校の歴史的検討へのアプローチ》(柳田貞夫)「足利地方史
研究」 柳田貞夫 (2) 2007.3

ミニ・ミュンヘンから足利へ(鈴木光尚)「足利文林」 足利文林会
(66) 2007.5

あしかがの登録文化財 余録(1)～(5)(長太三)「足利文林」 足利文林
会 (68)/(72) 2008.5/2010.5

足利の地名について(関口重男)「とちぎの歴史と文化を語る会年報」 と
ちぎの歴史と文化を語る会 (6) 2008.12

地域主義の思い出と足利(日下部高明)「足利文林」 足利文林会 (70)
2009.5

民俗民話 足利怨霊地誌―われらこの地に祟りをなさん(中島太郎)「史
談」 安蘇史談会 (25) 2009.9

足利周辺の碑文を探る(9) 最長寿の歴史の語り部―その他諸々の石造物
考(平賀康雄)「扣之帳」 扣之帳刊行会 (25) 2009.12

三代目木村半兵衛の学区取締としての活動について―明治初期の足利地
方の教育状況(麻生千明)「とちぎの歴史と文化を語る会年報」 とち
ぎの歴史と文化を語る会 (7) 2010.3

足利の武将たち(47)～(51)(歴史・郷土史研究)(丸山裕)「足利文林」
足利文林会 (72)/(76) 2010.5/2012.6

足利文林抄―完結を惜しんで(丸山君峯)「足利文林」 足利文林会
(76) 2012.6

足利商工会議所と足利文林(中庭三夫)「足利文林」 足利文林会 (76)
2012.6

織部・足利を支えた渡良瀬川舟運と猿田河岸(特集 流域の文化的景観)
(阿由葉司)「利根川文化研究」 利根川文化研究会 (37) 2013.12

足利学校

足利学校庫主年譜稿(倉沢昭寿)「学校 : 史跡足利学校「研究紀要」」
足利市教育委員会史跡足利学校事務所 (3) 2003.3

史跡足利学校所蔵『岡崎系図』の紹介 附・足利市域の旧家の先祖供養
(菊地卓、斎藤徳雄)「松龍史談」 大月手紙の会 4 2003.9

足利学校学徒考補遺(倉澤昭壽)「学校 : 史跡足利学校「研究紀要」」
足利市教育委員会史跡足利学校事務所 (4) 2004.3

「学校」第2号「足利学校学徒考」訂正表(倉澤昭壽)「学校 : 史跡足利学
校「研究紀要」」 足利市教育委員会史跡足利学校事務所 (4) 2004.3

足利学校孔子坐像考補遺(大澤慶子)「学校 : 史跡足利学校「研究紀
要」」 足利市教育委員会史跡足利学校事務所 (4) 2004.3

資料紹介 足利学校大成殿大棟の海獣(須永美知夫)「学校 : 史跡足利
学校「研究紀要」」 足利市教育委員会史跡足利学校事務所 (4) 2004.3

足利学校関係の木村半兵衛家文書について(史料紹介)(倉澤昭壽、市橋
一郎)「学校 : 史跡足利学校「研究紀要」」 足利市教育委員会史跡足
利学校事務所 2006年度 2007.3

徳川家康の寄進状と足利学校領朱印地の位置について《中世後期と近
世初頭における足利学校の歴史的検討へのアプローチ》(柳田貞夫)
「足利地方史研究」 柳田貞夫 (2) 2007.3

足利庄内の国府野(こうの)と国府野山―中世における足利学校の国府
野所在説の検討《中世後期と近世初頭における足利学校の歴史的検
討へのアプローチ》(柳田貞夫)「足利地方史研究」 柳田貞夫 (2)
2007.3

足利学校と鑁阿寺に伝来する武田勝頼の禁制に関する一考察―足利・館
林領主長尾氏と足利学校の関連について《中世後期と近世初頭にお
ける足利学校の歴史的検討へのアプローチ》(柳田貞夫)「足利地方史
研究」 柳田貞夫 (2) 2007.3

史料紹介 足利学校遺跡保護委員会会計報告書(明治前半期)(倉澤昭壽、
市橋一郎、吉田美貴子)「学校 : 史跡足利学校「研究紀要」」 足利市
教育委員会史跡足利学校事務所 (7) 2009.3

教育遺産としての史跡足利学校《「新たな文化財の評価のあり方をめざし

て》)(市橋一郎)「常総の歴史」 崙書房出版茨城営業所 (39) 2009.7

近世後期足利学校の図書館的機能について《栃木・知の周辺を探る》
(松本一夫)「歴文だより : 栃木県歴史文化研究会会報」 栃木県歴史
文化研究会事務局 (72) 2009.7

松本一夫氏報告「近世後期足利学校の図書館的機能について」を聞いて
《栃木・知の周辺を探る―大会報告》)(菊地卓)「歴文だより : 栃木
県歴史文化研究会会報」 栃木県歴史文化研究会事務局 (73) 2009.
10

近世後期足利学校の図書館的機能について(松本一夫)「歴史と文化」 栃
木県歴史文化研究会, 随想舎(発売) (19) 2010.8

足利学校遺跡図書館並管理委員会関係書類(倉澤昭壽、市橋
一郎、吉田美貴子)「学校 : 史跡足利学校「研究紀要」」 足利市教育
委員会史跡足利学校事務所 (9) 2011.3

世界遺産 史跡足利学校 遺構に沿って忠実に復原(市橋一郎)「閑谷学校
研究」 特別史跡閑谷学校顕彰保存会 (15) 2011.5

研究 足利学校における建物配置の意義(大澤伸吾)「学校 : 史跡足利学校
「研究紀要」」 足利市教育委員会史跡足利学校事務所 (10) 2012.2

足利学校遺跡図書館並管理委員会関係書類(2)(史料紹介)(倉澤昭壽、
市橋一郎、吉田美貴子)「学校 : 史跡足利学校「研究紀要」」 足利市
教育委員会史跡足利学校事務所 (10) 2012.2

足利学校アカデミー講演 足利学校と戦国時代の禅宗世界(伊藤幸司)「学
校 : 史跡足利学校「研究紀要」」 足利市教育委員会史跡足利学校事
務所 (10) 2012.2

足利学校遺跡図書館日誌(1)(史料紹介)(市橋一郎、藤田華那、林緒里
江、櫻井綾乃)「学校 : 史跡足利学校「研究紀要」」 足利市教育委員
会史跡足利学校事務所 (11) 2013.3

足利学校釋奠器について(資料紹介)(市橋一郎)「学校 : 史跡足利学校
「研究紀要」」 足利市教育委員会史跡足利学校事務所 (11) 2013.3

下野国を旅して(1),(2)―大藤棚・足利学校・鑁阿寺・相田みつお展・
織姫神社(寄稿)「月刊歴史ジャーナル」 NPO法人尾道文化財研究所
(114)/(115) 2013.6/2013.7

足利市

《特集 足利市》「群馬歴史散歩」 群馬歴史散歩の会 190 2005.7

足利市の古い"おみせ"―大正12年11月(菊地卓)「足利文林」 足利文林
会 (67) 2007.10

旧「足利市庁舎」雑録(研究・評論)(長太三)「足利文林」 足利文林会
(74) 2011.5

足利庄

足利庄(藤原・源姓)・新田庄・八幡庄について(井上正明)「史學義仲」
木曽義仲史学会 (13) 2012.3

足利藩

足利藩『奥御用人日記』に見る足利藩兵(銃隊)と誠心隊(菊地卓)「足利
文林」 足利文林会 59 2003.10

新出史料と「誠心隊」そして「足利藩」(菊地卓)「歴文だより : 栃木県
歴史文化研究会会報」 栃木県歴史文化研究会事務局 52 2004.7

寸描 足利藩の「学問所」のこと(菊地卓)「学校 : 史跡足利学校「研究紀
要」」 足利市教育委員会史跡足利学校事務所 (5) 2005.3

鹿沼市域の足利藩領(菊地卓)「鹿沼史林」 鹿沼史談会 (50) 2010.12

芦野

芦野、伊王野の里(大垣英三)「下野史談」 下野史談会 97 2003.6

芦野、伊王野の史蹟を訪ねる(中根淑夫)「下野史談」 下野史談会 97
2003.6

芦野宿

芦野宿問屋戸村氏―その出自を訪ねて(那須町プロジェクト調査報告
書)(伊藤晴康)「那須文化研究」 那須文化研究会 (26) 2012.12

阿世潟峠

峠と古道を歩く(36) 六林班峠と阿世潟峠―足尾の峠とその歴史を訪ね
て(須田茂)「上州路 : 郷土文化誌」 あさを社 34(2)通号393
2007.2

安蘇

公開講座 "安蘇の風土と歴史"の20年「史談」 安蘇史談会 (22)
2006.6

万葉集と安蘇の人びと(岩舟幸弘)「史談」 安蘇史談会 (23) 2007.6

万葉集と安蘇の人びと(岩舟幸弘)「史談」 安蘇史談会 (24) 2008.6

「風林火山」ゆかりの地を訪ねて(篠崎澄子)「史談」 安蘇史談会 (24)
2008.6

大河ドラマ「天地人」ゆかりの地を訪ねて(篠崎澄子)「史談」 安蘇史談
会 (26) 2010.9

巻頭言 3.11の夏(京谷博次)「史談」 安蘇史談会 (27) 2011.9

消えた集落、消え行く集落(北園清信)「史談」 安蘇史談会 (27)
2011.9

安蘇史談会発足の頃(巻頭言)(京谷博次)「史談」 安蘇史談会 (30)
2014.5

安蘇史談会設立三十周年を祝う（巻頭言）（岡部正英）「史談」 安蘇史談会 （30） 2014.5

安蘇郡
安蘇郡の鷹場―天明三卯年安蘇郡舟津川村御鷹場御法度御請證文等から農民の負担を考える（海老原脩治）「史談」 安蘇史談会 （30） 2014.5

安蘇野
佐野鉄道の歴史―安蘇野を走った自生鉄道の足跡（大高八三郎）「史談」 安蘇史談会 （22） 2006.6

安蘇馬車鉄道
葛生の石灰を運んだ鉄道 安蘇馬車鉄道～佐野鉄道～東武鉄道（山本訓志）「文書館だより」 栃木県立文書館 （41） 2007.3
安蘇馬車鉄道と佐野鉄道の株主たち（大高八三郎）「史談」 安蘇史談会 （23） 2007.6

愛宕山
落穂拾いの今市市史（21）～（32）雲井龍雄事件の桜正坊／二つの墓、両墓制／勝善様（蒼前様）／兄弟契り／愛宕山／天王祭／今市にもあった「アンバ様」／沢蔵司稲荷／「間の道」と二つの間の道／御鷹鳥屋（2）／如来寺領の検地と訴訟／村明細帳の作成と地境争論（佐藤権司）「今市史談」 今市史談会 （18） 2009.4

アド山城
下野アド山城の構造（関口和也）「中世城郭研究」 中世城郭研究会 （18） 2004.7

綾織池
綾織池の伝説―『椀貸し伝説』の系譜から（木村康夫）「那須文化研究」 那須文化研究会 （17） 2003.12

荒井川
江戸時代後期における地域資源の活用と生業連関―下野国都賀郡大芦川・荒井川流域を事例に（平野哲也）「栃木県立文書館研究紀要」 栃木県立文書館 （11） 2007.3

荒井家住宅
国指定重要文化財「荒井家住宅」（母屋・表門）（君嶋通夫）「ふるさと矢板」 矢板市教育委員会生涯学習課 （35） 2008.3

粟野城
粟野城と諏訪山城をめぐる一考察（杉浦昭博）「鹿沼史林」 鹿沼史談会 （47） 2007.12
粟野城の構造（関口和也）「中世城郭研究」 中世城郭研究会 （22） 2008.7

粟野八景
鹿沼八景・粟野八景について（中島正）「鹿沼史林」 鹿沼史談会 （52） 2012.12

飯田
街道物語・古老の記憶より 茂木町（旧中川村）飯野の河川交通（工藤忠道）「下野史談」 下野史談会 （111） 2014.2

伊王野
芦野、伊王野の里（大垣英三）「下野史談」 下野史談会 97 2003.6
芦野、伊王野の史蹟を訪ねる（中根淑夫）「下野史談」 下野史談会 97 2003.6

五十里湖
地震湖の湖底からの被災村落の復活―五十里湖の決壊と五十里村の百姓による村づくり（研究論文 本会第22回大会関連論文）（平野哲也）「歴史と文化」 栃木県歴史文化研究会，随想舎（発売） （22） 2013.8

五十里村
天和地震・五十里水と五十里村（特集 災害と社会）（平野哲也）「歴文だより： 栃木県歴史文化研究会会報」 栃木県歴史文化研究会事務局 （84） 2012.7
平野報告「天和地震・五十里水と五十里村」を聞いて（飯塚真史）「歴文だより： 栃木県歴史文化研究会会報」 栃木県歴史文化研究会事務局 （85） 2012.10
地震湖に沈んだ村の災害対応―天和地震後の五十里村による生業と暮らしの再建（平野哲也）「栃木県立文書館研究紀要」 栃木県立文書館 （17） 2013.3
地震湖の湖底からの被災村落の復活―五十里湖の決壊と五十里村の百姓による村づくり（研究論文 本会第22回大会関連論文）（平野哲也）「歴史と文化」 栃木県歴史文化研究会，随想舎（発売） （22） 2013.8

石橋
栃木県石橋周辺の古文書より（高橋義恭）「道鏡を守る会： 道鏡禅師を知ろう」 道鏡を守る会 （32） 2010.9
天平の歴史ロマンが薫るまち（板橋昭二）「会報いしばし」 石橋郷土史研究会 2013年春季号 2013.4
石橋を思いめぐらす（本田義幾）「会報いしばし」 石橋郷土史研究会

2013年春季号 2013.4

泉
歩き・み・ふれる歴史の道 泉地区の文化財（木村軍一，君嶋通夫，白石哲夫）「ふるさと矢板」 矢板市教育委員会生涯学習課 （38） 2009.9

出流原
出流原の土地改良区画記念碑（羽鳥秀子）「史談」 安蘇史談会 （20） 2004.6

伊勢町
伊勢町々誌（1），（2） 臨時伊勢町々誌編集部編（杉田茂久）「足利文林」 足利文林会 （66）／（67） 2007.5／2007.10
伊勢町学校譚（内藤健治）「足利文林」 足利文林会 （72） 2010.5

板荷
御作物終止後の薬用人参と住民とのかかわり―他産地との比較に見る野州板荷（小口千明）「かぬま歴史と文化： 鹿沼市史研究紀要」 鹿沼市史 5 2000.3

旧イタリア大使館夏季別荘
国際避暑地日光のかおりを今に伝える 旧イタリア大使館夏季別荘改修工事（研究ノート）（海老原忠夫）「氏家の歴史と文化」 氏家歴史文化研究会 （11） 2012.3

市の堀用水
「市の堀用水」を歩く（小林俊夫）「氏家の歴史と文化」 氏家歴史文化研究会 2 2003.3
市の堀用水研究（1）鬼怒川からの取水合口整備に関して（小林俊夫）「氏家の歴史と文化」 氏家歴史文化研究会 3 2004.3
市の堀用水研究（2）用水管理に関して（小林俊夫）「氏家の歴史と文化」 氏家歴史文化研究会 4 2005.3
市の堀用水研究（3）文献にみた水利調整をめぐる紛争（小林俊夫）「氏家の歴史と文化」 氏家歴史文化研究会 （5） 2006.3
市の堀用水研究（4）分水取入堰の変遷と用水網（小林俊夫）「氏家の歴史と文化」 氏家歴史文化研究会 （6） 2007.3
市の堀用水史研究（5）関連としての草川用水について（小林俊夫）「氏家の歴史と文化」 氏家歴史文化研究会 （7） 2008.3
市の堀用水史研究（6）関連としての釜ヶ淵用水について（小林俊夫）「氏家の歴史と文化」 氏家歴史文化研究会 （8） 2009.3
市の堀用水について 小林俊夫氏（歴史講座）「氏家の歴史と文化」 氏家歴史文化研究会 （8） 2009.3

一区町
「一区町青年団の歴史（一区町青年団の記録から）」について（戸畑弘）「那須野ケ原開拓史研究」 那須野ケ原開拓史研究会 53 2002.12

一本木農場
那須開墾社一本木農場創業時の関係資料及びその他の文書について（戸畑弘）「那須野ケ原開拓史研究」 那須野ケ原開拓史研究会 52 2002.6

今市
今市市域の道しるべと交通（半田慶恭）「今市史談」 今市史談会 12 2003.4
今市の遺跡（伴場聡）「今市史談」 今市史談会 12 2003.4
今市に於ける報徳運動の展開と現状（佐藤治由）「今市史談」 今市史談会 13 2004.4
落穂拾いの今市史（1）（2）（佐藤権司）「今市史談」 今市史談会 14 2005.4
今市の二宮仕法を支えた相馬を訪ねる（駒場明房）「今市史談」 今市史談会 （15） 2006.4
落穂拾いの今市市史（3）今市と明治天皇の日光巡幸（佐藤権司）「今市史談」 今市史談会 （15） 2006.4
落穂拾いの今市市史（4）～（8）今市の製氷／雲井龍雄の遺体と辞世／初めて日光山へきた外国人／聖徳太子信仰／戊辰戦後日談（佐藤権司）「今市史談」 今市史談会 （16） 2007.4
落穂拾いの今市市史（9）～（20）石合戦と水車遊び／情報社会の日光領／一枚の修業証書／御鷹鳥屋／村の遊び日／川除偣普請／麻作りの作業暦／稲荷信仰／村役人／村に来る武士／こっくりさん／鎌倉街道（佐藤権司）「今市史談」 今市史談会 （17） 2008.4
落穂拾いの今市市史（21）～（32）雲井龍雄事件の桜正坊／二つの墓、両墓制／勝善様（蒼前様）／兄弟契り／愛宕山／天王祭／今市にもあった「アンバ様」／沢蔵司稲荷／「間の道」と二つの間の道／御鷹鳥屋（2）／如来寺領の検地と訴訟／村明細帳の作成と地境争論（佐藤権司）「今市史談」 今市史談会 （18） 2009.4
今市の成り立ちについて（佐藤壽修）「今市史談」 今市史談会 （19） 2010.4
落穂拾いの今市市史（33）～（44）戊辰戦争今市御蔵の残米／村の自治「貸し山」・「借り山」／瀬尾村年中行事」連載を終えて／天狗党参加を望む若者／宇都宮市今市浄水場／高畑上組・下組の神社とお堂／岩崎観音／70年の祈り 今市キリスト教会／農民の肉食事情／今市にもあった平家落

人伝説/針貝村と塩野室村の地境争論/大桑村の馬市と提灯行列 (佐藤権司)「今市史談」 今市史談会 (19) 2010.4

今市宿

今市宿内の河川の移り変わりについて (吉田勇吉)「今市史談」 今市史談会 13 2004.4

今市中学校

旧制今市中学校設立の軌跡 (栃木県立今市高等学校今高歴史研究会)「研究集録」 栃木県高等学校文化連盟社会部会 (31) 2010.3

岩井山城

岩井山城址について (池田光雄)「中世城郭研究」 中世城郭研究会 (17) 2003.7

氏家

氏家と喜連川のガラス物語「ガラス色々」より (池田真規)「氏家歴史文化研究会だより」 氏家歴史文化研究会 6 2004.8

歴史講座 氏家再発見 (小竹弘則)「氏家の歴史と文化」 氏家歴史文化研究会 (5) 2006.3

氏家・喜連川の史蹟を辿る一葉ざくらうた紀行 (船生志郎)「下野史談」 下野史談会 (106) 2008.12

大正期 氏家における相撲の賑わい (鈴木奈保子)「氏家の歴史と文化」 氏家歴史文化研究会 (8) 2009.3

氏家にある大谷石の建造物について 海老原忠夫氏 (歴史講座)「氏家の歴史と文化」 氏家歴史文化研究会 (8) 2009.3

矢板・氏家の青麻碑 (海老原郁雄)「那須文化研究」 那須文化研究会 (25) 2012.2

氏家歴史文化めぐり 谷蟆のながめ (活動報告) (金子立)「氏家の歴史と文化」 氏家歴史文化研究会 (11) 2012.3

氏家駅

第60回企画展 氏家駅開設110周年記念「鉄道浪漫 氏家ステーション物語」「氏家歴史文化研究会だより」 氏家歴史文化研究会 (10) 2007.1

氏家宿

歴史講座 氏家町史史料編解説シリーズ (1) 氏家宿の助郷について 舩木明夫氏 (活動報告)「氏家の歴史と文化」 氏家歴史文化研究会 (9) 2010.3

氏家町

氏家町における明治25年陸軍特別大演習 (中野英男)「氏家の歴史と文化」 氏家歴史文化研究会 4 2005.3

平成17年度総会記念講演 下野の明治維新―氏家町史に期待する大嶽浩良先生 (出版部)「氏家歴史文化研究会だより」 氏家歴史文化研究会 7 2005.8

歴史講座 氏家町史史料編解説シリーズ (1) 氏家宿の助郷について 舩木明夫氏 (活動報告)「氏家の歴史と文化」 氏家歴史文化研究会 (9) 2010.3

歴史講座 氏家町史史料編解説シリーズ (2) 近世中・後期の氏家の人びと 川田純之氏 (活動報告)「氏家の歴史と文化」 氏家歴史文化研究会 (9) 2010.3

歴史講座 氏家町史史料編解説シリーズ (3)『百姓無手物語』の世界 平野哲也氏 (活動報告)「氏家の歴史と文化」 氏家歴史文化研究会 (9) 2010.3

氏家町役場

旧氏家町役場と旧熟田村役場について (土屋義明)「氏家の歴史と文化」 氏家歴史文化研究会 (7) 2008.3

巴波川

小来川と巴波川、思川 (関口重男)「高校地理歴史・公民科紀要」 栃木県高等学校教育研究会地理歴史・公民部会 (46) 2008.3

巴波川について (関口重男)「とちぎの歴史と文化を語る会年報」 とちぎの歴史と文化を語る会 (7) 2010.3

内川

歩き・み・ふれる歴史の道―内川沿岸 (白石哲夫)「ふるさと矢板」 矢板市教育委員会生涯学習課 (40) 2010.9

宇都宮

宇都宮教導飛行師団について (上野修一)「文書館だより」 栃木県立文書館 (38) 2005.7

近世宇都宮氏による官途状発給とその意味 (《特集 由緒と伝承》―研究報告にあたって) (松本一夫)「歴文だより : 栃木県歴史文化研究会会報」 栃木県歴史文化研究会事務局 (56) 2005.7

近代宇都宮における街路整備と都市内部構造の変化 (岡本明明)「史泉 : historical & geographical studies in Kansai University」 関西大学史学・地理学会 (114) 2011.7

文書館開館25周年記念行事 宇都宮氏シンポジウム、企画展「宇都宮国綱とその時代」/昭和館展示替え/地域史講座/文書館常設展 (山本訓志)「文書館だより」 栃木県立文書館 (51) 2012.3

宇都宮氏シンポジウムの開催 (特集 中世宇都宮氏) (松本一夫)「歴文だより : 栃木県歴史文化研究会会報」 栃木県歴史文化研究会事務局 (83) 2012.4

中世宇都宮氏の城館を訪ねる (特集 中世宇都宮氏) (江田郁夫)「歴文だより : 栃木県歴史文化研究会会報」 栃木県歴史文化研究会事務局 (83) 2012.4

戦国時代下野宇都宮氏の外交路線の変遷―中央政権との関係を中心として (特集 中世宇都宮氏) (荒川善大)「歴文だより : 栃木県歴史文化研究会会報」 栃木県歴史文化研究会事務局 (83) 2012.4

宇都宮市

宇都宮市内の蒲生君平ゆかりの遺跡 (歴史点描) (阿部邦男)「歴史と文化」 栃木県歴史文化研究会, 随想舎 (発売) (14) 2005.8

歴史探訪 宇都宮市内の旧跡を巡って (文芸創作科一年一同)「新宇都宮文学」 宇都宮アート&スポーツ専門学校 (2) 2009.3

宇都宮城

城と天守を訪ねて (7) 下野宇都宮城と幻の天守 (祖谷敏行)「歴研よこはま」 横浜歴史研究会 (53) 2003.11

よみがえれ! 宇都宮城 (川越良明)「横手郷土史資料」 横手郷土史研究会 (80) 2006.3

「名城 宇都宮城―しろとまちのうつりかわり―」の紹介 (松本明夫)「栃木県立博物館友の会だより」 栃木県立博物館友の会 (41) 2006.10

宇都宮城の西方を取り巻く支城を訪ねて (作新学院高等学校社会研究部)「研究集録」 栃木県高等学校文化連盟社会部会 (30) 2009.3

宇都宮城釣り天井事件について (永森庄二)「下野史談」 下野史談会 (107) 2009.12

宇都宮西部鉄道

野州人車鉄道の七年間―宇都宮西部鉄道網のひとこま (山本訓志)「文書館だより」 栃木県立文書館 (45) 2009.3

宇都宮藩

寄稿 宇都宮藩の栗原県支配 (鈴木挙)「文書館だより」 栃木県立文書館 (45) 2009.3

元治二年処分直後の宇都宮藩について (研究ノート) (鈴木挙)「氏家の歴史と文化」 氏家歴史文化研究会 (11) 2012.3

寄稿 宇都宮藩主戸田家と江戸の町名主 宇都宮大学准教授 (髙山慶子)「文書館だより」 栃木県立文書館 (54) 2013.8

漆山陣屋

戒名のない墓碑 館林藩分領漆山陣屋考 (山田秀穂)「足利文林」 足利文林会 59 2003.10

鴎村学舎

「鴎村学舎」と栃木県明治期公私立中学 (板橋文夫)「田中正造と足尾鉱毒事件研究」 随想舎 15 2009.2

大芦川

江戸時代後期における地域資源の活用と生業連関―下野国都賀郡大芦川・荒井川流域を事例に (平野哲也)「栃木県立文書館研究紀要」 栃木県立文書館 (11) 2007.3

大内

大内・真岡市街の歴史と文化 (安達三千子)「栃木県立博物館友の会だより」 栃木県立博物館友の会 (45) 2008.2

大桑村

落穂拾いの今市市史(33)～(44) 戊辰戦争今市御蔵の残米/村の自治「貸し山」・「借り山」/「瀬尾村年中行事」連載を終えて/天狗党参加を望む若者/宇都宮市今市浄水場/高畑上組・下組の神社とお堂/岩崎観音/70年の祈り/今市キリスト教会/農民の肉食事情/今市にもあった平家落人伝説/針貝村と塩野室村の地境争論/大桑村の馬市と提灯行列 (佐藤権司)「今市史談」 今市史談会 (19) 2010.4

大河津分水路

大河津分水路 (大垣英三)「下野史談」 下野史談会 (108) 2010.12

大田原

〈大田原地区プロジェクト調査報告書〉「那須文化研究」 那須文化研究会 (23) 2009.12

大田原市

絵葉書で見る那須地方の昔 (4) 大田原市街地とその周辺 (長谷川操)「那須文化研究」 那須文化研究会 (23) 2009.12

大田原藩

維新と大田原藩 (益子孝治)「那須野原」 飯村印刷所 (14) 2003.5

地方文書は語る(11)―戊辰戦争下における大田原藩の旧幕府領宛て廻状について (高根沢広之)「那須文化研究」 那須文化研究会 (26) 2012.12

「大田原藩と戊辰戦争」展の開催 (特集 戊辰戦争を展示する) (前川辰徳)「歴文だより : 栃木県歴史文化研究会会報」 栃木県歴史文化研究会事務局 (87) 2013.4

関東 地名でたどる郷土の歴史 栃木県

大月村
川田家文書と近世下野国足利郡大月村（川田昌宏）「研究紀要」 足利教育会 （44）2007.3

大野
「大野」（今の大町）と「弁天様」—その沿革をたずねて（菊地卓）「松龍史談」 大月手紙の会 4 2003.9

大平町
随筆 大平町の歴史散歩（しもつけ文芸）（吉澤利夫）「文化しもつけ」 下野市文化協会 （3）2009.4

大藤棚
下野国を旅して（1），（2）—大藤棚・足利学校・鑁阿寺・相田みつお展・織姫神社（寄稿）「月刊歴史ジャーナル」 NPO法人尾道文化財研究所 （114）/（115）2013.6/2013.7

大室村
近世後期野州河内郡大室村「若者組」による「若者金」制度の運用と社会（桑野正樹）「今市史談」 今市史談会 （16）2007.4

大谷
大谷石切りをめぐる民俗（柏村祐司）「歴史と文化」 栃木県歴史文化研究会，随想舎（発売）（16）2007.8
建物雑想記（32）大谷石と洋風建築（酒井哲）「多摩のあゆみ」 たましん地域文化財団 （148）2012.11

大山
那須野ヶ原開拓史入門シリーズ（2）大山・西郷と加治屋開墾場（入江啓介）「那須野ヶ原開拓史研究」 那須野ヶ原開拓史研究会 54 2003.6
加治屋開墾と大山・西郷の妻子（高藤大）「那須ヶ原開拓史研究」 那須野ヶ原開拓史研究会 （60）2006.6

大山田煙草栽培講習所
明治21年栃木県下野国那須郡大山田下郷大山田煙草栽培講習所煙草栽培現員表（上野修一）「文書館だより」 栃木県立文書館 （43）2008.3

小倉城
小倉城と八方舘（田邉博彬）「今市史談」 今市史談会 （19）2010.4

小来川
小来川の歴史（7）〜（12）（福田孫光）「今市史談」 今市史談会 12 2003.4
小来川と巴波川、思川（関口重男）「高校地理歴史・公民科紀要」 栃木県高等学校教育研究会地理歴史・公民部会 （46）2008.3

押上
押上のくされ鮨 見聞記（研究ノート）（柏村祐司）「氏家の歴史と文化」 氏家歴史文化研究会 （11）2012.3

男抱山
男抱山伝説—下野悲恋譚（船生良郎）「下野史談」 下野史談会 （112）2014.11

御成橋
鹿沼町御成橋地区の住民組織について歴史的考察—町村制施行から戦時体制まで（松田隆行）「かぬま歴史と文化 ： 鹿沼市史研究紀要」 鹿沼市 6 2001.3

思川
市制50周年記念・第47回企画展「思川の自然と歴史」「小山市立博物館博物館だより」 小山市立博物館 2004.8
第48回企画展「妖怪現る！—心の闇にひそむものたち」/市制50周年記念・第47回企画展「思川の自然と歴史」を終えて「小山市立博物館博物館だより」 小山市立博物館 40 2005.3
小来川と巴波川、思川（関口重男）「高校地理歴史・公民科紀要」 栃木県高等学校教育研究会地理歴史・公民部会 （46）2008.3

小山
南北朝〜戦国時代の小山氏（山本安里沙）「研究集録」 栃木県高等学校文化連盟社会部会 （29）2008.3
開館25周年記念 第53回企画展「小山評定と鎧武者たち—伊澤コレクションとともに—」「小山市立博物館博物館だより」 小山市立博物館 47 2008.8
小山評定と上杉方の動き（山本安里沙）「研究集録」 栃木県高等学校文化連盟社会部会 （30）2009.3
平成20年度「安蘇史談会公開講座」より 小山地方における藤原秀郷の後裔たち—野木宮合戦と小山氏（大島満雄）「史談」 安蘇史談会 （25）2009.9
4月例会（14名参加）小山評定の再検討—光成準治説をめぐって（例会報告要旨）（本多隆博）「静岡県地域史研究会報」 静岡県地域史研究会 （182）2012.7
小山評定の再検討（本多隆博）「織豊期研究」 織豊期研究会 （14）2012.10

小山領没落後の小山氏（黒田基樹）「栃木県立文書館研究紀要」 栃木県立文書館 （18）2014.3
第63回企画展「小山評定と関ヶ原合戦」関連講座 伝統芸能・講談で聞く「小山評定」開催報告「小山市立博物館博物館だより」 小山市立博物館 59 2014.9
小山に伝わる道鏡の土地 片岡秀雄/他（道鏡伝承・民俗を探る）「道鏡を守る会 ： 道鏡禅師を知ろう」 道鏡を守る会 （36）2014.9

小山市
小山市内に残る明治水準点（藤貫久子）「小山市立博物館紀要」 小山市立博物館 （8）2003.3
市の新指定文化財/国指定文化財の追加指定/学校教育との連携/遺跡を守ろう！ 寺野東遺跡周辺クリーン作戦「小山の文化財」 小山市教育委員会 15 2004.3

開達校
「新築開達校記」の読み方 草創期の川西小学校の様子と旧校名（開達校）の意味（大沼美雄）「那須野ヶ原開拓史研究」 那須野ヶ原開拓史研究会 54 2003.6

柿木沢
11年目の文書教室 柿木澤の巡検（活動報告—学習会）（竹田民男）「氏家の歴史と文化」 氏家歴史文化研究会 （11）2012.3

掛水
掛水住宅の暮らし（エッセイ）（青木三枝子）「足尾を語る会会報.第2次」 足尾を語る会 （12）2008.5
掛水での暮らし—両親のはなし（エッセイ）（青木三枝子）「足尾を語る会会報.第2次」 足尾を語る会 （13）2009.5

加治屋
加治屋開墾と大山・西郷の妻子（高藤大）「那須ヶ原開拓史研究」 那須野ヶ原開拓史研究会 （60）2006.6

加治屋開墾場
那須野ヶ原開拓史入門シリーズ（2）大山・西郷と加治屋開墾場（入江啓介）「那須ヶ原開拓史研究」 那須野ヶ原開拓史研究会 54 2003.6

粕尾城
粕尾城の構造（関口和也）「中世城郭研究」 中世城郭研究会 （23）2009.7

加園城
加園城の再検討—新発見の絵図をてがかりに（関口和也）「かぬま歴史と文化 ： 鹿沼市史研究紀要」 鹿沼市 8 2003.3

加蘇村
統計から見る大正期加蘇村の経済（内田修道）「かぬま歴史と文化 ： 鹿沼市史研究紀要」 鹿沼市 9 2004.3

勝山
学習会 勝山探検シリーズ（1）氏家公頼と鎌倉幕府（活動報告）（屋代方子）「氏家の歴史と文化」 氏家歴史文化研究会 （13）2014.6

勝山城
掘立柱建物について（3）—勝山城主郭大手口前の建物群（屋代方子）「氏家の歴史と文化」 氏家歴史文化研究会 （13）2014.6
特集 さらなる地域文化の向上をめざして—勝山城・ミュージアム・郷土の文化 地域文化を語る/地域の人々に聞く/地域の活動に見る/勝山の地を知る「氏家の歴史と文化」 氏家歴史文化研究会 （5）2006.3
勝山城を守る活動 3年目の保護活動（土屋義明）「氏家の歴史と文化」 氏家歴史文化研究会 （8）2009.3
学習会 勝山探検シリーズ（2）勝山城跡をめぐる人々（活動報告）（中野英男）「氏家の歴史と文化」 氏家歴史文化研究会 （13）2014.6
調査活動 勝山城跡を守る活動 「勝山探検シリーズ 1〜3」実施報告（活動報告）（屋代方子）「氏家の歴史と文化」 氏家歴史文化研究会 （13）2014.6

鹿沼
下野教育会雑誌『下野教育』にみる鹿沼の教育—教員の論説を中心に（駒場一静）「かぬま歴史と文化 ： 鹿沼市史研究紀要」 鹿沼市 5 2000.3
林野の官民有区別について—鹿沼地域を中心に（笛木隆）「かぬま歴史と文化 ： 鹿沼市史研究紀要」 鹿沼市 6 2001.3
江戸時代後期における鹿沼麻の流通—在村麻商人による麻と魚肥との相互流通（平野哲也）「かぬま歴史と文化 ： 鹿沼市史研究紀要」 鹿沼市 6 2001.3
鹿沼の民家について—小屋組の構造を中心に（岡田義治）「かぬま歴史と文化 ： 鹿沼市史研究紀要」 鹿沼市 6 2001.3
鹿沼における学区制度の形成（奥田和美）「かぬま歴史と文化 ： 鹿沼市史研究紀要」 鹿沼市 7 2002.3
聞き書き 太平洋戦争と鹿沼の女性—前線と銃後（富永静枝）「かぬま歴史と文化 ： 鹿沼市史研究紀要」 鹿沼市 7 2002.3

栃木県　　　　　地名でたどる郷土の歴史　　　　　関東

鹿沼東部村落における台地上開発と内付(田中達也)「かぬま歴史と文化 : 鹿沼市史研究紀要」 鹿沼市 9 2004.3

江戸時代後期における村の自律性と百姓協同―鹿沼地方の村々を事例として(平野哲也)「鹿沼史林」 鹿沼史談会 (44) 2004.12

構造上からみた鹿沼の屋台(中島正)「鹿沼史林」 鹿沼史談会 (44) 2004.12

鹿沼と鹿沼の城(中島正)「鹿沼史林」 鹿沼史談会 (45) 2005.12

「鹿沼覚書」と鹿沼六十六郷(山澤学)「鹿沼史林」 鹿沼史談会 (45) 2005.12

鹿沼地名と東歌(関口重男)「とちぎの歴史と文化を語る会年報」 とちぎの歴史と文化を語る会 (9) 2012.2

鹿沼の掛額(竹末広美)「鹿沼史林」 鹿沼史談会 (54) 2014.12

明治黎明期における中等教育は同一建物からスタートした(大野冨士男)「鹿沼史林」 鹿沼史談会 (54) 2014.12

鹿沼市

鹿沼市中心市街地の変容(河野敬一, 川崎俊郎)「かぬま歴史と文化 : 鹿沼市史研究紀要」 鹿沼市 6 2001.3

史料紹介 『鹿沼市広報』主要記事目録(1)(香川雄一)「かぬま歴史と文化 : 鹿沼市史研究紀要」 鹿沼市 6 2001.3

柿沼文書の紹介―中世史料を中心に(佐々木茂)「かぬま歴史と文化 : 鹿沼市史研究紀要」 鹿沼市 8 2003.3

『鹿沼市広報』主要記事目録(2)(史料紹介)(香川雄一)「かぬま歴史と文化 : 鹿沼市史研究紀要」 鹿沼市 9 2004.3

「史料紹介柿沼文書―中世史料を中心に」に対応する説明文(柳田芳男)「かぬま歴史と文化 : 鹿沼市史研究紀要」 鹿沼市 9 2004.3

鹿沼市財政の変容(香川雄一)「かぬま歴史と文化 : 鹿沼市史研究紀要」 鹿沼市 (10) 2007.3

紹介 『鹿沼市史』(通史編・近現代)(菅原朋浩)「国史談話会雑誌」 東北大学国史談話会 (49) 2008.11

鹿沼市域の足利藩領(菊名卓)「鹿沼史林」 鹿沼史談会 (50) 2010.12

大区小区制の展開と村連合―埼玉県熊谷市・栃木県鹿沼市域を事例に(月例会報告要旨)(栗原祐斗)「関東近世史研究」 関東近世史研究会 (72) 2012.10

鹿沼市西部

鹿沼市西部の山城群(関口和也)「中世城郭研究」 中世城郭研究会 (21) 2007.7

鹿沼宿

シンポジウム記録 鹿沼宿の成り立ちをめぐって―「鹿沼町古記録」を中心に「かぬま歴史と文化 : 鹿沼市史研究紀要」 鹿沼市 7 2002.3

鹿沼城

鹿沼城御殿場考(杉浦昭博)「鹿沼史林」 鹿沼史談会 (49) 2009.12

鹿沼町

近代地方都市における行財政と地域住民組織の展開―栃木県鹿沼町 町村制施行前後から昭和戦前期まで(松田隆行)「京浜歴科研年報」 京浜歴史科学研究会 (16) 2002.1

明治大正期における鹿沼町の財政(香川雄一)「かぬま歴史と文化 : 鹿沼市史研究紀要」 鹿沼市 7 2002.3

昭和期における鹿沼町の財政(香川雄一)「かぬま歴史と文化 : 鹿沼市史研究紀要」 鹿沼市 8 2003.3

大正時代の鹿沼町の景観―「上都賀郡鹿沼町実景」の分析を中心として(福田純一)「かぬま歴史と文化 : 鹿沼市史研究紀要」 鹿沼市 9 2004.3

鹿沼八景

鹿沼八景・粟野八景について(中島正)「鹿沼史林」 鹿沼史談会 (52) 2012.12

金丸氏要害

金丸氏要害について(小川英世)「中世城郭研究」 中世城郭研究会 (25) 2011.7

金丸原演習場

金丸原演習場―絵葉書と地形図に残されたその記録(湯津上地区プロジェクト調査報告書)(長谷川操)「那須文化研究」 那須文化研究会 (24) 2011.2

釜ヶ淵用水

市の堀用水史研究(6) 関連としての釜ヶ淵用水について(小林俊夫)「氏家の歴史と文化」 氏家歴史文化研究会 (8) 2009.3

上材木町

わたしのたけくらべ 上材木町「坂田会」のあゆみ(福田精一郎)「鹿沼史林」 鹿沼史談会 (52) 2012.12

唐沢山

唐澤山奇譚(京谷博次)「史談」 安蘇史談会 (22) 2006.6

唐沢山城

唐沢山城の遺構の再検討(渡邉昌樹)「中世城郭研究」 中世城郭研究会 (19) 2005.7

唐澤山城の石垣についての再検討(安蘇史談会主催 第23回「安蘇の歴史と風土」講演要旨)(齋藤慎一)「史談」 安蘇史談会 (24) 2008.6

唐澤山城周辺の遺跡(安蘇史談会主催 第23回「安蘇の歴史と風土」講演要旨)(茂木孝行)「史談」 安蘇史談会 (24) 2008.6

烏山

口絵 飯田藩主堀親昌の『江戸・烏山道中記』(今牧久)「伊那」 伊那史学会 54(5)通号936 2006.5

烏山藩

烏山藩領志鳥村における浄土真宗移民についての基礎的研究(上野修一)「栃木県立文書館研究紀要」 栃木県立文書館 (7) 2003.3

烏山城

絵図に見る烏山城(渡邉昌樹)「中世城郭研究」 中世城郭研究会 (25) 2011.7

烏山中学校

栃木縣私立烏山中學校規則(直井康幸)「文書館だより」 栃木県立文書館 (42) 2007.7

烏山町

各地の戦跡保存活動の紹介(35) 栃木県烏山町 昔東京動力機械製造地下戦車工場 今はどうくつ酒造(山梨喜正)「浅川地下壕の保存をすすめる会ニュース」 浅川地下壕の保存をすすめる会 38 2004.2

借宿村

下野国梁田郡借宿村・前田家のあゆみ(菊地卓)「恵風 : 研究紀要」 栃木県立足利南高等学校 14 2005.2

川崎城

矢板市指定文化財 川崎城跡(君嶋通夫)「ふるさと矢板」 矢板市教育委員会生涯学習課 (34) 2007.9

歩き・み・ふれる歴史の道 川崎城跡および周辺を歩く(木村軍一)「ふるさと矢板」 矢板市教育委員会生涯学習課 (34) 2007.9

矢板市指定文化財「川崎城跡」 公園再生に向けて―再生市民会議の動き(君嶋通夫)「ふるさと矢板」 矢板市教育委員会生涯学習課 (38) 2009.9

河内郡

下野国河内郡家と文字資料(田熊清彦)「法政史学」 法政大学史学会 (61) 2004.3

川戸

湯西川字川戸のカチグリ(伴場聡)「今市史談」 今市史談会 (15) 2006.4

川西小学校

「新築開達校記」の読み方 草創期の川西小学校の様子と旧校名(開達校)の意味(大沼美雄)「那須野ケ原開拓史研究」 那須野ケ原開拓史研究会 54 2003.6

川沼新田

都賀郡川沼新田のむかしの話し(松倉榮三)「史談」 安蘇史談会 (19) 2005.4

河原新田

河原新田考(川田春樹)「史談」 安蘇史談会 (22) 2006.6

祇園城

収蔵資料紹介 下野国都賀郡小山祇園城全図(小池敦・小池玲子・小池杉夫氏 寄贈)「小山市立博物館博物館だより」 小山市立博物館 56 2013.3

北赤塚町

北赤塚町について 北赤塚町の史跡散歩(楡木長二)「鹿沼史林」 鹿沼史談会 (50) 2010.12

喜連川

氏家と喜連川のガラス物語「ガラス色々」より(池田真規)「氏家歴史文化研究会だより」 氏家歴史文化研究会 6 2004.8

特別講座 喜連川の歴史と文化を知る(屋代方子)「氏家の歴史と文化」 氏家歴史文化研究会 4 2005.3

考古学からみた喜連川の中世(《特集 中世考古学》)(齋藤弘)「歴文だより : 栃木県歴史文化研究会会報」 栃木県歴史文化研究会事務局 (57) 2005.10

調査活動 喜連川・御515堀を巡る(小竹弘則)「氏家の歴史と文化」 氏家歴史文化研究会 (7) 2008.3

氏家・喜連川の史蹟を辿る―葉ざくらうろ紀行(船生志郎)「下野史談」 下野史談会 (106) 2008.12

下野国の地誌編纂と喜連川(《特集 近世下野の文化活動》)(泉正人)「歴文だより : 栃木県歴史文化研究会会報」 栃木県歴史文化研究会事務

局　(71) 2009.4

学習会 九年目の文書教室/喜連川巡検（活動報告）（竹田民男）「氏家の歴史と文化」 氏家歴史文化研究会　(9) 2010.3

喜連川三題（研究ノート）（土屋義明）「氏家の歴史と文化」 氏家歴史文化研究会　(11) 2012.3

喜連川の歴史文化めぐり お丸山が見ていた「喜連川の歴史」講座（前）（活動報告）（鈴木勝）「氏家の歴史と文化」 氏家歴史文化研究会　(11) 2012.3

喜連川の歴史文化めぐり お丸山が見ていた「喜連川の歴史」講座（後）（活動報告）（新井敦史）「氏家の歴史と文化」 氏家歴史文化研究会　(11) 2012.3

喜連川興行銀行

さくら市の近代化 喜連川興行銀行を例に（研究ノート）（池田真規）「氏家の歴史と文化」 氏家歴史文化研究会　(9) 2010.3

喜連川宿

奥州道中喜連川宿（研究ノート）（土屋義明）「氏家の歴史と文化」 氏家歴史文化研究会　(9) 2010.3

喜連川郵便局

旧喜連川郵便局を巡る備忘録（研究ノート）（池田真規）「氏家の歴史と文化」 氏家歴史文化研究会　(11) 2012.3

鬼怒川

鬼怒川中流域若旅・谷貝両「在村」河岸の盛衰（中谷正克）「二宮町史研究」 二宮町　1　2003.3

鬼怒川流域の歴史と文化を訪ねる(1)（永瀬礼一郎）「栃木県立博物館友の会だより」 栃木県立博物館友の会　33　2004.2

鬼怒川流域の歴史と文化(2)（中神秀夫）「栃木県立博物館友の会だより」 栃木県立博物館友の会　(36) 2005.2

鬼怒川流域の歴史と文化を訪ねる（矢口照子）「栃木県立博物館友の会だより」 栃木県立博物館友の会　(39) 2006.2

鬼怒川の秘境（栃木県立宇都宮高等学校・地理部）「研究集録」 栃木県高等学校文化連盟社会部会　(29) 2008.3

鬼怒の流れ（田鹿民子）「小山市立博物館博物館だより」 小山市立博物館　(49) 2010.9

鬼怒川の今昔（北条茂）「会報いしばし」 石橋郷土史研究会　2013年春季号　2013.4

旧木村邸

旧木村邸、塀のレンガは山川の「須長」製（日下部高明）「足利文林」 足利文林会　61　2004.10

共墾社

士族授産の共墾社（川島秀世）「那須野ケ原開拓史研究」 那須野ケ原開拓史研究会　(71) 2011.12

きりふきの滝

諸国瀧廻り 下野黒髪山きりふきの滝 天保4年（1833）頃「博物館だより」 神戸市立博物館　(105) 2014.3

久下田

竹村家文書の保存空間について―二宮町久下田竹村家の現状記録と家屋調査の紹介（高橋実）「二宮町史研究」 二宮町　2　2004.3

草川用水

市の堀用水史研究(5) 関連としての草川用水について（小林俊夫）「氏家の歴史と文化」 氏家歴史文化研究会　(7) 2008.3

葛生

葛生の石灰を運んだ鉄道 安蘇馬車鉄道～佐野鉄道～東武鉄道（山本訓志）「文書館だより」 栃木県立文書館　(41) 2007.3

薬利

那珂川町と那須の歴史と文化(5) 薬利に古墳7基を確認 約1400年前の古墳群（眞保昌弘）「那須之風」 那珂川町文化財愛護会　(5) 2010.12

倉掛

「歩き・み・ふれる」歴史の道 日光北街道をたずねて―倉掛～矢板（君嶋通夫）「ふるさと矢板」 矢板市教育委員会生涯学習課　(35) 2008.3

倉掛湧水池

矢板の立足・古民家と倉掛湧水池（研究ノート）（海老原郁雄）「氏家の歴史と文化」 氏家歴史文化研究会　(9) 2010.3

栗崎

工匠四代―栗崎の相馬家のあゆみ（菊地卓）「高校地理歴史・公民科紀要」 栃木県高等学校教育研究会地理歴史・公民部会　42　2004.3

栗原県

寄稿 宇都宮藩の栗原県支配（鈴木挙）「文書館だより」 栃木県立文書館　(45) 2009.3

栗山村

栗山村の昔話の諸相（柏村祐司）「歴史と文化」 栃木県歴史文化研究会，随想舎（発売）(14) 2005.8

栃木県旧栗山村の「板橋区の森」について―区最初の交流自治体との「十周年記念碑」（石塚輝雄）「板橋史談」 板橋史談会　(273) 2012.11

黒磯

写真で見る那須塩原市黒磯PA周辺地区の変遷（〈黒磯地区プロジェクト調査報告書〉）（久留生利美）「那須文化研究」 那須文化研究会　(20) 2006.12

会津中街道「三斗小屋宿」について（那須塩原市黒磯地区プロジェクト調査報告書）（高根沢広之）「那須文化研究」 那須文化研究会　(27) 2013.12

黒磯駅

写真で見る戦後の黒磯駅周辺（久留生利美）「那須文化研究」 那須文化研究会　(27) 2013.12

黒磯市

黒磯市の大字名・町名の由来（磯忍）「那須野原」 飯村印刷所　(14) 2003.5

黒田原駅

写真で見る戦後の黒田原駅周辺（那須町プロジェクト調査報告書）（久留生利美）「那須文化研究」 那須文化研究会　(26) 2012.12

黒羽

大田原市黒羽地区の中世城館跡について―伊王野氏の領域とされている地域の城館跡（小川英世）「中世城郭研究」 中世城郭研究会　(23) 2009.7

那珂川流域の河岸衰退と問屋仲間議定（黒羽地区プロジェクト調査報告書）（大高純一）「那須文化研究」 那須文化研究会　(25) 2012.2

写真で見る戦後の東野鉄道黒羽駅跡周辺（黒羽地区プロジェクト調査報告書）（久留生利美）「那須文化研究」 那須文化研究会　(25) 2012.2

黒羽駅

写真で見る戦後の東野鉄道黒羽駅跡周辺（黒羽地区プロジェクト調査報告書）（久留生利美）「那須文化研究」 那須文化研究会　(25) 2012.2

黒羽城

東国版関ヶ原合戦に関わる黒羽城主大関氏発給文書等について（新井敦史）「那須文化研究」 那須文化研究会　(18) 2004.12

「黒羽城鳥瞰図題画記」と「黒羽城画幅記」の読み方（大沼美雄）「那須文化研究」 那須文化研究会　(23) 2009.12

黒羽藩

大名家文書（大関家文書）は語る―「御朱印虫干出席帳」について（新井敦史）「那須文化研究」 那須文化研究会　(16) 2002.12

大名家文書（大関家文書）は語る(2)―「大関増親任土佐守宣旨」について（新井敦史）「那須文化研究」 那須文化研究会　(17) 2003.12

大名家文書（大関家文書）は語る(3)―本阿弥光常折紙について（新井敦史）「那須文化研究」 那須文化研究会　(18) 2004.12

大名家文書（大関家文書）は語る(4)―幕末期の領知目録について（新井敦史）「那須文化研究」 那須文化研究会　(19) 2005.12

大名家文書（大関家文書）は語る(5) 大関増恒宛て徳川家継御内書（新井敦史）「那須文化研究」 那須文化研究会　(20) 2006.12

大名家文書（大関家文書）は語る(6) 大関晴増直書写について（新井敦史）「那須文化研究」 那須文化研究会　(21) 2007.12

大名家文書（大関家文書）は語る(7) 里村玄仲書状について（新井敦史）「那須文化研究」 那須文化研究会　(22) 2008.12

大名家文書（大関家文書）は語る(8) 大関増徳宛て江戸幕府老中連署奉書（新井敦史）「那須文化研究」 那須文化研究会　(23) 2009.12

大名家文書（大関家文書）は語る(9)―「御朱印箱入記」について（新井敦史）「那須文化研究」 那須文化研究会　(24) 2011.12

江戸時代後期における黒羽藩主大関家の最重要史料について（黒羽地区プロジェクト調査報告書）（新井敦史）「那須文化研究」 那須文化研究会　(25) 2012.2

大名家文書（大関家文書）は語る(10)―領知朱印改め関係史料について（新井敦史）「那須文化研究」 那須文化研究会　(25) 2012.2

大名家文書（大関家文書）は語る(11)―（慶長五年）七月晦日付久代景備書状について（新井敦史）「那須文化研究」 那須文化研究会　(26) 2012.12

大名家文書（大関家文書）は語る(12)―「練武園懸札」について（新井敦史）「那須文化研究」 那須文化研究会　(27) 2013.12

大名家文書（大関家文書）は語る(13)―白河口参謀沙汰書について（新井敦史）「那須文化研究」 那須文化研究会　(28) 2014.12

黒羽町

〈黒羽町プロジェクト調査報告書〉「那須文化研究」 那須文化研究会　(18) 2004.12

栃木県　　　　　　　　　　　　地名でたどる郷土の歴史　　　　　　　　　　　　関東

鶏鳴山
鶏鳴山とその周辺（吉野薫）「今市史談」　今市史談会　12　2003.4

幸岡
歩き・見・ふれる歴史の道 幸岡・長井から日光北街道を経て矢板へ「ふるさと矢板」　矢板市教育委員会生涯学習課　（30）　2005.11

国府野
足利庄内の国府野（こうの）と国府野氏─中世における足利学校の国府野所在説の検討（《中世後期と近世初頭における足利学校の歴史的検討へのアプローチ》）（柳田貞夫）「足利地方史研究」　柳田貞夫　（2）　2007.3

小口温泉
江戸時代における温泉と村経済─下野国那須郡小口温泉を事例に（平野哲也）「栃木県立文書館研究紀要」　栃木県立文書館　（16）　2012.3

五軒町
五軒町区誌編纂事業について（五軒町区誌編纂委員会）「那須野ケ原開拓史研究」　那須野ケ原開拓史研究会　53　2002.12

小代村
明治20年代における官有秣場の払い下げについて─上都賀郡小代村の場合（加藤久）「今市史談」　今市史談会　13　2004.4

小中農教倶楽部
「小中農教倶楽部」百年の歩み（矢島俊雄）「史談」　安蘇史談会　（29）　2013.6

小林尋常小学校
小林尋常小学校の歩み（神山たけし）「今市史談」　今市史談会　13　2004.4

古峰ヶ原
消えた大島村と古峰ヶ原（幸田昭）「郷土史燕」　燕市教育委員会　（2）　2009.3

児山城
歴史を訪ねて 中世城館「児山城」について（橋本高志）「文化しもつけ」　下野市文化協会　（5）　2011.4
児山城を考える（笹崎明）「会報いしばし」　石橋郷土史研究会　2013年春季号　2013.4

西郷
那須野ヶ原開拓史入門シリーズ（2）大山・西郷と加治屋開墾場（入江啓介）「那須野ヶ原開拓史研究」　那須野ケ原開拓史研究会　54　2003.6
加治屋開墾と大山・西郷の妻子（高藤大）「那須野ケ原開拓史研究」　那須野ケ原開拓史研究会　（60）　2006.6

逆面
河内町逆面の逆井戸を訪ねて（訪ねました）（片岡秀雄）「道鏡を守る会：道鏡禅師を知ろう」　道鏡を守る会　（29）　2007.9

埼玉
那須野ケ原の開拓地をたずねて─栃木県黒磯市の「埼玉」（調査報告）（市史編さん室）「熊谷市史研究」　熊谷市教育委員会　（5）　2013.3

さくら市
調査活動 さくら市の遺産を後世に伝える（土屋義明）「氏家の歴史と文化」　氏家歴史文化研究会　（8）　2009.3
さくら市の近代化 喜連川興行銀行を例に（研究ノート）（池田真規）「氏家の歴史と文化」　氏家歴史文化研究会　（9）　2010.3
さくら市にある道しるべ「江戸海道」「奥州海道」の謎を追って（研究ノート）（碓氷正和）「氏家の歴史と文化」　氏家歴史文化研究会　（12）　2013.6

桜町
二宮尊徳以前─桜町領の開発と旗本領主財政（下重清）「二宮町史研究」　二宮町　（5）　2008.3
金次郎の見た下野国桜町（尾上武）「扣之帳」　扣之帳刊行会　（29）　2010.9
二宮尊徳の桜町領仕法と報徳思想の成立─仕法着手の史料論的研究（阿部昭）「地方史研究」　地方史研究協議会　63（6）通号366　2013.12
桜町仕法諸施策の展開と住民動向─仕法着手から出奔事件まで（阿部昭）「栃木県立文書館研究紀要」　栃木県立文書館　（18）　2014.3

桜町陣屋
桜町陣屋 視察記（田邊永一）「於保為」　大井町郷土史研究会　（21）　2001.10

佐竹藩
野州下野の茂木町（佐竹藩）と三十六歌仙絵巻の関連性（工藤忠道）「下野史談」　下野史談会　97　2003.6
野州下野の佐竹藩（茂木治長・茂木城主）が秋田県横手へゆく─茂木より横手への順路について─一・二の考察（工藤忠道）「下野史談」　下野史談会　（109）　2012.11

佐野
《特集 佐野の近代化遺産》「史談」　安蘇史談会　（20）　2004.6
佐野の近代化遺産（京谷博次）「史談」　安蘇史談会　（20）　2004.6
佐野近代化遺産 旧校門考（廣木雅子）「史談」　安蘇史談会　（20）　2004.6
中世"佐野"寸描（京谷博次）「史談」　安蘇史談会　（20）　2004.6
佐野足利山村の歴史と文化を訪ねる─田沼・飛駒地方の歴史と文化（横倉忠男）「栃木県立博物館友の会だより」　栃木県立博物館友の会　（41）　2006.10
佐野の市場 佐野中央市場美濃屋履物店（川端志げ子，北山理）「泉佐野の歴史と今を知る会会報」　泉佐野の歴史と今を知る会　（287）　2011.11
万葉ロマンの旅（2）佐野の万葉歌碑ほか（小谷野善三郎）「群馬風土記」　群馬出版センター　26（2）通号109　2012.4
『西方町史』編纂過程で見た佐野（京谷博次）「史談」　安蘇史談会　（28）　2012.5
城主格大名 佐野の堀田氏（加藤隆）「城」　東海古城研究会　（210）　2012.10

佐野城墟
佐野藩（佐倉藩の支藩）（1）佐野城墟・堀田稲荷（佐野市植下町）（田中征志）「佐倉の地名 ： 佐倉地名研究会会報」　佐倉地名研究会　（8）　2014.10

佐野鉄道
東武佐野線停車場設置を記念する石碑と佐野鐵道（大高八三郎）「史談」　安蘇史談会　（20）　2004.6
伊豫鐵道に学べ─佐野鐵道誕生の秘話（大高八三郎）「史談」　安蘇史談会　（21）　2005.6
佐野鉄道の歴史─安蘇野を走った自生鉄道の足跡（大高八三郎）「史談」　安蘇史談会　（22）　2006.6
葛生の石灰を運んだ鉄道 安蘇馬車鉄道〜佐野鉄道〜東武鉄道（山本訓志）「文書館だより」　栃木県立文書館　（41）　2007.3
安蘇馬車鉄道と佐野鉄道の株主たち（大高八三郎）「史談」　安蘇史談会　（23）　2007.6

佐野荘
中世佐野荘と佐野氏（江田郁夫）「栃木県立文書館研究紀要」　栃木県立文書館　（7）　2003.3
路傍の社（鷲宮三騎神社）が語る藤原足利氏の終焉と佐野荘の源流（関野吉之助）「とちぎの歴史と文化を語る会年報」　とちぎの歴史と文化を語る会　（4）　2006.9

佐野場
北関東・下野国小頭に関する一考察─由緒書と「佐野場」の構造を手がかりに（岡田あさ子）「明日を拓く」　東日本部落解放研究所，解放書店（発売）29（4）通号49　2003.3

佐野藩
戊辰戦争と佐野藩─三国峠・上州戸倉の戦い（大高八三郎）「史談」　安蘇史談会　（18）　2002.6
下野国堀田佐野藩（川田昌宏）「研究紀要」　足利教育会　（42）　2005.3
下野の国堀田佐野藩つれづれ（川田昌宏）「研究紀要」　足利教育会　（43）　2006.3
佐野藩（佐倉藩の支藩）（1）佐野城墟・堀田稲荷（佐野市植下町）（田中征志）「佐倉の地名 ： 佐倉地名研究会会報」　佐倉地名研究会　（8）　2014.10

蛇尾川
那須野の蛇尾川について（関口重男）「とちぎの歴史と文化を語る会年報」　とちぎの歴史と文化を語る会　（5）　2007.11

佐良土駅
写真で見る戦後の東野鉄道佐良土駅跡周辺（湯津上地区プロジェクト調査報告書）（久留生利美）「那須文化研究」　那須文化研究会　（24）　2011.2

猿田河岸
織部・足利を支えた渡良瀬川舟運と猿田河岸（特集 流域の文化的景観）（阿由葉司）「利根川文化研究」　利根川文化研究会　（37）　2013.12

三区
開拓村における「自治消防」の形式と展開（大賀正明）「那須野ケ原開拓史研究」　那須野ケ原開拓史研究会　50　2001.6
開拓村における「自治消防」の形式と展開─三区消防の沿革（2），（3）（大賀正明）「那須野ケ原開拓史研究」　那須野ケ原開拓史研究会　51/52　2001.12/2002.6
開拓村における「自治消防」の形成と展開─三区消防の沿革（4）（大賀正明）「那須野ケ原開拓史研究」　那須野ケ原開拓史研究会　54　2003.6
三区における駐在所の位置の変遷（大賀正明）「那須野ケ原開拓史研究」　那須野ケ原開拓史研究会　（64）　2008.6

三斗小屋温泉
絵葉書で見る那須地方の昔（6）─三斗小屋温泉（長谷川操）「那須文化研

究」　那須文化研究会　（27）2013.12

三斗小屋宿
会津中街道「三斗小屋宿」について（那須塩原市黒磯地区プロジェクト調査報告書）（高根沢広之）「那須文化研究」　那須文化研究会　（27）2013.12

山王
古代史の夢—三王山、山王の地名考［1］,（2）（特別寄稿）（辻正次）「文化しもつけ」　下野市文化協会　（2）/（3）2008.4/2009.4

三王山
古代史の夢—三王山、山王の地名考［1］,（2）（特別寄稿）（辻正次）「文化しもつけ」　下野市文化協会　（2）/（3）2008.4/2009.4

塩釜
絵葉書で見る那須地方の昔（2）那須塩原市塩原温泉（福渡・畑下・塩釜・門前・古町）（長谷川操）「那須文化研究」　那須文化研究会　（21）2007.12

塩野室村
落穂拾いの今市市史（33）〜（44）戊辰戦今市御蔵の残米/村の自治「貸し山」・「借り山」/瀬尾村年中行事」連載を終えて/天狗党参加を望む若者/宇都宮市今市浄水場/高畑上組・下組の神社とお堂/岩崎観音/70年の祈り今市キリスト教会/農民の肉食事情/今市にもあった平家落人伝説/針貝村と塩野室村の地境争論/大桑村の馬市と提灯行列（佐藤権司）「今市史談」今市史談会　（19）2010.4

塩原
「御公儀様御巡見日記帳」から見た関谷宿（〈塩原地区プロジェクト調査報告書〉）（君島守）「那須文化研究」　那須文化研究会　（21）2007.12

絵葉書で見る那須地方の昔（7）—明治30年・須藤道策編『塩原案内』掲載旅館のその後（前）（那須塩原市塩原地区プロジェクト調査報告書）（長谷川操）「那須文化研究」　那須文化研究会　（28）2014.12

文人の愛した塩原・文人のいる風景—塩原文学研究会20周年に寄せて（那須塩原市塩原地区プロジェクト調査報告書）（田代芳寛）「那須文化研究」　那須文化研究会　（28）2014.12

塩原温泉
絵葉書で見る那須地方の昔（2）那須塩原市塩原温泉（福渡・畑下・塩釜・門前・古町）（長谷川操）「那須文化研究」　那須文化研究会　（21）2007.12

写真で見る那須塩原市塩原温泉地区の変遷（久留生利美）「那須文化研究」　那須文化研究会　（21）2007.12

塩谷
塩谷医療史の研究（1）種痘（岡一雄）「氏家の歴史と文化」　氏家歴史文化研究会　（8）2009.3

塩谷医療史の研究（2）感染症と闘った医師たち（研究ノート）（岡一雄）「氏家の歴史と文化」　氏家歴史文化研究会　（9）2010.3

歴史講座　幕末・明治期の塩谷地区の医療事情　岡一雄氏（活動報告）「氏家の歴史と文化」　氏家歴史文化研究会　（9）2010.3

塩谷医療史の研究　番外編　はやりかぜの話（研究ノート）（岡一雄）「氏家の歴史と文化」　氏家歴史文化研究会　（11）2012.3

「塩谷地域の水田農業史」研究（1）—戦後の有畜農業の一場面・高根沢町の水田酪農の展開史を見る（研究ノート）（小林俊夫）「氏家の歴史と文化」　氏家歴史文化研究会　（12）2013.6

塩谷地域の水田農業史研究（2）—戦後の水稲生産力向上・普及事業の支援を見る（研究ノート）（小林俊夫）「氏家の歴史と文化」　氏家歴史文化研究会　（13）2014.6

塩谷郡
塩谷郡医師会—新生医師会半世紀の歩みの一発刊（岡一雄）「氏家の歴史と文化」　氏家歴史文化研究会　3　2004.3

塩屋郡衙
平成20年度記念講演会要旨　古代道路から塩屋郡衙を探る　竹澤謙先生（木村軍一）「ふるさと矢板」　矢板市教育委員会生涯学習課　（36）2008.9

塩谷町
栃木県塩谷町の城（渡邉昌樹）「中世城郭研究」　中世城郭研究会　（17）2003.7

志鳥村
烏山藩領志鳥村における浄土真宗移民についての基礎的研究（上野修一）「栃木県立文書館研究紀要」　栃木県立文書館　（7）2003.3

地原
近世入会地をめぐる論争—大輪地原の場合（高根沢広之）「那須塩原市那須野が原博物館紀要」　那須塩原市那須野が原博物館　（1）2005.3

島田
収蔵文書紹介（34）島田嘉内家文書（京谷博次）「文書館だより」　栃木県立文書館　（35）2004.2

島田家住宅
島田家の木像について（中島正）「鹿沼史林」　鹿沼史談会　（53）2013.11

下伊佐野村
江戸時代の村のくらし—下伊佐野村を中心にして（阿久津友男）「ふるさと矢板」　矢板市教育委員会生涯学習課　（34）2007.9

下石塚
下石塚の風土について（黒田哲哉）「史談」　安蘇史談会　（21）2005.6

下高間木村
近世後期下野旗本知行所の農村荒廃下における動向—芳賀郡下高間木村を中心に（西村陽子）「栃木県立文書館研究紀要」　栃木県立文書館　（18）2014.3

下毛
両毛産業遺産研究会（亀田光三）「群馬文化」　群馬県地域文化研究協議会　276　2003.10

織物消費税廃止運動における地方の対応—両毛地方を中心として（亀田光三）「桐生史苑」　桐生史談会　（49）2010.3

「上毛・下毛」始末記（澤口宏）「群馬地名だより：群馬地名研究会会報」　群馬地名研究会　（73）2010.3

両毛地域における近世の国境（佐藤孝之）「栃木史学」　国学院大学栃木短期大学史学会　（26）2012.3

下野
城めぐり（1）名将真田家の城跡（平野茂）「下野史談」　下野史談会　94　2001.11

報徳仕法と下野の文化（阿部昭）「栃木県立文書館研究紀要」　栃木県立文書館　（7）2003.3

下野の瓦生産と行政ブロック（《特集 地域の形成と統合》）（大橋泰夫）「歴史だより：栃木県歴史文化研究会会報」　栃木県歴史文化研究会事務局　48　2003.7

下野の奥の細道を往く（名塚孝子）「栃木県立博物館友の会だより」　栃木県立博物館友の会　32　2003.11

幕末維新期の下野—本年度研究大会へのお誘い（常任委員会）「歴文だより：栃木県歴史文化研究会会報」　栃木県歴史文化研究会事務局　52　2004.7

戊辰戦争の傷跡—下野「新選組」余禄（大垣英三）「下野史談」　下野史談会　100　2004.12

盛況だった「下野の幕末・明治維新」大木茂氏「栃木県立博物館友の会だより」　栃木県立博物館友の会　（36）2005.2

平成17年度総会記念講演 下野の明治維新—氏家町史に期待する大嶽浩良先生（出版部）「氏家歴史文化研究会だより」　氏家歴史文化研究会　7　2005.8

下野の奥の細道紀行（久野清次）「栃木県立博物館友の会だより」　栃木県立博物館友の会　（38）2005.10

栃木県立しもつけ風土記の丘資料館 古代下野の中心地へようこそ（うちのお宝自慢コーナー）「栃博協だより：栃木県博物館協会報」　栃木県博物館協会　（10）2006.2

文書で読む栃木の歴史 下野の朝鮮種人参栽培（直井康幸）「文書館だより」　栃木県立文書館　（39）2006.2

文化財巡り 中世下野 城館めぐり（小竹弘則）「氏家の歴史と文化」　氏家歴史文化研究会　（5）2006.3

下野の幕末維新（宮地正人）「栃木史学」　国学院大学栃木短期大学史学会　（20）2006.3

中世下野の村落景観（《特集 戦国の村、近世の村》）（齋藤弘）「歴史だより：栃木県歴史文化研究会会報」　栃木県歴史文化研究会事務局　（60）2006.7

下野の交通—大島延次郎家文書から（直井康幸）「文書館だより」　栃木県立文書館　（40）2006.8

文書で読む栃木の歴史 後白河上皇と下野（松本一夫）「文書館だより」　栃木県立文書館　（40）2006.8

中世下野の商業と商人—庭林氏と小池氏（鴨志田智啓）「とちぎの歴史と文化を語る会年報」　とちぎの歴史と文化を語る会　（4）2006.9

齋藤弘氏報告「中世下野の村落景観」を聞いて（研究大会報告）（林謙介）「歴文だより：栃木県歴史文化研究会会報」　栃木県歴史文化研究会事務局　（61）2006.10

下野中世史研究の回顧と展望—『栃木県史』以降（松本一夫）「栃木県立文書館研究紀要」　栃木県立文書館　（11）2007.3

下野医事散策（日野原正）「下野史談」　下野史談会　（104）2007.6

武者たちの時代—中世成立期の下野（江田郁夫）「歴文だより：栃木県歴史文化研究会会報」　栃木県歴史文化研究会事務局　（64）2007.7

下野武士団の成立（須藤聡）「歴文だより：栃木県歴史文化研究会会報」　栃木県歴史文化研究会事務局　（64）2007.7

中世下野の村落景観（齋藤弘）「歴史と文化」　栃木県歴史文化研究会，随想舎（発売）　（16）2007.8

近世下野の地誌・軍記における伝説資料（久野俊彦）「歴史と文化」　栃木

県歴史文化研究会，随想舎（発売）（16）2007.8

幕末に始まった下野の近代医療《《特集 地域と医療》》（松本一夫）「歴史だより：栃木県歴史文化研究会会報」栃木県歴史文化研究会事務局（66）2008.1

下野村落史の新展開《《下野村落史の新展開》》（松本一夫）「歴文だより：栃木県歴史文化研究会会報」栃木県歴史文化研究会事務局（68）2008.7

近世中期の村の秩序と由緒（仮）《《下野村落史の新展開》》（齋藤悦正）「歴文だより：栃木県歴史文化研究会会報」栃木県歴史文化研究会事務局（68）2008.7

万葉集の東歌・防人歌と下野の方言について（森下喜一）「とちぎの歴史と文化を語る会年報」とちぎの歴史と文化を語る会（6）2008.12

下野文芸の息吹《《特集 近世下野の文化活動》》（竹末広美）「歴文だより：栃木県歴史文化研究会会報」栃木県歴史文化研究会事務局（71）2009.4

特集 戦国期下野の起請文（月井剛）「文書館だより」栃木県立文書館（46）2009.7

戦国史シンポジウム・特別展「下野の戦国時代」を終えて（松本一夫）「文書館だより」栃木県立文書館（47）2010.3

下野方言と未開文化（森下喜一）「とちぎの歴史と文化を語る会年報」とちぎの歴史と文化を語る会（8）2011.2

佐藤信氏講演「古代下野の地方官衙と在地社会」を聞いて（鏑木理広）「歴文だより：栃木県歴史文化研究会会報」栃木県歴史文化研究会事務局（81）2011.10

峰岸純夫氏講演「下野戦国史の開幕―享徳の乱と諸勢力―」を聞いて（江田郁夫）「歴文だより：栃木県歴史文化研究会会報」栃木県歴史文化研究会事務局（81）2011.10

下野蕉門の人々（特集 松尾芭蕉）（竹末広美）「歴文だより：栃木県歴史文化研究会会報」栃木県歴史文化研究会事務局（82）2012.1

方言でわかる下野の人と文化（森下喜一）「とちぎの歴史と文化を語る会年報」とちぎの歴史と文化を語る会（9）2012.2

下野那須資景知行帳に見える地名（1）（田代誠）「那須文化研究」那須文化研究会（25）2012.2

戦国時代下野宇都宮氏の外交路線の変遷（荒川善夫）「栃木県立文書館研究紀要」栃木県立文書館（16）2012.3

シリーズ「道」特集 近世下野の街道をめぐる諸問題―街道研究の一断面（松本明夫）「歴史と文化」栃木県歴史文化研究会，随想舎（発売）（21）2012.8

下野那須資景知行帳に見える地名（2）天正十八年十月二十二日編（田代誠）「那須文化研究」那須文化研究会（26）2012.12

常設展「歴史の中の情報と社会」/歴史講演会「中世の下野―地域と民衆の視点から」/栃木の人物展「栃木の人物再発見」（平野哲也）「文書館だより」栃木県立文書館（53）2013.4

「戊辰戦争―慶応四年 下野の戦場―」を開催して（特集 戊辰戦争を展示する）（岸明）「歴史だより：栃木県歴史文化研究会会報」栃木県歴史文化研究会事務局（87）2013.4

中世下野の武家女性をめぐって（特集 歴史のなかの女性）（松本一夫）「歴文だより：栃木県歴史文化研究会会報」栃木県歴史文化研究会事務局（88）2013.8

近世後期下野旗本知行所の農村荒廃下における動向―芳賀郡下高間木村を中心に（西村陽子）「栃木県立文書館研究紀要」栃木県立文書館（18）2014.3

江戸時代の下野における野生獣の防除と利用（平野哲也）「栃木県立文書館研究紀要」栃木県立文書館（18）2014.3

栃木県史編さんと下野近世史研究（企画例会「関東近世史研究と自治体史編纂―第四回 栃木県―」）（阿部昭）「関東近世史研究」関東近世史研究会（75）2014.5

自治体史編纂と下野近世史研究の深化（企画例会「関東近世史研究と自治体史編纂―第四回 栃木県―」）（平野哲也）「関東近世史研究」関東近世史研究会（75）2014.5

下野の文芸，荒野を拓く（特集 下野の文芸，荒野を拓く）（新井敦史）「歴文だより：栃木県歴史文化研究会会報」栃木県歴史文化研究会事務局（92）2014.7

下野軌道

下野軌道が並木街道を横切る所（手塚雅身）「今市史談」今市史談会 13 2004.4

下野国府

下野国府から芳賀地方へ通ずる古代の伝説（吉村光右）「会報いしばし」石橋郷土史研究会 2013年春季号 2013.4

下野市

下野市内の文化財について（特別寄稿）（山口耕一）「文化しもつけ」下野市文化協会（2）2008.4

下野市の豊かな歴史文化資源をまちづくりに活かす（特別寄稿）（板橋昭二）「文化しもつけ」下野市文化協会（7）2013.4

下毛野

律令以後における上毛野氏・下毛野氏―豊城入彦命系譜の中心氏族として（須永忍）「群馬文化」群馬県地域文化研究協議会（310）2012.4

下野国

下野国の街道と宿場町に関する基礎的研究―日光道中壬生通りと楡木宿を中心として（伊藤寿和）「かぬま歴史と文化：鹿沼市史研究紀要」鹿沼市 5 2000.3

北関東・下野国小頭に関する一考察―由緒書と「佐野場」の構造を手がかりに（岡田あさ子）「明日を拓く」東日本部落解放研究所，解放書店（発売）29（4）通号49 2003.3

弾左衛門支配の場と組織―下野国の事例から（岡田あさ子）「千葉史学」千葉歴史学会（47）2005.11

近世における勧進の変化と地域社会―下野国を中心にして（坂井康人）「明日を拓く」東日本部落解放研究所，解放書店（発売）32（4）通号64 2006.3

よみがえる東山道駅路―最近の下野国内の調査例から（歴史講座）（木下実）「氏家の歴史と文化」氏家歴史文化研究会（6）2007.3

須藤聡氏報告「下野国武士団の成立」を聞いて（《第17回大会 研究報告》）（阿部能久）「歴文だより：栃木県歴史文化研究会会報」栃木県歴史文化研究会事務局（65）2007.10

旦那場と地域における警備備品―下野国を中心に（《特集 第14回全国部落史研究交流会》―前近代史分科会報告）（坂井康人）「解放研究：東日本部落解放研究所紀要」東日本部落解放研究所，解放書店（発売）（22）2008.9

中谷正克氏報告「近世から近現代における下野国の砥石稼ぎ」を聞いて（《第18回大会研究報告》）（鈴木挙）「歴文だより：栃木県歴史文化研究会会報」栃木県歴史文化研究会事務局（69）2008.11

下野国の成立と地域社会―古代国家における「国」成立の問題 鐘江宏之氏（歴史講座）「氏家の歴史と文化」氏家歴史文化研究会（8）2009.3

下野国の地誌編纂と喜連川《《特集 近世下野の文化活動》》（泉正人）「歴文だより：栃木県歴史文化研究会会報」栃木県歴史文化研究会事務局（71）2009.4

戊辰戦争期における「草莽隊」の志向―下野国利鎌隊を事例として（宮間純一）「地方史研究」地方史研究協議会 60（2）通号344 2010.4

研究ノート 近世下野国における道徳的視点からの「間引き防止」教化―その根本にある思想の探究（中田太郎）「歴史と文化」栃木県歴史文化研究会，随想舎（発売）（20）2011.8

下野国南部の東山道を推定する（清水喜三）「史談」安蘇史談会（29）2013.6

下野国を旅して（1），（2）―大藤棚・足利学校・鑁阿寺・相田みつお展・織姫神社（寄稿）「月刊歴史ジャーナル」NPO法人尾道文化財研究所（114）/（115）2013.6/2013.7

下野國の古道と奥州街道（道中）の変遷（紀行・随筆）（碓氷正和）「氏家の歴史と文化」氏家歴史文化研究会（13）2014.6

尚仁沢

田母沢と田茂沢，尚仁沢（関口重男）「高校地理歴史・公民科紀要」栃木県高等学校教育研究会地理歴史・公民部会（48）2010.3

白河

白河今昔（清水秀男）「下野史談」下野史談会（104）2007.6

白河関

白河関（律令治世から歌枕・俳諧へと）（関野吉之助）「史談」安蘇史談会（27）2011.9

白旗城

中世城館跡大関氏白旗城について―縄張図による遺構の検討（小川英世）「歴史と文化」栃木県歴史文化研究会，随想舎（発売）（17）2008.8

新今市駅

下野軌道新今市駅（手塚雅身）「今市史談」今市史談会 13 2004.4

親王台

親王台を築く（品川貞之）「那須野ケ原開拓史研究」那須野ケ原開拓史研究会（72）2012.12

須賀川

写真でみる黒羽町須賀川地区の変遷（久留生利美）「那須文化研究」那須文化研究会（18）2004.12

須賀川ガラスについて（池田真規）「氏家の歴史と文化」氏家歴史文化研究会 4 2005.3

須賀川村

「下野造林株式会社 須賀川村八溝山造林地」（長谷川操）「那須文化研究」那須文化研究会（18）2004.12

菅原新田

菅原新田絵図（山本訓志）「文書館だより」栃木県立文書館（40）2006.8

諏訪山城
　粟野城と諏訪山城をめぐる一考察(杉浦昭博)「鹿沼史林」　鹿沼史談会
　　(47)　2007.12

斉盟橋
　斉盟橋事始 秋山川水系に架かる橋梁(特集 秋山川水系に架かる橋梁)(京谷博次)「史談」　安蘇史
　　談会　(27)　2011.9

関谷
　写真で見る戦後の関谷地区周辺(久留生利美)「那須文化研究」　那須文化
　　研究会　(28)　2014.12

関谷宿
　「御公儀様御巡見日記帳」から見た関谷宿(〈塩原地区プロジェクト調査
　　報告書〉)(君島守)「那須文化研究」　那須文化研究会　(21)　2007.12

禅頂行者道
　群馬の峠を歩く(32) 細尾峠と禅頂行者道―日光を開山した勝道上人の
　　たどった峠と道を訪ねて(須田茂)「上州路 ： 郷土文化誌」　あさを社
　　33(10)通号389　2006.10

大戦防
　「日光裏街道」にある「大戦防」という地名(特集 消えた集落・移転した
　　集落)(土井清史)「越佐の地名」　越後・佐渡の地名を語る会　(10)
　　2010.3

高尾
　高尾の能書伝説と花扇(鈴木淳)「那須文化研究」　那須文化研究会
　　(25)　2012.2

高砂町
　史料紹介 佐野市高砂町会記録 "雑誌" を読む[1]～(5)(京谷博次)「史
　　談」　安蘇史談会　(22)／(26)　2006.6／2010.9

高根沢
　高根沢のうどん水車(海老原郁雄)「氏家の歴史と文化」　氏家歴史文化研
　　究会　(8)　2009.3

高根沢町
　「塩谷地域の水田農業史」研究(1)―戦後の有畜農業の一場面・高根沢町
　　の水田酪農の展開史を見る(研究ノート)(小林俊夫)「氏家の歴史と文
　　化」　氏家歴史文化研究会　(12)　2013.6

高原山
　玉生村外史―高原山麓の里の和気一族について(船生史郎)「下野史談」
　　下野史談会　98　2003.12
　高原山麓外史(船生史郎)「下野史談」　下野史談会　(103)　2006.6
　高原山麓戊辰の役外史(船生史郎)「下野史談」　下野史談会　(111)
　　2014.2

鷹部屋橋
　鷹部屋橋について(特集 秋山川水系に架かる橋梁)(海老原脩治)「史談」
　　安蘇史談会　(27)　2011.9

多気山
　山城としての多氣山(永森庄二)「下野史談」　下野史談会　(108)　2010.
　　12

立足
　矢板の立足・古民家と倉掛湧水池(研究ノート)(海老原郁雄)「氏家の歴
　　史と文化」　氏家歴史文化研究会　(9)　2010.3

立足村
　明治初年の矢板・立足村文書(続)～(4)(研究ノート)(海老原郁雄)「氏
　　家の歴史と文化」　氏家歴史文化研究会　(11)／(13)　2012.3／2014.6

館林藩分領
　戒名のない墓碑 館林藩分領漆山陣屋考(山田秀穂)「足利文林」　足利文
　　林会　59　2003.10

田中正造大学
　田中正造大学20年の歩み(〈特集 開校20周年をむかえて〉)「救現 ： 田
　　中正造大学ブックレット」　田中正造大学出版部, 随想舎(発売) 通号
　　10　2007.3

玉生村
　玉生村外史―高原山麓の里の和気一族について(船生史郎)「下野史談」
　　下野史談会　98　2003.12

田母沢
　田母沢と田茂沢、尚仁沢(関口重男)「高校地理歴史・公民科紀要」　栃木
　　県高等学校教育研究会地理歴史・公民部会　(48)　2010.3

田茂沢
　田母沢と田茂沢、尚仁沢(関口重男)「高校地理歴史・公民科紀要」　栃木
　　県高等学校教育研究会地理歴史・公民部会　(48)　2010.3

淡志川城
　研究ノート 淡志川城の位置(佐々木茂)「かぬま歴史と文化 ： 鹿沼市史
　　研究紀要」　鹿沼市　(10)　2007.3

千代ケ岡
　千代ケ岡の幻影―鮫嶋大将と赤見村の人々(川田春樹)「史談」　安蘇史談
　　会　(29)　2013.6

都賀
　文書で読む栃木の歴史 都賀演説会と横尾輝吉(松本一夫)「文書館だよ
　　り」　栃木県立文書館　(48)　2010.7

鶴が淵要害
　上三依の鶴が渕要害と塩谷義綱(木村軍一)「ふるさと矢板」　矢板市教育
　　委員会生涯学習課　(39)　2010.3

天神町
　資料紹介 昭和期における鹿沼町住民組織の財政史料―天神町の「決算報
　　告書」(昭和2～19年度)(松田隆行)「かぬま歴史と文化 ： 鹿沼市史研
　　究紀要」　鹿沼市　7　2002.3

天神橋
　葛生天神橋の名称と川を挟んだ飛び地について(黒田哲哉)「史談」　安蘇
　　史談会　(28)　2012.5

東武佐野線停車場
　東武佐野線停車場設置を記念する石碑と佐野鐵道(大高八三郎)「史談」
　　安蘇史談会　(20)　2004.6

東毛三郡
　東毛三郡の栃木県編入の背景について(宮崎俊弥)「群馬文化」　群馬県地
　　域文化研究協議会　(282)　2005.4

通
　足利市通五丁目 丸山直樹家文書解説(菊地卓)「松籟史談」　大月手紙の
　　会　4　2003.9

栃木
　講演要旨 とちぎの環境を守る基本スタンスを考える―環境汚染に対す
　　る田中正造の倫理的構え(長江弘晃)「とちぎの歴史と文化を語る会年
　　報」　とちぎの歴史と文化を語る会　(1)　2003.3
　栃木の造り酒屋と近江商人(小川聖)「歴史と文化」　栃木県歴史文化研究
　　会, 随想舎(発売)　(12)　2003.8
　文書で読む栃木の歴史「神武陵出器記」について/「埋没碑」碑文(上野
　　修一)「文書館だより」　栃木県立文書館　(35)　2004.2
　文書で読む栃木の歴史 大正期の高等教育機関事情(直井康幸)「文書館だ
　　より」　栃木県立文書館　(36)　2004.7
　平成16年度総会記念講演 栃木の鉄道の夜明け 大町雅美先生(出版部)
　　「氏家歴史文化研究会だより」　氏家歴史文化研究会　6　2004.8
　「歴史」分科会近世栃木の部落史を探る「東日本部落解放研究所ニュー
　　ス」　東日本部落解放研究所　(68)　2005.7
　演題 栃木方言のルーツをさぐる「とちぎの歴史と文化を語る会年報」
　　とちぎの歴史と文化を語る会　(3)　2005.9
　企画展「とちぎの歴史街道」記念講演会「栃木県立博物館友の会だより」
　　栃木県立博物館友の会　(38)　2005.10
　栃木の舟運(栃木県立学悠館高等学校定時制・歴史研究同好会)「研究集
　　録」　栃木県高等学校文化連盟社会部会　(28)　2007.3
　栃木の近代産業と発展に貢献した先人たち(《特集 近代産業史》)(直井
　　康幸)「歴文だより ： 栃木県歴史文化研究会会報」　栃木県歴史文化研
　　究会事務局　(63)　2007.4
　「栃木」についてのお話(原田遼)「研究集録」　栃木県高等学校文化連盟
　　社会部会　(29)　2008.3
　文書で読む栃木の歴史 戦国時代の起請文(月井剛)「文書館だより」　栃
　　木県立文書館　(45)　2009.3
　栃木・知の周辺を探る―地域史と教育(《栃木・知の周辺を探る》)(松本
　　一夫)「歴文だより ： 栃木県歴史文化研究会会報」　栃木県歴史文化研
　　究会事務局　(72)　2009.7
　郷土誌と伝説集の形成―口碑伝承と文字文化の円環(《栃木・知の周辺を
　　探る》)(久野俊彦)「歴文だより ： 栃木県歴史文化研究会会報」　栃木
　　県歴史文化研究会事務局　(72)　2009.7
　久野俊彦氏報告「郷土誌と伝説集の形成」を聞いて(《栃木・知の周辺を
　　探る―大会報告》)(大谷津忠一)「歴文だより ： 栃木県歴史文化研究
　　会会報」　栃木県歴史文化研究会事務局　(73)　2009.10
　寄稿 栃木の近代銀行―ことはじめの一つとして(池田真規)「文書館だよ
　　り」　栃木県立文書館　(47)　2010.3
　文書で読む栃木の歴史 近代草創期の小学校開設(直井康幸)「文書館だよ
　　り」　栃木県立文書館　(47)　2010.3
　人物でみる栃木の歴史(特集 人物でみる栃木の歴史)(松本一夫)「歴文
　　だより ： 栃木県歴史文化研究会会報」　栃木県歴史文化研究会事務局
　　(76)　2010.7
　文書で読む栃木の歴史 戦国領主の遺産相続(月井剛)「文書館だより」
　　栃木県立文書館　(49)　2011.3
　日本史の中の栃木(松本一夫)「歴文だより ： 栃木県歴史文化研究会会

報」 栃木県歴史文化研究会事務局 （80）2011.7
文書で読むとちぎの歴史 江戸時代の旅 庶民の旅の広がり/旅への出発/旅の様子（西村陽子）「文書館だより」 栃木県立文書館 （54）2013.8
平成二十五年度テーマ展「栃木の鉄道」について（伊藤康行）「栃木県立博物館研究紀要.人文」 栃木県立博物館 （31）2014.3

栃木県

栃木県の新方言（佐藤高司）「とちぎの歴史と文化を語る会年報」 とちぎの歴史と文化を語る会 （1）2003.3
栃木県における大地主の成立をめぐって 益子町加藤家文書の解析から（大栗行昭）「文書館だより」 栃木県立文書館 33 2003.3
収蔵文書紹介（32）粂川芳雄家文書（渡辺平良）「文書館だより」 栃木県立文書館 33 2003.3
廃藩置県から栃木県へ《〈特集 地域の分立と合併〉》（丑木幸男）「歴文だより」 栃木県歴史文化研究会会報」 栃木県歴史文化研究会事務局 47 2003.4
県別の苗字分布（8）全国の大姓1200/県別の苗字分布（9）栃木県に特有な姓（塩谷民一）「史談」 安蘇史談会 （19）2003.6
収蔵文書紹介（33）廣田絹枝家文書（阿久津友男）「文書館だより」 栃木県立文書館 34 2003.6
文書で読む栃木の歴史 昭和11年県庁焼失/県庁再建のための寄付（内木裕）「文書館だより」 栃木県立文書館 34 2003.6
栃木県の成立を考える（徳田代吉）「藤岡史談」 藤岡町古文書研究会 （9）2003.7
天保後期以降の徘徊浪人の動向（川田純之）「歴史と文化」 栃木県歴史文化研究会，随想舎（発売）（12）2003.8
史料紹介 「会社創立法方大意」について（池田真規）「歴史と文化」 栃木県歴史文化研究会，随想舎（発売）（12）2003.8
栃木県の地名など—そのアイヌ語解について（関口重男）「高校地理歴史・公民科紀要」 栃木県高等学校教育研究会地理歴史・公民部会 42 2004.3
シモツカレ考（関口重男）「高校地理歴史・公民科紀要」 栃木県高等学校教育研究会地理歴史・公民部会 42 2004.3
近代行政地名をめぐって—市町村合併に伴う新地名成立の事情（中野英男）「氏家の歴史と文化」 氏家歴史文化研究会 3 2004.3
市町村合併への対応《〈特集 市町村合併への対応〉》（荒川善夫）「歴文だより」 栃木県歴史文化研究会会報」 栃木県歴史文化研究会事務局 51 2004.4
市町村合併と民俗学〈差異〉を消さない地域文化創造のために（《〈特集 市町村合併への対応〉》（木村康夫）「歴文だより」 栃木県歴史文化研究会会報」 栃木県歴史文化研究会事務局 51 2004.4
市町村合併と文書・記録の保存・利用《〈特集 市町村合併への対応〉》（平野哲也）「歴文だより」 栃木県歴史文化研究会会報」 栃木県歴史文化研究会事務局 51 2004.4
収蔵文書紹介（35）吉村儀兵衛家文書（仲田凱男）「文書館だより」 栃木県立文書館 36 2004.7
市町村合併に伴う公文書等の保存について（要請）「歴文だより」 栃木県歴史文化研究会会報」 栃木県歴史文化研究会事務局 （53）2004.10
栃木県の地名についての一考察（関口重男）「高校地理歴史・公民科紀要」 栃木県高等学校教育研究会地理歴史・公民部会 43 2005.3
小杉放庵と幻の県会議場の記念壁画計画（内木裕）「文書館だより」 栃木県立文書館 （37）2005.3
徳田氏ゆかりの地訪ねて（和田ヤイ）「足利文林」 足利文林会 （62）2005.6
徳田氏ゆかりの地を訪ねて（和田ヤイ）「史談」 安蘇史談会 （21）2005.6
明治初期の県令時代（徳田代吉）「藤岡史談」 藤岡町古文書研究会 （11）2005.7
宇都宮氏旧臣の村と旧臣帳・官途状（井上攻）「文書館だより」 栃木県立文書館 （38）2005.7
文書で読む栃木の歴史「国際博覧会」と栃木県（内木裕）「文書館だより」 栃木県立文書館 （38）2005.7
地名のアイヌ語解についての一考察（関口重男）「高校地理歴史・公民科紀要」 栃木県高等学校教育研究会地理歴史・公民部会 （44）2006.3
栃木県域における黒色安山岩の産地に関する諸問題（森嶋秀一，布川嘉英，竹下欣宏）「栃木県立博物館研究紀要.人文」 栃木県立博物館 （23）2006.3
郵便史研究半世紀「栃木県郵便史」を上梓して（塚田保実）「郵便史研究 ： 郵便史研究会紀要」 郵便史研究会 （22）2006.10
「下野新聞」の関東大震災報道—第14師団の動向を中心として（内田修道）「京浜歴科研年報」 京浜歴史科学研究会 （19）2007.1
県印と県各文字（石川健）「栃木県立文書館研究紀要」 栃木県立文書館 （11）2007.3
栃木県の地租改正—二宮町域を中心にして（佐々木寛司）「二宮町史研究」 二宮町 （4）2007.3
栃木県立文書館開館20周年企画展「「もの」づくりにかけた先人の想い

—栃木の近代産業と交通の発達—」「文書館だより」 栃木県立文書館 （41）2007.3
文書で読む栃木の歴史 近世後期の間引き防止策（山本訓志）「文書館だより」 栃木県立文書館 （42）2007.7
栃木県における近代煙草栽培関連史料—屋代嘉之助日誌・他（上野修一）「栃木県立文書館研究紀要」 栃木県立文書館 （12）2008.3
栃木県における明治期の中等学校について（直井康幸）「栃木県立文書館研究紀要」 栃木県立文書館 （12）2008.3
栃木県における彫刻史研究の現在《〈特集 下野の仏さま〉》（本田諭）「歴文だより ： 栃木県歴史文化研究会会報」 栃木県歴史文化研究会事務局 （67）2008.4
今に残る過疎の村の「村是」について（工藤忠道）「下野史談」 下野史談会 （106）2008.12
古碑散歩（1）（大垣英三）「下野史談」 下野史談会 （106）2008.12
「鷗村学舎」と栃木県明治期公私立中学（板橋文夫）「田中正造と足尾鉱毒事件研究」 随想舎 15 2009.2
栃木県における明治前半の教員養成（直井康幸）「栃木県立文書館研究紀要」 栃木県立文書館 （13）2009.3
明治時代前期における栃木県石灰産業の一側面（山本訓志）「栃木県立文書館研究紀要」 栃木県立文書館 （13）2009.3
「栃木県下男女中等学校入学査定方法と口頭試問題」（直井康幸）「文書館だより」 栃木県立文書館 （46）2009.7
大正～昭和初期における栃木県下中学校入学をめぐる状況《〈栃木・知の周辺を探る〉》（直井康幸）「歴文だより ： 栃木県歴史文化研究会会報」 栃木県歴史文化研究会事務局 （72）2009.7
栃木県の砥石と砥石業経営—芳賀郡三谷村の砥石問屋鶯谷家を事例として（中谷正克）「歴史と文化」 栃木県歴史文化研究会，随想舎（発売）（18）2009.8
直井康幸氏報告「大正～昭和初期における栃木県下中等学校入学をめぐる状況」を聞いて（《〈栃木・知の周辺を探る—大会報告〉》（鈴木健一）「歴文だより ： 栃木県歴史文化研究会会報」 栃木県歴史文化研究会事務局 （73）2009.10
栃木県の民間療法（日野原正）「下野史談」 下野史談会 （107）2009.12
「天地人」ゆかりの地を尋ねて（大垣英三）「下野史談」 下野史談会 （107）2009.12
占領期栃木県内発行文藝誌にみる検閲（研究ノート）（下田太郎）「氏家の歴史と文化」 氏家歴史文化研究会 （9）2010.3
「栃木県下男女中等学校入学査定法と口頭試問題」にみる中等学校の選抜条件（直井康幸）「栃木県立文書館研究紀要」 栃木県立文書館 （12）2010.3
栃木県史学界の現状と歴史文化研究会の活動（『群馬文化』300号記念 群馬地域文化シンポジウム「地域史研究の交流と未来」特集—報告）（千田孝明）「群馬文化」 群馬県地域文化研究協議会 （302）2010.4
戦後巡幸とメディア—昭和22年栃木県巡幸について（下田太郎）「歴史と文化」 栃木県歴史文化研究会，随想舎（発売）（19）2010.8
辻や境にまつわる観念についての予備的考察—特に栃木県内の事例から（宮田妙子）「栃木県立博物館研究紀要.人文」 栃木県立博物館 （28）2011.3
県印と県各文字（石川健）「栃木県立博物館友の会だより」 栃木県立博物館友の会 （53）2011.3
栃木県に於ける地方史研究を回顧する（小特集 地方史研究の現在）（阿部昭）「地方史研究」 地方史研究協議会 61（2）通号350 2011.4
明治21年焼失県公文書の復元について（丸茂博）「栃木県立文書館研究紀要」 栃木県立文書館 （16）2012.3
栃木県の遺跡における大洪水の痕跡について（特集 災害と社会）（上野修一）「歴文だより ： 栃木県歴史文化研究会会報」 栃木県歴史文化研究会事務局 （84）2012.7
上野報告「栃木県の遺跡における大洪水の痕跡について」を聞いて（鏑木信広）「歴文だより ： 栃木県歴史文化研究会会報」 栃木県歴史文化研究会事務局 （85）2012.10
栃木県における明治10年代の郡長（丸茂博）「栃木県立文書館研究紀要」 栃木県立文書館 （18）2013.3
栃木県の自由民権運動と田中正造（講演録）（稲田雅洋）「救現 ： 田中正造大学ブックレット」 田中正造大学出版部，随想舎（発売）（12）2013.7
栃木県における六世紀末～七世紀初頭の大洪水（仮称・八剣洪水）の痕跡について（研究論文 本会第22回大会関連論文）（上野修一）「歴史と文化」 栃木県歴史文化研究会，随想舎（発売）（22）2013.8
栃木県布達集の変遷と系統（丸茂博）「栃木県立文書館研究紀要」 栃木県立文書館 （18）2014.3

栃木県庁

栃木県庁を歩いて（本田義幾）「下野史談」 下野史談会 （104）2007.6

栃木県庁舎

旧栃木県庁舎（第三代目）配置図（上野修一）「文書館だより」 栃木県立

文書館　34　2003.6

栃木県庁舎本館について（岡田義治）「文書館だより」　栃木県立文書館　34　2003.6

特別展示「四代目県庁舎と佐藤功一」展について（上野修一，内木裕）「文書館だより」　栃木県立文書館　（35）　2004.2

四代目栃木県庁舎の定礎について（上野修一）「栃木県立文書館研究紀要」　栃木県立文書館　（8）　2004.3

「四代目県庁舎と佐藤功一」展について―公文書の保存・活用の意義再考（内木裕）「栃木県立文書館研究紀要」　栃木県立文書館　（8）　2004.3

四代目県庁舎の解体（内木裕）「文書館だより」　栃木県立文書館　（36）　2004.7

第19回企画展「四代目県庁舎建設の記録」（直井康幸）「文書館だより」　栃木県立文書館　（37）　2005.3

幻の小杉芳菴壁画の真相に向けて―四代目県庁舎の議場壁画計画（内木裕）「栃木県立文書館研究紀要」　栃木県立文書館　（9）　2005.3

旧県庁舎と泰山製陶所（内木裕）「文書館だより」　栃木県立文書館　（40）　2006.8

栃木県道266号中塩原板室那須線

一般県道「中塩原～板室那須線」について―廃道化への経過と現状（栃木県立宇都宮高等学校・地理部）「研究集録」　栃木県高等学校文化連盟社会部会　（28）　2007.3

栃木県南

県南地方の方言と特色（森下喜一）「とちぎの歴史と文化を語る会年報」　とちぎの歴史と文化を語る会　（4）　2006.9

栃木市

北関東の商都・栃木市を訪ねて（史跡探訪）（井出敬一）「かつしか台地　：　野田地方史懇話会会誌」　野田地方史懇話会　（48）　2014.9

栃木路

栃木路の史跡めぐり（木野和子）「かつしか台地　：　野田地方史懇話会会誌」　野田地方史懇話会　24　2002.9

富張城

深沢城・富張城における篠原城山城の位置（伊藤慎二）「中世城郭研究」　中世城郭研究会　（20）　2006.7

富吉飛行場

富吉飛行場空襲と不発弾（荒川昌次）「藤岡史談」　藤岡町古文書研究会　（8）　2002.7

長井

歩き・見・ふれる歴史の道　幸岡・長井から日光北街道を経て矢板へ「ふるさと矢板」　矢板市教育委員会生涯学習課　（30）　2005.11

中泉荘

小山氏と中泉荘（松本一夫）「栃木県立文書館研究紀要」　栃木県立文書館　（14）　2010.3

那珂川

那珂川流域の河岸衰退と問屋仲間議定（黒羽地区プロジェクト調査報告書）（大高純一）「那須文化研究」　那須文化研究会　（25）　2012.2

那珂川町

連載シリーズ　那珂川町と那須の歴史と文化（1）那須の地理的位置と歴史的特質（眞保昌弘）「那須之風」　那珂川町文化財愛護会　（1）　2008.9

那珂川町　文化財マップ発行される―文化財愛護のよきガイド（事務局）「那須之風」　那珂川町文化財愛護会　（2）　2009.3

那珂川町と那須の歴史と文化（2）久那須地区舟場平遺跡　平安時代住居跡の発掘について（眞保昌弘）「那須之風」　那珂川町文化財愛護会　（2）　2009.3

那珂川町と那須の歴史と文化（3）国指定史跡　那須官衙遺跡の発掘調査（眞保昌弘）「那須之風」　那珂川町文化財愛護会　（3）　2009.9

那珂川町と那須の歴史と文化（4）那須官衙遺跡発掘　大規模な溝跡を確認（眞保昌弘）「那須之風」　那珂川町文化財愛護会　（4）　2010.3

那珂川町と那須の歴史と文化（5）薬利に古墳7基を確認　約1400年前の古墳群（眞保昌弘）「那須之風」　那珂川町文化財愛護会　（5）　2010.12

ふるさと文化財散歩（4）黄門様・国造碑と永井様・輿一香爐（佐藤吉男）「那須之風」　那珂川町文化財愛護会　（5）　2010.12

那珂川町における葉煙草（在来種・だるま種）の生産について（篠崎茂雄）「栃木県立博物館研究紀要.人文」　栃木県立博物館　（30）　2013.3

長島

長島地区の歴史と暮らし（近江礼子）「二宮町史研究」　二宮町　3　2005.3

長武山

史跡案内　小林・長武山（吉野薫）「今市史談」　今市史談会　14　2005.4

長沼村

郷土誌の世界―長沼村・物部村郷土誌が語ること（伊藤純郎）「二宮町史研究」　二宮町　（4）　2007.3

中の原

写真で見る湯津上村中の原地区の変遷（久留生利美）「那須文化研究」　那須文化研究会　（17）　2003.12

那珂橋

「那珂橋碑」碑文の読み方（大沼美雄）「那須文化研究」　那須文化研究会　（24）　2011.2

中三依

日光市中三依で新たに確認された城館跡について（調査報告）（小川英世）「歴史と文化」　栃木県歴史文化研究会，随想舎（発売）　（23）　2014.8

那須

絵葉書で見る那須地方の昔（1）「那須文化研究」　那須文化研究会　（18）　2004.12

那須地方の気象の今昔について（戸畑弘）「那須野ケ原開拓史研究」　那須野ケ原開拓史研究会　（57）　2004.12

那須の湯道を歩く―碑塔を訪ねて（高久久二）「那須文化研究」　那須文化研究会　（19）　2005.12

那須地方開拓の一面（1）～（4）―江戸・明治～昭和（細谷良一）「那須野ケ原開拓史研究」　那須野ケ原開拓史研究会　（59）／（62）　2005.12/2007.6

「那須文書」にみる那須資持と足利成氏（阿部能久）「文書館だより」　栃木県立文書館　（42）　2007.7

絵葉書で見る那須地方の昔（2）那須塩原市塩原温泉（福渡・畑下・塩釜・門前・古町）（長谷川操）「那須文化研究」　那須文化研究会　（21）　2007.12

文書で読む栃木の歴史 関ヶ原の戦いと那須地域（直井康幸）「文書館だより」　栃木県立文書館　（43）　2008.3

連載シリーズ 那珂川町と那須の歴史と文化（1）那須の地理的位置と歴史的特質（眞保昌弘）「那須之風」　那珂川町文化財愛護会　（1）　2008.9

絵葉書で見る那須地方の昔（3）西那須野野と その周辺（長谷川操）「那須文化研究」　那須文化研究会　（22）　2008.12

那珂川町と那須の歴史と文化（2）久那須地区舟場平遺跡　平安時代住居跡の発掘について（眞保昌弘）「那須之風」　那珂川町文化財愛護会　（2）　2009.3

那珂川町と那須の歴史と文化（3）国指定史跡　那須官衙遺跡の発掘調査（眞保昌弘）「那須之風」　那珂川町文化財愛護会　（3）　2009.9

絵葉書で見る那須地方の昔（4）大田原市街地とその周辺（長谷川操）「那須文化研究」　那須文化研究会　（23）　2009.12

那珂川町と那須の歴史と文化（4）那須官衙遺跡発掘　大規模な溝跡を確認（眞保昌弘）「那須之風」　那珂川町文化財愛護会　（4）　2010.3

那珂川町と那須の歴史と文化（5）薬利に古墳7基を確認　約1400年前の古墳群（眞保昌弘）「那須之風」　那珂川町文化財愛護会　（5）　2010.12

那須の篠工芸―栃木県指定伝統工芸品の現状（那須町プロジェクト調査報告書）（鈴木俊策）「那須文化研究」　那須文化研究会　（26）　2012.12

絵葉書で見る那須地方の昔（5）―那須湯本温泉の玄関口「旭橋」（長谷川操）「那須文化研究」　那須文化研究会　（27）　2013.12

絵葉書で見る那須地方の昔（6）―三斗小屋温泉（長谷川操）「那須文化研究」　那須文化研究会　（27）　2013.12

絵葉書で見る那須地方の昔（7）―明治30年・須藤道策編『塩原案内』掲載旅館のその後（前）（那須塩原市塩原地区プロジェクト調査報告書）（長谷川操）「那須文化研究」　那須文化研究会　（28）　2014.12

那須開墾社

那須野ヶ原開拓史入門シリーズ（6），（7）地元結社の那須開墾社（1），（2）（斎藤清伸）「那須野ケ原開拓史研究」　那須野ケ原開拓史研究会　（57）／（61）　2004.12/2006.12

那須野ヶ原開拓史入門シリーズ（9）～（13）「印南丈作・矢板武と那須開墾社」（1）～（5）（斎藤清伸）「那須野ケ原開拓史研究」　那須野ケ原開拓史研究会　（64）／（68）　2008.6/2010.6

「那須開墾社農業日誌」にみる宗教施設の建立（植木不二夫）「那須野ケ原開拓史研究」　那須野ケ原開拓史研究会　（70）　2011.6

那須烏山

下野八溝地方と近江商人について―那須烏山と茂木に残る一・二の考察（工藤忠道）「下野史談」　下野史談会　（110）　2013.7

那須甲子

那須甲子縦走遭難記（高柳謙一）「那須野原」　飯村印刷所　（14）　2003.5

那須塩原市

那須塩原市とその周辺の昭和の遊び―女の子編（木沢宏美）「那須野が原博物館紀要」　那須塩原市那須野が原博物館　（10）　2014.3

那須塩原市 東那須野地区から西那須野地区を通る「原方街道」（中山晶壹）「那須文化研究」　那須文化研究会　（28）　2014.12

那須疏水

那須疏水の小支線分水管理の一事例―那須疏水第四分水加治屋堀第八号分水使用組合の史料紹介（斎藤清伸）「那須野ケ原開拓史研究」　那須

野ケ原開拓史研究会 （58）2005.6

那須疎水

定期総会記念講演会「那須野が原に展開された国家プロジェクト—明治の開拓と那須疎水—」付・市民と那須野が原博物館との連携 金井忠夫先生（広報部）「栃木県立博物館友の会だより」 栃木県立博物館友の会 （52）2010.7

那須電気鉄道

明治から平成まで 那須町地内の鉄道の変遷—東北本線、東北新幹線及び未成線那須電気鉄道のあらまし（那須町プロジェクト調査報告書）（高久久二）「那須文化研究」 那須文化研究会 （26）2012.12

那須天領

江戸後期における那須天領の治水対策 水代官 山口鉄五郎と三蔵川の洪水（根本義夫）「那須野ケ原開拓史研究」 那須野ケ原開拓史研究会 （73）2013.12

那須野

昭和3年から昭和22年までの那須野への行幸について（市川理）「栃木県立文書館研究紀要」 栃木県立文書館 （11）2007.3
那須野における馬にまつわるよもやま話（斎藤清伸）「那須野ケ原開拓史研究」 那須野ケ原開拓史研究会 （62）2007.6
那須野の蛇尾川について（関口重男）「とちぎの歴史と文化を語る会年報」 とちぎの歴史と文化を語る会 （5）2007.11

那須野が原

那須野ケ原開拓史の一側面（13）那須野ケ原開拓と烏森神社（2）（斎藤清伸）「那須野ケ原開拓史研究」 那須野ケ原開拓史研究会 48 2000.6
那須野ケ原の「遊行柳」について（戸畑弘）「那須野ケ原開拓史研究」 那須野ケ原開拓史研究会 49 2000.12
実弾射撃場—那須野ケ原開拓史と中等学校教育の推移を見乍ら（1）（秋元正）「那須野ケ原開拓史研究」 那須野ケ原開拓史研究会 49 2000.12
那須野ケ原開拓史の一側面（14）那須野ケ原開拓と烏森神社（3）（斎藤清伸）「那須野ケ原開拓史研究」 那須野ケ原開拓史研究会 49 2000.12
那須野と会津中街道（4）,（5）（辻野敏雄）「那須野ケ原開拓史研究」 那須野ケ原開拓史研究会 49/51 2000.12/2001.12
開拓史研究会創刊50号の歩み（西沢道夫）「那須野ケ原開拓史研究」 那須野ケ原開拓史研究会 50 2001.6
越中と那須野が原のきずな（大野康太郎）「那須野ケ原開拓史研究」 那須野ケ原開拓史研究会 50 2001.6
那須野ケ原開拓史の一側面（15）（斎藤清伸）「那須野ケ原開拓史研究」 那須野ケ原開拓史研究会 50 2001.6
実弾射撃場（2）（秋元正）「那須野ケ原開拓史研究」 那須野ケ原開拓史研究会 50 2001.6
開拓村における「自治消防」の形式と展開（大賀正明）「那須野ケ原開拓史研究」 那須野ケ原開拓史研究会 50 2001.6
研究会発足25周年、会誌発行50号記念講演会 テーマ「近代農法の歩みと那須野ケ原開拓」 講師 宇都宮大学名誉教授 五味仙衛武氏（斎藤清伸）「那須野ケ原開拓史研究」 那須野ケ原開拓史研究会 51 2001.12
実弾射撃場 那須野ケ原開拓と中等学校教育の推移を見乍ら（3）（秋元正）「那須野ケ原開拓史研究」 那須野ケ原開拓史研究会 51 2001.12
開拓村における「自治消防」の形式と展開—三区消防の沿革（2）,（3）（大賀正明）「那須野ケ原開拓史研究」 那須野ケ原開拓史研究会 51/52 2001.12/2002.6
那須野ケ原開拓史の一側面（16）那須野ケ原開拓事業の展開と地主制（10）—矢板農場の成立と解体をめぐって（斎藤清伸）「那須野ケ原開拓史研究」 那須野ケ原開拓史研究会 51 2001.12
明治期における道路改修工事の一事例（植木不二夫）「那須野ケ原開拓史研究」 那須野ケ原開拓史研究会 52 2002.6
那須野ケ原開拓史の一側面（17）那須野ケ原開拓事業の展開と地主制（11）—矢板農場の成立と解体をめぐって（斎藤清伸）「那須野ケ原開拓史研究」 那須野ケ原開拓史研究会 52 2002.6
那須野ケ原開拓史入門シリーズ（1）（斎藤清伸）「那須野ケ原開拓史研究」 那須野ケ原開拓史研究会 52 2002.6
那須野ケ原の開拓の農場（1）（斎藤清伸）「那須野ケ原開拓史研究」 那須野ケ原開拓史研究会 52 2002.6
那須野ケ原開拓史の一側面（18）那須野ケ原開拓地における浄土真宗寺院の成立と展開（1）—「明如山光尊寺」の建立と発展をめぐって（斎藤清伸）「那須野ケ原開拓史研究」 那須野ケ原開拓史研究会 53 2002.12
那須野ケ原開拓史入門シリーズ（2）三島通庸と三島農場（植木不二夫）「那須野ケ原開拓史研究」 那須野ケ原開拓史研究会 54 2003.6
那須野ケ原開拓史入門シリーズ（2）大山・西郷と加治屋開墾場（入江啓介）「那須野ケ原開拓史研究」 那須野ケ原開拓史研究会 54 2003.6
開拓村における「自治消防」の形成と展開—三区消防の沿革（4）（大賀正明）「那須野ケ原開拓史研究」 那須野ケ原開拓史研究会 54 2003.6
那須野ケ原開拓史入門シリーズ（1）那須野ケ原の開拓と農場（2）（斎藤清伸）「那須野ケ原開拓史研究」 那須野ケ原開拓史研究会 55 2003.12
那須野ケ原開拓史入門シリーズ（5）那須野ケ原の開拓と交通（斎藤清伸）「那須野ケ原開拓史研究」 那須野ケ原開拓史研究会 56 2004.6
那須野ケ原開拓史入門シリーズ（6）,（7）地元結社の那須開墾社（1）,（2）（斎藤清伸）「那須野ケ原開拓史研究」 那須野ケ原開拓史研究会 （57）/（61）2004.12/2006.12
講演要旨 平成19年度那須野ケ原開拓史研究会講演会 北陸農民の北関東移住 講師・大野康太郎氏（入江啓介）「那須野ケ原開拓史研究」 那須野ケ原開拓史研究会 （63）2007.12
那須野ケ原開拓史入門シリーズ（7）『殖産興業と那須野原の開拓』（斎藤清伸）「那須野ケ原開拓史研究」 那須野ケ原開拓史研究会 （63）2007.12
三区における駐在所の位置の変遷（大賀正明）「那須野ケ原開拓史研究」 那須野ケ原開拓史研究会 （64）2008.6
那須野ケ原開拓史入門シリーズ（9）～（13）『印南丈作・矢板武と那須開墾社』（1）～（5）（斎藤清伸）「那須野ケ原開拓史研究」 那須野ケ原開拓史研究会 （64）/（68）2008.6/2010.6
那須野ケ原開拓史研究会の設立と経緯（那須野ケ原開拓史研究会）「那須野が原博物館紀要」 那須塩原市那須が原博物館 （6）2010.3
定期総会記念講演会「那須野が原に展開された国家プロジェクト—明治の開拓と那須疎水—」付・市民と那須野が原博物館との連携 金井忠夫先生（広報部）「栃木県立博物館友の会だより」 栃木県立博物館友の会 （52）2010.7
法師峠の事—那須野が原に残る西行伝承の一考察（湯津上地区プロジェクト調査報告書）（木村康夫）「那須文化研究」 那須文化研究会 （24）2011.2
博物館フェスタ関連行事「那須が原の水を求めてII」（川島秀世、後藤悟）「那須野ケ原開拓史研究」 那須野ケ原開拓史研究会 （71）2011.12
那須野が原の地質と自然災害（伴敦志）「那須文化研究」 那須文化研究会 （26）2012.12
那須野ケ原の開拓地をたずねて—栃木県黒磯市の「埼玉」（調査報告）（市史編さん室）「熊谷市史研究」 熊谷市教育委員会 （5）2013.3
公開座談会「那須野ケ原の養蚕」 7月13日（土）1：30～ 話者：井上正利氏・木下寛治氏・道音武夫氏（木村康夫，川島秀世）「那須野ケ原開拓史研究」 那須野ケ原開拓史研究会 （73）2013.12
「小川幸太郎履歴全集」にみる那須が原開拓の一側面（植木不二夫）「那須野ケ原開拓史研究」 那須野ケ原開拓史研究会 （73）2013.12
「石華表造献記碑」碑文の読み方（大沼美雄）「那須野ケ原開拓史研究」 那須野ケ原開拓史研究会 （73）2013.12

那須野ヶ原

平成21年度那須野ケ原開拓史研究会講演会 横浜開港150年—日本近代の夜明け 講師 横浜開港資料館課長・主任調査研究員 西川武臣先生（後藤悟）「那須野ケ原開拓史研究」 那須野ケ原開拓史研究会 （68）2010.6
平成22年度那須野ケ原開拓史研究会講演会（平成22年7月17日（土））牧之原開拓140年—士族開拓と茶業経営 講師 牧之原開拓幕臣子孫の会 会長 大草省吾氏（川島秀世）「那須野ケ原開拓史研究」 那須野ケ原開拓史研究会 （69）2010.12

那須国造碑

文書で読む栃木の歴史 那須国造碑の周辺（小貫隆久）「文書館だより」 栃木県立文書館 33 2003.3
那須国造碑研究の歩み（1）—研究史の概要を中心として（中村悟）「那須文化研究」 那須文化研究会 （17）2003.12
那須国造碑をめぐる由緒《特集 由緒を語る》（小貫隆久）「歴文だより：栃木県歴史文化研究会会報」 栃木県歴史文化研究会事務局 （55）2005.4
那須の遺跡から国造碑建立を読む（特集 人物でみる栃木の歴史）（眞保昌弘）「歴文だより：栃木県歴史文化研究会会報」 栃木県歴史文化研究会事務局 （76）2010.7
眞保昌弘氏報告「那須直韋提—那須の遺跡から国造碑建立を読む—」を聞いて（鏑木理広）「歴文だより：栃木県歴史文化研究会会報」 栃木県歴史文化研究会事務局 （77）2010.10
ふるさと文化財散歩（4）黄門様・国造碑と永井様・輿一香爐（佐藤吉男）「那須之風」 那珂川町文化財愛護会 （5）2010.12
平成26年度 大田原市なす風土記の丘湯津上資料館第2回企画展「那須国造碑—時代と人とをむすぶもの—」/平成26年度 大田原市那須与一伝承館テーマ展II「見参！戦国大名の書状—上杉謙信・武田信玄・豊臣秀吉・徳川家康・伊達政宗からのメッセージ—」（新刊紹介）（中村悟）「那須文化研究」 那須文化研究会 （28）2014.12

那須町

（那須町プロジェクト調査報告書）「那須文化研究」 那須文化研究会 （19）2005.12
那須町に所在する中世城館跡について—分布と形態による考察（小川英世）「歴史と文化」 栃木県歴史文化研究会，随想舎（発売）（19）

2010.8

那須町に分布する御富士山岩屑なだれ堆積物（那須町プロジェクト調査報告書）（大滝孝久）「那須文化研究」那須文化研究会　（26）2012.12

明治から平成まで　那須町地内の鉄道の変遷―東北本線、東北新幹線及び未成線那須電気鉄道のあらまし（那須町プロジェクト調査報告書）（高久久二）「那須文化研究」那須文化研究会　（26）2012.12

写真で見る戦後の黒田原駅周辺（那須町プロジェクト調査報告書）（久留生利美）「那須文化研究」那須文化研究会　（26）2012.12

鍋山

近世後半における鍋山の石灰業（山本訓志）「栃木県立文書館研究紀要」栃木県立文書館　（12）2008.3

生井

祝！渡良瀬遊水地　ラムサール条約登録　渡良瀬遊水地と生井のくらし「小山市立博物館博物館だより」小山市立博物館　55　2012.8

並木街道

下館軌道が並木街道を横切る所（手塚雅身）「今市史談」今市史談会　13　2004.4

男体山

男体山をはじめて登った古代登山隊のリーダー（船生史郎）「会報いしばし」石橋郷土史研究会　2013年秋季号　2013.9

南摩村

南摩村歳入歳出決算書（史料紹介）（香川雄一）「かぬま歴史と文化：鹿沼市史研究紀要」鹿沼市　9　2004.3

熟田小学校

熟田小学校の設立について（竹田民男）「氏家の歴史と文化」氏家歴史文化研究会　3　2004.3

熟田村役場

旧氏家町役場と旧熟田村役場について（土屋義明）「氏家の歴史と文化」氏家歴史文化研究会　（7）2008.3

迯室用水

「迯室用水」と「人見市右衛門」（那須町プロジェクト調査報告書）（渡辺康廣）「那須文化研究」那須文化研究会　（26）2012.12

西方城

西方氏・西方城考（杉浦昭博）「鹿沼史林」鹿沼史談会　（43）2003.12

西方町

西方町三澤穀家文書の中・近世文書について（江田郁夫）「栃木県立文書館研究紀要」栃木県立文書館　（8）2004.3

『西方町史』編纂過程で見た佐野（京谷博次）「史談」安蘇史談会　（28）2012.5

西沢

長畑西沢の史跡・景勝地探訪記録（佐藤治由）「今市史談」今市史談会　12　2003.4

西那須野

「西那須倶楽部」始末記（品川貞之）「那須野ケ原開拓史研究」那須野ケ原開拓史研究会　51　2001.12

西那須野地区の養蚕信仰とその背景（木村康夫）「那須野が原博物館紀要」那須塩原市那須野が原博物館　（2）2006.3

那須開墾社第二農場の社屋について（〈西那須野地区プロジェクト調査報告書〉）（品川貞之，中村輝久）「那須文化研究」那須文化研究会　（22）2008.12

西那須野の養蚕と製糸―大和製糸ここにあり（植木不二夫）「那須野ケ原開拓史研究」那須野ケ原開拓史研究会　（68）2010.6

西那須野地区の養蚕をめぐって（木村康夫）「那須野ケ原開拓史研究」那須野ケ原開拓史研究会　（73）2013.12

西那須野駅

絵葉書で見る那須地方の昔（3）西那須野駅とその周辺（長谷川操）「那須文化研究」那須文化研究会　（22）2008.12

写真で見る戦後の西那須野駅周辺（久留生利美）「那須文化研究」那須文化研究会　（22）2008.12

西那須野町

西那須野町郷土資料館の歩み―住民の地域文化活動とともに歩んだ四半世紀（金井忠夫）「西那須野町郷土資料館紀要」西那須野町郷土資料館　15　2003.3

西原

那須西原における郡司開墾の実態（後藤悟）「那須野ケ原開拓史研究」那須野ケ原開拓史研究会　（66）2009.6

日光

国宝を歩く―姫路から日光へ（尾崎重雄）「今市史談」今市史談会　12　2003.4

日光再発見（小島美登里）「下野史談」下野史談会　99　2004.6

日光領農民と漆仕法（佐藤権司）「鹿沼史林」鹿沼史談会　（44）2004.12

群馬の峠を歩く　家の串峠　沼田・利根から日光へ至る道が越えた峠、そして、勢多郡東村のタワ地名を訪ねて（須田茂）「上州路：郷土文化誌」あさを社　32（2）通号369　2005.2

日光領の福祉と方面委員・民生委員制度（佐藤権司）「今市史談」今市史談会　14　2005.4

日光例幣使の通行について（大澤廣）「長野」長野郷土史研究会　（243）2005.9

日光領農民と二宮仕法（佐藤権司）「鹿沼史林」鹿沼史談会　（45）2005.12

落穂拾いの今市市史（3）今市と明治天皇の日光巡幸（佐藤権司）「今市史談」今市史談会　（15）2006.4

山崎美成「日光筆記」―19世紀日光の生活文化誌（山澤学）「栃木県立文書館研究紀要」栃木県立文書館　（11）2007.3

避暑地日光の変容―鉄道と外国人宿泊施設に着目して（大矢悠三子）「交通史研究」交通史学会，吉川弘文館（発売）（63）2007.8

日光領農民と川除御普請（佐藤権司）「鹿沼史林」鹿沼史談会　（47）2007.12

日光地方の災害について/関東地方における寛永年間の大開発（佐藤壽修）「今市史談」今市史談会　（17）2008.4

落穂拾いの今市市史（9）～（20）石合戦と水車遊び/情報社会の日光領/一枚の修業証書/御鷹鳥屋/村の遊び日/川除御普請/麻作りの作業暦/稲荷信仰/村役人/村に来る武士/こっくりさん/鎌倉街道（佐藤権司）「今市史談」今市史談会　（17）2008.4

上知騒動に見る日光領百姓の「神領意識」と騒動の帰結点（佐藤権司）「歴史と文化」栃木県歴史文化研究会，随想舎（発売）（17）2008.8

「日光領農民と川除御普請」補遺　文化9年瀬尾村の大谷川洪水村請御普請（佐藤権司）「鹿沼史林」鹿沼史談会　（48）2008.12

戊辰戦役こぼれ話　戦火を免れた日光（1）（松本紀郎）「秦史談」秦史談会　（166）2011.12

国際避暑地日光のかおりを今に伝える　旧イタリア大使館夏季別荘改修工事（研究ノート）（海老原忠夫）「氏家の歴史と文化」氏家歴史文化研究会　（11）2012.3

戊辰戦争こぼれ話　戦火を免れた日光（2）（2）板垣退助登場（松本紀郎）「秦史談」秦史談会　（168）2012.3

日光御幣使（1）（佐藤義一）「宇須比」松井田町文化会　（66）2012.5

歴史と自然の競演日光（吉田かつよ）「会報いしばし」石橋郷土史研究会　2013年秋季号　2013.9

紙芝居「日光と八王子千人同心」―千人頭石坂弥次右衛門「八王子市郷土資料館だより」八王子市郷土資料館　（94）2013.12

明治の旅日記を読む―肥後熊本から東京・日光へ（寺井正文）「歴史懇談」大阪歴史懇談会　（28）2014.8

日光北街道

歩き・見・ふれる歴史の道　幸岡・長井から日光北街道を経て矢板へ「ふるさと矢板」矢板市教育委員会生涯学習課　（30）2005.11

「歩き・み・ふれる」歴史の道　日光北街道をたずねて―倉掛～矢板（君嶋通夫）「ふるさと矢板」矢板市教育委員会生涯学習課　（35）2008.3

日光御神領

日光御神領拡大の変遷（田邉博彬）「今市史談」今市史談会　（19）2010.4

現日光市内旧日光御神領以外の村々領主の変遷（田邉博彬）「今市史談」今市史談会　（19）2010.4

日光山

応永期日光山領衙所郷関係文書の再検討（新井敦史）「かぬま歴史と文化：鹿沼市史研究紀要」鹿沼市　6　2001.3

落穂拾いの今市市史（4）～（8）今市の製氷/雲井龍雄の遺体と辞世/初めて日光山へきた外国人/聖徳太子信仰/戊辰戦後日誌（佐藤権司）「今市史談」今市史談会　（16）2007.4

室町期日光山と自然災害（特集　災害と社会）（新井敦史）「歴文だより：栃木県歴史文化研究会会報」栃木県歴史文化研究会事務局　（84）2012.7

新井報告「室町期日光山と自然災害」を聞いて（佐々木茂）「歴文だより：栃木県歴史文化研究会会報」栃木県歴史文化研究会事務局　（85）2012.10

日光山古絵図の景観年代に関する一考察（例会報告要旨―3月例会　卒業論文発表会 3月3日（土））（傳田直人）「国史学」国史学会　（208）2012.10

室町期日光山と自然災害（研究論文　本会第22回大会関連論文）（新井敦史）「歴史と文化」栃木県歴史文化研究会，随想舎（発売）（22）2013.8

日光植物園

日光植物園の創設と三人の水戸藩士（寺門寿明）「耕人」耕人社　10　2004.5

日光神領

日光神領の男女共同参画社会(佐藤権司)「今市史談」 今市史談会 12 2003.4

日光道中壬生通り

下野国の街道と宿場町に関する基礎的研究—日光道中壬生通りと楡木宿を中心として(伊藤寿和)「かぬま歴史と文化 : 鹿沼市史研究紀要」 鹿沼市 5 2000.3

二宮堀

二宮堀(大垣英三)「下野史談」 下野史談会 99 2004.6

二宮町

町域の自由民権運動についての覚書—史料紹介を兼ねて(菅谷努)「二宮町史研究」 二宮町 1 2003.3

町内の地名(小字)について—二宮町保有資料紹介を兼ねて(松本悟)「二宮町史研究」 二宮町 2 2004.3

小特集 二宮町が誕生して50年「二宮町史研究」 二宮町 3 2005.3

栃木県の地租改正—二宮町域を中心にして(佐々木寛司)「二宮町史研究」 二宮町 (4) 2007.3

栃木県二宮町の報徳運動(小特集2 二宮尊徳と報徳運動の継承)(横山陽子)「二宮町史研究」 二宮町 (5) 2008.3

楡木宿

下野国の街道と宿場町に関する基礎的研究—日光道中壬生通りと楡木宿を中心として(伊藤寿和)「かぬま歴史と文化 : 鹿沼市史研究紀要」 鹿沼市 5 2000.3

沼尻

巻頭言 沼尻合戦の碑(上岡一郎)「藤岡史談」 藤岡町古文書研究会 (15) 2009.7

野木宮

下野国野木宮合戦の史的評価—吾妻鏡・小山氏の再評価「とちぎの歴史と文化を語る会年報」 とちぎの歴史と文化を語る会 (3) 2005.9

平成20年度「安蘇史談会公開講座」より 小山地方における藤原秀郷の後裔たち—野木宮合戦と小山氏(大島満雄)「史談」 安蘇史談会 (25) 2009.9

野崎駅

写真で見る戦後の野崎駅周辺(久留生利美)「那須文化研究」 那須文化研究会 (23) 2009.12

野沢紡績所

文書で読む栃木の歴史 野澤紡績所関連資料(上野修一)「文書館だより」 栃木県立文書館 (41) 2007.3

延島新田

島村蚕種業者による栃木県延島新田進出と蚕室経営(宮崎俊弥)「ぐんま史料研究」 群馬県立文書館 (16) 2001.3

芳賀

下野国府から芳賀地方へ通ずる古代の伝説(吉村光右)「会報いしばし」 石橋郷土史研究会 2013年春季号 2013.4

芳賀郡

江戸時代北関東農村における米穀の流通・加工—下野国芳賀郡の地域経済・資源活用と村方地主(平野哲也)「歴史と文化」 栃木県歴史文化研究会，随想舎(発売) (12) 2003.8

芳賀東部

芳賀東部の歴史を訪ねる(阿部久雄)「栃木県立博物館友の会だより」 栃木県立博物館友の会 30 2003.2

畑下

絵葉書で見る那須地方の昔(2) 那須塩原市塩原温泉(福渡・畑下・塩釜・門前・古町)(長谷川操)「那須文化研究」 那須文化研究会 (21) 2007.12

八方舘

小倉城と八方舘(田邉博彬)「今市史談」 今市史談会 (19) 2010.4

馬頭

研究ノート 那珂川町馬頭地区の中世城館跡について(小川英世)「歴史と文化」 栃木県歴史文化研究会，随想舎(発売) (21) 2012.8

原方街道

那須塩原市 東那須野地区から西那須野地区を通る「原方街道」(中山晶壹)「那須文化研究」 那須文化研究会 (28) 2014.12

針貝村

落穂拾いの今市市史(33)〜(44) 戊辰戦今市御蔵の残米/村の自治「貸し山」・「借り山」/「瀬尾村年中行事」連載を終えて/天狗党参加を望む若者/宇都宮市今市浄水場/高畑上組・下組の神社とお堂/岩崎観音/70年の祈り 今市キリスト教会/農民の肉食事情/今市にもあった平家落人伝説/針貝村と塩野室村の地境争論/大桑村の馬市と提灯行列(佐藤権司)「今市史談」 今市史談会 (19) 2010.4

蟇沼堰分水

「蟇沼堰分水碑陰名」の読み方(大沼美雄)「那須野ケ原開拓史研究」 那須野ケ原開拓史研究会 56 2004.6

蟇沼疏水

「(蟇沼)疏水碑」碑文の読み方(大沼美雄)「那須野ケ原開拓史研究」 那須野ケ原開拓史研究会 56 2004.6

蟇沼用水

史料紹介 「蟇沼用水明治三十年の大改修」について(〈黒磯地区プロジェクト調査報告書〉)(渡邊泉)「那須文化研究」 那須文化研究会 (20) 2006.12

飛駒

佐野足利山村の歴史と文化を訪ねる—田沼・飛駒地方の歴史と文化(横倉忠男)「栃木県立博物館友の会だより」 栃木県立博物館友の会 (41) 2006.10

飛駒村

ふるさと「飛駒村」(萩原智雄)「史談」 安蘇史談会 (20) 2004.6

蛭沼

蛭沼に土着した道鏡護送の舎人たち(荒川昌次)「藤岡史談」 藤岡町古文書研究会 (13) 2007.7

蛭沼の起源(大山幸樹)「道鏡を守る会 : 道鏡禅師を知ろう」 道鏡を守る会 (29) 2007.9

深沢城

下野深沢城再論(関口和也)「愛城研報告」 愛知中世城郭研究会 (15) 2011.9

福居町

足利市福居町 阿部賢一家文書解説と目録(菊地卓)「松龍史談」 大月手紙の会 4 2003.9

福渡

絵葉書で見る那須地方の昔(2) 那須塩原市塩原温泉(福渡・畑下・塩釜・門前・古町)(長谷川操)「那須文化研究」 那須文化研究会 (21) 2007.12

汗

「汗」という地名(桐井聰男)「日本地名研究所通信」 日本地名研究所 (75) 2012.10

藤岡

旅行記から見た藤岡(上岡一郎)「藤岡史談」 藤岡町古文書研究会 (11) 2005.7

近世藤岡札記(石川善克)「藤岡史談」 藤岡町古文書研究会 (11) 2005.7

生まれ地周辺の今昔(小林利市)「藤岡史談」 藤岡町古文書研究会 (11) 2005.7

近世藤岡札記(2)(石川善克)「藤岡史談」 藤岡町古文書研究会 (12) 2006.8

近世藤岡札記(3) 藤岡継立宿(石川善克)「藤岡史談」 藤岡町古文書研究会 (13) 2007.7

藤岡の地名雑考(小山弘二)「藤岡史談」 藤岡町古文書研究会 (14) 2008.7

藤岡を巡る(増田博之)「下野史談」 下野史談会 (106) 2008.12

道中記 地震行(近世藤岡札記(5))(石川善克)「藤岡史談」 藤岡町古文書研究会 (15) 2009.7

藤岡町

「藤岡町史」を読んで(吉澤満明)「藤岡史談」 藤岡町古文書研究会 (9) 2003.7

藤岡町のことば—今と昔「とちぎの歴史と文化を語る会年報」 とちぎの歴史と文化を語る会 (3) 2005.9

藤岡町の名字考(1)(小山弘二)「藤岡史談」 藤岡町古文書研究会 (15) 2009.7

藤原町

「藤原町史」補稿(1) 天保6年戸田忠温の領内巡見(塩原入湯)と街道筋百姓(佐藤権司)「鹿沼史林」 鹿沼史談会 (49) 2009.12

「藤原町史」補稿(2) 尾頭峠通行の南山蔵入領廻米・郡上藩凌霜隊・李垠殿下(佐藤権司)「鹿沼史林」 鹿沼史談会 (50) 2010.12

舟津川村

安蘇郡の鷹場—天明三冊年安蘇郡舟津川村御鷹場御法度御請證文等から農民の負担を考える(海老原脩治)「史談」 安蘇史談会 (30) 2014.5

舟場平遺跡

那珂川町と那須の歴史と文化(2) 久那須地区舟場平遺跡 平安時代住居跡の発掘について(眞保昌弘)「那須之風」 那珂川町文化財愛護会 (2) 2009.3

関東　　　　　　　　　　地名でたどる郷土の歴史　　　　　　　　　　栃木県

船生城
船生城（船生史郎）「下野史談」　下野史談会　（105）2007.12

船生村
天狗党外史─父を尋ねて船生村へ（船生志郎）「下野史談」　下野史談会　（106）2008.12

古町
絵葉書で見る那須地方の昔（2）那須塩原市塩原温泉（福渡・畑下・塩釜・門前・古町）（長谷川操）「那須文化研究」　那須文化研究会　（21）2007.12

部屋
部屋地区の発展と屋号のある家（荒川昌次）「藤岡史談」　藤岡町古文書研究会　（14）2008.7

法師峠
法師峠の事─那須野が原に残る西行伝承の一考察（湯津上地区プロジェクト調査報告書）（木村康夫）「那須文化研究」　那須文化研究会　（24）2011.2

細尾峠
群馬の峠を歩く（32）細尾峠と禅頂行者道─日光を開山した勝道上人のたどった峠と道を訪ねて（須田茂）「上州路 ： 郷土文化誌」　あさを社　33（10）通号389　2006.10

益子
益子の歴史と文化を訪ねて（増山孝夫）「栃木県立博物館友の会だより」　栃木県立博物館友の会　（42）2007.1

明治期、益子陶業界の動向（《特集 近代産業史》）（岩下祥子）「歴文だより ： 栃木県歴史文化研究会会報」　栃木県歴史文化研究会事務局　（63）2007.4

益子町
栃木県における大地主の成立をめぐって 益子町加藤家文書の解析から（大栗行昭）「文書館だより」　栃木県立文書館　33　2003.3

関東北部益子町・岩瀬町の文化財を訪ねて（金田殖）「史迹と美術」　史迹美術同攷会　74（1）通号741　2004.1

松森屋敷
旧下野目村松森屋敷板蔵の墨書（鍋田勝彦）「地名」　宮城県地名研究会　（36）2012.11

真名子
御伽草子と真名子（郷）（菊地卓）「鹿沼史林」　鹿沼史談会　（45）2005.12

みかも山
みかも山周辺の凶作と小作争議（荒川昌次）「藤岡史談」　藤岡町古文書研究会　（10）2004.7

三毳山
三毳山周辺の歴史と伝説（小林利市）「藤岡史談」　藤岡町古文書研究会　（9）2003.7

『下野国誌』所載「三毳山之図」をめぐって（川田春樹）「史談」　安蘇史談会　（25）2009.9

三蔵川
江戸後期における那須天領の治水対策 水代官 山口鉄五郎と三蔵川の洪水（根本義夫）「那須野ケ原開拓史研究」　那須野ケ原開拓史研究会　（73）2013.12

三栗谷用水
三栗谷用水の鉱毒対策（特集 田中正造没後100年）（木村歩）「田中正造と足尾鉱毒事件研究」　随想舎　16　2013.4

三島ごばんの目
地形図・空中写真にみる三島ごばんの目地区の変ぼう（《西那須野地区プロジェクト調査報告書》）（植木不二夫）「那須文化研究」　那須文化研究会　（22）2008.12

石ぐら会入門講座から 三島農場とごばんの目（平野孝雄）「那須野ケ原開拓史研究」　那須野ケ原開拓史研究会　（73）2013.12

三島農場
那須野ケ原開拓史入門シリーズ（2）三島通庸と三島農場（植木不二夫）「那須野ケ原開拓史研究」　那須野ケ原開拓史研究会　54　2003.6

石ぐら会入門講座から 三島農場とごばんの目（平野孝雄）「那須野ケ原開拓史研究」　那須野ケ原開拓史研究会　（73）2013.12

蜜蔵院
蜜蔵院付近の文化財（志部憲一）「松龍史談」　大月手紙の会　（7）2006.12

皆川城
戦国時代の下野皆川氏と皆川城（荒川善夫）「栃木史学」　国学院大学栃木短期大学史学会　（25）2011.3

南押原村
1910年代前半における野州麻生産地帯の農業経営─上都賀郡南押原村の一農家の事例（中西僚太郎）「かぬま 歴史と文化 ： 鹿沼市史研究紀要」　鹿沼市　6　2001.3

壬生城
山城探訪 壬生城 山県氏から毛利氏へ「郷土史紀行」　ヒューマン・レクチャー・クラブ　28　2004.7

江戸時代城郭修補の一事例─下野国壬生城にみる（笹崎明）「城郭史研究」　日本城郭史学会，東京堂出版（発売）24　2004.9

壬生城移築門について（杉浦昭博）「鹿沼史林」　鹿沼史談会　（52）2012.12

壬生藩
例会発表 第390回例会報告（平成25年6月8日）関東譜代の軍事レベル─壬生藩士・テクノクラート友平栄を中心に（中野正人）/兵器生産の歴史から何を学ぶか（飯島矢素夫）/岩倉使節団の見た欧米軍事情・銃砲関連（室賀脩）/米沢藩鉄砲の文久二年製・黒色火薬の分析（瀧上昭治）/幕末佐賀藩における長崎砲台の見聞記録（前田達男・田口芙季）「銃砲史研究」　日本銃砲史学会　（377）2013.9

三谷村
近世から近現代における下野国の砥石稼ぎ─芳賀郡三谷村における砥石稼ぎを中心に（中谷正克）「歴文だより ： 栃木県歴史文化研究会会報」　栃木県歴史文化研究会事務局　（68）2008.7

栃木県の砥石と砥石業経営─芳賀郡三谷村の砥石問屋鷺谷家を事例として（中谷正克）「歴史と文化」　栃木県歴史文化研究会，随想舎（発売）（18）2009.8

真岡市
文書で読む栃木の歴史 高松家文書（真岡市道祖土）と瀬戸焼（上野修一）「文書館だより」　栃木県立文書館　（37）2005.3

大内・真岡市街の歴史と文化（安達三千子）「栃木県立博物館友の会だより」　栃木県立博物館友の会　（45）2008.2

真岡城
真岡城と周辺の中世城郭（関口和也）「中世城郭研究」　中世城郭研究会　（25）2011.7

真岡町
幻の真岡町（福田浩明，田村豊幸）「下野史談」　下野史談会　（103）2006.6

近世・近代移行期における真岡町の町政と在郷商人（論文）（中村崇高）「首都圏史研究 ： 年報」　首都圏形成史研究会　（3）2014.3

茂木
一山村が都につながる─茂木に残る資料を紹介しながら（吉村光右）「道鏡を守る会 ： 道鏡禅師を知ろう」　道鏡を守る会　（33）2011.11

野州下野の佐竹藩（茂木治長・茂木城主）が秋田県横手へゆく─茂木より横手への順路について一・二の考察（工藤忠道）「下野史談」　下野史談会　（109）2012.11

下野八溝地方と近江商人について─那須烏山と茂木に残る一・二の考察（工藤忠道）「下野史談」　下野史談会　（110）2013.7

茂木町
野州下野の茂木町（佐竹藩）と三十六歌仙絵巻の関連性（工藤忠道）「下野史談」　下野史談会　97　2003.6

佐竹本三十六歌仙絵巻と野州下野茂木町について（工藤忠道）「下野史談」　下野史談会　100　2004.12

旧中川村山内元古沢地区に残る炭鉱跡について 現茂木町の一・二の考察（工藤忠道）「会報いしばし」　石橋郷土史研究会　2013年秋季号　2013.9

茂木藩
下野茂木（谷田部）藩細川氏の大坂加番役についての史料（史料紹介）（大木茂）「栃木史学」　国学院大学栃木短期大学史学会　（17）2003.3

元古沢
旧中川村山内元古沢地区に残る炭鉱跡について 現茂木町の一・二の考察（工藤忠道）「会報いしばし」　石橋郷土史研究会　2013年秋季号　2013.9

物部村
郷土誌の世界─長沼村・物部村郷土誌が語ること（伊藤純郎）「二宮町史研究」　二宮町　（4）2007.3

百村
地方文書は語る（10）─戊辰戦争下における那須郡百村四か村について（中村悟）「那須文化研究」　那須文化研究会　（25）2012.2

門前
絵葉書で見る那須地方の昔（2）那須塩原市塩原温泉（福渡・畑下・塩釜・門前・古町）（長谷川操）「那須文化研究」　那須文化研究会　（21）2007.12

栃木県　地名でたどる郷土の歴史　**関東**

矢板

歩き・見・ふれる歴史の道 幸岡・長井から日光北街道を経て矢板へ「ふるさと矢板」　矢板市教育委員会生涯学習課　(30)　2005.11

「歩き・み・ふれる」歴史の道 日光北街道をたずねて―倉掛～矢板(君嶋通夫)「ふるさと矢板」　矢板市教育委員会生涯学習課　(35)　2008.3

古道調査(君嶋通夫)「ふるさと矢板」　矢板市教育委員会生涯学習課　(39)　2010.3

中世の城を歩く―城の縄張を中心に(渡邉昌樹)「ふるさと矢板」　矢板市教育委員会生涯学習課　(39)　2010.3

矢板・氏家の青麻碑(海老原郁雄)「那須文化研究」　那須文化研究会　(25)　2012.2

矢板市

矢板市内の「大友日記」(高藤大)「那須野ケ原開拓史研究」　那須野ケ原開拓史研究会　(59)　2005.12

矢板市の中世城郭(渡邉昌樹)「中世城郭研究」　中世城郭研究会　(22)　2008.7

矢板武旧宅

矢板市指定文化財(史跡等)矢板武旧宅(君嶋通夫)「ふるさと矢板」　矢板市教育委員会生涯学習課　29　2005.3

矢板市指定文化財(史跡)　矢板武旧宅―景観の変貌(君嶋通夫)「ふるさと矢板」　矢板市教育委員会生涯学習課　(40)　2010.9

矢板農場

那須野ケ原開拓史の一側面(16)那須野ケ原開拓事業の展開と地主制(10)―矢板農場の成立と解体をめぐって(斎藤清伸)「那須野ケ原開拓史研究」　那須野ケ原開拓史研究会　51　2001.12

那須野ケ原開拓史の一側面(17)那須野ケ原開拓事業の展開と地主制(11)―矢板農場の成立と解体をめぐって(斎藤清伸)「那須野ケ原開拓史研究」　那須野ケ原開拓史研究会　52　2002.6

谷貝村

鬼怒川中流域若旅・谷貝両「在村」河岸の盛衰(中谷正克)「二宮町史研究」　二宮町　1　2003.3

八木宿

例幣使道八木宿「新開一件」について(三田剛)「松籟史談」　大月手紙の会　6　2005.12

矢倉

矢倉河岸の経営(大高純一)「那須文化研究」　那須文化研究会　(18)　2004.12

野州

1910年代前半における野州麻生産地帯の農業経営―上都賀郡南押原村の一農家の事例(中西僚太郎)「かぬま歴史と文化 ： 鹿沼市史研究紀要」　鹿沼市　6　2001.3

野州博徒譚(船生良郎)「下野史談」　下野史談会　99　2004.6

麻のまつわる思い出―企画展「野州麻」に寄せて(冨祐次)「栃木県立博物館友の会だより」　栃木県立博物館友の会　(47)　2008.10

野州石灰焼成窯の変遷(山本訓志)「栃木県立文書館研究紀要」　栃木県立文書館　(14)　2010.3

野州初冬(平手ふじえ)「佐渡郷土文化」　佐渡郷土文化の会　(125)　2011.2

内国勧業博覧会の分析結果湖に見る明治後半の野州石灰(山本訓志)「栃木県立文書館研究紀要」　栃木県立文書館　(15)　2011.3

古文書・古典籍を読む(18)野州石灰と天保の改革(山本訓志)「歴史だより ： 栃木県歴史文化研究会会報」　栃木県歴史文化研究会事務局　(82)　2012.1

ドロマイト発見期における野州石灰の動向(山本訓志)「栃木県立文書館研究紀要」　栃木県立文書館　(16)　2012.3

大正時代における農業用野州石灰の状況(山本訓志)「栃木県立文書館研究紀要」　栃木県立文書館　(17)　2013.3

野州人車鉄道

野州人車鉄道の七年間―宇都宮西部鉄道網のひとこま(山本訓志)「文書館だより」　栃木県立文書館　(45)　2009.3

社山

社山から見た「光と陰」(エッセイ)(宗像信如)「足尾を語る会会報.第2次」　足尾を語る会　(11)　2007.4

安塚村

「下野都賀郡安塚村ニて戦争之荒増」について(資料紹介)(岸明)「栃木県立博物館研究紀要.人文」　栃木県立博物館　(30)　2013.3

谷田貝町

竹村二郎家「慶応四年谷田貝町打ちこわし覚」(史料紹介)(大嶽浩良)「二宮町史研究」　二宮町　1　2003.3

荒廃農村地域の在り方町と在方商人に関する基礎的検討―下野国芳賀郡谷田貝町を事例として(志村洋)「二宮町史研究」　二宮町　2　2004.3

旧谷田貝町の変遷(岩下祥子)「二宮町史研究」　二宮町　3　2005.3

谷中村

せめぎ合いの場としての谷中村(牧原憲夫)「田中正造と足尾鉱毒事件研究」　随想舎　15　2009.2

谷中村民の移住と村落(ムラ)の再建―谷中村・田中正造への二分論の超克(久野俊彦)「田中正造と足尾鉱毒事件研究」　随想舎　15　2009.2

谷中村廃村と曳家移転(古澤満明)「藤岡史談」　藤岡町古文書研究会　(15)　2009.7

谷中村廃村問題から見えたこと―吉屋信子の「暗愁」と岩崎清七の「アメリカ興農移民案」(講演録)(日下部高明)「救現 ： 田中正造大学ブックレット」　田中正造大学出版部, 随想舎(発売)　通号11　2010.7

梁田

梁田戦争と館林藩(上),(下)(山田秀穂)「群馬風土記」　群馬出版センター　19(3)通号82/19(4)通号83　2005.7/2005.10

表紙解説 梁田戦蹟図、会津藩士柳田勝太郎墓碑等「史談」　安蘇史談会　(29)　2013.6

梁田郡

梁田郡義民騒動(山田秀穂)「足利文林」　足利文林会　60　2004.5

新連載 中世簗田郡ゆかりの武将たち(1)(歴史・郷土史研究)(山田秀穂)「足利文林」　足利文林会　(73)　2010.10

中世簗田郡ゆかりの武将たち 野田氏と木戸宝寿丸の系譜(2)(歴史・郷土史研究)(山田秀穂)「足利文林」　足利文林会　(74)　2011.5

中世簗田郡ゆかりの武将たち(3)(歴史・郷土史研究)(山田秀穂)「足利文林」　足利文林会　(75)　2011.10

山本窯

真岡市山本窯跡《備前歴史フォーラム 備前と茶陶―16・17世紀の変革》(潮崎誠)「備前市歴史民俗資料館紀要」　備前市歴史民俗資料館　(9)　2007.10

八溝

下野八溝地方と近江商人について―那須烏山と茂木に残る一・二の考察(工藤忠道)「下野史談」　下野史談会　(110)　2013.7

八溝山

「下野造林株式会社 須賀川村八溝山造林地」(長谷川操)「那須文化研究」　那須文化研究会　(18)　2004.12

湯津上

写真で見る戦後の東野鉄道佐良土駅跡周辺(湯津上地区プロジェクト調査報告書)(久留生利美)「那須文化研究」　那須文化研究会　(24)　2011.2

湯津上村

〈湯津上村東部地区プロジェクト調査報告書〉「那須文化研究」　那須文化研究会　(17)　2003.12

湯津上村と農村荒廃(木村友美)「那須文化研究」　那須文化研究会　(17)　2003.12

湯本

写真で見る那須湯本地区の変遷(久留生利美)「那須文化研究」　那須文化研究会　(19)　2005.12

湯本温泉

絵葉書で見る那須地方の昔(5)―那須湯本温泉の玄関口「旭橋」(長谷川操)「那須文化研究」　那須文化研究会　(27)　2013.12

横堤村

横堤村の御用留帳(上),(下)(上岡一郎)「藤岡史談」　藤岡町古文書研究会　(12)/(13)　2006.8/2007.7

横堤村の「御用留」帳から(石川善克)「栃木市史談」　栃木市古文書研究会　(16)　2011.8

練武園

大名家文書(大関家文書)は語る(12)―「練武園懸札」について(新井敦史)「那須文化研究」　那須文化研究会　(27)　2013.12

若旅村

鬼怒川中流域若旅・谷貝両「在村」河岸の盛衰(中谷正克)「二宮町史研究」　二宮町　1　2003.3

鷲宿

さくら市(旧喜連川町)鷲宿の投下爆弾について(池田真規)「氏家の歴史と文化」　氏家歴史文化研究会　(6)　2007.3

渡辺開墾

大田原小唄と渡辺開墾(長地開墾)と(高藤大)「那須野ケ原開拓史研究」　那須野ケ原開拓史研究会　(58)　2005.6

渡良瀬川

《特集 足尾銅山と渡良瀬川》「桐生史苑」　桐生文化史談会　(42)　2003.3

〈特集 渡良瀬川鉱害シンポジウム30年の歩み〉「田中正造と足尾鉱毒事件研究」　随想舎　13　2003.11

関東　　　　　　　　　　　　地名でたどる郷土の歴史　　　　　　　　　　　　栃木県

足尾鉱毒・渡良瀬川沿岸事情（坂原辰男）「田中正造と足尾鉱毒事件研究」
　　随想舎　13　2003.11
足尾鉱毒・渡良瀬川沿岸事情（坂原辰男）「田中正造と足尾鉱毒事件研究」
　　随想舎　14　2006.11
自伝的エッセイ　第2部 わたらせ川のうたかた物語（1）「今は昔の」（瓦
　　乱房秋生）「足尾を語る会会報.第2次」　足尾を語る会　（11）2007.4
史料紹介 江戸時代の渡良瀬川洪水─市内寺院史料から「松龍史談」　大
　　月手紙の会　（8）2007.12
自伝的エッセイ　第2部 わたらせ川のうたかた物語（2）「三角の空」（瓦
　　乱房秋生）「足尾を語る会会報.第2次」　足尾を語る会　（12）2008.5
足尾鉱毒・渡良瀬川沿岸事情（坂原辰男）「田中正造と足尾鉱毒事件研究」
　　随想舎　15　2009.2
自伝的エッセイ　第3部 わたらせ川のうたかた物語（3）「きょうだい家族」
　　（瓦乱房秋生）「足尾を語る会会報.第2次」　足尾を語る会　（13）
　　2009.5
足尾鉱毒・渡良瀬川沿岸事情（特集 田中正造没後100年）（坂原辰男）「田
　　中正造と足尾鉱毒事件研究」　随想舎　16　2013.4
織部・足利を支えた渡良瀬川舟運と猿田河岸（特集 流域の文化的景観）
　　（阿由葉司）「利根川文化研究」　利根川文化研究会　（37）2013.12
水質的視点から観る渡良瀬川の歴史（齋藤陽一）「桐生史苑」　桐生文化史
　　談会　（53）2014.3

渡良瀬農園

渡良瀬農園を想う（エッセイ）（上吉原勉）「足尾を語る会会報.第2次」
　　足尾を語る会　（11）2007.4

渡良瀬橋

表紙「春の渡良瀬橋」版画家 上吉原勉「足尾を語る会会報.第2次」　足
　　尾を語る会　（16）2013.7

渡良瀬遊水地

浮上した渡良瀬遊水地の大規模掘削計画─利根川水系河川整備計画策定
　　に流域住民の声を!!（嶋津暉之）「田中正造と足尾鉱毒事件研究」　随想
　　舎　14　2006.11
渡良瀬遊水地志（古澤満明）「栃木市史談」　栃木市古文書研究会　（16）
　　2011.8
祝！ 渡良瀬遊水地 ラムサール条約登録 渡良瀬遊水地と生井のくらし
　　「小山市立博物館博物館だより」　小山市立博物館　55　2012.8
ラムサール条約湿地「渡良瀬遊水地」への記録（特集 田中正造没後100
　　年）（猿山弘子）「田中正造と足尾鉱毒事件研究」　随想舎　16　2013.4
ラムサール条約湿地登録1周年記念 夏休み特別展「再発見！ 渡良瀬遊水
　　地─豊かな自然と人とのかかわり─」を終えて「小山市立博物館博物
　　館だより」　小山市立博物館　57　2013.9
渡良瀬遊水池のヨシ焼き文化と自然環境（特集 流域の文化的景観）（白
　　井勝二）「利根川文化研究」　利根川文化研究会　（37）2013.12
青史汗簡 渡良瀬遊水地と田中正造（竹内壮一）「市史研究いちかわ」　市
　　川市文化国際部　（5）2014.3

群馬県

相生町
桑畑から住宅街への変貌―人口統計でみる群馬県桐生市相生町（巻島隆）「桐生史苑」 桐生文化史談会 （44）2005.3

相生の松
大樹浪漫「相生の松」「上州文化」 群馬県教育文化事業団 （112）2007.11

会津街道
峠越えの会津街道（樋口清之助）「群馬歴史散歩」 群馬歴史散歩の会 185 2004.7

古文書で語る歴史の道（7）会津街道と諸荷物の牛馬輸送（岡田昭二）「上州文化」 群馬県教育文化事業団 101 2005.2

群馬の峠を歩く（16）数坂峠と背嶺峠―会津街道に関わる利根郡東部の峠を訪ねる（須田茂）「上州路 : 郷土文化誌」 あさを社 32（6）通号373 2005.6

忘れられた道「会津街道」（《特集 沼田市（旧沼田市・利根郡白沢村・利根村）》）（水田稔）「群馬歴史散歩」 群馬歴史散歩の会 （204）2008.5

合の川
上武国境「合の川」付近の河道変遷（澤口宏）「えりあぐんま」 群馬地理学会 （13）2007.8

鮎屋
漁撈と魚食を繋ぐ者―利根川中流域、鮎屋の民俗誌（内田幸彦）「群馬歴史民俗」 群馬歴史民俗研究会 （28）2007.3

青倉
中小坂鉄山・青倉石灰（原田喬）「群馬歴史散歩」 群馬歴史散歩の会 183 2004.3

青倉小学校
巻頭言 『学校沿革誌』の重み―下仁田町立青倉小学校の場合（森田秀策）「群馬県教育史研究懇談会会報」 群馬県教育史研究懇談会 （33）2009.8

赤岩
赤岩渡船について（田辺元一郎）「桐生史苑」 桐生文化史談会 （42）2003.3

社寺総合調査/お帰り井真成様/健康知識（2）/秋の文化財巡り/生形英雄氏が黄綬褒章受賞/六合村赤岩が伝建群保存地区へ/情報コーナー「群文研新報」 群馬県文化財研究会 25 2005.10

六合赤岩から国の赤岩へ―赤岩重要伝統的建造物群保存地区（山本伸一）「群馬文化」 群馬県地域文化研究協議会 通号296 2008.10

重要伝統的建造物保存地区赤岩の歩き方（《特集 世界遺産へ》）（古澤勝幸）「群馬歴史散歩」 群馬歴史散歩の会 （211）2009.10

赤岩用水
渡良瀬川沿岸の一用水と織物用水車の発達について―赤岩用水と地場産業用水車（亀田光三）「群馬文化」 群馬県地域文化研究協議会 275 2003.7

銅山街道
古道探訪 銅山（あかがね）街道（川池三男）「群馬歴史散歩」 群馬歴史散歩の会 177 2003.3

古文書で語る歴史の道（3）足尾銅山街道と銅の輸送（岡田昭二）「上州文化」 群馬県教育文化事業団 96 2003.11

赤城
「赤城南面眺望」（高岸欽七）「群馬風土記」 群馬出版センター 19（1）通号80 2005.1

高山彦九郎「上州の旅」 赤城従行（斎藤俊夫）「群馬風土記」 群馬出版センター 20（2）通号85 2006.4

平成20年度収蔵資料展1「古文書で語る庶民の暮らし―赤城南麓の村々を訪ねて」開催報告/平成20年度収蔵資料展2「統計資料でふるさと再発見―明治期ぐんまの人とくらし」開催報告「文書館だより」 群馬県立文書館 （46）2009.3

思い出の歴史散歩―赤城南面史跡を訪ねて（細井寿男）「群馬歴史散歩」 群馬歴史散歩の会 （231）2013.9

赤城演習場
陸軍特殊演習場（赤城演習場）跡（菊地実）「群馬歴史散歩」 群馬歴史散歩の会 184 2004.5

赤城山
群馬の峠を歩く（27）軽井沢峠と姥子峠―赤城山の峠と古道、そして赤

城山の歴史を訪ねて（1）,（2）（須田茂）「上州路 : 郷土文化誌」 あさを社 33（5）通号384/33（6）通号385 2006.5/2006.6

巻頭言 赤城山（堀江泰壽）「足利文林」 足利文林会 （69）2008.10

天正期における赤城山西麓地域の城郭とその位置づけ（飯森康広）「群馬文化」 群馬県地域文化研究協議会 （308）2011.10

歴史散策（6）赤城山（久保田淳三）「群馬風土記」 群馬出版センター 27（1）通号112 2013.1

中毛 昭和にできた地名 大字赤城山（特集 群馬の地名（3））（小池照一）「群馬歴史散歩」 群馬歴史散歩の会 （231）2013.9

中毛 赤城山の山嶺名（特集 群馬の地名（3））（角田賀津三）「群馬歴史散歩」 群馬歴史散歩の会 （236）2014.10

赤城村
消えゆく地名一冊に「赤城村の地名と屋号」「群馬地名だより : 群馬地名研究会会報」 群馬地名研究会 59 2005.3

信州高遠石工の上州赤城村への足跡（角田尚士）「渋川市赤城歴史資料館紀要」 渋川市教育委員会 9 2007.3

赤芝
北毛 赤芝（特集 群馬の地名（3））（阿佐美良雄）「群馬歴史散歩」 群馬歴史散歩の会 （231）2013.9

吾妻川
古文書が語る上州史（76）吾妻川と三国街道（田畑勉）「群馬風土記」 群馬出版センター 19（3）通号82 2005.7

第92講 幕末期の吾妻川通船とその背景（ぐんまの歴史入門講座）（岡田昭二）「ぐんま地域文化」 群馬地域文化振興会 （30）2008.4

ぐんまの川と生活 吾妻川の三河岸（田村正勝）「ぐんま地域文化」 群馬地域文化振興会 （42）2014.5

吾妻郡
第93講 吾妻郡に配布された「青い目の人形」（ぐんまの歴史入門講座）（福田義治）「ぐんま地域文化」 群馬地域文化振興会 （30）2008.4

吾妻渓谷
中世の吾妻渓谷をめぐる街道と城砦群（飯森康広）「群馬文化」 群馬県地域文化研究協議会 通号294 2008.4

地名紀行 吾妻渓谷と八ッ場ダム（長谷川勲）「越佐の地名」 越後・佐渡の地名を語る会 （11）2011.3

吾妻谷
永禄～天正期吾妻谷の諸勢力と城砦群（飯森康広）「ぐんま史料研究」 群馬県立文書館 （24）2006.11

吾妻町
郷土の歴史を語る 吾妻こけし（特集 東吾妻町（旧吾妻郡吾妻町・東町））（小池利夫）「群馬歴史散歩」 群馬歴史散歩の会 （214）2010.5

赤堀城
古城を行く（1）,（2）赤堀城（1）,（2）（古城研究会）「群馬風土記」 群馬出版センター 19（4）通号83/20（3）通号86 2005.10/2006.7

赤堀花菖蒲園
中毛 赤堀花菖蒲園地名の謎「女堀」（特集 群馬の地名（3））（角田賀津三）「群馬歴史散歩」 群馬歴史散歩の会 （231）2013.9

秋畑
秋畑和紙の伝統（田中隆志）「武尊通信」 群馬歴史民俗研究会 （114）2008.6

秋畑小学校
甘楽町立秋畑小学校の小幡小学校への統合（学校の統廃合のあゆみ）（今井英雄）「群馬県教育史研究懇談会会報」 群馬県教育史研究懇談会 （37）2013.8

秋山湖
表紙 初秋山湖（外処旭）「群馬風土記」 群馬出版センター 26（4）通号111 2012.10

浅間
天明の浅間焼けに学ぶハザードマップが教えるもの（松島築治）「上州風」 上毛新聞社 21 2005.2

天明三年浅間大爆発及そのころ（稲村量平）「熊谷市郷土文化会誌」 熊谷市郷土文化会 （60）2005.12

浅間泥流に埋もれた屋敷跡（口絵）（埋蔵文化財調査事業団）「群馬風土記」 群馬出版センター 22（1）通号92 2008.1

関東　　　　　　　　　　　　　　地名でたどる郷土の歴史　　　　　　　　　　　　　　群馬県

資料紹介 天明4年（1748）浅間大変覚書（無量院住職手記）（遠藤輝夫）「岩手県南史談会研究紀要」 岩手県南史談会 37 2008.7

『文月浅間記』の流布・出版過程─天明噴火物語序説（水村暁人）「群馬文化」 群馬県地域文化研究協議会 通号298 2009.4

グンマ古代史への旅（99）浅間の大噴火と村びと（黒澤照弘）「群馬風土記」 群馬出版センター 26（3）通号110 2012.7

2013年1月31日例会報告 天明三年浅間焼け絵図にみる構図の変化のランドマーク（研究例会報告）（福重旨乃）「地方史研究」 地方史研究協議会 63（3）通号363 2013.6

浅間山

上州の山々 浅間山（松島栄治）「上州文化」 群馬県教育文化事業団 85 2001.2

地元資料による浅間山・天明の大噴火（上）,（中）,（下）（唐沢邦武）「群馬風土記」 群馬出版センター 17（1）通号72/17（3）通号74 2003.1/2003.7

「浅間記」（翻刻）（女の史料）（東京桂の会）「江戸期おんな考」 桂文庫（14）2003.10

「浅間記」について（女の史料）（古屋祥子）「江戸期おんな考」 桂文庫（14）2003.10

羽鳥一紅と『文月浅間記』─女流俳人一紅の捉えた浅間山大噴火（石井里和）「群馬県立歴史博物館紀要」 群馬県立歴史博物館 （25）2004.3

天明三年浅間山災害調査報告書『1783天明浅間山噴火』とフォーラム"浅間山を知る"の開催─中央防災会議」災害教訓の継承に関する専門調査会」天明の浅間山噴火分科会（関俊明）「群馬文化」 群馬県地域文化研究協議会 通号289 2007.1

天明浅間山噴火災害絵図の読解による泥流の流下特性─中之条盆地における泥流範囲復原から（大浦瑞代）「歴史地理学」 歴史地理学会, 古今書院（発売）50（2）通号238 2008.3

グンマ古代史への旅（82）浅間山泥流埋没の村（楢崎修一郎）「群馬風土記」 群馬出版センター 22（2）通号93 2008.4

史料紹介 天明三年浅間山大焼絵図（福重旨乃, 馬場章）「関東近世史研究」 関東近世史研究会 （65）2008.10

「浅間山」（金井喜平次）「北國街道研究」 北國街道の手をつなぐ会 （9）2008.10

古文書同好会だより 加須陣屋と若林家の遺書／天明三年の浅間山噴火「加須郷土史」 加須郷土史研究会 （66）2009.3

天明浅間山噴火災害絵図における写図の特徴（《第35回大会共通論題「情報通信と社会変容」特集号》）（大浦瑞代）「交通史研究」 交通史学会, 吉川弘文館（発売）（70）2009.12

浅間山大噴火─十村太田家文書より（山下和夫）「のうみ ： 能美郷土史の会会誌」 能美郷土史の会 （4）2010.3

刊行に当たって─浅間山噴火に思う（遠藤輝夫）「岩手県南史談会研究紀要」 岩手県南史談会 39 2010.7

天明三年・浅間山の大噴火（東日本大震災と泉区特集─東日本大震災発生時の記録）（関水俊道）「郷土いずみ」 （18）2012.5

江戸時代の浅間山噴火と復興への歩み（特集 災害の民俗知）（渡辺尚志）「東北学．［第3期］」 東北芸術工科大学東北文化研究センター, はる書房（発売）（4）2014.1

武蔵国北部の再開発─浅間山の噴火を契機に（特集 北武蔵地域の史的諸問題─問題提起）（菊池紳一）「埼玉地方史」 埼玉県地方史研究会 （70）2014.10

歴史トピックス 死者2万人─浅間山噴火災害「月刊歴史ジャーナル」 NPO法人尾道文化財研究所 （130）2014.10

天明三年浅間山大噴火と熊谷（調査報告）（馬場國夫）「熊谷市郷土文化会誌」 熊谷市郷土文化会 （70）2014.11

天明三年浅間山大噴火の記録（特集 流域の災害）（大塚昌彦）「利根川文化研究」 利根川文化研究会 （38）2014.12

東村

佐village・東村の地名散歩（林祐司）「群馬歴史散歩」 群馬歴史散歩の会 169 2001.11

群馬の峠を歩く 家の串峠 沼田・利根から日光へ至る道が越えた峠、そして、勢多郡東村のタワ地名を訪ねて（須田茂）「上州路 ： 郷土文化誌」 あさを社 32（2）通号369 2005.2

阿妻屋

群馬の峠を歩く（22）浅間ノ縦与ノ北ナル阿妻屋ノ縦与ノ手向、そして、大鳥ノ北ノ手向・見付山ノ手向 「神道集」の峠（3）（須田茂）「上州路 ： 郷土文化誌」 あさを社 32（12）通号379 2005.12

雨乞峠

西毛 雨乞峠（特集 群馬の地名）（須田茂）「群馬歴史散歩」 群馬歴史散歩の会 （236）2014.10

綾戸穴道

群馬の峠を歩く（17）グミ木峠と綾戸穴道─利根川上流域の山越えの峠道と川沿いの道、そしてトウの地名を訪ねて（須田茂）「上州路 ： 郷

土文化誌」 あさを社 32（7）通号374 2005.7

綾戸穴道ものがたり（編集部取材）「群馬風土記」 群馬出版センター 27（1）通号112 2013.1

アヤメ平

アヤメ平の思い出（《特集 尾瀬の郷に生きる》）（須藤たね子）「上州路 ： 郷土文化誌」 あさを社 33（6）通号385 2006.6

鮎川用水

鮎川用水土地改良事業と小坂輝雄に関する一考察（関口覺）「群馬文化」 群馬県地域文化研究協議会 通号297 2009.1

新井孝男家

上州の重要民家をたずねる（79）新井孝男家（多野郡神流町）（桑原稔, 家泉博, 金井淑幸）「上州路 ： 郷土文化誌」 あさを社 31（1）通号356 2004.1

荒砥川

広瀬川と荒砥川の合流点（関口功一）「武尊通信」 群馬歴史民俗研究会（126）2011.6

荒船風穴

自然環境型産業遺産「荒船風穴」（文化財レポート）（高橋司）「群馬文化」 群馬県地域文化研究協議会 （309）2012.1

有馬

行幸田（みゆきだ）渋川市行幸田／有馬（ありま）渋川市有馬（特集 群馬の地名）（中村倫司）「群馬歴史散歩」 群馬歴史散歩の会 （223）2012.3

有馬島牧

上野国御牧「有馬島牧」の一考察（大塚昌彦）「利根川」 利根川同人 35 2013.5

有馬村

慶応三年有馬村芝居騒動（大島史郎）「群馬歴史散歩」 群馬歴史散歩の会（195）2006.7

安中

第54講 近代安中の産業経済（ぐんまの歴史入門講座）（西島満）「ぐんま地域文化」 群馬地域文化振興会 （22）2004.5

上州のお噺紀行その三 蒟蒻問答と安中（《特集 落語に世界に見る上州》）「上州路 ： 郷土文化誌」 あさを社 33（1）通号380 2006.1

上州の戦い（31）箕輪・安中・松井田の攻防（山田義彦）「群馬風土記」 群馬出版センター 20（2）通号85 2006.4

安中市

第55講 安中市地域の石造文化財 石造物の見方（11）（ぐんまの歴史入門講座）（近藤義雄）「ぐんま地域文化」 群馬地域文化振興会 （22）2004.5

自然災害（凍霜害）と安中市の養蚕（伊丹仲七）「宇須比」 松井田町文化会 （60）2009.5

美しき郷 安中市 花／自然／歴史／温泉／祭（イベント）（特集 安中市）（安中市商工観光課）「群馬歴史散歩」 群馬歴史散歩の会 （212）2010.1

安中城

第52講 中世安中城と安中氏（ぐんまの歴史入門講座）（久保田順一）「ぐんま地域文化」 群馬地域文化振興会 （22）2004.5

遺跡探訪II─安中城I・II（壁伸明）「宇須比」 松井田町文化会 （65）2011.12

武田家旧「上州安中城」と新島襄について（関根宗浩）「風林火山」 武田家旧温会 （26）2013.3

安中藩

安中藩財政と頼母子講（松井仙右衛門）「群馬文化」 群馬県地域文化研究協議会 275 2003.7

中山道碓氷関所と安中藩の管理・運営（シンポジウム 碓氷関所の歴史と現在）（佐藤義一）「宇須比」 松井田町文化会 （61）2010.1

飯塚馨家

上州の重要民家をたずねる（80）飯塚馨家（多野郡鬼石町）（桑原稔, 家泉博, 金井淑幸）「上州路 ： 郷土文化誌」 あさを社 31（2）通号357 2004.2

家の串峠

群馬の峠を歩く 家の串峠 沼田・利根から日光へ至る道が越えた峠、そして、勢多郡東村のタワ地名を訪ねて（須田茂）「上州路 ： 郷土文化誌」 あさを社 32（2）通号369 2005.2

伊香保

伊香保万葉歌めぐり（《特集 榛名山麓を巡る》）「上州路 ： 郷土文化誌」 あさを社 33（8）通号387 2006.8

万葉ロマンの旅（3）,（4）伊香保の万葉歌碑（小谷野善三郎）「群馬風土記」 群馬出版センター 26（3）通号110/26（4）通号111 2012.7/2012.10

伊香保温泉

鳥瞰図に描かれた伊香保温泉の景観(関戸明子)「えりあぐんま」 群馬地理学会 (8) 2002.5

川上広樹の伊香保温泉行(『伊香保日記』)—木村桐北と同行(菊池卓)「恵風 : 研究紀要」 栃木県立足利南高等学校 (15) 2007.3

伊香保街道

伊香保街道 柏木宿(青山敦俊)「群馬歴史散歩」 群馬歴史散歩の会 186 2004.9

伊香保路

伊香保路と野田宿—『吉岡村誌』にみる野田宿・森田家(森田均)「群馬歴史散歩」 群馬歴史散歩の会 (223) 2012.3

池ノ塔

北毛 池ノ峠と、渋峠(池ノ塔)(特集 群馬の地名(3))(須田茂)「群馬歴史散歩」 群馬歴史散歩の会 (231) 2013.9

池ノ峠

北毛 池ノ峠と、渋峠(池ノ塔)(特集 群馬の地名(3))(須田茂)「群馬歴史散歩」 群馬歴史散歩の会 (231) 2013.9

伊参小学校

伊参小学校の中之条小学校への統合について(学校の統廃合のあゆみ)(劔持千秋)「群馬県教育史研究懇談会会報」 群馬県教育史研究懇談会 (37) 2013.8

石神峠

群馬の峠を歩く(25) 石神峠と法久峠(須田茂)「上州路 : 郷土文化誌」 あさを社 33(3)通号382 2006.3

石倉

「石倉文書」にみる中世の国境河川地域(簗瀬大輔)「群馬県立歴史博物館紀要」 群馬県立歴史博物館 (28) 2007.3

石倉城

上州の戦い 国峯・西牧・石倉城の戦い(山田義彦)「群馬風土記」 群馬出版センター 18(2)通号77 2004.4

石田川

ぐんまの地名 尾島の軽浜と石田川(澤口宏)「ぐんま地域文化」 群馬地域文化振興会 (34) 2010.5

新田山から金山へ 太田市金山町ほか/矢太神水源と石田川 太田市新田大根町(特集 群馬の地名)(茂木晃)「群馬歴史散歩」 群馬歴史散歩の会 (223) 2012.3

イズミ

ぐんまの地名 イズミとナガラの地名考(澤口宏)「ぐんま地域文化」 群馬地域文化振興会 (31) 2008.10

伊勢崎

伊勢崎の地名(星野正明)「群馬歴史散歩」 群馬歴史散歩の会 169 2001.11

慶応二年生糸運上徴収実施と改革組合村惣代層—玉村・伊勢崎・二之宮寄場組合による反対運動を事例に(坂本達彦)「関東近世史研究」 関東近世史研究会 (59) 2005.10

テーマ 20万県央蔵「いせさき」のまちづくり(〈平成18年度「群馬地理学会伊勢崎大会」の記録〉)「えりあぐんま」 群馬地理学会 (13) 2007.8

伊勢崎地域の概要(〈平成18年度「群馬地理学会伊勢崎大会」の記録〉—意見交換会「いせさき」のまちづくりを考える)(矢島宜弘)「えりあぐんま」 群馬地理学会 (13) 2007.8

伊勢崎の唐津城図(1)～(3)(宮崎博司)「郷土誌末盧國」 松浦史談会, 芸文堂(発売) (174)/(179) 2008.6/2009.9

伊勢崎現地例会報告「伊勢崎の歴史と地名」(角田賀津三)「群馬地名だより : 群馬地名研究会会報」 群馬地名研究会 (74) 2010.9

伊勢崎市

図録 ぐんまの文化財 島村の遠い記憶に残る風景(《伊勢崎市島村地域特集》)(坂爪久純)「ぐんま地域文化」 群馬地域文化振興会 (28) 2007.4

上毛電気鉄道の伊勢崎市とのかかわり—創業期の鉄道と乗合バス事業を中心として(〈平成18年度「群馬地理学会伊勢崎大会」の記録〉)(石関正典)「えりあぐんま」 群馬地理学会 (13) 2007.8

伊勢崎市と全体図/伊勢崎市まつり歳時記/伊勢崎まちなか探検マップ/国定忠治と市内ゆかりの日光円幣使道の由来/粉文化に支えられた伝統食/伊勢崎市物産協会一覧/伊勢崎ショッピングガイド(《特集 伊勢崎市(旧伊勢崎市・佐波郡赤堀村・東村・境町)》)(伊勢崎市文化観光課, 伊勢崎市観光協会)「群馬歴史散歩」 群馬歴史散歩の会 (203) 2008.3

伊勢崎市の文化財(特集 伊勢崎市の文化財)(文化財保護課)「群馬歴史散歩」 群馬歴史散歩の会 (227) 2013.1

伊勢崎市(特集 伊勢崎市の文化財)(ウォーキングマップ伊勢崎市・伊勢崎市教育委員会)「群馬歴史散歩」 群馬歴史散歩の会 (227) 2013.1

伊勢崎市における商業集積地の変化と大規模小売店が地域に及ぼす影響(論説)(堀貴之)「えりあぐんま」 群馬地理学会 (20) 2014.7

伊勢崎町

近代日本への追懐—伊勢崎町 繁栄の名のもとで(佐藤喜久一郎)「群馬文化」 群馬県地域文化研究協議会 (309) 2012.1

伊勢崎藩

伊勢崎藩と水戸天狗党 付・伊勢崎藩士の沢浦衛守・周吉父子(編集部)「群馬風土記」 群馬出版センター 20(1)通号84 2006.1

板倉町

板倉町周辺の水場の知恵と土地利用の変容(巡検報告)(小林文男)「埼玉地理」 埼玉地理学会 28 2004.7

《館林市・板倉町地域特集》「ぐんま地域文化」 群馬地域文化振興会 (25) 2005.10

第70講 館林市・板倉町の石造文化財 石造文化財の見方(14)(ぐんまの歴史入門講座)(近藤義雄)「ぐんま地域文化」 群馬地域文化振興会 (25) 2005.10

地域づくりと文化遺産 水文化が語る文化的景観—先人の知恵が生きる板倉町(宮田裕紀枝)「ぐんま地域文化」 群馬地域文化振興会 (25) 2005.10

水文化と川魚の民俗—群馬県邑楽郡板倉町の事例から(《群馬県特集》)(板橋春夫)「利根川文化研究」 利根川文化研究会 通号28 2006.6

水防の知恵が息づく板倉町の「水塚」と「揚舟」(文化財めぐり)(宮田裕紀枝)「利根川文化研究」 利根川文化研究会 通号28 2006.6

国選定重要文化的景観「利根川・渡良瀬川合流域の水場景観」—群馬県板倉町(特集 流域の文化的景観)(宮田裕紀枝)「利根川文化研究」 利根川文化研究会 (28) 2013.12

報告 国選定重要文化的景観「利根川・渡良瀬川合流域の水場景観」(小特集 利根川・渡良瀬川合流域の歴史と景観)(宮田裕紀枝)「群馬文化」 群馬県地域文化研究協議会 (317) 2014.1

板鼻

山内上杉氏の拠点について—上野国板鼻を中心として(森山真一)「群馬県立歴史博物館紀要」 群馬県立歴史博物館 (29) 2008.3

一ノ木戸陣屋

越後の戊辰戦争と高崎藩一ノ木戸陣屋(中島明)「越佐研究」 新潟県人文研究会 61 2004.5

高崎藩一ノ木戸陣屋「会津加勢」組の戦闘斬跡(中島明)「越佐研究」 新潟県人文研究会 63 2006.5

稲包山

稲包山と越後への道(《特集『上州路』創刊400号記念 群馬の今日、そして未来へ》)(唐澤定市)「上州路 : 郷土文化誌」 あさを社 34(9)通号400 2007.9

伊奈良の沼

「伊奈良の沼・可保夜が沼」考(澤口宏)「群馬地名だより : 群馬地名研究会会報」 群馬地名研究会 57 2004.5

犬塚

ぐんまの地名 犬塚(小林清)「ぐんま地域文化」 群馬地域文化振興会 (42) 2014.5

旧入沢住宅

上州の重要民家をたずねる(100) 旧入澤住宅(渋川市指定重要文化財) 渋川市(桑原稔, 川嶋清和)「上州路 : 郷土文化誌」 あさを社 32(10)通号377 2005.10

入沢城

入沢城(特集 群馬のお城)(佐藤征男)「群馬歴史散歩」 群馬歴史散歩の会 (219) 2011.5

入須川小学校

戦前編 南郷・根利・入須川小学校の歩んだ道(三小学校の歴史)(渋谷浩)「群馬県教育史研究懇談会会報」 群馬県教育史研究懇談会 28 2003.6

戦後編(三小学校の歴史)(岸衛)「群馬県教育史研究懇談会会報」 群馬県教育史研究懇談会 28 2003.6

入須川小学校の閉校(見城孝司)「群馬県教育史研究懇談会会報」 群馬県教育史研究懇談会 28 2003.6

入野小学校多比良分校

時を紡ぎ、やがて「心の風景」に—旧吉井町立入野小学校多比良分校の閉校(特集 学校の統廃合のあゆみ—分校の閉鎖)(片山和子)「群馬県教育史研究懇談会会報」 群馬県教育史研究懇談会 (34) 2010.8

入野碑

如是我聞(3)「入野碑」残照(佐野進)「上州路 : 郷土文化誌」 あさを社 31(7)通号362 2004.7

関東　　　　　　　　　　　　　　地名でたどる郷土の歴史　　　　　　　　　　　　　群馬県

入山峠

峠と古道を歩く（37）入山峠と、東山道の碓氷坂―『神道集』の「毛無通・毛無峯」の語からの検証（須田茂）「上州路 ： 郷土文化誌」 あさを社　34（3）通号394　2007.3

岩島

散歩の出会い 岩島の力石（小池利夫）「群馬歴史散歩」 群馬歴史散歩の会 （205）2008.7

岩内銅山

古文書が語る上州史（77）岩内銅山開発計画（田畑勉）「群馬風土記」 群馬出版センター　19（4）通号83　2005.10

岩鼻陣屋

岩鼻陣屋出役扱い殺傷事件（前島武彦）「佐久」 佐久史学会 （65）2012.8

岩櫃

岩櫃の力石（小池利夫）「群馬歴史散歩」 群馬歴史散歩の会 （199）2007.5

岩櫃城

武田領内三堅城の一つ「上州岩櫃城」について（関根宗浩）「風林火山」 武田家旧温会 （25）2012.3

岩櫃城古谷館

勝頼公の幻となった疎開先「岩櫃城古谷館」について（関根宗浩）「風林火山」 武田家旧温会 （27）2014.3

岩松

足利氏と畠山氏―岩松畠山氏の成立（彦由三枝子）「武蔵野」 武蔵野文化協会 81（2）通号342　2005.6

岩本学校

新資料の紹介 綿貫家資料と岩本学校（唐澤定市）「群馬県教育史研究懇談会会報」 群馬県教育史研究懇談会 （34）2010.8

明治初期の岩本学校（剣持千秋）「群馬県教育史研究懇談会会報」 群馬県教育史研究懇談会 （34）2010.8

上野城

上野城 箱田城 わたしの故郷の古城（森田武）「城」 東海古城研究会 （215）2014.6

上野村

上野村の秩父事件（2）（飯島積）「グループ秩父事件会報」 グループ秩父事件事務局　77　2000.11

上野村の秩父事件について（飯島積）「グループ秩父事件会報」 グループ秩父事件事務局　79　2001.5

上野村の分校《特集 分校物語》（阿左美敦子）「上州路 ： 郷土文化誌」 あさを社　34（5）通号396　2007.5

殖蓮

中毛 殖蓮（特集 群馬の地名（3））（星野正明）「群馬歴史散歩」 群馬歴史散歩の会 （231）2013.9

牛伏山

ぐんまの地名 牛伏山に登る（齋藤憲衛）「ぐんま地域文化」 群馬地域文化振興会 （36）2011.5

碓氷坂

峠と古道を歩く（37）入山峠と、東山道の碓氷坂―『神道集』の「毛無通・毛無峯」の語からの検証（須田茂）「上州路 ： 郷土文化誌」 あさを社　34（3）通号394　2007.3

碓氷坂ならびに東山道の比定地に関する再検証―『神道集』に見られる「毛無（峯）」の峠名を中心として（須田茂）「群馬文化」 群馬県地域文化研究協議会　通号295　2008.7

碓氷社

組合製糸碓氷社の誕生（高橋善）「秩父事件研究顕彰」 秩父事件研究顕彰協議会 （16）2009.3

組合製糸碓氷社の危機（高橋善）「秩父事件研究顕彰」 秩父事件研究顕彰協議会 （17）2011.3

組合製糸碓氷社と秩父（高橋善）「秩父事件研究顕彰」 秩父事件研究顕彰協議会 （17）2011.3

碓氷峠

群馬の峠を歩く（20）碓氷峠・『神道集』の峠（1）―『神道集』をもとにしてみた、碓氷峠の名の始源（須田茂）「上州路 ： 郷土文化誌」 あさを社　32（10）通号377　2005.10

松井田衆と碓氷峠の地域社会（特集 中近世移行期の信濃と隣国）（簗瀬大輔）「信濃［第3次］」 信濃史学会　66（12）通号779　2014.12

碓氷関所

碓氷関所と鵬金屋（1）（2）（佐藤義一）「宇須比」 松井田町文化会 （56）2007.5

碓氷関所の御用村（佐藤義一）「宇須比」 松井田町文化会 （59）2008.11

「碓氷関所」国指定史跡を目指して（シンポジウム 碓氷関所の歴史と現在）（高見澤宏）「宇須比」 松井田町文化会 （61）2010.1

丸山雍成博士と碓氷関所の歴史（シンポジウム 碓氷関所の歴史と現在）（中島徳造）「宇須比」 松井田町文化会 （61）2010.1

碓氷関所のあらまし（シンポジウム 碓氷関所の歴史と現在）（丸山雍成）「宇須比」 松井田町文化会 （61）2010.1

中山道碓氷関所と安中藩の管理・運営（シンポジウム 碓氷関所の歴史と現在）（佐藤義一）「宇須比」 松井田町文化会 （61）2010.1

中山道碓氷関所と近辺諸街道の関所（シンポジウム 碓氷関所の歴史と現在）（岡田昭二）「宇須比」 松井田町文化会 （61）2010.1

小野直遺文書について（シンポジウム 碓氷関所の歴史と現在）（淡路博和）「宇須比」 松井田町文化会 （61）2010.1

参考資料（シンポジウム 碓氷関所の歴史と現在）「宇須比」 松井田町文化会 （61）2010.1

碓氷関所保存会の活動―シンポジウム「碓氷関所の歴史と現在」後援を中心として（佐藤健一）「群馬文化」 群馬県地域文化研究協議会 （304）2010.10

碓氷関所の入鉄炮取締まりの実態（佐藤義一）「宇須比」 松井田町文化会 （64）2011.7

碓氷御関所（佐藤義一）「宇須比」 松井田町文化会 （70）2014.5

ウダ峠

群馬の峠を歩く（28）千駄木峠とクラボネ峠・ウダ峠（須田茂）「上州路 ： 郷土文化誌」 あさを社　33（7）通号386　2006.7

内山武家

上州の重要民家をたずねる（68）内山武家（桑原稔、池田修）「上州路 ： 郷土文化誌」 あさを社　30（2）通号345　2003.2

筑井

「うつぼい」について考える（井野修二）「群馬歴史散歩」 群馬歴史散歩の会　169　2001.11

筑井（うつぼい）前橋市筑井町（特集 群馬の地名）（井野修二）「群馬歴史散歩」 群馬歴史散歩の会 （223）2012.3

姥子峠

群馬の峠を歩く（27）軽井沢峠と姥子峠―赤城山の峠と古道、そして赤城山の歴史を訪ねて（1）、（2）（須田茂）「上州路 ： 郷土文化誌」 あさを社　33（5）通号384/33（6）通号385　2006.5/2006.6

姥懐

北毛 高山村のウバビトコ・姥懐（特集 群馬の地名（3））（赤松よし子）「群馬歴史散歩」 群馬歴史散歩の会 （231）2013.9

厩橋

万葉仮名解析法による史実地名の研究―「上野国群馬郡厩橋」考（野村玄良）「地名探究」 京都地名研究会 （5）2007.3

ぐんまの歴史入門講座 第136講「厩橋」と大胡郷（須藤聡）「ぐんま地域文化」 群馬地域文化振興会 （39）2012.11

ぐんまの地方豪族 厩橋長野氏（久保田順一）「ぐんま地域文化」 群馬地域文化振興会 （39）2012.11

梅田湖

古代砂鉄供給地と古梅田湖―併せて伝承地名から古代砂鉄選鉱地跡を発見（藤井光男）「桐生史苑」 桐生文化史談会 （46）2007.3

老神

倉内（くらうち）沼田市東倉内町・西倉内町/老神（おいがみ）沼田市利根町老神/永井（ながい）利根郡みなかみ町永井/菅沼（すげぬま）・丸沼（まるぬま）・大尻沼（おおしりぬま）利根郡片品村東小川（特集 群馬の地名）（中島靖浩）「群馬歴史散歩」 群馬歴史散歩の会 （223）2012.3

横子

横子の要害（佐藤征男）「群馬歴史散歩」 群馬歴史散歩の会 （215）2010.7

邑楽

ぐんまの川と生活 邑楽・館林地方における利根川の河道変遷（澤口宏）「ぐんま地域文化」 群馬地域文化振興会 （25）2005.10

ぐんまの川と生活 邑楽の利根川（澤口宏）「ぐんま地域文化」 群馬地域文化振興会 （40）2013.5

邑楽の古代史と川―館林市史での試み（小特集 利根川・渡良瀬川合流域の歴史と景観―研究）（前澤和之）「群馬文化」 群馬県地域文化研究協議会 （317）2014.1

邑楽館林

邑楽・館林地域の葦原景観（特集 流域の文化的景観）（岡屋英治）「利根川文化研究」 利根川文化研究会 （37）2013.12

大泉

ぐんまの川と生活 大泉と利根川（澤口宏）「ぐんま地域文化」 群馬地域文化振興会 （31）2008.10

群馬県　　　　　　　　地名でたどる郷土の歴史　　　　　　　　関東

大泉町

図録 ぐんまの文化財 大泉の文化財（《大泉町地域特集》）（石関伸一）「ぐんま地域文化」 群馬地域文化振興会 （31）2008.10

第95講 古代の交流を考える―大泉町から出土した文字資料より（ぐんまの歴史入門講座）（小池浩平）「ぐんま地域文化」 群馬地域文化振興会 （31）2008.10

第98講 大泉町の外国人との共生について（ぐんまの歴史入門講座）（青木政夫）「ぐんま地域文化」 群馬地域文化振興会 （31）2008.10

第99講 大泉町の石造文化財 石造文化財の見方（20）（ぐんまの歴史入門講座）（秋池武）「ぐんま地域文化」 群馬地域文化振興会 （31）2008.10

大泉町とその周辺の「地名」あれこれ（1），（2）（茂木晃）「群馬地名だより ： 群馬地名研究会会報」 群馬地名研究会 （76）/（77）2011.4/2011.05

大胡郷

ぐんまの歴史入門講座 第136講「厩橋」と大胡郷（須藤聡）「ぐんま地域文化」 群馬地域文化振興会 （39）2012.11

大胡城

3月22日の見学会より 上野大胡城の遺構 大胡城の歴史/大胡城の構成「城郭だより ： 日本城郭史学会会報」 日本城郭史学会 （85）2014.4

大笹御関所

上野国大笹御関所について（特集 伊勢崎市の文化財）（田村喜七郎）「群馬歴史散歩」 群馬歴史散歩の会 （227）2013.1

大笹関所

信州街道大笹関所と抜道（上），（下）（唐沢邦武）「群馬風土記」 群馬出版センター 14（1）通号60/14（2）通号61 2000.1/2000.4

大尻沼

倉内（くらうち）沼田市東倉内町・西倉内町/老神（おいがみ）沼田市利根町老神/永井（ながい）利根郡みなかみ町永井/菅沼（すげぬま）・丸沼（まるぬま）・大尻沼（おおしりぬま）利根郡片品村東小川（特集 群馬の地名）（中島靖浩）「群馬歴史散歩」 群馬歴史散歩の会 （223）2012.3

太田

児童・生徒用副読本『太田に光をあたえた先人たち』の編集に携わって（小屋幸尚）「群馬県教育史研究懇談会会報」 群馬県教育史研究懇談会 28 2003.6

群馬県太田の歴史と文化を訪ねる（片山悦男）「栃木県立博物館友の会だより」 栃木県立博物館友の会 33 2004.2

太田空襲の目撃談（《特集 上州の今昔》）（編集部）「群馬風土記」 群馬出版センター 21（4）通号91 2007.6

万葉ロマンの旅（5）太田の万葉歌碑（小谷野善三郎）「群馬風土記」 群馬出版センター 27（1）通号112 2013.1

太田市

拡大する太田市への展望（《平成16年度「群馬地理学会太田大会」の記録》）（須藤正博）「えりあぐんま」 群馬地理学会 （11）2005.5

東毛の秩父事件同時蜂起―太田・桐生市域を舞台に（岩根承成）「桐生史苑」 桐生文化史談会 （47）2008.3

博物館・資料館/名所・旧跡ガイド/太田イベントガイド（《特集 太田市（旧太田市・新田郡尾島町・新田町・藪塚本町）》）（太田市商業観光課）「群馬歴史散歩」 群馬歴史散歩の会 （205）2008.7

太田宿

日光例幣使道 その2（太田宿）（茂木晃）「群馬地名だより ： 群馬地名研究会会報」 群馬地名研究会 （84）2013.10

大戸通

峠と古道を歩く（43）須賀尾峠・燕峠と、大戸通―草津・川原湯へ至る峠と古道を訪ねて（須田茂）「上州路 ： 郷土文化誌」 あさを社 34（9）通号400 2007.9

大鳥山

群馬の峠を歩く（22）浅間ノ纈ノ北ナル阿妻屋ノ纈ノ手向、そして、大鳥山ノ北ノ手向・見付山ノ手向『神道集』の峠（3）（須田茂）「上州路 ： 郷土文化誌」 あさを社 32（12）通号379 2005.12

大間々高校

共立普通学校と実科女学校―大間々高校の歴史（松井伊勢次）「群馬歴史散歩」 群馬歴史散歩の会 158 2000.1

大間々市

第97回例会記事 2013年3月17日（日）金子祥之氏「利根川輪中地域の災害対応と水利慣行」、田島豊穂氏「建物台帳からみた大間々市街地」/会員異動「武尊通信」 群馬歴史民俗研究会 （134）2013.6

大間々扇状地

「上毛野佐為評」の成立について―大間々扇状地西半部の初期の開発状況から（研究ノート）（関口功一）「群馬歴史民俗」 群馬歴史民俗研究

会 （33）2012.3

雄川堰

名勝楽山園の保存整備―雄川堰の水利用（小安和順）「群馬文化」 群馬県地域文化研究協議会 （302）2010.4

奥多野

群馬の峠を歩く 志賀坂峠と魚尾道峠 奥多野に「鎌倉への道」を求めて（須田茂）「上州路 ： 郷土文化誌」 あさを社 32（1）通号368 2005.1

第87回例会 奥多野例会（神流町・上野村見学と説明）「群馬地名だより ： 群馬地名研究会会報」 群馬地名研究会 （65）2006.9

尾坂小山手向

群馬の峠を歩く（21）毛無峯と尾坂小山手向 『神道集』の峠（2）（須田茂）「上州路 ： 郷土文化誌」 あさを社 32（11）通号378 2005.11

尾島

ぐんまの歴史入門講座 第114講 新田・尾島地区の石造文化財 石造物の見方（23）（秋池武）「ぐんま地域文化」 群馬地域文化振興会 （34）2010.5

尾島町

史跡探訪 徳川発祥の地 尾島町を訪ねて（小坂直人）「かつしか台地 ： 野田地方史懇話会会誌」 野田地方史懇話会 21 2001.3

「中島飛行機」創業の地 尾島町の思い出（河田房江）「浅川地下壕の保存をすすめる会ニュース」 浅川地下壕の保存をすすめる会 27 2002.4

忍山

高山彦九郎「上州の旅」忍山湯旅の記（1），（中），（下）（斎藤俊夫）「群馬風土記」 群馬出版センター 19（3）通号82/20（1）通号84 2005.7/2006.1

御巣鷹の尾根

第30号記念寸言補遺 御巣鷹の尾根にて（「史談八千代」30号補遺）（桜井有三）「郷土史研通信」 八千代市郷土歴史研究会 （53）2006.2

御巣鷹山

奥多摩町における「御巣鷹山」（3）～（5），（7）～（11），（13）―本論1～（3），（5）～（9），（11）（岩田基嗣）「郷土研究」 奥多摩郷土研究会 （13）/（23）2002.3/2012.3

尾瀬

語り継がれる歴史（《特集 尾瀬の郷に生きる》）（永井利和）「上州路 ： 郷土文化誌」 あさを社 33（6）通号385 2006.6

檜枝岐村の概要/伝統文化/尾瀬/檜枝岐歴史回廊 昔を偲ぶ歴史散策（《特集 檜枝岐村（福島県）》）（平野聡）「群馬歴史散歩」 群馬歴史散歩の会 （199）2007.5

北毛 柳町/土塔原/尾瀬（特集 群馬の地名（3））（中島靖浩）「群馬歴史散歩」 群馬歴史散歩の会 （231）2013.9

追貝郵便局

明治期の地方郵便局―追貝郵便局（設楽光弘）「郵便史研究 ： 郵便史研究会紀要」 郵便史研究会 （34）2013.3

お成り道

歩き・見・ふれる歴史の道伝承の道お成り道「ふるさと矢板」 矢板市教育委員会生涯学習課 29 2005.3

御成道

御成道と歩む会の活動と街づくり（《平成16年度「群馬地理学会太田大会」の記録》）（長雅彦）「えりあぐんま」 群馬地理学会 （11）2005.5

歴史随想 御成道鳩ヶ谷物語（高瀬博）「郷土はとがや ： 鳩ヶ谷郷土史会会報」 鳩ヶ谷郷土史会 （57）2006.5

鬼石

近世前期西上州の漆年貢についての一考察―鬼石領を中心に（研究ノート）（須藤聡）「群馬歴史民俗」 群馬歴史民俗研究会 （34）2013.3

小野里武一家

上州の重要民家をたずねる（97）小野里武一家 勢多郡黒保根村（桑原稔，川嵜清和，金井淑幸）「上州路 ： 郷土文化誌」 あさを社 32（7）通号374 2005.7

小幡

城主格大名 小幡の松平氏（加藤隆）「城」 東海古城研究会 （214）2014.3

小幡小学校

甘楽町立秋畑小学校の小幡小学校への統合（学校の統廃合のあゆみ）（今井英雄）「群馬県教育史研究懇談会会報」 群馬県教育史研究懇談会 （37）2013.8

オバンド峠

峠と古道を歩く（41）野栗峠・オバンド峠と、秩父道―佐久から山中領を経て秩父へと至る古道を訪ねて（須田茂）「上州路 ： 郷土文化誌」 あさを社 34（7）通号398 2007.7

関東　　　　　　　　　　　　　地名でたどる郷土の歴史　　　　　　　　　　　　　群馬県

女堀

女堀は分水機能を持たない用水路か(梅澤重昭)「群馬文化」 群馬県地域文化研究協議会　278　2004.4

女堀の受益地域を考える―その歴史地理学的考察(梅澤重昭)「ぐんま史料研究」 群馬県立文書館　(22)　2004.9

灌漑用水遺構・女堀の実像を求めて(地域史随想)(飯島義雄)「群馬文化」 群馬県地域文化研究協議会　(309)　2012.1

「女堀」と古代末・中世前期の上野国を巡る諸情勢(飯塚聡)「武尊通信」 群馬歴史民俗研究会　(129)　2012.3

ようこそ史跡女堀(特集 伊勢崎市の文化財)(文化財保護課)「群馬歴史散歩」 群馬歴史散歩の会　(227)　2013.1

中毛 赤堀花菖蒲園地名の謎「女堀」(特集 群馬の地名(3))(角田賀津三)「群馬歴史散歩」 群馬歴史散歩の会　(231)　2013.9

恩幣幸雄家

上州の重要民家をたずねる(89) 恩幣幸雄家 甘楽郡南牧村(桑原稔，家泉博)「上州路 : 郷土文化誌」 あさを社　31(11)通号366　2004.11

貝沢

西毛 貝沢(特集 群馬の地名)(小池照一)「群馬歴史散歩」 群馬歴史散歩の会　(236)　2014.10

掛川清明家

上州の重要民家をたずねる(86) 掛川清明家 甘楽郡妙義町(桑原稔，家泉博，金井淑幸)「上州路 : 郷土文化誌」 あさを社　31(8)通号363　2004.8

笠懸

地方都市の郊外化と住民の居住地選択―群馬県みどり市笠懸地区の事例(発表要旨)(中島厚)「えりあぐんま」 群馬地理学会　(19)　2012.6

地方都市の郊外化と住民の居住地選択―群馬県みどり市笠懸地区の事例(論説)(中島厚)「えりあぐんま」 群馬地理学会　(20)　2014.7

笠懸野

笠懸野の開発と地名(茂木晃)「群馬地名だより : 群馬地名研究会会報」 群馬地名研究会　59　2005.3

笠懸町

弥生時代から平安時代の笠懸町(萩谷千明)「群馬歴史散歩」 群馬歴史散歩の会　165　2001.3

風戸峠

峠と古道を歩く(40) 風戸峠・佐野尻峠と、妙義榛名道(2) 忘れられた古道を、道しるべに求めて(須田茂)「上州路 : 郷土文化誌」 あさを社　34(6)通号397　2007.6

柏木宿

伊香保街道 柏木宿(青山敦俊)「群馬歴史散歩」 群馬歴史散歩の会　186　2004.9

柏木峠

群馬の峠を歩く 星尾峠と、まぼろしの柏木峠 『元禄国絵図』からのアプローチ(須田茂)「上州路 : 郷土文化誌」 あさを社　31(5)通号360　2004.5

粕川村

粕川村の地名(関口克巳)「群馬歴史散歩」 群馬歴史散歩の会　169　2001.11

片岡郡

上野国片岡郡についての基礎的研究―古代のミヤケと郡・郷をめぐって(松田猛)「高崎市史研究」 高崎市　19　2004.3

片貝城

前橋市西片貝町にあった片貝城の話(福島守次)「群馬歴史散歩」 群馬歴史散歩の会　(228)　2013.3

片品

古文書解読入門講座(30)―古文書から歴史を読む 一庶民が書き残した戸倉戦争―維新前夜片品の受難(大久保勝實，藤井茂樹)「ぐんま地域文化」 群馬地域文化振興会　(43)　2014.10

片品川

片品川の河岸段丘(久保誠二)「群馬歴史散歩」 群馬歴史散歩の会　184　2004.5

ぐんまの川と生活 片品川(原澤直久)「ぐんま地域文化」 群馬地域文化振興会　(43)　2014.10

片品北小学校

片品北小学校の片品小学校への統合(特集II 学校の統廃合)(藤井茂樹)「群馬県教育史研究懇談会会報」 群馬県教育史研究懇談会　(38)　2014.8

片品小学校

片品北小学校の片品小学校への統合(特集II 学校の統廃合)(藤井茂樹)「群馬県教育史研究懇談会会報」 群馬県教育史研究懇談会　(38)

2014.8

片品村

片品村の歴史―古代より明治維新まで(大久保勝実)「群馬歴史散歩」 群馬歴史散歩の会　167　2001.7

図録 ぐんまの文化財 片品村・旧利根村の文化財(金井竹徳)「ぐんま地域文化」 群馬地域文化振興会　(43)　2014.10

ぐんまの歴史入門講座 第159講 片品・旧利根村の石造文化財 石造文化財の見方(32)(秋池武)「ぐんま地域文化」 群馬地域文化振興会　(43)　2014.10

ぐんまの地名 片品村(原澤直久)「ぐんま地域文化」 群馬地域文化振興会　(43)　2014.10

数坂峠

群馬の峠を歩く(16) 数坂峠と背嶺峠―会津街道に関わる利根郡東部の峠を訪ねる(須田茂)「上州路 : 郷土文化誌」 あさを社　32(6)通号373　2005.6

勝沼館

勝沼館跡と戒名のない墓碑[1],(2)(《特集 上州の今昔》)(塩澤全司)「群馬風土記」 群馬出版センター　21(4)通号91/22(1)通号92　2007.10/2008.1

金井旅館

湯守の一軒宿 下仁田温泉 清流荘/大塚温泉 金井旅館「上州風」 上毛新聞社　(31)　2009.9

金山

新田山から金山へ 太田市金山町ほか/矢太神水源と石田川 太田市新田大根町(特集 群馬の地名)(茂木晃)「群馬歴史散歩」 群馬歴史散歩の会　(223)　2012.3

金山城

金山城跡とガイダンス施設(特集 太田市の文化財)(中村渉)「群馬歴史散歩」 群馬歴史散歩の会　(226)　2012.9

15世紀興産における城館の形成と都鄙の両公方―五十子陣と新田金山城(研究ノート)(森田真一)「玉村通信」 玉村中世史研究会　(3)　2013.3

続編・奥武蔵中世の城跡を歩く(6),(10) 太田金山城(番外)(山行報告)(飯塚孝雄)「奥武蔵」 奥武蔵研究会　(395)/(397)　2014.1/2014.5

上州太田金山城址と七福神の大光院・ほか(史跡探訪)(石塚スカ)「かつしか台地 : 野田地方史懇話会会誌」 野田地方史懇話会　(48)　2014.9

狩野徳市家

上州の重要民家をたずねる(74) 狩野徳市家(桑原稔，小池照一，家泉博)「上州路 : 郷土文化誌」 あさを社　30(8)通号351　2003.8

鏑川

ぐんまの自然と風土 鏑川が造った吉井の大地(高橋武夫)「ぐんま地域文化」 群馬地域文化振興会　(36)　2011.5

可保夜が沼

「伊奈良の沼・可保夜が沼」考(澤口宏)「群馬地名だより : 群馬地名研究会会報」 群馬地名研究会　57　2004.5

上植木村

近世の村由緒と小祠―上野国佐位郡上植木村の場合(時枝務)「群馬歴史民俗」 群馬歴史民俗研究会　(33)　2012.3

上川場村

古文書解読入門講座(22)―古文書から歴史を読む 真田氏改易直後の幕府目付宛訴状―上川場村が差し出した救済願い(藤井茂樹)「ぐんま地域文化」 群馬地域文化振興会　(35)　2010.11

上後閑小学校

安中市立上後閑小学校の閉校(特集 学校の統廃合のあゆみII)(中嶋昇太郎)「群馬県教育史研究懇談会会報」 群馬県教育史研究懇談会　(35)　2011.8

上白井小学校

渋川市立上白井小学校の学校再編について(特集II 学校の統廃合)(武藤栄一)「群馬県教育史研究懇談会会報」 群馬県教育史研究懇談会　(38)　2014.8

上新田村

玉村地域西部絵図調査から見た問題点―上新田村・下新田村・中斉田村(第1回例会発表記事)(飯森康広)「玉村通信」 玉村中世史研究会　(1)　2011.3

上毛野

古代上毛野地域の氏族支配構造と上毛野氏―上野国に関する調庸墨書銘の再考証を中心に(小池浩平)「ぐんま史料研究」 群馬県立文書館　(20)　2003.1

上毛野地域における古瓦の検討―正満コレクションの基礎調査(松田猛，右島和夫)「群馬県立歴史博物館紀要」 群馬県立歴史博物館　(24)

2003.3

上毛野と尾張 (小池浩平)「群馬県立歴史博物館紀要」 群馬県立歴史博物館 (24) 2003.3

上毛野氏及び上毛野―上野国地域とエミシ政策との関連 (3) 近江・上毛野・陸奥地域を結ぶワニ系氏族のあり方を中心に (小池浩平)「群馬県立歴史博物館紀要」 群馬県立歴史博物館 (33) 2012.3

律令以後における上毛野氏・下毛野氏―豊城入彦命系譜の中心氏族として (須永忍)「群馬文化」 群馬県地域文化研究協議会 (310) 2012.4

上中居町

養蚕労働にみる連帯と共同―群馬県高崎市上中居町の「持ち寄り飼育」を例として (吉井勇也)「群馬歴史民俗」 群馬歴史民俗研究会 (24) 2003.3

上山郷

史料紹介 上州山中領上山郷の慶長期の年貢割付状 (佐藤孝之)「群馬歴史民俗」 群馬歴史民俗研究会 (30) 2009.3

神原村

安政期における楢原・神原村寄場組合 (坂本達彦)「武尊通信」 群馬歴史民俗研究会 (128) 2011.12

神原美弘家

上州の重要民家をたずねる (78) 神原美弘家 (桑原稔, 家泉博)「上州路 : 郷土文化誌」 あさを社 30(12) 通号355 2003.12

上細井

上細井耕地整理の碑 (北爪隆雄)「群馬歴史散歩」 群馬歴史散歩の会 (232) 2014.1

神山宿

第63講信州街道室田宿・神山宿 (ぐんまの歴史入門講座) (樋口秀次郎)「ぐんま地域文化」 群馬地域文化振興会 (24) 2005.5

掃部ヶ岳

五月の掃部ヶ岳の思い出 (小暮久也)「群馬歴史散歩」 群馬歴史散歩の会 191 2005.10

加羅倉館

特集 「源泉」湯守の一軒宿 鳩ノ湯温泉 三鳩楼/白根温泉 加羅倉館「上州風」 上毛新聞社 (29) 2008.9

烏川

昭和10年9月、烏川決壊す (和田健一)「武尊通信」 群馬歴史民俗研究会 (109) 2007.3

ぐんまの川と生活 玉村と利根川・烏川 (澤口宏)「ぐんま地域文化」 群馬地域文化振興会 (38) 2012.5

古文書解読入門講座(28)―古文書から歴史を読む 烏川の倉賀野河岸と廻米・払い米 (岡田昭二)「ぐんま地域文化」 群馬地域文化振興会 (41) 2013.11

ぐんまの川と生活 高崎の大動脈・烏川 (澤口宏)「ぐんま地域文化」 群馬地域文化振興会 (41) 2013.11

ガラメキ温泉

ガラメキ温泉 (清水敏夫)「群馬歴史散歩」 群馬歴史散歩の会 186 2004.9

軽井沢峠

群馬の峠を歩く(27) 軽井沢峠と姥子峠―赤城山の峠と古道、そして赤城山の歴史を訪ねて (1),(2) (須田茂)「上州路 : 郷土文化誌」 あさを社 33(5) 通号384/33(6) 通号385 2006.5/2006.6

軽浜

ぐんまの地名 尾島の軽浜と石田川 (澤口宏)「ぐんま地域文化」 群馬地域文化振興会 (34) 2010.5

川内北小学校

桐生市立川内南小学校と川内北小学校の統合 (特集 学校の統廃合のあゆみ―公立小学校の統廃合) (大里仁一)「群馬県教育史研究懇談会会報」 群馬県教育史研究懇談会 (34) 2010.8

川内南小学校

桐生市立川内南小学校と川内北小学校の統合 (特集 学校の統廃合のあゆみ―公立小学校の統廃合) (大里仁一)「群馬県教育史研究懇談会会報」 群馬県教育史研究懇談会 (34) 2010.8

川浦小

倉渕東小・中央小・川浦小の統廃合―三小学校の沿革と統廃合の経過 (特集 学校の統廃合のあゆみII) (市川光一)「群馬県教育史研究懇談会会報」 群馬県教育史研究懇談会 (35) 2011.8

川浦村

古文書解読入門講座(14) 古文書から歴史を読む 旧川浦村の傘連判状 (淡路悌和)「ぐんま地域文化」 群馬地域文化振興会 (26) 2006.5

川田

東毛 川田 (特集 群馬の地名) (澤口宏)「群馬歴史散歩」 群馬歴史散歩

の会 (236) 2014.10

川名

川名と地名 (山下重吉)「群馬地名だより : 群馬地名研究会会報」 群馬地名研究会 (64) 2006.7

川場

ぐんまの歴史入門講座 第116講 川場・白浜と大友氏時 (諸田義行)「ぐんま地域文化」 群馬地域文化振興会 (35) 2010.11

川場村

地域づくりと文化遺産 村制120周年「川場かるた」の発行 (角田貫)「ぐんま地域文化」 群馬地域文化振興会 (35) 2010.11

ぐんまの川と生活 川場村 (澤口宏)「ぐんま地域文化」 群馬地域文化振興会 (35) 2010.11

川曲

湧玉 (わくたま) 渋川市赤城町勝保沢字湧玉/川曲 (かわまがり) 前橋市川曲町 (特集 群馬の地名) (小池照一)「群馬歴史散歩」 群馬歴史散歩の会 (223) 2012.3

川俣

寛保2年の利根川大洪水と川俣―川俣地区堤防の決壊 (塩谷正邦)「群馬歴史散歩」 群馬歴史散歩の会 179 2003.7

ぐんまの歴史入門講座 第143講 川俣事件 (布川了)「ぐんま地域文化」 群馬地域文化振興会 (40) 2013.5

ぐんまの地名 明和の川俣 (澤口宏)「ぐんま地域文化」 群馬地域文化振興会 (40) 2013.5

川俣宿

ぐんまの歴史入門講座 第142講 日光脇往還と川俣宿 (塩谷正久)「ぐんま地域文化」 群馬地域文化振興会 (40) 2013.5

地域づくりと文化遺産 後世へ語り継ぐ地域の歴史―日光脇往還 川俣宿 (川崎祐)「ぐんま地域文化」 群馬地域文化振興会 (40) 2013.5

川俣関所

古文書で語る歴史の道(8) 館林道と川俣関所通行改め (岡田昭二)「上州文化」 群馬県教育文化事業団 102 2005.5

川原湯

峠と古道を歩く(43) 須賀尾峠・燕峠と、大戸通―草津・川原湯へ至る峠と古道を訪ねて (須田茂)「上州路 : 郷土文化誌」 あさを社 34(9) 通号400 2007.9

川原湯温泉

ぐんまの人物誌 川原湯温泉を訪れた文人たち (豊田拓司)「ぐんま地域文化」 群馬地域文化振興会 (42) 2014.5

神流川

神流川合戦「群馬歴史散歩」 群馬歴史散歩の会 187 2004.11

神流川合戦 武者行列「群馬歴史散歩」 群馬歴史散歩の会 187 2004.11

昭和5年の神流川水争いについて (関口覚)「ぐんま史料研究」 群馬県立文書館 (23) 2005.10

神流川と「さんばせき」(《特集 群馬の石と岩の伝説》) (村山久)「上州路 : 郷土文化誌」 あさを社 33(12) 通号391 2006.12

神流川の夏と魚釣 (《特集 多野郡神流町 (旧中里村・万場町)》) (宮前昭)「群馬歴史散歩」 群馬歴史散歩の会 (201) 2007.9

神流川の農業水利と信仰―上里町の雨乞いを中心に (和田健一)「群馬歴史民俗」 群馬歴史民俗研究会 (29) 2008.3

南毛神流川を遡行する (特集 群馬の地名) (新井栄, 齋藤憲衛)「群馬歴史散歩」 群馬歴史散歩の会 (223) 2012.3

ぐんまの歴史入門講座 第146講 神流川合戦の実像 (久保田順一)「ぐんま地域文化」 群馬地域文化振興会 (41) 2013.11

神流町

多野郡神流町 (旧万場町・中里村) の分校の変遷 (《特集 分校物語》) (黒沢廣美)「上州路 : 郷土文化誌」 あさを社 34(5) 通号396 2007.5

神流町と秩父事件 (《特集 多野郡神流町 (旧中里村・万場町)》) (西澤晃)「群馬歴史散歩」 群馬歴史散歩の会 (201) 2007.9

楽しく暮らす!!やまざと 暮らしっくぱーく!!―木古里の歴史散歩 (《特集 多野郡神流町 (旧中里村・万場町)》) (高橋隆)「群馬歴史散歩」 群馬歴史散歩の会 (201) 2007.9

上州鋳物師による貴重な殿鐘と―高橋久敬氏の調査 (《特集 多野郡神流町 (旧中里村・万場町)》) (新津行信)「群馬歴史散歩」 群馬歴史散歩の会 (201) 2007.9

御荷鉾鉾の鬼が投げた石は、枕状溶岩 (《特集 多野郡神流町 (旧中里村・万場町)》) (伊藤歓)「群馬歴史散歩」 群馬歴史散歩の会 (201) 2007.9

鎌原

信玄の領地裁定と鎌原・羽尾合戦 (上),(下) (唐沢邦武)「群馬風土記」 群馬出版センター 20(3) 通号86/20(4) 通号87 2006.7/2006.10

関東　　　　　　　　　　　　　　地名でたどる郷土の歴史　　　　　　　　　　　　　　群馬県

鎌原小

嬬恋村立東小・鎌原小の閉校と東部小学校の新設（学校の統廃合のあゆみ）（森田秀策）「群馬県教育史研究懇談会会報」　群馬県教育史研究懇談会　（37）2013.8

鎌原村

いにしえの文化に魅せられて（2）日本のポンペイ埋没村落鎌原村（米田仁）「郷土史紀行」　ヒューマン・レクチャー・クラブ　（37）2006.1

コラム　根岸九郎左衛門鎮衛『耳嚢』による鎌原村の復興（特集 故郷の山―浅間山―浅間山の大噴火―刻まれた災害史）（井上公夫）「佐久」　佐久史学会　（66・67）2013.3

神戸金貴家

上州の重要民家をたずねる（87）神戸金貴家 甘楽郡下仁田町（桑原稔，家泉博，金井淑幸）「上州路 : 郷土文化誌」　あさを社　31（9）通号364　2004.9

神戸國吉家

上州の重要民家をたずねる（88）神戸國吉家 甘楽郡下仁田町（桑原稔，家泉博，川田常雄）「上州路 : 郷土文化誌」　あさを社　31（10）通号365　2004.10

甘楽

群馬見て歩き（8）東国文化発祥のかんら野へ「上州文化」　群馬県教育文化事業団　（117）2009.2

甘楽郡

ぐんまの地名 古代甘楽郡の地名（片野雄介）「ぐんま地域文化」　群馬地域文化振興会　（29）2007.10

永禄四年武田氏による甘楽郡侵攻をめぐって（研究）（秋山正典）「群馬文化」　群馬県地域文化研究協議会　（314）2013.4

甘楽町立第二中学校

甘楽町立第三中学校の第二中学校への統合（特集 学校の統廃合のあゆみ II）（今井規雄）「群馬県教育史研究懇談会会報」　群馬県教育史研究懇談会　（35）2011.8

甘楽町

甘楽町と小幡氏（小幡力造）「群馬風土記」　群馬出版センター　17（3）通号74　2003.7

甘楽町立第三中学校

甘楽町立第三中学校の開校から廃校まで（特集 学校の統廃合のあゆみ II）（新井健）「群馬県教育史研究懇談会会報」　群馬県教育史研究懇談会　（35）2011.8

甘楽町立第三中学校の第二中学校への統合（特集 学校の統廃合のあゆみ II）（今井規雄）「群馬県教育史研究懇談会会報」　群馬県教育史研究懇談会　（35）2011.8

木々岩峠

群馬の峠を歩く 木々岩峠と、マメガタ峠 「村と村を結ぶ峠」、「峠と呼ばれた峠」への探訪（須田茂）「上州路 : 郷土文化誌」　あさを社　31（6）通号361　2004.6

木崎宿

日光例幣使街道木崎宿飯売女墓石調査より検証（川田晃三）「明日を拓く」　東日本部落解放研究所，解放書店（発売）31（2・3）通号57・58　2004.12

おすすめ散歩道 日光例幣使街道木崎宿（200号に寄せて）（野沢時次）「群馬歴史散歩」　群馬歴史散歩の会　（200）2007.7

ぐんまの歴史入門講座 第112講 日光例幣使道 木崎宿の素描（野澤時次）「ぐんま地域文化」　群馬地域文化振興会　（34）2010.5

北上

高山彦九郎「北上（利根地方）旅中日記」（《特集 郷土歴史ロマン》）（斎藤俊夫）「群馬風土記」　群馬出版センター　21（1）通号88　2007.1

北下

北下（きたしも）北群馬郡吉岡町/陣馬（じんば）北群馬郡吉岡町（特集 群馬の地名）（福田紀雄）「群馬歴史散歩」　群馬歴史散歩の会　（223）2012.3

北山

嬬恋村北山地区の農村調査（松本大，鵜川裕利，佐藤洋輝）「えりあぐんま」　群馬地理学会　（11）2005.5

絹の家

上州の重要民家をたずねる（71）絹の家（旧金子仲次郎家）（桑原稔，池田修）「上州路 : 郷土文化誌」　あさを社　30（5）通号348　2003.5

木根宿峠

峠―その歴史的背景をさぐる 中之条町 木根宿峠（三坂峠）、三国峠（上）（須田茂）「上州路 : 郷土文化誌」　あさを社　31（2）通号357　2004.2

峠―その歴史的背景をさぐる 中之条町 木根宿峠（三坂峠）、三国峠（下）（亀井健一）「上州路 : 郷土文化誌」　あさを社　31（3）通号358　2004.3

共愛学園

共愛学園の歴史とその人物像（宮崎俊弥）「群馬県教育史研究懇談会会報」　群馬県教育史研究懇談会　（37）2013.8

霧積温泉

峠と古道を歩く（38）十六曲峠と杢弥街道―霧積温泉周辺の峠と古道を訪ねて（須田茂）「上州路 : 郷土文化誌」　あさを社　34（4）通号395　2007.4

桐生

明治後期における桐生の元機経営について（亀田光三）「桐生史苑」　桐生文化史談会　39　2000.3

桐生織物の将来を見越した機業経営―初代・二代の森山芳平の経営（亀田光三）「桐生史苑」　桐生文化史談会　（42）2003.3

郷土史講座要旨（須藤聡，亀田光三，清水照治，五十嵐昭雄）「桐生史苑」　桐生文化史談会　（42）2003.3

両大戦間期における桐生織物業―問屋制・工場制・人絹織物（亀田光三）「ぐんま史料研究」　群馬県立文書館　（21）2003.10

関東大震災と桐生の地震―そのとき市民は（藤井光男）「桐生史苑」　桐生文化史談会　（43）2004.3

群馬の峠を歩く 座間峠と、桐生周辺の諸峠（須田茂）「上州路 : 郷土文化誌」　あさを社　31（4）通号359　2004.4

明治・大正・昭和の桐生新居家について―新居宝さんと新居家文書の世界（巻島隆）「桐生史苑」　桐生文化史談会　（44）2005.3

郷土史講座要約ノコギリ屋根と桐生織物業（亀田光三）「桐生史苑」　桐生文化史談会　（44）2005.3

葛野川水力発電所を見学して―先進的だった桐生の水力発電（長瀬勇）「桐生史苑」　桐生文化史談会　（45）2006.3

巻頭言 桐生織物の光と影（亀田光三）「桐生史苑」　桐生文化史談会　（46）2007.3

群馬県鋸鍛冶職人の歴史―上州桐生「中屋半兵衛・熊五郎」を中心に（原眞）「桐生史苑」　桐生文化史談会　（46）2007.3

桐生の廃娼運動（中川いづみ）「桐生史苑」　桐生文化史談会　（47）2008.3

江戸後期 桐生の文芸―市史にないことを中心に（岡野明彦）「桐生史苑」　桐生文化史談会　（47）2008.3

慰霊から読む近代桐生の精神史（今井昭彦）「桐生史苑」　桐生文化史談会　（48）2009.3

近江商人と桐生（清水照治）「桐生史苑」　桐生文化史談会　（48）2009.3

桐生のノコギリ屋根工場の発達とその特徴（《平成20年度「群馬地理学会桐生大会」の記録》）（亀田光三）「えりあぐんま」　群馬地理学会　（15）2009.6

彦部家の歴史継承と桐生への移住について（彦部篤夫）「桐生史苑」　桐生文化史談会　（49）2010.3

桐生周辺地域における峠の現状（馬場慎一）「桐生史苑」　桐生文化史談会　（50）2011.3

巻頭言『近世桐生夜話』と新居家文書（大里仁一）「桐生史苑」　桐生文化史談会　（51）2012.3

桐生における東日本大震災―歴史に学ぶ桐生の地震被害（藤井光男）「桐生史苑」　桐生文化史談会　（51）2012.3

彦部家千三百年の歴史継承（古代編）について（彦部篤夫）「桐生史苑」　桐生文化史談会　（51）2012.3

彦部家千三百年の歴史継承（中世編）について（彦部篤夫）「桐生史苑」　桐生文化史談会　（52）2013.3

桐生学校

桐生学校に設置された助教養成所―明治初期の教員養成（大里仁一）「桐生史苑」　桐生文化史談会　（53）2014.3

桐生川

桐生川と支流の水力発電所について（神山勇）「桐生史苑」　桐生文化史談会　（47）2008.3

桐生高等工業学校附属商工専修学校

桐生高等工業学校附属商工専修学校（特集 群馬県における工業高校のあゆみ）（大澤亥之七）「群馬県教育史研究懇談会会報」　群馬県教育史研究懇談会　（37）2013.8

桐生市

桐生市における漢文碑の研究（清田多恵子）「桐生史苑」　桐生文化史談会　（45）2006.3

東毛の秩父事件同時蜂起―太田・桐生市域を舞台に（岩根承成）「桐生史苑」　桐生文化史談会　（47）2008.3

桐生まちなか地図/桐生の近代化遺産 明治から昭和と出会えるまち/桐生に生きた人物/桐生新町の「まちの成り立ち」と「まちづくり」（《特集 桐生市（旧桐生市・勢多郡新里村・黒保根村）》）（桐生市観光交流課）「群馬歴史散歩」　群馬歴史散歩の会　（206）2008.10

桐生市新里町、黒保根町の小字一覧（島田一郎）「桐生史苑」　桐生文化史談会　（49）2010.3

桐生市とその周域の和算（田部井勝稲，小林龍彦）「桐生史苑」 桐生文化史談会 （51）2012.3

桐生市立中学校

記念誌紹介 統廃合による閉校記念誌—桐生市立中学校六校（大里仁一）「群馬県教育史研究懇談会会報」 群馬県教育史研究懇談会 （33）2009.8

桐生新町

桐生新町の歴史人口学研究—文化3年から天保7年までの宗門人別帳から見えてくるもの（清水照治）「桐生史苑」 桐生文化史談会 （44）2005.3

桐生新町史譚（1）機織り工女殺人事件（巻島隆）「群馬風土記」 群馬出版センター 19（4）通号83 2005.10

桐生新町史譚（2）飛脚—災害ニュースを発信（巻島隆）「群馬風土記」 群馬出版センター 20（1）通号84 2006.1

桐生新町史譚（3）絹picture—新宿村新市一件（巻島隆）「群馬風土記」 群馬出版センター 20（2）通号85 2006.4

桐生新町史譚（5）標的はとんび岩—幕末の軍事演習（巻島隆）「群馬風土記」 群馬出版センター 20（4）通号87 2006.10

桐生新町史譚（10）近世桐生の食事情（巻島隆）「群馬風土記」 群馬出版センター 22（1）通号92 2008.1

桐生新町史譚（11）領主に異議あり（巻島隆）「群馬風土記」 群馬出版センター 22（2）通号93 2008.4

桐生新町史譚（12）名主の仕事拝見（巻島隆）「群馬風土記」 群馬出版センター 22（3）通号94 2008.7

桐生新町史譚（13）天気と人の交流（巻島隆）「群馬風土記」 群馬出版センター 22（4）通号95 2008.10

桐生まちなか地図/桐生の近代化遺産 明治から昭和と出会えるまち/桐生に生きた人物/桐生新町の「まちの成り立ち」と「まちづくり」（《特集 桐生市（旧桐生市・勢多郡新里村・黒保根村）》）（桐生市観光交流課）「群馬歴史散歩」 群馬歴史散歩の会 （206）2008.10

桐生新町史譚（14）絵図を散歩する（巻島隆）「群馬風土記」 群馬出版センター 23（1）通号96 2009.1

近世初期上州の支配と桐生新町の創成（和泉清司）「桐生史苑」 桐生文化史談会 （48）2009.3

桐生新町史譚（15）飛脚事件簿（巻島隆）「群馬風土記」 群馬出版センター 23（2）通号97 2009.4

桐生新町史譚（16）幕末のパンデミック（コロリ騒動）（巻島隆）「群馬風土記」 群馬出版センター 23（3）通号98 2009.7

桐生新町史譚（17）桐生新町の伝馬役（巻島隆）「群馬風土記」 群馬出版センター 23（4）通号99 2009.10

桐生新町史譚（18）われら新田旧臣の末裔なり（巻島隆）「群馬風土記」 群馬出版センター 24（1）通号100 2010.1

桐生新町史譚（26）織物買次商—発展の牽引役（巻島隆）「群馬風土記」 群馬出版センター 26（1）通号108 2012.1

桐生新町誕生の謎（小関賢一）「桐生史苑」 桐生文化史談会 （51）2012.3

桐生新町史譚（27）仁田山紬は幻か（巻島隆）「群馬風土記」 群馬出版センター 26（2）通号109 2012.4

桐生新町史譚（28）渡り職工による技術導入（巻島隆）「群馬風土記」 群馬出版センター 26（3）通号110 2012.7

桐生新町史譚（29）利害の代弁者、織屋仲間（巻島隆）「群馬風土記」 群馬出版センター 26（4）通号111 2012.10

桐生新町史譚（30）冨田永世の桐生観光（巻島隆）「群馬風土記」 群馬出版センター 27（1）通号112 2013.1

飛脚問屋の輸送事故と補償—上州桐生新町「京屋弥兵衛」を中心に（巻島隆）「桐生史苑」 桐生文化史談会 （52）2013.3

文化財レポート 桐生市桐生新町重要伝統的建造物群保存地区（鈴木宏）「群馬文化」 群馬県地域文化研究協議会 （314）2013.4

桐生陣屋

戊辰戦争下の桐生陣屋役人（巻島隆）「群馬風土記」 群馬出版センター 25（1）通号104 2011.1

錦桜橋

ワーレントラストの六連 錦桜橋（神山勇）「桐生史苑」 桐生文化史談会 （43）2004.3

草軽電鉄

ボランティアって?!/わくわく体験スペシャル/おもしろ歴史まめ知識 草軽電鉄関係資料サポ「草津温泉行/上州三原行」「博物館だより」 群馬県立歴史博物館 （131）2013.11

口絵 草軽電鉄関係資料サポ「草津温泉行/上州三原行」—群馬県立歴史博物館蔵品資料（120）（江原岳志）「群馬文化」 群馬県地域文化研究協議会 （319）2014.7

草津

大町桂月の見た上州「雪の草津」(1),(2)（太田路夫）「群馬風土記」 群

馬出版センター 19（2）通号81/19（3）通号82 2005.4/2005.7

草津「毒水の碑」の発見（須賀昌五）「群馬風土記」 群馬出版センター 19（2）通号83 2005.10

峠と古道を歩く（43）須賀尾峠・燕峠と、大戸通—草津・川原湯へ至る峠と古道を訪ねて（須田茂）「上州路 ： 郷土文化誌」 あさを社 34（9）通号400 2007.9

上州紬・渋川太織・草津紬（小山宏）「群馬歴史散歩」 群馬歴史散歩の会 （208）2009.3

草津温泉

翻刻・上毛草津温泉紀行（内野勝裕）「あゆみ」 毛呂山郷土史研究会 （29）2003.4

草津温泉の冬住み制度（上），（下）（唐沢邦武）「群馬風土記」 群馬出版センター 18（1）通号76/18（2）通号77 2004.1/2004.4

長岡庄屋の湯治記をよむ—栃尾又温泉と草津温泉について（田所和雄）「長岡郷土史」 長岡郷土史研究会 （42）2005.5

絵はがきから草津温泉の景観を読む（関戸明子）「えりあぐんま」 群馬地理学会 （17）2011.7

鳥瞰図にみる近代—草津温泉を事例として（関戸明子）「歴史地理学」 歴史地理学会，古今書院（発売）54（1）通号258 2012.1

ボランティアって?!/わくわく体験スペシャル/おもしろ歴史まめ知識 草軽電鉄関係資料サポ「草津温泉行/上州三原行」「博物館だより」 群馬県立歴史博物館 （131）2013.11

口絵 草軽電鉄関係資料サポ「草津温泉行/上州三原行」—群馬県立歴史博物館蔵品資料（120）（江原岳志）「群馬文化」 群馬県地域文化研究協議会 （319）2014.7

草津高原

1965年県道中野・長野原線—「志賀・草津高原ルート」開通（小布施竹男）「高井」 高井地方史研究会 （156）2006.8

草津峠

群馬の峠を歩く 渋峠と草津峠（上），（下）「上州路 ： 郷土文化誌」 あさを社 31（9）通号364/31（10）通号365 2004.9/2004.10

明治期の草津峠里道の新設と県道（小布施竹男）「高井」 高井地方史研究会 （170）2010.2

草津道

古文書で語る歴史の道草津道と入湯客の通行取締り（岡田昭二）「上州文化」 群馬県教育文化事業団 104 2005.11

草津村

近世の旅先地域と諸営業—上野国吾妻郡草津村を事例に（高橋陽一）「地方史研究」 地方史研究協議会 59（2）通号338 2009.4

旅先地域と客引き—近世後期の上野国吾妻郡草津村を事例に（論文）（高橋陽一）「交通史研究」 交通史学会，吉川弘文館（発売）（83）2014.8

六合

歴史ある「六合」小字名で存続へ「上毛新聞」から/「六合」の地名が残る「群馬地名だより ： 群馬地名研究会会報」 群馬地名研究会 （74）2010.9

群馬県中之条町六合地区における人口変化と地域コミュニティの実態（論説）（関戸明子）「えりあぐんま」 群馬地理学会 （19）2012.6

国峯

上州の戦い（29）箕輪城と国峯の攻防（上）（山田義彦）「群馬風土記」 群馬出版センター 19（4）通号83 2005.10

国嶺

上州の戦い 国嶺・西牧・石倉城の戦い（山田義彦）「群馬風土記」 群馬出版センター 18（2）通号77 2004.4

国峯城

国峯城跡に記念碑建つ（群馬を歩く）「群馬風土記」 群馬出版センター 23（1）通号96 2009.1

六合村

群馬の峠を歩く（13）野反峠と地蔵峠 吾妻郡六合村から新潟県魚沼地方へ越えた峠を訪ねて（須田茂）「上州路 ： 郷土文化誌」 あさを社 32（3）通号370 2005.3

六合村の地名（中村倫司）「群馬地名だより ： 群馬地名研究会会報」 群馬地名研究会 （60）2005.5

六合村へ行ってきました（角田賀津三）「群馬地名だより ： 群馬地名研究会会報」 群馬地名研究会 （61）2005.9

吾妻郡六合村における食生活の変化（横田雅博）「えりあぐんま」 群馬地理学会 （12）2006.7

第460回例会記 八ッ場ダム 旧六合村「伝統建物保存区」と松代史跡めぐりの旅（鈴木武雄）「杉並郷土史会報」 杉並郷土史会 （229）2011.9

久保皆戸

一日市の小字地名 久保皆戸及宿後について（恩田さく）「群馬歴史散歩」

群馬歴史散歩の会 169 2001.11

グミ木峠
群馬の峠を歩く（17）グミ木峠と綾戸穴道―利根川上流域の山越えの峠道と川沿いの道、そしてトウの地名を訪ねて（須田茂）「上州路 ： 郷土文化誌」 あさを社 32（7）通号374 2005.7

旧雲越仙太郎家
上州の重要民家をたずねる（72）旧雲越仙太郎家（桑原稔，池田修，家泉博）「上州路 ： 郷土文化誌」 あさを社 30（6）通号349 2003.6

倉内
倉内（くらうち）沼田市東倉内町・西倉内町／老神（おいがみ）沼田市利根町老神／永井（ながい）利根郡みなかみ町永井／菅沼（すげぬま）・丸沼（まるぬま）・大尻沼（おおしりぬま）利根郡片品村東小川（特集 群馬の地名）（中島靖浩）「群馬歴史散歩」 群馬歴史散歩の会 （223）2012.3

クラカケ
群馬の峠を歩く（31）菅塩峠から、鞍掛山越えの道へ―クラカケとクラボネの地名を求めて（2）（須田茂）「上州路 ： 郷土文化誌」 あさを社 33（9）通号388 2006.9

鞍掛山
群馬の峠を歩く（29）菅塩峠から、鞍掛山越えの道へ（須田茂）「上州路 ： 郷土文化誌」 あさを社 33（8）通号387 2006.7
群馬の峠を歩く（31）菅塩峠から、鞍掛山越えの道へ―クラカケとクラボネの地名を求めて（2）（須田茂）「上州路 ： 郷土文化誌」 あさを社 33（9）通号388 2006.9

倉賀野
上州高崎―倉賀野間の舟運（史料紹介）（川名登）「利根川文化研究」 利根川文化研究会 通号34 2011.11
倉賀野の地名（今井英雄）「群馬地名だより ： 群馬地名研究会会報」 群馬地名研究会 （79）2012.1
ぐんまの歴史入門講座 第148講 JR高崎線の開業当時の状況と新町・倉賀野（大島登志彦）「ぐんま地域文化」 群馬地域文化振興会 （41）2013.11
古文書解読入門講座（28）―古文書から歴史を読む 烏川の倉賀野河岸と廻米・払い米（岡田和二）「ぐんま地域文化」 群馬地域文化振興会 （41）2013.11
ぐんまの地方豪族 倉賀野淡路守と十六騎（久保田順一）「ぐんま地域文化」 群馬地域文化振興会 （41）2013.11

倉賀野河岸
農閑余業と船稼ぎ―倉賀野河岸を中心に（和田健一）「群馬歴史民俗」 群馬歴史民俗研究会 （31）2010.3

倉賀野宿
中山道倉賀野宿の屋敷割とその変遷（古澤勝幸，茂原通雄）「群馬県立歴史博物館紀要」 群馬県立歴史博物館 （22）2001.3

倉賀野町
図録 ぐんまの文化財 高崎市倉賀野町の歴史と文化財―近世宿駅と舟運の町を歩く（横倉興一）「ぐんま地域文化」 群馬地域文化振興会 （41）2013.11
ぐんまの歴史入門講座 第149講 高崎市倉賀野町石造文化財 石造文化財の見方（30）（秋池武）「ぐんま地域文化」 群馬地域文化振興会 （41）2013.11

倉淵
第72講 石造塔婆の分布から中世の倉淵（ぐんまの歴史入門講座）（唐澤定市）「ぐんま地域文化」 群馬地域文化振興会 （26）2006.5
第75講 倉淵町の石造文化財 石造文化財の見方（15）（ぐんまの歴史入門講座）（近藤義雄）「ぐんま地域文化」 群馬地域文化振興会 （26）2006.5
熊谷ゆかりの地 春たけなわの上州榛名の倉淵を訪ねる（紹介・随筆・思い出・短歌等）（長崎良一）「熊谷市郷土文化会誌」 熊谷市郷土文化会（69）2013.11

倉淵中央小
倉淵東小・中央小・川浦小の統廃合―三小学校の沿革と統廃合の経過（特集 学校の統廃合のあゆみII）（市川光一）「群馬県教育史研究懇談会会報」 群馬県教育史研究懇談会 （35）2011.8

倉淵東小
倉淵東小・中央小・川浦小の統廃合―三小学校の沿革と統廃合の経過（特集 学校の統廃合のあゆみII）（市川光一）「群馬県教育史研究懇談会会報」 群馬県教育史研究懇談会 （35）2011.8

クラボネ
群馬の峠を歩く（31）菅塩峠から、鞍掛山越えの道へ―クラカケとクラボネの地名を求めて（2）（須田茂）「上州路 ： 郷土文化誌」 あさを社 33（9）通号388 2006.9

クラボネ峠
群馬の峠を歩く（28）千駄木峠とクラボネ峠・ウダ峠（須田茂）「上州路 ： 郷土文化誌」 あさを社 33（7）通号386 2006.7

黒川
黒川武士団の故地（渡良瀬歴史ロマン）（1）～（6）（東宮春生）「群馬風土記」 群馬出版センター 19（3）通号82/20（4）通号87 2005.7/2006.10
黒川・仁田山の中世城館を探る（萩谷千明）「桐生史苑」 桐生文化史談会（52）2013.3

旧黒沢家住宅
上州の重要民家をたずねる（83）旧黒澤家住宅（国指定重要文化財）多野郡上野村（桑原稔，家泉博）「上州路 ： 郷土文化誌」 あさを社 31（5）通号360 2004.5
上州の重要民家をたずねる（84）旧黒澤家住宅（国指定重要文化財）勢多郡宮城村（桑原稔，家泉博）「上州路 ： 郷土文化誌」 あさを社 31（6）通号361 2004.6

黒保根村
《特集 黒保根村》「群馬歴史散歩」 群馬歴史散歩の会 177 2003.3
歴史をたどるみち黒保根村（原田恒弘）「群馬歴史散歩」 群馬歴史散歩の会 177 2003.3
黒保根村文化財位置図／黒保根村文化財一覧表「群馬歴史散歩」 群馬歴史散歩の会 177 2003.3
黒保根村のすがた（川池三男）「群馬歴史散歩」 群馬歴史散歩の会 177 2003.3

久呂保村
昭和村地名散歩―旧久呂保村を中心に（中村倫司）「群馬歴史散歩」 群馬歴史散歩の会 184 2004.5

鍬柄岳
鍬柄岳・鍬柄山の語源を探る（飯塚敬五郎）「群馬地名だより ： 群馬地名研究会会報」 群馬地名研究会 54 2003.5

鍬柄山
鍬柄岳・鍬柄山の語源を探る（飯塚敬五郎）「群馬地名だより ： 群馬地名研究会会報」 群馬地名研究会 54 2003.5

群馬
グンマ古代史への旅（53）天明3年の畑跡（諸田康成）「群馬風土記」 群馬出版センター 15（1）通号64 2001.1
桐の付く地名（沢口宏）「群馬地名だより ： 群馬地名研究会会報」 群馬地名研究会 47 2001.5
《特集 群馬の地名》「群馬歴史散歩」 群馬歴史散歩の会 169 2001.11
「群馬」発祥の地（稲熊弘）「群馬歴史散歩」 群馬歴史散歩の会 169 2001.11
ぐんまの歴史入門講座「ぐんま地域文化」 群馬地域文化振興会 18 2002.5
グンマ古代史への旅（62）まだら模様は語る（岩崎泰一）「群馬風土記」 群馬出版センター 17（2）通号73 2003.4
《特集 群馬発！ グローバル化と地域文化》「上州路 ： 郷土文化誌」 あさを社 30（4）通号347 2003.4
館長歴史随想 群馬の歴史地名を記録する運動よ、起これ（黒田日出男）「博物館だより」 群馬県立歴史博物館 91 2003.6
テーマ展示「群馬の肖像I―顔は歴史を語る」「博物館だより」 群馬県立歴史博物館 93 2003.12
グンマ古代史への旅（65）古代群馬焼き物紀行（中束耕志）「群馬風土記」 群馬出版センター 18（1）通号76 2004.1
《特集 ぐんまの鉄道》「上州風」 上毛新聞社 18 2004.3
「ぐんまの鉄道」展 全みどころガイド（手島仁）「上州風」 上毛新聞社 18 2004.3
群馬の鉄道はどんな役割を果たしてきたか（櫻井正一，原田正純，大島登志彦）「上州風」 上毛新聞社 18 2004.3
グンマ古代史への旅（66）群馬の舟形（佐藤元彦）「群馬風土記」 群馬出版センター 18（2）通号77 2004.4
群馬学の確立（富岡賢治）「ぐんま地域文化」 群馬地域文化振興会（22）2004.5
座談会 戦後群馬の福祉（2）―ぐんまの戦後史を語る（池並雪枝，小林常夫，杉山了，鷲頭秋次，井上定幸，橋本和博，石崎幹夫，今井英雄）「ぐんま地域文化」 群馬地域文化振興会 （22）2004.5
《特集 地域の歴史を掘り起こすI―群馬から》「明日を拓く」 東日本部落解放研究所，解放書店（発売）31（1）通号56 2004.6
ねんりんピックぐんま記念事業「子どものための特集展示 むかしのくらし」「博物館だより」 群馬県立歴史博物館 96 2004.9
地方史研究協議会第55回大会「交流の地域史―ぐんまの山・川・道」の開催によせて（北爪眞佐夫）「武尊通信」 群馬歴史民俗研究会 99 2004.9
群馬の「小話」について（井田安雄）「世間話研究」 世間話研究会

（14）2004.10

中世前期における新田一族と交通路（《大会特集II 交流の地域史―ぐんまの山・川・道》―〈問題提起〉）（須藤聡）「地方史研究」 地方史研究協議会 54（5）通号311 2004.10

《特集 群馬の「韓国」を探す》「上州風」 上毛新聞社 20 2004.11

上州人とは、群馬学確立に向けて「群馬の肖像II」「博物館だより」 群馬県立歴史博物館 97 2004.12

史料との出会・発掘―群馬事件（岩根承成）「群馬文化」 群馬県地域文化研究協議会 281 2005.1

遺稿とテーマ展示「群馬の肖像II」（手島仁）「群馬県立歴史博物館紀要」 群馬県立歴史博物館 （26）2005.3

座談会 ぐんまの戦後史を語る戦後群馬の産業―ものづくり立県の礎（創生期）II（小林茂利、神戸照雄、長谷川泰彦、井上定幸、高橋厚、温井眞一、今井英雄）「ぐんま地域文化」 群馬地域文化振興会 （24）2005.5

《特集 第二次大戦と群馬》「上州路：郷土文化誌」 あさを社 32（8）通号375 2005.8

常設展示「目で見る群馬の歴史」（伊藤良）「博物館だより」 群馬県立歴史博物館 （100）2005.9

群馬の地名（澤口宏）「群馬地名だより：群馬地名研究会会報」 群馬地名研究会 （61）2005.9

「地名は堅固な作品」 県立女子大「群馬の地名」シンポ 4氏が意見出し合う「群馬地名だより：群馬地名研究会会報」 群馬地名研究会 （61）2005.9

第66講 遺跡から史料へ、史料から遺跡へ（ぐんまの歴史入門講座）（前沢和之）「ぐんま地域文化」 群馬地域文化振興会 （25）2005.10

座談会 ぐんまの戦後史を語る戦後ぐんまの教育（1）（阿部シズエ、荒木實、井上定幸、樋口良夫、丸山勇次郎、吉井基、森田秀策、小阿瀬達哉、山本世紀）「ぐんま地域文化」 群馬地域文化振興会 （25）2005.10

グンマ古代史への旅（72）江戸の絵師「龍骨」を描く（中束耕志）「群馬風土記」 群馬出版センター 19（4）通号83 2005.10

常設展示「目で見る群馬の歴史」（杉山秀宏）「博物館だより」 群馬県立歴史博物館 （101）2005.12

常設展示「目で見る群馬の歴史」（中島欣二、手島仁）「博物館だより」 群馬県立歴史博物館 （102）2006.3

図録 ぐんまの文化財 小栗上野介終焉の里（市川光一）「ぐんま地域文化」 群馬地域文化振興会 （26）2006.5

第73講 幕府巡見使への対応（ぐんまの歴史入門講座）（阿久津宗二）「ぐんま地域文化」 群馬地域文化振興会 （26）2006.5

座談会 ぐんまの戦後史を語る戦後ぐんまの教育（2）（阿部シズエ、荒木實、樋口良夫、丸山勇次郎、吉井基、多胡純策、新井健二、戸部経三、森田秀策、小阿瀬達哉、山本世紀）「ぐんま地域文化」 群馬地域文化振興会 （26）2006.5

グンマ古代史への旅（75）古代群馬の鉄生産（笹澤泰史）「群馬風土記」 群馬出版センター 20（3）通号86 2006.7

群馬と埼玉の懸け橋 利根川通妻沼村地先船橋架橋（《特集 旧妻沼町（埼玉県熊谷市）》）（青木久夫）「群馬歴史散歩」 群馬歴史散歩の会 （195）2006.7

群馬歴史民俗研究会25年の歩み「群馬歴史民俗」 群馬歴史民俗研究会 （27）2006.7

グンマ古代史への旅（76）鎌倉・室町時代の瓦（木津博明）「群馬風土記」 群馬出版センター 20（4）通号87 2006.10

かぐら石の響き《《特集 群馬の石と岩の伝説》）（萩原康次郎）「上州路：郷土文化誌」 あさを社 33（12）通号91 2006.12

特別展・企画展「ぐんま・学びと 子育て300年―寺子屋から近代教育への歩み―」「文書館だより」 群馬県立文書館 （44）2007.1

近代群馬の名産（手島仁、山口聰）「群馬県立歴史博物館紀要」 群馬県立歴史博物館 （28）2007.3

記念講演 シルクカントリー群馬の近代史―世界的視野からみた群馬の蚕糸について（《群馬地域文化研究協議会創立50周年特集》）（石井寛治）「群馬文化」 群馬県地域文化研究協議会 通号290 2007.4

群馬と岩手（200号に寄せて）（阿部功）「群馬歴史散歩」 群馬歴史散歩の会 （200）2007.7

特集 群馬の新聞事始（清水吉二）「上州風」 上毛新聞社 （27）2007.9

『上州路』と群馬詩壇（《特集『上州路』創刊400号記念 群馬の今日、そして未来へ》）（梁瀬和男）「上州路：郷土文化誌」 あさを社 34（9）通号400 2007.9

始まりの終わり―群馬の俳句の未来へ向けて（《特集『上州路』創刊400号記念 群馬の今日、そして未来へ》）（中里麦外）「上州路：郷土文化誌」 あさを社 34（9）通号400 2007.9

原始群馬の工芸（《特集 上州の今昔》）（中束耕志）「群馬風土記」 群馬出版センター 21（4）通号91 2007.10

上州特集補遺 絹の国、ダムの村 シルクカントリー群馬へ「谷中・根津・千駄木」 谷根千工房 （88）2007.10

グンマ古代史への旅（81）群馬の古代郡役所（高島英之）「群馬風土記」 群馬出版センター 22（1）通号92 2008.1

特別展・企画展「未来へ引き継ぐ群馬の遺産―行政文書でひもとく群馬のできごと」「文書館だより」 群馬県立文書館 （45）2008.3

群馬の地方野菜（横田雅博）「武尊通信」 群馬歴史民俗研究会 （113）2008.3

火山災害を克服した古代人たち―群馬の火山災害からポンペイまで（講演録）（能登健）「松戸市立博物館紀要」 松戸市立博物館 （15）2008.3

第91講 鎌倉時代の吾妻氏（ぐんまの歴史入門講座）（唐澤定市）「ぐんま地域文化」 群馬地域文化振興会 （30）2008.4

新資料紹介 『ぐんまの博物館美術館』（加藤鶴男）「群馬歴史散歩」 群馬歴史散歩の会 （204）2008.5

グンマ古代史への旅（83）古代群馬の鉄生産（笹澤泰史）「群馬風土記」 群馬出版センター 22（3）通号94 2008.7

群馬における絹産業建造物と近代和風建築―和洋折衷の視点（村田敬一）「群馬文化」 群馬県地域文化研究協議会 通号295 2008.7

特集 ぐんまの登山史、後世に 県北に3つの山岳資料館が誕生「上州風」 上毛新聞社 （29）2008.9

特集「南総里見八犬伝」と群馬「上州風」 上毛新聞社 （29）2008.9

グンマ古代史への旅（84）明治の建物基礎（石守晃）「群馬風土記」 群馬出版センター 22（4）通号95 2008.10

グンマ古代史への旅（85）地割れと噴砂（関晴彦）「群馬風土記」 群馬出版センター 23（1）通号96 2008.10

平成20年度収蔵資料展1「古文書で語る庶民の暮らし―赤城南麓の村々を訪ねて」開催報告/平成20年度収蔵資料展2「統計資料でふるさと再発見―明治期ぐんまの人とくらし」開催報告「文書館だより」 群馬県立文書館 （46）2009.3

地域自由党員と民権運動―群馬・秩父事件を事例に（《特集 シンポジウム 民権運動再考II「地域から描く自由民権」》）（高島千代）「自由民権：町田市立自由民権資料館紀要」 町田市教育委員会 通号22 2009.3

歴博友の会現地学習会 塔の不思議（群馬を歩く）（東宮春生）「群馬風土記」 群馬出版センター 23（2）通号97 2009.4

ぐんまの歴史入門講座 第102講 天明・天保の飢饉と間引き（渋谷浩）「ぐんま地域文化」 群馬地域文化振興会 （32）2009.5

ぐんまの歴史入門講座 第103講 太平洋戦争下の中学生 学徒動員のことなど（渋谷浩）「ぐんま地域文化」 群馬地域文化振興会 （32）2009.5

群馬の古地名（アイヌ語系）探索 群馬の「オトモ」地名を歩く（角田賀津三）「群馬地名だより：群馬地名研究会会報」 群馬地名研究会 （71）2009.7

参考資料『和名類聚抄』の中の群馬（2）,（3）（編集部）「群馬風土記」 群馬出版センター 23（3）通号98/24（1）通号100 2009.7/2010.1

歴博友の会学習会 日本のシルクロード（2）（群馬を歩く）（東宮春生）「群馬風土記」 群馬出版センター 23（3）通号98 2009.7

グンマ古代史への旅（87）古代の車輪（綿貫邦男）「群馬風土記」 群馬出版センター 23（3）通号98 2009.7

図録 ぐんまの文化財 図録ぐんまの文化財（中島誠）「ぐんま地域文化」 群馬地域文化振興会 （33）2009.11

ぐんまの歴史入門講座 第107講 蚕種販売差止め事件（飯塚春男）「ぐんま地域文化」 群馬地域文化振興会 （33）2009.11

文化財保護の必要性など学ぶ 前橋で群馬地名研総会と記念講演/消えゆく地名由来探り20年「群馬地名だより：群馬地名研究会会報」 群馬地名研究会 （72）2009.12

群馬の陶磁器（小山宏）「群馬歴史散歩」 群馬歴史散歩の会 （212）2010.1

ぐんまの銭湯を訪ねて―残したいぐんまの中の「昭和」「上州風」 上毛新聞社 （32）2010.3

ぐんまの歴史入門講座 第110講 東山道駅路と周辺の遺跡（小宮俊久）「ぐんま地域文化」 群馬地域文化振興会 （34）2010.5

石碑と地名の関係など語る 前橋で前沢さん/沼田地域の地名を学習 前橋で研究会 中島さん講演「上毛新聞」から）「群馬地名だより：群馬地名研究会会報」 群馬地名研究会 （74）2010.9

「群馬の酒饅頭」に寄せて（加藤隆志）「武尊通信」 群馬歴史民俗研究会 （123）2010.9

ぐんまの歴史入門講座 第115講 地名と文化財（水田稔）「ぐんま地域文化」 群馬地域文化振興会 （35）2010.11

ぐんまの歴史入門講座 第121講 室町幕府奉公衆近江小申氏（梁瀬大輔）「ぐんま地域文化」 群馬地域文化振興会 （36）2011.5

ぐんまの歴史入門講座 第122講 分割支配された村々（中嶋義明）「ぐんま地域文化」 群馬地域文化振興会 （36）2011.5

ぐんまのくらしと民俗 フォークロア創出の近代―渡来人羊太夫像の形成（佐藤喜久一郎）「ぐんま地域文化」 群馬地域文化振興会 （36）2011.5

ぐんまの伝統 馬庭念流について（神保侑史）「ぐんま地域文化」 群馬地域文化振興会 （36）2011.5

特集「群馬のお城」にあたって（特集 群馬のお城）（飯森康広）「群馬歴史散歩」 群馬歴史散歩の会 （219）2011.5

片田舎のプロジェクトX（特集 群馬のお城）（松本孝義）「群馬歴史散歩」

群馬歴史散歩の会　（219）2011.5

特別寄稿 群馬の算額について（大竹茂雄）「群馬県教育史研究懇談会会報」 群馬県教育史研究懇談会　（35）2011.8

廃娼県における売春管理の再編過程―群馬、埼玉、秋田を事例として（眞杉侑里）「立命館史学」 立命館史学会　（32）2011.11

地名の起源を考える（特集 群馬の地名）（澤口宏）「群馬歴史散歩」 群馬歴史散歩の会　（223）2012.3

総会記念講演 大逆事件と群馬の青年たち―歴史小説『櫛の十字架』執筆裏話（石山幸弘）「群馬歴史散歩」 群馬歴史散歩の会　（223）2012.3

ぐんまのくらしと民俗 千輝玉斎筆「豊年満作図」にみる民具とくらし（神宮善彦）「ぐんま地域文化」 群馬地域文化振興会　（38）2012.5

群馬・高崎の鉄道やバスの変遷とそこから学ぶこと（発表要旨）（大島登志彦）「えりあぐんま」 群馬地理学会　（18）2012.6

趣旨説明「群馬の中世史」を開催して（特集 地域史研究の最前線 PartII―群馬の中世史）（久保田順一）「群馬文化」 群馬県地域文化研究協議会　（311）2012.7

グンマ古代史への旅（100）中国陶磁器と古代群馬（大西雅広）「群馬風土記」 群馬出版センター　26（4）通号111　2012.10

グンマ古代史への旅（101）たび重なる災害と復旧（桜岡正信）「群馬風土記」 群馬出版センター　27（1）通号112　2013.1

絵図でたどるふるさと群馬―城・関所・村の風景（開館30周年記念特別展）「文書館だより」 群馬県立文書館　（50）2013.3

実物展示会 絵図でたどるふるさと群馬―城・関所・村の風景（開館30周年記念特別展）「文書館だより」 群馬県立文書館　（50）2013.3

平成24年度 群馬県立文書館「ぐんま史料講座」「震災から復興へ」―文書館収蔵史料の紹介「文書館だより」 群馬県立文書館　（50）2013.3

ぐんまの歴史入門講座 第140講 利根川沿岸地域の古代史二題（前澤和之）「ぐんま地域文化」 群馬地域文化振興会　（40）2013.5

特集 地域史研究の最前線 PartIII―群馬の近世史「群馬文化」 群馬県地域文化研究協議会　（315）2013.7

趣旨説明「群馬の近世史」を開催して（藤井茂樹）「群馬文化」 群馬県地域文化研究協議会　（315）2013.7

群馬の地名（特集 群馬の地名（3））（群馬県地名研究会）「群馬歴史散歩」 群馬歴史散歩の会　（231）2013.9

動向「群馬地域文化懇話会」二十年の歩み（藤井茂樹）「群馬文化」 群馬県地域文化研究協議会　（316）2013.10

本会の設立準備と20年の歩みの概要「ぐんま地域文化」 群馬地域文化振興会　（41）2013.11

講演I 群馬民の足跡を振り返って（小特集 群馬歴史民俗研究会第100回例会記念講演会）（板橋春夫）「群馬歴史民俗」 群馬歴史民俗研究会　（35）2014.5

講演II 群馬民と諸研究団体の動向（小特集 群馬歴史民俗研究会第100回例会記念講演会）（佐藤孝之）「群馬歴史民俗」 群馬歴史民俗研究会　（35）2014.5

趣旨説明「群馬の近現代史」開催にあたって（特集 地域史研究の最前線 PartIV―群馬の近現代史）（宮崎俊弥）「群馬文化」 群馬県地域文化研究協議会　（319）2014.7

基調講演 群馬の自由民権運動―上毛自由党と群馬・秩父事件（特集 地域史研究の最前線 PartIV―群馬の近現代史）（岩根承成）「群馬文化」 群馬県地域文化研究協議会　（319）2014.7

歴史の記憶（特集 群馬の地名）（井野修二）「群馬歴史散歩」 群馬歴史散歩の会　（236）2014.10

群馬会館

登録有形文化財第一号 群馬県庁本庁舎と群馬会館（古澤勝幸）「群馬歴史散歩」 群馬歴史散歩の会　（220）2011.7

群馬県

三新法期における郡政運営について―群馬県を事例として（神山知徳）「ぐんま史料研究」 群馬県立文書館　（15）2000.10

ぐんまの戦後史を語る 県内私鉄興隆史（大谷良雄、吉川清、大島登志彦）「ぐんま地域文化」 群馬地域文化振興会　15　2000.12

地名を探る（1）～（3）（樋口秀次郎）「群馬風土記」 群馬出版センター　15（1）通号64/15（3）通号66　2001.1/2001.7

大日本帝国憲法下における群馬県衆議院議員選挙録（1）～（10）「ぐんま史料研究」 群馬県立文書館　（16）/（26）2001.3/2009.3

水源県群馬のダム（浅見喜義）「群馬風土記」 群馬出版センター　15（3）通号66　2001.7

明治15年の群馬県内の政党・政社（丑木幸男）「群馬歴史散歩」 群馬歴史散歩の会　169　2001.11

地名を探る（5）地名の表記（樋口秀次郎）「群馬風土記」 群馬出版センター　16（1）通号68　2002.1

地名を探る（6）地名伝説（樋口秀次郎）「群馬風土記」 群馬出版センター　16（2）通号69　2002.4

ぐんまの歴史入門講座「ぐんま地域文化」 群馬地域文化振興会　18　2002.5

ぐんまの地名「ぐんま地域文化」 群馬地域文化振興会　18　2002.5

地名を探る（7）地名の資料性（樋口秀次郎）「群馬風土記」 群馬出版センター　16（3）通号70　2002.7

地元ではこう呼ぶ 地名のアクセント（1）～（21）（加藤鶴男）「群馬歴史散歩」 群馬歴史散歩の会　174/（194）2002.9/2006.4

群馬県に残る初期郵便史料について（設楽光弘）「郵便史研究 ： 郵便史研究会紀要」 郵便史研究会　（14）2002.9

先人の遺産 地名を探る（7）（樋口秀次郎）「群馬風土記」 群馬出版センター　17（1）通号72　2003.1

群馬県における竹流製作の源流と技術―農商務省資料を参照しつつ（松島一心）「明日を拓く」 東日本部落解放研究所、解放出版社（発売）29（1・2）通号46・47　2003.1

赤子を取り上げた男たち―群馬県における男性産婆の存在形態（板橋春夫）「群馬歴史民俗」 群馬歴史民俗研究会　（24）2003.3

《特集 小栗上野介史跡めぐり―群馬県内ガイドマップ》「上州路 ： 郷土文化誌」 あさを社　30（3）通号346　2003.3

地名、山名 昔の人の心が伝わる（原田惣司）「群馬地名だより ： 群馬地名研究会会報」 群馬地名研究会　54　2003.5

へき地学校の相次ぐ閉校（森田秀策）「群馬県教育史研究懇談会会報」 群馬県教育史研究懇談会　28　2003.6

閉校に当たって（關信司）「群馬県教育史研究懇談会会報」 群馬県教育史研究懇談会　28　2003.6

閉校にあたって（篠宮邦昭）「群馬県教育史研究懇談会会報」 群馬県教育史研究懇談会　28　2003.6

閉校に当たって（都丸謙）「群馬県教育史研究懇談会会報」 群馬県教育史研究懇談会　28　2003.6

群馬県地方史研究の動向（《隣県特集号 隣県地方史学界の動向―平成14年（2002）》）（松田猛、丑木幸男）「信濃［第3次］」 信濃史学会　55（6）通号641　2003.6

歴史が活きる町（福田正順）「群馬歴史散歩」 群馬歴史散歩の会　179　2003.7

古街道を歩く（佐藤善一郎）「群馬歴史散歩」 群馬歴史散歩の会　180　2003.9

明治中期勧業政策を巡る群馬県会の動向―測候所設置問題を中心に（江崎哲史）「信濃［第3次］」 信濃史学会　55（9）通号644　2003.9

群馬県下における「カタス」関係の調査資料（上），（下）（井田安雄）「法政人類学」 法政大学人類学研究会　（96）/（97）2003.9/2003.12

明治23年の郡制施行による郡の分合「文書館だより」 群馬県立文書館　（41）2003.10

館長歴史随想 歴史地名研究と現地調査マニュアル（黒田日出男）「博物館だより」 群馬県立歴史博物館　93　2003.12

群馬県における鉄道建設の計画とその意義（原田雅純、手島仁）「群馬県立歴史博物館紀要」 群馬県立歴史博物館　（25）2004.3

蚕糸業組合中央部を巡る群馬県会議員の動向（江崎哲史）「群馬歴史民俗」 群馬歴史民俗研究会　（25）2004.3

時代を走り抜けた電車たち／かつて駅にあった鉄道グッズ「上州風」 上毛新聞社　18　2004.3

県史と自分史雑感（今井英雄）「群馬文化」 群馬県地域文化研究協議会　278　2004.4

当地方にかかわりがあるのが万葉集東歌三首（松島久仁治）「群馬歴史散歩」 群馬歴史散歩の会　184　2004.5

群馬県地方研究の動向（《隣県特集号 隣県地方史学界の動向―平成15年（2003）》）（丑木幸男）「信濃［第3次］」 信濃史学会　56（6）通号653　2004.6

平成の大合併を前にふるさとの地名を考えてみる 地名の風景（関口正己、中村厚子、赤松よし子、澤口宏）「上州風」 上毛新聞社　19　2004.7

群馬県内の条約改正運動と地域の特色（《大会特集 交流の地域史―ぐんまの山・川・道》―〈問題提起〉）（長沼秀明）「地方史研究」 地方史研究協議会　54（4）通号310　2004.8

カイコビョウの民俗―群馬県における養蚕労働者の交流史（《大会特集 交流の地域史―ぐんまの山・川・道》―〈問題提起〉）（吉井勇也）「地方史研究」 地方史研究協議会　54（4）通号310　2004.8

孝経の碑（金井武正）「群馬歴史散歩」 群馬歴史散歩の会　186　2004.9

古代（中村光一、関口功一）「群馬文化」 群馬県地域文化研究協議会　280　2004.10

中世（久保田順一、高橋浩昭）「群馬文化」 群馬県地域文化研究協議会　280　2004.10

近世（水石理也、岡田昭二、今井啓介）「群馬文化」 群馬県地域文化研究協議会　280　2004.10

近代・現代（丑木幸男、宮崎俊弥、八木啓次）「群馬文化」 群馬県地域文化研究協議会　280　2004.10

水源地を訪ねる（河合進、持谷靖子）「上州風」 上毛新聞社　20　2004.11

方言に含まれた山の子の親しみと敬意（あらいまさはる）「上州路 ： 郷土文化誌」 あさを社　31（11）通号366　2004.11

日本地名研究所通信第58号より「群馬地名だより ： 群馬地名研究会会

報」群馬地名研究会 58 2005.2

シリーズ水源地を訪ねる(2)～(3)(見城美枝子, 豊田明美)「上州風」上毛新聞社 21/22 2005.2/2005.7

「富士」に関する地名について(島田一郎)「桐生史苑」桐生文化史談会 (44) 2005.3

史料紹介 明治18年の関東6県古文書採訪記録—群馬県を中心として(岡田昭二)「双文」群馬県立文書館 22 2005.3

平成の大合併にともなう地名の問題—群馬県における新市名と旧町村名保存の問題(澤口宏)「えりあぐんま」群馬地理学会 (11) 2005.5

国境の峠を歩きたい(黒田日出男)「上州文化」群馬県教育文化事業団 102 2005.5

「群馬県における地方史研究の動向6 古代」を読んで(前沢和之)「群馬文化」群馬県地域文化研究協議会 (283) 2005.7

満州事変から日米激闘—15年戦争と群馬県民(前澤哲也)「上州路 : 郷土文化誌」あさを社 32(8)通号375 2005.8

群馬の戦争遺跡を調査する 身近な地域の埋もれた爪痕の数々(菊池実)「上州路 : 郷土文化誌」あさを社 32(8)通号375 2005.8

地名は, 今危機にさらされている。(谷川健一)「群馬地名研究会会報」群馬地名研究会 (61) 2005.9

市町村合併地名には漢字を残したい(石井豊三)「群馬地名だより : 群馬地名研究会会報」群馬地名研究会 (61) 2005.9

合併後の新住所固まる高崎など5市町村「群馬地名だより : 群馬地名研究会会報」群馬地名研究会 (61) 2005.9

明治30年代群馬県勧業政策担当部署における組織及び構成員の変遷(江崎哲史)「信濃 [第3次]」信濃史学会 57(9)通号668 2005.9

シリーズ道の記憶(前)「上州風」上毛新聞社 23 2005.11

書評に見る地名破壊「群馬地名だより : 群馬地名研究会会報」群馬地名研究会 (62) 2005.12

関東大地震 その時, 群馬県は「文書館だより」群馬県立文書館 (43) 2006.1

川と地名(澤口宏)「群馬地名だより : 群馬地名研究会会報」群馬地名研究会 (63) 2006.1

史談会, 七十年の歩み(亀田光三)「群馬文化」群馬県地域文化研究協議会 通号285 2006.1

群馬県の存姐運動(中川いづみ)「群馬県立歴史博物館紀要」群馬県立歴史博物館 (27) 2006.3

中世国境河川地域の生業と紛争—群馬県指定重要文化財・相川考古館所蔵『石倉文書』《群馬県特集》(簗瀬大輔)「利根川文化研究」利根川文化研究会 通号28 2006.6

群馬大学図書館所蔵明治期教科書と群馬県女子師範学校収集郷土資料(所澤潤, 高橋浩, 赤羽明, 玉置豊美, 滝沢俊治)「群馬文化」群馬県地域文化研究協議会 通号287 2006.7

座談会 ぐんまの戦後史を語る 群馬県の用水建設(1)～(3)(小畠洸, 高野彦作, 久保田栄繁, 小野勝康, 小林猛正, 増田武志, 藤巻宣弘, 中澤哲夫, 山本世紀)「ぐんま地域文化」群馬地域文化振興会 (27)/(29) 2006.10/2007.10

天明泥流はどう流下したか(関俊明)「ぐんま史料研究」群馬県立文書館 (24) 2006.11

群馬県鋸鍛冶職人の歴史—上州桐生「中屋半兵衛・熊五郎」を中心に(原眞)「桐生史苑」桐生文化史談会 (46) 2007.3

近代群馬の観光立県構想(手島仁)「群馬県立歴史博物館紀要」群馬県立歴史博物館 (28) 2007.3

山繭の飼育と伝承—群馬県の事例を中心に(佐野和子)「群馬歴史民俗」群馬歴史民俗研究会 (28) 2007.3

短信 群馬県でワラダは用いられたか?(飯島廣夫)「武尊通信」群馬歴史民俗研究会 (111) 2007.9

はじめに《特集 群馬県における地方史研究の動向(7)》(丑木幸男)「群馬文化」群馬県地域文化研究協議会 通号293 2008.1

古代《特集 群馬県における地方史研究の動向(7)》(中村光一)「群馬文化」群馬県地域文化研究協議会 通号293 2008.1

中世《特集 群馬県における地方史研究の動向(7)》(簗瀬大輔, 秋山正典, 久保田順一)「群馬文化」群馬県地域文化研究協議会 通号293 2008.1

近世《特集 群馬県における地方史研究の動向(7)》(藤井茂樹, 岡田昭二, 関口荘右)「群馬文化」群馬県地域文化研究協議会 通号293 2008.1

近代・現代《特集 群馬県における地方史研究の動向(7)》(丑木幸男, 福田博美, 阿久津聡)「群馬文化」群馬県地域文化研究協議会 通号293 2008.1

群馬県重要文化財に指定された行政文書「文書館だより」群馬県立文書館 (45) 2008.3

文化財指定となった「群馬県行政文書」の概要「文書館だより」群馬県立文書館 (45) 2008.3

元禄上野国絵図と群馬県(富岡守)「双文」群馬県立文書館 25 2008.3

座談会 ぐんまの戦後史を語る 群馬県の開拓・開墾事業(1),(2)(木暮

喜義, 落合勇次, 戸神重美, 小野勝康, 本多今朝次郎, 大関恭一, 中澤哲夫, 山本世紀)「ぐんま地域文化」群馬地域文化振興会 (30)/(31) 2008.4/2008.10

群馬県の誕生に関する行政文書「文書館だより」群馬県立文書館 (46) 2009.3

いま山村では…。その生活と文化の継承「上州風」上毛新聞社 (30) 2009.3

郷帳, 国絵図から見た江戸時代の群馬県(富岡守)「双文」群馬県立文書館 26 2009.3

県内のお「宝」(1)～(3) 国指定の文化財「群馬風土記」群馬出版センター 23(2)通号97/23(4)通号99 2009.4/2009.10

随想 地域史研究と私(和泉清司)「群馬文化」群馬県地域文化研究協議会 通号298 2009.4

群馬県内のステンドグラスについて—大正から昭和初期の作品を中心にして(須長泰一)「群馬文化」群馬県地域文化研究協議会 通号298 2009.4

座談会 ぐんまの戦後史を語る 群馬県の開拓・開墾事業(3) 開拓地の整備と入植(木暮喜義, 落合勇次, 戸神重美, 小野勝康, 本多今朝次郎, 大関恭一, 中澤哲夫, 山本世紀)「ぐんま地域文化」群馬地域文化振興会 (32) 2009.5

明治43年の群馬県教育品展覧会と郷土誌編纂事業(関戸明子)「えりあぐんま」群馬地理学会 (15) 2009.6

群馬県地方史研究の動向《隣県特集号 隣県地方史学界の動向—平成20年(2008)》(深澤敦仁, 簗瀬大輔, 丑木幸男)「信濃 [第3次]」信濃史学会 61(6)通号712 2009.6

随想 『群馬県農業史』の執筆を終えて(宮崎俊弥)「群馬文化」群馬県地域文化研究協議会 通号299 2009.7

群馬県のオトモ地名(角田賀津三)「全国地名研究交流誌 地名談話室」日本地名研究所 (25) 2009.8

グラビア ふるさとの風景「上州風」上毛新聞社 (31) 2009.9

近代群馬県における新田氏研究—「正木文書」公開の動き(伊藤瑠美)「ぶい&ぶい : 日本史史料研究会会報」日本史史料研究会企画部 10 2009.9

総説《特集 『群馬文化』三百号を読む》(丑木幸男)「群馬文化」群馬県地域文化研究協議会 通号300 2009.10

古代《特集 『群馬文化』三百号を読む》(中村光一)「群馬文化」群馬県地域文化研究協議会 通号300 2009.10

中世《特集 『群馬文化』三百号を読む》(久保田順一, 簗瀬大輔)「群馬文化」群馬県地域文化研究協議会 通号300 2009.10

近世《特集 『群馬文化』三百号を読む》(落合延孝, 岡田昭二, 関口荘右)「群馬文化」群馬県地域文化研究協議会 通号300 2009.10

近代現代《特集 『群馬文化』三百号を読む》(丑木幸男, 福田博美, 江崎哲史)「群馬文化」群馬県地域文化研究協議会 通号300 2009.10

群馬県における「クッチャゴ」物語(井田安雄)「世間話研究」世間話研究会 (19) 2009.10

座談会 ぐんまの戦後史を語る 群馬県の道路・橋梁建設事業(1),(2)(内山道美, 山本肇, 山口敏夫, 武井上巳, 矢嶋雅夫, 岩崎芳次, 飯塚敬, 山本世紀)「ぐんま地域文化」群馬地域文化振興会 (33)/(34) 2009.11/2010.5

群馬県における後・終末期古墳からみた律令制郡領域の研究(1)(三浦茂三郎)「群馬県立歴史博物館紀要」群馬県立歴史博物館 (31) 2010.3

行政文書からみた明治初期の群馬県(富岡守)「双文」群馬県立文書館 27 2010.3

伝承・地名と中世史研究(随想)(久保田順一)「群馬文化」群馬県地域文化研究協議会 (302) 2010.4

群馬のエスペラント運動(田所作太郎)「ぐんま地域文化」群馬地域文化振興会 (34) 2010.5

群馬県における食用鯉産地の地域的展開—養鯉業組合員の属性分析を中心に(黒田匠)「えりあぐんま」群馬地理学会 (16) 2010.6

明治期群馬県の鉱泉行政の実態について—県内鉱泉販売取締の分析を中心に(田ノ上和宏)「えりあぐんま」群馬地理学会 (16) 2010.6

群馬県地方史研究の動向(隣県特集号 隣県地方史学界の動向—平成21年(2009))(深澤敦仁, 簗瀬大輔, 丑木幸男)「信濃 [第3次]」信濃史学会 62(6)通号725 2010.6

公立高校の新設・統廃合や校名の変更等の経緯(特集 学校の統廃合のあゆみ)(大沢亥之七, 八木啓次)「群馬県教育史研究懇談会会報」群馬県教育史研究懇談会 (34) 2010.8

群馬県行政文書の重要文化財指定(中村みき)「アーカイブズ」国立公文書館 (41) 2010.9

群馬県の名勝天然記念物—保存管理の現状と課題(青木央子)「群馬文化」群馬県地域文化研究協議会 (304) 2010.10

歴史散歩の報告(山崎正)「群馬歴史散歩」群馬歴史散歩の会 (216) 2010.10

県人の気質は 『人国記』を読む(編集部)「群馬風土記」群馬出版センター 25(1)通号104 2011.1

製鉄技術の伝来と遺跡（笹澤泰史）「群馬風土記」 群馬出版センター　25（1）通号104　2011.1

歴史散歩の報告 記紀神話と古代・中世の旅（山崎正）「群馬歴史散歩」群馬歴史散歩の会　（217）2011.1

歴史散歩の報告（山崎正）「群馬歴史散歩」 群馬歴史散歩の会　（218）2011.3

近代以降の群馬県における史料保存活動の軌跡―明治前期から文書館設立に至るまで（岡田昭二）「双文」 群馬県立文書館　28　2011.3

国重要文化財「群馬県行政文書」「群馬県行政文書」の概要「文書館だより」 群馬県立文書館　（48）2011.3

近藤義雄先生卒寿記念論集―群馬（小特集 地方史研究の現在）（丑木幸男）「地方史研究」 地方史研究協議会　61（2）通号350　2011.4

歴史散歩の震災（山崎正）「群馬歴史散歩」 群馬歴史散歩の会　（219）2011.5

群馬県地方史研究の動向（隣県特集号 隣県地方史学界の動向―平成22年（2010））（深澤敦仁，簗瀬大輔，丑木幸男）「信濃［第3次］」 信濃史学会　63（6）通号737　2011.6

中学校社会科地理的分野における授業の考察―群馬県における交通の発達と地域の変化を事例に（伊能章広）「えりあぐんま」 群馬地理学会　（17）2011.7

群馬県内の中山道沿いの地形条件―平野から山地に至る境界の事例として（熊原康博）「えりあぐんま」 群馬地理学会　（17）2011.7

昭和20年空襲の記録（1）（編集部）「群馬風土記」 群馬出版センター　25（3）通号106　2011.7

時刻表から学ぶ歴史・地理研究（地域史随想）（大島登志彦）「群馬文化」 群馬県地域文化研究協議会　（308）2011.10

県内歴史散歩マップ紹介「群馬地名だより ： 群馬地名研究会々報」 群馬地名研究会　（79）2012.1

郷土読本（5）～（8）（編集部）「群馬風土記」 群馬出版センター　26（1）通号108/27（1）通号112　2012.1/2013.1

群馬県鋸鍛冶職人の歴史（原責）「群馬文化」 群馬県地域文化研究協議会　（309）2012.1

れきさんサロン―街かど歴史資料室から「大地震洪波聞書」の古文書（山崎正）「群馬歴史散歩」 群馬歴史散歩の会　（222）2012.1

群馬県における医師会・クリスチャンと総選挙（手島仁）「群馬県立歴史博物館紀要」 群馬県立歴史博物館　（33）2012.3

天候を占う―群馬県の事例より（武藤直美）「群馬県立歴史博物館紀要」 群馬県立歴史博物館　（33）2012.3

県庁特別展 震災から復興へ―資料に見る災害「文書館だより」 群馬県立文書館　（49）2012.3

古文書解読入門講座（25）―古文書から歴史を読む 北条家伝馬手形（中島直樹）「ぐんま地域文化」 群馬地域文化振興会　（38）2012.5

地域づくりと文化遺産 歴史資源を生かした協働のまちづくり（小柴可信）「ぐんま地域文化」 群馬地域文化振興会　（38）2012.5

群馬県地方史研究の動向（隣県地方史学界の動向―平成23年（2011））（深澤敦仁，簗瀬大輔，丑木幸男）「信濃［第3次］」 信濃史学会　64（6）通号749　2012.6

総説（群馬県における地方史研究の動向（8））（丑木幸男）「群馬文化」 群馬県地域文化研究協議会　（313）2013.1

古代（群馬県における地方史研究の動向（8））（藤森健太郎）「群馬文化」 群馬県地域文化研究協議会　（313）2013.1

中世（群馬県における地方史研究の動向（8））（須藤聡，森田真一，秋山正紀）「群馬文化」 群馬県地域文化研究協議会　（313）2013.1

近世（群馬県における地方史研究の動向（8））（藤井茂樹，中村茂，関口荘右）「群馬文化」 群馬県地域文化研究協議会　（313）2013.1

近代・現代（群馬県における地方史研究の動向（8））（丑木幸男，宮崎俊弥，福田玲美，阿久津聡）「群馬文化」 群馬県地域文化研究協議会　（313）2013.1

古文書解読入門講座（27）―古文書から歴史を読む 越河の仕置―北条氏照条書（松田文責）（梁瀬大輔）「ぐんま地域文化」 群馬地域文化振興会　（40）2013.5

群馬県地方史研究の動向（深澤敦仁，森田真一，丑木幸男）「信濃［第3次］」 信濃史学会　65（6）通号761　2013.6

記念講演 群馬県史の編纂と近世史研究（落合延孝）「群馬文化」 群馬県地域文化研究協議会　（315）2013.7

群馬県内工業高校の沿革概要（特集 群馬県における工業高校のあゆみ）（八木啓次）「群馬県教育史研究懇談会会報」 群馬県教育史研究懇談会　（37）2013.8

廃校となった校舎の利活用―学校の統廃合その後（石田和男）「群馬県教育史研究懇談会会報」 群馬県教育史研究懇談会　（37）2013.8

山崎一『群馬県城館調査の手引き』（1），（2）（茂木渉［翻刻］，飯森康広［割付］）「群馬歴史散歩」 群馬歴史散歩の会　（231）/（232）2013.9/2014.01

一般財団法人群馬県文化事業振興会 20年の歩み「ぐんま地域文化」 群馬地域文化振興会　（41）2013.11

コラム 「群馬県城館址調査の手引き」との出会い（飯森康広）「群馬歴史散歩」 群馬歴史散歩の会　（232）2014.1

山崎一『群馬県城館址調査の手引き』（3）～（6）（茂木渉［翻刻］，飯森康広［割付］）「群馬歴史散歩」 群馬歴史散歩の会　（233）/（236）2014.3/2014.10

史料紹介 明治十八年群馬県旧編輯係の史誌事務引継一件（岡田昭二）「双文」 群馬県立文書館　31　2014.3

「物部」の地域的展開について（論文）（関口功一）「群馬歴史民俗」 群馬歴史民俗研究会　（35）2014.5

群馬県地方史研究の動向（隣県特集号 隣県地方史学界の動向―平成25年（2013））（深澤敦仁，森田真一，丑木幸男）「信濃［第3次］」 信濃史学会　66（6）通号773　2014.6

米軍史料から見た群馬県下空襲（特集 地域史研究の最前線 PartIV―群馬の近現代史―研究発表）（菊池実）「群馬文化」 群馬県地域文化研究協議会　（319）2014.7

巻頭言『群馬県教育史』の続編を!!（森田秀策）「群馬県教育史研究懇談会会報」 群馬県教育史研究懇談会　（38）2014.8

群馬県内公立商業高等学校の沿革概要（特集I 群馬県における商業高校の歩み）（八木啓次）「群馬県教育史研究懇談会会報」 群馬県教育史研究懇談会　（38）2014.8

群馬県師範学校

特別寄稿 明治中期の群馬県師範学校の物理教師たち（高橋浩）「群馬県教育史研究懇談会会報」 群馬県教育史研究懇談会　（33）2009.8

群馬県尋常師範学校

群馬県の明治期における「修学旅行」の目的の変遷についての研究―群馬県尋常師範学校の実践を基点として（吉野千秋）「群馬県教育史研究懇談会会報」 群馬県教育史研究懇談会　28　2003.6

群馬県中学校

群馬県中学校における儀式的行事「立志式」の広がりと取組の実態に関する研究―昭和40年代初期に導入した実践校の取組を中心として（茂野勇）「群馬県教育史研究懇談会会報」 群馬県教育史研究懇談会　30　2005.6

群馬県南西部

山村における地域間交流―群馬県南西部の民俗事例から（《大会特集 交流の地域史―ぐんまの山・川・道》―〈問題提起〉）（飯島康夫）「地方史研究」 地方史研究協議会　54（4）通号310　2004.8

群馬県北西部

群馬県北西部における古代の陥し穴の意義（石田真）「ぐんま史料研究」 群馬県立文書館　（25）2008.2

群馬県本庁舎

登録有形文化財第一号 群馬県庁本庁舎と群馬会館（古澤勝幸）「群馬歴史散歩」 群馬歴史散歩の会　（220）2011.7

群馬町

《特集 群馬町》「群馬歴史散歩」 群馬歴史散歩の会　179　2003.7

群馬町の文化財位置図/群馬町の文化財一覧「群馬歴史散歩」 群馬歴史散歩の会　179　2003.7

群馬用水

子持村における群馬用水事業の概要（小暮三之）「群馬歴史散歩」 群馬歴史散歩の会　180　2003.9

毛無峯

群馬の峠を歩く（21）毛無峯と尾坂小山手向 『神道集』の峠（2）（須田茂）「上州路 ： 郷土文化誌」 あさを社　32（11）通号378　2005.11

毛野

毛野と石城（森田悌）「ぐんま史料研究」 群馬県立文書館　（19）2002.9

「毛野の成立」素描（右島和夫）「群馬県立歴史博物館紀要」 群馬県立歴史博物館　（24）2003.3

グンマ古代史への旅（64）「毛野」について（斉藤和之）「群馬風土記」 群馬出版センター　17（4）通号75　2003.10

小泉城

第96講 境目の領主―小泉城主冨岡氏（ぐんまの歴史入門講座）（青木裕美）「ぐんま地域文化」 群馬地域文化振興会　（31）2008.10

小出屋峠

群馬の峠を歩く 小麦峠と小出屋峠 利根郡東部域と渡良瀬川上流域とを結ぶ訪ねる（須田茂）「上州路 ： 郷土文化誌」 あさを社　31（11）通号366　2004.11

香坂峠

群馬の峠を歩く（26）香坂峠から志賀越へ（須田茂）「上州路 ： 郷土文化誌」 あさを社　33（4）通号383　2006.4

上野

古墳時代上野地域における東と西（右島和夫）「群馬県立歴史博物館紀

要」群馬県立歴史博物館　(23)　2002.3

武蔵型甕について―上野地域の生産と流通(桜岡正信)「高崎市史研究」高崎市　17　2003.3

「武蔵国造の乱」はあったか―6世紀前半以降の上野・武蔵地域の政治勢力の所在(利根川章彦)〈調査研究報告〉　埼玉県立さきたま資料館(16)　2003.3

檜前部君氏と上野(川原秀夫)「群馬文化」群馬県地域文化研究協議会　274　2003.4

上野地域における馬の登場(《大会特集II 交流の地域史―ぐんまの山・川・道》―〈問題提起〉)(右島和夫)「地方史研究」地方史研究協議会　54(5)通号311　2004.10

中世上野の一温治史料をめぐって―大友氏と利根地方(《特集 シンポジウム「温泉の歴史と文化を考える」について》)(須藤聡)「武尊通信」群馬歴史民俗研究会　(105)　2006.3

上野砥初期請負人市川家の砥山経営(徳江康)「群馬文化」群馬県地域文化研究協議会　通号296　2008.10

中世上野の東西交通路について―古代東山道駅路「牛堀・矢ノ原ルート」との関わり(久保田順一)「ぐんま史料研究」群馬県立文書館(26)　2009.3

上野東歌探訪(北川和秀)「上州文化」群馬県教育文化事業団　(124)　2010.11

わたくしの歴史散歩、上野の万葉集東歌(勅使河原司郎)「群馬歴史散歩」群馬歴史散歩の会　(217)　2011.1

上野東歌探訪(北川和秀)「上州文化」群馬県教育文化事業団　(125)　2011.2

上野郡村誌における明治初期の県内町村(史料紹介)(富岡守)「双文」群馬県立文書館　28　2011.3

上野東歌探訪(北川和秀)「上州文化」群馬県教育文化事業団　(126)　2011.5

上野東歌探訪(北川和秀)「上州文化」群馬県教育文化事業団　(127)　2011.8

上野東歌探訪(北川和秀)「上州文化」群馬県教育文化事業団　(128)　2011.11

上野東歌探訪(北川和秀)「上州文化」群馬県教育文化事業団　(129)　2012.2

中世上野の地域構造と利根川―東上野と西上野(簗瀬大輔)「群馬県立歴史博物館紀要」群馬県立歴史博物館　(33)　2012.3

第4回例会発表記事 戦国期上野宇津木氏の基礎的考察(簗瀬大輔)「玉村通信」玉村中世史研究会　(2)　2012.3

上野東歌探訪(北川和秀)「上州文化」群馬県教育文化事業団　(131)　2012.8

上野東歌探訪 山名丘陵の歌碑について(前回の補足)/「八尺の井出に」の歌について/「虹」について/「子持山」の歌について(北川和秀)「上州文化」群馬県教育文化事業団　(133)　2013.2

15世紀後半の上越国境領主―藪神・利根両発智氏の事例から(森田真一)「武尊通信」群馬歴史民俗研究会　(133)　2013.3

中世前期の上野目代(久保田順一)「武尊通信」群馬歴史民俗研究会(134)　2013.6

上野東歌探訪(北川和秀)「上州文化」群馬県教育文化事業団　(137)　2014.2

上野国衙

上野国衙所在地を示す「長谷」地名(近藤義雄)「群馬地名だより ： 群馬地名研究会会報」群馬地名研究会　55　2003.9

上野国府

歴史を掘る 上野国府周辺の古代の大溝(前橋市元総社町)(梅澤克典)「ぐんま地域文化」群馬地域文化振興会　(27)　2006.10

解明が進む上野国府(特集 前橋市の文化財)(阿久澤智和)「群馬歴史散歩」群馬歴史散歩の会　(225)　2012.7

地域づくりと文化遺産 地名という文化遺産 上野国国府と元総社、大友のこと(城田博巳)「ぐんま地域文化」群馬地域文化振興会　(39)　2012.11

上野国分寺

上野国分寺南辺築垣の走向の検討(研究)(飯島義雄)「群馬文化」群馬県地域文化研究協議会　(320)　2014.10

上野国

明治初期における伊・仏国外交官による養蚕地帯の視察―特に上野の視察に視点を当てて(今井幹夫)「ぐんま史料研究」群馬県立文書館(17)　2001.10

古代上毛野地域の氏族支配構造と上毛野氏―上野国に関する調庸墨書銘の再考証を中心に(小池浩平)「ぐんま史料研究」群馬県立文書館(20)　2003.1

古代上野国の東山道(森田悌)「群馬文化」群馬県地域文化研究協議会　275　2003.7

上野国の城―戦国時代の城と武士たち(唐澤定市)「上州路 ： 郷土文化

誌」あさを社　31(4)通号359　2004.4

上野国内における東山道駅路《大会特集 交流の地域史―ぐんまの山・川・道》―〈問題提起〉)(中村光一)「地方史研究」地方史研究協議会　54(4)通号310　2004.8

戦国期上野国の「路次」(《大会特集 交流の地域史―ぐんまの山・川・道》―〈問題提起〉)(高橋浩昭)「地方史研究」地方史研究協議会　54(4)通号310　2004.8

古代上野国における国内交通の可能性(《大会特集 交流の地域史―ぐんまの山・川・道》―〈問題提起〉)(川原秀夫)「地方史研究」地方史研究協議会　54(4)通号310　2004.8

中世後期の上野国―信濃・越後との関係を中心として(秋山正典)「武尊通信」群馬歴史民俗研究会　99　2004.9

近世上野国における他国職人の流入(《大会特集II 交流の地域史―ぐんまの山・川・道》―〈問題提起〉)(瀧沢典枝)「地方史研究」地方史研究協議会　54(5)通号311　2004.10

中世上野国における刀鍛冶の基礎的研究(平野進一，小山万孝)「群馬県立歴史博物館紀要」群馬県立歴史博物館　(26)　2005.3

群馬の峠を歩く(19)中山峠・発坂峠から三国峠へ(2)―『出雲国風土記』を参照しての、上野国北部域の古代通路の復元の試み(須田茂)「上州路 ： 郷土文化誌」あさを社　32(4)通号376　2005.9

律令国家東北経略と上野国―人員・物資の移動経路を中心として(中村光一)「群馬文化」群馬県地域文化研究協議会　(284)　2005.10

不在の「外来王」―上野国誕生の神話(佐藤喜久一郎)「群馬文化」群馬県地域文化研究協議会　通号292　2007.10

元禄上野国絵図と群馬県(富岡守)「双文」群馬県立文書館　25　2008.3

もう一つの上野国江戸城築城石(大塚昌彦)「群馬文化」群馬県地域文化研究協議会　通号294　2008.4

奥平氏・菅沼氏と上野国(2)(山内祥二)「中山道加納宿 ： 中山道加納宿文化保存会会誌」中山道加納宿文化保存会　(51)　2008.4

村方文書にみる元禄上野国絵図の作製過程(中島潔)「武尊通信」群馬歴史民俗研究会　(119)　2009.9

上野国は豊かだったか(《特集 上州昔ばなし》)(三津間弘)「群馬風土記」群馬出版センター　23(4)通号99　2009.10

元禄上野国絵図が群馬県指定重要文化財に 国絵図とは/記載内容/閲覧利用「文書館だより」群馬県立文書館　(47)　2010.3

江戸幕府撰上野国絵図の系統的研究―群馬県立文書館所蔵国絵図及び関連史料の検討(中島潔)「双文」群馬県立文書館　27　2010.3

古文書解読入門講座(21)―古文書から歴史を探る 上野・武蔵両国の国境争論―国境争論幕府裁許絵図(貞享二年)を事例として(諏訪和雄)「ぐんま地域文化」群馬地域文化振興会　(34)　2010.5

「女堀」と古代末・中世前期の上野国を巡る諸情勢(飯塚聡)「武尊通信」群馬歴史民俗研究会　(129)　2012.3

中世成立期上野国と受領・武士団の動向―上野介藤原重家・豊嶋一族を中心に(特集 地域史研究の最前線 PartII―群馬の中世史―研究発表)(須藤聡)「群馬文化」群馬県地域文化研究協議会　(311)　2012.7

室町・戦国期上野国の政治的位置について―15世紀における発給文書の様式の変化を通じて(特集 地域史研究の最前線 PartII―群馬の中世史―研究発表)(森田真一)「群馬文化」群馬県地域文化研究協議会　(311)　2012.7

口絵 上野国印(復元品)―群馬県立歴史博物館蔵品資料(116)(小池浩平)「群馬文化」群馬県地域文化研究協議会　(315)　2013.7

第32回講演会の記録 2013年7月7日(日) 高橋一樹氏「鎌倉期東国の交通体系における上野国」「武尊通信」群馬歴史民俗研究会　(135)　2013.9

上野東歌探訪 関東方言と東海方言/上野国東歌のうち方言を含まない歌、また末勘国歌について/本歌を載せる歌/「伊香保ろの岨の榛原」(北川和秀)「上州文化」群馬県教育文化事業団　(136)　2013.11

上野国における荘園形成―鳥羽院政期の御願寺領荘園を中心に(論文)(久保田順一)「群馬歴史民俗」群馬歴史民俗研究会　(35)　2014.5

上野国西部

地域支配の重層性に関する一考察―古代上野国西部地域の場合(関口功一)「群馬文化」群馬県地域文化研究協議会　277　2004.1

神津牧場

神津牧場の今むかし(上原安男)「群馬風土記」群馬出版センター　14(2)通号61　2000.4

幸知小学校

みなかみ町立幸知小学校の水上小学校への統合(特集 学校の統廃合のあゆみII)(藤井茂樹)「群馬県教育史研究懇談会会報」群馬県教育史研究懇談会　(35)　2011.8

越沢峠

群馬の峠を歩く(14)越沢峠 藤岡市高山の峠と古道を訪ねて(須田茂)「上州路 ： 郷土文化誌」あさを社　32(4)通号371　2005.4

午王頭川

れきさん三題 「ケイホツ」と呼ぶ田の話、「午王頭川」の名の由来、「ヘダマ」の話 (れきさんサロン) (永田勝治) 「群馬歴史散歩」 群馬歴史散歩の会 (230) 2013.7

古海

第97講 利根川の古海河岸 (ぐんまの歴史入門講座) (瀧沢典枝) 「ぐんま地域文化」 群馬地域文化振興会 (31) 2008.10

御願寺領荘園

上野国における荘園形成―鳥羽院政期の御願寺領荘園を中心に (論文) (久保田順一) 「群馬歴史民俗」 群馬歴史民俗研究会 (35) 2014.5

国衙

松井田町・国衙の地名を探る 国衙は国府の出先機関か (飯塚敬五郎) 「群馬地名だより : 群馬地名研究会会報」 群馬地名研究会 55 2003.9

五具堰

裁判記録にみる水争いの論理―群馬県高崎市の五具堰における事例から (飯島康夫) 「群馬歴史民俗」 群馬歴史民俗研究会 (24) 2003.3

長野堰の水利慣行――一貫堀五具堰におけるオタハライをめぐって (飯島康夫) 「高崎市史研究」 高崎市 18 2003.9

小坂峠

西毛 小坂峠 (特集 群馬の地名) (須田茂) 「群馬歴史散歩」 群馬歴史散歩の会 (236) 2014.10

越々山

金山丘陵の「越々山」 太田市強戸町 (特集 群馬の地名) (須田茂) 「群馬歴史散歩」 群馬歴史散歩の会 (223) 2012.3

児玉飛行場

映画「日本でいちばん長い日」の舞台 児玉飛行場 (本誌取材) 「群馬風土記」 群馬出版センター 26 (3) 通号110 2012.7

駒形駅

駒形駅を巡る「鉄道忌避伝説」に就いて (井田安雄) 「世間話研究」 世間話研究会 (18) 2008.10

小麦峠

群馬の峠を歩く 小麦峠と小出屋峠 利根郡東部域と渡良瀬川上流域とを結ぶ訪ねる (須田茂) 「上州路 : 郷土文化誌」 あさを社 31 (11) 通号366 2004.11

米宿

中山道米宿の拠点 (佐藤義一) 「宇須比」 松井田町文化会 (54) 2006.5

子持村

《特集 子持村》「群馬歴史散歩」 群馬歴史散歩の会 180 2003.9

子持村 (石井克己) 「群馬歴史散歩」 群馬歴史散歩の会 180 2003.9

子持村における群馬用水事業の概要 (小暮三之) 「群馬歴史散歩」 群馬歴史散歩の会 180 2003.9

五料村往還

表紙写真 板倉伊予守領分上州碓氷郡五料村往還通絵図面 (部分) (文化元年8月、縦27.8cm×横153.8cm、P8909 No.5874) 「文書館だより」 群馬県立文書館 (52) 2014.3

権現山城

榛名峠城は権現山城ではない (赤見初夫) 「群馬歴史散歩」 群馬歴史散歩の会 (213) 2010.3

権田

上野国権田の刀鍛冶―権田鍛冶の活動とその性格 (平野進一, 小山友孝) 「群馬県立歴史博物館紀要」 群馬県立歴史博物館 (29) 2008.3

佐位郡

グンマ古代史への旅 (71) 古代の「佐位郡」 (齋藤聡) 「群馬風土記」 群馬出版センター 19 (3) 通号82 2005.7

佐為評

「上毛野佐為評」の成立について―大間々扇状地西半部の初期の開発状況から (研究ノート) (関口功一) 「群馬歴史民俗」 群馬歴史民俗研究会 (33) 2012.3

斉田中耕地遺跡

ウシの歩いた平安時代水田と中世屋敷―玉村町・斉田中耕地遺跡 (飯島康広) 「群馬文化」 群馬県地域文化研究協議会 278 2004.4

境島村

講演要旨 平成20年度開拓史研究会講演会 群馬の養蚕業の盛衰―境島村を中心として 講師・関口政雄氏 (入江啓介) 「那須野ケ原開拓史研究」 那須野ケ原開拓史研究会 (65) 2008.12

境町

《特集 境町》「群馬歴史散歩」 群馬歴史散歩の会 181 2003.11

境町の文化財アラカルト (境町教育委員会文化財保護係) 「群馬歴史散歩」 群馬歴史散歩の会 181 2003.11

境町の例幣使道 (茂木伸司) 「群馬歴史散歩」 群馬歴史散歩の会 181 2003.11

元文3年の境町の通婚圏について―「境町五人組帳」の検討から (堀田浩道) 「群馬歴史散歩」 群馬歴史散歩の会 181 2003.11

境町の文人と柔術 (斎藤進一) 「群馬歴史散歩」 群馬歴史散歩の会 181 2003.11

養蚕で栄えた境の歴史散歩の道 (200号に寄せて) (齋藤進一) 「群馬歴史散歩」 群馬歴史散歩の会 (200) 2007.7

平成24年度文書館ミニ企画展I 近世から近代へ 移りゆく村の姿と人々の営み―旧境町福島英一家文書と旧新治村布施区有文書― 開催報告 「文書館だより」 群馬県立文書館 (50) 2013.3

坂本宿

天明八年阪本宿助郷の陳情 (佐藤義一) 「宇須比」 松井田町文化会 (60) 2009.5

坂本宿助郷村々のとりきめ (佐藤義一) 「宇須比」 松井田町文化会 (63) 2011.1

坂本小学校

安中市坂本小学校の閉校について (学校の統廃合のあゆみ) (佐藤義一) 「群馬県教育史研究懇談会会報」 群馬県教育史研究懇談会 (37) 2013.8

佐藤善一郎家

上州の重要民家をたずねる (90) 佐藤善一郎家 (旧横堀宿本陣) 北群馬郡子持村 (桑原稔, 家泉博, 金井淑幸) 「上州路 : 郷土文化誌」 あさを社 31 (12) 通号367 2004.12

里見

里見の郷をまちづくりのメインテーマに―異業種ネットワークによる地域活性化をめざして (芹沢優) 「上州路 : 郷土文化誌」 あさを社 32 (3) 通号370 2005.3

里見街道

第64講 里見石と幻の里見街道 (ぐんまの歴史入門講座) (宮下哲夫) 「ぐんま地域文化」 群馬地域文化振興会 (24) 2005.5

里見郷

里見郷と里見氏 (清水喜臣) 「上州路 : 郷土文化誌」 あさを社 32 (3) 通号370 2005.3

里見城

史跡めぐり 葛飾柴又寅さんの町から里見城址を訪ねて―江戸川の右岸と左岸の史跡を訪ねる (若林徹大) 「日本史攷究」 日本史攷究会 (34) 2010.11

佐貫

ぐんまの歴史入門講座 第141講 佐貫氏の伝承と城館 (飯森康広) 「ぐんま地域文化」 群馬地域文化振興会 (40) 2013.5

佐野街道

近世初頭における上野館林城下の整備について―佐野街道と旧矢場川を視点に (飯森康広) 「群馬文化」 群馬県地域文化研究協議会 (304) 2010.10

佐野尻峠

峠と古道を歩く (40) 風戸峠・佐野尻峠と、妙義榛名道 (2) 忘れられた古道を、道しるべに求めて (須田茂) 「上州路 : 郷土文化誌」 あさを社 34 (6) 通号397 2007.6

座間峠

群馬の峠を歩く 座間峠と、桐生周辺の諸峠 (須田茂) 「上州路 : 郷土文化誌」 あさを社 31 (4) 通号359 2004.4

猿ヶ京

猿ヶ京と杢の関所 (佐藤義一) 「宇須比」 松井田町文化会 (69) 2013.12

猿ヶ京関所

古文書が語る上州史 (67) 猿ヶ京関所の諸相 (田畑勉) 「群馬風土記」 群馬出版センター 17 (2) 通号73 2003.4

三鳩楼

特集 「源泉」湯守の一軒宿 鳩ノ湯温泉 三鳩楼/白根温泉 加羅倉館 「上州風」 上毛新聞社 (29) 2008.9

三軒茶屋

群馬県安中市西上秋間の二軒茶屋と三軒茶屋 (久保康顕) 「えりあぐんま」 群馬地理学会 (15) 2009.6

三名川貯水池

三名川貯水池築造史研究―四方田儀十郎「三名川貯水池築造日誌」より (関口覺) 「ぐんま史料研究」 群馬県立文書館 (25) 2008.2

山王町

わが町の文化財散歩 (3) 前橋市山王町の筆子塚と鶴光路町の筆塚 (岡田昭二) 「群馬歴史散歩」 群馬歴史散歩の会 (231) 2013.9

群馬県　　　　　地名でたどる郷土の歴史　　　　　関東

三ノ倉

ぐんまの地名 ミクラから起こった三ノ倉(さんのくら)(市川光一)「ぐんま地域文化」 群馬地域文化振興会 (26) 2006.5

三波川

三波川にみる山地の循環利用(佐藤孝之)「武尊通信」 群馬歴史民俗研究会 (128) 2011.12

三波川西小学校

鬼石町・三波川西小学校の実践—子どもたちの将来を拓くために(《特集 分校物語》)(矢島祭太郎)「上州路 : 郷土文化誌」 あさを社 34(5)通号396 2007.5

三波川村

史料 上野国緑埜郡三波川村御廻状写帳(8),(9)「ぐんま史料研究」 群馬県立文書館 (14)/(15) 2000.2/2000.10

三波石峡

ぐんまの自然と風土 箱庭のような三波石峡(飯島静男)「ぐんま地域文化」 群馬地域文化振興会 (33) 2009.11

山腰峠

東毛 山腰峠と山ノ越(特集 群馬の地名(3))(須田茂)「群馬歴史散歩」 群馬歴史散歩の会 (231) 2013.9

塩沢峠

峠道で継なぐ駅の旅(18)小和田駅—水窪駅 塩沢峠(久保田賀津男)「伊那」 伊那史学会 48(7)通号866 2000.7

志賀越

群馬の峠を歩く(26) 香坂峠から志賀越へ(須田茂)「上州路 : 郷土文化誌」 あさを社 33(4)通号383 2006.4

志賀坂峠

群馬の峠を歩く 志賀坂峠と魚尾道峠 奥多野に「鎌倉への道」を求めて(須田茂)「上州路 : 郷土文化誌」 あさを社 32(1)通号368 2005.1

敷島

敷島(しきしま) 渋川市赤城町敷島・前橋市敷島(特集 群馬の地名)(阿佐美良雄)「群馬歴史散歩」 群馬歴史散歩の会 (223) 2012.3

猪土手

中毛 猪土手(特集 群馬の地名)(中村倫司)「群馬歴史散歩」 群馬歴史散歩の会 (236) 2014.10

地蔵峠

群馬の峠を歩く(13) 野反峠と地蔵峠 吾妻郡六合村から新潟県魚沼地方へ越えた峠を訪ねて(須田茂)「上州路 : 郷土文化誌」 あさを社 32(3)通号370 2005.3

群馬の峠を歩く(15) 地蔵峠への探訪 峠名の発生、新旧をたどる一つの試みとして(須田茂)「上州路 : 郷土文化誌」 あさを社 32(5)通号372 2005.5

七谷越

群馬の峠を歩く(24) 玉原越と七谷越—利根・沼田北部地域における村と村とを結んだ峠道を訪ねて(須田茂)「上州路 : 郷土文化誌」 あさを社 33(2)通号381 2006.2

十石峠

古文書で語る歴史の道十石峠と白井村の市場(岡田昭二)「上州文化」 群馬県教育文化事業団 103 2005.8

渋川

渋川の地名研究(中村倫司)「群馬地名だより : 群馬地名研究会会報」 群馬地名研究会 52 2002.9

渋川の宿場(三井聡)「群馬歴史散歩」 群馬歴史散歩の会 182 2004.1

渋川の地名碑11ヵ所目設置/「太平洋市」命名ビッグに/新市名「太平洋」再考を願いたい/「太平洋市」見直し「群馬地名だより : 群馬地名研究会会報」 群馬地名研究会 (60) 2005.5

ぐんまの川と生活 渋川の川(澤口宏)「ぐんま地域文化」 群馬地域文化振興会 (27) 2006.10

ぐんまの地名 渋川(しぶかわ)(中村倫司)「ぐんま地域文化」 群馬地域文化振興会 (27) 2006.10

上州紬・渋川太織・草津紬(小山宏)「群馬歴史散歩」 群馬歴史散歩の会 (208) 2009.3

渋川市場

第78講 市日文書から見る渋川市場(ぐんまの歴史入門講座)(大島史郎)「ぐんま地域文化」 群馬地域文化振興会 (27) 2006.10

渋川郷

中世群馬郡北部地域の歴史的環境—渋川郷・桃井郷の展開(久保田順一)「群馬文化」 群馬県地域文化研究協議会 271 2002.7

渋川郷学

渋川市の一郷一学 渋川郷学(平澤文夫)「群馬歴史散歩」 群馬歴史散歩の会 182 2004.1

渋川郷学研究 山崎石燕と蒙求(平澤文夫)「群馬歴史散歩」 群馬歴史散歩の会 (194) 2006.4

渋川郷学の伝統 山口健三の筆子塚(文芸連載)(山口滴)「群馬風土記」 群馬出版センター 26(4)通号111 2012.10

渋川市

渋川市広域圏の地名考(小山宏)「群馬歴史散歩」 群馬歴史散歩の会 169 2001.11

《特集 渋川市》「群馬歴史散歩」 群馬歴史散歩の会 182 2004.1

日本の真ん中 渋川市(渋川市教育委員会生涯学習課)「群馬歴史散歩」 群馬歴史散歩の会 182 2004.1

渋川市の地名(中村倫司)「群馬歴史散歩」 群馬歴史散歩の会 182 2004.1

渋川市内の文化財から(小山宏)「群馬歴史散歩」 群馬歴史散歩の会 182 2004.1

地名由来碑 12ヵ所に完成(渋川市)「群馬地名だより : 群馬地名研究会会報」 群馬地名研究会 (64) 2006.7

第77講 白井長尾氏の人と城—新渋川市域の中世を覗いてみる(ぐんまの歴史入門講座)(石守晃)「ぐんま地域文化」 群馬地域文化振興会 (27) 2006.10

第80講 渋川市の石造文化財 石造文化財の見方(16)(ぐんまの歴史入門講座)(近藤義雄)「ぐんま地域文化」 群馬地域文化振興会 (27) 2006.10

渋川市全図/群馬県渋川市(《特集 渋川市(旧渋川市、旧北群馬郡伊香保町・小野上村・子持村、旧勢多郡赤城村・北橘村)》)(渋川市観光課)「群馬歴史散歩」 群馬歴史散歩の会 (210) 2009.7

近代現代の建造物概観—榛嶺から子籠の歴史的建造物(小山宏)「群馬歴史散歩」 群馬歴史散歩の会 (214) 2010.5

紹介 『一倉又兵衛漫遊記 上巻』渋川市教育委員会(事務局)「群馬歴史散歩」 群馬歴史散歩の会 (225) 2012.7

紹介 『一倉又兵衛漫遊記 下巻』(事務局)「群馬歴史散歩」 群馬歴史散歩の会 (231) 2013.9

渋川宿

渋川宿と真光寺周辺の文化財散歩/五榜の掲示(《特集 渋川市(旧渋川市、旧北群馬郡伊香保町・小野上村・子持村、旧勢多郡赤城村・北橘村)》)(大島史郎)「群馬歴史散歩」 群馬歴史散歩の会 (210) 2009.7

渋峠

群馬の峠を歩く 渋峠と草津峠(上),(下)「上州路 : 郷土文化誌」 あさを社 31(9)通号364/31(10)通号365 2004.9/2004.10

北毛 池ノ峠と、渋峠(池ノ塔)(特集 群馬の地名(3))(須田茂)「群馬歴史散歩」 群馬歴史散歩の会 (231) 2013.9

四万温泉

四万温泉の鳥瞰図を読む(関戸明子)「えりあぐんま」 群馬地理学会 (10) 2004.5

四万温泉の湯治人貸家(《特集 シンポジウム「温泉の歴史と文化を考える」について》)(佐藤孝之)「武尊通信」 群馬歴史民俗研究会 (105) 2006.3

島村

島村蚕種業者による栃木県延島新田進出と蚕室経営(宮崎俊弥)「ぐんま史料研究」 群馬県立文書館 (16) 2001.3

島村の蚕種とその文化をたずねて(関口敏廣)「群馬歴史散歩」 群馬歴史散歩の会 181 2003.11

第81講 養蚕貿易の隆盛と島村の人々(ぐんまの歴史入門講座)(西川武臣)「ぐんま地域文化」 群馬地域文化振興会 (28) 2007.4

第82講 島村蚕種協同組合(ぐんまの歴史入門講座)(丑木幸男)「ぐんま地域文化」 群馬地域文化振興会 (28) 2007.4

第84講 島村周辺の石造文化財 石造文化財の見方(17)(ぐんまの歴史入門講座)(簗瀬大輔)「ぐんま地域文化」 群馬地域文化振興会 (28) 2007.4

ぐんまの川と生活 島村の利根河原と子どもの川遊びへのプロローグ(町田敬之)「ぐんま地域文化」 群馬地域文化振興会 (28) 2007.4

島村と利根川(澤口宏)「ぐんま地域文化」 群馬地域文化振興会 (28) 2007.4

地域づくりと文化遺産 蚕種のふるさと島村の文化財(栗原知彦)「ぐんま地域文化」 群馬地域文化振興会 (28) 2007.4

ぐんまのくらしと民俗 蚕の村 島村(田島亀夫)「ぐんま地域文化」 群馬地域文化振興会 (28) 2007.4

ぐんまの地名 三十もあった島村の字名(栗原彦)「ぐんま地域文化」 群馬地域文化振興会 (28) 2007.4

第89講 島村周辺の石造文化財 石造文化財の見方(18)(ぐんまの歴史入門講座)(秋池武)「ぐんま地域文化」 群馬地域文化振興会 (29) 2007.10

利根川と向きあう人びと—島村の大水の記憶(群馬県伊勢崎市境島村地区合同調査特集)(松田香代子)「昔風と当世風」 古々路の会 (95)

2011.4

清水街道
群馬見て歩き(10) 清水街道そぞろ探訪―月夜野(新治)・水上・湯檜曽「上州文化」 群馬県教育文化事業団 (119) 2009.8

清水越え古道
古文書で語る歴史の道 清水越え古道の再開発計画(岡田昭二)「上州文化」 群馬県教育文化事業団 (109) 2007.2

清水峠
群馬の峠を歩く―清水峠と、キスゲ咲く蓬峠(須田茂)「上州路 : 郷土文化誌」 あさを社 31(7)通号362 2004.7

清水峠道《〈特集 利根郡みなかみ町(旧利根郡水上町・月夜野町・新治村)〉》(渋谷浩)「群馬歴史散歩」 群馬歴史散歩の会 (207) 2009.1

下大類
協議費にみるムラの水利機能とその変化―群馬県高崎市下大類の事例から(飯島康夫)「ぐんま史料研究」 群馬県立文書館 (25) 2008.2

下川淵
地域挙げて みんなで作った「下川淵カルタ」(加藤鶴男)「群馬歴史散歩」 群馬歴史散歩の会 (203) 2008.3

下川町
中毛 下川町と油傳堀(特集 群馬の地名(3))(井野修二)「群馬歴史散歩」 群馬歴史散歩の会 (231) 2013.9

下斎田村
小栗家と下斎田村(田口恒夫)「たつなみ : 顕彰会機関誌」 小栗上野介顕彰会 (37) 2012.8

下早川田
古文書解読入門講座(13)―古文書から歴史を読む 館林藩下早川田河岸をめぐって(佐藤孝之)「ぐんま地域文化」 群馬地域文化振興会 (25) 2005.10

渡良瀬川下早川田河岸と館林藩《〈群馬県特集〉》(佐藤孝之)「利根川文化研究」 利根川文化研究会 通号28 2006.6

下新田村
玉村地域西部絵図調査から見た問題点―上新田村・下新田村・中斉田村(第1回例会発表記事)(飯森康広)「玉村通信」 玉村中世史研究会 (1) 2011.3

下田竹司家旧主家
上州の重要民家をたずねる(75) 下田竹司家旧主家(桑原稔, 池田修)「上州路 : 郷土文化誌」 あさを社 30(9)通号352 2003.9

下野
史料紹介 「武蔵下総下野戦録」―第一大隊二番中隊司令・萩藩士楢崎頼三の戦況報告書(道迫真吾)「萩市郷土博物館研究報告」 萩市郷土博物館 13 2003.3

下仁田
日本の夜明けを開いた下仁田戦争 歴史の番人 老人クラブの人々(寺崎喜三)「上州文化」 群馬県教育文化事業団 93 2003.2

下仁田コンニャク(坂本正行)「上州路 : 郷土文化誌」 あさを社 30(9)通号352 2003.9

しもにたの歴史(小井土茂)「群馬歴史散歩」 群馬歴史散歩の会 183 2004.3

ネギとこんにゃく下仁田名産(市川肇)「群馬歴史散歩」 群馬歴史散歩の会 183 2004.3

下仁田戦争の跡を尋ねて(狩野直人)「富士見郷土研究」 富士見村郷土研究会 (57) 2004.3

海舟と藤村の碑がある天狗党下仁田戦争(成澤誠司)「板橋史談会」 板橋史談会 (232) 2006.1

上州路を駆け抜けた水戸天狗党―諸藩・住民と下仁田戦争(大塚政義)「水戸史学」 水戸史学会 (71) 2009.11

水戸浪士の足跡を下仁田に訪ねて(第38回上伊那歴史研究会県外実地踏査報告「茨城県と上伊那とのつながりを探る」)(新井幸徳)「伊那路」 上伊那史学会 57(12)通号683 2013.12

下仁田自然学校
地域づくりと文化遺産 下仁田自然学校――郷一学(里見哲夫)「ぐんま地域文化」 群馬地域文化振興会 15 2000.11

下仁田道
古文書で語る歴史の道(5)下仁田道と上野紙の輸送(岡田昭二)「上州文化」 群馬県教育文化事業団 98 2004.5

下仁田町
《特集 下仁田町》「群馬歴史散歩」 群馬歴史散歩の会 183 2004.3

下仁田町の沿革について(里見哲夫)「群馬歴史散歩」 群馬歴史散歩の会 183 2004.3

下仁田町の文化財(下仁田町教育委員会)「群馬歴史散歩」 群馬歴史散歩の会 183 2004.3

野外巡検の記録 富岡市・下仁田町の伝統産業と変貌(松本大)「えりあぐんま」 群馬地理学会 (14) 2008.6

ふるさと短歌紀行(8) 春の下仁田町(文芸連載)(須田利一郎)「群馬風土記」 群馬出版センター 26(3)通号110 2012.7

下之宮
活動レポート フィールドワーク 南玉から下之宮をたずねて(飯森康広)「玉村通信」 玉村中世史研究会 (2) 2012.3

下広沢村
下広沢村鳥居領の宗門人別帳(戸籍)から見えてくるもの(清水照治)「桐生史苑」 桐生文化史談会 (53) 2014.3

下室田村
明治初期の小学校教員養成と下室田村の「小区師範学校」について(大里仁一)「群馬県教育史研究懇談会会報」 群馬県教育史研究懇談会 (38) 2014.8

蛇穴山
蛇穴・大仏谷・蛇穴山(福田浩)「群馬歴史散歩」 群馬歴史散歩の会 169 2001.11

十六曲峠
峠と古道を歩く(38) 十六曲峠と杢弥街道―霧積温泉周辺の峠と古道を訪ねて(須田茂)「上州路 : 郷土文化誌」 あさを社 34(4)通号395 2007.4

宿後
一日市の小字地名 久保皆戸及宿後について(恩田さく)「群馬歴史散歩」 群馬歴史散歩の会 169 2001.11

上越線
上越線開通《〈特集 利根郡みなかみ町(旧利根郡水上町・月夜野町・新治村)〉》(阿部利夫)「群馬歴史散歩」 群馬歴史散歩の会 (207) 2009.1

上州
上州国久作の六十二間小星兜について―上州甲冑師の基礎的研究(3)(平野進一)「群馬県立歴史博物館紀要」 群馬県立歴史博物館 通号21 2000.3

『関八州古戦録』にみる上州の戦い(15)～(22)(山田義彦)「群馬風土記」 群馬出版センター 14(2)通号61/16(3)通号70 2000.4/2002.7

古文書が語る上州史(58) 曲がり角の名主役(田畑勉)「群馬風土記」 群馬出版センター 15(1)通号64 2001.1

上州甲冑師の基礎的研究(4)―憲国とその時代背景(平野進一, 永田仁志)「群馬県立歴史博物館紀要」 群馬県立歴史博物館 (22) 2001.3

上州甲冑師の基礎的研究(5)―成国とその周辺(平野進一, 永田仁志)「群馬県立歴史博物館紀要」 群馬県立歴史博物館 (23) 2002.3

幕末・維新の上州「ご一新」(1)～(9) 最終回(黛叶)「群馬出版センター 16(3)通号70/18(3)通号78 2002.7/2004.7

古文書が語る上州史(64) 家抱が残る村(田畑勉)「群馬風土記」 群馬出版センター 16(3)通号70 2002.7

古文書が語る上州史(66) 湯島河原湯の開湯(田畑勉)「群馬風土記」 群馬出版センター 17(1)通号72 2003.1

《特集 地名から上州の歴史を2》「上州路 : 郷土文化誌」 あさを社 30(2)通号345 2003.2

地名から上州の歴史を(2)(近藤義雄)「上州路 : 郷土文化誌」 あさを社 30(2)通号345 2003.2

上州甲冑師の基礎的研究(6)―上州住則重、重信、房宗、越後国村松、上州住成重について(平野進一, 永田仁志)「群馬県立歴史博物館紀要」 群馬県立歴史博物館 (24) 2003.3

部落史の断章(5) 上州馬市差別事件を通して見えてきた研究課題(大熊哲雄)「明日を拓く」 東日本部落解放研究所, 解放書店(発売) 29(4)通号49 2003.3

上州の戦い(23) 北条氏の沼田攻め(山田義彦)「群馬風土記」 群馬出版センター 17(2)通号73 2003.4

古文書が語る上州史(68) 硫黄採掘業の動向(田畑勉)「群馬風土記」 群馬出版センター 17(3)通号74 2003.7

上州初期在村文化、旧地侍層の教育・文化・信仰活動―地域イデオロギーとしての「文人」と「信心」と「軍記」(杉仁)「在村文化研究」 在村文化研究会 19 2003.9

上州の戦い(24) 館林・松井田城の攻防(山田義彦)「群馬風土記」 群馬出版センター 17(4)通号75 2003.10

古文書が語る上州史(69) 農民の住む家(田畑勉)「群馬風土記」 群馬出版センター 17(4)通号75 2003.10

加賀藩史から近世上州史への歩み(田畑勉)「群馬文化」 群馬県地域文化研究協議会 276 2003.4

十石峠―信州から上州・武州への米の道 山中騒動・秩父事件の道(小林収)「千曲」 東信史学会 119 2003.10

峠から見た佐久と上州（柳沢賢次）「千曲」 東信史学会 119 2003.10

特集 上州人は何を食べてきたか いつも食卓には、うどんとまんじゅうがあった「上州風」 上毛新聞社 17 2003.12

「見立番付」にみる上州と高崎の地位（岡田昭二）「高崎市市史編さんだより」 高崎市 28 2004.3

上州の戦い 国嶺・西牧・石倉城の戦い（山田義彦）「群馬風土記」 群馬出版センター 18（2）通号77 2004.4

古文書が語る上州史（71）村の命令する旗本（田畑勉）「群馬風土記」 群馬出版センター 18（2）通号77 2004.4

『全唐詩逸』と上州の在村文化―箕輪村下田衡と群馬県立図書館本を中心に（杉仁）「群馬文化」 群馬県地域文化研究協議会 278 2004.4

上州の戦い 鉢形城の戦い（山田義彦）「群馬風土記」 群馬出版センター 18（3）通号78 2004.7

古文書が語る上州史（72）農村に広がる質屋（田畑勉）「群馬風土記」 群馬出版センター 18（3）通号78 2004.7

近世後期における上州蚕糸業の流通構造―糸繭商人の経営動向をめぐって（井上定幸）「群馬文化」 群馬県地域文化研究協議会 279 2004.7

古文書が語る上州史（73）梵鐘の戦備流用（田畑勉）「群馬風土記」 群馬出版センター 18（4）通号79 2004.10

近世上州の領主支配について《《大会特集II 交流の地域史―ぐんまの山・川・道》―〈問題提起〉》（和泉清司）「地方史研究」 地方史研究協議会 54（5）通号311 2004.10

上州の戦い 館林城の攻防（山田義彦）「群馬風土記」 群馬出版センター 19（1）通号80 2005.1

上州の鶏（小山宏）「上州路 ： 郷土文化誌」 あさを社 32（1）通号368 2005.1

上州小シャモの黒羽色（活躍する愛鶏保存・研究家）（高瀬忠雄）「上州路 ： 郷土文化誌」 あさを社 32（1）通号368 2005.1

上州の戦い 忍城（埼玉・行田市）の攻防（山田義彦）「群馬風土記」 群馬出版センター 19（2）通号81 2005.4

古文書が語る上州史（75）遊行上人の廻国（田畑勉）「群馬風土記」 群馬出版センター 19（2）通号81 2005.4

高山彦九郎「上州の旅」忍山湯旅の記（1），（中），（下）（斎藤俊夫）「群馬風土記」 群馬出版センター 19（3）通号82/20（1）通号84 2005.7/2006.1

古文書が語る上州史（76）吾妻川と三国街道（田畑勉）「群馬風土記」 群馬出版センター 19（3）通号82 2005.7

上州の戦い（29）箕輪城と国峯の攻防（山田義彦）「群馬風土記」 群馬出版センター 19（4）通号83 2005.10

江戸時代の上州鋳物師と真継家支配（高橋久敬）「群馬文化」 群馬県地域文化研究協議会 （284）2005.10

上州の重要民家をたずねる（102）「上州路 ： 郷土文化誌」 あさを社 32（12）通号379 2005.12

上州の戦い（30）信玄の吉井諸城攻め（山田義彦）「群馬風土記」 群馬出版センター 20（1）通号84 2006.1

古文書が語る上州史（78）寄場組合の銃隊結成（田畑勉）「群馬風土記」 群馬出版センター 20（1）通号84 2006.1

「上州のかかあ天下」は中世にさかのぼれるか（峰岸純夫）「群馬文化」 群馬県地域文化研究協議会 通号285 2006.1

落語に世界に見る上州《《特集 落語に世界に見る上州》》（前澤哲也，編集部）「上州路 ： 郷土文化誌」 あさを社 33（1）通号380 2006.1

上州のお噺紀行その一 高師を舞台か？ 宿屋の応討《《特集 落語に世界に見る上州》》「上州路 ： 郷土文化誌」 あさを社 33（1）通号380 2006.1

上州のお噺紀行その二 大人の落語 鈴振りと大光院《《特集 落語に世界に見る上州》》「上州路 ： 郷土文化誌」 あさを社 33（1）通号380 2006.1

上州のお噺紀行その三 蒟蒻問答と安中《《特集 落語に世界に見る上州》》「上州路 ： 郷土文化誌」 あさを社 33（1）通号380 2006.1

上州のお噺紀行その四 山村に残った「かんかんのう」《《特集 落語に世界に見る上州》》「上州路 ： 郷土文化誌」 あさを社 33（1）通号380 2006.1

高山彦九郎「上州の旅」赤城往行（斎藤俊夫）「群馬風土記」 群馬出版センター 20（2）通号85 2006.4

高山彦九郎「上州の旅」沢入道能記（斎藤俊夫）「群馬風土記」 群馬出版センター 20（3）通号86 2006.7

古文書が語る上州史（80）江戸土産のやまめ注文（田畑勉）「群馬風土記」 群馬出版センター 20（3）通号86 2006.7

基調報告3 近世上州の温泉と関所《《特集 創立25周年記念シンポジウム「温泉の歴史と文化を考える」》》（岡田源二）「群馬歴史民俗」 群馬歴史民俗研究会 （27）2006.7

特集 上州と谷根千「谷中・根津・千駄木」 谷根千工房 （84）2006.7

上州と佐久の往来―「佐久市志歴史年表」抄《《特集 佐久市（長野県）》》（清水岩夫）「群馬歴史散歩」 群馬歴史散歩の会 （196）2006.9

古文書が語る上州史（81）豪農の家法（田畑勉）「群馬風土記」 群馬出版

センター 20（4）通号87 2006.10

伊藤信吉『回想の上州』《《特集 郷土歴史ロマン》》（梁瀬和男）「群馬風土記」 群馬出版センター 21（1）通号88 2007.1

特集 上州のマタギが教えてくれたもの―息づく生活文化として（酒井正保）「上州文化」 群馬県教育文化事業団 （112）2007.11

古文書が語る上州史（86）信州大地震の情報（田畑勉）「群馬風土記」 群馬出版センター 22（1）通号92 2008.1

古文書が語る上州史（87）災害・飢饉の記（田畑勉）「群馬風土記」 群馬出版センター 22（2）通号93 2008.4

古文書が語る上州史（88）儀礼をめぐる紛争（田畑勉）「群馬風土記」 群馬出版センター 22（3）通号94 2008.7

武蔵国北部における上州の飛脚利用―中奈良村名主、野中彦兵衛を事例に（巻島隆）「群馬文化」 群馬県地域文化研究協議会 通号295 2008.7

上毛かるたにみる上州人気質（上州風エッセー）（雪竹靖衞）「上州風」 上毛新聞社 （29）2008.9

江戸時代の上州・武州における市場争論と絵図作成（渡邊英明）「歴史地理学」 歴史地理学会，古今書院（発売）50（4）通号241 2008.9

古文書が語る上州史（89）旗本の財政改革（田畑勉）「群馬風土記」 群馬出版センター 22（4）通号95 2008.10

古文書が語る上州史（90）大坂見聞記（田畑勉）「群馬風土記」 群馬出版センター 23（1）通号96 2009.1

近世初期上州の支配と桐生新町の創成（和泉清司）「桐生史苑」 桐生文化史談会 （48）2009.3

上州紬・渋川太織・草津紬（小山宏）「群馬歴史散歩」 群馬歴史散歩の会 （208）2009.3

上州風エッセー 独自文化の復興と創造（久保原禅）「上州風」 上毛新聞社 （30）2009.3

古文書が語る上州史（91）入会山の炭焼紛争（田畑勉）「群馬風土記」 群馬出版センター 23（2）通号97 2009.4

上州の風土と人間―国定忠治とその外伝（大塚政義）「水戸史学」 水戸史学会 （70）2009.6

古文書が語る上州史（92）繭代金未払い紛争（田畑勉）「群馬風土記」 群馬出版センター 23（3）通号98 2009.7

特集 天地人と戦国上州「上州風」 上毛新聞社 （31）2009.9

古文書が語る上州史（93）農民の武術稽古所（田畑勉）「群馬風土記」 群馬出版センター 23（4）通号99 2009.10

泉岳寺と上州（編集部）「群馬風土記」 群馬出版センター 25（3）通号106 2011.7

上州神倉一族由来考（大野富次）「群馬風土記」 群馬出版センター 26（3）通号110 2012.7

天明の梵天騒動―上州より侵入した暴徒（特集 故郷の山―浅間山―浅間山の大噴火―刻まれた災害史）（市川武治）「佐久」 佐久史学会 （66・67）2013.3

幕末維新期における上州の飛脚問屋―蒸気船、会社、郵便（研究発表）（巻島隆）「群馬文化」 群馬県地域文化研究協議会 （315）2013.7

第106回例会 平成25・11・4 太田道灌の「江戸河越通路」―消えた江戸五口の上州道（下島邦夫）「練馬区地名研究会会報」 練馬区地名研究会 （105）2013.12

信州と上州をつないだ脇街道 大笹街道（仁礼街道）（特集 信州と隣県 信州と上州）「地域文化」 八十二文化財団 （107）2014.1

上州路

富岡製糸場と秋の上州路探訪（藤井昭八）「月の輪」 富士宮市郷土史同好会 （24）2009.6

上州路を駆け抜けた水戸天狗党―諸藩・住民と下仁田戦争（大塚政義）「水戸史学」 水戸史学会 （71）2009.11

はるかなる上州路（大山勝之）「鉾田の文化」 鉾田市郷土文化研究会 （36）2012.5

上信電鉄

第76回企画展「ぐんまの鉄道―上信・上電・わ鐵のあゆみ」（手島仁）「博物館だより」 群馬県立歴史博物館 94 2004.3

上信電鉄（里見哲夫）「群馬歴史散歩」 群馬歴史散歩の会 183 2004.3

デキI型いまも現役―上信電鉄「上州風」 上毛新聞社 18 2004.3

日本近代化の歴史が見えてくる 上信電鉄古レール調査（能登健）「上州風」 上毛新聞社 18 2004.3

上信電鉄に乗る―西上州・地域文化回想のひとり旅《《特集 『上州路』創刊400号記念 群馬の今日、そして未来へ》》（松下定光）「上州路 ： 郷土文化誌」 あさを社 34（9）通号400 2007.9

城沼

群馬見て歩き（12）城沼と城下町に狐と狸が早春の便り・館林市 25万石の歴史と伝説の散策「上州文化」 群馬県教育文化事業団 （121）2010.2

上毛

絵手紙で歩く 上毛かるた（1）～（44）（小林生子）「群馬歴史散歩」 群馬

歴史散歩の会　178/(221)　2003.5/2011.10

両毛産業遺産研究会(亀田光三)「群馬文化」　群馬県地域文化研究協議会　276　2003.10

織物消費税廃止運動における地方の対応―両毛地方を中心として(亀田光三)「桐生史苑」　桐生文化史談会　(49)　2010.3

「上毛・下毛」始末記(澤口宏)「群馬地名だより : 群馬地名研究会会報」　群馬地名研究会　(73)　2010.3

両毛地域における近世の国境(佐藤孝之)「栃木史学」　国学院大学栃木短期大学史学会　(26)　2012.3

関睡桐撰「上毛名所和歌」(文芸連載)(編集部)「群馬風土記」　群馬出版センター　26(3)通号110　2012.7

上毛三山
上毛三山に残るアイヌ語系地名(角田賀津三)「群馬地名だより : 群馬地名研究会会報」　群馬地名研究会　(66)　2006.11

上毛電気鉄道
上毛電気鉄道(西村利夫)「ビエネス : 群馬県文化財研究会論文報告集」　群馬県文化財研究会　(8)　2002.3

第76回企画展「ぐんまの鉄道―上信・上電・わ鐵のあゆみ」(手島仁)「博物館だより」　群馬県立歴史博物館　94　2010.3

上毛電気鉄道の伊勢崎市とのかかわり―創業期の鉄道と乗合バス事業を中心として((平成18年度「群馬地理学会伊勢崎大会」の記録))(石関正典)「えりあぐんま」　群馬地理学会　(13)　2007.8

上毛電鉄
夏樹静子の小説の舞台―上毛電鉄「上州風」　上毛新聞社　18　2004.3

旧上毛モスリン事務所
県指定重要文化財 旧上毛モスリン事務所(文化財レポート)(岡屋紀子)「群馬文化」　群馬県地域文化研究協議会　(318)　2014.4

昭和小学校
桐生市昭和小学校の閉校(学校の統廃合のあゆみ)(大里仁一)「群馬県教育史研究懇談会会報」　群馬県教育史研究懇談会　(37)　2013.8

昭和村
《特集 昭和村》「群馬歴史散歩」　群馬歴史散歩の会　184　2004.5

昭和村紹介・文化財一覧(昭和村教育委員会)「群馬歴史散歩」　群馬歴史散歩の会　184　2004.5

村名の由来について(松島久仁治)「群馬歴史散歩」　群馬歴史散歩の会　184　2004.5

昭和村地名散歩―旧久呂保村を中心に(中村倫司)「群馬歴史散歩」　群馬歴史散歩の会　184　2004.5

昭和村の城館址(石守晃)「群馬歴史散歩」　群馬歴史散歩の会　184　2004.5

郷土かるた 扇姿の伸びゆく昭和村(宮崎嘉久)「群馬歴史散歩」　群馬歴史散歩の会　184　2004.5

白沢
ぐんまの歴史入門講座 第118講 しらさわ(白沢)の近代史点描(手島仁)「ぐんま地域文化」　群馬地域文化振興会　(35)　2010.11

白沢高原温泉
白沢高原温泉 望郷の湯(中村弘志)「群馬歴史散歩」　群馬歴史散歩の会　185　2004.7

白沢国民学校中沢分教場
白澤国民学校中澤分教場の設置と廃校(特集 学校の統廃合のあゆみ―特異な分校)(小野久)「群馬県教育史研究懇談会会報」　群馬県教育史研究懇談会　(34)　2010.8

白沢村
白沢村誌編纂事業と史料保存(諸田義行)「群馬文化」　群馬県地域文化研究協議会　275　2003.7

《特集 白沢村》「群馬歴史散歩」　群馬歴史散歩の会　185　2004.7

自然と歴史の輝く郷 白沢村(金井竹徳)「群馬歴史散歩」　群馬歴史散歩の会　185　2004.7

白沢村の自然と歴史(白塚富夫)「群馬歴史散歩」　群馬歴史散歩の会　185　2004.7

白沢村の文化財・配置図・一覧表(白沢村教育委員会)「群馬歴史散歩」　群馬歴史散歩の会　185　2004.7

白沢村の観光(生方将)「群馬歴史散歩」　群馬歴史散歩の会　185　2004.7

『新編 白沢村誌』(白沢村教育委員会)「群馬歴史散歩」　群馬歴史散歩の会　185　2004.7

ぐんまの歴史入門講座 第119講 川場村・旧白沢村地区の石造文化財 石造文化財の見方(24)(秋池武)「ぐんま地域文化」　群馬地域文化振興会　(35)　2010.11

白沢用水
御定水 白澤用水(滝棚川)(樋口清之助)「群馬歴史散歩」　群馬歴史散歩の会

の会　185　2004.7

白井
白井鋳物師の由緒と伝統(高橋久敬)「群馬歴史散歩」　群馬歴史散歩の会　180　2003.9

白井鋳物の復元事業(石井克己)「群馬歴史散歩」　群馬歴史散歩の会　180　2003.9

第77講 白井長尾氏の人と城―新渋川市域の中世を覗いてみる(ぐんまの歴史入門講座)(石守晃)「ぐんま地域文化」　群馬地域文化振興会　(27)　2006.10

白井街道
白井街道(森田育利)「群馬歴史散歩」　群馬歴史散歩の会　186　2004.9

白井宿
白井宿(金井好彌)「群馬歴史散歩」　群馬歴史散歩の会　180　2003.9

歴史散歩(参加余聞)「子持村」白井宿と白井城(古屋祥子)「群馬歴史散歩」　群馬歴史散歩の会　186　2004.9

白井宿のなりたちと発展(金井好彌)「群馬歴史散歩」　群馬歴史散歩の会　(221)　2011.10

白井城
白井城(石守晃)「群馬歴史散歩」　群馬歴史散歩の会　180　2003.9

歴史散歩(参加余聞)「子持村」白井宿と白井城(古屋祥子)「群馬歴史散歩」　群馬歴史散歩の会　186　2004.9

白井村
古文書で語る歴史の道十石峠と白井村の市場(岡田昭二)「上州文化」　群馬県教育文化事業団　103　2005.8

城堀
城堀(滝坂川)考(中島靖浩)「群馬地名だより : 群馬地名研究会会報」　群馬地名研究会　(85)　2014.1

北毛 城堀(特集 群馬の地名)(中島靖浩)「群馬歴史散歩」　群馬歴史散歩の会　(236)　2014.10

榛東村
《特集 榛東村》「群馬歴史散歩」　群馬歴史散歩の会　186　2004.9

榛東村文化財マップ(榛東村教育委員会)「群馬歴史散歩」　群馬歴史散歩の会　186　2004.9

榛東村の歴史 縄文時代から律令の時代まで(清水敏夫)「群馬歴史散歩」　群馬歴史散歩の会　186　2004.9

陣馬
北下(きたしも) 北群馬郡吉岡村/陣馬(じんば) 北群馬郡吉岡町(特集 群馬の地名)(福田紀雄)「群馬歴史散歩」　群馬歴史散歩の会　(223)　2012.3

神保友重家
上州の重要民家をたずねる(70) 神保友重家(桑原稔, 池田修, 金井淑幸)「上州路 : 郷土文化誌」　あさを社　30(4)通号347　2003.4

新町
《特集 新町》「群馬歴史散歩」　群馬歴史散歩の会　187　2004.11

新町指定文化財一覧表/新町文化財位置図/新町略史「群馬歴史散歩」　群馬歴史散歩の会　187　2004.11

宿場町としての新町「群馬歴史散歩」　群馬歴史散歩の会　187　2004.11

新町 渡しと渡船「群馬歴史散歩」　群馬歴史散歩の会　187　2004.11

ふるさとの文学者―新町「上州風」　上毛新聞社　(32)　2010.3

ぐんまの歴史入門講座 第148講 JR高崎線の開業当時の状況と新町・倉賀野(大島登志彦)「ぐんま地域文化」　群馬地域文化振興会　(41)　2013.11

ぐんまの地名 高崎市新町の地名(今井英雄)「ぐんま地域文化」　群馬地域文化振興会　(41)　2013.11

新町屑糸紡績所
我が国最初の官営屑糸紡績所「群馬歴史散歩」　群馬歴史散歩の会　187　2004.11

旧新町屑糸紡績所の保存に関する要望書について「群馬文化」　群馬県地域文化研究協議会　281　2005.1

新町宿
街道をゆく―本杢礼宿・新町宿(高野永篤)「北國街道研究」　北國街道の手をつなぐ会　(13)　2012.12

ぐんまの歴史入門講座 第147講 中山道・新町宿の成立(川村康雄)「ぐんま地域文化」　群馬地域文化振興会　(41)　2013.11

森林鉄道
懐かしの森林鉄道(特集 中之条町(旧中之条町・六合村))(下谷昌幸)「群馬歴史散歩」　群馬歴史散歩の会　(216)　2010.10

須賀尾峠
峠と古道を歩く(43) 須賀尾峠・燕峠と、大戸通―草津・川原湯へ至る峠と古道を訪ねて(須田茂)「上州路 : 郷土文化誌」　あさを社　34

群馬県　　　　　　　　　　　　　　地名でたどる郷土の歴史　　　　　　　　　　　　　　関東

(9) 通号400　2007.9

菅塩峠

群馬の峠を歩く (29) 菅塩峠から、鞍掛山越えの道へ (須田茂)「上州路 ： 郷土文化誌」 あさを社　33 (8) 通号387　2006.8

群馬の峠を歩く (31) 菅塩峠から、鞍掛山越えの道へ—クラカケとクラボネの地名を求めて (2) (須田茂)「上州路 ： 郷土文化誌」 あさを社　33 (9) 通号388　2006.9

菅沼

倉内 (くらうち) 沼田市東倉内町・西倉内町／老神 (おいがみ) 沼田市利根町老神／永井 (ながい) 利根郡みなかみ町永井／菅沼 (すげぬま)・丸沼 (まるぬま)・大尻沼 (おおしりぬま) 利根郡片品村東小川 (特集 群馬の地名) (中島靖浩)「群馬歴史散歩」 群馬歴史散歩の会　(223)　2012.3

鈴ヶ岳山

赤城山鈴ヶ岳山頂の石碑について (狩野千代子, 桑原美枝子, 桑原恵美子, 名塚エミ子, 津久井美恵子, 須田輝子, 高橋秀子, 大畠賀子, 近藤多美子, 小林修)「赤城村歴史資料館紀要」 赤城村教育委員会　8　2005.12

簀の子鉱毒ダム

足尾・簀の子鉱毒ダム見聞記 (永瀬文三)「桐生史苑」 桐生文化史談会　(42)　2003.3

すりばち分校

分校教育の歴史に光彩を放った「すりばち学校」という分校 (《特集 分校物語》) (佐野進)「上州路 ： 郷土文化誌」 あさを社　34 (5) 通号396　2007.5

諏訪台

中毛 諏訪台 (特集 群馬の地名) (福田紀雄)「群馬歴史散歩」 群馬歴史散歩の会　(236)　2014.10

西毛

ぐんまの自然と風土 ため池は生き物のふるさと—西毛地域のため池群 (布施英明)「ぐんま地域文化」 群馬地域文化振興会　(29)　2007.10

平成の新指定—西毛編 (特集 平成の新指定 西毛編) (田口正美)「群馬歴史散歩」 群馬歴史散歩の会　(218)　2011.3

西毛 タワの地名、そして、峠の語源 (特集 群馬の地名 (3)) (須田茂)「群馬歴史散歩」 群馬歴史散歩の会　(231)　2013.9

清流荘

湯守の一軒宿 下仁田温泉 清流荘／大塚温泉 金井旅館「上州風」 上毛新聞社　(31)　2009.9

積善館

積善館本館 (特集 平成の新指定—北毛編) (村田敬一)「群馬歴史散歩」 群馬歴史散歩の会　(222)　2012.1

勢多評

「上毛野勢多評」成立の諸前提 (関口功一)「信濃 [第3次]」 信濃史学会　63 (8) 通号739　2011.8

勢多農林高校

「勢多農林百年史」「群馬県教育史研究懇談会会報」 群馬県教育史研究懇談会　(33)　2009.8

銭神

中毛 銭神・銭神塚 (特集 群馬の地名) (中村倫司)「群馬歴史散歩」 群馬歴史散歩の会　(236)　2014.10

銭神塚

中毛 銭神・銭神塚 (特集 群馬の地名) (中村倫司)「群馬歴史散歩」 群馬歴史散歩の会　(236)　2014.10

狭岩

ぐんまの地名 狭岩 (今井幹夫)「ぐんま地域文化」 群馬地域文化振興会　15　2000.11

背嶺峠

群馬の峠を歩く (16) 数坂峠と背嶺峠—会津街道に関わる利根郡東部の峠を訪ねる (須田茂)「上州路 ： 郷土文化誌」 あさを社　32 (6) 通号373　2005.6

世良田

記念講演「上州・世良田の縁切寺と三くだり半」を聞いて (平山徹)「東日本部落解放研究所ニュース」 東日本部落解放研究所　(70)　2006.7

群馬見て歩き (4) 例幣使道と世良田界隈 新田氏と徳川氏ゆかりの地探訪 (松本利雄)「上州文化」 群馬県教育文化事業団　(113)　2008.2

ぐんまの歴史入門講座 第111講 中世世良田環濠集落 (須永光一)「ぐんま地域文化」 群馬地域文化振興会　(34)　2010.5

千駄木峠

群馬の峠を歩く (28) 千駄木峠とクラボネ峠・ウダ峠 (須田茂)「上州路 ： 郷土文化誌」 あさを社　33 (7) 通号386　2006.7

総社宿

佐渡奉行街道と総社宿の地名 (福田紀雄)「群馬地名だより ： 群馬地名研究会会報」 群馬地名研究会　(82)　2013.4

総社城

中世総社城に関する資料 (特集 群馬のお城) (飯森康広)「群馬歴史散歩」 群馬歴史散歩の会　(219)　2011.5

総社藩

総社藩について (佐藤實)「宇須比」 松井田町文化会　(50)　2004.5

薗田御厨

薗田御厨と薗田氏に関する一試論—中世前期における山田郡の開発 (小野里了一)「桐生史苑」 桐生文化史談会　(50)　2011.3

園原

ぐんまの歴史入門講座 第157講 園原騒動始末記—農民剣法興隆の背景 (藤井茂樹)「ぐんま地域文化」 群馬地域文化振興会　(43)　2014.10

大仏谷

蛇穴・大仏谷・蛇穴山 (福田浩)「群馬歴史散歩」 群馬歴史散歩の会　169　2001.11

多比良分校

多比良分校の閉校式と子どもたちの新たな旅立ち (《特集 分校物語》) (佐野進)「上州路 ： 郷土文化誌」 あさを社　34 (5) 通号396　2007.5

高井郡

国衙領の形成と開発—上野国高井郡と石上氏 (研究) (久保田順一)「群馬文化」 群馬県地域文化研究協議会　(316)　2013.10

高草木重鎰家

上州の重要民家をたずねる (67) 高草木重鎰家 (桑原稔, 金井淑幸)「上州路 ： 郷土文化誌」 あさを社　30 (1) 通号344　2003.1

高崎

高崎にあった大きな絹糸紡績会社 (宮崎俊弥)「高崎市市史編さんだより」 高崎市　26　2003.2

軍事都市高崎の陸軍墓地 (手島仁, 西村幹夫)「群馬県立歴史博物館紀要」 群馬県立歴史博物館　(24)　2003.3

プランゲ文庫中の高崎関係新聞 (清水吉二)「高崎市市史編さんだより」 高崎市　27　2003.7

街道・宿場・城下町の再発見 活躍する高崎おかみさん会 (寺崎喜三)「上州文化」 群馬県教育文化事業団　95　2003.8

「見立番付」にみる上州と高崎の地位 (岡田昭二)「高崎市市史編さんだより」 高崎市　28　2004.3

高崎蚕種市場について (《大会特集 交流の地域史—ぐんまの山・川・道》—《問題提起》) (宮崎俊弥)「地方史研究」 地方史研究協議会　54 (4) 通号310　2004.8

上州のお噺紀行その一 高崎が舞台？ 宿屋の仇討 (《特集 落語に世界に見る上州》)「上州路 ： 郷土文化誌」 あさを社　33 (1) 通号380　2006.1

第74講 高崎における近代社会福祉事業 (ぐんまの歴史入門講座) (森田秀策)「ぐんま地域文化」 群馬地域文化振興会　(26)　2006.5

紅板締め 目くるめく、あかの思い これが高崎の「色」 たかさき紅の会が復元「上州風」 上毛新聞社　(26)　2007.3

上州高崎—倉賀野間の舟運 (史料紹介) (川名登)「利根川文化研究」 利根川文化研究会　通号34　2011.1

報告書「享保高崎絵図」の注釈 (1) (中山剛志)「群馬県立歴史博物館紀要」 群馬県立歴史博物館　(32)　2011.3

ぐんまの歴史入門講座 第127講 町人から見た幕末の高崎—「柴田日記」の紹介 (中村茂)「ぐんま地域文化」 群馬地域文化振興会　(37)　2011.11

ぐんまの地名 箕輪城下の地名と高崎 (田島桂男)「ぐんま地域文化」 群馬地域文化振興会　(37)　2011.11

群馬・高崎の鉄道やバスの変遷とそこから学ぶこと (発表要旨) (大島登志彦)「えりあぐんま」 群馬地理学会　(18)　2012.6

近世庶民教育と筆子塚—高崎五万石騒動の文化的背景 (研究発表) (和田健一)「群馬文化」 群馬県地域文化研究協議会　(315)　2013.7

ぐんまの川と生活 高崎の大動脈・烏川 (澤口宏)「ぐんま地域文化」 群馬地域文化振興会　(41)　2013.11

高崎駅

高崎駅前旅館に「寄席」が誕生 (《特集 落語に世界に見る上州》) (田村恭子)「上州路 ： 郷土文化誌」 あさを社　33 (1) 通号380　2006.1

高崎県

高崎県の飛び地領と新潟県—竹山屯の足跡をたどりつつ (史料紹介) (亀井功)「郷土史燕」 燕市教育委員会　(3)　2010.3

高崎工業学校

高崎工業学校設立の社会的背景について (八木啓次)「群馬文化」 群馬県地域文化研究協議会　通号298　2009.4

関東　　　　　　　　　　　　　　　　地名でたどる郷土の歴史　　　　　　　　　　　　　　　　群馬県

高崎市

高崎市の町名 (宮野入孝)「群馬地名だより ： 群馬地名研究会会報」 群馬地名研究会　46　2000.12

伝統的な生活にみる人の往来と世間の広がり―高崎市の事例から (《大会発表要旨》)(横田雅博)「えりあぐんま」 群馬地理学会　(8)　2002.5

裁判記録にみる水争いの論理―群馬県高崎市の五具堀における事例から (飯島康夫)「群馬歴史民俗」 群馬歴史民俗研究会　(24)　2003.3

高崎市の基礎的知識 (《特集 新高崎市ってどんなところ？》)「上州路 ： 郷土文化誌」 あさを社　33(4) 通号383　2006.4

都市郊外の市街地と道路網の相関―群馬県高崎市を事例として (樋口好宏)「えりあぐんま」 群馬地理学会　(12)　2006.7

紅板締め、よみがえれ (吉村晴子，黒田亮子)「上州風」 上毛新聞社　(26)　2007.3

交通の要衝 高崎市 (《特集 高崎市 (旧高崎市、旧群馬郡倉渕村・箕郷町・群馬町・榛名町、旧多野郡新町)》)(高崎市観光課)「群馬歴史散歩」 群馬歴史散歩の会　(209)　2009.5

高崎市におけるナンバースクールの誕生と消滅過程 (串田哲夫)「群馬文化」 群馬県地域文化研究協議会　通号299　2009.7

高崎市におけるナンバースクールの消長 (《特集 ナンバースクールの消長》)(串田哲夫)「群馬県教育史研究懇談会会報」 群馬県教育史研究懇談会　(33)　2009.8

図録 ぐんまの文化財 高崎市の文化財―旧高崎市域を中心に (富樫昌明)「ぐんま地域文化」 群馬地域文化振興会　(37)　2011.11

ぐんまの歴史入門講座 第126講 旧高崎市の中世―和田城の発掘調査について (秋本太郎)「ぐんま地域文化」 群馬地域文化振興会　(37)　2011.11

ぐんまの歴史入門講座 第129講 旧高崎市の石造文化財 石造物の見方 (26)(秋池武)「ぐんま地域文化」 群馬地域文化振興会　(37)　2011.11

高崎宿

古文書解読入門講座 (24)―古文書から歴史を読む 高崎宿の髪結仲間株と髪結職人 (串田哲夫)「ぐんま地域文化」 群馬地域文化振興会　(37)　2011.11

高崎城

城と天守を訪ねて (8) 上野国高崎城と三階御櫓 (祖谷敏行)「歴研よこはま」 横浜歴史研究会　(54)　2004.5

日本百名城に選ばれた箕輪城と破壊と創造の極地・高崎城の築造 (200号に寄せて)(大塚實)「群馬歴史散歩」 群馬歴史散歩の会　(200)　2007.7

高崎市立図書館

ぐんまの歴史入門講座 第128講 高崎市立図書館の変遷 (羽鳥康子)「ぐんま地域文化」 群馬地域文化振興会　(37)　2011.11

高崎線

ぐんまの歴史入門講座 第148講 JR高崎線の開業当時の状況と新町・倉賀野 (大島登志彦)「ぐんま地域文化」 群馬地域文化振興会　(41)　2013.11

高崎藩

高崎藩城米のゆくえ―払米制度の成立と運用実態 (井上定幸)「高崎市史研究」 高崎市　18　2003.9

高崎藩主松平 (大河内) 氏家臣団の動向―『享保高崎絵図』の注釈 (2)(中山剛志)「群馬県立歴史博物館紀要」 群馬県立歴史博物館　(33)　2012.03

平成23年度文書館ミニ企画展I 西上州の山村に生きた人々―旧鬼石町譲原村山田松雄家文書の世界 開催報告／平成23年度文書館ミニ企画展II 高崎藩士深井家文書の世界―平成23年度新規公開資料展 開催報告／「ぐんま史料研究講座―よみがえる史料の世界III―」「文書館だより」 群馬県立文書館　(49)　2012.3

第98回例会記事 2013年9月29日 (日) 中村茂氏「高崎藩、ふたつの義士伝説」、永島政彦氏「農業日記」からみた稲作・畑作農家の生業／会員異動「武尊通信」 群馬歴史民俗研究会　(136)　2013.12

高島小学校

高島小学校のトウグミ (特集 平成の新指定―東毛編)(森戸栄一)「群馬歴史散歩」 群馬歴史散歩の会　(224)　2012.5

鷹匠町武家屋敷

図録 ぐんまの文化財 館林・鷹匠町武家屋敷と歴史の小径 (岡屋英治)「ぐんま地域文化」 群馬地域文化振興会　(25)　2005.10

高田

第86講 中世「高田氏」の活躍 (ぐんまの歴史入門講座)(柏木一男)「ぐんま地域文化」 群馬地域文化振興会　(29)　2007.10

鷹留城

第62講 鷹留城と長野氏 (ぐんまの歴史入門講座)(久保田順一)「ぐんま地域文化」 群馬地域文化振興会　(24)　2005.5

高平宿

街道の宿駅 高平宿 (樋口清之助)「群馬歴史散歩」 群馬歴史散歩の会　20　2004.7

高平村

真田氏統治下沼田領の耕地開発について―高平村・生枝村を例に (藤井茂樹)「群馬文化」 群馬県地域文化研究協議会　(306)　2011.4

高山社

高山社創成期の研究―清温育の成立を中心として (松浦利隆)「ぐんま史料研究」 群馬県立文書館　(18)　2002.3

高山社と緑埜精糸社 (特集 地域史研究の最前線 PartIV―群馬の近現代史―研究発表)(関口覺)「群馬文化」 群馬県地域文化研究協議会　(319)　2014.7

滝坂川

城堀 (滝坂川) 考 (中島靖浩)「群馬地名だより ： 群馬地名研究会会報」 群馬地名研究会　(85)　2014.1

滝沢てる家

上州の重要民家をたずねる (92) 滝澤てる家 利根郡月夜野町 (桑原稔，西村利夫，家泉博)「上州路 ： 郷土文化誌」 あさを社　32(2) 通号369　2005.2

田口

中毛 田口 (特集 群馬の地名)(阿佐美良雄)「群馬歴史散歩」 群馬歴史散歩の会　(236)　2014.10

嵩山

ぐんまの地名 嵩山をめぐる地名 (奈良秀重)「ぐんま地域文化」 群馬地域文化振興会　(30)　2008.4

多胡郡

第61講 (原始古代) 榛名の多胡碑と片岡郡多胡郷 (ぐんまの歴史入門講座)(松田猛)「ぐんま地域文化」 群馬地域文化振興会　(24)　2005.5

多胡郡建都1300年 (特集 多胡郡建都1300年)(大工原美智子)「群馬歴史散歩」 群馬歴史散歩の会　(217)　2011.1

図録 ぐんまの文化財 多胡郡建都1300年 (大工原美智子)「ぐんま地域文化」 群馬地域文化振興会　(36)　2011.5

ぐんまの歴史入門講座 第120講 吉井町の原始古代―多胡郡建郡をめぐって (茂木由行)「ぐんま地域文化」 群馬地域文化振興会　(36)　2011.5

地域づくりと文化遺産 特別史跡多胡碑と多胡郡建郡1300年記念事業 (小泉範明)「ぐんま地域文化」 群馬地域文化振興会　(36)　2011.5

源氏と多胡郡―多胡館・大蔵館の検討から (論文)(和田健一)「群馬歴史民俗」 群馬歴史民俗研究会　(34)　2013.3

多胡荘

ぐんまの地方豪族 多胡荘と多胡氏 (久保田順一)「ぐんま地域文化」 群馬地域文化振興会　(36)　2011.5

多胡碑

女子大生が語る「私たちの日韓交流」／多胡碑「羊」は朝鮮半島の "渡来人" の名「上州風」 上毛新聞社　20　2004.11

多胡碑と日本三碑 (三津間弘)「群馬風土記」 群馬出版センター　19(2) 通号81　2005.4

第61講 (原始古代) 榛名の多胡碑と片岡郡多胡郷 (ぐんまの歴史入門講座)(松田猛)「ぐんま地域文化」 群馬地域文化振興会　(24)　2005.5

歴史を掘る「多胡碑」再検証 (秋池武)「ぐんま地域文化」 群馬地域文化振興会　(25)　2005.10

多胡碑1300年の歴史を後世に (上州風エッセー)(神保侑史)「上州風」 上毛新聞社　(28)　2008.3

地域づくりと文化遺産 特別史跡多胡碑と多胡郡建郡1300年記念事業 (小泉範明)「ぐんま地域文化」 群馬地域文化振興会　(36)　2011.5

れきしさんサロン 多胡碑新時代を迎えて (和田健一)「群馬歴史散歩」 群馬歴史散歩の会　(224)　2012.5

「多胡碑」にことよせて「我孫子市史研究センター会報」 我孫子市史研究センター　(129)　2012.11

上野国多胡碑にみる「交通」(特集 古代の交通と地方社会―イナ・シナとその周辺)(磐下徹)「飯田市歴史研究所年報」 飯田市教育委員会　(12)　2014.8

多胡館

源氏と多胡郡―多胡館・大蔵館の検討から (論文)(和田健一)「群馬歴史民俗」 群馬歴史民俗研究会　(34)　2013.3

田島健一家

上州の重要民家をたずねる (76) 田島健一家 (桑原稔，家泉博，金井淑幸)「上州路 ： 郷土文化誌」 あさを社　30(10) 通号353　2003.10

田島弥平旧宅

国指定史跡 田島弥平旧宅 (文化財レポート)(和久美緒)「群馬文化」 群馬県地域文化研究協議会　(312)　2012.10

群馬県　　　　　　　　　　　　　　　地名でたどる郷土の歴史　　　　　　　　　　　　　　　関東

田島弥平家

口絵 国指定重要文化財 田島弥平家（特集 上州路賛歌）「群馬風土記」
群馬出版センター　27（1）通号112　2013.1

館林

第67講中世館林地域の景観と生業（ぐんまの歴史入門講座）（簗瀬大輔）
「ぐんま地域文化」 群馬地域文化振興会　（25）2005.10

第69講田山花袋が見た明治の館林（ぐんまの歴史入門講座）（阿部弥生）
「ぐんま地域文化」 群馬地域文化振興会　（25）2005.10

ぐんまの川と生活 邑楽・館林地方における利根川の河道変遷（澤口宏）
「ぐんま地域文化」 群馬地域文化振興会　（25）2005.10

ぐんまの地名 館林（青木源作）「ぐんま地域文化」 群馬地域文化振興会
（25）2005.10

上州のお噺紀行その五 城下町・館林でシュールな一席（《特集 落語に世
界に見る上州》）「上州路 ： 郷土文化誌」 あさを社　33（1）通号380
2006.1

足利学校と鑁阿寺に伝来する武田勝頼の禁制に関する一考察—足利・館
林県主長尾氏と足利学校の関連について《《中世後期と近世初頭にお
ける足利学校の歴史的検討へのアプローチ》》（柳田貞夫）「足利地方史
研究」 柳田貞夫　（2）2007.3

「わが公園文化都市たてばやし」（前市長著）を読んで（椎名丈人）「足利文
林」 足利文林会　（67）2007.10

昭和20（1945）年2月16日・館林上空の空戦を追って（菊池実）「群馬文
化」 群馬県地域文化研究協議会　（302）2010.4

レクイエム 絵島生島事件と館林（石村澄江）「群馬風土記」 群馬出版セ
ンター　25（3）通号106　2011.7

総社秋元公と館林（吉澤信明）「群馬歴史散歩」 群馬歴史散歩の会
（222）2012.1

中世館林地域の景観から二つの合戦を見直す（論文）（飯森康広）「群馬歴
史民俗」 群馬歴史民俗研究会　（35）2014.5

館林板倉

田中正造と館林・板倉地域の人びと—足尾鉱毒問題をめぐって（小特集
利根川・渡良瀬川合流域の歴史と景観—研究）（中嶋久人）「群馬文化」
群馬県地域文化研究協議会　（317）2014.1

館林市

《館林市・板倉町地域特集》「ぐんま地域文化」 群馬地域文化振興会
（25）2005.10

第70講 館林市・板倉町の石造文化財 石造文化財の見方（14）（ぐんまの
歴史入門講座）（近藤義雄）「ぐんま地域文化」 群馬地域文化振興会
（25）2005.10

群馬見て歩き（12）城沼と城下町に狐と狸が早春の便り・館林市 25万石
の歴史と伝説の散策「上州文化」 群馬県教育文化事業団　（121）
2010.2

平成の新指定文化財（館林市）（特集 平成の新指定—東毛編）（岡屋英
治）「群馬歴史散歩」 群馬歴史散歩の会　（224）2012.5

邑楽の古代史と川—館林市史での試み（小特集 利根川・渡良瀬川合流域
の歴史と景観—研究）（前澤和之）「群馬文化」 群馬県地域文化研究協
議会　（317）2014.1

館林市内を歩こう—歴史の小径から館林城跡へ（特集 中近世の館林地
域）（岡屋紀子）「群馬歴史散歩」 群馬歴史散歩の会　（232）2014.1

館林城

上州の戦い 館林城の攻防（山田義彦）「群馬風土記」 群馬出版センター
19（1）通号80　2005.1

第68講 越智松平氏による館林城の再築（ぐんまの歴史入門講座）（岡屋
紀子）「ぐんま地域文化」 群馬地域文化振興会　（25）2005.10

近世初頭における上野館林城下の整備について—佐野街道と旧矢場川を
視点に（飯森康広）「群馬文化」 群馬県地域文化研究協議会　（304）
2010.10

佐竹義重の新田・館林両城攻撃（菅野郁雄）「福島史学研究」 福島県史学
会　（91）2013.3

館林市内を歩こう—歴史の小径から館林城跡へ（特集 中近世の館林地
域）（岡屋紀子）「群馬歴史散歩」 群馬歴史散歩の会　（232）2014.1

館林陣屋

幕末期における館林陣屋と高擶の地主たち（湯村章男）「郷土てんどう ：
天童郷土研究会会報」 天童郷土研究会　（39）2011.2

館林台宿町

館林台宿町の今むかし（川島維知）「群馬風土記」 群馬出版センター
14（1）通号60　2000.1

館林道

古文書で語る歴史の道（8）館林道と川俣関所通行改め（岡田昭二）「上州
文化」 群馬県教育文化事業団　102　2005.5

館林藩

山田音羽子「お国替絵巻」（1）～（4），（最終回）（編集部）「群馬風土記」

群馬出版センター　18（4）通号79/19（4）通号83　2004.10/2005.10

館林藩転封余話（1）秋元家の国替と滑津騒動（山田秀穂）「足利文林」 足
利文林会　（62）2005.5

梁田戦争と館林藩（上），（下）（山田秀穂）「群馬風土記」 群馬出版セン
ター　19（3）通号82/19（4）通号83　2005.7/2005.10

古文書解説入門講座（13）—古文書から歴史を読む 館林藩下早川田河岸
をめぐって（佐藤孝之）「ぐんま地域文化」 群馬地域文化振興会　（25）
2005.10

山田音羽子「お国替絵巻」（1）～（4）最終回（山田秀穂）「足利文林」 足
利文林会　（63）/（66）2005.10/2007.5

渡良瀬川下早川田河岸と館林藩（《群馬県特集》）（佐藤孝之）「利根川文
化研究」 利根川文化研究会　通号28　2006.6

館林藩林政の基礎的考察—明治14年「山林慣例調書」を中心に（坂本達
彦）「栃木史学」 国学院大学栃木短期大学史学会　（24）2010.3

館林藩の戊辰戦争（中），（下）（山田秀穂）「群馬風土記」 群馬出版セン
ター　26（1）通号108/26（2）通号109　2012.1/2012.04

矢嶋作郎伝 上野国秋元館林藩の奮闘（研究）（伊藤健）「徳山地方郷土史
研究」 徳山地方郷土史研究会　（35）2014.3

谷川岳

ぐんまの地名 谷川岳をめぐる地名（利根川太郎）「ぐんま地域文化」 群
馬地域文化振興会　（32）2009.5

谷川村

古文書が語る上州史（94）谷川村の鉱山開発（田畑勉）「群馬風土記」 群
馬出版センター　24（1）通号100　2010.1

多野郡

ぐんまの歴史入門講座 第108講 多野郡の変遷（浅見靖幸）「ぐんま地域文
化」 群馬地域文化振興会　（33）2009.11

多野藤岡

多野藤岡地域農民が支えた養蚕指導伝習組織『高山社』（関口覚）「群馬文
化」 群馬県地域文化研究協議会　（303）2010.7

多野藤岡地域史にみる緑野精糸社の挑戦と挫折（関口覚）「群馬文化」 群
馬県地域文化研究協議会　（309）2012.1

玉原越

群馬の峠を歩く（24）玉原越と七谷越—利根・沼田北部地域における村
と村とを結んだ峠道を訪ねて（須田茂）「上州路 ： 郷土文化誌」 あさ
を社　33（2）通号381　2006.2

玉村

慶応二年生糸運上徴収実施と改革組合村惣代層—玉村・伊勢崎・二之宮
寄場組合による反対運動を事例に（坂本達彦）「関東近世史研究」 関
東近世史研究会　（59）2005.10

中近世移行期那波・玉村の土豪（第1回例会発表記事）（簗瀬大輔）「玉村
通信」 玉村中世史研究会　（1）2011.3

玉村地域西部絵図調査から見た問題点—上新田村・下新田村・中斉田村
（第1回例会発表記事）（飯森康広）「玉村通信」 玉村中世史研究会
（1）2011.3

和田家中と城館・屋敷（第2回例会発表記事）（久保田順一）「玉村通信」
玉村中世史研究会　（1）2011.3

玉村地域における条里地割（第2回例会発表記事）（中島直樹）「玉村通信」
玉村中世史研究会　（1）2011.3

ぐんまの歴史入門講座 第131講 宇津木氏の登場—玉村の中近世移行期
（簗瀬大輔）「ぐんま地域文化」 群馬地域文化振興会　（38）2012.5

ぐんまの歴史入門講座 第132講 近世日本数学と玉村—齊藤宜長・宜義
と木暮武申（小林龍彦）「ぐんま地域文化」 群馬地域文化振興会
（38）2012.5

ぐんまの歴史入門講座 第133講 玉村の教育の歴史（関口政純）「ぐんま地
域文化」 群馬地域文化振興会　（38）2012.5

ぐんまの川と生活 玉村と利根川・烏川（澤口宏）「ぐんま地域文化」 群
馬地域文化振興会　（38）2012.5

ぐんまの人物誌 渡邉三右衛門—幕末維新期の玉村地方を克明に記録（萩
原佳子）「ぐんま地域文化」 群馬地域文化振興会　（38）2012.5

ぐんまの地名 玉村の地名（若月勝男）「ぐんま地域文化」 群馬地域文化
振興会　（38）2012.5

『三右衛門日記』にみる屋敷堀のカイボリと釣り（中島直樹）「武尊通信」
群馬歴史民俗研究会　（133）2013.3

玉村宿

幕末期における宿場機能の維持—玉村宿本陣の相続問題から（坂本達
彦）「武尊通信」 群馬歴史民俗研究会　99　2004.9

例幣使街道 玉村宿を歩く（加藤鶴男）「群馬歴史散歩」 群馬歴史散歩の
会　189　2005.5

玉村小学校

戦後の玉村小学校における教育に対する価値観の移り変わりについて
（吉田知宏）「群馬県教育史研究懇談会会報」 群馬県教育史研究懇談会

関東　　　　　　　　　　　　　　　　地名でたどる郷土の歴史　　　　　　　　　　　　　　　　群馬県

30　2005.6

玉村町

玉村町の語源を探る（飯塚敬五郎）「群馬地名だより ： 群馬地名研究会会報」　群馬地名研究会　46　2000.12

天明の泥流で埋もれた遺跡について—群馬県佐波郡玉村町の事例（中島直樹）「群馬文化」　群馬県地域文化研究協議会　281　2005.1

玉村町の古代用水路（中島直樹）「武尊通信」　群馬歴史民俗研究会　(108)　2006.12

ふるさとの文学者—玉村町「上州風」　上毛新聞社　(31)　2009.9

玉村町の小字 御殿・御門・伽藍について（特集 群馬の地名）（高橋正一）「群馬歴史散歩」　群馬歴史散歩の会　(223)　2012.3

平成23年度玉村町歴史資料館企画展「国境河川地域、玉村町の戦国時代」成果と反省（中島直樹）「玉村通信」　玉村中世史研究会　(2)　2012.3

ぐんまの歴史入門講座 第134講 玉村町の石造文化財 石造物の見方(27)（秋池武）「ぐんま地域文化」　群馬地域文化振興会　(38)　2012.5

玉村町における自然河道と用水（第5回例会発表記事 2012年7月28日（土)）（中島直樹）「玉村通信」　玉村中世史研究会　(3)　2013.3

田村利良家

上州の重要民家をたずねる(85) 田村利良家 甘楽郡甘楽町（桑原稔，家泉博，金井淑幸)「上州路 ： 郷土文化誌」　あさを社　31(7)通号362　2004.7

秩父道

峠と古道を歩く(41) 野栗峠・オバンド峠と、秩父道—佐久から山中領を経て秩父へと至る古道を訪ねて（須田茂)「上州路 ： 郷土文化誌」　あさを社　34(7)通号398　2007.7

中毛

平成の新指定—中毛編（特集 平成の新指定—中毛編）（松浦利隆)「群馬歴史散歩」　群馬歴史散歩の会　(220)　2011.7

平成の新指定—中毛編—覧表（特集 平成の新指定—中毛編）（井野修二)「群馬歴史散歩」　群馬歴史散歩の会　(220)　2011.7

千代開

中毛 宮/道城/千代開（特集 群馬の地名(3)）（福田紀雄)「群馬歴史散歩」　群馬歴史散歩の会　(231)　2013.9

千代田町

ぐんまの歴史入門講座 第144講 明和町・千代田町の石造文化財 石造物の見方(29)（秋池武)「ぐんま地域文化」　群馬地域文化振興会　(40)　2013.5

月田

月田の古文書を読む(1)（ふるさとめぐり 粕川町歴史散歩の会）（登山光善)「群馬歴史散歩」　群馬歴史散歩の会　(205)　2008.7

「月田地区文書目録」について（ふるさとめぐり 粕川町歴史散歩の会）（堀口英三)「群馬歴史散歩」　群馬歴史散歩の会　(205)　2008.7

月夜野

地域文化づくりの推進 私製「月夜野かるた」（宮崎嘉久)「群馬歴史散歩」　群馬歴史散歩の会　186　2004.9

群馬見て歩き(10) 清水街道そろり探訪—月夜野（新治)・水上・湯檜曽「上州文化」　群馬県教育文化事業団　(119)　2009.8

九十九庵

特集 伝次平さんの寺子屋「九十九庵」にみる庶民の学び「上州風」　上毛新聞社　(27)　2007.9

躑躅ケ岡

動向 名勝「躑躅ケ岡（ツツジ)」—管理のための計画（青木央子)「群馬文化」　群馬県地域文化研究協議会　(308)　2011.10

堤村

元宿村・堤村史跡散歩（大貫一雄)「桐生史苑」　桐生文化史談会　(47)　2008.3

燕峠

峠と古道を歩く(43) 須賀尾峠・燕峠と、大戸通—草津・川原湯へ至る峠と古道を訪ねて（須田茂)「上州路 ： 郷土文化誌」　あさを社　34(9)通号400　2007.9

嬬恋村立東小

嬬恋村立東小・鎌原小の閉校と東部小学校の新設（学校の統廃合のあゆみ)（森田秀策)「群馬県教育史研究懇談会会報」　群馬県教育史研究懇談会　(37)　2013.8

嬬恋村

峠を越えての文化の流入—嬬恋村の歴史的発展の中で（松島榮治)「群馬文化」　群馬県地域文化研究協議会　279　2004.7

鶴光路町

わが町の文化財散歩(3) 前橋市山王町の筆子塚と鶴光路町の筆塚（岡田昭二)「群馬歴史散歩」　群馬歴史散歩の会　(231)　2013.9

手川

中毛 手川/吹屋（特集 群馬の地名(3)）（中村倫司)「群馬歴史散歩」　群馬歴史散歩の会　(231)　2013.9

天狗岩堰用水

私の歴史散歩 天狗岩用水（勅使河原司郎)「群馬歴史散歩」　群馬歴史散歩の会　(202)　2008.1

天狗岩堰用水開削研究序説—『上毛傳説雑記』の検討からみえるもの（和田健一)「群馬歴史民俗」　群馬歴史民俗研究会　(32)　2011.3

天神

西毛 天神から天神原へ（特集 群馬の地名(3)）（須藤雅美)「群馬歴史散歩」　群馬歴史散歩の会　(231)　2013.9

天神原

西毛 天神から天神原へ（特集 群馬の地名(3)）（須藤雅美)「群馬歴史散歩」　群馬歴史散歩の会　(231)　2013.9

天良

東毛 天良/由良（特集 群馬の地名(3)）（茂木晃)「群馬歴史散歩」　群馬歴史散歩の会　(231)　2013.9

土井荘

『後二条師通記』にみえる上野国土井荘と摂関家家司藤原惟信に関する一考察（飯塚聡)「ぐんま史料研究」　群馬県立文書館　(21)　2003.10

東山道武蔵路

「東山道武蔵路」東村山でも遂に発見される（日笠山正治)「郷土研だより」　東村山郷土研究会　261　2000.3

東山道武蔵路—調査の現状と課題（根本靖)「武蔵野」　武蔵野文化協会　81(1)通号341　2005.3

東山道武蔵路保存計画について（遺構整備計画参加記録）（近内信輝)「郷土研だより」　東村山郷土研究会　(307)　2005.7

ちょっとよりみち 狭山丘陵の古代のみち—東山道武蔵路「歴史館だより」　東村山ふるさと歴史館　(37)　2010.11

NOTE「霞ノ関」の伝承—平将門と東山道武蔵路（小野一之)「あるむぜお ： 府中市郷土の森博物館だより」　府中文化振興財団府中市郷土の森博物館　(101)　2012.9

古代東山道武蔵路—越辺川から利根川まで（高柳茂)「埼玉史談」　埼玉県郷土文化会　60(4)通号316　2014.1

東山道武蔵路跡（本町2—5—2)（大井芳文)「郷土研だより」　東村山郷土研究会　(409)　2014.6

「東山道武蔵路跡」説明板の設置を祝す（大井芳文)「郷土研だより」　東村山郷土研究会　(410)　2014.7

道城

中毛 宮/道城/千代開（特集 群馬の地名(3)）（福田紀雄)「群馬歴史散歩」　群馬歴史散歩の会　(231)　2013.9

東部小学校

嬬恋村立東小・鎌原小の閉校と東部小学校の新設（学校の統廃合のあゆみ)（森田秀策)「群馬県教育史研究懇談会会報」　群馬県教育史研究懇談会　(37)　2013.8

東毛

グンマ古代史への旅(67) 東毛地域の石皿（田村博)「群馬風土記」　群馬出版センター　18(3)通号78　2004.7

「歴史」分科会 上野・東毛から部落史を探る（藤沢靖介)「東日本部落解放研究所ニュース」　東日本部落解放研究所　(72)　2007.7

東毛の秩父事件同時蜂起—太田・桐生市域を舞台に（岩根承成)「桐生史苑」　桐生文化史談会　(47)　2008.3

関西四大学交流 東毛の文化財探訪（群馬を歩く)（東宮春生)「群馬風土記」　群馬出版センター　23(4)通号99　2009.10

平成の新指定—東毛編—覧表（特集 平成の新指定—東毛編）（井野修二)「群馬歴史散歩」　群馬歴史散歩の会　(224)　2012.5

五種鈴について（国指定重要文化財）（特集 平成の新指定—東毛編）（長柄行光)「群馬歴史散歩」　群馬歴史散歩の会　(224)　2012.5

東毛三郡

東毛三郡の栃木県編入の背景について（宮崎俊弥)「群馬文化」　群馬県地域文化研究協議会　(282)　2005.4

得川

得川の佳称が徳川か（澤口宏)「群馬地名だより ： 群馬地名研究会会報」　群馬地名研究会　(74)　2010.9

戸倉

戊辰戦争と佐野藩—三国峠・上州戸倉の戦い（大高八三郎)「史談」　安蘇史談会　(18)　2002.6

古文書解読入門講座(30)—古文書から歴史を読む 一庶民が書き残した戸倉戦争—維新前夜片品の受難（大久保勝實，藤井茂樹)「ぐんま地域文化」　群馬地域文化振興会　(43)　2014.10

群馬県　　　　　　　　　　　　地名でたどる郷土の歴史　　　　　　　　　　　　関東

砥沢村

砥沢村の砥石（ぐんまの歴史入門講座）（今井幹夫）「ぐんま地域文化」 群馬地域文化振興会　15　2000.11

土塔原

北毛 柳町／土塔原／尾瀬（特集 群馬の地名（3））（中島靖浩）「群馬歴史散歩」 群馬歴史散歩の会　（231）　2013.9

利根

群馬の峠を歩く 家の串峠 沼田・利根から日光へ至る道が越えた峠、そして、勢多郡東村のタワ地名を訪ねて（須田茂）「上州路 ： 郷土文化誌」 あさを社　32（2）通号369　2005.2

中世上野の一湯治 史料をめぐって―大友氏と利根地方（《特集 シンポジウム「温泉の歴史と文化を考える」について》）（須藤聡）「武尊通信」 群馬歴史民俗研究会　（105）　2006.3

15世紀後半の上越国境領主―藪神・利根両発智氏の事例から（森田真一）「武尊通信」 群馬歴史民俗研究会　（133）　2013.3

利根川

寛保2年の利根川大洪水と川俣―川俣地区堤防の決壊（塩谷正邦）「群馬歴史散歩」 群馬歴史散歩の会　179　2003.7

古文書で語る歴史の道（4）日光例幣使街道と利根川の渡し（岡田昭二）「上州文化」 群馬県教育文化事業団　97　2004.2

交通や市町村と利根川の関わり（大島登志彦）「群馬文化」 群馬県地域文化研究協議会　（282）　2005.4

群馬の峠を歩く（17）グミ木峠と綾戸穴道―利根川上流域の山越えの峠道と川沿いの道、そしてトウの地名を訪ねて（須田茂）「上州路 ： 郷土文化誌」 あさを社　32（7）通号374　2005.7

ぐんまの川と生活 邑楽・館林地方における利根川の河道変遷（澤口宏）「ぐんま地域文化」 群馬地域文化振興会　（25）　2005.10

利根川が分けた地名（井野修二）「群馬地名だより ： 群馬地名研究会会報」 群馬地名研究会　（62）　2005.12

近世利根川上流域の刎橋と村々の負担（《群馬県特集》）（藤井茂樹）「利根川文化研究」 利根川文化研究会　通号28　2006.6

群馬と埼玉の懸け橋 利根川通妻沼村地先船橋架需（《特集 旧妻沼町（埼玉県熊谷市）》）（青木久夫）「群馬歴史散歩」 群馬歴史散歩の会　（195）　2006.7

漁撈と魚食を繋ぐ者―利根川中流域、鮎屋の民俗誌（内田幸彦）「群馬歴史民俗」 群馬歴史民俗研究会　（28）　2007.3

島村と利根川（澤口宏）「ぐんま地域文化」 群馬地域文化振興会　（28）　2007.4

利根川から端気川まで―初めて見たふるさとの水の道（加藤鶴男）「群馬歴史散歩」 群馬歴史散歩の会　（199）　2007.5

県外巡検報告 利根川を行くI（水永勝行）「川崎研究」 川崎郷土研究会　（45）　2007.5

『利根川 東遷』の書きなおし（澤口宏）「群馬文化」 群馬県地域文化研究協議会　通号291　2007.7

第97講 利根川の古海河岸（ぐんまの歴史入門講座）（瀧沢典枝）「ぐんま地域文化」 群馬地域文化振興会　（31）　2008.10

古文書解読入門講座（18）古文書から歴史を読む 利根川対岸村々の争い（小川八千代）「ぐんま地域文化」 群馬地域文化振興会　（31）　2008.10

ぐんまの川と生活 大泉と利根川（澤口宏）「ぐんま地域文化」 群馬地域文化振興会　（31）　2008.10

ぐんまの自然と風土 利根川の雑魚は今（関根和伯）「ぐんま地域文化」 群馬地域文化振興会　（31）　2008.10

利根川と向きあう人びと―島村の大水の記憶（群馬県伊勢崎市境島村地区合同調査特集）（松田香代子）「昔風と当世風」 古々路の会　（95）　2011.4

重要文化的景観 利根川・渡良瀬川合流域の水場景観（文化財レポート）（宮田裕紀枝）「群馬文化」 群馬県地域文化研究協議会　（308）2011.10

中世上野の地域構造と利根川―東上野と西上野（簗瀬大輔）「群馬県立歴史博物館紀要」 群馬県立歴史博物館　（33）　2012.3

本明川と利根川・そして干拓と水害（久保岩男）「諫早史談」 諫早史談会　（44）　2012.3

ぐんまの川と生活 玉村と利根川・烏川（澤口宏）「ぐんま地域文化」 群馬地域文化振興会　（38）　2012.5

ぐんまの自然と風土 利根川を遡るサケ（斉藤裕也）「ぐんま地域文化」 群馬地域文化振興会　（38）　2012.5

ぐんまの歴史入門講座 第140講 利根川沿岸地域の古代史二題（前澤和之）「ぐんま地域文化」 群馬地域文化振興会　（40）　2013.5

ぐんまの川と生活 邑楽の利根川（澤口宏）「ぐんま地域文化」 群馬地域文化振興会　（40）　2013.5

第97回例会記事 2013年3月17日（日）金子祥之氏「利根川輪中地域の災害対応と水利慣行」、田島豊穂氏「建物台帳からみた大間々市街地」／会員異動「武尊通信」 群馬歴史民俗研究会　（134）　2013.6

利根郡

《特集 利根郡内三校の閉校と統合》「群馬県教育史研究懇談会会報」 群馬県教育史研究懇談会　28　2003.6

群馬の峠を歩く 小麦峠と小出屋峠 利根郡東部域と渡良瀬川上流域とを結ぶ訪ねる（須田茂）「上州路 ： 郷土文化誌」 あさを社　31（11）通号366　2004.11

群馬の峠を歩く（16）数坂峠と背嶺峠―会津街道に関わる利根郡東部の峠を訪ねる（須田茂）「上州路 ： 郷土文化誌」 あさを社　32（6）通号373　2005.6

利根沼田

古地図に地名を探る―利根沼田の山と湖（1），（2）（中島靖浩）「群馬地名だより ： 群馬地名研究会会報」 群馬地名研究会　（65）／（66）　2006.9/2006.11

利根・沼田の石（《特集 群馬の石と岩の伝説》）（金井竹徳，高山正）「上州路 ： 郷土文化誌」 あさを社　33（12）通号391　2006.12

利根・沼田地域の概観―史的側面から（大会の記録）（原澤直久）「えりあぐんま」 群馬地理学会　（16）　2010.6

越後上杉氏と利根・沼田地域―『加沢記』から考える（研究）（久保田順一）「群馬文化」 群馬県地域文化研究協議会　（320）　2014.10

利根沼田北部

群馬の峠を歩く（24）玉原越と七谷越―利根・沼田北部地域における村と村とを結んだ峠道を訪ねて（須田茂）「上州路 ： 郷土文化誌」 あさを社　33（2）通号381　2006.2

利根村

図録 ぐんまの文化財 片品村・旧利根村の文化財（金井竹徳）「ぐんま地域文化」 群馬地域文化振興会　（43）　2014.10

ぐんまの歴史入門講座 第159講 片品・旧利根村の石造文化財 石造文化財の見方（32）（秋池武）「ぐんま地域文化」 群馬地域文化振興会　（43）　2014.10

富岡

第88講 富岡の工業の変遷（ぐんまの歴史入門講座）（市川肇）「ぐんま地域文化」 群馬地域文化振興会　（29）　2007.10

ぐんまの川と生活 富岡の川と生活（澤口宏）「ぐんま地域文化」 群馬地域文化振興会　（29）　2007.10

富岡銀行

富岡銀行の生糸荷為替―明治十年代における生糸資金の流通（伊藤克枝）「群馬文化」 群馬県地域文化研究協議会　（302）　2010.4

富岡市

知的財産を残す（《富岡市地域集》）（長谷川善和）「ぐんま地域文化」 群馬地域文化振興会　（29）　2007.10

図録 ぐんまの文化財 訪ねてみたい歴史的建造物（《富岡市地域集》）（永井尚寿）「ぐんま地域文化」 群馬地域文化振興会　（29）　2007.10

高校の地域教材を通してみた富岡市の特性（《平成19年度「群馬地理学会富岡大会」の記録》―テーマ 文化財を核とした甘楽・富岡地域のまちづくり）（須賀伸一）「えりあぐんま」 群馬地理学会　（14）　2008.6

野外巡検の記録 富岡市・下仁田町の伝統産業と変貌（松本大）「えりあぐんま」 群馬地理学会　（14）　2008.6

富岡市の歴史・文化財探訪コース（特集 富岡市（旧富岡市・妙義町））（富岡市観光協会）「群馬歴史散歩」 群馬歴史散歩の会　（213）　2010.3

富岡市の歴史概要（特集 富岡市（旧富岡市・妙義町））（井野修二）「群馬歴史散歩」 群馬歴史散歩の会　（213）　2010.3

富岡市の文化財（特集 富岡市（旧富岡市・妙義町））（富岡市教育委員会）「群馬歴史散歩」 群馬歴史散歩の会　（213）　2010.3

富岡市名誉市民（特集 富岡市（旧富岡市・妙義町））（富岡市）「群馬歴史散歩」 群馬歴史散歩の会　（213）　2010.3

富岡製糸場

〈特集 富岡製糸場〉「上州文化」 群馬県教育文化事業団　98　2004.5

富岡製糸場 歴史と文化（今井幹夫）「上州文化」 群馬県教育文化事業団　98　2004.5

旧富岡製糸場の建築的価値について（村田敬一）「上州文化」 群馬県教育文化事業団　98　2004.5

富岡製糸場と杉並蚕糸試験場（新村康敏）「杉並郷土史会史報」 杉並郷土史会　186　2004.7

富岡製糸場を世界遺産に（松浦利隆）「群馬歴史散歩」 群馬歴史散歩の会　188　2005.1

旧富岡製糸場を世界遺産に「上州風」 上毛新聞社　22　2005.7

教科書に載った富岡製糸場（松本明）「群馬文化」 群馬県地域文化研究協議会　（284）　2005.10

富岡製糸場を世界遺産に（松浦利隆）「群馬文化」 群馬県地域文化研究協議会　（284）　2005.10

「夢」に向け「知」の集い 富岡製糸場で「世界遺産講演会」（西岡聡，石井寛治，嶋崎昭典）「上州風」 上毛新聞社　23　2005.11

「伊豆」明治初期の殖産興業 桑植え・養蚕・生糸生産等 1872（明治5）年、官営富岡製糸場 伊豆松崎や韮山から伝習生参加「豆州歴史通信」豆州研究社歴史通信部 （358）2006.2

その2、絹の道 富岡製糸場場長と彰義隊の関係／甘楽の天野八郎・吉野藤と吉野秀雄そして山脇道子の不思議な関係「谷中・根津・千駄木」谷根千工房 （84）2006.7

富岡製糸場の経営実態とその影響力（今井幹夫）「群馬文化」群馬県地域文化研究協議会 通号288 2006.10

「まちづくりスケッチ散歩」甦れ、近代化産業遺産・富岡製糸場の遺伝子《特集「上州路」創刊400号記念 群馬の今日、そして未来》（寺崎喜三）「上州路：郷土文化誌」あさを社 34（9）通号400 2007.9

歴史を掘る 原富岡製絲場終業案内にみる富岡製糸場経営の誇り《富岡市地域集》（近藤功）「ぐんま地域文化」群馬地域文化振興会 （29）2007.10

地域づくりと文化遺産 富岡製糸場と地域づくり（大島康弘）「ぐんま地域文化」群馬地域文化振興会 （29）2007.10

純水館・茅ヶ崎製糸場と富岡製糸場（世界遺産暫定リスト記載）（羽切信夫）「郷土ちがさき」茅ヶ崎郷土会 （113）2008.9

日本シルクロード 富岡製糸場探訪記（群馬を歩く）（東宮春生）「群馬風土記」群馬出版センター 通号96 2009.1

文化財巡り 富岡製糸場・名勝「楽山園」をみる（小野美恵子）「氏家の歴史と文化」氏家歴史文化研究会 （8）2009.3

富岡製糸場と秋の上州路探訪（藤井昭八）「月の輪」富士宮市郷土史同好会 （24）2009.6

開化錦絵「富岡製糸場」はどのようにしてつくられたか《特集 世界遺産へ》（小野瀬和男）「群馬歴史散歩」群馬歴史散歩の会 （211）2009.10

世界遺産は蚕糸業の救世主となるか《特集 世界遺産へ》（土屋真志）「群馬歴史散歩」群馬歴史散歩の会 （211）2009.10

富岡製糸場（広域特集—第34回上伊那歴史研究会県外実地踏査報告）（中村敬）「伊那路」上伊那郷土研究会 53（12）通号635 2009.12

富岡製糸場を訪ねて（群馬を歩く）（藤井徳子）「群馬風土記」群馬出版センター 24（1）通号100 2010.1

富岡製糸場ゆかりの人々（特集 富岡市（旧富岡市・妙義町））（富岡市）「群馬歴史散歩」群馬歴史散歩の会 （213）2010.3

富岡製糸場に行った上高井の工女たち—生血をとられるという風評の中で（井上光由）「須高」須高郷土史研究会 （73）2011.10

史話 富岡製糸場の伝習工女に上った五島の娘たち—明治十年代の長崎県勧業課文書から（内海紀雄）「浜木綿：五島文化協会同人誌」五島文化協会 （93）2012.5

連載コラム 生きた町の歴史を知ろう（2）富岡製糸場、世界遺産へ（小林竜太郎）「長野」長野郷土史研究会 （294）2014.4

富岡製糸場と静岡藩出身者（樋口雄彦）「静岡県近代史研究会会報」静岡県近代史研究会 （429）2014.6

富岡製糸場は横須賀造船所の妹（村上泰賢）「たつなみ：顕彰会機関誌」小栗上野介顕彰会 （39）2014.8

富岡製糸場の天井・千葉黎明高生徒館に似てる！「郷土八街」八街郷土史研究会 （24）2014.8

富岡製糸場を見学して（佐山淳史）「にーだんご」くにたちの暮らしを記録する会 （27）2014.9

富岡町

富岡町の元和3年の検地帳と現況—歴史に学ぶこと（今井幹夫）「群馬文化」群馬県地域文化研究協議会 273 2003.1

第87講 新田開発で生まれた富岡町（ぐんまの歴史入門講座）（今井幹夫）「ぐんま地域文化」群馬地域文化振興会 （29）2007.10

旧富沢家住宅

旧富沢家住宅（国指定重要文化財）吾妻郡中之条町（桑原稔，川嵜清和）「上州路：郷土文化誌」あさを社 32（12）通号379 2005.12

豊田屋

駅弁 旅の友、土地の味／駅前旅館の草分け豊田屋125年「上州風」上毛新聞社 18 2004.3

永井

倉内（くらうち）沼田市東倉内町・西倉内町／老神（おいがみ）沼田市利根町老神／永井（ながい）利根郡みなかみ町永井／菅沼（すげぬま）・丸沼（まるぬま）・大尻沼（おおしりぬま）利根郡片品村東小川（特集 群馬の地名）（中島靖浩）「群馬歴史散歩」群馬歴史散歩の会 （223）2012.3

永井宿

古文書が語る上州史（79）三国街道永井宿（田畑勉）「群馬風土記」群馬出版センター 20（2）通号85 2006.4

中小坂鉄山

中小坂鉄山・製鉄所跡と原田喬さん（外山和夫）「群馬文化」群馬県地域文化研究協議会 277 2004.1

中小坂鉄山・青倉石灰（原田喬）「群馬歴史散歩」群馬歴史散歩の会 183 2004.3

幕末の海防と反射炉・中小坂鉄山（原田喬）「銃砲史研究」日本銃砲史学会 （374）2012.12

中斉田村

玉村地域西部絵図調査から見た問題点—上新田村・下新田村・中斉田村（第1回例会発表記事）（飯森康広）「玉村通信」玉村中世史研究会 （1）2011.3

中里村

中里村の秩父事件（1）（飯島積）「グループ秩父事件会報」グループ秩父事件事務局 76 2000.8

奥多野山村の現状と課題—旧中里村児童生徒の地域認識（〈群馬地理学会10周年記念大会「過疎山村の振興と担い手育成—誕生した神流町のこれから」〉）（西野寿章）「えりあぐんま」群馬地理学会 （10）2004.5

山村のPTA活動の思い出《特集 分校物語》—中里村の分校のくらし）（高橋隆）「上州路：郷土文化誌」あさを社 34（5）通号396 2007.5

中島知久平邸

ぐんまの歴史入門講座 第113講 中島知久平邸（島田孝雄）「ぐんま地域文化」群馬地域文化振興会 （33）2010.5

中島知久平邸—発見資料からわかったこと（特集 太田市の文化財）（静野勝司）「群馬歴史散歩」群馬歴史散歩の会 （226）2012.9

中島飛行機

「中島飛行機」創業の地 尾島町の思い出（河田房江）「浅川地下壕の保存をすすめる会ニュース」浅川地下壕の保存をすすめる会 27 2002.4

シンポジウム「武蔵野の"戦争のきずあと"を探る」—中島飛行機と空襲・戦争遺跡を中心に「戦争のきずあと・むさしの」武蔵野の空襲と戦争遺跡を記録する会 5 2003.2

駒場公園 旧前田侯爵邸は、中島飛行機本社の疎開先だった（上野勝也）「戦争のきずあと・むさしの」武蔵野の空襲と戦争遺跡を記録する会 12 2004.7

坪井信男の中島飛行機歴史概論（1）《特集 上州自分史》（碇穹一）「群馬風土記」群馬出版センター 22（2）通号93 2008.4

坪井信男の中島飛行機歴史概論（2）《特集 先人との出会い》（碇穹一）「群馬風土記」群馬出版センター 22（3）通号94 2008.7

私の中の中島飛行機（群馬を歩く）（町田達雄）「群馬風土記」群馬出版センター 22（4）通号95 2008.10

中島飛行機の二つの青年学校に関する資料紹介—武蔵野青年学校移転・新築申請（1940年）と多摩青年学校開設申請（1942年）（牛田守彦）「戦争のきずあと・むさしの」武蔵野の空襲と戦争遺跡を記録する会 （39）2011.5

空襲と東南海地震による中島飛行機の伊那疎開と終戦（久保田誼）「伊那路」上伊那郷土研究会 55（8）通号655 2011.8

現伊那小学校ほか数校に中島飛行機疎開計画—児童労働で戦闘機生産遂行ねらう（終戦特集号）（久保田登）「伊那路」上伊那郷土研究会 57（8）通号679 2013.8

中島飛行機小泉製作所

地下壕よくわかーるすぐわかーる 中島飛行機小泉製作所日記（斉藤勉）「浅川地下壕の保存をすすめる会ニュース」浅川地下壕の保存をすすめる会 35 2003.8

地下壕よくわかーるすぐわかーる 浅川地下工場と三鷹航空工業比企地下工場に関わった兵隊 松本秀夫「中島飛行機小泉製作所日記」から（2）（斉藤勉）「浅川地下壕の保存をすすめる会ニュース」浅川地下壕の保存をすすめる会 36 2003.10

中之条小学校

伊参小学校の中之条小学校への統合について（学校の統廃合のあゆみ）（剣持千秋）「群馬県教育史研究懇談会会報」群馬県教育史研究懇談会 （37）2013.8

中之条中学校

中之条町立西中学校の中之条中学校への統合（特集II 学校の統廃合）（剣持千秋）「群馬県教育史研究懇談会会報」群馬県教育史研究懇談会 （38）2014.8

中之条盆地

天明浅間山噴火災害絵図の読解による泥流の流下特性—中之条盆地における泥流範囲復原から（大浦瑞代）「歴史地理学」歴史地理学会，古今書院（発売）50（2）通号238 2008.3

中之条町

中之条町の川の地名（奈良有重）「群馬地名だより：群馬地名研究会会報」群馬地名研究会 53 2003.3

峠—その歴史的背景をさぐる 中之条町 木根宿峠（三坂峠）、三国峠（上）（須田茂）「上州路：郷土文化誌」あさを社 31（2）通号357 2004.2

峠—その歴史的背景をさぐる 中之条町 木根宿峠（三坂峠）、三国峠（下）（亀井健一）「上州路：郷土文化誌」あさを社 31（3）通号358

2004.3

図録 ぐんまの文化財 中之条町の文化財（《中之条町地域特集》）（剱持直樹）「ぐんま地域文化」 群馬地域文化振興会 （30） 2008.4

第94講 中之条町の石造文化財 石造文化財の見方（19）（ぐんまの歴史入門講座）（秋池武）「ぐんま地域文化」 群馬地域文化振興会 （30） 2008.4

新中之条町の誕生まで（特集 中之条町（旧中之条町・六合村））（唐澤定市）「群馬歴史散歩」 群馬歴史散歩の会 （216） 2010.10

市域の渡船場（特集 中之条町（旧中之条町・六合村））（中澤恒夫）「群馬歴史散歩」 群馬歴史散歩の会 （216） 2010.10

中之条町の歴史の道散歩（特集 中之条町（旧中之条町・六合村））（田村正勝）「群馬歴史散歩」 群馬歴史散歩の会 （216） 2010.10

中之条町立第三小学校

中之条町立第三小学校の統合（丸山不二夫，剣持千秋）「群馬県教育史研究懇談会会報」 群馬県教育史研究懇談会 30 2005.6

中之条町立西中学校

中之条町立西中学校の中之条中学校への統合（特集II 学校の統廃合）（剣持千秋）「群馬県教育史研究懇談会会報」 群馬県教育史研究懇談会 （38） 2014.8

長野堰

古代の長野堰（五十嵐信）「高崎市市史編さんだより」 高崎市 26 2003.2

長野堰の水利慣行——一貫堀五具堰におけるオタハライをめぐって（飯島康夫）「高崎市史研究」 高崎市 18 2003.9

失われた風景 長野堰のほとりいまむかし（関口ふさの）「上州路 ： 郷土文化誌」 あさを社 31（11）通号366 2004.11

長野原町

長野原町の中世遺跡近況（飯森康広）「群馬歴史散歩」 群馬歴史散歩の会 （199） 2007.5

図録 ぐんまの文化財 長野原町の文化財—防空監視哨聴音壕跡について（白石光男）「ぐんま地域文化」 群馬地域文化振興会 （42） 2014.5

ぐんまの歴史入門講座 第152講 天明泥流災害と長野原町（藤巻幸男）「ぐんま地域文化」 群馬地域文化振興会 （42） 2014.5

ぐんまの歴史入門講座 第154講 長野原町の石造文化財 石造文化財の見方（31）（秋池武）「ぐんま地域文化」 群馬地域文化振興会 （42） 2014.5

長谷

上野国衙所在地を示す「長谷」地名（近藤義雄）「群馬地名だより ： 群馬地名研究会会報」 群馬地名研究会 55 2003.9

中山峠

群馬の峠を歩く（18）中山峠・発坂峠から三国峠へ（1）—万里集九の『梅花無尽蔵』などを中心として見た中世における三国峠越え（須田茂）「上州路 ： 郷土文化誌」 あさを社 32（8）通号375 2005.8

群馬の峠を歩く（19）中山峠・発坂峠から三国峠へ（2）—『出雲国風土記』を参照しての、上野国北部域の古代通路の復元の試み（須田茂）「上州路 ： 郷土文化誌」 あさを社 32（9）通号376 2005.9

ナガラ

ぐんまの地名 イズミとナガラの地名考（澤口宏）「ぐんま地域文化」 群馬地域文化振興会 （31） 2008.10

南雲

中近世移行期の上野南雲地衆と地域社会（特集 地域史研究の最前線 PartII—群馬の中世史—研究発表）（簗瀬大輔）「群馬文化」 群馬県地域文化研究協議会 （311） 2012.7

名胡桃城

名胡桃城と北条氏の滅亡（《特集 利根郡みなかみ町（旧利根郡水上町・月夜野町・新治村）》）（渋谷浩）「群馬歴史散歩」 群馬歴史散歩の会 （207） 2009.1

ぐんまの歴史入門講座 第101講 戦国時代の利根・沼田名胡桃城について（飯塚満之）「ぐんま地域文化」 群馬地域文化振興会 （32） 2009.5

七日市藩

七日市藩における藩主交代年の儀礼経費について（田畑勉）「群馬文化」 群馬県地域文化研究協議会 277 2004.1

七日市藩の米手形（佐藤義一）「宇須比」 松井田町文化会 （55） 2006.11

那波郡

グンマ古代史への旅（68）那波郡の屋敷跡（石守晃）「群馬風土記」 群馬出版センター 18（4）通号79 2004.10

生枝村

真田氏統治下沼田領の耕地開発について—高平村・生枝村を例に（藤井茂樹）「群馬文化」 群馬県地域文化研究協議会 （306） 2011.4

楢原村

安政期における楢原・神原村寄場組合（坂本達彦）「武尊通信」 群馬歴史民俗研究会 （128） 2011.12

南玉

活動レポート フィールドワーク 南玉から下之宮をたずねて（飯森康広）「玉村通信」 玉村中世史研究会 （2） 2012.3

南郷小

昭和60年度 東部地区へき地教育指導者講座について—南郷小の実践（菊間茂）「群馬県教育史研究懇談会会報」 群馬県教育史研究懇談会 28 2003.6

南郷小学校

戦前編 南郷・根利・入須川小学校の歩んだ道（三小学校の歴史）（渋谷浩）「群馬県教育史研究懇談会会報」 群馬県教育史研究懇談会 28 2003.6

戦後編（三小学校の歴史）（岸衛）「群馬県教育史研究懇談会会報」 群馬県教育史研究懇談会 28 2003.6

南郷の曲屋

地域づくりと文化遺産 地域人材による文化財の活用と保存—「南郷の曲屋」、「吹割の滝」の場合（山口勝彦、藤井茂樹）「ぐんま地域文化」 群馬地域文化振興会 （43） 2014.10

南牧

ぐんまの職人文化 南牧和紙（市川肇）「ぐんま地域文化」 群馬地域文化振興会 15 2000.11

戦国期西上野地域領主の史的考察—南牧衆中の市川氏について（恩田登）「武田氏研究」 武田氏研究会，岩田書院（発売） （47） 2013.3

南牧関所

古文書解読入門講座（16）古文書から歴史を読む 入湯のための南牧関所の通行手形—安永4年四月男女4人（今井幹夫）「ぐんま地域文化」 群馬地域文化振興会 （29） 2007.10

新田山

万葉集東歌 新田山の歌の新解釈（下）（山口益之）「群馬風土記」 群馬出版センター 18（1）通号76 2004.1

新田山から金山へ 太田市金山町ほか／矢太神水源と石田川 太田市新田大根町（特集 群馬の地名）（茂木晃）「群馬歴史散歩」 群馬歴史散歩の会 （223） 2012.3

新治小学校

みなかみ町立新治小学校の統合の経緯（特集 学校の統廃合のあゆみ—公立小学校の統廃合）（利根川太郎）「群馬県教育史研究懇談会会報」 群馬県教育史研究懇談会 （34） 2010.8

新治村

三国街道と宿場 新治村を中心に（《特集 利根郡みなかみ町（旧利根郡水上町・月夜野町・新治村）》）（見城孝司）「群馬歴史散歩」 群馬歴史散歩の会 （207） 2009.1

新堀村

新堀村名主細矢家文書（中島徳造）「宇須比」 松井田町文化会 （53） 2005.10

二軒茶屋

群馬県安中市西上秋間の二軒茶屋と三軒茶屋（久保康顕）「えりあぐんま」 群馬地理学会 （15） 2009.6

西吾妻

西吾妻に育まれた交流の地域史（飯森康広）「武尊通信」 群馬歴史民俗研究会 99 2004.9

西北谷戸

西北谷戸の貯水池碑文の怪（上原富次）「宇須比」 松井田町文化会 （53） 2005.10

西上野

戦国期西上野地域領主の史的考察—南牧衆中の市川氏について（恩田登）「武田氏研究」 武田氏研究会，岩田書院（発売） （47） 2013.3

戦国大名武田氏の西上野支配と箕輪城代—内藤昌月宛「在城証書」の検討を中心に（丸島和洋）「地方史研究」 地方史研究協議会 64（3）通号369 2014.6

西国分

東国分（ひがしこくぶ）高崎市東国分町／西国分（にしこくぶ）高崎市西国分町（特集 群馬の地名）（松嶋行雄）「群馬歴史散歩」 群馬歴史散歩の会 （223） 2012.3

西上州

西上州の峠越えの道と関所（ぐんまの歴史入門講座）（岡田昭二）「ぐんま地域文化」 群馬地域文化振興会 15 2000.11

西上州における信州米市場をめぐる市立て紛争の展開—西牧領本宿村の天明5年『穀市立て訴訟記録』の紹介（井上définoyuki）「ぐんま史料研究」 群馬県立文書館 （18） 2003.3

生類憐みの政策の本質—獣害に苦しんだ西上州の山村（《大会特集II 茨

城の歴史的環境と地域形成〉―〈問題提起〉）（武井弘一）「地方史研究」 地方史研究協議会 58（5）通号335 2008.10

近世前期西上州の漆年貢についての一考察―鬼石領を中心に（研究ノート）（須藤聡）「群馬歴史民俗」 群馬歴史民俗研究会 （34）2013.3

高札場 五月例会 新緑の西上州史跡探訪/寄贈資料/新会員紹介「練馬郷土史研究会会報」 練馬郷土史研究会 （345）2013.5

西牧

古文書が語る上州史（70）西牧領の新市紛争（田畑勉）「群馬風土記」 群馬出版センター 18（1）通号76 2004.1

上州の戦い 国嶺・西牧・石倉城の戦い（山田義彦）「群馬風土記」 群馬出版センター 18（2）通号77 2004.4

西牧関所

姫街道と西牧関所（今井幹夫）「群馬歴史散歩」 群馬歴史散歩の会 183 2004.3

仁田山

黒川・仁田山の中世城館を探る（萩谷千明）「桐生史苑」 桐生文化史談会 （52）2013.3

日光御成道

日光御成道における助郷制の展開（兼子順）「浦和市史研究」 浦和市総務部 15 2000.3

幕末・維新期における日光御成道の助郷制（兼子順）「浦和市史研究」 浦和市総務部 16 2001.3

街道に今も残りし市のたから―中山道・日光御成道・赤山街道・鎌倉街道を巡る「榧りぽーと ： さいたま市文化財時報」 さいたま市教育委員会生涯学習部 （30）2008.9

特別展「日光御成道」を開催しました「あかんさす ： さいたま市立浦和博物館館報」 さいたま市立浦和博物館 40（1）通号102 2012.1

特別展関連講座「日光御成道周辺地域のくらし」を開催しました「あかんさす ： さいたま市立浦和博物館館報」 さいたま市立浦和博物館 40（2）通号103 2012.3

日光御成道 鳩ヶ谷宿本陣 船戸家の系譜（伊澤隆男）「川口史林 ： 川口市郷土史会々誌」 川口市郷土史会 （77）2012.3

川口市・鳩ヶ谷市合併記念 日光御成道シンポジウム―二つの宿場をつなぐ道（加藤信明）「郷土はとがや ： 鳩ヶ谷郷土史会会報」 鳩ヶ谷郷土史会 （69）2012.5

日光御成道史跡めぐりの旅（畦上百合子）「川口史林 ： 川口市郷土史会々誌」 川口市郷土史会 （78）2013.3

日光御成道 鳩ヶ谷を歩く（山野八重子）「川口史林 ： 川口市郷土史会々誌」 川口市郷土史会 （79）2014.3

日光例幣使街道

古文書で語る歴史の道（4）日光例幣使街道と利根川の渡し（岡田昭二）「上州文化」 群馬県教育文化事業団 97 2004.2

例幣使街道と周辺の石造物（都筑祥之）「上州路 ： 郷土文化誌」 あさを社 31（9）通号364 2004.9

日光例幣使と公家の関東下向（宍戸忠男）「風俗史学 ： 日本風俗史学会誌」 日本風俗史学会 （29）2005.1

日光例幣使の展開と朝幕関係（第54回日本史関係卒業論文発表会要旨）（杉山哲司）「地方史研究」 地方史研究協議会 63（3）通号363 2013.6

日光例幣使道

伊勢崎市と全体図/伊勢崎市まつり歳時記/伊勢崎まちなか探検マップ/国定忠治と市内ゆかりの地/日光例幣使道の由来/粉文化に支えられた伝統食/伊勢崎市物産協会一覧/伊勢崎ショッピングガイド（《特集 伊勢崎市（旧伊勢崎市・佐波郡赤堀村・東村・境町）》）（伊勢崎市文化観光課、伊勢崎市観光協会）「群馬歴史散歩」 群馬歴史散歩の会 （203）2008.3

日光例幣使道の設定と13宿場の機能について（茂木晃）「群馬地名だより ： 群馬地名研究会会報」 群馬地名研究会 （83）2013.7

日光例幣使道 その2（太田宿）（茂木晃）「群馬地名だより ： 群馬地名研究会会報」 群馬地名研究会 （84）2013.10

日光例幣使道の設定と十三宿場の機能について（茂木晃）「全国地名研究交流誌 地名談話室」 日本地名研究所 （28）2013.11

日光脇往還

北毛と東毛を結ぶ古道 根利道（日光脇往還）（川池三男）「群馬歴史散歩」 群馬歴史散歩の会 177 2003.3

新田

ぐんまの歴史入門講座 第114講 新田・尾島地区の石造文化財 石造物の見方（23）（秋池武）「ぐんま地域文化」 群馬地域文化振興会 （34）2010.5

新田郡庁

歴史を掘る 上野国新田郡庁跡（小宮豪）「ぐんま地域文化」 群馬地域文化振興会 （33）2009.11

新田城

佐竹義重の新田・館林両城攻撃（菅野郁雄）「福島史学研究」 福島県史学会 （91）2013.3

新田荘

新田荘の成立をめぐって（久保田順一）「群馬文化」 群馬県地域文化研究協議会 276 2003.10

新田荘の国境河川地域（簗瀬大輔）「群馬文化」 群馬県地域文化研究協議会 277 2004.1

中世新田荘からみた石造物の生産と流通（《大会特集II 交流の地域史―ぐんまの山・川・道》―〈問題提起〉）（國井洋子）「地方史研究」 地方史研究協議会 54（5）通号311 2004.10

史跡探訪 太平記の里「新田の荘」と徳川発祥の地（桃井禎）「かつしか台地 ： 野田地方史懇話会会誌」 野田地方史懇話会 （41）2011.3

二之宮

慶応二年生糸運上徴収実施と改革組合村惣代層―玉村・伊勢崎・二之宮寄場組合による反対運動を事例に（坂本達彦）「関東近世史研究」 関東近世史研究会 （59）2005.10

丹生

丹生考（三津間弘）「群馬風土記」 群馬出版センター 18（2）通号77 2004.4

丹生東城

丹生東城跡（永井尚寿）「群馬文化」 群馬県地域文化研究協議会 通号285 2006.1

如来堂村

消えゆく地名残そう 「如来堂村」石碑に刻む「群馬地名だより ： 群馬地名研究会会報」 群馬地名研究会 （66）2006.11

沼田

上州の戦い（23）北条氏の沼田攻め（山田義彦）「群馬風土記」 群馬出版センター 17（2）通号73 2003.4

群馬の峠を歩く 家の串峠 沼田・利根から日光へ至る道が越えた峠、そして、勢多郡東村のタワ地名を訪ねて（須員茂）「上州路 ： 郷土文化誌」 あさを社 32（2）通号369 2005.2

上州真田の里・沼田を歩く（《特集 沼田市（旧沼田市・利根郡白沢村・利根村）》）（中島靖浩）「群馬歴史散歩」 群馬歴史散歩の会 （204）2008.5

資料紹介 「沼田のベエ凧」（神宮善彦）「群馬県立歴史博物館紀要」 群馬県立歴史博物館 （31）2010.3

戦国期境目地域における在地領主の動向―上野国沼田地域と小川可遊斎を中心として（大貫茂紀）「中央史学」 中央史学会 （33）2010.3

中近世の上野国沼田をめぐる交通路と町場―勢多郡森下を中心として（須藤聡）「双文」 群馬県立文書館 28 2011.3

真田氏統治下沼田領の耕地開発について―高平村・生枝村を例に（藤井茂樹）「群馬文化」 群馬県地域文化研究協議会 （306）2011.4

戦国前期上野国沼田氏の動向（黒田基樹）「武田氏研究」 武田氏研究会, 岩田書院（発売）（45）2012.3

史料紹介 『下河田検地帳』二点（上）,（下）―真田信幸の沼田領文禄二年検地（丸島和洋）「信濃 ［第3次］」 信濃史学会 66（2）通号769/66（4）通号771 2014.2/2014.4

豊臣政権下の真田氏と上野国沼田領検地―天正・文禄期『下河田検地帳』の分析を中心に（鈴木将典）「信濃 ［第3次］」 信濃史学会 66（2）通号769 2014.2

北毛 沼田（特集 群馬の地名）（中島靖浩）「群馬歴史散歩」 群馬歴史散歩の会 （236）2014.10

沼田市

沼田市内の史跡巡り 上州真田の里を訪ねて（宮前日回）「須高」 須高郷土史研究会 （58）2004.4

沼田城

城めぐり（2）上田城・松代城・沼田城（平野茂）「下野史談」 下野史談会 95 2002.6

沼田藩

ぐんまの歴史入門講座 第117講 沼田藩農民の訴願行動―「お助け縄」を語り継いだ精神（藤井茂樹）「ぐんま地域文化」 群馬地域文化振興会 （35）2010.11

沼田藩の漆年貢について（藤井茂樹）「武尊通信」 群馬歴史民俗研究会 （129）2012.3

鼠替戸

シリーズ鼠地名を訪ねて（4）鼠替戸（長谷川恩）「群馬地名だより ： 群馬地名研究会会報」 群馬地名研究会 （61）2005.9

鼠ヶ谷戸

シリーズ鼠地名を訪ねて（3）鼠ヶ谷戸（長谷川恩）「群馬地名だより ： 群馬地名研究会会報」 群馬地名研究会 59 2005.3

群馬県　　　　　　　　　　　　　　　　地名でたどる郷土の歴史　　　　　　　　　　　　　　　　関東

鼠島

シリーズ鼠地名を訪ねて(2) 鼠島(長谷川恩)「群馬地名だより : 群馬地名研究会会報」 群馬地名研究会 56 2003.11

鼠塚

シリーズ鼠地名を訪ねて(1) 鼠塚(長谷川恩)「群馬地名だより : 群馬地名研究会会報」 群馬地名研究会 55 2003.9

鼠屋敷

シリーズ鼠地名を訪ねて(5) 鼠屋敷(長谷川恩)「群馬地名だより : 群馬地名研究会会報」 群馬地名研究会 (62) 2005.12

根利小学校

戦前編 南郷・根利・入須川小学校の歩んだ道(三小学校の歴史)(渋谷浩)「群馬県教育史研究懇談会会報」 群馬県教育史研究懇談会 28 2003.6

戦後編(三小学校の歴史)(岸衛)「群馬県教育史研究懇談会会報」 群馬県教育史研究懇談会 28 2003.6

根利小・中学校の思い出(吉田司)「群馬県教育史研究懇談会会報」 群馬県教育史研究懇談会 28 2003.6

根利中学校

根利小・中学校の思い出(吉田司)「群馬県教育史研究懇談会会報」 群馬県教育史研究懇談会 28 2003.6

根利道

北毛と東毛を結ぶ古道 根利道(日光脇往還)(川池三男)「群馬歴史散歩」 群馬歴史散歩の会 177 2003.3

根利山

ぐんまの歴史入門講座 第158講 足尾銅山裏山史(根利山)(高山正)「ぐんま地域文化」 群馬地域文化振興会 (43) 2014.10

野口正雄家

上州の重要民家をたずねる(73) 野口正雄家(桑原稔, 西村利夫)「上州路 : 郷土文化誌」 あさを社 30(7)通号350 2003.7

野栗峠

峠と古道を歩く(41) 野栗峠・オバンド峠と、秩父道—佐久から山中領を経て秩父へと至る古道を訪ねて(須田茂)「上州路 : 郷土文化誌」 あさを社 34(7)通号398 2007.7

野反

野反 「のとりの池」に由来(中村一雄)「群馬地名だより : 群馬地名研究会会報」 群馬地名研究会 54 2003.5

野反池

野反池の原風景(田中隆志)「武尊通信」 群馬歴史民俗研究会 (106) 2006.6

野反峠

群馬の峠を歩く(13) 野反峠と地蔵峠 吾妻郡六合村から新潟県魚沼地方へ越えた峠を訪ねて(須田茂)「上州路 : 郷土文化誌」 あさを社 32(3)通号370 2005.3

野田宿

伊香保路と野田宿—『吉岡村誌』にみる野田宿・森田家(森田均)「群馬歴史散歩」 群馬歴史散歩の会 (223) 2012.3

芳賀村

角田金五郎が記録した「スペイン風邪」旧勢多郡芳賀村周辺の実相(加藤鶴男)「群馬歴史散歩」 群馬歴史散歩の会 (215) 2010.7

迫母

北毛 迫母(特集 群馬の地名)(中島靖浩)「群馬歴史散歩」 群馬歴史散歩の会 (236) 2014.10

端気川

利根川から端気川まで—初めて見たふるさとの水の道(加藤鶴男)「群馬歴史散歩」 群馬歴史散歩の会 (199) 2007.5

箱田

群馬県勢多郡北橘村箱田電話帳からみた「箱田伝説」(根井立比古)「史學義仲」 木曽義仲史学会 (7) 2005.11

箱田城

上野城 箱田城 わたしの故郷の古城(森田武)「城」 東海古城研究会 (215) 2014.6

波志江

グンマ古代史への旅(74) 波志江の中世屋敷(石守晃)「群馬風土記」 群馬出版センター 20(2)通号85 2006.4

橋倉分校

橋倉分校の思い出《《特集 分校物語》—中里村の分校のくらし(湯沢浩子, 桜沢志げる)「上州路 : 郷土文化誌」 あさを社 34(5)通号396 2007.5

鉢形城

上州の戦い 鉢形城の戦い(山田義彦)「群馬風土記」 群馬出版センター 18(3)通号78 2004.7

羽尾

信玄の領地裁定と鎌原・羽尾合戦(上),(下)(唐沢邦武)「群馬風土記」 群馬出版センター 20(3)通号86/20(4)通号87 2006.7/2006.10

ぐんまの地方豪族 羽尾一族の悲劇(久保田順一)「ぐんま地域文化」 群馬地域文化振興会 (42) 2014.5

羽尾城

ぐんまの歴史入門講座 第151講 羽尾城と羽尾氏について(唐澤定市)「ぐんま地域文化」 群馬地域文化振興会 (42) 2014.5

浜名寛家

上州の重要民家をたずねる(77) 浜名寛家(桑原稔, 池田修, 家泉博)「上州路 : 郷土文化誌」 あさを社 30(11)通号354 2003.11

榛名湖

ぐんまの自然と風土 ワカサギ漁業と湖沼の生態系—榛名湖の調査から(栗田秀男)「ぐんま地域文化」 群馬地域文化振興会 (27) 2006.10

榛名山

郷土の偉人・榛名編(《特集 榛名山麓を巡る》)「上州路 : 郷土文化誌」 あさを社 33(8)通号387 2006.8

榛名山社家町の水組(飯島康夫)「武尊通信」 群馬歴史民俗研究会 (121) 2010.3

榛名峠城

榛名峠城は権現山城ではない(赤見初夫)「群馬歴史散歩」 群馬歴史散歩の会 (213) 2010.3

榛名町

ケイヤクとムラ—群馬県榛名町の事例から(飯島康夫)「武尊通信」 群馬歴史民俗研究会 100 2004.12

《特集 新田氏交流「里見氏の郷」榛名町からの発信》「上州路 : 郷土文化誌」 あさを社 32(3)通号370 2005.3

第65講 榛名町の石造文化財石造文化財の見方(13)(ぐんまの歴史入門講座)(近藤義雄)「ぐんま地域文化」 群馬地域文化振興会 (24) 2005.5

旧榛名町におけるナンバースクールの消長(《特集 ナンバースクールの消長》)(森田秀策)「群馬県教育史研究懇談会会報」 群馬県教育史研究懇談会 (33) 2009.8

東吾妻町

東吾妻町の力石 力石四方山ばなし(《特集 群馬の石と岩の伝説》)(小池利夫)「上州路 : 郷土文化誌」 あさを社 33(12)通号391 2006.12

東吾妻町 指定文化財地図/東吾妻町 指定文化財一覧(東吾妻町の文化財(特集 東吾妻町(旧吾妻郡吾妻町・東町))(東吾妻町教育委員会)「群馬歴史散歩」 群馬歴史散歩の会 (214) 2010.5

東国分

東国分(ひがしこくぶ)高崎市東国分町/西国分(にしこくぶ)高崎市西国分町(特集 群馬の地名)(松嶋行雄)「群馬歴史散歩」 群馬歴史散歩の会 (223) 2012.3

東善町

わが町の文化財散歩(2)—前橋市東善町の「硯塚」と「手習條目」(岡田昭二)「群馬歴史散歩」 群馬歴史散歩の会 (229) 2013.5

東谷

ぐんまの歴史入門講座 第156講 上杉謙信の越山と利根郡東谷の地侍(諸田義行)「ぐんま地域文化」 群馬地域文化振興会 (43) 2014.10

東谷風穴

東谷風穴について(文化財レポート)(剱持直樹)「群馬文化」 群馬県地域文化研究協議会 (309) 2012.1

彦部

西の彦部と東の彦部(菱沼一憲)「武尊通信」 群馬歴史民俗研究会 (120) 2009.12

彦部家舘

中世城舘の佇まいを残す 彦部家舘の遺構(西ヶ谷恭弘)「城郭だより : 日本城郭史学会会報」「日本城郭史学会」 (81) 2013.4

菱

古代の菱は鉄の里—地名から菱の語源と歴史を探る(藤井光男)「桐生史苑」 桐生文化史談会 (45) 2006.3

日高

西毛 日高(特集 群馬の地名)(小池照一)「群馬歴史散歩」 群馬歴史散歩の会 (236) 2014.10

一日市

一日市の小字地名 久保皆戸及宿後について(恩田さく)「群馬歴史散歩」

関東　　　　　　　　　　　　　　地名でたどる郷土の歴史　　　　　　　　　　　　　群馬県

群馬歴史散歩の会　169　2001.11

日吉町

みやま文庫50周年の歩みについて（動向）（松島榮治）「群馬文化」　群馬県地域文化研究協議会　（309）2012.1

平井城

上野平井隠れ里の城（中澤伸矢）「城郭史研究」　日本城郭史学会，東京堂出版（発売）25　2005.9

平井城と上杉氏の盛衰（《特集 よみがえる平井城―藤岡市と観光振興》）（蓮倉勇夫）「上州路 ： 郷土文化誌」　あさを社　33（5）通号384　2006.5

「平井城上杉管領絵巻」はじまりはじまり～（《特集 よみがえる平井城―藤岡市と観光振興》）（富岡智子）「上州路 ： 郷土文化誌」　あさを社　33（5）通号384　2006.5

座談会 平井城―藤岡市と観光振興（《特集 よみがえる平井城―藤岡市と観光振興》）（蓮倉勇夫，小坂裕一郎，富岡智子，飯島峰生，飯島嘉男，清水一憲，荻原立也）「上州路 ： 郷土文化誌」　あさを社　33（5）通号384　2006.5

広瀬川

広瀬川と荒砥川の合流点（関口功一）「武尊通信」　群馬歴史民俗研究会　（126）2011.6

琵琶橋妙義道

西毛 琵琶橋妙義道（特集 群馬の地名）（須田茂）「群馬歴史散歩」　群馬歴史散歩の会　（236）2014.10

深沢城

阿久沢氏の活躍と深沢城（唐澤定市）「群馬歴史散歩」　群馬歴史散歩の会　177　2003.3

吹屋

中毛 手川/吹屋（特集 群馬の地名（3））（中村倫司）「群馬歴史散歩」　群馬歴史散歩の会　（231）2013.9

吹き割れの滝

吹き割れの滝（《特集 沼田市（旧沼田市・利根郡白沢村・利根村）》）（角田一男）「群馬歴史散歩」　群馬歴史散歩の会　（204）2008.5

吹割の滝

地域づくりと文化遺産 地域人材による文化財の活用と保存―「南郷の曲屋」、「吹割の滝」の場合（山口勝彦，藤井茂樹）「ぐんま地域文化」　群馬地域文化振興会　（43）2014.10

藤岡

藤岡の歴史文化を訪ねて（《特集 藤岡市（旧藤岡市・旧多野郡鬼石町）》）（藤岡市文化財保護課）「群馬歴史散歩」　群馬歴史散歩の会　（208）2009.3

藤岡市

藤岡市の地名（関口正己）「群馬歴史散歩」　群馬歴史散歩の会　169　2001.11

座談会 平井城―藤岡市と観光振興（《特集 よみがえる平井城―藤岡市と観光振興》）（蓮倉勇夫，小坂裕一郎，富岡智子，飯島峰生，飯島嘉男，清水一憲，荻原立也）「上州路 ： 郷土文化誌」　あさを社　33（5）通号384　2006.5

地方分権時代に向けた観光振興（《特集 よみがえる平井城―藤岡市と観光振興》）（清水一憲）「上州路 ： 郷土文化誌」　あさを社　33（5）通号384　2006.5

藤岡市の観光スポット（《特集 藤岡市（旧藤岡市・旧多野郡鬼石町）》）（藤岡市商工観光課）「群馬歴史散歩」　群馬歴史散歩の会　（208）2009.3

《藤岡市地域特集》「ぐんま地域文化」　群馬地域文化振興会　（33）2009.11

ぐんまの歴史入門講座 第109講 藤岡市の石造文化財 石造文化財の見方（22）（秋部武）「ぐんま地域文化」　群馬地域文化振興会　（33）2009.11

ぐんまの川と生活 藤岡市の川と生活（澤口宏）「ぐんま地域文化」　群馬地域文化振興会　（33）2009.11

藤沢川

赤城山南麓における藤沢川の「不自然な」流路の検討―灌漑用水遺構・女堀の取水・引水経路の問題に関連して（研究）（飯島義雄）「群馬文化」　群馬県地域文化研究協議会　（316）2013.10

富士見村

「富士見村誌」が再度復刻される（柳井久雄）「富士見郷土研究」　富士見村郷土研究会　（57）2004.3

富士見村役場の所在地の移り変わり（奈良好太郎）「富士見郷土研究」　富士見村郷土研究会　（57）2004.3

藤原

水上町藤原地区の伝統的な交通路について（田中隆志）「武尊通信」　群馬歴史民俗研究会　101　2005.3

水上町藤原の炭焼き（飯島康夫）「武尊通信」　群馬歴史民俗研究会　（103）2005.9

群馬県利根郡みなかみ町藤原地区の伝統的小農複合経営（田中隆志）「群馬歴史民俗」　群馬歴史民俗研究会　（27）2006.7

秘境藤原の昔の生活「養蚕が盛んだった頃」（《特集 利根郡みなかみ町（旧利根郡水上町・月夜野町・新治村）》）（林好一）「群馬歴史散歩」　群馬歴史散歩の会　（207）2009.1

布施

平成24年度文書館ミニ企画展I 近世から近代へ 移りゆく村の姿と人々の営み―旧境町福島英一家文書と旧新治村布施区有文書― 開催報告「文書館だより」　群馬県立文書館　（50）2013.3

不動山城

渋川市不動山城の位置づけ（飯森康広）「群馬歴史散歩」　群馬歴史散歩の会　（221）2011.10

訂正とお詫び（不動山城縄張図）「群馬歴史散歩」　群馬歴史散歩の会　（222）2012.1

太日川

「太日川」渡良瀬川下流部説の再検討（澤口宏）「えりあぐんま」　群馬地理学会　（12）2006.7

古戸・桐生道

古文書で語る歴史の道 古戸・桐生道と定飛脚問屋（岡田昭二）「上州文化」　群馬県教育文化事業団　（106）2006.5

風呂川

「風呂川」の原型についての一試論（関口功一）「群馬文化」　群馬県地域文化研究協議会　（310）2012.4

ぐんまの川と生活 前橋城の命綱・風呂川（澤口宏）「ぐんま地域文化」　群馬地域文化振興会　（39）2012.11

北毛

平成の新指定―北毛編（特集 平成の新指定―北毛編）（岡田昭二）「群馬歴史散歩」　群馬歴史散歩の会　（222）2012.1

平成の新指定―北毛編―覧表（特集 平成の新指定―北毛編）（井野修二）「群馬歴史散歩」　群馬歴史散歩の会　（222）2012.1

星尾峠

群馬の峠を歩く 星尾峠と、まぼろしの柏木峠 『元禄国絵図』からのアプローチ（須田茂）「上州路 ： 郷土文化誌」　あさを社　31（5）通号360　2004.5

法久峠

群馬の峠を歩く（25）石神峠と法久峠（須田茂）「上州路 ： 郷土文化誌」　あさを社　33（3）通号382　2006.3

発坂峠

群馬の峠を歩く（18）中山峠・発坂峠から三国峠へ（1）―万里集九の『梅花無尽蔵』などを中心として見た中世における三国峠越え（須田茂）「上州路 ： 郷土文化誌」　あさを社　32（8）通号375　2005.8

群馬の峠を歩く（19）中山峠・発坂峠から三国峠へ（2）―『出雲国風土記』を参照しての、上野国北部域の古代通路の復元の試み（須田茂）「上州路 ： 郷土文化誌」　あさを社　32（9）通号376　2005.9

本多健一郎家

上州の重要民家をたずねる（103）本多健一郎家 利根郡みなかみ町（桑原稔，岡本克則）「上州路 ： 郷土文化誌」　あさを社　33（1）通号380　2006.1

舞木

ぐんまの地方豪族 渡河点の領主舞木氏（久保田順一）「ぐんま地域文化」　群馬地域文化振興会　（40）2013.5

前橋

古地図・統計資料を用いた地域的特色の理解―前橋の蚕糸業を題材に（黒田匠）「えりあぐんま」　群馬地理学会　（15）2009.6

縄文の神石と前橋大空襲（福田日出子）「群馬風土記」　群馬出版センター23（4）通号99　2009.10

前橋低地周辺の「開発」をめぐる二・三の憶説（研究ノート）（関口功一）「群馬歴史民俗」　群馬歴史民俗研究会　（32）2011.3

ご当地ソング復活 前橋の旧町名をめぐる 郷土愛高めにぎわいを 小暮さん作曲（上毛新聞9/17付）/前橋市旧町村めぐりのうた「群馬地名だより ： 群馬地名研究会会報」　群馬地名研究会　（78）2011.12

ぐんまの歴史入門講座 第138講 明治期の前橋製糸業（宮崎俊弥）「ぐんま地域文化」　群馬地域文化振興会　（39）2012.11

前橋公園

前橋公園周辺をめぐる歴史散歩（井野修二）「群馬歴史散歩」　群馬歴史散歩の会　（234）2014.5

前橋市

『前橋市旧町名めぐりうた』（栗原秀雄）「群馬歴史散歩」　群馬歴史散歩の会　169　2001.11

群馬県　　地名でたどる郷土の歴史　　関東

前橋市教育資料館収蔵資料にみる明治～昭和の遠足・修学旅行の事例（木部日出雄）「群馬県教育史研究懇談会会報」群馬県教育史研究懇談会　30　2005.6

かんな名所めぐり／ガイドブックに載ってない臨江閣（井野修二）「群馬歴史散歩」群馬歴史散歩の会　(206)　2008.10

前橋市におけるナンバースクールの消長《特集 ナンバースクールの消長》（石田和男）「群馬県教育史研究懇談会会報」群馬県教育史研究懇談会　(33)　2009.8

前橋市の文化財（特集 前橋市の文化財）（前橋市教育委員会文化財保護課）「群馬歴史散歩」群馬歴史散歩の会　(225)　2012.7

新たに指定された本市の重要文化財「前橋領主松平大和守の甲冑」（特集 前橋市の文化財）（前橋市教育委員会文化財保護課）「群馬歴史散歩」群馬歴史散歩の会　(225)　2012.7

新版『前橋の文化財』（特集 前橋市の文化財）（前橋市教育委員会文化財保護課）「群馬歴史散歩」群馬歴史散歩の会　(225)　2012.7

図録 ぐんまの文化財 前橋市の文化財―合併で広がる前橋の歴史と文化（小島純一）「ぐんま地域文化」群馬地域文化振興会　(39)　2012.11

ぐんまの歴史入門講座 第139講 旧前橋市の石造文化財 石造物の見方（28）（秋池武）「ぐんま地域文化」群馬地域文化振興会　(39)　2012.11

動向 「前橋市 八木健次家文書」と群馬県立文書館ロビー展示「戦国時代の古文書」（関口荘右）「群馬文化」群馬県地域文化研究協議会　(317)　2014.1

前橋城

城と天守を訪ねて（9）上野国前橋城と三階櫓（祖谷敏行）「歴研よこはま」横浜歴史研究会　(55)　2004.11

グンマ古代史への旅（70）「関東の華」遺跡の実態（桜岡正信）「群馬風土記」群馬出版センター　19(2)通号81　2005.4

松平大和守家の作事と作事方―川越城と前橋城における御殿造営の比較検討を通して（青木利文）「群馬文化」群馬県地域文化研究協議会　通号291　2007.7

前橋城（特集 群馬のお城）（黒沢照弘）「群馬歴史散歩」群馬歴史散歩の会　(219)　2011.5

前橋城址碑について（北爪隆雄）「群馬歴史散歩」群馬歴史散歩の会　(221)　2011.10

ぐんまの川と生活 前橋城の命綱・風呂川（澤口宏）「ぐんま地域文化」群馬地域文化振興会　(39)　2012.11

表紙写真 「前橋城絵図」縦204cm×横198cm「文書館だより」群馬県立文書館　(50)　2013.3

表紙写真 「錦絵」（伊太利人前橋城下誘引着の図）彩色、縦22.7cm×横162.0cm（遠藤昌孝家文書 P0702 No.3）「文書館だより」群馬県立文書館　(53)　2014.3

前橋市立第二中学校

前橋市立第二中学校と第四中学校の統合―「みずき中学校」の誕生（特集 学校の統廃合のあゆみII）（石田和男）「群馬県教育史研究懇談会会報」群馬県教育史研究懇談会　(35)　2011.8

前橋市立第四中学校

前橋市立第二中学校と第四中学校の統合―「みずき中学校」の誕生（特集 学校の統廃合のあゆみII）（石田和男）「群馬県教育史研究懇談会会報」群馬県教育史研究懇談会　(35)　2011.8

前橋第六中学校

地域性・歴史性を活かした学校建設と地域づくりのあり方―前橋第六中学校移転拡充計画への政策提言を例に（戸所隆）「えりあぐんま」群馬地理学会　(8)　2002.5

前橋藩

前橋藩 富津陣屋の悲劇（三津間弘）「群馬風土記」群馬出版センター　17(4)通号75　2003.10

関東の華 前橋藩と酒井家（三津間弘）「群馬風土記」群馬出版センター　19(1)通号80　2005.1

殖産興業のため前橋藩が作った陶磁器 "幻"の「皆沢焼」を求めて「上州風」上毛新聞社　(32)　2010.3

前橋藩の姫路転封（大野富次）「群馬風土記」群馬出版センター　26(4)通号111　2012.10

史料紹介 前橋藩士八木家に伝来した中世文書（秋山正典）「双文」群馬県立文書館　31　2014.3

増田善臣家

上州の重要民家をたずねる（91）増田善臣家 利根郡月夜野町（桑原稔，家泉博，金井淑幸）「上州路 ： 郷土文化誌」あさを社　32(1)通号368　2005.1

待矢場両堰用水

待・矢場両堰用水の歴史地理学的一考察（澤口宏）「えりあぐんま」群馬地理学会　(15)　2009.6

松井田

天正18年以降の松井田（新井毅一）「宇須比」松井田町文化会　42　2000.4

松井田に関わる武田家家臣たち（新井毅一）「宇須比」松井田町文化会　48　2003.5

上州の戦い（31）箕輪・安中・松井田の攻防（山田義彦）「群馬風土記」群馬出版センター　20(2)通号85　2006.4

旧6町村の歴史、由来 郷土史研究家黛さん「松井田地名考」を発行「群馬地名だより ： 群馬地名研究会会報」群馬地名研究会　(68)　2007.11

松井田衆と碓氷峠の地域社会（特集 中近世移行期の信濃と隣国）（簗瀬大輔）「信濃［第3次］」信濃史学会　66(12)通号779　2014.12

松井田城

上州の戦い（24）館林・松井田城の攻防（山田義彦）「群馬風土記」群馬出版センター　17(4)通号75　2003.10

「松井田城落城記」余話（1）～（その5）（小板橋治憲）「宇須比」松井田町文化会　(66)／(71)　2012.5/2014.12

松井田町

河田知行所文書資料集第1巻解説4,5（佐藤実）「宇須比」松井田町文化会　42/43　2000.4/2000.12

河田知行所文書・資料集 第一巻 解説六,七（新井美喜雄）「宇須比」松井田町文化会　44/45　2001.5/2001.12

河田知行所文書・資料集 第一巻 解説八,九（田中今造）「宇須比」松井田町文化会　46/47　2002.5/2002.12

河田知行所文書・資料集 第一巻解説(10),(11)（伊丹仲七）「宇須比」松井田町文化会　48/49　2003.5/2003.11

町内遺跡を探して（壁伸明）「宇須比」松井田町文化会　49　2003.11

町内遺跡を探ねて（壁伸明）「宇須比」松井田町文化会　(50)　2004.5

河田知行所文書 資料集 第1巻解説12～13（萩原榮司）「宇須比」松井田町文化会　(50)／(51)　2004.5/2004.11

町内遺跡を探ねて（壁伸明）「宇須比」松井田町文化会　(51)　2004.11

町内遺跡を探ねて（壁伸明）「宇須比」松井田町文化会　(53)　2005.10

町内遺跡を探ねて（壁伸明）「宇須比」松井田町文化会　(54)　2006.5

河田知行所文書（後藤次郎）「宇須比」松井田町文化会　(57)　2007.11

河田知行所文書（後藤次郎）「宇須比」松井田町文化会　(58)　2008.5

河田知行所文書（後藤次郎）「宇須比」松井田町文化会　(59)　2008.11

河田知行所文書（後藤次郎）「宇須比」松井田町文化会　(60)　2009.5

旧松井田町におけるナンバースクールの消長《特集 ナンバースクールの消長》（石田和男）「群馬県教育史研究懇談会会報」群馬県教育史研究懇談会　(33)　2009.8

松井田町資料集 第一巻 河田知行所文書（解説21）～（解説28）（萩原栄司）「宇須比」松井田町文化会　(64)／(71)　2011.7/2014.12

松原

上州松原の渡し雛船一件―飛脚問屋の人馬継立について（巻島隆）「桐生史苑」桐生文化史談会　(47)　2008.3

松本一郎治家

上州の重要民家をたずねる（98）松本一郎治家 勢多郡黒保根村（桑原稔，川嵜清和）「上州路 ： 郷土文化誌」あさを社　32(8)通号375　2005.8

馬庭念流道場

上州の重要民家をたずねる（81）馬庭念流道場（樋口家念流道場）多野郡吉井町馬庭（家泉博，桑原稔）「上州路 ： 郷土文化誌」あさを社　31(3)通号358　2004.3

マメガタ峠

群馬の峠を歩く 木々岩峠と、マメガタ峠「村と村を結ぶ峠」、「峠と呼ばれた峠」への探訪（須田茂）「上州路 ： 郷土文化誌」あさを社　31(6)通号361　2004.6

間物集落

間物集落の変遷（〈群馬地理学会10周年記念大会「過疎山村の振興と担い手育成―誕生した神流町のこれから」〉）（土屋哲巳）「えりあぐんま」群馬地理学会　(10)　2004.5

丸沼

倉内（くらうち）沼田市東倉内町・西倉内町／老神（おいがみ）沼田市利根町老神／永井（ながい）利根郡みなかみ町永井／菅沼（すげぬま）・丸沼（まるぬま）・大尻沼（おおしりぬま）利根郡片品村東小川（特集 群馬の地名）（中島靖浩）「群馬歴史散歩」群馬歴史散歩の会　(223)　2012.3

丸沼堰堤

重要文化財「丸沼堰堤」（文化財めぐり）（古沢勝幸）「利根川文化研究」利根川文化研究会　通号28　2006.6

丸沼堰堤（特集 平成の新指定―北毛編）（藤井茂樹）「群馬歴史散歩」群馬歴史散歩の会　(222)　2012.1

関東　　　　　　　　　　　　地名でたどる郷土の歴史　　　　　　　　　　　　群馬県

丸山宿

太田 丸山宿の歴史 (1)，(2) (青木益夫)「群馬風土記」 群馬出版セン
ター 20(3)通号86/20(4)通号87 2006.7/2006.10

三木玄夫家

上州の重要民家をたずねる (82) 三木玄夫家 多野郡吉井町大字黒熊 (桑
原稔，池田修，家泉博)「上州路 : 郷土文化誌」 あさを社 31(4)通
号359 2004.4

三国街道

三国街道 (高橋喜平太)「群馬歴史散歩」 群馬歴史散歩の会 179
2003.7

古文書で語る歴史の道 (2) 三国街道と佐渡送り無宿人 (岡田昭二)「上州
文化」 群馬県教育文化事業団 95 2003.8

古文書が語る上州史 (76) 吾妻川と三国街道 (田畑勉)「群馬風土記」 群
馬出版センター 19(3)通号82 2005.7

三国街道紀行 (真田雅行)「越後赤塚」 赤塚郷土研究会 (18) 2007.6

佐渡奉行の三国街道通行 (桑原孝)「魚沼文化」 魚沼文化の会 (58)
2009.10

天明六年六日町「往来御用留」にみる三国街道の交通量 (桑原孝)「魚沼
文化」 魚沼文化の会 (60) 2010.10

天明期の三国街道の通行量 (桑原孝)「魚沼文化」 魚沼文化の会 (61)
2011.5

中世の三国街道と松之山街道の交差点史話 (飯酒盃茂)「魚沼文化」 魚沼
文化の会 (66) 2013.9

三国峠

戊辰戦争と佐野藩—三国峠・上州戸倉の戦い (大高八三郎)「史談」 安蘇
史談会 (18) 2002.6

峠—その歴史的背景をさぐる 中之条町 木根宿峠 (三坂峠)、三国峠 (上)
(須田茂)「上州路 : 郷土文化誌」 あさを社 31(2)通号357 2004.2

峠—その歴史的背景をさぐる 中之条町 木根宿峠 (三坂峠)、三国峠
(下) (亀井健一)「上州路 : 郷土文化誌」 あさを社 31(3)通号358
2004.3

群馬の峠を歩く (18) 中山峠・発坂峠から三国峠へ (1)—万里集九の
『梅花無尽蔵』などを中心として見た中世における三国峠越え (須田
茂)「上州路 : 郷土文化誌」 あさを社 32(8)通号375 2005.8

群馬の峠を歩く (19) 中山峠・発坂峠から三国峠へ (2)—『出雲国風土
記』を参照しての、上野国北部域の古代通路の復元の試み (須田茂)
「上州路 : 郷土文化誌」 あさを社 32(9)通号376 2005.9

三坂峠

峠—その歴史的背景をさぐる 中之条町 木根宿峠 (三坂峠)、三国峠 (上)
(須田茂)「上州路 : 郷土文化誌」 あさを社 31(2)通号357 2004.2

峠—その歴史的背景をさぐる 中之条町 木根宿峠 (三坂峠)、三国峠
(下) (亀井健一)「上州路 : 郷土文化誌」 あさを社 31(3)通号358
2004.3

御座入

北毛 御座入 (特集 群馬の地名) (原澤直久)「群馬歴史散歩」 群馬歴史
散歩の会 (236) 2014.10

御正作

東毛 御正作 (特集 群馬の地名) (茂木晃)「群馬歴史散歩」 群馬歴史散
歩の会 (236) 2014.10

みずき中学校

前橋市立第二中学校と第四中学校の統合—「みずき中学校」の誕生 (特
集 学校の統廃合のあゆみII) (石田和男)「群馬県教育史研究懇談会会
報」 群馬県教育史研究懇談会 (35) 2011.8

水沼製糸所

水沼製糸所と海外直輸出 (丑木幸男)「群馬歴史散歩」 群馬歴史散歩の会
177 2003.3

見付山

群馬の峠を歩く (22) 浅間ノ纐ノ北ナル阿妻屋ノ纐ノ手向、そして、大
鳥山ノ北ノ手向・見付山ノ手向 『神道集』の峠 (3) (須田茂)「上州路 :
郷土文化誌」 あさを社 32(12)通号379 2005.12

三津屋

三津屋今昔 (創立40周年記念) (柳田米司)「群馬歴史散歩」 群馬歴史散
歩の会 (229) 2013.5

緑埜精糸社

高山社と緑埜精糸社 (特集 地域史研究の最前線 PartIV—群馬の近現代
史—研究発表) (関口覺)「群馬文化」 群馬県地域文化研究協議会
(319) 2014.7

緑野精糸社

多野藤岡地域史にみる緑野精糸社の挑戦と挫折 (関口覺)「群馬文化」 群
馬県地域文化研究協議会 (309) 2012.1

緑野屯倉

「緑野屯倉」に関する一考察 (関口功一)「群馬文化」 群馬県地域文化研
究協議会 通号289 2007.1

みどり市

みどり市文化財マップ／みどり市の文化財 (特集 みどり市 (旧笠懸町・大
間々町・勢多郡東村)) (みどり市教育委員会文化財課)「群馬歴史散
歩」 群馬歴史散歩の会 (215) 2010.7

みどり市の観光スポット (特集 みどり市 (旧笠懸町・大間々町・勢多郡
東村)) (みどり市観光政策課)「群馬歴史散歩」 群馬歴史散歩の会
(215) 2010.7

緑町

東毛 緑町 (特集 群馬の地名) (澤口宏)「群馬歴史散歩」 群馬歴史散歩
の会 (236) 2014.10

みなかみ

牧水の『みなかみ紀行』の旅 (特集 中之条町 (旧中之条町・六合村))
(中澤久吉)「群馬歴史散歩」 群馬歴史散歩の会 (216) 2010.10

水上

群馬見て歩き (10) 清水街道そろり探訪—月夜野 (新治)・水上・湯檜曽
「上州文化」 群馬県教育文化事業団 (119) 2009.8

水上小学校

みなかみ町立幸知小学校の水上小学校への統合 (特集 学校の統廃合のあ
ゆみII) (藤井茂樹)「群馬県教育史研究懇談会会報」 群馬県教育史研
究懇談会 (35) 2011.8

みなかみ町

みなかみ町ビューマップ (《特集 利根郡みなかみ町 (旧利根郡水上町・
月夜野町・新治村)》) (みなかみ町観光商工課)「群馬歴史散歩」 群馬
歴史散歩の会 (207) 2010.1

《みなかみ町地域特集》「ぐんま地域文化」 群馬地域文化振興会 (32)
2009.5

図録 ぐんまの文化財 みなかみ町の文化財—国・県指定文化財建造物
(田村司)「ぐんま地域文化」 群馬地域文化振興会 (32) 2009.5

ぐんまの歴史入門講座 第100講 みなかみ町の旧石器—奈良・平安時代
(田村司)「ぐんま地域文化」 群馬地域文化振興会 (32) 2009.5

ぐんまの歴史入門講座 第104講 みなかみ町の石造文化財 石造文化財の
見方 (21) (秋池武)「ぐんま地域文化」 群馬地域文化振興会 (32)
2009.5

地域づくりと文化遺産 (1) みなかみ町の猪土手 (堀) について (飯塚満
之)「ぐんま地域文化」 群馬地域文化振興会 (32) 2009.5

水上村

水上村への学童集団疎開感謝文について (小西雅徳)「板橋区立郷土資料
館紀要」 板橋区教育委員会 (16) 2007.3

皆沢

殖産興業のため前橋藩が作った陶磁器 “幻”の「皆沢焼」を求めて「上州
風」 上毛新聞社 (32) 2010.3

箕輪

上州の戦い (31) 箕輪・安中・松井田の攻防 (山田義彦)「群馬風土記」
群馬出版センター 20(2)通号85 2006.4

箕輪城

上州の戦い (29) 箕輪城と国峯の攻防 (上) (山田義彦)「群馬風土記」 群
馬出版センター 19(4)通号83 2005.10

日本百名城に選ばれた箕輪城と破壊と創造の極地・高崎城の築造 (200号
に寄せて) (大塚實)「群馬歴史散歩」 群馬歴史散歩の会 (200)
2007.7

「箕輪城シンポジウム」の報告 (秋本太郎)「群馬文化」 群馬県地域文化
研究協議会 通号301 2010.1

箕輪城の考察と保存・整備への提言 (城郭整備への提言) (湯田圭)「城郭
史研究」 日本城郭史学会 東京堂出版 (発売) (30) 2011.2

箕輪城の歴史探訪 「箕輪軍記」口語私訳 (1)～(4) (大塚實)「群馬歴史
散歩」 群馬歴史散歩の会 (218)/(221) 2011.3/2011.10

ぐんまの地名 箕輪城下の地名と高崎 (田島桂男)「ぐんま地域文化」 群
馬地域文化振興会 (37) 2011.11

箕輪城から彦根城へ (西原巌)「群馬歴史散歩」 群馬歴史散歩の会
(228) 2013.3

箕輪城の歌と長野業政・業盛 (西原巌)「群馬歴史散歩」 群馬歴史散歩の
会 (230) 2013.7

箕輪城と稲荷 (松下) 曲輪 (西原巌)「群馬歴史散歩」 群馬歴史散歩の会
(232) 2014.1

戦国大名武田氏の西上野支配と箕輪城代—内藤昌月宛「在城定書」の検
討を中心に (丸島和洋)「地方史研究」 地方史研究協議会 64(3)通
号369 2014.6

群馬県　　　　　　　　　　　　　　　地名でたどる郷土の歴史　　　　　　　　　　　　　　　関東

箕輪村

『全唐詩逸』と上州の在村文化―箕輪村下田衡と群馬県立図書館本を中心に（杉仁）「群馬文化」　群馬県地域文化研究協議会　278　2004.4

三原

ボランティアって?!/わくわく体験スペシャル/おもしろ歴史まめ知識 草軽電鉄関係資料サボ「草津温泉行/上州三原行」「博物館だより」　群馬県立歴史博物館　（131）2013.11

口絵 草軽電鉄関係資料サボ「草津温泉行/上州三原行」―群馬県立歴史博物館蔵品資料（120）（江原岳志）「群馬文化」　群馬県地域文化研究協議会　（319）2014.7

三原田小学校

三原田小学校分校の設立と閉校の経緯（特集 学校の統廃合のあゆみ―分校の閉鎖）（大嶋春雄）「群馬県教育史研究懇談会会報」　群馬県教育史研究懇談会　（34）2010.8

宮

中毛 宮/道城/千代田（特集 群馬の地名（3））（福田紀雄）「群馬歴史散歩」　群馬歴史散歩の会　（231）2013.9

行幸田

行幸田文庫と古文書学習（奥泉倉三郎）「群馬歴史散歩」　群馬歴史散歩の会　182　2004.1

行幸田（みゆきだ）渋川市行幸田/有馬（ありま）渋川市有馬（特集 群馬の地名）（中村倫司）「群馬歴史散歩」　群馬歴史散歩の会　（223）2012.3

妙義榛名道

峠と古道を歩く（40）風戸峠・佐野尻峠と、妙義榛名道（2）忘れられた古道を、道しるべに求めて（須田茂）「上州路 ： 郷土文化誌」　あさを社　34（6）通号397　2007.6

明徳寺城

明徳寺城（西村和夫）「中世城郭研究」　中世城郭研究会　（19）2005.7

向山荘

向山荘悲話（上原高行）「宇須比」　松井田町文化会　（66）2012.5

室田

ぐんまの地名 室田群馬郡榛名町大字中室田（今井英雄）「ぐんま地域文化」　群馬地域文化振興会　（24）2005.5

室田宿

第63講信州街道室田宿・神山宿（ぐんまの歴史入門講座）（樋口秀次郎）「ぐんま地域文化」　群馬地域文化振興会　（24）2005.5

明和町

ぐんまの歴史入門講座 第144講 明和町・千代田町の石造文化財 石造物の見方（29）（秋池武）「ぐんま地域文化」　群馬地域文化振興会　（40）2013.5

杢

猿ヶ京と杢の関所（佐藤義一）「宇須比」　松井田町文化会　（69）2013.12

杢弥街道

峠と古道を歩く（38）十六曲峠と杢弥街道―霧積温泉周辺の峠と古道を訪ねて（須田茂）「上州路 ： 郷土文化誌」　あさを社　34（4）通号395　2007.4

旧茂木家住宅

上州の重要民家をたずねる（99）旧茂木家住宅（国指定重要文化財）富岡市宮崎公園内（桑原稔、川嵜清和）「上州路 ： 郷土文化誌」　あさを社　32（9）通号376　2005.9

元宿村

元宿村・堤村史跡散歩（大貫一雄）「桐生史苑」　桐生文化史談会　（47）2008.3

本宿村

西上州における信州米市場をめぐる市立て紛争の展開―西牧領本宿村の天明5年「穀市立て訴訟記録」の紹介（井上定幸）「ぐんま史料研究」　群馬県立文書館　（18）2002.3

桃井郷

中世群馬郡北部地域の歴史的環境―渋川郷・桃井郷の展開（久保田順一）「群馬文化」　群馬県地域文化研究協議会　271　2002.7

桃木川

桃木川の流路変更について（関口功一）「武尊通信」　群馬歴史民俗研究会　（130）2012.6

森下

中近世の上野国沼田をめぐる交通路と町場―勢多郡森下を中心として（須藤聡）「双文」　群馬県立文書館　28　2011.3

安良岡町

東毛 安良岡町（特集 群馬の地名（3））（澤口宏）「群馬歴史散歩」　群馬歴

史散歩の会　（231）2013.9

矢太神水源

新田山から金山へ 太田市金山町ほか/矢太神水源と石田川 太田市新田大根町（特集 群馬の地名）（茂木晃）「群馬歴史散歩」　群馬歴史散歩の会　（223）2012.3

柳町

北毛 柳町/土塔原/尾瀬（特集 群馬の地名（3））（中島靖浩）「群馬歴史散歩」　群馬歴史散歩の会　（231）2013.9

梁田

義民騒動 梁田の「侠民碑」（山田秀穂）「群馬風土記」　群馬出版センター　19（2）通号81　2005.4

矢ノ原

中世上野の東西交通路について―古代東山道駅路「牛堀・矢ノ原ルート」との関わり（久保田順一）「ぐんま史料研究」　群馬県立文書館　（26）2009.3

矢場

昭和前期における矢場地区農民の抵抗（関口覺）「群馬文化」　群馬県地域文化研究協議会　通号289　2007.1

矢場池

消えた「矢場池」水田化構想（関口覺）「群馬文化」　群馬県地域文化研究協議会　通号292　2007.10

矢場川

近世初頭における上野館林城下の整備について―佐野街道と旧矢場川を視点に（飯森康広）「群馬文化」　群馬県地域文化研究協議会　（304）2010.10

旧矢場川流域を歩く（特集 中近世の館林地域）（飯森康広）「群馬歴史散歩」　群馬歴史散歩の会　（232）2014.1

山田郡

薗田御厨と薗田氏に関する一試論―中世前期における山田郡の開発（小野里了一）「桐生史苑」　桐生文化史談会　（50）2011.3

山田郷

上野国山田郷に関する三題（関口功一）「桐生史苑」　桐生文化史談会　（51）2012.3

山ノ上碑

山上碑の建碑時期について―推古天皇29年（621年）説の可能性を探って（鈴木晴美）「史泉 ： historical & geographical studies in Kansai University」　関西大学史学・地理学会　（113）2011.1

山ノ上碑にみる孝の顕現―古代における儒仏混淆の地域的様相（門田誠一）「鷹陵史学」　鷹陵史学会　（37）2011.9

山ノ越

東毛 山腰峠と山ノ越（特集 群馬の地名（3））（須田茂）「群馬歴史散歩」　群馬歴史散歩の会　（231）2013.9

八ツ場

八ツ場・ヤッパ・やんば（澤口宏）「群馬地名だより ： 群馬地名研究会会報」　群馬地名研究会　（72）2009.12

八ツ橋・やんばについて（中村倫司）「群馬地名だより ： 群馬地名研究会会報」　群馬地名研究会　（74）2010.9

八ツ場ダム

八ツ場ダムの問題点を突く!―様々な災いをもたらす八ツ場ダム（講演録）（嶋津暉之）「救現 ： 田中正造大学ブックレット」　田中正造大学出版部, 随想舎（発売）通号10　2007.3

地名紀行 吾妻渓谷と八ツ場（長谷川勲）「越佐の地名」　越後・佐渡の地名を語る会　（11）2011.3

第460回例会記 八ツ場ダム 旧六合村「伝統建物保存区」と松代史跡めぐりの旅（鈴木武雄）「杉並郷土史会史報」　杉並郷土史会　（229）2011.9

湯島河原湯

古文書が語る上州史（66）湯島河原湯の開湯（田畑勉）「群馬風土記」　群馬出版センター　17（1）通号72　2003.1

譲原村

平成23年度文書館ミニ企画展I 西上州の山村に生きた人々―旧鬼石町譲原村山田松雄家文書の世界 開催報告/平成23年度文書館ミニ企画展II 高崎藩士深井家文書の世界―平成23年度新規公開資料展 開催報告/「ぐんま史料研究講座―よみがえる史料の世界III―」「文書館だより」　群馬県立文書館　（49）2012.3

慶応二年世直し一揆と村方の対応―上州甘楽郡譲原村「打毀差留人足幷諸入用控帳」の紹介（佐藤孝之）「近世史薬」　近世村落史研究会　（6）2012.8

油伝堀

中毛 下川町と油傳堀（特集 群馬の地名（3））（井野修二）「群馬歴史散歩」

関東　　　　　　　　　　　　　　　地名でたどる郷土の歴史　　　　　　　　　　　　　群馬県

群馬歴史散歩の会　（231）2013.9

湯檜曽

群馬見て歩き（10）清水街道そぞろり探訪—月夜野（新治）・水上・湯檜曽「上州文化」　群馬県教育文化事業団　（119）2009.8

由良

東毛 天良/由良（特集 群馬の地名（3））（茂木晃）「群馬歴史散歩」　群馬歴史散歩の会　（231）2013.9

養老の滝

口絵 引札「恵比須と養老の滝」—群馬県立歴史博物館蔵品資料（111）（神宮善彦）「群馬文化」　群馬県地域文化研究協議会　（310）2012.4
引札「恵比須と養老の滝」竪26.0cm横37.5cm/明治37年（1904）石版色刷「博物館だより」　群馬県立歴史博物館　（125）2012.7

与喜屋村

古文書解読入門講座（29）—古文書から歴史を読む 村の掟—村議定からみる幕末の与喜屋村（阿久津聡）「ぐんま地域文化」　群馬地域文化振興会　（42）2014.5

横坂喜代吉家

上州の重要民家をたずねる（93）横坂喜代吉家 利根郡白沢村（桑原稔，西村利夫，家泉博）「上州路 ： 郷土文化誌」　あさを社　32（3）通号370　2005.3

横手

中毛 横手（特集 群馬の地名）（井野修二）「群馬歴史散歩」　群馬歴史散歩の会　（236）2014.10

吉井

上州の戦い（30）信玄の吉井諸城攻め（山田義彦）「群馬風土記」　群馬出版センター　20（1）通号84　2006.1
吉井火打金に関する諸問題（中嶋義明）「群馬歴史民俗」　群馬歴史民俗研究会　（32）2009.3
ぐんまの歴史入門講座 第123講 吉井の近代化に関する事例—交通と産業（中嶋義明）「ぐんま地域文化」　群馬地域文化振興会　（36）2011.5
ぐんまの自然と風土 鏑川が造った吉井の大地（高橋武夫）「ぐんま地域文化」　群馬地域文化振興会　（36）2011.5

吉井藩

幕末から明治にかけての吉井藩の動き（井上清）「群馬歴史散歩」　群馬歴史散歩の会　171　2002.3
吉井藩主入国に関する一考察（中嶋義明）「群馬文化」　群馬県地域文化研究協議会　281　2005.1

旧吉井藩陣屋

上州の重要民家をたずねる（101）旧吉井藩陣屋の足軽長屋 多野郡吉井町（桑原稔，家泉清和，川嵜清和）「上州路 ： 郷土文化誌」　あさを社　32（11）通号378　2005.11

吉井町

ぐんまの歴史入門講座 第124講 高崎市吉井町の石造文化財 石造物の見方（25）（秋池武）「ぐんま地域文化」　群馬地域文化振興会　（36）2011.5

魚尾分校

魚尾分校の思い出（《特集 分校物語》—中里村の分校のくらし）（渡辺炳子，上原良子）「上州路 ： 郷土文化誌」　あさを社　34（5）通号396　2007.5

魚尾道峠

群馬の峠を歩く 志賀坂峠と魚尾道峠 奥多野に「鎌倉への道」を求めて（須田茂）「上州路 ： 郷土文化誌」　あさを社　32（1）通号368　2005.1

蓬峠

群馬の峠を歩く—清水峠と、キスゲ咲く蓬峠（須田茂）「上州路 ： 郷土文化誌」　あさを社　31（7）通号362　2004.7

楽山園

武将・大名の庭園（3）楽山園（松山茂雄）「城」　東海古城研究会　（197）2007.3
文化財巡り 富岡製糸場・名勝「楽山園」をみる（小野美恵子）「氏家の歴史と文化」　氏家歴史文化研究会　（8）2009.3
名勝楽山園の保存整備—雄川堰の水利用（小安和順）「群馬文化」　群馬県地域文化研究協議会　（302）2010.4
名勝 楽山園（小安和順）「群馬歴史散歩」　群馬歴史散歩の会　（218）2011.3
国指定名勝 楽山園（文化財レポート）（小安和順）「群馬文化」　群馬県地域文化研究協議会　（310）2012.4

陸軍岩鼻火薬製造所

写真偵察—陸軍岩鼻火薬製造所（菊池実）「群馬文化」　群馬県地域文化研究協議会　通号287　2006.7

陸軍前橋飛行場

各地の戦跡保存活動の紹介 まぼろしの撃墜 陸軍前橋飛行場にまつわる話（日高忠臣）「浅川地下壕の保存をすすめる会ニュース」　浅川地下壕の保存をすすめる会　（46）2005.6

例幣使街道

例幣使街道 玉村宿を歩く（加藤鶴男）「群馬歴史散歩」　群馬歴史散歩の会　189　2005.5

例幣使道

境町の例幣使道（茂木伸司）「群馬歴史散歩」　群馬歴史散歩の会　181　2003.11
例幣使道八木宿「新開一件」について（三田剛）「松籠史談」　大月手紙の会　6　2005.12
群馬見て歩き（4）例幣使道と世良田界隈 新田氏と徳川氏ゆかりの地探訪（松本利雄）「上州文化」　群馬県教育文化事業団　（113）2008.2

歴史の小径

図録 ぐんまの文化財 館林・鷹匠町武家屋敷と歴史の小径（岡屋英治）「ぐんま地域文化」　群馬地域文化振興会　（25）2005.10

連雀町

ぐんまの地名 前橋の連雀町（小池照一）「ぐんま地域文化」　群馬地域文化振興会　（39）2012.11

六林班峠

峠と古道を歩く（36）六林班峠と阿世潟峠—足尾の峠とその歴史を訪ねて（須田茂）「上州路 ： 郷土文化誌」　あさを社　34（2）通号393　2007.2

湧玉

湧玉（わくたま）渋川市赤城町勝保沢字湧玉/川曲（かわまがり）前橋市川曲町（特集 群馬の地名）（小池照一）「群馬歴史散歩」　群馬歴史散歩の会　（223）2012.3

和田城

ぐんまの歴史入門講座 第126講 旧高崎市の中世—和田城の発掘調査について（秋本太郎）「ぐんま地域文化」　群馬地域文化振興会　（37）2011.11

渡辺健一郎家

上州の重要民家をたずねる（69）渡辺健一郎家（桑原稔，池田修，家泉博，金井淑幸）「上州路 ： 郷土文化誌」　あさを社　30（3）通号346　2003.3

綿貫

綿貫の地名（峰岸純夫）「群馬歴史散歩」　群馬歴史散歩の会　169　2001.11

渡良瀬川

渡良瀬川流域における地理的考察（新井進）「桐生史苑」　桐生文化史談会　（42）2003.3
渡良瀬川流域鉱害農用地復元事業—土壌汚染防止法摘要過程（長瀬勇）「桐生史苑」　桐生文化史談会　（42）2003.3
渡良瀬川沿岸の一用水と織物用水車の発達について—赤岩用水と地場産業用水車（亀田光三）「群馬文化」　群馬県地域文化研究協議会　275　2003.7
渡良瀬川中・下流部の河道変遷（澤口宏）「えりあぐんま」　群馬地理学会　（10）2004.5
群馬の峠を歩く 小麦峠と小出屋峠 利根郡東部地域と渡良瀬川上流域とを結ぶ訪ねる（須田茂）「上州路 ： 郷土文化誌」　あさを社　31（11）通号366　2004.11
「太日川」渡良瀬川下流部説の再検討（澤口宏）「えりあぐんま」　群馬地理学会　（12）2006.7
重要文化的景観 利根川・渡良瀬川合流域の水場景観（文化財レポート）（宮田裕紀枝）「群馬文化」　群馬県地域文化研究協議会　（308）2011.10

埼玉県

青山城
戦国期山城の堀切にみる壁面調整痕について―比企地方西部 小倉城・青山城（宮田毅）「利根川」 利根川同人　30　2008.5

続編・奥武蔵中世の城跡を歩く(1) 青山城・小倉城（山行報告）（小泉重光）「奥武蔵」 奥武蔵研究会　(392)　2013.7

赤尾村
名主家の経営と村融通―武蔵国入間郡赤尾村の事例（〈月例会報告要旨〉）（高尾善希）「関東近世史研究」 関東近世史研究会　(49)　2001.10

近世後期村落社会における文書認識―武蔵国入間郡赤尾村を事例に（北村厚介）「国文学研究資料館紀要.アーカイブズ研究篇」 人間文化研究機構国文学研究資料館　(7)　2011.3

赤沼藩
武state赤沼藩内藤家領今宿の基礎的研究（大舘右喜）「鳩山町史研究」 鳩山町教育委員会　(4)　2004.3

吾野
時空を越えた奥武蔵の山旅 古道散策紀行 (5) 武州長瀞から吾野（小泉重光）「奥武蔵」 奥武蔵研究会　通号349　2006.5

柳田國男が見た吾野（町田尚夫）「奥武蔵」 奥武蔵研究会　(392)　2013.7

赤山陣屋
城郭探究ウォーク 関東平野を拓いた伊奈氏の陣屋―赤山陣屋の遺構（阿部和彦）「城郭だより ： 日本城郭史学会会報」 「日本城郭史学会」　45　2004.4

赤山道
街道に今も残りし市のたから―中山道・日光御成道・赤山道・鎌倉街道を巡る「櫂りぽーと ： さいたま市文化財時報」 さいたま市教育委員会生涯学習部　(30)　2008.9

明戸村
古文書「河原明戸村 丸樋一件済口」（馬場國夫）「熊谷市郷土文化会誌」 熊谷市郷土文化会　(65)　2009.11

朝霞
4月7日の空襲で戦死者12名―朝霞の陸軍予科士官学校（現・自衛隊駐屯地）での体験（安達祝伍）「戦争のきずあと・むさしの」 武蔵野の空襲と戦争遺跡を記録する会　(17)　2005.7

朝霞市
新・ぶんかざいはいけん 朝霞市「埼玉文化財だより ： 埼玉県文化財保護協会時報」 埼玉県文化財保護協会　(115)　2012.1

朝霞市内における河岸史料―新規河岸場取立一件について（史料紹介）（加藤繁一）「朝霞市博物館研究紀要」 朝霞市博物館　(13)　2012.3

朝霞市域の尾張家御鷹場御定杭について（赤澤由美子）「朝霞市博物館研究紀要」 朝霞市博物館　(13)　2012.3

朝日町
「螻」（おけら）と朝日町（高城亮）「川口史林 ： 川口市郷土史会々誌」 川口市郷土史会　(73)　2008.3

芦ヶ久保
芦ヶ久保覚書（酒井昌樹）「奥武蔵」 奥武蔵研究会　通号352　2006.11

阿諏訪
失われた阿諏訪の地名（小泉重光）「奥武蔵」 奥武蔵研究会　通号347　2006.1

阿諏訪地誌考（小峰甲子夫）「あゆみ」 毛呂山郷土史研究会　(32)　2008.11

阿諏訪という地名について (1)（小峰幸男）「あゆみ」 毛呂山郷土史研究会　(35)　2012.2

阿諏訪のマンガン鉱山とその近辺（小峰甲子夫）「あゆみ」 毛呂山郷土史研究会　(36)　2013.3

阿諏訪川
阿諏訪川シリーズ「阿諏訪川」「水車」「用水堰」（小峰甲子夫）「あゆみ」 毛呂山郷土史研究会　(35)　2012.2

安保
安保清和氏所蔵「安保文書」調査概要（新井浩文）「文書館紀要」 埼玉県立文書館　(25)　2012.3

綾瀬川
綾瀬川開削のことほか（高橋操）「草加市史協年報」 草加市史編さん協力会　23　2004.3

古の情景 かまくら―石碑たちと昭和・平成 (1) 綾瀬川（浅川孝子）「集住デザインボード」 野村徹也　(147)　2006.3

旧新井家住宅
巾着田の古民家―旧新井家住宅を訪ねて（関口洋介）「奥武蔵」 奥武蔵研究会　(382)　2011.11

荒川
『新編埼玉県史』編さんと荒川・中川総合調査（黒須茂）「埼玉地方史」 埼玉県地方史研究会　50　2003.5

荒川・大麻生河原の「砂利ふるき」（馬場國夫）「熊谷市郷土文化会誌」 熊谷市郷土文化会　(65)　2009.11

奥武蔵中世の城跡を歩く(14) 秩父編 (11) 秩父市荒川右岸の城（山行報告）（飯塚孝雄）「奥武蔵」 奥武蔵研究会　(384)　2012.3

奥武蔵中世の城跡を歩く(15) 秩父編 (12) 秩父市荒川左岸の城（山行報告）（飯塚孝雄）「奥武蔵」 奥武蔵研究会　(384)　2012.3

平成25年度特別展案内「和船大図鑑―荒川をつなぐ舟・ひと・もの」（五十嵐咲）「かわはく」 さいたま川の博物館　(47)　2013.7

スロープ展示案内「荒川と船の風景」サテライト展示「かわはく」 さいたま川の博物館　(47)　2013.7

荒川左岸土手道と早瀬道標（酒井正）「うらわ文化」 浦和郷土文化会　(120)　2014.4

問題提起「荒川筋工作物構造明細図」にみる北武蔵の近代（大会特集I 北武蔵の地域形成―水と地形が織りなす歴史像）（増山聖子）「地方史研究」 地方史研究協議会　64(4)通号370　2014.8

荒川大麻生公園
随筆 荒川大麻生公園の春（紹介・随筆・思い出・短歌等）（来間平八）「熊谷市郷土文化会誌」 熊谷市郷土文化会　(69)　2013.11

荒川低地
妻沼低地・荒川低地の水稲農耕と生活環境思考の変遷（岩田明広）「埼玉県立史跡の博物館紀要」 埼玉県立さきたま史跡の博物館, 埼玉県立嵐山史跡の博物館　(7)　2013.3

荒川村
近世前期～中期における土豪家と村落寺院―武蔵国榛沢郡荒川村を事例に（鈴木直樹）「関東近世史研究」 関東近世史研究会　(73)　2012.11

安行
私論二題 発度郷の語源と郷域を考える/安行の製鉄所設定と舟山があったから（永嶌剛次郎）「川口史林 ： 川口市郷土史会々誌」 川口市郷土史会　(73)　2008.3

安行出羽
安行出羽に消えた角左衛門の遺名（長嶌剛次郎）「川口史林 ： 川口市郷土史会々誌」 川口市郷土史会　(72)　2007.3

飯塚
飯塚地区の屋号（内田秀太郎）「岩槻史林」 岩槻地方史研究会　(31)　2004.6

五十子陣
15世紀興産における城館の形成と都鄙の両公方―五十子陣と新田金山城（研究ノート）（森田真一）「玉村通信」 玉村中世史研究会　(3)　2013.3

池辺村
裁許絵図という村絵図―池辺村と豊田本村の水争いをめぐって（宮原一郎）「川越市立博物館博物館だより」 川越市立博物館　(72)　2014.7

旧石川組製糸西洋館建物
(3)旧石川組製糸西洋館建物について（特集 入間市の歴史的建造物）（齊藤祐司）「入間市博物館紀要」 入間市博物館　(9)　2011.3

石坂邸
石坂邸見聞記（持田重男）「熊谷市郷土文化会誌」 熊谷市郷土文化会　(60)　2005.12

石坂養平邸
表紙写真「石坂養平邸」（中田迪）「熊谷市郷土文化会誌」 熊谷市郷土文化会　(67)　2011.11

表紙の写真について（持田重男）「熊谷市郷土文化会誌」 熊谷市郷土文化会　(67)　2011.11

石間城
奥武蔵中世の城跡を歩く (2) 城峯（石間城）（山行報告）（飯塚孝雄）「奥

武蔵」 奥武蔵研究会 （377） 2011.1

板井

板井篠場喜一家文書について（寄贈・寄託文書の報告）「熊谷市史研究」 熊谷市教育委員会 （4） 2012.3

伊奈

江戸時代の伊奈地域と旗本の用人（松澤克行）「町史研究伊奈の歴史」 伊奈町 7 2003.3

史料紹介 渤海からの使者／多賀谷重経官途状／『東国戦記』／関口惣重郎宛初見八郎書簡／贈間宮倫宗序「町史研究伊奈の歴史」 伊奈町 7 2003.3

相馬御厨の成立と伊奈地域について覚書（小森正明）「町史研究伊奈の歴史」 伊奈町 8 2004.3

昭和恐慌下の伊奈地域（小田賢二）「町史研究伊奈の歴史」 伊奈町 9 2005.3

ふるさとの伊奈（編纂事業へのコメント）（結城康行）「町史研究伊奈の歴史」 伊奈町 （10） 2008.1

アルバム伊奈「町史研究伊奈の歴史」 伊奈町 （10） 2008.1

調査報告 数字に見る伊奈の百年（小田賢二）「町史研究伊奈の歴史」 伊奈町 （10） 2008.1

伊奈町

伊奈町域に残る金工品とその銘文（鈴木忍）「町史研究伊奈の歴史」 伊奈町 9 2005.3

石饅頭のはなし―伊奈町史の思い出から（編纂事業の思い出）（大沼宜規）「町史研究伊奈の歴史」 伊奈町 （10） 2008.1

伊奈町の変貌（巡検報告）（山本充）「埼玉地理」 埼玉地理学会 （32・33） 2009.7

猪俣城

続編・奥武蔵中世の城跡を歩く（2） 用土城・桜沢砦・猪俣城（山行報告）（藤本一美，町田尚夫）「奥武蔵」 奥武蔵研究会 （392） 2013.7

今宿

武州赤沼藤内藤家領今宿の基礎的研究（大舘右喜）「鳩山町史研究」 鳩山町教育委員会 （4） 2004.3

今宮館

幻の寿能城・埋もれた今宮館（秦野昌明）「埼玉史談」 埼玉県郷土文化会 51（3）通号279 2004.10

入間

一人でも多くの市民に知っていたい企画展 入間を創った人たち―あの日、あの時、あの時代 展示内容・関連事業「News-Alit ： 入間市博物館情報紙」 入間市博物館 （41） 2007.10

東国の中の出雲世界―主に北武蔵の入間・比企地域を中心に（《特集 出雲国造をめぐる諸問題》）（黒済和彦）「出雲古代史研究」 出雲古代史研究会 （18） 2008.7

入間川

入間川4市1村合同企画展プレ展示 写真展「入間川今昔―源流から下流へ」「News-Alit ： 入間市博物館情報紙」 入間市博物館 28 2004.7

入間川の筏流し（《埼玉県特集》）（柳戸信吾）「利根川文化研究」 利根川文化研究会 通号31 2008.9

入間川筋釘無河岸史料（史料紹介）（黒須茂）「利根川文化研究」 利根川文化研究会 通号33 2009.8

『発心集』にみる武蔵野の災害―入間川の洪水と河越氏館について（特集 武蔵野の災害（前編）（加藤功）「武蔵野」 武蔵野文化協会 87（1）通号351 2012.7

入間県

医療の「近代化」と在村医―入間県を事例に（細野健太郎）「文書館紀要」 埼玉県立文書館 （17） 2004.3

明治前期における大小区集会―入間・熊谷県を事例に（平成24年度埼玉県地域研究発表大会報告要旨）（江連晃）「埼玉地方史」 埼玉県地方史研究会 （68） 2014.2

入間市

特集 故きを温ねて新しきを知る 入間市博物館古地図シリーズ「News-Alit ： 入間市博物館情報紙」 入間市博物館 25 2003.10

特別展「未来に伝える遺産―入間市の文化財」 さがしてみようご近所の文化財「News-Alit ： 入間市博物館情報紙」 入間市博物館 33 2005.10

「狭山茶といえば入間市」は本当だが「入間市といえば狭山茶」は本当か（梅津あづさ）「入間市博物館紀要」 入間市博物館 （9） 2011.3

郷土入間を愛する児童生徒の育成―市内小中学校との連携を通して（篠塚清治）「入間市博物館紀要」 入間市博物館 （9） 2011.3

入間野

資料紹介 入間野の俳諧（内野勝裕）「埼玉史談」 埼玉県郷土文化会 51（3）通号279 2004.10

いろは樋

野火止物がたり（11） いろは樋（伊呂波樋）（近内信輝）「郷土研だより」 東村山郷土研究会 （374） 2011.7

いろは橋

埼玉県 志木市いろは橋の水害碑（特集 武蔵野の災害（後編）―武蔵野の災害碑）（井上國夫）「武蔵野」 武蔵野文化協会 88（1）通号352 2013.3

岩槻

思い出すままに 冬扇簿（2）（松村じゅん）「岩槻史林」 岩槻地方史研究会 27 2000.6

冬扇簿（3） 代用食の時代（松村恂）「岩槻史林」 岩槻地方史研究会 （29） 2002.5

冬扇簿（4）（松村じゅん）「岩槻史林」 岩槻地方史研究会 （30） 2003.5

冬扇簿（5） a岩槻の空襲・その後（松村じゅん）「岩槻史林」 岩槻地方史研究会 （31） 2004.6

市における香具師について（飯山実）「岩槻史林」 岩槻地方史研究会 （32） 2005.6

ちょっと昔の岩槻言葉（1） あ～お（松村じゅん）「岩槻史林」 岩槻地方史研究会 （33） 2006.6

ちょっと昔の岩槻言葉（2） か～こ（松村じゅん）「岩槻史林」 岩槻地方史研究会 （34） 2007.6

巻頭言 岩槻近況（中村守）「岩槻史林」 岩槻地方史研究会 （35） 2008.6

ちょっと昔の岩槻言葉（3） さ～そ（松村じゅん）「岩槻史林」 岩槻地方史研究会 （35） 2008.6

ちょっと昔の岩槻言葉（4） た～と（松村じゅん）「岩槻史林」 岩槻地方史研究会 （36） 2009.6

関東東南部の石造遺物（1） 岩槻石工による（杉本安次郎，中村守）「岩槻史林」 岩槻地方史研究会 （36） 2009.6

ちょっと昔の岩槻言葉（5） な～の（松村じゅん）「岩槻史林」 岩槻地方史研究会 （37） 2010.6

ちょっと昔の岩槻ことば（6） は～ほ（松村じゅん）「岩槻史林」 岩槻地方史研究会 （38） 2011.6

岩槻を知る本・その他（松村恂）「岩槻史林」 岩槻地方史研究会 （39） 2012.7

赤穂事件と岩槻の関わり（飯山実）「岩槻史林」 岩槻地方史研究会 （39） 2012.7

ちょっと昔の岩槻ことば（7） ま～も（松村恂）「岩槻史林」 岩槻地方史研究会 （39） 2012.7

国指定重要無形民俗文化財 岩槻の古式土俵入り（樹りぽーと ： さいたま市文化財時報」 さいたま市教育委員会生涯学習部 （47） 2012.12

岩付

東大阪市専宗寺所蔵 岩付太田氏関係文書について（新井浩文）「文書館紀要」 埼玉県立文書館 （16） 2003.3

岩付衆「松野文書」の検討（黒田基樹）「埼玉地方史」 埼玉県地方史研究会 （70） 2014.10

岩槻区

岩槻区文化財指定私案（中村守）「岩槻史林」 岩槻地方史研究会 （33） 2006.6

岩槻市

原田家文書（旧蔵）（道野昭寿）「岩槻史林」 岩槻地方史研究会 27 2000.6

岩槻城

岩槻城大構と城下町（青木文夫）「岩槻史林」 岩槻地方史研究会 （28） 2001.5

岩槻城下武家地について（飯山蒼結居）「岩槻史林」 岩槻地方史研究会 （38） 2011.6

奥武蔵中世の城跡を歩く（22） 番外（4） 岩付（岩槻）城（山行報告）（飯塚孝雄）「奥武蔵」 奥武蔵研究会 （388） 2012.11

岩槻城の歴史（特集 城）（山口正枝）「歴研よこはま」 横浜歴史研究会 （71） 2014.11

岩槻藩

岩槻藩大岡家と房総三藩―藩主大岡出雲守忠光の栄達の道と安房国（佐野昇雄）「ふるさとちくら」 南房総市教育委員会 （19） 2002.3

千倉町と岩槻藩（佐野邦雄）「ふるさとちくら」 南房総市教育委員会 （21） 2004.3

「時の鐘」の秘密（岩槻藩）（加藤晃正）「岩槻史林」 岩槻地方史研究会 （37） 2010.6

さいたまの「史の跡」 城館跡と岩槻藩／縄文時代の遺跡／古墳群／旗本・文化人の墓／街道・交通／信仰・祭祀の遺跡「樹りぽーと ： さいたま市文化財時報」 さいたま市教育委員会生涯学習部 （42） 2011.9

歴史事項備忘録幕末期の幕府・諸藩・岩槻藩（よもやま話）（松崎武雄）「岩槻史林」 岩槻地方史研究会 （39） 2012.7

埼玉県　　　　　　　　　　　　　　地名でたどる郷土の歴史　　　　　　　　　　　　　関東

岩槻藩の武術直心影流と藩校遷喬館について（松崎武雄）「岩槻史林」　岩槻地方史研究会　（40）2013.8
岩槻藩の大名あれこれ「槏りぽーと ： さいたま市文化財時報」　さいたま市教育委員会生涯学習部　（54）2014.9

岩殿
岩殿周辺の地域変貌（巡見報告）（岡田潔）「埼玉地理」　埼玉地理学会　27　2003.7

浦寺
浦寺の歴史（加藤信明）「郷土はとがや ： 鳩ヶ谷郷土史会会報」　鳩ヶ谷郷土史会　（65）2010.5

浦山城
奥武蔵中世の城跡を歩く（1）浦山城・金沢城（山行報告）（飯塚孝雄）「奥武蔵」　奥武蔵研究会　（377）2011.1

浦和
浦和の茅屋根葺き―浦和葺き（横山弘美）「浦和市博物館研究調査報告書」　浦和市立郷土博物館　27　2000.3
近世における領名の成立と定着について―浦和周辺の例を中心に（青木義脩）「浦和市博物館研究調査報告書」　浦和市立郷土博物館　27　2000.3
明治の浦和と郵便（上遠野義久）「郵便史研究 ： 郵便史研究会紀要」　郵便史研究会　（22）2006.10
浦和の恩師・水戸の恩師（菊池慎一）「耕人」　耕人社　（15）2010.2
文化財巡り報告（青木義脩）「うらわ文化」　浦和郷土文化会　（116）2012.9
文化財巡り報告（上田理子）「うらわ文化」　浦和郷土文化会　（116）2012.9
大正時代の浦和 青羽文四の絵から（並木せつ子）「うらわ文化」　浦和郷土文化会　（121）2014.9

浦和越ヶ谷古道
旧浦和市歴における浦和越ヶ谷古道についての一考察―「迅速測図」に書き入れてみた浦越古道（川岸良晴）「緑の歴史」　さいたま市緑区歴史の会　（9）2014.2

浦和区
引又道を走る（4）さいたま市浦和区、桜区、南区の引又道（井上國夫）「郷土志木」　志木市郷土史研究会　（42）2013.11

浦和郷
講演要旨「浦和郷一万石」と「中村弥右衛門」（重田正夫）「うらわ文化」　浦和郷土文化会　（117）2013.3

浦和市
近世の水害と水害予備船―浦和市域を中心に（河田捷一）「浦和市史研究」　浦和市総務部　15　2000.3
6・3制の発足と浦和市の学校教育（2）―昭和20年代中期の浦和市議会の動向を中心に（清水章夫）「浦和市史研究」　浦和市総務部　16　2001.3
浦和くらしの博物館民家園の移築民家と周辺の保存民家（高山清司）「さいたま市博物館研究紀要」　さいたま市立博物館　1　2002.3
旧浦和市の明治・大正時代の洋風建築紹介（横山弘美）「さいたま市博物館研究紀要」　さいたま市立博物館　1　2002.3
新しく市の文化財が指定されました「うらわ文化」　浦和郷土文化会　（114）2011.9

浦和宿
浦和宿商売往来―弘化期の浦和宿商売細見（秦野昌明）「さいたま市博物館研究紀要」　さいたま市立博物館　9　2010.3
講演会「浦和宿商売細見」講師・秦野昌明氏「うらわ文化」　浦和郷土文化会　（112）2010.9

江戸川
火打石 江戸川・野田橋を想う（木原徹也）「かつしか台地 ： 野田地方史懇話会会誌」　野田地方史懇話会　29　2005.3
庄内古川の掘継ぎと江戸川（土肥正明）「よしかわ文化」　吉川市郷土史会　（23）2008.3
江戸川開削に関する小流寺縁起と小嶋庄右衛門の考察（長堀榮）「埼玉地方史」　埼玉県地方史研究会　（63）2010.4

江戸川筋御猟場
地域問題における地方行政機構と有力者層―「江戸川筋御猟場問題」の分析から（中西啓太）「埼玉地方史」　埼玉県地方史研究会　（67）2013.5
「江戸川筋御猟場問題」と近代地方自治制（平成24年度埼玉県地域研究発表大会報告要旨）（中西啓太）「埼玉地方史」　埼玉県地方史研究会　（68）2014.2

桜雲閣
コラム 絵葉書で見る熊谷の歴史（3）今は無き「櫻雲閣」（宮瀧交二）「熊谷市史研究」　熊谷市教育委員会　（6）2014.3

大麻生
荒川・大麻生河原の「砂利ふるき」（馬場國夫）「熊谷市郷土文化会誌」　熊谷市郷土文化会　（65）2009.11
明治初期の小学校―熊谷市西部（三尻・久保島・大麻生）地区を中心に（1）、（2）（新井常雄）「熊谷市郷土文化会誌」　熊谷市郷土文化会　（66）/（67）2010.11/2011.11
大麻生・玉井堰用水の魚獲り（平井加余子）「熊谷市郷土文化会誌」　熊谷市郷土文化会　（66）2010.11

大麻生堰用水
江戸時代の玉井堰用水と大麻生堰用水（松岡淳一）「熊谷市郷土文化会誌」　熊谷市郷土文化会　（65）2009.11

大井
大井郷土資料館 平成18年度企画展「大井のつのや おらぁほうの曲り屋」「資料館通信」　ふじみ野市立上福岡歴史民俗資料館　（59）2006.10

大河土御厨
大河土御厨足立の比定地と矢古宇郷（長嶌剛次郎）「川口史林 ： 川口市郷土史会々誌」　川口市郷土史会　（71）2006.3

大河村
埼玉県における旧町村役場の文書整理とその実態―埼玉県比企大河村役場文書を事例として（兼子順）「文書館紀要」　埼玉県立文書館　（16）2003.3

大蔵
大蔵合戦再考―12世紀武蔵国の北と南（木村茂光）「府中市郷土の森博物館紀要」　府中文化振興財団府中市郷土の森博物館　（26）2013.3

大蔵館
源氏と多胡郡―多胡館・大蔵館の検討から（論文）（和田健一）「群馬歴史民俗」　群馬歴史民俗研究会　（34）2013.3
続編・奥武蔵中世の城跡を歩く（7）大蔵館・笛吹峠（山行報告）（小泉重光）「奥武蔵」　奥武蔵研究会　（395）2014.1

大相模
大相模地区 文化財パトロール「越谷市郷土研究会会報 ： 古志賀谷」　越谷市郷土研究会　（15）2009.7

大里郡
大里郡と大里条里（森田俤）「埼玉地方史」　埼玉県地方史研究会　（64）2011.3

大里用水
秋の講演会「大里用水（六堰用水）の変遷・水論」（榎本文岳）「熊谷市郷土文化会誌」　熊谷市郷土文化会　（61）2006.12

大沢
大沢の七ツ池（高崎力）「越谷市郷土研究会会報 ： 古志賀谷」　越谷市郷土研究会　（14）2007.11
大沢の天神前土橋（谷岡隆夫）「越谷市郷土研究会会報 ： 古志賀谷」　越谷市郷土研究会　（14）2007.11
文化財パトロール 平成24年度 大袋地区北部/平成25年度 大沢・越ヶ谷地区「越谷市郷土研究会会報 ： 古志賀谷」　越谷市郷土研究会　（17）2014.3

大沢小学校
大沢小学校の「青い目の人形」（水上清）「越谷市郷土研究会会報 ： 古志賀谷」　越谷市郷土研究会　（14）2007.11

大沢橋
絵図と古地図と写真でたどる大沢橋（原田民自）「越谷市郷土研究会会報 ： 古志賀谷」　越谷市郷土研究会　（15）2009.7

大沢町
聞き書き『大沢町の四方山話』蛭田武秀氏「小学校の思い出」、荒井敏雄氏「桐産業と浅間神社の思い出」、藤浪保雄氏「戦前戦後の思い出」、秦野徳久氏「東武鉄道開業時の話」「越谷市郷土研究会会報 ： 古志賀谷」　越谷市郷土研究会　（16）2011.12

大築城
続編・奥武蔵中世の城跡を歩く（8）大築城（山行報告）（小泉重光）「奥武蔵」　奥武蔵研究会　（396）2014.3

大沼宿
武蔵秩父かげもり雑話（7）、（8）かげもり 大沼宿（1）、（2）（大墅鴻風）「埼玉史談」　埼玉県郷土文化会　53（3）通号287/54（1）通号289　2006.10/2007.4

大野村
江戸城御用炭の上納と輸送―武州秩父郡大野村の史料を中心として（丹治健蔵）「交通史研究」　交通史学会，吉川弘文館（発売）（69）2009.8

大場川
近世後期の水害と大場川・不動堀の改修（木暮正利）「葦のみち ： 三郷

市史研究」 三郷市 （18） 2006.3

大幡

雑学から見た大幡の郷土史点描（鯨井邦彦）「熊谷市郷土文化会誌」 熊谷市郷土文化会 （64） 2008.11

大袋

文化財パトロール 平成24年度 大袋地区北部/平成25年度 大沢・越ヶ谷地区「越谷市郷土研究会会報 ： 古志賀谷」 越谷市郷土研究会 （17） 2014.3

大牧村

中・近世における大牧村の支配関係について（川岸良晴）「緑の歴史」 さいたま市緑区歴史の会 （7） 2012.1

大宮

わたしたちの見た、少し前の大宮・埼玉 昔の大宮を懐かしんで（飯塚裕）「大宮の郷土史」 大宮郷土史研究会 （27） 2008.3

大宮文学散歩（郷土資料の紹介）「むかしの馬宮」 馬宮郷土史同好会 （28） 2009.2

大宮暦と北原村の暦新田—昔、一宮に頒暦あり（沼田直道）「大宮の郷土史」 大宮郷土史研究会 （31） 2012.3

年表から見る「なつかしの大宮」（1） 昭和30年代から昭和40年代（河田捷一）「大宮の郷土史」 大宮郷土史研究会 （32） 2013.3

年表から見る「なつかしの大宮」（2） 昭和四十年から四十二年（河田捷一）「大宮の郷土史」 大宮郷土史研究会 （33） 2014.3

大宮駅

昭和十年頃の大宮駅周辺（飯塚裕）「大宮の郷土史」 大宮郷土史研究会 （33） 2014.3

大宮区

引又道を走る（4） さいたま市中央区、北区、西区、大宮区、緑区（井上國夫）「郷土志木」 志木市郷土史研究会 （43） 2014.10

大宮県

職員履歴と達書にみる大宮県の成立とその展開（岸清俊）「文書館紀要」 埼玉県立文書館 （16） 2003.3

大宮公園

明治・大正期の大宮公園設計図について（水口由紀子）「紀要」 埼玉県立博物館 通号31 2006.3

大宮公園の回転飛行塔と高級料亭萬松楼・八重垣（沼田尚道）「大宮の郷土史」 大宮郷土史研究会 （32） 2013.3

大宮公園の発展とスポーツの殿堂化（沼田尚道）「大宮の郷土史」 大宮郷土史研究会 （33） 2014.3

大宮宿

武州大宮宿の黒塚伝説について（下村克彦）「さいたま市博物館研究紀要」 さいたま市立博物館 5 2006.3

大谷木村

大谷木村の裁判官（小室健二）「あゆみ」 毛呂山郷土史研究会 （33） 2009.4

大吉村

大吉村の香取神社と松伏溜井図（鈴木進志）「越谷市郷土研究会会報 ： 古志賀谷」 越谷市郷土研究会 （15） 2009.7

大寄村役場

「大寄村役場趾の記」の石碑について（荻野勝正）「深谷上杉・郷土史研究会会報」 深谷上杉・郷土史研究会 （129） 2012.4

役場の思い出（昭和48年4月3日書）（茂木治平）「深谷上杉・郷土史研究会会報」 深谷上杉・郷土史研究会 （129） 2012.4

大和田宿

企画展示 第2回企画展「出土遺物巡回展一房総発掘ものがたり」/第3回企画展「江戸の旅一成田詣と大和田宿」/第3回企画展講演会「成田街道と大和田宿」/博物館ニュース「八千代市立郷土博物館館報」 八千代市立博物館 （9） 2004.3

調査レポート 成田街道・大和田宿の旅籠「往来旅人止宿銘々覚書」（文久3年）（酒井正男）「郷土史研通信」 八千代市郷土歴史研究会 48 2004.11

大和田陣屋

伊達氏と大和田陣屋（織本重道）「大宮の郷土史」 大宮郷土史研究会 （27） 2008.3

大和田村

天保八酉年大和田村御用留（古文書五人の会）「さいたま市博物館研究紀要」 さいたま市立博物館 4 2005.3

天保九戊年大和田村御用留（承前）（古文書五人の会）「さいたま市博物館研究紀要」 さいたま市立博物館 5 2006.3

天保十年・十一年大和田村御用留（承前）（古文書五人の会）「さいたま市博物館研究紀要」 さいたま市立博物館 6 2007.3

天保十二丑年・十三寅年大和田村御用留（承前）（古文書五人の会）「さいたま市博物館研究紀要」 さいたま市立博物館 7 2008.3

足立郡大和田村高札（浅子武夫）「大宮の郷土史」 大宮郷土史研究会 （27） 2008.3

天保十四卯年大和田村御用留（承前）（古文書五人の会）「さいたま市博物館研究紀要」 さいたま市立博物館 8 2009.3

岡部

岡部地方の方言集（田村常壽）「岡部史話」 岡部郷土文化会 （28） 2008.10

岡の旧中山道を探る（伊藤毅）「岡部史話」 岡部郷土文化会 （32） 2012.11

岡部藩

岡部藩史（島村績）「深谷上杉・郷土史研究会会報」 深谷上杉・郷土史研究会 （129） 2012.4

藩校の成立と岡部藩校（小林寛也）「岡部史話」 岡部郷土文化会 （32） 2012.11

小川

近世在方市における高見世の存在形態一九世紀初頭の武州小川を中心に（渡邊英明）「史敏」 史敏刊行会 通号5 2008.4

風船爆弾製造をめぐる地域社会戦時体制一埼玉県比企郡小川和紙生産地の戦争史（一條三子）「静岡県近代史研究会会報」 静岡県近代史研究会 （389） 2011.2

荻島

荻島地区きき書き（郷土研究会）「越谷市郷土研究会会報 ： 古志賀谷」 越谷市郷土研究会 （12） 2003.8

荻島飛行場

戦後60年の幻の荻島飛行場（磯谷知子）「越谷市郷土研究会会報 ： 古志賀谷」 越谷市郷土研究会 （14） 2007.11

奥武蔵

古道をたずねて一熊野から奥武蔵へ（町田尚夫）「奥武蔵」 奥武蔵研究会 330 2003.3

地名の話（山下実）「奥武蔵」 奥武蔵研究会 334 2003.11

地名の話（浦野要）「奥武蔵」 奥武蔵研究会 336 2004.3

奥武蔵の文化財探訪（上），（下）（町田尚夫）「奥武蔵」 奥武蔵研究会 336/337 2004.3/2004.5

奥武蔵・秩父の気象地名（山志多實）「奥武蔵」 奥武蔵研究会 337 2004.5

奥武蔵・秩父の農耕地名（1），（2）（山志多實）「奥武蔵」 奥武蔵研究会 339/340 2004.9/2004.11

裏平への憧憬 古道散策紀行（4）（小泉重光）「奥武蔵」 奥武蔵研究会 （346） 2005.11

時空を越えた奥武蔵の山旅 古道散策紀行（5） 武州長瀞から吾野（小泉重光）「奥武蔵」 奥武蔵研究会 通号349 2006.5

奥武蔵研究会六十年の歩み（奥武蔵）「奥武蔵」 奥武蔵研究会 通号370 2009.11

鈴木はつ乃さんの奥武蔵便り 奥武蔵の近況と会創立60周年への祝辞など（鈴木はつ乃）「奥武蔵」 奥武蔵研究会 通号371 2010.1

奥武蔵について（上），（下）（染谷鷹治）「奥武蔵」 奥武蔵研究会 通号375/通号376 2010.9/2010.11

昭和16年頃の奥武蔵の絵葉書（藤本一美）「奥武蔵」 奥武蔵研究会 通号372 2010.11

ディスカバー奥武蔵・秩父（加藤恒彦）「奥武蔵」 奥武蔵研究会 （384） 2012.3

奥武蔵・秩父地域に於ける山岳遭難（町田尚夫）「奥武蔵」 奥武蔵研究会 （390） 2013.3

一味違った奥武蔵中世の城跡歩き（加藤恒彦）「奥武蔵」 奥武蔵研究会 （391） 2013.5

「奥武蔵・秩父百山」考（藤本一美）「奥武蔵」 奥武蔵研究会 （399） 2014.9

消えゆく地名・消えない地名（小泉重光）「奥武蔵」 奥武蔵研究会 （400） 2014.11

奥武蔵アルプス

「奥武蔵アルプス」命名の疑義（藤本一美）「奥武蔵」 奥武蔵研究会 （382） 2011.11

小倉城

史跡「比企城館跡群 菅谷館跡 松山城跡 杉山城跡 小倉城跡」の指定（県生涯学習文化財課）「埼玉文化財だより ： 埼玉県文化財保護協会時報」 埼玉県文化財保護協会 （104） 2008.3

戦国期山城の堀切にみる壁面調整痕について一比企地方西部 小倉城・青山城（宮田毅）「利根川」 利根川同人 30 2008.5

続編・奥武蔵中世の城跡を歩く（1） 青山城・小倉城（山行報告）（小泉重光）「奥武蔵」 奥武蔵研究会 （392） 2013.7

埼玉県　　　　　　　　　　　　　地名でたどる郷土の歴史　　　　　　　　　　　関東

越生郷

古代の越生郷(1)〜(8),(最終回)—高麗氏の分布を探る(佐藤源作)「埼玉史談」埼玉県郷土文化会　47(2)通号262/49(3)通号271　2000.7/2002.10

越生三山

続編・奥武蔵中世の城跡を歩く(11)高取山城と越生三山(山行報告)(小泉重光)「奥武蔵」奥武蔵研究会　(397)　2014.5

越生町

越生町の三角点(町田尚夫)「奥武蔵」奥武蔵研究会　(385)　2012.5

新・ぶんかざいはいけん 越生町「埼玉文化財だより：埼玉県文化財保護協会時報」埼玉県文化財保護協会　(118)　2012.12

忍

地誌調についての一考察—武蔵国埼玉郡騎西領・忍領・八条領の事例を中心に(《大会特集 交流の地域史—ぐんまの山・川・道》—〈問題提起〉)(清水邦夫)「地方史研究」地方史研究協議会　54(4)通号310　2004.8

成田氏による忍領形成と河川(特集 北武蔵地域の史的諸問題—問題提起)(新井浩文)「埼玉地方史」埼玉県地方史研究会　(70)　2014.10

忍城

上州の戦い 忍城(埼玉・行田市)の攻防(山田義彦)「群馬風土記」群馬出版センター　19(2)通号81　2005.4

忍城と甲斐姫(今川徳子)「扣之帳」扣之帳刊行会　(10)　2005.10

埼玉古墳群から忍城へ(200号に寄せて)(浅見貞良)「群馬歴史散歩」群馬歴史散歩の会　(200)　2007.7

成田氏の光芒 忍城(長崎秀峰)「熊谷市郷土文化会誌」熊谷市郷土文化会　(66)　2010.11

平成22年度秋の史跡巡り「忍城」「さきたま古墳群」能仁寺(宮田治三)「郷土史」八王子市川口郷土史研究会　(32)　2011.1

奥武蔵中世の城跡を歩く(10)番外編(1)忍城(山行報告)(飯塚孝雄)「奥武蔵」奥武蔵研究会　(382)　2011.11

さきたま古墳群と忍城記(塚田義治)「むかしの馬宮」馬宮郷土史同好会　(31)　2012.3

「のぼうの城」と天秀尼の母系—北武蔵の成田一族(宝賀寿男)「家系研究」家系研究協議会　(54)　2012.10

「のぼうの城」—忍城の攻防戦とは(紹介・随筆・思い出)(稲村義雄)「熊谷市郷土文化会誌」熊谷市郷土文化会　(68)　2012.11

問題提起「忍城水攻め」歴史像の形成(大会特集II 北武蔵の地域形成—水と地形が織りなす歴史像)(鈴木紀三雄)「地方史研究」地方史研究協議会　64(5)通号371　2014.1

忍藩

埼玉県の学校草創期における忍藩士族の役割(研究ノート)(石井昇)「埼玉地方史」埼玉県地方史研究会　(68)　2014.2

忍藩角場

埼玉県行田市埼玉古墳群鉄砲山古墳で発見された忍藩角場について(報告)(岩田明広)「銃砲史研究」日本銃砲史学会　(376)　2013.6

忍町

行政文書・忍町役場「明治四十三年八月 水害ニ関スル書類」について(史料紹介)(門脇伸一)「行田市郷土博物館研究報告」行田市郷土博物館　(7)　2012.3

押立堤

「往古奥州道」と「押立堤」について(秦野秀明)「越谷市郷土研究会会報：古志賀谷」越谷市郷土研究会　(16)　2011.12

越畑城

続編・奥武蔵中世の城跡を歩く(5)越畑城、杉山城(山行報告)(岡野守)「奥武蔵」奥武蔵研究会　(394)　2013.11

越辺川

江戸初期の都幾川・越辺川の河道の変遷について(岡田潔)「埼玉地理」埼玉地理学会　28　2004.7

女部田城

奥武蔵中世の城跡を歩く(9)女部田城・日尾城(山行報告)(飯塚孝雄)「奥武蔵」奥武蔵研究会　(381)　2011.9

男沼

妻沼男沼地区 水害の男沼(《特集 旧妻沼町(埼玉県熊谷市)》)(奈良原勝吉)「群馬歴史散歩」群馬歴史散歩の会　(195)　2006.7

巻頭写真 大正元年(1912)竹井澹如の葬列写真/中条氏関連遺跡遺物、原田覚一郎家(妻沼滑空場関係等)文書/男沼飛田佳洲家文書、絵葉書第一回県下美術作家展覧会「熊谷市史研究」熊谷市教育委員会　(5)　2013.3

寄贈文書の紹介 男沼飛田佳洲家文書について(妻沼滑空場関係等)文書について「熊谷市史研究」熊谷市教育委員会　(5)　2013.3

尾間木村

失業対策事業が行われた旧尾間木村道「緑の歴史」さいたま市緑区歴史の会　(3)　2008.1

柿沼

柿沼 四分一剣道場について(調査・研究)(中澤隆夫)「熊谷市郷土文化会誌」熊谷市郷土文化会　(69)　2013.11

垳

全国唯一の地名 垳 ガケっぷち(『朝日新聞』2012年3月5日)「群馬地名だより：群馬地名研究会会報」群馬地名研究会　(81)　2012.12

影森

武州秩父かげもり雑話(1)(大墅鴻風)「埼玉史談」埼玉県郷土文化会　51(2)通号278　2004.7

武州秩父かげもり雑話(2),(3)—かげもり近隣の地侍について(大墅鴻風)「埼玉史談」埼玉県郷土文化会　51(4)通号280/52(1)通号281　2005.1/2005.4

武州秩父かげもり雑話(4)—かげもり近隣の地侍(大墅鴻風)「埼玉史談」埼玉県郷土文化会　52(3)通号283　2005.10

武州秩父かげもり雑話(5)影森近隣の地侍について(大墅鴻風)「埼玉史談」埼玉県郷土文化会　53(1)通号285　2006.4

武州秩父かげもり雑話(6)鉢形北條衆(大墅鴻風)「埼玉史談」埼玉県郷土文化会　53(2)通号286　2006.7

武州秩父かげもり雑話(7),(8) かげもり 大沼宿(1),(2)(大墅鴻風)「埼玉史談」埼玉県郷土文化会　53(3)通号287/54(1)通号289　2006.10/2007.4

葛西井堀

近世葛西用水体系の成立—葛西井堀から大葛西用水へ(橋本直子)「葦のみち：三郷市史研究」三郷市　14　2002.3

上馬場村検地帳と葛西井堀開削(平成24年度埼玉県地域研究発表大会報告要旨)(清水正彦)「埼玉地方史」埼玉県地方史研究会　(68)　2014.2

葛西用水取入口跡

葛西用水取入口跡「加須郷土史」加須郷土史研究会　(67)　2009.7

笠原沼

笠原沼の造成及び新田開発と用悪水(《埼玉県特集》)(河井伸一)「利根川文化研究」利根川文化研究会　通号31　2008.9

柏崎

谷下地区及び柏崎地区の屋号(内田秀太郎)「岩槻史林」岩槻地方史研究会　(30)　2003.5

柏の城

柏の城の名前を考える(吉安耕一)「郷土志木」志木市郷土史研究会　(38)　2009.11

柏の城跡(志木市柏町3—2—1)(大井芳文)「郷土研だより」東村山郷土史研究会　(386)　2012.7

調査研究報告 柳瀬川とその周辺の歴史と現状を調べる(5)柏の城コース 柳瀬川・新河岸川合流点(岡部志げ乃)「郷土研だより」東村山郷土史研究会　(389)　2012.10

柏原村

史料目次・解題/柏原村人別御改帳(穢多)—天保12年/如意村弁之助の道案内推薦状/高橋貞樹著『特殊部落の歴史と水平運動』抄/高橋貞樹著『特殊部落一千年史』(初版)抄、高橋貞樹著『特殊部落史』(改訂版)抄、高橋貞樹著『特殊部落史』(第3版)抄/栗須七郎著『水平の行者』抄/平野小劔著『武州長瀬騒動』/『水平新聞』第10号(大正15年9月1日)/三好伊平次著『同和問題の歴史的研究』抄/森清一著『武州鼻緒騒動秘史』抄/『武州鼻緒騒動』関係資料修正補遺編の編集について「解放研究：東日本部落解放研究所紀要」東日本部落解放研究所、解放書店(発売)　(25)　2012.1

春日部

越谷・春日部周辺の農作物の屎尿の供給(高崎力)「越谷市郷土研究会会報：古志賀谷」越谷市郷土研究会　(16)　2011.12

春日部市

春日部市郷土資料館特別展「最後の将軍が見た春日部—野鳥と御鷹場・御猟場—」を観て(展示批評)(水品洋介)「地方史研究」地方史研究協議会　64(2)通号368　2014.4

粕壁宿

日光街道の宿場を訪ねて 栗橋宿・幸手宿・粕壁宿(増渕武男)「栃木県立博物館友の会だより」栃木県立博物館友の会　(45)　2008.2

加須

御室大明神と地名加須(野本誠一)「埼玉史談」埼玉県郷土文化会　49(4)通号272　2003.1

鯉のぼり 江戸時代の加須地区の交通「加須郷土史」加須郷土史研究会　(64)　2008.7

鯉のぼり 加須の昔話/江戸時代の加須地区の交通(2)「加須郷土史」加

須郷土史研究会 （65） 2008.11

新道紀念碑「加須郷土史」 加須郷土史研究会 （66） 2009.3

鯉のぼり 江戸時代の加須地区の交通(3)「加須郷土史」 加須郷土史研究会 （66） 2009.3

江戸時代の加須地区の交通「加須郷土史」 加須郷土史研究会 （68） 2009.11

加須市

加須市のジャンボ鯉幟の歴史(中村賢司)「埼玉史談」 埼玉県郷土文化会 57(1)通号301 2010.4

加須陣屋

古文書同好会だより 加須陣屋と若林家の遺書/天明三年の浅間山噴火「加須郷土史」 加須郷土史研究会 （66） 2009.3

片倉製糸

片倉製糸の煙突が消えた(中田迪)「熊谷市郷土文化会誌」 熊谷市郷土文化会 （59） 2004.11

加藤

遺稿 大字加藤の記(抄)(首藤政之輔)「よしかわ文化」 吉川市郷土史会 （23） 2008.3

金窪城

上里町の歴史 上里町の概観/上里町歴史点描(武川郷はどこか、五明廃寺と上野国、浅間山古墳、武蔵七党と丹党、帯刀先生義賢の墓、神流川合戦、金窪城跡)《特集 上里町(埼玉県)》(小野英彦)「群馬歴史散歩」 群馬歴史散歩の会 （198） 2007.3

金沢窯

金沢窯跡から見た武蔵国分寺の造瓦組織(第52回日本史関係卒業論文発表会要旨)(蛎久恵)「地方史研究」 地方史研究協議会 61(3)通号351 2011.6

金屋

児玉の文化財と金屋戦争(町田尚夫)「奥武蔵」 奥武蔵研究会 （396） 2014.3

秩父事件・金屋戦争の銃弾の痕(町田尚夫)「奥武蔵」 奥武蔵研究会 （397） 2014.5

金沢

口絵写真解説 『私門示現』秩父郡皆野町金沢「埼玉史談」 埼玉県郷土文化会 60(1)通号313 2013.4

金沢城

奥武蔵中世の城跡を歩く(1) 浦山城・金沢城(山行報告)(飯塚孝雄)「奥武蔵」 奥武蔵研究会 （377） 2011.1

樺山

樺山の割木は灘の酒樽に(小峰甲子夫)「あゆみ」 毛呂山郷土史研究会 （33） 2009.4

鎌形村

幕末期における評定所「論所地改出役」の裁許について―武州比企郡玉川郷、鎌形村と竹本村境入会争論を中心に(大舘右喜)「近世史叢」 近世村落史研究会 （6） 2012.8

上江橋

上江橋の歴史(大澤房子)「むかしの馬宮」 馬宮郷土史同好会 （29） 2010.2

上里町

上里町の歴史 上里町の概観/上里町歴史点描(武川郷はどこか、五明廃寺と上野国、浅間山古墳、武蔵七党と丹党、帯刀先生義賢の墓、神流川合戦、金窪城跡)《特集 上里町(埼玉県)》(小野英彦)「群馬歴史散歩」 群馬歴史散歩の会 （198） 2007.3

神流川の農業水利と信仰―上里町の雨乞いを中心に(和田健一)「群馬歴史民俗」 群馬歴史民俗研究会 （29） 2008.3

上里町北部の古代集落の成立と神流川・烏川の流路変遷(外尾常人)「上里町立郷土資料館研究紀要」 上里町立郷土資料館 （11） 2013.3

紙辰呉服店

紙辰呉服店追想(鳩ヶ谷近代史の中の自家史と自分史追想)(藤波不二雄)「郷土はとがや ： 鳩ケ谷郷土史会会報」 鳩ケ谷郷土史会 （60） 2007.11

上中条村

資料紹介 旧上中条村(熊谷市)の古文書(奥田豊)「埼玉史談」 埼玉県郷土文化会 60(2)通号314 2013.7

上名栗区

政治・行政 秩父事件/官有秣場下戻運動/郡域変更運動/上・下名栗区会と村有財産の統一―《名栗の近代史料》「名栗村史研究那栗郷」 飯能市郷土館 通号6 2007.3

上名栗村

幕末期南関東農村の養子縁組と村落構造―武州秩父郡上名栗村古組宗門

改帳を素材として(戸石七生)「論集きんせい」 近世史研究会 （27） 2005.5

上馬場村

上馬場村検地帳と葛西井堀開削(平成24年度埼玉県地域研究発表大会報告要旨)(清水正彦)「埼玉地方史」 埼玉県地方史研究会 （68） 2014.2

上福岡

上福岡の中世史復元を試みて(深谷幸治)「市史研究きんもくせい」 上福岡市教育委員会 （9） 2003.10

終戦直後における上福岡など埼玉県内各地の沖縄・奄美海外引揚寮について(青木文夫)「市史研究きんもくせい」 上福岡市教育委員会 （9） 2003.10

上宝来村

上宝来村―武蔵国足立郡―岡田家文書目録・資料抄録(市立博物館古文書グループ)「さいたま市博物館研究紀要」 さいたま市立博物館 1 2002.3

鴨川

鴨川沿いの史跡と自然にふれる水辺の里 古代への想いをはせて、夢ふくらむ歴史散歩(金井安之助)「むかしの馬宮」 馬宮郷土史同好会 （30） 2011.3

栢間村

南埼玉郡栢間村における農地改革―混乱した農地改革の実例(柏浦勝良)「埼玉地方史」 埼玉県地方史研究会 （60） 2008.6

カラ沢

カラ沢の『はなにた』(吉田美知子)「奥武蔵」 奥武蔵研究会 （385） 2012.5

唐沢川

『福川改修と唐澤問題の経過』―安部彦平氏資料より(荻野勝正)「埼玉史談」 埼玉県郷土文化会 59(3)通号311 2012.10

唐沢放水路

唐澤放水路記念碑に秘められた歴史(荻野勝正)「埼玉史談」 埼玉県郷土文化会 59(2)通号310 2012.7

唐澤放水路建設に土木技師として活躍した高田廣氏と反対運動(荻野勝正)「埼玉史談」 埼玉県郷土文化会 60(4)通号316 2014.1

烏川

上里町北部の古代集落の成立と神流川・烏川の流路変遷(外尾常人)「上里町立郷土資料館研究紀要」 上里町立郷土資料館 （11） 2013.3

川角村

川角村のお医者さん(小室健二)「あゆみ」 毛呂山郷土史研究会 （32） 2008.11

川口

蕨・川口の今昔(巡検報告)(潮地ルミ, 元木靖)「埼玉地理」 埼玉地理学会 28 2004.7

川口鋳物巡礼(小林龍雄)「郷土はとがや ： 鳩ケ谷郷土史会会報」 鳩ケ谷郷土史会 （54） 2004.11

川口鋳物工業における工場の創設について(宇田哲雄)「風俗史学 ： 日本風俗史学会誌」 日本風俗史学会 （29） 2005.1

ラジオ放送と川口との関わり(筒井忠雄)「川口史林 ： 川口市郷土史会々誌」 川口市郷土史会 （71） 2006.3

「とはずがたり」と川口(小林茂)「川口史林 ： 川口市郷土史会々誌」 川口市郷土史会 （71） 2006.3

物づくり日本 川口鋳物発展の軌跡[1],(2)(大熊晋一)「川口史林 ： 川口市郷土史会々誌」 川口市郷土史会 （72）/（73） 2007.3/2008.3

随想 文化都市に変貌した川口(石綿清一)「川口史林 ： 川口市郷土史会々誌」 川口市郷土史会 （75） 2010.3

「坂の上の雲」と川口鋳物(千葉乙郎)「川口史林 ： 川口市郷土史会々誌」 川口市郷土史会 （76） 2011.3

産業をささえる住生活―川口鋳物産業を中心に(宇田哲雄)「風俗史学 ： 日本風俗史学会誌」 日本風俗史学会 （49） 2012.11

キューポラが消えた[上],(下)―産業構造変化と川口の戦後史(大熊晋一)「埼玉史談」 埼玉県郷土文化会 60(2)通号314/60(3)通号315 2013.7/2013.10

遺稿「あいうえおのまち川口」(岡村幸四郎)「川口史林 ： 川口市郷土史会々誌」 川口市郷土史会 （79） 2014.3

その1 燃料研究所(変貌した川口の風景)(千葉乙郎)「川口史林 ： 川口市郷土史会々誌」 川口市郷土史会 （79） 2014.3

その2 サッポロビール工場跡地(変貌した川口の風景)(畦上百合子)「川口史林 ： 川口市郷土史会々誌」 川口市郷土史会 （79） 2014.3

その3 NHK放送所のこと(変貌した川口の風景)(畦上百合子)「川口史林 ： 川口市郷土史会々誌」 川口市郷土史会 （79） 2014.3

その4 映画『キューポラのある街』は(変貌した川口の風景)(金子藤雄)「川口史林 ： 川口市郷土史会々誌」 川口市郷土史会 （79） 2014.3

川口機械工業の歴史と慣行(宇田哲雄)「風俗史学 ： 日本風俗史学会誌」

埼玉県　　　　地名でたどる郷土の歴史　　　　関東

日本風俗史学会，岩田書店（発売）（57）2014.3

川口市

江戸開府400年、川口市制70年「川口史林 ： 川口市郷土史会々誌」　川口市郷土史会　（69）2004.3

巻頭言 矢作尚也さん、鳩ケ谷と川口市が合併しちゃいましたよ「郷土はとがや ： 鳩ケ谷郷土史会会報」　鳩ケ谷郷土史会　（69）2012.5

河越

武蔵河越の歴史浪漫（市川光夫）「奥武蔵」　奥武蔵研究会　通号363　2008.9

武蔵河越の歴史浪漫（比企禅尼と河越氏）（市川光夫）「奥武蔵」　奥武蔵研究会　通号364　2008.11

武蔵河越の歴史浪漫（河越夜戦と太田道灌）（市川光夫）「奥武蔵」　奥武蔵研究会　通号365　2009.1

後北条氏と河越 河越城合戦と城下町の形成（歴史シンポジウム）（伊藤一美）「川越の文化財」　川越市文化財保護協会　（116）2014.3

川越

《川越地域特集》「埼玉史談」　埼玉県郷土文化会　50（4）通号276　2004.1

『川越索麪』から『多濃武の雁』へ（山野清二郎）「埼玉史談」　埼玉県郷土文化会　50（4）通号276　2004.1

「川越の職人」コーナー 提灯師「川越市立博物館博物館だより」　川越市立博物館　41　2004.3

川越十組仲間「川越市立博物館博物館だより」　川越市立博物館　42　2004.7

江戸時代川越近郊村々特産の瓜・茄子・青物の出荷について（佐藤啓子）「川越市立博物館博物館だより」　川越市立博物館　42　2004.7

“蔵造りの街”川越を訪ねて（冨祐次）「栃木県立博物館友の会だより」　栃木県立博物館友の会　（38）2004.10

歴史の街 小江戸川越を訪ねて（金子敏子）「熊谷市郷土文化会誌」　熊谷市郷土文化会　（60）2005.12

モースと川越の明治文化について（高津戸映、小泉功）「埼玉史談」　埼玉県郷土文化会　52（4）通号284　2006.1

川越商人井上権兵衛（盤雨）の『美濃・伊勢紀行稿本』について（山田泰男）「埼玉史談」　埼玉県郷土文化会　52（4）通号284　2006.1

災害と「地域の結びつき」を考える―川越の火事の記録と記憶から（小茂鳥貴夫）「川越市立博物館博物館だより」　川越市立博物館　（51）2007.9

シンポジウム「戦国時代のかわごえ」を開催しました（天ヶ嶋岳）「川越市立博物館博物館だより」　川越市立博物館　（52）2007.12

川越の近代建築（続）「川越の文化財」　川越市文化財保護協会　（99）2008.4

川越商人の「十組仲間」の実態について「川越の文化財」　川越市文化財保護協会　（99）2008.4

川越周辺の史跡―埼玉県をゆく（歴史散歩）（石井善満）「郷土いずみ」　（14）2008.5

川越の見学（大山照代）「むかしの馬宮」　馬宮郷土史同好会　（29）2010.2

フランスの街づくりについて―川越と比較して（和田幸信）「川越の文化財」　川越市文化財保護協会　（104）2010.2

川越の蔵造り思う事（続1）（吉野侑男）「川越の文化財」　川越市文化財保護協会　（104）2010.2

河鍋暁斎の「絵日記」と川越「川越市立博物館博物館だより」　川越市立博物館　（61）2010.12

「時の鐘」の秘密（川越編）（加藤晃正）「岩槻史林」　岩槻地方史研究会　（38）2011.6

『守貞謾稿』と川越「川越市立博物館博物館だより」　川越市立博物館　（64）2011.12

江戸時代の「善行」―『武州川越善行録』にみる城下町の人々とくらし（宮原一郎）「川越市立博物館博物館だより」　川越市立博物館　（64）2011.12

昭和の川越、思い出話 聞き書き（舘川伸子）「川越の文化財」　川越市文化財保護協会　（111）2012.6

史跡めぐり 川越（谷田雄一）「日本史攷究」　日本史攷究会　（36）2012.11

小江戸川越と歴研全国大会（渡邊喜久雄）「歴研みやぎ」　宮城県歴史研究会　（90）2013.1

後北条氏時代の郷村と町（歴史シンポジウム 知られざる後北条氏の時代 いかにして川越の町はつくられたか）（池上裕子）「川越の文化財」　川越市文化財保護協会　（113）2013.2

『大地の園』と黒須川銀行川越支店（三浦久美子）「川越の文化財」　川越市文化財保護協会　（113）2013.2

川越の街づくりに関する一考察（斉藤雄一）「あゆみ」　毛呂山郷土史研究会　（36）2013.3

新たな博物館学習の展開―「歴史と文化を行か生かしたまち 川越」につ

いて学ぶ子どもたち（武藤昌行）「川越市立博物館博物館だより」　川越市立博物館　（68）2013.3

明治期地方都市における個別町の組織と機能―川越を事例として（研究ノート）（伊藤久志）「国史学」　国史学会　（210）2013.6

江戸に進出する川越町人―江戸積問屋・川越屋勘兵衛の動向から（宮原一郎）「川越市立博物館博物館だより」　川越市立博物館　（69）2013.7

川越に残る近世・近代の石積とその変遷（山田雄正）「川越市立博物館博物館だより」　川越市立博物館　（70）2013.12

近世中後期川越の城下町と町人（大会発表要旨）（河口隆太郎）「中央史学」　中央史学会　（37）2014.3

伊能図に描かれた川越「川越市立博物館博物館だより」　川越市立博物館　（72）2014.7

川越大火と蔵造りの町並（吉野侑男）「川越の文化財」　川越市文化財保護協会　（117）2014.7

新河岸川のほとりを歩いみよう！ はつかり＆やまぶき探検隊も出かけてみました「小江戸探検隊 ： かわごえし子ども情報誌」　川越市教育委員会　（35）2014.7

川越五河岸

巡検例会報告 新河岸舟運関係地・川越五河岸地区巡検（川名淳）「利根川文化研究」　利根川文化研究会　（36）2013.1

川越市

川越市市制90周年に寄せて（服部安行）「川越の文化財」　川越市文化財保護協会　（110）2012.2

河越氏館

奥武蔵中世の城跡を歩く（12）番外編（3）河越氏館・川越城（山行報告）（飯塚孝雄）「奥武蔵」　奥武蔵研究会　（383）2012.1

『発心集』にみる武蔵野の災害―入間川の洪水と河越氏館について（特集 武蔵野の災害〈前編〉）（加藤功）「武蔵野」　武蔵野文化協会　87（1）通号351　2012.7

河越城

第30回企画展「後北条氏と河越城」のお知らせ「川越市立博物館博物館だより」　川越市立博物館　（51）2007.9

後北条氏の河越城仕置の実態（大園口承）「埼玉史談」　埼玉県郷土文化会　58（4）通号308　2012.1

後北条氏時代の河越城の構造など（歴史シンポジウム 知られざる後北条氏の時代 いかにして河越の町はつくられたか）（齋藤慎一）「川越の文化財」　川越市文化財保護協会　（113）2013.2

後北条氏と河越 河越城合戦と城下町の形成（歴史シンポジウム）（伊藤一美）「川越の文化財」　川越市文化財保護協会　（116）2014.3

川越城

松平大和守家の作事と作事方―川越城と前橋における御殿造営の比較検討を通して（青木利文）「群馬文化」　群馬県地域文化研究協議会　通号291　2007.7

本丸御殿を復元する―古絵図を用いた等角投影図の作成（天ヶ嶋岳）「川越市立博物館博物館だより」　川越市立博物館　（55）2008.12

川越城本丸御殿の杉戸絵（井口信久）「川越市立博物館博物館だより」　川越市立博物館　（56）2009.3

国指定史跡 河越城跡―最新の研究成果と史跡整備（平野寛之）「川越市立博物館博物館だより」　川越市立博物館　（58）2009.12

分館だより―川越城本丸御殿の屋根（天ヶ嶋岳）「川越市立博物館博物館だより」　川越市立博物館　（59）2010.3

川越城下の御鷹部屋（佐藤啓子）「川越市立博物館博物館だより」　川越市立博物館　（60）2010.7

川越城の太鼓「川越市立博物館博物館だより」　川越市立博物館　（63）2011.7

分館だより―川越城本丸御殿の近況「川越市立博物館博物館だより」　川越市立博物館　（63）2011.7

川越城本丸御殿の修理（川越市教育委員会）「埼玉文化財だより ： 埼玉県文化財保護協会時報」　埼玉県文化財保護協会　（115）2012.1

奥武蔵中世の城跡を歩く（12）番外編（3）河越氏館・川越城（山行報告）（飯塚孝雄）「奥武蔵」　奥武蔵研究会　（383）2012.1

川越市文化財保護協会総会記念講演 両上杉の争乱と城（梅沢太久夫）「川越の文化財」　川越市文化財保護協会　（111）2012.6

川越城下の道輔「川越市立博物館博物館だより」　川越市立博物館　（67）2012.12

川越城富士見櫓考（佐藤繁）「埼玉史談」　埼玉県郷土文化会　60（2）通号314　2013.7

河越城をめぐる攻防（歴史シンポジウム）（黒田基樹）「川越の文化財」　川越市文化財保護協会　（116）2014.3

川越小学校

川越小学校図「川越市立博物館博物館だより」　川越市立博物館　（57）2009.7

関東　　　　　　　　　　地名でたどる郷土の歴史　　　　　　　　　　埼玉県

川越商工会議所

特別寄稿 川越商工会議所資料について（老川慶喜）「川越市立博物館博物館だより」 川越市立博物館 （67） 2012.12

川越町

川越町経済の動向と周辺地域の肥料流通（シンポジウム記録 地方都市・町史研究会シンポジウム 地方都市の形成と展開―その多様性―第66回例会）（酒井智晴）「首都圏形成史研究会会報」 首都圏形成史研究会 （24） 2010.8

川越藩

川越藩松平家の鷹場について―鷹匠橋をめぐる一考察（佐藤啓子）「市史研究きんもくせい」 上福岡市教育委員会 （9） 2003.10

川越藩海防政策と遠藤大筒稽古（布施賢治）「地方史研究」 地方史研究協議会 54（3）通号309 2004.6

川越藩の相州警備（淺川道夫）「開国史研究」 横須賀市 （7） 2007.3

三方領知替事件における川越藩―幕藩領主と「人気」（大会特集II 北総地域の水辺と台地―生活空間の歴史的変容―問題提起）（上白石実）「地方史研究」 地方史研究協議会 60（5）通号347 2010.10

江戸時代の川越藩の農業生産（井上浩）「川越の文化財」 川越市文化財保護協会 （110） 2012.2

弘化期川越藩の川島領大囲堤普請（上）（黒須茂）「武蔵野」 武蔵野文化協会 87（1）通号351 2012.7

近世 弘化期川越藩の川島領大囲堤普請（下）（特集 武蔵野の災害（後編）―歴史）（黒須茂）「武蔵野」 武蔵野文化協会 88（1）通号352 2013.3

河越氏

河越氏と河越館（落合義明）「川越の文化財」 川越市文化財保護協会 （104） 2010.2

河越館跡の整備について（川越市教育委員会文化財保護課）「埼玉文化財だより : 埼玉県文化財保護協会時報」 埼玉県文化財保護協会 （111） 2010.11

川越山

川越山（カンゼ山）山名考（藤本一美）「奥武蔵」 奥武蔵研究会 （387） 2012.9

川島町

明治期の土地利用図による川島町の島畑の分布について（真藤伸夫）「埼玉地理」 埼玉地理学会 27 2003.7

「川島町史調査資料 第十集川島町の土地利用」（内藤ふみ）「埼玉地理」 埼玉地理学会 27 2003.7

川島町の明治期の地引絵図と用排水の変遷について（巡見報告）（真藤伸夫）「埼玉地理」 埼玉地理学会 27 2003.7

川島領大囲堤

弘化期川越藩の川島領大囲堤普請（上）（黒須茂）「武蔵野」 武蔵野文化協会 87（1）通号351 2012.7

近世 弘化期川越藩の川島領大囲堤普請（下）（特集 武蔵野の災害（後編）―歴史）（黒須茂）「武蔵野」 武蔵野文化協会 88（1）通号352 2013.3

川原明戸

川原明戸中島忠一郎家文書について（寄贈・寄託文書の報告）「熊谷市史研究」 熊谷市教育委員会 （4） 2012.3

瓦曽根溜井

瓦曽根溜井からの写真撮影場所の特定について（鈴木恒雄）「越谷市郷土研究会会報 : 古志賀谷」 越谷市郷土研究会 （17） 2014.3

瓦曽根橋

葛西用水に架かる平和橋（旧称・瓦曽根橋）（高﨑力）「越谷市郷土研究会会報 : 古志賀谷」 越谷市郷土研究会 （16） 2011.12

神流川

上里町の歴史 上里町の概観／上里町歴史点描（武川郷はどこか、五明廃寺と上野国、浅間山古墳、武蔵七党と丹党、帯刀先生義賢の墓、神流川合戦、金窪城跡）《特集 上里町（埼玉県）》（小野英彦）「群馬歴史散歩」 群馬歴史散歩の会 （198） 2007.3

上里町北部の古代集落の成立と神流川・烏川の流路変遷（外尾常人）「上里町立郷土資料館研究紀要」 上里町立郷土資料館 （11） 2013.3

紀伊徳川家鷹場

紀伊徳川家鷹場について（青木義脩）「尾間木史跡保存会報」 さいたま市尾間木史跡保存会 （13） 2012.1

騎西

地誌調についての一考察―武蔵国埼玉郡騎西領・忍領・八条領の事例を中心に（《大会特集 交流の地域史―ぐんまの山・川・道》―〈問題提起〉）（清水邦夫）「地方史研究」 地方史研究協議会 54（4）通号310 2004.8

騎西城

騎西城について（飯山実）「岩槻史林」 岩槻地方史研究会 （40） 2013.8

雉岡城

研究ノート 戦国期武蔵八幡山（雉岡）城周辺における地域編制―衆編制を中心に（伊藤拓也）「千葉史学」 千葉歴史学会 （61） 2012.11

武蔵雉岡城址について（報告）（池田光雄）「中世城郭研究」 中世城郭研究会 （28） 2014.7

紀州鷹場本陣

鷹狩・鷹場制度と大宮宿紀州鷹場本陣（中島留男）「大宮の郷土史」 大宮郷土史研究会 （33） 2014.3

北浦和

北浦和探訪の感想（小島勲）「足立史談会だより」 足立史談会 181 2003.4

北区

史蹟を訪ねて（4） さいたま市緑区と北区へ（猪瀬尚志）「板橋史談」 板橋史談会 （245） 2008.3

引又道を走る（4） さいたま市中央区、北区、西区、大宮区、緑区（井上國夫）「郷土志木」 志木市郷土研究会 （43） 2014.10

北原村

大宮暦と北原村の暦新田―昔、一宮に頒暦あり（沼田直道）「大宮の郷土史」 大宮郷土史研究会 （31） 2012.3

喜多町

資料紹介 川越・喜多町の古文書（奥田豊）「埼玉史談」 埼玉県郷土文化会 59（2）通号310 2012.7

北武蔵

北武蔵の羽釜（末木啓介）「研究紀要」 埼玉県立歴史資料館 （26） 2004.3

問題提起 北武蔵の地域編成―御捉飼場の視点から（大会特集II 北武蔵の地域形成―水と地形が織りなす歴史像）（水品洋介）「地方史研究」 地方史研究協議会 64（5）通号371 2014.1

問題提起 北武蔵北端地域における先進性（大会特集II 北武蔵の地域形成―水と地形が織りなす歴史像）（井上潤）「地方史研究」 地方史研究協議会 64（5）通号371 2014.1

問題提起 北武蔵の水害史（大会特集I 北武蔵の地域形成―水と地形が織りなす歴史像）（根ヶ山泰史）「地方史研究」 地方史研究協議会 64（4）通号370 2014.8

問題提起 「北武蔵地域」の豪農層と水利普請組合（大会特集I 北武蔵の地域形成―水と地形が織りなす歴史像）（榎本博）「地方史研究」 地方史研究協議会 64（4）通号370 2014.8

問題提起 北武蔵に残る伝統と文化継承に関する一考察（大会特集I 北武蔵の地域形成―水と地形が織りなす歴史像）（瀬藤貴史）「地方史研究」 地方史研究協議会 64（4）通号370 2014.8

問題提起 「荒川筋工作物構造明細図」にみる北武蔵の近代（大会特集I 北武蔵の地域形成―水と地形が織りなす歴史像）（増山聖子）「地方史研究」 地方史研究協議会 64（4）通号370 2014.8

武蔵国北部の再開発―浅間山の噴火を契機に（特集 北武蔵地域の史的諸問題―問題提起）（菊池紳一）「埼玉地方史」 埼玉県地方史研究会 （70） 2014.10

灌漑用水の評価と研究のあり方について（特集 北武蔵地域の史的諸問題―問題提起）（清水邦夫）「埼玉地方史」 埼玉県地方史研究会 （70） 2014.10

北本

北本の俳諧（小林甲子男）「埼玉史談」 埼玉県郷土文化会 51（1）通号277 2004.4

行田

行田の市史料（飯山実）「岩槻史林」 岩槻地方史研究会 （30） 2003.5

タビの街行田（清水英男）「下野史談」 下野史談会 100 2004.12

資料の語る行田の歴史（3） 松平信綱の年貢割付状と所領支配「行田市史編さんだより」 行田市教育委員会文化財保護課 （3） 2008.3

資料の語る行田の歴史（4） 忍同志会と湯本義憲「行田市史編さんだより」 行田市教育委員会文化財保護課 （3） 2008.3

行田市

史跡探訪（1） さきたま古墳群と足袋の町行田市を訪ねる（鈴木恵治）「かつしか台地 : 野田地方史懇話会会誌」 野田地方史懇話会 23 2002.3

久喜高女

研究ノート 久喜高女に見る疎開生徒の受け入れ（柏浦勝良）「埼玉地方史」 埼玉県地方史研究会 （65） 2011.12

久喜高女に見る防空態勢（柏浦勝良）「埼玉地方史」 埼玉県地方史研究会 （70） 2014.10

釘無

入間川筋釘無河岸史料（史料紹介）（黒須茂）「利根川文化研究」 利根川文化研究会 通号33 2009.8

埼玉県　　　　地名でたどる郷土の歴史　　　　関東

くずはき橋

研究ノート 博物館里山だより―くずはき橋（岩渕睦）「羽村市郷土博物館紀要」 羽村市郷土博物館 （23） 2008.12

葛和田

葛和田荒川宗一郎家文書について（寄贈・寄託文書の報告）「熊谷市史研究」 熊谷市教育委員会 （4） 2012.3

久保島

明治初期の小学校―熊谷市西部（三尻・久保島・大麻生）地区を中心に（1）,（2）（新井常雄）「熊谷市郷土文化会誌」 熊谷市郷土文化会 （66）/（67） 2010.11/2011.11

久保島学校

明治初年の久保島学校（松岡淳一）「熊谷市郷土文化会誌」 熊谷市郷土文化会 （61） 2006.12

久保田村

横見郡久保田村にみる佐倉藩飛地領の基礎的考察（高木謙一）「文書館紀要」 埼玉県立文書館 （24） 2011.3

武蔵国横見郡久保田村における村鎮守造営と新井家（太田弥保）「文書館紀要」 埼玉県立文書館 （25） 2012.3

佐倉藩代官による飛地領支配の実態―武蔵国横見郡久保田村を事例に（研究）（高木謙一）「佐倉市史研究」 佐倉市総務部 （26） 2013.3

熊谷

《特集 くまがやの暮らしと文化今昔》「熊谷市郷土文化会誌」 熊谷市郷土文化会 （57） 2002.11

熊谷開発の始祖熊谷直季公（林有章）「熊谷市郷土文化会誌」 熊谷市郷土文化会 （60） 2005.12

熊谷の養蚕の歴史（平井加余子）「熊谷市郷土文化会誌」 熊谷市郷土文化会 （60） 2005.12

熊谷の旧軍事施設（松岡淳一）「熊谷市郷土文化会誌」 熊谷市郷土文化会 （60） 2005.12

市街地区／石原地区／肥塚地区／大幡地区／大麻生地区／三尻地区／吉岡地区／別府地区／玉井地区／奈良地区／成田地区／中条地区／星宮地区／久下地区／佐谷田地区（《むさし熊谷 史蹟・名所ガイドブック》）「熊谷市郷土文化会誌」 熊谷市郷土文化会 （62） 2007.2

熊谷（幡羅郡）における寺子屋の実態―教育者の墓碑・寿碑等を通して（新井常雄）「熊谷市郷土文化会誌」 熊谷市郷土文化会 （63） 2007.11

熊谷の乾麺（平井加余子）「熊谷市郷土文化会誌」 熊谷市郷土文化会 （63） 2007.11

熊谷の乾麺（2） 聞き書き―増田製麺のこと（平井加余子）「熊谷市郷土文化会誌」 熊谷市郷土文化会 （63） 2007.11

雑学から見た熊谷ものしり事典―明治・大正期における熊谷の自慢ばなし（鯨井邦彦）「熊谷市郷土文化会誌」 熊谷市郷土文化会 （63） 2007.11

聞き書き 熊谷の鵜使い（平井加余子）「熊谷市郷土文化会誌」 熊谷市郷土文化会 （64） 2008.11

熊谷学（1） 日本人の精神性―敦盛の最期に見る直實のこころ（角田光男）「熊谷市郷土文化会誌」 熊谷市郷土文化会 （64） 2008.11

熊谷地方の食文化―別府沼の恵み（平井加余子）「熊谷市郷土文化会誌」 熊谷市郷土文化会 （65） 2009.11

雑学から見た熊谷の写真概説（鯨井邦彦）「熊谷市郷土文化会誌」 熊谷市郷土文化会 （65） 2009.11

熊谷学（2） 正岡子規と熊谷―写生への目覚め（角田光男）「熊谷市郷土文化会誌」 熊谷市郷土文化会 （66） 2010.11

熊谷の「子宝ほた餅」（馬場貞夫）「熊谷市郷土文化会誌」 熊谷市郷土文化会 （66） 2010.11

熊谷地方における神仏分離の様相（1）（村田安穂）「熊谷市史研究」 熊谷市教育委員会 （4） 2012.3

東北大地震と熊谷（調査・研究）（松岡淳一）「熊谷市郷土文化会誌」 熊谷市郷土文化会 （68） 2012.11

コラム 絵葉書で見る熊谷の歴史（2） 埼玉美術奨励会主催 第一回県下美術作家展覧会（宮瀧交二）「熊谷市史研究」 熊谷市教育委員会 （5） 2013.3

「熊谷にかぼちゃ大の雹が降った」 日本の気象新記録二題（調査・研究）（馬場貞夫）「熊谷市郷土文化会誌」 熊谷市郷土文化会 （69） 2013.11

問題提起 熊谷地域における戦後初期の青年運動について（大会特集II 北武蔵の地域形成―水と地形が織りなす歴史像）（岸清俊）「地方史研究」 地方史研究協議会 64（5）通号371 2014.10

問題提起 熊谷の麦文化（大会特集II 北武蔵の地域形成―水と地形が織りなす歴史像）（平井加余子）「地方史研究」 地方史研究協議会 64（5）通号371 2014.1

コラム 絵葉書で見る熊谷の歴史（3） 今は無き「櫻雲閣」（宮瀧交二）「熊谷市史研究」 熊谷市教育委員会 （6） 2014.3

問題提起 熊谷における製糸業の展開（大会特集I 北武蔵の地域形成―水と地形が織りなす歴史像）（小林公幸）「地方史研究」 地方史研究協議

会 64（4）通号370 2014.8

問題提起 熊谷の戦災についての考察（大会特集I 北武蔵の地域形成―水と地形が織りなす歴史像）（来間平八）「地方史研究」 地方史研究協議会 64（4）通号370 2014.8

記憶を辿る戦時中の体験（特集 戦中の体験と熊谷空襲）（小池博）「熊谷市郷土文化会誌」 熊谷市郷土文化会 （70） 2014.11

太平洋戦争中、一少年の抱いた疑念（特集 戦中の体験と熊谷空襲）（内田伝衛）「熊谷市郷土文化会誌」 熊谷市郷土文化会 （70） 2014.11

「大東亜戦争」戦時下の体験記（特集 戦中の体験と熊谷空襲）（来間平八）「熊谷市郷土文化会誌」 熊谷市郷土文化会 （70） 2014.11

熊谷の戦災―被災を分けた線路（特集 戦中の体験と熊谷空襲）（持田重男）「熊谷市郷土文化会誌」 熊谷市郷土文化会 （70） 2014.11

熊谷大空襲とその前後の事々（特集 戦中の体験と熊谷空襲）（長崎良一）「熊谷市郷土文化会誌」 熊谷市郷土文化会 （70） 2014.11

敗戦の日を、ふりかえって（特集 戦中の体験と熊谷空襲）（依田マサ子）「熊谷市郷土文化会誌」 熊谷市郷土文化会 （70） 2014.11

天明三年浅間山大噴火と熊谷（調査研究）（馬場國夫）「熊谷市郷土文化会誌」 熊谷市郷土文化会 （70） 2014.11

熊谷県

府県統廃合と文書移管―明治9年の熊谷県分割をめぐって（芳賀明子）「文書館紀要」 埼玉県立文書館 （17） 2004.3

明治前期における大小区集会―入間・比企県を事例に（平成24年度埼玉県地域研究発表大会報告要旨）（江連晃）「埼玉地方史」 埼玉県地方史研究会 （68） 2014.2

史料紹介 熊谷県設置直後の分割案―群馬裁判所副所長板倉勝達の建白（栗原祐斗）「熊谷市史研究」 熊谷市教育委員会 （6） 2014.3

熊谷郷

問題提起 熊谷氏と熊谷郷をめぐるいくつかの論点（大会特集I 北武蔵の地域形成―水と地形が織りなす歴史像）（高橋修）「地方史研究」 地方史研究協議会 64（4）通号370 2014.8

熊谷市

《特集 くまがやの暮らしと文化今昔2》「熊谷市郷土文化会誌」 熊谷市郷土文化会 （58） 2003.11

《特集 くまがやの暮らしと文化今むかし3》「熊谷市郷土文化会誌」 熊谷市郷土文化会 （59） 2004.11

用水の思い出（小池幹衛）「熊谷市郷土文化会誌」 熊谷市郷土文化会 （59） 2004.11

提灯塚（内田伝衛）「熊谷市郷土文化会誌」 熊谷市郷土文化会 （59） 2004.11

里山の思い出（来間平八）「熊谷市郷土文化会誌」 熊谷市郷土文化会 （59） 2004.11

天明三年浅間大爆発及びそのころ（稲村量平）「熊谷市郷土文化会誌」 熊谷市郷土文化会 （60） 2005.12

二大地震見聞記（菅谷益太郎）「熊谷市郷土文化会誌」 熊谷市郷土文化会 （60） 2005.12

熊谷氏と久下氏の所領相論について（大井教貴）「熊谷市郷土文化会誌」 熊谷市郷土文化会 （60） 2005.12

名所史跡探索モデルコース／旧熊谷市内の全所在地地図（《むさし熊谷 史蹟・名所ガイドブック》）「熊谷市郷土文化会誌」 熊谷市郷土文化会 （62） 2007.2

熊谷市と漱石・賢治（角田光男）「熊谷市郷土文化会誌」 熊谷市郷土文化会 （63） 2007.11

文書に見る民俗（飯塚好）「熊谷市史研究」 熊谷市教育委員会 （1） 2009.3

明治初期の小学校―熊谷市西部（三尻・久保島・大麻生）地区を中心に（1）,（2）（新井常雄）「熊谷市郷土文化会誌」 熊谷市郷土文化会 （66）/（67） 2010.11/2011.11

12世紀における熊谷市周辺の武士の所領形成―中条氏・成田氏を中心に（鎌倉佐保）「熊谷市史研究」 熊谷市教育委員会 （3） 2011.3

私見・旧熊谷市における三人の傑人（鯨井邦彦）「熊谷市郷土文化会誌」 熊谷市郷土文化会 （67） 2011.11

巻頭写真 建長4年（1252）銘阿弥陀三尊図像板碑／上中条、四方寺、大塚、上川上地区板碑／東竹院だるま石、絵葉書、熊谷堤の桜／天保7年（1836）北組三拾七村南組二拾二村組合絵図（中島忠一郎家文書）「熊谷市史研究」 熊谷市教育委員会 （4） 2012.3

大区小区制の展開と村連合―埼玉県熊谷市・栃木県鹿沼市域を事例に（月例会報告要旨）（栗原祐斗）「関東近世研究」 関東近世史研究会 （72） 2012.10

国文学研究資料館・大倉精神文化研究所蔵 吉田市右衛門家文書について（調査報告）（高橋伸拓、藤井明広）「熊谷市史研究」 熊谷市教育委員会 （6） 2014.3

熊谷家文書「熊谷蓮生譲状」の再検討（大井教寛）「熊谷市史研究」 熊谷市教育委員会 （6） 2014.3

関東　　　　　　　地名でたどる郷土の歴史　　　　　　　埼玉県

熊谷宿

幕末期の改革組合村運営大惣代—武蔵国熊谷宿北組合を事例に（藤井明広）「埼玉地方史」　埼玉県地方史研究会　（65）2011.12

岐阻道中熊谷宿八丁堤ノ景（みかりや）（調査・研究）（馬場國夫）「熊谷市郷土文化会誌」　熊谷市郷土文化会　（68）2012.11

近世後期における改革組合村総代の検討—武蔵国熊谷宿組合を事例に（地域研究発表大会要旨）（藤井明広）「埼玉地方史」　埼玉県地方史研究会　（66）2012.12

近世後期における改革組合村の編成と運営の検討—武蔵国熊谷宿北組合を事例として（藤井明広）「埼玉地方史」　埼玉県地方史研究会　（68）2014.2

中山道と熊谷宿（調査研究）（鯨井邦彦）「熊谷市郷土文化会誌」　熊谷市郷土文化会　（70）2014.11

熊谷宿本陣

熊谷宿本陣竹井新右衛門娘の嫁入り道具（調査・研究）（栗原健一）「熊谷市郷土文化会誌」　熊谷市郷土文化会　（69）2013.11

熊谷堤

コラム 絵葉書で見る熊谷の歴史（1）熊谷堤の桜（宮瀧交二）「熊谷市史研究」　熊谷市教育委員会　（4）2012.3

熊谷陸軍飛行学校

熊谷陸軍飛行学校の足跡（特集 戦中の体験と熊谷空襲）（岡田菊江）「熊谷市郷土文化会誌」　熊谷市郷土文化会　（70）2014.11

熊谷陸軍飛行学校桶川分教場

戦時を今に伝える 旧熊谷陸軍飛行学校桶川分教場（特集 戦中の体験と熊谷空襲）（中田迪）「熊谷市郷土文化会誌」　熊谷市郷土文化会　（70）2014.11

熊倉城

熊倉城と塩沢城に関する覚書（梅沢太久夫）「研究紀要」　埼玉県立歴史資料館　（25）2003.3

栗橋宿

日光街道の宿場を訪ねて 栗橋宿・幸手宿・粕壁宿（増渕武男）「栃木県立博物館友の会だより」　栃木県立博物館友の会　（45）2008.2

栗橋宿と利根川の渡船場に設けられた関所「重要文化財「日光道中分間延絵図」（東京国立博物館蔵、部分、Image：TNM Image Archives）」「The amuseum」　埼玉県立歴史と民俗の博物館　9（1）通号25　2014.6

栗橋関所

関所番士と三郷周辺の村役人の縁戚関係について—栗橋関所番士の史料から（市史研究レポート）（実松幸男）「葦のみち：三郷市史研究」　三郷市　（23）2012.3

水戸天狗党乱当時における栗橋関所の検問と対応—幕府常備軍兵器の査検を中心として（第2回交通史学会大会報告・総会報告—大会発表要旨（自由論題）（丹治健蔵）「交通史研究」　交通史学会，吉川弘文館（発売）（81）2013.9

明治維新と栗橋関所番足立家（清水正彦）「文書館紀要」　埼玉県立文書館　（27）2014.3

栗橋町

新利根川の渡河点に作られた新しい宿場町—栗橋町と元栗橋を訪ね河川のかかわりを見る（巡検報告）（齋藤庸大）「埼玉地理」　埼玉地理学会　（32・33）2009.7

栗原宿

学芸員ノート 栗原宿と船橋（増山聖子）「The amuseum」　埼玉県立歴史と民俗の博物館　6（2）通号17　2011.9

旧黒須銀行

市指定文化財旧黒須銀行公開/野田双子織研究会作品展/狭山火入れ実演/台湾茶セミナー/茶席体験/日本・世界各地のお茶体験「News-Alit：入間市博物館情報紙」　入間市博物館　（37）2006.10

第13回むかしのくらしと道具展/まなびピア埼玉2009協賛事業 入間市博物館開館15周年記念事業 アリットフェスタ2009特別展「狭山茶の歴史と現在」/まなびピア埼玉2009 in 入間 第15回「いるま生涯学習フェスティバル」開催/旧黒須銀行を公開します/狭山火入れ実演/茶室「青丘庵」で抹茶を楽しみませんか/日本・世界各地のお茶体験/狭山茶陸る舞い/行事予定カレンダー「News-Alit：入間市博物館情報紙」　入間市博物館　（49）2009.10

旧黒須銀行本店

（1）土蔵造りの銀行・旧黒須銀行本店建物について（特集 入間市の歴史的建造物）（三浦久美子）「入間市博物館紀要」　入間市博物館　（9）2011.3

（2）旧黒須銀行本店倉庫調査報告（特集 入間市の歴史的建造物）（東海大学羽生研究室）「入間市博物館紀要」　入間市博物館　（9）2011.3

黒目川

「黒目川沿いの湧水と史跡を訪ねて」で見た所（乾馨）「奥武蔵」　奥武蔵研究会　（379）2011.5

鴻巣宿

問題提起 近世中山道鴻巣宿周辺村落の耕地と集落（大会特集II 北武蔵の地域形成—水と地形が織りなす歴史像）（森朋久）「地方史研究」　地方史研究協議会　64（5）通号371　2014.1

郷原山

郷原山の思い出（松岡淳一）「熊谷市郷土文化会誌」　熊谷市郷土文化会　（59）2004.11

高谷砦

続編・奥武蔵中世の城跡を歩く（4）高谷砦・四津山城・奈良梨館（山行報告）（小泉重光）「奥武蔵」　奥武蔵研究会　（394）2013.11

国道16号

昔の国道16号の近く（蔵野美智子）「むかしの馬宮」　馬宮郷土史同好会　（28）2009.2

越ヶ谷

古写真と絵葉書でつづる大正時代の越ヶ谷「越谷市郷土研究会会報：古志賀谷」　越谷市郷土研究会　（14）2007.11

越ヶ谷・越谷と表記ある書物一覧（原田民自）「越谷市郷土研究会会報：古志賀谷」　越谷市郷土研究会　（17）2014.3

文化財パトロール 平成24年度 大袋地区北部/平成25年度 大沢・越ヶ谷地区「越谷市郷土研究会会報：古志賀谷」　越谷市郷土研究会　（17）2014.3

越谷

越谷周辺の近代交通のあけぼの（山本泰秀）「越谷市郷土研究会会報：古志賀谷」　越谷市郷土研究会　（14）2007.11

映像で見る懐かしい越谷「越谷市郷土研究会会報：古志賀谷」　越谷市郷土研究会　（14）2007.11

聞き書き 50年前の越谷を語る「越谷市郷土研究会会報：古志賀谷」　越谷市郷土研究会　（15）2009.7

越谷ふるさと話 越谷吾山と越谷の方言（増岡武司）「越谷市郷土研究会会報：古志賀谷」　越谷市郷土研究会　（15）2009.7

越谷「焼き米」の方が草加煎餅より古い（宮川進）「越谷市郷土研究会会報：古志賀谷」　越谷市郷土研究会　（15）2009.7

火の見櫓を訪ねて（三浦栄市）「越谷市郷土研究会会報：古志賀谷」　越谷市郷土研究会　（15）2009.7

江戸時代以前の越谷を通る古奥州道（一考察）（加藤幸一）「越谷市郷土研究会会報：古志賀谷」　越谷市郷土研究会　（16）2011.12

明治になって越谷に鷹狩に来た徳川慶喜（田中利昌）「越谷市郷土研究会会報：古志賀谷」　越谷市郷土研究会　（16）2011.12

越谷に落ちた隕石（生出弘三）「越谷市郷土研究会会報：古志賀谷」　越谷市郷土研究会　（16）2011.12

越谷と人気投票（原田民自）「越谷市郷土研究会会報：古志賀谷」　越谷市郷土研究会　（16）2011.12

越谷・春日部周辺の農作物の屎尿の供給（高崎力）「越谷市郷土研究会会報：古志賀谷」　越谷市郷土研究会　（16）2011.12

越谷星（増岡武司）「越谷市郷土研究会会報：古志賀谷」　越谷市郷土研究会　（16）2011.12

越谷コラム（1）越谷七不思議の選定「越谷市郷土研究会会報：古志賀谷」　越谷市郷土研究会　（17）2014.3

越ヶ谷・越谷と表記ある書物一覧（原田民自）「越谷市郷土研究会会報：古志賀谷」　越谷市郷土研究会　（17）2014.3

越谷コラム（3）塗師市呉服店 絵葉書と冬物売出し広告「越谷市郷土研究会会報：古志賀谷」　越谷市郷土研究会　（17）2014.3

越谷駅東口

越谷コラム（2）越谷駅東口 再開発で大きく変貌「越谷市郷土研究会会報：古志賀谷」　越谷市郷土研究会　（17）2014.3

越ヶ谷御殿

越ヶ谷御殿（加藤幸一）「越谷市郷土研究会会報：古志賀谷」　越谷市郷土研究会　（17）2014.3

越谷市

こしがやふるさと話（増岡武司）「越谷市郷土研究会会報：古志賀谷」　越谷市郷土研究会　（13）2005.9

今はなき不動道 越谷市内の不動道の道標（加藤幸一）「越谷市郷土研究会会報：古志賀谷」　越谷市郷土研究会　（14）2007.11

越谷市内の渡し場（篠原陸郎）「越谷市郷土研究会会報：古志賀谷」　越谷市郷土研究会　（15）2009.7

越谷市内を流れる元荒川は元・利根川だった（秦野秀明）「越谷市郷土研究会会報：古志賀谷」　越谷市郷土研究会　（15）2009.7

越谷市内の高低測量几号（秦野秀明）「越谷市郷土研究会会報：古志賀谷」　越谷市郷土研究会　（17）2014.3

埼玉県　　　　　　　　　　　　　　地名でたどる郷土の歴史　　　　　　　　　　　　　　関東

シリーズその裏話 地方史懇話会の行事運営 水郷と歴史が織りなす町—越谷市を訪ねる(後藤金三)「かつしか台地 ： 野田地方史懇話会会誌」野田地方史懇話会　(48)〔別冊19〕2014.9

越ヶ谷宿
日光街道越ヶ谷宿と、その界隈を歩く(三浦民子)「川口史林 ： 川口市郷土史会々誌」川口市郷土史会　(78) 2013.9

越ヶ谷小学校
聞き書き 戦前から見てきた越ヶ谷小学校と越ヶ谷町関連の雑談 染谷隼生氏「越谷市郷土研究会会報 ： 古志賀谷」越谷市郷土研究会　(17) 2014.3

越ヶ谷二丁目横断歩道橋
さようなら 越ヶ谷二丁目横断歩道橋 架橋43年の今昔(増岡武司)「越谷市郷土研究会会報 ： 古志賀谷」越谷市郷土研究会　(17) 2014.3

越ヶ谷町
聞き書き 戦前から見てきた越ヶ谷小学校と越ヶ谷町関連の雑談 染谷隼生氏「越谷市郷土研究会会報 ： 古志賀谷」越谷市郷土研究会　(17) 2014.3

越谷町
聞き書き 町村合併と越谷町の大呉服店「万寿屋」の話 会田礼三氏「越谷市郷土研究会会報 ： 古志賀谷」越谷市郷土研究会　(17) 2014.3
越谷町で起きた怪奇現象(原田民自)「越谷市郷土研究会会報 ： 古志賀谷」越谷市郷土研究会　(17) 2014.3

越ヶ谷郵便局
旧街道沿いの旧越ヶ谷郵便局(原田民自)「越谷市郷土研究会会報 ： 古志賀谷」越谷市郷土研究会　(14) 2007.11

腰越城
続編・奥武蔵中世の城跡を歩く(3) 中城・腰越城(山行報告)(飯塚孝雄)「奥武蔵」奥武蔵研究会　(393) 2013.9

越巻
旧「越巻」地名考(酒井達男)「越谷市郷土研究会会報 ： 古志賀谷」越谷市郷土研究会　(11) 2001.6

古隅田宿
平将門・忠常の乱と古隅田宿(岩井茂)「埼玉史談」埼玉県郷土文化会　54(2)通号290　2007.7

小園
寄居町小園水田の歴史的土地利用とその立地および土壌について(森圭子)「紀要」埼玉県立川の博物館　(13) 2013.3

児玉
児玉の文化財と金屋戦争(町田尚夫)「奥武蔵」奥武蔵研究会　(396) 2014.3

五本榎
史話 五本榎合戦と河原松山(石島微山)「熊谷市郷土文化会会誌」熊谷市郷土文化会　(60) 2005.12

高麗
高麗渡来人の里(市川光夫)「奥武蔵」奥武蔵研究会　通号353　2007.1

駒形村
市史研究レポート 武州二郷半領の村々と虚無僧—横堀村・駒形村を中心に(小田真裕)「葦のみち ： 三郷市史研究」三郷市　(24) 2013.3

高麗川
高麗川・名栗川流域の金属関連地名(1)(山下実)「奥武蔵」奥武蔵研究会　335 2004.1
高麗川紀行(前),(後)(木本和男)「奥武蔵」奥武蔵研究会　通号357/通号358　2007.9/2007.11

古御岳城
奥武蔵中世の城跡を歩く(25) 秩父編(20) 古御嶽城・根古屋城(山行報告)(飯塚孝雄)「奥武蔵」奥武蔵研究会　(389) 2013.1

権現堂村
旧権現堂村取材ノートから 織部の賦(小泉重光)「奥武蔵」奥武蔵研究会　(395) 2014.1

埼玉
近代埼玉の交通と流通(坂口誠)「埼玉地方史」埼玉県地方史研究会　50 2003.5
「吾妻鏡」と「安保文書」と埼玉地方史研究(伊藤一美)「埼玉地方史」埼玉県地方史研究会　50 2003.5
埼玉金融史研究との係わり(加藤隆)「埼玉地方史」埼玉県地方史研究会　50 2003.5
9世紀の大地震とその痕跡(森田悌)「埼玉史談」埼玉県郷土文化会　50(3)通号275　2003.10
武州 彩の国埼玉から(増田伸雄)「古代朝鮮文化を考える」古代朝鮮文

化を考える会　(18) 2003.12
創立50周年記念講演 江戸研究と埼玉地方史研究(竹内誠)「埼玉地方史」埼玉県地方史研究会　(51) 2004.2
奥古道とその研究課題—古道は東京低地・埼玉低地を如何に越えたか(長沼映夫)「かつしか台地 ： 野田地方史懇話会会誌」野田地方史懇話会　27 2004.3
近世埼玉の田畑囲堤について(黒須茂)「埼玉地方史」埼玉県地方史研究会　(52) 2004.5
埼玉の自由民権運動年表(1)(鈴木義治)「埼玉地方史」埼玉県地方史研究会　(53) 2005.5
埼玉人が発行した津波しんぶん(奥田豊)「埼玉史談」埼玉県郷土文化会　52(2)通号282　2005.7
節成きゅうりは埼玉特産(野本誠一)「埼玉史談」埼玉県郷土文化会　52(3)通号283　2005.10
企画展示と事業展開—企画展「埼玉の戦国時代 城」とシンポジウム「埼玉の戦国時代 検証比企の城」(杉山正司, 栗岡眞理子)「研究紀要」埼玉県立歴史資料館　(27) 2005.12
群馬と埼玉の懸け橋 利根川通妻沼村地先船橋架橋(《特集 旧妻沼町(埼玉県熊谷市)》)(青木久夫)「群馬歴史散歩」群馬歴史散歩の会　(195) 2006.7
企画展「博物館発→小さな旅 埼玉遊覧案内」「The amuseum」埼玉県立歴史と民俗の博物館　2(1)通号4　2007.7
学芸員のおと—企画展「博物館発→小さな旅 埼玉遊覧案内」に寄せて「The amuseum」埼玉県立歴史と民俗の博物館　2(1)通号4　2007.7
丈部と埼玉の地(塚田良道)「行田市郷土博物館研究報告」行田市郷土博物館　(6) 2008.3
埼玉の藍染—今に伝える浴衣染の技(山本修康)「紀要」埼玉県立歴史と民俗の博物館　(2) 2008.3
埼玉・部落女性実態調査の取り組み(小野寺あや)「明日を拓く」東日本部落解放研究所, 解放書店(発売) 34(4・5)通号74・75　2008.3
企画展「埼玉サッカー100年」(杉山正司)「The amuseum」埼玉県立歴史と民俗の博物館　3(1)通号7　2008.7
埼玉サッカー100周年記念事業 特別展「100年前のさいたま—まちと師範学校—」を開催して「あかんさす ： さいたま市立浦和博物館報」さいたま市立浦和博物館　37(1)通号96　2008.9
博学官民による連携・協働—企画展「埼玉サッカー100年」から(杉山正司)「紀要」埼玉県立歴史と民俗の博物館　(3) 2009.3
埼玉を中心におんなたちの自由民権をみる(鈴木義治)「秩父事件研究顕彰」秩父事件研究顕彰協議会　(16) 2009.3
埼玉の古代製鉄炉(中田正夫)「The amuseum」埼玉県立歴史と民俗の博物館　4(1)通号10　2009.7
第333回月例研究会 8月1日(日) 東京・埼玉大水害100周年記念講演会(リレー講演会) 第2回「メディアに見る明治四十三年の東京大水害」(領塚正浩)「北区史を考える会会報」(98) 2010.11
埼玉と武蔵国造(森田悌)「埼玉史談」埼玉県郷土文化会　57(4)通号304　2011.1
資料研究 保阪嘉内の歌稿「秩父古層 其他」について—短歌で綴った大正六年の埼玉の旅(大明敦)「紀要」埼玉県立歴史と民俗の博物館　(5) 2011.3
首都圏の地方史—埼玉から(小特集 地方史研究の現在)(太田富康)「地方史研究」地方史研究協議会　61(2)通号350　2011.4
廃娼県における売春管理の再編過程—群馬、埼玉、秋田を事例として(眞杉侑里)「立命館史学」立命館史学会　(32) 2011.11
見沼代用水とさいたまの歴史を訪ねて(植木不二夫)「那須野ケ原開拓史研究」那須野ケ原開拓史研究会　(71) 2011.12
さいたまの地形と暮らし さいたまの大地/台地と低地の暮らし「樞りぽーと ： さいたま市文化財時報」さいたま市教育委員会生涯学習部　(46) 2012.10
動向 戦後埼玉の地域史研究雑誌について(重田正夫)「埼玉地方史」埼玉県地方史研究会　(66) 2012.11
明治期風景銅版画をめぐって—埼玉を描いた『博覧図』(精行社)(芳賀明子)「文書館紀要」(26) 2013.3
埼玉地理学会の歩み(動向)(山本充)「地方史研究」地方史研究協議会　64(5)通号371　2014.1
明治25年『埼玉新報』4号・『埼玉民報』1号の「竹槍席旗」図像について(内田満)「埼玉地方史」埼玉県地方史研究会　(69) 2014.6

埼玉県
明治期の埼玉県における幻の私設鉄道敷設計画(杉山正司)「武蔵野」武蔵野文化協会　78(1)通号335　2002.2
埼玉県送出満州移民試論—「埼出村」の送出をめぐって(分須沼弘)「埼玉地方史」埼玉県地方史研究会　48 2002.11
埼玉県における旧町村役場の文書整理とその実態—埼玉県比企大河村役場文書を事例として(兼子順)「文書館紀要」埼玉県立文書館　(16) 2003.3

江戸幕府の古文書調査と地誌の編纂(兼子順)「埼玉地方史」 埼玉県地方史研究会 50 2003.5

明治政府の史誌編纂事業と埼玉県(太田富康)「埼玉地方史」 埼玉県地方史研究会 50 2003.5

戦前版『埼玉県史』の編纂と埼玉郷土会(重田正夫)「埼玉地方史」 埼玉県地方史研究会 50 2003.5

『新編埼玉県史』編さんと荒川・中川総合調査(黒須茂)「埼玉地方史」 埼玉県地方史研究会 50 2003.5

戦後における団体・年史等の編さん事業(根岸敏)「埼玉地方史」 埼玉県地方史研究会 50 2003.5

〈各時代の研究成果と課題〉「埼玉地方史」 埼玉県地方史研究会 50 2003.5

埼玉県地方史研究の動向(《隣県特集号 隣県地方史学界の動向―平成14年(2002)》)(書上元博,新井浩文,細野健太郎)「信濃［第3次］」 信濃史学会 55(6)通号641 2003.6

資料紹介 埼玉県に関する文献(山本充)「埼玉地理」 埼玉地理学会 27 2003.7

武蔵国の巻(埼玉県)(近世女人文人風土記)(清水貴子)「江戸期おんな考」 桂文庫 (14) 2003.10

終戦直後における上福岡など埼玉県内各地の沖縄・奄美海外引揚寮について(青木文夫)「市史研究きんもくせい」 上福岡市教育委員会 (9) 2003.10

道の民俗(1),(2)―道にまつわる民俗(埼玉県内の事例から)(板垣時夫)「コロス」 常民文化研究会 95/96 2003.11/2004.2

埼玉県における壬申地券発行事業の展開(兼子順)「埼玉地方史」 埼玉県地方史研究会 (51) 2004.2

史料紹介 書簡にみる初期埼玉県政―県令白根多助と書記官吉田清英(佐野久仁子,長島小夜香)「文書館紀要」 埼玉県立文書館 (17) 2004.3

埼玉県地方史研究の動向(《隣県特集号 隣県地方史学界の動向―平成15年(2003)》)(石坂俊郎,新井浩文,細野健太郎)「信濃［第3次］」 信濃史学会 56(6)通号653 2004.6

資料紹介 埼玉県に関する文献(山本充)「埼玉地理」 埼玉地理学会 28 2004.7

大正11年平和記念東京博覧会における埼玉県の展示について―埼玉県博物館発達史の研究(2)(宮瀧交二)「紀要」 埼玉県立博物館 通号30 2005.3

埼玉県における皇国地誌の編輯課程(重田正夫)「文書館紀要」 埼玉県立文書館 (18) 2005.3

埼玉県における古代郡家跡について―調査・研究の現状と課題(宮瀧交二)「武蔵野」 武蔵野文化協会 81(1)通号341 2005.3

埼玉県における屋敷林と生活風土―地域性の把握と指標の理解をめざして(針谷重朗)「埼玉地理」 埼玉地理学会 29 2005.7

資料紹介 埼玉県における文献(山本充)「埼玉地理」 埼玉地理学会 29 2005.7

埼玉県最古の謎の算額(米山徹)「郷土はとがや : 鳩ケ谷郷土史会会報」 鳩ケ谷郷土史会 (56) 2005.11

西川材の筏道(1)～(3)(酒井昌樹)「奥武蔵」 奥武蔵研究会 通号347/通号349 2006.1/2006.5

五等郵便局の経営実態―埼玉県下、下奈良郵便局の事例(磯部孝明)「郵便史研究 : 郵便史研究会紀要」 郵便史研究会 (21) 2006.5

埼玉県内における御真影下賜と奉安殿築造に関する一考察(上)(石井昇)「埼玉史談」 埼玉県郷土文化会 53(4)通号288 2007.1

埼玉県の蚕糸組業と三郷の養蚕(近達也)「葦のみち : 三郷市研究」 三郷市 (19) 2007.3

歴史のしおり「2.26事件と埼玉県」(針谷浩一)「The amuseum」 埼玉県立歴史と民俗の博物館 2(3)通号6 2008.2

川越周辺の史跡―埼玉県をゆく(歴史散歩)(石井善満)「郷土いずみ」 (14) 2008.5

絵馬に描かれた河川改修(《埼玉県特集》)(大久根茂)「利根川文化研究」 利根川文化研究会 通号31 2008.9

埼玉県における草創期の小学校修学旅行に関する一考察(石井昇)「埼玉史談」 埼玉県郷土文化会 55(4)通号296 2009.1

県内文化財めぐり(登芳久)「うらわ文化」 浦和郷土文化会 (109) 2009.3

埼玉県地方史研究の動向(《隣県特集号 隣県地方史学界の動向―平成20年(2008)》)(石坂俊郎,新井浩文,実松幸男)「信濃［第3次］」 信濃史学会 61(6)通号712 2009.6

埼玉県における小学校運動会の変遷に関する一考察(上),(下)(石井昇)「埼玉史談」 埼玉県郷土文化会 56(4)通号300/57(1)通号301 2010.1/2010.04

国民体育大会開催にかかわる埼玉県の行政文書―その作成と構成の分析(大石三紗子)「文書館紀要」 埼玉県立文書館 (23) 2010.3

県内文化財めぐり(岩崎千恵子)「うらわ文化」 浦和郷土文化会 (111) 2010.3

埼玉県行政文書の重要文化財指定について(県立文書館)「埼玉文化財だ

より : 埼玉県文化財保護協会時報」 埼玉県文化財保護協会 (110) 2010.3

埼玉県における地域史研究の現状(『群馬文化』300号記念 群馬地域文化シンポジウム「地域史研究の交流と未来」特集―報告)(重田正夫)「群馬文化」 群馬県地域文化研究協議会 (302) 2010.4

埼玉県地方史研究号 隣県地方史学界の動向(《隣県特集号 隣県地方史学界の動向―平成21年(2009)》)(石坂俊郎,新井浩文,実松幸男)「信濃［第3次］」 信濃史学会 62(6)通号725 2010.6

県内文化財めぐり(登芳久)「うらわ文化」 浦和郷土文化会 (112) 2010.9

埼玉県民と二・二六事件(染谷鷹治)「奥武蔵」 奥武蔵研究会 (379) 2011.5

埼玉県地方史研究の動向(隣県特集号 隣県地方史学界の動向―平成22年(2010))(石坂俊郎,新井浩文,実松幸男)「信濃［第3次］」 信濃史学会 63(6)通号737 2011.6

さいたまの「史の跡」 城館跡と岩槻藩/縄文時代の遺跡/古墳群/旗本・文化人の墓/街道・交通/信仰・祭祀の遺跡(椛りぽーと : さいたま市文化財情報)」 さいたま市教育委員会生涯学習部 (42) 2011.9

埼玉県の歴史について(染谷鷹治)「奥武蔵」 奥武蔵研究会 (382) 2011.11

東日本大震災と埼玉県(特集 東日本大震災 各地の報告(続))(鹿倉航)「仙台郷土研究」 仙台郷土研究会 36(2)通号283 2011.12

埼玉県行政文書―記録認識の近現代と重要文化財指定(第52回文化財発表会要旨)(太田富康)「埼玉地方史」 埼玉県地方史研究会 (65) 2011.12

荘園に関する小字地名について(高柳茂)「埼玉史談」 埼玉県郷土文化会 58(4)通号308 2012.1

企画例会趣旨文(企画例会「関東近世史研究と自治体史編纂―第3回 埼玉県」(関東近世史研究会企画局)「関東近世史研究」 関東近世史研究会 (71) 2012.2

埼玉県における自治体史編纂と近世史研究―関東近世史研究会と埼玉県地方史研究会の活動を中心に(企画例会「関東近世史研究と自治体史編纂―第3回 埼玉県)(細野健太郎)「関東近世史研究」 関東近世史研究会 (71) 2012.2

企画例会討論要旨(企画例会「関東近世史研究と自治体史編纂―第3回 埼玉県)「関東近世史研究」 関東近世史研究会 (71) 2012.2

埼玉県における地租改正事業の実施態勢(兼子順)「文書館紀要」 埼玉県立文書館 (25) 2012.3

埼玉県におけるKG印の新郵便名表示について(史料紹介)(上遠野義久)「郵便史研究 : 郵便史研究会紀要」 郵便史研究会 (33) 2012.3

埼玉県地方史研究の動向(隣県地方史学界の動向―平成23年(2011))(石坂俊郎,新井浩文,実松幸男)「信濃［第3次］」 信濃史学会 64(6)通号749 2012.6

埼玉県における自治体史編纂と近世史研究―関東近世史研究会と埼玉県地方史研究会の活動を中心に(第54回研究発表会要旨 平成22年6月6日)(細野健太郎)「埼玉地方史」 埼玉県地方史研究会 (66) 2012.11

1970年代生まれのライフヒストリー―埼玉県連事務局の菊池直美さんに聞く(特集 女性と部落)(吉田勉,藤沢靖介)「明日を拓く」 東日本部落解放研究所, 解放書店(発売) 39(4)通号99 2013.2

県内文化財めぐり(岩崎千恵子)「うらわ文化」 浦和郷土文化会 (117) 2013.3

現地発表会「古文書から読みとく下奈良村の歴史」報告要旨「熊谷市史研究」 熊谷市教育委員会 (5) 2013.3

郡役所の文書と情報(2)―埼玉県の郡報(太田富康)「文書館紀要」 埼玉県立文書館 (26) 2013.3

埼玉県 埼玉県内の寛保の洪水碑(特集 武蔵野の災害(後編)―武蔵野の災害碑)(太田富康)「武蔵野」 武蔵野文化協会 88(1)通号352 2013.3

男女共学と男女平等の不一致の研究―埼玉県男女共学・別学共存運動を事例に(佐藤恵里)「常民文化」 成城大学常民文化研究会 (36) 2013.3

第二回総選挙における選挙干渉の実態と不信任(排斥)運動の展開―埼玉県を事例として(内田満)「埼玉地方史」 埼玉県地方史研究会 (67) 2013.5

埼玉県の液状化履歴―史料からみた近世以降の概観(調査報告)(海野芳聖)「野外調査研究所報告」 野外調査研究所 (19・20) 2013.6

埼玉県地方史研究の動向(石坂俊郎,新井浩文,実松幸男)「信濃［第3次］」 信濃史学会 65(6)通号761 2013.6

コラム 街角珍百景―ちょっと変わった県境(羽田武朗)「かわはく」 さいたま川の博物館 (47) 2013.7

埼玉県地域史料保存活用連絡協議会40年の活動(動向)(工藤宏)「地方史研究」 地方史研究協議会 64(5)通号371 2014.1

埼玉県郷土文化会の活動について(動向)(有元修一)「地方史研究」 地方史研究協議会 64(5)通号371 2014.1

近現代公印制度の成立史―埼玉県印を主な事例として(根ヶ山泰史)「埼玉地方史」 埼玉県地方史研究会 (68) 2014.2

埼玉県　　　　　　　　　　　　地名でたどる郷土の歴史　　　　　　　　　　　　関東

埼玉県の学校草創期における忍藩士族の役割（研究ノート）（石井昇）「埼玉地方史」埼玉県地方史研究会　（68）2014.2

平安時代における埼玉県南部の自然環境（小荷田行男）「研究紀要」戸田市立郷土博物館　（24）2014.3

実業教育・試験場と地域社会―戦前期埼玉県の事例 2012年7月28日（土）14時00分～17時00分（首都圏形成史研究会活動報告―第84回例会 報告要旨）（岡部桂史）「首都圏史研究 ： 年報」首都圏形成史研究会　（3）2014.3

埼玉県地方史研究の動向（隣県特集号 隣県地方史学界の動向―平成25年（2013））（石坂俊郎，新井浩文，実松幸男）「信濃［第3次］」信濃史学会　66（6）通号773　2014.6

歴史のしおり 農耕絵馬図をどう見るか？（大久根茂）「The amuseum」埼玉県立歴史と民俗の博物館　9（2）通号26　2014.9

史料集を刊行すること―埼玉県で見つかった大坂町奉行関係史料（松本望）「編纂所だより」大阪市史編纂所　（43）2014.9

埼玉県商品陳列所

昭和期における埼玉県商品陳列所の経済活動（小松邦彦）「文書館紀要」埼玉県立文書館　（27）2014.3

埼玉県庁

近代行政文書における「文書」と「記録」―職制規程にみる明治期埼玉県庁の場合（（普及事業のあゆみ―収蔵資料の紹介と社会との連携をめざして））（太田富康）「文書館紀要」埼玉県立文書館　（20）2007.3

埼玉県庁のタイムカプセル―県庁舎定礎式関係行政文書から（芳賀明子）「文書館紀要」埼玉県立文書館　（23）2010.3

埼玉県立医学校

埼玉県行政文書から見る県立医学校―開校から廃校まで（久保田友子）「文書館紀要」埼玉県立文書館　（24）2011.3

埼玉県立博物館

大里町青山・根岸家の「蒐古舎」について―埼玉県立博物館発達史の研究（1）（宮蔵交二）「紀要」埼玉県立博物館　通号29　2004.3

さいたま市

ヤマタテと伊束市／寺社に関連する設備の歴史的な事象／茅ヶ崎歴史考（2）／さいたま市・新区名で大もめ／茅ヶ崎市の地頭（4）／萩園宮川音太氏の墓碑／史跡めぐり「郷土ちがさき」茅ヶ崎郷土会　96　2003.1

歴史探訪 武田一族と会津 遠く「さいたま市」からのエール（星野和央）「会津人群像」歴史春秋出版　（1）2004.2

「江戸名所図会」に記されたさいたま市内の名所について（功刀郷子）「さいたま市博物館研究紀要」さいたま市立博物館　4　2005.3

さいたま市の成立と史料保存事業（島村芳宏）「藤沢市史研究」藤沢市文書館　（38）2005.3

さいたま市出身の学者たち―指定文化財で読み解く「さいたまの『学び』」儒学／医学／天文学／数学／書／私塾・寺子屋「櫃りぽーと ： さいたま市文化財時報」さいたま市教育委員会生涯学習部　（34）2009.6

さいたま市に残りし「いにしえの文」―寺社文書，武家文書，人物，宿場文書「櫃りぽーと ： さいたま市文化財時報」さいたま市教育委員会生涯学習部　（39）2010.12

さいたま市の銭湯に関する調査（橋本玲未）「さいたま市博物館研究紀要」さいたま市立博物館　10　2011.3

昭和20年代の世相―さいたま市域を回想する（秦野昌明）「さいたま市博物館研究紀要」さいたま市立博物館　10　2011.3

斎藤実盛館

奥武蔵中世の城跡を歩く（23）番外（5）齋藤実盛館（山行報告）（飯塚孝雄）「奥武蔵」奥武蔵研究会　（388）2012.11

逆川

越谷市内の逆川の水量減少（山本泰秀）「越谷市郷土研究会会報 ： 古志賀谷」越谷市郷土研究会　（16）2011.12

坂戸町

再論旧坂戸町住民は房総武士団の後裔か？（小島清）「埼玉史談」埼玉県郷土文化会　50（3）通号275　2003.10

坂之下村

近世海付村落の存在形態について―坂之下村の「分村」を事例に（出口宏幸）「研究紀要」日本村落自治史料調査研究所　（18）2014.7

酒巻街道

消え去ろうとしている酒巻街道―後世に語り継ぎたい（紹介・随筆・思い出・短歌等）（石川友次）「熊谷市郷土文化誌」熊谷市郷土文化会　（69）2013.11

さきたま

コラム1「さきたま」の地名由来「埼玉県立史跡の博物館紀要」埼玉県立さきたま史跡の博物館，埼玉県立嵐山史跡の博物館　（5）2011.2

さきたまの津

さきたまの津を探る（井上尚明）「埼玉県立史跡の博物館紀要」埼玉県立さきたま史跡の博物館，埼玉県立嵐山史跡の博物館　（1）2007.3

桜区

引又道を走る（4）さいたま市浦和区、桜区、南区の引又道（井上國夫）「郷土志木」志木市郷土史研究会　（42）2013.11

市内文化財巡り報告（桜区、南区とその周辺）（青木義脩）「うらわ文化」浦和郷土文化会　（119）2014.1

桜沢砦

続編・奥武蔵中世の城跡を歩く（2）用土城・桜沢砦・猪俣城（山行報告）（藤本一美，町田尚夫）「奥武蔵」奥武蔵研究会　（392）2013.7

笹久保

笹久保地区の屋号（2）（内田秀太郎）「岩槻史林」岩槻地方史研究会　（33）2006.6

指扇

指扇の城と陣屋跡（諸橋一久）「大宮の郷土史」大宮郷土史研究会　（30）2011.3

幸手

建物・ひと―幸手で育まれた地域資源を見つめなおす（2）「幸手市文化遺産だより」幸手市教育委員会　（7）2010.3

幸手ニュース―民主社会の訪れが遺した文化遺産（1）「幸手ニュース」とは？「幸手市文化遺産だより」幸手市教育委員会　（11）2014.3

幸手ニュース―民主社会の訪れが遺した文化遺産（2）記事の見出しが語る昭和史年表―from 1950～to 1954「幸手市文化遺産だより」幸手市教育委員会　（1）2014.3

幸手宿

日光街道の宿場を訪ねて 栗橋宿・幸手宿・粕壁宿（増渕武男）「栃木県立博物館友の会だより」栃木県立博物館友の会　（45）2008.2

狭山

狭山裁判と司法の民主化（庭山英雄）「ひょうご部落解放」ひょうご部落解放・人権研究所　95　2000.9

このごろ思うこと 狭山裁判と記録映画『日独裁判官物語』（内藤成幸）「ひょうご部落解放」ひょうご部落解放・人権研究所　95　2000.9

《特集「狭山」いまなぜ市民の会なのか》「ひょうご部落解放」ひょうご部落解放・人権研究所　99　2001.5

座談会「狭山事件を考える市民の会」大集合（兵藤宏、大島正順、神木良文、杉浦弘純、西村省吾、折井信夫、井奥裕之、溝渕裕子、芦田正行）「ひょうご部落解放」ひょうご部落解放・人権研究所　99　2001.5

「狭山裁判を考える市島町住民の会」結成の経過について（段畑高男）「ひょうご部落解放」ひょうご部落解放・人権研究所　99　2001.5

「狭山事件を考える市民の会」結成経過（狭山事件を考える加西市民の会）「ひょうご部落解放」ひょうご部落解放・人権研究所　99　2001.5

「狭山」を問うことの意味（狭山事件を考える加古川市民の会）「ひょうご部落解放」ひょうご部落解放・人権研究所　99　2001.5

「狭山事件を考える神戸市民の会」（苅田敬泰）「ひょうご部落解放」ひょうご部落解放・人権研究所　99　2001.5

第3分科会 狭山闘争と司法の民主化の課題「ひょうご部落解放」ひょうご部落解放・人権研究所　107　2002.12

狭山事件における万年筆のインクと脅迫状訂正用具をめぐる捜査及び裁判過程の問題（吉田健介）「明日を拓く」東日本部落解放研究所，解放書店（発売）31（4）通号59　2005.3

特集 狭山事件・冤罪事件と裁判の動向「明日を拓く」東日本部落解放研究所，解放書店（発売）32（2・3）通号62　2005.12

市指定文化財旧黒須銀行公開／野田双子織研究会作品展／狭山火入れ実演／台湾茶セミナー／茶席体験／日本・世界各地のお茶体験「News-Alit ： 入間市博物館情報紙」入間市博物館　（37）2006.10

農家の商才―狭山茶の高度経済成長と生成（渡部圭一）「史境」歴史人類学会，日本図書センター（発売）（54）2007.3

入間市博物館開館15周年記念事業 アリットフェスタ2009特別展「狭山茶の歴史と現在」／夏休みははくぶつかんでオモシロ体験しよう！／狭山茶振る舞い／館庭の植物解説ツアー／部分日食観察会／こども科学室行ってみよう！ サイエンスバー／日本・世界各地のお茶体験／平成21年度見の茶会／行事予定カレンダー「News-Alit ： 入間市博物館情報紙」入間市博物館　（48）2009.7

第13回むかしのくらしと道具展／まなびピア埼玉2009協賛事業 入間市博物館開館15周年記念事業 アリットフェスタ2009特別展「狭山茶の歴史と現在」／まなびピア埼玉2009 in 入間 第15回「いるま生涯学習フェスティバル」開催／旧黒須銀行を公開します／狭山火入れ実演会／茶室「青丘庵」で抹茶を楽しみませんか／日本・世界各地のお茶体験／狭山茶振る舞い／行事予定カレンダー「News-Alit ： 入間市博物館情報紙」入間市博物館　（49）2009.10

「狭山茶といえば入間市」は本当だが「入間市といえば狭山茶」は本当か（梅津あづさ）「入間市博物館紀要」入間市博物館　（9）2011.3

解放の視点 狭山五〇年の闘いを迎えて（梅田勝）「ひょうご部落解放」ひょうご部落解放・人権研究所　150　2013.9

狭山茶
狭山茶づくりと炭の活用（特集 多摩の炭焼き）（工藤宏，三浦久美子）「多摩のあゆみ」 たましん地域文化財団 （152） 2013.11

狭山湖
洋風建築への誘い（24）多摩湖・狭山湖の取水塔を訪ねて（伊藤龍也）「多摩のあゆみ」 たましん地域文化財団 （135） 2009.8

洋風建築への誘い（27）山口貯水池（狭山湖）の迎賓館（伊藤龍也）「多摩のあゆみ」 たましん地域文化財団 （138） 2010.5

「山口貯水池」（狭山湖）（所沢市勝楽寺・上山口 入間市宮寺）（大井芳文）「郷土研だより」 東村山郷土研究会 （401） 2013.10

狭山湖堰堤
調査研究報告 湧水・貯水池等の歴史と現状を調べる 多摩湖上堰堤・狭山湖堰堤周辺（入江新）「郷土研だより」 東村山郷土研究会 （397） 2013.6

狭山市
報告 石川さんの文字とはしかなるものか—新証拠「5.23上申書」から見えてくるもの（特集 東日本部落解放研究所 第25回研究者集会—狭山分科会 石川さんの無実を証明する調査報告）（吉田健介）「明日を拓く」 東日本部落解放研究所，解放書店（発売） 38（4）通号94 2012.2

狭山飛行場
狭山飛行場の変遷をたどる—地域の記憶を記録する 付録：狭山飛行場の思い出（関谷和 画・文）（調査ノート）（梅津あづさ）「入間市博物館紀要」 入間市博物館 （10） 2013.3

三枝庵砦
越生三枝庵砦について（杉田鐘治）「あゆみ」 毛呂山郷土史研究会 （32） 2008.11

三富新田
三富新田付近の土地利用の変遷とその背景—農用林の活用と転用の現状について（桑野昌）「埼玉地理」 埼玉地理学会 （30・31） 2007.7

塩沢城
熊倉城と塩沢城に関する覚書（梅沢太久夫）「研究紀要」 埼玉県立歴史資料館 （25） 2003.3

奥武蔵中世の城跡を歩く（19）秩父編（16）塩沢城（山行報告）（飯塚孝雄）「奥武蔵」 奥武蔵研究会 （386） 2012.7

汐留
汐留としがらみ（篠崎兵太郎）「草加市史協年報」 草加市史編さん協力会 22 2003.3

志木市
志木市内を流れた野火止用水分流（上野守嘉）「郷土志木」 志木市郷土史研究会 （38） 2009.11

志木市の近代化遺産 柳瀬川橋梁をめぐって（吉安耕一）「郷土志木」 志木市郷土史研究会 （39） 2010.10

市内の古い煉瓦の積み型が見える場所「郷土志木」 志木市郷土史研究会 （39） 2010.10

御鷹場杭の所在地を探して（尾崎征男）「郷土志木」 志木市郷土史研究会 （43） 2014.10

志木小学校
志木小学校にあった「奉安殿」と戦後の取扱（深瀬克）「郷土志木」 志木市郷土史研究会 （43） 2014.10

芝川
芝川河道の変遷（沼口信一）「川口史林 ： 川口市郷土史会々誌」 川口市郷土史会 （74） 2009.3

芝川の流路について（若松哲夫）「郷土はとがや ： 鳩ケ谷市史会会報」 鳩ケ谷郷土史会 （66） 2010.11

開削時の中悪水芝川の川幅について（若松哲夫）「川口史林 ： 川口市郷土史会々誌」 川口市郷土史会 （77） 2012.3

芝村
近世初頭の芝村周辺の民俗（沼口信一）「埼玉史談」 埼玉県郷土文化会 57（1）通号301 2010.4

浦和領の南部・芝村とその周辺の石造物から（青木義脩）「うらわ文化」 浦和郷土文化会 （120） 2014.4

四方寺
資料紹介 飛脚 市ヶ谷から四方寺へ（佐藤繁）「埼玉史談」 埼玉県郷土文化会 56（3）通号299 2009.10

島戸川
二ツ宮の島戸川（伊藤勇）「むかしの馬宮」 馬宮郷土史同好会 （27） 2008.2

島戸川の英国土産（金井安之助）「むかしの馬宮」 馬宮郷土史同好会 （29） 2010.2

下足立郡
下足立郡について（加藤信明）「郷土はとがや ： 鳩ケ谷郷土史会会報」 鳩ケ谷郷土史会 53 2004.5

下内間木村
荒川・新河岸川流域下内間木村の「村差出明細帳」—「当村二田方一向無御座候」（史料紹介）（清水正彦）「朝霞市博物館研究紀要」 朝霞市博物館 （13） 2012.3

下新河岸
明治後期における河岸問屋定雇船による肥料仕入輸送—埼玉県新河岸川筋下新河岸伊勢安の定雇船を中心として（《埼玉県特集》）（酒井智晴）「利根川文化研究」 利根川文化研究会 通号31 2008.9

受贈図書紹介 下新河岸・齋藤家文庫目録「埼玉史談」 埼玉県郷土文化会 60（4）通号316 2014.1

下名栗区
政治・行政 秩父事件/官有秣場下戻運動/郡域変更運動/上・下名栗区会と村有財産の統一（《名栗の近代史料》）「名栗村史研究那栗郷」 飯能市郷土館 通号6 2007.3

下奈良
「下奈良 飯塚誠一郎家所蔵文書」について（調査報告）（高橋伸拓，藤井明広）「熊谷市史研究」 熊谷市教育委員会 （5） 2013.3

下奈良村
天保期の「囲籾」御用と関東在々買上籾世話人（栗原健一）「熊谷市史研究」 熊谷市教育委員会 （2） 2010.3

現地発表会「古文書から読みとく下奈良村の歴史」報告要旨「熊谷市史研究」 熊谷市教育委員会 （5） 2013.3

下奈良郵便局
五等郵便局の経営実態—埼玉県下、下奈良郵便局の事例（磯部孝明）「郵便史研究 ： 郵便史研究会紀要」 郵便史研究会 （21） 2006.3

下日野沢村
秩父自由党発祥の地 下日野沢村の秩父事件（4）（飯島精）「グループ秩父事件会報」 グループ秩父事件事務局 74 2000.2

下蕨
わが家のことば—旧下蕨地区（吉田茂雄）「蕨市立歴史民俗資料館紀要」 蕨市立歴史民俗資料館 （7） 2010.3

菟古舎
大里町冑山・根岸家の「菟古舎」について—埼玉県立博物館発達史の研究（1）（宮瀬交二）「紀要」 埼玉県立博物館 通号29 2004.3

寿能城
幻の寿能城・埋もれた今宮城（秦野昌明）「埼玉史談」 埼玉県郷土文化会 51（3）通号279 2004.10

庄内古川
庄内古川の掘継ぎと江戸川（土肥正明）「よしかわ文化」 吉川市郷土史会 （23） 2008.3

城峯
奥武蔵中世の城跡を歩く（2）城峯（石間城）（山行報告）（飯塚孝雄）「奥武蔵」 奥武蔵研究会 （377） 2011.1

松蘿園
渡辺崋山ゆかりの「大麻生・松蘿園建物」考察（馬場國夫）「熊谷市郷土文化会誌」 熊谷市郷土文化会 （59） 2004.11

白岡市
白石の領地 白岡市を訪ねて（研究論文など）（石井喜美代）「西上総文化会報」 西上総文化会 （73） 2013.3

新河岸川
新河岸川舟運関係表題と4冊の単行本（斎藤貞夫）「埼玉史談」 埼玉県郷土文化会 47（2）通号262 2000.7

古写真集の補遺（1）昭和10年 新河岸川舟唄がラジオで全国放送される「四十雀 ： 市史編さんだより」 上福岡市教育委員会市史編纂室 8 2001.11

古写真集の補遺（2）新河岸川舟運の終末期の荷唄「四十雀 ： 市史編さんだより」 上福岡市教育委員会市史編纂室 8 2001.11

炭の流通と出入について—新河岸川舟運を中心に（新井裕子）「市史研究きんもくせい」 上福岡市教育委員会 （7） 2002.3

新河岸川舟運の船大工と新造船（上），（下）（高木文夫）「市史研究きんもくせい」 上福岡市教育委員会 （7）/（8） 2002.3/2003.3

新河岸川舟運における河岸の成立と船頭の台頭について（《月例会報告要旨》）（阿部裕樹）「関東近世研究」 関東近世研究会 （57） 2004.10

近世新河岸川舟運制度の成立・確立・崩壊について（阿部裕樹）「埼玉地方史」 埼玉県地方史研究会 （60） 2008.6

明治後期における河岸問屋定雇船による肥料仕入輸送—埼玉県新河岸川筋下新河岸伊勢安の定雇船を中心として（《埼玉県特集》）（酒井智晴）「利根川文化研究」 利根川文化研究会 通号31 2008.9

埼玉県　　　　　　　　　　　　　　　地名でたどる郷土の歴史　　　　　　　　　　　　　　　関東

嘉永・安政期における新河岸川舟運の動向―船持船頭の動向を中心とし
て（《埼玉県特集》）（阿部裕樹）「利根川文化研究」　利根川文化研究会
通号31　2008.9

資料紹介 新河岸川舟運早舟の引き札（内野勝裕）「埼玉史談」 埼玉県郷
土文化会　55（3）通号295　2008.10

新河岸川を訪ねて（岡野守）「奥武蔵」 奥武蔵研究会　通号367　2009.5

調査研究報告 柳瀬川とその周辺の歴史と現状を調べる―柏の城コー
ス 柳瀬川・新河岸川合流点（岡部志げ乃）「郷土研だより」 東村山郷
土研究会　（389）2012.10

寄贈資料の紹介 新河岸川舟運に関する鬼瓦「資料館通信」 ふじみ野市
立上福岡歴史民俗資料館　（65）2012.10

巡検例会報告 新河岸川舟運関係地・川越五河岸地区巡検（川名淳）「利根川
文化研究」 利根川文化研究会　（36）2013.1

現存する船の部材―荒川・新河岸川水域（1）（研究ノート）（松井哲洋）
「研究報告」 千葉県立関宿城博物館　（18）2014.3

新川

新川とともに96年（井上善治郎）「熊谷市郷土文化会誌」 熊谷市郷土文
化会　（59）2004.11

古文書に見る新川の歴史（加藤幸一）「越谷市郷土研究会会報 : 古志賀
谷」 越谷市郷土研究会　（13）2005.9

新田

歴研第7号 新田特集号 顧問・中島貞雄蔵（郷土資料の紹介）「むかしの馬
宮」 馬宮郷土史同好会　（27）2008.2

新田の猫絵（齊藤薫）「深谷上杉・郷土史研究会会報」 深谷上杉・郷土史
研究会　（128）2012.1

新利根川

新利根川の渡河点に作られた新しい宿場町―栗橋町と元栗橋を訪ね河川
のかかわりを見る（巡検報告）（齋藤庸夫）「埼玉地理」 埼玉地理学会
（32・33）2009.7

真ノ沢林道

奥秩父・真ノ沢林道（吉田美知子）「奥武蔵」 奥武蔵研究会　（387）
2012.9

須賀広陣屋

熊谷市須賀広陣屋について（高柳茂）「埼玉史談」 埼玉県郷土文化会
59（2）通号310　2012.7

菅谷館

史跡「比企城館跡群 菅谷館跡 松山城跡 杉山城跡 小倉城跡」の指定（県
生涯学習文化財課）「埼玉文化財だより : 埼玉県文化財保護協会時
報」 埼玉県文化財保護協会　（104）2008.3

杉戸

埼玉県杉戸地域の小作争議―大正デモクラシーの一様相（柏浦勝良）「地
方史研究」 地方史研究協議会　63（6）通号366　2013.12

杉山城

戦前期東国の戦争と城郭―「杉山城問題」に寄せて（竹井英文）「千葉
史学」 千葉歴史学会　（51）2007.11

史跡「比企城館跡群 菅谷館跡 松山城跡 杉山城跡 小倉城跡」の指定（県
生涯学習文化財課）「埼玉文化財だより : 埼玉県文化財保護協会時
報」 埼玉県文化財保護協会　（104）2008.3

その後の「杉山城問題」―諸説に接して（竹井英文）「千葉史学」 千葉歴
史学会　（60）2012.5

続編・奥武蔵中世の城跡を歩く（5）越畑城、杉山城（山行報告）（岡野
守）「奥武蔵」 奥武蔵研究会　（394）2013.11

鈴木銀行

郷土資料館の資料紹介（11）鳩ヶ谷で初めての銀行顛末記―鈴木銀行を
めぐる史料の紹介（島村邦男）「郷土はとがや : 鳩ケ谷郷土史会会報」
鳩ケ谷郷土史会　（57）2006.5

鈴木銀行の預金通帳（鳩ヶ谷近代史の中の自家史と自分史追想）（矢作吉
蔵）「郷土はとがや : 鳩ケ谷郷土史会会報」 鳩ケ谷郷土史会　（60）
2007.11

薄村

近世薄村は何を生産していたか（高島千代）「秩父事件研究顕彰」 秩父事
件研究顕彰協議会　（17）2011.3

雀川

雀川源流域トレール―残された空白地帯を歩く（町田尚夫）「奥武蔵」 奥
武蔵研究会　334　2003.11

青丘庵

第13回むかしのくらしと道具展/まなびピア埼玉2009協賛事業 入間市博
物館開館15周年記念事業 アリットフェスタ2009特別展「狭山茶の歴
史と現在」/まなびピア埼玉2009 in 入間 第15回「いるま生涯学習フェ
スティバル」開催/旧黒須銀行を公開します/狭山火入れ実演会/茶室
「青丘庵」で抹茶を楽しみませんか/日本・世界各地のお茶体験/狭山

茶振る舞い/行事予定カレンダー「News-Alit : 入間市博物館情報
紙」 入間市博物館　（49）2009.10

遷喬館

江戸時代の主な藩校・私塾概況と岩槻藩校遷喬館について（松崎武雄）
「岩槻史林」 岩槻地方研究会　（35）2008.6

岩槻藩の武術直心影流と藩校遷喬館について（松崎武雄）「岩槻史林」 岩
槻地方研究会　（40）2013.8

仙波

口絵写真解説 川越仙波河岸水運会社の引札「埼玉史談」 埼玉県郷土文
化会　58（4）通号308　2012.1

泉福寺館

続編・奥武蔵中世の城跡を歩く（9）羽尾城・山田城・泉福寺館（山行報
告）（小泉重光）「奥武蔵」 奥武蔵研究会　（396）2014.3

草加

草加の狂歌者群像（昼間喜博）「草加市史協年報」 草加市史編さん協力会
22　2003.3

『草加煎餅の由来』を拝読して（花岡武司）「郷土はとがや : 鳩ケ谷郷土
史会会報」 鳩ケ谷郷土史会　51　2003.5

越谷「焼き米」の方が草加煎餅より古い（宮川進）「越谷市郷土研究会会
報 : 古志賀谷」 越谷市郷土研究会　（15）2009.7

足立史談カルタ紹介「そ」草加は次の宿場町「足立史談会だより」 足
立史談会　（292）2012.7

草加市

草加市域の建築儀礼について（浅古倉政）「草加市史協年報」 草加市史編
さん協力会　23　2004.3

新・ぶんかざいはいけん 草加市「埼玉文化財だより : 埼玉県文化財保
護協会時報」 埼玉県文化財保護協会　（123）2014.7

外秩父

続・外秩父二題（松尾翔）「奥武蔵」 奥武蔵研究会　337　2004.5

代山城

特別寄稿 謎に包まれた三戸氏と代山城について（岩井茂）「岩槻史林」
岩槻地方研究会　（35）2008.6

三戸駿河守義宣と代山城について（岩井茂）「埼玉史談」 埼玉県郷土文化
会　55（4）通号296　2009.1

高坂台地

街道の歴史地理考察―高坂台地の場合（岡田潔）「埼玉地理」 埼玉地理学
会　（32・33）2009.7

高階郷

築地遺跡は高階郷の郷司の館か（内野勝裕）「あゆみ」 毛呂山郷土史研究
会　（32）2008.11

高篠

「消えた高篠山」にその訳を問う―高篠・高篠山・高篠峠考（1）～（3）
（飯塚孝雄）「奥武蔵」 奥武蔵研究会　通号366/通号368　2009.3/
2009.07

高篠峠

「消えた高篠山」にその訳を問う―高篠・高篠山・高篠峠考（1）～（3）
（飯塚孝雄）「奥武蔵」 奥武蔵研究会　通号366/通号368　2009.3/
2009.07

高篠山

「消えた高篠山」にその訳を問う―高篠・高篠山・高篠峠考（1）～（3）
（飯塚孝雄）「奥武蔵」 奥武蔵研究会　通号366/通号368　2009.3/
2009.07

鷹匠橋

川越藩松平家の鷹場について―鷹匠橋をめぐる一考察（佐藤啓子）「市史
研究きんもくせい」 上福岡市教育委員会　（9）2003.10

高遠城

高遠城址（佐牟田梅山）「あゆみ」 毛呂山郷土史研究会　（35）2012.2

高取山城

続編・奥武蔵中世の城跡を歩く（11）高取山城と越生三山（山行報告）
（小泉重光）「奥武蔵」 奥武蔵研究会　（397）2014.5

旧高野家住宅

茅葺屋根復原！ 旧高野家住宅「みんかえんだより 浦和くらしの博物館
民家園館報」 浦和くらしの博物館民家園　28　2005.3

旧高野家住宅が完成しました「みんかえんだより 浦和くらしの博物館民
家園館報」 浦和くらしの博物館民家園　29　2005.10

高松城

奥武蔵中世の城跡を歩く（2）根岸山砦・高松城（山行報告）（飯塚孝雄）
「奥武蔵」 奥武蔵研究会　（378）2011.3

鷹谷城

奥武蔵中世の城跡を歩く(17) 秩父編(14) 三山鷹谷城(山行報告)(飯塚孝雄)「奥武蔵」 奥武蔵研究会 (385) 2012.5

滝城

続編・奥武蔵中世の城跡を歩く(13) 滝城と平林寺(山行報告)(小泉重光)「奥武蔵」 奥武蔵研究会 (399) 2014.9

滝の城

武州瀧の城の考察(奥田好範)「城郭史研究」 日本城郭史学会, 東京堂出版(発売) (29) 2010.3

滝の城(所沢市城23―1)(大井芳文)「郷土研だより」 東村山郷土研究会 (383) 2012.4

滝之城

会員研究 滝之城の城主について(吉田裕志)「郷土研だより」 東村山郷土研究会 (333) 2008.2

武州瀧之城復元模型完成―後北条氏時代の献堀など城構を再現「城郭だより : 日本城郭史学会会報」[日本城郭史学会] (63) 2008.10

武川郷

上里町の歴史 上里町の概況/上里町歴史点描(武川郷はどこか、五明廃寺と上野国、浅間山古墳、武蔵七党と丹党、帯刀先生義賢の墓、神流川合戦、金窪城跡)(《特集 上里町(埼玉県)》)(小野英彦)「群馬歴史散歩」 群馬歴史散歩の会 (198) 2007.3

竹本村

幕末期における評定所「論所地改出役」の裁許について―武州比企郡玉川郷・鎌形村と竹本村境入会争論を中心に(大舘右喜)「近世史藁」 近世村落史研究会 (6) 2012.8

谷口村

宝暦年間・谷口村検地帳所持をめぐる騒動について(高橋実)「町史研究伊奈の歴史」 伊奈 7 2003.3

田面沢駅

「田面沢駅」について(天ヶ嶋岳)「川越市立博物館博物館だより」 川越市立博物館 (73) 2014.12

玉井窪川越場

「玉井窪川越場所渡麁絵圖」の考察(馬場國夫)「熊谷市郷土文化会誌」 熊谷市郷土文化会 (63) 2007.11

玉井堰用水

江戸時代の玉井堰用水と大麻生堰用水(松岡淳一)「熊谷市郷土文化会誌」 熊谷市郷土文化会 (65) 2009.11

大麻生・玉井堰用水の魚護り(平井加余子)「熊谷市郷土文化会誌」 熊谷市郷土文化会 (66) 2010.11

多摩川

古多摩川の復元と自然環境のルーツ探し―自然史部会の取り組んだ課題(角田史雄)「市史研究きんもくせい」 上福岡市教育委員会 (9) 2003.10

玉川郷

幕末期における評定所「論所地改出役」の裁許について―武州比企郡玉川郷・鎌形村と竹本村境入会争論を中心に(大舘右喜)「近世史藁」 近世村落史研究会 (6) 2012.8

多摩湖上堰堤

調査研究報告 湧水・貯水池等の歴史と現状を調べる 多摩湖上堰堤・狭山湖堰堤周辺(入江新)「郷土研だより」 東村山郷土研究会 (397) 2013.6

玉井村

神仏分離令と旧玉井村(松岡淳一)「熊谷市郷土文化会誌」 熊谷市郷土文化会 (63) 2007.11

玉松堂

問題提起 寺子屋から学校へ―玉松堂を例として(大会特集I 北武蔵の地域形成―水と地形が織りなす歴史像)(濱田由美)「地方史研究」 地方史研究協議会 64(4)通号370 2014.8

児泉城

山口城跡(児泉城)(所沢市山口1517)(大井芳文)「郷土研だより」 東村山郷土研究会 (384) 2012.5

秩父

秩父・馬語り―元馬方たちの証言から(飯野頼治)「せこ道」 山地民俗関東フォーラム 3 2000.7

秩父事件の経済的諸要因について(1),(2)(各務湘一)「グループ秩父事件会報」 グループ秩父事件事務局 85/86 2002.11/2003.3

携行武器から見た秩父事件(河本由生)「法政史学」 法政大学史学会 (59) 2003.3

自由民権運動と秩父事件(鈴木義治)「埼玉地方史」 埼玉県地方史研究会 50 2003.5

秩父事件―研究と顕彰運動の現在(高島千代)「自由民権 : 町田市立自由民権資料館紀要」 町田市教育委員会 通号17 2004.3

奥武蔵・秩父の気象地名(山志多實)「奥武蔵」 奥武蔵研究会 337 2004.5

北海道に生きた秩父事件の男たち(合田一道)「北の青嵐 : 道史協支部交流会報」 北海道史研究協議会 138 2004.7

私の秩父困民党紀行(1)～(3)(松尾翔)「奥武蔵」 奥武蔵研究会 339/341 2004.9/2005.1

奥武蔵・秩父の農耕地名(1),(2)(山志多實)「奥武蔵」 奥武蔵研究会 339/340 2004.9/2004.11

映画「草の乱」と私(木本和男)「奥武蔵」 奥武蔵研究会 340 2004.11

観賞記 映画「草の乱」(矢嶋毅之)「千葉史学」 千葉歴史学会 (45) 2004.11

秩父事件120周年記念集会参加記「秩父困民党の武装蜂起の真意はなにか」「自由のともしび : 自由民権記念館だより」 高知市立自由民権記念館 52 2005.1

秩父事件の二つの舞台で(田中洋一)「水と村の歴史 : 信州農村開発研究所紀要」 信州農村開発研究所 (20) 2005.3

秩父事件を寺子屋の視点から考える(真砂弘)「史談八千代 : 八千代市郷土歴史研究会機関誌」 八千代市郷土歴史研究会 (30) 2005.11

民衆と軍隊・戦争の近代史(4) 秩父事件(前澤哲也)「上州路 : 郷土文化誌」 あさを社 33(11)通号390 2006.11

政治・行政 秩父事件/官有秣場下戻運動/郡域変更運動/上・下名栗区会と村有財産の統一(《名栗の近代史料》)「名栗村史研究那栗郷」 飯能市郷土館 通号6 2007.11

神流町と秩父事件(《特集 多野郡神流町(旧中里村・万場町)》)(西澤晃)「群馬歴史散歩」 群馬歴史散歩の会 (201) 2007.9

武州秩父雑話―猪股党、猪股氏(大甦鴻風)「埼玉史談」 埼玉県郷土文化会 54(4)通号292 2008.1

東毛の秩父事件同時蜂起―太田・桐生市域を舞台に(岩根承成)「桐生史苑」 桐生文化史談会 (47) 2008.3

武州秩父雑話―鉢形城の江戸期、その氏と苗をたずねて(大甦鴻風)「埼玉史談」 埼玉県郷土文化会 55(1)通号293 2008.4

武州秩父雑話(2) 猪股党藤田氏(1)(大甦鴻風)「埼玉史談」 埼玉県郷土文化会 55(2)通号294 2008.7

武州秩父雑話(3) 藤田家五代(1)(大甦鴻風)「埼玉史談」 埼玉県郷土文化会 55(3)通号295 2008.10

佐久からみた秩父事件(《特集号 明治維新と農民運動》)(井出正義，井出武彦)「千曲」 東信史学会 (139) 2008.10

地域自由党員と民権運動―群馬・秩父事件を事例に(《特集 シンポジウム民権運動再考II「地域から描く自由民権」》)(高島千代)「自由民権 : 町田市立自由民権資料館紀要」 町田市教育委員会 通号22 2009.3

加波山事件と秩父事件―宇都宮平一と西郷旭堂(黒沢正則)「秩父事件研究顕彰」 秩父事件研究顕彰協議会 (16) 2009.3

秩父地方の自然と産業(巡検報告)(山本充)「埼玉地理」 埼玉地理学会 (32・33) 2009.7

信州における秩父事件の足跡(広域特集―第34回上伊那歴史研究会県外実地踏査報告)(矢澤静二)「伊那路」 上伊那郷土研究会 53(12)通号635 2009.12

秩父を尋ねて(増田博之)「下野史談」 下野史談会 (107) 2009.12

資料研究 保阪嘉内の歌稿『秩父古稿 其他』について―短歌で綴った大正六年の埼玉の旅(大明敦)「紀要」 埼玉県立歴史と民俗の博物館 (5) 2011.3

組合製糸維氷社と秩父(高橋善)「秩父事件研究顕彰」 秩父事件研究顕彰協議会 (17) 2011.3

秩父事件(染谷鷹治)「奥武蔵」 奥武蔵研究会 (383) 2012.1

寄稿 知知夫小紀行(2)～(4)「月刊歴史ジャーナル」 NPO法人尾道文化財研究所 (97)/(99) 2012.1/2012.03

ディスカバー奥武蔵・秩父(加藤恒彦)「奥武蔵」 奥武蔵研究会 (384) 2012.3

ジオパーク秩父と文化財(秩父まるごとジオパーク推進協議会)「埼玉文化財だより : 埼玉県文化財保護協会時報」 埼玉県文化財保護協会 (117) 2012.8

平姓秩父氏の性格―系図の検討を通して(菊池紳一)「埼玉地方史」 埼玉県地方史研究会 (66) 2012.11

映像の社会的責任 シンポジウム「秩父事件と菊池寛平―TBSドラマ「菊池伝説殺人事件」をめぐって」(田島泰彦)「秩父事件研究顕彰」 秩父事件研究顕彰協議会 (18) 2013.3

秩父絹業(1)(2)(高橋善)「秩父事件研究顕彰」 秩父事件研究顕彰協議会 (18) 2013.3

奥武蔵・秩父地域に於ける山岳遭難(町田尚夫)「奥武蔵」 奥武蔵研究会 (390) 2013.3

研究史 秩父地方史研究―亀倉貞雄先生の研究の軌跡(吉川照章)「野外調査研究所報告」 野外調査研究所 (19・20) 2013.6

奥武蔵研究会と秩父事件(山行報告)(奥村雅)「奥武蔵」 奥武蔵研究会

埼玉県　　　　　　　　　　　　　　　地名でたどる郷土の歴史　　　　　　　　　　　　　　　関東

（395）2014.1

中世前期武蔵武士のテリトリーと交通─秩父一族と横山党（小特集 鎌倉武士と馬と街道）（清水亮）「馬の博物館研究紀要」 馬事文化財団・馬の博物館　（19）2014.4

秩父事件・金屋戦争の銃弾の痕（町田尚夫）「奥武蔵」 奥武蔵研究会（397）2014.5

基調講演 群馬の自由民権運動─上毛自由党と群馬・秩父事件（特集 地域史研究の最前線 PartIV─群馬の近現代史）（岩根承成）「群馬文化」 群馬県地域文化研究協議会　（319）2014.7

「奥武蔵・秩父百山」考（藤本一美）「奥武蔵」 奥武蔵研究会（399）2014.9

秩父大野原

武州秩父雑話（11）─伊勢平氏の系譜・秩父大野原大野氏（大墅鴻風）「埼玉史談」 埼玉県郷土文化会　59（3）通号311　2012.10

秩父市

奥武蔵中世の城跡を歩く（14）秩父編（11）秩父市荒川右岸の城（山行報告）（飯塚孝雄）「奥武蔵」 奥武蔵研究会　（384）2012.3

奥武蔵中世の城跡を歩く（15）秩父編（12）秩父市荒川左岸の城（山行報告）（飯塚孝雄）「奥武蔵」 奥武蔵研究会　（384）2012.3

新・ぶんかざいはいけん 秩父市「埼玉文化財だより ： 埼玉県文化財保護協会情報」 埼玉県文化財保護協会　（119）2013.3

秩父路

川口郷土史研究会 秋の秩父路の史跡を訪ねて（伊藤弘一）「郷土史」 八王子市川口郷土史研究会　（27）2006.1

秩父路の散歩（名田秀夫）「下妻の文化」 下妻市文化団体連絡協議会（31）2006.5

秩父路の歴史と文化を訪ねて（辻光義）「栃木県立博物館友の会だより」 栃木県立博物館友の会　（41）2006.10

秩父山

秩父山地の研究と調査─地理学とその周辺（福宿光一）「埼玉地理」 埼玉地理学会　（30・31）2007.7

中央区

引又道を走る（4）さいたま市中央区、北区、西区、大宮区、緑区（井上國夫）「郷土志木」 志木市郷土史研究会　（43）2014.10

中条堤

中条堤の機能について（黒須茂）「熊谷市史研究」 熊谷市教育委員会（1）2009.3

築地遺跡

築地遺跡は高階郷の郷司の館か（内野勝裕）「あゆみ」 毛呂山郷土史研究会　（32）2008.11

築地郷

下総国下河辺庄築地郷について（永井晋）「野田市史研究」 野田市（23）2013.3

土屋

平成3年頃の土屋（吉田美津子）「むかしの馬宮」 馬宮郷土史同好会（28）2009.2

出戸

出戸町会の幹事さん（〈出戸（旭町）今昔咄─平成二年談話会テープ起こし原稿〉）（近藤金蔵）「郷土はとがや ： 鳩ケ谷郷土史会会報」 鳩ケ谷郷土史会　（59）2007.5

出戸を彩った人たち（〈出戸（旭町）今昔咄─平成二年談話会テープ起こし原稿〉）（菅岩みつ）「郷土はとがや ： 鳩ケ谷郷土史会会報」 鳩ケ谷郷土史会　（59）2007.5

寺橋

天嶽寺前 寺橋・由来について「越谷市郷土研究会会報 ： 古志賀谷」 越谷市郷土研究会　（14）2007.11

寺山砦

奥武蔵中世の城館を歩く 秩父編（6）寺山砦（山行報告）（飯塚孝雄）「奥武蔵」 奥武蔵研究会　（380）2011.7

天神前土橋

大沢の天神前土橋（谷岡隆夫）「越谷市郷土研究会会報 ： 古志賀谷」 越谷市郷土研究会　（14）2007.11

天神山城

奥武蔵中世の城跡を歩く（26）秩父編（21）要害山城・天神山城（山行報告）（飯塚孝雄）「奥武蔵」 奥武蔵研究会　（389）2013.1

戸井

近世の道しるべに刻まれた戸井という地名について（池田政弘）「緑の歴史」 さいたま市緑区歴史の会　（9）2014.2

東武熊谷線

懐かしき思い出の東武熊谷線（中澤隆夫）「熊谷市郷土文化会誌」 熊谷市

郷土文化会　（66）2010.11

東北自動車道

東北自動車道記念碑「加須郷土史」 加須郷土史研究会　（63）2008.3

同盟通信社川越分室

同盟通信社川越分室と「してい・おぶ・かわごーえ」（大野政己）「川越市立博物館博物館だより」 川越市立博物館　（61）2010.12

同盟通信社川越分室について（鳥居英晴）「川越市立博物館博物館だより」 川越市立博物館　（63）2011.7

遠山邸

お知らせ 遠山邸の2階の特別公開、「投扇興を楽しむ会」、遠山邸の解説案内/利用案内「遠山記念館だより」 遠山記念館　（43）2012.6

都幾川

荒川水系・都幾川 都市の繁栄を支えた砂防発祥の地（《万物の生命線は末梢にあり─分水嶺を越えて支流を歩く》）（宮崎儼子，石橋浩治）「ATT」 ATT流域研究所　（29）2002.11

江戸初期の都幾川・越辺川の河道の変遷について（岡田潔）「埼玉地理」 埼玉地理学会　28　2004.7

時の鐘

「時の鐘」の秘密（岩槻藩）（加藤晃正）「岩槻史林」 岩槻地方史研究会（37）2010.6

「時の鐘」の秘密（川越編）（加藤晃正）「岩槻史林」 岩槻地方史研究会（38）2011.6

所沢

東村山郷土研究会講演会 講師・渡辺隆喜氏「戊辰戦争と所沢地域」（大井芳弘）「郷土研だより」 東村山郷土研究会　（334）2008.3

1915（大正4）年、陸軍機 所沢→大阪間の飛行計画発表 伊豆国軽井沢峠（静岡県田方郡）飛行には最も危険な山岳地帯「豆州歴史通信」 豆州研究社歴史通信部　（448）2009.11

所沢で地名類型を考える（1）（後藤光）「練馬区地名研究会会報」 練馬区地名研究会　（98）2012.2

所沢で類型地名を考える（2）（後藤光）「練馬区地名研究会会報」 練馬区地名研究会　（99）2012.5

所沢で地名類型を考える（2）「谷」「ヶ谷」地名再考（後藤光）「練馬区地名研究会会報」 練馬区地名研究会　（101）2012.11

所沢駅

洋風建築への誘い（28）西武鉄道所沢駅詳細（伊藤龍也）「多摩のあゆみ」 たましな地域文化財団　（139）2010.8

所沢街道

三つの所沢街道（大井芳文）「郷土研だより」 東村山郷土研究会　（394）2013.3

所沢市

講演会報告「遺跡から見た柳瀬川流域の歴史」─所沢市域を中心として（藤沢修）「郷土研だより」 東村山郷土研究会　（387）2012.8

戸田

米櫃を開ける─戸田の伝統漁法（小林茂）「研究紀要」 戸田市立郷土博物館　（18）2004.3

収蔵庫情報（29）戸田の伝統漁具「郷土博物館だより」 戸田市立郷土博物館　（33）2005.3

戸田河岸

明治以降の戸田河岸と積問屋（根本佐智子）「研究紀要」 戸田市立郷土博物館　（18）2004.3

戸田市

平成18年度企画展 市制施行40周年記念「おめでとう！ 40歳」「郷土博物館だより」 戸田市立郷土博物館　（34）2006.3

戸田市域の文書群を活用するために（宮前功）「研究紀要」 戸田市立郷土博物館　（21）2008.3

戸田市名称の由来（中村徳吉）「うらわ文化」 浦和郷土文化会　（111）2010.3

引又道を走る（3）蕨市・戸田市の引又道（井上國夫）「郷土志木」 志木市郷土史研究会　（41）2012.11

戸田の渡し

「中山道展─戸田の渡しと旅日記」の展示企画について（小島清一）「研究紀要」 戸田市立郷土博物館　（17）2003.3

利根川

中世利根川流域史研究の成果と課題（上），（下）（久保田昌希，小松寿治）「葦のみち ： 三郷市史研究」 三郷市　10/13　1998.3/2001.3

近世前期旧利根川下流域における野銭・諸役からみた地域的特色─野銭の賦課と萱の利用（多田文夫）「葦のみち ： 三郷市史研究」 三郷市14　2002.3

旧利根川流域の水運─三郷地方の河関の特色（遠藤忠）「葦のみち ： 三

郷市史研究」 三郷市 （15） 2003.3

いわゆる「利根川東遷」をめぐって（原太平）「埼玉地方史」 埼玉県地方史研究会 50 2003.5

近世後期の利根川治水政策をめぐって（所理喜夫）「葦のみち ： 三郷市史研究」 三郷市 （16） 2004.3

妻沼地方の利根川水車船について（大山雄三）「埼玉史談」 埼玉県郷土文化会 52（1）通号281 2005.4

戦国期の利根川水運と城郭―江戸川開削以前の中世利根川再考《埼玉県特集》（新井浩文）「利根川文化研究」 利根川文化研究会 通号31 2008.9

越谷市内を流れる元荒川は元・利根川だった（秦野秀明）「越谷市郷土研究会会報 ： 古志賀谷」 越谷市郷土研究会 （15） 2009.7

明治43年の利根川洪水と量水標日記（取扱人・西田佐作）（荻野勝正）「埼玉史談」 埼玉県郷土文化会 59（1）通号309 2012.4

「大正八年着手 昭和五年結了 利根川河川台帳」の調整（増山聖子）「文書館紀要」 埼玉県立文書館 （26） 2013.3

問題提起 歴史時代の火山噴出物を指標とした利根川河道変遷解明の可能性（大会特集II 北武蔵の地域形成―水と地形が織りなす歴史像）（井上素子）「地方史研究」 地方史研究協議会 64（5）通号371 2014.1

栗橋宿と利根川の渡船場に設けられた関所［重要文化財「日光道中分間延絵図」（東京国立博物館蔵、部分、Image：TNM Image Archives）］「The amuseum」 埼玉県立歴史と民俗の博物館 9（1）通号25 2014.6

利根川東遷論における新出史料と史料解釈について（研究ノート）（長堀栄）「埼玉地方史」 埼玉県地方史研究会 （69） 2014.6

利根川筋赤岩航路

蒸気船通運丸・永鳥丸の利根川筋赤岩（北河原）航路の変遷について《埼玉県特集》（清水正彦）「利根川文化研究」 利根川文化研究会 通号31 2008.9

戸守郷

享徳の乱と鑁阿寺領武蔵国戸守郷―用水・減免・戦乱について（高橋裕文）「栃木史学」 国学院大学栃木短期大学史学会 （28） 2014.3

豊田本村

裁許絵図という村絵図―池辺村と豊田本村の水争いをめぐって（宮原一郎）「川越市立博物館博物館だより」 川越市立博物館 （72） 2014.7

虎ヶ岡城

奥武蔵中世の城跡を歩く（27）秩父編（22）仲山城・虎ヶ岡城（山行報告）（飯塚孝雄）「奥武蔵」 奥武蔵研究会 （390） 2013.3

とんぼ橋

とんぼ橋（所沢市北秋津1410）（大井芳文）「郷土研だより」 東村山郷土研究会 （389） 2012.10

中悪水芝川堤

遺稿 中悪水芝川堤と鎌倉街道道筋論について（日光御成道まつり特集号）（若松哲夫）「川口史林 ： 川口市郷土史会々誌」 川口市郷土史会 （78） 2013.3

中川

『新編埼玉県史』編さんと荒川・中川総合調査（黒須茂）「埼玉地方史」 埼玉県地方史研究会 50 2003.5

文化としての釣りと中川（〈研究会報告要旨〉―第61回例会）（龍澤潤）「首都圏形成史研究会会報」 首都圏形成史研究会 （22） 2008.3

中川低地

中川低地の変容に関する研究（小林文男）「埼玉地理」 埼玉地理学会 （30・31） 2007.7

中城

続編・奥武蔵中世の城跡を歩く（3）中城・腰越城（山行報告）（飯塚孝雄）「奥武蔵」 奥武蔵研究会 （393） 2013.9

中条

中条地区の歴史（小久保てい）「熊谷市郷土文化会誌」 熊谷市郷土文化会 55 2000.10

中瀬村

中瀬村新市訴訟事件（奥田豊）「埼玉史談」 埼玉県郷土文化会 53（3）通号287 2006.10

仲町

福呂屋（浦和仲町）の和菓子道具（鳴瀬久美子）「さいたま市博物館研究紀要」 さいたま市立博物館 6 2007.3

長瀞

時空を越えた奥武蔵の山旅 古道散策紀行（5）武州長瀞から吾野（小泉重光）「奥武蔵」 奥武蔵研究会 通号349 2006.5

仲山城

奥武蔵中世の城跡を歩く（27）秩父編（22）仲山城・虎ヶ岡城（山行報告）（飯塚孝雄）「奥武蔵」 奥武蔵研究会 （390） 2013.3

名栗

産業 飯能―秩父大宮道の整備／西川材木商組合／木炭同業組合／名栗水電株式会社／名栗村森林組合《《名栗の近代史料》》「名栗村史研究那栗郷」 飯能市郷土館 通号6 2007.3

名栗川

高麗川・名栗川流域の金属関連地名（1）（山下実）「奥武蔵」 奥武蔵研究会 335 2004.1

旧名栗郵便局

洋風建築への誘い（16）旧檜原郵便局・旧大久野郵便局・旧名栗郵便局（伊藤龍也）「多摩のあゆみ」 たましん地域文化財団 （127） 2007.8

奈良堰用水

吉田市右衛門の上納金と奈良堰用水組合（第53回研究発表会要旨）（榎本博）「埼玉地方史」 埼玉県地方史研究会 （65） 2011.12

奈良梨館

続編・奥武蔵中世の城跡を歩く（4）高谷砦・四津山城・奈良梨館（山行報告）（小泉重光）「奥武蔵」 奥武蔵研究会 （394） 2013.11

南部領

巻頭言 岩槻御旧地南部領考（大村進）「岩槻史林」 岩槻地方史研究会 （36） 2009.6

新方庄

中世初期よりの開発 新方庄と新方氏について（考察）（岩井茂）「越谷市郷土研究会会報 ： 古志賀谷」 越谷市郷土研究会 （14） 2007.11

新島村

新島右近と新島村の歴史（紹介・随筆・思い出等）（井出孝一）「熊谷市郷土文化会誌」 熊谷市郷土文化会 （70） 2014.11

贄川城

奥武蔵中世の城跡を歩く（20）秩父編（17）贄川城（山行報告）（飯塚孝雄）「奥武蔵」 奥武蔵研究会 （386） 2012.7

苦林宿

崇徳寺跡と鎌倉街道（苦林宿）（内野勝裕）「埼玉史談」 埼玉県郷土文化会 60（4）通号316 2014.1

苦林野

苦林野に関する昔話（小室健二）「あゆみ」 毛呂山郷土史研究会 （31） 2005.4

二郷半領

二郷半領の草木（鈴木由蔵）「葦のみち ： 三郷市史研究」 三郷市 13 2001.3

二郷半領の地域編成と改革組合村（桜井昭男）「葦のみち ： 三郷市史研究」 三郷市 （17） 2005.3

幕末の二郷半領と周辺の動向について―村の武装・剣術家・新選組に関する資料紹介（多田文夫）「葦のみち ： 三郷市史研究」 三郷市 （17） 2005.3

稲作文化から生まれた二郷半領に住む人々のくらし（鈴木由蔵）「葦のみち ： 三郷市史研究」 三郷市 （20） 2008.3

近世中後期における二郷半領の村々と平沼六斎市―村明細帳の分析を中心に（市史研究レポート）（渡邊英明）「葦のみち ： 三郷市史研究」 三郷市 （21） 2010.3

市民の歴史広場 二郷半領の稲作文化―生活の中の屋号（鈴木由蔵）「葦のみち ： 三郷市史研究」 三郷市 （21） 2010.3

葛西用水十ヶ領組合における二郷半領の開発と地域性（市史研究レポート）（宇田川龍馬）「葦のみち ： 三郷市史研究」 三郷市 （22） 2011.3

市民の歴史広場 二郷半領の稲作文化―困ったときの神頼み（鈴木由蔵）「葦のみち ： 三郷市史研究」 三郷市 （22） 2011.3

歴史民俗講座 二郷半領の村々による加助郷免除願い（高木謙一）「葦のみち ： 三郷市史研究」 三郷市 （22） 2011.3

二郷半領の稲作文化―婚姻と地域（市史の歴史広場）（鈴木由蔵）「葦のみち ： 三郷市史研究」 三郷市 （23） 2012.3

市史研究レポート 武州二郷半領の村々と虚無僧―横堀村・駒形村を中心に（小田真裕）「葦のみち ： 三郷市史研究」 三郷市 （23） 2012.3

二郷半領を位置づけた二大河川と領内用水・川の特徴（市史の歴史広場）（鈴木由蔵）「葦のみち ： 三郷市史研究」 三郷市 （24） 2013.3

二郷半領の流山石工・行徳屋孫七の足跡（市民の歴史広場）（小林將）「葦のみち ： 三郷市史研究」 三郷市，三郷市教育委員会 （25） 2014.3

西方村

西方村旧記に見られる疱瘡・麻疹の薬（田部井明）「越谷市郷土研究会会報 ： 古志賀谷」 越谷市郷土研究会 （17） 2014.3

西区

引又道を走る（4）さいたま市中央区、北区、西区、大宮区、緑区（井上國夫）「郷土志木」 志木市郷土史研究会 （43） 2014.10

西埼玉

西埼玉地震（河田捷一）「大宮の郷土史」　大宮郷土史研究会　（28）
2009.3

資料紹介「岡野家文書にみる西埼玉地震」（手島仁）「群馬県立歴史博物館紀要」　群馬県立歴史博物館　（31）2010.3

西別府

伝承のなかの平安時代末期―武蔵国幡羅郡西別府と別府家（斎藤慎一）「熊谷市史研究」　熊谷市教育委員会　（4）2012.3

西堀

西堀日向の石造文化財（青木義脩，酒井正）「うらわ文化」　浦和郷土文化会　（117）2013.3

西谷村

足立郡西谷村調査報告（大宮郷土史研究会）「大宮の郷土史」　大宮郷土史研究会　（27）2008.3

足立郡西谷村の人々（織本重道）「大宮の郷土史」　大宮郷土史研究会　（27）2008.3

日光裏街道

「日光裏街道」にある「大戦防」という地名（特集 消えた集落・移転した集落）（土井清史）「越佐の地名」　越後・佐渡の地名を語る会　（10）2010.3

日光脇往還

ぐんまの歴史入門講座 第142講 日光脇往還と川俣宿（塩谷正久）「ぐんま地域文化」　群馬地域文化振興会　（40）2013.5

地域づくりと文化遺産 後世へ語り継ぐ地域の歴史―日光脇往還 川俣宿（川崎祐）「ぐんま地域文化」　群馬地域文化振興会　（40）2013.5

日進

日進の張子（河田捷一）「大宮の郷土史」　大宮郷土史研究会　（27）2008.3

日丹線

汽車が日丹線を走っていた頃―日本ニッケル鉄道回顧（町田尚夫）「奥武蔵」　奥武蔵研究会　（388）2012.11

日本ニッケル鉄道

汽車が日丹線を走っていた頃―日本ニッケル鉄道回顧（町田尚夫）「奥武蔵」　奥武蔵研究会　（388）2012.11

日本煉瓦製造株式会社

「評議録」にみる創業期の日本煉瓦製造株式会社（井上かおり）「文書館紀要」　埼玉県立文書館　（17）2004.3

日本煉瓦製造会社（最終回）―昭和50年以降から工場閉鎖まで（金子祐正）「深谷上杉・郷土史研究会会報」　深谷上杉・郷土史研究会　（129）2012.4

如意村

史料目次／解題／柏原村人別御改帳（穢多）―天保12年／如意村弁之助の道案内推薦状／高橋貞樹著『特殊部落の歴史と水平運動』抄／高橋貞樹著『特殊部落一千年史』（初版）抄、高橋貞樹著『特殊部落史』（改訂版）抄、高橋貞樹著『特殊部落史』（第3版）著／栗須七郎著『水平の行者』抄／平野小劔著『武州長瀬騒動』／『水平新聞』第10号（大正15年9月1日）／三好伊平次著『同和問題の歴史的研究』抄／森清一著『武州鼻緒騒動秘史』抄／「武州鼻緒騒動」関係資料修正補遺編の編集について「解放研究 ：東日本部落解放研究所紀要」　東日本部落解放研究所，解放書店（発売）（25）2012.1

根岸城

山行報告 奥武蔵中世の城跡を歩く（24）秩父編（19）室山城・根岸城（山行報告）（飯塚孝雄）「奥武蔵」　奥武蔵研究会　（389）2013.1

根岸山砦

奥武蔵中世の城跡を歩く（2）根岸山砦・高松城（山行報告）（飯塚孝雄）「奥武蔵」　奥武蔵研究会　（378）2011.3

根古屋

地名を撮る 根古屋（『地名目録』未収）（岩崎美智子）「練馬区地名研究会会報」　練馬区地名研究会　66　2003.11

根古屋城

根古屋城跡（龍谷城）（所沢市勝楽寺436）（大井芳文）「郷土研だより」　東村山郷土研究会　（387）2012.8

奥武蔵中世の城跡を歩く（25）秩父編（20）古御嶽城・根古屋城（山行報告）（飯塚孝雄）「奥武蔵」　奥武蔵研究会　（389）2013.1

子ノ山

続『遊歴雑記』を歩く（子ノ山全図）（酒井昌樹）「奥武蔵」　奥武蔵研究会　通号368　2009.7

燃料研究所

その1 燃料研究所（変貌した川口の風景）（千葉乙郎）「川口史林 ：川口市郷土史会々誌」　川口市郷土史会　（79）2014.3

野田橋

火打石 江戸川・野田橋を想う（木原徹也）「かつしか台地 ：野田地方史懇話会会誌」　野田地方史懇話会　29　2005.3

野火止分水

野火止分水口と用水組合―近世後期から明治維新にかけて（新田泰男）「郷土志木」　志木市郷土史研究会　（42）2013.11

野火止用水

志木市内を流れた野火止用水分流（上野守嘉）「郷土志木」　志木市郷土史研究会　（38）2009.11

博物館活用授業実践事例 小学校第4学年社会科「市にのこる古いもの」「野火止用水プロジェクト」（梶山隆志，國分智恵子，須田道子，長谷川梨代子）「朝霞市博物館研究紀要」　朝霞市博物館　（13）2012.3

野与庄

武蔵七党の一、野与党について（岩井茂）「埼玉史談」　埼玉県郷土文化会　56（4）通号300　2010.1

波久礼

地名探訪 波久礼（ハグレ）などについて（桐井聰男）「日本地名研究所通信」　日本地名研究所　（76）2013.2

旗塚

奥武蔵中世の城跡を歩く（4）旗塚（鳩塚）（山行報告）（飯塚孝雄）「奥武蔵」　奥武蔵研究会　（378）2011.3

幡羅郡

熊谷（幡羅郡）における寺子屋の実態―教育者の墓碑・寿碑等を通して（新井常雄）「熊谷市郷土文化会誌」　熊谷市郷土文化会　（63）2007.11

鉢形

武蔵秩父かげもり雑話（6）鉢形北條衆（大墅鴻風）「埼玉史談」　埼玉県郷土文化会　53（2）通号286　2006.7

武州秩父雑話―鉢形衆の江戸期、その氏と苗をたずねて（大墅鴻風）「埼玉史談」　埼玉県郷土文化会　55（1）通号293　2008.4

新井氏と吉田氏―鉢形衆の構成員（伊藤拓也）「埼玉史談」　埼玉県郷土文化会　59（4）通号312　2013.1

鉢形北條衆の貫高と着到（大墅鴻風）「埼玉史談」　埼玉県郷土文化会　61（1）通号317　2014.5

鉢形城

鉢形城址を訪ねて（小峰甲子夫）「あゆみ」　毛呂山郷土史研究会　（36）2013.3

奥武蔵中世の城跡を歩く（29）秩父編（24）鉢形城周辺（山行報告）（飯塚孝雄）「奥武蔵」　奥武蔵研究会　（391）2013.5

井伏鱒二「武州鉢形城」のこと（小島真樹）「あゆみ」　毛呂山郷土史研究会　（38）2014.3

八条

地誌調についての一考察―武蔵国埼玉郡騎西領・忍領・八条領の事例を中心に《大会特集 交流の地域史―ぐんまの山・川・道》―〈問題提起〉（清水邦夫）「地方史研究」　地方史研究協議会　54（4）通号310　2004.8

近世後期の葛西用水八条領組合の組織的変遷と地域意識《小特集 埼玉古地図を読む》（工藤航平）「文書館紀要」　埼玉県立文書館　（19）2006.3

八幡山城

研究ノート 戦国期武蔵八幡山（雉岡）城周辺における地域編制―衆編制を中心に（伊藤拓也）「千葉史学」　千葉歴史学会　（61）2012.11

発度

鳩ヶ谷・「発度」地名考（関和彦）「郷土はとがや ：鳩ケ谷郷土史会会報」　鳩ケ谷郷土史会　（58）2006.11

発度郷

私論二題 発度郷の語源と地域を考える／安行の製鉄所設定と舟山があったから（永嶋剛次郎）「川口史林 ：川口市郷土史会々誌」　川口市郷土史会　（73）2008.3

鳩井郷

第35回定例総会記念講演 地蔵院の不動明王と梵鐘から導き知る鎌倉時代の鳩井郷の状勢（小室雄充）「郷土はとがや ：鳩ケ谷郷土史会会報」　鳩ケ谷郷土史会　（66）2010.11

鳩ヶ谷

巻頭言 住居表示と歴史的地名「郷土はとがや ：鳩ケ谷郷土史会会報」　鳩ケ谷郷土史会　51　2003.5

遺稿『鳩ケ谷百科事典』事始め（1）あ～そ（平野清）「郷土はとがや ：鳩ケ谷郷土史会会報」　鳩ケ谷郷土史会　51　2003.5

諸書に「鳩ヶ谷」を見る（8）御宮地絵図の新視点・関東取締出役と鳩ヶ谷の賭場（加藤信明）「郷土はとがや ：鳩ケ谷郷土史会会報」　鳩ケ谷郷土史会　51　2003.5

遺稿 『鳩ヶ谷百科事典』事始め(2) た～ほ(平野清)「郷土はとがや : 鳩ヶ谷郷土史会会報」 鳩ケ谷郷土史会 52 2003.11

郷土資料館の資料紹介(6) 鳩ヶ谷にも「山」があった 耕地整理事業開始以前の原風景(島村邦男)「郷土はとがや : 鳩ヶ谷郷土史会会報」 鳩ケ谷郷土史会 52 2003.11

昭和前期・鳩ヶ谷の一商店の歴史 本町・植竹商店新発見史料の紹介(加藤信明)「郷土はとがや : 鳩ヶ谷郷土史会会報」 鳩ケ谷郷土史会 52 2003.11

拾欅 鳩ヶ谷日記[1]～(3)(スモール h.グテイ)「郷土はとがや : 鳩ヶ谷郷土史会会報」 鳩ケ谷郷土史会 52/(54) 2003.11/2004.11

絵図から探し出す「市内の鎌倉街道中道」[1],(2)(若松哲夫)「郷土はとがや : 鳩ヶ谷郷土史会会報」 鳩ケ谷郷土史会 53/(54) 2004.5/2004.11

鳩ヶ谷にあった射撃場(花岡武司)「郷土はとがや : 鳩ヶ谷郷土史会会報」 鳩ケ谷郷土史会 53 2004.5

遺稿 『鳩ヶ谷百科事典』事始め(3) ま～わ(平野清)「郷土はとがや : 鳩ヶ谷郷土史会会報」 鳩ケ谷郷土史会 53 2004.5

巻頭言 字史よ興れ「郷土はとがや : 鳩ヶ谷郷土史会会報」 鳩ヶ谷郷土史会 (54) 2004.11

読書に鳩ヶ谷を見る(10) 鳩ヶ谷の商人十一屋・和泉屋(加藤信明)「郷土はとがや : 鳩ヶ谷郷土史会会報」 鳩ケ谷郷土史会 (56) 2005.11

郷土資料館の資料紹介(10) 戦前に発行された幻の地域紙 当館所蔵『川鳩新聞』の紹介(島村邦男)「郷土はとがや : 鳩ヶ谷郷土史会会報」 鳩ケ谷郷土史会 (56) 2005.11

鳩ヶ谷史譚(2) 川口松太郎との約束(平野整)「郷土はとがや : 鳩ケ谷郷土史会会報」 鳩ケ谷郷土史会 (56) 2005.11

長島氏所蔵「里村絵図」の制作年代について(若松哲夫)「郷土はとがや : 鳩ヶ谷郷土史会会報」 鳩ケ谷郷土史会 (56) 2005.11

鳩ヶ谷気質の流れを郷土史に求めて(船津富彦)「郷土はとがや : 鳩ヶ谷郷土史会会報」 鳩ケ谷郷土史会 (57) 2006.5

「里村絵図」と幕府巡検使についての考察(加藤信明)「郷土はとがや : 鳩ヶ谷郷土史会会報」 鳩ケ谷郷土史会 (57) 2006.5

歴史随想 御成道馬ヶ物語(高瀬博)「郷土はとがや : 鳩ヶ谷郷土史会会報」 鳩ケ谷郷土史会 (57) 2006.5

鳩ヶ谷史譚(3) 花鳥風月の極み『江戸名所花暦』(平野整)「郷土はとがや : 鳩ヶ谷郷土史会会報」 鳩ケ谷郷土史会 (57) 2006.5

郷土資料館の資料紹介(11) 鳩ヶ谷で初めての銀行顛末記─鈴木銀行をめぐる史料の紹介(島村邦男)「郷土はとがや : 鳩ヶ谷郷土史会会報」 鳩ケ谷郷土史会 (57) 2006.5

特別課題・鳩ヶ谷の農業 生物から見た鳩ヶ谷の農業(藤波不二雄)「郷土はとがや : 鳩ヶ谷郷土史会会報」 鳩ケ谷郷土史会 (58) 2006.11

鳩ヶ谷・「発度」地名考(関和彦)「郷土はとがや : 鳩ヶ谷郷土史会会報」 鳩ケ谷郷土史会 (58) 2006.11

諸書に鳩ヶ谷を見る(11) 鳩ヶ谷の駆け込み寺(加藤信明)「郷土はとがや : 鳩ヶ谷郷土史会会報」 鳩ケ谷郷土史会 (58) 2006.11

鳩ヶ谷史譚(4) もう一つあった一里塚(平野整)「郷土はとがや : 鳩ヶ谷郷土史会会報」 鳩ケ谷郷土史会 (58) 2006.11

変貌する鳩ヶ谷(鈴木登喜子)「郷土はとがや : 鳩ヶ谷郷土史会会報」 鳩ケ谷郷土史会 (58) 2006.11

鳩ヶ谷のことば─断片的考察(米山徹)「郷土はとがや : 鳩ヶ谷郷土史会会報」 鳩ケ谷郷土史会 (58) 2006.11

鳩ヶ谷に出現した二隻のヨット(花岡武司)「郷土はとがや : 鳩ヶ谷郷土史会会報」 鳩ケ谷郷土史会 (59) 2007.5

鳩ヶ谷の関東大震災(加藤信明)「郷土はとがや : 鳩ヶ谷郷土史会会報」 鳩ケ谷郷土史会 (59) 2007.5

鳩ヶ谷の史譚(5) 今日の鳩ヶ谷史(平野整)「郷土はとがや : 鳩ヶ谷郷土史会会報」 鳩ケ谷郷土史会 (59) 2007.5

鳩ヶ谷のことば(2)～(4)(米山徹)「郷土はとがや : 鳩ヶ谷郷土史会会報」 鳩ケ谷郷土史会 (59)/(61) 2007.5/2008.5

諸書に鳩ヶ谷を見る(12) 鳩ヶ谷・鳩井・鳩貝について(加藤信明)「郷土はとがや : 鳩ヶ谷郷土史会会報」 鳩ケ谷郷土史会 (60) 2007.11

鳩ヶ谷の史譚(6) 編集者のひとり言(平野整)「郷土はとがや : 鳩ヶ谷郷土史会会報」 鳩ケ谷郷土史会 (60) 2007.11

鈴木銀行の預金通帳(鳩ヶ谷近代史の中の自家史と自分史追想)(矢作吉蔵)「郷土はとがや : 鳩ヶ谷郷土史会会報」 鳩ケ谷郷土史会 (60) 2007.11

紙辰呉服店追想(鳩ヶ谷近代史の中の自家史と自分史追想)(藤波不二雄)「郷土はとがや : 鳩ヶ谷郷土史会会報」 鳩ケ谷郷土史会 (60) 2007.11

遠く過ぎし日(鳩ヶ谷近代史の中の自家史と自分史追想)(嶋田文子)「郷土はとがや : 鳩ヶ谷郷土史会会報」 鳩ケ谷郷土史会 (60) 2007.11

パインミシン鳩ヶ谷工場(鳩ヶ谷近代史の中の自家史と自分史追想)(奥田敏治)「郷土はとがや : 鳩ヶ谷郷土史会会報」 鳩ケ谷郷土史会 (60) 2007.11

赤井村円通寺文書と鳩ヶ谷領考(若松哲夫)「郷土はとがや : 鳩ヶ谷郷土史会会報」 鳩ケ谷郷土史会 (60) 2007.11

諸書に鳩ヶ谷を見る(13) 長屋王家木簡と鳩ヶ谷(加藤信明)「郷土はとがや : 鳩ヶ谷郷土史会会報」 鳩ケ谷郷土史会 (61) 2008.5

郷土資料館の資料紹介(15) 明治40年の大水害の記録(島村邦男)「郷土はとがや : 鳩ヶ谷郷土史会会報」 鳩ケ谷郷土史会 (61) 2008.5

鳩ヶ谷治水対策事業の現代史(自分史で語る鳩ヶ谷現代史)(鈴木務)「郷土はとがや : 鳩ヶ谷郷土史会会報」 鳩ケ谷郷土史会 (61) 2008.5

宮道一回想(自分史で語る鳩ヶ谷現代史)(嶋田文子)「郷土はとがや : 鳩ヶ谷郷土史会会報」 鳩ケ谷郷土史会 (62) 2008.11

鳩ヶ谷の地の震え・ある量の通過度(米山徹)「郷土はとがや : 鳩ヶ谷郷土史会会報」 鳩ケ谷郷土史会 (62) 2008.11

諸書に鳩ヶ谷を見る(14) 鳩ヶ谷の旅籠屋と火盗改・長谷川平蔵(加藤信明)「郷土はとがや : 鳩ヶ谷郷土史会会報」 鳩ケ谷郷土史会 (63) 2009.5

鳩ヶ谷史譚(7) 昼間吉太郎町政に物申す(平野整)「郷土はとがや : 鳩ヶ谷郷土史会会報」 鳩ケ谷郷土史会 (63) 2009.5

大宮～東京線(第二産業道路)の立体交差の実現(自分史で語る鳩ヶ谷現代史)(鈴木勉)「郷土はとがや : 鳩ヶ谷郷土史会会報」 鳩ケ谷郷土史会 (63) 2009.5

『大日本帝國剣道形』(自分史で語る鳩ヶ谷現代史)(花岡武司)「郷土はとがや : 鳩ヶ谷郷土史会会報」 鳩ケ谷郷土史会 (63) 2009.5

私の鳩ヶ谷原風景─終戦前後の思い出(上)(自分史で語る鳩ヶ谷現代史)(金井英一)「郷土はとがや : 鳩ヶ谷郷土史会会報」 鳩ケ谷郷土史会 (64) 2009.11

議員の役割は市民要望実現・議員発言は要求実現の出発点(自分史で語る鳩ヶ谷現代史)(鈴木務)「郷土はとがや : 鳩ヶ谷郷土史会会報」 鳩ケ谷郷土史会 (64) 2009.11

鳩ヶ谷史譚(8) 続・昼間吉太郎町長に物申す(平野整)「郷土はとがや : 鳩ヶ谷郷土史会会報」 鳩ケ谷郷土史会 (64) 2009.11

自分史で語る鳩ヶ谷現代史 私の鳩ヶ谷原風景─終戦前後の思い出(下)(金井英一)「郷土はとがや : 鳩ヶ谷郷土史会会報」 鳩ケ谷郷土史会 (65) 2010.5

鳩ヶ谷史譚(9) 『埼玉県警察史』に鳩ヶ谷を探す(平野整)「郷土はとがや : 鳩ヶ谷郷土史会会報」 鳩ケ谷郷土史会 (65) 2010.5

巻頭言 鳩ヶ谷のはっけよい事始め「郷土はとがや : 鳩ヶ谷郷土史会会報」 鳩ケ谷郷土史会 (66) 2010.11

鳩ヶ谷史譚(10) 『埼玉県史料叢書』に鳩ヶ谷を探す(平野整)「郷土はとがや : 鳩ヶ谷郷土史会会報」 鳩ケ谷郷土史会 (66) 2010.11

巻頭言 歴史的文化遺産を大事にしなかった鳩ヶ谷「郷土はとがや : 鳩ヶ谷郷土史会会報」 鳩ケ谷郷土史会 (67) 2011.5

元禄検地帳と半小・半・小(加藤信明)「郷土はとがや : 鳩ヶ谷郷土史会会報」 鳩ケ谷郷土史会 (67) 2011.5

鳩ヶ谷史譚(11) 鳩ヶ谷のいちばん長い夏(平野整)「郷土はとがや : 鳩ヶ谷郷土史会会報」 鳩ケ谷郷土史会 (67) 2011.5

古書耽読書留抄 『埼玉夜談』の鳩ヶ谷八景と小唄(スモール.h.グテイ)「郷土はとがや : 鳩ヶ谷郷土史会会報」 鳩ケ谷郷土史会 (67) 2011.5

小谷三志をめぐる人々(64) 『鳩ヶ谷市の古文書』遺憾(岡田博)「郷土はとがや : 鳩ヶ谷郷土史会会報」 鳩ケ谷郷土史会 (67) 2011.5

鳩ヶ谷の池と湧き水(藤波不二雄)「郷土はとがや : 鳩ヶ谷郷土史会会報」 鳩ケ谷郷土史会 (68) 2011.11

里村の地租改正帳の分析(加藤信明)「郷土はとがや : 鳩ヶ谷郷土史会会報」 鳩ケ谷郷土史会 (68) 2011.11

阿部備中守正は何時まで鳩ヶ谷の領主だったか(若松哲夫)「郷土はとがや : 鳩ヶ谷郷土史会会報」 鳩ケ谷郷土史会 (68) 2011.11

巻頭言 矢作尚也さん、鳩ヶ谷と川口市が合併しちゃいましたよ「郷土はとがや : 鳩ヶ谷郷土史会会報」 鳩ケ谷郷土史会 (69) 2012.5

史林の扉 鳩ヶ谷地域の歴史と偉人(櫻井國敏)「川口史林 : 川口市郷土史々誌」 川口市郷土史会 (79) 2014.3

日光御成道 鳩ヶ谷を歩く(山野八重子)「川口史林 : 川口市郷土史会々誌」 川口市郷土史会 (79) 2014.3

鳩ヶ谷街道

鳩ヶ谷街道雑記(高瀬博)「郷土はとがや : 鳩ヶ谷郷土史会会報」 鳩ヶ谷郷土史会 51 2003.5

鳩ヶ谷郷

鳩ヶ谷郷についての考察(1)(日光御成道まつり特集号)(花岡武司)「川口史林 : 川口市郷土史会々誌」 川口市郷土史会 (78) 2013.3

鳩谷郷

鎌倉時代の鳩井氏と鳩谷郷(永井晋)「郷土はとがや : 鳩ケ谷郷土史会会報」 鳩ケ谷郷土史会 (61) 2008.5

鳩ヶ谷市

特別課題 私の写した古文書・金石文 鳩ヶ谷市内の金石に刻まれた歌と句[1]～(3)(小渕甚蔵)「郷土はとがや : 鳩ヶ谷郷土史会会報」 鳩

ケ谷郷土史会　52/(54)　2003.11/2004.11

郷土資料館の資料紹介(9) 鳩ヶ谷三八市の新資料 菅岩房次郎氏「鳩ヶ谷市今昔」の紹介(島村邦男)「郷土はとがや : 鳩ヶ谷郷土史会会報」 鳩ヶ谷郷土史会　(55)　2005.5

巻頭言「郷土はとがや」と鳩ヶ谷市議さんの書き手「郷土はとがや : 鳩ヶ谷郷土史会会報」 鳩ヶ谷郷土史会　(60)　2007.11

蝶から見た鳩ヶ谷市の温暖化(藤波不二雄)「郷土はとがや : 鳩ヶ谷郷土史会会報」 鳩ヶ谷郷土史会　(60)　2007.11

「蝶から見た鳩ヶ谷市の温暖化」その後(藤波不二雄)「郷土はとがや : 鳩ヶ谷郷土史会会報」 鳩ヶ谷郷土史会　(62)　2008.11

市文化財だより(17) 市内の中世遺跡の様相(浅野信英)「郷土はとがや : 鳩ヶ谷郷土史会会報」 鳩ヶ谷郷土史会　(68)　2011.11

鳩ヶ谷宿
徳川家康の鳩ヶ谷止宿についての考察(若松哲夫)「郷土はとがや : 鳩ヶ谷郷土史会会報」 鳩ヶ谷郷土史会　(58)　2006.11

日光御成道 鳩ヶ谷宿本陣 船戸家の系譜(伊澤隆男)「川口史林 : 川口市郷土史会々誌」 川口市郷土史会　(77)　2012.3

鳩ヶ谷小学校
課題原稿・恩師の思い出 鳩ヶ谷小学校と青雲会(嶋田文子)「郷土はとがや : 鳩ヶ谷郷土史会会報」 鳩ヶ谷郷土史会　(64)　2009.11

鳩ヶ谷商店街
郷土資料館の資料紹介(5) 鳩ヶ谷商店街の変遷(島村邦男)「郷土はとがや : 鳩ヶ谷郷土史会会報」 鳩ヶ谷郷土史会　51　2003.5

鳩ヶ谷中学校
川口市立鳩ヶ谷中学校の創立60周年「郷土はとがや : 鳩ヶ谷郷土史会会報」 鳩ヶ谷郷土史会　(62)　2008.11

鳩ヶ谷町
復刻『鳩ヶ谷町々史』のグラビア紹介「郷土はとがや : 鳩ヶ谷郷土史会会報」 鳩ヶ谷郷土史会　(65)　2010.5

花見堂
花見堂の俳額(内野勝裕)「あゆみ」 毛呂山郷土史研究会　27　2001.4

花和田
市民の記録(聞き取り調査) 渡し舟があった頃—花和田の交通今昔(渋谷千代, 渋谷豊, 渋谷和子)「葦のみち : 三郷市史研究」 三郷市　(17)　2005.3

羽生
幕末・明治維新期の治水政策—武蔵国埼玉郡羽生領の事例を中心に(《特集 近世・近代の地域と産業》)(飯島章)「関東地域史研究」 文献出版 通号2　2000.3

羽生市
新・ぶんかざいはいけん 羽生市「埼玉文化財だより : 埼玉県文化財保護協会時報」 埼玉県文化財保護協会　(122)　2014.3

羽尾城
続編・奥武蔵中世の城跡を歩く(9) 羽尾城・山田城・泉福寺館(山行報告)(小泉重光)「奥武蔵」 奥武蔵研究会　(396)　2014.3

早瀬
荒川左岸土手道と早瀬道標(酒井正)「うらわ文化」 浦和郷土文化会　(120)　2014.4

早瀬渡船場
道標銘で辿る早瀬渡船場道(酒井正)「うらわ文化」 浦和郷土文化会　(119)　2014.1

榛沢郡
古代榛沢郡の鉄生産(《特集 古代・中世の武蔵野の鉄生産》)(鳥羽政之)「武蔵野」 武蔵野文化協会　82(2)通号344　2006.10

番匠免
「番匠免」雑感(池田公一)「葦のみち : 三郷市史研究」 三郷市　13　2001.3

永正14年番匠免の戦い(平野明夫)「葦のみち : 三郷市史研究」 三郷市　(19)　2007.3

「番匠免」について考える「我孫子市史研究センター会報」 我孫子市史研究センター　(124)　2012.6

万松楼
大宮公園の回転飛行塔と高級料亭萬松楼・八重垣(沼田尚道)「大宮の郷土史」 大宮郷土史研究会　(32)　2013.3

飯能
飯能戦争余話 説経節にみる渋沢平九郎の最期(町田尚夫)「奥武蔵」 奥武蔵研究会　通号353　2007.1

飯能戦争余話(2)「横手の三義人頌徳記」に仕事を偲ぶ(町田尚夫)「奥武蔵」 奥武蔵研究会　通号355　2007.5

飯能戦争余話(3) 澁沢平九郎 没後なお数奇な運命(町田尚夫)「奥武蔵」

奥武蔵研究会　通号356　2007.7

古飯能焼と陶工としてのイッチン描きの検証(岸道生)「郷土はんのう」 飯能郷土史研究会　(28)　2008.3

飯能縄市の成り立ちと見世空間(尾崎泰弘)「飯能市郷土館研究紀要」 飯能市郷土館　(4)　2008.3

飯能戦争拾遺(内野勝裕)「埼玉史談」 埼玉県郷土文化会　60(1)通号313　2013.4

飯能歴史散歩 丹党中山氏の遺跡を歩く(町田尚夫)「奥武蔵」 奥武蔵研究会　(393)　2013.9

飯能歴史探訪(山行報告)(成川茂雄)「奥武蔵」 奥武蔵研究会　(395)　2014.1

飯能市
私が体験した「昭和初期の飯能市街地」(加藤義雄)「郷土はんのう」 飯能郷土史研究会　(29)　2009.3

新・ぶんかざいはいけん 飯能市「埼玉文化財だより : 埼玉県文化財保護協会時報」 埼玉県文化財保護協会　(117)　2012.8

飯能—秩父大宮道
産業 飯能—秩父大宮道の整備/西川材木商組合/木炭同業組合/名栗水電株式会社/名栗村森林組合(《名栗の近代史料》)「名栗村史研究那栗郷」 飯能市郷土館　通号6　2007.3

飯能町
準戦時期の肥料流通—埼玉県飯能町・石井辰五郎家の事例から(坂口誠)「首都圏史研究 : 年報」 首都圏形成史研究会　(2)　2012.12

日尾城
奥武蔵中世の城跡を歩く(9) 女部田城・日尾城(山行報告)(飯塚孝雄)「奥武蔵」 奥武蔵研究会　(381)　2011.9

奥武蔵中世の城跡を歩く(13) 秩父編(10) 日尾城(山行報告)(飯塚孝雄)「奥武蔵」 奥武蔵研究会　(383)　2012.1

戦国期日尾城における衆編成(伊藤拓也)「埼玉地方史」 埼玉県地方史研究会　(67)　2013.5

東松山市
黄金の国ジパング東松山市(百瀬恵)「オール諏訪 : 郷土の総合文化誌」 諏訪郷土文化研究会　22(12)通号222　2003.3

比企
企画展示と事業展開—企画展「埼玉の戦国時代 城」とシンポジウム「埼玉の戦国時代 検証比企の城」(杉山正司, 栗岡眞理子)「研究紀要」 埼玉県立歴史資料館　(27)　2005.12

シンポジウム「検証 比企の城」討論(歴史資料館展示・史跡整備担当)「研究紀要」 埼玉県立歴史資料館　(27)　2005.12

戦国期山城の堀切にみる壁面調整痕について—比企地方西部 小倉城・青山城(宮田毅)「利根川」 利根川同人　30　2008.5

東国の中の出雲世界—主に北武蔵の入間・比企地域を中心にて(《特集 出雲国造をめぐる諸問題》)(黒済和彦)「出雲古代史研究」 出雲古代史研究会　(18)　2008.7

比企郡
2月例会レジュメ アジア太平洋戦争における地域社会戦時体制の展開—埼玉県比企郡における疎開・決戦体制・引揚げを中心に(一條三子)「静岡県近代史研究会会報」 静岡県近代史研究会　(329)　2006.2

比企城館
史跡「比企城館跡群 菅谷館跡 松山城跡 杉山城跡 小倉城跡」の指定(県生涯学習文化課)「埼玉文化財だより : 埼玉県文化財保護協会時報」 埼玉県文化財保護協会　(104)　2008.3

比企城館跡群
歴史的環境保全調査から28年—比企城館跡群の国指定史跡化へのあゆみ(梅沢太久夫)「埼玉県立史跡の博物館紀要」 埼玉県立さきたま史跡の博物館, 埼玉県立嵐山史跡の博物館　(2)　2008.3

「比企城館跡群」が国指定史跡に(町田尚夫)「奥武蔵」 奥武蔵研究会　通号360　2008.3

引又
星野半右衛門がつづった幕末期の引又(島田公男)「郷土志木」 志木市郷土史研究会　(39)　2010.10

樋口村
近世中期の新田開発と検地絵図—武蔵国大里郡樋口村の原地新田を事例に(《小特集 埼玉古地図を読む》)(白井哲哉)「文書館紀要」 埼玉県立文書館　(19)　2006.3

比丘尼城
奥武蔵中世の城跡を歩く(8) 比丘尼城(山行報告)(飯塚孝雄)「奥武蔵」 奥武蔵研究会　(381)　2011.9

彦倉村
彦倉村の休日議定(歴史民俗講座)(小高昭一)「葦のみち : 三郷市史研究」 三郷市　(17)　2005.3

歴史民俗講座 村々の境道と定杭―彦倉村と彦野村で取り交わした済口
証文（高木謙一）「葦のみち : 三郷市史研究」 三郷市 （21）2010.3

彦野村
歴史民俗講座 村々の境道と定杭―彦倉村と彦野村で取り交わした済口
証文（高木謙一）「葦のみち : 三郷市史研究」 三郷市 （21）2010.3

膝折村
近世後期における鍛冶渡世人の捕縛と残された家族―武蔵国新座郡膝折
村久左衛門とその母子を事例に（栗原健一）「朝霞市博物館研究紀要」
朝霞市博物館 （14）2014.3

日向
西堀日向の石造文化財（青木義脩, 酒井正）「うらわ文化」 浦和郷土文化
会 （117）2013.3

日野城
奥武蔵中世の城跡を歩く（21）秩父編（18）日野城（山行報告）（飯塚孝
雄）「奥武蔵」 奥武蔵研究会 （387）2012.9

平沼
近世中後期における二郷半領の村々と平沼六斎市―村明細帳の分析を中
心に（市史研究レポート）（渡邉英明）「葦のみち : 三郷市史研究」 三
郷市 （21）2010.3

広沢原
広沢原をめぐって（記念特集 地名にしひがし―地域編）（徳川達子）「練
馬区地名研究会会報」 練馬区地名研究会 （100）2012.8

備後村
資料研究 近世後期武蔵国東部における稲作反当収量に関する資料―武
蔵国埼玉郡備後村森泉家「籾種反別石取switch扣帳」の紹介（兼子順）「紀要」
埼玉県立歴史と民俗の博物館 （5）2011.3

品頬
「品頬」という名前の三角点（町田尚夫）「奥武蔵」 奥武蔵研究会 通号
365 2009.1

笛吹峠
「闘諍堅固の月」―笛吹峠夜話（小泉重光）「奥武蔵」 奥武蔵研究会 通
号376 2010.11
続編・奥武蔵中世の城跡を歩く（7）大蔵館・笛吹峠（山行報告）（小泉重
光）「奥武蔵」 奥武蔵研究会 （395）2014.1

深谷
73号補遺 煉瓦を訪ねて深谷まで「谷中・根津・千駄木」 谷根千工房
74 2003.10
深谷中世文書（36）北条氏邦印判状（弘光寺）/深谷中世文書（43）北条
氏邦印判状（御前田）「深谷上杉・郷土史研究会会報」 深谷上杉・郷土
史研究会 （128）2012.1
深谷中世文書（87）大館氏明軍勢催促状（新開・中瀬氏）―忽那家文書/
深谷中世文書（90）細川勝元書状・新開氏討死「深谷上杉・郷土史研
究会会報」 深谷上杉・郷土史研究会 （129）2012.4
深谷と鷹匠（木村孝雄）「深谷上杉・郷土史研究会会報」 深谷上杉・郷土
史研究会 （130）2012.9
深谷の古文書 名主忠左衛門一件（奥田豊）「深谷上杉・郷土史研究会会
報」 深谷上杉・郷土史研究会 （130）2012.9

深谷市
深谷市周辺と武田氏（保坂嘉郷）「深谷上杉・郷土史研究会会報」 深谷上
杉・郷土史研究会 （128）2012.1

深谷宿
深谷宿の歴史（奥田豊）「深谷上杉・郷土史研究会会報」 深谷上杉・郷土
史研究会 （129）2012.4

吹上橋
作文「夜のおつかい」―続「戦前の吹上橋界隈」（嶋田文子）「郷土はとが
や : 鳩ケ谷郷土史会会報」 鳩ケ谷郷土史会 （57）2006.5

福岡国民学校
開館30周年記念特別展「子どもの学び―寺子屋から戦後の学校まで―」
資料紹介 『学校日誌』から見た「学校」のうつりかわり 明治27
（1894）年8月11～12日 福岡尋常小学校日誌、昭和3（1928）年6月26
日 福岡尋常高等小学校日誌、昭和19（1944）年1月9日 福岡国民学校
日誌、昭和28（1953）年11月13日 福岡小学校日誌「資料館通信」 ふ
じみ野市立上福岡歴史民俗資料館 （66）2013.11

福岡小学校
開館30周年記念特別展「子どもの学び―寺子屋から戦後の学校まで―」
資料紹介 『学校日誌』から見た「学校」のうつりかわり 明治27
（1894）年8月11～12日 福岡尋常小学校日誌、昭和3（1928）年6月26
日 福岡尋常高等小学校日誌、昭和19（1944）年1月9日 福岡国民学校
日誌、昭和28（1953）年11月13日 福岡小学校日誌「資料館通信」 ふ
じみ野市立上福岡歴史民俗資料館 （66）2013.11

福岡尋常高等小学校
開館30周年記念特別展「子どもの学び―寺子屋から戦後の学校まで―」
資料紹介 『学校日誌』から見た「学校」のうつりかわり 明治27
（1894）年8月11～12日 福岡尋常小学校日誌、昭和3（1928）年6月26
日 福岡尋常高等小学校日誌、昭和19（1944）年1月9日 福岡国民学校
日誌、昭和28（1953）年11月13日 福岡小学校日誌「資料館通信」 ふ
じみ野市立上福岡歴史民俗資料館 （66）2013.11

福岡尋常小学校
開館30周年記念特別展「子どもの学び―寺子屋から戦後の学校まで―」
資料紹介 『学校日誌』から見た「学校」のうつりかわり 明治27
（1894）年8月11～12日 福岡尋常小学校日誌、昭和3（1928）年6月26
日 福岡尋常高等小学校日誌、昭和19（1944）年1月9日 福岡国民学校
日誌、昭和28（1953）年11月13日 福岡小学校日誌「資料館通信」 ふ
じみ野市立上福岡歴史民俗資料館 （66）2013.11

福岡村
近世後期の福岡村の動向―「御廻状留帳」と「記録帳」より（工藤宏）
「市史研究きんもくせい」 上福岡市教育委員会 （8）2003.3

福川
『福川改修と唐澤問題の経過』―安部彦平氏資料より（荻野勝正）「埼玉史
談」 埼玉県郷土文化会 59（3）通号311 2012.10

福田村
福田村領分旗本酒井氏の陣屋について（高柳茂）「埼玉史談」 埼玉県郷土
文化会 58（3）通号307 2011.10

福原村
直井順氏 福原村と直井家の歴史「町史研究伊奈の歴史」 伊奈町 9
2005.3

富士見市
洪水対策の民俗知―埼玉県富士見市に残る「上げ舟」について（蛯原一
平）「東北芸術工科大学東北文化研究センター研究紀要」 東北芸術工
科大学東北文化研究センター （13）2014.3

ふじみ野
大井郷土資料館 特別展「ほうきの文化―ふじみ野編―」資料紹介 玉井
利昌家文書・資料（大井郷土資料館蔵）、山崎政一家文書（大井郷土資
料館蔵）、「商魂」の看板（上福岡歴史民俗資料館蔵）、永倉一男氏提
供 座敷ぼうきほか「資料館通信」 ふじみ野市立上福岡歴史民俗資料
館 （65）2012.10

武州
中山道伝馬騒動と武州一揆（加藤光男）「埼玉地方史」 埼玉県地方史研究
会 50 2003.5
十石峠―信州から上州・武州への米の道 山中騒動・秩父事件の道（小林
収）「千曲」 東信史学会 119 2003.10
武州一揆―橋本醤油屋打毀される（佐藤剛）「埼玉史談」 埼玉県郷土文化
会 51（1）通号277 2004.4
「歴史」分科会 武州から部落史を探る（藤沢靖介）「東日本部落解放研究
所ニュース」 東日本部落解放研究所 （70）2006.7
江戸時代の上州・武州における市場争論と絵図作成（渡邉英明）「歴史地
理学」 歴史地理学会, 古今書院（発売）50（4）通号241 2008.9
「武州鼻緒騒動」関係史料集成（前）,（中）,（後）（間々田和夫, 大熊哲雄,
畑中敏之）「解放研究 : 東日本部落解放研究所紀要」 東日本部落解放
研究所, 解放書店（発売）（23）/（25）2009.9/2012.1
史料目次・解題/柏原村人別御改帳（穢多）―天保12年/如意村弁之助の
道案内推薦状/高橋貞樹著『特殊部落の歴史と水平運動』抄/高橋貞樹
著『特殊部落一千年史』（初版）抄、高橋貞樹著『特殊部落史』（改訂
版）抄、高橋貞樹著『特殊部落史』（第3版）抄/栗須七郎著『水平の行
者』抄/平野小剱著『武州長瀬騒動』/「水平新聞」第10号（大正15年9
月1日）/三好伊平次著『同和問題の歴史的研究』抄/森清一著『武州鼻
緒騒動秘史』抄/「武州鼻緒騒動」関係資料修正補遺編の編集について
「解放研究 : 東日本部落解放研究所紀要」 東日本部落解放研究所,
解放書店（発売）（25）2012.1
「武州鼻緒一揆」について―鼻緒一揆の全体像と今後の課題（間々田和
夫）「解放研究 : 東日本部落解放研究所紀要」 東日本部落解放研究
所, 解放書店（発売）（25）2012.1
幕藩制崩壊期における武州世直し一揆の歴史的意義（山中清孝）「近世史
薬」 近世村落史研究会 （6）2012.8
宗教的職能者と情報伝播―武州一揆と御師（西海賢二）「コロス」 常民文
化研究会 （133）2013.5

武州長瀬
史料目次・解題/柏原村人別御改帳（穢多）―天保12年/如意村弁之助の
道案内推薦状/高橋貞樹著『特殊部落の歴史と水平運動』抄/高橋貞樹
著『特殊部落一千年史』（初版）抄、高橋貞樹著『特殊部落史』（改訂
版）抄、高橋貞樹著『特殊部落史』（第3版）抄/栗須七郎著『水平の行
者』抄/平野小剱著『武州長瀬騒動』/「水平新聞」第10号（大正15年9
月1日）/三好伊平次著『同和問題の歴史的研究』抄/森清一著『武州鼻

緒騒動秘史」抄/「武州鼻緒騒動」関係資料修正補遺編の編集について「解放研究 ： 東日本部落解放研究所紀要」 東日本部落解放研究所, 解放書店（発売） （25） 2012.1

二ツ宮

二ツ宮の島戸川（伊藤勇）「むかしの馬宮」 馬宮郷土史同好会 （27） 2008.2

引っ越して来た頃の二ツ宮（吉田美津子）「むかしの馬宮」 馬宮郷土史同好会 （29） 2010.2

二ツ宮 郷土史魅せられて（藤田信一）「むかしの馬宮」 馬宮郷土史同好会 （31） 2012.3

淵江

淵江のこと（高橋操）「草加市史協年報」 草加市史編さん協力会 22 2003.3

不動道

今はなき不動道 越谷市内の不動道の道標（加藤幸一）「越谷市郷土研究会会報 ： 古志賀谷」 越谷市郷土研究会 （14） 2007.11

舟山

私論二題 発度郷の語源と郷域を考える/安行の製鉄所設定と舟山があったから（永嶌剛次郎）「川口史林 ： 川口市郷土史会々誌」 川口市郷土史会 （73） 2008.3

平林寺

野火止物がたり(10) 平林寺のお宝探し（近内信輝）「郷土研だより」 東村山郷土研究会 （373） 2011.6

平和橋

葛西用水に架かる平和橋（旧称・瓦曽根橋）（高崎力）「越谷市郷土研究会会報 ： 古志賀谷」 越谷市郷土研究会 （16） 2011.12

別府城

続 別府城恋うるの記（岡田菊江）「熊谷市郷土文化誌」 熊谷市郷土文化会 （67） 2011.11

別府沼

熊谷地方の食文化―別府沼の恵み（平井加余子）「熊谷市郷土文化誌」 熊谷市郷土文化会 （65） 2009.11

坊主山

都県界尾根坊主山に掛小屋があった頃の話（藤本一美）「奥武蔵」 奥武蔵研究会 （399） 2014.9

星川

星川のあれこれ（小池幹衛）「熊谷市郷土文化誌」 熊谷市郷土文化会 （64） 2008.11

堀津郷

古代の堀津郷とその後について（浅古倉政）「草加市史協年報」 草加市史編さん協力会 22 2003.3

保村

早生米「保村早稲」について（岡田利久）「よしかわ文化」 吉川市郷土史会 （23） 2008.3

堀之内

我が郷土堀之内と成田氏について（紹介・随筆・思い出・短歌等）（並木茂）「熊谷市郷土文化誌」 熊谷市郷土文化会 （69） 2013.11

本庄

ふるさとの歴史・本庄（柴崎起三雄）「群馬歴史散歩」 群馬歴史散歩の会 191 2005.10

「大字誌」の限界と地域史編纂―中近世の本庄地域の「主体」をめぐって（特集I 地域の歴史性・重層性と市民主体のまちづくり―新たな共同性を求めて）（大国正美）「Link ： 地域・大学・文化」 神戸大学大学院人文学研究科地域連携センター 5 2013.11

本庄市

《特集 本庄市》「群馬歴史散歩」 群馬歴史散歩の会 191 2005.10

本庄の指定文化財（本庄市教育委員会）「群馬歴史散歩」 群馬歴史散歩の会 191 2005.10

本庄市内（埼玉県）史跡探訪（柴崎起三雄）「群馬歴史散歩」 群馬歴史散歩の会 （195） 2006.7

本庄宿

中山道本庄宿戸谷（中屋半兵衛）家所蔵の俳諧一枚摺（兼子順）「文書館紀要」 埼玉県立文書館 （27） 2014.3

本荘

本荘地区内の中山道 あれこれ（角竹弘）「中山道加納宿 ： 中山道加納宿文化保存会会誌」 中山道加納宿文化保存会 （58） 2011.10

間久里

間久里（酒井達男）「越谷市郷土研究会会報 ： 古志賀谷」 越谷市郷土研究会 （12） 2003.8

増林河岸

増林河岸の跡（鈴木進志）「越谷市郷土研究会会報 ： 古志賀谷」 越谷市郷土研究会 （14） 2007.11

増林村

武蔵国増林村の変遷（山本泰秀）「越谷市郷土研究会会報 ： 古志賀谷」 越谷市郷土研究会 （12） 2003.8

増田館

増田館の再検討（佐藤旺）「中世城郭研究」 中世城郭研究会 （20） 2006.7

松野氏館

片柳御蔵松野氏館について（河田捷一）「大宮の郷土史」 大宮郷土史研究会 （30） 2011.3

松伏溜井

大吉村の香取神社と松伏溜井図（鈴木進志）「越谷市郷土研究会会報 ： 古志賀谷」 越谷市郷土研究会 （15） 2009.7

松山

史話 五本榎合戦と河原松山（石島徹山）「熊谷市郷土文化誌」 熊谷市郷土文化会 （60） 2005.12

松山城

史跡「比企城館跡群 菅谷館跡 松山城跡 杉山城跡 小倉城跡」の指定（県生涯学習文化財課）「埼玉文化財だより ： 埼玉県文化財保護協会時報」 埼玉県文化財保護協会 （104） 2008.3

奥武蔵中世の城跡を歩く (11) 番外編(2) 松山城（山行報告）（飯塚孝雄）「奥武蔵」 奥武蔵研究会 （382） 2011.11

第627回 吉見百穴・松山城跡見学「埼玉史談」 埼玉県郷土文化会 58（4）通号308 2012.1

口絵写真解説 武州松山古城図（山田吉令模写）（大圓口承）「埼玉史談」 埼玉県郷土文化会 61（1）通号317 2014.5

松山本郷

第409回例会 後北条領国の宿と市―霞間・根岸と松山本郷の事例より（例会報告要旨）（山下智也）「戦国史研究」 戦国史研究会, 吉川弘文館（発売）（68） 2014.8

馬宮

広大尽の家・絡繰り屋敷・覚蔵院（郷土資料の紹介）（森雄蔵）「むかしの馬宮」 馬宮郷土史同好会 （27） 2008.2

馬宮村

馬宮村の今昔 顧問・中島貞雄蔵（郷土資料の紹介）「むかしの馬宮」 馬宮郷土史同好会 （28） 2009.2

万寿屋

聞き書き 町村合併と越谷町の大呉服店「万寿屋」の話 会田礼三氏「越谷市郷土研究会会報 ： 古志賀谷」 越谷市郷土研究会 （17） 2014.3

三ヶ尻村

明和8年の三ヶ尻村の節約申合議定（松岡淳一）「熊谷市郷土文化誌」 熊谷市郷土文化会 55 2000.10

三郷

三郷の商い―菓子卸の移り変わり（永富正幸）「葦のみち ： 三郷市史研究」 三郷市 12 2000.3

みさとの古文書 近領随一の地窪の村（小暮正利）「葦のみち ： 三郷市史研究」 三郷市 12 2000.3

歴史講座（みさとの古文書）近年村がら悪しく相成り（小暮正利）「葦のみち ： 三郷市史研究」 三郷市 13 2001.3

歴史講座（みさとの古文書）欠落人の帰村（小暮正利）「葦のみち ： 三郷市史研究」 三郷市 14 2002.3

旧利根川流域の水運―三郷地方の河関の特色（遠藤忠）「葦のみち ： 三郷市史研究」 三郷市 （15） 2003.3

三郷雑感（水野嘉雄）「葦のみち ： 三郷市史研究」 三郷市 （15） 2003.3

みさとの古文書 文政11年の水害の後で（小暮正利）「葦のみち ： 三郷市史研究」 三郷市 （15） 2003.3

みさとの古文書 川船調査と商品流通（出口宏幸）「葦のみち ： 三郷市史研究」 三郷市 （16） 2004.3

三郷の力石の調査（昼間喜博）「葦のみち ： 三郷市史研究」 三郷市 （18） 2006.3

三郷の井戸職人―上総掘りを聞く（田中留五郎）「葦のみち ： 三郷市史研究」 三郷市 （18） 2006.3

戦後の三郷と車の推移（鈴木由蔵）「葦のみち ： 三郷市史研究」 三郷市 （19） 2007.3

三郷の力石余話（昼間喜博）「葦のみち ： 三郷市史研究」 三郷市 （19） 2007.3

みさとの古文書 飲めや謡えや、寛政の頃（小暮正利）「葦のみち ： 三郷市史研究」 三郷市 （19） 2007.3

埼玉県の蚕糸絹業と三郷の養蚕（近達也）「葦のみち ： 三郷市史研究」

三郷市　（19）2007.3

三郷の俳諧（内野勝裕）「葦のみち : 三郷市史研究」　三郷市　（20）2008.3

座談会 三郷の消防団（高橋雄行，島田博司，宇田川桂司，岡庭丈夫，石山豊光，中野達哉，中村豊，齋藤義治）「葦のみち : 三郷市史研究」　三郷市　（22）2011.3

関所番士と三郷周辺の村役人の縁戚関係について―栗橋関所番士の史料から（市史研究レポート）（実松幸男）「葦のみち : 三郷市史研究」　三郷市　（23）2012.3

三郷市市制施行40周年記念「三郷のあゆみ写真展―写真で見る三郷の今昔―」「葦のみち : 三郷市史研究」　三郷市　（24）2013.3

和算と三郷（および近辺）の算額（歴史民俗講座）（米山徹）「葦のみち : 三郷市史研究」　三郷市　（24）2013.3

座談会 三郷の図書館のあゆみ―移動図書館から図書館開館へ 加藤敬広/小林典枝/斎藤明代/齊藤博文/内藤喜久男/福地ますみ氏（中野達哉，中村和代，馬場郁夫，関根弥生，福田孝子）「葦のみち : 三郷市史研究」　三郷市，三郷市教育委員会　（25）2014.3

明治初期三郷の小学校運営に関する一考察（市史研究レポート）（夏目琢史）「葦のみち : 三郷市史研究」　三郷市，三郷市教育委員会　（25）2014.3

三郷市の昔話と二郷半領稲作文化五ヶ条（市民の歴史広場）（鈴木由蔵）「葦のみち : 三郷市史研究」　三郷市，三郷市教育委員会　（25）2014.3

三郷市

市制施行30周年記念 「写真で見る三郷市の三十年」展/市制施行30周年記念 「写真で見る三郷市の三十年」展を開催して「葦のみち : 三郷市史研究」　三郷市　（15）2003.3

水害の記憶―昭和22年カスリン台風（山澤西一）「葦のみち : 三郷市史研究」　三郷市　（15）2003.3

近世前期一国郷帳の研究―正保郷帳を中心に（和泉清司）「葦のみち : 三郷市史研究」　三郷市　（17）2005.3

歴史民俗講座 文政11年の水害と幕府への訴願（中野達哉）「葦のみち : 三郷市史研究」　三郷市　（20）2008.3

三郷中央駅

つくばエクスプレス三郷中央駅の開業（黒川怜）「葦のみち : 三郷市史研究」　三郷市　（19）2007.3

座談会「三郷中央駅周辺の移り変わりとこれから」「葦のみち : 三郷市史研究」　三郷市　（24）2013.3

三郷村

三郷村から町へ、そして市へ―榎本賢隆氏（早稲田在住）に聞く（武石朋子）「葦のみち : 三郷市史研究」　三郷市　（16）2004.3

三島村

座談会 旧三島村を語る―水との闘い（羽田正信，横田恵司，濱野静夫，浅野嘉男，小島功）「町史研究伊奈の歴史」　伊奈町　9　2005.3

三尻

明治初期の小学校―熊谷市西部（三尻・久保島・大麻生）地区を中心に（1），（2）（新井常雄）「熊谷市郷土文化会誌」　熊谷市郷土文化会　（66）/（67）2010.11/2011.11

御岳山

御嶽山 いまむかし―北武蔵の山城跡探訪（町田尚夫）「奥武蔵」　奥武蔵研究会　通号348　2006.3

表紙写真説明（宗岡御嶽山）「郷土志木」　志木市郷土史研究会　（39）2010.10

三ツ木城

三ツ木城址をめぐって（池田光雄）「中世城郭研究」　中世城郭研究会　（19）2005.7

三俣

三俣の地番の混乱から歴史を学ぶ（宮内裕）「埼玉史談」　埼玉県郷土文化会　49（4）通号272　2003.1

三和町

太平洋戦争中に造られた住宅団地三和町（潮地ルミ）「蕨市立歴史民俗資料館紀要」　蕨市立歴史民俗資料館　（8）2011.3

住宅営団による住宅設計と三和町住宅の実際（高松敬）「蕨市立歴史民俗資料館紀要」　蕨市立歴史民俗資料館　（9）2012.3

旧三和町住宅地の持続性と住まいの変化に関する一考察（在塚礼子）「蕨市立歴史民俗資料館紀要」　蕨市立歴史民俗資料館　（10）2013.3

緑区

緑区の建造物2件文化財指定「緑の歴史」　さいたま市緑区歴史の会　（3）2008.1

力石の話―緑区を中心に「緑の歴史」　さいたま市緑区歴史の会　（3）2008.1

座談会 緑区の今昔を語る「緑の歴史」　さいたま市緑区歴史の会　（3）2008.1

史蹟を訪ねて（4）さいたま市緑区と北区へ（猪瀬尚志）「板橋史談」　板橋史談会　（245）2008.3

谷戸、谷、谷津、入（滝沢昌久）「緑の歴史」　さいたま市緑区歴史の会　（7）2012.1

引又道を走る（4）さいたま市中央区、北区、西区、大宮区、緑区（井上國夫）「郷土志木」　志木市郷土史研究会　（43）2014.10

南区

引又道を走る（4）さいたま市浦和区、桜区、南区の引又道（井上國夫）「郷土志木」　志木市郷土史研究会　（42）2013.11

市内文化財巡り報告（桜区、南区とその周辺）（青木義脩）「うらわ文化」　浦和郷土文化会　（119）2014.1

南埼玉郡

所得調査委員の異議申し立て運動から見た日露戦後地方名望家層―埼玉県南埼玉郡を中心に（地域研究発表大会要旨）（中西啓太）「埼玉地方史」　埼玉県地方史研究会　（66）2012.11

南比企窯跡群

南比企窯跡群の保存と活用（鳩山町教育委員会）「埼玉文化財だより : 埼玉県文化財保護協会時報」　埼玉県文化財保護協会　（119）2013.3

見沼

特別展関連講座「見沼の開発史」を開催しました「あかんさす : さいたま市立浦和博物館館報」　さいたま市立浦和博物館　39（2）通号101　2011.3

見沼地域史研究への視点―見沼に蓮を作らない話を端緒として（宇田哲雄）「緑の歴史」　さいたま市緑区歴史の会　（6）2011.3

見沼領の初期史料について（川岸良晴）「緑の歴史」　さいたま市緑区歴史の会　（8）2013.2

飯沼・見沼・紫雲寺潟―井澤為永の東国三大新田開発（青木義脩）「うらわ文化」　浦和郷土文化会　（121）2014.9

見沼通船水

見沼通船水の一考察―通船堀を事例として（木龍克己）「浦和市史研究」　浦和市総務部　16　2001.3

見沼通船堀

日本近世の閘門式運河現地調査報告（野尻靖）「さいたま市博物館研究紀要」　さいたま市立博物館　3　2004.3

浦和博物館にある見沼通船の関連資料（澤柳秀実）「尾間木史跡保存会報」　さいたま市尾間木史跡保存会　（12）2008.3

大原中学校1年生の意見 見沼通船堀と井沢弥惣兵衛について「尾間木史跡保存会報」　さいたま市尾間木史跡保存会　（12）2008.3

尾間木小学校所蔵見沼通船堀模型/通船堀閘門開閉実演の日に舟歌披露「尾間木史跡保存会報」　さいたま市尾間木史跡保存会　（12）2008.3

見沼通船堀と閘門（岡野守）「奥武蔵」　奥武蔵研究会　通号364　2008.11

簑山

三遷した「簑山」二等三角点（町田尚夫）「奥武蔵」　奥武蔵研究会　通号368　2009.7

宮ケ谷戸

所沢で地名類型を考える 地の神と地名「宮ケ谷戸」論考（後藤光）「練馬区地名研究会会報」　練馬区地名研究会　（102）2013.2

宮道

宮道―回想（自分史で語る鳩ヶ谷現代史）（嶋田文子）「郷土はとがや : 鳩ケ谷郷土史会会報」　鳩ケ谷郷土史会　（62）2008.11

三芳野

収蔵庫のニューフェース 武蔵三芳野名勝図会（写本）「あるむぜお : 府中市郷土の森博物館だより」　府中文化振興財団府中市郷土の森博物館　（83）2008.3

武蔵野炭鉱

シリーズ日本の炭鉱（3）武蔵野炭鉱探訪（朝島和美）「田川市石炭・歴史博物館だより」　田川市石炭・歴史博物館　（37）2012.8

宗岡

大発見宗岡の古文書（尾崎征男）「郷土志木」　志木市郷土史研究会　（37）2008.11

室山城

山行報告 奥武蔵中世の城跡を歩く（24）秩父編（19）室山城・根岸城（山行報告）（飯塚孝雄）「奥武蔵」　奥武蔵研究会　（389）2013.1

妻沼

妻沼地方の利根川水車船について（大山雄三）「埼玉史談」　埼玉県郷土文化会　52（1）通号281　2005.4

熊谷市妻沼（旧妻沼町）の歴史―利根川右岸妻沼低地の人の歩み（《特集 旧妻沼町（埼玉県熊谷市）》）（大山雄三）「群馬歴史散歩」　群馬歴史散歩の会　（195）2006.7

今こそ―妻沼―発信（鶴田幸子）「熊谷市郷土文化会誌」　熊谷市郷土文化

会　(67)　2011.11

中世の妻沼地域について（特集 北武蔵地域の史的諸問題─問題提起）（蛭間健悟）「埼玉地方史」　埼玉県地方史研究会　(70)　2014.10

妻沼滑空場

巻頭写真 大正元年(1912)竹井澄如の葬列写真／中条氏関連遺跡遺物、原田覚一郎家（妻沼滑空場関係等）文書／男沼飛田佳洲家文書、絵葉書 第一回県下美術作家展覧会「熊谷市史研究」　熊谷市教育委員会　(5)　2013.3

寄贈文書の紹介 男沼飛田佳洲家文書について／原田覚一郎家（妻沼滑空場関係等）文書について「熊谷市史研究」　熊谷市教育委員会　(5)　2013.3

妻沼聖天山

妻沼聖天山所蔵金工品調査（調査報告）（加島勝）「熊谷市史研究」　熊谷市教育委員会　(6)　2014.3

妻沼低地

妻沼低地・荒川低地の水稲農耕と生活環境思考の変遷（岩田明広）「埼玉県立史跡の博物館紀要」　埼玉県立さきたま史跡の博物館，埼玉県立嵐山史跡の博物館　(7)　2013.3

妻沼村

〔資料紹介〕 妻沼村五人組帳（奥田豊）「埼玉県談」　埼玉県郷土文化会　50(1)通号273　2003.4

群馬と埼玉の懸け橋 利根川通妻沼村地先船橋架橋（《特集 旧妻沼町（埼玉県熊谷市）》）（青木久夫）「群馬歴史散歩」　群馬歴史散歩の会　(195)　2006.7

持田村

持田村地券証書換願書綴（奥田豊）「埼玉地方史」　埼玉県地方史研究会　(52)　2004.5

元荒川

越谷市内を流れる元荒川は元・利根川だった（秦野秀明）「越谷市郷土研究会会報 ： 古志賀谷」　越谷市郷土研究会　(15)　2009.7

元荒川の女（牛山敏）「岩槻史林」　岩槻地方史研究会　(39)　2012.7

元栗橋

新利根川の渡河点に作られた新しい宿場町─栗橋町と元栗橋を訪ね河川のかかわりを見る（巡検報告）（齋藤庸夫）「埼玉地理」　埼玉地理学会　(32・33)　2009.7

本太村

「おかげ参り」の接待を記録した本太村の農民（重田正夫）「うらわ文化」　浦和郷土文化会　(119)　2014.1

毛呂

毛呂周辺の算額（山口正義）「あゆみ」　毛呂山郷土史研究会　(35)　2012.2

毛呂にもいた彰義隊士（内野勝裕）「あゆみ」　毛呂山郷土史研究会　(38)　2014.3

毛呂市

毛呂市がいい（内野勝裕）「あゆみ」　毛呂山郷土史研究会　28　2002.4

毛呂山

続・宿谷氏の賦（山口満）「あゆみ」　毛呂山郷土史研究会　28　2002.4

毛呂山三滝めぐり（内野勝裕）「埼玉県談」　埼玉県郷土文化会　55(2)通号294　2002.7

毛呂山から江戸時代武士の生活を考える（佐牟田梅山）「あゆみ」　毛呂山郷土史研究会　(33)　2009.4

町風土・里模様・人模様（伊藤和由）「あゆみ」　毛呂山郷土史研究会　(33)　2009.4

毛呂山町

毛呂山町古老の想い出話（岡野恵二）「あゆみ」　毛呂山郷土史研究会　(29)　2003.4

毛呂山町「新しき村」にて（岡田博）「郷土はとがや ： 鳩ケ谷郷土史会会報」　鳩ケ谷郷土史会　(56)　2005.11

毛呂山町と新しき村（小島真樹）「あゆみ」　毛呂山郷土史研究会　(33)　2009.4

毛呂山町の柚子 柚子発祥の地・毛呂山（小室健二）「あゆみ」　毛呂山郷土史研究会　(34)　2010.5

百間

だるま石と「百間出争論」（研究ノート）（黒須茂）「熊谷市史研究」　熊谷市教育委員会　(4)　2012.3

谷井田

座談会 谷井田で生まれ育った思い出（間宮茂治，鈴木保男，野田正男，海老原八重子）「町史研究伊奈の歴史」　伊奈町　8　2004.3

谷井田小学校

〈わたしの記録特集「谷井田小学校の思い出」〉「町史研究伊奈の歴史」

伊奈町　8　2004.3

飯盒炊飯とレクリエーション─PTA活動の思い出（安達一哲）「町史研究伊奈の歴史」　伊奈町　8　2004.3

校長先生の白い手袋（小川浩三）「町史研究伊奈の歴史」　伊奈町　8　2004.3

谷井田小学校行事の思い出（篠塚皓男）「町史研究伊奈の歴史」　伊奈町　8　2004.3

思い出の母校（宮本光忠）「町史研究伊奈の歴史」　伊奈町　8　2004.3

懐かしい母校（山中光江）「町史研究伊奈の歴史」　伊奈町　8　2004.3

八重垣

大宮公園の回転飛行塔と高級料亭萬松楼・八重垣（沼田尚道）「大宮の郷土史」　大宮郷土史研究会　(32)　2013.3

矢颪村

寛文八年検地と矢颪村の成立（尾崎泰弘）「飯能市郷土館研究紀要」　飯能市郷土館　(5)　2010.3

焼米坂

焼米坂を木炭自動車が登った頃（一ノ瀬昌純）「うらわ文化」　浦和郷土文化会　(117)　2013.3

八木郷村

座談会 八木郷村の野瀬工場（市民・元市史編集委員）「葦のみち ： 三郷市史研究」　三郷市　(20)　2008.3

矢古宇郷

大河土御厨足立の比定地と矢古宇郷（長嶌剛次郎）「川口史林 ： 川口市郷土史会々誌」　川口市郷土史会　(71)　2006.3

八潮市

埼玉県八潮市における地名保存運動（歴史随想）（藤方博之）「千葉史学」　千葉歴史学会　(61)　2012.11

谷下

谷下地区及び柏崎地区の屋号（内田秀太郎）「岩槻史林」　岩槻地方史研究会　(30)　2003.5

安戸城

奥武蔵中世の城跡を歩く(28) 秩父編(23) 安戸城（山行報告）（飯塚孝雄）「奥武蔵」　奥武蔵研究会　(391)　2013.5

安松街道

旧安松街道（大井芳文）「郷土研だより」　東村山郷土研究会　(410)　2014.7

矢岳

矢岳二題（湊祐二郎）「奥武蔵」　奥武蔵研究会　通号373　2010.5

八街区

座談会 みさと団地八街区と町内会活動（菅原惠，高山充，中山健次，中野達哉，齊藤義治，弓張道夫，西尾信一郎）「葦のみち ： 三郷市史研究」　三郷市　(23)　2012.3

八基村

アチックミュージアムが目指したもう一つのコレクション─旧八基村収集資料と『蒐集物目安』、『民具蒐集調査要目』（内田幸彦）「紀要」　埼玉県立歴史と民俗の博物館　(8)　2014.3

宿屋村

鎌倉御家人宿屋氏の歴史─宿屋村と宿屋（屋戸野）入道をめぐって（内野勝裕）「埼玉県談」　埼玉県郷土文化会　55(4)通号296　2009.1

柳瀬川

講演会報告「遺跡から見た柳瀬川流域の歴史」─所沢市域を中心として（藤沢修）「郷土研だより」　東村山郷土研究会　(387)　2012.8

調査研究報告 柳瀬川とその周辺の歴史と現状を調べる (5) 柏の城コース 柳瀬川・新河岸川合流点（岡部志げ乃）「郷土研だより」　東村山郷土研究会　(389)　2012.10

柳瀬川橋梁

志木市の近代化遺産 柳瀬川橋梁をめぐって（吉安耕一）「郷土志木」　志木市郷土史研究会　(39)　2010.10

矢納発電所

口絵写真解説 矢納発電所跡（神川町矢納）「埼玉県談」　埼玉県郷土文化会　58(2)通号306　2011.7

山口城

山口城跡（児泉城）（所沢市山口1517）（大井芳文）「郷土研だより」　東村山郷土研究会　(384)　2012.5

山口貯水池

洋風建築への誘い(27) 山口貯水池（狭山湖）の迎賓館（伊藤龍也）「多摩のあゆみ」　たましん地域文化財団　(138)　2010.5

「山口貯水池」（狭山湖）（所沢市勝楽寺・上山口 入間市宮寺）（大井芳文）「郷土研だより」　東村山郷土研究会　(401)　2013.10

関東　　　　　　　　　　　　　　地名でたどる郷土の歴史　　　　　　　　　　　　　　埼玉県

山田城
続編・奥武蔵中世の城跡を歩く（9）羽尾城・山田城・泉福寺館（山行報告）（小泉重光）「奥武蔵」　奥武蔵研究会　（396）2014.3

谷和原村
特別インタビュー谷和原村の村史編纂事業について　元村史編纂担当　石塚英明氏「町史研究伊奈の歴史」　伊奈町　9　2005.3

豊村
座談会 旧豊村を語る（井土正義，幸田武平，渋谷俊子，細田覚，堀越榮一，吉葉さかい）「町史研究伊奈の歴史」　伊奈町　7　2003.3

要害山城
奥武蔵中世の城跡を歩く（26）秩父編（21）要害山城・天神山城（山行報告）（飯塚孝雄）「奥武蔵」　奥武蔵研究会　（389）2013.1

要害城
奥武蔵中世の城跡を歩く（18）秩父編（15）三山要害城（山行報告）（飯塚孝雄）「奥武蔵」　奥武蔵研究会　（386）2012.7

用土城
続編・奥武蔵中世の城跡を歩く（2）用土城・桜沢砦・猪俣城（山行報告）（藤本一美，町田尚夫）「奥武蔵」　奥武蔵研究会　（392）2013.7

余計堀
余計堀（榎本文岳）「熊谷市郷土文化会誌」　熊谷市郷土文化会　（57）2002.11

横手
飯能戦争余話（2）「横手の三義人頌徳記」に往事を偲ぶ（町田尚夫）「奥武蔵」　奥武蔵研究会　通号355　2007.5

横堀村
市史研究レポート 武州二郷半領の村々と虚無僧―横堀村・駒形村を中心に（小田真裕）「葦のみち : 三郷市史研究」　三郷市　（24）2013.3

吉川
本土寺大過去帳に見る吉川の合戦について（金井克之）「東葛流山研究」　流山市立博物館友の会事務局，崙書房出版（発売）（23）2005.3
吉川の道しるべ（小林秀一）「よしかわ文化」　吉川市郷土史会　（23）2008.3

吉川市
市域の用悪水路 水路の成立と変遷（土肥正明）「よしかわ文化」　吉川市郷土史会　（24）2009.3
よしかわの道しるべ 路傍の石（小林秀一）「よしかわ文化」　吉川市郷土史会　（24）2009.3
中近世移行期の戸張氏―市域の在地領主層の動向と変遷（続）徳川家康の関東入部と市域の領主支配の展開（高梨真行）「吉川市市史編さんだより」　吉川市教育委員会　（16）2009.11

吉見百穴
第627回 吉見百穴・松山城跡見学「埼玉史談」　埼玉県郷土文化会　58（4）通号308　2012.1
平成24年度秋の史跡巡り 吉見百穴とコロポックル伝説（玉利勝範）「郷土史」　八王子市川口郷土史研究会　（34）2013.2

四津山城
続編・奥武蔵中世の城跡を歩く（4）高谷砦・四津山城・奈良梨館（山行報告）（小泉重光）「奥武蔵」　奥武蔵研究会　（394）2013.11

嵐山町
嵐山町の名所を巡る（染谷鷹治）「奥武蔵」　奥武蔵研究会　通号366　2009.3

陸軍予科士官学校
4月7日の空襲で戦死者12名―朝霞の陸軍予科士官学校（現・自衛隊駐屯地）での体験（安達祝伍）「戦争のきずあと・むさしの」　武蔵野の空襲と戦争遺跡を記録する会　（17）2005.7

竜ヶ谷城
奥武蔵中世の城館を歩く（5）竜ヶ谷城（山行報告）（飯塚孝雄）「奥武蔵」　奥武蔵研究会　（379）2011.5
奥武蔵中世の城館を歩く 秩父編（7）久長竜ヶ谷城（山行報告）（飯塚孝雄）「奥武蔵」　奥武蔵研究会　（380）2011.7

両神山
両神山へ古のルートから（吉田美知子）「奥武蔵」　奥武蔵研究会　（394）2013.11

両谷城
奥武蔵中世の城跡を歩く（16）秩父編（13）長留両谷城（山行報告）（飯塚孝雄）「奥武蔵」　奥武蔵研究会　（385）2012.5

領家村
プラザの領家村（武田敏文）「むかしの馬宮」　馬宮郷土史同好会　（27）2008.2

六堰用水
秋の講演会「大里用水（六堰用水）の変遷・水論」（榎本文岳）「熊谷市郷土文化会誌」　熊谷市郷土文化会　（61）2006.12

和光市
引又道を走る（2）和光市の引又道（井上國夫）「郷土志木」　志木市郷土史研究会　（40）2011.10

和土小学校
和土小学校校史（岩上孔昭）「岩槻史林」　岩槻地方史研究会　（30）2003.5

和名村
旦那場の場境争論について―武蔵国和名村の事例から（月例会報告要旨）（吉田梨奈）「関東近世史研究」　関東近世史研究会　（72）2012.10

蕨
蕨・川口の今昔（巡検報告）（潮地ルミ，元木靖）「埼玉地理」　埼玉地理学会　28　2004.7
蕨地域の俳諧―美濃派の活動を中心に（佐々悦久）「蕨市立歴史民俗資料館紀要」　蕨市立歴史民俗資料館　（5）2008.3
蕨「シャンクレール」覚書（川島浩）「蕨市立歴史民俗資料館紀要」　蕨市立歴史民俗資料館　（7）2010.3
蕨における奉安室と奉安殿の変遷（高松敬）「蕨市立歴史民俗資料館紀要」　蕨市立歴史民俗資料館　（10）2013.3

蕨市
引又道を走る（3）蕨市・戸田市の引又道（井上國夫）「郷土志木」　志木市郷土史研究会　（41）2012.11

蕨宿
第270回史跡研究会中山道蕨宿を訪ねる（石川光威）「北区史を考える会会報」　北区史を考える会　（77）2005.8
史料紹介 文政四年五月『順見覚書 蕨宿地内明細附』、天保三年三月『宿内諸商売人取調控』、明治四年正月『役用向日誌』「蕨市立歴史民俗資料館紀要」　蕨市立歴史民俗資料館　（9）2012.3

蕨城
蕨城と渋川氏（沼口信一）「埼玉史談」　埼玉県郷土文化会　53（4）通号288　2007.1

蕨町
座談会 昭和10年3月『蕨町の歴史を語る坐談会』「蕨市立歴史民俗資料館紀要」　蕨市立歴史民俗資料館　（8）2011.3

千葉県

会津藩房総分領

会津藩の分領支配—房総分領を中心に（新田美香）「千葉県史研究」 千葉県史料研究財団 11（別冊1）2003.3

相浜

古地図が語る地形と集落の変化—漁師町相浜の場合（岡田晃司）「ミュージアム発見伝 ： 館山市立博物館館報」 館山市立博物館 68 2001.7

粟生

海路をめぐる“風流と経済”(3)—九十九里粟生村網主・干鰯問屋文人「瀾陵」飯高惣兵衛の場合（杉仁）「在村文化研究」 在村文化研究会 (14) 2003.4

海路をめぐる“風流と経済”(4)—九十九里粟生飯高家 当主代々の呼称統一と略系図再考（杉仁）「在村文化研究」 在村文化研究会 (15) 2003.6

青堀

青堀・人見浦での木簎から竹簎への年代と民俗（川名興）「東京湾学会誌 ： 東京湾の水土」 東京湾学会 2(6)通号12 2008.3

青山台

我孫子の新開地物語 湖北台・布佐平和台・柴崎台・青山台・つくし野・新木野（楽しい東葛地名辞典）「東葛流山研究」 流山市立博物館友の会事務局，崙書房出版（発売）(30) 2012.3

あかね町

寄稿3 あかね町界隈（西義則）「かしわの歴史 ： 柏市史研究」 柏市史編さん委員会 (1) 2012.3

赤山地下壕

各地の戦跡保存活動の紹介(36) 館山市赤山地下壕（十菱駿武）「浅川地下壕の保存をすすめる会ニュース」 浅川地下壕の保存をすすめる会 40 2004.6

秋元城

“天空の要害” 秋元城跡「きみさらづ ： 財団法人君津郡市文化財センター広報誌」 君津郡市文化財センター 20 2002.2

明津川

昭和19年の勤労奉仕 江川（明津川）の改修（体験談）（武田孝一，杉田栄子）「成田市史研究」 成田市教育委員会 通号30 2006.3

朝夷

元順号の遭難と朝夷の村人たち（郷土研究）（佐野邦雄）「館山と文化財 ： 会報」 館山市文化財保護協会 (47) 2014.4

朝夷小学校

朝夷小学校最初の校長先生（河野蕗子）「ふるさとちくら」 南房総市教育委員会 (24) 2007.3

旭市

震災リポート 九十九里浜東端の街（越川栄一郎）「利根川文化研究」 利根川文化研究会 (35) 2011.12

調査報告 旭市ニ（旧下総国匝瑳郡太田村）加瀬一家文書（小田真裕）「紙魚之友」 房総史料調査会 (33) 2014.12

朝平南郷

朝平南郷海岸線の歴史的変遷（佐藤明正）「ふるさとちくら」 南房総市教育委員会 (21) 2004.3

芦刈町

芦刈町の千葉の殿さま（東統禅）「小城の歴史」 小城郷土史研究会 (64) 2011.11

安食村

水戸藩国産鮮荷物の継送をめぐる紛争—安食村文内について（研究ノート）（今井康之）「印西の歴史」 印西市教育委員会 (5) 2010.3

東屋旅館

東屋旅館に滞在した海軍兵の成田の思い出（体験談）（山崎英夫，山本佗介，川辺春光）「成田市史研究」 成田市教育委員会 通号30 2006.3

畔田台

畔田台地区開拓60年の変遷（斉藤正幸，田中勝次，本多恒雄，内貴英夫，広田安夫，岡田清三郎）「四街道の歴史 ： 市史研究誌」 四街道市教育委員会 (4) 2006.3

阿蘇

八千代市の「阿蘇」地名と製鉄遺跡との関連（特集 旧村上村・旧下市場

村の総合研究II—むかしの村上を探る）（佐久間弘文）「史談八千代 ： 八千代市郷土歴史研究会機関誌」 八千代市郷土歴史研究会 (38) 2013.11

我孫子

史跡文学散歩（峰岸志津江）「あびこだより」 我孫子の文化を守る会 (13) 2002.4

我孫子のむかしばなし(17),(18)—昭和4・5年頃の我孫子(1),(2)（小熊勝夫）「我孫子の文化を守る会会報」 我孫子の文化を守る会 (95)／(96) 2002.4/2002.7

我孫子の新開地物語 湖北台・布佐平和台・柴崎台・青山台・つくし野・新木野（楽しい東葛地名辞典）「東葛流山研究」 流山市立博物館友の会事務局，崙書房出版（発売）(30) 2012.3

我孫子市

我孫子市 青山/我孫子/新木/都部/江蔵地/岡発戸/高野山/寿/湖北/栄/下ヶ戸/楚人冠公園/天王台/中里/中峠/根戸/白山/布佐/古利根沼（楽しい東葛地名辞典）「東葛流山研究」 流山市立博物館友の会事務局，崙書房出版（発売）(30) 2012.3

井上家文書研究部会 質地証文(1)（清水紀夫）「我孫子市史研究センター会報」 我孫子市史研究センター (141) 2013.11

井上基家文書の研究 質地証文(2),(3)（清水紀夫）「我孫子市史研究センター会報」 我孫子市史研究センター (142)／(143) 2013.12/2014.1

井上基家文書の研究 質地証文(4) 土地はだれのものか（清水紀夫）「我孫子市史研究センター会報」 我孫子市史研究センター (146) 2014.4

井上基家文書の研究 質地証文(5) 寄合いについて（清水紀夫）「我孫子市史研究センター会報」 我孫子市史研究センター (146) 2014.4

井上基家文書の研究 質地証文(6) 村金融について（清水紀夫）「我孫子市史研究センター会報」 我孫子市史研究センター (146) 2014.4

井上基家文書の研究 質地証文(7) 補足事項（清水紀夫）「我孫子市史研究センター会報」 我孫子市史研究センター (147) 2014.5

井上基家文書の研究 質地証文(8) (1)理由について（清水紀夫）「我孫子市史研究センター会報」 我孫子市史研究センター (147) 2014.5

井上基家文書の研究 質地証文(9) (2)質入地について（清水紀夫）「我孫子市史研究センター会報」 我孫子市史研究センター (148) 2014.6

井上基家文書の研究 質地証文(10) (3)代価について（清水紀夫）「我孫子市史研究センター会報」 我孫子市史研究センター (149) 2014.7

井上基家文書の研究 質地証文(11) (4)年季について（清水紀夫）「我孫子市史研究センター会報」 我孫子市史研究センター (151) 2014.9

井上基家文書の研究 質地証文(12) (5)・(6)年季明けの処分について（清水紀夫）「我孫子市史研究センター会報」 我孫子市史研究センター (152) 2014.10

我孫子宿

史跡探訪 我孫子宿と白樺派文人の足跡を訪ねる（新保國弘）「かつしか台地 ： 野田地方史懇話会会誌」 野田地方史懇話会 (35) 2008.3

歴史講演を聞いて 我孫子宿の『宿題』—吉田俊純先生講演「水戸街道と我孫子宿」（長谷川一）「我孫子市史研究センター会報」 我孫子市史研究センター (132) 2013.2

資料紹介2 柏村を始めとする助郷村々と我孫子宿との出入一件（髙橋美由紀）「かしわの歴史 ： 柏市史研究」 柏市史編さん委員会 (2) 2014.3

我孫子新田

字誌・我孫子新田と若松「我孫子市史研究センター会報」 我孫子市史研究センター (124) 2012.6

安布里

館野物語(3) 大網地区 (4) 安布里地区（渡邉重雄）「館山と文化財」 館山市文化財保護協会 (38) 2005.4

天井田

蘇れ三本入・天井田の谷津—染井桜宮自然公園（石橋静水）「香取民衆史」 香取歴史教育者協議会 (10) 2007.4

天沼

昭和初期天沼付近の開発について（夏見潟最後の工事）（長谷川芳夫）「史談会報」 船橋市史談会 (26) 2006.3

天沼千軒

幻の天沼千軒と善光寺について（長谷川芳夫）「史談会報」 船橋市史談会 (33) 2014.3

荒海村

幕末期、北総における年貢収取の動向と年貢皆済目録―下総国埴生郡田安領荒海村の一事例（中小路純）「千葉史学」 千葉歴史学会 （42） 2003.7

明治維新と年貢徴収―旧田安領荒海村の場合（中小路純）「千葉県の文書館」 千葉県文書館 （10） 2005.2

荒川

現存する船の部材―荒川・新河岸川水域（1）（研究ノート）（松井哲洋）「研究報告」 千葉県立関宿城博物館 （18） 2014.3

新木野

我孫子の新開地物語 湖北台・布佐平和台・柴崎台・青山台・つくし野・新木野（楽しい東葛地名辞典）「東葛流山研究」 流山市立博物館友の会事務局，崙書房出版（発売）（30） 2012.3

荒工山団地

柏近現代史の課題（2）住宅都市柏の発展―荒工山・光ヶ丘・豊四季台の三団地を中心に（小林康達）「かしわの歴史 ： 柏市史研究」 柏市史編さん委員会 （2） 2014.3

座談会 荒工山団地・光ヶ丘団地・豊四季台団地の記録―住民の皆様のお話を中心に（小林康達）「かしわの歴史 ： 柏市史研究」 柏市史編さん委員会 （2） 2014.3

安房

「安房の伝統工芸展II」（笹生衛）「安房博物館だより」 千葉県立安房博物館 77 2003.3

安房の伝統工芸（笹生衛）「安房博物館だより」 千葉県立安房博物館 78 2003.10

私部の伝領と皇居―安房・若狭・隠岐・淡路の事例を中心に（土田可奈）「佐渡・越後文化交流史研究」 新潟大学大学院現代社会文化研究科プロジェクト佐渡・越後の文化交流史研究 （4） 2004.3

鶴見川流域開拓の祖・忌部氏上陸の地「安房」（サトウマコト）「郷土つるみ」 鶴見歴史の会 （59） 2004.5

史跡探訪 続・安房里見氏の跡をもとめて（牧野光男）「郷土史研通信」 八千代市郷土歴史研究会 46 2004.5

安房の伝統工芸展I・II（笹生衛）「安房博物館だより」 千葉県立安房博物館 81 2005.3

収蔵資料展「鉄づくり今昔」（福原宣之）「安房博物館だより」 千葉県立安房博物館 81 2005.3

安房博の重文紹介コーナー（30）フナズメン（山口加奈）「安房博物館だより」 千葉県立安房博物館 81 2005.3

安房博の重文紹介コーナー（31）アバリ（山口加奈）「安房博物館だより」 千葉県立安房博物館 82 2005.10

安房・忌部の旧閏異事（佐藤輝夫）「館山と文化財」 館山市文化財保護協会 （39） 2006.4

上総・安房の古代氏族について（亀谷弘明）「千葉史学」 千葉歴史学会 （56） 2010.5

万石騒動安房三義民三百年忌を終えて（平成22年度協会記事）「館山と文化財」 館山市文化財保護協会 （44） 2011.5

江戸湾沿岸の物資流通―幕末の安房と江戸・相模（大会報告要旨―共通論題）（筑紫敏夫）「交通史研究」 交通史学会，吉川弘文館（発売） （75） 2011.9

富浦町の多田良と安房の製鉄・鍛冶伝承（郷土研究）（田村勇）「館山と文化財」 館山市文化財保護協会 （46） 2013.4

館山市文化祭参加講演会「安房の中世城郭」（平成24年度協会記事）（遠山成一）「館山と文化財」 館山市文化財保護協会 （46） 2013.4

平成25年度 特別展「安房の干鰯―いわしと暮らす、いわしでつながる―」2月1日（土）～3月16日（日）「ミュージアム発見伝 ： 館山市立博物館報」 館山市立博物館 （88） 2014.3

館山市文化祭参加講演会「海流と房文化」（平成25年度協会記事）（椎山林継）「館山と文化財 ： 会報」 館山市文化財保護協会 （47） 2014.4

安房高等女学校

安房高等女学校の戦前・戦中・戦後―『創立百年史』編纂を終えて（研究協議会の記録）（佐久間耕治）「房総史学」 国書刊行会 （50） 2010.3

安房小湊

県内学習 清澄寺と安房小湊方面（小木曽栄子）「たいわ ： 語り伝える白井の歴史 ： 白井市郷土史の会機関誌」 白井市郷土史の会 （24） 2007.4

粟野

墓塔が語る村落の歴史と文化―粟野地区の事例を中心に（小川浩）「鎌ケ谷市史研究」 鎌ケ谷市教育委員会 （16） 2003.3

安房国

岩槻藩大岡家と房総三藩―藩主大岡出雲守忠光の栄達の道と安房国（佐野邦雄）「ふるさとちくら」 南房総市教育委員会 （19） 2002.3

安房国古文書摘要と高橋正明―旧県庁舎書庫からの収集（渡辺晨）「千葉史学」 千葉歴史学会 （40） 2002.5

「安房国古文書摘要」(1)（資料紹介）（佐藤博信）「千葉県史研究」 千葉県史料研究財団 11 2003.3

『安房国古蹟並勝景図会』―解説と史料（資料紹介）（入江英弥）「千葉県史研究」 千葉県史料研究財団 11 2003.3

安房国における農民一揆(1)（佐野邦雄）「館山と文化財」 館山市文化財保護協会 （40） 2007.4

小形図紹介(10) 安房国全図（山下和正）「Collegio」 之潮 （47） 2011.12

第一章 里見氏の郷・安房国を訪ねて 平成24年12月4日（紀行文特集 房総の大地を踏みしめて 安房、先崎、江原新田、内郷―特集 房総紀行）（伊藤清）「佐倉の地名 ： 佐倉地名研究会会報」 佐倉地名研究会 （3） 2013.3

飯塚

平将門ゆかりの地 木間ヶ瀬・武者土・飯塚（楽しい東葛地名辞典）「東葛流山研究」 流山市立博物館友の会事務局，崙書房出版（発売）（30） 2012.3

飯富村

袖ケ浦地区の姓氏旧飯富村・中山家系図の考察（岩上紘）「袖ケ浦市史研究」 袖ケ浦市郷土博物館 （12） 2005.3

飯野藩

飯野藩上方領分支配とその担い手について―近世中後期を中心に（木村修二）「たからづか ： 市史研究紀要たからづか」 宝塚市教育委員会 17 2000.11

上総国飯野藩の維新改革と織本東岳（三浦茂一）「房総の郷土史」 千葉県郷土史研究連絡協議会 （34） 2006.3

飯野藩士の処分（罰）について(1)（研究論文など）（八田英之）「西上総文化会報」 西上総文化会 （74） 2014.3

池田牧遺跡

香取の歴史民俗見聞記(11) 佐原区・九美上と池田牧遺跡（島田七夫）「リヴラン佐原」 CAC企画 （395） 2008.9

石出

石出聞き語り―岩田文依氏のお話から（石出猛史）「房総の郷土史」 千葉県郷土史研究連絡協議会 （35） 2007.5

石出のばらばら松と米百俵論（平山久次）「東庄の郷土史」 東庄郷土史研究会 （24） 2008.6

石出港

岩田造船所と石出港―利根川の水運を支えて（土屋清實）「東庄の郷土史」 東庄郷土史研究会 （19） 2003.6

夷灊郡

古代の夷灊と蝦夷戦争―上総国夷灊郡の神火を中心に（論文）（河名勉）「千葉史学」 千葉歴史学会 （62） 2013.5

夷隅郡

千葉県の中教院体制と教導職の動向―上総国夷隅郡の事例にみる（三浦茂一）「勝浦市史研究」 勝浦市教育委員会 （9） 2006.3

いすみ市

いすみ市の戦争遺跡（生徒歴史研究発表大会の記録）（長生高校社会科研究部）「房総史学」 国書刊行会 （50） 2010.3

情報 いすみ市役所総務部「波の伊八伝」、「白里浜いわし文化顕彰碑」の建立（井上隆男）「研究紀要」 日本村落自治史料調査研究所 （17） 2013.6

泉水村

佐倉炭の流通と市域の四町村―千葉町、登戸村・寒川村・泉水村（土屋雅人）「千葉いまむかし」 千葉市教育委員会 （19） 2006.3

板倉

板倉中の裁判資料と朝鮮問題（歴史随想）（加藤時男）「千葉史学」 千葉歴史学会 （56） 2010.5

市川

戦国期の船橋・市川（研究協議会の記録）（滝川恒昭）「房総史学」 国書刊行会 （45） 2005.3

平成19・3・11 市川歴史文学散策（講演・卓話記録）（大木勲）「うすゐ」 臼井文化懇話会 （23） 2007.12

戦前・戦時から戦後における地域社会の「現代化」―千葉県北西部地域、市川・船橋地域の都市化・郊外化の検討（小川信雄）「千葉史学」 千葉歴史学会 （53） 2008.12

市川の石造物に現れた石工たち（小泉みち子）「市立市川歴史博物館館報」 市立市川歴史博物館 2008年度 2010.3

市川・船橋地区臨地研究会（臨地研究の記録）（加藤将，川田照夫）「房総史学」 国書刊行会 （50） 2010.3

コラム 『江戸名所図会』と市川（村田隆三）「市史研究いちかわ」 市川市文化国際部 （1） 2010.3

千葉県　　　　　　　　　　　　　　地名でたどる郷土の歴史　　　　　　　　　　　　　　関東

市川らしさを求めて（吉村武彦）「市史研究いちかわ」　市川市文化国際部
　（2）2011.3
市川市歴史博物館所蔵地図史料調査の概要（高木晋一郎）「市史研究いちか
わ」　市川市文化国際部　（2）2011.3
下総国葛飾郡鬼越村安兵衛一件―市川における商品流通の一齣（資料紹
介）（高橋伸拓）「市史研究いちかわ」　市川市文化国際部　（4）2013.3

市川局
船橋小栗原周辺地域と法典地区に市川局の電話が引かれた事情（長谷川
芳夫）「史談会報」　船橋市史談会　（29）2009.3

市川市
『市川市報』にみるアジア太平洋戦争期の市川市の小学校（動員と児童数
の増加）について（小野英夫）「市立市川歴史博物館館報」　市立市川歴
史博物館　2006年度　2008.3
市川市の近世文書（1）―行徳地区を中心に（資料紹介）（菅野洋介）「市史
研究いちかわ」　市川市文化国際部　（3）2012.3
市川市の近世文書（2）―市域用水事情を中心に（資料紹介）（菅野洋介）
「市史研究いちかわ」　市川市文化国際部　（4）2013.3
「災害伝承」を語り継ぐこと―千葉県市川市での実践から（根岸英之）「昔
話伝説研究」　昔話伝説研究会　（33）2014.3

一宮実業学校
一宮實業学校の町立移管について「房総 ： 郷土の古文書研究」　川城文
庫・藩政史研究会　（123）2009.1

一宮病院
幻の株式会社 一宮病院（川城昭一）「房総 ： 郷土の古文書研究」　川城文
庫・藩政史研究会　109　2005.10

一ノ宮本郷村
幕末の一ノ宮本郷村の変遷（川城昭一）「房総 ： 郷土の古文書研究」　川
城文庫・藩政史研究会　（115）2007.1

一宮本郷村
上総一宮本郷・東浪見村他漁業の衰退―九十九里浜の地引網を探る（川
城昭一）「房総 ： 郷土の古文書研究」　川城文庫・藩政史研究会　101
2004.1

市原
座談会「市原2000年の歴史を語る」「市原地方史研究」　市原市教育委員
会　20　2003.3
市原の古城址（小高春雄）「市原地方史研究」　市原市教育委員会　20
2003.3
いちはらと丈部―上総における丈部の動向を通して（田所真）「市原地方
史研究」　市原市教育委員会　20　2003.3
市原の製塩を探る 主として五井・金杉浜塩田の開発について（高澤恒
子）「市原地方史研究」　市原市教育委員会　20　2003.3
徳川の近世二百七十八年を支えた市原の旗本たち（山岸弘明）「上総市
原」　市原市文化財研究会　14　2003.5
市原条里に関する基礎的研究（大谷弘幸）「千葉県文化財センター研究紀
要」　千葉県文化財センター　24　2005.3

市原郡
史料紹介 慶応元年・二年野田村の御用留／山辺郡・市原郡の町村分合取
調帳「千葉いまむかし」　千葉市教育委員会　（16）2003.3
房総における同心給知支配の特質について―上総国市原郡の先手鉄砲組
同心給知を事例として（實形裕介）「千葉県史研究」　千葉県史料研究
財団　11（別冊1）2003.3
伊豆に点在していた沼津藩清水野氏領 上総（千葉県）市原郡に転封の余波
1869（明治2）年6月藩籍奉還 伊豆の村が菊間藩に「豆州歴史通信」
豆州研究社歴史通信部　（365）2006.5

市原市
市原市域内、江戸期の教育と学習（川崎喜久男）「市原地方史研究」　市原
市教育委員会　20　2003.3
市原市の歴史散歩（野口博芳）「南総郷土文化研究会誌」　南総郷土文化研
究会　通号16　2008.1
市原市で戦争中にあったこと（松永誠）「南総郷土文化研究会誌」　南総
郷土文化研究会　通号16　2008.1
市原市の道標を調べる（松浦清）「南総郷土文化研究会誌」　南総郷土文化
研究会　通号16　2008.1

稲毛沖
稲毛沖の巻網漁（高橋覚）「千葉史学」　千葉歴史学会　（43）2003.12

犬山城
入門講座 船橋郷土史（6）犬山城主・栗原藩主成瀬氏（綿貫啓一）「史談
会報」　船橋市史談会　（26）2006.3

伊能
「金沢文庫文書」にみえる伊能・堀籠（成田市史調査員だより（2））（外山
信司）「成田市史研究」　成田市教育委員会　通号33　2009.3

亥鼻
絵はがきを持って亥鼻散歩「ちば市史編さん便り」　千葉市立郷土博物
館　（8）2012.3

飯櫃村
近世後期上総国における酒造業経営と関八州拝借株―武射郡飯櫃村池田家
を中心に（高橋伸拓）「千葉県の文書館」　千葉県文書館　（16）2011.3

今井
今井の歴史あっちこっち（今井庄一）「たいわ ： 語り伝える白井の歴史
： 白井市郷土史の会機関誌」　白井市郷土史の会　（20）2003.4
今井の里（今井庄一）「たいわ ： 語り伝える白井の歴史 ： 白井市郷土史
の会機関誌」　白井市郷土史の会　（21）2004.4

今上村
江戸川における船稼ぎ―今上村を事例として（永原健彦）「野田市史研
究」　野田市　（22）2012.3

岩田造船所
岩田造船所と石出港―利根川の水運を支えて（土屋清實）「東庄の郷土
史」　東庄郷土史研究会　（19）2003.6

岩富町
公設消防組の誕生―弥富村一部（岩富町）「消防組日誌」から（資料紹介）
（中澤恵子）「佐倉市史研究」　佐倉市総務部　（18）2005.3

岩名
清水公園と岩名の史跡を訪ねる（史跡探訪）（川崎清光）「かつしか台地 ：
野田地方史懇話会会誌」　野田地方史懇話会　（47）2014.3
シリーズその裏話 地方史懇話会の行事運営 清水公園と岩名の史跡を訪
ねる（染谷啓之）「かつしか台地 ： 野田地方史懇話会会誌」　野田地方
史懇話会　（47）（別冊18）2014.3

岩根
岩根地区の石造物調査をすすめて（曽根英範）「西上総文化会報」　西上総
文化会　（65）2005.3
岩根地区の石造物について（第537回 研究発表会I）（曽根英範）「西上総
文化会報」　西上総文化会　（65）2005.3
岩根を代表する石造物（亀田慎）「西上総文化会報」　西上総文化会
（71）2011.3

岩室城
岩室城―小田原北条氏の陣城（中井正代）「中世城郭研究」　中世城郭研究
会　（23）2009.7

印西
印西の文化財と「印旛沼開発文庫」視察の記（編集部）「うすゐ」　臼井文
化懇話会　（16）2000.12
印西地域の明治以来追跡（鈴木昔二男）「たいわ ： 語り伝える白井の歴
史 ： 白井市郷土史の会機関誌」　白井市郷土史の会　（20）2003.4
古代印波の水環境と集落形態―印西における古代集落形成の分析から
（テーマ 水辺から印西の歴史を見直す―論考）（石戸啓夫）「印西の歴
史」　印西市教育委員会　（7）2013.3

印西市
印西市の水塚（滋賀秀實）「印西の歴史」　印西市教育委員会　（5）2010.3

印西内外十六郷
北総荘園の変容と印西内外十六郷の成立―房総中世村落論の一課題（大会
特集I 北総地域の水辺と台地―生活空間の歴史的変容―問題提起）（湯
浅治久）「地方史研究」　地方史研究協議会　60（4）通号346　2010.8

印西牧
印西牧場之真景図（天下井恵）「たいわ ： 語り伝える白井の歴史 ： 白井
市郷土史の会機関誌」　白井市郷土史の会　（21）2004.4
小金印西牧の開発と野馬土手（研究ノート）（佐々木克哉）「印西の歴史」
印西市教育委員会　（6）2012.3

印東庄
下総国印東庄の領主と百姓・沙汰人（菱沼一憲）「佐倉市史研究」　佐倉市
総務部　（23）2010.3

印波
古代印波の水環境と集落形態―印西における古代集落形成の分析から
（テーマ 水辺から印西の歴史を見直す―論考）（石戸啓夫）「印西の歴
史」　印西市教育委員会　（7）2013.3

印旛郡
天保改革期水野・浜松藩下総領における農村復興仕法（佐々木克哉）「千
葉県史研究」　千葉県史料研究財団　11（別冊1）2003.3
報告 印史協10年の歩みについて（荒井信司）「印旛郡市地域史料保存利
用連絡協議会会報」　印旛郡市地域史料保存利用連絡協議会　（9）
2005.3
いわゆる「有合地」と「有合証文」―下総国印旛郡の質地慣行（舟橋明
宏）「千葉県史研究」　千葉県史料研究財団　13　2005.3

印旛沼

印旛沼干拓と地元の動向(4)―石井五郎の手稿を中心に(中尾正己)「成田市史研究」　成田市教育委員会　(24)　2000.3

印旛沼干拓と地元の動向(5)―石井五郎の手稿を中心にして(中尾正己)「成田市史研究」　成田市教育委員会　(26)　2002.3

印旛沼干拓と地元の動向(6)―石井五郎の手稿を中心に(中尾正己)「成田市史研究」　成田市教育委員会　(28)　2004.3

印旛沼と白井(岡野康夫)「うすゐ」　臼井文化懇話会　(23)　2007.12

天保期印旛沼普請後の掘割とその利用(鏑木行廣)「成田市史研究」　成田市教育委員会　通号34　2010.3

天保期の印旛沼堀割普請―沼津藩(特集 旧萱田村の総合研究I)(菅野貞男)「史談八千代 : 八千代市郷土歴史研究会機関誌」　八千代市郷土歴史研究会　(35)　2010.11

天明期・印旛沼開発と惣深新田村の平左衛門信賢(研究ノート)(松本隆志)「印西の歴史」　印西市教育委員会　(6)　2012.3

講演録 平成23年度市史編さん講演会 講演録「江戸時代の印旛沼」(テーマ 水辺から印西の歴史を見直す)(鏑木行廣)「印西の歴史」　印西市教育委員会　(7)　2013.3

天明期印旛沼堀割普請後の下利根川流域の動向(テーマ 水辺から印西の歴史を見直す―論考)(鏑木行廣)「印西の歴史」　印西市教育委員会　(7)　2013.3

上野牧

「小金上野高田台両御牧大凡図」を読み解く(青木更吉)「流山市史研究」　流山市教育委員会　(20)　2008.3

牛久

養老川の流れに沿う町 牛久・佐是(竹内克)「南総郷土文化研究会誌」　南総郷土文化研究会　通号16　2008.1

牛久六ヶ村の入会地「御領野判決」と「長作野判決」について(野口博芳)「南総郷土文化研究会誌」　南総郷土文化研究会　通号16　2008.1

臼井

臼井周辺史跡探訪(2) 成田道の道標(米田雅東)「うすゐ」　臼井文化懇話会　(16)　2000.12

印旛沼と白井(岡野康夫)「うすゐ」　臼井文化懇話会　(23)　2007.12

平成18・11・3 臼井歴史散策(講演・卓話記録)(中村正)「うすゐ」　臼井文化懇話会　(23)　2007.12

巻頭言 臼井文化懇話会創立30周年を迎えて(吉田とく)「うすゐ」　臼井文化懇話会　(30)　2014.11

臼井文化懇話会を振り返る―豊かなうすいの街づくりを求めて(太田勲)「うすゐ」　臼井文化懇話会　(30)　2014.11

地名考(5)(立崎定幸)「うすゐ」　臼井文化懇話会　(30)　2014.11

臼井道

臼井道(立崎定幸)「うすゐ」　臼井文化懇話会　(24)　2008.12

臼井庄

検証 旧川上村は 白井庄か臼井庄か「郷土八街」　八街郷土史研究会　(17)　2012.4

臼井八景

臼井八景(立崎定幸)「佐倉の地名 : 佐倉地名研究会会報」　佐倉地名研究会　(6)　2014.1

臼井無線送信所

忘れられてしまったこと 臼井無線送信所のビーコン(武藤敏子)「佐倉の地名 : 佐倉地名研究会会報」　佐倉地名研究会　(7)　2014.4

内郷

第四章 内郷地区を歩く 平成25年1月17日(紀行文特集 房総の大地を踏みしめて 安房、先崎、江原新田、内郷―特集 房総紀行)(編集部)「佐倉の地名 : 佐倉地名研究会会報」　佐倉地名研究会　(3)　2013.3

内宿

房総における内宿地名について(〈第23回全国城郭研究者セミナーの報告〉)(遠山成一)「中世城郭研究」　中世城郭研究会　(21)　2007.7

内房

内房地区の城郭を考える(2) 鋸南町人骨山城跡(報告)(松本勝)「千葉城郭研究」　千葉城郭研究会　(10)　2011.10

内町

関宿城下の町 台町・江戸町・元町・内町・三軒家(楽しい東葛地名辞典)「東葛流山研究」　流山市立博物館友の会事務局, 崙書房出版(発売)　(30)　2012.3

海上

海上氏出身の女性たち(伊藤信彦)「東庄の郷土史」　東庄郷土史研究会　(23)　2007.6

地域風土記の編集に期待する―成功した、銚子市海上地区の事例(近況寸言)(高森良昌)「房総の郷土史」　千葉県郷土史研究連絡協議会　(40)　2012.5

海上町

川名登博士と海上町史(越川栄一郎)「利根川文化研究」　利根川文化研究会　通号26　2005.2

有年

源氏流挿花と有年千葉氏(論文)(村上昭彦)「房総の郷土史」　千葉県郷土史研究連絡協議会　(41)　2013.6

浦安

企画展「浦安の海苔養殖」「あっさり君 : 浦安市郷土博物館ニュース」　浦安市郷土博物館　(12)　2007.4

企画展「浦安の三軒長屋」「あっさり君 : 浦安市郷土博物館ニュース」　浦安市郷土博物館　(13)　2007.11

企画展「浦安今昔暮らし展―タイムスリップ・イン・昭和レトロ浦安」、「浦安の海苔養殖」「あっさり君 : 浦安市郷土博物館ニュース」　浦安市郷土博物館　(14)　2008.3

コラム 地図のなかの水辺(21)、(22) 浦安 [1]、(2)「Collegio」　之潮　(35) / (36)　2008.12/2009.4

企画展「おらんハマのゆくえ―浦安・黒い水事件から50年」開催/「おらんハマのゆくえ―浦安・黒い水事件から50年」関連イベント報告/博物館ボランティア「浦安・聞き書き隊」の活動「あっさり君 : 浦安市郷土博物館ニュース」　浦安市郷土博物館　(16)　2009.3

黒い水事件・環境社会学会セミナーにて、事例報告/学校 1学期の幼稚園・保育園・小中学校の活用「あっさり君 : 浦安市郷土博物館ニュース」　浦安市郷土博物館　2009.10

ひろば 幻の例会―浦安周辺を歩く(猪瀬尚志)「板橋史談」　板橋史談会　(264)　2011.5

八代と浦安―共有する投網文化(田辺達也)「夜豆志呂」　八代史談会　(172)　2013.6

永楽寺

戦後開発の住宅地名 永楽寺・緑ヶ丘・ひばりヶ丘・大津ヶ丘・永楽台・豊四季団地(楽しい東葛地名辞典)「東葛流山研究」　流山市立博物館友の会事務局, 崙書房出版(発売)　(30)　2012.3

永楽台

戦後開発の住宅地名 永楽寺・緑ヶ丘・ひばりヶ丘・大津ヶ丘・永楽台・豊四季団地(楽しい東葛地名辞典)「東葛流山研究」　流山市立博物館友の会事務局, 崙書房出版(発売)　(30)　2012.3

江川

昭和19年の勤労奉仕 江川(明津川)の改修(体験談)(武田孝一, 杉田栄子)「成田市史研究」　成田市教育委員会　通号30　2006.3

江戸川

利根川・江戸川流域における近世交通史の諸問題―利根川・江戸川の狭間地域における輸送機構を中心に(松丸明弘)「研究報告」　千葉県立関宿城博物館　(4)　2000.3

企画展「流域江戸川360年」「世喜宿 : 千葉県立関宿城博物館報」　千葉県立関宿城博物館　14　2002.9

「江戸川」ブームの予感(高木博彦)「世喜宿 : 千葉県立関宿城博物館報」　千葉県立関宿城博物館　15　2003.3

江戸川の名称変遷について(樋口淳司)「研究報告」　千葉県立関宿城博物館　(7)　2003.3

江戸川流域に存在した軍事施設(額賀栄司)「研究報告」　千葉県立関宿城博物館　(7)　2003.3

寛永期の江戸川開鑿について(猪股寛)「野田市史研究」　野田市　(14)　2003.3

江戸川、県境で分断された村の交流史(青木更吉)「東葛流山研究」　流山市立博物館友の会事務局, 崙書房出版(発売)　(22)　2004.3

利根川東遷論と江戸川(講演録)(所理喜夫)「松戸市立博物館紀要」　松戸市立博物館　(12)　2005.3

江戸川周辺を訪ねて(作本一成)「西上総文化会報」　西上総文化会　(65)　2005.3

切り取られた江戸川・利根川舟運の繁栄(石田年子)「野田市史研究」　野田市　(16)　2005.3

江戸川下流部のからめきの瀬の位置の推定について(市川幸男)「研究報告」　千葉県立関宿城博物館　(11)　2007.3

江戸川における船稼ぎ―今上村を事例として(永原健彦)「野田市史研究」　野田市　(22)　2012.3

史跡探訪 上花輪歴史館と江戸川河岸を訪ねる(中野武久)「かつしか台地 : 野田地方史懇話会会誌」　野田地方史懇話会　(44)　2012.9

第65回松戸市文化祭参加(文化講演)要旨 平成25年11月10日 於松戸市民劇場ホール 文化講演 江戸川舟運と松戸の河岸 講師:松丸明広氏「松戸史談」　松戸史談会　(54)　2014.11

江戸川台

流山の新開地物語 江戸川台・富士見台・若葉台・美田・松ヶ丘・平和台(楽しい東葛地名辞典)「東葛流山研究」　流山市立博物館友の会事務

千葉県　　　　　　　　　　　　地名でたどる郷土の歴史　　　　　　　　　　　　　　　関東

局，崙書房出版（発売）（30）2012.3

江戸川台東
江戸川台東ものがたり（宮坂叔子）「東葛流山研究」流山市立博物館友の会事務局，崙書房出版（発売）（22）2003.11

江戸町
江戸町と関宿本陣会田家―会田久兵衛諸用之覚からみる江戸町（林保）「研究報告」千葉県立関宿城博物館（7）2003.3
江戸町と関宿本陣会田家―会田久兵衛諸用之覚（2）（林保）「研究報告」千葉県立関宿城博物館（8）2004.3
関宿城下の町　台町・江戸町・元町・内町・三軒家（楽しい東葛地名辞典）「東葛流山研究」流山市立博物館友の会事務局，崙書房出版（発売）（30）2012.3

江戸湾
江戸湾沿岸防備の絵地図（石渡三郎）「西上総文化会報」西上総文化会（63）2003.3
松平定信の江戸湾防備―「防備開始」二百年にあたって（研究ノート）（筑紫敏夫）「房総の郷土史」千葉県郷土史研究連絡協議会（39）2011.5

榎戸
榎戸・大関・富山の小字「郷土八街」八街郷土史研究会（9）2009.4
明治3年の榎戸（絵図面）「郷土八街」八街郷土史研究会（9）2009.4

榎戸区
榎戸区の古文書・茶箱毎保管中「郷土八街」八街郷土史研究会（22）2013.1

榎戸宿
史料紹介　誠忠隊事件（1），（2）―千住宿と榎戸宿（編集部）「足立史談」足立区教育委員会　442/443　2004.12/2005.1

江原新田
第三章　八丁の坂界隈と江原新田を訪ねる　平成24年11月9日（紀行文特集　房総の大地を踏みしめて　安房、先崎、江原新田、内郷―特集　房総紀行）（伊藤清）「佐倉の地名 ： 佐倉地名研究会会報」佐倉地名研究会（3）2013.3

生浜町役場
のぞいてみよう（2）旧生浜町役場「ちば市史編さん便り」千葉市立郷土博物館（3）2009.8

扇島
幕末水戸藩士の落馬事故と下総扇島―青山延光撰「高安翁墓銘」と藤田東湖「扇島紀行」と（大森林造）「郷土ひたち」郷土ひたち文化研究会（57）2007.3

黄金台
コレラ病を阻止した黄金臺の回覧文書（鷲沢正夫）「南総郷土文化研究会誌」南総郷土文化研究会　通号16　2008.1

大網
館野物語（3）大網地区（4）安布里地区（渡邉重雄）「館山と文化財」館山市文化財保護協会（38）2005.4
対談　大網の昔話（向坂謹之助，小宮悦彰，加養嘉雄）「忘らえぬかも ： 故里の歴史をさぐる」大網白里町文化協会（5）2008.4
大網前並散歩・昔と今（事務局）「忘らえぬかも ： 故里の歴史をさぐる」（8）2014.4

大網白里市
海亀そして海岸付近（内山重基）「忘らえぬかも ： 故里の歴史をさぐる」（8）2014.4

大網白里町
大網白里町から（三浦茂一）「千葉史学」千葉歴史学会（41）2003.1
千葉県会ヒョットコ面事件と大網白里町（三浦茂一）「忘らえぬかも ： 故里の歴史をさぐる」大網白里町文化協会（5）2008.4

大生小学校
忘れられた大生小学校（成田市史調査員だより（3））（神尾武則）「成田市史研究」成田市教育委員会　通号34　2010.3

大木戸
須賀山と大木戸（2）（平野剛）「東庄の郷土史」東庄郷土史研究会（26）2010.8
須賀山城と大木戸（3）（平野剛）「東庄の郷土史」東庄郷土史研究会（27）2011.7

大佐倉
土浮、大佐倉、高崎の小字名（松平喜美代）「佐倉の地名 ： 佐倉地名研究会会報」佐倉地名研究会（6）2014.1

大椎城
大椎城探訪（井内堅）「忘らえぬかも ： 故里の歴史をさぐる」大網白里

町文化協会（3）2004.6

大島埜地
江戸時代に開削された水路の河床勾配の縦断形について　船橋随庵が開発した荒地は「大島禁地（おじまきんじ）」ではなく、「大島埜地（おおじまのち）」が本来の地名表記です（研究ノート）（市川幸男）「研究報告」千葉県立関宿城博物館（17）2013.3

大洲新田
鳥居氏への仕官と大洲新田の開発（成田市史調査員だより（4））（外山信一）「成田市史研究」成田市教育委員会（35）2011.3

大住
「大住軍団」幻影（坂本彰）「利根川」利根川同人　31　2009.5

大関
榎戸・大関・富山の小字「郷土八街」八街郷土史研究会（9）2009.4

大関区
検証　大関区の村事情（寛文11年・享保16年）「郷土八街」八街郷土史研究会（19）2012.9

大関新田
大関新田の絵図面「郷土八街」八街郷土史研究会（9）2009.4

大多喜城
上総大多喜城の変遷について―縄張調査と古絵図の検討から（八巻孝夫）「中世城郭研究」中世城郭研究会（18）2004.7
城めぐり（7）大多喜城　附・四天王、三浦按針（平野茂）「下野史談」下野史談会　100　2004.12

太田村
調査報告　旭市ニ（旧下総国匝瑳郡太田村）加瀬一家文書（小田真裕）「紙魚之友」房総史料調査会（33）2014.12

大津ヶ丘
戦後開発の住宅地名　永楽寺・緑ヶ丘・ひばりヶ丘・大津ヶ丘・永楽台・豊四季団地（楽しい東葛地名辞典）「東葛流山研究」流山市立博物館友の会事務局，崙書房出版（発売）（30）2012.3

大坪の浦
「大坪の浦」の今昔（鈴木貢）「西上総文化会報」西上総文化会（64）2004.3

大利根
大利根百話（40）利根川下流域の相撲（小林裕美）「おおとね ： 千葉県立中央博物館大利根分館報」千葉県立中央博物館大利根分館　通号75　2006.3
講演録　大利根を快走する外輪蒸気船（山本鉱太郎）「印西の歴史」印西市教育委員会（4）2008.3

大森陣屋
淀藩大森陣屋に対する村々の諸入用負担（『成田の地名と歴史―大字別地域の事典―』編集余話2）（鏑木行廣）「成田市史研究」成田市教育委員会（37）2013.3

大柳館
上総国大柳館跡地は台地にあった（川城昭一）「房総 ： 郷土の古文書研究」川城文庫・藩政史研究会　106　2005.3

大和田新田
12月例会　大和田新田の歴史散歩（佐藤洋樹）「郷土史研通信」八千代市郷土史研究会（53）2006.2
大和田新田総合研究序説（《特集　旧大和田新田の総合研究Ⅰ》）（村田一男）「史談八千代 ： 八千代市郷土歴史研究会機関誌」八千代市郷土歴史研究会（31）2006.11
迅速測図にみる大和田新田（《特集　旧大和田新田の総合研究Ⅰ》）（佐藤二郎）「史談八千代 ： 八千代市郷土歴史研究会機関誌」八千代市郷土歴史研究会（31）2006.11
大和田新田の地名（《特集　旧大和田新田の総合研究Ⅰ》）（滝口昭二）「史談八千代 ： 八千代市郷土歴史研究会機関誌」八千代市郷土歴史研究会（31）2006.11
大和田新田の屋号とムラの姿（《特集　旧大和田新田の総合研究Ⅰ》）（蕨由美）「史談八千代 ： 八千代市郷土歴史研究会機関誌」八千代市郷土歴史研究会（31）2006.11
大和田新田の石造物（《特集　旧大和田新田の総合研究Ⅰ》）（小菅俊雄、園田充一，鈴木登）「史談八千代 ： 八千代市郷土歴史研究会機関誌」八千代市郷土歴史研究会（31）2006.11
回顧―大和田新田に半世紀をすごして（石井尚子）「史談八千代 ： 八千代市郷土歴史研究会機関誌」八千代市郷土歴史研究会（31）2006.11
八千代市民文化祭　ふるさとの歴史展　テーマ「旧村のいま・大和田新田のすがたⅡ」「郷土史研通信」八千代市郷土史研究会（60）2007.11
大和田新田の石造物　拾遺（小菅俊雄、鈴木登）「郷土史研通信」八千代市郷土史研究会（60）2007.11

地図にみる旧大和田新田の変遷（《特集 旧大和田新田の総合研究II》）（佐藤二郎）「史談八千代 : 八千代市郷土歴史研究会機関誌」 八千代市郷土歴史研究会 （32） 2007.11

酪農産業の盛衰（《特集 旧大和田新田の総合研究II》―大和田新田の酪農）（斉藤正一）「史談八千代 : 八千代市郷土歴史研究会機関誌」 八千代市郷土歴史研究会 （32） 2007.11

酪農記念碑・牛魂碑などに残る酪農史（《特集 旧大和田新田の総合研究II》―大和田新田の酪農）（佐久間弘文）「史談八千代 : 八千代市郷土歴史研究会機関誌」 八千代市郷土歴史研究会 （32） 2007.11

休日のない職業―昭和の酪農業に思う（《特集 旧大和田新田の総合研究II》―大和田新田の酪農）（石川尚一）「史談八千代 : 八千代市郷土歴史研究会機関誌」 八千代市郷土歴史研究会 （32） 2007.11

大和田新田村城外の石造物にみる村人の足跡（《特集 旧大和田新田の総合研究II》）（園田充一, 小菅俊雄, 鈴木登）「史談八千代 : 八千代市郷土歴史研究会機関誌」 八千代市郷土歴史研究会 （32） 2007.11

民俗行事にみる旧村の伝統と新しい街・大和田新田の姿（《特集 旧大和田新田の総合研究II》）（蕨由美）「史談八千代 : 八千代市郷土歴史研究会機関誌」 八千代市郷土歴史研究会 （32） 2007.11

大和田新田の今昔（〈特集 旧大和田新田の総合研究III〉）（牧野光男）「史談八千代 : 八千代市郷土歴史研究会機関誌」 八千代市郷土歴史研究会 （33） 2008.11

報告 11月29日〜30日 八千代市民文化祭 ふるさとの歴史展「旧村のいま・旧平戸村のすがた＆大和田新田拾遺」「郷土史研通信」 八千代市郷土史研究会 （65） 2009.2

岡本城
資料紹介 安房国岡本城跡の古写真（滝川恒昭）「千葉城郭研究」 千葉城郭研究会 （10） 2011.10

奥津村
一本の悪水路をめぐって―奥津村と龍台村の成立（今井康之）「房総の郷土史」 千葉県郷土史研究連絡協議会 31 2003.3

一本の悪水路をめぐって―下総国埴生郡奥津村・竜台村の対立（今井康之）「成田市史研究」 成田市教育委員会 （28） 2004.3

小栗原
船橋小栗原周辺地域と法典地区に市川局の電話が引かれた事情（長谷川芳夫）「史談会報」 船橋市史談会 （29） 2009.3

大島禁地
江戸時代に開削された水路の河床勾配の縦断形について 船橋随庵が開発した荒地は「大島禁地（おじまきんじ）」ではなく、「大島墾地（おじまのち）」が本来の地名表記です（研究ノート）（市川幸男）「研究報告」 千葉県立関宿城博物館 （17） 2013.3

おたきさん道
おたきさん道道標（牧野光男）「郷土史研通信」 八千代市郷土歴史研究会 （64） 2008.11

小竹公徳社
小竹公徳社関係資料（〔資料紹介〕）（矢嶋毅之）「佐倉市史研究」 佐倉市総務部 （16） 2003.3

小土呂坂
開遠碑記注釈 夷隅郡大多喜町房総中往還小土呂坂（布施一男）「房総史学」 国書刊行会 （45） 2005.3

御成街道
御成街道はやはり道幅十二間三尺 小間子牧小作地割「郷土八街」 八街郷土史研究会 （18） 2012.6

鬼越村
下総国葛飾郡鬼越村安兵衛一件―市川における商品流通の一齣（資料紹介）（高橋伸拓）「市史研究いちかわ」 市川市文化国際部 （4） 2013.3

小野川
佐原いまむかし 小野川周辺の風景（木下正治郎）「佐原の歴史」 佐原市教育委員会 3 2003.3

小櫃川
小櫃川物語（山田伸男）「袖ケ浦市史研究」 袖ケ浦市郷土博物館 （12） 2005.3

小生田村
江戸時代の小生田村に光をあてる（研究発表要旨）（永野英）「房総の郷土史」 千葉県郷土史研究連絡協議会 （36） 2008.5

小間子
旧小間子の開墾 明治6年に始まったか「郷土八街」 八街郷土史研究会 （18） 2012.6

口演原稿 小間子発展のため地代値上げ「郷土八街」 八街郷土史研究会 （21） 2013.5

旧小間子の開墾主役は誰 前山・西村・深川のいずれ「郷土八街」 八街郷土史研究会 （23） 2014.4

小間子牧
点検 享保年間の小間子牧図「郷土八街」 八街郷土史研究会 （18） 2012.6

小間子牧捕馬一件ニ付願書（5年5月）/小間子牧捕馬入用調書（5年11月）/小間子牧入用取調書（5年11月25日）/小間子牧諸入費取調帳（5年11月）/小間子牧捕馬諸入用請取書（5年11月）/小間子牧捕馬給金受取書（5年11月）/小間子牧込場諸入用調（一部）（6年10月）/小間子牧込場中牧士并卒廻捕手日当調書（6年11月）/下総国印旛郡小間子牧一円野馬共売渡之証/小間子牧入札後売渡条件ニ付約定書控/（付随）契約証写（8年3月31日）（史料翻刻 下総開墾6 小間子牧問遺・明治5〜8年）「郷土八街」 八街郷土史研究会 （臨時号） 2012.12

旧小間子牧の笹引譲渡 地名「八街へ」時期特定（西村本家文書）「郷土八街」 八街郷土史研究会 （25） 2014.12

小見川
戦国期の小見川と穂徳寺―宗教と経済活動分離の一側面（横田光雄）「千葉史学」 千葉歴史学会 （55） 2009.11

小見川高校
小見川高校90周年と農業報国隊（生徒歴史研究発表大会の記録）（小見川高校郷土史研究部）「房総史学」 国書刊行会 （53） 2013.3

小見川藩
史料紹介 小見川藩領・言字極印船関係史料について（堀江俊次）「利根川文化研究」 利根川文化研究会 通号25 2004.8

小見川藩一万石の城下町を歩く（平野功）「香取民衆史」 香取歴史教育者協議会 （10） 2007.4

生実
生実・浜野の現代を調べる（今井公子）「房総の郷土史」 千葉県郷土史研究連絡協議会 （34） 2006.3

生実藩
誌上古文書講座 生実藩の御林―大膳野御林伐木御用を事例に（市史編さん担当）「千葉いまむかし」 千葉市教育委員会 （22） 2009.3

生実藩陣屋
巻頭図版 天保下総国絵図（勘定所本）村形に隠れる生実藩陣屋「東京大学史料編纂所附属画像史料解析センター通信」 東京大学史料編纂所 （46） 2009.7

御宿浦
古文書 御宿浦の難破船（川城昭一）「房総 : 郷土の古文書研究」 川城文庫・藩政史研究会 108 2005.8

加
流山の一字地名 木・加・南・北・中（楽しい東葛地名辞典）「東葛流山研究」 流山市立博物館友の会事務局, 崙書房出版（発売） （30） 2012.3

海気館
ちば歴史散策（1） 海の療養所「海気館」（稲毛）/千葉市史主催各種イベントをご案内します「ちば市史編さん便り」 千葉市立郷土博物館 （1） 2008.10

開墾局仮役所
どこにあった！ 開墾局仮役所「郷土八街」 八街郷土史研究会 （21） 2013.5

海上郡衙
海上郡衙を考える（伊藤智樹）「市原地方史研究」 市原市教育委員会 20 2003.3

改心楼
いわゆる「改心楼事件」の勃発年について（木村礎）「ひかたの歴史と民俗」 大原幽学記念館 4 2002.3

海津
「海津地名」の変遷について（滝口昭二）「史談会報」 船橋市史談会 （27） 2007.3

神代村
青南国民学校の神代村疎開「郷土博物館だより」 調布市郷土博物館 62 2002.8

柏
柏近現代史の課題（1） 柏駅周辺の商店街・商業施設の形成・発展（小林康達）「かしわの歴史 : 柏市史研究」 柏市史編さん委員会 （1） 2012.3

座談会 柏の大火から駅前再開発へ（浅野正子［ほか10名］）「かしわの歴史 : 柏市史研究」 柏市史編さん委員会 （1） 2012.3

寄稿2 借用証文に見る近世柏の借金事情（福島嘉彦）「かしわの歴史 : 柏市史研究」 柏市史編さん委員会 （1） 2012.3

柏の牧にかかわる地名 新木戸・捕込・豊四季（楽しい東葛地名辞典）「東葛流山研究」 流山市立博物館友の会事務局, 崙書房出版（発売） （30） 2012.3

千葉県　　　　　　　　　　　　　地名でたどる郷土の歴史　　　　　　　　　　　　　関東

柏の中世城址 増尾・大青田・根戸・泉・布施・藤ヶ谷・大津が丘・大井・柳戸・戸張・高田・松ヶ崎・大室・高柳・手賀・布瀬・箕輪・金山（楽しい東葛地名辞典）「東葛流山研究」 流山市立博物館友の会事務局、崙書房出版（発売）（30）2012.3

柏近現代史の課題（2）住宅都市柏の発展─荒工山・光ヶ丘・豊四季台の三団地を中心に（小林康達）「かしわの歴史 ： 柏市史研究」 柏市史編さん委員会（2）2014.3

柏市

『かしわの歴史─柏市史研究─』の創刊にあたって（河合良）「かしわの歴史 ： 柏市史研究」 柏市史編さん委員会（1）2012.3

明治13年の柏市域（高林直樹）「かしわの歴史 ： 柏市史研究」 柏市史編さん委員会（1）2012.3

講演会1 柏の軍事基地と幻の戦闘機・秋水（栗田尚弥、福田禮吉、百瀬博明）「かしわの歴史 ： 柏市史研究」 柏市史編さん委員会（1）2012.3

柏市 伊勢原／今谷上町／岩井／大井／大島田／柏／柏の葉／亀甲台／こんぶくろ池／酒井根／逆井／篠籠田／沼南町／新田原／千間堤／高田／田中／塚崎／手賀沼／富勢／中新宿／名戸ヶ谷／二番街／根戸／花野井／藤ヶ谷／布施／船戸／呼塚／若柴／若白毛／鷲野谷（楽しい東葛地名辞典）「東葛流山研究」 流山市立博物館友の会事務局、崙書房出版（発売）（30）2012.3

柏市 布施弁天と一茶句碑／かわうその碑／布施弁天常夜燈／船戸村由緒の碑／小金原の野馬除土手跡の碑／柏塚常夜燈／柏の開墾記念碑／柏の百庚申／藤ヶ谷鮮魚街道常夜燈／香取鳥見神社鴨猟記念碑／岩井貝塚と坪井正五郎碑／八木重吉詩碑／廬心陣屋跡／日光東往還の弁財天／船戸村開拓記念碑（楽しい東葛いしぶみ事典─東葛の「成田道」の道標）「東葛流山研究」 流山市立博物館友の会事務局、流山市立博物館友の会（発売）（32）2014.3

上総

いちはらと丈部─上総における丈部の動向を通して（田所真）「市原地方史研究」 市原市教育委員会 20 2003.3

上総掘り井戸の所在分布調査を終えて（地引尚幸）「千葉県立上総博物館報」 千葉県立上総博物館 101 2003.3

「上総掘りの用具」の保存処理─スイコのカマを一例として（雨森久晃）「千葉県立上総博物館報」 千葉県立上総博物館 102 2003.6

出雲、上総、常陸のイジミ地名考（澤田文夫）「常総の歴史」 崙書房出版茨城営業所（33）2005.12

三郷の井戸職人─上総掘りを聞く（田中留五郎）「葦のみち ： 三郷市史研究」 三郷市（18）2006.3

上総国萬喜城（木）城主の謎 奥州の藤原氏出自か、上総の土岐氏か（川城文庫）「房総 ： 郷土の古文書研究」 川城文庫・藩政史研究会（113）2006.8

上総掘りの意義と特色（市史編さん成果還元事業講演会）（大島暁雄）「袖ケ浦市史研究」 袖ケ浦市郷土博物館（13）2007.3

火附盗賊改と上総・下総（石出聡史）「房総の郷土史」 千葉県郷土史研究連絡協議会（35）2007.5

漁業と上総木綿とレンズ村（鈴木茂）「忘らえぬかも ： 故里の歴史をさぐる」 大網白里町文化協会（5）2008.4

上総武田氏の城郭（《特集 房総講座》）（山下孝司）「甲斐」 山梨郷土研究会（117）2008.8

上総・安房の古代氏族について（亀谷弘明）「千葉史学」 千葉歴史学会（56）2010.5

史・資料からみた上総掘り元祖・石井峯次郎と上総掘り職人たち（1）（史料紹介）（渡辺和子，能城秀喜，高木澄子）「袖ケ浦市史研究」 袖ケ浦市郷土博物館（15）2011.3

初期の上総武田氏をめぐって（研究ノート）（黒田基樹）「千葉史学」 千葉歴史学会（60）2012.5

史跡探訪 上総掘りの里・久留里の史跡を訪ねて（福原貞夫）「房総の郷土史」 千葉県郷土史研究連絡協議会（40）2012.5

近年の調査から 地域で違う!?上総掘り（君津市立久留里城址資料館だより）「君津市立久留里城址資料館」（43）2012.9

今に伝う上総掘り技術（國定美津子）「松戸史談」 松戸史談会（52）2012.11

平成23年度企画展関連講演会記録（写真 旧周南村の上総掘り職人たち）「君津市立久留里城址資料館年報」 君津市立久留里城址資料館（33）2013.3

享徳の乱前後における上総および千葉一族─千葉次郎と上総介（石橋一展）「千葉いまむかし」 千葉市教育委員会（27）2014.3

上総国府

上総国府と万葉集（論文）（天野努）「千葉文華」 千葉県文化財保護協会（42）2013.3

上総鉄道

上総鉄道構想─夢の鉄道（小沢洋）「東京湾学会誌 ： 東京湾の水土」 東京湾学会 3（1）通号13 2009.3

上総国

史料紹介 芦峅寺衆徒が常陸国・上総国・下総国で形成した檀那場─文献史料再の檀那場（福江充）「富山史壇」 越中史壇会 140 2003.3

古代の郡家間の交通・通信制度「郡伝」について─伊勢国・上総国・下総国を例として（佐々木虔一）「千葉史学」 千葉歴史学会（48）2006.5

戊辰戦争期における上総国農村の「佐幕」的動向（宮間純一）「千葉史学」 千葉歴史学会（55）2009.11

近世後期上総国における酒造業経営と関八州拝借株─武射郡飯櫃村池田家を中心に（高橋伸拍）「千葉県の文書館」 千葉県文書館（16）2011.3

上総国に仁科五郎の末裔を尋ねて（山岸貢）「伊那路」 上伊那郷土研究会 57（1）通号672 2013.1

片貝

「さつ申口」の読解─真忠組に関する研究（秋葉輝夫）「房総の郷土史」 千葉県郷土史研究連絡協議会 30 2002.3

真忠組について（鈴木國夫）「房総の郷土史」 千葉県郷土史研究連絡協議会 31 2003.3

幕末の世相─真忠組騒動・箱館戦争（秋葉輝夫）「忘らえぬかも ： 故里の歴史をさぐる」 大網白里町文化協会（7）2012.4

片貝海水浴場

郷土資料の教材化の試み（序説）九十九里浜片貝海水浴場を例として（研究協議会の記録）（齊藤功）「房総史学」 国書刊行会（49）2009.3

片貝高射砲射撃演習場

資料紹介 片貝高射砲射撃演習場関連文書─米国立公文書館所蔵（向後英紀）「千葉県史研究」 千葉県史料研究財団 13 2005.3

勝浦

明治の文人と勝浦（中尾正己）「勝浦市史研究」 勝浦市教育委員会 8 2003.3

勝浦における町村合併について─昭和の大合併から（中村政弘）「勝浦市史研究」 勝浦市教育委員会 8 2003.3

全国初の漁村道場、勝浦へ（森脇孝広）「千葉県史料研究財団だより」 千葉県史料研究財団 15 2004.3

町村誌にみる勝浦の水産業（高林直樹）「勝浦市史研究」 勝浦市教育委員会（9）2006.3

勝浦尋常高等小学校

「勝浦尋常高等小学校沿革史」から見る子供たちの身体（中澤惠子）「勝浦市史研究」 勝浦市教育委員会（9）2006.3

勝浦保健所

創設期の保健所活動─勝浦保健所史料から（中澤惠子）「勝浦市史研究」 勝浦市教育委員会 8 2003.3

葛飾低地

葛飾低地の形成について（夏見潟最後の工事）（滝口昭二）「史談会報」 船橋市史談会（26）2006.3

勝田

勝田圓福寺に寺子屋が…?（佐久間弘文）「郷土史研通信」 八千代市郷土歴史研究会（61）2008.2

史談八千代第2号 勝田の総合研究 地名研究補遺 八千代市の中の下志津原演習場（滝口昭二）「史談八千代 ： 八千代市郷土歴史研究会機関誌」 八千代市郷土歴史研究会（34）2009.11

勝間田池

勝間田池の形成について（滝口昭二）「史談会報」 船橋市史談会（24）2004.3

勝山

近世勝山のクジラ漁─醍醐新兵衛とクジラ（佐野邦雄）「ふるさとちくら」 南房総市教育委員会（22）2005.3

香取

香取の小字と天正検地（山田邦明）「佐原の歴史」 佐原市教育委員会 4 2004.3

中近世移行期の香取地域（盛本昌広）「千葉県史研究」 千葉県史料研究財団（14）2006.3

香取の歴史民俗見聞記（11）佐原区・九美上と池田牧遺跡（島田七夫）「リヴラン佐原」 CAC企画（395）2008.9

香取の歴史民俗見聞記（13）佐原区・常照寺漢学塾と新村出先生（島田七夫）「リヴラン佐原」 CAC企画（397）2008.11

香取海軍航空基地

時代の流れに埋没した香取海軍航空基地（生徒歴史研究発表大会の記録）（木内萌）「房総史学」 国書刊行会（52）2012.3

香取郡

山田盈の研究─『香取郡誌』の成立背景とその思想（平野功）「香取民衆史」 香取歴史教育者協議会（9）2003.3

香取市

東日本大震災における香取市の文化財の被災状況と復興への取り組み（川口康）「地方史研究」 地方史研究協議会 62（5）通号359 2012.10

香取神郡

下総国香取神郡の諸相（有富由紀子）「千葉史学」 千葉歴史学会 （60） 2012.5

金杉浜塩田

市原の製塩を探る 主として五井・金杉浜塩田の開発について（高澤恒子）「上総市原」 市原市文化財研究会 14 2003.5

金山落

金山落から見えた水の話（世渡眞理子）「たいわ ： 語り伝える白井の歴史 ： 白井市郷土史の会機関誌」 白井市郷土史の会 （23） 2006.4

金山城

東条氏と金山城（平嶋昭一）「郷土文化」 郷土文化の会 （13） 2004.3

金山疎水

金山疎水について（坂野安子）「郷土文化」 郷土文化の会 （13） 2004.3

金田

金田地域の名称（木村智行）「西上総文化会報」 西上総文化会 （64） 2004.3
金田地区の名称について（第533回研究発表会II）（木村智行）「西上総文化会報」 西上総文化会 （64） 2004.3

鹿野

藤みほ子「鹿野の山ふみ」（翻刻）（史の会）「江戸期おんな考」 桂文庫 （15） 2004.10
藤みほ子「鹿野の山ふみ」について（史の会）「江戸期おんな考」 桂文庫 （15） 2004.10

鹿野戸

古文書から鹿野戸の歴史をみる（山本直彦）「東庄の郷土史」 東庄郷土史研究会 （23） 2007.6

鏑木町

地名に学ぶ 「鏑木町」と「新町」のことなど（野村忠男）「佐倉の地名 ： 佐倉地名研究会会報」 佐倉地名研究会 （2） 2012.12

鎌ヶ谷

「慶応4年・明治元年の記憶 in 鎌ヶ谷」について—鎌ヶ谷市郷土資料館平成14年度企画展（立野晃）「首都圏形成史研究会会報」 首都圏形成史研究会 18 2004.3
戦時経済体制下の商業組合について—鎌ヶ谷地区商業組合を事例として（小野英夫）「鎌ヶ谷市史研究」 鎌ヶ谷市教育委員会 （19） 2005.10
習志野原と鎌ヶ谷 補足・明治天皇の習志野原賜名（天下井恵）「鎌ヶ谷市史研究」 鎌ヶ谷市教育委員会 （20） 2007.3
明治期における鎌ヶ谷地域への郵便逓送に関する試論（宮崎珍延）「鎌ヶ谷市史研究」 鎌ヶ谷市教育委員会 （21） 2008.3
統計とマル秘文書からみる高度経済成長期のかまがや「鎌ヶ谷市郷土資料館だより」 鎌ヶ谷市郷土資料館 （31） 2012.6

鎌ヶ谷市

小金牧絵図から見る鎌ヶ谷市域の変遷（天下井恵）「鎌ヶ谷市史研究」 鎌ヶ谷市教育委員会 （16） 2003.3
習志野御猟場と鎌ヶ谷市域（天下井恵）「鎌ヶ谷市史研究」 鎌ヶ谷市教育委員会 （18） 2005.3
《特集 終戦60年》「鎌ヶ谷市史研究」 鎌ヶ谷市教育委員会 （19） 2005.10
笠川亭家旧蔵軍事郵便集（昭和期）（1），（2）（栗田尚弥）「鎌ヶ谷市史研究」 鎌ヶ谷市教育委員会 （19）/（20） 2005.10/2007.3
鎌ヶ谷と昭和放水路（倉田智子）「鎌ヶ谷市史研究」 鎌ヶ谷市教育委員会 （19） 2005.10
戦後人口急増期における首都近郊の学校問題—鎌ヶ谷市域における分校の再独立過程を事例に（神山知徳）「鎌ヶ谷市史研究」 鎌ヶ谷市教育委員会 （20） 2007.3
鎌ヶ谷市域とその周辺地域の旅—近世～近代の旅日記の分析（《小特集 旅と鎌ヶ谷》）（渡辺嘉之）「鎌ヶ谷市史研究」 鎌ヶ谷市教育委員会 （21） 2008.3
帝国在郷軍人会鎌ヶ谷分会の組織と活動について—昭和10年頃を中心に（小野英夫）「鎌ヶ谷市史研究」 鎌ヶ谷市教育委員会 （23） 2010.3
文集『丘の子ら』等にみる鎌ヶ谷の子ども（白樫亨）「鎌ヶ谷市史研究」 鎌ヶ谷市教育委員会 （23） 2010.3
鎌ヶ谷市域の農具—鍬の形体・用途の分析（小川浩）「鎌ヶ谷市史研究」 鎌ヶ谷市教育委員会 （25） 2012.3
下総国千葉郡北柏井村・川口家文書「御用留」鎌ヶ谷市域関係記事（資・史料紹介）「鎌ヶ谷市史研究」 鎌ヶ谷市教育委員会 （27） 2014.3

鎌ヶ谷宿

木下街道と鎌ヶ谷宿の盛衰（小池康久）「鎌ヶ谷市史研究」 鎌ヶ谷市教育委員会 （13） 2000.3

鎌ヶ谷小学校

戦争直後の鎌ヶ谷小学校の社会科教育実践（白樫亨）「鎌ヶ谷市史研究」 鎌ヶ谷市教育委員会 （14） 2001.3

鎌ヶ谷尋常小学校

大正後期～昭和初期の学校問題と地域秩序の変容—鎌ヶ谷尋常小学校設置問題の紛糾とその後の経緯を事例に（神山知徳）「鎌ヶ谷市史研究」 鎌ヶ谷市教育委員会 （17） 2004.3

鎌ヶ谷中学校

戦後・新制鎌ヶ谷中学校の誕生（白樫亨）「鎌ヶ谷市史研究」 鎌ヶ谷市教育委員会 （21） 2008.3

鎌ヶ谷町

高度成長下における人口急増期の鎌ヶ谷町をめぐる諸問題—「○秘東葛飾郡鎌ヶ谷町 行政総合調査報告書」（昭和39年9月）からみた鎌ヶ谷町（神山知徳）「鎌ヶ谷市史研究」 鎌ヶ谷市教育委員会 （22） 2009.3

鎌ヶ谷村

鎌ヶ谷村の農地改革—未完の農業革命の歴史意識（吉田和彦）「鎌ヶ谷市史研究」 鎌ヶ谷市教育委員会 （14） 2001.3
明治町村制下における鎌ヶ谷村の成立・展開と学校運営—大正～昭和初期の学校問題の前提として（神山知徳）「鎌ヶ谷市史研究」 鎌ヶ谷市教育委員会 （16） 2003.3
鎌ヶ谷村の成立・展開とその学校運営—大正～昭和初期の学校問題の前提として（神山知徳）「首都圏形成史研究会会報」 首都圏形成史研究会 18 2004.3
史料紹介 明和～寛政期に作成された四冊の鎌ヶ谷村明細帳「鎌ヶ谷市史研究」 鎌ヶ谷市教育委員会 （24） 2011.3

上花輪歴史館

史跡探訪 上花輪歴史館と江戸川河岸を訪ねる（中野武久）「かつしか台地 ： 野田地方懇話会会誌」 野田地方史懇話会 （44） 2012.9

上埴生郡

長柄、上埴生郡における民権運動と第一回衆議院議員選挙の動静（加藤時男）「千葉県史研究」 千葉県史料研究財団 11 2003.3

加村台御屋敷

「加村台御屋敷」—田中藩本多家藩士移転（廣瀬早苗）「流山市史研究」 流山市教育委員会 （21） 2012.3

加村道

火打石 「加村道」昔日素描（新保國弘）「かつしか台地 ： 野田地方史懇話会会誌」 野田地方史懇話会 （43） 2012.3

加茂川

古老の著書 「加茂川・松崎川の今昔」（島川治雄）「郷土文化」 郷土文化の会 （12） 2003.3

鴨川

鴨川地区の地名の由来について（苅米えつ）「郷土文化」 郷土文化の会 （12） 2003.3
鴨川歴史探訪『日蓮と波の伊八』（細川重康）「忘らえぬかも ： 故里の歴史をさぐる」 大網白里町文化協会 （7） 2012.4

鴨川市

鴨川市の文化財抄（坂野安子）「嶺岡」 鴨川市郷土史研究会 （3） 2004.5

萱田

萱田に関する多角的な資料調査報告（村田一男）「郷土史研究通信」 八千代市郷土歴史研究会 （70） 2010.5
萱田地名の解説（特集 旧萱田村の総合研究II）（滝口昭二）「史談八千代 ： 八千代市郷土歴史研究会機関誌」 八千代市郷土歴史研究会 （36） 2011.11

萱田町

「萱田町あら絵図」（清田勝家文書）について（特集 旧萱田村の総合研究II）（滝口昭二）「史談八千代 ： 八千代市郷土歴史研究会機関誌」 八千代市郷土歴史研究会 （36） 2011.11

萱田村

「旧萱田村」フィールドワーク 12月13日（日）（成田忠志）「郷土史研究通信」 八千代市郷土歴史研究会 （69） 2010.2
「旧萱田村の総合研究」序説（特集 旧萱田村の総合研究I）（村田一男）「史談八千代 ： 八千代市郷土歴史研究会機関誌」 八千代市郷土歴史研究会 （35） 2010.11
「萱田村絵図」をめぐって（特集 旧萱田村の総合研究I）（滝口昭二）「史談八千代 ： 八千代市郷土歴史研究会機関誌」 八千代市郷土歴史研究会 （35） 2010.11
旧萱田村の石造物（1）（特集 旧萱田村の総合研究I）（小菅俊雄，園田充一，鈴木登）「史談八千代 ： 八千代市郷土歴史研究会機関誌」 八千代市郷土歴史研究会 （35） 2010.11

千葉県　　　　　　　　　　　　　　地名でたどる郷土の歴史　　　　　　　　　　　　　　　　関東

町名地番整理実施・わかりやすい街（特集 旧萱田村の総合研究I）（佐藤二郎）「史談八千代 ： 八千代市郷土歴史研究会機関誌」 八千代市郷土歴史研究会　（35）2010.11

巻末折り込み 『萱田村絵図』（清田勝家所蔵）（特集 旧萱田村の総合研究I）「史談八千代 ： 八千代市郷土歴史研究会機関誌」 八千代市郷土歴史研究会　（35）2010.11

「旧萱田村総合研究」まとめ（特集 旧萱田村の総合研究II）（村田一男）「史談八千代 ： 八千代市郷土歴史研究会機関誌」 八千代市郷土歴史研究会　（36）2011.11

萱田村の人々―村の構成者から（特集 旧萱田村の総合研究II）（菅野貞男）「史談八千代 ： 八千代市郷土歴史研究会機関誌」 八千代市郷土歴史研究会　（36）2011.11

鹿山文庫

佐倉高校・鹿山文庫について（大沢眞澄）「洋学 ： 洋学史学会研究年報」 洋学史学会　通号12　2004.3

からめきの瀬

江戸川下流部のからめきの瀬の位置の推定について（市川幸男）「研究報告」 千葉県立関宿城博物館　（11）2007.3

川上村

検証 旧川上村は 白井庄か臼井庄か「郷土八街」 八街郷土史研究会　（17）2012.4

旧川上に八つの城―際立った根古谷城（集中特集 旧川上（塩古）村）「郷土八街」 八街郷土史研究会　（22）2013.1

昭和10年の川上村「郷土八街」 八街郷土史研究会　（25）2014.12

川口川堰用水

長尾川（俗称川口川）堰用水の水争いの古文書について（岩波正夫，山口恒子，山口健治郎）「ふるさとちくら」 南房総市教育委員会　（23）2006.3

川崎

那古正木（川崎）の三平姓と鯉幟（松本久）「館山と文化財」 館山市文化財保護協会　33　2000.4

川名岡

川名岡の巨人の話（川名和歌）「館山と文化財」 館山市文化財保護協会　33　2000.4

川間

郷土史講座 川間地区の歴史と民俗（小川浩）「かつしか台地 ： 野田地方史懇話会会誌」 野田地方史懇話会　（45）2013.3

河曲里

地名のはなし 平城宮の木簡にみる地名（3） 「広淵郷河曲里」「ミュージアム発見伝 ： 館山市立博物館報」 館山市立博物館　（82）2008.7

神納村

旧神納村の屋号について（多田憲美）「袖ケ浦市史研究」 袖ケ浦市郷土博物館　8　2000.3

風説130年いま村人は―上総国望陀郡神納村の記録から（多田憲美）「西上総文化会報」 西上総文化会　（63）2003.3

神戸

神戸タイムスの学習から（館山市立神戸小学校）「館山と文化財」 館山市文化財保護協会　（38）2005.4

木

流山の一字地名 木・加・南・北・中（楽しい東葛地名辞典）「東葛流山研究」 流山市立博物館友の会事務局，崙書房出版（発売）（30）2012.3

木下

団体紹介 木下まち育て塾―企画展「Kioroshi（木下）の蒸気船 銚港丸」顛末私記（村越博茂）「印西の歴史」 印西市教育委員会　（4）2008.3

歩兵第二連隊将兵の宿泊にみる木下の旅館（研究ノート）（村越博茂）「印西の歴史」 印西市教育委員会　（5）2009.3

明治十年代、初期銚港丸三船の建造及びその経営実態について（研究投稿）（村越博茂）「印西の歴史」 印西市教育委員会　（7）2013.3

木下街道

木下街道と鎌ケ谷宿の盛衰（小池康久）「鎌ケ谷市史研究」 鎌ケ谷市教育委員会　（13）2000.3

近世後期木下街道の在郷商人―商品物資の生産・販売と輸送（丹治健蔵）「千葉史学」 千葉歴史学会　（44）2004.5

木下街道の伊勢寺橋（天下井恵）「たいわ ： 語り伝える白井の歴史 ： 白井市郷土史の会機関誌」 白井市郷土史の会　（26）2009.4

木下街道の伊勢寺橋（続き）（天下井恵）「たいわ ： 語り伝える白井の歴史 ： 白井市郷土史の会機関誌」 白井市郷土史の会　（27）2010.4

木下街道に沿った大型塚群（天下井恵）「たいわ ： 語り伝える白井の歴史 ： 白井市郷土史の会機関誌」 白井市郷土史の会　（28）2011.4

木更津

上総木更津と近郷の史料抄出（高崎繁雄）「西上総文化会報」 西上総文化会　（65）2005.3

木更津へ来た人のことなど（黒川年男）「西上総文化会報」 西上総文化会　（68）2008.3

史跡探訪 伝説とロマンのまち木更津（福原貞夫）「房総の郷土史」 千葉県郷土史研究会連絡協議会　（37）2009.5

戊辰戦争における上総木更津の危機（筑紫敏夫）「東京湾学会誌 ： 東京湾の水土」 東京湾学会　3（2）通号14　2010.3

近世木更津周辺の石工（研究論文など）（稲木章宏）「西上総文化会報」 西上総文化会　（73）2013.3

第605回例会 研究発表II 講演「近世木更津周辺の石工」 稲木章宏会員（例会とその内容）「西上総文化会報」 西上総文化会　（73）2013.3

阿波藍商人が伝えた狸文化―大阪・木更津への伝播をめぐって（田中優生）「史泉 ： historical & geographical studies in Kansai University」 関西大学史学・地理学会　（118）2013.7

知っていそうな木更津（中澤一紅）「会報いしばし」 石橋郷土史研究会　2013年秋季号　2013.9

木更津海軍飛行場

木更津海軍飛行場造成四方山話（曽根英範）「西上総文化会報」 西上総文化会　（63）2003.3

木更津県

木更津県の租法整理と壬申地券発行（三浦茂一）「西上総文化会報」 西上総文化会　（64）2004.3

木更津県庁

木更津県庁跡について（藤浪弘美）「西上総文化会報」 西上総文化会　（66）2006.3

木更津市

第557回 研究発表II 木更津市内の金石文について（高崎繁雄）「西上総文化会報」 西上総文化会　（67）2007.3

木更津築港

昭和初期の木更津築港と海面埋立について（論文）（池田宏樹）「利根川文化研究」 利根川文化研究会　（36）2013.1

木更津東高等学校

県立木更津東高等学校百周年定時制併置六十周年記念を省みて（石井喜美代）「西上総文化会報」 西上総文化会　（71）2011.3

北

流山の一字地名 木・加・南・北・中（楽しい東葛地名辞典）「東葛流山研究」 流山市立博物館友の会事務局，崙書房出版（発売）（30）2012.3

北柏井村

下総国千葉郡北柏井村・川口家文書「御用留」鎌ケ谷市域関係記事（資・史料紹介）「鎌ケ谷市史研究」 鎌ケ谷市教育委員会　（27）2014.3

下総国千葉郡北柏井村・川口家文書について（資・史料紹介）（大関真由美）「鎌ケ谷市史研究」 鎌ケ谷市教育委員会　（27）2014.3

北小金駅

北小金駅設置と其の前後（渡来敬将）「松戸史談」 松戸史談会　（44）2004.10

北千葉導水

手賀沼と北千葉導水事業について（古谷正勝）「沼南町史研究」 沼南町教育委員会　7　2003.3

坂川と北千葉導水事業（宮本幸治）「千葉県史料研究財団だより」 千葉県史料研究財団　15　2004.3

北馬橋

短信（6）新松戸駅に「北馬橋」名盤が「松戸史談」 松戸史談会　（53）2013.11

木野崎河岸

木野崎河岸の薪炭商、谷口家の動向（上山和雄）「野田市史研究」 野田市　（24）2014.3

木間ヶ瀬

浅間塚築上文書にみる近世の木間ヶ瀬（石田年子）「研究報告」 千葉県立関宿城博物館　（15）2011.3

平将門ゆかりの地 木間ヶ瀬・武者土・飯塚（楽しい東葛地名辞典）「東葛流山研究」 流山市立博物館友の会事務局，崙書房出版（発売）（30）2012.3

君津

君津柔道会50年の歩み（渡辺達雄）「袖ケ浦市史研究」 袖ケ浦市郷土博物館　9　2001.3

企画展「企業誘致の記憶―君津と新日鐵」を終えて（森本和男）「千葉県立上総博物館報」 千葉県立上総博物館　102　2003.6

戦後地域史の諸相―君津地域の1945〜55年（房総史学50号記念特別企

画）（栗原克榮）「房総史学」 国書刊行会 （50） 2010.3

資料館の活動から 祝入館者80万人突破/歴史体験/資料館講座「火おこし・勾玉づくり体験」/資料館講座「君津の自然と歴史を楽しもう」/中学生職場体験/大学生博物館実習/小学校 市内めぐり/日伯交流の若武者たち「君津市立久留里城址資料館だより」 君津市立久留里城址資料館 （43） 2012.9

資料館の活動から よろい武者に変身！/資料館講座「君津の自然と歴史を楽しむ」/資料館講座「昔のおもちゃづくり体験」/資料館講座「用水をあるく」/小学校 市内めぐり/上総掘り模型の寄贈「君津市立久留里城址資料館だより」 君津市立久留里城址資料館 （44） 2013.9

君津製鉄所
君津製鉄所の歩み（夏目大介）「東京湾学会誌 ： 東京湾の水土」 東京湾学会 3(4)通号16 2011.3

行徳
行徳地域の寺町散策（川島信克）「東京湾学会誌 ： 東京湾の水土」 東京湾学会 2(1) 2003.3

研究ノート 行徳の下り塩購入と浦賀・神奈川湊の荷船（池田真由美）「市立市川歴史博物館館報」 市立市川歴史博物館 2006年度 2008.3

現代行徳地域史の課題（竹内壮一）「市史研究いちかわ」 市川市文化国際部 （3） 2012.3

市川市の近世文書（1）―行徳地区を中心に（資料紹介）（菅野洋介）「市史研究いちかわ」 市川市文化国際部 （3） 2012.3

教倫館
関宿久世家「教倫館」と儒官「亀田綾瀬と亀田鴬谷」（松丸明弘）「研究報告」 千葉県立関宿城博物館 （9） 2005.3

鋸南エリア
鋸南エリア史跡探訪（黒岩昭康）「忘らえぬかも ： 故里の歴史をさぐる」 （8） 2014.4

桐ヶ作
利根川で分断された町々 新田戸・桐ヶ作・古布内（楽しい東葛地名辞典）「東葛流山研究」 流山市立博物館友の会事務局，崙書房出版（発売）（30） 2012.3

桐ヶ作村
古谷家資料より見た桐ヶ作村（滝田重一）「かつしか台地 ： 野田地方史懇話会会誌」 野田地方史懇話会 26 2003.9

くぐいもり
幻の中世地名「くぐいもり」（綿貫啓一）「千葉文華」 千葉県文化財保護協会 （41） 2011.2

久寺家
平将門ゆかりの地名 日秀・柴崎・久寺家（楽しい東葛地名辞典）「東葛流山研究」 流山市立博物館友の会事務局，崙書房出版（発売）（30） 2012.3

九十九里
上方との文化的・経済的交流の重大性―九十九里漁業の歴史の一端（川村優）「房総の郷土史」 千葉県郷土史研究連絡協議会 （32） 2004.3

黒潮の流れと共に九十九里の光と影（研究論文）（松井安俊）「房総の郷土史」 千葉県郷土史研究連絡協議会 （39） 2011.5

九十九里浜
上総一宮本郷・東浪見村他漁業の衰退―九十九里浜の地引網を探る（川城昭一）「房総 ： 郷土の古文書研究」 川城文庫・藩政史研究会 101 2004.1

房総の歴史 江戸の往来物『浜庇小児教種』（はまべひしょうにおしえだね）を読んで 関川堂 今川経山の九十九里浜漁村の往来物（川城昭一）「房総 ： 郷土の古文書研究」 川城文庫・藩政史研究会 （123） 2009.1

近世後期の「村」の海防―九十九里浜周辺を中心に（清水誌織）「日本史攷究」 日本史攷究会 （35） 2011.11

震災リポート 九十九里浜東端の街（越川栄一郎）「利根川文化研究」 利根川文化研究会 （35） 2011.12

九十九里浜の地曳網の想い出 付・澪に流された自分の体験（鈴木茂）「忘らえぬかも ： 故里の歴史をさぐる」 大網白里町文化協会 （7） 2012.4

九十九里米軍基地
九十九里米軍基地闘争における漁業問題と漁業対策（〈近現代小特集〉）（森脇孝宏）「千葉県史研究」 千葉県史料研究財団 （17） 2009.3

九十九里平野
国内有数の海岸平野―九十九里平野の地質学的歴史（宇宙昴）「忘らえぬかも ： 故里の歴史をさぐる」 大網白里町文化協会 （3） 2004.6

久保
久保に見えかくれする歴史的事象（佐藤明正）「ふるさとちくら」 南房総市教育委員会 （23） 2006.3

御宿町久保岩瀬家文書調査報告（後藤雅知）「歴史科学と教育」 歴史科学と教育研究会 （26） 2008.1

久保城
久保城と久保の根津（佐藤明正）「ふるさとちくら」 南房総市教育委員会 （18） 2001.3

九美上
香取の歴史民俗見聞記（11） 佐原区・九美上と池田牧遺跡（島田七夫）「リヴラン佐原」 CAC企画 （395） 2008.9

蔵波砦
甦った海城 袖ヶ浦市蔵波砦跡（萱野章宏）「きみさらづ ： 財団法人君津郡市文化財センター広報誌」 君津郡市文化財センター 18 2001.3

栗原藩
入門講座 船橋郷土史（6） 犬山城主・栗原藩主成瀬氏（綿貫啓一）「史談会報」 船橋市史談会 （26） 2006.3

久留里
史跡探訪 上総掘りの里・久留里の史跡を訪ねて（福原貞夫）「房総の郷土史」 千葉県郷土史研究連絡協議会 （40） 2012.5

久留里古城
今後の行事から/資料館の活動から/新しい城絵図が見つかる！ 「上総国久留里古城山絵図」（部分）「君津市立久留里城址資料館だより」 君津市立久留里城址資料館 （41） 2010.9

久留里道
道標からみた古道「久留里道」と歴史史料―古道復原と地域史料教材化の試み（高崎芳美）「千葉県立中央博物館研究報告.人文科学」 千葉県立中央博物館 9(1)通号18 2005.3

黒滝
黒滝への道（麻生峰一）「嶺岡」 鴨川市郷土史研究会 （3） 2004.5

京葉工業地帯
千葉県における臨海工業地帯開発体制の成立―京葉工業地帯を事例に（斉藤伸義）「千葉県史研究」 千葉県史料研究財団 12 2004.3

毛野国
毛野国に遊ぶ「我孫子市史研究センター会報」 我孫子市史研究センター （129） 2012.11

検見川
「沖縄の軌跡」第102号 関東大震災虐殺事件 大正12年9月1日（11時58分） 秋田県人・三重県人・沖縄三県人殺害の〈検見川事件〉の真相/検見川事件関係記事「秋田県朝鮮人強制連行真相調査団会報」 秋田県朝鮮人強制連行真相調査団 （77） 2014.2

〔関東大震災〕秋田県人殺害事件 検見川事件の被害者・横手町の藤井金蔵さん（島袋和幸）「秋田県朝鮮人強制連行真相調査団会報」 秋田県朝鮮人強制連行真相調査団 （80） 2014.11

検見川区
ちば歴史こぼれ話 第5回 検見川区民団「ちば市史編さん便り」 千葉市立郷土博物館 （9） 2012.9

史料紹介 検見川小学校展示史料―「検見川区民団」について（岩田明日香）「千葉いまむかし」 千葉市教育委員会 （27） 2014.3

検見川無線送信所
日本無線史上のパイオニア 検見川無線送信所の歴史をひもとく 検見川無線送信所の歴史/施設の公開「ちば市史編さん便り」 千葉市立郷土博物館 （9） 2012.9

小出古郷
小出古郷の根古谷城譚―古書と伝聞を繋ぎ綴る（集中特集 旧川上（塩古）村）「郷土八街」 八街郷土史研究会 （22） 2013.1

小糸川
古代集落の変化と中世的景観の形成―西上総、小糸川流域の事例を中心に（笹生衛）「千葉県史研究」 千葉県史料研究財団 11（別冊2） 2003.3

興亜農林学校
戦時下の実業学校について―「興亜農林学校設置認可関係文書」を事例に（神山知徳）「鎌ケ谷市史研究」 鎌ケ谷市教育委員会 （19） 2005.10

公津
公津・八生地区の歴史地名（小倉博）「成田史談」 成田市文化財保護協会 （51） 2006.3

鴻の台
新収蔵資料展 嘉永己酉御狩場図絵/不二三十六景 下総鴻の台/角町念仏講資料/雪かきスコップのアイデアスケッチ「まつどミュージアム」 松戸市立博物館 （14） 2006.3

香実
明キ農舎調（4年1月）/談之覺（香実からの移住者に扶助米 2月）/談之覺（牧残馬之儀 3月）/香実移住者開墾人 農具取調書（6月）/談之覺（埴

千葉県 　　　　　　　　　　　地名でたどる郷土の歴史 　　　　　　　　　　　　　関東

生村嶋澤の訴え 6月)/烈風被害届(7月)/烈風被害届(三咲詰・原寛介の手紙 7月)/諸邸内惣人員高(6月)/開墾難出来者/願上文書(「小笠原辰次郎帰農につき加籍 12月)/談之覺(牧残馬之儀 別2478・11と同一内容)/談之覺(為替会社 4月)(史料翻刻 下総開墾4 明治4(1871)年分)「郷土八街」 八街郷土史研究会 (臨時号) 2012.4

香実生死手当金取調書(5.5)(史料翻刻 下総開墾7―明治5～6(1872～)年)「郷土八街」 八街郷土史研究会 (臨時号) 2014.9

興野
銚子における紀州移民の定着と港町形成に果たした役割―とくに興野地区の特徴形成と大新旅館を例として(清水克志)「歴史地理学調査報告」 筑波大学人文社会科学研究科歴史・人類学専攻歴史地理学研究室 (12) 2006.3

高野牧
高野牧に八街の一部? 鎌ヶ谷・企画展資料にびっくり「郷土八街」 八街郷土史研究会 (8) 2008.9

小金
庄内小金弐国領国境の歴史を歩く(史跡探訪)(南舘恒壽)「かつしか台地: 野田地方史懇話会会誌」 野田地方史懇話会 (45) 2013.3

小金佐倉町歩拵人員調(明治7.9)(史料翻刻 下総開墾7―明治5～6(1872～3)年)「郷土八街」 八街郷土史研究会 (臨時号) 2014.9

小金佐倉引請地書上(抄/明治7.3)(史料翻刻 下総開墾8―明治7(1874)年)「郷土八街」 八街郷土史研究会 (臨時号) 2014.10

小金佐倉町歩高(明治7.12)(史料翻刻 下総開墾9―明治7～10(1874～7)年)「郷土八街」 八街郷土史研究会 (臨時号) 2014.11

小金城
文化講演 下総に華やかに登場した小金城と群雄割拠の時代(第57回松戸市文化祭参加)(中山文人)「松戸史談」 松戸史談会 (46) 2006.10

松戸史談会講演会「小金城跡と根本内城跡」(関山純也)「松戸史談」 松戸史談会 (52) 2012.11

小金中野牧
小金中野牧・下野牧の構造と野馬捕(天下井恵)「鎌ヶ谷市史研究」 鎌ヶ谷市教育委員会 (22) 2009.3

小金原
嘉永二年小金原御鹿狩りについて―主として勢子人足の側面から(研究発表要旨)(大矢敏夫)「房総の郷土史」 千葉県郷土史研究連絡協議会 (35) 2007.5

町の古文書めくり 小金原御鹿狩考(2)(林武之)「東庄の郷土史」 東庄郷土史研究会 (24) 2008.6

コレクション紹介 冨士三十六景 下総小金原「まつどミュージアム」 松戸市立博物館 (17) 2009.2

研究ノート 明治初年小金原開墾事業と五香六実の人々(柏木一朗)「松戸市立博物館紀要」 松戸市立博物館 (17) 2010.3

町の古文書めくり「小金原御鹿狩考」(3),(4)(林武之)「東庄の郷土史」 東庄郷土史研究会 (27)/(28) 2011.7/2012.07

小金牧
小金牧絵図から見る鎌ヶ谷市域の変遷(天下井恵)「鎌ヶ谷市史研究」 鎌ヶ谷市教育委員会 (16) 2003.3

「小金上野高田台両御牧大凡図」を読み解く(青木更吉)「流山市史研究」 流山市教育委員会 (20) 2008.3

文化講演 江戸時代に松戸にあった小金牧(第60回松戸市文化祭参加)(青木更吉)「松戸史談」 松戸史談会 (49) 2009.11

小金牧開墾の初発構想と初富農会(天下井恵)「鎌ヶ谷市史研究」 鎌ヶ谷市教育委員会 (23) 2010.3

小金印西牧の開発と野馬土手(研究ノート)(佐々木克哉)「印西の歴史」 印西市教育委員会 (6) 2012.3

佐倉六牧実生木御拂代金仕訳書(3年6月)/柳澤牧実生木引渡請取書(3年11月)/柳澤牧御林木数幷ニ直段積書(4年8月)/小金牧佐倉牧御林実生木代調書(5年5月)/小金佐倉反別窮民授産諸入費幷年貢人積書(4年)/現在人員調 八街一～五番会社(5年4月)/改名願 大鐘永蔵(5年1月)(史料翻刻 下総開墾5 実生木関連・明治5(1872)年4月現在人員調)「郷土八街」 八街郷土史研究会 (臨時号) 2012.6

松戸史談会会員勉強会(要旨) 小金牧に残る馬の鞍(塩尻英児)「松戸史談」 松戸史談会 (52) 2012.11

小金牧における将軍鹿狩と周辺村落一挙行意図とその舞台(高見澤美紀)「鎌ヶ谷市史研究」 鎌ヶ谷市教育委員会 (26) 2013.3

宮内庁所蔵写真「旧牧関連地」について(天下井恵)「鎌ヶ谷市史研究」 鎌ヶ谷市教育委員会 (26) 2013.3

小金牧の景観変容とその解釈(宮本万理子)「鎌ヶ谷市史研究」 鎌ヶ谷市教育委員会 (26) 2013.3

史料紹介 松戸市立博物館所蔵「享保九年御用向留帳」―享保の小金牧改革関係史料(小高昭一)「松戸市立博物館紀要」 松戸市立博物館 (20) 2013.3

下総台地の開発と小金牧―延宝期を中心に(2012年度大会特集 17世紀

の関東と開発)(佐々木克哉)「関東近世史研究」 関東近世史研究会 (74) 2013.11

小金佐倉両牧引請反別調書(7.2)(史料翻刻 下総開墾7―明治5～6(1872～3)年)「郷土八街」 八街郷土史研究会 (臨時号) 2014.9

小金佐倉両牧総勘定請書(抄録)(史料翻刻 下総開墾8―明治7(1874)年)「郷土八街」 八街郷土史研究会 (臨時号) 2014.10

小金佐倉両牧反別書(明治7年6月)(史料翻刻 下総開墾9―明治7～10(1874～7)年)「郷土八街」 八街郷土史研究会 (臨時号) 2014.11

松戸宿と小金牧(小宮山榮一)「松戸史談」 松戸史談会 (54) 2014.11

小金町
コラム 流山の水戸街道とその呼称/町を分割された小金町/郷土史家松下邦夫さんの地名への思い(楽しい東葛地名辞典―東葛地名雑学アラカルト)「東葛流山研究」 流山市立博物館友の会事務局, 崙書房出版(発売) (30) 2012.3

五香六実
五香六実いまむかし[1]～(5)(及川ふじ)「松戸史談」 松戸史談会 (46)/(50) 2006.10/2010.11

研究ノート 明治初年小金原開墾事業と五香六実の人々(柏木一朗)「松戸市立博物館紀要」 松戸市立博物館 (17) 2010.3

五香六実のあけぼの(柏木一朗)「まつどミュージアム」 松戸市立博物館 (19) 2010.7

九日市塩田
船橋九日市塩田の成立について(綿貫啓一)「史談会報」 船橋市史談会 (33) 2014.3

腰越
館野物語(1) 腰越地区(渡邉重雄)「館山と文化財」 館山市文化財保護協会 (36) 2003.4

古村
古村の石高(集中特集 旧川上(塩古)村)「郷土八街」 八街郷土史研究会 (22) 2013.1

小中池
「小中池貯水池」懐古(井内堅)「忘らえぬかも : 故里の歴史をさぐる」 大網白里町文化協会 (4) 2006.6

古布内
利根川で分断された町々 新田戸・桐ヶ作・古布内(楽しい東葛地名辞典)「東葛流山研究」 流山市立博物館友の会事務局, 崙書房出版(発売) (30) 2012.3

湖北台
我孫子の新開地物語 湖北台・布佐平和台・柴崎台・青山台・つくし野・新木野(楽しい東葛地名辞典)「東葛流山研究」 流山市立博物館友の会事務局, 崙書房出版(発売) (30) 2012.3

小堀
字誌「小堀」地区余話「我孫子市史研究センター会報」 我孫子市史研究センター (130) 2012.12

小間小牧
御成街道はやはり道幅十二間三尺 小間子牧小作地割「郷土八街」 八街郷土史研究会 (18) 2012.6

小御門小学校
閉校される滑河・小御門・名木・高岡小学校及び東小学校の資料所在確認調査(概報)(島田七夫)「成田市史研究」 成田市教育委員会 (38) 2014.3

小御門村
聞き取り 吉江淨善氏に聞く小御門村・下総町の暮らし(事務局)「成田市史研究」 成田市教育委員会 (36) 2012.3

小湊鉄道
南総鉄道および小湊鉄道(松浦清)「南総郷土文化研究会誌」 南総郷土文化研究会 通号16 2008.1

御料地牧羊種蓄場
御料地牧羊種蓄場を回顧 明治8～昭和44年「郷土八街」 八街郷土史研究会 (21) 2013.5

権現堂
史料紹介 近世の「村法」・「民法」と日用について―上総国望陀郡権現堂(横山鈴子)「房総の郷土史」 千葉県郷土史研究連絡協議会 (41) 2013.6

権現堂堤
戦国期関宿周辺の河川普請―権現堂堤の修築を中心に(新井浩文)「研究報告」 千葉県立関宿城博物館 (8) 2004.3

栄村
マンガ ビミョーな被災地・千葉から見た栄村(斉田直世)「月刊栄村」 NPO法人栄村ネットワーク (9) 2012.3

坂川

坂川と北千葉導水事業（宮本幸治）「千葉県史料研究財団だより」 千葉県史料研究財団 15 2004.3

坂川の源流から河口まで（小宮山榮一）「松戸史談」 松戸史談会 （49） 2009.11

佐倉

桜咲く城下町佐倉を訪ねて（史跡探訪）（永井初枝）「かつしか台地 ： 野田地方史懇話会会誌」 野田地方史懇話会 20 2000.9

講演録 千葉県下の軍事施設と佐倉連隊（神田文人）「佐倉市史研究」 佐倉市総務部 （14） 2001.3

講演録 戦前の佐倉の鉄道史（白土貞夫）「佐倉市史研究」 佐倉市総務部 （15） 2002.3

佐倉炭と川上右仲（天下井恵）「たいわ ： 語り伝える白井の歴史 ： 白井市郷土史の会機関誌」 白井市郷土史の会 19 2002.4

佐倉の宿場（塚本良子）「佐倉市史研究」 佐倉市総務部 （16） 2003.3

講演録 佐倉の自由民権運動（矢嶋毅之）「佐倉市史研究」 佐倉市総務部 （17） 2004.3

佐倉炭の流通と市域の四町村—千葉町・登戸村・寒川村・泉水村（土屋雅人）「千葉いまむかし」 千葉市教育委員会 （19） 2006.3

企画展「佐倉連隊にみる戦争の時代」・同「習志野原—明治天皇から終戦まで—」見学記（見学記）（上田浄）「千葉史学」 千葉歴史学会 （49） 2006.11

国立歴史民俗博物館 特別企画「佐倉連隊にみる戦争の時代」（展示会批評）（佐川享平）「民衆史研究」 民衆史研究会 （72） 2006.11

佐倉連隊と地域（一ノ瀬俊也）「佐倉市史研究」 佐倉市総務部 （20） 2007.3

「佐倉」の地名を探る（呉林肇）「日本地名研究所通信」 日本地名研究所 （64） 2007.4

記念講演「佐倉」城下町から軍都へ—そして今は文化のまちへ（松井安俊）「房総の郷土史」 千葉県郷土史研究連絡協議会 （37） 2009.5

千葉県佐倉旧城下町における被災建物内資料の救済活動について（緊急企画 東日本大震災の被災状況と課題）（土佐博文）「関東近世史研究」 関東近世史研究会 （70） 2011.10

「佐倉の地名」の創刊にあたって（野村忠男）「佐倉の地名 ： 佐倉地名研究会会報」 佐倉地名研究会 （1） 2012.9

地名はおもしろい（池田弘之）「佐倉の地名 ： 佐倉地名研究会会報」 佐倉地名研究会 （1） 2012.9

佐倉の地名・歴史・野草展望備忘録 「地名を訪ねる」（小坂義弘）「佐倉の地名 ： 佐倉地名研究会会報」 佐倉地名研究会 （2） 2012.12

城下町「佐倉」（各地研究会の動き）（野村忠男）「日本地名研究所通信」 日本地名研究所 （76） 2013.3

平井家文書による佐倉の郵便創業事情（研究）（白土貞夫）「佐倉市史研究」 佐倉市総務部 （26） 2013.3

意味不明の地名を読み解く（総力取材！ 懇談会 佐倉の古い地名を語る）（松平喜美代）「佐倉の地名 ： 佐倉地名研究会会報」 佐倉地名研究会 （4） 2013.7

ディスカッション（総力取材！ 懇談会 佐倉の古い地名を語る）（山部紘司会）「佐倉の地名 ： 佐倉地名研究会会報」 佐倉地名研究会 （4） 2013.7

地名に学ぶ（6） 地名「佐倉」の由来（野村忠男）「佐倉の地名 ： 佐倉地名研究会会報」 佐倉地名研究会 （7） 2014.4

古河探訪—佐倉と古河（特集 古河公方の地を訪ねる）（田中征志）「佐倉の地名 ： 佐倉地名研究会会報」 佐倉地名研究会 （7） 2014.4

別紙（4頁）佐倉地名研究会27年の歩み「佐倉の地名 ： 佐倉地名研究会会報」 佐倉地名研究会 （7） 2014.4

小金佐倉町歩并人員調（明治7.9）（史料翻刻 下総開墾7—明治5〜6（1872〜3）年）「郷土八街」 八街郷土史研究会 （臨時号） 2014.9

小金佐倉引請地書上（抄）（明治7.3）（史料翻刻 下総開墾8—明治7（1874）年）「郷土八街」 八街郷土史研究会 （臨時号） 2014.10

佐倉を走る男（鑪井常行）「うすゐ」 白井文化懇話会 （30） 2014.11

小金佐倉町歩高（明治7.12）（史料翻刻 下総開墾9—明治7〜10（1874〜7）年）「郷土八街」 八街郷土史研究会 （臨時号） 2014.11

明治40年8月の大雨台風 佐倉では舟で往来「郷土八街」 八街郷土史研究会 （25） 2014.12

佐倉高校

佐倉高校・鹿山文庫について（大沢眞澄）「洋学 ： 洋学史学会研究年報」 洋学史学会 通号12 2004.3

佐倉市

講演録 明治・大正期における衛生思想の普及活動 附・佐倉市史編さんのための史料調査方法について（中澤恵子）「佐倉市史研究」 佐倉市総務部 （16） 2003.3

史跡探訪 佐倉市の史跡—順天堂・民俗博物館周辺の探訪（福井孝）「房総の郷土史」 千葉県郷土史研究連絡協議会 （35） 2007.5

『佐倉市史』巻四の編さんを終わって（《特集 『佐倉市史』 巻四 刊行》—

執筆者からの紹介）（白土貞夫）「佐倉市史研究」 佐倉市総務部 （21） 2008.3

自治体史のなかの「政治史」（《特集 『佐倉市史』 巻四 刊行》—執筆者からの紹介）（中村政弘）「佐倉市史研究」 佐倉市総務部 （21） 2008.3

地域社会における女性たち（《特集 『佐倉市史』 巻四 刊行》—執筆者からの紹介）（中澤恵子）「佐倉市史研究」 佐倉市総務部 （21） 2008.3

『佐倉市史』巻四の執筆にあたって（《特集 『佐倉市史』 巻四 刊行》—執筆者からの紹介）（矢嶋毅之）「佐倉市史研究」 佐倉市総務部 （21） 2008.3

『佐倉市史』巻四の佐倉連隊関連部分について（《特集 『佐倉市史』 巻四 刊行》—執筆者からの紹介）（一ノ瀬俊也）「佐倉市史研究」 佐倉市総務部 （21） 2008.3

「敬亭日記」にみる戦時下の生活（《特集 『佐倉市史』 巻四 刊行》—刊行に添えて）（白土貞夫）「佐倉市史研究」 佐倉市総務部 （21） 2008.3

敗戦直後の国民健康保険事業（《特集 『佐倉市史』 巻四 刊行》—刊行に添えて）（中澤恵子）「佐倉市史研究」 佐倉市総務部 （21） 2008.3

奈良・平安時代の佐倉（《特集 『佐倉市史』 考古編の編さんに着手》）（小林信一）「佐倉市史研究」 佐倉市総務部 （22） 2009.3

事例報告 佐倉市における資料調査・収集と活用—『佐倉市史』巻四（近現代編）の編さんを中心として（第4回研修会）（土佐博文）「印旛郡市地域史料保存利用連絡協議会会報」 印旛郡市地域史料保存利用連絡協議会 （14） 2010.3

佐倉市における城館調査の紹介（報告）（日暮冬樹）「千葉城郭研究」 千葉城郭研究会 （10） 2011.10

資料調査報告 吉田家文書・吉田家文書の伝存状況記録（市史編さん事務局から）「佐倉市史研究」 佐倉市総務部 （25） 2012.3

佐倉市の尾余（びよ）地名について（総力取材！ 懇談会 佐倉の古い地名を語る）（滝口昭二）「佐倉の地名 ： 佐倉地名研究会会報」 佐倉地名研究会 （4） 2013.7

佐倉市内の「びょう」地名について（山都紘）「佐倉の地名 ： 佐倉地名研究会会報」 佐倉地名研究会 （6） 2014.1

遺構・遺物からみた奈良・平安時代の佐倉（特集 『佐倉市史』 考古編刊行—考古専門部会会員から）（小林信一）「佐倉市史研究」 佐倉市 （27） 2014.3

佐倉歴博見学と市内史跡探訪（川合雄二郎）「忘らえぬかも ： 故里の歴史をさぐる」 （8） 2014.4

佐倉順天堂

平成18・12・17 佐倉順天堂と日本近代医学の夜明け（講演・卓話記録）（佐藤強）「うすゐ」 白井文化懇話会 （23） 2007.12

佐倉城

地形を歩く 佐倉城と谷戸（谷津）（田中正大）「Collegio」 之潮 （24） 2007.7

佐倉城址めぐり（風生）「リヴラン佐原」 CAC企画 （402） 2009.4

資料調査報告 佐倉城内曲輪分絵図・佐倉城外新町分間絵図（市史編さん事務局から）「佐倉市史研究」 佐倉市総務部 （26） 2013.3

地名に学ぶ（2） 佐倉城の成り立ちと「根古屋」地名（野村忠男）「佐倉の地名 ： 佐倉地名研究会会報」 佐倉地名研究会 （3） 2013.3

地名に学ぶ（3） 城に深く関わる小字名（野村忠男）「佐倉の地名 ： 佐倉地名研究会会報」 佐倉地名研究会 （4） 2013.7

検証「総州佐倉城府内之図」を読む「郷土八街」 八街郷土史研究会 （23） 2014.4

佐倉新町

佐倉新町の変遷（塚本良子）「佐倉市史研究」 佐倉市総務部 （20） 2007.3

佐倉新町吉田家文書 分家関係資料（資料紹介）（土佐博文）「佐倉市史研究」 佐倉市総務部 （26） 2013.3

桜田

桜田の高札場（成田市史調査員だより（2））（小倉博）「成田市史研究」 成田市教育委員会 通号33 2009.3

佐倉中学校

研究 旧制佐倉中学校滑空部史話（前）（木暮達夫）「佐倉市史研究」 佐倉市 （27） 2014.3

佐倉道

新事業「佐倉道を歩く」の内容／新道標発見の報告「郷土史研通信」 八千代市郷土歴史研究会 （70） 2010.5

佐倉藩

「佐倉藩主堀田正篤建議書」再考—嘉永6年7月の老中諮問と佐倉藩（道迫真吾）「佐倉市史研究」 佐倉市総務部 （13） 2000.3

資料紹介 佐倉藩士の家に伝わった中世文書（小島道裕）「佐倉市史研究」 佐倉市総務部 （14） 2001.3

戊辰戦争と下総佐倉藩の位相（三浦茂一）「房総の郷土史」 千葉県郷土史研究連絡協議会 29 2001.3

〔資料紹介〕 佐倉藩士の家に伝わった中世文書（補遺）（小島道裕）「佐倉

市史研究」 佐倉市総務部 （15） 2002.3

佐倉藩の廻米政策と寒川蔵屋敷（多和田雅保）「千葉県史研究」 千葉県史料研究財団 11（別冊1） 2003.3

幕末期佐倉藩と文晁系画人たち—尾手晁采を中心として（古内茂）「佐倉市史研究」 佐倉市総務部 （17） 2004.3

四街道市と佐倉藩の文化（押尾忠）「四街道の歴史 ： 市史研究誌」 四街道市教育委員会 （2） 2004.3

佐倉藩ゆかりの地 柏倉見開記（畠山隆）「郷土史研通信」 八千代市郷土歴史研究会 51 2005.8

佐倉藩の相州警備について（山本哲也）「開国史研究」 横須賀市 （7） 2007.3

クナシリ島の地名—安政四年佐倉藩士による地名（本田克代，吉田千萬）「アイヌ語地名研究」 アイヌ語地名研究会，北海道出版企画センター（発売） 通号10 2007.12

講演録 沼津兵学校と佐倉藩士（樋口雄彦）「佐倉市史研究」 佐倉市総務部 （21） 2008.3

続クナシリ島の地名—クナシリ場所東西里数幷川々所々小名漁場，安政四年佐倉藩士による記録（吉田千萬，本田克代）「アイヌ語地名研究」 アイヌ語地名研究会，北海道出版企画センター（発売） 通号11 2008.12

東京成徳大学房総地域文化研究プロジェクト特別講義を当会が担当 八千代市郷土歴史研究会の紹介と概要（村田一男）/八千代の俳諧文化（関和時男）/明治維新の近代曙に生きた佐倉藩士（畠山隆）/古文書に見る名主善兵衛の村政（菅野貞男）（関和時男）「郷土史研通信」 八千代市郷土歴史研究会 （65） 2009.2

佐倉藩の雨乞い祈禱（成田市史調査員だより（3））（小倉博）「成田市史研究」 成田市教育委員会 通号34 2010.3

横見郡久保田村にみる佐倉藩飛地領の基礎的考察（高木謙一）「文書館紀要」 埼玉県立文書館 （24） 2011.3

講演録 新興武家地の誕生—幕末期の佐倉江戸藩士の移住をめぐって（岩淵令治）「佐倉市史研究」 佐倉市総務部 （24） 2011.3

講演録 戊辰戦争と佐倉藩—維新期における譜代藩の動向（箱石大）「佐倉市史研究」 佐倉市総務部 （25） 2012.3

講演録 昌平坂学問所に学んだ佐倉藩士—門人帳の分析から（関山邦宏）「佐倉市史研究」 佐倉市総務部 （26） 2013.3

佐倉藩代官による飛地領支配の実態—武蔵国横見郡久保田村を事例に（研究）（高木謙一）「佐倉市史研究」 佐倉市総務部 （26） 2013.3

佐倉藩士香宗我部氏と家伝文書（資料紹介）（菱沼一憲）「佐倉市史研究」 佐倉市総務部 （26） 2013.3

講演録 佐倉藩の戊辰戦争（三浦茂一）「佐倉市史研究」 佐倉市 （27） 2014.3

明治初期の人物写真帖にみる佐倉藩出身の人々（資料紹介）（土佐博文）「佐倉市史研究」 佐倉市 （27） 2014.3

佐倉牧

特集 検証 八街開墾 2年で拓いた2575ヘクタール 資料 佐倉牧・引請反別調書「郷土八街」 八街郷土史研究会 （8） 2008.9

佐倉六牧実生木御拂代金仕訳書（3年6月）/柳澤牧実生木引渡請取書（3年11月）/柳澤牧御林木数幷二直段積書（4年8月）/小金牧佐倉牧御林実生木代調書（5年5月）/小金佐倉反別窮民授産諸入費幷年貢凡積書（4年）/現在人員調 八街一〜五番会社（5年4月）/改名願 大鐘永蔵（5年1月）（史料翻刻 下総開墾5 実生木関連・明治5（1872）年4月現在人員調）「郷土八街」 八街郷土史研究会 （臨時号） 2012.6

小金佐倉両牧引請反別調書（7.2）（史料翻刻 下総開墾7—明治5〜6（1872〜3）年）「郷土八街」 八街郷土史研究会 （臨時号） 2014.9

小金佐倉両牧総勘定調書（抄録）（史料翻刻 下総開墾8—明治7（1874）年）「郷土八街」 八街郷土史研究会 （臨時号） 2014.10

小金佐倉両牧反別書（明治7年6月）（史料翻刻 下総開墾9—明治7〜10（1874〜7）年）「郷土八街」 八街郷土史研究会 （臨時号） 2014.11

佐倉歴史民俗博物館

佐倉歴博見学と市内史跡探訪（川合雄二郎）「忘らえぬかも ： 故里の歴史をさぐる」 （8） 2014.4

佐倉六牧

佐倉六牧実生木御拂代金仕訳書（3年6月）/柳澤牧実生木引渡請取書（3年11月）/柳澤牧御林木数幷二直段積書（4年8月）/小金牧佐倉牧御林実生木代調書（5年5月）/小金佐倉反別窮民授産諸入費幷年貢凡積書（4年）/現在人員調 八街一〜五番会社（5年4月）/改名願 大鐘永蔵（5年1月）（史料翻刻 下総開墾5 実生木関連・明治5（1872）年4月現在人員調）「郷土八街」 八街郷土史研究会 （臨時号） 2012.6

笹川

笹川船手組合（1）—史料の総論と作ը家の香取丸（土屋清實）「東庄の郷土史」 東庄郷土史研究会 （17） 2001.6

六十五年前の笹川青年団（宮崎一彦）「東庄の郷土史」 東庄郷土史研究会 （19） 2003.6

わが思い出「笹川の顔」（3）（宮崎一彦）「東庄の郷土史」 東庄郷土史研究会 （22） 2006.6

交通思い出の記 笹川の渡船（土屋清實）「東庄の郷土史」 東庄郷土史研究会 （22） 2006.6

笹川船手組合（10）（土屋清實）「東庄の郷土史」 東庄郷土史研究会 （26） 2010.8

笹塚

エッセー 笹塚締談（印南満子）「たいわ ： 語り伝える白井の歴史 ： 白井市郷土史の会機関誌」 白井市郷土史の会 （26） 2009.4

笹引

旧小間子牧の笹引譲渡 地名「八街へ」時期特定（西村本家文書）「郷土八街」 八街郷土史研究会 （25） 2014.12

佐是

養老川の流れに沿う町 牛久・佐是（竹内宏）「南総郷土文化研究会誌」 南総郷土文化研究会 通号16 2008.1

佐津間

佐津間の中世（中山文人）「鎌ケ谷市史研究」 鎌ケ谷市教育委員会 （15） 2002.3

第二次大戦前の千葉県東葛飾郡鎌ケ谷村佐津間における交通機関の発達と商品作物の展開—石井清一氏に聞く（渡辺嘉之）「鎌ケ谷市史研究」 鎌ケ谷市教育委員会 （17） 2004.3

研究ノート 中世佐津間の検討課題について（中山文人）「松戸市立博物館紀要」 松戸市立博物館 （18） 2011.3

佐貫城

旧幕士、佐貫城を攻撃（山形紘）「幕末史研究」 三十一人会，小島資料館（発売）（42） 2007.1

忘れられたような佐貫城址を訪れて（西ヶ谷恭弘）「城郭だより ： 日本城郭史学会会報」 ［日本城郭史学会］ （79） 2012.10

佐野

万葉のロマンと厄除大師の町・佐野を訪ねる（後藤金三）「かつしか台地 ： 野田地方史懇話会会誌」 野田地方史懇話会 28 2004.9

佐野区

史料紹介 成田市佐野区有文書第二期調査史料について（千田豊子，小池米子）「成田市史研究」 成田市教育委員会 （28） 2004.3

寒川蔵屋敷

佐倉藩の廻米政策と寒川蔵屋敷（多和田雅保）「千葉県史研究」 千葉県史料研究財団 11（別冊1） 2003.3

寒川村

佐倉炭の流通と市域の四町村—千葉町・登戸村・寒川村・泉水村（土屋雅人）「千葉いまむかし」 千葉市教育委員会 （19） 2006.3

佐山

4月例会 4月29日 平戸周辺、佐山地区探訪の記（村杉スミ子）「郷土史研通信」 八千代市郷土歴史研究会 （66） 2009.5

佐原

佐原でも造っていた「特攻艇・震洋」（高橋清行）「香取民衆史」 香取歴史教育者協議会 （9） 2003.3

幕末維新期の佐原—『実業新報』連載の天保耆士「五十年以前の佐原」（大豆生田稔）「佐原の歴史」 佐原市教育委員会 3 2003.3

佐原いまむかし 小野川周辺の風景（木下正治郎）「佐原の歴史」 佐原市教育委員会 3 2003.3

写真展「佐原のむかし」（青木司）「おおとね ： 千葉県立中央博物館大利根分館報」 千葉県立中央博物館大利根分館 73 2004.3

明治時代の佐原の学校教育（1）（川尻信夫）「佐原の歴史」 佐原市教育委員会 4 2004.3

佐原の町名の成り立ちと古絵図（川尻信夫）「佐原の歴史」 佐原市教育委員会 4 2004.3

佐原いまむかし 新島の暮らし（大須賀三郎）「佐原の歴史」 佐原市教育委員会 4 2004.3

佐原の「出シ」の修復（椎名和宏）「千葉県史料研究財団だより」 千葉県史料研究財団 （18） 2007.3

佐原の荷宰領—別の輸送手段として（石川芳昭）「利根川文化研究」 利根川文化研究会 通号32 2008.12

郷土研究会八月例会報告 小江戸佐原めぐり（浅見初枝）「郷土はんのう」 飯能郷土史研究会 （29） 2009.3

在方町佐原からみた近世地域文化試論（大会特集I 北総地域の水辺と台地—生活空間の歴史的変容—問題提起）（酒井右二）「地方史研究」 地方史研究協議会 60（4）通号346 2010.8

佐原から考える平田国学（大会特集I 北総地域の水辺と台地—生活空間の歴史的変容—問題提起）（小田真裕）「地方史研究」 地方史研究協議会 60（4）通号346 2010.8

千葉県香取市佐原を訪ねて（渡邊大門）「ぶい＆ぶい ： 日本史史料研究会会報」 日本史史料研究会企画部 19 2011.4

2011年3月11日の前と後—千葉県香取市佐原地域「ぶい＆ぶい ： 日本史

佐原河岸

佐原河岸跡を歩く(石橋静夫)「香取民衆史」 香取歴史教育者協議会 (9) 2003.3

佐原市

佐原市内の戦争関係碑を見る―現況紹介(上)(櫻井良樹)「佐原の歴史」 佐原市教育委員会 4 2004.3

佐原町

戦争は人間を獣にする 佐原町民が獣になった日(及川昇)「リヴラン佐原」 CAC企画 (396) 2008.10

佐原村

河岸問屋株をめぐる諸動向―下総国佐原村を事例として(永原健彦)「論集きんせい」 近世史研究会 (26) 2004.5

寛永期の年貢取収―下総国香取郡佐原村、天方氏支配所の事例(中小路純)「常総の歴史」 崙書房出版茨城営業所 (31) 2004.7

三軒家

関宿城下の町 台町・江戸町・元町・内町・三軒家(楽しい東葛地名辞典)「東葛流山研究」 流山市立博物館友の会事務局, 崙書房出版(発売) (30) 2012.3

三番瀬

江戸時代の三番瀬(高橋覚)「東京湾学会誌 : 東京湾の水土」 東京湾学会 2(2) 2004.3

山武

古代山武地域の氏族とヤマト王権(論文)(須永忍)「千葉史学」 千葉歴史学会 (65) 2014.11

山武郡

不振農業協同組合の再建―終戦時～昭和30年代の千葉県山武郡を例に(海老沼宏始)「千葉史学」 千葉歴史学会 (55) 2009.11

山武郡私立衛生会

大正期における私立衛生会の動向―山武郡私立衛生会の設立とその役割(中澤恵子)「千葉県史研究」 千葉県史料研究財団 11 2003.3

三本入

蘇れ三本入・天井田の谷津―染井桜宮自然公園(石橋静夫)「香取民衆史」 香取歴史教育者協議会 (10) 2007.4

三里塚御料牧場

回想「三里塚御料牧場と私」(新島新吾)「成田市史研究」 成田市教育委員会 (35) 2011.3

鹿見塚

上総鹿見塚考(歴史随想)(遠山成一)「千葉史学」 千葉歴史学会 (55) 2009.11

志津

佐倉地名研究会志津部会 報告資料 志津地区北部の石碑移動などのお知らせ(小坂義弘)「佐倉の地名 : 佐倉地名研究会会報」 佐倉地名研究会 (1) 2012.9

酒々井町

酒々井町飯沼家文書について 講師・中村政弘氏(印旛郡市地域史料保存利用連絡協議会会報」 印旛郡市地域史料保存利用連絡協議会 (7) 2003.3

酒々井町における相京という名字の分布について(生徒歴史研究発表大会の記録)(相京優花)「房総史学」 国書刊行会 (51) 2011.3

志津駅

京成電気軌道志津駅誘致をめぐって―志津半家日誌簿を中心に(白土貞夫)「佐倉市史研究」 佐倉市総務部 (17) 2004.3

下方村

幕末期の下方村と年中行事(大谷貞夫)「成田市史研究」 成田市教育委員会 (27) 2003.3

下谷

文化講演 松戸下谷 その歴史と風俗 干潟の行方(第59回松戸市文化祭参加)(大井弘好)「松戸史談」 松戸史談会 (48) 2008.11

至徳堂

至徳堂関連史料についての二、三の覚書(三浦茂一)「千葉史学」 千葉歴史学会 (45) 2004.11

郷学至徳堂を知ろう(第541回 研究発表会II)(三浦茂一)「西上総文化会報」 西上総文化会 (65) 2005.3

『上総日記』に見る至徳堂の人びと(三浦茂一)「西上総文化会報」 西上総文化会 (68) 2008.3

高柳銚子塚古墳上の三つの至徳堂碑(三浦茂一)「西上総文化会報」 西上総文化会 (69) 2009.3

第569回例会 研究発表 至徳堂関係資料の価値について(三浦茂一)「西上

総文化会報」 西上総文化会 (69) 2009.3

上総の郷学至徳堂と正木幽谷(三浦茂一)「千葉県の文書館」 千葉県文書館 (14) 2009.3

至徳堂の頼母子講と重城琢斎(三浦茂一)「西上総文化会報」 西上総文化会 (71) 2011.3

「至徳堂の碑」銘を読む(三浦茂一)「西上総文化会報」 西上総文化会 (72) 2012.3

篠塚

下総篠塚の陣に関する一史料(羅針盤)(佐藤博信)「戦国史研究」 戦国史研究会, 吉川弘文館(発売) (59) 2010.2

足利政氏の下総篠塚対陣に関する一史料(羅針盤)(田中宏志)「戦国史研究」 戦国史研究会, 吉川弘文館(発売) (67) 2014.2

柴崎

平将門ゆかりの地名 日秀・柴崎・久寺家(楽しい東葛地名辞典)「東葛流山研究」 流山市立博物館友の会事務局, 崙書房出版(発売) (30) 2012.3

『字誌』研究から―柴崎探訪(東日出夫)「我孫子市史研究センター会報」 我孫子市史研究センター (133) 2013.3

柴崎台

我孫子の新開地物語 湖北台・布佐平和台・柴崎台・青山台・つくし野・新木野(楽しい東葛地名辞典)「東葛流山研究」 流山市立博物館友の会事務局, 崙書房出版(発売) (30) 2012.3

芝崎村

近世後期、江戸東郊地域の肥料購入と江戸地廻り経済―下総国葛飾郡芝崎村吉野家を事例に《2008年度大会特集 近世後期関東の流通と消費社会》(小林風)「関東近世研究」 関東近世史研究会 (67) 2009.10

芝山

「和國屋の道標」が芝山に(佐久間弘文)「郷土史研究通信」 八千代市郷土歴史研究会 (58) 2007.5

芝山鉄道

芝山町立芝山古墳・はにわ博物館企画展「しばやま鉄道ものがたり」(見学記)(高木晋一郎)「千葉史学」 千葉歴史学会 (64) 2014.5

柴山藩

明治初年における譜代小藩の房総移封と「議事ノ制」―上総国柴山藩の会議所巷会と防招問題を事例に(第52回日本史関係卒業論文発表会要旨)(堀野周平)「地方史研究」 地方史研究協議会 61(3)通号351 2011.6

芝山町

近況寸言 芝山町史の手伝いをして(小倉博)「房総の郷土史」 千葉県郷土史研究連絡協議会 (39) 2011.5

島田台

速報レポート 新設された道標と問題点―島田台と新木戸の事例報告(村田一男)「郷土史研通信」 八千代市郷土歴史研究会 (64) 2008.11

清水公園

史跡探訪(1) 新岩名古墳と清水公園に秘められた歴史を探る(平井義彦)「かつしか台地 : 野田地方史懇話会会誌」 野田地方史懇話会 27 2004.3

清水公園と岩名の史跡を訪ねる(史跡探訪)(川崎清光)「かつしか台地 : 野田地方史懇話会会誌」 野田地方史懇話会 (47) 2014.3

シリーズその裏話 地方史懇話会の行事運営 清水公園と岩名の史跡を訪ねる(染谷啓之)「かつしか台地 : 野田地方史懇話会会誌」 野田地方史懇話会 (47)(別冊18) 2014.3

清水村

清水台小学校郷土芸能クラブ創立20周年記念事業 パネル展示「江戸時代の清水村」について(美馬秀造)「かつしか台地 : 野田地方史懇話会会誌」 野田地方史懇話会 22 2001.9

下泉村

江戸時代末期の下泉村に発生した訴訟事件について(史料紹介)(鵜野貞夫)「袖ケ浦市史研究」 袖ケ浦市郷土博物館 (15) 2011.3

下市場村

「旧村上村・旧下市場村総合研究」序説(特集 旧村上村・旧下市場村の総合研究I)(村田一男)「史談八千代」 八千代市郷土歴史研究会機関誌」 八千代市郷土歴史研究会 (37) 2012.12

村上村・下市場村年表(特集 旧村上村・旧下市場村の総合研究I)(菅野惇一)「史談八千代 : 八千代市郷土歴史研究会機関誌」 八千代市郷土歴史研究会 (37) 2012.12

下市場村の概要(特集 旧村上村・旧下市場村の総合研究II―旧下市場村の研究)(平塚胖)「史談八千代 : 八千代市郷土歴史研究会機関誌」 八千代市郷土歴史研究会 (38) 2013.11

下市場村の村域と変遷(特集 旧村上村・旧下市場村の総合研究II―旧下市場村の研究)(佐藤二郎)「史談八千代 : 八千代市郷土歴史研究会機関

千葉県　　　　　　　　　　　　　　　　　　　　　　地名でたどる郷土の歴史　　　　　　　　　　　　　　　　　　　　　関東

関誌」　八千代市郷土歴史研究会　（38）2013.11

江戸時代の下市場村の屋敷位置（特集 旧村上村・旧下市場村の総合研究II―旧下市場村の研究）（菅野貞男）「史談八千代：八千代市郷土歴史研究会機関誌」　八千代市郷土歴史研究会　（38）2013.11

下総

下総地区は歴史の宝庫（磯辺大暢）「成田市史研究」　成田市教育委員会　通号32　2008.3

下総地区の石造物（成田市史調査員だより（1））（島田七夫）「成田市史研究」　成田市教育委員会　通号32　2008.3

講演録平成21年度市史講座 江戸時代の下総村々にみる駆込寺と入寺（佐藤孝之）「成田市史研究」　成田市教育委員会　（35）2011.3

下総地区の歴史地名（小倉博）「成田史談」　成田市文化財保護協会　（57）2012.3

下総小金中野牧

下総小金中野牧跡の野馬土手についての一考察（後野真弥）「鎌ケ谷市史研究」　鎌ケ谷市教育委員会　（22）2009.3

下総牧

見学記 成田山霊光館特別展「下総牧と鹿狩」（福田美波）「千葉史学」　千葉歴史学会　（45）2004.11

残念な千葉日報紙連載記事「下総牧々開墾始末」「郷土八街」　八街郷土史研究会　（17）2012.4

下小野

史料調査参加記 第5次下小野区有文書（香取市下小野）調査（伊能茉奈美）「紙魚之友」　房総史料調査会　（31）2013.10

下河岸

野田の歴史を聞く 下河岸あれこれ（桝田妯子）「かつしか台地：野田地方史懇話会会誌」　野田地方史懇話会　（35）2008.3

下烏田村

周准郡下烏田村と地頭・藩主林家との関わりの記録（諏訪貞夫）「西上総文化会報」　西上総文化会　（72）2012.3

下志津

陸軍航空部隊の毒ガス戦研究演習―下志津・三方原・ハイラル・白城子（竹内康人）「静岡県近代史研究」　静岡県近代史研究会　（35）2010.10

12月例会によせて 竹内康人「陸軍航空部隊の毒ガス戦研究演習―下志津・三方原・ハイラル・白城子―」（『静岡県近代史研究』第35号2010年）を読んで（村瀬隆彦）「静岡県近代史研究会会報」　静岡県近代史研究会　（387）2010.12

陸軍下志津・八街・東金飛行場の役割―陸軍の司偵隊とその活動（服部雅徳）「郷土八街」　八街郷土史研究会　（臨時号）2014.1

下志津軍用地

下志津軍用地開拓の記憶（1）「千葉いまむかし」　千葉市教育委員会　（21）2008.3

下志津軍用地開拓の記憶（2），（3）（彦坂徹）「千葉いまむかし」　千葉市教育委員会　（22）/（23）2009.3/2010.03

下志津軍用地開拓の記憶（4）（彦坂徹）「千葉いまむかし」　千葉市教育委員会　（25）2012.3

下志津原

下志津原の変遷をみつめて（遠藤三郎）「四街道の歴史：市史研究誌」　四街道市教育委員会　（3）2005.3

下志津原と鹿牧ヶ丘のつながり（福島五郎）「四街道の歴史：市史研究誌」　四街道市教育委員会　（4）2006.3

下志津原演習場

史談八千代第2号 勝田の総合研究 地名研究補遺 八千代市の中の下志津原演習場（滝口昭二）「史談八千代：八千代市郷土歴史研究会機関誌」　八千代市郷土歴史研究会　（34）2009.11

下志津陸軍飛行学校

史料紹介 下志津陸軍飛行学校の航空写真について（市史編さん担当）「千葉いまむかし」　千葉市教育委員会　（23）2010.3

下海上

利根川最下流の古代文化（2）―東庄は下海上の繁栄地（大木衛）「東庄の郷土史」　東庄郷土史研究会　（19）2003.6

下野牧

入門講座 船橋郷土史（3）幕府馬牧 下野牧（綿貫啓一）「史談会報」　船橋市史談会　23　2003.1

小金中野牧・下野牧の構造と野馬捕（天下井恵）「鎌ケ谷市史研究」　鎌ケ谷市教育委員会　（22）2009.3

下利根川

奥州年貢輸送と下利根川流域村々（椎名和宏）「歴史科学と教育」　歴史科学と教育研究会　（25）2006.11

天明期印旛沼堀割普請後の下利根川流域の動向（テーマ 水辺から印西の

歴史を見直す―論考）（鏑木行廣）「印西の歴史」　印西市教育委員会　（7）2013.3

下花輪

流山の城跡地名 前ヶ崎・名都借・下花輪・深井（楽しい東葛地名辞典）「東葛流山研究」　流山市立博物館友の会事務局，崙書房出版（発売）（30）2012.3

下総御料牧場

取香牧から取香種苗場へ、さらに下総御料牧場へ（大会特集I 北総地域の水辺と台地―生活空間の歴史的変容―問題提起）（鏑木行廣）「地方史研究」　地方史研究協議会　60（4）通号346　2010.8

下総町

下総町50年の歩み（小坂いち）「史談しもふさ」　下総町郷土史研究会　（27）2006.4

江戸時代の石工職人・石橋藤兵衛について―旧下総町に残された石造物から探る（角田吉信）「香取民衆史」　香取歴史教育者協議会　（10）2007.4

旧下総町域の調査（中世）（成田市史調査員だより（1））（外山信司）「成田市史研究」　成田市教育委員会　通号32　2008.3

文書史料『下総町史・古代編』の史料収録に携わって（成田市史調査員だより（1））（藤下昌信）「成田市史研究」　成田市教育委員会　通号32　2008.3

聞き取り 吉江淨善氏に聞く小御門村・下総町の暮らし（事務局）「成田市史研究」　成田市教育委員会　（36）2012.3

周南村

平成23年度企画展関連講演会記録（写真 旧周南村の上総掘り職人たち）「君津市立久留里城址資料館年報」　君津市立久留里城址資料館　（33）2013.3

順天堂

史跡探訪 佐倉市の史跡―順天堂・民俗博物館周辺の探訪（福井孝）「房総の郷土史」　千葉県郷土史研究連絡協議会　（35）2007.5

常照寺漢学塾

香取の歴史民俗見聞記（13）佐原区・常照寺漢学塾と新村出先生（島田七夫）「リヴラン佐原」　CAC企画　（397）2008.11

庄内

庄内小金式国領国境の歴史を歩く（史跡探訪）（南舘恒壽）「かつしか台地：野田地方史懇話会会誌」　野田地方史懇話会　（45）2013.3

城門川

「本海川」と「城門川」（滝口昭二）「史談会報」　船橋市史談会　23　2003.1

昭和放水路

鎌ケ谷と昭和放水路（倉田智子）「鎌ケ谷市史研究」　鎌ケ谷市教育委員会　（19）2005.10

白井庄

検証 旧川上村は 白井庄か白井庄か「郷土八街」　八街郷土史研究会　（17）2012.4

白浜町

千葉県白浜町における元禄汀線の再検討と村落景観の復元（笹生衛）「千葉県立安房博物館研究紀要」　千葉県立安房博物館　10　2003.3

白井

白井の道とその変遷（坪井敏）「たいわ：語り伝える白井の歴史：白井市郷土史の会機関誌」　白井市郷土史の会　17　2000.4

白井の地名（坪井敏）「たいわ：語り伝える白井の歴史：白井市郷土史の会機関誌」　白井市郷土史の会　18　2001.4

地名の由来「白井」（坪井敏）「たいわ：語り伝える白井の歴史：白井市郷土史の会機関誌」　白井市郷土史の会　19　2002.4

移動博物館「富里第一小学校内学校博物館」/館蔵資料展「白井に風土記がやってきた」/出土遺物巡回展「房総発掘ものがたり」「千葉県立房総風土記の丘だより」　千葉県立房総風土記の丘　41　2003.3

白井にもトンネルがあった（坪井敏）「たいわ：語り伝える白井の歴史：白井市郷土史の会機関誌」　白井市郷土史の会　（22）2005.4

わがまちの文化財に「エー何と」、白井の地名考が、落ちている（鈴木普二男）「たいわ：語り伝える白井の歴史：白井市郷土史の会機関誌」　白井市郷土史の会　（22）2005.4

城跡のある「しろい」と言うところ（たいわ案内人）「たいわ：語り伝える白井の歴史：白井市郷土史の会機関誌」　白井市郷土史の会　（22）2005.4

「帝都」防衛からシロイ・エアーベース、そして自衛隊基地へ―松戸・藤ケ谷飛行場小史（栗田尚弥）「鎌ケ谷市史研究」　鎌ケ谷市教育委員会　（19）2005.10

白井送電線物語（坪井敏）「たいわ：語り伝える白井の歴史：白井市郷土史の会機関誌」　白井市郷土史の会　（23）2006.4

関東 地名でたどる郷土の歴史 千葉県

日記や紀行文等に登場する白井（髙花宏行）「たいわ：語り伝える白井の歴史：白井市郷土史の会機関誌」白井市郷土史の会 （29）2013.4

白井市

白井の古文書解読（原田玲子）「たいわ：語り伝える白井の歴史：白井市郷土史の会機関誌」白井市郷土史の会 17 2000.4

文化財の歴史講座「白井の物流」/「白井市の地区の行事について」「たいわ：語り伝える白井の歴史：白井市郷土史の会機関誌」白井市郷土史の会 19 2002.4

「力石」を尋ねて（原田玲子）「たいわ：語り伝える白井の歴史：白井市郷土史の会機関誌」白井市郷土史の会 （21）2004.4

白井市内の野馬除け土手（堀）（坪井敏）「たいわ：語り伝える白井の歴史：白井市郷土史の会機関誌」白井市郷土史の会 （21）2004.4

終戦に始った駅伝考を追う（宇賀正一）「たいわ：語り伝える白井の歴史：白井市郷土史の会機関誌」白井市郷土史の会 （22）2005.4

屋号について（小林正継）「たいわ：語り伝える白井の歴史：白井市郷土史の会機関誌」白井市郷土史の会 （28）2011.4

昔の農業（宇賀正一）「たいわ：語り伝える白井の歴史：白井市郷土史の会機関誌」白井市郷土史の会 （29）2013.4

震災後日談（大場幸子）「たいわ：語り伝える白井の歴史：白井市郷土史の会機関誌」白井市郷土史の会 （29）2013.4

白井分場

中山競馬場白井分場 消えて行く白井の昭和史（坪井敏）「たいわ：語り伝える白井の歴史：白井市郷土史の会機関誌」白井市郷土史の会 18 2001.4

白井郵便局

白井郵便局の歩み—明治35年創業以来、町民とともに（岡野良子，岡野敦）「うすゐ」白井文化懇話会 （16）2000.12

新岩名古墳

史跡探訪（1）新岩名古墳と清水公園に秘められた歴史を探る（平井義彦）「かつしか台地：野田地方史懇話会会誌」野田地方史懇話会 27 2004.3

新川

昭和恐慌の中の松戸—新川開削とその余波（末満宗治）「松戸史談」松戸史談会 （49）2009.11

新島

古文書を読んでみよう（4）近世の新島開発と地域社会の変容（酒井右二）「佐原の歴史」佐原市教育委員会 4 2004.3

佐原いまむかし 新島の暮らし（大須賀三郎）「佐原の歴史」佐原市教育委員会 4 2004.3

いしぶみ調査隊 梅門増田翁寿碑と新島の水害（板橋薫）「たかっぽ通信：大利根川のフィールドミュージアムニュースレター」千葉県立中央博物館大利根分館 （6）2014.3

新宿

江戸初期の北条村南町・新宿界隈（岡田晃司）「ミュージアム発見伝：館山市立博物館報」館山市立博物館 （80）2007.7

新橋本町

近世後期関東在方町における町組織の運営と機能—下総国香取郡佐原村新橋本町を事例に（論文）（酒井一輔）「千葉史学」千葉歴史学会 （64）2014.5

神保郷

神保郷を探索して（石田広道）「史談八千代：八千代市郷土歴史研究会機関誌」八千代市郷土歴史研究会 （30）2005.11

新町

地名に学ぶ「鏑木町」と「新町」のことなど（野村忠男）「佐倉の地名：佐倉地名研究会会報」佐倉地名研究会 （2）2012.12

地名に学ぶ（5）「新町」と「田町」（野村忠男）「佐倉の地名：佐倉地名研究会会報」佐倉地名研究会 （6）2014.1

新松戸駅

短信（6）新松戸駅に「北馬橋」名盤が「松戸史談」松戸史談会 （53）2013.11

須賀山

須賀山と大木戸（2）（平野剛）「東庄の郷土史」東庄郷土史研究会 （26）2010.8

須賀山城

須賀山城と大木戸（3）（平野剛）「東庄の郷土史」東庄郷土史研究会 （27）2011.7

須賀山村

須賀山村について（平野剛）「東庄の郷土史」東庄郷土史研究会 （27）2011.7

東総 下総国香取郡須賀山村四給旗本における地頭普請実行の実態分析の一例（川村優）「研究紀要」日本村落自治史料調査研究所 （17）

2013.6

天保時代における旗本領の動向—下総国香取郡須賀山村を事例として（川村優）「研究紀要」日本村落自治史料調査研究所 （18）2014.7

助崎村

「村名一件」—助崎村のこと（成田市史調査員だより（1））（押尾武則）「成田市史研究」成田市教育委員会 通号32 2008.3

住野

特集 住野開墾の開始時期「郷土八街」八街郷土史研究会 （11）2010.3

補遺 山本家家譜・釈文/桝形の西村/長者堀込・長者ぶっこみ/地名「西林」のことども/住野開墾の開始時期/分かりにくい不定時法「郷土八街」八街郷土史研究会 （12）2010.7

諏訪道

信仰と物流の道 諏訪道を行く（小宮山榮一）「松戸史談」松戸史談会 （50）2010.11

成宗鉄道軌道

成宗鉄道軌道跡と新発見の石標について（滝口昭二）「成田史談」成田市文化財保護協会 （57）2012.3

成宗電気軌道

「成宗電気軌道線路実測平面図」を考察する（白土貞夫）「成田市史研究」成田市教育委員会 （28）2004.3

関戸小学校

関戸・和田小学校について（成田市史調査員だより（4））（神尾武則）「成田市史研究」成田市教育委員会 （35）2011.3

関宿

関宿年譜（上），（下）—藩主久世広明の動向について（中村正己）「研究報告」千葉県立関宿城博物館 （4）/（7）2000.3/2003.8

戦国期の関宿水運（新井浩文）「研究報告」千葉県立関宿城博物館 （5）2001.3

企画展「戦国の争乱と関宿」「世喜宿：千葉県立関宿城博物館報」千葉県立関宿城博物館 12 2001.8

戦国期関宿の河川と交通—船橋市西図書館蔵「下総之図」の史料紹介を通して（新井浩文）「研究報告」千葉県立関宿城博物館 （6）2002.3

利根川をさかのぼる（中・上流編）（2）—関宿周辺の川漁（榎美香）「世喜宿：千葉県立関宿城博物館報」千葉県立関宿城博物館 14 2002.9

東海道五十三次 宿場町を訪ねて—関宿・亀山宿・鈴鹿市（芝口藤雄）「あかね」御坊文化財研究会 （29）2003.7

利根川をさかのぼる（中・上流編）（6）—関宿の眼科医 高野敬伸「世喜宿：千葉県立関宿城博物館報」千葉県立関宿城博物館 17 2004.2

戦国期関宿周辺の河川普請—権現堂堤の修築を中心に（新井浩文）「研究報告」千葉県立関宿城博物館 （8）2004.3

流山・野田・関宿の史跡を訪ねて（松本金光）「目黒区郷土研究」目黒区郷土研究会 598 2004.11

関宿久世家「教倫館」と儒官「亀田綾瀬と亀田鶯谷」（松丸明弘）「研究報告」千葉県立関宿城博物館 （9）2005.3

在番衆と境目地域—古河・関宿地域を事例として（糟谷幸裕）「野田市史研究」野田市 （16）2005.3

関宿（現・千葉県野田市北部）藩士・大坂物見遊山（渡邊忠司）「大阪春秋」新風書房 34（1）通号118 2005.4

『利根川図志』・『関宿伝記』にみる関宿の地理・伝説・怪異譚（松丸明弘）「研究報告」千葉県立関宿城博物館 （10）2006.3

史料紹介 せきやどの紀行 全（林保）「研究報告」千葉県立関宿城博物館 （13）2009.3

関宿合戦の諸段階—佐竹・宇都宮氏の動向を中心に（今泉徹）「野田市史研究」野田市 （20）2009.3

古河公方足利義氏と関宿簗田氏—下総守谷城移座計画をめぐって（佐藤博信）「千葉城郭研究」千葉城郭研究会 （10）2011.10

文化財巡り 関宿と利根運河めぐり（活動報告）（鈴木挙）「氏家の歴史と文化」氏家歴史文化研究会 （11）2012.3

史跡探訪 関宿の歴史散歩（土屋惇）「かつしか台地：野田地方史懇話会会誌」野田地方史懇話会 （43）2012.3

寛政元年巳酉十月十五日 御関所万歳帳書抜（読み下し）（史料紹介）（中村正己）「研究報告」千葉県立関宿城博物館 （16）2012.3

天保十一庚子年 手控（史料紹介）（千葉県立関宿博物館古文書研究会）「研究報告」千葉県立関宿城博物館 （16）2012.3

日光東往還の宿場 山崎・中里・関宿（楽しい東葛地名辞典）「東葛流山研究」流山市立博物館友の会事務局，崙書房出版（発売）（30）2012.3

「簗田家文書の世界」I—起請文（史料紹介）（新井浩文）「研究報告」千葉県立関宿城博物館 （17）2013.3

「梁田家文書の世界」II—書状類（1）（史料紹介）（新井浩文）「研究報告」千葉県立関宿城博物館 （18）2014.3

御関所取扱（抜粋）（史料紹介）（千葉県立関宿城博物館古文書研究会）「研究報告」千葉県立関宿城博物館 （18）2014.3

千葉県　　　　　　　　　　　　　　地名でたどる郷土の歴史　　　　　　　　　　　　　　関東

関宿落とし堀

火打石 関宿落とし堀について（瀬瀧建夫）「かつしか台地 ： 野田地方史懇話会会誌」 野田地方史懇話会 （47） 2014.3

関宿城

中世関宿城の城下構造に関する一考察（遠山成一）「千葉史学」 千葉歴史学会 （48） 2006.5

戦国期の関宿城と町場形成—近年の関宿城下構造に関する論考に触れて（新井浩文）「研究報告」 千葉県立関宿城博物館 （12） 2008.9

分散城下町の成立とその統合原理—下総国関宿城下町の復原を通じて（川名禎）「歴史地理学」 歴史地理学会，古今書院（発売） 50（5）通号242 2008.12

戦国期の利根川流路と交通—栗橋城と関宿城の機能を中心に（研究ノート）（新井浩文）「研究報告」 千葉県立関宿城博物館 （15） 2011.3

関宿城下の町 台町・江戸町・元町・内町・三軒家（楽しい東葛地名辞典）「東葛流山研究」 流山市立博物館友の会事務局，崙書房出版（発売） （30） 2012.3

久松氏考—関宿城主松平康元の父祖（平野明夫）「野田市史研究」 野田市 （22） 2012.3

近世関宿城主の変遷について基礎的考察—城主堀田正順の存在を考える（論文）（松丸明弘）「研究報告」 千葉県立関宿城博物館 （18） 2014.3

世喜宿城

近世の世喜宿城絵図について（中村正己）「研究報告」 千葉県立関宿城博物館 （10） 2006.3

関宿台町

下総国葛飾郡関宿台町関係文書目録 佐藤正三郎・野田古文書仲間（報告）「野田市郷土博物館・市民会館年報・紀要」 野田市郷土博物館 （4） 2012.3

関宿藩

関宿藩家老の日記—亀井家「仕官録」及び「書契」朝鮮通信使の新資料（松本松志）「千葉史学」 千葉歴史学会 （43） 2003.12

関宿藩の終焉（1），（2）—記録が語る関宿藩の終焉（林保）「研究報告」 千葉県立関宿城博物館 （9）／（10） 2005.3/2006.3

朝鮮通信使と関宿藩について（発表要旨）（松本松志）「房総の郷土史」 千葉県郷土史研究連絡協議会 （34） 2006.3

史料紹介 『東微私筆』—幕末関宿藩士の北海道・樺太紀行（並木和子）「野田市史研究」 野田市 （17） 2006.3

企画展 利根川東遷と関宿藩、開催！「世喜宿 ： 千葉県立関宿城博物館報」 千葉県立関宿城博物館 （21） 2007.3

朝鮮國禮曹參判金演奉書と老中久世重之—関宿藩旧家亀井家史料（中村正己）「研究報告」 千葉県立関宿城博物館 （13） 2009.3

安政江戸地震による関宿藩領の震災史料を見る（研究ノート）（中村正己）「研究報告」 千葉県立関宿城博物館 （16） 2012.3

関宿本陣

江戸町と関宿本陣会田家—会田久兵衛諸用之覚からみる江戸町（林保）「研究報告」 千葉県立関宿城博物館 （7） 2003.3

江戸町と関宿本陣会田家—会田久兵衛諸用之覚（2）（林保）「研究報告」 千葉県立関宿城博物館 （8） 2004.3

関宿町

石造物が教える利根川中流域の寺子屋師匠達—関宿町及び野田市の筆子塔・天神塔を中心として（石田年子）「研究報告」 千葉県立関宿城博物館 （7） 2003.3

幻の町・関宿町向河岸（花澤怜子）「東葛流山研究」 流山市立博物館友の会事務局，崙書房出版（発売） （22） 2003.11

千葉県野田市（旧関宿町）の力石（高島愼助，石田年子）「研究報告」 千葉県立関宿城博物館 （8） 2004.3

匝瑳

四街道市の古代編（1） 古代豪族物部氏をめぐる四街道と匝瑳（西山太郎）「四街道の歴史 ： 市史研究誌」 四街道市教育委員会 （9） 2014.3

総南

事業報告 睦沢町立歴史民俗資料館開館20周年記念 特別展「総南の至宝 未来への遺産」展／企画展「庶民の願い 行堂の仏たち」/ほか「Mutsuzawa Museum news」 睦沢町立歴史民俗資料館 12 2003.3

惣深新田村

天明期・印旛沼開発と惣深新田村の平左衛門信賢（研究ノート）（松本隆志）「印西の歴史」 印西市教育委員会 （6） 2012.3

相馬

所の呼び名について—手賀・千葉・相馬など（染谷勝彦）「沼南町史研究」 沼南町教育委員会 7 2003.3

相里村

相里村こぼれ話（叶川秀雄）「西上総文化会報」 西上総文化会 （68） 2008.3

曽我野村

表紙写真 小河原七郎兵衛（雨塘）家屋敷地麁絵図／曽我野村村絵図の一部（蘇我町 渡辺美代子家所蔵）「千葉いまむかし」 千葉市教育委員会 （27） 2014.3

袖ケ浦

袖ケ浦年表（多田良平）「袖ケ浦市史研究」 袖ケ浦市郷土博物館 （10） 2002.3

袖ケ浦年表（多田良平）「袖ケ浦市史研究」 袖ケ浦市郷土博物館 （11） 2004.3

袖ケ浦地区の姓氏旧飯富村・中山家系図の考察（岩上紘）「袖ケ浦市史研究」 袖ケ浦市郷土博物館 （12） 2005.3

袖ケ浦年表 平成14年・15年（多田良平）「袖ケ浦市史研究」 袖ケ浦市郷土博物館 （12） 2005.3

袖ケ浦年表 平成16年・17年（多田良平）「袖ケ浦市史研究」 袖ケ浦市郷土博物館 （13） 2007.3

市史編さん成果還元事業講演会 木更津海軍航空隊基地・第二海軍航空廠と袖ケ浦「袖ケ浦市史研究」 袖ケ浦市郷土博物館 （16） 2013.1

第二章 座談会「木更津海軍航空隊基地・第二海軍航空廠と袖ケ浦」（藤城量郎，大久保進，長島義明）「袖ケ浦市史研究」 袖ケ浦市郷土博物館 （16） 2013.1

袖ケ浦市

村の歴史をもう一度尋ねて（1），（2）（多田憲美）「袖ケ浦市史研究」 袖ケ浦市郷土博物館 （11）／（12） 2004.3/2005.3

調査報告 袖ケ浦市のk子音脱落調査（川名興）「袖ケ浦市史研究」 袖ケ浦市郷土博物館 （15） 2011.3

史跡探訪会 田園空間博物館事業を実施した袖ケ浦市を訪ねて（菰田達夫）「房総の郷土史」 千葉県郷土史研究連絡協議会 （41） 2013.6

染井桜宮自然公園

蘇る三本入・天井田の谷津—染井桜宮自然公園（石橋静布）「香取民衆史」 香取歴史教育者協議会 （10） 2007.4

曽谷城

都市の中で眠る城郭 曽谷城跡（報告）（吉田修造）「千葉城郭研究」 千葉城郭研究会 （10） 2011.10

曽谷村

曽谷村の御用留について（資料紹介）（歴史文化）「市史研究いちかわ」 市川市文化国際部 （2） 2011.3

大栄

大栄地区の中世地名（成田市史調査員だより（2））（木村修）「成田市史研究」 成田市教育委員会 通号33 2009.3

大栄地区の石造物（成田市史調査員だより（2））（島田七尾）「成田市史研究」 成田市教育委員会 通号33 2009.3

大栄町

大栄町の合併—県庁文書から（成田市史調査員だより（2））（中村政弘）「成田市史研究」 成田市教育委員会 通号33 2009.3

大新旅館

銚子における紀州移民の定着と港町形成に果たした役割—とくに興野地区の特徴形成と大新旅館を例として（清水克志）「歴史地理学調査報告」 筑波大学人文社会科学研究科歴史・人類学専攻歴史地理学研究室 （12） 2006.3

第二海軍航空廠

市史編さん成果還元事業講演会 木更津海軍航空隊基地・第二海軍航空廠と袖ケ浦「袖ケ浦市史研究」 袖ケ浦市郷土博物館 （16） 2013.1

第一章 木更津海軍航空隊基地・第二海軍航空廠の沿革（能城秀香，高木澄子）「袖ケ浦市史研究」 袖ケ浦市郷土博物館 （16） 2013.1

第二章 座談会「木更津海軍航空隊基地・第二海軍航空廠と袖ケ浦」（藤城量郎，大久保進，長島義明）「袖ケ浦市史研究」 袖ケ浦市郷土博物館 （16） 2013.1

大福山

行政文書にみる「大福山」形成について—企画展事前調査より（アーカイブス研究）（竹岡健次）「アーカイブスふくやま」 福山市 （4） 2013.3

太平洋市

渋川の地名碑11ヵ所目設置／「太平洋市」命名ビッグに／新市名「太平洋」再考を願いたい／「太平洋市」見直し「群馬地名だより ： 群馬地名研究会会報」 群馬地名研究会 （60） 2005.5

台町

関宿城下の町 台町・江戸町・元町・内町・三軒家（楽しい東葛地名辞典）「東葛流山研究」 流山市立博物館友の会事務局，崙書房出版（発売） （30） 2012.3

高岡小学校

閉校される滑河・小御門・名木・高岡小学校及び東小学校の資料所在確認調査（概報）（島田七大）「成田市史研究」 成田市教育委員会 （38）

2014.3

高木陣屋

高木両陣屋と鎮守（花輪茂道）「松戸史談」 松戸史談会 （53）2013.11

高崎

土浮、大佐倉、高崎の小字名（松平喜美代）「佐倉の地名 ： 佐倉地名研究会会報」 佐倉地名研究会 （6）2014.1

高津川

高津川と芦太川その残像を求めて（牧野光男）「史談八千代 ： 八千代市郷土歴史研究会機関誌」 八千代市郷土歴史研究会 （29）2004.11

高津邑

高津邑鈴木半兵衛奉納の算額とその周辺（佐久間弘文）「史談八千代 ： 八千代市郷土歴史研究会機関誌」 八千代市郷土歴史研究会 （29）2004.11

高田台牧

「小金上野高田台両御牧大凡図」を読み解く（青木更吉）「流山市史研究」 流山市教育委員会 （20）2008.3

高田山城

下総高田山城にみる火点形成技法（西股総生）「中世城郭研究」 中世城郭研究会 （21）2007.7

高津

地名から見た高津 小字を中心に（滝口昭二）「史談八千代 ： 八千代市郷土歴史研究会機関誌」 八千代市郷土歴史研究会 （29）2004.11

フィールドワーク高津の歴史と民俗を訪ねて（佐久間弘文）「郷土史研通信」 八千代市郷土歴史研究会 50 2005.5

高津新田

その他の研究活動報告 高津新田調査に関連して「郷土史研通信」 八千代市郷土歴史研究会 43 2003.7

八千代市民文化祭郷土史展 テーマ「高津新田研究II イエとムラとくらし」「郷土史研通信」 八千代市郷土歴史研究会 44 2003.11

《特集 高津新田の総合研究II》「史談八千代 ： 八千代市郷土歴史研究会機関誌」 八千代市郷土歴史研究会 （28）2003.11

高津新田ムラの構成（酒井正男，平野仁蔵）「史談八千代 ： 八千代市郷土歴史研究会機関誌」 八千代市郷土歴史研究会 （28）2003.11

高津新田総合研究のまとめ（村田一男）「史談八千代 ： 八千代市郷土歴史研究会機関誌」 八千代市郷土歴史研究会 （28）2003.11

高津団地

高津団地のできるころ（高津村開発点描）（牧野光男）「史談八千代 ： 八千代市郷土歴史研究会機関誌」 八千代市郷土歴史研究会 （30）2005.11

高津団地と八千代富士幼稚園（高津村開発点描）（石井尚子）「史談八千代 ： 八千代市郷土歴史研究会機関誌」 八千代市郷土歴史研究会 （30）2005.11

高津村

八千代市民文化祭郷土史展 テーマ「旧高津村のすがたと人々」「郷土史研通信」 八千代市郷土歴史研究会 48 2004.11

《特集 旧高津村の総合研究1》「史談八千代 ： 八千代市郷土歴史研究会機関誌」 八千代市郷土歴史研究会 （29）2004.11

旧高津村総合研究序説（村田一男）「史談八千代 ： 八千代市郷土歴史研究会機関誌」 八千代市郷土歴史研究会 （29）2004.11

旧高津村の調査経過と分担（牧野光男）「史談八千代 ： 八千代市郷土歴史研究会機関誌」 八千代市郷土歴史研究会 （29）2004.11

地図に見る高津村の変遷（佐藤二郎）「史談八千代 ： 八千代市郷土歴史研究会機関誌」 八千代市郷土歴史研究会 （29）2004.11

高津村域の石造物一覧（小菅俊雄，園田充一，鈴木登）「史談八千代 ： 八千代市郷土歴史研究会機関誌」 八千代市郷土歴史研究会 （29）2004.11

八千代市民文化祭郷土史展 テーマ「旧高津村のすがたと人々II」「郷土史研通信」 八千代市郷土歴史研究会 52 2005.11

《特集 旧高津村の総合研究II》「史談八千代 ： 八千代市郷土歴史研究会機関誌」 八千代市郷土歴史研究会 （30）2005.11

古文書に見る屋号（高津ムラの構成基礎資料）（畠山隆金）「史談八千代 ： 八千代市郷土歴史研究会機関誌」 八千代市郷土歴史研究会 （30）2005.11

石文に見る屋号（高津ムラの構成基礎資料）（園田充一）「史談八千代 ： 八千代市郷土歴史研究会機関誌」 八千代市郷土歴史研究会 （30）2005.11

石碑銘文から見る高津ムラの変遷（石像物群像）（小菅俊雄，園田充一，鈴木登）「史談八千代 ： 八千代市郷土歴史研究会機関誌」 八千代市郷土歴史研究会 （30）2005.11

地図等に見る村の変遷（続）（高津村開発点描）（佐藤二郎）「史談八千代 ： 八千代市郷土歴史研究会機関誌」 八千代市郷土歴史研究会 （30）2005.11

高根城

小金高城氏と高根城考（1），（2）（平久保久雄）「松戸史談」 松戸史談会 （48）/（50）2008.11/2010.11

高本

吉橋（高本・寺台）の道標と寺社調査（特集 旧吉橋村の総合研究 その1—近世・近代の吉橋村）（村杉スミ子）「史談八千代 ： 八千代市郷土歴史研究会機関誌」 八千代市郷土歴史研究会 （39）2014.11

高本「人々の絆」の歴史（特集 旧吉橋村の総合研究 その1—高本の先人たちが残したもの）（立花幹也，鈴木康彦）「史談八千代 ： 八千代市郷土歴史研究会機関誌」 八千代市郷土歴史研究会 （39）2014.11

高柳

西上総高柳いまむかし（三浦茂一）「千葉史学」 千葉歴史学会 （43）2003.12

西上総高柳いまむかし（続）（歴史随想）（三浦茂一）「千葉史学」 千葉歴史学会 （53）2008.12

高柳銚子塚古墳

高柳銚子塚古墳上の三つの至徳堂碑（三浦茂一）「西上総文化会報」 西上総文化会 （69）2009.3

高柳村

墨跡に見える高柳村の人びとと正木幽谷（三浦茂一）「西上総文化会報」 西上総文化会 （70）2010.3

滝川

滝川、大発見！（牧野彩奈ほか）「館山と文化財」 館山市文化財保護協会 33 2000.4

多古町

多古町の史跡を訪ねて（樋口誠太郎）「房総の郷土史」 千葉県郷土史研究連絡協議会 （36）2008.5

田島

古代夏見の地名と幕末明治期の田島地区について（長谷川芳夫）「史談会報」 船橋市史談会 23 2003.1

竜台村

一本の悪水路をめぐって—奥津村と龍台村の成立（今井康之）「房総の郷土史」 千葉県郷土史研究連絡協議会 31 2003.3

一本の悪水路をめぐって—下総国埴生郡奥津村・竜台村の対立（今井康之）「成田市史研究」 成田市教育委員会 （28）2004.3

館野

館野物語（1） 腰越地区（渡邉重雄）「館山と文化財」 館山市文化財保護協会 （36）2003.4

館野物語（2） 山本地区（渡邉重雄）「館山と文化財」 館山市文化財保護協会 （37）2004.4

館野物語（3）大網地区（4）安布里地区（渡邉重雄）「館山と文化財」 館山市文化財保護協会 （38）2005.4

館野物語（5） 広瀬地区（渡邉重雄）「館山と文化財」 館山市文化財保護協会 （39）2006.4

昔の館野地区の農村風景（渡邉重雄）「館山と文化財」 館山市文化財保護協会 （42）2009.4

館山

写真で綴る明治・大正期の館山［正］，（続）（鈴木庸一）「館山と文化財」 館山市文化財保護協会 35/（37）2002.4/2004.4

房総汽船事業の記念碑—近代館山の幕を開けた人たち（岡田晃司）「ミュージアム発見伝 ： 館山市立博物館報」 館山市立博物館 （70）2002.7

史跡探訪 南房館山巡検（松井安俊）「房総の郷土史」 千葉県郷土史研究連絡協議会 （34）2006.3

館山の記念碑（1），（つづき）（鈴木庸一）「館山と文化財」 館山市文化財保護協会 （39）/（40）2006.4/2007.4

時の流れを刻んだふる里の海（佐野邦雄）「館山と文化財」 館山市文化財保護協会 （42）2009.4

『房州日記』 一俳人の見た明治28年夏の館山（郷土研究）（清水信明）「館山と文化財」 館山市文化財保護協会 （46）2013.4

館山市

ふれあい 館山市 その未来—未来の館山を、海のきれいな町にしたい（菅野拓也）「館山と文化財」 館山市文化財保護協会 （36）2003.4

長井家文書（鈴木庸一）「館山と文化財」 館山市文化財保護協会 （36）2003.4

小川家文書［正］，（続）（鈴木庸一）「館山と文化財」 館山市文化財保護協会 （37）/（38）2004.4/2005.4

特別寄稿 三百年受け継がれてきた人々の思い（館山市立九重小学校）「館山と文化財」 館山市文化財保護協会 （44）2011.5

館山湾

近世後期館山湾における漁業秩序と村落—「新規之漁業」とその対応を通して（出口宏幸）「史潮」 ［歴史学会］，同成社（発売）（54）2003.11

田中遊水地

田中遊水地―洪水とのたたかい（相原正義）「東葛流山研究」 流山市立博物館友の会事務局，崙書房出版（発売）（22）2003.11

田間城

上総田間城（報告）（中井正代）「中世城郭研究」 中世城郭研究会 （28）2014.7

田町

地名に学ぶ（5）「新町」と「田町」（野村忠男）「佐倉の地名 ： 佐倉地名研究会会報」 佐倉地名研究会 （6）2014.1

玉作郷

東国の古代村落の復元―下総国印旛郡八代郷・埴生郡玉作郷から古代を探る（田形孝一）「成田市史研究」 成田市教育委員会 通号32 2008.3

千倉町

千倉町と岩槻藩（佐野邦雄）「ふるさとちくら」 南房総市教育委員会 （21）2004.3

千葉

千葉から全国に展開した千葉一族と妙見信仰（鈴木佐）「房総の郷土史」 千葉県郷土史研究連絡協議会 29 2001.3

所の呼び名について―手賀・千葉・相馬など（染谷勝彦）「沼南町史研究」 沼南町教育委員会 7 2003.3

戦後改革期の農村社会をめぐる模索―「農業千葉」を中心に（鬼嶋淳）「千葉県史研究」 千葉県史料研究財団 13 2005.3

ふるさとを思う「千葉からの便り」（塩出宏興）「小松女談」 小松女談会 54（1）通号133 2007.1

アジア・太平洋戦争開戦前後の千葉都市計画―軍需工場進出・防空計画に伴う都市計画の変貌（小林啓祐）「千葉いまむかし」 千葉市教育委員会 （20）2007.3

講演記録 鉄道連隊と千葉（鈴木淳）「千葉いまむかし」 千葉市教育委員会 （21）2008.3

私の中の千葉（資料紹介）（小野茂）「千葉県史研究」 千葉県史料研究財団 （17）2009.3

千葉からの「交遊録」（吉田豊明）「郷土石見 ： 石見郷土研究懇話会機関誌」 石見郷土研究懇話会 （82）2009.12

ちば歴史こぼれ話 第3回 幕末の旗本家族と知行所村々「ちば市史編さん便り」 千葉市立郷土博物館 （5）2010.9

活動報告 平成21年度「江戸と千葉」研究会報告要旨（市史編さん担当）「千葉いまむかし」 千葉市教育委員会 （24）2011.3

松風藤井三郎のチャレンジ録抄―再び『千葉繁昌記』の著者について（三浦茂一）「千葉いまむかし」 千葉市教育委員会 （25）2012.3

活動報告 平成22年度「江戸と千葉」研究会報告要旨（市史編さん担当）「千葉いまむかし」 千葉市教育委員会 （25）2012.3

ちば歴史こぼれ話 第4回 農民の苦悩を詠った歌人「ちば市史編さん便り」 千葉市立郷土博物館 （8）2012.3

マンガ ビミョーな被災地―千葉から見た栄村（斉田直世）「月刊栄村」 NPO法人栄村ネットワーク （9）2012.3

近代千葉における中国留学生と海水浴体験（見城悌治）「千葉史学」 千葉歴史学会 （60）2012.5

ちば歴史こぼれ話 第5回 検見川区民団「ちば市史編さん便り」 千葉市立郷土博物館 （9）2012.9

史料紹介 用水をめぐる争い（市史編さん担当）「千葉いまむかし」 千葉市教育委員会 （26）2013.3

活動報告 平成23年度「江戸と千葉」研究会報告要旨（市史編さん担当）「千葉いまむかし」 千葉市教育委員会 （26）2013.3

文華の掲示板 大震災から（本吉正宏）「千葉文華」 千葉県文化財保護協会 （42）2013.3

平成24年度「江戸と千葉」研究会報告要旨（活動報告）（市史編さん担当）「千葉いまむかし」 千葉市教育委員会 （27）2014.3

新聞にみる千葉のむかし 新しい産業・新しい産業 千葉と養蚕「ちば市史編さん便り」 千葉市立郷土博物館 （12）2014.3

ちば歴史散歩ぶこぼれ話 第7回 大地震、嗣いで襲う大風雨、そのとき人々は…「ちば市史編さん便り」 千葉市立郷土博物館 （12）2014.3

千葉館

中・近世の千葉町の成立とその景観について―千葉の町づくりと千葉館（城）（丸山敬司）「研究紀要」 千葉市立郷土博物館 （14）2008.3

千葉県

千葉県甲種食糧増産隊満州派遣隊顛末記―通称農兵隊々員の手記から（谷萩藤嗣）「袖ケ浦市史研究」 袖ケ浦市郷土博物館 8 2000.3

千葉県における地域別城郭研究史（6），(8)，(10)（千葉城郭研究会）「千葉城郭研究」 千葉城郭研究会 6 /（10）2000.7/2011.10

講演録 千葉県下の軍事施設と佐倉連隊（神田文人）「佐倉市史研究」 佐倉市総務部 （14）2001.3

江戸時代の災害復旧工事について（寛保2年水害の御手伝普請）（萩野谷守泉）「研究報告」 千葉県立関宿城博物館 （6）2002.3

千葉県の「府県史料」―「記録」と「史料」の分離以前の時代（鎮目良文）「千葉県の文書館」 千葉県文書館 （8）2003.2

千葉県の竹細工事情（《サンカの最新学2》）（田村勇）「歴史民俗学」 批評社 （22）2003.2

鎌倉中期における千葉氏の経済構造に関する一考察―「日蓮遺文紙背文書」の借上を中心に（湯浅治久）「千葉県史研究」 千葉県史料研究財団 11（別冊2）2003.3

相馬家文書の近世写本について（岡田清一）「千葉県史研究」 千葉県史料研究財団 11（別冊2）2003.3

海辺の人々からみた天文・気象方言と天気の言い伝え（川名興）「千葉県立安房博物館研究紀要」 千葉県立安房博物館 10 2003.3

千葉県南部における木炭生産（尾崎晃，渡邊高弘）「町と村調査研究」 千葉県立房総のむら 5 2003.3

千葉県鰹節考―鰹節製造の発生と背景、そして現況まで（新和宏）「町と村調査研究」 千葉県立房総のむら 5 2003.3

市・町・村指定文化財と町村合併・外（樋口誠太郎）「房総の郷土史」 千葉県郷土史研究連絡協議会 31 2003.3

千葉氏の歴史（武見敏治）「上総市原」 市原市文化財研究会 14 2003.5

覚書千葉県史料研究財団（斎藤功）「千葉史学」 千葉歴史学会 （43）2003.12

博物館の資料 高瀬船の帆（榎美香）「世喜宿 ： 千葉県立関宿城博物館報」 千葉県立関宿城博物館 17 2004.2

誌上古文書講座 牧と周辺村々の負担についての取り決め「千葉いまむかし」 千葉市教育委員会 （17）2004.3

徴兵忌避と千葉県（神田文人）「千葉県史研究」 千葉県史料研究財団 12 2004.3

千葉県における明治時代後期の七夕行事―『郡誌』の記述を頼りとして（渡辺善司）「千葉県立中央博物館研究報告.人文科学」 千葉県立中央博物館 8（2）通号17 2004.3

里見氏の史跡巡見（福原貞夫）「房総の郷土史」 千葉県郷土史研究連絡協議会 （32）2004.3

体力管理制度のはじまりと千葉県（中澤恵子）「千葉史学」 千葉歴史学会 （45）2004.11

日露戦争下の千葉県における馬匹問題（上田浄）「千葉史学」 千葉歴史学会 （45）2004.11

千葉県歴史教育者協議会編「千葉県の戦争遺跡を歩く」―戦跡ガイド＆マップ（日高忠臣）「浅川地下壕の保存をすすめる会ニュース」 浅川地下壕の保存をすすめる会 43 2004.12

講演録 千葉県の町村合併の歴史について―附・市内に残る近代の資料（六崎 渡辺家文書）（中村政弘）「佐倉市史研究」 佐倉市総務部 （18）2005.3

戦国期千葉氏権力の政治構造（黒田基樹）「千葉県史研究」 千葉県史料研究財団 13 2005.3

敗戦直後の青年学校―千葉県における実態と改革の動向（大島宏）「千葉県史研究」 千葉県史料研究財団 13 2005.3

北条教育にみる千葉県教育の一断面（吉田智美）「千葉史学」 千葉歴史学会 （46）2005.5

千葉県の町村合併―明治・昭和の大合併の狭間に視点をあてて（中村政弘）「首都圏形成史研究会会報」 首都圏形成史研究会 20 2005.8

千葉県の中教院体制と教導職の動向―上総国夷隅郡の事例にみる（三浦茂一）「勝浦市史研究」 勝浦市教育委員会 （14）2006.3

明治後期の千葉県における揚繰網の登場と発展―漁具改良と普及に貢献した漁業家たち（松浦眞二）「千葉県史研究」 千葉県史料研究財団 （14）2006.3

住宅団地の建設にみる千葉県の高度経済成長期（小林輝祐）「千葉県史料研究財団だより」 千葉県史料研究財団 （17）2006.3

千葉県内の難読地名の由来について（秋葉雄夫）「忘らえぬかも ： 故里の歴史をさぐる」 大網白里町文化協会 （4）2006.6

1950年代漁村社会の一断面―千葉県内湾漁村を事例として（森脇孝広）「千葉史学」 千葉歴史学会 （49）2006.11

沖合漁業の復興と地方中小漁業者―千葉県沿海漁業協同組合の活動から（森脇孝広）「千葉県史研究」 千葉県史料研究財団 （15）2007.3

戦後復興期の県民生活と娯楽（福田真美子）「千葉県史料研究財団だより」 千葉県史料研究財団 （18）2007.3

千葉県内のk子音脱落調査―郷土誌などを中心として（川名興）「袖ケ浦市史研究」 袖ケ浦市郷土博物館 （13）2007.3

千葉県における第2回総選挙―第2区の分析（《50号記念特集》）（矢嶋毅之）「千葉史学」 千葉歴史学会 （50）2007.5

石造物にみる裁縫師匠―幕末から明治の千葉県を事例として（島立理子）「千葉県立中央博物館研究報告.人文科学」 千葉県立中央博物館 10（2）通号21 2008.3

千葉県の部落問題と解放運動の現況について（鎌田行平）「明日を拓く」 東日本部落解放研究所，解放書店（発売）35（4）通号79 2009.2

学校 学校の取り組み／海苔展・関連イベントの報告 海苔すき体験、海苔

巻きづくり、海苔養殖場見学会、講演会「千葉県の海苔養殖の変遷と近年の海苔養殖事業」「あっさり君 ： 浦安市郷土博物館ニュース」浦安市郷土博物館 （16） 2009.3

千葉県の戦後被差別部落の生活と運動（〈近現代小特集〉）（黒川みどり）「千葉県史研究」 千葉県史料研究財団 （17） 2009.3

千葉県母親運動の展開と性格（〈近現代小特集〉）（福田真美子）「千葉県史研究」 千葉県史料研究財団 （17） 2009.3

明治期の農山漁村における衛生組合の設置目的と役割（〈近現代小特集〉）（中澤惠子）「千葉県史研究」 千葉県史料研究財団 （17） 2009.3

東国熊野社領の景観―「長寛勘文」と千葉県内の事例から（〈報告1 開館25周年記念シンポジウム「房総と熊野をつなぐもの」〉）（笹生衛）「袖ケ浦市史研究」 袖ケ浦市郷土博物館 （14） 2009.3

千葉県の里海の漁業とくらし（1）南房総市富浦町（川名興）「東京湾学会誌 ： 東京湾の水土」 東京湾学会 3（1）通号13 2009.3

名字と地名の歴史的考察（秋葉輝夫）「房総の郷土史」 千葉県郷土史研究連絡協議会 （37） 2009.3

千葉県の自治体警察（池田順）「千葉いまむかし」 千葉市教育委員会 （23） 2010.3

千葉県史編さんで収集した資料の概要「千葉県の文書館」 千葉県文書館 （15） 2010.3

明治初期における千葉県の内水面漁業（上）―明治12年「水産調」の紹介（史料紹介）（實形裕介，筑紫敏夫）「利根川文化研究」 利根川文化研究会 通号34 2011.1

千葉県の里海の漁業とくらし（3）（川名興）「東京湾学会誌 ： 東京湾の水土」 東京湾学会 3（4）通号16 2011.3

埋もれた地名をたどって（生徒歴史研究発表大会の記録）（神藤千沙）「房総史学」 国書刊行会 （51） 2011.3

震災レポート 東日本大震災による千葉県内での歴史資料・文化財等への被害報告（佐藤正三郎）「千葉史学」 千葉歴史学会 （58） 2011.5

千葉県で一番古い道標（勝野暢一）「東庄の郷土史」 東庄郷土史研究会 （27） 2011.7

巻頭随想 元禄地震と大正地震雑感（古山豊）「千葉史学」 千葉歴史学会 （59） 2011.12

史料紹介 明治初期における千葉県の内水面漁業（中）―明治12年「水産調」の紹介（實形裕介，筑紫敏夫）「利根川文化研究」 利根川文化研究会 （35） 2011.12

兵士たちの日清・日露戦争―千葉県出身兵士たちの従軍日誌・軍事郵便などを読み解く（池田順）「千葉県の文書館」 千葉県文書館 （17） 2012.3

東日本大震災による千葉県の液状化「中央博物館だより」 千葉県立中央博物館 （69） 2012.3

本県の成立initial初頭における文化的低迷性の実態分析の一例―明治初・中期における就学率の動向と二先学の文化的評価をめぐって（川村優）「研究紀要」 日本村落自治史料調査研究所 （16） 2012.4

千葉県と房総（会員の期待）（峰岸純夫）「千葉史学」 千葉歴史学会 （60） 2012.5

地方における国防婦人会の設立と活動―千葉県の事例から（池田順）「千葉史学」 千葉歴史学会 （60） 2012.5

千葉県の歴史教育と千葉歴史学会（千葉歴史学会へ望む）（千葉県高等学校教育研究会歴史部会）「千葉史学」 千葉歴史学会 （60） 2012.5

明治期における千葉・茨城県境変更事件（論文）（鏑崎清治）「房総の郷土史」 千葉県郷土史研究連絡協議会 （40） 2012.8

千葉県の戦争を考える（生徒歴史研究発表大会の記録）（東葛飾高校戦争遺跡調査隊）「房総史学」 国書刊行会 （53） 2013.3

千葉県の自由民権運動（研究発表大会要旨）（矢嶋毅之）「房総の郷土史」 千葉県史研究連絡協議会 （41） 2013.6

調査報告 田中区有文書および用水組合文書（日暮義見）「紙魚之友」 房総史料調査会 （31） 2013.10

「ちば遺産」「ちば文化的景観」と千葉県の取り組み（特集 流域の文化的景観）（渡辺修一）「利根川文化研究」 利根川文化研究会 （37） 2013.12

千葉県の特産品を味わおう！ 落花生のおそうざい（吉田歩未）「瓦版大木戸 ： 千葉県立房総のむら館報」 千葉県立房総のむら （52） 2014.3

農村女性の生活改善―1950年代前半の千葉県を事例として（森脇孝広）「千葉県の文書館」 千葉県文書館 （19） 2014.3

千葉県文書館と『千葉県の歴史』―亡き宇野俊一君に寄せる（三浦茂一）「千葉県の文書館」 千葉県文書館 （19） 2014.3

千葉県最初の編纂事業（歴史随想）（堀野周平）「千葉史学」 千葉歴史学会 （64） 2014.5

地図 千葉県のかたち変遷（大特集 明治6・7年の千葉県）「郷土八街」 八街郷土史研究会 （24） 2014.8

明治維新―中央集権国家へ 現千葉県域・松戸市域の動き（松田孝史）「松戸史談」 松戸史談会 （54） 2014.11

2014年4月20日（日）千葉県博覧図と銅版（松戸史談会総会講演会（要旨））（岡隆雄）「松戸史談」 松戸史談会 （54） 2014.11

千葉県議会議事堂

明治末期に建設された千葉県庁舎・県議会議事堂の特徴と設計関係者―千葉県文書館蔵「後藤（健）家文書」を用いた一考察（山崎鯛介）「千葉県の文書館」 千葉県文書館 （19） 2014.3

千葉県庁舎

明治末期に建設された千葉県庁舎・県議会議事堂の特徴と設計関係者―千葉県文書館蔵「後藤（健）家文書」を用いた一考察（山崎鯛介）「千葉県の文書館」 千葉県文書館 （19） 2014.3

千葉高

戦後の終焉と学園紛争―その時千葉高が動いた（生徒歴史研究発表大会の記録）（藤平直人）「房総史学」 国書刊行会 （48） 2008.3

千葉市

房総の中世城郭について―千葉市内の考古学的成果をもとに（〈文化財講演会発表要旨〉）（簗瀬裕一）「千葉文華」 千葉県文化財保護協会 （38） 2003.3

昭和初期千葉都市計画と市財政（〈近現代小特集〉）（小林啓祐）「千葉県史研究」 千葉県史料研究財団 （17） 2009.3

千葉市史編纂40周年記念対談 千葉市史の「いまむかし」（今井公子，三浦茂一）「ちば市史編さん便り」 千葉市立郷土博物館 （3） 2009.8

ちば歴史こぼれ話 第2回 未知の病コレラと千葉市域の村々「ちば市史編さん便り」 千葉市立郷土博物館 （4） 2010.3

千葉戦車学校

千葉戦車学校の新型戦車「四式中戦車（チト車）」について（彦坂徹）「千葉いまむかし」 千葉市教育委員会 （20） 2007.3

千葉大学

松戸駅・東口界隈 "記憶する原風景"（2）陸軍「工兵学校」と、国立「千葉大学」（池田眞也）「松戸史談」 松戸史談会 （53） 2013.11

千葉大学工学部跡碑

千葉大学工学部跡碑と相模台略史（塩尻英児）「松戸史談」 松戸史談会 （43） 2003.10

千葉鉄道

千葉鉄道開通百二十年によせて（歴史随想）（矢嶋毅之）「千葉史学」 千葉歴史学会 （64） 2014.5

千葉町

佐倉炭の流通と市域の四町村―千葉町・登戸村・寒川村・泉水村（土屋雅人）「千葉いまむかし」 千葉市教育委員会 （19） 2006.3

中・近世の千葉町の成立とその景観について―千葉の町づくりと千葉館（城）（丸山敬司）「千葉市立郷土博物館紀要」 千葉市立郷土博物館 （14） 2008.3

紙上古文書講座 千葉町の寺領と海防（市史編さん担当）「千葉いまむかし」 千葉市教育委員会 （24） 2011.3

県都千葉町の町村制―特に明治30年代までを中心に（神山知徳）「千葉いまむかし」 千葉市教育委員会 （24） 2011.3

市制施行前夜の千葉町―第六代町長加藤久太郎による町政改革を中心に（神山知徳）「千葉いまむかし」 千葉市教育委員会 （25） 2012.3

新聞にみる千葉のむかし 明治千葉町の人々と自転車（小林啓祐）「千葉いまむかし」 千葉市教育委員会 （27） 2014.3

千葉黎明高校

90周年の千葉黎明高校 昭和10年代の学園規則「郷土八街」 八街郷土史研究会 （18） 2012.6

富岡製糸場の天井・千葉黎明高生徒館に似てる！「郷土八街」 八街郷土史研究会 （24） 2014.8

銚子

「公正会」による民間社会教育事業と銚子の近代化におけるその意義（湯澤規子，高橋珠州彦）「歴史地理学調査報告」 筑波大学人文社会科学研究科歴史・人類学専攻歴史地理学研究室 （11） 2004.3

銚子地域における近代利根川水運の動向（仙頭達朗，田邊行尋）「歴史地理学調査報告」 筑波大学人文社会科学研究科歴史・人類学専攻歴史地理学研究室 （11） 2004.3

銚子における紀州移民の定着と港町形成に果たした役割―とくに興野地区の特徴形成と大新旅館を例として（清水克志）「歴史地理学調査報告」 筑波大学人文社会科学研究科歴史・人類学専攻歴史地理学研究室 （12） 2006.3

寄稿 水戸・銚子紀行（1）～（3）「月刊歴史ジャーナル」 NPO法人尾道文化研究所 （102）／（104） 2012.6/2012.08

銚子汽船会社木下支店

銚子汽船会社木下支店の旗―吉岡家土蔵から見出された蒸気船経営期の旗（村越博茂）「印西の歴史」 印西市教育委員会 （4） 2008.3

銚子漁港

銚子漁港の整備とその歴史的背景（山下琢巳）「歴史地理学調査報告」 筑波大学人文社会科学研究科歴史・人類学専攻歴史地理学研究室 （11） 2004.3

銚子市

篠崎四郎と『銚子市史』(研究ノート)(斎木勝)「千葉文華」 千葉県文化財保護協会 (42) 2013.3

長者ぶっこみ

補遺 山本家家譜・釈文/桝形の西村・長者堀込・長者ぶっこみ/地名「西林」のことども/住野開墾の開始時期/分かりにくい不定時法「郷土八街」 八街郷土史研究会 (12) 2010.7

長者堀込

補遺 山本家家譜・釈文/桝形の西村・長者堀込・長者ぶっこみ/地名「西林」のことども/住野開墾の開始時期/分かりにくい不定時法「郷土八街」 八街郷土史研究会 (12) 2010.7

長生郡

長生郡の誕生(宮崎重明)「長柄の歴史」 長柄歴史同好会 (5) 2007.11

朝陽簡易小学校

朝陽簡易小学校(明治20年4月2日)取り決め「郷土八街」 八街郷土史研究会 (21) 2013.5

千代田

地名に学ぶ(7) 千代田の興味深い地名(野村忠男)「佐倉の地名 : 佐倉地名研究会会報」 佐倉地名研究会 (8) 2014.10

塚田村

随想 塚田村の移り変わり―千葉県で一番小さい村(武井順一)「房総の郷土史」 千葉県郷土史研究会連絡協議会 (42) 2014.3

つくし野

我孫子の新開地物語 湖北台・布佐平和台・柴崎台・青山台・つくし野・新木野(楽しい東葛地名辞典)「東葛流山研究」 流山市立博物館友の会事務局, 崙書房出版(発売) (30) 2012.3

津田沼

短信 郷土資料館40年、板碑の寄託/展示 「津田沼の今昔―写真でみる街の遷り変わり―」「収蔵資料展―いれるれ・はこぶ―」「郷土資料館周辺の遺跡」「くらしの道具―道具が語るくらしの歴史(16)―」/講演会文化講演「東郊への旅―江戸から船橋へ」、地域史講座「近代の習志野原を語る」/見学会 歴史見学会「船橋の歴史散歩」、「親と子の歴史見学会」「船橋市郷土資料館資料館だより」 [船橋市郷土資料館] (100) 2013.3

土浮

土浮、大佐倉、高崎の小字名(松平喜美代)「佐倉の地名 : 佐倉地名研究会会報」 佐倉地名研究会 (6) 2014.1

土室

江戸時代の土室(鏑木行廣)「成田市史研究」 成田市教育委員会 通号29 2005.3

土谷津

土谷津への旅(白神正光)「我孫子市史研究センター会報」 我孫子市史研究センター (125) 2012.7

堤台城

堤台城主岡部氏(逆井清)「かつしか台地 : 野田地方懇話会会誌」 野田地方懇話会 21 2001.3

椿新田

椿新田の開発と鉄牛禅師(飯田昭二)「西上総文化会報」 西上総文化会 (64) 2004.3

椿新田の開発と鉄牛禅師(後)(飯田昭二)「西上総文化会報」 西上総文化会 (65) 2005.3

椿海

椿海干拓とその後(向後家文書に見る一断面)(吉田仁)「東庄の郷土史」 東庄郷土史研究会 (23) 2007.6

鶴牧

城主椿大名 鶴牧の水野氏(加藤隆)「城」 東海古城研究会 (192) 2005.6

手賀

所の呼び名について―手賀・千葉・相馬など(染谷勝彦)「沼南町史研究」 沼南町教育委員会 7 2003.3

手賀新田

開拓二百年を迎えた手賀新田集落(野原小右二)「玉造史叢」 玉造郷土文化研究会 46 2005.4

手賀新田開発物語(楽しい東葛地名辞典)「東葛流山研究」 流山市立博物館友の会事務局, 崙書房出版(発売) (30) 2012.3

手賀沼

手賀沼スケッチ(30年前の随筆より)(坂谷三雄)「あびこだより」 我孫子の文化を守る会 (13) 2002.4

手賀沼と北千葉導水事業について(古谷正勝)「沼南町史研究」 沼南町教育委員会 7 2003.3

イラストルポ 水との闘い 手賀沼新田開発(おのつよし)「東葛流山研究」 流山市立博物館友の会事務局, 崙書房出版(発売) (22) 2003.11

手賀沼―東京湾運河構想と手賀沼開発(中村勝)「かしわの歴史 : 柏市史研究」 柏市史編さん委員会 (1) 2012.3

手賀沼周囲の新田(楽しい東葛地名辞典)「東葛流山研究」 流山市立博物館友の会事務局, 崙書房出版(発売) (30) 2012.3

近代の手賀沼―洪水と治水の歴史(テーマ 水辺から印西の歴史を見直す―論考)(高林直樹)「印西の歴史」 印西市教育委員会 (7) 2013.3

手賀沼の自然・文化景観の現在(特集 流域の文化的景観)(中村勝)「利根川文化研究」 利根川文化研究会 (37) 2013.12

デカンショ街道

デカンショ街道を行く(1),(2),(4)(薬丸比呂志)「西上総文化会報」 西上総文化会 (65)/(68) 2005.3/2008.3

デカンショ街道(3)(薬丸比呂志)「西上総文化会報」 西上総文化会 (67) 2007.3

寺崎

寺崎地区を歩く 平成24年4月19日(木)(松平喜美代)「佐倉の地名 : 佐倉地名研究会会報」 佐倉地名研究会 (1) 2012.9

寺台

吉橋(高本・寺台)の道標と寺社調査(特集 旧吉橋村の総合研究 その1―近世・近代の吉橋村)(村杉スミ子)「史談八千代 : 八千代市郷土歴史研究会機関誌」 八千代市郷土歴史研究会 (39) 2014.11

寺台城

善鬼塚、成田山奥の寺台城跡と小野忠明の没月のことども(田嶋昌治)「松戸史談」 松戸史談会 (45) 2005.10

善鬼塚、成田山奥の寺台城跡と小野忠明のこと(松戸史談会講演会)(田嶋昌治)「松戸史談」 松戸史談会 (47) 2007.10

東亜建設青年訓練所

体験記 東亜建設青年訓練所について(住川清)「成田市史研究」 成田市教育委員会 通号30 2006.3

東亜建設青年訓練所関係新聞資料「成田市史研究」 成田市教育委員会 通号30 2006.3

東葛

東葛でたばこが盛んに作られていた頃(美馬秀造)「かつしか台地 : 野田地方懇話会会誌」 野田地方懇話会 19 2000.3

東葛の銭湯と湯船物語(福島茂太)「東葛流山研究」 流山市立博物館友の会事務局, 崙書房出版(発売) (22) 2003.11

東葛、将門伝説の地を訪ねる(田口藤造)「東葛流山研究」 流山市立博物館友の会事務局, 崙書房出版(発売) (22) 2003.11

東葛の道路元標は今…(青木更吉)「東葛流山研究」 流山市立博物館友の会事務局, 崙書房出版(発売) (23) 2005.3

東葛の校歌の歴史(宮坂叔子)「東葛流山研究」 流山市立博物館友の会事務局, 崙書房出版(発売) (23) 2005.3

流鉄流山駅/一茶双樹記念館/呉服新川屋/柴崎・吉野家長屋門/旧花野井家住宅/野田キッコーマン御用蔵/興風会館/旧茂木左平治邸宅・茶室/上花輪歴史館/キノエネ醤油工場/愛宕神社/小林家四脚門(〈特集 東葛地区の建築散歩〉)「東葛流山研究」 流山市立博物館友の会事務局, 崙書房出版(発売) (25) 2007.3

旧徳川家松戸定邸/萬満寺/旧小金宿旅籠玉屋跡/東海寺布施弁天/弥惣治文庫文芸資料館/大井福満寺鐘楼/旧手賀聖堂/花野井・吉田家住宅/相島芸術文化村/葺不合神社(〈特集 東葛地区の建築散歩〉)「東葛流山研究」 流山市立博物館友の会事務局, 崙書房出版(発売) (25) 2007.3

「江戸名所図会」に描かれた東葛の名所ところどころ(山本鉱太郎)「東葛流山研究」 流山市立博物館友の会事務局, 崙書房出版(発売) (25) 2007.3

特集 楽しい東葛事始め事典「東葛流山研究」 流山市立博物館友の会事務局, 崙書房出版(発売) (28) 2010.3

地名は土地に刻まれた記憶遺産である(楽しい東葛地名辞典)(大出俊幸)「東葛流山研究」 流山市立博物館友の会事務局, 崙書房出版(発売) (30) 2012.3

明治初年のナンバー地名(楽しい東葛地名辞典)「東葛流山研究」 流山市立博物館友の会事務局, 崙書房出版(発売) (30) 2012.3

利根川/江戸川/千葉/下総/葛飾/水戸街道/諏訪道/相馬/「台」と「丘」のつく町/「崎」とつく地名/大日本地名辞典にみる東葛の地名/国道に愛称を/流鉄流山線/成田線/常磐線/東武野田線/新京成電鉄(楽しい東葛地名辞典―東葛地名雑学アラカルト)「東葛流山研究」 流山市立博物館友の会事務局, 崙書房出版(発売) (30) 2012.3

東金

陸軍下志津・八街・東金飛行場の役割―陸軍の司偵隊とその活動(服部雅徳)「郷土八街」 八街郷土史研究会 (臨時号) 2014.1

東金御成街道

東金御成街道成立の謎(中谷順子)「房総の郷土史」 千葉県郷土史研究連絡協議会 (34) 2006.3

東金市

東金市内の史跡散策(宮島和雄)「忘らえぬかも : 故里の歴史をさぐる」 大網白里町文化協会 (5) 2008.4

東金町

町村制の試行と実情—東金町を例として(加藤時男)「千葉県の文書館」 千葉県文書館 (17) 2012.3

東京新田

東京新田(熊谷正朋)「紀南・地名と風土研究会会報」 紀南・地名と風土研究会 (37) 2005.7

東京湾

東京湾・谷津干潟はどのように変質しているのか—干潟に出入りする潮の水質状態からの疑問(田中耕一)「東京湾学会誌 : 東京湾の水土」 東京湾学会 2(1) 2003.3

東京湾運河

手賀沼—東京湾運河構想と手賀沼開発(中村勝)「かしわの歴史 : 柏市史研究」 柏市史編さん委員会 (1) 2012.3

東京湾口海堡

東京湾口海堡への富津市の対応(小坂一夫)「東京湾学会誌 : 東京湾の水土」 東京湾学会 2(2) 2004.3

東総

《特集 干潟町を中心とした東総の和算》「ひかたの歴史と民俗」 大原幽学記念館 5 2003.3

和算について/「東総の和算」についての紹介と研究/東総和算の黎明/花香安精/剣持章行/資料編「ひかたの歴史と民俗」 大原幽学記念館 5 2003.3

東総地域における年貢米輸送の一形態—旗本池田氏を事例にして(仁木洋平)「歴史科学と教育」 歴史科学と教育研究会 (23・24) 2005.8

東総の戦国城郭—武田・正木・酒井氏を中心に《《特集 東上線の戦国城郭と社会》》(小高春雄)「千葉城郭研究」 千葉城郭研究会 (8) 2006.11

東総地域における神職の学問受容—松沢村熊野神主・宇井包教と平田国学(小田真裕)「千葉史学」 千葉歴史学会 (53) 2008.12

加瀬一家文書にみる天保期の東総村落(史料研究ノート)(小田真裕)「紙魚之友」 房総史料調査会 (30) 2012.12

東大社

森山城主「東氏」と東大社宮司「飯田氏」(飯田武士)「東庄の郷土史」 東庄郷土史研究会 (30) 2014.7

東庄

利根川最下流の古代文化(2)—東庄は下海上の繁栄地(大木衛)「東庄の郷土史」 東庄郷土史研究会 (19) 2003.6

わが郷土史道録三題(宮崎一彦)「東庄の郷土史」 東庄郷土史研究会 (26) 2010.8

「安保反対!」デモ隊が通った(拾遺あれこれ)(森正治)「東庄の郷土史」 東庄郷土史研究会 (26) 2010.8

私の方言体験—私を育てた言葉たち(長谷川康夫)「東庄の郷土史」 東庄郷土史研究会 (27) 2011.7

郷土史の証人(宮崎一彦)「東庄の郷土史」 東庄郷土史研究会 (28) 2012.7

八百年の昔 東庄から都上山田庄へ(林俊之)「東庄の郷土史」 東庄郷土史研究会 (28) 2012.7

八百年の昔 東庄から都上山田庄へ(2)(林俊之)「東庄の郷土史」 東庄郷土史研究会 (29) 2013.7

東庄町

天保水滸伝と「澪つくし」を訪ねて(杉田幸子)「房総の郷土史」 千葉県郷土史研究連絡協議会 31 2003.3

東庄町の歴史案内人として(久保木良)「房総の郷土史」 千葉県郷土史研究連絡協議会 15 2003.3

東庄町の郷土・歴史資料集紹介(探訪雑記)「東庄の郷土史」 東庄郷土史研究会 (26) 2010.8

東庄町の幼稚園統廃合について(飯田武士)「東庄の郷土史」 東庄郷土史研究会 (29) 2013.7

東庄町の道標(長谷川康夫)「東庄の郷土史」 東庄郷土史研究会 (29) 2013.7

東和田

遠山村東和田青年会の視察記録(成田市史調査員だより(3))(中村政弘)「成田市史研究」 成田市教育委員会 通号34 2010.3

東和田村

享保改革と「弱百姓」—下総国埴生郡東和田村の明暦~享保期の年貢について(中小路純)「成田市史研究」 成田市教育委員会 (28) 2004.3

遠山村

『遠山村役場月報』の発行(『成田の地名と歴史—大字別地域の事典—』編集余話)(中村政弘)「成田市史研究」 成田市教育委員会 (36) 2012.3

鵜崎

鵜崎考(佐々木竜二)「いわき地方研究」 いわき地方史研究会 (45) 2008.9

常盤平団地

現代史展示「常盤平団地の誕生」の新しい姿—展示リニューアルのための基礎的な考察(論文)(青木俊也)「松戸市立博物館紀要」 松戸市立博物館 (21) 2014.3

十倉

七栄八街十倉十余三開墾地地券証下渡ニ付願書(史料翻刻 下総開墾7—明治5~6(1872~3)年)「郷土八街」 八街郷土史研究会 (臨時号) 2014.9

ドコービル鉄道

幻と消えたドコービル鉄道(松浦眞二)「千葉県史料研究財団だより」 千葉県史料研究財団 14 2003.1

戸崎

字名「戸崎」について(小林茂)「たいわ : 語り伝える白井の歴史 : 白井市郷土史の会機関誌」 白井市郷土史の会 (28) 2011.4

戸定が丘

史跡探訪 松戸市の戸定が丘の歴史を訪ねて(秋谷祐)「房総の郷土史」 千葉県郷土史研究連絡協議会 (39) 2011.5

取香種苗場

取香牧から取香種苗場へ、さらに下総御料牧場へ(大会特集I 北総地域の水辺と台地—生活空間の歴史的変容—問題提起)(鏑木行廣)「地方史研究」 地方史研究協議会 60(4)通号346 2010.8

取香牧

取香牧から取香種苗場へ、さらに下総御料牧場へ(大会特集I 北総地域の水辺と台地—生活空間の歴史的変容—問題提起)(鏑木行廣)「地方史研究」 地方史研究協議会 60(4)通号346 2010.8

捕込

柏の牧にかかわる地名 新木戸・捕込・豊四季(楽しい東葛地名辞典)「東葛流山研究」 流山市立博物館友の会事務局, 崙書房出版(発売) (30) 2012.3

利根

松戸綺談 利根の夜船(矢部良造)「松戸史談」 松戸史談会 (41) 2001.10

利根運河

博物館の資料 利根運河改修請願資料(4点)(額賀栄司)「世喜宿 : 千葉県立関宿城博物館報」 千葉県立関宿城博物館 16 2003.8

文化財巡り 関宿と利根運河めぐり(活動報告)(鈴木挙)「氏家の歴史と文化」 氏家歴史文化研究会 (11) 2004.7

利根運河の文化・歴史・自然景観(特集 流域の文化的景観)(新保國弘)「利根川文化研究」 利根川文化研究会 (37) 2013.12

利根川

利根川・江戸川流域における近世交通史の諸問題—利根川・江戸川の狭間地域における輸送機構を中心に(松丸明弘)「研究報告」 千葉県立関宿城博物館 (4) 2000.3

企画展「利根川改修100年」「世喜宿 : 千葉県立関宿城博物館報」 千葉県立関宿城博物館 10 2000.7

利根川をさかのぼる(中・上流編)(1)—街道の面影(島田洋)「世喜宿 : 千葉県立関宿城博物館報」 千葉県立関宿城博物館 13 2002.3

利根川をさかのぼる(中・上流編)(2)—関宿周辺の川漁(榎美香)「世喜宿 : 千葉県立関宿城博物館報」 千葉県立関宿城博物館 14 2002.9

利根川をさかのぼる(中・上流編)(4)—利根川中流域の平将門伝説(榎美香)「世喜宿 : 千葉県立関宿城博物館報」 千葉県立関宿城博物館 15 2003.3

石造物が教える利根川中流域の寺子屋師匠達—関宿町及び野田市の筆子塚・天神塔を中心として(石田年子)「研究報告」 千葉県立関宿城博物館 (7) 2003.3

利根川を巡る文人墨客(鴻野廣)「房総の郷土史」 千葉県郷土史研究連絡協議会 31 2003.3

利根川最下流の古代文化(2)—東庄は下海上の繁栄地(大木衛)「東庄の郷土史」 東庄郷土史研究会 (19) 2003.6

岩田造船所と石出港—利根川の水運を支えて(土屋清貴)「東庄の郷土史」 東庄郷土史研究会 (19) 2003.6

利根川をさかのぼる(中・上流編)(5)—境町の船大工と船(榎美香)「世喜宿 : 千葉県立関宿城博物館報」 千葉県立関宿城博物館 16 2003.8

千葉県 地名でたどる郷土の歴史 関東

利根川をさかのぼる（中・上流編）(6)―関宿の眼科医 高野敬伸「世喜宿 : 千葉県立関宿城博物館報」 千葉県立関宿城博物館 17 2004.2

利根川の流路変遷と関東造盆地運動について（柴田徹）「松戸市立博物館紀要」 松戸市立博物館 （11） 2004.3

銚子地域における近代利根川水運の動向（仙頭達朗，田邉千尋）「歴史地理学調査報告」 筑波大学人文社会科学研究科歴史・人類学専攻歴史地理学研究室 （11） 2004.3

利根川東遷論と江戸川（講演録）（所理喜夫）「松戸市立博物館紀要」 松戸市立博物館 （12） 2005.3

利根川水系及び近隣水域にある船板図の解析(1)―高瀬船、五大力船など（松井哲洋）「研究報告」 千葉県立関宿城博物館 （9） 2005.3

『利根川図志』の挿絵師玉蘭斉貞秀（越岡禮子）「東葛流山研究」 流山市立博物館友の会事務局，崙書房出版（発売） （23） 2005.3

切り取られた江戸川・利根川舟運の繁栄（石田年子）「野田市史研究」 野田市 （16） 2005.3

大利根百話(40) 利根川下流域の相撲（小林裕美）「おおとね : 千葉県立中央博物館大利根分館報」 千葉県立中央博物館大利根分館 通号75 2006.3

利根川水系及び近隣水域にある船板図の解析(2) 長さの単位「尋（ひろ）」と板図の縮尺率について（松井哲洋）「研究報告」 千葉県立関宿城博物館 （10） 2006.3

廃絶したつく舞をめぐって―利根川下流域の水運の盛衰とともに（〈テーマ 物から見た町と村の交流〉）（秋山笑子）「町と村調査研究」 千葉県立房総のむら （8） 2006.3

企画展 利根川東遷と関宿藩、開催！「世喜宿 : 千葉県立関宿城博物館報」 千葉県立関宿城博物館 （21） 2007.3

平野家の古文書と利根川水運余話（土屋清實）「東庄の郷土史」 東庄郷土史研究会 （26） 2010.8

戦国期の利根川流路と交通―栗橋城と関宿城の機能を中心に（研究ノート）（新井浩文）「研究報告」 千葉県立関宿城博物館 （15） 2011.3

利根川で分断された町々 新田戸・桐ヶ作・古布内（楽しい東葛地名辞典）「東葛流山研究」 流山市立博物館友の会事務局，崙書房出版（発売） （30） 2012.3

いしぶみ調査隊（新たな川のフィールド・ミュージアム）（佐藤誠）「たかっぱ通信 : 大利根川のフィールドミュージアムニュースレター」 千葉県立中央博物館大利根分館 （5） 2013.3

川との折り合いのなかで生まれた景観―利根川下流・布鎌地域の文化的景観（特集 流域の文化的景観）（金子祥之）「利根川文化研究」 利根川文化研究会 （37） 2013.12

「水害の分配」はいかにして可能になったのか―利根川下流村落社会における水利慣行の形成過程（論文）（金子祥之）「千葉史学」 千葉歴史学会 （64） 2014.5

利根川遊水地

利根川遊水池と戦後パラオ開拓団の入植（相原正義）「東葛流山研究」 流山市立博物館友の会事務局，崙書房出版（発売） （25） 2007.3

飛地山

飛地山と流山のバス（神田繁男）「東葛流山研究」 流山市立博物館友の会事務局，崙書房出版（発売） （22） 2003.11

富浦

富浦の歴史と民話（発表要旨）（生稲謹爾）「房総の郷土史」 千葉県郷土史研究連絡協議会 （33） 2005.3

富浦町

富浦町の史跡を訪ねて（樋口誠太郎）「房総の郷土史」 千葉県郷土史研究連絡協議会 （32） 2004.3

千葉県の里海の漁業とくらし(1) 南房総市富浦町（川名興）「東京湾学会誌 : 東京湾の水土」 東京湾学会 3(1)通号13 2008.3

富浦町の多田良と安房の製鉄・鍛冶伝承（郷土研究）（田村勇）「館山と文化財」 館山市文化財保護協会 （46） 2013.4

富山

榎戸・大関・富山の小字「郷土八街」 八街郷土史研究会 （9） 2009.4

豊四季

柏の牧にかかわる地名 新木戸・捕込・豊四季（楽しい東葛地名辞典）「東葛流山研究」 流山市立博物館友の会事務局，崙書房出版（発売） （30） 2012.3

豊四季台団地

柏近現代史の課題(2) 住宅都市柏の発展―荒工山・光ヶ丘・豊四季台の三団地を中心に（小林康達）「かしわの歴史 : 柏市史研究」 柏市史編さん委員会 （2） 2014.3

座談会 荒工山団地・光ヶ丘団地・豊四季台団地の記録―住民の皆様のお話を中心に（小林康達）「かしわの歴史 : 柏市史研究」 柏市史編さん委員会 （2） 2014.3

豊四季団地

戦後開発の住宅地名 永楽寺・緑ヶ丘・ひばりヶ丘・大津ヶ丘・永楽台・豊四季団地（楽しい東葛地名辞典）「東葛流山研究」 流山市立博物館友の会事務局，崙書房出版（発売） （30） 2012.3

豊住村

豊住村青年団発行「我が郷土」（成田市史調査員だより(4)）（中村政弘）「成田市史研究」 成田市教育委員会 （35） 2011.3

十余三

聞き書き 岩澤貞男さんに聞く十余三のくらしなど「成田市史研究」 成田市教育委員会 （35） 2011.3

七栄八街十倉十余三開墾地地券証下渡ニ付願書（史料翻刻 下総開墾7―明治5～6(1872～3)年）「郷土八街」 八街郷土史研究会 （臨時号） 2014.9

東浪見砂鉄鉱山

九十九里浜の南端東浪見砂鉄鉱山の採掘権（川城昭一）「房総 : 郷土の古文書研究」 川城文庫・藩政史研究会 98 2003.2

東浪見村

上総一宮本郷・東浪見村他漁業の衰退―九十九里浜の地引網を探る（川城昭一）「房総 : 郷土の古文書研究」 川城文庫・藩政史研究会 101 2004.1

中

流山の一字地名 木・加・南・北・中（楽しい東葛地名辞典）「東葛流山研究」 流山市立博物館友の会事務局，崙書房出版（発売） （30） 2012.3

長浦干拓地

長浦干拓地の工業転用問題（永江雅和）「千葉県史研究」 千葉県史料研究財団 （14） 2006.3

長尾川堰用水

長尾川（現称川口川）堰用水の水争いの古文書について（岩波正夫，山口恒子，山口健治郎）「ふるさとちくら」 南房総市教育委員会 （23） 2006.3

長尾藩

房州長尾藩資料―諸事心覚留帳抄（吉野茂）「館山と文化財」 館山市文化財保護協会 （36） 2003.4

房州長尾藩私録(1)～(4)（吉野茂）「館山と文化財」 館山市文化財保護協会 （37）/（40） 2004.4/2007.4

中川村

地域社会の女性観とその変容―千葉県君津郡中川村の事例から（後藤康行）「千葉史学」 千葉歴史学会 （56） 2010.5

長狭

江戸後期の長狭（鴨川・天津小湊）の風聞（吉川高次）「嶺岡」 鴨川市郷土史研究会 （3） 2004.5

長作

例会報告 長作の歴史散歩（畠山隆）「郷土史研通信」 八千代市郷土歴史研究会 45 2004.2

中里

日光東往還の宿場 山崎・中里・関宿（楽しい東葛地名辞典）「東葛流山研究」 流山市立博物館友の会事務局，崙書房出版（発売） （30） 2012.3

長沼

成田市長沼集落と捕魚採藻之図「むら」の多様性と現代民俗（堀充宏）「成田市史研究」 成田市教育委員会 （28） 2004.3

中野台

中野台平井家文書について（吉田ゆり子）「野田市史研究」 野田市 （16） 2005.3

中野牧野馬水呑場

八幡溜（中野牧野馬水呑場）（天下井恵）「たいわ : 語り伝える白井の歴史 : 白井市郷土史の会機関誌」 白井市郷土史の会 （29） 2013.4

中峠

我孫子市中峠の「四季工作図」について（榎美香）「研究報告」 千葉県立関宿城博物館 （8） 2004.3

長部

調査報告 旭市長部高木正義家文書（岩田愛加）「紙魚之友」 房総史料調査会 （32） 2014.3

史料調査参加記 第1次旭市長部高木正義家文書、高木太一家文書調査（山川麗奈）「紙魚之友」 房総史料調査会 （32） 2014.3

長部城

長部城址について（《特集 大原幽学をめぐる事象》）（椎名幸一）「ひかたの歴史と民俗」 大原幽学記念館 （7） 2008.3

長柄郡

長柄、上埴生郡における民権運動と第一回衆議院議員選挙の動静（加藤

関東　　　　　　　　　　　　地名でたどる郷土の歴史　　　　　　　　　　　　千葉県

時男)「千葉県史研究」 千葉県史料研究財団 11 2003.3

流山

飛山山と流山のバス(神田繁男)「東葛流山研究」 流山市立博物館友の会事務局, 崙書房出版(発売) (22) 2003.11

東葛の野を駆け抜けた兵ども(石垣幸子)「東葛流山研究」 流山市立博物館友の会事務局, 崙書房出版(発売) (22) 2003.11

流山・野田・関宿の史跡を訪ねて(松本金光)「目黒区郷土研究」 目黒区郷土研究会 598 2004.11

なぜ姉妹都市となった相馬と流山(山本鉱太郎)「東葛流山研究」 流山市立博物館友の会事務局, 崙書房出版(発売) (23) 2005.3

聞き書・流山の渡し(福島茂太)「東葛流山研究」 流山市立博物館友の会事務局, 崙書房出版(発売) (23) 2005.3

新選組流山屯集「本陣」についての一考察《《特集 新選組関係論文》》(廣瀬早苗)「流山市史研究」 流山市教育委員会 (19) 2006.1

新撰組五兵衛新田「覚え」綺譚(9) 新撰組「流山」の理由は(1)(増田光明)「足立区史」 足立区教育委員会 (455) 2006.1

新撰組五兵衛新田「覚え」綺譚(10) 新撰組「流山」の理由は(2)(増田光明)「足立区史」 足立区教育委員会 (456) 2006.2

今は思い出 流山むかし話(神田繁男)「東葛流山研究」 流山市立博物館友の会事務局, 崙書房出版(発売) (25) 2007.3

流山をワクワクさせる元気な商人たち(石井一彦)「東葛流山研究」 流山市立博物館友の会事務局, 崙書房出版(発売) (25) 2007.3

最優秀賞 流山・新選組集結す《《新選組論文 受賞作品》》(郡義武)「流山市史研究」 流山市教育委員会 (20) 2008.3

講演要旨 鉄道忌避伝説を考える—流山と船橋の例を中心として(青木栄一)「千葉史学」 千葉歴史学会 (53) 2008.12

新撰組との関わり 歴史の街・流山を訪ねる(南川好玄)「かつしか台地：野田地方史懇話会会誌」 野田地方史懇話会 (37) 2009.3

流山の地名由来(特集 楽しい東葛伝説民話事典—流山の伝説と民話)「東葛流山研究」 流山市立博物館友の会事務局, 崙書房出版(発売) (29) 2011.3

日本列島に刻まれた地名の流山(楽しい東葛地名辞典)「東葛流山研究」 流山市立博物館友の会事務局, 崙書房出版(発売) (30) 2012.3

流山の新田 深井新田・平方新田・向小金新田(楽しい東葛地名辞典)「東葛流山研究」 流山市立博物館友の会事務局, 崙書房出版(発売) (30) 2012.3

流山の新開地物語 江戸川台・富士見台・若葉台・美田・松ヶ丘・平和台(楽しい東葛地名辞典)「東葛流山研究」 流山市立博物館友の会事務局, 崙書房出版(発売) (30) 2012.3

流山の町地名 木・加・南・北・中(楽しい東葛地名辞典)「東葛流山研究」 流山市立博物館友の会事務局, 崙書房出版(発売) (30) 2012.3

流山の牧にかかわる地名(楽しい東葛地名辞典)「東葛流山研究」 流山市立博物館友の会事務局, 崙書房出版(発売) (30) 2012.3

流山の城跡地名 前ヶ崎・名都借・下花輪・深井(楽しい東葛地名辞典)「東葛流山研究」 流山市立博物館友の会事務局, 崙書房出版(発売) (30) 2012.3

流山地名考(楽しい東葛地名辞典)(本間清治)「東葛流山研究」 流山市立博物館友の会事務局, 崙書房出版(発売) (30) 2012.3

コラム 流山の水戸街道とその呼称/町を分割された小金町/郷土史家松下邦夫さんの地名への思い(楽しい東葛地名辞典—東葛地名雑学アラカルト)「東葛流山研究」 流山市立博物館友の会事務局, 崙書房出版(発売) (30) 2012.3

流山の産業記念碑 碑文から流山を見てみよう(石造物調査報告)(秋岡正祖)「流山市史研究」 流山市教育委員会 (21) 2012.3

二郷半領の流山石工・行徳屋孫七の足跡(市民の歴史広場)(小林將)「葦のみち：三郷市史研究」 三郷市, 三郷市教育委員会 (25) 2014.3

郷土史講座 流山白みりん200年—歩みと文化の発展(川根正教)「かつしか台地」 野田地方史懇話会 (47) 2014.3

流山の河岸の所在を特定する(青木更吉)「流山市史研究」 流山市教育委員会 (22) 2014.3

流山市

第246回月例研究会 流山市で北区を語る(芦田正次郎)「北区史を考える会会報」 北区史を考える会 69 2003.8

流山市 市野谷/大畔/大坂/思井/上新宿/北・小屋/桐ヶ谷/こうのす台/十太夫/新川/芝崎/飛地山/長崎/中野久木/野々下/初石/平井/平方/鰭ヶ崎/三輪野山/宮園/八木(楽しい東葛地名辞典)「東葛流山研究」 流山市立博物館友の会事務局, 崙書房出版(発売) (30) 2012.3

流山下道

流山下道を辿る(江原英二郎)「松戸史談」 松戸史談会 (46) 2006.10

名木小学校

閉校される滑河・小御門・名木・高岡小学校及び東小学校の資料所在確認調査(概報)(島田七夫)「成田市史研究」 成田市教育委員会 (38) 2014.3

那古

総合学習 那古のお宝探検隊(館山市立那古小学校)「館山と文化財」 館山市文化財保護協会 (41) 2008.4

伝染病の流行とその対策—那古地区を中心として(佐野邦雄)「館山と文化財」 館山市文化財保護協会 (41) 2008.4

総合学習 那古のお宝探検隊(館山市立那古小学校)「館山と文化財」 館山市文化財保護協会 (42) 2009.4

特別寄稿 那古のお宝を調べて(館山市立那古小学校)「館山と文化財」 館山市文化財保護協会 (43) 2010.5

名古屋

史料紹介「名小屋村(現・下総町名古屋)御指出明細帳」—江戸後期・明治初期の名小屋村(島田七夫)「史談しもふさ」 下総町郷土史研究会 (25) 2004.4

名小屋村

史料紹介「名小屋村(現・下総町名古屋)御指出明細帳」—江戸後期・明治初期の名小屋村(島田七夫)「史談しもふさ」 下総町郷土史研究会 (25) 2004.4

南敷村

壬申戸籍にみる南敷村(成田市史調査員だより(2))(神尾武則)「成田市史研究」 成田市教育委員会 通号33 2009.3

名都借

流山の城跡地名 前ヶ崎・名都借・下花輪・深井(楽しい東葛地名辞典)「東葛流山研究」 流山市立博物館友の会事務局, 崙書房出版(発売) (30) 2012.3

夏見

古代夏見の地名と幕末明治期の田島地区について(長谷川芳夫)「史談会報」 船橋市史談会 23 2003.1

夏見潟

夏見潟を巡る湊と船橋大神宮の関わりについて(長谷川芳夫)「史談会報」 船橋市史談会 (27) 2007.3

夏見潟を巡る湊と生活環境の変遷(長谷川芳夫)「史談会報」 船橋市史談会 (31) 2012.3

夏見低地

夏見低地の水田化について(滝口昭二)「史談会報」 船橋市史談会 (25) 2004.12

夏見低地の用水網(滝口昭二)「史談会報」 船橋市史談会 (30) 2010.3

七栄

七栄八街十倉十余三開墾地地券証下渡ニ付願書(史料翻刻 下総開墾7—明治5～6(1872～3)年)「郷土八街」 八街郷土史研究会 (臨時号) 2014.9

七沢村

七沢村の村絵図(成田市史調査員だより(1))(鏑木行廣)「成田市史研究」 成田市教育委員会 通号32 2008.3

南白亀川

古文書に見る南白亀川の治水事業(武井實)「忘らえぬかも : 故里の歴史をさぐる」 大網白里町文化協会 (3) 2004.6

なま街道

なま街道の今昔(会員のひろば)(村上雄一郎)「松戸史談」 松戸史談会 (52) 2012.11

鮮魚街道

生(鮮魚)街道の考察と実地踏査(1)(松田孝史)「松戸史談」 松戸史談会 (44) 2004.10

鮮魚街道(2)白井から沼南・鎌ヶ谷まで(松田孝史)「松戸史談」 松戸史談会 (45) 2005.10

鮮魚街道(3) 六実から金ヶ作・松戸新田・松戸納谷河岸まで(松田孝史)「松戸史談」 松戸史談会 (46) 2006.10

松戸史談会講演会 鮮魚街道(生道)の今昔(松田孝史)「松戸史談」 松戸史談会 (46) 2006.10

波岡村

「波岡村道路元標」の独り言(諏訪貞夫)「西上総文化会報」 西上総文化会 (68) 2008.3

滑河小学校

閉校される滑河・小御門・名木・高岡小学校及び東小学校の資料所在確認調査(概報)(島田七夫)「成田市史研究」 成田市教育委員会 (38) 2014.3

滑川村

滑川村の演説会(成田市史調査員だより(1))(矢嶋毅之)「成田市史研究」 成田市教育委員会 通号32 2008.3

納谷

関宿納谷の処刑場跡(特集 楽しい東葛伝説民話事典—野田の伝説と民

千葉県　　　　　　　　　　　　　　　　　　地名でたどる郷土の歴史　　　　　　　　　　　　　　　　　　　関東

話）「東葛流山研究」　流山市立博物館友の会事務局，崙書房出版（発売）　（29）2011.3

習志野
習志野の変貌を見つめて―戦後開拓史への証言（戸石三雄）「船橋市郷土資料館資料館だより」［船橋市郷土資料館］　（88）2007.1

習志野演習場
自衛隊習志野演習場内の史跡調査（平塚胖）「郷土史研通信」　八千代市郷土歴史研究会　47　2004.8

習志野御猟場
習志野御猟場と鎌ケ谷市域（天下井恵）「鎌ケ谷市史研究」　鎌ケ谷市教育委員会　（18）2005.3

習志野原
明治天皇の習志野原賜名（天下井恵）「首都圏形成史研究会会報」　首都圏形成史研究会　18　2004.3

企画展「佐倉連隊にみる戦争の時代」・同「習志野原―明治天皇から終戦まで―」見学記（見学記）（上田浄）「千葉史学」　千葉歴史学会　（49）2006.11

習志野原と鎌ケ谷　補足・明治天皇の習志野原賜名（天下井恵）「鎌ケ谷市史研究」　鎌ケ谷市教育委員会　（20）2007.3

企画展「習志野原」のエピソード（佐藤誠）「八千代市立郷土博物館館報」　八千代市立郷土博物館　（13）2007.3

第1回企画展「習志野原―明治天皇から終戦まで」/第2回企画展「東京成徳大学共催展示―和歌を歌う」/第3回企画展　市民企画展「新四国を歩く」「八千代市立郷土博物館館報」　八千代市立郷土博物館　（13）2007.3

講演要旨　近代の習志野原を語る―3市に広がる習志野原を習志野騎兵連隊を中心に　習志野原の変遷（滝口昭二）「船橋市郷土資料館資料館だより」　［船橋市郷土資料館］　（100）2013.3

短信　郷土資料館40年、板碑の寄託/展示「津田沼の今昔―写真でみる街の遷り変わり―」「収蔵資料展―いれるれ・はこぶ―」「郷土資料館周辺の遺跡」「くらしの道具―道具が語るくらしの歴史（16）―」/講演会　文化講演会「東郊への旅―江戸から習志野原―」、地域史講座「近代の習志野原を語る」/見学会　歴史見学会「船橋の歴史散歩」、「親と子の歴史見学会」「船橋市郷土資料館資料館だより」　［船橋市郷土資料館］　（100）2013.3

習志野俘虜収容所
習志野俘虜収容所と小池民次先生（佐久間弘文）「郷土史研通信」　八千代市郷土歴史研究会　（57）2007.2

奈良輪
研究　奈良輪漁業協同組合史料より見た報国機奈良輪漁業の献納―その経緯と機種等の様々な相違について（髙木澄子）「袖ケ浦市史研究」　袖ケ浦市郷土博物館　（16）2013.1

奈良輪村
上総国望陀郡奈良輪村名主鳥飼六右衛門妻やすの『萬覚帳』と近世の「主婦権」―「金銭出納帳」の考察を加えて（横山鈴子）「袖ケ浦市史研究」　袖ケ浦市郷土博物館　（12）2005.3

成田
下総成田の途（坪井敏）「たいわ：語り伝える白井の歴史：白井市郷土史の会機関誌」　白井市郷土史の会　17　2000.4

新聞に見る明治20年代の成田（1）～（3）（神尾武則）「成田市史研究」　成田市教育委員会　（27）/通号31　2003.3/2007.3

東屋旅館に滞在した海軍兵の成田の思い出（体験談）（山崎英夫，山本侘介，川辺春光）「成田市史研究」　成田市教育委員会　通号30　2006.3

近世成田における俳諧事情（加藤定彦）「成田市史研究」　成田市教育委員会　通号33　2009.3

聞き書き　成田の昔と私の歩み（林盈六，小倉博）「成田市史研究」　成田市教育委員会　通号33　2009.3

成田地区の歴史地名（小倉博）「成田史談」　成田市文化財保護協会　（55）2010.3

平成20年度市史講座講演録　古代の成田と香取の海（平川南）「成田市史研究」　成田市教育委員会　通号34　2010.3

成田地区の石造物（成田市史調査員だより（3））（島田七夫）「成田市史研究」　成田市教育委員会　通号34　2010.3

門前町成田と成田鉄道（大会特集I 北総地域の水辺と台地―生活空間の歴史的変容―問題提起）（矢嶋毅之）「地方史研究」　地方史研究協議会　60（4）通号346　2010.8

近世初期の開発をめぐる争論と裁許―成田地域周辺を中心にして（大会特集II 北総地域の水辺と台地―生活空間の歴史的変容―問題提起）（宮原一郎）「地方史研究」　地方史研究協議会　60（5）通号347　2010.10

成田地域における地方史研究の新展開（研究例会報告要旨 2010年8月28日例会報告）（白井哲哉）「地方史研究」　地方史研究協議会　61（1）通号349　2011.2

平成23年度市史講座講演録　『成田の地名と歴史―大字別地域の事典―』

刊行記念「台地はかたる」（大塚初重）「成田市史研究」　成田市教育委員会　（36）2012.3

碑文の調査・執筆雑感（『成田の地名と歴史―大字別地域の事典―』編集余話）（島田七夫）「成田市史研究」　成田市教育委員会　（36）2012.3

市史資料『富沢庸祐写真アルバム』について（『成田の地名と歴史―大字別地域の事典―』編集余話2）（島田七夫）「成田市史研究」　成田市教育委員会　（37）2013.3

成田英漢義塾
成田英漢義塾志願者に関する基礎的考察（矢嶋毅之）「成田市史研究」　成田市教育委員会　（28）2004.3

成田空港
成田の現代史の「歴」と「史」―「成田空港問題」の歴史伝承（新井勝紘）「成田市史研究」　成田市教育委員会　通号32　2008.3

大会講評　成田空港開港への背景と歩み（小川国彦）「千葉史学」　千葉歴史学会　（57）2010.11

展示会短評　成田空港　空と大地の歴史館常設展（森谷元）「民衆史研究」　民衆史研究会　（83）2012.5

展示解説　成田空港　空と大地の歴史館（特集 現代を展示する―成田空港問題を事例に）「博物館問題研究」　博物館問題研究会　（32）2014.2

参加記 2010年4月例会　現代をどう展示するのか―成田空港問題と「歴史伝承館」を例に（特集 現代を展示する―成田空港問題を事例に）（依田亮一）「博物館問題研究」　博物館問題研究会　（32）2014.2

参加記 2011年12月例会　「成田空港　空と大地の歴史館」の見学（特集 現代を展示する―成田空港問題を事例に）（武士田忠）「博物館問題研究」　博物館問題研究会　（32）2014.2

成田空港歴史館
報告　「成田」の歴史をどう伝えるか―成田空港歴史館（仮称）建設までの過程と課題（特集 現代を展示する―成田空港問題を事例に）（新井勝紘）「博物館問題研究」　博物館問題研究会　（32）2014.2

成田山
成田山門前町調査研究事業報告―平成24年度・平成25年度（鈴木正崇）「成田市史研究」　成田市教育委員会　（38）2014.3

成田市
成田市史年表考 2004（平成16）年「成田市史研究」　成田市教育委員会　通号31　2007.3

成田市史年表稿 2005（平成17）年（矢嶋毅之）「成田市史研究」　成田市教育委員会　通号32　2008.3

成田市史年表稿 2006（平成18）年（中村政弘）「成田市史研究」　成田市教育委員会　通号33　2009.3

成田市史年表稿 2007（平成19）年（中村政弘）「成田市史研究」　成田市教育委員会　通号34　2010.3

成田市史年表稿 2008（平成20）年（中村政弘）「成田市史研究」　成田市教育委員会　（35）2011.3

旧成田市域における学区と小学校の変遷について（神尾武則）「成田市史研究」　成田市教育委員会　（36）2012.3

成田市史年表稿 2009（平成21）年（中村政弘）「成田市史研究」　成田市教育委員会　（36）2012.3

成田市史年表稿 2010（平成22）年（矢嶋毅之）「成田市史研究」　成田市教育委員会　（37）2013.3

成田市史年表稿 2011（平成23）年（神尾武則）「成田市史研究」　成田市教育委員会　（38）2014.3

成田鉄道
成田鉄道（初代）経営者と株主の系譜（白土貞夫）「成田市史研究」　成田市教育委員会　通号31　2007.3

成田鉄道の列車増便の張り紙（成田市史調査員だより（1））（小倉博）「成田市史研究」　成田市教育委員会　通号32　2008.3

門前町成田と成田鉄道（大会特集I 北総地域の水辺と台地―生活空間の歴史的変容―問題提起）（矢嶋毅之）「地方史研究」　地方史研究協議会　60（4）通号346　2010.8

成田鉄道への反対運動（成田市史調査員だより（4））（矢嶋毅之）「成田市史研究」　成田市教育委員会　（35）2011.3

成田ペニシリン工場
うたかたの「成田ペニシリン工場」始末記―蓬莱閣ホテルの一エピソード（山本侘介）「成田市史研究」　成田市教育委員会　通号29　2005.3

成田町
聞き取り　長谷川興成さんに聞く　子どもの目が見た戦中戦後の成田町（長谷川興成［話し手］，矢嶋毅之［聞き手］）「成田市史研究」　成田市教育委員会　（37）2013.3

補足　長谷川興成さんに聞く　子どもの目が見た戦中戦後の成田町（矢嶋毅之）「成田市史研究」　成田市教育委員会　（38）2014.3

成田道
臼井周辺史跡探訪（2）　成田道の道標（米田雅重）「うすゐ」　臼井文化懇

話会 （16） 2000.12

江戸っ子の成田道（《特集 湾岸視線》）（佐藤毅）「東京湾学会誌 ： 東京湾の水土」 東京湾学会 2（5）通号11 2007.3

南総

歴史文化資料としての『南総里見八犬伝』（平野恵）「文京ふるさと歴史館だより」 ［文京ふるさと歴史館］ （13） 2006.4

南総鉄道

南総鉄道および小湊鉄道（松浦清）「南総郷土文化研究会誌」 南総郷土文化研究会 通号16 2008.1

新木戸

速報レポート 新設された道標と問題点―島田台と新木戸の事例報告（村田一男）「郷土史研通信」 八千代市郷土歴史研究会 （64） 2008.11

柏の牧にかかわる地名 新木戸・捕込・豊四季（楽しい東葛地名辞典）「東葛流山研究」 流山市立博物館友の会事務局，崙書房出版（発売） （30） 2012.3

二五穴

房総の二五穴「中央博物館だより」 千葉県立中央博物館 （70） 2013.3

濁川温泉

濁川温泉（随想）（斎藤重子）「東葛流山研究」 流山市立博物館友の会事務局，崙書房出版（発売） （27） 2009.3

西上総

西上総文化会50年の歩み（藤浪弘美）「西上総文化会報」 西上総文化会 （63） 2003.3

小笠原子爵家文書の一部（岡本旭）「西上総文化会報」 西上総文化会 （63） 2003.3

大曽根氏物語（千葉日報連載記事より引用）（奈良輪美智野）「西上総文化会報」 西上総文化会 （63） 2003.3

第525回研究発表会II「東上総と西上総」（高崎繁雄）「西上総文化会報」 西上総文化会 （63） 2003.3

古代集落の変化と中世的景観の形成―西上総、小糸川流域の事例を中心に（笹生衛）「千葉県史研究」 千葉県史料研究財団 11（別冊2） 2003.3

第2回司箇城研究会セミナー「西上総の戦国社会と城郭」の記録（外山信司）「千葉城郭研究」 千葉城郭研究会 （8） 2006.11

主として西上総地方にかかわる金石文について（高崎繁雄）「西上総文化会報」 西上総文化会 （67） 2007.3

近世後期における西上総の海運業（筑紫敏夫）「西上総文化会報」 西上総文化会 （68） 2008.3

第565回例会 研究発表会 近世後期における西上総の海運業（筑紫敏夫）「西上総文化会報」 西上総文化会 （68） 2008.3

郷土における維新の裏話（鈴木貢）「西上総文化会報」 西上総文化会 （71） 2011.3

江戸時代の将軍の鹿狩と西上総の村々（研究論文など）（筑紫敏夫）「西上総文化会報」 西上総文化会 （74） 2014.3

第613回例会 研究発表II 江戸時代の将軍の鹿狩と西上総の村々 筑紫敏夫（例会とその内容）「西上総文化会報」 西上総文化会 （74） 2014.3

西野

旧西新田地区の移り変わり（現習志野市東習志野7～8丁目）（酒井正男、中山基和）「史談八千代 ： 八千代市郷土歴史研究会機関誌」 八千代市郷土歴史研究会 （28） 2003.11

西林

西林の初期開墾事情「郷土八街」 八街郷土史研究会 （12） 2010.7

補遺 山本家家譜・釈文/桝形の西村/長者堀込・長者ぶっこみ/地名「西林」のことども/住野開墾の開始時期/分かりにくい不定時法「郷土八街」 八街郷土史研究会 （12） 2010.7

日光東往還

つくばエクスプレス 日光東往還を横断（福島茂太）「東葛流山研究」 流山市立博物館友の会事務局，崙書房出版（発売） （25） 2007.3

日光東往還と宿場町―山崎宿を中心に（木原徹也）「かつしか台地 ： 野田地方史懇話会会誌」 野田地方史懇話会 （41）（別冊） 2011.3

新田戸

利根川で分断された町々 新田戸・桐ヶ作・古布内（楽しい東葛地名辞典）「東葛流山研究」 流山市立博物館友の会事務局，崙書房出版（発売） （30） 2012.3

新田村

經王山傳燈記 古墳に聞く/領主土井氏新田村/開基上人と鹿倉氏の法勲/沿革の概要/八街草創と教線の進展/御遠忌奉行記/本井戸開鑿工事完成/寺有財産略記/川島平蔵氏の美挙/八街法華講の沿革（經王山傳燈記）「郷土八街」 八街郷土史研究会 （臨時号） 2012.7

根木内古城

元禄三年絵図に見る「根木内古城」の城域（山口博行）「松戸史談」 松戸史談会 （51） 2011.11

根古屋

地名に学ぶ（2） 佐倉城の成り立ちと「根古屋」地名（野村忠男）「佐倉の地名 ： 佐倉地名研究会会報」 佐倉地名研究会 （3） 2013.3

城砦に因む地名 「根古屋」について（野村忠男）「佐倉の地名 ： 佐倉地名研究会会報」 佐倉地名研究会 （6） 2014.1

根古谷城

旧川上に八つの城―際だった根古谷城（集中特集 旧川上（塩古）村）「郷土八街」 八街郷土史研究会 （22） 2013.1

小出古郷の根古谷城譚―古書と伝聞を繋ぎ綴る（集中特集 旧川上（塩古）村）「郷土八街」 八街郷土史研究会 （22） 2013.1

根本内城

松戸史談会講演会「小金城跡と根本内城跡」（関山純也）「松戸史談」 松戸史談会 （52） 2012.11

野田

野田の歴史を聞く 松山隆校長のことなど（中村裕子）「かつしか台地 ： 野田地方史懇話会会誌」 野田地方史懇話会 21 2001.3

座談会「野田を語る」（10） バスで辿る野田の交通（下津谷達男［他］）「野田市史研究」 野田市 （12） 2001.3

野田道しるべの道（1）～（3）（嶋矢禮二）「かつしか台地 ： 野田地方史懇話会会誌」 野田地方史懇話会 22/24 2001.9/2002.9

道しるべ散策（桝田孝平）「かつしか台地 ： 野田地方史懇話会会誌」 野田地方史懇話会 22 2001.9

野田の歴史を聞く 「キノエネ醤油」とわたくし（山下和子）「かつしか台地 ： 野田地方史懇話会会誌」 野田地方史懇話会 23 2002.3

戦国・近世初期の野田領主（逆井清）「かつしか台地 ： 野田地方史懇話会会誌」 野田地方史懇話会 23 2002.3

史跡探訪（2） 野田に残る歴史的建造物を訪ねて（小林聡子）「かつしか台地 ： 野田地方史懇話会会誌」 野田地方史懇話会 23 2002.3

郷土史講座 野田の台地はどうしてできたか（事務局）「かつしか台地 ： 野田地方史懇話会会誌」 野田地方史懇話会 23 2002.3

座談会「野田を語る」（11） 戦後の農業の変遷と農政（小川浩［他］）「野田市史研究」 野田市 （13） 2002.3

筆子塔にみる野田地方の寺子屋（石田年子）「かつしか台地 ： 野田地方史懇話会会誌」 野田地方史懇話会 25 2003.3

野田の樽―その歴史と技術（乙竹孝文，小林裕美，寺嶋政長，福田久）「町と村調査研究」 千葉県立房総のむら 5 2003.3

座談会「野田を語る」（12） 有線放送の果たした役割と盛衰（下津谷達男［他］）「野田市史研究」 野田市 （14） 2003.3

野田の樽職人（本田純男）「東葛流山研究」 流山市立博物館友の会事務局，崙書房出版（発売） （22） 2003.11

野田の人車物語（宮内悦子）「東葛流山研究」 流山市立博物館友の会事務局，崙書房出版（発売） （22） 2003.11

流山・野田・関宿の史跡を訪ねて（松本金光）「目黒区郷土研究」 目黒区郷土研究会 598 2004.11

研究発表「野田地方」の道しるべ（嶋矢禮二）「かつしか台地 ： 野田地方史懇話会会誌」 野田地方史懇話会 29 2005.3

野田の歴史を聞く 元せきね屋女将が語る 宝珠花むかしばなし（飯田好）「かつしか台地 ： 野田地方史懇話会会誌」 野田地方史懇話会 （31） 2006.3

筆子塔と道しるべを訪ねる（史跡探訪）（佐藤和宏）「かつしか台地 ： 野田地方史懇話会会誌」 野田地方史懇話会 （31） 2006.3

巻頭随想 野田の巨木（北城昭夫）「野田市史研究」 野田市 （18） 2007.3

野田の歴史を聞く 下河岸あれこれ（桝田廸子）「かつしか台地 ： 野田地方史懇話会会誌」 野田地方史懇話会 （35） 2008.3

野田の町並み見学（〈研究会報告要旨〉―第60回例会）（渡辺嘉之）「首都圏形成史研究会会誌」 首都圏形成史研究会 （22） 2008.3

若き日の漱石が歩いた野田二里の道（新保國弘）「かつしか台地 ： 野田地方史懇話会会誌」 野田地方史懇話会 （36） 2008.9

野田の歴史を聞く 茂木家をめぐる四方山話（茂木佐平治）「かつしか台地 ： 野田地方史懇話会会誌」 野田地方史懇話会 （37） 2009.3

巻頭雑感 野田の文化と醤油（田中則雄）「野田市史研究」 野田市 （20） 2009.3

野田の文化と醤油（田中則雄）「かつしか台地 ： 野田地方史懇話会会誌」 野田地方史懇話会 （38）（別冊） 2009.9

自主研究グループ育成連続講座「わたしたちのまち 野田を語ろう・歩こう！」を終えて（栢女弘道）「野田市郷土博物館・市民会館年報・紀要」 野田市郷土博物館 （2） 2010.2

郷土史講座「野田の原風景―醤油造り以前の野田」（平成21年9月12日 於 野田市北部公民館講堂）講師・東京外国語大学総合国際学研究員教授 吉田ゆり子「かつしか台地 ： 野田地方史懇話会会誌」 野田地方史懇話会 （40）（別冊） 2010.9

郷土史講座（於 北部公民館 平成22年6月26日）明治時代 野田醤油の発展 講師・田中則雄「かつしか台地 ： 野田地方史懇話会会誌」 野田地方史懇話会 （42）（別冊） 2011.9

常設展示改修報告6 野田の籠職人—野菜籠の復元製作と技術の調査から（内山大介）「足立区立郷土博物館紀要」足立区立郷土博物館 （33） 2012.3

随想 私だけの野田百景（染谷和美）「かつしか台地 ： 野田地方史懇話会会誌」野田地方史懇話会 （45）（別冊16）2013.3

新春講演 野田に美術を根付かせた人々（櫻田久美）「かつしか台地 ： 野田地方史懇話会会誌」野田地方史懇話会 （45）2013.3

野田の地名と歴史を調べ隊—地名再発見の旅/会の動き 平成24年10月～/訃報 逆井清さん/編集後記「かつしか台地 ： 野田地方史懇話会会誌」野田地方史懇話会 （45）2013.3

地名研究会短信 「多輪免喜」第6号 近く出版/地名を訪ねる会 4月 福老の里・野田を訪ねる/佐倉地名研究会総会/5月の地名を訪ねる会「佐倉の地名 ： 佐倉地名研究会会報」佐倉地名研究会 （3）2013.3

地名を訪ねるレポート 福老の里・野田を訪ねる 平成25年4月26日（古山哲子）「佐倉の地名 ： 佐倉地名研究会会報」佐倉地名研究会 （4）2013.7

史跡探訪 野田中央南部の史跡と鳩聚苑を訪ねる（山口晃）「かつしか台地 ： 野田地方史懇話会会誌」野田地方史懇話会 （46）2013.9

大正～昭和前期の野田関係タトウ入り絵はがき（資料紹介）（柏女弘道）「野田市郷土博物館・市民会館年報・紀要」野田市郷土博物館 （5）2013.12

随想 シリーズ 私の野田百景（中村藤一郎）「かつしか台地 ： 野田地方史懇話会会誌」野田地方史懇話会 （47）（別冊18）2014.3

野田市

石造物が教える利根川中流域の寺子屋師匠達—関宿町及び野田市の筆子塚・天神塔を中心として（石田年子）「研究報告」千葉県立関宿城博物館 （7）2003.3

千葉県野田市（旧関宿町）の力石（高島愼助，石田年子）「研究報告」千葉県立関宿城博物館 （8）2004.3

『野田市史 資料編中世2』補遺（古代・中世部会）「野田市史研究」野田市 （15）2004.3

野田市高梨氏に関する一考察（島村青米）「松戸史談」松戸史談会 （44）2004.10

郷土史講座 野田市域の中世城郭、幻の城跡について（遠山成一）「かつしか台地 ： 野田地方史懇話会会誌」野田地方史懇話会 （31）2006.3

現野田市域における改革組合村編成と地域（桜井昭男）「野田市史研究」野田市 （18）2007.3

野田市 愛宕/今上/岩名/梅郷/大殿井/柏寺/川間/上花輪/金杉/木野橋/高梨/権現塚/座生/三ヶ尾/清水/瀬戸/鶴奉/中戸/七光台/野田/花井/番昌/平井/二ツ塚/船形/三ツ堀/荏打/目吹/柳沢/山崎貝塚/谷津/吉春（楽しい東葛地名辞典）「東葛流山研究」流山市立博物館友の会事務局，崙書房出版（発売）（30）2013.3

野田市 関宿関所跡/関宿城址と利根川治水碑/関宿藩の処刑場跡/関根金次郎の墓/千葉県編み百年記念碑/鈴木貫太郎と実相寺墓碑/船橋随庵水土功績之碑/旭村誌の碑/目洗いの池伝説/野田の芭蕉句碑/野田醤油発祥の碑/和歌山牧水歌碑/原泉混々の碑/岩本仰喜感恩之碑/高梨家救恤碑/浅間山溺死者供養塔（楽しい東葛いしぶみ事典—東葛の「成田道」の道標）「東葛流山研究」流山市立博物館友の会事務局，流山市立博物館友の会（発売）（32）2014.3

野田人車鉄道

史跡探訪（2）野田人車鉄道の跡を訪ねる（須賀田省一）「かつしか台地 ： 野田地方史懇話会会誌」野田地方史懇話会 27 2004.3

野田人車鉄道の通った道—坊山通り残影（木原徹也）「かつしか台地 ： 野田地方史懇話会会誌」野田地方史懇話会 （43）2012.3

新資料紹介 野田人車鉄道（相浦秀也）「かつしか台地 ： 野田地方史懇話会会誌」野田地方史懇話会 （44）2012.9

野田尋常高等小学校

座談会「野田を語る」（16）野田尋常高等小学校の思い出—松山隆校長時代を中心に（遠藤保之[他]）「野田市史研究」野田市 （19）2008.3

野田町

近代野田町教育小史（上）—野田町の教育家・松山家の人々（郡司美枝）「野田市史研究」野田市 （14）2003.3

近代野田町教育小史（下）—松山隆と同盟休校事件（郡司美枝）「野田市史研究」野田市 （15）2004.3

郷土史講座 野田町の起こりと醤油産業（平山忠夫）「かつしか台地 ： 野田地方史懇話会会誌」野田地方史懇話会 （37）2009.3

近世野田町の成立と岡田氏（吉田ゆり子）「野田市史研究」野田市 （22）2012.3

野田町大火（明治四十一年）と地域社会—Y豆腐店復興の軌跡を中心に（小川浩）「野田市史研究」野田市 （24）2014.3

野田町商店街

座談会「野田を語る」（18）野田町商店街の今昔（黒川茂[他]）「野田市史研究」野田市 （21）2011.3

野田村

史料紹介 慶応元年・二年野田村の御用留/山辺郡・市原郡の町村分合取調帳「千葉いまむかし」千葉市教育委員会 （16）2003.3

野田村の御用留を読む（渡辺孝雄）「ちば市史編さん便り」千葉市立郷土博物館 （2）2009.3

登戸村

佐倉炭の流通と市域の四町村—千葉町・登戸村・寒川村・泉水村（土屋雅人）「千葉いまむかし」千葉市教育委員会 （19）2006.3

野馬除け土手

白井市内の野馬除け土手（堀）（坪井敏）「たいわ ： 語り伝える白井の歴史 ： 白井市郷土史の会機関誌」白井市郷土史の会 （21）2004.4

はきだし沼

地形図から「はきだし沼」の変遷をよむ（論文）（志賀一朗）「野田市郷土博物館・市民会館年報・紀要」野田市郷土博物館 （5）2013.12

八ヶ崎

八ヶ崎の今昔・幻の城を追う（沖福松）「松戸史談」松戸史談会 （48）2008.11

八ヶ崎の今昔（幻の八ヶ崎城）（松戸史談会会員勉強会（要旨））（沖福松）「松戸史談」松戸史談会 （50）2010.11

八幡溜

八幡溜（中野牧野馬呑場）（天下井恵）「たいわ ： 語り伝える白井の歴史 ： 白井市郷土史の会機関誌」白井市郷土史の会 （29）2013.4

八丁坂

第三章 八丁の坂界隈と江原新田を訪ねる 平成24年11月9日（紀行文特集 房総の大地を踏みしめて 安房、先崎、江原新田、内海—特集 房総紀行）（伊藤清）「佐倉の地名 ： 佐倉地名研究会会報」佐倉地名研究会 （3）2013.3

初富

現在に残る初富開墾の記憶—復活した土地紀年講（佐藤未紗音）「鎌ケ谷市史研究」鎌ケ谷市教育委員会 （21）2008.3

初富を中心とする東京窮民救済開墾事業と死亡者数（生徒歴史研究発表大会の記録）（丑ケ谷いずみ）「房総史学」国書刊行会 （50）2010.3

初富農舎

小金牧開墾の初発構想と初富農舎（天下井恵）「鎌ケ谷市史研究」鎌ケ谷市教育委員会 （23）2010.3

花野井村

史料紹介 近世花野井村の人口—「下総国葛飾郡花野井村宗門改帳」から（高橋美由紀）「かしわの歴史 ： 柏市史研究」柏市史編さん委員会 （1）2012.3

花房藩

花房藩の借用証 西村家に提出「郷土八街」八街郷土史研究会 （20）2013.1

花見川

天保の花見川堀割工事の跡（今井公子）「房総の郷土史」千葉県郷土史研究連絡協議会 （35）2007.5

八生

公津・八生地区の歴史地名（小倉博）「成田史談」成田市文化財保護協会 （51）2006.3

埴生村

明キ農舎調（4年1月）/談之覺（香実からの移住者に扶助米 2月）/談之覺（牧残馬之儀 3月）/香実移住者着開墾人 農民取調書（6月）/談之覺（埴生村嶋澤の訴え 6月）/烈風被害届（7月）/烈風被害届（三咲詰・原寛介の手紙 7月）/諸邸内惣人員高（6月）/開墾離出来者」顧上文書（「小笠原辰次郎帰農につき加籍 12月）/談之覺（牧残馬之儀 別2478・11と同一内容）/談之覺（為替会社 4月）（史料翻刻 下総開墾4 明治4（1871）年分）「郷土八街」八街郷土史研究会 （臨時号）2012.4

浜行川

勝浦市浜行川地区における元禄津波災害（本吉正宏）「勝浦市史研究」勝浦市教育委員会 （9）2006.3

浜野

生実・浜野の現代を調べる（今井公子）「房総の郷土史」千葉県郷土史研究連絡協議会 （34）2006.3

浜野海気療養所

浜野昇と稲毛海気療養所—海気療養所設立の理念を中心に（中澤恵子）「千葉いまむかし」千葉市教育委員会 （23）2010.3

浜松藩下総領

天保改革期水野・浜松藩下総領における農村復興仕法（佐々木克哉）「千葉県史研究」千葉県史料研究財団 11（別冊1）2003.3

原木

千葉県市川市原木の『大屋家日記』に記された有感地震記録（都司嘉宣）「市立市川歴史博物館館報」市立市川歴史博物館　2003年度　2005.3

盤洲干潟

展示事業 第六展示室のリニューアル/収蔵展「見て触って体験してみよう」/盤洲干潟写真展/第一展示室に「石棒」を表示/普及事業「千葉県立上総博物館報」千葉県立上総博物館　106　2005.7

東我孫子

字誌・東我孫子「我孫子市史研究センター会報」我孫子市史研究センター　(126)　2012.8

東親野井

江戸川で分断された町々 東親野井・東宝珠花・東金野井（楽しい東葛地名辞典）「東葛流山研究」流山市立博物館友の会事務局, 崙書房出版（発売）(30)　2012.3

東上総

第525回研究発表会II「東上総と西上総」（高崎繁雄）「西上総文化会報」西上総文化会　(63)　2003.3

近世における東上総六斎市と塩流通（土屋雅人）「千葉史学」千葉歴史学会　(44)　2004.5

東上総の城下町構造―酒井氏の領域を中心に―《特集 東上線の戦国城郭と社会》（遠山成一）「千葉城郭研究」千葉城郭研究会　(8)　2006.11

東葛飾

東葛飾地方の航空隊と「帝都」防衛(1)（栗田尚弥）「鎌ケ谷市史研究」鎌ケ谷市教育委員会　(23)　2010.3

東葛地方の航空隊と「帝都」防衛(2)（栗田尚弥）「鎌ケ谷市史研究」鎌ケ谷市教育委員会　(24)　2011.3

東葛飾郡

田中正造と東葛飾郡北地域の軌跡（須賀田幸一）「かつしか台地 ： 野田地方史懇話会会誌」野田地方史懇話会　25　2003.3

資料紹介 明治十三年東葛飾郡『農具器械圖面表』について（研究紀要編）（芝﨑浩平）「市立市川歴史博物館館報」市立市川歴史博物館　2010年度　2012.3

1924年第15回総選挙と川島正次郎―東葛飾郡における護憲三派候補の実像（論文）（車田忠継）「市史研究いちかわ」市川市文化国際部　(4)　2013.3

東金野井

江戸川で分断された町々 東親野井・東宝珠花・東金野井（楽しい東葛地名辞典）「東葛流山研究」流山市立博物館友の会事務局, 崙書房出版（発売）(30)　2012.3

東下総

近世東下総における悪党の捕縛と組合村（米谷博）「千葉県史研究」千葉県史料研究財団　11（別冊1）2003.3

東小学校

閉校される滑河・小御門・名木・高岡小学校及び東小学校の資料所在確認調査（概報）（島田七夫）「成田市史研究」成田市教育委員会　(38)　2014.3

東野

東野紀行（坪井敏）「たいわ ： 語り伝える白井の歴史 ： 白井市郷土史の会機関誌」白井市郷土史の会　(20)　2003.4

東宝珠花

江戸川で分断された町々 東親野井・東宝珠花・東金野井（楽しい東葛地名辞典）「東葛流山研究」流山市立博物館友の会事務局, 崙書房出版（発売）(30)　2012.3

東吉田

八街教育農場 東吉田捕込前に敷地25間四方（西村本家文書）「郷土八街」八街郷土史研究会　(25)　2014.12

干潟

干潟八万石について（第541回 研究発表会II）（飯田昭二）「西上総文化会報」西上総文化会　(65)　2005.3

干潟町

高松家新史料発見・公表に至る経過（平山武彦）「ひかたの歴史と民俗」大原幽学記念館　4　2002.3

《特集 干潟町を中心とした東総の和算》「ひかたの歴史と民俗」大原幽学記念館　5　2003.3

光ヶ丘団地

柏近現代史の課題(2) 住宅都市柏の発展―荒工山・光ヶ丘・豊四季台の三団地を中心に（小林康達）「かしわの歴史 ： 柏市史研究」柏市史編さん委員会　(2)　2014.3

座談会 荒工山団地・光ヶ丘団地・豊四季台団地の記録―住民の皆様のお話を中心に（小林康達）「かしわの歴史 ： 柏市史研究」柏市史編さん

委員会　(2)　2014.3

日立航空機千葉工場

日立航空機工場跡（黒須俊夫）「忘らえぬかも ： 故里の歴史をさぐる」大網白里町文化協会　(3)　2004.6

人骨山城

内房地区の城郭を考える(2) 鋸南町人骨山城跡（報告）（松本勝）「千葉城郭研究」千葉城郭研究会　(10)　2011.10

人見浦

青堀・人見浦での木簎から竹簎への年代と民俗（川名興）「東京湾学会誌 ： 東京湾の水土」東京湾学会　2(6)通号12　2008.3

ひばりヶ丘

戦後開発の住宅地名 永楽寺・緑ヶ丘・ひばりヶ丘・大津ヶ丘・永楽台・豊四季団地（楽しい東葛地名辞典）「東葛流山研究」流山市立博物館友の会事務局, 崙書房出版（発売）(30)　2012.3

日秀

平将門ゆかりの地名 日秀・柴崎・久寺家（楽しい東葛地名辞典）「東葛流山研究」流山市立博物館友の会事務局, 崙書房出版（発売）(30)　2012.3

128高地

各地の戦跡保存活動の紹介(38) 128高地「戦闘指揮所」「作戦室」地下壕跡 館山市（日高忠臣）「浅川地下壕の保存をすすめる会ニュース」浅川地下壕の保存をすすめる会　42　2004.10

尾余

佐倉市の尾余（びよ）地名について（総力取材！ 懇談会 佐倉の古い地名を語る）（滝口昭二）「佐倉の地名 ： 佐倉地名研究会会報」佐倉地名研究会　(4)　2013.7

峠

峠をヒョウと呼ぶこと（小林茂）「たいわ ： 語り伝える白井の歴史 ： 白井市郷土史の会機関誌」白井市郷土史の会　(29)　2013.4

平岡小学校

童心の輝き 光りあう命 平岡小学校の児童詩（1924年～1928年）（麦野ゆたか）「袖ケ浦市史研究」袖ケ浦市郷土博物館　(12)　2005.3

平方新田

流山の新田 深井新田・平方新田・向小金新田（楽しい東葛地名辞典）「東葛流山研究」流山市立博物館友の会事務局, 崙書房出版（発売）(30)　2012.3

平川町

「地域」の史料は宝の山 平川町有文書からみる「平川」という地域「ちば市史編さん便り」千葉市立郷土博物館　(2)　2009.3

平戸

新川千本桜植樹式と平戸の旧家をたずねて（わらびゆみ）「郷土史研通信」八千代市郷土史研究会　42　2003.4

5月17日（土）5月例会報告 平戸地区フィールドワーク（報告）（小菅俊雄）「郷土史研通信」八千代市郷土史研究会　(63)　2008.8

地名「平戸」の考察（《特集 旧平戸村の総合研究I》）（滝口昭二）「史談八千代 ： 八千代市郷土歴史研究会機関誌」八千代市郷土歴史研究会　(33)　2008.11

平戸の石造物（《特集 旧平戸村の総合研究I》）（小菅俊雄, 園田充一, 鈴木登, 池田弘之）「史談八千代 ： 八千代市郷土歴史研究会機関誌」八千代市郷土歴史研究会　(33)　2008.11

平戸からの献上米（《特集 旧平戸村の総合研究I》）（田村勲）「史談八千代 ： 八千代市郷土歴史研究会機関誌」八千代市郷土歴史研究会　(33)　2008.11

平戸河岸

平戸河岸研究の覚え（《特集 旧平戸村の総合研究II》）（牧野光男）「史談八千代 ： 八千代市郷土歴史研究会機関誌」八千代市郷土歴史研究会　(34)　2009.11

平戸村

3月例会 旧平戸村の現地調査（平塚胖）「郷土史研通信」八千代市郷土歴史研究会　(62)　2008.5

旧平戸村の総合研究序説（《特集 旧平戸村の総合研究I》）（村田一男）「史談八千代 ： 八千代市郷土歴史研究会機関誌」八千代市郷土歴史研究会　(33)　2008.11

戦争関係遺跡（《特集 旧平戸村の総合研究I》）（牧野光男）「史談八千代 ： 八千代市郷土歴史研究会機関誌」八千代市郷土歴史研究会　(33)　2008.11

報告 11月29日～30日 八千代市民文化祭 ふるさとの歴史展「旧村のいま・旧平戸村のすがた＆大和田新田拾遺」「郷土史研通信」八千代市郷土歴史研究会　(65)　2009.2

平戸村旗本領主の研究（《特集 旧平戸村の総合研究II》）（菅野貞男）「史談八千代 ： 八千代市郷土歴史研究会機関誌」八千代市郷土歴史研究

会　(34)　2009.11

鰭ヶ崎村

下総国鰭ヶ崎村古冢碑をよむ（伊藤隆美）「東葛流山研究」　流山市立博物館友の会事務局，崙書房出版（発売）　(22)　2003.11

広瀬

館野物語(5)　広瀬地区（渡邉重雄）「館山と文化財」　館山市文化財保護協会　(39)　2006.4

深井

流山の城跡地名　前ヶ崎・名都借・下花輪・深井（楽しい東葛地名辞典）「東葛流山研究」　流山市立博物館友の会事務局，崙書房出版（発売）　(30)　2012.3

深井新田

流山の新田　深井新田・平方新田・向小金新田（楽しい東葛地名辞典）「東葛流山研究」　流山市立博物館友の会事務局，崙書房出版（発売）　(30)　2012.3

布鎌

川との折り合いのなかで生まれた景観―利根川下流・布鎌地域の文化的景観（特集 流域の文化的景観）（金子祥之）「利根川文化研究」　利根川文化研究会　(37)　2013.12

福田村

福田村事件への取り組み（鎌田行平）「明日を拓く」　東日本部落解放研究所，解放書店　29(5)通号50　2003.3

関東大震災80周年と「福田村事件」（市川正康）「明日を拓く」　東日本部落解放研究所，解放書店（発売）　30(2・3)通号52・53　2003.11

布佐

「布佐の字誌―その2―」について（関谷俊江）「我孫子市史研究センター会報」　我孫子市史研究センター　(120)　2012.2

ふさの国

千葉県教育委員会編「ふさの国今昔、過去から未来へ」（井上隆男）「リヴラン佐原」　CAC企画　(398)　2008.12

房廼邦

「房廼邦紀行」紹介（清水信明）「館山と文化財」　館山市文化財保護協会　(36)　2003.4

「房廼邦紀行」紹介（続）（清水信明）「館山と文化財」　館山市文化財保護協会　(37)　2004.4

布佐平和台

我孫子の新開地物語　湖北台・布佐平和台・柴崎台・青山台・つくし野・新木野（楽しい東葛地名辞典）「東葛流山研究」　流山市立博物館友の会事務局，崙書房出版（発売）(30)　2012.3

富士

富士地区の開拓と灌漑事業について（高花宏行）「たいわ ： 語り伝える白井の歴史 ： 白井市郷土史の会機関誌」　白井市郷土史の会　19　2002.4

藤ヶ谷飛行場

「帝都」防衛からシロイ・エアーベース、そして自衛隊基地へ―松戸・藤ヶ谷飛行場小史（栗田尚弥）「鎌ヶ谷市史研究」　鎌ヶ谷市教育委員会　(19)　2005.10

富士見台

流山の新開地物語　江戸川台・富士見台・若葉台・美田・松ヶ丘・平和台（楽しい東葛地名辞典）「東葛流山研究」　流山市立博物館友の会事務局，崙書房出版（発売）(30)　2012.3

武州

武州鍬の伝播に関する一考察（猪野義信）「町と村調査研究」　千葉県立房総のむら　7　2005.3

布施河岸

資料紹介3　送り状と馬売買證文―布施河岸の様子（原淳二）「かしわの歴史 ： 柏市史研究」　柏市史編さん委員会　(2)　2014.3

布瀬高野城

布瀬高野城跡と類似構造の城跡について（佐脇敬一郎）「かしわの歴史 ： 柏市史研究」　柏市史編さん委員会　(2)　2014.3

布施新田町

古文書解読入門講座(19)　古文書から歴史を読む　武田氏定書と布施新田町立ての事（見城孝司）「ぐんま地域文化」　群馬地域文化振興会　(32)　2009.5

布施村

時宗善照寺と布施村（川本勝彦）「かしわの歴史 ： 柏市史研究」　柏市史編さん委員会　(2)　2014.3

二和

入門講座　船橋郷土史(5)二和・三咲の開墾（綿貫啓一）「史談会報」　船

橋市史談会　(25)　2004.12

講演要旨　明治維新期の住民生活―二和・三咲の開墾を中心に　講師・池田宏樹先生「船橋市郷土資料館資料館だより」　[船橋市郷土資料館]　(95)　2010.3

富津

大山参りと海上交通について―野嶋・富津間を中心にして（後藤良治）「かながわ文化財」　神奈川県文化財協会　96　2000.5

東京湾要塞地帯における第二・第三海堡の建設と住民の対応―横須賀・永嶋家にみる富津漁民との関わり（花木宏直，山邊菜穂子）「歴史地理学野外研究」　筑波大学人文社会科学研究科歴史・人類学専攻歴史地理学研究室　(14)　2010.3

富津海洋資料館

東京湾で生まれた初の千葉県立博物館　富津海洋資料館を回顧する（平野馨）「東京湾学会誌 ： 東京湾の水土」　東京湾学会　2(3)　2005.3

富津市

東京湾口海堡への富津市の対応（小坂一夫）「東京湾学会誌 ： 東京湾の水土」　東京湾学会　2(2)　2004.3

富津市と和算家（太田敏幸）「西上総文化会報」　西上総文化会　(69)　2009.3

富津陣屋

前橋藩　富津陣屋の悲劇（三津間弘）「群馬風土記」　群馬出版センター　17(4)通号75　2003.10

前橋藩房総分領と富津陣屋の終焉（筑紫敏夫）「千葉県立中央博物館研究報告.人文科学」　千葉県立中央博物館　9(1)通号18　2005.3

近世後期の上総国富津陣屋について（筑紫敏夫）「千葉史学」　千葉歴史学会　(46)　2005.5

富津岬

《特集 富津岬》「東京湾学会誌 ： 東京湾の水土」　東京湾学会　2(3)　2005.3

富津岬は東京湾の海門（高橋在久）「東京湾学会誌 ： 東京湾の水土」　東京湾学会　2(3)　2005.3

周准の海辺　海浜集落遺跡から見た富津岬周辺の古代景観（笹生衛）「東京湾学会誌 ： 東京湾の水土」　東京湾学会　2(3)　2005.3

富津村

近世房総の町場・富津村（筑紫敏夫）「東京湾学会誌 ： 東京湾の水土」　東京湾学会　2(3)　2005.3

船橋

入門講座　船橋郷土史(3)　幕府馬牧　下野牧（綿貫啓一）「史談会報」　船橋市史談会　23　2003.1

特別展「金町松戸関所―将軍御成と船橋」「博物館だより」　葛飾区郷土と天文の博物館　70　2003.3

展示批評　葛飾区郷土と天文の博物館特別展「金町松戸関所―将軍御成と船橋」（斉藤司）「地方史研究」　地方史研究協議会　53(5)通号305　2003.10

入門講座　船橋郷土史(4)戊辰戦争と船橋（綿貫啓一）「史談会報」　船橋市史談会　(24)　2004.3

入門講座　船橋郷土史(5)二和・三咲の開墾（綿貫啓一）「史談会報」　船橋市史談会　(25)　2004.12

戦国期の船橋・市川（研究協議会の記録）（滝川恒昭）「房総史学」　国書刊行会　(45)　2005.3

入門講座　船橋郷土史(6)　犬山城主・栗原藩主成瀬氏（綿貫啓一）「史談会報」　船橋市史談会　(26)　2006.3

特集　船橋の空襲の記憶「船橋市郷土資料館資料館だより」　[船橋市郷土資料館]　(87)　2006.3

語りつぐ船橋の現代史―大正から昭和へ（平形千恵子）「船橋市郷土資料館資料館だより」　[船橋市郷土資料館]　(89)　2007.3

「船橋浦絵図」をめぐって（綿貫啓一）「史談会報」　船橋市史談会　(28)　2008.3

戦前・戦時から戦後における地域社会の「現代化」―千葉県北西部地域、市川・船橋地域の都市化・郊外化の検討（小川信雄）「千葉史学」　千葉歴史学会　(53)　2008.12

講演要旨　鉄道忌避伝説を考える―流山と船橋の例を中心として（青木栄一）「千葉史学」　千葉歴史学会　(53)　2008.12

市川・船橋地区臨地研究会（臨地研究会の記録）（加藤将，川田照夫）「房総史学」　国書刊行会　(50)　2010.3

学芸員ノート　栗原宿と船橋（増山聖子）「The amuseum」　埼玉県立歴史と民俗の博物館　6(2)通号17　2011.9

船橋にある2つの城跡（報告）（吉村雅夫）「千葉城郭研究」　千葉城郭研究会　(10)　2011.10

短信　郷土資料館40年、板碑の寄託/展示「津田沼の今昔―写真でみる街の遷り変わり―」「収蔵資料展―いれるれ・はこぶ―」「郷土資料館周辺の遺跡」「くらしの道具―道具が語るくらしの歴史(16)―」/講演会　文化講演会「東郊への旅―江戸から船橋へ―」、地域史講座「近代の習志

野原を語る」/見学会 歴史見学会「船橋の歴史散歩」、「親と子の歴史見学会」「船橋市郷土資料館資料館だより」［船橋市郷土資料館］（100）2013.3

船橋市

船橋市郷土資料館企画展「中世の船橋」を見学して（小高春雄）「千葉史学」 千葉歴史学会 （41）2003.1

船橋市域における延宝年間（1973〜81）の新田開発（坂田守良）「史談会報」 船橋市史談会 （33）2014.3

船橋市営製塩場

第二次大戦末期から終戦直後の自給製塩の一端—船橋市市営製塩場の顛末・史料抄（綿貫啓一）「史談会報」 船橋市史談会 （30）2010.3

史料紹介 第二次大戦末期からの終戦直後の自給製塩の一端 船橋市営製塩場の顛末に関する史料（綿貫啓一）「東京湾学会誌 ： 東京湾の水土」 東京湾学会 3（3）通号15 2011.3

平和台

流山の新開地物語 江戸川台・富士見台・若葉台・美田・松ヶ丘・平和台（楽しい東葛地名辞典）「東葛流山研究」 流山市立博物館友の会事務局, 崙書房出版（発売）（30）2012.3

別所村

淀藩下総領別所村の年貢（鏑木行廣）「印西の歴史」 印西市教育委員会（4）2008.3

房州

房州うちわの伝統的工芸を支えてきたもの（佐野邦雄）「館山と文化財」 館山市文化財保護協会 （37）2004.4

古文書に見る房州の漁業—元名村「村方議定書」を通して（研究発表要旨）（出口宏幸）「房総の郷土史」 千葉県郷土史研究連絡協議会（35）2007.5

江戸時代から明治初期にかけての「房州石」の生産（筑紫敏夫）「西上総文化会報」 西上総文化会 （71）2011.3

「山崎うたつ」と明治、大正、昭和期の房州の医師たち（郷土研究）（米谷純一）「館山と文化財」 館山市文化財保護協会 （44）2011.5

北条

北条教育にみる千葉県教育の一断面（吉田智美）「千葉史学」 千葉歴史学会 （46）2005.5

北条藩

特別寄稿 万石騒動と五人の義民（館山市立館野小学校）「館山と文化財」 館山市文化財保護協会 （44）2011.5

文化祭講演会の実施「安房北条藩屋代氏と万石騒動」（平成22年度協会記事）（佐野邦雄）「館山と文化財」 館山市文化財保護協会 （44）2011.5

万石騒動安房三義民三百年忌を終えて（平成22年度協会記事）「館山と文化財」 館山市文化財保護協会 （44）2011.5

北条町

中目北条町長と大正時代の観光立町（岡田晃司）「ミュージアム発見伝 ： 館山市立博物館報」 館山市立博物館 （75）2005.1

房総

『地方史研究』に見る房総史研究（4）〜（10）（井上隆男）「房総の郷土史」 千葉県郷土史研究連絡協議会 28/（34）2000.3/2006.3

岩槻藩大岡家と房総三藩—藩主大岡出雲守忠光の栄達の道と安房国（佐野邦雄）「ふるさとちくら」 南房総市教育委員会 （19）2002.3

記念講演 江戸と房総 くらしと文化の結びつき（吉田豊）「房総の郷土史」 千葉県郷土史研究連絡協議会 30 2002.3

近世房総史研究のいくつかの課題について（川村優）「房総の郷土史」 千葉県郷土史研究連絡協議会 30 2002.3

明治初期における東海道助郷滞金と房総の村々（筑紫敏夫）「交通史研究」 交通史学会, 吉川弘文館（発売）（51）2002.11

浦賀の俳額にみえる房総と豆州下田の在村俳人一「浦賀不動尊献額句合」と「相陽米ケ濱祖師堂奉納額面」（杉仁）「在村文化研究」 在村文化研究会 （12）2003.2

活動報告 合同企画展「房総の漁」/出土遺物巡回展「房総発掘ものがたり」/企画展示「房総の近代化遺産」/企画展示「むかしの道具」/収蔵資料展「手ぬぐい型紙」/他「おおとね ： 千葉県立中央博物館大利根分館報」 千葉県立中央博物館大利根分館 71 2003.3

川村清兵衛「房総相模御備場取調書」について（嶋村元宏）「神奈川県立博物館研究報告.人文科学」 神奈川県立歴史博物館 （29）2003.3

房総三か国の国司について—鎌倉時代を中心に（菊池紳一）「千葉県史研究」 千葉県史料研究財団 11 2003.3

古代房総三国国司表—『千葉県の歴史 通史編 古代2』の補遺（古代史部会事務局）「千葉県史研究」 千葉県史料研究財団 11 2003.3

《近世特集号 房総の近世2》「千葉県史研究」 千葉県史料研究財団 11（別冊1）2003.3

房総における同心給知支配の特質について—上総国市原郡の先手鉄砲組同心給知を事例として（實形裕介）「千葉県史研究」 千葉県史料研究財団 11（別冊1）2003.3

房総における組合村設定と「取締」（安齋信人）「千葉県史研究」 千葉県史料研究財団 11（別冊1）2003.3

《中世特集号 中世の房総、そして関東》「千葉県史研究」 千葉県史料研究財団 11（別冊2）2003.3

房総と海についての断想（天野努）「安房博物館だより」 千葉県立安房博物館 77 2003.3

「浮世絵に見る房総の海と漁業」（小藤田一幸）「安房博物館だより」 千葉県立安房博物館 77 2003.3

房総の中世城郭について—千葉市内の考古学的成果をもとに（〈文化財講演会発表要旨〉）（簗瀬裕一）「千葉文華」 千葉県文化財保護協会 （38）2003.3

近世房総史における「負」の性格について（川村優）「房総の郷土史」 千葉県郷土史研究連絡協議会 31 2003.5

房総の戊辰戦争（竹内克）「上総市原」 市原市文化財研究会 14 2003.5

再論旧坂戸町住民は房総武士団の後裔か？（小島清）「埼玉史談」 埼玉県郷土文化会 50（3）通号275 2003.10

企画展「地震と津波」講演会 房総の巨大地震—元禄を滅ぼした巨大地震・大津波を中心に（古山豊）「安房博物館だより」 千葉県立安房博物館 78 2003.10

天文後期における北条氏の房総侵攻（黒田基樹）「市史研究横須賀」 横須賀市総務部 （3）2004.2

「房総の伝統漁法」（本吉正宏）「安房博物館だより」 千葉県立安房博物館 79 2004.3

深河元伺の『房總三州漫録』の動植物方言と民俗（川名興）「袖ケ浦市史研究」 袖ケ浦市郷土博物館 （11）2004.3

ペリー来航前後の房総—千葉県文書館の企画展より（豊川公裕）「房総の郷土史」 千葉県郷土史研究連絡協議会 （32）2004.3

「地方史研究」に見る房総史研究（11）—2003年2月〜12月（井上隆男）「房総の郷土史」 千葉県郷土史研究連絡協議会 （32）2004.3

房総の史跡を訪ねて（高橋英一）「目黒区郷土研究」 目黒区郷土研究会 593 2004.6

企画展「中世房総やきもの市場」/演武 森重流砲術「瓦版大木戸 ： 千葉県立房総のむら館報」 千葉県立房総のむら 34 2004.8

平成16年度企画展「房総漁村の原風景—古代房総の漁撈民とその生活」（笹生衛）「安房博物館だより」 千葉県立安房博物館 80 2004.10

房総の海の文化に親しむ（2）安房神社の高坏（天野努）「安房博物館だより」 千葉県立安房博物館 80 2004.10

『房総の幕末海防始末』うらばなし「幕末史研究」 三十一人会, 小島資料館（発売）（40）2004.11

鎌倉と房総を結ぶ道（鈴木啓治）「千葉県立上総博物館友の会報」 千葉県立上総博物館 （65）2005.3

房総中世城館の発展過程（小高春雄）「千葉県文化財センター研究紀要」 千葉県文化財センター 24 2005.3

中世房総における陶磁器類の流通・消費動向（井上哲朗）「千葉県文化財センター研究紀要」 千葉県文化財センター 24 2005.3

千葉県文化財センター30周年記念展 掘り起こされた房総の歴史（笹生衛）「安房博物館だより」 千葉県立安房博物館 81 2005.3

平成16年度企画展「中世房総やきもの市場」記念講演会録 小野正敏「中世陶磁器の流通と消費」（井上哲朗）「町と村調査研究」 千葉県立房総のむら 7 2005.3

近世房総の町場・富津村（筑紫敏夫）「東京湾学会誌 ： 東京湾の水土」 東京湾学会 2（3）2005.3

近世房総史研究の重要性を強く訴える（川村優）「房総の郷土史」 千葉県郷土史研究連絡協議会 （33）2005.3

房総における燈火器の変遷について（石井洋輔）「房総の郷土史」 千葉県郷土史研究連絡協議会 （33）2005.3

房総の俳句を尋ねる（川嶋昭一）「房総 ： 郷土の古文書研究」 川城文庫・藩政史研究会 108 2005.8

煎茶の「合」—地域に根ざした茶商の技（〈テーマ 物から見た町と村の交流〉）（植野百代）「町と村調査研究」 千葉県立房総のむら （8）2006.3

近世における歴史的展開とその後の「歴史的後遺症」の把握（1）近世房総史の内容を主軸として（川村優）「房総の郷土史」 千葉県郷土史研究連絡協議会 （34）2006.3

会津藩の江戸湾警備と房総諸藩の動向—弘化・嘉永期を中心に（山本哲也）「開国史研究」 横須賀市 （6）2006.3

房総における燈火器の変遷について（石井祐輔）「忘らえぬかも ： 故里の歴史をさぐる」 大網白里町文化協会 （4）2006.6

近世における歴史的展開とその後の「歴史的後遺症」の把握—近世房総史の内容を主軸として（川村優）「研究紀要」 日本村落自治史料調査研究所 通号10 2006.8

江戸湾をめぐる後北条氏と房総里見氏との関係—『新横須賀市史』編さんの成果から（真鍋淳哉）「郷土神奈川」 神奈川県立図書館 （45）

2007.2

平成18年度企画展「千葉県の伝統的工芸品」―房総の匠百人展「千葉県立上総博物館報」 千葉県立上総博物館 （109）2007.3

記念講演 房総の古民家（道塚元嘉）「房総の郷土史」 千葉県郷土史研究連絡協議会 （35）2007.5

房総における内宿地名について（《第23回全国城郭研究者セミナーの報告》）（遠山成一）「中世城郭研究」 中世城郭研究会 （21）2007.7

近世における歴史的展開とその後の「歴史的後遺症」の把握―近世房総史の内容を主軸として（川村優）「長柄の歴史」 長柄歴史同好会 （5）2007.11

房総と常総と（塚本学）「研究紀要」 日本村落自治史料調査研究所 通号11 2007.12

房総史研究と私（井上隆男）「研究紀要」 日本村落自治史料調査研究所 通号11 2007.12

房総の海と村（出口宏幸）「研究紀要」 日本村落自治史料調査研究所 通号11 2007.12

近世における歴史的展開とその後の「歴史的後遺症」の把握（2）近世房総史の内容を主軸として（川村優）「研究紀要」 日本村落自治史料調査研究所 通号11 2007.12

鎌倉期房総における衣料生産（《中世小特集》）（盛本昌広）「千葉県史研究」 千葉県史料研究財団 （16）2008.3

『南総里見八犬伝』と「房総志料」（松丸明弘）「千葉県史料研究財団だより」 千葉県史料研究財団 （19）2008.3

幕末の動乱と房総（鈴木ущ一）「館山と文化財」 館山市文化財保護協会 （41）2008.4

房総の中の「熊野」（桐村久美子）「国際熊野学会会報」 国際熊野学会 （9）2008.4

『房総新聞』廃刊後（歴史随想）（矢嶋毅之）「千葉史学」 千葉歴史学会 （52）2008.5

近世における歴史的展開とその後の「歴史的後遺症」の把握（1）近世房総史の内容を主軸として（川村優）「房総の郷土史」 千葉県郷土史研究連絡協議会 （36）2008.5

房総散乱記（川城昭一）「房総 ： 郷土の古文書研究」 川城文庫・藩政史研究会 （121）2008.6

近世における歴史的展開と歴史的後遺症克服の道筋―近世房総史の内容を主軸として（川村優）「研究紀要」 日本村落自治史料調査研究所 通号12 2008.7

房総の窓（3）「地方史研究」から（2008年2月～6月）（井上隆男）「リヴラン佐原」 CAC企画 （397）2008.11

房総を旅した和算家（歴史随想）（米谷博）「千葉史学」 千葉歴史学会 （53）2008.12

房総の歴史 江戸の往来物『浜毗小児教種』（はまべひしょうにおしえだね）を読んで 関川堂 今川経山の九十九里浜漁村の往来物（川城昭一）「房総 ： 郷土の古文書研究」 川城文庫・藩政史研究会 （123）2009.1

企画展「房総の捕鯨」（高梨友子）「安房博物館だより」 千葉県立安房博物館 （88・89）2009.2

「海上の道」と中世の房総社会―熊野神社・熊野信仰をもたらしたもの（《報告1 開館25周年記念シンポジウム「房総と熊野をつなぐもの」》）（湯浅治久）「袖ケ浦市史研究」 袖ケ浦市郷土博物館 （14）2009.3

黒潮が伝える人・もの・文化（《報告1 開館25周年記念シンポジウム「房総と熊野をつなぐもの」》）（三石学）「袖ケ浦市史研究」 袖ケ浦市郷土博物館 （14）2009.3

房総の農家建築（《テーマ 物から見た町と村の交流―建造物から》）「町と村調査研究」 千葉県立房総のむら （9）2009.3

房総の町家建築（《テーマ 物から見た町と村の交流―建造物から》）「町と村調査研究」 千葉県立房総のむら （9）2009.3

房総のむらの武家屋敷建築（《テーマ 物から見た町と村の交流―建造物から》）「町と村調査研究」 千葉県立房総のむら （9）2009.3

黒田基樹著『戦後の房総と北条氏』（井上隆男）「リヴラン佐原」 CAC企画 （401）2009.3

房総の窓（4）「地方史研究」から（2008年11月～12月）（井上隆男）「リヴラン佐原」 CAC企画 （402）2009.4

刊行にあたって（《房総に生きた人びとと歴史》）（佐藤博信）「千葉史学」 千葉歴史学会 （54）2009.5

時代概説《房総に生きた人びとと歴史》―古代（宮原武夫）「千葉史学」 千葉歴史学会 （54）2009.5

時代概説《房総に生きた人びとと歴史》―中世（外山信司）「千葉史学」 千葉歴史学会 （54）2009.5

時代概説《房総に生きた人びとと歴史》―近世（川名登）「千葉史学」 千葉歴史学会 （54）2009.5

コラム 俳諧と房総の女性（《房総に生きた人びとと歴史》―近世）（斎藤功）「千葉史学」 千葉歴史学会 （54）2009.5

コラム 寺子屋の子どもたち（《房総に生きた人びとと歴史》―近世）（石山秀和）「千葉史学」 千葉歴史学会 （54）2009.5

時代概説《房総に生きた人びとと歴史》―近現代（矢嶋毅之）「千葉史学」 千葉歴史学会 （54）2009.5

近世における歴史的展開とその後の「歴史的後遺症」の把握（2）近世房総史の内容を主軸として（川村優）「房総の郷土史」 千葉県郷土史研究連絡協議会 （37）2009.5

地域史の古文書 里えと萬五郎の欠落 明和五年子九月の血生臭い事件（川城昭一）「房総 ： 郷土の古文書研究」 川城文庫・藩政史研究会 （127）2009.10

房総の坂の上の雲（橘田昭雄）「西上総文化会報」 西上総文化会 （70）2010.3

房総書誌題目―「地方史研究」新刊案内から（研究余滴）（井上隆男）「研究紀要」 日本村落自治史料調査研究所 通号14 2010.3

明治35年の房総修学旅行―旧制成田中学校の修学旅行を例として（房総史研究50号記念特別企画）（鏑木行廣）「房総史学」 国書刊行会 （50）2010.3

古文書を読む「松平容敬手控」より 房総新領地の視察記 忠恭様御年譜巻之十七より 嘉永元年 戊申 御年 四十三 御在府（海老名俊雄）「歴史春秋」 歴史春秋社 （71）2010.4

北総荘園の変容と印西川外十六郷の成立―房総中世村落論の一課題（大会特集I 北総地域の水辺と台地―生活空間の歴史的変容―問題提起）（湯浅治久）「地方史研究」 地方史研究協議会 60（4）通号346 2010.8

投稿論文 戦国期房総における商人の一様態（佐藤夏実）「千葉いまむかし」 千葉市教育委員会 （24）2011.3

房総書誌題目（2）―「地方史研究」新刊案内から（井上隆男）「研究紀要」 日本村落自治史料調査研究所 （15）2011.4

房総四季耕作図と岡勝谷筆「四季農村風俗図屏風」について（小特集 四季耕作図をめぐって）（榎美香）「千葉史学」 千葉歴史学会 （58）2011.5

明治初年における譜代小藩の房総移封と「議事ノ制」―上総国柴山藩の会議所巷会と防拐問題を事例に（第52回日本史関係卒業論文発表会要旨）（堀野周平）「地方史研究」 地方史研究協議会 61（3）通号351 2011.6

房総の城郭と戦国大名系城郭論―「里見氏系城郭」を中心に（竹井英文）「千葉城郭研究」 千葉城郭研究会 （10）2011.10

歴史地理学的方法による中世城跡の復元についての覚え書き―房総の事例を中心に（遠山成一）「千葉城郭研究」 千葉城郭研究会 （10）2011.10

房総における斜格子暗文坏の分布―斜格子状暗文坏の特殊性について（大岩桂子）「研究連絡誌」 千葉県教育振興財団文化財センター （73）2012.2

房総書誌題目（3）―「地方史研究」新刊案内から（井上隆男）「研究紀要」 日本村落自治史料調査研究所 （16）2012.4

文化祭講演会の実施「四季耕作図から見た明治前期の房総農村風景」（平成23年度協会記事）（榎美香）「館山と文化財」 館山市文化財保護協会 （45）2012.4

幕末維新前後の房総の藩主たち（川合雄二郎）「忘らえぬかも ： 故里の歴史をさぐる」 大網白里町文化協会 （7）2012.4

千葉県と房総（会員の期待）（峰岸純夫）「千葉史学」 千葉歴史学会 （60）2012.5

「房総の郷土史」に寄せて（随想）（井上隆男）「房総の郷土史」 千葉県郷土史研究連絡協議会 （40）2012.5

房総の小さな歴史十景（随想）（松井安俊）「房総の郷土史」 千葉県郷土史研究連絡協議会 （40）2012.5

房総農民歌人の系譜（研究ノート）（秋葉輝夫）「房総の郷土史」 千葉県郷土史研究連絡協議会 （40）2012.5

基調講演 地域史からみた通史―房総の歴史から日本史へ（創立30周年記念大会シンポジウム「千葉から通史を考える」）（川尻秋生）「千葉史学」 千葉歴史学会 （61）2012.11

発刊の辞/はじめに（房総における近世陣屋）「研究紀要」 千葉県教育振興財団 （28）2013.3

第1章 房総の陣屋 陣屋とは/陣屋の種類と外観・構造（陣屋の種類、陣屋の外観・構造）/研究略史（房総における近世陣屋）「研究紀要」 千葉県教育振興財団 （28）2013.3

第2章 大名・旗本・代官陣屋 下総の陣屋（飯沼陣屋、三川陣屋、太田陣屋、小南陣屋、上代陣屋、小見川陣屋、堀川陣屋、小笹陣屋、飯田陣屋、吉田陣屋、飯笹陣屋、多古陣屋、高岡陣屋、大貫陣屋、郡陣屋、大堀陣屋、岩戸陣屋、青管陣屋、生実陣屋、曽我野陣屋、栗原陣屋、大森陣屋、藤心陣屋・船戸陣屋、木野崎陣屋、山崎陣屋、加輪屋、戸定陣屋、小金陣屋・金ケ作陣屋、その他）/上総の陣屋（折戸陣屋、成東陣屋、東金陣屋、大網陣屋、潤井戸陣屋、八幡陣屋1・2、五井陣屋、姉崎陣屋、鶴牧陣屋、内田陣屋、一宮陣屋、中滝陣屋、苅谷陣屋、小佐部陣屋、勝浦陣屋1・2、貝淵陣屋、真武根陣屋、人見陣屋、下湯江陣屋、向郷陣屋、三本松陣屋、市場陣屋、飯野陣屋、久久保陣屋、その他）/安房の陣屋（勝山陣屋、東条陣屋、花房陣屋（城）、御蔵陣屋、船形陣屋、北条（鶴ヶ谷）陣屋、北条陣屋、立山陣屋、長尾陣屋（城）、その他）（房総における近世陣屋）「研究紀要」 千葉県教育振興財団

（28）2013.3

第3章 海防陣屋・台場 海防陣屋（木戸陣屋、亥鼻陣屋、富津陣屋、竹ヶ岡（百首）陣屋、北条陣屋、波佐間陣屋）/海防台場・炮台（銚子台場群、一宮台場、大喜多藩領台場群、岩槻藩領台場群（上総国）、岩槻藩領台場群（安房国）、富津台場、竹ヶ岡台場、七曲台場、大坪山台場、大房崎台場、州崎台場、安房・朝夷両郡台場群、その他）（房総における近世陣屋）「研究紀要」 千葉県教育振興財団 （28）2013.3

第4章 その他 番所/会所/郷蔵（房総における近世陣屋）「研究紀要」 千葉県教育振興財団 （28）2013.3

第6章 房総陣屋研究の特質と課題 房総陣屋研究の特質/房総陣屋研究の課題（房総における近世陣屋）「研究紀要」 千葉県教育振興財団 （28）2013.3

資料集成 房総酒井氏関係資料集成（滝川恒昭）「千葉いまむかし」 千葉市教育委員会 （26）2013.3

房総の二五穴「中央博物館だより」 千葉県立中央博物館 （70）2013.3

房総の戦国大名里見氏にせまる（生徒歴史研究発表大会の記録）（佐久間充昭）「房総史学」 国書刊行会 （53）2013.3

提案 房総における壬申の乱の伝承（松井安俊）「研究紀要」 日本村落自治史料調査研究所 （17）2013.6

房総書誌題目（4）「地方史研究」新刊案内から（井上隆男）「研究紀要」 日本村落自治史料調査研究所 60（4）通号346 2013.6

のどかな農村を襲う突然の災害（随想）（松井安俊）「房総の郷土史」 千葉県郷土史研究連絡協議会 （41）2013.6

房総農民歌人の系譜（記念講演要旨）（秋葉輝夫）「房総の郷土史」 千葉県郷土史研究連絡協議会 （41）2013.6

基調報告2 房総から見た富士山—文化・文学の視点から（東京湾学会シンポジウム「房総から望む富士山の自然と文化」特集）（佐藤毅）「東京湾学会誌：東京湾の水土」 東京湾学会 3（6）通号18 2014.3

巻頭言 温故知新—房総史学の巻頭言などから（山科史男）「房総史学」 国書刊行会 （54）2014.3

随想 房総における寛政五年「村明細帳」（筑紫敏夫）「房総の郷土史」 千葉県郷土史研究連絡協議会 （42）2014.3

地方史情報 房総の窓—「地方史研究」から（2013年2月～12月）（井上隆男）「房総の郷土史」 千葉県郷土史研究連絡協議会 （42）2014.3

駿遠七藩の房総入封における新拠点の開発と展開（2014年度明治維新史学会大会報告要旨）（堀野周平）「会報明治維新史学会だより」 明治維新史学会 （21）2014.5

房総書誌題目（5）「地方史研究」新刊案内から（井上隆男）「研究紀要」 日本村落自治史料調査研究所 （17）2014.6

『御狩勢子人足の記』を辿る—西へ西へ房総を突き進んだ勢子軍団（國定美津子）「松戸史談」 松戸史談会 （54）2014.11

房総往還

房総往還—現在と過去（生徒歴史研究発表大会の記録）（君津高校郷土研究同好会）「房総史学」 国書刊行会 （53）2013.3

房総座

房総座（打田未来）「瓦版大木戸：千葉県立房総のむら館報」 千葉県立房総のむら （48）2012.3

房総新藩

房総新藩の城郭について（池田光雄）「中世城郭研究」 中世城郭研究会 （20）2006.7

房総半島

歴史探訪 房総半島警備（五ノ井三男）「会津人群像」 歴史春秋出版 （8）2006.12

法典

船橋小栗原周辺地域と法典地区に市川局の電話が引かれた事情（長谷川芳夫）「史談会報」 船橋市史談会 （29）2009.3

奉免

奉免地区周辺の原風景について（本吉弘道）「南総郷土文化研究会誌」 南総郷土文化研究会 通号16 2008.1

堀籠

「金沢文庫文書」にみえる伊能・堀籠（成田市史調査員だより（2)）（外山信司）「成田市史研究」 成田市教育委員会 通号33 2009.3

坊山通り

野田人車鉄道の通った道—坊山通り残影（木原徹也）「かつしか台地：野田地方史懇話会会誌」 野田地方史懇話会 （43）2012.3

豊洋白井牧場

豊洋白井牧場について（坪井敏）「たいわ：語り伝える白井の歴史：白井市郷土史の会機関誌」 白井市郷土史の会 （20）2003.4

蓬萊閣ホテル

うたかたの「成田ペニシリン工場」始末記—蓬萊閣ホテルのエピソード（山本佗介）「成田市史研究」 成田市教育委員会 通号29 2005.3

北総

天保凶作と村の変容—北総農村を対象にして（原淳二）「沼南町史研究」 沼南町教育委員会 7 2003.3

幕末期、北総における年貢取の動向と年貢皆済目録—下総国埴生郡田安領荒海村の一事例（中小路純）「千葉史学」 千葉歴史学会 （42）2003.7

常南・北総地域における和算の系譜と展開—『大塚算法記』を手がかりとして（宍戸知）「町史研究伊奈の歴史」 伊奈町 9 2005.3

復刻 遊東陬録と北総（鈴木風南子）「松戸史談」 松戸史談会 （45）2005.10

第61回大会を迎えるにあたって 北総地域の水辺と台地—生活空間の歴史的変容「地方史研究」 地方史研究協議会 60（2）通号344 2010.4

第61回大会を迎えるにあたって（大会特集I 北総地域の水辺と台地—生活空間の歴史的変容）（常任委員会，第61回大会実行委員会)「地方史研究」 地方史研究協議会 60（4）通号346 2010.8

香取本「大江山絵詞」の伝承と北総地域（大会特集I 北総地域の水辺と台地—生活空間の歴史的変容—問題提起）（鈴木哲雄）「地方史研究」 地方史研究協議会 60（4）通号346 2010.8

堀田伯爵家と近代北総地域（大会特集I 北総地域の水辺と台地—生活空間の歴史的変容—問題提起）（宮間純一）「地方史研究」 地方史研究協議会 60（4）通号346 2010.8

第61回大会を迎えるにあたって（大会特集II 北総地域の水辺と台地—生活空間の歴史的変容）（常任委員会，第61回大会実行委員会)「地方史研究」 地方史研究協議会 60（5）通号347 2010.10

近世北総の地域の特質（大会特集II 北総地域の水辺と台地—生活空間の歴史的変容—問題提起）（出口宏幸）「地方史研究」 地方史研究協議会 60（5）通号347 2010.10

村落共同体における医師の役割—変死隠蔽事件を事例として（大会特集II 北総地域の水辺と台地—生活空間の歴史的変容—問題提起）（尾脇秀和）「地方史研究」 地方史研究協議会 60（5）通号347 2010.10

歴史探訪部会 7月 座学の御案内 演題「北総のえみし」 講師：柴田弘武 会員 7月9日（水）13時30分～15時「我孫子市史研究センター会報」 我孫子市史研究センター （148）2014.6

歴史探訪部会 7月座学・講演（7月9日我孫子北近隣センター） 柴田弘武 会員「北総のえみし」を聞いて（白神正光）「我孫子市史研究センター会報」 我孫子市史研究センター （149）2014.7

北総荘園

北総荘園の変容と印西内外十六郷の成立—房総中世村落論の一課題（大会特集I 北総地域の水辺と台地—生活空間の歴史的変容—問題提起）（湯浅治久）「地方史研究」 地方史研究協議会 60（4）通号346 2010.8

北総台地

北総台地と国策（大会特集I 北総地域の水辺と台地—生活空間の歴史的変容—問題提起）（中村政弘）「地方史研究」 地方史研究協議会 60（4）通号346 2010.8

堀江

オランダ人お雇い工師リンドによる浦安堀江水準標石の設置から永田町の日本水準原点設置までの経過について（市川幸男）「研究報告」 千葉県立関宿城博物館 （12）2008.9

本海川

「本海川」と「城門川」（滝口昭二）「史談会報」 船橋市史談会 23 2003.1

滝口昭二氏の本海川人造説について（長谷川芳夫）「史談会報」 船橋市史談会 （24）2004.3

本行徳村

資料紹介 本行徳村絵図の紹介（石渡洋介，菅野洋介，北村厚介）「市史研究いちかわ」 市川市文化国際部 （5）2014.3

本納

本納地区の史跡探訪について（平澤節）「忘らえぬかも：故里の歴史をさぐる」 大網白里町文化協会 （3）2004.6

本納町

丸山二郎教授から拝受した『本納町史』昭和30年10月10日発行（吉川弘文館刊）の序文（川村優）「研究紀要」 日本村落自治史料調査研究所 （17）2013.6

前ヶ崎

流山の城跡地名 前ヶ崎・名都借・下花輪・深井（楽しい東葛地名辞典）「東葛流山研究」 流山市立博物館友の会事務局，崙書房出版（発売） （30）2012.3

前川

前川の河岸跡（植田敏雄）「おおとね：千葉県立中央博物館大利根分館報」 千葉県立中央博物館大利根分館 73 2004.3

前橋藩房総分領

前橋藩房総分領と富津陣屋の終焉（筑紫敏夫）「千葉県立中央博物館研究

報告.人文科学」 千葉県立中央博物館 9（1）通号18 2005.3

幕張町

町村合併をめぐる紛争―千葉県幕張町の分町合併を中心に（中村政弘）「千葉県史研究」 千葉県史料研究財団 （16）2008.3

幕張町の成立・展開と学校運営（神山知徳）「千葉いまむかし」 千葉市教育委員会 （22）2009.3

将門町

将門の郷をたずねて 俳句吟行 史跡めぐり（南川好玄）「かつしか台地 ：野田地方史懇話会会誌」 野田地方史懇話会 （41）2011.3

正木

那古正木（川崎）の三平姓と鯉幟（松本久）「館山と文化財」 館山市文化財保護協会 33 2000.4

馬乗里村

慶長四年「馬乗里村御縄打水帳」と馬乗里村―高木利介氏聞き書き（木村修, 外山信司）「成田市史研究」 成田市教育委員会 通号33 2009.3

桝形

補遺 山本家家譜・釈文/桝形の西村/長者堀込・長者ぶっこみ/地名「西林」のことども/住野開墾の開始時期/分かりにくい不定時法「郷土八街」 八街郷土史研究会 （12）2010.7

明治40年代の塩事情（桝形二代目日記―記録 西村辰三・隆次）「郷土八街」八街郷土史研究会 （臨時号）2010.11

松ヶ丘

流山の新開地物語 江戸川台・富士見台・若葉台・美田・松ヶ丘・平和台（楽しい東葛地名辞典）「東葛流山研究」 流山市立博物館友の会事務局, 崙書房出版（発売）（30）2012.3

松ヶ崎城

柏市松ヶ崎城跡の保存と活用―「歴史的自然環境」の概念を中心に（鈴木英夫）「千葉史学」 千葉歴史学会 （41）2003.1

松ヶ崎城跡の再検討―発掘調査にみる城郭の多様性（間宮正光）「かしわの歴史 ：柏市史研究」 柏市史編さん委員会 （2）2014.3

松岸

松岸地区における遊郭の成立と展開（加藤晴美）「歴史地理学調査報告」筑波大学人文社会科学研究科歴史・人類学専攻歴史地理学研究室 （11）2004.3

先崎

第二章 先崎地区を訪ねて 平成24年10月26日（紀行文特集 房総の大地を踏みしめて 安房、先崎、江原新田、内郷―特集 房総紀行）（大月勇次）「佐倉の地名 ：佐倉地名研究会会報」 佐倉地名研究会 （3）2013.3

松崎川

古老の著書 「加茂川・松崎川の今昔」（島川治雄）「郷土文化」 郷土文化の会 （12）2003.3

松田市

野菊の墓を訪ねる（赤田直繁）「足立史談会だより」 足立史談会 （290）2012.5

松戸

郷土史の想い出（続）～（5）（鈴木風南子）「松戸史談」 松戸史談会 （40）/（43）2000.10/2003.10

松戸綺談 利根の夜船（矢部良造）「松戸史談」 松戸史談会 （41）2001.10

史跡と石造物の探検記録（岩月慶助, 池田眞也, 塩尻英児, 金子正男, 植田由紀子）「松戸史談」 松戸史談会 （43）2003.10

松戸の歴史・民俗、オビシャなど（松戸史談会講演会）（永瀧定）「松戸史談」 松戸史談会 （43）2003.10

松戸史談会講演会 松戸の指定文化財（神尾武男, 末満宗治）「松戸史談」松戸史談会 （44）2004.10

研究及調査（復刻）江戸名所図会と松戸（半田春之）「松戸史談」 松戸史談会 （44）2004.10

「松戸の三波石」の由来（吉田まき子）「松戸史談」 松戸史談会 （45）2005.10

松戸史談会講演会 松戸の指定文化財（神尾武男, 末満宗治）「松戸史談」松戸史談会 （45）2005.10

松戸の古い道（塩尻英児）「松戸史談」 松戸史談会 （47）2007.10

松戸街路樹と並木の様相（末満宗治）「松戸史談」 松戸史談会 （48）2008.11

昭和恐慌の中の松戸―新川開削とその余波（末満宗治）「松戸史談」 松戸史談会 （49）2009.11

文化講演 江戸時代に松戸にあった小金牧（第60回松戸市文化祭参加）（青木更吉）「松戸史談」 松戸史談会 （49）2009.11

松戸史談会講演会 地域を歩いて（田嶋昌治）「松戸史談」 松戸史談会 （49）2009.11

松戸史談会50年の歩み（編集委員会）「松戸史談」 松戸史談会 （50）

2010.11

関東そして松戸・人と水の歴史（末満宗治）「松戸史談」 松戸史談会 （50）2010.11

松戸の戦争遺跡を歩く［1］～（3）（田嶋昌治）「松戸史談」 松戸史談会 （50）/（52）2010.11/2012.11

地図・地名から見る松戸（國定美津子）「松戸史談」 松戸史談会 （50）2010.11

郷土史への誘い（会員の広場）（金子正男）「松戸史談」 松戸史談会 （50）2010.11

松戸と倉敷（会員の広場）（木村旭志）「松戸史談」 松戸史談会 （50）2010.11

松戸の歴史の概観―松戸の通史（松戸史談会講演会）（松田孝史）「松戸史談」 松戸史談会 （50）2010.11

文明開化―松戸の近代教育の始まり（松田孝史）「松戸史談」 松戸史談会 （51）2011.11

松戸 村の名を考える（1），（2）（末満宗治）「松戸史談」 松戸史談会 （51）/（52）2011.11/2012.11

「松戸の松」の記憶と今（國定美津子）「松戸史談」 松戸史談会 （51）2011.11

「松戸」に来て（会員のひろば）（川井勇）「松戸史談」 松戸史談会 （51）2011.11

松戸史談会会員勉強会（要旨）地域を歩いて（田嶋昌治）「松戸史談」 松戸史談会 （51）2011.11

松戸の牧にかかわる地名（楽しい東葛地名辞典）「東葛流山研究」 流山市立博物館友の会事務局, 崙書房出版（発売）（30）2012.3

松戸の低地の新田物語（楽しい東葛地名辞典）「東葛流山研究」 流山市立博物館友の会事務局, 崙書房出版（発売）（30）2012.3

松戸と阪神タイガース（宇田川正）「松戸史談」 松戸史談会 （53）2013.11

松戸と映画と競輪と（古木均）「松戸史談」 松戸史談会 （53）2013.11

千葉氏由縁の地名考（三ヶ月と三日月）―松戸の三ヶ月・みこぜ（國定美津子）「松戸史談」 松戸史談会 （53）2013.11

社会知性フォーラム―まつど・今昔物語（トピックス）（勝部建一）「松戸史談」 松戸史談会 （53）2013.11

2013年4月21日（日）松戸の歴史街道が出て来る五街道分間絵図（松戸史談会総会講演会（要旨））（岡隆雄）「松戸史談」 松戸史談会 （53）2013.11

松戸の歴史―史跡・文化財を学ぶことの意味（松田孝史）「松戸史談」 松戸史談会 （54）2014.11

尼港事件と松戸（奈良部木孝）「松戸史談」 松戸史談会 （54）2014.11

第65回松戸市文化祭参加（文化講演）要旨 平成25年11月10日 於松戸市民劇場ホール 文化講演 江戸川舟運と松戸の河岸 講師：松丸明広氏「松戸史談」 松戸史談会 （54）2014.11

松戸駅

"松戸駅界隈"記憶する懐かしい原風景（松戸史談会講演会）（池田眞也）「松戸史談」 松戸史談会 （48）2008.11

松戸駅東口

松戸駅・東口界隈 "記憶する原風景"（1）（池田眞也）「松戸史談」 松戸史談会 （52）2012.11

松戸駅・東口界隈 "記憶する原風景"（2）陸軍「工兵学校」と、国立「千葉大学」（池田眞也）「松戸史談」 松戸史談会 （53）2013.11

松戸駅・東口界隈 "記憶する原風景"（3）「池田辯財天」と、それを囲む「臺地」（池田眞也）「松戸史談」 松戸史談会 （54）2014.11

松戸市

松戸市域の地名とその変遷（1），（2）（岩月慶助）「松戸史談」 松戸史談会 （41）/（42）2001.10/2002.10

松戸市立博物館 平成12年度企画展「戦後松戸の生活革新」関連シンポジウム「戦後生活資料へのアプローチ」「松戸市立博物館紀要」 松戸市立博物館 （10）2003.9

市制当時の新聞を読む（渡邉幸三郎）「松戸史談」 松戸史談会 （44）2004.10

江戸時代松戸市域の村791支配（末満宗治）「松戸史談」 松戸史談会 （46）2006.10

二十世紀梨物語（田口藤造）「東葛流山研究」 流山市立博物館友の会事務局, 崙書房出版（発売）（25）2007.3

文化講演 松戸の風景の起源と地下を探る（第58回松戸市文化祭参加）（柴田徹）「松戸史談」 松戸史談会 （47）2007.10

特集 松戸市文化財の標柱調査（山中健司）「松戸史談」 松戸史談会 （50）2010.11

松戸市 岩瀬/大金平/大橋/大谷口/金ヶ作/紙敷/上本郷/河原塚/栗ヶ沢/栗山/幸田/古ヶ崎/小金町/胡録台/小山/千駄堀/高塚新田/常磐平/中金杉/二十世紀ヶ丘/根木内/根本/八ヶ崎/日暮/樋野口/平賀/平潟/二ツ木/馬橋/松戸/松飛台/三ヶ月/稔台/矢切/八柱/横須賀/和名ヶ谷（楽しい東葛地名辞典）「東葛流山研究」 流山市立博物館友の会事務

局，崙書房出版（発売）（30）2012.3

市制施行70周年・開館20周年記念 館蔵資料展「写真でみる松戸市の70年」／同時開催「松戸市立博物館20年のあゆみ」4/27（土）〜6/9（日）「まつどミュージアム」 松戸市立博物館 （21）2013.3

松戸市制70周年に思う（松田孝史）「松戸史談」 松戸史談会 （53）2013.11

松戸市 五香六実の開墾記念碑／「野菊の墓」文学碑／子和清水の一茶句碑／御立場跡／栗ケ沢茂侶神社碑／経世塚相模台戦跡碑／六和電燈敷設記念碑／栄町記念碑／陸軍工兵学校跡碑／千葉大学工学部跡碑／八柱陸軍の碑／八柱霊園／小金城跡碑／ふれあい松戸川碑／小金東漸寺竹内兄弟の碑／二十世紀梨原樹碑 感謝の碑／本土寺芭蕉句碑 秋山夫人墓／坂川顕彰碑／国分川分水路竣工記念碑（楽しい東葛いしぶみ事典ー東葛の「成田道」の道標）「東葛流山研究」 流山市立博物館友の会事務局，流山市立博物館友の会（発売）（32）2014.3

松戸市内の戦争遺跡を歩く（4）（田嶋昌治）「松戸史談」 松戸史談会 （54）2014.11

明治維新ー中央集権国家へ 現千葉県域・松戸市域の動き（松田孝史）「松戸史談」 松戸史談会 （54）2014.11

松戸史談トピックス「信念・文化の薫る松戸市・松戸の顔づくり」ー市長大いに語る（勝部建一）「松戸史談」 松戸史談会 （54）2014.11

松戸宿

史跡探訪 旧水戸街道・松戸宿を訪ねる（南舘恒寿）「かつしか台地 ： 野田地方史懇話会会誌」 野田地方史懇話会 （33）2007.3

松戸宿と小金牧（小宮山榮一）「松戸史談」 松戸史談会 （54）2014.11

松戸飛行場

松戸飛行場と「帝都」防衛（栗田尚弥）「鎌ケ谷市史研究」 鎌ケ谷市教育委員会 （14）2001.3

「帝都」防衛からシロイ・エアーベース、そして自衛隊基地へー松戸・藤ケ谷飛行場小史（栗田尚弥）「鎌ケ谷市史研究」 鎌ケ谷市教育委員会 （19）2005.10

馬橋

「水戸街道と馬橋」について（神尾武男）「松戸史談」 松戸史談会 （49）2009.11

馬橋村

仮説 馬橋村外二ヶ町村組合避病舎の建築とその周辺（篠田智章）「松戸史談」 松戸史談会 （45）2005.10

馬渡

地名を訪ねるレポート 馬渡地区を歩く 2013.5.9（松平喜美代）「佐倉の地名 ： 佐倉地名研究会会報」 佐倉地名研究会 （4）2013.7

万喜城

上総国萬喜城（木）城主の謎 奥州の藤原氏出自か、上総の土岐氏か（川城文庫）「房総 ： 郷土の古文書研究」 川城文庫・藩政史研究会 （113）2006.8

万蔵村

「嘉永水滸伝」の世界ー下総国万蔵村勢力佐助手配一件（森安彦）「近世史薬」 近世村落史研究会 （7）2014.5

三ヶ月

千葉氏由縁の地名考（三ヶ月と三日月）ー松戸の三ヶ月・みこぜ（國定美津子）「松戸史談」 松戸史談会 （53）2013.11

三日月

千葉氏由縁の地名考（三ヶ月と三日月）ー松戸の三ヶ月・みこぜ（國定美津子）「松戸史談」 松戸史談会 （53）2013.11

三咲

入門講座 船橋郷土史（5）二和・三咲の開墾（綿貫啓一）「史談会報」 船橋市史談会 （25）2004.12

講演要旨 明治維新期の住民生活ー二和・三咲の開墾を中心に 講師・池田宏樹先生「船橋市郷土資料館資料館だより」 [船橋市郷土資料館]（95）2010.3

明キ農舎調（4年1月）／談之覺（香実からの移住者に扶助米 2月）／談之覺（牧残馬之儀 3月）／香実移住者開墾人 農具取調書（6月）／談之覺（埴生村鴫澤の訴え 6月）／烈風被害届（三咲詰・原菟介の手紙 7月）／諸邨内惣人員高（6月）／開墾難出来者／願上文書（「小笠原辰次郎帰農につき加籍 12月）／談之覺（牧残馬之儀 別2478・11と同一内容）／談之覺（為替金社 4月）（史料翻刻 下総開墾4 明治4（1871）年分）「郷土八街」 八街郷土史研会 （臨時号）2012.4

岬

地方史に見る石像物ー夷隅郡岬地に残された金石文（川城昭一）「房総 ： 郷土の古文書研究」 川城文庫・藩政史研究会 （110）2006.1

岬町

昭和55年度7月起 ふるさとの昔ばなし（有線放送）（夷隅郡岬町史編さん室）「房総 ： 郷土の古文書研究」 川城文庫・藩政史研究会 102

2004.4

夷隅郡旧岬町の金石文を探る（1） 文化財の保存と保護（川城昭一）「房総 ： 郷土の古文書研究」 川城文庫・藩政史研究会 （111）2006.3

実住小学校

実住小の開学はいつ「郷土八街」 八街郷土史研究会 （20）2013.1

実住小の改築絵図面「郷土八街」 八街郷土史研究会 （20）2013.1

美田

流山の新開地物語 江戸川台・富士見台・若葉台・美田・松ヶ丘・平和台（楽しい東葛地名辞典）「東葛流山研究」 流山市立博物館友の会事務局，崙書房出版（発売）（30）2012.3

道野辺

道野辺の想い出（皆川武志）「鎌ケ谷市史研究」 鎌ケ谷市教育委員会 （18）2005.3

第12回ミニ展示「地区と歴史と文化財（4）ー道野辺ー」が終わりました「鎌ケ谷市郷土資料館だより」 鎌ケ谷市郷土資料館 （30）2012.3

水戸家小金領

水戸家小金領の鷹場について（松田孝史）「松戸史談」 松戸史談会 （52）2012.11

緑ヶ丘

戦後開発の住宅地名 永楽寺・緑ヶ丘・ひばりヶ丘・大津ヶ丘・永楽台・豊四季団地（楽しい東葛地名辞典）「東葛流山研究」 流山市立博物館友の会事務局，崙書房出版（発売）（30）2012.3

南

流山の一字地名 木・加・南・北・中（楽しい東葛地名辞典）「東葛流山研究」 流山市立博物館友の会事務局，崙書房出版（発売）（30）2012.3

南今泉村

南今泉村の伝承と文化（八角俊）「忘らえぬかも ： 故里の歴史をさぐる」（8）2014.4

南町

江戸初期の北条村南町・新宿界隈（岡田晃司）「ミュージアム発見伝 ： 館山市立博物館報」 館山市立博物館 （80）2007.7

源村

模範村源村の研究について（会員の期待）（矢嶋毅之）「千葉史学」 千葉歴史学会 （60）2012.5

官製国民運動の展開と国民精神総動員ー千葉県山武郡源村の事例を中心に（第54回日本史関係卒業論文発表会要旨）（西山直志）「地方史研究」 地方史研究協議会 63（3）通号363 2013.6

嶺岡

嶺岡白牛考 インド産か日本在来牛か（郷土研究）（清水信明）「館山と文化財 ： 会報」 館山市文化財保護協会 （47）2014.4

嶺岡牧

嶺岡牧の野馬土手（研究ノート）（日暮晃一）「房総の郷土史」 千葉県郷土史研究連絡協議会 （42）2014.3

宮内

村上宮内地区の太くて強いきずな（特集 旧村上村・旧下市場村の総合研究IIー旧村上村の研究）（鈴木康彦）「史談八千代 ： 八千代市郷土歴史研究会機関誌」 八千代市郷土歴史研究会 （38）2013.11

向小金新田

流山の新田 深井新田・平方新田・向小金新田（楽しい東葛地名辞典）「東葛流山研究」 流山市立博物館友の会事務局，崙書房出版（発売）（30）2012.3

麦丸

報告 麦丸の石造物を観るー絵図を片手に（村田一男）「郷土史研通信」 八千代市郷土歴史研究会 （59）2007.8

武社（射）国

竹の水門と武社（射）国ー日本武尊東征の真実（金田弘之）「季刊邪馬台国」 「季刊邪馬台国」編纂委員会 梓書院（発売）（87）2005.4

武者土

平将門ゆかりの地 木間ヶ瀬・武者土・飯塚（楽しい東葛地名辞典）「東葛流山研究」 流山市立博物館友の会事務局，崙書房出版（発売）（30）2012.3

睦沢町

企画展「睦沢町民の戦争体験」をひらいて（高野啓子）「グローバル21 ： 睦沢町立歴史民俗資料館友の会会報」 睦沢町立歴史民俗資料館友の会 6 2000.9

事業報告 みどりの美術展「21世紀夢物語」／企画展「むつざわ坂道物語」「Mutsuzawa Museum news」 睦沢町立歴史民俗資料館 9 2001.9

新収蔵資料から 伊藤文祐家旧蔵文書「Mutsuzawa Museum news」 睦沢町立歴史民俗資料館 10 2002.3

事業報告 むつざわ緑の美術展「世界の絵画 インド細密画」展／町制施行

20周年記念企画展「睦沢誕生物語」/ほか「Mutsuzawa Museum news」 睦沢町立歴史民俗資料館 13 2003.9
地域における旧市町村役場文書—睦沢町立歴史民俗資料館所蔵旧村役場文書を事例として(土屋雅人)「歴史民俗資料館研究紀要」 睦沢町立歴史民俗資料館 8 2004.3

睦沢村

睦沢村地名考(小高昇)「睦沢町史研究」 睦沢町教育委員会 6 2004.3

睦村

吉橋村(旧睦村)の教育の歴史について(特集 旧吉橋村の総合研究 その1—近世・近代の吉橋村)(菅原賢男)「史談八千代 : 八千代市郷土歴史研究会機関誌」 八千代市郷土歴史研究会 (39) 2014.11

村上村

「旧村上村・旧下市場村総合研究」序説(特集 旧村上村・旧下市場村の総合研究I)(村田一男)「史談八千代 : 八千代市郷土歴史研究会機関誌」 八千代市郷土歴史研究会 (37) 2012.12
村上村・下市場村年表(特集 旧村上村・旧下市場村の総合研究I)(菅野惇一)「史談八千代 : 八千代市郷土歴史研究会機関誌」 八千代市郷土歴史研究会 (37) 2012.12
旧村上村の教育と学校を支えた人びと(特集 旧村上村・旧下市場村の総合研究I—旧村上村の教育および村上小学校の歴史と人びと)(菅原賢男)「史談八千代 : 八千代市郷土歴史研究会機関誌」 八千代市郷土歴史研究会 (37) 2012.12
「旧村上村亀絵図面」の考察(特集 旧村上村・旧下市場村の総合研究II)(牧野光男)「史談八千代 : 八千代市郷土歴史研究会機関誌」 八千代市郷土歴史研究会 (38) 2013.11
旧村上村の人々の姿—「旧村上村構成表」から(特集 旧村上村・旧下市場村の総合研究II—旧村上村の研究)(菅野貞男)「史談八千代 : 八千代市郷土歴史研究会機関誌」 八千代市郷土歴史研究会 (38) 2013.11
村上村の面積について(特集 旧村上村・旧下市場村の総合研究II—旧村上村の研究 村明細帳から見る江戸時代の村上村)(斎藤惇)「史談八千代 : 八千代市郷土歴史研究会機関誌」 八千代市郷土歴史研究会 (38) 2013.11
村上村の新田開発と村高の変遷(特集 旧村上村・旧下市場村の総合研究II—旧村上村の研究 村明細帳から見る江戸時代の村上村)(青田博之,小林詔三)「史談八千代 : 八千代市郷土歴史研究会機関誌」 八千代市郷土歴史研究会 (38) 2013.11
村上村の税(年貢)(特集 旧村上村・旧下市場村の総合研究II—旧村上村の研究 村明細帳から見る江戸時代の村上村)(小林詔三, 青田博之)「史談八千代 : 八千代市郷土歴史研究会機関誌」 八千代市郷土歴史研究会 (38) 2013.11

旧村川別荘

旧村川別荘あれこれ(越岡禮子)「東葛流山研究」 流山市立博物館友の会事務局, 崙書房出版(発売) (22) 2003.11

望陀郡

旗本たちの幕末維新—上総国望陀郡を中心に(筑紫敏夫)「袖ケ浦市史研究」 袖ケ浦市郷土博物館 (11) 2004.3
第577回例会 研究発表会I 望陀郡あれこれ(木村智行)「西上総文化会報」 西上総文化会 (70) 2010.3

本佐倉城

本佐倉城跡と千葉氏(研究発表要旨)(岡田利光)「房総の郷土史」 千葉県郷土史研究連絡協議会 (39) 2011.5

元町

関宿城下の町 台町・江戸町・元町・内町・三軒家(楽しい東葛地名辞典)「東葛流山研究」 流山市立博物館友の会事務局, 崙書房出版(発売) (30) 2012.3

元山

元山に山草の歴史と向き合う(及川ふじ)「松戸史談」 松戸史談会 (45) 2005.10

茂原

藻原寺の制札からみた戦国期の茂原(《特集 東上線の戦国城郭と社会》)(滝川恒昭)「千葉城郭研究」 千葉城郭研究会 (8) 2006.11

茂原海軍航空基地

歴史を語り継ぐ戦争遺跡—海軍茂原航空基地の掩体壕を例として(各務敬)「千葉史学」 千葉歴史学会 (41) 2003.1

茂原海軍航空隊掩体壕

各地の戦跡保存活動の紹介(37) 旧茂原海軍航空隊の掩体壕(東海林次男)「浅川地下壕の保存をすすめる会ニュース」 浅川地下壕の保存をすすめる会 41 2004.8

森

特集 睦沢町森地区の田中邦二家文書について(加藤時男)「睦沢町史研究」 睦沢町教育委員会 5 2003.3

森城

上総森城址について(池田光雄)「中世城郭研究」 中世城郭研究会 (23) 2009.7

森山城

「原文書」から見た戦国末期の森山城—森山城は、東氏の居城ではない?(角田吉信)「香取民衆史」 香取歴史教育者協議会 (9) 2003.3
森山城主「東氏」と東大社宮司「飯田氏」(飯田武士)「東庄の郷土史」 東庄郷土史研究会 (30) 2014.7

八木村

明治の町村大合併と八木村住民の動き(相原正義)「東葛流山研究」 流山市立博物館友の会事務局, 崙書房出版(発売) (23) 2005.3

安川舎

藤原新田安川舎に見る手習い塾と地域との関係(第52回日本史関係卒業論文発表会要旨)(松本あかね)「地方史研究」 地方史研究協議会 61(3)通号351 2011.6

八街

点検『写真で見る八街の歴史』「郷土八街」 八街郷土史研究会 (7) 2008.4
明治五壬申年 三ケ村入會外山地分ケ帳「郷土八街」 八街郷土史研究会 (7) 2008.4
寛文八申年 開田申請文書「郷土八街」 八街郷土史研究会 (7) 2008.4
特集 検証 八街開墾 2年で拓いた2575ヘクタール 資料 佐倉牧・引請反別調書「郷土八街」 八街郷土史研究会 (8) 2008.9
高野牧に八街の一部? 鎌ヶ谷・企画展資料にびっくり「郷土八街」 八街郷土史研究会 (8) 2008.9
郷土にもある古代の跡—列島の成立を探る(林聴)「郷土八街」 八街郷土史研究会 (8) 2008.9
明治4年の測量資料「郷土八街」 八街郷土史研究会 (9) 2009.4
明治4年の測量資料「郷土八街」 八街郷土史研究会 (10) 2009.7
下村家文書 借用証書・戦時債券「郷土八街」 八街郷土史研究会 (12) 2010.7
明治7年8月 諸願伺届書留(抄録) 田畑山林屋敷明細書上帳(明治7年7月)/明治7年9月1日現在の記録/明治7年10月9日現在の記録「郷土八街」 八街郷土史研究会 (16) 2012.1
八街各所 農舎人員帳(明治3年4月9日入植)「郷土八街」 八街郷土史研究会 (16) 2012.1
開墾人への扶助米・賃渡米「郷土八街」 八街郷土史研究会 (16) 2012.1
八街の電気事業「郷土八街」 八街郷土史研究会 (16) 2012.1
まとめるにあたり(林聴私稿 趣味の古代史)(林聴)「郷土八街」 八街郷土史研究会 (臨時号) 2012.1
郷土にもある古代の跡—列島の成立を探る(第8号 平成20年9月15日)(林聴私稿 趣味の古代史)(林聴)「郷土八街」 八街郷土史研究会 (臨時号) 2012.1
報告 絵馬で見る村人の歴史(県郷土史研究連絡協議会)「郷土八街」 八街郷土史研究会 (18) 2012.6
佐倉六牧実生木御拂代金仕訳書(3年6月)/柳澤牧実生木引渡請取書(3年11月)/柳澤牧御林木数并ニ直段積書(4年8月)/小金牧佐倉牧御林実生木代調書(5年5月)/小金佐倉反別窮民授産諸入費并年貢凡積書(4年)/現在人員調 八街一～五番会社(5年4月)/改名願 大鐘永蔵(5年1月)(史料翻刻 下総開墾5 実生木関連・明治5(1872)年4月現在人員調)「郷土八街」 八街郷土史研究会 (臨時号) 2012.6
經王山傳燈記 古墳に聞く/領主土井氏新田村/開基上人と鹿倉氏の法勲/沿革の概要/八街草創と教線の進展/御遠忌奉行記/本井戸開鑿工事完成/寺有財産略記/川島平蔵氏の美挙/八街法華講の沿革(經王山傳燈記)「郷土八街」 八街郷土史研究会 (臨時号) 2012.7
古村の道標を探る「郷土八街」 八街郷土史研究会 (22) 2013.1
資料 人口減少最大に(昨年10月現在)「郷土八街」 八街郷土史研究会 (21) 2013.5
陸軍下志津・八街・東金飛行場の役割—陸軍の司偵隊とその活動(服部雅徳)「郷土八街」 八街郷土史研究会 (臨時号) 2014.1
八街の軽便鉄道(運輸特集)「郷土八街」 八街郷土史研究会 (23) 2014.4
八街の鉄道史(運輸特集)「郷土八街」 八街郷土史研究会 (23) 2014.4
八街のバス輸送史(運輸特集)「郷土八街」 八街郷土史研究会 (23) 2014.4
日本最古の新聞 文久2年正月「郷土八街」 八街郷土史研究会 (23) 2014.4
西村家文書・御宿・干鰯問屋「郷土八街」 八街郷土史研究会 (24) 2014.8
追補資料 八街戦没者・地区別・年代内訳 巻末折り込み「郷土八街」 八街郷土史研究会 (24) 2014.8
七栄八街十倉十余三開墾地地券証下渡ニ付願書(史料翻刻 下総開墾7—明治5～6(1872～3)年)「郷土八街」 八街郷土史研究会 (臨時号)

2014.9

下総(八街)開墾史料確保目録(史料翻刻 下総開墾7—明治5〜6(1872〜3)年)「郷土八街」 八街郷土史研究会 (臨時号) 2014.9

下総(八街)開墾史料確保目録(史料翻刻 下総開墾9—明治7〜10(1874〜7)年)「郷土八街」 八街郷土史研究会 (臨時号) 2014.11

旧小間子牧の笹引譲渡 地名「八街へ」時期特定(西村本家文書)「郷土八街」 八街郷土史研究会 (25) 2014.12

下総(八街)開墾史料確保目録「郷土八街」 八街郷土史研究会 (25) 2014.12

八街教責場

八街教責場 東吉田捕込前に敷地25間四方(西村本家文書)「郷土八街」 八街郷土史研究会 (25) 2014.12

八街市

市内の石像物一覧「郷土八街」 八街郷土史研究会 (16) 2012.1

八街飛行場

付—簡略 八街飛行場・前後史「郷土八街」 八街郷土史研究会 (臨時号) 2014.1

八街町

『八街町史』の区名解釈に誤り「郷土八街」 八街郷土史研究会 (12) 2010.7

「八街町鳥瞰図」を歩く「郷土八街」 八街郷土史研究会 (16) 2012.1

八千代

東京成徳大学房総地域文化研究プロジェクト特別講義を当会が担当 八千代市郷土歴史研究会の紹介と概要(村田一男)/八千代の俳諧文化(関和時男)/明治維新の近代曙に生きた佐倉藩士(畠山隆)/古文書に見る名主善兵衛の村政(菅野貞男)(関和時男)「郷土史研通信」 八千代市郷土歴史研究会 (65) 2009.2

八千代工業団地

八千代工業団地の変遷(〈特集 旧大和田新田の総合研究III〉)(佐藤二郎)「史談八千代 : 八千代市郷土歴史研究会機関誌」 八千代市郷土歴史研究会 (33) 2008.11

八千代市

八千代市史資料編にみる屋号(畠山隆)「史談八千代 : 八千代市郷土歴史研究会機関誌」 八千代市郷土歴史研究会 (28) 2003.11

地域俳諧略史—八千代市域(村上昭彦)「千葉史学」 千葉歴史学会 (46) 2005.5

何故に漢字二字の地名が多いのか(酒井正男)「史談八千代 : 八千代市郷土歴史研究会機関誌」 八千代市郷土歴史研究会 (30) 2005.11

「ダイトウ」と「おおひがし」(村松洋一)「史談八千代 : 八千代市郷土歴史研究会機関誌」 八千代市郷土歴史研究会 (30) 2005.11

八千代市域における大区小区制(佐藤二郎)「史談八千代 : 八千代市郷土歴史研究会機関誌」 八千代市郷土歴史研究会 (31) 2006.11

報告 八千代市民文化祭 ふるさとの歴史展「郷土史研通信」 八千代市郷土歴史研究会 (61) 2008.2

開催した企画展 八千代市制40周年記念 第1回企画展「ノスタルジック昭和」、第2回企画展「40年のあゆみ」/千葉県巡回展「房総発掘ものがたり」「八千代市立郷土博物館館報」 八千代市立郷土博物館 (14) 2008.3

史談八千代第2号 勝田の総合研究 地名研究補遺 八千代市の中の下志津原演習場(滝口昭二)「史談八千代 : 八千代市郷土歴史研究会機関誌」 八千代市郷土歴史研究会 (34) 2009.11

企画展 第1回企画展「くらしのうつりかわり展—学校のいま・むかし—」(佐藤)/第2回企画展「八千代の遺跡—かや田からゆりの木へ—」(宮下)/収蔵資料展「博物館の中の中?」(宮下)「八千代市立郷土博物館館報」 八千代市立郷土博物館 (18)通号40 2012.3

40年のあゆみ 八千代市郷土歴史研究会40年のあゆみ/40年間のトピックス(創立40周年記念号)「史談八千代 : 八千代市郷土歴史研究会機関誌」 八千代市郷土歴史研究会 (38) 2013.11

中世の八千代市内の城・館についての一考察(個人研究ノート)(浅生武治)「史談八千代 : 八千代市郷土歴史研究会機関誌」 八千代市郷土歴史研究会 (39) 2014.11

八千代台

聞き書き八千代台・軍用地から街づくり(酒井正男, 中山基和)「史談八千代 : 八千代市郷土歴史研究会機関誌」 八千代市郷土歴史研究会 (28) 2003.11

八千代富士幼稚園

高津団地と八千代富士幼稚園(高津村開発点描)(石井尚子)「史談八千代 : 八千代市郷土歴史研究会機関誌」 八千代市郷土歴史研究会 (30) 2005.11

谷津

谷津と台地(会員のひろば)(古木均)「松戸史談」 松戸史談会 (51) 2011.11

八代郷

東国の古代村落の復元—下総国印旛郡八代郷・埴生郡玉作郷から古代を探る(田形孝一)「成田市史研究」 成田市教育委員会 通号32 2008.3

谷津干潟

東京湾・谷津干潟はどのように変質しているのか—干潟に出入りする潮の水質状態からの疑問(田中耕一)「東京湾学会誌 : 東京湾の水土」 東京湾学会 2(1) 2003.3

弥富村

公設消防組の誕生—弥富村一部(岩富町)「消防組日誌」から(資料紹介)(中澤恵子)「佐倉市史研究」 佐倉市総務部 (18) 2005.3

矢那

矢那の領主旗本興津氏(研究論文など)(村田峯生)「西上総文化会報」 西上総文化会 (74) 2014.3

柳沢牧

西村家の日記を補う三井保有の柳沢牧絵図「郷土八街」 八街郷土史研究会 (10) 2009.7

佐倉六牧実生木御拂代金仕訳書(3年6月)/柳澤牧実生木引渡請取書(3年11月)/柳澤牧御林木数并ニ直段積書(4年8月)/小金牧佐倉牧御林実生木代調書(5年5月)/小金佐倉反別刷民授産諸入費并年貢凡積書(4年)/現在人員調「五番会社(5年4月)/佐倉顕・大鐘永蔵(5年1月)(史料翻刻 下総開墾5 実生木関連・明治5(1872)年4月現在人員調)「郷土八街」 八街郷土史研究会 (臨時号) 2012.6

元柳澤牧御用地願書(差戻/明治6.5)/添付絵図面(元柳澤牧諸地)(史料翻刻 下総開墾7—明治5〜6(1872〜3)年)「郷土八街」 八街郷土史研究会 (臨時号) 2014.9

矢作

戦国期下総国分氏における矢作惣領家と庶流(石渡洋平)「十六世紀史論叢」 十六世紀史論叢刊行会 (1) 2013.3

山崎

日光東往還の宿場 山崎・中里・関宿(楽しい東葛地名辞典)「東葛流山研究」 流山市立博物館友の会事務局, 崙書房出版(発売) (30) 2012.3

山崎宿

日光東往還と宿場町—山崎宿を中心に(木原徹也)「かつしか台地 : 野田地方史懇話会会誌」 野田地方史懇話会 (41)(別冊) 2011.3

山崎村

下総国葛飾郡山崎村望月(伝左衛門)家文書について(山川晴美)「野田市史研究」 野田市 (14) 2003.3

山田庄

八百年の昔 東庄から郡上山田庄へ(林俊之)「東庄の郷土史」 東庄郷土史研究会 (28) 2012.7

八百年の昔 東庄から郡上山田庄へ(2)(林俊之)「東庄の郷土史」 東庄郷土史研究会 (29) 2013.7

山ノ下城

山ノ下城跡(山田町)(荒井世志紀)「加止里 : 財団法人香取郡市文化財センター広報誌」 香取郡市文化財センター 10 2005.3

山辺郷

「墨書土器」からみた地方支配体制の一考察—9世紀の上総国山邊郷(青木幸一)「研究ノート山武」 山武郡市文化財センター (特別号) 2009.3

山辺郡

史料紹介 慶応元年・二年野田村の御用留/山辺郡・市原郡の町村分合取調帳「千葉いまむかし」 千葉県教育委員会 (16) 2003.3

山本

館野物語(2) 山本地区(渡邉重雄)「館山と文化財」 館山市文化財保護協会 (37) 2004.4

八幡

初編上巻三十二「やはたしらずの藪の事実」(井伊美紀子)「昔話伝説研究」 昔話伝説研究会 (23) 2003.4

八幡宿

幕末に八幡宿の百姓が製産した硝石(佐藤敬子)「五郎兵衛記念館報」 五郎兵衛記念館 29 2003.2

八幡庄

足利庄(藤原・源姓)・新田庄・八幡庄について(井上正明)「史學義仲」 木曽義仲史学会 (13) 2012.3

幽谷分校

幽谷分校のひみつ(鈴木明日美)「袖ケ浦市史研究」 袖ケ浦市郷土博物館 (12) 2005.3

八岡紺屋

歩く見る聞く(20) 房州八岡紺屋のこと(榎本實)「会報郷土ひたち」 郷土ひたち文化研究会 (38) 2007.12

養老川

養老川の流れに沿う町 牛久・佐是(竹内克)「南総郷土文化研究会誌」 南総郷土文化研究会 通号16 2008.1

吉井学校

近世から近代における教育の勃興―吉井学校に見る近代教育体系の礎(石出聡史)「房総の郷土史」 千葉県郷土史研究連絡協議会 (34) 2006.3

吉尾

吉尾の石造物について(佐久間行央)「嶺岡」 鴨川市郷土史研究会 (3) 2004.5

旧吉田家

調査報告1 現代社会と民具―旧吉田家民具調査の意義(旧吉田家民具調査)(佐野賢治)「かしわの歴史 : 柏市史研究」 柏市史編さん委員会 (1) 2012.3

調査報告2 旧吉田家民具調査方法と目的(旧吉田家民具調査)(石野律子)「かしわの歴史 : 柏市史研究」 柏市史編さん委員会 (1) 2012.3

調査報告3 旧吉田家の屋大工が製作した生活道具―大工藤蔵を中心に(旧吉田家民具調査)(石野律子)「かしわの歴史 : 柏市史研究」 柏市史編さん委員会 (1) 2012.3

調査報告4 旧吉田家所有の江戸時代の木挽鋸(前挽大鋸)について(旧吉田家民具調査)(芝崎浩平)「かしわの歴史 : 柏市史研究」 柏市史編さん委員会 (1) 2012.3

調査報告5 民具整理と商号―「民具リスト」作成の課題より(旧吉田家民具調査)(新原淳弘)「かしわの歴史 : 柏市史研究」 柏市史編さん委員会 (1) 2012.3

調査報告6 吉田家近郊から購入した民具―埼玉県吉川市から購入した肥桶(旧吉田家民具調査)(小松大介)「かしわの歴史 : 柏市史研究」 柏市史編さん委員会 (1) 2012.3

報告1 旧吉田家の民具所有を表す語彙と記号(屋号・家印・商標)について(旧吉田家民具調査)(石野律子)「かしわの歴史 : 柏市史研究」 柏市史編さん委員会 (2) 2014.3

報告2 東京郊外の商家の番頭さんの暮らしと仕事(大正から昭和前期を中心に)―聞き書きと八木原由蔵氏の手帳を参考に(旧吉田家民具調査)(古谷野洋子)「かしわの歴史 : 柏市史研究」 柏市史編さん委員会 (2) 2014.3

吉橋

吉橋(高本・寺台)の道標と寺社調査(特集 旧吉橋村の総合研究 その1―近世・近代の吉橋村)(村杉スミ子)「史談八千代 : 八千代市郷土歴史研究会機関誌」 八千代市郷土歴史研究会 (39) 2014.11

吉橋地区の酪農(特集 旧吉橋村の総合研究 その1―近世・近代の吉橋村)(佐久間弘文)「史談八千代 : 八千代市郷土歴史研究会機関誌」 八千代市郷土歴史研究会 (39) 2014.11

吉橋随想(ずいひつ)(成田忠志)「史談八千代 : 八千代市郷土歴史研究会機関誌」 八千代市郷土歴史研究会 (39) 2014.11

吉橋城

血流地蔵尊と吉橋落城伝説―幻の吉橋・貞福寺縁起から(村上昭彦)「房総の郷土史」 千葉県郷土史研究連絡協議会 (34) 2006.3

吉橋村

「旧吉橋村の総合研究」に当たって(特集 旧吉橋村の総合研究 その1)(牧野光男)「史談八千代 : 八千代市郷土歴史研究会機関誌」 八千代市郷土歴史研究会 (39) 2014.11

吉橋村の旗本領主の研究(特集 旧吉橋村の総合研究 その1―近世・近代の吉橋村)(菅野貞男,吉田博之,平塚幹,斉藤惇)「史談八千代 : 八千代市郷土歴史研究会機関誌」 八千代市郷土歴史研究会 (39) 2014.11

吉橋村(旧睦村)の教育の歴史について(特集 旧吉橋村の総合研究 その1―近世・近代の吉橋村)(菅原賢男)「史談八千代 : 八千代市郷土歴史研究会機関誌」 八千代市郷土歴史研究会 (39) 2014.11

四街道

子供の見た終戦前後の四街道(福田芳生)「四街道の歴史 : 市史研究誌」 四街道市教育委員会 (2) 2004.3

石が語る四街道の歴史(吉田文夫)「四街道の歴史 : 市史研究誌」 四街道市教育委員会 (2) 2004.3

四街道の今昔(楠岡厳)「四街道の歴史 : 市史研究誌」 四街道市教育委員会 (3) 2005.3

江戸時代初期 四街道の旗本たち(小池米子)「四街道の歴史 : 市史研究誌」 四街道市教育委員会 (6) 2008.3

戦後の四街道教育史(鵜澤弘)「房総の郷土史」 千葉県郷土史研究連絡協議会 (36) 2008.5

"軍都"四街道の面影を訪ねて(生徒歴史研究発表大会の記録)(林祐輝)「房総史学」 国書刊行会 (52) 2012.3

四街道市

四街道市街地の発生と発展(矢部菊枝,大野滋子,岡田はる美)「四街道の歴史 : 市史研究誌」 四街道市教育委員会 (1) 2002.3

四街道市と佐倉藩の文化(押尾忠)「四街道の歴史 : 市史研究誌」 四街道市教育委員会 (2) 2004.3

四街道市街地の発生と発展(2)～(4)(矢部菊枝)「四街道の歴史 : 市史研究誌」 四街道市教育委員会 (2)/(4) 2004.3/2006.3

「四街道市街地の発生と発展」の追跡調査として(矢部菊枝)「四街道の歴史 : 市史研究誌」 四街道市教育委員会 (7) 2009.3

四街道市周辺地域における臼井氏一族の検証と考察(平安・鎌倉期)―臼井四郎成常・六郎有常の末流を中心に(研究ノート)(林田聡嗣)「房総の郷土史」 千葉県郷土史研究連絡協議会 (41) 2013.6

四街道市の古代編(1) 古代豪族物部氏をめぐる四街道と匝瑳(西山太郎)「四街道の歴史 : 市史研究誌」 四街道市教育委員会 (9) 2014.3

四街道の中世編(1) 平家物語異本「源平闘諍録」と四街道(文化財グループ)「四街道の歴史 : 市史研究誌」 四街道市教育委員会 (9) 2014.3

四街道の中世編(2) 二人の千葉勝胤について(樋口誠太郎, 文化財グループ)「四街道の歴史 : 市史研究誌」 四街道市教育委員会 (9) 2014.3

四街道市の中世編(3) 原氏私稿―千葉宗家宿老原氏の歴史を辿る(柴田聡司)「四街道の歴史 : 市史研究誌」 四街道市教育委員会 (9) 2014.3

四街道市の近代編(1) 関東大震災と四街道(林良紀)「四街道の歴史 : 市史研究誌」 四街道市教育委員会 (9) 2014.3

淀藩下総領

淀藩下総領別所村の年貢(鏑木行廣)「印西の歴史」 印西市教育委員会 (2) 2008.3

淀藩下総領の宗門改め(成田市調査員だより(4))(鏑木行廣)「成田市史研究」 成田市教育委員会 (35) 2011.3

米本

戦後60年―米軍B29爆撃機はなぜ米本を空襲したのか(村田一男)「史談八千代 : 八千代市郷土歴史研究会機関誌」 八千代市郷土歴史研究会 (30) 2005.11

米本城

米本城跡について(生徒歴史研究発表大会の記録)(熊沢稷)「房総史学」 国書刊行会 (53) 2013.3

陸軍工兵学校

松戸駅・東口界隈 "記憶する原風景"(2) 陸軍「工兵学校」と、国立「千葉大学」(池田眞也)「松戸史談」 松戸史談会 (53) 2013.11

私が出会った最後の「老・工兵(88歳)」 松戸「陸軍・工兵学校」最後の証言(佐藤敬一郎)「松戸史談」 松戸史談会 (53) 2013.11

私が出会った最後の「老・工兵(89歳)」 松戸「陸軍・工兵学校」最後の証言(2)―毒ガス訓練・肉弾三勇士 武装解除など(佐藤敬一郎)「松戸史談」 松戸史談会 (54) 2014.11

陸軍砲兵射的学校

地名研究会短信 陸軍砲兵射的学校の境界石発見!/小坂氏『志津村誌』複製本を作る「佐倉の地名 : 佐倉地名研究会会報」 佐倉地名研究会 (5) 2013.10

竜角寺村

寛永～元禄期の年貢取収の特質―下総国埴生郡龍角寺村における事例(中小路純)「常総の歴史」 崙書房出版茨城営業所 (32) 2005.3

漁師町

漁師町の地名(滝口昭二)「史談会報」 船橋市史談会 (29) 2009.3

両総

文政10年(1827)御改革組合村の始源―特に両総地方における村連合(川村優)「研究紀要」 日本村落自治史料調査研究所 通号14 2010.3

歴史民俗博物館

史跡探訪 佐倉市の史跡―順天堂・民俗博物館周辺の探訪(福井孝)「房総の郷土史」 千葉県郷土史研究連絡協議会 (35) 2007.5

芦太川

高津川と芦太川その残像を求めて(牧野光男)「史談八千代 : 八千代市郷土歴史研究会機関誌」 八千代市郷土歴史研究会 (29) 2004.11

鹿放ヶ丘

私の鹿放ヶ丘開拓(加藤昌司)「四街道の歴史 : 市史研究誌」 四街道市教育委員会 (4) 2006.3

下志津原と鹿放ヶ丘のつながり(福島五郎)「四街道の歴史 : 市史研究誌」 四街道市教育委員会 (4) 2006.3

六方野

紙上古文書講座 鹿狩にともなう賄い費用の取り決め―六方野への馬移し替え「千葉いまむかし」 千葉市教育委員会 (19) 2006.3

若葉台

流山の新開地物語 江戸川台・富士見台・若葉台・美田・松ヶ丘・平和台(楽しい東葛地名辞典)「東葛流山研究」 流山市立博物館友の会事務

局，崙書房出版（発売）（30）2012.3

若松

字誌・我孫子新田と若松「我孫子市史研究センター会報」 我孫子市史
研究センター （124）2012.6

和田

座談会 和田公民館主催 市制施行50周年記念事業 和田おもしろ座談会
「佐倉市史研究」 佐倉市総務部 （18）2005.3

和田小学校

関戸・和田小学校について（成田市史調査員だより（4））（神尾武則）「成
田市史研究」 成田市教育委員会 （35）2011.3

東京都

相生橋
東京文学地図帖 戦後編 (22) 相生橋 (槌田満文)「Collegio」 之潮 (39) 2009.12

相川町
江戸の町内探訪 (4) 相川町・熊井町 (出口宏幸)「下町文化」 江東区地域振興部 (258) 2012.7

あいの坂
あいの坂のこと (1), (2) (田丸太郎)「目黒区郷土研究」 目黒区郷土研究会 603/604 2005.4/2005.5

相原
町田市相原・小山をあるく「幕末史研究」 三十一人会, 小島資料館 (発売) (40) 2004.11

歴史散歩 相原の歴史を訪ねる (特集1 市制50周年記念行事) (友井英雄)「いしぶみ」 まちだ史考会 (26) 2008.12

青井
綾瀬川右岸の歴史と文化 (1) 六町と青井の歴史資料「足立史談」 足立区教育委員会 446 2005.4

青葉台
会報にみる目黒の昔 (33) 「青葉台の緑」「やや不良」 目黒区内の緑樹の状態 (一) (218号 昭和48年3月)、「向原ゾーンは緑最低 目黒区内の緑樹の状態 (二)」(219号 昭和49年4月)「目黒区郷土研究」 目黒区郷土研究会 (673) 2011.2

青葉町森林地区
「東村山の再発見・見どころ11選」(1) 全生園・青葉町森林地区 (岡部志げ乃, 鈴木芳子)「郷土研だより」 東村山郷土研究会 (409) 2014.6

青山
増補港区近代沿革図集 赤坂・青山 (平田秀勝)「港郷土資料館だより」 港区立港郷土資料館 (57) 2006.3

史蹟を訪ねて (3) 東京都港区青山へ (猪瀬尚志)「板橋史談」 板橋史談会 (243) 2007.11

赤坂
テーマ展15「赤坂の名所今昔」 江戸赤坂 名所の風景 (吉崎雅規)「港郷土資料館だより」 港区立港郷土資料館 (52) 2003.10

増補港区近代沿革図集 赤坂・青山 (平田秀勝)「港郷土資料館だより」 港区立港郷土資料館 (57) 2006.3

都心の歴史探訪 赤坂界隈を歩く (矢沢幸一朗)「足立史談会だより」 足立史談会 (216) 2006.3

赤坂御庭園
大名庭園「西園」と赤坂離宮―「赤坂御庭園」をめぐって (近藤壮)「和歌山市立博物館研究紀要」 和歌山市教育委員会 通号20 2006.3

赤坂溜池
赤坂溜池―「UKYO―E」に描かれた名所の移り変わり (平田秀勝)「港郷土資料館だより」 港区立港郷土資料館 (58) 2006.9

赤坂庭園
谷文晁筆「赤坂庭園五十八勝図」(和歌山県立博物館蔵) とそのまなざし (安定拓世)「和歌山県立博物館研究紀要」 和歌山県立博物館 (12) 2006.8

赤坂道
赤坂道を歩き 用水路に先人の知恵を学ぶ (鈴木芳子)「郷土研だより」 東村山郷土研究会 (408) 2014.5

高低差の大きい赤坂道 流水路の仕組みに感心 (宮元裕子)「郷土研だより」 東村山郷土研究会 (408) 2014.5

赤坂離宮
大名庭園「西園」と赤坂離宮―「赤坂御庭園」をめぐって (近藤壮)「和歌山市立博物館研究紀要」 和歌山市教育委員会 通号20 2006.3

あかしあ通り
コラム (4) あかしあ通りのエピソード (今井美代子)「小平の歴史を拓く : 市史研究」 小平市企画政策部 (2) 2010.3

明石町
第439回例会記 築地・明石町・佃界隈史跡見学記 (横尾信彦)「杉並郷土史会史報」 杉並郷土史会 (218) 2009.11

フィールドワーク (FW) 23 「タイムドーム明石」見学と明石町散策 平成25年2月16日 (土) (隅田川大学公開講座) (西原文雄)「すみだ川 : 隅田川市民交流実行委員会会報」 隅田川市民交流実行委員会 (53) 2013.4

赤塚
旧中仙道志村合の宿界隈と東京大仏のある赤塚界隈を歩く (稲垣徳)「川口史林 : 川口市郷土史会々誌」 川口市郷土史会 (78) 2013.3

赤塚郷
江戸時代前・中期の入会地と地域秩序―武蔵国豊島郡峡田領「赤塚郷六か村」の自治と徳丸原をめぐって (若曽根了太)「法政史学」 法政大学史学会 (60) 2003.9

赤羽
赤羽地区石井 (蔵) 家文書調査報告書 (北区古文書調査会, 北区行政資料センター, 北区教育委員会生涯学習推進課文化財係)「文化財研究紀要」 東京都北区教育委員会 17 2004.3

山の手台地北端部赤羽付近の地形 (松田磐余)「Collegio」 之潮 (51) 2012.12

第360回 月例研究会 12月16日 (日) 大正を駆け抜けた赤羽の光 日本製麻―リネンと理念に憑かれた男達 (有馬純雄)「北区史を考える会会報」 北区史を考える会 (107) 2013.2

地図で見る赤羽の変遷 (川上明)「北区史を考える会会報」 北区史を考える会 (109) 2013.8

赤羽駅
旧き時代の王子駅と赤羽駅 (冨田駿策)「北区史を考える会会報」 北区史を考える会 74 2004.11

第329回月例研究会 4月15日 (木) 占領下の赤羽駅 (1) (松本守博)「北区史を考える会会報」 北区史を考える会 (96) 2010.5

赤羽駅西口
写真に見るあの日あの時 昭和44年赤羽駅西口「ぽいす : 北区飛鳥山博物館だより」 北区飛鳥山博物館 32 2014.3

赤羽公園
第344回月例研究会 7月9日 (土) 赤羽公園にあった日本染色赤羽工場について (鈴木久市)「北区史を考える会会報」 北区史を考える会 (101) 2011.8

赤羽台団地
企画展 団地ライフ―「桐ヶ丘」「赤羽台」団地の住まいと住まい方「ぽいす : 北区飛鳥山博物館だより」 北区飛鳥山博物館 11 2003.9

赤羽家長屋門
足立区の文化財 平成2年版「足立区の文化財」による 有形民俗文化財 赤羽家長屋門 1棟、保木間十三仏堂 1棟、細井家経蔵 1棟「足立史談会だより」 足立史談会 (319) 2014.10

赤羽発電所
第331回月例研究会 6月20日 (日) 「不遇の炎」鉄道省赤羽発電所について (有馬純雄)「北区史を考える会会報」 北区史を考える会 (97) 2010.8

赤煉瓦工場
第295回月例研究会 6月17日 (日) 北区にあった赤煉瓦工場―民間最古の製造工場か (八木司郎)「北区史を考える会会報」 北区史を考える会 (85) 2007.8

秋川
古文書は語る (10) 秋川流域村落の年貢負担―網代家文書「年貢皆済状」より (馬場憲一)「多摩のあゆみ」 たましん地域文化財団 112 2003.11

西多摩―多摩川・秋川の谷筋と生活圏 (桜井昭男)「多摩のあゆみ」 たましん地域文化財団 113 2004.2

古文書は語る (34) 秋川流域の村落開発 (上)―中村中家文書「油平村上給検地帳」より (馬場憲一)「多摩のあゆみ」 たましん地域文化財団 (147) 2012.8

古文書は語る (35) 秋川流域の村落開発 (下)―丸山雄重家文書「帯刀と百姓取計らいにつき覚」「検地御用につき覚」より (馬場憲一)「多摩のあゆみ」 たましん地域文化財団 (148) 2012.11

多摩地域史研究会 第82回例会 多摩の中世城館を歩くVI 秋川流域の城 戸倉城「多摩地域史研究会会報」 多摩地域史研究会 (108) 2013.10

第83回例会報告 多摩の中世城館を歩く (6)―秋川流域の山城・戸倉城 (西股総生)「多摩地域史研究会会報」 多摩地域史研究会 (109)

2014.2

昭島

「青年学級」から「青年講座」へ＝そして昭島の公民館づくり運動へ（特集 戦後多摩の公民館活動）（山﨑功）「多摩のあゆみ」 たましん地域文化財団 （144） 2011.11

昭島市H邸

洋風建築への誘い（1）昭島市H邸（伊藤龍也）「多摩のあゆみ」 たましん地域文化財団 112 2003.11

秋津

秋津の農業―稲作と水田稲作を中心に（宮本八恵子）「東村山市史研究」 東村山市教育委員会 （17） 2008.3

秋津商店街

秋津商店街界隈今昔物語（宮本八恵子）「東村山市史研究」 東村山市教育委員会 （16） 2007.3

秋津町

井戸（東村山市秋津町3・4丁目）（大井芳文）「郷土研だより」 東村山郷土研究会 （405） 2014.2

「戦前の立て場」の絵（秋津町3―23―1）肥沼武雄氏（93歳）の作品（大井芳文）「郷土研だより」 東村山郷土研究会 （407） 2014.4

秋津ちろりん村

「東村山浄水場」（美住町2丁目）、「秋津ちろりん村・天かえる」（秋津町1丁目）（大井芳文）「郷土研だより」 東村山郷土研究会 （406） 2014.3

秋津橋

秋津橋（東村山市秋津町3―33）（大井芳文）「郷土研だより」 東村山郷土研究会 （388） 2012.9

秋留台地

聞き書き 秋留台地、檜原の農業（《特集 近現代の多摩農業》）（大谷孟雄）「多摩のあゆみ」 たましん地域文化財団 （136） 2009.11

あきる野

あきる野に残る地方文書とその背景―「旧多摩郡油平村名主中村家文書」などについて（坂上洋之）「郷土あれこれ」 あきる野市教育委員会 （17） 2006.11

あきる野の武州南一揆関連文書について（《50号記念特集》）（呉座勇一）「千葉史学」 千葉歴史学会 （50） 2007.5

八王子とあきる野を結ぶ道（中村明美）「八王子市郷土資料館だより」 八王子市郷土資料館 （83） 2008.7

あきる野市

あきる野地名考（1），（2）（保坂芳春）「郷土あれこれ」 あきる野市教育委員会 （16）/（18） 2006.11/2007.7

あきる野市の石造物（佐野藤道）「郷土あれこれ」 あきる野市教育委員会 （24） 2013.3

阿佐谷

阿佐谷の筬図会（村主耕一）「杉並郷土史会史報」 杉並郷土史会 （196） 2006.3

阿佐ヶ谷村

東京文化財ウィーク2012例会記 旧桃園川流域（阿佐ヶ谷村、馬橋村、高円寺村）の史跡を訪ねて（大河原善雄）「杉並郷土史会会報」 杉並郷土史会 （242） 2013.11

浅川

玉川・浅川の日野遊水池と弘化3年の大洪水―石田村隼人屋敷水没の危機《《慶応四年特集》）（土方智）「幕末史研究」 三十一人会，小島資料館（発売） （42） 2007.1

浅川工場

新・浅川地下壕物語（65）「私は、徴用工として浅川工場で働いた」（日高忠臣）「浅川地下壕の保存をすすめる会ニュース」 浅川地下壕の保存をすすめる会 （65） 2008.8

浅川地下壕

浅川地下壕物語（25）館町に来た兵隊さん「浅川地下壕の保存をすすめる会ニュース」 浅川地下壕の保存をすすめる会 26 2002.2

地下壕よくわかーるすぐわかーる 浅川地下壕を掘った会社が…（斉藤勉）「浅川地下壕の保存をすすめる会ニュース」 浅川地下壕の保存をすすめる会 27 2002.4

写真で見る浅川地下壕の歴史「浅川地下壕の保存をすすめる会ニュース」 浅川地下壕の保存をすすめる会 32 2003.2

地下壕よくわかーるすぐわかーる 最近の取材ノートから（斉藤勉）「浅川地下壕の保存をすすめる会ニュース」 浅川地下壕の保存をすすめる会 32 2003.2

地下工場配置絵図（斉藤勉）「浅川地下壕の保存をすすめる会ニュース」 浅川地下壕の保存をすすめる会 32 2003.2

地下壕とわたし（森安博［他］）「浅川地下壕の保存をすすめる会ニュース」 浅川地下壕の保存をすすめる会 32 2003.2

浅川地下壕物語（31）山の上の小さな穴（山梨喜正）「浅川地下壕の保存をすすめる会ニュース」 浅川地下壕の保存をすすめる会 32 2003.2

地下壕と共存できる街づくりを（渋沢一正）「浅川地下壕の保存をすすめる会ニュース」 浅川地下壕の保存をすすめる会 35 2003.8

地下壕よくわかーるすぐわかーる 中島飛行機小泉製作所日記（斉藤勉）「浅川地下壕の保存をすすめる会ニュース」 浅川地下壕の保存をすすめる会 35 2003.8

地下壕よくわかーるすぐわかーる 浅川地下工場と三鷹航空工業比企地下工場に関わった兵隊 松本秀夫『中島飛行機小泉製作所日記』から（2）（斉藤勉）「浅川地下壕の保存をすすめる会ニュース」 浅川地下壕の保存をすすめる会 36 2003.10

地下壕とわたし 戦争の恐ろしさとおろかさを見た（岡田家治）「浅川地下壕の保存をすすめる会ニュース」 浅川地下壕の保存をすすめる会 36 2003.10

浅川地下壕物語（35）高尾駅の銃弾痕「浅川地下壕の保存をすすめる会ニュース」 浅川地下壕の保存をすすめる会 36 2003.10

シンポジウム―国の史跡指定に向けて「浅川地下壕 この10年で明らかにしたこと」「浅川地下壕の保存をすすめる会ニュース」 浅川地下壕の保存をすすめる会 37 2003.12

地下壕よくわかーるすぐわかーる アメリカ軍、地下の軍事施設は確認、地下施設は調査途上（斉藤勉）「浅川地下壕の保存をすすめる会ニュース」 浅川地下壕の保存をすすめる会 37 2003.12

地下壕とわたし「浅川地下壕の保存をすすめる会ニュース」 浅川地下壕の保存をすすめる会 37 2003.12

新・浅川地下壕物語（37）新事務局です。よろしくお願いします。（日高忠臣）「浅川地下壕の保存をすすめる会ニュース」 浅川地下壕の保存をすすめる会 37 2003.12

地下壕とわたし（中村昭行）「浅川地下壕の保存をすすめる会ニュース」 浅川地下壕の保存をすすめる会 38 2004.2

新・浅川地下壕物語（38）～（41）（日高忠臣）「浅川地下壕の保存をすすめる会ニュース」 浅川地下壕の保存をすすめる会 38/41 2004.2/2004.8

地下壕よくわかーるすぐわかーる 戦後の動き 建物の払い下げ、ズリの搬出―文書資料調査から明らかになったこと（斎藤勉）「浅川地下壕の保存をすすめる会ニュース」 浅川地下壕の保存をすすめる会 39 2004.4

地下壕とわたし（三浦太郎）「浅川地下壕の保存をすすめる会ニュース」 浅川地下壕の保存をすすめる会 39 2004.4

地下壕とわたし（雑賀信行）「浅川地下壕の保存をすすめる会ニュース」 浅川地下壕の保存をすすめる会 40 2004.6

地下壕よくわかーるすぐわかーる 浅川工場の「賠償工場」としての指定、生産されたエンジン数（斎藤勉）「浅川地下壕の保存をすすめる会ニュース」 浅川地下壕の保存をすすめる会 41 2004.8

地下壕とわたし 地中に埋め戻してはならない人権侵害と戦争の爪あと―責川地下壕、現地研修に学ぶ（腰原健）「浅川地下壕の保存をすすめる会ニュース」 浅川地下壕の保存をすすめる会 41 2004.8

地下壕よくわかーるすぐわかーる 浅川地下工場の戦後処理からわかったこと（斎藤勉）「浅川地下壕の保存をすすめる会ニュース」 浅川地下壕の保存をすすめる会 42 2004.10

地下壕とわたし（三賢禮徳）「浅川地下壕の保存をすすめる会ニュース」 浅川地下壕の保存をすすめる会 42 2004.10

新・浅川地下壕物語（42）地下壕周辺を歩く（1）（日高忠臣）「浅川地下壕の保存をすすめる会ニュース」 浅川地下壕の保存をすすめる会 42 2004.10

シンポジウム 浅川地下壕と結ぶ八王子の戦争遺跡「浅川地下壕の保存をすすめる会ニュース」 浅川地下壕の保存をすすめる会 43 2004.12

こんなにもあった!!浅川地下工場関連の地上施設 浅川市民センター文化展に参加「浅川地下壕の保存をすすめる会ニュース」 浅川地下壕の保存をすすめる会 43 2004.12

地下壕よくわかーるすぐわかーる トンネルの削岩方法 焼夷弾の投下方法をめぐって一些事にこだわる（斎藤勉）「浅川地下壕の保存をすすめる会ニュース」 浅川地下壕の保存をすすめる会 43 2004.12

地下壕とわたし（久垣悼）「浅川地下壕の保存をすすめる会ニュース」 浅川地下壕の保存をすすめる会 43 2004.12

新・浅川地下壕物語（43）地下壕周辺を歩く（2）（日高忠臣）「浅川地下壕の保存をすすめる会ニュース」 浅川地下壕の保存をすすめる会 43 2004.12

地下壕とわたし六十年目の浅川地下壕（荒川亘）「浅川地下壕の保存をすすめる会ニュース」 浅川地下壕の保存をすすめる会 44 2005.2

新・浅川地下壕物語（44）地下壕周辺を歩く（3）「浅川地下壕の保存をすすめる会ニュース」 浅川地下壕の保存をすすめる会 44 2005.2

新・浅川地下壕物語（45）地下壕周辺を歩く（4）金刀比羅山の自然を守る（熊谷昇）「浅川地下壕の保存をすすめる会ニュース」 浅川地下壕の保存をすすめる会 45 2005.4

地下壕とわたし（上田厚子）「浅川地下壕の保存をすすめる会ニュース」浅川地下壕の保存をすすめる会　（46）2005.6

ブックレット「学び・調べ・考えよう フィールドワーク 浅川地下壕」「浅川地下壕の保存をすすめる会ニュース」浅川地下壕の保存をすすめる会　（47）2005.8

地下壕とわたし（小野美里）「浅川地下壕の保存をすすめる会ニュース」浅川地下壕の保存をすすめる会　（47）2005.8

地下壕よくわかーるすぐわかーる第35回空襲・戦災を記録する会（斎藤勉）「浅川地下壕の保存をすすめる会ニュース」浅川地下壕の保存をすすめる会　（48）2005.10

地下壕とわたし浅川地下工場の体験（横内幸一）「浅川地下壕の保存をすすめる会ニュース」浅川地下壕の保存をすすめる会　（48）2005.10

講演「学び舎から軍需工場へ」一通年学徒勤労動員への道「浅川地下壕の保存をすすめる会ニュース」浅川地下壕の保存をすすめる会　（49）2005.12

「浅川地下壕と結ぶ八王子の戦争遺跡」浅川市民センター文化展報告「浅川地下壕の保存をすすめる会ニュース」浅川地下壕の保存をすすめる会　（49）2005.12

地下壕とわたし（根岸正行）「浅川地下壕の保存をすすめる会ニュース」浅川地下壕の保存をすすめる会　（50）2006.2

新・浅川地下壕物語（50）地下壕周辺を歩く（9）かたらいの路（日高忠臣）「浅川地下壕の保存をすすめる会ニュース」浅川地下壕の保存をすすめる会　（50）2006.2

地下壕とわたし（笹川香織）「浅川地下壕の保存をすすめる会ニュース」浅川地下壕の保存をすすめる会　（51）2006.4

新・浅川地下壕物語（51）～（54）地下壕周辺を歩く 落合地区に下りる（1）～（4）（日高忠臣）「浅川地下壕の保存をすすめる会ニュース」浅川地下壕の保存をすすめる会　（51）/（54）2006.4/2006.10

地下壕とわたし 新たな史料から判明した新たな事実―動員・空襲をめぐって（斎藤勉）「浅川地下壕の保存をすすめる会ニュース」浅川地下壕の保存をすすめる会　（52）2006.6

地下壕とわたし（岡村隆）「浅川地下壕の保存をすすめる会ニュース」浅川地下壕の保存をすすめる会　（52）2006.6

地下壕よくわかーるすぐわかーる まだ分からないこと（斎藤勉）「浅川地下壕の保存をすすめる会ニュース」浅川地下壕の保存をすすめる会　（53）2006.8

地下壕とわたし（遠藤道雄）「浅川地下壕の保存をすすめる会ニュース」浅川地下壕の保存をすすめる会　（53）2006.8

地下壕よくわかーるすぐわかーる 本土決戦準備と八王子［1］～（2）（斎藤勉）「浅川地下壕の保存をすすめる会ニュース」浅川地下壕の保存をすすめる会　（54）/（55）2006.10/2006.12

新・浅川地下壕物語（55）地下壕周辺を歩く 姿くらました憲兵（日高忠臣）「浅川地下壕の保存をすすめる会ニュース」浅川地下壕の保存をすすめる会　（55）2006.12

地下壕とわたし「浅川地下壕の保存をすすめる会ニュース」浅川地下壕の保存をすすめる会　（57）2007.4

新・浅川地下壕物語（58）朝日選書「反戦軍事学」を読んで（日高忠臣）「浅川地下壕の保存をすすめる会ニュース」浅川地下壕の保存をすすめる会　（58）2007.6

地下壕よくわかーるすぐわかーる 浅川地下壕研究の私史 1989年のノートと調査から（斎藤勉）「浅川地下壕の保存をすすめる会ニュース」浅川地下壕の保存をすすめる会　（59）2007.8

地下壕とわたし 陸軍浅川大地下壕を歩く（小原精壽）「浅川地下壕の保存をすすめる会ニュース」浅川地下壕の保存をすすめる会　（59）2007.8

新・浅川地下壕物語（59）立川の街と私（1）（日高忠臣）「浅川地下壕の保存をすすめる会ニュース」浅川地下壕の保存をすすめる会　（59）2007.8

地下壕とわたし 浅川地下壕を訪ねて（福島博子）「浅川地下壕の保存をすすめる会ニュース」浅川地下壕の保存をすすめる会　（60）2007.10

新・浅川地下壕物語（60）立川の街と私（2）（日高忠臣）「浅川地下壕の保存をすすめる会ニュース」浅川地下壕の保存をすすめる会　（60）2007.10

記念講演「若者たちの浅川地下壕 トンネル学校生徒たちの浅川地下壕掘削の真実」講師・元トンネル学校生徒 長谷川清さん「浅川地下壕の保存をすすめる会ニュース」浅川地下壕の保存をすすめる会　（61）2007.12

2007年度浅川市民センター文化展 証言のまとめ 地下壕に関するもの/8月2日未明の空襲と湯の花トンネル列車襲撃「浅川地下壕の保存をすすめる会ニュース」浅川地下壕の保存をすすめる会　（62）2008.2

地下壕とわたし 無知な愚行を再び繰り返さないために（糸進）「浅川地下壕の保存をすすめる会ニュース」浅川地下壕の保存をすすめる会　（62）2008.2

新・浅川地下壕物語（62）地下壕を歩く 学徒隊本部跡について（日高忠臣）「浅川地下壕の保存をすすめる会ニュース」浅川地下壕の保存をすすめる会　（62）2008.2

地下壕よくわかーるすぐわかーる 高尾駅北口の再開発と "ひいらぎ横丁" の拡張工事（斎藤勉）「浅川地下壕の保存をすすめる会ニュース」浅川地下壕の保存をすすめる会　（63）2008.4

新・浅川地下壕物語（63）地下壕を歩く 京王御陵線の橋脚（日高忠臣）「浅川地下壕の保存をすすめる会ニュース」浅川地下壕の保存をすすめる会　（63）2008.4

地下壕よくわかーるすぐわかーる 地下壕掘削で使われた機械とは 『アルス土木工学大講座』15ノ下「隧道工学」から（斎藤勉）「浅川地下壕の保存をすすめる会ニュース」浅川地下壕の保存をすすめる会　（64）2008.6

地下壕とわたし（伴公太）「浅川地下壕の保存をすすめる会ニュース」浅川地下壕の保存をすすめる会　（64）2008.6

新・浅川地下壕物語（64）今年も山梨中央銀行西八王子支店で（日高忠臣）「浅川地下壕の保存をすすめる会ニュース」浅川地下壕の保存をすすめる会　（64）2008.6

地下壕よくわかーるすぐわかーる 地下壕掘削にどのような機械が使われていたか 『アルス土木工学大講座』15ノ下「隧道工学」から（2）（斎藤勉）「浅川地下壕の保存をすすめる会ニュース」浅川地下壕の保存をすすめる会　（65）2008.8

新・浅川地下壕物語（65）「私は、徴用工として浅川工場で働いた」（日高忠臣）「浅川地下壕の保存をすすめる会ニュース」浅川地下壕の保存をすすめる会　（65）2008.8

新・浅川地下壕物語（66）「兵士の証言」（日高忠臣）「浅川地下壕の保存をすすめる会ニュース」浅川地下壕の保存をすすめる会　（66）2008.10

第12回総会・シンポジウム報告「浅川地下壕の文化財指定への道筋を考える」総会/シンポジウム「東大和市旧日立航空機変電所について」（松尾朋子さん）、「府中市文化財調布飛行場白糸台掩体壕について」（黒崎啓さん）、『『発掘された戦争の記憶』展を企画して』（深澤靖幸さん）/十菱コーディネイターのまとめ（日高忠臣）「浅川地下壕の保存をすすめる会ニュース」浅川地下壕の保存をすすめる会　（67）2008.12

新・浅川地下壕物語（67）「学徒出陣―見習士官将校として浅川地下工場へ」（日高忠臣）「浅川地下壕の保存をすすめる会ニュース」浅川地下壕の保存をすすめる会　（67）2008.12

地下壕とわたし（岡田清子）「浅川地下壕の保存をすすめる会ニュース」浅川地下壕の保存をすすめる会　（68）2009.2

新・浅川地下壕物語（68）浅川地下壕が自治体ニュースに！（日高忠臣）「浅川地下壕の保存をすすめる会ニュース」浅川地下壕の保存をすすめる会　（68）2009.2

高校生による地下壕調査の記録 第1回「浅川大地下壕を探る」を文化祭で発表 はじめに/聞き取りと文化祭展示/浅川大地下壕の研究の感想（3年 佐藤宙）/地下壕の調査を終えて（3年 岡荘次）/「もうすぐ主役になれるよ」（顧問 中田均）（中田均）「浅川地下壕の保存をすすめる会ニュース」浅川地下壕の保存をすすめる会　（74）2010.2

地下壕よくわかーるすぐわかーる 浅川地下壕が米軍の「弾薬庫」の候補地に？ 敗戦から10年後の "騒動"（斉藤勉）「浅川地下壕の保存をすすめる会ニュース」浅川地下壕の保存をすすめる会　（74）2010.2

父と浅川地下壕（家族一同）「浅川地下壕の保存をすすめる会ニュース」浅川地下壕の保存をすすめる会　（75）2010.4

地下壕よくわかーるすぐわかーる 旧・浅川町の「表忠碑」を "読む"［1］～（3）（斉藤勉）「浅川地下壕の保存をすすめる会ニュース」浅川地下壕の保存をすすめる会　（75）/（78）2010.6/2010.10

浅川地下壕を見学して（鷲山信昭）「浅川地下壕の保存をすすめる会ニュース」浅川地下壕の保存をすすめる会　（76）2010.6

新聞記事紹介「浅川地下壕の保存をすすめる会ニュース」浅川地下壕の保存をすすめる会　（80）2011.2

高校生による地下壕調査の記録第5回 在日朝鮮人からの聞き取り調査 プロフィール/強制連行＝人狩り/生き地獄/飯場生活/消耗品/逃亡/待遇改善要求/二重構造/日本坂とは？/在日女子高校生からの手紙（中西均）「浅川地下壕の保存をすすめる会ニュース」浅川地下壕の保存をすすめる会　（82）2011.6

高校生による地下壕調査の記録 最終回 地下壕の歴史的・教育的価値 世界史の野外学習 実践1 1992年1月実施/実践2 1992年6～7月実施/実践3 1993年6月実施/生徒の感想/歴史的・教育的価値「浅川地下壕の保存をすすめる会ニュース」浅川地下壕の保存をすすめる会　（83）2011.8

浅川地下壕38年前の一般公開（斉藤勉）「浅川地下壕の保存をすすめる会ニュース」浅川地下壕の保存をすすめる会　（86）2012.2

新しく坑口が現れた（昨年12月）工事中に現れた坑口（山梨喜正）「浅川地下壕の保存をすすめる会ニュース」浅川地下壕の保存をすすめる会　（86）2012.2

地下壕よくわかーるすぐわかーる 浅川地下壕の「見学」とマッシュルームの栽培（齊藤勉）「浅川地下壕の保存をすすめる会ニュース」浅川地下壕の保存をすすめる会　（88）2012.6

浅川地下壕に疎開してきた会社 中島飛行機武蔵製作所/敗戦までの8か

月余に9回の空爆/浅川に地下壕、武蔵野に地下道/浅川地下壕を平和学習の砦に(長沼石根)「浅川地下壕の保存をすすめる会ニュース」 浅川地下壕の保存をすすめる会 (95) 2013.8

地下壕を史跡指定へ 八王子市議会本会議 山口和男議員一般質問「浅川地下壕の保存をすすめる会ニュース」 浅川地下壕の保存をすすめる会 (99) 2014.4

浅川地下壕に新資料(山梨喜正)「浅川地下壕の保存をすすめる会ニュース」 浅川地下壕の保存をすすめる会 (100) 2014.6

浅川地下壕を歩いて(福本俊)「浅川地下壕の保存をすすめる会ニュース」 浅川地下壕の保存をすすめる会 (103) 2014.12

浅川地下壕イ地区

新・浅川地下壕物語(49) 地下壕周辺を歩く(8) イ地区入り口付近(日高忠臣)「浅川地下壕の保存をすすめる会ニュース」 浅川地下壕の保存をすすめる会 (49) 2005.12

80年代初めのイ地区(奥田靖二)「浅川地下壕の保存をすすめる会ニュース」 浅川地下壕の保存をすすめる会 (52) 2006.6

高校生による地下壕調査の記録第2回 イ地区の坑道延長は4.8km 実測調査の目的/断面幅の調査/碁盤の目/坑道延長「浅川地下壕の保存をすすめる会ニュース」 浅川地下壕の保存をすすめる会 (76) 2010.6

高校生による地下壕調査の記録第3回 イ地区の地下工場跡 碍子(ガイシ)/コンクリートの土台とワク/狭軌道の枕木跡「浅川地下壕の保存をすすめる会ニュース」 浅川地下壕の保存をすすめる会 (78) 2010.10

高校生による地下壕調査の記録第4回 イ地区の地下工場跡 削岩機跡/発破跡/トロッコの枕木跡/クイと釘/坑木(支保工)/勾配(中西均)「浅川地下壕の保存をすすめる会ニュース」 浅川地下壕の保存をすすめる会 (81) 2011.4

浅川地下工場

地下壕よくわかーるすぐわかーる浅川地下工場と三鷹航空工業比企地下工場に関わった兵隊 松本秀夫『中島飛行機小泉製作所日記』から(2)(斉藤勉)「浅川地下壕の保存をすすめる会ニュース」 浅川地下壕の保存をすすめる会 36 2003.10

地下壕よくわかーるすぐわかーる 浅川地下工場の戦後処理からわかったこと(斎藤勉)「浅川地下壕の保存をすすめる会ニュース」 浅川地下壕の保存をすすめる会 42 2004.10

新・浅川地下壕物語(67)「学徒出陣―見習士官将校として浅川地下工場へ」(日高忠臣)「浅川地下壕の保存をすすめる会ニュース」 浅川地下壕の保存をすすめる会 (67) 2008.12

浅川地下壕ハ地区

新・浅川地下壕物語(46) 地下壕周辺を歩く(5) ハ地区の入り口(日高忠臣)「浅川地下壕の保存をすすめる会ニュース」 浅川地下壕の保存をすすめる会 (46) 2005.6

新・浅川地下壕物語(47) 地下壕周辺を歩く(6) ハ地区に入る(日高忠臣)「浅川地下壕の保存をすすめる会ニュース」 浅川地下壕の保存をすすめる会 (47) 2005.8

新・浅川地下壕物語(48) 地下壕周辺を歩く(7) ハ地区を実測する(日高忠臣)「浅川地下壕の保存をすすめる会ニュース」 浅川地下壕の保存をすすめる会 (48) 2005.10

浅川地下壕ロ地区

謎が解明 ロ地区の三段構造は巨大地下壕掘削のため(斉藤勉)「浅川地下壕の保存をすすめる会ニュース」 浅川地下壕の保存をすすめる会 35 2003.8

署名のお願い、情報など「浅川地下壕ロ地区」が危機に、西東京市谷戸にあった旧エンジン試運転工場の建物が撤去「戦争のきずあと・むさしの」 武蔵野の空襲と戦争遺跡を記録する会 (50) 2014.2

浅川非常倉庫

宮内省関係資料の疎開と浅川非常倉庫(土井義夫、北口由望)「八王子の歴史と文化 : 郷土資料館研究紀要・年報」 八王子市教育委員会 (24) 2012.1

浅川町

地下壕よくわかーるすぐわかーる八王子空襲 浅川町への空襲(斎藤勉)「浅川地下壕の保存をすすめる会ニュース」 浅川地下壕の保存をすすめる会 44 2005.2

地下壕よくわかーるすぐわかーる浅川町への焼夷弾の投下(斎藤勉)「浅川地下壕の保存をすすめる会ニュース」 浅川地下壕の保存をすすめる会 (46) 2005.6

焼け残ったお稲荷さん 浅川町で戦争遺跡新たに見つかる(日高忠臣)「浅川地下壕の保存をすすめる会ニュース」 浅川地下壕の保存をすすめる会 (48) 2005.10

地下壕よくわかーるすぐわかーる 旧・浅川町の「表忠碑」を"読む"[1]～(3)(斉藤勉)「浅川地下壕の保存をすすめる会ニュース」 浅川地下壕の保存をすすめる会 (75)/(78) 2010.6/2010.10

浅草

住友の江戸浅草札差業について(曽我幸弘)「新居浜史談」 新居浜郷土史談会 339 2003.11

研究ノート 浅草の幕府米蔵の規模(北原進)「江戸東京博物館news : Edo-Tokyo Museum news」 東京都歴史文化財団東京都江戸東京博物館 45 2004.3

紹介 浅草の部落を舞台にした小説「磯多町の娘」(石瀧豊美)「明日を拓く」 東日本部落解放研究所,解放書店(発売) 33(3)通号68 2007.3

江戸東京の食文化・川文化―浅草の食文化繁栄の原点を探る 平成21年10月10日(土)(隅田川大学公開講座)(丸山眞司、齋藤興平)「すみだ川 : 隅田川市民交流実行委員会会報」 隅田川市民交流実行委員会 (47) 2010.4

意外な!?事実譚―ウソのようなホントの話 浅草に国技館があった!?「下町風俗資料館號外」 台東区立下町風俗資料館 2011年 2011.3

ぶらり歴史散歩 王子・上野・浅草(豊島信大)「北区史を考える会会報」 北区史を考える会 (101) 2011.8

ぶらり歴史散歩(2) 王子・上野・浅草(豊島信夫)「北区史を考える会会報」 北区史を考える会 (103) 2012.2

中世浅草地域における海上交通と流通(共通論題論文)(盛本昌広)「交通史研究」 交通史学会, 吉川弘文館(発売) (76) 2012.2

平成23年度新収蔵品の紹介 納戸縹子地紅葉賀模様小袖―友禅染の小袖/歌川国芳画「東都名所 浅草今戸」/小笠原諸島調査の出帳命令書/「浅草公園水族館」ポスター/電気スタンド/東京空撮写真「江戸東京博物館news : Edo-Tokyo Museum news」 東京都歴史文化財団東京都江戸東京博物館 (77) 2012.3

宇都宮一族滅亡の地を訪ねて(増田晃)「北九州市の文化財を守る会会報」 北九州市の文化財を守る会 (142) 2014.2

浅草区

集団学童疎開補遺 鳴子温泉のみなさんありがとう 小石川区、浅草区の学童疎開を受け入れて(特集 森まゆみ「聞き書きという幸せな作業」)「谷中・根津・千駄木」 谷根千工房 (90) 2008.7

浅草公園水族館

平成23年度新収蔵品の紹介 納戸縹子地紅葉賀模様小袖―友禅染の小袖/歌川国芳画「東都名所 浅草今戸」/小笠原諸島調査の出帳命令書/「浅草公園水族館」ポスター/電気スタンド/東京空撮写真「江戸東京博物館news : Edo-Tokyo Museum news」 東京都歴史文化財団東京都江戸東京博物館 (77) 2012.3

浅草公園の大池

江戸東京消失地名録 地形地名編 台東区(5) 浅草公園の大池(瓢簞池)(葛生雄二)「Collegio」 之潮 (29) 2007.12

浅草諏訪町

江戸の銀銅吹分けと浅草諏訪町(海原亮)「住友史料館報」 住友史料館 (38) 2007.7

浅草橋

東京文学地図帖 戦後編(18) 浅草橋・鳥越(槌田満文)「Collegio」 之潮 (35) 2008.12

浅草橋門

江戸城外郭諸門の屋根瓦に関する一考察―筋違橋門・浅草橋門を中心として(野中和大)「城郭史研究」 日本城郭史学会, 東京堂出版(発売) (28) 2009.3

浅草花屋敷

浅草花屋敷の成立と展開―幕末・維新期を中心に(小沢詠美子)「風俗史学 : 日本風俗史学会誌」 日本風俗史学会 (29) 2005.1

旧朝倉邸

旧朝倉邸(仲野基道)「目黒区郷土研究」 目黒区郷土研究会 (667) 2010.8

旭町

地名を撮るはんの木緑地の谷戸?(岩崎美智子)「練馬区地名研究会会報」 練馬区地名研究会 68 2004.5

麻布

阿部正功の麻布学―家族による郷土史研究の一例(1)(髙山優)「研究紀要」 港区立港郷土資料館 (14) 2012.3

阿部正功の麻布学・華族による郷土史研究の一例(2)(髙山優)「研究紀要」 港区立港郷土資料館 (15) 2013.3

麻布の中世古道(駒形あゆみ)「港郷土資料館だより」 港区立港郷土資料館 (74) 2014.9

麻布谷町

「楢葉与助一件」の麻布谷町を見る(南部孝之)「えおひっぷす」 相馬郷土研究会 154 2001.1

麻布竜土植物場

麻布龍土植物場―茶園になった長州藩麻布下屋敷跡(特別展)(吉崎雅

規）「港郷土資料館だより」 港区立港郷土資料館 （61） 2008.3

葦毛塚

葦毛塚（橋口明子）「目黒区郷土研究」 目黒区郷土研究会 （619） 2006.8

芦毛塚

目黒の昔を語る（7）芦毛塚（編集部）「目黒区郷土研究」 目黒区郷土研究会 578 2003.3

網代弁天山

網代弁天山の棚田（海老澤衷）「郷土あれこれ」 あきる野市教育委員会 （19） 2008.3

飛鳥山

春のスポット展示 飛鳥山十二景の世界/ASUKAYAMAセレクション5 「ぼいす : 北区飛鳥山博物館だより」 北区飛鳥山博物館 10 2003.3

収蔵品のご紹介 絵本「飛鳥山」狩野養信筆「ぼいす : 北区飛鳥山博物館だより」 北区飛鳥山博物館 10 2003.3

名所空間の持続と変容（1）─館蔵の佐野義行編『飛鳥山十二景和歌』を中心に（石倉孝祐）「北区飛鳥山博物館研究報告」 東京都北区教育委員会 （5） 2003.3

写真に見るあの日この時 「飛鳥山」で鳥になれる─夢のタワー登場「ぼいす : 北区飛鳥山博物館だより」 北区飛鳥山博物館 11 2003.9

クローズアップ飛鳥山 足下に眠る古のくらし「ぼいす : 北区飛鳥山博物館だより」 北区飛鳥山博物館 12 2004.3

春の企画展 江戸のリッチモンド あこがれの王子・飛鳥山展「ぼいす : 北区飛鳥山博物館だより」 北区飛鳥山博物館 14 2005.3

特集 聞き耳をたててみませんか？─錦絵から声を聴く 飛鳥山編「ぼいす : 北区飛鳥山博物館だより」 北区飛鳥山博物館 14 2005.3

春の企画展「Sky View 風の視線─空撮でみる郷土の景観─」「ぼいす : 北区飛鳥山博物館だより」 北区飛鳥山博物館 16 2006.3

開館10周年記念企画展「名所の誕生─飛鳥山で読み解く名所プロデュース」「ぼいす : 北区飛鳥山博物館だより」 北区飛鳥山博物館 20 2008.3

調査報告「爭杉樹」碑について（中野守久）「北区飛鳥山博物館研究報告」 東京都北区教育委員会 （13） 2011.3

王子今昔物語 江戸っ子のレクリエーション・スポット 王子 春 受け継がれる吉宗の心意気〈飛鳥山〉/夏 王子の夏・滝浴みの夏〈王子七滝〉/秋 紅葉ある風景〈滝野川の紅葉〉/冬 人もキツネも稲荷に集う〈王子稲荷〉/むかし昔写真館「ぼいす : 北区飛鳥山博物館だより」 北区飛鳥山博物館 31 2013.9

王子飛鳥山を歩く「足立史談会だより」 足立史談会 （313） 2014.4

飛鳥山公園

ぼいす 飛鳥山公園と博物館（久保埜企美子）「ぼいす : 北区飛鳥山博物館だより」 北区飛鳥山博物館 14 2005.3

明治期の飛鳥山公園─名所から公園へ（久保埜企美子）「北区飛鳥山博物館研究報告」 東京都北区教育委員会 （7） 2005.3

小豆沢

写真探訪 板橋の地名（3）「小豆沢」（1）（大澤鷹邇）「板橋史談」 板橋史談会 （242） 2007.9

写真探訪 板橋の地名（4）「小豆沢」（2）小豆沢の地名語源説（大澤鷹邇）「板橋史談」 板橋史談会 （243） 2007.11

写真探訪 板橋の地名（5）「小豆沢」（3）舟渡山（前）（大澤鷹邇）「板橋史談」 板橋史談会 （245） 2008.3

写真探訪 板橋の地名（6）「小豆沢」（3）舟渡山（後・承前）（大澤鷹邇）「板橋史談」 板橋史談会 （246） 2008.5

写真探訪 板橋の地名（7）「小豆沢」（4）びく塚・首塚（大澤鷹邇）「板橋史談」 板橋史談会 （247） 2008.8

小豆沢村

小豆沢村の八本竹─郷土の古文書関連（清水治男）「板橋史談」 板橋史談会 222 2004.5

東町

自然と生きる 西東京市の主な屋敷林（5）東町・富士町（小川武廣）「武蔵保谷村だより : 高橋文太郎の『武蔵保谷村郷土資料』を手掛かりに」 下保谷の自然と文化を記録する会 （6） 2012.7

吾妻橋

隅田川の橋（5）水面から眺めたい吾妻橋（石原成幸）「すみだ川 : 隅田川市民交流実行委員会会報」 隅田川市民交流実行委員会 37 2005.10

愛宕

増補版 写された港区（一）〔芝北地域編〕─新橋・芝・愛宕・虎ノ門ほか（小峯尚三）「港郷土資料館だより」 港区立港郷土資料館 （55） 2005.3

愛宕下

昔、新橋は海だった？ コーナー展「愛宕下の武家屋敷跡2」より（杉本絵美）「港郷土資料館だより」 港区立港郷土資料館 （67） 2011.3

愛宕山

愛宕山にあったタワー 明治の高塔ブームの中で（大坪潤子）「港郷土資料館だより」 港区立港郷土資料館 （67） 2011.3

愛宕山公園

造園家・長岡安平と近代港区の公園─芝公園・愛宕山公園史の一断面（高山優）「港郷土資料館だより」 港区立港郷土資料館 （68） 2011.9

愛宕山城

練馬の城を往く（7）愛宕山城（練馬区上石神井三丁目）「練馬郷土史研究会会報」 練馬郷土史研究会 （345） 2013.5

足立

継承された "ごぼう市" 舎人文化市の賑わい（矢沢幸一朗）「足立史談」 足立区教育委員会 419 2003.1

江戸開府400東京/あだち地名由来（9）─水にまつわる地名/足立の今を記録する（1）中川土手の桜をしのぶ「足立区立郷土博物館だより」 足立区立郷土博物館 45 2003.4

足立の草相撲覚書（荻原ちとせ）「足立史談」 足立区教育委員会 423 2003.5

あだち文化財ウォッチング（2）探奥羽街・たんおうがい「足立史談」 足立区教育委員会 424 2003.6

《小特集 足立の幕末維新─平成16年度特別展に向けて》「足立史談」 足立区教育委員会 426 2003.8

幕末動乱の舞台となった郷土のあゆみ 新選組・彰義隊・官軍と足立 郷土博物館平成16年度特別展「幕末が生んだ遺産」の開催「足立史談」 足立区教育委員会 439 2004.9

〈街に生きる行事と芸能─文化財ウィーク小特集 文化財と足立〉「足立史談」 足立区教育委員会 440 2004.10

見て学び楽しもう郷土の文化財「足立史談」 足立区教育委員会 440 2004.10

資料紹介 足立を通って脱出した彰義隊士の記録─戊辰後経歴「足立史談」 足立区教育委員会 440 2004.10

小特集 地漉紙生産 見どころ再発見（編集局）「足立史談」 足立区教育委員会 （468） 2007.2

足立史談カルタ紹介 い「市場のおこりは河原町」「足立史談会だより」 足立史談会 （266） 2010.5

「桜並木工事中 明治期の水門」 二つの煉瓦遺構「足立史談会だより」 足立史談会 （268） 2010.7

足立史談カルタ紹介 は「初午に千住絵馬」「足立史談会だより」 足立史談会 （269） 2010.8

「近世伊興村─我が家の先祖調査を通じて」藤波恭一氏の発表/「各地の桜 足立とソメイヨシノ」青木太氏・谷内英明氏/「隔外の碑と関連史跡」木村繁氏/「足立の農業 これまでと今」大熊久三郎氏/「東京周辺の高射砲陣地」鈴木恒雄氏「足立史談会だより」 足立史談会 （270） 2010.9

足立史談カルタ紹介 に「荷物は貫目改所」「足立史談会だより」 足立史談会 （271） 2010.10

足立史談カルタ紹介 る「留守番をした猿仏」「足立史談会だより」 足立史談会 （280） 2011.7

「足立の桜」海を渡って百年 「絵で見る年表 足立風土記」（平成4年3月刊）から「足立史談会だより」 足立史談会 （282） 2011.9

足立史談カルタ紹介 「を」はせを翁、矢立はじめの地「足立史談会だより」 足立史談会 （283） 2011.10

『昭代樂事』の人々（3）江北作樂会の人々─足立の桜、海を渡った百年（矢沢幸一朗）「足立史談」 足立区教育委員会 （525） 2011.11

足立の桜、海をわたって百年「足立史談会だより」 足立史談会 （284） 2011.11

足立史談カルタ紹介 「わ」別れる道は水戸街道「足立史談会だより」 足立史談会 （284） 2011.11

足立史談カルタ紹介 「よ」四ッ家二ツ家一軒家「足立史談会だより」 足立史談会 （288） 2012.3

足立史談カルタ紹介 「た」大師の釣鐘アメリカ帰り「足立史談会だより」 足立史談会 （290） 2012.5

足立の登録文化財を観る 有形文化財（書跡）扁額「三宮神山」一面/扁額「月松山」一面「足立史談会だより」 足立史談会 （290） 2012.5

足立史談カルタ紹介 「れ」雷木ついた熊の木杭「足立史談会だより」 足立史談会 （291） 2012.6

新しい町の古い歴史「足立史談会だより」 足立史談会 （291） 2012.6

竹内秀夫編『新聞官報に見る足立・大正時代』から 大正十一年七月・森鷗外「足立史談会だより」 足立史談会 （291）（別冊1） 2012.6

足立史談カルタ紹介 「そ」草加は次の宿場町「足立史談会だより」 足立史談会 （292） 2012.7

足立史談カルタ紹介 「つ」堤築いた石出掃部「足立史談会だより」 足立史談会 （293） 2012.8

足立史談カルタ紹介 「ね」葱は名物千住葱「足立史談会だより」 足立史談会 （294） 2012.9

関東 　　　　　　　　　地名でたどる郷土の歴史　　　　　　　　　　　　　　　　　　　　東京都

戦時下の足立について（中西義衛）「足立史談」 足立区教育委員会
　（537）2012.11
先駆けの「足立史談」(1)（矢沢幸一朗）「足立史談」 足立区教育委員会
　（538）2012.12
明歴の大火とろう屋奉行（足立タイムズ第76号 昭和26.1掲載）（先駆け
　の「足立史談」第1号から）（田邉彌太郎）「足立史談会だより」 足立
　史談会 （299）2013.2
御放鷹と板小屋（足立タイムズ所載）（先駆けの「足立史談」第2号から）
　（瀬田隆三郎）「足立史談会だより」 足立史談会 （299）2013.2
足立史談カルタ紹介 「な」名倉は接骨院の代名詞／「ら」落語家円朝の石
　灯篭「足立史談会だより」 足立史談会 （300）2013.3
足立史談会へ繋ぐ「葛飾史談」14号 昭和28年 郷土史より観た足立の治
　水（田邉彌太郎）「足立史談会だより」 足立史談会 （302）2013.5
足立史談カルタ紹介 「な」名倉は千住の接骨医、「ら」落語家円朝の石
　灯篭、「む」昔新田十三ヵ村「足立史談会だより」 足立史談会
　（310）2014.1
コラム 足立の明治時代を考える（夏目琢史）「足立史談」 足立区教育委
　員会 （552）2014.2
シンポジウム「明治期足立の光と影」報告（夏目琢史）「足立史談」 足立
　区教育委員会 （558）2014.8
区民研究発表会報告 足立の学童疎開資料展から（川井トヨ子）「足立史談
　会だより」 足立史談会 （318）2014.9

足立区

足立区域に関する江戸時代前期の伊奈家臣について（1）（多田文夫）「足
　立史談」 足立区教育委員会 420 2003.2
足立区域に関する近世前期の伊奈家臣について（2）（多田文夫）「足立史
　談」 足立区教育委員会 421 2003.3
足立区の教育史料を探し求めて（1）,（2）（堀川和夫）「足立史談会だよ
　り」 足立史談会 （229）／（230）2007.4／2007.5
研究ノート 足立区におけるものづくりの特色（川越仁恵）「足立区立郷土
　博物館紀要」 足立区立郷土博物館 （29）2008.3
足立区の登録文化財を観る「足立史談会だより」 足立史談会 （251）
　2009.2
足立区の登録文化財を観る「足立史談会だより」 足立史談会 （252）
　2009.3
足立区の登録文化財を観る「足立史談会だより」 足立史談会 （253）
　2009.4
足立区の登録文化財を観る 総持寺山門一棟／出置新田寺／永野家文書旧
　考録／夜念仏供養阿弥陀一尊来迎像板碑 一基（編集部）「足立史談会だ
　より」 足立史談会 （258）2009.9
足立区文化遺産調査スタート（郷土博物館）「足立史談」 足立区教育委員
　会 （515）2011.1
区制80周年によせて 区の誕生にちなむ二つのいしぶみ（郷土博物館）
　「足立史談」 足立区教育委員会 （526）2011.12
足立区の登録文化財を観る 有形文化財（工芸品）鍍絵・遊女の図 一点／
　金銅装神輿 一基／金銅装神輿 一基／金泥千鳥紋朱塗大酒盃 付千住酒合
　戦絵巻一巻「足立史談会だより」 足立史談会 （286）2012.1
区内の各家に伝わる禁忌（鈴木志乃）「足立史談」 足立区教育委員会
　（529）2012.3
足立区の登録文化財を観る 有形文化財（工芸品）蒔絵丁度類 三十五点／
　四神文鏡 一面／黒漆小形厨子 二基／源証寺半鐘 一口「足立史談会だよ
　り」 足立史談会 （289）2012.4
足立区の登録文化財を観る 有形文化財（書跡）扁額「久栄山」1面／扁額
　「洌江山」1面「足立史談会だより」 足立史談会 （293）2012.8
足立区の登録文化財を観る 有形文化財（書跡）扁額「近江小学」1面／扁
　額「梅島小学校」1面「足立史談会だより」 足立史談会 （295）
　2012.10
足立区の登録文化財を観る 有形文化財（古文書）洌江之内ふけんしさん
　や新田開発之事／洌江之内千住榎木新田開事／洌江之内大谷田新田開事
　／丑蔵定免御年貢可納割付之事／永野家文書 15点「足立史談会だより」
　足立史談会 （297）2012.12
足立区の登録文化財を観る 有形文化財（書跡）寺島家文書 1点／有形文
　化財（古文書）下川家文書 2点、田辺家文書 1点、横山家文書 1点、鈴
　木家文書 1点「足立史談会だより」 足立史談会 （298）2013.1
足立区の文化財 有形文化財（古文書）佐野家文書 17点、阿出川家文書
　2点、織畑家文書 2点、清水家文書 1点「足立史談会だより」 足立史談
　会だより」 足立史談会 （299）2013.2
足立区の文化財 有形文化財（古文書）検地帳 永野家文書・下川家文書・
　高橋家文書・鴨下家文書・金子家文書・星野家文書・吉岡家文書・唐
　松家文書、性翁寺文書 1点、高田家文書 3点「足立史談会だより」 足
　立史談会 （300）2013.3
足立区の文化財 有形文化財（古文書）鵜飼家文書 7点、羽田家文書 3点
　「足立史談会だより」 足立史談会 （301）2013.4
足立区の文化財 有形文化財（古文書）星野家文書 1点、明王院文書、吉
　岡家文書 3点、高尾家文書 1点、葉本家文書 1点「足立史談会だより」

足立史談会 （302）2013.5
足立区の文化財 有形文化財（古文書）「報恩社法録」、関原不動尊略縁
　起（版木）、「地誌」（明治九年「地誌篇 伊東谷村」、明治九年「地誌書
　上 第十大区六小区次郎左衛門新田」、明治十年「地誌書上 第十大区六
　小区弥五郎新田」、明治十年「地誌書上 第十大区六小区五兵衛新
　田」）、千ヶ崎家文書 1点、船津家文書 2点（天保九戌年「宗旨御改め
　壱人別帳」、明治四〇年「荒川堤上裁桜原簿写」）「足立史談会だより」
　足立史談会 （303）2013.6
先駆けの「足立史談」(3) 葛飾史談14号（昭和28年）「足立区史料展覧
　会に就いて」田辺弥太郎（矢沢幸一朗）「足立史談会だより」 足立史談
　会 （303）2013.6
足立区の文化財 有形文化財（古文書）松田家文書 1点（北条氏感状）、
　金子家文書 21点、下村家文書 2点、野部家文書 1帖、唐松家文書 1点
　「足立史談会だより」 足立史談会 （304）2013.7
先駆けの「足立史談」(4) 足立史談へ繋ぐ「葛飾史談」から 葛飾史談に
　記された足立（矢沢幸一朗）「足立史談会だより」 足立史談会
　（304）2013.7
足立区の文化財 平成2年「足立区の文化財」による 有形文化財（古文
　書）甲田家文書 1点（「日光道中千住宿村差出明細書」）／有形文化財
　（歴史資料）本荘家（桂昌院）の墓 1基、金子五兵衛の墓 1基、浅田長
　右衛門の墓 1基、唐松家文書 1点「足立史談会だより」 足立史談会
　（305）2013.8
足立区の文化財 平成2年「足立区の文化財」による 有形文化財（歴史資
　料）渡辺小右衛門の墓 1基、伊藤嘉兵衛の墓 1基、佐野新蔵胤信の墓
　1基、伝・河合平内の墓 1基「足立史談会だより」 足立史談会
　（306）2013.9
復刻・郷土史料「足立」昭和26年刊、「郷土のあゆみ」昭和28年、「足立
　区史資料集・足立考」昭和31年「戦国期東武蔵の戦乱と信仰」加増
　啓二著「足立史談会だより」 足立史談会 （308）2013.11
足立区の文化財 平成2年版「足立区の文化財」から 有形文化財（歴史資
　料）神すき碑 1基、石出常軒の碑 1基、荒川堤五色桜碑 1基「足立史
　談会だより」 足立史談会 （309）2013.12
足立区の文化財 平成2年版「足立区の文化財」による 有形文化財（歴史
　資料）一啓斎路川句碑 1基、多坂梅里翁碑 1基、松本子邦碑 1基「足
　立史談会だより」 足立史談会 （310）2014.1
足立区の学童集団疎開を追って―学童集団疎開を考え伝えるために（堀
　川和夫）「足立区立郷土博物館紀要」 足立区 （35）2014.3
足立区の文化財 平成2年版「足立区の文化財」による 有形文化財（歴史
　資料）正木櫟蔭事績碑 1基、高正天満宮縁起碑 1基、明王院算額 1面
　「足立史談会だより」 足立史談会 （312）2014.3
足立区の文化財 平成2年版「足立区の文化財」による 有形文化財（歴史
　資料）花畑大鷲神社算額 1面、東京府武蔵国南足立郡之縮図 1枚、千
　住宿高札 1札、鷹番廃止の高札 1札「足立史談会だより」 足立史談会
　（313）2014.4
足立区登録文化財 森鴎外撰文「大正記念道碑」移設披露／第23期談大
　学実施要項／6月探訪案内 湯島天神・神田明神 6月15日（日）午後1時／
　4月教養講座 4月20日「足立史談会だより」 足立史談会 （314）
　2014.5
足立区の文化財 平成2年版「足立区の文化財」による 有形文化財（歴史
　資料）五榜（ごほう）の掲示 1札、開帳木札 1札、御鹿狩勢子村旗淵江
　領嶋根村 1旗、無形文化財（工芸技術）鬼瓦造り 保持者中川3―22―4
　尾本正一「足立史談会だより」 足立史談会 （315）2014.6
足立区の文化財 平成2年版「足立区の文化財」による 有形文化財（歴史
　資料）六字名号（双式）板碑 2基（応現寺）、阿弥陀三尊種子板碑 1基
　（性翁寺）、阿弥陀三尊種子板碑 1基（郷土博物館）有形民俗文化財
　横山家住宅 1棟「足立史談会だより」 足立史談会 （317）2014.8
足立区の文化財 平成2年版「足立区の文化財」による 有形民俗文化財
　清水家住宅 1棟、阿出川家煉瓦造蔵 1棟、増野製作所長屋門 1棟「足
　立史談会だより」 足立史談会 （318）2014.9
足立区の文化財 平成2年版「足立区の文化財」による 有形民俗文化財
　赤羽家長屋門 1棟、保木間十三仏堂 1棟、細井家経蔵 1棟「足立史談
　会だより」 足立史談会 （319）2014.10

足立郡

郷土芸能の秋―大会・表彰・鑑賞会／特別展 平安から戦国の足立郡「足
　立史談」 足立区教育委員会 429 2003.11
特別展 平安から戦国の足立郡「足立史談」 足立区教育委員会 429
　2003.11
足立区の文化財 平成2年版「足立区の文化財」による 有形文化財（歴史
　資料）花畑大鷲神社算額 1面、東京府武蔵国南足立郡之縮図 1枚、千
　住宿高札 1札、鷹番廃止の高札 1札「足立史談会だより」 足立史談会
　（313）2014.4

足立堤

竹内秀夫編「新聞・官報にみる足立」大正時代（2）から抜き刷り 荒川堤
　のサクラが海を渡って100年「足立史談会だより」 足立史談会
　（286）（別冊）2012.1

東京都　　　　　　　　　　　　地名でたどる郷土の歴史　　　　　　　　　　　　関東

阿出川家煉瓦造蔵
足立区の文化財 平成2年版「足立区の文化財」による 有形民俗文化財 清水家住宅 1棟、阿出川家煉瓦造蔵 1棟、増野製作所長屋門 1棟「足立区談会だより」 足立区談会 （318） 2014.9

油平村
あきる野に残る地方文書とその背景―「旧多摩郡油平村名主中村家文書」などについて（坂上洋之）「郷土あれこれ」 あきる野市教育委員会 （17） 2006.11

古文書は語る（34）秋川流域の村落開発（上）―中村家文書「油平村上給検地帳」より（馬場憲一）「多摩のあゆみ」 たましん地域文化財団 （147） 2012.8

乗潴駅
乗潴駅について（編集部）「杉並郷土史会史報」 杉並郷土史会 （203） 2007.5

雨沼久保
韮久保から宮久保を経て長久保・雨沼久保へ（宮城正勝）「練馬区地名研究会会報」 練馬区地名研究会 （82） 2007.12

アメリカ橋
アメリカ橋（仲野基道）「目黒区郷土研究」 目黒区郷土研究会 （663） 2010.4

アメリカ橋によせて（1）～（6）（田丸太郎）「目黒区郷土研究」 目黒区郷土研究会 （671）/（676） 2010.12/2011.5

アメリカ橋余聞（1），（2）（田丸太郎）「目黒区郷土研究」 目黒区郷土研究会 （679）/（680） 2011.8/2011.09

アメリカ橋余聞（3）―公事師佐藤藤佐（田丸太郎）「目黒区郷土研究」 目黒区郷土研究会 （681） 2011.10

アメリカ橋余聞（4）～（6）―順天堂佐藤泰然（1）～（3）（田丸太郎）「目黒区郷土研究」 目黒区郷土研究会 （682）/（684） 2011.11/2012.1

綾瀬
追跡・綾瀬の新撰組慶応四年の綾瀬の検証進む（編集部）「足立史談」 足立区教育委員会 （452） 2005.10

《特集 追跡・綾瀬の新選組》「足立史談」 足立区教育委員会 （454） 2005.12

五兵衛新田に現れた旗本―近藤隼雄について［1］～（3）（あさくらゆう）「足立史談」 足立区教育委員会 （456）/（457） 2005.12/2006.3

五兵衛新田に現れた旗本（4）永岡儀兵衛（あさくらゆう）「足立史談」 足立区教育委員会 （459） 2006.5

追跡・綾瀬の新撰組（7）「弐分にわ鳥弐わ 玉子」の件（1）（杉浦隆之）「足立史談」 足立区教育委員会 （460） 2006.6

金子家史料から―掲載人物の補遺（追跡・綾瀬の新撰組（8））（あさくらゆう）「足立史談」 足立区教育委員会 （461） 2006.7

「弐分 にわ鳥弐わ 玉子」の件（2）（追跡・綾瀬の新撰組（8））（杉浦隆之）「足立史談」 足立区教育委員会 （461） 2006.7

五兵衛新田に現れた旗本 近藤隼雄（5）（追跡・綾瀬の新撰組（9））（あさくらゆう）「足立史談」 足立区教育委員会 （463） 2006.9

「弐分 にわ鳥弐わ 玉子」の件（3）（追跡・綾瀬の新撰組（9））（杉浦隆之）「足立史談」 足立区教育委員会 （463） 2006.9

綾瀬駅
綾瀬駅の今昔―60年の歩みと移り変わり（編集部）「足立史談」 足立区教育委員会 422 2003.4

綾瀬川
再び「綾瀬川」について（小泉健男）「足立史談」 足立区教育委員会 423 2003.5

綾瀬川右岸の歴史と文化（1）六町と青井の歴史資料「足立史談」 足立区教育委員会 446 2005.4

新撰組五兵衛新田「覚え」綺譚（4）綾瀬川の船と新撰組屯所（増田光明）「足立史談」 足立区教育委員会 450 2005.8

足立史談カルタ紹介「へ」蛇橋かかる綾瀬川「足立史談会だより」 足立史談会 （273） 2010.12

綾瀬川と蛇橋の由来（足立タイムズ掲載）（先駆けの「足立史談」第2号から）（加瀬順一）「足立史談会だより」 足立史談会 （299） 2013.2

古写真の撮影場所をさぐる 綾瀬川関係の古写真2点（鈴木恒雄）「足立史談」 足立区教育委員会 （559） 2014.9

荒川
あらかわタイムトンネルズ（7）幻の歴史―あらかわの公園計画「荒川ふるさと文化館だより」 荒川区教育委員会荒川ふるさと文化館 7 2001.9

郷土の思い出を語る―昭和の時代 湯沢平松さん（1），（2）「荒川史談」 荒川史談会 273/274 2003.3/2003.6

《特集 荒川》「板橋史談」 板橋史談会 215 2003.3

あれかわ（金子弘）「板橋史談」 板橋史談会 215 2003.3

アラカワ（猪爪尚志）「板橋史談」 板橋史談会 215 2003.3

武蔵・荒川の鮎漁とその用具（小林茂）「多摩のあゆみ」 たましん地域文化財団 110 2003.5

第241回月例研究会 荒川あれこれ（志村紀男，石川光威）「北区史を考える会会報」 北区史を考える会 68 2003.5

第245回史跡研究会 荒川・隅田川船旅の記（斉藤貞夫）「北区史を考える会会報」 北区史を考える会 68 2003.5

歴史の豆知識（3）江戸時代の荒川の橋（原和之）「ふるさと津久井」 津久井町 （4） 2003.9

郷土の思い出を語る―昭和の時代 吉田延子さん（1）「荒川史談」 荒川史談会 275 2003.9

史跡文化財シリーズ（53）有形文化財 談林派歴代の句碑「荒川史談」 荒川史談会 276 2003.12

郷土の思い出を語る―昭和の時代 澤野庄五郎さん（1），（2）「荒川史談」 荒川史談会 276/277 2003.12/2004.3

あらかわタイムトンネルズ（10）「荒川ふるさと文化館だより」 荒川区教育委員会荒川ふるさと文化館 （12） 2004.3

郷土の思い出を語る―昭和の時代 高尾聡男さん（1），（2）「荒川史談」 荒川史談会 278/279 2004.6/2004.9

第260回史跡研究会 荒川・隅田川の今、昔（石鍋秀子）「北区史を考える会会報」 北区史を考える会 73 2004.8

史跡文化財シリーズ（57）有形文化財 後北条氏関係文書（2点）「荒川史談」 荒川史談会 280 2004.12

郷土の思い出を語る―昭和の時代 宮本米吉さん（1）「荒川史談」 荒川史談会 280 2004.12

荒川における河岸の衰退時期の地域差（飯塚隆藤）「交通史研究」 交通史学会，吉川弘文館（発売） 56 2005.2

文化館おすすめ史跡めぐりコース（1）幕末編（加藤陽子）「荒川ふるさと文化館だより」 荒川区教育委員会荒川ふるさと文化館 （14） 2005.3

平成17年歴史資料展―それから何があったか/第26回あらかわ伝統技術展終わる「荒川史談」 荒川史談会 （284） 2005.12

文化館繁昌記（2）ラシャ場の絵馬があらかわへ戻ってきた!!―流転の絵馬その後（加藤陽子）「荒川ふるさと文化館だより」 荒川区教育委員会荒川ふるさと文化館 （16） 2006.3

区外に刻まれた区の歴史（1）ゆくとびくるとび（亀川泰照）「荒川ふるさと文化館だより」 荒川区教育委員会荒川ふるさと文化館 （16） 2006.3

大地・水・人 荒川と交通の歴史（古屋紀之）「ぼいす：北区飛鳥山博物館だより」 北区飛鳥山博物館 17 2006.9

講演 東大名誉教授 高橋裕先生の「荒川を治めた技術者」を聞いて（原田静男）「北区史を考える会会報」 北区史を考える会 （83） 2007.2

宝永期の秋田藩政と利根川・荒川手伝普請―「岡本元朝日記」の分析を中心に（伊藤成孝）「秋田県公文書館研究紀要」 秋田県公文書館 （14） 2008.3

荒川水系の川船と船大工（高木文夫，松井哲洋）「利根川文化研究」 利根川文化研究会 通号32 2008.12

第322回月例研究会 9月12日（土）荒川の船着場の話（斎藤要）「北区史を考える会会報」 北区史を考える会 （94） 2009.11

あらかわタイムトンネルズ（18）あらかわ遊園再建―総合的な荒川の名勝としての児童遊園地をつくりたい（亀川泰照）「荒川ふるさと文化館だより」 荒川区教育委員会荒川ふるさと文化館 （24） 2010.10

座談会 荒川の流路と遺跡―荒川新扇状地の形成と流路の変遷（考古専門部会）「熊谷市史研究」 熊谷市史研究会 （3） 2011.3

江北 荒川の五色桜「足立史談」 足立区教育委員会 （276） 2011.3

郷土の思い出を語る（昭和の時代）I 荒川在住 服部道太郎さん（大正15年生）「荒川史談」 荒川史談会 （309） 2012.3

荒川は隅田川の上流 芭蕉の句碑と一茶の俳文（吉橋孝治）「深谷上杉・郷土史研究会会報」 深谷上杉・郷土史研究会 （129） 2012.4

荒川（隅田川）の水量を思う（会員便り）（馬場永子）「すみだ川：隅田川市民交流実行委員会会報」 隅田川市民交流実行委員会 （51） 2012.4

隅田川大学公開講座 セミナー新版「荒川・隅田川散策絵図」出版記念講演 平成24年6月30日（土）於：大黒家別館 講師：村松昭氏（末永公一郎）「すみだ川：隅田川市民交流実行委員会会報」 隅田川市民交流実行委員会 （52） 2012.10

あらかわタイムトンネルズ（21）談林派歴代の句碑をめぐる俳人たち（野尻かおる）「荒川ふるさと文化館だより」 荒川区教育委員会荒川ふるさと文化館 （29） 2013.3

あらかわタイムトンネルズ（23）金庫に貼られたお札（関悦子）「荒川ふるさと文化館だより」 荒川区教育委員会荒川ふるさと文化館 （30） 2013.9

第369回 月例研究会 9月8日（日）明治維新後の東京近郊農村における農民の変貌―特に北区を中心とした荒川流域（倉木常夫）「北区史を考える会会報」 北区史を考える会 （110） 2013.11

郷土史学習をどうすすめるか―足立区荒川の歴史を中心に/4月探訪案内 千住大橋から中居町公園へ 4月27日（日）12時半～/森鷗外撰文 大正記念道碑移設にあたって「足立史談会だより」 足立史談会 （312）

2014.3

あらかわモノ知りシリーズ 第1回 文化鍋、発祥の地あらかわ（八代和杏子）「荒川ふるさと文化館だより」 荒川区教育委員会荒川ふるさと文化館 （32） 2014.10

荒川区

新聞に見る荒川区の世相史（3）昭和13年「荒川史談」 荒川史談会 261 2000.3

新聞に見る荒川区の世相史（6）～（9），（14）～（41）昭和編「荒川史談」 荒川史談会 265/304 2001.3/2010.12

史跡・文化財シリーズ（46）有形民俗文化財 うすまさ明王石像 正覚寺/新聞に見る荒川区の世相史（10）昭和編/郷土の思い出を語る―昭和の時代（2）松田正治さん/第29回谷中七福神めぐり/平成14年総会終わる「荒川史談」 荒川史談会 269 2002.3

史跡・文化財シリーズ（47）有形民俗文化財 庚申塔2基 誓願寺/新聞に見る荒川区の世相史（11）昭和編/郷土の思い出を語る―昭和の時代（前）/村田英三郎さん/3月の湯島界隈をたずねて―岩崎邸・大観記念館・鷗外旧居/五月晴れの栃木県の街見学「荒川史談」 荒川史談会 270 2002.6

史跡・文化財シリーズ（48）有形民俗文化財 日待供養塔（2基）延命子育地蔵尊内/新聞に見る荒川区の世相史（12）昭和編/郷土の思い出を語る―昭和の時代（1）飯島功さん/晩夏の上州路を旅する―草津研修旅行/平成14年荒川区文化祭歴史資料展/第23回あらかわの伝統技術展「荒川史談」 荒川史談会 271 2002.9

新居関所跡、大井川川越遺跡を訪ねる/「市郡併合そして荒川区誕生の頃」―平成16年歴史資料展「荒川史談」 荒川史談会 279 2004.9

地形地名編 荒川区（1），（2）（江戸東京消失地名録）（野尻かおる）「Collegio」 之潮 （13）/（15） 2006.8/2006.10

わがまちの文化財・荒川区 技が冴えるあらかわの文化財―町屋四丁目実場遺跡と荒川区の伝統工芸「東京の文化財」 東京都教育庁地域教育支援部 （99） 2006.9

荒川区「隅田川と荒川区」（パネルディスカッション）（川原宏一）「すみだ川 ： 隅田川市民交流実行委員会会報」 隅田川市民交流実行委員会 （48） 2010.10

新聞に見る荒川区の世相史 昭和編（42）サマータイムも十一日まで/世界水準に近づく日本製品「荒川史談」 荒川史談会 （305） 2011.3

新聞に見る荒川区の世相史 昭和編（43）法隆寺金堂全焼す きのう国宝壁画大半失う 原因は漏電か過失か/世界最古の木造建築「荒川史談」 荒川史談会 （306） 2011.6

新聞に見る荒川区の世相史 昭和編（44）世界に誇る仏教画 模写遂に完成をみず―法隆寺の話/“国宝”の危機 三、四割は壊滅寸前「荒川史談」 荒川史談会 （307） 2011.9

新聞に見る荒川区の世相史 昭和編（45）壁画は抜き取る 金堂は新材を補足して再建 法隆寺緊急対策きまる/佐伯貫首反対/電気座ぶとん 発火原因放火の疑いもある「荒川史談」 荒川史談会 （308） 2011.12

新聞に見る荒川区の世相史 昭和編（46）立派になる動・植物園 ジャングルを作りシカも放し飼い―周囲八千坪を拡げて/映画館もできる「荒川史談」 荒川史談会 （309） 2012.3

新聞に見る荒川区の世相史 昭和編（50）あゝ楽しかった子供の日/お母さんありがとう 子供は大喜び 母の日/赤十字デー「荒川史談」 荒川史談会 （313） 2013.3

史蹟・文化財シリーズ（91）有形文化財 区指定有形文化財（古文書）両岸渡世向書物 所在地：南千住6―63―1（荒川ふるさと文化館）「荒川史談」 荒川史談会 （314） 2013.6

新聞に見る荒川区の世相史 昭和編（51）聖サヴィエル―語るカンドウ神父、「日本こそわが歓喜」“四百年前の種子”みのる/今日から飲める生ビール「荒川史談」 荒川史談会 （314） 2013.6

新聞に見る荒川区の世相史 昭和編（52）象よこいこい子供大会―「送れそう」とニョギ氏の便り/象は素通り―横浜にすごい動物船/私がインディラ “どうぞよろしく” 今月中に参ります「荒川史談」 荒川史談会 （316） 2013.12

荒川史談会のあゆみ（広報紙から）広報「荒川史談」刊行/荒川史談会の刊行物/主な事業/伝統技術展/文化祭 歴史資料展/谷中七福神めぐり/荒川史談会20周年記念/新聞にみる荒川の世相史―昭和編「荒川史談」 荒川史談会 （316） 2013.12

荒川五色桜

荒川五色桜の里帰り（渡辺隆夫）「足立史談会だより」 足立史談会 （266）（付録） 2010.5

区政50周年記念 区民教養講座 荒川五色桜のはなし（飯島智恵）「足立史談会だより」 足立史談会 （266）（付録） 2010.5

荒川堤

名所を知らせる彩色絵はがき―五色桜を事例に見る（多田文夫）「足立史談会」 足立区教育委員会 （481） 2008.3

研究発表会事務局資料から 荒川堤は千住まで続いていた（矢沢幸一朗）「足立史談会だより」 足立史談会 （246） 2008.9

荒川堤の桜、海をわたって百年（3）「足立史談会だより」 足立史談会 （285） 2011.12

竹内秀夫編「新聞・官報に見る足立」から 五色桜見物の賑わいと名勝指定まで 荒川堤の桜をめぐる新聞報道（矢沢幸一朗）「足立史談会だより」 足立史談会 （287）（別冊） 2012.2

荒川堤の桜 ワシントンへ贈って百年 記念講演会/四月探訪案内「足立史談会だより」 足立史談会 （288） 2012.3

荒川堤はどこだ？ 熊谷街道はどこだ？ 五色桜はどんな木だ？ どこにも書いてない謎「足立史談会だより」 足立史談会 （294） 2012.9

区民研究発表会/荒川堤櫻花暦 附親櫻探案内/「荒川堤上栽櫻原簿寫」/「北米合衆国ニ送附スベキ櫻苗養成概況」「足立史談会だより」 足立史談会 （294） 2012.9

足立区の文化財 有形文化財（古文書）「報恩社法録」、関原不動尊縁起（版木）、「地誌」（明治九年「地誌篇 伊東谷村」、明治九年「地誌書上 第十大区六小区次郎左衛門新田」、明治十年「地誌書上 第十大区六小区弥五郎新田」、明治十年「地誌書上 第十大区六小区五兵衛新田」）、千ヶ崎家文書1点、船津家文書2点（天保九戊年「宗旨御改め壱人別帳」、明治四〇年「荒川堤上裁櫻原簿写」）「足立史談会だより」 足立史談会 （303） 2013.6

足立区の文化財 平成2年版「足立区の文化財」から 有形文化財（歴史資料）神すき碑1基、石出常軒の碑1基、荒川堤五色桜碑1基「足立史談会だより」 足立史談会 （309） 2013.12

荒川線

生き残った都電「荒川線」（吉田隆光）「板橋史談」 板橋史談会 （238） 2007.1

荒川線の車窓から見た江戸・東京の地名（研究発表要旨）（新井まさし）「練馬区地名研究会会報」 練馬区地名研究会 （83） 2008.5

荒川放水路

荒川放水路と新荒川大橋の思い出（泉貞代）「板橋史談」 板橋史談会 215 2003.3

あるく・きく・かく文化財レポート 荒川放水路と江東区「下町文化」 江東区地域振興部 227 2004.9

江戸東京を歩く―地形・災害・防災の視点から（5）荒川放水路（松田磐余）「Collegio」 之潮 （20） 2007.3

台東区の洪水と荒川放水路（熊木寿夫）「すみだ川 ： 隅田川市民交流実行委員会会報」 隅田川市民交流実行委員会 （51） 2012.4

荒木坂

文京の坂道―新坂と荒木坂（東條幸太郎）「文京ふるさと歴史館だより」 「文京ふるさと歴史館」 （14） 2007.5

荒玉水道

第358回例会 「荒玉水道の歴史」真板道夫先生「杉並郷土史会史報」 杉並郷土史会 179 2003.5

飯田町遺跡

特別展「掘り出された讃岐高松藩上屋敷跡―飯田町遺跡展」の開催「千代田区立四番町歴史民俗資料館資料館だより」 東京都千代田区教育委員会，千代田区立四番町歴史民俗資料館 15 2003.3

硫黄島

「硫黄島玉砕戦―生還者61年目の証言―」NHKスペシャル（2006年8月7日放映）の内容（日高忠臣）「浅川地下壕の保存をすすめる会ニュース」 浅川地下壕の保存をすすめる会 （56） 2007.2

新・浅川地下壕物語（56）映画「硫黄島からの手紙」（日高忠臣）「浅川地下壕の保存をすすめる会ニュース」 浅川地下壕の保存をすすめる会 （56） 2007.2

祖父の硫黄島戦闘体験記（1）～（3）（高橋利春，藤原貴宏）「須崎史談」 須崎史談会 （161）/（163） 2011.10/2012.8

『長門本平家物語』硫黄島配流道行き説話の研究状況（柴田博子）「宮崎県地域史研究」 宮崎県地域史研究会 （26） 2012.3

硫黄島からの手紙（武田信豊）「季刊南九州文化」 南九州文化研究会 （116） 2012.11

特別寄稿 硫黄島からの手紙（大塚章）「郷土八街」 八街郷土史研究会 （24） 2014.8

井荻

井荻の差札（原田弘）「杉並郷土史会史報」 杉並郷土史会 （214） 2009.3

井荻駅

井荻停車場敷地買収寄附（名簿）（編集部）「杉並郷土史会史報」 杉並郷土史会 （214） 2009.3

井荻町

戦後のころ、西荻町で育って―井荻町の土地区画整理のことなど 高見澤邦郎先生（第423回例会記）「杉並郷土史会史報」 杉並郷土史会 （211） 2008.9

筏道

調布の古道 筏道（入部志郎）「調布の文化財」 調布市郷土博物館 33

井草村

尾張藩邸の下肥しと井草村（新村康敏）「杉並郷土史会史報」 杉並郷土史会 （214）2009.3

池上

池上への道（栗山佳也）「郷土目黒」 目黒区郷土研究会 50 2006.10

池上をめぐる郊外開発（シンポジウム記録 都市装置研究会シンポジウム 都市装置からみた1920〜30年代—第74回例会）（鈴木勇一郎）「首都圏形成史研究会会報」 首都圏形成史研究会 （25）2010.12

比企谷・池上・身延三山詣道中日記に読む中世の新保港と松田屋敷（矢吹壽年）「宇喜多家史談会会報」 宇喜多家史談会 （37）2011.2

池田石材店

洋風建築への誘い（37）吉祥寺 池田石材店（伊藤龍也）「多摩のあゆみ」 たましん地域文化財団 （148）2012.11

池の端

江戸東京歴史紀行（3）〜（5）本郷界隈から鷗外の「雁」の舞台、無縁坂、池の端までを歩く（上）〜（下）（滝口知与子）「ふるさとの自然と歴史」 歴史と自然をまもる会 289/291 2002.1/2002.7

地名を撮る 池の端（岩崎美智子）「練馬区地名研究会会報」 練馬区地名研究会 63 2003.2

池袋

郷土資料館なんでもQ&A 池袋はコワイ？ それは昔のハナシ「かたりべ ： 豊島区立郷土資料館ミュージアム開設準備だより」 豊島区立郷土資料館 66 2002.5

職人と地域の歴史（2）組紐100年の技を記録する—土山弥太郎さん・池袋「かたりべ ： 豊島区立郷土資料館ミュージアム開設準備だより」 豊島区立郷土資料館 67 2002.8

地域社会の糸職人—東京都豊島区池袋・早川喜由氏（福岡直子）「生活と文化 ： 研究紀要」 豊島区 （15）2005.12

郷土資料館なんでもQ&A もう一つの「池袋・地名の由来」「かたりべ ： 豊島区立郷土資料館ミュージアム開設準備だより」 豊島区立郷土資料館 通号85・86 2007.5

郷土資料館なんでもQ&A 池袋東とはどこのこと？ 広がる池袋の範囲「かたりべ ： 豊島区立郷土資料館ミュージアム開設準備だより」 豊島区立郷土資料館 93 2009.3

丸池（「池袋地名の由来の池」説話成立に関する文献的考証（青木哲夫）「生活と文化 ： 研究紀要」 豊島区 （18）2009.3

セピア色の記憶（25）百貨店の街 池袋のゆくえ「かたりべ ： 豊島区立郷土資料館ミュージアム開設準備だより」 豊島区立郷土資料館 （100）2011.10

池袋駅

日本鉄道豊島線はなぜ池袋駅から分岐したか「かたりべ ： 豊島区立郷土資料館ミュージアム開設準備だより」 豊島区立郷土資料館 75 2004.9

セピア色の記憶（28）池袋駅前は "ホコ天" の元祖だぜぇ〜（秋山）「かたりべ ： 豊島区立郷土資料館ミュージアム開設準備だより」 豊島区立郷土資料館 （107）2012.10

池袋大橋

セピア色の記憶（8）池袋大踏切から池袋大橋へ「かたりべ ： 豊島区立郷土資料館ミュージアム開設準備だより」 豊島区立郷土資料館 73 2004.3

池袋大踏切

セピア色の記憶（8）池袋大踏切から池袋大橋へ「かたりべ ： 豊島区立郷土資料館ミュージアム開設準備だより」 豊島区立郷土資料館 73 2004.3

池袋停車場

日本鉄道豊島線池袋停車場設置経緯に関する考察（1），（2）（伊藤暢直）「生活と文化 ： 研究紀要」 豊島区 （14）/（15）2004.12/2005.12

池袋東口

セピア色の記憶（1）池袋東口に都電が走っていた頃「かたりべ ： 豊島区立郷土資料館ミュージアム開設準備だより」 豊島区立郷土資料館 66 2002.5

セピア色の記憶（11）池袋東口に「人世坐」があったころ「かたりべ ： 豊島区立郷土資料館ミュージアム開設準備だより」 豊島区立郷土資料館 76 2004.12

池袋モンパルナス

「池袋モンパルナス」に関する二，三の考察（秋山伸一）「生活と文化 ： 研究紀要」 豊島区 （19）2010.3

伊興

伊興七福神と伊興の歴史 1月探訪報告「足立史談会だより」 足立史談会 （275）2011.2

伊興、舎人の史跡探訪（先駆けの「足立史談」第2号から）（入本英太郎）「足立史談会だより」 足立史談会 （299）2013.2

伊興村

「近世伊興村—我が家の先祖調査を通じて」藤波恭一氏の発表/「各地の桜 足立とソメイヨシノ」青木太氏・谷内英明氏/「鷗外の碑と関連史跡」木村繁氏/「足立の農業 これまでと今」大熊久三郎氏/「東京周辺の高射砲陣地」鈴木恒雄氏「足立史談会だより」 足立史談会 （270）2010.9

伊皿子坂

港区名所案内 月の岬・伊皿子坂（潮見坂）（平田秀勝）「港郷土資料館だより」 港区立港郷土資料館 （71）2013.3

旧石井家住宅

武蔵野の民家 二題—国営昭和記念公園こもれびの里の旧石井家住宅と東久留米市柳窪の村野家住宅について（特集 むかしの暮らしを復元する）（稲葉和也）「多摩のあゆみ」 たましん地域文化財団 （142）2011.5

旧石井家住宅主屋

新指定文化財紹介「旧石井家住宅主屋 長屋門 土蔵」「立川市歴史民俗資料館だより」 立川市歴史民俗資料館 （14）2010.3

石田村隼人屋敷

玉川・浅川の日野遊水池と弘化3年の大洪水—石田村隼人屋敷水没の危機（《慶応四年特集》）（土方智）「幕末史研究」 三十一人会，小島資料館（発売）（42）2007.1

石橋

石橋（恩多町4丁目と3丁目の境）「郷土研だより」 東村山郷土研究会 （373）2011.6

石浜城

武蔵千葉氏と石浜城（江戸名所図会と新編武蔵風土記稿から）（井上富夫）「板橋史談」 板橋史談会 （268）2012.1

伊豆大島

歴史散歩の報告（事務局企画）ラオス・伊豆大島（山崎正）「群馬歴史散歩」 群馬歴史散歩の会 （234）2014.5

伊豆七島

伊豆七島における明治14年改革の帰結—旧慣利用と在地の吏員層の動向を中心にして（高江洲昌哉）「民衆史研究」 民衆史研究会 （66）2003.11

続 軍人でない伊豆七島の疎開者・伊豆経由の様子 神津島から伊東港への疎開船「豆州歴史通信」 豆州研究社歴史通信部 （365）2006.5

伊豆諸島

伊豆諸島の近代的土地変革—中断した地租改正の行方（高江洲昌哉）「地方史研究」 地方史研究協議会 58（1）通号331 2008.2

和泉

生まれ変わった商店街—沖縄タウンの誕生とこれから（野口秀利）「季刊沖縄」 沖縄協会 10（3・4）通号29 2005.10

泉町

自然と生きる 西東京市の主な屋敷林（1）斉藤家（泉町）（小川武廣）「武蔵保谷村だより ： 高橋文太郎の『武蔵保谷村郷土資料』を手掛かりに」 下保谷の自然と文化を記録する会 （2）2011.7

和泉村

近世後期多摩川における領主普請—多摩郡和泉村を事例に（榎本博）「史学研究集録」 國學院大學大学院史学専攻大学院会 （31）2006.3

伊勢崎町

江戸の町内探訪（7）伊勢崎町（出口宏幸）「下町文化」 江東区地域振興部 （266）2014.7

板橋

板橋の騒動・事件の歴史（5）〜（9）（大井眸）「板橋史談」 板橋史談会 197/214 2000.3/2003.1

郷土の古文書ノート・板橋の古文書を読む（戸張和子）「板橋史談」 板橋史談会 221 2004.3

板橋の太平洋戦争遺跡を歩く（猪瀬尚志）「板橋史談」 板橋史談会 223 2004.7

館所蔵「従越後国出雲崎武州板橋道道中記」について（渡部浩二）「新潟県立歴史博物館研究紀要」 新潟県立歴史博物館 （6）2005.3

板橋の原風景—中川一政の「板橋風景」をめぐって（小林保男）「板橋区立郷土資料館紀要」 板橋区教育委員会 （16）2007.3

横浜開港遺聞—板橋に製糸場があった（成澤誠司）「板橋史談」 板橋史談会 （248）2008.9

写真ニュース（9）「旧版名を復活させよう」（井上富夫）「板橋史談」 板橋史談会 （249）2008.11

史跡を訪ねて（10）前田家（猪瀬尚志）「板橋史談」 板橋史談会 （252）2009.5

写真探訪 板橋の地名（9）「清水坂」（大澤鷹邇）「板橋史談」 板橋史談会

（252）2009.5

史跡を訪ねて（12）（猪瀬尚志）「板橋史談」板橋史談会　（254）2009.9

グリーンカレッジでの地域史「板橋学」の講座を終えて（小林保男）「板橋史談」板橋史談会　（260）2010.9

写真探訪 板橋の地名（13）小松屋横町（大澤鷹遡）「板橋史談」板橋史談会　（261）2010.11

史跡を訪ねて（18）板橋の天狗党？（猪瀬尚志）「板橋史談」板橋史談会　（263）2011.3

太平洋戦争と私に寄せて―板橋への空襲（特集 回顧・太平洋戦争と私）（猪瀬尚志）「板橋史談」板橋史談会　（265）2011.7

不思議の世界―いたばしの昔話から（小林保男）「板橋史談」板橋史談会　（266）2011.8

ハケと板橋（ひろば）（猪瀬尚志）「板橋史談」板橋史談会　（274）2013.1

安井家の文書「明和三年 丙戌歳御廻状留帳」（増田妙子）「板橋史談」板橋史談会　（277）2013.8

板橋の民家と板橋史談会―後角をもつ民家（津山正幹）「板橋史談」板橋史談会　（282）2014.11

板橋の石造文化―石工調査50年から考える（小松光衛）「板橋史談」板橋史談会　（282）2014.11

板橋火薬製造所

東京砲兵工廠岩鼻火薬製造所について―東京砲兵工廠板橋火薬製造所の系譜（名古屋貢）「板橋区立郷土資料館紀要」板橋区立郷土資料館　（19）2013.3

板橋区

第62回例会 昭和初期、板橋区時代の練馬（築地米三郎）「練馬区地名研究会会報」練馬区地名研究会　63　2003.2

板橋伝統工芸展を振り返って（斎川昭二）「板橋区立郷土資料館紀要」板橋区教育委員会　（15）2005.1

わがまちの文化財・板橋区 いたばし五街道の史跡散歩「東京の文化財」東京都教育庁地域教育支援部　（101）2007.3

水上村への学章集団疎開感謝文について（小西雅徳）「板橋区立郷土資料館紀要」板橋区教育委員会　（16）2007.3

寄稿 板橋区の国際交流にかかわって―世界平和をめざす板橋区国際交流のあゆみ（石塚輝雄）「板橋史談」板橋史談会　（253）2009.7

私見「滅失・損壊のおそれのある板橋区登録・指定文化財のリスト」（井上富夫）「板橋史談」板橋史談会　（257）2010.3

写真ニュース（24）平成23年度板橋区指定・登録文化財が決定（井上富夫）「板橋史談」板橋史談会　（270）2012.5

栃木県旧栗山村の「板橋区の森」について―区最初の交流自治体との「十周年記念碑」（石塚輝雄）「板橋史談」板橋史談会　（273）2012.11

板橋を始め二十三区の区広報誌に思う（ひろば）（猪瀬尚志）「板橋史談」板橋史談会　（276）2013.5

「板橋区文化財保護条例制定のころ」―板橋史談会8月例会「会長講演」を聴いて（木田誼）「板橋史談」板橋史談会　（282）2014.11

板橋区「史跡散歩」（板橋史談会受託）9年間の記録（井上富夫）「板橋史談」板橋史談会　（282）2014.11

板橋宿

旧・中山道の板橋宿を歩く（斎藤誠）「目黒区郷土研究」目黒区郷土研究会　570　2002.7

中山道板橋宿の旅籠屋について―豊田家文書の屋敷間取り図の分析を中心として（中野達哉）「板橋区立郷土資料館紀要」板橋区教育委員会　（15）2005.1

中山道第一宿・板橋宿を訪ねて（史跡探訪）（吉井昌子）「かつしか台地：野田地方史懇話会会誌」野田地方史懇話会　（31）2006.3

『我衣』を歩く（3）「板橋宿事件帳 其の一」（木田誼）「板橋史談」板橋史談会　（255）2009.11

中山道板橋宿の伝馬役負担と宿開発（第2回交通史学会大会報告・総会報告―大会発表要旨（共通論題））（中村陽平）「交通史研究」交通史学会, 吉川弘文館（発売）（81）2013.9

板橋城

伝御東山板橋城跡碑の建立に想う（猪瀬尚志）「板橋史談」板橋史談会　（236）2006.9

市ヶ谷

資料紹介 飛脚 市ヶ谷から四方寺へ（佐藤繁）「埼玉史談」埼玉県郷土文化会　56（3）通号299　2009.10

市倉家住宅

旧市倉家住宅と「儀三郎日記（二）」（あきる野市五日市郷土館）「ミュージアム多摩：東京都三多摩公立博物館協議会会報」東京都三多摩公立博物館協議会　（23）2002.3

五日市

中島飛行機三鷹研究所発動機部門の五日市への疎開について（高柳昌

久）「戦争のきずあと・むさしの」武蔵野の空襲と戦争遺跡を記録する会　（30）2009.1

中島飛行機三鷹研究所発動機部門の五日市への疎開について―訂正と補足（高柳昌久）「戦争のきずあと・むさしの」武蔵野の空襲と戦争遺跡を記録する会　（31）2009.4

五日市特産「のらぼう菜」と地質・地形《特集 近現代の多摩農業》（樺良平）「多摩のあゆみ」たましん地域文化財団　（136）2009.11

明治10年代の風―五日市憲法回顧（石井道郎）「多摩のあゆみ」たましん地域文化財団　（136）2009.11

村明細帳と寄場村「五日市」（清水菊子）「郷土あれこれ」あきる野市教育委員会　（21）2010.3

五日市場宿

武蔵国府中の人見街道と五日市場宿（峰岸純夫）「府中市郷土の森博物館紀要」府中文化振興財団府中市郷土の森博物館　（21）2008.3

五日市鉄道

五日市鉄道物語（1）,（2）（三村章）「多摩地域史研究会会報」多摩地域史研究会　70/71　2005.5/2005.8

五日市鉄道大久野線

第85回例会報告 五日市鉄道大久野線（支線）廃線沿いを歩く―五日市鉄道と西多摩（池田昇）「多摩地域史研究会会報」多摩地域史研究会　（112）2014.11

五日市町

郵便・相場・自由党「自八王子駅至五日市町郵便線路復旧願」研究ノート（杉山弘）「隣人：草志会年報」草志会　（21）2008.1

一石山

さし絵のなかの多摩（32）五日市街道牛浜の蕎麦屋―「御嶽山一石山紀行」と「牛浜出水図」（齋藤愼一）「多摩のあゆみ」たましん地域文化財団　（119）2005.8

井出の沢

井出の沢と町田中央公園（田中正大）「いしぶみ」まちだ史考会　（21）2006.7

伊藤谷村

足立区の文化財 有形文化財（古文書）「報恩社法録」、関原不動尊略縁起（版木）、「地誌」（明治九年「地誌篇 伊東谷村」、明治九年「地誌書上 第十大区六小区次郎左衛門新田」、明治十年「地誌書上 第十大区六小区弥五郎新田」、明治十年「地誌書上 第十大区六小区五兵衛新田」）、千ヶ崎家文書 1点、船津家文書 2点（天保九戊年「宗旨御改め壱人別帳」、明治四〇年「荒川堤上裁桜原簿写」）「足立史談会だより」足立史談会　（303）2013.6

稲城

写真でみる稲城「稲城市文化財研究紀要」稲城市教育委員会教育部　（6）2004.3

1周遅れのトップランナー？ 多摩ニュータウン稲城地区（宇野健一）「多摩ニュータウン研究」多摩ニュータウン学会　（8）2006.3

稲城に公民館をつくる―1960年代の女性の学びを中心に（特集 戦後多摩の公民館活動）（霧島義和）「多摩のあゆみ」たましん地域文化財団　（144）2011.11

研究論文 近世の稲城と災害（調査研究編）「稲城市文化財研究紀要」稲城市教育委員会教育部　（11）2014.3

旧稲葉家住宅

東京都指定有形民俗文化財「旧稲葉家住宅土蔵復原事業」（会員館活動報告）（青梅市郷土博物館）「ミュージアム多摩：東京都三多摩公立博物館協議会会報」東京都三多摩公立博物館協議会　（33）2012.3

稲荷堀

地形地名編 中央区（2）稲荷堀・薬研堀（江戸東京消失地名録）（菅原健二）「Collegio」之潮　（10）2006.5

犬目山

犬目の山林に爆弾跡！ はじめに/確認調査で発見と準備/実地調査の開始と順序/2ヶ月間にわたる調査・測量活動/測量結果について/爆弾投下は1945年4月4日/犬目山爆弾坑測量図/米軍の記録から見た4月4日空襲/なぜ、犬目の田舎に爆弾が？/飛行コースから推定/投下された爆弾の数と搭載量/250kg爆弾とは/終わりに（十菱、齊藤、中田、山梨）「浅川地下壕の保存をすすめる会ニュース」浅川地下壕の保存をすすめる会　（87）2012.4

犬目町

犬目町に秋山誠一さん（古老に聞く）（齋藤三男）「郷土史」八王子市川口郷土史研究会　（25）2003.10

井上醤油醸造

聞き書き 井上醤油醸造（関口宣明）「郷土博物館だより」調布市郷土博物館　（75）2014.3

東京都　　　　　　　　　　　　　　　地名でたどる郷土の歴史　　　　　　　　　　　　　　　　　関東

井の頭恩賜公園
井の頭恩賜公園―成長、進化を続ける郊外公園（特集 多摩の公園）（五十嵐政世）「多摩のあゆみ」 たましん地域文化財団 　（149）2013.2

井の頭公園
戦時下の井の頭公園「戦争のきずあと・むさしの」 武蔵野の空襲と戦争遺跡を記録する会 　12　2004.7

井之頭線
帝都地形図を読む 北沢二丁目―井之頭線開通の頃（堀江元）「Collegio」之潮 （10）2006.5

今井城
第80回例会報告 多摩の中世城館を歩くV 霞川流域の小規模城郭・今井城と藤橋城（西股総生）「多摩地域史研究会会報」 多摩地域史研究会（105）2013.1

今戸
平成23年度新収蔵品の紹介 納戸縮子地紅葉賀模様小袖―友禅染の小袖／歌川国芳画「東都名所 浅草今戸」／小笠原諸島調査の出帳命令書／「浅草公園水族館」ポスター／電気スタンド／東京空撮写真「江戸東京博物館news ： Edo-Tokyo Museum news」 東京都歴史文化財団東京都江戸東京博物館 （77）2012.3

岩崎邸
史跡・文化財シリーズ（47） 有形民俗文化財 庚申塔2基 誓願寺／新聞に見る荒川区の世相史（11） 昭和編／郷土の思い出を語る―昭和の時代（前）（1） 村田英三郎さん／3月の湯島界隈をたずねて―岩崎邸・大観記念館・鷗外旧居／五月晴れの栃木県の街見学「荒川史談」 荒川史談会　270　2002.6

旧岩崎邸
寛永寺（上野公園）～旧岩崎邸（歴史散歩）（宮田貞夫）「郷土いずみ」　11　2005.5

旧岩崎邸庭園
旧岩崎邸庭園について（大竹英男）「史談しもふさ」 下総町郷土史研究会（32）2011.5

岩津発電所
岩津発電所の現況「浅川地下壕の保存をすすめる会ニュース」 浅川地下壕の保存をすすめる会 （94）2013.6

岩鼻火薬製造所
東京砲兵工廠岩鼻火薬製造所について―東京砲兵工廠板橋火薬製造所の系譜（名古屋賞）「板橋区立郷土資料館紀要」 板橋区立郷土資料館（19）2013.3

岩淵
第336回月例研究会 11月13日（土）岩淵地区座談会（馬場永子）「北区史を考える会会報」 北区史を考える会 （99）2011.2
展示批評 北区飛鳥山博物館企画展「天明以来ノ大参事―明治43年水害と岩淵」を観て（吉田優）「地方史研究」 地方史研究協議会 62（1）通号355　2012.2
第361回 講演会 1月27日（日）中世の岩淵を探る―岩淵の今まで知られなかった歴史の扉をあける（谷口榮）「北区史を考える会会報」 北区史を考える会 （107）2013.2

岩淵赤羽
第288回史跡研究会 11月19日（日）古くて新しい岩淵赤羽（芦田正次郎）「北区史を考える会会報」 北区史を考える会 （83）2007.2

上田
『上田郷友会月報』を読む―明治時代を中心に（竹内秀夫）「足立史談会だより」 足立史談会　203　2005.2

上田藩抱屋敷
江東区域の江戸藩邸 信濃国上田藩抱屋敷（1）（中西崇）「下町文化」 江東区地域振興部 （253）2011.4

上野
上野彰義隊資料室閉室 彰義隊墓所で 小川潔さんに聞く「谷中・根津・千駄木」 谷根千工房　73　2003.6
下町問答 皆さんの質問にお答えします 上野周辺の都電の系統／路面電車の歴史「下町風俗資料館號外」 台東区立下町風俗資料館 2009年（8月）2009.8
史跡探訪 谷中と上野を訪ねる（染谷和美）「かつしか台地 ： 野田地方史懇話会会誌」 野田地方史懇話会 （40）2010.9
ぶらり歴史散歩 王子・上野・浅草（豊島信夫）「北区史を考える会会報」 北区史を考える会 （101）2011.8
ぶらり歴史散歩（2）王子・上野・浅草（豊島信夫）「北区史を考える会会報」 北区史を考える会 （103）2012.2

上野駅
口絵「あ、上野駅」の歌碑「群馬風土記」 群馬出版センター 26（3）

通号110　2012.7

上野公園
史料・彰義隊墓表の来由「幕末史研究」 三十一人会，小島資料館（発売）（40）2004.11
意外な!?事実譚―ウソのようなホントの話 日本初のエスカレーターは上野公園に設置された!?「下町風俗資料館號外」 台東区立下町風俗資料館 2008年（8月）2008.8
上野公園 人違いボードイン像の顛末―37年目の全面解決（石田純郎）「一滴 ： 洋学研究誌」 津山洋学資料館 （19）2011.12

上野桜木
平櫛田中と谷中上野桜木 祖父と、祖父のいた町のこと 平櫛弘子さんに聞く「谷中・根津・千駄木」 谷根千工房　74　2003.10

上野山
第252回月例研究会 上野山を歩く（岡本忠直）「北区史を考える会会報」 北区史を考える会　71　2004.2

上原
コラム 地図のなかの水辺（19）上原／（20）浮間「Collegio」 之潮（33）2008.8

魚河岸
東京文学地図帖 戦後編（14）魚河岸（樋口満文）「Collegio」 之潮（31）2008.2

浮間
コラム 地図のなかの水辺（19）上原／（20）浮間「Collegio」 之潮（33）2008.8
クローズアップ 浮間「ぽいす ： 北区飛鳥山博物館だより」 北区飛鳥山博物館　21　2008.9
第312回月例研究会 11月8日（土）浮間地区座談会（馬場永子）「北区史を考える会会報」 北区史を考える会 （91）2009.2

浮間ヶ原
あるくみるきく 洪水と浮間ヶ原と桜草「ぽいす ： 北区飛鳥山博物館だより」 北区飛鳥山博物館　12　2004.3
第330回月例研究会 5月8日（土）古くて新しい浮間ヶ原（芦田正次郎）「北区史を考える会会報」 北区史を考える会 （97）2010.8

兎谷戸
『多摩地形図』を読む 3つの兎谷戸（田中正大）「Collegio」 之潮 （14）2006.9

丑川
会報にみる目黒の昔（20） 「碑文谷公園伝統の大蛇」太田省三／「丑川と目黒地区の伝統」太田省三／「正泉寺『名墓』の石標の完成」羽倉敬尚「目黒区郷土研究」 目黒区郷土研究会 （654）2009.7

牛田
牛田について（1）駅名に残る牛田や盆の月（平野宗一郎）「足立史談」 足立区教育委員会 （501）2009.11
牛田について（2），（3）（平野宗一郎）「足立史談」 足立区教育委員会（502）／（503）2009.12/2010.1

牛浜
さし絵のなかの多摩（32）五日市街道牛浜の蕎麦屋―「御嶽山―石山紀行」と「牛浜出水図」（齋藤愼一）「多摩のあゆみ」 たましん地域文化財団 （119）2005.8

歌坂
歌坂の地名と歴史（岡松荘一郎）「全国地名研究交流誌 地名談話室」 日本地名研究所　19　2004.8

内幸町
コラム 千代田区の地名 内幸町「千代田区立四番町歴史民俗資料館資料館だより」 東京都千代田区教育委員会，千代田区立四番町歴史民俗資料館 （20）2005.8

馬の鞍
「ウマノクラ（馬の鞍）」のこと（木村博）「板橋史談」 板橋史談会　198　2000.5
ウマノクラ（2）（木村博）「板橋史談」 板橋史談会　215　2003.3

海辺新田
江東歴史紀行 開発者の系譜―海辺新田（藤方博之）「下町文化」 江東区地域振興部 （260）2013.1

海辺大工町
八百八町調査隊 大江戸を掘る！―白河二丁目遺跡 海辺大工町跡「下町文化」 江東区地域振興部 （239）2007.9
江戸の町内探訪（5）海辺大工町（1）（出口宏幸）「下町文化」 江東区地域振興部 （259）2012.9
江戸の町内探訪（5）後編 海辺大工町（1）（出口宏幸）「下町文化」 江東区地域振興部 （260）2013.1

梅ヶ丘団地

日野市三沢梅ヶ丘団地 住宅被害に国が損害賠償 東京地裁判決確定「浅川地下壕の保存をすすめる会ニュース」 浅川地下壕の保存をすすめる会 （80） 2011.2

梅ヶ丘地下壕

梅ヶ丘地下壕陥没事故 裁判の経過（渋沢秀樹）「浅川地下壕の保存をすすめる会ニュース」 浅川地下壕の保存をすすめる会 （69） 2009.4

日野市三沢梅ヶ丘団地 住宅被害に国が損害賠償 東京地裁判決確定「浅川地下壕の保存をすすめる会ニュース」 浅川地下壕の保存をすすめる会 （80） 2011.2

地下壕裁判の全国的意義（十菱駿武）「浅川地下壕の保存をすすめる会ニュース」 浅川地下壕の保存をすすめる会 （80） 2011.2

梅ヶ丘地下壕陥没事故裁判を振り返って（渋沢秀樹）「浅川地下壕の保存をすすめる会ニュース」 浅川地下壕の保存をすすめる会 （80） 2011.2

勝訴判決（木村真実）「浅川地下壕の保存をすすめる会ニュース」 浅川地下壕の保存をすすめる会 （80） 2011.2

梅が茶屋

港区名所案内 梅が茶屋（平田秀勝）「港郷土資料館だより」 港区立港郷土資料館 （61） 2008.3

梅島小学校

足立区の登録文化財を観る 有形文化財（書跡）扁額「近江小学」1面/扁額「梅島小学校」1面「足立史談会だより」 足立史談会 （295） 2012.10

梅島陸橋

旧梅島陸橋について―「十三間道路」の建設（多田文夫）「足立史談」 足立区教育委員会 （483） 2008.5

収蔵資料の紹介 旧梅島陸橋を描いた版画 小泉癸巳男「千住・末廣町風景」（郷土博物館）「足立史談」 足立区教育委員会 （554） 2014.4

梅田

梅田の町工場と戦争体験 工員の優れた技術とくらし（瀬田良雄）「足立史談」 足立区教育委員会 （453） 2005.11

梅田の町工場と戦争体験（2） 終戦と工場（瀬田良雄）「足立史談」 足立区教育委員会 （455） 2006.1

『梅田の今昔』こぼれ話、見たり聞いたり 一、梅田の紙漉きと表紙（1）～（3）（瀬田良雄）「足立史談」 足立区教育委員会 （472）/（476） 2007.6/2007.10

『梅田の今昔』こぼれ話、見たり聞いたり 二、今に続く講、消えた講（瀬田良雄）「足立史談」 足立区教育委員会 （477） 2007.11

特集記事2『梅田の今昔』こぼれ話、見たり聞いたり 年中行事のいろいろ（正月～3月）（〈小特集 足立の年中行事〉）（瀬田良雄）「足立史談」 足立区教育委員会 （480） 2008.2

『梅田の今昔』こぼれ話、見たり聞いたり 年中行事のいろいろ（4月～6月）（瀬田良雄）「足立史談」 足立区教育委員会 （482） 2008.4

『梅田の今昔』こぼれ話、見たり聞いたり 年中行事のいろいろ（11月～12月）（瀬田良雄）「足立史談」 足立区教育委員会 （488） 2008.10

旧梅田診療所

建物随想記（33） 登録文化財・旧梅田診療所の話（酒井哲）「多摩のあゆみ」 たましん地域文化財団 （149） 2013.2

新しい文化財が指定されました 砂川村取扱反別帳 附砂川村絵図/柴崎村絵図/砂川村絵図/向郷遺跡環状墓群出土の遺物/須崎家内蔵の「旧梅田診療所」の解体「立川市歴史民俗資料館だより」 立川市歴史民俗資料館 （17） 2013.4

梅田邸

洋風建築への誘い（2）立川市梅田邸（伊藤龍也）「多摩のあゆみ」 たましん地域文化財団 113 2004.2

洋風建築への誘い（38） 登録文化財・梅田邸とり壊し（伊藤龍也）「多摩のあゆみ」 たましん地域文化財団 （149） 2013.2

裏甲州街道

奥多摩町内の裏甲州街道を往く（1）～（8）（角田清美）「郷土研究」 奥多摩郷土研究会 （18）/（25） 2007.3/2014.3

永代橋

隅田川の橋（6） 永代橋（飯田雅男）「すみだ川 ： 隅田川市民交流実行委員会会報」 隅田川市民交流実行委員会 （40） 2006.10

永代橋・清洲橋国指定重要文化財内定記念特集 関東大震災と江東区の近代橋梁（赤澤春彦）「下町文化」 江東区地域振興部 （238） 2007.7

隅田川大学講演会II報告 勝鬨・永代・清洲橋の重文指定と隅田川橋梁 講師・伊東孝氏（篠田裕）「すみだ川 ： 隅田川市民交流実行委員会会報」 隅田川市民交流実行委員会 （44） 2008.10

永代橋と率塔婆（県別・写真・観光日本案内『東京都』 昭和36年6月 修道社・刊）「すみだ川 ： 隅田川市民交流実行委員会会報」 隅田川市民交流実行委員会 （56） 2014.10

永福町・和泉一帯

杉並区東部の空襲―永福町・和泉一帯の空襲（小川春夫）「杉並郷土史会史報」 杉並郷土史会 （222） 2010.7

江古田

第96回例会 江古田原合戦を検証する（葛城明彦）「練馬区地名研究会会報」 練馬区地名研究会 （96） 2011.8

越中島

江東歴史紀行 幕末維新期の越中島（中西崇）「下町文化」 江東区地域振興部 （251） 2010.9

近世後期の江戸湾警衛体制―深川越中島を中心として（中西崇）「江東区文化財研究紀要」 江東区教育委員会生涯学習部 （17） 2012.3

今に残る越中島の幕末 越中島と砲台「下町文化」 江東区地域振興部 （262） 2013.7

越中島町

江戸の町内探訪（6） 越中島町「下町文化」 江東区地域振興部 （262） 2013.7

越中島砲台

最幕末期の江戸湾防備強化と越中島砲台（小特集 越中島砲台跡の調査成果）（冨川武史）「江東区文化財研究紀要」 江東区教育委員会地域振興部 （18） 2014.3

江戸

史料翻刻 紀州藩家老三浦家文書（5）～（20）―江戸出府日記・御用番留帳（上村雅洋）「紀州経済史文化史研究所紀要」 和歌山大学紀州経済史文化史研究所 通号20/通号35 2000.3/2014.12

新庄藩の江戸藩邸について[1]、(2)（土屋道郎）「最上地域史研究会」 最上地域史研究会 22/23 2000.3/2001.3

誌上企画展 江戸図の世界「しいのき ： 中野区立歴史民俗資料館だより」 中野区立歴史民俗資料館 40 2000.10

平成12年度 第2回隅田川大学公開講座 恩田育男氏「江戸の藍染」（藤原隆）「すみだ川 ： 隅田川市民交流実行委員会会報」 隅田川市民交流実行委員会 28 2001.4

鯖江藩の江戸屋敷について（1）～（2）（竹内信夫）「若越郷土研究」 福井県郷土誌懇談会 47（1）通号271/47（3）通号273 2002.1/2002.5

記念講演 江戸と房総 くらしと文化の結びつき（吉田豊）「房総の郷土史」 千葉県郷土史研究連絡協議会 30 2002.3

江戸の名所めぐり―江戸の昔の面影をたどる/第2回収蔵資料展「地図・絵図で豊島区を読む」/旧田島平良家長屋門所蔵資料の整理・調査事業の中間報告 むかし"農具"いま"資料"「かたりべ ： 豊島区立郷土資料館ミュージアム開設準備だより」 豊島区立郷土資料館 68 2002.11

練馬区文化財保護審議会委員委嘱（第9期）/文化財講座 江戸のまちを見る「ねりまの文化財」 練馬区地域文化部 56 2003.1

新庄藩主の参勤交代の道筋と江戸藩邸について（土屋道郎）「山形県地域史研究」 山形県地域史研究協議会 （28） 2003.2

出羽の庶民江戸へ行く―伊勢参宮記に記録された江戸風景（大内町古文書解読会）「北方風土 ： 北国の歴史民俗考古研究誌」 イズミヤ出版 通号45 2003.2

江戸の相撲と出雲の相撲（〈第2回神在月シンポジウム 陣幕久五郎没後100年記念 相撲の歴史に迫る〉―リレートーク）（高梨利彦）「しまねの古代文化 ： 古代文化記録集」 島根県古代文化センター （10） 2003.3

『江戸番通詞江戸逗留中勤方書留』について（片桐一男）「シーボルト記念館鳴滝紀要」 長崎市 （13） 2003.3

江戸の喫煙具 火入れ（杉本絵美）「港郷土資料館だより」 港区立港郷土資料館 （51） 2003.3

村尾正靖（号嘉陵）著 紀行文「江戸近郊道しるべ」より（1）～（3）「杉並郷土史会史報」 杉並郷土史会 178/180 2003.3/2003.7

江戸周辺における「御場所」と地域編成―武蔵国葛飾郡隅田村御前栽場を中心に（桑原功一）「足立区立郷土博物館紀要」 足立区立郷土博物館 （24） 2003.3

國枝外右馬の江戸詰中日記考察（酒井博）「津久見史談」 津久見史談会 （7） 2003.3

歴史としての「江戸開府400年」「東京都公文書館だより」 東京都公文書館 （2） 2003.3

江戸・東京と水辺の遊興空間（斗鬼正一）「東京湾学会誌 ： 東京湾の水土」 東京湾学会 2（1） 2003.3

江戸開府400東京/あだち地名由来（9）―水にまつわる地名/足立の今を記録する（1） 中川土手の桜をしのぶ「足立区立郷土博物館だより」 足立区立郷土博物館 45 2003.4

「江戸」と「江戸」へ行く―地域概念の検討（芳賀登）「風俗史学 ： 日本風俗史学会誌」 日本風俗史学会 （23） 2003.4

江戸近郊の地域文化（實松幸男）「埼玉地方史」 埼玉県地方史研究会 50 2003.5

江戸開府400年に想う（吉原健一郎）「史潮」 歴史学会 同成社（発

東京都　　　　　　　　　地名でたどる郷土の歴史　　　　　　　　　関東

売）（53）2003.5

ひろば 江戸東京博物館「大江戸八百八町展」を観て（猪瀬尚志）「板橋史談」 板橋史談会 216 2003.5

江戸の手遊 とんだりはねたり（内田信之）「府中史談」 府中市史談会 （29）2003.5

家康以前の江戸図について（編集部）「目黒区郷土研究」 目黒区郷土研究会 580 2003.6

史料紹介 総管公水戸江戸御供日記（川俣正英）「茨城史林」 筑波書林 （27）2003.6

家康以前の江戸図『長禄江戸図』（編集部）「目黒区郷土研究」 目黒区郷土研究会 581 2003.6

一寸一服 秘伝 江戸錦絵凧（宇野隆）「湖国と文化」 滋賀県文化振興事業団 104 2003.7

幕末から明治初期の贈品品にみる江戸近郊の食─江戸近郊の主婦の日記を中心に（櫻井美代子）「風俗史学 ： 日本風俗史学会誌」 日本風俗史学会 （24）2003.7

秋田藩江戸邸の戯作（井上隆明）「秋田市史研究」 秋田市 12 2003.8

大江戸古書街を歩く（吉田國夫）「日本鉱業史研究」 日本鉱業史研究会 46 2003.8

江戸開府400年記念事業 東京都公文書館所蔵資料展「千客万来世界都市の系譜─名所が語る江戸・東京の歴史」をめぐって「東京都公文書館だより」 東京都公文書館 （3）2003.9

江戸のまち（小学3年生）─都市を通して学ぶ歴史学習（中窪寿弥）「高円史学」 高円史学会 （19）2003.10

江戸開府400年記念特別展「江戸の風景─江戸城築城から大江戸へ」のみどころ「千代田区立四番町歴史民俗資料館資料館だより」 東京都千代田区教育委員会，千代田区立四番町歴史民俗資料館 16 2003.10

第三部 大江戸の文化 神田の郷土史家 斎藤月岑（滝口正哉）「千代田区立四番町歴史民俗資料館資料館だより」 東京都千代田区教育委員会，千代田区立四番町歴史民俗資料館 16 2003.10

幕末維新期における江戸東京の手習塾と教育内容について─『開学明細調』の考察を中心に（石山秀和）「東京都江戸東京博物館研究報告」 東京都江戸東京博物館 2003.10

近世史料研究会編『江戸町触集成』（坂詰智美）「史潮」 〔歴史学会〕，同成社（発売）（54）2003.11

「江戸首都論」をめぐって（大石学）「首都圏形成史研究会会報」 首都圏形成史研究会 17 2003.11

第48回研究会「近代以降期への江戸・東京からの視座」（小泉雅弘）「首都圏形成史研究会会報」 首都圏形成史研究会 17 2003.11

江戸時代の江戸の税金（土方晋）「杉並郷土史会史報」 杉並郷土史会 182 2003.11

研究ノート 江戸町名主の編纂活動─『類聚撰要』の写本について（高山慶子）「江戸東京博物館news ： Edo-Tokyo Museum news」 東京都歴史文化財団東京都江戸東京博物館 44 2003.12

創立50周年記念講演 江戸研究と埼玉地方史研究（竹内誠）「埼玉地方史」 埼玉県地方史研究会 （51）2004.2

江戸上り使節関係史料調査（小野まさ子）「沖縄県史だより」 沖縄県教育庁 （13）2004.3

《特集 幕末の江戸と多摩》「江戸東京たてもの園だより」 東京都歴史文化財団 （23）2004.3

新選組誕生の歴史的位置─多摩と江戸（大石学）「江戸東京たてもの園だより」 東京都歴史文化財団 （23）2004.3

特別展「幕末の江戸と多摩 新選組の時代」（高橋英久）「江戸東京たてもの園だより」 東京都歴史文化財団 （23）2004.3

新年度のごあいさつ 江戸開府四百元年（竹内誠）「江戸東京博物館news ： Edo-Tokyo Museum news」 東京都歴史文化財団東京都江戸東京博物館 45 2004.3

特別展「浮世絵 江戸名所七変化」について／平成16年度の催し物「神奈川県立歴史博物館だより」 神奈川県立歴史博物館 9（3）通号165 2004.3

江戸開府400年記念関連特別展をふりかえって（滝口正哉）「千代田区立四番町歴史民俗資料館資料館だより」 東京都千代田区教育委員会，千代田区立四番町歴史民俗資料館 17 2004.3

國枝外右馬の江戸詰中日記考察（2）（酒井博）「津久見史談」 津久見史談会 （8）2004.3

海をうつす─海と江戸・東京の都市人類学（斗鬼正一）「東京湾学会誌 ： 東京湾の水土」 東京湾学会 2（2）2004.3

江戸開府400年で考える（寺門雄一）「品川歴史館紀要」 品川区立品川歴史館 （19）2004.3

ペリー来航前夜の江戸防衛計画（資料よもやま話）（西川武臣）「開港のひろば ： 横浜開港資料館館報」 横浜開港資料館 84 2004.4

江戸図屏風の猿（佐藤喜美男）「鷹巣地方史研究」 鷹巣地方史研究会 （54）2004.4

能見松平氏の江戸屋敷（大湖光雄）「郷土いずみ」 10 2004.5

私の江戸開府400年（猪瀬尚志）「板橋史談」 板橋史談会 222 2004.5

第67回例会 江戸・東京近郊の特産物─地名がついた蔬菜類（渡辺嘉之）「練馬区地名研究会会報」 練馬区地名研究会 68 2004.5

17世紀伊豆・江戸海上輸送略年表「豆州歴史通信」 豆州歴史研究社歴史通信部 318 2004.6

元禄期における羽州村山城米 塩廻船による江戸廻米について（小山義雄）「北村山の歴史」 北村山地域史研究会 （6）2004.6

失われゆく江戸文化、受け継がれゆく江戸文化（1）─細刻み煙草（松本健）「港郷土資料館だより」 港区立港郷土資料館 （54）2004.9

市原多代女の『江戸案内』文政六未年（翻刻）（大井多津子）「江戸期おんな考」 桂文庫 （15）2004.10

市原多代女の『江戸案内』について（大井多津子）「江戸期おんな考」 桂文庫 （15）2004.10

都立中央図書館・江戸東京博物館・東京都公文書館3館所蔵資料展「都市をつくる─江戸のすがた 東京のかたち」「東京都公文書館だより」 東京都公文書館 （5）2004.10

区誌研究会平成15年度講演会から 江戸っ子（神保五彌）「せたかい ： 歴史さろん」 世田谷区誌研究会 （56）2004.11

江戸時代の道筋を究める！ 歴史講座「江戸切絵図をあるく」を終えて「かたりべ ： 豊島区立郷土資料館ミュージアム開設準備だより」 豊島区立郷土資料館 76 2004.12

近世江戸遺跡に見る土製品の流通─搬入品を中心に（杉山いずみ）「歴史民俗」 早稲田大学第二文学部歴史・民俗系専修 2 2004.12

文化財保護強調月間公開講演 江戸を掘る─江戸遺跡の現状と課題（谷川章雄）「下町文化」 江東区地域振興部 （228）2005.1

一寸一服 近江と江戸（小笠原宏樹）「湖国と文化」 滋賀県文化振興事業団 29（1）通号110 2005.1

北関東人の江戸への向都性と「べいべい」言葉（芳賀登）「風俗史学 ： 日本風俗史学会誌」 日本風俗史学会 （29）2005.1

失われゆく江戸文化、受け継がれゆく江戸文化（2）─泥面子（杉本絵美）「港郷土資料館だより」 港区立港郷土資料館 （55）2005.3

奈川牛と江戸─史料編纂との関わりの中で（講演）（熊井保）「松本市史研究 ： 松本市文書館紀要」 松本市 （15）2005.3

第26回文書館講演会要旨 奈川牛と江戸─史料編纂との関わりの中で（熊井保）「松本市文書館だより」 松本市文書館 11 2005.3

幕末維新期の江戸近郊農村─新選組の背景（桜井昭男）「郷土博物館だより」 調布市郷土博物館 （67）2005.3

江戸の火事 国枝外右馬の江戸詰中日記考察（2）（酒井博）「津久見史談」 津久見史談会 （9）2005.3

シリーズ レファレンスの達人 よく「御江戸」「大江戸」っていいますが、いつから使われている言葉なのですか。「東京都公文書館だより」 東京都公文書館 （6）2005.3

近世江戸周辺の地域編成─近世後期の荏原郡品川領を中心に（大石学）「品川歴史館紀要」 品川区立品川歴史館 （20）2005.3

八百八町調査隊 大江戸を掘る！「下町文化」 江東区地域振興部 （229）2005.4

御用留に見る江戸の通過事情（中井静雄）「いしぶみ」 まちだ史考会 （19）2005.7

工匠壱番館 展示替え／八百八町調査隊 大江戸を掘る！「下町文化」 江東区地域振興部 （230）2005.7

問題提起 江戸の公共性と秩序《2004年度大会特集 江戸の公共性と秩序》（関東近世史研究会常任委員会）「関東近世史研究」 関東近世史研究会 （58）2005.8

江戸消防体制の構造《2004年度大会特集 江戸の公共性と秩序》（岩淵令治）「関東近世史研究」 関東近世史研究会 （58）2005.8

江戸における消防組織の存在形態と結合原理（岩淵報告コメント）《2004年度大会特集 江戸の公共性と秩序》（市川寛明）「関東近世史研究」 関東近世史研究会 （58）2005.8

江戸武家屋敷組合と都市公共機能《2004年度大会特集 江戸の公共性と秩序》（松本剣志郎）「関東近世史研究」 関東近世史研究会 （58）2005.8

松本批判（松本報告コメント）《2004年度大会特集 江戸の公共性と秩序》（藤村聡）「関東近世史研究」 関東近世史研究会 （58）2005.8

天保改革以後の江戸の都市行政─諸色掛名主の活動を中心に《2004年度大会特集 江戸の公共性と秩序》（小林信也）「関東近世史研究」 関東近世史研究会 （58）2005.8

江戸東郊地域における下肥流通─天保・弘化期を中心に《〈月例会報告要旨〉》（小林嵐）「関東近世史研究」 関東近世史研究会 （58）2005.8

高井地方の草相撲─江戸相撲との関わりを中心に（徳永泰男）「高井」 高井地方史研究会 （152）2005.8

特別展「江戸の外国公使館」をふりかえって（吉崎雅規）「港郷土資料館だより」 港区立港郷土資料館 （56）2005.9

失われゆく江戸文化、受け継がれゆく江戸文化（3）─泥面子（杉本絵美）「港郷土資料館だより」 港区立港郷土資料館 （56）2005.9

新撰組五兵衛新田「覚え」綺譚（5）江戸へ向かった女性のこと（増田光明）「足立史談」 足立区教育委員会 （451）2005.9

50周年記念講演会「大江戸を支えた近郊農村」（編集部）「目黒区郷土研究」　目黒区郷土研究会　608　2005.9

江戸における家屋敷の売買（加藤貴）「練馬古文書研究会会報」　練馬古文書研究会　（35）2005.11

能登天領の哀楽—江戸へ送られて裁判した二つの事件から（笠原愼治）「石川郷土史学会々誌」　石川郷土史学会　（38）2005.12

第5回江戸めぐり—新橋・四谷方面を訪ねて（事務局）「伊豆史談」　伊豆史談会　通号135　2006.1

巻頭言 地方史料から観る近世における災害の一断面—元禄地震・安政江戸地震を例に（古山豊）「房総史学」　国書刊行会　（46）2006.3

雑魚場—江戸庶民の魚市場（山根洋子）「港区立港郷土資料館だより」　港区立港郷土資料館　（57）2006.3

論文1 雁之間詰大名の江戸勤め（《特集 平成16年度都市歴史研究室シンポジウム報告》—〈江戸城と丸の内をめぐって〉）（松尾美恵子）「東京都江戸東京博物館研究報告」　東京都江戸東京博物館　（12）2006.3

総会記念講演 江戸260年の天下泰平と開国（徳川恒孝）「開国史研究」　横須賀市　（6）2006.3

勤番武士の娯楽 国枝外右馬の江戸詰中日記考察（4）（酒井博）「津久見史談」　津久見史談会　（10）2006.3

江戸の街・東京の街（4）描かれた江戸と描かれなかった江戸（2）（小林信也）「Collegio」　之潮　（11）2006.4

江戸の街・東京の街（5）地図に描かれた地図—学習院の日本地図模型（白石弘之）「Collegio」　之潮　（10）2006.5

特別展「江戸の外国公使館」について—準備の記録と展覧会の位置付け（吉崎雅規）「研究紀要」　港区立港郷土資料館　第9号　2006.5

『江戸の外国公使館』資料解説（吉崎雅規）「研究紀要」　港区立港郷土資料館　通号9　2006.5

江戸の街・東京の街（6）描かれた江戸と描かれなかった江戸（3）（小林信也）「Collegio」　之潮　（11）2006.6

古文書が語る上州史（80）江戸土産のやまめ注文（田畑勉）「群馬風土記」　群馬出版センター　20（3）通号86　2006.7

第402回例会記 多摩と江戸について—杉並地域を中心に 大石学先生「杉並郷土史会会報」　杉並郷土史会　（198）2006.7

第77回例会 地図で見る江戸・東京の地名（正井泰夫）「練馬区地名研究会会報」　練馬区地名研究会　（78）2006.7

江戸の街・東京の街（8）描かれた江戸と描かれなかった江戸（4）（小林信也）「Collegio」　之潮　（13）2006.8

江戸の場所・東京の記憶 最初の牢屋敷（本田豊）「Collegio」　之潮　（14）2006.9

戊辰戦争 江戸からも彰義隊に参加・抗戦（月田秀吾）「亘理郷土だより」　亘理郷土史研究会　（97）2006.10

誌上企画展 東京再発見—江戸名所図会から「しいのき：中野区立歴史民俗資料館だより」　中野区立歴史民俗資料館　（52）2006.10

郷土博物館開館20周年記念特別展「葵の御成光—江戸近郊徳川領の歴史と伝説—」「足立区立郷土博物館だより」　足立区立郷土博物館　（52）2006.10

江戸の町（佐藤勝）「古文書研究会報」　岩手古文書研究会　（335）2006.11

江戸の街・東京の街（10）銀座通り商店街の研究（白石弘之）「Collegio」　之潮　（16）2006.11

港区立港郷土資料館 テーマ展「港区の近世遺跡」、コーナー展「海を渡った江戸・東京の風景」（展示会批評）（中西崇）「民衆史研究」　民衆史研究会　（72）2006.11

江戸東京を歩く—地形・災害・防災の視点から 安政江戸地震（松田磐余）「Collegio」　之潮　（17）2006.12

江戸東京を歩く—地形・災害・防災の視点から（3）大正6年高潮災害（松田磐余）「Collegio」　之潮　（18）2007.1

江戸の街・東京の街（10）宅地番号のはじまり（白石弘之）「Collegio」　之潮　（18）2007.1

江戸周辺農村における「余業」経営者の存在形態（宮坂新）「風俗史学：日本風俗史学会誌」　日本風俗史学会　（35）2007.1

蝦夷地場所請負人による江戸廻米（小山義雄）「山形県地域史研究」　山形県地域史研究協議会　（32）2007.2

江戸東京を歩く—地形・災害・防災の視点から（4）カスリーン台風による外水氾濫（松田磐余）「Collegio」　之潮　（19）2007.2

文久期における江戸北westへの地域の出張番屋体制について（桜井昭男）「葦のみち：三郷市史研究」　三郷市　（19）2007.3

地図の中の江戸・東京「明暦江戸大絵図」出版内輪話（編集部）「Collegio」　之潮　（20）2007.3

東京都公文書館所蔵資料による江戸・東京町名調べ「東京都公文書館だより」　東京都公文書館　（10）2007.3

郷土史講座報告 江戸の上水と神田川（渡辺やす子）「炉辺閑話：杉並区立郷土博物館だより」　東京都杉並区立郷土博物館　（36）2007.3

勤番武士の健康 国枝外右馬の江戸詰中日記考察（5）（酒井博）「津久見史談」　津久見史談会　（11）2007.3

地図の中の江戸・東京 鎌倉河岸と豊島屋（吉田豊）「Collegio」　之潮　（21）2007.4

江戸の街・東京の街（13）東京の道路（白石弘之）「Collegio」　之潮　（22）2007.5

地図の中の江戸・東京 鎌倉河岸（鈴木理生）「Collegio」　之潮　（22）2007.5

地図の中の江戸・東京 鎌倉河岸裏ねこや新道（吉田豊）「Collegio」　之潮　（23）2007.6

収蔵庫から（10）甘酒は夏に飲むのが江戸っ子流—天野屋の「ツボ」（加藤紫織）「千代田区立四番町歴史民俗資料館資料館だより」　東京都千代田区教育委員会，千代田区立四番町歴史民俗資料館　（25）2007.7

八百八町調査隊 大江戸を掘る！—白河二丁目遺跡 海辺大工町跡「下町文化」　江東区地域振興部　（239）2007.9

江戸東京を歩く—地形・災害・防災の視点から（10）ゼロメートル地帯と内部河川（松田磐余）「Collegio」　之潮　（26）2007.9

旧幕引継書と都市江戸の研究「東京都公文書館だより」　東京都公文書館　（11）2007.9

江戸東京を歩く—地形・災害・防災の視点から（11）防災生活圏・避難計画（松田磐余）「Collegio」　之潮　（27）2007.10

江戸の街・東京の街（14）品川馬車鉄道（白石弘之）「Collegio」　之潮　（27）2007.10

区制60周年記念 平成19年度特別展「江戸町与力の世界—原胤昭が語る幕末—」（滝口正哉）「千代田区立四番町歴史民俗資料館資料館だより」　東京都千代田区教育委員会，千代田区立四番町歴史民俗資料館　（26）2007.9

江戸の街・東京の街（15）、（16）白髭橋の架設と橋場の渡し（1）、（2）（白石弘之）「Collegio」　之潮　（29）/（31）2007.12/2008.2

仙台藩の江戸廻米 その航跡をたどって（《特集 若宮丸を偲ぶ会 in 禅昌寺》）（邉見清二）「ナジェージダ（希望）」　石巻若宮丸漂流民の会　（18）2008.1

150年前の江戸を実測復元する（1）「江戸」に境界なし（中川惠司）「Collegio」　之潮　（30）2008.1

第6回江戸めぐり—深川・亀戸方面を訪ねて（事務局）「伊豆史談」　伊豆史談会　通号137　2008.1

150年前の江戸を実測復元する（2）異聞「鬼平」誕生の地（中川惠司）「Collegio」　之潮　（31）2008.2

震災と情報—安政江戸地震と関東大地震（講演録）（北原糸子）「松戸市立博物館紀要」　松戸市立博物館　（15）2008.3

研究ノート 江戸町名主斎藤月岑の地震記編纂—江戸東京博物館蔵『安政見聞誌』をめぐって（丹野美子）「東京都江戸東京博物館研究報告」　東京都江戸東京博物館　（14）2008.3

将軍家慶の日光社参と外右馬 国枝外右馬の江戸詰中日記考察（6）（酒井博）「津久見史談」　津久見史談会　（12）2008.3

江戸上り〜鹿児島巡見3日（松田一美）「首里城公園友の会会報」　首里城公園友の会　（63）2008.3

之潮版江戸図について—衝撃的な江戸図の登場（鈴木理生）「Collegio」　之潮　（32）2008.4

江戸の食文化（竹内誠）「武蔵野」　武蔵野文化協会　83（2）通号346　2008.4

荒川線の車窓から見た江戸・東京の地名（研究発表要旨）（新井まさし）「練馬区地名研究会会報」　練馬区地名研究会　（83）2008.5

江戸の都市域拡大と幕府屋敷改（宮ән新）「関東近世史研究」　関東近世史研究会　（64）2008.7

「寛永江戸全図」の風景—之潮版江戸図について（2）（鈴木理生）「Collegio」　之潮　（33）2008.8

150年前の江戸を実測復元する（3）「見えないもの」を描いた江戸の絵師（中川惠司）「Collegio」　之潮　（34）2008.9

江戸図について 切絵図と武鑑（芳賀啓）「Collegio」　之潮　（34）2008.9

ロビー展示報告（2）江戸の地誌編さん「東京都公文書館だより」　東京都公文書館　（13）2008.9

公文書館の書庫から 鈴木三右衛門日記—知られざる江戸町人の日常生活「東京都公文書館だより」　東京都公文書館　（13）2008.9

開港前後の横浜・鶴見・江戸（横浜歴史文化講演会「横浜開港秘話」）（西川武臣）「郷土つるみ」　鶴見歴史の会　（65）2008.11

150年前の江戸を実測復元する（4）お上に楯突いた三河の稲荷（中川惠司）「Collegio」　之潮　（35）2008.12

常設展示室 企画展「絵にみる春夏秋冬—江戸東京の一年—」/「えどはくでおさらい！江戸時代」「江戸東京博物館news：Edo-Tokyo Museum news」　東京都歴史文化財団東京都江戸東京博物館　64　2008.12

江戸史談 青物市場物語（安藤義雄）「足立史談会だより」　足立史談会　（249）2008.12

古文書こぼればなし（39）江戸近郊の下肥利用（金井貴司）「炉辺閑話：杉並区立郷土博物館だより」　東京都杉並区立郷土博物館　（40）

2009.2

特別寄稿 近世後期における美濃地方と江戸の学術交流—昌平坂学問所および系列私塾との交流を中心に(橋本昭彦)「岐阜県歴史資料館報」岐阜県教育文化財団歴史資料館 (32) 2009.3

研究の散歩道 江戸の旅ブーム 広重と英泉の街道絵シリーズ(小澤弘)「江戸東京博物館news ： Edo-Tokyo Museum news」 東京都歴史文化財団東京都江戸東京博物館 65 2009.3

資料紹介 江戸、武蔵、下総等金石拓本集(篠崎四郎旧蔵)(斎木勝)「千葉県立中央博物館研究報告.人文科学」 千葉県立中央博物館 11(1)通号22 2009.3

勤番武士の文化交流 国枝外右馬の江戸詰中日記考察(7)(酒井博)「津久見史談」 津久見史談会 (13) 2009.3

古文書の世界 人足として江戸へいく百姓—江戸人足(森千枝)「文書館だより」 徳島県立文書館 (30) 2009.3

第2回公開研究会報告 江戸学とビジュアルカルチャー—異文化・美術・歴史「非文字資料研究」 神奈川大学21世紀COEプログラム拠点推進会議 (21) 2009.3

展示資料紹介 江戸名所図会「立川市歴史民俗資料館だより」 立川市歴史民俗資料館 (13) 2009.4

おもしろい江戸・東京史講座(昨年度の事業から)(岡村達朗)「郷土いずみ」 (15) 2009.5

第434回例会記 江戸の暦 岡田芳朗先生(新村康敏)「杉並郷土史会史報」 杉並郷土史会 (215) 2009.5

『江戸・東京地形学散歩』の読者のために(1) 海面変動と地形の変化(松田磐余)「Collegio」 之潮 (37) 2009.7

東京文化財保護ウィーク2009 東京8区 文化財古民家めぐり/中川船番所資料館特別企画展「江戸の流通と中川番所」「下町文化」 江東区地域振興部 (247) 2009.9

鼠小僧 秋田藩江戸藩邸で9両盗む 今月のおすすめ古文書 安政二卯年十月二日江戸地震記録(混第18—160)(畑中康博)「古文書倶楽部」 秋田県公文書館 (30) 2009.9

『江戸・東京地形学散歩』の読者のために(2) 海面変動と地形の変化(松田磐余)「Collegio」 之潮 (38) 2009.9

150年前の江戸を実測復元する(5) 「武家地」召し上げ(中川恵司)「Collegio」 之潮 (38) 2009.9

徳川氏の関東入国と江戸近郊の開発(村上直)「郷土目黒」 目黒区郷土研究会 53 2009.10

江戸・東京近郊の柿(田丸太郎)「郷土目黒」 目黒区郷土研究会 53 2009.10

野菜細密画に見る江戸・東京の農業《特集 近現代の多摩農業》(木曽雅昭)「多摩のあゆみ」 たましん地域文化財団 (136) 2009.11

『江戸・東京地形学散歩』の読者のために(3)、(4) 日本橋台地・江戸前島・日比谷入江(松田磐余)「Collegio」 之潮 (39)/(40) 2009.12/2010.4

シンポジウム開催趣旨/シンポジウム関連事業(東京都江戸東京博物館シンポジウム「江戸の水害—被害・復興・対策—」)(東京都江戸東京博物館研究報告」 東京都江戸東京博物館 (16) 2010.3

都市江戸における水害史研究の現状と課題(東京都江戸東京博物館シンポジウム「江戸の水害—被害・復興・対策—」(石山秀和)「東京都江戸東京博物館研究報告」 東京都江戸東京博物館 (16) 2010.3

寛保水害以後の幕府水防体制と「鯨船」(東京都江戸東京博物館シンポジウム「江戸の水害—被害・復興・対策—」(田原昇)「東京都江戸東京博物館研究報告」 東京都江戸東京博物館 (16) 2010.3

寄稿 江戸上水のしくみ—給水技術と経理(肥留間博)「板橋史談」 板橋史談会 (257) 2010.3

特集 江戸時代の伊東 江戸開府と伊東/江戸時代初期の伊東/さまざまな百姓/自然村落の人口/年貢を請け負う/川奈の湊明堂(田上繁)「伊東市史だより」 伊東市教育委員会 (11) 2010.3

史料紹介「江戸廻日記」(大津祐司)「大分県立歴史博物館研究紀要」 大分県立歴史博物館 通号11 2010.3

勤番武士の日常生活 国枝外右馬の江戸詰中日記考察(8)(酒井博)「津久見史談」 津久見史談会 (14) 2010.3

コラム 『江戸名所図会』と市川(村田隆三)「市史研究いちかわ」 市川市文化国際部 (1) 2010.3

江戸東京の食文化・川文化—浅草の食文化繁栄の原点を探る 平成21年10月10日(土)(隅田川大学公開講座)(丸山眞司，齋藤興平)「すみだ川 ： 隅田川市民交流実行委員会会報」 隅田川市民交流実行委員会 (47) 2010.4

コラム 江戸の崖・東京の崖(1)〜(5)「Collegio」 之潮 (40)/(46) 2010.4/2011.10

江戸散策(佐牟田梅山)「あゆみ」 毛呂山郷土史研究会 (34) 2010.5

研究の散歩道 江戸人の生涯費用(石山秀和)「江戸東京博物館news ： Edo-Tokyo Museum news」 東京都歴史文化財団東京都江戸東京博物館 70 2010.6

講演録 江戸周辺鷹場と練馬地域(根崎光男)「練馬古文書研究会会報」

練馬古文書研究会 (44) 2010.6

資料紹介 橘健一著・櫻井正信監修「江戸東京千年の土魂を探る」「せたかい ： 歴史さろん」 世田谷区誌研究会 (62) 2010.8

たてもので語る江戸東京の歴史と文化(米山勇)「江戸東京たてもの園だより」 東京都歴史文化財団 (36) 2010.9

記念講演 平成22年8月28日 講師・小澤弘教授 「江戸のまちづくりに学ぶ」を聴講して(比留間文彦)「町田地方史研究会会報」 町田地方史研究会 (18) 2010.10

江戸・東京の緑地と都市計画—公園・庭園の動向を中心に(月例会報告)(小沢詠美子)「史潮」「歴史学会」，同成社(発売) (68) 2010.11

講演録 新興武家地の誕生—幕末期の佐倉江戸藩士の移住をめぐって(岩淵令治)「佐倉市史研究」 佐倉市総務部 (24) 2011.3

活動報告 平成21年度「江戸と千葉」研究会報告要旨(市史編さん担当)「千葉いまむかし」 千葉市教育委員会 (24) 2011.3

江戸名所を構成するもの(井田太郎)「品川歴史館紀要」 品川区立品川歴史館 (26) 2011.3

展示報告 黒船が来た！—欧米世界との出会いと幕末の江戸「東京都公文書館だより」 東京都公文書館 (18) 2011.3

戦いの美学 国枝外右馬の江戸詰中日記考察(9)(酒井博)「津久見史談」 津久見史談会 (15) 2011.3

『江戸・東京地形学散歩』の読者のために(補遺) NHK放映の「ブラタモリ」(松田磐余)「Collegio」 之潮 (44) 2011.4

江戸の大地震(桜井孝子)「練馬古文書研究会会報」 練馬古文書研究会 (46) 2011.6

富山から江戸までの道中記(絵図、藤原家文書)「富山県公文書館だより」 富山県公文書館 (49) 2011.7

コラム 江戸の崖・東京の崖 番外「Collegio」 之潮 (45) 2011.7

研究の散歩道 江戸の地磁石(市川寛明)「江戸東京博物館news ： Edo-Tokyo Museum news」 東京都歴史文化財団東京都江戸東京博物館 (75) 2011.9

江戸湾沿岸の物資流通—幕末の安房と江戸・相模(大会報告要旨—共通論題)(筑紫敏夫)「交通史研究」 交通史学会，吉川弘文館(発売) (75) 2011.9

「江戸にはこんな槍があったんだ…」(石井健師)「深谷上杉・郷土史研究会会報」 深谷上杉・郷土史研究会 (128) 2011.9

江戸の町 女性のくらしと文化 原釆蘋の行きかた 女性史サークルの講演から(古坂容子)「郷土史」 八王子市川口郷土史研究会 (33) 2012.1

江戸消防記念会第十一区 大盃の儀(鈴木志乃)「足立史談」 足立区教育委員会 (528) 2012.2

報告要旨 八戸藩江戸留守居研究序説(第32回全体会の記録)(永嶺信孝)「岡山藩研究」 岡山藩研究会 (66) 2012.2

参加記 永嶺信孝氏報告「八戸藩江戸留守居研究序説」を聞いて(第32回全体会の記録)(白根孝胤)「岡山藩研究」 岡山藩研究会 (66) 2012.2

参加記 永嶺信孝氏の報告を聞いて(第32回全体会の記録)(山本英貴)「岡山藩研究」 岡山藩研究会 (66) 2012.2

戦後建立の筆子塚にみる「江戸」の「教育社会」(石山秀和)「熊谷市史研究」 熊谷市教育委員会 (4) 2012.3

活動報告 平成22年度「江戸と千葉」研究会報告要旨(市史編さん担当)「千葉いまむかし」 千葉市教育委員会 (25) 2012.3

外右馬の見た江戸城 国枝外右馬の江戸詰中日記考察(10)(酒井博)「津久見史談」 津久見史談会 (16) 2012.3

歌川広重作『絵本江戸土産』における風景描写の特徴—「江戸名所図会」との比較を通して(研究ノート)(阿部美香)「歴史地理学」 歴史地理学会，古今書院(発売) 54(2)通号259 2012.3

江戸区芭蕉記念館特別展 江戸という時代と文芸/風景漫画家沖山潤の芭蕉と歩く東京(横浜文求)「下町文化」 江東区地域振興部 (257) 2012.4

水都大江戸の再生(会員便り)(猪谷達夫)「すみだ川 ： 隅田川市民交流実行委員会会報」 隅田川市民交流実行委員会 (51) 2012.4

弘前藩江戸日記の管理と日記役(研究例会報告要旨)(中野達哉)「地方史研究」 地方史研究協議会 62(2)通号356 2012.4

江戸に学ぶ都市防災(東日本大震災と泉区被災者—東日本大震災発生時の記録)(山本純美)「郷土いずみ」 (18) 2012.5

安政江戸大地震が残したもの—鯰絵と世直し(真板道夫)「杉並郷土史会会報」 杉並郷土史会 (235) 2012.9

第473回例会記 安政江戸大地震が残したもの—鯰絵と世直し 真坂道夫先生(片山恒雄)「杉並郷土史会会報」 杉並郷土史会 (235) 2012.9

江戸にもあった思案橋(河勝大)「練馬郷土史研究会会報」 練馬郷土史研究会 (341) 2012.9

問題提起 近世後期の江戸警衛—将軍不在時を中心に(2011年度大会特集 近世後期の江戸警衛—将軍不在時を中心に)(常任委員会)「関東近世史研究」 関東近世史研究会 (72) 2012.10

コメント 神谷大介報告について(2011年度大会特集 近世後期の江戸警衛—将軍不在時を中心に)(保谷徹)「関東近世史研究」 関東近世史研

究会 （72）2012.10

大会討論要旨（2011年度大会特集 近世後期の江戸警衛─将軍不在時を中心に）「関東近世史研究」 関東近世史研究会 （72）2012.10

江戸の下水管理と武家・町組合（月例会報告要旨）（松本剣志郎）「関東近世史研究」 関東近世史研究会 （72）2012.10

都市社会と「自粛」現象─江戸・東京における鳴物停止の構造・展開を中心に（月例会報告要旨）（佐藤麻里）「関東近世史研究」 関東近世史研究会 （72）2012.10

第357回講演会 9月30日（日）遺跡から見る江戸の食文化（阿部常樹）「北区史を考える会会報」 北区史を考える会 （106）2012.11

研究の散歩道 江戸における火事と「富の再分配」（市川寛明）「江戸東京博物館news ： Edo-Tokyo Museum news」 東京都歴史文化財団東京都江戸東京博物館 （80）2012.12

明暦大火被災による正保国絵図再提出の時期について（研究ノート）（川村博忠）「歴史地理学」 歴史地理学会，古今書院（発売）55（1）通号263 2013.1

高山彦九郎日記による歴史散歩（35）〜（41）『江戸日記』（1）〜（7）（正田喜久）「群馬歴史散歩」 群馬史散歩の会 （228）/（234）2013.3/2014.5

活動報告 平成23年度「江戸と千葉」研究会報告要旨（市史編さん担当）「千葉いまむかし」 千葉市教育委員会 （26）2013.3

江戸前から東京湾への文化的変質（佐藤藪）「東京湾学会誌 ： 東京湾の水土」 東京湾学会 3（5）通号17 2013.3

短信 郷土資料館40年、板碑の寄託／展示「津田沼の今昔─写真でみる街の遷り変わり─」「収蔵資料展─いれるれ・はこぶ─」/ 郷土資料館周辺の遺跡/「くらしの道具─道具が語るくらしの歴史（16）─」/講演会 文化講演「東郊への旅─江戸から船橋へ」、地域史講座「近代の習志野原を語る」/ 見学会 歴史見学会「船橋の歴史散歩」、「親と子の歴史見学会」「船橋市郷土資料館資料館だより」「船橋市郷土資料館」 （100）2013.3

参勤交代の帰路 国枝外右馬の江戸詰日記考察 番外（酒井博）「津久見史談」 津久見史談会 （17）2013.3

歴史のしおり 戊辰戦争時における江戸っ子の心情や立場を今に伝える錦絵（加藤光男）「The amuseum」 埼玉県立歴史と民俗の博物館 8（1）通号22 2013.6

古文書への招待 江戸詰藩士の住宅事情（藤田雅子）「海南千里 ： 土佐山内家宝物資料館だより」 土佐山内家宝物資料館 （40）2013.6

江戸上水道の研究（第54回日本史関係卒業論文発表会要旨）（川原竜太）「地方史研究」 地方史研究協議会 63（3）通号363 2013.6

江戸の消化システム─村政から民政へ（真板道夫）「杉並郷土史会会報」 杉並郷土史会 （240）2013.7

小宮山報告コメント（2011年度大会特集II 近世後期の江戸警衛─将軍不在時を中心に）（針谷武志）「関東近世史研究」 関東近世史研究会 （74）2013.11

椿田報告コメント（2011年度大会特集II 近世後期の江戸警衛─将軍不在時を中心に）（馬場弘臣）「関東近世史研究」 関東近世史研究会 （74）2013.11

第370回 講演会 10月20日（日）近世都市江戸の水害とその対策─郭内・郭外の区分と神田川右岸堤防の構築（鳥越勇工摩）「北区史を考える会会報」 北区史を考える会 （110）2013.11

定例解読会より 『如塵集』明暦三年江戸火事に関する貞「古文書研究会報」 岩手古文書研究会 （413）2013.12

江戸の七不思議（高塚さより）「下町文化」 江戸区地域振興部 （264）2014.1

都発企画展 開港されなかった江戸 横浜開港都市発展記念館特別展・横浜開港資料館共催「港をめぐる二都物語 江戸東京と横浜」より（吉崎雅規）「開港のひろば ： 横浜開港資料館館報」 横浜開港資料館 （123）2014.1

事業報告 秋季企画展「江戸への旅─年貢米と上乗人─」（大津祐司）「史料館研究紀要」 大分県立先哲史料館 （18）2014.1

江戸の書籍文化から─印刷法と版本、そして校正の例（岩坪充雄）「書籍文化史」 鈴木俊幸 15 2014.1

幕末期江戸における迷子石の社会的意義─浅草寺の事例を中心に（特集 都市の風俗を考える）（加藤友梨）「風俗史学 ： 日本風俗史学会誌」 日本風俗史学会，岩田書店（発売）（56）2014.1

近世前期の江戸の花火について（特集 都市の風俗を考える）（福澤徹三）「風俗史学 ： 日本風俗史学会誌」 日本風俗史学会，岩田書店（発売）（56）2014.1

江戸廻米にみる納惣代名主の気配り（研究）（湯村泰男）「郷土てんどう ： 天童郷土研究会会報」 天童郷土研究会 （42）2014.2

安政江戸地震と黒石藩江戸藩邸（研究ノート）（篠村正雄）「弘前大学国史研究」 弘前大学国史研究会 （136）2014.3

平成24年度「江戸と千葉」研究会報告要旨（活動報告）（市史編さん担当）「千葉いまむかし」 千葉市教育委員会 （27）2014.3

近世の小平─首都江戸のフロンティア（小平市史刊行記念講演会）（大石

学）「小平の歴史を拓く ： 市史研究」 小平市企画政策部 （6）2014.3

首都江戸と甲州道中（横山直子）「杉並郷土史会会報」 杉並郷土史会 （244）2014.3

特別展「花開く 江戸の園芸」実施報告（田中実穂）「東京都江戸東京博物館紀要」 東京都江戸東京博物館 （4）2014.3

江戸名所花暦─金橋桜花の補植と地域住民「東京都公文書館だより」 東京都公文書館 （24）2014.3

殿様御遠行（逝去）国枝外右馬の江戸詰中日記考察 番外の2（酒井博）「津久見史談」 津久見史談会 （18）2014.3

第507回例会記 平成25年11月23日 江戸と周辺農村との人的交流─武士と農民の婚姻関係を中心に 講師：森安彦先生（小島智）「杉並郷土史会会報」 杉並郷土史会 （245）2014.5

展示会短評 横浜市発展記念館 特別展示「港をめぐる二都物語─江戸東京と横浜」（松谷昇蔵）「民衆史研究」 民衆史研究会 （87）2014.5

伝奏屋敷の略図について（随想）（土屋道郎）「聴雪」 新庄古文書の会 （18）2014.6

歴史のしおり 江戸の「写」文化（浦木賢治）「The amuseum」 埼玉県立歴史と民俗の博物館 9（1）通号25 2014.6

特集 平成26年度文化財企画展 千代田区文化財保護条例施行30周年記念展示「千代田の文化財で綴る江戸・東京」「千代田区立日比谷図書文化館文化財ニュース」 千代田区立日比谷図書文化館 （6）2014.6

道中風景絵巻IV 八代の殿さま江戸に行く 絵巻に残る平家物語の世界（柏田忠）「夜豆志呂 ： 郷土史」 八代史談会 （175）2014.6

江戸庶民の「こころ」を語る その暮らしと文化（講演会）（塩田安示）「いしぶみ」 まちだ史考会 （37）2014.7

史料紹介 幕末富山人の江戸・伊勢めぐり小遺帳（鈴木景二）「富山史壇」 越中史壇会 （174）2014.7

江戸図の出版について─書物問屋と草紙問屋（齊藤智美）「風俗史学 ： 日本風俗史学会誌」 日本風俗史学会，岩田書店（発売）（59）2014.9

記念講演「江戸のまちづくりに学ぶ」（小澤弘）「町田地方史研究」 町田地方史研究会 （21）2014.11

特別展「探検！ 体験！ 江戸東京」「江戸東京博物館news ： Edo-Tokyo Museum news」 東京都歴史文化財団東京都江戸東京博物館 （88）2014.12

江戸往還

館蔵「浜御殿より品川新宿迄江戸往還道絵巻」について（小澤弘）「東京都江戸東京博物館紀要」 東京都江戸東京博物館 （4）2014.3

表紙図版 高輪大木戸「浜御殿より品川新宿迄江戸往還絵巻」部分（691210021）「東京都江戸東京博物館紀要」 東京都江戸東京博物館 （4）2014.3

江戸海道

さくら市にある道しるべ「江戸海道」「奥州海道」の謎を追って（研究ノート）（碓氷正和）「氏家の歴史と文化」 氏家歴史文化研究会 （12）2013.6

江戸川

史跡めぐり 葛飾柴又寅さんの町から里見城址を訪ねて─江戸川の右岸と左岸の史跡を訪ねる（若林徹大）「日本史攷究」 日本史攷究会 （34）2010.11

表紙 絵はがき「江戸川の桜」（館蔵）「文京ふるさと歴史館だより」「文京ふるさと歴史館」 （21）2014.6

江戸川区

江戸東京消失地名録 地形地名編 江戸川区（1）〜（2）（樋口政則）「Collegio」 之潮 （13）/（15）2006.8/2006.10

江戸河越通路

第106回例会 平成25・11・4 太田道灌の「江戸河越通路」─消えた江戸五口の上州道（下島邦夫）「練馬区地名研究会会報」 練馬区地名研究会 （105）2013.12

江戸薩摩藩邸

江戸藩邸焼討事件の背景 江戸市中攪乱工作の真相（神園絋）「敬天愛人」 西郷南洲顕彰会 （31）2013.9

江戸城

江戸城の詰所について（二瓶次右衛門）「富田町史談会会報」 富田町史談会 （11）2003.4

伊豆石を石垣用に計画するが国許への連絡、採石場の手配と天手古舞 17世紀前期の江戸城修築工事 幕府の命令に絶対服従の諸藩の苦悩「豆州歴史通信」 豆州研究社歴史通信部 291 2003.5

研究ノート 江戸城の日常─「御留守居衆御用留」より（松尾美恵子）「江戸東京博物館news ： Edo-Tokyo Museum news」 東京都歴史文化財団東京都江戸東京博物館news

第一部 江戸城築城 掘り出された江戸城跡と江戸城外堀跡「千代田区立四番町歴史民俗資料館資料館だより」 東京都千代田区教育委員会，千代田区立四番町歴史民俗資料館 16 2003.10

東京都　　　　　　　　　　　　　　　　　　　地名でたどる郷土の歴史　　　　　　　　　　　　　　　　　　　関東

伊豆石の利用は江戸城築城から文明開化の駅舎や鉄路敷石まで 1872（明治5）年10月開業 東京新橋停車場の駅舎外壁「豆州歴史通信」 豆州研究社歴史通信部　304　2003.11

伊豆石は築城工事から都市建設まで 東海岸は江戸城・西海岸は駿府城 近世の有力な産業だった採石・輸送・問屋も伊豆石「豆州歴史通信」 豆州研究社歴史通信部　308　2004.1

甲良家伝来の「江戸城造営関係資料」について（川村由紀子）「武蔵野」 武蔵野文化協会　79（2）通号338　2004.3

江戸城の詰所について（続）（二瓶次右衛門）「富田町史談会会報」 富田町史談会　（12）　2004.4

研究ノート 江戸城前の初春風景（小澤弘）「江戸東京博物館news：Edo-Tokyo Museum news」 東京都歴史文化財団東京都江戸東京博物館　48　2004.12

礼楽による共同性の創出―享保期江戸城御馳走御能の検討（《月例会報告要旨》）（川上真理）「関東近世史研究」 関東近世史研究会　（58）2005.8

平成17年度所蔵資料展（第6回）開催のご案内 江戸城を建てる―重文甲良家の図面を読む「東京都公文書館だより」 東京都公文書館　（7）2005.11

江戸城と秋田方言―方言は古語を保存する宝言であること（三木藤佑）「北方風土 ： 北国の歴史民俗考古研究誌」 イズミヤ出版　通号51　2006.1

報告1 江戸城門の内と外（《特集 平成16年度都市歴史研究室シンポジウム報告》―〈シンポジウム「江戸城と丸の内」報告〉）（松尾美恵子）「東京都江戸東京博物館研究報告」 東京都江戸東京博物館　（12）2006.3

報告2 写された江戸城（《特集 平成16年度都市歴史研究室シンポジウム報告》―〈シンポジウム「江戸城と丸の内」報告〉）（原史彦）「東京都江戸東京博物館研究報告」 東京都江戸東京博物館　（12）2006.3

論文2 江戸城内の運営と「五役」―「新古改撰誌記」より（《特集 平成16年度都市歴史研究室シンポジウム報告》―〈江戸城と丸の内をめぐって〉）（田原昇）「東京都江戸東京博物館研究報告」 東京都江戸東京博物館　（12）2006.3

第16回大会「江戸城と多摩」開催にあたって（梶原勝）「多摩地域史研究会会報」 多摩地域史研究会　（77）2006.12

特別展「江戸城」「江戸東京博物館news ： Edo-Tokyo Museum news」 東京都歴史文化財団東京都江戸東京博物館　56　2007.1

研究の散歩道 江戸城の聖地―紅葉山と東照宮（田原昇）「江戸東京博物館news ： Edo-Tokyo Museum news」 東京都歴史文化財団東京都江戸東京博物館　56　2007.1

町の意味づけの変遷―江戸城との関わりから（〈特集1 シンポジウム「日本橋・銀座・汐留―にぎわいの街」〉）（田原昇）「東京都江戸東京博物館研究報告」 東京都江戸東京博物館　（13）2007.3

第16回大会「江戸城と多摩」と江戸東京博物館特別展「江戸城」（外池昇）「多摩地域史研究会会報」 多摩地域史研究会　（78）2007.4

読みもの 江戸城の堀と水（後藤宏樹）「千代田区立四番町歴史民俗資料館資料館だより」 東京都千代田区教育委員会，千代田区立四番町歴史民俗資料館　（25）2007.7

記念講演記録 江戸城修築と相模・伊豆の石丁場（野中和夫）「利根川文化研究」 利根川文化研究会　通号30　2007.11

江戸城の石垣―海との関係から（《特集 城石垣・採石丁場》）（金子浩之）「城郭史研究」 日本城郭史学会，東京堂出版（発売）（27）2008.1

第1部「織豊都郭としての江戸城」開催要旨（〈東京都江戸東京博物館シンポジウム「江戸城研究の新視点」〉）「東京都江戸東京博物館研究報告」 東京都江戸東京博物館　（14）2008.3

徳川家康の城（〈東京都江戸東京博物館シンポジウム「江戸城研究の新視点」〉）（加藤理文）「東京都江戸東京博物館研究報告」 東京都江戸東京博物館　（14）2008.3

織豊系城郭としての江戸城（〈東京都江戸東京博物館シンポジウム「江戸城研究の新視点」〉）（中井均）「東京都江戸東京博物館研究報告」 東京都江戸東京博物館　（14）2008.3

第2部「江戸城の経営と消費」開催要旨（〈東京都江戸東京博物館シンポジウム「江戸城研究の新視点」〉）「東京都江戸東京博物館研究報告」 東京都江戸東京博物館　（14）2008.3

経済システムとしての江戸城（〈東京都江戸東京博物館シンポジウム「江戸城研究の新視点」〉）（大口勇次郎）「東京都江戸東京博物館研究報告」 東京都江戸東京博物館　（14）2008.3

将軍家奥向きの経済―御用取次見習の記録から（〈東京都江戸東京博物館シンポジウム「江戸城研究の新視点」〉）（松尾美恵子）「東京都江戸東京博物館研究報告」 東京都江戸東京博物館　（14）2008.3

江戸城における消費物資の調達について（〈東京都江戸東京博物館シンポジウム「江戸城研究の新視点」〉）（太田尚宏）「東京都江戸東京博物館研究報告」 東京都江戸東京博物館　（14）2008.3

江戸幕府「五役」の人員補充―部屋住御雇と公儀人足を事例に（〈東京都江戸東京博物館シンポジウム「江戸城研究の新視点」〉）（田原昇）「東京都江戸東京博物館研究報告」 東京都江戸東京博物館　（14）2008.3

もう一つの上野国江戸城築城石（大塚昌彦）「群馬文化」 群馬県地域文化研究協議会　通号294　2008.4

江戸城周辺を歩く（歴史散歩）（石井善満）「郷土いずみ」 （14）2008.5

縄張研究の視点から見る江戸城（池田誠）「愛城研報告」 愛知中世城郭研究会　（12）2008.8

江戸城再建と庶民の上納金（万延元年三左衛門日記に見る世情）（及川治雄）「戸塚歴史の会」 戸塚歴史の会　（35）2009.6

コラム史料探訪 江戸城御用炭の水陸輸送について（丹治健蔵）「利根川文化研究」 利根川文化研究会　通号33　2009.8

江戸城から移築の門―紅葉山が吹上から移築（西ヶ谷恭弘）「城郭だより ： 日本城郭学会会報」「日本城郭学会」　（67）2009.10

史跡江戸城外堀跡保存管理計画 江戸城外堀の価値を伝える―史跡江戸城外堀跡再発見フォーラム開催（後藤宏樹）「千代田区立四番町歴史民俗資料館資料館だより」 東京都千代田区教育委員会，千代田区立四番町歴史民俗資料館　（33）2010.3

天保期江戸城警備普請における大名御手伝・上納金について（三宅智志）「鷹陵史学」 鷹陵史学会　（35）2010.3

江戸城の下水に関する一考察―本丸・西の丸の中枢部を中心として（野中和夫）「城郭史研究」 日本城郭史学会，東京堂出版（発売）（31）2012.3

近世後期における江戸城の留守体制と幕政（2011年度大会特集 近世後期の江戸警備―将軍不在時を中心に―大会報告）（小宮山敏和）「関東近世史研究」 関東近世史研究会　（72）2012.10

「森川家文書」所収「江戸城御本丸御奥方御絵図」について（藤田英昭）「千葉県の文書館」 千葉県文書館　（18）2013.3

古文書は語る（38）成木石灰の輸送と江戸城改修工事―「朝野旧聞裒藁」所収「御用石灰付送りにつき中渡書」（馬場憲一）「多摩のあゆみ」 たましん地域文化財団　（153）2014.2

江戸城を歩く（1）（峯岸恒雄）「川口市郷土史会々誌」 川口市郷土史会　（79）2014.3

文久期江戸城登城と国事周旋―鳥取藩主池田慶徳の動向を中心に（篠﨑佑太）「中央史学」 中央史学会　（37）2014.3

江戸城大奥

江戸城大奥と奥女中（畑尚子）「那須文化研究」 那須文化研究会　（19）2005.12

コラム 江戸城大奥と留守居「公益財団法人徳川記念財団会報」 徳川記念財団　（21）2013.6

旗本がみた幕末の大奥―田村家資料の世界（加藤芳典）「文京ふるさと歴史館だより」「文京ふるさと歴史館」 （20）2013.6

江戸城大手門

江戸城大手門の警衛と人宿（〈東京都江戸東京博物館シンポジウム「江戸城研究の新視点」〉）（市川寛明）「東京都江戸東京博物館研究報告」 東京都江戸東京博物館　（14）2008.3

窓が消えた江戸城大手門―震災の修復により消失「城郭だより ： 日本城郭学会会報」「日本城郭学会」 （78）2012.7

江戸城外郭諸門

江戸城外郭諸門の屋根瓦に関する一考察―筋違橋門・浅草橋門を中心として（野中和夫）「城郭史研究」 日本城郭史学会，東京堂出版（発売）（28）2009.3

江戸城外堀

特報 史跡江戸城外堀跡を保存する（後藤宏樹）「千代田区立四番町歴史民俗資料館資料館だより」 東京都千代田区教育委員会，千代田区立四番町歴史民俗資料館　（22）2006.6

文部科学省構内江戸城外堀跡の石垣展示／有楽町イトシアの南町奉行所跡「千代田区立四番町歴史民俗資料館資料館だより」 東京都千代田区教育委員会，千代田区立四番町歴史民俗資料館　（27）2008.3

区内文化財報告（番外編）遺跡江戸城外堀跡 再発見ウォーク（水本和美）「千代田区立四番町歴史民俗資料館資料館だより」 東京都千代田区教育委員会，千代田区立四番町歴史民俗資料館　（29）2008.11

江戸城天守

朝日新聞八月一日夕刊のトップ記事「江戸城天守再建運動」にもの申す（西ヶ谷恭弘）「城郭だより ： 日本城郭学会会報」「日本城郭学会」 （87）2014.10

江戸城天守台

江戸城天守台（口絵）「群馬風土記」 群馬出版センター　22（2）通号93　2008.4

江戸周辺鷹場

江戸周辺鷹場と御場肝煎制―化政期を中心に（山崎久登）「地方史研究」 地方史研究協議会　63（6）通号366　2013.12

江戸東郊

江戸東郊 浪人由緒ミニ事典（1）あ行（郷土博物館）「足立史談」 足立区教育委員会　（525）2011.11

江戸東郊 浪人由緒ミニ事典（2）か行（郷土博物館）「足立史談」 足立区

教育委員会　(526)　2011.12

江戸東郊 浪人由緒ミニ事典(3) さ行(郷土博物館)「足立史談」 足立区教育委員会　(527)　2012.1

江戸東郊 浪人由緒ミニ事典(4) た行(郷土博物館)「足立史談」 足立区教育委員会　(530)　2012.4

江戸東郊 浪人由緒ミニ事典(5) は行その1(郷土博物館)「足立史談」 足立区教育委員会　(537)　2012.11

江戸東郊 浪人由緒ミニ事典(5) は行その2(郷土博物館)「足立史談」 足立区教育委員会　(540)　2013.2

江戸前島

『江戸・東京地形学散歩』の読者のために(3),(4) 日本橋台地・江戸前島・日比谷入江(松田磐余)「Collegio」 之潮　(39)/(40)　2009.12/2010.4

「江戸前島」の成立―『対話で学ぶ 東京・横浜の地形』を読んで(鈴木理生)「Collegio」 之潮　(55)　2014.2

江戸屋敷

第2回文化財講演会「大名江戸屋敷の構造とくらし」の開催「千代田区立四番町歴史民俗資料館資料館だより」 東京都千代田区教育委員会,千代田区立四番町歴史民俗資料館　15　2003.3

水戸徳川家と江戸屋敷の跡を訪れて(加藤元信)「文京ふるさと歴史館だより」「文京ふるさと歴史館」　(13)　2006.4

江戸湾

天保の日光社参と江戸湾防備―涌井氏の報告を聞いて(《第27回全体会の記録》)(下重清)「岡山藩研究会」　(57)　2007.3

交流を仲介する海「江戸湾」と海晏寺の雲版(《特集 品川の中世・再発見》)(滝川恒昭)「品川歴史館紀要」 品川区立品川歴史館　(24)　2009.3

ペリー来航時の実景(酒井容子)「津久見史談」 津久見史談会　(13)　2009.3

会津藩の江戸湾警備 三浦半島から房総半島まで(《特集 会津藩の江戸湾警備》)(五ノ井三男)「会津人群像」 歴史春秋出版　(15)　2009.10

江戸湾沿岸の物資流通―幕末の安房と江戸・相模(大会報告要旨―共通論題)(筑紫敏夫)「交通史研究」 交通史学会, 吉川弘文館(発売)　(75)　2011.9

近世後期の江戸湾警衛体制―深川越中島を中心として(中西崇)「江東区文化財研究紀要」 江東区教育委員会生涯学習部　(17)　2012.3

特別展『品川御台場―幕末期江戸湾防備の拠点―』とその展示図録(特集 特別展「品川御台場」)(梶輝行)「品川歴史館紀要」 品川区立品川歴史館　(27)　2012.3

「品川御台場」展に寄せて―佐賀から見た江戸湾防備と品川御台場(特集 特別展「品川御台場」)(本多美穂)「品川歴史館紀要」 品川区立品川歴史館　(27)　2012.3

特別展「品川御台場―幕末期江戸湾防備の拠点―」の成果と課題―内容の補足と記念シンポジウムの実施(特集 特別展「品川御台場」)(冨川武史)「品川歴史館紀要」 品川区立品川歴史館　(27)　2012.3

展示批評 品川歴史館特別展「品川御台場―幕末期江戸湾防の拠点―」(横山考之輔)「地方史研究」 地方史研究協議会　62(2)通号356　2012.4

大坂湾警衛と国主大名―江戸湾警衛からの移転について(三宅智志)「鷹陵史学会」 鷹陵史学会　(38)　2012.9

下田・羽田奉行所の設置と江戸湾防備網構想―天保14年日光社参前後の動向を中心に(2011年度大会特集 近世後期の江戸警衛―将軍不在時を中心に―大会報告)(椿田有希子)「関東近世研究」 関東近世研究会　(72)　2012.10

最幕末期の江戸湾防備強化と越中島砲台(小特集 越中島砲台跡の調査成果)(冨川武史)「江東区文化財研究紀要」 江東区教育委員会地域振興部　(18)　2014.3

荏原

展示批評「むさしの国荏原」展をみて(工藤航平)「品川歴史館紀要」 品川区立品川歴史館　(20)　2005.3

「むさしの国荏原」展開催余話(坂詰秀一)「品川歴史館紀要」 品川区立品川歴史館　(20)　2005.3

荏原郡病院

世田谷殿山にあった荏原郡病院の沿革(編集部)「せたかい : 歴史さろん」 世田谷区誌研究会　(52)　2000.7

荏原伝染病院

資料紹介 斎藤誠著『荏原伝染病院誌』「せたかい : 歴史さろん」 世田谷区誌研究会　(53)　2001.6

恵比寿

東京電車線路物語(10) 平行する2線の立体交差―山手線 目黒―恵比寿間(井口悦男)「Collegio」 之潮　(31)　2008.2

縁切榎

郷土の史跡 縁切榎を尋ねて(山口感子)「板橋史談」 板橋史談会

(231)　2005.11

落語の世界から見た板橋(1)「縁切榎」(猪瀬尚志)「板橋史談」 板橋史談会　(242)　2007.9

旧エンジン試運転工場

署名のお願い、情報など「浅川地下壕口地区」が危機に、西東京市谷戸にあった旧エンジン試運転工場の建物が撤去「戦争のきずあと・むさしの」 武蔵野の空襲と戦争遺跡を記録する会　(50)　2014.2

鴎外旧居

史跡・文化財シリーズ(47) 有形民俗文化財 庚申塔2基 誓願寺/新聞に見る荒川区の世相史(11) 昭和編/郷土の思い出を語る―昭和の時代(前)(1) 村田英三郎さん/3月の湯島界隈をたずねて―岩崎邸・大観記念館・鴎外旧居/五月晴れの栃木県の街見学「荒川史談」 荒川史談会　270　2002.6

王子

THE FAR EAST 所収の王子関係写真について(石倉孝祐)「北区飛鳥山博物館研究報告」 東京都北区教育委員会　(6)　2004.3

第255回月例研究会 王子を語る座談会(榎本龍治)「北区史を考える会会報」 北区史を考える会　72　2004.5

売薬「王子五香散」(中村洋子)「北区飛鳥山博物館研究報告」 東京都北区教育委員会　(7)　2005.3

王子事件 昭和26年3月7日(馬場永子)「北区史を考える会会報」 北区史を考える会　(80)　2006.5

第298回月例研究会 9月22日(土) トンボのルーツと王子工場設立の経緯(伊藤眞吉)「北区史を考える会会報」 北区史を考える会　(86)　2007.11

資料紹介 東京都立中央図書館蔵『王子御鷹野』―解題と翻刻(井上綾子)「北区飛鳥山博物館研究報告」 東京都北区教育委員会　(10)　2008.3

第307回月例研究会 6月14日(土) 銀行から見る王子の変遷(有馬純寿)「北区史を考える会会報」 北区史を考える会　(89)　2008.8

ぶらり歴史散歩 王子・上野・浅草(豊島信夫)「北区史を考える会会報」 北区史を考える会　(101)　2011.8

ぶらり歴史散歩(2) 王子・上野・浅草(豊島信夫)「北区史を考える会会報」 北区史を考える会　(103)　2012.2

王子の町起こしを考える(高木基雄)「北区史を考える会会報」 北区史を考える会　(103)　2012.2

王子今昔物語 江戸っ子のレクリエーション・スポット 王子 春 受け継がれる吉宗の心意気〈飛鳥山〉/夏 王子の夏・滝浴みの夏〈王子七滝〉/秋 紅葉ある風景〈滝野川の紅葉〉/冬 人もキツネも稲荷に集う〈王子稲荷〉/むかし昔写真館「ほいす : 北区飛鳥山博物館だより」 北区飛鳥山博物館　31　2013.9

王子稲荷

王子今昔物語 江戸っ子のレクリエーション・スポット 王子 春 受け継がれる吉宗の心意気〈飛鳥山〉/夏 王子の夏・滝浴みの夏〈王子七滝〉/秋 紅葉ある風景〈滝野川の紅葉〉/冬 人もキツネも稲荷に集う〈王子稲荷〉/むかし昔写真館「ほいす : 北区飛鳥山博物館だより」 北区飛鳥山博物館　31　2013.9

王子駅

旧き時代の王子駅と赤羽駅(冨田駿策)「北区史を考える会会報」 北区史を考える会　74　2004.11

第284回月例研究会 7月22日(土) むかしむかし王子駅は―地域史の間の発見(有馬純雄)「北区史を考える会会報」 北区史を考える会　(81)　2006.8

王子の町起こしを考える・その2「王子駅まわりの観光路整備を考える」(高木基雄)「北区史を考える会会報」 北区史を考える会　(105)　2012.8

王子大堰

写真に見るあの日この時 明治5年の王子大堰「ほいす : 北区飛鳥山博物館だより」 北区飛鳥山博物館　12　2004.3

王子三業地

大地・水・人 移り変わる盛り場=王子三業地「ほいす : 北区飛鳥山博物館だより」 北区飛鳥山博物館　30　2013.3

王子七滝

王子今昔物語 江戸っ子のレクリエーション・スポット 王子 春 受け継がれる吉宗の心意気〈飛鳥山〉/夏 王子の夏・滝浴みの夏〈王子七滝〉/秋 紅葉ある風景〈滝野川の紅葉〉/冬 人もキツネも稲荷に集う〈王子稲荷〉/むかし昔写真館「ほいす : 北区飛鳥山博物館だより」 北区飛鳥山博物館　31　2013.9

王子電気軌道

豊島をさぐる(15) 雑司が谷鬼子母神にみる王子電気軌道の玉垣「かたりべ : 豊島区立郷土資料館ミュージアム開設準備だより」 豊島区立郷土資料館　通号85・86　2007.5

奥州海道

さくら市にある道しるべ「江戸海道」「奥州海道」の謎を追って(研究ノート)(12) 2013.6

奥州街道

旧奥州街道の現状─北上市分(川邊隆男)「北上史談」 北上史談会 (45) 2006.1

奥州街道の一里塚について(高橋進)「岩手の古文書 : the Iwate journal of diplomatics」 岩手古文書学会 (20) 2006.3

奥州街道和賀川の周辺─絵地図に見る(沼山源喜治)「北上史談」 北上史談会 (46) 2006.11

奥州街道を旅する(文化財巡り)(鈴木奈保子)「氏家の歴史と文化」 氏家歴史文化研究会 (6) 2007.3

紀行文に著された、栗原市内の奥州街道(小野寺健太郎)「栗原郷土研究」 栗原郷土史研究会 (39) 2008.3

二本松藩領内奥州街道沿いの宿場集落の形成について(柳田和久)「郡山地方史研究会」 郡山地方史研究会 39 2009.3

消滅した大衡村の奥州街道(私の報告)(高倉淳)「仙台郷土研究」 仙台郷土研究会 34(1)通号278 2009.6

戦国時代の道と城─仙台市域の奥州街道前夜(特集 仙台への道 仙台からの道)(菅野正道)「市史せんだい」 仙台市博物館 20 2010.9

移動ふるさと歴史講座「奥州街道・稲生川用水に沿って」(工藤明)「北奥文化 : 郷土誌」 北奥文化研究会 (32) 2011.11

「往古奥州道」と「押立堤」について(秦野秀明)「越谷市郷土研究会会報 : 古志賀谷」 越谷市郷土研究会 (16) 2011.12

奥州街道と有壁本陣について(佐々木哲. 菅原昭治)「栗原郷土研究」 栗原郷土史研究会 (43) 2012.5

幕末奥州街道の賑わい─奥州街道高清水村宿駅検断鎌田家文書にみる(千葉景一)「栗原郷土研究」 栗原郷土史研究会 (45) 2014.6

下野國の古道と奥州街道(道中)の変遷(紀行・随筆)(碓氷正和)「氏家の歴史と文化」 氏家歴史文化研究会 (13) 2014.6

奥州道

奥州道中喜連川宿(研究ノート)(土屋義明)「氏家の歴史と文化」 氏家歴史文化研究会 (9) 2010.3

江戸時代以前の越谷を通る古奥州道(一考察)(加藤幸一)「越谷市郷土研究会会報 : 古志賀谷」 越谷市郷土研究会 (16) 2011.12

近江小学

足立区の登録文化財を観る 有形文化財(書跡)扁額「近江小学」1面/扁額「梅島小学校」1面「足立史談会だより」 足立史談会 (295) 2012.10

青梅

青梅・奥多摩戦跡見学記 立川航空工廠の疎開工場/空襲と飛行機墜落/戦争慰霊碑と奉安殿(岩根謙一)「浅川地下壕の保存をすすめる会ニュース」 浅川地下壕の保存をすすめる会 45 2005.4

さし絵のなかの多摩(33)「家器」という籠と青梅の市─『武蔵野話』と『遊歴雑記』の「家路」図(齋藤愼一)「多摩のあゆみ」 たましん地域文化財団 (121) 2006.2

青梅に墜落したB29(伊藤広光)「戦争のきずあと・むさしの」 武蔵野の空襲と戦争遺跡を記録する会 (21) 2006.6

青梅地域の長吏・非人とその旦那場(大熊哲雄)「解放研究 : 東日本部落解放研究所紀要」 東日本部落解放研究所, 解放書店(発売) (23) 2009.9

「新編武蔵風土記稿 浄書稿本」に描かれた青梅の風景(小島みどり)「青梅市文化財ニュース」 青梅市文化財保護指導員会 (305) 2013.3

青梅は城下町?(角田清美)「青梅市文化財ニュース」 青梅市文化財保護指導員会 (308) 2013.6

青梅市郷土博物館企画展「戦国時代の青梅」(小島みどり)「青梅市文化財ニュース」 青梅市文化財保護指導員会 (316) 2014.2

青梅駅

「青梅線玉手箱」を見る─青梅駅地下室の見学も(第54回例会報告)(北村和寛)「多摩地域史研究会会報」 多摩地域史研究会 (73) 2006.1

青梅街道

江戸から青梅街道への物資搬送─鋳物と石造物を例に(北村和寛)「交通史研究」 交通史学会, 吉川弘文館(発売) (47) 2001.4

さし絵のなかの多摩(23) 日光街道と二筋の青梅街道の辻─「武蔵野話」「御嶽菅笠」の箱根ヶ崎(齋藤愼一)「多摩のあゆみ」 たましん地域文化財団 110 2003.5

第360回例会「甲州街道・青梅街道の歴史的変遷」原田弘・北川政次先生「杉並郷土史会史報」 杉並郷土史会 180 2003.7

青梅市

青梅市内の難解難読地名(角田清美)「青梅市文化財ニュース」 青梅市文化財保護指導員会 (245) 2008.3

県外歴史研究 東京都青梅市 吉川英治記念館・青梅きもの博物館・青梅市・梅の公園 幹事・中根三郎氏、池田孝氏(視察研究)「於保為」 大井町郷土史研究会 (28) 2009.5

景観形成重要資源(盬田小夜子)「青梅市文化財ニュース」 青梅市文化財保護指導員会 (261) 2009.7

文化財を生かす(文京区・青梅市)「東京の文化財」 東京都教育庁地域教育支援部 (118) 2014.9

青梅市立第二小学校

青梅市立第二小学校(神森正)「青梅市文化財ニュース」 青梅市文化財保護指導員会 (304) 2013.2

青梅市立第三小学校

青梅市立第三小学校(神森正)「青梅市文化財ニュース」 青梅市文化財保護指導員会 (313) 2013.11

青梅市立第三小学校(神森正)「青梅市文化財ニュース」 青梅市文化財保護指導員会 (314) 2013.12

青梅新町

青梅の市─青梅町と青梅新町の市日係争(特集 江戸後期の流通と市場)(齋藤愼一)「多摩のあゆみ」 たましん地域文化財団 (156) 2014.10

青梅線

「青梅線玉手箱」を見る─青梅駅地下室の見学も(第54回例会報告)(北村和寛)「多摩地域史研究会会報」 多摩地域史研究会 (73) 2006.1

洋風建築への誘い(18) 青梅線の洋風駅舎(伊藤龍也)「多摩のあゆみ」 たましん地域文化財団 (129) 2008.2

戦時下の青梅線─軍需駅誕生と複線化の歩み(特集 戦時下の地域社会 その2)(三村章)「多摩のあゆみ」 たましん地域文化財団 (141) 2011.2

青梅鉄道

青梅鉄道建設と住民の対応─羽村市(旧西多摩村)を中心として(下田亘)「多摩のあゆみ」 たましん地域文化財団 (124) 2006.11

甲武鉄道と青梅・川越鉄道(中村明美)「八王子市郷土資料館だより」 八王子市郷土資料館 (88) 2010.12

青梅電気鉄道

戦後60年と青梅電気鉄道文書(〈特集2 戦後60年〉)(青梅市郷土博物館)「ミュージアム多摩 : 東京都三多摩公立博物館協議会会報」 東京都三多摩公立博物館協議会 (27) 2006.3

青梅橋

青梅橋について(和田茂男)「ちょうま」 更埴郷土を知る会 (29) 2009.1

青梅町

青梅の市─青梅町と青梅新町の市日係争(特集 江戸後期の流通と市場)(齋藤愼一)「多摩のあゆみ」 たましん地域文化財団 (156) 2014.10

大井

大井水路図の作成と「地籍図」調査経過報告(〈小特集 特別展「大井─海に発展するまち─」をめぐって〉)(上島顕亮, 内田万里子, 星野玲子)「品川歴史館紀要」 品川区立品川歴史館 (22) 2007.3

展示批評 特別展「大井─海に発展するまち─」を見て(〈小特集 特別展「大井─海に発展するまち─」をめぐって〉)(鈴木章生)「品川歴史館紀要」 品川区立品川歴史館 (22) 2007.3

特別展感想記(〈小特集 特別展「大井─海に発展するまち─」をめぐって〉)(岩城英敏, 内田勇樹, 渡辺瑞枝)「品川歴史館紀要」 品川区立品川歴史館 (22) 2007.3

大井地域の地籍図の詳細調査(星野玲子)「品川歴史館紀要」 品川区立品川歴史館 (23) 2008.3

武蔵吉良氏の散在所領と関係地域─品川、大井との関係をめぐって(《特集 品川の中世・再発見》)(谷口雄太)「品川歴史館紀要」 品川区立品川歴史館 (24) 2009.3

大井駅

ニュース 文化講演会「古代東海道大井駅」を探る(坂詰秀一)「土車 : 公益財團法人古代學協會だより」 古代学協会 (118) 2009.9

古代大井駅を探る─古代東海道の変遷(古代大井駅を探る)(森田悌)「品川歴史館紀要」 品川区立品川歴史館 (25) 2010.3

古代東海道の経路─森田悌氏説に対する私見(古代大井駅を探る)(木下良)「品川歴史館紀要」 品川区立品川歴史館 (25) 2010.3

東京の古代道路─道路から古代「大井駅」を探る(古代大井駅を探る)(松原典明)「品川歴史館紀要」 品川区立品川歴史館 (25) 2010.3

旧大石家

歴史と文化を考えよう'08江東区文化財保護強調月間 江東区民まつり民俗芸能大会/旧大石家特別公開/文化財講演会 文書が語る江東区の近代/江東ものづくりフェア「下町文化」 江東区地域振興部 (243) 2008.9

関東　　　　　　　　　　　　　　地名でたどる郷土の歴史　　　　　　　　　　　　　　東京都

旧大石家住宅

守り伝える古民家 旧大石家住宅移築10周年!!「下町文化」 江東区地域振興部 （234）2006.7

囲炉裏ばた（大石家日記）(14) 旧大石家住宅の年中行事「下町文化」 江東区地域振興部 （262）2013.7

大泉

練馬の大泉にもあった「満蒙開拓訓練所」と「大陸の花嫁学校」[1]～(5)（今井忠男)「練馬郷土史研究会会報」 練馬郷土史研究会 （311)/(315)2007.9/2008.5

大泉第一小学校

大泉第一小学校の御鷹場杭について（宮城正勝)「練馬区地名研究会会報」 練馬区地名研究会 （83）2008.5

旧大久野郵便局

洋風建築への誘い(16) 旧檜原郵便局・旧大久野郵便局・旧名栗郵便局（藤龍也)「多摩のあゆみ」 たましん地域文化財団 （127）2007.8

大久保

講演 多文化共生の街・大久保の現在と未来―共に生活し生きる可能性を求めて（特集 多文化・多言語化する日本社会と子どもたち)（金根照)「明日を拓く」 東日本部落解放研究所, 解放書店（発売）36(5) 通号85 2010.3

大蔵村

特集座談会 大蔵村の今昔（須崎静夫, 井上實, 中澤正治, 佐藤達也, 山口拓郎)「いしぶみ」 まちだ史考会 （25）2008.7

大崎

区境の風景 目黒・大崎（橋口明子)「目黒区郷土研究」 目黒区郷土研究会 609 2005.10

大沢

23.5.14. 第91回講演会「天文台の大沢移転―時代背景と地元の受け入れ事情―」 講師：榑沢茂量氏（本会のあしあと(41))（宮崎良一)「調布史談会誌」 調布史談会 （41）2012.4

大沢1号・2号掩体壕

大沢1号・2号掩体壕を三鷹市の文化財に指定を（上野勝也)「戦争のきずあと・むさしの」 武蔵野の空襲と戦争遺跡を記録する会 （32）2009.7

大島

中川船番所資料館 平成19年度第1回企画展示「しらべてみよう！ 地域の歴史―大島編―」（鈴木将典)「下町文化」 江東区地域振興部 （238）2007.7

城東北部（亀戸・大島)《《特集 移りゆく街並みを記録して―定点観測調査16年の軌跡》》（岩渕和恵, 坂本住子, 常澤愛子)「下町文化」 江東区地域振興部 （240）2008.1

城東の村を歩く(5) 大島地域の出村（斉藤照徳)「下町文化」 江東区地域振興部 （263）2013.9

大島大支庁

坂本廉四郎（清彦）書状に見る大島大支庁の創設期（塩満郁夫)「敬天愛人」 西郷南洲顕彰会 （31）2013.9

大島村

城東の村を歩く(4) 大島村（斉藤照徳)「下町文化」 江東区地域振興部 （261）2013.4

大田区

報告「友の会20周年記念展―大田区のむかしと今」（「友の会20周年記念展」運営委員会)「大田区立郷土博物館紀要」 大田区立郷土博物館 （15）2005.3

資料紹介・大田区工業動向統計と工場名一覧 昭和初年期から平成22年期における大田区工業動向資料―東京市・東京府・東京都の工業統計資料および区内工場名一覧表より（北村敏)「大田区立郷土博物館紀要」 大田区立郷土博物館 （19）2012.3

大丹波

大丹波空襲と釜めしなかい（伊藤広光)「郷土研究」 奥多摩郷土研究会 （23）2012.3

大塚駅

郷土資料館なんでもQ&A 大塚駅周辺のにぎわい「かたりべ： 豊島区立郷土資料館ミュージアム開設準備だより」 豊島区立郷土資料館 72 2003.12

鷲大明神

足立史談会へ繋ぐ「葛飾史談」14号（昭和28年）「花又鷲大明神博突禁止文書と古川柳」磯部鎮雄「足立史談会だより」 足立史談会 （304）2013.7

大沼新田

新田村の村役人―武蔵国多摩郡大沼新田を事例として（千葉真由美)「小

平の歴史を拓く： 市史研究」 小平市企画政策部 （3）2011.3

大沼田新田

近世中後期村落における印の相続と女性当主―武蔵国多摩郡大沼田新田を事例として（千葉真由美)「小平の歴史を拓く： 市史研究」 小平市企画政策部 （1）2009.3

大橋

目黒川に架かる橋「大橋」について（平山元也)「目黒区郷土研究」 目黒区郷土研究会 （628）2007.5

大橋ジャンクション

街の情報「大橋ジャンクション（仮称）」（平山元也)「目黒区郷土研究」 目黒区郷土研究会 （627）2007.4

大橋ジャンクションの現状（平山元也)「目黒区郷土研究」 目黒区郷土研究会 （637）2008.2

大堀山館

大堀山館跡（北秋津城)（所沢市北秋津峯際353―1)（大井芳文)「郷土研だより」 東村山郷土研究会 （385）2012.6

大宮

大宮と宮前について（森宏太郎)「杉並郷土史会史報」 杉並郷土史会 （194）2005.11

大宮八幡宮

第410回例会記 大宮八幡宮と杉並の歴史 萩原弘道先生「杉並郷土史会史報」 杉並郷土史会 （204）2007.7

大森

平成18年3月19日（日）品川歴史館と大森の史跡（斎藤君代)「郷土史研通信」 八千代市郷土歴史研究会 （54）2006.5

東京生活史(1)―両親のこと、大森のこと（髙久舞)「縁： 集いの広場」 縁フォーラム事務局 （5）2014.2

大森第三国民学校

資料紹介 大森第三国民学校・学童集団疎開書簡（北村敏)「大田区立郷土博物館紀要」 大田区立郷土博物館 （20）2014.3

大谷

Vol.6 大谷パート1 郷土探訪スケッチ 大谷の歴史を歩く/Vol.7 大谷パート2 郷土探訪スケッチ 幕閉じた分校校舎（「郷土：三ヶ日町の歴史を語る人びと」三ヶ日町郷土を語る会編 平成23年9月)「足立史談会だより」 足立史談会 （295）2012.10

大谷田

亀有大谷田物語―昭和30年代の私 [1]～(3)（伊藤純)「足立史談」 足立区教育委員会 （507)/(509)2010.5/2010.07

亀有大谷田物語(4)～(8)―昭和30年代の私 食(1)～(5)（伊藤純)「足立史談」 足立区教育委員会 （510)/(514)2010.8/2010.12

亀有大谷田物語(9)～(10)―昭和30年代の私 住(1), (2)（伊藤純)「足立史談」 足立区教育委員会 （515)/(516)2011.1/2011.02

亀有大谷田物語(11)～(16)―昭和30年代の私 遊 [1]～(6)（伊藤純)「足立史談」 足立区教育委員会 （517)/(522)2011.3/2011.08

亀有大谷田物語 最終回―連載終了にあたって（伊藤純)「足立史談」 足立区教育委員会 （523）2011.9

大谷田新田

足立区の登録文化財を観る 有形文化財（古文書）淵江之内ふけんしさんや新田開発之事/淵江之内千住榎木新田開事/淵江之内大谷田新田開事/壬歳定免御年貢可納割付之事/永野家文書 15点「足立史談会だより」 足立史談会 （297）2012.12

南大谷村

旧南大谷・高ヶ坂村を訪ね歩く（歴史散歩）（井上修)「いしぶみ」 まちだ史考会 （29）2010.7

大横町

お十夜の思い出 大横町・大善町今昔（古坂容子)「郷土史」 八王子市川口郷土史研究会 （35）2014.2

岡上

岡上・三輪・柿生の里を巡る（歴史散歩）（萩原紹夫)「いしぶみ」 まちだ史考会 （36）2013.12

小笠原

小笠原父島、母島という島名は誰がつけたか？（延島冬生)「全国地名保存連盟会報」 全国地名保存連盟 （72）2010.11

「小笠原」の島と命名（延島冬生)「日本地名研究所通信」 日本地名研究所 （75）2012.10

世界遺産小笠原紀行（宮井知子)「讃岐のやまなみ」 香川県歴史研究会 （7）2014.4

小笠原の離島より（延島冬生)「日本地名研究所通信」 日本地名研究所 （79）2014.8

329

小笠原諸島

貢納と支配—幕末期小笠原諸島と蝦夷地の「内国化」を事例に (谷本晃久)「北海道・東北史研究」 北海道出版企画センター (4) 2007.12

平成23年度新収蔵品の紹介 納戸縮子地紅葉賀模様小袖—友禅染の小袖／歌川国芳画「東都名所 浅草今戸」／小笠原諸島調査の出帳命令書／浅草公園水族館」ポスター／電気スタンド／東京空撮写真「江戸東京博物館news ： Edo-Tokyo Museum news」 東京都歴史文化財団東京都江戸東京博物館 (77) 2012.3

小笠原伯爵邸

研究ノート 小笠原伯爵邸—復元・活用の新しい試み (畑尚子)「江戸東京博物館news ： Edo-Tokyo Museum news」 東京都歴史文化財団東京都江戸東京博物館 41 2003.3

小川

「台湾植民地戦争」下の兵士と郷里・家族—小平村字小川・神山家所蔵史料を手がかりに (研究報告) (細谷亨)「小平の歴史を拓く ： 市史研究」 小平市企画政策部 (4) 2012.3

小川住宅

40年のあゆみ—小川住宅のあれこれ (市民の声) (吉田照子)「小平の歴史を拓く ： 市史研究」 小平市企画政策部 (3) 2011.3

小川村

新田開発と武家抱屋敷—武蔵国多摩郡小川村の事例から (三野行徳)「小平の歴史を拓く ： 市史研究」 小平市企画政策部 (2) 2010.3

馬からみた小川村の開発史 (小酒井大悟)「小平の歴史を拓く ： 市史研究」 小平市企画政策部 (2) 2010.3

小川村の町並み模型と取水口模型の制作 (市民参加事業の紹介) (大杉和美)「小平の歴史を拓く ： 市史研究」 小平市企画政策部 (2) 2010.3

土豪開発新田の空間構成—小川村開発史の再検討 (小酒井大悟)「小平の歴史を拓く ： 市史研究」 小平市企画政策部 (3) 2011.3

土豪開発新田の存立構造—武蔵国多摩郡小川村を素材として (月例会報告要旨) (小酒井大悟)「関東近世史研究」 関東近世史研究会 (72) 2012.10

戸外学習報告 『小川家文書』閲覧と、旧小川村開祖・小川九郎兵衛ゆかりの地を歩く (金光洋)「練馬古文書研究会会報」 練馬古文書研究会 (49) 2012.12

小川村の梵鐘と小川村の宿屋及び勧化について (研究報告) (蛭田廣一)「小平の歴史を拓く ： 市史研究」 小平市企画政策部 (5) 2013.3

荻窪

荻窪について (森宏太郎)「杉並郷土史会史報」 杉並郷土史会 185 2004.5

第447回例会記 杉並の地名発祥の地を探る—成田・荻窪文化財めぐり (横尾信彦)「杉並郷土史会史報」 杉並郷土史会 (222) 2010.7

荻窪線

荻窪線と丸ノ内線／丸ノ内線の新型資料02系 (渡辺やす子)「炉辺閑話 ： 杉並区立郷土博物館だより」 東京都杉並区立郷土博物館 (33) 2005.7

尾久

地名のつぶやき (2) 尾久の遠吠え編「荒川ふるさと文化館だより」 荒川区教育委員会荒川ふるさと文化館 7 2001.9

文化財NEWS速報 尾久の煉瓦塀をめぐって—煉瓦工場とあらかわ遊園 (加藤陽子)「荒川ふるさと文化館だより」 荒川区教育委員会荒川ふるさと文化館 (18) 2007.3

荒川 (三河島) レンガ遺跡／尾久地区のレンガ遺跡を歩く「荒川史談」 荒川史談会 (290) 2007.6

郷土の思い出を語る (昭和の時代) 尾久 (2) 西尾久在住 今井増芳さん (大正10年生) ((関井))「荒川史談」 荒川史談会 (297) 2009.3

東京電車線路物語 (17) 京浜・東北線は通らない「尾久」 (井口悦男)「Collegio」 之潮 (38) 2009.9

文学部通信 (7) 吉村昭コレクションより 雨の三河島・尾久—歴史小説『彰義隊』の名場面 (野尻泰弘)「荒川ふるさと文化館だより」 荒川区教育委員会荒川ふるさと文化館 (23) 2010.3

あらかわタイムトンネルズ (20) 初空襲の地は尾久だった (加藤陽子)「荒川ふるさと文化館だより」 荒川区教育委員会荒川ふるさと文化館 (28) 2012.9

奥沢

おくざわ今昔 (寄稿) (黒瀬威)「せたかい ： 歴史さろん」 世田谷区誌研究会 (62) 2010.8

区指定有形文化財 (古文書) 旧奥沢原村原家文書 (新しく登録・指定された文化財)「せたがやの文化財」 東京都世田谷区教育委員会事務局 (24) 2012.3

奥多摩

奥多摩を支配した代官たち (2) (相馬文夫)「郷土研究」 奥多摩郷土研究会 (14) 2003.3

ある古文書「覚」一通—青木昆陽と奥多摩 (原島副哲)「郷土研究」 奥多摩郷土研究会 (14) 2003.3

青梅・奥多摩戦跡見学記 立川航空工廠の疎開工場／空襲と飛行機墜落／戦争慰霊碑と奉安殿 (岩根謙一)「浅川地下壕の保存をすすめる会ニュース」 浅川地下壕の保存をすすめる会 45 2005.4

今なら残せる奥多摩の文化財 (鈴木賢一)「郷土研究」 奥多摩郷土研究会 (17) 2006.3

さらば、愛しの分教場—奥多摩に見る分教場の変遷 (《特集 分校物語》) (佐野進)「上州路 ： 郷土文化誌」 あさを社 34 (5) 通号396 2007.5

巻頭言 郷土奥多摩の創造 (河村文夫)「郷土研究」 奥多摩郷土研究会 (20) 2009.3

奥多摩ワサビ (《特集 近現代の多摩農業》) (荒木俊光)「多摩のあゆみ」 たましん地域文化財団 (136) 2009.11

『奥多摩いろは歌留多』解説 (中山紗由)「羽村市郷土博物館紀要」 羽村市郷土博物館 (26) 2012.3

奥多摩の姓氏 (村木征一)「郷土研究」 奥多摩郷土研究会 (24) 2013.3

奥多摩駅舎

奥多摩駅舎に想う (大舘誉)「郷土研究」 奥多摩郷土研究会 (15) 2004.3

奥多摩町

山間部各村の医師・医療について—幕末・明治期の奥多摩町域を中心に (安藤精一)「多摩のあゆみ」 たましん地域文化財団 105 2002.2

奥多摩町における「御巣鷹山」(3) ～ (5)、(7) ～ (11)、(13)—本論1～ (3)、(5) ～ (9)、(11) (岩田基嗣)「郷土研究」 奥多摩郷土研究会 (13) / (23) 2002.3/2012.3

奥多摩町域の湧水・古井戸 (安藤精一)「多摩のあゆみ」 たましん地域文化財団 111 2003.8

巻頭言 奥多摩町の羅針盤 (河村文夫)「郷土研究」 奥多摩郷土研究会 (17) 2006.3

亥年の奥多摩町 (大舘誉)「郷土研究」 奥多摩郷土研究会 (18) 2007.3

奥多摩町内の裏甲州街道を往く (1) ～ (8) (角田清美)「郷土研究」 奥多摩郷土研究会 (18) / (25) 2007.3/2014.3

奥多摩町内の字名 (村木征一)「郷土研究」 奥多摩郷土研究会 (23) 2012.3

尾久橋通り

《小特集 尾久橋通りの今昔》「足立史談」 足立区教育委員会 425 2003.7

小河内

甲武国境 (4)—小河内衆の末裔 (岡部義重)「郷土研究」 奥多摩郷土研究会 (15) 2004.3

小作

小作の御林と薪の流通 (下田亘)「会報羽村郷土研究」 羽村郷土研究会 (84) 2005.7

昭和30年初頭までの鳩胸坂と小作部落の生活 (下田亘)「会報羽村郷土研究」 羽村郷土研究会 (85) 2006.6

小作台

大正末期から昭和初期の小作台と新町桜株の五差路の情況 (下田賢三)「会報羽村郷土研究」 羽村郷土研究会 (82) 2003.6

お猿坂

地名を掘る ねず橋・お猿坂 (岩崎美智子)「練馬区地名研究会会報」 練馬区地名研究会 64 2003.5

押立山谷

押立山谷 (多磨町) の変遷 (山本豊)「府中史談」 府中市史談会 (38) 2012.5

押立町

資料紹介 押立町有文書にみる多摩川の堰料徴収 (根本佐智子)「川崎市市民ミュージアム紀要」 川崎市市民ミュージアム 18 2006.3

遅野井

地名「遅野井」考 [1] ～ (2) (菅野郁雄)「杉並郷土史会史報」 杉並郷土史会 (219) / (220) 2010.1/2010.3

遅野井村

上井草村と遅野井村 [1] ～ (完) (菅野郁雄)「杉並郷土史会史報」 杉並郷土史会 188/ (197) 2004.11/2006.5

お台場

お台場の夏 (穴沢忠義)「郷土つるみ」 鶴見歴史の会 (67) 2009.11

お玉が池

区内文化財案内 神田お玉が池 (高木知己)「千代田区立四番町歴史民俗資料館資料館だより」 東京都千代田区教育委員会，千代田区立四番町歴史民俗資料館 (30) 2009.3

関東　　　　　　　　　　　　地名でたどる郷土の歴史　　　　　　　　　　　　東京都

お玉ケ池種痘所

種痘の史跡を訪ねて（1）「お玉ケ池種痘所」跡（米田該典）「除痘館記念資料室だより」洪庵記念会除痘館記念資料室　（4）2012.6

小樽村

旧小樽村の領主米津氏について（安西久）「練馬古文書研究会会報」練馬古文書研究会　（47）2011.12

落合

聞き書き 多摩の農業―落合地区を事例として（乾賢太郎）「パルテノン多摩博物館部門研究紀要」多摩市文化振興財団　（9）2006.1

新・浅川地下壕物語（51）～（54）地下壕周辺を歩く 落合地区に下りる（1）～（4）（日高忠臣）「浅川地下壕の保存をすすめる会ニュース」浅川地下壕の保存をすすめる会　（51）/（54）2006.4/2006.10

落合水再生センター

目黒川の源流（？）落合水再生センターを訪ねる（平山元也）「目黒区郷土研究」目黒区郷土研究会　（649）2009.2

お茶の水

東京文学地図帖 戦後編（11）お茶の水（槌川満文）「Collegio」之潮　（28）2007.11

歴史散歩 お茶の水から根津へ（田口康男）「横浜西区郷土史研究会会報」横浜西区郷土史研究会　（35）2010.10

地名「お茶の水」（記念特集 地名にしひがし―広域編）（正井泰夫）「練馬区地名研究会会報」練馬区地名研究会　（100）2012.8

御茶の水

歩いて確かめる 東京御茶の水界隈の地名（関恵子）「日本地名研究所通信」日本地名研究所　（79）2014.8

御茶ノ水

東京電車線路物語（22）総武本線両国御茶ノ水間開業時運転（井口悦男）「Collegio」之潮　（44）2011.4

音無川

Special 写真に見るあの日この時 音無川のいまむかし「ぼいす ： 北区飛鳥山博物館だより」北区飛鳥山博物館　10　2003.3

あやめ咲く潮来へ―1泊研修/平成15年歴史資料展―音無川沿いを得る「荒川史談」荒川史談会　275　2003.9

音無川を探る―史跡散歩「荒川史談」荒川史談会　（295）2008.9

音無川を歩く「荒川史談」荒川史談会　（296）2008.12

音無橋

第341回月例研究会 4月16日（土）佇む静寂のアーチ 音無橋（有馬純雄）「北区史を考える会会報」北区史を考える会　（100）2011.5

音羽町

天保九年守山領江戸屋敷奉公人の音羽町騒動一件について（大河峯夫）「郡山地方史研究」郡山地方史研究会　40　2010.3

小名木川

隅田川大学公開講座・ゼミナール「小名木川（西部）―小名木川の昔と今」水川智雄氏（藤原隆）「すみだ川 ： 隅田川市民交流実行委員会会報」隅田川市民交流実行委員会　30　2002.4

江戸開府400年記念事業 中川番所史料館特別企画展「江東地域の400年―小名木川とその周辺」「下町文化」江東区地域振興部　223　2003.9

江戸開府400年記念事業 中川番所資料館特別企画展 記念講演録「小名木川をめぐる流通と商人たち」（曲田浩和）「下町文化」江東区地域振興部　224　2004.1

小名木川周辺を訪ねて（石村正臣）「杉並郷土史会史報」杉並郷土史会　（229）2011.9

江東の古道をゆく番外編 川の道小名木川と名所（栗原修）「下町文化」江東区地域振興部　（257）2012.4

御成橋

御成橋（恩多町4・5丁目境）「郷土研だより」東村山郷土研究会　（368）2011.1

鬼足袋通り

地域研究 鬼足袋通りを行く（廣瀬達志）「大田区立郷土博物館紀要」大田区立郷土博物館　（20）2014.3

尾根緑道

町田市が誇る尾根緑道（田中正大）「いしぶみ」まちだ史考会　（28）2009.12

小野路

小野路から伸びる丘陵の道（《特集 江戸時代の多摩を歩く》）（小島政孝）「多摩のあゆみ」たましん地域文化財団　（128）2007.10

小野路城

小野路城がベスト10に（中村喜陽）「町田地方史研究」町田地方史研究会　（20）2010.8

小野路村

近世後期の武相農村―武州多摩郡小野路村小島家を中心に（安川一平）「町田地方史研究」町田地方史研究会　17　2005.1

近世小野路村小島家における炭焼き（特集 多摩の炭焼き）（福田敏一）「多摩のあゆみ」たましん地域文化財団　（152）2013.11

江戸の発禁本、村へ（上）名主・小島鹿之助の「洪水情報」と危機管理（重政文三郎）「町田地方史研究」町田地方史研究会　（21）2014.11

小野牧

第2回 小野牧の成立と変遷（〈歴史講座 小野神社の周辺―古代・中世の小野牧・小野氏・六所宮をめぐって〉）（山口英男）「パルテノン多摩博物館部門研究紀要」多摩市文化振興財団　（9）2006.1

御林山

古文書は語る（27）品川台場築造と松丸太の伐り出し―大塚家文書「御林山松丸太御伐り出し書上げ控」より（馬場憲一）「多摩のあゆみ」たましん地域文化財団　（137）2010.2

小山田

春の小山田を歩く（歴史散歩）（中島友江）「いしぶみ」まちだ史考会　（15）2003.7

小山田城

ミニ郷土史 小山田城址とその周辺について（内田征一）「いしぶみ」まちだ史考会　（28）2009.12

小山田南小学校

忠生の学校の歩み―小山田南小学校の開校まで（（追悼 渡邊奬先生））（渡邊奬）「町田地方史研究」町田地方史研究会　（18）2006.12

小山

町田市相原・小山をあるく「幕末史研究」三十一人会．小島資料館（発売）（40）2004.11

尾張鷹場

尾張鷹場と小平市域の村々（蛭田晶子）「小平の歴史を拓く ： 市史研究」小平市企画政策部　（3）2011.3

尾張藩邸

尾張藩邸の下肥と井草村（新村康敏）「杉並郷土史会史報」杉並郷土史会　（214）2009.3

恩方

講演 地域に根ざした文化活動―恩方を事例として（秋間健郎）「八王子の歴史と文化 ： 郷土資料館研究紀要・年報」八王子市教育委員会　14　2002.3

八王子市恩方 植物と生活（犬飼寿代）「多摩のあゆみ」たましん地域文化財団　110　2003.5

上野原市西原から八王子恩方へ―空中体当たり戦からの生還「浅川地下壕の保存をすすめる会ニュース」浅川地下壕の保存をすすめる会　（56）2007.2

恩方村

聞書き 恩方村の文化活動（1）（神かほり）「八王子の歴史と文化 ： 郷土資料館研究紀要・年報」八王子市教育委員会　15　2003.3

資料集 聞書き・恩方村の文化活動（2）（神かほり）「八王子の歴史と文化 ： 郷土資料館研究紀要・年報」八王子市教育委員会　（16）2004.3

恩多

東村山の昔ばなし（17）恩多 伊豆殿堀の話「農村用」高等小學讀本 巻一（糟谷忠三，両澤清）「郷土研だより」東村山郷土研究会　（388）2012.9

大岱

「静かで美しかった大岱部落」高橋信成著『想い出づるままに』（野田正穂）「郷土研だより」東村山郷土研究会　285　2003.1

大岱に住んで六十年 高橋信成著『想い出づるままに』から（2），（3）「郷土研だより」東村山郷土研究会　286/287　2003.3/2003.4

東村山の昔ばなし（24）大岱 東村山の名前のいわれ（市沢重，糟谷忠三，両澤清）「郷土研だより」東村山郷土研究会　（395）2013.4

東村山の昔ばなし（40）恩多 大岱の空襲（金子増茂［話］，糟谷忠三［絵］，両澤清［再話］）「郷土研だより」東村山郷土研究会　（411）2014.8

恩田川

歩いて見て聞いて学ぶ―旧町田川「恩田川」の周辺の歴史をたどる（山崎隆男）「町田地方史研究会会報」町田地方史研究会　（23）2012.1

御岳古道

御岳古道（角田清美）「青梅市文化財ニュース」青梅市文化財保護指導委員会　（280）2011.2

御岳山

さし絵のなかの多摩（32）五日市街道牛浜の蕎麦屋―「御嶽山一石山紀行」と「牛浜出水図」（齋藤愼一）「多摩のあゆみ」たましん地域文化

財団 （119）2005.8

さし絵のなかの多摩（47）近代大和絵が描いた御嶽山と大欅—松岡映丘の「春の山」（齋藤愃一）「多摩のあゆみ」 たましん地域文化財団 （136）2009.11

御岳山の雪害（須崎直洋）「青梅市文化財ニュース」 青梅市文化財保護指導員会 （270）2010.4

御嶽山における千人同心の地誌捜索関係史料について（紺野英二）「八王子の歴史と文化 ： 郷土資料館研究紀要・年報」 八王子市教育委員会 （25）2013.1

御岳山小高邸

洋風建築への誘い（5）御岳山小高邸（伊藤龍也）「多摩のあゆみ」 たましん地域文化財団 116 2004.11

建物雑想記（1）小高邸のデザインを探る（酒井哲）「多摩のあゆみ」 たましん地域文化財団 116 2004.11

御岳防空監視哨

御岳防空監視哨について（伊藤広光）「郷土研究」 奥多摩郷土研究会 （21）2010.3

恩多辻

恩多辻（大井芳文）「郷土だより」 東村山郷土研究会 （412）2014.9

恩多辻とその周辺 平成26年8月23日（土）（調査研究報告）（髙橋延嘉）「郷土研だより」 東村山郷土研究会 （412）2014.9

「恩多辻とその周辺」を歩いて（中澤甚一）「郷土研だより」 東村山郷土研究会 （412）2014.9

恩多辻（大岱辻）に集まる五本の道（内海淳）「郷土研だより」 東村山郷土研究会 （415）2014.12

海晏寺

交流を仲介する海「江戸湾」と海晏寺の雲版（《特集 品川の中世・再発見》）（滝川恒昭）「品川歴史館紀要」 品川区立品川歴史館 （24）2009.3

楓川

地形地名編 中央区（3）鉄砲洲川/楓川/紅葉川（江戸東京消失地名録）（菅原健二）「Collegio」 之潮 （10）2006.5

柿の木坂

柿の話（1）—柿の木坂（宮崎敏子）「目黒区郷土研究」 目黒区郷土研究会 584 2003.9

「資料集 私達の町・柿の木坂の移り変わり」（1）～（3），（5）「目黒区郷土研究」 目黒区郷土研究会 （638）/（645）2008.3/2008.10

地名・柿の木坂について（田丸太郎）「目黒区郷土研究」 目黒区郷土研究会 （640）2008.5

柿の木坂のいわれ（田丸太郎）「目黒区郷土研究」 目黒区郷土研究会 （641）2008.6

柿の木坂の柿（田丸太郎）「目黒区郷土研究」 目黒区郷土研究会 （642）2008.7

柿の木坂の柿（2）（田丸太郎）「目黒区郷土研究」 目黒区郷土研究会 （643）2008.8

柿の木坂移り変わり 柿の木坂町会誌より 続柿の木坂・昔あれこれ 談・白子清治要旨「目黒区郷土研究」 目黒区郷土研究会 （650）2009.3

柿の木坂移り変わり 柿の木坂風景 町内アンケートに基づく 柿の木坂談話より「目黒区郷土研究」 目黒区郷土研究会 （653）2009.6

「柿の木坂移り変わり」より 柿が赤くなれば医者は青くなる（柿の木坂町会）「目黒区郷土研究」 目黒区郷土研究会 （657）2009.10

「柿の木坂移り変わり」 町内アンケートに基づく柿の木坂談話より（柿の木坂町会）「目黒区郷土研究」 目黒区郷土研究会 （658）2009.11

「柿の木坂の移り変わり」 東京オリンピック前後から（三十九年前後から平成へ）（柿の木坂町会）「目黒区郷土研究」 目黒区郷土研究会 （660）2010.1

「柿の木坂の移り変わり」 「昔話関係」から（柿の木坂町会）「目黒区郷土研究」 目黒区郷土研究会 （661）2010.2

柿の木坂移り変わり 昔「子供の遊び」 平成6年1月町会誌抜粋（柿の木坂町会）「目黒区郷土研究」 目黒区郷土研究会 （664）2010.5

町会誌でたどる昭和史（1）～（7）柿の木坂移り変わりより 柿の木坂町会編集「目黒区郷土研究」 目黒区郷土研究会 （673）/（684）2011.2/2012.1

学芸大学

記憶する街 「学芸大学」と「都立大学」（齊藤蓮）「Collegio」 之潮 （24）2007.7

学習院

江戸の街・東京の街（5）地図に描かれた地図—学習院の日本地図模型（白石弘之）「Collegio」 之潮 （10）2006.5

鶴歩町

江東歴史紀行 深川鶴歩町と人足寄場（金井貴司）「下町文化」 江東区地域振興部 （261）2013.4

葛西城

新宿・葛西城址探訪感想（立花馨）「足立史談会だより」 足立史談会 182 2003.5

葛西城出土の中世瓦について（《共同研究 瓦の胎土分析1》）（谷口榮）「博物館研究紀要」 葛飾区郷土と天文の博物館 （11）2007.3

平成19年度特別展「関東戦乱—戦国を駆け抜けた葛西城（仮題）」ガイド「博物館だより」 葛飾区郷土と天文の博物館 87 2007.6

葛西橋

東京文学地図帖 戦後編（23）葛西橋（槌田満文）「Collegio」 之潮 （40）2010.4

葛西領

江戸の菜園を支えた村々—淵江領・葛西領の農民と御前栽畑（多田文夫）「足立史談」 足立区教育委員会 （503）2010.1

春日駅

時代遅れの文京区—春日・後楽園駅前市街地再開発 NTT、また君か「谷中・根津・千駄木」 谷根千工房 （92）2009.4

がす資料館

洋風建築への誘い（41）小平のランドマークと呼びたい—がす資料館（伊藤龍也）「多摩のあゆみ」 たましん地域文化財団 （152）2013.11

数馬

檜原村の特産であった数馬の砥石（檜原村郷土資料館）「ミュージアム多摩 ： 東京都三多摩公立博物館協議会会報」 東京都三多摩公立博物館協議会 （24）2003.3

霞川

第80回例会報告 多摩の中世城館を歩くⅤ 霞川流域の小規模城郭・今井城と藤橋城（西股総生）「多摩地域史研究会会報」 多摩地域史研究会 （105）2013.1

霞ノ関

NOTE「霞ノ関」の伝承—平将門と東山道武蔵路（小野一之）「あるむぜお ： 府中市郷土の森博物館だより」 府中文化振興財団府中市郷土の森博物館 （101）2012.9

加住村

加住村青年団の団報・団歌—平成19年度寄贈資料から（亀尾美香）「八王子市郷土資料館だより」 八王子市郷土資料館 （83）2010.3

研究ノート 青年団報・団歌にみる「郷土」—加住村青年団・由木村青年団鑵水支部を一例として（亀尾美香）「八王子の歴史と文化 ： 郷土資料館研究紀要・年報」 八王子市教育委員会 （23）2010.12

旧粕谷家住宅

史跡を訪ねて（13）旧粕谷家住宅から23区の古民家を巡る（上）（猪瀬尚志）「板橋史談」 板橋史談会 （255）2009.11

化成回田分校

高橋翁が綴る化成回田分校（小山博）「郷土研だより」 東村山郷土研究会 291 2003.8

片倉城

多摩地域史研究会 第76回例会 多摩の中世城館を歩くⅣ 廣園寺・片倉城探訪—長井氏の時代を歩く「多摩地域史研究会会報」 多摩地域史研究会 （100）2011.11

第76回例会報告 多摩の中世城館を歩くⅣ 廣園寺・片倉城探訪（1）—長井氏の時代を歩く（馬場喜信）「多摩地域史研究会会報」 多摩地域史研究会 （101）2012.2

第76回例会報告 多摩の中世城館を歩くⅣ 廣園寺・片倉城探訪（2）—長井氏の時代を歩く（西股総生）「多摩地域史研究会会報」 多摩地域史研究会 （101）2012.2

片倉村

古文書は語る（4）多摩丘陵村落の家族構成と通婚圏—川幡家文書「片倉村宗旨人別御改帳」より（馬場憲一）「多摩のあゆみ」 たましん地域文化財団 102 2001.5

かたらいの路

新・浅川地下壕物語（50）地下壕周辺を歩く（9）かたらいの路（日高忠臣）「浅川地下壕の保存をすすめる会ニュース」 浅川地下壕の保存をすすめる会 （50）2006.2

勝鬨橋

勝鬨橋（望月崇）「すみだ川 ： 隅田川市民交流実行委員会会報」 隅田川市民交流実行委員会 33 2003.10

隅田川大学講演会Ⅱ報告 勝鬨・永代・清洲橋の重文指定と隅田川橋梁 講師・伊東孝氏（篠田裕）「すみだ川 ： 隅田川市民交流実行委員会会報」 隅田川市民交流実行委員会 （44）2008.10

葛飾

変わりゆく葛飾を見つめる葛飾探検団（谷口榮）「博物館だより」 葛飾区郷土と天文の博物館 69 2003.1

かつしか文学散歩（9）「葛飾物語」（谷口榮）「博物館だより」 葛飾区郷
土と天文の博物館 71 2003.6

同じ「葛飾史談」11号に「葛飾を詠める短歌」田辺弥太郎「足立史談会
だより」 足立史談会 （301）2013.4

葛飾区

地形地名編 葛飾区（江戸東京消失地名録）（谷口榮）「Collegio」 之潮
（9）2006.4

かつしか調査隊「博物館だより」 葛飾区郷土と天文の博物館 83
2006.6

平成19年（2007）3月20日開催 葛飾区郷土と天文の博物館特別展準備
ニュース2 諸国洪水・川々満水 カスリーン台風の教訓（橋本直子）「博
物館だより」 葛飾区郷土と天文の博物館 85 2006.12

特別展「諸国洪水・川々満水」「博物館だより」 葛飾区郷土と天文の博
物館 86 2007.3

昔探写真館「かつしかの昭和の風景パート2」「博物館だより」 葛飾区
郷土と天文の博物館 87 2007.6

小型図紹介（4）新東京大観/葛飾区（山下和正）「Collegio」 之潮
（40）2010.4

葛飾柴又帝釈天参道

文化的景観を歩く―葛飾柴又帝釈天参道を寅さんと歩く（1）～（5）（西
海賢二）「コロス」 常民文化研究会 （134）/（139）2013.8/2014.11

勝沼城

第69回例会報告 多摩の中世城館を歩く 勝沼城（西股総生）「多摩地域史
研究会会報」 多摩地域史研究会 （92）2010.1

金井

続・地名考「金井」（林静雄）「いしぶみ」 まちだ史考会 （17）2004.7

金井入口

金井入口と尾根（田中正大）「Collegio」 之潮 （44）2011.4

金井谷戸

地形をあるく 金井谷戸と町田リス園（田中正大）「Collegio」 之潮
（31）2008.2

金橋桜花

近世後期の小平における地域文化の生成―名所・金橋桜花と俳諧文化
（論文）（工藤航平）「小平の歴史を拓く ： 市史研究」 小平市企画政策
部 （5）2013.3

金堀川

金堀川紀行 子どものころに見た、風景がありました（谷野元）「雑木林の
詩 ： 東大和市環境を考える会会報」 東大和市環境を考える会
（58）2005.5

金町松戸関所

特別展「金町松戸関所―将軍御成と船橋」「博物館だより」 葛飾区郷土
と天文の博物館 70 2003.3

研究 金町松戸関所（復刻）（上野顕義）「松戸史談」 松戸史談会 （43）
2003.10

展示批評 葛飾区郷土と天文の博物館特別展「金町松戸関所―将軍御成と
船橋」（斉藤司）「地方史研究」 地方史研究協議会 53（5）通号305
2003.10

松戸市立博物館所蔵「寛永十二年六月廿四日付け伊奈忠治書状」―金町
松戸関所関係資料（史料紹介）（小高昭一）「松戸市立博物館紀要」 松
戸市立博物館 （21）2014.3

かなめ製菓

職人と地域の歴史（8）戦後の菓子作り―かなめ製菓さん・要町「かたり
べ ： 豊島区立郷土資料館ミュージアム開設準備だより」 豊島区立郷
土資料館 （97）2010.3

要町

職人と地域の歴史（8）戦後の菓子作り―かなめ製菓さん・要町「かたり
べ ： 豊島区立郷土資料館ミュージアム開設準備だより」 豊島区立郷
土資料館 （97）2010.3

要町通り

セピア色の記憶（9）えっ！ これがかつての「要町通り」？「かたりべ
： 豊島区立郷土資料館ミュージアム開設準備だより」 豊島区立郷土
資料館 74 2004.6

金森村

特集インタビュー「金森村の今昔」（友井英雄, 山口拓郎）「いしぶみ」
まちだ史考会 （22）2006.12

「旧金森村」を歩く（鈴木康彰）「いしぶみ」 まちだ史考会 （22）2006.
12

蟹川

コラム 地図のなかの水辺（13）蟹川伝説「Collegio」 之潮 （27）
2007.10

鐘か淵

名所江戸百景「綾瀬川鐘か淵」の見方（弥永浩二）「荒川ふるさと文化館
だより」 荒川区教育委員会荒川ふるさと文化館 （12）2004.3

鎌倉河岸

地図の中の江戸・東京 鎌倉河岸と豊島屋（吉田豊）「Collegio」 之潮
（21）2007.4

地図の中の江戸・東京 鎌倉河岸（鈴木理生）「Collegio」 之潮 （22）
2007.5

地図の中の江戸・東京 鎌倉河岸裏ねこや新道（吉田豊）「Collegio」 之
潮 （23）2007.6

蒲田

品川宿～蒲田（朝比奈晩子, 村上佑茲）「とみづか」 戸塚歴史の会
（33）2007.6

蒲田～川崎宿・八丁畷（清水善和, 遠山恵喜子）「とみづか」 戸塚歴史の
会 （33）2007.6

蒲田駅

東京電車線路物語（11）京急蒲田駅の平面交差（井口悦男）「Collegio」
之潮 （32）2008.4

上井草球場

平成15年度特別展「上井草球場の軌跡」「炉辺閑話 ： 杉並区立郷土博物
館だより」 東京都杉並区立郷土博物館 （30）2004.3

「区民とつくる企画展 上井草球場」「炉辺閑話 ： 杉並区立郷土博物館だ
より」 東京都杉並区立郷土博物館 （31）2004.10

「区民とつくる企画展 上井草球場」に関わって（鈴木定雄）「炉辺閑話 ：
杉並区立郷土博物館だより」 東京都杉並区立郷土博物館 （31）
2004.10

上井草村

上井草村と遅野井村［1］～（完）（菅野郁雄）「杉並郷土史会史報」 杉並
郷土史会 188/（197）2004.11/2006.5

上石原

上石原（中村俊二）「調布史談会誌」 調布史談会 （32）2003.3

上石原村

近藤勇のふるさと 上石原村「郷土博物館だより」 調布市郷土博物館
（65）2004.3

上馬

古老聞き書き帳 駒沢・眞中・上馬・中里・三茶界隈（染谷昌男）「せたか
い ： 歴史さろん」 世田谷区誌研究会 （56）2004.11

上尾久

上尾久を歩く（（村田）「荒川史談」 荒川史談会 （299）2009.9

平成21年歴史資料展終わる―上尾久を歩く（（村田）「荒川史談」 荒川
史談会 （300）2009.12

上尾久村

史跡文化財シリーズ（55）有形文化財 上尾久村村絵図「荒川史談」 荒
川史談会 278 2004.6

あらかわタイムトンネルズ（12）上尾久村の仇討ち（亀川泰照）「荒川ふ
るさと文化館だより」 荒川区教育委員会荒川ふるさと文化館 （16）
2006.3

上恩方町

調査報告 むらの商い―上恩方町の呉服店と水車商い（宮本八恵子）「八王
子市史研究」 八王子市 （3）2013.3

上川町

上川町の秋山得吉氏（古老に聞く）（高澤寿民）「郷土史」 八王子市川口
郷土史研究会 （25）2003.10

上北沢左内屋敷

上北沢左内屋敷と牡丹園（倉島幸雄）「せたかい ： 歴史さろん」 世田谷
区誌研究会 （52）2000.7

上北沢村

史料紹介 武州荏原郡上北沢村検地帳（全4冊）（武田庸二郎）「世田谷区立
郷土資料館資料館だより」 ［東京都］世田谷区立郷土資料館 （41）
2004.10

上石神井

沼辺・西村考―上石神井の旧小名（下島邦夫）「練馬区地名研究会会報」
練馬区地名研究会 （83）2008.5

上石神井村

小関考―旧上石神井村小名（3）（下島邦夫）「練馬区地名研究会会報」 練
馬区地名研究会 （90）2010.2

第13回地名談話会 上石神井村の畑方・田方の地名（下島邦夫）「練馬区地
名研究会会報」 練馬区地名研究会 （97）2011.11

東京都　　　　　　　　　　　　　地名でたどる郷土の歴史　　　　　　　　　　　　　関東

上祖師谷村
安永十年上祖師谷村 村道立木出訴事件（佐藤治雄）「せたかい ： 歴史さろん」 世田谷区誌研究会 （57）2005.12

上高井戸宿
古文書こぼればなし（48）上高井戸宿の武蔵屋（大橋毅顕）「炉辺閑話 ： 杉並区立郷土博物館だより」 東京都杉並区立郷土博物館 （49）2013.10

上高田
文化財めぐり 上高田の寺町「しいのき ： 中野区立歴史民俗資料館だより」 中野区立歴史民俗資料館 （54）2007.10

上利根川
上利根川の引船人足をめぐる争論史料（上）―「引舩一件願書幷済口書附写」の紹介（佐藤孝之）「利根川文化研究」 利根川文化研究会　通号 31　2008.9

上利根川の引船人足をめぐる争論史料（下）―「引舩一件願書幷済口書附写」の紹介（佐藤孝之）「利根川文化研究」 利根川文化研究会　通号 32　2008.12

上平井村
上平井村「御定免願」について（史料紹介）（加藤健）「博物館研究紀要」 葛飾区郷土と天文の博物館 （12）2011.3

上保谷
昭和30年代上保谷（其六）あたりの記憶（保谷隆司）「武蔵保谷村だより ： 高橋文太郎の『武蔵保谷村郷土資料』を手掛かりに」 下保谷の自然と文化を記録する会 （9）2013.4

上目黒
上目黒の古道を歩く（松本庸夫）「目黒区郷土研究」 目黒区郷土研究会 588　2004.1

上目黒一丁目
街の情報 上目黒一丁目地区 市街地再開発事業すすむ（編集部）「目黒区郷土研究」 目黒区郷土研究会 （625）2007.2

神谷
第292回月例研究会 3月21日（水）神谷地区座談会（領塚正浩, 榎本龍治, 藤森永吉）「北区史を考える会会報」 北区史を考える会 （84）2007.5

第323回月例研究会 10月24日（土）神谷地区座談会II（領塚正浩）「北区史を考える会会報」 北区史を考える会 （94）2009.11

上山
第3回収蔵資料展「思い出は資料館へ2―区民寄贈生活資料展」／東京第二師範附属 上山の疎開学寮日誌／駒込の奇聞二話「かたりべ ： 豊島区立郷土資料館ミュージアム開設準備だより」 豊島区立郷土資料館 65　2002.2

上柚木
阪一等飛曹の墓標を訪ねて 1945年2月17日 上柚木への零戦の墜落 冬は戦跡の確認、調査の季節／墜落したのは海軍厚木航空基地の零戦／現場までの道のり／米軍機と米兵／「砂山」を訪ねて／おわりに（斉藤勉）「浅川地下壕の保存をすすめる会ニュース」 浅川地下壕の保存をすすめる会 （92）2013.2

亀井戸
『亀井戸』という地名（桐井總男）「全国地名研究交流誌 地名談話室」 日本地名研究所 （28）2013.11

亀戸
城東北部（亀戸・大島）（《特集 移りゆく街並みを記録して―定点観測調査16年の軌跡》）（岩渕和恵, 坂本佳子, 常澤愛子）「下町文化」 江東区地域振興部 （240）2008.1

第6回江戸めぐり―深川・亀戸方面を訪ねて（事務局）「伊豆史談」 伊豆史談会　通号137　2008.1

中川船番所資料館企画展示「旧中川から見た亀戸」（鈴木将典）「下町文化」 江東区地域振興部 （246）2009.7

江東区域の西洋瓦―亀戸浅間神社出土資料と猿江の工場（野本賢二）「下町文化」 江東区地域振興部 （252）2011.1

戦国時代の「亀戸」（功力俊広）「下町文化」 江東区地域振興部 （264）2014.1

亀戸・大島・小松川防災拠点
江戸東京を歩く―地形・災害・防災の視点から（6）亀戸・大島・小松川防災拠点（松田磐余）「Collegio」 之潮 （21）2007.4

亀戸村
江東歴史紀行 江東の農業―亀戸村の農業を中心に（早田美智代）「下町文化」 江東区地域振興部 （231）2005.9

明治初期の中川逆井渡船場の橋梁化―架橋・維持管理をめぐる亀戸村と架橋出願人の動向（論文）（斉藤照徳）「江東区文化財研究紀要」 江東区教育委員会地域振興部 （18）2014.3

亀高村
江東歴史紀行 松平冠山と亀高村の下屋敷（向山伸子）「下町文化」 江東区地域振興部 （244）2009.1

掃部宿
「先駆けの足立史談」第1号（昭和26年1月）から かもん宿と石出掃部亮（加瀬順一）「足立史談会だより」 足立史談会 （298）2013.1

火薬庫
茶屋坂と火薬庫（上）,（下）（橋口明子）「目黒区郷土研究」 目黒区郷土研究会 596／597　2004.9／2004.10

火薬製造所
火薬水車の跡（橋口明子）「目黒区郷土研究」 目黒区郷土研究会 （635）2007.12

烏森小学校
烏森小学校の思いで（花井鉄弥）「目黒区郷土研究」 目黒区郷土研究会 （637）2008.2

烏森小学校の想いで（花井鐵弥）「郷土目黒」 目黒区郷土研究会 52　2008.10

烏山村
江戸幕府大政奉還と烏山村 附・旗本知行地の上知文（下山照夫）「せたかい ： 歴史さろん」 世田谷区誌研究会 （56）2004.11

空堀川
講演会報告「空堀川の変遷―歴史と現状―」（藤沢修）「郷土研だより」 東村山郷土研究会 （375）2011.8

賀廊の大滝
滝めぐり（3）賀廊の大滝（小澤洋三）「多摩のあゆみ」 たましん地域文化財団 108　2002.11

川口
川口の自然と文化（記念論文）（齋藤三男）「郷土史」 八王子市川口郷土史研究会 （25）2003.10

川口の古代史雑感（1）（渡辺尚）「郷土史」 八王子市川口郷土史研究会 （25）2003.10

教科書社会科中学生の地理・最新版帝国書院の記載「川口地区」の紹介について（瀬沼秀雄）「郷土史」 八王子市川口郷土史研究会 （25）2003.10

民権運動に関する石碑等を訪ねて（宮下保）「郷土史」 八王子市川口郷土史研究会 （25）2003.10

川口の絵地図（鮎川美麿）「郷土史」 八王子市川口郷土史研究会 （25）2003.10

川口の戦時下を聞く 奥住武平氏に（齋藤三男）「郷土史」 八王子市川口郷土史研究会 （27）2006.1

「川口の歴史と風土」講師・佐藤広氏「郷土史」 八王子市川口郷土史研究会 （29）2008.1

すこし昔の川口の暮らし（1）「泡漬けの味」と「百足梯子」―久保喜一さんに聞く（車田勝彦）「郷土史」 八王子市川口郷土史研究会 （29）2008.1

記念論文 明治前期川口地域の行政の変遷―小野珍制の「履歴」を準拠にして（沼謙吉）「郷土史」 八王子市川口郷土史研究会 （30）2009.2

川口の人口と産業―30年の変化（北村嘉行）「郷土史」 八王子市川口郷土史研究会 （30）2009.2

川口地区の道標（植松森一）「郷土史」 八王子市川口郷土史研究会 （30）2009.2

聞書 川口・少し昔の暮らし（2）里山の仕事―秋山久芳さん（車田, 岡村）「郷土史」 八王子市川口郷土史研究会 （31）2010.1

川の流れ（車田勝彦）「郷土史」 八王子市川口郷土史研究会 （32）2011.1

中世の川口に思い馳せ（樋口多喜子）「郷土史」 八王子市川口郷土史研究会 （32）2011.1

聞書 川口・少し昔の暮らし（3）太子講の話―久保武さん「郷土史」 八王子市川口郷土史研究会 （32）2011.1

聞書 川口・少し昔の暮らし（4）賛女さんと一悦庵―井出敏夫さん（岡村繁雄, 伊藤勝之）「郷土史」 八王子市川口郷土史研究会 （33）2012.1

「川口地区の今―写真集2012―」と中央大学経済研究所委員の川口地区訪問（車田勝彦）「郷土史」 八王子市川口郷土史研究会 （35）2014.2

川口川
川口川今昔（高澤寿民）「郷土史」 八王子市川口郷土史研究会 （25）2003.10

川口川のほとりにて（日高忠臣）「浅川地下壕の保存をすすめる会ニュース」 浅川地下壕の保存をすすめる会 40　2004.6

川口村
旧川口村学徒動員交流の集い（高澤寿民）「郷土史」 八王子市川口郷土史研究会 （27）2006.1

川崎商店
川崎商店、そして忍岡小学校の太陽灯 川崎廣司さん（時には昔の話を一言間通り三話）「谷中・根津・千駄木」 谷根千工房 （89） 2008.3

川田
川田の記憶をたどる―昭和初期の頃の追憶(1)～(5)終（金子亨）「足立史談」 足立区教育委員会 （458）/（462） 2006.4/2006.8

川野
川野にあったロープウェイのはなし（原島俊二）「郷土研究」 奥多摩郷土研究会 （21） 2010.3

河原町
足立史談カルタ紹介 い「市場のおこりは河原町」「足立史談会だより」 足立史談会 （266） 2010.5

瓦谷戸窯
瓦谷戸窯跡の操業年代と武蔵国分寺の造営事情「稲城市文化財研究紀要」 稲城市教育委員会教育部 （8） 2008.3

寛永寺
寛永寺（上野公園）～旧岩崎邸（歴史散歩）（宮田貞夫）「郷土いずみ」 11 2005.5
旧寛永寺の兄弟灯籠を津久井の産業破棄場で発見（サトウマコト）「郷土つるみ」 鶴見歴史の会 （69） 2011.3

甘泉園
甘泉園（旧相馬子爵邸）（植松達也）「えおひっぷす」 相馬郷土研究会 188 2003.11

神田
神田老舗街と目黒通り（田丸太郎）「目黒区郷土研究」 目黒区郷土研究会 569 2002.6
神田地域と産婆学校（水本和美）「千代田区立四番町歴史民俗資料館資料館だより」 東京都千代田区教育委員会，千代田区立四番町歴史民俗資料館 （29） 2008.11

神田亀住町
特集 平成22年度指定文化財紹介 神田亀住町文書 265点/御上洛御用留 1点/石牛 1基（高木知己）「千代田区立四番町歴史民俗資料館資料館だより」 東京都千代田区教育委員会，千代田区立四番町歴史民俗資料館 （33） 2010.3

神田川
史跡探訪 文京区目白台と神田川を訪ねて（染谷和美）「かつしか台地 : 野田地方史懇話会会誌」 野田地方史懇話会 26 2003.9
セピア色の記憶(18) 「あなたはもう忘れたかしら…」神田川あれこれ「かたりべ : 豊島区立郷土資料館ミュージアム開設準備だより」 豊島区立郷土資料館 通号84 2007.1
郷土史講座報告 江戸の上水と神田川（渡辺やす子）「炉辺閑話 : 杉並区立郷土博物館だより」 東京都杉並区立郷土博物館 （36） 2007.3
江戸東京を歩く―地形・災害・防災の視点から(7) 神田川下流部の水害対策（松田磬余，久保純子）「Collegio」 之潮 （22） 2007.5
東京電車線路物語(18) 外堀の中・神田川渓谷をゆくJR中央線（井口悦男）「Collegio」 之潮 （39） 2009.12
一点の資料から(22) 神田川の写真「かたりべ : 豊島区立郷土資料館ミュージアム開設準備だより」 豊島区立郷土資料館 （104） 2012.1
神田川の高田一枚岩（橋口）「かたりべ : 豊島区立郷土資料館ミュージアム開設準備だより」 豊島区立郷土資料館 （109） 2013.3

神田川右岸堤防
第370回 講演会 10月20日（日）近世都市江戸の水害とその対策―郭内・郭外の区分と神田川右岸堤防の構築（鳥越多工摩）「北区史を考える会会報」 北区史を考える会 （110） 2013.11

神田川上水
隅田川市民サミット「神田川上水300年のおもしろ話」―知れば知るほど興味深い江戸の水道 2013年11月24日（日）講師：大松騏一氏（神尾久雄）「すみだ川 : 隅田川市民交流実行委員会会報」 隅田川市民交流実行委員会 （55） 2014.4

神田区
平成26年度新指定文化財紹介 震災復興橋梁図面（麹町区・神田区）55点/江戸城跡出土本丸関係資料 89点/水盤 1基「千代田区立日比谷図書文化館文化財ニュース」 千代田区立日比谷図書文化館 （6） 2014.6

神田下水
着工130周年！ 貴重な近代土木遺産 東京都指定史跡「神田下水」「東京の文化財」 東京都教育庁地域教育支援部 （118） 2014.9

神田市場
資料紹介 東京都中央卸売市場大田市場所蔵の「神田市場」関係資料について（小山貴子）「千代田区立四番町歴史民俗資料館館報」 東京都千代田区教育委員会，千代田区立四番町歴史民俗資料館 （18） 2010.9

神田上水
神田上水と玉川上水（角田清美）「羽村市郷土博物館紀要」 羽村市郷土博物館 （26） 2012.3

神田花岡町
コラム 千代田区の地名 神田花岡町「千代田区立四番町歴史民俗資料館資料館だより」 東京都千代田区教育委員会，千代田区立四番町歴史民俗資料館 （21） 2006.3

神田平河町
コラム 千代田区の地名 平河町・神田平河町「千代田区立四番町歴史民俗資料館資料館だより」 東京都千代田区教育委員会，千代田区立四番町歴史民俗資料館 （19） 2005.3

旧岸三二邸
旧岸三二邸 建物調査報告（川上悠介）「研究紀要」 港区立港郷土資料館 （15） 2013.3

岸飛行場
目の前でみた岸飛行場 祖父母の日記を繙く(1)～(3)（冨田駿策）「北区史を考える会会報」 北区史を考える会 68/70 2003.5/2003.11

鬼子母神遊園地
絵はがきは語る(5) 鬼子母神遊園地（横山）「かたりべ : 豊島区立郷土資料館ミュージアム開設準備だより」 豊島区立郷土資料館 （109） 2013.3

岸町
第131回月例研究会 10月26日（火）王子岸町の今昔（石鍋秀子）「北区史を考える会会報」 北区史を考える会 （89） 2008.8

木曽
講座 地図から読む町田の歴史(6)―木曽（矢沢湊）「いしぶみ」 まちだ史考会 （31） 2011.7

木曽村
維新期の武州多摩郡木曽村組合における寄場移転問題（歴史の窓）（坂本達彦）「栃木史学」 国学院大学栃木短期大学史学会 （25） 2011.3

北青山
東京都 港区北青山の戦災碑（特集 武蔵野の災害（後編）―武蔵野の災害碑）（三橋広延）「武蔵野」 武蔵野文化協会 88(1)通号352 2013.3

北秋川渓谷
合同調査の報告とお知らせ 東京都西多摩郡檜原村北秋川渓谷「昔風と当世風」 古々路の会 （97） 2013.4
東京都西多摩郡檜原村北秋川渓谷合同調査を終えて（東京都西多摩郡檜原村北秋川渓谷合同調査特集）（むらき数子）「昔風と当世風」 古々路の会 （98） 2014.4

北秋津城
大堀山館跡（北秋津城）（所沢市北秋津峯際353―1）（大井文方）「郷土研だより」 東村山郷土研究会 （385） 2012.6

北浦停留所
「北浦」停留所の謎を巡って―その所在地と存在時期（寺本佳照）「多摩のあゆみ」 たましん地域文化財団 （131） 2008.8

北王子支線
北王子支線の運行終了（林健一）「北区史を考える会会報」 北区史を考える会 （112） 2014.5

北川
北川今昔（両澤清）「郷土研だより」 東村山郷土研究会 （360） 2010.5
調査研究報告 柳瀬川とその周辺の歴史と現状を調べる(6) 北川コース（小高正明）「郷土研だより」 東村山郷土研究会 （388） 2012.9
講演会報告 下宅部遺跡と北川の歴史 千葉敏朗氏（船津静子）「郷土研だより」 東村山郷土研究会 （398） 2013.7

北区
第240回月例研究会 北区内における近世農民の姓について（倉木常夫）「北区史を考える会会報」 北区史を考える会 67 2003.2
第247回月例研究会 明治以降の北区と品川区の工業(1),(2)（伊藤清武）「北区史を考える会会報」 北区史を考える会 69/70 2003.8/2003.11
第246回月例研究会 流山市で北区を語る（芦田正次郎）「北区史を考える会会報」 北区史を考える会 69 2003.8
私の空襲録 あの日々の空(1)（芦田正次郎）「北区史を考える会会報」 北区史を考える会 （78） 2005.11
第274回月例研究会 古文書トホホ―村人たちの瑣末な記録を読む（榎本龍治）「北区史を考える会会報」 北区史を考える会 （78） 2005.11
写真に見るあの日あの時 147年前の風景 北区最古の写真はステレオ写真だった…「ほいす : 北区飛鳥山博物館だより」 北区飛鳥山博物館 16 2006.3
わがまちの文化財・北区 重要文化財旧渋沢家飛鳥山邸（旧渋沢庭園）と

名勝旧古河氏庭園（都立旧古河庭園）「東京の文化財」 東京都教育庁
地域教育支援部 （98） 2006.3

第295回月例研究会 6月17日（日）北区にあった赤煉瓦工場—民間最古
の製造工場か（八木司郎）「北区史を考える会会報」 北区史を考える
会 （85） 2007.8

北区所蔵米軍地図資料の一考察（長谷川敏雄）「北区飛鳥山博物館研究報
告」 東京都北区教育委員会 （8）2008.3

北区の「銀座」商店街—赤文センター祭展示に向けて（榎本龍治）「北区
史を考える会会報」 北区史を考える会 （93） 2009.8

赤羽文化センター祭り展示報告 10月16日・17日 北区にはこんなに鉄道
が走っていた—北区の廃止路線（林健一）「北区史を考える会会報」
北区史を考える会 （98） 2010.11

第335回月例研究会 10月23日（土）下掃除（下肥）と北区地域（倉木常
夫）「北区史を考える会会報」 北区史を考える会 （98） 2010.11

第337回月例研究会 12月4日（土）北区内の踏切について（斉藤要）「北区
史を考える会会報」 北区史を考える会 （99）2011.2

第346回月例研究会 10月9日（日）北区で最後の街頭紙芝居（領塚正浩）
「北区史を考える会会報」 北区史を考える会 （102） 2011.11

赤羽文化センター祭り展示報告 10月15日～16日 北区にはこんな踏切が
あった！—北区の踏切（今あるものと無くなったもの）（齋藤要）「北区
史を考える会会報」 北区史を考える会 （102） 2011.11

北区関連見合番付のデータ集積と分析（田中葉子）「北区飛鳥山博物館研
究報告」 東京都北区教育委員会 （14） 2012.3

平成23年度文化財調査・保護事業の概要と実績 文化財指定説明/平成23
年度活動概要/新規設置文化財説明板/北区指定有形文化財（歴史資
料）「木造太田道灌坐像」附 厨子保存修理報告/東日本大震災による北
区内の文化財被害について/古文書調査会活動報告（概報）/指定・台
帳登載文化財一覧/文化財説明板一覧（北区飛鳥山博物館事業係）「北
区飛鳥山博物館研究報告」 東京都北区教育委員会 （14） 2012.3

第351回月例研究会 3月10日（土）北区内の河川と水神様（齋藤要）「北区
史を考える会会報」 北区史を考える会 （104）2012.5

第359回月例研究会 11月11日（日）北区の川 昔と今（赤羽文化センター
まつり展示報告）（林健一）「北区史を考える会会報」 北区史を考える
会 （106） 2012.11

北区指定有形文化財（建造物）「旧松澤家住宅」の震災被害修理について
（調査報告）（北区教育委員会事務局，飛鳥山博物館）「北区飛鳥山博物
館研究報告」 東京都北区教育委員会 （15） 2013.3

写真にみる明治43年の大水害と北区域の被災状況（研究ノート）（領塚正
浩）「北区飛鳥山博物館研究報告」 東京都北区教育委員会 （15）
2013.3

東京都 北区内の震災・戦災碑（特集 武蔵野の災害（後編）—武蔵野の災
害碑）（芦田正次郎）「武蔵野」 武蔵野文化協会 88（1）通号352
2013.3

秋期企画展「名所物語—浮世絵にみる北区の江戸時代—」 平成25年10
月22日（火）～12月23日（月・祝）「ほいす ： 北区飛鳥山博物館だよ
り」 北区飛鳥山博物館 31 2013.9

第369回 月例研究会 9月8日（日）明治維新後の東京近郊農村における農
民の変貌—特に北区を中心とした荒川流域（倉木常夫）「北区史を考え
る会会報」 北区史を考える会 （110） 2013.11

イベントレポート 「名所物語 浮世絵にみる北区の江戸時代」を終えて
「ぽいす」 北区飛鳥山博物館だより」 北区飛鳥山博物館 32 2014.3

北区の「銀座」商店街（林健一）「北区史を考える会会報」 北区史を考え
る会 （112） 2014.5

北沢二丁目

帝都地形図を読む 北沢二丁目—井之頭線開通の頃（堀江元）「Collegio」
之潮 （10） 2006.5

北沢牡丹園

はじめに/鈴木左内の出自について/北沢牡丹園の創始時期/「上北沢牡丹
屋敷凝香園名寄」について/『思い出草』「世田谷区立郷土資料館資料
館だより」 ［東京都］世田谷区立郷土資料館 （58） 2013.3

北三谷村

あだち文化財ウォッチング（1）北三谷村検地下絵図「足立史談」 足立
区教育委員会 422 2003.4

北鹿浜

縁故疎開で過ごした北鹿浜の想い出（1），（2）（小川誠一郎）「足立史談」
足立区教育委員会 （535）/（536） 2012.9/2012.10

北鹿浜町

縁故疎開ですごした北鹿浜町の想い出（3）～（5）鹿浜の椿分教場への編
入（1）～（3）（小川誠一郎）「足立史談」 足立区教育委員会 （540）/
（542） 2013.2/2013.4

縁故疎開ですごした北鹿浜町の想い出（6）鹿浜地区の米空軍による空襲
（1）（小川誠一郎）「足立史談」 足立区教育委員会 （543） 2013.5

縁故疎開ですごした北鹿浜町の想い出（9）椿分教所への通学路（小川誠
一郎）「足立史談」 足立区教育委員会 （546） 2013.8

縁故疎開ですごした北鹿浜町の想い出（10）～（15）戦時下の鹿浜の子供
たちの遊び（1）～（6）（小川誠一郎）「足立史談」 足立区教育委員会
（547）/（552） 2013.9/2014.2

縁故疎開ですごした北鹿浜町の想い出（16）～（18）島の分教場での学習
（7）（小川誠一郎）「足立史談」 足立区教育委員会 （553）/（555）
2014.3/2014.5

縁故疎開ですごした北鹿浜町の想い出（19）～（24）鹿浜の子どもの生活
［1］，（その2～4），（5）（6）（小川誠一郎）「足立史談」 足立区教育委員
会 （556）/（562） 2014.6/2014.12

北十間川

源森川と北十間川（須美田学）「すみだ川 ： 隅田川市民交流実行委員会
会報」 隅田川市民交流実行委員会 （43）2008.4

シンポジウム関連事前学習「北十間川を軸に新タワー周辺フィールド
ワーク」（望月崇）「すみだ川 ： 隅田川市民交流実行委員会会報」 隅
田川市民交流実行委員会 （43）2008.4

北多摩

北多摩—甲州街道・鷹場・武蔵野新田（牛米努）「多摩のあゆみ」 たま
しん地域文化財団 113 2004.2

北多摩の精白・製粉水車（小坂克信）「多摩のあゆみ」 たましん地域文化
財団 115 2004.8

御真影の共同管理と疎開—都内・北多摩・八王子から西多摩へ（特集 戦
時下の地域社会 その2）（古橋研一）「多摩のあゆみ」 たましん地域文
化財団 （141）2011.2

近世中後期の北多摩地域の住民と定期市利用（特集 江戸後期の流通と市
場）（渡邊英明）「多摩のあゆみ」 たましん地域文化財団 （156）
2014.10

北多摩郡

北多摩郡への学童集団疎開（《特集 戦時下の地域社会》）（蓮田宣夫）「多
摩のあゆみ」 たましん地域文化財団 （119）2005.8

北多摩東部

昭和20年4月2日の夜間空襲—北多摩東部を襲った「時限爆弾」の真相
（特集 戦時下の地域社会 その2）（牛田守彦）「多摩のあゆみ」 たま
しん地域文化財団 （141）2011.2

北町

自然と生きる 西東京市の主な屋敷林（2）本橋家（北町）（小川武廣）「武
蔵保谷村だより ： 高橋文太郎の『武蔵保谷村郷土資料』を手掛かり
に」 下保谷の自然と文化を記録する会 （3）2011.10

自然と生きる 西東京市の主な屋敷林（6）北町・栄町・ひばりが丘北・
住吉町（小川武廣）「武蔵保谷村だより ： 高橋文太郎の『武蔵保谷村
郷土資料』を手掛かりに」 下保谷の自然と文化を記録する会 （7）
2012.10

喜多見

喜多見の史跡めぐり（大越哲）「目黒区郷土研究」 目黒区郷土研究会
582 2003.7

北山

「北山の欅」ものがたり（日笠山正治）「郷土研だより」 東村山郷土研究
会 （315）2006.5

吉祥寺

場所と記憶 懐かしの吉祥寺（小林陽信）「Collegio」 之潮 （19） 2007.2

紀長伸銅所

区内最古の赤レンガ建築物「紀長伸銅所」解体の報告「下町文化」 江東
区地域振興部 222 2003.7

砧村

東京市の市域拡張と北多摩郡砧村（荒垣恒明）「多摩地域史研究会会報」
多摩地域史研究会 （106）2013.5

絹の道資料館

秋の史跡めぐり 絹の道資料館と津久井城を巡る（瀬沼秀雄）「郷土史」
八王子市川口郷土史研究会 （31）2010.1

木下川

講演 子ども・地域・教育実践—木下川を中心に（岩田明夫）「明日を拓く」
東日本部落解放研究所，解放書店（発売）29（3）通号48 2003.2

木下川・職人たちの軌跡「皮革の町」を生きる職人たちの現在（関野吉
晴）「別冊東北学」 東北芸術工科大学東北文化研究センター，作品社
（発売）7 2004.1

木下川に生きる 日本一の皮革産業の町から（北川京子）「別冊東北学」
東北芸術工科大学東北文化研究センター，作品社（発売）7 2004.1

木下川に生まれて 木下川に生まれた一人の少女の80年（《壁を超える》）
（北川君子）「別冊東北学」 東北芸術工科大学東北文化研究センター，
作品社（発売）8 2004.8

聞き書き 墨田の東北人少年が見た戦前の木下川（《壁を超える》）「別冊
東北学」 東北芸術工科大学東北文化研究センター，作品社（発売）8

2004.8

木下川小学校

《特集 木下川小学校の統廃合と同和教育》「明日を拓く」 東日本部落解放研究所, 解放書店（発売） 29(3)通号48 2003.2

座談会 木下川の子どもたちと教育の課題—木下川小学校の閉校・統合にあたって（岩田明夫, 大塚雅明, 雁部桂子, 申谷雄二, 亀ヶ谷千鶴, 北川京子, 藤沢靖介, 石田貞, 松浦利貞）「明日を拓く」 東日本部落解放研究所, 解放書店（発売） 29(3)通号48 2003.2

木下川やくしみち

平成24年度新指定文化財 相撲呼出し裁着袴製作, 江戸切子（ガラス工芸）、木下川やくしみち道標 宝暦11年在銘/身近な「歴史」に関心を「下町文化」 江東区地域振興部 （261） 2013.4

木場

東京文学地図帖 戦後編(17) 木場・洲崎（槌田満文）「Collegio」 之潮 （34） 2008.9

鳩林荘

府中の歴史名園「鳩林荘」物語（小澤幸治）「府中史談」 府中市史談会 （39） 2013.10

京王御陵線

新・浅川地下壕物語(63) 地下壕を歩く 京王御陵線の橋脚（日高忠臣）「浅川地下壕の保存をすすめる会ニュース」 浅川地下壕の保存をすすめる会 （63） 2008.4

京王電気軌道

京王電気軌道の開通(4) レール（小野崎満）「郷土博物館だより」 調布市郷土博物館 57 2000.3

京王電気軌道の開通(5) 駅（小野崎満）「郷土博物館だより」 調布市郷土博物館 58 2000.8

凝香園

上北沢牡丹屋敷凝香園について（研究ノート）（武田庸二郎）「世田谷区立郷土資料館資料館だより」 [東京都]世田谷区立郷土資料館 （58） 2013.3

はじめに/鈴木左内の出自について/北沢牡丹園の創始時期/「上北沢牡丹屋敷凝香園名寄」について/「思い出草」「世田谷区立郷土資料館資料館だより」 [東京都]世田谷区立郷土資料館 （58） 2013.3

峡田領

江戸時代前・中期の入会地と地域秩序—武蔵国豊島郡峡田領「赤塚郷六か村」の自治と徳丸原をめぐって（若曽根了太）「法政史学」 法政大学史学会 （60） 2003.9

行人坂

「江戸名所図会」 夕日岡、行人坂（橋口明子）「目黒区郷土研究」 目黒区郷土研究会 （621） 2006.10

区内文化財案内 東郷坂〜行人坂〜南法眼坂（滝口正哉）「千代田区立四番町歴史民俗資料館資料館だより」 東京都千代田区教育委員会, 千代田区立四番町歴史民俗資料館 （25） 2007.7

経文橋

前川に架かる祟りの経文橋（両澤清）「郷土研だより」 東村山郷土研究会 （361） 2010.6

東村山の昔ばなし(14) 野口 たたりの経文橋（糀谷忠三, 両澤清）「郷土研だより」 東村山郷土研究会 （386） 2012.7

清洲橋

隅田川の橋(4) 清洲橋（伊藤壮祐）「すみだ川 ： 隅田川市民交流実行委員会会報」 隅田川市民交流実行委員会 36 2005.4

永代橋・清洲橋国指定重要文化財内定記念特集 関東大震災と江東区の近代橋梁（赤澤春彦）「下町文化」 江東区地域振興部 （238） 2007.7

隅田川大学講演会II報告 勝鬨・永代・清洲橋の重文指定と隅田川橋梁 講師・伊東孝氏（篠田裕）「すみだ川 ： 隅田川市民交流実行委員会会報」 隅田川市民交流実行委員会 （44） 2008.10

清澄庭園

江東歴史紀行 関東大震災以前の清澄庭園（出口宏幸）「下町文化」 江東区地域振興部 （262） 2013.7

清瀬

7月例会 講演会 近世の清瀬の景観とくらし 講師・根岸茂夫先生（大井芳文）「郷土研だより」 東村山郷土研究会 （317） 2006.8

清瀬市

わがまちの文化財・清瀬 清瀬市指定有形民俗文化財「清瀬市及び周辺地域のうちおり衣料」について「東京の文化財」 東京都教育庁地域教育支援部 （101） 2007.3

清戸

福生と清戸（植村譲治）「古文書研究会会報」 福生古文書研究会 （2） 2003.3

清戸道

小樽の清戸道と所沢道（下島邦夫）「練馬区地名研究会会報」 練馬区地名研究会 （81） 2007.6

清戸道の復権（上） 豊島の遺跡第12回（橋口）「かたりべ ： 豊島区立郷土資料館ミュージアム開設準備だより」 豊島区立郷土資料館 （113） 2014.9

清戸道の復権（下） 豊島の遺跡第13回（橋口）「かたりべ ： 豊島区立郷土資料館ミュージアム開設準備だより」 豊島区立郷土資料館 （114） 2014.12

吉良の里

吉良の里探訪記（上保利則, 内藤祐吉）「せたかい ： 歴史さろん」 世田谷区誌研究会 （56） 2004.11

桐ヶ丘団地

企画展 団地ライフ—「桐ヶ丘」「赤羽台」団地の住まいと住まい方「ぽぴす ： 北区飛鳥山博物館だより」 北区飛鳥山博物館 11 2003.9

金冠堂

金冠堂を訪ねて（瀬村進）「せたかい ： 歴史さろん」 世田谷区誌研究会 （56） 2004.11

銀座

歴史のしおり(44) 銀座復興絵巻と麻生豊（駒宮史朗）「埼玉県立博物館だより ： The Amuseum」 埼玉県立博物館 32(1)通号113 2003.10

カルチャー報告3 進駐軍時代のジャズ 丸の内・銀座（《特集 平成16年度都市歴史研究室シンポジウム報告》—〈江戸城と丸の内をめぐって〉）（松井かおる）「東京都江戸東京博物館研究報告」 東京都江戸東京博物館 （12） 2006.3

町割りの形成—近世初期日本橋と銀座の都市設計を考える（〈特集1 シンポジウム「日本橋・銀座・汐留—にぎわいの街」〉）（伊藤毅）「東京都江戸東京博物館研究報告」 東京都江戸東京博物館 （13） 2007.3

銀座ライオンをめぐる人びと（〈特集1 シンポジウム「日本橋・銀座・汐留—にぎわいの街」〉）（菅原定三）「東京都江戸東京博物館研究報告」 東京都江戸東京博物館 （13） 2007.3

銀ブラ文化に未来はあるか（〈特集1 シンポジウム「日本橋・銀座・汐留—にぎわいの街」〉）（三枝進）「東京都江戸東京博物館研究報告」 東京都江戸東京博物館 （13） 2007.3

健康知識(7) /春の文化知識巡り/特別貴重文化財/情報コーナー/明治30年代の銀座「群文研新報」 群馬県文化財研究会 （30） 2008.4

一枚の写真から(5) 銀座の風景（井口昭英）「杉並郷土史会会報」 杉並郷土史会 （210） 2008.7

小型図書紹介(8) 東京風物名物誌・銀座（山下和正）「Collegio」 之潮 （44） 2011.4

江戸銀座地区における女性の土地所有と相続（研究ノート）（藤野翔）「歴史地理学」 歴史地理学会, 古今書院（発売） 53(4)通号256 2011.9

常設展示室から 企画展「モダン都市 銀座の記憶—写真家・師岡宏次の写した50年—」「江戸東京博物館news ： Edo-Tokyo Museum news」 東京都歴史文化財団東京都江戸東京博物館 （87） 2014.9

銀座通り商店街

江戸の街・東京の街(10) 銀座通り商店街の研究（白石弘之）「Collegio」 之潮 （16） 2006.11

九段坂

Q&A 九段坂の左側にある灯台のようなものは何ですか？「千代田区立四番町歴史民俗資料館資料館だより」 東京都千代田区教育委員会, 千代田区立四番町歴史民俗資料館 （21） 2006.3

九段南

収蔵庫から 九段南「寿々木」の菓子木型—大人気「鳳瑞」の影の功労者たち「千代田区立四番町歴史民俗資料館資料館だより」 東京都千代田区教育委員会, 千代田区立四番町歴史民俗資料館 15 2003.3

九道の辻

野火止用水と九道の辻（両澤清）「郷土研だより」 東村山郷土研究会 （362） 2010.7

野火止物がたり(7) 九道の辻（近内信輝）「郷土研だより」 東村山郷土研究会 （370） 2011.3

野火止物がたり(8) 九道の辻の三軒茶屋（近内信輝）「郷土研だより」 東村山郷土研究会 （371） 2011.4

九道の辻（大井芳文）「郷土研だより」 東村山郷土研究会 （413） 2014.10

九道の辻—道は七つ。謎の道を探る。（調査研究）（小山邦昭）「郷土研だより」 東村山郷土研究会 （413） 2014.10

道は七つどころか十本あった九道の辻（水波佳津子）「郷土研だより」 東村山郷土研究会 （413） 2014.10

「九道の辻」の調査研究に参加して（黒木憲夫）「郷土研だより」 東村山郷土研究会 （413） 2014.10

くな集落
くな集落について（伊藤広光）「郷土研究」 奥多摩郷土研究会 （15） 2004.3

国立
商店街形成史を読んで「くにたちの自然と文化」 国立の自然と文化を守る会 （22） 2000.6

企画展「まちづくり奮戦記—くにたち文教地区 指定とその後」/次回企画展予告「くにたちの祭り」「くにたち郷土文化館だより」 くにたち郷土文化館 （19） 2000.7

資料紹介 文教地区協会会長と立川米軍基地司令官の往復書簡（平松左枝子）「くにたち郷土文化館だより」 くにたち郷土文化館 （19） 2000.7

聞き取り調査記録 文教地区指定をめぐる住民運動の経緯（平松左枝子）「くにたち郷土文化館研究紀要」 くにたち文化・スポーツ振興財団くにたち郷土文化館 4 2002.3

資料紹介 「文教地区 国立」絵はがき（平松左枝子）「くにたち郷土文化館だより」 くにたち郷土文化館 （31） 2003.1

企画展「まち・ひと・くらし—写真でみるくにたち」を開催して（平松左枝子）「くにたち郷土文化館だより」 くにたち郷土文化館 （32） 2003.3

国立・立川周辺の駅と駅前ロータリー（《特集 かわりゆく駅風景》）（鈴木文彦）「多摩のあゆみ」 たましん地域文化財団 （129） 2008.2

国立から谷保、多摩川へ—地域の変遷を見つめる（特集 空中写真で地域を読み解く）（大久保正明）「多摩のあゆみ」 たましん地域文化財団 （138） 2010.5

くにたち郷土文化館界隈（神成カネ）「にーだんご」 くにたちの暮らしを記録する会 （23） 2010.9

国立駅
くにたち、時代とともに—写真に見るすこしむかし（11） 国立駅南口「くにたち郷土文化館だより」 くにたち郷土文化館 （16） 2000.3

国立市
くにたち、時代とともに—写真に見るすこしむかし（10） 民主主義の学校（現国立市公民館）「くにたち郷土文化館だより」 くにたち郷土文化館 （15） 2000.1

資料紹介 屋根屋文書（森永正）「くにたち郷土文化館だより」 くにたち郷土文化館 （27） 2002.3

特産、多摩川梨はどうなる（北島清三）「にーだんご」 くにたちの暮らしを記録する会 （24） 2011.9

企画展「ハケ展—くにたちの河岸段丘—」（会員会活動報告）（くにたち郷土文化館）「ミュージアム多摩 : 東京都三多摩公立博物館協議会会報」 東京都三多摩公立博物館協議会 （34） 2013.3

国立市公民館
国立市公民館—誕生のいきさつと都市公民館への模索（特集 戦後多摩の公民館活動）（徳永功）「多摩のあゆみ」 たましん地域文化財団 （144） 2011.11

栩田村
史料 武州多摩郡栩田村御林松椴御材木伐出御用留（二一世紀古文書を読む会）「八王子の歴史と文化 : 郷土資料館研究紀要・年報」 八王子市教育委員会 （23） 2010.12

熊井町
江戸の町内探訪（4） 相川町・熊井町（出口宏幸）「下町文化」 江東区地域振興部 （258） 2012.7

熊谷街道
荒川堤はどこだ？ 熊谷街道はどこだ？ 五色桜はどんな木だ？ どこにも書いてない謎「足立史談会だより」 足立史談会 （294） 2012.9

熊木橋
文化財の保存と保護（11） 消えた「熊木橋（くまのきばし）」/元宿坂瓦跡のレンガ組遺構（矢沢幸一朗）「足立史談会だより」 足立史談会 （245） 2008.8

久米川
東村山の昔ばなし（26） 久米川 久米川に爆弾が落ちる（市沢喜久男，糀谷忠三，両澤清）「郷土研だより」 東村山郷土研究会 （397） 2013.6

久米川古戦場
会員研究 久米川古戦場と中先代の乱（1），（2）（近内信輝）「郷土研だより」 東村山郷土研究会 （348）/（349） 2009.5/2009.06

会員研究 久米川古戦場と禅秀の乱（近内信輝）「郷土研だより」 東村山郷土研究会 （353） 2009.10

会員研究 久米川古戦場と禅秀の乱（2）（近内信輝）「郷土研だより」 東村山郷土研究会 （354） 2009.11

名所・旧跡 久米川古戦場（諏訪町二丁目付近）「東村山市史研究」 東京都東村山市 （23） 2014.1

「東村山の再発見・見どころ11選」(5) 歴史の舞台 久米川古戦場—武者たちの夢のあと（高山博之）「郷土研だより」 東村山郷土研究会

（412） 2014.9

久米川宿
鎌倉古道と久米川宿 5月10日（土）（調査研究）（両澤清）「郷土研だより」 東村山郷土研究会 （409） 2014.6

「鎌倉古道と久米川宿」に参加して（調査研究）（山川昌子）「郷土研だより」 東村山郷土研究会 （409） 2014.6

久米川町
東村山30景を歩く 第3回 栄町から久米川町へ「歴史館だより」 東村山ふるさと歴史館 （49） 2014.10

久米川辻
久米川辻（大井芳文）「郷土研だより」 東村山郷土研究会 （411） 2014.8

栗木橋
栗木橋（秋津町2丁目・青葉町3丁目）「郷土研だより」 東村山郷土研究会 （378） 2011.11

栗山
地名を撮る 栗山（岩崎美智子）「練馬区地名研究会会報」 練馬区地名研究会 69 2004.8

栗山城
練馬の城を往く（8） 栗山城（練馬区練馬二丁目）（八巻孝夫）「練馬郷土史研究会会報」 練馬郷土史研究会 （347） 2013.9

車町
車町の写真館と関東大震災—館蔵資料より（大坪潤子）「港郷土資料館だより」 港区立港郷土資料館 （73） 2014.3

黒石藩江戸藩邸
安政江戸地震と黒石藩江戸藩邸（研究ノート）（篠村正雄）「弘前大学国史研究」 弘前大学国史研究会 （136） 2014.3

黒目川
サイカチ久保と黒目川（野田正穂）「郷土研だより」 東村山郷土研究会 300 2004.10

京王電気軌道御陵線
京王電気軌道御陵線（北村拓）「多摩地域史研究会会報」 多摩地域史研究会 59 2002.9

迎賓館赤坂離宮
国宝 旧東宮御所（迎賓館赤坂離宮）（川上悠介）「港郷土資料館だより」 港区立港郷土資料館 （65） 2010.3

けこぼ坂上
バス停「けこぼ坂上」の誕生（平山元也）「目黒区郷土研究」 目黒区郷土研究会 577 2003.2

月光原
会報にみる目黒の昔（34）「月光原ゾーン 目黒区内の緑樹の状態（三）」（220号 昭和48年5月）、「田道ゾーンの緑は『不良』 目黒区内の緑樹状態（八）」（226号 昭和48年11月）（編集部）「目黒区郷土研究」 目黒区郷土研究会 （681） 2011.10

ケルネル田圃
谷戸をあるく 神泉谷とケルネル田圃（田中正大）「Collegio」 之潮 （19） 2007.2

源森川
源森川と北十間川（須美田学）「すみだ川 : 隅田川市民交流実行委員会会報」 隅田川市民交流実行委員会 （43） 2008.4

小合溜井
小合溜井と自普請助け合い（歴史民俗講座）（菅野将史）「葦のみち : 三郷市史研究」 三郷市 （24） 2013.3

小網町
博物館の資料 鎧の渡し小網町（島田洋）「世喜宿 : 千葉県立関宿城博物館報」 千葉県立関宿城博物館 9 2000.2

小石川
江戸東京歴史紀行 小日向、小石川界隈を歩く（上），（下）（滝口知与子）「ふるさとの自然と歴史」 歴史と自然をまもる会 284/285 2001.1/2001.3

小石川・茗荷谷の史跡を訪ねて（小林清）「目黒区郷土研究」 目黒区郷土研究会 595 2004.8

帝都地形図を読む（7） 小石川の思い出—本間中将の家（小泉和子）「Collegio」 之潮 （9） 2006.4

史跡探訪 時代を彷彿させる徳川ゆかりの地「湯島・小石川」を訪ねる（高橋甫）「かつしか台地 : 野田地方史懇話会会誌」 野田地方史懇話会 （42） 2011.9

『新撰東京名所図会』から見た小石川区（齊藤智美）「文京ふるさと歴史館だより」 「文京ふるさと歴史館」 （21） 2014.6

小石川区

集団学童疎開補遺 鳴子温泉のみなさんありがとう 小石川区、浅草区の学童疎開を受け入れて（特集 森まゆみ「聞き書きという幸せな作業」）「谷中・根津・千駄木」 谷根千工房 （90） 2008.7

小右衛門町

戦前戦後の小右衛門町の思い出 (1) 〜 (4)（金井富江）「足立史談」 足立区教育委員会 （538）/（541） 2012.12/2013.3

戦前戦後の小右衛門町の思い出 (5) 空襲のはじまり/学徒動員と軍需工場/高射砲（金井富江）「足立史談」 足立区教育委員会 （542） 2013.4

戦前戦後の小右衛門町の思い出 (6) 修学旅行の決定/遠足のうれしさ（金井富江）「足立史談」 足立区教育委員会 （543） 2013.5

戦前戦後の小右衛門町の思い出 (7) 次兄の帰省/次兄との再会/宣伝ビラ/照明弾/終戦を迎えて/二人の兄の死/おわりに—私の戦後（金井富江）「足立史談」 足立区教育委員会 （544） 2013.6

戦前戦後の小右衛門町の思い出 (8) 実家近所の生活 遊び場/子供の社会（金井富江）「足立史談」 足立区教育委員会 （545） 2013.7

高円寺

私の研究 中央線が開通するまでの歴史（前）—高蔵寺ルートは明治政府原案（安田裕次）「郷土誌かすがい」 春日井市教育委員会 （66） 2007.11

下宿屋の町・小説家の町・高円寺（松本庸行）「足利文林」 足利文林会 （71） 2009.10

高円寺原小学校

杉並区の人口急増 高円寺原小学校新設（大正14年）「杉並郷土史会史報」 杉並郷土史会 （224） 2010.11

高円寺村

高円寺村の地字と鳥見役所跡（菅野郁雄）「杉並郷土史会史報」 杉並郷土史会 （202） 2007.3

中野村・高円寺村・馬橋村三か村用水開削の経緯と成宗弁天（竹村誠）「杉並区立郷土博物館研究紀要」 杉並区立郷土博物館 （15） 2007.3

東京文化財ウィーク2012例会記 旧桃園川流域（阿佐ヶ谷村、馬橋村、高円寺村）の史跡を訪ねて（大河原善雄）「杉並郷土史会会報」 杉並郷土史会 （242） 2013.11

広園寺

多摩地域史研究会 第76回例会 多摩の中世城館を歩くⅣ 廣園寺・片倉城探訪—長井氏の時代を歩く「多摩地域史研究会会報」 多摩地域史研究会 （100） 2011.11

第76回例会報告 多摩の中世城館を歩くⅣ 廣園寺・片倉城探訪 (1)—長井氏の時代を歩く（馬場喜信）「多摩地域史研究会会報」 多摩地域史研究会 （101） 2012.2

第76回例会報告 多摩の中世城館を歩くⅣ 廣園寺・片倉城探訪 (2)—長井氏の時代を歩く（西股総生）「多摩地域史研究会会報」 多摩地域史研究会 （101） 2012.2

笄橋

港区名所案内 笄橋（平田秀勝）「港郷土資料館だより」 港区立港郷土資料館 （70） 2012.10

皇居

皇居勤労奉仕の始まり「わじろ」 和白文化研究会 664 2003.10

皇居散策「歴研よこはま」 横浜歴史研究会 （別冊） 2007.12

耕作場出合い上流の滝

滝めぐり (6) 耕作場出合い上流の滝（小澤洋三）「多摩のあゆみ」 たましん地域文化財団 111 2003.8

麹町

千代田区内の年中行事 (1) 麹町の雛市（加藤紫織）「千代田区立四番町歴史民俗資料館資料館だより」 東京都千代田区教育委員会，千代田区立四番町歴史民俗資料館 （24） 2007.3

四ッ谷の麹町（鈴木理生）「Collegio」 之潮 （35） 2008.12

麹町区

平成26年度新指定文化財紹介 震災復興橋梁図面（麹町区・神田区）55点/江戸城跡出土本丸関係資料 89点/水盤 1基「千代田区立日比谷図書文化館文化財ニュース」 千代田区立日比谷図書文化館 （6） 2014.6

甲州街道

あの頃の甲州街道（北島清三）「にーだんご」 くにたちの暮らしを記録する会 15 2002.8

第360回例会 「甲州街道・青梅街道の歴史的変遷」原田弘・北川政次先生「杉並郷土史会史報」 杉並郷土史会 180 2003.7

第362回例会 「絵で歩いた甲州街道」矢崎篤先生「杉並郷土史会史報」 杉並郷土史会 182 2003.11

余録 甲州街道と大月周辺（古屋祥子）「群馬歴史散歩」 群馬歴史散歩の会 182 2004.1

北多摩—甲州街道、鷹場・武蔵野新田（牛米努）「多摩のあゆみ」 たまし

ん地域文化財団 113 2004.2

近世における街道の通行規則と実態—甲州街道を中心に（安高啓明）「多摩のあゆみ」 たましん地域文化財団 117 2005.2

慶応4年2月 甲州街道を上る脱走幕府歩兵隊（《慶応四年特集》）（沼謙吉）「幕末史研究」 三十一人会，小島資料館（発売） （42） 2007.1

甲州道

江戸時代における街道と宿場の機能—甲州道中を中心に（安高啓明）「多摩のあゆみ」 たましん地域文化財団 （118） 2005.5

さし絵のなかの多摩 (36) 甲州道中 高井戸杉と駕籠の風景—高橋松亭「高井戸の夕立」（齋藤愼一）「多摩のあゆみ」 たましん地域文化財団 （124） 2006.11

さし絵のなかの多摩 (37) 甲州道中の味覚・鮎料理—『甲州道中商人鑑』と『道草日記 腕枕』（齋藤愼一）「多摩のあゆみ」 たましん地域文化財団 （125） 2007.2

甲州道中御関所通手形寄帳（佐藤義一）「宇須比」 松井田町文化会 （65） 2011.12

首都江戸と甲州道中（横山直子）「杉並郷土史会会報」 杉並郷土史会 （244） 2014.3

強情島

東村山の昔ばなし (22) 廻田 強情島（頑張り島）（池谷泰男，糀谷忠三，両澤清）「郷土研だより」 東村山郷土研究会 （393） 2013.2

神津島

続 軍人でない伊豆七島の疎開者・伊豆経由の様子 神津島から伊東港への疎開船「豆州歴史通信」 豆州研究社歴史通信部 （365） 2006.5

香雪園

町田村の香雪園 地形は呼んでいる（田中正大）「Collegio」 之潮 （34） 2008.9

香雪園と玉川学園界隈（特集 空中写真に見る多摩の昔）（田中正大）「多摩のあゆみ」 たましん地域文化財団 （148） 2012.11

交通博物館

旧万世橋駅併設の「交通博物館」が閉館（平山元也）「目黒区郷土研究」 目黒区郷土研究会 （614） 2006.3

旧万代橋駅物語と「交通博物館」再び（斎藤誠）「目黒区郷土研究」 目黒区郷土研究会 （615） 2006.4

江東

江東今昔 (5) 〜 (7)「下町文化」 江東区地域振興部 219/234 2002.9/2006.7

江戸開府400年記念事業 中川番所史料館特別企画展「江東地域の400年—小名木川とその周辺」「下町文化」 江東区地域振興部 223 2003.9

写真展「江東のむかしといま」「下町文化」 江東区地域振興部 224 2004.1

好評頒布中 「江東古写真館」—想い出のあの頃へ「下町文化」 江東区地域振興部 （228） 2005.7

江東歴史紀行 江東の農業—亀戸村の農業を中心に（早田美智代）「下町文化」 江東区地域振興部 （231） 2005.9

ゆこうあるこう こうとう文化財まっぷ「下町文化」 江東区地域振興部 （232） 2006.1

江東歴史紀行 江戸前に生きる—海苔作りを支えた道具たち（赤尾奈津子）「下町文化」 江東区地域振興部 （236） 2007.1

史料紹介 深川江戸資料館所蔵 江東地域の地図類について（久染健夫）「江東区文化財研究紀要」 江東区教育委員会生涯学習部 （15） 2007.3

江東歴史紀行 渡船と蒸気船—近代江東の水上交通史（龍澤潤）「下町文化」 江東区地域振興部 （237） 2007.4

深川江戸資料館特別展「掘割が町をつくる—江東の400年—」「下町文化」 江東区地域振興部 （239） 2007.9

江東歴史紀行 松平冠山と亀高村の下屋敷（向山伸子）「下町文化」 江東区地域振興部 （244） 2009.1

江東今昔 (7)（赤澤春彦）「下町文化」 江東区地域振興部 （244） 2009.1

江東地域関係絵図について（《特集 江東地域の新出絵図》）（赤澤春彦，栗原修，出口宏幸，向山伸子，龍澤潤）「江東区文化財研究紀要」 江東区教育委員会生涯学習部 （16） 2009.3

江東今昔 (8)，(9)（中西崇）「下町文化」 江東区地域振興部 （248）/（250） 2010.1/2010.07

江東歴史紀行 幕末期の大名屋敷—区外史料調査を踏まえて（龍澤潤）「下町文化」 江東区地域振興部 （250） 2010.7

江東の古道をゆく (2) 浅間堅川小学校周辺の古道（栗原修）「下町文化」 江東区地域振興部 （251） 2010.9

江東の古道をゆく番外編 川の道小名木川と名所（栗原修）「下町文化」 江東区地域振興部 （257） 2012.4

江東古写真展を振り返って（中西崇，青木祐一）「下町文化」 江東区地域振興部 （257） 2012.4

江東歴史紀行 堅川と五之橋（久染健夫）「下町文化」 江東区地域振興部 （259） 2012.9

東京都 　　　　　　　　　　　　地名でたどる郷土の歴史 　　　　　　　　　　　　　　関東

江東の古道をゆく（3）常光寺、亀戸天神への道「下町文化」江東区地域振興部　（260）2013.1

古写真の中の江東（ミニ）/「旧大石家住宅友の会」入会のご案内/新刊案内「下町文化」江東区地域振興部　（265）2014.4

江東の古道をゆく（4）十方庵敬順が歩いた元八幡への道（1）（栗原修）「下町文化」江東区地域振興部　（267）2014.9

江東区

「江東区の集合住宅—こしかたとゆくすえ」（堀内仁之）「下町文化」江東区地域振興部　220　2003.1

中川番所資料館企画展「校歌に見る江東区の原風景」「下町文化」江東区地域振興部　224　2004.1

新指定・登録文化財の紹介「下町文化」江東区地域振興部　225　2004.4

江東区歴史紀行　校歌に見る江東区の原風景（龍澤潤）「下町文化」江東区地域振興部　225　2004.4

江東区の歴史と生活展　小学校ができたころ—江東区と初等教育のあゆみ「下町文化」江東区地域振興部　227　2004.9

あるく・きく・かく文化財レポート　荒川放水路と江東「下町文化」江東区地域振興部　227　2004.9

江東区における無形文化財（工芸技術）の現状とその保護・普及（栗原修）「江東区文化財研究紀要」江東区教育委員会生涯学習部　（14）2005.3

江東区文化財ガイド員密着レポート　文化財ガイド員と歩く下町こうう（小川祐司）「下町文化」江東区地域振興部　（234）2006.7

地形地名編　江東区（1）（江戸東京消失地名録）（向山伸子）「Collegio」之潮　（16）2006.11

江戸東京消失地名録　地形地名編　江東区（2）（向山伸子）「Collegio」之潮　（17）2006.12

永代橋・清洲橋国指定重要文化財内定記念特集　関東大震災と江東区の近代橋梁（赤澤春彦）「下町文化」江東区地域振興部　（238）2007.7

中川船番所資料館　平成19年度特別企画展「江東区のたからもの」（鈴木将典）「下町文化」江東区地域振興部　（239）2007.9

江東歴史紀行　江東区と海（出口宏幸）「下町文化」江東区地域振興部　（240）2008.1

歴史と文化を考えよう　'08江東区文化財保護強調月間　江東区民まつり民俗芸能大会/旧大石家特別公開/文化財講演会　文書が語る江東区の近代/江東ものづくりフェア「下町文化」江東区地域振興部　（243）2008.9

江東歴史紀行　土の中に眠る江東区の歴史「下町文化」江東区地域振興部　（243）2008.9

文化財保護強調月間公開講演　文書が語る江東区の近代—地域の資料を後世に伝えるために（水野保、水口政次）「下町文化」江東区地域振興部　（244）2009.1

平成20年度　指定・登録文化財の紹介「下町文化」江東区地域振興部　（245）2009.4

ココにも歴史があった（中西崇）「下町文化」江東区地域振興部　（247）2009.9

江東区域の西洋瓦—亀戸浅間神社出土資料と猿江の工場（野本賢二）「下町文化」江東区地域振興部　（252）2011.1

江東区域の江戸藩邸　信濃国上田藩抱屋敷（1）（中西崇）「下町文化」江東区地域振興部　（253）2011.4

江東区登録有形文化財（歴史資料）「震災復興橋梁図面」の目録と概要（栗原修）「江東区文化財研究紀要」江東区教育委員会生涯学習部　（17）2012.3

平成23年度の新指定文化財　鬼子母神道道標・更紗染（染織）・指物（大工）　文化財は地域を知る歴史・文化遺産「下町文化」江東区地域振興部　（257）2012.4

ご存知ですか？　区役所2階の文化財ミニ展示　区の歴史・文化財を伝える貴重な資料を展示「下町文化」江東区地域振興部　（258）2012.7

「江東区文化財ガイド」を振り返る（野本賢二）「下町文化」江東区地域振興部　（258）2012.7

江東区文化財観光ガイドについて「下町文化」江東区地域振興部　（258）2012.7

平成24年度新指定文化財　相撲呼出し裁着袴製作、江戸切子（ガラス工芸）、木下川やくしみち道標　宝暦11年在銘/身近な「歴史」に関心を「下町文化」江東区地域振興部　（261）2013.4

江東区伝統工芸展「下町文化」江東区地域振興部　（263）2013.9

江東区伝統工芸展「下町文化」江東区地域振興部　（267）2014.9

江東区と海　江東区前と澪筋（出口宏幸）「下町文化」江東区地域振興部　（267）2014.9

豪徳寺

昭和20年代の世田谷城及び豪徳寺の「土塁」「堀・濠」の記憶（采澤正臣）「せたがい：歴史さろん」世田谷区誌研究会　（60）2009.7

合の宿

旧中仙道志村合の宿界隈と東京大仏のある赤塚界隈を歩く（稲垣徳）「川

口史林：川口市郷土史会々誌」川口市郷土史会　（78）2013.3

江北

江北　荒川の五色桜「足立史談会だより」足立史談会　（276）2011.3

江北村

『昭代樂事』の人々（3）江北作樂会の人々—足立の桜、海を渡った百年（矢沢幸一朗）「足立史談」足立区教育委員会　（525）2011.11

『昭代樂事』の人々（4）（矢沢幸一朗）「足立史談」足立区教育委員会　（526）2011.12

『昭代樂事』の人々（5）名勝指定のあとさき（矢沢幸一朗）「足立史談」足立区教育委員会　（528）2012.2

『江北桜譜』の画家（宮沢俊司、青木太、木村繁、桟敷功、矢内英明、高澤明）「足立史談」足立区教育委員会　（530）2012.4

教養講座「江北村のあゆみと五色桜を育てた人びと」講師：浅香孝子先生/五月探訪案内「足立史談会だより」足立史談会　（289）2012.4

第352回月例研究会　4月7日（土）江北の五色桜を訪ねる（林健一）「北区史を考える会会報」北区史を考える会　（104）2012.5

第355回講演会　6月24日（日）江北の五色桜—過去・現在、そして未来（鈴木誠）「北区史を考える会会報」北区史を考える会　（105）2012.8

後楽園駅

時代遅れの文京区—春日・後楽園駅前市街地再開発　NTT、また君か「谷中・根津・千駄木」谷根千工房　（92）2009.4

古学館

紀州藩古学館と小中村清矩—幕末期考証派国学の一側面（大沼宜規）「近代史料研究」日本近代史研究会　（13）2013.10

高ヶ坂村

旧南大谷・高ヶ坂村を訪ね歩く（歴史散歩）（井上修）「いしぶみ」まちだ史考会　（29）2010.7

小金井公園

都立小金井公園の今と昔（特集　多摩の公園）（細岡晃）「多摩のあゆみ」たましん地域文化財団　（149）2013.2

小金井桜

さし絵のなかの多摩（15）「小金井桜」の眺め方—「武蔵八景」と「花の十文」（斎藤慎一）「多摩のあゆみ」たましん地域文化財団　101　2001.2

小金井市

わがまちの文化財・小金井市　国指定名勝　小金井（サクラ）（玉川上水堤）（小金井市教育委員会）「東京の文化財」東京都教育庁地域教育支援部　91　2003.11

小金井小学校

小金井小学校の奉安殿と御真影の疎開（伊藤広光）「郷土研究」奥多摩郷土研究会　（19）2008.3

小金井はけの道

東京文学地図帖　戦後編（6）小金井はけの道（槌田満文）「Collegio」之潮　（23）2007.6

小ヶ谷戸橋

地名を撮る　小ヶ谷戸橋（岩崎美智子，下島邦夫）「練馬区地名研究会会報」練馬区地名研究会　70　2004.11

国技館

意外な!?事実譚—ウソのようなホントの話　浅草に国技館があった!?「下町風俗資料館號外」台東区立下町風俗資料館　2011年　2011.3

国際子ども図書館

建築の東京を観る（8）国際子ども図書館（米山勇）「江戸東京たてもの園だより」東京都歴史文化財団　（21）2003.3

国府

国府界隈の古代井戸をめぐって（深澤靖幸）「多摩のあゆみ」たましん地域文化財団　111　2003.8

国府市

武蔵国府と市—国府市と古代の衢（《特集　古代地域社会の諸相》）（荒井健治）「帝京大学山梨文化財研究所研究報告」帝京大学山梨文化財研究所，岩田書院（発売）13　2009.5

国分寺

国分寺周辺の鉄道と地域（特集　空中写真で地域を読み解く）（柴田祥彦）「多摩のあゆみ」たましん地域文化財団　（138）2010.5

第342回月例研究会　5月15日（日）古くて新しい国分寺（芦田正次郎）「北区史を考える会会報」北区史を考える会　（101）2011.8

国分寺崖線

多摩～武蔵野の歴史的風致の再生考—日野の用水路と国分寺崖線をフィールドとして（《特集　デジタル地図の可能性》）（高橋賢一）「多摩のあゆみ」たましん地域文化財団　（130）2008.5

国分寺崖線の湧水がつくる池と人々との関わり（特集 多摩の池）（牛垣雄矢）「多摩のあゆみ」 たましん地域文化財団 （155）2014.8

国分寺伽藍旧跡

さし絵のなかの多摩（25）江戸文人の懐古と好古―「江戸名所図会」・国分寺伽藍旧跡の農作業と古瓦（斎藤慎一）「多摩のあゆみ」 たましん地域文化財団 112 2003.11

国分寺陸橋

国分寺陸橋（花沢橋）の三代（《特集 多摩の橋》）（佐藤美知男）「多摩のあゆみ」 たましん地域文化財団 （123）2006.8

国領

調布市国領で「不発弾」（1トン爆弾）発見される「戦争のきずあと・むさしの」 武蔵野の空襲と戦争遺跡を記録する会 （28）2008.5

20.5.11. 講演会「米軍資料から見た空襲―国領で発見の1トン爆弾の背景を探る」（本会のあしあと（38））（酒井正男）「調布史談会誌」 調布史談会 （38）2009.4

小樽

小樽の清戸道と所沢道（下島邦夫）「練馬区地名研究会会報」 練馬区地名研究会 （81）2007.6

小樽村

旧小樽村の地名（徳川達子）「練馬区地名研究会会報」 練馬区地名研究会 （75）2006.2

久保研究グループ合同査察会 小樽村の二つの久保と地名「練馬区地名研究会会報」 練馬区地名研究会 （79）2007.2

旧小樽村の二つの久保をめぐる 地名観察会 女性グループ主催―H21.8.27（徳川達子）「練馬区地名研究会会報」 練馬区地名研究会 （89）2009.11

講演録 民話から繙く江戸期の小樽村（鈴木義範）「練馬古文書研究会会報」 練馬古文書研究会 （48）2012.7

護国寺

例会資料 護国寺から雑司が谷の史跡を訪ねて（櫻澤俊彦）「板橋史談」 板橋史談会 （248）2008.9

旧小坂家住宅

新指定文化財 有形文化財（建造物）旧小坂家住宅「せたがやの文化財」 東京都世田谷区教育委員会事務局 （12）2000.2

小塚原

展示批評 荒川区立荒川ふるさと文化館企画展「杉田玄白と小塚原の仕置場」（村上紀夫）「地方史研究」 地方史研究協議会 57（4）通号328 2007.8

小机家住宅

建物雑想記（29）多摩の擬洋風建築―小机家住宅（酒井哲）「多摩のあゆみ」 たましん地域文化財団 （145）2012.2

小机宅

洋風建築への誘い（34）五日市三内の里・小机宅（伊藤龍也）「多摩のあゆみ」 たましん地域文化財団 （145）2012.2

小菅銭座

新撰組五兵衛新田「覚え」綺譚（3）小菅銭座と金子左内家（増田光明）「足立史談」 足立区教育委員会 449 2005.7

小関

小関考―旧上石神井村小名（3）（下島邦夫）「練馬区地名研究会会報」 練馬区地名研究会 （90）2010.2

小平

高度成長期、小平に若者たちがやってきた！―公民館青年学級記念文集と学級新聞の紹介（鈴木理彦）「小平の歴史を拓く ：市史研究」 小平市企画政策部 （1）2009.3

コラム 芋が語る小平の戦時期（杉本仁）「小平の歴史を拓く ：市史研究」 小平市企画政策部 （1）2009.3

東村山郷土研究会講演会報告「小平の歴史を拓く―古文書整理の中で」蛭田廣一氏（反町幸次）「郷土研だより」 東村山郷土研究会 （350）2009.7

倚鈷碑が語りかけるもの―御門訴事件百四十回忌に寄せて（飯畑幸男）「多摩のあゆみ」 たましん地域文化財団 （135）2009.8

大学のある町、医療と福祉関係施設のある町（大門正克）「小平の歴史を拓く ：市史研究」 小平市企画政策部 （2）2010.3

コラム（3）子どもは「小平西瓜」を二度味わう（杉本仁）「小平の歴史を拓く ：市史研究」 小平市企画政策部 （2）2010.3

小平の郵便資料（資料紹介）（近辻喜一）「小平の歴史を拓く ：市史研究」 小平市企画政策部 （2）2010.3

『教育資料集』上・下／『教育資料集II』上・下（資料紹介）（片山務）「小平の歴史を拓く ：市史研究」 小平市企画政策部 （2）2010.3

コラム（8）小平に学校プールができるまで―PTA新聞を手掛かりに（砥上美也子）「小平の歴史を拓く ：市史研究」 小平市企画政策部 （2）

2010.3

御門訴事件の旧跡を巡るフィールドワークとパネル展（飯畑幸男）「多摩のあゆみ」 たましん地域文化財団 （138）2010.5

空白をうめる―2010年の近現代史編さんの成果から（大門正克）「小平の歴史を拓く ：市史研究」 小平市企画政策部 （3）2011.3

明治期の小平（特集 小平市域の近世・近代移行期をどう考えるか）（梅田定宏）「小平の歴史を拓く ：市史研究」 小平市企画政策部 （3）2011.3

コラム（2）江戸の生け花と小平―允中流『允中挿花鑑』の図絵から（松久茂嘉）「小平の歴史を拓く ：市史研究」 小平市企画政策部 （3）2011.3

コラム（4）最後の醤油絞り（中込敦子）「小平の歴史を拓く ：市史研究」 小平市企画政策部 （3）2011.3

コラム（4）村の鉄砲の行方―明治初年の拝借銃（三野行徳）「小平の歴史を拓く ：市史研究」 小平市企画政策部 （3）2011.3

コラム（6）西武153系統バスで1959〜61年の小平へ（鈴木理彦）「小平の歴史を拓く ：市史研究」 小平市企画政策部 （4）2012.3

私の小平での経験を添えて（市民の声）（伊藤為次）「小平の歴史を拓く ：市史研究」 小平市企画政策部 （4）2012.3

近世後期の小平における地域文化の生成―名所・金橋桜花と俳諧文化（論文）（工藤航平）「小平の歴史を拓く ：市史研究」 小平市企画政策部 （5）2013.3

「地域ぐるみ」の教育運動―1970年代の都立高校増設運動から（研究報告）（牛木純江）「小平の歴史を拓く ：市史研究」 小平市企画政策部 （5）2013.3

鉄道からみた小平の歩み―川越鉄道にかかる小史（研究報告）（堤一郎）「小平の歴史を拓く ：市史研究」 小平市企画政策部 （5）2013.3

苛酷の中から目覚める百姓―御門訴事件「上」の再発見を機に（研究報告）（飯畑幸男）「小平の歴史を拓く ：市史研究」 小平市企画政策部 （5）2013.3

コラム（1）高橋定右衛門を偲ぶ―御門訴事件フィールドワークの記録（研究報告）（飯畑幸男）「小平の歴史を拓く ：市史研究」 小平市企画政策部 （5）2013.3

市民の歴史のよりどころ（市民の声）（井上寛介）「小平の歴史を拓く ：市史研究」 小平市企画政策部 （5）2013.3

御門訴事件（木山碩夫）「武蔵保谷村だより ： 高橋文太郎の『武蔵保谷村郷土資料』を手掛かりに」 下保谷の自然と文化を記録する会 （9）2013.4

洋風建築への誘い（41）小平のランドマークと呼びたい―がす資料館（伊藤龍也）「多摩のあゆみ」 たましん地域文化財団 （152）2013.11

小平市

小平市ふれあい下水道館（《特集 多摩の下水道》）（松田旭正）「多摩のあゆみ」 たましん地域文化財団 （126）2007.5

資料紹介 小平市立図書館における郷土写真（近藤幸子）「小平の歴史を拓く ：市史研究」 小平市企画政策部 （1）2009.3

くらしやすさを求めて―1970年代の小平市と東小川橋自治会（鈴木理彦）「小平の歴史を拓く ：市史研究」 小平市企画政策部 （2）2010.3

小平市、玉川上水との出会いを通して（市民参加事業の紹介）（早田満）「小平の歴史を拓く ：市史研究」 小平市企画政策部 （2）2010.3

特集を組むにあたって（特集 小平市域の近世・近代移行期をどう考えるか）（大門正克）「小平の歴史を拓く ：市史研究」 小平市企画政策部 （3）2011.3

村役人層の世代と経験から小平市域の近世近代移行期を考える（特集 小平市域の近世・近代移行期をどう考えるか）（三野行徳）「小平の歴史を拓く ：市史研究」 小平市企画政策部 （3）2011.3

近世近代移行期の小平市域を考える―明治初年品川県社会騒動（「御門訴」事件）を中心に（特集 小平市域の近世・近代移行期をどう考えるか）（久留島浩）「小平の歴史を拓く ：市史研究」 小平市企画政策部 （3）2011.3

討論要旨 小平市域の近世・近代移行期をどう考えるか「小平の歴史を拓く ：市史研究」 小平市企画政策部 （3）2011.3

尾張鷹場と小平市域の村々（蛭田晶子）「小平の歴史を拓く ：市史研究」 小平市企画政策部 （3）2011.3

〈外部性〉の『町誌』から〈内省〉の『市史』へ―『小平市史』を考える（杉本仁）「小平の歴史を拓く ：市史研究」 小平市企画政策部 （4）2012.3

小平市の気候―特に、気温の変化と気候歳時記などを中心に（論文）（角田清美）「小平の歴史を拓く ：市史研究」 小平市企画政策部 （5）2013.3

『小平市史』刊行記念講演会の概要について（小平市史刊行記念講演会）「小平の歴史を拓く ：市史研究」 小平市企画政策部 （6）2014.3

今を生きる小平の歴史―近現代の一五〇年（小平市史刊行記念講演会）（大門正克）「小平の歴史を拓く ：市史研究」 小平市企画政策部 （6）2014.3

近世の小平―首都江戸のフロンティア（小平市史刊行記念講演会）（大石

東京都　　　　　　　　　地名でたどる郷土の歴史　　　　　　　　　　　関東

学）「小平の歴史を拓く：市史研究」小平市企画政策部　（6）2014.3

民間伝承の場としての小平（小平市史刊行記念講演会）（香月洋一郎）「小平の歴史を拓く：市史研究」小平市企画政策部　（6）2014.3

小平市と玉川上水（研究報告）（角田清美）「小平の歴史を拓く：市史研究」小平市企画政策部　（6）2014.3

小平市史と小平町誌と（小平市史の刊行によせて）（大沼晴暉）「小平の歴史を拓く：市史研究」小平市企画政策部　（6）2014.3

小平市公民館

小平市公民館の活動（特集 戦後多摩の公民館活動）（穂積健児）「多摩のあゆみ」たましん地域文化財団　（144）2011.11

小平青年学校

小平青年学校の奉安殿—小平市中央図書館保管奉安殿資料から（資料紹介）（安藤正文）「小平の歴史を拓く：市史研究」小平市企画政策部　（5）2013.3

小平町

インタビュー『小平町誌』の頃—執筆者・川田順造氏に聞く「小平の歴史を拓く：市史研究」小平市企画政策部　（2）2010.3

研究報告 小平町における町村合併の動向と農村部の反対運動（杉本仁）「小平の歴史を拓く：市史研究」小平市企画政策部　（3）2011.3

小平町報の描く「婦人像」—「話し合い」から「仲間づくり」「考える」婦人へ（研究報告）（大門泰子）「小平の歴史を拓く：市史研究」小平市企画政策部　（4）2012.3

小平村

研究報告 小平村と日露戦争—戦地と郷里・銃後を結んだ軍事郵便（細谷亨）「小平の歴史を拓く：市史研究」小平市企画政策部　（3）2011.3

小平村の戸数割—「村議会会議録」を素材に（研究報告）（早川大介）「小平の歴史を拓く：市史研究」小平市企画政策部　（5）2013.3

小丹波

小丹波を歩く—古里駅前から寸庭平へ（渡辺友一郎）「郷土研究」奥多摩郷土研究会　（25）2014.3

小丹波原嶋家

小丹波原嶋家（屋号酒屋）屋敷構とその実像（白井孝昌）「郷土研究」奥多摩郷土研究会　（24）2013.3

国会議事堂

随想 国会議事堂（旧帝国議事堂）（本田幸信）「北九州市の文化財を守る会会報」北九州市の文化財を守る会　（133）2011.6

御殿

地名を撮る 御殿（岩崎美智子，桑島新一）「練馬区地名研究会会報」練馬区地名研究会　（72）2005.5

御殿山外国公使館

御殿山外国公使館の選定経緯について（吉崎雅規）「品川歴史館紀要」品川区立品川歴史館　（24）2009.3

小留浦

小留浦信用販売購買組合始末記（川久保一夫）「郷土研究」奥多摩郷土研究会　（20）2009.3

五之橋

江東歴史紀行 竪川と五之橋（久染健夫）「下町文化」江東区地域振興部　（259）2012.9

小林家住宅

古民家園小林家住宅茅葺き屋根を一部葺き替え「立川市歴史民俗資料館だより」立川市歴史民俗資料館　（9）2013.3

市有形文化財「小林家住宅」茅葺屋根葺き替え工事（会員館活動報告）（立川市歴史民俗資料館）「ミュージアム多摩：東京都三多摩公立博物館協議会会報」東京都三多摩公立博物館協議会　（33）2012.3

国指定重要文化財「小林家住宅保存修理事業」（会員館活動報告）（檜原村郷土資料館）「ミュージアム多摩：東京都三多摩公立博物館協議会会報」東京都三多摩公立博物館協議会　（34）2013.3

小比企村

明治初年の多摩地域における文書伝達の実態—多摩郡小比企村を例に（亀尾美香）「八王子の歴史と文化：郷土資料館研究紀要・年報」八王子市教育委員会　（17）2005.3

小日向

江戸東京歴史紀行 小日向、小石川界隈を歩く（上），（下）（滝口知与子）「ふるさとの自然と歴史」歴史と自然をまもる会　284/285　2001.1/2001.3

五兵衛新田

五兵衛新田に現れた旗本—近藤隼雄について［1］～（3）（あさくらゆう）「足立史談」足立区教育委員会　（454）/（457）2005.12/2006.3

五兵衛新田に現れた旗本（4）永岡儀兵衛（あさくらゆう）「足立史談」足立区教育委員会　（459）2006.5

五兵衛新田に現れた旗本 近藤隼雄（5）（追跡・綾瀬の新撰組（9））（あさくらゆう）「足立史談」足立区教育委員会　（463）2006.9

五兵衛新田との交渉役—安富才輔について（あさくらゆう）「足立史談」足立区教育委員会　（486）2008.8

五兵衛新田のおはなし（1）～（3）（増田光明）「足立史談」足立区教育委員会　（528）/（530）2012.2/2012.04

足立区の文化財 有形文化財（古文書）「報恩社法録」、関原不動尊略縁起（版木）、「地誌」（明治九年「地誌篇 伊東谷村」、明治九年「地誌書上 第十大区六小区次郎左衛門新田」、明治十年「地誌書上 第十大区六小区弥五郎新田」、明治十年「地誌書上 第十大区六小区五兵衛新田」、千ヶ崎家文書 1点、船津家文書 2点（天保九改年「宗旨御改め壱人別帳」、明治四〇年「荒川堤上裁桜原簿写」）「足立史談会だより」足立史談会　（303）2013.6

五兵衛新田屯所

《小特集 綾瀬・金子家文書—五兵衛新田屯所の資料》「足立史談」足立区教育委員会　427　2003.9

新選組隊士も食べた？ 千住の雀焼き—五兵衛新田屯所への物資供給（編集部）「足立史談」足立区教育委員会　432　2004.2

史料紹介 五兵衛新田屯所関係史料（足立区立郷土博物館）「足立区立郷土博物館紀要」足立区立郷土博物館　（26）2005.3

新撰組五兵衛新田「覚え」綺譚（1）新撰組の調達物資と火薬（増田光明）「足立史談」足立区教育委員会　447　2005.5

新撰組五兵衛新田「覚え」綺譚（2）官軍の探索と新撰組の食事（増田光明）「足立史談」足立区教育委員会　448　2005.6

新撰組五兵衛新田「覚え」綺譚（3）小菅銭座と金子左内家（増田光明）「足立史談」足立区教育委員会　449　2005.7

新撰組五兵衛新田「覚え」綺譚（4）綾瀬川の船と新撰組屯所（増田光明）「足立史談」足立区教育委員会　450　2005.8

新撰組五兵衛新田「覚え」綺譚（5）江戸へ向かった女性のこと（増田光明）「足立史談」足立区教育委員会　（451）2005.9

新撰組五兵衛新田「覚え」綺譚（6）新撰組文書とナゾの買い物（増田光明）「足立史談」足立区教育委員会　（452）2005.10

新撰組五兵衛新田「覚え」綺譚（7）五兵衛新田と徳川家代官（増田光明）「足立史談」足立区教育委員会　（453）2005.11

新撰組五兵衛新田「覚え」綺譚（8）松本良順宛の書簡から（増田光明）「足立史談」足立区教育委員会　（454）2005.12

新撰組五兵衛新田「覚え」綺譚（9）新撰組「流山」の理由は（1）（増田光明）「足立史談」足立区教育委員会　（455）2006.1

新撰組五兵衛新田「覚え」綺譚（10）新撰組「流山」の理由は（2）（増田光明）「足立史談」足立区教育委員会　（456）2006.2

新撰組五兵衛新田「覚え」綺譚（11）五兵衛新田の「記憶」（増田光明）「足立史談」足立区教育委員会　（457）2006.3

新撰組五兵衛新田「覚え」綺譚（12）附木と火薬（増田光明）「足立史談」足立区教育委員会　（459）2006.5

小仏宿

小仏・駒木野宿の助郷絵図—金子家文書から（亀尾美香）「八王子市郷土資料館だより」八王子市郷土資料館　（84）2008.12

小仏関所

古文書は語る（14）小仏関所の鉄砲改め—小野崎家文書「鉄砲手形」より（馬場憲一）「多摩のあゆみ」たましん地域文化財団　116　2004.11

小仏御関所番川村家（川村文吾）「由比野」元八王子歴史研究会　（14）2007.5

五本木

目黒区・五本木の50年（齋藤誠）「郷土目黒」目黒区郷土研究会　50　2006.10

五本木の現状と変遷（齋藤誠）「郷土目黒」目黒区郷土研究会　52　2008.10

五本木（橋口明子）「目黒区郷土研究」目黒区郷土研究会　（682）2011.11

五本木商店街

五本木商店街のポンプ店—一枚の写真から（齋藤誠）「郷土目黒」目黒区郷土研究会　48　2004.10

今時の町・街アラカルト 鷹番町・五本木商店街「目黒区郷土研究」目黒区郷土研究会　（619）2006.8

狛江市

安政年間、狛江市域における風難・水難・病難《特集 天変地異》（冨永春芳）「多摩のあゆみ」たましん地域文化財団　（135）2009.8

駒形橋

東京文学地図帖 戦後編（9）駒形橋（槌田満文）「Collegio」之潮　（26）2007.9

駒木野宿

小仏・駒木野宿の助郷絵図—金子家文書から（亀尾美香）「八王子市郷土資料館だより」八王子市郷土資料館　（84）2008.12

関東　　　　　　　　　　　　　　地名でたどる郷土の歴史　　　　　　　　　　　　　東京都

駒込

第3回収蔵資料展「思い出は資料館へ2―区民寄贈生活資料展」/東京第二師範附属 上山の疎開学寮日誌/駒込の奇聞二話「かたりべ ： 豊島区立郷土資料館ミュージアム開設準備だより」 豊島区立郷土資料館 65 2002.2

村松藩の下谷上屋敷と駒込下屋敷、および村上藩の駒込下屋敷（渡辺好明）「郷土村松」 村松郷土史研究会 （59） 2002.4

駒込坂下町

仲よし三人組座談会、戦時の駒込坂下町「谷中・根津・千駄木」 谷根千工房 80 2005.7

駒込名主屋敷

ご近所調査報告 駒込名主屋敷「谷中・根津・千駄木」 谷根千工房 （83） 2006.3

駒込日光御成道

第263回史跡研究会 駒込日光御成道（岡本忠直, 阿部偉子）「北区史を考える会会報」 北区史を考える会 74 2004.11

駒沢

古老聞き書き帳 駒沢・眞中・上馬・中里・三茶界隈（染谷昌男）「せたかい ： 歴史さろん」 世田谷区誌研究会 （56） 2004.11

駒沢今昔物語（高野タカ子）「せたかい通信」 世田谷区誌研究会 （3） 2006.4

駒沢給水塔

目黒町に上水供給した駒沢給水塔（平山元也）「目黒区郷土研究」 目黒区郷土研究会 582 2003.7

街のシンボル「駒沢給水塔」を残そう（染谷昌男）「せたかい ： 歴史さろん」 世田谷区誌研究会 （57） 2005.12

駒沢小学校

駒沢小学校の歴史（《特集 世田谷の教育史》）（内山昌玄）「せたかい ： 歴史さろん」 世田谷区誌研究会 （59） 2007.7

駒沢小学校と品川用水（秋山清太郎）「せたかい ： 歴史さろん」 世田谷区誌研究会 （64） 2012.7

駒沢小学校と品川用水（2）―展示「思い出の品川用水」（寄稿）（市川博正, 尾崎隆子）「せたかい ： 歴史さろん」 世田谷区誌研究会 （65） 2013.7

駒沢大学

駒澤大学の歴史（《特集 世田谷の教育史》）（染谷昌男）「せたかい ： 歴史さろん」 世田谷区誌研究会 （59） 2007.7

駒沢中学校

駒沢中学校の歴史（《特集 世田谷の教育史》）（染谷昌男）「せたかい ： 歴史さろん」 世田谷区誌研究会 （59） 2007.7

駒沢電気館

駒沢電気館と仲見世百貨店（〈「三軒茶屋を記録する会」からのレポート〉）（編集部）「せたかい ： 歴史さろん」 世田谷区誌研究会 （52） 2000.7

駒沢練兵場

駒沢練兵場について（花井鐵弥）「郷土目黒」 目黒区郷土研究会 53 2009.10

小松川

小松川の小松菜（武蔵野の食文化（1））（中沢正子）「武蔵野」 武蔵野文化協会 82（1）通号343 2006.6

小松屋横町

写真探訪 板橋の地名（13） 小松屋横町（大澤鷹邇）「板橋史談」 板橋史談会 （261） 2010.11

駒場

駒場の森にて（竹澤見江子）「都立日野高等学校研究紀要」 東京都日野高等学校 12 2003.3

目黒駒場、別所（山内宣之）「目黒区郷土研究」 目黒区郷土研究会 （622） 2006.11

目黒駒場、別所（地名考2）（山内宣之）「目黒区郷土研究」 目黒区郷土研究会 （624） 2007.1

目黒、駒場・別所（地名考）（山内宣之）「郷土目黒」 目黒区郷土研究会 52 2008.10

駒場公園

加賀藩ゆかりの地、駒場公園（皆森禮子）「郷土目黒」 目黒区郷土研究会 47 2003.10

駒場公園 旧前田侯爵邸は、中島飛行機本社の疎開先だった（上野勝也）「戦争のきずあと・むさしの」 武蔵野の空襲と戦争遺跡を記録する会 12 2004.7

駒場調練所

駒場調練所（橋口明子）「目黒区郷土研究」 目黒区郷土研究会 （644） 2008.9

駒場野

地方史の舞台となった駒場野の今昔（二瓶英二郎）「郷土目黒」 目黒区郷土研究会 48 2004.10

駒場野鶉狩（橋口明子）「目黒区郷土研究」 目黒区郷土研究会 （632） 2007.9

駒場野（橋口明子）「目黒区郷土研究」 目黒区郷土研究会 （633） 2007.10

駒場野・鐘鋳塚と土器塚（橋口明子）「目黒区郷土研究」 目黒区郷土研究会 （634） 2007.11

駒場農学校

明治十四年・駒場農学校（橋口曉子）「目黒区郷土研究」 目黒区郷土研究会 （658） 2009.11

駒場野公園

「駒場野公園の拡張部分」が公開された（平山元也）「目黒区郷土研究」 目黒区郷土研究会 （639） 2008.4

駒場原

将軍の鷹狩りと駒場原（根崎光男）「郷土目黒」 目黒区郷土研究会 55 2011.10

小宮町

八王子市と小宮町の合併（齋藤義明）「八王子市郷土資料館だより」 八王子市郷土資料館 （84） 2008.12

小山酒造

小山酒造とその酒造り（坂本要, 高達奈緒美）「文化財研究紀要」 東京都北区教育委員会 16 2003.3

小山酒造建造物

小山酒造建造物調査報告（波多野純）「文化財研究紀要」 東京都北区教育委員会 16 2003.3

小山村

旧小山村を歩く（歴史散歩）（藤本義邦）「いしぶみ」 まちだ史考会 （30） 2010.12

小山村に残る『第二次長州征討旅日記』出版の報告（内田征一）「いしぶみ」 まちだ史考会 （20周年記念号） 2014.7

古里駅前

小丹波を歩く―古里駅前から寸庭平へ（渡辺友一郎）「郷土研究」 奥多摩郷土研究会 （25） 2014.3

古里村

続 著並木嶋雄による古里村史稿（山崎介司）「郷土研究」 奥多摩郷土研究会 （17） 2006.3

続 並木嶋雄による「古里村史稿」（山崎介司）「郷土研究」 奥多摩郷土研究会 （18） 2007.3

続 並木嶋雄による「古里村史稿」（山崎介司）「郷土研究」 奥多摩郷土研究会 （19） 2008.3

古里村史稿より 江戸文化継承―古里地区の昔話（山崎介司）「郷土研究」 奥多摩郷土研究会 （20） 2009.3

並木嶋雄による古里村史稿（山崎介司）「郷土研究」 奥多摩郷土研究会 （21） 2010.3

権之助坂

権之助坂への思い（仲野基道）「郷土目黒」 目黒区郷土研究会 50 2006.10

会報にみる目黒の昔（30） 「目黒駅かいわい（一） 権之助坂を中心として」井下清/「目黒駅かいわい（二） 権之助坂を中心として」井下清「目黒区郷土研究」 目黒区郷土研究会 （668） 2010.9

金比羅山

金比羅山北東斜面宅地造成について「浅川地下壕の保存をすすめる会ニュース」 浅川地下壕の保存をすすめる会 （54） 2006.10

金比羅山は残った「浅川地下壕の保存をすすめる会ニュース」 浅川地下壕の保存をすすめる会 （99） 2014.4

「金比羅山」を報道する東京新聞 2014年3月14日号「浅川地下壕の保存をすすめる会ニュース」 浅川地下壕の保存をすすめる会 （99） 2014.4

金比羅山私有地化実現報告集会 吉岡常雄さんからの報告（中田均）「浅川地下壕の保存をすすめる会ニュース」 浅川地下壕の保存をすすめる会 （100） 2014.6

金比羅山私有地化 おめでとう「浅川地下壕の保存をすすめる会ニュース」 浅川地下壕の保存をすすめる会 （100） 2014.6

八王子市議と懇談会 私有地になった金比羅山と地下壕保存に向けて「浅川地下壕の保存をすすめる会ニュース」 浅川地下壕の保存をすすめる会 （102） 2014.10

金比羅山が私有地となるまでの経過と金比羅山遺跡（十菱駿武）「浅川地下壕の保存をすすめる会ニュース」 浅川地下壕の保存をすすめる会 （103） 2014.12

西郷山
西郷山(橋口明子)「目黒区郷土研究」 目黒区郷土研究会 (637) 2008.2

西条藩邸
江戸・東京の伊予(19) 西条藩邸へつづく坂の町(玉井建三)「文化愛媛」 愛媛県文化振興財団 50 2003.3

境川
境川の旧河川を見て歩く(萩原清高)「町田地方史研究」 町田地方史研究会 (21) 2014.11

境浄水場
空襲で破壊された境浄水場一「東京都水道史」より「戦争のきずあと・むさしの」 武蔵野の空襲と戦争遺跡を記録する会 11 2004.5

栄町
自然と生きる 西東京市の主な屋敷林(6) 北町・栄町・ひばりが丘北・住吉町(小川武廣)「武蔵保谷村だより : 高橋文太郎の『武蔵保谷村郷土資料』を手掛かりに」 下保谷の自然と文化を記録する会 (7) 2012.10

東村山30景を歩く 第3回 栄町から久米川町へ「歴史館だより」 東村山ふるさと歴史館 (49) 2014.10

栄村
特別企画 今も「現役」として活躍している栄村の古民家 協力・首都大学東京栄村復興支援チーム「月刊栄村」 NPO法人栄村ネットワーク (11) 2012.5

逆井渡船場
明治初期の中川逆井渡船場の橋梁化一架橋・維持管理をめぐる亀戸村と架橋出願人の動向(論文)(斉藤照徳)「江東区文化財研究紀要」 江東区教育委員会地域振興部 (18) 2014.3

佐賀町
深川江戸資料館開館20周年 秋の特別展「深川佐賀町の歴史と生活」「下町文化」 江東区地域振興部 (235) 2006.9

防人見返りの峠
万葉集、多摩防人の道、歩行、前・午・後一多摩の道を歩く 聖蹟桜ヶ丘〜防人見返りの峠(寄稿)「月刊歴史ジャーナル」 NPO法人尾道文化財研究所 (110) 2013.2

桜株
大正末期から昭和初期の小作台と新町桜株の五差路の情況(下田賢三)「会報羽村郷土研究」 羽村郷土研究会 (82) 2003.6

桜坂
道をつけて「市」は拡がった 桜坂・赤坂の話(本誌259号)つづき(上),(下)(清田友彦)「ふるさとの自然と歴史」 歴史と自然をまもる会 280/281 2000.5/2000.7

桜田
歴史散歩 東京の南部屋敷外桜田で幕末の政変(穂積諭吉)「擬宝珠」 盛岡の歴史を語る会 (139) 2003.7

史料紹介 桜田事件についての一考察(藤原秀之)「日本史攷究」 日本史攷究会 (32) 2008.11

桜田公園
小学校と震災復興小公園の設計一南桜公園と桜田公園(中村琢巳)「港郷土資料館だより」 港区立港郷土資料館 (53) 2004.3

桜田門
特別展 連光寺の「聖蹟」化と多摩聖蹟記念館/常設展 志士の遺墨一桜田門外の変と水戸藩士「雑木林 : 旧多摩聖蹟記念館広報」 多摩市教育委員会 151 2012.12

桜田門外
歴史の舞台・千代田 資料から見た桜田門外の変(高木知己)「千代田区立四番町歴史民俗資料館資料館だより」 東京都千代田区教育委員会,千代田区立四番町歴史民俗資料館 (27) 2008.3

資料紹介 "聞取書"に見る桜田門外の変(上)(蓑田美昭)「夜豆志呂」 八代史談会 (159) 2009.2

資料紹介 "聞取書"に見る桜田門外の変(後)(蓑田美昭)「夜豆志呂」 八代史談会 (160) 2009.6

史料紹介 桜田門外の変「杵築留守居興某隠居見物之話」(佐藤満洋)「大分県地方史」 大分県地方史研究会 (207) 2009.9

桜田門外の変とその後の彦根藩士について(研究)(笹川恵)「橘史学」 京都橘大学歴史文化学会 (28) 2013.12

「桜田門外の変」雑記(寄稿)(猪俣一郎)「せたかい : 歴史さろん」 世田谷区誌研究会 (66) 2014.7

佐須
佐須(大久保光庸)「調布史談会誌」 調布史談会 (32) 2003.3

讃岐高松藩上屋敷
特別展「掘り出された讃岐高松藩上屋敷跡一飯田町遺跡展」の開催「千

代田区立四番町歴史民俗資料館資料館だより」 東京都千代田区教育委員会, 千代田区立四番町歴史民俗資料館 15 2003.3

佐野氏邸
足立史談会へ繋ぐ「葛飾史談」19号 昭和33年2月 佐野氏邸訪問記(田辺彌太郎)「足立史談会だより」 足立史談会 (300) 2013.3

鮫川村
鮫川村を訪ねて(西川晴美)「雑木林の詩 : 東大和市環境を考える会会報」 東大和市環境を考える会 (60) 2005.10

鮫洲商店街
龍馬でまちおこし 若き日の龍馬ゆかりの地 東京都品川区立会川商店街・鮫洲商店街「飛騰 : 高知県立坂本龍馬記念館だより」 高知県立坂本竜馬記念館 50 2004.8

狭山堀橋
狭山堀橋(富士見町4丁目・美住町1丁目境)「郷土研だより」 東村山郷土研究会 (372) 2011.5

猿江
江東区域の西洋瓦一亀戸浅間神社出土資料と猿江の工場(野本賢二)「下町文化」 江東区地域振興部 (252) 2011.1

猿楽町
会報にみる目黒の昔(21)「田楽橋と猿楽町(一)」浅海行夫/「田楽橋と猿楽町(二)」浅海行夫/「三十余年前の回想」関正二(編集部)「目黒区郷土研究」 目黒区郷土研究会 (655) 2009.8

猿子橋
垣間見る江戸の敵討・深川六軒堀猿子橋(西村京一)「西上総文化会報」 西上総文化会 (70) 2010.3

沢井
沢井の田圃(角田清美)「青梅市文化財ニュース」 青梅市文化財保護指導員会 (286) 2011.8

沢井万年橋
さし絵のなかの多摩(22) 沢井万年橋と水車小屋一「都新聞」連載 「大菩薩峠」挿絵(斎藤慎一)「多摩のあゆみ」 たましん地域文化財団 109 2003.2

沢淵文化住宅
洋風建築への誘い(8) 八王子元横山町・沢淵文化住宅(伊藤龍也)「多摩のあゆみ」 たましん地域文化財団 (119) 2005.8

散華乙女の碑
西東京市公民館・武蔵女子学院共催事業 同級生を空襲で亡くして一散華乙女の碑と平和への祈り(中出律)「戦争のきずあと・むさしの」 武蔵野の空襲と戦争遺跡を記録する会 (19) 2006.1

ひさびさのフィールドワーク 武蔵野の戦争遺跡をめぐる一武蔵野女子学院「散華乙女の碑」からの中央公園周辺まで「戦争のきずあと・むさしの」 武蔵野の空襲と戦争遺跡を記録する会 (25) 2007.5

三軒茶屋
幕末維新の三軒茶屋一村の中の町場化(〈区誌研究会平成7年度定期講演から〉)(森安彦)「せたかい : 歴史さろん」 世田谷区誌研究会 (53) 2001.6

三軒茶屋を記録する会 その5(瀬村進)「せたかい : 歴史さろん」 世田谷区誌研究会 (58) 2006.7

三軒茶屋界隈 戦前からの建造物(瀬村進)「せたかい : 歴史さろん」 世田谷区誌研究会 (63) 2007.8

三軒茶屋を記録する会(6)(瀬村進)「せたかい : 歴史さろん」 世田谷区誌研究会 (64) 2012.7

世田谷線 沿線各駅散歩道(三軒茶屋・西太子堂)(中村甲)「せたかい : 歴史さろん」 世田谷区誌研究会 (64) 2012.7

三多摩
歴史における多摩地域一三多摩地域研究の今日的課題(新井勝紘)「中央史学」 中央史学会 (26) 2003.3

昭和前期三多摩の社会運動について(講演録)(大串夏身)「自由民権 : 町田市立自由民権資料館紀要」 町田市教育委員会 通号17 2004.3

三多摩の水車を巡る諸問題(末尾至行)「多摩のあゆみ」 たましん地域文化財団 115 2004.8

東京文学地図帖 戦後編(16) 三多摩(槌田満文)「Collegio」 之潮 (33) 2008.8

「歴史」分科会 東京・三多摩地方の部落史を探る(藤沢靖介)「東日本部落解放研究所ニュース」 東日本部落解放研究所 (73) 2008.8

三多摩の公民館の歩みと活動一1960〜70年代を中心に(特集 戦後多摩の公民館活動)(小林文人)「多摩のあゆみ」 たましん地域文化財団 (144) 2011.11

「三多摩テーゼ」作成の頃と、市民活動のありかたの変化(特集 戦後多摩の公民館活動)(進藤文夫)「多摩のあゆみ」 たましん地域文化財団 (144) 2011.11

三茶

古老聞き書き帳 駒沢・眞中・上馬・中里・三茶界隈（染谷昌男）「せたかい：歴史さろん」 世田谷区誌研究会 （56）2004.11

三富新田

三富新田の地割（バス見学の解説）（事業部）「目黒区郷土研究」 目黒区郷土研究会 （619）2006.8

三宝寺

石神井・三宝寺の「守護使不入」碑（木村博）「練馬郷土史研究会会報」 練馬郷土史研究会 （313）2008.1

三宝寺池

新・豊島氏紀行（3）石神井公園・三宝寺池付近の伝説「かたりべ：豊島区立郷土資料館ミュージアム開設準備だより」 豊島区立郷土資料館 62 2001.5

三宝寺池沼沢植物群落

わがまちの文化財・練馬区 石神井城跡と三宝寺池沼沢植物群落「東京の文化財」 東京都教育庁地域教育支援部 （102）2007.7

残堀川

立川断層が造った小川 残堀川と矢川（特集 多摩の小川）（會田梢）「多摩のあゆみ」 たましん地域文化財団 （147）2012.8

三本榎

市指定史跡 "三本榎" のうち加藤榎の伐採について（青木哲）「武蔵村山市立歴史民俗資料館報：資料館だより」 武蔵村山市立歴史民俗資料館 （48）2008.3

山谷

地形地名編 渋谷区（3）神泉谷・山谷（江戸東京消失地名録）（田原光泰）「Collegio」 之潮 （29）2007.12

三谷新田

足立区の登録文化財を観る 有形文化財（古文書）渕江之内ふけんしさんや新田開発之事／渕江之内千住榎本新田開事／渕江之内大谷田新田開事／丑御定免御年貢可納割付之事／永野家文書 15点「足立史談会だより」 足立史談会 （297）2012.12

三楽荘

洋風建築への誘い（11）村山中央病院 三楽荘（伊藤龍也）「多摩のあゆみ」 たましん地域文化財団 （122）2006.5

思案橋

会津の心を学ぼう（2）思案橋事件―旧会津藩士・永岡久茂と中根米七（井上昌威）「会津史談」 会津史談会 （84）2010.6
東松事件と思案橋事件（新会員のひとこと）（小林昌夫）「会津史談通信」 会津史談会 （64）2010.10
思案橋の変の真実（大竹邦洋）「会津史談」 会津史談会 （85）2011.5
江戸にもあった思案橋（河勝大）「練馬郷土史研究会会報」 練馬郷土史研究会 （341）2012.9

椎名町

セピア色の記憶（15）「椎名町」にまつわる話エトセトラ「かたりべ：豊島区立郷土資料館ミュージアム開設準備だより」 豊島区立郷土資料館 通号81 2006.3

椎葉村

椎葉村の狩場概念図のこと（高加賢）「武蔵保谷村だより：高橋文太郎の『武蔵保谷村郷土資料』を手掛かりに」 下保谷の自然と文化を記録する会 （9）2013.4

試衛館

試衛館―その場所と考察「幕末史研究」 三十一人会，小島資料館（発売）（39）2003.9
坂の上にあった小道場の行方（新選組の原点試衛館跡を探して）（阿部信行）「府中史談」 府中市史談会 （35）2009.5

汐入

千住のやっちゃ場と汐入の八百屋―野菜売りと空襲（中瀬一郎）「足立史談」 足立区教育委員会 （528）2012.2

汐留遺跡火力発電所

汐留遺跡火力発電所から出土した品川白煉瓦について（特集 鉄道開通140年 鉄道考古学を考える―特別展「品川鉄道事始」にちなんで）（中野光将）「品川歴史館紀要」 品川区立品川歴史館 （28）2013.3

敷島女子高等学校

敷島女子高等学校の元動員学徒との座談会（秋山昌文）「戦争のきずあと・むさしの」 武蔵野の空襲と戦争遺跡を記録する会 （42）2012.2

自然園

自然園と岡見家（田丸太郎）「目黒区郷土研究」 目黒区郷土研究会 （677）2011.6
自然園と岡見家（つづき）（田丸太郎）「目黒区郷土研究」 目黒区郷土研

究会 （678）2011.7
自然園と境界石（橋口明子）「目黒区郷土研究」 目黒区郷土研究会 （680）2011.9

地蔵通り

セピア色の記憶（10）ご存じ地蔵通りは今も昔も大賑わい「かたりべ：豊島区立郷土資料館ミュージアム開設準備だより」 豊島区立郷土資料館 75 2004.9

下組ズシ

下十条村の復元（1）―下組ズシ（旧根岸町会）（榎本龍治）「十條村近世史雑考」 榎本龍治 （23）2004.6

下宿東台館

下宿東台館、そして谷中五重塔が燃えた日 関達夫さん（時には昔の話を―言問通り三話）「谷中・根津・千駄木」 谷根千工房 （89）2008.3

下町

図書館で調べる 地図・地誌編（21）下町にあった父と母の家（長山喜枝）「Collegio」
日本近代の歴史における戦争と平和（9）―1945年3月10日、東京下町大空襲の思い出から（川村善二郎）「戦争のきずあと・むさしの」 武蔵野の空襲と戦争遺跡を記録する会 （51）2014.8

下町低地

山の手台地と下町低地の周辺部における大地と低地の変遷（松田磐余）「Collegio」 之潮 （55）2014.2

下谷御徒町

明治前期東京における土地所有と借地・借家―下谷御徒町・仲御徒町を事例として（研究ノート）（双木俊介）「歴史地理学」 歴史地理学会，古今書院（発売）56（5）通号272 2014.12

七軒町

資料紹介 七軒町『月番帳』「十條村研究」 榎本龍治 （25）2006.6
「わが町の空襲」補遺その3 池之端七軒町の出来事（本田史子）「谷中・根津・千駄木」 谷根千工房 （86）2007.2

七軒町ズシ

下十条村の復元（2）―七軒町ズシ（前）（榎本龍治）「十條村近世史雑考」 榎本龍治 （24）2005.5
下十条村の復元（3）七軒町ズシ（後）（榎本龍治）「十條村研究」 榎本龍治 （25）2006.6
七軒町ズシ地図「十條村研究」 榎本龍治 （25）2006.6

品川

展示批評 品川歴史館特別展「鎌倉武士西に走り、トランジスタ海を渡る―品川から巣立ったひと・もの・情報展」を見て（竹内誠）「品川歴史館紀要」 品川区立品川歴史館 （18）2003.3
《「しながわの大名下屋敷」特集》「品川歴史館紀要」 品川区立品川歴史館 （19）2004.3
展覧会批評 「しながわの大名下屋敷」展（原史彦）「品川歴史館紀要」 品川区立品川歴史館 （19）2004.3
特別展「しながわの大名下屋敷」補遺（寺門雄一）「品川歴史館紀要」 品川区立品川歴史館 （19）2004.3
資料紹介 品川の学童疎開（野児泰弘）「品川歴史館紀要」 品川区立品川歴史館 （21）2006.3
海晏寺五輪塔にみる中世品川の一特性（〈小特集 特別展「大井―海に発展するまち―」をめぐって〉）（本間岳人）「品川歴史館紀要」 品川区立品川歴史館 （22）2007.3
日本橋～品川（野村共栄、柳澤坦）「とみづか」 戸塚歴史の会 （33）2007.6
品川区政60周年記念巡回展「写真で綴る品川の60年」展示概要「品川歴史館紀要」 品川区立品川歴史館 （23）2008.3
「写真で綴る品川の60年」をふりかえって（塚越理恵子）「品川歴史館紀要」 品川区立品川歴史館 （23）2008.3
大井・品川の人々と大江広元―源頼朝・義経とその時代（《特集 品川の中世・再発見》）（五味文彦）「品川歴史館紀要」 品川区立品川歴史館 （24）2009.3
戦国大名北条氏の品川支配（《特集 品川の中世・再発見》）（池上裕子）「品川歴史館紀要」 品川区立品川歴史館 （24）2009.3
品川の中世史研究の現在―特別展「東京湾と品川―よみがえる中世の港町」を開催して（《特集 品川の中世・再発見》）（柘植信行）「品川歴史館紀要」 品川区立品川歴史館 （24）2009.3
展示批評 特別展「東京湾と品川―よみがえる中世の港町」によせて（《特集 品川の中世・再発見》）（綿貫友子）「品川歴史館紀要」 品川区立品川歴史館 （24）2009.3
熊野と東国品川―地域関係の双方向性をめぐる検討（《特集 品川の中世・再発見》）（伊藤裕偉）「品川歴史館紀要」 品川区立品川歴史館 （24）2009.3
武蔵吉良氏の散在所領と関係地域―品川、大井との関係をめぐって（《特

集 品川の中世・再発見》)(谷口雄太)「品川歴史館紀要」 品川区立品川歴史館 (24) 2009.3

連載「武蔵野の食文化」(5) 品川の筍栽培—孟宗筍栽培記念碑(坂本道夫)「武蔵野」 武蔵野文化協会 86(1)通号350 2011.7

中世品川の位置—中世品川から見た海上交通と文化の諸相(大会報告要旨—共通論題)(柘植信行)「交通史研究」 交通史学会, 吉川弘文館(発売) (75) 2011.3

『品川歴史館紀要』の意義(佐藤成順)「品川歴史館紀要」 品川区立品川歴史館 (27) 2012.3

明治初年外国人の品川通行について(特集 特別展「品川御台場」)(中元幸二)「品川歴史館紀要」 品川区立品川歴史館 (27) 2012.3

幕末明治の品川と「リトル・コウチ(高知)」(彦坂徹)「奏史談」 奏史談会 (173) 2013.2

汐留遺跡火力発電所から出土した品川白煉瓦について(特集 鉄道開通140年 鉄道考古学を考える—特別展「品川鉄道事始」にちなんで)(中野光将)「品川歴史館紀要」 品川区立品川歴史館 (28) 2013.3

地名講演会(2014.5.24)講演要旨 中世太平洋海運の展開と港町の形成—六浦・神奈川・品川を中心に(柘植信行)「藤沢地名の会会報」 藤沢地名の会 (86) 2014.9

品川大森羽田海苔場

資料紹介 『品川大森羽田海苔場処絵図』(北村敏)「大田区立郷土博物館紀要」 大田区立郷土博物館 (14) 2004.3

品川御台場

特別展『品川御台場—幕末期江戸湾備の拠点一』とその展示図録(特集 特別展「品川御台場」)(梶原行)「品川歴史館紀要」 品川区立品川歴史館 (27) 2012.3

「品川御台場」展に寄せて—佐賀から見た江戸湾防備と品川御台場(特集 特別展「品川御台場」)(本多美穂)「品川歴史館紀要」 品川区立品川歴史館 (27) 2012.3

品川御台場のこれから—調査と保存・活用のはざまから(特集 特別展「品川御台場」)(大八木謙司)「品川歴史館紀要」 品川区立品川歴史館 (27) 2012.3

特別展「品川御台場—幕末期江戸湾防備の拠点一」の成果と課題—内容の補足と記念シンポジウムの実施(特集 特別展「品川御台場」)(冨川武史)「品川歴史館紀要」 品川区立品川歴史館 (27) 2012.3

展示批評 品川歴史館特別展「品川御台場—幕末期江戸湾防御の拠点一」(横山考之輔)「地方史研究」 地方史研究協議会 62(2)通号356 2012.4

品川区

第247回月例研究会 明治以降の北区と品川区の工業(1),(2)(伊藤清武)「北区史を考える会会報」 北区史を考える会 69/70 2003.8/2003.11

地形地名編 品川区(江戸東京消失地名録)(坂本道夫)「Collegio」 之潮 (9) 2006.4

江戸東京消失地名録 地形地名編 品川区(2)(坂本道夫)「Collegio」 之潮 (33) 2008.8

品川県

近世近代移行期の小平市域を考える—明治初年品川県社倉騒動(「御門訴」事件)を中心に(特集 小平市域の近世・近代移行期をどう考えるか)(久留島浩)「小平の歴史を拓く : 市史研究」 小平市企画政策部 (3) 2011.3

品川御殿山下台場

品川御殿山下台場の築造と鳥取藩池田家による警衛(冨川武史)「品川歴史館紀要」 品川区立品川歴史館 (21) 2006.3

品川宿

品川宿の末裔 路地裏の風景(《特集 あなたも知らない昭和30年代路地裏の民俗学》(鈴木禮子)「歴史民俗学」 批評社 (24) 2005.7

品川宿～蒲田(朝比奈暁子, 村上佑荵)「とみづか」 戸塚歴史の会 (33) 2007.6

史跡探訪(1) 東海道品川宿を訪ねる(佐藤秀夫)「かつしか台地 : 野田地方史懇話会会誌」 野田地方史懇話会 (34) 2007.9

品川宿を歩く(歴史散歩)(廣川長幸)「いしぶみ」 まちだ史考会 (24) 2007.12

品川台場警衛体制下における東海道品川宿への影響—鳥取藩発給文書の検討を中心に(冨川武史)「品川歴史館紀要」 品川区立品川歴史館 (23) 2008.3

品川関所

慶応4年正月品川関所通行手形(内田四方蔵)「とみづか」 戸塚歴史の会 27 2001.6

品川台場

品川台場警衛体制下における東海道品川宿への影響—鳥取藩発給文書の検討を中心に(冨川武史)「品川歴史館紀要」 品川区立品川歴史館 (23) 2008.3

描かれ詠われた品川台場—ペリー来航時かわら版の検討から(《特集 品川の中世・再発見》)(田中葉子)「品川歴史館紀要」 品川区立品川歴史館 (24) 2009.3

古文書は語る(27) 品川台場築造と松丸太の伐り出し—大塚家文書「御林山松丸太御伐り出し書上げ控」より(馬場憲一)「多摩のあゆみ」 たましな地域文化財団 (137) 2010.2

品川鉄道

展示批評 「品川鉄道事始」展について(特集 鉄道開通140年 鉄道考古学を考える—特別展「品川鉄道事始」にちなんで)(岡田直)「品川歴史館紀要」 品川区立品川歴史館 (28) 2013.3

展示批評 特別展「品川鉄道事始」の成果と課題(特集 鉄道開通140年 鉄道考古学を考える—特別展「品川鉄道事始」にちなんで)(中野光将)「品川歴史館紀要」 品川区立品川歴史館 (28) 2013.3

品川馬車鉄道

江戸の街・東京の街(14) 品川馬車鉄道(白石弘之)「Collegio」 之潮 (27) 2007.10

品川八ツ山陸橋

東京電車線路物語(13) 品川八ツ山陸橋(井口悦男)「Collegio」 之潮 (34) 2008.9

品川用水

郷土研究 「品川用水」について(下坂義夫)「せたがい : 歴史さろん」 世田谷区誌研究会 (55) 2003.11

駒沢小学校と品川用水(秋山清太郎)「せたがい : 歴史さろん」 世田谷区誌研究会 (64) 2012.7

駒沢小学校と品川用水(2)—展示「思い出の品川用水」(寄稿)(市川博正, 尾崎隆子)「せたがい : 歴史さろん」 世田谷区誌研究会 (65) 2013.7

品川領

近世江戸周辺の地域編成—近世後期の荏原郡品川領を中心に(大石学)「品川歴史館紀要」 品川区立品川歴史館 (20) 2005.3

不忍池

意外な!?事実譚—ウソのようなホントの話 不忍池の周囲は、競馬場だった!?「下町風俗資料館號外」 台東区立下町風俗資料館 2013年 2013.3

忍ヶ岡

講演 藩侯堀закと上野忍ヶ岡(野口政昭)「郷土村松」 村松郷土史研究会 (66) 2009.3

忍岡小学校

川崎商店、そして忍岡小学校の太陽灯 川崎廣司さん(時には昔の話を—言間通り三話)「谷中・根津・千駄木」 谷根千工房 (89) 2008.3

芝

増補版 写された港区(一)〔芝地区編〕—新橋・芝・愛宕・虎ノ門ほか(小峯尚三)「港郷土資料館だより」 港区立港郷土資料館 (55) 2005.3

芝居町

江戸における芝居町支配と仮櫓(加藤征治)「比較都市史研究」 比較都市史研究会 28(1) 2009.6

芝切通

港区名所案内 芝切通(切通坂)(平田秀勝)「港郷土資料館だより」 港区立港郷土資料館 (72) 2013.9

芝口御門

芝口御門・芝口橋の不思議(竹村到)「港郷土資料館だより」 港区立港郷土資料館 (73) 2014.3

芝口橋

芝口御門・芝口橋の不思議(竹村到)「港郷土資料館だより」 港区立港郷土資料館 (73) 2014.3

芝久保町

自然と生きる 西東京市の主な屋敷林(7) 中町・向台町・芝久保町(小川武廣)「武蔵保谷村だより : 高橋文太郎の『武蔵保谷村郷土資料』を手掛かりに」 下保谷の自然と文化を記録する会 (8) 2013.1

芝車町

港区江戸遊里譚—高輪・芝車町(平田秀勝)「港郷土資料館だより」 港区立港郷土資料館 (59) 2007.3

芝公園

造園家・長岡安平と近代港区の公園—芝公園・愛宕山公園史の一断面(高山優)「港郷土資料館だより」 港区立港郷土資料館 (68) 2011.9

芝公園にあったモニュメント(大坪潤子)「港郷土資料館だより」 港区立港郷土資料館 (71) 2013.3

芝好園

町田にあった芝好園(田中正大)「Collegio」 之潮 (43) 2010.12

柴崎村

多摩地域史研究会 第74回例会 立川の旧村を歩く—旧柴崎村と普済寺を中心として「多摩地域史研究会会報」 多摩地域史研究会 （97）2011.3

新しい文化財が指定されました 砂川村野取反別帳 附砂川村絵図/柴崎村絵図/砂川村絵図/向郷遺跡環状墓群出土の遺物/須崎家内蔵「旧梅田診療所」の解体「立川市歴史民俗資料館だより」 立川市歴史民俗資料館 （17）2013.4

芝神明町

資料紹介 芝神明町の大型犬（山根洋子）「港郷土資料館だより」 港区立港郷土資料館 （62）2008.9

芝原

富士の見える坂—三原台の芝原と「赤曜会」(1),(2)（橋口明子）「目黒区郷土研究」 目黒区郷土研究会 584/585 2003.9/2003.10

芝間

博物館のとなりに茅葺き農家があった—芝間（府中市南町）の暮らし昔語り（小野一之）「府中市郷土の森博物館紀要」 府中文化振興財団府中市郷土の森博物館 （22）2009.3

芝間（府中市南町）の暮らしと年中行事（芝間昔語りの会）「府中市郷土の森博物館紀要」 府中文化振興財団府中市郷土の森博物館 （25）2012.3

柴又

史跡めぐり 葛飾柴又寅さんの町から里見城址を訪ねて—江戸川の右岸と左岸の史跡を訪ねる（若林徹大）「日本史攷究」 日本史攷究会 （34）2010.11

柴又街道

柴又街道きまま旅（風生）「リヴラン佐原」 CAC企画 （384）2007.10

旧渋沢家飛鳥山邸

わがまちの文化財・北区 重要文化財旧渋沢家飛鳥山邸（旧渋沢庭園）と名勝旧古河庭園（都立旧古河庭園）「東京の文化財」 東京都教育庁地域教育支援部 （98）2006.3

旧渋沢家飛鳥山邸と旧古河氏庭園の国文化財指定について「文化財研究紀要」 東京都北区教育委員会 19 2006.3

渋谷

渋谷の忠犬ハチ公像—その誕生秘話・鹿児島との縁（山西健夫）「西日本文化」 西日本文化協会 395 2003.10

会員投稿 記憶の中の渋谷（加藤謙二）「郷土研だより」 東村山郷土研究会 （319）2006.10

東京文学地図帖 戦後編(4) 渋谷（槌田満文）「Collegio」 之潮 （21）2007.4

渋谷駅

近現代における渋谷駅を中心とする交通網の変容—バス路線網を中心に（〈例会報告要旨〉）（公塚裕幸）「交通史研究」 交通史学会，吉川弘文館（発売） （60）2006.8

渋谷川

コラム 地図のなかの水辺(15) 最初の渋谷川「Collegio」 之潮 （29）2007.12

渋谷区

江戸東京消失地名録 地形地名編 渋谷区(2)（田原光泰）「Collegio」 之潮 （18）2007.1

地形地名編 渋谷区(3) 神泉谷・山谷（江戸東京消失地名録）（田原光泰）「Collegio」 之潮 （29）2007.12

島小学校

新教育における郷土教育の系譜(7) の下—島小学校の郷土教育（東末孝）「町田地方研究」 町田地方史研究会 （20）2010.8

島田医院

消えた昭和一桁の洋館 島田医院（田丸太郎）「目黒区郷土研究」 目黒区郷土研究会 585 2003.10

嶋根村

足立区の文化財 平成2年版「足立区の文化財」による 有形文化財（歴史資料）五榜（ごぼう）の掲示 1札、開墾木札 1札、御鹿狩勢子村旗淵江領嶋根村 1旗、無形文化財（工芸技術）鬼瓦造り 保持者中川3—22—4 尾本正一「足立史談会だより」 足立史談会 （315）2014.6

清水

会報にみる目黒の昔(31)「清水の海軍技術研究所の裏話」山本綱賀「目黒区郷土研究」 目黒区郷土研究会 （672）2011.1

清水家住宅

足立区の文化財 平成2年版「足立区の文化財」による 有形民俗文化財 清水家住宅 1棟、阿出川家煉瓦造蔵 1棟、増野製作所長屋門 1棟「足立史談会だより」 足立史談会 （318）2014.9

旧清水家住宅書院

新しく登録・指定された文化財 旧清水家住宅書院/奥沢台遺跡出土の注口土器/有栖川宮幟仁親王原書「攻玉」木額/旧荏原郡用賀村名主飯田家関係史料/桂太郎墓「せたがやの文化財」 東京都世田谷区教育委員会事務局 （25）2013.3

清水坂

写真探訪 板橋の地名(9)「清水坂」（大澤鷹瀾）「板橋史談」 板橋史談会 （252）2009.5

清水立場

さし絵のなかの多摩(19) 崖下の湧水・素麺・まくわ瓜—「江戸名所図会」の清水立場（斎藤慎一）「多摩のあゆみ」 たましん地域文化財団 105 2002.2

志村

志村地区の『地券』について（加藤健）「板橋史談」 板橋史談会 （229）2005.7

志茂

明治40年・志茂の大洪水—祖母の日記より（冨田駿策）「北区史を考える会会報」 北区史を考える会 （80）2006.5

下井草

日本牛乳事始め 下井草にあった牧場（新村康敏）「杉並郷土史会史報」 杉並郷土史会 （218）2009.11

下井草村

江戸時代の馬橋村と下井草村—「御用留」収録に寄せて（久保貴子）「杉並区立郷土博物館研究紀要」 杉並区立郷土博物館 （13）2005.3

「御用留」にみる天保期の馬橋村と下井草村（久保貴子）「杉並区立郷土博物館研究紀要」 杉並区立郷土博物館 （14）2006.3

村人坦をめぐるあらそい—下井草村の例（真板道夫）「杉並郷土史会史報」 杉並郷土史会 （214）2009.3

下井草村の名主・年寄（新村康敏）「杉並郷土史会史報」 杉並郷土史会 （214）2009.3

下井草村 井口家の農業経営（速水融）「杉並郷土史会史報」 杉並郷土史会 （225）2011.1

下井草村絵図 慶応大学の井口家文書 年代不詳 彩色「杉並郷土史会史報」 杉並郷土史会 （229）2011.9

明治初期における下井草村（井草八幡）の氏子分布図「杉並郷土史会史報」 杉並郷土史会 （229）2011.9

下尾久

尾久を歩く（下尾久）((高田))「荒川史談」 荒川史談会 （298）2009.6

下糟屋

太田道灌ゆかりの里 下糟屋を訪ねる（歴史散歩）（西山正之助）「いしぶみ」 まちだ史考会 （29）2010.7

下河原線

下河原線物語(1),(2)（三村章）「多摩地域史研究会会報」 多摩地域史研究会 61/62 2003.2/2003.5

NOTE 下河原線の跡を求めて（佐藤智敬）「あるむぜお：府中市郷土の森博物館だより」 府中文化振興財団府中市郷土の森博物館 （95）2011.3

下石神井村

下石神井村「さんさい地名」を追って（記念特集 地名にしひがし—地域編）（長坂淳子）「練馬区地名研究会会報」 練馬区地名研究会 （100）2012.8

下十条村

下十条村の復元(1)—下組ズシ（旧根岸町会）（榎本龍治）「十條村近世史雑考」 榎本龍治 （23）2004.6

第262回月例研究会 下十条村の古文書を読む（榎本龍治）「北区史を考える会会報」 北区史を考える会 74 2004.11

下十条村の復元(2)—七軒町ズシ（前）（榎本龍治）「十條村近世史雑考」 榎本龍治 （24）2005.5

下十条村の復元(3) 七軒町ズシ（後）（榎本龍治）「十條村研究」 榎本龍治 （25）2006.6

下図師村

幕末における新田開発と村役人—武蔵国多摩郡下図師村を事例に（坂本達彦）「自由民権：町田市立自由民権資料館紀要」 町田市教育委員会 （24）2011.3

下高井戸宿

古文書こぼればなし(33)東征軍の下高井戸宿通行（久保貴子）「炉辺閑話：杉並区立郷土博物館だより」 東京都杉並区立郷土博物館 （34）2005.10

下妻街道

てくてく・下妻街道七十二キロ（角田茂雄）「下妻の文化」 下妻市文化団体連絡協議会 （29）2004.5

東京都　　　　　　　　　　　　　　　地名でたどる郷土の歴史　　　　　　　　　　　　　　　関東

下妻街道（下妻道）（福田信次）「下妻の文化」　下妻市文化団体連絡協議
　会　（34）2009.5
「下妻街道」を広めると（随想編）（菊地正行）「下妻の文化」　下妻市文化
　団体連絡協議会　（36）2011.5

下長淵三田氏館
　下長淵三田氏館跡（角田清美）「青梅市文化財ニュース」　青梅市文化財保
　　護指導員会　（311）2013.9

下練馬
　地名を撮る　下練馬の上宿・中宿・下宿（岩崎美智子，下島邦夫）「練馬区
　　地名研究会会報」　練馬区地名研究会　（71）2005.2

下保谷
　西東京市旧下保谷における二つの民俗調査[1]～(4)—高橋文太郎と市
　　史編纂委員会による婚姻習俗調査を例として（高田賢）「武蔵保谷村だ
　　より」　高橋文太郎の『武蔵保谷村郷土資料』を手掛かりに」　下保谷
　　の自然と文化を記録する会　(1)／(5)　2011.4/2012.4
　自然と生きる　西東京市の主な屋敷林(4)　下保谷（小川武廣）「武蔵保谷
　　村だより　：　高橋文太郎の『武蔵保谷村郷土資料』を手掛かりに」　下
　　保谷の自然と文化を記録する会　（5）2012.4
　昔語り　加藤正男さん—下保谷の農家に生まれて（萩原恵子）「武蔵保谷村
　　だより　：　高橋文太郎の『武蔵保谷村郷土資料』を手掛かりに」　下保
　　谷の自然と文化を記録する会　（6）2012.7

下保谷村
　下保谷村の力石（高橋孝）「武蔵保谷村だより　：　高橋文太郎の『武蔵保
　　谷村郷土資料』を手掛かりに」　下保谷の自然と文化を記録する会
　　（7）2012.10
　下保谷村データシート（近辻喜一）「武蔵保谷村だより　：　高橋文太郎の
　　『武蔵保谷村郷土資料』を手掛かりに」　下保谷の自然と文化を記録す
　　る会　（8）2013.1
　下保谷村の松飾り（高橋孝）「武蔵保谷村だより　：　高橋文太郎の『武蔵
　　保谷村郷土資料』を手掛かりに」　下保谷の自然と文化を記録する会
　　（8）2013.1
　下保谷村の松飾りと幕府の政策転換（松尾政司）「武蔵保谷村だより　：
　　高橋文太郎の『武蔵保谷村郷土資料』を手掛かりに」　下保谷の自然
　　と文化を記録する会　（8）2013.1
　年貢増徴と下保谷村名主清左衛門（松尾司）「武蔵保谷村だより　：　高
　　橋文太郎の『武蔵保谷村郷土資料』を手掛かりに」　下保谷の自然と
　　文化を記録する会　（10）2013.7

下村
　関東大震災と我が家、そして下村（冨田駿策）「北区史を考える会会報」
　　北区史を考える会　（82）2006.11

下目黒
　下目黒耕地の水路（橋口明子）「目黒区郷土研究」　目黒区郷土研究会
　　588　2004.1
　下目黒にあった植物園（橋口明子）「目黒区郷土研究」　目黒区郷土研究会
　　610　2005.11

下宅部遺跡
　講演会報告　下宅部遺跡と北川の歴史　千葉敏朗氏（船津静子）「郷土研だ
　　より」　東村山郷土研究会　（398）2013.7

下屋敷
　下屋敷（記念特集　地名にしひがし—地域編）（石川敦子）「練馬区地名研
　　究会会報」　練馬区地名研究会　（100）2012.8

下山田村
　特集　下山田村　郷絵図と地形図に載る小名（矢沢湊）「いしぶみ」　まちだ
　　史考会　（29）2010.7

石神井
　石神井に東京商大予科があったころ(1)～(4)—1924年～33年（今井忠
　　男）「練馬郷土史研究会会報」　練馬郷土史研究会　282/285　2002.
　　11/2003.6
　第79回例会　所沢道の歴史—中間点　石神井から見る（下島邦夫）「練馬区
　　地名研究会会報」　練馬区地名研究会　（80）2007.5

石神井川
　第6回地名観察会石神井川下流域を歩く「練馬区地名研究会会報」　練馬
　　区地名研究会　（71）2005.2
　あるくみるきく石神井川の旧河道跡「ぼいす　：　北区飛鳥山博物館だよ
　　り」　北区飛鳥山博物館　14　2005.3
　第8回地名観察会　石神井川上流域を歩く「練馬区地名研究会会報」　練馬
　　区地名研究会　（79）2007.2
　第8回地名観察会　石神井川上流域を歩く(2)「練馬区地名研究会会報」
　　練馬区地名研究会　（82）2007.12
　第305回史跡研究会　4月5日（土）　古くて新しい中山道・石神井川・鎌倉
　　街道（芦田正次郎）「北区史を考える会会報」　北区史を考える会
　　（88）2008.5

第89回例会　石神井川と練馬の地形（谷治正孝）「練馬区地名研究会会報」
　　練馬区地名研究会　（89）2009.11
石神井川の歴史（芦田正次郎）「練馬郷土史研究会会報」　練馬郷土史研究
　　会　（328）2010.7
第15回地名観察会　石神井川源流を歩く「練馬区地名研究会会報」　練馬
　　区地名研究会　（94）2011.2
第16回地名観察会　石神井川下流河口まで「練馬区地名研究会会報」　練
　　馬区地名研究会　（97）2011.11
石神井川最下流の堤防について（会員便り）（馬場永子）「すみだ川　：　隅
　　田川市民交流実行委員会会報」　隅田川市民交流実行委員会　（52）
　　2012.10
第364回　月例研究会　4月14日（日）石神井川を源流より歩いて（齋藤要）
　　「北区史を考える会会報」　北区史を考える会　（108）2013.5
石神井川の上流部を歩く（菅原健二）「Collegio」　之潮　（56）2014.6

石神井公園
　表紙　東京石神井公園の花筏（本田由利子）「日本地名研究所通信」　日本
　　地名研究所　（78）2014.4

石神井城
　名族豊島氏あれこれ　石神井城址を散策して（池田松三）「練馬古文書研究
　　会会報」　練馬古文書研究会　（33）2004.12
　石神井城の攻防（金本勝三郎）「練馬郷土史研究会会報」　練馬郷土史研究
　　会　295　2005.1
　わがまちの文化財・練馬区　石神井城跡と三宝寺池沼沢植物群落「東京の
　　文化財」　東京都教育庁地域教育支援部　（102）2007.7
　第94回例会　石神井城の総構えと豊島氏居館—館は江戸後期まで残って
　　いた？（下島邦夫）「練馬区地名研究会会報」　練馬区地名研究会
　　（94）2011.2
　練馬の城を往く(1)～(3)　石神井城（八巻孝夫）「練馬郷土史研究会会
　　報」　練馬郷土史研究会　（333）/(337)　2011.5/2012.1
　石神井城・練馬城、太田氏と豊嶋氏の合戦について（砕玉類題）（長島貴）
　　「城郭史研究」　日本城郭史学会，東京堂出版（発売）（31）2012.3
　第104回例会　平成25・4・14 中世城郭について—石神井城から八王子城
　　（八巻孝夫）「練馬区地名研究会会報」　練馬区地名研究会　（104）
　　2013.8

石神井台
　石神井台の昔と今—地図等から見て（土屋正孝）「練馬区地名研究会会
　　報」　練馬区地名研究会　（95）2011.5
　石神井台の昔と今—地図等から見てII（土屋正孝）「練馬区地名研究会会
　　報」　練馬区地名研究会　（96）2011.8
　石神井台の昔と今—地図等から見てIII（土屋正孝）「練馬区地名研究会会
　　報」　練馬区地名研究会　（97）2011.11

蛇崩川
　目黒の風景今昔　目黒川の緑橋付近と蛇崩川合流付近「郷土目黒」　目黒
　　区郷土研究会　53　2009.10

自由が丘
　1万分の1の地図に見る碑文谷と自由が丘（濱田誠一郎）「郷土目黒」　目
　　黒区郷土研究会　47　2003.10
　自由が丘・緑が丘物語（阿部信彦）「郷土目黒」　目黒区郷土研究会　48
　　2004.10
　会報にみる目黒の昔(22)　「碑文谷仁王碑の修復完成」川口絢二／「自由
　　が丘の昔と今（一）　七十五年のあらまし」久利山きん（編集部）「目黒
　　区郷土研究」　目黒区郷土研究会　（656）2009.9
　会報にみる目黒の昔(22)　「自由が丘の昔と今」久利山きん（編集部）
　　「目黒区郷土研究」　目黒区郷土研究会　（657）2009.10
　会報にみる目黒の昔(23)　「自由が丘の昔と今」久利山きん／「自由が丘
　　の昔と今（二）」久利山きん（編集部）「目黒区郷土研究」　目黒区郷土
　　研究会　（658）2009.11
　会報にみる目黒の昔(25)　「自由が丘の昔と今（三）」久利山きん／「自由
　　が丘の昔と今（四）」久利山きん（編集部）「目黒区郷土研究」　目黒区
　　郷土研究会　（659）2009.12
　会報にみる目黒の昔(25)　「自由が丘の昔と今（五）」久利山きん／「思い
　　出の自由が丘ごよみ」久利山きん（編集部）「目黒区郷土研究」　目黒
　　区郷土研究会　（660）2010.1

自由学園
　東久留米・自由学園のフィールドワーク「戦争のきずあと・むさしの」
　　武蔵野の空襲と戦争遺跡を記録する会　12　2004.7

自由学園明日館
　建築の東京を観る(9)自由学園明日館（米山勇）「江戸東京たてもの園だ
　　より」　東京都歴史文化財団　（23）2004.3

十七が坂
　十七が坂のはなし(1)～(3)（田丸太郎）「目黒区郷土研究」　目黒区郷土
　　研究会　605/607　2005.6/2005.8

関東　　　　　　　　　　　　　　　　　　　　地名でたどる郷土の歴史　　　　　　　　　　　　　　　　　　　　東京都

「十七」とはなにか（田丸太郎）「目黒区郷土研究」 目黒区郷土研究会
608 2005.9

十条
写真に見るあの日あの時 十条のお風呂やさん「ぽいす ： 北区飛鳥山博
物館だより」 北区飛鳥山博物館 18 2007.3

十条跨線橋
第296回月例研究会 7月12日（木）百十一年を北区の中で 日常空間の歳
月―十条跨線橋（有馬純雄）「北区史を考える会会報」 北区史を考え
る会 （85）2007.8

十条村
高野山の供養記録と十条村（1）史料の概要と問題点（榎本龍治）「十條村
近世史雑考」 榎本龍治 （20）2003.2
高野山の供養記録と十条村（2）地域史研究上の問題点（榎本龍治）「十條
村近世史雑考」 榎本龍治 （21）2003.4

宿山
宿山界隈（花井鉄弥）「郷土目黒」 目黒区郷土研究会 55 2011.10

宿山橋
目黒の風景 “今昔” 目黒川に架かる宿山橋付近と太鼓橋付近「郷土目黒」
目黒区郷土研究会 55 2011.10

上川原村
天保八年二月頃の上川原村での物価―御公用向控から（鹿野耕次）「歴
報」 （28）2013.5

将軍塚
さし絵のなかの多摩（16）将軍塚の詩書画・俳諧・考古―「武蔵八景」・
「武蔵野話」・「蓼太句集」（斎藤慎一）「多摩のあゆみ」 たましん地域文
化財団 102 2001.5

将軍場橋
将軍場橋（諏訪町2丁目）「郷土研だより」 東村山郷土研究会 （382）
2012.3

庄氏居館
練馬の城を往く（11）庄氏居館推定地（しょうしきょかん）（練馬区大泉
三丁目）（八巻孝夫）「練馬郷土史研究会会報」 練馬郷土史研究会
（353）2014.9

上水新町
コラム（5）上水新町に町が出来るはじめの話（久慈敏子）「小平の歴史を
拓く ： 市史研究」 小平市企画政策部 （2）2010.3

しょうちゃん池
「しょうちゃん池」（北山公園）（東村山市野口町4丁目）（大井芳文）「郷土
研だより」 東村山郷土研究会 （402）2013.11

城東区
町村合併と地域意識―昭和7年城東区成立を素材として（《特集 江東地域
の新出絵図》）（龍澤潤）「江東区文化財研究紀要」 江東区教育委員会
生涯学習部 （16）2009.3

城東南部
城東南部（砂町）（《特集 移りゆく街並みを記録して一定点観測調査16年
の軌跡》）（井戸勝朗，中村智幸，箕輪一夫）「下町文化」 江東区地域
振興部 （240）2008.1

城東北部
城東北部（亀戸・大島）（《特集 移りゆく街並みを記録して一定点観測調
査16年の軌跡》）（岩渕和恵，坂本住子，常澤愛子）「下町文化」 江東
区地域振興部 （240）2008.1

昌平橋
分科会活動報告 近代化産業遺産「豊川油田」と神田・昌平橋の話（佐々
木榮一）「明治大学博物館友の会会報」 明治大学博物館友の会 （24）
2010.4

昌平坂学問所
特別寄稿 近世後期における美濃地方と江戸の学術交流―昌平坂学問所
および系列私塾との交流を中心に（橋本昭彦）「岐阜県歴史資料館報」
岐阜県教育文化財団歴史資料館 （32）2009.3
講演録 昌平坂学問所に学んだ佐倉藩士―門人帳の分析から（関山邦宏）
「佐倉市史研究」 佐倉市総務部 （26）2013.3

城北
史蹟遊覧記 大正時代の史蹟遊覧（竹内秀夫）「足立史談会だより」 足立
史談会 （232）2007.7
史蹟遊覧記 大正時代の史蹟遊覧（2）『城北の史蹟遊覧』（竹内秀夫）「足
立史談会だより」 足立史談会 （233）2007.8
史蹟遊覧記 大正時代の史蹟遊覧（3）（竹内秀夫）「足立史談会だより」
足立史談会 （234）2007.9

城山
城山―ジョウヤマ、中世的地名（下島邦夫）「練馬区地名研究会会報」 練
馬区地名研究会 （91）2010.5

松連寺
さし絵のなかの多摩（14）名勝意識と文芸―「百草邑松連寺境内旧迹之
図」など（斎藤慎一）「多摩のあゆみ」 たましん地域文化財団 100
2000.11

昭和学園
特別寄稿 創立87年目を迎える「昭和学園」教育の歩み（《特集 世田谷の
教育史》）（押上武文）「せたかい ： 歴史さろん」 世田谷区誌研究会
（59）2007.7

昭和飛行機工業本部
洋風建築への誘い（25）昭和飛行機工業本部とノコギリ屋根の工場（伊
藤龍也）「多摩のあゆみ」 たましん地域文化財団 （136）2009.11

白糸台掩体壕
府中市白糸台の掩体壕が遺跡として保存決まる（上野勝也）「戦争のきず
あと・むさしの」 武蔵野の空襲と戦争遺跡を記録する会 （28）
2008.5
第12回総会・シンポジウム報告「浅川地下壕の文化財指定への道筋を考え
る」 総会／シンポジウム 「東大和市旧日立航空機変電所について」（松
尾朋子さん）、「府中市文化財調布飛行場白糸台掩体壕について」（黒崎
啓さん）、「『発掘された戦争の記憶』展を企画して」（深澤靖幸さん）／
十菱コーディネイターのまとめ（日高忠臣）「浅川地下壕の保存をすす
める会ニュース」 浅川地下壕の保存をすすめる会 （67）2008.12
白糸台「掩体壕」の史跡保存計画（府中市）（上野勝也）「戦争のきずあ
と・むさしの」 武蔵野の空襲と戦争遺跡を記録する会 （31）2009.4
白糸台掩体壕整備竣工式典 東京都府中市 2012年3月27日「浅川地下壕
の保存をすすめる会ニュース」 浅川地下壕の保存をすすめる会
（88）2012.6

白糸の滝
滝めぐり（9）白糸の滝（小澤洋三）「多摩のあゆみ」 たましん地域文化
財団 114 2004.5

白河二丁目遺跡
八百八町調査隊 大江戸を掘る！―白河二丁目遺跡 海辺大工町跡「下町
文化」 江東区地域振興部 （239）2007.9

白子川
白子川とその流域（1）～（7）（福井功）「練馬郷土史研究会会報」 練馬郷
土史研究会 277/283 2002.1/2003.1
第4回地域観察会 白子川中流域を行く「練馬区地名研究会会報」 練馬区
地名研究会 63 2003.2
第5回地域観察会 白子川下流域を歩く「練馬区地名研究会会報」 練馬区
地名研究会 67 2004.2
第18回地域観察会 平成25・10・6 白子川上流を歩く「練馬区地名研究
会会報」 練馬区地名研究会 （105）2013.12

白子郷
平成24・9・23 橋戸を含む白子郷の歴史から（第14回地名談話会）（下島
邦夫）「練馬区地名研究会会報」 練馬区地名研究会 （102）2013.2

白髭橋
江戸の街・東京の街（15），（16）白髭橋の架設と橋場の渡し（1），（2）（白
石弘之）「Collegio」 之潮 （29）／（31）2007.12/2008.2

白鬚東
江戸東京を歩く―地形・災害・防災の視点から 白鬚東地区（松田磐余）
「Collegio」 之潮 （16）2006.11

白木屋大塚分店
セピア色の記憶（20）知られざる白木屋大塚分店のおはなし「かたりべ
： 豊島区立郷土資料館ミュージアム開設準備だより」 豊島区立郷土
資料館 通号89 2008.3

次郎左衛門新田
足立区の文化財 有形文化財（古文書）「報恩社法録」、関原不動尊略縁
起（版木）、「地誌」（明治九年「地誌篇 伊東谷村」、明治九年「地誌書
上 第十大区六小区次郎左衛門新田」、明治十年「地誌書上 第十大区六
小区弥五郎新田」、明治十年「地誌書上 第十大区六小区五兵衛新
田」）、千ヶ崎家文書 1点、船津家文書 2点（天保九戌年「宗旨御改め
壱人別帳」、明治四〇年「荒川堤上裁桜原簿写」）「足立史談会だより」
足立史談会 （303）2013.6

新荒川大橋
荒川放水路と新荒川大橋の思い出（泉貞代）「板橋史談」 板橋史談会
215 2003.3

神苑の森
神苑の森（須崎直洋）「青梅市文化財ニュース」 青梅市文化財保護指導員
会 （260）2009.6

東京都 　　　　　　　　　　地名でたどる郷土の歴史 　　　　　　　　　　　　関東

新青梅街道
トトロの木と出会う 新青梅街道のメタセコイア並木(柳野龍男)「郷土研だより」 東村山郷土研究会 (337) 2008.6

新大塚駅
セピア色の記憶(31) 還暦を迎えた丸ノ内線と新大塚駅前の変貌(秋山)「かたりべ : 豊島区立郷土資料館ミュージアム開設準備だより」 豊島区立郷土資料館 (112) 2014.6

新大橋
江東歴史紀行 新大橋をわたる人、まもる人一本所深川への架け橋 新大橋の交通量と維持管理(赤澤春彦)「下町文化」 江東区地域振興部 (239) 2007.9

新河岸川
明治初期における新河岸川舟運の動向(阿部裕樹)「交通史研究」 交通史学会、吉川弘文館(発売) (55) 2004.9
新河岸川における河岸の成立と発展について一特に河岸の立地条件を中心に(阿部裕樹)「利根川文化研究」 利根川文化研究会 通号27 2005.11
新河岸川、その歴史的景観の変貌と教育的課題(松尾鉄城)「利根川文化研究」 利根川文化研究会 通号33 2009.8
ひろば 新河岸川(猪瀬尚志)「板橋史談」 板橋史談会 (270) 2012.5

新空堀橋
新空堀橋(秋津町2丁目・久米川町1丁目境)「郷土研だより」 東村山郷土研究会 (376) 2011.9

真光寺川
随筆 真光寺川の今昔(山口拓郎)「いしぶみ」 まちだ史考会 (29) 2010.7

新坂
文京の坂道一新坂と荒木坂(東條幸太郎)「文京ふるさと歴史館だより」 「文京ふるさと歴史館」 (14) 2007.5

新桜台
第15回地名談話会 平成25・9・22 西武鉄道に新駅(新桜台)を開設させる、ためについて(鈴木曻元)「練馬区地名研究会会報」 練馬区地名研究会 (105) 2013.12

新宿
迷子になった話一江戸を歩く・新宿(大崎岸子)「群馬歴史散歩」 群馬歴史散歩の会 178 2003.5
1927(昭和2)年 新宿〜小田原直通小田急の発展[第11号](宇佐美ミサ子)「西さがみ庶民史録」 西さがみ庶民史録の会 50 2003.5
新宿・葛西城址探訪感想(立花靜)「足立史談会だより」 足立史談会 182 2003.5
古地図のつれづれ草(1) 新宿のブドウ畑(清水靖夫)「Collegio」 之潮 (15) 2006.10
「新宿」地名と歴史探訪一内藤家と新宿(太田鈴子)「日本地名研究所通信」 日本地名研究所 (80) 2014.12

新宿御苑停車場
古い写真を読む(20) 新宿御苑停車場における試運転霊柩列車(昭和2年1月)「八王子市郷土資料館だより」 八王子市郷土資料館 (88) 2010.12

新宿区
江戸東京消失地名録 地形地名編 新宿区(1)(鈴木靖)「Collegio」 之潮 (26) 2007.9
文化財を生かす(新宿区・三鷹市)「東京の文化財」 東京都教育庁地域教育支援部 (117) 2014.3

人世坐
セピア色の記憶(11) 池袋東口に「人世坐」があったころ「かたりべ : 豊島区立郷土資料館ミュージアム開設準備だより」 豊島区立郷土資料館 76 2004.12

神泉谷
谷戸をあるく 神泉谷とケルネル田圃(田中正大)「Collegio」 之潮 (19) 2007.2
地形地名編 渋谷区(3) 神泉谷・山谷(江戸東京消失地名録)(田原光泰)「Collegio」 之潮 (29) 2007.12

神泉亭
明治の植木屋周辺 誰か「神泉亭」を知らないか(平野恵)「谷中・根津・千駄木」 谷根千工房 (84) 2006.7

深大寺
さし絵のなかの多摩(26) 武蔵野の蕎麦一『江戸名所図会』より「深大寺蕎麦」饗膳図(斎藤慎一)「多摩のあゆみ」 たましん地域文化財団 113 2004.2
湧水を訪ねる小さな旅 深大寺界隈と「ハケ」(特集 空中写真で地域を読み解く)(宮澤達也)「多摩のあゆみ」 たましん地域文化財団 (138)

2010.5

深大寺城
東京都指定史跡「深大寺城跡」が国の史跡に!!「調布の文化財」 調布市郷土博物館 (42) 2008.3
ホットレポート 扇谷上杉氏と深大寺城(赤城高志)「調布の文化財」 調布市郷土博物館 (42) 2008.3
深大寺城の調査((〈東京都江戸東京博物館シンポジウム「太田道灌と城郭の戦国時代」〉)(生田周治)「東京都江戸東京博物館研究報告」 東京都江戸東京博物館 (15) 2009.3
深大寺城(小野崎満)「調布史談会誌」 調布史談会 (38) 2009.4
21.2.14. 講演会「深大寺城と調布の戦国時代」(本会のあしあと(38))(寺田耕二)「調布史談会誌」 調布史談会 (38) 2009.4
第73回例会報告 多摩の中世城館を歩くⅢ 深大寺城(西股総生)「多摩地域史研究会会報」 多摩地域史研究会 (96) 2011.1
文化財講演会発表要旨 竹井英文氏「戦国前期の東国と史跡深大寺城跡」 平成24年10月14日(日)「調布の文化財」 調布市郷土博物館 (49) 2013.3

深大寺用水東堀
深大寺用水東堀について(内野祐生)「調布史談会誌」 調布史談会 (37) 2008.4

神代村
市民との協働による「青南国民学校の神代村疎開展」開催(調布市郷土博物館)「ミュージアム多摩 : 東京都三多摩公立博物館協議会会報」 東京都三多摩公立博物館協議会 (24) 2003.3

新立川航空機
建物随想記(27) 新立川航空機 塔(酒井哲)「多摩のあゆみ」 たましん地域文化財団 (143) 2011.8

新立川航空機株式会社
洋風建築への誘い(32) 思い出すあの頃のこと一新立川航空機株式会社(伊藤龍也)「多摩のあゆみ」 たましん地域文化財団 (143) 2011.8

新田
足立史談カルタ紹介「な」名倉は千住の接骨医、「ら」落語家円朝の石灯篭、「む」昔新田十三ヵ村「足立史談会だより」 足立史談会 (310) 2014.1

新田派出所
郷土資料館コラム 新田派出所新築記念の碑「かたりべ : 豊島区立郷土資料館ミュージアム開設準備だより」 豊島区立郷土資料館 61 2001.3

新橋
増補版 写された港区(一)[芝地区編]一新橋・芝・愛宕・虎ノ門ほか(小峯尚三)「港郷土資料館だより」 港区立港郷土資料館 (55) 2005.3
第5回江戸めぐり一新橋・四谷方面を訪ねて(事務局)「伊豆史談」 伊豆史談会 通号135 2006.1
百合根貿易で栄えた新橋のまち並み(翠川宜子)「郷土いずみ」 (12) 2006.5
昔、新橋は海だった? コーナー展「愛宕下の武家屋敷despite2」より(杉本絵美)「港郷土資料館だより」 港区立港郷土資料館 (67) 2011.3

新橋停車場
伊豆石の利用は江戸城築城から文明開化の駅舎や鉄路敷石まで 1872(明治5)年10月開業 東京新橋停車場の駅舎外壁「豆州歴史通信」 豆州研究社歴史通信部 304 2003.11

新堀用水
地形をあるく 杉並の田端村と新堀用水(星野朗)「Collegio」 之潮 (13) 2006.8
新堀用水を歩く(矢崎功)「小平の歴史を拓く : 市史研究」 小平市企画政策部 (2) 2010.3

新町
「青梅市新町の大井戸」の構造について(伊藤博司)「多摩のあゆみ」 たましん地域文化財団 111 2003.8
照明弾・時限爆弾の記憶をたずねて 西東京市新町・向台での聞き取りから(牛田守彦)「戦争のきずあと・むさしの」 武蔵野の空襲と戦争遺跡を記録する会 (20) 2006.3

神明ヶ谷戸
第8回 谷戸研究グループ探訪会馬喰ヶ谷戸・神明ヶ谷戸を訪ねる(徳川達子)「練馬区地名研究会会報」 練馬区地名研究会 (72) 2005.5

神明町
少年の日 神明町の市電車庫(斎藤弘)「谷中・根津・千駄木」 谷根千工房 82 2005.12
少年の日 神明町の漢方薬局(竹川光一)「谷中・根津・千駄木」 谷根千工房 (87) 2007.6

関東　　　　　　　　　　　　地名でたどる郷土の歴史　　　　　　　　　　　　東京都

神領堀

神領堀桶樋入水門辺り（浅香武和）「足立史談」　足立区教育委員会　425　2003.7

翠紅園

目黒の植木屋「翠紅園」について（平山元也）「郷土目黒」　目黒区郷土研究会　47　2003.10

大正期の「翠紅園」―目黒の植木屋「翠紅園」について（2）（平山元也）「郷土目黒」　目黒区郷土研究会　48　2004.10

目黒の植木屋「翠紅園」について（3）（平山元也）「郷土目黒」　目黒区郷土研究会　49　2005.10

巣鴨

江戸東京歴史紀行 中駒込・巣鴨界隈を歩く（滝口知与子）「ふるさとの自然と歴史」　歴史と自然をまもる会　278　2000.1

巣鴨の奇聞二話「かたりべ：豊島区立郷土資料館ミュージアム開設準備だより」　豊島区立郷土資料館　64　2001.12

あ・ら・すがも！ コレ巣鴨？ そ〜れっ巣鴨「かたりべ：豊島区立郷土資料館ミュージアム開設準備だより」　豊島区立郷土資料館　通号87　2007.9

郷土資料館企画展「Ａ・ＬＡ・ＳＵＧＡＭＯ（あ・ら・すがも）」誌上展「かたりべ：豊島区立郷土資料館ミュージアム開設準備だより」　豊島区立郷土資料館　通号88　2007.11

巣鴨プリズン

「刑務官が見た巣鴨プリズン」（博物館TOPICS―第4回平和首長会議国内加盟都市会議開催記念 戦争と平和展）「あなたと博物館：松本市立博物館ニュース」　松本市立博物館　（193）2014.7

巣鴨町

近世巣鴨町の機能と景観―「巣鴨町軒別絵図」の分析を中心に（《第32回大会共通論題「都市と交通II―観光・行楽・参詣」特集号》）（高尾善希）「交通史研究」　交通史学会，吉川弘文館（発売）　（61）2006.12

杉並

〈杉並の湧水と川〉「杉並区立郷土博物館研究紀要」　杉並区立郷土博物館　（11）2003.3

武蔵野の水・杉並の水（羽鳥謙三）「杉並区立郷土博物館研究紀要」　杉並区立郷土博物館　（11）2003.3

杉並の川と水源（久保田恵政）「杉並区立郷土博物館研究紀要」　杉並区立郷土博物館　（11）2003.3

第376回例会記「地名の面白さ」地名は変化する 金本勝三郎先生「杉並郷土史会史報」　杉並郷土史会　187　2004.9

新聞の切抜から震災を記憶していた「地名」「杉並郷土史会会報」　杉並郷土史会　189　2005.1

特別展 杉並に学校が誕生したころ―明治期前半の公立学校の原点をさぐる「炉辺閑話：杉並区立郷土博物館だより」　東京都杉並区立郷土博物館　（32）2005.3

杉並寺子屋事情 江戸時代の寺子屋を明らかにする手がかりは？（渡辺やす子）「炉辺閑話：杉並区立郷土博物館だより」　東京都杉並区立郷土博物館　（32）2005.3

「Montage Sugunami―映画にうつされた郊外」「炉辺閑話：杉並区立郷土博物館だより」　東京都杉並区立郷土博物館　（34）2005.10

第402回例会記 多摩と江戸について―杉並地域を中心に 大石学先生「杉並郷土史会史報」　杉並郷土史会　（198）2006.7

特別展「杉並のお風呂屋さん」「炉辺閑話：杉並区立郷土博物館だより」　東京都杉並区立郷土博物館　（35）2006.7

戦時中の杉並消防のこと（原田弘）「杉並郷土史会史報」　杉並郷土史会　（201）2007.1

第410回例会記 大宮八幡宮と杉並の歴史 萩原弘道先生「杉並郷土史会史報」　杉並郷土史会　（204）2007.7

写真展 レンズの記憶―杉並、あの時、あの場所「炉辺閑話：杉並区立郷土博物館だより」　東京都杉並区立郷土博物館　（37）2007.10

第418回例会記 城の魅力を訪ねて 香川元太郎先生「杉並郷土史会史報」　杉並郷土史会　（208）2008.3

地形から読む地域の形成史―杉並を中心に（《特集 デジタル地図の可能性》）（陣内秀信）「多摩のあゆみ」　たましん地域文化財団　（130）2008.5

ミニ写真展 杉並の電車「炉辺閑話：杉並区立郷土博物館だより」　東京都杉並区立郷土博物館　（39）2008.9

ドイツ派遣 伊号潜水艦と杉並（新村康敏）「杉並郷土史会史報」　杉並郷土史会　（212）2008.11

第427回例会記 明治維新後になぜ多数の寺院の移転が―特に杉並、中野、世田谷地区に寺院が 芦原義守先生「杉並郷土史会史報」　杉並郷土史会　（213）2009.1

武蔵野の水・杉並の水（《杉並の川と橋》）（羽鳥謙三）「杉並区立郷土博物館研究紀要」　杉並区立郷土博物館　（別冊）2009.3

杉並の川と水源（《杉並の川と橋》）（久保田恵政）「杉並区立郷土博物館

研究紀要」　杉並区立郷土博物館　（別冊）2009.3

湧水地等一覧表/湧水地各地点断面図/杉並の地形と湧水点分布図（付図）（《杉並の川と橋》）「杉並区立郷土博物館研究紀要」　杉並区立郷土博物館　（別冊）2009.3

第435回例会記 杉並周辺の中世城郭 長島貴先生「杉並郷土史会史報」　杉並郷土史会　（217）2009.9

第444回例会記 杉並の原風景を探る 寺田史朗先生「杉並郷土史会史報」　杉並郷土史会　（230）2010.3

杉並の朱印地・除地（新村康敏）「杉並郷土史会史報」　杉並郷土史会　（230）2011.11

杉並の校歌に詠われた富士山（小島智）「杉並郷土史会会報」　杉並郷土史会　（239）2013.5

東京府志料にみる杉並（新村康敏）「杉並郷土史会会報」　杉並郷土史会　（239）2013.5

杉並の古い小学校校歌（新村康敏）「杉並郷土史会会報」　杉並郷土史会　（248）2014.11

杉並区

14年度杉並区指定・登録文化財3件が決る（原田弘）「杉並郷土史会史報」　杉並郷土史会　180　2003.7

古文書こほればなし（28）「昔話」と「取り立て免状」（久保貴子）「炉辺閑話：杉並区立郷土博物館だより」　東京都杉並区立郷土博物館　29　2003.10

古文書こほればなし（29）鷹場（久保貴子）「炉辺閑話：杉並区立郷土博物館だより」　東京都杉並区立郷土博物館　（30）2004.3

古文書こほればなし（30）鷹場の変質と終焉（久保貴子）「炉辺閑話：杉並区立郷土博物館だより」　東京都杉並区立郷土博物館　（31）2004.10

平成16年度杉並区指定登録文化財教育委員会冊子より転載「杉並郷土史会史報」　杉並郷土史会　191　2005.5

平成17年度杉並区指定・登録文化財決まる「杉並郷土史会史報」　杉並郷土史会　（197）2006.5

杉並区まちづくり史と東京ゴミ戦争（石井晴美）「杉並郷土史会史報」　杉並郷土史会　（200）2006.11

杉並区に輝かしい歴史を持つ公的施設（芦原義守）「杉並郷土史会史報」　杉並郷土史会　（205）2007.9

米・米・米！ 戦後の杉並区民の生活から（大西路男）「杉並郷土史会史報」　杉並郷土史会　（205）2007.9

第465回例会記 杉並区の旧軍関係施設―陸軍気象部を中心に（鈴木隆春）「杉並郷土史会史報」　杉並郷土史会　（228）2011.7

古文書こほればなし（45）嘉永7年の大地震（金井貴司）「炉辺閑話：杉並区立郷土博物館だより」　東京都杉並区立郷土博物館　（46）2012.3

御朱印寺妙正寺から天沼弁天池公園を歩く 11月13日（東京文化財ウィーク2011例会記）（服部建人）「杉並郷土史会会報」　杉並郷土史会　（236）2012.11

東京都杉並区蒲生家文書保存・調査活動報告（西村慎太郎）「じゃんびん：NPO法人歴史資料継承機構news letter」　歴史資料継承機構　（16）2014.4

東京文化財ウィーク2013例会記 蚕糸の森公園から旧和田堀内村の文化財を訪ねて（大河原善雄）「杉並郷土史会会報」　杉並郷土史会　（246）2014.7

杉並高等学校家政女学院

網代寮日誌より（抜粋）（網代寮日誌（東京都立杉並高等学校家政女学院勤労動員の日誌））「戦争のきずあと・むさしの」　武蔵野の空襲と戦争遺跡を記録する会　（44）2012.8

母の記憶から（網代寮日誌（東京都立杉並高等学校家政女学院勤労動員の日誌））（西村翠）「戦争のきずあと・むさしの」　武蔵野の空襲と戦争遺跡を記録する会　（44）2012.8

杉並蚕糸試験場

富岡製糸場と杉並蚕糸試験場（新村康敏）「杉並郷土史会史報」　杉並郷土史会　186　2004.7

すぎ丸さくら路線

南北バス「すぎ丸さくら路線」の開通を祝う（原田弘）「杉並郷土史会史報」　杉並郷土史会　190　2005.3

洲崎

東京文学地図帖 戦後編（17）木場・洲崎（槌田満文）「Collegio」　之潮　（34）2008.9

筋違橋門

江戸城外郭諸門の屋根瓦に関する一考察―筋違橋門・浅草橋門を中心として（野中和夫）「城郭史研究」　日本城郭史学会，東京堂出版（発売）　（28）2009.3

鈴ヶ森

東京文学地図帖 戦後編（12）鈴ヶ森（槌田満文）「Collegio」　之潮　（29）2007.12

東京都 　　　　　　　　　　　　地名でたどる郷土の歴史 　　　　　　　　　　　　関東

歴史散歩 東海道・鈴ヶ森界隈を歩く（田口康男）「横浜西区郷土史研究会会報」 横浜西区郷土史研究会 （32） 2009.4

須田川

江戸東京消失地名録 墨田区（1）「すみだがわ」と「すだかわ」（1）（田中禎昭）「Collegio」 之潮 （28） 2007.11

墨田区（2）「すみだがわ」と「すだかわ」（2）（江戸東京消失地名録）（田中禎昭）「Collegio」 之潮 （29） 2007.12

須田町

コラム千代田区の地名 須田町（小川貴子）「千代田区立四番町歴史民俗資料館資料館だより」 東京都千代田区教育委員会，千代田区立四番町歴史民俗資料館 （24） 2007.3

砂川

幻の水車、旧砂川三番の玉車（小坂克信）「多摩のあゆみ」 たましん地域文化財団 104 2001.11

展示資料紹介（7）砂川の屋敷割「立川市歴史民俗資料館だより」 立川市歴史民俗資料館 （7） 2003.3

立川・砂川フィールドワーク報告 陸軍立川飛行場、砂川闘争の跡を訪ねて（齊藤勉）「浅川地下壕の保存をすすめる会ニュース」 浅川地下壕の保存をすすめる会 （85） 2011.12

「立川飛行場の建造物と砂川闘争のフィールドワーク」報告（高柳昌久）「戦争のきずあと・むさしの」 武蔵野の空襲と戦争遺跡を記録する会 （42） 2012.2

砂川町

特集 立川の昭和史「立川市と砂川町の合併」「立川市歴史民俗資料館だより」 立川市歴史民俗資料館 （12） 2008.4

砂川村

平成23年度資料館の催し 企画展 役場文書と砂川村/ミニ企画展 桃の節句展/古民家園通年体験事業「立川市歴史民俗資料館だより」 立川市歴史民俗資料館 （16） 2012.3

新しい文化財が指定されました 砂川村野取反別帳 附砂川村絵図/柴崎村絵図/砂川村絵図/向郷遺跡環状墓群出土の遺物/須崎家内蔵/旧福田診療所」の解体「立川市歴史民俗資料館だより」 立川市歴史民俗資料館 （17） 2013.4

役場文書の編綴の構造についての一考察―明治期砂川村の役場文書を事例にして（小特集 日本アーカイブズ学会・砂川村役場文書研究会共催研究集会「砂川村のアーカイブズ―近代町村役場文書群の構造と内容―」）（高江洲昌哉）「アーカイブズ学研究」 日本アーカイブズ学会 （20） 2014.5

明治後期村役場文書の引き継ぎ―東京府北多摩郡砂川村と愛媛県東宇和郡魚成村との比較から（小特集 日本アーカイブズ学会・砂川村役場文書研究会共催研究集会「砂川村のアーカイブズ―近代町村役場文書群の構造と内容―」）（富善一敏）「アーカイブズ学研究」 日本アーカイブズ学会 （20） 2014.5

砂川村役場

砂川村役場の組織分析と文書群構造―町村制下を中心に（小特集 日本アーカイブズ学会・砂川村役場文書研究会共催研究集会「砂川村のアーカイブズ―近代町村役場文書群の構造と内容―」）（大石三紗子）「アーカイブズ学研究」 日本アーカイブズ学会 （20） 2014.5

砂町

城東南部（砂町）（《特集 移りゆく街並みを記録して―定点観測調査16年の軌跡》）（井戸勝朗，中村智幸，箕輪一夫）「下町文化」 江東区地域振興部 （240） 2008.1

中川船番所資料館企画展「砂町の漁業―海苔養殖と砂町の近代―」（鈴木将典）「下町文化」 江東区地域振興部 （267） 2014.9

砂町二丁目

「東京戦災白地図」から、砂町二丁目付近（石河茂）「Collegio」 之潮 （10） 2006.5

砂山

阪一等飛曹の墓標を訪ねて 1945年2月17日 上柚木への零戦の墜落 冬は戦跡の確認、調査の季節/墜落したのは海軍厚木航空基地の零戦/現場までの道のり/米軍機と米兵/「砂山」を訪ねて/おわりに（齊藤勉）「浅川地下壕の保存をすすめる会ニュース」 浅川地下壕の保存をすすめる会 （92） 2013.2

隅田川

隅田川大学公開講座 講演会「隅田川の今昔」島正之氏（望月崇）「すみだ川 ： 隅田川市民交流実行委員会会報」 隅田川市民交流実行委員会 30 2002.4

武蔵と下総を渡る―江戸以前における隅田川・太日川の渡河について（谷口榮）「武蔵野」 武蔵野文化協会 79（1）通号337 2003.3

隅田川落語地図（森貞行）「すみだ川 ： 隅田川市民交流実行委員会会報」 隅田川市民交流実行委員会 32 2003.4

第245回史跡研究会 荒川・隅田川船旅の記（斉藤貞夫）「北区史を考える会会報」 北区史を考える会 68 2003.5

隅田川の橋（2）最初に架けられた千住大橋（島正之）「すみだ川 ： 隅田川市民交流実行委員会会報」 隅田川市民交流実行委員会 34 2004.4

第260回史跡研究会 荒川・隅田川の今、昔（石鍋秀子）「北区史を考える会会報」 北区史を考える会 73 2004.8

隅田川雑感（阿部倬子）「北区史を考える会会報」 北区史を考える会 73 2004.8

異常豪雨による災害（川端猛）「すみだ川 ： 隅田川市民交流実行委員会会報」 隅田川市民交流実行委員会 36 2005.4

隅田川の橋（4）清洲橋（伊藤祐祐）「すみだ川 ： 隅田川市民交流実行委員会会報」 隅田川市民交流実行委員会 36 2005.4

隅田川の橋（5）水面から眺めたい吾妻橋（石原成幸）「すみだ川 ： 隅田川市民交流実行委員会会報」 隅田川市民交流実行委員会 37 2005.10

隅田川水系の舟運について（石川金治）「すみだ川 ： 隅田川市民交流実行委員会会報」 隅田川市民交流実行委員会 （40） 2006.10

隅田川の橋（6）永代橋（飯田雅男）「すみだ川 ： 隅田川市民交流実行委員会会報」 隅田川市民交流実行委員会 （40） 2006.10

隅田川構成―景観・街並・歴史・鎮魂（大河原次次）「すみだ川 ： 隅田川市民交流実行委員会会報」 隅田川市民交流実行委員会 （41） 2007.4

隅田川河畔の日々半世紀（吉田尚代）「すみだ川 ： 隅田川市民交流実行委員会会報」 隅田川市民交流実行委員会 （42） 2007.10

すみだ川物語（1）（須美印学）「すみだ川 ： 隅田川市民交流実行委員会会報」 隅田川市民交流実行委員会 （42） 2007.10

江戸東京消失地名録 墨田区（1）「すみだがわ」と「すだかわ」（1）（田中禎昭）「Collegio」 之潮 （28） 2007.11

墨田区（2）「すみだがわ」と「すだかわ」（2）（江戸東京消失地名録）（田中禎昭）「Collegio」 之潮 （29） 2007.12

第7回隅田川大学フィールドワーク「日本橋川―リバールーブ構想」（沼尻重男）「すみだ川 ： 隅田川市民交流実行委員会会報」 隅田川市民交流実行委員会 （43） 2008.4

桜・花火・隅田川 江戸と明治の庶民文化を描いた錦絵「みやこどり ： すみだ郷土文化資料館だより」 すみだ郷土文化資料館 （29） 2008.7

すみだ郷土文化資料館開館10周年記念特別展 隅田川文化の誕生―梅若伝説と幻の町・隅田宿―「みやこどり ： すみだ郷土文化資料館だより」 すみだ郷土文化資料館 （30） 2008.11

公文書館の書庫から 雑用海図「東京海湾隅田川川口附近」と東京築港「東京都公文書館だより」 東京都公文書館 （14） 2009.3

隅田川の安全と親水デザインはどのように生まれたか（土屋十圀）「すみだ川 ： 隅田川市民交流実行委員会会報」 隅田川市民交流実行委員会 （45） 2009.4

佐藤武レポート 第16回「隅田川ハゼ釣りと水辺観察」報告と歴史の記録「すみだ川 ： 隅田川市民交流実行委員会会報」 隅田川市民交流実行委員会 （45） 2009.4

展示会批評 すみだ郷土文化資料館開館10周年記念特別展「隅田川文化の誕生」（木下はるか）「民衆史研究」 民衆史研究会 （77） 2009.5

研究の散歩道「隅田川」ってどこ？―隅田川八変化（近松鴻二）「江戸東京博物館news ： Edo-Tokyo Museum news」 東京都歴史文化財団 東京都江戸東京博物館 66 2009.6

隅田川大学公開講座 その1 隅田川を詠む詩歌―近代からの流れ 講師・遠井雨耕氏（岡部恒雄）「すみだ川 ： 隅田川市民交流実行委員会会報」 隅田川市民交流実行委員会 （46） 2009.10

隅田川大学公開講座 ゼミナール 映像で見る「隅田川万華鏡」（粟根洋）「すみだ川 ： 隅田川市民交流実行委員会会報」 隅田川市民交流実行委員会 （46） 2009.10

展示批評 すみだ郷土文化資料館10周年記念特別展「隅田川文化の誕生―梅若伝説と幻の町・隅田宿」（斉藤照徳）「地方史研究」 地方史研究協議会 59（5）通号341 2009.10

荒川区「隅田川と荒川区」（パネルディスカッション）（川原宏一）「すみだ川 ： 隅田川市民交流実行委員会会報」 隅田川市民交流実行委員会 （48） 2010.10

隅田川大学公開講座 江戸東京博物館特別展見学「隅田川―江戸が愛した風景―」（渡辺早苗）「すみだ川 ： 隅田川市民交流実行委員会会報」 隅田川市民交流実行委員会 （49） 2011.4

甦った「東京の顔」（岡本淳）「すみだ川 ： 隅田川市民交流実行委員会会報」 隅田川市民交流実行委員会 （49） 2011.4

隅田川の水害対策について（舛原邦明）「すみだ川 ： 隅田川市民交流実行委員会会報」 隅田川市民交流実行委員会 （50） 2011.10

荒川は隅田川の上流 芭蕉の句碑と一茶の俳文（吉橋孝治）「深谷上杉・郷土史研究会会報」 深谷上杉・郷土史研究会 （129） 2012.4

はじめに 21世紀の隅田川（岡部恒雄）「すみだ川 ： 隅田川市民交流実行委員会会報」 隅田川市民交流実行委員会 （51） 2012.4

隅田川市民サミット創立25周年記念シンポジウム 大江戸東京・空の木の下（東京スカイツリー）―どうなる舟運（沼尻重男）「すみだ川 ： 隅田川市民交流実行委員会会報」 隅田川市民交流実行委員会 （51） 2012.4

第8回四万十町展開催 in 隅田川公園リバーサイドギャラリー 美しい森や水と生きるまち（交流コーナー）（渋谷法人）「すみだ川 ： 隅田川市民交流実行委員会会報」 隅田川市民交流実行委員会 （51） 2012.4

荒川（隅田川）の水量を思う（会員便り）（馬場永子）「すみだ川 ： 隅田川市民交流実行委員会会報」 隅田川市民交流実行委員会 （51） 2012.4

隅田川大学公開講座 セミナー 新版「荒川・隅田川散策絵図」出版記念講演 平成24年6月30日（土） 於：大黒家別館 講師：村松昭氏（末永公一郎）「すみだ川 ： 隅田川市民交流実行委員会会報」 隅田川市民交流実行委員会 （52） 2012.10

隅田川と古典（白石紀一）「すみだ川 ： 隅田川市民交流実行委員会会報」 隅田川市民交流実行委員会 （52） 2012.10

投稿 隅田川にかかわる人間模様（野中徹也）「足立史談会だより」 足立史談会 （300） 2013.3

はじめに 隅田川宣言（1985年11月10日）に向けて（沼尻重男）「すみだ川 ： 隅田川市民交流実行委員会会報」 隅田川市民交流実行委員会 （53） 2013.4

交流コーナー 第9回四万十町展 場所：隅田川公園リバーサイドギャラリー（戸田彩）「すみだ川 ： 隅田川市民交流実行委員会会報」 隅田川市民交流実行委員会 （53） 2013.4

はじめに 隅田川 むかし・いま に思う（片田宏一）「すみだ川 ： 隅田川市民交流実行委員会会報」 隅田川市民交流実行委員会 （54） 2013.10

山内家資料修理説明会「文化財修理の現場―掛軸『隅田川之図』を事例に」 4月14日（土）（特設展関連行事報告）（田井東浩平）「海南千里 ： 土佐山内家宝物資料館だより」 土佐山内家宝物資料館 （41） 2013.10

隅田川水系文化展のご報告（隅田川水系文化展）（篠田裕）「すみだ川 ： 隅田川市民交流実行委員会会報」 隅田川市民交流実行委員会 （55） 2014.4

隅田川水系文化展のスナップ/隅田川水系文化展のギャラリーの内容/俳句（撰者 岡部恒雄）（隅田川水系文化展）「すみだ川 ： 隅田川市民交流実行委員会会報」 隅田川市民交流実行委員会 （55） 2014.4

第10回四万十町展 隅田川公園リバーサイドギャラリー 平成25年11月23〜24日（交流コーナー）（片田宏一）「すみだ川 ： 隅田川市民交流実行委員会会報」 隅田川市民交流実行委員会 （55） 2014.4

隅田川大学公開講座 講演会 明治の地図にみる隅田川河畔（橋場・今戸） 平成26年8月9日（土）（稲川實，岡部恒雄）「すみだ川 ： 隅田川市民交流実行委員会会報」 隅田川市民交流実行委員会 （56） 2014.10

隅田川駅

マチの軌跡（1） 水運と陸運の中継地点 隅田川駅（加藤陽子）「荒川ふるさと文化館だより」 荒川区教育委員会荒川ふるさと文化館 （20） 2008.3

隅田川橋梁

隅田川大学講演会II報告 勝関・永代・清洲橋の重文指定と隅田川橋梁 講師・伊東孝氏（篠田裕）「すみだ川 ： 隅田川市民交流実行委員会会報」 隅田川市民交流実行委員会 （44） 2008.10

墨田区

江戸東京消失地名録 墨田区（1） 「すみだがわ」と「すだかわ」（1）（田中禎昭）「Collegio」 之潮 （28） 2007.11

墨田区（2） 「すみだがわ」と「すだかわ」（2）（江戸東京消失地名録）（田中禎昭）「Collegio」 之潮 （29） 2007.12

隅田公園

口絵 東京・隅田公園「花」の歌碑「群馬風土記」 群馬出版センター 26（2）通号109 2012.4

隅田宿

すみだ郷土文化資料館開館10周年記念特別展 隅田川文化の誕生―梅若伝説と幻の町・隅田宿―「みやこどり ： すみだ郷土文化資料館だより」 すみだ郷土文化資料館 （30） 2008.11

展示批評 すみだ郷土文化資料館10周年記念特別展「隅田川文化の誕生―梅若伝説と幻の町・隅田宿」（斉藤照徳）「地方史研究」 地方史研究協議会 59（5）通号341 2009.10

隅田村御前栽場

江戸周辺における「御場所」と地域編成―武蔵国葛飾郡隅田村御前栽場を中心に（桑原功一）「足立区立郷土博物館紀要」 足立区立郷土博物館 （24） 2003.3

住吉町

府中市内米蔵の調査記録―住吉町内藤正家（博物館ボランティア資料整理班，佐藤智敏）「府中市郷土の森博物館紀要」 府中文化振興財団府中市郷土の森博物館 （18） 2005.3

自然と生きる 西東京市の主な屋敷林（6）北町・栄町・ひばりが丘北・住吉町（小川武廣）「武蔵保谷村だより ： 高橋文太郎の『武蔵保谷村郷土資料』を手掛かりに」 下保谷の自然と文化を記録する会 （7） 2012.10

諏訪町

新あの町この町（6） 諏訪町周辺史跡とみどりの散歩道へのお誘い（水波佳都子）「郷土研だより」 東村山郷土研究会 305 2005.4

寸庭平

小丹波を歩く―古里駅前から寸庭平へ（渡辺友一郎）「郷土研」 奥多摩郷土研究会 （25） 2014.3

聖蹟桜ヶ丘

資料が語る多摩 写真：京王線5000系の導入と聖蹟桜ヶ丘行きボンネットバス（細井和雄）「多摩地域史研究会会報」 多摩地域史研究会 （85） 2008.8

万葉集、多摩防人の道、歩行、前・午・後―多摩の道を歩く 聖蹟桜ヶ丘〜防人見返りの峠（寄稿）「月刊歴史ジャーナル」 NPO法人尾道文化財研究所 （110） 2013.2

青南国民学校

青南国民学校の神代村疎開「郷土博物館だより」 調布市郷土博物館 62 2002.8

精練場の滝

滝めぐり（2） 精練場の滝（小澤洋三）「多摩のあゆみ」 たましん地域文化財団 107 2002.8

関前

一家全滅に近い悲劇の体験をお聞きして―12月27日、武蔵野市八幡町・関前での聞き取り調査「戦争のきずあと・むさしの」 武蔵野の空襲と戦争遺跡を記録する会 （19） 2006.1

関前高射砲陣地

1945年4月12日 武蔵野町関前の高射砲陣地で28名の軍人・軍属が死亡！ その一員だった故・古内徳夫さんの手記を入手！「戦争のきずあと・むさしの」 武蔵野の空襲と戦争遺跡を記録する会 （16） 2005.5

公開学習会報告「関前高射砲陣地の元兵士・高橋勝治さんのお話を聞く会」（牛田守彦）「戦争のきずあと・むさしの」 武蔵野の空襲と戦争遺跡を記録する会 （37） 2010.11

関前高射砲陣地の説明板設置される「戦争のきずあと・むさしの」 武蔵野の空襲と戦争遺跡を記録する会 （44） 2012.8

関屋のさと

「東都三十六景 関屋のさと」に描かれた場所（山野健一）「足立史談」 足立区教育委員会 （533） 2012.7

せせらぎの郷

せせらぎの郷（多摩湖町2丁目）（両澤清）「郷土研だより」 東村山郷土研究会 （367） 2010.12

世田谷

二・二六事件と世田谷（2）（小池泰子）「せたかい ： 歴史さろん」 世田谷区誌研究会 （52） 2000.7

世田谷の記事を拾う『三田村鳶魚日記』から（編集部）「せたかい ： 歴史さろん」 世田谷区誌研究会 （52） 2000.7

世田谷と二・二六事件（3）（小池泰子）「せたかい ： 歴史さろん」 世田谷区誌研究会 （53） 2001.6

世田谷吉良氏の系譜について（下山繁雄）「せたかい ： 歴史さろん」 世田谷区誌研究会 （54） 2002.6

世田谷の近代化遺産玉電旧型車両保存運動について（山本隆俊，長尾剛）「せたかい ： 歴史さろん」 世田谷区誌研究会 （54） 2002.6

近世後期御鷹野御用諸役負担方式についての一考察―武蔵国世田谷領の旅館負担を中心に（《月例会報告要旨》）（山崎久登）「関東近世研究」 関東近世研究会 （55） 2003.10

世田谷吉良氏の家臣関係地名考（栗山佳也）「郷土目黒」 目黒区郷土研究会 48 2004.10

世田谷最古の写真発見（倉島幸雄）「せたかい ： 歴史さろん」 世田谷区誌研究会 （56） 2004.11

世田谷境界紀行（1）三宿―坂・辻・橋を行く（編集部）「せたかい通信」 世田谷区誌研究会 （1） 2005.4

《特集 戦後60年と世田谷》「せたかい ： 歴史さろん」 世田谷区誌研究会 （57） 2005.12

史料紹介 石井至殻編『世田谷徴故録』『続世田谷徴故録』について（武田庸二郎）「世田谷区立郷土資料館資料館だより」 ［東京都］世田谷区立郷土資料館 （46） 2007.3

幕末から学制の発布まで（《特集 世田谷の教育史》）（下山照夫）「せたかい ： 歴史さろん」 世田谷区誌研究会 （59） 2007.7

特別寄稿 寺子屋から学ぶ（《特集 世田谷の教育史》）（安藤義雄）「せたかい ： 歴史さろん」 世田谷区誌研究会 （59） 2007.7

第二次教育勅語案と竹越與三郎（《特集 世田谷の教育史》）（瀬村進）「せたかい ： 歴史さろん」 世田谷区誌研究会 （59） 2007.7

特別寄稿 世田谷の初等教育の歩み―戦後復興の槌ち音《特集 世田谷の教育史》）（長代重春）「せたかい ： 歴史さろん」 世田谷区誌研究会 （59） 2007.7

世田谷の教育小史（《特集 世田谷の教育史》—特別編集）（編集部）「せたかい : 歴史さろん」 世田谷区誌研究会 （59） 2007.7

世田谷教育史年表（《特集 世田谷の教育史》—特別編集）（編集部）「せたかい : 歴史さろん」 世田谷区誌研究会 （59） 2007.7

特別展「1945—54 写真で見る戦後復興期の世田谷」「世田谷区立郷土資料館資料館」 ［東京都］世田谷区立郷土資料館 （47） 2007.10

世田谷の文化財30年のあゆみ 文化財保護強調週間2007「せたがやの文化財」 東京都世田谷区教育委員会事務局 通号20 2008.3

第427回例会記 明治維新後になぜ多数の寺院の移転が—特に杉並、中野、世田谷地区に寺町が 芦原義守先生「杉並郷土史会史報」 杉並郷土史会 （213） 2009.1

文化財保護強調週間2008「もっと知ろうよ！ 世田谷の文化財」「せたがやの文化財」 東京都世田谷区教育委員会事務局 通号21 2009.3

世田谷の伝説と技術の伝承（《特集 世田谷の伝説》）（編集部）「せたかい : 歴史さろん」 世田谷区誌研究会 （60） 2009.7

第50号より 『世田谷人物史』の提唱（既刊号掲載寄稿文からの抜粋）（森安彦）「せたかい : 歴史さろん」 世田谷区誌研究会 （61） 2009.12

鈴木堅次郎氏執筆論文（既刊号からの復刻掲載）世田谷の道路の発達（第2号より）/世田谷の道路の発達（その二）（第4号より）/世田谷の道路の発達（その三）（第10号より）/名残常盤記の校訂について（第9号より）「せたかい : 歴史さろん」 世田谷区誌研究会 （62） 2010.8

研究報告 世田谷地方の伝統技能と職人の業（下山照夫）「せたかい : 歴史さろん」 世田谷区誌研究会 （62） 2010.8

世田谷に残された水道遺産の数々（寄稿）（久野富雄）「せたかい : 歴史さろん」 世田谷区誌研究会 （62） 2010.8

世田谷の幕末と維新「概論」（下山照夫）「せたかい : 歴史さろん」 世田谷区誌研究会 （63） 2011.7

講演会「世田谷の近代」（濱中正之氏・世田谷区生涯大学専任講師）（世田谷区誌研究会23年度の記録（講演会、見学会））（新川陽一）「せたかい : 歴史さろん」 世田谷区誌研究会 （64） 2012.7

講演会「石井至毅と世田谷の古文書」（武田庸二郎氏・世田谷区郷土資料館学芸員）（世田谷区誌研究会23年度の記録（講演会、見学会））（中井盛次）「せたかい : 歴史さろん」 世田谷区誌研究会 （64） 2012.7

せたがや中世拾い歩き（1）鉤の手と寺院の配置（谷山敦子）「Collegio」 之潮 （50） 2012.10

講演会「戦国時代の交易と世田谷」（河原英俊氏・世田谷区誌研究会学術顧問）（世田谷区誌研究会24年度の記録（講演会、見学会））（河原英俊）「せたかい : 歴史さろん」 世田谷区誌研究会 （65） 2013.7

せたがや中世拾い歩き（4）常磐坂を過ぎて—四本の芝道を考える（谷山敦子）「Collegio」 之潮 （53） 2013.8

せたがや中世拾い歩き（5）塚めぐり—「境界」への小さな旅（谷山敦子）「Collegio」 之潮 （54） 2013.11

せたがや中世拾い歩き（6）彼岸と此岸をつなぐ橋—熊野信仰の空間を行く（谷山敦子）「Collegio」 之潮 （55） 2014.2

平成25年度 特別展「1955—64 写真で見る高度成長期の世田谷」 アンケート結果「世田谷区立郷土資料館資料館だより」 ［東京都］世田谷区立郷土資料館 （60） 2014.3

講演会「黒船来航と世田谷」（濱中正之氏 世田谷区生涯大学専任講師）（世田谷区誌研究会25年度の記録（講演会、見学会））（市川博正）「せたかい : 歴史さろん」 世田谷区誌研究会 （66） 2014.7

せたがや中世拾い歩き（8）坂の太子堂—善光寺聖の足跡を訪ねる（谷山敦子）「Collegio」 之潮 （57） 2014.10

世田谷砧下浄水所

洋風建築への誘い（12）八王子元本郷浄水所・世田谷砧下浄水所（伊藤龍也）「多摩のあゆみ」 たましん地域文化財団 （123） 2006.8

世田谷区

世田谷区に生まれて—昭和10年代〜20年代の記録（《区誌研究会平成7年度定期講演から》）（内山昌玄）「せたかい : 歴史さろん」 世田谷区誌研究会 （53） 2001.6

資料紹介 下山照夫著『下山白菜の記録』「せたかい : 歴史さろん」 世田谷区誌研究会 （53） 2001.6

世田谷区を構成した旧村々の石高と支配（〈調査研究〉）（下山照夫）「せたかい : 歴史さろん」 世田谷区誌研究会 （53） 2003.11

史料紹介 稿本『玉川三登鯉伝』について（武田庸二郎）「世田谷区立郷土資料館資料館だより」 ［東京都］世田谷区立郷土資料館 （50） 2009.3

大東京市と世田谷区（小泉三郎）「せたかい : 歴史さろん」 世田谷区誌研究会 （64） 2012.7

戦前の世田谷を顧みて（寄稿）（瀬村進）「せたかい : 歴史さろん」 世田谷区誌研究会 （65） 2013.7

千草宮崎家文書調査報告（寄稿）（金口雄太）「せたかい : 歴史さろん」 世田谷区誌研究会 （65） 2013.7

世田谷城

戦国時代の世田谷城と世田谷新宿（《区誌研究会平成12年度定期講演から》）（永原慶二）「せたかい : 歴史さろん」 世田谷区誌研究会

報告 区教委による『世田谷城跡調査略報』から（《区誌研究会平成12年度定期講演から》）「せたかい : 歴史さろん」 世田谷区誌研究会 （53） 2001.6

世田谷城の抜穴について（《区誌研究会平成12年度定期講演から》）（相原明彦）「せたかい : 歴史さろん」 世田谷区誌研究会 （53） 2001.6

昭和20年代の世田谷城及び豪徳寺の「土塁」「堀・濠」の記憶（采澤正臣）「せたかい : 歴史さろん」 世田谷区誌研究会 （60） 2009.7

世田谷城—その研究史と城跡利用について（論考）（八巻孝夫）「中世城郭研究」 中世城郭研究会 （28） 2014.7

世田谷消防署

東京市域拡張と世田谷消防署の開設（河原英俊）「せたかい : 歴史さろん」 世田谷区誌研究会 （54） 2002.6

世田谷新宿

戦国時代の世田谷城と世田谷新宿（《区誌研究会平成12年度定期講演から》）（永原慶二）「せたかい : 歴史さろん」 世田谷区誌研究会 （53） 2001.6

せたがや中世拾い歩き（2）楽市のころ—続・世田谷新宿と矢倉沢往還（谷山敦子）「Collegio」 之潮 （51） 2012.12

世田谷線

世田谷線について（中村甲）「せたかい : 歴史さろん」 世田谷区誌研究会 （63） 2011.7

世田谷線 沿線各駅散歩道（三軒茶屋・西太子堂）（中村甲）「せたかい : 歴史さろん」 世田谷区誌研究会 （64） 2012.7

世田谷線 沿線各駅散歩道（2）（寄稿）（中村甲）「せたかい : 歴史さろん」 世田谷区誌研究会 （66） 2014.7

世田谷代官屋敷

せたがやの文化財にようこそ 見学できます 世田谷代官屋敷郷土資料館（平成25年度事業報告）「せたがやの文化財」 東京都世田谷区教育委員会事務局 （26） 2014.3

芹ヶ谷公園

芹ヶ谷公園（田中正大）「いしぶみ」 まちだ史考会 （17） 2004.7

泉岳寺

高輪接遇所—泉岳寺にあった英国公使館（吉崎雅規）「港郷土資料館だより」 港区立港郷土資料館 （51） 2003.3

千川

ひろば ○千の千川境界石が捨てられている？（安西久）「板橋史談」 板橋史談会 218 2003.9

千川上水

セピア色の記憶（6）千川上水の「流れ」「かたりべ : 豊島区立郷土資料館ミュージアム開設準備だより」 豊島区立郷土資料館 71 2003.9

第66回例会 千川上水と練馬の農業（飯塚芳男）「練馬区地名研究会会報」 練馬区地名研究会 67 2004.2

特集 千川上水現況調査報告「ねりまの文化財」 練馬区地域文化部 60 2004.3

千川上水を歩いて（ひろば）（田中穂積）「板橋史談」 板橋史談会 （227） 2005.3

郷土資料室特別展 千川上水展—上水の流れと人々のくらし「ねりまの文化財」 練馬区地域文化部 （66） 2006.1

千川上水について（飯塚芳男）「練馬古文書研究会会報」 練馬古文書研究会 （41） 2009.1

戸外学習報告 秋の千川上水を歩く（佐々木賢）「練馬古文書研究会会報」 練馬古文書研究会 （43） 2009.12

千川上水余話（飯塚芳男）「練馬古文書研究会会報」 練馬古文書研究会 （45） 2010.12

中新井村と千川上水（記念特集 地名にしひがし—地域編）（飯塚芳男）「練馬区地名研究会会報」 練馬区地名研究会 （100） 2012.8

千川用水

千川用水の水車稼ぎと千川家の立場（清水掏甫）「練馬古文書研究会会報」 練馬古文書研究会 （44） 2010.6

浅間堅川小学校

江東の古道をゆく（2）浅間堅川小学校周辺の古道（栗原修）「下町文化」 江東区地域振興部 （251） 2010.9

浅間山

浅間山・大塚・小塚（こっぺ塚）（間野光正）「郷土だより」 東村山郷土研究会 298 2004.7

「レーダー基地」だった浅間山（府中市）（上野勝也）「戦争のきずあと・むさしの」 武蔵野の空襲と戦争遺跡を記録する会 （36） 2010.7

善行橋

善行橋（野口町4丁目43・50境）「郷土研だより」 東村山郷土研究会 （381） 2012.2

関東　　　　　　　　　　　　　　地名でたどる郷土の歴史　　　　　　　　　　　　　東京都

戦災資料センター

戦災資料センターは開館10周年を迎えました これまでの歩み、そしてこれから「東京大空襲・戦災資料センターニュース ： 平和研究交流誌」 東京大空襲・戦災資料センター （20） 2012.2

資料センターアルバム 開館式から増築、現在へ「東京大空襲・戦災資料センターニュース ： 平和研究交流誌」 東京大空襲・戦災資料センター （20） 2012.2

語り継ぐ 戦災資料センターに訪れて「東京大空襲・戦災資料センターニュース ： 平和研究交流誌」 東京大空襲・戦災資料センター （22） 2013.2

千住

千住の八郎兵衛（1）～（5）―千住一丁目名主下川八郎兵衛家の成立とその盛衰（下川繁三）「足立史談」 足立区教育委員会 424/429 2003.6/2003.11

酒合戦の再現（編集部）「足立史談」 足立区教育委員会 430 2003.12

新選組隊士も食べた？ 千住の雀焼き―五兵衛新田屯所への物資供給（編集部）「足立史談」 足立区教育委員会 432 2004.2

千住に残された幕末の情報―条件や事件の記録（編集部）「足立史談」 足立区教育委員会 434 2004.4

千住の名倉、そのルーツを尋ねる（安藤義雄）「足立史談会だより」 足立史談会 199 2004.10

千住風物（1）～（5）（磯ヶ谷紫江）「足立史談会だより」 足立史談会 208/212 2005.7/2005.11

資料紹介 千住やっちゃばの記念碑 建立から百年「足立史談」 足立区教育委員会 （458） 2006.4

千住のやっちゃば玉手箱（1） 空襲を耐えた蔵のメッセージ―「谷塚屋」資料の紹介（編集部）「足立史談」 足立区教育委員会 （473） 2007.7

鷗外忌墓前祭に参列し鷗外を偲ぶ千住の歴史を考える「足立史談会だより」 足立史談会 （256） 2009.7

足立史談カルタ紹介 は「初午に千住絵馬」「足立史談会だより」 足立史談会 （269） 2010.8

足立区の登録文化財を観る 有形文化財（工芸品）鍍絵・遊女の図 一点/金銅装神輿 一基/金銅装神輿 一基/金泥千鳥紋朱塗大酒盃 付千住酒合戦絵巻一巻「足立史談会だより」 足立史談会 （286） 2012.1

千住のやっちゃ場と汐入の八百屋―野菜売りと空襲（中瀬一郎）「足立史談」 足立区教育委員会 （528） 2012.2

一四歳の少年の眼に映った千住 我が町・千住 府立中学三年 河合榮治郎「足立史談会だより」 足立史談会 （289） 2012.4

千住の町―西と東（長島弘二）「足立史談会だより」 足立史談会 （291） 2012.6

変貌激しい千住の町（堀川和夫）「足立史談会だより」 足立史談会 （292） 2012.7

東京電機大学同窓会・千住キャンパス開校記念講演 東京電機大学を迎えた千住の郷土史の考察（安藤義雄）「足立史談会だより」 足立史談会 （293） 2012.8

足立史談カルタ紹介 「ね」葱は名物千住葱「足立史談会だより」 足立史談会 （294） 2012.9

足立史談会へ繋ぐ「葛飾史談」10号 昭和26年 千住舊考録（1） 永野彦右衛門記 拝本英太郎校/足立史談会へ繋ぐ「葛飾史談」11号 昭和26年 千住舊考録（2） 永野彦右衛門記 入本英太郎校/足立史談会へ繋ぐ「葛飾史談」16号 昭和29年 千住舊考録（4） 永野彦右衛門記 入本英太郎校「足立史談会だより」 足立史談会 （300） 2013.3

千住の大相撲―東京大相撲をよんだ明治の「大千住」（多田文夫）「足立史談」 足立区教育委員会 （545） 2013.7

町が伝える文化遺産 「大千住」と巣兆作品（多田文夫）「足立史談」 足立区教育委員会 （546） 2013.8

大千住展関連イベント 巡回パネル展「千住歴史大全」/「千住の巣兆」展/「大千住展」講演会「足立区立郷土博物館だより」 足立区立郷土博物館 （65） 2013.10

大千住展へ 千住ネギの大束まるき（郷土博物館）「足立史談」 足立区教育委員会 （549） 2013.11

『おくのほそ道』と千住（櫟原文夫）「足立史談」 足立区教育委員会 （550） 2013.12

大千住展の新資料 再評価と紹介 郷土博物館（多田文夫）「足立史談」 足立区教育委員会 （551） 2014.1

足立史談カルタ紹介 「な」名倉は千住の接骨医、「ら」落語家円朝の石灯篭、「む」昔新田十三ヶ村「足立史談会だより」 足立史談会 （310） 2014.1

千住青物市場

「千住青物市場創立三百三十年祭記念碑」に寄せて 建立者の消息を尋ねる（1）,（2）（長谷川浩平）「足立史談」 足立区教育委員会 （460）/（462） 2006.6/2006.8

千住町

千住町と私の家の由来/金玉金に関する福沢諭吉の書簡「足立史談だ

より」 足立史談会 （310） 2014.1

千住駅

千住駅の三人（青木昇）「足立史談」 足立区教育委員会 423 2003.5

千住榎木新田

足立区の登録文化財を観る 有形文化財（古文書） 渕江之内ふけんしさんや新田開発之事/渕江之内千住榎木新田開事/渕江之内大谷田新田開事/丑歳定免御年貢可相済割付之事・永野家文書15点「足立史談会だより」 足立史談会 （297） 2012.12

千住大橋

隅田川の橋（2）最初に架けられた千住大橋（島正之）「すみだ川 ： 隅田川市民交流実行委員会会報」 隅田川市民交流実行委員会 34 2004.4

時代の架け橋 千住大橋―410年目を迎える歴史（編集部）「足立史談」 足立区教育委員会 438 2004.8

千住大橋と仙台侯（先人のみていた郷土史 足立史談会へ繋ぐ「葛飾史談」10号 昭和26年）（加瀬順一）「足立史談会だより」 足立史談会 （301） 2013.4

千住大橋と仙台侯（2）（先人のみていた郷土史 足立史談会へ繋ぐ「葛飾史談」10号 昭和26年）（加瀬順一）「足立史談会だより」 足立史談会 （301） 2013.4

千住大橋界隈を歩く（鈴木道夫）「足立史談会だより」 足立史談会 （314） 2014.5

千住大橋は、千住の町の生みの親（櫟原文夫）「足立史談」 足立区教育委員会 （560） 2014.10

千住火力発電所

お化け煙突・千住火力発電所（1）～（3） 点検・小修理は直営で（姫野和映）「足立史談」 足立区教育委員会 （487）/（490） 2008.9/2008.12

常設展示改修報告4 千住火力発電所の復元模型―失われた近代化遺産を模型にする（真田尊光）「足立区立郷土博物館紀要」 足立区立郷土博物館 （32） 2011.3

晩年期の千住火力発電所について―平成25年度寄贈資料より（鈴木志乃）「足立区立郷土博物館紀要」 足立区 （35） 2014.3

千住河原町

千住のやっちゃば玉手箱（2）戦前の千住河原町の旧道「足立史談」 足立区教育委員会 （476） 2007.10

千住河原町青物市場

やっちゃ場案内板できる―千住河原町青物市場の歴史としくみ（編集部）「足立史談」 足立区教育委員会 （510） 2010.8

千住市場

写真を読む 千住市場の朝（安藤義雄）「足立史談」 足立区教育委員会 419 2003.1

交差点 写真「千住市場の朝」について（長谷川浩平）「足立史談」 足立区教育委員会 420 2003.2

常設展示リニューアル報告（3） 千住市場の問屋と建物（1） 出桁造り（内山大介）「足立史談」 足立区教育委員会 （487） 2008.9

常設展示リニューアル報告（4） 千住市場の問屋と建物（2） ヒトミ（人見簗）（内山大介）「足立史談」 足立区教育委員会 （489） 2008.11

千住のやっちゃ場玉手箱（2） 明治に記録された千住葱 「千住市場調書」から（1）（編集部）「足立史談」 足立区教育委員会 （495） 2009.5

千住宿

「日光道中千住宿村差出明細帳」（史料紹介）（山野健一）「足立区立郷土博物館紀要」 足立区立郷土博物館 （24） 2003.3

官軍兵士の見た千住宿―「官軍記」の紹介（あさくらゆう）「足立史談」 足立区教育委員会 435 2004.5

史料紹介 誠忠隊事件（1）～（2）―千住宿と榎戸宿（編集部）「足立史談」 足立区教育委員会 442/443 2004.12/2005.1

千住宿親之仇討異聞（増田光明）「足立史談」 足立区教育委員会 444 2005.2

史跡探訪日光街道・千住宿を訪ねる（1）（笠原宏）「かつしか台地 ： 野田地方史懇話会会誌」 野田地方史懇話会 29 2005.3

史跡探訪 日光街道・千住宿を訪ねる（2）南千住を訪ねる（笠原宏）「かつしか台地 ： 野田地方史懇話会会誌」 野田地方史懇話会 30 2005.9

出張展示された「千住宿復元模型」「足立史談会だより」 足立史談会 （235） 2007.10

千住宿を巡る（史跡探訪）（松本敏重）「かつしか台地 ： 野田地方史懇話会会誌」 野田地方史懇話会 （47） 2014.3

足立区の文化財 平成2年版「足立区の文化財」による 有形文化財（歴史資料）花畑大鷲神社算額 1面、東京府武蔵国南足立郡之縮図 1枚、千住宿高札 1札、鷹番廃止の高札 1札「足立史談会だより」 足立史談会 （313） 2014.4

千住製絨所

任千住のシンボル “ラシャ場の煉瓦塀”残る‼―区登録有形文化財 旧千住製絨所煉瓦塀の保存活用に向けて（加藤陽子）「荒川ふるさと文化館

東京都 地名でたどる郷土の歴史 関東

だより」 荒川区教育委員会荒川ふるさと文化館 （23）2010.3

千住中居町公園
森鷗外撰文 大正記念道碑 千住中居町公園に移設（郷土博物館）「足立史談」 足立区教育委員会 （555）2014.5

千住橋戸町
博物館登録グループ活動報告 千住橋戸町拝借地に関する嘆願（1），（2）（古文書学習会）「足立史談」 足立区教育委員会 （479）/（480）2008.1/2008.2

千住馬車鉄道
明治近代化の模索を千住馬車鉄道展に見る（安藤義雄）「足立史談会だより」 足立史談会 186 2003.9

全生園
文化財探訪 多磨全生園「歴史館だより」 東村山ふるさと歴史館 （37）2010.11
市民の声 全生園によせて—平沢保治氏との交流を通して（當摩彰子）「東村山市史研究」 東村山市教育委員会 （20）2011.3
文化財探訪 全生園の桜「歴史館だより」 東村山ふるさと歴史館 （41）2012.3
「いのちとこころの人権の森宣言」を読む—ハンセン病療養所を歴史遺産とする観点から（論文）（黒尾和久）「東村山市史研究」 東村山市教育委員会 （22）2013.1
「東村山の再発見・見どころ11選」（1）全生園・青葉国森林地区（岡部志げ乃，鈴木芳子）「郷土研だより」 東村山郷土研究会 （409）2014.6

全生園旧図書館
洋風建築への誘い（30）全生園旧図書館（伊藤龍也）「多摩のあゆみ」 たましん地域文化財団 （141）2011.2

浅草寺
幕末期江戸における迷子石の社会的意義—浅草寺の事例を中心に（特集 都市の風俗を考える）（加藤友繁）「風俗史学 ： 日本風俗史学会誌」 日本風俗史学会，岩田書店（発売）（56）2014.1

浅草寺寺内町
浅草寺寺内町（田丸太郎）「目黒区郷土研究」 目黒区郷土研究会 （667）2010.8

洗足池
洗足池周辺の文化財（山本たか子）「大田区立郷土博物館紀要」 大田区立郷土博物館 （16）2006.3

千駄木
江戸東京歴史紀行 根津・千駄木・本駒込界隈を歩く（上），（下），（番外編）（滝口知与子）「ふるさとの自然と歴史」 歴史と自然をまもる会 280/282 2000.5/2000.9

千人町
記念論文 「千人町大サワギ」—幕末の八王子千人町（樋口豊治）「郷土史」 八王子市川口郷土史研究会 （30）2009.2

善福寺池
第441回例会記 私の善福寺池ものがたり 古川英夫先生「杉並郷土史会史報」 杉並郷土史会 （220）2010.3

善福寺川
江戸東京を歩く—地形・災害・防災の視点から（8）内水氾濫—善福寺川・和田堀公園（松田磐余）「Collegio」 之潮 （23）2007.6

雑司が谷
例会資料 護国寺から雑司が谷の史跡を訪ねて（櫻澤俊彦）「板橋史談」 板橋史談会 （248）2008.9

雑司が谷御鷹部屋
雑司が谷御鷹部屋に関する基礎的考察（秋山伸一）「生活と文化 ： 研究紀要」 豊島区 （16）2007.3

雑司が谷鬼子母神
豊島をさぐる（15）雑司が谷鬼子母神にみる王子電気軌道の玉垣「かたりべ ： 豊島区立郷土資料館ミュージアム開設準備だより」 豊島区立郷土資料館 通号85・86 2007.5

雑司谷村
豊島区域の絵図から始まる時の旅「雑司谷村絵図」編「かたりべ ： 豊島区立郷土資料館ミュージアム開設準備だより」 豊島区立郷土資料館 （79）2005.9

雑司が谷霊園
職人と地域の歴史（5）石にたずさわる人と技—雑司が谷霊園周辺の石畳「かたりべ ： 豊島区立郷土資料館ミュージアム開設準備だより」 豊島区立郷土資料館 （78）2005.6

雑色村
江戸東京消失地名録 地形地名編 中野区（2）雑色村（比田井克仁）

「Collegio」 之潮 （28）2007.11

増上寺
明治二年・増上寺と民政（橋口明子）「目黒区郷土研究」 目黒区郷土研究会 （646）2008.11

桑都
さし絵のなかの多摩（18）油単台と縞市風景—桑都日記の桑都朝市図（斎藤慎一）「多摩のあゆみ」 たましん地域文化財団 104 2001.11
さし絵のなかの多摩（24）千人同心の描いた甲冑—『新編武蔵国風土記稿』と『桑都日記』から（斎藤慎一）「多摩のあゆみ」 たましん地域文化財団 111 2003.8

総武本線
東京電車線路物語（22）総武本線両国御茶ノ水間開業時運転（井口悦男）「Collegio」 之潮 （44）2011.4

旧相馬子爵邸
甘泉園（旧相馬子爵邸）（植松達也）「えおひっぷす」 相馬郷土研究会 188 2003.11

空川
会報にみる目黒の昔（29）「み魂遷しとけころ坂」浅海行夫/「空川の源流を探る」 松田素風「目黒区郷土研究」 目黒区郷土研究会 （666）2010.7

多麻川
さし絵のなかの多摩（12）多麻川布晒し—歌枕から中村岳陵まで（斎藤慎一）「多摩のあゆみ」 たましん地域文化財団 97 2000.2

第一瑞光尋常高等小学校
あらかわタイムトンネルズ（14）明治の "自動販売機"—第一瑞光尋常高等小学校の場合（亀川泰照）「荒川ふるさと文化館だより」 荒川区教育委員会荒川ふるさと文化館 （20）2008.3

第一区全生病院
第一区全生病院の創立前後—東村山に「癩療養所」ができるまで（西浦直子）「東村山市史研究」 東村山市教育委員会 （19）2010.3

対鷗荘
旧多摩聖蹟記念館収蔵資料紹介めもりあむ（109）対鷗荘復元模型「雑木林 ： 旧多摩聖蹟記念館広報」 多摩市教育委員会 109 2005.12

大観記念館
史跡・文化財シリーズ（47）有形民俗文化財 庚申塔2基 誓願寺/新聞に見る荒川区の世相史（11）昭和編—郷土の思い出を語る—昭和の時代（前）（1）村田英三郎さん/3月の湯島界隈をたずねて—岩崎邸・大観記念館・鷗外旧居/五月晴れの栃木県の街見学「荒川史談」 荒川史談会 270 2002.6

題経寺
わがまちの文化財・葛飾区 堀切菖蒲園と題経寺の文化財「東京の文化財」 東京都教育庁地域教育支援部 （104）2008.3

太鼓橋
目黒川太鼓橋の架橋（再考）（橋口明子）「目黒区郷土研究」 目黒区郷土研究会 592 2004.5
『江戸名所図会』 太鼓橋（橋口明子）「目黒区郷土研究」 目黒区郷土研究会 （620）2006.9
太鼓橋を渡る人々（前），（後）（橋口明子）「目黒区郷土研究」 目黒区郷土研究会 （628）/（629）2007.5/2007.6
目黒の風景 "今昔" 目黒川に架かる宿山橋付近と太鼓橋付近「郷土目黒」 目黒区郷土研究会 55 2011.10

第七大区六小区
地租改正施行前後における税額の比較検討—旧第七大区六小区を事例に（武田庸二郎）「世田谷区立郷土資料館資料館だより」 ［東京都］世田谷区立郷土資料館 38 2003.3

太子堂
せたがや中世拾い歩き（8）坂の太子堂—善光寺聖の足跡を訪ねる（谷山敦子）「Collegio」 之潮 （57）2014.10

帝釈人車鉄道
準備ニュース（1）人車とは？ 秋の企画展「帝釈人車鉄道」（橋本直子）「博物館だより」 葛飾区郷土と天文の博物館 74 2004.3
準備ニュース（2）人車を追って 秋の企画展「帝釈人車鉄道」（橋本直子）「博物館だより」 葛飾区郷土と天文の博物館 75 2004.6
企画展「帝釈人車鉄道—人車のゆくえを追って」「博物館だより」 葛飾区郷土と天文の博物館 76 2004.9
企画展「帝釈人車鉄道—人車のゆくえを追って」展示のみどころガイド（橋本直子）「博物館だより」 葛飾区郷土と天文の博物館 76 2004.9

大正記念道碑
森鷗外撰文 大正記念道碑 千住中居町公園に移設（郷土博物館）「足立史談」 足立区教育委員会 （555）2014.5

356

足立区登録文化財 森鷗外撰文「大正記念道碑」移設披露／第23期史談大学実施要項／6月探訪案内 湯島天神・神田明神 6月15日（日）午後1時／4月教養講座 4月20日「足立史談会だより」 足立史談会 （314） 2014.5

大善寺

「東村山の再発見・見どころ11選」(3) 大善寺と弁天池（七森繁満，宮元裕子）「郷土研だより」 東村山郷土研究会 （411） 2014.8

大善町

お十夜の思い出 大横町・大善町今昔（古坂容子）「郷土史」 八王子市川口郷土史研究会 （35） 2014.2

代田

世田谷代田の惨状記録から世田谷を襲った焼夷弾（編集部）「せたかい：歴史さろん」 世田谷区誌研究会 （57） 2005.12

代田の歴史と伝説（河原英俊）「せたかい：歴史さろん」 世田谷区誌研究会 （58） 2006.7

代田橋

コラム 地図のなかの水辺(14) 代田橋「Collegio」 之潮 （28） 2007.11

台東区

東京台東区の町名復活の動き（桐井聡男）「全国地名研究交流誌 地名談話室」 日本地名研究所 18 2003.9

東京・台東区における旧町名復活の動き（三橋浩志）「全国地名保存連盟会報」 全国地名保存連盟 55 2004.5

地形地名編 台東区(1)（江戸東京消失地名録）（葛生雄二）「Collegio」 之潮 （13） 2006.8

江戸東京消失地名録 地形地名編 台東区(2)，(4)（葛生雄二）「Collegio」 之潮 （14）／(17) 2006.9／2006.12

地形地名編 台東区(3)（江戸東京消失地名録）（葛生雄二）「Collegio」 之潮 （16） 2006.11

江戸東京消失地名録 地形地名編 台東区(5) 浅草公園の大池（瓢簞池）（葛生雄二）「Collegio」 之潮 （29） 2007.12

写真史の中の台東区（石井広士）「下町風俗資料館號外」 台東区立下町風俗資料館 2008年（3月） 2008.3

台東区の洪水と荒川放水路（熊木寿夫）「すみだ川：隅田川市民交流実行委員会会報」 隅田川市民交流実行委員会 （51） 2012.4

旧第十中学校

資料調査員の仕事—旧第十中学校における資料の取り扱い方（佐久間かおる）「生活と文化：研究紀要」 豊島区 （22） 2013.3

高井戸

さし絵のなかの多摩(36) 甲州道中 高井戸杉と駕籠の風景—高橋松亭「高井戸の夕立」（齋藤愼一）「多摩のあゆみ」 たましん地域文化財団 （124） 2006.11

高尾

平成18年度特別展「多摩陵・高尾と八王子」「八王子市郷土資料館だより」 八王子市郷土資料館 （81） 2007.7

子規の詠んだ八王子・高尾—「高尾紀行」より（亀尾美香）「八王子市郷土資料館だより」 八王子市郷土資料館 （85） 2009.6

高尾駅

浅川地下壕物語(35) 高尾駅の銃弾痕「浅川地下壕の保存をすすめる会ニュース」 浅川地下壕の保存をすすめる会 36 2003.10

高尾駅北口

地下壕よくわかーるすぐわかーる 高尾駅北口の再開発と "ひいらぎ横丁" の拡張工事（斎藤勉）「浅川地下壕の保存をすすめる会ニュース」 浅川地下壕の保存をすすめる会 （63） 2008.4

高尾自然科学館

古い写真を読む(16) 八王子立高尾自然科学館（昭和39年）「八王子市郷土資料館だより」 八王子市郷土資料館 （84） 2008.12

高島平

高島平の自殺名所返上作戦（田中穂積）「板橋史談」 板橋史談会 （240） 2007.5

田方

第13回地名談話会 上石神井村の畑方・田方の地名（下島邦夫）「練馬区地名研究会会報」 練馬区地名研究会 （97） 2011.11

高田一枚岩

神田川の高田一枚岩（橋口）「かたりべ：豊島区立郷土資料館ミュージアム開設準備だより」 豊島区立郷土資料館 （109） 2013.3

高田宿

鎌倉街道を歩いてみよう "高田宿の発見" 豊島の遺跡(10)（橋口）「かたりべ：豊島区立郷土資料館ミュージアム開設準備だより」 豊島区立郷土資料館 （106） 2012.7

高田農商銀行

郷土資料館なんでもQ&A 高田農商銀行襲撃事件「かたりべ：豊島区立郷土資料館ミュージアム開設準備だより」 豊島区立郷土資料館 62 2001.5

高田馬場

高田馬場と越後（木村恬文）「おくやまのしょう：奥山荘郷土研究会誌」 奥山荘郷土研究会 （26） 2001.3

高田町

80年前の高田町の写真帖を発見！ 1月21日（土）からの収蔵資料展で展示中「かたりべ：豊島区立郷土資料館ミュージアム開設準備だより」 豊島区立郷土資料館 （104） 2012.1

資料紹介 『高田町写真帖』について（横山恵美）「生活と文化：研究紀要」 豊島区 （22） 2013.3

高田町役場

高田町役場が遺した文書たち（旧高田町公文書・引継目録）「かたりべ：豊島区立郷土資料館ミュージアム開設準備だより」 豊島区立郷土資料館 （111） 2014.3

高田村

旧高田村地引絵図に関する考察（伊藤暢直）「生活と文化：研究紀要」 豊島区 （13） 2003.8

高輪

港区江戸遊里譚—高輪・芝車町（平田秀勝）「港郷土資料館だより」 港区立港郷土資料館 （59） 2007.3

『風土記II』 三田から高輪を散策する（読書会）（川瀬基）「いしぶみ」 まちだ史考会 （38） 2014.12

高輪接所

高輪接遇所—泉岳寺にあった英国公使館（吉崎雅規）「港郷土資料館だより」 港区立港郷土資料館 （51） 2003.3

高野台

第91回例会 高野台という地名をめぐって—高野と高原（正井泰夫）「練馬区地名研究会会報」 練馬区地名研究会 （91） 2010.5

鷹場

北多摩—甲州街道・鷹場・武蔵野新田（牛米努）「多摩のあゆみ」 たましん地域文化財団 113 2004.2

高橋敬一家

自然と生きる 西東京市の主な屋敷林(3) 高橋敬一家（下保谷4丁目）（小川武廣）「武蔵保谷村だより：高橋文太郎の『武蔵保谷村郷土資料』を手掛かりに」 下保谷の自然と文化を記録する会 （4） 2012.1

高橋家屋敷林

高橋家の屋敷林に記念樹スダジイを植樹「武蔵保谷村だより：高橋文太郎の『武蔵保谷村郷土資料』を手掛かりに」 下保谷の自然と文化を記録する会 （2） 2011.7

自然と生きる 西東京市の主な屋敷林(8) 高橋家屋敷林の今日的存在意義（小川武廣）「武蔵保谷村だより：高橋文太郎の『武蔵保谷村郷土資料』を手掛かりに」 下保谷の自然と文化を記録する会 （9） 2013.4

高橋染工場

高橋染工場 調査報告書（大田区教育委員会，建築文化研究所）「大田区立郷土博物館紀要」 大田区立郷土博物館 （17） 2007.3

高幡

井伊家史料「高幡高麗文書」の由来の謎（山口久夫）「日野の歴史と文化」 日野史談会 50 2000.3

鷹番

地名「鷹番」について（田丸太郎）「目黒区郷土研究」 目黒区郷土研究会 573 2002.10

「鷹番」とはなんだろう（田丸太郎）「目黒区郷土研究」 目黒区郷土研究会 574 2002.11

「鷹番」領域の変遷(1)，(2)（田丸太郎）「目黒区郷土研究」 目黒区郷土研究会 575/576 2002.12/2003.1

「鷹番」について[1]～(4)（編集部）「目黒区郷土研究」 目黒区郷土研究会 583/587 2003.8/2003.12

鷹番のこと（田丸太郎）「目黒区郷土研究」 目黒区郷土研究会 586 2003.11

「鷹番の昔を語る」集い（松本金光）「目黒区郷土研究」 目黒区郷土研究会 608 2005.9

鷹番町

今時の町・街アラカルト 鷹番町・五本木商店街「目黒区郷土研究」 目黒区郷土研究会 （619） 2006.8

田柄用水

田柄用水 七つの謎 田柄用水現況調査の報告にかえて（平田英二）「ねりまの文化財」 練馬区地域文化部 59 2004.1

第97回例会 田柄用水と水車（飯塚芳男）「練馬区地名研究会会報」 練馬区地名研究会 （97） 2011.11

滝野川

第324回月例研究会 11月8日（日）幹線道路の敷設と滝野川の発展（有馬純雄）「北区史を考える会会報」 北区史を考える会 （95） 2010.2

王子今昔物語 江戸っ子のレクリエーション・スポット 王子 春 受け継がれる吉宗の心意気（飛鳥山）／夏 王子の夏・滝浴みの夏〈王子七滝〉／秋 紅葉ある風景（滝野川の紅葉）／冬 人もキツネも稲荷に集う〈王子稲荷〉／むかし昔写真館「ぽいす：北区飛鳥山博物館だより」 北区飛鳥山博物館 31 2013.9

滝野川銀座

Special あるくみるきく 滝野川銀座のいまむかし「ぽいす：北区飛鳥山博物館だより」 北区飛鳥山博物館 11 2003.9

滝野川村大砲製造所

滝野川村大砲製造所建設記録『滝墅川村御用留』の内容とその歴史的意義（資料紹介）（中山学，神谷大介）「北区飛鳥山博物館研究報告」 東京都北区教育委員会 （15） 2013.3

滝野川反射炉

第229回月例研究会 再び滝野川反射炉について（1），（2）（馬場永子）「北区史を考える会会報」 北区史を考える会 72/73 2004.5/2004.8

第362回月例研究会 2月24日（日）再び滝野川反射炉について（馬場永子）「北区史を考える会会報」 北区史を考える会 （108） 2013.5

滝野川村

滝野川大長ニンジンと滝野川村（町）字三軒家（武蔵野の食文化（3））（芦田正次郎）「武蔵野」 武蔵野文化協会 83（1）通号345 2007.5

滝本

滝本の洪水防石（小島みどり）「青梅市文化財ニュース」 青梅市文化財保護指導員会 （258） 2009.4

滝山街道

滝山街道沿いにある句碑（会員投稿）（萩原史巨）「藤沢地名の会会報」 藤沢地名の会 （71） 2009.9

滝山城

第65回例会報告 大石氏・北条氏照の城、滝山城を歩く（西股総生）「多摩地域史研究会会報」 多摩地域史研究会 （87） 2009.3

大石氏の瀧山城址—大石氏の瀧山在城をめぐって（砕玉類題）（風間雨夫）「城郭史研究」 日本城郭史学会，東京堂出版（発売）（31） 2012.3

続編・奥武蔵中世の城跡を歩く（14）滝山城（山行報告）（岡野守）「奥武蔵」 奥武蔵研究会 （400） 2014.11

田切橋

田切橋（橋口明子）「目黒区郷土研究」 目黒区郷土研究会 （684） 2012.1

竹下新田

「竹下新田」の歴史と"謎"（鈴木義範）「練馬古文書研究会会報」 練馬古文書研究会 （51） 2013.12

竹橋

竹橋事件130周年（今井忠男）「練馬郷土史研究会会報」 練馬郷土史研究会 （318） 2008.11

竹橋事件について（海老原脩治）「史談」 安蘇史談会 （26） 2010.9

忠生

忠生の学校の歩み—小山田南小学校の開校まで（〈追悼 渡邊奨先生〉）（渡邊奨）「町田地方史研究」 町田地方史研究会 （18） 2006.12

忠生公園

湧水の豊富な忠生公園（田中正大）「いしぶみ」 まちだ史考会 （19） 2005.7

忠生村

忠生村の日露戦争（講演会）（河合敦）「自由民権：町田市立自由民権資料館紀要」 町田市教育委員会 通号20 2007.3

覆刻『忠生村誌』より 町田市・誕生までのみちのり（特集 町田市50周年記念・横浜線開通100周年）（柚木主則）「町田地方史研究」 町田地方史研究会 （20） 2010.8

立会川

会報にみる目黒の昔（28）「立会川緑地帯遊歩道成る」佐々木逸巳［編集部］「目黒区郷土研究」 目黒区郷土研究会 （663） 2010.4

立会川商店街

龍馬でまちおこし 若き日の龍馬ゆかりの地 東京都品川区立会川商店街・鮫洲商店街「飛騰：高知県立坂本龍馬記念館だより」 高知県立坂本竜馬記念館 50 2004.8

立川

立川航空兵殉職碑（地域で戦争を伝えるものを調べて）（井上弘）「戦争と民衆」 戦時下の小田原地方を記録する会 52 2004.4

立川の近代化遺産「立川市歴史民俗資料館だより」 立川市歴史民俗資料館 （9） 2005.3

立川氏文書について（《特集 中世の立川を考える》）（峰岸純夫）「多摩のあゆみ」 たましん地域文化財団 （118） 2005.5

立川氏文書解読（《特集 中世の立川を考える》）「多摩のあゆみ」 たましん地域文化財団 （118） 2005.5

寄贈された立川氏関係史料（《特集 中世の立川を考える》）（小川始）「多摩のあゆみ」 たましん地域文化財団 （118） 2005.5

常陸太田立川氏と立川氏文書の伝来（《特集 中世の立川を考える》）（立川明子）「多摩のあゆみ」 たましん地域文化財団 （118） 2005.5

満州・立川そして伊那（小田切昌子）「伊那路」 上伊那郷土研究会 50（8）通号595 2006.8

軍都立川（1）陸軍立川飛行場～米軍立川基地～陸上自衛隊駐屯地へ「浅川地下壕の保存をすすめる会ニュース」 浅川地下壕の保存をすすめる会 （59） 2007.8

新・浅川地下壕物語（59）立川の街と私（1）（日高忠臣）「浅川地下壕の保存をすすめる会ニュース」 浅川地下壕の保存をすすめる会 （59） 2007.8

新・浅川地下壕物語（60）立川の街と私（2）（日高忠臣）「浅川地下壕の保存をすすめる会ニュース」 浅川地下壕の保存をすすめる会 （60） 2007.10

国立・立川周辺の駅と駅前ロータリー（《特集 かわりゆく駅風景》）（鈴木文彦）「多摩のあゆみ」 たましん地域文化財団 （129） 2008.2

詩歌の道＝立川（特集 おもしろいぞ！ 多摩のまち歩き—エッセイ多摩のまち歩き）（柏木巌）「多摩学会」 多摩学会 （21） 2010.2

敗戦直後の立川地区（特集 戦時下の地域社会 その2）（楢崎茂彌）「多摩のあゆみ」 たましん地域文化財団 （141） 2011.2

多摩地域史研究会 第74回例会 立川の旧村を歩く—旧柴崎村と普済寺を中心として「多摩地域史研究会会報」 多摩地域史研究会 （101） 2011.3

企画展「甲武鉄道と立川」の開催（会員館活動報告）（立川市歴史民俗資料館）「ミュージアム多摩：東京都三多摩公立博物館協議会会報」 東京都三多摩公立博物館協議会 （32） 2011.3

立川基地

変貌していく立川基地跡地（日高忠臣）「浅川地下壕の保存をすすめる会ニュース」 浅川地下壕の保存をすすめる会 （63） 2008.4

立川航空工廠

青梅・奥多摩戦跡見学記 立川航空工廠の疎開工場／空襲と飛行機墜落／戦争慰霊碑と奉安殿（岩根謙一）「浅川地下壕の保存をすすめる会ニュース」 浅川地下壕の保存をすすめる会 45 2005.4

立川市

特集 歴史と文化の散歩道を歩く「立川市歴史民俗資料館だより」 立川市歴史民俗資料館 （7） 2003.3

特集 立川の昭和史「立川市と砂川町の合併」「立川市歴史民俗資料館だより」 立川市歴史民俗資料館 （12） 2008.4

文化財を生かす（中央区・立川市）「東京の文化財」 東京都教育庁地域教育支援部 （115） 2013.3

立川段丘上

布田史談—立川段丘上の遺跡と私（大川三吉）「調布史談会誌」 調布史談会 （33） 2004.1

立川飛行場

資料紹介 神風号の活躍と立川飛行場「立川市歴史民俗資料館だより」 立川市歴史民俗資料館 （11） 2007.3

立川飛行機の疎開工場だった韮崎七里岩地下壕が平和公園に（秋山昌文）「戦争のきずあと・むさしの」 武蔵野の空襲と戦争遺跡を記録する会 （39） 2011.5

「立川飛行場の建造物と砂川闘争のフィールドワーク」報告（高栁昌久）「戦争のきずあと・むさしの」 武蔵野の空襲と戦争遺跡を記録する会 （42） 2012.2

立川米軍基地

資料紹介 文教地区協会会長と立川米軍基地司令官の往復書簡（平松左枝子）「くにたち郷土文化館だより」 くにたち郷土文化館 （19） 2000.7

立川養豚場

寄贈資料紹介 立川養豚場写真「立川市歴史民俗資料館だより」 立川市歴史民俗資料館 （17） 2013.4

立川陸軍飛行場

立川陸軍飛行場と周辺の軍事施設（《特集 戦時下の地域社会》）（楢崎茂彌）「多摩のあゆみ」 たましん地域文化財団 （119） 2005.8

竪川

竪川—名称の由来を探る（澤田正夫）「川口史林：川口市郷土史会々誌」 川口市郷土史会 （69） 2004.3

江東歴史紀行 竪川と五之橋（久染健夫）「下町文化」 江東区地域振興部 （259） 2012.9

関東　　　　　　　　　　　　　地名でたどる郷土の歴史　　　　　　　　　　　　　東京都

館町

浅川地下壕物語（25）館町に来た兵隊さん「浅川地下壕の保存をすすめる会ニュース」　浅川地下壕の保存をすすめる会　26　2002.2

田中家煉瓦工場

第354回史跡研究会 6月1日（土）田中家煉瓦工場跡見学（八木司郎）「北区史を考える会会報」　北区史を考える会　（105）2012.8

田無

田無の空襲に関する資料「戦争のきずあと・むさしの」　武蔵野の空襲と戦争遺跡を記録する会　14　2005.1

防空壕で肉親が死亡した田中新吉さんの証言田無の空襲をさぐる「戦争のきずあと・むさしの」　武蔵野の空襲と戦争遺跡を記録する会　15　2005.3

平和フィールドワーク 武蔵野の戦争の記憶を求めて 田無・柳沢編「戦争のきずあと・むさしの」　武蔵野の空襲と戦争遺跡を記録する会（30）2009.1

"武蔵野の「戦争の記憶」を訪ねてパート2—田無・柳沢編"感想カード「戦争のきずあと・むさしの」　武蔵野の空襲と戦争遺跡を記録する会（32）2009.7

田無駅

戦争のきずあとを訪ねて 田無駅周辺「戦争のきずあと・むさしの」　武蔵野の空襲と戦争遺跡を記録する会　8　2003.10

谷村線

高圧送電線 谷村線 廃線鉄塔（坂田宏之）「多摩地域史研究会会報」　多摩地域史研究会（100）2011.11

多摩地域史研究会 第77回例会 大正初期敷設の送電施設を訪ねる—高圧送電線「谷村線」廃棄鉄塔「多摩地域史研究会会報」　多摩地域史研究会（101）2012.2

多摩地域史研究会 第77回例会 大正初期敷設の送電施設を訪ねる—高圧送電線「谷村線」廃棄鉄塔「多摩地域史研究会会報」　多摩地域史研究会（102）2012.3

田端

東京電車線路物語（4）田端付近のトンネル3つ（井口悦男）「Collegio」之潮（24）2007.7

田端村

地形をあるく 杉並の田端村と新堀用水（星野朗）「Collegio」　之潮（13）2006.8

多摩

さし絵のなかの多摩（14）名勝意識と文芸—「百草邑松連寺境内旧迹之図」など（斎藤慎一）「多摩のあゆみ」　たましん地域文化財団　100　2000.11

古文書は語る（3）江戸時代初期の在地支配—吉野家文書「高室金兵衛書状」より（馬場憲一）「多摩のあゆみ」　たましん地域文化財団　101　2001.2

近世末期の多摩地域の助郷減免運動（牛米努）「交通史研究」　交通史学会，吉川弘文館（発売）（51）2002.11

多摩地域における中小工場の変動（沖田耕一）「多摩のあゆみ」　たましん地域文化財団　109　2003.2

《中央史学》第27回大会シンポジウム 歴史における多摩地域〉「中央史学」　中央史学会（26）2003.3

中世多摩の武士団と国府・寺社（峰岸純夫）「中央史学」　中央史学会（26）2003.3

近世多摩の新田開発と寺社—享保期新田と黄檗宗寺院（森安彦）「中央史学」　中央史学会（26）2003.3

近世史における多摩地域研究の今日的課題（神立孝一）「中央史学」　中央史学会（26）2003.3

「多摩/地域」の近代史を展望するためには—多摩地域研究の今日的課題（石居人也）「中央史学」　中央史学会（26）2003.3

さし絵のなかの多摩（23）日光街道と二筋の青梅街道の辻—「武蔵野話」・「御嶽菅笠」の箱根ヶ崎（斎藤慎一）「多摩のあゆみ」　たましん地域文化財団　110　2003.5

多摩の昔話と西の市の熊手作り（笠井義博）「府中市談」　府中市史談会（29）2003.5

中世多摩の技術（峰岸純夫）「多摩のあゆみ」　たましん地域文化財団　112　2003.11

多摩及びその周辺の中世の様式と技術（小林康幸）「多摩のあゆみ」　たましん地域文化財団　112　2003.11

《特集 19世紀多摩の地域編成》「多摩のあゆみ」　たましん地域文化財団　113　2004.2

《特集 幕末の江戸と多摩》「江戸東京たてもの園だより」　東京都歴史文化財団（23）2004.3

新選組誕生の歴史的位置—多摩と江戸（大石学）「江戸東京たてもの園だより」　東京都歴史文化財団（23）2004.3

特別展「幕末の江戸と多摩 新選組の時代」（高橋英久）「江戸東京たてもの園だより」　東京都歴史文化財団（23）2004.3

多摩の郵便（近辻喜一）「郵便史研究 : 郵便史研究会紀要」　郵便史研究会（17）2004.3

「明治維新と地域—多摩地域の維新史」講師 渡辺先生（大井芳文）「郷土研だより」　東村山郷土研究会　297　2004.5

古文書講座「幕末の多摩を読む」の解読成果（桜井昭男）「パルテノン多摩博物館部門年報・紀要」　多摩市文化振興財団（8）2004.12

巻頭言 多摩と戦争遺跡（高田一夫）「多摩学会」　多摩学会（16）2004.12

基調講演 新選組と多摩の自治《〈特集 多摩の自治の原点を探る—新選組と多摩の自治〉》（童門冬二）「多摩学会」　多摩学会（16）2004.12

パネルディスカッション 多摩の歴史・文化とまちおこし—幕末と多摩の地域社会《〈特集 多摩の自治の原点を探る—新選組と多摩の自治〉》（馬場弘融、長友貴無、森安彦、鶴巻孝雄、佐藤竺）「多摩学会」　多摩学会（16）2004.12

旧多摩聖蹟記念館周辺案内 聖蹟記念館と多摩の開発（清水裕介）「多摩地域史研究会会報」　多摩地域史研究会　69　2005.1

旧多摩聖蹟記念館収蔵資料紹介 めもりあむ（104）満州国使節写真「雑木林 : 旧多摩聖蹟記念館広報」　多摩市教育委員会　104　2005.2

古文書は語る（15）多摩地域の石灰生産—和家文書「石灰焼立て願書」より（馬場憲一）「多摩のあゆみ」　たましん地域文化財団　117　2005.2

多摩のシカ被害—江戸期の場合（鈴木浩三）「多摩のあゆみ」　たましん地域文化財団　117　2005.2

多摩地区に残る旧陸軍の給水塔の姿が消えた！（陸軍国分寺技術研究所）（小林良）「戦争のきずあと・むさしの」　武蔵野の空襲と戦争遺跡を記録する会　15　2005.3

文化財講演会抄録 稲葉和也氏「近藤勇生家と多摩の古民家」（高山尚三）「調布の文化財」　調布市郷土博物館　37　2005.3

明治初年の多摩地域における文書伝達の実態—多摩郡小比企村を例に（亀尾美香）「八王子の歴史と文化 : 郷土資料館研究紀要・年報」　八王子市教育委員会（17）2005.3

「普済寺版」刊経の刻記にみえる南北朝期多摩の地名と人々《〈特集 中世の立川を考える〉》（渋江芳浩）「多摩のあゆみ」　たましん地域文化財団（118）2005.5

資料が語る多摩納税完納の磁器碗（小川望）「多摩地域史研究会会報」　多摩地域史研究会　70　2005.5

多摩の空襲《〈特集 戦時下の地域社会〉》（齊藤勉）「多摩のあゆみ」　たましん地域文化財団（119）2005.8

多摩の戦時集団住宅—営団住宅の展開と残映《特集 戦時下の地域社会〉》（三村章）「多摩のあゆみ」　たましん地域文化財団（119）2005.8

聞き書き 多摩の農業—落合地区を事例として（乾賢太郎）「パルテノン多摩博物館部門研究紀要」　多摩市文化振興財団（9）2006.1

多摩の近代地図のあゆみ《〈特集 武蔵野台地〉》（清水靖夫）「多摩のあゆみ」　たましん地域文化財団（121）2006.2

シンポジウム「新選組」の記録 新選組を支援した多摩の人たち（小島政孝）「郷土博物館だより」　調布市郷土博物館（69）2006.3

資料が語る多摩「表忠碑」が語る戦中・敗戦時の世相（成迫政則）「多摩地域史研究会会報」　多摩地域史研究会（74）2006.4

さし絵のなかの多摩（34）『江戸名所図会』「六所宮祭礼之図」細見—A・アンベール『幕末日本』の多摩風景など（斎藤愼一）「多摩のあゆみ」　たましん地域文化財団（122）2006.5

小田原の杉田梅は多摩の青梅が発祥か（石口健次郎）「扣之帳」　扣之帳刊行会（12）2006.6

第402回例会記 多摩と江戸について—杉並地域を中心に 大石学先生「杉並郷土史会史報」　杉並郷土史会（198）2006.7

多摩の橋景観の移り変わり《〈特集 多摩の橋〉》（紅林章央）「多摩のあゆみ」　たましん地域文化財団（123）2006.8

さし絵のなかの多摩（35）多摩の傍示杭・定杭・塩饅頭—『道草日記 腕枕』『金草鞋』『牛浜出水図』（齋藤愼一）「多摩のあゆみ」　たましん地域文化財団（123）2006.8

建物随想記（8）多摩の様式建築（酒井哲）「多摩のあゆみ」　たましん地域文化財団（123）2006.8

『多摩地形図』を読む 3つの兎谷戸（田中正大）「Collegio」　之潮（14）2006.9

第16回大会「江戸城と多摩」開催にあたって（梶原勝）「多摩地域史研究会会報」　多摩地域史研究会（77）2006.12

第16回大会「江戸城と多摩」と江戸東京博物館特別展「江戸城」（外池昇）「多摩地域史研究会会報」　多摩地域史研究会（78）2007.4

多摩地域の下水道整備のあゆみ《〈特集 多摩の下水道〉》（坂巻和男）「多摩のあゆみ」　たましん地域文化財団（126）2007.5

江戸近郊農村における医療—18世紀多摩地域の医療を中心として《〈特集 生命維持と「知」—医療文化をめぐって〉》（長田直子）「関東近世史研究」　関東近世史研究会（62）2007.7

「遊歴雑記」で歩く多摩《〈特集 江戸時代の多摩を歩く〉》（鈴木章生）

「多摩のあゆみ」 たましん地域文化財団 （128）2007.10

伊能忠敬測量隊の東京多摩地区測量（《特集 江戸時代の多摩を歩く》）(佐久間達夫)「多摩のあゆみ」 たましん地域文化財団 （128）2007.10

多摩の鉄道駅―その歴史地理学(《特集 かわりゆく駅風景》)(青木栄一)「多摩のあゆみ」 たましん地域文化財団 （129）2008.2

研究の散歩道 手習本にみる多摩農村の庶民生活(石山秀和)「江戸東京博物館news ： Edo-Tokyo Museum news」 東京都歴史文化財団東京都江戸東京博物館 61 2008.3

水みちからみた多摩、武蔵野のなりたち(《特集 デジタル地図の可能性》)(神谷博)「多摩のあゆみ」 たましん地域文化財団 （130）2008.5

多摩～武蔵野の歴史的風致の再生考―日野の用水路と国分寺崖線をフィールドとして(《特集 デジタル地図の可能性》)(高橋賢一)「多摩のあゆみ」 たましん地域文化財団 （130）2008.5

さし絵のなかの多摩(42) 多摩の板碑と好古の旅人―『江戸名所図会』平雑盛古墳図の風景(齋藤愼一)「多摩のあゆみ」 たましん地域文化財団 （130）2008.5

俳諧文化と近代多摩の指導者層(沼謙吉)「町田地方史研究」 町田地方史研究会 （19）2008.6

多摩の近世墓標―墓標からみる家族意識の発現(《特集 19世紀の家族像》)(服部敏史)「多摩のあゆみ」 たましん地域文化財団 （131）2008.8

資料が語る多摩 写真：京王線5000系の導入と聖蹟桜ヶ丘行きボンネットバス(細川和雄)「多摩地域史研究会会報」 多摩地域史研究会 （85）2008.8

第1回 里山の民俗学(講演録 歴史講座 多摩の里山―その成立と変遷)(安室知)「パルテノン多摩博物館部門研究紀要」 多摩市文化振興財団 （10）2008.10

第3回 里山の変遷と保全(講演録 歴史講座 多摩の里山―その成立と変遷)(横張真)「パルテノン多摩博物館部門研究紀要」 多摩市文化振興財団 （10）2008.10

資料紹介 多摩の訴訟文書―古文書講座の解読成果から(桜井昭男)「パルテノン多摩博物館部門研究紀要」 多摩市文化振興財団 （10）2008.10

第62回例会報告 多摩という歴史地域―地図で考える(馬場喜信)「多摩地域史研究会会報」 多摩地域史研究会 （86）2008.11

多摩の鉄道の国有化をめぐって(佐藤美知男)「多摩地域史研究会会報」 多摩地域史研究会 （86）2008.11

巻頭言 多摩の間合い(鈴木秀章)「多摩学会」 多摩学会 （20）2008.12

多摩地方における近世瓦生産の一様相―町田市カワラ峯瓦窯と府中の寺社(深澤靖幸)「府中市郷土の森博物館紀要」 府中文化振興財団府中市郷土の森博物館 （22）2009.3

多摩の歴史天文史料(《特集 天変地異》)(谷川清隆)「多摩のあゆみ」 たましん地域文化財団 （135）2009.8

多摩地域の被差別部落関係史料と若干の考察(小島正次)「解放研究 ： 東日本部落解放研究所紀要」 東日本部落解放研究所，解放書店(発売)（23）2009.9

明治期の農業と茶業および養蚕業―近代農業の夜明け(《特集 近現代の多摩農業》)(木曽雅昭)「多摩のあゆみ」 たましん地域文化財団 （136）2009.11

ウド(《特集 近現代の多摩農業》)(川村眞次)「多摩のあゆみ」 たましん地域文化財団 （136）2009.11

聞き書き 秋留台地、檜原の農業(《特集 近現代の多摩農業》)(大谷孟雄)「多摩のあゆみ」 たましん地域文化財団 （136）2009.11

多摩の農業景観と地域文化・その保全と復活(《特集 近現代の多摩農業》)(大竹道夫)「多摩のあゆみ」 たましん地域文化財団 （136）2009.11

多摩の植木生産の歴史(《特集 近現代の多摩農業》)(川島隆之)「多摩のあゆみ」 たましん地域文化財団 （136）2009.11

多摩地区農業と市民的利用(《特集 近現代の多摩農業》)(井原満明)「多摩のあゆみ」 たましん地域文化財団 （136）2009.11

多摩地方の史跡をたずねて(大平武之)「県央史談」 県央史談会 （49）2010.1

東村山文化財を観る会主催 講演会 多摩の幕末群像―新撰組と多摩・東村山地域の幕末(内海淳)「郷土館だより」 東村山郷土研究会 （358）2010.3

多摩上空のB29―単機、少数機の任務と空襲(特集 戦時下の地域社会 その2)(齊藤勉)「多摩のあゆみ」 たましん地域文化財団 （141）2011.2

敗戦後の地域文集『多摩の子』の誕生(特集 戦時下の地域社会 その2)(沖田伸夫)「多摩のあゆみ」 たましん地域文化財団 （141）2011.2

多摩地域の戦時下資料研究会の活動―資料・データ一覧(財団HPに公開)(特集 戦時下の地域社会 その2)(編集部)「多摩のあゆみ」 たましん地域文化財団 （141）2011.2

多摩の地域史研究と資史料(小特集 地方史研究の現在)(保坂一房)「地方史研究」 地方史研究協議会 61(2)通号350 2011.4

多摩地域史研究会 第20回大会 多摩の鉄道史II―私鉄と沿線開発「多摩地域史研究会会報」 多摩地域史研究会 （98）2011.5

さし絵のなかの多摩(50) 最終回 主要文献年表(齋藤愼一)「多摩のあゆみ」 たましん地域文化財団 （142）2011.5

鎌倉幕府の成立と多摩の武士団(特集 中世多摩の荘園と武士)(清水亮)「多摩のあゆみ」 たましん地域文化財団 （143）2011.8

第20回大会報告 第20回大会「多摩の鉄道史II」を終えて(北村拓)「多摩地域史研究会会報」 多摩地域史研究会 （99）2011.9

多摩地域史研究と『武蔵名勝図会』―植田孟縉の記録に学ぶ(馬場喜信)「多摩地域史研究会会報」 多摩地域史研究会 （100）2011.11

旧多摩聖蹟記念館収蔵資料紹介 めもりあむ(146)「鵜飼吉左衛門書状」「雑木林 ： 旧多摩聖蹟記念館広報」 多摩市教育委員会 146 2012.2

下町空襲から北部・山の手・多摩地域の空襲へ 証言映像プロジェクト(山本唯人)「東京大空襲・戦災資料センターニュース ： 平和研究交流誌」 東京大空襲・戦災資料センター （21）2012.7

多摩の小川(特集 多摩の小川)(角田清美)「多摩のあゆみ」 たましん地域文化財団 （147）2012.8

空中写真から読む多摩の鉄道廃線(特集 空中写真に見る多摩の昔)(今尾恵介)「多摩のあゆみ」 たましん地域文化財団 （148）2012.11

多摩地域における4月空襲 講師牛田守彦さん(武蔵野の空襲と戦争遺跡を記録する会副代表・法政大学中学高等学校) 第16回総会と講演会10月20日開催「浅川地下壕の保存をすすめる会ニュース」 浅川地下壕の保存をすすめる会 （91）2012.12

多摩地域に墜落した日本軍機(1945年)(齊藤勉)「浅川地下壕の保存をすすめる会ニュース」 浅川地下壕の保存をすすめる会 （92）2013.2

万葉集、多摩防人の道、歩行、前・午・後―多摩の道を歩く 聖蹟桜ヶ丘～防人見返りの峠(寄稿)「月刊歴史ジャーナル」 NPO法人尾道文化財研究所 （110）2013.2

多摩における振武軍の軍用金調達と改革組合村(尾崎泰弘)「飯能市郷土館研究紀要」 飯能市郷土館 （6）2013.3

たましん地域文化財団の写真資料(特集 写真資料の保存と活用)(保坂一房)「ミュージアム多摩 ： 東京都三多摩公立博物館協議会会報」 東京都三多摩公立博物館協議会 （34）2013.3

建物随想記(34) モダンな古民家の史跡(酒井哲)「多摩のあゆみ」 たましん地域文化財団 （150）2013.5

多摩地域における代官頭大久保長安の事績と記憶(特集 大久保長安没後四〇〇年)(馬場憲一)「多摩のあゆみ」 たましん地域文化財団 （151）2013.8

多摩の食文誌(12) 生産量からみた雑穀の歴史(増田昭子)「多摩のあゆみ」 たましん地域文化財団 （151）2013.8

多摩の炭―近世の市と中世の火鉢(特集 多摩の炭焼き)(齋藤愼一)「多摩のあゆみ」 たましん地域文化財団 （152）2013.11

狭山茶づくりと炭の活用(特集 多摩の炭焼き)(工藤宏，三浦久美子)「多摩のあゆみ」 たましん地域文化財団 （152）2013.11

建物随想記(36) 多摩に復元された赤煉瓦(酒井哲)「多摩のあゆみ」 たましん地域文化財団 （152）2013.11

中世多摩の瓦(特集 多摩の瓦)(深澤靖幸)「多摩のあゆみ」 たましん地域文化財団 （153）2014.2

近世から近代の多摩の瓦(特集 多摩の瓦)(内野正)「多摩のあゆみ」 たましん地域文化財団 （153）2014.2

資料紹介 多摩の標語印(近辻喜一)「多摩地域史研究会会報」 多摩地域史研究会 （110）2014.5

多摩地域史研究会 第23回大会 多摩の木材利用 2014年6月15日(日)「多摩地域史研究会会報」 多摩地域史研究会 （110）2014.5

古文書は語る(40) 宝永の大地震と富士山大噴火時の多摩―清水家所蔵文書「谷合氏見聞録」より(馬場憲一)「多摩のあゆみ」 たましん地域文化財団 （156）2014.10

「戦国時代の城」―多摩地域の中世城郭(講演会)(塩田安示)「いしぶみ」 まちだ史考会 （38）2014.12

玉川

さし絵のなかの多摩(13) 春信の「調布の玉川」―浮世絵から万葉歌碑まで(斎藤愼一)「多摩のあゆみ」 たましん地域文化財団 99 2000.8

武蔵国府と「調布の玉川」―府中市郷土の森博物館蔵〈六所玉河図巻〉に寄せて(小野一之)「府中市郷土の森博物館紀要」 府中文化振興財団府中市郷土の森博物館 （16）2003.3

玉川・浅川の日野遊水池と弘化3年の大洪水―石田村隼人屋敷水没の危機(《慶応四年特集》)(土方智)「幕末史研究」 三十一人会，小島資料館(発売)（42）2007.1

東京都公文書館所蔵資料の構成―世田谷区玉川周辺地域関係資料展から「東京都公文書館だより」 東京都公文書館 （21）2012.10

多摩川

さし絵のなかの多摩(17) 多摩川鮎の風雅―遊歴雑記、江戸名所図会、広重(齋藤愼一)「多摩のあゆみ」 たましん地域文化財団 103 2001.8

多摩川に架かる橋の記録(清水利三郎)「郷土研究」 奥多摩郷土研究会

（13）2002.3

多摩川の鮎漁（豊田真佐男）「せたかい ： 歴史さろん」 世田谷区誌研究会 2002.6

多摩川の漁撈文化史抄（安斎忠雄）「多摩のあゆみ」 たましん地域文化財団 110 2003.5

西多摩―多摩川・秋川の谷筋と生活圏（桜井昭男）「多摩のあゆみ」 たましん地域文化財団 113 2004.2

さし絵のなかの多摩（27）多摩川の舟車―「御嶽山一石山紀行」と「武野奇賞」 そして「行く春」屏風（斎藤慎一）「多摩のあゆみ」 たましん地域文化財団 114 2004.5

近世後期多摩川における領主普請―多摩郡和泉村を事例に（榎本博）「史学研究集録」 國學院大學大學院史学専攻大学院会 （31）2006.3

多摩川を描いた絵巻2題 府中市郷土の森博物館（《特集2 多摩川の自然と文化を考える》）（小野一之）「ミュージアム多摩 ： 東京都三多摩公立博物館協議会会報」 東京都三多摩公立博物館協議会 （28）2007.3

武蔵野の広がりと多摩川の変遷（羽島謙三）「Collegio」 之潮 （27）2007.10

江戸東京を歩く―地形・災害・防災の視点から（12）多摩川の水害（松田磐余）「Collegio」 之潮 （28）2007.11

多摩川の筏流し余話―元締の記録を中心に（渡辺友一郎）「郷土研究」 奥多摩郷土研究会 （19）2008.3

多摩川中流域における開発と災害―日野・八王子地区を中心に（《特集 天変地異》）（原田信男）「多摩のあゆみ」 たましん地域文化財団 （135）2009.8

多摩川下流域律令期における生業基盤への一視角―磐城郡白田郷に関する御高論にふれて（村田文夫）「いわき地方史研究」 いわき地方史研究会 （46）2009.10

東京電車線路物語（19）多摩川が削った台地の崖を上下する線路（井口悦男）「Collegio」 之潮 （29）2010.4

国立から谷保、多摩川へ―地域の変遷を見つめる（特集 空中写真で地域を読み解く）（大久保正明）「多摩のあゆみ」 たましん地域文化財団 （138）2010.5

多摩地域史研究会 第19回大会 多摩川中流域の近世村落―開発と景観（案内）「多摩地域史研究会会報」 多摩地域史研究会 （96）2011.1

第19回大会報告 第19回大会「多摩川中流域の近世村落―開発と景観―」を終えて（梶原勝）「多摩地域史研究会会報」 多摩地域史研究会 （97）2011.3

近世多摩川の材木流通と筏師の経営―武州多摩郡五日市・大久野村の史料を中心として（巡見報告）（丹治健蔵）「交通史研究」 交通史学会，吉川弘文館（発売）（74）2011.4

多摩川と府中（1）府中の鮎漁（佐藤智敬）「あるむぜお ： 府中市郷土の森博物館だより」 府中文化振興財団府中市郷土の森博物館 （104）2013.6

多摩川と府中（2）河原のオギは府中の絶景（中村武史）「あるむぜお ： 府中市郷土の森博物館だより」 府中文化振興財団府中市郷土の森博物館 （105）2013.9

多摩川と府中（3）歌枕としての「調布玉川」（小野一之）「あるむぜお ： 府中市郷土の森博物館だより」 府中文化振興財団府中市郷土の森博物館 （106）2013.12

多摩川と府中（4）多摩川に水鳥ふたたび（中村武史）「あるむぜお ： 府中市郷土の森博物館だより」 府中市郷土の森博物館 （107）2014.3

「多摩川ジオラマのミニチュア模型」「あるむぜお ： 府中市郷土の森博物館だより」 府中市郷土の森博物館 （108）2014.6

多摩川園

多摩川園の鮎焼き（栗山佳也）「目黒区郷土研究」 目黒区郷土研究会 （649）2009.2

玉川学園

香雪園と玉川学園界隈（特集 空中写真に見る多摩の昔）（田中正大）「多摩のあゆみ」 たましん地域文化財団 （148）2012.11

玉川学園聖山

洋風建築への誘い（15）玉川学園聖山にて（伊藤龍也）「多摩のあゆみ」 たましん地域文化財団 （126）2007.5

玉川上水

玉川上水の遺産を活かす―江戸の町を支えた生命線（《特集 "母なる多摩川"が生んだ水環境ネットワーク―分水嶺をこえて総合的な視座を捉える》）（澄田沃）「ATT」 ATT流域研究所 （24）2001.3

《特集 史跡指定》「玉川上水」 玉川上水を守る会 （28）2003.7

文化庁担当者に聞くQ&A「玉川上水」 玉川上水を守る会 （28）2003.7

玉川上水史跡指定まで約40年間の歩みを検証する（鳥井守幸）「玉川上水」 玉川上水を守る会 （28）2003.7

玉川上水を水道技術の立場から調べる（前）（角田清美）「羽村市郷土博物館紀要」 羽村市郷土博物館 （18）2004.3

玉川上水開削350周年記念事業 シンポジウム 新しい視点から玉川上水

発表要旨「羽村市郷土博物館紀要」 羽村市郷土博物館 （18）2004.3

わがまちの文化財・小平市 史跡 玉川上水「東京の文化財」 東京都教育庁地域教育支援部 92 2004.6

故郷の空（27）玉川上水（村上保）「文化愛媛」 愛媛県文化振興財団 52 2004.3

春の歴史散歩 玉川上水を行く（鱒沢サト）「いしぶみ」 まちだ史考会 （17）2004.7

わがまちの文化財・福生市 玉川上水開削工事跡（みずくらいど）「東京の文化財」 東京都教育庁地域教育支援部 （97）2005.11

地形を歩く・地図を歩く「玉川上水」と三鷹市牟礼の「小高い地形」（星野朗）「Collegio」 之潮 （25）2006.12

特集1 特別展「玉川上水と分水展」（真下祥幸）「江戸東京たてもの園だより」 東京都歴史文化財団 通号30 2007.9

コラム 地図のなかの水辺（16）玉川上水「Collegio」 之潮 （30）2008.1

目黒川上流・玉川上水取水口（仲町基道）「郷土目黒」 目黒区郷土研究会 53 2009.10

小平市、玉川上水との出会いを通して（市民参加事業の紹介）（早田満）「小平の歴史を拓く ： 市史研究」 小平市企画政策部 （2）2010.3

玉川上水の引っ込み線跡の橋台に新たな橋（秋山員次）「戦争のきずあと・むさしの」 武蔵野の空襲と戦争遺跡を記録する会 （39）2011.5

神田上水と玉川上水（角田清美）「羽村市郷土博物館紀要」 羽村市郷土博物館 （26）2012.3

寄稿 玉川上水の辺にて（1）、（2）「月刊歴史ジャーナル」 NPO法人尾道文化財保存会 （105）/（106）2012.9/2012.10

講演会「世界一の水道・玉川上水」（濱中正之氏・世田谷区生涯大学専任講師）（世田谷区誌研究会24年度の記録（講演会、見学会））（内山昌玄）「せたかい ： 歴史さろん」 世田谷区誌研究会 （65）2013.7

小平市と玉川上水（研究報告）（角田清美）「小平の歴史を拓く ： 市史研究」 小平市企画政策部 （6）2014.3

玉川上水通船事情（木村輝郎）「杉並郷土史会会報」 杉並郷土史会 （248）2014.11

玉川上水助水堀

玉川上水助水堀見廻り役に付いて―「玉川上水留」第一冊の紹介（肥留間博，小杉博司）「羽村市郷土博物館紀要」 羽村市郷土博物館 （28）2014.3

玉川上水堤

わがまちの文化財・小金井市 国指定名勝 小金井（サクラ）（玉川上水堤）（小金井市教育委員会）「東京の文化財」 東京都教育庁地域教育支援部 91 2003.11

玉川上水野方堀

玉川上水野方堀三間通りの遺構（研究報告）（肥留間博）「小平の歴史を拓く ： 市史研究」 小平市企画政策部 （6）2014.3

玉川電気鉄道

玉川電気鉄道と玉川遊園地（久末康一郎）「武蔵野」 武蔵野文化協会 78（1）通号335 2002.2

玉川電車

玉川電車試乗記―資料紹介「せたかい ： 歴史さろん」 世田谷区誌研究会 （56）2004.11

玉川屋

目黒の銘菓店「玉川屋」（平山元也）「目黒区郷土研究」 目黒区郷土研究会 （615）2006.4

玉川遊園地

玉川電気鉄道と玉川遊園地（久末康一郎）「武蔵野」 武蔵野文化協会 78（1）通号335 2002.2

多摩丘陵

古文書は語る（4）多摩丘陵村落の家族構成と通婚圏―川幡家文書「片倉村宗旨人別御改帳」より（馬場憲一）「多摩のあゆみ」 たましん地域文化財団 102 2001.5

武蔵国分寺造営前後の多摩丘陵「稲城市文化財研究紀要」 稲城市教育委員会教育部 （8）2008.3

多摩丘陵の今昔（特集 空中写真で地域を読み解く）（相澤善雄）「多摩のあゆみ」 たましん地域文化財団 （138）2010.5

多摩郡

多摩郡における『新編武蔵風土記稿』の編纂に伴う廻村調査の一事例（矢沢湊）「世田谷区立郷土資料館資料館だより」 ［東京都］世田谷区立郷土資料館 38 2003.3

近世前期における多摩郡の地域構造（斉藤司）「多摩のあゆみ」 たましん地域文化財団 113 2004.2

多摩郡に於ける『新編武蔵風土記稿』の編纂に伴う廻村調査の例、並びに「地誌捜索問目」と「本町田村」（矢沢湊）「町田地方史研究」 町田地方史研究会 17 2005.1

研究発表 明治初期の多摩郡の村むらについて(松尾茂)「歴報」 昭島・歴史をよむ会 (26) 2006.12

多摩湖

洋風建築への誘い(24) 多摩湖・狭山湖の取水塔を訪ねて(伊藤龍也)「多摩のあゆみ」 たましん地域文化財団 (135) 2009.8

多摩湖(村山貯水池)(両澤清)「郷土研だより」 東村山郷土研究会 (356) 2010.1

多磨郡

2つに分かれた古代多磨郡文字瓦「多下」をめぐって(深沢靖幸)「あるむぜお : 府中市郷土の森博物館だより」 府中文化振興財団府中市郷土の森博物館 59 2002.3

古代・中世の多磨郡と武蔵国府(小野一之)「中央史学」 中央史学会 (26) 2003.3

第1回 古代多磨郡の牧について(《歴史講座 小野神社の周辺—古代・中世の小野牧・小野氏・六所宮をめぐって》)(松崎元樹)「パルテノン多摩博物館部門研究紀要」 多摩市文化振興財団 (9) 2006.1

多摩湖町

新あの町この道(1) 多摩湖町界隈(日笠山正治)「郷土研だより」 東村山郷土研究会 297 2004.5

東村山の湧水と池(2)—多摩湖町「宅部貯水池」その役割と湖底の三本杭(小山邦昭)「郷土研だより」 東村山郷土研究会 (405) 2014.2

特集 東村山市誕生50周年記念 その1 東村山の旧5か村と13町/旧廻り田村周辺の歴史 多摩湖町・廻り田町・美住町・富士見町「歴史館だより」 東村山ふるさと歴史館 (47) 2014.2

東村山30景を歩く 第1回 富士見町から多摩湖町へ「歴史館だより」 東村山ふるさと歴史館 (47) 2014.2

東村山の湧水と池(3)—多摩湖町「赤坂溜池」と「赤坂道」そして謎の「ワッセン」(小山邦昭)「郷土研だより」 東村山郷土研究会 (407) 2014.4

東村山の湧水と池(4)—多摩湖町「日向・堺の湧水」そして「入山」の湧水(小山邦昭)「郷土研だより」 東村山郷土研究会 (410) 2014.7

多摩市

多摩市における地域メディアの登場と住民のメディア利用(倉持順一)「多摩ニュータウン研究」 多摩ニュータウン学会 (5) 2003.3

多摩市の脱穀調整具—千歯扱き・万石・米選機・唐箕・足踏脱穀機の調査(1),(2)(橋場万里子)「パルテノン多摩博物館部門年報・紀要」 多摩市文化振興財団 (8)〜(9) 2004.12/2006.1

文化財係からのお知らせ 旧富澤家特別展「旧富澤ゆかりの人々—富澤家と新選組を中心として—」、文化財めぐり—多摩市と周辺の文化財探訪、東京文化財ウィーク2013 公開事業/ギャラリー利用のお知らせ「雑木林 : 旧多摩聖蹟記念館広報」 多摩市教育委員会 156 2013.10

多摩火工廠

特集 多摩火工廠 米軍基地の中で—多摩火工廠/どうして多摩へ建設されたか/多摩火工廠での作業とは/労働力の不足に悩まされる/動員された朝鮮人労働者/3ヶ月で第三工場が完成/敗戦により火薬を爆破処理/おわりに(中田均)「浅川地下壕の保存をすすめる会ニュース」 浅川地下壕の保存をすすめる会 (68) 2009.2

多摩勤労中学

多摩陵の造営と八王子の教育—「多摩勤労中学」の開校を糸口に(斎藤智文)「多摩地域史研究会会報」 多摩地域史研究会 (73) 2006.1

多摩青年学校

中島飛行機の二つの青年学校に関する資料紹介—武蔵野青年学校移転・新築申請(1940年)と多摩青年学校開設申請(1942年)(牛田守彦)「戦争のきずあと・むさしの」 武蔵野の空襲と戦争遺跡を記録する会 (39) 2011.5

多摩自由大学

多摩自由大学設立の一考察(作道好男)「多摩ニュータウン研究」 多摩ニュータウン学会 (6) 2004.3

多磨全生園

ある隔離された子どもたちの歴史—多磨全生園の中の生活と学校(西浦直子)「東村山市史研究」 東村山市教育委員会 (15) 2006.3

多磨全生園

特別寄稿 多磨全生園と東村山駅(松崎睦彦)「郷土研だより」 東村山郷土研究会 (395) 2013.4

多磨町

押切山谷(多磨町)の変遷(山本豊)「府中市史談」 府中市史談会 (38) 2012.5

町にまつわる雑学講座—多磨町(佐藤智敬)「あるむぜお : 府中市郷土の森博物館だより」 府中文化振興財団府中市郷土の森博物館 (101) 2012.9

玉電

玉電開通100年に向けて(長尾剛)「せたかい : 歴史さろん」 世田谷区誌研究会 (56) 2004.11

大正期の玉電(《特集 『佐久間権蔵日記』の世界》)(鈴木由子)「京浜歴科研年報」 京浜歴史科学研究会 (21) 2009.2

私の玉電追憶(1)〜(2)(寄稿)(大塚勝利)「せたかい : 歴史さろん」 世田谷区誌研究会 (65)/(66) 2013.7/2014.7

多摩東部

昭和40年代の多摩東部の駅(《特集 かわりゆく駅風景》)(佐藤美知男)「多摩のあゆみ」 たましん地域文化財団 (129) 2008.2

多摩動物公園

多摩動物公園、その歴史が育んだ魅力(特集 多摩の公園)(土居利光)「多摩のあゆみ」 たましん地域文化財団 (149) 2013.2

多摩ニュータウン

多摩地域とTAMA(技術先進首都圏地域)—集積形成の沿革と産学連携 地域モデル形成への展望(児玉俊洋)「多摩のあゆみ」 たましん地域文化財団 109 2003.2

多摩ニュータウン学会の新たなステージに向けて(炭谷晃男)「多摩ニュータウン研究」 多摩ニュータウン学会 (5) 2003.3

多摩ニュータウン—30年間の検証をふまえて(川手昭二)「多摩ニュータウン研究」 多摩ニュータウン学会 (5) 2003.3

多摩ニュータウンにおけるコミュニティを尊重した自然環境共生型まちづくりの考察(中川和郎)「多摩ニュータウン研究」 多摩ニュータウン学会 (5) 2003.3

多摩ニュータウンにおけるコミュニティの変容—ネットワーク・コミュニティの創造にむけて(倉持順一)「多摩ニュータウン研究」 多摩ニュータウン学会 (5) 2003.3

第3回研究会 謎解き多摩ニュータウン・蔵出し資料を読む「多摩ニュータウン研究」 多摩ニュータウン学会 (5) 2003.3

多摩ニュータウン開発事業の "軌道修正"—多摩市の働きかけ(成瀬恵宏)「多摩ニュータウン研究」 多摩ニュータウン学会 (8) 2006.3

開発資料読み解きとまちの取り扱い説明書(吉川徹)「多摩ニュータウン研究」 多摩ニュータウン学会 (8) 2006.3

第1回研究会 映像に見るニュータウンと団地のイメージの変遷(吉川徹)「多摩ニュータウン研究」 多摩ニュータウン学会 (8) 2006.3

多摩ニュータウンと橋(《特集 多摩の橋》)(宮崎真澄)「多摩のあゆみ」 たましん地域文化財団 (123) 2006.8

戦後における郊外住宅地の形成とニュータウン開発—多摩ニュータウンを事例に(7月例会レジュメ)(金子淳)「静岡県近代史研究会会報」 静岡県近代史研究会 (358) 2008.7

第6回謎解き多摩ニュータウン—蔵出し資料を読む(1) 戦車道路に本当に戦車は走ったのか(篠原啓一)「多摩ニュータウン研究」 多摩ニュータウン学会 (12) 2010.3

第6回謎解き多摩ニュータウン—蔵出し資料を読む(2) 定点撮影から分かること—写真資料読み解きのコツ(清水祐介)「多摩ニュータウン研究」 多摩ニュータウン学会 (12) 2010.3

多摩ニュータウン事業用写真の整理と活用(特集 写真資料の保存と活用)(清水裕介)「ミュージアム多摩 : 東京都三多摩公立博物館協議会会報」 東京都三多摩公立博物館協議会 (34) 2013.3

小泉家所蔵「目籠売上帳」に見る多摩ニュータウン銘開発前の日籠生産(資料紹介)(橋場万里子)「パルテノン多摩博物館部門研究紀要」 多摩市文化振興財団 (11) 2013.3

多摩ニュータウン遺跡からみた江戸近郊の炭焼き(特集 多摩の炭焼き)(長佐古真也)「多摩のあゆみ」 たましん地域文化財団 (152) 2013.11

多摩村

明治維新と在村社会—南多摩郡多摩村における和歌を中心に(2013年度明治維新史学会大会報告要旨)(清水裕介)「会報明治維新史学会だより」 明治維新史学会 (19) 2013.5

清水裕介氏「明治維新と在村文芸—南多摩郡多摩村における和歌を中心に—」(2013年度第43回明治維新史学会大会討論要旨)(吉岡拓)「会報明治維新史学会だより」 明治維新史学会 (20) 2013.10

多磨霊園

歴史散歩の報告 分倍河原合戦と多磨霊園(山崎正)「群馬歴史散歩」 群馬歴史散歩の会 (215) 2010.7

達磨坂橋

達磨坂橋(久米川町2丁目)「郷土研だより」 東村山郷土研究会 (369) 2011.2

探奥羽街

あだち文化財ウォッチング(2) 探奥羽街・たんおううがい「足立史談」 足立区教育委員会 424 2003.6

団子坂

チラシにつられて行ってみる 団子坂でジャンゴ「谷中・根津・千駄木」谷根千工房 75 2004.1

D坂の魔力（特集 谷根千乱歩ワールド）「谷中・根津・千駄木」 谷根千工房 77 2004.8

谷根千乱歩ワールド「D坂の魔力」後編 座談会・明治大正を語る 団子坂は変わったねぇ「谷中・根津・千駄木」 谷根千工房 78 2004.11

その1、講談社 桐生出身野間清治の団子坂講談社訪問記/「キング」75万部はあちこち手分けして/講談社の団子坂時代「谷中・根津・千駄木」谷根千工房 （84） 2006.7

丹治氏

不思議な地名「田道」と「丹治氏」（山内宣之）「目黒区郷土研究」 目黒区郷土研究会 590 2004.3

弾正橋

日常の中の文化財 国指定重要文化財 旧弾正橋（八幡橋）富岡1－19～同2－7（出口宏幸）「下町文化」 江東区地域振興部 （266） 2014.7

智山中学校

智山中学校から動員された学徒の証言「戦争のきずあと・むさしの」武蔵野の空襲と戦争遺跡を記録する会 8 2003.10

父島

小笠原父島、母島という島名は誰がつけたか？（延島冬生）「全国地名保存連盟会報」 全国地名保存連盟 （72） 2010.11

千登世橋

セピア色の記憶（17） 東京初の立体交差橋「千登世橋」「かたりべ： 豊島区立郷土資料館ミュージアム開設準備だより」 豊島区立郷土資料館 通号83 2006.9

祝！ 八〇歳を迎えた千登世橋（横山）「かたりべ： 豊島区立郷土資料館ミュージアム開設準備だより」 豊島区立郷土資料館 （108） 2013.1

茶屋坂

茶屋坂と火薬庫（上），（下）（橋口明子）「目黒区郷土研究」 目黒区郷土研究会 596/597 2004.9/2004.10

茶屋坂の家（田丸太郎）「目黒区郷土研究」 目黒区郷土研究会 609 2005.10

中央区

「続」中央区の "橋"（6） 城の東側の外堀「中央区立京橋図書館郷土室だより」 中央区立京橋図書館 （106） 2000.2

「続」中央区の "橋"（7） 眼鏡橋の普及「中央区立京橋図書館郷土室だより」 中央区立京橋図書館 （107） 2000.6

「続」中央区の "橋"（8） 橋の維持管理「中央区立京橋図書館郷土室だより」 中央区立京橋図書館 （108） 2000.10

「続」中央区の "橋"（9）～（21）最終回（鈴木理生）「中央区立京橋図書館郷土室だより」 中央区立京橋図書館 （109）/（121） 2001.3/2005.2

地形地名編 中央区（1）（江戸東京消失地名録）（菅原健二）「Collegio」之潮 （9） 2006.4

地形地名編 中央区（2） 稲荷堀/薬研堀（江戸東京消失地名録）（菅原健二）「Collegio」 之潮 （10） 2006.5

地形地名編 中央区（3） 鉄砲洲川/楓川/紅葉川（江戸東京消失地名録）（菅原健二）「Collegio」 之潮 （10） 2006.5

地形地名編 中央区（4）（江戸東京消失地名録）（菅原健二）「Collegio」之潮 （12） 2006.7

江戸東京消失地名録 地形地名編 中央区（5），（6）（菅原健二）「Collegio」之潮 （14）/（19） 2006.9/2007.2

東京都中央区における文化財保護の取組みとその課題―古文書を事例として（清水聡）「日本史攷究」 日本史攷究会 （34） 2010.11

文化財を生かす（中央区・立川市）「東京の文化財」 東京都教育庁地域教育支援部 （115） 2013.3

中央線

私の研究 中央線が開通するまでの歴史（前）―高蔵寺ルートは明治政府原案（安田裕次）「郷土誌かすがい」 春日井市教育委員会 （66） 2007.11

中央線の鉄道郵便線路（児玉敏夫）「郵便史研究： 郵便史研究会紀要」郵便史研究会 （26） 2008.10

東京電車線路物語（18） 外堀の中・神田川渓谷をゆくJR中央線（井口悦男）「Collegio」 之潮 （39） 2009.12

中央線（中野―吉祥寺）間の景観と空中写真（特集 空中写真で地域を読み解く）（佐藤洋）「多摩のあゆみ」 たましん地域文化財団 （138） 2010.5

中央東線

中央東線 富士見岡谷間開通（田中秀胤）「茅野」 茅野市郷土研究会 （76） 2012.3

八王子市内における中央東線と煉瓦工場の建設について（中村明美）「八王子の歴史と文化： 郷土資料館研究紀要・年報」 八王子市教育委員

会 （26） 2014.1

近代の鉄道と醤油醸造業者の販路開拓―明治36年の中央東線甲府延伸をめぐって（大会記念講演論文）（井奥成彦）「交通史研究」 交通史学会，吉川弘文館（発売）（82） 2014.2

忠犬ハチ公像

渋谷の忠犬ハチ公像―その誕生秘話・鹿児島との縁（山西健夫）「西日本文化」 西日本文化協会 395 2003.10

長州藩麻布下屋敷

麻布龍土植物場―茶園になった長州藩麻布下屋敷跡（特別展）（吉崎雅規）「港郷土資料館だより」 港区立港郷土資料館 （61） 2008.3

調布

さし絵のなかの多摩（13） 春信の「調布の玉川」―浮世絵から万葉歌碑まで（斎藤慎一）「多摩のあゆみ」 たましん地域文化財団 99 2000.8

調布の古道 筏道（入部志郎）「調布の文化財」 調布市郷土博物館 33 2003.3

収蔵品展「焼物が語る調布のくらし」開催「郷土博物館だより」 調布市郷土博物館 64 2003.8

調布の指定文化財一覧「調布の文化財」 調布市郷土博物館 34 2003.10

調布の古道 甲州道中（1）～（3）（小野崎満）「調布の文化財」 調布市郷土博物館 34/36 2003.10/2004.10

昭和43年調布（井上孝）「調布史談会誌」 調布史談会 （33） 2004.1

調布おちこち（角田陽次郎）「調布史談会誌」 調布史談会 （34） 2005.3

市政50周年記念特別展「調布のあゆみ」を開催（金井安子）「郷土博物館だより」 調布市郷土博物館 （69） 2006.3

21.2.14. 講演会「深大寺城と調布の戦国時代」（本会のあしあと（38））（寺田耕二）「調布史談会誌」 調布史談会 （38） 2009.4

文化財講演会抄録 福田健司氏「律令時代の調布」（高山尚三）「調布の文化財」 調布市郷土博物館 （44） 2010.3

調布の講と村境（関口宣明）「調布史談会誌」 調布史談会 （39） 2010.4

講演録「撃墜されたB29と不発弾」 調布の戦争体験を語る（岩崎清吾）「調布史談会誌」 調布史談会 （39） 2010.4

21.5.10. 講演会「撃墜されたB29と不発弾 調布の戦争体験を語る」（本会のあしあと（39））（恩田章司）「調布史談会誌」 調布史談会 （39） 2010.4

22.5.16. 講演会「記念碑に見る地域の歴史」 講師：金井安子氏（本会のあしあと（40））（岩澤修）「調布史談会誌」 調布史談会 （40） 2011.6

23.1.30. 文化財講演会「地域資源とエコミュージアム―布の文化とその魅力を考える」 講師：長瀬衛氏（本会のあしあと（40））（田中富士栄）「調布史談会誌」 調布史談会 （40） 2011.6

新指定有形文化財（歴史資料）「野口平一家資料」（立川明子）「調布の文化財」 調布市郷土博物館 （47） 2012.3

企画展「京王線100年と調布」の開催（会員館活動報告）（調布市郷土博物館）「ミュージアム多摩： 東京都三多摩公立博物館協議会会報」 東京都三多摩公立博物館協議会 （33） 2012.3

24.2.12. 第92回地域文化講演会「考古資料から見た中世の調布」 講師：有村由美氏（本会のあしあと（41））（岩澤修）「調布史談会誌」 調布史談会 （41） 2012.4

調布の畳職（秋輪畳店）（高野千尋）「郷土博物館だより」 調布市郷土博物館 （73） 2012.7

資料紹介 自転車競技と調布（平自由）「郷土博物館だより」 調布市郷土博物館 （74） 2012.12

調布随想 明樹会記念碑について（榎本正身，榎本啓子）「調布史談会誌」調布史談会 （42） 2013.4

調布市

常設展パネルの製作から 調布市域にあった軍事施設と養成施設（十時俊作）「郷土博物館だより」 調布市郷土博物館 64 2003.8

調布市市制50周年記念特別展 調布の歩み（調布市郷土博物館）「ミュージアム多摩： 東京都三多摩公立博物館協議会会報」 東京都三多摩公立博物館協議会 （27） 2006.3

役場の位置の変遷 調布市が警察を追い出す？（十時俊作）「郷土博物館だより」 調布市郷土博物館 （69） 2006.3

調布市内の指定・登録文化財一覧「調布の文化財」 調布市郷土博物館 （40） 2006.10

文化講演会抄録 八木橋伸浩氏「調布市域の香具師集団―文書から探るその歴史と実像―」（高山尚三）「調布の文化財」 調布市郷土博物館 （41） 2007.5

地域史情報室 調布市郷土博物館収蔵品展「地図でたどる調布・小さな旅」「多摩地域史研究会会報」 多摩地域史研究会 （106） 2013.5

調布市飛行場

地元の小学校の動き 調布市立小学校・中学校による調布市飛行場掩体壕のフィールドワーク/教科書に戦争遺跡「浅川地下壕の保存をすすめる会ニュース」 浅川地下壕の保存をすすめる会 （88） 2012.6

調布飛行場

調布飛行場について（戸塚六一）「府中史談」 府中市史談会 26 2000.5

調布飛行場 都市計画飛行場を軍用に（金井安子）「郷土博物館だより」 調布市郷土博物館 60 2001.8

調布飛行場の掩体壕（金井安子）「郷土博物館だより」 調布市郷土博物館 64 2003.8

戦後史のひとこま─調布飛行場跡の水耕農場（金井安子）「調布史談会誌」 調布史談会 （34） 2005.3

調布飛行場の「掩体壕」保存決まる！（上野勝也）「戦争のきずあと・むさしの」 武蔵野の空襲と戦争遺跡を記録する会 （20） 2006.3

各地の戦跡保存活動の紹介 保存が決まった調布飛行場の掩体壕（上野勝也）「浅川地下壕の保存をすすめる会ニュース」 浅川地下壕の保存をすすめる会 （51） 2006.4

春のフィールドワーク報告 調布飛行場周辺の戦跡を巡る 白糸台掩体壕から大沢台高射砲陣地跡へ「浅川地下壕の保存をすすめる会ニュース」 浅川地下壕の保存をすすめる会 （70） 2009.6

掩体壕保存の道を拓いた人 上野勝也さん「浅川地下壕の保存をすすめる会ニュース」 浅川地下壕の保存をすすめる会 （89） 2012.8

長命寺

石神井・長命寺における「姿見の井」等の伝承（木村博）「練馬郷土史研究会会報」 練馬郷土史研究会 （302） 2006.3

千代ヶ池

千代ヶ池伝承（竹田務）「目黒区郷土研究」 目黒区郷土研究会 （663） 2010.4

千代ヶ崎

『江戸名所図会』 千代ヶ崎（橋口明子）「目黒区郷土研究」 目黒区郷土研究会 （626） 2007.3

千代田

1階展示室「遺跡に見る江戸・千代田」「千代田区立四番町歴史民俗資料館資料館だより」 東京都千代田区教育委員会，千代田区立四番町歴史民俗資料館 17 2004.3

目で見る千代田の歴史（1）「千代田区立四番町歴史民俗資料館資料館だより」 東京都千代田区教育委員会，千代田区立四番町歴史民俗資料館 （20） 2005.8

目で見る千代田の歴史（中世）江戸湾交通で発展した「湊町」（小川貴子）「千代田区立四番町歴史民俗資料館資料館だより」 東京都千代田区教育委員会，千代田区立四番町歴史民俗資料館 （25） 2007.7

目で見る千代田の歴史（4）近世（1）（滝口正哉）「千代田区立四番町歴史民俗資料館資料館だより」 東京都千代田区教育委員会，千代田区立四番町歴史民俗資料館 （28） 2008.7

特集 平成22年度特別展「千代田の幕末─150年前の世相と文化─」開催（滝口正哉）「千代田区立四番町歴史民俗資料館資料館だより」 東京都千代田区教育委員会，千代田区立四番町歴史民俗資料館 （34） 2010.10

千代田区

東京都千代田区の快挙 「町名由来板」の設置（田中喜美子）「全国地名保存連盟会報」 全国地名保存連盟 52 2003.4

千代田区の文化財「千代田区立四番町歴史民俗資料館資料館だより」 東京都千代田区教育委員会，千代田区立四番町歴史民俗資料館 16 2003.10

東京・千代田区の快挙─大江戸透絵図の出版（田中喜美子）「全国地名保存連盟会報」 全国地名保存連盟 54 2004.5

千代田区の文化財 千代田区の指定文化財 工部大学阯碑（高木知己）「千代田区立四番町歴史民俗資料館資料館だより」 東京都千代田区教育委員会，千代田区立四番町歴史民俗資料館 （18） 2004.9

写真で見る村松藩上屋敷跡と千代田区町名由来板（高地彰）「郷土村松」 村松郷土史研究会 （62） 2005.9

千代田区の文化財 千代田区の指定文化財 水野年方顕彰碑（高木知己）「千代田区立四番町歴史民俗資料館資料館だより」 東京都千代田区教育委員会，千代田区立四番町歴史民俗資料館 （19） 2005.3

目で見る千代田の歴史（2）千代田区ゆかりの古代の武将「千代田区立四番町歴史民俗資料館資料館だより」 東京都千代田区教育委員会，千代田区立四番町歴史民俗資料館 （21） 2006.3

千代田区の指定文化財 力石（大磐石）「千代田区立四番町歴史民俗資料館資料館だより」 東京都千代田区教育委員会，千代田区立四番町歴史民俗資料館 （21） 2006.3

コラム千代田区の地名 神田花岡町「千代田区立四番町歴史民俗資料館資料館だより」 東京都千代田区教育委員会，千代田区立四番町歴史民俗資料館 （21） 2006.3

地形地名編 千代田区（1）（江戸東京消失地名録）（後藤宏樹）「Collegio」 之潮 （12） 2006.7

千代田区の指定文化財「阿波守内」銘の石垣石 一基（高木知己）「千代田区立四番町歴史民俗資料館資料館だより」 東京都千代田区教育委員会，千代田区立四番町歴史民俗資料館 （24） 2007.3

江戸東京消失地名録 地形地名編 千代田区（2）（後藤宏樹）「Collegio」 之潮 （31） 2008.2

区内文化財調査 石造物のもつ情報（小山貴子）「千代田区立日比谷図書文化館文化財ニュース」 千代田区立日比谷図書文化館 （1） 2012.3

「空襲」 昭和20年（1945）「千代田区立日比谷図書文化館文化財ニュース」 千代田区立日比谷図書文化館 （2） 2012.7

文化財を活かす（千代田区）／文化財を活かす（八王子市）「東京の文化財」 東京都教育庁地域教育支援部 （114） 2012.9

特集 平成26年度文化財企画展 千代田区文化財保護条例施行30周年記念展示「千代田の文化財で綴る江戸・東京」「千代田区立日比谷図書文化館文化財ニュース」 千代田区立日比谷図書文化館 （6） 2014.6

辻村

見沼代用水滞流一件考─見沼通船差配役・国学者高田輿清の一挿話・足立郡辻村名主石田家文書から（岡田博）「埼玉地方史」 埼玉県地方史研究会 （58） 2007.6

築地

第439回例会記 築地・明石町・佃界隈史跡見学記（横尾信彦）「杉並郷土史会史報」 杉並郷土史会 （218） 2009.11

築地川

東京文学地図帖 戦後編（1）築地川（槌田満文）「Collegio」 之潮 （18） 2007.1

月の岬

港区名所案内 月の岬・伊皿子坂（潮見坂）（平田秀勝）「港郷土資料館だより」 港区立港郷土資料館 （71） 2013.3

月夜峰

「月夜峰」の歴史を探る（小山祐三）「由比野」 元八王子歴史研究会 （14） 2007.5

佃

第439回例会記 築地・明石町・佃界隈史跡見学記（横尾信彦）「杉並郷土史会史報」 杉並郷土史会 （218） 2009.11

佃島

フィールドワーク（FW）（17）佃島界隈の水辺散策（糸井守）「すみだ川：隅田川市民交流実行委員会会報」 隅田川市民交流実行委員会 （49） 2011.4

都住

昭和の都住をさぐる（郷土博物館）「足立史談」 足立区教育委員会 （526） 2011.12

土浦藩江戸屋敷

土浦藩江戸屋敷について─老中役屋敷の成立（松本剣志郎）「土浦市立博物館紀要」 土浦市立博物館 （23） 2013.3

資料紹介「別業縮地」─土浦藩江戸屋敷を描いた画巻（木塚久仁子，木村利栄）「土浦市立博物館紀要」 土浦市立博物館 （23） 2013.3

土浦藩老中役屋敷

土浦藩江戸屋敷について─老中役屋敷の成立（松本剣志郎）「土浦市立博物館紀要」 土浦市立博物館 （23） 2013.3

つつじヶ丘

つつじヶ丘で（井上孝）「調布史談会誌」 調布史談会 （37） 2008.4

角筈村

都市近郊村の諸問題（3）～（6），（最終回）─武蔵国豊嶋郡角筈村（速水融）「杉並郷土史会会報」 杉並郷土史会 （233）/（238） 2012.5/2013.3

津山藩邸

区外史料調査報告 深川に大名屋敷がやってきた─元禄期の津山藩邸（龍澤潤）「下町文化」 江東区地域振興部 （242） 2008.6

鶴川

鶴川周辺八町の石造物調査を顧みて（鈴木道晴）「いしぶみ」 まちだ史考会 （20周年記念号） 2014.7

鶴間

「鶴間」の由来について（寄稿）（井上進）「いしぶみ」 まちだ史考会 （35） 2013.7

弦巻川

コラム 地図のなかの水辺（21）弦巻川「Collegio」 之潮 （34） 2008.9

出井

「出井」のこと二、三（木村博）「板橋史談」 板橋史談会 （229） 2005.7

帝都

「帝都復興事業」にみる都市改造（1）～（3）（菅原健二）「Collegio」 之潮 （45）/（47） 2011.7/2011.12

「帝都復興事業」にみる都市改造 道路・橋梁・運河（5），（6）（菅原健二）「Collegio」 之潮 （49）/（51） 2012.7/2012.12

関東　　　　　　　　　　　地名でたどる郷土の歴史　　　　　　　　　　　東京都

帝都天然公園

大都市維持装置としての「帝都天然公園」（シンポジウム記録 都市装置研究会シンポジウム 都市装置からみた1920〜30年代―第74回例会）（梅田定宏）「首都圏形成史研究会会報」　首都圏形成史研究会　（25）2010.12

堤北

小泉健男氏遺稿集 堤北の交通小史「足立史談会だより」　足立史談会（221）2006.8

荻外荘

荻外荘の活かし方（新村康敏）「杉並郷土史会会報」　杉並郷土史会（240）2013.7

哲学堂

中野往来 区民の憩いの場 哲学堂「しいのき : 中野区立歴史民俗資料館だより」　中野区立歴史民俗資料館　47　2004.4

わがまちの文化財・中野区 中野区指定重要文化財 哲学堂と公園「東京の文化財」　東京都教育庁地域教育支援部　95　2005.3

哲学堂公園

東京都指定名勝 哲学堂公園「しいのき : 中野区立歴史民俗資料館だより」　中野区立歴史民俗資料館　（61）2011.10

鉄砲洲川

地形地名編 中央区（3）鉄砲洲川/楓川/紅葉川（江戸東京消失地名録）（菅原健二）「Collegio」　之潮　（10）2006.5

鉄砲町

家康と江戸の鉄砲町（大会特集 火薬をめぐる社会と文化―江戸時代を中心として）（北村陽子）「風俗史学 : 日本風俗史学会誌」　日本風俗史学会　（42）2011.2

出水川

水が枯れたり溢れたり 変化の激しい出水川（両澤清）「郷土研だより」　東村山郷土研究会　（365）2010.10

出村

城東の村を歩く（6）亀戸出村（斉藤照徳）「下町文化」　江東区地域振興部　（266）2014.7

田園調布台

田園調布台（松田磐余）「Collegio」　之潮　（56）2014.6

田楽橋

会報にみる目黒の昔（21）「田楽橋と猿楽町（一）」浅海行夫/「田楽橋と猿楽町（二）」浅海行夫/「三十余年前の回想」関正二（編集部）「目黒区郷土研究」　目黒区郷土研究会　（655）2009.8

目黒の風景今昔 目黒川・田楽橋と田道橋付近「郷土目黒」　目黒区郷土研究会　54　2010.10

電気試験所田無分室

電気試験所田無分室におけるトランジスタ・ICの研究（垂井康夫）「多摩のあゆみ」　たましん地域文化財団　109　2003.2

天狗坂

写真探訪 板橋の地名（12）天狗坂（大澤鷹遯）「板橋史談」　板橋史談会（260）2010.9

田道

不思議な地名「田道」と「丹治氏」（山内宣之）「目黒区郷土研究」　目黒区郷土研究会　590　2004.3

田道地区についての一考（山内宣之）「目黒区郷土研究」　目黒区郷土研究会　（632）2007.9

田道なる地名について（山内宣之）「郷土目黒」　目黒区郷土研究会　54　2010.10

会報にみる目黒の昔（34）「月光原ゾーン 目黒区内の緑樹の状態（三）」（220号 昭和48年5月）、「田道ゾーンの緑は「不良」目黒区内の緑樹状態（八）」（226号 昭和48年11月）（編集部）「目黒区郷土研究」　目黒区郷土研究会　（681）2011.10

田道橋

目黒の風景今昔 目黒川・田楽橋と田道橋付近「郷土目黒」　目黒区郷土研究会　54　2010.10

田道児童遊園地

まぼろしの田道児童遊園地を追って（1）〜（5）（吉田早織）「目黒区郷土研究」　目黒区郷土研究会　（669）/（675）2010.10/2011.4

天王橋

天王橋（栄町1丁目・本町4丁目境）「郷土研だより」　東村山郷土研究会（371）2011.4

伝兵衛坂

写真探訪 板橋の地名（10）伝兵衛坂（大澤鷹遯）「板橋史談」　板橋史談会　（255）2009.11

伝法院

八王子の文化財 傳法院の石塀「八王子市郷土資料館だより」　八王子市郷土資料館　（94）2013.12

東海国民学校

東海国民学校（高等科）の履歴書（菅井康郎）「品川歴史舘紀要」　品川区立品川歴史館　（22）2007.3

東海大学

"歴史に貢献する"学園史資料センター（橋本敏明）「東海大学学園史ニュース」　東海大学学園史資料センター　（7）2012.12

Double Decade of TOKAI 1993―2012 東海大学この20年「東海大学学園史ニュース」　東海大学学園史資料センター　（7）2012.12

東海道

2001年東海道の旅「伊勢七宿をゆく」「La Sauge : ふるさと四日市を知る本 : 文化展望・四日市」　四日市市文化まちづくり財団　（17）2000.3

高萩市の古代の東海道と条里制遺構（鈴木貞夫）「福島地理論集」　福島地理学会　44　2001.3

古代・中世の東海道 東三河編（尾張卓男）「郷土文化」　名古屋郷土文化会　56（1）通号190　2001.8

東海道宿駅制度400年記念 東海道―日本橋、そして川崎宿へ「Museum News」　川崎市市民ミュージアム　（61）2001.9

特別展「江戸時代の東海道―描かれた街道の姿と賑わい」「神奈川県立歴史博物館だより」　神奈川県立歴史博物館　7（2）通号158　2001.10

東海道展イベント報告「Museum News」　川崎市市民ミュージアム（62）2001.11

「東海道五十三對 原」の図柄について（望月宏充）「沼津史談」　沼津史談会　53　2002.2

北陸東海両道巡幸と岐阜県教育行政―献上品「岐阜県管内学校撮影」の分析を中心として（養鳥一美）「岐阜県歴史資料館報」　岐阜県教育文化財団歴史資料館　（25）2002.3

旧東海道に架かる富士地方の橋（和田嘉夫）「駿河」　駿河郷土史研究会（56）2002.3

東海道五十三次を歩いて（1）日本橋から箱根宿迄（小林富幸）「於保為」大井町郷土史研究会　（22）2002.10

明治初期における東海道助郷滞金と房総の村々（筑紫敏夫）「交通史研究」　交通史学会、吉川弘文館（発売）（51）2002.11

東海道における往還掃除丁場（三世善徳）「愛知大学綜合郷土研究所紀要」　愛知大学綜合郷土研究所　48　2003.3

旧東海道一里塚と三島宿の里程について（土屋壽山）「伊豆史談」　伊豆史談会　（132）2003.3

東海道を歩く（8）一本松、桃里、植田「沼津市歴史民俗資料館だより」沼津市歴史民俗資料館　28（4）通号162　2003.3

「東海道名所風景」における現・神奈川県域の表現（桑山童奈）「神奈川県立博物館研究報告.人文科学」　神奈川県立歴史博物館　（29）2003.3

「四代目鶴屋南北作「獨道中五十三驛」にみる被差別民衆像」―機多、非人身分を中心に（太田恭治）「大阪人権博物館紀要」　大阪人権博物館（6）2003.3

寛政7年（1795）の東国紀行「東海道より松前街道まで あら方旧跡おぼへ」考（中西捷美）「由良町の文化財」　由良町教育委員会　（30）2003.3

東海道五十三次 宿場町を訪ねて―関宿・亀山宿・鈴鹿市（芝口藤雄）「あかね」　御坊文化財研究会　（29）2003.7

伊勢神戸の一柳氏と東海道の旧跡を訪ねて（3）（西原俊基）「西條史談」西條史談会　59　2003.9

東海道…保土ヶ谷宿から戸塚宿へと歩く（白根貞夫）「三浦半島の文化」三浦半島の文化を考える会　（13）2003.10

東海道…戸塚宿から藤沢宿へと歩く（白根貞夫）「三浦半島の文化」三浦半島の文化を考える会　（13）2003.10

企画展「東海道と戸塚宿」によせて（斉藤司）「横浜市歴史博物館news : Yokohama History Museum news」　横浜市歴史博物館　（18）2004.3

保土ヶ谷から戸塚の旧東海道（井上攻）「横浜市歴史博物館news : Yokohama History Museum news」　横浜市歴史博物館　（18）2004.3

駅路旅鈴―東海道・北国上街道経由下図国にみる各地（山前圭佑）「加南地方史研究」　加南地方史研究会　（51）2004.4

江戸時代の東海道交通と吉田湊（渡辺和敏）「交通史研究」　交通史学会、吉川弘文館（発売）（54）2004.4

延長東海道四宿と淀川水運（井上英文）「宇摩史談」　宇摩史談会　88　2004.8

旅日記にみる近世東海道中間地帯からの旅立ち（渡辺和敏）「交通史研究」　交通史学会、吉川弘文館（発売）（55）2004.9

身近な歴史を調べよう（2）旧東海道の旅（加藤善亮）「博物館ニュース」安城市歴史博物館　54　2004.10

東海道大磯宿から平塚宿へと歩く（白根貞夫）「三浦半島の文化」　三浦半

島の文化を考える会 （14） 2004.10

東海道現景（吉井貞俊）「西宮文化協会会報」 西宮文化協会 439 2004.10

東街道を行く（熊谷恵一）「地名」 宮城県地名研究会 （20） 2004.11

駅路旅鈴―東海道・北国街道経由下国図にみる（2） 美濃～金城（山前圭佑）「加南地方史研究」 加南地方史研究会 （52） 2005.3

『役者見立東海道』研究（桑山童余）「神奈川県立博物館研究報告.人文科学」 神奈川県立博物館 （31） 2005.3

幕末東海道おんな道中記『五十三次ねむりの合の手』―日向延岡藩主夫人内藤充真院日記の可笑しさについて（伊能秀明）「明治大学博物館研究報告」 明治大学博物館事務室 （10） 2005.3

狂歌入り東海道五十三次―歌川廣重画（大嶽藤雄）「諫早史談」 諫早史談会 37 2005.3

東海道中膝栗毛の旅（真砂弘）「郷土史研通信」 八千代市郷土歴史研究会 51 2005.8

近世東海道の旅と飛脚の速度（丸山雍成）「郵便史研究 ： 郵便史研究会紀要」 郵便史研究会 （20） 2005.10

将軍の東海道往来と休泊所（渡辺誠）「駿河」 駿河郷土史研究会 （60） 2006.3

近世東海道を巡る情報―人馬継立情報と休泊情報（《第31回大会特集 共通論題「交通の十字路―東海の交通史」》）（和田実）「交通史研究」 交通史学会，吉川弘文館（発売） （59） 2006.4

川崎市域の古東海道の一考察（長岡忠昭）「川崎研究」 川崎郷土研究会 （44） 2006.5

第14回特別企画 東海道を歩く―神奈川宿から保土ヶ谷宿へ「藤沢地名の会会報」 藤沢地名の会 （62） 2006.9

坂下宿の歴史的変遷 付・東海道五十七宿の成り立ち（外川一實）「おくやまのしょう ： 奥山荘郷土研究会誌」 奥山荘郷土研究会 （32） 2007.3

旧東海道を歩く 「旧東海道を歩く会」について（竹村裕康）「とみづか」 戸塚歴史の会 （33） 2007.6

東海道分間絵図全巻展示「神奈川県立歴史博物館だより」 神奈川県立歴史博物館 13（1）通号175 2007.7

研究レポート 古代官道「東海道」と「菊多関」の考察（里見庫男）「海韻 古道を往く」 浜通り歴史の道研究会 （1） 2007.8

東海道の水路郵便遞送（佐々木義郎）「郵便史研究 ： 郵便史研究会紀要」 郵便史研究会 （24） 2007.10

三浦半島の村々と助郷―幕末・維新期の浦賀道と東海道（飯島端治）「三浦半島の文化」 三浦半島の文化を考える会 （17） 2007.10

報告 ふるさと横浜探検・箱根旧東海道の石畳と箱根関所を訪ねて（小林紀子）「横浜市歴史博物館news ： Yokohama History Museum news」 横浜市歴史博物館 （26） 2008.3

講演要旨 幕末維新期の騒乱と東海道（馬場弘臣）「藤沢地名の会会報」 藤沢地名の会 （68） 2008.9

東海道本陣・脇本陣比較《《吉原宿を中心とした宿場資料》―〈吉原宿概要および各宿場との比較〉）「駿河」 駿河郷土史研究会 （臨時号） 2008.9

東海道各駅宿の本陣・脇本陣の氏名一覧《《吉原宿を中心とした宿場資料》―〈吉原宿概要および各宿場との比較〉）「駿河」 駿河郷土史研究会 （臨時号） 2008.9

東海道宿場の総人口・家数・本陣・脇本陣・旅篭・名物一覧《《吉原宿を中心とした宿場資料》―〈吉原宿概要および各宿場との比較〉）「駿河」 駿河郷土史研究会 （臨時号） 2008.9

常設展示室 企画展「東海道五拾三次―あの浮世絵がやってきた」（我妻直美）「江戸東京博物館news ： Edo-Tokyo Museum news」 東京都歴史文化財団東京都江戸東京博物館 65 2009.3

近世東海道の変遷（高田國義）「駿河」 駿河郷土史研究会 （63） 2009.3

歴史散歩 東海道・鈴ヶ森界隈を歩く（田口康男）「横浜西区郷土史研究会会報」 横浜西区郷土史研究会 （32） 2009.4

東海道五十三次ゆったり歩き紀行 平成14年10月23日スタート！（岡田宏一郎）「備陽史探訪」 備陽史探訪の会 （147） 2009.4

旧東海道を歩く 参加者ノート（木村紀通，赤川重夫，山下京子，久保木勝子，辻久美子，綿引美恵子）「とみづか」 戸塚歴史の会 （35） 2009.6

東海道五十三次ゆったり歩き紀行（2）神奈川宿から藤沢宿へ（岡田宏一郎）「備陽史探訪」 備陽史探訪の会 （148） 2009.6

伊勢参宮本街道を歩く（35）～（40）/平成版東海道五拾三次（吉井貞俊）「西宮文化協会会報」 西宮文化協会 （497）/（503） 2009.8/2010.2

東海道五十三次ゆったり歩き紀行（3）藤沢宿から大磯宿へ（岡田宏一郎）「備陽史探訪」 備陽史探訪の会 （149） 2009.8

東海道松並木の保存について（佐々木良文）「郷土ちがさき」 茅ヶ崎郷土会 （116） 2009.9

ニュース 文化講演会「古代東海道大井駅」を探る（坂詰秀一）「土車 ： 公益財団法人古代學協會だより」 古代學協會 （118） 2009.9

東海道五十三次ゆったり歩き紀行（4）大磯宿から小田原宿へ（岡田宏一郎）「備陽史探訪」 備陽史探訪の会 （151） 2009.12

東海道五十三次ゆったり歩き紀行（5）小田原宿から箱根宿へ（岡田宏一郎）「備陽史探訪」 備陽史探訪の会 （152） 2010.2

古代大井駅を探る―古代東海道の変遷（古代大井駅を探る）（森田悌）「品川歴史館紀要」 品川区立品川歴史館 （25） 2010.3

古代東海道の経路―森田悌氏説に対する私見（古代大井駅を探る）（木下良）「品川歴史館紀要」 品川区立品川歴史館 （25） 2010.3

特別寄稿 東都道中分間絵図 巻之上（解読）（特集 消えた集落・移転した集落）（渡邉昭二）「越佐の地名」 越後・佐渡の地名を語る会 （10） 2010.3

幕末維新期における二つの第二東海道論の考察（田中淳一）「駿河」 駿河郷土史研究会 （63） 2010.3

古代栗太郡の東海道に関する二、三の問題（櫻井信也）「栗東歴史民俗博物館紀要」 栗東歴史民俗博物館 （16） 2010.3

東海道新景観［1］～（15）（吉井貞俊）「西宮文化協会会報」 西宮文化協会 （505）/（521） 2010.4/2011.08

東海道五十三次ゆったり歩き紀行（6）箱根宿から三島宿へ（岡田宏一郎）「備陽史探訪」 備陽史探訪の会 （154） 2010.6

東海道五十三次ゆったり歩き紀行（7）三島宿から吉原へ（岡田宏一郎）「備陽史探訪」 備陽史探訪の会 （154） 2010.6

講演会「浮世絵にみる東海道五十三次の歴史と文化」（下山照夫氏・当会会長）（世田谷区誌研究会21年度の記録）（浜野八代子）「せたかい ： 歴史さろん」 世田谷区誌研究会 （62） 2010.8

徳川将軍関係の城郭殿舎―とくに東海道沿いにおいて（松岡利朗）「愛城研報告」 愛知中世城郭研究会 （14） 2010.8

東海道五七次が正解！（山崎保雄）「歴史懇談」 大阪歴史懇談会 （24） 2010.8

夏季展覧会「東海道五十三次 つなぎ絵巻」「西宮文化協会会報」 西宮文化協会 （509） 2010.8

東海道つなぎ絵巻/伊勢参宮本街道を歩く（43）/東海道新景観（5）（吉井貞俊）「西宮文化協会会報」 西宮文化協会 （509） 2010.8

原子家文書の紹介―東海道季候書を中心に（原子慧）「東奥文化」 青森県文化財保護協会 通号82 2011.3

特別寄稿 東都道中分間絵図 巻之中・下（解読）（渡邉昭二）「越佐の地名」 越後・佐渡の地名を語る会 （11） 2011.3

東海道宿駅の本陣―山陽道と比較して（シンポジウム報告）（和田実）「交通史研究」 交通史学会，吉川弘文館（発売） （74） 2011.4

九世紀末の東海地震による津波・地盤沈下と古代東海道のルート変更の可能性（矢田勝）「藤枝市史だより」 藤枝市 （25） 2012.1

親子の歴史座談（90）東海道と枚方宿「ひらかた文化財だより」 枚方市文化財研究調査会 （90） 2012.1

旧東海道を歩く 日本橋から三島宿を歩く（1）（鈴木秀幸）「横浜西区郷土史研究会会報」 横浜西区郷土史研究会 （39） 2012.10

東海道五十三次ゆったり歩き紀行―薩た峠から舞阪へ（紀行文）（岡田宏一郎）「備陽史研究山城志 ： 備陽史探訪の会機関誌」 備陽史探訪の会 （21） 2013.1

芦峅寺宿坊家が東海道筋に形成した檀那場―特に駿河国と横浜の事例をとりあげて（福江充）「研究紀要」 富山県立山博物館 20 2013.3

関ヶ原の戦いにおける東海道方面東軍諸将の動向（下村信博）「名古屋市博物館研究紀要」 名古屋市博物館 36 2013.3

ヤマトタケルノミコト東征幻想―三浦半島の古東海道を尋ねて（松元岑生）「郷土誌葉山」 葉山郷土史研究会 （10） 2013.4

《東海道懐古帖》の史的位置―リアリズムをめぐるひとつの断層（角田拓朗）「神奈川県立博物館研究報告.人文科学」 神奈川県立歴史博物館 （40） 2013.10

加宿・宿付村のある東海道の宿場（江尻宿の吉原宿の比較）（例会告要旨―10月例会（8名参加））（渡辺誠）「静岡県地域史研究会会報」 静岡県地域史研究会 （192） 2013.12

企画展「ハマの東海道」によせて（斉藤司）「横浜市歴史博物館news ： Yokohama History Museum news」 横浜市歴史博物館 （36） 2014.3

東海道の主要河川の橋と渡し（狐塚正夫）「わが住む里」 藤沢市総合市図書館 （63） 2014.3

江戸幕府の異国人が観た東海道（萩原良巨）「わが住む里」 藤沢市総合市民図書館 （63） 2014.3

おうみ（近江）おうみ（多見）歩く（13）旧東海道（1）三雲から旧石部宿（加藤賢治）「湖国と文化」 びわ湖芸術文化財団 38（2）通号147 2014.4

東海道五拾参次漫遊雑学記（2）（エッセイ）（古谷多聞）「歴研よこはま」 横浜歴史研究会 （50） 2014.5

紀行文 東海道五十三次ゆったり紀行―新居宿から御油・赤坂まで（岡田宏一郎）「備陽史研究山城志 ： 備陽史探訪の会機関誌」 備陽史探訪の会 （22） 2014.6

東海道五拾参次 漫遊雑学記（3）（エッセイ）（古谷多聞）「歴研よこはま」 横浜歴史研究会 （71） 2014.11

道灌丘碑

史跡文化財シリーズ（50）有形文化財 道灌丘碑「荒川史談」 荒川史談会 273 2003.3

道灌山

過ぎゆく季節へのたより（4）道灌山に滝があった頃（亀川泰照）「荒川ふるさと文化館だより」 荒川区教育委員会荒川ふるさと文化館 （19）2007.12

東京

東京の都市計画と都市鉄道―甲武鉄道市街線の建設をめぐって（加藤新一）「多摩のあゆみ」 たましん地域文化財団 97 2000.2

江戸・東京を支える利根川水系の改変と水都東京の再現（清水馨八郎）「すみだ川 ： 隅田川市民交流実行委員会会報」 隅田川市民交流実行委員会 27 2000.9

東京の幻の鉄道（佐藤美知男）「武蔵野」 武蔵野文化協会 78（1）通号335 2002.2

特集 都心の町並は出入り自由な野外博物館―まちづくり活動から見た東京の都心部（三舩康道）「江戸東京たてもの園だより」 東京都歴史文化財団 （21）2003.3

江戸・東京と水辺の遊興空間（斗鬼正一）「東京湾学会誌 ： 東京湾の水土」 東京湾学会 2（1）2003.3

東京近郊における遊び空間と遊園地、そしてその再生（仙田満）「武蔵野」 武蔵野文化協会 79（1）通号337 2003.3

東京周辺テーマパーク・遊園地一覧（中家健）「武蔵野」 武蔵野文化協会 79（1）通号337 2003.3

東京大空襲の思い出（深川白河二）「房総 ： 郷土の古文書研究」 川城文庫・藩政史研究会 99 2003.4

明治22年の鉄道線路図／大正14年の東京～沼津列車時刻表［第11号］「西さがみ庶民史録」 西さがみ庶民史録の会 50 2003.5

常設展示室から 寛永の町人地模型一新／「特集展示 モノづくり江戸東京―赤城コレクションの世界」「江戸東京博物館news ： Edo-Tokyo Museum news」 東京都歴史文化財団東京都江戸東京博物館 42 2003.6

江戸開府400年記念事業 東京都公文書館所蔵資料展「千客万来世界都市の系譜―名所が語る江戸・東京の歴史」をめぐって「東京都公文書館だより」 東京都公文書館 （3）2003.9

『東京名所独案内』展示資料より（史料紹介）（井上卓朗）「郵便史研究 ： 郵便史研究会紀要」 郵便史研究会 （16）2003.9

幕末維新期における江戸東京の手習塾と教育内容について―『開学明細調』の考察を中心に（石山秀和）「東京都江戸東京博物館研究報告」 東京都江戸東京博物館 （9）2003.10

第48回研究会「近代以降期への江戸・東京からの視座」（小泉雅弘）「首都圏形成史研究会会報」 首都圏形成史研究会 17 2003.11

〔展示会短評〕 江戸東京博物館企画展「東京流行生活展」「民衆史研究」 民衆史研究会 （66）2003.11

戦前、戦後の東京―東京に勤労奉仕隊として（小林敏男）「伊那路」 上伊那郷土研究会 48（1）通号564 2004.1

わが故郷・東京の名所を探る（川城昭一）「房総 ： 郷土の古文書研究」 川城文庫・藩政史研究会 101 2004.1

郷土資料館なんでもQ＆A 何度もあった東京空襲「かたりべ ： 豊島区立郷土資料館ミュージアム開設準備だより」 豊島区立郷土資料館 73 2004.3

奥古道とその研究課題―古道は東京低地・埼玉低地を如何に越えたか（長沼映夫）「かつしか台地 ： 野田地方史懇話会会誌」 野田地方史懇話会 27 2004.3

戦間期の東京における住宅問題（小野浩）「首都圏形成史研究会会報」 首都圏形成史研究会 18 2004.3

登指定文化財を新たに指定しました「東京の文化財」 東京都教育庁地域教育支援部 92 2004.3

みちくさロビー展 第4回展示報告「古絵はがきから見る東京―名所観光案内から災害まで」「東京都公文書館だより」 東京都公文書館 （4）2004.3

海をうつす―海と江戸・東京の都市人類学（斗鬼正一）「東京湾学会誌 ： 東京湾の水土」 東京湾学会 2（2）2004.3

明治初期の東京・阪神間海上交通について（山崎善啓）「郵便史研究 ： 郵便史研究会紀要」 郵便史研究会 （17）2004.3

東京通信（白石宗靖）「藩報きずな」 仙台藩志会 31 2004.4

第67回例会 江戸・東京近郊の特産物―地名がついた蔬菜類（渡辺嘉之）「練馬区地名研究会会報」 練馬区地名研究会 68 2004.5

都立中央図書館・江戸東京博物館・東京都公文書館3館所蔵資料展「都市をつくる―江戸のすがた 東京のかたち」「東京都公文書館だより」 東京都公文書館 （5）2004.9

平成の参勤交代 仙台―東京365キロ見事踏破（梁川繁夫）「藩報きずな」 仙台藩志会 32 2004.10

東京通信（白石宗靖）「藩報きずな」 仙台藩志会 32 2004.10

石は語る―東京に残る石見浜田藩のなごり（三原節子）「亀山」 浜田市文化財愛護会 30 2004.11

史料紹介 昭和18年10月1日改正 東京沼津間列車時刻表「豆州歴史通信」 豆州研究社歴史通信部 328 2004.11

第2企画展「東京空襲60年―犠牲者の軌跡」「江戸東京博物館news ： Edo-Tokyo Museum news」 東京都歴史文化財団東京都江戸東京博物館 48 2004.12

新収資料の紹介 荷風『冬の夜がたり』稿本・国周『東京自慢名物会』（小澤絵理子）「港郷土資料館だより」 港区立港郷土資料館 （55）2005.3

東京にいて土崎を思う（武田容子）「史談」 土崎史談会 （45）2005.3

東京史跡散歩抄（榊原朗秋）「川口史林 ： 川口市郷土史会々誌」 川口市郷土史会 （70）2005.3

新しく指定した文化財「東京の文化財」 東京都教育庁地域教育支援部 95 2005.3

地図資料の取り扱い―1万分1東京近傍地形図の整理と読図（中野守久）「北区飛鳥山博物館研究報告」 東京都北区教育委員会 （7）2005.3

19世紀の郵便―東京の消印を中心として（浅見啓明）「郵便史研究 ： 郵便史研究会紀要」 郵便史研究会 （19）2005.3

東京で見られる相馬ゆかりの文化財（植松達也）「えおひっぷす」 相馬郷土研究会 207 2005.3

2005年度第1回企画展「東京空襲60年―空襲の記憶と記録」展示内容をちょっとだけご紹介しましょう「かたりべ ： 豊島区立郷土資料館ミュージアム開設準備だより」 豊島区立郷土資料館 （78）2005.6

始祖松平卿参府お帰り道中 東京から豊田市へ、そして未来へ「豊田市郷土資料館だより」 豊田市郷土資料館 （52）2005.6

水戸・東京・アメリカ "進歩" があこがれであった頃《〈特集 あなたも知らない昭和30年代路地裏の民俗学〉》（青木茂雄）「歴史民俗学」 批評社 （24）2005.7

私の町の文化財（海老名香葉子）「東京の文化財」 東京都教育庁地域教育支援部 （96）2005.8

文化財に親しもう！ 東京文化財ウィーク2005「ねりまの文化財」 練馬区地域文化部 65 2005.10

東京便り（2）秋刀魚がつなぐ記憶（服部夕紀）「仙臺文化 ： 杜の都の都市文化継承誌」 『仙臺文化』編集室 （3）2005.11

小中学校のための文化財講座「東京の文化財」 東京都教育庁地域教育支援部 （97）2005.11

1945年4月13～14日東京空襲の目標と損害実態―米軍資料を用いて（青木哲夫）「生活と文化 ： 研究紀要」 豊島区 （15）2005.12

萱ヶ沢村・細谷申十郎「東京見物記」（佐藤貢）「北方風土 ： 北国の歴史民俗考古研究誌」 イズミヤ出版 通号51 2006.1

東京大空襲で兄を失って（作本一成）「西上総文化会報」 西上総文化会 （66）2006.3

小泉葵日男「昭和大東京百図絵版画」1（収蔵資料紹介）（昭和館学芸部）「昭和のくらし研究」 昭和館 （4）2006.3

町の記憶「わが町の空襲」補遺 東京初空襲記（澤野孝二）「谷中・根津・千駄木」 谷根千工房 （83）2006.3

江戸の街・東京の街（4）描かれた江戸と描かれなかった江戸（2）（小林信也）「Collegio」 之潮 （9）2006.4

明治期東京の名所―立地特性からの考察（例会報告）（高槻幸枝）「交通史研究」 交通史学会, 吉川弘文館（発売）（59）2006.4

東京便り（3）街路樹のもたらす風格（服部夕紀）「仙臺文化 ： 杜の都の都市文化継承誌」 『仙臺文化』編集室 （3）2006.5

江戸の街・東京の街（5）地図に描かれた地図―学習院の日本地図模型（白石弘之）「Collegio」 之潮 （10）2006.5

東京散策（関谷廣）「わかくす ： 河内ふるさと文化誌」 わかくす文芸研究会 （49）2006.5

江戸の街・東京の街（6）描かれた江戸と描かれなかった江戸（3）（小林信也）「Collegio」 之潮 （11）2006.6

東京大空襲の想い出 四斗樽での葬儀（小林弥太郎）「足立史談だより」 足立史談会 （220）2006.7

第77回例会 地図で見る江戸・東京の地名（正井泰夫）「練馬区地名研究会会報」 練馬区地名研究会 （78）2006.7

江戸の街・東京の街（8）描かれた江戸と描かれなかった江戸（4）（小林信也）「Collegio」 之潮 （13）2006.8

近代日本の大都市近郊鉄道と恵方―東京と大阪を中心に（〈例会報告要旨〉）（平山昇）「交通史研究」 交通史学会, 吉川弘文館（発売）（60）2006.8

企画展「東京 ムギ・麦―東京近郊の麦食文化―」 展示あらかると「博物館だより」 葛飾区郷土と天文の博物館 84 2006.9

江戸の場所・東京の記憶 最初の牢屋敷（本田豊）「Collegio」 之潮 （14）2006.9

誌上企画展 東京再発見―江戸名所図会から「しいのき ： 中野区立歴史民俗資料館だより」 中野区立歴史民俗資料館 （52）2006.10

語り部が語る東京大空襲（奥田直道）「郷土目黒」 目黒区郷土研究会

谷戸を歩く 東京23区の谷戸（田中正大）「Collegio」 之潮 （15） 2006.10

東京便り（4）校舎で紡がれる歴史（服部夕紀）「仙臺文化 ： 杜の都の都市文化継承誌」 『仙臺文化』編集室 （4） 2006.11

フィールド・ワーク・イン東京あれこれ―躓き石のように（鮎沢正幸）「田中正造と足尾鉱毒事件研究」 随想舎 14 2006.11

江戸の街・東京の街（10）銀座通り商店街の研究（白石弘之）「Collegio」 之潮 （16） 2006.11

杉並区まちづくり史と東京ゴミ戦争（石井晴美）「杉並郷土史会史報」 杉並郷土史会 （200） 2006.11

東京オリンピック関係資料―展示報告「東京都公文書館だより」 東京都公文書館 （9） 2006.11

港区立港郷土資料館 テーマ展「港区の近世遺跡」、コーナー展「海を渡った江戸・東京の風景」（展示会批評）（中西崇）「民衆史研究」 民衆史研究会 （72） 2006.11

佐世保・東京間の列車所用時間の推移（山口日都志）「談林」 佐世保史談会 （47） 2006.11

平成18年度企画展「東京、ムギ・麦―東京近郊の食文化」開催中「博物館だより」 葛飾区郷土と天文の博物館 85 2006.12

新東京百景展（米山勇）「江戸東京たてもの園だより」 東京都歴史文化財団 通号28 2006.12

東京の都市景観についての一考察（コラム）（陳頴恩）「非文字資料研究」 神奈川大学21世紀COEプログラム拠点推進会議 （14） 2006.12

江戸東京を歩く―地形・災害・防災の視点から（3）大正6年高潮災害（松田磐余）「Collegio」 之潮 （18） 2007.1

江戸の街・東京の街（10）宅地番号のはじまり（白石弘之）「Collegio」 之潮 （18） 2007.1

江戸東京を歩く―地形・災害・防災の視点から（4）カスリーン台風による外水氾濫（松田磐余）「Collegio」 之潮 （19） 2007.2

地図の中の江戸・東京 「明暦江戸大絵図」出版内輪話（編集部）「Collegio」 之潮 （20） 2007.3

小泉葵巳男「昭和大東京百図絵版画」2（収蔵資料紹介）（昭和館学芸部）「昭和のくらし研究」 昭和館 （5） 2007.3

東京都公文書館所蔵資料による江戸・東京町名調べ「東京都公文書館だより」 東京都公文書館 （10） 2007.3

東京電車線路物語（1）超高架線（井口悦男）「Collegio」 之潮 （21） 2007.4

地図の中の江戸・東京 鎌倉河岸と豊島屋（吉田豊）「Collegio」 之潮 （21） 2007.4

東京便り（5）鉄道と街のかかわり（服部夕紀）「仙臺文化 ： 杜の都の都市文化継承誌」 『仙臺文化』編集室 （5） 2007.5

東京電車線路物語（2）曲がったホーム（井口悦男）「Collegio」 之潮 （22） 2007.5

江戸の街・東京の街（13）東京の道路（白石弘之）「Collegio」 之潮 （22） 2007.5

地図の中の江戸・東京 鎌倉河岸（鈴木理生）「Collegio」 之潮 （22） 2007.5

史料紹介 1913年（大正2）年、東京に伊豆出身学生の宿舎完成「豆州歴史通信」 豆州研究社歴史通信部 （389） 2007.5

地図の中の江戸・東京 鎌倉河岸裏ねこや新道（吉田豊）「Collegio」 之潮 （22） 2007.5

展示紹介 東京大空襲・戦災資料センター リニューアル・オープンについて（山辺昌彦）「民衆史研究」 民衆史研究会 （73） 2007.6

町田の公園 東京の公園（田中正大）「いしぶみ」 まちだ史考会 （23） 2007.7

特集 太平洋戦争と私 東京初空襲（吉田隆光）「板橋史談」 板橋史談会 （241） 2007.7

東京電車線路物語（5）軽やかな橋 重そうな橋（井口悦男）「Collegio」 之潮 （25） 2007.8

東京電車線路物語（6）駅名と地名の差（井口悦男）「Collegio」 之潮 （26） 2007.9

江戸東京を歩く―地形・災害・防災の視点から（10）ゼロメートル地帯と内部河川（松田磐余）「Collegio」 之潮 （26） 2007.9

東京の歴史をつなぐ―歴史の空白を作らないために 現代文書調査・収集プロジェクト「東京都公文書館だより」 東京都公文書館 （11） 2007.9

東京電車線路物語（7）路線の名前（井口悦男）「Collegio」 之潮 （27） 2007.10

江戸東京を歩く―地形・災害・防災の視点から（11）防災生活圏・避難計画（松田磐余）「Collegio」 之潮 （27） 2007.10

江戸の街・東京の街（14）品川馬車鉄道（白石弘之）「Collegio」 之潮 （27） 2007.10

東京便り（6）人懐っこい街が生み出す磁力（服部夕紀）「仙臺文化 ： 杜の都の都市文化継承誌」 『仙臺文化』編集室 （6） 2007.11

東京電車線路物語（8）上りと下り（井口悦男）「Collegio」 之潮 （29） 2007.12

江戸の街・東京の街（15）,（16）白髭橋の架設と橋場の渡し（1）,（2）（白石弘之）「Collegio」 之潮 （29）/（31） 2007.12/2008.2

東京電車線路物語（9）JRの東京大カーブ（井口悦男）「Collegio」 之潮 （30） 2008.1

東京の温泉（羽鳥謙三）「Collegio」 之潮 （31） 2008.2

1945年2月25日東京空襲（雪天の大空襲）小論（青木哲夫）「生活と文化 ： 研究紀要」 豊島区 （17） 2008.3

横浜開港150周年記念 特別展「横浜・東京―明治の輸出陶磁器」について（佐々木登美子）「神奈川県立歴史博物館だより」 神奈川県立歴史博物館 13（3）通号177 2008.3

平成19年度第4回文化講座「東京方面の会津藩ゆかりの地」を訪ねて（坂内實）「会津史談」 会津史談会 （82） 2008.4

東京の中の山口県―銅像を訪ねて［1］,（2）（神代祥男）「大内文化探訪 ： 会誌」 大内文化探訪会 （26）/（27） 2008.4/2009.6

東京便り（7）何かを「大切に愉しむ」という喜び（服部夕紀）「仙臺文化 ： 杜の都の都市文化継承誌」 『仙臺文化』編集室 （7） 2008.5

東京デジタル重ね地図の可能性（《特集 デジタル地図の可能性》）（森田喬）「多摩のあゆみ」 たましん地域文化財団 （130） 2008.5

荒川線の車窓から見た江戸・東京の地名（研究発表要旨）（新井まさし）「練馬区地名研究会会報」 練馬区地名研究会 （83） 2008.5

研究・交流 調査・聞き取りを進めています―東京大空襲時の救護の記憶／戦争災害研究室からの報告「東京大空襲・戦災資料センターニュース ： 平和研究交流誌」 東京大空襲・戦災資料センター （13） 2008.7

国際交流 世界に広がる東京大空襲「東京大空襲・戦災資料センターニュース ： 平和研究交流誌」 東京大空襲・戦災資料センター （13） 2008.7

企画展「白船来航―米国大西洋艦隊にわく100年前の横浜・東京」（伊藤泉美）「開港のひろば ： 横浜開港資料館館報」 横浜開港資料館 （101） 2008.7

東京電車線路物語（12）JRでは昔の地名が生きています（井口悦男）「Collegio」 之潮 （33） 2008.8

建物随想記 東京の木造校舎（酒井哲）「多摩のあゆみ」 たましん地域文化財団 （131） 2008.8

報告2 オリンピック東京大会沖縄聖火リレー（2006年度第3回研修会 那覇市）（豊見山和美）「あしびなぁ」 沖縄県地域史協議会 （19） 2008.8

ロビー展示報告（1）1964年 東京オリンピックへの道のり「東京都公文書館だより」 東京都公文書館 （13） 2008.9

平和・婦人運動の原点―東京大空襲と8月15日（《寄稿―各地からの風》）（三浦章子）「女性史研究ほっかいどう」 札幌女性史研究会 （3） 2008.10

東京便り（8）紙面の向こうにも人がいる（服部夕紀）「仙臺文化 ： 杜の都の都市文化継承誌」 『仙臺文化』編集室 （8） 2008.11

1970年代における空襲・戦災記録運動の展開―東京空襲を記録する会を中心に（鬼嶋淳）「日本史攷究」 日本史攷究会 （32） 2008.11

東京電車線路物語（14）矩区間運転系統（井口悦男）「Collegio」 之潮 （35） 2008.12

常設展示室 企画展「絵にみる春夏秋冬―江戸東京の一年―」/「えどはくでおさらい！ 江戸時代」「江戸東京博物館news ： Edo-Tokyo Museum news」 東京都歴史文化財団東京都江戸東京博物館 64 2008.12

京都府の「九門内」改良事業―東京「遷都」後の都市振興策の展開と桓武天皇の浮上（吉岡拓）「明治維新史研究」 明治維新学会 （5） 2009.2

研究と交流 無差別爆撃国際シンポジウム 世界の被災都市は空襲をどう伝えているか ゲルニカ・重慶・東京「東京大空襲・戦災資料センターニュース ： 平和研究交流誌」 東京大空襲・戦災資料センター （14） 2009.2

私たちの戦後はまだ終わっていません 東京大空襲訴訟2周年（高岡岑郷）「東京大空襲・戦災資料センターニュース ： 平和研究交流誌」 東京大空襲・戦災資料センター （14） 2009.2

在日済州人の渡日と暮し―東京における済州・朝天里民会の事例を中心に（《特集 日韓境域のトランスナショナリティ―済州人を中心に》）（梁聖宗）「白山人類学」 白山人類学研究会，岩田書院（発売） （12） 2009.2

意外な!?事実譚―ウソのようなホントの話 東京人はテレビで東京オリンピックを見た!?「下町風俗資料館號外」 台東区立下町風俗資料館 2009年（3月） 2009.3

東京周辺の高射砲陣地（鈴木恒雄）「足立史談」 足立区教育委員会 （494） 2009.4

東京電車線路物語（15）方向幕・方向板・側面板（井口悦男）「Collegio」 之潮 （36） 2009.4

おもしろい江戸・東京史講座（昨年度の事業から）（岡村達朗）「郷土いずみ」 （15） 2009.5

企画展 東京大空襲―個の記憶・町の記憶「みやこどり ： すみだ郷土文

化資料館だより」 すみだ郷土文化資料館 (31) 2009.7
『江戸・東京地形学散歩』の読者のために(1) 海面変動と地形の変化(松田磐余)「Collegio」 之潮 (37) 2009.7
東京電車線路物語(16) 直通乗入れ昔話(井口悦男)「Collegio」 之潮 (37) 2009.7
体験した世代と受け継ぐ若い世代をつないで 東京大空襲・戦災資料センター7周年 東京大空襲を語り継ぐつどい(高岡岑郷)「東京大空襲・戦災資料センターニュース : 平和研究交流誌」 東京大空襲・戦災資料センター (15) 2009.7
第3回公開研究会報告 震災復興と文化変容—関東大震災後の横浜・東京「非文字資料研究」 神奈川大学21世紀COEプログラム拠点推進会議 (22) 2009.7
東京の赤米栽培(長沢利明)「杉並郷土史会史報」 杉並郷土史会 (217) 2009.9
『江戸・東京地形学散歩』の読者のために(2) 海面変動と地形の変化(松田磐余)「Collegio」 之潮 (38) 2009.9
江戸・東京近郊の柿(田丸太郎)「郷土目黒」 目黒区郷土研究会 53 2009.10
B29東京空襲の飛行ルート(秋山昌文)「戦争のきずあと・むさしの」 武蔵野の空襲と戦争遺跡を記録する会 (33) 2009.10
野菜細密画に見る江戸・東京の農業(《特集 近現代の多摩農業》)(木曽雅昭)「多摩のあゆみ」 たましん地域文化財団 (136) 2009.11
1889(明治22)年1月 東京熱海間電話開通 明治22年1月3日「時事新聞」より/電話四方山話「豆州歴史通信」 豆州研究社歴史通信部 (449) 2009.11
『江戸・東京地形学散歩』の読者のために(3),(4) 日本橋台地・江戸前島・日比谷入江(松田磐余)「Collegio」 之潮 (39)/(40) 2009.12/2010.4
第326回月例研究会 1月24日(日) 明治43年の東京大水害—その時、先人はいかにして対処したか(領塚正浩)「北区史を考える会会報」 北区史を考える会 (95) 2010.2
感想ノートから/司法の責任を放棄した判決—東京大空襲訴訟・東京地裁判決「東京大空襲・戦災資料センターニュース : 平和研究交流誌」 東京大空襲・戦災資料センター (16) 2010.2
初富を中心とする東京窮民救済開墾事業と死亡者数(生徒歴史研究発表大会の記録)(丑ヶ谷いずみ)「房総史学」 国書刊行会 (50) 2010.3
中華独立美術協会と1930年代の東京—NOVA美術協会出品作をめぐって(呉孟晋)「京都国立博物館学叢」 京都国立博物館 (32) 2010.3
平成21年度通常総会記念講演 東京に残る和歌山ゆかりの文化財(小関洋治)「きのくに文化財」 和歌山県文化財研究会 (43) 2010.3
江戸東京の食文化・川文化—浅草の食文化繁栄の原点を探る 平成21年10月10日(土)(隅田川大学公開講座)(丸山眞司, 齋藤興平)「すみだ川 : 隅田川市民交流実行委員会会報」 隅田川市民交流実行委員会 (47) 2010.4
東京電車線路物語(19) 多摩川が削った台地の崖を上下する線路(井口悦男)「Collegio」 之潮 (40) 2010.4
コラム 江戸の崖・東京の崖(1)～(5)「Collegio」 之潮 (40)/(46) 2010.4/2011.10
東京窮民無産之者御處置大意「郷土八街」 八街郷土史研究会 (12) 2010.7
東京空襲と焼跡整理の断片(高津市三)「杉並郷土史会史報」 杉並郷土史会 (222) 2010.7
資料紹介 橘健一著・櫻井正信監修「江戸東京千年の土魂を探る」「せたかい : 歴史さろん」 世田谷区誌研究会 (62) 2010.8
たてもので語る江戸東京の歴史と文化(米山勇)「江戸東京たてもの園だより」 東京都歴史文化財団 (36) 2010.9
「近世伊興村—我が家の先祖調査を通じて」藤波恭一氏の発表/「各地の桜 足立とソメイヨシノ」青木太氏・谷内英明氏/「鷗外の碑と関連史跡」木村繁氏/「足立の農業 これまでと今」大熊久三郎氏/「東京周辺の高射砲陣地」鈴木恒雄氏「足立史談会だより」 足立史談会 (270) 2010.9
ロビー展示報告 火輪車がやってきた—公文書館所蔵資料でみる鉄道開業と東京「東京都公文書館だより」 東京都公文書館 (17) 2010.9
東京電車線路物語(20) 短い支線あれこれ(井口悦男)「Collegio」 之潮 (42) 2010.10
第333回月例研究会 8月1日(日) 東京・埼玉大水害100周年記念講演会(リレー講演会) 第2回「メディアに見る明治四十三の東京大水害」(領塚正浩)「北区史を考える会会報」 北区史を考える会 (98) 2010.11
江戸・東京の緑地と都市計画—公園・庭園の動向を中心に(月例会報告)(小沢詠美子)「史潮」 [歴史学会], 同成社(発売) (68) 2010.11
東京電車線路物語(21) 小さい電車、可愛いホーム(井口悦男)「Collegio」 (43) 2010.12
白菜王国 仙台白菜、東京へ行く/仙台白菜、全国を席巻/仙台白菜、王座を堅守/仙台白菜、その凋落と復活「せんだい市史通信」 仙台市博物館市史編さん室 (24) 2011.1
甦った「東京の顔」(岡本淳)「すみだ川 : 隅田川市民交流実行委員会会報」 隅田川市民交流実行委員会 (49) 2011.4
『江戸・東京地形学散歩』の読者のために(補遺) NHK放映の「ブラタモリ」(松田磐余)「Collegio」 之潮 (44) 2011.4
下肥に依存する農業—東京近郊の肥料を考える(1)～(3),(最終回)(萩原ちとせ)「足立史談」 足立区教育委員会 (521)/(525) 2011.7/2011.11
東京電車線路物語(23) 電車のドア(井口悦男)「Collegio」 之潮 (45) 2011.7
コラム 江戸の崖・東京の崖 番外「Collegio」 之潮 (45) 2011.7
データシート 丸菊葉書にみる東京発着郵便「郵便史研究 : 郵便史研究会紀要」 郵便史研究会 (32) 2011.9
東京における児童遊園の系譜と位置づけ(吉田早織)「郷土目黒」 目黒区郷土研究会 55 2011.10
あきとせつ(3) 東京見物(藤本恵子, 中西文彦)「湖国と文化」 滋賀県文化振興事業団 35(4)通号137 2011.10
iPhoneアプリ『東京時層地図』(元永二朗, 石川初, 杉浦貴美子)「Collegio」 之潮 (46) 2011.10
東日本大震災を東京で体験して(小林英造)「長野」 長野郷土史研究会 (280) 2011.11
東京オリンピック秘話(青淵隆督)「高梁川」 高梁川流域連盟 (69) 2011.12
東京電車線路物語(24) 駅と停車所(井口悦男)「Collegio」 之潮 (47) 2011.12
展示批評 都営交通100周年記念特別展「東京の交通100年博—都電・バス・地下鉄の"いま・むかし"—」を見て(奥原哲志)「地方史研究」 地方史研究協議会 61(6)通号354 2011.12
東京大空襲を語り継ぐつどい—戦災資料センター開館10周年/朗読劇「死んでもブレストを」/10周年記念特別展「東方社写真部が記録した無差別爆撃」「東京大空襲・戦災資料センターニュース : 平和研究交流誌」 東京大空襲・戦災資料センター (20) 2012.2
センターで空襲体験を語って(竹内静代)「東京大空襲・戦災資料センターニュース : 平和研究交流誌」 東京大空襲・戦災資料センター (20) 2012.2
2011・夏の親子企画 みて！ きいて！ つたえよう！ 東京大空襲(二瓶治代)「東京大空襲・戦災資料センターニュース : 平和研究交流誌」 東京大空襲・戦災資料センター (20) 2012.2
あしたへ生きる私たち 「感想ノート」から「東京大空襲・戦災資料センターニュース : 平和研究交流誌」 東京大空襲・戦災資料センター (20) 2012.2
東京大空襲訴訟控訴審が結審 憲法に基づく公正な判決を！ 判決は4月25日(高岡岑郷)「東京大空襲・戦災資料センターニュース : 平和研究交流誌」 東京大空襲・戦災資料センター (20) 2012.2
センター主催シンポジウム「空襲資料の活用と戦災デジタルマップの世界」(青木哲夫)「東京大空襲・戦災資料センターニュース : 平和研究交流誌」 東京大空襲・戦災資料センター (20) 2012.2
東京、あの日の出来事(未来に伝える震災の体験)(小林雄次)「長野」 長野郷土史研究会 (281) 2012.2
「東京の交通一〇〇年博」から見えてきた都市交通の歴史と研究課題—博物館経験の立場から(例会報告要旨)(佐藤三知男)「交通史研究」 交通史学会, 吉川弘文館(発売) (76) 2012.2
東京で帰宅難民となって(私たちの震災体験記)(森木悠介)「茨城大学中世史研究」 茨城大学中世史研究会 9 2012.3
平成23年度新収蔵品の紹介 納戸綸子地紅葉賀模様小袖—友禅染の小袖/歌川国芳画「東都名所 浅草今戸」/小笠原諸島調査の出帳命令書/「浅草公園水族館」ポスター/電気スタンド/東京空撮写真「江戸東京博物館news : Edo-Tokyo Museum news」 東京都歴史文化財団東京都江戸東京博物館 (77) 2012.3
国民学校六年生の体験 証言 学童疎開と東京大空襲(柳澤稔)「佐久」 佐久史学会 (64) 2012.3
第I部 沼津における近代的繊維産業について一考察—東京人絹の進出を中心に(内田昌宏)「沼津市博物館紀要」 沼津市歴史民俗資料館[ほか] (36) 2012.3
江東区芭蕉記念館特別展 江戸という時代と文芸/風景漫画家沖山潤の芭蕉と歩く東京(横浜文孝)「下町文化」 江東区地域振興部 (257) 2012.4
東京電車線路物語(25) 赤電・青電(井口悦男)「Collegio」 之潮 (48) 2012.4
東京の山城を歩く(会員通信)(白川輝昌)「城だより」 日本古城友の会 (522) 2012.6
特集 文化財企画展「戦後の東京—復興・発展—」 東京オリンピック/道路整備と交通の変化(高木知己)「千代田区立日比谷図書文化館文化財ニュース」 千代田区立日比谷図書文化館 (2) 2012.7
東京大空襲・戦災資料センター開館10年 東京大空襲を語り継ぐつどい「3.11」とつなげて、いのちの重み心に刻む(高岡岑郷)「東京大空襲・

戦災資料センターニュース : 平和研究交流誌」 東京大空襲・戦災資料センター （21） 2012.7

戦災資料センターで体験を語って（上原淳子）「東京大空襲・戦災資料センターニュース : 平和研究交流誌」 東京大空襲・戦災資料センター （21） 2012.7

東京大空襲訴訟、東京高裁不当判決 原告79人が最高裁へ上告 国会議員連盟は法制化へ向けて／「死んでもプレストを」前進座が朗読劇化し上演（高岡岑郷）「東京大空襲・戦災資料センターニュース : 平和研究交流誌」 東京大空襲・戦災資料センター （21） 2012.7

東京電車線路物語（26）車両の色（1）（井口悦男）「Collegio」 之潮 （49） 2012.7

米沢藩知事の東京移住阻止運動（須崎寛二）「置賜文化」 置賜史談会 （111） 2012.10

都市社会と「自粛」現象—江戸・東京における鳴物停止の構造・展開を中心に（月例会報告要旨）（佐藤麻里）「関東近世史研究」 関東近世史研究会 （72） 2012.10

東京電車線路物語（27）車両の色（2）（井口悦男）「Collegio」 之潮 （50） 2012.10

東京大空襲における被害の実態解明と焼失した地域の構造を復元する試み（大会特集II 地方史、その先へ—再構築への模索—問題提起）（西村健）「地方史研究」 地方史研究協議会 62（5）通号359 2012.10

明治初期の金沢・東京物流（高岡千栄子）「石川郷土史学会々誌」 石川郷土史学会 （45） 2012.12

人絹工場を結んだ引き込み線のその後—東京人造絹糸 沼津・吉原工場跡（内田昌宏）「沼津市歴史民俗資料館だより」 沼津市歴史民俗資料館 37（3）通号196 2012.12

東京電車線路物語（28）豊澤便り（1）小学生の頃（井口悦男）「Collegio」 之潮 （51） 2012.12

資料は語る 学童疎開の資料が寄贈されました（嶌田修）「東京大空襲・戦災資料センターニュース : 平和研究交流誌」 東京大空襲・戦災資料センター （22） 2013.2

センターで体験を語って（葉山美佐子）「東京大空襲・戦災資料センターニュース : 平和研究交流誌」 東京大空襲・戦災資料センター （22） 2013.2

語り継ぐ 授業で「東京空襲」のドキュメンタリー映画作り（長倉徳生）「東京大空襲・戦災資料センターニュース : 平和研究交流誌」 東京大空襲・戦災資料センター （22） 2013.2

「受忍論」打破を迫る、空襲訴訟の現状と運動（足立史郎）「東京大空襲・戦災資料センターニュース : 平和研究交流誌」 東京大空襲・戦災資料センター （22） 2013.2

証言映像プロジェクト 3年で17人の方々の体験を記録しました これからも記録をつづけます（山本唯人）「東京大空襲・戦災資料センターニュース : 平和研究交流誌」 東京大空襲・戦災資料センター （22） 2013.2

東京都公文書館・公益財団法人特別区協議会連携事業『後藤新平と東京の震災復興』「東京都公文書館だより」 東京都公文書館 （22） 2013.3

資料の窓 東京空襲体験画と〈心の傷〉（田中禎昭）「みやこどり : すみだ郷土文化資料館だより」 すみだ郷土文化資料館 （39） 2013.3

収蔵資料紹介 記録が伝える東京オリンピックの記憶「神奈川県立公文書館だより」 神奈川県立公文書館 （23） 2013.3

東京時代の思い出（久場昭彦）「博友 : 沖縄県立博物館友の会機関誌」 沖縄県立博物館友の会 （25） 2013.5

寺部頼助の功績—東京オリンピック招致活動（研究ノート）（秋谷忍）「房総の郷土史」 千葉県郷土史研究連絡協議会 （41） 2013.6

近代移行期東京における旧武家地の商工業地利用（研究ノート）（双木俊介）「歴史地理学」 歴史地理学会、古今書院（発売）55（3）通号265 2013.6

千住の大相撲—東京大相撲をよんだ明治の「大千住」（多田文夫）「足立史談」 足立区教育委員会 （23） 2013.6

センターで体験を語って（山田英男）「東京大空襲・戦災資料センターニュース : 平和研究交流誌」 東京大空襲・戦災資料センター （23） 2013.7

東京大空襲訴訟、最高裁が「上告棄却」の不当な決定 引き続き、空襲被害者等援護法（仮称）立法化への支援を（高岡岑郷）「東京大空襲・戦災資料センターニュース : 平和研究交流誌」 東京大空襲・戦災資料センター （23） 2013.7

感想ノート 私たちの経験を「東京大空襲・戦災資料センターニュース : 平和研究交流誌」 東京大空襲・戦災資料センター （23） 2013.7

資料は語る・特別編 日本政府による東京大空襲などへの抗議（昭和20年）（山辺昌彦）「東京大空襲・戦災資料センターニュース : 平和研究交流誌」 東京大空襲・戦災資料センター （23） 2013.7

市市資料室において 平成25年度横浜市史資料室展示会「レンズがとらえた震災復興—1923〜1929」展示記念講演会「関東大震災の災害教訓—東京・横浜の比較から—」／横浜市史資料室刊行物のご案内／寄贈資料「市史通信」 横浜市史資料室 （17） 2013.7

表紙 図『東京戦災白地図』（之潮刊）。文『東京大空襲・戦災誌』（第1巻）から、井上耕八郎氏「Collegio」 之潮 （53） 2013.8

東京オリンピックと横浜（1）〜（3）（松本洋幸）「市史通信」 横浜市史資料室 （18）／（20） 2013.11/2014.7

東京大正博覧会見物・伊勢参宮日記 大正3年（1914）関口平吉記「小千谷文化」 小千谷市総合文化協会『小千谷文化』編集委員会 （213） 2013.11

「東京大正博覧会見物・伊勢参宮日記」掲載にあたって（関口平吉）「小千谷文化」 小千谷市総合文化協会『小千谷文化』編集委員会 （213） 2013.11

世界が認めた日本のデザイン—1964年東京オリンピック公式ポスター（小林央）「八王子市郷土資料館だより」 八王子市郷土資料館 （94） 2013.12

都発企画展 開港されなかった江戸 横浜市市発展記念館特別展・横浜開港資料館共催「港をめぐる二都物語 江戸東京と横浜」（吉崎雅規）「開港のひろば : 横浜開港資料館館報」 横浜開港資料館 （123） 2014.1

昭和39年東京オリンピック（史論）（五十嵐教夫）「からいどすこーぷ」 歴史学同好会 （16） 2014.1

東京初空襲と報道管制（若林清）「板橋史談」 板橋史談会 （279） 2014.2

東京大空襲を語り継ぐつどい—戦災資料センター開館12周年/東京大空襲・戦災資料センター開館要項/東京大空襲69周年 新しい被災地図と証言映像を公開します「東京大空襲 命の被災地図 東京大空襲時空間マップ」「東京大空襲・戦災資料センターニュース : 平和研究交流誌」 東京大空襲・戦災資料センター （24） 2014.2

資料は語る 東京と東北をつなぐ記憶 宮城県大川国民学校などの学校生活関連資料（山本唯人）「東京大空襲・戦災資料センターニュース : 平和研究交流誌」 東京大空襲・戦災資料センター （24） 2014.2

県外歴史探訪 東京歴史研究の旅（視察研究）（岡崎昭彦, 小林惠子, 清水幸子）「於保為」 大井町郷土研究会 （33） 2014.2

明治期〜昭和戦前期における東京の小学校建築に関する館蔵絵葉書資料—館蔵絵葉書に関する建築史的研究・1（米山勇）「東京都江戸東京博物館紀要」 東京都江戸東京博物館 （4） 2014.3

企画展「雑誌に見る東京の20世紀—館蔵資料紹介」実施報告（行吉正一）「東京都江戸東京博物館紀要」 東京都江戸東京博物館 （4） 2014.3

江戸東京博物館の常設展示「生活革命」と東京の電化生活（松井かおる）「東京都江戸東京博物館紀要」 東京都江戸東京博物館 （4） 2014.3

革新自治体の誕生 東京・横浜・藤沢（藤沢市史講座）（源川真希）「藤沢市史研究」 藤沢市文書館 （23） 2014.3

近代東京における雇人口入業について（論文）（町田祐一）「史叢」 日本大学史学会 （90） 2014.3

展示会短評 横浜市市発展記念館 特別展示「港をめぐる二都物語—江戸東京と横浜」（松谷昇蔵）「民衆史研究」 民衆史研究会 （87） 2014.5

特集 平成26年度文化財企画展 千代田区文化財保護条例施行30周年記念展示「千代田の文化財で綴る江戸・東京」「千代田区立日比谷図書文化館文化財ニュース」 千代田区立日比谷図書文化館 （6） 2014.6

特別陳列「よみがえる東京オリンピック」によせて（寺嵜弘康, 武田周一郎）「神奈川県立歴史博物館だより」 神奈川県立歴史博物館 20（1）通号196 2014.6

東京の階段（松本泰生）「Collegio」 之潮 （56） 2014.6

東京大空襲（吉岡和子）「足立史談会だより」 足立史談会 （316） 2014.7

明治の旅日記を読む—肥後熊本から東京・日光へ（寺井正文）「歴史懇談」 大阪歴史懇談会 （28） 2014.8

特集 1964年 東京オリンピック 沖縄をかけぬけた聖火リレー/「1964年 沖縄をかけぬけた聖火リレー」展関連年表「Archives : 沖縄県公文書館だより」 沖縄県文化振興会 （47） 2014.8

東京の満蒙開拓団（上）,（下）（竹内秀夫）「足立史談会だより」 足立史談会 （318）／（319） 2014.8/2014.9

特別展 東京オリンピック・パラリンピック開催50年記念特別展「東京オリンピックと新幹線」「江戸東京博物館news : Edo-Tokyo Museum news」 東京都歴史文化財団東京江戸東京博物館 （87） 2014.9

「東京府・東京市行政文書」の重要文化財指定について「東京都公文書館だより」 東京都公文書館 （23） 2014.9

表紙 図は『東京戦災白地図』から、文は山田風太郎『戦中派不戦日記』から、1945年10月18日「Collegio」 之潮 （57） 2014.10

東京の満蒙開拓青少年義勇軍（竹内秀夫）「足立史談会だより」 足立史談会 （320） 2014.11

東京の地域研究異聞 東京に残る平将門伝説（高山博之）「郷土研だより」 東村山郷土研究会 （414） 2014.11

特別展「探検！ 体験！ 江戸東京」「江戸東京博物館news : Edo-Tokyo Museum news」 東京都歴史文化財団東京江戸東京博物館 （88） 2014.12

明治前期東京における土地所有と借地・借家—下谷御徒町・仲御徒町を事例として（研究ノート）（双木俊介）「歴史地理学」 歴史地理学会、

古今書院（発売）56（5）通号272 2014.12

東京

明治東京の世相（〈区誌研究会定期講演〉）（小木新造）「せたかい ： 歴史さろん」 世田谷区誌研究会 （52）2000.7

コラム 明治東京論余聞「せたかい ： 歴史さろん」 世田谷区誌研究会 （52）2000.7

東京運上所

江戸長崎会所の洋書と東京運上所の業務「東京都公文書館だより」 東京都公文書館 （14）2009.3

東京駅

東京の表玄関「東京駅」の誕生「東京の文化財」 東京都教育庁地域教育支援部 91 2003.11

東京駅界隈歴史散策（乗橋猛）「郷土はとがや ： 鳩ケ谷郷土史会会報」 鳩ケ谷郷土史会 （56）2005.11

東京電車線路物語（3）なおわびしい東京駅（井口悦男）「Collegio」 之潮 （23）2007.6

国鉄東京駅の想いで（1），（2），（終）「郷土ちがさき」 茅ヶ崎郷土史会 （117）/（120）2010.1/2011.1

東京駅丸の内本屋

研究の散歩道 建築保存の金字塔、東京駅丸の内本屋（米山勇）「江戸東京博物館news ： Edo-Tokyo Museum news」 東京都歴史文化財団東京都江戸東京博物館 （81）2013.3

東京海洋大学越中島キャンパス

東京海洋大学越中島キャンパス所在の切石について（野本賢二）「下町文化」 江東区地域振興部 （263）2013.9

報告 東京海洋大学越中島キャンパス所在の石垣石について（小特集 越中島砲台跡の調査成果）（野本賢二）「江東区文化財研究紀要」 江東区教育委員会地域振興部 （18）2014.3

東京9区

東京文化財ウィーク2010 東京9区文化財古民家めぐり（出口宏幸）「下町文化」 江東区地域振興部 （251）2010.9

東京文化財ウィーク2012 東京9区文化財古民家めぐり「下町文化」 江東区地域振興部 （259）2012.9

東京文化財ウィーク2012 東京9区文化財古民家めぐり 10月1日（月）〜11月30日（金）/パネル展示「来て見て発見！ はじめよう古民家めぐり」10月3日（水）〜15日（月）「下町文化」 江東区地域振興部 （260）2013.1

イベントレポート 東京9区文化財古民家めぐり「ぼいす ： 北区飛鳥山博物館だより」 北区飛鳥山博物館 30 2013.3

東京9区文化財古民家めぐり/旧大石家住宅友の会「下町文化」 江東区地域振興部 （262）2013.7

文化財保護強調月間 民俗芸能大会/文化財講演会/東京9区文化財古民家めぐり「下町文化」 江東区地域振興部 （263）2013.9

民俗芸能大会/文化財講演会/東京9区文化財古民家めぐり「下町文化」 江東区地域振興部 （267）2014.9

東京郊外

昭和初期の東京郊外地域社会—風致協会の分析から 2012年11月10日（土）13時30分〜17時00分（首都圏形成史研究会活動報告—第85回例会 報告要旨）（鈴木智行）「首都圏史研究 ： 年報」 首都圏形成史研究会 （3）2014.3

東京高等養蚕学校

イベントレポート「萌えたて 桑の葉—東京高等養蚕学校と西ヶ原—」「ぼいす ： 北区飛鳥山博物館だより」 北区飛鳥山博物館 25 2010.9

東京木挽町中央電話局

1904（明治37）年伊豆の電話交換業 東京木挽町中央電話局と熱海噏汽館長距離公衆電話の初例 東京・熱海間で始まる「豆州歴史通信」 豆州研究社歴史通信部 （451）2009.12

東京市

東京市域拡張と世田谷消防署の開設（河原英俊）「せたかい ： 歴史さろん」 世田谷区誌研究会 （54）2002.6

「東京府および東京市関連行政文書」の東京都指定有形文化財の指定について「東京都公文書館だより」 東京都公文書館 （4）2009.3

戦前・戦時の都市民衆と医療—東京市の事例から（〈特集 「医療の国民化」を考える—現代史のなかの医療と民衆〉）（中村一成）「民衆史研究」 民衆史研究会 （75）2008.5

東京市の魚不買争議と横浜（百瀬敏夫）「市史通信」 横浜市史資料室 （9）2010.11

1920〜30年代東京市における屎尿処理市営化（シンポジウム記録 都市装置研究会シンポジウム 都市装置からみた1920〜30年代—第75回例会）（星野高徳）「首都圏形成史研究会会報」 首都圏形成史研究会 （25）2010.12

大東京市と世田谷区（小泉三郎）「せたかい ： 歴史さろん」 世田谷区誌

研究会 （64）2012.7

東京市の市域拡張と北多摩郡砧村（荒垣恒明）「多摩地域史研究会会報」 多摩地域史研究会 （106）2013.5

合衆国首府「ワシントンの桜」（21）昭和26年・東京都公園協会 東京市、再び桜の寄贈を決定し、その培養に着手（2）/影の人 三好学「さくら」博士と船津翁「足立史談会だより」 足立史談会 （315）2014.6

「東京府・東京市行政文書」の重要文化財指定について「東京の文化財」 東京都教育庁地域教育支援部 （118）2014.9

東京都公文書館所蔵「東京府・東京市行政文書」の重要文化財（美術工芸品〈歴史文書〉）指定について（公文書管理・公文書をめぐる動き）（西木浩一）「アーカイブズ」 国立公文書館 （54）2014.10

東京種子同業組合

東京種子同業組合の設立経緯と活動内容について（横山恵美）「生活と文化 ： 研究紀要」 豊島区 （17）2008.3

東京商大予科

石神井に東京商大予科があったころ（1）〜（4）—1924年〜33年（今井忠男）「練馬郷土史研究会会報」 練馬郷土史研究会 282/285 2002.11/2003.6

東京女子高等師範学校

東京女子高等師範学校卒業生を対象としたオーラルヒストリー—大学史資料としての可能性（特集 教育研究機関におけるアーカイブズ活動を考える）（和田華子，芹澤良子）「アーカイブズ学研究」 日本アーカイブズ学会 （14）2011.3

東京女子大学

洋風建築への誘い（9）東京女子大学（伊藤龍也）「多摩のあゆみ」 たましん地域文化財団 （120）2005.11

東京真宗中学校

ご近所調査報告 谷中にあった東京真宗中学校（《特集 M落ち穂拾いに夢中—書きかけ項目を一挙公開》）（数藤吉彦）「谷中・根津・千駄木」 谷根千工房 （94）2009.8

東京スカイツリー

隅田川市民サミット創立25周年記念シンポジウム 大江戸東京・空の木の下（東京スカイツリー）—どうなる舟運（沼尻重男）「すみだ川 ： 隅田川市民交流実行委員会会報」 隅田川市民交流実行委員会 （51）2012.4

フィールドワーク（FW）20 実施報告「東京スカイツリー周辺の新しい文化・観光スポットを探る」 講師：高橋佑司氏（隅田川大学公開講座）（糸井守）「すみだ川 ： 隅田川市民交流実行委員会会報」 隅田川市民交流実行委員会 （51）2012.4

コラム 塔の歴史—東京スカイツリーに寄せて/掩体壕/名古屋汎太平洋博覧会と名車1400型「産業遺産研究」 中部産業遺産研究会事務局 （20）2013.5

東京第一陸軍造兵廠

第308回月例研究会 7月12日（土）東京第一陸軍造兵廠の軌跡（高木文夫）「北区史を考える会会報」 北区史を考える会 （89）2008.8

第318回月例研究会 5月30日（土）東京第一陸軍造兵廠技能者養成所座談会（高木文夫）「北区史を考える会会報」 北区史を考える会 （93）2009.8

東京第一陸造兵廠

上福岡歴史民俗資料館 第22回特別展「東京第一陸造兵廠の軌跡」「資料館通信」 ふじみ野市立上福岡歴史民俗資料館 （60）2007.10

東京タワー

特集1 特別展「できゆく東京タワーの足もとで—昭和30年代のくらし」東京タワーとチャブ台と白いレインコート（浅川範之）「江戸東京たてもの園だより」 東京都歴史文化財団 （26）2005.11

建築の東京を観る（11）東京タワー（米山勇）「江戸東京たてもの園だより」 東京都歴史文化財団 （26）2005.11

特集2 特別展「できゆくタワーの足もとで—昭和30年代のくらし—」を終えて—展示室ノート『お客様の声』に記されたお客様の声より（浅川範之）「江戸東京たてもの園だより」 東京都歴史文化財団 通号28 2006.12

コーナー展 東京タワーと昭和のくらし（川上悠介）「港郷土資料館だより」 港区立港郷土資料館 （62）2008.9

新たに答申された国登録有形文化財（建造物）東京タワー「東京の文化財」 東京都教育庁地域教育支援部 （115）2013.3

東京築港

公文書館の書庫から 雑用海図「東京海湾隅田川川口附近」と東京築港「東京都公文書館だより」 東京都公文書館 （14）2009.3

東京低地

利根川の治水と東京低地の水害（東京都江戸東京博物館シンポジウム「江戸の水害—被害・復興・対策—」）（橋本直子）「東京都江戸東京博物館研究報告」 東京都江戸東京博物館 （16）2010.3

東京都

区制施行80周年記念企画展「東京低地災害史 地震、雷、火事？……教訓！」平成24年10月7日（日）～11月25日（日）「博物館だより」葛飾区郷土と天文の博物館 （105）2012.11

展示批評 葛飾区制施行80周年記念特別展「東京低地災害史 地震、雷、火事？…教訓！」を観て（渡部恵一）「地方史研究」地方史研究協議会 63（3）通号363 2013.6

東京電機大学

東京電機大学同窓会・千住キャンパス開校記念講演 東京電機大学を迎えた千住の郷土史的考察（安藤義雄）「足立史談会だより」足立史談会 （293）2012.8

東京都

東京都の史跡を訪ねて（落合敏男）「群馬風土記」群馬出版センター 16（3）通号70 2002.7

みちくさロビー展 第5回展示報告「東京都公報の歴史―町触から公報へ」「東京都公文書館だより」東京都公文書館 （5）2004.10

弾左衛門由緒書は主張する（《特集 由緒を語る》）（大熊哲雄）「歴文だより」： 栃木県歴史文化研究会会報」栃木県歴史文化研究会事務局 （55）2005.4

モダン都市の街と建物（《特集1 シンポジウム「日本橋・銀座・汐留―にぎわいの街」》）（米山勇）「東京都江戸東京博物館研究報告」東京都江戸東京博物館 （13）2007.3

繁華街の形成と発展（《特集1 シンポジウム「日本橋・銀座・汐留―にぎわいの街」》）（初田亨）「東京都江戸東京博物館研究報告」東京都江戸東京博物館 （13）2007.3

展示会短評 国立歴史民俗博物館企画展「西のみやこ東のみやこ―描かれた中・近世都市」（大澤毅）「民衆史研究」（73）2007.6

コラム 都名所図会 所引汉詩文之管窺（沈少康）「非文字資料研究」神奈川大学21世紀COEプログラム拠点推進会議 （22）2009.7

都内文化財めぐり/市外文化財めぐり（登芳久）「うらわ文化」浦和郷土文化会 （110）2009.9

史跡を訪ねて（16）都内の古民家を巡る（補）（猪瀬尚志）「板橋史談」板橋史談会 （260）2010.9

一都立高校教員の3.11（会報100号記念特集）（北村拓）「多摩地域史研究会会報」多摩地域史研究会 （100）2011.11

3.11 その時、市役所は（会報100号記念特集）（三村彰）「多摩地域史研究会会報」多摩地域史研究会 （100）2011.11

震災直後の日々―記憶から記録へ（会報100号記念特集）（保坂一房）「多摩地域史研究会会報」多摩地域史研究会 （100）2011.11

タワーとオリンピックの時代 昭和33年～39の出来事（本田弘子）「下町風俗資料館號外」台東区立下町風俗資料館 2012年 2012.3

収蔵資料から 月刊朝日ソノラマ（東京オリンピック特集）「下町風俗資料館號外」台東区立下町風俗資料館 2012年 2012.3

東京都公文書館・公益財団法人特別区協議会連携事業 パネル展「大震災の記憶と記録」「東京都公文書館だより」東京都公文書館 （20）2012.3

東京の谷（タニ）地名（記念特集 地名にしひがし―名字編）（谷治正幸）「練馬区地名研究会会報」練馬区地名研究会 （100）2012.8

東京都指定無形文化財―軍道紙「東京の文化財」東京都教育庁地域教育支援部 （114）2012.9

都心への人口回帰と地代の変化―東京都の場合（研究ノート）（中川訓範）「釧路公立大学地域研究」釧路公立大学地域分析研究委員会 （21）2012.12

大区・小区制下の東京における町・小区の「総代」各区町村金穀公借共有物取扱土木起功規則に基づく総代人制度の運用実態（研究ノート）（池田真歩）「首都圏史研究 ： 年報」首都圏形成史研究会 （2）2012.12

東京都指定文化財の新指定 新たに指定するもの 東京都指定有形文化財（絵画）増山雪斎博物図譜関係資料 虫豸帖4帖/ほか「東京の文化財」東京都教育庁地域教育支援部 （115）2013.3

国選定保存技術―金唐紙「東京の文化財」東京都教育庁地域教育支援部 （115）2013.3

近代・東京都下における公教育の発達普及状況について―『教育資料集』の作成を通して（研究ノート）（片山務）「野外調査研究所報告」野外調査研究所 （19・20）2013.6

展示紹介 東京都立中央図書館・東京都公文書館共催企画展示 東京都の軌跡―都制施行70周年「東京都公文書館だより」東京都公文書館 （23）2013.10

地域史情報室 パルテノン多摩歴史ミュージアム企画展 調布玉川惣画図の旅 第II期 平成26年4月23日（水）～7月7日（月）「多摩地域史研究会会報」多摩地域史研究会 （110）2014.5

東京都神代植物公園

東京都神代植物公園―植物たちの饗宴絵巻（特集 多摩の公園）（高橋康夫）「多摩のあゆみ」たましん地域文化財団 （149）2013.2

東京8区

東京文化財保護ウィーク2009 東京8区文化財古民家めぐり/中川船番所

資料館特別企画展「江戸の流通と中川番所」「下町文化」江東区地域振興部 （247）2009.9

囲炉裏ばた（大石家日記）（10）東京文化財ウィーク2009 東京8区文化財古民家めぐりを終えて（向山伸子）「下町文化」江東区地域振興部 （248）2010.1

東京府

東京府及び隣接直轄県の成立の一過程―直轄地政策の推移とその清算（藤野敦）「首都圏形成史研究会会報」首都圏形成史研究会 17 2003.11

「東京府および東京市関連行政文書」の東京都指定有形文化財の指定について「東京都公文書館だより」東京都公文書館 （4）2004.3

東京文化財ウィーク2013企画展「明治期東京府の文書管理」「東京都公文書館だより」東京都公文書館 （24）2014.3

「東京府・東京市行政文書」の重要文化財指定について「東京の文化財」東京都教育庁地域教育支援部 （118）2014.9

東京都公文書館所蔵「東京府・東京市行政文書」の重要文化財（美術工芸品（歴史文書））指定について（公文書管理・公文書館をめぐる動き）（西木浩一）「アーカイブズ」国立公文書館 （54）2014.10

東京府立第六中学校

旧制都立六中第20回生勤労学徒動員の記録（安達祝伍）「戦争のきずあと・むさしの」武蔵野の空襲と戦争遺跡を記録する会 （34）2010.2

旧制都立六中第20回生勤労学徒動員の記録 隼の心臓（高橋龍彦）「戦争のきずあと・むさしの」武蔵野の空襲と戦争遺跡を記録する会 （35）2010.4

東京砲兵工廠

第358回月例研究会 10月28日（日）東京砲兵工廠内の電気軌道（名古屋貢）「北区史を考える会会報」北区史を考える会 （106）2012.11

東京砲兵工廠鉄砲製造所

東京砲兵工廠鉄砲製造所（現・自衛隊十条駐屯地）旧275号棟の保存・活用のための調査報告（初田亨、稗本美緒）「文化財研究紀要」東京都北区教育委員会 19 2006.3

東京山手急行電鉄

幻と消えた東京山手急行線（中野守久）「ぽいす ： 北区飛鳥山博物館だより」北区飛鳥山博物館 29 2012.9

東京陸軍少年通信兵学校

東京陸軍少年通信兵学校物語 通信兵とは/東村山に来るまで/学校について「歴史館だより」東村山ふるさと歴史館 （26）2005.9

文化財探訪 東京陸軍少年通信兵学校跡地「歴史館だより」東村山ふるさと歴史館 （39）2011.6

旧跡「東京陸軍少年通信兵学校跡地」について（高野宏峰）「東村山市史研究」東村山市教育委員会 （21）2012.3

明治学院敷地内の東京陸軍少年通信兵学校校舎のその後とサクラ並木のルーツ（市民の声）（伊藤昭一）「東村山市史研究」東村山市教育委員会 （22）2013.1

東京陸軍少年飛行兵学校

「東京陸軍少年飛行兵学校跡地」を市文化財（旧跡）に指定「武蔵村山市立歴史民俗資料館報 ： 資料館だより」武蔵村山市立歴史民俗資料館 （47）2007.10

「東京陸軍少年飛行兵学校」について「武蔵村山市立歴史民俗資料館報 ： 資料館だより」武蔵村山市立歴史民俗資料館 （47）2007.10

わがまちの文化財・武蔵村山市 わがまちに残る戦跡遺跡「東京陸軍少年飛行兵学校跡地」「東京の文化財」東京都教育庁地域教育支援部 （103）2007.11

全国戦跡132番目の文化財（旧跡）指定 東京陸軍少年飛行兵学校跡地（成迫政則）「多摩地域史研究会会報」多摩地域史研究会 （84）2008.5

東京陸軍被服支廠

東京陸軍被服本廠・朝霞作業所（東京陸軍被服支廠）の疎開について―太平洋戦争開戦から終戦処理まで（中村哲）「文化財研究紀要」東京都北区教育委員会 21 2008.3

東京陸軍幼年学校

東京陸軍幼年学校を中心とした戦跡「八王子市郷土資料館だより」八王子市郷土資料館 （81）2007.7

東京湾

東京湾と私（沼田武）「東京湾学会誌 ： 東京湾の水土」東京湾学会 2（1）2003.3

東京湾のくらしの変化を方言からさぐる―子どもの軟体動物方言を1964年と2001年を比較して（川名興、鎌田八寿江）「東京湾学会誌 ： 東京湾の水土」東京湾学会 2（1）2003.3

外国人の見た幕末の東京湾（上）―湾岸地域の景観を中心に（筑紫敏夫）「東京湾学会誌 ： 東京湾の水土」東京湾学会 2（1）2003.3

東京湾関係図書目録（綿貫啓一）「東京湾学会誌 ： 東京湾の水土」東京湾学会 2（1）2003.3

《特集 海堡》「東京湾学会誌 ： 東京湾の水土」東京湾学会 2（2）

2004.3

東京湾と海堡(小野寺幸夫)「東京湾学会誌 ： 東京湾の水土」 東京湾学会 2(2) 2004.3

千葉県立中央博物館企画展「古文書が語る江戸時代の東京湾」(参加記)(土屋雅人)「千葉史学」 千葉歴史学会 (44) 2004.5

東京湾戦国史跡(73) 正木兵部大輔/ピックアップ八犬伝 絵葉書の宣伝「ミュージアム発見伝 ： 館山市立博物館報」 館山市立博物館 (74) 2004.7

風に吹かれて湾岸探訪(《特集 湾岸視線》)(高橋克)「東京湾学会誌 ： 東京湾の水土」 東京湾学会 2(5)通号11 2007.3

水土考(《特集 湾岸視線》)(濱田英作)「東京湾学会誌 ： 東京湾の水土」 東京湾学会 2(5)通号11 2007.3

東京湾の歴史に一言(川島信克)「東京湾学会誌 ： 東京湾の水土」 東京湾学会 2(5)通号11 2007.3

品川の中世史研究の現在―特別展「東京湾と品川―よみがえる中世の港町」を開催して(《特集 品川の中世・再発見》)(柘植信行)「品川歴史館紀要」 品川区立品川歴史館 (24) 2009.3

展示批評 特別展「東京湾と品川―よみがえる中世の港町」によせて(《特集 品川の中世・再発見》)(綿貫友子)「品川歴史館紀要」 品川区立品川歴史館 (24) 2009.3

フィールドワーク(FW)14 芝浦・港南・天王洲運河を歩く―東京湾岸の新しい水辺状況視察 平成22年2月20日(土)(隅田川大学公開講座)(望月崇)「すみだ川 ： 隅田川市民交流実行委員会会報」 隅田川市民交流実行委員会 (47) 2010.4

中世東京湾の海上交通と流通(大会報告要旨―共通論題)(盛本昌広)「交通史研究」 交通史学会, 吉川弘文館(発売) (75) 2011.9

東京湾学会誌「東京湾の水土」(沼田眞)「東京湾学会誌 ： 東京湾の水土」 東京湾学会 3(5)通号17 2013.3

東京湾学探訪会「東京湾学会誌 ： 東京湾の水土」 東京湾学会 3(5)通号17 2013.3

江戸前から東京湾への文化的変質(佐藤毅)「東京湾学会誌 ： 東京湾の水土」 東京湾学会 3(5)通号17 2013.3

東京湾の新しい河川整備計画について「すみだ川 ： 隅田川市民交流実行委員会会報」 隅田川市民交流実行委員会 (53) 2013.4

館山市立博物館平成24年度特別展「幕末の東京湾警備」を観て(展示批評)(神谷大介)「地方史研究」 地方史研究協議会 63(5)通号365 2013.10

東京湾学会誌「東京湾の水土」(沼田眞)「東京湾学会誌 ： 東京湾の水土」 東京湾学会 3(6)通号18 2014.3

東京湾海堡

東京湾海堡をCG等で復元―近代築城・海保要塞の実態解明へ「城郭だより ： 日本城郭史学会会報」 [日本城郭史学会] 40 2003.1

東京湾学から見た海堡考(高橋在久)「東京湾学会誌 ： 東京湾の水土」 東京湾学会 2(2) 2004.3

ペリー来航から50年後、海を渡った日本の人工島建設技術情報―米国公文書館が所蔵していた東京湾海堡建設報告書(小野寺幸夫)「東京湾学会誌 ： 東京湾の水土」 東京湾学会 2(2) 2004.3

旧東宮御所

国宝 旧東宮御所(迎賓館赤坂離宮)(川上悠介)「港郷土資料館だより」 港区立港郷土資料館 (65) 2010.3

東郷坂

区内文化財案内 東郷坂～行人坂～南法眼坂(滝口正哉)「千代田区立四番町歴史民俗資料館資料館だより」 東京都千代田区教育委員会, 千代田区立四番町歴史民俗資料館 (25) 2007.7

東書文庫

第332回月例研究会 7月16日(金) リーブルテック工場と東書文庫見学(林健一)「北区史を考える会会報」 北区史を考える会 (97) 2010.8

東禅寺

江戸高輪東禅寺事件と水戸浪士の動向(白井光弘)「郷土文化」 茨城県郷土文化研究会 41 2000.3

東禅寺事件の「賞牌」(2)(吉崎雅規)「港郷土資料館だより」 港区立港郷土資料館 (57) 2006.3

東大農場

洋風建築への誘い(23) 田無 東大農場にて(伊藤龍也)「多摩のあゆみ」 たましん地域文化財団 (134) 2009.5

堂の下

地名を撮る 堂の下(岩崎美智子, 桑島新一)「練馬区地名研究会会報」 練馬区地名研究会 (73) 2005.8

陶鎔小学校

中村雨紅作詞の校歌(2) 八王子市立陶鎔小学校(小林央)「八王子市郷土資料館だより」 八王子市郷土資料館 (88) 2010.12

都営武蔵野アパート

まだ残っていた中島飛行機武蔵製作所の建物―建て替えのせまる"都営武蔵野アパート"集会所は中島の建物だった「戦争のきずあと・むさしの」 武蔵野の空襲と戦争遺跡を記録する会 7 2003.7

都営武蔵野アパート管理事務室棟「戦争のきずあと・むさしの」 武蔵野の空襲と戦争遺跡を記録する会 10 2004.3

都営武蔵野アパート建替え工事「戦争のきずあと・むさしの」 武蔵野の空襲と戦争遺跡を記録する会 11 2004.5

都営武蔵野アパート建替え工事・その後「戦争のきずあと・むさしの」 武蔵野の空襲と戦争遺跡を記録する会 12 2004.7

都営武蔵野アパートのモニュメント(牛田守彦)「戦争のきずあと・むさしの」 武蔵野の空襲と戦争遺跡を記録する会 (42) 2012.2

都営武蔵野アパート敷地の一部が公園化―旧中島飛行機武蔵製作所・変電室の建物はどうなるか?(牛田守彦)「戦争のきずあと・むさしの」 武蔵野の空襲と戦争遺跡を記録する会 (46) 2013.2

旧中島飛行機武蔵製作所の建物が取り壊しの危機!―「変電室」だった都営武蔵野アパート管理事務室棟(牛田守彦)「戦争のきずあと・むさしの」 武蔵野の空襲と戦争遺跡を記録する会 (47) 2013.5

常磐橋

表紙 「紀元弐千五百三十七年六月造」と刻まれた親柱/明治初期の石橋・常磐橋の修復工事はじまる「千代田区立日比谷図書文化館文化財ニュース」 千代田区立日比谷図書文化館 (4) 2013.6

徳兵衛滝

滝めぐり(1) 徳兵衛滝(小沢洋三)「多摩のあゆみ」 たましん地域文化財団 106 2002.5

徳丸

懐かしの一枚 徳丸の風景「板橋史談」 板橋史談会 220 2004.1

40年前の徳丸(猪鼻昭二)「板橋史談」 板橋史談会 221 2004.3

徳丸原

江戸時代前・中期の入会地と地域秩序―武蔵国豊島郡赤塚領「赤塚郷六か村」の自治と徳丸原をめぐって(若曽根了太)「法政史学」 法政大学史学会 (60) 2003.9

所謂「徳丸原洋式調練図」の新資料について(小西雅徳)「板橋区立郷土資料館紀要」 板橋区教育委員会 (15) 2005.1

幕末の板橋―徳丸原洋式調練から農兵隊まで(小西雅徳)「板橋史談」 板橋史談会 (282) 2014.11

戸倉城

多摩地域史研究会 第82回例会 多摩の中世城館を歩くⅥ 秋川流域の城 戸倉城「多摩地域史研究会会報」 多摩地域史研究会 (108) 2013.10

第83回例会報告 多摩の中世城館を歩く(6)―秋川流域の山城・戸倉城(西股総生)「多摩地域史研究会会報」 多摩地域史研究会 (109) 2014.2

戸越公園

水路敷区道扱い 戸越公園の水路(大石俊六)「Collegio」 之潮 (38) 2009.9

戸越村

戸越村の地籍図について(星野玲子)「品川歴史館紀要」 品川区立品川歴史館 (25) 2010.3

所沢道

第79回例会 所沢道の歴史―中間点 石神井から見る(下島邦夫)「練馬区地名研究会会報」 練馬区地名研究会 (80) 2007.5

小榑の清戸道と所沢道(下島邦夫)「練馬区地名研究会会報」 練馬区地名研究会 (81) 2007.6

土佐藩品川下屋敷

土佐藩品川下屋敷と浜川砲台(小美濃清明)「土佐史談」 土佐史談会 226 2004.8

豊島

豊島をさぐる(7) 鏃(からみ)煉瓦について「かたりべ ： 豊島区立郷土資料館ミュージアム開設準備だより」 豊島区立郷土資料館 61 2001.3

「とても聞いた通りのことは書けないわ」/第3回収蔵資料展「豊島の空襲―戦時下の区民生活」好評開催中です/資料をとおして"異世代の交流"が実現―地域史講座「博物館の資料を手にしてみよう」から、思ったこと、感じたこと「かたりべ ： 豊島区立郷土資料館ミュージアム開設準備だより」 豊島区立郷土資料館 69 2003.2

「中世豊島氏関係史料集」堂々完結/第1回企画展まもなく開催!「絆纏―藍染めの仕事着」/収蔵資料展「豊島の空襲―戦時下の区民生活」を終えて「かたりべ ： 豊島区立郷土資料館ミュージアム開設準備だより」 豊島区立郷土資料館 70 2003.6

豊島地区に落下した焼夷弾について(領塚正浩)「北区史を考える会会報」 北区史を考える会 (77) 2005.8

フランゲ文庫にあった「豊島新聞」創刊号「かたりべ ： 豊島区立郷土

資料館ミュージアム開設準備だより」 豊島区立郷土資料館 通号89 2008.3

豊島の遺跡（9）焼夷弾—アジア太平洋戦争の考古学「かたりべ： 豊島区立郷土資料館ミュージアム開設準備だより」 豊島区立郷土資料館 （105） 2012.3

クローズアップ豊島「ぽいす： 北区飛鳥山博物館だより」 北区飛鳥山博物館 29 2012.9

豊島区

豊島区で生まれた幻のやきもの「竹本焼」が郷土資料館に寄贈されました「かたりべ： 豊島区立郷土資料館ミュージアム開設準備だより」 豊島区立郷土資料館 62 2001.6

第3回収蔵資料展「思い出は資料館へ2—区民寄贈生活資料展」／東京第二師範附属 上山の疎開学寮日誌／駒込の奇聞二話「かたりべ： 豊島区立郷土資料館ミュージアム開設準備だより」 豊島区立郷土資料館 65 2002.2

展示報告 2001年度第2回収蔵資料展「竹本焼と園芸・盆栽文化—中島英雄コレクションを中心に」「かたりべ： 豊島区立郷土資料館ミュージアム開設準備だより」 豊島区立郷土資料館 65 2002.2

2001年度地域史講座の報告 江戸時代の道、見つかりましたか？／2001年度第3回収蔵資料展を終えて「思い出は資料館へ2—区民寄贈生活資料展」の報告／収蔵資料展ただ今準備中！「浮世絵そぞろ歩き」「かたりべ： 豊島区立郷土資料館ミュージアム開設準備だより」 豊島区立郷土資料館 66 2002.5

セピア色の記憶（2）ああ懐かしの街頭テレビ「かたりべ： 豊島区立郷土資料館ミュージアム開設準備だより」 豊島区立郷土資料館 67 2002.8

郷土資料館なんでもQ&A 学校名のふしぎ発見！「かたりべ： 豊島区立郷土資料館ミュージアム開設準備だより」 豊島区立郷土資料館 67 2002.8

江戸の名所めぐり—江戸の昔の面影をたどる／第2回収蔵資料展「地図・絵図で豊島区を読む」／旧田島平良家長屋門所蔵資料の整理・調査事業の中間報告 むかし "農具" いま "資料"「かたりべ： 豊島区立郷土資料館ミュージアム開設準備だより」 豊島区立郷土資料館 68 2002.11

セピア色の記憶（3）「ビックリガード」は何がビックリ？「かたりべ： 豊島区立郷土資料館ミュージアム開設準備だより」 豊島区立郷土資料館 68 2002.11

郷土資料館なんでもQ&A 地名の由来は諸説あり「かたりべ： 豊島区立郷土資料館ミュージアム開設準備だより」 豊島区立郷土資料館 68 2002.11

セピア色の記憶（4）「開かずの踏切」の終焉「かたりべ： 豊島区立郷土資料館ミュージアム開設準備だより」 豊島区立郷土資料館 69 2003.2

郷土資料館なんでもQ&A 地名の由来は諸説あり（2）「かたりべ： 豊島区立郷土資料館ミュージアム開設準備だより」 豊島区立郷土資料館 69 2003.2

郷土資料館なんでもQ&A 減るの？ 増えるの？ 横ばい？ 豊島区の人口「かたりべ： 豊島区立郷土資料館ミュージアム開設準備だより」 豊島区立郷土資料館 76 2004.12

郷土資料館2005年度の戦争展示について「かたりべ： 豊島区立郷土資料館ミュージアム開設準備だより」 豊島区立郷土資料館 （77） 2005.3

空襲の記憶「かたりべ： 豊島区立郷土資料館ミュージアム開設準備だより」 豊島区立郷土資料館 （78） 2005.6

地域史講座「石の文化史」を終えて 石はまちのなかで生きている—石質や石工名を見てみよう「かたりべ： 豊島区立郷土資料館ミュージアム開設準備だより」 豊島区立郷土資料館 （79） 2005.9

昔、豊島区の電気と水道はどこから来ていたか「かたりべ： 豊島区立郷土資料館ミュージアム開設準備だより」 豊島区立郷土資料館 通号84 2007.3

隣組記録にみる豊島区内隣組の活動状況（伊藤暢直）「生活と文化： 研究紀要」 豊島区 （16） 2007.3

焼け跡からの豊島区復興の手だてをさぐる 都市計画？ 人集め？—敗戦直後の懇談会の発言から「かたりべ： 豊島区立郷土資料館ミュージアム開設準備だより」 豊島区立郷土資料館 通号88 2007.11

郷土資料館なんでもQ&A むかし、豊島区に「ミシン村」があったと聞きましたが、いつ、どこにあったのですか？「かたりべ： 豊島区立郷土資料館ミュージアム開設準備だより」 豊島区立郷土資料館 通号88 2007.11

報告 豊島区の "くみひも" 世界へ紹介 第1回組紐国際会議「かたりべ： 豊島区立郷土資料館ミュージアム開設準備だより」 豊島区立郷土資料館 通号89 2008.3

豊島をさぐる（19）豊島区の特産物（3）「雑司ヶ谷南瓜」とは？「かたりべ： 豊島区立郷土資料館ミュージアム開設準備だより」 豊島区立郷土資料館 （97） 2010.3

豊島をさぐる（21）豊島区の特産物（5）地図・絵図にみる大根「かたりべ： 豊島区立郷土資料館ミュージアム開設準備だより」 豊島区立郷土資料館 （99） 2010.9

一万分一地形図から、豊島区のまちの移り変わりを見てみよう！「かたりべ： 豊島区立郷土資料館ミュージアム開設準備だより」 豊島区立郷土資料館 （102） 2011.6

セピア色の記憶（26）路面電車から地下鉄へ「かたりべ： 豊島区立郷土資料館ミュージアム開設準備だより」 豊島区立郷土資料館 （102） 2011.6

セピア色の記憶（27）焼け野原からの出発「かたりべ： 豊島区立郷土資料館ミュージアム開設準備だより」 豊島区立郷土資料館 （105） 2012.3

道筋・川筋の残り方、高低差にこだわる！ 地域史講座「ブラトシマ」第1回の実施報告（秋山）「かたりべ： 豊島区立郷土資料館ミュージアム開設準備だより」 豊島区立郷土資料館 （106） 2012.7

地域史情報室 平成25年度東村山考古学講演会／平成25年度豊島区立郷土資料館歴史講座「中世豊島氏とその周辺」「多摩地域史研究会会報」 多摩地域史研究会 （108） 2013.10

2013年度歴史講座「中世豊島氏とその周辺」を開催しました「かたりべ： 豊島区立郷土資料館ミュージアム開設準備だより」 豊島区立郷土資料館 （110） 2014.2

豊島郡

「豊島郡」はひろいな おおきい〜な「かたりべ： 豊島区立郷土資料館ミュージアム開設準備だより」 豊島区立郷土資料館 （99） 2010.9

豊島郡衙

豊島郡衙正倉再考（中島広顕）「文化財研究紀要」 東京都北区教育委員会 16 2003.3

豊島氏居館

第94回例会 石神井城の総構えと豊島氏居館—館は江戸後期まで残っていた？（下島邦夫）「練馬区地名研究会会報」 練馬区地名研究会 （94） 2011.2

豊島市場

セピア色の記憶（23）豊島市場をめぐるふたつのおはなし「かたりべ： 豊島区立郷土資料館ミュージアム開設準備だより」 豊島区立郷土資料館 （93） 2009.3

豊島線

日本鉄道豊島線はなぜ池袋駅から分岐したか「かたりべ： 豊島区立郷土資料館ミュージアム開設準備だより」 豊島区立郷土資料館 75 2004.9

日本鉄道豊島線池袋停車場設置経緯に関する考察（1）,（2）（伊藤暢直）「生活と文化： 研究紀要」 豊島区 （14）／（15） 2004.12／2005.12

豊島屋

地図の中の江戸・東京 鎌倉河岸と豊島屋（吉田豊）「Collegio」 之潮 （21） 2007.4

豊島屋酒造の大ケヤキ

トトロの木と出会う 豊島屋酒造の大ケヤキ（柳野龍男）「郷土研だより」 東村山郷土研究会 （342） 2008.11

戸田の渡し

「戸田の渡し」に初めて橋を架けた二人の信州人（成澤誠司）「板橋史談」 板橋史談会 （242） 2007.9

『我衣』を歩く（2の1）戸田の渡し旧堤防辺り（木田誼）「板橋史談」 板橋史談会 （252） 2009.5

『我衣』を歩く（2の2）「戸田の渡し」渡船場（木田誼）「板橋史談」 板橋史談会 （253） 2009.7

都電

セピア色の記憶（1）池袋東口に都電が走っていた頃「かたりべ： 豊島区立郷土資料館ミュージアム開設準備だより」 豊島区立郷土資料館 66 2002.5

下町問答 皆さんの質問にお答えします 上野周辺の都電の系統／路面電車の歴史「下町風俗資料館號外」 台東区立下町風俗資料館 2009年（8月） 2009.8

都電杉並線

一枚の写真から（6）特別編 都電杉並線・最後の日 写真提供・植原菊郎氏「杉並郷土史会史報」 杉並郷土史会 （212） 2008.11

等々力

等々力地名考（河原英俊）「せたがい： 歴史さろん」 世田谷区誌研究会 （59） 2007.7

利根川

江戸・東京を支える利根川水系の改変と水都東京の再現（清水馨八郎）「すみだ川： 隅田川市民交流実行委員会会報」 隅田川市民交流実行委員会 27 2000.9

蛇口の水のルーツを流域圏で考える—森と川を結ぶ人間交流《〈特集 坂東太郎よ泣くな！ 河川維新は近い—驕る機能最優先の文明に "さよなら"〉》（土屋十圀）「ATT」 ATT流域研究所 （23） 2001.1

利根川の水運と文化—かつて坂東太郎が果たした絆《〈特集 坂東太郎よ泣

くな！ 河川維新は近い—驕る機能最優先の文明に"さよなら"》）（川名登）「ATT」 ATT流域研究所 （23）2001.1

日本水紀行（23）帆掛け舟が遡行する利根川の風景—柳田国男第二の故郷（井出孫六）「ATT」 ATT流域研究所 （27）2002.3

船番所取調一件（4）河川通船と利根川筋（出口宏幸）「下町文化」 江東区地域振興部 219 2002.9

流域紀行 利根川下流域と相撲（米谷博）「利根川文化研究」 利根川文化研究会 通号25 2004.8

川名登氏と河川交通史の研究（丸山雍成）「利根川文化研究」 利根川文化研究会 通号26 2005.2

利根川東遷とは何か—川名説への試論と、東遷論における用語使用の矛盾についての考察（青木敏雄）「利根川文化研究」 利根川文化研究会 通号29 2006.12

利根川水系の船図面による造船技術—非文字資料解読の一事例として（及川晃一）「利根川文化研究」 利根川文化研究会 通号29 2006.12

利根川改修策の系譜—船橋随庵を中心に（《特集 船橋随庵と利根川》）（原文二）「利根川文化研究」 利根川文化研究会 通号30 2007.11

宝永期の秋田藩政と利根川・荒川手伝普請—「岡本元朝日記」の分析を中心に（伊藤成孝）「秋田県公文書館研究紀要」 秋田県公文書館 （14）2008.3

利根川の治水と東京低地の水害（東京都江戸東京博物館シンポジウム「江戸の水害—被害・復興・対策—」）（橋本直子）「東京都江戸東京博物館研究報告」 東京都江戸東京博物館 （16）2010.3

「利根川東遷」という幻—思想論的東遷批判と戦国期の利根川（青木敏雄）「利根川文化研究」 利根川文化研究会 （35）2011.12

利根川流域と東日本大震災（特集 流域の災害）（橋本直子）「利根川文化研究」 利根川文化研究会 （38）2014.12

舎人
伊興、舎人の史跡探訪（先駆けの「足立史談」第2号から）（入本英太郎）「足立史談会だより」 足立史談会 （299）2013.2

舎人線
隅田川大学第11回フィールドワーク 新設の舎人線を歩く（大松駟一）「すみだ川 ：隅田川市民交流実行委員会会報」 隅田川市民交流実行委員会 （45）2009.4

殿ヶ谷戸庭園
殿ヶ谷戸庭園—市民が守った多摩の文化財庭園（特集 多摩の公園）（住吉泰男）「多摩のあゆみ」 たましん地域文化財団 （149）2013.2

殿山
練馬の城を往く（10）殿山（とのやま）（練馬区豊玉南三丁目）（八巻孝夫）「練馬郷土史研究会会報」 練馬郷土史研究会 （351）2014.5

土橋
土橋（恩多町3—17と4—33境）「郷土研だより」 東村山郷土研究会 （375）2011.8

飛田給
飛田給（榎本啓子）「調布史談会誌」 調布史談会 （32）2003.3

戸山
東京文学地図帖 戦後編（19）戸山アパート街（槌田満文）「Collegio」 之潮 （36）2009.4

豊洲
古写真の中の江東 豊洲遠望（出口宏幸）「下町文化」 江東区地域振興部 （262）2013.7

豊多摩
記憶としての地名 杉並区成田西二丁目—「豊多摩」と「日性寺」（星野朗）「Collegio」 之潮 （15）2006.10

虎ノ門
増補版 写された港区（一）〔芝地区編〕—新橋・芝・愛宕・虎ノ門ほか（小峯尚三）「港郷土資料館だより」 港区立港郷土資料館 （55）2005.3

虎ノ門事件余話（噂・皇太子恋敵説）（隅田芳直）「光地方史研究」 光地方史研究会 （41）2014.3

鳥越
東京文学地図帖 戦後編（18）浅草橋・鳥越（槌田満文）「Collegio」 之潮 （35）2008.12

鳥島
特別展「鳥島移住100周年記念展」/第17回企画展夏休みこども作品展/アイヌ伝統工芸展/アイヌ民族芸能交流会/第18回企画展久米島の墓「久米島自然文化センターだより」 久米島自然文化センター 7 2004.3

都立大学
記憶する街 「学芸大学」と「都立大学」（齊藤蓮）「Collegio」 之潮 （24）2007.7

鳥見役所
高円寺村の地字と鳥見役所跡（菅野郁雄）「杉並郷土史会史報」 杉並郷土史会 （202）2007.3

どんどん橋
豊島をさぐる（23）どんどん橋（堀之内跨線人道橋）の古レール「かたりべ ：豊島区立郷土資料館ミュージアム開設準備だより」 豊島区立郷土資料館 （103）2011.10

内海御台場
高松彦三郎筆「内海御台場築立御普請御用中日記」（1）～（5）（冨川武史）「研究紀要」 港区立港郷土資料館 通号10/（14）2007.5/2012.3

内藤新宿
内藤新宿 わが揺籃の地（清水典郎）「亀井 ：内藤家顕彰会会誌」 内藤家顕彰会 2008年度 2008.5

中新井村
中新井村と千川上水（記念特集 地名にしひがし—地域編）（飯塚芳男）「練馬区地名研究会会報」 練馬区地名研究会 （100）2012.8

仲御徒町
明治前期東京における土地所有と借地・借家—下谷御徒町・仲御徒町を事例として（研究ノート）（双木俊介）「歴史地理学」 歴史地理学会, 古今書院（発売）56（5）通号272 2014.12

中川
江東歴史紀行 江戸・東京の釣り名所 中川（龍澤潤）「下町文化」 江東区地域振興部 （233）2006.4

中川船番所資料館企画展示「旧中川から見た亀戸」（鈴木将典）「下町文化」 江東区地域振興部 （246）2009.7

中川番所
船番所取調一件（5）最終回 幕末維新期の中川番所（小泉雅弘）「下町文化」 江東区地域振興部 220 2003.1

江東区中川番所資料館開館記念講演会講演録 中川番所とその背景（上）,（下）（川名登）「下町文化」 江東区地域振興部 222/223 2003.7/2003.9

平成16年度 江東区中川番所資料館特別企画展「入り鉄砲に出女 通関制度と中川番所」「下町文化」 江東区地域振興部 227 2004.9

16年度委託調査・区外資料調査報告 中川番所の史料をもとめて—麻生藩新庄家中三好家文書（龍澤潤）「下町文化」 江東区地域振興部 （229）2005.4

中川船番所資料館特別企画展中川がうみだしたもの（龍澤潤）「下町文化」 江東区地域振興部 （231）2005.9

江東歴史紀行 入鉄砲に出女—通関制度と中川番所（鈴木将典）「下町文化」 江東区地域振興部 （232）2006.1

中川船番所資料館特別企画展「江戸前に生きる—のり・かい・さかな—」「下町文化」 江東区地域振興部 （235）2006.9

18年度委託調査・区外史料調査報告 中川番所の史料をもとめて（2）猿江御蔵納御用中日記（龍澤潤）「下町文化」 江東区地域振興部 （238）2007.7

20年度委託調査・区外史料調査報告 中川番所の史料をもとめて（3）奥州幕領の廻米輸送（龍澤潤）「下町文化」 江東区地域振興部 （246）2009.7

東京文化財保護ウィーク2009 東京8区文化財古民家めぐり/中川船番所資料館特別企画展「江戸の流通と中川番所」「下町文化」 江東区地域振興部 （247）2009.9

文芸作品に描かれた中川番所とその周辺—近世後期の紀行文を中心に（向山伸子）「江東区文化財研究紀要」 江東区教育委員会生涯学習部 （17）2012.3

長久保
韮久保から宮久保を経て長久保・雨沼久保へ（宮城正勝）「練馬区地名研究会会報」 練馬区地名研究会 （82）2007.12

長久保の滝
滝めぐり（5）長久保の滝（小澤洋三）「多摩のあゆみ」 たましん地域文化財団 110 2003.5

中駒込
江戸東京歴史紀行 中駒込・巣鴨界隈を歩く（滝口知与子）「ふるさとの自然と歴史」 歴史と自然をまもる会 278 2000.1

長崎
職人と地域の歴史（4）"シマジ"を利用—長崎地域・植木屋「かたりべ ：豊島区立郷土資料館ミュージアム開設準備だより」 豊島区立郷土資料館 75 2004.9

セピア色の記憶（12）長崎地域とダットサンとの「ヘエ～ッ」な関係「かたりべ ：豊島区立郷土資料館ミュージアム開設準備だより」 豊島区立郷土資料館 （77）2005.3

長崎村

豊島をさぐる(11)長崎村〈動物〉物語「かたりべ：豊島区立郷土資料館ミュージアム開設準備だより」 豊島区立郷土資料館 (78) 2005.6

中里

古老聞き書き帳 駒沢・眞中・上馬・中里・三茶界隈(染谷昌男)「せたがい：歴史さろん」 世田谷区誌研究会 (56) 2004.11

石積みの技術と住民の居住—東京都西多摩郡檜原村中里(東京都西多摩郡檜原村北秋川渓谷合同調査特集)(津山正幹)「昔風と当世風」 古々爐の会 (98) 2014.4

中里国民学校

学童の集団疎開—東京市世田谷区中里国民学校元疎開児童の疎開地再訪(終戦特集号)(宮原達明)「伊那路」 上伊那郷土研究会 58(8)通号691 2014.8

中里小学校

中里小学校の歴史(《特集 世田谷の教育史》)(横山精太郎)「せたかい：歴史さろん」 世田谷区誌研究会 (59) 2007.7

中島

特高が残した記録—中島の朝鮮人労働者(梁裕河)「戦争のきずあと・むさしの」 武蔵野の空襲と戦争遺跡を記録する会 (48) 2013.8

中島軽金属

中島飛行機武蔵製作所から中島軽金属までのトロッコ線路の地図「戦争のきずあと・むさしの」 武蔵野の空襲と戦争遺跡を記録する会 (30) 2009.1

中島飛行機浅川工場

学徒勤労動員の思いで 中島飛行機浅川工場(佐藤正義)「浅川地下壕の保存をすすめる会ニュース」 浅川地下壕の保存をすすめる会 (79) 2010.12

中島飛行機大谷地下工場

中島飛行機大谷地下工場を訪ねる(上野勝也)「戦争のきずあと・むさしの」 武蔵野の空襲と戦争遺跡を記録する会 (16) 2005.5

中島飛行機荻窪工場

旧中島飛行機荻窪工場跡の物体は？ →「防空監視哨」と判明(上野勝也)「戦争のきずあと・むさしの」 武蔵野の空襲と戦争遺跡を記録する会 (39) 2011.5

中島飛行機製作所

私たちの遺言—語り残したい戦争体験—より 中島飛行機製作所空爆の惨状(濱田毅一)「戦争のきずあと・むさしの」 武蔵野の空襲と戦争遺跡を記録する会 (33) 2009.10

中島飛行機多摩製作所

手記「中島飛行機多摩製作所へ就職して」(小林きみよ)「戦争のきずあと・むさしの」 武蔵野の空襲と戦争遺跡を記録する会 (45) 2012.11

中島飛行機東京工場

旧中島飛行機発動機「東京工場」跡のこの「物体」は(上野勝也)「戦争のきずあと・むさしの」 武蔵野の空襲と戦争遺跡を記録する会 (38) 2011.2

中島飛行機三鷹研究所

中島飛行機三鷹研究所の疎開調査[1]～(5) 最終回(高柳昌久)「戦争のきずあと・むさしの」 武蔵野の空襲と戦争遺跡を記録する会 13/(17) 2004.10/2005.7

中島飛行機三鷹研究所東北疎開の資料発見(高柳昌久)「戦争のきずあと・むさしの」 武蔵野の空襲と戦争遺跡を記録する会 (18) 2005.10

富士重工に残る旧中島飛行機三鷹研究所の建物が撤去(秋山昌文)「戦争のきずあと・むさしの」 武蔵野の空襲と戦争遺跡を記録する会 (29) 2008.9

中島飛行機三鷹研究所発動機部門の五日市への疎開について(高柳昌久)「戦争のきずあと・むさしの」 武蔵野の空襲と戦争遺跡を記録する会 (30) 2009.1

中島飛行機三鷹研究所発動機部門の五日市への疎開について—訂正と補足(高柳昌久)「戦争のきずあと・むさしの」 武蔵野の空襲と戦争遺跡を記録する会 (31) 2009.4

中島飛行機武蔵製作所

地下壕よくわかーるすぐわかーる 武蔵製作所の疎開先(1),(2)(斉藤勉)「浅川地下壕の保存をすすめる会ニュース」 浅川地下壕の保存をすすめる会 33/34 2003.4/2003.6

まだ残っていた中島飛行機武蔵製作所の建物—建て替えのせまる"都営武蔵野アパート"集会所は中島の建物だった「戦争のきずあと・むさしの」 武蔵野の空襲と戦争遺跡を記録する会 7 2003.7

中島飛行機武蔵製作所を現場で検証する「戦争のきずあと・むさしの」 武蔵野の空襲と戦争遺跡を記録する会 9 2004.1

資料の紹介 中島飛行機武蔵製作所の工員だった古内竹二郎さんの関係資料「戦争のきずあと・むさしの」 武蔵野の空襲と戦争遺跡を記録

する会 10 2004.3

「戦争のきずあと」を訪ねて 中島飛行機関連の「引込み線」を探る—「中島飛行機武蔵製作所～中島航空金属」の軽便鉄道のこと「戦争のきずあと・むさしの」 武蔵野の空襲と戦争遺跡を記録する会 11 2004.5

本土空襲の第一目標=中島飛行機武蔵工場と引込み線の跡を歩く「戦争のきずあと・むさしの」 武蔵野の空襲と戦争遺跡を記録する会 14 2005.1

中島飛行機武蔵製作所と引込み線の跡を歩く(中野貞彦)「戦争のきずあと・むさしの」 武蔵野の空襲と戦争遺跡を記録する会 14 2005.1

中島飛行機武蔵製作所会計部給与課に勤めていた石田冨貴子さんの体験「戦争のきずあと・むさしの」 武蔵野の空襲と戦争遺跡を記録する会 15 2005.3

パネル展「中島飛行機武蔵製作所と空襲」の開催にあたって「戦争のきずあと・むさしの」 武蔵野の空襲と戦争遺跡を記録する会 (22) 2006.8

中島飛行機武蔵製作所に動員された武蔵野女子学院高等女学校(現・武蔵野女子学院中高)の動員日誌、発見される！「戦争のきずあと・むさしの」 武蔵野の空襲と戦争遺跡を記録する会 (23) 2006.11

地下壕よくわかーるすぐわかーる 「疎開」概念の変遷と武蔵野製作所の疎開の比較検討(斎藤勉)「浅川地下壕の保存をすすめる会ニュース」 浅川地下壕の保存をすすめる会 (56) 2007.2

地下壕よくわかーるすぐわかーる 「疎開」概念の変遷と武蔵野製作所の疎開の比較検討(続き)(斎藤勉)「浅川地下壕の保存をすすめる会ニュース」 浅川地下壕の保存をすすめる会 (57) 2007.4

地下壕よくわかーるすぐわかーる 「疎開」概念の変遷と武蔵野製作所の疎開の比較検討(3)(斎藤勉)「浅川地下壕の保存をすすめる会ニュース」 浅川地下壕の保存をすすめる会 (58) 2007.6

2007年8月22～24日 武蔵野の空襲と戦争遺跡を記録する会 中島飛行機武蔵工場での労働、学徒勤労動員、地域の空襲を体験を語る会「戦争のきずあと・むさしの」 武蔵野の空襲と戦争遺跡を記録する会 (27) 2008.1

地下壕よくわかーるすぐわかーる 武蔵製作所の疎開輸送—陸軍東部第一九部隊の実態(斎藤勉)「浅川地下壕の保存をすすめる会ニュース」 浅川地下壕の保存をすすめる会 (62) 2008.2

4月20日のフィールドワーク報告 新緑の中、中島飛行機武蔵製作所と空襲の跡を訪ねる「戦争のきずあと・むさしの」 武蔵野の空襲と戦争遺跡を記録する会 (28) 2008.5

中島飛行機武蔵製作所と引込み線の跡を歩く(川島武久)「戦争のきずあと・むさしの」 武蔵野の空襲と戦争遺跡を記録する会 (28) 2008.5

パネル展報告 中島飛行機武蔵製作所と空襲(秋山昌文)「戦争のきずあと・むさしの」 武蔵野の空襲と戦争遺跡を記録する会 (29) 2008.9

中島飛行機武蔵製作所から中島軽金属までのトロッコ線路の地図「戦争のきずあと・むさしの」 武蔵野の空襲と戦争遺跡を記録する会 (30) 2009.1

風前の中島飛行機武蔵製作所の変電所(石綿勇)「戦争のきずあと・むさしの」 武蔵野の空襲と戦争遺跡を記録する会 (31) 2009.4

中島飛行機武蔵製作所と武蔵野の空襲の跡を歩く(秋山昌文)「戦争のきずあと・むさしの」 武蔵野の空襲と戦争遺跡を記録する会 (32) 2009.7

パネル展報告 中島飛行機武蔵製作所と武蔵野の空襲(秋山昌文)「戦争のきずあと・むさしの」 武蔵野の空襲と戦争遺跡を記録する会 (33) 2009.10

旧中島飛行機の建物保存について 武蔵野市とともに保存要望書を提出予定(秋山昌文)「戦争のきずあと・むさしの」 武蔵野の空襲と戦争遺跡を記録する会 (35) 2010.4

中島飛行機武蔵製作所 太平洋戦争中の記憶(山本三郎)「戦争のきずあと・むさしの」 武蔵野の空襲と戦争遺跡を記録する会 (35) 2010.4

中島飛行機武蔵製作所付属 武蔵野病院復元CG(秋山昌文)「戦争のきずあと・むさしの」 武蔵野の空襲と戦争遺跡を記録する会 (38) 2011.2

中島飛行機武蔵製作所と武蔵野の空襲の跡を歩く(矢作英夫)「戦争のきずあと・むさしの」 武蔵野の空襲と戦争遺跡を記録する会 (40) 2011.8

昭和29年の中島武蔵製作所跡の全景写真(秋山昌文)「戦争のきずあと・むさしの」 武蔵野の空襲と戦争遺跡を記録する会 (40) 2011.8

『戦時下の武蔵野—中島飛行機武蔵製作所への空襲を探る』を語る を開催(秋山昌文)「戦争のきずあと・むさしの」 武蔵野の空襲と戦争遺跡を記録する会 (44) 2012.8

戦争の悲惨さを子供たちに(「中島飛行機と武蔵野の空襲」フィールドワーク)(稲畑千夏)「戦争のきずあと・むさしの」 武蔵野の空襲と戦争遺跡を記録する会 (45) 2012.11

生活する地域に、戦争の爪痕が(「中島飛行機と武蔵野の空襲」フィールドワーク)(澤武嗣)「戦争のきずあと・むさしの」 武蔵野の空襲と戦争遺跡を記録する会 (45) 2012.11

中島飛行機武蔵野と給友会(1)～(3)(清水正之)「戦争のきずあと・むさしの」 武蔵野の空襲と戦争遺跡を記録する会 (45)/(48) 2012.

関東　　　　　　　　　　　　地名でたどる郷土の歴史　　　　　　　　　　　東京都

11/2013.8

戦時下の保谷の空爆被害—中島飛行機武蔵製作所の影響下にあった町の繁栄と被災（萩原惠子）「戦争のきずあと・むさしの」：高橋文太郎の『武蔵保谷村郷土資料』を手掛かりに」下保谷の自然と文化を記録する会（8）2013.1

都営武蔵野アパート敷地の一部が公園化—旧中島飛行機武蔵製作所・変電室の建物はどうなるか？（牛田守彦）「戦争のきずあと・むさしの」武蔵野の空襲と戦争遺跡を記録する会（46）2013.2

旧中島飛行機武蔵製作所の建物が取り壊しの危機！—「変電室」だった都営武蔵野アパート管理事務室棟（牛田守彦）「戦争のきずあと・むさしの」武蔵野の空襲と戦争遺跡を記録する会（47）2013.5

武蔵製作所の女子労働者（長田律子）「戦争のきずあと・むさしの」武蔵野の空襲と戦争遺跡を記録する会（47）2013.5

浅川地下壕に疎開してきた会社 中島飛行機武蔵製作所/敗戦までの8か月余に9回の空爆/浅川に地下壕、武蔵野に地下道/浅川地下壕を平和学習の砦に（長沼石根）「浅川地下壕の保存をすすめる会ニュース」浅川地下壕の保存をすすめる会（95）2013.8

取り壊される旧中島飛行機武蔵製作所「変電室」の保存をめざして—中島飛行機武蔵製作所の「最後の生き証人」（牛田守彦）「戦争のきずあと・むさしの」武蔵野の空襲と戦争遺跡を記録する会（48）2013.8

戦争語る旧変電室（東京新聞より転載）「戦争のきずあと・むさしの」武蔵野の空襲と戦争遺跡を記録する会（48）2013.8

旧中島飛行機武蔵製作所の建物（旧変電室）の見学・学習会を開催 6/2 伝えていくことの大切さを思う（かねこゆたかこ）「戦争のきずあと・むさしの」武蔵野の空襲と戦争遺跡を記録する会（48）2013.8

中島飛行機武蔵製作所での体験（荻原文雄）「戦争のきずあと・むさしの」武蔵野の空襲と戦争遺跡を記録する会（48）2013.8

イベント紹介 講演会 太平洋戦争と武蔵野の空襲—中島飛行機武蔵製作所を中心に/武蔵野市平和事業パネル展示/シンポジウム「町の記録が語る戦時下の人々」/みて！きいて！伝えよう！東京大空襲2013年夏の親子企画/戦争遺跡保存全国シンポジウム倉敷・水島大会、空襲・戦災を記録する会全国連絡会議・函館大会「戦争のきずあと・むさしの」武蔵野の空襲と戦争遺跡を記録する会（48）2013.8

旧中島飛行機武蔵製作所の建物「変電室」保存署名2000筆にせまる/第17回戦争遺跡保存全国シンポジウムでの決議「戦争のきずあと・むさしの」武蔵野の空襲と戦争遺跡を記録する会（49）2013.11

戦争を語り伝え、平和を発信するシンボルとなる旧中島飛行機武蔵製作所・変電室だった建物の存続と有効活用を東京都に対して要望します！「戦争のきずあと・むさしの」武蔵野の空襲と戦争遺跡を記録する会（49）2013.11

講演会「太平洋戦争と武蔵の空襲」/3分スピーチ 中島武蔵製作所の体験「戦争のきずあと・むさしの」武蔵野の空襲と戦争遺跡を記録する会（49）2013.11

金属工場の「おじさんたち」と中島飛行機（山部恵造）「戦争のきずあと・むさしの」武蔵野の空襲と戦争遺跡を記録する会（49）2013.11

中島の空襲体験の話（「記録する会」総会と「中島飛行機と武蔵野の空襲」の体験を聞く会が開かれる）（古内竹二郎）「戦争のきずあと・むさしの」武蔵野の空襲と戦争遺跡を記録する会（50）2014.2

旧変電室保存運動 署名2000余筆を東京都に提出し、公園化のパブリックコメントに意見「戦争のきずあと・むさしの」武蔵野の空襲と戦争遺跡を記録する会（50）2014.2

中島飛行機武蔵製作所の迷彩について—B29による偵察写真では（秋山昌文）「戦争のきずあと・むさしの」武蔵野の空襲と戦争遺跡を記録する会（51）2014.8

「旧変電室の保存」で東京都と話し合い「戦争のきずあと・むさしの」武蔵野の空襲と戦争遺跡を記録する会（52）2014.8

「中島飛行機武蔵製作所の迷彩について」のFとLの高校「戦争のきずあと・むさしの」武蔵野の空襲と戦争遺跡を記録する会（52）2014.10

中島飛行機武蔵野工場

通研に残る中島飛行機の建物？（秋山昌文）「戦争のきずあと・むさしの」武蔵野の空襲と戦争遺跡を記録する会（31）2009.4

中島飛行機武蔵野製作所

武蔵野の空襲と戦争遺跡を記録する会〈戦後60年企画〉渡辺えり子・平和講演会 中島飛行機工場の旋盤工だった父親から教えられたこと「戦争のきずあと・むさしの」武蔵野の空襲と戦争遺跡を記録する会（18）2005.10

中山道

中山道と宿鏡（1）（松本光卿）「宿場町ひらかた」宿場町枚方を考える会（52）2000.9

中山道旅の日程（白木幸一）「中山道加納宿：中山道加納宿文化保存会会誌」中山道加納宿文化保存会 36 2000.10

中山道は姫街道（白木幸一）「中山道加納宿：中山道加納宿文化保存会会誌」中山道加納宿文化保存会 38 2001.10

幕臣飯塚正重らの中山道の旅（平田幹夫）「中山道加納宿：中山道加納

宿文化保存会会誌」中山道加納宿文化保存会 38 2001.10

中山道・道筋と周辺の史誌（1）～（17）（蟹江文吉）「オール諏訪：郷土の総合文化誌」諏訪郷土文化研究会 20(12)通号207/23(2)通号224 2001.12/2003.5

旧・中山道の板橋宿を歩く（斎藤誠）「目黒区郷土研究」目黒区郷土研究会 570 2002.7

旧中山道・ひとりある記［1］～（14）終（安西久）「板橋史談」板橋史談会 212/(246) 2002.9/2008.5

中山道と草津宿—草津を通った女性たち（八杉淳）「滋賀文化財教室シリーズ」滋賀県文化財保護協会 203 2002.12

道中記にみる中山道駅間の駄賃について（原賢仁）「郷土研究・岐阜：岐阜県郷土資料研究協議会会報」岐阜県郷土資料研究協議会 93 2003.3

「中山道展—戸田の渡しと旅日記」の展示企画について（小島清一）「研究紀要」戸田市立郷土博物館 (17) 2003.3

旧中山道の思い出（横田敬二）「板橋史談」板橋史談会 215 2003.3

女たちの歩いた中山道の旅（柴桂子）「交通史研究」交通史学会，吉川弘文館（発売）（52）2003.4

中山道（垂井宿～関ヶ原宿）（巡見報告）（鈴木隆雄）「交通史研究」交通史学会，吉川弘文館（発売）（52）2003.4

展示批評 合同企画展「中山道」をみて（杉山正司）「地方史研究」地方史研究協議会 53(2)通号302 2003.4

中山道と日光道中（杉山正司）「埼玉地方史」埼玉県地方史研究会 50 2003.5

中山道伝馬騒動と武州一揆（加藤光男）「埼玉地方史」埼玉県地方史研究会 50 2003.5

古文書で語る歴史の道（1）中山道と碓氷関所の要害（岡田昭二）「上州文化」群馬県教育文化事業団 94 2003.5

上毛野「はにわの里公園」と旧中山道を訪ねて（鈴木昇）「目黒区郷土研究」目黒区郷土研究会 581 2003.6

碓氷峠に見る中山道痕跡（岡村知彦）「千曲」東信史学会 120 2004.2

中山道と宿場（谷口徹）「彦根郷土史研究」彦根史談会 39 2004.3

中山道新考—近藤勇と新選組隊士供養塔・北区文化財に指定（芦田正次郎）「武蔵野」武蔵野文化協会 79(2)通号338 2004.3

中山道の道標一本の傍示杭をめぐって（佐藤哲雄）「中山道加納宿：中山道加納宿文化保存会会誌」中山道加納宿文化保存会（45）2005.4

中山道とお伊勢の森（金井友巳）「群馬歴史散歩」群馬歴史散歩の会 189 2005.5

中山道一里塚と浅間根腰の古三宿（1）～（3）（岡村知彦）「千曲」東信史学会（125）/（128）2005.5/2006.2

平治の乱の中山道青墓の宿（1），（2）（鈴木秀雄）「中山道加納宿：中山道加納宿文化保存会会誌」中山道加納宿文化保存会（46）/（47）2005.10/2006.4

北国街道の中山道（金子潤次）「頸城文化」上越郷土研究会（53）2005.10

中山道の助郷と権兵衛街道（《権兵衛トンネル開通特集》）（田村栄作）「伊那路」上伊那郷土研究会 50(2)通号589 2006.2

岡谷の中山道略記（1）何故大曲りしたか（蟹江文吉）「オール諏訪：郷土の総合文化誌」諏訪郷土文化研究会 25(12)通号258 2006.3

講演録 近江の街道の特性—おもに中山道を中心に（木村至宏）「滋賀大学経済学部附属史料館研究紀要」滋賀大学経済学部附属史料館（39）2006.3

岡谷の中山道略記（2）廃道の初期中山道（蟹江文吉）「オール諏訪：郷土の総合文化誌」諏訪郷土文化研究会 26(1)通号259 2006.4

岡谷の中山道略記（3）元和の中山道完成（蟹江文吉）「オール諏訪：郷土の総合文化誌」諏訪郷土文化研究会 26(2)通号260 2006.5

平成18年度名古屋郷土文化見学研究会「和宮降嫁の中山道をたどる」見学雑感（鬼頭勝之）「郷土文化」名古屋郷土文化会 61(2)通号205 2006.12

皇女和宮降嫁の意義 和宮下向中山道道中警備岩槻藩（松崎武雄）「岩槻史林」岩槻地方史研究会（34）2007.6

初期中山道の旧跡と現状（1）～（7）（蟹江文吉）「オール諏訪：郷土の総合文化誌」諏訪郷土文化研究会 27(11)通号281/28(5)通号287 2008.2/2008.8

中山道の宿駅と大名通行—信州を中心に（講演）（波田野富信）「松本市史研究：松本市文書館紀要」松本市（18）2008.3

ひろば 旧中山道ひとり歩きを読んで（若栗学）「板橋史談」板橋史談会（246）2008.5

第305回史跡研究会 4月5日（土）古くて新しい中山道・石神井川・鎌倉街道（芦田正次郎）「北区史を考える会会報」北区史を考える会（88）2008.5

街道に今も残りし市のたから—中山道・日光御成道・赤山道・鎌倉街道を巡る「權りぽーと：さいたま市文化財情報」さいたま市教育委員会生涯学習部（30）2008.9

中山道はかつて「種子屋通り」だった!!「かたりべ：豊島区立郷土資料

館ミュージアム開設準備だより」 豊島区立郷土資料館 通号91 2008.9

街道―中山道(尾関幸彦)「中山道加納宿 : 中山道加納宿文化保存会会誌」 中山道加納宿文化保存会 (52) 2008.10

伝承に見る淡海(26) 老女が斧を磨いた峠は中山道一の絶景の地(黄地百合子)「湖国と文化」 滋賀県文化振興事業団 33(3)通号128 2009.7

中山道ものしり帳「中山道加納宿 : 中山道加納宿文化保存会会誌」 中山道加納宿文化保存会 (54) 2009.10

特別展「市内中山道をひもとく」を開催して「あかんさす : さいたま市立浦和博物館報」 さいたま市立浦和博物館 38(1)通号98 2010.3

中山道筋郵便の開設(近辻喜一)「郵便史研究 : 郵便史研究会紀要」 郵便史研究会 (30) 2010.9

降嫁150年記念 皇女和宮と中山道(杉山正司)「The amuseum」 埼玉県立歴史と民俗の博物館 5(3)通号15 2011.3

中山道十七宿と美濃の神々(5)～(11)(今津隆弘)「中山道加納宿 : 中山道加納宿文化保存会会誌」 中山道加納宿文化保存会 (57)/(63) 2011.4/2014.04

中山道こぼれ話(堀信雄)「中山道加納宿 : 中山道加納宿文化保存会会誌」 中山道加納宿文化保存会 (57) 2011.4

群馬県内の中山道沿いの地形条件―平野から山地に至る境界の事例として(熊原康博)「えりあぐんま」 群馬地理学会 (17) 2011.7

展示批評 埼玉県立歴史と民俗の博物館特別展「降嫁百五十年記念 皇女和宮と中山道」を見て(西光三)「地方史研究」 地方史研究協議会 61(4)通号352 2011.8

中山道への助郷―更埴地域を中心に(特集号 千曲川流域にみられた中世の合戦)(大橋昌人)「千曲」 東信史学会 (148) 2011.10

本荘地区内の中山道 あれこれ(角竹弘)「中山道加納宿 : 中山道加納宿文化保存会会誌」 中山道加納宿文化保存会 (58) 2011.10

「中山道」よりみちある記・今と昔(植田由紀子)「松戸史談」 松戸史談会 (51) 2011.11

歴史的街道を対象とした自然地理学的な講義の提案―関東平野の中山道を事例として(熊原康博)「広島大学総合博物館研究報告」 広島大学総合博物館 (3) 2011.12

地形図からみた中山道[1]～(3)(今井春昭)「中山道加納宿 : 中山道加納宿文化保存会会誌」 中山道加納宿文化保存会 (59)/(62) 2012.4/2013.10

中山道こぼれ話(堀信雄)「中山道加納宿 : 中山道加納宿文化保存会会誌」 中山道加納宿文化保存会 (60) 2012.4

中山道ものしり帳「中山道加納宿 : 中山道加納宿文化保存会会誌」 中山道加納宿文化保存会 (60) 2012.10

岡の旧中山道を探る(伊藤毅)「岡部史話」 岡部郷土文化会 (32) 2012.11

江戸時代初期における中山道伝馬駄賃推移考察(森滋)「宇須比」 松井田町文化会 (67) 2012.12

木曽・旧宮越宿と原野村の中山道彩色絵から(上)―絵図にみるいくつかを(神村透)「信濃[第3次]」 信濃史学会 65(3)通号758 2013.3

史料紹介 木曽・旧宮越宿と原野村の中山道彩色絵から(下)―農家の大きさをみる(神村透)「信濃[第3次]」 信濃史学会 65(4)通号759 2013.4

近世後期における宿組合の編成と機能―中山道十宿組合を中心に(第54回日本史関係卒業論文発表会要旨)(秋山寛行)「地方史研究」 地方史研究協議会 63(3)通号363 2013.6

中近世移行期中山道における伝馬問屋の形成―安中宿・軽井沢宿を中心に(第2回交通史学会大会報告・総会報告―大会発表要旨(共通論題))(荒木美緒知)「交通史研究」 交通史学会, 吉川弘文館(発売)(81) 2013.9

中山道ものしり帳「中山道加納宿 : 中山道加納宿文化保存会会誌」 中山道加納宿文化保存会 (62) 2013.10

ぐんまの歴史入門講座 第147講 中山道・新町宿の成立(川村康雄)「ぐんま地域文化」 群馬地域文化振興会 (41) 2013.11

往古の中山道(千早庭之)「中山道加納宿 : 中山道加納宿文化保存会会誌」 中山道加納宿文化保存会 (63) 2014.4

問題提起 交通史の視点―中山道から日本鉄道への交通結節点(大会特集 I 北武蔵の地域形成―水と地形が織りなす歴史像)(杉山正司)「地方史研究」 地方史研究協議会 64(4)通号370 2014.8

中山道と熊谷宿(調査研究)(鯨井邦彦)「熊谷市郷土文化会誌」 熊谷市郷土文化会 (70) 2014.11

中仙道

置賜地方の紀行文芸を読む―白鷹町瑞龍院龍門図書館所蔵『中仙道中旅寝の夢』の紹介を中心に(小林文雄)「置賜文化」 置賜史談会 (110) 2010.11

中台

一枚の写真から(4) 農村地帯だった頃の中台・若木の風景(泉貞代)「板橋史談」 板橋史談会 (258) 2010.5

永田町

東京文学地図帖 戦後編(2) 永田町(槌田満文)「Collegio」 之潮 (19) 2007.2

オランダ人お雇い工師リンドによる浦安堀江水準標石の設置から永田町の日本水準原点設置までの経過について(市川幸男)「研究報告」 千葉県立関宿城博物館 (12) 2008.9

日本水準原点の内部公開見学記(町田尚夫)「奥武蔵」 奥武蔵研究会 (386) 2012.7

中町

自然と生きる 西東京市の主な屋敷林(7) 中町・向台町・芝久保町(小川武廣)「武蔵保谷村だより : 高橋文太郎の『武蔵保谷村郷土資料』を手掛かりに」 下保谷の自然と文化を記録する会 (8) 2013.1

中藤村

日記史料に現れる近世後期農村住人の定期市利用―武州多摩郡中藤村の指田藤詮を中心に(研究ノート)(渡邉英明)「歴史地理学」 歴史地理学会, 古今書院(発売) 55(4)通号266 2013.9

長沼

古い写真を読む(14) 長沼の煉瓦工場「八王子市郷土資料館だより」 八王子市郷土資料館 (82) 2007.12

中野

中野往来 整地碑「しいのき : 中野区立歴史民俗資料館だより」 中野区立歴史民俗資料館 (50) 2005.10

中野往来 中野区中央一丁目辺りのこと「しいのき : 中野区立歴史民俗資料館だより」 中野区立歴史民俗資料館 (53) 2007.4

第427回例会記 明治維新前後になぜ多数の寺院の移転が一特に杉並、中野、世田谷地区に寺町が 芦原義守先生「杉並郷土史会会史報」 杉並郷土史会 (213) 2009.1

新たな中野文化(三隅治雄)「しいのき : 中野区立歴史民俗資料館だより」 中野区立歴史民俗資料館 (59) 2010.4

中野の塔と地形(田中正大)「Collegio」 之潮 (41) 2010.7

再発見、中野の歴史と民俗(中村茂男)「しいのき : 中野区立歴史民俗資料館だより」 中野区立歴史民俗資料館 (60) 2010.10

文化財よもやま話 中野の農業と農具「しいのき : 中野区立歴史民俗資料館だより」 中野区立歴史民俗資料館 (60) 2010.10

文化財よもやま話 特別展「中野を語る建物たち―大正・昭和前期建造物調査報告書―」「しいのき : 中野区立歴史民俗資料館だより」 中野区立歴史民俗資料館 (61) 2011.10

中野往来 中野に来た“商う人々”「しいのき : 中野区立歴史民俗資料館だより」 中野区立歴史民俗資料館 (64) 2014.10

中野区

旧家は区史の生き証人(三隅治雄)「しいのき : 中野区立歴史民俗資料館だより」 中野区立歴史民俗資料館 46 2003.10

わがまちの文化財・中野区 中野区指定重要文化財 哲学堂と公園「東京の文化財」 東京都教育庁地域教育支援部 95 2005.3

平成16年度中野区登録・指定文化財 指定文化財 萬垢離木太刀/大河原家文書「しいのき : 中野区立歴史民俗資料館だより」 中野区立歴史民俗資料館 (49) 2005.4

平成20年度中野区指定文化財 小谷津家文書(古文書12点)「しいのき : 中野区立歴史民俗資料館だより」 中野区立歴史民俗資料館 (57) 2009.4

平成22年度中野区新指定文化財「しいのき : 中野区立歴史民俗資料館だより」 中野区立歴史民俗資料館 (61) 2011.10

文化財のある町 哲学堂公園/野方風致地区/北野神社(松ヶ丘天神)/江古田公園/星光山蓮華寺/野方配水塔/日照山阿弥陀院東光寺/七星山息災寺光徳院/中野区立歴史民俗資料館の井上円了資料「しいのき : 中野区立歴史民俗資料館だより」 中野区立歴史民俗資料館 (61) 2011.10

中野往来 中野区誕生80年「しいのき : 中野区立歴史民俗資料館だより」 中野区立歴史民俗資料館 (62) 2012.10

新指定・登録文化財紹介 区指定有形民俗文化財 「裁縫ひな形」ほか関連資料(中野区有形文化財;登録・指定第119号)「国登録有形文化財 中村家住宅洋館(中野1丁目)、細井家住宅主屋(上高田3丁目)、萬昌院功運寺 庫裡(上高田4丁目)、萬昌院功運寺 鐘楼(上高田4丁目)、萬昌院功運寺 山門(上高田4丁目)、三岸家住宅アトリエ(上鷺宮2丁目)「しいのき : 中野区立歴史民俗資料館だより」 中野区立歴史民俗資料館 (64) 2014.10

中野高等家政女学校

都立中野高等家政女学校の学徒勤労動員の話し合い(秋山昌文)「戦争のきずあと・むさしの」 武蔵野の空襲と戦争遺跡を記録する会 (40) 2011.8

中之橋

地域の歴史を伝える文化財旧中之橋の親柱石「ねりまの文化財」 練馬区地域文化部 46 2000.1

中の宮
第109回例会 平成26・9・28 失われた中の宮の痕跡―地名中の宮（現練馬区春日町）の語源についての考察（榊原輝一）「練馬区地名研究会会報」 練馬区地名研究会 （109） 2014.11

中野村
中野村・高円寺村・馬橋村三か村用水開削の経緯と成宗弁天（竹村誠）「杉並区立郷土博物館研究紀要」 杉並区立郷土博物館 （15） 2007.3

研究ノート 中野村組合と馬橋村（金井貴司）「杉並区立郷土博物館研究紀要」 杉並区立郷土博物館 （18） 2011.2

中野村・高円寺村・馬橋村用水記念碑
平成17年度杉並区登録文化財 中野村・高円寺村・馬橋村用水記念碑（編集部）「杉並郷土史会史報」 杉並郷土史会 （200） 2006.11

中野陸軍憲兵学校
東京中野陸軍憲兵学校の終焉（山崎直久）「須高」 須高郷土史研究会 （68） 2009.4

中町奉行所
研究の散歩道 中町奉行所の成立をめぐって（高山慶子）「江戸東京博物館news ： Edo-Tokyo Museum news」 東京都歴史文化財団東京都江戸東京博物館 69 2010.3

仲見世
浅草寺の仲見世（田丸太郎）「目黒区郷土研究」 目黒区郷土研究会 （668） 2010.9

仲見世百貨店
駒沢電気館と仲見世百貨店（〈「三軒茶屋を記録する会」からのレポート〉）（編集部）「せたかい ： 歴史さろん」 世田谷区誌研究会 （52） 2000.7

永峯
目黒駅と永峯（橋口明子）「目黒区郷土研究」 目黒区郷土研究会 （612） 2006.1

中村の城山
練馬の城を往く（9） 中村の城山（じょうやま）（練馬区中村四丁目）（八巻孝夫）「練馬郷土史研究会会報」 練馬郷土史研究会 （349） 2014.1

中目黒
江戸時代の中目黒（小林俊輔）「目黒区郷土研究」 目黒区郷土研究会 595 2004.8

文化十年の中目黒（1）～（4）（小林俊輔）「目黒区郷土研究」 目黒区郷土研究会 596/599 2004.9/2004.12

変わり行く中目黒 大きな工事が目白押し（平山元也）「目黒区郷土研究」 目黒区郷土研究会 （635） 2007.12

なかめ公園橋
目黒川に新しい橋「なかめ公園橋」が工事中（平山元也）「目黒区郷土研究」 目黒区郷土研究会 （638） 2008.3

目黒川になかめ公園橋が完成した（平山元也）「目黒区郷土研究」 目黒区郷土研究会 （646） 2008.11

仲六郷
わが国最初の鉄道火災（平野順治）「武蔵野」 武蔵野文化協会 78（1）通号335 2002.2

名倉堂
「千住名倉堂風物」磯ヶ谷紫江著[1]，[2]「足立史談会だより」 足立史談会 （280）/（281） 2011.7/2011.8

七国山
表紙 鎌倉井戸（町田市山崎町七国山）「いしぶみ」 まちだ史考会 （38） 2014.12

成木
古文書は語る（38） 成木石灰の輸送と江戸城改修工事―『朝野旧聞裒藁』所収「御用石灰付送りにつき申渡書」（馬場憲一）「多摩のあゆみ」 たましん地域文化財団 （153） 2014.2

成木川
木漏れ陽の中の歴史散歩―成木川に沿う小径を散策する（特集 多摩の小川）（小島みどり）「多摩のあゆみ」 たましん地域文化財団 （147） 2012.8

成木村
敗戦後の成木村政の展開（《特集 戦時下の地域社会》）（沖川伸夫）「多摩のあゆみ」 たましん地域文化財団 （119） 2005.8

成田
第447回例会記 杉並の地名発祥の地を探る―成田・荻窪文化財めぐり（横尾信彦）「杉並郷土史会史報」 杉並郷土史会 （222） 2010.7

成増
成増の立教大学グラウンド（木村榮作）「板橋史談」 板橋史談会 （261） 2010.11

成増駅
成増駅北口印書館通りの昔と今（特集 戦後回顧）（星野紀昭）「板橋史談」 板橋史談会 （256） 2010.1

成増陸軍飛行場
寄稿 終戦前後の成増飛行場（山下徹）「板橋史談」 板橋史談会 （237） 2006.11

寄稿 成増陸軍飛行場記 序章～（8）（山下徹）「板橋史談」 板橋史談会 （238）/（248） 2007.1/2008.9

成瀬
町田雑感 成瀬界隈を主として（西島護）「いしぶみ」 まちだ史考会 （18） 2004.12

成瀬が丘
「南野」か「成瀬が丘」か（田中正大）「Collegio」 之潮 （49） 2012.7

南葛
特集にあたって 南葛の教育と裁判（特集 南葛の教育と裁判）（松浦利貞）「明日を拓く」 東日本部落解放研究所，解放書店（発売）38（5）通号95 2012.3

同和教育と私（特集 南葛の教育と裁判）（申谷雄二）「明日を拓く」 東日本部落解放研究所，解放書店（発売）38（5）通号95 2012.3

南功国民学校
南功国民学校（高等科）の姿を求めて（菅井康郎）「品川歴史館紀要」 品川区立品川歴史館 （18） 2003.3

南功国民学校（高等科）の姿を求めて（追記）（菅井康郎）「品川歴史館紀要」 品川区立品川歴史館 （20） 2005.3

西新井
都市近郊の農産物を追う（5），（6） 西新井大菜と三河島大菜（上），（下）（荻原ちとせ）「足立史談」 足立区教育委員会 （477）/（478） 2007.11/2007.12

西新井国民学校
疎開学童の心の中に残されたもの「怪我と病気のお使い」 当時西新井国民学校三年 川井トヨ子「足立史談会だより」 足立史談会 （319） 2014.10

西尾久
郷土の思い出を語る（昭和の時代）I～II 西尾久在住 西島栄三さん（昭和7年生）「荒川史談」 荒川史談会 （314）/（315） 2013.6/2013.9

西片
伯爵家の町づくり―学者町・西片の誕生（加藤芳典）「文京ふるさと歴史館だより」 ［文京ふるさと歴史館］ （18） 2011.6

西片町
江戸の街・東京の街（12） 駒込西片町10番地（白石弘之）「Collegio」 之潮 （20） 2007.3

西ヶ原
写真に見るあの日あの時 西ヶ原の学窓から「ぼいす ： 北区飛鳥山博物館だより」 北区飛鳥山博物館 17 2006.9

第26回総会記念講演 1月20日（日） 日本最初の研究学園地帯 西ヶ原 金子六郎氏「北区史を考える会会報」 北区史を考える会 （87） 2008.2

イベントレポート「萌えたて 桑の葉―東京高等蚕養学校と西ヶ原―」「ぼいす ： 北区飛鳥山博物館だより」 北区飛鳥山博物館 25 2010.9

西ヶ原一里塚
大地・水・人 西ヶ原の一里塚に想う（山口隆太郎）「ぼいす ： 北区飛鳥山博物館だより」 北区飛鳥山博物館 26 2011.3

写真に見るあの日あの時 西ヶ原一里塚と都電「ぼいす ： 北区飛鳥山博物館だより」 北区飛鳥山博物館 31 2013.9

西新宿
西新宿の思い出（植原菊郎）「杉並郷土史会会報」 杉並郷土史会 （238） 2013.3

西園
大名庭園「西園」と赤坂離宮―「赤坂御庭園」をめぐって（近藤壮）「和歌山市立博物館研究紀要」 和歌山市教育委員会 通号20 2006.3

西太子堂
世田谷線 沿線各駅散歩道（三軒茶屋・西太子堂）（中村甲）「せたかい ： 歴史さろん」 世田谷区誌研究会 （64） 2012.7

西多摩
西多摩―多摩川・秋川の谷筋と生活圏（桜井昭男）「多摩のあゆみ」 たましん地域文化財団 113 2004.2

西多摩における水車の盛衰（天野宏司）「多摩のあゆみ」 たましん地域文化財団 115 2004.8

西多摩のコンクリートアーチ橋（《特集 多摩の橋》）（河合文久）「多摩のあゆみ」 たましん地域文化財団 （123） 2006.8

東京都　　　　　　　　　　地名でたどる郷土の歴史　　　　　　　　　　関東

王の内七不思議巡り―西多摩の散歩道(特集 おもしろいぞ! 多摩のまち歩き―エッセイ多摩のまち歩き)(鈴木秀章)「多摩学会」 多摩学会 (21) 2010.2

御真影の共同管理と疎開―都内・北多摩・八王子から西多摩へ(特集 戦時下の地域社会 その2)(古橋研一)「多摩のあゆみ」 たましん地域文化財団 (141) 2011.2

第85回例会報告 五日市鉄道大久野線(支線)廃線沿いを歩く―五日市鉄道と西多摩(池田昇)「多摩地域史研究会会報」 多摩地域史研究会 (112) 2014.11

西多摩郡

1960年代から70年代の西多摩郡の社会教育(特集 戦後多摩の公民館活動)(野澤久人)「多摩のあゆみ」 たましん地域文化財団 (144) 2011.11

西多摩郡村

「皇国地誌・西多摩郡村誌」の復刻にあたって(会員館活動報告)(青梅市郷土博物館)「ミュージアム多摩 : 東京都三多摩公立博物館協議会会報」 東京都三多摩公立博物館協議会 (32) 2011.3

西多摩小学校

父母たちの西多摩小学校PTA―汗と知恵の百年を追う(須崎新太郎)「会報羽村郷土研究」 羽村郷土研究会 (82) 2003.6

西東京市

戦争遺跡紹介 西東京市「戦争のきずあと・むさしの」 武蔵野の空襲と戦争遺跡を記録する会 6 2003.5

戦争体験を視覚化し検証する―西東京市域における空襲体験記録と米軍資料を中心に(《特集 戦時下の地域社会》)(牛田守彦)「多摩のあゆみ」 たましん地域文化財団 (119) 2005.8

西東京市の空襲は17回もあった(古内竹二郎)「戦争のきずあと・むさしの」 武蔵野の空襲と戦争遺跡を記録する会 (30) 2009.1

自然と生きる 西東京市の主な屋敷林(1) 斉藤家(泉町)(小川武廣)「武蔵保谷村だより : 高橋文太郎の『武蔵保谷村郷土資料』を手掛かりに」 下保谷の自然と文化を記録する会 (2) 2011.7

自然と生きる 西東京市の主な屋敷林(2) 本橋家(北町)(小川武廣)「武蔵保谷村だより : 高橋文太郎の『武蔵保谷村郷土資料』を手掛かりに」 下保谷の自然と文化を記録する会 (3) 2011.10

日本本土空襲の中で西東京市地域の空襲を考える(牛田守彦)「戦争のきずあと・むさしの」 武蔵野の空襲と戦争遺跡を記録する会 (43) 2012.5

西日暮里

郷土の思い出を語る(昭和の時代)I,II 西日暮里在住 松本源之助さん(大正13年生)「荒川史談」 荒川史談会 (301)/(302) 2010.3/2010.6

西村

沼辺・西村考―上石神井の旧小名(下島邦夫)「練馬区地名研究会会報」 練馬区地名研究会 (83) 2008.5

23区

シリーズ レファレンスの杜 東京都の23区は、以前は35区だったといいますが、本当ですか。それはいつ頃の話ですか。「東京都公文書館だより」 東京都公文書館 (2) 2003.3

史跡を訪ねて(13) 旧粕谷家住宅から23区の古民家を巡る(上)(猪瀬尚志)「板橋史談」 板橋史談会 (255) 2009.11

史跡を訪ねて(14)、(15) 23区の古民家を巡る(中)、(下)(猪瀬尚志)「板橋史談」 板橋史談会 (257)/(258) 2010.3/2010.5

東京23区北部地域の地域史研究について(小特集 地方史研究の現在)(秋山伸一)「地方史研究」 地方史研究協議会 61(2)通号350 2011.4

二十三区

板橋区を始め二十三区の区広報誌に思う(ひろば)(猪瀬尚志)「板橋史談」 板橋史談会 (276) 2013.5

日性寺

記憶としての地名 杉並区成田西二丁目―「豊多摩」と「日性寺」(星野朗)「Collegio」 之潮 (15) 2006.10

日光街道

さし絵のなかの多摩(23) 日光街道と二筋の青梅街道の辻―「武蔵野話」・「御嶽菅笠」の箱根ヶ崎(斎藤慎一)「多摩のあゆみ」 たましん地域文化財団 110 2003.5

日光街道の宿場を訪ねて 栗橋宿・幸手宿・粕壁宿(増渕武男)「栃木県立博物館友の会だより」 栃木県立博物館友の会 (45) 2008.2

日光道

中山道と日光道中(杉山正司)「埼玉地方史」 埼玉県地方史研究会 50 2003.5

日光道中探検と父母の故郷(木本和男)「奥武蔵」 奥武蔵研究会 通号349 2006.5

日光道中略記を読んで(上野静子)「郷土史会報」 南河内町教育委員会 (19) 2006.8

日光道中ぶらぶら歩き[1]～(3)(和泉守)「越谷市郷土研究会会報 : 古志賀谷」 越谷市郷土研究会 (14)/(16) 2007.11/2011.12

椿椿山筆「日光道中真景図巻稿」について(本田諭)「栃木県立博物館研究紀要.人文」 栃木県立博物館 (28) 2011.3

日光道中を通った人たちの記録(宮川進)「越谷市郷土研究会会報 : 古志賀谷」 越谷市郷土研究会 (16) 2011.12

ルーツを求めて(1) 日光道中日記(1)、(2)(清水貴子)「川越の文化財」 川越市文化財保護協会 (112)/(113) 2012.10/2013.2

日光道中略記より 道鏡禅師の足跡を尋ねて(藤貫玲子)「道鏡を守る会 : 道鏡禅師を知ろう」 道鏡を守る会 (34) 2012.10

日光道中ぶらぶら歩き(4) 吉野通りを歩く(和泉守)「越谷市郷土研究会会報 : 古志賀谷」 越谷市郷土研究会 (17) 2014.3

日原

滝めぐり(4) 日原の大滝(小澤洋三)「多摩のあゆみ」 たましん地域文化財団 109 2003.2

日原の木工業(村木征一)「郷土研究」 奥多摩郷土研究会 (25) 2014.3

日暮里

文化館おすすめ史跡めぐりコース(3) ひぐらしのさと編(加藤陽子)「荒川ふるさと文化館だより」 荒川区教育委員会荒川ふるさと文化館 (16) 2006.3

うれしいお買いもの(4) 錦絵に描かれた「ひぐらしのさと」(斉藤照徳)「荒川ふるさと文化館だより」 荒川区教育委員会荒川ふるさと文化館 (23) 2010.3

大正期における日暮里の開発について(シンポジウム記録 シンポジウム 神奈川県の自治体史編さん―市民のための近現代史を目指して―第73回例会)(加藤陽子)「首都圏形成史研究会会報」 首都圏形成史研究会 (25) 2010.12

郷土の思い出を語る(昭和の時代)I,II 日暮里在住 会田晴康さん(昭和6年生)「荒川史談」 荒川史談会 (307)/(308) 2011.9/2011.12

日暮里地区を歩く「荒川史談」 荒川史談会 (307) 2011.9

あらかわタイムトンネルズ(24) 日暮里の関家に伝わったゲーム盤(関悦子)「荒川ふるさと文化館だより」 荒川区教育委員会荒川ふるさと文化館 (31) 2014.3

日暮里駄菓子問屋街

取り壊しまであと一年 続・日暮里駄菓子問屋街の消える日(阿部清司)「谷中・根津・千駄木」 谷根千工房 74 2003.10

寄稿・日暮里駅再開発 日暮里から駄菓子問屋が消えた日(阿部清司)「谷中・根津・千駄木」 谷根千工房 78 2004.11

日暮里・舎人ライナー

日暮里・舎人ライナー沿線を歩く「荒川史談」 荒川史談会 (294) 2008.6

日暮里・舎人ライナー(加藤米二)「足立史談会だより」 足立史談会 (296) 2012.11

日暮里町

職人こぼれ話(11) 『日暮里町政沿革史』に見る日暮里の鋳造家(八代和香子)「荒川ふるさと文化館だより」 荒川区教育委員会荒川ふるさと文化館 (30) 2013.9

日本橋

東海道宿駅制度400年記念 東海道―日本橋、そして川崎宿へ「Museum News」 川崎市市民ミュージアム (61) 2001.9

博物館の資料 江戸名所図会―日本橋(島田洋)「世喜宿 : 千葉県立関宿城博物館報」 千葉県立関宿城博物館 14 2002.9

東海道五十三次を歩いて(1) 日本橋から箱根宿迄(小林富幸)「於保為」 大井町郷土史研究会 (22) 2002.10

浮世絵巻「熈代勝覧」を観て(保坂峯子)「西上総文化会報」 西上総文化会 (63) 2003.3

将門塚から日本橋界隈へ(武山勝)「目黒区郷土研究」 目黒区郷土研究会 592 2004.5

映像で見る日本橋の賑わい 熈代勝覧を読む「足立史談会だより」 足立史談会 198 2004.9

研究散歩道日本橋の復元模型と絵画(我妻直美)「江戸東京博物館news : Edo-Tokyo Museum news」 東京都歴史文化財団東京都江戸東京博物館 50 2005.6

図書館で調べる 地図・地誌編(18) あてにならない「専門書」もあること―いま話題の「日本橋」について(菅原健二)「Collegio」 之潮 (15) 2006.10

町割りの形成―近世初期日本橋と銀座の都市設計を考える(〈特集1 シンポジウム「日本橋・銀座・汐留―にぎわいの街」〉)(伊藤毅)「東京都江戸東京博物館研究報告」 東京都江戸東京博物館 (13) 2007.3

日本橋～品川(野村共栄, 柳澤坦)「とみづか」 戸塚歴史の会 (33) 2007.6

東京文学地図帖 戦後編(7) 日本橋(槌田満文)「Collegio」 之潮 (24) 2007.7

関東 地名でたどる郷土の歴史 東京都

都内見学報告 日本橋界隈の史跡と日本銀行本店をめぐる（宮元裕子）「郷土研だより」 東村山郷土研究会 （374）2011.7

特別展 江戸東京博物館開館20周年記念特別展「日本橋―描かれたランドマークの400年―」平成24年5月26日（土）～7月16日（月・祝）（我妻直美）「江戸東京博物館news : Edo-Tokyo Museum news」 東京都歴史文化財団東京都江戸東京博物館 （77）2012.3

旧東海道を歩く 日本橋から三島宿を歩く（1）（鈴木秀幸）「横浜西区郷土史研究会会報」 横浜西区郷土史研究会 （39）2012.10

日本医大

前代未聞の大学疎開 日本医大、鶴岡へ（新田基子）「谷中・根津・千駄木」 谷根千工房 （87）2007.6

日本銀行本店

都内見学報告 日本橋界隈の史跡と日本銀行本店をめぐる（宮元裕子）「郷土研だより」 東村山郷土研究会 （374）2011.7

日本染色赤羽工場

第344回月例研究会 7月9日（土）赤羽公園にあった日本染色赤羽工場について（鈴木久市）「北区史を考える会会報」 北区史を考える会 （101）2011.8

日本橋台地

『江戸・東京地形学散歩』の読者のために（3），（4）日本橋台地・江戸前島・日比谷入江（松田磐余）「Collegio」 之潮 （39）/（40）2009.12/2010.4

日本無線三鷹製作所

洋風建築への誘い（4）日本無線三鷹製作所（伊藤龍也）「多摩のあゆみ」 たましん地域文化財団 115 2004.8

韮久保

韮久保から宮久保を経て長久保・雨沼久保へ（葛城正勝）「練馬区地名研究会会報」 練馬区地名研究会 （82）2007.12

貫井池

第101回例会 貫井池と周辺の史跡（葛城明彦）「練馬区地名研究会会報」 練馬区地名研究会 （101）2012.11

貫井川

貫井川上流を考える―練馬にもあった東北の谷地（宮城正勝）「練馬区地名研究会会報」 練馬区地名研究会 （71）2005.2

沼田

足立史談カルタ紹介 「ぬ」沼田はむかし御神領「足立史談会だより」 足立史談会 （279）2011.6

沼田川

小泉健男氏遺稿 幻の沼田川（小泉健男）「足立史談会だより」 足立史談会 （235）2007.10

沼辺

沼辺・西村考―上石神井の旧小名（下島邦夫）「練馬区地名研究会会報」 練馬区地名研究会 （83）2008.5

根岸

町の記憶 根岸だより（坂口和澄）「谷中・根津・千駄木」 谷根千工房 82 2005.12

続・根岸だより 荼毘直前の記憶から（坂口和澄）「谷中・根津・千駄木」 谷根千工房 （93）2009.8

第409回例会 後北条領国の宿と市―鶴間・根岸と松山本郷の事例より（例会報告要旨）（山下智也）「戦国史研究」 戦国史研究会, 吉川弘文館（発売）（68）2014.8

根津

江戸東京歴史紀行 根津・千駄木・本駒込界隈を歩く（上），（下），（番外編）（滝口知与子）「ふるさとの自然と歴史」 歴史と自然をまもる会 280/282 2000.5/2000.9

歴史散歩 お茶の水から根津へ（田口康男）「横浜西区郷土史研究会会報」 横浜西区郷土史研究会 （35）2010.10

根津茨城県会館

意匠広告「残したい建物があります」 根津茨城県会館「谷中・根津・千駄木」 谷根千工房 75 2004.1

谷根千オンブズマン 根津茨城県会館緊急報告「谷中・根津・千駄木」 谷根千工房 76 2004.5

根津銀座

根津銀座のオトメ、そしてみんなで食べてたオトメパン（時には昔の話を―言問通り三話）「谷中・根津・千駄木」 谷根千工房 （89）2008.3

ねず橋

地名を掘る ねず橋・お猿坂（岩崎美智子）「練馬区地名研究会会報」 練馬区地名研究会 64 2003.5

根津山

郷土資料館なんでもQ&A "ねずやま"の行方「かたりべ : 豊島区立郷土資料館ミュージアム開設準備だより」 豊島区立郷土資料館 71 2003.9

根津山を忘れない「かたりべ : 豊島区立郷土資料館ミュージアム開設準備だより」 豊島区立郷土資料館 （93）2009.3

根津山の現状―人生横丁を覚えていますか（ひろば）（猪瀬尚志）「板橋史談」 板橋史談会 （277）2013.8

練馬

第62回例会 昭和初期、板橋区時代の練馬（築地米三郎）「練馬区地名研究会会報」 練馬区地名研究会 63 2003.2

第66回例会 千川上水と練馬の農業（飯塚芳明）「練馬区地名研究会会報」 練馬区地名研究会 67 2004.2

第71回例会 写真で話し合う練馬の風土と歴史 第1回歴史編「練馬区地名研究会会報」 練馬区地名研究会 （72）2005.5

第72回例会 写真で話し合う練馬の風土と歴史 第2回風土編「練馬区地名研究会会報」 練馬区地名研究会 （73）2005.8

練馬の大根（武蔵野の食文化（3））（島田正人）「武蔵野」 武蔵野文化協会 83（1）通号345 2007.5

関東大震災と練馬―円明院の「大震災横死者弔魂碑」から（木村博）「練馬郷土史研究会会報」 練馬郷土史研究会 （309）2007.5

第80回例会 練馬のいくさ道（葛城明彦）「練馬区地名研究会会報」 練馬区地名研究会 （81）2007.8

第82回例会 練馬の気候と東京のヒートアイランド・地球温暖化（谷治正孝）「練馬区地名研究会会報」 練馬区地名研究会 （84）2008.7

古文書にみる練馬大根（上），（下）（長坂淳子）「練馬古文書研究会会報」 練馬古文書研究会 （42）/（43）2009.6/2009.12

講演録 江戸周辺鷹場と練馬地域（根崎光男）「練馬古文書研究会会報」 練馬古文書研究会 （10）2010.6

第92回例会 明治の地図にみる練馬の古道（石川敦子）「練馬区地名研究会会報」 練馬区地名研究会 （92）2010.8

「練馬」「のりぬま」地名を考える［1］～（3）（葛城明彦）「練馬郷土史研究会会報」 練馬郷土史研究会 （338）/（339）2012.3/2012.07

第103回例会 平成25・2・3 練馬の古道―鷹場への道（石川敦子）「練馬区地名研究会会報」 練馬区地名研究会 （103）2013.5

「史料読み」と練馬母親連絡会資料（沼尻晃伸）「Prism : a newsletter of Research Center for Cooperative Civil Societies」 立教大学共生社会研究センター （5）2013.6

「練馬母親連絡会資料」のご紹介（平野泉）「Prism : a newsletter of Research Center for Cooperative Civil Societies」 立教大学共生社会研究センター （5）2013.6

昭和三十年代～四十年代の練馬と今［1］，（2）（葛城明彦）「練馬郷土史研究会会報」 練馬郷土史研究会 （346）/（347）2013.7/2013.9

日本の地名を縄文語で解釈する 第98回例会 平成23/11/13 II 各論―名は体を表す（第104号続き）7練馬に関連する古い地名から―武蔵国と宮本武蔵・豊島郡・練馬など（井上政行）「練馬区地名研究会会報」 練馬区地名研究会 （107）2014.7

第107回例会 平成26・4・13 東京郊外の市街地化と練馬（飯塚芳男）「練馬区地名研究会会報」 練馬区地名研究会 （108）2014.9

練馬区

練馬区指定文化財一覧/練馬区登録文化財一覧「ねりまの文化財」 練馬区地域文化部 57 2003.5

第5回地名談話会「練馬区地名研究会会報」 練馬区地名研究会 66 2003.11

練馬区の古文書（桑島新一）「練馬古文書研究会会報」 練馬古文書研究会 31 2003.12

第68回例会 地名研究の楽しみ―『練馬区地名目録』その後（桑島新一）「練馬区地名研究会会報」 練馬区地名研究会 69 2004.8

わがまち再発見ねりまの文化財めぐり「ねりまの文化財」 練馬区地域文化部 62 2004.9

郷土資料室特別展 新収蔵品展/第16回 練馬区伝統工芸展/区内ではじめて国の登録文化財建造物に 青柳家住宅主屋/ご存じですか？ 区内にある国指定文化財・都指定文化財「ねりまの文化財」 練馬区地域文化部 62 2004.9

谷戸研究グループ五年間の足どり（後藤光）「練馬区地名研究会会報」 練馬区地名研究会 （72）2005.5

わがまち再発見 ねりまの文化財めぐり「ねりまの文化財」 練馬区地域文化部 65 2005.10

文化財ウィークで公開される文化財「ねりまの文化財」 練馬区地域文化部 65 2005.10

練馬区の町名（金本勝三郎）「練馬郷土史研究会会報」 練馬郷土史研究会 （301）2006.1

第75回例会 練馬区内の「字」の変遷―地租改正と字（飯塚芳男）「練馬区地名研究会会報」 練馬区地名研究会 （76）2006.4

練馬区ゆかりの酒銘柄（伊藤一美）「練馬郷土史研究会会報」 練馬郷土史研究会 （316）2008.7

第89回例会 石神井川と練馬の地形(谷治正孝)「練馬区地名研究会会報」 練馬区地名研究会 (89) 2009.11

第11回地名談話会 H21.9.6 谷戸研究グループ報告(後藤光)「練馬区地名研究会会報」 練馬区地名研究会 (89) 2009.11

平成24年度新規の指定・登録文化財 小竹遺跡出土の大珠(指定有形文化財)/正親町天皇綸旨 非公開(登録有形文化財)/明叟宗普普道号頌 非公開(登録有形文化財)/明叟宗普書状 非公開(登録有形文化財)/妙福寺の駕籠 非公開(登録有形文化財)/石神井村火車岔之碑(登録有形文化財)/本覚寺の版木 非公開(登録有形民俗文化財)「ねりまの文化財」 練馬区地域文化部 (88) 2013.4

練馬区指定文化財一覧/練馬区登録文化財一覧「ねりまの文化財」 練馬区地域文化部 (91) 2014.4

石神井公園ふるさと文化館(指定管理者・練馬区文化振興協会) 東京文化財ウィーク関連事業 特別展「型紙の美 武蔵大学蔵「朝田家型紙コレクション」―幕末から明治の染めの世界―」9月27日(土)～11月16日(日)、古民家解説会 10月26日(日)、石神井城跡発掘パネル展 10月25日(土)～11月5日(水)、特別公開「小野蘭山墓誌」の公開展示 10月18日(土)～11月6日(木)/第26回練馬区伝統工芸展 10月24日(金)～26日(日)「ねりまの文化財」 練馬区地域文化部 (92) 2014.9

国指定・登録、都指定の文化財を公開しています 練馬白山神社の大ケヤキ(国指定天然記念物)/三宝寺池沼沢植物群落(国指定天然記念物)/牧野記念庭園(牧野富太郎宅跡)(国登録記念物)/石神井城跡(都指定史跡)/小野蘭山墓及び墓誌(都指定有形文化財)/池永道雲墓(都指定旧跡)/東高野山奥之院(都指定史跡)/丸山東遺跡方形周溝墓出土品(都指定有形文化財)「ねりまの文化財」 練馬区地域文化部 (92) 2014.9

練馬城

練馬城の研究史と遺構の活用・変遷(八巻孝夫)「中世城郭研究」 中世城郭研究会 (25) 2011.7

石神井城・練馬城、太田氏と豊嶋氏の合戦について(砕玉類題)(長島貴)「城郭史研究」 日本城郭史学会、東京堂出版(発売) (31) 2012.3

練馬の城を往く(4)～(6) 練馬城(練馬区向山3丁目)[1]～(続きの3)(八巻孝夫)「練馬郷土史研究会会報」 練馬郷土史研究会 (339)/(343) 2012.5/2013.1

高札場 8月例会 9月1日(日) 初秋の富士山一周史跡めぐり、9月例会 10月12日(土) 「練馬城と周辺の村落」葛城明彦氏「練馬郷土史研究会会報」 練馬郷土史研究会 (348) 2013.11

野方配水塔

国登録有形文化財 旧野方配水塔 荒玉水道町村組合の設立/荒玉水道整備計画の概要/野方配水塔の建設/野方配水塔の特色と価値「しいのき：中野区立歴史民俗資料館だより」 中野区立歴史民俗資料館 (59) 2010.4

野川

日本名水紀行(20) 都市化で多摩川水系・野川の湧水減少―ハケのワサビ田も消滅の危機(井出孫六)「ATT」 ATT流域研究所 (24) 2001.3

野川流域の水車の保存と水輪の製作(新車の水輪をつくる会)「多摩のあゆみ」 たましん地域文化財団 115 2004.8

古文書は語る(17) 野川流域における水車経営農家の始まり―峯岸家文書「養子証文」より(馬場憲一)「多摩のあゆみ」 たましん地域文化財団 (124) 2006.11

野口

野口の牛乳屋(小嶋安男)「郷土研だより」 東村山郷土研究会 299 2004.9

東村山の昔ばなし(34) 野口 どこにあったか古代の悲田処(東原那美[話]、糀谷忠三[絵]、両澤清[再話])「郷土研だより」 東村山郷土研究会 (405) 2014.2

野口町

調査研究報告 湧水・貯水池等の歴史と現状(2) 野口町界隈の湧水と池(下河原勇)「東村山市史研究」 (399) 2013.8

東村山30景を歩く 第2回 野口町から萩山町へ「歴史館だより」 東村山ふるさと歴史館 (48) 2014.6

野口橋

野口橋(本町4丁目栄町3丁目境)「郷土研だより」 東村山郷土研究会 (370) 2011.3

ノコギリ屋根の工場

洋風建築への誘い(25) 昭和飛行機工業本部とノコギリ屋根の工場(伊藤龍也)「多摩のあゆみ」 たましん地域文化財団 (136) 2009.11

野沢良助商店

野澤良助商店史料―米穀商としての流通を中心に(特集 東村山の米穀商とその流通)(稲葉和也)「東村山市史研究」 東京都東村山市 (23) 2014.1

野津田

野津田の郷 歴史と人とロマン(特集 町田の「自由民権運動」を考える)

(手塚直樹)「いしぶみ」 まちだ史考会 (31) 2011.7

野火止

のび止め物語 「野火止」名の由来(近内信輝)「郷土研だより」 東村山郷土研究会 (363) 2010.8

野火止物がたり 野火止のオーナー(近内信輝)「郷土研だより」 東村山郷土研究会 (365) 2010.10

野火止物がたり(13) 東中建設の奇妙な公平論(近内信輝)「郷土研だより」 東村山郷土研究会 (376) 2011.9

野火止物語り(14) 外国人女性も一言(近内信輝)「郷土研だより」 東村山郷土研究会 (377) 2011.10

野火止物がたり(17) 清流の復活(近内信輝)「郷土研だより」 東村山郷土研究会 (380) 2012.1

野火止物がたり(18) 水車とラッパ(近内信輝)「郷土研だより」 東村山郷土研究会 (381) 2012.2

野火止物がたり(20) 新田の子村(近内信輝)「郷土研だより」 東村山郷土研究会 (383) 2012.4

野火止物がたり(21) 野荒しと鷹の道(近内信輝)「郷土研だより」 東村山郷土研究会 (384) 2012.5

野火止物がたり(22) 野火止の恋(近内信輝)「郷土研だより」 東村山郷土研究会 (385) 2012.6

野火止水車苑

野火止水車苑(恩多町3―32―3)(両澤清)「郷土研だより」 東村山郷土研究会 (366) 2010.11

野火止分水

野火止物がたり 野火止分水口堰留事件(近内信輝)「郷土研だより」 東村山郷土研究会 (364) 2010.9

野火止用水

野火止用水開削諸説の論拠を探る(両澤清)「郷土研だより」 東村山郷土研究会 (309) 2005.10

野火止用水と万年橋(恩多町1・2・3・5丁目境)(両澤清)「郷土研だより」 東村山郷土研究会 (359) 2010.4

野火止用水と九道の辻(両澤清)「郷土研だより」 東村山郷土研究会 (362) 2010.7

市民文化祭(10月27日～31日)大盛況 研究テーマ「東村山周辺の水と歴史を歩く―野火止用水の歴史と現状―」(大井芳文)「郷土研だより」 東村山郷土研究会 (366) 2010.11

28年前、野火止用水・試験通水時の文 今、野火止は流れる(大井芳文)「郷土研だより」 東村山郷土研究会 (366) 2010.11

野火止物がたり 野火止用水と子どもの遊び(近内信輝)「郷土研だより」 東村山郷土研究会 (368) 2011.1

野火止物がたり(19) 野火止用水大浚い(近内信輝)「郷土研だより」 東村山郷土研究会 (382) 2012.3

野間道場

講談社 野間道場の剣士たち(1)～(5)(松嶋俊光)「群馬風土記」 群馬出版センター 17(3)通号74/18(3)通号78 2003.7/2004.7

呑川

呑川ともち草団子(新倉繁夫)「目黒区郷土研究」 目黒区郷土研究会 (627) 2007.4

梅郷

氷川郷余話―梅郷のトッケンとマルドッケン(渡辺友一郎)「郷土研究」 奥多摩郷土研究会 (21) 2010.3

拝島

拝島の撚糸水車―絵はがきの写真をめぐって(小坂克信)「多摩のあゆみ」 たましん地域文化財団 (121) 2006.2

拝島駅

誌上再現 写真展「拝島駅今昔物語」(1)、(2)(三村章)「多摩地域史研究会会報」 多摩地域史研究会 (81)/(82) 2007.11/2008.1

拝島駅110年―5代にわたる駅舎のあゆみ《特集 かわりゆく 駅風景》(三村章)「多摩のあゆみ」 たましん地域文化財団 (129) 2008.2

拝島宿

さし絵のなかの多摩(48) 拝島宿と原舟月の額―拝島村密厳院浄土寺真景全図(齋藤愼一)「多摩のあゆみ」 たましん地域文化財団 (138) 2010.5

萩山町

東村山30景を歩く 第2回 野口町から萩山町へ「歴史館だより」 東村山ふるさと歴史館 (48) 2014.6

萩原家住宅

登録文化財の紹介―萩原家住宅「せたがやの文化財」 東京都世田谷区教育委員会事務局 (12) 2000.2

関東　　　　　　　　　　　　　地名でたどる郷土の歴史　　　　　　　　　　　　　東京都

馬喰ヶ谷戸

第8回 谷戸研究グループ探訪会馬喰ヶ谷戸・神明ヶ谷戸を訪ねる（徳川達子）「練馬区地名研究会会報」 練馬区地名研究会 （72）2005.5

馬喰ヶ谷戸—地名の助詞ノとガ あれこれ（記念特集 地名にしてひがし—地域編）（下島邦夫）「練馬区地名研究会会報」 練馬区地名研究会 （100）2012.8

羽黒ノ宮

『我衣』を歩く（1）羽黒ノ宮（木田誼）「板橋史談」 板橋史談会 （251）2009.3

箱根ヶ崎

さし絵のなかの多摩（23）日光街道と二筋の青梅街道の辻—「武蔵野話」・「御嶽菅笠」の箱根ヶ崎（斎藤慎一）「多摩のあゆみ」 たましん地域文化財団 110 2003.5

駄菓子屋の行方 東京都西多摩郡瑞穂町箱根ヶ崎の報告（《特集 あなたも知らない昭和30年代路地裏の民俗学》）（道岡義経）「歴史民俗学」 批評社 （24）2005.7

箱根土地株式会社

コラム（9）箱根土地株式会社のグラウンドのこと（小川善一）「小平の歴史を拓く ： 市史研究」 小平市企画政策部 （2）2010.3

梯木坂

梯木坂は柿の木坂だった（田丸太郎）「目黒区郷土研究」 目黒区郷土研究会 （639）2008.4

橋戸

平成24・9・23 橋戸を含む白子郷の歴史から（第14回地名談話会）（下島邦夫）「練馬区地名研究会会報」 練馬区地名研究会 （102）2013.2

橋場

地名のつぶやき（7）南千住のアイデンティティ 橋場の行末（野尻かおる）「荒川ふるさと文化館だより」 荒川区教育委員会荒川ふるさと文化館 （12）2004.3

橋場の渡し

江戸の街・東京の街（15）,（16）白髭橋の架設と橋場の渡し（1）,（2）（白石弘之）「Collegio」 之潮 （29）/（31）2007.12/2008.2

畑方

第13回地名談話会 上石神井村の畑方・田方の地名（下島邦夫）「練馬区地名研究会会報」 練馬区地名研究会 （97）2011.11

畑中

親井戸と長屋の井戸—青梅市畑中の場合（鈴木晴也）「多摩のあゆみ」 たましん地域文化財団 111 2003.8

八王子

外国人遊歩地区と八王子—明治八年・遊歩規程事件を探る（沼謙吉）「八王子の歴史と文化 ： 郷土資料館研究紀要・年報」 八王子市教育委員会 15 2003.3

史料 千人同心月番日記二（もみじ会、近世古文書を学ぶ会）「八王子の歴史と文化 ： 郷土資料館研究紀要・年報」 八王子市教育委員会 15 2003.3

八王子に誕生した師範学校と八王子学校（沼謙吉）「八王子市郷土資料館だより」 八王子市郷土資料館 73 2003.7

夕焼けの里の文化—八王子・恩方の青年たちと「郷土研究」の潮流（神かおり）「首都圏形成史研究会会報」 首都圏形成史研究会 17 2003.11

八王子八景（美甘由紀子）「八王子市郷土資料館だより」 八王子市郷土資料館 75 2004.7

文化財修理現場報告 桑都日記稿本の表紙の中から……???「東京の文化財」 東京都教育庁地域教育支援部 93 2004.8

シンポジウム 浅川地下壕と結ぶ八王子の戦争遺跡「浅川地下壕の保存をすすめる会ニュース」 浅川地下壕の保存をすすめる会 43 2004.12

八王子の文化財（8）新指定の文化財「八王子市郷土資料館だより」 八王子郷土資料館 76 2005.1

八王子千人同心について—勇払開拓悲話を中心に（新川寛）「北海道の文化」 北海道文化財保護協会 （77）2005.3

古い写真を読む（9）空襲をうけた八王子の町並み「八王子市郷土資料館だより」 八王子市郷土資料館 77 2005.7

明治中期・八王子の被差別部落に関する資料（斎藤洋一）「信州農村開発史研究所報」 信州農村開発史研究所 （93）2005.7

地域博物館の特別展と調査から見えてきたもの—八王子千人同心と「新編武蔵国風土記稿」・「新編相模国風土記稿」の編さん（《特集 わたしたちの図書館・博物館》）（土井義夫）「多摩のあゆみ」 たましん地域文化財団 （120）2005.11

報告 シルク・サミット2004 in 八王子「伝統と創造—マルベリーシティーからの発言—」（町井博明）「岡谷蚕糸博物館紀要」 岡谷市教育委員会 （10）2005.12

講演会 八王子の歴史と織物（田中貞夫）「岡谷蚕糸博物館紀要」 岡谷市教育委員会 （10）2005.12

「浅川地下壕と結ぶ八王子の戦争遺跡」 浅川市民センター文化展報告「浅川地下壕の保存をすすめる会ニュース」 浅川地下壕の保存をすすめる会 （49）2005.12

多摩陵の造営と八王子の教育—「多摩勤労中学」の開校を糸口に（斎藤智文）「多摩地域史研究会会報」 多摩地域史研究会 （73）2006.1

講演 戦国期八王子の城と町の変遷（斎藤慎一）「八王子の歴史と文化 ： 郷土資料館研究紀要・年報」 八王子市教育委員会 （18）2006.1

八王子の副業—目籠づくりの分布について（神かほり）「八王子市郷土資料館だより」 八王子市郷土資料館 （78）2006.1

八王子の文化財（9）新指定の文化財「八王子市郷土資料館だより」 八王子市郷土資料館 （78）2006.1

寄稿 丘から見た八王子空襲（山本節）「八王子市郷土資料館だより」 八王子市郷土資料館 （79）2006.7

第4回語り継ぐ東京大空襲 八王子空襲トーク集会（山梨喜正）「浅川地下壕の保存をすすめる会ニュース」 浅川地下壕の保存をすすめる会 （53）2006.8

講演 八王子千人同心の地方史研究（白井哲哉）「八王子の歴史と文化 ： 郷土資料館研究紀要・年報」 八王子市教育委員会 （19）2006.8

八王子千人同心地誌捜索関係史料（史料）（亀尾美香）「八王子の歴史と文化 ： 郷土資料館研究紀要・年報」 八王子市教育委員会 （19）2006.8

戦時中八王子の食生活（中村明美）「八王子の歴史と文化 ： 郷土資料館研究紀要・年報」 八王子市教育委員会 （19）2006.8

地下壕よくわかーるすぐわかーる 本土決戦準備と八王子[1]～（2）（斎藤勉）「浅川地下壕の保存をすすめる会ニュース」 浅川地下壕の保存をすすめる会 （54）/（55）2006.10/2006.12

平成18年度特別展「多摩陵・高尾と八王子」「八王子市郷土資料館だより」 八王子市郷土資料館 （81）2007.7

八王子千人同心の地誌探索の道—塩野適斎の日記から（《特集 江戸時代の多摩を歩く》）（土井義夫）「多摩のあゆみ」 たましん地域文化財団 （128）2007.10

平成19年度特別展「八王子の天然理心流」「八王子市郷土資料館だより」 八王子市郷土資料館 （82）2007.12

郷土史講演会 生涯学習センター川口分館共催 第一夜「南北朝期の八王子」小林央氏/第二夜「豪族・川口兵庫介」高澤寿民氏（鈴木晴樹、小林央）「郷土史」 八王子市川口郷土史研究会 （29）2008.1

特別展「八王子の天然理心流」を終えて（小林央）「八王子市郷土資料館だより」 八王子市郷土資料館 （83）2008.7

八王子とあきる野を結ぶ道（中村明美）「八王子市郷土資料館だより」 八王子市郷土資料館 （83）2008.7

八王子と天然理心流について（講演）（小島政孝）「八王子の歴史と文化 ： 郷土資料館研究紀要・年報」 八王子市教育委員会 （21）2008.10

青年に期待した「八王子文化」（《特集 八王子の地域文化》）（樋口豊治）「多摩のあゆみ」 たましん地域文化財団 （132）2008.11

八王子の気象観測50年（《特集 八王子の地域文化》）（原嶋宏昌）「多摩のあゆみ」 たましん地域文化財団 （132）2008.11

平成20年度特別展紹介 観光と開発の時代へ—昭和30～40年代の八王子の風景（中村明美）「八王子市郷土資料館だより」 八王子市郷土資料館 （84）2008.12

八王子の女性史に関わって（古坂容子）「郷土史」 八王子市川口郷土史研究会 （30）2009.2

馬場喜信著『八王子案内24章』・『八王子を読む』から考えたこと—八王子の城下町的プラン成立を考える（梶原勝）「多摩地域史研究会会報」 多摩地域史研究会 （87）2009.3

多摩川中流域における開発と災害—日野・八王子地区を中心に（《特集 天変地異》）（原田信男）「多摩のあゆみ」 たましん地域文化財団 （135）2009.8

八王子隕石—江戸を騒がせた不思議な石の落下について（《特集 天変地異》）（森融）「多摩のあゆみ」 たましん地域文化財団 （135）2009.8

資料紹介 朝鮮通信使と八王子の猪（藤田覚）「稲荷山通信 ： 八王子市史編さん室だより」 八王子市市史編さん室 （3）2009.11

資料紹介「職工賃金支払帳」にみる八王子の煉瓦生産（美甘由紀子）「八王子の歴史と文化 ： 郷土資料館研究紀要・年報」 八王子市教育委員会 （22）2009.12

アイヌ民族の伝承における八王子千人同心（古川寛武）「北海道地域文化研究」 北海道地域文化学会 （2）2010.3

引退をむかえるオレンジ色の電車「201系」—コラム かわりゆく八王子の風景「稲荷山通信」 八王子市市史編さん室 （5）2010.7

古文書は語る（28）八王子千人同心の地誌探索補充調査—金井家文書「世尊寺につき問合せ覚」より（馬場憲一）「多摩のあゆみ」 たましん地域文化財団 （139）2010.8

八王子の女性史を学ぶ—川口の女性からも聞き取り（古坂容子）「郷土史」 八王子市川口郷土史研究会 （32）2011.1

御真影の共同管理と疎開—都内・北多摩・八王子から西多摩へ（特集 戦時下の地域社会 その2）（古橋研一）「多摩のあゆみ」 たましん地域文

東京都　　　　　　　　　　　　　地名でたどる郷土の歴史　　　　　　　　　　　　　関東

化財団　(141) 2011.2

中世の八王子を語って、そして考える―市民講座の報告 (柳沢誠)「稲荷山通信 ： 八王子市市史編さん室だより」 八王子市市史編さん室 (9) 2012.3

歴史の窓 (9)「『横浜毎日新聞』と八王子」(宮崎翔一)「稲荷山通信 ： 八王子市市史編さん室だより」 八王子市市史編さん室 (9) 2012.3

市民講座「大地に刻まれた八王子の原始・古代」を開催します「稲荷山通信 ： 八王子市市史編さん室だより」 八王子市市史編さん室 (10) 2012.9

チャレンジインターンシップ体験記 平成23年9月15～16日 より知ることのできた八王子 (笹川紗希)「稲荷山通信 ： 八王子市市史編さん室だより」 八王子市市史編さん室 (10) 2012.9

土井義夫先生講演会「八王子千人同心とはどういう武士団だったのか?」(鈴木義朗)「いしぶみ」 まちだ史考会 (34) 2012.12

第一回内国勧業博覧会と八王子「八王子市郷土資料館だより」 八王子市郷土資料館 (92) 2013.1

近世地誌にみる八王子の鋳物師―『御府内備考続編』から「八王子市郷土資料館だより」 八王子市郷土資料館 (92) 2013.1

八王子の一里塚 (中村明美)「八王子市郷土資料館だより」 八王子市郷土資料館 (92) 2013.1

平成24年総会・新年会 八王子のむかし話を聴く (瀬沼秀雄)「郷土史」 八王子市川口郷土史研究会 (34) 2013.2

八王子千人頭・同心の身分について―近世初・中期を中心に (山本英貴)「八王子市史研究」 八王子市 (3) 2013.3

古い写真を読む (26) 八王子の献納飛行機 (昭和17年)「八王子市郷土資料館だより」 八王子市郷土資料館 (94) 2013.12

八王子のお土産コンクール (美甘由紀子)「八王子市郷土資料館だより」 八王子市郷土資料館 (94) 2013.12

紙芝居「日光と八王子千人同心」―千人頭石坂弥次右衛門「八王子市郷土資料館だより」 八王子市郷土資料館 (94) 2013.12

市民自由講座「八王子空襲」―戦災を語り継ぐ (瀬沼秀雄)「郷土史」 八王子市川口郷土史研究会 (35) 2014.2

八王子の史跡を訪ねる (歴史散歩)(中條小枝子)「いしぶみ」 まちだ史考会 (37) 2014.7

八王子の秤場出張所御用留―幕末の八王子を読み解く (加藤典子)「八王子市郷土資料館だより」 八王子市郷土資料館 (95) 2014.7

八王子の市と周辺の村々 (特集 江戸後期の流通と市場)(神立孝一)「多摩のあゆみ」 たましん地域文化財団 (156) 2014.10

八王子の歴史資料を未来に伝えるために (佐藤麻里)「稲荷山通信 ： 八王子市市史編さん室だより」 八王子市市史編さん室 (12) 2014.11

大正デモクラシーと八王子の青年層 (沼謙吉)「町田地方史研究」 町田地方史研究会 (21) 2014.11

八王子駅

郵便・相場・自由党「自八王子駅至五日市町郵便線路復旧願」研究ノート (杉山弘)「隣人 ： 草志会年報」 草志会 (21) 2008.1

八王子駅前の桑並木通り (中村明美)「八王子市郷土資料館だより」 八王子市郷土資料館 (86) 2009.12

平成24年度春の見て歩き 八王子駅周辺の八十八景と史跡を歩く (福島忠治)「郷土史」 八王子市川口郷土史研究会 (34) 2013.2

八王子学校

八王子に誕生した師範学校と八王子学校 (沼謙吉)「八王子市郷土資料館だより」 八王子市郷土資料館 73 2003.7

八王子上恩方郵便局

洋風建築への誘い (7) 八王子上恩方郵便局 (伊藤龍也)「多摩のあゆみ」 たましん地域文化財団 (118) 2005.5

八王子機関区

洋風建築への誘い (13) 八王子機関区 (伊藤龍也)「多摩のあゆみ」 たましん地域文化財団 (124) 2006.11

八王子競馬場

古い写真を読む (19) 中野上町の八王子競馬場跡地 (昭和24年ごろ)「八王子市郷土資料館だより」 八王子市郷土資料館 (87) 2010.6

八王子市

史料 千人町一件日記控/日光よりの書状一・二/東禅寺事件控 (もみじ会、近世古文書を学ぶ会)「八王子の歴史と文化 ： 郷土資料館研究紀要・年報」 八王子市教育委員会 13 2001.3

八王子市郷土資料館所蔵の力石について (美甘由紀子)「八王子の歴史と文化 ： 郷土資料館研究紀要・年報」 八王子市教育委員会 15 2003.3

特別展「下原刀―八王子市指定文化財刀剣と赤羽刀」(新藤康夫)「八王子市郷土資料館だより」 八王子市郷土資料館 73 2003.7

八王子の文化財 (6) 絹本着色大内図巻「八王子市郷土資料館だより」 八王子市郷土資料館 73 2003.7

八王子市の文化政策の新展開 郷土・地域研究の活用をめぐって (武井秀行)「郷土史」 八王子市川口郷土史研究会 (25) 2003.10

特別展「戦時下の市民生活」(《特集2 戦後60年》)(八王子市郷土資料館)「ミュージアム多摩 ： 東京都三多摩公立博物館協議会会報」 東京都三多摩公立博物館協議会 (27) 2006.3

消防から防空へ 八王子市の消防体制の変遷 (講演)(美甘由紀子)「八王子の歴史と文化 ： 郷土資料館研究紀要・年報」 八王子市教育委員会 (21) 2008.10

八王子市と小宮町の合併 (齋藤義明)「八王子市郷土資料館だより」 八王子市郷土資料館 (84) 2008.12

八王子市史編さんの基本的な考え方―市史編さん基本構想 (素案)「稲荷山通信 ： 八王子市市史編さん室だより」 八王子市市史編さん室 (2) 2009.3

郷土史講演会 八王子市生涯学習センター川口分館共催「千人同心研究の周辺」野嶋和之氏 (杉田博)「郷土史」 八王子市川口郷土史研究会 (31) 2010.1

八王子市に設立された第二号師範学校 (沼謙吉)「町田地方史研究」 町田地方史研究会 (20) 2010.8

調査報告 八王子市内の煉瓦建造物の所在について (中村明美)「八王子の歴史と文化 ： 郷土資料館研究紀要・年報」 八王子市教育委員会 (23) 2010.12

中世部会の活動報告 中世部会長 (専門部会の動きと計画)(池上裕子)「稲荷山通信 ： 八王子市市史編さん室だより」 八王子市市史編さん室 (6) 2010.12

史料から人びとの暮らしを探る 近世部会長 (専門部会の動きと計画)(藤田覚)「稲荷山通信 ： 八王子市市史編さん室だより」 八王子市市史編さん室 (6) 2010.12

埋もれた歴史に光を 近現代部会長 (専門部会の動きと計画)(新井勝紘)「稲荷山通信 ： 八王子市市史編さん室だより」 八王子市市史編さん室 (6) 2010.12

八王子の根おいの文化を探る 民俗部会長 (専門部会の動きと計画)(小川直之)「稲荷山通信 ： 八王子市市史編さん室だより」 八王子市市史編さん室 (6) 2010.12

歴史の窓 (7) 10年ひとむかし (大木悠佑)「稲荷山通信 ： 八王子市市史編さん室だより」 八王子市市史編さん室 (7) 2011.7

歴史の窓 (8) 水と人々の暮らし―絵図から読み解く (佐藤千枚)「稲荷山通信 ： 八王子市市史編さん室だより」 八王子市市史編さん室 (8) 2011.10

1930・40年代大都市近郊都市の変容と新体制をめぐる対抗―東京府八王子を事例に (中村元)「ヒストリア ： journal of Osaka Historical Association」 大阪歴史学会 (232) 2012.6

地域史情報室 武蔵村山市立歴史民俗資料館 特別展「武蔵村山の古墳『真福寺』」/八王子市郷土博物館 特別展「八王子の府立学校―織染・二商・第四高女―」/福生市郷土資料室 企画展「平和のための戦争史料展」/江戸東京たてもの園 開園20周年記念収蔵品展「武蔵野の歴史と考古学」、稲城市 妙見尊「蛇よりの行事―青ガヤで龍の形の大蛇を作る行事―」「多摩地域史研究会会報」 多摩地域史研究会 (104) 2012.7

古い写真を読む (23) 米軍撮影の空中写真より (昭和20年4月2日撮影)「八王子市郷土資料館だより」 八王子市郷土資料館 (91) 2012.7

『新八王子市史』の刊行開始によせて (村上直)「稲荷山通信 ： 八王子市市史編さん室だより」 八王子市市史編さん室 (10) 2012.9

文化財を活かす (千代田区)/文化財を活かす (八王子市)「東京の文化財」 東京都教育庁地域教育支援部 (114) 2012.9

男子普選導入期の八王子市における清水三郎の動向とその意味―もう一つの「八王子デモクラシー」をめぐって (中村元)「八王子市史研究」 八王子市 (3) 2013.3

すぐわかーる・よくわかーる『新八王子市史』資料編3の近現代の朝鮮人労働者の資料について (齊藤勉)「浅川地下壕の保存をすすめる会ニュース」 浅川地下壕の保存をすすめる会 (93) 2013.4

八王子市内における中央東線と煉瓦工場の建設について (中村明美)「八王子の歴史と文化 ： 郷土資料館研究紀要・年報」 八王子市教育委員会 (26) 2014.11

表紙写真「北条氏照朱印状」八王子市指定有形文化財 (古文書)「八王子市史研究」 八王子市 (4) 2014.3

八王子宿

さし絵のなかの多摩 (28) 八王子宿札の辻の旅籠―『甲州道中商人鑑』八王子の宿 (斎藤慎一)「多摩のあゆみ」 たましん地域文化財団 115 2004.8

さし絵のなかの多摩 (29) 甲州道中八王子八日市宿一―『八王子名勝志』の緻密さ (斎藤慎一)「多摩のあゆみ」 たましん地域文化財団 116 2004.11

江戸から明治初期 八王子宿の下水の行方 (《特集 多摩の下水道》)(柳下重雄)「多摩のあゆみ」 たましん地域文化財団 (126) 2007.5

八王子宿駅

資料紹介 新聞にみる明治前期の『八王子宿駅』の裏と表 (新井勝紘)「八王子市史研究」 八王子市 (4) 2014.3

八王子城

後北条氏の石垣築造技術―八王子城を中心に（戸井晴夫）「多摩のあゆみ」 たましん地域文化財団 112 2003.11

平成16年度特別展「八王子城跡御主殿―戦国大名北条氏照のくらし」（戸井晴夫）「八王子市郷土資料館だより」 八王子市郷土資料館 75 2004.7

八王子城と北条氏照 講演・前川實氏（平成17年度郷土史文化講演会）（王利勝範）「郷土史」 八王子市川口郷土史研究会 （27） 2006.1

八王子城と松姫（今川徳子）「扣之帳」 扣之帳刊行会 （11） 2006.3

収蔵庫のニューフェイス 武州八王子城図「あるむぜお：府中市郷土の森博物館だより」 府中文化振興財団府中市郷土の森博物館 （79） 2007.3

明治時代から戦前期の八王子城跡（安宅達利）「多摩のあゆみ」 たましん地域文化財団 （128） 2007.10

近世（江戸時代）の八王子城跡（安宅達利）「多摩地域史研究会会報」 多摩地域史研究会 （86） 2008.11

寄稿 「日の出山荘」と「八王子城跡パート1」を巡る(1),(2)「月刊歴史ジャーナル」 NPO法人尾道文化財研究所 （107）/（108） 2012.11/2012.12

戦国時代の山城・八王子城跡をめぐる（続）―ある邂逅（寄稿）「月刊歴史ジャーナル」 NPO法人尾道文化財研究所 （112） 2013.4

第104回例会 平成25・4・14 中世城郭について―石神井城から八王子城（八巻孝夫）「練馬区地名研究会会報」 練馬区地名研究会 （104） 2013.8

眠りから覚める八王子城とオフィシャルガイド（金子信一）「郷土史」 八王子市川口郷土史研究会 （35） 2014.2

続編・奥武蔵中世の城跡を歩く(12) 八王子城（山行報告）（岡野守）「奥武蔵」 奥武蔵研究会 （398） 2014.7

八王子城伝太鼓曲輪の機能（研究ノート）（西股総生）「中世城郭研究」 中世城郭研究会 （28） 2014.7

八王子城跡御主殿の池（特集 多摩の池）（村山修）「多摩のあゆみ」 たましん地域文化財団 （155） 2014.8

八王子城の歴史（特集 城）（竹村紘一）「歴研よこはま」 横浜歴史研究会 （71） 2014.11

八王子女学校

古い写真を読む(18) 閉校した八王子女学校（明治41年3月）「八王子市郷土資料館だより」 八王子市郷土資料館 （86） 2009.12

八王子市立第十小学校

中村雨紅作詞の校歌―八王子市立第十小学校（小林央）「八王子市郷土資料館だより」 八王子市郷土資料館 （85） 2009.6

八王子水泳場

古い写真を読む(8) 八王子水泳場「八王子市郷土資料館だより」 八王子市郷土資料館 76 2005.1

八王子停車場

甲武鉄道 八王子停車場（小林央）「八王子市郷土資料館だより」 八王子市郷土資料館 （87） 2010.6

八王子防空監視哨

西原防空監視哨及び八王子・津久井の防空監視哨調査報告 第17回定期総会と記念講演 第17回総会まとめ/防空監視哨跡/青根防空監視哨跡「浅川地下壕の保存をすすめる会ニュース」 浅川地下壕の保存をすすめる会 （97） 2013.12

八王子元本郷浄水所

洋風建築への誘い(12) 八王子元本郷浄水所・世田谷砧下浄水所（伊藤龍也）「多摩のあゆみ」 たましん地域文化財団 （123） 2006.8

八高線多摩川鉄橋

昭和20年八高線列車衝突事故モニュメント（三村章）「多摩地域史研究会会報」 多摩地域史研究会 65 2004.4

敗戦の9日後に起きた八高線多摩川鉄橋列車衝突事故「戦争のきずあと・むさしの」 武蔵野の空襲と戦争遺跡を記録する会 （18） 2004.5

敗戦直後の大惨事 八高線多摩川鉄橋衝突事故（三村章）「浅川地下壕の保存をすすめる会ニュース」 浅川地下壕の保存をすすめる会 41 2004.8

八国山

『地名とそのいわれ』 八国山の国々について（日笠山正治）「郷土研だより」 東村山郷土研究会 292 2003.10

八国山探検隊がゆく 八国山の名は？/歩いてみよう/植物いっぱい/動物の森/守ろう八国山「歴史館だより」 東村山ふるさと歴史館 23 2004.7

指定管理者制度と八国山緑地（日笠山正治）「郷土研だより」 東村山郷土研究会 （312） 2006.2

会員投稿 八国山緑地を残した人々（藤井源七郎）「郷土研だより」 東村山郷土研究会 （350） 2009.7

むらやま茶屋 古文書から八国山「歴史館だより」 東村山ふるさと歴史

館 （45） 2013.6

八丈島

苗字の由来を求め、ご先祖探訪―佐賀・鹿児島・八丈島（丹宗紀恵）「旅とルーツ」 芳文館出版 85 2004.9

八丈島戦跡めぐり（杉森繭子）「戦争のきずあと・むさしの」 武蔵野の空襲と戦争遺跡を記録する会 （18） 2005.10

八丈島戦跡めぐり(2)（杉森繭子）「戦争のきずあと・むさしの」 武蔵野の空襲と戦争遺跡を記録する会 （19） 2006.1

離島における第一次産業の実態と課題―八丈島を事例として（對馬秀子）「白山人類学」 白山人類学研究会、岩田書院（発売） （9） 2006.3

るにんの島 八丈（山崎正）「群馬歴史散歩」 群馬歴史散歩の会 （195） 2006.7

八丈島を訪ねて（平松龍四郎）「宇喜多家史談会会報」 宇喜多家史談会 （26） 2008.4

古文書日曜部会レポート 遠島（おんとう）/八丈島について（山崎章蔵）「我孫子市史研究センター会報」 我孫子市史研究センター （151） 2014.9

八幡宿村

NOTE 江戸時代行路行倒人事情―八幡宿村の場合(1) 発見から吟味まで（花木知子）「あるむぜお：府中市郷土の森博物館だより」 府中文化振興財団府中市郷土の森博物館 （83） 2008.3

NOTE 江戸時代行路行倒人事情―八幡宿村の場合(2) 療養と仮埋葬（花木知子）「あるむぜお：府中市郷土の森博物館だより」 府中文化振興財団府中市郷土の森博物館 （90） 2009.12

八幡町

一家全滅に近い悲劇の体験をお聞きして―12月27日、武蔵野市八幡町・関前での聞き取り調査「戦争のきずあと・むさしの」 武蔵野の空襲と戦争遺跡を記録する会 （19） 2006.1

from Tom to Hana 新米学芸員の交換日記(1) 知っていましたか？ 八幡町今昔（Tom）「あるむぜお：府中市郷土の森博物館だより」 府中文化振興財団府中市郷土の森博物館 （84） 2008.6

from Tom to Hana 新米学芸員の交換日記(2) お答えします。八幡町今昔（Hana）「あるむぜお：府中市郷土の森博物館だより」 府中文化振興財団府中市郷土の森博物館 （85） 2008.9

八幡町の「やよい美容室」訪問 地下道は今もあった（秋山昌文）「戦争のきずあと・むさしの」 武蔵野の空襲と戦争遺跡を記録する会 （32） 2009.7

八幡町からコンクリートの階段「戦争のきずあと・むさしの」 武蔵野の空襲と戦争遺跡を記録する会 （40） 2011.8

八幡橋

重文 八幡橋が「景観上重要な歴史的建造物」に！「下町文化」 江東区地域振興部 220 2003.1

八谷ッ池

壊された八谷ッ池/世話人会の記録「雑木林の詩：東大和市環境を考える会会報」 東大和市環境を考える会 （82） 2011.9

馬頭橋

馬頭橋（美住町1丁目・2丁目境）「郷土研だより」 東村山郷土研究会 （374） 2011.7

鳩胸坂

昭和30年初頭までの鳩胸坂と小作部落の生活（下田亘）「会報羽村郷土研究」 羽村郷土研究会 （85） 2006.6

花沢橋

国分寺陸橋（花沢橋）の三代《特集 多摩の橋》（佐藤美知男）「多摩のあゆみ」 たましん地域文化財団 （123） 2006.8

羽田空港

東京文学地図帖 戦後編(10) 羽田空港（槌田満文）「Collegio」 之潮 （27） 2007.10

羽田奉行所

下田・羽田奉行所の設置と江戸湾防備網構想―天保14年日光社参前後の動向を中心に（2011年度大会特集 近世後期の江戸警衛―将軍不在時を中心に―大会報告）（椿田有希子）「関東近世史研究」 関東近世史研究会 （72） 2012.10

母島

小笠原父島、母島という島名は誰がつけたか？（延島冬生）「全国地名保存連盟会報」 全国地名保存連盟 （72） 2010.11

浜川砲台

土佐藩品川下屋敷と浜川砲台（小美濃清明）「土佐史談」 土佐史談会 226 2004.8

浜離宮

浜離宮―江戸幕府の海軍基地（西村和夫）「中世城郭研究」 中世城郭研究会 （25） 2011.7

羽村

羽村の堰、100年の変遷（村岡功子，田野倉一江）「羽村市郷土博物館紀要」 羽村市郷土博物館 （17）2003.3

羽村における水車業の変遷—幕末から昭和初期にかけて（下田亘）「会報 羽村郷土研究」 羽村郷土研究会 （84）2005.7

特別展「礎—羽村の教育をつくった人々—」展示解説「羽村市郷土博物館紀要」 羽村市郷土博物館 （20）2005.10

羽村の鷹場区域と村民の負担（下田亘）「会報羽村郷土研究」 羽村郷土研究会 （85）2006.6

羽村と上水通船の積荷（下田亘）「羽村市郷土博物館紀要」 羽村市郷土博物館 （24）2010.3

『養豚便り』にみる羽村のブタと養豚家（中山紗由）「羽村市郷土博物館紀要」 羽村市郷土博物館 （25）2011.3

明治・大正における、羽村における農業日誌（下田亘）「羽村市郷土博物館紀要」 羽村市郷土博物館 （25）2011.3

大正時代の化学肥料と主要食糧の購入記録から見えること—羽村市史料集九 中根家文書目録 農業日誌より（下田亘）「羽村市郷土博物館紀要」 羽村市郷土博物館 （27）2013.3

羽村市

青梅鉄道建設と住民の対応—羽村市（旧西多摩村）を中心として（下田亘）「多摩のあゆみ」 たましん地域文化財団 （124）2006.11

養蚕日本一の根拠（坂上洋之）「羽村市郷土博物館紀要」 羽村市郷土博物館 （22）2007.12

道標探訪—羽村市とその周辺（はむら民俗の会）「羽村市郷土博物館紀要」 羽村市郷土博物館 （23）2008.12

羽村取水堰

羽村取水堰とアユ（福田勝年）「多摩のあゆみ」 たましん地域文化財団 110 2003.5

羽村町

羽村町のブタが担った役割（中山紗由）「羽村市郷土博物館紀要」 羽村市郷土博物館 （24）2010.3

早川歯科医院

洋風建築への誘い（10）田無・早川歯科医院（伊藤龍也）「多摩のあゆみ」 たましん地域文化財団 （121）2006.2

原宿

東京文学地図帖 戦後編（15）原宿（槌田満文）「Collegio」 之潮 （32）2008.4

原宿村

原宿村の鍛冶屋（河合宏）「長塚節の文学」 長塚節研究会 （18）2012.5

原町田

地形をあるく 原町田は高台にある（田中正大）「Collegio」 之潮 （11）2006.6

原町田の高部石材店・高部新蔵について（萩原清高）「町田地方史研究」 町田地方史研究会 （19）2008.6

講座 地図から読む町田の歴史（4）八木家文書に見る町田の地形と道／（5）原町田の原風景（矢沢湊）「いしぶみ」 まちだ史考会 （30）2010.12

講座 地図から読む町田の歴史（8）近代的測量による最初の原町田図（矢沢湊）「いしぶみ」 まちだ史考会 （33）2012.7

原町田駅

横浜線のことと原町田駅のこと（特集 町田市50周年記念・横浜線開通100周年）（萩原清高）「町田地方史研究」 町田地方史研究会 （20）2010.8

原町田村

講演会報告 「幕末から明治へ—原町田村風景」そして「敗戦六十年目、ニューギニアへの想い」（鈴木義朗）「いしぶみ」 まちだ史考会 （18）2004.12

原町田村絵図の世界（矢沢湊）「いしぶみ」 まちだ史考会 （21）2006.7

原町田村の宿について—城山町・八木家文書を手がかりに（矢沢湊）「多摩のあゆみ」 たましん地域文化財団 （123）2006.8

旧原町田村と旧森野村を歩く（歴史散歩）（荒井仁）「いしぶみ」 まちだ史考会 （34）2012.12

万代橋駅

旧万代橋駅物語と「交通博物館」再び（斎藤誠）「目黒区郷土研究」 目黒区郷土研究会 （615）2006.4

範多農園

コラム（6）在りし日の範多農園を追って20余年（中込敦子）「小平の歴史を拓く：市史研究」 小平市企画政策部 （2）2010.3

番場

NOTE 江戸のなごりか 府中宿番場矢島キン家住宅の調査（馬場治子）「あるむぜお：府中市郷土の森博物館だより」 府中文化振興財団府中市郷土の森博物館 （78）2006.12

写真探訪 板橋の地名（1）番場（大澤鷹邇）「板橋史談」 板橋史談会 （239）2007.3

番場南裏通り

番場南裏通りの風物（5）～（7）（岡崎利夫）「府中史談」 府中市史談会 26／（30）2000.5／2004.5

半兵衛・相沢堀

千川の分水「半兵衛 相澤堀」（1），（2）（井口昭英）「杉並郷土史会史報」 杉並郷土史会 （195）／（196）2006.1／2006.3

ひいらぎ横丁

地下壕よくわかーるすぐわかーる 高尾駅北口の再開発と"ひいらぎ横丁"の拡張工事（斎藤勉）「浅川地下壕の保存をすすめる会ニュース」 浅川地下壕の保存をすすめる会 （63）2008.4

日丘橋

環状7号線日丘橋（栗山佳也）「目黒区郷土研究」 目黒区郷土研究会 （664）2010.5

東青梅

洋風建築への誘い（6）東青梅から（伊藤龍也）「多摩のあゆみ」 たましん地域文化財団 117 2005.2

東荻町

戦後のころ、東荻町で育って—井荻町の土地区画整理のことなど 高見澤邦郎先生（第423回例会記）「杉並郷土史会史報」 杉並郷土史会 （211）2008.9

東尾久

郷土の思い出を語る（昭和の時代）I 東尾久在住 西村正彦さん（昭和11年生）「荒川史談」 荒川史談会 （303）2010.9

郷土の思い出を語る（昭和の時代）II 東尾久在住 西村正彦さん（昭和11年生）「荒川史談」 荒川史談会 （304）2010.12

東久留米

講演会報告 川と水から生まれたまち「東久留米の歴史を学ぶ」 講師：山崎丈氏（釜付功）「郷土研だより」 東村山郷土研究会 （362）2010.7

東久留米駅

東久留米駅の歴史「くるめの文化財」 東久留米市教育委員会 18 2002.9

東久留米市

坪田譲治の散歩道—東京都東久留米市を訪ねて（大塚利昭）「岡山学こと始め：岡山市デジタルミュージアム開設準備室研究レポート」 岡山市デジタルミュージアム開設準備室 3 2004.3

わがまちの文化財・東久留米市 原始の遺跡と江戸近郊農村の史跡散歩「東京の文化財」 東京都教育庁地域教育支援部 （102）2007.7

柳久保小麦（《特集 近現代の多摩農業》）（高橋重雄）「多摩のあゆみ」 たましん地域文化財団 （136）2009.11

東高野

東高野の歴史について（榎本栗吉）「足立史談」 足立区教育委員会 （489）2008.11

東高野の歴史について（2）（榎本栗吉）「足立史談」 足立区教育委員会 （490）2008.12

東中神駅

第66回例会報告 東中神駅周辺の「昭和」を歩く（三村章）「多摩地域史研究会会報」 多摩地域史研究会 （88）2009.5

東伏見

不発弾処理について—西東京市東伏見における不発弾処理「戦争のきずあと・むさしの」 武蔵野の空襲と戦争遺跡を記録する会 （17）2005.7

東伏見大防空壕

東伏見大防空壕の入り口の位置（秋山昌文）「戦争のきずあと・むさしの」 武蔵野の空襲と戦争遺跡を記録する会 （48）2013.8

東村山

「東山道武蔵路」東村山でも遂に発見される（日笠山正治）「郷土研だより」 東村山郷土研究会 261 2000.3

昭和初期の東村山あっちこっち（2）～（4）（仲清）「郷土研だより」 東村山郷土研究会 270／273 2001.6／2001.9

昭和初期の東村山あっちこっち（5）子供の遊び（仲清）「郷土研だより」 東村山郷土研究会 275 2001.12

昭和初期の東村山あっちこっち（6）軍国少年（軍国主義）（仲清）「郷土研だより」 東村山郷土研究会 276 2002.1

昭和初期の東村山あっちこっち（7）軍国主義、空襲、敗戦（仲清）「郷土研だより」 東村山郷土研究会 277 2002.2

郷土の伝統食復活「歴史館だより」 東村山ふるさと歴史館 18 2003.1

7月例会 座談会「東村山のむかしを語る」（大井芳文）「郷土研だより」 東村山郷土研究会 291 2003.8

| 関東 | 地名でたどる郷土の歴史 | 東京都 |

東村山の四方山話「郷土研だより」 東村山郷土研究会 292 2003.10

東村山の四方山話「郷土研だより」 東村山郷土研究会 293 2003.12

東村山の四方山話 校庭が海(松本喜和子)「郷土研だより」 東村山郷土研究会 295 2004.3

西武鉄道と狭山丘陵開発—東村山文化圏から西武圏へ(野田正穂)「東村山市史研究」 東村山市教育委員会 (13) 2004.3

東村山で発明された麦の種蒔き器「志En式」(大藪裕子)「東村山市史研究」 東村山市教育委員会 (13) 2004.3

7月の行事 座談会・太平洋戦争中の東村山(市川喜久男,影山葉子,立河光子,鈴木裕子)「郷土研だより」 東村山郷土研究会 299 2004.9

講演 こうして東村山の緑は守られた(熊木令次)「郷土研だより」 東村山郷土研究会 300 2004.10

2月例会 歴史講座中世の東村山 木村茂光先生(鈴木裕子)「郷土研だより」 東村山郷土研究会 303 2005.2

東村山学童集団疎開受け入れ小史—学童集団疎開事前調査を視野にいれて(古橋研一)「東村山市史研究」 東村山市教育委員会 (14) 2005.3

東村山の昔のことば—朝から夜まで(市民の声)(立河光子,多田知子)「東村山市史研究」 東村山市教育委員会 (14) 2005.3

文化祭参加の記録 東村山農業の今昔展(近内信輝)「郷土研だより」 東村山郷土研究会 (319) 2006.11

東京都市通信局東村山分室—ゾルゲスパイ事件等の無線課諜報監視施設について(仲清)「多摩のあゆみ」 たましん地域文化財団 (125) 2007.2

特集 川は流れてどこにゆく?—東村山の川「歴史館だより」 東村山ふるさと歴史館 (30) 2007.3

ひがしむらやま川マップ/はしのおはなし/縄文時代の川のはなし「歴史館だより」 東村山ふるさと歴史館 (30) 2007.3

講演「資料でよむ古代の東村山」日笠山正治(船津孝雄)「郷土研だより」 東村山郷土研究会 (337) 2008.6

「東村山のことば」座談会を開催(8月19日)(高山博之)「郷土研だより」 東村山郷土研究会 (340) 2008.9

特集 歴史館講座「あなたの街の東村山学」 伝統文化講座「秋から冬にかけての民俗行事」/郷土歴史講座「狭山丘陵と武蔵野」/もっと知りたい、見たい、やりたい海外へ 東村山に伝わる年中行事について「歴史館だより」 東村山ふるさと歴史館 (33) 2008.9

「東村山で使われたことば」座談会報告(1)~(3)(大井芳文)「郷土研だより」 東村山郷土研究会 (343)/(345) 2008.12/2009.2

「東村山の戦時中のくらし」(講演会の予告(1)~(4))「郷土研だより」 東村山郷土研究会 (352)/(355) 2009.9/2009.12

「東村山停車場の碑」が駅口に戻りました「郷土研だより」 東村山郷土研究会 (352) 2009.9

東村山郷土研究会 講演会報告 昔の暮らしをしのぶ講演会「東村山の戦時中のくらし」 講師：立河光子氏・市川喜久男氏(秋田清治)「郷土研だより」 東村山郷土研究会 (358) 2010.3

東村山文化財を観る会主催 講演会 多摩の幕末群像—新撰組と多摩・東村山地域の幕末(内海淳)「郷土研だより」 東村山郷土研究会 (358) 2010.3

東村山の石橋と石橋供養塔(市民の声)(西牧信一)「東村山市史研究」 東村山市教育委員会 (19) 2010.3

東村山周辺の丘陵、川、交通(特集 空中写真で地域を読み解く)(荒畑隆)「多摩のあゆみ」 たましん地域文化財団 (138) 2010.5

四十年の歩み あれこれ(小池紀枝)「郷土研だより」 東村山郷土研究会 (369) 2011.2

東村山の自然災害(船津孝雄)「郷土研だより」 東村山郷土研究会 (373) 2011.6

特集 地名でめぐる東村山 北西部遍 八国山/北山公園/八国山たいけんの里/下宅部遺跡はっけんものり/多摩湖ふれあいセンター/廻田公民館・図書館/弁天池公園/東村山ふるさと歴史館/徳蔵寺石碑保存館「歴史館だより」 東村山ふるさと歴史館 (39) 2011.6

特集 さつまいも！ サツマイモ！ 薩摩芋！ 東村山の特産「金時」/おやつとしてのサツマイモ/食糧難時代のサツマイモ「歴史館だより」 東村山ふるさと歴史館 (40) 2011.10

講演会報告 東村山の古代~中世(藤沢修)「郷土研だより」 東村山郷土研究会 (382) 2012.3

市民の声 東村山の石工たちの業績(西牧信一)「東村山市史研究」 東村山市教育委員会 (21) 2012.3

企画展「町の記録が語る戦時中の東村山」 2012年4月28日(土)~7月8日(日)「歴史館だより」 東村山ふるさと歴史館 (41) 2012.3

むらやま茶屋(1) 検地パズル「歴史館だより」 東村山ふるさと歴史館 (42) 2012.6

特別寄稿 東村山に暮らした人々の歴史(小川直裕)「郷土研だより」 東村山郷土研究会 (390) 2012.11

特別寄稿「軍都」東村山(高野宏峰)「郷土研だより」 東村山郷土研究会 (392) 2013.1

東村山に造られた糞尿卸場貯溜槽と下肥利用(論文)(大藪裕子)「東村山市史研究」 東村山市教育委員会 (22) 2013.1

特別寄稿「モノ」と「お話」からみる村山耕(大藪裕子)「郷土研だより」 東村山郷土研究会 (393) 2013.2

特別寄稿 東村山に伝えられた幕末・戊辰戦争(高野宏峰)「郷土研だより」 東村山郷土研究会 (394) 2013.3

講演会資料 文化財を通して見た東村山の歴史風景(藤沢修)「郷土研だより」 東村山郷土研究会 (394) 2013.3

東村山の昔ばなし(24) 大岱 東村山の名前のいわれ(市沢重,糀谷忠三,両澤清)「郷土研だより」 東村山郷土研究会 (395) 2013.4

特集 教科書から探る東村山 はじめに/御門訴事件とは/御門訴事件の理由「歴史館だより」 東村山ふるさと歴史館 (45) 2013.6

自然的環境と地名(郷土研だより400号へ寄せて)(小林一朗)「郷土研だより」 東村山郷土研究会 (400) 2013.9

東村山の湧水と池(1) 全容の概観(小山邦昭)「郷土研だより」 東村山郷土研究会 (403) 2013.12

東村山地域における流通ルートの概要(特集 東村山の米穀商とその流通)(高野宏峰)「東村山市史研究」 東京都東村山市 (23) 2014.1

企画展「読む、古文書—江戸時代の東村山の生活」展示資料(資料紹介)(寺西明子,高野宏峰)「東村山市史研究」 東京都東村山市 (23) 2014.1

特集 東村山市誕生50周年記念 その1 東村山の旧5か村と13町/旧廻り田村周辺の歴史 多摩湖町・廻り田町・美住町・富士見町「歴史館だより」 東村山ふるさと歴史館 (47) 2014.2

第2回郷土を学ぶ講演会報告「郷土東村山の川と水」川・井戸・湧水・池・貯水池など「水」の調査研究 平成26年2月8日(土)(野村裕夫)「郷土研だより」 東村山郷土研究会 (406) 2014.3

本会主催 郷土を学ぶ会報告 東村山の古代の道・中世の道 平成26年7月5日(土)(下ノ村勇)「郷土研だより」 東村山郷土研究会 (411) 2014.8

「東村山の再発見・見どころ11選」(5) 歴史の舞台 久米川古戦場—武者たちの夢のあと(高山博之)「郷土研だより」 東村山郷土研究会 (412) 2014.9

「東村山の再発見・見どころ11選」(6) 東村山ふるさと歴史館・八国山たいけんの里—東村山郷土資料の宝庫(三宅良太)「郷土研だより」 東村山郷土研究会 (413) 2014.10

むらやま茶屋 東村山の官庁街「歴史館だより」 東村山ふるさと歴史館 (49) 2014.10

東村山の再発見・見どころ11選(8) 東村山の『屋敷林』 その役割と『雑木林』(小山邦昭)「郷土研だより」 東村山郷土研究会 (415) 2014.12

東村山駅

特別寄稿 多磨全生園と東村山駅(松崎睦彦)「郷土研だより」 東村山郷土研究会 (395) 2013.4

自由寄稿 東村山駅に「小江戸」常時停車 初の発着乗車感想(大井芳文)「郷土研だより」 東村山郷土研究会 (396) 2013.5

東村山軽便軌条

第53回例会報告東村山軽便軌條跡を歩く(北村拓)「多摩地域史研究会会報」 多摩地域史研究会 72 2005.11

東村山市

御用留にみる代官・領主と村 東村山市史資料編7・9を手懸かりにして(近内信輝)「郷土研だより」 東村山郷土研究会 261 2000.3

東村山市史完成記念号 市史のあらまし/市史の概要/編集調査委員の顔ぶれ/刊行物の紹介「歴史館だより」 東村山ふるさと歴史館 21 2004.2

小柄の村山絣—その製作用具と技術(宮本八惠子)「東村山市史研究」 東村山市教育委員会 (21) 2012.3

第21回東村山市民文化のつどい「東村山郷土研究会四十二年の活動とそのあゆみ」展示参加(藤沢修)「郷土研だより」 東村山郷土研究会 (385) 2012.6

郷土研の調査研究追考(1) 東村山市立小・中学校の校歌に見る郷土の地名(高山博之)「郷土研だより」 東村山郷土研究会 (391) 2012.12

『東村山市史研究』第21号所収「東村山の石工たちの業績」訂正(市民の声)(西牧信一)「東村山市史研究」 東村山市教育委員会 (22) 2013.1

懐かしのこの一枚/名所・旧跡「東村山市史研究」 東村山市教育委員会 (22) 2013.1

東村山市史年表 東村山郷土研究会(日笠山正治)「郷土研だより」 東村山郷土研究会 (400) 2013.9

野澤良助商店史料—米穀商としての流通を中心に(特集 東村山の米穀商とその流通)(稲葉和也)「東村山市史研究」 東京都東村山市 (23) 2014.1

市民の声 そぞろ歩きで撮った懐かしの東村山を振り返る(仲清[写真とお話]、松崎睦彦[聞き手])「東村山市史研究」 東京都東村山市 (23) 2014.1

東村山市役所北庁舎
文化財探訪 東村山市役所北庁舎「歴史館だより」 東村山ふるさと歴史館 (47) 2014.2

東村山浄水場
東村山浄水場―創設の経緯と50年の足跡(北澤弘美, 小島範子)「多摩のあゆみ」 たましん地域文化財団 (138) 2010.5

「東村山浄水場」(美住町2丁目)、「秋津ちろりん村・天かえる」(秋津町1丁目)(大井芳文)「郷土研だより」 東村山郷土研究会 (406) 2014.3

東村山村
東村山村(町)兵事関係書類について―「動員日誌」の様式並びに関東軍特種演習の実態(山本和重)「東村山市史研究」 東村山市教育委員会 (15) 2006.3

資料 東村山村(町)兵事関係書類「東村山市史研究」 東村山市教育委員会 (15) 2006.3

東大和
東大和の戦争遺跡―弾痕のある変電所の歴史と博物館の平和事業(《特集 わたしたちの図書館・博物館》)(木村敏)「多摩のあゆみ」 たましん地域文化財団 (120) 2005.11

第55回例会報告 再び「東大和の戦災建造物」を訪ねて(富山稔子, 松尾朋子, 村山弘子)「多摩地域史研究会会報」 多摩地域史研究会 (74) 2006.4

講演会「東大和の歴史 ムラを変えた二つの外的要因」木村敏氏(大井芳文)「郷土だより」 東村山郷土研究会 (338) 2008.7

氷川
随筆 氷川テレビ組合設立の思い出(木村六之助)「郷土研究」 奥多摩郷土研究会 (14) 2003.3

杣保(14) 氷川「小峰」氏の落着について(1)(安藤精一)「郷土研究」 奥多摩郷土研究会 (15) 2004.3

氷川鍛冶屋集落
氷川郷について(5)―氷川鍛冶屋集落に関して(渡辺友一郎)「郷土研究」 奥多摩郷土研究会 (13) 2002.3

氷川郷
氷川郷について(9) 氷川の語源について(渡辺友一郎)「郷土研究」 奥多摩郷土研究会 (17) 2006.3

「氷川郷」研究の原点(渡辺友一郎)「郷土研究」 奥多摩郷土研究会 (18) 2007.3

氷川郷余話―梅郷のトッケンとマルドッケン(渡辺友一郎)「郷土研究」 奥多摩郷土研究会 (21) 2010.3

吉野街道を歩く―旧氷川郷内の旧道を中心として(2),(3)(渡辺友一郎)「郷土研究」 奥多摩郷土研究会 (23)/(24) 2012.3/2013.03

氷川登計集落
氷川郷について(7)―氷川登計集落と阿羅波婆岐社に関して(渡辺友一郎)「郷土研究」 奥多摩郷土研究会 (15) 2004.3

氷川長畑集落
氷川郷について(6)―氷川長畑集落と白髭社に関して(渡辺友一郎)「郷土研究」 奥多摩郷土研究会 (14) 2003.3

氷川村
杣保(13) 氷川村他の「漆」について(2) 漆から杉へ(安藤精一)「郷土研究」 奥多摩郷土研究会 (14) 2003.3

蟇池
コラム 地図のなかの水辺(11) 蟇池「Collegio」 之潮 (25) 2007.8

碑衾町
随想 衾村・碑衾村・碑衾町(新倉繁夫)「郷土目黒」 目黒区郷土研究会 52 2008.10

碑衾村
随想 衾村・碑衾村・碑衾町(新倉繁夫)「郷土目黒」 目黒区郷土研究会 52 2008.10

樋里
炭焼きとお茶づくり―檜原村藤倉地区・樋里地区(東京都西多摩郡檜原村北秋川渓谷合同調査特集)(神かほり)「昔風と当世風」 古々路の会 (98) 2014.4

旧日立航空機変電所
第12回総会・シンポジウム報告「浅川地下壕の文化財指定への道筋を考える」総会/シンポジウム 「東大和市旧日立航空機変電所について」(松尾朋子さん)、「府中市文化財調査飛行場白糸台掩体壕について」(黒崎啓さん)、「『発掘された戦争の記憶』展を企画して」(深澤靖幸さん)/十菱コーディネイターのまとめ(日高忠臣)「浅川地下壕の保存をすすめる会ニュース」 浅川地下壕の保存をすすめる会 (67) 2008.12

日立航空隊株式会社変電所
わがまちの文化財・東大和市 戦災遺跡 旧日立航空隊株式会社変電所

「東京の文化財」 東京都教育庁地域教育支援部 (99) 2006.9

日立製作所中央研究所
日立製作所中央研究所の歴史と概要(安達功修)「多摩のあゆみ」 たましん地域文化財団 109 2003.2

一つ木
一つ木の水車(栗山佳也)「目黒区郷土研究」 目黒区郷土研究会 577 2003.2

一橋大学
一橋大学(小平・国立)に駐屯していた多摩陸軍技術研究所・電波兵器練習部隊(青木紘一)「多摩のあゆみ」 たましん地域文化財団 109 2003.2

洋風建築への誘い(40) 怪獣たちの棲み家――一橋大学(伊藤龍也)「多摩のあゆみ」 たましん地域文化財団 (151) 2013.8

一橋大学兼松講堂
建築の東京を観る(10)一橋大学兼松講堂(米山勇)「江戸東京たてもの園だより」 東京都歴史文化財団 (24) 2004.9

人見街道
武蔵国府中の人見街道と五日市場宿(峰岸純夫)「府中市郷土の森博物館紀要」 府中文化振興財団府中市郷土の森博物館 (21) 2008.3

日向山公園
日向山公園と藤の台団地(田中正大)「いしぶみ」 まちだ史考会 (22) 2006.12

日野
日野の水車の歴史と変遷(上野さだ子)「日野の歴史と文化」 日野史談会 50 2000.3

鮎をめぐる暮らし―鈴木由太郎氏の漁具からみた日野の鮎漁と玉川亭(金野啓史)「多摩のあゆみ」 たましん地域文化財団 110 2003.5

「新選組のふるさと日野」展の開催と、展示室の改修(日野市ふるさと博物館)「ミュージアム多摩 : 東京都三多摩公立博物館協議会会報」 東京都三多摩公立博物館協議会 (25) 2004.3

多摩～武蔵野の歴史的風致の再生考―日野の用水路と国分寺崖線をフィールドとして(《特集 デジタル地図の可能性》)(高橋賢一)「多摩のあゆみ」 たましん地域文化財団 (130) 2008.5

多摩川中流域における開発と災害―日野・八王子地区を中心に(《特集 天変地異》)(原田信男)「多摩のあゆみ」 たましん地域文化財団 (135) 2009.8

日野駅
日野駅舎 民家風デザインの謎(《特集 かわりゆく駅風景》)(酒井哲)「多摩のあゆみ」 たましん地域文化財団 (129) 2008.2

日野市
日野市の史跡めぐり(市川三郎)「府中史談」 府中市史談会 27 2001.5

日野市で地下壕陥没 住宅2棟に被害「浅川地下壕の保存をすすめる会ニュース」 浅川地下壕の保存をすすめる会 34 2003.6

日野市 陥没した地下壕は洞窟工場だった「浅川地下壕の保存をすすめる会ニュース」 浅川地下壕の保存をすすめる会 35 2003.8

新選組のふるさと日野市を訪ねて(木暮孝志)「幕末史研究」 三十一人会, 小島資料館(発売) (41) 2005.9

日野宿
改革組合村の事件・紛争処理と地域秩序―武州日野宿組合を事例に(児玉憲治)「関東近世史研究」 関東近世史研究会 (66) 2009.7

洋風建築への誘い(31) 犬も歩けば……「日野宿」(伊藤龍也)「多摩のあゆみ」 たましん地域文化財団 (142) 2011.5

建物随想記(26) 日野宿蔵模様(酒井哲)「多摩のあゆみ」 たましん地域文化財団 (142) 2011.5

日野宿発見隊と「まちかど写真館 in ひの」(特集 写真資料の保存と活用)(石嶋日出男)「ミュージアム多摩 : 東京都三多摩公立博物館協議会会報」 東京都三多摩公立博物館協議会 (34) 2013.3

日野宿本陣の瓦(特集 多摩の瓦)(大石絵里子, 高橋秀之)「多摩のあゆみ」 たましん地域文化財団 (153) 2014.2

日野桑園
洋風建築への誘い(17) 旧農林省蚕糸試験場日野桑園(伊藤龍也)「多摩のあゆみ」 たましん地域文化財団 (128) 2007.10

建物随想記(13) 旧日野桑園第一蚕室(酒井哲)「多摩のあゆみ」 たましん地域文化財団 (128) 2007.10

日野津
さし絵のなかの多摩(20) 雪旦・真桑瓜・鮎の子鱚―『江戸名所図会』の日野津(斎藤慎一)「多摩のあゆみ」 たましん地域文化財団 106 2002.5

日の出山荘
寄稿「日の出山荘」と「八王子城跡パート1」を巡る(1),(2)「月刊歴史ジャーナル」 NPO法人尾道文化財研究所 (107)/(108) 2012.11/

2012.12

日の出町公民館

洋風建築への誘い(33) 旧日の出町公民館(伊藤龍也)「多摩のあゆみ」 たましん地域文化財団 (144) 2011.11

建物随想記(28) 地産地消の建物—日の出町公民館(酒井哲)「多摩のあゆみ」 たましん地域文化財団 (144) 2011.11

檜原

聞き書き 秋留台地、檜原の農業《《特集 近現代の多摩農業》》(大谷孟雄)「多摩のあゆみ」 たましん地域文化財団 (136) 2009.11

檜原村

東京文学地図帖 戦後編(20) 檜原村(槌田満文)「Collegio」 之潮 (37) 2009.7

「広い部屋」をめぐる動線と秩序(東京都西多摩郡檜原村北秋川渓谷合同調査特集)(森隆男)「昔風と当世風」 古々路の会 (98) 2014.4

檜原村の道—都道・林道・登山道(東京都西多摩郡檜原村北秋川渓谷合同調査特集)(下境芳典)「昔風と当世風」 古々路の会 (98) 2014.4

檜原村の民家(東京都西多摩郡檜原村北秋川渓谷合同調査特集)(椿原佳恵)「昔風と当世風」 古々路の会 (98) 2014.4

檜原村に訪れた家(東京都西多摩郡檜原村北秋川渓谷合同調査特集)(宮崎勝弘)「昔風と当世風」 古々路の会 (98) 2014.4

檜原村の食から(東京都西多摩郡檜原村北秋川渓谷合同調査特集)(丸山久子)「昔風と当世風」 古々路の会 (98) 2014.4

暮らしの知恵に学ぶ—檜原村の調査に参加して(東京都西多摩郡檜原村北秋川渓谷合同調査特集)(西尾嘉美)「昔風と当世風」 古々路の会 (98) 2014.4

檜原の自然と食—共生のかたち(東京都西多摩郡檜原村北秋川渓谷合同調査特集)(茶谷まりえ)「昔風と当世風」 古々路の会 (98) 2014.4

檜原村における水道と電気(東京都西多摩郡檜原村北秋川渓谷合同調査特集)(谷川隼也)「昔風と当世風」 古々路の会 (98) 2014.4

旧檜原郵便局

洋風建築への誘い(16) 旧檜原郵便局・旧大久野郵便局・旧名栗郵便局(伊藤龍也)「多摩のあゆみ」 たましん地域文化財団 (127) 2007.8

日野遊水池

玉川・浅川の日野遊水池と弘化3年の大洪水—石田村隼人屋敷水没の危機《《慶応四年特集》》(土方智)「幕末史研究」 三十一人会, 小島資料館(発売) (42) 2007.1

ひばりが丘北

自然と生きる 西東京市の主な屋敷林(6) 北町・栄町・ひばりが丘北・住吉町(小川武康)「武蔵保谷村だより : 高橋文太郎の『武蔵保谷村郷土資料』を手掛かりに」 下保谷の自然と文化を記録する会 (7) 2012.10

日比谷

日露講和問題をめぐる政治運動と民衆の動向—日比谷焼打事件再考にむけて(藤野裕子)「民衆史研究」 民衆史研究会 (66) 2003.11

第2企画展「都市と騒擾の記憶—日比谷焼き打ち事件」「江戸東京博物館news : Edo-Tokyo Museum news」 東京都歴史文化財団東京都江戸東京博物館 47 2004.9

展示会短評 江戸東京博物館企画展「都市と騒擾の記憶—日比谷焼き打ち事件」「民衆史研究」 民衆史研究会 (69) 2005.5

コラム 地図のなかの水辺(5) 日比谷「Collegio」 之潮 (17) 2006.12

日比谷入江

『江戸・東京地形学散歩』の読者のために(3),(4) 日本橋台地・江戸前島・日比谷入江(松田磐余)「Collegio」 之潮 (39)/(40) 2009.12/2010.4

姫下坂

姫下坂(井手のり子)「Collegio」 之潮 (37) 2009.7

碑文谷

1万分の1の地図に見る碑文谷と自由が丘(濱田誠一郎)「郷土目黒」 目黒区郷土研究会 47 2003.10

碑文谷彫の栞(編集部)「目黒区郷土研究」 目黒区郷土研究会 (650) 2009.3

会報にみる目黒の昔(22) 「碑文谷仁王碑の修復完成」川口絢二/「自由が丘の昔と今(一) 七十五年のあらまし」久利山きん(編集部)「目黒区郷土研究」 目黒区郷土研究会 (656) 2009.9

遺したいもの伝えたいもの 目黒区発祥の地の碑文谷彫(山本尚)「郷土目黒」 目黒区郷土研究会 54 2010.10

会報にみる目黒の昔(32) 「碑文谷の川と橋(一)(二)」樋口信助(205号 昭和47年2月)「目黒区郷土研究」 目黒区郷土研究会 (673) 2011.2

会報にみる目黒の昔(34) 「碑文谷の川と橋(三)」樋口信助(206号 昭和47年3月)、「碑文谷の川と橋(四)」樋口信助(207号 昭和47年4月)(編集部)「目黒区郷土研究」 目黒区郷土研究会 (680) 2011.9

碑文谷土地改良区画整理記念碑(高林健二)「目黒区郷土研究」 目黒区郷

土研究会 (683) 2011.12

碑文谷公園

碑文谷公園の雪吊りを見る(編集部)「目黒区郷土研究」 目黒区郷土研究会 (649) 2009.2

会報にみる目黒の昔(20) 「碑文谷公園伝統の大蛇」太田省三/「丑川と目黒地区の伝統」太田省三/「正泉寺『名墓』の石標の完成」羽倉敬尚「目黒区郷土研究」 目黒区郷土研究会 (654) 2009.7

碑文谷日大プール

碑文谷日大プール(栗山佳也)「目黒区郷土研究」 目黒区郷土研究会 (661) 2010.2

碑文谷踏切

碑文谷踏切の惨事(反町昭治)「川口史林 : 川口市郷土史会々誌」 川口市郷土史会 (69) 2004.3

碑文谷村

江戸時代の碑文谷村の仕事(高橋武雄)「目黒区郷土研究」 目黒区郷土研究会 581 2003.6

百人町

百人町 鉄砲百人組—昔と今(高橋達郎)「銃砲史研究」 日本銃砲史学会 (372) 2012.3

百尋の滝

滝めぐり(7) 百尋の滝(小澤洋三)「多摩のあゆみ」 たましん地域文化財団 112 2003.11

百本杭

コラム 地図のなかの水辺(9) 百本杭「Collegio」 之潮 (23) 2007.6

平尾一里塚

中山道板橋宿平尾一里塚かいわい(芦田正次郎)「板橋史談」 板橋史談会 214 2003.1

平方村

城東の村を歩く(3) 平方村(斉藤照徳)「下町文化」 江東区地域振興部 (259) 2012.9

平河町

コラム千代田区の地名平河町・神田平河町「千代田区立四番町歴史民俗資料館資料館だより」 東京都千代田区教育委員会, 千代田区立四番町歴史民俗資料館 (19) 2005.3

平塚城

平塚城の謎を検証する[1]~(4)(葛城明彦)「練馬郷土史研究会会報」 練馬郷土史研究会 (330)/(334) 2010.11/2011.7

平山城

高幡不動尊から平山城址(山行報告)(藤本一美)「奥武蔵」 奥武蔵研究会 (392) 2013.7

平山城址公園

平山城址公園の散歩から(特集 おもしろいぞ！ 多摩のまち歩き—エッセイ多摩のまち歩き)(辻山幸宣)「多摩学会」 多摩学会 (21) 2010.2

広尾原

港区名所案内 四之橋・広尾原(平田秀勝)「港郷土資料館だより」 港区立港郷土資料館 (73) 2014.3

弘前藩江戸屋敷

弘前藩江戸屋敷における寛保水害の被災状況と復興過程(東京都江戸東京博物館シンポジウム「江戸の水害—被害・復興・対策一」)(市川寛明)「東京都江戸東京博物館研究報告」 東京都江戸東京博物館 (16) 2010.3

深川

深川南西部の河川をめぐる地域的特質—町と「猟師町」の関係解明に向けて(出口宏幸)「江東区文化財研究紀要」 江東区教育委員会生涯学習部 (13) 2003.3

江戸町火消の経費—本所深川十六組を中心として(高山慶子)「地方史研究」 地方史研究協議会 54(2) 通号308 2004.4

本所・深川の町と年貢・公役の負担(高山慶子)「東京都江戸東京博物館研究報告」 東京都江戸東京博物館 (10) 2004.10

貝殻(蛎殻)流通と地域社会—貝殻出入り一件を通して見た深川浜十三町の分析(出口宏幸)「江東区文化財研究紀要」 江東区教育委員会生涯学習部 (15) 2007.3

江東歴史紀行 新大橋をわたる人、まもる人—本所深川への架け橋 新大橋の交通量と維持管理(赤澤春彦)「下町文化」 江東区地域振興部 (239) 2007.9

深川北部(仙台堀川以北)《《特集 移りゆく街並みを記録して一定点観測調査16年の軌跡》》(島内康光, 日紫喜一史, 三嶽俊司)「下町文化」 江東区地域振興部 (240) 2008.1

深川南部・臨海(仙台堀川以南)《《特集 移りゆく街並みを記録して一定点観測調査16年の軌跡》》(木村敏子, 長公子, 山本利)「下町文化」

東京都　　　　　　　　　　　　地名でたどる郷土の歴史　　　　　　　　　　　　関東

江東区地域振興部　（240）2008.1
第6回江戸めぐり―深川・亀戸方面を訪ねて（事務局）「伊豆史談」伊豆史談会　通号137　2008.1
史跡探訪 深川の史跡を訪ねて（鈴木光世）「かつしか台地 ： 野田地方史懇話会会誌」野田地方史懇話会　（38）2009.9
芭蕉の深川・史跡探訪によせて（笠原宏）「かつしか台地 ： 野田地方史懇話会会誌」野田地方史懇話会　（40）2010.9
文化財企画講演会 幕末明治期深川の社会と自然 宮地正人先生「下町文化」江東区地域振興部　（252）2011.1
史跡めぐり 深川江戸散歩（道村唯輔）「日本史攷究」日本史攷究会　（35）2011.11
人足寄場周辺雑記―深川との関係を中心に（研究ノート）（金井貴司）「江東区文化財研究紀要」江東区教育委員会地域振興部　（18）2014.3
『深川区史』の成立と歴史編纂事業（藤井明広）「下町文化」江東区地域振興部　（265）2014.4

深川永代寺
深川永代寺門前町屋の形成と幕府代官伊奈氏（《特集 江東地域の新出絵図》）（栗原修）「江東区文化財研究紀要」江東区教育委員会生涯学習部　（16）2009.3

深川木場
材木原産地と深川木場材木問屋―山梨県南巨摩郡早川町斎藤義直家文書を素材に（赤澤春彦）「江東区文化財研究紀要」江東区教育委員会生涯学習部　（15）2007.3

深川区
『深川区史』収録写真と地域研究（小特集 近代視覚資料を用いた風俗研究）（龍澤潤）「風俗史学 ： 日本風俗史学会誌」日本風俗史学会，岩田書店（発売）（58）2014.5

深川食堂
国登録有形文化財「旧東京市深川食堂」深川東京モダン館 市民の食生活を支えた市設食堂（向山伸子）「下町文化」江東区地域振興部　（247）2009.9
旧東京市深川食堂を再生活用 深川東京モダン館「下町文化」江東区地域振興部　（247）2009.9
東京市設食堂の設置―東京市深川食堂を中心に（龍澤潤）「江東区文化財研究紀要」江東区教育委員会生涯学習部　（17）2012.3

深川猟師町
深川猟師町と寛文検地―弥兵衛町絵図の分析を通して（《特集 江東地域の新出絵図》）（出口宏幸）「江東区文化財研究紀要」江東区教育委員会生涯学習部　（16）2009.3

吹上
江戸城から移築の門―紅葉山か吹上から移築（西ヶ谷恭弘）「城郭だより ： 日本城郭史学会会報」[日本城郭史学会]　（67）2009.10

副都心線
ヨッ、待ってました！ 地下鉄副都心線開通せり!!「かたりべ ： 豊島区立郷土資料館ミュージアム開設準備だより」豊島区立郷土資料館　通号90　2008.6

普賢寺新田
足立区の登録文化財を観る 有形文化財（古文書）渕江之内ふけんしさんや新田開発之事/渕江之内千住榎木新田開事/渕江之内大谷田新田開事/丑歳定免御年貢可納割付之事/永野家文書 15点「足立史談会だより」足立史談会　（297）2012.12

普済寺
さし絵のなかの多摩（38）普済寺六面幢と江戸の好事癖―『集古十種』『南畝秀言』「江戸名所図絵」（齋藤愼一）「多摩のあゆみ」たましん地域文化財団　（126）2007.5
多摩地域史研究会 第74回例会 立川の旧村を歩く―旧柴崎村と普済寺を中心として「多摩地域史研究会会報」多摩地域史研究会　（97）2011.3

藤倉
炭焼きとお茶づくり―檜原村藤倉地区・樋里地区（東京都西多摩郡檜原村北秋川渓谷合同調査特集）（神かほり）「昔風と当世風」古々路の会　（98）2014.4

藤の台団地
日向山公園と藤の台団地（田中正大）「いしぶみ」まちだ史考会　（22）2006.12

藤橋城
第80回例会報告 多摩の中世城館を歩くⅤ 霞川流域の小規模城郭・今井城と藤橋城（西股総生）「多摩地域史研究会会報」多摩地域史研究会　（105）2013.1

富士町
自然と生きる 西東京市の主な屋敷林（5）田町・富士町（小川武廣）「武蔵保谷村だより ： 高橋文太郎の『武蔵保谷村郷土資料』を手掛かりに」下保谷の自然と文化を記録する会　（6）2012.7

富士見坂
富士の見える坂（下山田允子）「目黒区郷土研究」目黒区郷土研究会　579　2003.4

富士見茶屋
行人坂上の富士見茶屋（田丸太郎）「目黒区郷土研究」目黒区郷土研究会　589　2004.2
『江戸名所図会』富士見茶屋（橋口明子）「目黒区郷土研究」目黒区郷土研究会　（625）2007.2

富士見町
特集 東村山市誕生50周年記念 その1 東村山の旧5か村と13町/旧廻り田村周辺の歴史 多摩湖町・廻り田町・美住町・富士見町「歴史館だより」東村山ふるさと歴史館　（47）2014.2
東村山30景を歩く 第1回 富士見町から多摩湖町へ「歴史館だより」東村山ふるさと歴史館　（47）2014.2

藤山宅
洋風建築への誘い（19）吉祥寺東町 藤山宅（伊藤龍也）「多摩のあゆみ」たましん地域文化財団　（130）2008.5

武州
変わりゆく都市像（24）二百年前の「武州」/与力同心大縄拝領屋敷/再びフルーツ産地スケッチ（鈴木理生）「郷土室だより」中央区立京橋図書館　（146）2013.6

衾城
衾城合戦（1）～（4），（終）（竹田務）「目黒区郷土研究」目黒区郷土研究会　（665）/（669）2010.6/2010.10
衾城異聞（栗山佳史）「目黒区郷土研究」目黒区郷土研究会　（675）2011.4

衾村
衾村の史跡（竹田務）「目黒区郷土研究」目黒区郷土研究会　（636）2008.1
随想 衾村・碑衾村・碑衾町（新倉繁夫）「郷土目黒」目黒区郷土研究会　52　2008.10

武相荘
洋風建築への誘い（39）晩秋、町田の里山にて 白洲次郎・正子邸（伊藤龍也）「多摩のあゆみ」たましん地域文化財団　（150）2013.5

布田五宿
ホットレポート 布田五宿の香具師習俗調査 野口家所蔵文書調査の概要報告（八木橋伸浩）「調布の文化財」調布市郷土博物館　38　2005.10

二瀬川
『東村山の地名とそのいわれ』「二瀬川」の記述について（日笠山正浩）「郷土研だより」東村山郷土研究会　（394）2013.3

二瀬橋
「二瀬橋の渡り初め式」（東村山市久米川町5―19）（大井芳文）「郷土研だより」東村山郷土研究会　（392）2013.1

ふたつ池
「ふたつ池」（諏訪町3丁目16）（大井芳文）「郷土研だより」東村山郷土研究会　（398）2013.7

布田道
幻の道 布田道について（小島政孝）「町田地方史研究」町田地方史研究会　（21）2014.11

淵江領
江戸の菜園を支えた村々―渕江領・葛西領の農民と御前栽畑（多田文夫）「足立史談」足立区教育委員会　（503）2010.1

淵の森
調査研究 柳瀬川とその周辺の歴史と現状を調べる（3）淵の森コース（當島隆敏）「郷土研だより」東村山郷土研究会　（386）2012.7
調査研究 平成24年6月23日（3）淵の森コース（追記）（小池紀枝）「郷土研だより」東村山郷土研究会　（387）2012.8
淵の森（東村山市秋津町3―31、所沢市上安松168）（大井芳文）「郷土研だより」東村山郷土研究会　（390）2012.11

府中
「府中」を考える（3）その後の「府中」（深沢靖幸）「あるむぜお ： 府中市郷土の森博物館だより」府中文化振興財団府中市郷土の森博物館　51　2000.3
収蔵資料の紹介 『府中案内』の“発見”（馬場治子）「あるむぜお ： 府中市郷土の森博物館だより」府中文化振興財団府中市郷土の森博物館　52　2000.6
府中ロストワールド（4）遠望（深澤靖幸）「あるむぜお ： 府中市郷土の森博物館だより」府中文化振興財団府中市郷土の森博物館　63　2003.3
陸島集送札―鷹場制度の下での府中（船本道子）「府中市郷土の森博物館

紀要」 府中文化振興財団府中市郷土の森博物館 （16） 2003.3

多摩川低地の村々 府中とその周辺（菅野雪雄）「府中史談会 （29） 2003.5

府中は大都市だった（太田善三）「府中史談」 府中市史談会 （29） 2003.5

第三次府中合戦（佐藤昭）「歴研よこはま」 横浜歴史研究会 （54） 2004.5

新選組と府中 天然理心流と周辺の人びと（阿部信行）「府中史談」 府中市史談会 （30） 2004.5

市制50年 府中の町並み変化 一枚の地図から（馬場治子）「あるむぜお ： 府中市郷土の森博物館だより」 府中文化振興財団府中市郷土の森博物館 68 2004.6

享保の改革と府中周辺の展開（巷説 川崎平右衛門の伝説）（阿部信行）「府中史談」 府中市史談会 （31） 2005.5

武蔵府中の中世瓦（〈共同研究 瓦の胎土分析1〉）（深澤靖幸）「博物館研究紀要」 葛飾区郷土と天文の博物館 （11） 2007.3

昭和初期に於ける府中の名字と職業（藤田英孝）「府中史談」 府中市史談会 （33） 2007.5

府中を歩く（歴史散歩）（雨森宏）「いしぶみ」 まちだ史考会 （24） 2007.12

武蔵府中における条里地割の基礎研究（深澤靖幸）「府中市郷土の森博物館紀要」 府中文化振興財団府中市郷土の森博物館 （21） 2008.3

第61回例会報告 府中の中・近世を歩く（梶原勝）「多摩地域史研究会会報」 多摩地域史研究会 （84） 2008.5

府中往来歴史人物略史（小澤幸治）「府中史談」 府中市史談会 （34） 2008.5

多摩地方における近世瓦生産の一様相—町田市カワラ峯瓦窯と府中の寺社（深澤靖幸）「府中市郷土の森博物館紀要」 府中文化振興財団府中市郷土の森博物館 （22） 2009.3

中世武蔵府中の誕生—文献からみた画期としての11世紀（小野一之）「府中市郷土の森博物館紀要」 府中文化振興財団府中市郷土の森博物館 （23） 2010.3

府中の火消し—江戸時代の火事と消防（花木知子）「府中市郷土の森博物館紀要」 府中文化振興財団府中市郷土の森博物館 （23） 2010.3

宝永の富士山噴火と府中に降った火山灰（特集 武蔵野の災害〈前編〉）（英太郎）「武蔵野」 武蔵野文化協会 87（1）通号351 2012.7

多摩川と府中（1） 府中の鮎漁（佐藤智敬）「あるむぜお ： 府中市郷土の森博物館だより」 府中文化振興財団府中市郷土の森博物館 （104） 2013.6

多摩川と府中（2） 河原のオギは府中の絶景（中村武史）「あるむぜお ： 府中市郷土の森博物館だより」 府中文化振興財団府中市郷土の森博物館 （105） 2013.9

多摩川と府中（3） 歌枕としての「調布玉川」（小野一之）「府中市郷土の森博物館だより」 府中文化振興財団府中市郷土の森博物館 （106） 2013.12

多摩川に水鳥ふたたび（中村武史）「あるむぜお ： 府中市郷土の森博物館だより」 府中市郷土の森博物館 （107） 2014.3

資料紹介 「在府中日記」と増上寺徳川将軍家霊廟訪問記録（髙山優，平田秀勝）「研究紀要」 港区立港郷土資料館 （16） 2014.3

府中御殿

NOTE 府中御殿（馬場治子）「あるむぜお ： 府中市郷土の森博物館だより」 府中文化振興財団府中市郷土の森博物館 （92） 2010.6

府中御殿—史料と考察（馬場治子）「府中市郷土の森博物館紀要」 府中文化振興財団府中市郷土の森博物館 （25） 2012.3

豊臣政権と武蔵府中—府中御殿の再検討（竹井英文）「府中市郷土の森博物館紀要」 府中文化振興財団府中市郷土の森博物館 （26） 2013.3

府中市

消えてゆく湯煙—府中市内「銭湯」の調査記録（佐藤智敬，博物館ボランティア資料整理班）「府中市郷土の森博物館紀要」 府中文化振興財団府中市郷土の森博物館 （16） 2003.3

村の伝説、村の歴史—村開発伝承研究に関する覚書（佐藤智敬）「府中市郷土の森博物館紀要」 府中文化振興財団府中市郷土の森博物館 （16） 2003.3

府中新宿菊池家文書にみる屋号・商人名（博物館ボランティア古文書整理班）「府中市郷土の森博物館紀要」 府中文化振興財団府中市郷土の森博物館 （17） 2004.3

槌打つ響き、最終章—府中市内「鍛冶屋小屋」の調査記録（博物館ボランティア，資料整理班，佐藤智敬）「府中市郷土の森博物館紀要」 府中文化振興財団府中市郷土の森博物館 （17） 2004.3

古の扉が博物館で開かれる!! テーマ展No.34「蔵を開いて見ると」（佐藤智敬）「あるむぜお ： 府中市郷土の森博物館だより」 府中文化振興財団府中市郷土の森博物館 （72） 2005.6

「私の日本地図」をあるく東京都府中市「周防大島郷土大学ニュウズ」 周防大島文化交流センター 19 2005.7

NOTE 江戸時代、町田から府中に運ばれた瓦（深澤靖幸）「あるむぜお

： 府中市郷土の森博物館だより」 府中文化振興財団府中市郷土の森博物館 （77） 2006.9

記念盃からみた地域社会—府中市菊池家寄贈資料から（北口由望）「府中市郷土の森博物館紀要」 府中文化振興財団府中市郷土の森博物館 （20） 2007.3

NOTE 古代国府びとの食を探る（深澤靖幸）「あるむぜお ： 府中市郷土の森博物館だより」 府中文化振興財団府中市郷土の森博物館 （91） 2010.3

府中市域にみる安政五年・文久二年のコレラ騒動（花木知子）「府中市郷土の森博物館紀要」 府中文化振興財団府中市郷土の森博物館 （25） 2012.3

博物館と地域史研究—府中郷土の森博物館での活動を通じて（2012年度総会シンポジウム「地域史と博物館」）（深澤靖幸）「神奈川地域史研究」 神奈川地域史研究会 （30） 2013.2

NOTE 古代国府に薬園はあったか?—国府のマチの景観を探る（深澤靖幸）「あるむぜお ： 府中市郷土の森博物館だより」 府中文化振興財団府中市郷土の森博物館 （105） 2013.9

リニューアル速報！（1） 都市と緑と（中村武史）「あるむぜお ： 府中市郷土の森博物館だより」 府中市郷土の森博物館 （108） 2014.6

府中宿

府中宿再訪（1） 府中宿の範囲—江戸時代と明治時代（馬場治子）「あるむぜお ： 府中市郷土の森博物館だより」 府中文化振興財団府中市郷土の森博物館 52 2000.6

府中宿再訪（3） 府中宿を往く人と住む人—出会いと別れ（馬場治子）「あるむぜお ： 府中市郷土の森博物館だより」 府中文化振興財団府中市郷土の森博物館 54 2000.12

大田南畝の見た府中宿界隈 調査日記より（藤田英孝）「府中史談」 府中市史談会 （32） 2006.5

府中宿に○△がやってきた！（1） 浪人・山伏・座頭・虚無僧（花木知子）「あるむぜお ： 府中市郷土の森博物館だより」 府中文化振興財団府中市郷土の森博物館 （92） 2010.6

府中宿に○△がやってきた！（3） 虚無僧との契約（花木知子）「あるむぜお ： 府中市郷土の森博物館だより」 府中文化振興財団府中市郷土の森博物館 （94） 2010.12

府中宿に○△がやってきた！（4） 囚人護送（花木知子）「あるむぜお ： 府中市郷土の森博物館だより」 府中文化振興財団府中市郷土の森博物館 （95） 2011.3

馬市再興願いに見る府中宿の市場（特集 江戸後期の流通と市場）（花木知子）「多摩のあゆみ」 たましん地域文化財団 （156） 2014.10

府中町

町にまつわる雑学講座—府中町・緑町（馬場治子）「あるむぜお ： 府中市郷土の森博物館だより」 府中文化振興財団府中市郷土の森博物館 （102） 2012.12

府中道

紀行文にみる府中道の記（下山照夫）「せたかい ： 歴史さろん」 世田谷区誌研究会 （58） 2006.7

府中用水

資料紹介 府中用水取水樋門（清水周）「くにたち郷土文化館だより」 くにたち郷土文化館 （24） 2001.9

企画展 「府中用水—移りゆく人と水とのかかわり」を終えて（清水周）「くにたち郷土文化館だより」 くにたち郷土文化館 （26） 2002.2

展示活動を活性化させるための試み—企画展「府中用水」の記録と考察（清水周）「くにたち郷土文化館研究紀要」 くにたち文化・スポーツ振興財団くにたち郷土文化館 4 2002.3

福生

福生と清戸（植村譲治）「古文書研究会会報」 福生古文書研究会 （2） 2003.3

不動池

「不動池」（秋津町5丁目27）（大井芳文）「郷土研だより」 東村山郷土研究会 （397） 2013.6

不動滝

ひろば 「不動滝」東京の名湧水に選定（木村栄作）「板橋史談」 板橋史談会 215 2003.3

不動明王堂と幻の「不動滝跡」（伊藤弘一）「由比野」 元八王子歴史研究会 （14） 2007.5

太日川

武蔵と下総を渡る—江戸以前における隅田川・太日川の渡河について（谷口榮）「武蔵野」 武蔵野文化協会 79（1）通号337 2003.3

船木田

「船木田」考—池沼を田に変えた船木（特集 多摩の池）（石井義長）「多摩のあゆみ」 たましん地域文化財団 （155） 2014.8

東京都　　　　　　　　　　　　　地名でたどる郷土の歴史　　　　　　　　　　　　　　　　関東

舟渡山

写真探訪 板橋の地名 (5)「小豆沢」(3) 舟渡山 (前)(大澤鷹邇)「板橋史談」板橋史談会 (245) 2008.3

写真探訪 板橋の地名 (6)「小豆沢」(4) 舟渡山 (後・承前)(大澤鷹邇)「板橋史談」板橋史談会 (246) 2008.5

分倍河原

歴史散歩の報告 分倍河原合戦と多磨霊園 (山崎正)「群馬歴史散歩」群馬歴史散歩の会 (215) 2010.7

元弘三年分倍河原の大合戦 (菊池山哉)「府中史談」府中市史談会 (38) 2012.5

分梅町

町にまつわる雑学講座—分梅町「あるむぜお ： 府中市郷土の森博物館だより」府中文化振興財団府中市郷土の森博物館 (103) 2013.3

ブリジストンタイヤ東京工場

高度成長期、ブリジストンタイヤ東京工場に集まった労働者たち—社内報にみる転勤者、養成工 (研究報告)(鈴木理彦)「小平の歴史を拓く ： 市史研究」小平市企画政策部 (6) 2014.3

旧古河氏庭園

わがまちの文化財・北区 重要文化財旧渋沢家飛鳥山邸 (旧渋沢庭園) と名勝旧古河氏庭園 (都立旧古河氏庭園)「東京の文化財」東京都教育庁地域教育支援部 (98) 2006.3

旧渋沢家飛鳥山邸と旧古河氏庭園の国文化財指定について「文化財研究紀要」東京都北区教育委員会 19 2006.3

古河邸

第272回月例研究会古河邸をめぐる話 (小野崎敏)「北区史を考える会会報」北区史を考える会 (77) 2005.8

文京

20世紀前半、文京の園芸文化—菊栽培と温室文化 (平野恵)「文京ふるさと歴史館だより」 [文京ふるさと歴史館] (16) 2009.6

ぶんきょうには坂道がある (東條幸太郎)「文京ふるさと歴史館だより」 [文京ふるさと歴史館] (18) 2011.6

近代医学のあゆみと、"医"のまち文京 (加藤元信)「文京ふるさと歴史館だより」 [文京ふるさと歴史館] (19) 2012.6

小学校の姿を残す—絵はがきに見る文京「文京ふるさと歴史館だより」 [文京ふるさと歴史館] (19) 2012.6

弘化3年正月の大火 (加藤芳典, 齊藤智美)「文京ふるさと歴史館だより」 [文京ふるさと歴史館] (19) 2012.6

受け継がれた住まい 今に生きる文京の近代建築 (川口明代)「文京ふるさと歴史館だより」 [文京ふるさと歴史館] (20) 2013.6

ぶんきょうの樹木—館蔵資料に見る (東條幸太郎)「文京ふるさと歴史館だより」 [文京ふるさと歴史館] (21) 2014.6

文京区

ふたつの公園と桜の木 (町田菊男)「花時計 文京ふるさと歴史館友の会だより増刊号」文京ふるさと歴史館の会事務局 (18) 2010.6

文化財を生かす (文京区・青梅市)「東京の文化財」東京都教育庁地域教育支援部 (118) 2014.9

米軍立川基地

軍都立川 (1) 陸軍立川飛行場～米軍立川基地～陸上自衛隊駐屯地へ「浅川地下壕の保存をすすめる会ニュース」浅川地下壕の保存をすすめる会 (59) 2007.8

別所

目黒駒場、別所 (山内宣之)「目黒区郷土研究」目黒区郷土研究会 (622) 2006.11

目黒駒場、別所 (地名考2)(山内宣之)「目黒区郷土研究」目黒区郷土研究会 (624) 2007.1

目黒、駒場・別所 (地名考)(山内宣之)「郷土目黒」目黒区郷土研究会 52 2007.12

別所坂児童遊園

「区立別所坂児童遊園」には歌があった (平山元也)「目黒区郷土研究」目黒区郷土研究会 (631) 2007.8

「新富士」にあった石碑が別所坂児童遊園に設置 (平山元也)「目黒区郷土研究」目黒区郷土研究会 (632) 2007.9

「別所坂児童遊園に歌があった」その後 (平山元也)「目黒区郷土研究」目黒区郷土研究会 (634) 2007.11

蛇橋

足立史談カルタ紹介「へ」蛇橋かかる綾瀬川「足立史談会だより」足立史談会 (273) 2010.12

綾瀬川と蛇橋の由来 (足立タイムズ掲載)(先駆けの「足立史談」第2号から)(加瀬順一)「足立史談会だより」足立史談会 (299) 2013.2

弁天池

弁天池 (野口町4丁目)(両澤清)「郷土研だより」東村山郷土研究会 (358) 2010.3

「弁天池」(東村山市野口町4丁目)(大井芳文)「郷土研だより」東村山郷土研究会 (403) 2013.12

「東村山の再発見・見どころ11選」(3) 大善寺と弁天池 (七森繁満, 宮元裕了)「郷土研だより」東村山郷土研究会 (411) 2014.8

弁天橋

弁天橋 (野口町1丁目・4丁目境)「郷土研だより」東村山郷土研究会 (380) 2012.1

法師橋

法師橋 (山崎介司)「郷土研究」奥多摩郷土研究会 (13) 2002.3

保谷

インタビュー 文化継承・創造する「保谷ばやし」を守る—高橋慶司・高田政雄・高橋勉氏に聞く (高田賢)「武蔵保谷村だより ： 高橋文太郎の『武蔵保谷村郷土資料』を手掛かりに」下保谷の自然と文化を記録する会 (3) 2011.10

自然 (気象) 保谷の積雪—過去44年間の記録より (馬場恒夫)「武蔵保谷村だより ： 高橋文太郎の『武蔵保谷村郷土資料』を手掛かりに」下保谷の自然と文化を記録する会 (4) 2012.1

保谷を訪ねて (木村裕樹)「武蔵保谷村だより ： 高橋文太郎の『武蔵保谷村郷土資料』を手掛かりに」下保谷の自然と文化を記録する会 (5) 2012.4

自然 (気象) 保谷でカッコウの鳴き声を聞いた日—過去36年間の記録より (馬場恒夫)「武蔵保谷村だより ： 高橋文太郎の『武蔵保谷村郷土資料』を手掛かりに」下保谷の自然と文化を記録する会 (5) 2012.4

清水建設社宅の集会所の解体と古材の引き取り—私たちの「武蔵野の民家」は次の段階に (萩原記) / ミニ写真展「保谷に鉄道がやってきた！」—西武鉄道100周年 アニバーサリーイベント in 保谷に参加しました (亀田記)「武蔵保谷村だより ： 高橋文太郎の『武蔵保谷村郷土資料』を手掛かりに」下保谷の自然と文化を記録する会 (6) 2012.7

戦時下の保谷の空爆被害—中島飛行機武蔵製作所の影響下にあった町の繁栄と被災 (萩原惠子)「武蔵保谷村だより ： 高橋文太郎の『武蔵保谷村郷土資料』を手掛かりに」下保谷の自然と文化を記録する会 (8) 2013.1

資料1 東京都下農民の食物—市外保谷村に住みて 『「社会科」のための食物文化誌』後藤興善著、火星社、昭和23年7月発行、から / 資料2 保谷の地層断面図と水《保谷町水道課提供地層図及び吉村信吉「武蔵野の水」による補足》郷土誌『保谷』第2号、郷土誌保谷発行会、昭和40年5月発行、から「武蔵保谷村だより ： 高橋文太郎の『武蔵保谷村郷土資料』を手掛かりに」下保谷の自然と文化を記録する会 (9) 2013.4

保谷村の養蚕について (近江喜一)「武蔵保谷村だより ： 高橋文太郎の『武蔵保谷村郷土資料』を手掛かりに」下保谷の自然と文化を記録する会 (10) 2013.7

保谷ことば—暮らしの中で使われていた言葉 (本橋俊雄)「武蔵保谷村だより ： 高橋文太郎の『武蔵保谷村郷土資料』を手掛かりに」下保谷の自然と文化を記録する会 (10) 2013.7

保谷駅

子供の目で見た昭和30年代の保谷駅周辺 (藤本均)「武蔵保谷村だより ： 高橋文太郎の『武蔵保谷村郷土資料』を手掛かりに」下保谷の自然と文化を記録する会 (7) 2012.10

保谷村

武蔵・保谷村を中心とする文芸活動とその発展—1920年代の雑誌『若芽』及び『叢生』を通して (高田賢)「武蔵保谷村だより ： 高橋文太郎の『武蔵保谷村郷土資料』を手掛かりに」下保谷の自然と文化を記録する会 (7) 2012.10

資料1 有賀喜左衛門氏による『武蔵保谷村郷土資料』評「民族学研究」第2巻第2号 1936 (S11年4月)「武蔵保谷村だより ： 高橋文太郎の『武蔵保谷村郷土資料』を手掛かりに」下保谷の自然と文化を記録する会 (7) 2012.10

保木間村

寄合旗本真田家の屋敷—江戸時代前期の絵図にみえる保木間村から (多田文夫)「足立史談」足立区教育委員会 (509) 2010.7

墨堤

墨田区「墨堤の保全・創出」(パネルディスカッション)(齋藤雄吉)「すみだ川 ： 隅田川市民交流実行委員会会報」隅田川市民交流実行委員会 (48) 2010.10

墨東

研究の散歩道 墨東の名所おこし—梅・松・菊の隠居 (小澤弘)「江戸東京博物館news ： Edo-Tokyo Museum news」東京都歴史文化財団東京都江戸東京博物館 (83) 2013.9

細川上水

二つの細川上水 (橋口明子)「目黒区郷土研究」目黒区郷土研究会 (661) 2010.2

牡丹園

上北沢左内屋敷と牡丹園（倉島幸雄）「せたがい : 歴史さろん」 世田谷区誌研究会 （52） 2000.7

払沢の滝

滝めぐり（8）払沢の滝（小澤洋三）「多摩のあゆみ」 たましん地域文化財団 113 2004.2

本仁田山

本仁田山の池ノ平（角田清美）「郷土研究」 奥多摩郷土研究会 （15） 2004.3

堀切菖蒲園

わがまちの文化財・葛飾区 堀切菖蒲園と題経寺の文化財「東京の文化財」 東京都教育庁地域教育支援部 （104） 2008.3

堀切菖蒲園にて（小木曽栄子）「たいわ : 語り伝える白井の歴史 : 白井市郷土史の会機関誌」 白井市郷土史の会 （26） 2009.4

堀之内村

寛保三年 堀之内村の狼騒動（原田弘）「杉並郷土史会会報」 杉並郷土史会 （233） 2012.5

堀船

クローズアップ 堀船「ぽいす : 北区飛鳥山博物館だより」 北区飛鳥山博物館 17 2006.9

第350回月例研究会 2月26日（日）堀船地区座談会（馬場永子）「北区史を考える会会報」 北区史を考える会 （104） 2012.5

堀船の田中煉瓦は、関東地方で最古の民間煉瓦工場である（八木司郎）「北区史を考える会会報」 北区史を考える会 （104） 2012.5

本郷

江戸東京歴史紀行（3）〜（5）本郷界隈から鴎外の「雁」の舞台、無縁坂、池の端までを歩く（上）〜（下）（滝口知与子）「ふるさとの自然と歴史」 歴史と自然をまもる会 289/291 2002.1/2002.7

本郷のお店情報—伊藤圭介の資料から（平野恵）「文京ふるさと歴史館だより」 ［文京ふるさと歴史館］ （14） 2007.5

東京文学地図帖 戦後編（13）本郷（槌田満文）「Collegio」 之潮 （30） 2008.1

本郷の かねやすまでが 江戸の内？（加藤元信）「文京ふるさと歴史館だより」 ［文京ふるさと歴史館］ （17） 2010.6

本小平駅

コラム（3）多摩湖線 本小平駅のなりたち（伊藤守）「小平の歴史を拓く : 市史研究」 小平市企画政策部 （3） 2011.3

本駒込

江戸東京歴史紀行 根津・千駄木・本駒込界隈を歩く（上）、（下）、（番外編）（滝口知与子）「ふるさとの自然と歴史」 歴史と自然をまもる会 280/282 2000.5/2000.9

本宿

ちょっと昔の本宿—昭和20年代の思い出（藤田英孝）「府中史談」 府中市史談会 （30） 2004.5

本所

開館10周年記念企画展 錦絵のなかの本所・向島「みやこどり : すみだ郷土文化資料館だより」 すみだ郷土文化資料館 （29） 2008.7

空襲で壊滅した本所 記憶がたどる戦前の町の姿「みやこどり : すみだ郷土文化資料館だより」 すみだ郷土文化資料館 （31） 2009.7

本所五ツ目下屋敷

区外史料調査報告 榊原家本所五ツ目下屋敷と辻番所—上越市高田藩榊原家史料（斉藤照徳）「下町文化」 江東区地域振興部 （258） 2012.7

本町田村

多摩郡に於ける『新編武蔵風土記稿』の編纂に伴う廻村調査の例、並びに「地誌捜索問目」と「本町田村」（矢沢湊）「町田地方史研究」 町田地方史研究会 17 2005.1

前川

前川に架かる祭りの経文橋（両澤清）「郷土研だより」 東村山郷土研究会 （361） 2010.6

調査研究報告 柳瀬川とその周辺の歴史と現状を調べる（4）前川コース—源流部・上流部を中心に（野村裕夫）「郷土研だより」 東村山郷土研究会 （387） 2012.8

旧前田侯爵家駒場本邸

旧前田侯爵家駒場本邸の7棟が東京都指定「有形文化財」に（上野勝也）「戦争のきずあと・むさしの」 武蔵野の空襲と戦争遺跡を記録する会 （32） 2009.7

旧前田侯爵家駒場本邸和館及び庭園等保存管理計画の策定について（目黒区都市整備部みどりと公園課）「郷土目黒」 目黒区郷土研究会 54 2010.10

旧前田侯爵家駒場本邸の保存修復整備工事（目黒区都市整備部みどりと

公園課）「郷土目黒」 目黒区郷土研究会 55 2011.10

旧前田侯爵邸

駒場公園 旧前田侯爵邸は、中島飛行機本社の疎開先だった（上野勝也）「戦争のきずあと・むさしの」 武蔵野の空襲と戦争遺跡を記録する会 12 2004.7

めぐろの昔を語る（33）駒場公園の旧前田侯爵邸前田利為侯（編集部）「目黒区郷土研究」 目黒区郷土研究会 604 2005.5

馬込

馬込バス通り商店街の変遷（大田区立郷土博物館友の会学習会）「大田の歴史地図の会」）「大田区立郷土博物館紀要」 大田区立郷土博物館 （19） 2012.3

馬込文士村

事業報告・資料紹介 馬込文士村資料地域産文化事業を終えて（山本たか子）「大田区立郷土博物館紀要」 大田区立郷土博物館 （20） 2014.3

将門塚

将門塚から日本橋界隈へ（武山勝）「目黒区郷土研究」 目黒区郷土研究会 592 2004.5

真姿の池湧水群

東京都指定名勝追加指定 真姿の池湧水群「東山道武蔵路ニュース」 東山道を保存する会 （30） 2003.12

真姿の湧水

武蔵国分寺と「真姿の湧水」（村山光一）「東山道武蔵路ニュース」 東山道を保存する会 （30） 2003.12

増野製作所長屋門

足立区の文化財 平成2年版「足立区の文化財」による 有形民俗文化財 清水家住宅 1棟、阿出川家煉瓦造蔵 1棟、増野製作所長屋門 1棟「足立史談会だより」 足立史談会 （318） 2014.9

町田

新教育における郷土教育の系譜（6）（東末孝）「町田地方史研究」 町田地方史研究会 14 2000.5

町田の文化財（中村俊一）「いしぶみ」 まちだ史考会 （12） 2002.1

町田の石造物にある七702石工銘（萩原清高）「町田地方史研究」 町田地方史研究会 17 2005.1

特集座談会 我がふるさとまちだ—新編武蔵風土記稿にみる町田の今昔（安藤利也，磯見孝子，川瀬基，中脇陽一，矢沢湊，山口拓郎）「いしぶみ」 まちだ史考会 （19） 2005.7

「町田」を知る楽しみ（山田他美子）「いしぶみ」 まちだ史考会 （19） 2005.7

特集座談会 縄文の里・まちだ（川口正幸，池村泰，泉三千代，佐藤喜芳，山口拓郎）「いしぶみ」 まちだ史考会 （20） 2005.12

江戸時代の町田を「いつ・誰れが」調査したか（安藤利也）「いしぶみ」 まちだ史考会 （21） 2006.7

「戦国時代町田地域の社会…」（下永博道）「いしぶみ」 まちだ史考会 （21） 2006.7

NOTE 江戸時代、町田から府中に運ばれた瓦（深澤靖幸）「あるむぜお : 府中市郷土の森博物館だより」 府中文化振興財団府中市郷土の森博物館 （77） 2006.9

『新編武蔵風土記稿』に載る町田各村の地誌探索のいつ、誰、によって行なわれたか（矢沢湊，安藤利也）「町田地方史研究」 町田地方史研究会 （18） 2006.12

歴史シンポジウム「わが町田と新選組」—その真実と虚像（小島政孝）「町田地方史研究」 町田地方史研究会 （18） 2006.12

幕末の動乱と町田の村々（講演会）（坂本達彦）「自由民権 : 町田市立自由民権資料館紀要」 町田市教育委員会 通号20 2007.3

歩く・見る・聞く町田（武藤敏）「いしぶみ」 まちだ史考会 （23） 2007.7

町田の公園 東京の公園（田中正大）「いしぶみ」 まちだ史考会 （23） 2007.7

町田の江戸時代の橋（林静雄）「いしぶみ」 まちだ史考会 （24） 2007.12

八木家文書と『新編武蔵風土記稿』に載る町田各村の街道記事について（矢沢湊）「町田地方史研究」 町田地方史研究会 （19） 2008.6

新教育における郷土教育の系譜（7）の上（東末孝）「町田地方史研究」 町田地方史研究会 （19） 2008.6

町田にあった戦時無線局（松本一夫）「いしぶみ」 まちだ史考会 （26） 2008.12

講座 地図から読む町田の歴史（1），（2），（10）〜（12）（矢沢湊）「いしぶみ」 まちだ史考会 （27）/（37） 2009.7/2014.07

講演会 金原左門先生 県北の現代史を新史料でどうとらえるか 相模原・町田（塩田安示）「いしぶみ」 まちだ史考会 （28） 2009.12

講演「戦国時代の町田」を聴講して（大月昭）「町田地方史研究会会報」 町田地方史研究会 （16） 2010.3

講演 幕末明治の横浜と町田（特集 町田市50周年記念・横浜線開通100周年）（西川武臣）「町田地方史研究」 町田地方史研究会 （20） 2010.8

新教育における郷土教育の系譜（7）の下―島小学校の郷土教育（東末孝）「町田市立自由民権資料館紀要」町田市教育委員会　（20）　2010.8

講座　地図から読む町田の歴史（4）八木家文書に見る町田の地形と道／（5）原町田の原風景（矢沢湊）「いしぶみ」　まちだ史考会　（30）　2010.12

町田にあった芝好園（田中正大）「Collegio」　之潮　（43）　2010.12

2010年度第1回企画展「絵図でみる町田―Part1―」の記録「自由民権：町田市立自由民権資料館紀要」　町田市教育委員会　（24）　2011.3

郷土の歴史に学ぶ、今、問われていること（特集　町田の「自由民権運動」を考える）（山口拓郎）「いしぶみ」　まちだ史考会　（31）　2011.7

地方自治のさきがけ（特集　町田の「自由民権運動」を考える）（西山正之助）「いしぶみ」　まちだ史考会　（31）　2011.7

先人の情熱と勇気に学ぶ（特集　町田の「自由民権運動」を考える）（枝松満雄）「いしぶみ」　まちだ史考会　（31）　2011.7

後から来た市民の視点（特集　町田の「自由民権運動」を考える）（鈴木康彰）「いしぶみ」　まちだ史考会　（31）　2011.7

講座　地図から読む町田の歴史（6）―木曽（矢沢湊）「いしぶみ」　まちだ史考会　（31）　2011.7

表紙解説　石碑「自由民権の碑」「いしぶみ」　まちだ史考会　（32）　2011.12

豪農の民権思想形成（特集　町田の「自由民権運動」を考える（2））（西山正之助）「いしぶみ」　まちだ史考会　（32）　2011.12

寄稿　町田ストーンサークル（湯浅起夫）「いしぶみ」　まちだ史考会　（32）　2011.12

講座　地図から読む町田の歴史（7）―薬研の如き南谷間の村（矢沢湊）「いしぶみ」　まちだ史考会　（32）　2011.12

町田地方史研究会　40周年記念事業　なぜ、今『町田の地名』か？（小島政孝）「町田地方史研究会会報」　町田地方史研究会　（24）　2012.6

『町田の地名』編集作業予定／『町田の地名』編集委員会地区分担「町田地方史研究会会報」　町田地方史研究会　（24）　2012.6

講座　地図から読む町田の歴史（9）原町田最初の二万五千分の一地形図（矢沢湊）「いしぶみ」　まちだ史考会　（34）　2012.12

2012年度　第1回企画展「絵図でみる町田―Part2―」の記録「自由民権：町田市立自由民権資料館紀要」　町田市教育委員会　（26）　2013.3

巻頭言　なぜ今『町田の地名』か？（小島政孝）「町田地方史研究」　町田地方史研究会　（21）　2014.11

町田地域における大正デモクラシー状況（飯田俊郎）「町田地方史研究」　町田地方史研究会　（21）　2014.11

隠れたベストセラー　卒業生に贈り続けた町田の歴史（山崎隆男）「町田地方史研究」　町田地方史研究会　（21）　2014.11

記念講演「戦国時代の町田」を聴いて（中村喜陽）「町田地方史研究」　町田地方史研究会　（21）　2014.11

町田川

歩いて見て聞いて学ぶ―旧町田川「恩田川」の周辺の歴史をたどる（山崎隆男）「町田地方史研究会会報」　町田地方史研究会　（23）　2012.1

町田市

地名考・マイタウン（林静雄）「いしぶみ」　まちだ史考会　（15）　2003.7

スタートした「郷土史ガイド」（山口拓郎）「いしぶみ」　まちだ史考会　（17）　2004.7

幕末の外国人遊歩区域図（松本一夫）「いしぶみ」　まちだ史考会　（19）　2005.7

江戸時代町田市域ゆかりの領主（安藤利也）「いしぶみ」　まちだ史考会　（23）　2007.7

「町田地方史研究20号」特集―横浜線開業100年・町田市制施行50年（小島政孝）「町田地方史研究会会報」　町田地方史研究会　（10）　2007.9

市民協働事業　ふるさと町田・歴史と文化の再発見（第1回）横浜開港をめぐる史跡を歩く（町田市制50周年記念）（井上恭一）「町田地方史研究会会報」　町田地方史研究会　（12）　2008.4

春の街歩報告　町田市制50周年記念　市民協働事業　横浜開港をめぐる史跡を歩く「町田地方史研究会会報」　町田地方史研究会　（13）　2008.8

多摩地方における近世瓦生産の一様相―町田市カワラ峯瓦窯と府中の寺社（深澤靖幸）「府中市郷土の森博物館紀要」　府中文化振興財団府中市郷土の森博物館　（22）　2009.3

町田市史を読む会（読書会）（湯浅克之）「いしぶみ」　まちだ史考会　（27）　2009.7

町田市が誇る尾根緑道（田中正大）「いしぶみ」　まちだ史考会　（28）　2009.12

佐兵衛出入　済口澄文の裏事情（地方文書）（高島康禎）「いしぶみ」　まちだ史考会　（29）　2010.7

町田合併で誕生した町田市―資料でみる（特集　町田市50周年記念・横浜線開通100周年）（田辺健一）「町田地方史研究」　町田地方史研究会　（20）　2010.8

町田市の変遷　人口と大型店の進出（特集　町田市50周年記念・横浜線開

通100周年）（小島政孝）「町田地方史研究」　町田地方史研究会　（20）　2010.8

町田市市制50周年記念市民協働事業について―ふるさと町田・歴史と文化の再発見「町田地方史研究」　町田地方史研究会　（20）　2010.8

地方文書　文久三年盗賊一件顛末　其一～其六（中井静雄）「いしぶみ」　まちだ史考会　（29）／（34）　2010.7/2012.12

2011.8.28（土）　小田原北条氏と町田市域―河井家文書と小島家文書を中心に　駒澤大学文学部長　久保田昌希先生の講演を聴いて（高場康禎）「町田地方史研究会会報」　町田地方史研究会　（22）　2011.10

『町田市史』を読む会　養蚕の歴史（1）（読書会）（中津訓美，川村幸子）「いしぶみ」　まちだ史考会　（34）　2012.12

町田市の100遺跡探索に挑戦（寄稿）（浦野章）「いしぶみ」　まちだ史考会　（35）　2013.7

『町田市史』養蚕の歴史（2）（読書会）（中津訓美，川村幸子）「いしぶみ」　まちだ史考会　（35）　2013.7

町田市域の石造物（1）（活動報告）（西島護）「いしぶみ」　まちだ史考会　（37）　2014.7

地域の歴史・文化を後世につなぐ営み（守谷信二）「いしぶみ」　まちだ史考会　（20周年記念号）　2014.7

町田市方面「鎌倉古街道」調査研究報告　平成26年10月11日（土）（大井芳文）「郷土研だより」　東村山郷土研究会　（414）　2014.11

記念講演「小田原北条氏と町田市域」（久保田昌希）「町田地方史研究」　町田地方史研究会　（21）　2014.11

明治の横浜線―新聞に見る町田市域（寄稿）（安藤利也）「いしぶみ」　まちだ史考会　（38）　2014.12

ミニ講座　町田市域の石造物（2）（西島護）「いしぶみ」　まちだ史考会　（38）　2014.12

町田市公民館

町田市公民館の活動（特集　戦後多摩の公民館活動）（大石洋子）「多摩のあゆみ」　たましん地域文化財団　（144）　2011.11

町田中央公園

井出の沢と町田中央公園（田中正大）「いしぶみ」　まちだ史考会　（21）　2006.7

町田中央公園と農地解放（田中正大）「いしぶみ」　まちだ史考会　（24）　2007.12

町田リス園

地形をあるく　金井谷戸と町田リス園（田中正大）「Collegio」　之潮　（31）　2008.2

町屋四丁目実場遺跡

わがまちの文化財・荒川区　技が冴えるあらかわの文化財―町屋四丁目実場遺跡と荒川区の伝統工芸「東京の文化財」　東京都教育庁地域教育支援部　（99）　2006.9

旧松沢家住宅

旧松澤家住宅の復原について（川端修司）「文化財研究紀要」　東京都北区教育委員会　18　2005.3

旧松澤家住宅移築復原工事の経過について（永島恵，山口隆太郎）「文化財研究紀要」　東京都北区教育委員会　18　2005.3

北区指定有形文化財（建造物）「旧松澤家住宅」の震災被害修理について（調査報告）（北区教育委員会事務局，飛鳥山博物館）「北区飛鳥山博物館研究報告」　東京都北区教育委員会　（15）　2013.3

松沢村

旧「荏原郡松澤村」に残された伝説（寄稿）（大庭光治）「せたがい：歴史さろん」　世田谷区誌研究会　（65）　2013.7

松原

「松原宿」リポート―その防衛的性格について（相原明彦）「せたがい：歴史さろん」　世田谷区誌研究会　（56）　2004.11

転載　世田谷松原、相原家文書と関東大震災（編集部）「せたがい：歴史さろん」　世田谷区誌研究会　（63）　2011.7

真中

古老聞き書き帳　駒沢・眞中・上馬・中里・三茶界隈（染谷昌男）「せたがい：歴史さろん」　世田谷区誌研究会　（56）　2004.11

馬橋

黒鍬者について（天保十一年　善福寺川より馬橋への開鑿用水）（大谷光男）「杉並郷土史会史報」　杉並郷土史会　（229）　2011.9

馬橋村

江戸時代の杉並の農村について　馬橋村の記録から（新村康敏）「杉並郷土史会史報」　杉並郷土史会　184　2004.3

江戸時代の馬橋村と下井草村―「御用留」収録に寄せて（久保貴子）「杉並区立郷土博物館研究紀要」　杉並区立郷土博物館　（13）　2005.3

翻刻　天保5年（1834）の御用留〈馬橋村〉「杉並区立郷土博物館研究紀要」　杉並区立郷土博物館　（13）　2005.3

「御用留」にみる天保期の馬橋村と下井草村（久保貴子）「杉並区立郷土博

物館研究紀要」 杉並区立郷土博物館 （14）2006.3

中野村・高円寺村・馬橋村三か村用水開削の経緯と成宗弁天（竹村誠）「杉並区立郷土博物館研究紀要」 杉並区立郷土博物館 （15）2007.3

研究ノート 中野村組合と馬橋村（金井貴司）「杉並区立郷土博物館研究紀要」 杉並区立郷土博物館 （18）2011.2

翻刻 天保12年（1841）の御用留《馬橋村》「杉並区立郷土博物館研究紀要」 杉並区立郷土博物館 （18）2011.2

翻刻 天保13年（1842）の御用留《馬橋村》「杉並区立郷土博物館研究紀要」 杉並区立郷土博物館 （19）2012.1

東京文化財ウィーク2012例会記 旧桃園川流域（阿佐ヶ谷村、馬橋村、高円寺村）の史跡を訪ねて（大河原善雄）「杉並郷土史会会報」 杉並郷土史会 （242）2013.11

翻刻 天保13年（1842）の御用留《馬橋村》「杉並区立郷土博物館研究紀要」 杉並区立郷土博物館 （19）2014.1

狸穴

地名探訪 狸穴（マミアナ）（桐井聡男）「日本地名研究所通信」 日本地名研究所 （80）2014.12

丸池

丸池（「池袋地名の由来の池」）説話成立に関する文献的考証（青木哲夫）「生活と文化 : 研究紀要」 豊島区 （18）2009.3

丸の内

総論 江戸城と丸の内（《特集 平成16年度都市歴史研究室シンポジウム報告》―〈シンポジウム「江戸城と丸の内」報告〉）（小澤弘）「東京都江戸東京博物館研究報告」 東京都江戸東京博物館 （12）2006.3

報告3 近代都市・丸の内の容貌（《特集 平成16年度都市歴史研究室シンポジウム報告》―〈シンポジウム「江戸城と丸の内」報告〉）（米山勇）「東京都江戸東京博物館研究報告」 東京都江戸東京博物館 （12）2006.3

質疑・応答（《特集 平成16年度都市歴史研究室シンポジウム報告》―〈シンポジウム「江戸城と丸の内」報告〉）（小澤弘、松尾美恵子、原史彦、米山勇）「東京都江戸東京博物館研究報告」 東京都江戸東京博物館 （12）2006.3

カルチャー報告1 丸の内と文学―明治・大正編（《特集 平成16年度都市歴史研究室シンポジウム報告》―〈江戸城と丸の内をめぐって〉）（金子未佳）「東京都江戸東京博物館研究報告」 東京都江戸東京博物館 （12）2006.3

カルチャー報告2 丸の内と文学―昭和編（《特集 平成16年度都市歴史研究室シンポジウム報告》―〈江戸城と丸の内をめぐって〉）（山崎尚之）「東京都江戸東京博物館研究報告」 東京都江戸東京博物館 （12）2006.3

「丸の内」関連文学作品リスト（《特集 平成16年度都市歴史研究室シンポジウム報告》―〈江戸城と丸の内をめぐって〉）（金子未佳）「東京都江戸東京博物館研究報告」 東京都江戸東京博物館 （12）2006.3

カルチャー報告3 進駐軍時代のジャズ 丸の内・銀座（《特集 平成16年度都市歴史研究室シンポジウム報告》―〈江戸城と丸の内をめぐって〉）（松井かおる）「東京都江戸東京博物館研究報告」 東京都江戸東京博物館 （12）2006.3

コラム千代田区の地名 丸の内「千代田区立四番町歴史民俗資料館資料館だより」 東京都千代田区教育委員会，千代田区立四番町歴史民俗資料館 （22）2006.6

江戸の街・東京の街（7）大正生まれの丸の内（白石弘之）「Collegio」之潮 （12）2006.7

丸ノ内線

すぎなみの地下を走る！ みんなの丸ノ内線「炉辺閑話 : 杉並区立郷土博物館だより」 東京都杉並区立郷土博物館 （33）2005.7

荻窪線と丸ノ内線/丸ノ内線の新型資料02系（渡辺やす子）「炉辺閑話 : 杉並区立郷土博物館だより」 東京都杉並区立郷土博物館 （33）2005.7

セピア色の記憶（31）還暦を迎えた丸ノ内線と新大塚駅前の変貌（秋山）「かたりべ : 豊島区立郷土資料館ミュージアム開設準備だより」 豊島区立郷土資料館 （112）2014.6

丸山橋

丸山橋（恩多町3丁目・4丁目・栄町1丁目境）「郷土研だより」 東村山郷土研究会 （377）2011.10

廻り田町

特集 東村山市誕生50周年記念 その1 東村山の旧5か村と13町/旧廻り田村周辺の歴史 多摩湖町・廻り田町・美住町・富士見町「歴史館だより」 東村山ふるさと歴史館 （47）2014.2

万徳旅館

青梅・万徳旅館について（特集 むかしの暮らしを復元する）（早川典子）「多摩のあゆみ」 たましん地域文化財団 （142）2011.5

「万徳旅館にみる暮らしの100年」展 回顧（早川典子）「江戸東京たてもの園だより」 東京都歴史文化財団 （39）2012.3

万年橋

木造アーチ以前の万年橋―明治20年代の架橋への動きを追って（《特集 多摩の橋》）（昌子住江）「多摩のあゆみ」 たましん地域文化財団 （123）2006.8

トトロの木と出会う 万年橋のケヤキ（柳野龍男）「郷土研だより」 東村山郷土研究会 （338）2008.7

さし絵のなかの多摩（45）多摩の奇勝 日向和田万年橋―『武蔵名勝図会』から大下藤次郎まで（齋藤愼一）「多摩のあゆみ」 たましん地域文化財団 （133）2009.2

野火止用水と万年橋（恩多町1・2・3・5丁目境）（両澤清）「郷土研だより」 東村山郷土研究会 （359）2010.4

三河島

文化館おすすめ史跡めぐりコース（2）町屋・区旧三河島編（加藤陽子）「荒川ふるさと文化館だより」 荒川区教育委員会荒川ふるさと文化館 （15）2005.9

荒川（三河島）レンガ遺跡/尾久地区のレンガ遺跡を歩く「荒川史談」 荒川史談会 （290）2007.6

都市近郊の農産物を追う（5）西新井大英と三河島大英（上）（荻原ちとせ）「足立史談」 足立区教育委員会 （477）2007.11

都市近郊の農産物を追う（6）西新井大英と三河島大英（下）（荻原ちとせ）「足立史談」 足立区教育委員会 （478）2007.12

文学部通信（2）吉村昭コレクションより 雨の三河島・尾久―歴史小説『彰義隊』の名場面（野尻泰弘）「荒川ふるさと文化館だより」 荒川区教育委員会荒川ふるさと文化館 （23）2010.3

三河島地区を歩く（4月町屋、5月荒川）「荒川史談」 荒川史談会 （302）2010.6

三河島汚水処分場

文化財NEWS速報 国の重要文化財に指定！「旧三河島汚水処分場喞筒場施設」（加藤陽子）「荒川ふるさと文化館だより」 荒川区教育委員会荒川ふるさと文化館 （19）2007.12

旧三河島汚水処分場ポンプ場施設が国の重要文化財に指定「荒川史談」 荒川史談会 （292）2007.12

重要文化財旧三河島汚水処分場喞筒場施設の復元・保存工事終了「東京の文化財」 東京都教育庁地域教育支援部 （116）2013.9

三崎坂

「わが町の空襲」補遺その2 3月4日、谷中三崎坂で 村山竹子さん「谷中・根津・千駄木」 谷根千工房 （84）2006.7

三宿国民学校

学童疎開の記録―世田谷区三宿国民学校の長野県への疎開（小松芳郎）「松本市史研究 : 松本市文書館紀要」 松本市 （14）2004.3

瑞穂町

平成17年度秋季企画展 郷土の伝統工芸―竹細工と染織（瑞穂町郷土資料館）「ミュージアム多摩 : 東京都三多摩公立博物館協議会会報」 東京都三多摩公立博物館協議会 （27）2006.3

第68回例会報告 瑞穂町の中世を歩く（高田賢治）「多摩地域史研究会会報」 多摩地域史研究会 （91）2009.11

美住町

新あの町この道（3）美住町周辺（三宅良太）「郷土研だより」 東村山郷土研究会 301 2004.12

特集 東村山市誕生50周年記念 その1 東村山の旧5か村と13町/旧廻り田村周辺の歴史 多摩湖町・廻り田町・美住町・富士見町「歴史館だより」 東村山ふるさと歴史館 （47）2014.2

水元

葛飾区水元四丁目に残る関東大震災の地割りについて（研究ノート）（五十嵐聡江、谷口榮）「博物館研究紀要」 葛飾区郷土と天文の博物館 （12）2011.3

美園町

市民の声 美園町の町名由来（小林正雄）「小平の歴史を拓く : 市史研究」 小平市企画政策部 （1）2009.3

三田

三田寺町の江戸建築（中村琢巳）「港郷土資料館だより」 港区立港郷土資料館 （63）2009.3

苺と馬とオリーブと―三田にあった育種場（大坪潤子）「港郷土資料館だより」 港区立港郷土資料館 （69）2012.3

『風土記II』三田から高輪を散策する（読書会）（川瀬基）「いしぶみ」 まちだ史考会 （38）2014.12

三鷹

1945年4月2日の空襲と三鷹[1]，(2)（牛田守彦）「戦争のきずあと・むさしの」 武蔵野の空襲と戦争遺跡を記録する会 （29）/（30）2008.9/2009.1

東京都　　　　　　　　　　地名でたどる郷土の歴史　　　　　　　　　　関東

三鷹航空工業比企地下工場

地下壕よくわかーるすぐわかーる浅川地下工場と三鷹航空工業比企地下工場に関わった兵隊 松本秀夫『中島飛行機小泉製作所日記』から(2)(斉藤勉)「浅川地下壕の保存をすすめる会ニュース」 浅川地下壕の保存をすすめる会　36　2003.10

三鷹市

文化財を生かす(新宿区・三鷹市)「東京の文化財」 東京都教育庁地域教育支援部　(117)　2014.3

三田水道

三田水道みち(橋口明子)「目黒区郷土研究」 目黒区郷土研究会　(660)　2010.1

三田用水

権之助坂上の三田用水(橋口明子)「目黒区郷土研究」 目黒区郷土研究会　586　2003.11

旧三田用水導水管の出現と撤去(平山元也)「目黒区郷土研究」 目黒区郷土研究会　(629)　2007.6

三田用水とその遺構の消滅(平山元也)「郷土目黒」 目黒区郷土研究会　51　2007.10

三田用水の行方(橋口明子)「目黒区郷土研究」 目黒区郷土研究会　(662)　2010.3

三田用水下堀敷反潰(橋口明子)「目黒区郷土研究」 目黒区郷土研究会　(667)　2010.8

上水図(橋口明子)「目黒区郷土研究」 目黒区郷土研究会　(671)　2010.12

三田用水茶屋坂隧道

三田用水茶屋坂隧道取り壊される(平山元也)「目黒区郷土研究」 目黒区郷土研究会　580　2003.5

「茶屋坂隧道」取り壊し満一年の状況(平山元也)「目黒区郷土研究」 目黒区郷土研究会　593　2004.6

三田「茶屋坂隧道」の取り壊しの経緯と現状(平山元也)「目黒区郷土研究」 目黒区郷土研究会　(621)　2006.10

三田「茶屋坂隧道」現状(編集部)「目黒区郷土研究」 目黒区郷土研究会　(621)　2006.10

三田用水「茶屋坂隧道モニュメントイメージ」が掲示「目黒区郷土研究」 目黒区郷土研究会　(640)　2008.5

三田用水「茶屋坂隧道モニュメント」が設置された(平山元也)「目黒区郷土研究」 目黒区郷土研究会　(655)　2009.8

三井八郎右衛門邸

三井八郎右衛門邸 (公財)文化財建造物保存技術協会(たてもの園の思い出)(小川保)「江戸東京たてもの園だより」 東京都歴史文化財団　(40)　2012.9

水戸街道

第24回地方史公開セミナー講演 水戸街道と取手宿の成立(飯島章)「茨城史林」 筑波書林　(28)　2004.6

今は昔・旧水戸街道を歩く(本田純男)「東葛流山研究」 流山市立博物館友の会事務局，崙書房出版(発売)　(23)　2005.3

近世都市府中の形成過程と水戸街道の変遷《《特集 常陸府中の景観変遷―現況調査概報IIIにかえて》》(増渕禎志)「茨城大学中世史研究」 茨城大学中世史研究会　3　2006.3

史跡探訪 旧水戸街道・松戸宿を訪ねる(南舘恒寿)「かつしか台地 ： 野田地方史懇話会会誌」 野田地方史懇話会　(33)　2007.3

「水戸街道と馬橋」について(神尾武男)「松戸史談」 松戸史談会　(49)　2009.11

文化講演 旧水戸街道よもやま話(第61回松戸市文化祭参加)(山本鉱太郎)「松戸史談」 松戸史談会　(50)　2010.11

足立史談カルタ紹介 「わ」別れる道は水戸街道「足立史談会だより」 足立史談会　(284)　2011.11

コラム 流山の水戸街道とその呼称/町を分割された小金町/郷土史家松下邦夫さんの地名への思い(楽しい東葛地名辞典―東葛地名雑学アラカルト)「東葛流山研究」 流山市立博物館友の会事務局，崙書房出版(発売)　(30)　2012.3

水戸道中の「引直シ」(付け替え)の年代(山口博行)「松戸史談」 松戸史談会　(52)　2012.11

歴史講演を聞いて 我孫子宿の「宿題」―吉田俊純先生講演「水戸街道と我孫子宿」(長谷川一)「我孫子市史研究センター会報」 我孫子市史研究センター　(132)　2013.2

水戸路

加筆修正された道中記―「水戸道中記」から「水戸路道中記」へ(堀切武)「郷土ひたち」 郷土ひたち文化研究会　(59)　2009.2

水戸道

水戸道中界隈の史跡と伝承考(松戸史談会会員勉強会(要旨))(平久保久雄)「松戸史談」 松戸史談会　(49)　2009.11

みどり池

「みどり池」(久米川町5丁目13)(大井芳文)「郷土研だより」 東村山郷土研究会　(399)　2013.8

緑が丘

自由が丘・緑が丘物語(阿部信彦)「郷土目黒」 目黒区郷土研究会　48　2004.10

緑町

聞き取り調査東久留米市南町での聞き取り武蔵野市緑町付近での聞き取り「戦争のきずあと・むさしの」 武蔵野の空襲と戦争遺跡を記録する会　(16)　2005.5

町にまつわる雑学講座―府中町・緑町(馬場治子)「あるむぜお ： 府中市郷土の森博物館だより」 府中文化振興財団府中市郷土の森博物館　(102)　2012.12

緑橋

目黒の風景今昔 目黒川の緑橋付近と蛇崩川合流付近「郷土目黒」 目黒区郷土研究会　53　2009.10

緑町都営アパート

緑町都営アパートに残る建物保存の「要望書」を東京都に提出(秋山昌文)「戦争のきずあと・むさしの」 武蔵野の空襲と戦争遺跡を記録する会　(37)　2010.11

港区

第8回港区文化財調査・研究発表会 近世・近代の港区の職人(1)―鋳物師と鋳物製作「港郷土資料館だより」 港区立港郷土資料館　(53)　2004.3

昭和20年5月の記憶と記録―テーマ展「戦争の時代と港区」に寄せて(高山優)「港郷土資料館だより」 港区立港郷土資料館　(56)　2005.9

建物めぐりの楽しみ方 報告書『港区の歴史的建造物』の使用方法(川上悠介)「港郷土資料館だより」 港区立港郷土資料館　(58)　2006.9

港区立港郷土資料館 テーマ展「港区の近世遺跡」、コーナー展「海を渡った江戸・東京の風景」(展示会批評)(中西崇)「民衆史研究」 民衆史研究会　(72)　2006.11

テーマ展22 港区名所図会(平田秀勝)「港郷土資料館だより」 港区立港郷土資料館　(60)　2007.9

資料館講座「港区を読もう！「半七捕物帳」と港区」 時代小説ブームを考える(清田和美)「港郷土資料館だより」 港区立港郷土資料館　(61)　2008.3

港区の歴史的建造物―コンクリート造(川上悠介)「港郷土資料館だより」 港区立港郷土資料館　(68)　2011.9

自転車と子どもたち 古写真から地域の歴史を読む(松本健)「港郷土資料館だより」 港区立港郷土資料館　(68)　2011.9

南浦

館蔵史料紹介 品川区指定文化財 大野惟図撰述『南浦地名考』(冨川武史，押元沙也香)「品川歴史館紀要」 品川区立品川歴史館　(28)　2013.3

南坂

写真探訪 板橋の地名(11) 富士大山道と「南坂」(大澤鷹邇)「板橋史談」 板橋史談会　(259)　2010.7

南桜公園

小学校と震災復興小公園の設計―南桜公園と桜田公園(中村琢巳)「港郷土資料館だより」 港区立港郷土資料館　(53)　2004.3

南千住

地名のつぶやき(5) 南千住のアイデンティティ(野尻かおる)「荒川ふるさと文化館だより」 荒川区教育委員会荒川ふるさと文化館　(10)　2003.3

地名のつぶやき南千住のアイデンティティ(9)(野尻かおる)「荒川ふるさと文化館だより」 荒川区教育委員会荒川ふるさと文化館　(14)　2005.3

史跡探訪 日光街道・千住宿を訪ねる(2) 南千住を訪ねる(笠原宏)「かつしか台地 ： 野田地方史懇話会会誌」 野田地方史懇話会　30　2005.9

街角のしるし(4) 南千住の三角点の謎(八代和香子)「荒川ふるさと文化館だより」 荒川区教育委員会荒川ふるさと文化館　(16)　2006.3

文化館おすすめ史跡めぐりコース(4) 近代南千住編(亀川泰邸)「荒川ふるさと文化館だより」 荒川区教育委員会荒川ふるさと文化館　(17)　2006.9

郷土の思い出を語る(昭和の時代)I～II 南千住在住 萩原賢蔵さん(大正15年生)「荒川史談」 荒川史談会　(305)／(306)　2011.3/2011.6

「南千住を歩く」―日光街道西側「荒川史談」 荒川史談会　(309)　2012.3

郷土の思い出を語る(昭和の時代)I 南千住在住 桑古三郎さん(昭和5年生)「荒川史談」 荒川史談会　(313)　2013.3

リヤカーで東京南千住から引き揚げ(終戦特集号)(北原昌弘)「伊那路」 上伊那郷土研究会　57(8)通号679　2013.8

あらかわタイムトンネルズ(22) もう一つの南千住の生薬―長寿金龍丹

（亀川泰照）「荒川ふるさと文化館だより」 荒川区教育委員会荒川ふるさと文化館 （30） 2013.9

南高橋
100歳を迎える"南高橋"（権上かおる）「すみだ川 ： 隅田川市民交流実行委員会会報」 隅田川市民交流実行委員会 32 2003.4

南田中
南田中の歴史事始と地名考（谷治正孝）「練馬区地名研究会会報」 練馬区地名研究会 （73） 2005.8

南多摩
南多摩—矢倉沢往還地域を中心にして（岩橋清美）「多摩のあゆみ」 たましん地域文化財団 113 2004.2
相模・南多摩の撚糸水車—半原撚糸を中心に（浜田弘明）「多摩のあゆみ」 たましん地域文化財団 115 2004.8
多摩の製炭業の歴史—南多摩における製炭のあゆみ、産業としての変遷（特集 多摩の炭焼き）（山口慶一）「多摩のあゆみ」 たましん地域文化財団 （152） 2013.11

南多摩郡
目録 南多摩郡各町村縮図目録「自由民権 ： 町田市立自由民権資料館紀要」 町田市教育委員会 （24） 2011.3

南町
聞き取り調査東久留米市南町での聞き取り武蔵野市緑町付近での聞き取り「戦争のきずあと・むさしの」 武蔵野の空襲と戦争遺跡を記録する会 （16） 2005.5

南野
「南野」か「成瀬が丘」か（田中正大）「Collegio」 之潮 （49） 2012.7

南法眼坂
区内文化財案内 東郷坂〜行人坂〜南法眼坂（滝口正哉）「千代田区立四番町歴史民俗資料館だより」 東京都千代田区教育委員会, 千代田区立四番町歴史民俗資料館 （25） 2007.7

南町奉行所
文部科学省構内江戸城外堀跡の石垣展示／有楽町イトシアの南町奉行所跡「千代田区立四番町歴史民俗資料館資料館だより」 東京都千代田区教育委員会, 千代田区立四番町歴史民俗資料館 （27） 2008.3

峯岸水車
三鷹市大沢の峯岸水車、機械遺産に認定される（小坂克信）「多摩のあゆみ」 たましん地域文化財団 （137） 2010.2
三鷹市大沢の峯岸水車、水流で動く！（小坂克信）「多摩のあゆみ」 たましん地域文化財団 （141） 2011.2

宮久保
韮久保から宮久保を経て長久保・雨沼久保へ（宮城正勝）「練馬区地名研究会会報」 練馬区地名研究会 （82） 2007.12

宮野古民家自然園
宮野古民家自然園について（藤樫稔）「郷土目黒」 目黒区郷土研究会 54 2010.10

宮前
大宮と宮前について（森宏太郎）「杉並郷土史会史報」 杉並郷土史会 （194） 2005.11

茗荷谷
小石川・茗荷谷の史跡を訪ねて（小林清）「目黒区郷土研究」 目黒区郷土研究会 595 2004.8

明神池
地形を歩く 生きている「池霊」—二子玉川の明神池（田中正大）「Collegio」 之潮 （23） 2007.6

御代ヶ池
御蔵島御代ヶ池のツゲ9本（〈東京都指定文化財の新指定〉—新しく指定した文化財）「東京の文化財」 東京都教育庁地域教育支援部 （101） 2007.3

三輪
三輪の古利・城址と古墳時代の遺跡を訪ねて（歴史散歩）（山川泰正）「いしぶみ」 まちだ史考会 （16） 2003.11
寄稿 三輪・岡上の里を歩みつつ（川上和久）「いしぶみ」 まちだ史考会 （30） 2010.12
岡上・三輪・柿生の里を巡る（歴史散歩）（萩原紹夫）「いしぶみ」 まちだ史考会 （36） 2013.12

三輪村
遺稿 三輪村慶応三年村方出入文書一件（堀江泰紹）「町田地方研究」 町田地方史研究会 17 2005.1

無縁坂
江戸東京歴史紀行（3）〜（5） 本郷界隈から鷗外の「雁」の舞台、無縁

坂、池の端までを歩く（上）〜（下）（滝口知与子）「ふるさとの自然と歴史」 歴史と自然をまもる会 289 2002.1

向原
会報にみる目黒の昔（33）「青葉台の緑「やや不良」目黒区内の緑樹の状態（一）」（218号 昭和48年3月）、「向原ゾーンは緑最低 目黒区内の緑樹の状態（二）」（219号 昭和49年4月）「目黒区郷土研究」 目黒区郷土研究会 （673） 2011.2
向原の昔（1） 向原の石造物（三原寿太郎）「板橋史談」 板橋史談会 （272） 2012.9
向原の昔（5） 向原の昔と地理、そして地名（三原寿太郎）「板橋史談」 板橋史談会 （277） 2013.8
向原の昔（6） 水源、水路と水田（三原寿太郎）「板橋史談」 板橋史談会 （278） 2013.11
向原の昔（7） 畑、農村のころ（三原寿太郎）「板橋史談」 板橋史談会 （280） 2014.5
向原の昔（8） 向原に展開した農作業と農機具—向原小学校「むかし館」の所蔵品から（三原寿太郎）「板橋史談」 板橋史談会 （281） 2014.8

向の岡
旧多摩聖蹟記念館収蔵資料紹介めもりあむ（108） 向の岡小野小町歌碑由来記（草稿）「雑木林 ： 旧多摩聖蹟記念館広報」 多摩市教育委員会 108 2005.10

向島
開館10周年記念企画展 錦絵のなかの本所・向島「みやこどり ： すみだ郷土文化資料館だより」 すみだ郷土文化資料館 （29） 2008.7

向島百花園
向島百花園ものがたり—隅田川と文人・町人たちが創った庶民庭園（猪刈達夫）「すみだ川 ： 隅田川市民交流実行委員会会報」 隅田川市民交流実行委員会 （53） 2013.4
セミナー 隅田川文化の発祥"向島百花園" 平成25年6月29日（土） 講師：佐原滋元氏（隅田川大学公開講座）（猪狩達夫）「すみだ川 ： 隅田川市民交流実行委員会会報」 隅田川市民交流実行委員会 （54） 2013.10

向台
照明弾・時限爆弾の記憶をたずねて 西東京市新町・向台での聞き取りから（牛田守彦）「戦争のきずあと・むさしの」 武蔵野の空襲と戦争遺跡を記録する会 （20） 2006.3

向台町
自然と生きる 西東京市の主な屋敷林（7） 中町・向台町・芝久保町（小川武廣）「武蔵保谷村だより ： 高橋文太郎の『武蔵保谷村郷土資料』を手掛かりに」 下保谷の自然と文化を記録する会 （8） 2013.1

武蔵国府
収蔵資料の紹介 将門の乱と武蔵国府—『将門記』（小野一之）「あるむぜお ： 府中市郷土の森博物館だより」 府中文化振興財団府中市郷土の森博物館 58 2001.12
古代・中世の多磨郡と武蔵国府（小野一之）「中央史学」 中央史学会 （26） 2003.3
武蔵国府における手工業生産（深澤靖幸）「府中市郷土の森博物館紀要」 府中文化振興財団府中市郷土の森博物館 （16） 2003.3
武蔵国府と「調布の玉川」—府中市郷土の森博物館蔵（六所玉河図巻）に寄せて（小野一之）「府中市郷土の森博物館紀要」 府中文化振興財団府中市郷土の森博物館 （16） 2003.3
東山道武蔵路記念講演会 武蔵国府周縁の地域史（関和彦）「東山道武蔵路ニュース」 東山道を保存する会 （29） 2003.8
府中市制施行50周年記念「ここまでわかった武蔵国府」「あるむぜお ： 府中市郷土の森博物館だより」 府中文化振興財団府中市郷土の森博物館 （70） 2004.12
武蔵国府の調査（塚原二郎）「調布史談会誌」 調布史談会 （36） 2007.3
武蔵国府と市—国府市と古代の衢（《特集 古代地域社会の諸相》）（荒井健治）「帝京大学山梨文化財研究所研究報告」 帝京大学山梨文化財研究所, 岩田書院（発売） 13 2009.5
古代武蔵国府の成立（深澤靖幸）「府中市郷土の森博物館紀要」 府中文化振興財団府中市郷土の森博物館 （23） 2010.3

武蔵国分寺
武蔵国分寺と「真姿の湧水」（村山光一）「東山道武蔵路ニュース」 東山道を保存する会 （30） 2003.12
金沢窯跡から見た武蔵国分寺の造瓦組織（第52回日本史関係卒業論文発表会要旨）（鮎久恵）「地方史研究」 地方史研究協議会 61（3）通号351 2011.6
元慶二年の地震と武蔵国分寺（特集 武蔵野の災害〈前編〉）（坂詰秀一）「武蔵野」 武蔵野文化協会 87（1）通号351 2012.7

武蔵中央電気鉄道
古い写真を読む（13） 武蔵中央電気鉄道の花電車「八王子市郷土資料館だより」 八王子市郷土資料館 （81） 2007.7

東京都　　　　　　　　　　　　　地名でたどる郷土の歴史　　　　　　　　　　　　　　関東

武蔵野

シンポジウム「武蔵野の“戦争のきずあと”を探る」―中島飛行機と空襲・戦争遺跡を中心に「戦争のきずあと・むさしの」 武蔵野の空襲と戦争遺跡を記録する会　5　2003.2

戦争遺跡紹介「戦争のきずあと・むさしの」 武蔵野の空襲と戦争遺跡を記録する会　5　2003.2

第1回公開学習会 川村善二郎代表・報告 武蔵野地域の戦争体制について「戦争のきずあと・むさしの」 武蔵野の空襲と戦争遺跡を記録する会　10　2004.3

武蔵野の“戦争のきずあと”に関連した記事を紹介します「戦争のきずあと・むさしの」 武蔵野の空襲と戦争遺跡を記録する会　10　2004.3

鉄道の空襲被害―『国鉄の空襲被害記録』より「戦争のきずあと・むさしの」 武蔵野の空襲と戦争遺跡を記録する会　11　2004.5

特別展「武蔵野文学散歩―都市のとなりのユートピア」(橋本由起子)「江戸東京たてもの園だより」 東京都歴史文化財団　(24) 2004.9

4月空襲について(1)(牛田守彦)「戦争のきずあと・むさしの」 武蔵野の空襲と戦争遺跡を記録する会　(17) 2005.7

4月空襲の研究(2),(4)(牛田守彦)「戦争のきずあと・むさしの」 武蔵野の空襲と戦争遺跡を記録する会　(18)/(20) 2005.10/2006.3

西東京市公民館・武蔵野女子学院共催事業 同級生を空襲で亡くして―散華乙女の碑と平和への祈り(中出律)「戦争のきずあと・むさしの」 武蔵野の空襲と戦争遺跡を記録する会　(19) 2006.1

4月空襲の研究(3) 4月2日空襲の米軍資料(牛田守彦)「戦争のきずあと・むさしの」 武蔵野の空襲と戦争遺跡を記録する会　(19) 2006.1

中間報告 5年目を迎えた「武蔵野の空襲と戦争遺跡を記録する会」―空襲・戦災を記録する会全国連絡会議『空襲通信』掲載誌(牛田守彦)「戦争のきずあと・むさしの」 武蔵野の空襲と戦争遺跡を記録する会　(22) 2006.8

2006年6月4日 東京雑学大学での講演から 武蔵野地域の戦争遺跡を語る(牛田守彦)「戦争のきずあと・むさしの」 武蔵野の空襲と戦争遺跡を記録する会　(22) 2006.8

ドーリットル空襲のこと(上野勝也)「戦争のきずあと・むさしの」 武蔵野の空襲と戦争遺跡を記録する会　(22) 2006.8

ひさびさのフィールドワーク 武蔵野の戦争遺跡をめぐる―武蔵野女子学院「散華乙女の碑」からの中央公園周辺まで「戦争のきずあと・むさしの」 武蔵野の空襲と戦争遺跡を記録する会　(25) 2007.5

長沼石根さん記念講演―武蔵野の空襲を訪ねて「戦争のきずあと・むさしの」 武蔵野の空襲と戦争遺跡を記録する会　(30) 2009.1

中島飛行機武蔵製作所と武蔵野の空襲の跡を歩く(秋山昌文)「戦争のきずあと・むさしの」 武蔵野の空襲と戦争遺跡を記録する会　(32) 2009.7

パネル展報告 中島飛行機武蔵製作所と武蔵野の空襲(秋山昌文)「戦争のきずあと・むさしの」 武蔵野の空襲と戦争遺跡を記録する会　(33) 2009.10

牛田守彦さん記念講演「マリアナ諸島からの日本本土初空襲から65周年―武蔵野地域への空襲に関する調査研究の到達点と課題―」(秋山昌文)「戦争のきずあと・むさしの」 武蔵野の空襲と戦争遺跡を記録する会　(34) 2010.2

「4月2日空襲」の記憶(高松赳)「戦争のきずあと・むさしの」 武蔵野の空襲と戦争遺跡を記録する会　(34) 2010.2

地域と市民の戦争体験に学ぶ(川村善二郎)「戦争のきずあと・むさしの」 武蔵野の空襲と戦争遺跡を記録する会　(36) 2010.7

武蔵野の空襲と戦争遺跡を記録する会「記念講演」と第12回総会(2012年12月2日)(秋山昌文)「戦争のきずあと・むさしの」 武蔵野の空襲と戦争遺跡を記録する会　(46) 2013.2

武蔵野における民家の屋根葺き替えについて(高橋孝)「武蔵保谷村だより」 高橋文太郎の『武蔵保谷村郷土資料』を手掛かりに」 下保谷の自然と文化を記録する会　(10) 2013.7

「日本本土空襲から70年―武蔵野から考える」について(牛田守彦)「戦争のきずあと・むさしの」 武蔵野の空襲と戦争遺跡を記録する会　(51) 2014.8

「日本本土空襲から70年―武蔵野から考える」(牛田守彦)「戦争のきずあと・むさしの」 武蔵野の空襲と戦争遺跡を記録する会　(52) 2014.10

『武蔵野の戦争遺跡を巡る・平和散策マップ』(牛田守彦)「戦争のきずあと・むさしの」 武蔵野の空襲と戦争遺跡を記録する会　(52) 2014.10

武蔵野の雑木林(大沼新次郎)「戦争のきずあと・むさしの」 武蔵野の空襲と戦争遺跡を記録する会　(52) 2014.10

武蔵野市

『武蔵野市議会報』の資料から「戦争のきずあと・むさしの」 武蔵野の空襲と戦争遺跡を記録する会　6　2003.5

武蔵野市防災安全課『武蔵野市不発弾処理状況調』「戦争のきずあと・むさしの」 武蔵野の空襲と戦争遺跡を記録する会　14　2005.1

イベント紹介 第16回むさしの憲法市民フォーラム 一人ひとりを大切に―憲法から東日本大震災や原発事故を考える/戦争を記憶し、三多摩から平和な未来を考えようPartⅢ 空襲被害と国の責任/講演会 牛田

守彦著『戦時下の武蔵野』を検証する「戦争のきずあと・むさしの」 武蔵野の空襲と戦争遺跡を記録する会　(43) 2012.5

『戦時下の武蔵野―中島飛行機武蔵製作所への空襲を探る』を語る を開催(秋山昌文)「戦争のきずあと・むさしの」 武蔵野の空襲と戦争遺跡を記録する会　(44) 2012.8

イベント紹介 武蔵野市非核都市宣言30周年イベント―平和を武蔵野から世界へ/『平和を考えるつどい』―わが町・武蔵野の空襲を考える―日本で最初に空襲を受けた町・武蔵野/「記録する会」のバス見学会「戦争のきずあと・むさしの」 武蔵野の空襲と戦争遺跡を記録する会　(44) 2012.8

川村善二郎さんの記念講演「アジア太平洋戦争と武蔵野市」を聴いて(中出律)「戦争のきずあと・むさしの」 武蔵野の空襲と戦争遺跡を記録する会　(46) 2013.2

『武蔵野市史』編纂事業の50年(森安彦)「多摩のあゆみ」 たましん地域文化財団　(151) 2013.8

文化財を生かす(港区・武蔵野市)「東京の文化財」 東京都教育庁地域教育支援部　(116) 2013.9

武蔵野女子学院

私学のタカラモノ 武蔵野女子学院「戦争のきずあと・むさしの」 武蔵野の空襲と戦争遺跡を記録する会　12　2004.7

公開学習会報告「戦中日誌類からみた戦時下の武蔵野女子学院」(中出律)「戦争のきずあと・むさしの」 武蔵野の空襲と戦争遺跡を記録する会　(37) 2010.11

武蔵野青年学校

中島飛行機の二つの青年学校に関する資料紹介―武蔵野青年学校移転・新築申請(1940年)と多摩青年学校開設申請(1942年)(牛田守彦)「戦争のきずあと・むさしの」 武蔵野の空襲と戦争遺跡を記録する会　(39) 2011.5

武蔵野赤十字病院高射砲陣地

日赤の高射砲陣地について 高桑大介さん講演―「愛の病院」建設秘話―より(秋山昌文)「戦争のきずあと・むさしの」 武蔵野の空襲と戦争遺跡を記録する会　(38) 2011.2

武蔵野台

武蔵野台の友人たち(齋藤誠)「目黒区郷土研究」 目黒区郷土研究会　(621) 2006.10

武蔵野中央公園

武蔵野中央公園の整備計画「中間のまとめ」へのパブリックコメント「戦争のきずあと・むさしの」 武蔵野の空襲と戦争遺跡を記録する会　(50) 2014.2

武蔵野町

武蔵野町は、米軍機に何度襲われたか(長沼石根)「戦争のきずあと・むさしの」 武蔵野の空襲と戦争遺跡を記録する会　(42) 2012.2

武蔵村山

武蔵村山にあった軍事施設―今も残る敷地を歩きながら(《特集 戦時下の地域社会》)(楢崎由美)「多摩のあゆみ」 たましん地域文化財団　(119) 2005.8

特別展 “武蔵村山の戦争遺跡”/武蔵村山周辺の戦争遺跡とその歴史「武蔵村山市立歴史民俗資料館報 : 資料館だより」 武蔵村山市立歴史民俗資料館　(49・50) 2008.10

武蔵村山における江戸時代後期の酒造業の動向 歴史講座「武蔵村山の酒造り―江戸時代後期を中心として―」より(寺町勲)「武蔵村山市立歴史民俗資料館報 : 資料館だより」 武蔵村山市立歴史民俗資料館　(51) 2010.3

ひとむかし前の武蔵村山―収蔵資料の地図と写真から(石川悦子)「武蔵村山市立歴史民俗資料館報 : 資料館だより」 武蔵村山市立歴史民俗資料館　(55) 2014.3

武蔵村山市

武蔵村山市指定有形文化財「武蔵村山市立歴史民俗資料館報 : 資料館だより」 武蔵村山市立歴史民俗資料館　(49) 2006.3

市内に残る戦争遺跡 東京陸軍少年飛行兵学校/陸軍東部七八部隊及び所沢陸軍航空整備学校立川教育隊/村山陸軍病院/三ツ木地区防空壕/大ヌカリ地区・向山・久保遺跡の戦争遺構/武蔵村山の空襲被害(米軍機の爆撃による村山村の被害について 本薄義治)「武蔵村山市立歴史民俗資料館報 : 資料館だより」 武蔵村山市立歴史民俗資料館　(49・50) 2008.10

「峰大幟飾彫刻」―武蔵村山市峰地区に残されていた「大幟」と「飾彫刻」 はじめに/寄贈された峰大幟と飾彫刻/大幟と飾彫刻の形状/大幟が掲げられていた風景/幟の歴史/武蔵村山の幟/まとめ(高橋健樹)「武蔵村山市立歴史民俗資料館報 : 資料館だより」 武蔵村山市立歴史民俗資料館　(53) 2012.3

平成22年度の主な事業報告 特別展「武蔵村山の軽便鉄道」/市制40周年記念企画展「写真で見る武蔵村山市の移り変り」/夏休み子ども展示「土のふしぎ―石・砂・土のなりたち―」/子ども体験教室「星の動きを観

察しよう」/文化財見学会「軽便鉄道跡地を歩く」/歴史講座「村山・山口貯水池と軽便鉄道」/資料館入館状況「武蔵村山市立歴史民俗資料館報 ： 資料館だより」 武蔵村山市立歴史民俗資料館 （53） 2012.3

「村のくらし―膳椀組合をとおして―」 はじめに/武蔵村山のくらしと地域名/膳椀組合（膳椀組）/膳椀組合が所有するもの/祝儀（ハレ）・不祝儀（ケ）の人寄せ/人寄せに関わった組合の人々/女衆（オンナシ）の役割/各地域の膳椀組合の様相/まとめ「武蔵村山市立歴史民俗資料館報 ： 資料館だより」 武蔵村山市立歴史民俗資料館 （54） 2012.10

平成23年度の主な事業報告 特別展「武蔵村山の弥生時代」/企画展「峰の大鷲―飾り彫刻を中心として」/夏休み子ども展示「武蔵村山・植物ものがたり」/ミニ企画展「武蔵村山の戦争資料」/子ども体験教室「植物のはっぱを観察しよう」/自然観察会「早春の鳥たち」/年中行事展「端午の節供・七夕飾り・正月飾り・桃の節供」/資料館入館状況「武蔵村山市立歴史民俗資料館報 ： 資料館だより」 武蔵村山市立歴史民俗資料館 （54） 2012.10

武蔵屋
古文書こぼればなし（48）上高井戸宿の武蔵屋（大橋毅顕）「炉辺閑話 ： 杉並区立郷土博物館だより」 東京都杉並区立郷土博物館 （49） 2013.10

武蔵大和駅
狭山丘陵と私 武蔵大和駅（原万次）「雑木林の詩 ： 東大和市環境を考える会会報」 東大和市環境を考える会 （78） 2010.6

武者小路実篤記念館
第60回例会報告 武者小路実篤記念館と刻印石の見学（事務局）「多摩地域史研究会会報」 多摩地域史研究会 （83） 2008.3

武者小路実篤公園
ミニ調査報告 調布市武者小路実篤公園の刻印石（梶原勝）「多摩地域史研究会会報」 多摩地域史研究会 （75） 2006.6

六ツ又ロータリー
セピア色の記憶（7）六ツ又ロータリーはなぜ消えた「かたりべ ： 豊島区立郷土資料館ミュージアム開設準備だより」 豊島区立郷土資料館 72 2003.12

無名坂
無名坂（仲野基道）「目黒区郷土研究」 目黒区郷土研究会 592 2004.5

村野家住宅
武蔵野の民家 二題―国営昭和記念公園こもれびの里の旧石井家住宅と東久留米市柳窪の村野家住宅について（特集 むかしの暮らしを復元する）（稲葉和也）「多摩のあゆみ」 たましん地域文化財団 （142） 2011.5

村松藩上屋敷
写真で見る村松藩上屋敷跡と千代田区町名由来板（高地彰）「郷土村松」 村松郷土史研究会 （62） 2005.3

村山
「村山絣」の復元をめざして 特別展を終えて「歴史館だより」 東村山ふるさと歴史館 18 2003.1

村山軽便鉄道
村山軽便鉄道の免許について（北村拓）「多摩地域史研究会会報」 多摩地域史研究会 65 2004.4

村山貯水池
史料紹介 「村山貯水池竣工式場案内図」について「東村山市史研究」 東村山市教育委員会 （15） 2006.3

「村山貯水池」（多摩湖）（東村山市多摩湖町3丁目18、東大和市多摩湖1～6丁目）（大井芳文）「郷土研だより」 東村山郷土研究会 （400） 2013.9

村山村
子供たちの記憶から見えてくる村山村―戦争末期における都市近郊農村の暮らし（特集 戦時下の地域社会 その2）（楢崎由美）「多摩のあゆみ」 たましん地域文化財団 （141） 2011.2

牟礼
地形を歩く・地図を歩く「玉川上水」と三鷹市牟礼の「小高い地形」（星野朗）「Collegio」 之潮 （17） 2006.12

眼鏡橋
巻頭写真 眼鏡橋（2代目）「立川市歴史民俗資料館だより」 立川市歴史民俗資料館 （13） 2009.4

眼鏡橋の変遷と古レール「立川市歴史民俗資料館だより」 立川市歴史民俗資料館 （13） 2009.4

廻り又街道
新あの町この道（2）廻田街道周辺（両澤清）「郷土研だより」 東村山郷土研究会 298 2004.7

目黒
目黒氏の研究（小池泰子）「郷土目黒」 目黒区郷土研究会 45 20011000

「目黒」の地名考―目黒氏の研究（2）（小池泰子）「郷土目黒」 目黒区郷

土研究会 46 2002.10

神奈川・境川沿いの「目黒」―目黒氏の研究（3）（小池泰子）「郷土目黒」 目黒区郷土研究会 47 20031000

『長禄年間江戸図説』に見る目黒（高橋武雄）「目黒区郷土研究」 目黒区郷土研究会 578 2003.3

講演会「古文書に見る目黒」を聴いて（平山元也）「目黒区郷土研究」 目黒区郷土研究会 584 2003.9

私たちの家、そして街（2）（岩田トメ）「郷土目黒」 目黒区郷土研究会 47 2003.10

目黒と助郷（宮崎敏子）「郷土目黒」 目黒区郷土研究会 47 2003.10

目黒の昔を語る（14）めぐろの筍のルーツ（編集部）「目黒区郷土研究」 目黒区郷土研究会 585 2003.10

目黒ゆかりの古文書に出遭う（小林俊輔）「目黒区郷土研究」 目黒区郷土研究会 593 2004.6

大正から昭和へ―目黒にすんで（橋口明子）「郷土目黒」 目黒区郷土研究会 48 2004.10

目黒における学校教育の黎明（長澤英男）「郷土目黒」 目黒区郷土研究会 48 2004.10

目黒のサンマの里案内記（仲野基道）「郷土目黒」 目黒区郷土研究会 49 2005.10

エッセイ 目黒の古民家―ふくよかな母の匂いが（浅間哲）「郷土目黒」 目黒区郷土研究会 49 2005.10

区境の風景 目黒・大崎（橋口明子）「目黒区郷土研究」 目黒区郷土研究会 609 2005.10

『江戸名所図会』目黒飴（橋口明子）「目黒区郷土研究」 目黒区郷土研究会 （623） 2006.12

東京文学地図帖 戦後編（3）目黒（槌田満文）「Collegio」 之潮 （20） 2007.3

日吉と目黒（斎藤久美）「目黒区郷土研究」 目黒区郷土研究会 （626） 2007.3

目黒の地名はどこから（小池泰子）「郷土目黒」 目黒区郷土研究会 51 2007.10

落語「目黒のさんま」の周辺―殿様の遠乗りとムラ人たち（井田安雄）「世間話研究」 世間話研究会 （17） 2007.10

会報にみる目黒の昔［1］～（9）（編集部）「目黒区郷土研究」 目黒区郷土研究会 （633）/（643） 2007.10/2008.8

東京電車線路物語（10）平行する2線の立体交差―山手線 目黒―恵比寿間（井口悦男）「Collegio」 之潮 （31） 2008.2

会報にみる目黒の昔（10）「ひもんやの法力」安東庄次郎（編集部）「目黒区郷土研究」 目黒区郷土研究会 （644） 2008.9

目黒、駒場・別所（地名考）（山内宣之）「郷土目黒」 目黒区郷土研究会 52 2008.10

会報にみる目黒の昔（12）「目黒（六）」川口絢二/「昔の憶いで話」関正二/「狸の話」太田省三「目黒区郷土研究」 目黒区郷土研究会 （646） 2008.11

会報にみる目黒の昔（13）「目黒落穂集（二）」富岡丘蔵/「目黒歳時記（一）正月」「目黒歳時記（二）初午」目黒竹山人（編集部）「目黒区郷土研究」 目黒区郷土研究会 （647） 2008.12

会報にみる目黒の昔（14）「目黒歳時記二 初午（続き）」「目黒歳時記三 ひな」「目黒歳時記四 桜」目黒竹山人「目黒区郷土研究」 目黒区郷土研究会 （648） 2009.1

会報にみる目黒の昔（15）「目黒歳時記五 たけのこ」「目黒歳時記六 花菖蒲」「目黒歳時記七 うらぼん」目黒竹山人「目黒区郷土研究」 目黒区郷土研究会 （649） 2009.2

会報にみる目黒の昔（17）「目黒歳時記十 秋の日」目黒竹山人「目黒区郷土研究」 目黒区郷土研究会 （651） 2009.4

会報にみる目黒の昔（18）「目黒歳時記十一 とりの市」「目黒歳時記十二 年の暮」目黒竹山人「目黒区郷土研究」 目黒区郷土研究会 （652） 2009.5

会報にみる目黒の昔（20）「碑文谷公園伝統の大蛇」太田省三/「丑川と目黒地区の伝統」太田省三/「正泉寺『名墓』の石標の完成」羽倉敬尚「目黒区郷土研究」 目黒区郷土研究会 （654） 2009.7

会報にみる目黒の昔（21）「田楽橋と猿楽町（一）」浅海行夫/「田楽橋と猿楽町（二）」浅海行夫/「三十余年前の回想」関正二（編集部）「目黒区郷土研究」 目黒区郷土研究会 （655） 2009.8

会報にみる目黒の昔（23）「自由が丘の昔と今」久利山きん/「自由が丘の昔と今（二）」久利山きん（編集部）「目黒区郷土研究」 目黒区郷土研究会 （658） 2009.11

会報にみる目黒の昔（27）“マンション王国”目黒区」/「目黒の『筍めし』のはなし」太田省三「目黒区郷土研究」 目黒区郷土研究会 （661） 2010.2

目黒地名の由来を尋ねて［1］～［10］（目黒英夫）「目黒区郷土研究」 目黒区郷土研究会 （662）/（671） 2010.3/2010.12

会報にみる目黒の昔（29）「み魂遷しとけころ坂」浅海行夫/「空川の源流を探る」松田素風「目黒区郷土研究」 目黒区郷土研究会 （666）

2010.7

目黒と落語 (仲野基道)「郷土目黒」 目黒区郷土研究会 54 2010.10

目黒に競馬場があった時代 大スター取材秘話から (1),(2)(編集部)「目黒区郷土研究」 目黒区郷土研究会 (670)/(671) 2010.11/2010.12

会報にみる目黒の昔 (33)「青葉台の緑「やや不良」目黒区内の緑樹の状態 (一)」(218号 昭和48年3月)、「向原ゾーンは緑最低 目黒区内の緑樹の状態 (二)」(219号 昭和49年4月)「目黒区郷土研究」 目黒区郷土研究会 (673) 2011.2

目黒と目と黒と (1)～(5),(8)～(10)(目黒英夫)「目黒区郷土研究」 目黒区郷土研究会 (674)/(683) 2011.3/2011.12

目黒への道・壱～参 (橋口明子)「目黒区郷土研究」 目黒区郷土研究会 (676)/(678) 2011.5/2011.07

目黒と目と黒と (6)「目」で始まる苗字 (目黒英夫)「目黒区郷土研究」 目黒区郷土研究会 (679) 2011.8

会報にみる目黒の昔 (34)「月光原ゾーン 目黒区内の緑樹の状態 (三)」(220号 昭和48年5月)、「田道ゾーンの緑は「不良」目黒区内の緑樹状態 (八)」(226号 昭和48年11月)(編集部)「目黒区郷土研究」 目黒区郷土研究会 (681) 2011.10

目黒と目と黒と (余談)(目黒英夫)「目黒区郷土研究」 目黒区郷土研究会 (684) 2012.1

目黒駅

目黒駅と永峯 (橋口明子)「目黒区郷土研究」 目黒区郷土研究会 (612) 2006.1

会報にみる目黒の昔 (30)「目黒駅かいわい (一) 権之助坂を中心として」井下清/「目黒駅かいわい (二) 権之助坂を中心として」井下清「目黒区郷土研究」 目黒区郷土研究会 (668) 2010.9

目黒雅叙園

8月の行事報告 目黒雅叙園の建設経緯略歴 (編集部)「目黒区郷土研究」 目黒区郷土研究会 (681) 2011.10

目黒川

目黒川に架かる橋「大橋」について (平山元也)「目黒区郷土研究」 目黒区郷土研究会 (628) 2007.5

目黒川上流緑道散策 (仲野基道)「郷土目黒」 目黒区郷土研究会 51 2007.10

目黒川に新しい橋「なかめ公園橋」が工事中 (平山元也)「目黒区郷土研究」 目黒区郷土研究会 (638) 2008.3

目黒川になかめ公園橋が完成した (平山元也)「目黒区郷土研究」 目黒区郷土研究会 (646) 2008.11

目黒川の源流 (?) 落合水再生センターを訪ねる (平山元也)「目黒区郷土研究」 目黒区郷土研究会 (649) 2009.2

目黒の風景今昔 目黒川の緑橋付近と蛇崩川合流付近「郷土目黒」 目黒区郷土研究会 53 2009.10

目黒川上流・玉川上水取水口 (仲野基道)「郷土目黒」 目黒区郷土研究会 53 2009.10

目黒の風景今昔 目黒川・田楽橋と田道橋付近「郷土目黒」 目黒区郷土研究会 54 2010.10

目黒の風景 "今昔" 目黒川に架かる宿山橋付近と太鼓橋付近「郷土目黒」 目黒区郷土研究会 55 2011.10

目黒区

めぐろの昔を語る (1)～(6),(8)(編集部)「目黒区郷土研究」 目黒区郷土研究会 570/579 2002.7/2003.4

「衾」のつく地名 (栗山佳也)「目黒区郷土研究」 目黒区郷土研究会 574 2002.11

2月号の「昔の暮らし、遊び」展の記事を読んで (内田康子)「目黒区郷土研究」 目黒区郷土研究会 591 2004.4

郷土資料室のミニ企画を見て (平山元也)「目黒区郷土研究」 目黒区郷土研究会 596 2004.9

「郷土資料展」開催される「目黒区郷土研究」 目黒区郷土研究会 599 2004.12

日本最古の民家 (栗山佳也)「目黒区郷土研究」 目黒区郷土研究会 599 2004.12

めぐろの昔を語る (編集部)「目黒区郷土研究」 目黒区郷土研究会 601 2005.2

めぐろの昔を語る (31)(編集部)「目黒区郷土研究」 目黒区郷土研究会 602 2005.3

区の樹木の現況について―目黒区緑の実態調査から (目黒区都市整備部みどりと公園課)「郷土目黒」 目黒区郷土研究会 50 2006.10

『目黒区の文化財』から (1),(2)(田丸太郎)「目黒区郷土研究」 目黒区郷土研究会 (636)/(637) 2008.1/2008.2

目黒区の鎌倉道 (1),(2)(田丸太郎)「目黒区郷土研究」 目黒区郷土研究会 (647)/(648) 2008.12/2009.1

目黒区の鎌倉街道 (3),(4)(田丸太郎)「目黒区郷土研究」 目黒区郷土研究会 (649)/(650) 2009.2/2009.03

陸軍用地境石・三田用水境石が安住の地を得た (平山元也)「目黒区郷土

研究」 目黒区郷土研究会 (678) 2011.7

バスによる目黒区内案内 (平山元也)「郷土目黒」 目黒区郷土研究会 55 2011.10

目黒区総合庁舎

目黒区総合庁舎オープン (編集部)「目黒区郷土研究」 目黒区郷土研究会 577 2003.2

目黒区立第六中学校

統廃合・思い出同窓会 目黒区立六中卒生開催 (高林すみ子)「目黒区郷土研究」 目黒区郷土研究会 (615) 2006.4

統廃合で消えた目黒区立第六中学校の思い出を綴る (1)～(3)(松本金光)「目黒区郷土研究」 目黒区郷土研究会 (617)/(619) 2006.6/2006.8

思い出をありがとう 目黒区立第六中学校 (高林すみ子)「目黒区郷土研究」 目黒区郷土研究会 (642) 2008.7

思い出をありがとう 目黒区立第六中学校 (高林すみ子)「郷土目黒」 目黒区郷土研究会 52 2008.10

目黒区立二中

目黒区立二中の思い出 (仲野基道)「目黒区郷土研究」 目黒区郷土研究会 (646) 2008.11

目黒下道

「江戸名所図会」に見る目黒下道 (橋口明子)「目黒区郷土研究」 目黒区郷土研究会 (617) 2006.6

目黒十五庭

目黒十五庭 (屋上庭園) について (目黒区都市整備部みどりと公園課)「郷土目黒」 目黒区郷土研究会 49 2005.10

目黒十五庭 (屋上庭園) が公開された (平山元也)「目黒区郷土研究」 目黒区郷土研究会 610 2005.11

目黒新富士

めぐろの昔を語る (13) 消えた "目黒新富士"(編集部)「目黒区郷土研究」 目黒区郷土研究会 584 2003.9

目黒町

目黒町に上水供給した駒沢給水塔 (平山元也)「目黒区郷土研究」 目黒区郷土研究会 582 2003.7

目黒邸

重要文化財・目黒邸 (仲野基道)「目黒区郷土研究」 目黒区郷土研究会 (623) 2006.12

目黒通り

神田老舗街と目黒通り (田丸太郎)「目黒区郷土研究」 目黒区郷土研究会 569 2002.6

目黒病院

目黒病院の歴史 (岡亨)「郷土目黒」 目黒区郷土研究会 49 2005.10

目黒富士

目黒富士・富士見山御立場 (橋口明子)「目黒区郷土研究」 目黒区郷土研究会 (614) 2006.3

目黒元富士

めぐろの昔を語る (9) 目黒元富士の名残 (編集部)「目黒区郷土研究」 目黒区郷土研究会 580 2003.5

飯盛

名樹飯盛杉の保全について (沢本和容)「郷土研究」 奥多摩郷土研究会 (19) 2008.3

その後の飯盛杉 (沢本和容)「郷土研究」 奥多摩郷土研究会 (23) 2012.3

目白駅

セピア色の記憶 (29) 目白駅は豊島区最古の鉄道駅なのだ!(秋山)「かたりべ : 豊島区立郷土資料館ミュージアム開設準備だより」 豊島区立郷土資料館 (108) 2013.1

目白台

史跡探訪 文京区目白台と神田川を訪ねて (染谷和美)「かつしか台地 : 野田地方史懇話会会誌」 野田地方史懇話会 26 2003.9

元池袋公園

セピア色の記憶 (22) 元池袋公園から元池袋史跡公園へ 「かたりべ : 豊島区立郷土資料館ミュージアム開設準備だより」 豊島区立郷土資料館 (92) 2009.1

元池袋史跡公園

セピア色の記憶 (22) 元池袋公園から元池袋史跡公園へ 「かたりべ : 豊島区立郷土資料館ミュージアム開設準備だより」 豊島区立郷土資料館 (92) 2009.1

本木

都市近郊の農産物を追う (2) 本木ナス (荻原ちとせ)「足立史談」 足立

区教育委員会　(474) 2007.8

本木新道
本木新道物語 昭和初期ころの追憶 (1) ～ (7) (鈴木芳夫)「足立史談」足立区教育委員会　(458)/(466) 2006.4/2006.12

元宿玖堰
文化財の保存と保護 (11) 消えた「熊木橋 (くまのきばし)」/元宿玖堰跡のレンガ組遺構 (矢沢幸一朗)「足立史談会だより」 足立史談会　(245) 2008.8

元八王子
Q&A 八王子市内の「元」地名について―元八王子・元横山・元本郷 (神かほり)「八王子市郷土資料館だより」 八王子市郷土資料館　75 2004.7

元本郷
Q&A 八王子市内の「元」地名について―元八王子・元横山・元本郷 (神かほり)「八王子市郷土資料館だより」 八王子市郷土資料館　75 2004.7

元町公園
谷根チオンブズマン 本郷元町公園であいましょう 震災復興小公園のこと「谷中・根津・千駄木」 谷根千工房　(85) 2006.10

元八幡
江東の古道をゆく (4) 十方庵敬順が歩いた元八幡への道 (1) (栗原修)「下町文化」 江東区地域振興部　(267) 2014.9

元横山
Q&A 八王子市内の「元」地名について―元八王子・元横山・元本郷 (神かほり)「八王子市郷土資料館だより」 八王子市郷土資料館　75 2004.7

紅葉川
地形地名編 中央区 (3) 鉄砲洲川/楓川/紅葉川 (江戸東京消失地名録) (菅原健二)「Collegio」 之潮　(10) 2006.5

紅葉山
研究の散歩道 江戸城の聖域―紅葉山と東照宮 (田原昇)「江戸東京博物館news : Edo-Tokyo Museum news」 東京都歴史文化財団東京都江戸東京博物館　56 2007.1
江戸城から移築の門―紅葉山か吹上から移築 (西ヶ谷恭弘)「城郭だより : 日本城郭史学会会報」「日本城郭史学会」　(67) 2009.10

桃井第二小学校
杉並区有形文化財 (26年2月26日指定) 与謝野晶子自筆杉並区立桃井第二小学校校歌・関係資料「杉並郷土史会会報」 杉並郷土史会　(247) 2014.9

盛岡町
史跡探訪 江戸藩邸の変遷と、盛岡町交番 (牧野登)「擬宝珠」 盛岡の歴史を語る会　(156) 2005.8

森下陣屋
森下陣屋について (相馬文夫)「郷土研究」 奥多摩郷土研究会　(13) 2002.3

森庄
毛利・森氏発祥地 (栗山佳也)「目黒区郷土研究」 目黒区郷土研究会　602 2005.3

森野村
旧原町田村と旧森野村を歩く (歴史散歩) (荒井仁)「いしぶみ」 まちだ史考会　(34) 2012.12

茂呂
写真探訪 板橋の地名 (14) 茂呂 (大澤鷹邇)「板橋史談」 板橋史談会　(263) 2011.3

師岡
師岡の昔 (伊庭広光)「郷土研究」 奥多摩郷土研究会　(18) 2007.3

門前仲町
その町の戦跡 門前仲町周辺 (吉川晃)「東京大空襲・戦災資料センターニュース : 平和研究交流誌」 東京大空襲・戦災資料センター　(23) 2013.7

矢川
日本名水紀行 (27) 都市化に翻弄された水流―かわいい矢川の流域を歩く (井出孫六)「ATT」 ATT流域研究所　(31) 2003.7
立川断層が造った小川 残堀川と矢川 (特集 多摩の小川) (會田梢)「多摩のあゆみ」 たましん地域文化財団　(147) 2012.8

柳沢
平和フィールドワーク 武蔵野の戦争の記憶を求めて 田無・柳沢編「戦争のきずあと・むさしの」 武蔵野の空襲と戦争遺跡を記録する会　(30) 2009.1

"武蔵野の「戦争の記憶」を訪ねてパート2―田無・柳沢編"感想カード「戦争のきずあと・むさしの」 武蔵野の空襲と戦争遺跡を記録する会　(32) 2009.7

薬王院
古文書は語る (1) 山野をめぐる争論―高尾山薬王院文書より (馬場憲一)「多摩のあゆみ」 たましん地域文化財団　99 2000.8
古文書は語る (6) 寺領農民の掟書―高尾山薬王院文書「差上申一札之事」より (馬場憲一)「多摩のあゆみ」 たましん地域文化財団　107 2002.8

薬師池公園
薬師池公園周辺の自然と歴史 (武藤敏)「いしぶみ」 まちだ史考会　(19) 2005.7

矢口の渡
矢口の渡 (菅野雪雄)「府中史談」 府中市史談会　(31) 2005.5

八雲
八雲の地名の由来とこぼれ話など (宮野鼻洋三)「目黒区郷土研究」 目黒区郷土研究会　(628) 2007.5
八雲の地名について (新倉繁夫)「目黒区郷土研究」 目黒区郷土研究会　(629) 2007.6

矢倉沢往還
南多摩―矢倉沢往還地域を中心にして (岩橋清美)「多摩のあゆみ」 たましん地域文化財団　113 2004.2
海老名市を通る矢倉沢往還と近辺の道―その道筋をたどって (金子征史)「えびなの歴史 : 海老名市史研究」 海老名市　15 2005.3
大雄山最乗寺を訪ねて (矢倉沢往還最終回) (荻山勝重)「県央史談」 県央史談会　(46) 2007.1
秦野市内の矢倉沢往還について―観光ボランティアへの発信として (特集 昭和・平成を駆け抜けた博物館人II) (大倉潤)「神奈川県博物館協会会報」 神奈川県博物館協会　(81) 2010.3
せたがや中世拾い歩き (2) 楽市のころ―続・世田谷新宿と矢倉沢往還 (谷山敦子)「Collegio」 之潮　(51) 2012.12

宅部
東村山の昔ばなし (27) 宅部 宅部の姥捨山 (清水忠助, 糀谷忠三, 両澤清)「郷土研だより」 東村山郷土研究会　(398) 2013.7

宅部池
「宅部池」(たっちゃん池) (多摩湖町2丁目28) (大井芳文)「郷土研だより」 東村山郷土研究会　(396) 2013.5

宅部貯水池
宅部貯水池 (たっちゃん池) (多摩湖町2丁目) (両澤清)「郷土研だより」 東村山郷土研究会　(357) 2010.2

薬研堀
地形地名編 中央区 (2) 稲荷堀/薬研堀 (江戸東京消失地名録) (菅原健二)「Collegio」 之潮　(10) 2006.5

弥五郎新田
足立区の文化財 有形文化財 (古文書)「報恩社法録」関原不動尊略縁起 (版木)、「地誌」(明治九年「地誌篇 伊東谷村」、明治九年「地誌書上 第十大区六小区次郎左衛門新田」、明治十年「地誌書上 第十大区六小区弥五郎新田」、明治十年「地誌書上 第十大区六小区五兵衛新田」)、千々崎家文書 1点、船津家文書 2点 (享保九戊年「宗旨御改め壱人別帳」、明治四〇年「荒川堤上裁桜原簿写」)「足立史談会だより」足立史談会　(303) 2013.6

屋敷山
武蔵村山市の中世 中世の屋敷山を考える (堀部由美子)「武蔵村山市立歴史民俗資料館報 : 資料館だより」 武蔵村山市立歴史民俗資料館　(46) 2007.3

旧安田楠雄邸
特集 旧安田楠雄邸公開 千駄木のお屋敷へようこそ「谷中・根津・千駄木」 谷根千工房　(87) 2007.6

安田邸
ヤネセン建築大講座 (たてもの応援団講演会より) 安田邸の魅力 (藤森照信)「谷中・根津・千駄木」 谷根千工房　78 2004.11

谷中
ご近所調査報告 朝は「やなか珈琲」の香りから「谷中・根津・千駄木」 谷根千工房　77 2004.8
台湾と谷中 安平会―舘山恒枝さんに聞く「谷中・根津・千駄木」 谷根千工房　77 2004.8
史跡探訪 谷中と上野を訪ねる (染谷和美)「かつしか台地 : 野田地方史懇話会会誌」 野田地方史懇話会　(40) 2010.9

谷中五重塔
下宿東台館、そして谷中五重塔が燃えた日 関達夫さん (時には昔の話を

―言間通り三話)「谷中・根津・千駄木」 谷根千工房 （89） 2008.3

谷中清水町
東京文学地図帖 戦後編(21) 谷中清水坂(槌田満文)「Collegio」 之潮 （38） 2009.9

柳久保
武蔵野の食文化(4) 奥住又右衛門のこと―よみがえった柳久保小麦(伊佐九三四郎)「武蔵野」 武蔵野文化協会 83（2）通号346 2008.4

柳窪村
特集 旧柳窪村「くるめの文化財」 東久留米市教育委員会 21 2005.11
多摩地域史研究会 第84回例会 東久留米市の旧村・柳窪村を歩く「多摩地域史研究会会報」 多摩地域史研究会 （109） 2014.2

柳沢伯爵邸
芝田町八丁目にあった柳沢伯爵邸(川上悠介)「港郷土資料館だより」 港区立港郷土資料館 （72） 2013.9

柳島
村松藩の柳島抱屋敷と下屋敷(渡辺好明)「郷土村松」 村松郷土史研究会 （58） 2001.5

柳ノ井戸
コラム 地図のなかの水辺(12) 柳ノ井戸「Collegio」 之潮 （26） 2007.9

柳橋
柳橋・両国史跡散歩(飯塚芳男)「練馬古文書研究会会報」 練馬古文書研究会 （35） 2005.11

柳瀬川
柳瀬川流域と木曽大石氏(吉田裕志)「郷土研だより」 東村山郷土研究会 283 2002.10
柳瀬川調査(1) 報告 滝の城コース(所沢市・城～清瀬市・下宿)(髙橋延嘉)「郷土研だより」 東村山郷土研究会 （384） 2012.5
調査報告 柳瀬川とその周辺の歴史と現状を調べる (3)淵の森コース(當島隆敏)「郷土研だより」 東村山郷土研究会 （386） 2012.7
調査研究報告 柳瀬川とその周辺の歴史と現状を調べる (4)前川コース―源流部・上流部を中心に(野村裕夫)「郷土研だより」 東村山郷土研究会 （387） 2012.8
調査研究報告 柳瀬川とその周辺の歴史と現状を調べる (6)北川コース(小高正明)「郷土研だより」 東村山郷土研究会 （388） 2012.9

柳瀬橋
「柳瀬橋の渡り初め式」(東村山市秋津町3―16・3―21)(大井芳文)「郷土研だより」 東村山郷土研究会 （391） 2012.12

谷根千
谷根千オンブズマン 守れ石垣、残れ藪下の景色「谷中・根津・千駄木」 谷根千工房 72 2003.2
谷根千のプロジェクトX／二・二六事件秘話 総理大臣の生還(村山文彦)「谷中・根津・千駄木」 谷根千工房 72 2003.2
谷根千番外地列伝 金子文子と新山初代「谷中・根津・千駄木」 谷根千工房 72 2003.2
特集 谷根千れんが探しの旅 煉瓦の記憶「谷中・根津・千駄木」 谷根千工房 73 2003.6
戦争の記憶 バケツリレーの井戸「谷中・根津・千駄木」 谷根千工房 73 2003.6
谷根千オンブズマン 旧安田邸、大塚アパート、新東京タワー「谷中・根津・千駄木」 谷根千工房 73 2003.6
まんが谷根千秘録[1]，(2) (つるみよしこ)「谷中・根津・千駄木」 谷根千工房 73/74 2003.6/2003.10
特集 蟲を探してやねせん博物誌「谷中・根津・千駄木」 谷根千工房 79 2005.3
特集 上州と谷根千「谷中・根津・千駄木」 谷根千工房 （84） 2006.7
谷中で百年のモノづくり―高山医療機械製作所/環境測定器のパイオニアは今年米寿に―柴田科学/九十一歳現役社長は油絵の個展を開く―長谷川プレス/マーベル&三盛社訪問記/丸善アテナインキ/熟練工の砦、長谷川プレスの人々/明治生まれのノコギリ屋根/吹き屋―アンチモニー鋳造、古茂田弘さん(《特集 谷根千の町工場―先端技術と熟練と、スゴイ男たちがいた》)(阿部清司)「谷中・根津・千駄木」 谷根千工房 （92） 2009.4
「谷根千」のこれから 谷根千アーカイヴ事始め(《特集 M落ち穂拾いに夢中―書きかけ項目を一挙公開》)(石原香絵)「谷中・根津・千駄木」 谷根千工房 （94） 2009.8
ジョルダン・サンド「建築紀行」から二十二年 対談「建物のこと、町のこと」(《特集 M落ち穂拾いに夢中―書きかけ項目を一挙公開》)(ジョルダン・サンド, 森まゆみ)「谷中・根津・千駄木」 谷根千工房 （94） 2009.8
谷・根・千探訪ウォーク印象記(歴史散歩)(大野隆夫)「いしぶみ」 まちだ史考会 （30） 2010.12

谷端川
セピア色の記憶(24) 谷端川の流路について考えた…「かたりべ ： 豊島区立郷土資料館ミュージアム開設準備だより」 豊島区立郷土資料館 （95） 2009.10

谷原
谷原の五差路(五つ又)「練馬区地名研究会会報」 練馬区地名研究会 （77） 2006.6
特別展点描 地名由来／○○しない旧家／東郊の谷原「足立区立郷土博物館だより」 足立区立郷土博物館 （61） 2011.10

藪小路
港区名所案内 藪小路(平田秀勝)「港郷土資料館だより」 港区立港郷土資料館 （64） 2009.9

弥兵衛町
深川猟師町と寛文検地―弥兵衛町絵図の分析を通して(《特集 江東地域の新出絵図》)(出口宏幸)「江東区文化財研究紀要」 江東区教育委員会生涯学習部 （16） 2009.3

谷保
国立から谷保、多摩川へ―地域の変遷を見つめる(特集 空中写真で地域を読み解く)(大久保政明)「多摩のあゆみ」 たましん地域文化財団 （138） 2010.5
谷保のむかし話(二) 良ちゃんの関東大震災(佐伯安子)「にーだんご」 くにたちの暮らしを記録する会 （23） 2010.9
谷保の城山界隈(神成カネ)「にーだんご」 くにたちの暮らしを記録する会 （26） 2013.9

谷保の城山
資料紹介 谷保の城山(平松左枝子)「くにたち郷土文化館だより」 くにたち郷土文化館 （25） 2001.11

谷保村
資料紹介 谷保村検地帳(平松左枝子)「くにたち郷土文化館だより」 くにたち郷土文化館 （22） 2001.5

山中
写真探訪 板橋の地名(2) 「山中」(大澤鷹邇)「板橋史談」 板橋史談会 （241） 2007.7

山の手
下町空襲から北部・山の手・多摩地域の空襲へ 証言映像プロジェクト(山本唯人)「東京大空襲・戦災資料センターニュース ： 平和研究交流誌」 東京大空襲・戦災資料センター （21） 2012.7

山手線
東京電車線路物語(10) 平行する2線の立体交差―山手線 目黒―恵比寿間(井口悦男)「Collegio」 之潮 （31） 2008.2

山の手台地
山の手台地と下町低地の周辺部における大地と低地の変遷(松田磐余)「Collegio」 之潮 （55） 2014.2

山本有三邸
昭和初期撮影の空中写真―玉川上水・南井の頭田園住宅・山本有三邸(特集 空中写真で地域を読み解く)(矢野勝巳)「多摩のあゆみ」 たましん地域文化財団 （138） 2010.5

弥生町
弥生町特集補遺の補遺 向ヶ岡弥生町の歴史 弥生時代と明治時代の遺跡(原佑一)「谷中・根津・千駄木」 谷根千工房 （84） 2006.7
第455回例会記 向ヶ岡弥生町の研究 原祐一先生「杉並郷土史会会報」 杉並郷土史会 （225） 2011.1
中野往来 弥生町を巡る「しいのき ： 中野区立歴史民俗資料館だより」 中野区立歴史民俗資料館 （63） 2013.10

鑓水
鑓水商人と絹の道(広域特集―第36回上伊那歴史研究会県外実地踏査報告「八王子・横浜と絹の道を訪ね伊那との関連を現地に探る」)(内藤りつ子)「伊那路」 上伊那郷土研究会 55（12）通号659 2011.12

鑓水町
鑓水町会所有の「五榜の掲示」について(亀尾美香)「八王子の歴史と文化 ： 郷土資料館研究紀要・年報」 八王子市教育委員会 15 2003.3

祐天寺
初編上巻六「祐天寺あふぎの芝」(吉田裕美)「昔話伝説研究」 昔話伝説研究会 （23） 2003.4
「ぬくもりくれる街かど・祐天寺」NHK放映「目黒区郷土研究」 目黒区郷土研究会 （633） 2007.10

夕日岡
「江戸名所図会」 夕日岡、行人坂(橋口明子)「目黒区郷土研究」 目黒区郷土研究会 （621） 2006.10

関東　　　　　　　　　　　　　　　地名でたどる郷土の歴史　　　　　　　　　　　　　　　東京都

柚木
吉野村柚木に墜落したB29(伊藤広光)「浅川地下壕の保存をすすめる会ニュース」　浅川地下壕の保存をすすめる会　44　2005.2

吉野村柚木に墜落したB29の搭乗員について(伊藤広光)「郷土研究」　奥多摩郷土研究会　(25)　2014.3

由木
語り継ぐ戦争の話　八王子市由木地区　零戦とグラマンの空中戦　阪一等飛曹の戦死/子どもたちの感想から(栗原せん三)「浅川地下壕の保存をすすめる会ニュース」　浅川地下壕の保存をすすめる会　(92)　2013.2

由木村
研究ノート　青年団歌・団歌にみる「郷土」—加住村青年団・由木村青年団鑓水支部を一例として(亀尾美香)「八王子の歴史と文化 ： 郷土資料館研究紀要・年報」　八王子市教育委員会　(23)　2010.12

湯久保
東京都西多摩郡檜原村—湯久保で暮らす(東京都西多摩郡檜原村北秋川渓谷合同調査特集)(むらき数子)「昔風と当世風」　古々路の会　(98)　2014.4

湯島
史跡・文化財シリーズ(47)　有形民俗文化財　庚申塔2基　誓願寺/新聞に見る荒川区の世相史(11)　昭和編/思い出を語る—昭和の時代(前)(1)　村田英三郎さん/3月の湯島界隈をたずねて—岩崎邸・大観記念館・鴎外旧居/五月晴れの栃木県の街見学「荒川史談」　荒川史談会　270　2002.6

史跡探訪　時代を彷彿させる徳川ゆかりの地「湯島・小石川」を訪ねる(高橋甫)「かつしか台地 ： 野田地方史懇話会会誌」　野田地方史懇話会　(42)　2011.9

湯の花トンネル
湯の花トンネル列車銃撃事件と女子車掌(2)(森融)「八王子市郷土資料館だより」　八王子市郷土資料館　75　2004.7

地下壕よくわかる・すぐわかる「ピースおおさか」に米軍資料を訪ねて—419列車空襲を中心に(斎藤勉)「浅川地下壕の保存をすすめる会ニュース」　浅川地下壕の保存をすすめる会　(49)　2005.12

地下壕よくわかる・すぐわかる　米軍資料に見る8月5日の419列車銃撃(斎藤勉)「浅川地下壕の保存をすすめる会ニュース」　浅川地下壕の保存をすすめる会　(50)　2006.2

2007年度浅川市民センター文化展　証言のまとめ　地下壕に関するもの/8月2日未明の空襲と湯の花トンネル列車襲撃「浅川地下壕の保存をすすめる会ニュース」　浅川地下壕の保存をすすめる会　(62)　2008.2

夢の島
東京文学地図帖　戦後編(5)　夢の島(槌田満文)「Collegio」　之潮　(22)　2007.5

八日町巡査派出所
古い写真を読む(11)　八王子・警察署八日町巡査派出所「八王子市郷土資料館だより」　八王子市郷土資料館　(79)　2006.7

用賀村
新しく登録・指定された文化財　旧清水家住宅書院/奥沢台遺跡出土の注口土器/有栖川宮幟仁親王原書「攻玉」木額/旧荏原郡用賀村名主飯田家関係史料/桂太郎筆「せたがやの文化財」　東京都世田谷区教育委員会事務局　(25)　2013.3

横網町公園
東京都　墨田区横網町公園内の震災・戦災碑(特集　武蔵野の災害(後編)—武蔵野の災害碑)(樋渡達也)「武蔵野」　武蔵野文化協会　88(1)通号352　2013.3

横河電機
横河電機およびその周辺—4月2日夜間空襲の悪夢(本橋益忠)「戦争のきずあと・むさしの」　武蔵野の空襲と戦争遺跡を記録する会　(21)　2006.6

横山家住宅
足立区の文化財　平成2年版「足立区の文化財」による　有形文化財(歴史資料)六字名号(双式)板碑2基(応現寺)、阿弥陀三尊種子板碑1基(性翁寺)、阿弥陀三尊種子板碑1基(郷土博物館)/有形民俗文化財　横山家住宅1棟「足立史談会だより」　足立史談会　(317)　2014.8

よこやまの道
「よこやまの道」の復活に想う(藤田道男)「多摩ニュータウン研究」　多摩ニュータウン学会　(8)　2006.3

吉野街道
吉野街道を歩く—旧氷川郷内の旧道を中心として(2),(3)(渡辺友一郎)「郷土研究」　奥多摩郷土研究会　(23)/(24)　2012.3/2013.03

吉野通り
日光道中ぶらぶら歩き(4)　吉野通りを歩く(和泉守)「越谷市郷土研究会会報 ： 古志賀谷」　越谷市郷土研究会　(17)　2014.3

吉野養魚場
建物雑想記(40)　旧東京府水産試験場吉野養魚場(酒井哲)「多摩のあゆみ」　たましん地域文化財団　(156)　2014.10

吉原
大和と浮世絵(16)　菱川師宣「吉原遊興図屏風」(浅野秀剛)「月刊大和路ならら」　地域情報ネットワーク　12(11)通号134　2009.11

四ッ葉村
郷土の古文書　四ッ葉村の水車(清水治男)「板橋史談」　板橋史談会　(230)　2005.9

四谷
西府村四谷の女達の歳時記(市川信子)「府中史談」　府中市史談会　(30)　2004.5

第5回江戸めぐり—新橋・四谷方面を訪ねて(事務局)「伊豆史談」　伊豆史談会　通号135　2006.1

東京文学地図帖　戦後編(24)　四谷(槌田満文)「Collegio」　之潮　(41)　2010.7

町にまつわる雑学講座—四谷(花木知子)「あるむぜお ： 府中市郷土の森博物館だより」　府中文化振興財団府中郷土の森博物館　(100)　2012.6

四谷にひかり輝く女性たち(新村康敏)「杉並郷土史会会報」　杉並郷土史会　(240)　2013.7

四谷伊賀町
江戸切絵図のなかの伊賀衆—四谷伊賀町だけではなかった、彼らの住居(すまい)[1]、[2・補遺](日向康三郎)「練馬郷土史研究会会報」　練馬郷土史研究会　(310)/(311)　2007.7/2007.9

四谷塩町
女性の移動—江戸四谷塩町一丁目の場合(桜井由幾)「江戸期おんな考」　桂文庫　(14)　2003.10

《特集　平成15年度シンポジウム(都市歴史研究室フォーラム)報告「江戸から東京へ—四谷塩町一丁目の暮らし」「東京都江戸東京博物館研究報告」　東京都江戸東京博物館　(11)　2005.3

人別書上に見る幕末期の四谷塩町一丁目(赤澤春彦)「東京都江戸東京博物館研究報告」　東京都江戸東京博物館　(11)　2005.3

コンピュータ・グラフィックによる四谷塩町街並み再現の試み(米山勇)「東京都江戸東京博物館研究報告」　東京都江戸東京博物館　(11)　2005.3

資料紹介四谷塩町一丁目文書目録「東京都江戸東京博物館研究報告」　東京都江戸東京博物館　(11)　2005.3

四谷見附
四谷見附周辺の寺町から　消防博物館を訪ねて(24年7月1日)(服部建人)「杉並郷土史会会報」　杉並郷土史会　(240)　2013.7

淀橋
淀橋の家(記念特集　地名にしひがし—広域編)(中村幸子)「練馬区地名研究会会報」　練馬区地名研究会　(100)　2012.8

四之橋
港区名所案内　四之橋・広尾原(平田秀勝)「港郷土資料館だより」　港区立港郷土資料館　(73)　2014.3

ライシャワー記念館
野火止物がたり(12)　ライシャワー記念館(近内信輝)「郷土研だより」　東村山郷土研究会　(375)　2011.8

癩療養所
第一区全生病院の創立前後—東村山に「癩療養所」ができるまで(西浦直子)「東村山市史研究」　東村山市教育委員会　(19)　2010.3

陸軍技術研究所
小金井にあった陸軍技術研究所と「けやきの碑」(高柳昌久)「戦争のきずあと・むさしの」　武蔵野の空襲と戦争遺跡を記録する会　(37)　2010.11

陸軍国分寺技術研究所
多摩地区に残る旧陸軍の給水塔の姿が消えた！(陸軍国分寺技術研究所)(小林良)「戦争のきずあと・むさしの」　武蔵野の空襲と戦争遺跡を記録する会　15　2005.3

陸軍立川飛行場
軍都立川(1)　陸軍立川飛行場～米軍立川基地～陸上自衛隊駐屯地へ「浅川地下壕の保存をすすめる会ニュース」　浅川地下壕の保存をすすめる会　(59)　2007.8

立川・砂川フィールドワーク報告　陸軍立川飛行場、砂川闘争の跡を訪ねて(斉藤勉)「浅川地下壕の保存をすすめる会ニュース」　浅川地下壕の保存をすすめる会　(85)　2011.12

陸軍中野学校
陸軍中野学校(関義衛)「おがわの文化」　常陸大宮市緒川郷土文化研究会　(24)　2000.3

403

陸軍兵器補給廠小平分廠
聞き書き 陸軍兵器補給廠小平分廠（特集 戦時下の地域社会 その2）（蓮田宣夫）「多摩のあゆみ」 たましん地域文化財団 （141） 2011.2

陸上自衛隊駐屯地
軍都立川（1） 陸軍立川飛行場～米軍立川基地～陸上自衛隊駐屯地へ「浅川地下壕の保存をすすめる会ニュース」 浅川地下壕の保存をすすめる会 （59） 2007.8

立教大学
成増の立教大学グラウンド（木村榮作）「板橋史談」 板橋史談会 （261） 2010.11

リトル・コウチ
幕末明治の品川と「リトル・コウチ（高知）」（彦坂徹）「秦史談」 秦史談会 （173） 2013.2

リーブルテック工場
第332回月例研究会 7月16日（金） リーブルテック工場と東書文庫見学（林健一）「北区史を考える会会報」 北区史を考える会 （97） 2010.8

両国
博物館の資料 東京両国通運会社川蒸気往復盛栄真景之図（明治時代）（額賀栄司）「世喜宿 ： 千葉県立関宿城博物館報」 千葉県立関宿城博物館 15 2003.3

柳橋・両国史跡散歩（飯塚芳男）「練馬古文書研究会会報」 練馬古文書研究会 （35） 2005.11

両国界隈史跡めぐり（第424回例会記）（高橋絢子）「杉並郷土史会史報」 杉並郷土史会 （211） 2008.9

東京電車線路物語（22） 総武本線両国御茶ノ水間開業時運転（井口悦男）「Collegio」 之潮 （44） 2011.4

研究の散歩道 両国と地震と復興（小澤弘）「江戸東京博物館news ： Edo-Tokyo Museum news」 東京都歴史文化財団東京都江戸東京博物館 （74） 2011.6

小説の舞台としての両国—怪奇から狂気へ（小特集 芥川龍之介と両国）（蔦田明子）「東京都江戸東京博物館紀要」 東京都江戸東京博物館 （3） 2013.3

自画像の背景としての両国—「少年」「大導寺信輔の半生」「追憶」（小特集 芥川龍之介と両国）（安藤公美）「東京都江戸東京博物館紀要」 東京都江戸東京博物館 （3） 2013.3

両国橋
隅田川の橋（3） 両国橋—鉄の橋になって100年目（石原成幸）「すみだ川 ： 隅田川市民交流実行委員会会報」 隅田川市民交流実行委員会 35 2004.9

寛保2年の洪水被災と復旧を通して見た両国橋の構造と水防（東京都江戸東京博物館シンポジウム「江戸の水害—被害・復興・対策—」）（松村博）「東京都江戸東京博物館研究報告」 東京都江戸東京博物館 （16） 2010.3

漁師町
深川漁師町と元禄検地—町名変更と大島町編入問題を中心に（論文）（出口宏幸）「江東区文化財研究紀要」 江東区教育委員会地域振興部 （18） 2014.3

猟師町
深川南西部の河川をめぐる地域的特質—町と「猟師町」の関係解明に向けて（出口宏幸）「江東区文化財研究紀要」 江東区教育委員会生涯学習部 （13） 2003.3

『寛永録 壱』に見る深川猟師町—村落的側面の抽出と分析（出口宏幸）「江東区文化財研究紀要」 江東区教育委員会生涯学習部 （14） 2005.3

凌霜館
表紙解説 石碑 凌霜館跡「いしぶみ」 まちだ史考会 （31） 2011.7

林試の森公園
林試の森公園にあった、林業試験場時代の回想（松本庸夫）「郷土目黒」 目黒区郷土研究会 49 2005.10

林試の森公園にあった林業試験場の創立と初代場長松野礀（松本庸夫）「郷土目黒」 目黒区郷土研究会 52 2008.10

連光寺
特別展 連光寺の「聖蹟」化と多摩聖蹟記念館/常設展 志士の遺墨—桜田門外の変と水戸藩士「雑木林 ： 旧多摩聖蹟記念館広報」 多摩市教育委員会 151 2012.12

連光寺村
資料紹介 連光寺村御猟場に関する規則類（橋場万里子）「パルテノン多摩博物館部門年報・紀要」 〔多摩市文化振興財団 5 2002.12

六月村
史料紹介 「毎談儀」—六月村で説かれていた教訓［1］～（3）（山野健一）「足立史談」 足立区教育委員会 437/441 2004.7/2004.11

六郷用水
六郷用水と市街地形成—復元水路図づくりから（大田区立郷土博物館友の会「水路の会」）「大田区立郷土博物館紀要」 大田区立郷土博物館 （13） 2003.3

展示批評 大田区立郷土博物館企画展「六郷用水 歴史探訪」について（吉田優）「地方史研究」 地方史研究協議会 53（4）通号304 2003.8

城南郷土史研究協議会 六郷用水竣工400年記念 六郷用水公園と堀跡の散策（齋藤誠）「目黒区郷土研究」 目黒区郷土研究会 （683） 2011.12

六町
綾瀬川右岸の歴史と文化（1） 六町と青井の歴史資料「足立史談」 足立区教育委員会 446 2005.4

綾瀬川西岸六町圦のはじまり（1），（2）（森朋久）「足立史談」 足立区教育委員会 （481）/（483） 2008.3/2008.5

鹿鳴館
研究の散歩道鳥の目で見る鹿鳴館（米山勇）「江戸東京博物館news ： Edo-Tokyo Museum news」 東京都歴史文化財団東京都江戸東京博物館 49 2005.3

六本木
東京文学地図帖 戦後編（8） 六本木（槌田満文）「Collegio」 之潮 （25） 2007.8

軍神と六本木—広瀬武夫記念碑（杉本絵美）「港郷土資料館だより」 港区立港郷土資料館 （74） 2014.9

Y家住宅
国登録有形文化財（建造物） Y家住宅（非公開）（新しく登録・指定された文化財）「せたがやの文化財」 東京都世田谷区教育委員会事務局 （24） 2012.3

若木
一枚の写真から（4） 農村地帯だった頃の中台・若木の風景（泉貞代）「板橋史談」 板橋史談会 （258） 2010.5

若木小学校
一枚の写真から（3） 昭和35年、若木通りと若木小学校（泉貞代）「板橋史談」 板橋史談会 （257） 2010.3

若木通り
一枚の写真から（3） 昭和35年、若木通りと若木小学校（泉貞代）「板橋史談」 板橋史談会 （257） 2010.3

若林
若林の思い出（山田蓉子）「せたかい ： 歴史さろん」 世田谷区誌研究会 （58） 2006.7

世田谷若林の思ひ出（寄稿）（山田蓉子）「せたかい ： 歴史さろん」 世田谷区誌研究会 （66） 2014.7

早稲田大学
早稲田大学とその界隈の探訪（岸一衛）「いしぶみ」 まちだ史考会 （22） 2006.12

渡辺邸
一枚の写真から（4） 消える二・二六事件の渡辺邸（原田弘）「杉並郷土史会史報」 杉並郷土史会 （209） 2008.5

和田堀公園
江戸東京を歩く—地形・災害・防災の視点から（8） 内水氾濫—善福寺川・和田堀公園（松田磐余）「Collegio」 之潮 （23） 2007.6

和田村
一枚の写真から（1） 大正11年和田村の消防組（原田弘）「杉並郷土史会史報」 杉並郷土史会 （197） 2006.5

神奈川県

愛川町
愛川町内の「たつみち」とその道筋について（小島茂平）「県央史談」 県央史談会 （44）2005.1

愛川町の青年学校について（小島茂平）「県央史談」 県央史談会 （51）2012.1

愛甲郡
相模国愛甲郡内在村部における明治中・後期の広告、及び小田原監獄支署在地運動・全国各地商品販売広告―柏木喜重郎氏所蔵資料から（飯田孝）「阿夫利 ： 厚木市文化財協会会報」 厚木市文化財協会 16 2002.11

資料紹介『愛甲郡誌』と「村瀬米之助」（伊從保美）「阿夫利 ： 厚木市文化財協会会報」 厚木市文化財協会 （19）2010.2

青根村
近代期の関東山地東麓における水力電気事業の展開と地域住民の対応―津久井郡青根村における流木事業との関わりに注目して（花木宏直）「歴史地理学野外研究」 筑波大学人文社会科学研究科歴史・人類学専攻歴史地理学研究室 （16）2014.3

近代期の神奈川県津久井郡青根村における木炭生産と流通（高橋淳，中川紗智）「歴史地理学野外研究」 筑波大学人文社会科学研究科歴史・人類学専攻歴史地理学研究室 （16）2014.3

青橋
続・地域で戦争を伝えるものを調べて（4）空襲記念碑「青橋の機銃掃射痕」の移転（井上弘）「戦争と民衆」 戦時下の小田原地方を記録する会 （72）2014.3

阿久和
泉区地名考「岡津、阿久和」（北村岑雄）「郷土いずみ」 9 2003.5

麻真田工業
横浜に於ける麻真田工業の盛衰（田村泰治）「横浜市西区郷土史研究会会報」 横浜市西区郷土史研究会 （32）2009.4

旭硝子浴波寮
旭硝子浴波寮（転載）（コラム）（関和明，鈴木雅子）「郷土誌葉山」 葉山郷土史研究会 （7）2010.4

朝比奈切通
朝比奈切通しとその周辺（山崎智恵子）「郷土いずみ」 9 2003.5

朝比奈切通から六浦道を往く（山口精一）「横浜市西区郷土史研究会会報」 横浜市西区郷土史研究会 （40）2013.4

阿字ヶ池
ドイツ海軍将兵が掘った阿字ヶ池（地域で戦争を伝えるものを調べて）（井上弘）「戦争と民衆」 戦時下の小田原地方を記録する会 （53）2004.8

足柄
富士山の噴火と村々の田畑復興に関する嘆願運動・数度に亘る酒匂川の洪水と治水工事（市川鉐雄）「史談足柄」 足柄史談会 42 2004.4

足柄を散策する（1）～（3）文学遺跡を尋ねて（杉山博久）「扣之帳」 扣之帳刊行会 （10）/（12）2005.10/2006.6

足柄を散策する（4）文学遺跡を尋ねて 十文字橋から吉田島辺りまで（杉山博久）「扣之帳」 扣之帳刊行会 （13）2006.9

市内史跡探訪 斑目から千津島へ（大庭進）「史談足柄」 足柄史談会 45 2007.4

足柄史談会50年の歩み年表（押田洋二）「史談足柄」 足柄史談会 46 2008.4

講演 古代と足柄の文化、峠を越えた人々 講師・杉山幾一先生（清水幸子）「於保為」 大井町郷土史研究会 （28）2009.5

「酒匂川治水四百年を考える小田原・足柄住民の集い」開催される／「小田原史談会」集会でパネル展示「小田原史談 ： 小田原史談会々報」 小田原史談会 （221）2010.4

足柄学講座 歴史編 女性史への道（宇佐美ミサ子）「扣之帳」 扣之帳刊行会 （28）2010.6

元禄大地震と二次災害―田代家文書から学ぶ（内田清）「史談足柄」 足柄史談会 50 2012.4

足柄を散策する（16）文学遺跡を尋ねて 余談（杉山博久）「扣之帳」 扣之帳刊行会 （36）2012.6

足柄県
明治初年の県政―小田原県から足柄県へ（本多秀雄）「史談足柄」 足柄史談会 49 2011.4

足柄古道
伊勢宇橋と足柄古道（小沢勇一）「史談足柄」 足柄史談会 41 2003.4

本多秀雄氏講演「足柄古道（古東海道）あれこれ」「小田原史談 ： 小田原史談会々報」 小田原史談会 （202）2005.7

足柄坂
武蔵国防人の足柄坂袖振りの歌―夫婦の問答歌にみる女歌の表現（田中夏陽子）「高岡市万葉歴史館紀要」 高岡市万葉歴史館 （17）2007.3

足柄下郡
明治時代、足柄下郡の名士など（1），（2）（中村静夫）「小田原史談 ： 小田原史談会々報」 小田原史談会 （201）/（202）2005.3/2005.7

明治・大正期の神奈川県足柄下郡における渡航者の送出経緯と渡航後の行動（研究ノート）（花木宏直）「歴史地理学」 歴史地理学会，古今書院（発売）54（4）通号261 2012.9

足柄峠
足柄峠・三島の史跡めぐり（坂爪義弘）「県央史談」 県央史談会 （46）2007.1

足柄平野
足柄平野の小字 地名行脚（1）～（3）（大脇良夫）「小田原史談 ： 小田原史談会々報」 小田原史談会 （202）/（205）2005.7/2006.3

江戸時代における足柄平野の新田開発について（西村和勇，草山俊憲，真木和男，高橋武司，久保寺登美男，青木正次）「小田原史談 ： 小田原史談会々報」 小田原史談会 （217）2009.3

足柄平野の酒（小田原シルバー大学「自主研究報告」紹介）（浅見勝，飯沼忠雄，久保田豊，森田榮宏，田智恵子，秦弘枝）「小田原史談 ： 小田原史談会々報」 小田原史談会 （221）2010.4

近世前期債務処理の段階的特質―足柄平野農村を素材に（月例会報告要旨）（荒木仁朗）「関東近世史研究」 関東近世史研究会 （72）2012.10

解説 小田原地方（足柄平野）の本土決戦「戦争と民衆」 戦時下の小田原地方を記録する会 （71）2013.8

芦名
長坂・芦名の歴史散歩（湯田明）「横須賀文化財協会会報」 横須賀文化財協会 （24）2006.3

芦名城館
芦名城館の復元から（特集 三浦一族の城館）（辻井善彌）「三浦半島の文化」 三浦半島の文化を考える会 （24）2014.10

芦名村
芦名村御検地帳の小字名の由来（《特集 地図・地名・地理が語る三浦半島》）（辻井善彌）「三浦半島の文化」 三浦半島の文化を考える会 （19）2009.10

吾妻橋
名所絵吾妻橋について―岡コレクションより（佐藤美子）「川崎市市民ミュージアム紀要」 川崎市市民ミュージアム 16 2004.3

愛宕山
愛宕山付近の絵図をみて（1）（石綿勉）「小田原史談 ： 小田原史談会々報」 小田原史談会 194 2003.7

熱海路
足柄を散策する（15）文学遺跡を尋ねて 熱海路を行く（杉山博久）「扣之帳」 扣之帳刊行会 （35）2012.3

熱海線
1921（大正9）年 熱海線 国府津～小田原間開通祝賀会 伊豆の飛躍的発展に曙光「豆州歴史通信」 豆州研究社歴史通信部 （457）2010.3

厚木
厚木商人の広告・補遺―柏木喜重郎氏所蔵資料から（飯田孝）「阿夫利 ： 厚木市文化財協会会報」 厚木市文化財協会 16 2002.11

大山街道を歩く（河関口・厚木）（荻山勝重）「県央史談」 県央史談会 （43）2004.1

歴史資料の表と裏―写真と裏書から見た敗戦直前の厚木航空隊「市史だより」 綾瀬市 28 2005.3

厚木海軍諸施設設置時点での土地買収実態（樋口雄一，加藤明子）「綾瀬市史研究」 綾瀬市 9 2005.6

厚木の条里（菅野雪雄）「県央史談」 県央史談会 （48）2009.1

随想 厚木シロコロ・ホルモン探検隊物語（小野塚徳博）「郷土神奈川」

神奈川県　　　　　　　　　　　　　地名でたどる郷土の歴史　　　　　　　　　　　　関東

神奈川県立図書館　（48）2010.2

厚木の条里（2）（菅野雪雄）「県央史談」県央史談会　（50）2011.1

「相模国厚木六勝図」（弘化〜嘉永頃 1844〜1853年）（石川鹿奈子）「厚木市史たより」厚木市　（2）2011.7

厚木の歴史を語るマッチ箱（杉山貴）「厚木市史たより」厚木市　（3）2011.10

厚木地名再考（柳下宏行）「県央史談」県央史談会　（51）2012.1

解説 敗戦直後の「厚木の反乱」（井上弘）「戦争と民衆」戦時下の小田原地方を記録する会　（70）2013.3

厚木基地

聞き書き 基地で働いた人々（樋口雄一）「綾瀬市史研究」綾瀬市　（11）2010.3

外務省外交史料館資料調査報告（1）厚木基地への米軍進駐関係資料（加藤明子）「綾瀬市史研究」綾瀬市　（11）2010.3

厚木航空基地

阪一等飛曹の墓標を訪ねて 1945年2月17日 上柚木への零戦の墜落 冬は戦跡の確認、調査の季節／墜落したのは海軍厚木航空基地の零戦／現場までの道のり／米軍機と米兵／「砂山」を訪ねて／おわりに（齊藤勉）「浅川地下壕の保存をすすめる会ニュース」浅川地下壕の保存をすすめる会　（92）2013.2

厚木市

資料目録 厚木市林柏木喜重郎氏所蔵広告関係資料（伊従保美）「阿夫利：厚木市文化財協会会報」16 2002.11

太平洋戦争下の県央事情（千葉弘）「県央史談」県央史談会　（42）2003.1

大東亜戦争下の県央事情（千葉弘）「県央史談」県央史談会　（44）2005.1

厚木市史について（神崎彰利）「厚木市史たより」厚木市　（1）2010.9

「厚木市史」近世資料編（6）について（片山兵衛）「厚木市史たより」厚木市　（2）2011.7

近世資料編を読むために（1）―はじめに（神崎彰利）「厚木市史たより」厚木市　（1）2011.7

近世資料編を読むために（2）―近世で一番古い古文書（神崎彰利）「厚木市史たより」厚木市　（3）2011.10

近世資料編を読むために（3）――番古い年貢関係文書など（神崎彰利）「厚木市史たより」厚木市　（5）2012.4

平成23年度 厚木市史歴史講演会講演録 游相日記と厚木―渡辺崋山来游から百八十年 講師：神崎彰利氏「厚木市史たより」厚木市　（6）2012.8

近世資料編を読むために（4）――番古い年貢関係文書など（神崎彰利）「厚木市史たより」厚木市　（6）2012.8

平成24年度 厚木市歴史講演会講演録 都市と農村の食文化―江戸時代を中心に― 講師：原田信男氏「厚木市史たより」厚木市　（8）2013.4

近世資料編を読むために（5）――番古い年貢関係文書など（神崎彰利）「厚木市史たより」厚木市　（8）2013.4

歴史講演会のお知らせ（仮題）「関東大震災と厚木市内各地の被害」講師：樋口雄一氏「厚木市史たより」厚木市　（8）2013.4

厚木第一歩道橋

時の流れと厚木第一歩道橋「厚木市史たより」厚木市　（8）2013.4

厚木中学

特攻隊志願者顕著な厚木中学（千葉弘）「県央史談」県央史談会　（45）2006.1

厚木町

「厚木町 大夫元」辻番付について（平本元一）「阿夫利：厚木市文化財協会会報」厚木市文化財協会　（19）2010.2

大正14年厚木町役場庁舎再建（葉山美智代）「厚木市史たより」厚木市　（4）2012.1

厚木停車場

相模厚木停車場「厚木市史たより」厚木市　（7）2012.12

厚木飛行場

厚木飛行場及び関係諸部隊の名称付与等について（柴田武彦）「綾瀬市史研究」綾瀬市　（10）2007.9

厚木飛行場の写真（原勝洋）「綾瀬市史研究」綾瀬市　（10）2007.9

厚木飛行場の名称を検証する（千葉弘）「県央史談」県央史談会　（49）2010.1

穴部

穴部の話を聞いとくれ（中野家孝）「小田原史談：小田原史談会々報」小田原史談会　（228）2012.1

鐙摺

鐙摺古地図と新旧の写真等（関和明）「郷土誌葉山」葉山郷土史研究会　（1）2004.4

鐙摺歴史の散歩道―過ぎし世をしづかに思へ 百年もきくのふのごとし（黒

田康子）「郷土誌葉山」葉山郷土史研究会　（1）2004.4

地図と文学から見た鐙摺（鈴木雅子）「郷土誌葉山」葉山郷土史研究会　（1）2004.4

鐙摺（「手帳」17冊再録）（特集 続・堀内）（黒田康子）「郷土誌葉山」葉山郷土史研究会　（8）2011.4

鐙摺切通し

鐙摺切通しと明治期の葉山（田嶋修三）「郷土誌葉山」葉山郷土史研究会　（1）2004.4

鐙摺城

「鐙摺城跡試掘調査」の概要（コラム）（軽部一一）「郷土誌葉山」葉山郷土史研究会　（8）2011.4

甘沼

第245回史跡めぐり 平成23年9月28日（水）茅ヶ崎かるた編（第4回）甘沼・香川方面（西輝幸）「郷土ちがさき」茅ヶ崎郷土会　（123）2012.1

綾瀬

「綾瀬」の幕開け、そしてこれから「市史だより」綾瀬市　27 2004.3

綾瀬の酒造業（田中勉）「綾瀬市史研究」綾瀬市　9 2005.6

綾瀬の農業の変遷について（清水利広）「綾瀬市史研究」綾瀬市　（11）2010.3

綾瀬の古道（大久保幸夫）「綾瀬市史研究」綾瀬市　（11）2010.3

綾瀬市

綾瀬市の水と火と台所道具と料理（京馬伸子）「綾瀬市史研究」綾瀬市　（11）2010.3

綾瀬町

神奈川県内養豚業の展開―昭和20年代の養豚 綾瀬町を中心に（樋口雄一）「郷土神奈川」神奈川県立図書館　（40）2002.3

綾瀬村

明治時代中期から後期の綾瀬村の運送業者―小園の金子重兵衛日記から（西川武臣）「綾瀬市史研究」綾瀬市　（11）2010.3

荒川番所

歴史の豆知識（5）荒川番所の位置「ふるさと津久井」津久井町　（6）2014.3

新玉小学校

聞き取り 我が家の前に爆弾が落ちて―8月13日の新玉小空襲で被災 話し手・山田利治「戦争と民衆」戦時下の小田原地方を記録する会　（60）2008.3

新玉小空襲について（井上弘）「戦争と民衆」戦時下の小田原地方を記録する会　（60）2008.3

続・地域で戦争を伝えるものを調べて（2）新玉小空襲の爆弾投下跡（井上弘）「戦争と民衆」戦時下の小田原地方を記録する会　（70）2013.3

安藤家長屋門

第1回市内巡検 安藤家長屋門と中原街道（武山豊彦）「川崎研究」川崎郷土研究会　（52）2014.5

飯田村

資料紹介 天保8年上和田村・飯田村水難につき議定書（高橋一郎）「とみづか」戸塚歴史の会　29 2003.6

池子

逗子の地名（4）池子（雨宮郁夫）「手帳：逗子の郷土誌」手帳の会　172 2004.4

池子村

池子村古系図を検証する（飯島セツ子）「手帳：逗子の郷土誌」手帳の会　（174）2008.12

池子の森

逗子 池子の森は燃えたのか―そして今 ノンポリ市民の見た小都市の戦後略史（雨宮郁夫）「三浦半島の文化」三浦半島の文化を考える会　（13）2003.10

生駒

市内史跡探訪 生駒から塚原（日向・日影）へ（大庭進）「史談足柄」足柄史談会　48 2010.4

石井本陣

近世宿駅における休泊―東海道神奈川宿石井本陣の事例（〈月例会報告要旨〉）（林泰志）「関東近世史研究」関東近世史研究会　（49）2001.10

石垣山

懐かしい小田原風景 石垣山 今昔（市川敬一）「小田原史談：小田原史談会々報」小田原史談会　（227）2011.10

石垣山一夜城

小田原合戦と石垣山一夜城（鳥居和郎）「郷土神奈川」神奈川県立図書館　（38）2000.3

続編・奥武蔵中世の城跡を歩く（15）小田原城から石垣山一夜城（山行

報告）（小泉重光）「奥武蔵」 奥武蔵研究会 （400） 2014.11

秀吉が天下を制した陣城―石垣山一夜城（特集 城）（加藤導男）「歴研よこはま」 横浜歴史研究会 （71） 2014.11

石川村

江戸時代の石川村の人々（秋本國夫）「わが住む里」 藤沢市総合市民図書館 通号56 2007.3

石名坂

石名坂と大庭坂（金子雄次）「わが住む里」 藤沢市総合市民図書館 （52） 2003.3

泉区

地名考（1）（宮本忠直）「郷土いずみ」 6 2000.5

泉区の「屋号さがし」（上）,（中）,（下）（泉区民会議・文化教育分科会）「郷土いずみ」 7/9 2001.5/2003.5

泉区の石造物（有馬純律）「郷土いずみ」 8 2002.5

泉区の石造物（有馬純律）「郷土いずみ」 9 2003.5

大戦前後の泉区を語る（翠川宜子）「郷土いずみ」 10 2004.5

泉区の近代地場産業（シンポジウム）（石原正弘）「郷土いずみ」 10 2004.5

シンポジウム 泉区域の製糸業（湯浅昇）「郷土いずみ」 11 2005.5

泉区の産業と郷土資料展（翠川宜子）「郷土いずみ」 11 2005.5

歴史講座南北朝時代の泉区（I・II）（翠川宜子）「郷土いずみ」 11 2005.5

泉区を歩く 立場～弥生台（歴史散歩）（清水淹）「郷土いずみ」 11 2005.5

持田製糸について（泉区地域文書講座（横浜開港資料館との協同主催））（斉藤多喜夫）「郷土いずみ」 （14） 2008.5

横浜開港そして泉区（〈横浜開港150周年・泉区歴史の会創立15周年記念特集〉）（翠川宜子）「郷土いずみ」 （15） 2009.5

幕末開港の群像（〈横浜開港150周年・泉区歴史の会創立15周年記念特集〉）（山本純美）「郷土いずみ」 （15） 2009.5

地域文書を読む（〈横浜開港150周年・泉区歴史の会創立15周年記念特集〉―分科会報告）（山形伸也）「郷土いずみ」 （15） 2009.5

泉区古道散策マップ改訂版（〈横浜開港150周年・泉区歴史の会創立15周年記念特集〉―分科会報告）（古道部会）「郷土いずみ」 （15） 2009.5

泉区の製糸場所在地調査（〈横浜開港150周年・泉区歴史の会創立15周年記念特集〉―分科会報告）（石井茂）「郷土いずみ」 （15） 2009.5

開港前後の泉区内石造物調査（〈横浜開港150周年・泉区歴史の会創立15周年記念特集〉―分科会報告）（千葉幸記）「郷土いずみ」 （15） 2009.5

泉区の歴史を150年前にさかのぼって（泉区横浜開港記念イベント展示資料紹介）（翠川宜子）「郷土いずみ」 （15） 2009.5

泉区―明治の教育資料から（泉区横浜開港記念イベント展示資料紹介）（五明容子）「郷土いずみ」 （15） 2009.5

泉区の開港史を訪ねて（昨年度の事業から）（事務局）「郷土いずみ」 （15） 2009.5

泉区民の東日本大震災体験アンケート集計（東日本大震災と泉区特集―東日本大震災発生時の記録）（調査委員会）「郷土いずみ」 （18） 2012.5

シンポジウム「泉区に首都直下型地震が発生したら」（東日本大震災と泉区特集―東日本大震災発生時の記録）（翠川宜子, 松本敏, 小川勉, 貝沼貞夫, 五明容子）「郷土いずみ」 （18） 2012.5

天明三年・浅間山の大噴火（東日本大震災と泉区特集―東日本大震災発生時の記録）（関水俊道）「郷土いずみ」 （18） 2012.5

関東大震災と横浜そして泉区（東日本大震災と泉区特集―東日本大震災発生時の記録）（緑川宜子）「郷土いずみ」 （18） 2012.5

『地名と伝説と史実と』 泉区史跡の会設立総会講演資料（特集 郷土資料にみる泉区の中世・史跡・人物・伝承・石造物）「郷土いずみ」 （19） 2013.5

泉区中世石造物調査（中間報告）（特集 郷土資料にみる泉区の中世・史跡・人物・伝承・石造物）（千葉幸記, 与座正子, 五明容子, 大橋悌一, 石井茂, 小林雄三）「郷土いずみ」 （19） 2013.5

和泉町

和泉町「外国人捕虜抑留所」（石井善満）「郷土いずみ」 8 2002.5

伊勢宇橋

伊勢宇橋と足柄古道（小沢勇一）「史談足柄」 足柄史談会 41 2003.4

伊勢佐木

展示余話 イセザキ界隈成立前史（平野正裕）「開港のひろば ： 横浜開港資料館館報」 横浜開港資料館 （111） 2011.2

伊勢佐木町

一つ目沼田立て伊勢佐木町の誕生（高村直助）「横浜市歴史博物館紀要」 横浜市ふるさと歴史財団 11 2007.3

伊勢原

伊勢原開村慶長説の考察（小野鈇朗）「伊勢原の歴史」 伊勢原市 13 2002.3

近世伊勢原の災害年表（原和之）「伊勢原の歴史」 伊勢原市 13 2002.3

磯子村

近世の磯子村と台場建設―嘉永年間から文久年間における土丹岩の切出し・運送の実態（論文）（小松広紀）「神奈川地域史研究」 神奈川地域史研究会 （30） 2013.2

磯辺

相模原市磯辺地区史跡めぐり（荻田豊）「県央史談」 県央史談会 （51） 2012.1

板橋見附

小田原用水・地蔵堂・松永記念館・内野醤油店・板橋見附―小田原の歴史をあるく（田代道彌）「小田原市郷土文化館研究報告」 小田原市郷土文化館 （49） 2013.3

市ヶ尾

都筑の丘を訪ねて（2）市ヶ尾周辺をめぐって（田村善治）「横浜西区郷土史研究会会報」 横浜西区郷土史研究会 （40） 2013.4

一之宮村

資料紹介 一之宮村外二十七ヶ組合麁絵図面――一之宮村寄場組合の成立（椿田有希子）「寒川文書館だより」 寒川文書館 12 2012.9

第13回企画展「江戸時代の一之宮村」/古文書講座で入沢家文書を活用/絵はがきを販売「寒川文書館だより」 寒川文書館 13 2013.3

市場村

新収資料コーナー（6）武州橘樹郡市場村「御用留」（平野正裕）「開港のひろば： 横浜開港資料館館報」 横浜開港資料館 （98） 2007.10

一色

特集1 一色（森田昌明）「郷土誌葉山」 葉山郷土史研究会 （2） 2005.4

明治・大正期の一色古地図と御用邸総図（編集部）「郷土誌葉山」 葉山郷土史研究会 （2） 2005.4

日露戦争前夜の「葉山・一色会議」（横山幹生）「郷土誌葉山」 葉山郷土史研究会 （2） 2005.4

「一色婦人会」と打鯖付近の思い出（守谷ウメ, 武田由利子）「郷土誌葉山」 葉山郷土史研究会 （2） 2005.4

一色を舞台にした文学の散歩道（鈴木雅子）「郷土誌葉山」 葉山郷土史研究会 （2） 2005.4

一色の地名（特集 続・一色）（鶴泰）「郷土誌葉山」 葉山郷土史研究会 （9） 2012.4

「一色」考（特集 続・一色）（伊藤一美）「郷土誌葉山」 葉山郷土史研究会 （9） 2012.4

一色の屋号と家紋（特集 続・一色）（今井俊夫）「郷土誌葉山」 葉山郷土史研究会 （9） 2012.4

一色にあった「谷戸の旧家」（特集 続・一色）（石渡清吉）「郷土誌葉山」 葉山郷土史研究会 （9） 2012.4

一色・打鯖と御用邸前道路に纏わること（特集 続・一色）（葉山登吉）「郷土誌葉山」 葉山郷土史研究会 （9） 2012.4

「相州葉山一色木遣保存会」の現況（特集 続・一色）（寺山ルリ子）「郷土誌葉山」 葉山郷土史研究会 （9） 2012.4

一色地区の浦賀道はどこを通ったか（特集 続・一色）（鈴木雅子）「郷土誌葉山」 葉山郷土史研究会 （9） 2012.4

最近まであった一色「八店」商店周辺の変遷（特集 続・一色）（田中繁, 田中和子）「郷土誌葉山」 葉山郷土史研究会 （9） 2012.4

一色の宮家・華族の別荘（特集 続・一色）（池田京子）「郷土誌葉山」 葉山郷土史研究会 （9） 2012.4

一色海岸

一色海岸たった一人の漁師（武部一之）「郷土誌葉山」 葉山郷土史研究会 （2） 2005.4

一色七塚

「一色七塚」栄枯盛衰 戦国悲運の碑（石渡清吉）「郷土誌葉山」 葉山郷土史研究会 （2） 2005.4

一色村

近世の村支配にみる「一色」村の歴史（黒田康子）「郷土誌葉山」 葉山郷土史研究会 （2） 2005.4

古文書に見る一色村（古文書部会）（濱岡辰紀）「郷土誌葉山」 葉山郷土史研究会 （9） 2012.4

一色村の古文書あれこれ（古文書部会）（滝本誠一）「郷土誌葉山」 葉山郷土史研究会 （9） 2012.4

井土ヶ谷

井土ヶ谷事件にみる日仏関係（塚越俊志）「風俗史学 ： 日本風俗史学会誌」 日本風俗史学会 （46） 2012.5

「長柄新名所ほめ言葉」（転載）・井土ヶ谷の7軒（画：根岸稔）（特集 続・長柄）（石井耕策）「郷土誌葉山」 葉山郷土史研究会 （10） 2013.4

稲荷村

幕末・明治初期の大庭村と稲荷村（金子雄次）「わが住む里」 藤沢市総合市民図書館 （54） 2005.3

威張山

解説 威張山の本土決戦陣地について（香川芳文）「戦争と民衆」 戦時下の小田原地方を記録する会 （66） 2011.3

今泉

一色伊予守相州今泉の館（大原信男）「秦野市史研究」 秦野市 （27） 2008.3

入生田

長谷川庄吉さんに聞いた入生田のこと（長谷川庄吉）「扣之帳」 扣之帳刊行会 （41） 2013.9

深見入村

地域資料紹介 深見入村の14歳の生徒が記した「大正八年度夏季休業日誌」 資料の紹介（相田薫）「大和市史研究」 大和市文化スポーツ部 （36） 2011.3

地域資料紹介 深見入村の14歳の生徒が記した「大正八年度夏季休業日誌」 資料編「大和市史研究」 大和市文化スポーツ部 （36） 2011.3

岩原

市内史跡探訪 沼田から岩原へ（上原元紀）「史談足柄」 足柄史談会 49 2011.4

植木

鎌倉の地名考（28）—植木（三浦勝男）「鎌倉」 鎌倉文化研究会 （98） 2004.6

潮田

潮田を探る［1］,（2）,続（宍沢忠義）「郷土つるみ」 鶴見歴史の会 （60）/（63） 2005.3/2007.11

内郷村

鈴木重光著『爐邊叢書 相州内郷村話』を読む—「心有る青年」の民俗学（《特集 『爐邊叢書』》）（高塚さより）「昔話伝説研究」 昔話伝説研究会 （27） 2007.5

内野醬油店

小田原用水・地蔵堂・松永記念館・内野醬油店・板橋見附—小田原の歴史をあるく（田代道彌）「小田原市郷土文化館研究報告」 小田原市郷土文化館 （49） 2013.3

内山

市内史跡探訪「内山地区の史跡めぐり」（大庭進）「史談足柄」 足柄史談会 50 2012.4

打鯖

葉山御用邸の造営と打鯖の里（矢嶋道文，今井俊夫）「郷土誌葉山」 葉山郷土史研究会 （2） 2005.4

「一色婦人会」と打鯖付近の思い出（守谷ウメ，武田由利子）「郷土誌葉山」 葉山郷土史研究会 （2） 2005.4

一色・打鯖と御用邸前道路に纏わること（特集 続・一色）（葉山登吉）「郷土誌葉山」 葉山郷土史研究会 （9） 2012.4

宇都宮辻子

鎌倉のいしぶみ散歩（3） 宇都宮辻子幕府旧蹟（薬師寺良子）「逗子吾妻鏡研究」 逗子吾妻鏡研究会 （33） 2012.3

姥島

姥島の潜水漁に従事して—内藤貞子・松下国枝氏に聞く（インタビュー）（茅ヶ崎市史編集委員会，市川大祐）「茅ケ崎市史研究」 茅ケ崎市 （30） 2006.3

浦賀

後北條氏時代の浦賀域（石川秀幸）「御浦」 三浦文化研究会 （18） 2002.11

『浦賀日記』を読む（久保木実）「御浦」 三浦文化研究会 （18） 2002.11

浦賀引揚関連写真展を追って「雑感」（小柳真澄）「御浦」 三浦文化研究会 （18） 2002.11

浦賀引揚と田川日記（田中宏巳）「市史研究横須賀」 横須賀市総務部 （2） 2003.1

浦賀の俳額にみえる房総と豆州下田の在村俳人—『浦賀不動尊献額句合』と『相陽米ケ濱祖師堂奉納額面』（杉仁）「在村文化研究」 在村文化研究会 （12） 2003.2

海路をめぐる“風流と経済”（2）—相州浦賀の在村文化、『浦賀畸人伝』を中心に（杉仁）「在村文化研究」 在村文化研究会 （13） 2003.3

口絵解説 浦賀の海外引揚について（上杉孝良）「三浦半島の文化」 三浦半島の文化を考える会 （13） 2003.10

開国時の浦賀奉行戸田伊豆守氏栄の『南浦書信』出版を祝して（石川秀幸）「三浦半島の文化」 三浦半島の文化を考える会 （13） 2003.10

「コレラ船」と浦賀の防疫体制（中里行雄）「御浦」 三浦文化研究会 （19） 2003.11

『南浦書信』を読む—幕閣と浦賀奉行の異国船対策（大出鍋蔵）「開国史研究」 横須賀市 （4） 2004.3

江戸湾防備と西洋砲配備—弘化・嘉永期の浦賀奉行を中心に（神谷大介）「洋学史通信」 洋学史学会 （20） 2004.7

日露戦後の「満州利源調査」と浦賀（吉良芳恵）「市史研究横須賀」 横須賀市総務部 （4） 2005.3

幕末期軍艦運用における浦賀の位置付け—幕府軍艦の動向を中心に（〈2006年度第36回明治維新史学会大会報告要旨〉）（神谷大介）「会報明治維新史学会だより」 明治維新史学会 （5） 2006.5

神谷大介氏「幕末期艦船用における浦賀の位置付け—幕府艦船の動向を中心に」（〈2006年度第36回明治維新史学会大会討論要旨〉）（嶋村元宏）「会報明治維新史学会だより」 明治維新史学会 （6） 2006.9

明治期の浦賀渡船と町共同体（研究ノート）（伊藤久志）「市史研究横須賀」 横須賀市総務部 （6） 2007.3

幕末・浦賀をめぐる諸様相（中里行雄）「三浦半島の文化」 三浦半島の文化を考える会 （17） 2007.10

研究ノート 行徳の下り塩購入と浦賀・神奈川湊の荷船（池田真由美）「市立市川歴史博物館館報」 市立市川歴史博物館 2006年度 2008.3

口絵資料紹介・解説 『捕鯨船マンハッタン号浦賀来航図』（平尾信子）「開国史研究」 横須賀市 （8） 2008.3

幕末期における石炭供給体制の展開と相州浦賀湊—幕府蒸気船運用の基盤（神谷大介）「関東近世史研究」 関東近世史研究会 （64） 2008.7

報告要旨 天保の日光社参と江戸湾防備—浦賀を中心に（〈第27回全体会の記録〉）（涌井有希子）「岡山藩研究」 岡山藩研究会 （57） 2008.7

明治の浦賀（〈明治の三浦半島〉）（山本詔一）「三浦半島の文化」 三浦半島の文化を考える会 （18） 2008.11

嘉永七年「浦賀出陣」を読む（〈明治の三浦半島〉）（石川秀幸）「三浦半島の文化」 三浦半島の文化を考える会 （18） 2008.11

長崎青方文書「浦賀実録」の検討—狂歌「泰平の」の成立をめぐって（田中葉子，岩下哲典）「開国史研究」 横須賀市 （9） 2009.3

横須賀の漆喰彫刻—浦賀地区の作品を中心として（上杉孝良）「市史研究横須賀」 横須賀市総務部 （8） 2009.3

近代浦賀における商家経営とその変容—東浦賀・米穀問屋美川家を中心として（加藤晴美）「歴史地理学野外研究」 筑波大学人文社会科学研究科歴史・人類学専攻歴史地理学研究室 （13） 2009.3

浦賀の郷兵について（淺川道夫）「開国史研究」 横須賀市 （10） 2010.3

生麦事件と浦賀（古谷彦逸）「三浦半島の文化」 三浦半島の文化を考える会 （20） 2010.10

『浦賀奉行 井戸石見守筆記』を読む（史料を読む）（大出鍋藏）「開国史研究」 横須賀市 （11） 2011.3

総会記念講演 湊町浦賀の人びとのくらし（吉田ゆり子）「開国史研究」 横須賀市 （12） 2012.3

開国史講演会 「黒船」を見た人びと—ペリー艦隊浦賀来航を目撃した記録からわかってきたこと（齋藤純）「開国史研究」 横須賀市 （12） 2012.3

史料を読む 『浦賀奉行 井戸石見守筆記』を読む（2）（大出鍋藏）「開国史研究」 横須賀市 （12） 2012.3

詳解浦賀詰通詞（研究レポート）（山本慧）「開国史研究」 横須賀市 （13） 2013.3

史料紹介 「浦賀行略史」（町田康子）「三浦半島の文化」 三浦半島の文化を考える会 （23） 2013.10

浦賀船渠株式会社

旧浦賀船渠株式会社社宅調査について（水野僚子）「市史研究横須賀」 横須賀市総務部 （4） 2005.3

浦賀町

農業からみる近代浦賀町の特質（吉村雅美，岩本和恵）「歴史地理学野外研究」 筑波大学人文社会科学研究科歴史・人類学専攻歴史地理学研究室 （14） 2010.3

浦賀ドック

浦賀の発展における浦賀ドックの意味（市村真実）「歴史地理学調査報告」 筑波大学人文社会科学研究科歴史・人類学専攻歴史地理学研究室 （12） 2006.3

浦賀奉行所

〔史料紹介〕 小笠原家文書にみる浦賀奉行所関係文書（4）（石崎康子）「横浜開港資料館紀要」 横浜開港資料館 （18） 2000.3

浦賀奉行所の開設と三浦半島（中里行雄）「三浦半島の文化」 三浦半島の文化を考える会 （11） 2001.10

浦賀奉行所と安政の改革（1）（中里行雄）「御浦」 三浦文化研究会 （17） 2001.11

浦賀奉行所の職務について（中里行雄）「御浦」 三浦文化研究会 （18） 2002.11

浦賀奉行所における西洋砲術導入問題—弘化・嘉永期を中心に（神谷大介）「市史研究横須賀」 横須賀市総務部 （2） 2003.1

ペリー来航以前における浦賀奉行所の白旗認識と異国船対策—ペリーの白旗書簡論争へのひとつの回答（岩下哲典）「開国史研究」 横須賀市 （5） 2005.3

文久三年における浦賀奉行所の砲術演習―「浦賀史料」収載文書の分析を中心に（淺川道夫）「開国史研究」 横須賀市 （8）2008.3

資料紹介 浦賀奉行所関係史料『新訂 臼井家文書 第五巻』（浦賀古文書研究会）「開国史研究」 横須賀市 （8）2008.3

浦賀商人・千賀問屋の冥加 浦賀奉行所や町人に（古谷彦逸）「三浦半島の文化」 三浦半島の文化を考える会 （21）2011.10

浦賀奉行所と浦賀の人々（山本詔一）「かながわ文化財」 神奈川県文化財協会 （108）2012.5

浦賀道

浦賀道・追浜から逸見までを歩く（鈴木かほる）「三浦半島の文化」 三浦半島の文化を考える会 （13）2003.10

浦賀道と浜道を歩く（笹川伊三雄）「三浦半島の文化」 三浦半島の文化を考える会 （14）2004.10

浦賀道の人馬継立場事情（轟信子）「御浦」 三浦文化研究会 （20）2004.11

浦賀道を歩く（1）戸塚〜北鎌倉（歴史散歩）（白根貞夫）「三浦半島の文化」 三浦半島の文化を考える会 （15）2005.10

三浦半島の村々と助郷―幕末・維新期の浦賀道と東海道（飯島端治）「三浦半島の文化」 三浦半島の文化を考える会 （17）2007.10

浦賀道を歩く（1）JR逗子駅より葉山花の木公園迄（辻井善彌）「三浦半島の文化」 三浦半島の文化を考える会 （17）2007.10

浦賀道を歩く（2）（古谷彦逸、辻井善彌）「三浦半島の文化」 三浦半島の文化を考える会 （17）2007.10

上山口の「浦賀道」（《特集 上山口―にほんの里100選》）（鈴木雅子）「郷土誌葉山」 葉山郷土史研究会 （6）2009.4

一色地区の浦賀道はどこを通ったか（特集 続・一色）（鈴木雅子）「郷土誌葉山」 葉山郷土史研究会 （9）2012.4

浦賀湊

資料紹介 浦賀湊江異国船渡来一件（森永正）「くにたち郷土文化館だより」 くにたち郷土文化館 （16）2000.3

浦賀湊の景観及び機能とその変容過程―西浦賀を中心として（加藤晴美、千鳥絵里）「歴史地理学調査報告」 筑波大学人文社会科学研究科歴史・人類学専攻歴史地理学研究室 （12）2006.3

幕末期における浦賀湊の大砲鋳造事業（神谷大介）「京浜歴科研年報」 京浜歴史科学研究会 （20）2008.2

幕末期における幕府艦船運用と寄港地整備―相州浦賀湊を事例に（神谷大介）「地方研究」 地方史研究協議会 58（2）通号332 2008.4

口絵資料紹介・解説「天保十五甲辰年三月以来浦賀湊江異国船漂着船之絵図幷二国名乗込人数銘々記」（山本慧）「開国史研究」 横須賀市 （11）2011.3

文久・元治期の将軍上洛と「軍港」の展開―相州浦賀湊を事例に（2011年度大会特集 近世後期の江戸警衛―将軍不在時を中心に一大会報告）（神谷大介）「関東近世史研究」 関東近世史研究会 （72）2012.10

スペイン外交と浦賀湊（論文）（鈴木かほる）「郷土神奈川」 神奈川県立図書館 （52）2014.2

瓜生

郷土史エッセイ 瓜生との出会い（小林一夫）「小田原史談 ： 小田原史談会々報」 小田原史談会 （207）2006.10

瓜生坂

「瓜生坂」の由来 瓜生外吉・繁子夫妻（岸達志）「扣之帳」 扣之帳刊行会 （24）2009.6

永久寺

新城城と亀姫―小田原谷津の永久寺と桃源寺（今川徳子）「扣之帳」 扣之帳刊行会 （20）2008.6

江戸口一里塚

小田原の郷土史再発見 江戸口一里塚は、何処にあったか？（石井啓文）「小田原史談 ： 小田原史談会々報」 小田原史談会 197 2004.3

小田原の郷土史再発見 補遺「江戸口一里塚は、何処にあったか？」（石井啓文）「小田原史談 ： 小田原史談会々報」 小田原史談会 198 2004.7

江戸湾

江戸湾防備と西洋砲配備―弘化・嘉永期の浦賀奉行を中心に（神谷大介）「洋学史通信」 洋学史学会 （20）2004.7

会津藩の江戸湾警備（淺川道夫）「開国史研究」 横須賀市 （6）2006.3

会津藩の江戸湾警備と房総諸藩の動向―弘化・嘉永期を中心に（山本哲也）「開国史研究」 横須賀市 （6）2006.3

明和6年（1769）5月 江戸湾浦絵図（斉藤司）「横浜市歴史博物館news ： Yokohama History Museum news」 横浜市歴史博物館 （23）2006.9

江戸湾をめぐる後北条氏と房総里見氏との関係―「新横須賀市史」編さんの成果から（真鍋淳哉）「郷土神奈川」 神奈川県立図書館 （45）2007.2

報告要旨 天保の日光社参と江戸湾防備―浦賀を中心に（《第27回全体会

の記録》）（涌井有希子）「岡山藩研究」 岡山藩研究会 （57）2008.7

江戸湾防備から二百年 現在に残る会津藩の残映《特集 会津藩の江戸湾警備》（河野十四生）「会津人群像」 歴史春秋出版 （15）2009.10

浦賀奉行組与力 中島三郎助の江戸湾海防論（投稿コーナー）（小川直樹）「開国史研究」 横須賀市 （11）2011.3

江戸湾海防における横文字書付と通詞（投稿コーナー）（山本慧）「開国史研究」 横須賀市 （11）2011.3

報告記事 『オネイダ』と『アメリカ』―江戸湾での二件の惨事（碓井文昭）「開国史研究」 横須賀市 （11）2011.3

総会記念講演 日本開国史を見なおすために―江戸湾を舞台に（井上勝生）「開国史研究」 横須賀市 （13）2013.3

江の島

江の島の砂州（矢沢湊）「いしぶみ」 まちだ史考会 （18）2004.12

資料紹介 江の島の常夜燈「八王子市郷土資料館だより」 八王子市郷土資料館 （79）2006.7

江の島ゆかりの江戸川柳拾遺（出張千秋）「わが住む里」 藤沢市総合市民図書館 通号56 2007.3

講演要旨 江の島の民話―地名と伝承（粂智子）「藤沢地名の会会報」 藤沢地名の会 （66）2008.2

戦国期の江ノ島関連文書の研究―その時代的背景と分析（上）,（下）（下山法久）「藤沢市史研究」 藤沢市文書館 （41）/（42）2008.3/2009.3

江の島の岩屋が富士の人穴などの抜け穴であるという伝説について（出張千秋）「わが住む里」 藤沢市総合市民図書館 通号58 2009.3

史跡めぐり 中世の江ノ島を歩く―腰越と江ノ島（上島由希子，渡邊大地）「日本史攷究」 日本史攷究会 （33）2009.11

会員投稿 江の島にある句碑（萩原史巨）「藤沢地名の会会報」 藤沢地名の会 （74）2010.9

地名講演会（会員発表）講演要旨 富士山と江の島との繋がり（出張千秋）「藤沢地名の会会報」 藤沢地名の会 （76）2011.5

会員投稿 大正三年の江の島の浪害（萩原史巨）「藤沢地名の会会報」 藤沢地名の会 （83）2013.9

江之島道

嘉永2年6月『大山江之島道中日記帳』（史料紹介）「蕨市立歴史民俗資料館紀要」 蕨市立歴史民俗資料館 （8）2011.3

江ノ電

藤岡支部 鎌倉（二）江ノ電沿線と金沢街道 平成26年5月18日（支部だより）（奥永泉）「群馬歴史散歩」 群馬歴史散歩の会 （236）2014.10

海老名

江戸後期から明治初期の海老名の農業―作物・品種・播種植付け時期（細川光成）「えびなの歴史 ： 海老名市史研究」 海老名市 11 2000.3

海老名の綴方（作文）教育の変遷と生活綴方教育運動（高橋武二）「えびなの歴史 ： 海老名市史研究」 海老名市 12 2002.3

海老名にも中学生が宿泊援農に一戦時下、学徒勤労動員の一報告（森睛）「えびなの歴史 ： 海老名市史研究」 海老名市 12 2002.3

地誌・道中記に画かれた近世期の海老名（飯田孝）「えびなの歴史 ： 海老名市史研究」 海老名市 12 2002.3

相模国中南部の御鷹捉飼場と野廻役―海老名の村々を中心に（細川光成）「えびなの歴史 ： 海老名市史研究」 海老名市 13 2003.3

海老名の酒造業（田中勉）「えびなの歴史 ： 海老名市史研究」 海老名市 13 2003.3

『海老名教育史 現代資料編』の編纂に向けて―教育委員会設置に関する資料を中心に（《教育史小特集》）（野澤慶次郎）「えびなの歴史 ： 海老名市史研究」 海老名市 13 2003.3

文化財セミナー歴史講座「地名の魅力」―海老名の地名を含めて（金子欣三）「えびなの歴史 ： 海老名市史研究」 海老名市 14 2004.3

海老名の醤油醸造業（田中勉）「えびなの歴史 ： 海老名市史研究」 海老名市 15 2005.3

古代の海老名を歩く（歴史散歩）（石井善満）「郷土いずみ」 （14）2008.5

海老名市

明治期における海老名市域の学舎（小学校）の開設と所在地の変遷（《教育史小特集》）（高橋武二）「えびなの歴史 ： 海老名市史研究」 海老名市 13 2003.3

海老名市南部の記念碑（鈴木忍）「えびなの歴史 ： 海老名市史研究」 海老名市 15 2005.3

海老名市中部の記念碑（鈴木忍）「えびなの歴史 ： 海老名市史研究」 海老名市 （16）2006.3

海老名市北部の記念碑（鈴木忍）「えびなの歴史 ： 海老名市史研究」 海老名市 （17）2007.3

海老名小学校

海老名小学校における戦前の生活綴方運動（《教育史小特集》）（大畑哲）「えびなの歴史 ： 海老名市史研究」 海老名市 13 2003.3

神奈川県　　　　　　　　　　　　　　地名でたどる郷土の歴史　　　　　　　　　　　　　　関東

円通寺

横須賀市大矢部円通寺跡の三浦氏深谷やぐらの現状（見学記）（鈴木かほる）「三浦一族研究」　横須賀市　（10）2006.6

扇谷

鎌倉・扇谷の歴史を訪ねて（会員コーナー）（圷三次）「三浦一族研究」　横須賀市　（9）2005.5

近江楼

三崎の遊郭近江楼（ふるさとの世相史）（中里行雄）「三浦半島の文化」　三浦半島の文化を考える会　（22）2012.10

大井

講演 古文書・遺物で語る大井の庶民史 講師・内田清「於保為」　大井町郷土史研究会　（26）2008.5

大磯

戦前・戦後、大磯の海水浴の変遷（八田恵子）「大磯町史研究」　大磯町　10　2003.3

覚書 大磯の酒造業（田中勉）「大磯町史研究」　大磯町　12　2005.3

大磯商工信用組合の設立（佐々木哲也）「大磯町史研究」　大磯町　（13）2006.3

雨の大磯（歴史散歩）（下永博道）「いしぶみ」　まちだ史考会　（25）2008.7

米軍のコロネット作戦に対する第53軍の本土防衛―大磯地区の本土決戦準備態勢（市原誠）「自然と文化 : 平塚市博物館研究報告」　平塚市博物館　（34）2011.3

平塚・大磯地域での1923年大正関東地震の体験記録（森慎一，浜口哲一）「自然と文化 : 平塚市博物館研究報告」　平塚市博物館　（35）2012.3

大磯町郷土資料館企画展「大磯の災害―かつてこの地で起きたこと」を見学して（展示批評）（水野順）「地方史研究」　地方史研究協議会　63（5）通号365　2013.10

大磯宿

東海道大磯宿から平塚宿へと歩く（白根貞夫）「三浦半島の文化」　三浦半島の文化を考える会　（14）2004.10

露木事件再考―同事件120年に当って（大畑哲）「綾瀬市史研究」　綾瀬市　9　2005.6

東海道五十三次ゆったり歩き紀行（3）藤沢宿から大磯宿へ（岡田宏一郎）「備陽史探訪」　備陽史探訪の会　（149）2009.8

東海道五十三次ゆったり歩き紀行（4）大磯宿から小田原宿へ（岡田宏一郎）「備陽史探訪」　備陽史探訪の会　（151）2009.12

大磯濤竜館

大磯濤龍館（楠君子）「臼杵史談」　臼杵史談会　（98）2008.2

大磯町

戦後教育改革期・地域における教育熱の動態―合併前の旧大磯町を事例として（上田誠二）「大磯町史研究」　大磯町　10　2003.3

高度成長期神奈川県漁業協同組合の再編とその後の歴史―大磯町漁業協同組合の事例を中心に（佐々木哲也）「大磯町史研究」　大磯町　11　2004.2

大磯町における別荘と地域社会―別荘所有者の記憶を通して（八田恵子）「大磯町史研究」　大磯町　11　2004.2

戦後地方財政の出発点―昭和21年度の大磯町決算表を読む（松元宏）「大磯町史研究」　大磯町　12　2005.3

地域における芸術教育の戦中戦後―合併前の旧大磯町を中心として（上田誠二）「大磯町史研究」　大磯町　12　2005.3

年表 合併50年大磯町のあゆみ―1954～2004（大磯町史近現代部会）「大磯町史研究」　大磯町　12　2005.3

地名から学ぶわが町の歴史―生活用品としての地名（土井浩）「大磯町史研究」　大磯町　（14）2007.3

戦後青年文化運動の地域社会史序説―合併前の旧大磯町を事例として（上田誠二）「大磯町史研究」　大磯町　（15）2008.3

大磯における初期別荘建築の様相について―旧大磯町行政資料による検討（水沼淑子）「大磯町史研究」　大磯町　（15）2008.3

昭和初期の大磯町の様相―「大磯の図面」の検証から（加藤仁美，石塚悠子）「大磯町史研究」　大磯町　（15）2008.3

神奈川県大磯町の災害（外川一實）「おくやまのしょう : 奥山荘郷土研究会誌」　奥山荘郷土研究会　（39）2014.3

大磯幼稚園

公立幼稚園の地域社会史序説―町立大磯幼稚園の戦前・戦中・戦後を事例として（上田誠二）「大磯町史研究」　大磯町　（14）2007.3

大井町

大井町につながる昔ばなし 講師・岩田達治先生（講演）（清水幸子）「於保為」　大井町郷土史研究会　（25）2008.2

講演 大井町の成り立ち 講師・井上東亜先生（田邊永一）「於保為」　大井町郷土史研究会　（28）2009.3

大井町の水道の歴史と映画ウォーターの鑑賞（小林富幸）「於保為」　大井

町郷土史研究会　（31）2011.9

報徳・大井町域との関わり（小野環）「於保為」　大井町郷土史研究会　（31）2011.9

大井町の農業の移り変わりについて（講演）（小野一雄）「於保為」　大井町郷土史研究会　（33）2014.2

大井町の産業史 酒蔵「井上酒造」（講演）（井上寛）「於保為」　大井町郷土史研究会　（33）2014.2

太井村

太井村の検地と地名（原和之）「ふるさと津久井」　津久井町　（6）2014.3

大上

高座海軍工廠用地となった大上地区の方々の戦中戦後（増田虎，多田幸男，綱島進［話者］）「綾瀬市史研究」　綾瀬市　（10）2007.9

大口

1946年の大口地区―「天皇巡幸」説明資料から（百瀬敏夫）「市史通信」　横浜市史資料室　（16）2013.3

大口堰

大口堰決壊300年事業を振り返って（押田洋二）「史談足柄」　足柄史談会　47　2009.4

大津

懐かしい大津の風景や家族、そして満州―根岸鈴子さんに聞く（市民が語る横須賀ストーリー）「市史研究横須賀」　横須賀市総務部　（7）2008.3

大庭

大字「大庭」をめぐって―歴史地名として（湯山学）「藤沢地名の会会報」　藤沢地名の会　（60）2006.2

藤沢市大庭の史跡めぐり（大平武之）「県央史談」　県央史談会　（47）2008.1

「藤沢の地名」を読む・訪ねる―報告 近代的街並みの大庭を歩く（2）（小瀬川雅彦）「藤沢地名の会会報」　藤沢地名の会　（66）2008.2

大庭坂

石名坂と大庭坂（金子雄次）「わが住む里」　藤沢市総合市民図書館　（52）2003.3

会員投稿 危機に立つ歴史的地名―「大庭坂」の場合（金子雄次）「藤沢地名の会会報」　藤沢地名の会　（82）2013.5

大庭村

幕末・明治初期の大庭村と稲荷村（金子雄次）「わが住む里」　藤沢市総合市民図書館　（54）2005.3

大船駅

昭和初期の大船駅周辺（山田三郎）「玉縄城まちだより」　玉縄城址まちづくり会議　（4）2009.5

大船の海軍燃料廠

通称・大船の海軍燃料廠考（8）（五所敏）「とみづか」　戸塚歴史の会　28　2002.6

通称・大船の海軍燃料廠考（五所敏）「とみづか」　戸塚歴史の会　29　2003.6

大矢部

大名行列が大矢部にやって来た―二つの古記録が伝える事実（石川秀幸）「三浦一族研究」　横須賀市　（10）2006.6

大矢部城

大矢部城郭遺構（特集 三浦一族の城館）（島崎良章）「三浦半島の文化」　三浦半島の文化を考える会　（24）2014.10

大矢部村

大矢部村の年貢から世相を読む（《特集 地図・地名・地理が語る三浦半島》）（島崎良幸）「三浦半島の文化」　三浦半島の文化を考える会　（19）2009.10

大山

大山の史跡めぐり（坂爪義弘）「県央史談」　県央史談会　（45）2006.1

大山地区の生活文化と行事（特集 続・長柄）（高梨勇次，高梨新一）「郷土誌葉山」　葉山郷土史研究会　（10）2013.4

「中島から遠望する大山」（撮影者 杉山全氏）「郷土ちがさき」　茅ヶ崎郷土会　（127）2013.5

大山街道柏尾道

追憶の大山街道柏尾道を歩く（エッセイ）（加藤愼一）「歴研よこはま」　横浜歴史研究会　（70）2014.5

大山道

柏尾通り大山道（有馬純律）「郷土いずみ」　9　2003.5

資料紹介 大山道関係資料について（芳賀こずえ）「郷土神奈川」　神奈川県立図書館　（42）2004.3

大山道標あれこれ（榛澤信義）「郷土いずみ」　（12）2006.5

第143回例会 地名探訪 長後・下土棚の史跡を訪ねて―大山道・星の谷

410

関東　　　　　　　　　　　　地名でたどる郷土の歴史　　　　　　　　神奈川県

道・塩付道周辺「藤沢地名の会会報」藤沢地名の会　(61)　2006.5

講演会記録 町史講座「江戸時代の道―田村通り大山道を中心に」(飯田孝)「寒川町史研究」寒川町　(21)　2008.3

聖域の森へ―大山道(清水照mys)「わが住む里」藤沢市総合市民図書館 通号58　2009.3

講演 まほろ道しるべ―古道・大山道について(武ящен美)「於保為」大井町郷土史研究会　(32)　2012.8

岡上

寄稿 三輪・岡上の里を歩きつつ(川上和久)「いしぶみ」まちだ史考会 (30)　2010.12

第2回市内巡検 岡上―川崎の飛地(東居信行)「川崎研究」川崎郷土研究会　(52)　2014.5

岡田村

〔史料紹介〕明治3年「岡田村明細帳」(加瀬大)「寒川町史研究」寒川町 15　2002.3

岡津

泉区地名考「岡津、阿久和」(北村岑雄)「郷土いずみ」9　2003.5

岡津の開港史(昨年度の事業から)(北村岑雄)「郷土いずみ」(15)　2009.5

岡野新田

「天保年間稗子川々口新田略絵図」に見る平沼新田と岡野新田の世界(田口康男)「横浜西区郷土史研究会会報」横浜西区郷土史研究会　(20)　2002.3

岡本

玉縄思い出写真館 上空より見た岡本 三谷美智子さん提供 昭和45年9月17日撮影「玉縄城まちだより」玉縄城址まちづくり会議　(5)　2009.11

町外歴史探訪―南足柄市岡本地区 講師:古屋達夫 幹事:籠田米雄・清水幸子(視察研究)「於保為」大井町郷土史研究会　(30)　2011.5

岡本小学校

岡本小学校の開創期の問題を巡って(内田清)「史談足柄」足柄史談会 46　2008.4

岡本小学校の開創期の問題を巡って(内田清)「史談足柄」足柄史談会 47　2009.4

荻野小学校

荻野小学校の沿革―その源流をたずねて(1)(小池正春)「県央史談」県央史談会　(53)　2014.1

荻野村

荻野村に疎開した帝国海軍(千葉弘)「県央史談」県央史談会　(47)　2008.1

小沢城

川崎市小沢城跡(赤星直忠)「稲城市文化財研究紀要」稲城市教育委員会教育部　(10)　2012.3

小田急相模原駅

シリーズ駅・いまむかし(1) 小田急線小田急相模原駅「さがみはら市史編さんだより」相模原市総務局　(31)　2006.7

小田原

小田原の郷土史研究について(三津木国輝)「おだわら : 歴史と文化」小田原市教育委員会 13　2000.3

片岡日記(21)～(47)(片岡永左衛門)「小田原史談 : 小田原史談会々報」小田原史談会　184/(221)　2001.1/2010.4

小田原の郷土史再発見 「小田原用水の復元」では、小田原の歴史が曲げられ、北条氏の事績が抹消されてしまう!(石井啓文)「小田原史談 : 小田原史談会々報」小田原史談会 189　2002.3

講演「小田原の郷土史再発見」(石井啓文)「小田原史談 : 小田原史談会々報」小田原史談会 190　2002.7

小田原の郷土史再発見 三嶋暦・相模国弘暦網(1)―小田原に暦会所があった(石井啓文)「小田原史談 : 小田原史談会々報」小田原史談会 191　2002.10

小田原評定と制札をめぐって(澤地英)「小田原史談 : 小田原史談会々報」小田原史談会 191　2002.10

小田原の郷土史再発見 三嶋暦・相模国弘暦網(2)―小田原に暦会所があった(石井啓文)「小田原史談 : 小田原史談会々報」小田原史談会 192　2003.1

人名にちなむ旧町名保存碑(1)、(2)(澤地英)「小田原史談 : 小田原史談会々報」小田原史談会 193/194　2003.3/2003.7

小田原の郷土史再発見 三嶋暦・相模国弘暦網(3)―小田原に暦会所があった(石井啓文)「小田原史談 : 小田原史談会々報」小田原史談会 193　2003.3

小田原提灯[1]～(4)(秋沢達雄)「小田原史談 : 小田原史談会々報」小田原史談会 193/197　2003.3/2004.3

小田原地方における戦争ほりおこし(井上弘)「小田原地方史研究」小田

原地方史研究会　(22)　2003.3

古文書に見る小田原など西部の災害の記録(市川鈆雄)「史談足柄」足柄史談会 41　2003.4

嘉永6(1853)年 ペリー艦隊、小田原沖を通る[第13号](播磨晃一)「西さがみ庶民史録」西さがみ庶民史録の会 50　2003.5

1902(明治35)年 小田原海岸を襲った小田原大海嘯[第19号](中野敬次郎)「西さがみ庶民史録」西さがみ庶民史録の会 50　2003.5

"国府津おるれば馬車ありて"鉄道唱歌と小田原・箱根[第11号](石井富之助)「西さがみ庶民史録」西さがみ庶民史録の会 50　2003.5

小田原馬車鉄道・電気鉄道/豆相人車・軽便鉄道[第11号](宇佐美ミサ子)「西さがみ庶民史録」西さがみ庶民史録の会 50　2003.5

大正期小田原の〈芝居小屋〉と〈活動館〉[第17号](高田掬泉)「西さがみ庶民史録」西さがみ庶民史録の会 50　2003.5

1927(昭和2)年 新宿～小田原直通小田急の発展[第11号](宇佐美ミサ子)「西さがみ庶民史録」西さがみ庶民史録の会 50　2003.5

小田原周辺の空襲記録[第8号]「西さがみ庶民史録」西さがみ庶民史録の会 50　2003.5

講演会報告 江戸時代の小田原地方の酒 瀬戸崎雄氏「小田原史談 : 小田原史談会々報」小田原史談会 194　2003.7

小田原叢談(45) 小田原と落語(石井富之助)「小田原史談 : 小田原史談会々報」小田原史談会 195　2003.10

明治時代、小田原の商家(1)～(3)(中村静夫)「小田原史談 : 小田原史談会々報」小田原史談会 197/(200)　2004.3/2005.1

二度の命びろい 国産電機工場の爆撃と小田原空襲(矢尾忠一郎)「小田原史談 : 小田原史談会々報」小田原史談会 198　2004.7

小田原が暗転した日(上)～(下)―慶応四戊辰年五月二十一日(石井啓文)「小田原史談 : 小田原史談会々報」小田原史談会 198/200　2004.7/2005.1

講演会記録 小田原史談会回顧(三津木国輝)「小田原史談 : 小田原史談会々報」小田原史談会 198　2004.7

小田原の水と酒造り(相川隆一)「小田原史談 : 小田原史談会々報」小田原史談会 (200)　2005.1

小田原の郷土史再発見 小田原の梅―歴史背景の謎を追う(1)、(2)(石井啓文)「小田原史談 : 小田原史談会々報」小田原史談会 (201)/(203)　2005.3/2005.10

朝鮮通信使の通行と地域の負担についての覚え書き―小田原における饗応接待の食材(鶏と玉子)の調達について(古宮雅明)「神奈川県立博物館研究報告.人文科学」神奈川県立歴史博物館　(31)　2005.3

《特集 小田原空襲被災60周年》「戦争と民衆」戦時下の小田原地方を記録する会　(55)　2005.8

聞き取り 小田原空襲を体験して(津田達雄)「戦争と民衆」戦時下の小田原地方を記録する会　(55)　2005.8

解説 小田原空襲(井上弘)「戦争と民衆」戦時下の小田原地方を記録する会　(55)　2005.8

空襲を読んだ詩 八月の記憶(たけのこうき)「戦争と民衆」戦時下の小田原地方を記録する会　(55)　2005.8

歴史と文学のまち小田原を歩く(歴史散歩)(白根貞夫)「三浦半島の文化」三浦半島の文化を考える会　(15)　2005.10

小田原史談会50年の歩み(小野意雄)「小田原史談 : 小田原史談会々報」小田原史談会　(204)　2006.1

関宿商人の小田原合戦(今泉徹)「千葉県史料研究財団だより」千葉県史料研究財団　(17)　2006.3

戦争末期の市民生活―神奈川県小田原地方の昭和20年の様相(井上弘)「昭和のくらし研究」昭和館　(4)　2006.3

興趣深々小田原地方で詠まれた俳句(佐宗欣二)「扣之帳」扣之帳刊行会　(12)　2006.6

小田原の梅干し、始まりは粕漬け?(石井啓文)「扣之帳」扣之帳刊行会　(12)　2006.6

小田原の杉田梅は多摩の青梅が発祥か(石口健次郎)「扣之帳」扣之帳刊行会　(12)　2006.6

小田原戊辰戦争の予兆と邂逅―補道・小田原が暗転した日(石井啓文)「小田原史談 : 小田原史談会々報」小田原史談会　(206)　2006.7

江戸時代の小田原地方の酒 15年度総会講演資料から(瀬戸崎雄)「小田原史談 : 小田原史談会々報」小田原史談会　(206)　2006.7

小田原を、どういう都市と考えて、まちづくりするか(小野意雄)「小田原史談 : 小田原史談会々報」小田原史談会　(207)　2006.10

足柄を散策する(5)～(9)、(11)(12) 文学遺跡を尋ねて 我が産土の町・小田原(杉山博久)「扣之帳」扣之帳刊行会　(14)/(21)　2006.12/2008.9

プランゲ文庫所蔵 小田原を発行地とする雑誌解題 終戦直後の小田原における文芸雑誌発行状況(木内英実)「小田原史談 : 小田原史談会々報」小田原史談会　(208)　2007.1

小田原の商店街(昭和20年代から30年代前半)(鳥居泰一郎)「小田原史談 : 小田原史談会々報」小田原史談会　(208)　2007.1

産土（誕生地）紀行 小田原消防組と幸町界隈（1）（植田博之）「小田原史談 ： 小田原史談会々報」 小田原史談会 （209） 2007.3

小田原の商店街（前号からの続き）（史料委員会）「小田原史談会々報」 小田原史談会 （209） 2007.3

小田原の郷土史再発見 稲葉正則・正通の通信簿（石井啓文）「小田原史談 ： 小田原史談会々報」 小田原史談会 （210） 2007.7

熱海・湯ヶ原温泉の客激減 伊東温泉旅館好機到来 1906（明治39）年8月 客車転覆 熱海・小田原間の人車鉄道「豆州歴史通信」 豆州研究社歴史通信部 （397） 2007.9

小田原の商店街（3） おだわら竹の花通り商店街（史料委員会）「小田原史談 ： 小田原史談会々報」 小田原史談会 （211） 2007.9

史談再録（1） 小田原旧町散歩 『小田原史談』創刊号（昭和36年〈1961年〉3月15日発行）（滝口伊将）「小田原史談 ： 小田原史談会々報」 小田原史談会 （211） 2007.10

小田原叢談を終えて（田口鏡子）「小田原史談 ： 小田原史談会々報」 小田原史談会 （212） 2008.1

相模の地における小田原鋳物の歴史文化と今後（上島国澄）「郷土神奈川」 神奈川県立図書館 （46） 2008.2

小田原の郷土史再発見 小田原の梅干、始まりは粕漬けか？（石井啓文）「小田原史談 ： 小田原史談会々報」 小田原史談会 （213） 2008.3

小田原の商店街（史料委員会）「小田原史談 ： 小田原史談会々報」 小田原史談会 （213） 2008.3

小田原の下町回顧（剣持芳枝）「小田原史談 ： 小田原史談会々報」 小田原史談会 （213） 2008.3

小田原空襲を語りつぐために—空襲説明板の除幕式・集会の報告（小田原空襲説明板の設置）（井上弘）「戦争と民衆」 戦時下の小田原地方を記録する会 （60） 2008.3

手記 戦争の時代を生き抜いて—風船爆弾の和紙作りに励んだ女学生時代（石塚和子）「戦争と民衆」 戦時下の小田原地方を記録する会 （60） 2008.3

第921回例会 小田原と箱根の文化財（嘉津山清）「史迹と美術」 史迹美術同攷会 78（4）通号784 2008.5

小田原の商店街（史料委員会）「小田原史談 ： 小田原史談会々報」 小田原史談会 （214） 2008.9

小田原合戦残照—武将たちの顛末（加藤導男）「歴研よこはま」 横浜歴史研究会 （61） 2008.11

『小田原大秘録』への疑問（鳥居泰一郎）「扣之帳」 扣之帳刊行会 （22） 2008.12

小田原の商店街（史料委員会）「小田原史談 ： 小田原史談会々報」 小田原史談会 （216） 2009.1

小田原史談雑記帳 大河ドラマ「篤姫」と小田原「小田原史談 ： 小田原史談会々報」 小田原史談会 （216） 2009.1

「最新小田原案内図」によって小田原町内を散策（鳥居泰一郎）「小田原史談 ： 小田原史談会々報」 小田原史談会 （217） 2009.3

「小田原衆所領役帳」（葉山政夫氏所蔵）（古文書部会活動）（濱岡辰紀）「郷土誌葉山」 葉山郷土史研究会 （6） 2009.4

1921（大正10）年9月 小田原の郵便配達人が出勤拒否（大正10年9月2日大阪毎日新聞）「豆州歴史通信」 豆州研究社歴史通信部 （447） 2009.10

史談再録（10） 小田原の消防と火災（上）『小田原史談』第53号（昭和44年1月号）（清水専吉郎）「小田原史談 ： 小田原史談会々報」 小田原史談会 （220） 2010.1

1895（明治28）年9月 小田原に電気鉄道出現の兆しが噂になる？ 馬車鉄道は時代遅れというが、この年の七月には熱海に人車鉄道「豆州歴史通信」 豆州研究社歴史通信部 （453） 2010.1

小特集 40年の歩みと展望（山口博、下重清、井上弘）「小田原地方史研究」 小田原地方史研究会 （25） 2010.2

短歌 小田原・箱根に遊撃隊遺跡を訪ねて（文芸作品）（橘波昭雄）「西上総文化会報」 西上総文化会 （70） 2010.3

1921（大正9）年 熱海線 国府津～小田原間開通祝賀会 伊豆の飛躍的発展に曙光「豆州歴史通信」 豆州研究社歴史通信部 （457） 2010.3

「酒匂川治水四百年を考える小田原・足柄住民の集い」開催される/「小田原史談 ： 小田原史談会々報」 小田原史談会 （221） 2010.4

史談再録（11） 小田原の消防と火災（下）『小田原史談』第53号（昭和44年1月号）（清水専吉郎）「小田原史談 ： 小田原史談会々報」 小田原史談会 （221） 2010.4

5月例会レジュメ 合評会 森武麿編著『1950年代と地域社会 神奈川小田原地域を対象として』（現代史料出版、2009年6月、383頁）（橋本誠一）「静岡県近代史研究会会報」 静岡県近代史研究会 （380） 2010.5

戦時下の小田原地方を記録する会（シリーズ・地域に根ざし平和を語りつぐ（1））（矢野慎一）「東海近代史研究」 東海近代史研究会 （31） 2010.6

歴史の舞台 小田原周辺の大地を読む（前）,（後）（内田智雄）「小田原史談 ： 小田原史談会々報」 小田原史談会 （222）/（223） 2010.7/2010.10

調査報告 再設置された小田原空襲説明板「戦争と民衆」 戦時下の小田原地方を記録する会 （65） 2010.8

武田氏の小田原侵攻における放火と進軍経路（羅針盤）（小笠原春香）「戦国史研究」 戦国史研究会，吉川弘文館（発売） （60） 2010.8

懐かしい小田原風景（市川敬一）「小田原史談 ： 小田原史談会々報」 小田原史談会 （223） 2010.10

小田原の郷土史再発見 学習院の小田原移転計画と田中光顕（石井啓文）「小田原史談 ： 小田原史談会々報」 小田原史談会 （224） 2011.1

懐かしい小田原風景（市川敬一）「小田原史談 ： 小田原史談会々報」 小田原史談会 （224） 2011.1

尊徳「小田原仕法」置蓮始末—民ありてのち君起こる（平倉正）「小田原史談 ： 小田原史談会々報」 小田原史談会 （225） 2011.4

2011.8.28（土） 小田原北条氏と町田市域—河井家文書と小島家文書を中心に 駒澤大学文学部長 久保田昌希先生の講演を聴いて（高場康禎）「町田地方史研究会会報」 町田地方史研究会 （22） 2011.10

講演報告「戦時下の小田原」（井上弘）「戦争と民衆」 戦時下の小田原地方を記録する会 （68） 2012.3

「小田原大秘録」に寄せて（小野意雄）「小田原史談 ： 小田原史談会々報」 小田原史談会 （229） 2012.4

小田原大秘録（巻一から巻三までの読み下し文）第一回巻一の一～第七回巻二の四（鳥居泰一郎）「小田原史談 ： 小田原史談会々報」 小田原史談会 （229）/（237） 2012.4/2014.04

小田原における防空訓練（井上弘）「小田原地方史研究」 小田原地方史研究会 （26） 2012.5

竹田長男さんの小田原 竹田長男さんに聞く「小田原史談 ： 小田原史談会々報」 小田原史談会 （230） 2012.7

小田原の郷土史再発見 嘉永小田原地震と東海地震の津波（石井啓文）「小田原史談 ： 小田原史談会々報」 小田原史談会 （230） 2012.7

続・地域で戦争を伝えるものを調べて（1） 小田原空襲説明板（井上弘）「戦争と民衆」 戦時下の小田原地方を記録する会 （69） 2012.8

明治35年9月「小田原大海嘯」と被害状況（平倉正）「小田原史談会々報」 小田原史談会 （231） 2012.10

関東大震災被害報告（小田原警察資料）（1） 震災の一般的な状況、皇族貴顕の警戒「小田原史談 ： 小田原史談会々報」 小田原史談会 （231） 2012.10

小田原の近代づくり（上）,（下） 内なる力と外なる力（金原左門）「扣之帳」 扣之帳刊行会 （38）/（39） 2012.12/2013.3

若い世代に伝えたい貴重な戦争体験集（本書を読んで）（渡辺徳昭）「戦争と民衆」 戦時下の小田原地方を記録する会 （70） 2013.3

小田原の戦争体験の語り継ぎに学ぶ（本書を読んで）（金子力）「戦争と民衆」 戦時下の小田原地方を記録する会 （70） 2013.3

小田原北条氏支配時代の村と領主たち（村々の領主たち 付録）（有馬純律）「とみづか」 戸塚歴史の会 （39） 2013.6

小田原 有力者の邸館をめぐる（米山文雄）「月の輪」 富士宮市郷土史同好会 （28） 2013.6

聞き取り 子どもの頃に見た戦争 話し手：秋澤八千代「戦争と民衆」 戦時下の小田原地方を記録する会 （71） 2013.8

小田原の鉄道の歴史を話します（梅沢功一）「扣之帳」 扣之帳刊行会 （41） 2013.9

岩手県大槌町の前川善兵衛さんと小田原（小貝真）「扣之帳」 扣之帳刊行会 （41） 2013.9

小田原の街角写真今昔（1）（岡部忠夫先生のアルバムより）（植田士郎）「小田原史談 ： 小田原史談会々報」 小田原史談会 （235） 2013.10

江戸城下を建設した小田原出身者たち—江戸小田原町小史と「小田原橋」の高欄の小田原移設をめぐって（田代道彌）「扣之帳」 扣之帳刊行会 （42） 2013.12

小田原蒲鉾の籠清って 話し手 石黒駒士さん「小田原史談 ： 小田原史談会々報」 小田原史談会 （236） 2014.1

キャンパスおだわら学習講座 公募型市民企画講座 歴史講座「小田原史談会セミナー」第4回 平成26年2月22日（土）「小田原史談 ： 小田原史談会々報」 小田原史談会 （236） 2014.1

小田原の街角写真今昔（2）（岡部忠夫先生のアルバムより）（植田士郎）「小田原史談 ： 小田原史談会々報」 小田原史談会 （236） 2014.1

キャンパスおだわら学習講座 公募型市民企画講座 歴史講座「小田原史談会セミナー」第5回 5月31日（土）「小田原史談 ： 小田原史談会々報」 小田原史談会 （237） 2014.4

元禄地震の掘り起こし—災害史とローカル・ヒストリー（下重清）「小田原地方史研究」 小田原地方史研究会 （27） 2014.5

キャンパスおだわら学習講座 公募型市民企画講座 歴史講座「小田原史談会セミナー」第6回 8月30日（土）「小田原史談 ： 小田原史談会々報」 小田原史談会 （238） 2014.7

小田原の郷土史再発見 贈答品・進上品等に見る北條家の文化財（石井啓文）「小田原史談 ： 小田原史談会々報」 小田原史談会 （239） 2014.10

小田原の街角写真今昔（3）（岡部忠夫先生のアルバムより）（植田士郎）

関東　　　　　　　　　　　　地名でたどる郷土の歴史　　　　　　　　　　　　神奈川県

「小田原史談 : 小田原史談会々報」 小田原史談会 （239） 2014.10
記念講演「小田原北条氏と町田市城」（久保田昌希）「町田地方史研究」 町田地方史研究会 （21） 2014.11

小田原駅

1941（昭和16）年7月 大暴風雨で死去、松本小田原駅長殉難の碑［第18号］「西さがみ庶民史録」 西さがみ庶民録の会 50 2003.5
小田原駅西口方面の写真をみて（石﨑勉）「小田原史談 : 小田原史談会々報」 小田原史談会 195 2003.10

小田原駅舎

小田原駅舎と周辺特集号駅舎と周辺の情報抄「小田原史談 : 小田原史談会々報」 小田原史談会 193 2003.3

小田原監獄

相模国愛甲郡内在村部における明治中・後期の広告、及び小田原監獄支署在地運動・全国各地商品販売広告─柏木喜重郎氏所蔵資料から（飯田考1）「阿夫利 : 厚木市文化財協会会報」 厚木市文化財協会 16 2002.11

小田原県

明治初年の県政─小田原県から足柄県へ（本多秀雄）「史談足柄」 足柄史談会 49 2011.4

小田原高女

聞き取り 小田原高女の勤労動員体験 話し手・稲葉千鶴子「戦争と民衆」 戦時下の小田原地方を記録する会 （64） 2010.3

小田原市

市史史料展寸評 集約された時代の情景（高津和代）「おだわら : 歴史と文化」 小田原市教育委員会 13 2000.3
戦時下の暮らしを学ぶ小田原市郷土文化館（地域で戦争を伝えるものを調べて）（飯田耀子）「戦争と民衆」 戦時下の小田原地方を記録する会 （53） 2004.8
戦国都市おだわらを支えた人々（伊藤一美）「小田原市郷土文化館研究報告」 小田原市郷土文化館 （48） 2012.3

小田原宿

小田原宿と参勤交代（中村静夫）「小田原史談 : 小田原史談会々報」 小田原史談会 （214） 2008.7
小田原宿の本陣・脇本陣（中村静夫）「小田原史談 : 小田原史談会々報」 小田原史談会 （215） 2008.10
小田原宿本陣 補記（中村静夫）「小田原史談 : 小田原史談会々報」 小田原史談会 （216） 2009.1
東海道五十三次ゆったり歩き紀行（4）大磯宿から小田原宿へ（岡田宏一郎）「備陽史探訪」 備陽史探訪の会 （151） 2009.12
東海道五十三次ゆったり歩き紀行（5）小田原宿から箱根宿へ（岡田宏一郎）「備陽史探訪」 備陽史探訪の会 （152） 2010.2
足柄学講座 歴史編 小田原宿の助郷（宇佐美ミサ子）「扣之帳」 扣之帳刊行会 （29） 2010.9
足柄学講座 歴史編 小田原宿の飯盛女（宇佐美ミサ子）「扣之帳」 扣之帳刊行会 （30） 2010.12
江戸時代の小田原宿を訪ねて「小田原史談 : 小田原史談会々報」 小田原史談会 （230） 2012.7
小田原宿と浮世絵─貧しいコレクションから（杉山幾久）「小田原史談 : 小田原史談会々報」 小田原史談会 （231） 2012.10
『小田原史談会セミナー』開講さる 第一講は「小田原宿の変遷」「小田原史談 : 小田原史談会々報」 小田原史談会 （234） 2013.7
平成25年度総会講演要旨 小田原宿と浮世絵（杉山博久）「小田原史談 : 小田原史談会々報」 小田原史談会 （234） 2013.7

小田原城

補遺 尾崎亮司（9）,（10）小田原城の変遷（明治維新前後以降）（岡部忠夫）「小田原史談 : 小田原史談会々報」 小田原史談会 192/193 2003.1/2003.3
小田原城周辺を歩く（長瀬宏一）「とみづか」 戸塚史の会 29 2003.6
番城 17世紀はじめ小田原城は番城時代「豆州歴史通信」 豆州研究社歴史通信部 （402） 2007.12
小田原戊辰戦役の真相─小田原城の天守八尊と諸山十尊（石井啓文）「小田原史談 : 小田原史談会々報」 小田原史談会 （218） 2009.7
小田原城 馬出門が復元「小田原史談 : 小田原史談会々報」 小田原史談会 （218） 2009.7
小田原城馬出門の復元─桝形虎口の二棟の門、石垣が再現（松永啓一）「城郭だより」 日本城郭史学会「日本城郭史学会」 2010.1
中世から現在までの小田原城の変遷（小田原シルバー大学「自主研究報告」紹介）（阿部正治郎，神尾秀雄，小磯宏，杉山慶一，柏木美喜枝，糞宮香代子）「小田原史談 : 小田原史談会々報」 小田原史談会 （221） 2010.4
小田原城跡植栽管理計画「小田原史談 : 小田原史談会々報」 小田原史談会 （223） 2010.10

小田原城「四つ門口」変遷考（田代道彌）「扣之帳」 扣之帳刊行会 （35） 2012.3
宮内公文書館所蔵「小田原城絵図」について（砕玉類題）（安藤眞弓）「城郭研究」 日本城郭史学会，東京堂出版（発売）（32） 2013.3
続編・奥武蔵中世の城跡を歩く（15）小田原城跡から石垣山一夜城（山行報告）（小泉重光）「奥武蔵」 奥武蔵研究会 （400） 2014.11

小田原停車場

豆相人車鉄道開業当初の小田原停車場を探して（小林一夫）「小田原史談 : 小田原史談会々報」 小田原史談会 （224） 2011.1

小田原藩

小田原藩の「御分台」と二宮尊徳（松尾公就）「神奈川地域史研究」 神奈川地域史研究会 （21） 2003.3
慶応4（1868）年 戊辰箱根戦役と小田原藩の対応［第24号］「西さがみ庶民史録」 西さがみ庶民録の会 50 2003.5
小田原報徳仕法「置」をめぐる諸問題─弘化3年の小田原藩と二宮尊徳（松尾公就）「小田原地方史研究」 小田原地方史研究会 （23） 2005.9
宝永の富士山噴火と小田原藩（足立久一，出縄茂，河井輝彦，高杉昭廣，本田貞勇）「小田原史談 : 小田原史談会々報」 小田原史談会 （209） 2007.3
田中休愚以前─享保改革期における小田原藩の酒匂川普請（下重清）「小田原地方史研究」 小田原地方史研究会 （24） 2007.10
小田原戊辰戦役の真相─小田原藩と薩邸浪士隊および遊撃隊（石井啓文）「小田原史談 : 小田原史談会々報」 小田原史談会 （216） 2009.1
小田原戊辰戦役の真相─小田原藩と薩邸浪士隊および遊撃隊（石井啓文）「小田原史談 : 小田原史談会々報」 小田原史談会 （217） 2009.3
17世紀における沼津市域の小田原藩領について（厚池淳司）「沼津市史研究」 沼津市教育委員会 （19） 2011.3
資料紹介 天保5年小田原藩領における韮山金の永年賦嘆願について（荒木仁朗）「小田原地方史研究」 小田原地方史研究会 （26） 2012.5
小田原の老舗 富澤時計店 初代は小田原藩の御時計師（富澤雅夫）「小田原史談 : 小田原史談会々報」 小田原史談会 （230） 2012.7
初代は小田原藩の御料理番─小田原駅前「ちん里う本店」 話し手・小峯達司さん（青木良一）「小田原史談 : 小田原史談会々報」 小田原史談会 （232） 2013.1
大久保家（小田原）江戸屋敷の変遷（上）（中村静夫）「小田原史談 : 小田原史談会々報」 小田原史談会 （238） 2014.7
近世後期小田原藩領の金融構造（特集 関東の地域経済と社会）（荒木仁朗）「関東近世史研究」 関東近世史研究会 （76） 2014.10
大久保家（小田原）江戸屋敷の変遷（下）─上屋敷を中心に（中村静夫）「小田原史談 : 小田原史談会々報」 小田原史談会 （239） 2014.10

小田原用水

小田原の郷土史再発見 日本最古の水道は、早川上水か、小田原用水か（石井啓文）「小田原史談 : 小田原史談会々報」 小田原史談会 187 2001.10
小田原用水の調査・研究について（小野意雄）「小田原史談 : 小田原史談会々報」 小田原史談会 197 2004.3
小田原用水・地蔵堂・松永記念館・内野醤油店・板橋見附─小田原の歴史をあるく（田代道彌）「小田原市郷土文化館研究報告」 小田原市郷土文化館 （49） 2013.3

落合水力発電所

京浜工業地帯発展の一翼を担った旧三保村落合水力発電所（鈴木富雄）「郷土つるみ」 鶴見歴史の会 （74） 2014.11

大山街道

夏期講座報告 大山街道について─鈴木穆氏講演（武山豊彦）「川崎郷土研究」 川崎郷土研究会 （45） 2007.5

恩名

「恩名」地名再考─古文書と伝承から探る（柳下安行）「県央史談」 県央史談会 （49） 2010.1
古文書・村絵図が語る昔の恩名（1）（柳下安行）「県央史談」 県央史談会 （53） 2014.1

海岸鉄道

京浜工業地帯の地域史（1）川崎大師と総持寺を結んだ海岸鉄道（鈴木富雄）「郷土つるみ」 鶴見歴史の会 （68） 2010.5

海岸通り

大正時代の海岸通り─子供の頃の想い出（矢嶋三策）「郷土誌葉山」 葉山郷土史研究会 （3） 2006.4

海軍相模工廠

日本海軍相模工廠年表、日本海軍沼津工廠年表（山田太郎）「銃砲史研究」 日本銃砲史学会 （354） 2006.10

海軍水雷学校

口絵資料紹介・解説「海軍水雷学校」（山本詔一）「開国史研究」 横須賀市 （10） 2010.3

貝山地下壕

各地の戦跡保存活動の紹介（34）日本最大の地下壕―横須賀貝山地下壕保存する会（準備会）「浅川地下壕の保存をすすめる会ニュース」 浅川地下壕の保存をすすめる会 37 2003.12

加賀藩相州鷹場

加賀藩相州鷹場について（吉岡孝）「石川県史だより」 石川県立図書館 (44) 2005.3

香川

第245回史跡めぐり 平成23年9月28日（水）茅ヶ崎かるた編〔第4回〕甘沼・香川方面（西輝幸）「郷土ちがさき」 茅ヶ崎郷土会 （123）2012.1

香川分教場

香川分教場のこと（熊澤晶）「郷土ちがさき」 茅ヶ崎郷土会 （103） 2005.5

続・香川分教場のこと「郷土ちがさき」 茅ヶ崎郷土会 （104）2005.9

柿生

岡上・三輪・柿生の里を巡る〔歴史散歩〕（萩原紹夫）「いしぶみ」 まちだ史考会 （36）2013.12

風祭

「風祭」という地名―風まつり習俗探訪ノートから（田代道彌）「扣之帳」 扣之帳刊行会 （22）2008.12

柏尾

史料紹介 『柏尾戦争記』（櫻井孝三）「幕末史研究」 三十一人会, 小島資料館（発売）（41）2005.9

柏尾川

宿駅制度400年戸塚宿と柏尾川（横山忠弘）「歴研よこはま」 横浜歴史研究会 （52）2003.5

梶原

梶原周辺の史跡を訪ねる（細谷徹）「とみづか」 戸塚歴史の会 29 2003.6

片岡村

近世報徳「結社仕法」の展開と構造―相州片岡村・克譲社仕法からみる地主仕法の再検討（《2006年度大会特集 格差社会と「御救」》）（早田旅人）「関東近世史研究」 関東近世史研究会 （63）2007.10

展示批評 平塚市博物館春期特別展「幕府の村おこし―二宮尊徳と片岡村・克譲社の報徳仕法―」（松尾公就）「地方史研究」 地方史研究協議会 57(5)通号329 2007.10

片瀬

会員投稿 鵠沼・片瀬にある句碑（萩原史巨）「藤沢地名の会会報」 藤沢地名の会 （69）2009.2

門沢橋

門沢橋の地名再考（池田武治）「えびなの歴史 : 海老名市史研究」 海老名市 （16）2006.3

門沢橋村

門沢橋村余聞―門沢橋神部家文書（神崎彰利）「えびなの歴史 : 海老名市史研究」 海老名市 （17）2007.3

神奈川

企画展「郷土を誌す―近代横浜・神奈川の地誌」（石崎康子）「開港のひろば : 横浜開港資料館館報」 横浜開港資料館 （84）2004.3

戦後神奈川における社会党と民主戦線運動（羽田博昭）「市史研究よこはま」 横浜市 15 2003.3

神奈川の窓（12）〜（17），（24）〜（34）―「地方史研究」から（井上隆男）「鎌倉」 鎌倉文化研究会 96/116 2003.6/2014.8

10周年記念行事 特別展示「開国と神奈川―国際交流事始」「神奈川県立公文書館だより」 神奈川県立公文書館 （10）2003.11

平成15年度第1回展示 通常展示「資料にみる神奈川の歴史」「神奈川県立公文書館だより」 神奈川県立公文書館 （10）2003.11

日本のステンドグラス史 神奈川のステンドグラス（田辺千代）「郷土神奈川」 神奈川県立図書館 （42）2004.3

神奈川から眺める富士山（田代博）「郷土神奈川」 神奈川県立図書館 （42）2004.3

平成16年度第1回通常展示「資料にみる神奈川の歴史」「神奈川県立公文書館だより」 神奈川県立公文書館 （11）2004.3

平成15年度第3回企画展示「戦国時代の神奈川―北条五代文書展」「神奈川県立公文書館だより」 神奈川県立公文書館 （11）2004.3

通常展示「資料にみる神奈川の歴史」「神奈川県立公文書館だより」 神奈川県立公文書館 （13）2005.3

史料 神奈川御警衛在勤中御用取扱筆記（みずの会）「八王子の歴史と文化 : 郷土資料館研究紀要・年報」 八王子市教育委員会 （17）2005.3

手記 神奈川臨時憲兵隊（砂川哲夫）「戦争と民衆」 戦時下の小田原地方を記録する会 （55）2005.8

富士山大噴火―宝永の「砂降り」と神奈川―展について（古宮雅明）「神奈川県立歴史博物館だより」 神奈川県立歴史博物館 12(1)通号172 2006.11

鎌倉武士の「兵（つわもの）の道」と「武士道」と「戦陣訓」について（筒井英哉）「県央史談」 県央史談会 （46）2007.1

戦時下・神奈川における報国寮の研究（矢野慎一）「昭和のくらし研究」 昭和館 （5）2007.3

神奈川地域史研究総目録「神奈川地域史研究」 神奈川地域史研究会 （25）2007.12

展示を終えて「かながわの道―大山詣から通信使まで」/ミニ展示を終えて「岩倉具視の書簡」、「横浜市の学童集団疎開」「神奈川県立公文書館だより」 神奈川県立公文書館 （19）2008.3

ミニ展示「朝鮮通信使と神奈川」「神奈川県立公文書館だより」 神奈川県立公文書館 （20）2008.9

近代神奈川の書籍文化（1）書籍販売者と書籍売捌所（高野肇）「扣之帳」 扣之帳刊行会 （25）2009.9

神奈川開港・開国150周年メモリアルイベント 横浜開港と神奈川―神奈川奉行から始まる神奈川県の歴史「神奈川県立公文書館だより」 神奈川県立公文書館 （22）2009.10

近代神奈川の書籍文化（2）貸本屋の取扱品目（高野肇）「扣之帳」 扣之帳刊行会 （26）2009.12

近代神奈川の書籍文化（3）大野源蔵・貞造のこと（高野肇）「扣之帳」 扣之帳刊行会 （27）2010.3

巻頭言 震災・空襲・慰霊（大湖賢一）「京浜歴科研年報」 京浜歴史科学研究会 （23）2011.2

近代神奈川の書籍文化（6）（7）敗戦前後の貸本屋（上）（下）（高野肇）「扣之帳」 扣之帳刊行会 （31）/（32）2011.3/2011.6

防災講演会「歴史に学ぶ防災論―関東大震災と神奈川―」（特集 関東大震災と寒川）（武村雅之）「寒川町史研究」 寒川町 （26）2014.3

『神奈川地域史研究』総目録「神奈川地域史研究」 神奈川地域史研究会 （31）2014.5

地名講演会（2014.5.24）講演要旨 中世太平洋海運の展開と港町の形成―六浦・神奈川・品川を中心に（柘植信行）「藤沢地名の会会報」 藤沢地名の会 （86）2014.9

神奈川魚市場

神奈川魚市場に関する一資料（百瀬敏夫）「市史研究よこはま」 横浜市 15 2003.3

神奈川県

明治12年のコレラ流行と神奈川県―「地方衛生会」設置問題を中心に（市川智生）「京浜歴科研年報」 京浜歴史科学研究会 （15）2001.1

戦前における県の文化行政について（寺嵜弘康）「かながわ文化財」 神奈川県文化財協会 97 2001.5

特別展「遼寧省・京畿道・神奈川の文物展―名宝にみる文化交流の軌跡」「神奈川県立歴史博物館だより」 神奈川県立歴史博物館 7(2)通号158 2001.10

特別展「遼寧省・京畿道・神奈川の文物」（水島章）「かながわ文化財」 神奈川県文化財協会 98 2002.5

「東海道名所風景」における現・神奈川県域の表現（桑山童奈）「神奈川県立博物館研究報告.人文科学」 神奈川県立歴史博物館 （29）2003.3

神奈川県の「大区小区制」と民会（松沢裕作）「地方史研究」 地方史研究協議会 53(2)通号302 2003.4

神奈川県指定重要文化財等指定について（教育庁教育部生涯学習文化課）「かながわ文化財」 神奈川県文化財協会 （99）2003.5

明治のころの町村合併〔第14号〕「西さがみ庶民史録」 西さがみ庶民史録の会 50 2003.5

戊辰証書渙発以降の若者とメディア―神奈川県を事例に（野崎義幸）「首都圏形成史研究会会報」 首都圏形成史研究会 17 2003.11

平成15年度第2回展示 企画展示「高度成長期のかながわ―当館所蔵写真にみる県内の風景」「神奈川県立公文書館だより」 神奈川県立公文書館 （10）2003.11

地方融和団体と被差別部落民衆―1920〜30年代の神奈川県青и会の活動から（大高俊一郎）「明日を拓く」 東日本部落解放研究所, 解放出版社（発売）30(4)通号54 2004.3

神奈川県指定重要文化財等指定について（教育庁教育部生涯学習文化課）「かながわ文化財」 神奈川県文化財協会 （100）2004.5

神奈川県立歴史博物館特別展「黒船展」観覧記（薄井尚）「洋学史通信」 洋学史学会 （20）2004.7

企画展示「かながわの教育―復興期から成長期まで」「神奈川県立公文書館だより」 神奈川県立公文書館 （12）2004.9

神奈川県指定重要文化財の指定について（教育庁教育部生涯学習文化課）「かながわ文化財」 神奈川県文化財協会 （101）2005.3

協会創立50年の歩み（野上武昭）「かながわ文化財」 神奈川県文化財協会 （101）2005.3

『神奈川県史』の通読に取り組んで―京浜歴史科学研究会20周年―その

活動と歴史資料保存機関（植山淳）「神奈川県歴史資料取扱機関連絡協議会会報」 神奈川県歴史資料取扱機関連絡協議会 (27) 2005.3
記念講演録 神奈川県教育史史料の所在と課題について（永野勝康）「神奈川地域史研究」 神奈川地域史研究会 (23) 2005.3
特別展「幕末・明治 かながわ名所探訪」「神奈川県立歴史博物館だより」 神奈川県立歴史博物館 11(1)通号169 2005.8
伊豆国神奈川県管轄替問題（《大会特集 東西交流の地域史―列島の境目・静岡》―〈問題提起〉）（桜井祥行）「地方史研究」 地方史研究協議会 56(4)通号322 2006.8
通常展示「資料にみる神奈川の歴史」「神奈川県立公文書館だより」 神奈川県立公文書館 (16) 2006.9
展示を終えて「絵図にみるかながわ」「神奈川県立公文書館だより」 神奈川県立公文書館 (17) 2007.3
吉田初三郎「神奈川県鳥瞰図」について 特別展「ようこそかながわへ―20世紀前半の観光文化―」の出品作品から「神奈川県立歴史博物館だより」 神奈川県立歴史博物館 12(3)通号174 2007.3
新指定の神奈川県指定重要文化財について（神奈川県教育委員会教育局生涯学習文化財課）「かながわ文化財」 神奈川県文化財協会 (103) 2007.5
通常展示 資料にみる神奈川の歴史「神奈川県立公文書館だより」 神奈川県立公文書館 (18) 2007.9
現代表記 明治十六年甲部巡察使復命書 第八号―神奈川県の部―抜粋（齋藤清一郎）「小田原史談 : 小田原史談会々報」 小田原史談会 (211) 2007.10
富士山宝永噴火災害における幕府の御救について―神奈川県域所領入組み地域を中心に（古宮雅明）「大磯町史研究」 大磯町 (15) 2008.3
模型船「神奈川丸」（西野和豊）「静岡県博物館協会研究紀要」 静岡県博物館協会 (31) 2008.3
新指定の神奈川県重要文化財について（神奈川県教育委員会教育局生涯学習文化財課）「かながわ文化財」 神奈川県文化財協会 (104) 2008.5
通常展示「資料にみる神奈川の歴史」「神奈川県立公文書館だより」 神奈川県立公文書館 (20) 2008.9
ミニ展示を終えて「オリンピック東京大会とかながわ」「戸長役場の仕事」「神奈川県立公文書館だより」 神奈川県立公文書館 (20) 2008.9
講演要旨 占領下の神奈川県あれこれ（羽田博昭）「藤沢地名の会会報」 藤沢地名の会 (69) 2009.2
かながわの国体 1955・1998（展示会記録）（佐藤紘司）「寒川町史研究」 寒川町 (22) 2009.3
展示を終えて「古文書にみるかながわの産業―生業から江戸時代を考える」「異国船の渡来と県内の動き―黒船騒動顚末記」「神奈川県立公文書館だより」 神奈川県立公文書館 (21) 2009.3
ミニ展示を終えて「開国と地域」「基地ではたらく人々をめぐって」「神奈川県立公文書館だより」 神奈川県立公文書館 (21) 2009.3
第4回企画展「かながわの国体 1955・1998」/収蔵庫の資料から(2)「寒川文書館だより」 寒川文書館 5 2009.3
新指定の神奈川県重要文化財について（神奈川県教育委員会教育局生涯学習文化財課）「かながわ文化財」 神奈川県文化財協会 (105) 2009.5
展示を終えて 通常展示「資料にみる神奈川の歴史」「神奈川県立公文書館だより」 神奈川県立公文書館 (22) 2009.10
1935年神奈川県名勝・史蹟投票―横浜貿易新報社45周年記念事業（百瀬敏夫）「市史通信」 横浜市史資料室 (6) 2009.11
所蔵資料紹介 『かながわ年鑑』（木許文子）「市史通信」 横浜市史資料室 (6) 2009.11
資料紹介 「金川日記」について(2)～(4)（小林紀子，横浜古文書を読む会）「横浜市歴史博物館紀要」 横浜市ふるさと歴史財団 14/16 2010.3/2012.3
新指定の神奈川県重要文化財について（神奈川県教育委員会教育局生涯学習部文化遺産課）「かながわ文化財」 神奈川県文化財協会 (106) 2010.5
神奈川の自治体史編纂と近世史研究（企画例会 関東近世史研究と自治体史編纂(1) 神奈川県）（馬場弘臣）「関東近世史研究」 関東近世史研究会 (68) 2010.7
展示を終えて 通常展示「資料にみる神奈川の歴史」「神奈川県立公文書館だより」 神奈川県立公文書館 (24) 2010.9
"模範村"の誕生と日露戦争（シンポジウム記録 シンポジウム 神奈川県の自治体史編さん―市民のための近現代史を目指して―第73回例会）（西村健）「首都圏形成史研究会会報」 首都圏形成史研究会 (25) 2010.12
展示を終えて 「神奈川の旗本知行地―地頭と領民の江戸時代―」「神奈川県立公文書館だより」 神奈川県立公文書館 (25) 2011.3
「名誉の戦死」をめぐって―神奈川県の場合（文書館歴史講座）（坂井久能）「藤沢市史研究」 藤沢市文書館 (44) 2011.3
神奈川県地方史研究の現在―三つの視点から（小特集 地方史研究の現在）（馬場弘臣）「地方史研究」 地方史研究協議会 61(2)通号350 2011.4
新指定の神奈川県重要文化財について（神奈川県教育委員会教育局生涯学習部文化遺産課）「かながわ文化財」 神奈川県文化財協会 (107) 2011.5
地元報告 神奈川における部落解放運動とこれからの人権問題の課題（特集 東日本部落解放研究所 第25回研究者集会―全体会）（根本信一）「明日を拓く」 東日本部落解放研究所，解放書店（発売） 38(4)通号94 2012.2
新指定（追加指定）の神奈川県指定重要文化財について（神奈川県教育委員会教育局生涯学習部文化遺産課）「かながわ文化財」 神奈川県文化財協会 (108) 2012.5
荒木家文書「覚」（神奈川表外国人警固指令書）（伊豆倉公子・佐藤寿也・柴崎ユキ）（入門講座の学習）「聴雪」 新庄古文書の会 (16) 2012.7
近代における報徳結社の活動と展開―神奈川県西部の事例を中心に（研究例会報告要旨―2012年3月21日例会報告）（坂井飛鳥）「地方史研究」 地方史研究協議会 62(4)通号358 2012.8
戦後神奈川県における「混血児」教育問題（小山景子）「首都圏史研究 : 年報」 首都圏形成史研究会 (2) 2012.12
橘忠助氏旧蔵美術資料群と明治期府県管内図（研究ノート）（武田周一郎）「神奈川県立博物館研究報告.人文科学」 神奈川県立歴史博物館 (39) 2013.3
関東大震災と神奈川県 地震のメカニズムと被害の実態（藤沢市史講座）（武村雅之）「藤沢市史研究」 藤沢市文書館 (46) 2013.3
神奈川県下の建物疎開（特集 街の姿と人びとの生活を変えた建物疎開）（中根賢）「昭和のくらし研究」 昭和館 (11) 2013.3
新指定（追加指定）の神奈川県指定重要文化財について（神奈川県教育委員会教育局生涯学習部文化遺産課）「かながわ文化財」 神奈川県文化財協会 (109) 2013.5
神奈川の城館跡と年代観についての寸描―後北条氏相模侵攻以前の様相を中心に（柳下晃一）「古城」 静岡古城研究会 (57) 2013.7
収蔵資料から見る神奈川の歴史―検証・過去の震災記録「神奈川県立公文書館だより」 神奈川県立公文書館 (30) 2013.11
史料紹介―関東大震災関係1～3 関東大震災と陸軍法務官の活動 『神奈川県方面警備部隊法務部日誌』を中心に（吉田律人）「横浜開港資料館紀要」 横浜市ふるさと歴史財団 (32) 2014.3
神奈川県立公文書との合同調査進む「清川村史だより」 清川村教育委員会 (1) 2014.4
忘れられている神奈川県人（鈴木眞哉）「かながわ文化財」 神奈川県文化財協会 (110) 2014.5
第1回見学会 特別展「江戸時代かながわの旅」見学会に参加して（日下正武）「かながわ文化財」 神奈川県文化財協会 (110) 2014.5
写真で見る「基地県」かながわ「神奈川県立公文書館だより」 神奈川県立公文書館 (31) 2014.10
企画展示 「基地県」かながわと人々 10月17日（金）～3月31日（火）「神奈川県立公文書館だより」 神奈川県立公文書館 (31) 2014.10
明治期府県管内図の作成主体について―神奈川県を事例として（研究ノート）（武田周一郎）「神奈川県立博物館研究報告.人文科学」 神奈川県立歴史博物館 (41) 2014.10
神奈川県庁所蔵四代目神奈川県庁舎実施設計図とその内容について（研究ノート）（丹治雄一）「神奈川県立博物館研究報告.人文科学」 神奈川県立歴史博物館 (41) 2014.10

神奈川県庁本庁舎

神奈川県庁本庁舎について―原設計者の経歴とデザインにおける国会議事堂との関係（佐藤嘉明）「郷土神奈川」 神奈川県立図書館 (43) 2005.2

神奈川県立繭検定所

神奈川県立繭検定所開設「厚木市史たより」 厚木市 (6) 2012.8

神奈川御殿

「神奈川御殿と神奈川宿」（ミニ展示を終えて）「神奈川県立公文書館だより」 神奈川県立公文書館 (24) 2010.9

神奈川宿

神奈川宿の開帳と相撲興行（井上攻）「横浜市歴史博物館紀要」 横浜市ふるさと歴史財団 4 2000.3
「神奈川宿歴史の道」道筋の寺院と「滝の川」の河童（和田寛）「河童通心」 河童文庫 243 2004.1
第14回特別企画 東海道を歩く―神奈川宿から保土ヶ谷宿へ「藤沢地名の会会報」 藤沢地名の会 (62) 2006.9
平成19年度第1回歴史散歩「神奈川宿 歴史の道を辿る」（丹下重明）「歴研よこはま」 横浜歴史研究会 (別冊) 2007.12
インタビュー 青木美智男 神奈川宿は東海道を旅する人にも新興の廻船業者にも重要だった「横浜市歴史博物館news : Yokohama History Museum news」 横浜市歴史博物館 (26) 2008.3
神奈川宿の歴史と伝説（〈横浜開港150周年・泉区歴史の会創立15周年記念特集〉）（小澤明夫）「郷土いずみ」 (15) 2009.5
東海道五十三次ゆったり歩き紀行(2) 神奈川宿から藤沢宿へ（岡田宏一

神奈川県　　　　　　　　　　　　　　　地名でたどる郷土の歴史　　　　　　　　　　　　　　　関東

郎）「備陽史探訪」　備陽史探訪の会　（148）2009.6

歴史散歩 東海道神奈川宿を歩く（田口康男）「横浜西区郷土史研究会会報」　横浜西区郷土史研究会　（33）2009.10

「神奈川御殿と神奈川宿」（ミニ展示を終えて）「神奈川県立公文書館だより」　神奈川県立公文書館　（24）2010.9

寺尾弘之氏の「神奈川宿雑話題」の概要／大川誠一氏の「よみがえれ 日本国誕生史」の概要／堀江幸美氏の「森村市左衛門のルーツ探査（江戸期の庶民の出府・移動）」の概要「静岡歴研会報」　静岡県歴史研究会　（136）2013.3

旧東海道神奈川宿を歩く（歴史散歩）（藤井克男）「いしぶみ」　まちだ史考会　（36）2013.12

宿場世界の多様性と広がり―近世後期の神奈川宿（大会記念講演論文）（井上攻）「交通史研究」　交通史学会，吉川弘文館（発売）（82）2014.2

神奈川宿仲木戸

八丁畷～神奈川宿仲木戸（長坂登志江，山口肇）「とみづか」　戸塚歴史の会　（41）2007.6

神奈川宿仲木戸～保土ヶ谷宿（別府敏，細矢徹）「とみづか」　戸塚歴史の会　（41）2007.6

神奈川大学

神奈川大学付近での考察に見られた日本の村落共同体（コラム）（劉暁春）「非文字資料研究」　神奈川大学21世紀COEプログラム拠点推進会議　（1）2007.3

神奈川台場

企画展「神奈川お台場の歴史」（西川武臣）「開港のひろば ： 横浜開港資料館館報」　横浜開港資料館　（88）2005.4

神奈川台場保存運動の系譜（西川武臣）「開港のひろば ： 横浜開港資料館館報」　横浜開港資料館　（88）2005.4

展示余話 イタリア使節アルミニョンと神奈川台場（西川武臣）「開港のひろば ： 横浜開港資料館館報」　横浜開港資料館　（89）2005.8

資料よもやま話2 神奈川台場よもやま話―残された記録を読む（西川武臣）「開港のひろば ： 横浜開港資料館館報」　横浜開港資料館　（97）2007.8

幕末日本を代表する稜堡式城郭 神奈川台場の石垣出土をめぐって「城郭だより ： 日本城郭史学会会報」［日本城郭史学会］（75）2011.10

神奈川湊

全国流通の展開と神奈川湊（1）―尾州廻船と神奈川湊について（斎藤善之）「郷土研究誌みなみ」　南知多郷土研究会　73　2002.5

全国流通の展開と神奈川湊（2）―尾州廻船の活動について（斎藤善之）「郷土研究誌みなみ」　南知多郷土研究会　74　2002.11

研究ノート 行徳の下り塩購入と浦賀・神奈川湊の荷船（池田真由美）「市立市川歴史博物館館報」　市立市川歴史博物館　2006年度　2008.3

金沢

『金沢名所旧跡記』について―新出の近世金沢地誌の紹介（西岡芳文）「金沢文庫研究」　神奈川県立金沢文庫　（310）2003.3

『金沢名所旧跡記』の新出写本について―金沢と鎌倉の近世地誌（上），（下）（山地純）「金沢文庫研究」　神奈川県立金沢文庫　（321）/（322）2008.10/2009.3

展覧会紹介 企画展「武州金沢 道しるべ」（山地純）「金沢文庫研究」　神奈川県立金沢文庫　（332）2014.3

動乱の金沢 南北朝から戦国時代まで（緒方敬子）「逗子吾妻鏡研究」　逗子吾妻鏡研究会　（36）2014.10

金沢街道

藤岡支部 鎌倉（二）江ノ電沿線と金沢街道 平成26年5月18日（支部だより）（輿水泉）「群馬歴史散歩」　群馬歴史散歩の会　（236）2014.10

金沢区

横浜に海があった頃 横浜市金沢区の高度成長期（《特集 あなたも知らない昭和30年代路地裏の民俗学》）（伊澤裕一）「歴史民俗学」　批評社　（24）2005.7

金沢八景

歴史散歩 9月21日（土）金沢八景・文庫を歩く（杉森幹弘）「横浜西区郷土史研究会会報」　横浜西区郷土史研究会　（41）2013.10

金沢藩

横浜市歴史博物館収蔵資料展―「開国150周年記念 武州金沢藩と黒船来航」を見て（展示批評）（池田真由美）「地方史研究」　地方史研究協議会　55（1）通号313　2005.2

金沢文庫

資料紹介 金沢文庫新出の中世芸能・地域資料二題（西岡芳文）「金沢文庫研究」　神奈川県立金沢文庫　（310）2003.3

金沢文庫と称名寺と（高崎繁樹）「西上総文化会報」　西上総文化会　（64）2004.3

中秋の金沢文庫をおとずれる／平成16年歴史資料展・伝統技術展終わる

「荒川史談」　荒川史談会　280　2004.12

歴史散歩 9月21日（土）金沢八景・文庫を歩く（杉森幹弘）「横浜西区郷土史研究会会報」　横浜西区郷土史研究会　（41）2013.10

明治に復興された金沢文庫について（飯塚玲子）「金沢文庫研究」　神奈川県立金沢文庫　（331）2013.10

ふみのかたち―金沢文庫コレクションII（活動報告）（学芸課）「金沢文庫研究」　神奈川県立金沢文庫　（332）2014.3

金目郷

相模国金目郷と武士たち―三浦氏と平塚市域を考えるうえで（研究）（落合義明）「三浦一族研究」　横須賀市　（18）2014.3

金子村

川音川と金子村（山口伸）「於保為」　大井町郷土研究会　（29）2010.4

上町

軍港都市横須賀における宅地開発の進展と海軍士官の居住特性―横須賀上町地区を中心に（双木俊介）「歴史地理学野外研究」　筑波大学人文社会科学研究科歴史・人類学専攻歴史地理学研究室　（16）2014.3

上町の大塔家について（脇松雄）「小田原史談 ： 小田原史談会々報」　小田原史談会　（239）2014.3

鎌倉

古都鎌倉を歩く［1］～（8），（10），（11），（13）（根本芳一）「ふるさとの自然と歴史」　歴史と自然をまもる会　279/299　2000.3/2004.7

晩秋の古都鎌倉を歩く（本会歴史探訪）「ふるさとの自然と歴史」　歴史と自然をまもる会　289　2002.1

相武国・師長国・鎌倉之別の史料的再検討（鳥養直樹）「神奈川地域史研究」　神奈川地域史研究会　（21）2003.3

鎌倉の地名考（27）（三浦勝男）「鎌倉」　鎌倉文化研究会　96　2003.6

鎌倉の「ロミオとジュリエット」（中三川時雄）「下野史談」　下野史談会　99　2004.6

鎌倉ある記（8）―“うわばみ”の黒やき「逗子吾妻鏡研究」　逗子吾妻鏡研究会　（29）2004.6

鎌倉の屯倉をめぐる若干の問題―その所在・渡来氏族・周辺地域（篠原幸久）「鎌倉」　鎌倉文化研究会　（99）2004.12

鎌倉近現代史年表稿（1）（小坂宜雄）「鎌倉」　鎌倉文化研究会　（99）2004.12

群馬の峠を歩く 志賀坂峠と魚尾道峠 奥多野に「鎌倉への道」を求めて（須田茂）「上州路 ： 郷土文化誌」　あさを社　32（1）通号368　2005.1

鎌倉と房総を結ぶ道（鈴木啓治）「千葉県立上総博物館友の会報」　千葉県立上総博物館　（65）2005.1

都市鎌倉の東国御家人（秋山哲雄）「ヒストリア ： journal of Osaka Historical Association」　大阪歴史学会　（195）2005.6

鎌倉・海鳴りの道を歩く（歴史散歩）（笹川伊三雄）「三浦半島の文化」　三浦半島の文化を考える会　（15）2005.10

鎌倉見聞記（関谷廣）「わかくす ： 河内ふるさと文化誌」　わかくす文芸研究会　（48）2005.11

中世都市鎌倉の発展と藤沢（歴史講座）（永井晋）「藤沢市史研究」　藤沢市文書館　（39）2006.3

鎌倉秘話三話（湯川安雄）「歴研よこはま」　横浜歴史研究会　（58）2006.5

鎌倉の自然災害（13～16世紀）（石井喬）「手帳 ： 逗子の郷土誌」　手帳の会　（173）2006.6

もう一つの史跡を歩く―鎌倉（歴史散歩）（笹川伊三雄）「三浦半島の文化」　三浦半島の文化を考える会　（16）2006.10

中世鎌倉・三浦半島の「みち」 鎌倉幕府の「みち」政策を中心として（伊藤一美）「三浦半島の文化」　三浦半島の文化を考える会　（17）2007.10

鎌倉歴史散歩（大町から材木座）（歴史散歩）（清水淹）「郷土いずみ」　（14）2008.5

大化前代の鎌倉地域と関係氏族（篠原幸久）「鎌倉」　鎌倉文化研究会　通号105　2008.6

全体会講演 被差別民史における鎌倉（《特集 第14回全国部落史研究交流会》）（鳥山洋）「解放研究 ： 東日本部落解放研究所紀要」　東日本部落解放研究所，解放書店（発売）（22）2008.9

『金沢名所旧跡記』の新出写本について―金沢と鎌倉の近世地誌（上），（下）（山地純）「金沢文庫研究」　神奈川県立金沢文庫　（321）/（322）2008.10/2009.3

日光例幣使の鎌倉通行と三浦郡の村々―市域に残る二点の継立関係資料から（飯島端治）「手帳 ： 逗子の郷土誌」　手帳の会　（174）2008.12

学習講座第2回 鎌倉御家人にとっての「都市鎌倉」とは（伊藤一美）「三浦一族研究」　横須賀市　（13）2009.3

鎌倉ハム 斉藤角次におかねさん協力（《横浜開港150周年記念》）（馬場芳宏）「とみづか」　戸塚歴史の会　（35）2009.6

漂着犬骨から中世鎌倉のイヌを想う（芝田英行）「郷土神奈川」　神奈川県立図書館　（48）2010.2

参考資料 『秋田藩町触集』にみる「鎌倉」考（塩囿彦）「横手郷土史資料」　横手郷土史研究会　（84）2010.3

元禄地震・宝永富士山噴火と鎌倉（浪川幹夫）「鎌倉」　鎌倉文化研究会（111）2011.7

地中から現れた鎌倉―鎌倉びとの横顔（秋山佳史）「横浜西区郷土史研究会会報」　横浜西区郷土史研究会　（37）2011.10

鎌倉ハムとその周辺（斎藤多喜夫）「郷土神奈川」　神奈川県立図書館（50）2012.2

吾妻鏡を読むために（24）　『鎌倉殿』は鎌倉にいない？（伊藤一美）「逗子吾妻鏡研究」　逗子吾妻鏡研究会　（33）2012.3

鎌倉郊外の三事件「腰越状・稲村ヶ崎の太刀・七里ガ浜ボート遭難事故」（青山通義雄）「史談しもふさ」　下総町郷土史研究会　（33）2012.5

鎌倉上の道・東俣野から鎌倉へ（地域の資料から）（古道部会）「郷土いずみ」　（18）2012.5

鎌倉幕府草創の地を巡る　『吾妻鏡』を楽しむ歴史探訪（読書会）（石原宏紀）「いしぶみ」　まちだ史考会　（33）2012.7

中世都市鎌倉の大災害―大仏殿倒壊を中心に（特集 武蔵野の災害（前編））（八幡義信）「武蔵野」　武蔵野文化協会　87(1)通号351　2012.7

相州南東部における嘉永・安政期の地震について―鎌倉方面の諸相も含めて（浪川幹夫）「鎌倉」　鎌倉文化研究会　（114）2012.7

2012年度歴史講座「鎌倉・南北朝の古碑を尋訪ねる」実施報告（橋口）「かたりべ　：　豊島区立郷土資料館ミュージアム開設準備だより」　豊島区立郷土資料館　（108）2013.1

展示会批評 神奈川県立歴史博物館特別展「再発見！ 鎌倉の中世」（大島創）「民衆史研究」　民衆史研究会　（84）2013.1

「鎌倉」地名について（篠原幸久）「鎌倉」　鎌倉文化研究会　（114）2013.2

中世鎌倉の烈震と復興―鎌倉時代末期から戦国時代の地震災害と復興の姿（浪川幹夫）「鎌倉」　鎌倉文化研究会　（114）2013.2

鎌倉における伝統的な「古都観光」の継承に関する研究（押田佳子）「郷土神奈川」　神奈川県立図書館　（51）2013.2

コラム・鑑の間 鎌倉の家をもつ女性地頭職「逗子吾妻鏡研究」　逗子吾妻鏡研究会　（34）2013.3

「武家の古都・鎌倉」の世界遺産登録にむけた活動（平野卓治）「横浜市歴史博物館news　：　Yokohama History Museum news」　横浜市歴史博物館　（34）2013.3

世界遺産登録の成否間近な古都鎌倉―「よみがえる中世都市」遺跡調査の五十年（八幡義信）「かながわ文化財」　神奈川県文化財協会　（109）2013.5

鎌倉とヨーロッパ（鈴木眞哉）「かながわ文化財」　神奈川県文化財協会（109）2013.5

都市鎌倉における渥美・常滑焼の使われ方（特集 シンポジウム報告）（河野眞知郎）「知多半島の歴史と現在」　日本福祉大学知多半島総合研究所　（17）2013.10

鎌倉戦乱シリーズ（1）～（3）（会員研究）（山崎宣晴）「歴研よこはま」横浜歴史研究会　（69）/（71）2013.11/2014.11

「武家の古都・鎌倉」の魅力（特集 ジオパーク・世界遺産と博物館―開いておきたい博物館の話 Prat.4）（五味文彦）「神奈川県博物館協会々報」　神奈川県博物館協会　（85）2014.3

基調講演 和田合戦から「和田鎌倉内乱」へ（シンポジウム 和田合戦800年記念シンポジウム）（伊藤一美）「三浦一族研究」　横須賀市　（18）2014.3

鎌倉史跡探訪（細川重康）「忘らえぬかも　：　故里の歴史をさぐる」　（8）2014.4

富士山と鎌倉から（八重樫忠郎）「いわて文化財」　岩手県文化財愛護協会（259）2014.6

いざ鎌倉（吉安耕一）「郷土志木」　志木市郷土史研究会　（43）2014.10

シンポジウム「鎌倉の近現代史資料の保存と活用について」（郡司春乃）「かまくら女性史の会newsletter」「かまくら女性史の会」　（16）2014.11

平成27年度春の特別展 中世東国の茶―武家の都鎌倉における茶の文化（永井晋）「神奈川県立歴史博物館だより」　神奈川県立歴史博物館20（3）通号198　2014.12

鎌倉府

鎌倉府奉行小考―町野浄善と清原繁隆（湯山学）「千葉史学」　千葉歴史学会　（41）2003.1

建武新政下鎌倉府再考―足利直義党成立に関連して（阪田雄一）「千葉史学」　千葉歴史学会　（42）2003.7

室町前期の東国における内乱の再検討―小山氏、小田氏の乱と鎌倉府（石橋一展）「千葉史学」　千葉歴史学会　（47）2005.11

問題提起 武蔵成田氏と鎌倉府権力・享徳の乱（大会特集II 北武蔵の地域形成―水と地形が織りなす歴史像）（清水亮）「地方史研究」　地方史研究協議会　64(5)通号371　2014.1

鎌倉街道

もうひとつの鎌倉街道（小野一之）「あるむぜお　：　府中市郷土の森博物館だより」　府中文化振興財団府中市郷土の森博物館　54　2000.12

落穂拾いの今市史談（9）～（20）石合戦と水車遊び/情報社会の日光領/一枚の修業証書/御鷹鳥屋/村の遊び日/川除御普請/麻作りの作業暦/稲荷信仰/村役人/村に来る武士/こっくりさん/鎌倉街道（佐藤権司）「今市史談」　今市史談会　（17）2008.4

第305回史跡研究会 4月5日（土）古くて新しい中山道・石神井川・鎌倉街道（芦田正次郎）「北区史を考える会会報」　北区史を考える会（88）2008.5

街道に今も残りし市のたから―中山道・日光御成道・赤山道・鎌倉街道を巡る（櫓りぼーと　：　さいたま市文化財時報」　さいたま市教育委員会生涯学習部　（30）2008.9

目黒区の鎌倉道（1），（2）（田丸太郎）「目黒区郷土研究」　目黒区郷土研究会　（647）/（648）2008.12/2009.1

目黒区の鎌倉街道（3），（4）（田丸太郎）「目黒区郷土研究」　目黒区郷土研究会　（649）/（650）2009.2/2009.03

歴史散歩 鎌倉街道「ハヤの道」（成田美季）「いしぶみ」　まちだ史考会（32）2011.12

西行説話と武蔵野・鎌倉街道（小野一之）「府中市郷土の森博物館紀要」府中文化振興財団府中市郷土の森博物館　（25）2012.3

鎌倉街道を歩いてみよう “高田宿の発見” 豊島の遺跡（10）（橋口）「かたりべ　：　豊島区立郷土資料館ミュージアム開設準備だより」　豊島区立郷土資料館　（106）2012.7

鎌倉街道を歩いてみよう（2）“鎌倉街道を掘る” 豊島の遺跡（11）（橋口）「かたりべ　：　豊島区立郷土資料館ミュージアム開設準備だより」　豊島区立郷土資料館　（107）2012.10

遺稿 中恵水芝川堤と鎌倉街道道筋論について（日光御成道まつり特集号）（若松哲夫）「川口史林　：　川口市郷土史会々誌」　川口市郷土史会（78）2013.3

崇徳寺跡と鎌倉街道（苫林宿）（内野勝裕）「埼玉史談」　埼玉県郷土文化会　60(4)通号316　2014.1

NOTE 北鎌倉・北条氏・鎌倉街道（小野一之）「あるむぜお　：　府中市郷土の森博物館だより」　府中市郷土の森博物館　（107）2014.3

旧鎌倉街道（所沢～東村山）7月12日（土）（調査研究）（大井芳文）「郷土研だより」　東村山郷土研究会　（411）2014.8

「旧鎌倉街道（所沢～東村山）調査研究」に参加して（辻修司）「郷土研だより」　東村山郷土研究会　（411）2014.8

鎌倉古街道（大井芳文）「郷土研だより」　東村山郷土研究会　（414）2014.11

町田市方面「鎌倉古街道」調査研究報告 平成26年10月11日（土）（大井芳文）「郷土研だより」　東村山郷土研究会　（414）2014.11

鎌倉街道上道

特集 狭山丘陵の古道 いざ鎌倉への道/鎌倉街道上道/狭山丘陵の中世のみち「歴史館だより」　東村山ふるさと歴史館　（37）2010.11

鎌倉街道上の道

ミニ郷土史 鎌倉街道「上の道」を探る（1）～（5）（友井英雄）「いしぶみ」　まちだ史考会　（33）/（37）2012.7/2014.07

鎌倉街道上の道を歩く（1）（歴史散歩）（湯浅克之）「いしぶみ」　まちだ史考会　（38）2014.7

もう一つの鎌倉街道上ノ道（寄稿）（雨森宏）「いしぶみ」　まちだ史考会（38）2014.12

鎌倉街道中道

絵図から探し出す「市内の鎌倉街道中道」[1]，(2)（若松哲夫）「郷土はとがや　：　鳩ケ谷郷土史会会報」　鳩ケ谷郷土史会 53/（54）2004.5/2004.11

下総西部の「中世の道」について―鎌倉街道中道の様相（内山俊身）「常総の歴史」　崙書房出版茨城営業所　（43）2011.7

鎌倉上の道

鎌倉上の道・東俣野から鎌倉へ（地域の資料から）（古道部会）「郷土いずみ」　（18）2012.5

鎌倉郡

地名講演会（2012.5.26）講演要旨 昭和期の鎌倉郡・高座郡（松本洋幸）「藤沢地名の会会報」　藤沢地名の会　（80）2012.9

鎌倉御所

吾妻鏡にみる鎌倉御所の官女（女房）について（三浦澄子）「逗子吾妻鏡研究」　逗子吾妻鏡研究会　（28）2003.5

鎌倉古道

鎌倉古道を押さえる仮称箱根古城について（土屋比都司）「中世城郭研究」　中世城郭研究会　（21）2007.7

学習講座第2回 鎌倉の「七口」と鎌倉古道（伊藤一美）「三浦一族研究」横須賀市　（14）2010.3

神奈川県　　　　　　　　　　　　　地名でたどる郷土の歴史　　　　　　　　　　　　　　関東

鎌倉古道と久米川宿 5月10日（土）（調査研究）（両澤清）「郷土研だより」 東村山郷土研究会　（409）2014.6

「鎌倉古道と久米川宿」に参加して（調査研究）（山川昌子）「郷土研だより」 東村山郷土研究会　（409）2014.6

鎌倉市

小鎌倉市誕生への一考察（近内信輝）「郷土研だより」 東村山郷土研究会（346）2009.3

古都保存「古都鎌倉の歴史的風土保存の経緯」（土屋志郎）「季刊明日香風」 古都飛鳥保存財団　31（2）通号122　2012.4

『かまくら今昔抄60話 第三集』発行（清田昌弘）「かまくら女性史の会 newsletter」［かまくら女性史の会］（2）2013.6

報告 『かまくら女性史』に関する覚書受理/鎌倉市市民活動の日フェスティバル参加「かまくら女性史の会newsletter」［かまくら女性史の会］（2）2013.6

『かまくら女性史』出前朗読会―みんなで語るかまくらの今昔（西弘子）「かまくら女性史の会newsletter」［かまくら女性史の会］（6）2013.12

鎌倉市平和都市宣言に出合って（浦野昭子）「かまくら女性史の会 newsletter」［かまくら女性史の会］（11）2014.5

『かまくらの女性史』と夏（曾原糸子）「かまくら女性史の会newsletter」［かまくら女性史の会］（15）2014.10

鎌倉城

相模鎌倉城から見える鎌倉期の城郭（池田誠）「中世城郭研究」 中世城郭研究会（21）2007.7

鎌倉期に見る陣城群と戦術―相模鎌倉城の「極楽寺尾根防御ライン」から（池田誠）「戦乱の空間」 戦乱の空間編集会（6）2007.7

鎌倉城を考える（池田光雄）「愛城研報告」 愛知中世城郭研究会（12）2008.8

鎌倉大仏

鎌倉大仏周辺を歩く（内海岩雄）「三浦半島の文化」 三浦半島の文化を考える会（14）2004.10

特集・鎌倉学 鎌倉大仏の再興と明治維新（浪川幹夫）「鎌倉」 鎌倉文化研究会 通号102　2006.12

鎌倉橋

鎌倉橋（不動橋）と県道新設の思い出（山崎直一）「郷土誌葉山」 葉山郷土史研究会（5）2008.4

鎌倉八景

いわゆる「鎌倉八景」について（長谷寺宝物館）「鎌倉」 鎌倉文化研究会（111）2011.7

鎌倉道

ふるさと村「舞岡」と鎌倉道（与座正子）「郷土いずみ」 7　2001.5

鎌倉道を辿る（高橋重雄）「とみづか」 戸塚歴史の会　29　2003.6

聖域の森へ―鎌倉道（清水照信）「わが住む里」 藤沢市総合市民図書館 通号57　2008.3

上飯田

地名考（2）上飯田（有馬純律）「郷土いずみ」 7　2001.5

籠と再生・繭の町上飯田（翠川宣子）「郷土いずみ」 8　2002.5

瀬谷から上飯田方面を歩く（歴史散歩）（石井善満）「郷土いずみ」（12）2006.5

上飯田村

資料紹介 上飯田村検地帳にみた土地所有者別耕地面積（有馬純律）「とみづか」 戸塚歴史の会　28　2002.6

文書にみる上飯田村（泉区地域文書講座（横浜開港資料館との協同主催））（有馬純律）「郷土いずみ」（14）2008.5

上大岡村

近世前期における武蔵国久良岐郡上大岡村の村落構造（斎藤司）「横浜市歴史博物館紀要」 横浜市ふるさと歴史財団　7　2003.3

神川橋

資料紹介 神川橋の開通式（椿田有希子）「寒川文書館だより」 寒川文書館　13　2013.3

上郷

鎌倉時代の本郷・上郷から現代まで（坏三次）「三浦一族研究」 横須賀市（8）2004.5

上末吉小学校

上末吉小学校開校で紡ぐ昭和の風景（高橋伸和）「郷土つるみ」 鶴見歴史の会（73）2014.4

上遠牡丹園

上遠牡丹園と旧上遠陸次邸（畫間松之助）「郷土つるみ」 鶴見歴史の会（68）2010.5

上遠陸次邸

上遠牡丹園と旧上遠陸次邸（畫間松之助）「郷土つるみ」 鶴見歴史の会（68）2010.5

上怒田

市内史跡めぐり 怒田・上怒田・千津島から墟下へ（湯川達夫）「史談足柄」 足柄史談会 46　2008.4

上山口村

豊かであった上山口村（《特集 上山口―にほんの里100選》）（鳥居信吉）「郷土誌葉山」 葉山郷土史研究会（6）2009.4

上矢部土塁

上矢部土塁の再評価―近年の学術成果を中心として（内川隆志）「相模原市史ノート」 相模原市総務局（8）2011.3

上山口

上山口概説（《特集 上山口―にほんの里100選》）（森田昌明）「郷土誌葉山」 葉山郷土史研究会（6）2009.4

上山口の里・昔の上山口・葉山町全図に見る上山口（《特集 上山口―にほんの里100選》）（編集部）「郷土誌葉山」 葉山郷土史研究会（6）2009.4

上山口の字・地名の由来（地図・調査簿）（《特集 上山口―にほんの里100選》）（鶴泰）「郷土誌葉山」 葉山郷土史研究会（6）2009.4

四季に見る上山口の風土と気風（《特集 上山口―にほんの里100選》）（岩澤直捷）「郷土誌葉山」 葉山郷土史研究会（6）2009.4

五人組帳にみる上山口の屋号と家紋（屋号・家紋表）（《特集 上山口―にほんの里100選》）（今井義雄）「郷土誌葉山」 葉山郷土史研究会（6）2009.4

桜山「大山」と上山口村（《特集 上山口―にほんの里100選》）（黒田康子）「郷土誌葉山」 葉山郷土史研究会（6）2009.4

上山口水脈考―棚田と谷戸田に見る水利用（《特集 上山口―にほんの里100選》）（横山幹生）「郷土誌葉山」 葉山郷土史研究会（6）2009.4

上山口の「浦賀道」（《特集 上山口―にほんの里100選》）（鈴木雅子）「郷土誌葉山」 葉山郷土史研究会（6）2009.4

江戸～大正期の上山口の商店（《特集 上山口―にほんの里100選》）（横田文男）「郷土誌葉山」 葉山郷土史研究会（6）2009.4

上山口の棚田と献上米（《特集 上山口―にほんの里100選》）（石川栄，永津和夫，永津宣義）「郷土誌葉山」 葉山郷土史研究会（6）2009.4

上山口の昔を語る会（《特集 上山口―にほんの里100選》）（矢嶋道文）「郷土誌葉山」 葉山郷土史研究会（6）2009.4

上山口にあった長屋門と水車（コラム）（片山吟二）「郷土誌葉山」 葉山郷土史研究会（6）2009.4

上山口と自分史の小年譜（コラム）（大串定典）「郷土誌葉山」 葉山郷土史研究会（6）2009.4

上山口分教場

分教場時代の思い出（《特集 上山口―にほんの里100選》）（齋藤國久）「郷土誌葉山」 葉山郷土史研究会（6）2009.4

上和田

聞き書き 上和田で過ごした昭和の思い出（小川一郎，相田薫）「大和市史研究」 大和市文化スポーツ部（36）2011.3

上和田村

資料紹介 天保8年上和田村・飯田村水難につき議定書（高橋一郎）「とみづか」 戸塚歴史の会　29　2003.6

亀谷郷

野津本「北条系図・大友系図」の書写場所と鎌倉亀谷郷雪下屋形（伊藤一美）「鎌倉」 鎌倉文化研究会（111）2011.7

狩川

「狩川」に関するヘンな話（木村博）「扣之帳」 扣之帳刊行会（20）2008.6

苅野

市内史跡探訪 矢倉沢から苅野へ（大庭進）「史談足柄」 足柄史談会 44　2006.4

川音川

川音川と金子村（山口伸）「於保為」 大井町郷土史研究会（29）2010.4

川崎

『川崎警察文書』にみる高等警察のあり方（伊東富昭）「京浜歴科研年報」 京浜歴史科学研究会（15）2001.1

川崎地名塾シンポジウム開く―「地名」からの触発「日本地名研究所通信」 日本地名研究所 56　2004.2

local Leadership in the Kawasaki Region From Bakumatsu to Meiji（neil L.Waters，香川雄一［訳]）「京浜歴科研年報」 京浜歴史科学研究会（18）2006.1

特集 川崎とかかわった人びと（目録）神奈川新聞川崎版「人物かわさき史話」から「史誌かわさき」 川崎区誌研究会（4）2006.1

特集 思い出を語る 川崎夜店通りの賑わい（川崎区誌研究会会員）「史誌かわさき」 川崎区誌研究会 （5） 2006.5

川崎が生んだ長十郎梨（武山豊彦）「川崎研究」 川崎郷土研究会 （44） 2006.5

夏期講座報告 多摩川と工都川崎のはじまり（武山豊彦）「川崎研究」 川崎郷土研究会 （44） 2006.5

川崎郷土研究会50年の歩み 余録―県外巡回・視察こぼれ話（藤岡信夫）「川崎研究」 川崎郷土研究会 （45） 2007.5

工業都市・川崎の発展―戦時期の住宅・交通問題を中心に（シンポジウム記録 地方都市・町史研究会シンポジウム 地方都市の形成と展開―その多様性―第66回例会）（小野浩）「首都圏形成史研究会会報」 首都圏形成史研究会 （24） 2010.8

資料紹介 川崎の農機具メーカー「細王舎工場」が発行した農業雑誌『みのり』（高橋典子）「川崎市市民ミュージアム紀要」 川崎市市民ミュージアム 24 2012.3

京浜工業地帯の地域史（3）～（4） 川崎・鶴見地域における電力供給の発展（1）～（3）（鈴木富雄）「郷土つるみ」 鶴見歴史の会 （70）/（73） 2012.3/2014.04

創立30周年を迎える川崎地名研究会 "災害地名" を軸に「日本地名研究所通信」 日本地名研究所 （75） 2012.10

川崎の地形から見た地名（研究）（對馬醇一）「川崎研究」 川崎郷土研究会 （51） 2014.5

第2回市内巡検 岡上―川崎の飛地（東原信行）「川崎研究」 川崎郷土研究会 （51） 2014.5

夏期講習会 中世の川崎―中世川崎の文書を読む（東原信行）「川崎研究」 川崎郷土研究会 （52） 2014.5

川崎区

川崎物語―昭和20年代から40年代の川崎区―写真展「Museum News」 川崎市市民ミュージアム （71） 2004.2

《特集 人物かわさき史話》「史誌かわさき」 川崎区誌研究会 （3） 2004.5

川崎市

日記に見る幸豊のマルチぶり―超多忙な一年/時代のシンボルマーク/馭彦の模写/むかしの川崎/展覧会ができるまで（3）/ソニック・パーセプション/私の漫画研究（3）「Museum News」 川崎市市民ミュージアム （53） 2000.2

かわさきの近代（坂下邦彦）「Museum News」 川崎市市民ミュージアム （59） 2001.4

神奈川県横浜市・川崎市の名護人・羽地人（比嘉道子）「あじまぁ ： 名護博物館紀要」 名護博物館 10 2002.3

大むかしの川崎/馭彦の描く植物/色彩の魅力・版画の魅力/イベントレポート「Museum News」 川崎市市民ミュージアム （68） 2003.4

学芸員日誌 「メイド・イン・カワサキ」展担当者が見た川崎の企業（望月一樹）「Museum News」 川崎市市民ミュージアム （72） 2006.2

「メイド・イン・カワサキ」第1部 川崎モノづくり物語（望月一樹）「Museum News」 川崎市市民ミュージアム （73） 2006.3

川崎市域の古東海道の一考察（長岡忠昭）「川崎研究」 川崎郷土研究会 （44） 2006.5

川崎市の成人式（小林美年子）「川崎研究」 川崎郷土研究会 （45） 2007.5

博物館は地域をどう捉えるか―川崎市を事例として（2012年度総会シンポジウム「地域史と博物館」）（望月一樹）「神奈川地域史研究」 神奈川地域史研究会 （30） 2013.2

川崎宿

東海道宿駅制度400年記念 東海道―日本橋、そして川崎宿へ「Museum News」 川崎市市民ミュージアム （61） 2001.9

蒲田～川崎宿・八丁畷（清水善和, 遠山恵喜子）「とみづか」 戸塚歴史の会 （33） 2007.6

川崎大師

京浜工業地帯の地域史（1） 川崎大師と総持寺を結んだ海岸鉄道（鈴木富雄）「郷土つるみ」 鶴見歴史の会 （68） 2010.5

川崎町

旧川崎町の酒造家森家の人びと（野口貞之）「史誌かわさき」 川崎区誌研究会 （5） 2006.5

河村城

足柄学講座 山北編（1） 河村城のこと―秘本『梅風記』（藤井良晃）「扣之帳」 扣之帳刊行会 （24） 2009.6

河原口

大山街道を歩く（河原口・厚木）（荻山勝重）「県央史談」 県央史談会 （43） 2004.1

昭和初期における海老名市河原口の変貌―「東厚木」の呼称と劇場「相模座」を中心に（飯田孝）「えびなの歴史 ： 海老名市史研究」 海老名市 15 2005.3

閑院宮別邸

閑院宮別邸宅崩壊 閑院寛子姫宮、無残な圧死［第6号］（大林友三郎）「西さがみ庶民史録」 西さがみ庶民史録の会 50 2003.5

関外

関内と関外（田口康男）「横浜西区郷土史研究会会報」 横浜西区郷土史研究会 （25） 2005.10

雁木町

小田原宿の雁木（町）とは？（尾上武）「小田原史談 ： 小田原史談会々報」 小田原史談会 （207） 2006.10

関内

関内と関外（田口康男）「横浜西区郷土史研究会会報」 横浜西区郷土史研究会 （25） 2005.10

観音崎

道中風景絵巻II 八代から江戸までの今を写す 章之公 三浦半島観音崎 熊本藩警備地を訪ねる（柏田忠）「夜豆志呂」 八代史談会 （173） 2013.10

観音崎砲台

東京湾要塞 観音崎砲台跡の現存遺構について（野内秀明, 水野僚子）「市史研究横須賀」 横須賀市総務部 （7） 2008.3

木古庭

木古庭の長屋門（《特集 木古庭》）（森田昌明）「郷土誌葉山」 葉山郷土史研究会 （5） 2008.4

昔の木古庭―絵と地図（《特集 木古庭》）（編集部）「郷土誌葉山」 葉山郷土史研究会 （5） 2008.4

小地名入り木古庭地図（《特集 木古庭》）（鶴泰）「郷土誌葉山」 葉山郷土史研究会 （5） 2008.4

木古庭現代地図（《特集 木古庭》）（柳田純）「郷土誌葉山」 葉山郷土史研究会 （5） 2008.4

木古庭の屋号と家紋（《特集 木古庭》）（今井俊夫）「郷土誌葉山」 葉山郷土史研究会 （5） 2008.4

木古庭文禄検地帳の田畑反別（《特集 木古庭》）（黒田康子）「郷土誌葉山」 葉山郷土史研究会 （5） 2008.4

木古庭水脈考―湧井戸と高祖井戸（横山幹生）「郷土誌葉山」 葉山郷土史研究会 （5） 2008.4

三浦丘陵における山野利用の変遷―葉山町木古庭地区を中心にして（特集 三浦半島・葉山の歴史地理）（武田周一郎, 岩田明日香, 山石敬）「歴史地理学野外研究」 筑波大学人文社会科学研究科歴史・人類学専攻歴史地理学研究室 （15） 2012.3

北鎌倉

NOTE 北鎌倉・北条氏・鎌倉街道（小野一之）「あるむぜお ： 府中市郷土の森博物館だより」 府中市郷土の森博物館 （107） 2014.3

北綱島村

ミニ展示を終えて 「飯田家文書にみる近世の北綱島村」「神奈川県立公文書館だより」 神奈川県立公文書館 （22） 2009.10

北秦野村

旧北秦野村の植林と森林組合の製材事業（三嶽敏雄）「秦野市史研究」 秦野市 （26） 2007.3

決算書から見た戦時下町村―大和村（町）・渋谷村（町）・北秦野村の場合（古野恭代）「大和市史研究」 大和市文化スポーツ部 通号35 2010.3

衣笠城

衣笠城址と衣笠合戦（川上久夫）「三浦一族研究」 横須賀市 （9） 2005.5

総会記念講演 衣笠城合戦から考える中世の城と戦い（中澤克昭）「三浦一族研究」 横須賀市 （13） 2009.3

木の下

木の下交差点の石碑（ボンジュール西）（コラム）（鳥居信吉）「郷土誌葉山」 葉山郷土史研究会 （8） 2011.4

杏雲堂

南湖院と杏雲堂―開院当初のいろいろ（名和稔雄）「郷土ちがさき」 茅ヶ崎郷土会 （129） 2014.1

経ヶ岳

経ヶ岳と「とうもろこし」（千葉弘）「県央史談」 県央史談会 （46） 2007.1

清川村

甦る清川村の姿―明らかになってきた古びとの暮らしと文化 「相模國宮瀬村」の名が初めて記されたのは720年前「清川村史だより」 清川村教育委員会 （1） 2014.4

清沢村

史料紹介 慶長十八年清沢村御縄打水帳について（望月一樹, 根本佐智子）「川崎市市民ミュージアム紀要」 川崎市市民ミュージアム 24 2012.3

鵠沼

湘南地域の住宅地化と海水浴場─鵠沼地区を中心に（八田恵子）「藤沢市史研究」　藤沢市文書館　（38）2005.3

地名探訪報告 鵠沼の今昔を訪ねて─地名と史跡を巡る（橋本周也）「藤沢地名の会会報」　藤沢地名の会　（69）2009.2

会員投稿 鵠沼・片瀬にある句碑（萩原史巨）「藤沢地名の会会報」　藤沢地名の会　（69）2009.2

関東大震災での鵠沼の津波と現在の津波対策（藤沢市史講座）（内藤喜嗣）「藤沢市史研究」　藤沢市文書館　（46）2013.3

久野村

皇国地誌久野村誌（草稿本）の発見（〔史料紹介〕）（田代道弥）「おだわら：歴史と文化」　小田原市教育委員会　13　2000.3

久良

武蔵国久良・都筑・橘樹復原（三橋広延）「武蔵野」　武蔵野文化協会　79（2）通号338　2004.3

久良岐郡

久良岐・橘樹郡の近代教育の礎となった郷学校について（高橋伸和）「郷土つるみ」　鶴見歴史の会　（70）2012.3

倉見

出前講座「寒川の歴史・倉見の歴史」/頼輔先生の手紙 補遺「寒川文書館だより」　寒川文書館　15　2014.3

グランド・ホテル

新収資料コーナー（8）グランド・ホテルの封筒（伊藤泉美）「開港のひろば：横浜開港資料館報」　横浜開港資料館　（100）2008.4

久里浜

黒船来航久里浜上陸の図（坏三次）「開国史研究」　横須賀市　（4）2004.3

久里浜上陸から東京湾の現状まで（坏三次）「開国史研究」　横須賀市　（5）2005.3

資料紹介 ウィルヘルム・ハイネ画「ペリー提督久里浜上陸図」（嶋村元宏）「神奈川県立歴史博物館だより」　神奈川県立歴史博物館　12（1）通号172　2006.11

終戦前後の久里浜─聞き書き、古老に聞く（《特集 地図・地名・地理が語る三浦半島》）（中里行雄）「三浦半島の文化」　三浦半島の文化を考える会　（19）2009.10

私見、ペリー記念碑と日露戦争─米国より里帰りの資料から（碓井文昭）「開国史研究」　横須賀市　（10）2012.3

久里浜を散策する（山口精一）「横浜西区郷土史研究会会報」　横浜西区郷土史研究会　（41）2013.10

久里浜海岸

ペリー記念碑と久里浜海岸（広域特集─第36回上伊那歴史研究会県外実地踏査報告「八王子・横浜と絹の道を訪ね伊那との関連を現地に探る」）（中島元博）「伊那路」　上伊那郷土研究会　55（12）通号659　2011.12

久里浜村

幕末、浦賀奉行所管内事件簿『嘉永四年 久里浜村御触留』より（飯島セツ子）「三浦半島の文化」　三浦半島の文化を考える会　（14）2004.10

グリーンハウス

地名講演会（2011.10.29）講演要旨 グリーンハウスと旧藤澤カントリー倶楽部（宮田英夫）「藤沢地名の会会報」　藤沢地名の会　（78）2012.2

グリーンライン

知っていますか？ グリーンラインが開通しました「横浜市歴史博物館news：Yokohama History Museum news」　横浜市歴史博物館　（26）2008.3

鉄の井

鎌倉のいしぶみ散歩（5）鉄の井（薬師寺良子）「逗子吾妻鏡研究」　逗子吾妻鏡研究会　（35）2013.9

鉄村

特別資料コーナー 鉄（くろがね）村・村田家文書（松本洋幸）「開港のひろば：横浜開港資料館報」　横浜開港資料館　（118）2012.10

黒川

はるひ野地域から黒川流域へ（市内巡検報告）（星野仁）「川崎研究」　川崎郷土研究会　（45）2007.5

多摩丘陵産のブランド・黒川炭を焼く─最後の伝承者・市川家の見聞録（特集 多摩の炭焼き）（村田文夫）「多摩のあゆみ」　たましん地域文化財団　（152）2013.11

京浜工業地帯

京浜工業地帯の地域史（1）川崎大師と総持寺を結んだ海岸鉄道（鈴木富雄）「郷見歴史の会」　鶴見歴史の会　（68）2010.5

京浜工業地帯の地域史（1）産業道路開通のネックとなった大師橋架橋問題をめぐって（鈴木富雄）「郷土つるみ」　鶴見歴史の会　（69）2011.3

京浜工業地帯の地域史（3）〜（4）川崎・鶴見地域における電力供給の発展（1）〜（3）（鈴木富雄）「郷土つるみ」　鶴見歴史の会　（70）/（73）2012.3/2014.04

小出

小出の養蚕の例/茅ヶ崎歴史考（3）/鈴木惣兵衛親子/神社に関連する設備の歴史的な事象/伝統ある年中行事の十二箇月/史跡めぐり「郷土ちがさき」　茅ヶ崎郷土会　97　2003.5

港栄館

銭湯「港栄館」の道具（羽毛田智幸）「横浜市歴史博物館news：Yokohama History Museum news」　横浜市歴史博物館　（33）2012.9

高座

横浜開港と高座豚（湯浅起夫）「いしぶみ」　まちだ史考会　（23）2007.7

高座地域の日記と民俗（歴史講座）（小川直之）「藤沢市史研究」　藤沢市文書館　（41）2008.3

高座海軍工廠

高座海軍工廠の聞き書きについて（樋口雄一）「綾瀬市史研究」　綾瀬市　（10）2007.9

高座海軍工廠用地となった大上地区の方々の戦中戦後（増田虎、多田幸男、綱島進［話者］）「綾瀬市史研究」　綾瀬市　（10）2007.9

高座海軍工廠で雷電の翼をつくる 話者・川口一雄「綾瀬市史研究」　綾瀬市　（10）2007.9

高座海軍工廠で戦闘機を造った女性たち（川口トリ、木下千恵子、小野沢キミ、一杉貞子［話者］）「綾瀬市史研究」　綾瀬市　（10）2007.9

高座郡

全国・神奈川県・高座郡町村長会活動の軌跡─渋谷村の「町村長会ニ関スル書類」に辿る（古野恭代）「大和市史研究」　大和市文化スポーツ部　31　2005.3

西南戦争と高座郡の兵士たち（萩原史巨）「わが住む里」　藤沢市総合市民図書館　通号59　2010.2

地名講演会（2012.5.26）講演要旨 昭和期の鎌倉・高座郡（松本洋幸）「藤沢地名の会会報」　藤沢地名の会　（80）2012.9

小路

わが町・南町地区の道・小路（隠岐明重）「小田原史談：小田原史談会々報」　小田原史談会　（216）2009.1

国府津

国府津の歴史は国鉄とともに（簑島清夫）「小田原史談：小田原史談会々報」　小田原史談会　（209）2007.3

1921（大正9）年 熱海線 国府津〜小田原間開通祝賀会 伊豆の飛躍的発展に曙光「豆州歴史通信」　豆州研究社歴史通信部　（457）2010.3

国府津・千代台地の文化財・史跡巡り（柳下安行）「県央史談」　県央史談会　（52）2013.1

国府津館

戦争と国府津館（聞き取り）（簑島清夫）「戦争と民衆」　戦時下の小田原地方を記録する会　（53）2004.8

国府津村

小田原市郷土文化館所蔵「旧国府津村文書」の整理調査について（高木知己）「小田原市郷土文化館研究報告」　小田原市郷土文化館　（48）2012.3

国府停車場

国府停車場設置運動について（飯田善雄）「大磯町史研究」　大磯町　（13）2006.3

神嵩

吾妻鏡の地名（8）コウノダケ（神嵩）（雨宮郁夫）「逗子吾妻鏡研究」　逗子吾妻鏡研究会　27　2002.7

光風荘

二・二六事件を伝える光風荘（地域で戦争を伝えるものを調べて）（岡本史郎）「戦争と民衆」　戦時下の小田原地方を記録する会　52　2004.4

光明寺

二子村の成立と光明寺（研究）（鈴木博）「川崎研究」　川崎郷土研究会　（52）2014.5

耕余塾

相模国高座郡羽鳥村の私塾「耕餘塾」 明治5年から明治30年まで（村上享子）「わが住む里」　藤沢市総合市民図書館　通号57　2008.3

耕余塾と茅ヶ崎ゆかりの人々（尾坂郭子）「郷土ちがさき」　茅ヶ崎郷土会　（130）2014.5

強羅

箱根強羅にあった二つの山荘 斎藤茂吉の箱根山荘と星一の星山荘（佐宗欣二）「扣之帳」　扣之帳刊行会　（18）2007.12

強羅を通った大名行列（佐宗欣二）「扣之帳」　扣之帳刊行会　（22）2008.12

関東　　　　　　　　　　地名でたどる郷土の歴史　　　　　　　　　　神奈川県

腰越

史跡めぐり 中世の江ノ島を歩く―腰越と江ノ島（上島由希子，渡邊大地）「日本史攷究」 日本史攷究会　（33） 2009.11

小柴崎

ペリー艦隊が見た地形（3） 小柴崎から八幡鼻にかけての海食崖（松田磐余）「Collegio」 之潮　（45） 2011.7

古清水旅館

ご近所紀行―古清水旅館と空襲体験（青木良一）「小田原史談 ： 小田原史談会々報」 小田原史談会　（211） 2007.10

小杉

溝口・小杉・登戸の中心街の変遷（小川一朗）「川崎研究」 川崎郷土研究会　（45） 2007.5

小杉御殿

小杉御殿についての一試論（望月一樹）「品川歴史館紀要」 品川区立品川歴史館　（26） 2011.3

中原街道の「カギ道」と小杉御殿跡―直角に折れ曲がる歴史をさかのぼる（研究）（村田文夫）「川崎研究」 川崎郷土研究会　（52） 2014.5

御殿場線

聞き取り 御殿場線の廃止トンネルにできた送信所―玉音放送の海外への送信（細谷覚）「戦争と民衆」 戦時下の小田原地方を記録する会　（54） 2005.3

県内歴史研究会―御殿場線とその沿線の歴史探訪 山北町鉄道公園・線守稲荷・足柄城跡・竹之下古戦場・宝鏡院・裾野市中央公園（視察研究）（藪田米雄，池島孝）「於保為」 大井町郷土史研究会　（25） 2008.2

小松城

相模小松城址について（池田光雄）「中世城郭研究」 中世城郭研究会　（25） 2011.7

米神

関東大震災の片浦村米神あたり（植田博之）「小田原史談 ： 小田原史談会々報」 小田原史談会　（206） 2006.7

小八幡

酒匂町小八幡へ焼夷弾投下（譲原良二）「小田原史談 ： 小田原史談会々報」 小田原史談会　（206） 2006.7

互楽荘

資料紹介 「互楽荘」案内パンフレット（百瀬敏夫）「市史通信」 横浜市史資料室　（18） 2013.11

権現山城

権現山城（横浜市）について（目黒公司）「中世城郭研究」 中世城郭研究会　（25） 2011.7

最乗寺

大雄山最乗寺を訪ねて（矢倉沢往還最終回）（荻山勝重）「県央史談」 県央史談会　（46） 2007.1

幸町

写真から覗く民間の活力―大正初期の幸町の町並みより（石綿勉）「小田原史談 ： 小田原史談会々報」 小田原史談会　191 2002.10

産土（誕生地）紀行 小田原消防組と幸町界隈（1）（植田博之）「小田原史談 ： 小田原史談会々報」 小田原史談会　（209） 2007.3

境川

暴れ川 境川と「鶴間」（各地研究会の動き）（福田弘夫）「日本地名研究所通信」 日本地名研究所　（76） 2013.2

マイフォトグラフ 境川の氾濫（間塚恭一）「大和市史研究」 大和市文化スポーツ部　（38） 2013.6

坂田山

1932（昭和7）年 "天国に結ぶ恋" 坂田山心中事件［第21号］「西さがみ庶民史録」 西さがみ庶民史録の会　50 2003.5

相模

川村清兵衛「房総相模御備場取調書」について（嶋村元宏）「神奈川県立博物館研究報告.人文科学」 神奈川県立歴史博物館　（29） 2003.3

相模工業のこと（小原隆）「さがみはら市史編さんだより」 相模原市総務局　12 2003.5

相模・南多摩の撚糸水車―半原撚糸を中心に（浜田弘明）「多摩のあゆみ」 たましん地域文化財団　115 2004.8

近世相模の被差別部落史の再検討―身分間の争議の事例を通じて（鳥山洋）「明日を拓く」 東日本部落解放研究所，解放書店（発売）31（4）通号59 2005.3

相模女（木村博）「扣之帳」 扣之帳刊行会　（15） 2007.3

面白い日本史・永享の乱 将軍を籤引きで決めた余波が伊豆・相模に争乱を起こす原因「豆州歴史通信」 豆州研究社歴史通信部　（388） 2007.5

記念講演記録 江戸城修築と相模・伊豆の石丁場（野中和夫）「利根川文化研究」 利根川文化研究会　通号30 2007.11

論文 南北朝期相模守護と鎌倉―河越氏の守護時代を中心に（落合義明）「三浦一族研究」 横須賀市　（12） 2008.3

平成20年度 講演会「古代の相模」講師・大上周三氏「神奈川県歴史資料取扱機関連絡協議会会報」 神奈川県歴史資料取扱機関連絡協議会　（34） 2008.11

中世相模における水系と開発（《2007年度総会研究報告》）（中元幸二）「神奈川地域史研究」 神奈川地域史研究会　（26） 2008.12

随筆 旧国名「相模」について（田中將浩）「県央史談」 県央史談会　（49） 2010.1

東海道古瓦の系譜（6）―相模（稲垣晋也）「史料 ： 皇學館大學研究開発推進センター史料編纂所報」 皇學館大学研究開発推進センター史料編纂所　（225） 2010.2

江戸湾沿岸の物資流通―幕末の安房と江戸・相模（大会報告要旨―共通論題）（筑紫敏夫）「交通史研究」 交通史学会，吉川弘文館（発売）（75） 2011.9

糟屋村の山口家と相模北部の剣術について（天理理心流や直心影流剣術など）（島﨑秀雄）「県央史談」 県央史談会　（51） 2012.1

相模の豪族・中村氏一族の館跡を訪ねて（居原田邦男）「小田原史談 ： 小田原史談会々報」 小田原史談会　（237） 2014.4

相模武士と交通（小特集 鎌倉武士と馬と街道）（今野慶信）「馬の博物館研究紀要」 馬事文化財団・馬の博物館　（19） 2014.4

相模の豪家と御一新（田嶋悟）「信濃［第3次］」 信濃史学会　66（7）通号774 2014.7

相模大野駅

シリーズ駅・いまむかし（2） 小田急線相模大野駅「さがみはら市史編さんだより」 相模原市総務局　（32） 2006.9

相模海軍工廠

各地の戦跡保存活動の紹介（33） 相模海軍工廠―旧日本海軍唯一の毒ガス工場（矢野慎一）「浅川地下壕の保存をすすめる会ニュース」 浅川地下壕の保存をすすめる会　35 2003.8

相模川

相模川の魚族と漁法（岡部貞一）「県央史談」 県央史談会　40 2001.1

相模川の鮎漁（飯田孝）「多摩のあゆみ」 たましん地域文化財団　110 2003.5

県営相模川左岸用排水路について―歴史をつなぐ灌漑用水（小林晃）「文化資料館調査研究報告」 茅ケ崎市教育委員会　（22） 2013.3

相模川左岸用水受益地域における旧用水路概略と歴史的背景について（小林晃）「文化資料館調査研究報告」 茅ケ崎市教育委員会　（23） 2014.3

相模川橋脚

旧相模川橋脚・第3次確認調査「郷土ちがさき」 茅ヶ崎郷土会　（106） 2006.5

国指定史跡「旧相模川橋脚」保存整備事業完成（羽切信夫）「郷土ちがさき」 茅ヶ崎郷土会　（112） 2008.5

相模座

昭和初期における海老名市河原口の変貌―「東厚木」の呼称と劇場「相模座」を中心に（飯田孝）「えびなの歴史 ： 海老名市史研究」 海老名市　15 2005.3

相模線

資料紹介 相模鉄道沿線鳥瞰図（涌井有希子）「寒川文書館だより」 寒川文書館　3 2008.3

キハ35を追いかけて―写真家が記録した相模線の気動車（特集 相模線とその記録）（則直泰）「寒川町史研究」 寒川町　（24） 2012.3

相模線関連イベント（特集 相模線とその記録）（髙木秀彰）「寒川町史研究」 寒川町　（24） 2012.3

資料紹介 相模線の新聞記事（特集 相模線とその記録）（武藤容子，鳥養圭美）「寒川町史研究」 寒川町　（24） 2012.3

文書館 最近のできごと 町史講座「明治時代の寒川神社」 3月3日（土）/茅ヶ崎歴史散歩の会講座「相模線沿線鳥瞰図を読む」 4月15日（日）/古文書講座 5月26日（土）～ 全6回/ミニ展示「大正時代の寒川」 7月31日（火）～9月22日（土）「寒川文書館だより」 寒川文書館　12 2012.9

相模台

千葉大学工学部跡碑と相模台略史（塩尻英児）「松戸史談」 松戸史談会　（43） 2003.10

相模野

歴史余話（1） 相模野―その景観（神崎彰利）「相模原市史ノート」 相模原市総務局　（1） 2004.3

相模野の入会に関する一考察（草薙由美）「相模原市立博物館研究報告」 相模原市立博物館　13 2004.3

相模野の変遷と慶應大学の誘致（長田良彦）「わが住む里」 藤沢市総合市民図書館　（54） 2005.3

歴史余話（2） 相模野―その開発（神崎彰利）「相模原市史ノート」 相模

神奈川県　　　　　　　　　　　地名でたどる郷土の歴史　　　　　　　　　　　関東

原市総務局　(2) 2005.3
聞き書き 相模野海軍航空隊隊員の記録 話者：吉田一郎「大和市史研究」大和市文化スポーツ部　(38) 2013.6

相模国

近世後期相模国の俵物流通について(安池尋幸)「横須賀市博物館研究報告.人文科学」　横須賀市自然・人文博物館　(44) 2000.3
相模国南部の御鷹場―藤沢の村々を中心に(細川光成)「藤沢市史研究」藤沢市文書館　(36) 2003.3
新発見の『新編相模国風土記稿』草稿について(土井義夫, 亀尾美香)「八王子の歴史と文化 : 郷土資料館研究紀要・年報」八王子市教育委員会　(16) 2004.3
『相中留恩記略』の成立と内容の特質について(斎藤智美)「風俗史学 : 日本風俗史学会誌」　日本風俗史学会　(29) 2005.1
平成16年度秋期特別展記念講演会「古代の相模国―地域社会像の探求―」(鈴木靖民)「自然と文化 : 平塚市博物館研究報告」平塚市博物館　(28) 2005.3
新編相模国風土記稿(読書会)(川瀬基)「いしぶみ」まちだ史考会　(27) 2009.7
近世における旗本家本貫地の形成と特質―相模国を事例として(澤村怜薫)「駒沢史学」駒沢史学会　(81) 2013.12

相模原

地方文書の保管・引継ぎと利用に関するノート―近世相模原17か村の場合(草薙由美)「相模原市立博物館研究報告」相模原市立博物館　12 2003.3
市史座談会「相模原を語る」(田所哲男)「さがみはら市史編さんだより」相模原市総務局　14 2003.9
第8回収蔵品展「ちょっと昔の相模原」/バックヤード 博物館実習/有害生物調査はじまる/学芸員のつぶやき 自然の音、色を正直に、忠実に…「相模原市立博物館news」相模原市立博物館　32 2003.10
空爆下の相模原流域(千葉弘)「県央史談」県央史談会　(43) 2004.1
座談会 相模原を語る(金原左門, 浜田弘明, 岩野秀俊, 小川直之, 石井篁, 安立武晴, 神崎彰利)「相模原市史ノート」相模原市総務局　(1) 2004.3
大地と人類の歴史を記録する相模原(町田洋)「相模原市史ノート」相模原市総務局　2004.3
占領期相模原における弘報委員会について―今井家資料から(五味ゆかり)「相模原市史ノート」相模原市総務局　(1) 2004.3
相模原ものモノ事典 (1) 丹頂形電話ボックス「さがみはら市史編さんだより」相模原市総務局　22 2005.1
相模原ものモノ事典 (2) ロマンスカー3100系「さがみはら市史編さんだより」相模原市総務局　22 2005.3
講演会「相模原の都市化の道を探る」(金原左門)「相模原市史ノート」相模原市総務局　(2) 2005.3
歴史余話(3)～(5) 相模原―その歴史性(1)～(3)(神崎彰利)「相模原市史ノート」相模原市総務局　(3) 2006.3/2008.3
市史講演会 キャンプ座間序章―占領軍と相模原(栗田尚弥)「相模原市史ノート」相模原市総務局　(4) 2007.3
建築文化からみた相模原と津久井(清水擁)「相模原市史ノート」相模原市総務局　(4) 2007.3
講演会 金原左門先生 北名の現代史を新史料でどうとらえるか 相模原・町田(塩田安示)「いしぶみ」まちだ史考会　(28) 2009.12
県内歴史探訪―相模原方面 旧中村家住宅・勝坂遺跡・無量光寺・尾崎咢堂記念館・小原宿本陣等見学 幹事：加藤弥千代・小林恵子(視察研究)「於保為」　大井町郷土史研究会　(31) 2011.9
高度成長と「生活景観」の変化―戦後相模原の市民のくらし(浜田弘明)「相模原市史ノート」相模原市総務局　(9) 2012.3

相模原市

出番を待つ3万枚―写真整理の現場から(小田原澪)「さがみはら市史編さんだより」　相模原市総務局　11 2003.3
前市史編集室の写真から(9)(増島亮子)「さがみはら市史編さんだより」相模原市総務局　11 2003.3
前市史編集室の写真から(8),(10)～(18)(方波見淳)「さがみはら市史編さんだより」　相模原市総務局　10/20 2003.1/2004.9
現代編探訪(1) 防衛庁第四研究所(五味ゆかり)「さがみはら市史編さんだより」相模原市総務局　13 2003.7
現代編探訪(2) 畑地かんがい事業の碑(小田原澪)「さがみはら市史編さんだより」相模原市総務局　14 2003.9
現代編探訪(3) 行幸道路(小山優美)「さがみはら市史編さんだより」相模原市総務局　15 2003.11
相模原市構想鳥瞰図(小原隆)「さがみはら市史編さんだより」相模原市総務局　16 2004.1
現代編探訪(4) 砂利専用引込線跡(五味ゆかり)「さがみはら市史編さんだより」相模原市総務局　16 2004.1
鳥瞰図の作者が判明「さがみはら市史編さんだより」相模原市総務局　17 2004.3
現代編探訪(5) 相模原市青年の家跡(小田原澪)「さがみはら市史編さんだより」相模原市総務局　17 2004.3
相模原市史と米軍資料(栗田尚弥)「相模原市史ノート」相模原市総務局　(1) 2004.3
歴史の無い町の歴史について(井上明夫)「相模原市史ノート」相模原市総務局　(1) 2004.3
現代編資料探訪(上) 田所長義氏収集新聞記事スクラップ(夏井美奈子)「さがみはら市史編さんだより」相模原市総務局　18 2004.5
現代編資料探訪(下) 相模ダム建設労働者募集チラシ(五味ゆかり)「さがみはら市史編さんだより」相模原市総務局　19 2004.7
相模原市制50周年記念展「相模原―その開発と変貌」「相模原市立博物館news」相模原市立博物館　36 2004.10
こんなに使える相模原市史「現代図録編」「さがみはら市史編さんだより」相模原市総務局　22 2005.1
トピックス/学芸員がみた「さがみはら」 山が無いのに山がある？/星空案内板「相模原市立博物館news」相模原市立博物館　37 2005.1
新聞記事に見る相模原 神奈川新聞複写・収集作業から/災害から資料を守る「さがみはら市史編さんだより」相模原市総務局　23 2005.3
市史としての図録―相模原市史「現代図録編」さんから(浜田弘明)「相模原市史ノート」相模原市総務局　(2) 2005.3
市民が調べた相模原市内の「団子焼き」(1),(2),(4),(5)(加藤隆志, 道祖神を調べる会)「相模原市立博物館研究報告」相模原市立博物館　14/18 2005.3/2009.3
相模原ものモノ事典 (3) オート三輪「さがみはら市史編さんだより」相模原市総務局　24 2005.5
学習資料展「大地さんと未来さんが見つける ちょっと昔のくらし2」「相模原市立博物館news」相模原市立博物館　41 2006.1
学芸員がみた「さがみはら」「152→1673」(秋山幸也)「相模原市立博物館news」相模原市立博物館　44 2006.10
新「相模原市」誕生記念学習資料展「大地さんと未来さんが見つける ちょっと昔の暮らし3」「相模原市立博物館news」相模原市立博物館　45 2007.1
新「相模原市」誕生記念 学習資料展「大地さんと未来さんがつける ちょっと昔のくらし3」「相模原市立博物館news」相模原市立博物館　45 2007.1
市民が調べた相模原市内の「団子焼き」(3) 平成18年の調査報告と3年間のまとめ(加藤隆志, 道祖神を調べる会)「相模原市立博物館研究報告」相模原市立博物館　16 2007.3
相模原の大地を空撮！/ある日の調査から―民俗編/「耳で聞く市史」2年半をかけて完成！―視覚障がいを持つ方のために/自然編の刊行迫る 市長への概要説明/市史講演会「日本歴史の中の相模原―津久井地域(1)」「さがみはら市史編さんだより」相模原市総務局　(47) 2009.3
『相模原市史』資料探訪懇談会記録(3)～(5)「相模原市史ノート」相模原市総務局　(6)/(8) 2009.3/2011.03
相模原市の「大型店問題」と出店調整(箸本健二)「相模原市史ノート」相模原市総務局　(7) 2010.3
市史講演会「相模原市の商業政策をめぐる現代史」―大型店の「出店調整」はどう行われたか？(箸本健二)「相模原市史ノート」相模原市総務局　(11) 2014.3

相模平野

平成23年(2011年)東北地方太平洋沖地震における相模平野での地震被害と微地形との関係(森慎一, 家入真理子, 芹澤宣孝, 篠原憲一, 飯田和好)「自然と文化 : 平塚市博物館研究報告」平塚市博物館　(35) 2012.3

相模陸軍造兵廠

相模陸軍造兵廠における生産と労働―旧勤務者の聞き取り調査から(浜田弘明)「相模原市史ノート」相模原市総務局　(10) 2013.3
相模陸軍造兵廠聞き取り調査(1) 造兵廠第三工場に勤務して 話者：中島梅雄ほか「相模原市史ノート」相模原市総務局　(10) 2013.3
相模陸軍造兵廠聞き取り調査(2) 造兵廠と浅野重工に勤務した日々 話者：井上明光・永井照彰「相模原市史ノート」相模原市総務局　(10) 2013.3

相模湾

1945(昭和20)年9月Xデー アメリカ軍の相模湾上陸計画[第8号](森村誠一)「西さがみ庶民史録」西さがみ庶民史録の会　50 2003.5
満州から来た相模湾防衛軍(千葉弘)「県央史談」県央史談会　(48) 2009.1
相模湾における汽船交通史(奥津弘高)「小田原市郷土文化館研究報告」小田原市郷土文化館　(46) 2010.3
小麦をめぐる流通ネットワーク―東京湾・相模湾の湊と醤油や味噌の醸造地帯(大会報告要旨―共通論題)(西川武臣)「交通史研究」交通史学会, 吉川弘文館(発売)　(75) 2011.9
小麦と大豆をめぐる流通ネットワーク―東京湾・相模湾の湊と醤油や味

関東　　　　　　　　　　　　　地名でたどる郷土の歴史　　　　　　　　　　　　　神奈川県

噌の醸造地帯（共通論題論文）（西川武臣）「交通史研究」交通史学会,
　吉川弘文館（発売）（76）2012.2
万延元年関東取締出役の相模湾津留政策（早田旅人）「自然と文化 : 平
　塚市博物館研究報告」平塚市博物館（37）2014.3

酒匂
酒匂史談（6）～（15）,（17）～（21）（川瀬速雄）「小田原史談 : 小田原史
　談会々報」小田原史談会　184/（203）2001.1/2005.10
僕が使っていた酒匂地方の言葉（讓原良二）「小田原史談 : 小田原史談
　会々報」小田原史談会（207）2006.10
続・酒匂史談［1］～（3）,（5）,（6）（川瀬速雄）「小田原史談 : 小田原史
　談会々報」小田原史談会（210）/（215）2007.7/2008.10

酒匂川
富士山の噴火と村々の田畑復興に関する嘆願運動・数度に亘る酒匂川の
　洪水と治水工事（市川鈆雄）「史談足柄」足柄史談会　42　2004.4
小田原の郷土史再発見 酒匂川の仮橋と酒匂橋の歴史—甦った木橋（石井
　啓文）「小田原史談 : 小田原史談会々報」小田原史談会（209）
　2007.3
田中休愚以前—享保改革期における小田原藩の酒匂川普請（下重清）「小
　田原地方史研究」小田原地方史研究会（24）2007.10
酒匂川の治水史に憶う 来年が現在の酒匂川筋の築造竣工四百年（小野意
　雄）「小田原史談 : 小田原史談会々報」小田原史談会（215）2008.
　2
富士山と酒匂川（小林富幸）「於保呂」大井町郷土史研究会（28）
　2009.5
大久保公の築堤と生活を護り育てた人びと—酒匂川治水四百年に学ぶ
　（内田頌）「扣之帳」扣之帳刊行会（27）2010.3
「酒匂川治水四百年を考える小田原・足柄住民の集い」開催される/「小
　田原史談会」集会でパネル展示「小田原史談 : 小田原史談会々報」
　小田原史談会（221）2010.4
酒匂川治水400年（山口伸,　籔田米雄）「於保呂」大井町郷土史研究会
　（30）2011.5
講演 酒匂川の治水と大岡忠相 講師：中根賢「於保呂」大井町郷土史研
　究会（30）2011.5
宝永の噴火と酒匂川流域の災害（特集 流域の災害）（小野英樹）「利根川
　文化研究」利根川文化研究会（38）2014.12

酒匂小学校
酒匂小学校の御真影焼失事件 杉坂タキ訓導、死の真相［第1号］（岩本
　努）「西さがみ庶民史録」西さがみ庶民史録の会　50　2003.5

酒匂堰
酒匂堰について（佐久間俊治）「小田原史談 : 小田原史談会々報」小田
　原史談会（219）2009.10

酒匂橋
小田原の郷土史再発見 酒匂川の仮橋と酒匂橋の歴史—甦った木橋（石井
　啓文）「小田原史談 : 小田原史談会々報」小田原史談会（209）
　2007.3

桜町
桜町仕法はなぜ継続されたのか（1）～（3）（尾上武）「扣之帳」扣之帳刊
　行会（36）/（38）2012.6/2012.12
桜町の年貢の運ばれた道（尾上武）「扣之帳」扣之帳刊行会（40）
　2013.6
桜町仕法における文政八年の不作（尾上武）「扣之帳」扣之帳刊行会
　（41）2013.9
桜町における村人口増の問題（尾上武）「扣之帳」扣之帳刊行会（44）
　2014.6

桜山
逗子の地名（6）「桜山」（雨宮郁夫）「手帳 : 逗子の郷土誌」手帳の会
　（174）2008.12

桜山丘陵
桜山丘陵の道とヤマトタケル道を想う（鵠泰）「郷土誌葉山」葉山郷土史
　研究会（10）2013.4

桜山村
逗子市元桜山村の旧家の調査から（黒田康子）「三浦半島の文化」三浦半
　島の文化を考える会（13）2003.10

佐奈田飴本舗
初代佐奈田飴本舗のはなし（剣持芳枝）「小田原史談 : 小田原史談会々
　報」小田原史談会（235）2013.10

座間
座間を歩く/史跡めぐり「郷土ちがさき」茅ヶ崎郷土会（106）2006.5
「座間分離問題」をめぐる政治過程（沖川伸夫）「相模原市史ノート」相
　模原市総務局（6）2009.3
座間分離問題をめぐる政治過程（研究会報告要旨—第67回例会）（沖川伸
　夫）「首都圏形成史研究会会報」首都圏形成史研究会（24）2010.8

座間宿村
名主日記にみる村の文書と捺印—座間宿村庄右衛門の元文四年日記から
　（千葉真由美）「郷土神奈川」神奈川県立図書館（46）2008.2

寒川
寒川の酒造業（田中勉）「寒川町史研究」寒川町　14　2001.3
《特集 寒川の災害》「寒川町史研究」寒川町（17）2004.3
特集にあたって—関東大震災と寒川（内海孝）「寒川町史研究」寒川町
　（17）2004.3
展示会記録 寒川の絵はがき「寒川町史研究」寒川町（17）2004.3
寒川の50冊—地域文献活用ガイド《特集 使ってみよう 寒川の記録資
　料》（涌井有希子,　渡辺真治）「寒川町史研究」寒川町（19）2006.3
展示記録 国勢調査と寒川—公文書が語る歴史2「寒川町史研究」寒川町
　（19）2006.3
寒川文書館開館記念講演 地域の歴史を学ぶ喜び—市民がどう歴史資料
　とむきあうか《特集 ようこそ！ 文書館へ》（平野雅道）「寒川町史
　研究」寒川町（20）2007.3
「クイズ きみも寒川はかせ」の作成にあたって（渡辺真治）「寒川町史研
　究」寒川町（20）2007.3
文書館 最近のできごと/第2回企画展「寒川の学校130年のあゆみ—学校
　教育資料の紹介をとおして—」/寒川高校インターンシップ奮闘記/最
　近のレファレンスから「寒川文書館だより」寒川文書館　2　2007.9
上映会「映像で見る懐かしの寒川」（寒川文書館開館一周年記念事業）
　（高木秀彰）「寒川町史研究」寒川町（20）2007.3
第2回企画展「寒川の学校一三〇年のあゆみ」（展示会記録）（涌井有希
　子）「寒川町史研究」寒川町（21）2008.3
第6回企画展「広報さむかわの60年」「寒川文書館だより」寒川文書館
　6　2009.9
町制施行70周年記念事業「寒川文書館だより」寒川文書館　9　2011.3
文書館 最近のできごと 町史講座「明治時代の寒川神社」3月3日（土）/
　茅ヶ崎歴史散歩の会講演「相模線沿線鳥瞰図を読む」4月15日（日）/
　古文書講座 5月26日（土）～全6回/ミニ展示「大正時代の寒川」7月
　31日（火）～9月22日（土）「寒川文書館だより」寒川文書館　12
　2012.9
第14回企画展 さむかわの道 平成25年3月～8月31日「寒川文書館だよ
　り」寒川文書館　14　2013.3
企画展「関東大震災と寒川」（特集 関東大震災と寒川）（渡辺真治）「寒川
　町史研究」寒川町（26）2014.3
上映会記録「関東大震災と防災対策」（特集 関東大震災と寒川）（高木秀
　彰）「寒川町史研究」寒川町（26）2014.3
出前講座「寒川の歴史・倉見の歴史」/頼輔先生の手紙 補遺「寒川文書館
　だより」寒川文書館　15　2014.3

寒川駅
商家からみた寒川駅前（特集 相模線とその記録）（宮代鈴子）「寒川町史
　研究」寒川町（24）2012.3
国鉄職員のみた寒川駅（特集 相模線とその記録）（大久保嘉幸）「寒川町
　史研究」寒川町（24）2012.3

寒川町民センター
表紙解説 寒川町民センター緞帳原画（部分）「寒川町史研究」寒川町
　（26）2014.3

寒川町
史料紹介 学童集団疎開引率教員の日記（椿田卓士）「寒川町史研究」寒
　川町　14　2001.3
寒川町内の近世交通関係資料（椿田卓士）「寒川町史研究」寒川町　15
　2002.3
史料紹介 関東大震災の記録「寒川町史研究」寒川町（17）2004.3
寒川町の災害年表（椿田卓士）「寒川町史研究」寒川町（17）2004.3
講演会記録 町史講座 砂利の近代史（内海孝）「寒川町史研究」寒川町
　（17）2004.3
新発見の遺跡からみた寒川町の歴史—旧石器時代から歴史時代まで（鈴
　木保彦）「寒川町史研究」寒川町（18）2005.3
『寒川町史』16別編 ダイジェスト「さむかわ歴史ものがたり100」（石井
　日出男）「寒川町史研究」寒川町（18）2005.3
寒川町史年表稿（平成16年=2004）「寒川町史研究」寒川町（18）
　2005.3
第3回企画展「昭和40年のまち探検」（展示会記録）（渡辺真治）「寒川町史
　研究」寒川町（21）2008.3
寒川町史年表稿（平成19年）「寒川町史研究」寒川町（21）2008.3
寒川町史年表稿/寒川文書館業務日誌「寒川町史研究」寒川町（22）
　2009.3
広報さむかわの60年（展示会記録）（椿田有希子）「寒川町史研究」寒川
　町（23）2010.3
寒川町史年表稿/寒川文書館業務日誌「寒川町史研究」寒川町（23）
　2010.3

神奈川県　　地名でたどる郷土の歴史　　関東

寒川町史年表稿/寒川文書館日誌「寒川町史研究」　寒川町　（24）2012.3

寒川町史年表稿/寒川文書館業務日誌「寒川町史研究」　寒川町　（25）2013.3

寒川町史年表稿/寒川文書館業務日誌「寒川町史研究」　寒川町　（26）2014.3

寒川村

寒川村ができたころ（展示会記録）（林宏美）「寒川町史研究」　寒川町（23）2010.3

第7回企画展「寒川村ができたころ─120年前の世界─」収蔵庫の資料から（4）/文書館 最近のできごと「寒川文書館だより」　寒川文書館　7　2010.3

資料紹介 寒川尋常小学校のグランドピアノ披露式─写真が語る寒川村のモダニズム（真田耿子さん所蔵）（内海孝）「寒川文書館だより」　寒川文書館　8　2010.9

猿島要塞

明治から昭和の戦争遺跡 横須賀軍港・猿島要塞跡を訪ねる（中田均）「浅川地下壕の保存をすすめる会ニュース」　浅川地下壕の保存をすすめる会　（84）2011.10

三ヶ浦

三ヶ浦物語（1）～（3）（吉田耕一）「郷土誌葉山」　葉山郷土史研究会（1）/（3）2004.4/2006.4

三渓園

横浜三渓園にある滋賀県内の道標（大塚活美）「蒲生野」　八日市郷土文化研究会　通号42　2010.12

第955回例会 横浜・三渓園（矢ヶ崎善太郎）「史迹と美術」　史迹美術同攷会　81（3）通号813　2011.3

三渓園と小野光景記念碑（広域特集─第36回上伊那歴史研究会県外実地踏査報告「八王子・横浜と絹の道を訪ね伊那との関連を現地に探る」）（北原利雄）「伊那路」　上伊那郷土研究会　55（12）通号659　2011.12

JR川崎駅

JR川崎駅西口再開発地区を尋ねて─近代工業発祥の地は今（市内巡検報告）（武山豊彦）「川崎研究」　川崎郷土研究会　（44）2006.5

JR鶴見駅

JR鶴見駅西口周辺の思い出（池田弘哉）「郷土つるみ」　鶴見歴史の会（68）2010.5

JR鶴見線

表紙 JR鶴見線（旧鶴見臨海鉄道）の頭端式（とうたんしき）高架ホーム「郷土つるみ」　鶴見歴史の会　（72）2013.10

汐田の渡し

汐田の渡し二題 持丸輔夫氏遺稿「寺尾の史話雑録」から「郷土つるみ」　鶴見歴史の会　（61）2006.3

塩付道

第143回例会 地名探訪 長後・下土棚の史跡を訪ねて─大山道・星の谷道・塩付道周辺「藤沢地名の会会報」　藤沢地名の会　（61）2006.5

汐見台

開架資料紹介 『汐見台ニュース』（羽田博昭）「市史通信」　横浜市史資料室　（18）2013.11

潮見橋

潮見橋架橋の周辺─鶴見区誕生前夜（中嶋昭）「郷土つるみ」　鶴見歴史の会　（61）2006.3

鴫立庵

戦中戦後の鴫立庵─18世庵主鈴木芳如の時代（松元宏）「大磯町史研究」　大磯町　10　2003.3

新町発足後の鴫立庵─歴史文化遺産・観光資源としての継承（松元宏）「大磯町史研究」　大磯町　（14）2007.3

近代の鴫立庵─11世庵主寿道～17世庵主処人の時代（松元宏）「大磯町史研究」　大磯町　（15）2008.3

地蔵堂

小田原用水・地蔵堂・松永記念館・内野醤油店・板橋見附─小田原の歴史をあるく（田代道彌）「小田原市郷土文化館研究報告」　小田原市郷土文化館　（49）2013.3

七桶

七桶（コラム）（田中富）「郷土誌葉山」　葉山郷土史研究会　（8）2011.4

師長国

相武国・師長国・鎌倉之別の史料的再検討（鳥養直樹）「神奈川地域史研究」　神奈川地域史研究会　（21）2003.3

七里ヶ浜

余録 鎌倉乃記（2）七里ヶ浜（1）御白（坂本俊雄）「鎌倉」　鎌倉文化研究会　通号107　2009.6

余録 鎌倉乃記（3）七里ヶ浜（2）斉・「昂」・「我等」（坂本俊雄）「鎌倉」

鎌倉文化研究会　通号108　2009.12

篠原城

篠原城・新知見の新横浜駅脇の城（中澤伸矢）「城郭史研究」　日本城郭史学会, 東京堂出版（発売）（28）2009.3

篠原城山城

深沢城・富張城における篠原城山城の位置（伊藤慎二）「中世城郭研究」　中世城郭研究会　（20）2006.7

芝崎

芝崎の七井戸（鈴木勝巳）「郷土誌葉山」　葉山郷土史研究会　（9）2012.4

芝生村

資料紹介 明治二年芝生村にて外国人負傷御尋一件落着（内田四方蔵）「とみづか」　戸塚歴史の会　（33）2007.6

芝生村物語─浅間町の今昔（藤江武）「横浜西区郷土史研究会会報」　横浜西区郷土史研究会　（41）2013.10

渋沢金井公園

渋沢金井公園（畫間松之助）「郷土つるみ」　鶴見歴史の会　（70）2012.3

渋谷村

決算書から見た戦時下町村─大和村（町）・渋谷村（町）・北秦野村の場合（古野恭代）「大和市史研究」　大和市文化スポーツ部　通号35　2010.3

下飯田村

下飯田村最後の地図（翠川宣子）「郷土いずみ」　（12）2006.5

下浦

三浦半島における野菜生産地域の発展とその歴史的基盤─下浦地域を事例として（清水克志, 清水ゆかり）「歴史地理学調査報告」　筑波大学人文社会科学研究科歴史・人類学専攻歴史地理学研究室　（12）2006.3

近代三浦半島における生業形態からみた地曳網漁の様相─下浦地域を事例として（田村真実, 吉田国光, 市川康夫）「歴史地理学野外研究」　筑波大学人文社会科学研究科歴史・人類学専攻歴史地理学研究室（14）2010.3

下小田中

中原街道の家並み（明治・大正・昭和）─下小田中地区（研究）（羽田猛）「川崎研究」　川崎郷土研究会　（52）2014.5

下曽我

下曽我の空の下で（古川一枝）「小田原史談 : 小田原史談会々報」　小田原史談会　（205）2006.3

下曽我駅

下曽我駅周辺の惨状［第6号］（内田武雄）「西さがみ庶民史録」　西さがみ庶民史録の会　50　2003.5

下町

軍港都市横須賀における商工業の展開と「御用商人」の活動─横須賀下町地区を中心として（双木俊介）「歴史地理学野外研究」　筑波大学人文社会科学研究科歴史・人類学専攻歴史地理学研究室　（14）2010.3

下土棚

第143回例会 地名探訪 長後・下土棚の史跡を訪ねて─大山道・星の谷道・塩付道周辺「藤沢地名の会会報」　藤沢地名の会　（61）2006.5

下鶴間村

近世後期、旗本知行所における文書管理認識の変容─相模国高座郡下鶴間村を事例として（澤村怜薫）「大和市史研究」　大和文化スポーツ部　（37）2012.3

下山川

絵図が語る下山川下流の物語（特集 下山口─下山口の歴史と暮らし）（鳥居信吉）「郷土誌葉山」　葉山郷土史研究会　（7）2010.4

下山口

下山口概説（特集 下山口─下山口の歴史と暮らし）（森田昌明）「郷土誌葉山」　葉山郷土史研究会　（7）2010.4

昔の下山口─明治・大正期の写真（特集 下山口─下山口の歴史と暮らし）（編集部）「郷土誌葉山」　葉山郷土史研究会　（7）2010.4

江戸時代の絵図（沼田米子氏所蔵絵図）（特集 下山口─下山口の歴史と暮らし）（編集部）「郷土誌葉山」　葉山郷土史研究会　（7）2010.4

下山口の字・地名の由来（特集 下山口─下山口の歴史と暮らし）（鶴泰）「郷土誌葉山」　葉山郷土史研究会　（7）2010.4

「宗門人別書上帳」にみる下山口の屋号と家紋 附・葉山南御用邸（南邸）と県立葉山公園が出来るまで（特集 下山口─下山口の歴史と暮らし）（今井俊夫）「郷土誌葉山」　葉山郷土史研究会　（7）2010.4

太平洋戦争の戦いの跡（特集 下山口─下山口の歴史と暮らし）（沼田直彦）「郷土誌葉山」　葉山郷土史研究会　（7）2010.4

「三崎道」と下山口商店街（特集 下山口─下山口の歴史と暮らし）（滝本誠一）「郷土誌葉山」　葉山郷土史研究会　（7）2010.4

山口理髪店の歴史─伝統技術とハイカラさん（特集 下山口─下山口の歴史と暮らし）（矢嶋道文）「郷土誌葉山」　葉山郷土史研究会　（7）

2010.4

古文書にみる下山口 (古文書部会活動) (濱岡辰紀)「郷土誌葉山」 葉山郷土史研究会 (7) 2010.4

下山口・葉山かっぱ村誕生秘話 (コラム) (金城宏孟)「郷土誌葉山」 葉山郷土史研究会 (7) 2010.4

下山口村

御と郷村—下山口村 (特集 下山口—下山口の歴史と暮らし) (黒田康子)「郷土誌葉山」 葉山郷土史研究会 (7) 2010.4

近世後期下山口村近辺農漁村の諸稼 (古文書部会活動) (黒田康子)「郷土誌葉山」 葉山郷土史研究会 (7) 2010.4

下和田

下和田地区の地下壕について (地域の資料から) (石井茂)「郷土いずみ」 (18) 2012.5

周興華洋琴専製所

横浜華僑のピアノ製造 周興華洋琴専製所を中心に (伊藤泉美)「横浜開港資料館紀要」 横浜市ふるさと歴史財団 (32) 2014.3

十二所

鎌倉の地名考 (26)—十二所 (三浦勝男)「鎌倉」 鎌倉文化研究会 92 2001.6

十文字橋

足柄を散策する (4) 文学遺跡を尋ねて 十文字橋から吉田島辺りまで (杉山博久)「扣之帳」 扣之帳刊行会 (13) 2006.9

純水館・茅ヶ崎製糸場

純水館・茅ヶ崎製糸場と富岡製糸場 (世界遺産暫定リスト記載) (羽切信夫)「郷土ちがさき」 茅ケ崎郷土会 (113) 2008.9

松潮園

華族の別荘生活—茅ヶ崎土井利剛別荘「松潮園日誌」を読む (島本千也)「茅ヶ崎市史研究」 茅ケ崎市 (30) 2006.3

湘南

戦後湘南地域における商勢の変遷—茅ヶ崎商業「谷間論」から (本宮一男)「茅ヶ崎市史研究」 茅ケ崎市 24 2000.3

湘南方面口留番所出役日記 (史料紹介) (小原覚右衛門)「歴史春秋」 歴史春秋社 (57) 2003.4

湘南の誕生 (歴史講座) (小風秀雅)「藤沢市史研究」 藤沢市文書館 (37) 2004.3

松竹大船撮影所と湘南の風景 (歴史講座) (加藤厚子)「藤沢市史研究」 藤沢市文書館 (37) 2004.3

湘南地域の住宅地化と海水浴場—鵠沼地区を中心に (八田恵子)「藤沢市史研究」 藤沢市文書館 (38) 2005.3

「湘南」雑感 (重田寿)「わが住む里」 藤沢市総合市民図書館 通号55 2006.3

聞取り調査報告 湘南地区労の歩みと東京蝶子「藤沢市史研究」 藤沢市文書館 (39) 2006.3

「湘南」地名由来の考察—特にその禅語由来説について (小栗隆博)「鎌倉」 鎌倉文化研究会 通号109 2010.7

地名講演会 (2011.6.18) 講演要旨 変わりゆく湘南の自然 (岸一弘)「藤沢地名の会会報」 藤沢地名の会 (77) 2011.9

地名講演会 (2012.10.27) 講演要旨 ふるさと 湘南の浜辺—辻堂演習場の思い出から始まるよもやま話 (荒井三七雄)「藤沢地名の会会報」 藤沢地名の会 (81) 2013.2

地名「湘南」の小さな話 (田口康男)「横浜西区郷土史研究会会報」 横浜西区郷土史研究会 (42) 2014.4

湘南大橋

新湘南大橋上り線開通「郷土ちがさき」 茅ケ崎郷土会 (118) 2010.5

湘南国際村

ゴルフ場・湘南国際村開発の経緯 (《特集 上山口—にほんの里100選》) (三留勲)「郷土誌葉山」 葉山郷土史研究会 (6) 2009.4

湘南市

「湘南市」構想の…自然崩壊 (村上清)「全国地名研究交流誌 地名談話室」 日本地名研究所 18 2003.9

称名寺

金沢文庫と称名寺と (高崎繁雄)「西上総文化会報」 西上総文化会 (64) 2004.3

松籟荘

松籟荘 (「しょうらいそう」の想いで) (羽切信夫)「郷土ちがさき」 茅ケ崎郷土会 (129) 2014.1

新子安海水浴場

特別資料コーナー 新子安海水浴場 (上田由美)「開港のひろば : 横浜開港資料館館報」 横浜開港資料館 (109) 2010.7

尋常高等第一葉山小学校

一色にあった「尋常高等第一葉山小学校」(守谷ウメ, 鈴木寅治)「郷土誌葉山」 葉山郷土史研究会 (2) 2005.4

新城城

新城城と亀姫—小田原谷津の永久寺と桃源寺 (今川徳子)「扣之帳」 扣之帳刊行会 (20) 2008.6

真土

地租改正と真土事件 (会の事業から) (山形伸也)「郷土いずみ」 (18) 2012.5

真名瀬

私の見た眞名瀬と森戸の80年 (小山泰治)「郷土誌葉山」 葉山郷土史研究会 (3) 2006.4

「眞名瀬」いろいろ (特集 続・堀内) (矢島昌一)「郷土誌葉山」 葉山郷土史研究会 (8) 2011.4

向原〜真名瀬旧道歩き (コラム) (編集部)「郷土誌葉山」 葉山郷土史研究会 (8) 2011.4

新名女学校

聞き取り 新名女学校の勤労動員 (坂田龍子, 関田邦枝, 太田里子, 井上行子)「戦争と民衆」 戦時下の小田原地方を記録する会 52 2004.4

神明下

「浅間下・神明下」余話 (藤江武)「横浜西区郷土史研究会会報」 横浜西区郷土史研究会 (22) 2004.4

新百合ヶ丘

会員研究発表 新百合ヶ丘と旧小田急線跡について (星野仁)「川崎研究」 川崎郷土研究会 (52) 2014.5

水神ヶ森

小田原の郷土史再発見 板橋村字水神ヶ森 (石井啓文)「小田原史談 : 小田原史談会々報」 小田原史談会 199 2004.10

翠楼福住旅館

県内歴史研究 箱根関所と古き建築物を訪ねて 箱根関所と宮ノ下富士屋ホテル・湯本の萬翠楼福住旅館・小田原の松永記念館・老欅荘を見学 幹事・清水幸子氏 (視察研究)「於保為」 大井町郷土史研究会 (28) 2009.5

菅沢町

菅澤町小史 (岩澤清次郎)「郷土つるみ」 鶴見歴史の会 54 2001.9

菅澤小史 (3) , (4) (岩澤清次郎)「郷土つるみ」 鶴見歴史の会 56/58 2002.10/2003.10

須賀村

史料紹介 相模原大住郡須賀村廻船関係史料—浦田弘家文書 (早田旅人)「自然と文化 : 平塚市博物館研究報告」 平塚市博物館 (33) 2010.3

杉田梅林

杉田梅林跡から横浜航空隊跡へ (長瀬宏一)「とみづか」 戸塚歴史の会 29 2003.6

逗子

富士山と逗子 (菊池邦彦)「手帳 : 逗子の郷土誌」 手帳の会 170 2002.3

逗子 池子の森は燃えたのか—そして今 ノンポリ市民の見た小都市の戦後略史 (雨宮郁夫)「三浦半島の文化」 三浦半島の文化を考える会 (13) 2003.10

逗子の「味の素工場」(三浦澄子)「手帳 : 逗子の郷土誌」 手帳の会 172 2004.4

逗子の明治風物誌 (森谷定吉)「手帳 : 逗子の郷土誌」 手帳の会 172 2004.4

逗子ライフラインことはじめ (石井喬)「手帳 : 逗子の郷土誌」 手帳の会 172 2004.4

「逗子の風景五十年」から (森谷定吉)「手帳 : 逗子の郷土誌」 手帳の会 172 2004.4

「逗子平成年表」(元年→5年) 稿 (鈴木三喜男)「手帳 : 逗子の郷土誌」 手帳の会 172 2004.4

吾妻鏡の地名 (8) (雨宮郁夫)「逗子吾妻鏡研究」 逗子吾妻鏡研究会 (30) 2005.5

続・逗子の風景五十年 (森谷定吉)「手帳 : 逗子の郷土誌」 手帳の会 (173) 2006.6

逗子平成年表 (6年〜15年) 稿 (鈴木三喜男)「手帳 : 逗子の郷土誌」 手帳の会 (173) 2006.6

逗子の地名 (7) 「逗子・山の根」(最終回) (雨宮郁夫)「手帳 : 逗子の郷土誌」 手帳の会 (174) 2008.12

元禄大地震のこと (菊池邦彦)「手帳 : 逗子の郷土誌」 手帳の会 (174) 2008.12

「逗子平成年表」(16年〜18年) 稿 (鈴木三喜男)「手帳 : 逗子の郷土誌」 手帳の会 (174) 2008.12

筋違橋

小田原城下筋違橋・欄干橋界隈 三好達治来住のころ（田代道彌）「扣之帳」 扣之帳刊行会 （13） 2006.9

逗子市

逗子市域の耕地整理（篠田健三）「手帳 ： 逗子の郷土誌」 手帳の会 （173） 2006.6

古都保存「逗子市における歴史の息吹と みどりのうるおいについて」（長嶌正寿）「季刊明日香風」 古都飛鳥保存財団 32（3）通号127 2013.7

州鼻

一枚の写真（州鼻とその周辺）「ふるさと」 橘郷土会 （36） 2014.2

瀬谷

昭和7年1月1日瀬谷局電話番号「とみづか」 戸塚歴史の会 26 2000.6

瀬谷から上飯田方面を歩く（歴史散歩）（石井善満）「郷土いずみ」 （12） 2006.6

瀬谷学校

〔資料紹介〕 明治9年11月瀬谷学校入費取立帳（有馬純律）「とみづか」 戸塚歴史の会 26 2000.6

瀬谷村

瀬谷村関係資料2点（有馬純律）「とみづか」 戸塚歴史の会 27 2001.6

芹香院

神奈川県立芹香院の開設に関する一考察（惣田充）「京浜歴史科研年報」 京浜歴史科学研究会 （20） 2008.2

浅間下

「浅間下・神明下」余話（藤江武）「横浜西区郷土史研究会会報」 横浜西区郷土史研究会 （22） 2004.4

浅間大神

長柄の田越坂から下小路の浅間大神への道（鳥居信吉）「郷土誌葉山」 葉山郷土史研究会 （4） 2007.4

千津島

市内史跡探訪 斑目から千津島へ（大庭進）「史談足柄」 足柄史談会 45 2007.4

市内史跡めぐり 怒田・上怒田・千津島から壜下へ（湯川達夫）「史談足柄」 足柄史談会 46 2008.4

千津島村

2013年5月11日例会要旨 富士山宝永噴火とその復興過程―相模国千津島村・皆瀬川村を中心に（研究例会報告要旨）（辻林正貴）「地方史研究」 地方史研究協議会 63（5）通号365 2013.10

総持寺

総持寺～生麦事件（歴史散歩）（宮田貞夫）「郷土いずみ」 11 2005.5

京浜工業地帯の地域史（1） 川崎大師と総持寺を結んだ海岸鉄道（鈴木富雄）「郷土つるみ」 鶴見歴史の会 （68） 2010.5

相州

甲・相・駿河国境に関する一考察（初村正信）「古文書を読む会会報」 古文書を読む会 24 2002.3

彦根藩の相州警衛 三浦半島彩色絵図（斎藤祐司）「彦根城博物館だより」 彦根城博物館 65 2004.6

彦根藩の相州警備と西洋流砲術（淺川道夫）「開国史研究」 横須賀市 （5） 2005.3

長州藩の相州警備に見る預所経営と民政思想（竹本知行）「開国史研究」 横須賀市 （5） 2005.3

相州有合預地請戻し慣行の成立とその展開（〈月例会報告要旨〉）（荒木仁朗）「関東近世史研究」 関東近世史研究会 （55） 2005.8

川越藩の相州警備（淺川道夫）「開国史研究」 横須賀市 （7） 2007.3

佐倉藩の相州警備について（山本哲也）「開国史研究」 横須賀市 （7） 2007.3

彦根藩の相州諸台場に関する史料（史料紹介）（淺川道夫）「開国史研究」 横須賀市 （7） 2007.3

相州南東部における嘉永・安政期の地震について―鎌倉方面の諸相も含めて（浪川幹夫）「鎌倉」 鎌倉文化研究会 （113） 2012.7

相州路

歴史の街道・相州路を学ぶ（榎本昌子）「西上総文化会報」 西上総文化会 （63） 2003.3

相武台前駅

シリーズ駅・いまむかし（3） 小田急線相武台前駅「さがみはら市史編さんだより」 相模原市総務局 （33） 2006.11

滄浪閣土塁

滄浪閣土塁の現況報告―小田原城総構海岸土塁と伊藤博文の小田原滄浪閣跡（小笠原清）「小田原市郷土文化館研究報告」 小田原市郷土文化館 （50） 2014.3

曽屋

曽屋区水道創設の歴史的意義―その近代的性格について（近藤尚弘）「秦野市史研究」 秦野市 （25） 2006.3

大鋸

大鋸―藤沢宿の大鋸引職人をめぐって（歴史講座）（西ヶ谷恭弘）「藤沢市史研究」 藤沢市文書館 （39） 2006.3

大鋸（おが・だいぎり）考（上），（中）（出張千秋）「わが住む里」 藤沢市総合市民図書館 通号59/（60） 2010.2/2011.03

大鋸町

藤沢の原点・大鋸町の地理的考察（金子雄次）「わが住む里」 藤沢市総合市民図書館 通号58 2009.3

太鼓櫓址

玉縄城築城500年祭のみどころ―玉縄城を偲ぶコース その2 七曲坂から太鼓櫓址「玉縄城まちだより」 玉縄城址まちづくり会議 （10） 2012.5

第三海堡

第三海堡建設（文化講座）（高橋悦子）「三浦半島の文化」 三浦半島の文化を考える会 （15） 2005.10

大師橋

京浜工業地帯の地域史（1） 産業道路開通のネックとなった大師橋架橋問題をめぐって（鈴木富雄）「郷土つるみ」 鶴見歴史の会 （69） 2011.3

大正村

鎌倉郡大正村・一号国道ダブルウェイの誕生（久野淳一）「郷土神奈川」 神奈川県立図書館 （49） 2011.3

台町

台町の歴史と神奈川二業組合（資料よもやま話）（西川武臣）「開港のひろば ： 横浜開港資料館館報」 横浜開港資料館 （90） 2005.11

田浦町

神奈川県旧田浦町の都市構造に関する一考察（菊地勝広）「横須賀市博物館研究報告.人文科学」 横須賀市自然・人文博物館 （45） 2001.3

高座郡衙

高座郡衙（西方A遺跡）の成立とその社会（《特集 古代地域社会の諸相》）（大上周三）「帝京大学山梨文化財研究所研究報告」 帝京大学山梨文化財研究所，岩田書院（発売） 13 2009.5

高砂緑地

茅ヶ崎海岸別荘地譚―高砂緑地に住んだ実業家（名和稔雄）「郷土ちがさき」 茅ヶ崎郷土会 （108） 2007.1

高島台

資料よもやま話 高島嘉右衛門と大綱山荘―高島台に残る和洋折衷住宅「開港のひろば ： 横浜開港資料館館報」 横浜開港資料館 82 2003.10

鷹取町

鷹取町1丁目界隈（《特集 地図・地名・地理が語る三浦半島》）（町田康子）「三浦半島の文化」 三浦半島の文化を考える会 （19） 2009.10

竹ヶ岡台場

竹ヶ岡台場関係文書・史料目録（山本哲也，淺川道夫）「開国史研究」 横須賀市 （9） 2009.3

竹花町

小田原の郷土史再発見 木挽棟梁一代記と竹花町の町並み（石井啓文）「小田原史談 ： 小田原史談会々報」 小田原史談会 （209） 2007.3

竹松

市内史跡探訪 竹松・向田から和田河原へ（大庭進）「史談足柄」 足柄史談会 47 2009.4

田越川

田越川の中流河川路のうつりかわり（篠田健三）「手帳 ： 逗子の郷土誌」 手帳の会 172 2004.4

田越坂

長柄の田越坂から下小路の浅間大神への道（鳥居信吉）「郷土誌葉山」 葉山郷土史研究会 （4） 2007.4

田島

大企業の進出と地域政治―大正期の橘樹郡田島地域（松本洋幸）「横浜開港資料館紀要」 横浜開港資料館 （22） 2004.3

多々良浜

足利軍の西下作戦 多々良浜合戦の周辺（1）～（3）（堀江和義）「足利文林」 足利文林会 （66）/（70） 2007.5/2009.5

敗者にとっての多々良浜 多々良浜余聞・合戦碑を訪ねて（歴史・郷土研究）（堀江和義）「足利文林」 足利文林会 （76） 2012.6

関東　　　　　　　　　　　　地名でたどる郷土の歴史　　　　　　　　　　　神奈川県

立野

鴨居村字立野（《特集 地図・地名・地理が語る三浦半島》）（古谷彦逸）「三浦半島の文化」 三浦半島の文化を考える会　（19）2009.10

橘

武蔵国久良・都筑・橘域復原（三橋広延）「武蔵野」 武蔵野文化協会 79（2）通号338 2004.3

橘樹郡

展示余話 旧家に残された資料から—橘樹郡茶業組合について（西川武臣）「開港のひろば : 横浜開港資料館館報」 横浜開港資料館 79 2003.2

橘樹郡の女子実業補習学校（《特集 『佐久間権蔵日記』の世界》）（大渕賢一）「京浜歴科研年報」 京浜歴史科学研究会　（21）2009.2

久良岐・橘樹郡の近代教育の礎となった郷学校について（高橋伸和）「郷土つるみ」 鶴見歴史の会　（70）2012.3

橘樹郡の渡来文化を中心に 三次元（標高・地域・年代）でみる 「鶴見どころ80」（高橋伸和）「郷土つるみ」 鶴見歴史の会　（71）2013.3

橘通り

橘通りの今昔（兜倉健）「わが住む里」 藤沢市総合市民図書館　（54）2005.3

立石

二つの立石地名（金子雄次）「わが住む里」 藤沢市総合市民図書館　通号56 2007.3

立場

泉区を歩く 立場〜弥生台（歴史散歩）（清水淹）「郷土いずみ」 11 2005.5

田奈弾薬庫

子どもの国の中の戦争遺跡—田奈弾薬庫を探るフィールドワーク（三井賢徳）「浅川地下壕の保存をすすめる会ニュース」 浅川地下壕の保存をすすめる会　（46）2005.6

多摩川

資料紹介 押立町有文書にみる多摩川の堰料徴収（根本佐智子）「川崎市市民ミュージアム紀要」 川崎市市民ミュージアム 18 2006.3

多摩川の138kmはほんとうか？（長島保）「川崎研究」 川崎郷土研究会　（44）2006.5

夏期講座報告 多摩川と工都川崎のはじまり（武山豊彦）「川崎研究」 川崎郷土研究会　（44）2006.5

玉縄

玉縄と私—私の教育との出会いを演出（能代徳彦）「玉縄城まちだより」 玉縄城址まちづくり会議　（1）2007.11

インタビュー—玉縄万華鏡 長屋門で知られる小坂家 小坂勝代さん/成果が現れてきた七曲坂の美化法師活動「玉縄城まちだより」 玉縄城址まちづくり会議　（3）2008.11

玉縄思い出写真館 上空より見た植木 豊田富美子さんの兄君 昭和27年頃撮影「玉縄城まちだより」 玉縄城址まちづくり会議　（4）2009.5

市民行政の協働だから進む 玉縄の素晴らしさ再発見事業「玉縄城まちだより」 玉縄城址まちづくり会議　（5）2009.11

七十年前の玉縄地域（大嶋文夫）「玉縄城まちだより」 玉縄城址まちづくり会議　（6）2010.5

玉縄思い出写真館 昭和10年の玉縄小学校の卒業生 玉縄3丁目塩田林之助さん「玉縄城まちだより」 玉縄城址まちづくり会議　（7）2010.11

昭和五十年代の玉縄（粂岩男）「玉縄城まちだより」 玉縄城址まちづくり会議　（9）2011.11

玉縄思い出写真館 おんまやさんでお正月の餅つき 豊田冨美子さん「玉縄城まちだより」 玉縄城址まちづくり会議　（9）2011.11

インタビュー—玉縄万華鏡 戸部橋から玉縄城へ 竹林の北條邸 北條美智留さん「玉縄城まちだより」 玉縄城址まちづくり会議　（10）2012.5

玉縄思い出写真館 北條秀司さんとご家族 昭和28年（1953年）頃の柏尾川畔「玉縄城まちだより」 玉縄城址まちづくり会議　（10）2012.5

玉縄城

玉縄城の魅力と地域住民の智慧（伊藤一美）「玉縄城まちだより」 玉縄城址まちづくり会議　（3）2008.11

玉縄城を偲ぶ広場をつくる 玉縄自町連と協力 市長要望書を提出/玉縄城大手門模型完成「玉縄城まちだより」 玉縄城址まちづくり会議（6）2010.5

玉縄城址がある（三木卓）「玉縄城まちだより」 玉縄城址まちづくり会議（7）2010.11

まちづくり5年目の春 玉縄城を偲ぶコース 整備進む「玉縄城まちだより」 玉縄城址まちづくり会議（8）2011.5

玉縄城フィールドミュージアムへ 植木第1号市民緑地誕生「玉縄城まちだより」 玉縄城址まちづくり会議　（10）2012.5

玉縄城築城500年祭のみどころ—玉縄城を偲ぶコース その2 七曲坂から太鼓櫓址「玉縄城まちだより」 玉縄城址まちづくり会議　（10）2012.5

田谷

田谷の洞窟（会員コーナー）（坏三次）「三浦一族研究」 横須賀市　（10）2006.6

段葛

鎌倉のいしぶみ散歩（1）（薬師寺良子）「逗子吾妻鏡研究」 逗子吾妻鏡研究会　（31）2008.8

鎌倉のいしぶみ散歩（2）段葛（承前）（伊藤一美）「逗子吾妻鏡研究」 逗子吾妻鏡研究会　（32）2011.9

丹沢山

丹沢スタイル考（小木満）「秦野市史研究」 秦野市 22 2003.3

男子・女子敬業学舎

伊東希元による男子・女子敬業学舎の創設について（津田守一）「小田原地方史研究」 小田原地方史研究会　（24）2007.10

茅ヶ崎

戦後湘南地域における商勢の変遷—茅ヶ崎商業「谷間論」から（本宮一男）「茅ヶ崎市史研究」 茅ヶ崎市 24 2000.3

茅ヶ崎の地名（6）（樋田豊弘）「郷土ちがさき」 茅ヶ崎郷土会 91 2001.5

茅ヶ崎歴史考（岡崎孝夫）「郷土ちがさき」 茅ヶ崎郷土会 95 2002.9

小出の養蚕の例/茅ヶ崎歴史考（3）鈴木惣兵衛親子・神社に関連する設備の歴史的な事象/伝統ある年中行事の十二箇月/史跡めぐり「郷土ちがさき」 茅ヶ崎郷土会 97 2003.5

茅ヶ崎歴史考（4）/赤羽根神明大神三号棟札について/脱線事故（1）/史跡めぐり「郷土ちがさき」 茅ヶ崎郷土会 98 2003.9

茅ヶ崎漁師の海への道（曽襴正夫）「郷土ちがさき」 茅ヶ崎郷土会 99 2004.1

茅ヶ崎歴史考（5）「郷土ちがさき」 茅ヶ崎郷土会 99 2004.1

授業「戦後の茅ヶ崎」—2本の映画からつくる中学校選択社会科の授業（加藤清）「茅ヶ崎市史研究」 茅ヶ崎市 28 2004.3

「茅ヶ崎の暮らしを語る」（『茅ヶ崎市史現代』第4巻）を読んで（季武嘉也, 椎原久芳）「茅ヶ崎市史研究」 茅ヶ崎市 28 2004.3

茅ヶ崎・街道筋史談あれこれ「郷土ちがさき」 茅ヶ崎郷土会 101 2004.9

脱線事故（4）/茅ヶ崎・街道筋史跡あれこれ/私年号（2）/「茅ヶ崎の商店街」展/史跡めぐり「郷土ちがさき」 茅ヶ崎郷土会　（102）2005.1

大規模小売店の進出と茅ヶ崎商業—ダイクマを中心に（本宮一男）「茅ヶ崎市史研究」 茅ヶ崎市 29 2005.3

「歴史遺産」からみた茅ヶ崎—歴史講座「おやこで学ぼう市史講座」報告（柴田貴行, 加藤清）「茅ヶ崎市史研究」 茅ヶ崎市 29 2005.3

茅ヶ崎へ学徒動員（真島昭治）「懐風」 米沢御堀端史跡保存会　（30）2005.4

茅ヶ崎史談あれこれ（2）/私年号（3）/史跡めぐり/平成17年度茅ヶ崎郷土会総会開催「郷土ちがさき」 茅ヶ崎郷土会　（103）2005.5

茅ヶ崎・街道筋史談あれこれ「郷土ちがさき」 茅ヶ崎郷土会　（104）2005.9

茅ヶ崎・街道筋史談あれこれ「郷土ちがさき」 茅ヶ崎郷土会　（105）2006.1

文化祭「茅ヶ崎の道」展/史跡めぐり「郷土ちがさき」 茅ヶ崎郷土会（105）2006.1

茅ヶ崎の別荘図—景観と別荘人の横顔（東哲郎）「茅ヶ崎市史研究」 茅ヶ崎市　（31）2007.3

茅ヶ崎の「郷土いろはカルタ」（1）〜（3）（終）（名和稔雄）「郷土ちがさき」 茅ヶ崎郷土会　（111）/（113）2008.1/2008.9

文化祭「茅ヶ崎の道」展を終えて（佐藤正）「郷土ちがさき」 茅ヶ崎郷土会　（111）2008.1

茅ヶ崎の昔話と心性の表象について（須藤格）「文化資料館調査研究報告」 茅ヶ崎市教育委員会　通号18 2008.3

茅ヶ崎の地名いろいろ（1）〜（3）（名和稔雄）「郷土ちがさき」 茅ヶ崎郷土会　（117）/（121）2010.1/2011.5

必読！ 茅ヶ崎の歴史図書・900冊—ある青年教師との郷土史問答（平山孝通）「文化資料館調査研究報告」 茅ヶ崎市教育委員会　通号19 2010.3

「茅ヶ崎かるた」はいつできるの（杉山全）「郷土ちがさき」 茅ヶ崎郷土会　（118）2010.5

茅ヶ崎の八大龍王について（綿引進）「郷土ちがさき」 茅ヶ崎郷土会（120）2011.1

ふれあい講座から—茅ヶ崎かるたの活用（尾坂郭子）「郷土ちがさき」 茅ヶ崎郷土会　（122）2011.9

興味深い茅ヶ崎の地形と原始社会（富永富士雄）「郷土ちがさき」 茅ヶ崎郷土会　（123）2012.1

茅ヶ崎と自転車文化の発祥史（名和稔雄）「郷土ちがさき」 茅ヶ崎郷土会　（123）2012.1

茅ヶ崎の方言について（須藤格）「文化資料館調査研究報告」 茅ヶ崎市教

神奈川県　　　　　　　　　　　　　地名でたどる郷土の歴史　　　　　　　　　　　　　　　　関東

育委員会　(21) 2012.3

茅ヶ崎における関東大震災に関する証言について(須藤格)「文化資料館調査研究報告」茅ヶ崎市教育委員会　(22) 2013.3

「茅ヶ崎かるた」で遊びながら郷土を知ろう(茅ヶ崎郷土会)「郷土ちがさき」茅ヶ崎郷土会　(128) 2013.9

「茅ヶ崎の風景 今昔」―市民まなび講座の一例として(井上香乃)「文化資料館調査研究報告」茅ヶ崎市教育委員会　(23) 2014.3

"明朗の茅ヶ崎"に見る茅ヶ崎と自転車(原俊一)「郷土ちがさき」茅ヶ崎郷土会　(130) 2014.5

茅ヶ崎海岸

茅ヶ崎海岸に想う(日下景子)「郷土ちがさき」茅ヶ崎郷土会　(112) 2008.5

茅ヶ崎市

ヤマタテと伊東市/寺社に関連する設備の歴史的な事象/茅ヶ崎歴史考(2)/さいたま市・新区名で大もめ/茅ヶ崎市の地頭(4)/萩園宮川音太氏の墓碑/史跡めぐり「郷土ちがさき」茅ヶ崎郷土会　96 2003.1

茅ヶ崎市の郵便差出箱について(須藤格)「文化資料館調査研究報告」茅ヶ崎市教育委員会　通号19 2010.3

資料紹介 文芸雑誌『蒼』『胎土』『脈』総目次―昭和10年代「茅ヶ崎市文学史」構築のために(平山孝通)「文化資料館調査研究報告」茅ヶ崎市教育委員会　(20) 2011.3

茅ヶ崎城

横浜 茅ヶ崎城址―中世城郭の典型として(田村泰治)「横浜西区郷土史研究会会報」横浜西区郷土史研究会　(39) 2012.10

茅ヶ崎八景

「茅ヶ崎八景」の系譜―ちがさき丸ごとふるさと発見博物館「都市資源」の一つとして(資料紹介)(平山孝通)「文化資料館調査研究報告」茅ヶ崎市教育委員会　通号14 2006.3

茅山荘

茅山荘(転載)(コラム)(関和明, 鈴木雅子)「郷土誌葉山」葉山郷土史研究会　(7) 2010.4

長者園

長者(蛇)ヶ崎と長者(蛇)園(特集 下山口―下山口の歴史と暮らし)(鈴木雅子)「郷土誌葉山」葉山郷土史研究会　(7) 2010.4

長者ヶ崎

大正中期の長者ヶ崎―海からの写真(特集 下山口―下山口の歴史と暮らし)(矢嶋信幸)「郷土誌葉山」葉山郷土史研究会　(7) 2010.4

長者(蛇)ヶ崎と長者(蛇)園(特集 下山口―下山口の歴史と暮らし)(鈴木雅子)「郷土誌葉山」葉山郷土史研究会　(7) 2010.4

長者ヶ崎砲台

葉山の戦跡(2) 長者ヶ崎砲台跡(コラム)(軽部一一)「郷土誌葉山」葉山郷土史研究会　(7) 2010.4

千代台地

国府津・千代台地の文化財・史跡巡り(柳下安行)「県央史談」県央史談会　(52) 2013.1

塚原

市内史跡探訪 生駒から塚原(日向・日影)へ(大庭進)「史談足柄」足柄史談会　48 2010.4

津久井

津久井織物小史(沼謙吉)「ふるさと津久井」津久井町　(4) 2003.9

津久井の養蚕(菊地原稔)「ふるさと津久井」津久井町　(4) 2003.9

ふるさと聞き書き(3) 撚糸とともに生きた40年 話者・八木文子「ふるさと津久井」津久井町　(4) 2003.9

ふるさと聞き書き(4) 東屋と歩んだ日々 話者・久米好平「ふるさと津久井」津久井町　(4) 2003.9

津久井のはじめて物語(3) 株式会社津久井冷蔵庫(原和之)「ふるさと津久井」津久井町　(4) 2003.9

建築文化からみた相模原と津久井(清水擴)「相模原市史ノート」相模原市総務局　(4) 2007.3

津久井の古文書・公文書(前),(後)(神崎彰利)「さがみはら市史編さんだより」相模原市総務局　(36)/(37) 2007.5/2007.7

津久井史跡めぐり報告(石野孝)「県央史談」県央史談会　(47) 2008.1

歴史余話(6)～(9) 相模原―その歴史性(4)～(7) 津久井地域(1)(神崎彰利)「相模原市史ノート」相模原市総務局　(6)/(9) 2009.3/2012.3

旧寛永寺の兄弟灯籠を津久井の産廃破棄場で発見(サトウマコト)「郷土つるみ」鶴見歴史の会　(69) 2011.3

戦国期における軍事的「境目」の考察―相模国津久井「適知行半所務」について(村田精悦)「戦国史研究」戦国史研究会, 吉川弘文館(発売)　(62) 2011.8

津久井郡

所蔵資料紹介 「水車回議録」津久井郡役所 明治32年～明治38年(1冊)/小島家文書(当館寄託資料)「神奈川県立公文書館だより」神奈川県立公文書館　(12) 2004.9

津久井城

津久井城加番役定書について(柴辻俊六)「戦国史研究」戦国史研究会, 吉川弘文館(発売)　(52) 2006.8

境目国衆の居城と大名権力―相模津久井城掟の分析から(竹井英文)「千葉史学」千葉歴史学会　(53) 2008.12

秋の史跡めぐり 絹の道資料館と津久井城を巡る(瀬沼秀雄)「郷土史」八王子市川口郷土史研究会　(31) 2010.1

津久井防空監視哨

西原防空監視哨及び八王子・津久井の防空監視哨調査報告 第17回定期総会と記念講演 第17回総会まとめ/防空監視哨跡/青根防空監視哨跡「浅川地下壕の保存をすすめる会ニュース」浅川地下壕の保存をすすめる会　(97) 2013.12

津久井町

江戸期の山林を古文書に探る―神奈川県津久井町の場合(7)(井上泰)「集住デザインボード」野村徹也　(147) 2006.3

津久井町史編纂と公文書保存・利用(樋口雄一)「神奈川県歴史資料取扱機関連絡協議会会報」神奈川県歴史資料取扱機関連絡協議会　(29) 2006.3

津久井町のこと(神崎彰利)「さがみはら市史編さんだより」相模原市総務局　(31) 2006.7

津久井村

新出の津久井村宛里見義康制札について(真鍋淳哉)「市史研究横須賀」横須賀市総務部　(2) 2003.1

辻堂

「辻堂」今昔記(重田寿)「わが住む里」藤沢市総合市民図書館　(51) 2002.3

辻堂雑記(重田寿)「わが住む里」藤沢市総合市民図書館　(54) 2005.3

辻堂演習場

辻堂演習場問題の始まりと地域住民(羽田博昭)「茅ヶ崎市史研究」茅ヶ崎市　(30) 2006.3

辻村農園

聞き取り 辻村農園と本土決戦陣地(越地敏雄)「戦争と民衆」戦時下の小田原地方を記録する会　(66) 2011.3

都筑

武蔵国久良・都筑・橘城復原(三橋広延)「武蔵野」武蔵野文化協会　79(2) 通号338 2004.3

都筑郡

研究ノート 都筑郡における二大政党化の進行過程―都筑研究会を中心に(松本洋幸)「横浜開港資料館紀要」横浜開港資料館　(27) 2009.3

堤石鹼製造所

資料よもやま話2 堤石鹼製造所とその資料―日本最初の石鹼製造をめぐって(西川武臣)「開港のひろば : 横浜開港資料館館報」横浜開港資料館　(100) 2008.4

鶴間

暴れ川 境川と「鶴間」(各地研究会の動き)(福田弘夫)「日本地名研究所通信」日本地名研究所　(76) 2013.2

鶴見

鶴見沖縄県人会の活動と沖縄出身者の生活―元会長安村正信氏と現会長大城康彦氏に聞く「市史研究よこはま」横浜市 15 2003.3

鶴見の民間飛行場(平木國夫)「郷土つるみ」鶴見歴史の会　58 2003.10

鶴見のまち今昔―佐久間家文書を中心として(竹内治利)「郷土つるみ」鶴見歴史の会　(60) 2005.3

鶴見の私立学校(佐藤丈夫)「郷土つるみ」鶴見歴史の会　(61) 2006.3

鶴見の農業と暮らし(昼間松之助)「郷土つるみ」鶴見歴史の会　(61) 2006.3

大都市近郊における水道敷設問題―第一次大戦後の鶴見地域を中心に(松本洋幸)「横浜開港資料館紀要」横浜開港資料館　(25) 2007.3

鶴見の農業と暮らし 鶴見特産の果物/農家の副業/地域の共同作業/農地改革(昼間松之助)「郷土つるみ」鶴見歴史の会　(62) 2007.3

鶴見の農業と暮らし 麦・栗・陸稲の栽培/蔬菜類の栽培と出荷(昼間松之助)「郷土つるみ」鶴見歴史の会　(63) 2007.11

賃貸橋異聞 鶴見拾遺帳より(齋藤美枝)「郷土つるみ」鶴見歴史の会　(63) 2007.11

鶴見拾遺物語(齋藤美枝)「郷土つるみ」鶴見歴史の会　(63) 2007.11

開港前後の横浜・鶴見・江戸(横浜歴史文化講演会「横浜開港秘話」)(西川武臣)「郷土つるみ」鶴見歴史の会　(65) 2008.11

横浜市歴史博物館企画展（解説要約）鶴見合戦―『太平記』にみる横浜「郷土つるみ」 鶴見歴史の会 （65）2008.11

鶴見の都市化と権蔵（《特集 『佐久間権蔵日記』の世界》）（鈴木由子）「京浜歴科研年報」 京浜歴史科学研究会 （21）2009.2

鶴見の農業と暮らし（20）野良着・被り物・履物等（昼間松之助）「郷土つるみ」 鶴見歴史の会 （67）2009.11

鶴見の農業と暮らし（21）農家での食べ物（昼間松之助）「郷土つるみ」 鶴見歴史の会 （67）2009.11

歴史散歩 旧東海道・鶴見の史蹟を訪ねて（田村泰治）「横浜西区郷土史研究会会報」 横浜西区郷土史研究会 （34）2010.4

鶴見にも同潤会住宅があった（サトウマコト）「郷土つるみ」 鶴見歴史の会 （68）2010.5

名主日記のパーソントリップでみる明治中期の近代化諸相と鶴見名主の暮らしについて（高橋伸和）「郷土つるみ」 鶴見歴史の会 （69）2011.3

京浜工業地帯の地域史（3）～（4）川崎・鶴見地域における電力供給の発展（1）～（3）（鈴木富雄）「郷土つるみ」 鶴見歴史の会 （70）/（73）2012.3/2014.04

資料よもやま話 大正期における鶴見の水事情（松本洋幸）「開港のひろば ： 横浜開港資料館館報」 横浜開港資料館 （118）2012.10

鉄道開通140周年―鶴見の交通のあゆみ（旧東海道から路地裏まで）（酒井光孝）「郷土つるみ」 鶴見歴史の会 （72）2013.10

2013つるみ歴史講座「見てきいて歩いて鶴見再発見」臨海部埋立から一世紀 つるみサイエンスフロンティアいま昔/2013わがまち鶴見 探訪きゃらばん Part6"寺子屋あらかると"その2「郷土つるみ」 鶴見歴史の会 （72）2013.10

巴里に届けられた鶴見の様子（百瀬敏夫）「市史通信」 横浜市史資料室 （19）2014.3

鶴見の農業と暮らし 鶴見の大根（昼間松之助）「郷土つるみ」 鶴見歴史の会 （74）2014.11

鶴見川

鶴見川流域開拓の祖・忌部氏上陸の地「安房」（サトウマコト）「郷土つるみ」 鶴見歴史の会 （59）2004.5

企画展「リバーサイドヒストリー鶴見川―幕末から昭和初期まで」（松本洋幸）「開港のひろば ： 横浜開港資料館館報」 横浜開港資料館 86 2004.10

企画展 幻の鶴見川分水路計画（松本洋幸）「開港のひろば ： 横浜開港資料館館報」 横浜開港資料館 86 2004.10

展示余話「リバーサイドヒストリー 鶴見川―幕末から昭和初期まで―」鶴見川中流域における鉄道敷設問題―武蔵電気鉄道の敷設をめぐって（松本洋幸）「開港のひろば ： 横浜開港資料館館報」 横浜開港資料館 87 2005.2

文学作品に描かれた鶴見川八木義徳『少女図を中心に』（中嶋昭）「郷土つるみ」 鶴見歴史の会 （60）2005.3

文学作品に描かれた鶴見川（承前）（中嶋昭）「郷土つるみ」 鶴見歴史の会 （61）2006.3

いんたびゅー峰岸純夫 二つの湊と鶴見川などの河口部は中世の流通の重要な拠点だった（峰岸純夫）「横浜市歴史博物館news ： Yokohama History Museum news」 横浜市歴史博物館 （30）2011.3

鶴見区

総持寺～生麦事件（歴史散歩）（宮田貞夫）「郷土いずみ」 11 2005.5

潮見橋架橋の周辺―鶴見区誕生前夜（中嶋昭）「郷土つるみ」 鶴見歴史の会 （61）2006.3

80年前の鶴見区あらかる「郷土つるみ」 鶴見歴史の会 （63）2007.11

鶴見区区民文化祭郷土史展「鶴見ゆかりの文学誌」（東海林瑛子）「郷土つるみ」 鶴見歴史の会 （70）2012.3

鶴見操車場

新鶴見操車場のこと（サトウマコト）「郷土つるみ」 鶴見歴史の会 （69）2011.3

新鶴見操車場郷愁（鴨志田潔）「郷土つるみ」 鶴見歴史の会 （69）2011.3

鶴見貯水塔

人口推移と交通機関でみる鶴見近代化 豊かな文化生活を象徴するランドマーク鶴見貯水塔（高橋伸和）「郷土つるみ」 鶴見歴史の会 （68）2010.5

出来野

出来野界隈（日ノ出）の今昔（地域の歴史発掘）（池上茂一）「史誌かわさき」 川崎区誌研究会 （3）2004.5

寺尾

研究ノート「武蔵国鶴見寺尾郷絵図」の副本とその作成過程（武田周一郎）「史境」 歴史人類学会，日本図書センター（発売）（63）2011.9

寺尾城

寺尾城築城の目的（寺尾馬之助）「郷土つるみ」 鶴見歴史の会 （69）2011.3

記録文書から見た寺尾城（大谷浩，高田芳治，塩田正治，木村康夫，畫間松之助）「郷土つるみ」 鶴見歴史の会 （71）2013.3

天真寺新田

天真寺新田について（對馬醇一）「川崎研究」 川崎郷土研究会 （45）2007.5

東京湾

久里浜上陸から東京湾の現状まで（圷三次）「開国史研究」 横須賀市 （5）2005.3

展示批評 横浜歴史博物館・開港150周年記念特別展「海賊―室町・戦国時代の東京湾と横浜―」（風間洋）「地方史研究」 地方史研究協議会 60（1）通号343 2010.2

小麦と大豆をめぐる流通ネットワーク―東京湾・相模湾の湊と醬油や味噌の醸造地帯（大会報告要旨―共通論題）（西川武臣）「交通史研究」 交通史学会，吉川弘文館（発売）（75）2011.9

小麦と大豆をめぐる流通ネットワーク―東京湾・相模湾の湊と醬油や味噌の醸造地帯（共通論題論文）（西川武臣）「交通史研究」 交通史学会，吉川弘文館（発売）（76）2012.2

桃源寺

新城城と亀姫―小田原谷津の永久寺と桃源寺（今川徳子）「扣之帳」 扣之帳刊行会 （20）2008.6

塔之沢温泉

記念講演録 温泉町の戦後史―箱根湯本・塔之沢温泉を中心に（岩崎宗純）「神奈川地域史研究」 神奈川地域史研究会 （21）2003.3

戸田

戸田歴史散歩（1）～（5）（岩崎稔）「県央史談」 県央史談会 （39）/（45）2000.1/2006.1

戸塚

大正2年4月1日戸塚電話番号「とみづか」 戸塚歴史の会 26 2000.6

保土ヶ谷から戸塚の旧東海道（井上攻）「横浜市歴史博物館news ： Yokohama History Museum news」 横浜市歴史博物館 （18）2004.3

「戸塚一件済口証文」の紹介（滝本誠一）「郷土誌葉山」 葉山郷土史研究会 （3）2006.4

地図測量士が描いた明治15年頃の戸塚の風景（長瀬宏一）「とみづか」 戸塚歴史の会 （32）2006.6

戸塚からヨコハマ開港を見る（《横浜開港150周年記念》）（内田四方蔵）「とみづか」 戸塚歴史の会 （35）2009.6

村人のくらしを支えた養蚕（《横浜開港150周年記念》）（高橋重雄）「とみづか」 戸塚歴史の会 （35）2009.6

自由民権と戸塚（《横浜開港150周年記念》）（三橋景子）「とみづか」 戸塚歴史の会 （35）2009.6

コラム 黒船に驚く住民たち（万延元年三左衛門日記に見る世情）（柳下光男）「とみづか」 戸塚歴史の会 （35）2009.6

江戸時代の村の領主と村高（村々の領主たち 付録）（有馬純律）「とみづか」 戸塚歴史の会 （39）2013.6

戸塚駅

戸塚駅始まる（《横浜開港150周年記念》）（杉山一雄）「とみづか」 戸塚歴史の会 （35）2009.6

戸塚区

東海道金石文 戸塚区（3）～（6）（藤本丈治）「とみづか」 戸塚歴史の会 26/29 2000.6/2003.6

東海道金石文（7）（藤本丈治）「とみづか」 戸塚歴史の会 31 2005.6

戸塚競馬場

戸塚競馬場関連資料の紹介（長岡武）「馬の博物館研究紀要」 馬事文化財団・馬の博物館 （19）2014.4

戸塚宿

宿駅制度400年戸塚宿と柏尾川（横山忠弘）「歴研よこはま」 横浜歴史研究会 （52）2003.5

戸塚宿から「ほしのや道」へ（柳下光男）「とみづか」 戸塚歴史の会 29 2003.6

東海道…保土ヶ谷宿から戸塚宿へと歩く（白根貞夫）「三浦半島の文化」 三浦半島の文化を考える会 （13）2003.10

東海道…戸塚宿から藤沢宿へと歩く（白根貞夫）「三浦半島の文化」 三浦半島の文化を考える会 （13）2003.10

企画展「東海道と戸塚宿」によせて（斉藤司）「横浜市歴史博物館news ： Yokohama History Museum news」 横浜市歴史博物館 （18）2004.3

東海道戸塚宿400年 Q&A「とみづか」 戸塚歴史の会 30 2004.5

宿場のはじまり（戸塚ふれあい文化祭展示）（長瀬宏一）「とみづか」 戸塚歴史の会 31 2005.6

年不詳 東海道戸塚宿軒並図（内田四方蔵）「とみづか」 戸塚歴史の会 （32）2006.6

外国人保護と戸塚宿への影響(《横浜開港150周年記念》)(長迫拓栄)「とみづか」 戸塚歴史の会 (35) 2009.6

戸塚宿のくらし(万延元年三左衛門日記に見る世情)(宮島隆生)「とみづか」 戸塚歴史の会 (35) 2009.6

地域資料紹介 戸塚宿助郷村ゆかりの資料(谷合薫)「大和市史研究」 大和市文化スポーツ部 (37) 2012.3

突渡岬

「突渡岬」(現芝崎周辺)の変貌(鳥居信吉)「郷土誌葉山」 葉山郷土史研究会 (9) 2012.4

戸部橋

インタビュー——玉縄万華鏡 戸部橋から玉縄城へ 竹林の北條邸 北條美智留さん「玉縄城まちだより」 玉縄城址まちづくり会議 (10) 2012.5

戸部役所

神奈川奉行所に於ける戸部役所考(1)(田村泰治)「横浜西区郷土史研究会会報」 横浜西区郷土史研究会 (25) 2005.10

富岡

金沢の歴史散歩 富岡周辺を歩く(楠山永雄)「三浦半島の文化」 三浦半島の文化を考える会 (14) 2004.10

富水

1933(昭和8)年 足柄村富水地区を巻きこんだ〈足柄騒擾事件〉[第10号]「三さがみ庶民史録」 西さがみ庶民史録の会 50 2003.5

富塚町

富塚町御伝馬地下下され小前帳(資料紹介)(杉山一雄)「とみづか」 戸塚歴史の会 31 2005.6

鳥屋

資料紹介 養蚕と水車—鳥屋榎田家所蔵東陽共同乾燥所関係文書から(井上泰)「ふるさと津久井」 津久井町 (4) 2003.9

長井

横須賀市長井地区における沿岸集落の地域特性とその変遷—とくに商業と漁業の動向に注目して(清水克志,武田周一郎,金谷千亜紀)「歴史地理学野外研究」 筑波大学人文社会科学研究科歴史・人類学専攻歴史地理学研究室 (14) 2010.3

中井町

中井町郷土資料館の「入営のぼり」(香川芳文)「戦争と民衆」 戦時下の小田原地方を記録する会 (53) 2004.8

長井村

古文書研究部会報告 嘉永年間長井村『殻屋一件諸控』を読む—幕末期海岸警備の余波(鈴木肇)「三浦半島の文化」 三浦半島の文化を考える会 (15) 2005.10

長柄

特集 長柄(鶴泰,柳田純)「郷土誌葉山」 葉山郷土史研究会 (4) 2007.4

長柄の地図(鶴泰)「郷土誌葉山」 葉山郷土史研究会 (4) 2007.4

根岸正和遺稿「郷土史『ながえ長柄今昔』」抄録(森田昌明)「郷土誌葉山」 葉山郷土史研究会 (4) 2007.4

長柄断想(黒田康子)「郷土誌葉山」 葉山郷土史研究会 (4) 2007.4

長柄の屋号(今井俊夫)「郷土誌葉山」 葉山郷土史研究会 (4) 2007.4

長柄に残る「一家二寺」制(内藤範子)「郷土誌葉山」 葉山郷土史研究会 (4) 2007.4

長柄にあった逗子開成のグライダー練習場(濱岡辰紀)「郷土誌葉山」 葉山郷土史研究会 (4) 2007.4

長柄に来た行商人と商店の数々(根岸隆)「郷土誌葉山」 葉山郷土史研究会 (4) 2007.4

グラビア 明治17年(1884)中町橋あたりの水車日数増加願絵図(特集 続・長柄)(編集部)「郷土誌葉山」 葉山郷土史研究会 (10) 2013.4

グラビア 長柄の小字・小地名入りマップ(特集 続・長柄)(鶴泰)「郷土誌葉山」 葉山郷土史研究会 (10) 2013.4

グラビア 長柄の団地(葉桜・イートピア)造成経過(特集 続・長柄)(編集部)「郷土誌葉山」 葉山郷土史研究会 (10) 2013.4

長柄の地名(特集 続・長柄)(鶴泰)「郷土誌葉山」 葉山郷土史研究会 (10) 2013.4

葉山の家紋と長柄の家紋—7年間の調査を終えて(特集 続・長柄)(今井俊夫)「郷土誌葉山」 葉山郷土史研究会 (10) 2013.4

明治30年代 長柄勤農家の日々—石井重太郎氏農業日誌(1)(特集 続・長柄)(鳥信信吉)「郷土誌葉山」 葉山郷土史研究会 (10) 2013.4

「長柄新名所ほめ言葉」(転載)・井上ヶ谷の7軒[画:根岸稔](特集 続・長柄)(石井耕策)「郷土誌葉山」 葉山郷土史研究会 (10) 2013.4

少年時代の想い出(特集 続・長柄)(根岸稔)[写真],矢嶋道文[聞き書き])「郷土誌葉山」 葉山郷土史研究会 (10) 2013.4

長柄を語る会(特集 続・長柄)(鈴木雅子,池田京子)「郷土誌葉山」 葉山郷土史研究会 (10) 2013.4

コラム 長柄雑考(ながえとながら)(有本雅彦)「郷土誌葉山」 葉山郷土史研究会 (10) 2013.4

長柄村

古文書に見る長柄村(古文書部会)(濱岡辰紀)「郷土誌葉山」 葉山郷土史研究会 (10) 2013.4

長尾

長尾氷組合資料(1)(新井清,角田益信)「阿由多加」 稲田郷土史会 48 2001.10

中川

分割された旧中川地区探訪記(翠川宜子)「郷土いずみ」 9 2003.5

中区

昭和初期、中区火災保険図(百瀬敏夫)「市史通信」 横浜市史資料室 (18) 2013.11

中区役所

写真でみる昭和の横浜(1) 中区役所「市史通信」 横浜市史資料室 (2) 2008.8

中郡盲人学校

宮田寅治による学校創設運動と私立中郡盲人学校(津田守一)「小田原地方史研究」 小田原地方史研究会 (25) 2010.2

長坂

長坂・芦名の歴史散歩(湯田明)「横須賀文化財協会会報」 横須賀文化財協会 (24) 2006.3

長沢

長沢にみるハマとオカの暮らし(宮本八恵子)「市史研究横須賀」 横須賀市総務部 (9) 2010.3

中新田

中新田 今福美雄家文書の紹介(細川光成)「えびなの歴史 : 海老名市史研究」 海老名市 (17) 2007.3

中田村

古文書講座 地域文書に歴史を読む 中田村明細帳と宝永の富士山噴火(翠川宜子)「郷土いずみ」 (14) 2008.5

中野

郷土史勉強ノオト(3) 中野の原風景を歩く(山本恭一)「ふるさと津久井」 津久井町 (4) 2003.9

中原街道

特別展『中原街道』と展示図録を読んで(村上直)「品川歴史館紀要」 品川区立品川歴史館 (26) 2011.3

特別展「中原街道」開催経過(塚越理恵子)「品川歴史館紀要」 品川区立品川歴史館 (26) 2011.3

中原街道の「カギ道」と小杉御殿跡—直角に折れ曲がる歴史をさかのぼる(研究)(村田文夫)「川崎研究」 川崎郷土研究会 (52) 2014.5

第1回市内巡検 安藤家長屋門と中原街道(武山豊彦)「川崎研究」 川崎郷土研究会 (52) 2014.5

中原御殿

中原御殿の地域史的意義—平塚市域の地域的特質の形成をめぐって(早田旅人)「品川歴史館紀要」 品川区立品川歴史館 (26) 2011.3

中丸

「中丸」地名考—日本人は丸が好き?(金子雄次)「わが住む里」 藤沢市総合市民図書館 通号57 2008.3

中村

中村湾・中村潟そして「中村湖」(梅田仙吉)「小田原史談 : 小田原史談会々報」 小田原史談会 (236) 2014.1

中村郷

中村郷史跡巡り報告「小田原史談 : 小田原史談会々報」 小田原史談会 (234) 2013.7

中村原郷

中村原郷(3),(4)(遠藤次郎)「小田原史談 : 小田原史談会々報」 小田原史談会 184/186 2001.1/2001.7

中村原郷の思い出(5)〜(14)(遠藤治郎)「小田原史談 : 小田原史談会々報」 小田原史談会 187/199 2001.10/2004.10

中屋敷

講演会 演題「関東地方でもっとも早く米づくりを始めたのは中屋敷の人だった」 講師・小泉玲子先生(田邊永一)「於保為」 大井町郷土史研究会 (27) 2008.8

中屋旅館

中屋という旅館について(鈴木三男吉,有田裕一)「わが住む里」 藤沢市総合市民図書館 通号55 2006.3

中和田小学校

中和田小学校学校用地買収の記録（地域の資料から）（安西實）「郷土いずみ」 (18) 2012.5

中和田村

泉区の昔を語る 中和田村の変遷（清水淹）「郷土いずみ」 10 2004.5

関東地震による中和田村の被害（東日本大震災と泉区特集―東日本大震災発生時の記録）（翠川三郎）「郷土いずみ」 (18) 2012.5

中和田村における腸チフスの発生（地域の資料から）（石井茂）「郷土いずみ」 (18) 2012.5

中和田村宮本家文書を読んで（地域の資料から）（徳田政弘）「郷土いずみ」 (18) 2012.5

表紙裏 関東地震における中和田村の被害「郷土いずみ」 (18) 2012.5

名倉村

津久井郡名倉村葛原組余業調べ（平本元一）「阿夫利 ： 厚木市文化財協会会報」 厚木市文化財協会 16 2002.11

夏島

ペリー艦隊が見た地形(2) 夏島付近と平潟湾（松田磐余）「Collegio」之潮 (44) 2011.4

七口

学習講座第2回 鎌倉の「七口」と鎌倉古道（伊藤一美）「三浦一族研究」 横須賀市 (14) 2010.3

鎌倉の古道といわれる「七口」について（伊藤一美）「城郭史研究」 日本城郭史学会, 東京堂出版（発売） (30) 2011.2

七沢

太平洋戦争下の敵国人抑留―厚木市七沢の抑留所を中心に（〈2005年度総会記念シンポジウム「地域史研究の成果と課題」〉）（小宮まゆみ）「神奈川地域史研究」 神奈川地域史研究会 (24) 2007.3

七曲坂

玉縄城築城500年祭のみどころ―玉縄城を偲ぶコース その2 七曲坂から太鼓櫓址「玉縄城まちだより」 玉縄城址まちづくり会議 (10) 2012.5

生麦

生麦事件残影（野澤日出夫）「歴研よこはま」 横浜歴史研究会 (53) 2003.11

生麦事件の賠償金穴埋（？）の一考察（大出鍋蔵）「開国史研究」 横須賀市 (5) 2005.3

総持寺～生麦事件（歴史散歩）（宮田貞夫）「郷土いずみ」 11 2005.5

生麦のお通 持丸輔夫氏遺稿「寺尾の史話雑録」から「郷土つるみ」 鶴見歴史の会 (61) 2006.3

生麦事件・薩英戦争・横浜開港（所崎平）「くしかの」 いちき串木野郷土史研究会 (20) 2006.6

日本の近代国家成立の発端 生麦事件（横浜歴史文化講演会「横浜開港秘話」）（浅海武夫）「郷土つるみ」 鶴見歴史の会 (65) 2008.11

プレ横浜開港150周年記念行事講演会 幻の「開国動機記念碑」―生麦事件碑その後（久野淳一）「郷土つるみ」 鶴見歴史の会 (67) 2009.11

生麦事件と浦賀（古谷彦逸）「三浦半島の文化」 三浦半島の文化を考える会 (20) 2010.10

企画展「生麦事件と横浜の村々（仮題）」に向けて（小林紀子）「横浜市歴史博物館news ： Yokohama History Museum news」 横浜市歴史博物館 (32) 2012.3

ベアト撮影 生麦事件現場 横浜開港資料館蔵「開港のひろば ： 横浜開港資料館館報」 横浜開港資料館 (117) 2012.7

企画展 生麦事件 激震, 幕末日本―イギリスに遺された資料から（中武香奈美）「開港のひろば ： 横浜開港資料館館報」 横浜開港資料館 (117) 2012.7

企画展「生麦事件 激震, 幕末日本」―本邦初公開のリチャードソン書簡から（中武香奈美）「開港のひろば ： 横浜開港資料館館報」 横浜開港資料館 (117) 2012.7

生麦事件に関する一考察―幕府の動向, 日仏関係からの検討（月例会報告要旨）（塚越俊志）「関東近世史研究」 関東近世史研究会 (72) 2012.10

展示余話 リチャードソンのご子孫, 初来浜 「生麦事件 激震, 幕末日本」展（中武香奈美）「開港のひろば ： 横浜開港資料館館報」 横浜開港資料館 (118) 2012.10

奈良井

ふるさと聞き書きイントロダクション 「撚糸東屋商店―中野奈良井にあった撚糸工場の話」について「ふるさと津久井」 津久井町 (4) 2003.9

南湖

八松原・南湖説について（内山昭雄）「郷土ちがさき」 茅ヶ崎郷土会 97 2003.5

南湖院

南湖院療養の日々 高田増平の日記から（大島英夫）「茅ヶ崎市史研究」 茅ヶ崎市 28 2004.3

「南湖院」で授業を考える―『茅ヶ崎市史ブックレット』第5巻を使って（森井學）「茅ヶ崎市史研究」 茅ヶ崎市 28 2004.3

南湖院と杏雲堂―開院当初のいろいろ（名和稔雄）「郷土ちがさき」 茅ヶ崎郷土会 (129) 2014.1

二ヶ領用水

鶴見川左岸の美田を潤し400年を迎えた二ヶ領用水「郷土つるみ」 鶴見歴史の会 (70) 2012.3

西浦賀

明治期西浦賀における問屋の経営の変遷―宮井家と清喜丸の航海を中心として（吉村雅美）「歴史地理学調査報告」 筑波大学人文社会科学研究科歴史・人類学専攻歴史地理学研究室 (12) 2006.3

西浦賀の旧問屋・加藤家の所蔵史料について（史料紹介）（伊藤久志）「市史研究横須賀」 横須賀市総務部 (13) 2014.3

91年前の大正関東地震で生じた横須賀港町と西浦賀の大規模がけ崩れ―過去に何度も起きていた地すべりであった（特集 三浦半島の地震）（蟹江康光）「三浦半島の文化」 三浦半島の文化を考える会 (24) 2014.10

西区

再録「西区郷土史研究会会報」創刊号 平成元年11月 「巷説 淡雪の三楽」（秋山佳史）「横浜西区郷土史研究会会報」 横浜西区郷土史研究会 (40) 2013.4

西区制七〇周年を祝って―西区誕生小史「横浜西区郷土史研究会会報」 横浜西区郷土史研究会 (42) 2014.4

西相模

〈江戸時代の西さがみ〉「西さがみ庶民史録」 西さがみ庶民史録の会 50 2003.5

江戸時代の大地震―寛永地震／元禄地震／天明地震／嘉永地震［第12号］「西さがみ庶民史録」 西さがみ庶民史録の会 50 2003.5

〈明治・大正時代の西さがみ〉「西さがみ庶民史録」 西さがみ庶民史録の会 50 2003.5

〈昭和戦前・戦中の西さがみ〉「西さがみ庶民史録」 西さがみ庶民史録の会 50 2003.5

西富

古典文献・銘文にみられる「西富」「藤沢」の地名について（丸山清）「わが住む里」 藤沢市総合市民図書館 通号57 2008.3

聞取り調査記録 西富 鈴木喜久枝氏聞取り「藤沢市史研究」 藤沢市文書館 (41) 2008.3

二ノ宮

相模二ノ宮と「みややま」（中村静夫）「扣之帳」 扣之帳刊行会 (11) 2006.3

二宮町

米軍のコロネット作戦に対する第53軍の本土防衛―二宮町における特殊地下壕（市原誠）「自然と文化 ： 平塚市博物館研究報告」 平塚市博物館 (36) 2013.3

米軍のコロネット作戦に対する第53軍の本土防衛―二宮町における特殊地下壕II（市原誠）「自然と文化 ： 平塚市博物館研究報告」 平塚市博物館 (37) 2014.3

日本大通り

横浜居留地の日本大通りについて―非文字資料から見る明治期の日本大通りの官庁街化に関する一試論（第二期共同研究活動報告―第2班 東アジアの租界とメディア空間）（内田青蔵）「年報非文字資料研究」 神奈川大学日本常民文化研究所非文字資料研究センター (10) 2014.3

怒田

足柄学講座・紀行編 怒田の卍道（木村庄一）「扣之帳」 扣之帳刊行会 (5) 2004.10

足柄学講座・紀行編 怒田紀行（木村庄一）「扣之帳」 扣之帳刊行会 (6) 2005.1

市内史跡めぐり 怒田・上怒田・千津島から墟下へ（湯川達夫）「史談足柄」 足柄史談会 46 2008.4

沼田

市内史跡探訪 沼田から岩原へ（上原元紀）「史談足柄」 足柄史談会 49 2011.4

沼浜御旧宅

吾妻鏡を読むために(19) 原義朝屋敷「沼浜御旧宅」伝承をめぐって（伊藤一美）「逗子吾妻鏡研究」 逗子吾妻鏡研究会 (28) 2003.5

根岸競馬場

占領下の米軍施設(2) 横浜の接収／根岸競馬場跡／家族住宅（羽田博昭）「市史通信」 横浜市史資料室 (12) 2011.11

神奈川県　　　　地名でたどる郷土の歴史　　　　関東

根岸湾

ペリー艦隊が見た地形（4）根岸湾（松田磐余）「Collegio」之潮　（46）2011.10

根府川

1923（大正12）年 関東大震災激震時の模様/根府川の惨害［第29号］「西さがみ庶民史録」西さがみ庶民史録の会 50 2003.5

聞き取り 国民学校と根府川空襲について 話し手：西山義之「戦争と民衆」戦時下の小田原地方を記録する会　（69）2012.8

『地震と戦争の記録』に書かれた根府川空襲（「戦争と民衆」戦時下の小田原地方を記録する会　（69）2012.8

根府川関所

根府川関所と水島屋一関所を越える話（中村静夫）「小田原史談：小田原史談会々報」小田原史談会　（230）2012.7

「根府川関所日記書抜」の翻刻（下重清）「小田原史談：小田原史談会々報」小田原史談会　（233）2013.4

野久保

愛甲郡半原村小名「野久保」とその周辺について（小島茂平）「県央史談」県央史談会　（45）2006.1

野毛坂

「野毛坂」小考（田口康男）「横浜西区郷土史研究会会報」横浜西区郷土史研究会　（38）2012.4

野毛商店街

所蔵資料紹介「野毛商店街の露店に関する記録（第一輯）」「神奈川県立公文書館だより」神奈川県立公文書館　（11）2004.3

野毛山

横浜商人と野毛山―今も住むその末裔たち（田口康男）「横浜西区郷土史研究会会報」横浜西区郷土史研究会　（34）2010.4

展示会 野毛山の「昭和」―坂と公園の物語（吉田律人）「市史通信」横浜市史資料室　（11）2011.7

野嶋

大山参りと海上交通について―野嶋・富津間を中心にして（後藤良治）「かながわ文化財」神奈川県文化財協会 96 2000.5

登戸

溝口・小杉・登戸の中心街の変遷（小川一朗）「川崎研究」川崎郷土研究会　（45）2007.5

登戸研究所

旧陸軍科学研究所と登戸研究所の関係（川崎要之助）「阿由多加」稲田郷土史会 38 2000.10

登戸研究所へ勤労動員された思い出（竹村志づ子）「伊那路」上伊那郷土研究会 50（8）通号595 2006.10

各地の戦跡保存活動の紹介 登戸研究所保存の会（略称）（森田忠正）「浅川地下壕の保存をすすめる会ニュース」浅川地下壕の保存をすすめる会　（62）2008.2

旧陸軍登戸研究所見学記（栗原せん三）「浅川地下壕の保存をすすめる会ニュース」浅川地下壕の保存をすすめる会　（64）2008.6

文化講演会抄録 山田朗氏「陸軍登戸研究所―戦争の記録と記憶・保存と活用」平成23年11月6日（日）「調布の文化財」調布市郷土博物館　（47）2012.3

陸軍登戸研究所の疎開文書について（終戦特集号）（木下健蔵）「伊那路」上伊那郷土研究会 58（8）通号691 2014.8

ハイランド5丁目

「故郷」創生と世代―横須賀市ハイランド5丁目を事例に（瀬川渉）「横須賀市博物館研究報告.人文科学」横須賀市自然・人文博物館　（57）2012.12

箱根

電気自動車で箱根を登る、下る―東村山の旧商工省機械試験所自動車部について（仲清）「多摩のあゆみ」たましん地域文化財団 109 2003.2

箱根の震助の話［第17号］「西さがみ庶民史録」西さがみ庶民史録の会 50 2003.5

慶応4（1868）年 戊辰箱根戦役と小田原藩の対応［第24号］「西さがみ庶民史録」西さがみ庶民史録の会 50 2003.5

"国府津おるれば馬車ありで" 鉄道唱歌と小田原・箱根［第11号］（石井富之助）「西さがみ庶民史録」西さがみ庶民史録の会 50 2003.5

1930（昭和5）年 箱根全山を震撼させた豆相震災の記録［第12号］「西さがみ庶民史録」西さがみ庶民史録の会 50 2003.5

「箱根八里」と「野七里・山七里」（木村博）「伊豆史談」伊豆史談会　（133）2003.12

「水の種」伝説―山形へ運ばれた箱根の水（木村庄一）「扣之帳」扣之帳刊行会　（8）2005.5

第921回例会 小田原と箱根の文化財（嘉津山清）「史迹と美術」史迹美術同攷会 78（4）通号784 2008.5

コラム 箱根駅伝雑感（桜井英彦）「とみづか」戸塚歴史の会　（35）2009.6

短歌 小田原・箱根に遊撃隊遺跡を訪ねて（文芸作品）（橘田昭雄）「西上総文化会報」西上総文化会　（70）2010.3

三島宿高木伊三郎からみた維新騒動―箱根戦争について（大川裕代）「三島市郷土資料館研究報告」三島市郷土資料館　（6）2013.3

近世東海道三島宿の人馬継立負担の実態について―箱根八里の過重負担を中心に（論文）（厚地淳司）「交通史研究」交通史学会，吉川弘文館（発売）　（80）2013.4

小田原箱根の句碑―現代俳句の句碑を巡る（佐宗欣二）「扣之帳」扣之帳刊行会　（42）2013.12

表紙 箱根を走る聖火（『第18回オリンピック東京大会/神奈川県・写真報告記念集』より）「神奈川県立歴史博物館だより」神奈川県立歴史博物館 20（1）通号196 2014.6

箱根駅伝の思い出（北島道敏）「にーだんご」くにたちの暮らしを記録する会　（27）2014.9

箱根温泉

ニセモノの紀行文「箱根温泉之記」（佐宗欣二）「扣之帳」扣之帳刊行会　（25）2009.9

箱根路

箱根路変遷の歴史を辿る（小田原シルバー大学「自主研究報告」紹介）（今井義男，小屋敷隆俊，須藤貞秀，石田俊博，山田武明，貫田スミ子）「小田原史談：小田原史談会々報」小田原史談会　（221）2010.4

足柄を散策する（13），（14）文学遺跡を尋ねて 箱根路を行く（上），（下）（杉山博久）「扣之帳」扣之帳刊行会　（33）/（34）2011.9/2011.12

「中村湖」を想定した下中の古道箱根路を探る（榎本保美）「小田原史談：小田原史談会々報」小田原史談会　（238）2014.7

箱根宿

東海道五十三次を歩いて（1）日本橋から箱根宿迄（小林富幸）「於保為」大井町郷土史研究会　（22）2002.10

報告 ふるさと横浜探検・箱根旧東海道の石畳と箱根関所を訪ねて（小林紀子）「横浜市歴史博物館news：Yokohama History Museum news」横浜市歴史博物館　（26）2008.3

東海道五十三次ゆったり歩き紀行（5）小田原宿から箱根宿へ（岡田宏一郎）「備陽史探訪」備陽史探訪の会　（152）2010.2

「箱根御関所日記書抜」考（1）―箱根宿の馬士（加藤利之）「扣之帳」扣之帳刊行会　（28）2010.6

東海道五十三次ゆったり歩き紀行（6）箱根宿から三島宿へ（岡田宏一郎）「備陽史探訪」備陽史探訪の会　（154）2010.6

箱根関所

県内歴史研究 箱根関所と古き建築物を訪ねて 箱根関所と宮ノ下富士屋ホテル・湯本の萬翠楼福住旅館・小田原の松永記念館・老欅荘を見学 幹事・清水幸子氏（視察研究）「於保為」大井町郷土史研究会　（28）2009.5

東海道箱根関所の復元過程と現況（シンポジウム 碓氷関所の歴史と現在）（鈴木陽弘）「宇須比」松井田町文化会　（61）2010.1

「箱根御関所日記書抜」考（1）口惜し！忠眞公（加藤利之）「扣之帳」扣之帳刊行会　（29）2010.9

研究ノート 近世関所の関番人配置をめぐる問題―特に箱根関所を中心として（丸山雍成）「交通史研究」交通史学会，吉川弘文館（発売）　（73）2011.1

箱根関所通関規定の特色―諸家提出の「判鑑」改めについて（大和田公一）「小田原史談：小田原史談会々報」小田原史談会　（228）2012.1

箱根関所復元に関して（中村静夫）「扣之帳」扣之帳刊行会　（36）2012.6

箱根関所通関のあれこれ（土屋寿山）「伊豆史談」伊豆史談会　（142）2013.1

箱根登山電車

1919（大正8）年 登山電車、〈天下の嶮〉を登る［第11号］（播摩晃一）「西さがみ庶民史録」西さがみ庶民史録の会 50 2003.5

箱根関跡

国指定史跡「箱根関跡」保存整備事業について（鈴木康弘）「かながわ文化財」神奈川県文化財協会　（102）2006.3

箱根山

箱根山中にある施設としての接待茶屋の特徴について（平林研治）「三島市郷土資料館研究報告」三島市郷土資料館　（4）2011.3

箱根山の鰯（西田清三）「扣之帳」扣之帳刊行会　（36）2012.6

箱根湯本

記念講演録 温泉町の戦後史―箱根湯本・塔之沢温泉を中心に（岩崎宗純）「神奈川地域史研究」神奈川地域史研究会　（21）2003.3

箱根療養所

箱根療養所より（浅木和寿義）「ふるさと久万」久万郷土会　（48）

関東　　　　　　　　　　　　　　地名でたどる郷土の歴史　　　　　　　　　　　　神奈川県

2008.11

橋本

トピックス/学芸員がみた「さがみはら」駅の予定がなかった "橋本"/星空案内板「相模原市立博物館news」　相模原市立博物館　38　2005.4

馬車道

研究ノート 馬車道の「むかし」を訪ねて「神奈川県立歴史博物館だより」　神奈川県立歴史博物館　8(3) 通号162　2003.2

秦野

秦野たばこ耕作の発展と篤農家技術—秦野における「老農の精神」(近藤尚弘)「秦野市史研究」　秦野市　22　2003.3

煙草専売以降の秦野の人口と工業(古賀匡)「秦野市史研究」　秦野市　23　2004.3

昭和40年以降の秦野の農業者たち(近藤尚弘)「秦野市史研究」　秦野市　24　2005.3

秦野の各世代の特色と意識の差—バランスのよい社会に向けて(古賀匡)「秦野市史研究」　秦野市　24　2005.3

秦野まほろば考(井上静男)「秦野市史研究」　秦野市　(25) 2006.3

秦野の古代 秦氏と波多野氏(櫛田和幸)「秦野市史研究」　秦野市　(25) 2006.3

秦野市

秦野市民の居住意識—「市民意識調査」を素材として(岩本純明)「秦野市史研究」　秦野市　22　2003.3

秦野における土地利用計画—「新都市計画法」の制定・実施過程を中心に(岩本純明)「秦野市史研究」　秦野市　23　2004.3

昭和40年以降の秦野市商業—秦野における流通革命(近藤尚弘)「秦野市史研究」　秦野市　23　2004.3

『秦野市史 通史5現代(2)』の執筆を終えて(岩本純明)「秦野市史研究」　秦野市　24　2005.3

市史講演会・市史歴史講座・古今写真展結果報告—市政施行50周年記念事業「秦野市史研究」　秦野市　(25) 2006.3

地名に残る「戸」と「倉(蔵)」(岩田達治)「秦野市史研究」　秦野市　(27) 2008.3

ジェットエンジン開発と秦野—秦野市立図書館所蔵の一冊の寄贈資料から(大倉潤)「秦野市史研究」　秦野市　(27) 2008.3

秦野市史研究内容一覧 号数別・分類別「秦野市史研究」　秦野市　(27) 2008.3

秦野盆地湧水群

日本名水紀行(30) 地底の巨大な水盆を汚染から守る 神奈川県・秦野盆地湧水群(井出孫六)「ATT」　ATT流域研究所　(34) 2004.7

鉢形城

国指定史跡 鉢形城跡探訪(荻山勝重)「県央史談」　県央史談会　(53) 2014.1

初声海岸

初声海岸の水面は《《特集 地図・地名・地理が語る三浦半島》》(石川秀幸)「三浦半島の文化」　三浦半島の文化を考える会　(19) 2009.10

八丁畷

蒲田～川崎宿・八丁畷(清水善和, 遠山恵喜子)「とみづか」　戸塚歴史の会　(33) 2007.6

八丁畷～神奈川宿仲木戸(長坂登志江, 山口肇)「とみづか」　戸塚歴史の会　(33) 2007.6

花川用水

特集にあたって(特集 花川用水と目久尻川)(大口勇次郎)「寒川町史研究」　寒川町　(23) 2010.3

町史講座 さむかわ用水路物語—花川用水と目久尻川(特集 花川用水と目久尻川)(馬場弘臣)「寒川町史研究」　寒川町　(23) 2010.3

資料紹介 花川用水関係史料(特集 花川用水と目久尻川)(椿田有希子)「寒川町史研究」　寒川町　(23) 2010.3

花ノ木町

花の「ハナノキ」と小田原北条時代の「花ノ木町」について(額田好男)「小田原史談 ： 小田原史談会々報」　小田原史談会　189　2002.3

浜道

浦賀道と浜道を歩く(笹川伊三雄)「三浦半島の文化」　三浦半島の文化を考える会　(14) 2004.10

早川

新知見の小田原市早川の石切場—江戸築城の石切丁場「城郭だより ： 日本城郭史学会会報」[日本城郭史学会]　(54) 2006.7

早川港

早川港の春(渡邊敏一)「小田原史談 ： 小田原史談会々報」　小田原史談会　(217) 2009.3

早川城

神奈川県指定史跡 中世の山城 早川城跡—城山公園歴史散歩「市史だよ

り」 綾瀬市　(31) 2008.3

早川上水

小田原の郷土史再発見 日本最古の水道は、早川上水か、小田原用水か(石井啓文)「小田原史談 ： 小田原史談会々報」　小田原史談会　187　2001.10

小田原の郷土史再発見 日本最古の水道「早川上水」を歩く(石井啓文)「小田原史談 ： 小田原史談会々報」　小田原史談会　194　2003.7

小田原の郷土史再発見 北条氏の「小田原早川上水」と諸大名の水道敷設(石井啓文)「小田原史談 ： 小田原史談会々報」　小田原史談会　(232) 2013.1

葉山

早春の葉山路を歩く(松本昭[他])「三浦半島の文化」　三浦半島の文化を考える会　(13) 2003.10

鐙摺切通しと明治期の葉山(田嶋恭三)「郷土誌葉山」　葉山郷土史研究会　(1) 2004.4

葉山の移り変わり130年略年表(葉山郷土史研究会)「郷土誌葉山」　葉山郷土史研究会　(1) 2004.4

葉山の歴史と文化・その一面—光徳寺御住職にお話を伺う(竹内幸江)「御浦」　三浦文化研究会　(20) 2004.11

日露戦争前夜の「葉山・一色会議」(横山幹生)「郷土誌葉山」　葉山郷土史研究会　(2) 2005.4

特集2 関東大震災時の葉山(森田昌明)「郷土誌葉山」　葉山郷土史研究会　(2) 2005.4

鎌倉時代の地震記録(内藤範子, 吉浦絢子)「郷土誌葉山」　葉山郷土史研究会　(2) 2005.4

葉山の古文書(地方文書)の紹介(1)(濱岡辰紀)「郷土誌葉山」　葉山郷土史研究会　(2) 2005.4

古文書・文献に見る江戸期の葉山(葉山郷土史研究会)「郷土誌葉山」　葉山郷土史研究会　(2) 2005.4

堀内を中心とした葉山の学校(柳田純)「郷土誌葉山」　葉山郷土史研究会　(3) 2006.4

葉山家文書(葉山政夫氏所蔵)について(濱岡辰紀)「郷土誌葉山」　葉山郷土史研究会　(3) 2006.4

遺稿「葉山史」と「飛柏杉の碑文は誤字？」—再録「はゆまとはやまと」から(瀬口太洋, 松本昭)「郷土誌葉山」　葉山郷土史研究会　(3) 2006.4

地名考「ナ」(横山幹生)「郷土誌葉山」　葉山郷土史研究会　(4) 2007.4

特別寄稿 東北の国からの葉山地名考(1)～(3)(辻井善弥)「郷土誌葉山」　葉山郷土史研究会　(4)/(6) 2007.4/2009.4

「入」の里・昭和30年頃(小島紀雄)「郷土誌葉山」　葉山郷土史研究会　(5) 2008.4

寄場組合文書から見える幕末の村の様子(古文書部会活動)(鳥居信吉)「郷土誌葉山」　葉山郷土史研究会　(5) 2008.4

葉山での想い出あれこれ(特集 下山口—下山口の歴史と暮らし)(本藤裕子)「郷土誌葉山」　葉山郷土史研究会　(7) 2010.4

ショミンバタ 葉山のハマことば あれこれ(松元岑生)「郷土誌葉山」　葉山郷土史研究会　(8) 2011.4

「日本ヨット発祥の地」のゆえん(コラム)(鈴木雅子)「郷土誌葉山」　葉山郷土史研究会　(8) 2011.4

葉山の茶(農業特集)(西岡考二郎)「土佐地域文化」[土佐地域文化研究会]　(12) 2011.12

平安時代の "製塩工場" 葉山で発見(特集 続・一色)(松元岑夫)「郷土誌葉山」　葉山郷土史研究会　(9) 2012.4

葉山にのこる海防関係資料について(古文書部会)(内藤範子)「郷土誌葉山」　葉山郷土史研究会　(9) 2012.4

葉山の家紋と長柄の家紋—7年間の調査を終えて(特集 続・長柄)(今井俊夫)「郷土誌葉山」　葉山郷土史研究会　(10) 2013.4

子どもたちに葉山を愛する心を(地域史話)(山本陽子)「郷土誌葉山」　葉山郷土史研究会　(10) 2013.4

史料に見るコレラの大流行と葉山(古文書部会)(内藤範子)「郷土誌葉山」　葉山郷土史研究会　(10) 2013.4

葉山港

船溜(葉山港)竣工記念碑(コラム)(吉田耕一)「郷土誌葉山」　葉山郷土史研究会　(8) 2011.4

葉山公園

「宗門人別書上帳」にみる下山口の屋号と家紋 附・葉山南御用邸(南邸)と県立葉山公園が出来るまで(特集 下山口—下山口の歴史と暮らし)(今井俊夫)「郷土誌葉山」　葉山郷土史研究会　(7) 2010.4

葉山御用邸

所在調査と一日講座—御用邸の町 葉山町編(植村昭紀)「神奈川県立公文書館だより」　神奈川県立公文書館　(9) 2003.3

明治・大正期の一色古地図と御用邸総図(編集部)「郷土誌葉山」　葉山郷土史研究会　(2) 2005.4

433

葉山御用邸の造営と打鯖の里（矢嶋道文，今井俊夫）「郷土誌葉山」 葉山郷土史研究会 （2）2005.4

一色・打鯖と御用邸前道路に纏わること（特集 続・一色）（葉山登吉）「郷土誌葉山」 葉山郷土史研究会 （9）2012.4

葉山町

所旧調査と一日講座—御用邸の町 葉山町編（植村昭紀）「神奈川県立公文書館だより」 神奈川県立公文書館 （9）2003.3

江戸時代の村の質屋—市域・葉山町域を中心に（飯島セツ子）「手帳 ： 逗子の郷土誌」 手帳の会 172 2004.4

刊行50年の『葉山町史料』について（古文書部会活動）（内藤範子）「郷土誌葉山」 葉山郷土史研究会 （5）2008.4

葉山町ボーイ・ガールスカウト発祥の地（コラム）（池田京子）「郷土誌葉山」 葉山郷土史研究会 （7）2010.4

葉山ハートセンター

葉山ハートセンター（コラム）（宇野喜三郎）「郷土誌葉山」 葉山郷土史研究会 （7）2010.4

葉山町観光館

葉山町観光館（コラム）（池田等）「郷土誌葉山」 葉山郷土史研究会 （7）2010.4

葉山南御用邸

「宗門人別書上帳」にみる下山口の屋号と家紋 附・葉山南御用邸（南邸）と県立葉山公園が出来るまで（特集 下山口—下山口の歴史と暮らし）（今井俊夫）「郷土誌葉山」 葉山郷土史研究会 （7）2010.4

葉山村

明治15年の地図と明治の葉山村付近（特集 下山口—下山口の歴史と暮らし）（編集部）「郷土誌葉山」 葉山郷土史研究会 （7）2010.4

はるひ野

はるひ野地域から黒川流域へ（市内巡検報告）（星野仁）「川崎研究」 川崎郷土研究会 （45）2007.5

番匠

国府津番匠補遺（久保健一郎）「おだわら ： 歴史と文化」 小田原市教育委員会 13 2000.3

半原

愛川町半原両向の水みち（上水路）について（小島茂平）「県央史談」 県央史談会 40 2001.1

相州半原村寛文の境争論について（小島茂平）「県央史談」 県央史談会 41 2002.1

誰も書かなかった半原の絹撚糸業の昔し語り[1]～(2)（大塚博夫）「県央史談」 県央史談会 41/(42) 2002.1/2003.1

半原における機械大工の発生とその系譜（大塚博夫）「県央史談」 県央史談会 （43）2004.1

半原絹撚糸業界の製造工程における省力化（大塚博夫）「県央史談」 県央史談会 （45）2006.1

愛甲郡愛川村半原の撚糸業とその町並みについて（小島茂平）「県央史談」 県央史談会 （48）2009.1

愛川村半原、原下の水車利用とその周辺について（小島茂平）「県央史談」 県央史談会 （49）2010.1

愛川町半原から横須賀市逸見へ 水道みちが語る風景（富澤喜美枝）「三浦半島の文化」 三浦半島の文化を考える会 （24）2014.10

半原古道

半原古道のあらましと猪垣・出口について（小島茂平）「県央史談」 県央史談会 （42）2003.1

半原小学校

半原小学校の校歌制定の思い出（大塚博夫）「県央史談」 県央史談会 （49）2010.1

日影茶屋

日影茶屋をめぐる人々（特集 続・堀内）（鈴木雅子）「郷土誌葉山」 葉山郷土史研究会 （8）2011.4

東俣野

鎌倉上の道・東俣野から鎌倉へ（地域の資料から）（古道部会）「郷土いずみ」 （18）2012.5

久木

逗子の地名（5）久木（雨宮郁夫）「手帳 ： 逗子の郷土誌」 手帳の会 （173）2006.6

菱沼牡丹餅立場

菱沼牡丹餅立場（牡丹餅茶屋）の跡碑・建立について（青木進）「郷土ちがさき」 茅ヶ崎郷土会 （109）2007.5

日向

伊勢原市日向地区の史跡めぐり（大平武之）「県央史談」 県央史談会 （51）2012.1

響橋

響橋（メガネ橋）設計者は今井兼次（早大）と判明！（佐藤誠）「郷土つるみ」 鶴見歴史の会 54 2001.9

工事中のめがね橋の写真出て来た（サトウマコト）「郷土つるみ」 鶴見歴史の会 （68）2010.5

日向屋敷

「日向屋敷」のいわれについて（鳥居泰一郎）「小田原史談 ： 小田原史談会々報」 小田原史談会 （212）2008.1

日吉

日吉と目黒（斎藤久美）「目黒区郷土研究」 目黒区郷土研究会 （626）2007.3

日吉台地下壕

日吉台地下壕を見学（秋山昌文）「戦争のきずあと・むさしの」 武蔵野の空襲と戦争遺跡を記録する会 （41）2011.11

日吉地下壕

表紙 横浜市日吉にのこる、旧海軍連合艦隊司令部の地下壕（慶応大学日吉キャンパス内）「神奈川県立歴史博物館だより」 神奈川県立歴史博物館 20(3)通号198 2014.12

特別展 陸にあがった海軍—連合艦隊司令部日吉地下壕からみた太平洋戦争—（千葉毅）「神奈川県立歴史博物館だより」 神奈川県立歴史博物館 20(3)通号198 2014.12

平井家住宅・長屋門

インタビュー—玉縄万華鏡 鎌倉市景観重要建築物 平井家住宅・長屋門の歴史 平井潔さん「玉縄城まちだより」 玉縄城址まちづくり会議 （9）2011.11

平潟湾

「平潟湾」小史—金沢の繁栄を支えた湊（楠山永雄）「御浦」 三浦文化研究会 （20）2004.11

ペリー艦隊が見た地形(2) 夏島付近と平潟湾（松田磐余）「Collegio」之潮 （44）2011.4

平塚

各地の戦跡保存活動の紹介(31) 平塚の空襲と戦災を記録する会（矢野慎一）「浅川地下壕の保存をすすめる会ニュース」 浅川地下壕の保存をすすめる会 32 2003.2

平成16年度春期特別展 記念講演会「平塚からみえる近世社会」（青木美智男）「自然と文化 ： 平塚市博物館研究報告」 平塚市博物館 （29）2006.3

平塚の別荘地時代（島本千也）「自然と文化 ： 平塚市博物館研究報告」 平塚市博物館 （34）2011.3

米軍の日本本土空襲に対する横須賀海軍警備隊の本土防空—平塚地区周辺の防空態勢（市原誠）「自然と文化 ： 平塚市博物館研究報告」 平塚市博物館 （35）2012.3

平塚・大磯地域での1923年大正関東地震の体験記録（森慎一，浜口哲一）「自然と文化 ： 平塚市博物館研究報告」 平塚市博物館 （35）2012.3

近代平塚地域の報徳運動（早田旅八）「自然と文化 ： 平塚市博物館研究報告」 平塚市博物館 （35）2012.3

相模国金目郷と武士たち—三浦氏と平塚市域を考えるうえで（研究）（落合義明）「三浦一族研究」 横須賀市 （18）2014.3

平塚市

人間爆弾「桜花」と平塚市（千葉弘）「県央史談」 県央史談会 （50）2011.1

平塚市の道標（浜野達也）「自然と文化 ： 平塚市博物館研究報告」 平塚市博物館 （37）2014.3

平塚宿

東海道大磯宿から平塚宿へと歩く（白根貞夫）「三浦半島の文化」 三浦半島の文化を考える会 （14）2004.10

平成20年度第1回歴史散歩（宿場シリーズ・第6回）桜を愛でながら平塚宿を巡る「歴研よこはま」 横浜歴史研究会 （61）2008.11

平沼新田

「天保年間帷子川々口新田略絵図」に見る平沼新田と岡野新田の世界（田口康男）「横浜西区郷土史研究会会報」 横浜西区郷土史研究会 （20）2002.3

平の里

平の里幻想(2) 山口二郎有綱の館跡（コラム）（黒田康子）「郷土誌葉山」 葉山郷土史研究会 （7）2010.4

平山煙火製造所

資料よもやま話 平山煙火製造所と小野家資料（上田由美）「開港のひろば ： 横浜開港資料館館報」 横浜開港資料館 （124）2014.4

平山ホテル

明治時代に外国から千客万来の平山ホテル（コラム）（編集部）「郷土誌葉山」 葉山郷土史研究会 （8）2011.4

関東 地名でたどる郷土の歴史 神奈川県

飛竜の滝
滝めぐり(10) 最終回 飛龍の滝(仮称)(小澤洋三)「多摩のあゆみ」 たましん地域文化財団 115 2004.8

広部橋
湯河原「広部橋」の由来―箱根戊辰戦争余聞(石井啓文)「小田原史談：小田原史談会々報」 小田原史談会 (207) 2006.10

府川村
幕末期相州府川村質地請戻し騒動と村方文書引継問題(荒木仁朗)「小田原地方史研究」 小田原地方史研究会 (22) 2003.3

福住旅館
短信 箱根湯本「福住旅館」見学「小田原史談：小田原史談会々報」 小田原史談会 (224) 2011.1

富士瓦斯紡績川崎工場
富士瓦斯紡績川崎工場の工女たち(石田英夫)「史誌かわさき」 川崎区誌研究会 (3) 2004.5

藤沢
この目で見た太平洋戦争と藤沢(長田良彦)「わが住む里」 藤沢市総合市民図書館 (52) 2003.3

新聞と地域―大正〜昭和戦前期、藤沢の新聞状況(大岡聡)「藤沢市史研究」 藤沢市文書館 (36) 2003.3

相模国南部の御鷹場―藤沢の村々を中心に(細川光成)「藤沢市史研究」 藤沢市文書館 (36) 2003.3

『あとまっぷ ふじさわ戦争跡マップ』(矢野慎一)「浅川地下壕の保存をすすめる会ニュース」 浅川地下壕の保存をすすめる会 34 2003.6

外国人と藤沢(歴史講座)(内海孝)「藤沢市史研究」 藤沢市文書館 (37) 2004.3

ミステリーと藤沢(近藤拓)「わが住む里」 藤沢市総合市民図書館 通号55 2006.3

中世都市鎌倉の発展と藤沢(歴史講座)(永井晋)「藤沢市史研究」 藤沢市文書館 (39) 2006.3

展示報告 「日清・日露戦争と藤沢―収蔵資料が語るもの―」について(中村修)「藤沢市文書館紀要」 藤沢市文書館 通号28 2006.3

近代藤沢の初等教育(歴史講座)(永野勝康)「藤沢市史研究」 藤沢市文書館 (40) 2007.3

「近代藤沢の女子中等教育」―実科高等女学校を中心に(歴史講座)(長田三男)「藤沢市史研究」 藤沢市文書館 (40) 2007.3

東海道より広い道があった―藤沢周辺の道路幅と龍口寺門前(金子雄次)「藤沢地名の会会報」 藤沢地名の会 (64) 2007.5

幕末期における藤沢の支配と領主たち[1],(2)(秋本國夫)「わが住む里」 藤沢市総合市民図書館 通号57/通号58 2008.3/2009.3

古典文献・銘文にみられる「西富」「西富」の地名について(丸山清)「わが住む里」 藤沢市総合市民図書館 通号57 2008.3

藤沢と学童集団疎開(近藤拓)「わが住む里」 藤沢市総合市民図書館 通号58 2009.3

昭和初期の「藤沢新十名勝」について(会員投稿)(細井守)「藤沢地名の会会報」 藤沢地名の会 (71) 2009.9

藤沢の大地ができるまで(秋本國夫)「わが住む里」 藤沢市総合市民図書館 通号59 2010.2

懐かしい農村文化と産業の変遷(長田良彦)「わが住む里」 藤沢市総合市民図書館 通号59 2010.2

藤沢と墨塗り教科書(近藤拓)「わが住む里」 藤沢市総合市民図書館 通号59 2010.2

講演要旨 藤沢とその周辺の地形(久保純子)「藤沢地名の会会報」 藤沢地名の会 (74) 2010.9

藤沢の昭和史後期拾遺(近藤拓)「わが住む里」 藤沢市総合市民図書館 (60) 2011.3

関東大震災を記録した人びと―横浜・藤沢を中心に(藤沢市史講座)(松本洋幸)「藤沢市史研究」 藤沢市文書館 (46) 2013.3

藤沢の震災被害の復元について(澤内一晃)「藤沢市文書館紀要」 藤沢市文書館 (46) 2013.3

藤沢と俳句あれこれ(近藤拓)「わが住む里」 藤沢市総合市民図書館 (62) 2013.3

外国人が観た幕末明治の藤沢(萩原史巨)「わが住む里」 藤沢市総合市民図書館 (62) 2013.3

革新自治体の誕生 東京・横浜・藤沢(藤沢市史講座)(源川真希)「藤沢市史研究」 藤沢市文書館 (47) 2014.3

藤沢カントリー倶楽部
地名講演会(2011.10.29)講演要旨 グリーンハウスと旧藤澤カントリー倶楽部(宮田英夫)「藤沢地名の会会報」 藤沢地名の会 (78) 2012.2

藤沢市
藤沢市域付近における鎌倉街道の実地検証・一部改稿(丸山清)「わが住む里」 藤沢市総合市民図書館 (51) 2002.3

藤沢市史年稿(平成12年)(中村修)「藤沢市文書館紀要」 藤沢市文書館 (25) 2003.3

藤沢市史年表稿(平成13年)(中村修)「藤沢市文書館紀要」 藤沢市文書館 (26) 2004.3

藤沢市域の近代農業史年表 前編・後編(明治・大正期),(昭和前半期),(昭和後半期)(丸山清)「わが住む里」 藤沢市総合市民図書館 (54)/(56) 2005.3/2007.3

藤沢市史年表稿(平成14年〜21年)(山田之恵)「藤沢市文書館紀要」 藤沢市文書館 通号28/通号33 2006.3/2013.3

展示報告 資料展「ふじさわの昭和」について(中村修)「藤沢市文書館紀要」 藤沢市文書館 通号30 2008.3

震災を生きる子どもたち 時代にみる災害思想の変化(藤沢市史講座)(伊藤一美)「藤沢市史研究」 藤沢市文書館 (46) 2013.3

震災から復旧・復興へ(藤沢市史講座)(小風秀雅)「藤沢市史研究」 藤沢市文書館 (46) 2013.3

地域防災のあり方―町内会の場合(藤沢市史講座)(小川雄二郎)「藤沢市史研究」 藤沢市文書館 (46) 2013.3

保守市政から革新市政へ(藤沢市史講座)(季武嘉也)「藤沢市史研究」 藤沢市文書館 (47) 2014.3

経済構造の変容と人口増加問題(藤沢市史講座)(本宮一男)「藤沢市史研究」 藤沢市文書館 (47) 2014.3

藤沢宿
幕末明治初期の藤沢宿における治安維持(平野雅道)「藤沢市史研究」 藤沢市文書館 (36) 2003.3

東海道…戸塚宿から藤沢宿へと歩く(白根貞夫)「三浦半島の文化」 三浦半島の文化を考える会 (13) 2003.10

大鋸―藤沢宿の大鋸引職人をめぐって(歴史講座)(西ヶ谷恭弘)「藤沢市史研究」 藤沢市文書館 (39) 2006.3

助郷会所とその運営―東海道藤沢宿を事例として(大石三紗子)「藤沢市史研究」 藤沢市文書館 (40) 2007.3

東海道五十三次ゆったり歩き紀行(2)神奈川宿から藤沢宿へ(岡田宏一郎)「備陽史探訪」 備陽史探訪の会 (148) 2009.6

東海道五十三次ゆったり歩き紀行(3)藤沢宿から大磯宿へ(岡田宏一郎)「備陽史探訪」 備陽史探訪の会 (149) 2009.8

講演要旨 朝鮮通信使、藤沢宿を往く(馬場弘臣)「藤沢地名の会会報」 藤沢地名の会 (71) 2009.9

東海道藤沢宿の問屋場―宿駅の人馬継立(2008年度総合研究報告「神奈川県域の古代寺院を考える」)(大石三紗子)「神奈川地域史研究」 神奈川地域史研究会 (27) 2010.1

江戸幕府伝馬制度と地域金融構造―東海道藤沢宿の分析を中心に(大石三紗子)「交通史研究」 交通史学会, 吉川弘文館(発売) (71) 2010.4

東海道藤沢宿はどこから馬を集めたか―馬持の分布と地理的条件に関する一考察(大石三紗子)「郷土神奈川」 神奈川県立図書館 (49) 2011.3

助郷役負担の村別分析による助郷制度再考―東海道藤沢宿を対象として(第2回交通史学会大会報告・総会報告―大会発表要旨〈共通論題〉)(大石三紗子)「交通史研究」 交通史学会, 吉川弘文館(発売) (81) 2013.9

藤沢町
大正末期の在郷軍人会による地域統合について―高座郡藤沢町の場合(〈2005年度総会記念シンポジウム「地域史研究の成果と課題」〉)(中村修)「神奈川地域史研究」 神奈川地域史研究会 (24) 2007.3

藤沢山
『藤沢山日鑑』記事年表(安永6年〜文政11年)(酒井麻子)「藤沢市文書館紀要」 藤沢市文書館 (25)/(33) 2003.3/2013.3

『藤沢山日鑑』と『近侍者日鑑』(酒井麻子)「藤沢市文書館紀要」 藤沢市文書館 (32) 2010.3

藤間家住宅
藤間家住宅の建築と西村建築株式会社(水沼淑子)「文化資料館調査研究報告」 茅ケ崎市教育委員会 (22) 2013.3

富士屋ホテル
神奈川県ゆかりの建築を訪ねて―宮ノ下・富士屋ホテル(岡山理香)「郷土神奈川」 神奈川県立図書館 (47) 2009.2

二子
大山街道を歩く(二子・溝口編)(世古晴次)「県央史談」 県央史談会 (42) 2003.1

二子村
二子村の成立と光明寺(研究)(鈴木博)「川崎研究」 川崎郷土研究会 (52) 2014.5

二俣川村
ミニ展示を終えて「『二俣川村』の誕生」「徳川慶喜の書簡」「神奈川県立公文書館だより」 神奈川県立公文書館 (18) 2007.9

神奈川県　　　　　　　　　　　　地名でたどる郷土の歴史　　　　　　　　　　　　　関東

船津眼科病院
横須賀モダンを見る 船津眼科病院の建築 (富澤喜美枝)「三浦半島の文化」 三浦半島の文化を考える会 (20) 2010.10

舟原
史談再録(4) 舟原の語源について 『小田原史談』第19号〈1963年〈昭和38年〉2月所載〉(磯崎憲次)「小田原史談 : 小田原史談会々報」 小田原史談会 (216) 2009.1

文命堤
町外歴史探訪―文命堤と田中丘隅 春日森堤・岩流瀬堤・大口堤・福沢神社・文命用水等見学 講師：内田智雄 幹事：藪田米雄・清水幸子 (視察研究)「於保為」 大井町郷土史研究会 (31) 2011.9

文命西堤
文命西堤の謎を追う(1) (内田清)「小田原史談 : 小田原史談会々報」 小田原史談会 194 2003.7

ヘボン塾
企画展 ヘボン塾の写真発見 (石崎康子)「開港のひろば : 横浜開港資料館報」 横浜開港資料館 (122) 2013.10

逸見
愛甲町半原から横須賀市逸見へ 水道みちが語る風景 (富澤喜美枝)「三浦半島の文化」 三浦半島の文化を考える会 (24) 2014.10

ベリー記念館
ベリー記念館と久里浜海岸 (広域特集―第36回上伊那歴史研究会県外実地踏査報告「八王子・横浜と絹の道を訪ね伊那との関連を現地に探る」) (中島元博)「伊那路」 上伊那郷土研究会 55(12)通号659 2011.12

弁天通
写真館が建ち並ぶ弁天通り 1910年代 当館所蔵絵葉書「開港のひろば : 横浜開港資料館報」 横浜開港資料館 (115) 2012.2

坊所
少国民時代の思い出久野村坊所あたり (武田敬治)「小田原史談 : 小田原史談会々報」 小田原史談会 (200) 2005.1

北条
博物館アラカルト(23) 白雲画 北条眺望図 (岡野将士)「広島県立歴史博物館ニュース」 広島県立歴史博物館 (82) 2010.1

星の谷道
第143回例会 地名探訪 長後・下土棚の史跡を訪ねて―大山道・星の谷道・塩付道周辺 (藤沢地名の会会報」 藤沢地名の会 (61) 2006.5

ほしのや道
戸塚宿から「ほしのや道」へ (柳下光男)「とみづか」 戸塚歴史の会 29 2003.6

保土ケ谷
保土ケ谷から戸塚の旧東海道 (井上攻)「横浜市歴史博物館news : Yokohama History Museum news」 横浜市歴史博物館 (18) 2004.3

保土ケ谷宿
東海道…保土ケ谷宿から戸塚宿へと歩く (白根貞夫)「三浦半島の文化」 三浦半島の文化を考える会 (13) 2003.10

第14回特別企画 東海道を歩く―神奈川宿から保土ケ谷宿へ「藤沢地名の会会報」 藤沢地名の会 (62) 2006.9

神奈川宿仲木戸～保土ケ谷宿 (別府敏, 細矢徹)「とみづか」 戸塚歴史の会 (33) 2007.6

保土ケ谷町
資料よもやま話1 震災復興期の保土ケ谷町 (松本洋幸)「開港のひろば : 横浜開港資料館報」 横浜開港資料館 (100) 2008.4

堀内
特集 堀内 (矢嶋道文)「郷土誌葉山」 葉山郷土史研究会 (3) 2006.4

堀内の地図 (編集部, 関和明)「郷土誌葉山」 葉山郷土史研究会 (3) 2006.4

葉山・堀内むかし語り (吉浦徇子)「郷土誌葉山」 葉山郷土史研究会 (3) 2006.4

堀内を中心とした葉山の学校 (柳田純)「郷土誌葉山」 葉山郷土史研究会 (3) 2006.4

第2特集 堀内の古文書 (濱岡辰紀)「郷土誌葉山」 葉山郷土史研究会 (3) 2006.4

堀内の地図に見る浜道の変遷 (特集 続・堀内) (鈴木雅子)「郷土誌葉山」 葉山郷土史研究会 (8) 2011.4

堀内町内会区分図・葉山空中写真・葉山全図にみる堀内 (特集 続・堀内) (編集部)「郷土誌葉山」 葉山郷土史研究会 (8) 2011.4

堀内の字・地名の由来 (特集 続・堀内) (鶴泰)「郷土誌葉山」 葉山郷土史研究会 (8) 2011.4

堀内(濱)の屋号と家紋 (特集 続・堀内) (今井俊夫)「郷土誌葉山」 葉山郷土史研究会 (8) 2011.4

三浦半島西岸の"臍"堀内 (特集 続・堀内) (滝本誠一)「郷土誌葉山」 葉山郷土史研究会 (8) 2011.4

堀内の宮家・華族の別荘 (特集 続・堀内) (池田京子)「郷土誌葉山」 葉山郷土史研究会 (8) 2011.4

大正期～昭和後期の葉山町堀内地区における地元住民による別荘地経営の展開 (特集 三浦半島・葉山の歴史地理) (花木宏直, 福田毅, 水島卓磨, 淵澤祐介)「歴史地理学野外研究」 筑波大学人文社会科学研究科歴史・人類学専攻歴史地理学研究室 (15) 2012.3

堀内・葉山家に残る「船送り状」(古文書部会) (滝本誠一)「郷土誌葉山」 葉山郷土史研究会 (10) 2013.4

堀内村
葉山郷堀内村私考―長徳寺・小田原衆所領役帳 (黒田康子)「郷土誌葉山」 葉山郷土史研究会 (3) 2006.4

堀内村岡浜出入 (騒動) (古文書部会活動) (濱岡辰紀)「郷土誌葉山」 葉山郷土史研究会 (8) 2011.4

旧堀内村の除地について (古文書部会活動) (内藤範子)「郷土誌葉山」 葉山郷土史研究会 (8) 2011.4

堀越商会
館長雑感 絹織物輸出商社、堀越商会のその後 (上山和雄)「開港のひろば : 横浜開港資料館館報」 横浜開港資料館 (123) 2014.1

絹織物輸出会社、堀越商会の経営 一九三七～一九四一年 (上山和雄)「横浜開港資料館紀要」 横浜市ふるさと歴史財団 (32) 2014.3

堀之内村
堀之内村の誕生 (和田治助)「小田原史談 : 小田原史談会々報」 小田原史談会 (205) 2006.3

本郷
鎌倉時代の本郷・上郷から現代まで (圷三次)「三浦一族研究」 横須賀市 (8) 2004.5

本村
茅ヶ崎の地名物語・茅ヶ崎市「本村」 茅ヶ崎市議会が守り抜いた地名 (羽切信夫)「郷土ちがさき」 茅ヶ崎郷土会 (127) 2013.5

本町通り
私とつるみ 本町通りの馬車と馬蹄屋さん (奥山正子)「郷土つるみ」 鶴見歴史の会 (67) 2009.11

本牧
展示余話 石井光太郎氏旧蔵資料から―「新編武蔵風土記 久良岐郡本牧領 清書校合本」(石崎康子)「開港のひろば : 横浜開港資料館報」 横浜開港資料館 80 2003.4

本牧海岸
本牧海岸での潮干狩り 横浜開港資料館蔵「開港のひろば : 横浜開港資料館報」 横浜開港資料館 (116) 2012.4

本牧郷
東京湾岸戦国史跡 (72) 相州本牧郷/ピックアップ八犬伝 生人形「ミュージアム発見伝 : 館山市立博物館報」 館山市立博物館 (73) 2004.1

舞岡
ふるさと村「舞岡」と鎌倉道 (与座正子)「郷土いずみ」 7 2001.5

牧野
講演 牧野繊維工業の歴史 (牧野恵)「於保為」 大井町郷土史研究会 (32) 2012.8

牧野村
近世百姓印の機能と文書作成―相模国津久井県牧野村を事例として (千葉真由美)「地方史研究」 地方史研究協議会 53(1)通号301 2003.2

枡形城址
旧陸軍研究所から枡形城址へ (杉山一雄)「とみづか」 戸塚歴史の会 28 2002.6

桝形山城
桝形山城址と周辺の史跡を訪ねて (湯浅昇)「郷土いずみ」 9 2003.5

益田農場
足柄口談(2) 小田原にあったパイロット農場―益田農場のこと (市川正夫)「扣之帳」 扣之帳刊行会 (22) 2008.12

俣野
俣野散歩 (昨年度の事業から) (吉識史明)「郷土いずみ」 (15) 2009.5

斑目
市内史跡探訪 斑目から千津島へ (大庭進)「史談足柄」 足柄史談会 45 2007.4

松永記念館
県内歴史研究 箱根関所と古き建築物を訪ねて 箱根関所と宮ノ下富士屋ホテル・湯本の萬翠楼福住旅館・小田原の松永記念館・老欅荘を見学

幹事・清水幸子氏（視察研究）「於保為」　大井町郷土史研究会　（28）
2009.5

小田原用水・地蔵堂・松永記念館・内野醬油店・板橋見附—小田原の歴
史をあるく（田代道彌）「小田原市郷土文化館研究報告」　小田原市郷
土文化館　（49）2013.3

松永記念館庭園

松永記念館庭園の石造遺物（斉藤彦司）「小田原市郷土文化館研究報告」
小田原市郷土文化館　（48）2012.3

松浪

タイムスリップ 松浪（小生富夫）「郷土ちがさき」　茅ヶ崎郷土会
（114）2009.1

断片的な思いでと松浪！（小生富夫）「郷土ちがさき」　茅ヶ崎郷土会
（115）2009.5

松葉沢

愛甲郡半原村松葉沢のむかしといま（小島茂平）「県央史談」　県央史談会
（46）2007.1

松輪村

江戸・東京市場への鮮魚供給機能からみた三浦郡松輪村の地域的特質と
その変容（清水克志）「歴史地理学野外研究」　筑波大学人文社会科学
研究科歴史・人類学専攻歴史地理学研究室　（13）2009.3

真鶴

真鶴の小松石—その採掘の歴史と社会的歴史的役割（遠藤勢津夫）「郷土
神奈川」　神奈川県立図書館　（41）2003.3

真鶴周辺の漁業権（朝倉哲文）「豆州歴史通信」　豆州研究社歴史通信部
302　2003.10

墹下

市内史跡めぐり 怒田・上怒田・千津島から墹下へ（湯川達夫）「史談足
柄」　足柄史談会　46　2008.4

大豆戸

ある「田舎商家」の半世紀 大豆戸の伊東家とその資料（松本洋幸）「開港のひろば ： 横浜開港資料館館報」　横浜開港資
料館　（91）2006.2

丸山城

相模国丸山城（佐藤旺）「中世城郭研究」　中世城郭研究会　（22）2008.7

万年町

産土紀行（3）小田原万年町の大火（植田博之）「小田原史談 ： 小田原史
談会々報」　小田原史談会　（216）2009.1

三浦

近世三浦の歴史 概説（中村裕生）「かながわ文化財」　神奈川県文化財協
会　97　2001.5

三浦古尋録成立の一考察（特集 三浦一族の城館）（久保木実）「三浦半島
の文化」　三浦半島の文化を考える会　（24）2014.10

三浦郡

日光例幣使の鎌倉通行と三浦郡の村々—市域に残る二点の継立関係資料
から（飯島端治）「手帳 ： 逗子の郷土誌」　手帳の会　（174）2008.12

研究交流 相模国三浦郡と会津喜多方（冨田国衛）「郷土誌葉山」　葉山郷
土史研究会　（8）2011.4

御浦郡

御浦の赤鳥（湯田明）「三浦半島の文化」　三浦半島の文化を考える会
（14）2004.10

御浦の赤鳥（第2版）（湯田明）「横須賀文化財協会会報」　横須賀文化財協
会　23　2005.3

三浦半島

律令制と三浦半島の一側面（湯田明）「横須賀文化財協会会報」　横須賀文
化財協会　19　2001.3

近世三浦半島海防史概説（中里行雄）「開国史研究」　横須賀市　（1）
2001.3

三浦半島を中心とした御台場支配の変遷図（古谷彦逸）「開国史研究」　横
須賀市　（1）2001.3

浦賀奉行所の開設と三浦半島（中里行雄）「三浦半島の文化」　三浦半島の
文化を考える会　（11）2001.10

海防と三浦半島（中里行雄）「三浦半島の文化」　三浦半島の文化を考える
会　（11）2001.10

写真で読む近代の三浦半島（辻井善彌）「三浦半島の文化」　三浦半島の文
化を考える会　（12）2002.10

心に残る三浦半島の景観（湯田明）「横須賀文化財協会会報」　横須賀文化
財協会　21　2003.3

記念講演 三浦半島に於ける生態・文化複合（柴田敏隆）「三浦半島の文
化」　三浦半島の文化を考える会　（13）2003.10

三浦半島 地名の面白さ（1）沿岸部（雨宮郁夫）「三浦半島の文化」　三浦
半島の文化を考える会　（13）2003.10

『三浦半島の地名』冊子編集でのキャッチボール—調べて…まとめて…
又、調べて（雨宮郁夫）「三浦半島の文化」　三浦半島の文化を考える会
（13）2003.10

三浦半島の古道について（轟信子）「御浦」　三浦文化研究会　（19）
2003.11

心に残る三浦半島の景観（続）（湯田明）「横須賀文化財協会会報」　横須
賀文化財協会　22　2004.3

鎌倉雪ノ下村継立場と三浦半島の村々—公家・門跡らの鎌倉通行と逗子
の村民たち（飯島端治）「手帳 ： 逗子の郷土誌」　手帳の会　172
2004.4

近世三浦半島の海防（ペリー来航以前）（古谷彦逸）「三浦半島の文化」
三浦半島の文化を考える会　（14）2004.10

地名の分布を中心として地名を考える（今井政治）「三浦半島の文化」　三
浦半島の文化を考える会　（14）2004.10

日露戦争前後の三浦半島（山本紹一）「三浦半島の文化」　三浦半島の文化
を考える会　（15）2005.10

地名研究部会報告倭名抄の五郷を考える（今井政治）「三浦半島の文化」
三浦半島の文化を考える会　（15）2005.10

三浦半島における野菜生産地域の発展とその歴史的基盤—下浦地域を事
例として（清水克志、清水ゆかり）「歴史地理学調査報告」　筑波大学人
文社会科学研究科歴史・人類学専攻歴史地理学研究室　（12）2006.3

歴史探訪 会津と三浦半島との奇縁（森雄三）「会津人群像」　歴史春秋出
版　（7）2006.8

三浦半島の質屋（飯島セツ子）「三浦半島の文化」　三浦半島の文化を考え
る会　（16）2006.10

三浦半島の村々と助郷—幕末・維新期の浦賀道と東海道（飯島端治）「三
浦半島の文化」　三浦半島の文化を考える会　（17）2007.10

中世鎌倉・三浦半島の「みち」 鎌倉幕府の「みち」政策を中心として
（伊藤一美）「三浦半島の文化」　三浦半島の文化を考える会　（17）
2007.10

三浦半島の寄場組合（古文書部会活動）（濱岡辰紀）「郷土誌葉山」　葉山
郷土史研究会　（5）2007.10

県内歴史研究 三浦半島西海岸方面 葉山しおさい公園・湘南国際村・浄
楽寺・毘沙門（海岸の岩穴）・三崎漁港（視察研究）（中根三郎、田邊永
一）「於保為」　大井町郷土史研究会　（26）2008.5

三浦半島史跡巡りの旅（田中豊）「小田原史談 ： 小田原史談会々報」　小
田原史談会　（214）2008.7

三浦半島の城（田嶌貴久美）「中世城郭研究」　中世城郭研究会　（23）
2009.7

『みち』は時代を超え未来をつなぐ（《特集 地図・地名・地理が語る三浦
半島》）（富澤喜美枝）「三浦半島の文化」　三浦半島の文化を考える会
（19）2009.10

三浦半島の村絵図作成の契機（連続講座 地図・地名は語る）（久保木実）
「三浦半島の文化」　三浦半島の文化を考える会　（19）2009.10

近代三浦半島における生業形態からみた地曳網漁の様相—下浦地域を事
例として（田村真実，吉田国光，市川康夫）「歴史地理学野外研究」　筑
波大学人文社会科学研究科歴史・人類学専攻歴史地理学研究室
（14）2010.3

研究交流 深海から生まれた三浦半島—三浦半島のおいたち（蟹江康光）
「郷土誌葉山」　葉山郷土史研究会　（7）2010.4

三浦半島—風上と人を見つめる（1）（竹村清繁）「歴研よこはま」　横浜歴
史研究会　（64）2010.5

連続講座「海防・寺子屋・ええじゃないか」と三浦半島の人々（中里行
雄）「三浦半島の文化」　三浦半島の文化を考える会　（20）2010.10

三浦半島とのつながりを 15周年記念特集—三浦一族研究会15周年の
「思い出」（佐藤弘之）「三浦一族研究」　横須賀市　（15）2011.3

元禄大地震の被害記録（久保木実）「三浦半島の文化」　三浦半島の文化を
考える会　（21）2011.10

古代軍団制から兵の時代へ（連続講座 古代の三浦半島）（伊藤一美）「三
浦半島の文化」　三浦半島の文化を考える会　（21）2011.10

相模と都をむすぶ道—三浦半島の古代（連続講座 古代の三浦半島）（荒井
秀規）「三浦半島の文化」　三浦半島の文化を考える会　（21）2011.10

『古代に結ぶ半島と島々の世界』への道—一枚の絵地図批判から（連続講
座 古代の三浦半島）（江田豊）「三浦半島の文化」　三浦半島の文化を
考える会　（21）2011.10

全国地名研究者大会 三浦半島探訪のみどころ 三浦半島の古代・中世/中
世の三浦半島「日本地名研究所通信」　日本地名研究所　（74）2012.5

地名研究部会報告（久保木実）「三浦半島の文化」　三浦半島の文化を考え
る会　（22）2012.10

ヤマトタケルノミコト東征幻想—三浦半島の古東海道を尋ねて（松元岑
生）「郷土誌葉山」　葉山郷土史研究会　（10）2013.4

コラム 昭和7年山彦夜学会（『セピア色の三浦半島』より）（辻井善弥）
「郷土誌葉山」　葉山郷土史研究会　（10）2013.4

地名研究部会報告（久保木実）「三浦半島の文化」　三浦半島の文化を考え
る会　（23）2013.10

半島における「城郭」の虚像と実像 城郭を構えることは異常事態だ(特集 三浦一族の城館)(伊藤一美)「三浦半島の文化」 三浦半島の文化を考える会 (24) 2014.10

91年前の大正関東地震で生じた横須賀港町と西浦賀の大規模がけ崩れ―過去に何度も起きていた地すべりであった(特集 三浦半島の地震)(蟹江康光)「三浦半島の文化」 三浦半島の文化を考える会 (24) 2014.10

三崎

史跡・文化財めぐり 三浦市三崎周辺の歴史を尋ねて(湯田明)「横須賀文化財協会会報」 横須賀文化財協会 18 2000.3

三崎の町並み(富澤喜美枝)「御浦」 三浦文化研究会 (20) 2004.11

水産都市三崎三浦三崎におけるマグロ料理と地域変化(小口千明)「歴史地理学野外研究」 筑波大学人文社会科学研究科歴史・人類学専攻歴史地理学研究室 (15) 2012.3

三崎の遊郭近江楼(ふるさとの世相史)(中里行雄)「三浦半島の文化」 三浦半島の文化を考える会 (22) 2012.10

三崎港

マグロ漁業根拠地三崎港の形成と商業活動の展開(山下琢巳,山下須美礼,双木俊介)「歴史地理学調査報告」 筑波大学人文社会科学研究科歴史・人類学専攻歴史地理学研究室 (12) 2006.3

三崎道

「三崎道」と下山口商店街(特集 下山口―下山口の歴史と暮らし)(滝本誠一)「郷土誌葉山」 葉山郷土史研究会 (7) 2010.4

三沢村国民学校

太平洋戦争下の山村の小学校―津久井郡三沢村国民学校の学校日誌より(沼謙吉)「ふるさと津久井」 津久井町 (6) 2014.3

水越家長屋門

水越家長屋門の建築とその背景(小沢朝江)「文化資料館調査報告書」 茅ヶ崎市教育委員会 (21) 2012.3

水之尾

水之尾の由来(澤地英)「小田原史談 : 小田原史談会々報」 小田原史談会 188 2002.1

溝の口

醤油・酒造りを通して溝の口のまちづくりを考える(2)(鈴木穣)「川崎研究」 川崎郷土研究会 (45) 2007.5

溝口

大山街道を歩く(二子・溝口編)(世古晴次)「県央史談」 県央史談会 (42) 2003.1

醤油・酒造りを通して溝口のまちづくりを考える(1)(鈴木穣)「川崎研究」 川崎郷土研究会 (44) 2006.5

溝口・小杉・登戸の中心街の変遷(小川一朗)「川崎研究」 川崎郷土研究会 (45) 2007.5

三竹

市内史跡探訪「三竹地区の史跡めぐり」(杉山哲)「史談足柄」 足柄史談会 52 2014.4

見付学校

明治の息吹を今に伝える「旧見付学校」を参観して(谷山康夫)「歴研よこはま」 横浜歴史研究会 (52) 2003.5

三戸里

三浦市三戸里の中世私考―三戸里は荘園・三崎荘の一画(松原啓次)「三浦半島の文化」 三浦半島の文化を考える会 (15) 2005.10

三浦市三戸里の中世私考 室町後期の領主朝比奈氏の家臣土着(松原啓次)「三浦半島の文化」 三浦半島の文化を考える会 (16) 2006.10

三浦市三戸里の古代私考 古代三戸里の集落地変遷と渡来人(松原啓次)「三浦半島の文化」 三浦半島の文化を考える会 (17) 2007.10

皆瀬川村

2013年5月11日例会要旨 富士山宝永噴火とその復興過程―相模国千津島村・皆瀬川村を中心に(研究例会報告要旨)(辻林正貴)「地方史研究」 地方史研究協議会 63(5)通号365 2013.10

みなとみらい線

関連ニュース 横浜都市発展記念館企画展示 みなとみらい線開通記念「横浜地下鉄物語―それは路面電車からはじまった」(岡田直)「開港のひろば : 横浜開港資料館館報」 横浜開港資料館 83 2004.2

南足柄市

「国会開設」に動き始めた南足柄市域の人々(藤平初江)「史談足柄」 足柄史談会 49 2011.4

南浦

『南浦書信』を読む(鈴木肇)「三浦半島の文化」 三浦半島の文化を考える会 (14) 2004.10

三増

三増合戦・その意外史を語る(大塚博夫)「県央史談」 県央史談会 (48) 2009.1

宮ノ下富士屋ホテル

県内歴史研究 箱根関所と古き建築物を訪ねて 箱根関所と宮ノ下富士屋ホテル・湯本の萬翠楼福住旅館・小田原の松永記念館・老欅荘を見学 幹事・清水幸子氏(視察研究)「於保為」 大井町郷土史研究会 (28) 2009.5

宮原

郷土の歴史 宮原郷土史稿(吉川榮)「藤沢市史研究」 藤沢市文書館 (42) 2009.3

御幸煉瓦製造所

遺稿 御幸煉瓦製造所(大西啓介)「史誌かわさき」 川崎区誌研究会 (5) 2006.5

御幸煉瓦製造所について(坂上克弘, 青木裕介, 浜田晋介)「川崎市市民ミュージアム紀要」 川崎市市民ミュージアム 20 2008.3

明神ヶ岳

明神ヶ岳(1) 勘違い(東好一)「扣之帳」 扣之帳刊行会 (10) 2005.10

港崎

「港崎」の読み(編集部)「横浜西区郷土史研究会会報」 横浜西区郷土史研究会 (22) 2004.4

向田

市内史跡探訪 竹松・向田から和田河原へ(大庭進)「史談足柄」 足柄史談会 47 2009.4

向原

桜山向原地区接収事情(鈴木三喜男)「手帳 : 逗子の郷土誌」 手帳の会 (174) 2008.12

向原～真名瀬旧道歩き(コラム)(編集部)「郷土誌葉山」 葉山郷土史研究会 (8) 2011.4

武蔵小杉

武蔵小杉地域の再開発の実情(市内巡検報告)(吉田武)「川崎研究」 川崎郷土研究会 (45) 2007.5

六浦

常設展示室探検 六浦地形復元模型「横浜市歴史博物館news : Yokohama History Museum news」 横浜市歴史博物館 (17) 2003.10

中世の六浦と上行寺東遺跡(〈シンポジウム「再考:上行寺東遺跡と中世の六浦」〉)(西岡芳文)「神奈川地域史研究」 神奈川地域史研究会 (26) 2008.12

地名講演会(2014.5.24)講演要旨 中世太平洋海運の展開と港町の形成―六浦・神奈川・品川を中心に(柘植信行)「藤沢地名の会会報」 藤沢地名の会 (86) 2014.9

六浦道

朝比奈切通から六浦道を往く(山口精一)「横浜西区郷土史研究会会報」 横浜西区郷土史研究会 (40) 2013.4

六ヶ村

葉山町旧六ヶ村の領主変遷―江戸時代を中心として(古文書部会活動)(内藤範子)「郷土誌葉山」 葉山郷土史研究会 (7) 2010.4

村岡

村岡という地名のおこりと村岡氏の発祥・盛衰(志村泰一)「わが住む里」 藤沢市総合市民図書館 (51) 2002.3

村岡川

なかだ 村岡川(前田重一)「郷土いずみ」 10 2004.5

明治村

明治村回想記(重田寿)「わが住む里」 藤沢市総合市民図書館 (52) 2003.3

目久尻川

レファレンスツール 目久尻川関係史料目録(涌井有希子)「寒川町史研究」 寒川町 (21) 2008.3

特集にあたって(特集 花川用水と目久尻川)(大口勇次郎)「寒川町史研究」 寒川町 (23) 2010.3

町史講座 さむかわ用水路物語―花川用水と目久尻川(特集 花川用水と目久尻川)(馬場弘臣)「寒川町史研究」 寒川町 (23) 2010.3

毛利荘

「毛利荘」と「児玉源太郎ゆかりの地」を訪ねて(探訪記)(矢野定)「徳山地方郷土史研究」 徳山地方郷土史研究会 (32) 2011.3

森戸

森戸の今昔(野地芳男)「小田原史談 : 小田原史談会々報」 小田原史談会 (203) 2005.10

私の見た眞名瀬と森戸の80年（小山泰治）「郷土誌葉山」 葉山郷土史研究会 （3）2006.4

『吾妻鏡』に登場する「森戸」―将軍家遊行・祓の地（吉浦徇子）「郷土誌葉山」 葉山郷土史研究会 （3）2006.4

森戸川

森戸川出口絵図からの一考察（古文書部会活動）（鳥居信吉）「郷土誌葉山」 葉山郷土史研究会 （8）2011.4

諸白小路

諸白小路に住んだ人々（隠岐明重）「小田原史談 ： 小田原史談会々報」 小田原史談会 （214）2008.7

矢倉沢

市内史跡探訪 矢倉沢から苅野へ（大庭進）「史談足柄」 足柄史談会 44 2006.4

矢沢村

矢沢村の屋根無尽（万延元年三左衛門日記に見る世情）（大場公子）「とみづか」 戸塚歴史の会 （35）2009.6

安浦町

口絵解説 戦前の安浦町のにぎわい（笹川伊三雄）「三浦半島の文化」 三浦半島の文化を考える会 （16）2006.10

谷津村

亀右衛門咄（1）二百年前の御府内谷津村（青木良一）「扣之帳」 扣之帳刊行会 （23）2009.3

資料よもやま話1 久良岐郡谷津村（金沢区）小泉家文書寄託される（松本洋幸）「開港のひろば ： 横浜開港資料館館報」 横浜開港資料館 （104）2009.4

亀右衛門咄（3）府内谷津村の相撲興行（青木良一）「扣之帳」 扣之帳刊行会 （26）2009.12

八松ヶ原

八松ヶ原は、どこにあったのか？（森久保卓）「郷土ちがさき」 茅ヶ崎郷土会 95 2002.9

八松ヶ原・南湖説について（内山昭雄）「郷土ちがさき」 茅ヶ崎郷土会 97 2003.5

谷戸

三浦半島 地名の面白さ（2）谷戸（雨宮郁夫）「三浦半島の文化」 三浦半島の文化を考える会 （14）2004.10

谷戸頭

「谷戸頭」を歩く（田中正大）「Collegio」 之潮 （36）2009.4

柳島

柳島・河岸道の道標の教育的価値について（山口正文）「郷土ちがさき」 茅ヶ崎郷土会 （116）2009.9

柳島海岸

柳島海岸（写真は杉山全氏）「郷土ちがさき」 茅ヶ崎郷土会 （126）2013.1

柳田別荘

柳田別荘の思い出―柳田為正氏の聞き書きより（平山孝通）「文化資料館調査研究報告」 茅ヶ崎市教育委員会 通号11 2003.3

山角町

小田原山角町の肝煎屋敷（屋舗）（中村静夫）「小田原史談 ： 小田原史談会々報」 小田原史談会 （223）2010.10

小田原宿山角町「水島屋（旅籠休所）」（中村静夫）「小田原史談 ： 小田原史談会々報」 小田原史談会 （229）2012.4

山県水道水源池

調査報告「山縣水道水源池」を訪ねて（香川芳文）「戦争と民衆」 戦時下の小田原地方を記録する会 （69）2012.8

山北

足柄学講座 山北編（1）河村城のこと―秘本『梅風記』（藤井良晃）「扣之帳」 扣之帳刊行会 （24）2009.6

足柄学講座 山北編（2）近世の山北の様相（藤井良晃）「扣之帳」 扣之帳刊行会 （25）2009.9

足柄学講座 山北編（3）鉄道が生んだ町・山北（藤井良晃）「扣之帳」 扣之帳刊行会 （26）2009.12

山崎

鎌倉の地名考（25）―山崎（三浦勝男）「鎌倉」 鎌倉文化研究会 90 2000.6

山下家別邸

史談雑記帳 秋山眞之、終焉の地 『山下家別邸実測圖』を拝見して（石井啓文）「小田原史談 ： 小田原史談会々報」 小田原史談会 （224）2011.1

山下公園

山下公園の誕生（吉田律人）「市史通信」 横浜市史資料室 （15）2012.11

山田村

鍛冶地帯としての山田村と案山子（菊地晃三）「於保為」 大井町郷土史研究会 （31）2011.9

大和市

大和市南部地域の古代集落とその様相（滝澤亮）「大和市史研究」 大和市文化スポーツ部 29 2003.3

写真に見る高度経済成長期の大和（1）～（4）（市史編さん担当）「大和市史研究」 大和市文化スポーツ部 通号32/通号36 2006.3/2011.3

8ミリムービーでの映像記録から 市制施行前の「やまと」の姿（早川四郎）「大和市史研究」 大和市文化スポーツ部 通号34 2009.3

市制施行前後の大和市域の変貌 人口増・住宅・事業場増加と農地転用（樋口雄一）「大和市史研究」 大和市文化スポーツ部 通号34 2009.3

大和市北部地域の古代集落とその様相（滝澤亮）「大和市史研究」 大和市文化スポーツ部 （36）2011.3

大和橋

玉縄思い出写真館 大和橋・渡り初め 昭和30年撮影「玉縄城まちだより」 玉縄城址まちづくり会議 （3）2008.11

大和村

決算書から見た戦時下町村一大和村（町）・渋谷村（町）・北秦野村の場合（古野恭代）「大和市史研究」 大和市文化スポーツ部 通号35 2010.3

山の根

逗子の地名（7）「逗子・山の根」（最終回）（雨宮郁夫）「手帳 ： 逗子の郷土誌」 手帳の会 （174）2008.12

弥生台

泉区を歩く 立場～弥生台（歴史散歩）（清水淹）「郷土いずみ」 11 2005.5

湯河原

1936（昭和11）年 2.26事件 大雪の中の湯河原襲撃［第6号］（河野司）「西さがみ庶民史録」 西さがみ庶民史録の会 50 2003.5

湯河原にもあった旧日本軍の毒ガス研究所（地域で戦争を伝えるものを調べて）（岡本史郎）「戦争と民衆」 戦時下の小田原地方を記録する会 （53）2004.8

湯河原町

太平洋戦争下、殺人毒ガスを研究していた湯河原町 "六研" の実態［第8号］「西さがみ庶民史録」 西さがみ庶民史録の会 50 2003.5

雪ノ下村

鎌倉雪ノ下村継立場と三浦半島の村々―公家・門跡らの鎌倉通行と逗子の村民たち（飯島端治）「手帳 ： 逗子の郷土誌」 手帳の会 172 2004.4

横須賀

座談会 横須賀からの学童集団疎開「寒川町史研究」 寒川町 14 2001.3

横須賀における町境町名地番整理による町域町名の変更の経過（今井政治）「三浦半島の文化」 三浦半島の文化を考える会 （11）2001.10

敗戦直後の横須賀で（轟信子）「御浦」 三浦文化研究会 （17）2001.11

フィリピン戦線と戦後の横須賀―小林國臣氏に聞く「市史研究横須賀」 横須賀市総務部 （2）2003.1

座談会「資料編古代・中世I」の発刊に向けて（古代・中世部会）「市史研究横須賀」 横須賀市総務部 （3）2004.2

米英連合国軍の上陸と横須賀―昭和20年8月30日（高村聰史）「市史研究横須賀」 横須賀市総務部 （3）2004.2

史料紹介 山内文書の概要について（椿田卓士）「市史研究横須賀」 横須賀市総務部 （3）2004.2

市民が語る横須賀ストーリー 戦前の下町の風景と勤労動員―永守百代さんに聞く「市史研究横須賀」 横須賀市総務部 （3）2004.2

口絵資料紹介・解説「横須賀一覧図」（山本詔一）「開国史研究」 横須賀市 （4）2004.3

市民が語る横須賀ストーリー海軍工廠での生活と重砲兵連隊―鈴木諫さんに聞く「市史研究横須賀」 横須賀市総務部 （4）2005.3

按針塚・開港のまち横須賀を歩く（歴史散歩）（山川泰正）「いしぶみ」 まちだ史考会 （19）2005.7

軍都横須賀―光と陰 横須賀史への私の史観と視点（平間洋一）「三浦半島の文化」 三浦半島の文化を考える会 （15）2005.10

横須賀と文学―文学碑を中心として（文化講座）（今原邦彦）「三浦半島の文化」 三浦半島の文化を考える会 （15）2005.10

「軍隊解体」と横須賀（文化講座）（佐藤正之）「三浦半島の文化」 三浦半島の文化を考える会 （15）2005.10

三笠艦と横須賀（白根貞夫）「横須賀文化財協会会報」 横須賀文化財協会 （24）2006.3

市民が語る横須賀ストーリー 戦争と私たちの娘時代―野坂光子さん・

神奈川県　　　　　　　　　　　　　地名でたどる郷土の歴史　　　　　　　　　　　　　関東

寺尾涼子さん姉妹に聞く「市史研究横須賀」 横須賀市総務部 （5）
2006.3

横須賀のトンネルと古道（歴史散歩）（白根貞夫）「三浦半島の文化」 三
浦半島の文化を考える会 （16） 2006.10

座談会 「資料編 古代・中世II」の発刊に向けて（古代・中世部会）「市史
研究横須賀」 横須賀市総務部 （6） 2007.3

市民が語る横須賀ストーリー 今でも軍工廠教習所の教授と呼ばれて
います―石渡一朗さんに聞く「市史研究横須賀」 横須賀市総務部
（6） 2007.3

「実録」横須賀の空襲―「B29爆撃機」の行動を明らかにする（岡野弘
男）「開国史研究」 横須賀市 （7） 2007.3

口絵解説 太平洋戦争開戦を伝える横須賀発行の新聞（久保木実）「三浦半
島の文化」 三浦半島の文化を考える会 （18） 2008.11

口絵資料解説・紹介 『横須賀軍港鎮遠号観覧之図』（山本詔一）「開国史
研究」 横須賀市 （9） 2009.3

横須賀の漆喰彫刻―浦賀地区の作品を中心として（上杉孝良）「市史研究
横須賀」 横須賀市総務部 （8） 2009.3

軍都市横須賀の形成と土地所有の平成―横須賀下町地区を事例に（双
木俊介、藤原翔）「歴史地理学野外研究」 筑波大学人文社会科学研究
科歴史・人類学専攻歴史地理学研究室 （13） 2009.3

新生横須賀婦人会廃品処理所附近見取図《特集 地図・地名・地理が語
る三浦半島》（江口澄江）「三浦半島の文化」 三浦半島の文化を考え
る会 （19） 2009.10

下町の洋装店にみる戦後の横須賀女性ファッション史―ピンク洋装店で
の聞き取り調査と広告資料をもとに（宮本八惠子）「市史研究横須賀」
横須賀市総務部 （9） 2010.3

東京湾要塞地帯における第二・第三海堡の建設と住民の対応―横須賀・
永嶋家にみる富津漁民との関わり（花木宏直、山邊菜穂子）「歴史地理
学野外研究」 筑波大学人文社会科学研究科歴史・人類学専攻歴史地
理学研究室 （14） 2010.3

軍港都市横須賀における遊興地の形成と地元有力者の動向（加藤晴美）
「歴史地理学野外研究」 筑波大学人文社会科学研究科歴史・人類学専
攻歴史地理学研究室 （14） 2010.3

軍港都市横須賀における商工業の展開と「御用商人」の活動―横須賀下
町地区を中心として（双木俊介）「歴史地理学野外研究」 筑波大学人
文社会科学研究科歴史・人類学専攻歴史地理学研究室 （14） 2010.3

新生横須賀婦人会（2） デッカー司令官留任請願（江口澄江）「三浦半島の
文化」 三浦半島の文化を考える会 （20） 2010.10

地名研究部会報告 横須賀の町名地番整理（今井政治）「三浦半島の文化」
三浦半島の文化を考える会 （20） 2010.10

史料を読む 『横須賀繁昌記』を読む（1）～（4）（山本詔一）「開国史研
究」 横須賀市 （11）/（14） 2011.3/2014.03

新生横須賀婦人会（3） 「新生寮」―特殊婦人の更生施設（江口澄江）「三
浦半島の文化」 三浦半島の文化を考える会 （21） 2011.10

軍都横須賀の旅館文化―新井屋旅館の資料から（山本志乃）「市史研究横
須賀」 横須賀市総務部 （11） 2012.3

横須賀における中心市街地の特質とその変容―明治末期～昭和初期を中
心に（伊藤久志）「市史研究横須賀」 横須賀市総務部 （11） 2012.3

横須賀の集団学童疎開（千葉公）「県央史談」 県央史談会 （52） 2013.1

講演会記録「占領期の横須賀」（高村聰史）「かながわ文化財」 神奈川県
文化財協会 （109） 2013.5

YOKOSUKA軍港めぐり（コラム）（中野潤一）「サットバ： みんなほさ
つ」 （441） 2013.11

語りのなかの横須賀―森光司氏の語り（1）（瀬川渉）「横須賀市博物館研
究報告.人文科学」 横須賀市自然・人文博物館 （58） 2013.12

米英海軍による空襲と横須賀（高村聰史）「市史研究横須賀」 横須賀市総
務部 （12） 2014.3

関東大震災後の海軍用地問題―横須賀における稲楠土地交換と海軍機関
学校の舞鶴移転（論文）（高村聰史）「首都圏史研究 ： 年報」 首都圏形
成史研究会 （3） 2014.3

軍港都市横須賀における宅地開発の進展と海軍士官の居住特性―横須賀
上町地区を中心に（双木俊介）「歴史地理学野外研究」 筑波大学人文
社会科学研究科歴史・人類学専攻歴史地理学研究室 （16） 2014.3

横須賀の中の「會津」（河野十代生）「会津人群像」 歴史春秋出版 （27）
2014.6

新生横須賀婦人会（4）―米八軍軍政部教育部資料（江口澄江）「三浦半島
の文化」 三浦半島の文化を考える会 （24） 2014.10

語りのなかの横須賀―森光司氏の語り2（瀬川渉）「横須賀市博物館研究
報告.人文科学」 横須賀市自然・人文博物館 （59） 2014.12

横須賀海軍工廠

グラビア 戦後に残る横須賀海軍工廠軍需施設部の倉庫群（昭和22年米軍
空撮写真と図）（特集 続・長柄）（編集部）「郷土誌葉山」 葉山郷土史
研究会 （10） 2013.4

横須賀街道

豊沢地区における横須賀街道の変遷と新横須賀街道（和田とり）「ふるさ
と袋井」 「袋井地方研究会」 18 2003.11

横須賀軍港

明治から昭和の戦争遺跡 横須賀軍港・猿島要塞跡を訪ねる（中田均）「浅
川地下壕の保存をすすめる会ニュース」 浅川地下壕の保存をすすめ
る会 （84） 2011.10

口絵 空襲を受ける横須賀軍港、空襲直後の海軍基地（高村聰史）「市史研
究横須賀」 横須賀市総務部 （13） 2014.3

横須賀刑務所

横須賀（大津）刑務所と私（萩原近造）「三浦半島の文化」 三浦半島の文
化を考える会 （14） 2004.10

横須賀市

終戦直後の横須賀市の住宅地転用と市営住宅（研究ノート）（藤谷陽悦）
「市史研究横須賀」 横須賀市総務部 （6） 2007.3

横須賀市民の戦前戦後―「合衆国戦略爆撃調査団報告書 USSBS」の尋
問記録から（高村聰史）「市史研究横須賀」 横須賀市総務部 （9）
2010.3

異国船来航と炊き出しについて（1）（研究レポート）（山本慧）「開国史研
究」 横須賀市 （12） 2012.3

戦後自治体の海外都市提携とアメリカ―横須賀市の場合（大西比呂志）
「市史研究横須賀」 横須賀市総務部 （11） 2012.3

横須賀水道みち

会員報告 藤沢の横須賀水道みち（萩原史巨）「藤沢地名の会会報」 藤沢
地名の会 （77） 2011.9

横須賀製鉄所

旧幕時代の横須賀製鉄所（久保木実）「三浦半島の文化」 三浦半島の文化
を考える会 （12） 2002.10

横須賀製鉄所の人々（西堀昭）「三浦半島の文化」 三浦半島の文化を考え
る会 （12） 2002.10

横須賀製鉄所における建設材料研究の史的意義に関する一考察（菊地勝
広）「横須賀市博物館研究報告.人文科学」 横須賀市自然・人文博物館
（47） 2003.3

幕末維新期横須賀製鉄所内のフランス人集会所について―建築資料と附
属家（安池尋幸）「横須賀市博物館研究報告.人文科学」 横須賀市自
然・人文博物館 （50） 2005.7

横須賀製鉄所フランス人一般官舎建築について―二階建職人住宅の事例
（安池尋幸）「横須賀市博物館研究報告.人文科学」 横須賀市自然・人
文博物館 （50） 2005.7

咸臨丸乗組員と横須賀製鉄所（佐々木覚）「開国史研究」 横須賀市 （7）
2007.3

幕末維新期横須賀製鉄所内の塗師所について―慶応二年前半施工建築群
の意味（安池尋幸）「横須賀市博物館研究報告.人文科学」 横須賀市自
然・人文博物館 （51） 2008.2

横須賀製鉄所の創設―その建設にかかわった在日フランス人たち（竹中
祐典）「横須賀市博物館研究報告.人文科学」 横須賀市自然・人文博物
館 （53） 2008.11

猶は土蔵附売家の栄誉を残す可し―横須賀製鉄所（造船所）創立異聞（大
出鍋蔵）「開国史研究」 横須賀市 （9） 2009.3

横須賀製鉄所創始期における機械類購入の経緯（安池尋幸）「市史研究横
須賀」 横須賀市総務部 （9） 2010.3

横須賀製鉄所へのブレスト海軍工廠煉瓦寸法規格の導入について―横須
賀製鉄所におけるフランス系技術の導入に関する研究（3）（菊地勝広）
「横須賀市博物館研究報告.人文科学」 横須賀市自然・人文博物館
（57） 2012.12

幕末維新期横須賀製鉄所のドライドックと船台について―施行経緯と資
材を中心に（安池尋幸）「横須賀市博物館研究報告.人文科学」 横須賀
市自然・人文博物館 （57） 2012.12

参考資料 福地源一郎『懐往事談』より「幕府の遣米使節」「横須賀製鉄
所設立の由来」ほか「たつなみ ： 顕彰会機関誌」 小栗上野介顕彰会
（38） 2013.8

ブレスト海軍工廠製煉瓦の製造技術と強度について―横須賀製鉄所にお
けるフランス系技術の導入に関する研究（4）（菊地勝広、半田モレル
純子）「横須賀市博物館研究報告.人文科学」 横須賀市自然・人文博物
館 （58） 2013.12

幕末維新期横須賀製鉄所構外設置の勤番所について（安池尋幸）「横須賀
市博物館研究報告.人文科学」 横須賀市自然・人文博物館 （58）
2013.12

海軍の竣工報告史料から読み解く施設の変遷（1） 横須賀製鉄所の南側高
台三棟について（研究ノート）（水野絵子）「市史研究横須賀」 横須賀
市総務部 （13） 2014.3

横須賀製鉄所日本人役人官舎・職方長屋に関する覚書―明治4年前半ま
でを中心に（安池尋幸）「横須賀市博物館研究報告.人文科学」 横須賀
市自然・人文博物館 （59） 2014.12

横須賀製鉄所副長官官舎

横須賀製鉄所副首長ティボディエ官舎建築資料について（安池尋幸）「横須賀市博物館研究報告.人文科学」 横須賀市自然・人文博物館 （47） 2003.3

旧横須賀製鉄所副長官官舎（通称ティボディエ邸）の海軍における使用の変遷について（水野僚子）「市史研究横須賀」 横須賀市総務部 （11） 2012.3

横須賀造船所

開国史講演会 技術者小野正作の自伝に見る明治初年の横須賀造船所（鈴木淳）「開国史研究」 横須賀市 （6） 2006.3

横須賀造船所と福州船政局を通して見る日中近代化の相違（近藤和美）「たつなみ ： 顕彰会機関誌」 小栗上野介顕彰会 （34） 2009.10

横須賀造船所初期の技術官制度（鈴木淳）「市史研究横須賀」 横須賀市総務部 （10） 2011.3

記念講演・要旨 日本近代化は横須賀造船所から（山本詔一）「たつなみ ： 顕彰会機関誌」 小栗上野介顕彰会 （38） 2013.8

富岡製糸場は横須賀造船所の妹（村上泰賢）「たつなみ ： 顕彰会機関誌」 小栗上野介顕彰会 （39） 2014.8

資料紹介 古文書 横須賀造船所の木材調達（戸塚祐子）「たつなみ ： 顕彰会機関誌」 小栗上野介顕彰会 （39） 2014.8

横須賀鎮守府

明治期における海軍機関の公文書取扱について─横須賀鎮守府を例として（池田正）「京浜歴科研年報」 京浜歴史科学研究会 （17） 2003.1

旧横須賀鎮守府庁舎の建築技術的特色について（菊地勝広，長浜つぐお，富澤喜美枝，志村直愛）「横須賀市博物館研究報告.人文科学」 横須賀市自然・人文博物館 （48） 2004.3

横須賀港町

91年前の大正関東地震で生じた横須賀港町と西浦賀の大規模がけ崩れ─過去に何度も起きていた地すべりであった（特集 三浦半島の地震）（蟹江康光）「三浦半島の文化」 三浦半島の文化を考える会 （24） 2014.10

横須賀村

横須賀の遊郭─横須賀村の遊参所（ふるさとの世相史）（江口澄江）「三浦半島の文化」 三浦半島の文化を考える会 （22） 2012.10

横野村

近世後期横野村の女性戸主─宗門改帳と明治戸籍の分析を中心に（戸石七生）「秦野市史研究」 秦野市 22 2003.3

幕末期人口停滞社会下の相続戦略─秦野市旧横野村のケース（戸石七生）「秦野市史研究」 秦野市 23 2004.3

近世南関東における村落の構造と成立過程─相模国大住郡横野村の成立を例にして（戸石七生）「秦野市史研究」 秦野市 24 2005.3

ヨコハマ

水辺の生活環境史 消えたヨコハマ─四万十川漁師がとらえた環境問題（研究調査報告）（安室知）「非文字資料研究」 神奈川大学21世紀COEプログラム拠点推進会議 （29） 2013.1

横浜

ヨコハマ─文明開化の足あと（4）～（10）（小澤明夫）「郷土いずみ」 7/（14） 2001.5/2008.5

開港時の横浜商人─御貿易場瓦版から（斎藤多喜夫）「横浜開港資料館紀要」 横浜開港資料館 （20） 2002.3

堤真和家文書目録（西川武臣）「横浜開港資料館紀要」 横浜開港資料館 （20） 2002.3

横浜花街史稿（3）（永井学）「横浜西区郷土史研究会会報」 横浜西区郷土史研究会 （20） 2002.3

企画展「郷土を誌す─近代横浜・神奈川の地誌」（石崎康子）「開港のひろば ： 横浜開港資料館館報」 横浜開港資料館 79 2003.2

閲覧室から 新聞万華鏡（11）草創期の横浜毎日新聞社（上田由美）「開港のひろば ： 横浜開港資料館館報」 横浜開港資料館 79 2003.2

資料探訪（14）聞き書き 横浜の漁村（八田恵子）「市史研究よこはま」 横浜市 15 2003.3

横浜の地誌（1）（資料紹介）（内田四方蔵）「とみづか」 戸塚歴史の会 29 2003.6

企画展「日刊新聞、誕生ス─『横浜毎日新聞』と文明開化の横浜」（上田由美）「開港のひろば ： 横浜開港資料館館報」 横浜開港資料館 82 2003.10

『横浜毎日新聞』と文明開化の人々（上田由美）「開港のひろば ： 横浜開港資料館館報」 横浜開港資料館 82 2003.10

展示余話「団菊以後」の横浜「開港のひろば ： 横浜開港資料館館報」 横浜開港資料館 82 2003.10

コレクション展示「横浜真葛焼」について「神奈川県立歴史博物館だより」 神奈川県立歴史博物館 9（2）通号164 2003.10

横浜のドイツ人─1859年以後、旧き横浜への回想（田中美律子）「居留地の窓から ： NPO法人神戸外国人居留地研究会年報」 神戸外国人居留地研究会 4 2004.1

資料よもやま話 横浜最初の大火事─1860年1月3日（安政6年12月11日）（開港のひろば ： 横浜開港資料館館報）横浜開港資料館 83 2004.2

幕末の開港港則（斎藤多喜夫）「横浜開港資料館紀要」 横浜開港資料館 （22） 2004.3

旧制度から新制への移行期における横浜の中等学校─横浜三中・第一高女から横浜緑ヶ丘高校・横浜平沼高校へ（前田一男）「市史研究よこはま」 横浜市 16 2004.3

講座への道しるべ 横浜歴史の街角（村上博通）「横浜西区郷土史研究会会報」 横浜西区郷土史研究会 （22） 2004.4

企画展 開国150周年「ペリー来航と横浜」（伊藤久子）「開港のひろば ： 横浜開港資料館館報」 横浜開港資料館 84 2004.4

企画展 開国150周年「ペリー来航と横浜」隊員の日記や海図から（伊藤久子）「開港のひろば ： 横浜開港資料館館報」 横浜開港資料館 84 2004.4

横浜資料の宝庫─館蔵諸文書（資料よもやま話）（平野正裕）「開港のひろば ： 横浜開港資料館館報」 横浜開港資料館 84 2004.4

講演会 開国150周年記念講演会・シンポジウム「ペリー来航─その時幕府は、人びとは…」（伊藤久子）「開港のひろば ： 横浜開港資料館館報」 横浜開港資料館 85 2004.8

明治8年 上海航路（横浜上海間）郵便逓送の実際（佐々木義郎）「郵便史研究 ： 郵便史研究会紀要」 郵便史研究会 （18） 2004.9

「ペリー来航と横浜」展 ペリー直後のアメリカ船来航─漂流民勇之助の帰国（伊藤久子）「開港のひろば ： 横浜開港資料館館報」 横浜開港資料館 86 2004.10

開館十周年記念リレー展冬季篇 天下の糸平ゆかりの雛人形 横浜を目指した信州の生糸商人たち「長野県立歴史館だより」 長野県立歴史館 41 2004.12

新旧館長対談 横浜の歴史を微視的に巨視的に「横浜市歴史博物館news ： Yokohama History Museum news」 横浜市歴史博物館 （号外） 2005.1

企画展「100年前の横浜ウォーキング─『横浜案内』の世界─」（石崎康子）「開港のひろば ： 横浜開港資料館館報」 横浜開港資料館 87 2005.2

渡辺修二郎の横浜史料（上）（資料よもやま話）（佐藤孝）「開港のひろば ： 横浜開港資料館館報」 横浜開港資料館 87 2005.2

開港港則の成立過程（斎藤多喜夫）「横浜開港資料館紀要」 横浜開港資料館 （23） 2005.3

横浜洋楽器製造史資料（1），（2）（平野正裕）「横浜開港資料館紀要」 横浜開港資料館 （23）/（24） 2005.3/2006.3

いんたびゅー 竹内誠「幕末の外国人が受けた第一印象は横浜の農漁村の暮らしぶりだった」（横浜市歴史博物館news ： Yokohama History Museum news」 横浜市歴史博物館 （20） 2005.3

横浜の風景とアイデンティティ（斗鬼正一）「東京湾学会誌 ： 東京湾の水土」 東京湾学会 2（3） 2005.3

消えた金石文（秋山佳史）「横浜西区郷土史研究会会報」 横浜西区郷土史研究会 （24） 2005.4

展示余話「100年前の横浜ウォーキング─『横浜案内』の世界─」展『神奈川県写真帖』の魅力（石崎康子）「開港のひろば ： 横浜開港資料館館報」 横浜開港資料館 （88） 2005.4

渡辺修二郎の横浜史料（下）（資料よもやま話）（佐藤孝）「開港のひろば ： 横浜開港資料館館報」 横浜開港資料館 （88） 2005.4

百合根輸出と横浜植木会社（資料紹介）（有馬純律）「とみづか」 戸塚歴史の会 31 2005.6

横浜居留地における事業所の立地特性─ Directory の分析から（乙部純子）「歴史地理学」 歴史地理学会，古今書院（発売）47（3）通号224 2005.6

企画展 姉妹都市提携40周年記念「太平洋を越えて横浜＆バンクーバー」（伊藤泉美）「開港のひろば ： 横浜開港資料館館報」 横浜開港資料館 （90） 2005.11

「太平洋を越えて横浜＆バンクーバー」展出陳資料より（伊藤泉美）「開港のひろば ： 横浜開港資料館館報」 横浜開港資料館 （90） 2005.11

横浜のスイス系商社（資料よもやま話）（斎藤多喜夫）「開港のひろば ： 横浜開港資料館館報」 横浜開港資料館 （90） 2005.11

閲覧室から 新聞万華鏡（21）『横浜貿易新聞』の取次所（上田由美）「開港のひろば ： 横浜開港資料館館報」 横浜開港資料館 （90） 2005.11

横浜学と地域学─20年間の小さな歩みを通して（《特集 地域のいま》）（鈴木隆）「東北学」［第2期］ 東北芸術工科大学東北文化研究センター，柏書房（発売）（6） 2006.1

生麦事件・薩英戦争と横浜（所崎平）「くしきの」 いちき串木野郷土史研究会 （20） 2006.6

新収資料コーナー（1）開港直後の横浜の港と町の測量図（中武香奈美）「開港のひろば ： 横浜開港資料館館報」 横浜開港資料館 （93） 2006.8

よこはまみち（1）（田口康男）「横浜西区郷土史研究会会報」 横浜西区郷

土史研究会 （27） 2006.10

資料よもやま話 横浜のフランス人商会と開拓使（中武香奈美）「開港のひろば：横浜開港資料館館報」 横浜開港資料館 （94） 2006.11

開港150周年プレリュード（3） 「川の町・横浜—ミナトを支えた水運」（企画展）（中武香奈美）「開港のひろば：横浜開港資料館館報」 横浜開港資料館 （95） 2007.1

消えた八つの川（企画展）（中武香奈美, 松本洋幸）「開港のひろば：横浜開港資料館館報」 横浜開港資料館 （95） 2007.1

同潤会分譲住宅の借地争議（澤内一晃）「横浜開港資料館紀要」 横浜開港資料館 （25） 2007.3

企画展「横浜浮世絵—よみがえる幕末・明治の町づくり」（西川武臣）「開港のひろば：横浜開港資料館館報」 横浜開港資料館 （96） 2007.4

新収資料コーナー（4） 幕末横浜英駐屯軍士官旧蔵写真帳（中武香奈美）「開港のひろば：横浜開港資料館館報」 横浜開港資料館 （96） 2007.4

横浜と高座豚（湯浅起夫）「いしぶみ」 まちだ史考会 （23） 2007.7

横浜・開港の歴史を訪ねて（佐々木光紀）「いしぶみ」 まちだ史考会 （23） 2007.7

企画展 大横浜建設と五区の誕生（松本洋幸）「開港のひろば：横浜開港資料館館報」 横浜開港資料館 （97） 2007.8

企画展「ハマの謎とき—地図でさぐる横浜150年—」（伊藤泉美）「開港のひろば：横浜開港資料館館報」 横浜開港資料館 （99） 2008.1

企画展 二つの謎をさぐる—開港場建設と居留地整備に関わるエピソード（伊藤泉美）「開港のひろば：横浜開港資料館館報」 横浜開港資料館 （99） 2008.1

報告 ふるさと横浜探検・箱根旧東海道の石畳と箱根関所を訪ねて（小林紀子）「横浜市歴史博物館news：Yokohama History Museum news」 横浜市歴史博物館 （26） 2008.3

横浜開港150周年記念 特別展 横浜・東京—明治の輸出陶磁器」について（佐々木登美子）「神奈川県立歴史博物館だより」 神奈川県立歴史博物館 13（3）通号177 2008.3

横浜の鉄道雑学（長谷川弘和）「横浜西区郷土史研究会会報」 横浜西区郷土史研究会 （30） 2008.4

柏崎ゆかりの横浜貿易商（柏村真司）「柏崎・刈羽」 柏崎刈羽郷土史研究会 （35） 2008.4

幕末期、福井藩の他国交易について—横浜・長崎・下関における（本川幹男）「福井県地域史研究」 福井県地域史研究会 （12） 2008.6

企画展「白船来航—米国大西洋艦隊にわく100年前の横浜・東京」（伊藤泉美）「開港のひろば：横浜開港資料館館報」 横浜開港資料館 （101） 2008.7

企画展 米国大西洋艦隊を迎えた人・街・メディア（上田由美）「開港のひろば：横浜開港資料館館報」 横浜開港資料館 （101） 2008.7

展示余話 横浜開港日の各国外交官（中武香奈美）「開港のひろば：横浜開港資料館館報」 横浜開港資料館 （101） 2008.7

横浜開港遺聞—板橋に製糸場があった（成澤諭司）「板橋史談」 板橋史談会 （248） 2008.9

企画展「港町百花繚乱—横浜から広がる「緑花」文化」（平野正裕）「開港のひろば：横浜開港資料館館報」 横浜開港資料館 （102） 2008.10

資料よもやま話「聖上陛下 復興の横浜へ行幸」（松本洋幸）「開港のひろば：横浜開港資料館館報」 横浜開港資料館 （102） 2008.10

開港前後の横浜・鶴見・江戸（横浜歴史文化講演会「横浜開港秘話」）（西川武臣）「郷土つるみ」 鶴見歴史の会 （65） 2008.11

横浜市歴史博物館企画展（解説要約）鶴見合戦—『太平記』にみる横浜「郷土つるみ」 鶴見歴史の会 （65） 2008.11

展示会「横浜の戦争と戦後」「市史通信」 横浜市史資料室 （3） 2008.11

昭和戦前期の横浜と米国海軍「市史通信」 横浜市史資料室 （3） 2008.11

所蔵資料紹介 『写真でみる横浜大空襲』（木許文子）「市史通信」 横浜市史資料室 （4） 2009.3

横浜に於ける麻真田工業の盛衰（田村泰治）「横浜西区郷土史研究会会報」 横浜西区郷土史研究会 （32） 2009.4

企画展「港町横浜の誕生」展出品資料の中から—新発見資料が語る横浜開港（西川武臣）「開港のひろば：横浜開港資料館館報」 横浜開港資料館 （104） 2009.4

横浜開港150周年記念企画展 Part1「絵地図・浮世絵にみる開港場・横浜の風景」によせて（横浜開港150周年記念特集）（斉藤司）「横浜市歴史博物館news：Yokohama History Museum news」 横浜市歴史博物館 （28） 2009.5

横浜開港そして泉区（《横浜開港150周年・泉区歴史の会創立15周年記念特集》）（翠川宜享）「郷土いづみ」 （15） 2009.5

幕末開港の群像（《横浜開港150周年・泉区歴史の会創立15周年記念特集》）（山本純美）「郷土いづみ」 （15） 2009.5

地域文書を読む（《横浜開港150周年・泉区歴史の会創立15周年記念特集》—分科会報告）（山形伸也）「郷土いづみ」 （15） 2009.5

戸塚からヨコハマ開港を見る（《横浜開港150周年記念》）（内田四方蔵）

「とみづか」 戸塚歴史の会 （35） 2009.6

特産物百合根の輸出（《横浜開港150周年記念》）（三橋景子）「とみづか」 戸塚歴史の会 （35） 2009.6

第3回公開研究会報告 震災復興と文化変容—関東大震災後の横浜・東京「非文字資料研究」 神奈川大学21世紀COEプログラム拠点推進会議 （22） 2009.7

横浜における民権ジャーナリズムの進展（田村泰治）「横浜西区郷土史研究会会報」 横浜西区郷土史研究会 （33） 2009.10

資料よもやま話1 『横浜貿易新報』と慶應義塾出身のジャーナリストたち（上田由美）「開港のひろば：横浜開港資料館館報」 横浜開港資料館 （106） 2009.10

神奈川開港・開国150周年メモリアルイベント 横浜開港と神奈川—神奈川奉行から始まる神奈川県の歴史「神奈川県立公文書館だより」 神奈川県立公文書館 （22） 2009.10

歴史への窓 開港百五十周年の横浜（松園隆行）「花園史学」 花園大学史学会 （30） 2009.11

幕末の黒船来航の歴史（《特集 テーマ「横浜開港150周年にあたって」》）（竹村紘一）「歴研よこはま」 横浜歴史研究会 （63） 2009.11

横浜開港150周年—生みの辛酸の道程（《特集 テーマ「横浜開港150周年にあたって」》）（横山忠弘）「歴研よこはま」 横浜歴史研究会 （63） 2009.11

攘夷活動と横浜租界誕生—幕末の光と蔭（《特集 テーマ「横浜開港150周年にあたって」》）（堀江洋之）「歴研よこはま」 横浜歴史研究会 （63） 2009.11

横浜開港150周年によせて（《特集 テーマ「横浜開港150周年にあたって」》）（鈴木英男）「歴研よこはま」 横浜歴史研究会 （63） 2009.11

白船来航（《特集 テーマ「横浜開港150周年にあたって」》）（荻島和男）「歴研よこはま」 横浜歴史研究会 （63） 2009.11

エッセイ 子供の頃の横浜風景点描（田邊英治）「歴研よこはま」 横浜歴史研究会 （63） 2009.11

横浜・関東大震災の記憶（吉田律人）「市史通信」 横浜市史資料室 （6） 2009.11

資料よもやま話2 明治はじめのイギリス駐屯軍陣営（中武香奈美）「開港のひろば：横浜開港資料館館報」 横浜開港資料館 （107） 2010.1

巻頭言 ペリー来航から横浜開港へ（神谷大介）「京浜歴科研年報」 京浜歴史科学研究会 （22） 2010.2

展示批評 横浜歴史博物館・開港150周年記念特別展「海賊—室町・戦国時代の東京湾と横浜—」（風間洋）「地方史研究」 地方史研究協議会 60（1）通号343 2010.2

維新期における対外折衝と横浜（高村直助）「横浜開港資料館紀要」 横浜開港資料館 （28） 2010.3

横浜・関東大震災の記憶—日高帝さんの震災体験（吉田律人）「市史通信」 横浜市史資料室 （7） 2010.3

横浜開港期の見聞録を読もう 松代藩・片岡志道見聞録（1）～（10）（田村泰治）「横浜西区郷土史研究会会報」 横浜西区郷土史研究会 （34）／（43） 2010.4/2014.10

平成21年度那須野ヶ原開拓史研究会講演会 横浜開港150年—日本近代の夜明け 講師 横浜開港資料館課長・主任調査研究員 西川武臣先生（後藤悟）「那須野ヶ原開拓史研究」 那須野ヶ原開拓史研究会 （68） 2010.6

近代神奈川の書籍文化（4） 横浜の書籍雑誌閲覧所（高野肇）「扣之帳」 扣之帳刊行会 （28） 2010.6

私の横浜事件（小泉文子）「小田原史談：小田原史談会々報」 小田原史談会 （222） 2010.7

横浜憲兵隊の創設「市史通信」 横浜市史資料室 （8） 2010.7

講演 幕末明治の横浜と町田（特集 町田市50周年記念・横浜線開通100周年）（西川武臣）「町田地方史研究」 町田地方史研究会 （20） 2010.8

大衆文化と資本—大正期横浜の経験（研究会報告要旨—第70回例会）（平野正裕）「首都圏形成史研究会会報」 首都圏形成史研究会 （24） 2010.8

東京市の魚不買争議と横浜（百瀬敏夫）「市史通信」 横浜市史資料室 （9） 2010.11

写真で見る昭和の横浜（3） ムーア女史の歓迎会（吉田律人）「市史通信」 横浜市史資料室 （9） 2010.11

近代神奈川の書籍文化（5） 横浜の回読雑誌会（高野肇）「扣之帳」 扣之帳刊行会 （30） 2010.12

会員投稿 測点標石の発見（萩原史巨）「藤沢地名の会会報」 藤沢地名の会 （75） 2011.2

横浜のダンスホール（羽田博昭）「市史通信」 横浜市史資料室 （10） 2011.3

研究ノート 横浜周辺4郡の歴代村長一覧稿（松本洋幸）「横浜開港資料館紀要」 横浜開港資料館 （29） 2011.3

その3 横浜貿易における相州在方茶商の茶流通網—茶加藤と駿遠茶商との関わり合いを中心に（3月例会レジュメ）（菊地悠介）「静岡県近代史研究会会報」 静岡県近代史研究会 （390） 2011.3

特別資料コーナー カスパー・ブレンワルドが見た幕末・明治の横浜（西

川武臣）「開港のひろば ： 横浜開港資料館館報」 横浜開港資料館（112）2011.4

横浜開港Y150 幹事：山口伸・藪田米雄・山崎好之（視察研究）「於保為」大井町郷土史研究会 （30）2011.5

特別資料コーナー 横浜を彩る花火（上田由美）「開港のひろば ： 横浜開港資料館館報」 横浜開港資料館（113）2011.7

5月例会（13名参加）横浜貿易における相州在方茶商の茶流通網―茶加藤と駿遠茶商との関わり合いを中心に（例会報告要旨）（菊地悠介）「静岡県地域史研究会報」 静岡県地域史研究会（177）2011.7

展示余話「横浜ノスタルジア」×「コクリコ坂から」連携プロジェクト―アニメーションの発信力と歴史資料の底力（伊藤泉美）「開港のひろば ： 横浜開港資料館館報」 横浜開港資料館（114）2011.7

写真で見る昭和の横浜（5）『横浜グラフ』の世界（吉田律人）「市史通信」 横浜市史資料室（12）2011.11

占領下の米軍施設（2）横浜の接収／根岸競馬場跡／家族住宅（羽田博昭）「市史通信」 横浜市史資料室（12）2011.11

所蔵資料紹介 『NA（National Archives, 米国国立公文書館）所蔵 横浜関係写真』（木許文子）「市史通信」 横浜市史資料室（12）2011.11

地域史の視点からみた横浜の歴史教科書問題（多和田雅保）「神奈川地域史研究」 神奈川地域史研究会（29）2011.12

ペリー艦隊が見た地形（5）／（6）（松田磐余）「Collegio」 之潮（47）／（49）2011.12/2012.7

下関砲撃事件と池田横浜鎖港施設団について（塚越俊志）「京浜歴科研年報」 京浜歴史科学研究会（24）2012.2

歴史の窓（9）『横浜毎日新聞』と八王子（宮崎翔一）「稲荷山通信 ： 八王子市史編さん室だより」 八王子市史編さん室（9）2012.3

横浜開港資料館開館30周年記念講演会（1）横浜と『夜明け前』の人々（宮地正人）「横浜開港資料館紀要」 横浜開港資料館（30）2012.3

横浜開港資料館開館30周年記念講演会（2）江戸文化と横浜開港（竹内誠）「横浜開港資料館紀要」 横浜開港資料館（30）2012.3

企画展「生麦事件と横浜の村々（仮題）」に向けて（小林紀子）「横浜市歴史博物館news ： Yokohama History Museum news」 横浜市歴史博物館（32）2012.3

企画展 横浜の海 七面相 幕末・明治編／大正・昭和編（西川武臣）「開港のひろば ： 横浜開港資料館館報」 横浜開港資料館（116）2012.4

企画展「横浜の海 七面相」出品資料の中から―絵画・古記録に見る海の歴史（西川武臣）「開港のひろば ： 横浜開港資料館館報」 横浜開港資料館（116）2012.4

展示余話 江戸時代・明治時代の横浜の海（西川武臣）「開港のひろば ： 横浜開港資料館館報」 横浜開港資料館（117）2012.7

資料よもやま話 横浜におけるインド人の歩み―アドバニ家の足跡を中心に（伊藤泉美）「開港のひろば ： 横浜開港資料館館報」 横浜開港資料館（117）2012.7

生糸を運んだ道 伊那谷から横浜へ（特集 信州と隣県―信・甲二州）（関宏夫）「地域文化」 八十二文化財団（101）2012.7

研究余話 鶴岡八幡宮関係資料にみる中世の横浜（阿諏訪青美）「横浜市歴史博物館news ： Yokohama History Museum news」 横浜市歴史博物館（33）2012.9

ペリー艦隊が見た地形（最終回）なぜ横浜周辺には台地と低地が存在するのか（松田磐余）「Collegio」 之潮（50）2012.10

後援事業報告 横浜市史資料室公開講座「横浜から昭和を探る―新しい昭和史像を求めて」（羽田博昭）「首都研ネットワーク」 首都圏形成史研究会（58）2012.10

日米修好通商条約の締結と横浜開港について（創立30周年記念レポート）（荻昌和男）「歴研よこはま」 横浜歴史研究会（記念誌）2012.11

企画展 スポーツがやってきた！―近代横浜スポーツ史（石崎康子）「開港のひろば ： 横浜開港資料館館報」 横浜開港資料館（119）2013.1

資料よもやま話 横浜のメディア・スポーツ・イベント（上田由美）「開港のひろば ： 横浜開港資料館館報」 横浜開港資料館（119）2013.1

9月例会 「外国人居留地 ガス灯考―神戸・横浜・長崎」の概要（西川和機）「神戸史談」 神戸史談会（310）2013.1

史料紹介 『港の華横浜奇談』（宮島小百合）「史泉 ： historical & geographical studies in Kansai University」 関西大学史学・地理学会（117）2013.1

女子野球と横浜（羽田博昭）「市史通信」 横浜市史資料室（16）2013.3

開架資料紹介 横浜の空襲と戦災パネル一覧（木許文子）「市史通信」 横浜市史資料室（16）2013.3

関東大震災を記録した人びと―横浜・藤沢を中心に（藤沢市史講座）（松本洋幸）「藤沢市史研究」 藤沢市文書館（46）2013.3

芦崎寺宿坊家が東海道筋に形成した檀那場―特に駿河国と横浜の事例をとりあげて（福江充）「研究紀要」 富山県立山博物館 20 2013.3

企画展 友好都市提携40周年記念 上海と横浜 波濤をこえて―夢・汗・涙が都市をむすぶ（伊藤泉美）「開港のひろば ： 横浜開港資料館館報」 横浜開港資料館（120）2013.4

企画展「上海と横浜 波濤をこえて」展示資料から（伊藤泉美）「開港のひろば ： 横浜開港資料館館報」 横浜開港資料館（120）2013.4

展示余話「スポーツがやってきた！」展と寄贈資料（石崎康子）「開港のひろば ： 横浜開港資料館館報」 横浜開港資料館（120）2013.4

資料よもやま話 幕末・維新期の駐屯軍とスポーツ（中武香奈美）「開港のひろば ： 横浜開港資料館館報」 横浜開港資料館（120）2013.4

企画展 地震発生と被災者の行動（吉田律人）「開港のひろば ： 横浜開港資料館館報」 横浜開港資料館（121）2013.7

横浜に暮らした占領軍高級将校たち（羽田博昭）「市史通信」 横浜市史資料室（17）2013.7

写真で見る昭和の横浜（7）震災から命を助けた池（百瀬敏夫）「市史通信」 横浜市史資料室（17）2013.7

市史資料室たより 平成25年度横浜市史資料室展示会「レンズがとらえた震災復興―1923〜1929／展示記念講演会「関東大震災の災害教訓―東京・横浜の比較から―」／横浜市史資料室刊行物のご案内／寄贈資料「市史通信」 横浜市史資料室（17）2013.7

新聞に見る荒川区の世相史 昭和編（52）象よこいこい子供大会―「送れそう」とニョギ氏の便り／象は素通り―横浜にすごい動物船／私がインディラ“どうぞよろしく” 今月中に参ります「荒川史談」 荒川史談会（315）2013.9

展示余話 写真が語る震災復興―O.M.プール関係資料から（吉田律人）「開港のひろば ： 横浜開港資料館館報」 横浜開港資料館（122）2013.10

東京オリンピックと横浜（1）〜（3）（松本洋幸）「市史通信」 横浜市史資料室（18）／（20）2013.11/2014.7

モダン横浜のマッチラベル（羽田博昭）「市史通信」 横浜市史資料室（18）2013.11

明治、横浜の花 眞葛焼の魅力 特別陳列「眞葛焼―田邊哲人コレクションと館蔵の名品―」に寄せて（小井川理）「神奈川県立歴史博物館だより」 神奈川県立歴史博物館 19（3）通号195 2013.12

都発企画展 開港されなかった江戸 横浜都市発展記念館特別展・横浜開港資料館共催「港をめぐる二都物語 江戸東京と横浜」より（吉崎雅規）「開港のひろば ： 横浜開港資料館館報」 横浜開港資料館（123）2014.1

横浜浮世絵のなかの風俗（特集 都市の風俗を考える）（富澤達三）「風俗史学 ： 日本風俗史学会誌」 日本風俗史学会, 岩田書店（発売）（56）2014.1

幕末朝廷の対外認識―横浜鎖港をめぐる動きを中心に（塚越俊志）「京浜歴科研年報」 京浜歴史科学研究会（26）2014.2

横浜都市発展記念館特別展「関東大震災と横浜―廃墟から復興まで―」、横浜開港資料館企画展示「被災者が語る関東大震災」（展示批評）（池田真歩）「地方史研究」 地方史研究協議会 64（1）通号367 2014.2

開架資料紹介『復興の横浜『昭和四年 天皇行幸写真帖』（松本洋幸）「市史通信」 横浜市史資料室（19）2014.3

19世紀横浜の植物貿易について 2013年3月2日（土）13時30分〜16時00分（首都圏形成史研究会活動報告―第86回例会 報告要旨）（平野正裕）「首都圏研究 ： 年報」 首都圏形成史研究会（3）2014.3

革新自治体の誕生 東京・横浜・藤沢（藤沢市史講座）（源川真希）「藤沢市史研究」 藤沢市文書館（47）2014.3

史料紹介 横浜須港と須高（井上光由）「須高」 須高郷土研究会（78）2014.3

企画展「蚕の化せし金貨なり…」―明治大正の生糸産地と横浜（平野正裕）「開港のひろば ： 横浜開港資料館館報」 横浜開港資料館（124）2014.4

彦根・横浜（溝渕共治）「讃岐のやまなみ」 香川県歴史研究会（7）2014.4

展示会短評 横浜都市発展記念館 特別展「港をめぐる二都物語―江戸東京と横浜」（松谷昇蔵）「民衆史研究」 民衆史研究会（87）2014.5

特別資料コーナー 横浜に里帰りした平山花火（上田由美）「開港のひろば ： 横浜開港資料館館報」 横浜開港資料館（125）2014.7

高度経済成長期都市横浜に関する文献案内（松本洋幸）「市史通信」 横浜市史資料室（20）2014.7

神奈川「十風四方」のこと（矢澤湊）「町田地方史研究」 町田地方史研究会（21）2014.11

大横浜の時代（松本洋幸）「市史通信」 横浜市史資料室（21）2014.11

横浜の空襲体験記をめぐって（羽田博昭）「市史通信」 横浜市史資料室（21）2014.11

開架資料紹介 『横浜の空襲と戦災』（羽田博昭）「市史通信」 横浜市史資料室（21）2014.11

横浜植木戸塚試作場

百合根輸出と横浜植木戸塚試作場（菊池實）「郷土いずみ」（12）2006.5

横浜駅

復興から消えた二代目横浜駅（高島町）（野澤日出夫）「歴研よこはま」 横浜歴史研究会（57）2005.11

横浜駅周辺の液状化目撃して（東日本大震災と泉区特集―東日本大震災

| 神奈川県 | 地名でたどる郷土の歴史 | 関東 |

発生時の記録）（若松かをる）「郷土いずみ」 （18） 2012.5

二代目横浜駅遺構調査と横浜の近代遺跡（特集 鉄道開通140年 鉄道考古学を考える―特別展「品川鉄道事始」にちなんで）（青木祐介）「品川歴史舘紀要」 品川区立品川歴史館 （28） 2013.3

横浜外国人居留地

旧横浜外国人居留地91番地の遺構と遺物（坂上克弘, 伊藤泉美）「横浜開港資料館紀要」 横浜開港資料館 （21） 2003.3

歴史散歩 そぞろ旧外国人居留地を歩く（秋山佳史）「横浜西区郷土史研究会会報」 横浜西区郷土史研究会 （30） 2008.4

横浜外国人居留地の町名考（田村泰治）「横浜西区郷土史研究会会報」 横浜西区郷土史研究会 （31） 2008.10

資料紹介 日本人による横浜外国人居留地居住許可関係資料（嶋村元宏）「神奈川県立歴史博物館だより」 神奈川県立歴史博物館 20（3）通号198 2014.12

横浜掃部山公園

横浜掃部山公園 井伊直弼銅像建立をめぐる紛争と事件の顛末（田村泰治）「郷土神奈川」 神奈川県立図書館 （47） 2009.2

横浜港

横浜鎮港期における徳川政権の動向（奈良勝司）「ヒストリア ： journal of Osaka Historical Association」 大阪歴史学会 （197） 2005.11

市民協働事業 ふるさと町田・歴史と文化の再発見（第1回） 横浜開港をめぐる史跡を歩く（町田市制50周年記念）（井上恭一）「町田地方史研究会会報」 町田地方史研究会 （12） 2008.4

春の歴史散歩報告 町田市制50周年記念 市民協働事業 横浜開港をめぐる史跡を歩く「町田地方史研究会会報」 町田地方史研究会 （13） 2008.8

横浜公園

横浜公園球場と野球（羽田博昭）「市史通信」 横浜市史資料室 （6） 2009.11

横浜公園中のグラウンド サッカーをしている人たちがいる。ゴールポストの奥、三角の塔のある建物がYC&ACのクラブ・ハウス。当館所蔵「開港のひろば ： 横浜開港資料館館報」 横浜開港資料館 （119） 2013.1

横浜航空隊跡

杉田梅林跡から横浜航空隊跡へ（長瀬宏一）「とみづか」 戸塚歴史の会 29 2003.6

横浜市

総会記念行事の記録 共同研究「『横浜市史稿』を読む―都市史研究と横浜」（植山淳）「京浜歴科研年報」 京浜歴史科学研究会 （16） 2002.1

大正期横浜市の社会事業（大湖賢一）「京浜歴科研年報」 京浜歴史科学研究会 （16） 2002.1

神奈川県横浜市・川崎市の名護人・羽地人（比嘉道子）「あじまぁ ： 名護博物館紀要」 名護博物館 10 2002.3

関連ニュース 横浜市発展記念館企画展示 みなとみらい線開通記念「横浜地下鉄物語―それは路面電車からはじまった」（岡田直）「開港のひろば ： 横浜開港資料館館報」 横浜開港資料館 83 2004.2

資料探訪（15）旧市街地町内会・自治会調査（八田恵子）「市史研究よこはま」 横浜市史 16 2004.3

『横浜市政史の研究―近代都市における政党と官僚』（季武嘉也）「藤沢市史研究」 藤沢市文書館 （38） 2005.3

横浜市歴史博物館企画展「『諸岡五十戸』木簡と横浜」（展示会短評）（小林洋介）「民衆史研究」 民衆史研究会 （71） 2006.5

新収資料コーナー（5） 大震災直前の横浜市街（伊藤泉美）「開港のひろば ： 横浜開港資料館館報」 横浜開港資料館 （97） 2007.8

近代消防制度の展開と関東大震災―横浜市を事例として（〈2006年度総会記念シンポジウム「首都圏大地震と文化財保存を考える」〉）（直島博和）「神奈川地域史研究」 神奈川地域史研究会 （25） 2007.12

『横浜市史II』と収集資料（高村直助）「市史通信」 横浜市史資料室 （1） 2008.3

市庁舎跡地の接収と解除「市史通信」 横浜市史資料室 （1） 2008.3

展示を終えて「かながわの道―大山詣から通信使まで」/ミニ展示を終えて「岩倉具視の書簡」、「横浜の学童集団疎開」「神奈川県立公文書館だより」 神奈川県立公文書館 （19） 2008.3

横浜市児童体育大会と市民精神作興の歌「市史通信」 横浜市史資料室 （2） 2008.8

明治・横浜市民の横顔（秋山佳史）「横浜西区郷土史研究会会報」 横浜西区郷土史研究会 （31） 2008.10

「金川日記」について（小林紀子, 横浜古文書を読む会）「横浜市歴史博物館紀要」 横浜市ふるさと歴史財団 13 2009.3

横浜市史から横浜市史資料室へ（羽田博昭）「地方史研究」 地方史研究協議会 59（3）通号339 2009.6

関東大震災と横浜市役所（吉田律人）「市史通信」 横浜市史資料室 （5） 2009.7

空襲と横浜市の公文書（百瀬敏夫）「市史通信」 横浜市史資料室 （7） 2010.3

昭和初期のラジオに関する一、二（百瀬敏夫）「市史通信」 横浜市史資料室 （8） 2010.7

所蔵資料紹介 『横浜市報』（木許文子）「市史通信」 横浜市史資料室 （8） 2010.7

横浜市史から横浜市史資料室へ（シンポジウム記録 シンポジウム 神奈川県の自治体史編さん―市民のための近現代史を目指して―第72回例会）（羽田博昭）「首都圏形成史研究会会報」 首都圏形成史研究会 （25） 2010.12

1930年前後の地域振興バザー（百瀬敏夫）「市史通信」 横浜市史資料室 （10） 2011.3

所蔵資料紹介 『横浜市会会議録』（横浜市会事務局編、1923（大正12）年～1942（昭和17）年まで「横浜市会議事速記録」）（木許文子）「市史通信」 横浜市史資料室 （10） 2011.3

資料室所蔵旧公図の概要（百瀬敏夫）「市史通信」 横浜市史資料室 （11） 2011.7

占領下の米軍施設（1） 宿舎・住宅/娯楽施設/PX（羽田博昭）「市史通信」 横浜市史資料室 （11） 2011.7

ハマのモダンボーイ・モダンガール（羽田博昭）「市史通信」 横浜市史資料室 （12） 2012.3

横浜市史資料室所蔵「関東大震災」画像データ目録の整備（吉田律人）「市史通信」 横浜市史資料室 （13） 2012.3

開架資料紹介 横浜市史資料室刊行物コーナー（木許文子）「市史通信」 横浜市史資料室 （13） 2012.3

レンズがとらえた震災復興（松本洋幸）「市史通信」 横浜市史資料室 （17） 2013.7

開架資料紹介 横浜市事務報告書（百瀬敏夫）「市史通信」 横浜市史資料室 （17） 2013.7

昭和40年代、横浜市の広報手段（百瀬敏夫）「市史通信」 横浜市史資料室 （20） 2014.7

戦争体験をめぐる日本とアメリカ（羽田博昭）「市史通信」 横浜市史資料室 （20） 2014.7

横浜市中央卸売市場

展示会 ヨコハマの台所―横浜市中央卸売市場の80年（百瀬敏夫）「市史通信」 横浜市史資料室 （12） 2011.11

横浜市長公舎

写真で見る昭和の横浜（4） 横浜市長公舎―「都市外交」の拠点（吉田律人）「市史通信」 横浜市史資料室 （10） 2011.3

横浜正金銀行

〈特別展「横浜正金銀行―世界三大為替銀行への道」特集〉「神奈川県立歴史博物館だより」 神奈川県立歴史博物館 10（1）通号166 2004.7

横浜正金銀行の竣工と妻木頼黄/横浜正金銀行創立の諸事情「神奈川県立歴史博物館だより」 神奈川県立歴史博物館 10（1）通号166 2004.7

横浜正金銀行券について（1）, （2） 旧横浜正金銀行資料コレクションの紹介（2）, （3）（寺嵜弘康）「神奈川県立博物館研究報告.人文科学」 神奈川県立歴史博物館 （34）/（36） 2008.3/2010.3

横浜正金銀行創立当初の職制と行員について（寺嵜弘康）「神奈川県立博物館研究報告.人文科学」 神奈川県立歴史博物館 （37） 2011.3

横浜正金銀行本店の関東大震災復旧工事資料について―神奈川県立歴史博物館所蔵 横浜正金銀行本店等震災復旧工事関係資料」のうち「決定見積書」の紹介（資料紹介）（丹治雄一）「神奈川県立博物館研究報告.人文科学」 神奈川県立歴史博物館 （39） 2013.3

横浜正金銀行員の肖像写真―川島忠之助資料から（資料紹介）（寺嵜弘康）「神奈川県立博物館研究報告.人文科学」 神奈川県立歴史博物館 （40） 2013.10

横浜水道

学芸員がみた「さがみはら」 日本最初の近代水道「横浜水道」「相模原市立博物館news」 相模原市立博物館 46 2007.4

横浜水道三井出張所

津久井はじめて物語（5） 横浜水道三井出張所の電信・電話「ふるさと津久井町」 津久井町 （6） 2014.3

横浜生糸合名会社

横浜生糸合名会社と信州製糸業（横山憲長）「信濃［第3次］」 信濃史学会 55（12）通号647 2003.12

横浜中央電話局

横浜中央電話局を建てた人物―都市発展記念館開館記念「横浜リバイバル」展より（資料よもやま話）（青木祐介）「開港のひろば ： 横浜開港資料館館報」 横浜開港資料館 81 2003.7

横浜中華街

1922年、航空写真に見る中華街（資料よもやま話）（伊藤泉美）「開港のひろば ： 横浜開港資料館館報」 横浜開港資料館 85 2004.8

関東 　　　　　　　　　　　　　　地名でたどる郷土の歴史 　　　　　　　　　　　　　　　神奈川県

中華街・関帝廟について（駒居章）「横浜西区郷土史研究会会報」　横浜西区郷土史研究会　（24）2005.4

横浜中華会館・関帝廟・同善堂について（伊藤泉美）「横浜開港資料館紀要」　横浜開港資料館　（26）2008.3

展示余話 中華街斜め考（伊藤泉美）「開港のひろば ： 横浜開港資料館館報」　横浜開港資料館　（100）2008.4

企画展 「横浜中華街150年」展出陳資料から（伊藤泉美）「開港のひろば ： 横浜開港資料館館報」　横浜開港資料館　（105）2009.7

展示余話 横浜開港資料館×中華街 横浜中華街文化フェアの試み（伊藤泉美）「開港のひろば ： 横浜開港資料館館報」　横浜開港資料館　（106）2009.10

展示会短評 横浜開港資料館 横浜開港150年記念企画展示「横浜中華街150年 落地生根の歳月」（嶌田修）「民衆史研究」　民衆史研究会　（78）2009.12

横浜中華街文化散見（秋山佳史）「横浜西区郷土史研究会会報」　横浜西区郷土史研究会　（34）2010.4

1930年代後半の横浜中華街とその周辺—中国系・インド系商店の状況を中心に（伊藤泉美）「横浜開港資料館紀要」　横浜開港資料館　（29）2011.3

横浜西区

路上散見 海舟の門標碑（秋山佳史）「横浜西区郷土史研究会会報」　横浜西区郷土史研究会　（22）2004.4

横浜マリンタワー

随想 横浜マリンタワーの運営にあたって（小澤真紀）「郷土神奈川」　神奈川県立図書館　（52）2014.2

横浜ユナイテッド・クラブ

横浜ユナイテッド・クラブの戦後「市史通信」　横浜市史資料室　（2）2008.8

戦前期の横浜ユナイテッド・クラブ取引業者関係史料（史料紹介）（中武由実）「横浜開港資料館紀要」　横浜開港資料館　（31）2013.3

横浜陸軍伝習所

展示余話 横浜陸軍伝習所の日々—福田作太郎手控「陸軍局御用留」から（佐藤孝）「開港のひろば ： 横浜開港資料館館報」　横浜開港資料館　（92）2006.4

横浜陸軍病院

横浜陸軍病院の開設（野澤日出夫）「横浜西区郷土史研究会会報」　横浜西区郷土史研究会　（31）2008.10

横浜陸軍病院の開設（2）修文館病院日記（野澤日出夫）「横浜西区郷土史研究会会報」　横浜西区郷土史研究会　（32）2009.4

芳ヶ久保

コラム 昭和30年代の芳ヶ久保の追憶（滝本誠一）「郷土誌葉山」　葉山郷土史研究会　（10）2013.4

吉田

『吉田沿革史』と『吉田誌』（石崎康子）「開港のひろば ： 横浜開港資料館館報」　横浜開港資料館　79　2003.2

吉田島

足柄を散策する（4）文学遺跡を尋ねて 十文字橋から吉田島辺りまで（杉山博久）「扣之帳」　扣之帳刊行会　（13）2006.9

吉田新田

研究余話 吉田新田の開発（斉藤司）「横浜市歴史博物館news ： Yokohama History Museum news」　横浜市歴史博物館　（22）2006.3

特別展 吉田新田開発350周年「横浜の礎（いしずえ）・吉田新田いまむかし」に寄せて（斉藤司）「横浜市歴史博物館news ： Yokohama History Museum news」　横浜市歴史博物館　（23）2006.9

出前授業 博物館と学校の連携—特別展「横浜の礎・吉田新田いまむかし」の中で「横浜市歴史博物館news ： Yokohama History Museum news」　横浜市歴史博物館　（24）2007.3

平成19年度「吉田新田の開発」の学習における出前授業の記録—博物館と学校の連携（藤崎直樹）「横浜市歴史博物館紀要」　横浜市ふるさと歴史財団　12　2008.3

欄干橋

小田原城下筋違橋・欄干橋界隈 三好達治来住のころ（田代道彌）「扣之帳」　扣之帳刊行会　（13）2006.9

六義園

紅葉の六義園周辺を歩く（歴史散歩）（清水淹）「郷土いずみ」　（12）2006.5

陸軍研究所

旧陸軍研究所から枡形城址へ（杉山一雄）「とみづか」　戸塚歴史の会　28　2002.6

陸軍登戸研究所

旧陸軍登戸研究所の跡を歩く（山本達男）「グループ秩父事件会報」　グループ秩父事件事務局　74　2000.2

伊那手における戦時中の毒ガス・細菌兵器の研究について（3）—陸軍登戸研究所の謀略戦（木下健蔵）「伊那」　伊那史学会　48（2）通号861　2000.2

陸軍登戸研究所と帝銀事件［1］，（2）（木下健蔵）「伊那」　伊那史学会　48（6）通号865/48（7）通号866　2000.6/2000.7

旧陸軍登戸研究所関係年表（川崎要之助）「阿由多加」　稲田郷土史会　48　2001.10

竜口

「竜口」をめぐって（1），（2）（出張千秋）「わが住む里」　藤沢市総合市民図書館　（62）/（63）2013.3/2014.03

竜口寺門前

東海道より広い道があった—藤沢周辺の道路幅と龍口寺門前（金子雄次）「藤沢地名の会会報」　藤沢地名の会　（64）2007.5

竜恋の丘

江の島・竜恋の丘にある日露戦争当時の大蔵大臣曾禰荒助の碑文の研究（中村恵司）「わが住む里」　藤沢市総合市民図書館　通号55　2006.3

老欅荘

県内歴史研究 箱根関所と古き建築物を訪れて 箱根関所と宮ノ下富士屋ホテル・湯本の萬翠楼福住旅館・小田原の松永記念館・老欅荘を見学 幹事・清水幸子氏（視察研究）「於保為」　大井町郷土史研究会　（28）2009.5

牢場

地形をあるく 牢場・牢場谷戸（田中正大）「Collegio」　之潮　（30）2008.1

若尾山

若尾山から消えた銅像（萩原史巨）「わが住む里」　藤沢市総合市民図書館　（60）2011.3

地名講演会 会員発表1 若尾山から消えた銅像（萩原史巨）「藤沢地名の会会報」　藤沢地名の会　（79）2012.5

若宮大路

鎌倉のいしぶみ散歩（4）若宮大路幕府旧蹟（薬師寺良子）「逗子吾妻鏡研究」　逗子吾妻鏡研究会　（34）2013.3

和田河原

市内史跡探訪 竹松・向田から和田河原へ（大庭進）「史談足柄」　足柄史談会　47　2009.4

渡辺戊申株式会社

資料よもやま話1 操業一世紀の渡邉戊申株式会社（平野正裕）「開港のひろば ： 横浜開港資料館館報」　横浜開港資料館　（107）2010.1

北陸甲信越

飯山線
口絵 北陸新幹線開業で、新駅に統合される飯山線（平成26年3月4日撮影）「長野」 長野郷土史研究会 （294）2014.4

越美線
歴史的公文書紹介 国鉄越美線への思い「文書館だより」 福井県文書館 （21）2013.11

加越台地
加越台地の交通路について―三国と加賀を結ぶ古代の道（竹島義一）「研究紀要」 みくに龍翔館 （8）2013.11

北国上街道
駅路旅鈴―東海道・北国上街道経由下国図にみる各地（山前圭佑）「加南地方史研究」 加南地方史研究会 （51）2004.4

信越線
大正初期の教育遺産発掘「鉄道唱歌」信越線篇（佐野進）「上州路 : 郷土文化誌」 あさを社 30（7）通号350 2003.7

北越
北越戦争に関係した手紙が生笙にもあった（柳町節夫）「ちょうま」 更埴郷土を知る会 （26）2006.1

従軍医師親子の見た戊辰北越戦争（須崎寛二）「南陽の歴史 : 南陽の歴史を語る会会報」 南陽の歴史を語る会 （184）2011.8

束松峠の今昔と「北越潜行の詩」（前）,（後）（畑敬之助）「会津史談」 会津史談会 （87）/（88）2013.4/2014.4

束松峠に建つ「北越潜行の詩」碑―韋と逸の人（桑原勇蔵）「会津史談」 会津史談会 （88）2014.4

尾張藩正気隊の北越出兵（秦達之）「東海近代史研究」 東海近代史研究会 （35）2014.12

北陸
島の地名と言葉から―日本海側の島々、舳倉島・粟島などを例に（中葉博文）「富山市日本海文化研究所紀要」 富山市日本海文化研究所 （16）2002.7

北陸の米騒動―新聞集成編年史（白江勉）「加南地方史研究」 加南地方史研究会 （50）2003.2

記念講演 北陸地方の地名（谷川健一）「越佐の地名」 越後・佐渡の地名を語る会 （3）2003.3

講演 北陸地方における戦国状況の形成（家永遵嗣）「加能史料研究」 石川県地域史研究振興会 16 2004.3

幕末動乱期・西南雄藩と北陸の指導者層に見る新時代への認識の違い―危機意識と統一国民国家への自覚（吉澤俊夫）「長岡郷土史」 長岡郷土史研究会 （41）2004.5

夏季特別展「源平合戦と北陸 義経伝説を育んだふるさと」（濱岡伸也）「れきはく」 石川県立歴史博物館 76 2005.7

青苧と最上川と北陸地域（〈最上川にかかわる絵図・絵画資料の研究〉）（菊地和博）「最上川文化研究」 東北芸術工科大学東北文化研究センター （4）2006.3

海路をとった北陸門徒の相馬移民（田中照禾）「相馬郷土」 相馬郷土研究会 （21）2006.3

北陸は一つ「山の道」・「汐の道」（歴史随想）（東宗幸）「近代史研究」 富山近代史研究会 （29）2006.3

『日本近世生活絵引』の作成をめざして―近世の北陸農村と松前地漁村の人びとの暮らしと生業（《特集 公開研究会「人びとの暮らしと生業―『日本近世生活絵引』作成への問題点をさぐる―」を振り返って》）（田島佳也）「非文字資料研究」 神奈川大学21世紀COEプログラム拠点推進会議 （16）2007.6

講演要旨 平成19年度那須野ヶ原開拓史研究会講演会 北陸農民の北関東移住 講師・大野康太郎氏（入江啓介）「那須野ヶ原開拓史研究」 那須野ヶ原開拓史研究会 （63）2007.12

中部・北陸地方の名主座について（薗部寿樹）「米沢史学」 米沢史学会（山形県立米沢女子短期大学日本史学科内）（24）2008.10

能登半島地震における北陸圏の影響と災害発動の考察（皆月昭則）「釧路公立大学地域研究」 釧路公立大学地域分析研究委員会 （17）2008.12

渡海の者どもあまた―近世初期北陸の人身売買事情（関口博巨）「石川県史だより」 石川県立図書館 （48）2009.1

北陸における海賊考―能登半島と富山湾を駆け巡る海賊たち（高井勝己）「城郭史研究」 日本城郭史学会、東京堂出版（発売）（29）2010.3

北陸の古代史を探る旅（1）,（2）（古髙邦子）「つどい」 豊中歴史同好会

（284）/（289）2011.9/2012.2

内藤記念くすり博物館に見る 北陸の医薬（第33回例会研究発表及び会員投稿）（伊藤恭子）「北陸医史」 北陸医史学会 （34）2012.2

日本における近代的鉄道政策の樹立―1880年代の鉄道政策と北陸地方の鉄道敷設計画（論文）（小谷正典）「福井県文書館研究紀要」 福井県文書館 （9）2012.3

報告 北陸及び飛騨における寺院城郭（類似）遺構（特集II 根来寺の「要害」）（佐伯哲也）「和歌山城郭研究」 和歌山城郭調査研究会 （11）2012.4

江戸時代に北陸から来た人々（大山勝之）「鉾田の文化」 鉾田市郷土文化研究会 （36）2012.5

特集 北陸の古戦場を訪ねて（1）～（3）「月刊歴史ジャーナル」 NPO法人尾道文化財研究所 （107）/（109）2012.11/2013.1

15・16世紀北陸地方における通貨事情―文献史料と考古資料の観点から（小早川裕悟）「地方研究」 地方史研究協議会 63（3）通号363 2013.6

北陸自由民権運動の起伏（三上一夫）「若越郷土研究」 福井県郷土誌懇談会 58（1）通号296 2013.8

北陸医学史と大分・中津について（第35回例会研究発表及び会員投稿）（古林秀則）「北陸医史」 北陸医史学会 （36）2014.2

事務局だより 史跡巡見「北陸の中世都市・マチ・ムラを訪ねて」報告（山下孝司）「甲斐」 山梨郷土研究会 （132）2014.2

北陸自動車道
「北陸自動車道」は旧北陸道（石本秀一）「故郷乃研究」 白山市教育委員会 （6）2011.3

歴史的公文書紹介 高速道路北陸自動車道（調査・計画）「文書館だより」 福井県文書館 （19）2012.3

北陸新幹線
高齢化社会と北陸新幹線開通―地方史研究の模索とその前提（加藤貞夫）「のうみ : 能美郷土史の会会誌」 能美郷土史の会 （9）2014.3

口絵 北陸新幹線開業で、新駅に統合される飯山線（平成26年3月4日撮影）「長野」 長野郷土史研究会 （294）2014.4

連載コラム 生きた町の歴史を知ろう（3）北陸新幹線延伸と善光寺参り 絵解き図（小林竜太郎）「長野」 長野郷土史研究会 （295）2014.6

北陸鉄道
昭和30年・晩秋の加賀路 日本国有鉄道・北陸鉄道・尾小屋鉄道を乗り継いで（いがらしかずお）「加南地方史研究」 加南地方史研究会 （54）2007.3

新潟県

相川
相川の地名から佐渡金銀山の歴史を考える（特集 消えた集落・移転した集落）（高橋敏路）「越佐の地名」 越後・佐渡の地名を語る会 （10） 2010.3

石垣群の街、相川―石積みの模様のとりこになって（仲田善夫）「佐渡地域誌研究」 佐渡地域誌研究会 （9） 2011.11

相川風評譚―「坂の町・相川―石段と坂 10話」（前）（古藤宗雄）「佐渡地域誌研究」 佐渡地域誌研究会 （9） 2011.11

「相川暴動資料集」について（山本修巳）「佐渡郷土文化」 佐渡郷土文化の会 （128） 2012.2

相川風評譚 坂の町・相川―石段と坂 10話（後）（古藤宗雄）「佐渡地域誌研究」 佐渡地域誌研究会 （10） 2012.11

相川金銀山
相川金銀山ロードの住人たち（前）,（後）（小林祐玄）「佐渡地域誌研究」 佐渡地域誌研究会 （9）/（10） 2011.11/2012.11

会津街道
会津～越後への道 本街道・舟運について（安部利男）「会津史談」 会津史談会 （81） 2007.4

会津（越後）街道を辿る―白坂から八木山までの街道の記録（神田久）「阿賀路 : 東蒲原郡郷土誌」 阿賀路の会 47 2009.5

会津若松と矢野商店をつないだ道 会津街道（神山勇）「桐生史苑」 桐生文化史談会 （52） 2013.3

第322回例会講話 会津街道秘話（石栗正人）「温故」 米沢温故会 （40） 2013.8

粟生津村
旧粟生津村の地名について（幸田昭）「越後吉田町毛野賀多里」 吉田町教育委員会 13 2004.1

吉田町史編纂こぼれ話 旧粟生津村（野本新田）と平松遮那一郎（旧道上村福島）（北澤昭松）「郷土史燕」 燕市教育委員会 （2） 2009.3

昭和初期における粟生津村農会の活動（史料紹介）（北澤昭松）「郷土史燕」 燕市教育委員会 （4） 2011.3

阿賀
阿賀の川舟再生考（旗野秀人）「阿賀路 : 東蒲原郡郷土誌」 阿賀路の会 43 2005.5

「阿賀の館」訪問録蒙古産業公司をめぐる人々（広川佐保）「阿賀路 : 東蒲原郡郷土誌」 阿賀路の会 43 2005.5

阿賀北衆今昔（片野徳蔵）「おくやまのしょう : 奥山荘郷土研究会誌」 奥山荘郷土研究会 （35） 2010.3

赤倉温泉
妙高南地獄谷「赤倉湯」にみる赤倉温泉史（小島正巳, 早津賢二）「信濃［第3次］」 信濃史学会 57（4）通号663 2005.4

赤坂公園
赤坂公園 心のふる里をつくろう 四人の仲間の記録（滝沢龍三郎）「小千谷文化」 小千谷市総合文化協会『小千谷文化』編集委員会 （177） 2004.11

阿賀市
阿賀市から見える雪形と地名―そして五頭山地の神々（廣田康也）「越佐の地名」 越後・佐渡の地名を語る会 （9） 2009.7

阿賀路
郡内史跡めぐり 阿賀路、思い出の一日（平塚小枝）「阿賀路 : 東蒲原郡郷土誌」 阿賀路の会 45 2007.5

抜刷 阿賀路の文人（新潟大学教育学部研究紀要 第4巻第1号 人文・社会科学編 平成23年10月 B5・20頁）（岡村浩）「新潟県文人研究」 越佐文人研究会 （14） 2011.12

赤田城
与板城と赤田城（広川克郎）「刈羽村文化」 刈羽村郷土研究会 （92） 2009.3

赤谷
探訪 中世山城跡（2）―赤谷地区の山城（伊藤久司）「新発田郷土誌」 新発田郷土研究会 （42） 2014.3

赤塚
赤塚地区の俗称地名（並松景政）「越後赤塚」 赤塚郷土研究会 （16） 2001.3

赤塚の風景（真田雅行）「越後赤塚」 赤塚郷土研究会 （16） 2001.3

赤塚の方言（1）～（8）（飯田素州）「越後赤塚」 赤塚郷土研究会 （16）/（23） 2001.3/2012.7

赤塚の方言について（朝妻千鶴子）「越後赤塚」 赤塚郷土研究会 （16） 2001.3

続・赤塚その歴史と風物詩50選（2）（飯田素州）「越後赤塚」 赤塚郷土研究会 （17） 2006.6

赤塚民間防空監視哨について（小竹和雄）「越後赤塚」 赤塚郷土研究会 （18） 2007.6

赤塚の黎明期（朝平山雲）「越後赤塚」 赤塚郷土研究会 （20） 2009.7

JAみらい赤塚支店前の石碑について（小竹和雄）「越後赤塚」 赤塚郷土研究会 （20） 2009.7

願正寺資料と赤塚（飯田素州）「越後赤塚」 赤塚郷土研究会 （21） 2010.7

赤塚の地名について（太田和宏）「越後赤塚」 赤塚郷土研究会 （22） 2011.7

赤塚真田・大和家の所蔵古文書について（真田雅行）「越後赤塚」 赤塚郷土研究会 （23） 2012.7

なぜ赤塚では犬のことを「カメ」と読んだのだろう（飯田哲男）「越後赤塚」 赤塚郷土研究会 （23） 2012.7

北国街道の戊辰戦争碑をたずねて―中央区から赤塚まで（飯田哲男）「越後赤塚」 赤塚郷土研究会 （24） 2013.7

赤塚の古写真「越後赤塚」 赤塚郷土研究会 （24） 2013.7

赤泊
歴史的公文書は語る（2）寺泊と赤泊の青年団の交流（稲垣美知子）「長岡あーかいぶす」 長岡市立中央図書館文書資料室 （7） 2008.12

赤泊散策（北見亀男）「佐渡郷土文化」 佐渡郷土文化の会 （136） 2014.10

阿賀野
「阿賀野」語源あれこれ（波多野盈）「五頭郷土文化」 五頭郷土文化研究会 52 2004.6

阿賀野川
阿賀野川の変遷（高橋礼弥）「新発田郷土誌」 新発田郷土研究会 （32） 2004.3

阿賀野川谷口扇状地
阿賀野川谷口扇状地の新田開発と地名（廣田康也）「越佐の地名」 越後・佐渡の地名を語る会 （3） 2003.3

阿賀野市
阿賀野市周辺の山々（廣田康也）「越佐の地名」 越後・佐渡の地名を語る会 （5） 2005.3

阿賀野市歴史の旅（巡見報告）（小林良子）「長岡郷土史」 長岡郷土史研究会 通号45 2008.5

阿賀野市周辺の消えた集落・集団移転した集落（特集 消えた集落・移転した集落）（廣田康也）「越佐の地名」 越後・佐渡の地名を語る会 （10） 2010.3

阿賀野市内に見る毛無、箸木など毛にかかわる地名（廣田康也）「越佐の地名」 越後・佐渡の地名を語る会 （11） 2011.3

阿賀野町
阿賀野町（旧笹神村）に於ける相馬御風の歌碑を探って（鈴木仁）「新潟県文人研究」 越佐文人研究会 （14） 2011.12

阿賀町
東蒲・阿賀町の峠（〈峠と峠の道〉）（五十嵐義昭）「越佐の地名」 越後・佐渡の地名を語る会 （6） 2006.3

記録第1回阿賀町郷土資料展 戦争と町民（〈特集 戦後60周年記念〉）（赤城正男）「阿賀路 : 東蒲原郡郷土誌」 阿賀路の会 44 2006.5

阿賀町のできごと（遠藤佐）「阿賀路 : 東蒲原郡郷土誌」 阿賀路の会 44 2006.5

阿賀町のできごと（遠藤佐）「阿賀路 : 東蒲原郡郷土誌」 阿賀路の会 45 2007.5

記録 第3回阿賀町郷土資料展 阿賀町の学校の変遷（五十嵐義昭）「阿賀路 : 東蒲原郡郷土誌」 阿賀路の会 46 2008.5

阿賀町のできごと（遠藤佐）「阿賀路 : 東蒲原郡郷土誌」 阿賀路の会 46 2008.5

日本史の中の阿賀町（杉崎巌）「阿賀路 : 東蒲原郡郷土誌」 阿賀路の会 47 2009.5

郡内の峠紀行 番外編 阿賀町にはどんな名前の峠があるか（編集委員会）

新潟県　　　　　　　　　　　　　　地名でたどる郷土の歴史　　　　　　　　　　　　　北陸甲信越

「阿賀路 : 東蒲原郡郷土誌」 阿賀路の会　47　2009.5

阿賀路のできごと (遠藤佐)「阿賀路 : 東蒲原郡郷土誌」 阿賀路の会　47　2009.5

阿賀路の旧四ヶ町村の町村名の由来 (五十嵐義昭)「越佐の地名」 越後・佐渡の地名を語る会 (9) 2009.7

阿賀町 (東蒲原都)の廃村集落 (特集 消えた集落・移転した集落) (五十嵐義昭)「越佐の地名」 越後・佐渡の地名を語る会 (10) 2010.3

阿賀町 (市町村消息・短信) (長谷川武雄)「新史料協だより」 新潟県歴史資料保存活用連絡協議会 (15) 2010.3

阿賀町のできごと (遠藤佐)「阿賀路 : 東蒲原郡郷土誌」 阿賀路の会　48　2010.5

報告 第6回 阿賀町郷土資料展 阿賀町の郷土料理 (五十嵐義昭)「阿賀路 : 東蒲原郡郷土誌」 阿賀路の会　49　2011.5

阿賀町のできごと (遠藤佐)「阿賀路 : 東蒲原郡郷土誌」 阿賀路の会　49　2011.5

「阿賀町文人展」に寄せて (平賀巳代治)「新潟県文人研究」 越佐文人研究会 (14) 2011.12

被災報告 (十日町市・津南町・南魚沼市・阿賀町)「新史料協だより」 新潟県歴史資料保存活用連絡協議会 (17) 2012.3

阿賀町と旧田島町の若干の関係 (郡外史跡巡り) (杉崎巌)「阿賀路 : 東蒲原郡郷土誌」 阿賀路の会　50　2012.5

阿賀町のできごと (遠藤佐)「阿賀路 : 東蒲原郡郷土誌」 阿賀路の会　50　2012.5

阿賀町のできごと (遠藤佐)「阿賀路 : 東蒲原郡郷土誌」 阿賀路の会　51　2013.5

阿賀町郷土資料館オープンに寄せて (遠藤佐)「阿賀路 : 東蒲原郡郷土誌」 阿賀路の会　52　2014.5

阿賀町のできごと (齋藤修平)「阿賀路 : 東蒲原郡郷土誌」 阿賀路の会　52　2014.5

阿賀南

阿賀南の古代・中世鉱工業と石動信仰 (金子達)「レポート加茂市史」 加茂市　2　2003.3

秋葉山

秋葉山の石油と金山の金滓の不思議 (齋藤義信)「越佐の地名」 越後・佐渡の地名を語る会 (9) 2009.7

秋山郷

『秋山紀行』を歩く (学生たちのフィールドレポート (5))(阿部さやか)「まんだら : 東北文化友の会会報」 東北芸術工科大学東北文化研究センター (45) 2010.11

曙町

曙町の誕生 (星欣二)「越後吉田町毛野賀多里」 吉田町教育委員会　11　2001.10

上路

「山姥の里」上路を訪ねて (岸沢としえ)「全国地名研究交流誌 地名談話室」 日本地名研究所 (23増補) 2007.12

上路村

榊道造「上路村史」 (竹内邦孔)「世間話研究」 世間話研究会 (21) 2013.3

朝日村

旧朝日村の消えた集落 (特集 消えた集落・移転した集落) (長谷川勲)「越佐の地名」 越後・佐渡の地名を語る会 (10) 2010.3

味方村

講演会報告 旧味方村 (新潟市)とその周辺の地名 (本間忠昭)「越佐の地名」 越後・佐渡の地名を語る会 (14) 2014.3

小豆峠

野々見峠と小豆峠 (《峠と峠の道》)(高橋英夫)「越佐の地名」 越後・佐渡の地名を語る会 (6) 2006.3

破間川

破間川地名余聞 (高橋実)「越佐の地名」 越後・佐渡の地名を語る会 (1) 2001.3

海士

俵物増産と海士集団の出漁―佐渡国海士町海士を事例として (高橋美貴)「歴史」 東北史学会　112　2009.4

新井宿

北国街道と新井宿 (金子潤次)「頸城文化」 上越郷土史研究会 (52) 2004.7

新井宿と加賀藩の参勤交代 (金子潤次)「北國街道研究」 北國街道の手をつなぐ会 (11) 2010.12

荒井浜

荒井浜と北前船 (川崎捨夫)「おくやまのしょう : 奥山荘郷土研究会誌」 奥山荘郷土研究会 (32) 2007.3

荒川

桃崎浜と荒川・鮭猟場争い顛末記 (高橋太一郎)「おくやまのしょう : 奥山荘郷土研究会誌」 奥山荘郷土研究会 (30) 2005.3

荒川湊

荒川湊の騒動顛末記 (高橋太一郎)「おくやまのしょう : 奥山荘郷土研究会誌」 奥山荘郷土研究会 (29) 2004.5

新津

新津、村松史跡めぐり (広川克郎)「刈羽村文化」 刈羽村郷土研究会 (88) 2007.12

新津の伝説地名「稚児の墓」の研究 (星名忠直)「越佐の地名」 越後・佐渡の地名を語る会 (8) 2008.3

荒戸城

北条軍を阻止せよ、荒戸城にて (川上房吉)「小千谷文化」 小千谷市総合文化協会「小千谷文化」編集委員会 (200) 2010.7

荒巻村

荒巻村のルーツを探る (佐藤茂)「三条歴史研究」 三条歴史研究会 (4) 2005.3

荒町

荒町村の語り部たち (佐藤茂)「三条歴史研究」 三条歴史研究会 (3) 2004.2

手さぐり荒町史 (1) (佐藤茂)「三条歴史研究」 三条歴史研究会 (11) 2012.7

粟島

粟島紀行 (佐藤和彦)「越佐研究」 新潟県人文研究会　59　2002.5

島の地名と言葉から―日本海側の島々、舳倉島・粟島などを例に (中葉博文)「富山市日本海文化研究所紀要」 富山市日本海文化研究所 (16) 2002.7

庵地

講演 庵地焼のことなど (旗野麗子)「郷土村松」 村松郷土史研究会 (64) 2007.3

飯島村

洪水による川筋の変動と村の移動―飯島村を中心として (今井雄介)「長岡郷土史」 長岡郷土史研究会　通号45　2008.5

飯豊温泉

飯豊温泉の想い出 (小川清治)「おくやまのしょう : 奥山荘郷土研究会誌」 奥山荘郷土研究会 (27) 2002.3

飯豊山

飯豊山の山名由来私考 (五十嵐力)「おくやまのしょう : 奥山荘郷土研究会誌」 奥山荘郷土研究会 (26) 2001.3

飯豊町

飯豊町『山名由来』考察 飯豊天皇 (飯豊青ノ尊説) (五十嵐力)「おくやまのしょう : 奥山荘郷土研究会誌」 奥山荘郷土研究会 (35) 2010.3

飯山道

城と交通路―飯山道ぞいの長沢原城と長沢砦 (植木宏)「頸城文化」 上越郷土史研究会 (52) 2004.7

居掛

地名考「居掛」について (北澤昭松)「越佐の地名」 越後・佐渡の地名を語る会 (8) 2008.3

五十沢

五十沢往来 (ふるさと通信) (松永靖夫)「みなみうおぬま : 郷土史編さん誌」 南魚沼市教育委員会 (6) 2009.2

南魚沼市域に見る郷土史研究のあゆみ―五十沢・城内・大巻地区 (特集 南魚沼市域の郷土史) (本山幸一)「みなみうおぬま : 郷土史編さん誌」 南魚沼市教育委員会 (10) 2013.3

五十沢小学校

五十沢小学校教育事始め (五十嵐伊三郎)「むいかまち : 町史編さん誌」 南魚沼市教育委員会 (2) 2004.9

兎追いし南五十沢小学校 (《思い出のわが母校》) (五十嵐伊三郎)「むいかまち : 町史編さん誌」 南魚沼市教育委員会 (3) 2005.10

五十嶋村

資料紹介 旧五十嶋村肝煎渡部家文書第112号「享和三年 御用控帳」所載地誌取調項目および書上げ書式示違 (本井晴信)「阿賀路 : 東蒲原郡郷土誌」 阿賀路の会　45　2007.5

伊神郷

古代頸城郡の五十公郷と伊神郷 (桑原正史)「越佐研究」 新潟県人文研究会　70　2013.5

五十嵐

「五十嵐」地名雑考 (杉野真司)「全国地名研究交流誌 地名談話室」 日本地名研究所　20　2005.12

三条の地名由来って何？　井栗の社の藤の花　五十嵐地名考　大面のオオモトと読めますか？　後はサンジョッパライ（杉野真司）「越佐の地名」　越後・佐渡の地名を語る会　（9）2009.7

五十嵐地名新考（3）—地名「五十嵐浜」と「五十嵐」の変遷（馬場昂）「越佐の地名」　越後・佐渡の地名を語る会　（11）2011.3

五十嵐川

五十嵐川と三条島の一考察（大野鉄男）「三条歴史研究」　三条歴史研究会　（6）2007.3

五十嵐浜

五十嵐浜（いからしはま）地名新考（2）—人名・五十嵐の「いがらし」濁音読み（馬場昂）「越佐の地名」　越後・佐渡の地名を語る会　（3）2003.3

五十嵐浜地名新考（補遺3）海村五十嵐浜村立ちの鰯大漁伝承と干鰯（馬場昂）「越佐の地名」　越後・佐渡の地名を語る会　（8）2008.3

五十嵐浜地名新考（3）—地名「五十嵐浜」と「五十嵐」の変遷（馬場昂）「越佐の地名」　越後・佐渡の地名を語る会　（11）2011.3

井栗

南蒲原郡井栗村村誌—大字井栗　明治参拾六年の頃（村越允弘）「三条歴史研究会」　（7）2008.3

三条の地名由来って何？　井栗の社の藤の花　五十嵐地名考　大面のオオモトと読めますか？　後はサンジョッパライ（杉野真司）「越佐の地名」　越後・佐渡の地名を語る会　（9）2009.7

井栗、大庄屋、松川家文書より（村越允弘）「三条歴史研究」　三条歴史研究会　（10）2011.8

池ヶ原

世の中でいちばん怖いもの池ヶ原（村山良男）「小千谷文化」　小千谷市総合文化協会『小千谷文化』編集委員会　（180）2005.7

戦時の記録　池ヶ原学区から動員出征された方々（樋口武）「小千谷文化」　小千谷市総合文化協会『小千谷文化』編集委員会　（185）2006.11

池田

池田地域の地名と謂れについて（近藤良雄）「刈羽村文化」　刈羽村郷土研究会　（91）2008.12

東山池田の廃坑と保存活動の展開（恩田孝重）「長岡郷土史」　長岡郷土史研究会　（48）2011.5

五十沢村

地名雑感—旧塩沢町と旧五十沢村ほか（高橋信一）「越佐の地名」　越後・佐渡の地名を語る会　（6）2006.3

石上村

石上村の「お夏が池」（佐藤茂）「三条歴史研究」　三条歴史研究会　（2）2003.3

石河荘

越後国蒲原郡の石河荘について（桑原正史）「加茂郷土誌」　加茂郷土調査研究会　（34）2012.4

石瀬

天明7（1787）年石瀬代官所支配下村々の年貢米回米について（本間則久）「燕郷土史考」　燕市教育委員会　40　2007.3

五十公

越後古代史と「五十公」地名について（地名研究2）（廣瀬秀）「越佐の地名」　越後・佐渡の地名を語る会　（12）2012.3

五十公野御茶屋庭園

武将・大名の庭園（1）旧新発田藩下屋敷庭園および五十公野御茶屋庭園（松山茂雄）「城」　東海古城研究会　（195）2006.7

五十公郷

古代頸城郡の五十公郷と伊神郷（桑原正史）「越佐研究」　新潟県人文研究会　70　2013.5

石山村

みなとぴあ研究notes 石山村の学区会「帆檣成林 ： 新潟市歴史博物館博物館ニュース」　新潟市歴史博物館　（13）2008.5

資料紹介 旧石山村役場文書「新潟市歴史資料だより」　新潟市総務局国際文化部歴史文化課　（14）2012.3

井随

井随（いずい）と弥彦縁起断簡（福田則男）「越佐の地名」　越後・佐渡の地名を語る会　（11）2011.3

出雲崎

館所蔵「従越後国出雲崎武州板橋迄道中記」について（渡部浩二）「新潟県立歴史博物館研究紀要」　新潟県立歴史博物館　（6）2005.3

出雲崎の思い出（加藤僖一）「良寛だより ： 全国良寛会会報」　全国良寛会　（146）2014.10

出雲崎宿

北国街道「出雲崎宿」妻入り街並み巡り（仲野隆之）「良寛」　全国良寛

会、考古堂書店（発売）47　2005.5

北国街道「出雲崎宿」妻入り街並み巡り（仲野隆之）「新潟県文人研究」　越佐文人研究会　（8）2005.11

「出雲崎宿」（濁川清夏）「北國街道研究」　北國街道の手をつなぐ会　（13）2012.12

出雲崎町

出雲崎町の地名（長谷川勲）「越佐の地名」　越後・佐渡の地名を語る会　（5）2005.3

出雲崎地名の一考察（磯部由記雄）「越佐の地名」　越後・佐渡の地名を語る会　（11）2011.3

板井

「板井」の地名に関する一考察（地名研究1）（大谷一男）「越佐の地名」　越後・佐渡の地名を語る会　（12）2012.3

板木城

六日町盆地北辺の防備（1）板木城（雷土城）・湯谷城の遺構から（三島正之）「みなみうおぬま ： 郷土史編さん誌」　南魚沼市教育委員会　（5）2008.3

板倉

廃村にみる石造物と歴史—上越市板倉区の旧三集落（佐藤幸雄）「頸城文化」　上越郷土研究会　（53）2005.10

「ゑしんの里いたくら」のいわれ（宮腰英武）「頸城文化」　上越郷土研究会　（58）2010.9

板倉町

板倉町の近代教育（宮腰英武）「頸城文化」　上越郷土研究会　（51）2003.9

板山

新発田市板山の狩猟伝承（鈴木秋彦）「新発田郷土誌」　新発田郷土研究会　（38）2010.3

五日町

懐想 五日町分校（〈思い出のわが母校〉—六日町高校定時制）（南雲勲）「むいかまち ： 町史編さん誌」　南魚沼市教育委員会　（3）2005.10

糸魚川

青海・糸魚川・能生・名立方面の史跡めぐり（三由利夫）「魚津史談」　魚津歴史同好会　（27）2005.3

糸魚川地方の県境と峠道（〈峠と峠の道〉）（池原静雄）「越佐の地名」　越後・佐渡の地名を語る会　（6）2006.3

糸魚川町の古地図（杉本宇吉）「糸魚川郷土研究」　糸魚川郷土研究会　（2）2006.5

年貢試論 市史にみる糸魚川の年貢（岡本英克）「糸魚川郷土研究」　糸魚川郷土研究会　（2）2006.5

寛政末期の糸魚川塩買い船の動向（中村秋夫）「糸魚川郷土研究」　糸魚川郷土研究会　（3）2008.4

「糸魚川」の名告り（松野功）「越佐の地名」　越後・佐渡の地名を語る会　（9）2009.7

糸魚川地域の近世民間療法と薬用動植物（山本純夫）「糸魚川郷土研究」　糸魚川郷土研究会　（4）2010.2

糸魚川市糸魚川地域の消滅集落（特集 消えた集落・移転した集落）（松野功）「越佐の地名」　越後・佐渡の地名を語る会　（10）2010.3

糸魚川街道

越後道・糸魚川街道と千国道（小林茂喜）「信濃［第3次］」　信濃史学会　64（8）通号751　2012.8

糸魚川市

糸魚川市の峠（加藤知自）「越佐の地名」　越後・佐渡の地名を語る会　（6）2006.3

古代のロマン・翡翠の勾玉と私の生地、糸魚川市（室川定義）「郷土研究」　奥多摩郷土研究会　（25）2014.3

糸魚川ジオパーク

声 祝 糸魚川ジオパークが世界ジオパークに認定（2009年8月22日）/ 小千谷縮・越後上布、ユネスコ重要無形文化財に記載（2009年9月30日）（立山千草）「新潟の生活文化 ： 新潟県生活文化研究会誌」　新潟県生活文化研究会　（16）2010.3

糸魚川城

糸魚川城（清崎城）の歴史（池原静雄）「糸魚川郷土研究」　糸魚川郷土研究会　（1）2004.8

稲荷町

伊勢参宮道中録（1）稲荷町 川井靖所蔵（阿部美保子、佐藤キヨ）「小千谷文化」　小千谷市総合文化協会『小千谷文化』編集委員会　（213）2013.11

入東谷村

太平洋戦争下の暮らしと教育—古志郡入東谷村の場合（田所和雄）「長岡

新潟県　　　　　　　　　　地名でたどる郷土の歴史　　　　　　　　　　北陸甲信越

郷土史」　長岡郷土史研究会　（50）2013.5

岩沢

信濃川と共に歩んできた小千谷・岩沢の昔の様子を知ろう！―小千谷市総合文化協会長小野坂庄一さんのお話（若月安明）「小千谷文化」　小千谷市総合文化協会『小千谷文化』編集委員会　（204）2011.7

岩船

岩船の造船「岩船学」〔岩船学編集委員会〕（1）2006.3
木村家『実業日記』から見る新潟県岩船地域の養蚕（飯島康広）「新潟史学」　新潟史学会　（67）2012.5

岩船柵

磐舟柵「岩船学」〔岩船学編集委員会〕（1）2006.3
岩船柵、後の越後城は、加治川水系か胎内川水系にあり（木村恬文）「新発田郷土誌」　新発田郷土研究会　（36）2008.3

磐舟柵

出羽への道（淳足柵・磐舟柵）（鰐渕好輝）「郷土新潟」　新潟郷土史研究会　（54）2014.3

岩室温泉

岩室温泉の新たな観光拠点「いわむろや」ご紹介（小倉壮平）「良寛だより ： 全国良寛会会報」　全国良寛会　（136）2012.4

岩室村

『岩室村史』に寄せて（特集 私の思い出）（井上慶隆）「郷土新潟」　新潟郷土史研究会　（50）2010.3

上田庄

上田庄の上田と上田城、そして坂戸城について（金子拓男）「越佐研究」　新潟県人文研究会　66　2009.5

魚沼

魚沼の蕎麦の食文化を忘れないで（本間伸夫）「新潟の生活文化 ： 新潟県生活文化研究会誌」　新潟県生活文化研究会　（10）2004.2
新潟県魚沼地方の雪形（2）（山崎進）「長岡市立科学博物館研究報告」　長岡市立科学博物館　（39）2004.3
群馬の峠を歩く（13）野反峠と地藏峠 吾妻郡六合村から新潟県魚沼地方へ越えた峠を訪ねて（須田茂）「上州路 ： 郷土文化誌」　あさを社　32（3）通号370　2005.3
魚沼地方のカンゴロウ鍬（研究ノート）（大楽和正）「新潟県立歴史博物館研究紀要」　新潟県立歴史博物館　（11）2010.3
「元禄越後国郷帳」の資料収集時期の検討―とりわけ頸城・刈羽・魚沼・古志・三島五郡の場合（青木不二夫）「越佐研究」　新潟県人文研究会　67　2010.5
資料紹介 戊辰の年の村のくらし（1）、（2）（本山幸一）「魚沼文化」　魚沼文化の会　（61）/（62）2011.5/2011.10
史資料紹介「乍恐御訴訟申上ル御事」（今成家文書）「魚沼文化」　魚沼文化の会　（63）2012.4
資料・魚沼地方のサンパク―聞き取り調査および新潟県の市町村史を資料から探る（長井久美子）「魚沼文化」　魚沼文化の会　（63）2012.4
魚沼山村にみる松平光長高田藩の給人知行（1）大島荘蔵王堂の不動明王像銘記は何を語るか（本山幸一）「越佐研究」　新潟県人文研究会　69　2012.5
魚沼山村にみる松平光長高田藩の給人知行（2）（本山幸一）「越佐研究」　新潟県人文研究会　70　2013.5
柏崎と魚沼を結ぶ二つの資料（大竹信雄）「魚沼文化」　魚沼文化の会　（67）2014.4
魚沼にみる近世長岡の関係資料（本山幸一）「長岡郷土史」　長岡郷土史研究会　（51）2014.5

魚沼丘陵

魚沼丘陵のガス・石油と鉱泉（ふるさと通信）（本山幸一）「みなみうおぬま ： 郷土史編さん誌」　南魚沼市教育委員会　（10）2013.3

魚沼郡

越後魚沼郡にみる近世前期の馬政（本山幸一）「越佐研究」　新潟県人文研究会　60　2003.9
近世越後の熊猟と秋田猟師の関係―魚沼郡を中心に（桑原孝）「魚沼文化」　魚沼文化の会　（52）2006.11
越後魚沼郡にみる近世中期の新田開発（1）、（2）（本山幸一）「魚沼文化」　魚沼文化の会　（55）/（56）2008.2/2008.8
魚沼郡でみられる高田藩の追い鳥狩（桑原孝）「魚沼文化」　魚沼文化の会　（57）2009.3

魚沼路

吹雪く魚沼路（矢久保徳司）「小千谷文化」　小千谷市総合文化協会『小千谷文化』編集委員会　（177）2004.11

魚沼線

今は無き魚沼線開通時の思い出（安達元春）「小千谷文化」　小千谷市総合文化協会『小千谷文化』編集委員会　（213）2013.11

「さよなら魚沼線」の各種資料提供（福田理）「小千谷文化」　小千谷市総合文化協会『小千谷文化』編集委員会　（213）2013.11

魚沼鉄道

軽便 魚沼鉄道 八島停留所について（吉井和夫）「小千谷文化」　小千谷市総合文化協会『小千谷文化』編集委員会　（217）2014.12

魚沼村

近世前期魚沼山村にみる村高と税制の成立過程（本山幸一）「越佐研究」　新潟県人文研究会　68　2011.5

魚野川

魚野川と川舟（遠藤利和）「むいかまち ： 町史編さん誌」　南魚沼市教育委員会　（1）2004.2
魚野川と魚釣人生（内山紀雄）「むいかまち ： 町史編さん誌」　南魚沼市教育委員会　（2）2004.9
信越国境・国有林境界争論とその経緯 雑魚川・魚野川の合流地点秋山郷温泉場（小布施竹男）「高井」　高井地方史研究会　（150）2005.2
「魚野川の思い出」あれこれ（〈ふるさと通信〉）（遠藤利和）「むいかまち ： 町史編さん誌」　南魚沼市教育委員会　（3）2005.10
江戸時代における新潟の海運と水運―北前船による交易と魚野川の河川交通（板垣俊一）「新潟の生活文化 ： 新潟県生活文化研究会誌」　新潟県生活文化研究会　（12）2006.6
越後大名の魚野川水運（桑原孝）「魚沼文化」　魚沼文化の会　（55）2008.2

鵜川

刈羽黒姫地名考「鵜川」（高杉志朗）「越佐の地名」　越後・佐渡の地名を語る会　（2）2002.3
鵜川激甚災害緊急特別事業という公共事業―大洲五区地権者としての私達の対応（高橋義昭）「柏崎・刈羽」　柏崎刈羽郷土史研究会　（32）2005.4
鵜川の祖先達の足跡を追って（布施文雄）「柏崎・刈羽」　柏崎刈羽郷土史研究会　（34）2007.4
鵜川沿いの歴史を訪ねる―少子高齢化を楽しむ地域伝承研究会を！（小林昭義）「柏崎・刈羽」　柏崎刈羽郷土史研究会　（37）2010.4
鵜川の宝（布施文雄）「柏崎・刈羽」　柏崎刈羽郷土史研究会　（38）2011.4

受

信濃川下流域の興野・新田・受（藤田治雄）「越佐の地名」　越後・佐渡の地名を語る会　（3）2003.3

牛池

弥彦線開通と牛池土堤（佐藤茂）「三条歴史研究」　三条歴史研究会　（9）2010.3

丑ノ沢砦

持倉城と丑ノ沢砦について（木村尚志）「おくやまのしょう ： 奥山荘郷土研究会誌」　奥山荘郷土研究会　（25）2000.3

内ヶ巻城

『小千谷市史』を見直す その軌跡 「内ヶ巻城と時水城」（小野坂庄一）「小千谷文化」　小千谷市総合文化協会『小千谷文化』編集委員会　（194・195）2009.3

内川石積み堰堤群

新潟県初の登録文化財 万内川石積み堰堤群・日影沢床固工群（後藤正弘）「直江の津」　直江津経済文化研究会　4（1）通号13　2004.6

打越

蒲原の開発と地名のロマン「打越」と「髻削」（特集 消えた集落・移転した集落）（北澤昭松）「越佐の地名」　越後・佐渡の地名を語る会　（10）2010.3

内野

内野の地名とその由来（仮説）（竹田吉正）「内野の今昔」　内野の今昔を語る会　（21）2003.9
内野の四方山話（武田克忠）「内野の今昔」　内野の今昔を語る会　（22）2004.9
内野で失ったもの（笠巻謙太郎）「内野の今昔」　内野の今昔を語る会　（22）2004.9

浦柄口

郷土の景観と人間のドラマ（3）街道 浦柄口（広井忠男）「小千谷文化」　小千谷市総合文化協会『小千谷文化』編集委員会　（181）2005.11

浦佐

浦佐の笹飴（ふるさと通信）（坂西謙司）「みなみうおぬま ： 郷土史編さん誌」　南魚沼市教育委員会　（5）2008.3

浦佐分校

浦佐分校を想う（〈思い出のわが母校〉―六日町高校定時制）（森山新）「むいかまち ： 町史編さん誌」　南魚沼市教育委員会　（3）2005.10

450

浦佐村

普選前後の浦佐村社会―『浦佐村々会議事録』を通して(研究)(芳井幸子)「みなみうおぬま : 郷土史編さん誌」 南魚沼市教育委員会 (10) 2013.3

浦本村

川合松治氏遺稿 「生まれ育った浦本むら」から(川合松治)「糸魚川郷土研究」 糸魚川郷土研究会 (2) 2006.5

上野城

西頸城の城(4) 糸魚川市の城(2)―上野城・沼ノ城(植木宏)「頸城文化」 上越郷土研究会 (53) 2005.10

越後

高田馬場と越後(木村恬文)「おくやまのしょう : 奥山荘郷土研究会誌」 奥山荘郷土研究会 (26) 2001.3

越後地域のノロシ関連地名について(鳴海忠夫)「越佐の地名」 越後・佐渡の地名を語る会 (1) 2001.3

越後・佐渡の国域の決定と郡の変遷―郷土の古代史・古代地名を概観しつつ(長谷川勲)「越佐の地名」 越後・佐渡の地名を語る会 (2) 2002.3

越後の戊辰戦争と民衆―「古藩恢復」か弥彦神社への「御祈祷」か、それとも「半税」か(中島明)「越佐研究」 新潟県人文研究会 59 2002.5

復刻版 越後出湯温泉誌(2)～(5)(前田作治, 石井杢)「五頭郷土文化」 五頭郷土文化研究会 50/54 2003.7/2005.6

天和・貞享期越後代官の支配形態(本山幸一)「新潟史学」 新潟史学会 (50) 2003.10

越後の白虎隊(清水理繪)「東北戊辰戦争懇話会報」 東北戊辰戦争懇話会 1 2003.11

近世越後幕府領研究の現状について(本山幸一)「魚沼文化」 魚沼文化の会 47 2004.1

島について―越後騒動を素材に(報告要旨 大名家家臣の預け・遠)(佐藤宏之)「岡山藩研究」 岡山藩研究会 45 2004.3

越後の縞木綿―幕末から明治期の縞帳調査を中心として(岩渕令子, 佐藤悦子)「新潟の生活文化 : 新潟県生活文化研究会誌」 新潟県生活文化研究会 (2) 2004.2

古文書紹介 福島県令「三島通庸文書」/越後・上杉景勝が会津122万石へ移封の「上杉文書」(古文書紹介)「西会津史談」 西会津史談会 (7) 2004.4

越後の戊辰戦争と高崎藩一ノ木戸陣屋(中島明)「越佐研究」 新潟県人文研究会 61 2004.5

越後の自由大学(磯部定治)「長岡郷土史」 長岡郷土史研究会 (41) 2004.5

上杉「国替え」後の越後の諸藩(1)(藤田正義)「五頭郷土文化」 五頭郷土文化研究会 52 2004.6

中世後期の上野国―信濃・越後との関係を中心として(秋山正典)「武尊通信」 群馬歴史民俗研究会 99 2004.9

信越国境・国有林境界争論とその経緯 雑魚川・魚野川の合流地点秋山郷温泉場(小布施惇男)「高井」 高井地方史研究会 (150) 2005.2

『朝林』にみる越後騒動(黒川秀雄)「東海地域文化研究」 名古屋学芸大学短期大学部附属東海地域文化研究所 (16) 2005.3

信越地方に於ける飢饉(青山始義)「頸城文化」 上越郷土研究会 (53) 2005.10

古代越後にも在った烽とその関連地名(小野塚繁)「全国地名研究交流誌 地名談話室」 日本地名研究所 20 2005.12

越後における塩地名(片野徳蔵)「越佐の地名」 越後・佐渡の地名を語る会 (6) 2006.3

講演 越後・佐渡から信州を考える(田中圭一)「高井」 高井地方史研究会 (155) 2006.5

戦国期の信濃・越後・甲斐(矢田俊文)「武田氏研究」 武田氏研究会, 岩田書院(発売) (34) 2006.6

越甲同盟再考(中田宏志)「戦国史研究」 戦国史研究会, 吉川弘文館(発売) (52) 2006.8

信越放送のはじまり(《特集 放送局と映画館の今昔》)「長野」 長野郷土史研究会 (248) 2006.8

金沢藩士と戊辰戦争―越後・会津に派遣された藩士たち(吉田國夫)「石川郷土史学会々誌」 石川郷土史学会 (39) 2006.12

川中島の戦―甲信越戦国史(《特集 川中島の戦いと「長野」の始まり》)(小林計一郎)「長野」 長野郷土史研究会 (250) 2006.12

石高は年貢高か生産高か―越後南半部の場合(松永靖夫)「信濃[第3次]」 信濃史学会 59(8)通号691 2007.8

稲包山と越後への道(《特集『上州路』創刊400号記念 群馬の今日、そして未来へ》)(唐澤定市)「上州路 : 郷土文化誌」 あさを社 34(9)通号400 2007.9

置賜と越後における中世交通の一断面(小林貴宏)「山形県地域史研究」 山形県地域史研究協議会 (33) 2008.2

越後大名の魚野川水運(桑原孝)「魚沼文化」 魚沼文化の会 (55)

慶長五年越後一揆関係史料について(佐藤賢次)「加茂郷土誌」 加茂郷土調査研究会 (31) 2009.2

北蝦夷地における直捌の展開と越後差配人の漁場開設(東俊治)「北海道開拓記念館研究紀要」 北海道開拓記念館 (37) 2009.3

近世・越後の鳥猟と鳥の流通(桑原孝)「越佐研究」 新潟県人文研究会 66 2009.5

戦国期伊達領長井(置賜郡)と越後への通路と手ノ子館について(安部俊治)「歴史と考古」 いいで歴史考古の会 (6) 2009.6

越後における蝦夷の足跡―越後のアイヌ語地名を辿る(伊藤善隆)「越佐の地名」 越後・佐渡の地名を語る会 (9) 2009.7

地名紀行 尾張・三河に見る越後・佐渡の地名(長谷川勲)「越佐の地名」 越後・佐渡の地名を語る会 (9) 2009.7

越後に多い草生津(水)地名(長谷川健一)「越佐の地名」 越後・佐渡の地名を語る会 (9) 2009.7

吾が越後一期一會(特集 私の思い出)(樋浦紘一)「郷土新潟」 新潟郷土史研究会 (50) 2010.3

「越後相撲騒動」の紹介(渋谷啓阿)「郷土史燕」 燕市教育委員会 (3) 2010.3

「元禄越後国郷帳」の資料収集時期の検討―とりわけ頸城・刈羽・魚沼・古志・三島五郡の場合(青木不二夫)「越佐研究」 新潟県人文研究会 67 2010.5

越後の川舟(赤羽正春)「基層文化」 基層文化研究会 (1) 2010.6

佐渡と越後の風の三郎の由来について(研究発表)(田上善大)「日本佐渡学」 日本佐渡学会 (12) 2010.12

高井地方の中世史(5) 高梨氏の戦国大名化と信越国境(井原今朝男)「須高」 須高郷土史研究会 (72) 2011.4

出羽庄内は「上杉領」なり―中世の越後と庄内をめぐる交流と地域感覚(大会特集I 出羽庄内の風土と歴史像―その一体性と多様性)(長谷川伸)「地方史研究」 地方史研究協議会 61(4)通号352 2011.8

古代の庄内と越後(大会特集II 出羽庄内の風土と歴史像―その一体性と多様性)(相沢央)「地方史研究」 地方史研究協議会 61(5)通号353 2011.10

私蔵史料公開に先立ち 中越大地震による出遅れを取り戻しつつ 連載―ふるさとの知られざる歴史と文化の史料紹介メモ「小千谷&越後あーかいぶす」(1)、(2)(小野坂庄一)「小千谷文化」 小千谷市総合文化協会『小千谷文化』編集委員会 (208)/(209) 2012.7/2012.12

越後・越中の港町と置米仕法(第34回北陸都市史学会金沢大会 発表要旨)(勝山敏一)「北陸都市史学会誌」 北陸都市史学会事務局 (18) 2012.8

文化三寅年「越後巡見記」の絵図を見る(新田善次郎)「糸魚川郷土研究」 糸魚川郷土研究会 (5) 2012.9

江戸時代の旅と越後の名所(「旅・観光・歴史遺産」共同課題報告)(渡部浩二)「歴史地理学」 歴史地理学会, 古今書院(発売) 55(1)通号263 2013.1

越後の城郭―慶長3年から明治まで(横山勝栄)「鑑賞」 新潟文化観賞会 (34) 2013.2

15世紀後半の上越国境領主―藪神・利根両発智氏の事例から(森田真一)「武尊通信」 群馬歴史民俗研究会 (133) 2013.3

連載「郷土の近代」ふるさとの知られざる歴史と文化の史料紹介「小千谷&越後あーかいぶす」(3)(中越大地震(2004―H16・10・23)を乗り越えて…)(小野坂庄一)「小千谷文化」 小千谷市総合文化協会『小千谷文化』編集委員会 (210・211) 2013.3

連載「本協会所有史料」ふるさとの知られざる歴史と文化の史料紹介「小千谷&越後あーかいぶす」(4)(中越大地震(2004―H16・10・23)を乗り越えて…)(小野坂庄一)「小千谷文化」 小千谷市総合文化協会『小千谷文化』編集委員会 (210・211) 2013.3

郷土史料は世界の遺産(平成16・10・23/2004)を乗り越えて… 小千谷&越後あーかいぶす(小野坂文庫を中心に!)(5)表紙説明「新撰大日本永代節用無盡蔵」/(6)文化2年(1805)「小千谷取調一件」/(7)近代国家の黎明期史料 城川村 三佛生 千田村/(8)県立歴史博物館 第10回マイコレクションワールド展出展参加/(9)小千谷市史編さん史料 小千谷総合文化協会所有の文書について 小千谷市史編さん事業発足へ礎となった宝物(小野坂庄一)「小千谷文化」 小千谷市総合文化協会『小千谷文化』編集委員会 (212) 2013.7

地元の古文書に伝わる「小栗騒動」岩永・塚越奥次郎家「永代記録帳」より(戸塚祐子)「たつなみ : 顕彰会機関誌」 小栗上野介顕彰会 (38) 2013.8

越後の陣屋と台場(花ヶ前盛明)「頸城文化」 上越郷土研究会 (61) 2013.9

郷土史料は世界の遺産 小千谷&越後あーかいぶす(小野坂文庫を中心に!)(10)表紙説明 九番『福印小紋帳』宮様御用達―越後上布&縮/(11)第50回伊夜神宮「正遷宮」祝賀は小千谷でも/(12)戊辰戦争―未公開史料『福島の戊辰の歴史を見直す』/(13)『ふるさと・山谷のあゆみ 著者・今井一夫』を読んで(小野坂庄一)「小千谷文化」 小千谷市総合文化協会『小千谷文化』編集委員会 (213) 2013.11

記念講演 平安越後古図の成立―近代における郷土への関心の高まりと古図（堀健彦）「越佐の地名」 越後・佐渡の地名を語る会 （14） 2014.3

郷土史料は世界の遺産 小千谷&越後あーかいぶす（小野坂文庫を中心に！）（14）新史料発見！ 小千谷舟改番所―三国街道 女手形―目的不明を大量に発見/（15）300年前の平和に貢献―魅力を伝える三国街道の知られざる〈新史料紹介〉/（16）（1）越後・小千谷の失われた粋な職人業・後染、（2）世界の画家・デザイナーが認めた katagami 先染めも後染めも粋の業―極微塵、中微塵も承ります。天璋院・篤姫様の御召に―小千谷？ 鳴越後縮（小野庄一）「小千谷文化」 小千谷市総合文化協会『小千谷文化』編集委員会 （214・215） 2014.3

越後の郷土料理「のっぺい」「こくしょう」について（本山幸一）「柏崎・刈羽」 柏崎刈羽郷土史研究会 （41） 2014.4

越後各地の名家先祖「巻物様」考 第1章 三条市上戸地区 渡辺家の巻物（高橋実）「柏崎・刈羽」 柏崎刈羽郷土史研究会 （41） 2014.4

郷土史料は世界の遺産 小千谷&越後あーかいぶす（小野坂文庫を中心に！）（17）紹介―戊辰目撃者の秘話等が綴られる和綴本『思いで乃記』（写）/（18）県立博物館友の会主催 第11回コレクションワールドに参加して 新たな視点で魂を入れる挑戦 越後縮・小千谷ちぢみインスパイアをかけあうくらしの用具、農耕具/（19）江戸時代の「木版に墨書」された立て看板も世界～日本の至宝 郷土の宝物〈街道史料の紹介〉/（20）「ふるさと・山谷のあゆみ」（今井一夫著）を読んで（2）（小野坂庄一）「小千谷文化」 小千谷市総合文化協会『小千谷文化』編集委員会 （216） 2014.7

越後上杉氏と利根・沼田地域―『加沢記』から考える（研究）（久保田順一）「群馬文化」 群馬県地域文化研究協議会 （320） 2014.10

郷土史料は世界の遺産 小千谷&越後あーかいぶす（小野坂文庫を中心に！）真人（まっと）村農民の暮らしの古文書 伝えたい、残したい地域の歴史と文化/（22）100年前の国民が熱狂的に「エドワード8世 皇太子」を迎えて他/（23）90年前の「仮想行列に見る町の勢い」浦島太郎/（24）ふるさとを見直す郷土史観の活動「まなざしの共有」を世界へ 経済学者が「農村は豊かな人間性の貯水池」を語る世界の「知の巨人」この世の「天子」田舎まち 小千谷に現れる/（25）農民や町人などの庶民の訴えが取り上げられる 箱訴―八代将軍が徳川吉宗設置した目安箱へ（小野坂庄一）「小千谷文化」 小千谷市総合文化協会『小千谷文化』編集委員会 （217） 2014.12

連載コラム 郷土史の視界（6）海外とつながる越後（小林一郎）「長野」 長野郷土史研究会 （298） 2014.12

越後国府
特集 越後国府・越後守護所・春日山城・福島城・高田城へ至る道 「高田開府400年」の意味 その1、その2（小島幸雄）「直江の津」 直江津経済文化研究会 9（1）通号33/10（1）通号34 2013.12/2014.7

特集 越後国府・越後守護所・春日山城・福島城・高田城へ至る道 「高田開府400年」の意味 その3 高田城は危機管理の城（小島幸雄）「直江の津」 直江津経済文化研究会 10（2）通号35 2014.12

越後路
松尾芭蕉「おくの細道」越後路「内水路」の検証―築地から新潟浜への航程（板倉功）「おくやまのしょう : 奥山荘郷土研究会誌」 奥山荘郷土研究会 （25） 2000.3

再び「おくの細道」越後路について（板倉功）「新発田郷土誌」 新発田郷土研究会 29 2001.3

おくの細道芭蕉「越後路」の再々考（板倉功）「おくやまのしょう : 奥山荘郷土研究会誌」 奥山荘郷土研究会 （30） 2005.3

芭蕉「おくの細道」「越後路」の謎―「陸行」か、「海行」か、「水行」か（板倉功）「郷土新潟」 新潟郷土史研究会 （47） 2007.3

越後守護所
特集 越後国府・越後守護所・春日山城・福島城・高田城へ至る道 「高田開府400年」の意味 その1、その2（小島幸雄）「直江の津」 直江津経済文化研究会 9（1）通号33/10（1）通号34 2013.12/2014.7

特集 越後国府・越後守護所・春日山城・福島城・高田城へ至る道 「高田開府400年」の意味 その3 高田城は危機管理の城（小島幸雄）「直江の津」 直江津経済文化研究会 10（2）通号35 2014.12

越後城
シンポジウム「越後城下町の歴史と地名」（近況報告）（長谷川勲）「日本地名研究所通信」 日本地名研究所 （63） 2006.12

岩船舶、後の越後城は、加治川水系か胎内川水系にあり（木村恬文）「新発田郷土誌」 新発田郷土研究会 （36） 2008.3

越後線
昭和17年の越後線（五十嵐寛）「内野の今昔」 内野の今昔を語る会 （21） 2003.9

越後線開通100年 越後鉄道和納停車場（西蒲区）大正元年（1912）ごろ/「和納駅発車時刻」「わなふ今昔」 楽斎と和納を知る会 （15） 2012.2

越後高田
会津藩士の越後高田における謹慎生活《特集 戊辰戦争140年》―各地の戊辰戦争（村山和夫）「会津人群像」 歴史春秋出版 （12） 2008.10

越後道
越後道・糸魚川街道と千国街道（小林茂喜）「信濃［第3次］」 信濃史学会 64（8）通号751 2012.8

七浦海岸
巻郷土資料館蔵「浅野赤城画 越後七浦海岸絵図」について 小考（小林新三）「まきの木」 巻郷土資料館友の会 （87） 2007.10

越後国
近世・漁場請負制の展開と広がり―越後国北部を事例として（高橋美貴）「歴史」 東北史学会 101 2003.9

中世前期越後国における流通と交通をめぐって（菅一典）「弘前大学国史研究」 弘前大学国史研究会 （116） 2004.3

古代越後国と愛発関（舘野和己）「福井県文書館研究紀要」 福井県文書館 （3） 2006.3

越後国の成立と蝦夷政策（相沢央）「新潟史学」 新潟史学会 （58） 2007.10

近世後期の信濃国・越後国における豪農の広域金融活動（上），（下）―更級郡今里村更級家を事例に（福澤徹三）「信濃［第3次］」 信濃史学会 62（11）通号730/63（2）通号733 2010.11/2011.2

越後国の中世荘園と青海荘―立地と荘号に関する覚書（桑原正史）「加茂郷土誌」 加茂郷土調査研究会 （33） 2011.4

「吾妻鏡」に見る高麗国と越後国―高麗船漂着に見る国家間関係と中世越後国の沿岸部（40周年記念号）（小林健彦）「柏崎・刈羽」 柏崎刈羽郷土史研究会 （40） 2013.4

貞観五年越中・越後国大地震と諸様相―祥瑞と災異との間で（平成二十五年度 特別研究発表会要旨）（木本秀樹）「富山史壇」 越中史壇会 （173） 2014.2

越後平野
越後平野と川（関川義蔵）「越佐の地名」 越後・佐渡の地名を語る会 （9） 2009.7

先人の越後平野での水との闘いに感謝する（特集 私の思い出）（小山正春）「郷土新潟」 新潟郷土史研究会 （50） 2010.3

「場・潟・津」に共通する越後平野と濃尾平野（地名研究1）（大谷一男）「越佐の地名」 越後・佐渡の地名を語る会 （14） 2014.3

越後村
「越後村名尽」について（真水淳）「越佐研究」 新潟県人文研究会 65 2008.5

越後油田
越後油田に関連する地名（長谷川健一）「越佐の地名」 越後・佐渡の地名を語る会 （2） 2002.3

越佐
新田開発が行われた大地のようす（徳永忠正）「越佐の地名」 越後・佐渡の地名を語る会 （3） 2003.3

代官道 踏破（大倉泰次）「越佐の地名」 越後・佐渡の地名を語る会 （5） 2005.3

〈特集 ふるさとの山〉「越佐の地名」 越後・佐渡の地名を語る会 （5） 2005.3

山に係わる地名「つるね」（小野塚繁）「越佐の地名」 越後・佐渡の地名を語る会 （5） 2005.3

イヌドウナと地名（田村孝雄）「越佐の地名」 越後・佐渡の地名を語る会 （6） 2006.3

芭蕉・南谿も越えた県北の峠（〈峠と峠の道〉）（長谷川勲）「越佐の地名」 越後・佐渡の地名を語る会 （6） 2006.3

古層日本語とアイヌ語地名（長谷川勲）「越佐の地名」 越後・佐渡の地名を語る会 （7） 2007.3

二重呼称の地名―古語と方言のなせる業（石田哲彌）「越佐の地名」 越後・佐渡の地名を語る会 （8） 2008.3

アイヌ語系地名 ヒラ・ホキ・イカ（〈アイヌ語地名とその考察〉）（長谷川勲）「越佐の地名」 越後・佐渡の地名を語る会 （8） 2008.3

中世の城下を示す地名（鳴海忠夫）「越佐の地名」 越後・佐渡の地名を語る会 （9） 2009.7

「論」付き地名は暴れ川の名残り（高橋信一）「越佐の地名」 越後・佐渡の地名を語る会 （9） 2009.7

特別寄稿 東都道中分間絵図 巻之上（解読）（特集 消えた集落・移転した集落）（渡邉昭二）「越佐の地名」 越後・佐渡の地名を語る会 （10） 2010.3

特集2「海峡を越えて―佐渡と新潟―」（帆苅成林 : 新潟市歴史博物館博物館ニュース」 新潟市歴史博物館 （20） 2010.7

特別寄稿 東都道中分間絵図 巻之中・下（解読）（渡邉昭二）「越佐の地名」 越後・佐渡の地名を語る会 （11） 2011.3

「ま」地名の考察（地名研究1）（丸山昇）「越佐の地名」 越後・佐渡の地名を語る会 （12） 2012.3

地名紀行 滝と瀬の考察―「セン」という滝・「セン」という瀬を訪ねて（長谷川勲）「越佐の地名」 越後・佐渡の地名を語る会 （12） 2012.3

北陸甲信越 地名でたどる郷土の歴史 新潟県

植物地名と語源（特集 植物と地名）（廣田康也）「越佐の地名」 越後・佐渡の地名を語る会 （12）2012.3

柳のつく地名と虚空蔵様（特集 植物と地名）（幸田昭）「越佐の地名」 越後・佐渡の地名を語る会 （12）2012.3

県内「水力発電所名」の考察（地名研究2）（小金井弘一）「越佐の地名」 越後・佐渡の地名を語る会 （12）2012.3

王治本 越佐の旅 およびその間の詩文交流—明治16，7年を中心として（柴田清継）「新潟県文人研究」 越佐文人研究会 （15）2012.11

"ふる里ことば"と地名—方言で地名は解けるか（1）（地名研究1）（長谷川勲）「越佐の地名」 越後・佐渡の地名を語る会 （13）2013.3

地名の変遷について（地名研究2）（幸田昭）「越佐の地名」 越後・佐渡の地名を語る会 （13）2013.3

唐のつく地名（地名研究2）（廣田康也）「越佐の地名」 越後・佐渡の地名を語る会 （13）2013.3

「寺」のつく地名（地名研究2）（広瀬秀）「越佐の地名」 越後・佐渡の地名を語る会 （13）2013.3

流星伝説の地名を歩く（地名研究2）（土井清史）「越佐の地名」 越後・佐渡の地名を語る会 （13）2013.3

"ふる里ことば"と地名—方言で地名は解けるか（2）（地名研究2）（長谷川勲）「越佐の地名」 越後・佐渡の地名を語る会 （13）2013.3

第6回越佐地方史談話会の報告（斎藤寿一郎）「鑑賞」 新潟文化観賞会 （35）2014.2

地名は旅する（地名研究1）（神田勝郎）「越佐の地名」 越後・佐渡の地名を語る会 （14）2014.3

ニュースになった地名たち'13（地名研究2）（土井清史）「越佐の地名」 越後・佐渡の地名を語る会 （14）2014.3

北方文化博物館所蔵『越佐史料稿本』（天正十二年七月～十三年十二月）および『越佐史料』編纂関連資料（資料紹介）（高橋一樹，田中聡，広井造，福原圭一，鴨川達夫，村井祐樹，田中洋史，前嶋敏）「新潟県立歴史博物館研究紀要」 新潟県立歴史博物館 （15）2014.3

王治本 越佐の旅 およびその間の詩文交流—追補（柴田清継）「新潟県文人研究」 越佐文人研究会 （17）2014.11

榎峠

榎峠崩落（大野富衛）「越佐の地名」 越後・佐渡の地名を語る会 （5）2005.3

海老江

海老江の陣屋小路（小川清治）「おくやまのしょう ： 奥山荘郷土研究会誌」 奥山荘郷土研究会 （25）2000.3

夷

夷という地名（地名研究1）（高橋敏路）「越佐の地名」 越後・佐渡の地名を語る会 （13）2013.3

煙硝田

花火田（佐渡市）と煙硝田（糸魚川市）について（長谷川健一）「越佐の地名」 越後・佐渡の地名を語る会 （6）2006.3

遠藤堰

「遠藤堰」と新田開発の進展（長谷川昭平）「阿賀路 ： 東蒲原郡郷土誌」 阿賀路の会 48 2010.5

笈ヶ島

笈ヶ島の三ッ石と笈掛石について（西海土寿郎）「郷土史燕」 燕市教育委員会 （1）2008.3

王番田

二人の回想録に見る玉番田争議について（50周年記念特集）（小片荘平）「長岡郷土史」 長岡郷土史研究会 通号47 2010.5

再考・王番田小作争議とその背景（小片荘平）「長岡郷土史」 長岡郷土史研究会 （50）2013.5

青海庄

青海庄を明記した天保13年発行越後国細見図（古川信三）「加茂郷土誌」 加茂郷土調査研究会 （25）2003.2

青海庄と加茂ホウ（桑原正史）「かも市史だより」 ［加茂市教育委員会］市史編さん室 （20）2009.10

青海荘

越後国の中世荘園と青海荘—立地と荘号に関する覚書（桑原正史）「加茂郷土誌」 加茂郷土調査研究会 （33）2011.4

大秋山村

飢饉で絶えた大秋山村跡を訪ねて（巡見報告）（木戸貞男）「長岡郷土史」 長岡郷土史研究会 通号44 2007.5

大倉峠

郡内峠紀行 十二 大倉峠（杉崎純一）「阿賀路 ： 東蒲原郡郷土誌」 阿賀路の会 52 2014.5

大河津分水

明治3年着工までの大河津分水掘割運動の概略（松永克男）「町史研究分水」 分水町教育委員会 （4）2004.3

明治5年 大河津分水騒動覚書（松永克男）「町史研究分水」 分水町教育委員会 （6）2006.3

越後の生活文化と信濃川—大河津分水（新潟県燕市）（《特集 千曲川・天竜川—暮らしの中を流れる川》）「地域文化」 八十二文化財団 （88）2009.4

大沢

大沢の鍾乳洞（佐藤スミエ）「郷土たがみ」 田上町郷土研究会 （24）2013.6

大島村

消えた大島村と古峰ヶ原（幸田昭）「郷土史燕」 燕市教育委員会 （2）2009.3

太田

長岡市太田地区を紀行する（広井忠男）「長岡郷土史」 長岡郷土史研究会 （48）2011.5

太田村

吉田町の割元・庄屋物語（12）—太田村庄屋の場合（亀井功）「越後吉田町毛野賀多里」 吉田町教育委員会 12 2002.10

大通川

「大通川」覚え書（1），（2）（濱田達郎，濱田敏子）「越後吉田町毛野賀多里」 吉田町教育委員会 （15）/（16）2006.3/2007.3

大曲

江戸期の無作法は現代の非常識と関連ありや？—「諸事覚書」（大曲・佐藤家文書）を読む（田子了祐）「燕郷土史考」 燕市教育委員会 35 2002.3

江戸期の不作法は現代の非常識と関連ありや？（2）—「諸事覚書」（大曲・佐藤家文書）（田子了祐）「燕郷土史考」 燕市教育委員会 36 2003.3

大巻

南魚沼市域に見る郷土史研究のあゆみ—五十沢・城内・大巻地区（特集 南魚沼市域の郷土史）（本山幸一）「みなみうおぬま ： 郷土史編さん誌」 南魚沼市教育委員会 （10）2013.3

大峰峠

大峰峠（吉田悟）「須高」 須高郷土史研究会 （75）2012.10

大面

三条の地名由来って何？ 井栗の杜の藤の花 五十嵐地名考 大面のオオモと読めますか？ 後はサンジョッパライ（杉野真司）「越佐の地名」 越後・佐渡の地名を語る会 （9）2009.7

大面「報徳中学校」—戦中・戦後の報徳主義（中山之隆）「郷土たがみ」 田上町郷土研究会 （21）2010.6

大面小学校

三条歴史探訪3 大面小学校校庭にある「二宮金次郎の銅像」と「謎の石像」（鈴木英一）「三条歴史研究」 三条歴史研究会 （13）2014.5

大谷地城

山古志地域の二つの山城について—大谷地城跡と小松倉城跡の概要（鳴海忠夫）「長岡郷土史」 長岡郷土史研究会 （51）2014.5

岡沢

阿賀町岡沢から見た会津三方道路（齋藤正美）「阿賀路 ： 東蒲原郡郷土誌」 阿賀路の会 52 2014.5

小川庄

小川庄の歴史と文化—越後と会津の狭間で（長谷川武雄）「郷土村松」 村松郷土史研究会 （59）2002.4

小川庄と金山谷の若干の関係（杉崎巌）「阿賀路 ： 東蒲原郡郷土誌」 阿賀路の会 41 2003.5

史料紹介 慶応四年（明治元年）～明治二年の覚書から 小川庄、戊辰戦争余話（宮川倬）「阿賀路 ： 東蒲原郡郷土誌」 阿賀路の会 41 2003.5

異聞 小川庄上条組の酒造り事情（長谷川昭平）「阿賀路 ： 東蒲原郡郷土誌」 阿賀路の会 41 2004.5

北越戊辰戦争と小川庄上条組（戊辰戦争140周年特集）（長谷川昭平）「阿賀路 ： 東蒲原郡郷土誌」 阿賀路の会 46 2008.5

江戸時代小川庄に設置された番所跡を訪ねる（阿部明夫）「阿賀路 ： 東蒲原郡郷土誌」 阿賀路の会 48 2010.5

小川荘

小川荘の堰と堤と新田開発（杉崎巌）「阿賀路 ： 東蒲原郡郷土誌」 阿賀路の会 38 2000.5

小木

小木から始める佐渡の旅 小木航路 旅情編（関原剛）「直江の津」 直江津経済文化研究会 8（1）通号29 2008.3

資料 遊里小木「佐渡郷土文化」 佐渡郷土文化の会 （127）2011.10

小木の女たち（山本修巳）「佐渡郷土文化」 佐渡郷土文化の会 （127）2011.10

沖見峠

沖見峠の事について（伊藤幹益）「柏崎・刈羽」 柏崎刈羽郷土史研究会
（35）2008.4

沖村

沖村の起源について（片桐長松）「五頭郷土文化」 五頭郷土文化研究会
50 2003.7

奥只見湖

奥只見湖底に眠る仙境銀山平回想記（昭和10年）（小杉達太郎）「小千谷
文化」 小千谷市総合文化協会『小千谷文化』編集委員会 （173）
2003.11

奥三面

記憶をたどって―奥三面をたずねたこと（岩村規子）「おくやまのしょう
：奥山荘郷土研究会誌」 奥山荘郷土研究会 （26）2001.3

奥山

苦闘の日々を偲ぶ開墾碑を訪ねて（瑜伽徹生）「おくやまのしょう：奥
山荘郷土研究会誌」 奥山荘郷土研究会 （30）2005.3

郷土寸描 漢字地名の変遷（片野徳蔵）「おくやまのしょう：奥山荘郷土
研究会誌」 奥山荘郷土研究会 （35）2010.3

「郷土の碑」をたずねて（片野徳蔵）「おくやまのしょう：奥山荘郷土研
究会誌」 奥山荘郷土研究会 （35）2010.3

明治の史跡・祖父母・父母が歩いた道（高橋太一郎）「おくやまのしょう
：奥山荘郷土研究会誌」 奥山荘郷土研究会 （36）2011.3

探訪「隠し田」（伊藤久司）「おくやまのしょう：奥山荘郷土研究会誌」
奥山荘郷土研究会 （37）2012.3

奥山荘

日本美術史臨地講座で「奥山荘」を学ぶ（丹後千賀子）「おくやまのしょ
う：奥山荘郷土研究会誌」 奥山荘郷土研究会 （26）2001.3

越後国奥山荘の方形居館とその周辺（〈第25回全国城郭研究者セミナーの
報告〉）（水澤幸一）「中世城郭研究」 中世城郭研究会 （23）2009.7

幻の観音堡城―南北朝動乱期の奥山荘（品川睦）「おくやまのしょう：
奥山荘郷土研究会誌」 奥山荘郷土研究会 （39）2014.3

奥要害

蔵王城前要害と奥要害に関する考察（木村尚志）「おくやまのしょう：
奥山荘郷土研究会誌」 奥山荘郷土研究会 （25）2000.3

小倉

小倉の棚田開発（山本修巳）「佐渡郷土文化」 佐渡郷土文化の会 （120）
2009.6

小栗山

小栗山の郷蔵（〈ふるさと通信〉）（本山幸一）「むいかまち：町史編さん
誌」 南魚沼市教育委員会 （4）2006.11

押上

明治末期に於ける押上の鯏漁（中村秋夫）「糸魚川郷土研究」 糸魚川郷土
研究会 （2）2006.5

押付

二枚の古地図からみた鎧潟湖口左岸の村々―開発の古い押付・天竺堂村
と矢島村古新田（本間則久）「鑑賞」 新潟文化観賞会 （34）2013.2

大島

朱鷺が舞う孤島大島（高橋英夫）「越佐の地名」 越後・佐渡の地名を語る
会 （9）2009.7

押廻

特別寄稿 一つの研究「押廻」考（山口均）「越佐の地名」 越後・佐渡の
地名を語る会 （9）2009.7

小千谷

津川町福取と小千谷市を結ぶ古碑（岡村浩）「阿賀路：東蒲原郡郷土誌」
阿賀路の会 41 2003.5

おっぢゃの町の機屋奉公でのくらしと体験（村山良男）「小千谷文化」 小
千谷市総合文化協会『小千谷文化』編集委員会 （177）2004.11

郷土の景観と人間のドラマ（広井忠男）「小千谷文化」 小千谷市総合文化
協会『小千谷文化』編集委員会 （178・179）2005.3

被災体験と「小千谷地震」予知の記憶（西澤睦郎）「新潟史学」 新潟史学
会 （53）2005.5

町内全員が4棟のトマトハウスで避難生活（中村吉一）「小千谷文化」 小
千谷市総合文化協会『小千谷文化』編集委員会 （180）2005.7

商工業者の復活なくして小千谷の復活はありえない（野沢清次）「小千谷
文化」 小千谷市総合文化協会『小千谷文化』編集委員会 （180）
2005.7

冬の雪いじりした頃がなつかしい（矢久保徳司）「小千谷文化」 小千谷市
総合文化協会『小千谷文化』編集委員会 （181）2005.11

変わりゆく町、人、そして心（木野本銈子）「小千谷文化」 小千谷市総合
文化協会『小千谷文化』編集委員会 （181）2005.11

小千谷の戊辰戦争史跡を歩く［1］（2）（広井忠男）「小千谷文化」 小千谷

市総合文化協会『小千谷文化』編集委員会 （184）/（185）2006.7/
2006.11

小千谷新県設置の果敢な運動（広井忠男）「柏崎・刈羽」 柏崎刈羽郷土史
研究会 （34）2007.4

柏崎・刈羽郡と小千谷を結んだ要衝「薬師峠」（広井忠男）「柏崎・刈羽」
柏崎刈羽郷土史研究会 （34）2007.4

お盆の大水（昭和42.8.21発行「第18号」より転載 大塚大和）「小千谷文
化」 小千谷市総合文化協会『小千谷文化』編集委員会 （193）2008.
11

史談「私の市上水道始め物語」（折田龍太郎）「小千谷文化」 小千谷市総
合文化協会『小千谷文化』編集委員会 （196）2009.7

山あり河あり、県下一（伊佐郁子）「小千谷文化」 小千谷市総合文化協会
『小千谷文化』編集委員会 （197）2009.11

編集子特別企画 雪国おぢやの降雪記録と人々のくらし「小千谷文化」 小
千谷市総合文化協会『小千谷文化』編集委員会 （198・199）2010.3

編集子特別企画 語り継がれる豪雪（木野本銈子）「小千谷文化」 小千
谷市総合文化協会『小千谷文化』編集委員会 （198・199）2010.3

変わりゆく農村（200号記念特別寄稿）（小島益一郎）「小千谷文化」 小
千谷市総合文化協会『小千谷文化』編集委員会 （200）2010.7

特別企画 郷土の歴史文化の一視点 世界につながる着物地に命ふたたび
―洋服仕立てで伝える文化的風土の勤め（小野坂庄一）「小千谷文化」
小千谷市総合文化協会『小千谷文化』編集委員会 （201）2010.11

変わりゆく農村（2）（200号（記念号）関連記事）（小島益一郎）「小千谷文
化」 小千谷市総合文化協会『小千谷文化』編集委員会 （201）2010.
11

「小千谷の歴史街道」（広井忠男）「小千谷文化」 小千谷市総合文化協会
『小千谷文化』編集委員会 （204）2011.7

ふるさとの歴史、民俗、風光、山歩き「小千谷の二十名山」（広井忠男）
「小千谷文化」 小千谷市総合文化協会『小千谷文化』編集委員会
（206・207）2012.3

私蔵史料公開に先立ち 中越大地震による出遅れを取り戻しつつ 連載―
ふるさとの知られざる歴史と文化の史料紹介メモ「小千谷＆越後あー
かいぶす」（1），（2）（小野坂庄一）「小千谷文化」 小千谷市総合文化
会『小千谷文化』編集委員会 （208）/（209）2012.7/2012.12

連載「郷土の近代」ふるさとの知られざる歴史と文化の史料紹介「小千
谷＆越後あーかいぶす」（3）（中越大地震（2004―H16・10・23）を乗
り越えて…）（小野坂庄一）「小千谷文化」 小千谷市総合文化協会『小
千谷文化』編集委員会 （210・211）2013.3

連載「本協会所有史料」ふるさとの知られざる歴史と文化の史料紹介
「小千谷＆越後あーかいぶす」（4）（中越大地震（2004―H16・10・23）
を乗り越えて…）（小野坂庄一）「小千谷文化」 小千谷市総合文化協会
『小千谷文化』編集委員会 （210・211）2013.3

郷土史料は世界の遺産 中越大地震（平成16・10・23/2004）を乗り越え
て…小千谷＆越後あーかいぶす（小野坂文庫を中心に！）（5）表紙説
明「新撰大日本永代節用無盡蔵」/（6）文化2年（1805）「小千谷取調一
件」/（7）近代国家の黎明期史料 城川村 三佛生 千田村/（8）県立歴史
博物館 第10回マイコレクションワールド展出展参加/（9）小千谷市史
編さん史料 小千谷市総合文化協会所有の文書について 小千谷市史編さ
ん事業発足への礎となった宝物（小野坂庄一）「小千谷文化」 小千谷
市総合文化協会『小千谷文化』編集委員会 （212）2013.7

郷土史料は世界の遺産 小千谷＆越後あーかいぶす（小野坂文庫を中心
に！）（10）表紙説明 九番『福印小紋帳』宮様御用達―越後上布＆縮/
（11）第50回伊勢神宮「正遷宮」祝賀は小千谷でも/（12）戊辰戦争―
未公開史料「小千谷＆越後の戊辰の歴史を見直す！」/（13）『ふるさと・
山谷のあゆみ 著者・今井一夫』を読んで（小野坂庄一）「小千谷文化」
小千谷市総合文化協会『小千谷文化』編集委員会 （213）2013.11

郷土史料は世界の遺産 小千谷＆越後あーかいぶす（小野坂文庫を中心
に！）（14）新史料発見！小千谷舟改番所―三国街道 女手形一件が不
明を大量に発見/（15）300年前の平和に貢献―魅力を伝える三国街道
の知られざる〈新史料紹介〉/（16）（1）越後・小千谷の失われた粋な職
人業・後染、（2）世界の画家・デザイナーが認めた katagami 先染め
も後染めも粋の業―極微塵、中微塵も承ります。天璋院・篤姫様の御
召に―小千谷？ 嶋越後縮（小野坂庄一）「小千谷文化」 小千谷市総合
文化協会『小千谷文化』編集委員会 （214・215）2014.3

郷土史料は世界の遺産 小千谷＆越後あーかいぶす（小野坂文庫を中心
に！）（17）紹介―戊辰目撃者の秘話等が綴られる和綴本『思いで乃
記』（写）/（18）県立博物館友の会主催 第11回コレクションワールドに
参加して 新たな視点で魂を入れる挑戦 越後縮・小千谷ちぢみインス
パイアをかけあうくらしの用具、農耕具/（19）江戸時代の「木版に墨
書」された立て看板も世界～日本の至宝 郷土の宝物〈街道史料の紹
介〉/（20）『ふるさと・山谷のあゆみ』（今井一夫著）を読んで（2）（小
野坂庄一）「小千谷文化」 小千谷市総合文化協会『小千谷文化』編集
委員会 （216）2014.7

史談「近世小千谷の画人点描と徒然に思いなす事柄」（折田龍太郎）「小
千谷文化」 小千谷市総合文化協会『小千谷文化』編集委員会 （216）
2014.7

小千谷の桜名所八景（広井忠男）「小千谷文化」 小千谷市総合文化協会
『小千谷文化』編集委員会 （216）2014.7
郷土史料は世界の遺産 小千谷&越後あーかいぶす（小野坂文庫を中心
に！）まなざしの共有を世界へ（21）真人（まっと）村農民の暮らしの
古文書 伝えたい、残したい地域の歴史と文化／（22）100年前の国民が
熱狂的に「エドワード8世 皇太子」を迎えて他／（23）90年前の「仮想
行列に見る町の勢い」浦島太郎／（24）ふるさとを見直す郷土史観の活
動「まなざしの共有」を世界へ 経済学者が「農村は豊かな人間性の貯
水池」を語る世界の「知の巨人」この世の「天子」田舎まち 小千谷
に現れる／（25）農民や町人などの庶民の訴えが取り上げられる 箱訴
一八代将軍が徳川吉宗設置した目安箱へ（小野坂庄一）「小千谷文化」
小千谷市総合文化協会 『小千谷文化』編集委員会 （217）2014.12
小千谷出身の多くの兵士の戦場（1）『ミャンマー（ビルマ）紀行』（広井
忠男）「小千谷文化」 小千谷市総合文化協会『小千谷文化』編集委員
会 （217）2014.12

小千谷市
郷土に生きて（8）東京オリンピック時代の山村のくらし（広井忠男）「小
千谷文化」 小千谷市総合文化協会『小千谷文化』編集委員会 （177）
2004.11
被災報告 中之島町・長岡市／十日町市・小千谷市「新史料協だより」 新
潟県歴史資料保存活用連絡協議会 （10）2005.3

小千谷小学校
私の「小千谷小学校物語」（折田龍太郎）「小千谷文化」 小千谷市総合文
化協会『小千谷文化』編集委員会 （188）2007.7

お城山
お城山のうた―文芸作品に見るお城山（荒井清志）「お城山だより」 村上
城跡保存会 （40）2008.12

御館
御館の乱（池田千紘）「研究集録」 栃木県立高等学校文化連盟社会部会
（30）2009.3

鬼倉山
鬼倉山のこと（堀鐵三郎）「邑知」 大内文化財保護協会 （38）2013.6

御前ヶ遊
阿賀町の地名―綱木・御前ヶ遊（長谷川勲）「阿賀路 ： 東蒲原郡郷土誌」
阿賀路の会 49 2011.5

親不知子不知
北陸路・親不知子不知に佇みて（文化をつづる）（天竹薫信）「あしたづ：
河内の郷土文化サークルセンター特集誌」 河内の郷土文化サークル
センター （15）2013.2

貝喰川
資料紹介 貝喰川 喜怒哀楽（特集 続昭和の時代）（淡路久雄）「見附郷土
誌」 見附の歴史研究会 （20）2012.4

下越
文化11年下越地方の百姓一揆（野口政昭）「郷土村松」 村松郷土史研究
会 （62）2005.3

柿川
「一九四五・長岡戦災消失図」制作中の思い出（9）柿川のこと（桜井修）
「長岡郷土史」 長岡郷土史研究会 通号44 2007.5
「一九四五・長岡戦災消失図」制作中の思い出（10）柿川流域のこと（桜
井修）「長岡郷土史」 長岡郷土史研究会 通号45 2008.5
地域探訪「柿川の歴史めぐり」（巡見報告）（田中洋史）「長岡郷土史」 長
岡郷土史研究会 （49）2012.5

柿崎
『越後国郡絵図』「頸城郡絵図」における柿崎領（市村清貴）「新潟県立歴
史博物館研究紀要」 新潟県立歴史博物館 （5）2004.3
幕末藩柿崎地域の海岸防備（花ヶ崎薫）「頸城文化」 上越郷土史研究会
（54）2006.10

角田浜村
五ヶ浜村・角田浜村の発展の視点（飯田素州）「まきの木」 巻郷土資料館
友の会 （88）2008.4

角海浜
角海浜と称名寺の発祥の地を訪ねる旅（田中絢）「まきの木」 巻郷土資料
館友の会 （81）2004.10

欠之上小学校
欠之上小学校の歴史（〈思い出のわが母校〉）（野澤俊雄）「むいかまち：
町史編さん誌」 南魚沼市教育委員会 （3）2005.10

加治川
岩船柵、後の越後城は、加治川水系か胎内川水系にあり（木村恬文）「新
発田郷土誌」 新発田郷土研究会 （36）2008.3

柏崎
研修会「一揆勢柏崎へ」―明治5年俤輔騒動について[1]～（完）（小林
忠博）「刈羽村文化」 刈羽村郷土史研究会 71／（74）2002.3/2003.3
昭和53年の柏崎水害（村田徳雄）「柏崎・刈羽」 柏崎刈羽郷土史研究会
（30）2003.4
海の柏崎（前川政三郎）「柏崎・刈羽」 柏崎刈羽郷土史研究会 （30）
2003.4
柏崎日記からみた近世の料理（戸根与八郎）「越佐研究」 新潟県人文学
会 60 2003.9
渡邊勝之助「柏崎日記」の内 善光寺大地震について（抜き書き）（飯島
昇）「ちょうま」 更埴郷土を知る会 （24）2004.1
柏崎と桑名を考える（新沢佳太）「柏崎・刈羽」 柏崎刈羽郷土史研究会
（31）2004.4
柏崎への思い（広井忠男）「柏崎・刈羽」 柏崎刈羽郷土史研究会 （32）
2005.4
柏崎・刈羽郡と小千谷を結んだ要衝「薬師峠」（広井忠男）「柏崎・刈羽」
柏崎刈羽郷土史研究会 （34）2007.4
講義と巡見で学ぶ「柏崎の北前船と交易」（広川光子）「刈羽村文化」 刈
羽村郷土史研究会 （89）2008.3
柏崎ゆかりの横浜貿易商（横村真司）「柏崎・刈羽」 柏崎刈羽郷土史研究
会 （35）2008.4
北前船の交易 江差の繁栄と柏崎四港（桑山省吾）「柏崎・刈羽」 柏崎刈
羽郷土史研究会 （35）2008.4
変化する浮子、しない浮子―柏崎地域の素潜り漁の事例から（池田孝博）
「柏崎市立博物館館報」 柏崎市立博物館 （23）2009.3
私の昭和点描（3）―新制中学校、柏崎二中、ほか（今井和幸）「柏崎・刈
羽」 柏崎刈羽郷土史研究会 （37）2010.4
柏崎縮布 こぼれ話（村山佐）「柏崎・刈羽」 柏崎刈羽郷土史研究会
（37）2010.4
道中記のなかの「幕末柏崎」―岩手県立図書館所蔵『慶応三年道中記』
の紹介（渡邉三四一）「柏崎市立博物館館報」 柏崎市立博物館 （25）
2011.3
高橋正道「柏崎遊学略記」（史料紹介）（高橋洋雄）「郷土史燕」 燕市教育
委員会 （4）2011.3
NHK大河ドラマ「天地人」の年 柏崎の山城を紀行する（広井忠男）「柏
崎・刈羽」 柏崎刈羽郷土史研究会 （38）2011.4
「奥の細道」の越後路の旅について―柏崎での出来事について（伊藤幹
益）「柏崎・刈羽」 柏崎刈羽郷土史研究会 （38）2011.4
我が町の歴史ついて（内山甫博）「柏崎・刈羽」 柏崎刈羽郷土史研究会
（39）2012.4
柏崎と魚沼を結ぶ二つの資料（大竹信雄）「魚沼文化」 魚沼文化の会
（67）2014.4
柏崎青年団沿革概要（岩下正雄）「柏崎・刈羽」 柏崎刈羽郷土史研究会
（41）2014.4

柏崎刈羽
柏崎刈羽の峠と峠道（〈峠と峠の道〉）（高杉志朗）「越佐の地名」 越後・
佐渡の地名を語る会 （6）2006.3
柏崎刈羽郷土史研究会設立33年の歩み（高橋義昭）「柏崎・刈羽」 柏崎
刈羽郷土史研究会 （33）2006.4
柏崎・刈羽の北国街道を往く（久我勇、高杉志朗）「越佐の地名」 越後・
佐渡の地名を語る会 （9）2009.7
柏崎刈羽の製鉄と弥彦山麓の銅生産地の地名・人名について（地名研究1）
（徳永忠正）「越佐の地名」 越後・佐渡の地名を語る会 （12）2012.3
柏崎、刈羽地域の災害史について考える―昔と今、そしてこれから（小
林健彦）「柏崎・刈羽」 柏崎刈羽郷土史研究会 （39）2012.4
柏崎刈羽・大地の生立ちと大地を耕した人々の歩み（徳永忠正）「越佐の
地名」 越後・佐渡の地名を語る会 （14）2014.3

柏崎宿
幕末期情報伝達の一様相―柏崎宿問屋と三余堂の若者の場合（本山幸
一）「柏崎・刈羽」 柏崎刈羽郷土史研究会 （32）2005.4

柏崎陣屋
敗者の戊辰戦争―桑名藩柏崎陣屋の人々（本山幸一）「柏崎・刈羽」 柏崎
刈羽郷土史研究会 （31）2004.4

春日崎
文化財散歩道「春日崎」の文化財「佐渡学センターだより」 佐渡学セン
ター （3）2011.1

春日町
吉田町・春日町のあゆみ（編集部）「越後吉田町毛野賀多里」 吉田町教育
委員会 （15）2006.3

春日山
府内と春日山を結ぶ直線「原道」と『四ツ屋の付城』（金子拓男）「越佐研
究」 新潟県人文学会 64 2007.5

新潟県 　　　　　　　　　　　地名でたどる郷土の歴史　　　　　　　　　　北陸甲信越

春日山城

『天地人』の旅を詠む―春日山城址から会津・米沢（第445回郷土巡礼記史蹟を尋ねて緑の旗は行く）（吉川進久）「伊那」 伊那史学会　57（12）通号979　2009.12

特集 越後国府・越後守護所・春日山城・福島城・高田城へ至る道 「高田開府400年」の意味 その1, その2（小島幸雄）「直江の津」 直江津経済文化研究会　9（1）通号33/10（1）通号34　2013.12/2014.7

特集 越後国府・越後守護所・春日山城・福島城・高田城へ至る道 「高田開府400年」の意味 その3 高田城は危機管理の城（小島幸雄）「直江の津」 直江津経済文化研究会　10（2）通号35　2014.12

哥村

青海町旧哥村 向井孫左衛門家文書の紹介（田中一穂）「越佐研究」 新潟県人文研究会　61　2004.5

片貝

片貝の桐箪笥屋について（吉井和夫）「小千谷文化」 小千谷市総合文化協会『小千谷文化』編集委員会　（174・175）2004.3

片貝名頭（名字）読み込み手習い本について（吉井和夫）「小千谷文化」 小千谷市総合文化協会『小千谷文化』編集委員会　（180）2005.7

片貝の古城（砦）は何処に在ったか[1],（2）（吉井和夫）「小千谷文化」 小千谷市総合文化協会『小千谷文化』編集委員会　（186・187）/（198・199）2007.3/2010.3

片貝 村方備蓄「かこひ稗、籾蔵」の事（平成18年1月記）（吉井和夫）「小千谷文化」 小千谷市総合文化協会『小千谷文化』編集委員会　（205）2011.11

片貝町

太子講と片貝町匠会の事（佐藤二一）「小千谷文化」 小千谷市総合文化協会『小千谷文化』編集委員会　（174・175）2004.3

片桐町

片桐町「征清従軍之碑」について（今泉東栄）「見附郷土誌」 見附の歴史研究会　（21）2013.5

潟東

亀井功著『二話話 潟東の歴史物語』について（本宮京子）「まきの木」 巻郷土資料館友の会　（88）2008.4

片町

城下町村松地名考 片町というところ（佐藤栄策）「越佐の地名」 越後・佐渡の地名を語る会　（1）2001.3

勝平城

新潟県長岡市勝平城跡について（鳴海忠夫）「北陸の中世城郭」 北陸城郭研究会　15　2005.7

金塚

思い出の金塚（新堂元亨）「あゆみ」 毛呂山郷土史研究会　（32）2008.11

金谷山

金谷山グラフィティー 思い出のジャンプ台（川島秋男）「直江の津」 直江津経済文化研究会　6（4）通号24　2006.12

金山城

史料からみた不動山城と金山城（川合松治）「糸魚川郷土研究」 糸魚川郷土研究会　（1）2004.8

金山谷

小川庄と金山谷の若干の関係（杉崎巌）「阿賀路 ： 東蒲原郡郷土誌」 阿賀路の会　41　2003.5

鹿瀬

鹿瀬に二千メートルの用水路を開削―ある会津藩士, 辛苦の記録（菊池良輝）「阿賀路 ： 東蒲原郡郷土誌」 阿賀路の会　50　2012.5

鹿瀬山

鹿瀬山通信（2）鹿瀬山の浜（田辺英夫）「やましろ」 城南郷土史研究会　（21）2006.12

鹿瀬発電所

鹿瀬・豊実発電所建設から学ぶこと（赤城正男）「阿賀路 ： 東蒲原郡郷土誌」 阿賀路の会　47　2009.5

鹿瀬町

鹿瀬町（昨年の町村での主な出来ごと）（渡部文彦）「阿賀路 ： 東蒲原郡郷土誌」 阿賀路の会　41　2003.5

鹿瀬町（町村での主な出来ごと）（渡部文彦）「阿賀路 ： 東蒲原郡郷土誌」 阿賀路の会　42　2004.5

鹿瀬町（町村での主な出来ごと）（渡部文彦）「阿賀路 ： 東蒲原郡郷土誌」 阿賀路の会　43　2005.5

樺沢城

樺沢城発見記（木村尚志）「おくやまのしょう ： 奥山荘郷土研究会誌」 奥山荘郷土研究会　（26）2001.3

樺沢城跡保存活動と豪雨災害（ふるさと通信）（樺沢城跡保存会）「みなみ

うおぬま ： 郷土史編さん誌」 南魚沼市教育委員会　（9）2012.3

鎌倉新田

資料紹介 鎌倉新田 小柳家文書「新潟市歴史資料だより」 新潟市総務局国際文化部歴史文化課　（15）2012.9

釜屋村

資料紹介 加茂郡釜屋村 御宮社役場代記帳（池田哲夫）「佐渡・越後文化交流史研究」 新潟大学大学院現代社会文化研究科プロジェクト佐渡・越後の文化交流史研究　（9）2009.3

上赤谷

小川荘上赤谷の会津魂（井上昌威）「会津史談」 会津史談会　（83）2009.4

上川村

上川村（昨年の町村での主な出来ごと）（遠藤佐）「阿賀路 ： 東蒲原郡郷土誌」 阿賀路の会　41　2003.5

上川村（町村での主な出来ごと）（遠藤佐）「阿賀路 ： 東蒲原郡郷土誌」 阿賀路の会　42　2004.5

上川村（町村での主な出来ごと）（遠藤佐）「阿賀路 ： 東蒲原郡郷土誌」 阿賀路の会　43　2005.5

旧上川村の巨木・名木・史跡を訪ねて（郡内史跡巡り）（神田久）「阿賀路 ： 東蒲原郡郷土誌」 阿賀路の会　51　2013.5

上河原新田村

吉田町の割元・庄屋物語（10）―上河原新田村の庄屋の変遷（亀井功）「越後吉田町毛野賀多里」 吉田町教育委員会　10　2000.10

上条

上条・加茂の質屋（関正平）「かも市史だより」 ［加茂市教育委員会］市史編さん室　（19）2009.3

加茂上条の蒟蒻は袋田・大子から（関正平）「加茂郷土誌」 加茂郷土調査研究会　（32）2010.4

上条商人と常陸袋田などとのつながり（関正平）「加茂郷土誌」 加茂郷土調査研究会　（33）2011.4

上条商人の「年代記」（史料紹介）（関正平）「加茂郷土誌」 加茂郷土調査研究会　（34）2012.4

上条の大橋（桑原孝）「かも市史だより」 ［加茂市教育委員会］市史編さん室　（29）2014.3

上新田

洪水で消えた小国の地名「上新田・下新田」（特集 消えた集落・移転した集落）（高橋実）「越佐の地名」 越後・佐渡の地名を語る会　（10）2010.3

上筒方

廃村の跡を尋ねて―板倉区旧上筒方（佐藤幸雄）「頸城文化」 上越郷土研究会　（59）2011.9

上猫巣

妖しい地名 上猫巣・下猫巣（地名研究1）（幸田昭）「越佐の地名」 越後・佐渡の地名を語る会　（14）2014.3

亀田町

新潟県の史料保存機関紹介シリーズ（9）亀田町上水道高架水槽とその関係資料の紹介（三村哲司）「新史料協だより」 新潟県歴史資料保存活用連絡協議会　（9）2004.3

加茂

講演記録 加茂の歴史概観（溝口敏麿）「レポート加茂市史」 加茂市　1　2001.3

新潟県立加茂経営伝習農場の記録（瀬古龍雄）「レポート加茂市史」 加茂市　1　2001.3

東芝加茂工場争議について―地域との関わりを中心に（前田穣）「レポート加茂市史」 加茂市　2　2003.3

加茂の秤座について（関正平）「加茂郷土誌」 加茂郷土調査研究会　（26）2004.2

加茂郷土史掲示板「加茂郷土誌」 加茂郷土調査研究会　（27）2005.1

加茂郷土誌掲示板「加茂郷土誌」 加茂郷土調査研究会　（29）2007.2

加茂・下条の境相論史料からみた御旅所（中澤資裕）「加茂郷土誌」 加茂郷土調査研究会　（30）2008.1

加茂郷土誌掲示板（手向け会による千庵・可保世墓碑清掃, 加茂昔話の会, 加茂川の鮭）「加茂郷土誌」 加茂郷土調査研究会　（30）2008.1

加茂郷土誌掲示板（真夏の昔話の会, 加茂川鮭まつり, 加茂の「天地人」, 七谷のサイノカミ）「加茂郷土誌」 加茂郷土調査研究会　（31）2009.2

上条・加茂の質屋（関正平）「かも市史だより」 ［加茂市教育委員会］市史編さん室　（19）2009.3

青海庄と加茂ホウ（桑原正史）「かも市史だより」 ［加茂市教育委員会］市史編さん室　（20）2009.10

加茂市（市町村消息・短信）（中澤資裕）「新史料協だより」 新潟県歴史資料保存活用連絡協議会　（15）2010.3

口絵 懐かしい加茂の風景 (本間正氏画)「加茂郷土誌」 加茂郷土調査研究会 (32) 2010.4

口絵 懐かしい加茂の風景 (本間正画)「加茂郷土誌」 加茂郷土調査研究会 (33) 2011.4

江戸時代の旅と名所 (渡部浩二)「かも市史だより」 [加茂市教育委員会]市史編さん室 (25) 2012.3

口絵 懐かしい加茂の風景 (本間正画)「加茂郷土誌」 加茂郷土調査研究会 (34) 2012.4

加茂市の郷土人形 (五十嵐稔)「かも市史だより」 [加茂市教育委員会]市史編さん室 (26) 2012.12

口絵 懐かしい加茂の風景 (本間正画)「加茂郷土誌」 加茂郷土調査研究会 (35) 2013.5

加茂駅
加茂駅を通った列車 (停車列車と通過列車) (瀬古龍雄)「レポート加茂市史」 加茂市 2 2003.3

加茂暁星高校
加茂高校と加茂暁星高校の校名 (中山勇)「かも市史だより」 [加茂市教育委員会]市史編さん室 (28) 2013.10

加茂湖
「加茂湖」はいつから加茂湖в記されたか (伊藤正一)「佐渡郷土文化」 佐渡郷土文化の会 (122) 2010.2

加茂高校
加茂高校と加茂暁星高校の校名 (中山勇)「かも市史だより」 [加茂市教育委員会]市史編さん室 (28) 2013.10

加茂宿
加茂宿をめぐる近世の交通 (桑原孝)「レポート加茂市史」 加茂市 1 2001.3

加茂農林学校
草創期の加茂農林学校 (高橋雅弘)「かも市史だより」 [加茂市教育委員会]市史編さん室 (29) 2014.3

加茂町
加茂町年寄の「井上家過去帳」(史料紹介) (関正平)「加茂郷土誌」 加茂郷土調査研究会 (34) 2012.4

仮谷田village
資料紹介 嘉永四年仮谷田川洪水の際相手方乱妨一件 (淡路久雄)「見附郷土誌」 見附の歴史研究会 (19) 2011.4

刈谷田郷
第13次刈谷田郷開拓回物語(1)～(3) (高橋健男)「見附郷土誌」 見附の歴史研究会 (16)/(18) 2007.5/2010.2

旧満州刈谷田郷開拓跡地を訪ねて (宗村彰夫)「見附郷土誌」 見附の歴史研究会 (16) 2007.5

刈羽
「刈羽」の地名について考察 刈羽の語源は「アイヌ語」か (刈羽村郷土研究会地名検討委員会)「刈羽村文化」 刈羽村郷土研究会 (94) 2009.12

「元禄越後国郷帳」の資料収集時期の検討—とりわけ頸城・刈羽・魚沼・古志・三島五郡の場合 (青木不二夫)「越佐研究」 新潟県人文研究会 67 2010.5

私の昭和史 刈羽の戦中戦後のくらし(1) (小林強)「刈羽村文化」 刈羽村郷土研究会 (101) 2014.9

刈羽郡
柏崎・刈羽郡と小千谷を結んだ要衝「薬師峠」(広井忠男)「柏崎・刈羽」 柏崎刈羽郷土史研究会 (34) 2007.4

刈羽郡の幕府領を探る (本山幸一)「柏崎・刈羽」 柏崎刈羽郷土史研究会 (36) 2009.4

刈羽村
刈羽村文化に対する質問に回答する (小林正直)「刈羽村文化」 刈羽村郷土研究会 (78) 2004.7

刈羽村文化八十号 (品田宏夫)「刈羽村文化」 刈羽村郷土研究会 (80) 2005.2

刈羽村の顕彰碑 (いしぶみ探訪の会)「柏崎市立博物館館報」 柏崎市立博物館 (27) 2013.7

郷土の歴史と文化を知る 郷土史探訪のすすめ (寄稿) (田中憲一)「刈羽村文化」 刈羽村郷土研究会 (100) 2014.3

軽井川
軽井川鉄作り(3) (丸山公子)「柏崎・刈羽」 柏崎刈羽郷土史研究会 (34) 2007.4

川岸町
信濃川静かに流れよ!―信濃川と川岸町と子供達 (佐藤健一郎)「小千谷文化」 小千谷市総合文化協会『小千谷文化』編集委員会 (174・175) 2004.3

川口町
新潟県川口町震源・直下型中越大地震発生の記録 (佐藤健一郎)「小千谷文化」 小千谷市総合文化協会『小千谷文化』編集委員会 (181) 2005.11

川西
長岡領川西地域の灌漑用水と、移住者による新田開発への努力―開発農民による郷土発展への道のり (吉澤俊夫)「長岡郷土史」 長岡郷土史研究会 (42) 2005.5

川村番所
新潟上知時における川村番所の施策について―江戸出立から引継ぎ直後まで (中野三義)「郷土新潟」 新潟郷土史研究会 (47) 2007.3

河原沢の湯
河原沢の湯 (松永靖夫)「むいかまち : 町史編さん誌」 南魚沼市教育委員会 (2) 2004.9

河原田村
河原田村のオヤガッツアマ (玉木秀治)「阿賀路 : 東蒲原郡郷土誌」 阿賀路の会 51 2013.5

「河原田村のオヤガッツアマ」、ある新聞社の取り上げについて (玉木秀治)「阿賀路 : 東蒲原郡郷土誌」 阿賀路の会 52 2014.5

願正寺
願正寺資料と赤塚 (飯田素州)「越後赤塚」 赤塚郷土研究会 (21) 2010.7

カンチン峠
郡内の峠紀行(9) カンチン峠―圓順法印即身佛 (加藤寅男)「阿賀路 : 東蒲原郡郷土誌」 阿賀路の会 49 2011.5

観音俣城
幻の観音俣城―南北朝動乱期の奥山荘 (品川睦)「おくやまのしょう : 奥山荘郷土研究会誌」 奥山荘郷土研究会 (39) 2014.3

蒲原
近世の蒲原の絵図についての考察 (亀井功)「まきの木」 巻郷土資料館友の会 72 2000.4

明治の蒲原 佐渡探訪 (小林存, 曽我広見)「内野の今昔」 内野の今昔を語る会 (21) 2003.9

友の会総会講演 新潟・蒲原往来の変遷と巻宿 (亀井功)「まきの木」 巻郷土資料館友の会 (79) 2003.10

近世後越後蒲原地方の他所稼ぎ (中村義隆)「越佐研究」 新潟県人文研究会 63 2006.5

館長日記 見えてきた蒲原の農耕社会の始まり「帆楸成林 : 新潟市歴史博物館博物館ニュース」 新潟市歴史博物館 (11) 2007.10

新潟湊と蒲原の地主 (原直史)「郷土新潟」 新潟郷土史研究会 (50) 2010.3

みなとぴあ研究notes 蒲原の揚水具「帆楸成林 : 新潟市歴史博物館博物館ニュース」 新潟市歴史博物館 (22) 2011.4

蒲原郡
吉田町の割元・庄屋物語(16) 蒲原郡の庄屋の盛衰の時期的特徴 吉田町域を中心に (亀井功)「越後吉田町毛野賀多里」 吉田町教育委員会 (16) 2007.3

友の会総会講演 新潟御蔵所における刎米 (はねまい) について一考察―蒲原郡における巨大地主成立の一端緒として (亀井功)「まきの木」 巻郷土資料館友の会 (89) 2008.10

蒲原津
古代の蒲原津と「四度目沼垂町割絵図」(小林昌二)「佐渡・越後文化交流史研究」 新潟大学大学院現代社会文化研究科プロジェクト佐渡・越後の文化交流史研究 (3) 2003.3

蒲原津 (鰐淵好輝)「越佐研究」 新潟県人文研究会 70 2013.5

蒲原平野
「農耕絵巻」を読む―蒲原平野の原風景 (市村清貴)「郷土新潟」 新潟郷土史研究会 (45) 2005.3

みなとぴあ研究 notes蒲原平野の地形条件と村の立地「帆楸成林 : 新潟市歴史博物館博物館ニュース」 新潟市歴史博物館 2 2005.3

蒲原平野における在郷町の成立と展開―葛塚町を例に (杉本耕一)「郷土新潟」 新潟郷土史研究会 (47) 2007.3

館長日記 蒲原平野の景観と農業土木の展開「帆楸成林 : 新潟市歴史博物館博物館ニュース」 新潟市歴史博物館 (16) 2009.5

特集2 開墾の技術史―蒲原平野のたんぼとはたけ (岩野邦康)「帆楸成林 : 新潟市歴史博物館博物館ニュース」 新潟市歴史博物館 (26) 2012.7

桔梗原
「越能山都登」と十日町市桔梗原 (上原正孝)「越佐の地名」 越後・佐渡の地名を語る会 (9) 2009.7

木越
わがふるさとの地名―村松町木越 (佐藤栄策)「越佐の地名」 越後・佐渡

新潟県　　　　　　　　　地名でたどる郷土の歴史　　　　　　　　　北陸甲信越

の地名を語る会　(3) 2003.3

北蒲原尋常中学校
町村段階における北蒲原尋常中学校設立の事情─蓮野村村会議事録から知れること(荻野正博)「新発田郷土誌」　新発田郷土研究会　(42) 2014.3

北沢
佐渡学の散歩道 北沢の選鉱製錬施設群 その2(滝川邦彦)「佐渡学センターだより」　佐渡学センター　(8) 2013.3

北三条
変わる町の姿─北三条駅から新町・信濃川(佐藤茂)「三条歴史研究」　三条歴史研究会　(6) 2007.3

北山村
弘化元年 北山村前大川締切り普請(今井雄介)「長岡郷土史」　長岡郷土史研究会　通号44 2007.5

木戸新田
木戸新田道場(朝平山雲)「越後赤塚」　赤塚郷土研究会　(21) 2010.7

木戸新田村
木戸新田村の沿革(朝平山雲)「越後赤塚」　赤塚郷土研究会　(21) 2010.7

木場
「木場」の地名に関する一考察(大谷一男)「越佐の地名」　越後・佐渡の地名を語る会　(11) 2011.3

鬼無里
信越古道焼山越鬼無里山道文書について(蛭子健治)「糸魚川郷土研究」　糸魚川郷土研究会　(1) 2004.8

九才坂峠
東蒲の峠紀行(3)─沼越峠と九才坂峠(石田収全)「阿賀路 : 東蒲原郡郷土誌」　阿賀路の会　43 2005.5
郡内峠紀行(10) 私と九才坂峠(五ノ井充啓)「阿賀路 : 東蒲原郡郷土誌」　阿賀路の会　50 2012.5

清里村
清里村の山城(植木宏)「頸城文化」　上越郷土研究会　(51) 2003.9

清津川
清津川周辺の地名「地名の変化」について(地名研究1)(上原正孝)「越佐の地名」　越後・佐渡の地名を語る会　(13) 2013.3

桐沢
戊辰戦争から140年─刈羽郡中里村桐沢青柳家文書「戊辰戦争官軍長岡戦へ」(桜井奈穂子)「長岡あーかいぶす」　長岡市立中央図書館文書資料室　(7) 2008.12

桐沢村
明治の道中記をよむ─刈羽郡桐沢村(長岡市小国地域)青柳家の場合(田所和雄)「長岡郷土史」　長岡郷土史研究会　(48) 2011.5

桐島
「桐原」、「桐島」そして「わしま和島」─「桐」地名と町村合併地名(特集 植物と地名)(土井清史)「越佐の地名」　越後・佐渡の地名を語る会　(12) 2012.3

桐原
「桐原」、「桐島」そして「わしま和島」─「桐」地名と町村合併地名(特集 植物と地名)(土井清史)「越佐の地名」　越後・佐渡の地名を語る会　(12) 2012.3

金銀山
間山・庄右衛門町から大工町界隈─金銀山ロードの住人たち(2)(小林祐玄)「佐渡地域誌研究」　佐渡地域誌研究会　(2) 2003.7
間山・庄右衛門町から大工町界隈─金銀山ロードの住人たち(3)部屋のことなど(小林祐玄)「佐渡地域誌研究」　佐渡地域誌研究会　(3) 2004.7
間山・庄右衛門町から大工町界隈(3) 間山から庄右衛門町・金銀山ロードの住人たち(小林祐玄)「佐渡地域誌研究」　佐渡地域誌研究会　(5) 2007.3
間山・庄右衛門町から大工町界隈(5) 金銀山ロードの住人たち・佐藤部屋のこと(小林祐玄)「佐渡地域誌研究」　佐渡地域誌研究会　(7) 2009.3

金山
秋葉山の石油と金山の金滓の不思議(齋藤義信)「越佐の地名」　越後・佐渡の地名を語る会　(9) 2009.7
遥かなり 蝉の金山(石田収全)「阿賀路 : 東蒲原郡郷土誌」　阿賀路の会　52 2014.5

銀山平
銀山平史蹟(矢久保徳司)「小千谷文化」　小千谷市総合文化協会『小千谷文化』編集委員会　(177) 2004.11

金北山
佐渡の山々(3)─金北山周辺と檀特山(竹村博道)「佐渡地域誌研究」　佐渡地域誌研究会　(8) 2010.11

国上
国上の雑録(史料紹介)(1),(2)(渋谷啓阿)「郷土史燕」　燕市教育委員会　(5)/(6) 2012.3/2013.3
史料紹介 国上地区の資料「国上寺文書」(1)(渋谷啓阿)「郷土史燕」　燕市教育委員会　(7) 2014.3

国上村
国上村古老温故座談会記録集(1),(2)(資料紹介)(渋谷啓阿)「郷土史燕」　燕市教育委員会　(1)/(2) 2008.3/2009.3

国上山
国上山「五合山」の屋根の改修なる「良寛だより : 全国良寛会会報」　全国良寛会　(136) 2012.4

国上山城
国上山で確認された中世の山城─仮称「国上山城跡」の概要について(鳴海忠夫)「町史研究分水」　分水町教育委員会　(3) 2003.3

櫛形山脈
未調査・未登録と思われる中世山城報告─櫛形山脈と黒川蔵王山塊(伊藤久司)「おくやまのしょう : 奥山荘郷土研究会誌」　奥山荘郷土研究会　(32) 2007.3

葛塚町
蒲原平野における在郷町の成立と展開─葛塚町を例に(杉本耕一)「郷土新潟」　新潟郷土史研究会　(47) 2007.3

草生津村
草生津村流亡の日とその要因(今井雄介)「長岡郷土史」　長岡郷土史研究会　(41) 2004.5

頸城
特集 人が支える頸城の大地「直江の津」　直江津経済文化研究会　3(2) 通号10 2003.6
頸城地方にかかわる古代文芸資料(井上慶隆)「頸城文化」　上越郷土研究会　(51) 2003.9
二枚の村絵図(松永靖夫)「頸城文化」　上越郷土研究会　(51) 2003.9
郷土史研究と歴史知的視座(石塚正英)「頸城文化」　上越郷土研究会　(52) 2004.7
くびきの郷土食/東西海陸/歴史の風景「直江の津」　直江津経済文化研究会　5(2)通号18/5(4)通号20 2005.6/2005.12
頸城の酒造業を覗く─戦時統制、前後の様子について(村山和夫)「頸城文化」　上越郷土研究会　(52) 2005.10
「元禄越後国郷帳」の資料収集時期の検討─とりわけ頸城・刈羽・魚沼・古志・三島五郡の場合(青木不二夫)「越佐研究」　新潟県人文研究会　67 2010.5
頸城越山に光を求めて(1)─藩士と瞽女、集落先達、その地政学的視点(丸山正男)「頸城文化」　上越郷土研究会　(61) 2013.9
御館の乱(土井重男)「頸城文化」　上越郷土研究会　(62) 2014.9

頸城郡
頸城村史における「慶長二年越後国頸城郡絵図」の疑問(渡邉昭二)「頸城文化」　上越郷土研究会　(52) 2004.7
頸城郡絵図から消えた村と上州浪人(特集 消えた集落・移転した集落)(長谷川勲)「越佐の地名」　越後・佐渡の地名を語る会　(10) 2010.3
近世後期の他国稼ぎ隆盛と「国益」─越後国頸城郡の松尾講を事例として(加納亜由子)「新潟史学」　新潟史学会　(64) 2010.10
「改定越後国頸城郡再見絵図」の問題点解明への試み(青木不二夫)「越佐研究」　新潟県人文研究会　69 2012.5
『慶長二年越後国頸城郡絵図』を読んで一気がついたこと(1),(2)(渡邉昭二)「頸城文化」　上越郷土研究会　(60)/(61) 2012.9/2013.09
頸城郡の駅伝路(北陸道と東山道支路)(鰐渕好輝)「頸城文化」　上越郷土研究会　(61) 2013.9
頸城郡幕領下の割元に宛てた回状─元禄十一年・同十五年の例(続 高田開府四百年 特集号)(清沢聡)「頸城文化」　上越郷土研究会　(62) 2014.9

熊森
近代における信濃川水運と熊森(3)(下村光吉)「郷土史燕」　燕市教育委員会　(1) 2008.3

熊森村
熊森村弘化二年「村用日記」を見る[1],(2)(塚本智弘)「郷土史燕」　燕市教育委員会　(5)/(6) 2012.3/2013.3

久米
刈羽黒姫地名考「久米」(高杉志朗)「越佐の地名」　越後・佐渡の地名を語る会　(1) 2001.3

雲出村

火事見舞帳を読みとく―雲出村山田家文書「火災用留」(新田康則)「長岡郷土史」 長岡郷土史研究会 (50) 2013.5

雲和田

雲和田集落の歴史(加藤忠也)「阿賀路 : 東蒲原郡郷土誌」 阿賀路の会 47 2009.5

栗ノ木川

「栗ノ木川」の地名の由来(野口幸雄)「越佐の地名」 越後・佐渡の地名を語る会 (9) 2009.7

黒井村

思い出の黒井村(下)(松本恵子)「直江の津」 直江津経済文化研究会 8 (3) 通号31 2008.9

黒川蔵王山

未調査・未登録と思われる中世山城報告―櫛形山脈と黒川蔵王山塊(伊藤久司)「おくやまのしょう : 奥山荘郷土研究会誌」 奥山荘郷土研究会 (32) 2007.3

黒川藩陣屋

越後国蒲原郡黒川藩陣屋での暮らし(2)―役所(陣屋)入用諸色勘定帳より(齋藤熊蔵)「おくやまのしょう : 奥山荘郷土研究会誌」 奥山荘郷土研究会 (35) 2010.3

黒川村

黒川村の地名について(片野徳蔵)「越佐の地名」 越後・佐渡の地名を語る会 (1) 2001.3

黒川村の新田開発と地名(片野徳蔵)「越佐の地名」 越後・佐渡の地名を語る会 (3) 2003.3

クマの毛皮をなめす 新潟県黒川村、毛皮なめし職人の意地と誇り(〈壁を超える〉)(杉原俊典)「別冊東北学」 東北芸術工科大学東北文化研究センター．作品社(発売) 8 2004.8

黒川油田

日本最古の黒川油田と異人井戸(片野徳蔵)「おくやまのしょう : 奥山荘郷土研究会誌」 奥山荘郷土研究会 (37) 2012.3

黒崎北部

黒崎北部の地名に関する一考察(地名研究1)(大谷一男)「越佐の地名」 越後・佐渡の地名を語る会 (13) 2013.3

黒滝城

古文書関連の黒滝城年表について(小林孝)「彌彦郷土誌」 弥彦村教育委員会 18 2003.3

黒鳥

「黒鳥」の地名に関する一考察(地名研究2)(大谷一男)「越佐の地名」 越後・佐渡の地名を語る会 (12) 2012.3

下条

加茂・下条の境相論史料からみた御旅所(中澤資裕)「加茂郷土誌」 加茂郷土調査研究会 (30) 2008.1

下条村

八十里越改修普請に関与した下条村の人々(関正平)「加茂郷土誌」 加茂郷土調査研究会 (25) 2003.2

結東村

秋山、結東村天保の飢饉救済(特集 消えた集落・移転した集落)(福原滋)「越佐の地名」 越後・佐渡の地名を語る会 (10) 2010.3

小泉庄

上杉謙信期における小泉庄の政治的位置―出羽庄内との関係から(論文)(阿部哲人)「米沢史学」 米沢史学会 (30) 2014.10

黌崇徳館

長岡藩黌崇徳館の教育と長岡藩国漢學校―田中春回の学問志向をとおして(土田陽夫)「郷土新潟」 新潟郷土史研究会 (48) 2008.3

高田

近代前期高田領の新田開発について(本山幸一)「越佐研究」 新潟県人文研究会 59 2002.5

特集 海の恵み―高田のまちに見える海の印象「直江の津」 直江津経済文化研究会 3(1)通号9 2003.3

ミニ特集 高田のまちの近代洋風建物「直江の津」 直江津経済文化研究会 3(1)通号9 2003.3

近世前期高田領の郷村支配(本山幸一)「頸城文化」 上越郷土史研究会 (51) 2003.9

「高田」のまちにこめた祈り(中西聰)「直江の津」 直江津経済文化研究会 5(1)通号17 2005.3

慶応四年猪苗代幷高田謹慎中御見舞請納帳(小原覚右衛門)「歴史春秋」 歴史春秋社 (61) 2005.4

坂本と越後高田(山崎仁)「北國街道研究」 北國街道の手をつなぐ会 (9) 2008.10

高田城下町ある記

高田城下町ある記(続 高田開府四百年 特集号)(新潟日報カルチャースクール上越教室)「頸城文化」 上越郷土研究会 (62) 2014.9

広貞公園

三条歴史探訪「直江町排水路」・「由利公園」・「広貞公園」(鈴木英一)「三条歴史研究」 三条歴史研究会 (11) 2012.7

鴻巣

鴻巣の方言集「さとことば」大正14年刊 幸田文時著(北澤昭弘)「越後吉田町毛野賀多里」 吉田町教育委員会 13 2004.1

鴻巣村

吉田町の割元・庄屋物語(11)―西の鴻巣村の場合(亀井功)「越後吉田町毛野賀多里」 吉田町教育委員会 11 2001.10

興野

信濃川下流域の興野・新田・受(藤田治雄)「越佐の地名」 越後・佐渡の地名を語る会 (3) 2003.3

小乙川

小乙川流域の鉛鉱山跡―佐渡にも運ばれた鉛(尾崎高宏)「かも市史だより」 [加茂市教育委員会]市史編さん室 (23) 2011.3

五ヶ浜村

五ヶ浜村・角田浜村の発展の視点(飯田素州)「まきの木」 巻郷土資料館友の会 (88) 2008.4

国府

居多と国府の旧跡を顕彰した人たち(内藤章)「頸城文化」 上越郷土研究会 (58) 2010.9

小栗山村

ある旧家の日記から『百年前の東山村政、百三十年前の小栗山村政』(広井忠男)「小千谷文化」 小千谷市総合文化協会「小千谷文化」編集委員会 (214・215) 2014.3

五合庵

五合庵の今昔(渋谷啓阿)「分水町郷土史」 分水町教育委員会 (12) 2007.3

コシ

日本古代のシナノとコシ(小林昌二)「佐渡・越後文化交流史研究」 新潟大学大学院現代社会文化研究科プロジェクト佐渡・越後の文化交流史研究 (7) 2007.3

コシという地名(木村紀子)「奈良大学紀要」 奈良大学 (35) 2007.3

古志

「元禄越後国郷帳」の資料収集時期の検討―とりわけ頸城・刈羽・魚沼・古志・三島五郡の場合(青木不二夫)「越佐研究」 新潟県人文研究会 67 2010.5

古志郡

「近所之義」―古志郡の境界紛争にみる中世越後の分国法と在地法(土井重男)「頸城文化」 上越郷土研究会 (58) 2010.9

「近所之義」―古志郡の境界紛争にみる中世越後の分国法と在地法(土井重男)「長岡郷土史」 長岡郷土史研究会 (48) 2011.5

小清水

二つの檀家―新潟県柏崎市小清水における事例(矢島衛)「柏崎市立博物館館報」 柏崎市立博物館 (23) 2009.3

古新田

幻の古新田を探る(志水博)「長岡郷土史」 長岡郷土史研究会 (50) 2013.5

五頭

五頭郷土文化研究会 30年のおもなあゆみ(長谷部昭一)「五頭郷土文化」 五頭郷土文化研究会 (60) 2008.9

五頭山

五頭山と牛頭(午頭)(木村天文)「おくやまのしょう : 奥山荘郷土研究会誌」 奥山荘郷土研究会 (32) 2007.3

伝八郎歌碑やまびこ通り建立覚書―五頭山麓のマンサク考(波多野盈)「五頭郷土文化」 五頭郷土文化研究会 (59) 2007.12

越戸峠

郡内峠紀行(11) 越戸峠(杉崎純一)「阿賀路 : 東蒲原郡郷土誌」 阿賀路の会 51 2013.5

小瀬ヶ沢洞窟

新潟県小瀬ヶ沢洞窟における新規分析資料について(橋詰潤)「長岡市立科学博物館研究報告」 長岡市立科学博物館 (43) 2008.3

五泉市

新潟県の名水―五泉市から初めてのどっぱら清水・どばしっこ清水(まちの話題)「郷土村松」 村松郷土史研究会 (69) 2012.5

五泉駅

磐越西線開通 五泉・馬下駅開通100年(残してゆきたい風景)「郷土村

松」 村松郷土史研究会 (68) 2011.5

互尊文庫

長岡市委託事業報告 近代資料の調査—「北越新報」記事にみる互尊文庫(1)(西和美)「長岡郷土史」 長岡郷土史研究会 (51) 2014.5

居多

居多と国府の旧跡を顕彰した人たち(内藤章)「頸城文化」 上越郷土研究会 (58) 2010.9

五反田

五反田の鮭(池田茂)「かも市史だより」 [加茂市教育委員会]市史編さん室 (26) 2012.12

五反田村

藩記録や蒼軒遺集にこる五反田村の鮭—鮭史料の紹介をかねて(関正平)「加茂郷土誌」 加茂郷土調査研究会 (29) 2007.2

五智国分村

五智五ヶ領の歴史(1)—国分寺領・五智国分村(太田一成)「頸城文化」 上越郷土研究会 (53) 2005.10

国漢学校

「国漢学校」の開校と教官の人選について—『追考昔誌』からその実状を探る(吉澤俊夫)「長岡郷土史」 長岡郷土史研究会 (40) 2003.5

椰野直の和蘭語の筆記ノートについて—長岡の国漢学校洋学局・医学局の指導者(唐沢信安)「長岡郷土史」 長岡郷土史研究会 (40) 2003.5

長岡藩黌崇徳館の教育と長岡藩国漢學校—田中春回の学問志向をとおして(土田隆夫)「郷土新潟」 新潟郷土史研究会 (48) 2008.3

小局村

勇猛山専念寺の由来と小局村の今昔(堀川喜久司)「頸城文化」 上越郷土研究会 (58) 2010.9

御新田郷

御新田郷の開発と悪水出入について(塚本智弘)「町史研究分水」 分水町教育委員会 (4) 2004.3

五ノ町

五ノ町の謎(大野鉄男)「三条歴史研究」 三条歴史研究会 (7) 2008.3

五之町

私ものがたり 昭和五年前後の世相/私の川物語一・二/母なる地・五之町/雑学のすすめ(佐藤茂)「三条歴史研究」 三条歴史研究会 (8) 2009.3

御封印野新田

御封印野新田の開発(本間則久)「郷土新潟」 新潟郷土史研究会 (51) 2011.3

古坊

後世に伝えたい地名 蔵王山・古坊・胎内川(片野徳蔵)「越佐の地名」 越後・佐渡の地名を語る会 (9) 2009.7

小松倉城

山古志地域の二つの山城について—大谷地城跡と小松倉城跡の概要(鳴海忠夫)「長岡郷土史」 長岡郷土史研究会 (51) 2014.5

小松原

小松原(十日町市)周辺の地名について(上原正孝)「越佐の地名」 越後・佐渡の地名を語る会 (10) 2010.3

護摩堂城

新潟県田上町護摩堂城跡について(鳴海忠雄)「北陸の中世城郭」 北陸城郭研究会 (20) 2010.7

御米津出しの道

地名考 「御米津出しの道」について(佐藤茂)「三条歴史研究」 三条歴史研究会 (2) 2003.3

小粟田原

小粟田原と私(1)~(5)(新保文八)「小千谷文化」 小千谷市総合文化協会『小千谷文化』編集委員会 168/(173) 2002.6/2003.11

故新保文八氏著「小粟田原と私」連載に当たり(小杉達太郎)「小千谷文化」 小千谷市総合文化協会『小千谷文化』編集委員会 168 2002.6

史談 「再考・小栗田の伝説 義民清左エ門の事」(折田龍太郎)「小千谷文化」 小千谷市総合文化協会『小千谷文化』編集委員会 (217) 2014.12

金剛山

佐渡の山々(2) ドンデン山周辺と金剛山(竹村博道)「佐渡地域誌研究」 佐渡地域誌研究会 (7) 2009.3

才浜

才浜の人口激増(倉部繁夫)「頸城文化」 上越郷土研究会 (52) 2004.7

蔵王山

後世に伝えたい地名 蔵王山・古坊・胎内川(片野徳蔵)「越佐の地名」 越後・佐渡の地名を語る会 (9) 2009.7

蔵王城

蔵王城前要害と奥要害に関する考察(木村尚志)「おくやまのしょう : 奥山荘郷土研究会誌」 奥山荘郷土研究会 (25) 2000.3

蔵王堂

藤原公房書状と南北朝期の蔵王堂—中世の長岡研究ノート(1)(田中洋史)「長岡郷土史」 長岡郷土史研究会 通号43 2006.5

境塚

郷土点描 「境」の境塚(田上直兄)「おくやまのしょう : 奥山荘郷土研究会誌」 奥山荘郷土研究会 (27) 2002.3

栄町

栄町のあゆみ(小林文二郎)「越後吉田町毛野賀多里」 吉田町教育委員会 12 2002.10

栄山

調査報告 栄山の一里石—母岩から割り出されて移転された(宮川倖)「阿賀路 : 東蒲原郡郷土誌」 阿賀路の会 47 2009.5

佐潟

佐潟周辺 砂丘の今昔(並松景政)「越後赤塚」 赤塚郷土研究会 (17) 2006.6

坂戸山

坂戸山と「村・町・市」時の流れ(〈ふるさと通信〉)(林明子)「むいかまち : 町史編さん誌」 南魚沼市教育委員会 (4) 2006.11

坂戸城

上田庄の上田と上田城、そして坂戸城について(金子拓男)「越佐研究」 新潟県人文研究会 66 2009.5

坂戸城の根小屋「御屋敷」について(金子拓男)「魚沼文化」 魚沼文化の会 (60) 2010.10

桜井駅

桜井駅懐古(中川哲昌)「佐渡郷土文化」 佐渡郷土文化の会 (121) 2009.10

桜町トンネル

桜町トンネル開通について(佐藤藤吉)「小千谷文化」 小千谷市総合文化協会『小千谷文化』編集委員会 (186・187) 2007.3

笹神村

「笹神村俳句奉納額」発刊の後日譚(岩野笙子)「五頭郷土文化」 五頭郷土文化研究会 50 2003.7

笹川砂金山

ダイナイ爺のこと—笹川砂金山余話(本間隆市)「佐渡郷土文化」 佐渡郷土文化の会 (124) 2010.10

佐州新町

「國々名所記」—正徳五年 佐州新町 山本半右衛門(本間眞珠)「佐渡郷土文化」 佐渡郷土文化の会 (122) 2010.2

佐渡

越後・佐渡の国域の決定と郡の変遷—郷土の古代史・古代地名を概観しつつ(長谷川勲)「越佐の地名」 越後・佐渡の地名を語る会 (2) 2002.3

近世佐渡の新田開発(高橋敏路)「越佐の地名」 越後・佐渡の地名を語る会 (3) 2003.3

楢山佐渡処刑記録(資料紹介)(藤澤久五郎)「岩手の古文書 : the Iwate journal of diplomatics」 岩手古文書学会 (17) 2003.3

佐渡の雪形(山崎進)「長岡市立科学博物館研究報告」 長岡市立科学博物館 (38) 2003.3

佐渡・山本家の宝物(皆川喜代弘)「佐渡郷土文化」 佐渡郷土文化の会 102 2003.6

佐渡国の歴史(小川忠明)「佐渡地域誌研究」 佐渡地域誌研究会 (2) 2003.7

久之浜と佐渡(山本修巳)「久之浜通信」 もろびと舎 17 2003.8

古文書で語る歴史の道(2) 三国街道と佐渡送り無宿人(岡田昭二)「上州文化」 群馬県教育文化事業団 95 2003.8

佐渡への誘い(本庄清志)「富山市日本海文化研究所紀要」 富山市日本海文化研究所 (17) 2003.9

佐渡と越中・能登について(藤井三好)「富山市日本海文化研究所紀要」 富山市日本海文化研究所 (17) 2003.9

連歌の息づいた佐渡(山本修巳)「佐渡郷土文化」 佐渡郷土文化の会 103 2003.10

佐渡(西村和子)「佐渡郷土文化」 佐渡郷土文化の会 103 2003.10

佐渡の村で先祖の不祥事(倉本聰)「佐渡郷土文化」 佐渡郷土文化の会 103 2003.10

『佐渡山本家来訪人名録』書簡「佐渡郷土文化」 佐渡郷土文化の会 103 2003.10

久之浜と佐渡(山本修巳)「佐渡郷土文化」 佐渡郷土文化の会 103

2003.10

佐渡鋳銭図譜（大下武登）「佐渡郷土文化」 佐渡郷土文化の会 104 2004.2

歴史と文化の佐渡ウォーク（川崎捨夫）「おくやまのしょう： 奥山荘郷土研究会誌」 奥山荘郷土研究会 （29）2004.5

佐渡の郵便史を顧みる（古沢欣二）「佐渡郷土文化」 佐渡郷土文化の会 105 2004.6

佐渡の昔話「トキのたまご」と私（中川紀元）「佐渡郷土文化」 佐渡郷土文化の会 105 2004.6

「佐渡」の語源（竹村博道）「佐渡地域誌研究」 佐渡地域誌研究会 （3）2004.7

佐渡歴史散歩（佐土根脩）「文化情報」 北海道文化財保護協会 267 2004.7

江戸と佐渡との文化交流資料 相川・石井夏海『貼交帖』仮目録—真野新町 山本家所蔵（山本修巳）「佐渡郷土文化」 佐渡郷土文化の会 （106）2004.10

佐渡で承久の乱を考える（大出雪夫）「栃木県立博物館友の会だより」 栃木県立博物館友の会 35 2004.10

古文書が語る上州史（74）佐渡送りの無宿（田畑勉）「群馬風土記」 群馬出版センター 19（1）通号80 2005.1

佐渡の文化形成と日本海—流人の文芸と芸能（山本修巳）「佐渡郷土文化」 佐渡郷土文化の会 （107）2005.2

佐渡市の顔—「佐渡郷土文化」の現状（山本修巳）「佐渡郷土文化」 佐渡郷土文化の会 （108）2005.6

佐渡へ（輪座鈴枝）「佐渡郷土文化」 佐渡郷土文化の会 （109）2005.10

佐渡行（七田谷まりうす）「佐渡郷土文化」 佐渡郷土文化の会 （109）2005.10

『佐渡の伝説』（山本修之助編著）にあらわれた佐渡の地震（細山謙之輔）「佐渡郷土文化」 佐渡郷土文化の会 （109）2005.10

佐渡の笛吹野（伊藤治子）「越佐の地名」 越後・佐渡の地名を語る会 （6）2006.3

佐渡の峠と山越えの道（〈峠と峠の道〉）（高橋敏路）「越佐の地名」 越後・佐渡の地名を語る会 （6）2006.3

講演 越後・佐渡から信州を考える（田中圭一）「高井」 高井地方史研究会 （155）2006.5

佐渡相撲字野帖（中塚宗一）「佐渡郷土文化」 佐渡郷土文化の会 （111）2006.6

昭和初期の家庭の味—佐渡農村資料から（特集 我が家の伝統料理）（編集部）「新潟の生活文化： 新潟県生活文化研究会誌」 新潟県生活文化研究会 （12）2006.6

甲州と佐渡（〈小特集 甲州と佐渡〉）（平山優）「甲斐」 山梨郷土研究会 （111）2006.8

近世佐渡における書籍を巡るネットワークと医師・海運業者—柴田収蔵日記を中心として（速水健児）「国史談会雑誌」 東北大学国史談話会 （47）2006.11

明和元年出羽幕領の佐渡廻米（本間勝喜）「山形県地域史研究」 山形県地域史研究協議会 （32）2007.2

佐渡—島からの脱皮（中川哲昌）「佐渡郷土文化」 佐渡郷土文化の会 （113）2007.2

佐渡のたたずまい—泉、中興、本屋敷そして相川（高野進）「佐渡郷土文化」 佐渡郷土文化の会 （113）2007.2

佐渡の城下町—中世の城下町から近世の村へ（高橋敏路）「越佐の地名」 越後・佐渡の地名を語る会 （7）2007.3

佐渡の山々 初めに（竹村博道）「佐渡地域誌研究」 佐渡地域誌研究会 （5）2007.3

佐渡を学び、郷土を愛する子どもの育成—佐渡学歴史単元の開発・実践を通して（〈トキの島から 佐渡の「総合的な学習の時間」〉）（真野小学校）「佐渡地域誌研究」 佐渡地域誌研究会 （5）2007.3

再び佐渡へ（岡休代）「大内文化探訪： 会誌」 大内文化探訪会 （25）2007.3

江戸後期の佐渡の文化展（本間高明）「佐渡郷土文化」 佐渡郷土文化の会 （115）2007.10

佐渡の順徳上皇（藤橋進）「佐渡郷土文化」 佐渡郷土文化の会 （116）2008.2

佐渡の順徳院—御製を中心に 順徳院記念佐渡現代百人一首の会（山本修巳）「佐渡郷土文化」 佐渡郷土文化の会 （116）2008.2

地名から見た佐渡の地勢（1）（細山謙之輔）「佐渡郷土文化」 佐渡郷土文化の会 （117）2008.6

佐渡（大串章）「佐渡郷土文化」 佐渡郷土文化の会 （117）2008.6

道外文化財散歩の日程 佐渡の歴史と文化財を訪ねる旅「文化情報」 北海道文化財保護協会 （308）2008.7

佐渡（島崎榮一）「佐渡郷土文化」 佐渡郷土文化の会 （118）2008.10

佐渡（平手ふじえ）「佐渡郷土文化」 佐渡郷土文化の会 （118）2008.10

佐渡の塩作り（研究発表）（佐々木英之）「日本佐渡学」 日本佐渡学会 （10）2008.10

佐渡の小字地名（本間雅彦）「佐渡郷土文化」 佐渡郷土文化の会 （119）2009.2

近代を見た旅日記—明治3年『道中記』九世山本半右衛門（山本慊）（佐藤利夫）「佐渡郷土文化」 佐渡郷土文化の会 （119）2009.2

昭和21（1946）年・夏の佐渡（中川哲昌）「佐渡地域誌研究」 佐渡地域誌研究会 （7）2009.3

特別寄稿「天地人」と佐渡（本間雅彦）「佐渡伝統文化研究所だより」 佐渡伝統文化研究所 （4）2009.3.25

佐渡はいよいよ住みよいか（伊藤正一）「佐渡郷土文化」 佐渡郷土文化の会 （120）2009.6

佐渡の宿場町に住んで（山本修巳）「佐渡郷土文化」 佐渡郷土文化の会 （120）2009.6

足元の文化遺産を島民の文化遺産に（関雅之）「佐渡郷土文化」 佐渡郷土文化の会 （120）2009.6

地名紀行 尾張・三河に見る越後・佐渡の地名（長谷川勲）「越佐の地名」 越後・佐渡の地名を語る会 （9）2009.7

佐藤淳子訳編『現代語訳 松浦武四郎 佐渡日記』（新潟日報 平成22年1月10日付）「アイヌ語地名研究会会報」 アイヌ語地名研究会 （38）2010.2

近世佐渡鉱山文化と外国人の認識—世界史的位置付けの基礎作業（竹田和夫）「新潟の生活文化： 新潟県生活文化研究会誌」 新潟県生活文化研究会 （16）2010.3

佐渡へ（加藤瑠璃子）「佐渡郷土文化」 佐渡郷土文化の会 （123）2010.6

佐渡航海史要・拾遺（3）新潟丸の拝借人達（風間進）「佐渡郷土文化」 佐渡郷土文化の会 （123）2010.6

佐渡航海史要・拾遺（4）新潟商船（風間進）「佐渡郷土文化」 佐渡郷土文化の会 （124）2010.10

特別寄稿 石瀬佳弘氏の佐渡史研究について（本間恂一）「佐渡地域誌研究」 佐渡地域誌研究会 （8）2010.11

学術講演 我が郷土と私の創作活動（安倍彩矢）「日本佐渡学」 日本佐渡学会 （12）2010.12

佐渡と越後の風の三郎の由来について（研究発表）（田上善夫）「日本佐渡学」 日本佐渡学会 （12）2010.12

不思議なご縁の佐渡紀行（順徳院の跡を訪ねて）（大亦博彦）「佐渡郷土文化」 佐渡郷土文化の会 （125）2011.2

『佐渡のうた』と佐渡学雑感—文学性と資料性（加藤廣文）「佐渡郷土文化」 佐渡郷土文化の会 （125）2011.2

「佐渡」という地名（長谷川勲）「越佐の地名」 越後・佐渡の地名を語る会 （11）2011.3

小乙川流域の鉛銘山跡—佐渡にも運ばれた鉛（尾崎高宏）「かも市史だより」 ［加茂市教育委員会］市史編さん室 （23）2011.3

特集『佐渡災異誌』にみる佐渡の地震と津波の記録「佐渡学センターだより」 佐渡学センター （特集号）2011.4

句碑建立に心を寄せて（中村智子）「佐渡郷土文化」 佐渡郷土文化の会 （126）2011.6

ふたりの文三 佐渡おけさが運んだ第二のふるさと（柳平則子）「佐渡郷土文化」 佐渡郷土文化の会 （127）2011.10

佐渡航海史要・拾遺（6）飛島行（風間進）「佐渡郷土文化」 佐渡郷土文化の会 （127）2011.10

『佐渡人宛 名家尺牘集』（品川彌二郎）「佐渡郷土文化」 佐渡郷土文化の会 （127）2011.10

能登と佐渡との砂金往来『今昔物語』から『金石夜話』へ（吉田國夫）「石川郷土史学会々誌」 石川郷土史学会 （44）2011.12

南北朝・室町時代の佐渡と京都（田中睦）「鑑賞」 新潟文化観賞会 （33）2012.2

資料 佐渡産業功労者 伝記（山本修之助）「佐渡郷土文化」 佐渡郷土文化の会 （129）2012.6

佐渡の俳書（山本修巳）「佐渡郷土文化」 佐渡郷土文化の会 （129）2012.6

佐渡における明治期の「アサヒビール」販売（高岸一博）「佐渡郷土文化」 佐渡郷土文化の会 （130）2012.10

資料「佐渡叢書」だより 第1号（山本修之助）「佐渡郷土文化」 佐渡郷土文化の会 （130）2012.10

資料「佐渡叢書」だより 第2号（山本修之助）「佐渡郷土文化」 佐渡郷土文化の会 （130）2012.10

2012年度歴史地理学会第55回大会 公開講演会「佐渡の歴史的景観と世界遺産」（動向）（堀健彦）「新潟史学」 新潟史学会 （68）2012.10

佐渡に学び、佐渡を愛し、佐渡に生きる（トキの島から 佐渡の「総合的な学習の時間」—佐渡学として）（佐渡市立沢根小学校）「佐渡地域誌研究」 佐渡地域誌研究会 （10）2012.11

佐渡の土人形と玩具（山本修巳）「佐渡郷土文化」 佐渡郷土文化の会 （131）2013.2

史料紹介『佐渡土産』（1），（2）（余湖明彦）「佐渡郷土文化」 佐渡郷土文化の会 （132）/（135）2013.6/2014.6

佐渡・御手洗潟・乳の潟について（太田和宏）「越後赤塚」 赤塚郷土研究

会　（24）2013.7

口絵　第5回新潟日報歴史フォーラム「歴史の島佐渡と江戸幕府」を前に真野新町山本家訪問「佐渡郷土文化」　佐渡郷土文化の会（133）2013.10

江戸期の佐渡の義民─飢饉と一揆　村内長百姓と平百姓と小前百姓の変動（山本修巳）「佐渡郷土文化」　佐渡郷土文化の会（133）2013.10

江戸時代に佐渡で観測された彗星の記録（特別寄稿）（池田雄彦）「佐渡地域誌研究」　佐渡地域誌研究会（11）2013.11

佐渡の山々　その他の山々（竹村博道）「佐渡地域誌研究」　佐渡地域誌研究会（11）2013.11

佐渡のムジナと漱石のタヌキ（斎藤明雄）「佐渡郷土文化」　佐渡郷土文化の会（134）2014.2

佐渡残雪（杉村邦彦）「佐渡郷土文化」　佐渡郷土文化の会（136）2014.10

古文書から見た江戸時代の生活─新田開発について（永井学）「佐渡地域誌研究」　佐渡地域誌研究会（12）2014.12

佐渡産金銀の輸送と北国街道（金子潤次）「北國街道研究」　北國街道の手をつなぐ会（15）2014.12

佐渡島

「沈黙の佐渡島」の変身─島を堪能してもらうために（中川芳郎）「佐渡郷土文化」　佐渡郷土文化の会（111）2006.6

佐渡島（鈴木鷹夫）「佐渡郷土文化」　佐渡郷土文化の会（113）2007.2

「佐渡島」の呼称について（1）佐渡人はいつから「佐渡が島」を用いたか（伊藤正一）「佐渡郷土文化」　佐渡郷土文化の会（116）2008.2

「佐渡島」の呼称（2）本邦人が佐渡人を見る眼（伊藤正一）「佐渡郷土文化」　佐渡郷土文化の会（117）2008.6

特別寄稿　佐渡島の農業史的研究─特に産金との関連について（本間雅彦）「佐渡地域誌研究」　佐渡地域誌研究会（7）2009.3

ヒスイ産地から搬出されたヒスイの類型について─佐渡島へのヒスイ搬入・搬出問題とその視点（関雅之）「頸城文化」　上越郷土研究会（59）2011.9

佐渡島へ渡った石見の漁師たち─それは四百年も昔（1）,（2）（村上英明）「郷土石見：石見郷土研究懇話会機関誌」　石見郷土研究懇話会（94）/（95）2014.1/2014.5

佐渡金銀山

佐渡金銀山の調査記（勝部昭）「季刊文化財」　島根県文化財愛護協会99　2002.2

佐渡金銀山と佐渡奉行所（〈小特集　甲州と佐渡〉）（西川広平）「甲斐」　山梨郷土研究会（111）2006.8

「松倉金山絵巻」と佐渡金銀山絵巻（資料紹介）（渡部浩二）「新潟県立歴史博物館研究紀要」　新潟県立歴史博物館（11）2010.3

相川の地名から佐渡金銀山の歴史を考える（特集　消えた集落・移転した集落）（高橋敏路）「越佐の地名」　越後・佐渡の地名を語る会（10）2010.3

世界史における石見銀山と佐渡金銀山─研究の整理と史料の見直し（竹田和夫）「新潟の生活文化：新潟県生活文化研究会誌」　新潟県生活文化研究会（17）2011.3

佐渡金銀山─近代鉱山への転換（余湖明彦）「鑑賞」　新潟文化観賞会（33）2012.2

資料紹介　新収載の佐渡金銀山関係資料について（渡部浩二）「新潟県立歴史博物館研究紀要」　新潟県立歴史博物館（13）2012.3

石井文峰筆「佐渡金銀山稼方之図」─二代歌川広重の佐渡金銀山関係浮世絵との関連を含めて（資料紹介）（渡部浩二）「新潟県立歴史博物館研究紀要」　新潟県立歴史博物館（15）2014.3

佐渡銀行

佐渡航海史要・拾遺（7）佐渡銀行事件（風間進）「佐渡郷土文化」　佐渡郷土文化の会（128）2012.2

佐渡金山

金山物語り（秋山俊隆）「糸魚川郷土研究」　糸魚川郷土研究会（2）2006.5

佐渡金山と寒月（山本修巳）「佐渡郷土文化」　佐渡郷土文化の会（119）2009.2

佐渡金山と"日本の原風景"のはざまで（髙野進）「佐渡郷土文化」　佐渡郷土文化の会（134）2014.2

佐渡金山顕彰碑（田中志津）「佐渡郷土文化」　佐渡郷土文化の会（135）2014.6

佐渡鉱山

佐渡鉱山の近代部屋制度（小林祐玄）「佐渡地域誌研究」　佐渡地域誌研究会（11）2013.11

佐渡市

佐渡市（市町村消息・短信）（北見継仁）「新史料協だより」　新潟県歴史資料保存活用連絡協議会（14）2009.3

佐渡路

古代北陸道越後佐渡路に関する諸問題（研究ノート）（浅井勝利）「新潟県立歴史博物館研究紀要」　新潟県立歴史博物館（11）2010.3

佐渡中等教育学校

「世阿弥の佐渡で～校歌に託した思い～」─県立佐渡中等教育学校　校歌（山本修巳）「佐渡郷土文化」　佐渡郷土文化の会（127）2011.10

佐渡国

他国へ移住した石見漁民の伝承─因幡国と佐渡国のこと（児島俊平）「郷土石見：石見郷土研究懇話会機関誌」　石見郷土研究懇話会（82）2009.12

江戸幕府撰佐渡国絵図の特徴（野積正吉）「富山史壇」　越中史壇会（160）2009.12

佐渡国独立の夢（山本修巳）「佐渡郷土文化」　佐渡郷土文化の会（128）2012.2

佐渡奉行街道

佐渡奉行街道と渡し跡（小池邦一）「群馬地名だより：群馬地名研究会会報」　群馬地名研究会（78）2011.12

佐渡奉行街道と総社宿の地名（福田紀雄）「群馬地名だより：群馬地名研究会会報」　群馬地名研究会（82）2013.4

佐渡奉行所

佐渡金銀山と佐渡奉行所（〈小特集　甲州と佐渡〉）（西川広平）「甲斐」　山梨郷土研究会（111）2006.8

佐渡（さわたり）

気になる地名「佐渡」（さわたり）（地名研究2）（北沢昭松）「越佐の地名」　越後・佐渡の地名を語る会（13）2013.3

気になる地名「佐渡」─さわたり─とは（北澤昭松）「郷土史燕」　燕市教育委員会（6）2013.3

沢根港

佐渡航海史要・拾遺（2）占魁丸と沢根港（風間進）「佐渡郷土文化」　佐渡郷土文化の会（122）2010.2

三条

三条古地図を見ての感想（廣川初枝）「三条歴史研究」　三条歴史研究会（3）2004.2

文政11年三条地震の記録（板垣俊介）「新潟の生活文化：新潟県生活文化研究会誌」　新潟県生活文化研究会（11）2005.2

越後三条大地震（古文書解読　近世文書教室）（塚田哲男）「とぐら：戸倉史談会誌」　戸倉史談会（30）2005.3

三条地名起源「三条＝ミカタ」説（杉野真司）「越佐の地名」　越後・佐渡の地名を語る会（7）2007.3

三条の地名にまつわるあれこれ─柳田国男と名処、及び鱈田地名雑感（杉野真司）「越佐の地名」　越後・佐渡の地名を語る会（8）2008.3

本当は三人の殿様に仕えた村だった（村越允弘）「三条歴史研究」　三条歴史研究会（7）2008.3

三条の地名由来って何？　井栗の杜の藤の花　五十嵐地名考　大面のオオモと読めますか？　後はサンジョッパライ（杉野真司）「越佐の地名」　越後・佐渡の地名を語る会（9）2009.7

三条の地名と小路名について（特集　消えた集落・移転した集落）（杉野真司）「越佐の地名」　越後・佐渡の地名を語る会（10）2010.3

伝説から見た三条の地名（佐藤茂）「三条歴史研究」　三条歴史研究会（9）2010.3

洪水に流された城（大野鉄男）「三条歴史研究」　三条歴史研究会（9）2010.3

三条歴史探訪（2）三条結核病院記念碑・三条医人・医家（鈴木英一）「三条歴史研究」　三条歴史研究会（12）2013.4

三条の歴史　このままでいいのか（佐藤茂）「三条歴史研究」　三条歴史研究会（13）2014.5

三条歴史探訪3　大面小学校校庭にある「二宮金次郎の銅像」と「謎の石像」（鈴木英一）「三条歴史研究」　三条歴史研究会（13）2014.5

北越戊辰戦争と三条周辺の村びとたち─三条市立図書館文書から（五十嵐稔）「郷土たがみ」　田上町郷土研究会（25）2014.6

三条古道

明日への歴史「三条古道」（佐藤茂）「三条歴史研究」　三条歴史研究会（10）2011.8

三条島

五十嵐川と三条島の一考察（大野鉄男）「三条歴史研究」　三条歴史研究会（6）2007.3

三条嶋之城

三条嶋之城の崩壊・その遠因（佐藤茂）「三条歴史研究」　三条歴史研究会（13）2014.5

三条城

三条城の所在をめぐって（2）─三条城は三条にあった（羽賀吉昭）「三条

北陸甲信越　　　　　　　　　　地名でたどる郷土の歴史　　　　　　　　　　新潟県

歴史研究」 三条歴史研究会　（2）2003.3

須頃と三条城（大野鉄男）「三条歴史研究」 三条歴史研究会　（11）2012.7

歴史の真相を探る 三条城・落城の検証（佐藤茂）「三条歴史研究」 三条歴史研究会　（12）2013.4

三島

「元禄越後国郷帳」の資料収集時期の検討―とりわけ頸城・刈羽・魚沼・古志・三島五郡の場合（青木不二夫）「越佐研究」 新潟県人文研究会　67　2010.5

三嶋郡

越後国三嶋郡の成立年代について―宋史日本伝の郡数の検討（桑原正史）「新潟史学」 新潟史学会　（57）2007.7

三王淵村

西蒲原郡三王淵村庄屋田野家文書について（目録）（本井晴信）「郷土史燕」 燕市教育委員会　（1）2008.3

三余堂

幕末期情報伝達の一様相―柏崎宿問屋と三余堂の若者の場合（本山幸一）「柏崎・刈羽」 柏崎刈羽郷土史研究会　（32）2005.4

椎谷藩

椎谷藩（《越後城下町の歴史と地名》）（高杉志朗）「越佐の地名」 越後・佐渡の地名を語る会　（7）2007.3

紫雲寺潟

紫雲寺潟の開発（大木幹雄）「越佐の地名」 越後・佐渡の地名を語る会　（3）2003.3

紫雲寺潟周辺の地名（長谷川勲）「越佐の地名」 越後・佐渡の地名を語る会　（3）2003.3

飯沼・見沼・紫雲寺潟―井澤為永の東国三大新田開発（青木義脩）「うらわ文化」 浦和郷土文化会　（121）2014.9

塩沢町

十日町市・旧塩沢町 史跡巡検の旅を終えて（小林憲市）「刈羽村文化」 刈羽村郷土史研究会　（82）2005.12

地名雑感―旧塩沢町と旧五十沢村ほか（高橋信一）「越佐の地名」 越後・佐渡の地名を語る会　（6）2006.3

塩津潟

「塩津潟」のうつりかわり（伊藤国夫）「おくやまのしょう ： 奥山荘郷土研究会誌」 奥山荘郷土研究会　（25）2000.3

塩津潟の「津」を想起（伊藤国夫）「おくやまのしょう ： 奥山荘郷土研究会誌」 奥山荘郷土研究会　2001.3

塩津潟が復活した要因（1）―古絵図に視点を当てて（伊藤國夫）「年報新発田学」 敬和学園大学　（1）2010.3

塩津潟が復活した要因（2）―古文書・市町村史に視点を当てて（投稿文）（伊藤國夫）「年報新発田学」 敬和学園大学　（2）2011.2

塩殿

塩殿が発電所の建設地に選ばれたのには（関俊和）「小千谷文化」 小千谷市総合文化協会『小千谷文化』編集委員会　（210・211）2013.3

塩の道

塩の道だった関田山脈の峠道（杉田幸治）「頸城文化」 上越郷土研究会　（51）2003.9

塩の道で送った塩は俵か叺か（杉本宇吉）「糸魚川郷土研究」 糸魚川郷土研究会　（1）2004.8

塩谷

奥山荘塩谷の草水油考（1）（齋藤熊蔵）「おくやまのしょう ： 奥山荘郷土研究会誌」 奥山荘郷土研究会　（32）2007.3

しげくら山

嶋道村のしげくら山をめぐる山論の経過（利根川晃義）「糸魚川郷土研究」 糸魚川郷土研究会　（3）2008.4

地蔵堂町

地蔵堂町小川家の商人活動（塚本智弘）「郷土史燕」 燕市教育委員会　（1）2008.3

下田

近世村松領の製紙業―七谷・下田郷を中心に（松永克男）「レポート加茂市史」 加茂市　2　2003.3

下田村

今のうちに下田村をお訪ねください（目黒悌一）「民話と文学の会かいほう」 民話と文学の会　（104）2004.7

私のふるさと下田村（古市静子）「民話と文学の会かいほう」 民話と文学の会　（104）2004.7

信濃川

信濃川下流域の興野・新田・受（藤田治雄）「越佐の地名」 越後・佐渡の地名を語る会　（3）2003.3

信濃川と共に歩んだ長岡の開田（水沢美穂）「越佐の地名」 越後・佐渡の地名を語る会　（3）2003.3

西蒲原郡における信濃川の影響による地名（福田則男）「越佐の地名」 越後・佐渡の地名を語る会　（3）2003.3

近世信濃川上中流域における鮭鱒漁入会権（高橋由美子）「昔風と当世風」 古々路の会　（85）2003.11

信濃川静かに流れよ！―信濃川と川岸町と子供達（佐藤健一郎）「小千谷文化」 小千谷市総合文化協会『小千谷文化』編集委員会　（174・175）2004.3

信濃川の鮭の歴史と文化について（渡邊綱義）「長岡郷土史」 長岡郷土史研究会　（41）2004.5

随想 信濃川のありがたさ（佐藤藤吉）「小千谷文化」 小千谷市総合文化協会『小千谷文化』編集委員会　（177）2004.11

信濃川でおこなわれた川漁（1），（2）（高橋由美子）「新潟の生活文化 ： 新潟県生活文化研究会誌」 新潟県生活文化研究会　（11）/（12）2005.2/2006.6

いわゆる「岩田論文」について―信濃川河道変遷についての71年前の論文の再検討の必要性について（羽賀吉昭）「三条歴史研究」 三条歴史研究会　（4）2005.3

上川西島通り村々と信濃川（今井雄介）「長岡郷土史」 長岡郷土史研究会　通号43　2006.3

変わる町の姿―北三条駅から新町・信濃川（佐藤茂）「三条歴史研究」 三条歴史研究会　（6）2007.3

近代における信濃川水運と熊森（3）（下村光吉）「郷土史燕」 燕市教育委員会　（1）2008.3

日本一の長河 千曲川・信濃川「佐久」 佐久史学会　（61）2010.12

信濃川と共に歩んできた小千谷・岩沢の昔の様子を知ろう！―小千谷市総合文化協会長小野坂庄一さんのお話（若月安明）「小千谷文化」 小千谷市総合文化協会『小千谷文化』編集委員会　（204）2011.7

信濃川河川敷

新潟県長岡市信濃川河川敷の人為的攪乱と植生の記録について（櫻井幸枝、藤塚治義）「長岡市立科学博物館研究報告」 長岡市立科学博物館　（45）2010.3

新発田

米軍進駐と新発田（8）―複数の顔を持つアメリカ（井上正一）「新発田郷土誌」 新発田郷土研究会　（30）2002.3

城下町新発田の成立と近代化の研究（渡辺幸二郎）「新発田郷土誌」 新発田郷土研究会　（31）2003.3

『ふるさと新発田』の名称（若林稔）「新発田郷土誌」 新発田郷土研究会　（32）2004.3

米軍進駐と新発田（9）―勝者と敗者（井上正一）「新発田郷土誌」 新発田郷土研究会　（32）2004.3

新発田青年会について―『新発田青年会誌』の紹介（荻野正博）「新発田郷土誌」 新発田郷土研究会　（32）2004.3

『新発田案内』（大正2年）について（荻野正博）「新発田郷土誌」 新発田郷土研究会　（34）2006.3

新潟県における兵営設置と地域振興―新発田・村松を中心として（吉田律人）「地方史研究」 地方史研究協議会　57（1）通号325　2007.2

新発田市に於ける指定文化財一覧表（参考資料）「新発田郷土誌」 新発田郷土研究会　（35）2007.3

城下町新発田―「観光まちづくり」で賑わいのある街に（若林利次）「年報新発田学」 敬和学園大学　（1）2010.3

昔々、米占領軍が新発田にやってきた（鈴木昭）「新発田郷土誌」 新発田郷土研究会　（40）2012.3

新発田市

戦後の新発田市における看護師の変遷（小野澤隆）「新発田郷土誌」 新発田郷土研究会　（42）2014.3

新発田城

《新発田城特集》「新発田郷土誌」 新発田郷土研究会　（31）2003.3

新発田城の三階櫓・辰巳櫓と日本の城（松田時次）「新発田郷土誌」 新発田郷土研究会　（31）2003.3

新発田城本丸内の櫓・石垣の建設と修復の覚書（高橋礼弥）「新発田郷土誌」 新発田郷土研究会　（31）2003.3

新発田城の普請と作事（鈴木秋彦）「新発田郷土誌」 新発田郷土研究会　（31）2003.3

新発田城（新潟県）に御三階と辰巳櫓が復元「城郭だより ： 日本城郭史学会会報」［日本城郭史学会］　47　2004.10

新発田藩

新発田藩における他国稼ぎをめぐる政策と地域の諸相（高橋菜奈子）「歴史」 東北史学会　102　2004.4

新発田藩下屋敷庭園

武将・大名の庭園（1）旧新発田藩下屋敷庭園および五十公野御茶屋庭園（松山茂雄）「城」 東海古城研究会　（195）2006.7

新潟県　　　　　　　　　　　　　　　地名でたどる郷土の歴史　　　　　　　　　　　　　　北陸甲信越

渋谷
　渋谷今昔（丸山秀子）「小千谷文化」　小千谷市総合文化協会『小千谷文化』編集委員会　（189・190）2007.11

渋海川
　渋海川地名考（高橋実）「越佐の地名」　越後・佐渡の地名を語る会　（10）2010.3

島上村
　明治期の旧島上村史料から（資料紹介）（西海土寿郎）「郷土史燕」　燕市教育委員会　（1）2008.3

島見
　北区内島見・近藤家文書について（1），（2）当道座文書について（広瀬秀）「新発田郷土誌」　新発田郷土研究会　（40）/（41）2012.3/2013.3

嶋道村
　天保六年 嶋道村矢沢祖左衛門道中記（斉藤賢治）「糸魚川郷土研究」　糸魚川郷土研究会　（5）2012.9

下加納
　克雪のために努力した下加納の人々―発見雪穴（小栗俊郎）「柏崎・刈羽」　柏崎刈羽郷土史研究会　（37）2010.4

下倉城
　下倉城（4）（目黒公司）「小千谷文化」　小千谷市総合文化協会『小千谷文化』編集委員会　（173）2003.11

下黒水
　下黒水の「寒倉講」（岩野笙子）「かも市史だより」　加茂市教育委員会市史編さん室　（15）2007.3

下島村
　文書資料番号650 下島村外四ヶ村と村松領新潟村の水論 明和二年〜明和三年下島村外四ヶ村の築堤の企て（淡路久雄）「見附郷土誌」　見附の歴史研究会　（20）2012.4

下新田
　洪水で消えた小国の地名「上新田・下新田」（特集 消えた集落・移転した集落）（高橋実）「越佐の地名」　越後・佐渡の地名を語る会　（10）2010.3

下猫巣
　妖しい地名 上猫巣・下猫巣（地名研究1）（幸田昭）「越佐の地名」　越後・佐渡の地名を語る会　（14）2014.3

下町
　新潟市「しも（下町）」の変遷―大正・昭和から平成へ（唐津正夫）「郷土新潟」　新潟郷土史研究会　（44）2004.3
　新潟市「しも（下町）」変遷―続き（唐津正夫）「郷土新潟」　新潟郷土史研究会　（46）2006.3

蛇喰
　蛇喰 新潟地名研究会（長谷川勲）「日本地名研究所通信」　日本地名研究所　（74）2012.5

十王堂川
　十王堂川の昔・今（安田横町・小路の変容）（藤田正義）「五頭郷土文化」　五頭郷土文化研究会　（56）2006.6

渋手
　真野湾南岸の海村 渋手と新町―山本半右衛門家の新町転住の背景（佐藤利夫）「佐渡郷土文化」　佐渡郷土文化の会　（125）2011.2

十二平村
　無人の村に歴史あり―長岡市の山村旧十二平村（広井忠男）「長岡郷土史」　長岡郷土史研究会　（42）2005.5

十宝山
　十宝山の碑（資料紹介）（岡眞須徳）「彌彦郷土誌」　弥彦村教育委員会　19　2004.12

庄右衛門町
　間山・庄右衛門町から大工町界隈―金銀山ロードの住人たち（2）（小林祐志）「佐渡地域誌研究」　佐渡地域誌研究会　（2）2003.7
　間山・庄右衛門町から大工町界隈―金銀山ロードの住人たち（3）部屋のことなど（小林祐玄）「佐渡地域誌研究」　佐渡地域誌研究会　（3）2004.7
　間山・庄右衛門町から大工町界隈（3）間山から庄右衛門町・金銀山ロードの住人たち（小林祐玄）「佐渡地域誌研究」　佐渡地域誌研究会　（5）2007.3
　間山・庄右衛門町から大工町界隈（5）金銀山ロードの住人たち・佐藤部屋のこと（小林祐志）「佐渡地域誌研究」　佐渡地域誌研究会　（7）2009.3

上越
　自由民権運動と政談演説会―上越地方を中心に（横山真一）「上越市史研究」　上越市　9　2004.1

　上越なおえつ信金倶楽部講演会から 新しい時代の地域づくりに向けて―上越地域の活性化への取り組み（村山秀幸）「直江の津」　直江津経済文化研究会　4（1）通号13　2004.6

　上越発展夢物語―温故知新百年の計に立つ（1）（杉山文雄）「頸城文化」　上越郷土研究会　（52）2004.7

　上越地方の地形と地震の可能性（高野武男）「直江の津」　直江津経済文化研究会　5（1）通号17　2005.3

　上越への旅（一條豊信）「北國街道研究」　北國街道の手をつなぐ会　（7）2006.9

　資料紹介 上越養老保険貯蓄子講―明治30年代に於ける保険事業例（村山和夫）「頸城文化」　上越郷土研究会　（54）2006.10

　市外史跡探訪 上越への旅（大島輝男）「史談足柄」　足柄史談会　47　2009.4

　新潟県上越地方の風土と産業（特集 次代に伝える―雪国の暮らし）（赤羽孝之）「地域文化」　八十二文化財団　（95）2011.1

　表紙 上越雪解（外処旭）「群馬風土記」　群馬出版センター　26（1）通号108　2012.1

上越市
　上越市・妙高市史跡巡検（五十嵐小夜子）「刈羽村文化」　刈羽村郷土研究会　（85）2006.12

上越妙高駅
　表紙・口絵 長野県の北の入口の一つとなる上越妙高駅（現脇野田駅）「長野」　長野郷土史研究会　（298）2014.12

城内
　南魚沼市域に見る郷土史研究のあゆみ―五十沢・城内・大巻地区（特集 南魚沼市域の郷土史）（本山幸一）「みなみうおぬま ： 郷土史編さん誌」　南魚沼市教育委員会　（10）2013.3

城内小学校山口分校
　城内小学校山口分校（〈思い出のわが母校〉）（松永靖夫）「むいかまち ： 町史編さん誌」　南魚沼市教育委員会　（3）2005.10

北条
　柏崎市・北条地区探訪記（巡見報告）（嘉瀬宏美）「長岡郷土史」　長岡郷土史研究会　通号47　2010.5

北条城
　中越沖地震 実録（ドキュメント）柏崎地震の瞬間を北条城址より直視する（〈特集 新潟県中越地震9〉）（広井忠男）「小千谷文化」　小千谷市総合文化協会『小千谷文化』編集委員会　（189・190）2007.11
　中越地震被害 その後/柏崎地震の瞬間を北条城址より直視する（広井忠男）「柏崎・刈羽」　柏崎刈羽郷土史研究会　（35）2008.4

城之川
　「城之川橋御普請諸扣帳」（斎藤賢治）「糸魚川郷土研究」　糸魚川郷土研究会　（2）2006.5

称名
　地名「称名」を読み解く（福田則男）「越佐の地名」　越後・佐渡の地名を語る会　（7）2007.3

称名寺
　角海浜と称名寺の発祥の地を訪ねる旅（田中絢）「まきの木」　巻郷土資料館友の会　（81）2004.10

昭和電工鹿瀬工場
　砂時計の中の昭和電工鹿瀬工場（沖田信悦）「阿賀路 ： 東蒲原郡郷土誌」　阿賀路の会　38　2000.5
　砂時計の中の昭和電工鹿瀬工場 鹿瀬発電所/番外編（捕虜たちがやって来た）（沖田信悦）「阿賀路 ： 東蒲原郡郷土誌」　阿賀路の会　39　2001.5
　砂時計の中の昭和電工鹿瀬工場（4），（5）（沖田信悦）「阿賀路 ： 東蒲原郡郷土誌」　阿賀路の会　41/43　2003.5/2005.5
　砂時計の中の昭和電工鹿瀬工場（番外編）―池塘に沈んださまざまな錘鉛（沖田信悦）「阿賀路 ： 東蒲原郡郷土誌」　阿賀路の会　44　2004.5
　砂時計の中の昭和電工鹿瀬工場 窒素工場建設（沖田信悦）「阿賀路 ： 東蒲原郡郷土誌」　阿賀路の会　46　2008.5
　昭和電工鹿瀬工場の私的な略年譜（沖田信悦）「阿賀路 ： 東蒲原郡郷土誌」　阿賀路の会　51　2013.5

女郎島
　探訪 女郎島（伊藤久司）「おくやまのしょう ： 奥山荘郷土研究会誌」　奥山荘郷土研究会　（38）2013.3

白岩
　伝説と文学の舞台「日本のローレライ越後白岩」（広井忠男）「新潟県文人研究」　越佐文人研究会　（9）2007.1

白河城
　戊辰の役「白河城の攻防」（郡外史跡めぐりに関連して）（西巻克夫）「阿

賀路 ： 東蒲原郡郷土誌」 阿賀路の会　45　2007.5

白河ノ庄

白河ノ庄に見える地名と金属伝承（地名研究2）（広田広也）「越佐の地名」　越後・佐渡の地名を語る会　(14)　2014.3

城川村

紹介記事 城川村青年團報 創刊号 昭和2年（城川村青年團）(1)〜[4]「小千谷文化」 小千谷市総合文化協会『小千谷文化』編集委員会　(174・175)/(178・179)　2004.3/2005.3

新川

写真紹介 新川暗閘「新潟市歴史資料だより」 新潟市総務局国際文化部歴史文化課　(8)　2009.3

新田

信濃川下流域の興隆・新田・受（藤川治雄）「越佐の地名」 越後・佐渡の地名を語る会　(3)　2003.3
新田地名の消長（栃尾郷の例）（石田哲弥）「越佐の地名」 越後・佐渡の地名を語る会　(3)　2003.3

新田町

村松・新田町をめぐる話（斎藤義信）「郷土村松」 村松郷土史研究会　(64)　2007.3

新田村

大潟用水開発と大潟開発によって生まれた新田村（宮島清）「越佐の地名」 越後・佐渡の地名を語る会　(3)　2003.3

新町

資料 新町（旧真野町）家並順調査（山本修之助）「佐渡郷土文化」 佐渡郷土文化の会　(108)　2005.6
変わる町の姿—北三条駅から新町・信濃川（佐藤茂）「三条歴史研究」 三条歴史研究会　(6)　2007.3
真野湾南岸の海村 渋そと新町—山本半右衛門家の新町転住の背景（佐藤利夫）「佐渡郷土文化」 佐渡郷土文化の会　(125)　2011.2
北越戊辰戦跡めぐり—中島から新町界隈（巡見報告）（堀井實）「長岡郷土史」 長岡郷土史研究会　(48)　2011.5

瑞祥庵

湯沢町の瑞祥庵を尋ねて（西方鉄二）「小千谷文化」 小千谷市総合文化協会『小千谷文化』編集委員会　(176)　2004.6

水原

「水原」か「杉原」か（阿部二郎）「五頭郷土文化」 五頭郷土文化研究会　50　2003.7

崇徳館

長岡藩校「崇徳館」「学規」の訓読の試み（今井雄介）「長岡郷土史」 長岡郷土史研究会　通号47　2010.5

杉原

「水原」か「杉原」か（阿部二郎）「五頭郷土文化」 五頭郷土文化研究会　50　2003.7

直江町排水路

三条歴史探訪「直江町排水路」・「由利公園」・「広貞公園」（鈴木英一）「三条歴史研究」 三条歴史研究会　(11)　2012.7

須頃

須頃と三条城（大野鉄男）「三条歴史研究」 三条歴史研究会　(11)　2012.7

住田村

資料紹介 越後蒲原郡住田村慈眼庵珍山偏礼回向（高橋亀司郎）「おくやまのしょう ： 奥山荘郷土研究会誌」 奥山荘郷土研究会　(39)　2014.3

栖吉川

「一九四五・長岡戦災焼失図」「一九四五・建物地図」思い出しながら 十三 栖吉川の周辺（桜井修）「長岡郷土史」 長岡郷土史研究会　(48)　2011.5

栖吉城

栖吉城下の城下町形成—中世における栖吉村落の研究(3)（広井造）「長岡市立科学博物館研究報告」 長岡市立科学博物館　(39)　2004.3

諏訪

諏訪の谷の月（吉川幸之助）「おくやまのしょう ： 奥山荘郷土研究会誌」 奥山荘郷土研究会　(25)　2000.3

諏訪峠

東蒲の峠紀行(1) 諏訪峠（五十嵐義昭）「阿賀路 ： 東蒲原郡郷土誌」 阿賀路の会　41　2003.5
諏訪峠に魅せられた私（戊辰戦争140周年特集）（山中信助）「阿賀路 ： 東蒲原郡郷土誌」 阿賀路の会　46　2008.5
平成・雪の諏訪峠越え道中記（戊辰戦争140周年特集）（大江安雄）「阿賀路 ： 東蒲原郡郷土誌」 阿賀路の会　46　2008.5

関川

母なる川、関川の再生を（濁川明男）「直江の津」 直江津経済文化研究会　4(2)通号14　2004.9
関川御関所勤方を巡る農民の闘い（前）、（後）（青山始義）「頸城文化」 上越郷土研究会　(57)/(58)　2009.10/2010.9
気象学から見た8.28豪雨と38豪雪（伊藤敏）「関川学研究紀要」 関川学研究会　(4)　2012.6

関川関所

近世前期における関川関所の実態と高田藩の関所政策（内野豊大）「信濃 ［第3次］」 信濃史学会　55(11)通号646　2003.11
この眼で見た道中記の世界—関川関所・柏原から戸隠・天橋立まで（佐藤貢）「北方風土 ： 北国の歴史民俗考古研究誌」 イズミヤ出版　通号51　2006.1

関川村

年貢帳から見た関川村（青山始義）「頸城文化」 上越郷土研究会　(54)　2006.10
関川村に残る米沢街道の痕跡（横山征平）「関川学研究紀要」 関川学研究会　(1)　2008.2
囲碁の雑学と関川村の囲碁界（佐藤忠良）「関川学研究紀要」 関川学研究会　(3)　2010.3

関原

関原の戊辰戦争（太田修）「長岡郷土史」 長岡郷土史研究会　通号47　2010.5

瀬波温泉

瀬波温泉発達史—波済健氏口述書より（高橋亀司郎）「おくやまのしょう ： 奥山荘郷土研究会誌」 奥山荘郷土研究会　(32)　2007.3

蝉ヶ平銅山

"会津領内随一"と紹介された蝉ヶ平銅山—資料と現地踏査の紹介（長谷川昭平）「阿賀路 ： 東蒲原郡郷土誌」 阿賀路の会　49　2011.5

善喜島

善喜島の一考察（今井雄介）「長岡郷土史」 長岡郷土史研究会　(42)　2005.5

善光寺

善光寺地震の記録（渡辺孝行）「頸城文化」 上越郷土研究会　(56)　2008.10

髻削

蒲原の開発と地名のロマン「打越」と「髻削」（特集 消えた集落・移転した集落）（北澤昭松）「越佐の地名」 越後・佐渡の地名を語る会　(10)　2010.3

専念寺

勇猛山専念寺の由来と小局村の今昔（堀川喜久司）「頸城文化」 上越郷土研究会　(58)　2010.9

惣座峠

郡内の峠紀行(7) 惣座峠（阿賀町福取）（渡部一郎）「阿賀路 ： 東蒲原郡郷土誌」 阿賀路の会　47　2009.5

沢海

城下町・沢海（〈越後城下町の歴史と地名〉）（羽賀源二）「越佐の地名」 越後・佐渡の地名を語る会　(7)　2007.3

曽根

戊辰戦争と長岡藩蒲原両組—慶応四年・曽根うちこわしの見直し（亀井功）「郷土史燕」 燕市教育委員会　(6)　2013.3

田家

新津市大字田家の地名（星名忠直）「越佐の地名」 越後・佐渡の地名を語る会　(5)　2005.3
田家（旧新津市）の地名物語り（星名忠直）「越佐の地名」 越後・佐渡の地名を語る会　(6)　2006.3
旧新津市田家の地名（星名忠直）「越佐の地名」 越後・佐渡の地名を語る会　(7)　2007.3

大工町

間山・庄右衛門町から大工町界隈—金銀山ロードの住人たち(2)（小林祐玄）「佐渡地域誌研究」 佐渡地域誌研究会　(2)　2003.7
間山・庄右衛門町から大工町界隈—金銀山ロードの住人たち(3)部屋のことなど（小林祐玄）「佐渡地域誌研究」 佐渡地域誌研究会　(3)　2004.7
間山・庄右衛門町から大工町界隈(3) 間山から庄右衛門・金銀山ロードの住人たち（小林祐玄）「佐渡地域誌研究」 佐渡地域誌研究会　(5)　2007.3
間山・庄右衛門町から大工町界隈(5) 金銀山ロードの住人たち・佐藤部屋のこと（小林祐玄）「佐渡地域誌研究」 佐渡地域誌研究会　(7)　2009.3

新潟県　地名でたどる郷土の歴史　北陸甲信越

胎内川

胎内川流域稲作のはじまり（片野徳蔵）「おくやまのしょう ： 奥山荘郷土研究会誌」 奥山荘郷土研究会 （27）2002.3

地名考 「胎内川」はアイヌ語ではない（片野徳蔵）「おくやまのしょう ： 奥山荘郷土研究会誌」 奥山荘郷土研究会 （31）2005.3

地名考 「胎内川」はアイヌ語ではない（片野徳蔵）「おくやまのしょう ： 奥山荘郷土研究会誌」 奥山荘郷土研究会 （31）2006.3

「胎内川」はアイヌ語地名ではない（《アイヌ語地名とその考察》）（片野徳蔵）「越佐の地名」 越後・佐渡の地名を語る会 （8）2008.3

岩船柵、後の越後城は、加治川水系か胎内川水系にあり（木村恬文）「新発田郷土誌」 新発田郷土研究会 （36）2008.3

後世に伝えたい地名 蔵王山・古坊・胎内川（片野徳蔵）「越佐の地名」 越後・佐渡の地名を語る会 （9）2009.7

胎内川の読み方の変遷（高橋範行）「おくやまのしょう ： 奥山荘郷土研究会誌」 奥山荘郷土研究会 （39）2014.3

胎内市

揚北の歴史文化（胎内市）を訪ねる（巡見報告）（菅原茂生）「長岡郷土史」 長岡郷土史研究会 （48）2011.5

大日原演習所

旧陸軍大日原演習場（稲垣森太）「郷土新潟」 新潟郷土史研究会 （49）2009.3

高岡城

一国一城令とよみがえる越中高岡城（陶山誠）「城」 東海古城研究会 182　2002.2

高城

新潟県三条市高城跡について（鳴海忠夫）「北陸の中世城郭」 北陸城郭研究会 （18）2008.7

高田城

文政八年高田城下大火の記録（清水萬蔵）「頸城文化」 上越郷土研究会 （60）2012.9

高田城の瓦 従来の通説「河波良神社で瓦を焼き、高田城を築く」を、「主に福島城の瓦を用いて築城した」と新説の提唱（吉川繁）「頸城文化」 上越郷土研究会 （60）2012.9

「高田城」幻視考（会津美里編 下野街道）（齋藤哲尉）「下野街道」 ヤマト企画編集部 （13）2013.5

特集 越後国府・越後守護所・春日山城・福島城・高田城へ至る道 「高田開府400年」の意味 その1、その2（小島幸雄）「直江の津」 直江津経済文化研究会 9（1）通号33/10（1）通号34 2013.12/2014.7

特集 越後国府・越後守護所・春日山城・福島城・高田城へ至る道 「高田開府400年」の意味 その3 高田城は危機管理の城（小島幸雄）「直江の津」 直江津経済文化研究会 10（2）通号35 2014.12

高田藩

近世前期における関川関所の実態と高田藩の関所政策（内野豊大）「信濃［第3次］」 信濃史学会 55（11）通号646 2003.11

異国船来航と高田藩の沿岸防衛（青山始義）「長野」 長野郷土史研究会 233　2004.1

高田藩の穀留と北国街道の宿場（青山始義）「北國街道研究」 北國街道の手をつなぐ会 （7）2006.9

高田藩（越後城下町の歴史と地名》）（杉田幸治）「越佐の地名」 越後・佐渡の地名を語る会 （7）2007.3

魚沼郡でみられる高田藩の追い風猟（桑原孝）「魚沼文化」 魚沼文化の会 （57）2009.3

魚沼山村にみる松平光長高田藩の給人知行（1）～（2） 大島荘蔵王堂の不動明王像銘記は何を語るか（本山幸一）「越佐研究」 新潟県人文研究会 69/70　2012.5/2013.9

区外史料調査報告 榊原家本所五ツ目下屋敷と辻番所―上越市高田藩榊原家史料（斉藤照徳）「下町文化」 江東区地域振興部 （258）2012.7

史料を読む 『嘉永新聞』と越後高田藩（齋藤純）「開国史研究」 横須賀市 （13）2013.3

高田藩開府四〇〇年と高田藩（高田開府四百年 特集号）（植木宏）「頸城文化」 上越郷土研究会 （61）2013.9

高千鉱山

相川・高千（入川）鉱山について―聞いた話（仲田善夫）「佐渡地域誌研究」 佐渡地域誌研究会 （1）2002.7

相川・高千（入川）鉱山について（2）（仲田善夫）「佐渡地域誌研究」 佐渡地域誌研究会 （2）2003.7

高千村

舞い降りた大きな夕鶴は如何にして飛び立ったか―高千（入川・北立島）海岸英国軍用輸送機不時着・離陸の記［1］～（3）（仲田善夫）「佐渡地域誌研究」 佐渡地域誌研究会 （3）/（11）2004.7/2013.11

高坪山

親しまれる高坪山（会員の広場）（川崎捨夫）「おくやまのしょう ： 奥山荘郷土研究会誌」 奥山荘郷土研究会 （35）2010.3

高津谷城

高津谷城の縄張りについて（鳴海忠夫）「長岡郷土史」 長岡郷土史研究会 （48）2011.5

高梨村

高梨村五辺大火罹災者復興激励文書（西方鉄二）「小千谷文化」 小千谷市総合文化協会『小千谷文化』編集委員会 （172）2003.6

高梨村五辺大火罹災者復興激励文書『郷土』（西方鉄二）「小千谷文化」 小千谷市総合文化協会『小千谷文化』編集委員会 （174・175）2004.3

田上

田上と報徳主義（中山之隆）「郷土たがみ」 田上町郷土研究会 （19）2008.6

百年前の田上の一日―その日の衣と食から（丸山久子）「郷土たがみ」 田上町郷土研究会 （21）2010.6

田上ことばいろは川柳（神田藤一郎）「郷土たがみ」 田上町郷土研究会 （21）2010.6

巨大地主の狭間で（戦前の田上）主要地主の土地所有と中小地主（長谷川昭一）「郷土たがみ」 田上町郷土研究会 （23）2012.6

田上駅

田上町の鉄道 「羽生田駅と田上駅」（瀬古龍雄）「郷土たがみ」 田上町郷土研究会 （23）2012.6

田上町

戊辰戦争と草莽の志士達（1），（2）（吉沢和平）「郷土たがみ」 田上町郷土研究会 （14）/（15）2003.6/2004.6

田切村

田口村と田切村との山論（青山始義）「頸城文化」 上越郷土研究会 （60）2012.9

田口村

近世田口村の発展と衰微（青山始義）「頸城文化」 上越郷土研究会 （55）2007.10

田口村と田切村との山論（青山始義）「頸城文化」 上越郷土研究会 （60）2012.9

竹樫城

緊急レポート 小千谷の山城「金倉山 竹樫城 確認される」（広井忠男）「小千谷文化」 小千谷市総合文化協会『小千谷文化』編集委員会 （202・203）2011.3

田島町

阿賀町と旧田島町の若干の関係（郡外史跡巡り）（杉崎巌）「阿賀路 ： 東蒲原郡郷土誌」 阿賀路の会 50　2012.5

只見町

只見町へ行ってみた（服部文枝）「小千谷文化」 小千谷市総合文化協会『小千谷文化』編集委員会 （209）2012.12

タタラ峰

ドンデン山とタタラ峰―佐渡の金属地名と伝説（高橋敏路）「全国地名研究交流誌 地名談話室」 日本地名研究所 19　2004.8

達者

達者という地名―なぜ山椒大夫の舞台が佐渡になったのか（高橋敏路）「越佐の地名」 越後・佐渡の地名を語る会 （11）2011.3

館腰村

旧館腰村（村上市）の歴史と地名（地名研究2）（長谷川勲）「越佐の地名」 越後・佐渡の地名を語る会 （14）2014.3

七夕城

守門村七夕城の縄張りについて（鳴海忠夫）「越佐補遺些」 越佐補遺些の会 （8）2003.7

樽田

消滅集落樽田（津南町）について（特集 消えた集落・移転した集落）（丸山昇）「越佐の地名」 越後・佐渡の地名を語る会 （10）2010.3

檀特山

佐渡の山々（3）―金北山周辺と檀特山（竹村博道）「佐渡地域誌研究」 佐渡地域誌研究会 （8）2010.11

谷根村

中世、谷根村の古蹟をさぐる（平原順二）「柏崎・刈羽」 柏崎刈羽郷土史研究会 （34）2007.4

千国街道

越後道・糸魚川街道と千国街道（小林茂喜）「信濃［第3次］」 信濃史学会 64（8）通号751 2012.8

乳の淖

佐渡・御手洗淖・乳の淖について（太田和宏）「越後赤塚」 赤塚郷土研究会 （24）2013.7

茶郷川

なつかしき茶郷川の風景（手塚勝洋）「小千谷文化」 小千谷市総合文化協会『小千谷文化』編集委員会 （194・195） 2009.3

中越

新潟県中越地震における被災文化財救出と防災への取り組み（村田忠繁）「元興寺文化財研究」 元興寺文化財研究所 （86） 2005.1

緊急レポート 地名は教えていた—新潟県中越地震（楠原佑介）「全国地名保存連盟会報」 全国地名保存連盟 57 2005.1

新潟県中越大震災現地報告—県立文書館・新史料協の動き（中川浩宣）「全国歴史資料保存利用機関連絡協議会会報」 ［全国歴史資料保存利用機関連絡協議会］ 70 2005.1

〈緊急特集1 新潟県中越地震〉「史料ネットnews letter」 歴史資料ネットワーク 40 2005.3

新潟県中越大震災と長岡市立中央図書館文書館資料室（田中洋史）「史料ネットnews letter」 歴史資料ネットワーク 40 2005.3

《特集 新潟県中越地震》「小千谷文化」 小千谷市総合文化協会『小千谷文化』編集委員会 （178・179） 2005.3

寺の街中越地震余話（西脇宏司）「小千谷文化」 小千谷市総合文化協会『小千谷文化』編集委員会 （178・179） 2005.3

惨状の中越地震（桜井良治）「小千谷文化」 小千谷市総合文化協会『小千谷文化』編集委員会 （178・179） 2005.3

私の中越地震体験記（広井忠男）「小千谷文化」 小千谷市総合文化協会『小千谷文化』編集委員会 （178・179） 2005.3

真人に於ける中越地区大地震のこと（滝internal龍三郎）「小千谷文化」 小千谷市総合文化協会『小千谷文化』編集委員会 （178・179） 2005.3

中越大地震と地域コミュニティー（塚田茂）「小千谷文化」 小千谷市総合文化協会『小千谷文化』編集委員会 （178・179） 2005.3

震災雑感（那須文雄）「小千谷文化」 小千谷市総合文化協会『小千谷文化』編集委員会 （178・179） 2005.3

揺れる大地（佐藤二一）「小千谷文化」 小千谷市総合文化協会『小千谷文化』編集委員会 （178・179） 2005.3

地震に遭ったとき（矢久保徳司）「小千谷文化」 小千谷市総合文化協会『小千谷文化』編集委員会 （178・179） 2005.3

新潟県中越地震その後（佐藤藤吉）「小千谷文化」 小千谷市総合文化協会『小千谷文化』編集委員会 （178・179） 2005.3

恵まれた避難生活（関口作政）「小千谷文化」 小千谷市総合文化協会『小千谷文化』編集委員会 （178・179） 2005.3

地震回顧（佐藤コマキ）「小千谷文化」 小千谷市総合文化協会『小千谷文化』編集委員会 （178・179） 2005.3

地震で受けた恩愛（伊佐郁子）「小千谷文化」 小千谷市総合文化協会『小千谷文化』編集委員会 （178・179） 2005.3

地震のつめ跡の惨さ（藤岡義明）「小千谷文化」 小千谷市総合文化協会『小千谷文化』編集委員会 （178・179） 2005.3

びっくりした中越地震新潟市（塚田タキノ）「小千谷文化」 小千谷市総合文化協会『小千谷文化』編集委員会 （178・179） 2005.3

おぢや歳時記（24） 新潟県中越地震特集（阿部映一，手塚登代子，草野友三郎，伊佐郁子，榎本栄子，佐藤キヨ，星野ヒロ子，矢久保司）「小千谷文化」 小千谷市総合文化協会『小千谷文化』編集委員会 （178・179） 2005.3

事務局復興奮闘記（佐藤キヨ）「小千谷文化」 小千谷市総合文化協会『小千谷文化』編集委員会 （178・179） 2005.3

被災報告 中之島町・長岡市／十日町市・小千谷市「新史料協だより」 新潟県歴史資料保存活用連絡協議会 （10） 2005.3

直感！ 震度7（中越地震体験記）（山崎正治）「柏崎・刈羽」 柏崎刈羽郷土史研究会 （32） 2005.4

〈特集2 新潟県中越地震と歴史資料の救済〉「新潟史学」 新潟史学会 （53） 2005.5

新潟県中越大震災と歴史資料保全活動（山本幸俊）「新潟史学」 新潟史学会 （53） 2005.5

被災体験と「小千谷地震」予知の記憶（西澤睦郎）「新潟史学」 新潟史学会 （53） 2005.5

新潟県中越地震と貞観五年の越中越後地震記事（小林昌二）「新潟史学」 新潟史学会 （53） 2005.5

新潟県中越大震災の被害状況（1）（「活写された明治・大正の長岡—石塚三郎旧蔵ガラス乾板写真展」開催報告）（金垣孝二）「長岡郷土史」 長岡郷土史研究会 （42） 2005.5

《特集 新潟県中越地震2》「小千谷文化」 小千谷市総合文化協会『小千谷文化』編集委員会 （180） 2005.7

震災日記（渡辺三省）「小千谷文化」 小千谷市総合文化協会『小千谷文化』編集委員会 （180） 2005.7

子や孫にこの体験を克明に残し伝えていきたい（阿部正明）「小千谷文化」 小千谷市総合文化協会『小千谷文化』編集委員会 （180） 2005.7

どうしてこんな馬鹿げた大地震に（佐藤栄太郎）「小千谷文化」 小千谷市総合文化協会『小千谷文化』編集委員会 （180） 2005.7

娘の嫁ぎ先で一ヶ月の避難生活（小野坂行雄）「小千谷文化」 小千谷市総合文化協会『小千谷文化』編集委員会 （180） 2005.7

非情な地震によってくずれた老後の生活設計（保科ツネ）「小千谷文化」 小千谷市総合文化協会『小千谷文化』編集委員会 （180） 2005.7

ヘリの爆音と、地震の地鳴り、家鳴りが（阿部映一）「小千谷文化」 小千谷市総合文化協会『小千谷文化』編集委員会 （180） 2005.7

商工業者の復活なくして小千谷の復活はありえない（野沢清次）「小千谷文化」 小千谷市総合文化協会『小千谷文化』編集委員会 （180） 2005.7

自宅は半壊、夫の実家と妹の家は全壊…（服部文枝）「小千谷文化」 小千谷市総合文化協会『小千谷文化』編集委員会 （180） 2005.7

目に見えない大きな力で守られていたことに感謝（星野ヒロ子）「小千谷文化」 小千谷市総合文化協会『小千谷文化』編集委員会 （180） 2005.7

新潟県中越地震の記事を読んで（大垣市・小西光明様より）「小千谷文化」 小千谷市総合文化協会『小千谷文化』編集委員会 （180） 2005.7

中越地震と歴史資料保存の取り組みにかかわって（滝沢繁）「地方史研究」 地方史研究協議会 55（4）通号316 2005.8

《特集 新潟県中越地震3》「小千谷文化」 小千谷市総合文化協会『小千谷文化』編集委員会 （181） 2005.11

新潟県川口町震源・直下型中越大地震発生の記録（佐藤健一郎）「小千谷文化」 小千谷市総合文化協会『小千谷文化』編集委員会 （181） 2005.11

被災者へのよき対策を願う（須田典子）「小千谷文化」 小千谷市総合文化協会『小千谷文化』編集委員会 （181） 2005.11

新潟県中越地震の記事を読んで（大垣市・小西光明様より）「小千谷文化」 小千谷市総合文化協会『小千谷文化』編集委員会 （181） 2005.11

大地震が結んだ郷土の歴史 御open鑑札発見によせて（小野坂庄一）「小千谷文化」 小千谷市総合文化協会『小千谷文化』編集委員会 （182・183） 2006.3

中山間地・法末地区を襲った中越地震大地震（〈特集 新潟県中越地震4〉）（大橋毅）「小千谷文化」 小千谷市総合文化協会『小千谷文化』編集委員会 （182・183） 2006.3

被災史料への対応—7.13水害・中越大震災（平成17年度公文書等利用講座）（田中洋史）「新史料協だより」 新潟県歴史資料保存活用連絡協議会 （11） 2006.3

報告 新潟県中越大震災の被害状況（2）～（4）（金垣孝二）「長岡郷土史」 長岡郷土史研究会 通号43／通号45 2006.5/2008.5

水害及び中越地震を想う（声）（渋谷歌子）「新潟の生活文化 ： 新潟県生活文化研究会誌」 新潟県生活文化研究会 （12） 2006.6

中越地震の記（声）（鈴木秋彦）「新潟の生活文化 ： 新潟県生活文化研究会誌」 新潟県生活文化研究会 （12） 2006.6

中越大地震！ あの時…［1］～（12）（荒井英子）「小千谷文化」 小千谷市総合文化協会『小千谷文化』編集委員会 （184）／（204） 2006.7/2011.7

新潟県中越地震から一年—史料保存の取り組みに接して（本田雄二）「地方史研究」 地方史研究協議会 56（4）通号322 2006.8

大震災から2年（〈特集 新潟県中越地震6〉）（佐藤藤吉，関口作政，佐藤コマキ，平沢吉郎，関口作平，手塚勝洋，塚田茂，須田典子，服部文枝，西脇宏司，木野本錴子［まとめ］）「小千谷文化」 小千谷市総合文化協会『小千谷文化』編集委員会 （185） 2006.11

地震で出てきた街並図—東大通のいま・むかし（〈特集 新潟県中越地震7〉）（木野本錴子）「小千谷文化」 小千谷市総合文化協会『小千谷文化』編集委員会 （186・187） 2007.3

緊急報告 震災ふたたび—新潟県中越沖地震（本井晴信）「全国歴史資料保存利用機関連絡協議会会報」 ［全国歴史資料保存利用機関連絡協議会］ （79） 2007.8

文化財・歴史資料の地震対策—中越地震から中越沖地震へ（矢田俊文）「新潟史学」 新潟史学会 （58） 2007.10

中越沖地震 実録（ドキュメント）柏崎地震の瞬間を北条城址より直視する（〈特集 新潟県中越地震9〉）（広井忠男）「小千谷文化」 小千谷市総合文化協会『小千谷文化』編集委員会 （189・190） 2007.11

新潟県中越地震沖地震について（〈特集 新潟県中越地震9〉）（佐藤藤吉）「小千谷文化」 小千谷市総合文化協会『小千谷文化』編集委員会 （189・190） 2007.11

新潟県中越大地震の経験—主に行政の立場から（〈2006年度総会記念シンポジウム「首都圏大地震と文化財保存を考える」〉）（本井晴信）「神奈川地域史研究」 神奈川地域史研究会 （25） 2007.12

「博物館、動く」 平成19年度の歴史博物館（新潟県中越沖地震／平成19年度の企画展）「新潟県立歴史博物館博物館だより ： 新潟県立歴史博物館総合情報誌」 新潟県立歴史博物館 （18） 2008.3

中越沖地震の被災・対応報告（金垣孝二）「新史料協だより」 新潟県歴史資料保存活用連絡協議会 （25） 2008.3

中越沖地震でわかった水の恵みと水道の工夫（高橋義昭）「柏崎・刈羽」 柏崎刈羽郷土史研究会 （35） 2008.4

新潟県　　　　　　　　　　　　地名でたどる郷土の歴史　　　　　　　　　　　　北陸甲信越

緊急報告 中越大地震、中越沖地震─2度の震災をかえりみて（本井晴信）「全国歴史資料保存利用機関連絡協議会会報」［全国歴史資料保存利用機関連絡協議会］（82）2008.6

編集中です『郷土長岡を創った人々』、長岡市史双書No.48『新潟県中越大震災と史料保存を考える』（古川絵理）「長岡あーかいぶす」 長岡市立中央図書館文書資料室　（7）2008.12

報告 新潟県中越大震災及び中越沖地震の被害状況（5）（金垣孝二）「長岡郷土史」 長岡郷土史研究会　通号46　2009.5

あの日の一コマ 写真提供（特集 中越大地震から5年）（和田忠良）「小千谷文化」 小千谷市総合文化協会『小千谷文化』編集委員会　（196）2009.7

追想 割れた山古志の大地（特集 中越大地震から5年）（酒井省吾）「小千谷文化」 小千谷市総合文化協会『小千谷文化』編集委員会　（196）2009.7

地域コミュニティの進展（特集 中越大地震から5年）（塚田茂）「小千谷文化」 小千谷市総合文化協会『小千谷文化』編集委員会　（196）2009.7

災害と文書資料室（5）中越大震災から5年（田中洋史）「長岡あーかいぶす」 長岡市立中央図書館文書資料室　（8）2009.10

皆様から助けて戴いた日々（特集 中越大地震から5年）（高野明美）「小千谷文化」 小千谷市総合文化協会『小千谷文化』編集委員会　（197）2009.11

中越大地震と越後闘牛の復興（特集 中越大地震から5年）（広井忠男）「小千谷文化」 小千谷市総合文化協会『小千谷文化』編集委員会　（197）2009.11

中越大地震から5年経て（特集 中越大地震から5年）（星野ヒロ子）「小千谷文化」 小千谷市総合文化協会『小千谷文化』編集委員会　（197）2009.11

中越大地震体験記 身を守ってくれた主人の本棚（特集 新潟県中越地震）（阿部トイ子）「小千谷文化」 小千谷市総合文化協会『小千谷文化』編集委員会　（198・199）2010.3

中越地震の記録（2）特産錦鯉の震災復興（特集 新潟県中越地震）（広井忠男）「小千谷文化」 小千谷市総合文化協会『小千谷文化』編集委員会　（198・199）2010.3

失われゆく雪国のくらし（広井忠男）「小千谷文化」 小千谷市総合文化協会『小千谷文化』編集委員会　（198・199）2010.3

報告 新潟県中越大震災及び中越沖地震の被害状況（6）（最終）（金垣孝二）「長岡郷土史」 長岡郷土史研究会　通号47　2010.5

中越地震の記録（3）中山間地の離村と集落維持（特集 新潟県中越地震）（広井忠男）「小千谷文化」 小千谷市総合文化協会『小千谷文化』編集委員会　（200）2010.7

私蔵史料公開に先立ち 中越大地震による出遅れを取り戻しつつ 連載─ふるさとの知られざる歴史と文化の史料紹介メモ「小千谷&越後あーかいぶす」（1）、（2）（小野坂庄一）「小千谷文化」 小千谷市総合文化協会『小千谷文化』編集委員会　（208）/（209）2012.7/2012.12

連載「郷土の近代」ふるさとの知られざる歴史と文化の史料紹介「小千谷&越後あーかいぶす」（3）（中越大地震（2004─H16・10・23）を乗り越えて…）（小野坂庄一）「小千谷文化」 小千谷市総合文化協会『小千谷文化』編集委員会　（210・211）2013.3

連載「本協会所有史料」ふるさとの知られざる歴史と文化の史料紹介「小千谷&越後あーかいぶす」（4）（中越大地震（2004─H16・10・23）を乗り越えて…）（小野坂庄一）「小千谷文化」 小千谷市総合文化協会『小千谷文化』編集委員会　（210・211）2013.3

新潟県中越地方の苗場山塔と妙高山塔（山崎進）「長岡市立科学博物館研究報告」 長岡市立科学博物館　（48）2013.3

郷土史料は世界の遺産 中越大地震（平成16・10・23/2004）を乗り越えて… 小千谷&越後あーかいぶす（小野坂文庫を中心に！）（5）表紙説明「新撰大日本永代節用無盡蔵」/（6）文化2年（1805）「小千谷取調一件」/（7）近代国家の黎明期史料 城川村 三佛生 千田村/（8）県立歴史博物館 第10回マイコレクションワールド展出展参加/（9）小千谷市史編さん史料 小千谷総合文化協会所有の文書について 小千谷市史編さん事業発足への礎となった宝物（小野坂庄一）「小千谷文化」 小千谷市総合文化協会『小千谷文化』編集委員会　（212）2013.7

資料紹介 越後山古志の近世漆器─平成16年新潟県中越地震の救済資料から（齋藤瑞穂）「新潟史学」 新潟史学会　（71）2014.6

中央区
北国街道の戊辰戦争碑をたずねて─中央区から赤塚まで（飯田哲男）「越後赤塚」 赤塚郷土研究会　（24）2013.7

中条
中条地区で体験された歴史地震（高橋範行）「おくやまのしょう：奥山荘郷土研究会誌」 奥山荘郷土研究会　（32）2007.3

中条町
近現代 中条町の文化活動（高橋亀司郎）「おくやまのしょう：奥山荘郷土研究会誌」 奥山荘郷土研究会　（29）2004.5

長生橋
長生橋西詰の石碑の誤記（近藤久）「長岡郷土史」 長岡郷土史研究会　通号43　2006.5

長生橋あれこれ（内山弘）「長岡郷土史」 長岡郷土史研究会　通号44　2007.5

築地
松尾芭蕉「おくの細道」越後路「内水路」の検証─築地から新潟浜への航程（板倉功）「おくやまのしょう：奥山荘郷土研究会誌」 奥山荘郷土研究会　（25）2000.3

大和政権の城柵「都岐沙羅柵」の探究（1）、（2）─都岐沙羅柵の比定地は新潟県胎内市築地（伊藤國夫）「年報新発田学」 敬和学園大学　（4）/（5）2013.3/2014.3

塚野山村
塚野山村長谷川家文書「類火ニ遭候時所々預見廻候覚書」について（新田康則）「長岡市立科学博物館研究報告」 長岡市立科学博物館　（48）2013.3

津川
津川舟道の上り荷と下り荷 大正期の商店、職業を検証（徳永次一）「阿賀路：東蒲原郡郷土誌」 阿賀路の会　40　2002.5

磐越西線と津川（瀬古龍雄）「阿賀路：東蒲原郡郷土誌」 阿賀路の会　42　2004.5

郡内の史跡めぐり─故郷津川の史跡を訪ねて（杉崎純一）「阿賀路：東蒲原郡郷土誌」 阿賀路の会　44　2006.5

阿賀町・津川の地名─主として歴史との関連から（〈越後城下町の歴史と地名〉）（五十嵐義昭）「越佐の地名」 越後・佐渡の地名を語る会　（7）2007.3

津川周辺の戊辰の戦い（戊辰戦争140周年特集）（五十嵐義昭）「阿賀路：東蒲原郡郷土誌」 阿賀路の会　46　2008.5

津川と会津戊辰戦争（《特集 戊辰戦争140年》─各地の戊辰戦争）（赤城正男）「会津人群像」 歴史春秋出版　（12）2008.10

郡内史跡巡り─津川地区の史跡（石川淳）「阿賀路：東蒲原郡郷土誌」 阿賀路の会　48　2010.5

津川は、三大河港ではない（赤城正男）「阿賀路：東蒲原郡郷土誌」 阿賀路の会　49　2011.5

津川開ին 郷四百年とは──住民のとりあえずの整理（赤城正男）「阿賀路：東蒲原郡郷土誌」 阿賀路の会　52　2014.5

津川町
記録 第29回津川町郷土資料展写真で見る津川町の百年（五十嵐義昭）「阿賀路：東蒲原郡郷土誌」 阿賀路の会　41　2003.5

津川町（昨年の町村での主な出来ごと）（大江安雄）「阿賀路：東蒲原郡郷土誌」 阿賀路の会　41　2003.5

津川町（町村での主な出来ごと）（大江安雄）「阿賀路：東蒲原郡郷土誌」 阿賀路の会　42　2004.5

津川町（町村での主な出来ごと）（大江安雄）「阿賀路：東蒲原郡郷土誌」 阿賀路の会　43　2005.5

津川町の商店の変遷（五十嵐義昭）「阿賀路：東蒲原郡郷土誌」 阿賀路の会　46　2008.5

月岡
月岡の月はケヤキの木（高橋敏路）「越佐の地名」 越後・佐渡の地名を語る会　（8）2008.3

月岡温泉
89歳の今日この頃─月岡温泉「諏訪の園」にて（山川富衛）「五頭郷土文化」 五頭郷土文化研究会　50　2003.7

月潟
角兵衛獅子発祥の地「月潟」村の地名伝承（福田則男）「越佐の地名」 越後・佐渡の地名を語る会　（10）2010.3

都岐沙羅柵
『都岐沙羅柵』論を読んで（木村尚志）「おくやまのしょう：奥山荘郷土研究会誌」 奥山荘郷土研究会　（25）2000.3

都岐沙羅柵を月さらに求めて（伊藤国夫）「おくやまのしょう：奥山荘郷土研究会誌」 奥山荘郷土研究会　（26）2001.3

和名類聚抄における『都岐沙羅柵』の検証（木村尚志）「おくやまのしょう：奥山荘郷土研究会誌」 奥山荘郷土研究会　（27）2002.3

私の『都岐沙羅柵』論（木村尚志）「おくやまのしょう：奥山荘郷土研究会誌」 奥山荘郷土研究会　（27）2002.3

都岐沙羅柵新考（大沼浩）「おくやまのしょう：奥山荘郷土研究会誌」 奥山荘郷土研究会　（28）2003.3

大和政権の城柵「都岐沙羅柵」の探究（1）、（2）─都岐沙羅柵の比定地は新潟県胎内市築地（伊藤國夫）「年報新発田学」 敬和学園大学　（4）/（5）2013.3/2014.3

鼓岡
南北朝時代の頃の奥山荘の鼓岡について──「鼓岡田地目録・土貢運上物

日写」考(3)(斎藤熊蔵)「おくやまのしょう : 奥山荘郷土研究会誌」 奥山荘郷土研究会 (25) 2000.3

蔦都
難読地名「蔦都」と新田開発(若月紘一)「日本地名研究所通信」 日本地名研究所 (71) 2010.1

綱木
阿賀町の地名―綱木・御前ヶ遊(長谷川勲)「阿賀路 : 東蒲原郡郷土誌」 阿賀路の会 49 2011.5

津南町
外側が半円形の津南町外丸(福原滋)「越佐の地名」 越後・佐渡の地名を語る会 (9) 2009.7
被災報告(十日町市・津南町・南魚沼市・阿賀町)「新史料協だより」 新潟県歴史資料保存活用連絡協議会 (17) 2012.3

燕
近世における燕の鍛冶業―和釘から日用器物まで(小沢進)「燕郷土史考」 燕市教育委員会 33 2000.3
燕の橋の歴史を振り返る(小林佐武郎)「燕郷土史考」 燕市教育委員会 35 2002.3
燕地方故事古老物語(阿部聖夫)「燕郷土史考」 燕市教育委員会 36 2003.3
「燕」という地名について考える(石黒克裕)「燕郷土史考」 燕市教育委員会 36 2003.3
史料紹介 燕市街略図・各所及び各営業所案内(小林佐武郎)「燕郷土史考」 燕市教育委員会 37 2004.3
燕の上水道の移りかわり(小林佐武郎)「燕郷土史考」 燕市教育委員会 38 2005.3
「燕の昭和と文化財パネル展」について(外川潤一)「燕郷土史考」 燕市教育委員会 38 2005.3
燕の三・八市について(小林佐武郎)「燕郷土史考」 燕市教育委員会 39 2006.3
初の市内史跡・文化財めぐり(燕市郷土史研究会連合会)「郷土史燕」 燕市教育委員会 (1) 2008.3
燕という地名についての考察(石黒克裕)「郷土史燕」 燕市教育委員会 (2) 2009.3
割地と地租改正について(塚本智弘)「郷土史燕」 燕市教育委員会 (3) 2010.3
当道座 座頭(盲人)たちの組織と活動(史料紹介)(亀井功)「郷土史燕」 燕市教育委員会 (3) 2010.3
坂道ばかりをたどる旅(石黒克裕)「郷土史燕」 燕市教育委員会 (3) 2010.3
取材ノートから 熊木家蔵「安政二年 道中付」(史料紹介)(松澤佐五重)「郷土史燕」 燕市教育委員会 (5) 2012.3

燕駅
鉄道交通の発達・弥彦線「燕駅」の歴史をたどる(小林佐武郎)「燕郷土史考」 燕市教育委員会 40 2007.3

燕市
燕市(市町村消息・短信)(田中未来)「新史料協だより」 新潟県歴史資料保存活用連絡協議会 (15) 2010.3

燕町
延宝九年燕町絵図成立の背景の一考察―吉田村の町場形成との比較(亀井功)「郷土史燕」 燕市教育委員会 (2) 2009.3

妻有
妻有の食に触れる―自然薯(声)(高橋晴美)「新潟の生活文化 : 新潟県生活文化研究会誌」 新潟県生活文化研究会 (10) 2004.2

出山
常設展示室から「出山での製塩」(模型)(藍野かおり)「帆檣成林 : 新潟市歴史博物館博物館ニュース」 新潟市歴史博物館 (25) 2012.4

寺泊
古代のロマン広がる寺泊・和島地域(田中正徳)「長岡郷土史」 長岡郷土史研究会 通号45 2008.5
寺泊地区での歴史資料所在調査を終えて(田辺芳幸)「長岡あーかいぶす」 長岡市立中央図書館文書資料室 (7) 2008.12
歴史的公文書は語る(2) 寺泊と赤泊の青年団の交流(稲垣美知子)「長岡あーかいぶす」 長岡市立中央図書館文書資料室 (7) 2008.12
北越戊辰戦争 寺泊沖海戦(鳴海忠夫)「長岡郷土史」 長岡郷土史研究会 (50) 2013.5

寺町
2003寺町談義―寺町から知るにいがた(磯島和昴)「新潟県文人研究」 越佐文人研究会 (6) 2003.12

電気館
絵葉書を読む―電気館・報時塔・二、三代目万代橋(田子了祐)「郷土新潟」 新潟郷土史研究会 (43) 2003.3

天竺堂村
二枚の古地図からみた鎧潟湖口左岸の村々―開発の古い押付・天竺堂村と矢島村古新田(本間則久)「鑑賞」 新潟文化観賞会 (34) 2013.2

天神堂村
天神堂村の支配者の変遷(成田閔之)「五頭郷土文化」 五頭郷土文化研究会 (59) 2007.12

天満
天満集落の歴史(杉崎巌)「阿賀路 : 東蒲原郡郷土誌」 阿賀路の会 49 2011.5

土合村
土合村の字名・属名・地名(鈴木孝)「長岡郷土史」 長岡郷土史研究会 通号47 2010.5

稲島村
稲島村・仁ヶ村の長岡藩御竹山についての一考察(亀井功)「郷土史燕」 燕市教育委員会 (2) 2009.3

十日町
みなとぴあ研究notes(23) 天保六年新潟唐物抜け荷事件と十日町加賀屋(安宅俊介)「帆檣成林 : 新潟市歴史博物館博物館ニュース」 新潟市歴史博物館 (29) 2013.7

十日町市
被災報告 中之島町・長岡市/十日町市・小千谷市「新史料協だより」 新潟県歴史資料保存活用連絡協議会 (10) 2005.3
中魚沼、十日町市に関連する「同一地名」について(上原正孝)「越佐の地名」 越後・佐渡の地名を語る会 (11) 2011.3
被災報告(十日町市・津南町・南魚沼市・阿賀町)「新史料協だより」 新潟県歴史資料保存活用連絡協議会 (17) 2012.3

時水城
『小千谷市史』を見直す その軌跡 「内ヶ巻城と時水城」(小野坂庄一)「小千谷文化」 小千谷市総合文化協会『小千谷文化』編集委員会 (194・195) 2009.3

常浪川
常浪川沿いの集落立地(杉崎巌)「阿賀路 : 東蒲原郡郷土誌」 阿賀路の会 51 2013.5

栃尾
峠文化と峠の名称―栃尾郷を中心として(〈峠と峠の道〉)(石田哲弥)「越佐の地名」 越後・佐渡の地名を語る会 (6) 2006.3
新潟県栃尾郷の雪形(山崎進)「長岡市立科学博物館研究報告」 長岡市立科学博物館 (41) 2006.3
栃尾における越後生糸のブランド化の試み(青柳正俊)「長岡郷土史」 長岡郷土史研究会 (50) 2013.5
僕たちの使っていた言葉―昭和21・22年生まれの栃尾子(佐藤秀治)「見附郷土誌」 見附の歴史研究会 (21) 2013.5

栃尾郷
新田地名の消長(栃尾郷の例)(石田哲弥)「越佐の地名」 越後・佐渡の地名を語る会 (3) 2003.3

栃尾鉄道
栃尾鉄道の歴史 長岡―悠久山間(反町忠夫)「長岡郷土史」 長岡郷土史研究会 通号47 2010.5

栃尾又温泉
長岡庄屋の湯治記をよむ―栃尾又温泉と草津温泉について(田所和雄)「長岡郷土史」 長岡郷土史研究会 (42) 2005.5

富永
小字名の変遷について―吉田町大字富永の場合(幸田昭)「越佐の地名」 越後・佐渡の地名を語る会 (5) 2005.3

豊田小学校
豊田小学校校名に由来(50周年記念特集)(桜井修)「長岡郷土史」 長岡郷土史研究会 通号47 2010.5

豊実発電所
鹿瀬・豊実発電所建設から学ぶこと(赤城正男)「阿賀路 : 東蒲原郡郷土誌」 阿賀路の会 47 2009.5

鳥越城
鳥越城の縄張りについて(鳴海忠夫)「長岡郷土史」 長岡郷土史研究会 通号46 2009.5

鳥坂城
新潟県新井市鳥坂城跡について(鳴海忠夫)「北陸の中世城郭」 北陸城郭研究会 14 2004.7

ドンデン山
ドンデン山とタタラ峰―佐渡の金属地名と伝説(高橋敏路)「全国地名研

究交流誌 地名談話室」 日本地名研究所 19 2004.8

佐渡の山々(2) ドンデン山周辺と金剛山(竹村博道)「佐渡地域誌研究」 佐渡地域誌研究会 (7) 2009.3

苗場山塔

新潟県中越地方の苗場山塔と妙高山塔(山﨑進)「長岡市立科学博物館研究報告」 長岡市立科学博物館 (48) 2013.3

直江津

なぜか、直江津(森子朗)「直江の津」 直江津経済文化研究会 3(1)通号9 2003.3

福永家文書に見る「直江津」のまちのかたち(花岡公貴)「直江の津」 直江津経済文化研究会 4(4)通号16 2004.12

東西海陸/歴史の風景「直江の津」 直江津経済文化研究会 5(1)通号17 2005.3

天地人を歩く「直江の津」 直江津経済文化研究会 8(4)通号32 2008.12

大火のまち直江津の歴史遺産「座敷蔵」を考える「直江の津」 直江津経済文化研究会 10(1)通号34 2014.7

中魚沼

中魚沼、十日町市に関連する「同一地名」について(上原正孝)「越佐の地名」 越後・佐渡の地名を語る会 (11) 2011.3

中魚沼郡

中魚沼郡中世の地名―波多岐、妻有、立(館)、堀之内、屋敷(福原滋)「越佐の地名」 越後・佐渡の地名を語る会 (1) 2001.3

長岡

信濃川と共に歩んだ長岡の開田(水沢美穂)「越佐の地名」 越後・佐渡の地名を語る会 (3) 2003.3

「国漢学校」の開校と教官の人選について―「追考昔誌」からその実状を探る(吉澤俊夫)「長岡郷土史」 長岡郷土史研究会 (40) 2003.5

柳野直の和蘭語の筆記ノートについて―長岡の国漢学校洋学局・医学局の指導者(唐沢信安)「長岡郷土史」 長岡郷土史研究会 (40) 2003.5

戊辰戦争とは何だったのか(2)(太田修)「長岡郷土史」 長岡郷土史研究会 (40) 2003.5

長岡の「学徒勤労動員」の研究―昭和史の一断面の検証の試み(松下敏雄)「長岡郷土史」 長岡郷土史研究会 (40) 2003.5

『一九四五・長岡戦災焼失図』制作中の思い出(櫻井修)「長岡郷土史」 長岡郷土史研究会 (40) 2003.5

長岡の「学徒出陣」の研究―昭和史の一断面の検証の試み(続)(松下敏雄)「長岡郷土史」 長岡郷土史研究会 (41) 2004.5

『一九四五・長岡戦災焼失図』制作中の思い出(櫻井修)「長岡郷土史」 長岡郷土史研究会 (41) 2004.5

長岡の東の山々について(水沢美穂)「越佐の地名」 越後・佐渡の地名を語る会 (5) 2005.3

長岡近在の薬種業について(内山弘)「長岡郷土史」 長岡郷土史研究会 (42) 2005.5

「長岡電気館」と活動写真(志水博)「長岡郷土史」 長岡郷土史研究会 (42) 2005.5

長岡の空襲論[1]～(3)(太田修)「長岡郷土史」 長岡郷土史研究会 (42)/通号44 2005.5/2007.5

長岡空襲の歴史的意義を考える試み(1)―「長岡空襲史」研究ノートから(松下敏雄)「長岡郷土史」 長岡郷土史研究会 (42) 2005.5

長岡の地震(清水誠一)「長岡郷土史」 長岡郷土史研究会 (42) 2005.5

長岡の町名あれこれ(山本光一)「長岡郷土史」 長岡郷土史研究会 (42) 2005.5

北越戊辰戦争勃発論(1) 幕府脱走兵衝鋒隊の軌跡を追って(稲川明雄)「長岡郷土史」 長岡郷土史研究会 通号43 2006.5

長岡近郷の花火について(内山弘)「長岡郷土史」 長岡郷土史研究会 通号43 2006.5

世界的に報道された中小都市空襲予告作戦―長岡空襲の歴史的意義を考える試み(2)(松下敏雄)「長岡郷土史」 長岡郷土史研究会 通号43 2006.5

新組地区の歴史歩記兼地域巡見報告(巡見報告)(恩田孝重)「長岡郷土史」 長岡郷土史研究会 通号44 2006.5

再発掘『武士の娘』―長岡とシンシナティに残る記録より(青柳保子)「長岡郷土史」 長岡郷土史研究会 通号44 2007.5

長岡市長岡地域の米山塔(山﨑進)「長岡市立科学博物館研究報告」 長岡市立科学博物館 (43) 2008.3

郡外史跡めぐり 長岡が生んだ二人の業績と周辺地域史跡を訪ねて(西巻克夫)「阿賀路 : 東蒲原郡郷土誌」 阿賀路の会 46 2008.5

長岡の大地の歴史―日越地区を中心に(池田光知)「長岡郷土史」 長岡郷土史研究会 通号45 2008.5

幕末期長岡領に見る遊行上人の通過(本山幸一)「長岡郷土史」 長岡郷土史研究会 通号45 2008.5

長岡に離着陸した飛行機のあれこれ(志水博)「長岡郷土史」 長岡郷土史研究会 通号45 2008.5

聞き書き・故中川利夫さんの語る長岡花火(長谷川健一)「長岡郷土史」 長岡郷土史研究会 通号45 2008.5

長岡空襲―月夜に降る雨はガソリンだった(丹後千賀子)「おくやまのしょう : 奥山荘郷土研究会誌」 奥山荘郷土研究会 (35) 2010.3

金垣家の「餅ののし板」に残る北越戊辰戦争の記録(金垣憲二)「長岡郷土史」 長岡郷土史研究会 通号47 2010.5

「一九四五・長岡戦災焼失図」「一九四五・建物地図」思い出しながら 十二 東大新江(桜井修)「長岡郷土史」 長岡郷土史研究会 通号47 2010.5

栃尾鉄道の歴史 長岡―悠久山間(反町忠夫)「長岡郷土史」 長岡郷土史研究会 通号47 2010.5

文書の虫―北越新報に見る大洪水の記録(桜井奈穂子)「長岡あーかいぶす」 長岡市立中央図書館文書資料室 (9) 2010.6

越後・長岡の和算(数学)の歴史(1)～(3)(石田哲彌)「長岡郷土史」 長岡郷土史研究会 (48)/(50) 2011.5/2013.05

「越後の秋」抄 小金井喜美子の見た長岡(桜井穂子)「長岡郷土史」 長岡郷土史研究会 (48) 2011.5

「一九四五・長岡戦災焼失図」「一九四五・建物地図」思い出しながら 十三 栖吉川の周辺(桜井修)「長岡郷土史」 長岡郷土史研究会 (48) 2011.5

歴史公文書は語る(5) 長岡教育放送局の台本(桜井奈穂子)「長岡あーかいぶす」 長岡市立中央図書館文書資料室 (12) 2012.3

「越路の秋」抄 小金井喜美子の見た長岡(2)(桜井穂子)「長岡郷土史」 長岡郷土史研究会 (49) 2012.5

「北越新報」に掲載された長岡大花火の古写真(前),(後)(長谷川健一)「長岡郷土史」 長岡郷土史研究会 (49)/(50) 2012.5/2013.5

長岡周辺の災害関連地名 ながおか地名研究会(若月紘一)「日本地名研究所通信」 日本地名研究所 (74) 2012.5

『長岡郷土史』第50号刊行記念講演録 わたくしの長岡(『長岡郷土史』第50号刊行記念特集)(森民夫)「長岡郷土史」 長岡郷土史研究会 (50) 2013.5

越後長岡一円の力士群像(広井忠男)「長岡郷土史」 長岡郷土史研究会 (50) 2013.5

北越戊辰戦争伝承館と戊辰戦跡めぐり(巡見報告)(三堀正純)「長岡郷土史」 長岡郷土史研究会 (50) 2013.5

郷土史の窓(1)～(11),(16)「長岡郷土史」 長岡郷土史研究会 通号47/(50) 2010.05/2013.5

魚沼にみる近世長岡の関係資料(本山幸一)「長岡郷土史」 長岡郷土史研究会 (51) 2014.5

検証・長岡空襲(1)(星貴)「長岡郷土史」 長岡郷土史研究会 (51) 2014.5

長岡駅

長岡駅地下道のこと(50周年記念特集)(西和美)「長岡郷土史」 長岡郷土史研究会 通号47 2010.5

長岡市公会堂

文書の虫―「北越新報」に見る公会堂の歴史(桜井奈穂子)「長岡あーかいぶす」 長岡市立中央図書館文書資料室 (13) 2013.10

絵葉書から見る長岡市公会堂(田邊幹)「長岡郷土史」 長岡郷土史研究会 (51) 2014.5

長岡市

町の諸相(2) 拡散し無意味化する「〜町」―新潟県長岡市のケースを中心に(楠原佑介)「全国地名保存連盟会報」 全国地名保存連盟 57 2005.1

調査報告 長岡市内の道路元標(三浦則夫, 細貝隆司, 内山弘)「長岡郷土史」 長岡郷土史研究会 (42) 2005.5

地下壕よくわかーるすぐわかーる空襲を受けた長岡市を訪ねて(斎藤勉)「浅川地下壕の保存をすすめる会ニュース」 浅川地下壕の保存をすすめる会 (47) 2005.8

長岡市の「ツナギ」地名(《峠と峠の道》)(水沢美穂)「越佐の地名」 越後・佐渡の地名を語る会 (6) 2005.3

長岡市方面探訪(大崎三樹)「魚津史談」 魚津歴史同好会 (31) 2009.3

長岡市の中心軸・大手通りの形成と変容の軌跡(森村道美)「長岡郷土史」 長岡郷土史研究会 (49) 2012.5

東日本大震災避難所資料の収集・保存―新潟県長岡市の事例から(大会特集I 地方史、その先へ―再構築への模索―問題提起)(田中洋史)「地方史研究」 地方史研究協議会 62(4)通号358 2012.8

新潟県長岡市の力石(山﨑進)「長岡市立科学博物館研究報告」 長岡市立科学博物館 (48) 2013.3

新潟県長岡市および隣接地域の雪形(山﨑進)「長岡市立科学博物館研究報告」 長岡市立科学博物館 (49) 2014.3

新潟県長岡市の米山塔と妙高山塔(山﨑進)「長岡市立科学博物館研究報告」 長岡市立科学博物館 (49) 2014.3

北陸甲信越　　　　　　　　　　　地名でたどる郷土の歴史　　　　　　　　　　　新潟県

長岡城

長岡城跡のその後—中心街地大手通りの変遷について（〈越後城下町の歴史と地名〉）（水沢美徳）「越佐の地名」 越後・佐渡の地名を語る会（7）2007.3

資料 長岡落城よ里会津・仙台迄之日記 牧野彝子手記「東北戊辰戦争懇話会報」 東北戊辰戦争懇話会（6）2009.2

富島と戊辰戦争 長岡城奪還戦の一日（山岸利光）「長岡郷土史」 長岡郷土史研究会（51）2014.5

長岡藩

長岡藩の「米百俵」と文武学校（本山幸一）「魚沼文化」 魚沼文化の会 46 2003.1

長岡藩の馬政について（1）,（2）（本山幸一）「長岡郷土史」 長岡郷土史研究会（40）/（41）2003.5/2004.5

長岡藩に表彰された庶民の生きざま（上）,（下）—『孝義録』・『続編孝義録料』の世界（田所和雄）「長岡郷土史」 長岡郷土史研究会（40）/（41）2003.5/2004.5

長岡藩の足軽（本山幸一）「長岡郷土史」 長岡郷土史研究会（42）2005.5

所司代就任期の長岡藩家臣団—京詰めの藩士を中心に（東谷宏）「長岡郷土史」 長岡郷土史研究会（42）2005.5

古書に見る長岡藩創業期の土風と、その変化（吉澤俊夫）「長岡郷土史」 長岡郷土史研究会 通号44 2007.5

長岡出身の新選組隊士—再興長岡藩東京藩邸の風景（田中洋史）「長岡郷土史」 長岡郷土史研究会 通号44 2007.5

学習会 事例発表等の報告 長岡藩内の農民の暮らし（恩田孝重）「長岡郷土史」 長岡郷土史研究会 通号45 2008.5

長岡藩の幻の国替えと北国街道（青山始義）「頸城文化」 上越郷土研究会（56）2008.10

慶応2年 長岡藩「寄場」開設についての一考察（亀井功）「郷土史燕」 燕市historical委員会（3）2010.3

文政期長岡藩にみる急才覚金の借入形態（本山幸一）「長岡郷土史」 長岡郷土史研究会（49）2012.5

長岡藩にみる公文書管理の一事例（本山幸一）「長岡郷土史」 長岡郷土史研究会（50）2013.5

小学校沿革史に見る旧長岡藩士族（古田島吉輝）「長岡郷土史」 長岡郷土史研究会（50）2013.5

長岡藩家臣団の研究（1）（広井造）「長岡市立科学博物館研究報告」 長岡市立科学博物館（49）2014.3

小復刻 『長岡郷土史』特集・戊辰戦記（昭和52年）掲載 八十里越路破記—戊辰戦争長岡藩敗走の道を訪ねて「長岡郷土史」 長岡郷土史研究会（51）2014.5

明治戊辰戦争と東磐井—越後長岡藩士および家族の大原・猿沢の抑留記録の紹介（研究発表）（畠山喜一）「岩手県南史談会研究紀要」 岩手県南史談会 43 2014.7

中沢城

長岡の古城跡 中沢城について（中村祥一）「長岡郷土史」 長岡郷土史研究会（50）2013.5

長沢砦

城と交通路—飯山道ぞいの長沢原城と長沢砦（植木宏）「頸城文化」 上越郷土研究会（52）2004.7

長沢原城

城と交通路—飯山道ぞいの長沢原城と長沢砦（植木宏）「頸城文化」 上越郷土研究会（52）2004.7

中島

北越戊辰戦跡めぐり—中島から新町界隈（巡見報告）（堀井實）「長岡郷土史」 長岡郷土史研究会（48）2011.5

長善館

明治前期の遊学に対する漢学塾の取り組み—新潟県西蒲原郡長善館を対象として（池田雅則）「地方史研究」 地方史研究協議会 61（1）通号349 2011.2

中通

石油と中通（近藤良雄）「刈羽村文化」 刈羽村郷土史研究会（93）2009.8

中ノ口川

「中ノ口川」両岸の類似地名（佐久間辰夫）「越佐の地名」 越後・佐渡の地名を語る会（9）2009.7

中之口村

中之口村の開発と地名（北澤昭松）「越佐の地名」 越後・佐渡の地名を語る会（3）2003.3

研究発表から 越後・旧中之口村と会津・猪苗代地方をつなぐ一考察（越後と会津を語る会—猪苗代大会）（平賀巳代治）「阿賀路 ： 東蒲原郡郷土誌」 阿賀路の会 48 2010.5

中之島

中之島地域探訪報告（巡見報告）（遠山典子）「長岡郷土史」 長岡郷土史研究会 通号45 2008.5

中之島町

被災報告 中之島町・長岡市／十日町市・小千谷市「新史料協だより」 新潟県歴史資料保存活用連絡協議会（10）2005.3

長浜

私の昭和点描（4）—長浜・四谷その周辺（今井和幸）「柏崎・刈羽」 柏崎刈羽郷土史研究会（38）2011.4

仲町

仲町の家並の移り変わり（遠藤利和）「むいかまち ： 町史編さん誌」 南魚沼市教育委員会（2）2004.9

仲町の裏側の人家について（ふるさと通信）（遠藤利和）「みなみうおぬま ： 郷土史編さん誌」 南魚沼市教育委員会（9）2012.3

梨平峠

特集 信越トレイル・梨平峠道「直江の津」 直江津経済文化研究会 7（2）通号26 2007.6

名立

青海・糸魚川・能生・名立方面の史跡めぐり（三由利夫）「魚津史談」 魚津歴史同好会（27）2005.3

七谷

里山利用としての粗朶生産の歴史と課題—加茂市七谷地域の事例を中心に（長谷川昭一）「加茂郷土誌」 加茂郷土調査研究会（25）2003.2

近世村松領の製紙業—七谷・下田郷を中心に（松永克男）「レポート加茂市史」 加茂市 2 2003.3

山之内と七谷（金子達）「かも市史だより」［加茂市教育委員会］市史編さん室（30）2014.10

七谷村

七谷村が全国の模範村に選ばれる（長谷川昭一）「かも市史だより」［加茂市教育委員会］市史編さん室（22）2010.10

七日町

幻想の七日町市場（佐藤茂）「三条歴史研究」 三条歴史研究会（4）2005.3

七日町市

ライフワーク・七日町市について（佐藤茂）「三条歴史研究」 三条歴史研究会（6）2007.3

名目所

名目所はナメトコかナメトコロか（地名研究1）（野口幸雄）「越佐の地名」 越後・佐渡の地名を語る会（13）2013.3

楢木峠

郡内の峠紀行（6）楢木峠（杉畑純一）「阿賀路 ： 東蒲原郡郷土誌」 阿賀路の会 46 2008.5

南越鉱山

東邦亜鉛（株）南越鉱山の足跡（廣井正）「むいかまち ： 町史編さん誌」 南魚沼市教育委員会（2）2004.9

南山

写真紹介 南山の諸施設 新潟観測所、南山配水所、上空からみた南山の高台「新潟市歴史資料だより」 新潟市総務局国際文化部歴史文化課（17）2013.9

新潟

初期の新潟郵便局（玉木国夫）「郷土新潟」 新潟郷土史研究会（41）2001.3

近世新潟の俳諧（帆刈喜久男）「郷土新潟」 新潟郷土史研究会（42）2002.3

新潟記（中野正人）「柳田学舎」 鎌倉柳田学舎 71 2004.12

新潟—城と兵営のないまち（井上慶隆）「郷土新潟」 新潟郷土史研究会（45）2005.3

新潟の風土に根ざした食文化（小林瑠美子）「郷土新潟」 新潟郷土史研究会（45）2005.3

明治前期新潟商家差し立ての物価目録（玉木国夫）「郷土新潟」 新潟郷土史研究会（45）2005.3

収蔵資料紹介新潟大火映像フィルム「帆檣成林 ： 新潟市歴史博物館博物館ニュース」 新潟市歴史博物館 2 2005.3

近世、能登黒島の廻船業発展と新潟廻船問屋当銀屋（深井甚三）「交通史研究」 交通史学会，吉川弘文館（発売）（57）2005.4

みなとぴあ研究 notes 新潟の風物詩・鮭の味から歴史を探る「帆檣成林 ： 新潟市歴史博物館博物館ニュース」 新潟市歴史博物館 3 2005.8

新潟発災害報告 大停電「DJIレポート」 国際資料研究所（65）2006.1

新潟地震記録写真「新潟市歴史資料だより」 新潟市総務局国際文化部歴史文化課（2）2006.3

新潟県　　　　　　　　　　　　　　　　地名でたどる郷土の歴史　　　　　　　　　　　　北陸甲信越

谷川所長 新潟の研究会を訪問される「地名と金属文化―蝦夷と古四王」のテーマで(杉野真司, 若月紘一)「日本地名研究所通信」 日本地名研究所 (62) 2006.5

常設展示室から 戦国期新潟をめぐる攻防「帆楊成林 ： 新潟市歴史博物館博物館ニュース」 新潟市歴史博物館 (7) 2006.7

明治41年、新潟大火の絵はがき「新潟市歴史資料だより」 新潟市総務局国際文化部歴史文化課 (3) 2006.9

新潟県鉄道発祥の地記念 120年前の鉄道「直江の津」 直江津経済文化研究会 6(4)通号24 2006.12

戊辰戦争の歴史記憶(溝口敏麿)「新潟史学」 新潟史学会 (57) 2007.7

収蔵資料紹介 露領水産組合新潟支部日本酒船積証明「帆楊成林 ： 新潟市歴史博物館博物館ニュース」 新潟市歴史博物館 (11) 2007.10

新潟上知と唐物抜荷事件(中野三義)「地方史研究」 地方史研究協議会 58(1)通号331 2008.2

館長日記 抜荷で結ばれた鹿児島と新潟「帆楊成林 ： 新潟市歴史博物館博物館ニュース」 新潟市歴史博物館 (12) 2008.2

みなとぴあ研究 notes みなと町新潟の下駄行事「帆楊成林 ： 新潟市歴史博物館博物館ニュース」 新潟市歴史博物館 (14) 2008.9

「新潟」という潟は存在したか(星名忠直)「越佐の地名」 越後・佐渡の地名を語る会 (9) 2009.7

みなとぴあ研究 notes 「新潟」の登場を考える「帆楊成林 ： 新潟市歴史博物館博物館ニュース」 新潟市歴史博物館 (17) 2009.8

近世新潟に漂着した難破船と海難救助慣行(菅瀬亮司)「郷土新潟」 新潟郷土史研究会 (50) 2010.3

新潟地震と記憶(特集 私の思い出)(伊藤善允)「郷土新潟」 新潟郷土史研究会 (50) 2010.3

終戦直前の新潟の記憶、そして戦災史実調査(特集 私の思い出)(植村敏秀)「郷土新潟」 新潟郷土史研究会 (50) 2010.3

新潟の今昔とともに(特集 私の思い出)(岡村澄子)「郷土新潟」 新潟郷土史研究会 (50) 2010.3

わたくしの「にいがた」(特集 私の思い出)(小熊英雄)「郷土新潟」 新潟郷土史研究会 (50) 2010.3

新潟大火と思うこと(特集 私の思い出)(菅瀬亮司)「郷土新潟」 新潟郷土史研究会 (50) 2010.3

新潟地震での電力配電線復旧作業の思い出(特集 私の思い出)(渡辺博)「郷土新潟」 新潟郷土史研究会 (50) 2010.3

地域名望家の文書から見る江戸時代から明治時代「新潟県立文書館だより」 新潟県立文書館 (13) 2010.3

写真紹介 新潟を走る蒸気機関車「新潟市歴史資料だより」 新潟市総務局国際文化部歴史文化課 (10) 2010.3

収蔵資料紹介 新潟開港七十周年記念日本海大博覧会全景(藍野かおり)「帆楊成林 ： 新潟市歴史博物館博物館ニュース」 新潟市歴史博物館 (20) 2010.7

江戸時代～明治の郷土が浮彫りに―新たに所蔵となった古文書など「新潟県立文書館だより」 新潟県立文書館 (14) 2010.8

古層日本語とアイヌ語系地名―地名から見える日本人の歴史(長谷川勲)「鑑賞」 新潟文化観賞会 (32) 2011.2

「鷹」「白鳥」に関わる地名と伝承について(皆川和也)「越佐の地名」 越後・佐渡の地名を語る会 (11) 2011.3

報告 開館10周年記念特別展「日本海の至宝」と総合研究「日本海文化の研究」(宮尾亨)「新潟県立歴史博物館研究紀要」 新潟県立歴史博物館 (12) 2011.3

日本海―雪国―と博物館(資料紹介)(山本哲也)「新潟県立歴史博物館研究紀要」 新潟県立歴史博物館 (12) 2011.3

新潟を襲った天保4年の地震と津波「新潟市歴史資料だより」 新潟市総務局国際文化部歴史文化課 (11) 2011.9

講演録「地域災害・水害と文化財・歴史資料レスキュー」―新潟県を中心に(矢田俊文)「秋田県公文書館研究紀要」 秋田県公文書館 (18) 2012.3

贈物からみた新潟奉行と近隣領主たちとの関係(中野三義)「郷土新潟」 新潟郷土史研究会 (52) 2012.3

明治14年「高知新聞」に載せられた新潟のすがたと人々(石橋正夫)「郷土新潟」 新潟郷土史研究会 (52) 2012.3

常設展示室から 新潟大火(昭和30年)(安宅俊介)「帆楊成林 ： 新潟市歴史博物館博物館ニュース」 新潟市歴史博物館 (26) 2012.7

天保期における抜荷問題と新潟・蝦夷地(20周年記念講演)(浅倉有子)「越佐の地名」 越後・佐渡の地名を語る会 (13) 2013.3

在新潟イギリス領事館をたどる―その所在地と日本人書記の動向を中心として(青柳正俊)「郷土新潟」 新潟郷土史研究会 (53) 2013.3

資料紹介 明治14年「高知新聞」に載せられた新潟のすがたと人々(2)(石橋正夫)「郷土新潟」 新潟郷土史研究会 (53) 2013.3

特集2 新潟の漆器(森行人)「帆楊成林 ： 新潟市歴史博物館博物館ニュース」 新潟市歴史博物館 (29) 2013.7

みなとぴあ研究notes(23) 天保六年新潟唐物抜け荷事件と十日町加賀屋

(安宅俊介)「帆楊成林 ： 新潟市歴史博物館博物館ニュース」 新潟市歴史博物館 (29) 2013.7

新発田重家の乱と戦国期の「新潟」を考える(長谷川伸)「鑑賞」 新潟文化観賞会 (35) 2014.2

新潟の町・グッドなアクション(みなとぴあへのメッセージ)(野内隆裕)「帆楊成林 ： 新潟市歴史博物館博物館ニュース」 新潟市歴史博物館 (10周年記念号) 2014.2

居留外国人による新潟での借地をたどる(上)(青柳正俊)「郷土新潟」 新潟郷土史研究会 (54) 2014.3

明治14年「高知新聞」に載せられた新潟のすがたと人々(3)(資料紹介)(石橋正夫)「郷土新潟」 新潟郷土史研究会 (54) 2014.3

論説・総説・解説 連載 私の染色学(2)(佐々木博昭)「新潟の生活文化 ： 新潟県生活文化研究会誌」 新潟県生活文化研究会 (20) 2014.3

写真紹介 新潟地震による被害「新潟市歴史資料だより」 新潟市総務局国際文化部歴史文化課 (18) 2014.3

明治末期新潟における地方改良運動と積善組合(大会発表要旨)(田中悠介)「中央史学」 中央史学会 (37) 2014.3

特集2 新潟地震展―体験、記録、復興の五十年(田嶋悠佑)「帆楊成林 ： 新潟市歴史博物館博物館ニュース」 新潟市歴史博物館 (31) 2014.6

写真紹介 新潟地震による被害(2)―寄贈資料から「新潟市歴史資料だより」 新潟市総務局国際文化部歴史文化課 (19) 2014.9

新潟駅

写真紹介 新潟駅のいまむかし「新潟市歴史資料だより」 新潟市総務局国際文化部歴史文化課 (7) 2008.9

新潟県

新潟県の大正デモクラシー(上),(中),(下)―普選運動を中心に(荻野正博)「新発田郷土誌」 新発田郷土研究会 29/31 2001.3/2003.3

新潟県会と議員―明治期の場合(本間恂一)「郷土新潟」 新潟郷土史研究会 (43) 2003.3

明治5年郵便開始に際し新潟県に派遣された駅逓寮巡廻掛(玉木国夫)「郵便史研究 ： 郵便史研究会紀要」 郵便史研究会 (15) 2003.3

明治期新潟県の知事と県会―『新潟県議会史 明治篇I・II』を編纂して(本間恂一)「頸城文化」 上越郷土研究会 (51) 2003.9

新潟県立文書館所蔵 地域・各家文書解題稿(1)(本井信雄)「新潟県立文書館研究紀要」 新潟県立文書館 (11) 2004.3

新潟県立文書館による山本家資料調査の概要(田中聡)「佐渡郷土文化」 佐渡郷土文化の会 105 2004.6

新潟県の背守り(佐藤和彦)「越佐研究」 新潟県人文研究会 62 2005.5

新潟県歴史資料救済ネットワーク活動のための準備について(笹川真理子)「新潟史学」 新潟史学会 (53) 2005.5

明治前期における新潟県の医師組合(竹原万雄)「地方史研究」 地方史研究協議会 56(3)通号321 2006.6

新潟県下各地の伝統料理、郷土料理レシピ集の紹介(特集 我が家の伝統料理)(本間伸夫)「新潟の生活文化 ： 新潟県生活文化研究会誌」 新潟県生活文化研究会 (2) 2006.6

設立15周年記念行事「越」に一歩ふみ込んだテーマで 新潟県地名研究会(長谷川勲)「日本地名研究所通信」 日本地名研究所 (66) 2007.12

展示紹介 公文書等にみる新潟県の災害と復興「新潟県立文書館だより」 新潟県立文書館 (10) 2008.3

新潟県の養蚕と地域間交流(飯島康夫)「武尊通信」 群馬歴史民俗研究会 (116) 2008.12

講演「古層日本語と崖地名」 新潟県地名研究会(長谷川勲)「地名あいち」 地名研究会あいち (7) 2009.5

往事茫茫―新潟県史の時代(特集 私の思い出)(本間恂一)「郷土新潟」 新潟郷土史研究会 (50) 2010.3

高崎県の飛び地領と新潟県―竹山屯の足跡をたどりつつ(史料紹介)(亀井功)「郷土史燕」 燕市教育委員会 (3) 2010.3

歴史公文書は語る(4) 新潟県産業博覧会の舞台裏(小林良子)「長岡あーかいぶす」 長岡市立中央図書館文書資料室 (9) 2010.6

三・一一以後の文化財・歴史史料保全の取り組み―新潟県を中心に(矢田俊文, 原直史, 中林隆之, 池田哲夫, 飯島康夫, 小野박史, 齋藤瑞穂)「新潟史学」 新潟史学会 (66) 2011.10

創立20周年記念講演会「新潟県の地名」 新潟・蝦夷・東北そして災害と地名(長谷川勲)「日本地名研究所通信」 日本地名研究所 (75) 2012.10

新潟県地名研究会の軌跡 20年を振り返る(長谷川勲)「越佐の地名」 越後・佐渡の地名を語る会 (13) 2013.3

日本の他言語社会化―新潟県の他言語環境形成のために(研究論文・研究ノート)(長谷川詩織, 福嶋秩子)「新潟の生活文化 ： 新潟県生活文化研究会誌」 新潟県生活文化研究会 (20) 2014.3

新潟港

昔の新潟港を偲ぶ郷土資料(沢村洋)「郷土新潟」 新潟郷土史研究会 (40) 2000.3

記念講演・東日本大震災において新潟港の果たした役割(篠田昭)「郷土

新潟」 新潟郷土史研究会 （52） 2012.3

常設展示室から 機雷と新潟港（コーナー「港の復興」）（安宅俊介）「帆檣成林 ： 新潟市歴史博物館博物館ニュース」 新潟市歴史博物館 （30） 2013.10

新潟市

明治期の新潟市内郵便局所（玉木国夫）「郷土新潟」 新潟郷土史研究会 （40） 2000.3

みなとぴあ研究 notes 吉田初三郎画「新潟市鳥瞰図」の謎解き 第一歩「帆檣成林 ： 新潟市歴史博物館博物館ニュース」 新潟市歴史博物館 5 2005.12

みなとぴあ研究 notes 新潟市内の雪の販売について「帆檣成林 ： 新潟市歴史博物館博物館ニュース」 新潟市歴史博物館 （10） 2007.8

みなとぴあ研究 notes 出土文字資料から見た古代の新潟市「帆檣成林 ： 新潟市歴史博物館博物館ニュース」 新潟市歴史博物館 （11） 2007.10

特集1 地名と歴史「帆檣成林 ： 新潟市歴史博物館博物館ニュース」 新潟市歴史博物館 （21） 2010.10

みなとぴあ研究notes 湊をめぐる研究課題—堀・船・荷「帆檣成林 ： 新潟市歴史博物館博物館ニュース」 新潟市歴史博物館 （21） 2010.10

平野にある新潟市に山のつく地名が多いのはなぜか（野口幸雄）「越佐の地名」 越後・佐渡の地名を語る会 （11） 2011.3

新潟島

特集1 「新潟島は宝島!?歴史的建造物の魅力再発見！」の展開「帆檣成林 ： 新潟市歴史博物館博物館ニュース」 新潟市歴史博物館 （22） 2011.4

新潟津

みなとぴあ研究notes（19回） 「新潟」の登場を考えるPART II—永禄年間の「新潟津」について（長谷川伸）「帆檣成林 ： 新潟市歴史博物館博物館ニュース」 新潟市歴史博物館 （23） 2011.8

「近世・新潟町の形成」に先立つ三ケ津時代の新潟津をめぐり（小川敏偉）「郷土新潟」 新潟郷土史研究会 （53） 2013.3

新潟西高校

新潟西高校の今昔（仲川幸子）「内野の今昔」 内野の今昔を語る会 （22） 2004.9

新潟浜

松尾芭蕉「おくの細道」越後路「内水路」の検証—築地から新潟浜への航程（板倉功）「おくやまのしょう ： 奥山荘郷土研究会誌」 奥山荘郷土研究会 （25） 2000.3

新潟奉行所

新潟奉行所の建設と新潟町人（中野三義）「郷土新潟」 新潟郷土史研究会 （48） 2008.3

新潟奉行所役人の職務と生活（中野三義）「越佐研究」 新潟県人文研究会 69 2012.5

新潟町

新潟町の移転—「新潟市史」に対する反論（小川敏偉）「郷土新潟」 新潟郷土史研究会 （44） 2004.3

常設展示室から 幕末の新潟町「帆檣成林 ： 新潟市歴史博物館博物館ニュース」 新潟市歴史博物館 4 2005.10

新潟町の成立についての再論—平成版『新潟市史』を中心に（小村弌）「郷土新潟」 新潟郷土史研究会 （46） 2006.3

新潟町の移転について—反論への反論（南憲一）「郷土新潟」 新潟郷土史研究会 （46） 2006.3

再論「新潟町の移転」—町民は何故逃亡しなかったのか（小川敏偉）「郷土新潟」 新潟郷土史研究会 （47） 2007.3

新潟奉行所の建設と新潟町人（中野三義）「郷土新潟」 新潟郷土史研究会 （48） 2008.3

『新潟町の移転』に関する論争を終結するにあたり—「史料」または「資料」の評価と解釈（小川敏偉）「郷土新潟」 新潟郷土史研究会 （48） 2008.3

幼き頃の新潟町の記憶（特集 私の思い出）（齋藤倫示）「郷土新潟」 新潟郷土史研究会 （50） 2010.3

新潟町の形成に関して 『通史』はこう変わる（小川敏偉）「郷土新潟」 新潟郷土史研究会 （51） 2011.3

廻船資料にみる新潟町の廻船問屋—高橋次郎左衛門・鈴木弥五左衛門家・小松屋喜兵衛家の事例（菅瀬亮司）「郷土新潟」 新潟郷土史研究会 （52） 2012.3

近世新潟における微地形分布と町の変遷（菊池真）「新潟史学」 新潟史学会 （68） 2012.10

特集1 新潟町地区の変化とまちづくり（小林隆幸）「帆檣成林 ： 新潟市歴史博物館博物館ニュース」 新潟市歴史博物館 （29） 2013.7

新潟湊

新潟湊と蒲原の地主（原直史）「郷土新潟」 新潟郷土史研究会 （50） 2010.3

追憶 「近世の新潟湊と舟運」について—一例会発表から（特集 私の思い出）（土田隆夫）「郷土新潟」 新潟郷土史研究会 （50） 2010.3

収蔵資料紹介 松ヶ崎悪水吐破損所より新潟湊迄取締め亀絵図（沼垂町役所文書）（長谷川伸）「帆檣成林 ： 新潟市歴史博物館博物館ニュース」 新潟市歴史博物館 （19） 2010.4

みなとぴあ研究notes（20） 新潟湊の艀下と小廻（伊東祐之）「帆檣成林 ： 新潟市歴史博物館博物館ニュース」 新潟市歴史博物館 （25） 2012.4

新潟村

文書資料番号650 下島村外四ヶ村と村松領新潟村の水論 明和二年～明和三年下島村外四ヶ村の築堤の企て（淡路久雄）「見附郷土誌」 見附の歴史研究会 （20） 2012.4

新潟臨港

1920年代における新潟臨港株式会社の経営と臨港開発（第52回日本史関係卒業論文発表会要旨）（岡野浩貴）「地方史研究」 地方史研究協議会 61（3）通号351 2011.6

新井田

新井田あれこれ（遠藤満）「新発田郷土誌」 新発田郷土研究会 （33） 2005.3

二階堂村

小沢与一さんの記録に見る二階堂村の歴史（小沢進）「燕郷土史考」 燕市教育委員会 34 2001.3

仁ケ村

稲島村・仁ケ村の長岡藩御竹山についての一考察（亀井功）「郷土史燕」 燕市教育委員会 （2） 2009.3

濁川村

資料紹介 昭和17・18年度 濁川村航空青少年隊活動状況（稲垣森太）「郷土新潟」 新潟郷土史研究会 （51） 2011.3

西海谷

中山間地の山腹水路の開発と現状について 新潟県糸魚川市早川谷・西海谷・根知谷地方の例（池原静雄）「糸魚川郷土研究」 糸魚川郷土研究会 （4） 2010.2

西浦区

中世城館の概要と西浦区の山城と館（鳴海忠夫）「郷土新潟」 新潟郷土史研究会 （49） 2009.3

西川

西川沿いの歴史（飯田素州）「まきの木」 巻郷土資料館友の会 （94） 2011.4

西蒲原

西蒲原の湿田「堀上げ田」について（北澤昭松）「越佐の地名」 越後・佐渡の地名を語る会 （6） 2006.3

みなとぴあ研究 notes 考古・文献・絵画資料が明かす西蒲原の港「帆檣成林 ： 新潟市歴史博物館博物館ニュース」 新潟市歴史博物館 （16） 2009.5

西蒲原地方の水利用語について（地名研究1）（幸田昭）「越佐の地名」 越後・佐渡の地名を語る会 （12） 2012.3

西蒲原郡

西蒲原郡における信濃川の影響による地名（福田則男）「越佐の地名」 越後・佐渡の地名を語る会 （3） 2003.3

西蒲原郡の史跡を訪ねて（郡外史跡巡り）（杉崎巌）「阿賀路 ： 東蒲原郡郷土誌」 阿賀路の会 51 2013.5

西頸城郡

『地誌史うわの』 聞き取り調査（高橋由美子）「魚沼文化」 魚沼文化の会 （49） 2005.2

『昭和二年大雪譜』より 資料「惨害の跡を訪ねて 雪の西頸城郡縦断附大洞地滑り物語」（小杉浩基）「糸魚川郷土研究」 糸魚川郷土研究会 （5） 2012.9

西興屋村

村上市山辺里西興屋（旧西興屋村）の鮭漁（伊藤治子）「郷土新潟」 新潟郷土史研究会 （47） 2007.3

西谷

「西谷黄金伝説」の地名（土井清史）「越佐の地名」 越後・佐渡の地名を語る会 （11） 2011.3

西中江用水

関川西岸を潤した西中江用水—稲荷中江用水前史として（続 高田開府四百年 特集号）（清水萬蔵）「頸城文化」 上越郷土研究会 （62） 2014.9

西堀

写真紹介 西堀の移り変わり「新潟市歴史資料だより」 新潟市総務局国際文化部歴史文化課 （11） 2010.9

西横町

西横町（現学校町）町並み誕生の起源（冨所家文書）（山上洋右）「越後吉

新潟県 　　　　　　　　　地名でたどる郷土の歴史 　　　　　　　　　北陸甲信越

田町毛野賀多里」 吉田町教育委員会 　11 　2001.10

入川
昭和30年代の高千・入川集落の群れ遊びマップ(仲田善夫)「佐渡地域誌研究」 佐渡地域誌研究会 　(5) 　2007.3

集落の岩々―佐渡市入川集落(仲田善夫)「佐渡地域誌研究」 佐渡地域誌研究会 　(7) 　2009.3

淳足柵
淳足柵の位置・私論(広瀬秀)「郷土新潟」 新潟郷土史研究会 　(53) 　2013.3

古代史「淳足柵」について(田辺晗子)「長野」 長野郷土史研究会 　(290) 　2013.8

出羽への道(淳足柵・磐舟柵)(鰐淵好輝)「郷土新潟」 新潟郷土史研究会 　(54) 　2014.3

淳足柵
淳足柵の探索(小林昌二)「郷土新潟」 新潟郷土史研究会 　(43) 　2003.3

沼垂
沼垂の語源はアイヌ語―ぬっとろ nut―oro(〈アイヌ語地名とその考察〉)(伊藤善隆)「越佐の地名」 越後・佐渡の地名を語る会 　(8) 　2008.3

沼垂城
沼垂城は越後国府か―八幡林以降の論争について(小川敏偉)「郷土新潟」 新潟郷土史研究会 　(46) 　2006.3

沼垂城(淳足柵)に附属寺院はあったか(広瀬秀)「郷土新潟」 新潟郷土史研究会 　(47) 　2007.3

館長日記 「淳足柵=沼垂城」の探索―長者の伏せた「カメ」(小林昌二)「帆檣成林 ： 新潟市歴史博物館博物館ニュース」 新潟市歴史博物館 　(24) 　2011.11

沼垂浜
収蔵資料紹介 沼垂浜懸積出入分絵図(新潟町会所文書)(長谷川伸)「帆檣成林 ： 新潟市歴史博物館博物館ニュース」 新潟市歴史博物館 　(22) 　2011.4

沼垂町
古代の蒲原津と「四度目沼垂町割絵図」(小林昌二)「佐渡・越後文化交流史研究」 新潟大学大学院現代社会文化研究科プロジェクト佐渡・越後の文化交流史研究 　(3) 　2003.3

収蔵資料紹介 信濃川新洲相論に付き沼垂町他認出掛紙かぶせ絵図「帆檣成林 ： 新潟市歴史博物館博物館ニュース」 新潟市歴史博物館 　(12) 　2008.2

沼名川
國學院の学術資産に見るモノと心 公開講座「國學院の古典研究」報告 折口説と文献学の狭間―記紀比較を通した視点(渡邉卓)/平城遷都千三百年に読む萬葉集(月岡道明)/『延喜式』祝詞にみる古代人の言葉と信仰(松本久史)/沼名川の底なる玉(翡翠)(杉山林継)「伝統文化のモノと心 ： 國學院大學研究開発推進機構伝統文化リサーチセンター・ニュースレター」 國學院大學研究開発推進機構伝統文化リサーチセンター 　(4) 　2011.2

奴奈川
「奴奈川」という村名について(石川久仁夫)「おくやまのしょう ： 奥山荘郷土研究会誌」 奥山荘郷土研究会 　(38) 　2013.3

沼越峠
東蒲の峠紀行(3)―沼越峠と九才坂峠(石田収全)「阿賀路 ： 東蒲原郡郷土誌」 阿賀路の会 　43 　2005.5

郡内の峠紀行(5) 沼越峠(長谷川昭平)「阿賀路 ： 東蒲原郡郷土誌」 阿賀路の会 　45 　2007.5

沼ノ城
西頸城の城(4) 糸魚川市の城(2)―上野城・沼ノ城(植木宏)「頸城文化」 上越郷土研究会 　(53) 　2005.10

根知谷
中山間地の山腹水路の開発と現状について 新潟県糸魚川市早川谷・西海谷・根知谷地方の例(池原静雄)「糸魚川郷土研究」 糸魚川郷土研究会 　(4) 　2010.2

根室
みなとぴあ研究 notes(第26回) 新潟市下山字根室の新潟地震による被害写真について(田嶋悠佑)「帆檣成林 ： 新潟市歴史博物館博物館ニュース」 新潟市歴史博物館 　(32) 　2014.9

能生
青海・糸魚川・能生・名立方面の史跡めぐり(三由利夫)「魚津史談」 魚津史談同好会 　(27) 　2005.3

能生町
旧能生町の消えた集落(特集 消えた集落・移転した集落)(伊藤伸一)

「越佐の地名」 越後・佐渡の地名を語る会 　(10) 　2010.3

野田小学校
野田小学校の思い出(〈思い出のわが母校〉)(富所久夫)「むいかまち ： 町史編さん誌」 南魚沼市教育委員会 　(3) 　2005.10

野々見峠
野々見峠と小豆峠(〈峠と峠の道〉)(高橋英夫)「越佐の地名」 越後・佐渡の地名を語る会 　(6) 　2006.3

野村
野村集落の歴史(杉崎巌)「阿賀路 ： 東蒲原郡郷土誌」 阿賀路の会 　46 　2008.5

羽黒
旧中之口村大字羽黒と横綱羽黒山(特集 消えた集落・移転した集落)(福田則男)「越佐の地名」 越後・佐渡の地名を語る会 　(10) 　2010.3

羽黒油田
羽黒油田について(佐藤一雄)「おくやまのしょう ： 奥山荘郷土研究会誌」 奥山荘郷土研究会 　(39) 　2014.3

橋立金山
特別寄稿 橋立金山(小野健)「糸魚川郷土研究」 糸魚川郷土研究会 　(4) 　2010.2

機織
機織という地名(長谷川勲)「越佐の地名」 越後・佐渡の地名を語る会 　(1) 　2001.3

畑野町
小倉・猿八(旧畑野町)飢饉二百五十年―全島餓死者約三千人・飢渇者約一万二千人(山本修巳)「佐渡郷土文化」 佐渡郷土文化の会 　(114) 　2007.6

八十里越
八十里越(〈峠と峠の道〉)(長谷川義道)「越佐の地名」 越後・佐渡の地名を語る会 　(6) 　2006.3

八十里越と見附(山田泉)「見附郷土誌」 見附の歴史研究会 　(19) 　2011.4

八海山
八海山の懐に抱かれて(〈思い出のわが母校〉)(泉田洽)「むいかまち ： 町史編さん誌」 南魚沼市教育委員会 　(3) 　2005.10

八海山石(ふるさと通信)(小島達夫)「みなみうおぬま ： 郷土史編さん誌」 南魚沼市教育委員会 　(6) 　2009.2

鉢崎宿
北国街道 鉢崎宿を訪ねて(濁川清夏)「北國街道研究」 北國街道の手をつなぐ会 　(12) 　2011.12

花井
花井の昔 NCT放送を終えて(河野政雄)「長岡郷土史」 長岡郷土史研究会 　通号45 　2008.5

花火田
花火田(佐渡市)と煙硝田(糸魚川市)について(長谷川健一)「越佐の地名」 越後・佐渡の地名を語る会 　(6) 　2006.3

羽生田
羽生田の今昔(桑原義次)「郷土たがみ」 田上町郷土研究会 　(11) 　2000.6

羽生田駅
田上町の鉄道「羽生田駅と田上駅」(瀬古龍雄)「郷土たがみ」 田上町郷土研究会 　(23) 　2012.6

羽茂
羽茂万葉 50年の歴史の重み(〈トキの島から 佐渡の「総合的な学習の時間」〉)(佐渡市立羽茂中学校)「佐渡地域誌研究」 佐渡地域誌研究会 　(7) 　2009.3

佐渡市羽茂「む」のかしら(加納克己)「佐渡郷土文化」 佐渡郷土文化の会 　(123) 　2010.6

羽茂の宮大工散見(中原英夫)「佐渡郷土文化」 佐渡郷土文化の会 　(127) 　2011.10

羽茂小泊の岡崎張道家について(1) 我が家のあれこれ(岡崎實)「佐渡郷土文化」 佐渡郷土文化の会 　(128) 　2012.2

早川谷
中山間地の山腹水路の開発と現状について 新潟県糸魚川市早川谷・西海谷・根知谷地方の例(池原静雄)「糸魚川郷土研究」 糸魚川郷土研究会 　(4) 　2010.2

早川東塚村
早川東塚村の家政資料二件 一、安政五年 中谷与三右衛門家 萬扣帳/二、明治四十二年 火護平右衛門家 金銀出納日記帳(杉本宇吉)「糸魚川郷土研究」 糸魚川郷土研究会 　(5) 　2012.9

早水

「早水の入江」を検証する（木島勉）「糸魚川郷土研究」 糸魚川郷土研究会 （1）2004.8

原ヶ崎

原ヶ崎新田佐藤嘉右衛門家文書抄（佐藤賢次）「郷土たがみ」 田上町郷土研究会 （19）2008.6

磐越西線

磐越西線と津川（瀬古龍雄）「阿賀路 ： 東蒲原郡郷土誌」 阿賀路の会 42 2004.5

磐越西線開通 五泉・馬下駅開通100年（残してゆきたい風景）「郷土村松」 村松郷土史研究会 （68）2011.5

磐舟

伝説と地名 磐舟（村上市）・福来口（糸魚川市）・矢島（佐渡市）（長谷川勲）「越佐の地名」 越後・佐渡の地名を語る会 （10）2010.3

万代橋

絵葉書を読む―電気館・報時塔・二、三代目万代橋（田子了祐）「郷土新潟」 新潟郷土史研究会 （43）2003.3

みなとぴあ研究 notes 初代五姓田芳柳画「新潟萬代橋図」について「帆檣成林 ： 新潟市歴史博物館博物館ニュース」 新潟市歴史博物館 （15）2009.2

収蔵資料紹介 新潟市大火災後渡船場の繁華及焼残の万代橋を見る（田嶋悠佑）「帆檣成林 ： 新潟市歴史博物館博物館ニュース」 新潟市歴史博物館 （29）2013.7

日影沢床固工群

新潟県初の登録文化財 万内川石積み堰堤群・日影沢床固工群（後藤正弘）「直江の津」 直江津経済文化研究会 4（1）通号13 2004.6

東大通

地震で出てきた街並図―東大通のいま・むかし（《特集 新潟県中越地震7》）（木野本銈子）「小千谷文化」 小千谷市総合文化協会『小千谷文化』編集委員会 （186・187）2007.3

東小千谷

昔の東小千谷こぼれ話（西脇宏司）「小千谷文化」 小千谷市総合文化協会『小千谷文化』編集委員会 （189・190）2007.11

郷土史談 東小千谷区域のこと／薭生について／小千谷のこころ／「郷土の先賢諸名士」（折田龍太郎）「小千谷文化」 小千谷市総合文化協会『小千谷文化』編集委員会 （193）2008.11

東小千谷旧薭生（史談）（折田龍太郎）「小千谷文化」 小千谷市総合文化協会『小千谷文化』編集委員会 （209）2012.12

東蒲

記録 第4回阿賀町郷土資料展 碑が語る東蒲のすがた（五十嵐義昭）「阿賀 ： 東蒲原郡郷土誌」 阿賀路の会 47 2009.5

東蒲戦国時代の山城と宿将たち夢の跡（西巻克夫）「阿賀路 ： 東蒲原郡郷土誌」 阿賀路の会 48 2010.5

東蒲原

東蒲原郡の木炭生産の動き（杉崎巌）「阿賀路 ： 東蒲原郡郷土誌」 阿賀路の会 42 2004.5

会津と越後東蒲原の「方言の似たべ」（《西会津編 越後街道》）（和久井正巳）「下野街道」 ヤマト企画編集部 （8）2008.4

東蒲原の戊辰戦争（戊辰戦争140周年特集）（長谷川孝治）「阿賀路 ： 東蒲原郡郷土誌」 阿賀路の会 46 2008.5

東蒲原地方の「クリ」見聞録（清野福男）「阿賀路 ： 東蒲原郡郷土誌」 阿賀路の会 50 2012.5

東蒲原の漆・蝋について―多様な展開から（石川實）「阿賀路 ： 東蒲原郡郷土誌」 阿賀路の会 51 2013.5

東蒲の山と自然―山開きと山岳団体（平賀巳代治）「阿賀路 ： 東蒲原郡郷土誌」 阿賀路の会 51 2013.5

資料 昭和31（1956）年7月の水害（東蒲原のようす）（赤城正男）「阿賀路 ： 東蒲原郡郷土誌」 阿賀路の会 51 2013.5

会津戊辰戦争より 東蒲原での白虎隊士の活躍（西巻克夫）「阿賀路 ： 東蒲原郡郷土誌」 阿賀路の会 52 2014.5

東蒲原郡

史料紹介『都テ萬覚書』（宮川偆）「阿賀路 ： 東蒲原郡郷土誌」 阿賀路の会 38 2000.5

二度の御蔵入支配と鉱産資源 村に残る史料から見る（長谷川昭平）「阿賀 ： 東蒲原郡郷土誌」 阿賀路の会 39 2001.5

資料紹介 東蒲原郡郡町村議会 明治19年度収支予算議案（徳永次一）「阿賀路 ： 東蒲原郡郷土誌」 阿賀路の会 39 2001.5

大洪水の記録（杉崎巌）「阿賀 ： 東蒲原郡郷土誌」 阿賀路の会 39 2001.5

東蒲原郡編入問題と福島・新潟両県の対応（本間恂一）「郷土新潟」 新潟郷土史研究会 （45）2005.3

東蒲原郡内の架橋とトンネル開通（杉崎巌）「阿賀路 ： 東蒲原郡郷土誌」 阿賀路の会 44 2006.5

東蒲原郡における朝鮮人労働者について（《特集 戦後60周年記念》）（木村昭雄）「阿賀路 ： 東蒲原郡郷土誌」 阿賀路の会 44 2006.5

郡内の地名と歴史の関わり（杉崎巌）「阿賀路 ： 東蒲原郡郷土誌」 阿賀路の会 45 2007.5

県議「東蒲選挙区」の変遷（清田三吉）「阿賀路 ： 東蒲原郡郷土誌」 阿賀路の会 45 2007.5

東蒲原郡と会津・福島県の関係（杉崎巌）「阿賀路 ： 東蒲原郡郷土誌」 阿賀路の会 48 2010.5

『東蒲原郡史』編さん事業の経緯と概説（長谷川武雄）「阿賀路 ： 東蒲原郡郷土誌」 阿賀路の会 51 2013.5

東頸城

東頸城の峠道（〈峠と峠の道〉）（杉田幸治）「越佐の地名」 越後・佐渡の地名を語る会 （6）2006.3

東志村

新井市東志村の明治期迄の発展について（滝沢定春）「頸城文化」 上越郷土研究会 （52）2004.7

東新潟

東新潟地区の郵便局（新潟・沼垂合併の頃まで）（玉木国夫）「郷土新潟」 新潟郷土史研究会 （42）2002.3

東山村

ある旧家の日記から『百年前の東山村政、百三十年前の小栗山村政』（広井忠男）「小千谷文化」 小千谷市総合文化協会『小千谷文化』編集委員会 （214・215）2014.3

日越

長岡の大地の歴史―日越地区を中心に（池田光知）「長岡郷土史」 長岡郷土史研究会 通号45 2008.5

毘沙門国分村

五智五ヶ領の歴史（2）毘沙門国分村（太田一成）「頸城文化」 上越郷土研究会 （54）2006.10

日出谷

日出谷・日出湯考（長谷川勲）「越佐の地名」 越後・佐渡の地名を語る会 （6）2006.3

日出谷史発掘三 地名の由来（2）（遠藤勝利）「阿賀路 ： 東蒲原郡郷土誌」 阿賀路の会 52 2014.5

日出谷史発掘四 津川町平田家による長走川流域山林開発（1）（五十嵐庄衛）「阿賀路 ： 東蒲原郡郷土誌」 阿賀路の会 52 2014.5

日之出町

日之出町のあゆみ（大泉一夫）「越後吉田町毛野賀多里」 吉田町教育委員会 13 2004.1

姫ノ城

姫ノ城いにしえの道を歩く（鈴木英一）「三条歴史研究」 三条歴史研究会 （10）2011.8

日和山

日和山と日和見について（地名研究2）（皆川和也）「越佐の地名」 越後・佐渡の地名を語る会 （12）2012.3

平林城

国指定史跡 平林城跡について（小野寅次）「懐風」 米沢御堀端史跡保存会 （28）2003.4

平堀

平堀集落のあゆみ、村の成立と農地開発（杉崎昇）「阿賀路 ： 東蒲原郡郷土誌」 阿賀路の会 40 2002.5

広谷銅山

広谷銅山現地探査 聞き取りと坑口・精錬所跡など（石田收全）「阿賀路 ： 東蒲原郡郷土誌」 阿賀路の会 51 2013.5

福来口

伝説と地名 磐舟（村上市）・福来口（糸魚川市）・矢島（佐渡市）（長谷川勲）「越佐の地名」 越後・佐渡の地名を語る会 （10）2010.3

福浦八景

柏崎福浦八景と岩礁の名称に関する考察（箕輪一博）「柏崎市立博物館報」 柏崎市立博物館 （27）2013.7

福島江

「一九四五・長岡戦災焼失図」「一九四五・建物地図」制作の思い出（11）福島江（流雪溝）流域（桜井修）「長岡郷土史」 長岡郷土史研究会 通号46 2009.5

福島城

特集 越後国府・越後守護所・春日山城・福島城・高田城へ至る道「高田開府400年」の意味 その1, その2（小島幸雄）「直江の津」 直江津経

新潟県　地名でたどる郷土の歴史　北陸甲信越

済文化研究会　9(1)通号33/10(1)通号34　2013.12/2014.7
特集 越後国府・越後守護所・春日山城・福島城・高田城へ至る道「高田開府400年」の意味 その3 高田城は危機管理の城(小島幸雄)「直江の津」 直江津経済文化研究会　10(2)通号35　2014.12

福嶋城
福嶋城(1)―立地・縄張り(渡邉昭二)「頸城文化」 上越郷土研究会(53)2005.10
福嶋城(2)～(7)(渡邉昭二)「頸城文化」 上越郷土研究会(54)/(59)2006.10/2011.9

福取
津川町福取と小千谷市を結ぶ古碑(岡村浩)「阿賀路 ： 東蒲原郡郷土誌」 阿賀路の会　41　2003.5

福蓮寺城
堀切のない城郭福蓮寺城(横山勝栄, 田中真吾)「越佐補遺些」 越佐補遺些の会(6)2001.5

節黒城
節黒城址へ昇る(矢久保徳司)「小千谷文化」 小千谷市総合文化協会『小千谷文化』編集委員会(174・175)2004.3

二俣村
年貢帳から見た越後二俣村(青山始義)「長野」 長野郷土史研究会(242)2005.7

二日町城
栃尾市二日町城の縄張りについて(鳴海忠夫)「越佐補遺些」 越佐補遺些の会(6)2001.5

不動山城
新潟県糸魚川市不動山城跡について(鳴海忠夫)「北陸の中世城郭」 北陸城郭研究会　13　2003.7
史料からみた不動山城と金山城(川合松治)「糸魚川郷土研究」 糸魚川郷土史研究会(1)2004.8

府内
府内と春日山を結ぶ直線「原道」と『四ツ屋の付城』(金子拓男)「越佐研究」 新潟県人文研究会　64　2007.5

船岡公園
少年の追憶 船岡公園(川井靖)「小千谷文化」 小千谷市総合文化協会『小千谷文化』編集委員会(209)2012.12
船岡公園の歴史 本協会のインターネット・ホームページより(小野坂頼甚作成)「小千谷文化」 小千谷市総合文化協会『小千谷文化』編集委員会(209)2012.12

船岡山
温故資料(置文として)「船岡山上の幻の石碑と市史」(折田龍太郎)「小千谷文化」 小千谷市総合文化協会『小千谷文化』編集委員会(197)2009.11
史談 船岡山の碑について(折田龍太郎)「小千谷文化」 小千谷市総合文化協会『小千谷文化』編集委員会(198・199)2010.3

古町
写真紹介 古町地区の百貨店「新潟市歴史資料だより」 新潟市総務局国際文化部歴史文化課(14)2012.3

分水
明治初期 分水地域旅行者の記録(五百川清)「町史研究分水」 分水町教育委員会(5)2005.3

分田宿
三国往還「分田」宿(成田圀之)「五頭郷土文化」 五頭郷土文化研究会　51　2003.12

別所村
古文書で読む別所村(佐藤幸雄)「頸城文化」 上越郷土研究会(57)2009.10

別邸御茶屋
復元待たれる別邸御茶屋(通称水車)と河井継之助(金岡誠)「高梁方谷会報」 高梁方谷会(34)2012.3

報時塔
絵葉書を読む―電気館・報時塔・二、三代目万代橋(田子了祐)「郷土新潟」 新潟郷土史研究会(43)2003.3

法末
中山間地・法末地区を襲った中越地震大地震(〈特集 新潟県中越地震4〉)(大橋毅)「小千谷文化」 小千谷市総合文化協会『小千谷文化』編集委員会(182・183)2006.3

北越機械工業株式会社
北越機械工業株式会社について(内山弘)「長岡郷土史」 長岡郷土史研究会(49)2012.5

牡丹山
みなとぴあ研究notes(22) 「牡丹山」と注記された埴輪片(小林隆幸)「帆檣成林 ： 新潟市歴史博物館博物館ニュース」 新潟市歴史博物館(28)2013.5

本郷村
香具師periの疑義―越後国蒲原郡本郷村における(高橋亀司郎)「おくやまのしょう ： 奥山荘郷土研究会誌」 奥山荘郷土研究会(25)2000.3
資料紹介 村誌『皇国地誌』(本郷村々誌)(高橋亀司郎)「おくやまのしょう ： 奥山荘郷土研究会誌」 奥山荘郷土研究会(27)2002.3

本町
旧本町六丁目の百年(40周年記念号)(岩下正雄)「柏崎・刈羽」 柏崎刈羽郷土史研究会(40)2013.4

本寺小路
三条名物「本寺小路」の賑わい(羽賀吉昭)「越佐の地名」 越後・佐渡の地名を語る会(7)2007.3

本堂山城
村松町本堂山城の縄張りについて(鳴海忠夫)「郷土村松」 村松郷土史研究会(69)2012.5

前島村
前島村の「国役普請土手」の築造と年代(今井雄介)「長岡郷土史」 長岡郷土史研究会(40)2003.5
明暦三年 前島村他四カ村の「立立て一変」についての考察(今井雄介)「長岡郷土史」 長岡郷土史研究会(50)2013.5

前浜
資料報告「ウチオケ」と前浜地域の揚浜式製塩(野口敏樹)「佐渡学センターだより」 佐渡学センター(8)2013.3

馬下駅
馬下駅の油庫―よみがえった明治の遺産(残してゆきたい風景)「郷土村松」 村松郷土史研究会(68)2011.5
磐越西線開通 五泉・馬下駅開通100年(残してゆきたい風景)「郷土村松」 村松郷土史研究会(68)2011.5

巻
わが町の宝物―鹿児島文庫への感謝の気持ちを込めて(小林一郎)「まきの木」 巻郷土資料館友の会(88)2008.4

真木
消滅集落 真木(長岡市)について(特集 消えた集落・移転した集落)(水沢美穂)「越佐の地名」 越後・佐渡の地名を語る会(10)2010.3

巻町
巻町大字四ツ郷屋を思う(高杉昭三)「内野の今昔」 内野の今昔を語る会(21)2003.9
古民家保存運動の在り方―西蒲原郡巻町旧庄屋佐藤家保存会の取り組み(板垣俊一)「新潟の生活文化 ： 新潟県生活文化研究会誌」 新潟県生活文化研究会(10)2004.2

巻村
巻郷土資料館友の会総会 館源(十二代貞行)と勤皇の志士たち―戊辰戦争と巻村(亀井功)「まきの木」 巻郷土資料館友の会(95)2011.10

真更川
佐州真更川「土屋三十郎家文書」における一考察―讃岐廻船を中心に(島田浩)「香川史学」 香川歴史学会(33)2006.7

松ヶ崎
収蔵資料紹介 松ヶ崎悪水吐破損所より新潟湊迄取縮め亀絵図(沼垂町役所文書)(長谷川伸)「帆檣成林 ： 新潟市歴史博物館博物館ニュース」 新潟市歴史博物館(19)2010.4

松ヶ崎港
松ヶ崎港湾統計(含、沢根港湾統計)(風間進)「佐渡地域誌研究」 佐渡地域誌研究会(7)2009.3

松坂峠
郡内の峠紀行(4) 松坂峠(五十嵐義昭)「阿賀路 ： 東蒲原郡郷土誌」 阿賀路の会　44　2006.5

松代
十日町市松代地区の地名(高橋八十八)「越佐の地名」 越後・佐渡の地名を語る会(9)2009.7

真人小学校
真人小学校閉校に寄せて(大窪一徳)「小千谷文化」 小千谷市総合文化協会『小千谷文化』編集委員会(210・211)2013.3
真人小学校と私(服部文枝)「小千谷文化」 小千谷市総合文化協会『小千谷文化』編集委員会(212)2013.7

北陸甲信越　　　地名でたどる郷土の歴史　　　新潟県

松長村

断簡 澤庄屋と旧松長村の村々打越組のこと（北澤昭松）「郷土史燕」 燕市教育委員会 （2）2009.3

「松長村道路元標」のこと（北澤昭松）「郷土史燕」 燕市教育委員会 （5）2012.3

松之山

松之山方面史跡巡り（有岡イミ子）「刈羽村文化」 刈羽村郷土研究会 （91）2008.12

松之山街道

中世の三国街道と松之山街道の交差点史話（飯酒盃茂）「魚沼文化」 魚沼文化の会 （66）2013.9

松本街道

松本街道・塩の道（土田孝雄）「頸城文化」 上越郷土研究会 （52）2004.7

松本街道荷物運送と運上銀（斎藤賢治）「糸魚川郷土研究」 糸魚川郷土研究会 （3）2008.4

繭検定所

新潟県繭検定所の回顧（倉沢忠恕）「長岡郷土史」 長岡郷土史研究会 通号43 2006.5

万治峠

万治峠の思い出（村岡忠正）「万治峠 ： 万治峠学会紀要」 万治峠学会 （5）2003.2

万治峠回想（小野木伸夫）「万治峠 ： 万治峠学会紀要」 万治峠学会 （5）2003.2

万治峠に魅せられて（佐藤文一）「万治峠 ： 万治峠学会紀要」 万治峠学会 （5）2003.2

「万治峠」（廣瀬渉）「万治峠 ： 万治峠学会紀要」 万治峠学会 （5）2003.2

万治峠「紀要」を読んで（五十嵐彦吉）「万治峠 ： 万治峠学会紀要」 万治峠学会 （5）2003.2

東蒲の峠紀行（2）万治峠（五十嵐彦吉）「阿賀路 ： 東蒲原郡郷土誌」 阿賀路の会 42 2004.5

三面川

三面川の鮭にまつわる話（齋藤實）「お城山だより」 村上城跡保存会 （38）2006.12

三面川鮭稚魚放流式（高橋昭太郎）「お城山だより」 村上城跡保存会 （40）2008.12

三川

三川村（昨年の町村での主な出来ごと）（斎藤修平）「阿賀路 ： 東蒲原郡郷土誌」 阿賀路の会 41 2003.5

三川村（町村での主な出来ごと）（斎藤修平）「阿賀路 ： 東蒲原郡郷土誌」 阿賀路の会 42 2004.5

三川村（町村での主な出来ごと）（斉藤修平）「阿賀路 ： 東蒲原郡郷土誌」 阿賀路の会 43 2005.5

北越戊辰戦争における三川口（戊辰戦争140周年特集）（斎藤永重）「阿賀路 ： 東蒲原郡郷土誌」 阿賀路の会 46 2008.5

郡内史跡めぐり 三川地区の史跡（宮川千枝子）「阿賀路 ： 東蒲原郡郷土誌」 阿賀路の会 46 2008.5

三国

「三国通道中絵」について［1］,（2）（桑原孝）「魚沼文化」 魚沼文化の会 （63）/（67）2012.4/2014.4

三島谷城

新潟県長岡市三島谷城跡について（鳴海忠夫）「北陸の中世城郭」 北陸城郭研究会 （19）2009.7

未丈岳

「未丈岳」この不思議な山名（富永弘）「越佐の地名」 越後・佐渡の地名を語る会 （7）2007.3

三日市藩

三日市藩の歴史と地名（〈越後城下町の歴史と地名〉）（渋谷清志）「越佐の地名」 越後・佐渡の地名を語る会 （7）2007.3

見附

八十里越と見附（山田泉）「見附郷土誌」 見附の歴史研究会 （19）2011.4

御手洗潟

佐渡・御手洗潟・乳の潟について（太田和宏）「越後赤塚」 赤塚郷土研究会 （24）2013.7

南魚沼

ふるさと通信 収集史料に見る近世の南魚沼（収集史料の紹介及び収集状況）（本山幸一）「みなみうおぬま ： 郷土史編さん誌」 南魚沼市教育委員会 （7）2010.2

『新編城内郷土誌』発刊の編集を振り返って（特集 南魚沼市域の郷土史）（上村宏）「みなみうおぬま ： 郷土史編さん誌」 南魚沼市教育委員会 （10）2013.3

南魚沼郡

南魚沼郡の蚕糸業（新宮璋一）「魚沼文化」 魚沼文化の会 43 2000.9

南魚沼郡の歴史 近世（1）～（3）（細矢菊治）「魚沼文化」 魚沼文化の会 （53）/（61）2007.3/2011.5

南魚沼郡の歴史 近世（II）十一 湯台場と峠道（細矢菊治）「魚沼文化」 魚沼文化の会 （58）2009.10

明治二十～三十年代の南魚沼郡の政治状況—総選挙の分析を中心として（研究）（藤原圭）「みなみうおぬま ： 郷土史編さん誌」 南魚沼市教育委員会 （11）2014.3

南魚沼市

「御城下登道中日記帳」（遠藤利和）「むいかまち ： 町史編さん誌」 南魚沼市教育委員会 （1）2004.2

追憶「学び舎の思い出」（〈思い出のわが母校〉）（大平孝二）「むいかまち ： 町史編さん誌」 南魚沼市教育委員会 （3）2005.10

五六水害の記憶（〈ふるさと通信〉）（遠藤利和）「むいかまち ： 町史編さん誌」 南魚沼市教育委員会 （3）2005.10

南魚沼市の中世城郭調査と縄張り研究（〈ふるさと通信〉）（八巻孝夫）「むいかまち ： 町史編さん誌」 南魚沼市教育委員会 （4）2006.11

「西部開田」余話（ふるさと通信）（今成卓而）「みなみうおぬま ： 郷土史編さん誌」 南魚沼市教育委員会 （9）2012.3

被災報告（十日町市・津南町・南魚沼市・阿賀町）「新史料協だより」 新潟県歴史資料保存活用連絡協議会 （17）2012.3

南沢

南沢疎水坑の長さ（金子勉）「佐渡郷土文化」 佐渡郷土文化の会 105 2004.6

明暗寺

講演 ふるさとの歴史を語る講演会 村松と明暗寺について（大塚芳男）「郷土村松」 村松郷土史研究会 （65）2008.3

妙見堰

妙見堰上流崩落（平沢吉郎）「小千谷文化」 小千谷市総合文化協会『小千谷文化』編集委員会 （178・179）2005.3

妙高山

妙高山の別名 須弥山（笹川清信）「北國街道研究」 北國街道の手をつなぐ会 （7）2006.9

研究ノート 妙高山頂の一等三角点と妙高山の標高（小島正巳）「信濃［第3次］」 信濃史学会 64（10）通号753 2012.10

妙高山塔

新潟県中越地方の苗場山塔と妙高山塔（山崎進）「長岡市立科学博物館研究報告」 長岡市立科学博物館 （48）2013.3

妙高市

妙高市の誕生（青山始義）「長野」 長野郷土史研究会 （241）2005.5

新潟県妙高市と長野県「長野」 長野郷土史研究会 （241）2005.5

上越市・妙高市史跡巡検（五十嵐小夜子）「刈羽村文化」 刈羽村郷土研究会 （85）2006.12

妙高市（市町村消息・短信）（高橋勉）「新史料協だより」 新潟県歴史資料保存活用連絡協議会 （14）2009.3

六日町

六日町温泉こぼれ話（田村賢一）「むいかまち ： 町史編さん誌」 南魚沼市教育委員会 （1）2004.2

新旧地形図と空中写真から見た六日町の変容（田中和恵）「むいかまち ： 町史編さん誌」 南魚沼市教育委員会 （1）2004.2

戊辰戦争と六日町の人々（〈ふるさと通信〉）（田邊幹）「むいかまち ： 町史編さん誌」 南魚沼市教育委員会 （4）2006.11

六日町の小路（ふるさと通信）（遠藤利和）「みなみうおぬま ： 郷土史編さん誌」 南魚沼市教育委員会 （6）2009.2

六日町の農民運動（小松彰）「みなみうおぬま ： 郷土史編さん誌」 南魚沼市教育委員会 （6）2009.2

天明六年六日町「往来御用留」にみる三国街道の交通量（桑原孝）「魚沼文化」 魚沼文化の会 （60）2010.10

岡部東雲の詩に見る六日町大火（ふるさと通信）（今成卓而）「みなみうおぬま ： 郷土史編さん誌」 南魚沼市教育委員会 （9）2012.3

江戸時代の子ども—六日町地域を例に（本田雄二）「みなみうおぬま ： 郷土史編さん誌」 南魚沼市教育委員会 （9）2012.3

十五年戦争と六日町青年—今正兄弟とその周辺（芳井研一）「みなみうおぬま ： 郷土史編さん誌」 南魚沼市教育委員会 （9）2012.3

六日町史のご案内（南魚沼市社会教育課）「魚沼文化」 魚沼文化の会 （64）2012.10

町村合併と林野統一—新潟県六日町地域の場合（論文）（芳井研一）「新潟史学」 新潟史学会 （70）2013.10

新潟県　　　　　　　　　　　　　　地名でたどる郷土の歴史　　　　　　　　　　　　　　北陸甲信越

南魚沼市域に見る郷土史研究のあゆみ―六日町地区（特集 南魚沼市域の郷土誌）（遠藤利和）「みなみうおぬま ： 郷土史編さん誌」 南魚沼市教育委員会　（11）2014.3

六日町高校

定時制高校に感謝の私（〈思い出のわが母校〉―六日町高校定時制）（山田隆春）「むいかまち ： 町史編さん誌」 南魚沼市教育委員会　（3）2005.10

中心校の思い出（〈思い出のわが母校〉―六日町高校定時制）（安部高綱）「むいかまち ： 町史編さん誌」 南魚沼市教育委員会　（3）2005.10

村上

村上のお殿様と桃崎浜（高橋太一郎）「おくやまのしょう ： 奥山荘郷土研究会誌」 奥山荘郷土研究会　（28）2003.3

村上の「鮭料理」を訪ねて（2）―県立新潟女子短期大学と村上市との地域連携講座に参加して（佐藤恵美子）「新潟の生活文化 ： 新潟県生活文化研究会誌」 新潟県生活文化研究会　（10）2004.2

歴史的な村上の水辺を考える会開かれる サンデーいわふね新聞掲載記事「お城山だより」 村上城跡保存会　（42）2010.12

市道路線から城下町村上を見る（地名研究1）（佐藤三良）「越佐の地名」 越後・佐渡の地名を語る会　（13）2013.3

村上市

村上市（市町村消息・短信）（竹内裕）「新史料協だより」 新潟県歴史資料保存活用連絡協議会　（14）2009.3

村上市上海府・下海府地域の労働組織と同輩関係（小野博史）「佐渡・越後文化交流史研究」 新潟大学大学院現代社会文化研究科プロジェクト佐渡・越後の文化交流史研究　（12）2012.3

村上市を訪ねて（巡見報告）（大久保紀美恵）「長岡郷土史」 長岡郷土史研究会　（49）2012.5

村上城

村上城下の小路 「市道路線名のいわれ」調査から（佐藤三良）「越佐の地名」 越後・佐渡の地名を語る会　（6）2006.3

城なき村上お城山（土屋八重）「お城山だより」 村上城跡保存会　（43）2011.12

村上城散策（斎藤秀夫）「お城山だより」 村上城跡保存会　（44）2012.12

村上城主と係わる建物と経緯（時田忠一）「お城山だより」 村上城跡保存会　（44）2012.12

新潟の古城・村上城探訪の記（随想）（土屋道郎）「聴雪」 新庄古文書の会　（17）2013.6

ありがとうございました 村上巡検「村上城を尋ねて」（小野塚快斗，渡邉崇大，成田楓，内山佳香，鈴木海翔）「お城山だより」 村上城跡保存会　（45）2013.12

村上藩

村松藩の下谷上屋敷と駒込下屋敷、および村上藩の駒込下屋敷（渡辺好明）「郷土村松」 村松郷土史研究会　（59）2002.4

越後の諸藩（2）村上藩・安田藩・村松藩（藤田正義）「五頭郷土文化」 五頭郷土文化研究会　53　2004.12

伊東五郎左衛門と三潟悪水抜き一件 賞賛される村上藩（山口之孝）「お城山だより」 村上城跡保存会　（43）2011.12

村松

〈講演会―ふるさとの歴史を語る〉「郷土村松」 村松郷土史研究会　（62）2005.3

城下町の風情演出「郷土村松」 村松郷土史研究会　（63）2006.3

村松兵営跡「郷土村松」 村松郷土史研究会　（63）2006.3

新潟県における兵営設置と地域振興―新発田・村松を中心として（吉田律人）「地方史研究」 地方史研究協議会　57（1）通号325　2007.2

村松・新田町をめぐる話（斎藤義信）「郷土村松」 村松郷土史研究会　（64）2007.3

講演 ふるさとの歴史を語る講演会 村松と明暗寺について（大塚芳男）「郷土村松」 村松郷土史研究会　（65）2008.3

村松茶の歴史と村松茶の会「郷土村松」 村松郷土史研究会　（66）2009.3

村松茶と抜け荷の記録（関正平）「加茂郷土誌」 加茂郷土調査研究会　（35）2013.5

村松公園

村松公園の記念碑（史跡さんぽ）（斎藤義信）「郷土村松」 村松郷土史研究会　（67）2010.5

村松城

城下町村松めぐり堀家ゆかりの地 村松城の面影をたずねて（巡見報告）（腮尾功）「長岡郷土史」 長岡郷土史研究会　（50）2013.5

村松陣屋

「越後国 村松陣屋」（まちの話題）「郷土村松」 村松郷土史研究会　（71）2014.5

村松藩

村松藩の柳島抱屋敷と下屋敷（渡辺好明）「郷土村松」 村松郷土史研究会　（58）2001.5

村松藩の下谷上屋敷と駒込下屋敷、および村上藩の駒込下屋敷（渡辺好明）「郷土村松」 村松郷土史研究会　（59）2002.4

村松藩の朝鮮通信使馳走役（渡辺好明）「郷土村松」 村松郷土史研究会　（60）2003.4

越後の諸藩（2）村上藩・安田藩・村松藩（藤田正義）「五頭郷土文化」 五頭郷土文化研究会　53　2004.12

村松兵営

村松兵営の沿革―歩兵第30聯隊から軍用地の現況（松尾吉信）「郷土村松」 村松郷土史研究会　（59）2002.4

村松村

北越戊辰戦争の宿陣を担った村松村 東軍―官軍 四度の入れ代わり（青柳正）「長岡郷土史」 長岡郷土史研究会　（42）2005.5

明訓学校

明訓学校の盛衰―明治教育史の一齣（本間恂一）「郷土新潟」 新潟郷土史研究会　（49）2009.3

目黒

佐渡の目黒（目黒英夫）「郷土目黒」 目黒区郷土研究会　46　2002.10

持倉城

持倉城と丑ノ沢砦について（木村尚志）「おくやまのしょう ： 奥山荘郷土研究会誌」 奥山荘郷土研究会　（25）2000.3

桃崎浜

桃崎浜四方山ばなし（2）（高橋太一郎）「おくやまのしょう ： 奥山荘郷土研究会誌」 奥山荘郷土研究会　（25）2000.3

桃崎浜の歴史―伝わる苗字を探る（高橋太一郎）「おくやまのしょう ： 奥山荘郷土研究会誌」 奥山荘郷土研究会　（26）2001.3

実録・北前船と桃崎浜（高橋太一郎）「おくやまのしょう ： 奥山荘郷土研究会誌」 奥山荘郷土研究会　（27）2002.3

村上のお殿様と桃崎浜（高橋太一郎）「おくやまのしょう ： 奥山荘郷土研究会誌」 奥山荘郷土研究会　（28）2003.3

桃崎浜と荒川・鮭猟場争い顚末記（高橋太一郎）「おくやまのしょう ： 奥山荘郷土研究会誌」 奥山荘郷土研究会　（30）2005.3

八木ヶ鼻

「五十嵐」地名探訪記―八木ヶ鼻（三条市）とイカナシ神社（今治市）（〈講演―15周年記念講演会〉）（辛崎恭子）「越佐の地名」 越後・佐渡の地名を語る会　（8）2008.3

薬師峠

柏崎・刈羽郡と小千谷を結んだ要衝「薬師峠」（広井忠男）「柏崎・刈羽」 柏崎刈羽郷土史研究会　（34）2007.4

矢島

伝説と地名 磐舟（村上市）・福来口（糸魚川市）・矢島（佐渡市）（長谷川勲）「越佐の地名」 越後・佐渡の地名を語る会　（10）2010.3

八島停留所

軽便 魚沼鉄道 八島停留所について（吉井和夫）「小千谷文化」 小千谷市総合文化協会「小千谷文化」編集委員会　（217）2014.12

矢島村古新田

二枚の古地図からみた鎧潟湖口左岸の村々―開発の古い押付・天竺堂村と矢島村古新田（本間則久）「鑑賞」 新潟文化観賞会　（34）2013.2

安田

安田地方の峠と峠道（〈峠と峠の道〉）（廣田康也）「越佐の地名」 越後・佐渡の地名を語る会　（6）2006.3

安田地方の用水江にかかわる地名（廣田康也）「越佐の地名」 越後・佐渡の地名を語る会　（10）2010.3

安田藩

越後の諸藩（2）村上藩・安田藩・村松藩（藤田正義）「五頭郷土文化」 五頭郷土文化研究会　53　2004.12

矢立

矢立のうつりかわり（近藤精二）「加茂郷土誌」 加茂郷土調査研究会　（26）2004.2

柳川

柳川とその周辺の歴史―旭小学校生徒との現地探訪（生松貞司）「三条史研究」 三条歴史研究会　（4）2005.3

柳川の移り変わり（抄）（生松貞司）「三条歴史研究」 三条歴史研究会　（5）2006.3

ヤナクネ城

出雲崎町ヤナクネ城跡について（鳴海忠夫）「長岡郷土史」 長岡郷土史研究会　通号47　2010.5

弥彦

歴史の街・弥彦の見処(高橋昌利)「良寛」 全国良寛会, 考古堂書店(発売) 48 2005.12

弥彦線

鉄道交通の発達・弥彦線「燕駅」の歴史をたどる(小林佐武郎)「燕郷土史考」 燕市教育委員会 40 2007.3

弥彦線開通と牛池土堤(佐藤茂)「三条歴史研究」 三条歴史研究会 (9) 2010.3

弥彦村

弥彦村(市町村消息・短信)(福田正智)「新史料協だより」 新潟県歴史資料保存活用連絡協議会 (15) 2010.3

弥彦明訓学校

資料紹介「弥彦明訓学校同窓名簿」(淡路久雄)「見附郷土誌」 見附の歴史研究会 (16) 2007.5

弥彦山

柏崎刈羽の製鉄と弥彦山麓の銅生産地の地名・人名について(地名研究1)(徳永忠正)「越佐の地名」 越後・佐渡の地名を語る会 (12) 2012.3

藪神

15世紀後半の上越国境領主—藪神・利根両発智氏の事例から(森田真一)「武尊通信」 群馬歴史民俗研究会 (133) 2013.3

山古志

野に遺賢あり『越後山古志郷の春日礼智文学博士』(広井忠男)「新潟県文人研究」 越佐文人研究会 (8) 2005.11

山古志地域の色鯉と角突き(前)(後)—山古志地域の歴史的風土を探る(滝沢繁)「長岡郷土史」 長岡郷土史研究会 通号45/通号46 2008.5/2009.5

山古志での史料所在確認調査を終えて(田辺芳春)「新潟史学」 新潟史学会 (60) 2008.11

追想 割れた山古志の大地(特集 中越大地震から5年)(酒井省吾)「小千谷文化」 小千谷市総合文化協会「小千谷文化」編集委員会 (196) 2009.7

災害と文書資料室(6) 被災資料の保存と活用—山古志地域への返還作業を通して(田中洋光)「長岡あーかいぶす」 長岡市立中央図書館文書資料室 (10) 2011.2

資料紹介 越後山古志の近世漆器—平成16年新潟県中越地震の救済資料から(齋藤瑞穂)「新潟史学」 新潟史学会 (71) 2014.6

山古志郷

越後山古志郷 歴史の峠道(広井忠男)「長岡郷土史」 長岡郷土史研究会 通号45 2008.5

越後山古志郷の狩猟習俗(広井忠男)「小千谷文化」 小千谷市総合文化協会「小千谷文化」編集委員会 (192) 2008.7

山古志村

「山古志村」を視察して(村田忠次郎)「あゆみ」 毛呂山郷土史研究会 (32) 2008.11

大和町

史跡等を易しく紹介した大和の歴史かるた(ふるさと通信)(中島正樹)「みなみうおぬま : 郷土史編さん誌」 南魚沼市教育委員会 (9) 2012.3

山之内

山之内と七谷(金子達)「かも市史だより」 [加茂市教育委員会]市史編さん室 (30) 2014.10

屋村

江戸時代の屋村(燕市四ツ屋)の出稼状況(本間則久)「燕郷土史考」 燕市教育委員会 39 2006.3

八幡鼻

ペリー艦隊が見た地形(3) 小柴崎から八幡鼻にかけての海食崖(松田磬余)「Collegio」 之潮 (45) 2011.7

悠久山

栃尾鉄道の歴史 長岡—悠久山間(反町忠夫)「長岡郷土史」 長岡郷土史研究会 通号47 2010.5

悠久山の「柳之井」について(樺澤幸子)「長岡郷土史」 長岡郷土史研究会 (51) 2014.5

湯沢温泉

史料紹介 湯澤温泉実験記抄(辻井善彌)「三浦半島の文化」 三浦半島の文化を考える会 (14) 2004.10

湯沢町

湯沢町の「平成18年豪雪」についての雑感(声)(小野塚美代子)「新潟の生活文化 : 新潟県生活文化研究会誌」 新潟県生活文化研究会

(13) 2007.6

湯田温泉

湯田温泉考(3) 末広館異聞(細井厚志)「郷土たがみ」 田上町郷土研究会 (20) 2009.6

湯田上温泉

湯田上温泉は私の心故郷(細井夏子)「郷土たがみ」 田上町郷土研究会 (25) 2014.6

湯田上温泉の古きよき時代(五十嵐道穂)「郷土たがみ」 田上町郷土研究会 (25) 2014.6

弓町

弓町の「蛇塚」の話(清水誠一)「長岡郷土史」 長岡郷土史研究会 (40) 2003.5

湯谷城

六日町盆地北辺の防備(1) 板木城(雷土城)・湯谷城の遺構から(三島正之)「みなみうおぬま : 郷土史編さん誌」 南魚沼市教育委員会 (5) 2008.3

由利公園

三条歴史探訪「直江町排水路」・「由利公園」・「広貞公園」(鈴木英一)「三条歴史研究」 三条歴史研究会 (11) 2012.7

与板

与板の歴史と地名(〈越後城下町の歴史と地名〉)(小林繁雄)「越佐の地名」 越後・佐渡の地名を語る会 (7) 2007.3

与板地域探訪記(巡見報告)(藤山純司)「長岡郷土史」 長岡郷土史研究会 通号46 2009.5

与板城

与板城と赤田城(広川克郎)「刈羽村文化」 刈羽村郷土研究会 (92) 2009.3

横田切れ

横田切れの検証(捧一二)「郷土史燕」 燕市教育委員会 (1) 2008.3

大洪水の慟哭・横田切れ—島上校に残る破堤沿革史(下村光吉)「郷土史燕」 燕市教育委員会 (2) 2009.3

宝暦七年 横田切れの考察—くどきに謡われた一夏に四度の大洪水(亀井功)「郷土史燕」 燕市教育委員会 (5) 2012.3

吉川町

寺の字がつく地名の多い吉川町(吉村博)「越佐の地名」 越後・佐渡の地名を語る会 (1) 2001.3

吉田

吉田町の割元・庄屋物語(15) 宮小路村の庄屋の変遷(亀井功)「越後吉田町毛野賀多里」 吉田町教育委員会 (15) 2006.3

吉田町を流れる西川に架けられている「橋」について(菅井シヅ)「越後吉田町毛野賀多里」 吉田町教育委員会 (15) 2006.3

旧吉田町の地名について(幸田昭)「郷土史燕」 燕市教育委員会 (1) 2008.3

吉田町

吉田町 昔の町並み(1)—昭和20年ころの下町(山上洋右, 菅井シヅ, 解良良子)「越後吉田町毛野賀多里」 吉田町教育委員会 10 2000.10

新潟新聞「西蒲原郡吉田町の近況」より(北沢昭松)「越後吉田町毛野賀多里」 吉田町教育委員会 11 2001.10

吉田町 昔の町並み(2) 昭和20年ころの中町(山上洋右, 菅井シヅ, 解良良子)「越後吉田町毛野賀多里」 吉田町教育委員会 11 2001.10

吉田町 昔の町並み(3) 昭和20年ころの上町(山上洋右, 菅井シヅ, 解良良子)「越後吉田町毛野賀多里」 吉田町教育委員会 12 2002.10

吉田町・春日町のあゆみ(編集部)「越後吉田町毛野賀多里」 吉田町教育委員会 (15) 2006.3

吉田町の割元・庄屋物語(16) 蒲原郡の庄屋の盛衰の時期的特徴 吉田町城を中心に(亀井功)「越後吉田町毛野賀多里」 吉田町教育委員会 (16) 2007.3

「西浦新報」に見る昭和中期の吉田町の景況(北澤昭松)「越後吉田町毛野賀多里」 吉田町教育委員会 (16) 2007.3

旧吉田町の寺院地名について(特集 消えた集落・移転した集落)(幸田昭)「越佐の地名」 越後・佐渡の地名を語る会 (10) 2010.3

吉田村

延宝九年燕町絵図成立の背景の一考察—吉田村の町場形成との比較(亀井功)「郷土史燕」 燕市教育委員会 (2) 2009.3

四日町

四日町こぼれ話(大野鉄男)「三条歴史研究」 三条歴史研究会 (5) 2006.3

四ツ屋

府内と春日山を結ぶ直線「原道」と『四ツ屋の付城』(金子拓男)「越佐研究」 新潟県人文研究会 64 2007.5

四谷

私の昭和点描(4)—長浜・四谷その周辺(今井和幸)「柏崎・刈羽」 柏崎刈羽郷土史研究会 (38) 2011.4

四ツ屋村

「四ツ屋村諸入用割賦取立帳」について—万延元年・明治2年の場合(本間良久)「燕郷土史考」 燕市教育委員会 38 2005.3

米沢街道

関川村に残る米沢街道の痕跡(横山征平)「関川学研究紀要」 関川学研究会 (1) 2008.2

米山

中越の米山 「名山 金倉山」(広井忠男)「柏崎・刈羽」 柏崎刈羽郷土史研究会 (36) 2009.4

米山大橋

米山大橋(明間キミ)「おくやまのしょう : 奥山荘郷土研究会誌」 奥山荘郷土研究会 (30) 2005.3

米納津

米納津地区の地名について(幸田昭)「越後吉田町毛野賀多里」 吉田町教育委員会 12 2002.10

米納津(旧吉田町)地名の不思議(幸田昭)「越佐の地名」 越後・佐渡の地名を語る会 (9) 2009.7

地名の不思議 米納津の地名について(幸田昭)「郷土史燕」 燕市教育委員会 (3) 2010.3

米納津村

吉田町の割元・庄屋物語(13)米納津村の場合(亀井功)「越後吉田町毛野賀多里」 吉田町教育委員会 13 2004.1

来迎寺村

村名「来迎寺」(小野塚敏則)「越佐の地名」 越後・佐渡の地名を語る会 (9) 2009.7

理研工業株式会社宮内工場

『一九四五・長岡戦災焼失図』制作中の思い出(8) 「理研工業株式会社宮内工場」のこと(桜井修)「長岡郷土史」 長岡郷土史研究会 通号43 2006.5

蓮台寺村

頸城西浜の小村「蓮台寺村」の地名(松野功)「越佐の地名」 越後・佐渡の地名を語る会 (3) 2003.3

蓮台寺村のはじめ(1)(松野功)「糸魚川郷土研究」 糸魚川郷土研究会 (1) 2004.8

六十里越

六十里越(〈峠と峠の道〉)(長谷川勲)「越佐の地名」 越後・佐渡の地名を語る会 (6) 2006.3

六野瀬

六野瀬の伝説と地名の由来(廣田康也)「越佐の地名」 越後・佐渡の地名を語る会 (7) 2007.3

鷲崎

鷲山荘文学碑林—両津市鷲崎(久保田フミエ)「佐渡郷土文化」 佐渡郷土文化の会 104 2004.2

月にをどる碑—鷲崎 文学碑林(久保田フミエ)「佐渡郷土文化」 佐渡郷土文化の会 (131) 2013.2

県外出漁の視点 佐渡鷲崎上野漁業(金﨑謙輔)「氷見春秋」 氷見春秋会 (70) 2014.11

和島

古代のロマン広がる寺泊・和島地域(田中正徳)「長岡郷土史」 長岡郷土史研究会 通号45 2008.5

「桐原」、「桐島」そして「わしま和島」—「桐」地名と町村合併地名(特集 植物と地名)(土井清史)「越佐の地名」 越後・佐渡の地名を語る会 (12) 2012.3

渡戸駅

北陸道渡戸駅に関する予察—「兵部延喜式」諸国駅伝馬条を中心として(田中一穂)「町史研究分水」 分水町教育委員会 (4) 2004.3

渡部

吾が渡部の紹介(玉木玉雄)「郷土史燕」 燕市教育委員会 (3) 2010.3

和納

和納の「御蔵屋敷地」を描いた絵図が出てきた—和納区有文書より(山崎行夫)「わなふ今昔」 楽斎と和納を知る会 (7) 2008.2

和納の方言(6) ハ行「わなふ今昔」 楽斎と和納を知る会 (7) 2008.2

和納の方言(9) ラ、ワ、ン行「わなふ今昔」 楽斎と和納を知る会 (9) 2009.2

新潟市西浦区和納区有文書の整理(中村義隆)「鑑賞」 新潟文化観賞会 (35) 2014.2

和納村

和納村婦人会竹槍部隊「わなふ今昔」 楽斎と和納を知る会 (9) 2009.2

蕨峠

郡内の峠紀行(8) 蕨峠(杉崎純一)「阿賀路 : 東蒲原郡郷土誌」 阿賀路の会 48 2010.5

富山県

愛本橋
兼六園の舟之亭と愛本橋を検討（今井喜江）「石川郷土史学会々誌」 石川郷土史学会 （40）2007.12

越中新川郡愛本橋の絵図を読む（研究発表大会）（八尾隆夫）「富山史壇」 越中史壇会 （166）2011.12

朝日山
朝日山の古代史考（史談・巷談）（宮田龍夫）「氷見春秋」 氷見春秋会 （61）2010.5

芦峅寺
史料紹介 芦峅寺衆徒が常陸国・上総国・下総国で形成した檀那場—文献史料再の檀那場（福江充）「富山史壇」 越中史壇会 140 2003.3

芦峅寺宿坊家が東海道筋に形成した檀那場—特に駿河国と横浜の事例をとりあげて（福江充）「研究紀要」 富山県立山博物館 20 2013.3

安住城
まぼろしの富山古城「安住城」を探る（重杉俊樹）「北陸の中世城郭」 北陸城郭研究会 （20）2010.7

阿努荘
阿努荘・相浦村初見文書—『兵範記』裏文書「前太政大臣家政所下文案」について（横澤信生）「氷見春秋」 氷見春秋会 （66）2012.10

虻が島
虻が島と高岡城の石垣（西井龍儀）「富山市日本海文化研究所紀要」 富山市日本海文化研究所 （17）2003.9

安倍島
安倍島と対馬海流の道（鈴木景二）「富山市日本海文化研究所紀要」 富山市日本海文化研究所 （17）2003.9

荒山峠
新・いしぶみ案内 峠の石碑（荒山峠）（中居敏雄）「氷見春秋」 氷見春秋会 （49）2004.5

有峰
有峰集落における児童教育の展開—就学の機会 前半,（中）（松井和子）「大山の歴史と民俗」 大山町歴史民俗研究会 （15）/（16）2011.12/2013.2

粟巣野
富山市粟巣野東方の赤鉄鉱について（寺島禎一）「研究紀要」 富山県立山博物館 13 2006.3

飯久保城
史料点描 小林家文書の飯久保城跡由緒書上（久保尚文）「氷見春秋」 氷見春秋会 （47）2003.5

縄張りから読み取る飯久保城の歴史（佐伯哲也）「氷見春秋」 氷見春秋会 （63）2011.5

石垣村
石垣村の地域と特徴（谷口良一）「魚津史談」 魚津歴史同好会 （33）2011.3

鼬川
鼬川と富山城下町—絵図からみた近世前期の河道復元（古川知明）「富山史壇」 越中史壇会 （152）2007.5

鼬川の洪水と川筋の変遷についての考察（特集 富山県の災害史）（堀宗太）「富山史壇」 越中史壇会 （169・170）2013.3

一色川
庄川の源流について—源流は山中山、烏帽子岳は支流一色川の源流（佐伯安一．新藤正夫）「砺波散村地域研究所研究紀要」 砺波市立砺波散村地域研究所 （25）2008.3

猪谷
近世における飛越交易を成さしめた諸要件と猪谷関所（米原寛）「富山史壇」 越中史壇会 （146）2005.3

射水
史料紹介 摂関時代の射水のわたり（鈴木景二）「富山史壇」 越中史壇会 145 2004.12

射水郡
越中国射水郡における諸郷の所在について（根津明義）「富山史壇」 越中史壇会 （149）2006.3

射水平野
射水平野の史跡と文学碑を訪ねて（五十嵐俊子）「郷土の文化」 富山県郷土史会 （38）2013.3

芋田城
まぼろしの芋田城（重杉俊樹）「北陸の中世城郭」 北陸城郭研究会 （19）2009.7

石瀬野
「石瀬野」比定地少考（新谷秀夫）「高岡市万葉歴史館紀要」 高岡市万葉歴史館 （14）2004.3

岩屋口用水
野尻野南部の開発と岩屋口用水（佐伯安一）「砺波散村地域研究所研究紀要」 砺波市立砺波散村地域研究所 （27）2010.3

魚津
「魚津町大町通り街並み図」（昭和16年頃）「大町通り街並み図」について、『魚津大火の記録』作成に協力「魚津史談」 魚津歴史同好会 （29）2007.3

市外史跡探訪 北陸への旅「五箇山・高岡・魚津・立山」（向山茂）「史談足柄」 足柄史談会 45 2007.4

資料「寺町・荒町街並み図」（平沢美代子）「魚津史談」 魚津歴史同好会 （33）2011.3

魚津の江戸期史料 澤泉文書の紹介（会員の研究発表）（魚津古文書解読）「魚津史談」 魚津歴史同好会 （35）2013.3

魚津浦
魚津浦の時代推移（田口正弘）「魚津史談」 魚津歴史同好会 （25）2003.3

魚津城
天正十年の魚津城の戦い（宮崎琢也）「魚津史談」 魚津歴史同好会 （31）2009.3

魚津城落城を示す佐々成政の手紙（紙谷信雄）「魚津史談」 魚津歴史同好会 （32）2010.3

魚津町
田地方八幡宮文書 魚津町年寄留帳について（大野康太郎）「魚津史談」 魚津歴史同好会 （25）2003.3

資料整理室より 魚津町の蠟燭と商人 山口家文書より「富山県公文書館だより」 富山県公文書館 （42）2008.1

臼が峰
新・いしぶみ案内臼が峰往来の万葉歌碑（中居敏雄）「氷見春秋」 氷見春秋会 （52）2005.11

宇波
セピア色の時代 明治の宇波消防組（巽巳和）「氷見春秋」 氷見春秋会 （54）2006.11

宇波の石造物（荻野直樹）「氷見春秋」 氷見春秋会 （66）2012.10

宇波川
宇波川渓谷（松島洋）「氷見春秋」 氷見春秋会 （47）2003.5

餌指町
真成寺町東小路餌指町寺町小路前口一覧（澤泉家文書について）（木下一実）「魚津史談」 魚津歴史同好会 （34）2012.3

越中
越中と那須野が原のきずな（大野康太郎）「那須野ケ原開拓史研究」 那須野ケ原開拓史研究会 50 2001.6

越中の庄・郷・村（大山喬平）「富山史壇」 越中史壇会 139 2003.2

近世後期の密買俵物輸送について—越中廻船の検討を中心にして（深井甚三）「富山史壇」 越中史壇会 139 2003.2

「越中万葉の世界」展「れきはく」 石川県立歴史博物館 67 2003.4

佐渡と越中・能登について（藤井三好）「富山市日本海文化研究所紀要」 富山市日本海文化研究所 （17）2003.9

越中における北前船の業績（松下ナミ子）「近代史研究」 富山近代史研究会 （27）2004.3

上杉時代の西浜の城址と越中方面の史的話題（山本純夫）「糸魚川郷土研究」 糸魚川郷土研究会 （1）2004.8

記念講演要旨 越中史壇会50年の歩みと展望—会員の経験を通して（古岡英明）「富山史壇」 越中史壇会 145 2004.12

越中門徒の北関東移住者の子孫を尋ねて（大野康太郎）「魚津史談」 魚津

歴史同好会 （27） 2005.3

飛越の狩猟伝承特に穴熊狩りを中心として（郷土文化講座講演要旨）（森俊）「郷土の文化」 富山県郷土史会 （30） 2005.3

飛騨郡代高山陣屋文書における『飛越地震に関わる史料』の紹介（藤田佳一）「岐阜県歴史資料館報」 岐阜県教育文化財団歴史資料館 （29） 2006.2

越中褌のルーツは（内ヶ崎晴男）「歴研みやぎ」 宮城県歴史研究会 （69） 2006.3

南葵文庫蔵越中・加賀・能登国絵図について（野積正吉）「富山史壇」 越中史壇会 （150） 2006.7

越中における「近代化」への視座（《30号刊行記念》―公開シンポジウム）（米原寛）「近代史研究」 富山近代史研究会 （30） 2007.3

昭和初期における越中郷土史研究―三つの流れ（《30号刊行記念》―公開シンポジウム）（城岡朋洋）「近代史研究」 富山近代史研究会 （30） 2007.3

中世の日本海交易と越中（堀宗夫）「北陸の中世城郭」 北陸城郭研究会 （17） 2007.7

松永尺五著 漢詩『越中紀行』（寛永17年、1640）の解釈と考察（安達正雄）「石川郷土史学会々誌」 石川郷土史学会 （41） 2008.12

親近感を抱かせた「越中の鷹狩り展」（遠藤和子）「富山県公文書館だより」 富山県公文書館 （44） 2009.1

「越中の鷹狩り」展と逆転の発想（小池豊一）「富山県公文書館だより」 富山県公文書館 （44） 2009.1

飛越地震の被害と救済・復旧に関する一考察―「飛騨郡代高山陣屋文書」にみる飛騨国側の実態を通して（田添好男）「岐阜県歴史資料館報」 岐阜県教育文化財団歴史資料館 （32） 2009.3

越中加賀藩領における薬草の採取と流通についての一考察―「売薬々方明細并巧能書」及び産物調査書・産物関係留書の記述から（嘉藤潤一）「研究紀要」 富山県立山博物館 16 2009.3

飛越国境のカモシカ猟（森俊）「富山市日本海文化研究所紀要」 富山市日本海文化研究所 （22） 2009.3

信州守護小笠原氏とその配下の内ヶ嶋氏、平瀬氏、嘉念坊明誓と市村氏は何時から如何にして飛騨・越中に進出したか（坂部和夫）「斐太紀 ： 研究紀要」 飛騨学の会 2008年度 2009.3

近世越中の特産物余話（大島正彦）「富山県公文書館だより」 富山県公文書館 （46） 2010.2

古代越中のナリハヒについて（城岡朋洋）「富山市日本海文化研究所紀要」 富山市日本海文化研究所 （23） 2010.3

寛正2年に始まる内ヶ嶋為氏等の飛騨白川郷・越中への進出と寛正の大飢饉（坂部和夫）「斐太紀 ： 研究紀要」 飛騨学の会 2009年度 2010.3

寛正2年に始まる内ヶ嶋為氏等の飛騨白川郷・越中への進撃ルートとその展開（坂部和夫）「斐太紀 ： 研究紀要」 飛騨学の会 2010年度 2010.9

越中での幕命採薬受け入れの実態について―「享保七年 新川郡薬草御用一巻覚留帳」を中心に（吉野俊哉）「研究紀要」 富山県立山博物館 18 2011.3

開館20周年記念シンポジウム 越中万葉の魅力（小野寛, 稲岡耕二, 坂本信幸, 針原孝之, 山口博）「高岡市万葉歴史館紀要」 高岡市万葉歴史館 （21） 2011.3

報告 富山県博物館協会研究補助 越中万葉集の継承とその展開について（田中夏陽子）「高岡市万葉歴史館紀要」 高岡市万葉歴史館 （21） 2011.3

大聖寺藩奥山廻り巡見と加越国境の風景（西出康信）「江渟の久爾」 江沼地方史研究会 （56） 2011.4

北前船交易と越中（富山）の魚肥（前田英雄）「大山の歴史と民俗」 大山町歴史民俗研究会 （15） 2011.12

金沢藩医学館の生徒募集―金沢藩政治下の越中国地方文書から（正橋剛二）「北陸医史」 北陸医史学会 （34） 2012.2

戦国―中央政権と加賀、能登、越中（奥村謙）「七つ尾」 七尾城址文化事業団 （29） 2012.3

研究余滴 『越中諸代官勤方覚』の編製時期は宝永四年（浦田正治）「富山史壇」 越中史壇会 （168） 2012.7

越後・越中の港町と置米仕法（第34回北陸都市史学会金沢大会 発表要旨）（勝山敏一）「北陸都市史学会誌」 北陸都市史学会事務局 （18） 2012.8

安政飛越地震の災害像―地震被害データベース作成の試み（特集 富山県の災害史）（高野靖彦）「富山史壇」 越中史壇会 （169・170） 2013.3

飛越地震における液状化の様相―安政飛越地震を事例に（特集 富山県の災害史）（近藤浩二）「富山史壇」 越中史壇会 （169・170） 2013.3

人と記録 武内七郎の越中水害記録（特集 富山県の災害史）（武内淑子）「富山史壇」 越中史壇会 （169・170） 2013.3

近世後期における災害情報の様相―安政飛越地震の災害絵図をめぐって（論文）（高野靖彦）「富山史壇」 越中史壇会 （172） 2013.12

七世紀の国制と越中（平成25年度研究発表大会発表要旨）（大川原竜一）「富山史壇」 越中史壇会 （172） 2013.12

古代北陸道における路傍の立石と各駅の所在地について―加賀と越中の場合（安達正雄）「石川郷土史学会々誌」 石川郷土史学会 （46） 2013.12

越中万葉故地図覚書（関隆司）「高岡市万葉歴史館紀要」 高岡市万葉歴史館 （24） 2014.3

越中―飛騨―信州 鰤が選ばれた道（特集 信州と隣県 信州と飛騨）（窪田雅之）「地域文化」 八十二文化財団 （110） 2014.10

資料 「越中の寄り回り波など高波災害年表」（深井甚三, 山岸亮）「富山史壇」 越中史壇会 （175） 2014.11

越中大野路

古代地名と万葉集―播磨のアカシと越中大野路（川崎晃）「高岡市万葉歴史館紀要」 高岡市万葉歴史館 （13） 2003.3

越中渡船場

「越中渡船場」の思い出（柴田政邦）「トカプチ ： 郷土史研究」 NPO十勝文化会議郷土史研究部会 （16） 2004.7

越中国

近世初期越中国絵図の作成時期とその内容・情報について―慶長国絵図を中心に（深井甚三）「富山史壇」 越中史壇会 （150） 2006.7

貞観五年越中・越後国大地震と諸様相―祥瑞と災異との間で（平成二十五年度 特別研究発表会要旨）（木本秀樹）「富山史壇」 越中史壇会 （173） 2014.2

地誌提要越中國（伊東眞）[解読]「郷土の文化」 富山県郷土史会 （39） 2014.3

明治期の全国的な宝物調査と旧越中国内の宝物について―東京国立博物館蔵資料の調査を中心に（吉野俊哉）「研究紀要」 富山県立山博物館 21 2014.3

「越中国切」をめぐる政治過程―信濃情勢との関わりから（特集 中近世移行期の信濃と隣国）（竹井英文）「信濃［第3次］」 信濃史学会 66（12）通号779 2014.12

海老瀬城

縄張りから読み取る海老瀬城の歴史について（佐伯哲也）「氷見春秋」 氷見春秋会 （55） 2007.5

烏帽子岳

庄川の源流について―源流は山中山、烏帽子岳は支流一色川の源流（佐伯安一, 新藤正夫）「砺波散村地域研究所研究紀要」 砺波市立砺波散村地域研究所 （25） 2008.3

園城寺

「立山開山」と園城寺―越中地域史研究の原点（5）（久保尚文）「富山史壇」 越中史壇会 （166） 2011.12

笈ヶ岳

笈ヶ岳の山頂遺跡と「点の記」（千秋謙治）「砺波散村地域研究所研究紀要」 砺波市立砺波散村地域研究所 （27） 2010.3

大岩山

『越中之国大岩山八景之図』 他について（史料紹介）（綿抜豊昭）「富山史壇」 越中史壇会 139 2003.2

大久保用水

大久保用水初期水路についての一考察（五十嵐俊子）「大山の歴史と民俗」 大山町歴史民俗研究会 （15） 2011.12

大熊

升方城・大熊方面史跡見学（平沢美代子）「魚津史談」 魚津歴史同好会 （27） 2005.3

大沢

大沢集落・布施川ダム探訪（浅野一成）「魚津史談」 魚津歴史同好会 （28） 2006.3

大沢野

市町村合併論（5）ケーススタディ市町村史に市町村合併を記載する―『大沢野町史』の場合（須山盛彰）「近代史研究」 富山近代史研究会 （28） 2005.3

太田保

細川管領家領越中国太田保をめぐる諸問題（下）（久保尚文）「富山市日本海文化研究所報」 富山市日本海文化研究所 （26） 2001.3

中世移行期の富山について―前史としての太田保に関わる問題（松山充宏）「富山史壇」 越中史壇会 142・143 2004.3

大筒台場

飛騨郡代高山陣屋文書における『越前国海岸江大筒台場取建方一件』について（藤田佳一）「岐阜県歴史資料館報」 岐阜県教育文化財団歴史資料館 （28） 2005.2

大長谷村

大長谷村入会山売却騒動について（宮村光治）「近代史研究」 富山近代史研究会 （34） 2011.3

北陸甲信越　　　　　　　　　　　地名でたどる郷土の歴史　　　　　　　　　　　富山県

大橋
大橋（上庄）小経済圏の盛衰について―経済史・経済地理的考察（西田辰朗）「氷見春秋」　氷見春秋会　（54）2006.11

大山
里山ノスタルジック紀行（金山千津子）「大山の歴史と民俗」　大山町歴史民俗研究会　（15）2011.12

ある点描―大山史話（山元正気）「大山の歴史と民俗」　大山町歴史民俗研究会　（15）2011.12

大山の食べ物の継承？（本多和子）「大山の歴史と民俗」　大山町歴史民俗研究会　（15）2011.12

ふるさと（旧大山地域）の旧家列伝（山下登）「大山の歴史と民俗」　大山町歴史民俗研究会　（16）2013.2

大山町
大山町の牧に関する地名一考（中葉博文）「研究紀要」　富山県立山博物館　8　2001.3

狛犬と水車（高桑幸一）「大山の歴史と民俗」　大山町歴史民俗研究会　（15）2011.12

15年の歩み（講演会・研究会実績）「大山の歴史と民俗」　大山町歴史民俗研究会　（15）2011.12

土木技術史から見た郷土（貴堂巖）「大山の歴史と民俗」　大山町歴史民俗研究会　（16）2013.2

奥山発電所
"長棟川"の奥山発電所地内の「聖徳太子」文字碑（平井一雄）「大山の歴史と民俗」　大山町歴史民俗研究会　（16）2013.2

鬼江町
「鬼江町街並み図」について（魚岸隆宣）「魚津史談」　魚津歴史同好会　（30）2008.3

折込み「鬼江町街並み図」「魚津史談」　魚津歴史同好会　（30）2008.3

小原
小原道の道標へのこだわり（本多秀男）「大山の歴史と民俗」　大山町歴史民俗研究会　（15）2011.12

小矢部川
越中・小矢部川玉石誌（吉田國夫）「石川郷土史学会々誌」　石川郷土史学会　（36）2003.12

鹿島
砺波市鹿島集落屋敷林の被害状況調査報告（基調報告）（安ヶ川恵子）「砺波散村地域研究所研究紀要」　砺波市立砺波散村地域研究所　（22）2005.3

金屋町
資料「金屋町街並み図」（石黒五市、田口正弘）「魚津史談」　魚津歴史同好会　（32）2010.3

高岡・金屋町の町並みの形成過程について（第33回北陸都市史学会福井大会　発表要旨）（今西俊揮）「北陸都市史学会誌」　北陸都市史学会事務局　（17）2011.8

上市
上市方面探訪（大崎三樹）「魚津史談」　魚津歴史同好会　（27）2005.3

上奥山
伊藤刑部、佐伯有次郎の上奥山巡廻記録（紙谷信雄）「魚津史談」　魚津歴史同好会　（31）2009.3

上関村
学芸ノート　射水郡上関村肝煎家文書「博物館だより」　高岡市立博物館　（9）2003.2

上滝街道
上滝街道徒然（佐藤武彦）「大山の歴史と民俗」　大山町歴史民俗研究会　（15）2011.12

上新川郡
町村分合調書（上新川郡・婦負郡）「富山県公文書館だより」　富山県公文書館　34　2004.1

亀谷鉱山
亀谷鉱山坑口現況調査（水葉宗宏）「大山の歴史と民俗」　大山町歴史民俗研究会　（16）2013.2

神田新地
神田新地は何故栄えたのか（歴史随想）（中川達）「近代史研究」　富山近代史研究会　（28）2005.3

木舟城
木舟城を陥落させ帰雲城を埋没させた天正大地震の真相―天正大地震は連続多発地震だった（安達正雄）「石川郷土史学会々誌」　石川郷土史学会　（42）2009.12

経田
経田における土地区画整理事業（会員の研究発表）（大野康太郎）「魚津史談」　魚津歴史同好会　（36）2014.3

経田村
経田村消防組の創設（大野康太郎）「魚津史談」　魚津歴史同好会　（26）2004.3

明治期経田村における二度の大火（大野康太郎）「魚津史談」　魚津歴史同好会　（29）2007.3

経田・平伝寺村の草分けについて（大野康太郎）「魚津史談」　魚津歴史同好会　（34）2012.3

国見
国見地区　地すべりの防止と天空平の出現（大口昭夫）「氷見春秋」　氷見春秋会　（68）2013.11

椚山城
山城レポ　加越国境の山城　椚山城探訪（末森清司）「備陽史探訪」　備陽史探訪の会　（175）2013.12

窪の新川
吐川こと「窪の新川」の工事（春秋逸文）（編集部）「氷見春秋」　氷見春秋会　（58）2008.11

熊野川
水源を辿って（1）―神通川水系熊野川（落合昭二）「大山の歴史と民俗」　大山町歴史民俗研究会　（15）2011.12

鞍骨
鞍骨にもあった共同風呂（雨池光雄）「氷見春秋」　氷見春秋会　（48）2003.11

春秋逸聞　鞍骨の史跡「岩屋」の案内板建つ（雨池光雄）「氷見春秋」　氷見春秋会　（65）2012.5

鞍骨川
鞍骨川の様様（雨池光雄）「氷見春秋」　氷見春秋会　（54）2006.11

胡桃池
胡桃地すべりから46年（奥村秀雄）「氷見春秋」　氷見春秋会　（62）2010.11

呉羽山
歴史随想　呉羽山のインクライン（草卓人）「富山史壇」　越中史壇会　144　2004.8

黒部
黒部市の文書史料の保存についての方針、現況と課題（中山慶一）「富史料協会報」　富山県歴史資料保存利用機関連絡協議会　（8）2009.3

黒部川
山田胖と黒部川のかかわり（郷土文化講座講演要旨）（山田時夫）「郷土の文化」　富山県郷土史会　（29）2004.3

五位ダム
五位ダムは覚えていた―氷見への導水量（奥村秀雄）「氷見春秋」　氷見春秋会　（68）2013.11

五箇山
塩硝の道―五箇山から金沢へ（佐伯安一）「砺波散村地域研究所研究紀要」　砺波市立砺波散村地域研究所　（20）2003.3

先人のふるさと越中五箇山を思う（野原小右二）「玉造史叢」　玉造郷土文化研究会　45　2004.4

白川郷・五箇山をたずねて（弥生人体験クラブの活動記録）（手塚信和）「静岡市立登呂博物館研究紀要」　静岡市立登呂博物館　通号5　2005.3

五箇山塩硝の増産について（「羽馬家文書」）「富山県公文書館だより」　富山県公文書館　（38）2006.7

五箇山史雑記（堀宗夫）「北陸の中世城郭」　北陸城郭研究会　（16）2006.7

市外史跡探訪　北陸への旅「五箇山・高岡・魚津・立山」（向山茂）「史談足柄」　足柄史談会　45　2007.4

五箇山をめぐる城砦群と戦国史（大会報告　特別研究発表会（8月））（高岡徹）「富山史壇」　越中史壇会　（157）2008.12

五箇山の煙硝史―最高品質・最高生産量・最長期生産（大会特集　火薬をめぐる社会と文化―江戸時代を中心として）（板垣英治）「風俗史学：日本風俗史学会誌」　日本風俗史学会　（42）2011.2

戦国末期における高清水山地の戦いとその実相―佐々成政の軍事攻勢と五箇山一揆の制圧（高岡徹）「富山市日本海文化研究所紀要」　富山市日本海文化研究所　（24）2011.3

五箇山焔硝の起源（研究ノート）（矢野義典）「龍谷日本史研究」　龍谷大学日本史学研究会　（37）2014.3

小島
砺波市小島集落の屋敷林被害（基調報告）（新藤正夫）「砺波散村地域研究所研究紀要」　砺波市立砺波散村地域研究所　（22）2005.3

子撫川

百六十年前の子撫川水引き構想（春秋逸文）（編集部）「氷見春秋」　氷見春秋会　（58）2008.11

子撫川と氷見（春秋逸文）（奥村秀雄）「氷見春秋」　氷見春秋会　（58）2008.11

持光寺村

持光寺村の草分けについて（大野康太郎）「魚津史談」　魚津歴史同好会　（33）2011.3

下十二町

下十二町の耕地整理と私（史談・巷談）（宮崎善雄）「氷見春秋」　氷見春秋会　（64）2011.11

下田川

下田川水系探検記（関一朗）「氷見春秋」　氷見春秋会　（57）2008.5

十二町潟

十二町潟の開墾田の慣行（史談・巷談）（宮崎善雄）「氷見春秋」　氷見春秋会　（57）2008.5

庄川

庄川水利用の近代化へのインパクト（長谷川正助）「砺波散村地域研究所研究紀要」　砺波市立砺波散村地域研究所　（24）2007.3

庄川の源流について―一流は山中山、烏帽子岳は支流一色川の源流（佐伯安一，新藤正夫）「砺波散村地域研究所研究紀要」　砺波市立砺波散村地域研究所　（31）2009.3

庄川筋の民家の石積み―主として玉石亀甲積みについて（高島一郎）「砺波散村地域研究所研究紀要」　砺波市立砺波散村地域研究所　（30）2013.3

庄川流域の方言分布からみた自然との対話（論文）（大西拓一郎）「砺波散村地域研究所研究紀要」　砺波市立砺波散村地域研究所　（31）2014.3

庄川扇状地

庄川扇状地扇央部の明治期の野畔について―旧東砺波郡東野尻村野村島集落の場合（新藤正夫，今村郁子，安ヵ川恵子）「砺波散村地域研究所研究紀要」　砺波市立砺波散村地域研究所　（25）2008.3

旧種田村の地籍図から見た庄川扇状地扇頂部の村の成立（高原徹）「砺波散村地域研究所研究紀要」　砺波市立砺波散村地域研究所　（29）2012.3

常願寺川

明治期の常願寺川改修工事（貴堂巌）「近代史研究」　富山近代史研究会　（32）2009.3

常願寺川改修工事に従事した長州藩士の半生（貴堂巌）「近代史研究」　富山近代史研究会　（33）2010.3

明治期の富山県における入札制度の変遷―常願寺川堤防工事を例として（貴堂巌）「近代史研究」　富山近代史研究会　（34）2011.3

常願寺川の治水工事が生んだ2大事業（山森潔）「大山の歴史と民俗」　大山町歴史民俗研究会　（16）2013.2

常願寺川の知られざる橋と改修工事史書の検証（貴堂巌）「大山の歴史と民俗」　大山町歴史民俗研究会　（17）2014.3

成願寺川

成願寺川に架けられた橋（山森潔）「大山の歴史と民俗」　大山町歴史民俗研究会　（15）2011.12

勝興寺寺内町

北陸寺内町の展開―越中国勝興寺 寺内町プランを中心として（天野太郎）「歴史地理学」　歴史地理学会，古今書院（発売）45（2）通号213　2003.3

城端町

城端町における中心商店街の現況と活性化への課題（富山国際大学地域学部助教雄久ゼミナール）「砺波散村地域研究所研究紀要」　砺波市立砺波散村地域研究所　（21）2004.3

女良

明治の大合併と村名「女良」の命名（中葉博文）「氷見春秋」　氷見春秋会　（50）2004.11

白川

白川史蹟調査（史談・巷談）（高野勲）「氷見春秋」　氷見春秋会　（60）2009.11

真成寺町

真成寺町東小路餌指町寺町小路前口一覧（澤泉家文書について）（木下一実）「魚津史談」　魚津歴史同好会　（34）2012.3

神通川

築港祈念碑、内務省直轄工事年報等にみる第三次神通川改修事業の変更と高橋嘉一郎の役割《《30号刊行記念》―公開シンポジウム》（白井芳樹）「近代史研究」　富山近代史研究会　（30）2007.3

神通川塩の道（日水護）「北陸の中世城郭」　北陸城郭研究会　（20）2010.7

付録DVD 富山市内探訪 神通川塩の道「北陸の中世城郭」　北陸城郭研究会　（20）2010.7

近世後期船橋向い諸町と神通川（古川知明）「北陸都市史学会誌」　北陸都市史学会事務局　（18）2012.8

新住吉町

資料 「新住吉町街並み図」について（寺崎茂）「魚津史談」　魚津歴史同好会　（32）2010.3

資料 「新住吉町街並み図」（寺崎茂）「魚津史談」　魚津歴史同好会　（32）2010.3

新保

新保地区の地滑り（史談・巷談）（大門昭夫）「氷見春秋」　氷見春秋会　（62）2010.11

瑞竜の道

万葉の森回廊と瑞龍の道めぐり（大崎三樹）「魚津史談」　魚津歴史同好会　（28）2006.3

杉山砦

杉山砦の発見をめぐって―県内最高所の城郭遺跡が語るもの（高岡徹）「砺波散村地域研究所研究紀要」　砺波市立砺波散村地域研究所　（24）2007.3

住吉町

「住吉町街並み図」について（飯澤久雄）「魚津史談」　魚津歴史同好会　（28）2006.3

大川寺駅

地鉄電車上滝線大川寺駅から見える「澤無涯」銘板について（文山純子）「大山の歴史と民俗」　大山町歴史民俗研究会　（17）2014.3

大門

大門そうめんの源流（佐伯安一）「土蔵」　土蔵の会　（13）2006.12

高岡

学芸ノート 高岡の老舗100年―「高岡繁昌双六」から「博物館だより」　高岡市立博物館　（10）2004.2

市外史跡探訪 北陸への旅「五箇山・高岡・魚津・立山」（向山茂）「史談足柄」　足柄史談会 45　2007.4

古文書にみる高岡の歴史（大会報告 特別研究発表会（6月））（仁ヶ竹亮介）「富山史壇」　越中史壇会　（157）2008.12

「高岡開市三百門記念事業」について（上），（下）（太田久夫）「近代史研究」　富山近代史研究会　（32）/（33）2009.3/2010.3

ファンレター 高岡開町400年と「千保川の記憶」（新井雅大）「土蔵」　土蔵の会　（14）2009.9

富山県高岡地方の鉄釜製造技術調査報告（会田理人）「北海道開拓記念館研究紀要」　北海道開拓記念館　（39）2011.3

高岡長崎家の蔵書印（正橋剛二）「北陸医史」　北陸医史学会　（34）2012.2

連載コラム 長野と全国各地の繋がり（6）高岡の鋳物と長野（小林玲子）「長野」　長野郷土史研究会　（298）2014.12

高岡公園

収蔵資料紹介 長岡安平作「高岡公園改良設計図」縮尺六百分ノ一/新収蔵資料紹介（平成20年1月31日現在）「博物館だより」　高岡市立博物館　（14）2008.2

高岡古城公園

収蔵資料紹介 高岡古城公園「朝陽の滝」設計図1点/新収蔵資料紹介（平成23年2月末現在）「博物館だより」　高岡市立博物館　（17）2011.3

高岡市

高岡市万葉歴史館10年の歩み「高岡市万葉歴史館紀要」　高岡市万葉歴史館　通号11　2001.3

小松の社倉―高岡市社倉設立のもとになった小松（山前圭佑）「加南地方史研究」　加南地方史研究会　（55）2008.3

公文書にみる明治・大正期の高岡市の衛生行政（第34回例会研究発表及び会員投稿）（太田久夫）「北陸医史」　北陸医史学会　（35）2013.2

高岡城

虹が島と高岡城の石垣（西井龍儀）「富山市日本海文化研究所紀要」　富山市日本海文化研究所　（17）2003.9

越中高岡城の縄張りについて（佐伯哲也）「愛城研報告」　愛知中世城郭研究会　（11）2007.8

慶長期高岡城下町の復元―慶長期富山城下町との比較から（古川知明）「北陸都市史学会誌」　北陸都市史学会事務局　（16）2010.8

高岡町

収蔵資料紹介 越中国射水郡高岡町全図「博物館だより」　高岡市立博物館　（10）2004.2

高清水

戦国末期における高清水山地の戦いとその実相―佐々成政の軍事攻勢と

五箇山一揆の制圧（高岡徹）「富山市日本海文化研究所紀要」　富山市日本海文化研究所　（24）2011.3

鷹栖村

資料からみた、中世後半から近世半ばの鷹栖村開発について（中明文男）「砺波散村地域研究所研究紀要」　砺波市立砺波散村地域研究所　（25）2008.3

砺波郡鷹栖村の幕末肝煎津右衛門の「過去記」について（中明文男）「砺波散村地域研究所研究紀要」　砺波市立砺波散村地域研究所　（27）2010.3

鷹栖村お救史料にみる江戸時代後期の散村の屋敷林（新藤正夫，安ヵ川恵子）「砺波散村地域研究所研究紀要」　砺波市立砺波散村地域研究所　（28）2011.3

田方町

昭和16年頃の田方町街並図（資料）（三由實）「魚津史談」　魚津歴史同好会　（36）2014.3

高辻

近世初期の新田開発と明暦2年の村御印―「正保三年高辻帳原稿」から（今村郁子）「砺波散村地域研究所研究紀要」　砺波市立砺波散村地域研究所　（20）2003.3

立野原演習場

旧陸軍立野原演習場の概要と現況（稲垣森太）「近代史研究」　富山近代史研究会　（32）2009.3

旧陸軍立野原演習場の写真史料（稲垣森太）「近代史研究」　富山近代史研究会　（33）2010.3

戦争遺跡「立野原陸軍演習場跡」をめざして（稲垣森太）「近代史研究」　富山近代史研究会　（34）2011.3

立山

高等女学校における立山登山の歴史（高木三郎）「研究紀要」　富山県立立山博物館　13　2006.3

大正登山ブーム到来への過渡期における立山の登山環境について―大井冷光の見た「立山登山」をとりまく状況（高岡陽一）「研究紀要」　富山県立立山博物館　14　2007.3

市外史跡探訪 北陸への旅「五箇山・高岡・魚津・立山」（向山茂）「史談足柄」　足柄史談会　45　2007.4

検証「立山開山」について（米原寛）「研究紀要」　富山県立立山博物館　17　2010.3

「狂歌百物語」にみる江戸時代後期の立山観（奥澤真一郎）「研究紀要」　富山県立立山博物館　18　2011.3

越中立山万葉譜（史談・巷談）（葛城峻）「氷見春秋」　氷見春秋会　（64）2011.11

「立山開山」と園城寺―越中地域史研究の原点（5）（久保尚文）「富山史壇」　越中史壇会　（166）2011.12

立山アルペンルート草創期の一断面と地獄谷の発電計画（草卓人）「大山の歴史と民俗」　大山町歴史民俗研究会　（15）2011.12

安政五年越中立山大鳶崩れ洪水全図（大杉家文書）「富山県公文書館だより」　富山県公文書館　（50）2012.2

栃木県立文書館蔵「大島延治郎家文書」のうち立山関係資料の紹介「たてはく : 人と自然の情報交流誌」　富山県立立山博物館　（80）2012.3

佐伯有若「立山開山」と東大寺―越中地域史研究の原点（6）（研究ノート）（久保尚文）「富山史壇」　越中史壇会　（167）2012.3

こんなところにも、立山が―。「たてはく : 人と自然の情報交流誌」　富山県立立山博物館　（81）2012.6

歴史随想 立山開山説（山元正気）「富山史壇」　越中史壇会　（168）2012.7

文学にあらわれた立山―「金草鞋」と「諸国名山往来」（奥澤真一郎）「研究紀要」　富山県立立山博物館　20　2013.3

明治初期の博覧会等に出展されていた越中・立山の天産物について―近世本草学から近代博物学、物産学への過渡期の実態を中心に（吉野俊哉）「研究紀要」　富山県立立山博物館　20　2013.3

立山の雪に学ぶ 付有峰仙人（佐藤武彦）「青峰 : 歴史と文化」　土書房（2）2013.6

江戸時代後期における立山・白山の標高測量―遠藤高璟・石黒信基（論文）（野積正吉）「富山史壇」　越中史壇会　（171）2013.7

近世本草学の隆盛から近代物産学・博物学へ―「物産会」やウィーン万国博に出展された越中・立山産品から見えること（平成25年度研究発表大会発表要旨）（吉野俊哉）「富山史壇」　越中史壇会　（172）2013.12

立山はどこだ？―歴史の中の「立山」/山岳映像企画2013富山「たてはく : 人と自然の情報交流誌」　富山県立立山博物館　（87）2014.1

立山登山 文山秀三（翻刻版）（平井一雄）「大山の歴史と民俗」　大山町歴史民俗研究会　（17）2014.3

近世における立山名所の形成に関する試論（高野靖彦）「研究紀要」　富山県立立山博物館　21　2014.3

教算坊を利用した楽しみ方の提案/立山に鏑場があった!?「たてはく : 人と自然の情報交流誌」　富山県立立山博物館　（88）2014.3

立山、大岩道しるべ

「立山、大岩道しるべ」を訪ねて（前田克民）「大山の歴史と民俗」　大山町歴史民俗研究会　（15）2011.12

立山温泉

資料整理室より 在りし日の立山温泉 深見家文書より「富山県公文書館だより」　富山県公文書館　32　2003.1

近世後期立山温泉の社会経済史的研究―立山温泉関連史料を中心に（若林秀行）「地方史研究」　地方史研究協議会　54（1）通号307　2004.2

立山新道

明治初年における富山―長野間の新道に関する研究―開通社関連史料の検討を中心に（若林秀行）「富山史壇」　越中史壇会　140　2003.3

立山新道における開通社の歴史的評価（高野靖彦）「富山史壇」　越中史壇会　（151）2007.2

種田村

旧種田村の地籍図から見た庄川扇状地扇頂部の村の成立（高原徹）「砺波散村地域研究所研究紀要」　砺波市立砺波散村地域研究所　（29）2012.3

千久里城

縄張りから読み取る千久里城の歴史について（佐伯哲也）「氷見春秋」　氷見春秋会　（59）2009.5

津沢

津沢舟方今昔譚（林宏）「とやま民俗」　富山民俗の会　（56）2001.1

剣岳

剱岳初登頂（岡田知己）「たてはく : 人と自然の情報交流誌」　富山県立山博物館　（67）2009.1

寺町

真成寺町東小路餌指町寺町小路前口一覧（澤泉家文書について）（木下一実）「魚津史談」　魚津歴史同好会　（34）2012.3

天神山城

中陣砦と天神山城（堀宗夫）「北陸の中世城郭」　北陸城郭研究会　14　2004.7

戸出野

収蔵資料紹介 戸出野開御印状「博物館だより」　高岡市立博物館　（11）2005.2

刀利村

明治15年、小矢部川上流刀利村から東本願寺本山再建への献木（加藤享子）「砺波散村地域研究所研究紀要」　砺波市立砺波散村地域研究所　（23）2006.3

礪波

村に馬がいたころ―富山県砺波地方における（佐伯安一）「せこ道」　山地民俗関東フォーラム　3　2000.7

〈砺波散村地域研究所創立20周年記念シンポジウム〉「砺波散村地域研究所研究紀要」　砺波市立砺波散村地域研究所　（21）2004.3

先人展「砺波散村を研究した人々」を開催して（安ヵ川恵子）「砺波散村地域研究所研究紀要」　砺波市立砺波散村地域研究所　（21）2004.3

富山県砺波地方と信州（尾田武雄）「むしくら : むしくら交流会ニュースレター」　虫倉交流会　（60）2004.9

砺波散村の成立と展開―16世紀から17世紀前半にかけて（佐伯安一）「砺波散村地域研究所研究紀要」　砺波市立砺波散村地域研究所　（23）2006.3

砺波の草相撲の「頭取」について（郷土文化講座講演要旨）（安ヵ川恵子）「郷土の文化」　富山県郷土史会　（32）2007.3

砺波農民の相馬中村藩への移民（千秋譲治）「砺波散村地域研究所研究紀要」　砺波市立砺波散村地域研究所　（26）2009.3

講演 砺波散村が語りかけること―"散村力"をめぐって（橋本征治）「砺波散村地域研究所研究紀要」　砺波市立砺波散村地域研究所　（27）2010.3

礪波地方の洪水史に関する若干の考察（研究ノート）（山路晴彦）「砺波散村地域研究所研究紀要」　砺波市立砺波散村地域研究所　（27）2010.3

報告 砺波散村地域学習講座（事務局）「砺波散村地域研究所研究紀要」　砺波市立砺波散村地域研究所　（28）2011.3

礪波郡

史料紹介 寛永十七年砺波郡十二組村名付帳（佐伯安一）「砺波散村地域研究所研究紀要」　砺波市立砺波散村地域研究所　（28）2010.3

幕末における砺波郡の中世城館絵図作成の背景―富山県立図書館中島文庫所蔵絵図の検討を中心に（高岡徹）「富山市日本海文化研究所紀要」　富山市日本海文化研究所　（23）2010.3

礪波詰所

東本願寺砺波詰所の成立と初代主人北村長助について（論文）（加藤享子）「砺波散村地域研究所研究紀要」　砺波市立砺波散村地域研究所

（31） 2014.3

礪波鉄道

史料紹介 『砺波鉄道監査復命書』（草卓人）「近代史研究」 富山近代史研究会 （28） 2005.3

礪波平野

砺波平野とその周辺のアズマダチ民家の調査（2）（新藤正夫，古川春夫，安ヵ川恵子，野手雅子）「砺波散村地域研究所研究紀要」 砺波市立砺波散村地域研究所 （20） 2003.3

砺波平野の屋敷林の被害と倒木処理について（基調報告）（森田義昭）「砺波散村地域研究所研究紀要」 砺波市立砺波散村地域研究所 （22） 2005.3

砺波平野における明治期以降の散村の持続について（《地域史研究の方法と思想—三つの地域での実践から》）（新藤正夫）「歴史科学」 大阪歴史科学協議会 （179・180） 2005.5

庄川扇状地（砺波平野）の地下水（藤縄竜之）「砺波散村地域研究所研究紀要」 砺波市立砺波散村地域研究所 （23） 2006.3

砺波・富山平野の屋敷林の位置と強風の関係（田畑弾）「砺波散村地域研究所研究紀要」 砺波市立砺波散村地域研究所 （24） 2007.3

村高の増加にみる砺波平野の開発（佐伯安一）「砺波散村地域研究所研究紀要」 砺波市立砺波散村地域研究所 （24） 2007.3

講演 我が国の農村の本質的価値と砺波平野（宮口侗迪）「砺波散村地域研究所研究紀要」 砺波市立砺波散村地域研究所 （29） 2012.3

中世前期における砺波平野の開発（野原大輔）「砺波散村地域研究所研究紀要」 砺波市立砺波散村地域研究所 （29） 2012.3

富山

日本のまんなか富山弁（蓑島良二）「とやま民俗」 富山民俗の会 （57） 2001.7

富山文学史（年表）「郷土の文化」 富山県郷土史会 （28） 2003.3

市町村合併の歴史と史料保存《全史料協 第28回富山大会特集》—〈全体会I「21世紀の史料保存と利用」〉（丑木幸男）「全国歴史資料保存利用機関連絡協議会会報」 ［全国歴史資料保存利用機関連絡協議会］ 64 2003.3

明治初年における富山—長野間の新道に関する研究—開通社関連史料の検討を中心に（若林秀行）「富山史壇」 越中史壇会 140 2003.3

高山県買入れ富山米請取記録（大野政雄）「飛騨春秋 ： 飛騨郷土学会誌」 高山市民時報社 508 2003.5

日本海沿岸の出版文化—富山浮世絵を例として（坂森幹浩）「富山市日本海文化研究所紀要」 富山市日本海文化研究所 （17） 2003.9

元禄・享保期の富山売薬、反魂丹売りと香具師—弘前の活動から（深井甚三）「富山史壇」 越中史壇会 142・143 2004.3

中世移行期の富山について—前史としての太田保に関わる問題（松山充宏）「富山史壇」 越中史壇会 142・143 2004.3

明治期富山売薬の配置活動について—岡山地方懸場帳にみる配置の実態（兼子心）「富山史壇」 越中史壇会 142・143 2004.3

富山の関東・東北移民と北海道移民（前田英雄）「近代史研究」 富山近代史研究会 （28） 2005.3

記念講演 昭和初期の富山都市圏における土木事業と三人の土木技師（白井芳樹）「近代史研究」 富山近代史研究会 （29） 2006.3

越中富山の薬屋さん（松本静江）「大社の史話」 大社史話会 （147） 2006.6

越中富山史跡探訪（関田昇）「史談足柄」 足柄史談会 45 2007.4

藩校の蔵書目録に関する覚書—滋賀・石川・富山を調査して（膽吹覚）「書籍文化史」 鈴木俊幸 9 2008.1

郷土文化講座講演要旨 富山の歌壇史—主として戦後の歩みから（久泉迪）「郷土の文化」 富山県郷土史会 （33） 2008.3

基調報告 富山都市計画80年にあたって（公開シンポジウム）（白井芳樹）「近代史研究」 富山近代史研究会 （32） 2009.3

戦前の都市計画から学ぶこと（公開シンポジウム—個別報告と討論）（前田英雄）「近代史研究」 富山近代史研究会 （32） 2009.3

戦後の戦争復興都市計画による発展（公開シンポジウム—個別報告と討論）（須山盛彰）「近代史研究」 富山近代史研究会 （32） 2009.3

幕末・明治期の中国人の富山情報（中村哲夫）「近代史研究」 富山近代史研究会 （32） 2009.3

「氷室」造りから見えてくる地域の歴史（野原憲明）「近代史研究」 富山近代史研究会 （32） 2009.3

氷見から見ていた富山空襲（雨池光雄）「氷見春秋」 氷見春秋会 （59） 2009.5

福井県外の善光寺関係の報告—石川・富山・滋賀（北村市朗）「長野」 長野郷土史研究会 （268） 2009.12

富山文学の楽しみ—風土を見る眼（ふるさとの歴史と文学入門講座）（八木光昭）「郷土の文化」 富山県郷土史会 （35） 2010.3

近代富山の農事改良と農会—日露戦時以降の正条植・田植枠の普及過程を中心に（研究発表大会要旨）（能川志保）「富山史壇」 越中史壇会 （163） 2010.12

近代富山の歴史と観光を辿る（II部 フォーラム）（貴堂巖）「近代史研究」 富山近代史研究会 （34） 2011.3

観光としての博覧会—日満産業大博覧会を素材に（II部 フォーラム）（能川志保）「近代史研究」 富山近代史研究会 （34） 2011.3

富山から江戸までの道中記（絵図、藤田家文書）「富山県公文書館だより」 富山県公文書館 （49） 2011.7

先祖のふるさと富山訪問記（山田幸男）「大山の歴史と民俗」 大山町歴史民俗研究会 （15） 2011.12

富山の文明開化—「蒼龍の系譜」にちなんで（第2回）（郷土文化講座講演要旨 ふるさとの歴史と文学入門講座）（木々康子）「郷土の文化」 富山県郷土史会 （37） 2012.3

富山連隊の絵葉書寸考（稲垣森太）「近代史研究」 富山近代史研究会 （35） 2012.3

旅行ブームと近代富山の鳥瞰図（第1回）（郷土文化講座講演要旨《ふるさとの歴史と文学入門講座》）（近藤浩二）「郷土の文化」 富山県郷土史会 （38） 2013.3

土木史の記述をめぐって—「富山土木史」執筆のために（白井芳樹）「近代史研究」 富山近代史研究会 （37） 2014.3

近代史にみる富山の女性 年表から その1—米騒動直後まで（浅生幸子）「近代史研究」 富山近代史研究会 （37） 2014.3

京都東岩蔵寺と富山—越中地域史研究の原点（10）（論文）（久保尚文）「富山史壇」 越中史壇会 （174） 2014.7

「慶長富山大火」をめぐる言説と実相（研究ノート）（萩原大輔）「富山史壇」 越中史壇会 （174） 2014.7

史料紹介 幕末富山人の江戸・伊勢めぐり小遣帳（鈴木景二）「富山史壇」 越中史壇会 （174） 2014.7

連載コラム 生きた町の歴史を知ろう（6）これから比較される富山・金沢と長野市（小林竜太郎）「長野」 長野郷土史研究会 （298） 2014.12

富山大橋

富山大橋三代（白井芳樹）「近代史研究」 富山近代史研究会 （36） 2013.3

富山県

富山県文芸地図「郷土の文化」 富山県郷土史会 （28） 2003.3

地域性からみた富山県の市町村合併（須山盛彰）「砺波散村地域研究所研究紀要」 砺波市立砺波散村地域研究所 （20） 2003.3

富山県地方史研究の動向（《隣県特集号 隣県地方史学界の動向—平成14年（2002）》）（久保尚文，太田久夫）「信濃［第3次］」 信濃史学会 55（6）通号641 2003.6

富山県地方史研究の動向（《隣県特集号 隣県地方史学界の動向—平成15年（2003）》）（久保尚文，太田久夫）「信濃［第3次］」 信濃史学会 56（6）通号653 2004.6

講演 旧制中等学校の立地展開における富山県の特色（浮田典良）「砺波散村地域研究所研究紀要」 砺波市立砺波散村地域研究所 （22） 2005.3

富山県地方史誌目録「郷土の文化」 富山県郷土史会 （31） 2006.3

検証 富山県の市町村合併（1），（2）（須山盛彰）「近代史研究」 富山近代史研究会 （29）／（30） 2006.3/2007.3

北陸街道（富山県）の実態調査（舟竹孝）「近代史研究」 富山近代史研究会 （29） 2006.3

歴史講座開講 「富山県の昭和を学ぶ」をテーマに「富山県公文書館だより」 富山県公文書館 （41） 2007.7

明治期作製の富山・石川県地図の特徴（野積正吉）「富山史壇」 越中史壇会 （153） 2007.7

花柳街の地域史（八尾正治）「郷土の文化」 富山県郷土史会 （33） 2008.3

『中越商工便覧』にみる県内の諸商売（太田久夫）「近代史研究」 富山近代史研究会 （31） 2008.3

明治時代の「親分」たち—富山県の場合（浦田正治）「富山史壇」 越中史壇会 （156） 2008.7

富山県地方史研究の動向（《隣県特集号 隣県地方史学界の動向—平成20年（2008）》）（久保尚文，高橋延定，太田久夫）「信濃［第3次］」 信濃史学会 61（6）通号712 2009.6

富山県の学童疎開—受け入れ県の実態（1） 日本の学童疎開と富山県（須山盛彰）「近代史研究」 富山近代史研究会 （33） 2010.3

富山県下における昭和大不況（中村哲夫）「近代史研究」 富山近代史研究会 （33） 2010.3

富山県地方史研究の動向（隣県特集号 隣県地方史学界の動向—平成21年（2009）（古川知明，久保尚文，高橋延定，太田久夫）「信濃［第3次］」 信濃史学会 62（6）通号725 2010.6

富山県の学童疎開—受け入れ県の実態（2） 年表、富山県と学童疎開（須山盛彰）「近代史研究」 富山近代史研究会 （34） 2011.3

メディア・イベントに見る昭和初期富山県の景勝地—「日本新八景」を素材に（研究ノート）（近藤浩二）「富山史壇」 越中史壇会 （164） 2011.3

富山県の地域史研究の現状（小特集 地方史研究の現在）（深井甚三）「地

方史研究」 地方史研究協議会 61（2）通号350 2011.4

富山県地方史研究の動向（隣県特集号 隣県地方史学界の動向―平成22年
（2010））（古川知明、松山充宏、太田久夫）「信濃［第3次］」 信濃史
学会 63（6）通号737 2011.6

富山県の学童疎開―受け入れ県の実態（3）受入数について（須山盛彰）
「近代史研究」 富山近代史研究会 （35）2012.3

明治時代の近代化と土地収用について―近代化を促進した制度の富山県で
の適用事例（貴堂巌）「近代史研究」 富山近代史研究会 （35）2012.3

富山県地方史研究の動向（隣県地方史学界の動向―平成23年（2011））
（古川知明、松山充宏、尾島志保、森俊）「信濃［第3次］」 信濃史学
会 64（6）通号749 2012.6

I部―5つの視点から 個別発表（公開シンポジウム「歴史と観光III―富山
県の観光を考える―」）「近代史研究」 富山近代史研究会 （36）
2013.3

絵葉書・冊子による観光案内の歴史（公開シンポジウム「歴史と観光III
―富山県の観光を考える―」―地域開発と観光事業―これまでの歩み
と今後の課題）（武野有希子）「近代史研究」 富山近代史研究会
（36）2013.3

観光立県富山への提言―「歴史」と「観光」への新たな鳥瞰図（公開シ
ンポジウム「歴史と観光III―富山県の観光を考える―」―地域開発と
観光事業―これまでの歩みと今後の課題）（木本尚志）「近代史研究」
富山近代史研究会 （36）2013.3

富山県の学童疎開―受け入れ県の実態（4）疎開先の決定をめぐる問題
（須山盛彰）「近代史研究」 富山近代史研究会 （36）2013.3

富山県内における災害遺跡（特集 富山県の災害史）（鹿島昌也，三上智
丈）「富山史壇」 越中史壇会 （169・170）2013.3

中世富山湾岸の災害と復興―嘉暦2年の場合（特集 富山県の災害史）（久
保尚文）「富山史壇」 越中史壇会 （169・170）2013.3

富山県地方史研究の動向（古川知明、松山充宏、尾島志保、森俊）「信濃
［第3次］」 信濃史学会 65（6）通号761 2013.6

富山県の歴史（1）県域の変遷「富山県公文書館だより」 富山県公文書
館 （53）2013.7

明治十六年置県当初の富山県について―「富山縣印」と置県創立費をめ
ぐって（論文）（蔵堀茂尚）「富山史壇」 越中史壇会 （173）2014.2

「富山県営水力電気事業計画」がもたらした富山県の発展（山森潔）「大山
の歴史と民俗」 大山町歴史民俗研究会 （17）2014.3

明治十六年の富山県の誕生―東アジア情勢にからんで（第一回）（郷土文
化講座講演要旨《ふるさとの歴史と文学入門講座》）（浦田正吉）「郷土
の文化」 富山県郷土史会 （39）2014.3

公開シンポジウム「富山県の近代化遺産の現状を探る」（布村徹［コー
ディネーター］，森山義和［パネラー］，藤谷寿美夫［パネラー］，丸
山格尚［パネラー］，原田真由美［パネラー］）「近代史研究」 富山近代
史研究会 （37）2014.3

富山県地方史研究の動向（隣県特集号 隣県地方史学界の動向―平成25年
（2013））（古川知明、松山充宏、尾島志保、森俊）「信濃［第3次］」
信濃史学会 66（6）通号773 2014.6

富山県内の筆塚・頌徳碑―近世後期の寺子屋を中心に（研究発表大会発
表要旨）（細川精樹）「富山史壇」 越中史壇会 （175）2014.11

富山市

《日本海文化研究所公開講座「島と半島の日本海文化II」平成14年度記
録集》「富山市日本海文化研究所紀要」 富山市日本海文化研究所
（17）2003.9

『富山市近在方言集』をめぐって（伊藤慎吾）「昔話伝説研究」 昔話伝説
研究会 （26）2006.5

富山城

富山城時鐘について（古川知明）「富山史壇」 越中史壇会 （147）2005.9

文献と絵図から見る富山城の歴史（郷土文化講座講演要旨）（坂森幹浩）
「郷土の文化」 富山県郷土史会 （31）2006.3

近世富山城の縄張りについて（古川知明）「富山史壇」 越中史壇会
（149）2006.3

慶長期富山城と城下町構造（古川知明）「富山史壇」 越中史壇会 （150）
2006.7

鼬川と富山城下町―絵図からみた近世前期の河道復元（古川知明）「富山
史壇」 越中史壇会 （152）2007.5

慶長期富山城内郭の系譜―越中における聚楽第型城郭の成立と展開（古
川知明）「富山史壇」 越中史壇会 （153）2007.7

「富山之記」にみる中世富山城・城下町（古川知明）「富山史壇」 越中史
壇会 （158）2009.3

天正年間中期の富山城（萩原大輔）「富山史壇」 越中史壇会 （161）
2010.3

中世富山城の考察（堀宗夫）「北陸の中世城郭」 北陸城郭研究会 （20）
2010.7

慶長期高岡城下町の復元―慶長期富山城下町との比較から（古川知明）
「北陸都市史学会誌」 北陸都市史学会事務局 （16）2010.8

中世富山城について（研究発表大会）（堀宗夫）「富山史壇」 越中史壇会
（166）2011.12

富山城・城下町を掘る―近世から近代への変遷（第34回北陸都市史学会
金沢大会 発表要旨）（鹿島昌也）「北陸都市史学会誌」 北陸都市史学
会事務局 （18）2012.8

富山城跡・城下町遺跡における災害痕跡（特集 富山県の災害史）（古川
知明）「富山史壇」 越中史壇会 （169・170）2013.3

富山藩

文化期における富山藩の蝦夷地出陣計画（倉田守）「北陸史学」 北陸史学
会 （60）2013.2

富山飛行場

旧富山飛行場の建設・運用と軍事転用の経過（稲垣森太）「近代史研究」
富山近代史研究会 （31）2008.3

富山平野

砺波・富山平野の屋敷林の位置と強風の関係（田畑弾）「砺波散村地域研
究所研究紀要」 砺波市立砺波散村地域研究所 （24）2007.3

富山湾

富山湾の恵み「住」の遺産―その歴史と平面・構造・意匠（上野幸夫）「富
山市日本海文化研究所紀要」 富山市日本海文化研究所 （17）2003.9

富山湾の大敷網漁の歴史と漁労の実際（郷土文化講座講演要旨）（小塚卓
治）「郷土の文化」 富山県郷土史会 （30）2005.3

北陸における海賊考―能登半島と富山湾を駈け巡る海賊たち（高井勝己）
「城郭史研究」 日本城郭史学会、東京堂出版（発売）（29）2010.3

中陣砦

中陣砦と天神山城（堀宗夫）「北陸の中世城郭」 北陸城郭研究会 14
2004.7

中新川

第17回地域観察会 平成24・10・14 中新川流域の変貌（練馬区地名研究
会会報」 練馬区地名研究会 （102）2013.2

中村山城

縄張りから読み取る中村山城の歴史について（佐伯哲也）「氷見春秋」 氷
見春秋会 （57）2008.5

南砺市

南砺市飛脚屋集落の屋敷林調査（調査報告）（米倉寿子）「砺波散村地域研
究所研究紀要」 砺波市立砺波散村地域研究所 （28）2011.3

新川

平成二十五年七月の史跡めぐり 新川地域の史跡を訪ねて（温井喜彦）「郷
土の文化」 富山県郷土史会 （39）2014.3

新川県

史料紹介 新川県頃の小学校名一覧表（紙谷信雄）「魚津史談」 魚津歴史
同好会 （26）2004.3

新川県における司法行政（研究ノート）（栗三直隆）「富山史壇」 越中史
壇会 （163）2010.12

新川県庁の所在について（会員の研究発表）（紙谷信雄）「魚津史談」 魚
津歴史同好会 （35）2013.3

新川郡

新川郡における「山廻役」と「奥山廻り」についての一考察（米原寛）
「研究紀要」 富山県立山博物館 10 2003.3

新川郡地盤方の推移と加賀藩の施策（安田良栄）「富山史壇」 越中史壇会
141 2003.10

安政6年の新川郡「諸商売取調書上申帳」について（浦田正吉）「富山史
壇」 越中史壇会 （159）2009.7

史料紹介 明治二年暮の新川郡での捕亡方止宿料（浦田正吉）「富山史壇」
越中史壇会 （173）2014.2

西浜

上杉時代の西浜の城址と越中方面の史的話題（山本純夫）「糸魚川郷土研
究」 糸魚川郷土研究会 （1）2004.8

婦負郡

町村分合調書（上新川郡・婦負郡）「富山県公文書館だより」 富山県公文
書館 34 2004.1

越中地域史研究の原点（1）―木倉豊信「婦負郡旧境界に対する疑問（要
項）」再考（研究ノート）（久保尚文）「富山史壇」 越中史壇会 （161）
2010.3

野尻村

庄川扇状地扇央部の明治期の野畔について―旧東砺波郡東野尻村野村島
集落の場合（新藤正夫，今村郁子，安ヶ川恵子）「砺波散村地域研究所
研究紀要」 砺波市立砺波散村地域研究所 （25）2008.3

野尻野

野尻野南部の開発と岩屋口用水（佐伯安一）「砺波散村地域研究所研究紀
要」 砺波市立砺波散村地域研究所 （27）2010.3

野瀬

庄川扇状地末端の湧水帯の衰退と暮らしの変化について(1)(2) 戸出市野瀬集落の事例を中心として(新藤正夫, 古川春夫, 堀越勝, 安ヵ川恵子)「砺波散村地域研究所研究紀要」 砺波市立砺波散村地域研究所 (24) 2007.3

早月川

早月川ゾロメキの地名由来(濱浦幸泰)「魚津史談」 魚津歴史同好会 (29) 2007.3

早槻川

"急流"早槻川との戦い・『新蔵』(八倉巻理人)「魚津史談」 魚津歴史同好会 (27) 2005.3

日置荘

常磐井宮家の新川郡日置荘伝領考 越中地域史研究の原点(11)(論文)(久保尚文)「富山史壇」 越中史壇会 (175) 2014.11

東小路

真成寺町東小路餌指町寺町小路前口一覧(澤泉家文書について)(木下一実)「魚津史談」 魚津歴史同好会 (34) 2012.3

飛騨街道

飛騨街道(〈第31回上伊那歴史研究会県外実地踏査報告〉)(加藤清幸)「伊那路」 上伊那郷土研究会 50(12)通号599 2006.12

日尾

日尾と周辺の集落(前田英雄先生 追悼文集―「とやま民俗」No.60からの再掲)(前田英雄)「大山の歴史と民俗」 大山町歴史民俗研究会 (別冊) 2014.8

戸破村

越中国射水郡戸破村の事など(温井喜彦)「近代史研究」 富山近代史研究会 (33) 2010.3

越中国射水郡戸破村の事など(温井喜彦)「近代史研究」 富山近代史研究会 (34) 2011.3

氷見

埋もれた万葉の地名[1],(続),(3),(4)―「倭人伝・解読の鍵」を応用した万葉の地名発掘(沖津実)「氷見春秋」 氷見春秋会 42/45 2000.11/2002.5

氷見の人口の今昔(奥村秀雄)「氷見春秋」 氷見春秋会 44 2001.11

氷見の養蚕盛衰記(奥村秀雄)「氷見春秋」 氷見春秋会 (47) 2003.5

新・いしぶみ案内 都奈之等流比美之江過弖の碑(中居敏雄)「氷見春秋」 氷見春秋会 (47) 2003.5

氷見の農地改革の大要(奥村秀雄)「氷見春秋」 氷見春秋会 (48) 2003.11

氷見のわら工品の盛衰(奥村秀雄)「氷見春秋」 氷見春秋会 (49) 2004.5

氷見らしさを目指して(高峯正岡)「氷見春秋」 氷見春秋会 (50) 2004.11

氷見の広域農道余話(奥村秀雄)「氷見春秋」 氷見春秋会 (50) 2004.11

資料 詩文に見る氷見の風景「氷見春秋」 氷見春秋会 (51) 2005.5

氷見鰤は天下の逸品(濱元英一)「氷見春秋」 氷見春秋会 (51) 2005.5

氷見の大火の思い出(宮崎善雄)「氷見春秋」 氷見春秋会 (52) 2005.11

巡見使制度と氷見派遣の実際(西田辰朗)「氷見春秋」 氷見春秋会 (55) 2007.5

氷見の花産業(奥村秀雄)「氷見春秋」 氷見春秋会 (55) 2007.5

氷見の牛馬史歴遊(奥村秀雄)「氷見春秋」 氷見春秋会 (56) 2007.10

氷見地方の地震について―現在のデータや古文書から教えられること(西田辰朗)「氷見春秋」 氷見春秋会 (56) 2007.10

氷見の農地開拓史抄(奥村秀雄)「氷見春秋」 氷見春秋会 (57) 2008.5

近世氷見近辺の娯楽(西田辰朗)「氷見春秋」 氷見春秋会 (57) 2008.5

氷見歌壇小史(田中譲)「氷見春秋」 氷見春秋会 (58) 2008.11

子撫川と氷見(春秋逸文)(奥村秀雄)「氷見春秋」 氷見春秋会 (58) 2008.11

新聞記事にみる氷見文化の動き/郷土資料出版案内「氷見春秋」 氷見春秋会 (58) 2008.11

氷見の白鳥(西田弘)「氷見春秋」 氷見春秋会 (59) 2009.5

氷見から見ていた富山空襲(雨池光雄)「氷見春秋」 氷見春秋会 (59) 2009.5

50年前の村の期待と展望(史談・巷談)(高正一郎)「氷見春秋」 氷見春秋会 (59) 2009.5

資料 市政期の氷見農業を支えた人々(奥村秀雄)「氷見春秋」 氷見春秋会 (60) 2009.11

地元紙が報道した戦後間もなくの氷見(巽巳和)「氷見春秋」 氷見春秋会 (63) 2011.5

氷見のい草と畳表の沿革(奥村秀雄)「氷見春秋」 氷見春秋会 (64) 2011.11

氷見地方の地震について(続編)―東電福島第一原発事故の教訓(西田辰朗)「氷見春秋」 氷見春秋会 (64) 2011.11

新聞記事に見る氷見文化の動き「氷見春秋」 氷見春秋会 (64) 2011.11

氷見文学会小史(星野弘)「氷見春秋」 氷見春秋会 (67) 2013.5

氷見郡

史料紹介 『富山県郡会議員宝鑑』に見える氷見郡会議員(太田久夫)「氷見市史研究」 氷見市史編さん室 2 2003.11

昭和18年2月の氷見郡村々の事(高橋延定)「氷見春秋」 氷見春秋会 (54) 2006.11

氷見市

氷見市における自治体史編纂事業と史料の保存管理について(《全史料協 第28回富山大会特集》―〈全体会I「21世紀の史料保存と利用」〉)(高橋延定)「全国歴史資料保存利用機関連絡協議会会報」 全国歴史資料保存利用機関連絡協議会 64 2003.3

近代社会の変容と在村的対応過程―氷見市域に於ける近代の村規約を素材として(高橋延定)「氷見市史研究」 氷見市史編さん室 1 2003.3

氷見市域における近代の村規約(郷土文化講座講演要旨)(高橋延定)「郷土の文化」 富山県郷土史会 (29) 2004.3

市町村史編さん事業の紹介 富山県「氷見市史」の編さん事業(鈴木瑞麿)「加能史料研究」 石川県地域史研究振興会 17 2005.3

「氷見市史」へのお願い(春秋逸文)「氷見春秋」 氷見春秋会 (59) 2009.5

氷見町

中世氷見町の「市・宿」と寺院について(久保尚文)「富山市日本海文化研究所紀要」 富山市日本海文化研究所 (20) 2007.3

元禄期、鰤産地氷見町をめぐる魚関係商人と鰤など四十物流通(深井甚三)「富山史壇」 越中史壇会 (152) 2007.5

戦前氷見町の町おこし運動(高橋延定)「氷見春秋」 氷見春秋会 (56) 2007.10

陰陽道家を主体とした加賀藩町人の分間絵図作成・西洋流測量技術習得―越中氷見町上層町人を対象に(深井甚三)「富山史壇」 越中史壇会 (155) 2008.3

氷見農学校

氷見農学校とその育ての親生みの親(巽巳和)「氷見春秋」 氷見春秋会 (59) 2009.5

氷見湊

中世越中氷見湊について(第32回北陸都市史学会金沢大会 発表要旨)(大野究)「北陸都市史学会誌」 北陸都市史学会事務局 (16) 2010.8

中世氷見湊について(大野究)「氷見春秋」 氷見春秋会 (63) 2011.5

平沢

平沢道・平沢郷探索会(史談・巷談)(巽巳和)「氷見春秋」 氷見春秋会 (55) 2007.5

平沢口

石動山道(1) 平沢口(寺岡清)「氷見春秋」 氷見春秋会 (48) 2003.11

不二越線

富山地方鉄道不二越線路線について(久保尚文)「近代史研究」 富山近代史研究会 (34) 2011.3

布施川ダム

大沢集落・布施川ダム探訪(浅野一成)「魚津史談」 魚津歴史同好会 (28) 2006.3

布勢の水海

布勢の水海―万葉地名考(松島洋)「氷見春秋」 氷見春秋会 (65) 2012.5

立体地図「布勢の水海」再現に思う(中居敏雄)「氷見春秋」 氷見春秋会 (68) 2013.11

仏生寺

仏生寺地域の俗称地名(雨池光雄)「氷見春秋」 氷見春秋会 (61) 2010.5

船橋

富山船橋常夜灯について(古川知明)「富山史壇」 越中史壇会 (161) 2010.3

近世後期船橋向い諸町と神通川(古川知明)「北陸都市史学会誌」 北陸都市史学会事務局 (18) 2012.8

古沢用水

古沢用水取絵図(「高浪家文書」)「富山県公文書館だより」 富山県公文書館 (37) 2005.7

平伝寺村

経田・平伝寺村の草分けについて(大野康太郎)「魚津史談」 魚津歴史同好会 (34) 2012.3

本川町

本川町の紋の謎を解き明かす 本川町紋章調査(吉野耕三)「氷見春秋」

氷見春秋会 （66） 2012.10

本川町の紋の謎を解き明かす（2）紋章調査から芽生えた我が町への誇り
と愛着（吉野耕三）「氷見春秋」 氷見春秋会 （67） 2013.5

本宮砂防堰堤

表紙解説 本宮砂防堰堤の遠望「大山の歴史と民俗」 大山町歴史民俗研
究会 （16） 2013.2

本丸会館旧館

高岡の近代化遺産としての本丸会館旧館（太田久夫）「近代史研究」 富山
近代史研究会 （34） 2011.3

升方城

升方城・大熊方面史跡見学（平沢美代子）「魚津史談」 魚津歴史同好会
（27） 2005.3

増山城

縄張りから読み取る増山城の歴史（佐伯哲也）「北陸の中世城郭」 北陸城
郭研究会 （18） 2008.7

特別研究発表会要旨 越中の争乱と増山城―現状と課題2010（野原大輔）
「富山史壇」 越中史壇会 （164） 2011.3

松倉金山

「松倉金山絵巻」と佐渡金銀山絵巻（資料紹介）（渡部浩二）「新潟県立歴
史博物館研究紀要」 新潟県立歴史博物館 （11） 2010.3

松倉城

上杉氏文書集に見る松倉城の歴史について（佐伯哲也）「北陸の中世城
郭」 北陸城郭研究会 15 2005.7

丸岡城

丸岡城と三国方面を訪ねて（武内博康，松浦博）「郷土の文化」 富山県郷
土史会 （39） 2014.3

湊川

覆刻 湊川変遷史雑考「氷見春秋」 氷見春秋会 （47） 2003.5

賑わった湊川左岸（史談・巷談）（上野務）「氷見春秋」 氷見春秋会
（62） 2010.11

森回廊

万葉の森回廊と瑞龍の道めぐり（大崎三樹）「魚津史談」 魚津歴史同好会
（28） 2006.3

森寺城

森寺城跡の構造から読み取る改修年代について（佐伯哲也）「氷見春秋」
氷見春秋会 （53） 2006.5

八尾

越中八尾の町並みを尋ねて（魚岸隆宣）「魚津史談」 魚津歴史同好会
（31） 2009.3

山田

越中東海道筋 山田方面（1） 二つの数河峠（すごうとうげ）（ふるさと神
岡を語る会）「飛騨春秋 ： 飛騨郷土学会誌」 高山市民時報社 535
2005.8

雄神地下工場

太平洋戦争下の雄神秘密地下工場（2）（澤田純三）「近代史研究」 富山近
代史研究会 （28） 2005.3

弓の清水

弓の清水古戦場史跡について―木曽義仲の伝承史跡を再検討する（歴史
随想）（坂井修一）「富山史壇」 越中史壇会 （172） 2013.12

余川谷

余川谷史跡探訪記（奥村秀雄）「氷見春秋」 氷見春秋会 （59） 2009.5

石川県

相川新村

相川新村の昔の暮らし(1)(古野春秋)「郷土と文化」 白山市教育委員会 27 2000.3

粟生

「地名粟生」(山崎勇)「のうみ : 能美郷土史の会会誌」 能美郷土史の会 (4) 2010.3

赤蔵山

赤蔵山(大橋覚)「七つ尾」 七尾城址文化事業団 (27) 2010.3

阿岸

阿岸・千代の地名(西川隆)「久之の郷」 門前町郷土史研究会 5 2003.12

阿岸地区の石造遺物(西川隆)「久之の郷」 門前町郷土史研究会 6 2005.12

浅井邑

加州能美郡北浅井邑 妙永寺文書(5)(〔史料紹介〕)(浅田三郎)「加南地方史研究」 加南地方史研究会 (47) 2000.2

浅野川

歴博特選・おすすめの歴史散歩コース(1) 浅野川周辺を歩く(永井浩)「れきはく」 石川県立歴史博物館 (84) 2007.7

浅野村

浅野村の弥三右ヱ門稲荷―『三州奇談』を読み解く(岩本卓夫)「石川郷土史学会々誌」 石川郷土史学会 (45) 2012.12

穴水

穴水最後の万年家北前船(長谷進)「能登の文化財」 能登文化財保護連絡協議会 37 2003.8

穴水は穴見津および能登来住者小牧(酢谷琢磨)「石川郷土史学会々誌」 石川郷土史学会 (43) 2010.12

「真名井」伝承の地をめぐり 能登と北九州を結ぶ交流の足跡を辿る―能登穴水の「真名井」伝承を解くために(高井勝己)「石川郷土史学会々誌」 石川郷土史学会 (47) 2014.12

飯田

飯田長寿会の明治百年記念行事(泉季夫)「すずろものがたり」 珠洲郷土史研究会 65 2004.9

石川

明治年間石川からの北海道移民(池端大二)「加南地方史研究」 加南地方史研究会 (47) 2000.2

電話帳で分かる土地の歴史(白江勉)「石川郷土史学会々誌」 石川郷土史学会 (37) 2004.12

江戸時代初期の石川(秋本國夫)「わが住む里」 藤沢市総合市民図書館 (54) 2005.3

回想録「過去の郷里を追想して」(1)~(5)(本康宏史)「石川県立歴史博物館紀要」 石川県立歴史博物館 (18)/(22) 2006.3/2010.3

万治二年の城下町改造(中野節子)「石川県史だより」 石川県立図書館 (46) 2006.12

「文化財」の誕生(秋季特別展「石川のお宝史―名宝から文化財へ―」)(本康宏史)「れきはく」 石川県立歴史博物館 (85) 2007.9

藩校の蔵書目録に関する覚書―滋賀・石川・富山を調査して(贍吹覚)「書籍文化史」 鈴木俊幸 9 2008.1

石川の絵画史断章―長谷川派と狩野派の一コマ(中春千代)「石川県立歴史博物館紀要」 石川県立歴史博物館 (20) 2008.3

福井県外の善光寺関係の報告―石川・富山・滋賀(北村市朗)「長野」 長野郷土史研究会 (268) 2009.12

石川の文化遺産と自然災害への備え(北浦勝, 宮島昌克, 池本敏和, 村田晶, 安達實)「石川県史だより」 石川県立図書館 (49) 2010.1

史料紹介 回想録「過去ノ郷里ヲ追想シテ」(6), (7)(本康宏史)「石川県立歴史博物館紀要」 石川県立歴史博物館 (23)/(24) 2011.3/2012.03

天正大地震(1586)の実像─二つの火山噴火・三ヵ所の津波・十余の連動地震等による多重災害について(安達正雄)「石川郷土史学会々誌」 石川郷土史学会 (45) 2012.12

谷口・能納屋・俊兼・滝之上の漆掻き(松岡竹千雄)「久之の郷」 門前町郷土史研究会 (12) 2013.3

「繊維王国石川」の形成と「伝統」の存在(大会特集号I "伝統"の礎―加賀・能登・金沢の地域史―問題提起)(新本欣悟)「地方史研究」 地方史研究協議会 63(4)通号364 2013.8

日記にみる幕末期の十村

日記にみる幕末期の十村(大会特集II "伝統"の礎―加賀・能登・金沢の地域史―問題提起)(高堀伊津子)「地方史研究」 地方史研究協議会 63(5)通号365 2013.10

石川郡

高位収量を記す稲作手控帳―石川郡里方農民の秘蔵記録「永代諸事控帳」(清水隆久)「石川郷土史学会々誌」 石川郷土史学会 (38) 2005.12

石川郡紫雲英作栽濫觴(蒔田夏爐)「故郷乃研究」 白山市教育委員会 (1) 2006.3

石川県

近代的土地所有と住民組織―石川県の事例から(奥田晴樹)「京浜歴科研年報」 京浜歴史科学研究会 (17) 2003.1

石川県における郷土史研究の動向(北崎由美子)「郷土の文化」 富山県郷土史会 (28) 2003.3

講演記録 生きる糧となる教育を求めて―石川県における同和教育の試み(野田龍三)「水と村の歴史 : 信州農村開発史研究所紀要」 信州農村開発史研究所 (18) 2003.3

石川県における郷土史研究の動向(北崎由美子)「郷土の文化」 富山県郷土史会 (29) 2004.3

明治中期までの石川県教育の一面―当時石川県からなぜ多くの高等教育進学者を輩出したか?(江森一郎)「市史かなざわ」 金沢市 10 2004.3

石川県における郷土史研究の動向(北崎由美子)「郷土の文化」 富山県郷土史会 (30) 2005.3

歴史の分かる名字(石川県)(白江勉)「家系研究」 家系研究協議会 40 2005.9

石川県における郷土史研究の動向(北崎由美子)「郷土の文化」 富山県郷土史会 (31) 2006.3

石川県における郷土史研究の動向(北崎由美子)「郷土の文化」 富山県郷土史会 (32) 2007.3

石川県中世城館跡調査事業について(加藤克郎)「加能史料研究」 石川県地域史研究振興会 (19) 2007.3

明治期作製の富山・石川県地図の特徴(野積正吉)「富山史壇」 越中史壇会 (153) 2007.7

石川県における郷土史研究の動向(北崎由美子)「郷土の文化」 富山県郷土史会 (33) 2008.3

消えた鉄路―石川県内の路線(五十嵐一雄)「加南地方史研究」 加南地方史研究会 (56) 2009.3

石川県における郷土史研究の動向(竹村京子)「郷土の文化」 富山県郷土史会 (34) 2009.3

日露戦後の町村合併問題―石川県の事例から(山本吉次)「地方史研究」 地方史研究協議会 59(6)通号342 2009.12

石川県における郷土史研究の動向(上田敬太郎)「郷土の文化」 富山県郷土史会 (35) 2010.3

石川県庁スタート時に思う―県庁移転の周辺事情に触れて(濱上ミチコ)「故郷乃研究」 白山市教育委員会 (5) 2010.3

石川県域における大区小区制の区画変遷について(島崎透)「加能地域史」 加能地域史研究会 (51) 2011.1

石川県における郷土史研究の動向(鷲澤淑子)「郷土の文化」 富山県郷土史会 (36) 2011.3

満州事変期の石川県における民衆の戦争熱について―軍用飛行機献納運動を事例に(大山僚介)「北陸史学」 北陸史学会 (58) 2011.11

石川県における郷土史研究の動向(鷲澤淑子)「郷土の文化」 富山県郷土史会 (37) 2012.3

集落文書に出てくる石川県(2)(本南義光)「のうみ : 能美郷土の会会誌」 能美郷土史の会 (7) 2012.3

赤米雑話(137)~(144) 81 石川県の赤米・つづき(長沢利明)「赤米ニュース」 東京赤米研究会 (181)/(188) 2012.4/2012.10

石川県政のあけほの(濱上ミチコ)「故郷乃研究」 白山市教育委員会 (8) 2013.3

石川県における郷土史研究の動向(鷲津淑子)「郷土の文化」 富山県郷土史会 (39) 2014.3

市外史跡探訪「北陸への旅 石川県・福井県方面」(重田武男)「史談足柄」 足柄史談会 52 2014.4

石川県の盆栽史(笠原愼治)「石川郷土史学会々誌」 石川郷土史学会 (47) 2014.12

泉野村

藩末期田地割の一断面―石川郡泉野村の例から（高堀伊津子）「加能地域史」 加能地域史研究会 （42）2006.1

井田村

井田村「行路病者村送り一件」―近世の旅と病気（中井清一郎）「能登の文化財」 能登文化財保護連絡協議会 38 2004.9

今江村

今江村・矢崎村両村境絵図―矢崎町町有文書のうち（史料紹介）（山前圭佑）「加南地方史研究」 加南地方史研究会 （56）2009.3

うくい橋

うくい橋について（酢谷琢磨）「石川郷土史学会々誌」 石川郷土史学会 （44）2011.12

潮津駅

加賀国南部の古代中世交通路と駅家―潮津駅と篠原遺跡（鈴木景二）「加能史料研究」 石川県地域史研究振興会 12 2000.3

卯辰山

卯辰山養生所設立起源についての異論―佐野鼎の「日記」と福沢諭吉の「西洋事情」から（フラーシャムN.良子）「石川郷土史学会々誌」 石川郷土史学会 （41）2008.12

内浦

戦国期能登の無年号文書の検討―「能登内浦村々給人注文」の成立時期をめぐって（道下勝太）「加能地域史」 加能地域史研究会 （60）2014.5

畝田村

大野郷畝田村と横江臣成刀自女―「日本霊異記」説話成立の歴史的条件（森田喜久男）「市史かなざわ」 金沢市 9 2003.3

浦上

浦上地区の地名（高畠志郎）「久之の郷」 門前町郷土史研究会 5 2003.12

江沼

地名は語る（20）「天正十三年閏八月羽柴秀吉領地目録〔溝口文書〕」（上出敏）「江渟の久爾」 江沼地方史研究会 （50）2005.4

50年の歩み「江渟の久爾」 江沼地方史研究会 （50）2005.4

江沼郡

地名のふるさと 加賀市と江沼郡の小字（白江勉）「江渟の久爾」 江沼地方史研究会 （47）2002.4

地名のふるさと 加賀市と江沼郡の小字（白江勉）「江渟の久爾」 江沼地方史研究会 （48）2003.4

地名は語る（18）一冊の古文書から過去を探る（上出敏）「江渟の久爾」 江沼地方史研究会 （48）2003.4

歴史環境が反映した気質の違い（田嶋正和）「江渟の久爾」 江沼地方史研究会 （56）2011.4

王冠抗山

王冠抗山を探る（上田健史，角井信則）「江渟の久爾」 江沼地方史研究会 （55）2010.4

青海

青海・糸魚川・能生・名立方面の史跡めぐり（三由利夫）「魚津史談」 魚津歴史同好会 （27）2005.3

大石川

大石川とわたしたち（安角小学校3・4年生）「関川学研究紀要」 関川学研究会 （2）2009.2

大川町

大川町 酒井長平家文書解題（史料紹介）（竹下一郎）「加南地方史研究」 加南地方史研究会 （58）2011.3

邑知潟

羽咋の海は邑知潟（山岸恒明）「能登の文化財」 能登文化財保護連絡協議会 45 2011.10

大野町

第二次世界大戦前の金沢市大野町における醤油産地の展開過程（高木享）「歴史地理学」 歴史地理学会，古今書院（発売）48（2）通号228 2006.3

オカリヤ公園

オカリヤ公園の今昔について（紙谷礼子）「郷土と文化」 白山市教育委員会 28 2001.3

奥郡

能登奥郡歴代十村を（関係分）（泉昇）「すずろものがたり」 珠洲郷土史研究会 63 2002.10

奥能登

講演記録 海から見た日本史像奥能登地域と時国家を中心として（泉昇）「すずろものがたり」 珠洲郷土史研究会 64 2003.9

（右段）

奥能登のあえのこと（瀬戸久雄）「能登の文化財」 能登文化財保護連絡協議会 43 2009.10

奥能登における「村要害」についての一考察（高井勝己）「石川郷土史学会々誌」 石川郷土史学会 （45）2012.12

近世奥能登における伝統産業の盛衰（大会特集号I "伝統"の礎―加賀・能登・金沢の地域史―問題提起）（見瀬和雄）「地方史研究」 地方史研究協議会 63（4）通号364 2013.8

尾小屋鉄道

昭和30年・晩秋の加賀路 日本国有鉄道・北陸鉄道・尾小屋鉄道を乗り継いで（いがらしかずお）「加南地方史研究」 加南地方史研究会 （54）2007.3

尾長村

検使役人が来た―羽咋郡邑知組尾長村の一事件（真山武志）「石川郷土史学会々誌」 石川郷土史学会 （36）2003.12

鬼屋

鬼屋・西中尾の地名を探る（水尻文造）「久之の郷」 門前町郷土史研究会 5 2003.12

尾俣

字名調査から（4）山代の山、山代の堤、桂谷、尾俣（舟見武夫）「江渟の久爾」 江沼地方史研究会 （51）2006.3

懐徳館

懐徳館の庭園を観て来て（今井喜江）「石川郷土史学会々誌」 石川郷土史学会 （41）2008.12

加賀

加賀百万石と中山道の旅（忠田敏男）「文書館だより」 群馬県立文書館 （40）2003.1

北陸加賀農民の常陸国鹿島郡旭村造谷への走り移民（池端大二）「江渟の久爾」 江沼地方史研究会 （48）2003.4

中世末期の加賀地方における山城の一考察―面積など数値分析を元に（多根正芳）「城郭史研究」 日本城郭史学会，東京堂出版（発売）23 2003.8

中世加賀・能登の国司について―鎌倉時代を中心に（菊池紳一）「加能史料研究」 石川県地域史研究振興会 16 2004.3

出会いと歩みの中で 加賀民衆移民の足跡を訪ねて（池端大二）「江渟の久爾」 江沼地方史研究会 （49）2004.4

戦争と戦場の住民―加越国境地帯の検討（竹間芳明）「若越郷土研究」 福井県郷土誌懇談会 49（1）通号278 2004.7

加賀騒動残像（4）（横山方子）「石川郷土史学会々誌」 石川郷土史学会 （37）2004.12

室町幕府と加賀・能登（講演）（山田邦明）「加能史料研究」 石川県地域史研究振興会 （18）2006.3

源平の戦いと加賀（村西博二）「故郷乃研究」 白山市教育委員会 （1）2006.3

南葵文庫越中・加賀・能登国絵図について（野積正吉）「富山史壇」 越中史壇会 （150）2006.7

美濃・加賀・越前の三国にある「馬場」について（杉岡送夫）「中山道加納宿：中山道加納宿文化保存会会誌」 中山道加納宿文化保存会 （49）2007.4

石川県の地租改正―加賀・能登両国を中心に（奥田晴樹）「加能地域史」 加能地域史研究会 （45）2007.5

加賀作兵窯と備前焼V期との関係（《備前歴史フォーラム 備前と茶陶―16・17世紀の変革》）（伊藤晃）「備前市歴史民俗資料館紀要」 備前市歴史民俗資料館 （9）2007.10

加賀能登の山城における畝状施設についての考察（高井勝己）「石川郷土史学会々誌」 石川郷土史学会 （40）2007.12

東北大百年・能登を行く家持・加賀を行く芭蕉 ほか「文献探索」 金沢文圃閣 2007 2008.3

大聖寺藩奥山廻り巡見と加越国境の風景（西出康信）「江渟の久爾」 江沼地方史研究会 （56）2011.4

開拓移民の足跡を追って（2）―加賀の走り移民（川先生に導かれて）（池端大二）「加南地方史研究」 加南地方史研究会 （59）2012.3

史料紹介 加賀往来（正和久佳）「加南地方史研究」 加南地方史研究会 （59）2012.3

戦国―中央政権と加賀、能登、越中（奥村謙）「七つ尾」 七尾城址文化事業団 （29）2012.3

加賀の氷室行事（小林忠雄）「石川県史だより」 石川県立図書館 （53）2013.5

古代北加賀地域における内水面交通の様相（大会特集II "伝統"の礎―加賀・能登・金沢の地域史―問題提起）（和田龍介）「地方史研究」 地方史研究協議会 63（5）通号365 2013.10

古代北陸道における路傍の立石と各駅の所在地について―加賀と越中の場合（安達正雄）「石川郷土史学会々誌」 石川郷土史学会 （46）2013.12

加賀国府

加賀国府の成立をめぐって（森田喜久男）「加能地域史」 加能地域史研究会 （46）2007.12

加賀郡

私部の設置と意義―越前国加賀郡の事例を通して（土田可奈）「新潟史学」 新潟史学会 （50）2003.10

加賀市

地名のふるさと 加賀市と江沼郡の小字（白江勉）「江沼の久爾」 江沼地方史研究会 （47）2002.4

地名のふるさと 加賀市と江沼郡の小字（白江勉）「江沼の久爾」 江沼地方史研究会 （48）2003.4

加賀路

昭和30年・晩秋の加賀路 日本国有鉄道・北陸鉄道・尾小屋鉄道を乗り継いで（いがらしかずお）「加南地方史研究」 加南地方史研究会 （54）2007.3

加賀藩

加賀藩における貞享の職制改革について（石野友康）「加能地域史」 加能地域史研究会 32 2000.6

加賀藩の陸廻与力派遣と鳥取藩（長山直治）「加能地域史」 加能地域史研究会 （34）2001.7

加賀藩山廻役の業務について（山口隆治）「江沼の久爾」 江沼地方史研究会 （47）2002.4

加賀藩ゆかりの地、駒場公園（皆森禮子）「郷土目黒」 目黒区郷土研究会 47 2003.10

加賀藩史から近世上州史への歩み（田畑勉）「群馬文化」 群馬県地域文化研究協議会 276 2003.10

新川郡地盤方の推移と加賀藩の施策（安田良栄）「富山史壇」 越中史壇会 141 2003.10

円山川通船の加賀藩企画説についての一考察（フラーシェム N.良子）「富山史壇」 越中史壇会 145 2004.12

加賀藩の「それ」について（山口隆治）「江沼の久爾」 江沼地方史研究会 （50）2005.4

湖北路を歩いた人々 加賀藩参勤交代の随行記（1）（江竜喜之）「長浜城歴史博物館友の会友の会だより」 長浜城歴史博物館友の会 （74）2005.12

湖北路を歩いた人々 加賀藩参勤交代の随行記（1）～（3）「長浜城歴史博物館友の会友の会だより」 長浜城歴史博物館友の会 （76）/（98）2006.2/2007.12

加賀藩御大工頭渡部家文書から（山前圭佑）「加南地方史研究」 加南地方史研究会 （54）2007.3

陰陽道家を主体とした加賀藩町人の分間絵図作成・西洋流測量技術習得―越中水見町上層町人を対象に（深井甚三）「富山史壇」 越中史壇会 （155）2008.3

史料発掘 加賀藩士の会津若松城訪問記―青地礼幹『青地紀行』（鈴木景二）「歴史春秋」 歴史春秋社 （71）2010.4

新井宿と加賀藩の参勤交代（金子潤次）「北国街道研究」 北国街道の手をつなぐ会 （11）2010.12

朝鮮通信使乗馬役と加賀藩前田家―正徳・享保期の鞍替馬派遣を中心に（大会報告要旨―自由論題）（横山恭子）「交通史研究」 交通史学会，吉川弘文館（発売）（75）2011.9

金沢藩医学館の生徒募集―金沢藩政治下の越中国地方文書から（正橋剛二）「北陸医史」 北陸医史学会 （33）2012.2

加賀藩の「三州自立割拠」についての再考（徳田寿秋）「石川郷土史学会々誌」 石川郷土史学会 （45）2012.12

加賀藩京都藩邸の構成員と機能―その職務規程と業務報告を通じて（研究ノート）（千葉拓真）「加賀藩研究 ： 加賀藩研究ネットワーク会誌」 加賀藩研究ネットワーク （3）2013.6

史料紹介 加賀藩収集の弘化四年善光寺大地震関係情報について（上），（下）―「信州路大地震記」の紹介（中村美孝，青木美智男）「信濃［第3次］」 信濃史学会 65（7）通号762/65（8）通号763 2013.7/2013.8

江戸時代中期の加賀藩の大工流派の盛衰について―四天王寺流大工の活動の見直しを中心に（第35回北陸都市史学会金沢大会 発表要旨）（正見泰）「北陸都市史学会誌」 北陸都市史学会事務局 （19）2013.8

加賀藩の儒者と朝鮮製「花硯」（補正）（片倉穣）「歴史懇談」 大阪歴史懇談会 （2）2013.8

加賀藩研究の素材について（大会特集I "伝統"の礎―加賀・能登・金沢の地域史―問題提起）（本多俊彦）「地方史研究」 地方史研究協議会 63（4）通号364 2013.8

加賀藩十村の政治能力と蔵書文化（大会特集II "伝統"の礎―加賀・能登・金沢の地域史―問題提起）（工藤航平）「地方史研究」 地方史研究協議会 63（5）通号365 2013.10

加賀藩の「三州自立割拠」論の再考 「岡山茂口述筆記原稿」は信憑性が皆無か？（徳田寿秋）「石川郷土史学会々誌」 石川郷土史学会 （46）2013.12

幕末維新期オタルナイ社会と加賀藩産物方―三浦喜三郎が見たオタルナイ（川端悠紀）「小樽市総合博物館紀要」 小樽市総合博物館 （27）2014.3

加賀藩の「うどん」（研究の部）（綿抜豊昭）「加南地方史研究」 加南地方史研究会 （61）2014.3

新収蔵資料解説 加賀藩士上木家について（濱岡伸也）「れきはく」 石川県立歴史博物館 （110）2014.7

実力行使による「武士道」の体現について―加賀藩を例に（第36回北陸都市史学会金沢大会 発表要旨）（堀井雅弘）「北陸都市史学会誌」 北陸都市史学会事務局 （20）2014.8

近世後期地域社会における政治情報の共有―加賀藩領城下町を中心に（第36回北陸都市史学会金沢大会 発表要旨）（堀井美里）「北陸都市史学会誌」 北陸都市史学会事務局 （20）2014.8

加賀藩邸

史跡今と昔（105）加賀藩邸跡碑「維新の道 ： 霊山歴史館機関紙」 霊山顕彰会 （136）2010.1

加賀山内

加賀山内の村の動向（竹間芳明）「加能地域史」 加能地域史研究会 （59）2013.9

風嵐村

白山麓風嵐村文書について―未刊史料を中心に（資料紹介）（石田文一）「石川県立歴史博物館紀要」 石川県立歴史博物館 （15）2003.3

河岸端通り

河岸端通りの賑わいと変遷（橋本正準）「加南地方史研究」 加南地方史研究会 （57）2010.3

片野鴨池

片野鴨池坂網猟の「坂場」（桜井忠良）「江沼の久爾」 江沼地方史研究会 （58）2013.4

桂谷

字名調査から（4）山代の山、山代の堤、桂谷、尾俣（舟見武夫）「江沼の久爾」 江沼地方史研究会 （51）2006.3

金石

金石往還と馬車鉄・電鉄（村本外志雄）「石川郷土史学会々誌」 石川郷土史学会 （43）2010.12

金沢

金沢の見立て番付について（木越隆三）「富山史壇」 越中史壇会 139 2003.2

金沢鋳物師武家家の経営と水運について（長山直治）「市史かなざわ」 金沢市 9 2003.3

ランク付けされる金沢商人―商人見立番付の可能性（木越隆三）「市史かなざわ」 金沢市 9 2003.3

近世「金沢の出版物一覧」について（資料紹介）（竹松幸香）「市史かなざわ」 金沢市 9 2003.3

金沢の湯屋―明治大正入浴事情（大門哲）「石川県立歴史博物館紀要」 石川県立歴史博物館 （15）2003.3

塩硝の道―五箇山から金沢へ（佐伯安一）「砺波散村地域研究所研究紀要」 砺波市立砺波散村地域研究所 （20）2003.3

金沢の町名再発見（2）（白江勉）「家系研究協議会会報」 家系研究協議会 5 2003.7

金沢に見る市民力（犬養智子）「全国地名保存連盟会報」 全国地名保存連盟 53 2003.9

金沢鋳物師についての二、三の考察（長山直治）「石川郷土史学会々誌」 石川郷土史学会 （36）2003.12

金沢今昔物語（白江勉）「石川郷土史学会々誌」 石川郷土史学会 （36）2003.12

金沢散策（榎本栄子）「小千谷文化」 小千谷市総合文化協会『小千谷文化』編集委員会 （176）2004.6

惣構を歩く（楠正勝）「市史編さんかなざわ」 金沢市史編さん事務局 12 2004.12

城下町金沢の火災―近世期と明治期（五味武臣）「石川県史だより」 石川県立図書館 （44）2005.3

北陸道の昔と今―細呂木から金沢まで（岸豊則）「加南地方史研究」 加南地方史研究会 （54）2007.3

『二度のかけ』に見える金沢（飯塚玲子）「金沢古文書を読む会会報」 金沢古文書を読む会 （2）2007.8

金沢から消えた町（→は現在町名）（白江勉）「石川郷土史学会々誌」 石川郷土史学会 （40）2007.12

金沢の東の郭の演舞場？ それとも主計町の演舞場？（いがらしかずお）「加南地方史研究」 加南地方史研究会 （55）2008.3

明治初期の金沢での薬学教育（板垣英治）「北陸医史」 北陸医史学会 （32）2010.2

解読した「寛文七年金沢図」の人名データ（特集 寛文年間の城下町絵図

を読み解く）（石川県金沢城調査研究所）「金沢城研究 ： 研究紀要」 石川県金沢城調査研究所 （8） 2010.3

「寛文七年金沢図」の藩士配置と都市計画（特集 寛文年間の城下町絵図を読み解く）（木越隆三）「金沢城研究 ： 研究紀要」 石川県金沢城調査研究所 （8） 2010.3

「寛文七年金沢図」等にみる医者の居住地と城内での医療（特集 寛文年間の城下町絵図を読み解く）（池田仁子）「金沢城研究 ： 研究紀要」 石川県金沢城調査研究所 （8） 2010.3

17世紀における城下町空間の変容と地子町急増―寛文7年金沢図・延宝金沢図の比較から（木越隆三）「金沢城研究 ： 研究紀要」 石川県金沢城調査研究所 （9） 2011.3

資料紹介 「寛文七年金沢図」の人名データⅡ（石川県金沢城調査研究所）「金沢城研究 ： 研究紀要」 石川県金沢城調査研究所 （9） 2011.3

金沢の昔話と古典（鈴木雅子）「石川郷土史学会々誌」 石川郷土史学会 （44） 2011.12

ショーウインドウの中の造り物―金沢における店頭装飾の近代史（大門哲）「石川県立歴史博物館紀要」 石川県立歴史博物館 （24） 2012.3

武家地に付けられた町名―城下町金沢、町名再考（木越隆三）「金沢城研究 ： 研究紀要」 石川県金沢城調査研究所 （10） 2012.3

明治初期の金沢・東京物流（高岡千栄子）「石川郷土史学会々誌」 石川郷土史学会 （45） 2012.12

金沢の二宮金次郎像と昭和―その記録で考察（村本外志雄）「石川郷土史学会々誌」 石川郷土史学会 （45） 2012.12

金沢にとって「伝統」とは何か（大会特集号I "伝統" の礎―加賀・能登・金沢の地域史―問題提起）（長山直治）「地方史研究」 地方史研究協議会 63（4）通号364 2013.8

「軍都」金沢における陸軍記念日祝賀行事についての覚書（大会特集号I "伝統" の礎―加賀・能登・金沢の地域史―問題提起）（能川泰治）「地方史研究」 地方史研究協議会 63（4）通号364 2013.8

近世の生活文化が残存する金沢（大会特集号I "伝統" の礎―加賀・能登・金沢の地域史―問題提起）（小林忠雄）「地方史研究」 地方史研究協議会 63（4）通号364 2013.8

「加賀百万石―金沢に花開いたもう一つの武家文化―」展 in パリ（濱岡伸也）「れきはく」 石川県立歴史博物館 （109） 2014.4

連載コラム 生きた町の歴史を知ろう（6） これから比較される富山・金沢と長野市（小林竜太郎）「長野」 長野郷土史研究会 （298） 2014.12

金沢医学館

金沢医学館開学初期の入学生（第34回例会研究発表及び会員投稿）（赤祖父一知、山本健、山本博）「北陸医史」 北陸医史学会 （35） 2013.2

金沢市

金沢市加賀百万石博と『利家とまつ』の史跡巡り（大崎三樹）「魚津史談」 魚津歴史同好会 （25） 2003.3

第994回例会 金沢市内の文化財と庭園（品角阿止美）「史迹と美術」 史迹美術同攷会 84（5）通号845 2014.5

金沢寺

「小松」という地名の由来と「小松寺」について（4）―付「金沢庄」並に「金沢寺」の事（後藤朗）「加南地方史研究」 加南地方史研究会 （49） 2002.2

金沢宿

金沢宿の再興と「箔業祖記功碑」について（長山直治）「石川郷土史学会々誌」 石川郷土史学会 （41） 2008.12

金沢十景

資料『十景細見』金沢十景について（中屋隆秀）「石川郷土史学会々誌」 石川郷土史学会 （41） 2008.12

金沢庄

「小松」という地名の由来と「小松寺」について（4）―付「金沢庄」並に「金沢寺」の事（後藤朗）「加南地方史研究」 加南地方史研究会 （49） 2002.2

金沢城

『北信愛覚書』について―天正15年の金沢城（瀬戸薫）「加能史料研究」 石川県地域史研究振興会 12 2000.3

「宝暦火災以前の金沢城絵図」―竹下家文書所収「金沢城絵図」の分析（濱岡伸也）「石川県立歴史博物館紀要」 石川県立歴史博物館 （15） 2003.3

本格的な金沢城の研究スタート！（石野友康）「市史編さんかなざわ」 金沢市史編さん事務局 11 2003.12

金沢城の石垣（北野博司）「市史編さんかなざわ」 金沢市史編さん事務局 11 2003.12

惣構堀から見た金沢城下（宇佐美孝）「市史編さんかなざわ」 金沢市史編さん事務局 12 2004.12

金沢城の門・櫓・長屋について（田中徳英）「石川郷土史学会々誌」 石川郷土史学会 （38） 2005.12

金沢城本丸の調査―本丸造営は元和年間と判明（高井勝己）「城郭だより

： 日本城郭史学会会報」 「日本城郭史学会」 （56） 2007.1

金沢城の石垣と石材丁場（《特集 城石垣・採石丁場》）（高井勝己）「城郭史研究」 日本城郭史学会，東京堂出版（発売） （27） 2008.1

歴博特選・おすすめの歴史散歩コース（3） 金沢城をめぐる（永井浩）「れきはく」 石川県立歴史博物館 （88） 2008.7

わが母校敷地の金沢城・小松城 城主の前田家と加賀文化（天谷多美）「城」 東海古城研究会 （200） 2008.8

文化5年の金沢城二の丸再建許可老中奉書と再建許可願絵図について（特集 寛文年間の城下町絵図を読み解く）（白峰旬）「金沢城研究 ： 研究紀要」 石川県金沢城調査研究所 （8） 2010.3

藩体制の解体と金沢城（特集 寛文年間の城下町絵図を読み解く）（石野友康）「金沢城研究 ： 研究紀要」 石川県金沢城調査研究所 （8） 2010.3

金沢城橋爪門復元へ―河北門につづきき今春復元工事着手「城郭だより ： 日本城郭史学会会報」 「日本城郭史学会」 （69） 2010.4

文化度造営の金沢城について―障壁画を儀礼、画題、絵師、そして金箔からみる（第32回北陸都市史学会金沢大会 発表要旨）（太田昌子）「北陸都市史学会誌」 北陸都市史学会事務局 （16） 2010.8

金沢城の遺構について（田中徳英）「石川郷土史学会々誌」 石川郷土史学会 （43） 2010.12

金沢城下絵図について "寺社版" と類似の木版図（本西武）「石川郷土史学会々誌」 石川郷土史学会 （43） 2010.12

研究ノート 加賀八家の作法と金沢城―前田土佐守家資料館蔵「一代之雑事」の紹介を兼ねて（石野友康）「金沢城研究 ： 研究紀要」 石川県金沢城調査研究所 （10） 2012.3

講演 石垣研究の歩みと現在（特集 石川県金沢城研究所10周年記念シンポジウムの記録 「城郭石垣の技術と組織を探る―金沢城と諸城―」（23年度実施）（北垣聰一郎）「金沢城研究 ： 研究紀要」 石川県金沢城調査研究所 （11） 2013.3

基調報告 金沢城石垣の変遷と特徴（特集 石川県金沢城研究所10周年記念シンポジウムの記録 「城郭石垣の技術と組織を探る―金沢城と諸城―」（23年度実施）（滝川重徳）「金沢城研究 ： 研究紀要」 石川県金沢城調査研究所 （11） 2013.3

総括報告2 石垣普請の組織と穴太の役割（特集 石川県金沢城研究所10周年記念シンポジウムの記録 「城郭石垣の技術と組織を探る―金沢城と諸城―」（23年度実施）（木越隆三）「金沢城研究 ： 研究紀要」 石川県金沢城調査研究所 （11） 2013.3

金沢城を中心とする化政・天保期の医療と蘭学医（論文）（池田仁子）「金沢城研究 ： 研究紀要」 石川県金沢城調査研究所 （11） 2013.3

金沢城「寛文」石垣造営の背景を探る（研究ノート）（木越隆三）「金沢城研究 ： 研究紀要」 石川県金沢城調査研究所 （11） 2013.3

金沢城の調査―初期の姿・庭園・瓦（平成25年度研究発表大会発表要旨）（滝川重徳）「富山史壇」 越中史壇会 （172） 2013.12

大聖寺藩士高橋家旧蔵の金沢城絵図について（史料紹介）（庄田孝輔）「金沢城研究 ： 研究紀要」 石川県金沢城調査研究所 （12） 2014.3

金沢町

金沢町役人について―町肝煎・組合頭を中心として（袖吉正樹）「加能地域史」 加能地域史研究会 （35） 2002.1

江戸時代の金沢町人と文芸資料について（濱岡伸也）「石川県立歴史博物館紀要」 石川県立歴史博物館 （21） 2009.3

町絵師梅田九楽による絵図修復作業と文政金沢町名改正絵図について（深井甚三）「北陸都市史学会誌」 北陸都市史学会事務局 （16） 2010.8

金沢藩

藩政期村方における疾病と医療活動（前川哲朗）「市史かなざわ」 金沢市 10 2004.3

金沢藩の明治三年経度緯度測量―西洋の科学技術の受容（野積正吉）「富山史壇」 越中史壇会 （149） 2006.3

金沢藩士と戊辰戦争―越後・会津に派遣された藩士たち（吉田國夫）「石川郷土史学会々誌」 石川郷土史学会 （39） 2006.12

金沢飛行場

愛国金沢飛行場 建設とその閉鎖（村本外志雄）「石川郷土史学会々誌」 石川郷土史学会 （39） 2006.12

金津荘

馬場家文書所収の金津荘・土田荘関係史料について（史料紹介）（宇野日出生）「加能史料研究」 石川県地域史研究振興会 16 2004.3

加賀国金津荘の荘家一揆と一向一揆（川戸貴史）「ヒストリア ： journal of Osaka Historical Association」 大阪歴史学会 （207） 2007.11

金丸村

江戸後期 金丸村が村民の災害や凶作に福祉（家中進）「能登の文化財」 能登文化財保護連絡協議会 44 2010.10

加南

市町村合併と地名（《創立50周年記念号会員特別原稿》）（安達伊知郎）「加南地方史研究」 加南地方史研究会 （50） 2003.2

地名のロマン（《創立50周年記念号会員特別原稿》）（岸豊則）「加南地方

石川県　　　地名でたどる郷土の歴史　　　北陸甲信越

史研究」 加南地方史研究会 (50) 2003.2

加南地方史に対する統計学的検証板津氏歴代当主の生存期間の推定と地
名の実在確率(板津昌旦)「加南地方史研究」 加南地方史研究会
(51) 2004.4

顕彰碑・紀功碑を訪ねて(竹下一郎)「加南地方史研究」 加南地方史研究
会 (57) 2010.3

顕彰碑・紀行碑を訪ねて(竹下一郎)「加南地方史研究」 加南地方史研究
会 (59) 2012.3

郷土の開拓(福田義光)「加南地方史研究」 加南地方史研究会 (59)
2012.3

顕彰碑・紀行碑を訪ねて(竹下一郎)「加南地方史研究」 加南地方史研究
会 (60) 2013.3

金蔵

寺社園として立村―輪島市町野町 金蔵における村成立についての一考察
(高井勝巳)「石川郷土史学会々誌」 石川郷土史学会 (37) 2004.12

輪島金蔵における「京の都」伝説についての一考察(高井勝己)「石川郷
土史学会々誌」 石川郷土史学会 (43) 2010.12

戦国時代に特異的な村防備を備えていた金蔵集落についての考察(高井
勝己)「石川郷土史学会々誌」 石川郷土史学会 (46) 2013.12

金蔵村

絵図から村名がもれた能登国金蔵村に伝わる坪持制度存続にかかる一考察
(高井勝己)「石川郷土史学会々誌」 石川郷土史学会 (41) 2008.12

加能

加能地域史問答(小西洋子, 中西美紀)「加能史料研究」 石川県地域史研
究振興会 12 2000.3

加能地域史問答(西出可奈子, 油井晶代, 中西美紀)「加能史料研究」 石
川県地域史研究振興会 13 2001.3

加能地域史研究動向(2000)~(2003)(本多真美子, 袖吉正樹)「加能史
料研究」 石川県地域史研究振興会 14/17 2002.6/2005.3

加能地域史研究動向―古代(森田喜久男)「加能史料研究」 石川県地域史
研究振興会 (18) 2006.3

加能地域史研究動向―中世 2002~2005(鏑木紀彦)「加能史料研究」 石
川県地域史研究振興会 (19) 2007.3

加能地域史研究動向―近世 2004~2006(堀井美里)「加能史料研究」 石
川県地域史研究振興会 (20) 2008.3

『加能史料』未収録史料の紹介(1),(2)(石川県立図書館史料編さん室)
「加能史料研究」 石川県地域史研究振興会 (21)/(22) 2009.3/
2010.3

加能地域史研究文献目録 中世、近世「加能史料研究」 石川県地域史研
究振興会 (21) 2009.3

『加能史料』未収録木簡の紹介(三浦純夫)「加能史料研究」 石川県地域
史研究振興会 (22) 2010.3

加能地域史研究文献目録(中世、近世)「加能史料研究」 石川県地域史研
究振興会 (22) 2010.3

鹿野村

御扶持人十村 鹿野村恒方(和嶋俊二)「すずろものがたり」 珠洲郷土史
研究会 62 2001.9

河北潟

河北潟・河北砂丘をめぐる能登海道(塚本傳榮)「石川郷土史学会々誌」
石川郷土史学会 (40) 2007.12

河北砂丘

河北潟・河北砂丘をめぐる能登海道(塚本傳榮)「石川郷土史学会々誌」
石川郷土史学会 (40) 2007.12

上条村

明和8年の加茂町・上条村大火(史料紹介)(関正平)「加茂郷土誌」 加茂
郷土調査研究会 22 2000.3

加茂町

明和8年の加茂町・上条村大火(史料紹介)(関正平)「加茂郷土誌」 加茂
郷土調査研究会 22 2000.3

川嶋

天正10年9月「穴水川嶋分検地帳」と鹿嶋村年貢皆済状(木越隆三)「加
能史料研究」 石川県地域史研究振興会 14 2002.6

勘定村

東山町有文書資料の歴史的価値―旧勘定村と本江村との水利慣行史料か
ら(山前圭佑)「加南地方史研究」 加南地方史研究会 (59) 2012.3

願念寺

地名の「松任」考と木一山願念寺由緒(田中勇)「故郷乃研究」 白山市教
育委員会 (6) 2011.3

北浅井村

史料紹介 加州能美郡北浅井邑妙永寺文書(8)(浅田三郎)「加南地方史研
究」 加南地方史研究会 (52) 2005.3

北浅井邑

〔史料紹介〕 加州能美郡北浅井邑 妙永寺文書(6)(浅田三郎)「加南地方
史研究」 加南地方史研究会 (48) 2001.2

北浅井邑の菩提所の記録(浅田三郎)「加南地方史研究」 加南地方史研究
会 (59) 2012.3

北加賀

永正・大永一揆時の北加賀(竹間芳明)「地方史研究」 地方史研究協議会
55(3)通号315 2005.6

木場潟

木場潟は甦ることが出来るか(2)(浅田三郎)「加南地方史研究」 加南地
方史研究会 (50) 2003.2

九竜橋川

九龍橋川の歴史―街にもたらした恩恵(犬丸博雄)「加南地方史研究」 加
南地方史研究会 (60) 2013.3

金剣宮

我が故郷の鶴来町の金劔宮の起源の検証―古代第一期創建(北村秀昭)
「故郷乃研究」 白山市教育委員会 (2) 2007.3

我が故郷の鶴来町と金劔宮の起源の検証(第二変革期神仏混淆時代)(北
村秀昭)「故郷乃研究」 白山市教育委員会 (3) 2008.3

我が故郷の鶴来町と金劔宮の検証―第三変革期神仏分離と廃仏毀釈時代
(北村秀昭)「故郷乃研究」 白山市教育委員会 (5) 2010.3

琴湖橋

琴湖橋由来記(大西勉)「加南地方史研究」 加南地方史研究会 (55)
2008.3

金明

金明地区の地名について[1],(2)(徳田作太郎)「江渟の久爾」 江沼地
方史研究会 (45)/(46) 2000.4/2001.4

金明地区の歴史(1)(徳田作太郎)「江渟の久爾」 江沼地方史研究会
(54) 2009.3

金明地区の歴史 満蒙開拓について(徳田作太郎)「江渟の久爾」 江沼地
方史研究会 (55) 2010.4

金明地区の歴史(徳田作太郎)「江渟の久爾」 江沼地方史研究会 (56)
2011.4

金明の歴史 十村役 鹿野家について(徳田作太郎)「江渟の久爾」 江沼地
方史研究会 (57) 2012.4

串村

能美郡串村の大聖寺藩所属をめぐって(山前圭佑)「加南地方史研究」 加
南地方史研究会 (53) 2006.4

九谷

九谷(中島一三)「江渟の久爾」 江沼地方史研究会 (46) 2001.4

古九谷論争の彼方(丸山雍成)「海路」 「海路」編集委員会, 海鳥社(発
売) 通号4 2007.2

九州のやきもの 有田の"古九谷"(村上伸之)「海路」 「海路」編集委員
会, 海鳥社(発売) 通号7 2009.1

続『古九谷の神秘』(久藤豊治)「江渟の久爾」 江沼地方史研究会 (54)
2009.3

九谷町

「古九谷論争」と「古九谷の歴史性」附―九谷町出土の焼土跡について
(正和久佳)「加南地方史研究」 加南地方史研究会 (49) 2002.2

熊田村

ふるさと講座 洪水で消えた熊田村(遺稿)(大島喜昭)「のうみ : 能美郷
土史の会会誌」 能美郷土史の会 (7) 2012.3

倉月荘

摂津氏領加賀国倉月荘における領有状況の錯綜と在地社会―室町期荘園
の実態をめぐって《大会特集II 茨城の歴史的環境と地域形成》―〈問
題提起〉)(若林陵一)「地方史研究」 地方史研究協議会 58(5)通号
335 2008.10

室町期・戦国期の加賀国倉月荘の「村」々と在地社会――一向一揆の動向
までを踏まえて(若林陵一)「加能地域史」 加能地域史研究会 (58)
2013.5

中世加賀国倉月荘の「村」―"伝統"が生まれる場の成り立ち(大会特集
号I "伝統"の礎―加賀・能登・金沢の地域史―問題提起)(若林陵一)
「地方史研究」 地方史研究協議会 63(4)通号364 2013.8

問題提起(再掲載) 中世加賀国倉月荘の「村」―"伝統"が生まれる場の
成り立ち(若林陵一)「地方史研究」 地方史研究協議会 63(5)通号
365 2013.10

鞍月用水

金沢市に流れる大野庄・鞍月用水攷(虎井吉雄)「石川郷土史学会々誌」
石川郷土史学会 (47) 2014.12

倶利伽羅峠

字名に見る倶利伽羅峠の合戦(野﨑進一)「江渟の久爾」 江沼地方史研究

会 （58）2013.4

黒島

黒島と大澗（堺清一）「久之の郷」 門前町郷土史研究会 5 2003.12

近世、能登黒島の廻船業発展と新潟廻船問屋当銀屋（深井甚三）「交通史研究」 交通史学会，吉川弘文館（発売）（57）2005.4

兼六園

無定見な利用で大きく変貌させた兼六園―「歴史的な遺産」との認識がなかった当時の為政者（下郷稔）「石川郷土史学会々誌」 石川郷土史学会 （41）2008.12

郡家の庄

ふるさと講座 郡家の庄（板津の庄）（石川友之）「のうみ：能美郷土史の会会誌」 能美郷土史の会 （6）2011.3

小坂荘

加賀国荘園史研究―北加賀小坂荘の素描（加納嘉津政）「石川郷土史学会々誌」 石川郷土史学会 （46）2013.12

越の八口

能登半島の「越の八口」（第三稿）（半沢英一）「古代史の海」 「古代史の海」の会 （34）2003.12

古寺町

黒川良安宅の変遷―古寺町の居宅について（第33回例会研究発表及び会員投稿）（赤祖父一知）「北陸医史」 北陸医史学会 （34）2012.2

小松

小松（高麗津）について（岸豊則）「加南地方史研究」 加南地方史研究会 （48）2001.2

「小松」という地名の由来と「小松寺」について（3）付「小松庄」の事（後藤朗）「加南地方史研究」 加南地方史研究会 （48）2001.2

戦前の「朝鮮向輸出織物」主産地小松（加端忠和）「江沼の久爾」 江沼地方史研究会 （46）2001.4

「小松」という地名の由来と「小松寺」について（4）―付「金沢庄」並に「金沢寺」の事（後藤朗）「加南地方史研究」 加南地方史研究会 （49）2002.2

こまつの地名について（和名抄の表記など）（岸豊則）「加南地方史研究」 加南地方史研究会 （50）2003.2

小松芦城公園は小松寺の跡地―小松という地名の由来と小松寺（5）（後藤朗）「加南地方史研究」 加南地方史研究会 （50）2003.2

目でみる小松の監獄署―想定復元図と外部参観者の記録より（西孝三）「加南地方史研究」 加南地方史研究会 （50）2003.2

殿出番でござる 利常公小松在城中の治政について（〈創立50周年記念号会員特別原稿〉）（小川大太郎）「加南地方史研究」 加南地方史研究会 （50）2003.2

新聞で見る小松の米騒動（〈創立50周年記念号会員特別原稿〉）（白江勉）「加南地方史研究」 加南地方史研究会 （50）2003.2

小松の屋号（大西勉）「加南地方史研究」 加南地方史研究会 （51）2004.4

「小松」という地名の由来と小松寺（6）―付「土居原は本折城の跡地」（後藤朗）「加南地方史研究」 加南地方史研究会 （51）2004.4

小松の町政と町規（北野勝次）「加南地方史研究会 （52）2005.3

小松近郊の土摺臼分布と小松市立博物館収蔵品の修繕（犬丸博雄）「小松市立博物館研究紀要」 小松市立博物館 （41）2005.3

素仏像小松俳諧史資料解題（後藤長平）「小松市立博物館研究紀要」 小松市立博物館 （41）2005.3

小松市の歴史探訪（平沢美代子）「魚津史談」 魚津歴史同好会 （28）2006.3

小松旧記目録（編年版その1）―小松史 史料編（上・下巻）より（史料紹介）（橋本正準）「加南地方史研究」 加南地方史研究会 （53）2006.4

史料紹介 小松旧記目録（編年版その2）―小松史 史料編（上・下巻）より（橋本正準）「加南地方史研究」 加南地方史研究会 （54）2007.3

小松の社倉―高岡市社倉設立のもとになった小松（山前圭佑）「加南地方史研究」 加南地方史研究会 （55）2008.3

小松の電話100年（犬丸博雄）「小松市立博物館研究紀要」 小松市立博物館 （44）2008.3

小松のバンモチ石（犬丸博雄）「加南地方史研究」 加南地方史研究会 （56）2009.3

小松旧記目録（編年版その四）小松史 史料篇（上・下巻）より（史料紹介）（竹下一郎）「加南地方史研究」 加南地方史研究会 （56）2009.3

近世小松の変死事件編年表[1]，[2]―小松旧記に見る小松の町人の生きざま（大西勉）「加南地方史研究」 加南地方史研究会 （57）／（58）2010.3/2011.3

加賀の小松を詠む（山本恭子）「加南地方史研究」 加南地方史研究会 （57）2010.3

小松旧記目録 編年版（5）（史料紹介）（山崎みどり）「加南地方史研究」

加南地方史研究会 （58）2011.3

小松の商工業変遷三百年（大西勉）「加南地方史研究」 加南地方史研究会 （59）2012.3

小松周辺の歴史地震記録について（藩政期以前）（小屋開地稔）「加南地方史研究」 加南地方史研究会 （59）2012.3

小松を旅した人々（山前圭佑）「加南地方史研究」 加南地方史研究会 （60）2013.3

小松周辺の地震記録―明治以降の年表（小屋開地稔）「加南地方史研究」 加南地方史研究会 （60）2013.3

小松の社叢調査報告（二木裕子）「小松市立博物館研究紀要」 小松市立博物館 （48）2014.3

小松駅

幻の「小松駅」（〈創立50周年記念号会員特別原稿〉）（後藤朗）「加南地方史研究」 加南地方史研究会 （50）2003.2

小松高等学校

天守台の賦―小松高等学校創立百年前史（大西勉）「加南地方史研究」 加南地方史研究会 （47）2000.2

小松市

小松市史近世研究便覧（2），（3）近世町方にみえる御触物控帳（山前圭佑）「加南地方史研究」 加南地方史研究会 （47）／（48）2000.2/2001.2

小松旧記にみえる人名―小松市史料編（上・下巻）より（史料紹介）（橋本正準）「加南地方史研究」 加南地方史研究会 （50）2003.2

私の歴史研究の原点となった小松市（〈創立50周年記念号会員特別原稿〉）（板津昌旦）「加南地方史研究」 加南地方史研究会 （50）2003.2

地名のふるさと 小松市内の小字地名（白江勉）「加南地方史研究」 加南地方史研究会 （51）2004.4

新修小松市史資料編 第七巻文芸編と漢詩の世界（大西勉）「加南地方史研究」 加南地方史研究会 （52）2005.3

文献でみる小松市域の城堡館（史料紹介）（多智守）「加南地方史研究」 加南地方史研究会 （61）2014.3

小松城

小松城と芦城公園―公園の設置とその変遷について（西孝三）「加南地方史研究」 加南地方史研究会 （48）2001.2

続・小松城内分間絵図に視る偏角と距離―分間絵図のなぞ（犬丸博雄）「加南地方史研究」 加南地方史研究会 （54）2007.3

小松城の堀を満たす水の流れ（犬丸博雄）「加南地方史研究」 加南地方史研究会 （55）2008.3

わが母校敷地の金沢城・小松城 城主の前田家と加賀文化（天谷多美）「城」 東海古城研究会 （200）2008.8

小松城周辺の絵図（史料紹介）（竹下一郎）「加南地方史研究」 加南地方史研究会 （56）2009.3

小松町

小松町と地方の変遷（1）―新田開発と小松の地方（西孝三）「加南地方史研究」 加南地方史研究会 （49）2002.2

小松町士族名簿―小松市立図書館所蔵文書（史料紹介）（大西勉）「加南地方史研究」 加南地方史研究会 （55）2008.3

近世の小松町と当時の世相（史料紹介）（白江勉）「加南地方史研究」 加南地方史研究会 （55）2008.3

小松町旧記目録（編年版その三）―小松史 史料編（上・下巻）より（史料紹介）（橋本正準）「加南地方史研究」 加南地方史研究会 （55）2008.3

小丸山城

前田家と所口城（小丸山城）（坂下喜久次）「すずろものがたり」 珠洲郷土史研究会 62 2001.9

犀川

犀川の歴史とロマン―坂井就安の功績と『古事記』の佐卓河（笠原懍治）「石川郷土史学会々誌」 石川郷土史学会 （44）2011.12

作見村

「作見村 古城ノ図」を歩く（西出康信）「江沼の久爾」 江沼地方史研究会 （48）2003.4

三十間長屋

重要文化財三十間長屋の変遷（安井史郎）「石川郷土史学会々誌」 石川郷土史学会 （43）2010.12

重要文化財 三十間長屋の変遷（安井史郎）「石川郷土史学会々誌」 石川郷土史学会 （44）2011.12

志賀

新説地名「志賀」の由来について（村井直）「能登の文化財」 能登文化財保護連絡協議会 37 2003.8

鹿嶋村

天正10年9月「穴水川嶋分検地帳」と鹿嶋村年貢皆済状（木越隆三）「加能史料研究」 石川県地域史研究振興会 14 2002.6

石川県　　　　　　　　　　　地名でたどる郷土の歴史　　　　　　　　　　　北陸甲信越

七塚村

藩政期の「七塚村」を探る（塚本傅榮）「石川郷土史学会々誌」　石川郷土史学会　（37）2004.12

下粟生村

大洪水による下粟生村の消滅（任田猛）「のうみ : 能美郷土史の会会誌」　能美郷土史の会　（7）2012.3

下唐川

下唐川堡調査の概要と雑感（岡本伊佐夫）「能登の文化財」　能登文化財保護連絡協議会　38　2004.9

下村藩

能登における陣屋の考察—下村藩と西谷藩にかかる陣屋所在地（高井勝己）「城郭史研究」　日本城郭史学会、東京堂出版（発売）25　2005.9

新丸村

「加賀團體移住記念碑」が語ること（明治30年石川県新丸村から北海道十勝へ）（五十嵐一雄）「加南地方史研究」　加南地方史研究会　（50）2003.2

末森城

山城レポ 能登・末森城探訪（末森清司）「備陽史探訪」　備陽史探訪の会　（168）2012.10

山城レポ 続・怨霊の城 能登末森城跡（末森清司）「備陽史探訪」　備陽史探訪の会　（172）2013.6

珠洲

「能登を知る」研究会 「あえのこと」について、海揚がりの珠洲焼きについて「能登のくに」　能登を知る会　（準備号）2009.2

珠洲の海揚がり鉄猫と保存処理（九千房百合）「すずろものがたり」　珠洲郷土史研究会　（67）2012.4

北海道江差という町 そして珠洲との関係について（橋本秀一郎）「すずろものがたり」　珠洲郷土史研究会　（68）2013.11

珠洲郡

「珠洲郡体」回顧録（吉木秀充）「すずろものがたり」　珠洲郷土史研究会　65　2004.9

成巽閣

金沢の成巽閣（皆森禮子）「目黒区郷土研究」　目黒区郷土研究会　579　2003.4

石動山

石動山再訪（堀宗夫）「北陸の中世城郭」　北陸城郭研究会　15　2005.7

私の石動山豆雑学（巽巳和）「氷見春秋」　氷見春秋会　（58）2008.11

石動山と周辺村々の境界遺構（桜井憲弘）「能登の文化財」　能登文化財保護連絡協議会　43　2009.10

石動山七口を防御する城郭について（佐伯哲也）「氷見春秋」　氷見春秋会　（60）2009.11

石動山の歴史（清水義貴）「七つ尾」　七尾城址文化事業団　（27）2010.3

石動山を語り継ぐ（巽巳和）「氷見春秋」　氷見春秋会　（66）2012.10

茅葺きを護る 石動山旧観坊 県指定有形文化財（奥村謙）「七つ尾」　七尾城址文化事業団　（31）2014.2

千代

阿岸・千代の地名（西川隆）「久之の郷」　門前町郷土史研究会　5　2003.12

大澗

黒島と大澗（堺清一）「久之の郷」　門前町郷土史研究会　5　2003.12

第四高等学校

昭和初期の学制改革論と旧制高等学校—とくに第四高等学校を例として（夏目賢一）「日本学研究」　金沢工業大学日本学研究所　（12）2009.12

大聖寺

明治の殖産興業と「大聖寺博覧会」の開催について（見附裕史）「江沼の久爾」　江沼地方史研究会　（58）2013.4

大聖寺川

加賀江沼地名調査余話 資料紹介 大聖寺川の支流（舟見武夫）「江沼の久爾」　江沼地方史研究会　（48）2003.4

大聖寺藩

能美郡串村の大聖寺藩所属をめぐって（山前圭佑）「加南地方史研究」　加南地方史研究会　（53）2006.4

大聖寺藩奥山廻り巡見と加越国境の風景（西出康信）「江沼の久爾」　江沼地方史研究会　（56）2011.4

災異史略譜・大聖寺藩政時代（西出康信）「江沼の久爾」　江沼地方史研究会　（59）2014.4

大聖寺町

昭和初期の大聖寺町の世相（山本弘）「江沼の久爾」　江沼地方史研究会　（50）2005.4

高浜町

志賀町高浜町発展を察知する史料（田中外余成）「能登の文化財」　能登文化財保護連絡協議会　43　2009.10

滝ヶ原村

小松市滝ヶ原町の石橋（正和久佳）「加南地方史研究」　加南地方史研究会　（52）2005.3

多田城

加賀多田城跡について（佐伯哲也）「愛城研報告」　愛知中世城郭研究会　（16）2012.8

辰口

辰口町辰口土地区画事業三十年の経緯（三田豊）「のうみ : 能美郷土史の会会誌」　能美郷土史の会　（4）2010.3

辰巳用水

「辰巳用水絵図」の基礎的研究（資料紹介）（北春千代, 本康宏史, 小西洋子）「石川県立歴史博物館紀要」　石川県立歴史博物館　（15）2003.3

辰巳用水後日誉 稲葉屋敷の段（後藤長平）「加南地方史研究」　加南地方史研究会　（54）2007.3

田村

仮令県道改築敷地買収に一致結束して抵抗した田村の地主たち（高畠志郎）「久之の郷」　門前町郷土史研究会　（8）2013.3

土田荘

馬場家文書所収の金津荘・土田荘関係史料について（史料紹介）（宇野日出生）「加能史料研究」　石川県地域史研究振興会　16　2004.3

剣崎村

剣崎村の村規約（中谷秀夫）「郷土と文化」　白山市教育委員会　30　2003.3

剣地

剱地の地名（東間昇）「久之の郷」　門前町郷土史研究会　5　2003.12

手取川

手取川の川落し私論（安田進）「のうみ : 能美郷土史の会会誌」　能美郷土史の会　（4）2010.3

昭和9年の手取川大洪水—子供の頃の想い出より（中弘）「のうみ : 能美郷土史の会会誌」　能美郷土史の会　（4）2010.3

手取川流域における地名「かわだ」（山崎勇）「のうみ : 能美郷土史の会会誌」　能美郷土史の会　（6）2011.3

手取川の歩み（北野敏夫）「故郷乃研究」　白山市教育委員会　（8）2013.3

寺町

歴博特選・おすすめの歴史散歩コース（2）寺町界隈を歩く（永井浩）「れきはく」　石川県立歴史博物館　（85）2007.9

天堂城

能登半島における豪族屋敷集落—「天堂城跡」についての一考察（高井勝己）「城郭史研究」　日本城郭史学会、東京堂出版（発売）24　2004.9

土居原

「小松」という地名の由来と小松寺（6）一付「土居原は本折城の跡地」（後藤朗）「加南地方史研究」　加南地方史研究会　（51）2004.4

富来町

富来町の伝承と歴史（横道脩）「能登の文化財」　能登文化財保護連絡協議会　38　2004.9

得橋郷

研究ノート「条里制」 「南禅寺領加賀国得橋郷延慶二年内検名寄事」の研究（正和久佳）「加南地方史研究」　加南地方史研究会　（48）2001.2

徳山

「徳山」の地名から徳山五兵衛探訪へ（山田省祖）「のうみ : 能美郷土史の会会誌」　能美郷土史の会　（8）2013.3

所口城

前田家と所口城（小丸山城）（坂下喜久次）「すずろものがたり」　珠洲郷土史研究会　62　2001.9

鳥越村

石川県鳥越村方面歴史探訪（平澤美代子）「魚津史談」　魚津歴史同好会　（25）2003.3

中島町

中島町の牡蠣（加賀實）「七つ尾」　七尾城址文化事業団　（28）2011.3

中田

「中田の地域づくり」二十年（〈石川史談20号記念特集〉）（瀬谷寿一）「石川史談」　石陽史学会　（20）2008.3

中野村

石川郡中野村の年貢割付状況を読む（1）一慶安4年（1651）〜寛保元年（1741）（糠沢章雄）「石川史談」　石陽史学会　（17）2004.7

中村

珠洲郡「中村」の村御印(付 若山・下町野各組の村々の定納口米と肝煎名)(成徳正)「すずろものがたり」 珠洲郷土史研究会 64 2003.9

南志見

南志見地区の名木(楠知之)「能登の文化財」 能登文化財保護連絡協議会 45 2011.10

七浦

七浦の地名(松岡元雄)「久之の郷」 門前町郷土史研究会 5 2003.12

七尾

七尾の土蔵と蔵飾り(山下郁雄)「能登の文化財」 能登文化財保護連絡協議会 37 2003.8

基調講演 七尾の歴史的町並みについて(〈自然保護特別委員会現地調査報告〉)(市川秀和)「能登の文化財」 能登文化財保護連絡協議会 41 2007.3

新七尾八景(大森重宜)「七つ尾」 七尾城址文化事業団 (27) 2010.3

古代における七尾南湾の歴史的環境の再検討(森田喜久男)「加能地域史」 加能地域史研究会 (55) 2012.6

能登七尾の近代にみる「脱・百万石」と「土着の心」(大会特集号I "伝統"の礎―加賀・能登・金沢の地域史―問題提起)(市川秀和)「地方史研究」 地方史研究協議会 63(4)通号364 2013.8

七尾城

七尾城と能登国の歴史探訪(寺山正)「魚津史談」 魚津歴史同好会 (32) 2010.3

七尾城残照(斎藤秀夫)「七つ尾」 七尾城址文化事業団 (27) 2010.3

今年の城山を振り返って(国分善二)「七つ尾」 七尾城址文化事業団 (27) 2010.3

七尾城の研究(中村富美代)「七つ尾」 七尾城址文化事業団 (27) 2010.3

史跡七尾城跡の追加指定によせて(善端直)「七つ尾」 七尾城址文化事業団 (28) 2011.3

城山のほとり(藤澤清造)「七つ尾」 七尾城址文化事業団 (28) 2011.3

七尾城跡を中心とした七尾城山と能登の里山里海の保存(古田秀雄)「七つ尾」 七尾城址文化事業団 (29) 2012.3

七尾城八景(七尾城址文化事業団)「七つ尾」 七尾城址文化事業団 (29) 2012.3

七尾城跡の碑をたずねて(島崎善信)「七つ尾」 七尾城址文化事業団 (30) 2013.3

七尾城伝説 千夜一夜(1),(2)(塚林康治)「七つ尾」 七尾城址文化事業団 (30)/(31) 2013.3/2014.02

城山を描いて(半田昭也)「七つ尾」 七尾城址文化事業団 (30) 2013.3

チーム山王・守れ里山七尾城―我がふるさとに残る遺跡を守ろう(七尾市立山王小学校)「七つ尾」 七尾城址文化事業団 (30) 2013.3

七尾城山

七尾城山のけものたち(時国公政)「七つ尾」 七尾城址文化事業団 (28) 2011.3

七塚町

「鯖ドウセツ」を探る―『七塚町史』補遺として(塚本傳榮)「石川郷土史学会々誌」 石川郷土史学会 (41) 2008.12

名舟村

能登国名舟村の難船史料―輪島市名舟区有文書より(左古隆)「加能地域史」 加能地域史研究会 33 2001.1

南郷村

南郷村の地割について(山口隆治)「江沼の久爾」 江沼地方史研究会 (48) 2003.4

戦時下の南郷村の寄留朝鮮人(加端忠和)「江沼の久爾」 江沼地方史研究会 (58) 2013.4

二个村

櫛比荘二个村(大倉克男)「久之の郷」 門前町郷土史研究会 (8) 2013.3

西岸

西岸が能登の新たな聖地となるまで―のと鉄道西岸駅の『駅ノート』記帳から(大会特集号I "伝統"の礎―加賀・能登・金沢の地域史―問題提起)(由谷裕哉)「地方史研究」 地方史研究協議会 63(4)通号364 2013.8

西谷藩

能登における陣屋の考察―下村藩と西谷藩にかかる陣屋所在地(高井勝己)「城郭史研究」 日本城郭史学会，東京堂出版(発売)25 2005.9

西中尾

鬼尾・西中尾の地名を探る(水尻文造)「久之の郷」 門前町郷土史研究会 5 2003.12

根上

「根上地区各集落の地名の由来」について考察する(石川友之)「のうみ

：能美郷土史の会会誌」 能美郷土史の会 (4) 2010.3

ふるさと講座 根上地区の商工業の発展と推移について(石川友之)「のうみ：能美郷土史の会会誌」 能美郷土史の会 (7) 2012.3

根上電話簿物語(石川友之)「のうみ：能美郷土史の会会誌」 能美郷土史の会 (8) 2013.3

野田城

宝達山野田城跡―能登宝達山地にみる畝状遺構についての考察(調査報告)(高井勝己)「城郭史研究」 日本城郭史学会，東京堂出版(発売) (32) 2013.3

能登

能登方言考「餅の巻」(馬場宏)「すずろものがたり」 珠洲郷土史研究会 61 2000.9

能登方言考「道草の巻」(馬場宏)「すずろものがたり」 珠洲郷土史研究会 62 2001.9

能登沖での北前船遭難の記録(為重功)「すずろものがたり」 珠洲郷土史研究会 62 2001.9

能登方言考「肩車の巻」(馬場宏)「すずろものがたり」 珠洲郷土史研究会 63 2002.9

能登の漆묘史料(佐藤孝之)「武尊通信」 群馬歴史民俗研究会 93 2003.3

能登方言考 水棲小動物の巻(馬場宏)「すずろものがたり」 珠洲郷土史研究会 64 2003.9

佐渡と越中・能登について(藤井三好)「富山市日本海文化研究所紀要」 富山市日本海文化研究所 (17) 2003.9

中世加賀・能登の国司について―鎌倉時代を中心に(菊池紳一)「加能史料研究」 石川県地域史研究振興会 16 2004.3

能登方言考 作物の巻(馬場宏)「すずろものがたり」 珠洲郷土史研究会 65 2004.9

大塩事件の史実と謎と伝説の能登を訪ねる旅紀行(松浦木遊)「大塩研究」 大塩事件研究会 (51) 2004.9

古代能登国の駅路(山本和幸)「歴史研究」 大阪教育大学歴史学研究室 (42) 2005.3

能登天領の哀楽―江戸へ送られて裁判した二つの事件から(笠原愼治)「石川郷土史学会々誌」 石川郷土史学会 (38) 2005.12

能登地方石灰産業のあゆみ(吉田國夫)「石川郷土史学会々誌」 石川郷土史学会 (38) 2005.12

室町幕府と加賀・能登(講演)(山田邦明)「加能史料研究」 石川県地域史研究振興会 (18) 2006.3

南葵文庫越中・加賀・能登国絵図について(野積正吉)「富山史壇」 越中史壇会 (150) 2006.7

石川県の地租改正―加賀・能登両国を中心に(奥田晴樹)「加能地域史」 加能地域史研究会 (45) 2007.5

加賀能登の山城における畝状施設についての考察(高井勝己)「石川郷土史学会々誌」 石川郷土史学会 (40) 2007.12

東北大百年・能登を行く家持・加賀を行く芭蕉 ほか「文献探索」 金沢文圃閣 2007 2008.3

昭和時代の能登観光(本谷文雄)「石川県立歴史博物館紀要」 石川県立歴史博物館 (20) 2008.3

能登・奇石夜ばなし(吉田國夫)「石川郷土史学会々誌」 石川郷土史学会 (41) 2008.12

「能登を知る」研究会「あえのこと」について、海揚がりの珠洲焼きについて「能登のくに」 能登を知る会 (準備号) 2009.2

能登三杯焼(太佐寿一郎)「能登の文化財」 能登文化財保護連絡協議会 43 2009.10

能登の「三朱」を訪ねて(渋谷利雄)「能登の文化財」 能登文化財保護連絡協議会 45 2011.10

記念講演「能登の文化財について」回顧録―50年を振り返って(橋本澄夫)「能登の文化財」 能登文化財保護連絡協議会 45 2011.10

能登の文化財主要目録 第1輯〜第45輯「能登の文化財」 能登文化財保護連絡協議会 45 2011.10

能登と佐渡との砂金往来『今昔物語』から『金石夜話』へ(吉田國夫)「石川郷土史学会々誌」 石川郷土史学会 (44) 2011.12

戦国―中央政権と加賀、能登、越中(奥村謙)「七つ尾」 七尾城址文化事業団 (29) 2012.3

七尾城跡を中心とした七尾城山と能登の里山里海の保存(古田秀雄)「七つ尾」 七尾城址文化事業団 (29) 2012.3

能登の視点(大会特集号I "伝統"の礎―加賀・能登・金沢の地域史―問題提起)(奥田晴樹)「地方史研究」 地方史研究協議会 63(4)通号364 2013.8

「真名井」伝承の地をめぐり 能登と北九州を結ぶ交流の足跡を辿る―能登穴水の「真名井」伝承を解くために(高井勝己)「石川郷土史学会々誌」 石川郷土史学会 (47) 2014.12

能登街道

河北潟・河北砂丘をめぐる能登街道(塚本傳榮)「石川郷土史学会々誌」

石川郷土史学会　(40) 2007.12

能登島町

「蔵の装飾」(能登島町)「能登の文化財」　能登文化財保護連絡協議会　37　2003.8

能登瀬川

磯越道なる能登瀬川(竹本晃)「万葉古代学研究年報」　奈良県立万葉文化館　(11) 2013.3

能登線

去るものへの哀愁さよなら、のと鉄道能登線(本谷文雄)「れきはく」　石川県立歴史博物館　75　2005.4

能登国

七尾城と能登国の歴史探訪(寺山正)「魚津史談」　魚津歴史同好会　(32) 2010.3

能登半島

「高山県」が現石川県の能登半島にも及んでいた(池之端甚衛)「飛騨春秋 : 飛騨郷土学会誌」　高山市民時報社　505　2003.2

歌・句に詠まれた能登半島沖地震(小坂正彦)「能登の文化財」　能登文化財保護連絡協議会　37　2003.8

能登半島地震体験記(佃和雄)「能登の文化財」　能登文化財保護連絡協議会　41　2007.3

能登半島地震による文化財被害状況(〈特集 能登半島地震による文化財被害状況〉)「能登の文化財」　能登文化財保護連絡協議会　41　2007.3

2007年3月25日能登半島地震における歴史的建造物の被害状況と今後の課題(〈特集 能登半島地震による文化財被害状況〉)(市川秀和)「能登の文化財」　能登文化財保護連絡協議会　41　2007.3

能登歴史資料保全ネットワーク(〈特集 能登半島地震による文化財被害状況〉)「能登の文化財」　能登文化財保護連絡協議会　41　2007.3

昭和初期の能登半島 沿岸周遊記(史談・巷談)(丸山信孝)「氷見春秋」　氷見春秋会　(55) 2007.5

能登半島地震被災地訪問記(浅利文子)「史料ネットnews letter」　歴史資料ネットワーク　(50) 2007.7

能登半島地震における北陸圏の影響と災害発動の考察(皆月昭則)「釧路公立大学地域研究」　釧路公立大学地域分析研究委員会　(17) 2008.12

序(〈特集 能登半島地震〉)(佃和雄)「久之の郷」　門前町郷土史研究会　(7) 2009.3

能登半島地震に遭遇して(〈特集 能登半島地震〉)(長ээ健)「久之の郷」　門前町郷土史研究会　(7) 2009.3

能登半島地震への取り組み(《特集 能登半島地震》)(森下善一)「久之の郷」　門前町郷土史研究会　(7) 2009.3

緊急時の体験から見えたもの(《特集 能登半島地震》)(泉靖郎)「久之の郷」　門前町郷土史研究会　(7) 2009.3

被災から一年—日記メモから(《特集 能登半島地震》)(板谷弘)「久之の郷」　門前町郷土史研究会　(7) 2009.3

能登半島地震を罹災して思うこと(《特集 能登半島地震》)(堺清一)「久之の郷」　門前町郷土史研究会　(7) 2009.3

混乱の中で(《特集 能登半島地震》)(四柳一麿)「久之の郷」　門前町郷土史研究会　(7) 2009.3

未曾有の能登半島地震(《特集 能登半島地震》)(佃和雄)「久之の郷」　門前町郷土史研究会　(7) 2009.3

驚天動地(《特集 能登半島地震》)(東則昇)「久之の郷」　門前町郷土史研究会　(7) 2009.3

能登の大地を裂く—能登半島地震(《特集 能登半島地震》)(中川計介)「久之の郷」　門前町郷土史研究会　(7) 2009.3

能登半島地震による当地区の被害・復旧状況(《特集 能登半島地震》)(西川隆)「久之の郷」　門前町郷土史研究会　(7) 2009.3

能登半島地震(《特集 能登半島地震》)(高島志郎)「久之の郷」　門前町郷土史研究会　(7) 2009.3

能登半島地震について(《特集 能登半島地震》)(高行雄)「久之の郷」　門前町郷土史研究会　(7) 2009.3

思い出すままに(《特集 能登半島地震》)(前田政次)「久之の郷」　門前町郷土史研究会　(7) 2009.3

地震メモをもとに(《特集 能登半島地震》)(大倉克男)「久之の郷」　門前町郷土史研究会　(7) 2009.3

特別寄稿 能登半島地震の被災地・門前 「歴史」「文化」で再生図る取り組みの考察(《特集 能登半島地震》)(堀田哲弘)「久之の郷」　門前町郷土史研究会　(7) 2009.3

資料 輪島市各地の罹災状況表 陳情書 外(《特集 能登半島地震》)「久之の郷」　門前町郷土史研究会　(7) 2009.3

北陸における海賊考—能登半島と富山湾を駆け巡る海賊たち(高井勝己)「城郭史研究」　日本城郭史学会, 東京堂出版(発売)　(29) 2010.3

調査報告 能登半島における海域社会の研究(海域社会研究会)「すずろものがたり」　珠洲郷土史研究会　(67) 2012.4

能美

小松の町家の屋号にみる能美の集落名(大島喜昭)「のうみ : 能美郷土史の会会誌」　能美郷土史の会　(6) 2011.3

ふるさと講座 能美の方言(ふるさとことば)を考える(後泰夫)「のうみ : 能美郷土史の会会誌」　能美郷土史の会　(7) 2012.3

盤持ち(バンブチ)の話(山下和夫)「のうみ : 能美郷土史の会会誌」　能美郷土史の会　(8) 2013.3

地名ひとりあるき—「二字好字例」に学ぶ(後泰夫)「のうみ : 能美郷土史の会会誌」　能美郷土史の会　(8) 2013.3

百姓の持ちたる国の郡中御影通史に於ける古文書「能美郡御影書上写」の意義(研究の部)(小枝俊弘)「加南地方史研究」　加南地方史研究会　(61) 2014.3

能美市

能美市における「学童集団疎開」(ふるさと講座)(宮本茂)「のうみ : 能美郷土史の会会誌」　能美郷土史の会　(4) 2010.3

野村

野村練兵場と高等飛行(村本外志雄)「石川郷土史学会々誌」　石川郷土史学会　(41) 2008.12

野村嶋村

加賀藩の文化～天保期の「七木の制」運用策について—砺波郡野村嶋村を例にとって(今村郁子)「富山史壇」　越中史壇会　(158) 2009.3

羽咋

羽咋の海は邑知潟(山岸恒明)「能登の文化財」　能登文化財保護連絡協議会　45　2011.10

羽咋郡

鳳至・羽咋郡界、生馬放し飼い(坂下喜久次)「すずろものがたり」　珠洲郷土史研究会　(66) 2009.12

羽咋三場七塚

能登の文化財(羽咋三場七塚)(松島昌幸)「能登の文化財」　能登文化財保護連絡協議会　37　2003.8

基調報告 イワツクワケと羽咋三場七塚(松島昌幸)「能登の文化財」　能登文化財保護連絡協議会　44　2010.10

羽咋市

羽咋市の天然記念物現地調査 総括(自然保護特別委員会現地調査報告)(浅野敏夫)「能登の文化財」　能登文化財保護連絡協議会　44　2010.10

羽咋町

"歓呼"の声に送られ石川県羽咋町に学童集団疎開「大阪市淀川国民学校から」(特集 国民学校と学童疎開70年—体験者の投稿)(寺師一清)「大阪春秋」　新風書房　42(1)通号154　2014.4

白山

江戸時代後期における立山・白山の標高測量—遠藤高環・石黒信基(論文)(野積正吉)「富山史壇」　越中史壇会　(171) 2013.7

白山麓の出作り(大会特集号I "伝統"の礎—加賀・能登・金沢の地域史—問題提起)(山口隆治)「地方史研究」　地方史研究協議会　63(4)通号364　2013.8

白山市

白山市の元天領の変遷(野本章)「故郷乃研究」　白山市教育委員会　(1) 2006.3

ツルギという地名愚考(湊政男)「故郷乃研究」　白山市教育委員会　(2) 2007.3

ガイドが語る「ふるさと地名解」(米林鑛一郎)「故郷乃研究」　白山市教育委員会　(2) 2007.3

白山市八景など… 新しい地域の歴史と文化に向けて(京念義則)「故郷乃研究」　白山市教育委員会　(4) 2009.3

白山市の古代官道(北野敏夫)「故郷乃研究」　白山市教育委員会　(7) 2012.3

羽坂村

江戸期の羽坂村の人送り状について(家中進)「能登の文化財」　能登文化財保護連絡協議会　45　2011.10

橋立

橋立出身 忠谷・田端家の函館に於ける商業活動(山口精次)「市立函館博物館研究紀要」　市立函館博物館　(20) 2010.3

八丁川

八丁川の船運と比楽川(松田義雄)「加南地方史研究」　加南地方史研究会　(51) 2004.4

馬場

仁岸郷・馬場の地名(中川計介)「久之の郷」　門前町郷土史研究会　5　2003.12

馬場町

糞虫一揆関連史料等―馬場町々有文書から三点（史料紹介）（山前圭佑）「加南地方史研究」 加南地方史研究会 （57）2010.3

東茶屋街

平井聖資料・東茶屋街調査について（第34回北陸都市史学会金沢大会 発表要旨）（中西崇）「北陸都市史学会誌」 北陸都市史学会事務局 （18）2012.8

東山町

東山町有文書資料の歴史的価値―旧勘定村と本江村との水利慣行史料から（山前圭佑）「加南地方史研究」 加南地方史研究会 （59）2012.3

比楽川

八丁川の船運と比楽川（松田義雄）「加南地方史研究」 加南地方史研究会 （51）2004.4

蛭川

蛭川の九谷焼顕彰碑と錦盛（〈創立50周年記念号会員特別原稿〉）（西初男）「加南地方史研究」 加南地方史研究会 （50）2003.2

鳳至郡

鳳至・羽咋郡界、生馬放し飼い（坂下喜久次）「すずろものがたり」 珠洲郷土史研究会 （66）2009.12

府中

中世後期能登における七尾・府中の性格と展開（大会特集号I "伝統" の礎―加賀・能登・金沢の地域史―問題提起）（川名俊）「地方史研究」 地方史研究協議会 63（4）通号364 2013.8

舟之亭

兼六園の舟之亭と愛本橋を検討（今井喜江）「石川郷土史学会々誌」 石川郷土史学会 （40）2007.12

舳倉島

島の地名と言葉から―日本海側の島々、舳倉島・粟島などを例に（中葉博文）「富山市日本海文化研究所紀要」 富山市日本海文化研究所 （16）2002.7

宝達山

宝達山野田城跡―能登宝達山地にみる畝状遺構についての考察（調査報告）（高井勝己）「城郭史研究」 日本城郭史学会，東京堂出版（発売）（32）2013.3

宝達天井川

宝達天井川の形成と寶達河底鉄道隧道（出倉一信）「能登の文化財」 能登文化財保護連絡協議会 47 2013.10

本郷

本郷地区の地名（高行雄）「久之の郷」 門前町郷土史研究会 5 2003.12

本江村

東山町有文書資料の歴史的価値―旧勘定村と本江村との水利慣行史料から（山前圭佑）「加南地方史研究」 加南地方史研究会 （59）2012.3

松任

松任の女房殺し（真山武志）「郷土と文化」 白山市教育委員会 31 2004.3

「白華余事」に詠まれている松任（北川申三）「郷土と文化」 白山市教育委員会 31 2004.3

町名「松任」の一考察広域合併を機に（田中勇）「郷土と文化」 白山市教育委員会 32 2005.3

明治の古書画展より「松任の煎茶道具」（鏑木久美）「郷土と文化」 白山市教育委員会 32 2005.3

藩政時代に有名な松任の産物（野本章）「故郷乃研究」 白山市教育委員会 （4）2009.3

地名の「松任」考と木一山顕念寺由緒（田中勇）「故郷乃研究」 白山市教育委員会 （6）2011.3

松任集落の「結」考（宮元昭）「故郷乃研究」 白山市教育委員会 （6）2011.3

史料紹介 松任御旅屋文書について（真山武志）「故郷乃研究」 白山市教育委員会 （7）2012.3

資料紹介 松任御旅屋文書（真山武志）「故郷乃研究」 白山市教育委員会 （8）2013.3

松任市

松任市海岸の変遷とその周辺について（野本章）「郷土と文化」 白山市教育委員会 29 2002.3

馬緤浦

「能州馬緤浦と日本海交通」抜粋―狩野家伝来「船客帳」の分析を中心に（泉昇）「すずろものがたり」 珠洲郷土史研究会 62 2001.9

末信

末信（まつのぶ）の地名について（松田義雄）「のうみ : 能美郷土史の会会誌」 能美郷土史の会 （8）2013.3

美川

美川の北前船を探る（石本秀一）「故郷乃研究」 白山市教育委員会 （2）2007.3

美川橋

美川橋のがたり（濱上ミチコ）「故郷乃研究」 白山市教育委員会 （9）2014.3

三木

三木の北国街道（野﨑進一）「江渟の久爾」 江沼地方史研究会 （59）2014.4

南加賀

南加賀地区における新式郵便制度（多智守）「加南地方史研究」 加南地方史研究会 （59）2012.3

宮永新村

文化2年の傷害事件―石川郡宮永村と宮永新村の紛争（真山武志）「石川郷土史学会々誌」 石川郷土史学会 （38）2005.12

宮永村

文化2年の傷害事件―石川郡宮永村と宮永新村の紛争（真山武志）「石川郷土史学会々誌」 石川郷土史学会 （38）2005.12

宮腰町

「宮腰町絵図」（袖吉正樹）「市史編さんかなざわ」 金沢市史編さん事務局 11 2003.12

明倫学館

明倫学館の思い出（谷口守正）「七つ尾」 七尾城址文化事業団 （27）2010.3

本折城

「小松」という地名の由来と小松寺（6）―付「土居原は本折城の跡地」（後藤朗）「加南地方史研究」 加南地方史研究会 （51）2004.4

本堀庄

本堀庄の古伝承とその考察（中川榮一）「加南地方史研究」 加南地方史研究会 （58）2011.3

諸岡村

旧諸岡村の地名（大倉克男）「久之の郷」 門前町郷土史研究会 5 2003.12

門前

門前地区の石造遺物（中野七郎）「久之の郷」 門前町郷土史研究会 6 2005.12

門前町

門前町に関係する前田利家文書（佃和雄）「能登の文化財」 能登文化財保護連絡協議会 37 2003.8

葺屋根調査・土蔵分布調査（門前町）「能登の文化財」 能登文化財保護連絡協議会 37 2003.8

《特集 地名》「久之の郷」 門前町郷土史研究会 5 2003.12

魅せられる門前町の地名（中村健二）「久之の郷」 門前町郷土史研究会 5 2003.12

門前町の地名考（佃和雄）「久之の郷」 門前町郷土史研究会 5 2003.12

市町村史編さん事業の紹介 『新修門前町史』の編纂について（田中昭二）「加能史料研究」 石川県地域史研究振興会 16 2004.3

門前町の石造遺物（佃和雄）「久之の郷」 門前町郷土史研究会 6 2005.12

禅の里からの発信（谷内加映）「久之の郷」 門前町郷土史研究会 （8）2013.3

付録 門前町の歴史文化遺産（含人名）「久之の郷」 門前町郷土史研究会 （8）2013.3

矢崎村

今江村・矢崎村両村境絵図―矢崎町町有文書のうち（史料紹介）（山前圭佑）「加南地方史研究」 加南地方史研究会 （56）2009.3

山代

字名調査から（3）―山代の耕地（舟見武夫）「江渟の久爾」 江沼地方史研究会 （50）2005.4

字名調査から（4）山代の山、山代の堤、桂谷、尾俣（舟見武夫）「江渟の久爾」 江沼地方史研究会 （51）2006.3

山代温泉

加州山代温泉惣図 地名調査余話（2）（舟見武夫）「江渟の久爾」 江沼地方史研究会 （49）2004.4

松茸香る温泉―山代温泉周辺における里山ツーリズムの展開（大門哲）「石川県立歴史博物館紀要」 石川県立歴史博物館 （20）2008.3

与木郷

能登郡与木郷にかんする一試論（大会特集号I "伝統" の礎―加賀・能登・金沢の地域史―問題提起）（笹川尚紀）「地方史研究」 地方史研究協議会 63（4）通号364 2013.8

石川県　　　　　　　　　　　　　　　地名でたどる郷土の歴史　　　　　　　　　　　　　　北陸甲信越

良川村

江戸後期の良川村の百姓の暮らし（家中進）「能登の文化財」　能登文化財
保護連絡協議会　42　2008.10

幕末の良川村と藩の海岸防備と借金財政（家中進）「能登の文化財」　能登
文化財保護連絡協議会　47　2013.10

吉崎道

吉崎道と石碑（野崎進一）「江沼の久爾」　江沼地方史研究会　（54）
2009.3

吉野

「能美郡吉野十景の巻」（史料紹介）（蒔田秋鳳）「故郷乃研究」　白山市教
育委員会　（3）　2008.3

よつばり坂

金沢・よつばり坂の辺り（藤村進）「石川郷土史学会々誌」　石川郷土史学
会　（44）　2011.12

芦城公園

小松城と芦城公園—公園の設置とその変遷について（西孝三）「加南地方
史研究」　加南地方史研究会　（48）　2001.2

輪島

特集 輪島塗と漆芸作家について—琉球漆器の若い友へ（柳橋真）「きよら
さ : 浦添市美術館ニュース」　浦添市美術館　32　2001.10

輪島の沈金業（木本重吉）「石川郷土史学会々誌」　石川郷土史学会
（36）　2003.12

伝承文学に見る輪島「能登のくに」　能登を知る会　（8）2010.4

輪島塗と塗師文化（中室勝郎）「石川県輪島漆芸美術館紀要」　石川県輪島
漆芸美術館　（7）2012.3

輪島漆技術保存調査に係る工房調査報告（5）「椀木地」北浜保氏（高柳
浩子）「石川県輪島漆芸美術館紀要」　石川県輪島漆芸美術館　（8）
2013.3

大正期輪島地方の人々—「輪島時報」「能登新聞」より（左古隆）「能登の
文化財」　能登文化財保護連絡協議会　47　2013.10

輪島市

輪島市門前地方（谷口・納納屋・俊兼・滝之上）の漆掻きについて（松岡
竹千雄）「石川県輪島漆芸美術館紀要」　石川県輪島漆芸美術館　（5）
2010.3

韓国の漆文化（1）—輪島市海外漆文化調査補遺（4）（関次俊雄）「石川県
輪島漆芸美術館紀要」　石川県輪島漆芸美術館　（9）2014.3

福井県

赤江庄
西大寺領越前国赤江庄の復元―西大寺食堂院跡出土木簡をめぐって（舘野和己）「福井県文書館研究紀要」 福井県文書館 （7）2010.3

朝津駅
越前における官道と橋―「立石」などの字名から朝津駅・橋を考察（大谷貞二）「会誌」 鯖江郷土史懇談会 （21）2013.11

朝津橋
越前における官道と橋―「立石」などの字名から朝津駅・橋を考察（大谷貞二）「会誌」 鯖江郷土史懇談会 （21）2013.11

足羽川
清流足羽川沿いにたどる池田の歴史と自然（山口哲夫）「福井の文化」 福井県文化振興事業団 40 2003.3
美山町味美郷の紹介 足羽川の中流域に花開くロマン秘境（梅田秀彦）「福井の文化」 福井県文化振興事業団 42 2004.3

穴馬
穴馬直参門徒と白鳥八ヵ組同行（白石博男）「郡上史談」 郡上史談会 （137）2012.6

荒島風穴
養蚕と風穴―荒島風穴の発見を中心に（研究ノート）（平野俊幸）「福井県文書館研究紀要」 福井県文書館 （7）2010.3

愛発関
古代越後国と愛発関（舘野和己）「福井県文書館研究紀要」 福井県文書館 （3）2006.3
愛発関と北陸道―奈良時代のルートを巡って（内田保之）「紀要」 滋賀県文化財保護協会 （23）2010.3

芦原温泉
三国町と芦原温泉の関連について（〈三国湊と遊郭〉）（末政千代子）「研究紀要」 みくに龍翔館 （1）2006.2

あわら市
坂井市、あわら市に残る磐持石について（末政千代子）「研究紀要」 みくに龍翔館 （4）2009.3
力石に魅せられて―続「坂井市、あわら市に残る磐持石について」（末政千代子）「研究紀要」 みくに龍翔館 （6）2011.9

池上
池上地区の地名と地形から継体帝伝承を考察（竹島義一）「研究紀要」 みくに龍翔館 （2）2007.3

池田
清流足羽川沿いにたどる池田の歴史と自然（山口哲夫）「福井の文化」 福井県文化振興事業団 40 2003.3

石田荘
石田荘（鯖江市）についての新知見（青木豊昭）「会誌」 鯖江郷土史懇談会 （12）2004.11

一乗谷
戦国武将の夢のあと―越前一乗谷紀行（芥川龍男）「玖珠郡史談」 玖珠郡史談会 （56）2005.11
一乗谷と福井の史跡（田中嗣人）「近畿文化」 近畿文化会事務局 （706）2008.9

一乗谷朝倉氏遺跡
越前一乗谷朝倉遺跡群（山口卓也）「阡陵 ： 関西大学博物館彙報」 関西大学博物館 （60）2010.3
特別史跡一乗谷朝倉氏遺跡のガラス工房（第33回北陸都市史学会福井大会 発表要旨）（川越光洋）「北陸都市史学会誌」 北陸都市史学会事務局 （17）2011.8
一乗谷と朝倉遺跡（舟橋忠夫）「城」 東海古城研究会 （214）2014.3
山城レポ 越前の山城 一乗谷朝倉氏遺跡（末森清司）「備陽史探訪」 備陽史探訪の会 （180）2014.10

石徹白
越前五山と石徹白の伝え（斎藤喜美）「会誌」 鯖江郷土史懇談会 （11）2003.11

越前
戦国期の越前斯波氏について（上）、（下）（佐藤圭）「若越郷土研究」 福井県郷土誌懇談会 45（4）通号263/45（5）通号264 2000.7/2000.9

糞置庄 古代越前の実像―古代越前は鉄の先進地であった（斎藤清彦）「会誌」 鯖江郷土史懇談会 （11）2003.11
臨地研究会 越前―福井をたずねて（第2日）（石井かよ子）「ひがしひろしま郷土史研究会ニュース」 東広島郷土史研究会 353 2004.1
越前勾谷石の石造物に見る荘厳形式とその変遷について（三井紀生）「若越郷土研究」 福井県郷土誌懇談会 48（2）通号277 2004.1
信楽と丹波・越前―その形態の比較（松澤修）「紀要」 滋賀県文化財保護協会 （17）2004.3
戦争と戦場の住民―加越国境地帯の検討（竹間芳明）「若越郷土研究」 福井県郷土誌懇談会 49（1）通号278 2004.7
宝亀11年の勅と大国「越前」（真柄甚松）「会誌」 鯖江郷土史懇談会 （12）2004.11
水戸藩浪士越前へ乗込騒の事（畑勝治）「武生市史編さんだより」 武生市史編さん委員会 37 2005.3
素人の歴史探究（3）我が郷土「越前」の由来（窪田静雄）「会誌」 鯖江郷土史懇談会 （13）2005.11
石造物研究の現在―越前地方における中世石造塔研究の現状を中心に（古川豊）「日引 ： 石造物研究会会誌」 （8）2006.9
津軽と越前のご縁（《強烈な脱出と回帰の願望》）（藤川直迪）「津軽学 ： 歩く見る聞く津軽」 津軽に学ぶ会 （2）2006.12
越前史跡の旅（富岡行昌）「郷土誌志末廬圀」 松浦文談会，芸文堂（発売）（168）2006.12
美濃・加賀・越前の三国にある「馬場」について（杉岡滋夫）「中山道加納宿 ： 中山道加納宿文化保存会会誌」 中山道加納宿文化保存会 （49）2007.4
福井県文書館講演 中世越前の諸地域について（松浦義則）「福井県文書館研究紀要」 福井県文書館 （6）2009.3
越前一揆の構造（竹間芳明）「若越郷土研究」 福井県郷土誌懇談会 54（1）2009.9
越前の歴史を訪ねて（富永万十子）「小浜市郷土研究会便り」 小浜市郷土研究会 （50）2010.2
古代越前の須恵器生産（越前学悠久塾講義概要）（堀大介）「越前町織田文化歴史館館報」 越前町教育委員会 （5）2010.3
慶長三年の越前国太閤検地関係史料（資料紹介）（藤川讓治）「福井県文書館研究紀要」 福井県文書館 （7）2010.3
越前国名蹟考をあるく（13）今庄の名所・旧跡をあるく レポート（藤川明宏）「福井市立郷土歴史博物館dayori」 福井市立郷土歴史博物館 （25）2010.7
千年前の越前のカジ（1）、（2）（河野徳吉）「和紙の里」 越前和紙を愛する会 （32）/（33）2011.8/2012.07
越前和紙と日本銀行券（松原淳一）「和紙の里」 越前和紙を愛する会 （32）2011.8
平安中期の越前守―一条朝を中心に（佐藤圭）「越前市史編纂だより」 越前市史編さん委員会 （7）2012.3
江越国境の「塩の道」再見（濱本弘志）「会誌」 日本海地誌調査研究会 （10）2012.3
北陸道越前の烽火―現地調査から見えてきた北陸道の狼煙ライン（池田誠）「戦乱の空間」 戦乱の空間編集会 （12）2013.7
越前和紙に魂が宿る（日本の紙の源流を探る）（平岩典子）「和紙の里」 越前和紙を愛する会 （35）2014.7
山城レポ 越前の山城 幻の朝倉二の丸（末森清司）「備陽史探訪」 備陽史探訪の会 （179）2014.8
後北条氏遺臣桜井氏の越前関係文書について（研究ノート）（鳥居和郎，根本佐智子）「神奈川県立博物館研究報告. 人文科学」 神奈川県立歴史博物館 （41）2014.10

越前国府
研修会報告 テーマ「越前国府関連調査概要について」 講師 越前市教育委員会文化課学芸員 奥谷博之氏・野澤雅人氏（的矢俊昭）「武生立葵会報」 武生立葵会事務局 （45）2011.8

越前五山
越前五山と石徹白の伝え（斎藤喜美）「会誌」 鯖江郷土史懇談会 （11）2003.11

越前市
金森左京家文書について「越前市史編纂だより」 越前市史編さん委員会 （2）2008.3
越前市名所づくし（堀立煕）「あじま乃再発見」 味真野自治振興会文化教

養部　（24）2014.3

越前町

路傍の歴史 越前町（山下寿弥）「海南千里 ： 土佐山内家宝物資料館だより」 土佐山内家宝物資料館　17　2005.9

「えちぜん年代記」テキストデータ[1]～（8）（高木久史）「越前町織田文化歴史館館報」 越前町教育委員会　（2）/（9）2007.3/2014.3

越前国

越前国の村高と所領の変遷（2）～（8）（海道静香）「若越郷土研究」 福井県郷土誌懇談会　45（3）通号262/46（3）通号268　2000.5/2001.5

「越前国名蹟考をあるく」に行ってきました（松村知也）「福井市立郷土歴史博物館dayori」 福井市立郷土歴史博物館　（41）2014.7

大野

米と生きる人々―大野の生活文化を記録する会とのあゆみ（白瀬史子）「Sala ： 歴史民俗誌」 常民学舎　34　2003.8

大野城

越前大野城郭入札のゆくえ（小倉長良）「奥越史料」 大野市教育委員会，大野市文化財保護審議会　（33）2010.3

大野藩

北蝦夷ウショロ場所行きの大野藩の雇船「栄寿丸」 利尻島仙法志海岸に漂着（西谷榮治）「北の青嵐 ： 道文協支部交流会報」 北海道史研究協議会　132　2004.1

幕末期北蝦夷地における大野藩のウショロ場所経営（東俊佑）「北海道開拓記念館研究紀要」 北海道開拓記念館　（35）2007.3

雄島五ヶ浦

雄島五ヶ浦の近世から明治にかけての北前船の状況と菩提寺（末政千代子）「研究紀要」 みくに龍翔館　（3）2008.3

織田町

織田町 信長・越前焼・太鼓のまち（高木久史）「福井の文化」 福井県文化振興事業団　41　2003.9

小浜

地名の起こりと郷土愛（瀧本久雄）「小浜市郷土研究会便り」 小浜市郷土研究会　39　2003.6

福井県小浜市における中近世石造物の様相（下仲隆浩）「日引 ： 石造物研究会誌」4　2003.10

旅（若狭小浜）（田中靖基）「くしま史談会報」 串間史談会　（16）2004.3

小浜方言と宮良方言の音韻の比較研究（仲原穣）「琉球の方言」 法政大学沖縄文化研究所　通号29　2005.3

小浜の防火ゾーン 堀川の開削工事（澤田辰雄）「小浜市郷土研究会便り」 小浜市郷土研究会　（44）2006.8

旅に出る！ パート1 長浜・小浜国宝の旅（平井優三）「備陽史探訪」 備陽史探訪の会　（159）2011.4

収蔵庫情報（36）「わかさ小濱」「郷土博物館だより」 戸田市立郷土博物館　（40）2012.3

小浜

文明を支えた森林（138） 食文化都市 小浜市を訪ねて（宮下正次）「上州路 ： 郷土文化誌」 あさを社　33（3）通号382　2006.3

小浜藩

小浜藩の台場跡―史跡松ヶ瀬台場跡の復元整備から（〈第23回全国城郭研究者セミナーの報告〉）（川嶋清人）「中世城郭研究」 中世城郭研究会　（21）2007.7

片上

明治期の町村合併―「中河・片上・北中山」の誕生（小谷正典）「会誌」 鯖江郷土史懇談会　（12）2004.11

方上荘

殿下渡領であった方上荘―なぜ片上地区に摂関家の荘園があったのか（真柄甚松）「会誌」 鯖江郷土史懇談会　（18）2010.11

金森左京領

金森左京領成立二百五十年記念事業について―地区の歴史に対する取り組みの一事例（齊藤忠征）「武生立葵会報」 武生立葵会事務局　（42）2010.2

上清実村

上清実村があった頃の鯖江（真柄甚松）「会誌」 鯖江郷土史懇談会　（8）2000.11

河和田

河和田地区（鯖江市）における継体天皇伝承の生成について（青木豊昭）「会誌」 鯖江郷土史懇談会　（14）2006.11

河和田の継体伝説余談（〈継体天皇への想い〉）（大嶋俊子）「会誌」 鯖江郷土史懇談会　（15）2007.11

北中山

明治期の町村合併―「中河・片上・北中山」の誕生（小谷正典）「会誌」

鯖江郷土史懇談会　（12）2004.11

北の庄城

北の庄城考（堀宗夫）「北陸の中世城郭」 北陸城郭研究会　（19）2009.7

木俣飛行場

ふれあいROOM 我が青春の思い出 幻の木俣飛行場（吉元吉之助）「武生立葵会報」 武生立葵会事務局　（43）2010.8

九頭竜川

松平文庫「九頭竜川河口絵図」について（平野俊幸）「若越郷土研究」 福井県郷土誌懇談会　52（2）通号285　2008.3

熊川宿

二つの「九里半街道」と熊川宿の誕生（杉江進）「交通史研究」 交通史学会，吉川弘文館（発売）（56）2005.2

巡見報告 九里半街道と熊川宿（門野晃子）「交通史研究」 交通史学会，吉川弘文館（発売）（56）2005.2

鯖街道と熊川宿（松本和典）「郷土史誌末盧國」 松浦史談会，芸文堂（発売）（180）2009.12

報告 若狭と丹後をたずねて青空教室―熊川宿・舞鶴引揚記念館・舞鶴市立赤れんが博物館・伊根（舟屋）の町並み散策（橋本正準）「加南地方史研究」 加南地方史研究会　（60）2013.3

熊川番所

近世における若狭・熊川番所の通行について―「西国順礼略打道中記」に見る（《大会特集敦賀―日本海～琵琶湖、風の通り道》―〈問題提起〉）（青柳周一）「地方史研究」 地方史研究協議会　55（4）通号316　2005.8

九里半街道

江戸後期における九里半街道と荷物輸送（門野晃子）「交通史研究」 交通史学会，吉川弘文館（発売）（54）2004.4

二つの「九里半街道」と熊川宿の誕生（杉江進）「交通史研究」 交通史学会，吉川弘文館（発売）（56）2005.2

巡見報告 九里半街道と熊川宿（門野晃子）「交通史研究」 交通史学会，吉川弘文館（発売）（56）2005.2

けいちんの池

けいちんの池の伝承を考察（伊東功一）「研究紀要」 みくに龍翔館　（2）2007.3

河野浦

河野浦と宿浦の関係（新家恵二）「研究紀要」 みくに龍翔館　（3）2008.3

五箇

越前五箇の紙漉職方魂（河野徳吉）「和紙の里」 越前和紙を愛する会　（31）2010.6

木場坂

木場坂越え（斎藤喜美）「会誌」 鯖江郷土史懇談会　（15）2007.11

小丸城

小丸城址出土文字瓦の一考察―尊称・敬称の問題について（竹internal芳明）「若越郷土研究」 福井県郷土誌懇談会　59（1）通号298　2014.8

小山荘

越前大野郡小山荘の市場について（松浦義則）「北陸都市史学会誌」 北陸都市史学会事務局　（17）2011.8

坂井郡幕府領

元禄期坂井郡幕府領の代官支配―「元禄期越前の幕府領大庄屋日記1・2」によって（藤野立惠）「福井県地域史研究」 福井県地域史研究会　（13）2012.7

坂井市

越前坂井市の石造多層塔（古川登）「若越郷土研究」 福井県郷土誌懇談会　52（2）通号285　2008.3

坂井市、あわら市に残る磐持石について（末政千代子）「研究紀要」 みくに龍翔館　（4）2009.3

力石に魅せられて―続「坂井市、あわら市に残る磐持石について」（末政千代子）「研究紀要」 みくに龍翔館　（6）2011.9

鯖江

素人の歴史探究（1）鯖江の起源は鯖矢か沢江か（窪田静雄）「会誌」 鯖江郷土史懇談会　（11）2003.11

「間部文書」より（高橋雪枝）「会誌」 鯖江郷土史懇談会　（11）2003.11

歴史の道（1）鯖江山邊道幻想（窪田義男）「会誌」 鯖江郷土史懇談会　（12）2004.11

歴史の道（2）蒼い道とまほろば鯖江（窪田義男）「会誌」 鯖江郷土史懇談会　（13）2005.11

めがね産地源流の想い（大橋巧）「会誌」 鯖江郷土史懇談会　（13）2005.11

歴史の道（3）城下町鯖江の街路往来（窪田義男）「会誌」 鯖江郷土史懇談会　（14）2006.11

地図が語る半世紀前の鯖江(三田村三二)「会誌」 鯖江郷土史懇談会 (14) 2006.11

鯖江歴史産業観光歌留多―ふるさと鯖江をかるたで理解(窪田善昭)「会誌」 鯖江郷土史懇談会 (15) 2007.11

鯖江における「孝義録」編纂史料について(竹内信夫)「会誌」 鯖江郷土史懇談会 (17) 2009.11

総括『文化財としての町村―明治期、鯖江地域の町村合併』について(小谷正典)「会誌」 鯖江郷土史懇談会 (17) 2009.11

鯖江の漢詩・漢文作者について(前川幸雄)「会誌」 鯖江郷土史懇談会 (20) 2012.11

鯖江市

古代丹生郡の範囲と鯖江市域の郷(真柄甚松)「会誌」 鯖江郷土史懇談会 (11) 2003.11

鯖江市域 往古西回り北陸道(斉藤喜美)「会誌」 鯖江郷土史懇談会 (19) 2011.11

鯖江市域の昭和初期の産業(小谷正典)「会誌」 鯖江郷土史懇談会 (21) 2013.11

鯖江台地

鯖江台地の中世石造物(山本昭治)「会誌」 鯖江郷土史懇談会 (12) 2004.11

鯖江藩

鯖江藩初期の町方商業について(吉田叡)「会誌」 鯖江郷土史懇談会 (8) 2000.11

鯖江藩の江戸屋敷について(1)～(2)(竹内信夫)「若越郷土研究」 福井県郷土誌懇談会 47(1)通号271/47(3)通号273 2002.1/2002.5

鯖江藩成立時の苦悩(真柄甚松)「会誌」 鯖江郷土史懇談会 (10) 2002.11

鯖江藩の遠国借用と名目金借用(山本孝衛)「会誌」 鯖江郷土史懇談会 (11) 2003.11

越前国鯖江藩大庄屋制の成立過程(野尻泰弘)「地方史研究」 地方史研究協議会 54(2)通号308 2004.4

弘化期における鯖江藩の農民生活(吉田叡)「会誌」 鯖江郷土史懇談会 (17) 2009.11

幕末鯖江藩の藩政改革―間部詮勝の雌伏時代を中心にして(吉田叡)「福井県地域史研究」 福井県地域史研究会 (13) 2012.7

文久期鯖江藩の苦悩(吉田叡)「会誌」 鯖江郷土史懇談会 (20) 2012.11

鯖江村

明治期の町村合併(2) 鳥羽村・鯖江村・舟津村・新横江村の誕生(小谷正典)「会誌」 鯖江郷土史懇談会 (15) 2007.11

鯖街道

近江八話(2) 鯖街道を行く―周辺の寺を尋ねつつ(鈴木康弘)「静岡歴研会報」 静岡県歴史研究会 107 2004.3

鯖街道・朽木越えを行く(田中嗣人)「近畿文化」 近畿文化会事務局 657 2004.8

鯖街道の歴史的考察―若狭からの丹波越ルート(小畑弘)「丹波」 丹波史談会 (10) 2008.10

鯖街道と熊川宿(松本和典)「郷土史誌末盧國」 松浦史談会, 芸文堂(発売) (180) 2009.12

鯖街道(高浜街道)(秋里悠兒)「丹波」 丹波史談会 (13) 2011.11

納豆餅と鯖街道(研究ノート)(湊友三郎)「丹波」 丹波史談会 (15) 2013.10

JR敦賀駅

JR敦賀駅前石畳舗装の由来(長谷雅晴)「会誌」 日本海地誌調査研究会 (10) 2012.3

塩の道

総合講演録 もう一つの「塩の道」 講師：小関邦秀氏「北國街道研究」 北國街道の手をつなぐ会 (14) 2013.12

芝原

福井芝原の石碑(近藤秀敏)「とぐら：戸倉史談会誌」 戸倉史談会 (35) 2010.2

島田城

千葉次郎泰胤―越前大野島田城考(研究発表要旨)(千葉文隆)「房総の郷土史」 千葉県郷土史研究連絡協議会 (37) 2009.5

清水町

清水町の石造文化財(古川登, 村上雅紀)「郷土資料館だより」 清水町立郷土資料館 8 2004.3

宿浦

河野浦と宿浦の関係(新家恵二)「研究紀要」 みくに龍翔館 (3) 2008.3

笙の橋

笙の橋今昔(山本晴幸)「会誌」 日本海地誌調査研究会 (7) 2008年度

白鬼女橋

「白鬼女橋」について(岡田孫一郎)「会誌」 鯖江郷土史懇談会 (11) 2003.11

新庄山

新庄山の銅鐸と県内の歴史について(福岡宏明)「会誌」 鯖江郷土史懇談会 (18) 2010.11

新横江村

明治期の町村合併(2) 鳥羽村・鯖江村・舟津村・新横江村の誕生(小谷正典)「会誌」 鯖江郷土史懇談会 (15) 2007.11

住吉

住吉の西回り北陸道筋(斎藤喜美)「会誌」 鯖江郷土史懇談会 (18) 2010.11

善光寺町

福井県武生市の善光寺町について(北村市朗)「長野」 長野郷土史研究会 236 2004.7

滝谷寺

瀧谷寺と福井城の越前瓦(中原義史)「ふくいミュージアム」 福井県立博物館 39 2001.3

武生

武生の地名(杉浦茂)「武生市史編さんだより」 武生市史編さん委員会 35 2003.3

近年発刊された郷土誌/幕末府中の医療「武生市史編さんだより」 武生市史編さん委員会 36 2004.2

関義臣撰『秋声窓詩抄別集』と武生騒動(澤崎久和)「越前市史編纂だより」 越前市史編さん委員会 (5) 2010.3

明治8年(1875)「越前国武生市街分間図」について(小川利男)「武生立葵会報」 武生立葵会事務局 (48) 2013.1

講演「越前国武生市街分間図と明治九年地籍図について」 講師：小川利男会員「武生立葵会報」 武生立葵会事務局 (49) 2014.1

武生の歴史をたずね宝物を発見しよう 第四十三回武生立葵会市内巡見(的矢俊昭)「武生立葵会報」 武生立葵会事務局 (50) 2014.8

武生市

高度成長期における地方都市型青年団の組織・活動についての考察―武生市域を事例として(高木重治)「日本史攷究」 日本史攷究会 (33) 2009.11

嵩山

嵩山周辺の小字地名について(竹島義一)「研究紀要」 みくに龍翔館 (3) 2008.3

立侍

明治期の町村合併(3) 「立侍・吉川・豊」村の誕生(小谷正典)「会誌」 鯖江郷土史懇談会 (16) 2008.11

玉川浦

江戸時代の玉川浦の澗について(岡田健彦)「若越郷土研究」 福井県郷土誌懇談会 59(1)通号298 2014.8

太良荘

室町初期太良荘の代官支配について(松浦義則)「福井県文書館研究紀要」 福井県文書館 (8) 2011.3

長久寺

長久寺と岡野の由来について(山森博務)「会誌」 鯖江郷土史懇談会 (22) 2014.12

九十九橋

絵画・古写真にみる九十九橋北詰の変化について(印牧信明)「福井市立郷土歴史博物館dayori」 福井市立郷土歴史博物館 (26) 2010.11

敦賀

水戸天狗党最後の地を訪ねて(篠崎澄子)「史談」 安蘇史談会 (20) 2004.6

第56回大会を迎えるにあたって敦賀―日本海～琵琶湖, 風の通り道(《大会特集敦賀―日本海～琵琶湖, 風の通り道》(常任委員会, 第56回大会実行委員会)「地方史研究」 地方史研究協議会 55(4)通号316 2005.8

奈良時代越前国府敦賀所在説の提唱―考古学の範疇を越えて(《大会特集敦賀―日本海～琵琶湖, 風の通り道》―〈問題提起〉)(水野和雄)「地方史研究」 地方史研究協議会 55(4)通号316 2005.8

古代国家と敦賀(《大会特集敦賀―日本海～琵琶湖, 風の通り道》―〈問題提起〉)(舘野和己)「地方史研究」 地方史研究協議会 55(4)通号316 2005.8

西本願寺末寺支配における敦賀の位置―国郡制と領国の狭間で(《大会特集敦賀―日本海～琵琶湖, 風の通り道》―〈問題提起〉)(澤博勝)「地方史研究」 地方史研究協議会 55(4)通号316 2005.8

商品としての塩から, 食糧としての塩へ(《大会特集敦賀―日本海～琵琶湖, 風の通り道》―〈問題提起〉)(落合功)「地方史研究」 地方史研究

協議会 55（4）通号316 2005.8

敦賀空襲と模擬原爆（《大会特集敦賀―日本海～琵琶湖、風の通り道》―〈問題提起〉）（木戸聡）「地方史研究」 地方史研究協議会 55（4）通号316 2005.8

中世敦賀の諸相（《大会特集敦賀―日本海～琵琶湖、風の通り道》―〈問題提起〉）（外岡慎一郎）「地方史研究」 地方史研究協議会 55（4）通号316 2005.8

「親日国」ポーランド―接点としての敦賀（白石仁章）「地方史研究」 地方史研究協議会 55（4）通号316 2005.8

敦賀の史跡（田中嗣人）「近畿文化」 近畿文化会事務局 （675）2006.2

欧亜の架け橋 敦賀（多仁照廣）「地方史研究」 地方史研究協議会 57（1）通号325 2007.2

琵琶湖―敦賀「運河」計画の再検討（《第33回大会共通論題「流域をめぐる交通史―淀川水系を中心に」特集号》）（杉江進）「交通史研究」 交通史学会，吉川弘文館（発売） （64）2007.12

敦賀を中心とする鉄道小史（井上脩）「会誌」 日本海地誌調査研究会 （7）2008年度

特別寄稿 フェノロサの遺骨還送と敦賀（山口静一）「会誌」 日本海地誌調査研究会 （8）2010.3

敦賀の老舗（濱本弘志）「会誌」 日本海地誌調査研究会 （8）2010.3

敦賀の昆布（濱本弘志）「会誌」 日本海地誌調査研究会 （9）2011.3

研究ノート 1930年代初頭における日本海側港湾整備論と敦賀（井筒康人）「紀要」 敦賀市立博物館 （26）2012.3

農業を通して敦賀を見る（幡谷賢三）「会誌」 日本海地誌調査研究会 （11）2013.3

敦賀のロシア・ソヴィエト連邦領事館について（鈴置善郎）「会誌」 日本海地誌調査研究会 （12）2014.3

続・敦賀の老舗（濱本弘志）「会誌」 日本海地誌調査研究会 （12）2014.3

史料紹介「安政東南海地震」と敦賀―史料を読む（外岡慎一郎）「紀要」 敦賀市立博物館 （28）2014.3

敦賀郡

朝倉氏による敦賀郡支配の変遷（上），（下）（松原信之）「若越郷土研究」 福井県郷土誌懇談会 48（2）通号277/49（1）通号278 2004.1/2004.7

近世、若狭国・越前国敦賀郡における徳政担保文事言の基礎的考察（野尻泰弘）「若越郷土研究」 福井県郷土誌懇談会 50（1）通号280 2005.7

敦賀港駅

旧金ヶ崎駅（敦賀港駅）ランプ小屋の建設時期（田中完一）「会誌」 日本海地誌調査研究会 （11）2013.3

敦賀市

敦賀市・福井市史跡・文化財臨地研修会（第1日）（林田和枝）「ひがしひろしま郷土史研究会ニュース」 東広島郷土史研究会 352 2003.12

資料目録 秦古文書（坂東佳子）「紀要」 敦賀市立博物館 （21）2007.3

資料目録 糸屋善兵衛文書（坂東佳子）「紀要」 敦賀市立博物館 （22）2008.3

資料目録 岩谷末雄文書（坂東佳子）「紀要」 敦賀市立博物館 （23）2009.3

資料翻刻 明治八年（第三号）大和田荘兵衛日記（翻刻）（坂東佳子）「紀要」 敦賀市立博物館 （26）2012.3

敦賀半島

敦賀半島沖における漁業の回顧（2）（橋本昭三）「会誌」 日本海地誌調査研究会 （6）2007年度

敦賀屋敷

弘前藩の敦賀屋敷―津軽と敦賀を結ぶもの（《大会特集敦賀―日本海～琵琶湖、風の通り道》―〈問題提起〉）（福井敏隆）「地方史研究」 地方史研究協議会 55（4）通号316 2005.8

出村

昭和の三国出村の遊郭（〈三国湊と遊郭〉）（岡安夫）「研究紀要」 みくに龍翔館 （1）2006.2

東尋坊

歴史的公文書紹介 東尋坊環境整備事業完成式「文書館だより」 福井県文書館 （22）2014.11

鳥羽村

明治期の町村合併（2）鳥羽村・鯖江村・舟津村・新横江村の誕生（小谷正典）「会誌」 鯖江郷土史懇談会 （15）2007.11

豊原城

山城レポ 越前豊原城跡探訪 ナゼ怪異が生じるのか？（末森清司）「備陽史探訪」 備陽史探訪の会 （173）2013.8

中岡村

予算書からみた昭和初期の村政―福井県今立郡中岡村の場合（小谷正典）「会誌」 鯖江郷土史懇談会 （19）2011.11

中河

明治期の町村合併―「中河・片上・北中山」の誕生（小谷正典）「会誌」 鯖江郷土史懇談会 （12）2004.11

中河村

予算書からみた大正期の村政―福井県今立郡中河村について（小谷正典）「会誌」 鯖江郷土史懇談会 （18）2010.11

予算書からみた昭和初期の村政（2）―福井県今立郡中河村の場合（小谷正典）「会誌」 鯖江郷土史懇談会 （20）2012.11

永沢二ツ谷

永沢二ツ谷 高橋家調査報告（菊地憲夫）「金ヶ崎史談」 金ヶ崎史談会 （35）2004.4

中竜鉱山

1949年の中龍鉱山争議について（論文）（木村亮）「福井県文書館研究紀要」 福井県文書館 （11）2014.3

鳴鹿大堰

資料紹介 鳴鹿大堰切り崩し事件新資料―勝見宗左衛門家文書（吉田健）「福井県文書館研究紀要」 福井県文書館 （5）2008.3

西谷村

歴史的公文書紹介「西谷村災害対策」「文書館だより」 福井県文書館 （6）2005.9

二の部

三国二の部の家や山について（小畑茂雄）「研究紀要」 みくに龍翔館 （8）2013.11

二峯城

二峯城志（青木豊昭）「会誌」 鯖江郷土史懇談会 （16）2008.11

丹生

アイヌ語からみた丹生の地名（山田時雄）「会誌」 鯖江郷土史懇談会 （16）2008.11

丹生郡

古代丹生郡の範囲と鯖江市域の郷（真柄甚松）「会誌」 鯖江郷土史懇談会 （11）2003.11

越前大税・郡稲帳から読める丹生郡（真柄甚松）「若越郷土研究」 福井県郷土誌懇談会 58（2）通号297 2014.2

服部

今立郡服部郷考（青木豊昭）「会誌」 鯖江郷土史懇談会 （19）2011.11

花筐尋常高等小学校

明治四十五年（1912）五月十一日の春季遠足―花筐尋常高等小学校沿革史から「越前市史編さんだより」 越前市史編さん委員会 （9）2014.3

浜坂

越前浜坂「汐越の松」の和歌について（池端大二）「加南地方史研究」 加南地方史研究会 （56）2009.3

早瀬

美浜町早瀬地区合同調査を終えて（《福井県三方郡美浜町早瀬地区合同調査特集》）（下坂芳典）「昔風と当世風」 古々路の会 （93）2009.3

福井県美浜町の食べものと暮らし（《福井県三方郡美浜町早瀬地区合同調査特集》）（丸山久子）「昔風と当世風」 古々路の会 （93）2009.3

美浜町早瀬地区での調査を終えて（《福井県三方郡美浜町早瀬地区合同調査特集》）（小峰麻希子）「昔風と当世風」 古々路の会 （93）2009.3

早瀬が早瀬へ（《福井県三方郡美浜町早瀬地区合同調査特集》）（早瀬哲恒）「昔風と当世風」 古々路の会 （93）2009.3

美浜町早瀬地区見聞抄（《福井県三方郡美浜町早瀬地区合同調査特集》）（五十嵐稔）「昔風と当世風」 古々路の会 （93）2009.3

東若狭

東若狭の文化財（澤新太郎）「史迹と美術」 史迹美術同攷会 75（4）通号754 2005.5

日野川

日野川の渡し船と街道の交通（河野未央）「越前町織田文化歴史館館報」 越前町教育委員会 （3）2008.3

福井

戦争と戦場の住民―加越国境地帯の検討（竹間芳明）「若越郷土研究」 福井県郷土誌懇談会 49（1）通号278 2004.7

福井史料ネットワークの被災史料調査活動の現状―水害による被災の特徴（松下正和）「史料ネットnews letter」 歴史資料ネットワーク 38 2004.9

福井史料ネットワーク、半年間の成果と課題（澤博勝）「史料ネットnews letter」 歴史資料ネットワーク 40 2005.3

奈良スケッチ（10）破石から福井へ…（杉本哲也）「月刊大和路ならら」 地域情報ネットワーク 12（1）通号124 2009.1

例会発表 抜粋その2 町名の変遷（大久保妙子）「越人」 越前文化士の会

（5）2011.4

福井県関係者のロシア認識と蝦夷地開発及び防備構想について（塚越俊志）「洋学史研究」 洋学史研究会 （28）2011.4

グリフィス福井日記・書簡に見る廃藩について（山下英一）「若越郷土研究」 福井県郷土誌懇談会 56（2）通号293 2012.2

京極家ゆかりの福井・滋賀の史跡を訪ねて（松岡繁）「文化財保護協会報 まるがめ」 丸亀市文化財保護協会 （7）2012.3

福井の方言について（創立20周年の節目を迎えて）（福岡宏明）「会誌」 鯖江郷土史懇談会 （20）2012.11

新・屯田兵物語（2）篠路屯田兵村、伊藤小弥太家の系譜について一旧福井士族の屯田移住に関する一考察（小森重紀）「屯田」 北海道屯田倶楽部 （54）2013.10

織田文化歴史館 企画展覧会「海は語る ふくいの歴史を足元から探る」（研究紀要）（村上雅彰）「越前町織田文化歴史館館報」 越前町教育委員会 （9）2014.3

福井県

福井県における郷土史研究の動向（牧田真理恵）「郷土の文化」 富山県郷土史会 （28）2003.3

福井県における郷土史研究の動向（牧田真理恵）「郷土の文化」 富山県郷土史会 （29）2004.3

福井の産業歴史私考（今村善孝）「福井の文化」 福井県文化振興事業団 42 2004.3

福井県における郷土史研究の動向（前田眞佐子）「郷土の文化」 富山県郷土史会 （30）2005.3

福井県における郷土史研究の動向（小林香織）「郷土の文化」 富山県郷土史会 （31）2006.3

福井県における郷土史研究の動向（小林香織）「郷土の文化」 富山県郷土史会 （32）2007.3

福井県における郷土史研究の動向（中山史）「郷土の文化」 富山県郷土史会 （33）2008.3

福井県下の出版業者・書店について一江戸時代後半から明治前期の概況（柳沢芙美子）「福井県文書館研究紀要」 福井県文書館 （5）2008.3

福井県における藩政機構一「貞享の半知」を中心に（舟澤茂樹）「福井県地域史研究」 福井県地域史研究会 （12）2008.6

資料紹介／ちょっと昔の福井県／企画展示・収蔵資料展示／お知らせ「文書館だより」 福井県文書館 （12）2008.10

福井県における郷土史研究の動向（中山史）「郷土の文化」 富山県郷土史会 （34）2009.3

資料紹介／ちょっと昔の福井県「文書館だより」 福井県文書館 （14）2009.10

福井県内各市町村名の起源と語源について（青木豊昭）「会誌」 鯖江郷土史懇談会 （17）2009.11

福井県における郷土史研究の動向（中山史）「郷土の文化」 富山県郷土史会 （35）2010.3

福井県下の連合国軍捕虜について（資料紹介）（木村亮）「福井県文書館研究紀要」 福井県文書館 （7）2010.3

福井県における郷土史研究の動向（野田紀代美）「郷土の文化」 富山県郷土史会 （36）2011.3

福井県における郷土史研究の動向（野田紀代美）「郷土の文化」 富山県郷土史会 （37）2012.3

赤米雑話（147）～（150）83 福井県の赤米・つづき（長沢利明）「赤米ニュース」 東京赤米研究会 （191）／（194）2013.2/2013.5

福井県における郷土史研究の動向（前田眞佐子）「郷土の文化」 富山県郷土史会 （39）2014.3

市外史跡探訪「北陸への旅 石川県・福井県方面」（重田武男）「史談足柄」 足柄史談会 52 2014.4

福井市

敦賀市・福井市史跡・文化財臨地研修会（第1日）（林田和枝）「ひがしひろしま郷土史研究会ニュース」 東広島郷土史研究会 352 2003.12

歴史的公文書紹介 福井市復興都市計画図「文書館だより」 福井県文書館 （9）2007.3

福井城

瀧谷寺と福井城の越前瓦（中原義史）「ふくいミュージアム」 福井県立博物館 39 2001.3

福井城本丸指図の年代について一文政から寛永期まで（国京克巳）「若越郷土研究」 福井県郷土誌懇談会 55（2）2011.2

新出の文政13年「福井城御図」と「福井城図」（文政2年写）について（国京克巳）「若越郷土研究」 福井県郷土誌懇談会 56（2）通号293 2012.2

特集1 新出！ 福井城下絵図 絵図の見どころ一ふたつの絵図の違い／絵図を持っていた人物とは「文書館だより」 福井県文書館 （21）2013.11

福井藩

福井藩の山方御条目について（畑中省吾）「会誌」 鯖江郷土史懇談会

（8）2000.11

幕末福井・柳川両藩の殖産興業の類似性一横井小楠とのかかわりを中心に（三上一夫）「若越郷土研究」 福井県郷土誌懇談会 48（1）通号276 2003.7

沼津兵学校とその人材（75）福井藩から来た留学生 津田束（樋口雄彦）「沼津市明治史料館通信」 沼津市明治史料館 21（4）通号84 2006.1

幕末期、福井藩の他国交易について一横浜・長崎・下関における（本川幹男）「福井県地域史研究」 福井県地域史研究会 （12）2008.6

府中

『浅井永記録』から読みとれる浅井大文字屋家と越前府中の町の様子（斎藤嘉造）「武生市史編さんだより」 武生市史編さん委員会 36 2004.2

変容する府中は いま（東野洋士）「小浜市郷土研究会便り」 小浜市郷土研究会 （50）2010.2

府中の空を笑う女の首が飛ぶ「越前市史編纂だより」 越前市史編さん委員会 （6）2011.3

府中町

ふれあいROOM 府中町人連中の俳壇 浅井家所蔵の文台（齊藤忠征）「武生立葵会報」 武生立葵会事務局 （44）2010.12

舟津村

明治期の町村合併（2）鳥羽村・鯖江村・舟津村・新横江村の誕生（小谷正典）「会誌」 鯖江郷土史懇談会 （15）2007.11

細呂木

北陸道の昔と今一細呂木から金沢まで（岸豊則）「加南地方史研究」 加南地方史研究会 （54）2007.3

堀川

小浜の防火ゾーン 堀川の開削工事（澤田辰雄）「小浜市郷土研究会便り」 小浜市郷土研究会 （44）2006.8

松ヶ瀬台場

小浜藩の台場跡一史跡松ヶ瀬台場跡の復元整備から（〈第23回全国城郭研究者セミナーの報告〉）（川嶋清人）「中世城郭研究」 中世城郭研究会 （21）2007.7

丸岡霞ヶ城

越前丸岡霞ヶ城を訪ねて（見土路清）「神楽尾」 神楽尾城跡保存協力会 （33）2004.4

丸岡城

丸岡城 城山部の石垣残存調査の概報（青山航）「研究紀要」 みくに龍翔館 （9）2014.11

「人柱伝説」一長浜城と丸岡城（今川徳子）「扣之帳」 扣之帳刊行会 （46）2014.12

三国

三国遊女町の考察（〈三国湊と遊郭〉）（冨永亮一郎）「研究紀要」 みくに龍翔館 （1）2006.2

三国昭和倉庫館の設立について（加賀宏）「研究紀要」 みくに龍翔館 （3）2008.3

三国の最盛期をつくりあげた明治の海商について一活動状況その推進力となった人びと（岡安夫）「研究紀要」 みくに龍翔館 （8）2013.11

丸岡城と三国方面を訪ねて（武内博康，松浦博）「郷土の文化」 富山県郷土史会 （39）2014.3

三国支線

三国支線についての考察（〈三国湊の鉄道史〉）（南谷則寛）「研究紀要」 みくに龍翔館 （1）2006.2

三国町

三国町と芦原温泉の関連について（〈三国湊と遊郭〉）（末政千代子）「研究紀要」 みくに龍翔館 （1）2006.2

三国町の町名変遷の歴史的考察（井上律夫）「研究紀要」 みくに龍翔館 （5）2010.9

三国町にある句碑について（井上律夫，田中千賀子）「研究紀要」 みくに龍翔館 （9）2014.11

三国港

三国港の浚渫を瀬越多次郎の履歴書より見る（瀬越一輝）「研究紀要」 みくに龍翔館 （3）2008.3

明治20年度における海陸複合輸送について一越前三国港平野吉左衛門家文書「貨物逓送録」を中心に（平野俊幸）「福井県文書館研究紀要」 福井県文書館 （5）2008.3

三国湊

中世期の三国湊の考察一森田家と中世寺院を中心として（〈三国湊と寺院〉）（冨永亮一郎）「研究紀要」 みくに龍翔館 （1）2006.2

三国湊を巡る交通網と変遷（〈三国湊の鉄道史〉）（冨永亮一郎）「研究紀要」 みくに龍翔館 （1）2006.2

中世末期から近世初期の三国湊（冨永亮一郎）「研究紀要」 みくに龍翔館 （3）2008.3

近世中・後期の三国湊（冨永亮一郎）「研究紀要」 みくに龍翔館 （4）
2009.3

三国湊に残る石造物の会員協同調査（冨永亮一郎，岡女夫，田中千賀子）
「研究紀要」 みくに龍翔館 （4）2009.3

第2章 森田家所有の弁財天（殿島3地籍）（三国湊に残る石造物の会員協同
調査）（浅川謙次，井上律夫）「研究紀要」 みくに龍翔館 （4）2009.3

町内記録など文書より見る幕末の三国湊（冨永亮一郎）「研究紀要」 みく
に龍翔館 （5）2010.9

潟湖と古代の湊—古代の三国湊についての一考察（竹島義一）「研究紀
要」 みくに龍翔館 （5）2010.9

三国湊城

千手寺城（三国湊ノ城）について（山内正博）「研究紀要」 みくに龍翔館
（5）2010.9

三峯村

三峯村の思考と朝倉の末路・歴史考（飛田邦夫）「会誌」 鯖江郷土史懇談
会 （17）2009.11

ふれあいROOM 立葵紋と三峯村（池田千代治）「武生立葵会報」 武生立
葵会事務局 （45）2011.8

南六呂師

南六呂師にみられる巨岩のいわれや，名称を記した岩石台帳について
（伊藤一康）「奥越史料」 大野市教育委員会，大野市文化財保護審議会
31 2005.3

蓑脇町

蓑脇町と方解石（上山房子）「あじま乃再発見」 味真野自治振興会文化教
養部 （24）2014.3

宮河荘

宮河荘についての一考察（五十嵐俊子）「大山の歴史と民俗」 大山町歴史
民俗研究会 （16）2013.2

宮崎

平成19年度文化財悉皆調査事業にかかる越前窯跡の調査—宮崎地区を中
心に（堀大介，村上雅紀）「越前町織田文化歴史館館報」 越前町教育委
員会 （3）2008.3

美山町

美山町味美郷の紹介 足羽川の中流域に花開くロマン秘境（梅田秀彦）「福
井の文化」 福井県文化振興事業団 42 2004.3

夜叉ヶ池

「夜叉ヶ池の伝説」に見る娘の機織り（吉田裕美）「昔話伝説研究」 昔話
伝説研究会 （33）2014.3

柳町

三国湊柳町について（小畑茂雄）「研究紀要」 みくに龍翔館 （6）2011.9

豊

明治期の町村合併（3）「立侍・吉川・豊」村の誕生（小谷正典）「会誌」
鯖江郷土史懇談会 （16）2008.11

吉川

明治期の町村合併（3）「立侍・吉川・豊」村の誕生（小谷正典）「会誌」
鯖江郷土史懇談会 （16）2008.11

嶺南

福井県近代部落史—嶺南地方を中心として（池尾正頼）「水平社博物館研
究紀要」 水平社博物館 （10）2008.3

若狭

私部の伝領と皇居—安房・若狭・隠岐・淡路の事例を中心に（土田可奈）
「佐渡・越後文化交流史研究」 新潟大学大学院現代社会文化研究科プ
ロジェクト佐渡・越後の文化交流史研究 （4）2004.3

貝原益軒の『己巳紀行』（丹波・丹後・若狭紀行）についての談義（嵐光
激）「史談福智山」 福知山史談会 638 2005.5

年若狭郷土史 第37号よりの続き（小川進勇）「小浜市郷土研究会便り」
小浜市郷土研究会 （43）2006.1

近世における若狭茶の研究（五十嵐雪佳）「帝塚山大学大学院人文科学研
究科紀要」 帝塚山大学大学院人文科学研究科 （7）2006.1

若丹国境における志楽谷合戦の検証（高橋成計）「丹波」 丹波史談会
（8）2006.10

鯖街道の歴史的考察—若狭からの丹波越ルート（小畑弘）「丹波」 丹波史
談会 （10）2008.10

古代国家における若狭（森下千栄）「橘史学」 京都橘大学歴史文化学会
（23）2008.11

若狭・丹後・但馬の古代史を探る旅（古高邦子）「つどい」 豊中歴史同好
会 （259）2009.8

塚口先生と行く 若狭・丹後・但馬の古代史を探る旅（2），（3）（古高邦
子）「つどい」 豊中歴史同好会 （262）/（265）2009.11/2010.2

肥後の武田氏と若狭の武田氏（木庭実治，福田晴男）「史叢」 熊本歴史学
研究会 （14）2009.12

秋の史蹟めぐり［1］，（2）—若狭・丹後路の旅（佐々木市太郎）「郷土史誌
末盧國」 松浦史談会，芸文堂（発売）（180）2009.12

若狭の千歯扱き製造業者・販売業者について—当館収蔵資料から（垣東
敏博）「館報」 福井県立若狭歴史民俗資料館 2009年度 2010.3

若狭地方の拝所の建築的研究（第32回北陸都市史学会金沢大会 発表要
旨）（多米淑人）「北陸都市史学会誌」 北陸都市史学会事務局 （16）
2010.8

若紫硯に遭遇と余滴—若狭地方特産硯の伝統（田中覺）「文化財協会報」
観音寺市文化財保護協会 （5）2011.3

若狭国

若狭国における近世の徳政担保文言について《大会特集敦賀—日本海
〜琵琶湖、風の通り道》—〈問題提起〉（野尻泰弘）「地方史研究」 地
方史研究協議会 55（4）通号316 2005.8

若狭路

初秋の若狭路と古建築（櫻井敏雄）「近畿文化」 近畿文化会事務局
（755）2012.10

若狭湾

津波伝承論ノート—若狭湾沿岸の歴史津波について（特集 東北の海—東
日本大震災2）（金田久璋）「東北学.［第2期］」 東北芸術工科大学東北
文化研究センター，柏書房（発売）（29）2011.11

地名随想3 "原発銀座" 若狭湾の危ない地名（1）（綱本逸雄）「都藝泥布：
京都地名研究会会報」 ［京都地名研究会事務局］ （41）2012.7

"原発銀座" 若狭湾の危ない地名（2）（地名随想）（綱本逸雄）「都藝泥布：
京都地名研究会会報」 ［京都地名研究会事務局］ （43）2013.3

山梨県

芦川村
笛吹市芦川村のカラサンについて―聞き取り調査報告（博物館Report）（高橋晶子）「Marubi ： 富士吉田市歴史民俗博物館だより ： Fujiyoshida Museum of Local History news」 富士吉田市歴史民俗博物館　（34）2010.3

穴山町
穴山町の史跡それぞれ（年間研究会）（伊藤治男）「韮崎市郷土研究会会誌」（9）2007.4

石和
石和見聞志（資料紹介）（白井伊佐牟，岡本彰夫）「日本文化史研究」 帝塚山大学奈良学総合文化研究所　（44）2013.3

市川
考察 市川の町と紙梳き（河西密雄）「峡南の郷土」 峡南郷土研究会 52 2012.9

市川大門
市川大門の村松姓について（依田達）「峡南の郷土」 峡南郷土研究会 52 2012.9

市川三郷町
市川三郷町の一の宮・二の宮に松本「長野県」の年貢が入っていた（中倉茂）「峡南の郷土」 峡南郷土研究会 47 2007.3

一の宮
市川三郷町の一の宮・二の宮に松本「長野県」の年貢が入っていた（中倉茂）「峡南の郷土」 峡南郷土研究会 47 2007.3

一宮
上野さんの仕事―勝沼・一宮・御坂の町誌編纂の頃（特集 上野晴朗と郷土研究）（飯田文彌）「甲斐」 山梨郷土研究会　（131）2013.12

一蓮寺
国芳の「一蓮寺」浮世絵と水面の富士（特集 富士山 創立70周年記念論文集）（石川博）「甲斐」 山梨郷土研究会　（121）2010.2

祝村
山梨県八代郡祝村における葡萄酒会社の設立と展開―明治前期の産業と担い手に関する一考察（論説）（湯澤規子）「歴史地理学」 歴史地理学会，古今書院（発売）55（3）通号265　2013.6

岩崎
岩崎の渡し（西島＝楠浦）（遠藤徳重）「峡南の郷土」 峡南郷土研究会 44 2004.3

岩殿城
山梨の城趾をめぐる（16）岩殿城趾（伊藤経一）「練馬郷土史研究会会報」 練馬郷土史研究会 299 2005.9

上野原市
山梨県大月市・上野原市の戦争遺跡を訪ねる（上田恵弘）「浅川地下壕の保存をすすめる会ニュース」 浅川地下壕の保存をすすめる会　（51）2006.4

漆戸
山梨県甲府市漆戸（旧敷島町漆戸）の小字地名について（飯沼宏仁）「風林火山」 武田家旧温会　（26）2013.3

大井ヶ森
恩賜林と大井ヶ森区（葉山一朗）「郷土長坂」 長坂町郷土研究会 8 2004.9

大月
余聞 甲州街道と大月周辺（古屋祥子）「群馬歴史散歩」 群馬歴史散歩の会 182 2004.1

大月市
山梨県大月市・上野原市の戦争遺跡を訪ねる（上田恵弘）「浅川地下壕の保存をすすめる会ニュース」 浅川地下壕の保存をすすめる会　（51）2006.4

大八田
大八田の歴史と地名（平島順二）「郷土長坂」 長坂町郷土研究会　（9）2008.2

大八田河原
大八田河原迄押寄せた天保の農民一揆の風は荒かった（繁宮豊）「郷土長坂」 長坂町郷土研究会 8 2004.9

小山田氏館
甲斐における中世郡内交通路と小山田氏館（秋山敬）「武田氏研究」 武田氏研究会，岩田書院（発売）（37）2007.12

恩賜林
恩賜林と大井ヶ森区（葉山一朗）「郷土長坂」 長坂町郷土研究会 8 2004.9

甲斐
幕末から明治初期の甲斐の川柳（石川博）「甲斐路」 山梨郷土研究会 102 2003.1

近世後期甲斐周辺の伝説資料（翻刻 『般若心経繪入講釋』『無畏碍故無有恐怖』（八幡不知森説話））（伊藤慎吾）「昔話伝説研究」 昔話伝説研究会（23）2003.4

なまよみの甲斐の文学講座 「大菩薩峠」の原郷―小菅・奥多摩（櫻沢一昭）「会報羽村郷土研究会」 羽村郷土研究会　（82）2003.6

甲斐の石工―在銘遺品を中心に（秋山敬）「武田氏研究」 武田氏研究会，岩田書院（発売）（29）2004.3

東海道古瓦の系譜（5）―甲斐（稲垣晋也）「史料 ： 皇學館大學研究開発推進センター史料編纂所報」 皇學館大學研究開発推進センター史料編纂所　（190）2004.7

『甲斐の落葉』と『見付次第』―山中共古が残したもの（杉本仁）「甲斐路」 山梨郷土研究会 106 2004.8

甲斐金山研究の展望（萩原三雄）「金山史研究」 甲斐黄金村・湯之奥金山博物館　（5）2005.3

近世の捨子・子殺しについての考察―甲斐の郷土資料から（西海秀人）「甲斐」 山梨郷土研究会　（108）2005.8

「五十分一役」の再検討―徳川領国下の甲斐を中心に（鈴木将典）「戦国史研究」 戦国史研究会，吉川弘文館（発売）（51）2006.2

山金鉱床と金鉱石に関する一考察（《平成15年度公開講座》）（原田明）「金山史研究」 甲斐黄金村・湯之奥金山博物館　（6）2006.3

戦国期の信濃・越後・甲斐（矢田俊文）「武田氏研究」 武田氏研究会，岩田書院（発売）（34）2006.6

越甲同盟再考（田中宏志）「戦国史研究」 戦国史研究会，吉川弘文館（発売）（52）2006.8

近世甲斐の造幣誓願の動きと挫折（西海秀人）「甲斐」 山梨郷土研究会（111）2006.8

甲駿、南北交流のダイナミズム（《大会特集 東西交流の地域史―列島の境目・静岡》―〈問題提起〉）（高柳政司）「地方史研究」 地方史研究協議会 56（5）通号323 2006.10

川中島の戦―甲信越戦国史《特集 川中島の戦いと「長野」の始まり》）（小林計一郎）「長野」 長野郷土史研究会　（250）2006.12

甲斐と駿河を結ぶ道（平成17年度公開講座）（望月真澄）「金山史研究」 甲斐黄金村・湯之奥金山博物館　（8）2007.3

もう一つのまほろば甲斐（小尾サダヨ）「道鏡を守る会通信」 道鏡を守る会　（75）2007.7

甲斐における中世郡内交通路と小山田氏館（秋山敬）「武田氏研究」 武田氏研究会，岩田書院（発売）（37）2007.12

阿蘇や信濃や甲斐と火の国伝説（特集 地域に伝わる伝説・伝承をめぐって）（安達武敏）「史叢」 熊本歴史学研究会　（14）2009.12

富士山となまよみの甲斐の国（特集 富士山 創立70周年記念論文集）（水原康道）「甲斐」 山梨郷土研究会　（121）2010.2

「甲斐の野男」（特集 富士山 創立70周年記念論文集）（信清由美子）「甲斐」 山梨郷土研究会　（121）2010.2

甲駿を結ぶみち 今昔物語[1]，（2）（高柳基雄）「駿河」 駿河郷土史研究会　（64）/（65）2010.3/2011.3

10月例会（19名参加）戦国期における伝馬制の成立と展開―駿河・甲斐を中心に（例会報告要旨）（松本将太）「静岡県地域史研究会報」 静岡県地域史研究会　（174）2011.1

甲斐古代・中世の人形（特集 人形）（末木健）「甲斐」 山梨郷土研究会（124）2011.7

郡内の青い目をした人形（特集 人形）（天野安夫）「甲斐」 山梨郷土研究会　（124）2011.7

甲斐・信濃における「戦国」状況の起点―秋山敬氏の業績に学ぶ（秋山敬先生追悼号）（家永遵嗣）「武田氏研究」 武田氏研究会，岩田書院（発売）（48）2013.6

色川三中田蔵本『甲乱記』の紹介と史料的検討（丸島和洋）「武田氏研究」 武田氏研究会，岩田書院（発売）（48）2013.6

山梨県　　地名でたどる郷土の歴史　　北陸甲信越

文献史料にみる甲斐と信濃（特集 古代の交通と地方社会—イナ・シナノとその周辺）（海老沼真治）「飯田市歴史研究所年報」 飯田市教育委員会 （12）2014.8

甲斐市
飯田河原・上条河原の合戦（荻原昌幸）「風林火山」 武田家旧温会 （27）2014.3

甲斐路
桐生文化史談会 甲斐路の旅（大貫一雄）「桐生史苑」 桐生文化史談会 （45）2006.3

甲斐国
甲斐国鋳造の寛永通寶について（西海秀人）「甲斐路」 山梨郷土研究会 107 2005.2
戦国期における川除普請の技術と人足動員に関する一考察—甲斐国を事例として（平山優）「武田氏研究」 武田氏研究会，岩田書院（発売） （31）2005.3
甲斐国古代氏族と墨書土器（末木健）「甲斐」 山梨郷土研究会 （109）2005.11
甲斐国防人の木簡（松尾光）「歴研よこはま」 横浜歴史研究会 （57）2005.11
戦国期甲斐国における材木の調達と山造（西川広平）「武田氏研究」 武田氏研究会，岩田書院（発売）（39）2009.1
特別寄稿 近世甲斐国北西部地方の米穀生産と争論（宮沢富美恵）「郷土長坂」 長坂町郷土研究会 （10）2011.3
近世甲斐国における川除普請—鳥取藩・岡藩による御手伝普請をめぐって（西川広平）「山梨県立博物館研究紀要」 山梨県立博物館 7 2013.3
古代・中世甲斐国交通関係文献史料（補遺）（海老沼真治）「山梨県立博物館研究紀要」 山梨県立博物館 8 2014.3
『新篇地誌備用典籍解題』における甲斐国地誌認識（特集 『甲斐国志』完成200年）（高橋修）「甲斐」 山梨郷土研究会 （134）2014.12

葛野川水力発電所
葛野川水力発電所を見学して—先進的だった桐生の水力発電（長瀬勇）「桐生史苑」 桐生文化史談会 （45）2006.3

禾生
禾生地域の地名（武井一郎）「郡内研究」 都留市郷土研究会郡内研究編集部 14 2004.3

勝沼
上野さんの仕事—勝沼・一宮・御坂の町誌編纂の頃（特集 上野晴朗と郷土研究）（飯田文彌）「甲斐」 山梨郷土研究会 （131）2013.12

加美
甲斐国山梨西郡加美郷異聞（《特集 磯貝正義先生追悼》）（齋藤泰造）「甲斐」 山梨郷土研究会 （119）2009.7

上黒駒
甲斐国上黒駒局のKG印引換願（史料紹介）（金沢真之）「郵便史研究：郵便史研究会紀要」 郵便史研究会 （33）2012.3

上吉田宿
富士吉田あれこれ 上吉田宿の成立（布施光敏）「Marubi ： 富士吉田市歴史民俗博物館だより ： Fujiyoshida Museum of Local History news」 富士吉田市歴史民俗博物館 （34）2010.3

上吉田村
博物館Report 発見！ 上吉田村絵図（菊池邦彦）「Marubi ： 富士吉田市歴史民俗博物館だより ： Fujiyoshida Museum of Local History news」 富士吉田市歴史民俗博物館 （41）2013.10

河口湖
地域報告会開催—河口湖の古文書と歴史（1）「桃太郎 ： 甲州史料調査会会報」 甲州史料調査会 29 2003.12
地域報告会 「河口湖の古文書と歴史その3」開催（西村慎太郎）「桃太郎 ： 甲州史料調査会会報」 甲州史料調査会 32 2006.3
富士吉田あれこれ 河口湖畔（布施光敏）「Marubi ： 富士吉田市歴史民俗博物館だより ： Fujiyoshida Museum of Local History news」 富士吉田市歴史民俗博物館 通号30 2008.3

神田溜
神田溜池にかかわるものがたり（内田元和）「郷土長坂」 長坂町郷土研究会 8 2004.9

北巨摩
農業日誌にみる農村生活誌—北巨摩地域に暮らす一専業農家の戦後史（影山正美）「甲斐」 山梨郷土研究会 （115）2008.1

北巨摩郡
伝説の諸相—『北巨摩郡口碑傳説集』から（小尾達朗）「郷土長坂」 長坂町郷土研究会 （9）2008.2

峡西南
峡中、峡西南地方の出版文化管見（承前）（樋泉明）「峡南の郷土」 峡南郷土研究会 47 2007.3

峡中
峡中、峡西南地方の出版文化管見（承前）（樋泉明）「峡南の郷土」 峡南郷土研究会 47 2007.3

峡南
わが町わが村の動き「峡南の郷土」 峡南郷土研究会 43 2003.3
富士山・宝永の噴火と峡南地方（中倉茂）「峡南の郷土」 峡南郷土研究会 43 2003.3
資料に見える「南部」の呼称について（川島文男）「峡南の郷土」 峡南郷土研究会 44 2004.3
史料に見える「南部」の呼称について（2）（川島文男）「峡南の郷土」 峡南郷土研究会 45 2005.3

峡北
峡北地区の稲作の道と古代信仰（歌田昌収）「韮崎市郷土研究会会誌」 （6）2004.4

清春小学校
清春小学校について（鈴木今朝和）「郷土長坂」 長坂町郷土研究会 （10）2011.3

葛野村
甲州郡内領葛野村落合家の経営構造と農民経営（中小路純）「信濃 ［第3次］」 信濃史学会 56（5）通号652 2004.5
甲州郡内領葛野村における豪農経営と「百姓助合」（《大会特集II 交流の地域史—ぐんまの山・川・道》—〈問題提起〉）（中小路純）「地方史研究」 地方史研究協議会 54（5）通号311 2004.10

栗原
「飛び地」か「二つの栗原」か—古代・巨麻郡栗原郷巡る二説への考証（斎藤芳弘）「甲斐」 山梨郷土研究会 （125）2011.10

黒川
「黒川黄金の道」を踏査する（矢嶋茂）「風林火山」 武田家旧温会 （25）2012.3

小荒間
『甲陽軍鑑』—「甲州小荒間合戦の事」考察（白倉冨弘）「郷土長坂」 長坂町郷土研究会 （9）2008.2

甲州
甲・相・駿州国境に関する一考察（初村正信）「古文書を読む会会報」 古文書を読む会 24 2002.3
富士宮市の麓金山は甲州領であったのか？（中倉茂）「峡南の郷土」 峡南郷土研究会 43 2003.3
甲州金の吹替・両替・金位（西脇康）「山梨県史研究」 山梨県 12 2004.3
甲州縁故節の由来（有坂忠一）「郷土長坂」 長坂町郷土研究会 8 2004.9
甲州普請と美濃の普請（中倉茂）「峡南の郷土」 峡南郷土研究会 45 2005.3
文献に表れた甲州金と原物貨幣（西脇康）「金山史研究」 甲斐黄金村・湯之奥金山博物館 （5）2005.3
「甲州流旗本太鼓新製之記」について（児玉雅治）「都城地域史研究 ： 市史編さんだより」 都城市 （11）2005.3
甲州金成立期における武田氏館跡保存問題（秋山敬）「山梨県史研究」 山梨県 （14）2006.3
甲州と佐渡（〈小特集 甲州と佐渡〉）（平山優）「甲斐」 山梨郷土研究会 （111）2006.8
甲州博徒抗争史論—三井卯吉・国分三蔵・黒駒勝蔵にかかる新出資料との対話（高橋修）「山梨県立博物館研究紀要」 山梨県立博物館 7 2013.3
松崎天民と『甲州見聞記』（研究ノート）（杉本仁）「甲斐」 山梨郷土研究会 （133）2014.6

甲州郡
甲州郡内領の宿と助郷（中小路純）「信濃 ［第3次］」 信濃史学会 58（9）通号680 2006.9

甲州東部
江戸後期小前百姓の嫁村回りの衣裳をめぐる争論—甲州東部における事例（飯田文彌）「甲斐」 山梨郷土研究会 （118）2009.2

河内
河内の諸金山—早川町の諸金山（野沢昌康）「金山史研究」 甲斐黄金村・湯之奥金山博物館 （5）2005.3

甲府
甲府盆地の地形環境の変化と人間の活動（外山秀一）「山梨県史研究」 山梨県 12 2004.3

北陸甲信越　　　　　　　　　　地名でたどる郷土の歴史　　　　　　　　　　山梨県

甲府盆地における甲斐運会社の運河開鑿について（加藤要一）「山梨県史研究」　山梨県史　13　2005.3

『甲府買物独案内』との対話《特集 植松又次先生追悼》―植松先生に捧ぐ）（高橋修）「甲斐」　山梨郷土研究会　（116）　2008.6

近世後期甲府枡座の枡改めと枡の所持状況（飯田文彌）「甲斐」　山梨郷土研究会　（122）　2010.8

郷土の本　『昭和写真大全 甲府』（永田亮一）「甲斐」　山梨郷土研究会　（123）　2011.2

調査報告 甲府連隊の地を訪ねて（井上弘）「戦争と民衆」　戦時下の小田原地方を記録する会　（66）　2011.3

魯文「甲府地名くらべ」の翻刻・解題（石川博）「甲斐」　山梨郷土研究会　（125）　2011.10

近代の鉄道と醤油醸造業者の販路開拓―明治36年の中央東線甲府延伸をめぐって（大会記念講演論文）（井奥成彦）「交通史研究」　交通史学会，吉川弘文館（発売）　（82）　2014.2

甲府城

大洲城天守閣復元成る―甦った複合連結式天守/甲府城整備事業から―稲荷櫓・稲荷門・土塀などが復元/実在したことを物語る天守の出土した金箔瓦「城郭だより : 日本城郭史学会会報」「日本城郭史学会」　48　2005.1

史料紹介明治初年の甲府城関係史料（1）（秋山敬）「武田氏研究」　武田氏研究会，岩田書院（発売）　（31）　2005.3

明治初期の甲府城関係史料（2）（秋山敬）「武田氏研究」　武田氏研究会，岩田書院（発売）　（33）　2006.1

甲府城払下げ問題落着 一件《特集 磯貝正義先生追悼》）（秋山敬）「甲斐」　山梨郷土研究会　（119）　2009.7

甲府城築城期の石垣再評価と関東甲信越城郭の比較検討（特集 寛文年間の城下町絵図を読み解く）（宮里学）「金沢城研究 : 研究紀要」　石川県金沢城調査研究所　（8）　2010.3

駒門

上野原町駒門地区の珍しい行事（天野安夫）「甲斐路」　山梨郷土研究会　103　2003.6

西原

上野原市西原から八王子恩方へ―空中体当たり戦からの生還「浅川地下壕の保存をすすめる会ニュース」　浅川地下壕の保存をすすめる会　（56）　2007.2

西原の調査/B29機墜落地/防空監視哨跡（B29機墜落地と防空監視哨跡 山梨県上野原市西原（さいはら））（十菱駿武，清水勇希）「浅川地下壕の保存をすすめる会ニュース」　浅川地下壕の保存をすすめる会　（93）　2013.4

10月8日の調査（B29機墜落地と防空監視哨跡 山梨県上野原市西原（さいはら））（中田均）「浅川地下壕の保存をすすめる会ニュース」　浅川地下壕の保存をすすめる会　（93）　2013.4

真田

〈新夏草道中「真田講座」〉「甲斐路」　山梨郷土研究会　104　2003.8

猿橋

猿橋の桃太郎―見立てから伝説へ（齊藤純）「世間話研究」　世間話研究会　（17）　2007.10

三分一湧水

新発見の三分一湧水史料について（平山優）「山梨県史だより」　山梨県教育委員会県史編さん室　26　2003.10

渋沢

渋沢の坪刈り（松田一也）「郷土長坂」　長坂町郷土研究会　（9）　2008.2

渋沢学校

日野春小学校の前身渋沢学校（跡部洋映）「郷土長坂」　長坂町郷土研究会　8　2004.9

下条溜池

下条溜池の歴史（植松本）「郷土長坂」　長坂町郷土研究会　（10）　2011.3

下部町

伊東祐親の血流 身延町（旧）下部町に現存す（二宮明雄）「峡南の郷土」　峡南郷土研究会　47　2007.3

下和田村

甲州郡内下和田村の構造と展開（中小路純）「信濃［第3次］」　信濃史学会　55（9）通号644　2003.9

甲州郡内下和田村の質地小作関係（中小路純）「信濃［第3次］」　信濃史学会　56（10）通号657　2004.10

新府城

新府城の通論に新たな三事説を追説する（高添藤政）「甲斐」　山梨郷土研究会　（111）　2006.8

高根町

村落における同族の維持と変化―山梨県高根町の事例より（五味久実子）「常民文化」　成城大学常民文化研究会　（30）　2007.3

高根町は扇状地に立地している（内藤久敬）「郷土高根」　高根町郷土研究会　（29）　2012.3

宝

宝地域の地名（内藤恭義）「郡内研究」　都留市郷土研究会郡内研究編集部　14　2004.3

谷村

城下町「谷村」の形成（小林安典）「郡内研究」　都留市郷土研究会郡内研究編集部　10　2000.3

谷村地域の地名（小林安典）「郡内研究」　都留市郷土研究会郡内研究編集部　14　2004.3

天保期幕領の農民支配原則―天保9年、甲州郡内領谷村代官支配改革と質地・小作関係（中工業純）「信濃［第3次］」　信濃史学会　57（11）通号670　2005.11

谷村城

谷村城下の史跡略年譜（渡辺長重）「郡内研究」　都留市郷土研究会郡内研究編集部　10　2000.3

丹波山村

山梨県丹波山村旧役場文書の学術的意義に関する検討序説（小口千明，武田周一郎，花木宏直，田場川あゆみ）「歴史地理学野外研究」　筑波大学人文社会科学研究科歴史・人類学専攻歴史地理学研究室　（14）　2010.3

丹波山

洋風建築への誘い（36）謎の旧丹波山郵便局（伊藤龍也）「多摩のあゆみ」　たましん地域文化財団　（147）　2012.8

建物雑想記（31）旧丹波山郵便局のナゾ解き（酒井哲）「多摩のあゆみ」　たましん地域文化財団　（147）　2012.8

朝穂堰

朝穂堰 人々の思いと執念（麻川陽三）「郷土高根」　高根町郷土研究会　（29）　2012.3

津金学校

明治の小学校（1）新生日本の夢を託した擬洋風校舎―津金学校（古川修文）「昔風と当世風」　古々路の会　（92）　2008.4

躑躅ヶ崎館

山梨の城趾をめぐる（19）「躑躅ヶ崎館」と「府中」城下町構造［1］～（6）（伊藤経一，伊藤一美）「練馬郷土史研究会会報」　練馬郷土史研究会　（304）/（309）　2006.7/2007.5

椿城

山梨の城趾をめぐる（14）櫛形山の「椿城」を尋ねて（伊藤経一）「練馬郷土史研究会会報」　練馬郷土史研究会　277　2002.1

都留郡

研究ノート 都留郡の為政者（2）（内藤恭菱）「郡内研究」　都留市郷土研究会郡内研究編集部　（16）　2006.3

『和名類聚抄』からみた都留郡所管郷に関する一考察（新田真也）「甲斐」　山梨郷土研究会　（123）　2011.2

古代甲斐国都留郡再考（末木健）「甲斐」　山梨郷土研究会　（125）　2011.10

都留市

城下町と地名（奈良泰史）「郡内研究」　都留市郷土研究会郡内研究編集部　10　2000.3

《特集 都留市の地名》「郡内研究」　都留市郷土研究会郡内研究編集部　14　2004.3

都留市地域図/都留市小字一覧 山梨地名鑑 山梨県総務部地方課資料「郡内研究」　都留市郷土研究会郡内研究編集部　14　2004.3

天狗沢

天狗沢系軒丸瓦の諸問題（甲斐弓子）「帝塚山大学大学院人文科学研究科紀要」　帝塚山大学大学院人文科学研究科　（7）　2006.1

豊富

豊富史再考「富士池」（特集 環境と生物（続）―研究ノート）（青柳陽一）「甲斐」　山梨郷土研究会　（130）　2013.6

中尾

「中尾之郷軍役衆」雑考（6）（早川春仁）「甲斐」　山梨郷土研究会　（108）　2005.8

中尾村

研究ノート 中尾村年貢米納入時の「借用証文」に関する一考察（早川春仁）「甲斐」　山梨郷土研究会　（123）　2011.2

長坂

八ツ南麓に住んでみて―長坂に来て感じたこと（松田一也）「郷土長坂」　長坂町郷土研究会　8　2004.9

明治の教育改革と「在りし日の、長坂学校」（輿石一行）「郷土長坂」　長

山梨県　　　　　　　　　地名でたどる郷土の歴史　　　　　　　　　　　北陸甲信越

坂町郷土研究会　（10）2011.3

ふるさとの今昔（綿主の想い出と思い入れ）（清水光）「郷土長坂」　長坂町郷土研究会　（10）2011.3

長坂駅

続長坂駅（停車場）開設夜話（奥石一行）「郷土長坂」　長坂町郷土研究会　8　2004.9

中沢堤

大明見 中沢堤について（〈地域研究 中沢堤特集〉）（星野芳三）「Marubi ： 富士吉田市歴史民俗博物館だより ： Fujiyoshida Museum of Local History news」　富士吉田市歴史民俗博物館　15　2000.9

中沢堤および近接する堤防遺跡（〈地域研究 中沢堤特集〉）（保坂康夫）「Marubi ： 富士吉田市歴史民俗博物館だより ： Fujiyoshida Museum of Local History news」　富士吉田市歴史民俗博物館　15　2000.9

中山砦

特別寄稿 消えゆく長篠合戦に於ける中山砦（梶村昌義）「城」　東海古城研究会　（195）2006.7

長篠合戦 中山砦跡周辺のその後（特別寄稿）（梶村昌義）「城」　東海古城研究会　（211）2013.3

鳴沢

富士の高嶺の鳴沢の歌（特集 富士山 創立70周年記念論文集）（鈴木武晴）「甲斐」　山梨郷土研究会　（121）2010.2

奈良王

奈良田・奈良王・鳳凰山（小尾サダヨ）「道鏡を守る会 ： 道鏡禅師を知ろう」　道鏡を守る会　（31）2009.9

奈良田

孝謙天皇を伝える奈良田、深沢姓と鳳凰山（小尾サダヨ）「道鏡を守る会 ： 道鏡禅師を知ろう」　道鏡を守る会　（28）2006.10

奈良田・奈良王・鳳凰山（小尾サダヨ）「道鏡を守る会 ： 道鏡禅師を知ろう」　道鏡を守る会　（31）2009.9

南部町

南部町における天正検地と慶長検地について（渡辺淳郎）「峡南の郷土」　峡南郷土研究会　41　2001.3

西原防空監視哨

西原防空監視哨及び八王子・津久井の防空監視哨調査報告 第17回定期総会と記念講演 第17回総会まとめ/防空監視哨跡/青梅防空監視哨跡「浅川地下壕の保存をすすめる会ニュース」　浅川地下壕の保存をすすめる会　（97）2013.12

二の宮

市川三郷町の一の宮・二の宮に松本「長野県」の年貢が入っていた（中倉茂）「峡南の郷土」　峡南郷土研究会　47　2007.3

韮崎

甲州韮崎瀧田家蔵書目録（磯部敦，鈴木俊幸，瀧田裕子）「書籍文化史」　鈴木俊幸　4　2003.1

韮崎七里岩地下壕

立川飛行機の疎開工場だった韮崎七里岩地下壕が平和公園に（秋山昌文）「戦争のきずあと・むさしの」　武蔵野の空襲と戦争遺跡を記録する会　（39）2011.5

白山城

山梨の城趾をめぐる（17）平安時代末期の武田の城 韮崎白山城（伊藤経一）「練馬郷土史研究会会報」　練馬郷土史研究会　（301）2006.1

初狩村

明治初年の年貢取収と年貢三分捨免―甲州都留郡郡内領中初狩村の事例を中心に（中小路純）「明治維新史研究」　明治維新史学会　（1）2004.12

花水坂

芙蓉を望む花水坂考（特集 富士山 創立70周年記念論文集）（安達満）「甲斐」　山梨郷土研究会　（121）2010.2

早川

近世古文書から見る早川入山衆（1）（三井啓心）「峡南の郷土」　峡南郷土研究会　43　2003.3

山地土豪の中近世移行期―早川入佐野家をめぐる文書から（白水智）「山梨県史研究」　山梨県　11　2003.3

早川渓谷

早川渓谷の釣り―在日朝鮮人級友の思い出（佐宗欣二）「扣之帳」　扣之帳刊行会　（36）2012.6

早川町

河内の諸金山―早川町の諸金山（野沢昌康）「金山史研究」　甲斐黄金村・湯之奥金山博物館　（5）2005.3

材木原産地と深川木場材木問屋―山梨県南巨摩郡早川町斎藤義直家文書を素材に（赤澤春彦）「江東区文化財研究紀要」　江東区教育委員会生

東桂

東桂地域の地名（棚本安男）「郡内研究」　都留市郷土研究会郡内研究編集部　14　2004.3

富士山

富士山あれこれ―鉱床学からちょっと離れて（〈平成15年度公開講座〉）（奥水達司）「金山史研究」　甲斐黄金村・湯之奥金山博物館　（6）2006.3

富士山頂における戦時航空医学研究の展開とその背景（特集 富士山 創立70周年記念論文集）（松本武彦）「甲斐」　山梨郷土研究会　（121）2010.2

日本の象徴に関する一考察（特集 富士山 創立70周年記念論文集）（望月詩史）「甲斐」　山梨郷土研究会　（121）2010.2

富士山山名思考（特集 富士山 創立70周年記念論文集）（功力利夫）「甲斐」　山梨郷土研究会　（121）2010.2

食行身禄が立てた富士山の高札の意味（特集 富士山 創立70周年記念論文集）（菊池邦彦）「甲斐」　山梨郷土研究会　（121）2010.2

富士山となまよみの甲斐の国（特集 富士山 創立70周年記念論文集）（水原康道）「甲斐」　山梨郷土研究会　（121）2010.2

富士吉田市

富士吉田あれこれ 坂の街「Marubi ： 富士吉田市歴史民俗博物館だより ： Fujiyoshida Museum of Local History news」　富士吉田市歴史民俗博物館　17　2001.9

富士吉田あれこれ イチヅレの余興（布施光敏）「Marubi ： 富士吉田市歴史民俗博物館だより ： Fujiyoshida Museum of Local History news」　富士吉田市歴史民俗博物館　18　2002.3

富士吉田あれこれ 富士の恵み（布施光敏）「Marubi ： 富士吉田市歴史民俗博物館だより ： Fujiyoshida Museum of Local History news」　富士吉田市歴史民俗博物館　19　2002.9

富士吉田あれこれ 静岡県富士吉田市？（布施光敏）「Marubi ： 富士吉田市歴史民俗博物館だより ： Fujiyoshida Museum of Local History news」　富士吉田市歴史民俗博物館　22　2004.3

富士吉田あれこれここは「甲州」じゃない（堀内真）「Marubi ： 富士吉田市歴史民俗博物館だより ： Fujiyoshida Museum of Local History news」　富士吉田市歴史民俗博物館　24　2005.3

富士吉田あれこれ 堀と川（布施光敏）「Marubi ： 富士吉田市歴史民俗博物館だより ： Fujiyoshida Museum of Local History news」　富士吉田市歴史民俗博物館　通号27　2006.10

富士吉田あれこれ 願いのカタチ（布施光敏）「Marubi ： 富士吉田市歴史民俗博物館だより ： Fujiyoshida Museum of Local History news」　富士吉田市歴史民俗博物館　通号31　2008.11

富士吉田あれこれ 富士吉田市のプロフィール（布施光敏）「Marubi ： 富士吉田市歴史民俗博物館だより ： Fujiyoshida Museum of Local History news」　富士吉田市歴史民俗博物館　（36）2011.3

府中

山梨の城趾をめぐる（19）「躑躅ヶ崎館」と「府中」城下町構造［1］～（6）（伊藤経一，伊藤一美）「練馬郷土史研究会会報」　練馬郷土史研究会　（304）/（309）2006.7/2007.5

鳳凰山

孝謙天皇を伝える奈良田、深沢姓と鳳凰山（小尾サダヨ）「道鏡を守る会 ： 道鏡禅師を知ろう」　道鏡を守る会　（28）2006.10

奈良田・奈良王・鳳凰山（小尾サダヨ）「道鏡を守る会 ： 道鏡禅師を知ろう」　道鏡を守る会　（31）2009.9

棒道

棒道の道―両宿の史跡・名所（仲山甲一）「郷土長坂」　長坂町郷土研究会　8　2004.9

「信玄の棒道」汢石に関わる迂回路の存在（牛山甲子恵）「オール諏訪 ： 郷土の総合文化誌」　諏訪郷土文化研究会　28（7）通号289　2008.10

信玄の棒道に関わる立場沢の隠れ岩（牛山甲子恵）「茅野」　茅野市郷土研究会　（69）2009.3

武田信玄の軍用道路「棒道」論争について（特集 道）（高野賢彦）「歴研よこはま」　横浜歴史研究会　（69）2013.11

北杜

特別寄稿 北杜の山城を考えるにあたって（渡邊泰彦）「郷土長坂」　長坂町郷土研究会　（10）2011.3

穂坂牧

歴史資料 穂坂の牧と三ッ沢（横森良文，横森源永）「韮崎市郷土研究会誌」　（15）2013.4

丸尾

富士吉田あれこれ まるび（布施光敏）「Marubi ： 富士吉田市歴史民俗博物館だより ： Fujiyoshida Museum of Local History news」　富士吉田市歴史民俗博物館　25　2005.11

御坂

上野さんの仕事―勝沼・一宮・御坂の町誌編纂の頃(特集 上野晴朗と郷土研究)(飯田文彌)「甲斐」 山梨郷土研究会 (131) 2013.12

御坂町国衙

「国府・「国衙」考―御坂町国衙の再評価(新田真也)「甲斐」 山梨郷土研究会 (111) 2006.8

三ツ沢

歴史資料 穂坂の牧と三ツ沢(横森良文, 横森源永)「韮崎市郷土研究会会誌」 (15) 2013.4

南アルプス市

「大正時代の東駒ヶ嶽登山案内」を拝読―山梨県南アルプス市方面から(田畑真一)「伊那路」 上伊那郷土研究会 55(5)通号652 2011.5

身延

身延紀行(田村志津子)「嶺岡」 鴨川市郷土史研究会 (3) 2004.5

「身延紀行」(翻刻)(東京桂の会)「江戸期おんな考」 桂文庫 (15) 2004.10

『片玉集』の中の女の史料―本清院寿子と「身延紀行」(倉本京子)「江戸期おんな考」 桂文庫 (15) 2004.10

享保六辛丑年 信嗣勤書『身延道記』について―金山商人の旅日記紹介(渡邉千明)「郷土研究・岐阜 : 岐阜県郷土資料研究協議会会報」 岐阜県郷土資料研究協議会 (99) 2005.3

身延山

古道―身延山への道(佐野里見)「月の輪」 富士宮市郷土史同好会 (21) 2006.6

比企谷・池上・身延三山詣道中日記に読む中世の新保港と松田屋敷(矢吹壽年)「宇喜多家史談会会報」 宇喜多家史談会 (37) 2011.2

身延山道標始末記(藪内吉彦)「郵便史研究 : 郵便史研究会紀要」 郵便史研究会 (31) 2011.3

身延線

身延線の思い出(渡辺辰夫)「かわのり」 芝川町郷土史研究会 27 2000.11

遅れてきた鉄道・身延線の戦略構想(牛島利明)「山梨県史だより」 山梨県教育委員会県史編さん室 28 2004.10

身延町

伊東祐親の血流 身延町(旧)下部町に現存す(二宮明雄)「峡南の郷土」 峡南郷土研究会 47 2007.3

宮光園

資料館紹介 甲州市近代化産業遺産 宮光園(手塚理恵)「甲斐」 山梨郷土研究会 (132) 2014.2

睦沢学校

明治の小学校(2) 藤村式建築の遺産・睦沢学校(古川修文)「昔風と当世風」 古々路の会 (93) 2009.3

室伏村

甲州室伏村 武井家について(武井清)「風林火山」 武田家旧温会 (25) 2012.3

女取川

女取川物語(白倉冨弘)「郷土長坂」 長坂町郷土史研究会 (10) 2011.3

本栖

樹海内に残る「本栖石塁」について(特集 富士山 創立70周年記念論文集)(新津健, 杉本悠樹)「甲斐」 山梨郷土研究会 (121) 2010.2

盛里

盛里地域の地名(清水正賢)「郡内研究」 都留市郷土研究会郡内研究編集部 14 2004.3

八ヶ岳

八ヶ岳南麓と蝦夷(植松本)「郷土長坂」 長坂町郷土史研究会 (9) 2008.2

山梨

山梨の文芸誌―明治期から昭和初期 戦後山梨の主な文芸誌(堀内万寿夫)「甲斐路」 山梨郷土研究会 102 2003.1

生活を改善するということ―戦後山梨の農村女性たち(大門正克)「山梨県史研究」 山梨県 11 2003.3

関東・山梨における織豊系城郭研究10年の現状と課題―東国戦国大名から織豊大名への断絶と継承(斎藤慎一)「織豊城郭」 織豊期城郭研究会 (10) 2003.9

天保の飢饉と郡内騒動(小尾祐幸)「郷土長坂」 長坂町郷土史研究会 8 2004.9

県外歴史研究―山梨・静岡方面 幹事:池田孝・加藤弥千代(視察研究)「於保為」 大井町郷土史研究会 (30) 2011.5

山梨の自然 山梨の生い立ち(松七五三一三)「峡南の郷土」 峡南郷土研究会 51 2011.7

山梨三育会について(第一部 会員の研究発表集)(杉山廣司)「新ふるさ

と袋井」 「袋井市地方史研究会」 (26) 2012.1

山梨県

『山梨県史』を教材に(古屋美代)「甲斐路」 山梨郷土研究会 103 2003.6

山梨県地方史研究の動向(《隣県特集号 隣県地方史学界の動向―平成14年(2002)》)(山下孝司, 西川広平, 高橋修)「信濃［第3次］」 信濃史学会 55(6)通号641 2003.6

大小切騒動 三題(有泉貞夫)「山梨県史だより」 山梨県教育委員会県史編さん室 26 2003.10

「内陸型工業県」への途・戦後山梨の工業化過程―関東甲信三県の比較から(長谷川義和)「山梨県史研究」 山梨県 12 2004.3

山梨県地方史研究の動向(《隣県特集号 隣県地方史学界の動向―平成15年(2003)》)(保坂康夫, 西川広平, 高橋修)「信濃［第3次］」 信濃史学会 56(6)通号653 2004.6

天保騒動絵図(近世部会事務局)「山梨県史だより」 山梨県教育委員会県史編さん室 28 2004.10

大正期山梨県の小学校児童出席率の実態(青木桂子)「山梨県史研究」 山梨県 13 2005.3

山梨県の農民文学(堀内万寿夫)「甲斐」 山梨郷土研究会 (117) 2008.8

山梨県地方史研究の動向(《隣県特集号 隣県地方史学界の動向―平成20年(2008)》)(網倉邦生, 西川広平, 高橋修)「信濃［第3次］」 信濃史学会 61(6)通号712 2009.6

山梨県方言資料に見る西日本要素と東日本要素―「東西城語五十音順対照表 山梨県」紹介(《特集 磯貝正義先生追悼》)(津田信吾)「甲斐」 山梨郷土研究会 (119) 2009.7

山梨県地方史研究の動向(隣県特集号 隣県地方史学界の動向―平成21年(2009))(網倉邦生, 西川広平)「信濃［第3次］」 信濃史学会 62(6)通号725 2010.6

山梨県の赤米地名(菅野郁雄)「赤米ニュース」 東京赤米研究会 (159) 2010.6

隣県地方史学界の動向(続) 山梨県地方史研究の動向―平成21年(2009)(追加)(高橋修)「信濃［第3次］」 信濃史学会 62(11)通号730 2010.11

山梨県地方史研究の動向(隣県特集号 隣県地方史学界の動向―平成22年(2010))(西川広平, 高橋修)「信濃［第3次］」 信濃史学会 63(6)通号737 2011.6

平成23年度総会・新年会 甲陽鎮撫隊の話を聞く(伊藤勝之)「郷土史」 八王子市川口郷土史研究会 (33) 2012.1

山梨県地方史研究の動向(隣県特集号 隣県地方史学界の動向―平成23年(2011))(野代恵子, 西川広平, 高橋修)「信濃［第3次］」 信濃史学会 64(6)通号749 2012.6

山梨県明治期行政文書にみる出版関係史料(1)(磯部敦)「書籍文化史」 鈴木俊幸 14 2013.1

山梨県地方史研究の動向(野代恵子, 西川広平, 高橋修)「信濃［第3次］」 信濃史学会 65(6)通号761 2013.6

山梨県地方史研究の動向(隣県特集号 隣県地方史学界の動向―平成25年(2013))(野代恵子, 西川広平, 高橋修)「信濃［第3次］」 信濃史学会 66(6)通号773 2014.6

『山梨県史』「山梨県史」(中世資料編)収録の武田氏関連文書について(柴辻俊六)「武田氏研究」 武田氏研究会, 岩田書院(発売) (51) 2014.12

山梨中央銀行

山梨中央銀行古写真発見(《特集 植松又次先生追悼》―植松先生に捧ぐ)(植松光宏)「甲斐」 山梨郷土研究会 (116) 2008.6

夕狩沢

「夕狩沢の戦い」を偲んで(矢嶋茂)「風林火山」 武田家旧温会 (26) 2013.3

豊村

USSBS(戦略爆撃調査団)と山梨県中巨摩郡旧豊村―「空襲」なき一養蚕村の戦時(高村聰史)「昭和のくらし研究」 昭和館 (9) 2011.3

湯ノ奥金山

湯ノ奥金山の実態(二宮明雄)「峡南の郷土」 峡南郷土研究会 45 2005.3

湯之奥金山

湯之奥金山と学校教育―郷土に取材した総合学習の試み(二宮美仁)「金山史研究」 甲斐黄金村・湯之奥金山博物館 (5) 2005.3

古代の甲斐国―湯之奥金山とその周辺(平成17年度公開講座)(平川南)「金山史研究」 甲斐黄金村・湯之奥金山博物館 (8) 2007.3

基調報告 湯之奥金山と湯之奥金山博物館の活動(《湯之奥金山遺跡における現地ワークショップ―ランドスケープからみた産業遺跡と地域再生》)(谷口一夫)「金山史研究」 甲斐黄金村・湯之奥金山博物館 (8) 2007.3

パネルディスカッション 湯之奥金山における現地ワークショップ―ラ

山梨県 地名でたどる郷土の歴史 北陸甲信越

ンドスケープからみた産業遺跡と地域再生（〈湯之奥金山遺跡におけ
る現地ワークショップ—ランドスケープからみた産業遺跡と地域再
生〉）「金山史研究」 甲斐黄金村・湯之奥金山博物館 （8）2007.3

要害山城

山梨の城趾をめぐる（18）要害山城（伊藤経一）「練馬郷土史研究会会報」
練馬郷土史研究会 （303）2006.5

吉田

富士吉田あれこれ 吉田へ行く（布施光敏）「Marubi ： 富士吉田市歴史
民俗博物館だより ： Fujiyoshida Museum of Local History news」
富士吉田市歴史民俗博物館 通号28 2007.3

吉田口

近世の吉田口登山道—その拝所の概要（星野芳三）「富士信仰研究」 富士
信仰研究会 （4）2003.6

竜王信玄堤

竜王信玄堤の構造について（畑大介）「武田氏研究」 武田氏研究会，岩田
書院（発売）（50）2014.6

長野県

青木峠
青木峠（坂）道と常夜燈（外谷俊男）「高井」 高井地方史研究会 （158） 2007.2

青木村
信濃国小県郡跡部郷と青木村（跡部眞）「オール諏訪 : 郷土の総合文化誌」 諏訪郷土文化研究会 20（6）通号201 2001.6
義民太鼓から全国義民サミットへ—義民の里青木村の歩み（横山十四男）「千曲」 東信史学会 （130） 2006.7
青木村の史料からみる近世後期の塩ノ入池（橋詰文彦）「千曲」 東信史学会 （143） 2010.2
信濃史学会第95回セミナー研究発表 百姓一揆多発と地域の経済プラス文化—近世後期の信州小県郡青木村（橋詰洋司）「信濃［第3次］」 信濃史学会 63（11）通号742 2011.11

青柳
青柳と古文書の重要な意義について（青柳修三）「筑北郷土史研究会会誌」 筑北郷土史研究会 （11） 2012.10

青柳宿
信濃国東筑摩郡青柳宿「問屋」の一形態—青柳傳右衛門、太兵衛父子の動向を中心に（齋藤宣政）「信濃［第3次］」 信濃史学会 64（9）通号752 2012.9

赤石岳
昭和21年の赤石岳登山—敗戦後、最初の夏の記録（前沢憲道）「伊那」 伊那史学会 54（8）通号939 2006.8

赤岩
水は流れて、稲育つ村・赤岩（上）,（中）,（下）（湯本達保）「高井」 高井地方史研究会 （166）/（168） 2009.2/2009.08

赤岩堰
高井郡赤岩村、赤岩堰の普請（湯本達保）「高井」 高井地方史研究会 146 2004.2

赤岩村
高井郡赤岩村に残る地名（湯本達保）「高井」 高井地方史研究会 （159） 2007.5

明科
明科と大逆事件（安曇野の自然と歴史）（大沢慶哲）「安曇野文化」 安曇野文化刊行委員会 （4） 2012.8
安曇野市明科廃寺造営の背景（研究ノート）（西山克己）「長野県立歴史館研究紀要」 長野県立歴史館 （20） 2014.3

赤沼村
江戸時代の高齢者・障碍者の生活—坂木村・海尻村・赤沼村の事例（成竹精一）「長野県立歴史館研究紀要」 長野県立歴史館 （14） 2008.3

赤穂小学校
消えてしまった分校（4）—赤穂小下平分校・吉瀬分校・箕輪東小長岡新田分校（伊藤一彦）「伊那路」 上伊那郷土研究会 46（6）通号545 2002.6

赤穂村
昭和初期赤穂村（町）商店の商店章・社章について—廃業した印刷所に残されたシンボルマーク（竹内滋一）「伊那路」 上伊那郷土研究会 48（9）通号572 2004.9

赤穂町
赤穂町（現駒ヶ根市）に来た第5農耕勤務隊第9中隊（終戦特集号）（小池金義）「伊那路」 上伊那郷土研究会 57（8）通号679 2013.8

秋葉小川路
秋葉小川路の小さな道標（湯澤道子）「伊那」 伊那史学会 56（1）通号956 2008.1

秋葉道
秋葉道に寄せる人々の心—宿帳を通して見た "あきはみち"（3）〜（5）（大原千和喜）「伊那」 伊那史学会 48（3）通号862/48（7）通号866 2000.3/2000.7
秋葉道に寄せる人々の心 宿帳を通して見る "あきはみち"（6）（大原千和喜）「伊那」 伊那史学会 48（11）通号870 2000.11
秋葉道に寄せる人々の心（7）〜（10）—宿帳を通してみる "あきはみち"（大原千和喜）「伊那」 伊那史学会 49（4）通号875/50（7）通号890 2001.4/2002.7

続・中央構造線（旧秋葉道）沿いの城（佐分清親）「愛城研報告」 愛知中世城郭研究会 （7） 2003.8
秋葉道に寄せる人々の心（11）〜（15）—宿帳をとおしてみる "あきはみち"—「四ツ菱屋」の場合（1）〜（5）（大原千和喜）「伊那」 伊那史学会 51（12）通号907/53（2）通号921 2003.12/2005.2
秋葉道に寄せる人々の心（16）—宿帳をとおしてみる "あきはみち"—閑話（1）（大原千和喜）「伊那」 伊那史学会 53（10）通号929 2005.10
あきはみちに寄せる人々の心（17）〜（21）鈴木屋の宿帳を通して（1）〜（5）（大原千和喜）「伊那」 伊那史学会 54（12）通号943/56（9）通号964 2006.12/2008.9
あきはみちに寄せる人々の心（22）鈴木屋の宿帳から（6）（大原千和喜）「伊那」 伊那史学会 56（12）通号967 2008.12
「あきはみち」に寄せる人々の心（23）〜（26）（大原千和喜）「伊那」 伊那史学会 58（2）通号981/58（11）通号990 2010.2/2010.11
"あきはみち"に寄せる人々の心（27）—西渡から秋葉山への道（大原千和喜）「伊那」 伊那史学会 59（3）通号994 2011.3

秋葉みち小川路
秋葉みち小川路異聞—小川宅子『東路日記』から（湯澤道子）「伊那」 伊那史学会 54（8）通号939 2006.8

秋山郷
北信濃に秋山郷ありて（1）〜（3）（夏坊寛一郎）「オール諏訪 : 郷土の総合文化誌」 諏訪郷土文化研究会 22（8）通号218/22（10）通号220 2002.11/2003.1
信越国境・国有林境界争論とその経緯 雑魚川・魚野川の合流地点秋山郷温泉場（小布施竹男）「高井」 高井地方史研究会 （150） 2005.2
近代における市場経済化と生業の変化—信濃秋山郷に見られる人為的圧力の後退を中心に（田口洋美）「東北学．［第2期］」 東北芸術工科大学東北文化研究センター，柏書房（発売） （5） 2005.10
第433回例会記 秘境の里・秋山郷、上田城、無言館、前山寺をめぐる旅（鈴木武雄）「杉並郷土史会史報」 杉並郷土史会 （215） 2009.5
秋山郷の人とともに 佐藤家の救援と秋山郷の飢饉（栄村・津南町）（《特集 交流のゆくえ》）「八十二文化財団」 八十二文化財団 （90） 2009.10
秋山郷の猟師と洞窟（関孝一）「高井」 高井地方史研究会 （180） 2012.8
京都地名研究会 第39回地名フォーラム案内 2014年12月21日（日） 講演 吉田会長退任記念講演 浦島太郎のふるさと／発表1 秋山郷 平家落人伝説と地名—その構造をさぐる（明川忠夫）、発表2 大路・小路から通りへ—公家の日記を探る（清水弘）「都藝泥布 : 京都地名研究会会報」［京都地名研究会事務局］ （48） 2014.11

上松宿
近世木曾山木材仕出における杣総頭 中山道上松宿岡村家の場合（1）〜（2）（古澤友三郎）「信濃［第3次］」 信濃史学会 58（5）通号676/58（7）通号678 2006.5/2006.7

浅科
第9回特別展研究発表要旨 浅科を中心とした薬用人参栽培の歴史（斎藤洋一）「五郎兵衛記念館報」 五郎兵衛記念館 31 2004.2

浅間
アサマ（浅間）について（柳沢賢次）「千曲」 東信史学会 （138） 2008.7
研究ノート 天明三年浅間大焼け・凶作と松代藩の対応（大塚尚三）「市誌研究ながの」 長野市 （17） 2010.2
天明の浅間焼け（特集 信州と隣県 信州と上州）（堤隆）「地域文化」 八十二文化財団 （107） 2014.1

浅間三宿
浅間三宿の地名由来（土屋長久）「北國街道研究」 北國街道の手をつなぐ会 （6） 2005.9

浅間根腰
中山道一里塚と浅間根腰の古三宿（1）〜（3）（岡村知彦）「千曲」 東信史学会 （125）/（128） 2005.5/2006.2

浅間山
第8回特別展研究発表要旨 天明3年の浅間山噴火・上信一揆と浅科（斎藤洋一）「五郎兵衛記念館報」 五郎兵衛記念館 29 2003.2
丸山柯則の天明三年浅間山噴火記録（松澤弘子）「水と村の歴史 : 信州農村開発史研究所紀要」 信州農村開発史研究所 （19） 2004.3
浅間山噴火 鳴動・火山灰のふるまい—1596、1783年について（樋口和雄）「信濃［第3次］」 信濃史学会 57（11）通号670 2005.11

天明の浅間山大焼と飢饉(半田照彦)「ちょうま」 更埴郷土を知る会 (30) 2009.11

窓(3) 天明の浅間山大噴火で避難した農民(倉嶌勝夫)「千曲」 東信史学会 (144) 2010.6

『信州浅間山大変書付』にみる熱泥流災害の記録(佐々木賢)「練馬古文書研究会会報」 練馬古文書研究会 (47) 2011.12

浅間山南麓における融雪型火山泥流と追分宿の発展(江川良武)「千曲」 東信史学会 (150) 2012.6

口絵写真 浅間山二題・他(付 噴火年表)(特集 故郷の山―浅間山)(柳澤全三[写真・解説])「佐久」 佐久史学会 (66・67) 2013.3

民話絵物語(58) 浅間の前掛山(特集 故郷の山―浅間山)(大日方寛[文]、原簾実[画])「佐久」 佐久史学会 (66・67) 2013.3

活火山―浅間山の成り立ち(特集 故郷の山―浅間山)(編集部)「佐久」 佐久史学会 (66・67) 2013.3

1108年、浅間山「天仁の大噴火」―浅間山―有史以来最大の噴火(特集 故郷の山―浅間山―浅間山の大噴火―刻まれた災害史)(櫻井秀雄)「佐久」 佐久史学会 (66・67) 2013.3

天明3年浅間山大噴火(特集 故郷の山―浅間山―浅間山の大噴火―刻まれた災害史)(樋口和雄)「佐久」 佐久史学会 (66・67) 2013.3

特別寄稿 浅間山天明噴火(1783年)による土砂災害(特集 故郷の山―浅間山―浅間山の大噴火―刻まれた災害史)(井上公夫)「佐久」 佐久史学会 (66・67) 2013.3

浅間山火山観測百年について(特集 故郷の山―浅間山―火山観測と噴火予知・防災)(飯島聖)「佐久」 佐久史学会 (66・67) 2013.3

資料 浅間山火山観測100年 沿革略年表(特集 故郷の山―浅間山―火山観測と噴火予知・防災)「佐久」 佐久史学会 (66・67) 2013.3

浅間山と佐久平―思い出のアルバムから(特集 故郷の山―浅間山―山は故郷のこころ―「私にとっての浅間山」考)(市川光雄)「佐久」 佐久史学会 (66・67) 2013.3

浅間山の記憶 私の懐かしい思い出(特集 故郷の山―浅間山―山は故郷のこころ―「私にとっての浅間山」考)(臼田明)「佐久」 佐久史学会 (66・67) 2013.3

近年の浅間山観測/浅間山地名考いろいろ「佐久」 佐久史学会 (66・67) 2013.3

梓川

信州安曇郡住吉荘の梓川を水源とする横沢堰・庄野堰・温堰等の成立年代の研究(小穴芳実)「信濃 [第3次]」 信濃史学会 59(9)通号692 2007.9

新本市域の人口の特性(2) 松本市梓川地区の人口の変動と人口問題(藤森喜雄)「松本市史研究 : 松本市文書館紀要」 松本市 (19) 2009.3

安曇

信濃の安曇(笹川尚紀)「信濃 [第3次]」 信濃史学会 55(7)通号642 2003.7

新本市域の人口の特性(3)―松本市奈川・安曇地区の人口の変動(藤森喜雄)「松本市史研究 : 松本市文書館紀要」 松本市 (20) 2010.3

安曇郡

国府の対岸―信濃国安曇郡南部における古代集落の変遷(百瀬新治)「長野県立歴史館研究紀要」 長野県立歴史館 (11) 2005.3

中世末安曇郡における郷町の発達(小穴芳実)「信濃 [第3次]」 信濃史学会 57(9)通号668 2005.9

豊臣政権と信濃国―安曇・筑摩郡を事例として(大木丈夫)「信濃 [第3次]」 信濃史学会 57(12)通号671 2005.12

風林火山紀行(5) 林城の自落と安曇郡攻略「オール諏訪 : 郷土の総合文化誌」 諏訪郷土文化研究会 27(7)通号277 2007.10

安曇野

私の安曇野―精神史的考察(1)~(5)(平林一)「東海地域文化研究」 名古屋学芸大学短期大学部附属東海地域文化研究所 通号10/(16) 1999.7/2005.3

〈特集 安曇野を学ぶ〉「三郷文化」 三郷郷土研究会 88 2004.5

安曇野 古代史攷(草間美登)「文化財信濃」 長野県文化財保護協会 32(2)通号120 2005.9

安曇野の命をうけて、共に立ちなん(〈特集 三郷村から安曇野市へ1〉)(中村亮太)「三郷文化」 三郷郷土研究会 通号95 2006.2

請西藩林侯生誕地と安曇野をゆく(鬼むつ子)「西上総文化会報」 西上総文化会 (67) 2007.3

安曇野之聚落合併と村鎮守之奉斎(草間美登)「信濃 [第3次]」 信濃史学会 59(9)通号688 2007.5

安曇野の風土と文化(1)~(3)(郷土の自然と歴史)(市川健夫)「三郷文化」 三郷郷土研究会 通号104/通号106 2008.5/2008.11

小穴芳実先生の古代史の研究《特集 追悼 小穴芳実元委員長》―小穴氏の研究を顧みる(田中薫)「信濃 [第3次]」 信濃史学会 61(10)通号717 2009.10

信州安曇野 歌枕探訪 伝承地名攷―信濃路に聴く歌枕 松尾芭蕉の吟行と

安曇野に残る歌枕 有明山についての考証(草間美登)「信濃 [第3次]」 信濃史学会 62(5)通号724 2010.5

安曇野の東から―歴史の証人達(炉辺閑話)(山崎人功)「安曇野文化」 安曇野文化刊行委員会 (1) 2011.11

信州安曇野 沿革の軌跡 伝承地名攷(上)―安曇野の沿革と穂高之神の奉斎(草間美登)「信濃 [第3次]」 信濃史学会 64(1)通号744 2012.1

信州安曇野 沿革の軌跡 伝承地名攷(下)―安曇野の沿革 聚楽の合併 鎮守の奉斎(草間美登)「信濃 [第3次]」 信濃史学会 64(3)通号746 2012.3

信州安曇野 歴史故事探訪 伝承地名攷―史料に見え 地名に残る 安曇野の歴史(草間美都)「信濃 [第3次]」 信濃史学会 65(4)通号759 2013.4

自然の営みを巧みに取り入れた天蚕文化(1) 宇宙で繭?(炉辺閑話)(鈴木誠三)「安曇野文化」 安曇野文化刊行委員会 (8) 2013.8

安曇族ゆかりの地を探る(下)(安曇野の自然と歴史)(金井㢛)「安曇野文化」 安曇野文化刊行委員会 (10) 2014.2

変わり行く安曇野風景(グラビア)(宮下済雄)「安曇野文化」 安曇野文化刊行委員会 (11) 2014.5

和の文化・伝統建築の継承(安曇野の自然と歴史)(宮澤郁夫)「安曇野文化」 安曇野文化刊行委員会 (11) 2014.5

山国の水害、善光寺地震(安曇野の自然と歴史)(洞林平)「安曇野文化」 安曇野文化刊行委員会 (11) 2014.5

安曇野文化 先人に学ぶ(宮澤純子)「安曇野文化」 安曇野文化刊行委員会 (12) 2014.8

安曇野再見写真洋書を通して(1) 天恵に感謝(安曇野の自然と歴史)(古川政明)「安曇野文化」 安曇野文化刊行委員会 (12) 2014.8

安曇野再見写真洋書を通して(2) 人智に感謝(安曇野の自然と歴史)(古川政明)「安曇野文化」 安曇野文化刊行委員会 (13) 2014.11

安曇野市

〈特集 村政50周年の三郷そして安曇野市へ〉「三郷文化」 三郷郷土研究会 91 2005.2

安曇野市誕生と三郷村(〈特集 三郷村から安曇野市へ1〉)(萩原昭平)「三郷文化」 三郷郷土研究会 通号95 2006.2

三郷村から安曇野市へ(〈特集 三郷村から安曇野市へ1〉)(吉田明日奈)「三郷文化」 三郷郷土研究会 通号95 2006.2

安曇野市中心市街地の近代史(上)、(下)―豊科市街地の生活環境と郡都機能の消長(高原正文)「信濃 [第3次]」 信濃史学会 62(8)通号727/62(9)通号728 2010.8/2010.09

三郷文化(巻頭言)―安曇野市誕生6年目を迎えて(西澤泰彦)「三郷文化」 三郷郷土研究会 (115) 2011.2

阿智

明治時代の養蚕日誌(内田千本)「郷土史巡礼」 阿智史学会 327 2001.5

偶感・古代の阿智(桐原健)「伊那」 伊那史学会 51(6)通号901 2003.6

近代前期における山の所有権をめぐる動向―伊賀良、阿智地域を中心に(吉川登)「伊那」 伊那史学会 57(5)通号972 2009.5

跡部区

佐久市跡部区の水とのたたかい―千曲川原共有地の割替えをめぐって(伴野敬一)「佐久」 佐久史学会 (60) 2010.7

跡部郷

信濃国小県郡跡部郷と青木村(跡部眞)「オール諏訪 : 郷土の総合文化誌」 諏訪郷土文化研究会 20(6)通号201 2001.6

穴倉

穴倉今昔(《特集 里山に暮らす》)「地域文化」 八十二文化財団 (80) 2007.4

穴倉山

穴倉山 穴倉山の石造物/穴倉山の石造物所在地図/穴倉山石造物一覧「辰野町資料」 辰野町文化財保護審議会 (105) 2011.12

雨境峠

研究の窓 長野県文化財保護協会『信濃の東山道』 「雨境峠から瓜生坂へ」についての諸問題(押野谷美智子)「信濃 [第3次]」 信濃史学会 58(9)通号680 2006.9

天の中川橋

中川村片桐「天の中川」橋 命名の由来考―その歴史的背景と意義(田中清文)「伊那路」 上伊那郷土研究会 58(7)通号690 2014.7

雨宮

雨宮郵便局たよりから 唐崎山と雨宮の渡し(宮本賢爾)「ちょうま」 更埴郷土を知る会 (22) 2002.1

雨宮地区の歩み考(中島正利)「ちょうま」 更埴郷土を知る会 (28) 2008.1

北陸甲信越　　　　　　　　　　　　地名でたどる郷土の歴史　　　　　　　　　　　　長野県

荒町陣屋

荒町陣屋と大久保文書(新井勇)「伊那路」　上伊那郷土研究会　44(9)通号524　2000.9

荒町陣屋詰め役人一覧(小池悟志)「辰野町資料」　辰野町文化財保護審議会　(93)　2004.11

有明山

信州安曇野 歌枕探訪 伝承地名攷―信濃路に聴く歌枕 松尾芭蕉の吟行と安曇野に残る歌枕 有明山についての考証(草間美登)「信濃［第3次］」　信濃史学会　62(5)通号724　2010.5

有賀家住宅

伊那谷の民家(8) 有賀家住宅(吉澤政己)「伊那路」　上伊那郷土研究会　47(6)通号557　2003.6

有賀峠

諏訪の昔ばなし(67) 大門峠の境と有賀峠の境「オール諏訪 : 郷土の総合文化誌」　諏訪郷土文化研究会　28(5)通号287　2008.8

安源寺

草間区の記録に見る現代史の中の一こま 安源寺・草間用水路紛争の顛末(昭和24年春の水掛け争い)(金井三郎)「高井」　高井地方史研究会　146　2004.2

飯島城

戦国動乱！ 飯島城の戦い タイムトラベル軍 VS 本郷軍「飯島陣屋だより」　(16)　2014.3

飯島陣屋

飯島陣屋の歩みをふりかえる「飯島陣屋だより」　飯島町歴史民俗資料館　(12)　2005.3

飯島発電所

飯島発電所とその隧道工事についての調査研究―工事に関わった労働者と地元の人たちの交流を中心に(研究活動助成成果報告)(飯島発電所とその隧道工事の歴史を残す会)「飯田市歴史研究所年報」　飯田市教育委員会　(11)　2013.8

飯田市南信濃 飯島発電所とその隧道工事についての調査研究―工事に関わった労働者と地元の人たちの交流を含めて(研究活動助成成果報告)(飯島発電所とその隧道工事の歴史を残す会)「飯田市歴史研究所年報」　飯田市教育委員会　(12)　2014.8

飯島町

飯島町の地名・字名(伊藤真人)「伊那路」　上伊那郷土研究会　44(4)通号519　2000.4

飯島町 自立に向かった経過とこれからのまちづくり(《特集 上伊那地域の平成の合併》―〈自立した自治体から〉)(鎌倉清治)「伊那路」　上伊那郷土研究会　50(7)通号594　2006.7

飯島町域の戦国時代(1550～890年ごろ) 想像図/城館跡ガイド 原図:伊藤修氏「飯島陣屋だより」　飯島町歴史民俗資料館　(15)　2012.3

飯綱

飯綱の水に執着した駒沢川水系の人々―追憶と紹介(原田忠直)「長野」　長野郷土史研究会　235　2004.5

飯綱町

飯綱町の誕生―牟礼村の視点から(町田清司)「長野」　長野郷土史研究会　(244)　2005.11

飯田

飯田の茶の湯文化―その発達と経過(原彰一)「伊那」　伊那史学会　51(1)通号896　2003.1

移り変わってゆく飯田の町(広瀬忠一)「伊那」　伊那史学会　51(7)通号902　2003.7

戦後の飯田 青春彷徨 同人誌『沈黙』の周辺(片桐尚人)「伊那」　伊那史学会　52(5)通号912　2004.5

〈シンポジウム語りつぐ飯田・下伊那の歴史〉「飯田市歴史研究所年報」　飯田市教育委員会　(2)　2004.8

私の育った昭和初期の飯田の町(依田時子)「伊那」　伊那史学会　53(1)通号920　2005.1

飯田・下伊那における日米親善人形―青い目の人形を所蔵する学校・個人を中心に(北林勝士)「飯田市美術博物館研究紀要」　飯田市美術博物館　(15)　2005.3

飯田・下伊那地方の窯業の歴史(岡田正彦)「飯田市美術博物館研究紀要」　飯田市美術博物館　(15)　2005.3

飯田・下伊那の工場誘致と外国人労働者―戦後世代をめぐる三度の転換(《平成16年度秋季例会報告》)(本島和人)「信濃［第3次］」　信濃史学会　57(7)通号666　2005.7

三河民権家国事犯事件と発覚地の飯田(1)～(2の2)(北原明文)「伊那」　伊那史学会　54(3)通号934/54(12)通号943　2006.3/2006.12

明治9年士族の飯田(〈研究報告要旨〉)(江下以知子)「飯田市歴史研究所年報」　飯田市教育委員会　(4)　2006.8

飯田大火の概要(《飯田大火60周年特集》)「伊那」　伊那史学会　55(3)通号946　2007.3

都市計画と復興(《飯田大火60周年特集》)―〈その時私は―飯田大火の思い出〉(青沼美子)「伊那」　伊那史学会　55(3)通号946　2007.3

特集 地域の歴史をひらく/飯田アカデミア2007/月例研究会/地域を学ぶ 飯田・下伊那の歴史/歴研ゼミだより「飯田市歴研ニュース」　飯田市歴史研究所　(28)　2007.6

消えていくことばの文化(14) 古語から学ぶ飯田方言(井上伸児)「伊那」　伊那史学会　55(9)通号952　2007.9

各種講座の御案内 飯田アカデミア2007/地域史講座 満州移民/シンポジウム 満蒙開拓を語りつぐ意義と可能性「飯田市歴研ニュース」　飯田市歴史研究所　(30)　2007.10

大火から復興までの年表(《特集 飯田大火60周年第2特集》)「伊那」　伊那史学会　55(12)通号955　2007.12

飯田アカデミア2007/地域史講座 満州移民/研究発表会/歴研ゼミだより「飯田市歴研ニュース」　飯田市歴史研究所　(32)　2008.2

三河民権国家事件と発覚地の飯田地方(3の1)(北原明文)「伊那」　伊那史学会　56(9)通号964　2008.9

人口移動からみた飯田下伊那の150年(《シンポジウム 地域の歴史をひらく》―ラウンドテーブル)(本島和人)「飯田市歴史研究所年報」　飯田市教育委員会　(6)　2008.9

1920年代の飯田下伊那の経済状況―生業と消費の側面から(研究報告要旨)(鬼塚博)「飯田市歴史研究所年報」　飯田市教育委員会　(6)　2008.9

史料で読む飯田・下伊那の歴史(1) 山の恵み(武部愛子)「飯田市歴史研究所年報」　飯田市教育委員会　(6)　2008.9

養蚕が飯田・下伊那地域の民家建築に与えた影響(調査報告)(金澤雄記)「飯田市歴史研究所年報」　飯田市教育委員会　(6)　2008.9

史料で読む飯田・下伊那の歴史(2) 天保飢饉と江戸の元結取引(竹ノ内雅人)「飯田市歴史研究所年報」　飯田市教育委員会　(7)　2009.8

飯田・下伊那の本棟造―本棟造調査中間報告(調査報告)(金澤雄記)「飯田市歴史研究所年報」　飯田市教育委員会　(7)　2009.8

三河民権国事犯事件と発覚地の飯田地方(3の2) 江戸期の伊那谷における不二孝の展開(北原明文)「伊那」　伊那史学会　57(9)通号976　2009.9

報告 第7回地域史研究集会―飯田・下伊那から戦争と地域を考える「飯田市歴研ニュース」　飯田市歴史研究所　(42)　2009.10

資料「飯田大火見舞」から読み解ける義援金・義援物資と罹災児童・生徒、教職員の様子(石井秀昌)「伊那」　伊那史学会　58(7)通号986　2010.7

第8回飯田市地域史研究集会 城下町飯田「飯田市歴研ニュース」　飯田市歴史研究所　(47)　2010.8

飯田・下伊那をめぐる、「非勢力圏」への人口移動(本島和人)「飯田市歴史研究所年報」　飯田市教育委員会　(8)　2010.8

史料で読む飯田・下伊那の歴史(3) 国民学校児童から出征兵士への慰問文(本島和人)「飯田市歴史研究所年報」　飯田市教育委員会　(8)　2010.8

ポイントでまなぶ飯田・下伊那の歴史 飯田城下町のなりたちと発展(竹ノ内雅人)「飯田市歴史研究所年報」　飯田市教育委員会　(8)　2010.8

第8回飯田市地域史研究集会 城下町飯田の性格・シャルルヴィルとの国際的比較を考える「飯田市歴研ニュース」　飯田市歴史研究所　(48)　2010.10

戦時下における飯田・下伊那の防空態勢(清水迪夫)「伊那」　伊那史学会　58(11)通号990　2010.11

三河民権家国事犯事件と発覚地の飯田地方(3の3) 明治期の伊那谷における不二道から実行教への移行(北原明文)「伊那」　伊那史学会　59(3)通号994　2011.3

年表と文献・史料でたどる『飯田事件』―遅れて来た未発の激化事件(伊藤昭雄)「伊那」　伊那史学会　59(4)通号998　2011.4

第9回飯田市地域史研究集会 戦後復興から高度経済成長へ―飯田・下伊那の経験「飯田市歴研ニュース」　飯田市歴史研究所　(53)　2011.8

第9回飯田市地域史研究集会を開催しました 映像とオーラルから生きた証を掘り起こす―現代史への試み 特集「戦後復興から高度成長へ―飯田・下伊那の経験―」報告「飯田市歴研ニュース」　飯田市歴史研究所　(54)　2011.10

シンポジウム「城下町飯田」趣旨説明(特集 城下町飯田)(吉田伸之)「飯田市歴史研究所年報」　飯田市教育委員会　(9)　2011.10

君侯の都市(特集 城下町飯田)(フランソワ=ジョゼフ・ルッジュ)「飯田市歴史研究所年報」　飯田市教育委員会　(9)　2011.10

城下町飯田の生活を考える(特集 城下町飯田)(吉田伸之)「飯田市歴史研究所年報」　飯田市教育委員会　(9)　2011.10

飯田の出版文化―その源流をたどる 山村書院と山村正夫(研究報告要旨)(宮下裕司)「飯田市歴史研究所年報」　飯田市教育委員会　(9)　2011.10

「宗徧流華道書」―信州飯田・市岡家に残る花道書(西脇藍)「飯田市美術

長野県　　　　　　　　　　　　地名でたどる郷土の歴史　　　　　　　　　　　　北陸甲信越

博物館研究紀要」 飯田市美術博物館 （22）2012.3
生産者と消費者の思いが重なり合って発展する飯田・下伊那の和菓子生産（黒岩正章）「長野」 長野郷土史研究会 （282）2012.4
戦後復興から高度成長を生きる―移動と暮らしの視点から（特集 戦後復興から高度成長へ―飯田・下伊那の経験）（大門正克）「飯田市歴史研究所年報」 飯田市教育委員会 （10）2012.8
敗戦前後から高度成長を生きた一教師の経験（特集 戦後復興から高度成長へ―飯田・下伊那の経験）（小林恭之助）「飯田市歴史研究所年報」 飯田市教育委員会 （10）2012.8
飯田・下伊那の歴史的建造物調査（調査報告）（金澤雄記）「飯田市歴史研究所年報」 飯田市教育委員会 （10）2012.8
飯田下伊那地域に関する歴史・民俗関係図書・論文目録（2011年度）「飯田市歴史研究所年報」 飯田市教育委員会 （10）2012.8
ガラス乾板写真からよみがえる50年前の飯田・下伊那「飯田市歴研ニュース」 飯田市歴史研究所 （61）2012.12
満州移民の戦後史―長野県飯田下伊那地域を事例に（満州小特集）（島崎友美）「信濃［第3次］」 信濃史学会 65（3）通号758 2013.3
特集にあたって（特集 地域と歩む教育の歴史―飯田・下伊那の学びの場から）（田嶋一）「飯田市歴史研究所年報」 飯田市教育委員会 （11）2013.8
地域と学校で創る学びの共同体（特集 地域と歩む教育の歴史―飯田・下伊那の学びの場から）（佐藤学）「飯田市歴史研究所年報」 飯田市教育委員会 （11）2013.8
地域の教育的土壌の醸成（特集 地域と歩む教育の歴史―飯田・下伊那の学びの場から）（木下陸奥）「飯田市歴史研究所年報」 飯田市教育委員会 （11）2013.8
飯田下伊那地域に関する歴史・民俗関係図書・論文目録（2012年度）「飯田市歴史研究所年報」 飯田市教育委員会 （11）2013.8
三河民権家国事犯事件と発覚地飯田（4の1）〜（4の2）（北原明文）「伊那」 伊那史学会 62（3）通号1030/62（8）通号1035 2014.3/2014.08
飯田下伊那地域に関する歴史・民俗関係図書・論文目録（2013年度）「飯田市歴史研究所年報」 飯田市教育委員会 （12）2014.8
飯田市域の文学碑について―文学碑のまとめとその案内（吉澤健）「伊那」 伊那史学会 62（9）通号1036 2014.9

飯田駅
パネル構成 写真と証言による飯田駅の90年（特集 戦後復興から高度成長へ―飯田・下伊那の経験）（本島和人）「飯田市歴史研究所年報」 飯田市教育委員会 （10）2012.8

飯田街道
国絵図の道を訪ねてみませんか―尾州江之新道・駿河街道と信州飯田街道（加藤浩）「郷土文化」 名古屋郷土文化会 61（3）通号206 2007.3
末森筋信州飯田街道を訪ねてみませんか（加藤浩）「郷土文化」 名古屋郷土文化会 64（1）通号211 2009.8
江戸期駿河街道と明治飯田街道を問う（加藤浩）「郷土文化」 名古屋郷土文化会 67（1）通号217 2012.8

飯田学校
飯田学校（上）〜（下）―飯田町の教育と追手町本校（永井辰雄）「伊那」 伊那史学会 53（2）通号921/53（3）通号922 2005.2/2005.3

飯田高校
生徒目線の飯田高校110年史（研究報告要旨）（長野県飯田高等学校図書委員会）「飯田市歴史研究所年報」 飯田市教育委員会 （9）2011.10

飯田市
明治初期筑摩県における「小校」設置と近代学校への移行―飯田市域の事例（多和田真理子）「飯田市歴史研究所年報」 飯田市教育委員会 （2）2004.8
資料紹介 地方紙「南信」における美術関連記事について（大正6〜10年）（小島淳）「飯田市美術博物館研究紀要」 飯田市美術博物館 （15）2005.3
歴史研究を通じた地域創造の試み―飯田市の場合（〈地域史研究の方法と思想―三つの地域での実践から〉）（多和田雅保）「歴史科学」 大阪歴史科学協議会 （179・180）2005.5
「環境文化都市」飯田市の歩みと今後の歩みと今後の課題（〈平成16年度秋季例会報告〉）（平澤和人、山口通之）「信濃［第3次］」 信濃史学会 57（7）通号666 2005.7
リレーエッセイ 飯田市域の「古代史の謎」を解く鍵（田島公）「飯田市歴研ニュース」 飯田市歴史研究所 （24）2006.10
昭和初期飯田市の商工自営業者層―『昭和十二年長野県商工名鑑』による一検討（田中雅孝）「信濃［第3次］」 信濃史学会 59（5）通号688 2007.5
昭和10年代の教育と人々の暮らし（特集 アジア・太平洋戦争にいたる道―霞ヶ浦と飯田から）（仲田文之助）「飯田市歴史研究所年報」 飯田市教育委員会 （8）2010.8
地域に伝承する歴史的事項の研究、啓発（研究活動成果概要）（新井

利彦）「飯田市歴史研究所年報」 飯田市教育委員会 （8）2010.8
飯田市裏界線における路地空間に関する研究（研究活動助成成果概要）（羽場崎恵）「飯田市歴史研究所年報」 飯田市教育委員会 （8）2010.8
第1回満州移民研究ゼミの模様／新刊紹介 満州開拓移民オーラルヒストリー「下伊那のなかの満州」聞き書き報告集9／歴研ゼミ／地域史講座 飯田・下伊那の歴史／飯田市歴史研究所年報9／研究定例会「飯田市歴研ニュース」 飯田市歴史研究所 （53）2011.8
飯田市の満州移民（研究ノート）（齊藤俊江）「飯田市歴史研究所年報」 飯田市教育委員会 （10）2012.8
満州移民の戦後史―長野県飯田市下伊那地域を事例に（研究活動助成成果報告）（島崎友美）「飯田市歴史研究所年報」 飯田市教育委員会 （11）2013.8

飯田城
口絵 飯田城外郭開墾之図（桜井弘人）「伊那」 伊那史学会 51（8）通号903 2003.8
ポイントでまなぶ飯田・下伊那の歴史 飯田城下町のなりたちと発展（竹ノ内雅人）「飯田市歴史研究所年報」 飯田市教育委員会 （8）2010.8

飯田市立図書館
飯田市立図書館と豊穣なる下伊那文化（西野一夫）「伊那」 伊那史学会 58（9）通号988 2010.9

飯田尋常高等小学校
飯田尋常高等小学校における「大正自由教育」の試み（特集 地域と歩む教育の歴史―飯田・下伊那の学びの場から）（多和田真理子）「飯田市歴史研究所年報」 飯田市教育委員会 （11）2013.8

飯田線
懐かしき飯田線（浦野紀子）「伊那路」 上伊那郷土研究会 47（12）通号563 2003.12
飯田線（伊那電）の歴史として（星野俊平）「辰野町資料」 辰野町文化財保護審議会 （96）2006.7
京都から帰りの飯田線（《飯田大火60周年特集》―〈その時私は―飯田大火の思い出〉）（嶋地秀享）「伊那」 伊那史学会 55（3）通号946 2007.3
伊那電（飯田線）開業以来始めての惨事（原田望）「伊那」 伊那史学会 57（3）通号970 2009.3
飯田線開通時の花電車見物（松村義久）「伊那」 伊那史学会 57（12）通号979 2009.12
飯田線の魅力（飯田線特集号）（小林哲）「伊那路」 上伊那郷土研究会 57（4）通号675 2013.4
飯田線に関する資料紹介（飯田線特集号）（『伊那路』編集部）「伊那路」 上伊那郷土研究会 57（4）通号675 2013.4

飯田代官所
千村飯田代官所市岡家文書に見る生類憐みの令（中井博）「伊那」 伊那史学会 52（4）通号911 2004.4

飯田中学校
豊川海軍工廠になった飯田中学校―女子挺身隊員と出合う（遠ざかる敗戦）（堅田仁）「伊那」 伊那史学会 57（8）通号975 2009.8
豊川海軍工廠になった飯田中学校―たった丸四ヶ月の学徒動員（遠ざかる敗戦）（松島信幸）「伊那」 伊那史学会 57（8）通号975 2009.8

飯田停留所
飯田停留所問題と龍西電鉄（片桐億）「伊那」 伊那史学会 50（7）通号890 2002.7

飯田藩
飯田藩における酒造人と酒造仲間（小川好美）「飯田市歴史研究所年報」 飯田市教育委員会 （2）2004.8
柳田東助の日記「心覚」にみる飯田藩士のくらし（中井博）「伊那」 伊那史学会 53（5）通号924 2005.5
「心覚」に見る飯田藩士のくらし―食生活編（中井博）「伊那」 伊那史学会 54（5）通号936 2006.5
村の4分の3が飯田藩に移管！ 村人の胸の内はいかに…「飯島陣屋だより」 飯島町歴史民俗資料館 （13）2007.3
飯田藩領における振商札（研究ノート）（伊坪達郎）「飯田市歴史研究所年報」 飯田市教育委員会 （10）2012.8

飯田東中学校
学校史料と教育実践が地域史に問いかけるもの―飯田東中学校と旧上村中学校を事例として（特集 地域と歩む教育の歴史―飯田・下伊那の学びの場から）（田中清一）「飯田市歴史研究所年報」 飯田市教育委員会 （11）2013.8

飯田盆地
飯田盆地における古代集落の展開（小平和夫）「信濃［第3次］」 信濃史学会 55（2）通号637 2003.2

飯田町
近世飯田町の構造―本町1丁目を中心にして（伊坪達郎）「伊那」 伊那史

学会 50(12)通号895 2002.12

近世飯田町における家質の実態(伊坪達郎)「信濃［第3次］」 信濃史学会 57(8)通号667 2005.8

近世飯田町研究の課題(多和田雅保)「信濃［第3次］」 信濃史学会 59(3)通号686 2007.3

近世飯田町の人々の移動(1)～(2) 野原文書「縁談願書」から(伊坪達郎)「伊那」 伊那史学会 56(5)通号960/56(11)通号966 2008.5/2008.11

聞き書きにみる飯田町の暮らし(〈シンポジウム 地域の歴史をひらく〉―ラウンドテーブル)(伊坪俊雄)「飯田市歴史研究所年報」 飯田市教育委員会 (6) 2008.9

大正時代の飯田町(1),(2) 業種別家並帖(永井辰雄)「伊那」 伊那史学会 57(3)通号970/57(7)通号974 2009.3/2009.07

戦前期飯田町の商工自営業者層の構成(小特集 飯田・上飯田―近世から近代へ―)(田中雅孝)「飯田市歴史研究所年報」 飯田市教育委員会 (9) 2011.10

江戸時代飯田町の大火―見舞い・お救いを中心に(伊坪達郎)「伊那」 伊那史学会 60(5)通号1008 2012.5

戦前期・飯田町における人の移動―飯田町入居留届の分析(田中雅孝)「飯田市歴史研究所年報」 飯田市教育委員会 (10) 2012.8

私の歳時記―昭和初期の飯田町(依田時子)「伊那」 伊那史学会 61(1)通号1016 2013.1

大正期飯田町の都市問題と行財政(研究ノート)(田中雅孝)「飯田市歴史研究所年報」 飯田市教育委員会 (12) 2014.8

飯田遊郭窪田楼
歴史的建造物調査 喜久水酒造業・飯田遊郭窪田楼(東京大学大学院伊藤毅研究室)「飯田市歴史研究所年報」 飯田市教育委員会 (1) 2003.12

飯沼城
信濃 飯沼城・上野北本城(前川浩一)「城」 東海古城研究会 185 2003.2

飯沼村
横浜開港期における小県上田の生糸輸出―小県郡飯沼村吉池家の生糸取引(阿部勇)「信濃［第3次］」 信濃史学会 63(3)通号734 2011.3

飯山
飯山か中野か(山田潤一郎)「高井」 高井地方史研究会 147 2004.5

飯山領の楮と紙漉き(樋口和雄)「高井」 高井地方史研究会 (158) 2007.2

飯山戦争の系譜(上),(下)(志村平治)「長野」 長野郷土史研究会 (251)/(252) 2007.2

飯山市
二次にわたる合併・分市で飯山市形成(手塚良治)「高井」 高井地方史研究会 147 2004.5

飯山城
春の史跡・文化財めぐり(報告) 飯山城と城下町(事業部)「高井」 高井地方史研究会 (156) 2006.8

有意義だった飯山城跡を尋ねて(中村峯子)「高井」 高井地方史研究会 (156) 2006.8

伊賀良
伊賀良の石造文化財の調査(研究活動助成成果概要)(田畑達夫)「飯田市歴史研究所年報」 飯田市教育委員会 (4) 2006.8

伊賀良地区の地名(小字)調査の経過について(研究活動助成成果概要)(田畑達夫)「飯田市歴史研究所年報」 飯田市教育委員会 (6) 2008.9

近世前期における山の所有権をめぐる動向―伊賀良,阿智地域を中心に(吉川登)「伊那」 伊那史学会 57(5)通号972 2009.5

伊賀良地区内の地名・小字調査(研究活動助成成果概要)(田畑達夫)「飯田市歴史研究所年報」 飯田市教育委員会 (7) 2009.8

特別寄稿 伊賀良の寂円道場―地名の資料化をとおして(伊那谷研究団体協議会第8回シンポジウム 地名からみる伊那谷の自然と歴史)(宮澤恒之)「伊那」 伊那史学会 58(6)通号985 2010.6

伊賀良の地名(小字)調査について(研究活動助成成果概要)(田畑達夫)「飯田市歴史研究所年報」 飯田市教育委員会 (8) 2010.8

生萱
県の生萱区(相澤喜匡)「ちょうま」 更埴郷土を知る会 (22) 2002.1

北越戦争に関係した手紙が生萱にもあった(柳町節夫)「ちょうま」 更埴郷土を知る会 (26) 2006.1

千曲市生萱に残る本誓寺字名と本誓寺について(相澤忠一)「ちょうま」 更埴郷土を知る会 (35) 2014.12

五十君酒店
歴史的建造物調査 塩澤家住宅・宮井家住宅・犬塚家住宅・五十君酒店・柏心寺・阿羅多堂・信陽館貯蔵庫(調査報告)(金澤雄記)「飯田市歴史研究所年報」 飯田市教育委員会 (5) 2007.8

伊久間村
近世村落の成立についての一考察(上),(下)―伊那郡伊久間村を中心として(塩澤元広)「信濃［第3次］」 信濃史学会 63(3)通号734/63(4)通号735 2011.3/2011.04

池上歯科医院
池上歯科医院の歴史(池上英雄)「辰野町資料」 辰野町文化財保護審議会 (96) 2006.7

伊沢修二生家
伊那谷の民家(11) 伊沢修二生家(吉澤政己)「伊那路」 上伊那郷土研究会 47(9)通号560 2003.9

石渡前田堰
石渡前田堰の思い出(池田忠保)「長野」 長野郷土史研究会 (280) 2011.11

磯部
苅屋原と磯部(岡本功)「とぐら ： 戸倉史談会誌」 戸倉史談会 (26) 2001.2

市川
百々川のうち旧市川の瀬替えについて(田幸喜久夫)「須高」 須高郷土史研究会 (59) 2004.10

市田
市田柿を生んだ処と人とその時代(《自然特集》)(北沢富夫)「伊那」 伊那史学会 56(10)通号965 2008.10

市田柿発祥の由来(郷土を編む)(手塚勝昭)「伊那」 伊那史学会 60(8)通号1011 2012.8

市田陣屋
伊那人の阿武隈川上流開拓―白河藩市田陣屋に関わって(林登美人)「伊那」 伊那史学会 50(3)通号886 2002.3

井戸尻
諏訪、井戸尻、地域研究(追悼 戸沢充則氏)(小林公明)「信濃［第3次］」 信濃史学会 64(7)通号750 2012.7

伊奈
石工の技と伊奈石工(樽良平)「多摩のあゆみ」 たましん地域文化財団 112 2003.11

伊那
おかいこさま―消えてゆくことばの文化(4)(井上伸児)「伊那」 伊那史学会 48(1)通号860 2000.1

消えてゆくことばの文化(5)「オキャク」(井上伸児)「伊那」 伊那史学会 48(11)通号870 2000.11

海外日本人学校から見た日本・信州・伊那 美しき都市 大連(有賀弘)「伊那路」 上伊那郷土研究会 45(11)通号538 2001.11

伊那人の阿武隈川上流開拓―白河藩市田陣屋に関わって(林登美人)「伊那」 伊那史学会 50(3)通号886 2002.3

「大久保文書」に見られる「渡場」(小木曽伸一)「伊那」 伊那史学会 50(9)通号892 2002.9

茶道の成立と伊那にみる茶道(久保田裕子)「伊那路」 上伊那郷土研究会 47(5)通号556 2003.5

消えてゆくことばの文化(9)―「みやましい」(井上伸児)「伊那」 伊那史学会 51(12)通号907 2003.12

明治30年代の養蚕日誌(木下睦美)「伊那」 伊那史学会 52(1)通号908 2004.1

地名研究 小字名「コセ」をめぐって(岡田正彦)「伊那」 伊那史学会 52(3)通号910 2004.3

消えてゆくことばの文化(10)(井上伸児)「伊那」 伊那史学会 52(5)通号912 2004.5

満州・立川そして伊那(小田切昌子)「伊那路」 上伊那郷土研究会 50(8)通号595 2006.8

講演会 伊那の蚕糸業発展における先人の知恵と努力(シルク・サミット)(岩下嘉光)「岡谷蚕糸博物館紀要」 岡谷市教育委員会 (11) 2007.1

伊那に遺る武田文書の公開(わが町の文化財保護)(矢島太郎)「文化財信濃」 長野県文化財保護協会 34(2)通号128 2007.9

伊那自由大学と『南信新聞』(清水迪夫)「伊那」 伊那史学会 56(11)通号966 2008.11

区有林と戦時下の青少年時代(加藤真那生)「伊那」 伊那史学会 58(1)通号980 2010.1

土石流から奇跡の生還(49年前に「三六災害」があった)(竹内貴代子,松島信幸)「伊那」 伊那史学会 58(8)通号987 2010.8

私の三六災害―災害の現場から教えられる(49年前に「三六災害」があった)(長沼和宏)「伊那」 伊那史学会 58(8)通号987 2010.8

『伊那青年』に見る俳句短歌革新運動(竹村勇次)「伊那」 伊那史学会 59(5)通号996 2011.5

『伊那路』等に見る「三六災害」発生当時の記録(1)～(3)(『伊那路』編集部)「伊那路」 上伊那郷土研究会 55(6)通号653/55(12)通号659

2011.6/2011.12

三六災害五十周年に寄せて(三六災害五十年)(湯澤道子)「伊那」 伊那史学会 59(8)通号999 2011.8

空襲と東南海地震による中島飛行機の伊那疎開と終戦(久保田誼)「伊那路」 上伊那郷土研究会 55(8)通号655 2011.8

二つの飛行場が作られた「本土決戦体制」下の伊那―「特攻兵養成」と「特攻機生産」の一拠点に(久保田誼)「伊那路」 上伊那郷土研究会 56(8)通号667 2012.8

新聞『伊那公報』(資料紹介)(竹村雄次)「伊那」 伊那史学会 61(6)通号1021 2013.6

“翻刻”『粗翁二百年回建碑録』―明治期の伊那俳諧人が催した時雨忌の記録(竹入弘元, 翁悦治)「伊那路」 上伊那郷土研究会 58(1)通号684 2014.1

伊那地域の石造物の石工たち(伊那の石工と石造物特集号)(竹入弘元)「伊那路」 上伊那郷土研究会 58(4)通号687 2014.4

美濃高須藩と高須藩下伊那領―十代藩主松平義建『夏の旅跡』より(神村透)「伊那」 伊那史学会 62(8)通号1035 2014.8

太平洋戦争当時の児童作文 「大東亜戦争」伊那里国民学校初等科二年 羽生早人(終戦特集号)「伊那路」 上伊那郷土研究会 58(8)通号691 2014.8

伊那大橋

古文書の窓(61) 天龍川・伊那大橋付近資料二題(黒河内茂)「伊那路」 上伊那郷土研究会 48(5)通号568 2004.5

伊那北高校

甲子園への道 回顧―伊那北高校連続出場のかげに(《民俗特集号》)(井内吉彦)「伊那路」 上伊那郷土研究会 50(10)通号597 2006.10

伊那郡

古代における伊那郡と諏訪郡の郡界について―伊那部・諏訪形地名による考察(《考古・古代特集号》)(御子柴泰正)「伊那路」 上伊那郷土研究会 52(4)通号615 2008.4

17世紀後半信州伊那郡の幕領支配―浪合村・平谷村の年貢訴願を通して(前澤健)「信濃［第3次］」 信濃史学会 65(7)通号762 2013.7

「下條氏文書」に見る徳川家康の伊那郡支配(原童)「伊那」 伊那史学会 62(2)通号1029 2014.2

伊那郡における交通路と地域結合(特集 古代の交通と地方社会―イナ・シナノとその周辺)(北村安裕)「飯田市歴史研究所年報」 飯田市教育委員会 (12) 2014.8

伊那郡衙

伊那郡衙周辺の馬牧情報―上郷堂垣外遺跡をふくむ地名の検討(宮澤恒之)「伊那」 伊那史学会 50(9)通号892 2002.9

伊那郡衙域周辺の馬牧情報(2)―上郷初府・黒田の地名などから(宮澤恒之)「伊那」 伊那史学会 52(9)通号916 2004.9

古代伊那郡衙確定資料について(今村善興)「伊那」 伊那史学会 57(4)通号971 2009.4

リレーエッセイ 伊那郡衙正倉院の新発見(山中敏史)「飯田市歴研ニュース」 飯田市歴史研究所 (62) 2013.2

伊那県

伊那県商社事件顛末記(上),(下)(青木隆幸)「信濃［第3次］」 信濃史学会 65(5)通号760/65(7)通号762 2013.5/2013.07

伊那県と伊那県商社事件(青木隆幸)「伊那」 伊那史学会 62(2)通号1029 2014.2

伊那高等女学校

日記が語る伊那高等女学校(現伊那弥生ヶ丘高校)生の勤労奉仕(梅垣公子, 平出利男)「伊那路」 上伊那郷土研究会 52(8)通号619 2008.8

旧制伊那高等女学校(現弥生ヶ丘高校)生徒の学徒動員―地震・空襲、そして学友の爆死 親達は娘を生きて返してほしいと戦った(岸本多恵子)「伊那路」 上伊那郷土研究会 54(8)通号643 2010.8

伊那小沢駅

峠道でつなぐ駅の旅(14) 小和田駅―伊那小沢駅 萩の坂峠(2)(久保田賀津男)「伊那」 伊那史学会 48(2)通号861 2000.2

伊那小屋

伊那小屋の建設と登山道の改修(1),(2)―内ノ萱・天狗の人たちの果たした役割(春日博人)「伊那路」 上伊那郷土研究会 49(5)通号580/51(6)通号605 2005.5/2007.6

伊那里小学校

消えてしまった分校(7)―伊那里小浦分校・中川東小葛島分校(伊藤一彦)「伊那路」 上伊那郷土研究会 46(11)通号550 2002.11

伊那山脈

大量輸送時代の先がけ 竜東索道・伊那山脈越えの三駅(久保田賀津男)「伊那」 伊那史学会 48(8)通号867 2000.8

伊那市

「市」を取り巻く歴史的背景(1),(2)―伊那市地域の事例より(飯塚政美)「伊那路」 上伊那郷土研究会 44(6)通号521/44(7)通号522 2000.6/2000.7

接収刀剣の歴史的経過と伊那市への譲与―譲与報告を中心に(高松慎一)「伊那路」 上伊那郷土研究会 48(1)通号564 2004.1

新「伊那市」命名の由来―伊那市・高遠町・長谷村合併新市名称検討委員会の記録を中心に(春日博人)「伊那路」 上伊那郷土研究会 50(4)通号591 2006.4

伊那市における合併について―合併協議の経過と今後のまちづくり(《特集 上伊那地域の平成の合併》―〈合併した自治体から〉)(酒井茂)「伊那路」 上伊那郷土研究会 50(4)通号594 2006.4

伊那市民登山のあゆみと東北の名峰早池峰山・岩手山登高記(《広域特集》)(唐木勉)「伊那路」 上伊那郷土研究会 50(12)通号599 2006.12

伊那の旧日本陸軍飛行場跡地を訪ねて(金廣烈)「伊那」 上伊那郷土研究会 52(8)通号619 2008.8

伊那市創造館に眠る159冊の『写真週報』(小松由以)「伊那」 上伊那郷土研究会 57(8)通号679 2013.8

伊那路

古代史ロマン 「因幡の白うさぎ」が今でも伊那路に?(安田新)「伊那路」 上伊那郷土研究会 48(12)通号575 2004.12

水戸浪士蜂起の背景と伊那路通過の波紋(伊藤昭雄)「伊那」 伊那史学会 54(5)通号936 2006.5

吉蘇路の開削・廃道・復活そして木曽路に―東山道伊那路のバイパス・やがて幹線に(神村透)「伊那」 伊那史学会 59(12)通号1003 2011.12

伊那小学校

現伊那小学校ほか数校に中島飛行機疎開計画―児童労働で戦闘機生産遂行ねらう(終戦特集号)(久保田登)「伊那路」 上伊那郷土研究会 57(8)通号679 2013.8

伊那谷

伊那谷における戦時中の毒ガス・細菌兵器の研究について(4)―陸軍登戸研究所の謀略戦(木下健蔵)「伊那」 伊那史学会 48(3)通号862 2000.3

水戸浪士(天狗党)の伊那谷通行について―関川文書を中心にして(吉沢章)「伊那」 伊那史学会 48(3)通号862 2000.3

伊那谷の金属を訪ねる(今村理則, 原薫)「伊那」 伊那史学会 48(5)通号864 2000.5

伊那谷への官設鉄道「中央線」誘致運動(1),(2)(春日重信)「伊那路」 上伊那郷土研究会 46(9)通号548/46(11)通号550 2002.9/2002.11

講演 信州・伊那谷の山と川―短歌に詠われた風土への思い(要旨)(北原由夫)「伊那路」 上伊那郷土研究会 47(1)通号552 2003.1

伊那谷と『新著聞集』(春日重信)「伊那路」 上伊那郷土研究会 47(2)通号553 2003.2

伊那谷の民家(5) 馬場家住宅(吉澤政己)「伊那路」 上伊那郷土研究会 47(2)通号553 2003.2

伊那谷の民家(8) 有賀家住宅(吉澤政己)「伊那路」 上伊那郷土研究会 47(6)通号557 2003.6

伊那谷の民家(9) 旧竹村家住宅(吉澤政己)「伊那路」 上伊那郷土研究会 47(7)通号558 2003.7

「伊那谷」の12ヶ月(松島信幸)「伊那」 伊那史学会 51(8)通号903 2003.8

伊那谷の民家(10) 旧三沢家住宅(吉澤政己)「伊那路」 上伊那郷土研究会 47(8)通号559 2003.8

伊那谷の民家(11) 伊沢修二生家(吉澤政己)「伊那路」 上伊那郷土研究会 47(9)通号560 2003.9

伊那谷の民家(12) 井上家住宅(吉澤政己)「伊那路」 上伊那郷土研究会 47(10)通号561 2003.10

伊那谷の茶栽培導入の経路(赤羽二三男)「伊那」 伊那史学会 52(1)通号908 2004.1

中世後半期の伊那谷城館跡分布について〈1〉〜〈2〉(市川隆之)「信濃［第3次］」 信濃史学会 56(2)通号649/56(3)通号650 2004.2/2004.3

近世前半期における伊那谷の地域像を見る―近世伊那谷の絵地図から(藤田佳久)「愛知大学綜合郷土研究所紀要」 愛知大学綜合郷土研究所 49 2004.3

伊那谷の里山は今(近藤道治)「伊那路」 上伊那郷土研究会 48(7)通号570 2004.7

伊那谷周辺の女性と奥地残像(1),(2)―明治初期、来日した欧州人が綴った日記をもとに(春日重信)「伊那路」 上伊那郷土研究会 48(7)通号570/48(9)通号572 2004.7/2004.9

生涯の大半を国の突端で送った伊那谷育ちの電車(中川浩一)「伊那」 伊那史学会 52(12)通号919 2004.12

「会津人」はどこから来たのか―伊那谷と会津盆地（畑敬之助）「会津人群像」 歴史春秋出版 （4） 2005.2

飯田・下伊那地域研究団体連絡協議会第8回シンポジウム報告伊那谷の魅力を訪ねて6―天竜川（2）これからのあり方を考える「伊那」 伊那史学会 53（6）通号925 2005.6

火星観測家P.ローエルが見た伊那谷（日岐敏明）「伊那路」 上伊那郷土研究会 49（6）通号581 2005.6

史料整理を通して垣間見た伊那谷の平田国学（林登美人）「飯田市歴史研究所年報」 飯田市教育委員会 （3） 2005.8

資料に見る近世伊那谷の地震災害《飯田・下伊那地域研究団体連絡協議会第9回シンポジウム報告「伊那谷の災害」》（吉沢明佑）「伊那」 伊那史学会 54（6）通号937 2006.6

地名が語る伊那谷の歴史―地名は生きている《伊研協2007シンポジウム報告》―研究発表（原童）「伊那」 伊那史学会 56（7）通号962 2008.7

リレーエッセイ 古代の伊那谷独自の社会像とは…？（土生田純之）「飯田市歴研ニュース」 飯田市歴史研究所 （35） 2008.8

地研連の活動から―「伊那谷学」提唱と地域再発見（《シンポジウム 地域の歴史をひらく》）（原童）「飯田市歴史研究所年報」 飯田市教育委員会 （6） 2008.9

伊那谷の南と北（三石稔）「伊那路」 上伊那郷土研究会 53（3）通号626 2009.3

伊那谷北部の古水系について―唐沢礫層の研究から（竹淵修二）「辰野町資料」 辰野町文化財保護審議会 （100） 2009.3

三河民権国事犯事件と発覚地の飯田地方（3の2）江戸期の伊那谷における不二孝の展開（北原明文）「伊那」 伊那史学会 57（9）通号976 2009.9

基調報告 地名からみる伊那谷の自然と歴史（伊那谷研究団体協議会第8回シンポジウム 地名からみる伊那谷の自然と歴史）（原童）「伊那」 伊那史学会 58（6）通号985 2010.6

信州伊那谷の史的探求 幕末に活躍する平田学派の志士達（小林司）「歴史懇談」 大阪歴史懇談会 （24） 2010.9

三河民権家国事犯事件と発覚地の飯田地方（3の3）明治期の伊那谷における不二道から実行教への移行（北原明文）「伊那」 伊那史学会 59（3）通号994 2011.3

伊那谷の狼煙場地名（狼煙特集）（原童）「全国地名研究交流誌 地名談話室」 日本地名研究所 （26・27） 2011.6

歴史に学ぶ伊那谷の連携 武田信玄の狼煙が蘇る（原薫）「伊那」 伊那史学会 59（7）通号998 2011.7

演出ノート 伊那谷の戦争 二つの作品から（後藤俊夫）「伊那路」 上伊那郷土研究会 55（8）通号655 2011.8

幕末維新期伊那谷平田派国学運動の展開・再考（今牧久）「伊那」 伊那史学会 59（9）通号1000 2011.9

失うものの大きさ―伊那谷の101人より（南信州新聞社出版局）「伊那」 伊那史学会 59（11）通号1002 2011.11

伊那谷の養蚕・製糸―蚕と絹の記念資料館を（今村眞直）「伊那」 伊那史学会 60（1）通号1004 2012.1

生糸を運んだ道 伊那谷から横浜へ（特集 信州と隣県―信・甲二州）（関宏夫）「地域文化」 八十二文化財団 （101） 2012.7

信州伊那谷の温泉思考 急変貌した伊那谷の温泉に注目（小林司）「歴史懇談」 大阪歴史懇談会 （27） 2013.8

『伊那路』に掲載された伊那谷石工関連の論考（伊那の石工と石造物特集号）「伊那路」 上伊那郷土研究会 58（4）通号687 2014.4

伊那谷研究団体協議会 第16回シンポジウム 伊那谷の風土の多様性―自然や人の営みを考える「伊那」 伊那史学会 62（9）通号1036 2014.9

伊那中学校

学徒動員顛末記（旧制伊那中学校（現伊那北高校）生の戦時体験―プロローグ）（矢島太郎）「伊那路」 上伊那郷土研究会 52（8）619 2008.8

工場動員中のこと（旧制伊那中学校（現伊那北高校）生の戦時体験―プロローグ）（武井信典）「伊那路」 上伊那郷土研究会 52（8）通号619 2008.8

俺たちの「学徒勤労令」（旧制伊那中学校（現伊那北高校）生の戦時体験―プロローグ）（福田悦蔵）「伊那路」 上伊那郷土研究会 52（8）通号619 2008.8

戦争、この残酷さ空しさ（旧制伊那中学校（現伊那北高校）生の戦時体験―プロローグ）（三沢貞雄）「伊那路」 上伊那郷土研究会 52（8）通号619 2008.8

太平洋戦争期のわが中学時代（旧制伊那中学校（現伊那北高校）生の戦時体験―プロローグ）（井口源吾）「伊那路」 上伊那郷土研究会 52（8）通号619 2008.8

戦時下の中学校生活（旧制伊那中学校（現伊那北高校）生の戦時体験―プロローグ）（清水一郎）「伊那路」 上伊那郷土研究会 52（8）通号619 2008.8

伊那町駅

伊那町駅の開設とその周辺の賑わい（飯田線特集号）（春日博人）「伊那路」 上伊那郷土研究会 57（4）通号675 2013.4

伊那手

伊那手における戦時中の毒ガス・細菌兵器の研究について（3）―陸軍登戸研究所の謀略戦（木下健蔵）「伊那」 伊那史学会 48（2）通号861 2000.2

伊那電

飯田線（伊那電）の歴史として（星野俊平）「辰野町資料」 辰野町文化財保護審議会 （96） 2006.7

伊那電（飯田線）開業以来始めての惨事（原田望）「伊那」 伊那史学会 57（3）通号970 2009.3

伊那電気鉄道

琵琶湖のほとりで「休眠」するが今なお生きている伊那電気鉄道の電気機関車（中川浩一）「伊那」 伊那史学会 53（8）通号927 2005.8

伊那飛行場

補充された陸軍伊那飛行場の歴史―新資料で明らかになったこと（久保田誼）「伊那路」 上伊那郷土研究会 50（8）通号595 2006.8

伊那飛行場の歴史研究と『伊那路』―歴史研究と歴史教育の地域的展開《50年・600号記念特集号》》（久保田誼）「伊那路」 上伊那郷土研究会 51（3）通号602 2007.3

陸軍伊那飛行場の研究とその後（小林祐介）「伊那路」 上伊那郷土研究会 51（3）通号602 2007.3

陸軍伊那飛行場付属地下工場と「御園工場」―補充された陸軍伊那飛行場の歴史（2）（終戦特集）（久保田誼）「伊那路」 上伊那郷土研究会 53（8）通号631 2009.8

「戦争遺跡」の実態（1）―旧陸軍伊那飛行場の場合（飯塚政美）「伊那路」 上伊那郷土研究会 54（8）通号643 2010.8

伊那部宿

伊那谷の民家（7）伊那部宿旧伊澤家住宅（吉澤政己）「伊那路」 上伊那郷土研究会 47（5）通号556 2003.5

伊那部宿春秋（酒井昌好）「伊那路」 上伊那郷土研究会 49（1）通号576 2005.1

伊那町南停留所

幻の「伊那町南停留所」―デジタル・コモンズがひらく新しい地域知の世界（飯田線特集号）（平賀研也）「伊那路」 上伊那郷土研究会 57（4）通号675 2013.4

伊那村

三州街道の開削とその前後（1），（2）―伊那村（町）街部の発展を中心にして（春日博人）「伊那路」 上伊那郷土研究会 44（4）通号519/44通号520 2000.4/2000.5

伊那弥生ヶ丘高校

「戦争遺跡」の実態（2）―伊那弥生ヶ丘高校・南信一円にかけて（飯塚政美）「伊那路」 上伊那郷土研究会 55（4）通号651 2011.4

稲荷山

稲荷山と杭瀬下・新田との境争いによる野高場（宮澤芳己）「ちょうま」 更埴郷土を知る会 （25） 2005.1

千曲市稲荷山地方における一般農家の養蚕《特集 千曲川水系における養蚕・製糸の歩み》》（宮澤芳己）「千曲」 東信史学会 （131） 2006.10

弘化の大地震―稲荷山の被害と藩の対応（若村むつ子）「ちょうま」 更埴郷土を知る会 （27） 2007.1

稲荷山の水利（宮澤芳己）「千曲」 東信史学会 （143） 2010.2

稲荷山町

塩もぎと一緒に電灯やって来た―してやられた稲荷山町民（野口一郎）「長野」 長野郷土史研究会 228 2003.3

更級郡稲荷山町（現千曲市稲荷山）の山林（宮沢芳己）「千曲」 東信史学会 （127） 2005.11

稲荷山元町

稲荷山元町の歩み―付記「二ツ石」（宮澤芳己）「ちょうま」 更埴郷土を知る会 （31） 2010.11

犬塚家住宅

歴史的建造物調査 塩澤家住宅・宮井家住宅・犬塚家住宅・五十君酒店・柏心寺・阿羅多堂・信陽館貯蔵庫（調査報告）（金澤雄記）「飯田市歴史研究所年報」 飯田市教育委員会 （5） 2007.8

井上家住宅

伊那谷の民家（12）井上家住宅（吉澤政己）「伊那路」 上伊那郷土研究会 47（10）通号561 2003.10

井上城

論考 井上城（紺谷友昭）「須高」 須高郷土史研究会 （71） 2010.10

長野県　　　地名でたどる郷土の歴史　　　北陸甲信越

今井小学校

松本市立今井小学校の変遷と現状など（わが町の文化財保護）（塩原勇之助）「文化財信濃」　長野県文化財保護協会　36(2)通号136　2009.9

今井村

上田藩川中島領の生類憐みの令―更級郡今井村の事例（鬼頭康之）「長野」　長野郷土史研究会　(243)　2005.9

今里村

近世後期の信濃国・越後国における豪農の広域金融活動（上），（下）―更級郡今里村上級家を事例に（福澤徹三）「信濃［第3次］」　信濃史学会　62(11)通号730/63(2)通号733　2010.11/2011.2

今村

今村地区山地　今村地区山地の石造物/今村地区山地の石造物所在地図/今村地区山地石造物一覧「辰野町資料」　辰野町文化財保護審議会　(105)　2011.12

今村区

辰野町の石造物調査　上島区/今村区/宮所区/小横川区（辰野町石造物調査会，高井宗雄）「辰野町資料」　辰野町文化財保護審議会　(97)　2007.3

入沢村三条

平林村・入沢村三条の川除普請（大塚尚三）「佐久」　佐久史学会　(60)　2010.7

岩倉組

善光寺地震による虚空蔵山崩壊と村の復興―山平林村孫瀬・岩倉組を中心として（大屋弘）「市誌研究ながの」　長野市　(21)　2014.3

岩村田

岩村田警廃事件（長野騒擾事件）と民衆の動きをさぐる―信濃佐久新聞・信濃毎日新聞の記事より（小林收）「千曲」　東信史学会　(156)　2014.6

岩村田藩

明治2年の窮民撫育方岩村田藩達し書（荻原信）「五郎兵衛記念館報」　五郎兵衛記念館　23　2000.1

岩村田藩日記のエピソード（藩日記研究会）「長野」　長野郷土史研究会　229　2003.5

上田

上田地域の助産婦のあゆみ（《特集 長野県近代史》）（矢嶋千代子）「信濃［第3次］」　信濃史学会　54(11)通号634　2002.11

清楚な街　上田（清水秀男）「下野史談」　下野史談会　98　2003.12

松平氏時代上田領の中間奉公（戸叶美佐子）「千曲」　東信史学会　121　2004.5

上田地方の信濃国府推定地について（倉澤正幸）「千曲」　東信史学会　(126)　2005.8

松代猿屋の上田来訪（尾崎行也）「水と村の歴史 : 信州農村開発史研究所紀要」　信州農村開発史研究所　(21)　2006.3

上田の町づくりを支えた太郎山の岩石（甲田三男）「千曲」　東信史学会　(136)　2008.2

近世後期上田領の秤改め（寺島よしえ）「千曲」　東信史学会　(136)　2008.2

研究ノート　寛文期上田の木綿事情（尾崎行也）「千曲」　東信史学会　(136)　2008.2

第一次上田合戦の再考―戦い後の対陣の経過を中心に（寺島隆史）「千曲」　東信史学会　(145)　2010.10

横浜開港期における小県上田の生糸輸出―小県郡飯沼村吉池家の生糸取引（阿部勇）「信濃［第3次］」　信濃史学会　63(3)通号734　2011.3

戦後の上田紬復興のあゆみ（上），（下）（矢嶋千代子）「信濃［第3次］」　信濃史学会　63(7)通号738/63(8)通号739　2011.7/2011.08

幕末・明治初期上田地方の蚕種業形成（佐々木清司）「千曲」　東信史学会　(153)　2013.6

信州上田商人と幕末維新期の生糸・蚕種取引（阿部勇）「千曲」　東信史学会　(153)　2013.6

上田市

戦時下に於ける工場招致について―上田市の場合（斎藤幸男）「信濃［第3次］」　信濃史学会　56(10)通号657　2004.10

上田城

城めぐり(2)　上田城・松代城・沼田城（平野茂）「下野史談」　下野史談会　95　2002.6

近世信濃の入湯慣習考―上田城下町を中心に（尾崎行也）「信濃［第3次］」　信濃史学会　57(4)通号663　2005.4

上田築城の開始をめぐる真田・徳川・上杉の動静―上杉・小笠原の麻績合戦の再考もあわせて（寺島隆史）「信濃［第3次］」　信濃史学会　60(12)通号707　2008.12

上田庄の上田と上田城、そして坂戸城について（金子拓男）「越佐研究」　新潟県人文研究会　66　2009.5

第433回例会記　秘境の里・秋山郷、上田城、無言館、前山寺をめぐる旅（鈴木武雄）「杉並郷土史会史報」　杉並郷土史会　(215)　2009.5

近世旅人の所持品について―上田城下町に見る行き倒れ人と病死人（小山ますみ）「千曲」　東信史学会　(149)　2012.2

近世後期信濃上田城下商家の商品流通―小松屋と上野屋について（尾崎行也）「信濃［第3次］」　信濃史学会　64(8)通号751　2012.8

上田原

風林火山紀行(3)　上田原の合戦「オール諏訪 : 郷土の総合文化誌」　諏訪郷土文化研究会　27(4)通号274　2007.7

上田原が爆撃にあった（濱地智子）「郷土」　郷土の文化を考える会　(7)　2007.12

風林火山―上田原古戦場（竹内良一）「とぐら : 戸倉史談会誌」　戸倉史談会　(33)　2008.2

地名を歩く―上田原合戦の舞台（特集号 千曲川流域にみられた中世の合戦）（横澤瑛）「千曲」　東信史学会　(148)　2011.10

上田藩

村方文書にみる福祉一考（続）―戊辰戦争下における上田藩の福祉政策（岡澤由往）「長野」　長野郷土史研究会　229　2003.5

近世上田藩家中医療給付制度（尾崎行也）「千曲」　東信史学会　(126)　2005.8

上田藩の世直し騒動について―洗馬宿の庄屋達の記録から（《特集号 明治維新と農民運動》）（堀内泰）「千曲」　東信史学会　(139)　2008.10

安政六年、上田藩の生糸輸出(1)，(2)（阿部勇）「千曲」　東信史学会　(146)/(149)　2011.2/2012.02

シリーズ　沼津兵学校とその人材(91)　上田藩への御貸人（樋口雄彦）「沼津市明治史料館通信」　沼津市明治史料館　(108)　2012.1

上野原

第三回川中島合戦 上田原の戦い 古戦場跡考（佐藤源次郎）「文化財信濃」　長野県文化財保護協会　34(2)通号128　2007.9

飯山市静間、舟山陣所遺跡と上野原の戦（松澤芳幸）「信濃［第3次］」　信濃史学会　59(11)通号694　2007.11

弘治三年における甲越合戦の戦記―上野原合戦飯山市静間説の補足（松澤芳宏）「高井」　高井地方史研究会　(165)　2008.11

上野原の戦、飯山市静間説の新展開（上），（下）弘治二～三年甲越合戦の真相（松澤芳宏）「信濃［第3次］」　信濃史学会　61(9)通号716/61(10)通号717　2009.9/2009.10

第三次川中島合戦の上野原の地について（羅針盤）（柴辻俊六）「戦国史研究」　戦国史研究会，吉川弘文館（発売）（67）　2014.2

上原山

「上原山・神原の分割」考（上），（下）（五味省七）「茅野」　茅野市郷土研究会　(76)/(77)　2012.3/2012.09

「上原山・神原の分割」をめぐる百年考（五味省七）「茅野」　茅野市郷土研究会　(79)　2013.9

鶯巣村

鶯巣村火災事件のこと―明治3年、山中で太鼓職人一家の焼死とその始末（松澤英男）「伊那」　伊那史学会　59(12)通号1003　2011.12

牛伏川

牛伏川フランス式階段工について（小林勇雄）「文化財信濃」　長野県文化財保護協会　36(4)通号138　2010.3

碓氷峠

大野県令の漢詩と碓氷峠の思いで（堀内暉巳）「長野」　長野郷土史研究会　227　2003.1

碓氷峠に見る中山道痕跡（岡村知彦）「千曲」　東信史学会　120　2004.2

東山道と旧碓氷峠(3)（土屋長久）「千曲」　東信史学会　(126)　2005.8

碓氷峠道の変遷（上），（下）―尾根道からトラバース道へ（江川良武）「信濃［第3次］」　信濃史学会　65(1)通号756/65(3)通号758　2013.1/2013.03

歌が丘

歌が丘今昔（口絵解説）（髙木寛）「市誌研究ながの」　長野市　(20)　2013.3

内川

桜並木・蛍の名所が失せ、農業の斜陽化が進む中で―内川の変遷と自分を見つめて（中村郷見）「とぐら : 戸倉史談会誌」　戸倉史談会　(29)　2004.2

内川の一里塚［正］，（続）（南澤一雄）「とぐら : 戸倉史談会誌」　戸倉史談会　(33)　2006.2/2008.2

内川の大火と三峯講について（中村郷見）「とぐら : 戸倉史談会誌」　戸倉史談会　(32)　2007.2

内川村

江戸末期の内川村の人口（故中村佳道さんの手紙から）（編集部）「とぐら : 戸倉史談会誌」　戸倉史談会　(26)　2001.2

内ノ萱
伊那小屋の建設と登山道の改修(1),(2)—内ノ萱・天狗の人たちの果たした役割(春日博人)「伊那路」 上伊那郷土研究会 49(5)通号580/51(6)通号605 2005.5/2007.6

内堀
内堀塾の学文所捉(わが町の文化財保護)(篠崎健一郎)「文化財信濃」 長野県文化財保護協会 34(2)通号128 2007.9

内山
江戸時代における百姓内山と御榑木山の森林とその利用—信州伊那郡大河原村・鹿塩村古文書資料から得られる知見(松原輝男)「飯田市美術博物館研究紀要」 飯田市美術博物館 (18) 2008.3

空木岳
空木岳残照(1),(2) 大田切郷における古代から中世へ(田中清文)「伊那路」 上伊那郷土研究会 49(9)通号584/50(1)通号588 2005.9/2006.1

空木岳残照(3) 大田切郷における古代から中世へ 伊那郡「大徳王寺城の合戦」始末記(前)(田中清文)「伊那路」 上伊那郷土研究会 52(1)通号612 2008.1

畝町
畝町地名考(上),(下)—大島城下の事例をもとに(宮澤恒之)「伊那」 伊那史学会 61(2)通号1017/61(5)通号1020 2013.2/2013.05

姥捨
姥捨の月と真澄—「田毎」の景観の成立(浅倉有子)「真澄学」 東北芸術工科大学東北文化研究センター (5) 2010.2

海尻村
江戸時代の高齢者・障碍者の生活—坂木村・海尻村・赤沼村の事例(成竹精一)「長野県立歴史館研究紀要」 長野県立歴史館 (14) 2008.3

海ノ口
海ノ口の初陣(植松完)「風林火山」 武田家旧温会 (24) 2011.3

浦野
史料紹介 浦野家文書貞享三年より天明八年迄「松代」 松代文化施設等管理事務所 (18) 2005.3

瓜生坂
研究の窓 長野県文化財保護協会『信濃の東山道』 「雨境峠から瓜生坂へ」についての諸問題(押野谷美智子)「信濃［第3次］」 信濃史学会 58(9)通号680 2006.9

売木
売木区文書にみる明治期の焼畑作り(松澤英男)「伊那」 伊那史学会 55(9)通号952 2007.9

売木の方言集—50年前の記録(神村透)「伊那」 伊那史学会 59(1)通号992 2011.1

売木村
なぜ合併、なぜ分村—売木村がたどった町村合併の歴史(松澤英男)「伊那」 伊那史学会 51(5)通号900 2003.5

備荒貯穀の顛末—売木村における貯穀の実態と思いがけない終末が(松澤英男)「伊那」 伊那史学会 通号988 2010.9

売木村のハレの食べ物・秋の仕事—昭和35年の記録(神村透)「伊那」 伊那史学会 60(1)通号1004 2012.1

海野宿
北国街道・海野宿に伝わる話(宮下周子)「地名」 宮城県地名研究会 通号27 2008.5

榎垣外官衙遺跡
奈良時代の諏訪郡衙についての考察—岡谷市榎垣外官衙遺跡についての私論(考古学特集)(塩澤恭輔)「信濃［第3次］」 信濃史学会 66(9)通号776 2014.9

延徳沖
延徳沖の水害と治水(1)～(3)(渡辺一男)「高井」 高井地方史研究会 (177)/(179) 2011.11/2012.5

延徳村
延徳村の昔の思いで(清水常治)「高井」 高井地方史研究会 144 2003.8

延徳村について(柴本昭夫)「高井」 高井地方史研究会 147 2004.5

江戸末～明治・大正期にかけての伝染病流行とその対策—延徳村を中心に(松沢邦男)「高井」 高井地方史研究会 (188) 2014.8

老ノ屋布城
幻の「信州伊奈郡老ノ屋布城」の想定地(松澤保)「伊那」 伊那史学会 61(4)通号1019 2013.4

追分宿
追分宿分去れ(小林太郎)「千曲」 東信史学会 (123) 2004.10

碑文は語る 追分宿の道しるべ(花嶋堯春)「地域文化」 八十二文化財団 (75) 2005.10

碑文は語る 追分宿の道しるべ(花嶋堯春)「地域文化」 八十二文化財団 (75) 2006.1

浅間山南麓における融雪型火山泥流と追分宿の発展(江川良武)「千曲」 東信史学会 (150) 2012.6

信濃・追分宿の遊女について(金井喜平次)「北國街道研究」 北國街道の手をつなぐ会 (13) 2012.12

追手町小学校校舎
飯田市内の建築史資料調査報告書 福島家住宅・追手町小学校校舎・旧山本中学校校舎(吉澤政己)「飯田市美術博物館研究紀要」 飯田市美術博物館 (17) 2007.3

追手町本校
飯田学校(上)～(下)—飯田町の教育と追手町本校(永井辰雄)「伊那」 伊那史学会 53(2)通号921/53(3)通号922 2005.2/2005.3

大井用水
佐久の地名考(6) 「佐久郡・小郡」と記された刻書・墨書土器をめぐって/古代佐久の官庖群の大井用水の一考察(臼田明)「佐久」 佐久史学会 (65) 2012.8

大いろ堰
樋沢川水利の源流と経緯(1) 「思川」の開削と「大いろ堰」の意味するもの(湯本直嗣)「須高」 須高郷土史研究会 (79) 2014.10

大内道
佐久の地名考(5) 佐久とサケマスの信仰/貢馬の道・大内道を行く—天空を越えた望月の駒(臼田明)「佐久」 佐久史学会 (62) 2011.3

大岡村
大岡村(小林計一郎)「長野」 長野郷土史研究会 (239) 2005.1

大崖砂防堰堤
南木曽町の文化財 史跡大崖砂防堰堤(中部の産業遺産)(中住健二郎)「産業遺産研究」 中部産業遺産研究会事務局 (10) 2003.5

大河原村
江戸時代における百姓内山と御榑木山の森林とその利用—信州伊那郡大河原村・鹿塩村古文書資料から得られる知見(松原輝男)「飯田市美術博物館研究紀要」 飯田市美術博物館 (18) 2008.3

大河原堰
農業用水と観光開発—茅野市大河原堰を中心に(《追悼 小穴喜一氏》)(新津新生)「信濃［第3次］」 信濃史学会 55(5)通号640 2003.5

大久保
思い出の大久保界隈—鉛筆一本の旅(松尾ちゑ子)「伊那」 伊那史学会 57(12)通号979 2009.12

大久保小学校
大久保小学校の思い出(松尾ちゑ子)「伊那」 伊那史学会 58(2)通号981 2010.2

大笹街道
信州と上州をつないだ脇街道 大笹街道(仁礼街道)(特集 信州と隣県 信州と上州)「地域文化」 八十二文化財団 (107) 2014.1

新大笹街道の開設をめぐって—新道御願書について(宮澤慶男)「須高」 須高郷土史研究会 (79) 2014.10

大沢山
入会地大沢山の変遷(上)～(4)(小林金春)「オール諏訪 : 郷土の総合文化誌」 諏訪郷土文化研究会 19(1)通号184/19(10)通号193 2000.1/2000.10

大鹿谷
大量輸送時代の先がけ 大鹿谷からの木材トロッコ輸送(加瀬春美)「伊那」 伊那史学会 48(8)通号867 2000.8

大鹿村
大鹿村と七不思議(荻原弥生)「ふきはら : 活字文化の総合誌」 ふきはら文化の会 (3) 2009.10

ふる里講座 大鹿村の中央構造線を訪ねて(はなしの小窓)(青山洋子)「三郷文化」 三郷郷土研究会 (115) 2011.2

大島城
畝町地名考(上),(下)—大島城下の事例をもとに(宮澤恒之)「伊那」 伊那史学会 61(2)通号1017/61(5)通号1020 2013.2/2013.05

大瀬木村
飯田藩大瀬木村の籾蔵(平田正宏)「伊那」 伊那史学会 48(2)通号861 2000.2

大田
共有林の明と暗—飯山市大田地区の場合(田中毅)「高井」 高井地方史研究会 (187) 2014.5

大平

大平小史 (清水迪夫)「飯田市美術博物館研究紀要」 飯田市美術博物館 (13) 2003.3

大田切川

古文書の窓 (89) 「大田切川にて 夫 流death仕り候」(小木曽伸一)「伊那路」 上伊那郷土研究会 53 (6) 通号629 2009.6

大田切郷

空木岳残照 (1), (2) 大田切郷における古代から中世へ (田中清文)「伊那路」 上伊那郷土研究会 49 (9) 通号584/50 (1) 通号588 2005.9/ 2006.1

空木岳残照 (3) 大田切郷における古代から中世へ 伊那郡「大徳王寺城の合戦」始末記 (前) (田中清文)「伊那路」 上伊那郷土研究会 52 (1) 通号612 2008.1

太田部

解説資料 (3) 太田部は千曲川の流れをまともにうけてその土地を削りとられてきた「佐久」 佐久史学会 (61) 2010.12

大西

大鹿村大西崩れを今井邦康・積夫妻から聞く (三六災害五十年) (松島信幸)「伊那」 伊那史学会 59 (8) 通号999 2011.8

大西山

大鹿村大西山中の墨蹟 (久保田賀津男)「伊那」 伊那史学会 54 (3) 通号934 2006.3

伊那路谷「三六災」の思い出―大鹿村大西山大崩落後の脱出行聞書 (北原昌弘)「伊那路」 上伊那郷土研究会 55 (7) 通号654 2011.7

大俣

風雪の千曲川交通―大俣近辺の渡舟を中心に (浅沼健治)「高井」 高井地方史研究会 (179) 2012.5

大俣村

大俣村の開発と人の動き (松沢邦男)「高井」 高井地方史研究会 (183) 2013.5

大町

松本藩大町組長吏組頭の史料 (斎藤洋一)「信州農村開発史研究所報」 信州農村開発史研究所 86 2003.10

大町市

資料紹介大町市・北安曇郡の金工品 (篠崎健一郎)「信濃 [第3次]」 信濃史学会 57 (9) 通号668 2005.9

「水が冷たい。水が温かい」―地域づくり工房によもミニ水力発電 (大町市)《特集 千曲川・天竜川―暮らしの中を流れる川》「地域文化」 八十二文化財団 (88) 2009.4

大道

竜丘の小字から「大道」の痕跡を探す (伊那谷研究団体協議会第13回シンポジウム (報告)―伊那谷まるごと博物館・伊那史学をめざして) (今村理則)「伊那」 伊那史学会 59 (6) 通号997 2011.6

小笠原書院

小笠原書院と玄関の建設年代 (久保田安正)「伊那」 伊那史学会 53 (11) 通号930 2005.11

岡城

上田川西地区の中世を歩く―岡城跡と山崎城跡 (尾見智志)「千曲」 東信史学会 115 2002.10

永禄の武田将士起請文と岡城 (寺島隆史)「武田氏研究」 武田氏研究会. 岩田書院 (発売) (49) 2013.11

岡谷

岡谷の製糸業 (6) 北信・松代から岡谷の製糸工場へ来て (大岐きよ志)「岡谷蚕糸博物館紀要」 岡谷市教育委員会 (6) 2001.10

岡谷の製糸業 (6) 戦後の製糸工場―ミハト製糸株式会社の思い出 (吉川千栄子, 小松幸子, 伊藤あき江, 柳沢輝子, 高木美枝子)「岡谷蚕糸博物館紀要」 岡谷市教育委員会 (7) 2002.10

岡谷の製糸業と山河―横川山 命はぐくむ緑の山と清流「岡谷蚕糸博物館紀要」 岡谷市教育委員会 (7) 2002.10

桑梓探訪 岡谷の製糸業と山河「岡谷蚕糸博物館紀要」 岡谷市教育委員会 (7) 2002.10

岡谷の製糸業 (8) 「岡谷はどえらい都会やった。家の仕事するより、糸挽きの方が楽やったわ」安江キリ「岡谷蚕糸博物館紀要」 岡谷市教育委員会 (8) 2003.12

〈聞き取り調査の記録 岡谷の製糸業 (10)〉「岡谷蚕糸博物館紀要」 岡谷市教育委員会 (10) 2005.12

この繭のおかげに岡谷へ来ただよ―夫は腕の良い煮繭手 (宮坂セツ)「岡谷蚕糸博物館紀要」 岡谷市教育委員会 (10) 2005.12

〈特集 岡谷の製糸〉「岡谷蚕糸博物館紀要」 岡谷市教育委員会 (10) 2005.12

特集「岡谷の製糸」に寄せて (小口晴敬)「岡谷蚕糸博物館紀要」 岡谷市教育委員会 (10) 2005.12

文学に描かれた製糸の世界 (篠原昭)「岡谷蚕糸博物館紀要」 岡谷市教育委員会 (10) 2005.12

女工哀史の検証 (4) 絹の靴下 セリプレーン検査に泣く (嶋崎昭典, 森川英明, 鮎澤諭志)「岡谷蚕糸博物館紀要」 岡谷市教育委員会 (10) 2005.12

諏訪湖・天竜川と岡谷の製糸―発展を支えた水車動力と製糸用水 (鮎澤論志)「岡谷蚕糸博物館紀要」 岡谷市教育委員会 (10) 2005.12

経営者は語る人との絆 繭一筋に (竹村武治)「岡谷蚕糸博物館紀要」 岡谷市教育委員会 (10) 2005.12

シルク産業を訪ねて 製糸は伝統産業だからガンバッてます―松澤製糸の糸じゃなきゃだめという声をはげみに「岡谷蚕糸博物館紀要」 岡谷市教育委員会 (10) 2005.12

中央本線開業百周年 中央線全通にかけた製糸家たち―「国家経済を保つに最も必要なる線路たるを信ず」(小口圭一)「岡谷蚕糸博物館紀要」 岡谷市教育委員会 (10) 2005.12

岡谷の中山道略記 (1) 何故大曲りしたか (蟹江文吉)「オール諏訪 : 郷土の総合文化誌」 諏訪郷土文化研究会 25 (12) 通号258 2006.3

岡谷の中山道略記 (2) 廃道の初期中山道 (蟹江文吉)「オール諏訪 : 郷土の総合文化誌」 諏訪郷土文化研究会 26 (1) 通号259 2006.4

岡谷の中山道略記 (3) 元和の中山道完成 (蟹江文吉)「オール諏訪 : 郷土の総合文化誌」 諏訪郷土文化研究会 26 (2) 通号260 2006.5

巻頭エッセイ 郷愁の中の岡谷製糸業史 (戸沢充則)「岡谷蚕糸博物館紀要」 岡谷市教育委員会 (11) 2007.1

聞き取り調査の記録 岡谷の製糸業 (11) ただ私は懐かしいと思うだけや。岡谷、岡谷って言って来れたんやで。 松井くに「岡谷蚕糸博物館紀要」 岡谷市教育委員会 (11) 2007.1

岡谷製糸の歩み―新しい未来を拓く (〈特集 岡谷の製糸〉)「岡谷蚕糸博物館紀要」 岡谷市教育委員会 (11) 2007.1

統計から眺める岡谷の製糸―世界への生糸供給基地 (〈特集 岡谷の製糸〉) (鮎澤論志)「岡谷蚕糸博物館紀要」 岡谷市教育委員会 (11) 2007.1

聞き取り調査の記録 岡谷の製糸業 (13) 「大将が弱っちゃって、困るよ」って私が言ったら、「そりゃあそうだな」って。(特集 岡谷の製糸) (武井利雄)「岡谷蚕糸博物館紀要」 岡谷市教育委員会 (13) 2009.3

製糸聞き取り調査の総括 山本茂実著『あ、野麦峠 ある製糸女工哀史』をたどる (1) (特集 岡谷の製糸) (会田進)「岡谷蚕糸博物館紀要」 岡谷市教育委員会 (13) 2009.3

桑梓探訪 中央通りのまちなみ―人集い、いきづく岡谷の商店街「岡谷蚕糸博物館紀要」 岡谷市教育委員会 (13) 2009.3

おかや歴史散歩 (16) 旧中山道の三沢一里塚「オール諏訪 : 郷土の総合文化誌」 諏訪郷土文化研究会 29 (1) 通号295 2009.4

おかや歴史散歩 (18) 駒沢城「オール諏訪 : 郷土の総合文化誌」 諏訪郷土文化研究会 29 (3) 通号297 2009.6

おかや歴史散歩 (22) 高尾城址「オール諏訪 : 郷土の総合文化誌」 諏訪郷土文化研究会 29 (7) 通号301 2009.10

おかや歴史散歩 (23) イチヤマか製糸場「オール諏訪 : 郷土の総合文化誌」 諏訪郷土文化研究会 29 (8) 通号302 2009.11

おかや歴史散歩 (24) 開明社「オール諏訪 : 郷土の総合文化誌」 諏訪郷土文化研究会 29 (9) 通号303 2009.12

諏訪・岡谷地方の経済概況 (諏訪信用金庫)「オール諏訪 : 郷土の総合文化誌」 諏訪郷土文化研究会 29 (10) 通号304 2010.1

おかや歴史散歩 (25) 中山社「オール諏訪 : 郷土の総合文化誌」 諏訪郷土文化研究会 29 (10) 通号304 2010.1

諏訪・岡谷地方の経済概況 (諏訪信用金庫)「オール諏訪 : 郷土の総合文化誌」 諏訪郷土文化研究会 29 (11) 通号305 2010.2

おかや歴史散歩 (26) 天竜川水車「オール諏訪 : 郷土の総合文化誌」 諏訪郷土文化研究会 29 (11) 通号305 2010.2

特集「岡谷の製糸」の要約 なぜ岡谷に製糸が栄えたか―諏訪式繰糸法を中心にして (特集 岡谷の製糸) (嶋崎昭典)「岡谷蚕糸博物館紀要」 岡谷市教育委員会 (14) 2010.3

旧蚕糸試験場岡谷製糸試験所 (現農業生物資源研究所生活資源開発ユニット) のあゆみ I設立の経緯と組織の変遷 (高林千幸)「岡谷蚕糸博物館紀要」 岡谷市教育委員会 (14) 2010.3

中央東線 富士見岡谷間開通 (田中秀胤)「茅野」 茅野市郷土研究会 (76) 2012.3

岡谷工業学校

桑梓探訪 諏訪蚕糸学校・岡谷工業学校―地域とともに歩む学び舎「岡谷蚕糸博物館紀要」 岡谷市教育委員会 (14) 2010.3

岡谷市

岡谷市近代化産業遺産だより 近代化産業遺産を地域活性化に役立てる―平成20年度岡谷市の近代化産業遺産活用事業から「岡谷蚕糸博物館紀要」 岡谷市教育委員会 (13) 2009.3

小野村、岡谷市の入会地紛争記録から (福島永)「辰野町資料」 辰野町文

化財保護審議会 （100） 2009.3

岡谷市近代化産業遺産だより 「まちあるきはまちづくり」 近代化産業遺産を地域活性化に役立てる―平成21年度岡谷市の近代化産業遺産活用事業から 「岡谷蚕糸博物館紀要」 岡谷市教育委員会 （14） 2010.3

小川村

小川村の軍馬碑（常盤眞重）「長野」 長野郷土史研究会 237 2004.9

小川村和佐尾の狼退治など（関保男）「長野」 長野郷土史研究会 （289） 2013.6

奥信濃

山と水の利権をめぐって争った奥信濃百姓（《追悼 小穴喜一氏》）（樋口和雄）「信濃 ［第3次］」 信濃史学会 55（5）通号640 2003.5

小倉

小倉に 「飛行場ができる？」（赤羽根嘉矩）「三郷文化」 三郷郷土研究会 88 2004.5

小倉りんごの生い立ちと発達―村誌資料調査から（《特集 ブランドりんごへの道》）（降幡隆夫）「三郷文化」 三郷郷土研究会 通号97 2006.8

小倉官林の開墾にあたった先人の苦労を思んで（《特集 ブランドりんごへの道》）（上兼今朝賴）「三郷文化」 三郷郷土研究会 通号97 2006.8

小倉国保有林伐採と開墾及び其の後（炉辺閑話）（仁木茂博）「三郷文化」 三郷郷土研究会 （108） 2009.5

懐かしい小倉での思い出（炉辺閑話）（下川薫）「三郷文化」 三郷郷土研究会 （111） 2010.2

小倉村

村の庄屋文書から（4） 小倉村飛州新道と羽子沢番所の話（降旗隆夫）「三郷文化」 三郷郷土研究会 87 2004.2

小郡

佐久の地名考（6） 「佐久郡・小郡」と記された刻important・墨書土器をめぐって／古代佐久の官衙群の大井用水の一考察（臼田明）「佐久」 佐久史学会 （65） 2012.8

長地

長地史談会35年の歩み（花岡春義）「オール諏訪 ： 郷土の総合文化誌」 諏訪郷土文化研究会 28（11）通号293 2009.2

小沢区

会議録にみる終戦前後の区の動向―上伊那郡伊那町小沢区の場合（伊藤一夫）「伊那路」 上伊那郷土研究会 47（8）通号559 2003.8

御使者屋跡地

松代町伊勢町御使者屋跡地家屋（丸山日出夫）「松代」 松代文化施設等管理事務所 （18） 2005.3

御巣鷹山

放鷹と野沢の御巣鷹山（上野正）「高井」 高井地方史研究会 （149） 2004.11

小田切村

日中戦争における軍馬の徴発―上水内郡小田切村を中心に（常盤真重）「市誌研究ながの」 長野市 （10） 2003.2

小田多井堰

ふるさとを学ぶ堀金友の会シリーズ（6） 小田多井堰の新田村（炉辺閑話）（三村征二）「安曇野文化」 安曇野文化刊行委員会 （10） 2014.2

尾竪の城

高梨落城記 尾竪の城（檀原長則）「高井」 高井地方史研究会 （167） 2009.5

小田中

近世～近代にかけての小田中の小作の実態（松沢邦男）「高井」 高井地方史研究会 （162） 2008.2

地租改正時の丈量法（測量法）―小田中を中心として（町田親穂）「高井」 高井地方史研究会 （185） 2013.11

小谷村

災害を乗り越え暮らす（北安曇郡小谷村）（特集 隣県との交流―千国街道）「地域文化」 八十二文化財団 （99） 2012.1

共催講座 小谷村の地理・歴史と暮らし（業務報告）「長野県立歴史館研究紀要」 長野県立歴史館 （20） 2014.3

男山

東信州の景頗族文化マップ―鉄矛の用途・銅釧の着装・男山と女山の意味について（柳沢賢次）「千曲」 東信史学会 （133） 2007.5

鬼ヶ城山鉱山

喬木村鬼ヶ城山鉱山（久保田賀津男）「伊那」 伊那史学会 54（8）通号939 2006.8

小仁熊ダム

富蔵ダム（小仁熊ダム）建設顚末記II（特集 福満寺）（山本長）「筑北郷土史研究会会誌」 筑北郷土史研究会 （9） 2010.10

小沼村

出羽国由利郡の地名の付け方―北佐久郡小沼村を基準として（柳沢賢次）「佐久」 佐久史学会 （65） 2012.8

小県の軽井沢―北佐久郡小沼村から考える（柳沢賢次）「千曲」 東信史学会 （154） 2013.10

小野

小野地区山地 小野地区山地の石造物／小野地区山地の石造物所在地図／小野地区山地石造物一覧「辰野町資料」 辰野町文化財保護審議会 （105） 2011.12

小野宿問屋

小野宿問屋の襖などの書について（高井宗雄）「辰野町資料」 辰野町文化財保護審議会 （110） 2014.3

小野村

小野村三ヶ所役人名簿（小澤和延）「辰野町資料」 辰野町文化財保護審議会 （93） 2004.11

小野村、岡谷市の入会地紛争記録から（福島永）「辰野町資料」 辰野町文化財保護審議会 （100） 2009.3

小野村における「ええじゃないか」（三輪憲昭）「辰野町資料」 辰野町文化財保護審議会 （110） 2014.3

姨捨駅

「姨捨」駅・考（日向野康男）「那須野原」 飯村印刷所 （14） 2003.5

姨捨山

姨捨山と人舛田―その伝説の考証と現代的意味（横山十四男）「信濃 ［第3次］」 信濃史学会 57（5）通号664 2005.5

大日向

証言（1） 分村大日向開拓団（特集 孫たちに伝えたい「私の戦争体験」（前）―王道楽土も一瞬の夢 開拓団の手記）（堀川源雄）「佐久」 佐久史学会 （63） 2011.8

平成24年度 春季企画展「長野県の満州移民―三つの大日向をたどる―」のご紹介「長野県立歴史館たより」 長野県立歴史館 （70） 2012.2

史料紹介 大林作三「終戦の記」―満州大日向開拓団の崩壊（満州小特集）（青木隆幸）「信濃 ［第3次］」 信濃史学会 65（3）通号758 2013.3

大日向村

語られた満州分村移民、描かれた大日向村、満州（伊藤純郎）「信濃 ［第3次］」 信濃史学会 62（2）通号721 2010.2

小布施

小布施の和林檎一考察（小林暢雄）「須高」 須高郷土史研究会 （62） 2006.4

第440回例会記 善光寺御開帳、別所・小布施を訪ねる旅（鈴木武雄）「杉並郷土史会史報」 杉並郷土史会 （219） 2010.1

「巴錦」と小布施（町田親穂）「高井」 高井地方史研究会 （182） 2013.2

小布施町

小布施町における被差別部落の歴史の一考察（外谷俊男）「文化財信濃」 長野県文化財保護協会 38（3）通号145 2011.12

麻績

「麻績郷の成立」考（滝澤弘光）「筑北郷土史研究会会誌」 筑北郷土史研究会 （2） 2003.6

麻績郷

麻績郷私考（桐原健）「伊那」 伊那史学会 53（12）通号931 2005.12

思川

樋沢川水利の源流と経緯（1） 「思川」の開削と「大いろ堰」の意味するもの（湯本直嗣）「須高」 須高郷土史研究会 （79） 2014.10

親田

伝統を継ぐ 作物編「親田辛味大根」（市川健夫）「地域文化」 八十二文化財団 63 2003.1

御岳山

世相寸談 御嶽山噴火（編集部）「氷見春秋」 氷見春秋会 （70） 2014.11

女山

東信州の景頗族文化マップ―鉄矛の用途・銅釧の着装・男山と女山の意味について（柳沢賢次）「千曲」 東信史学会 （133） 2007.5

温明小学校

温明小学校の「奉安殿」跡？（赤羽根嘉矩）「三郷文化」 三郷郷土研究会 89 2004.8

開智学校

誌上博物館 明治三十七、八年戦役紀念館に学ぶ「あなたと博物館 ： 松本市立博物館ニュース」 松本市立博物館 （145） 2006.7

明治三十七、八年戦役紀念館開館前の様子―『史料開智学校』の記述から（1）、（2）（誌上博物館）「あなたと博物館 ： 松本市立博物館ニュース」 松本市立博物館 （148）／（165） 2007.1／2009.11

明治の小学校(3) 開智学校にみる当時の子供たち(古川修文)「昔風と当世風」 古々路の会 (94) 2010.3

博物館TOPICS 開智学校開校140周年記念事業「あなたと博物館 ： 松本市立博物館ニュース」 松本市立博物館 (188) 2013.9

誌上博物館 記念展「開智学校にみる進取の気風」より「あなたと博物館 ： 松本市立博物館ニュース」 松本市立博物館 (188) 2013.9

「開智学校からはじまった近代の学び」(誌上博物館 学都松本の礎―近世・近代、学びの場)「あなたと博物館 ： 松本市立博物館ニュース」 松本市立博物館 (190) 2014.1

企画展「開智学校の授業―開発主義教授を中心に―」(博物館TOPICS)「あなたと博物館 ： 松本市立博物館ニュース」 松本市立博物館 (195) 2014.11

魁塚

赤報隊「魁塚」と丸山久成(岩立将史)「地方史研究」 地方史研究協議会 62(3) 通号357 2012.6

貝沼村

古文書の窓(68) 文政六年、草鞋騒動に関する褒賞(高遠領・貝沼村)(池上正直)「伊那路」 上伊那郷土研究会 49(7) 通号582 2005.7

開明社

おかや歴史散歩(24) 開明社「オール諏訪 ： 郷土の総合文化誌」 諏訪郷土文化研究会 29(9) 通号303 2009.12

岳北

岳北三ヵ村の動き(片桐静雄)「高井」 高井地方史研究会 147 2004.5

鹿曲川

鹿曲川の戌の満水(荻原興造)「佐久」 佐久史学会 (61) 2010.12

角間新田

角間新田の藤原一族(早坂義征)「茅野」 茅野市郷土研究会 (75) 2011.9

岳麓湖盆

当番兵・符牒(岳麓湖盆)(武居幸重)「茅野」 茅野市郷土研究会 (64) 2006.9

風越

風越(かざこし)―古くからの気候地名(今村理則)「伊那」 伊那史学会 54(8) 通号939 2006.8

笠原

美篶笠原の「開田規約」のこと(上柳優二郎)「伊那路」 上伊那郷土研究会 55(5) 通号652 2011.5

笠原村

古文書の窓(71) 駒出生届(高遠領・笠原村)(桜井武)「伊那路」 上伊那郷土研究会 50(1) 通号588 2006.1

鹿塩村

江戸時代における百姓内山と御縛木山の森林とその利用―信州伊那郡大河原村・鹿塩村古文書資料から得られる知見(松原輝男)「飯田市美術博物館研究紀要」 飯田市美術博物館 (18) 2008.3

柏原村

宗門改帳から見た杉野沢村・柏原村・古海村の比較(青山始義)「長野」 長野郷土史研究会 235 2004.5

片桐

中川村片桐「天の中川」 橋 命名の由来考―その歴史的背景と意義(田中清文)「伊那路」 上伊那郷土研究会 58(7) 通号690 2014.7

片桐村

村兵事書類小論―上伊那郡片桐村役場文書から(山本和重)「伊那路」 上伊那郷土研究会 54(8) 通号643 2010.8

古文書の窓(118) 貞享年間の片桐六ヵ村の山の口の定め(下平すみ子)「伊那路」 上伊那郷土研究会 58(8) 通号691 2014.8

河東

河東地区の武田氏進出(馬場広幸)「須高」 須高郷土史研究会 (64) 2007.4

金井村

史料紹介 金井村の商人―江戸初期にできた街村集落で(海谷照)「高井」 高井地方史研究会 (157) 2006.11

金井村の寺子屋について(阿部敏明)「高井」 高井地方史研究会 (188) 2014.8

鼎下山

鼎下山赤田新井家文書の保存と活用(研究所活動助成成果報告)(鼎歴史を学ぶ会)「飯田市歴史研究所年報」 飯田市教育委員会 (10) 2012.8

金沢小学校

金沢小学校百有余年にかかわりながらの随想記(宮坂寛美)「茅野」 茅野市郷土研究会 (81) 2014.12

蟹沢川

蟹沢川とふるさとの路変遷について(宮澤芳己)「ちょうま」 更埴郷土を知る会 (28) 2008.1

加増村

目録 信濃国佐久郡加増村戸長役場文書目録「水と村の歴史 ： 信州農村開発史研究所紀要」 信州農村開発史研究所 (27) 2014.3

上新山村

古文書の窓(100) 嘉永三年村書上帳(上新山村)(池上正直)「伊那路」 上伊那郷土研究会 55(6) 通号653 2011.6

上飯田

三六災の頃―飯田市上飯田地区での体験(49年前に「三六災害」があった)(清野大吉郎)「伊那」 伊那史学会 58(8) 通号987 2010.8

上飯田村

近世の上飯田村を知る―課題と方法(〈シンポジウム 地域の歴史をひらく〉―ラウンドテーブル)(多和田雅保)「飯田市歴史研究所年報」 飯田市教育委員会 (6) 2008.9

17世紀における町人の耕地所持―上飯田村の「町貫」(小特集 飯田・上飯田―近世から近代へ―)(多和田雅保)「飯田市歴史研究所年報」 飯田市教育委員会 (9) 2011.10

信濃国伊那郡上飯田村田畑山林地引絵図―絵図にみる幕末・明治期の上飯田村「飯田市歴研ニュース」 飯田市歴史研究所 (68) 2014.1

上伊那

丸丁池上家文書にみる「御公儀様・御領主様御触留」について(1)～(18)(長谷川正次)「伊那路」 上伊那郷土研究会 47(7) 通号558/52(11) 通号622 2003.7/2008.11

上伊那俳壇40周年を迎え―源流の頃の俳句風景・わが回想のひとこま(酒井昌好)「伊那路」 上伊那郷土研究会 47(8) 通号559 2003.8

上伊那地方に伝わる織機(高機)と付属具(丸山輝子)「伊那路」 上伊那郷土研究会 47(10) 通号561 2003.10

長野県の南信三地域(諏訪、上・下伊那)の戦後の工場立地とその展開からみた空間構造(1),(2)―三地域の製造業の立地関連と海外進出を中心に(山口通之)「信濃〔第3次〕」 信濃史学会 55(11) 通号646/55(12) 通号647 2003.11/2003.12

〈第28回県外実地踏査報告 上伊那と遠州とのつながりを現地に探る〉「伊那路」 上伊那郷土研究会 47(12) 通号563 2003.12

上伊那地域の平成の大合併の動向(1)―住民意向調査結果の分析を中心に(山口通之)「伊那路」 上伊那郷土研究会 48(4) 通号567 2004.4

上伊那地域の平成の大合併の動向(2)―住民意識調査と最近の動向についての若干の考察(山口通之)「伊那路」 上伊那郷土研究会 48(7) 通号570 2004.7

上伊那における行政・自治圏域の変動過程の考察(1)―幕末から上伊那郡設置前までを中心に(伊藤一夫)「伊那路」 上伊那郷土研究会 48(9) 通号572 2004.9

上伊那における行政・自治圏域の変動過程の考察(2)―上伊那郡設置とその前後の動向を中心に(伊藤一夫)「伊那路」 上伊那郷土研究会 48(11) 通号574 2004.11

増補改訂 上伊那地方における金工品年表(赤羽篤)「伊那路」 上伊那郷土研究会 49(1) 通号576 2005.1

上伊那における行政・自治圏域の変動過程の考察(3)―三新法施行から「町村制」施行にかけての町村の動向を中心に(伊藤一夫)「伊那路」 上伊那郷土研究会 49(1) 通号576 2005.1

古文書の窓(65) 内務省・長野県上伊那郡長更迭顛却下指令(伊藤一夫)「伊那路」 上伊那郷土研究会 49(1) 通号576 2005.1

上伊那の美術活動のあゆみ―上伊那美術協会小史(須澤重雄)「伊那路」 上伊那郷土研究会 49(2) 通号577 2005.2

山間の郵便取扱所―明治の上伊那を中心に(春日重信)「伊那路」 上伊那郷土研究会 50(5) 通号592 2006.5

上伊那地域の平成の合併をめぐる特集に当たって(〈特集 上伊那地域の平成の合併〉)(伊那路編集委員会)「伊那路」 上伊那郷土研究会 50(7) 通号594 2006.7

長野県南信三地域(諏訪、上・下伊那)の戦後の製造業の立地とその関連(〈研究報告要旨〉)(山口通之)「飯田市歴史研究所年報」 飯田市教育委員会 (4) 2006.8

上伊那と木曽・飛騨・美濃地方とのかかわりを現地で探る(〈第31回上伊那歴史研究会県外実地踏査報告〉)「伊那路」 上伊那郷土研究会 50(12) 通号599 2006.12

上伊那の郷土研究のあゆみと課題(上),(下)―月刊誌土誌『伊那路』との関わりを中心に(伊藤一夫)「信濃〔第3次〕」 信濃史学会 60(3) 通号698/60(5) 通号700 2008.3/2008.5

古文書の窓(85) 上伊那郷中倹約定書のこと(三浦孝美)「伊那路」 上伊那郷土研究会 52(9) 通号620 2008.9

祖父の日記に見る明治期の刈敷山作業の実情(《民俗特集号》)(矢島信之)「伊那路」 上伊那郷土研究会 52(10) 通号621 2008.10

秋葉街道に信仰の道と塩の道を訪ね、遠江と上伊那との関連を現地に探る《広域特集》—〈第33回上伊那歴史研究会県外実地踏査報告〉）「伊那路」 上伊那郷土研究会 52(12)通号623 2008.12

三六災害の記憶—飯島氏・宮崎氏夫妻よりの聞き取りから（大場英明）「伊那路」 上伊那郷土研究会 55(7)通号654 2011.7

上伊那地方事務所林務課が記録した三六災害（三六災害五十年）（明石浩司）「伊那」 伊那史学会 59(8)通号999 2011.8

三六災害から五十年の歳月を経て（2）—中川村滝沢・桑原・四徳（伊藤修）「伊那路」 上伊那郷土研究会 55(8)通号655 2011.8

上伊那における茅葺き民家—昭和初期の茅葺き民家調査と現状との比較考察（民俗特集号）（矢澤静二）「伊那路」 上伊那郷土研究会 57(10)通号681 2013.10

「満蒙開拓青少年義勇軍」と「上伊那教育会」・「少年の塔」（第38回上伊那歴史研究会県外実地踏査報告「茨城県と上伊那とのつながりを探る」）（矢澤静二）「伊那路」 上伊那郷土研究会 57(12)通号683 2013.12

学童の集団疎開—東京都世田谷区中里国民学校元疎開児童の疎開地再訪（終戦特集号）（宮原達明）「伊那路」 上伊那郷土研究会 58(8)通号691 2014.8

塩の道を訪ねて（第39回上伊那歴史研究会県外実地踏査報告「愛知県三河と上伊那とのつながりを探る」）（氣賀澤厚典）「伊那路」 上伊那郷土研究会 58(12)通号695 2014.12

吉良歴史民俗資料館（第39回上伊那歴史研究会県外実地踏査報告「愛知県三河と上伊那とのつながりを探る」）（内藤りつ子）「伊那路」 上伊那郷土研究会 58(12)通号695 2014.12

上伊那郡

古文書の窓（19）県庶務課起案寄付願及郡長伺書処置回議書—上伊那郡役所等新築関係文書より（伊藤一夫）「伊那路」 上伊那郷土研究会 46(3)通号542 2002.3

上伊那における行政・自治圏域の変動過程の考察（1）—幕末から上伊那郡設置前までを中心に（伊藤一夫）「伊那路」 上伊那郷土研究会 48(9)通号572 2004.9

上伊那における行政・自治圏域の変動過程の考察（2）—上伊那郡設置とその前後の動向を中心に（伊藤一夫）「伊那路」 上伊那郷土研究会 48(11)通号574 2004.11

郡役所常円寺仮設当時の上伊那郡政の実態（伊藤一夫）「伊那路」 上伊那郷土研究会 57(9)通号680 2013.9

上伊那図書館

回想の上伊那図書館（赤羽篤）「伊那路」 上伊那郷土研究会 47(9)通号560 2003.9

終戦直後の上伊那図書館（春日博人）「伊那路」 上伊那郷土研究会 47(9)通号560 2003.9

創設当時の上伊那図書館—『上伊那図書館三十年史』を頼りに振り返る（伊藤勉）「伊那路」 上伊那郷土研究会 47(9)通号560 2003.9

上伊那図書館に疎開した文化財（清水満）「伊那路」 上伊那郷土研究会 47(9)通号560 2003.9

上伊那図書館にまつわる思い出（北原領一）「伊那路」 上伊那郷土研究会 47(9)通号560 2003.9

さらば!!上伊那図書館その七十余年の歴史に想う—昭和二十年代後半頃の想い出など（小林時子）「伊那路」 上伊那郷土研究会 47(9)通号560 2003.9

上伊那農業学校

興亜学生勤労報国隊・満州建設勤労奉仕隊の農業学校隊に参加して—上伊那農業学校（現上農高校）（矢澤喬治）「伊那路」 上伊那郷土研究会 52(8)通号619 2008.8

上今井

千曲川流域における幕末・明治初期の治水対策—上今井瀬直し工事を通して（寺島正友）「長野県立歴史館研究紀要」 長野県立歴史館 (11) 2005.3

上郷

探そう 上郷の昔を（研究報告）（飯田市立上郷小学校六年四組、伊藤豊）「飯田市歴史研究所年報」 飯田市教育委員会 (11) 2013.8

上郷小学校

『上郷小学校100年の歩み』発刊目指して（伊坪達郎）「飯田市歴研ニュース」 飯田市歴史研究所 (49) 2010.12

上郷村

日露戦争と地域社会の組織化—長野県上郷村を事例に（鬼塚博）「飯田市歴史研究所年報」 飯田市教育委員会 (3) 2005.8

上郷堂垣外遺跡

伊那郡衙周辺の馬牧情報—上郷堂垣外遺跡をふくむ地名の検討（宮澤恒之）「伊那」 伊那史学会 50(9)通号892 2002.9

上郷別府

伊那郡衙域周辺の馬牧情報（2）—上郷別府・黒田の地名などから（宮澤

恒之）「伊那」 伊那史学会 52(9)通号916 2004.9

上塩尻村

木戸は取り払われたのに—「馬入り道一件」をめぐる上塩尻村の行政構造（田島昇）「東北学院大学東北文化研究所紀要」 東北学院大学東北文化研究所 (36) 2004.11

上島

上島地区山地 上島地区山地の石造物/上島地区山地の石造物所在地図/上島地区山地石造物一覧（辰野町資料） 辰野町文化財保護審議会 (105) 2011.12

上島区

辰野町の石造物調査 上島区/今村区/宮所区/小横川区（辰野町石造物調査会、高井宗雄）「辰野町資料」 辰野町文化財保護審議会 (97) 2007.3

上城

地区の今昔—長谷村溝口区上城の場合（中山源一）「伊那路」 上伊那郷土研究会 47(5)通号556 2003.5

上清内路

上清内路原家の天狗党文書—尊王攘夷の戦を詳細に記述（佐古新一）「伊那」 伊那史学会 62(3)通号1030 2014.3

上高井

上高井地方における昭和の市町村合併（中條昭雄）「長野県立歴史館研究紀要」 長野県立歴史館 (10) 2004.3

上高井への学童集団疎開—学童の回想記録で綴る疎開生活（井上光由）「須高」 須高郷土史研究会 (65) 2007.10

富岡製糸場に行った上高井の工女たち—一生血をとられるという風評の中で（井上光由）「須高」 須高郷土史研究会 (73) 2011.10

上高井郡

日滝村・高井野村水論の中で 水車小屋の扱いについて（2）（宮前日回）「須高」 須高郷土史研究会 (62) 2006.4

上高井保育園

私立上高井保育園（幼稚園）80年の歩み（内藤善雄、井上昌美）「須高」 須高郷土史研究会 (55) 2002.10

上徳間

上徳間区有林に於ける鉱山関係文書紹介（村山汎享）「とぐら : 戸倉史談会誌」 戸倉史談会 (31) 2006.2

上戸倉温泉

寛政年間頃の上戸倉温泉（高野六雄）「とぐら : 戸倉史談会誌」 戸倉史談会 (36) 2011.2

上殿嶋村

春近郷・上殿嶋村内の「馬入村」について（池上正直）「伊那路」 上伊那郷土研究会 55(11)通号658 2011.11

上畑村

上畑村における戌の満水の背景と影響を探る（特別寄稿）（小林範昭）「佐久」 佐久史学会 (60) 2010.7

神原

「上原山・神原の分割」考（上）、（下）（五味省七）「茅野」 茅野市郷土研究会 (76)/(77) 2012.3/2012.09

「上原山・神原の分割」をめぐる百年考（五味省七）「茅野」 茅野市郷土研究会 (79) 2013.9

上久堅

各町村史学会の動き 第450回郷土巡礼 上久堅・下久堅の歴史と地名を訪ねて「伊那」 伊那史学会 60(2)通号1005 2012.2

上牧

天竜川柵立枠立替目論見—上伊那郡伊奈部村上牧・野底（竹入弘元）「伊那路」 上伊那郷土研究会 53(1)通号624 2009.1

上村中学校

学校史料と教育実践が地域史に問いかけるもの—飯田東中学校と旧上村中学校を事例として（特集 地域と歩む教育の歴史—飯田・下伊那の学びの場から）（田中清一）「飯田市歴史研究所年報」 飯田市教育委員会 (11) 2013.8

上山田

千曲市上山田地区（宮原英夫）「長野」 長野郷土史研究会 (244) 2005.11

上山田温泉

戸倉温泉・上山田温泉の温泉場成立過程（滝澤公男）「千曲」 東信史学会 (137) 2008.5

冠着トンネル

冠着トンネルと羽尾の水利（近世文書教室）（北村主計）「とぐら : 戸倉史談会誌」 戸倉史談会 (39) 2014.3

長野県　　　　　　　　　　地名でたどる郷土の歴史　　　　　　　　　　北陸甲信越

冠着越

冠着越の峠（中島正利）「千曲」 東信史学会　119　2003.10

冠着山

冠着山山頂の句碑（山田文英）「筑北郷土史研究会会誌」 筑北郷土史研究会　（2）2003.6

冠着山争論の事（古文書解読）「とぐら ： 戸倉史談会誌」 戸倉史談会　（29）2007.8

更級郡更級村冠着山入会権関係事項調査書（古文書解読）（宮本ちはる）「とぐら ： 戸倉史談会誌」 戸倉史談会　（29）2004.2

冠着山はどんな山？ 冠着山はこんな山。他面な山の一角をみる（塚田哲男）「とぐら ： 戸倉史談会誌」 戸倉史談会　（31）2006.2

亀倉

「亀倉」の地名について（阪牧吉次）「須高」 須高郷土史研究会　（76）2013.4

鴨ヶ岳城

鴨ヶ嶽城の出郭などの調査（檀原長則）「高井」 高井地方史研究会　（169）2009.11

唐崎山

雨宮郵便局たよりから唐崎山と雨宮の渡し（宮本賢爾）「ちょうま」 更埴郷土を知る会　（22）2002.1

烏川扇状地

烏川扇状地の自然環境と古代開発沢（《追悼 小穴喜一氏》）（重野昭茂）「信濃 [第3次]」 信濃史学会　55（5）通号640　2003.5

自然環境による安曇野古代烏川扇状地の開発（重野昭茂）「信濃 [第3次]」 信濃史学会　59（3）通号686　2007.3

小穴芳実先生と烏川扇状地の地域史―用水堰での地域開発の歩みを中心に（《特集 追悼 小穴芳実元委員長》―小穴氏の研究を顧みる）（重野昭茂）「信濃 [第3次]」 信濃史学会　61（10）通号717　2009.10

苅屋原

苅屋原と磯部（岡本功）「とぐら ： 戸倉史談会誌」 戸倉史談会　（26）2001.2

臥竜山

臥龍山を讃えた人々―江戸時代から昭和初期（小林裕）「須高」 須高郷土史研究会　（75）2012.10

軽井沢

会津から軽井沢へ（水木正）「月刊会津人」 月刊会津人社　（1）2003.10

明治・大正期の軽井沢における高原避暑地の形成と別荘所有者の変遷（佐藤大祐，斎藤功）「歴史地理学」 歴史地理学会，古今書院（発売）46（3）通号219　2004.6

軽井沢俳人・俳句覚書（土屋長久）「長野」 長野郷土史研究会　（243）2005.9

明治初期の軽井沢動静について（《特集号 明治維新と農民運動》）（金井喜平次）「千曲」 東信史学会　（139）2008.10

軽井沢と大雨、その人文地理学的意味を考える（地理学小特集）（吉田隆彦）「信濃 [第3次]」 信濃史学会　61（11）通号718　2009.11

御影用水の開きと―慶安3年（1650）開発人 柏木小右衛門（柏木易之）「千曲」 東信史学会　（143）2010.2

軽井沢地名の成立（地理学小特集）（江川良武）「信濃 [第3次]」 信濃史学会　65（10）通号765　2013.10

小県の軽井沢―北佐久郡小沼村から考える（柳沢賢次）「千曲」 東信史学会　（154）2013.10

大正末～昭和初年における軽井沢の実像―医院診断書より見る（江川良武，清原透）「千曲」 東信史学会　（155）2014.2

軽井沢町

軽井沢町の文化財（《特集 軽井沢町（長野県）》）（軽井沢町教育委員会）「群馬歴史散歩」 群馬歴史散歩の会　（192）2006.1

川岸村

よみがえった川岸村歌と観蛍橋の由来（上），（下）（鮎澤毅）「オール諏訪 ： 郷土の総合文化誌」 諏訪郷土文化研究会　26（3）通号261/26（4）通号262　2006.6/2006.7

川下り郷

元禄検地帳に見る川下り郷―耕地の土地開発状況（酒井巌）「伊那路」 上伊那郷土研究会　53（7）通号630　2009.7

川路

天竜川・飯田市川路地区治水年表―環境保全・発電ダムとの共存求めて70年（今村真直）「伊那」 伊那史学会　53（3）通号922　2005.3

天龍川右岸飯田市川路地区治水事業の歴史 十三話の記（《飯田・下伊那地域研究団体連絡協議会第9回シンポジウム報告「伊那谷の災害」》）（今村真直）「伊那」 伊那史学会　54（6）通号937　2006.6

今も続けている 川路 牧内辰明家の養蚕（寺田一雄）「伊那」 伊那史学会　59（1）通号992　2011.1

川路村

「満州」農業移民の社会的基盤と家族―長野県下伊那郡川路村を事例に（細谷亨）「飯田市歴史研究所年報」 飯田市教育委員会　（5）2007.8

資料整理の現場から 旧川路村青年学校教師 今村正業氏への軍事郵便―状況や心情を伝える70年前の兵士の便り（上河内陽子）「飯田市歴研ニュース」 飯田市歴史研究所　（72）2014.10

川路八区諏訪社

歴史的建造物調査―福島家住宅・脇坂門・川路八区諏訪社・代田家住宅（調査報告）（金澤雄記）「飯田市歴史研究所年報」 飯田市教育委員会　（4）2006.8

川中島

第49回特別展「川中島の戦い―いくさ・こころえ・祈り」（降旗浩樹）「長野市立博物館博物館だより」 長野市立博物館　（60）2004.3

川中島合戦について（西沢直人）「とぐら ： 戸倉史談会誌」 戸倉史談会　（31）2006.2

川中島合戦と城郭 [正]，（続）―関連城郭から展望する合戦の実像（三島正之）「中世城郭研究」 中世城郭研究会　（20）/（21）2006.7/2007.7

未来への伝言 消えた川中島の史跡・地名（《特集 川中島の戦いと「長野」の始まり》）（小林一郎）「長野」 長野郷土史研究会　（250）2006.12

川中島の戦―甲信越戦国史（《特集 川中島の戦いと「長野」の始まり》）（小林計一郎）「長野」 長野郷土史研究会　（250）2006.12

川中島の合戦（地蔵慶護）「北海道れきけん」 北海道歴史研究会　（64）2007.6

一次史料でみる川中島の合戦（諸井幸枝）「頸城文化」 上越郷土研究会　（55）2007.10

風林火山紀行（6）川中島の合戦「オール諏訪 ： 郷土の総合文化誌」 諏訪郷土文化研究会　27（8）通号278　2007.11

善光寺平と川中島合戦（《特集 川中島の戦い（2）》）（宮下健司）「長野」 長野郷土史研究会　（256）2007.12

「川中島合戦略伝」―土産に売られた川中島合戦記（《特集 川中島の戦い（2）》）（小林一郎）「長野」 長野郷土史研究会　（256）2007.12

大河ドラマ「風林火山」と長野県のいま―信濃毎日新聞に見る（《特集 川中島の戦い（2）》）「長野」 長野郷土史研究会　（256）2007.12

子どもの頃の遊び―陣とり・川中島（田中幸美）「伊那」 伊那史学会　56（1）通号956　2008.1

川中島合戦その後―直江兼続を中心に（わが町の文化財探訪）（降幡浩樹）「文化財信濃」 長野県文化財保護協会　35（1）通号131　2008.6

川中島古戦場での観測天文学の幕開け（斉藤秀樹）「長野市立博物館博物館だより」 長野市立博物館　（87）2013.9

川中島の戦（植松完）「風林火山」 武田家旧温会　（27）2014.3

川西

上田川西地区の中世を歩く―岡城跡と山崎城跡（尾見智志）「千曲」 東信史学会　115　2002.10

上田川西地区の中世を歩く（2）室賀氏と室賀城（尾見智志）「千曲」 東信史学会　（133）2007.5

小諸領内 川西騒動について（《特集号 明治維新と農民運動》）（土屋仕）「千曲」 東信史学会　（139）2008.10

川原

近世上田領岩下村川原開発考（《特集 千曲川水系における養蚕・製糸の歩み》）（尾崎行也）「千曲」 東信史学会　（131）2006.10

観蛍橋

よみがえった川岸村歌と観蛍橋の由来（上），（下）（鮎澤毅）「オール諏訪 ： 郷土の総合文化誌」 諏訪郷土文化研究会　26（3）通号261/26（4）通号262　2006.6/2006.7

神田

松本市神田地域の小字名の変遷（百瀬和彦）「松本市史研究 ： 松本市文書館紀要」 松本市　（18）2008.3

喜久水愛宕蔵

喜久水愛宕蔵の建築的特質と活用―日本各地の活用事例とともに（岩本馨，松山恵）「飯田市歴史研究所年報」 飯田市教育委員会　（2）2004.8

喜久水酒造業

歴史的建造物調査 喜久水酒造業・飯田遊郭窪田楼（東京大学大学院伊藤毅研究室）「飯田市歴史研究所年報」 飯田市教育委員会　（1）2003.12

木島村

木島村の動きの点描（但馬国男）「高井」 高井地方史研究会　147　2004.5

木島平村

高度経済成長期における木島平村農業の変遷（宮崎辰昭）「高井」 高井地方史研究会　（156）2006.8

北陸甲信越　　　　　　　　　地名でたどる郷土の歴史　　　　　　　　　　　　長野県

木曽

　木曽漆器の匠を訪ねる 曲げる/塗る/彩る「地域文化」 八十二文化財団
　　63　2003.1
　戦国期における木曽の支配について(1),(2)(遠山高志)「信濃[第3
　　次]」信濃史学会　56(7)通号654/56(8)通号655　2004.7/2004.8
　木曽ヒノキによって繁栄した木曽山中の寒村(楢英雄)「Sala : 歴史民
　　俗誌」 常民学会　(39)　2006.2
　上伊那と木曽・飛騨・美濃地方とのかかわりを現地で探る(〈第31回上伊
　　那歴史研究会県外実地踏査報告〉)「伊那路」 上伊那郷土研究会　50
　　(12)通号599　2006.12
　近世木曽の流木(服部正彦)「郷土文化」 名古屋郷土文化会　61(2)通号
　　205　2006.12
　御料林の形成・展開と木曽地方(〈研究報告「国有林史料の保存と活用
　　にむけて」報告要旨〉)(田原昇)「地方史研究」 地方史研究協議会
　　58(1)通号331　2008.2
　木曽での鉄道誘致と宮越駅(神村透)「伊那」 伊那史学会　57(7)通号
　　974　2009.7
　「信濃国十二郡」をめぐって―木曽の描かれた地図(福島正樹)「長野県立
　　歴史館研究紀要」 長野県立歴史館　(16)　2010.3
　木曽宮大工の宮彫り技術を受け継ぐ木曽亀(神村透)「伊那」 伊那史学会
　　58(11)通号990　2010.11
　信濃のなかの木曽(福島正樹)「長野県立歴史館研究紀要」 長野県立歴史
　　館　(17)　2011.3
　木曽の近代遺産と先人たちの足跡(特集 木曽路―信州の町)(楢英雄)
　　「地域文化」 八十二文化財団　(105)　2013.7
　「木曽の石高事情」概要(高坪守男)「史學義仲」 木曽義仲史学会　(15)
　　2014.4

木曽上四宿

　史料紹介 木曾上四宿の直訴と成瀬正寿・正住(林淳一)「研究紀要」 犬
　　山城白帝文庫　(3)　2009.3

木曽川

　木曽川の舟運と川船(川名登)「交通史研究」 交通史学会, 吉川弘文館
　　(発売)　(48)　2002.2
　明治期における木曽川改修工事反対運動と「成工式」(「近代の歴史地
　　理・再考」特集号)(水谷英志)「歴史地理学」 歴史地理学会, 古今書
　　院(発売)　53(1)通号253　2011.1
　木曽川のほとりから(松尾裕)「日本地名研究所通信」 日本地名研究所
　　(80)　2014.12

木曽山

　近世木曾山木材仕出における杣総頭 中山道上松宿岡村家の場合(1),
　　(2)(古澤友三郎)「信濃[第3次]」 信濃史学会　58(5)通号676/58
　　(7)通号678　2006.5/2006.7

キソヂ

　和銅～養老期の地方政策の特質―キソヂ・スハヂと諏方国を中心に(論
　　文)(北村安裕)「飯田市歴史研究所年報」 飯田市教育委員会　(11)
　　2013.8

吉蘇路

　吉蘇路の開削・廃道・復活そして木曽路に―東山道伊那路のバイパス・
　　やがて幹道に(神村透)「伊那」 伊那史学会　59(12)通号1003
　　2011.12

木曽路

　古文書部会・木曽路探訪(森早智子)「乙訓文化」 乙訓の文化遺産を守る
　　会　60　2003.1
　いまも昔も、木曽路の土産は漆の器 木曽漆器の歴史と変遷(澤頭修自)
　　「地域文化」 八十二文化財団　63　2003.1
　思い出の木曽路(木野本鉉子)「小千谷文化」 小千谷市総合文化協会「小
　　千谷文化」編集委員会　170・171　2003.3
　木曽路の旅(岸伸輔、小野口順久)「栃木県立博物館友の会だより」 栃木
　　県立博物館友の会　32　2003.11
　秋の木曽路を行く(参勤交代奉行)「燕郷土史考」 燕市教育委員会　40
　　2007.3
　木曽路の旅(高野喜朗)「霊山史談」 霊山町郷土史研究会　(11)　2008.10
　街道歩き(木曽路その二)上松宿から馬籠まで(岡田宏一郎)「備陽探
　　訪」 備陽史探訪の会　(144)　2008.10
　碑文は語る(21) 木曽路入り口の碑(花嶋堯春)「地域文化」 八十二文化
　　財団　(92)　2010.4
　吉蘇路の開削・廃道・復活そして木曽路に―東山道伊那路のバイパス・
　　やがて幹道に(神村透)「伊那」 伊那史学会　59(12)通号1003
　　2011.12

木曽十一宿

　宿割図の作成目的とその利用―木曽十一宿を事例に(松尾雅彦)「交通史
　　研究」 交通史学会, 吉川弘文館(発売)　(55)　2004.9

木曽町

　権兵衛トンネルを抜けて木曽町へ(〈第31回上伊那歴史研究会県外実地
　　踏査報告〉)(小木曽伸一)「伊那路」 上伊那郷土研究会　50(12)通号
　　599　2006.12
　木曽町矢洞千村家所蔵の福島関所通行女手形(わが町の文化財保護)(田
　　中博)「文化財信濃」 長野県文化財保護協会　34(3)通号129　2007.
　　12

木曽殿陣場

　八幡県有林のブナと木曽殿陣場(堀内暉巳)「ちょうま」 更埴郷土を知る
　　会　(21)　2000.12

木曽福島関所

　元禄期、女性の旅―木曽福島関所女手形控帳から(遠山高志)「信濃[第
　　3次]」信濃史学会　55(3)通号638　2003.3

木曽福島町

　木曽福島町の木曽義仲に関する史跡(田中博)「史學義仲」 木曽義仲史学
　　会　(6)　2004.10

北相木村

　総会会員発表 北相木村白岩のねじとわらうまひき―「戸沢のねじ行事」
　　と比較して(和根崎剛)「千曲」 東信史学会　(135)　2007.10

北安曇郡

　資料紹介大町市・北安曇郡の金工品(篠崎健一郎)「信濃[第3次]」 信
　　濃史学会　57(9)通号668　2005.9

北小野

　塩尻市西条および北小野地区の「洞」について(宮島義和)「信濃[第3
　　次]」信濃史学会　58(10)通号681　2006.10

北軽井沢

　地域づくりと文化遺産 北軽井沢の文化散策(白石光男)「ぐんま地域文
　　化」 群馬地域文化振興会　(42)　2014.5

北川

　集団キャンプで生還した人たち―大鹿村北川で(三六災害五十年)(松崎
　　千鶴)「伊那」 伊那史学会　59(8)通号999　2011.8

北駒場

　昭和恐慌下の地域養蚕組織―長野県下伊那郡山吹村北駒場集落の事例
　　(田中雅孝)「信濃[第3次]」 信濃史学会　57(2)通号661　2005.2

北佐久

　北佐久地方の養蚕業推移を辿って(《特集 千曲川水系における養蚕・製
　　糸の歩み》)(金井喜平次)「千曲」 東信史学会　(131)　2006.10

北信濃

　北信濃における保科氏の動向についての訪ねある記(1)―「保科正則」
　　伊那郡に走り、藤沢郷に移り住む(堀越肇)「伊那路」 上伊那郷土研究
　　会　48(12)通号575　2004.12
　北信濃における保科氏の動向についての訪ねある記(2)―槍弾正・志賀
　　城攻略・松姫ら逃避行・佐渡金山(堀越肇)「伊那路」 上伊那郷土研究
　　会　49(2)通号577　2005.2
　北信濃における保科氏の動向についての訪ねある記(3)―見性院と松
　　姫・星名郷と坂城とその周辺(堀越肇)「伊那路」 上伊那郷土研究会
　　49(4)通号579　2005.4
　各地の研究 北信濃を治めた先祖たち(吉原実)「長野」 長野郷土史研究
　　会　(244)　2005.11
　北信濃における保科氏の動向についての訪ねある記(4) 領家の謎・巨木
　　の杜・遊女の訴訟・アジールと万葉秀歌(堀越肇)「伊那路」 上伊那郷
　　土研究会　50(1)通号588　2006.1
　史料紹介 北信濃における天保の大飢饉の実体―宮本舟山著『天保七丙申
　　歳記録』(上),(下)(矢羽勝幸)「須高」 須高郷土史研究会　(62)/
　　(63)　2006.4/2006.10
　一茶に見る江戸・北信濃間の飛脚(《特集 飛脚と郵便―郵政民営化を前
　　に》)(小林一郎)「長野」 長野郷土史研究会　(254)　2007.8
　武田氏の北信濃における築城―築城主体者をもとめて(馬場広幸)「須
　　高」 須高郷土史研究会　(69)　2009.10
　17世紀北信濃幕府領における年貢割付状(大滝敦士)「高井」 高井地方
　　史研究会　(170)　2010.2
　北信濃の味―手打ちそば(関孝一)「高井」 高井地方史研究会　(171)
　　2010.5
　甲斐武田氏の北信濃侵攻と支配実態(柴辻俊六)「信濃[第3次]」 信濃
　　史学会　63(2)通号733　2011.2
　「私の三六災害」北信濃にいて(山本勝)「伊那路」 上伊那郷土研究会
　　55(7)通号654　2011.7
　村上氏と北信濃の国人衆(小früten幹男)「とぐら : 戸倉史談会誌」 戸倉史
　　談会　(38)　2013.3
　戦国期の北信濃と大野田城(竹井英文)「武田氏研究」 武田氏研究会, 岩
　　田書院(発売)　(50)　2014.6

527

北の沢めがね橋

北の沢めがね橋の架橋―伊那谷の近代交通網整備の中で（田代幸雄）「伊那」 上伊那郷土研究会 57（5）通号676 2013.5

北原村

間宿・北原村の関札（長野市 個人蔵）「長野市立博物館博物館だより」 長野市立博物館 （79） 2011.9

間宿・北原村（宮澤崇士）「長野市立博物館博物館だより」 長野市立博物館 （79） 2011.11

北本城

信濃 飯沼城・上野北本城（前川浩一）「城」 東海古城研究会 185 2003.2

北山部

『七道開削』と上水内北山部（伊藤勉）「長野」 長野郷土史研究会 227 2003.1

鬼無里

歴史的観点からみた鬼無里（山口房保）「長野」 長野郷土史研究会 （239） 2005.1

鬼無里ふるさと資料館所蔵の星図の調査（陶山徹）「長野市立博物館紀要. 自然系」 長野市立博物館 （15） 2014.3

木舟城

信濃木舟城をめぐって―長野県大町市の中世城郭（1）（三島正之）「中世城郭研究」 中世城郭研究会 （23） 2009.7

経ヶ岳林道

経ヶ岳林道開設の歴史（三澤勝人）「伊那路」 上伊那郷土研究会 50（9）通号596 2006.9

橋北城

中世、橋北城の幻影を追う（1）～（10）（稲井遙）「伊那」 伊那史学会 56（3）通号958/60（9）通号1012 2008.3/2012.9

桐原

「市河文書」に見る小土豪 桐原の要害（仁科叔子）「信濃［第3次］」 信濃史学会 64（5）通号748 2012.5

金鶏金山

長野県金鶏金山の歴史と地質鉱床（〈平成15年度公開講座〉）（五味篤）「金山史研究」 甲斐黄金村・湯之奥金山博物館 （6） 2006.3

杭瀬下

稲荷山と杭瀬下・新田との境争いによる野高場（宮澤芳己）「ちょうま」 更埴郷土を知る会 （25） 2005.1

草間

金井篤之氏所有古文書 中世「草間」の記録（630年から1657年まで）をみる（1）（金井三郎）「高井」 高井地方史研究会 （149） 2004.11

草間区

草間区の記録に見る現代史の中の一こま 安源寺・草間用水路紛争の顛末（昭和24年春の水掛け争い）（金井三郎）「高井」 高井地方史研究会 146 2004.2

草間村

金井篤之氏所有古文書―中世草間村の記録（630年から1657年まで）をみる（2）（金井三郎）「高井」 高井地方史研究会 （157） 2006.11

葛尾城

葛尾城と周辺の山城―長野県坂城町・千曲市の中世城郭（三島正之）「中世城郭研究」 中世城郭研究会 （25） 2011.7

要害の地葛尾城―里城村上氏城館（特集号 千曲川流域にみられた中世の合戦）（小林正男）「千曲」 東信史学会 （148） 2011.10

倉科

倉科の歩み考（中島正利）「ちょうま」 更埴郷土を知る会 （26） 2006.1

倉科史話（稲玉将人）「ちょうま」 更埴郷土を知る会 （33） 2013.1

倉科御林

倉科御林と盗伐事件（半田照彦）「ちょうま」 更埴郷土を知る会 （24） 2004.1

倉科村

倉科村の藤原寺と本誓寺跡を訪ねて（矢口嘉幸）「ちょうま」 更埴郷土を知る会 （35） 2014.12

椚木村

信州伊奈郡の椚木成（伊那谷地名研究会第9回シンポジウム 天龍川と地名―三遠南信地域を結ぶ人びとの絆）（林登美人）「伊那」 伊那史学会 59（6）通号997 2011.6

黒川谷

黒川谷に思うこと（小林敏男）「伊那路」 上伊那郷土研究会 47（4）通号555 2003.4

黒川谷や西山のことあれこれ（小林敏男）「伊那路」 上伊那郷土研究会

47（10）通号561 2003.10

安永七年の黒川東組村絵地図に思う（わが町の文化財保護）（矢野恒雄）「文化財信濃」 長野県文化財保護協会 34（2）通号128 2007.9

黒沢川

幻に終った「黒沢川水源増水工事」プロジェクト（赤羽根嘉矩）「三郷文化」 三郷郷土研究会 83 2003.1

黒沢川と水（1），（2）（木船清）「三郷文化」 三郷郷土研究会 通号95/通号97 2006.2/2006.8

黒沢川の探索（炉辺閑話）（降旗宗雄）「安曇野文化」 安曇野文化刊行委員会 （13） 2014.11

黒田

伊那郡衙域周辺の馬牧情報（2）―上郷別府・黒田の地名などから（宮澤恒之）「伊那」 伊那史学会 52（9）通号916 2004.9

桑原

命あれば又も来てみんさらしなや田毎に宿る秋の夜の月 黒澤止幾子『上京日記』の桑原滞在記（堀内暉巳）「ちょうま」 更埴郷土を知る会 （23） 2003.1

桑原桝と桑原の市―諏訪文書をめぐって（堀内暉巳）「ちょうま」 更埴郷土を知る会 （26） 2006.1

三六災害から五十年の歳月を経て（1）―中川村滝沢・桑原・四徳（伊藤修）「伊那路」 上伊那郷土研究会 55（7）通号654 2011.7

毛賀

松尾毛賀の地名と伝承（赤羽二三男）「伊那」 伊那史学会 53（1）通号920 2005.1

毛祝坂

北国街道毛祝坂新田と石田一族（青山始義）「北國街道研究」 北國街道の手をつなぐ会 （9） 2008.10

計見村

高井郡計見村 野口家文書目録の作成（江口衛）「高井」 高井地方史研究会 （189） 2014.11

小泉城

表紙裏 泉親衡ゆかりの小泉城・須々貴城位置図「郷土いずみ」 （19） 2013.5

小井田

史料紹介 善光寺地震と小井田宿（小林太郎）「千曲」 東信史学会 120 2004.2

小市

安茂里小市に残る二つの堤防（《特集 世界遺産と信州―歴史的建造物を中心に》）（岡村元一）「長野」 長野郷土史研究会 （258） 2008.4

高家村

昭和戦前期の諸物資配給からみた集落生活―昭和18年長野県南安曇郡高家村役場文書を手がかりに（黒崎八洲次良）「信濃［第3次］」 信濃史学会 65（7）通号762 2013.7

更埴

安政3年（1856）飯盛女廃止を訴える（半田照彦）「ちょうま」 更埴郷土を知る会 （21） 2000.12

千曲市更埴地区（宮澤芳己）「長野」 長野郷土史研究会 （241） 2005.5

千曲市更埴地区の歩み（宮澤芳己）「ちょうま」 更埴郷土を知る会 （26） 2006.1

中山道への助郷―更埴地域を中心に（特集号 千曲川流域にみられた中世の合戦）（大橋昌人）「千曲」 東信史学会 （148） 2011.10

重文・登録有形文化財になった防災（砂防石堰堤）施設（柳原清治）「ちょうま」 更埴郷土を知る会 （33） 2013.1

更埴市

向井潤吉の絵を通して見た旧更埴市時代のおもかげ（関明夫）「ちょうま」 更埴郷土を知る会 （33） 2013.1

河野村

持参金百両の養子縁組―河野村松村家文書より（林登美人）「伊那」 伊那史学会 51（9）通号904 2003.9

小海

解説資料（2）（小海史談会「歴史と文化」第57号より）平安時代の千曲湖の成立と小海「佐久」 佐久史学会 （65） 2012.8

五加国民学校

戦時下の非常事態と対峙した地域住民―主として五加国民学校を中心とした史実について（中村郷見）「とぐら：戸倉史談会誌」 戸倉史談会 （33） 2008.2

五加小学校

難航した五加小学校入口信号機が設置されるまで（中村郷見）「とぐら：戸倉史談会誌」 戸倉史談会 （34） 2009.2

虚空蔵山

善光寺地震による虚空蔵山崩壊と村の復興—山平林村孫瀬・岩倉組を中心として（大屋弘）「市誌研究ながの」 長野市 （21）2014.3

御榑木山

江戸時代における百姓内山と御榑木山の森林とその利用—信州伊那郡大河原村・鹿塩村古文書資料から得られた知見（松原輝男）「飯田市美術博物館研究紀要」 飯田市美術博物館 （18）2008.3

小島

小島の昭和10年前半頃の商店街の状況について、見取り図（柿崎庸三）「ちょうま」 更埴郷土を知る会 （24）2004.1

後町小学校

口絵 137年の歴史を終える後町小学校「長野」 長野郷土史研究会 （287）2013.2

寿村

疎開学童の賄い—東筑摩郡寿村・中山村への疎開（小松芳郎）「松本市史研究 : 松本市文書館紀要」 松本市 （16）2006.3

湖南

諏訪湖湖南地域の歴史研究について（随想 地方史研究と私）（武田安弘）「信濃〔第3次〕」 信濃史学会 64（8）通号751 2012.8

駒ヶ岳

中央アルプス駒ヶ岳（宮田村教育委員会）「文化財信濃」 長野県文化財保護協会 30（4）通号114 2004.3

古文書の窓（69）大正二年の「有為記事」に見る駒ヶ岳遭難の探索（春日博人）「伊那谷」 上伊那郷土研究会 49（9）通号584 2005.9

駒ヶ岳の神馬物語（小沢さとし）「ふきはら : 活字文化の総合誌」 ふきはら文化の会 （4）2010.1

駒ヶ根市高原

駒ヶ根市高原周辺のこと二題（小林敏男）「伊那路」 上伊那郷土研究会 49（10）通号585 2005.10

駒ヶ根村

明治22年 木曽・駒ヶ根村（現上松町）の生業から—部落別・人名・職業一覧表より（神村透）「伊那」 伊那史学会 57（2）通号969 2009.2

古牧

昭和20年8月17日 長野市古牧に落ちた軍用機の謎（関川喜八郎）「長野」 長野郷土史研究会 （247）2006.6

古牧橋

「古牧橋」のうつりかわり（高山友規）「高井」 高井地方史研究会 （156）2006.8

古牧小学校

国民学校（長野市立古牧小学校）（関川喜八郎）「長野」 長野郷土史研究会 （239）2005.1

小牧村

宝暦騒動と農民—小牧村の場合（宮島かつ子）「千曲」 東信史学会 （151）2012.10

駒沢川

飯綱の水に執着した駒沢川水系の人々—追憶と紹介（原田忠直）「長野」 長野郷土史研究会 235 2004.5

駒沢梁

おかや歴史散歩（18）駒沢梁「オール諏訪 : 郷土の総合文化誌」 諏訪郷土文化研究会 29（3）通号297 2009.6

駒場発電所

大雨が降ると消えた電気—駒場発電所の思い出（熊谷元一）「伊那」 伊那史学会 53（2）通号921 2005.2

古村医院

古村医院について（古村美智子）「辰野町資料」 辰野町文化財保護審議会 （96）2006.7

小諸

知られざる小諸の白樺運動—担った青年たち・今日に生きる流れ（臼田明）「信濃〔第3次〕」 信濃史学会 57（5）通号664 2005.5

小諸領内 川西騒動について（《特集号 明治維新と農民運動》）（土屋仕）「千曲」 東信史学会 （139）2008.10

小諸・「学校場」のこと「信州農村開発史研究所報」 信州農村開発史研究所 （108）2009.6

『小諸砂石鈔』について—当時の様子を伝える貴重な古文書（牧野和人）「文化財信濃」 長野県文化財保護協会 38（2）通号144 2011.9

小諸義塾

小諸義塾を抹殺した信濃教育史（依田四郎）「千曲」 東信史学会 114 2002.7

小諸純水館

小諸純水館の工女について—明治末期を中心に（《特集 千曲川水系における養蚕・製糸の歩み》）（野澤敬）「千曲」 東信史学会 （131）2006.10

小諸藩

寛保の満水における小諸藩の被害（小林収）「佐久」 佐久史学会 （60）2010.7

史料紹介 小諸藩領の部落の元「頭」の資力（斎藤洋一）「信州農村開発史研究所報」 信州農村開発史研究所 （122・123）2013.3

小横川区

辰野町の石造物調査 上島区／今村区／宮所区／小横川区（辰野町石造物調査会, 高井宗雄）「辰野町資料」 辰野町文化財保護審議会 （97）2007.3

五稜郭

もう一つの五稜郭（黒岩憲司）「群馬歴史散歩」 群馬歴史散歩の会 176 2003.1

小さな五稜郭（信州田野口＝龍岡陣屋）（米田藤博）「パイオニア」 関西地理学研究会 （100）2012.11

明治30年代に知られていた日本のスキー—五稜郭・田口尋常高等小発足の教科書（臼田明）「長野」 長野郷土史研究会 （294）2014.4

五郎兵衛新田村

五郎兵衛新田村の年貢皆済の動き（佐藤純一郎）「水と村の歴史 : 信州農村開発史研究所紀要」 信州農村開発史研究所 （18）2003.3

史料紹介 上信一揆による五郎兵衛新田村の被害（斎藤洋一）「信州農村開発史研究所報」 信州農村開発史研究所 （96・97）2006.9

五郎兵衛用水

第5回特別展研究発表要旨 明治初期の五郎兵衛用水分流権裁判（斎藤洋一）「五郎兵衛記念館報」 五郎兵衛記念館 23 2000.1

五郎兵衛用水古文書を読む（14）享保13年の御入用御普請願い（斎藤洋一）「五郎兵衛記念館報」 五郎兵衛記念館 24 2000.10

五郎兵衛用水制札書き替え願い（斎藤洋一）「五郎兵衛記念館報」 五郎兵衛記念館 25 2001.2

五郎兵衛用水を歩いて（桜井教子）「五郎兵衛記念館報」 五郎兵衛記念館 26 2001.10

五郎兵衛用水古文書を読む（15）矢島山掘貫の御普請金の交付願い（斎藤洋一）「五郎兵衛記念館報」 五郎兵衛記念館 26 2001.10

五郎兵衛用水古文書を読む（17）「開発許可状」が所在不明（斎藤洋一）「五郎兵衛記念館報」 五郎兵衛記念館 29 2003.2

五郎兵衛用水古文書を読む（18）相浜への分水にあたっての取り決め（斎藤洋一）「五郎兵衛記念館報」 五郎兵衛記念館 30 2003.10

五郎兵衛用水古文書を読む（19）相浜村が五分の一を出さない（斎藤洋一）「五郎兵衛記念館報」 五郎兵衛記念館 31 2004.2

第10回特別展研究発表要旨五郎兵衛用水路の維持・修復（斎藤洋一）「五郎兵衛記念館報」 五郎兵衛記念館 33 2005.2

五郎兵衛用水古文書を読む（20）用水の維持にかかった費用と人足（斎藤洋一）「五郎兵衛記念館報」 五郎兵衛記念館 33 2005.2

「関所破りの桜」と五郎兵衛用水に関する伝説（斎藤洋一）「信州農村開発史研究所報」 信州農村開発史研究所 （121）2012.9

権堂

国定忠治が活躍した権堂（《特集 これからの郷土史》）（小林一郎）「長野」 長野郷土史研究会 （255）2007.10

権兵衛街道

中山道の助郷と権兵衛街道（《権兵衛トンネル開通特集》）（田村栄作）「伊那路」 上伊那郷土研究会 50（2）通号589 2006.2

権兵衛峠を越えた来た匠の技術（《権兵衛トンネル開通特集》）（唐木芳樹）「伊那路」 上伊那郷土研究会 50（2）通号589 2006.2

権兵衛峠・権兵衛街道—権兵衛のふるさとから（神村透）「伊那路」 上伊那郷土研究会 50（5）通号592 2006.5

権兵衛街道に愛着を持つ木曽名越の人びと（神村透）「伊那路」 上伊那郷土研究会 55（1）通号648 2011.1

権兵衛峠

古文書の窓（36）権兵衛峠開鑿の文書（唐木日出男）「伊那路」 上伊那郷土研究会 44（1）通号516 2000.1

権兵衛峠を越えた来た匠の技術（《権兵衛トンネル開通特集》）（唐木芳樹）「伊那路」 上伊那郷土研究会 50（2）通号589 2006.2

権兵衛峠・権兵衛街道—権兵衛のふるさとから（神村透）「伊那路」 上伊那郷土研究会 50（5）通号592 2006.5

つながりは深く 秋葉街道—諏訪から太平洋まで／権兵衛峠—木曽と伊那は隣村（《特集 地域間交流—人の心をつむぐ》）「地域文化」 八十二文化財団 （87）2009.1

犀川

村方文書にみる福祉一考 善光寺大地震・犀川大洪水罹災者への松代藩福祉対策（岡沢由往）「長野」 長野郷土史研究会 226 2002.11

長野県　　　　　　　　　　　　　地名でたどる郷土の歴史　　　　　　　　　　　　北陸甲信越

明和期犀川末流域の洪水と国役普請(滝澤公男)「市誌研究ながの」長野市　(11) 2004.2

近世・近代の犀川上流域の治水について(小穴芳実)「信濃［第3次］」信濃史学会　56(7)通号654　2004.7

善光寺地震二次災害犀川大洪水(岡澤由往)「市誌研究ながの」長野市　(13) 2006.2

「戌の満水」覚書(研究ノート)(青木隆幸)「信濃［第3次］」信濃史学会　65(9)通号764　2013.9

西条
塩尻市西条および北小野地区の「洞」について(宮島義和)「信濃［第3次］」信濃史学会　58(10)通号681　2006.10

西条邑
伝飯島二水筆《信濃国埴科郡西条邑六工製糸場之図》(資料紹介)(林誠)「長野県立歴史館研究紀要」長野県立歴史館　(19) 2013.3

妻女山
妻女山の史蹟と招魂碑等について(堀内暉巳)「ちょうま」更埴郷土を知る会　(27) 2007.1

妻女山の真実(林盛幸)「長野」長野郷土史研究会　(259) 2008.6

坂井
坂井平和公園内の「平和の礎」と旧忠魂碑(特集「終戦」を風化させないために)(宮下房夫)「筑北郷土史研究会会誌」筑北郷土史研究会　(10) 2011.9

境沢
境沢の周辺―中世を中心に(馬場廣幸)「須高」須高郷土史研究会　(57) 2003.11

境村
江戸時代における耕地の開発―高遠藩領川下郷境村についての考察(酒井巖)「伊那路」上伊那郷土研究会　54(7)通号642　2010.7

栄村
長野県北部地震の被災地栄村「長野」長野郷土史研究会　(277) 2011.6

平成23年3月12日栄村の地震と善光寺地震活断層との関連―六地蔵が同じ方向に回転した理由の考察も含めて(塚原弘昭)「長野」長野郷土史研究会　(280) 2011.11

栄村歴史散策 鷹と炭のむら、坪野を歩く(藤澤恵太)「月刊栄村」NPO法人栄村ネットワーク　(11) 2012.5

坂城町
坂城町にゆかりのある江戸期の文人たち(山崎仁)「北國街道研究」北國街道の手をつなぐ会　(10) 2009.12

葛尾城と周辺の山城―長野県坂城町・千曲市の中世城郭(三島正之)「中世城郭研究」中世城郭研究会　(25) 2011.7

坂城町の昭和橋を検証する―平成14年土木学会選奨・土木遺産に認定されて(牧忠男)「ちょうま」更埴郷土を知る会　(33) 2013.1

坂城町の昭和橋について(牧忠男)「千曲」東信史学会　(152) 2013.2

坂木村
江戸時代の高齢者・障碍者の生活―坂木村・海尻村・赤沼村の事例(成竹精一)「長野県立歴史館研究紀要」長野県立歴史館　(14) 2008.3

坂城
坂城領三か村と松代領七か村の刈草入会地の山論(高野六雄)「とぐら：戸倉史談会誌」戸倉史談会　(32) 2007.2

坂城宿
坂城宿で育った人物たち(金井喜平次)「北國街道研究」北國街道の手をつなぐ会　(7) 2006.9

佐久
佐久と甲州・武州・上州への峠(臼田都雄)「千曲」東信史学会 119　2003.10

峠から見た佐久と上州(柳沢賢次)「千曲」東信史学会 119　2003.10

佐久の分校の変遷と現状(出浦晃彦)「千曲」東信史学会 120　2004.2

天保の飢饉の対応策―奥殿藩佐久領平林村「御廻状留帳」から(大塚尚三)「信濃［第3次］」信濃史学会　56(4)通号651　2004.4

海軍記念日御牧ヶ原大運動会から陸上競技会へ―石井の活躍と佐久の陸上競技界(臼田明)「信濃［第3次］」信濃史学会　56(11)通号658　2004.11

国家形成過程の阿蘇氏―塩田・佐久地方との関係(柳沢賢次)「千曲」東信史学会　(125) 2005.5

佐久からみた秩父事件(《特集号 明治維新と農民運動》)(井出正義, 井出武彦)「千曲」東信史学会　(139) 2008.10

佐久の奈良・平安時代(考古学特集(1))(桜井秀雄)「佐久」佐久史学会　(58) 2009.3

佐久の人々にムラの誇りとロマンを(《信州農村開発史研究所設立30年記念特集》)(川向秀武)「信州農村開発史研究所報」信州農村開発史研究所　(109) 2009.9

私の「佐久史考」(1)「佐久」の語源を追って(小林基茂)「佐久」佐久史学会　(59) 2010.3

信濃国府の発見と古代佐久「七郷」(臼田明)「佐久」佐久史学会　(59) 2010.3

佐久の歴史から学ぶ大切さ(信州農村開発史研究所創立30周年にあたって)(川向秀武)「信州農村開発史研究所報」信州農村開発史研究所　(114) 2010.12

史料提供 佐久の千曲川筋川境論(市川武治)「佐久」佐久史学会　(61) 2010.12

昭和初期のわが家のお正月(信州佐久)(特集 回顧 昔と今の年中行事)(泉貞代)「板橋史談」板橋史談会　(262) 2011.1

遺稿 佐久の歳時記点描(小須田盛鳳)「佐久」佐久史学会　(62) 2011.3

佐久の地名考(5) 佐久とサケマスの信仰/貢馬の道・大内道を行く―天空を越えた望月の駒(臼田明)「佐久」佐久史学会　(62) 2011.3

地名などの類似と信濃遷都―古代の佐久と松本について(柳沢賢次)「佐久」佐久史学会　(62) 2011.3

志賀城の戦いとその後の佐久(特集号 千曲川流域にみられた中世の合戦)(小林収)「千曲」東信史学会　(148) 2011.10

橋の名前あれこれ 「瀬戸大橋」は信州佐久にある!(本田慶二)「群馬歴史散歩」群馬歴史散歩の会　(222) 2012.1

証言(2) 当たって砕けろ(遺稿)(王道楽土も一瞬の夢 開拓団の手記(2))(小池穣)「佐久」佐久史学会　(64) 2012.3

証言(3) 小学生の記憶に焼き付いた開拓団を見送った日(王道楽土も一瞬の夢 開拓団の手記(2))(市川光雄)「佐久」佐久史学会　(64) 2012.3

佐久に残された戦争の爪跡を検証する 証言 佐久に疎開した軍隊と軍需工場(小林収)「佐久」佐久史学会　(64) 2012.3

特別寄稿(1)『臼田時報』『切原時報』が物語る戦争と郷土(伊藤純郎)「佐久」佐久史学会　(64) 2012.3

佐久安原氏の出自について(安原繁俊)「家系研究」家系研究協議会　(55) 2013.4

冬季展「山国の水害～戌の満水と善光寺地震～」を開催して(業務報告)(塚田直道)「長野県立歴史館研究紀要」長野県立歴史館　(20) 2014.3

高度経済成長期以降の佐久地方における養鯉業の展開(段杰)「常民文化」成城大学常民文化研究会　(37) 2014.3

佐久郡
寛永期佐久郡田之口組傘連判状の歴史的意義(山崎哲人)「長野県立歴史館研究紀要」長野県立歴史館　(9) 2003.3

古墳時代の安蘇氏―古代天皇家の遠祖の佐久郡居住について(柳沢賢次)「信濃［第3次］」信濃史学会　57(5)通号664　2005.5

佐久の地名考(6)「佐久郡・小郡」と記された刻書・墨書土器をめぐって/古代佐久の官衙群の大井用水の一考察(臼田明)「佐久」佐久史学会　(65) 2012.8

戦国大名武田氏の佐久郡支配―内山城代小山田虎満・昌成を中心に(特集 中近世移行期の信濃と隣国)(丸島和洋)「信濃［第3次］」信濃史学会　66(12)通号779　2014.12

佐久市
佐久市文化財等案内図/佐久市文化財一覧(国指定・県指定のみ)(《特集 佐久市(長野県)》)(佐久市教育委員会文化財課)「群馬歴史散歩」群馬歴史散歩の会　(196) 2006.9

佐久市のすがた―新生佐久市の概要(《特集 佐久市(長野県)》)「群馬歴史散歩」群馬歴史散歩の会　(196) 2006.9

佐久市史概観(《特集 佐久市(長野県)》)(清水岩夫)「群馬歴史散歩」群馬歴史散歩の会　(196) 2006.9

上州と佐久の往来―「佐久市志歴史年表」抄(《特集 佐久市(長野県)》)(清水岩夫)「群馬歴史散歩」群馬歴史散歩の会　(196) 2006.9

佐久市史跡名勝案内―その歴史的背景を中心に(《特集 佐久市(長野県)》)(清水岩夫)「群馬歴史散歩」群馬歴史散歩の会　(196) 2006.9

佐久平
浅間山と佐久平―思い出のアルバムから(特集 故郷の山―浅間山―山は故郷のこころ―「私にとっての浅間山」考)(市川光雄)「佐久」佐久史学会　(66・67) 2013.3

佐久橋
解説資料(2)『佐久橋』のこし方(佐久市下県)「佐久」佐久史学会　(61) 2010.12

桜井新田村
桜井新田村と千曲川の洪水を検証する―発見されたもう一つ(寛政三)の大洪水(臼田和一, 臼田源太郎, 臼田尚武, 臼田明)「佐久」佐久史学会　(61) 2010.12

桜沢
桜沢の昔 二題(原善治)「高井」高井地方史研究会　(180) 2012.8

座光寺

座光寺地区の歴史資料調査「飯田市歴研ニュース」 飯田市歴史研究所 (25) 2006.12

座光寺地区の養蚕民家と本棟造—調査中間報告（調査報告）（金澤雄記）「飯田市歴史研究所年報」 飯田市教育委員会 (5) 2007.8

座光寺地区史学資料のビジュアル保存（研究活動助成成果概要）（北村稔）「飯田市歴史研究所年報」 飯田市教育委員会 (8) 2010.8

座光寺のここがすごいぞ 歴史発見！—遺跡学習を通して見つめなおす、ふるさと「座光寺」のかけがえのない歴史的文化財（特集 古代の交通と地方社会—イナ・シナnoとその周辺）（飯田市立座光寺小学校六年一組、田畑孝宏）「飯田市歴史研究所年報」 飯田市教育委員会 (12) 2014.8

座光寺村

史実検証のために日記記述をどのように活用したらよいか—明治前半期における座光寺村の中老・若者の活動（研究活動助成成果概要）（座光寺古文書研究会）「飯田市歴史研究所年報」 飯田市教育委員会 (5) 2007.8

座光寺村明治15年の村会議員選挙（今村善興）「伊那」 伊那史学会 57 (7) 通号974 2009.7

座光寺村 明治22年の村会議員選挙（今村善興）「伊那」 伊那史学会 58 (7) 通号986 2010.7

近世座光寺村における「分村」問題—「舞台校舎」建設の歴史的前提（研究ノート）（多和田真理子）「飯田市歴史研究所年報」 飯田市教育委員会 (8) 2010.8

座光寺村の庄屋役の変遷と村方騒動のかかわり（研究ノート）（今村善興）「飯田市歴史研究所年報」 飯田市教育委員会 (8) 2010.8

大恐慌期における在来的金融組織と農村負債整理事業—座光寺村の事例として（研究報告要旨）（小島庸平）「飯田市歴史研究所年報」 飯田市教育委員会 (9) 2011.10

消防組・軍人会の史料整理から見る座光寺村の近代（研究活動助成成果報告）（今村作廣）「飯田市歴史研究所年報」 飯田市教育委員会 (12) 2014.8

雑魚川

信越国境・国有林境界争論とその経緯 雑魚川・魚野川の合流地点秋山郷温泉場（小布施竹男）「高井」 高井地方史研究会 (150) 2005.2

真田町

真田町合併略史（《特集 市町村合併3》）（桂木恵）「長野」 長野郷土史研究会 (247) 2006.6

三水村

牟礼・三水村の石工と石垣（矢野恒雄）「長野」 長野郷土史研究会 238 2004.11

三水・牟礼両村の石臼考（矢野恒雄）「長野」 長野郷土史研究会 (240) 2005.3

更級

更級の旅（大谷善邦）「とぐら ： 戸倉史談会誌」 戸倉史談会 (30) 2005.3

蝶葉遺跡から古代更級の里を想う（大橋静雄）「とぐら ： 戸倉史談会誌」 戸倉史談会 (31) 2006.2

古代の更級埴科（福島正樹）「ちょうま」 更埴郷土を知る会 (29) 2009.1

更級郡

『信濃国地誌略』（小学教科書）—更級郡、埴科郡の記述について（中島正利）「ちょうま」 更埴郷土を知る会 (21) 2000.12

源頼朝伝説と更級郡（近藤忠治）「とぐら ： 戸倉史談会誌」 戸倉史談会 (26) 2001.2

旧更級・埴科郡の「御厨」思考（和田茂男）「ちょうま」 更埴郷土を知る会 (30) 2009.11

更級小学校

更級小学校のシンボル騎馬像（石井智）「とぐら ： 戸倉史談会誌」 戸倉史談会 (30) 2005.3

更級小学校の「学有林」（石井智）「とぐら ： 戸倉史談会誌」 戸倉史談会 (31) 2006.2

「昭和二十年度の学事報告」更級小学校（石井智）「とぐら ： 戸倉史談会誌」 戸倉史談会 (33) 2008.2

更科村

更科村名主蔵文書の紹介と考察（檀原長則）「高井」 高井地方史研究会 (179) 2012.5

更科村（中野市）のある訴訟事件（檀原長則）「高井」 高井地方史研究会 (184) 2013.8

更科村（中野市）若衆文書二通（檀原長則）「高井」 高井地方史研究会 (188) 2014.8

猿ヶ馬場峠

猿ヶ馬場峠道の自然と史跡（堀内暉巳）「ちょうま」 更埴郷土を知る会 (28) 2008.1

峠（猿ヶ馬場）への今昔（和田茂男）「ちょうま」 更埴郷土を知る会 (31) 2010.11

猿庫の泉

日本名水紀行(21) 茶道の家元が探り当てた名水の里—天竜川水系・飯田猿庫の泉（井出através六）「ATT」 ATT流域研究所 (25) 2001.7

猿橋

寛政二年の猿橋新規市立て運動と郡内機業（中小路純）「信濃［第3次］」 信濃史学会 59(4)通号687 2007.4

沢底

弾薬庫にされた沢底のトンネル（有賀久昭）「辰野町資料」 辰野町文化財保護審議会 (100) 2009.3

三反田峠

陣馬峠（通称・三反田峠）（竹花初雄）「千曲」 東信史学会 119 2003.10

三穂下瀬

三穂下瀬 上松家文書（2）（調査報告）（竹ノ内雅人）「飯田市歴史研究所年報」 飯田市教育委員会 (10) 2012.8

塩崎

寛保3年6月より文化4年12月まで 塩崎知行所「御用日記見出」（鬼頭康之）「市誌研究ながの」 長野市 (10) 2003.2

長野県の塩崎と山形県の旧中川村（加藤和徳）「むしくら ： むしくら交流会ニュースレター」 虫倉交流会 (59) 2004.7

塩沢家住宅

歴史的建造物調査 塩澤家住宅・宮本家住宅・犬塚家住宅・五十君酒店・柏心寺・阿羅多堂・信陽館貯蔵庫（調査報告）（金澤雄記）「飯田市歴史研究所年報」 飯田市教育委員会 (5) 2007.8

塩尻市

引き継がれる開拓の精神（塩尻市・桔梗ヶ原）（特集 自然への畏敬 開拓の精神）「地域文化」 八十二文化財団 (109) 2014.7

塩尻宿

塩尻宿の飯盛女（瀧澤英夫）「信州農村開発史研究所報」 信州農村開発史研究所 (98・99) 2007.3

塩尻宿の旅籠屋と宿屋との争い（瀧澤英夫）「信州農村開発史研究所報」 信州農村開発史研究所 (112) 2010.6

塩尻小学校

上田市立塩尻小学校「郷土資料館」—今も受け継がれる塩尻教育（わが町の文化財保護）（母袋好恭）「文化財信濃」 長野県文化財保護協会 38(4)通号146 2012.3

塩尻峠

風林火山紀行(4) 塩尻峠の合戦「オール諏訪 ： 郷土の総合文化誌」 諏訪郷土文化研究会 27(6)通号276 2007.9

塩田

国家形成過程の阿蘇氏—塩田・佐久地方との関係（柳沢賢次）「千曲」 東信史学会 (125) 2005.5

塩田平

「信州の鎌倉」塩田平と北条義政（櫻井國敏）「川口史林 ： 川口市郷土史会々誌」 川口市郷土史会 (68) 2003.3

信州の鎌倉塩田平（沖山靖子）「かわのり」 芝川町郷土史研究会 (34) 2009.6

信州の鎌倉と北斎の地を訪ねて（篠崎澄子）「史談」 安蘇史談会 (28) 2012.5

信州塩田平の風穴（研究ノート）（橋詰洋司）「信濃［第3次］」 信濃史学会 66(4)通号771 2014.4

塩名田宿

口絵写真 千曲川往還を守った洪水との闘い—中山道塩名田宿の歴史を考える（柳澤全三）「佐久」 佐久史学会 (61) 2010.12

中山道塩名田宿と千曲川の川越し（小林基芳）「佐久」 佐久史学会 (61) 2010.12

解説資料(1) 塩名田宿—御馬寄村間の千曲川往還組合について「佐久」 佐久史学会 (61) 2010.12

塩名田宿「にぎり飯拒否事件」の新史料（斎藤洋一）「信州農村開発史研究所報」 信州農村開発史研究所 (117・118) 2011.12

史料紹介 塩名田宿の「御分間御絵図御用宿方明細書上帳」（千葉藤哉）「信州農村開発史研究所報」 信州農村開発史研究所 (124・125) 2013.9

塩ノ入池

青木村の史料からみる近世後期の塩ノ入池（橋詰文彦）「千曲」 東信史学会 (143) 2010.2

塩の道

寄稿 天竜川に寄せて 天龍村の通船事情と塩の道 (村澤仁)「伊那」 伊那史学会 52(11)通号918 2004.11

四賀

新松本城域の人口の特性 (1) 松本市四賀地区の人口の変動と人口問題 (藤森喜雄)「松本市史研究 ： 松本市文書館紀要」 松本市 (18) 2008.3

志賀

1965年県道中野・長野原線―「志賀・草津高原ルート」開通 (小布施竹男)「高井」 高井地方研究会 (156) 2006.8

志賀城

風林火山紀行 (2) 凄惨な志賀城攻め「オール諏訪 ： 郷土の総合文化誌」 諏訪郷土文化研究会 27(3)通号273 2007.6

志賀城の戦いとその後の佐久 (特集号 千曲川流域にみられた中世の合戦) (小林収)「千曲」 東信史学会 (148) 2011.10

志賀郵便局

明治前期における五等郵便局の開設と廃止―長野県志賀郵便局の事例より (田原啓祐)「郵便史研究 ： 郵便史研究会紀要」 郵便史研究会 (32) 2011.9

静間

飯山市静間、舟山陣所遺跡と上野原の戦 (松澤芳幸)「信濃 [第3次]」 信濃史学会 59(11)通号694 2007.11

弘治三年における甲越合戦の戦況―上野原合戦飯山市静間説の補足 (松澤芳宏)「高井」 高井地方研究会 (165) 2008.11

上野原の戦、飯山市静間説の新展開 (上),(下) 弘治二～三年甲越合戦の真相 (松澤芳宏)「信濃 [第3次]」 信濃史学会 61(9)通号716/61(10)通号717 2009.9/2009.10

地蔵峠

地蔵峠 (昔、今) (古澤昭二)「千曲」 東信史学会 119 2003.10

信田小学校

ある木造校舎の物語―信田小学校記念館 (大屋弘)「市誌研究ながの」 長野市 (18) 2011.2

拾ヶ堰

ふるさとを学ぶ堀金友の会シリーズ (5) 平倉六郎右衛門と拾ヶ堰 (炉辺閑話) (黒岩淑人)「安曇野文化」 安曇野文化刊行委員会 (9) 2013.11

十石峠

十石峠―信州から上州・武州への米の道 山中騒動・秩父事件の道 (小林収)「千曲」 東信史学会 119 2003.10

四徳

三六災害から五十年の歳月を経て (1)―中川村滝沢・桑原・四徳 (伊藤修)「伊那路」 上伊那郷土研究会 55(7)通号654 2011.7

シナノ

日本古代のシナノとコシ (小林昌二)「佐渡・越後文化交流史研究」 新潟大学大学院現代社会文化研究科プロジェクト佐渡・越後の文化交流史研究 (7) 2007.3

科野

五世紀に観る科野の政情 (桐原健)「信濃 [第3次]」 信濃史学会 66(4)通号771 2014.4

支那濃

史料紹介 「支那濃日記」 (松原玲子)「ひがし」 東区郷土史研究会 (9) 2002.12

信濃

大工の息づかいが聞こえる 信濃の名工とその系譜 (吉澤政己)「地域文化」 八十二文化財団 65 2003.7

古代信濃の私印所有者 (桐原健)「信濃 [第3次]」 信濃史学会 55(11)通号646 2003.11

信濃における戦国時代―西国との比較をとおして (講演) (久留島典子)「松本市史研究 ： 松本市文書館紀要」 松本市 (14) 2004.3

第24回文書館講演会要旨 北条政権下の信濃 (菊池紳一)「松本市文書館だより」 松本市 18 2004.3

中世信濃の喫茶―開善寺文書、守矢文書、定勝寺文書、蓋、湯瓶および瓦質風炉による考察 (林津宗伸)「長野県立歴史館研究紀要」 長野県立歴史館 (10) 2004.3

文献史料をよむ「善光寺道名所図会」に描かれた信濃の名所―信濃の名所・旧跡のいま、むかし「長野県立歴史館たより」 長野県立歴史館 39 2004.6

中世後期の上野国―信濃・越後との関係を中心として (秋山正典)「武尊通信」 群馬歴史民俗研究会 99 2004.8

信濃の東山道新駅にかかわる推論 (桐原健)「信濃 [第3次]」 信濃史学会 56(10)通号657 2004.10

信濃布 (小林計一郎)「長野」 長野郷土史研究会 (239) 2005.1

応永～永享期の関東における信濃小笠原氏の動向とその役割 (秋山正典)「群馬歴史民俗」 群馬歴史民俗研究会 (26) 2005.3

「長安」を通して信濃史を見る (徳竹康彰)「長野」 長野郷土史研究会 (240) 2005.3

信濃の武士の風貌 (開館10周年秋季展記念講演) (五味文彦)「長野県立歴史館研究紀要」 長野県立歴史館 (11) 2005.3

近世信濃の入湯慣習考―上田城下町を中心に (尾崎行也)「信濃 [第3次]」 信濃史学会 57(4)通号663 2005.4

コラム (信濃の風) かいと考 (小穴芳実)「信濃 [第3次]」 信濃史学会 57(4)通号663 2005.4

信越地方に於ける飢饉 (青山始義)「頸城文化」 上越郷土研究会 (53) 2005.10

研究の窓 古瓦からみた信濃の古代 (川崎保)「長野県立歴史館たより」 長野県立歴史館 46 2006.3

「三枝氏系図」と信濃関係諸史料との照合―常楽寺有勝や手塚太郎の生存期の解釈をめぐって (桜井松夫)「千曲」 東信史学会 (129) 2006.5

戦国期の信濃・越後・甲斐 (矢田俊文)「武田氏研究」 武田氏研究会, 岩田書院 (発売) (34) 2006.6

信越放送のはじまり (《特集 放送局と映画館の今昔》)「長野」 長野郷土史研究会 (248) 2006.8

研究の窓 長野県文化財保護協会『信濃の東山道』「雨境峠から瓜生坂へ」についての諸問題 (押野谷美智子)「信濃 [第3次]」 信濃史学会 58(9)通号680 2006.9

大正9年 折口信夫の三信遠国境の旅を辿る (1)～(3) (塩澤一郎)「伊那」 伊那史学会 54(12)通号943/57(1)通号968 2006.12/2009.1

『信濃の東山道』について後述 (押野谷美智子)「信濃 [第3次]」 信濃史学会 58(12)通号683 2006.12

川中島の戦―甲信越戦国史 (《特集 川中島の戦いと「長野」の始まり》) (小林計一郎)「長野」 長野郷土史研究会 (250) 2006.12

信濃の武士住宅 (《シンポジウム 歴史のなかの町並みと建造物》) (吉澤政己)「飯田市歴史研究所年報」 飯田市教育委員会 (5) 2007.8

尾張・美濃・信濃の旅 (田口正弘)「魚津史談」 魚津歴史同好会 (30) 2008.3

研究の窓 古代シナノの渡来文化 (傳田伊史)「長野県立歴史館たより」 長野県立歴史館 (58) 2009.3

信濃教育会による満蒙開拓青少年義勇軍送出背景の検証 (上),(下) (小林信介)「信濃 [第3次]」 信濃史学会 61(7)通号714/61(8)通号715 2009.7/2009.08

信濃の雪、信濃の春 (田森テイ子)「浜木綿 ： 五島文化協会同人誌」 五島文化協会 (88) 2009.11

阿蘇や信濃や甲斐と火の国伝説 (特集 地域に伝わる伝説・伝承をめぐって) (安達武敏)「史叢」 熊本歴史学研究会 (14) 2009.12

豊臣政権下の信濃検地と石高制 (鈴木将典)「信濃 [第3次]」 信濃史学会 62(3)通号722 2010.3

信濃における八稜鏡の所有者 (桐原健)「信濃 [第3次]」 信濃史学会 62(9)通号728 2010.9

研究ノート 古代信濃と上宮王家 (鎌田元之)「信濃 [第3次]」 信濃史学会 62(11)通号730 2010.11

歴史の窓 (5) 大石氏と信濃―大石氏出自考 (栁沢誠)「稲荷山通信 ： 八王子市市史編さん室だより」 八王子市市史編さん室 (6) 2010.12

地名などの類似と信濃遷都―古代の佐久と松本について (柳沢賢次)「佐久」 佐久史学会 (62) 2011.3

信濃のなかの木曽 (福島正樹)「長野県立歴史館研究紀要」 長野県立歴史館 (17) 2011.3

信濃の陶硯 (原明芳)「長野県立歴史館研究紀要」 長野県立歴史館 (17) 2011.3

高井地方の中世 (5) 高梨氏の戦国大名化と信越国境 (井原今朝男)「須高」 須高郷土研究会 (72) 2011.4

『信濃史料』『長野県史』と信濃の古代史 (福島正樹)「長野県立歴史館研究紀要」 長野県立歴史館 (18) 2012.3

信濃における近世陶磁器の流通について (竹内靖人)「文化財信濃」 長野県文化財保護協会 38(4)通号146 2012.3

信濃の県・県主私考 (桐原健)「信濃 [第3次]」 信濃史学会 64(5)通号748 2012.5

江戸初期の信濃の美味―『中山日録』から (中田敬三)「長野」 長野郷土史研究会 (283) 2012.6

名君・会津藩主保科正之と信濃とのかかわり―信州教育の礎を築いた福島県の二人の教育者 (鎌倉治雄)「ちょうま」 更埴郷土を知る会 (33) 2013.1

推論・信濃の屯倉と蘇我氏 (桐原健)「信濃 [第3次]」 信濃史学会 65(2)通号757 2013.2

信濃創世記 [1],(2) (清水米房)「茅野」 茅野市郷土研究会 (78)/(79) 2013.3/2013.09

甲斐・信濃における「戦国」状況の起点―秋山敬氏の業績に学ぶ (秋山

敬先生追悼号）（家永遵嗣）「武田氏研究」 武田氏研究会，岩田書院
（発売）（48）2013.6

論文 満蒙開拓青少年義勇軍と信濃教育会覚書き（満州小特集II）（伊藤純
郎）「信濃［第3次］」 信濃史学会 65（11）通号766 2013.11

院政期信濃守と武士（中世特集「院政期の信濃」）（元木泰雄）「信濃［第3
次］」 信濃史学会 65（12）通号767 2013.12

ある農家の年越し一都市移住に伴う変化の様相（倉石美都）「信濃［第3
次］」 信濃史学会 66（1）通号768 2014.1

五世紀に観る科野の政情（桐原健）「信濃［第3次］」 信濃史学会 66
（4）通号771 2014.4

文献史料にみる甲斐と信濃（特集 古代の交通と地方社会―イナ・シナノ
とその周辺）（海老沼真治）「飯田市歴史研究所年報」 飯田市教育委員
会 （12）2014.8

平成の大合併における市制要件緩和と都市像の変容（高原正文）「信濃
［第3次］」 信濃史学会 66（8）通号775 2014.8

最近の武田氏研究と信濃（柴辻俊六）「信濃［第3次］」 信濃史学会 66
（11）通号778 2014.11

「越中国切」をめぐる政治過程―信濃情勢との関わりから（特集 中近世
移行期の信濃と隣国）（竹井英文）「信濃［第3次］」 信濃史学会 66
（12）通号779 2014.12

戦国期武家領主の書札礼と権力―判物・奉書の書止文言を中心に（特集
中近世移行期の信濃と隣国）（片桐昭彦）「信濃［第3次］」 信濃史学会
66（12）通号779 2014.12

信濃国府

小県郡における信濃国府跡推定地に関する考察（倉澤正幸）「信濃［第3
次］」 信濃史学会 57（8）通号667 2005.8

上田地方の信濃国府推定地について（倉澤正幸）「千曲」 東信史学会
（126）2005.8

「千曲川」の由来―信濃国府起源の千曲川（臼田明）「佐久」 佐久史学会
（61）2010.12

研究ノート 小野章「信濃国府絵図」発見の意味―付 松本市内・岡田に
あった「錦服駅」（臼田明）「信濃［第3次］」 信濃史学会 63（9）通号
740 2011.9

信濃国府跡

信濃国府跡の一考察―近年の研究成果から（倉澤正幸）「千曲」 東信史学
会 （156）2014.6

信濃路

万葉集の信濃路はどこか（原隆夫）「伊那」 伊那史学会 52（7）通号914
2004.7

信濃路の絵解き―日本の絵解きの現状を視野に入れつつ《《特集 未来に
繋がる絵解きの世界》》（林雅彦）「長野」 長野郷土史研究会 （252）
2007.2

信濃商業銀行

信濃商業銀行について（原明芳）「信濃［第3次］」 信濃史学会 64（7）
通号750 2012.7

科野村

一町八ヵ村の合併と科野村（湯本達保）「高井」 高井地方史研究会 147
2004.5

信濃竹原駅

信濃竹原駅物語（武田富夫）「高井」 高井地方史研究会 （186）2014.2

信濃町

博物館講座「信濃町の自然と歴史」「野尻湖ナウマンゾウ博物館だより」
野尻湖ナウマンゾウ博物館 （73）2006.3

信濃町の自然と歴史をしらべよう「野尻湖ナウマンゾウ博物館だより」
野尻湖ナウマンゾウ博物館 （74）2006.9

しなの鉄道

しなの鉄道に待望の「千曲駅」が誕生するまで（中村郷見）「とぐら ：
戸倉史談会誌」 戸倉史談会 （35）2010.2

信濃国

信濃国 国府・行宮 幻視考（鈴岡潤一）「信濃［第3次］」 信濃史学会
56（11）通号658 2004.11

南北朝初期幕府軍事体制の一様態―信濃国の場合（松本一夫）「信濃［第
3次］」 信濃史学会 57（10）通号669 2005.10

近世後半以降の信濃国庶民の日常食（有薗正一郎）「愛知大学綜合郷土研
究所紀要」 愛知大学綜合郷土研究所 52 2007.3

近世信濃国における庶民教育（倉橋めぐみ）「高円史学」 高円史学会
（23）2007.10

「信濃国十二郡」をめぐって―木曽の描かれた地図（福島正樹）「長野県立
歴史館研究紀要」 長野県立歴史館 （16）2010.3

信濃国府の発見と古代佐久「七鐙」（臼田明）「佐久」 佐久史学会 （59）
2010.3

奈良時代の信濃国府の所在地に関する考察（金澤道弘）「千曲」 東信史学

会 （144）2010.6

近世後期の信濃国・越後国における豪農の広域金融活動（上），（下）一更
級郡今里村更級家を事例に（福澤徹三）「信濃［第3次］」 信濃史学会
62（11）通号730/63（2）通号733 2010.11/2011.2

古代における地方の牧―信濃国の御牧系牧を中心に（北村安裕）「飯田市
歴史研究所年報」 飯田市教育委員会 （10）2012.8

「国分寺建立の詔」と信濃国府の立地についての考察（金澤道弘）「千曲」
東信史学会 （155）2014.2

信濃府中

信濃府中の国府所在地を考える一字界図と伝承を中心として（浜野安
則）「松本市史研究 ： 松本市文書館紀要」 松本市 （19）2009.3

篠ノ井

交通の要衝―長野市篠ノ井地区（口絵解説）（滝澤公男）「市誌研究なが
の」 長野市 （18）2011.2

故郷篠ノ井を出て七十年の歳月を偲んで（北村市朗）「長野」 長野郷土史
研究会 （288）2013.4

篠ノ井駅

篠ノ井駅周辺の変貌（明治前期～平成）（口絵解説）（滝澤公男）「市誌研
究ながの」 長野市 （19）2012.3

篠ノ井線

篠ノ井線と龍洞院のアーチ橋（中村操子）「ちょうま」 更埴郷土を知る会
（27）2007.1

島川

島川の水音に（炉辺閑話）（鷲坂昤子）「三郷文化」 三郷郷土研究会 通
号105 2008.7

下伊那

下伊那における近代思想の展開（4）―青年訓練所問題（清水三郎）「伊那」
伊那史学会 48（5）通号864 2000.5

下伊那における近代思想の展開（5）―普通選挙法初の県会議員選挙（清
水三郎）「伊那」 伊那史学会 49（11）通号882 2001.11

組合製糸地帯における労資関係の展開―両大戦期間における長野県下伊
那地方製糸業の事例［1］～（3）（田中雅孝）「伊那」 伊那史学会 50
（11）通号894/51（2）通号897 2002.11/2003.2

下伊那の和算（前），（後）―広がりと深まり（北澤武）「伊那」 伊那史学
会 51（4）通号899/51（5）通号900 2003.4/2003.5

下伊那地方の鳥屋場・霞網猟（塩澤一郎）「伊那」 伊那史学会 51（7）通
号902 2003.7

海外における下伊那の歴史研究紹介―Karen Wigen "The MAKING of
a JAPANESES PERIPHERY 1750―1920"（前澤健）「伊那」 伊那
史学会 51（8）通号903 2003.8

長野県の南信三地域（諏訪、上・下伊那）の戦後の工場立地とその展開か
らみた空間構造（1），（2）―三地域の製造業の立地関連と海外進出を中
心に（山口通之）「信濃［第3次］」 信濃史学会 55（11）通号646/55
（12）通号647 2003.11/2003.12

両大戦期間の組合製糸―長野県下伊那地方組合製糸の昭和恐慌への対応
を中心として（田中雅孝）「飯田市歴史研究所年報」 飯田市教育委員
会 （1）2003.12

地域史をひらく―下伊那の近代史から（森武麿）「飯田市歴史研究所年
報」 飯田市教育委員会 （1）2003.12

下伊那地域における満州移民の送出過程（斎藤俊江）「飯田市歴史研究所
年報」 飯田市教育委員会 （1）2003.12

「伊那」復刊50周年記念講演「下伊那の風土と文化」（市川健夫）「伊那」
伊那史学会 52（2）通号909 2004.2

〈シンポジウム語りつぐ飯田・下伊那の歴史〉「飯田市歴史研究所年報」
飯田市教育委員会 （2）2004.8

下伊那から満州へ（斉藤俊江）「飯田市歴史研究所年報」 飯田市教育委員
会 （2）2004.8

両大戦期間下伊那地方の人口構成（田中雅孝）「飯田市歴史研究所年報」
飯田市教育委員会 （2）2004.8

みなぎる向学の気風下伊那の寺子屋（林登美人）「地域文化」 八十二文化
財団 （72）2005.1

近代以前の下伊那の天文現象記録（前澤健）「飯田市美術博物館研究紀
要」 飯田市美術博物館 （15）2005.3

飯田・下伊那における日米親善人形―青い目の人形を所蔵する学校・個
人を中心に（北林勝士）「飯田市美術博物館研究紀要」 飯田市美術博
物館 （15）2005.3

飯田・下伊那地方の窯業の歴史（岡田正彦）「飯田市美術博物館研究紀要」
飯田市美術博物館 （15）2005.3

活用されている下伊那の寺子屋資料―調査で浮かんだ寺子屋の特長（林
登美人）「伊那」 伊那史学会 53（7）通号926 2005.7

下伊那の渡来系文化とそのルーツ（岡田正彦）「伊那」 伊那史学会 53
（7）通号926 2005.7

飯田・下伊那の工場誘致と外国人労働者―戦後世代をめぐる三度の転換

（〈平成16年度秋季例会報告〉）（本島和人）「信濃［第3次］」信濃史学会 57(7)通号666 2005.7

〈シンポジウム 下伊那の国学〉「飯田市歴史研究所年報」飯田市教育委員会 （3）2005.8

下伊那の国学（宮地正人）「飯田市歴史研究所年報」飯田市教育委員会 （3）2005.8

しらべて下さい 下伊那にきた四国からの行商人（神村透）「伊那」伊那史学会 54(3)通号934 2006.3

明治大正期・下伊那地方の人口構成（田中雅孝）「信濃［第3次］」信濃史学会 58(7)通号678 2006.7

長野県南信三地域（諏訪、上・下伊那）の戦後の製造業の立地とその関連（〈研究報告要旨〉）（山口通之）「飯田市歴史研究所年報」飯田市教育委員会 （4）2006.8

高度成長期下伊那の離農・離村過程―工場誘致と三六災害（〈研究報告要旨〉）（本島和人）「飯田市歴史研究所年報」飯田市教育委員会 （4）2006.8

近世史ゼミナール「近世下伊那の民衆生活史」（歴史研究所アカデミア、ゼミナール記録）（多和田雅保）「飯田市歴史研究所年報」飯田市教育委員会 （4）2006.8

特集 地域の歴史をひらく/飯田アカデミア2007/月例研究会/地域を学ぶ 飯田・下伊那の歴史/歴研ゼミだより「飯田市歴研ニュース」飯田市歴史研究所 （28）2007.6

戦後初期、下伊那地域の養蚕農協（研究報告要旨）（坂口正彦）「飯田市歴史研究所年報」飯田市教育委員会 （5）2007.8

下伊那地方におけるミチューリン農法の受容と衰退（壬生雅穂）「飯田市歴史研究所年報」飯田市教育委員会 （5）2007.8

1920年代の下伊那における二つの思想―軍教問題対談会を中心にして（松上清志）「伊那」伊那史学会 56(5)通号960 2008.5

人口移動からみた飯田下伊那の150年（〈シンポジウム 地域の歴史をひらく〉―ラウンドテーブル）（本島和人）「飯田市歴史研究所年報」飯田市教育委員会 （6）2008.9

1920年代の飯田下伊那の経済状況―生業と消費の側面から（研究報告要旨）（鬼塚博）「飯田市歴史研究所年報」飯田市教育委員会 （6）2008.9

下伊那地方におけるミチューリン農法の受容と衰退（研究ノート）（壬生雅穂）「飯田市歴史研究所年報」飯田市教育委員会 （6）2008.9

史料で読む飯田・下伊那の歴史(1) 山の恵み（武部愛子）「飯田市歴史研究所年報」飯田市教育委員会 （6）2008.9

養蚕が飯田・下伊那地域の民家建築に与えた影響（調査報告）（金澤雄記）「飯田市歴史研究所年報」飯田市教育委員会 （6）2008.9

史料で読む飯田・下伊那の歴史(2) 天保飢饉と江戸の元結取引（竹ノ内雅人）「飯田市歴史研究所年報」飯田市教育委員会 （6）2008.9

飯田・下伊那の本棟造―本棟造調査中間報告（調査報告）（金澤雄記）「飯田市歴史研究所年報」飯田市教育委員会 （7）2009.8

報告 第7回地域史研究集会―飯田・下伊那から戦争と地域を考える「飯田市歴研ニュース」飯田市歴史研究所 （42）2009.10

飯田・下伊那をめぐる、「非勢力圏」への人口移動（本島和人）「飯田市歴史研究所年報」飯田市教育委員会 （8）2010.8

史料で読む飯田・下伊那の歴史(3) 国民学校児童から出征兵士への慰問文（本島和人）「飯田市歴史研究所年報」飯田市教育委員会 （8）2010.8

ポイントでまなぶ飯田・下伊那の歴史 飯田城下町のなりたちと発展（竹ノ内雅人）「飯田市歴史研究所年報」飯田市教育委員会 （8）2010.8

長野県下伊那地域における青年運動―1950年代の組織と運動を中心に（研究活動助成成果概要）（棚井仁）「飯田市歴史研究所年報」飯田市教育委員会 （8）2010.8

飯田市立図書館と豊饒なる下伊那文化（西野一夫）「伊那」伊那史学会 58(9)通号988 2010.9

戦時下における飯田・下伊那の防空態勢（清水迪夫）「伊那」伊那史学会 58(11)通号990 2010.11

明治30年代前半における農村青年会の歴史的位置―初期下伊那青年会における教育経験・地域性・修養（瀬川大）「信濃［第3次］」信濃史学会 62(11)通号730 2010.11

下伊那の養蚕の歩みと現状（寺田一雄）「伊那」伊那史学会 59(1)通号992 2011.1

第9回飯田市地域史研究集会 戦後復興から高度経済成長へ―飯田・下伊那の経験「飯田市歴研ニュース」飯田市歴史研究所 （53）2011.8

第1回満州移民研究ゼミの模様/新刊紹介 満州開拓移民オーラルヒストリー「下伊那のなかの満州」聞き書き報告集№9/歴研ゼミ/地域史講座 飯田・下伊那の歴史/飯田市歴史研究所年報№9/研究定例会「飯田市歴研ニュース」飯田市歴史研究所 （53）2011.8

第9回飯田市地域史研究集会を開催しました 映像とオーラルから生きた証を掘り起こす―現代史への試み 特集「戦後復興から高度成長へ―飯田・下伊那の経験―」/研究報告「飯田市歴研ニュース」飯田市歴史研究所 （54）2011.10

大正期における下伊那の青年運動と読書―『胡桃澤盛日記』より（研究ノート）（清水迪夫）「飯田市歴史研究所年報」飯田市教育委員会 （9）2011.10

生産者と消費者の思いが重なり合って発展する飯田・下伊那の和菓子生産（黒岩正章）「長野」長野郷土史研究会 （282）2012.4

戦後復興から高度成長を生きる―移動と暮らしの視点から（特集 戦後復興から高度成長へ―飯田・下伊那の経験）（大門正克）「飯田市歴史研究所年報」飯田市教育委員会 （10）2012.8

敗戦前後から高度成長を生きた一教師の経験（特集 戦後復興から高度成長へ―飯田・下伊那の経験）（小林恭之助）「飯田市歴史研究所年報」飯田市教育委員会 （10）2012.8

飯田・下伊那の歴史的建造物調査（調査報告）（金澤雄記）「飯田市歴史研究所年報」飯田市教育委員会 （10）2012.8

飯田下伊那地域に関する歴史・民俗関係図書・論文目録（2011年度）「飯田市歴史研究所年報」飯田市教育委員会 （10）2012.8

記念講演「近代下伊那史の視点」（伊那）復刊60周年記念大会）（上条宏之）「伊那」伊那史学会 60(11)通号1014 2012.11

ガラス乾板写真からよみがえる50年前の飯田・下伊那「飯田市歴研ニュース」飯田市歴史研究所 （61）2012.12

満州移民の戦後史―長野県飯田下伊那地域を事例に（満州小特集）（島崎友美）「信濃［第3次］」信濃史学会 65(3)通号758 2013.3

特集にあたって（特集 地域と歩む教育の歴史―飯田・下伊那の学びの場から）（田嶋一）「飯田市歴史研究所年報」飯田市教育委員会 （11）2013.8

地域と学校で創る学びの共同体（特集 地域と歩む教育の歴史―飯田・下伊那の学びの場から）（佐藤学）「飯田市歴史研究所年報」飯田市教育委員会 （11）2013.8

地域の教育的土壌の醸成（特集 地域と歩む教育の歴史―飯田・下伊那の学びの場から）（木下陸奥）「飯田市歴史研究所年報」飯田市教育委員会 （11）2013.8

満州移民の戦後史―長野県飯田市下伊那地域を事例に（研究活動助成成果報告）（島崎友美）「飯田市歴史研究所年報」飯田市教育委員会 （11）2013.8

飯田下伊那地域に関する歴史・民俗関係図書・論文目録（2012年度）「飯田市歴史研究所年報」飯田市教育委員会 （11）2013.8

下伊那日録（2008年7月～8月）「伊那」伊那史学会 62(2)通号1029 2014.2

下伊那の町村札・商品札(1),(2)（今坪達郎）「伊那」伊那史学会 62(6)通号1033/62(11)通号1038 2014.6/2014.11

平沢史学から学ぶ下伊那地域研究（小特集 平沢清人没後四〇周年ワークショップ 平沢史学を学びなおす）（吉田ゆり子）「飯田市歴史研究所年報」飯田市教育委員会 （12）2014.8

飯田下伊那地域に関する歴史・民俗関係図書・論文目録（2013年度）「飯田市歴史研究所年報」飯田市教育委員会 （12）2014.8

飯田下伊那の文学碑について―文学碑のまとめとその案内（吉澤健）「伊那」伊那史学会 62(9)通号1036 2014.9

「分村」の戦後史―下伊那地方を事例に（満州小特集）（安岡健一）「信濃［第3次］」信濃史学会 66(10)通号777 2014.10

下伊那日録（2009年1月～3月）（寺田一雄）「伊那」伊那史学会 62(12)通号1039 2014.12

下伊那郡

史料紹介 長野県下伊那郡喬木館資料―「吉澤武彦家文書」(2)（松本洋幸）「横浜開港資料館紀要」横浜開港資料館 （27）2009.3

消えていくことばの文化(18) 『物類稱呼』と『下伊那郡方言集』(2)（井上伸児）「伊那」伊那史学会 60(3)通号1006 2012.3

下伊那中央病院

1950年代の地域における医療活動と事業展開―長野県松尾村・下伊那中央病院の経営と意義を事例に（研究活動助成成果概要）（内藤雄生）「飯田市歴史研究所年報」飯田市教育委員会 （9）2011.10

下栗

口絵 40年前の下栗（民俗特集）（橋都正）「伊那」伊那史学会 58(1)通号980 2010.1

下諏訪

中山道案内―下諏訪(1)～(6)（蟹江文吉）「オール諏訪 ： 郷土の総合文化誌」諏訪郷土文化研究会 19(4)通号187/20(2)通号197 2000.4/2001.2

中山道よもやま話 歴史エッセイ編(1) 下諏訪宿 和宮諏訪御通行（宮下明子）「伊那路」上伊那郷土研究会 58(9)通号692 2014.9

下諏訪宿

中山道下諏訪宿(1),(7),(8)（蟹江文吉）「オール諏訪 ： 郷土の総合文化誌」諏訪郷土文化研究会 23(5)通号227/23(12)通号234 2003.8/2004.3

中山道下諏訪宿(2) 下諏訪宿の変遷（蟹江文吉）「オール諏訪 ： 郷土の

北陸甲信越　　　　地名でたどる郷土の歴史　　　　長野県

総合文化誌」 諏訪郷土文化研究会　23（6）通号228　2003.9

中山道下諏訪宿（3）今井新兵衛（蟹江文吉）「オール諏訪 ： 郷土の総合文化誌」 諏訪郷土文化研究会　23（7）通号229　2003.10

中山道下諏訪宿（4）加領友の町（蟹江文吉）「オール諏訪 ： 郷土の総合文化誌」 諏訪郷土文化研究会　23（8）通号230　2003.11

中山道下諏訪宿（5）脇本陣・丸屋要四郎（蟹江文吉）「オール諏訪 ： 郷土の総合文化誌」 諏訪郷土文化研究会　23（9）通号231　2003.12

中山道下諏訪宿（6）丸屋要四郎（蟹江文吉）「オール諏訪 ： 郷土の総合文化誌」 諏訪郷土文化研究会　23（10）通号232　2004.1

中山道下諏訪宿（9）節蔵の時代（蟹江文吉）「オール諏訪 ： 郷土の総合文化誌」 諏訪郷土文化研究会　24（1）通号235　2004.4

中山道下諏訪宿（10）佐文治の時代（蟹江文吉）「オール諏訪 ： 郷土の総合文化誌」 諏訪郷土文化研究会　24（2）通号236　2004.5

古文書の窓（82）天狗党の動向を知らせる下諏訪宿からの手紙（下平すみ子）「伊那路」 上伊那郷土研究会　52（3）通号614　2008.3

下清内路
下清内路の集落と出作小屋（調査報告）（金澤雄記）「飯田市歴史研究所年報」 飯田市教育委員会　（10）2012.8

下高井
移民物語（1），（2）下高井・下水内郡から南北アメリカ大陸に移民した人たち―日本の移民政策の関わり（武田富夫）「高井」 高井地方史研究会　（161）/（162）2007.11/2008.2

勧業月報からみた明治十年代の下高井の農業（武田富夫）「高井」 高井地方史研究会　（171）2010.5

下辰野
下辰野商店街の変遷（赤坂文隆）「辰野町資料」 辰野町文化財保護審議会　（96）2006.7

下戸倉宿
下戸倉宿の旅籠屋と飯盛女（高野六雄）「とぐら ： 戸倉史談会誌」 戸倉史談会　（34）2009.2

下殿岡村
近世初期村落の形成過程―信州伊那郡下殿岡村を事例として（鈴木将典）「信濃［第3次］」 信濃史学会　57（10）通号669　2005.10

下久堅
各町村史学会の動き 第450回郷土巡礼 上久堅・下久堅の歴史と地名を訪ねて（伊那）伊那史学会　60（2）通号1005　2012.2

下水内郡
移民物語（1），（2）下高井・下水内郡から南北アメリカ大陸に移民した人たち―日本の移民政策の関わり（武田富夫）「高井」 高井地方史研究会　（161）/（162）2007.11/2008.2

社村
村の召集令状―長野県北安曇郡社村の兵事文書から（論文）（小松芳郎）「信濃［第3次］」 信濃史学会　65（9）通号764　2013.9

十三崖塁
本土作戦として製造された武器庫「十三崖塁」（三澤政博）「高井」 高井地方史研究会　（183）2013.5

十三町
飯田城下十三町と商売物（吉田伸之）「飯田市歴史研究所年報」 飯田市教育委員会　（3）2005.8

十文字峠
史料紹介「十文字峠通行人改名帳」（林茂樹）「伊那路」 上伊那郷土研究会　44（12）通号527　2000.12

常円寺
郡役所常円寺仮設当時の上伊那郡政の実態（伊藤一夫）「伊那路」 上伊那郷土研究会　57（9）通号680　2013.9

上片桐村
「たぎり落ちる」上片桐村からのメッセージ―父と子と、子と父の 十五年戦争前・後の記（堀越肇）「伊那路」 上伊那郷土研究会　48（8）通号571　2004.8

上信
第8回特別展研究発表要旨 天明3年の浅間山噴火・上信一揆と浅科（斎藤洋一）「五郎兵衛記念館報」 五郎兵衛記念館　29　2003.2

天明上信一揆の再検討に向けて（斎藤洋一）「信州農村開発史研究所報」 信州農村開発史研究所　84　2003.4

史料紹介 上信一揆による五郎兵衛新田村の被害（斎藤洋一）「信州農村開発史研究所報」 信州農村開発史研究所　（96・97）2006.9

鐘鋳堰
史料紹介堀切沢へ鐘鋳堰のため池計画（関保男）「長野」 長野郷土史研究会　（241）2005.5

城東小学校
三輪田町高土手の赤地蔵さんと長野市立城東小学校三年一組のこと（北村俊治）「長野」 長野郷土史研究会　（279）2011.9

常念岳
常年岳登山開発小史―近代登山史の文化財・常念岳石室を中心に（浜野安則）「文化財信濃」 長野県文化財保護協会　36（1）通号135　2009.6

三郷文化（巻頭言）―常念岳談義（望月弘）「三郷文化」 三郷郷土研究会　（109）2009.8

三郷文化（巻頭言）―常念岳を仰いで（斎藤美枝）「三郷文化」 三郷郷土研究会　（111）2010.2

庄野堰
信州安曇郡住吉荘の梓川を水源とする横沢堰・庄野堰・温堰等の成立年代の研究（小穴芳実）「信濃［第3次］」 信濃史学会　59（9）通号692　2007.9

菖蒲沢
「山河」戦争を語りつぐ菖蒲沢の人々［1］，［下］（篠原正信）「オール諏訪 ： 郷土の総合文化誌」 諏訪郷土文化研究会　24（12）通号246/2005.3/

城山
山と自然博物館 開館5周年記念特別展「城山の自然と歴史」（誌上博物館）「あなたと博物館 ： 松本市立博物館ニュース」 松本市立博物館　（181）2012.7

城山小学校
「学校資料」について―城山小学校資料から考える（宮澤崇士）「市誌研究 ながの」 長野市　（18）2011.2

昭和橋
坂城町の昭和橋を検証する―平成14年土木学会選奨・土木遺産に認定されて（牧忠男）「ちょうま」 更埴郷土を知る会　（33）2013.1

坂城町の昭和橋について（牧忠男）「千曲」 東信史学会　（152）2013.2

代田家住宅
歴史的建造物調査―福島家住宅・脇坂門、川路八区諏訪社・代田家住宅（調査報告）（金澤雄記）「飯田市歴史研究所年報」 飯田市教育委員会　（4）2006.8

信更町
地域をつなぐ城―長野市信更町の中世城郭（三島正之）「中世城郭研究」 中世城郭研究会　（19）2005.7

新御殿
松代 新御殿の変遷（米澤愛）「松代」 松代文化施設等管理事務所　（24）2011.3

信州
西上州における信州米市場をめぐる市立て紛争の展開―西牧領本宿村の天明5年「穀市立て訴訟記録」の紹介（井上定幸）「ぐんま史料研究」 群馬県立文書館　（18）2002.3

昭和恐慌期の信州修身教育―修身教材「孝行猿の話」と関連させて（《特集 長野県近代史》）（伊藤純郎）「信濃［第3次］」 信濃史学会　54（11）通号634　2002.11

特別紀行 信州の「米子」―紫雲寺渇干拓竹前兄弟のふる里（青木廣安）「越佐の地名」 越後・佐渡の地名を語る会　（3）2003.3

信州のズラ・図良言葉のルーツ（百瀬恵）「オール諏訪 ： 郷土の総合文化誌」 諏訪郷土文化研究会　23（2）通号224　2003.5

十石峠―信州から上州・武州への米の道 山中騒動・秩父事件の道（小林収）「千曲」 東信史学会　119　2003.10

横浜生糸合名会社と信州製糸業（横山憲長）「信濃［第3次］」 信濃史学会　55（12）通号647　2003.12

信州の近世部落の斃牛馬処理（斎藤洋一）「水と村の歴史 ： 信州農村開発史研究所紀要」 信州農村開発史研究所　（19）2004.3

信州の近世部落の旦那場（斎藤洋一）「明日を拓く」 東日本部落解放研究所、解放書店（発売）30（4）通号54　2004.3

戦国末期にみる秩序の再構築―上杉景勝の信州北部支配を中心として（逸見大悟）「信濃［第3次］」 信濃史学会　56（5）通号652　2004.5

札幌における信州出身の群像（1）～（14）（夏坊度一郎）「オール諏訪 ： 郷土の総合文化誌」 諏訪郷土文化研究会　24（4）通号238/25（6）通号252　2004.7/2005.9

《特集 信州の職人・金属加工の世界 町工場の匠たち》「地域文化」 八十二文化財団　69　2004.7

富山県砺波地方と信州（尾田武雄）「むしくら ： むしくら交流会ニュースレター」 虫倉交流会　（60）2004.9

札幌における信州出身の群像（8）下（夏坊度一郎）「オール諏訪 ： 郷土の総合文化誌」 諏訪郷土文化研究会　24（8）通号242　2004.11

開館十周年記念リレー展冬季展 天下の糸平ゆかりの雛人形 横浜を目指した信州の生糸商人たち「長野県立歴史館たより」 長野県立歴史館　41　2004.12

535

《特集信州教育の潮流―卒業証書のない学校》「地域文化」 八十二文化財団 （72） 2005.1

信越国境・国有林境界争論とその経緯 雑魚川・魚野川の合流地点秋山郷温泉場（小布施竹男）「高井」 高井地方史研究会 （150） 2005.2

信州の黒耀石文化（戸沢充則）「信濃［第3次］」 信濃史学会 57（5）通号664 2005.5

ジャガイモと信州文化（塚本learning学）「信濃［第3次］」 信濃史学会 57（5）通号664 2005.5

昭和7年の信州郷土研究―栗岩英治と柳田国男（伊藤純郎）「信濃［第3次］」 信濃史学会 57（5）通号664 2005.5

信州における馬産と馬文化（市川健夫）「信濃［第3次］」 信濃史学会 57（5）通号664 2005.5

福島県いわき市における信州（高遠）石工（池上武）「伊那路」 上伊那郷土研究会 49（7）通号582 2005.7

信州の蚕糸業と教育（小平千文）「地域文化」 八十二文化財団 （74） 2005.7

特別展「信州モノづくり博覧会―モノづくりの東西交流―」「長野市立博物館博物館だより」 長野市立博物館 （64） 2005.10

女工哀史の検証（3）信州上一番格生糸 生糸輸出世界一への道（嶋崎昭典、森川英明、鮎澤諭志）「岡谷蚕糸博物館紀要」 岡谷市教育委員会 （10） 2005.12

対談 信州の鉄の文化史《特集 鉄―暮らしとともに》（佐々木稔、北野進）「地域文化」 八十二文化財団 （76） 2006.4

信州諸大名の献上品（翠川渡）「長野」 長野郷土史研究会 （246） 2006.4

講演 越後・佐渡から信州を考える（田中圭一）「高井」 高井地方史研究会 （155） 2006.5

夏季企画展 幕末の信州―時代を駆けた草莽たち「長野県立歴史館たより」 長野県立歴史館 47 2006.6

一揆・義民・山の民―百姓一揆・義民顕彰・山国信州の統一的理解を求めて（横山十四男）「信濃［第3次］」 信濃史学会 58（9）通号680 2006.9

秋季企画展 戦時下の子どもたち―信州の十五年戦争「長野県立歴史館たより」 長野県立歴史館 48 2006.9

研究の窓 信州への学童集団疎開（田村栄作）「長野県立歴史館たより」 長野県立歴史館 48 2006.9

伊勢御師からみた戦国時代後期の信州情勢―「しなの、国道者之御祓くはり日記」を読んで（逸見大悟）「信濃［第3次］」 信濃史学会 58（9）通号681 2006.11

自然と温泉 信州の地下に閉じ込められていた古海水の温泉《特集 温泉とは何か》（大日方文武）「長野」 長野郷土史研究会 （249） 2006.10

特別展 信州の歴史遺産I―新指定長野県宝と歴史館のお宝「長野県立歴史館たより」 長野県立歴史館 49 2006.12

近世の旅日記から見た信州（講演）（櫻井邦夫）「松本市史研究 : 松本市文書館紀要」 松本市 （17） 2007.3

信州南北の文化比較考《特集 流域の気候と風土―千曲川・天竜川》（塩沢正人）「地域文化」 八十二文化財団 （81） 2007.7

信州の村々と古島史学（1）（青木美智男）「飯田市歴史研究所年報」 飯田市教育委員会 （5） 2007.8

「戸田の渡し」に初めて橋を架けた二人の信州人（成澤誠司）「板橋史談」 板橋史談会 （242） 2007.9

古文書が語る土地史（86）信州大地震の情報（田畑勉）「群馬風土記」 群馬出版センター （2）通号92 2008.1

中山道の宿駅と大名通行―信州を中心に（講演）（波田野富信）「松本市史研究 : 松本市文書館紀要」 松本市 （18） 2008.3

世界遺産をめざす信州の歴史的建造物《特集 世界遺産と信州―歴史的建造物を中心に》（小林竜太郎）「長野」 長野郷土史研究会 （258） 2008.4

「信州のアイヌコタン」シリーズ 学校から見える風景（3）（百瀬信夫）「茅野」 茅野市郷土研究会 （68） 2008.9

資料「破戒」の町「信州農村開発史研究所報」 信州農村開発史研究所 （104・105） 2008.9

平成20年度冬季展「信州の歴史遺産II―長野県宝と歴史館のお宝―」「長野県立歴史館たより」 長野県立歴史館 （57） 2008.11

信州の宿場の被差別部落の成り立ちをめぐって（斎藤洋一）「水と村の歴史 : 信州農村開発史研究所紀要」 信州農村開発史研究所 （24） 2009.3

信州守護小笠原氏とその配下の内ヶ嶋氏、平瀬氏、嘉念坊明誓と市村氏は何時から如何にして飛騨・越中に進出したか（坂部和夫）「斐太紀 : 研究紀要」 飛騨学の会 2008年度 2009.3

信州のアイヌコタン（1），（2），（4）（百瀬信夫）「オール諏訪 : 郷土の総合文化誌」 諏訪郷土文化研究会 29（7）通号301/29（11）通号305 2009.10/2010.2

信州における秩父事件の足跡（広域特集―第34回上伊那歴史研究会県外実地踏査報告）（矢澤静一）「伊那路」 上伊那郷土研究会 53（12）通号635 2009.12

信州鎌の彰徳碑を巡る――一茶顕彰に及ぶ活動（仁科文男）「文化財信濃」 長野県文化財保護協会 36（3）通号137 2009.12

信州のアイヌコタン（3）学校から見える古代（1）（百瀬信夫）「オール諏訪 : 郷土の総合文化誌」 諏訪郷土文化研究会 29（10）通号304 2010.1

信州郷軍同志会と日中戦争（特集 アジア・太平洋戦争にいたる道―霞ヶ浦と飯田から）（須崎愼一）「飯田市歴史研究所年報」 飯田市教育委員会 （8） 2010.8

信州熊事情 志賀おたの申す（山のカケス）「とぐら : 戸倉史談会誌」 戸倉史談会 （36） 2011.2

平成23年度冬季展 信州の歴史遺産V 郷土のお宝 重文・県宝を見よう 世界最古の日向林B遺跡群資料/関東大震災と長野県/3300本の長野県測量図「長野県立歴史館たより」 長野県立歴史館 （69） 2011.11

麻の生産をささえた建築と信州の山村景観（梅干野成央）「長野」 長野郷土史研究会 （281） 2012.2

信州名所かるた（北村俊治）「長野」 長野郷土史研究会 （282） 2012.4

信州への関流和算の伝来（小林博隆）「信濃［第3次］」 信濃史学会 64（7）通号750 2012.7

信州の歴史遺産 おもしろ歴史の豆知識「長野県立歴史館たより」 長野県立歴史館 （72） 2012.7

信州のアイヌコタンシリーズ「茅野」 茅野市郷土研究会 （77） 2012.9

遠州流挿花と信州―「挿花衣之香」から（村上昭彦）「長野」 長野郷土史研究会 （285） 2012.10

二・四事件以後の信州教育素描（伊藤純郎）「信濃［第3次］」 信濃史学会 64（11）通号754 2012.11

近世在方大工と信州の伝説―刻まれた伝説、命を宿した彫刻（伊藤友久）「信濃［第3次］」 信濃史学会 65（1）通号756 2013.1

信州における雛の販売と流通―近世から近代にかけての動き（研究ノート）（小野和英）「信濃［第3次］」 信濃史学会 65（9）通号764 2013.9

信州と上州をつないだ脇街道 大笹街道（仁礼街道）（特集 信州と隣県 信州と上州）「地域文化」 八十二文化財団 （107） 2014.1

部落を生きる（Y子）「信州農村開発史研究所報」 信州農村開発史研究所 （126・127） 2014.2

連載コラム 郷土史の視界（2）信州人が書いたという『人国記』（小林一郎）「長野」 長野郷土史研究会 （294） 2014.4

樽木運材にかかわった信州代官の動向―磐田市秋鹿家文書（松澤保）「伊那」 伊那史学会 62（6）通号1033 2014.6

越中―飛騨―信州 鰤が選ばれた道（特集 信州と隣県 信州と飛騨）（窪田雅之）「地域文化」 八十二文化財団 （110） 2014.10

信州教育 温故知新―地域の学校と教育の多様性（竹内延彦）「長野」 長野郷土史研究会 （298） 2014.12

信州街道

古文書で語る歴史の道（6）信州街道と諸大名の廻米（岡田昭二）「上州文化」 群馬県教育文化事業団 99 2004.8

信州大学教育学部煉瓦書庫

文献史料をよむ 信州大学教育学部煉瓦書庫と進徳館蔵書「長野県立歴史館たより」 長野県立歴史館 （56） 2008.9

信州大学繊維学部

信州大学繊維学部百周年のあゆみ―シルクからニューファイバーテクノロジーへの歴史とともに（中野国雄）「須高」 須高郷土史研究会 （72） 2011.4

信州大学農学部

信州大学農学部の開設と沿革について（〈第31回上伊那歴史研究会県外実地踏査報告〉）（三澤勝人）「伊那路」 上伊那郷土研究会 50（12）通号599 2006.12

森将軍塚

森将軍塚についての一考察（片岡稚夫）「ちょうま」 更埴郷土を知る会 （23） 2003.1

新諏訪町

新諏訪町を通る松代道について（松岡昭三郎）「長野」 長野郷土史研究会 （263） 2009.2

新田

稲荷山と杭瀬下・新田との境争いによる野高場（宮澤芳己）「ちょうま」 更埴郷土を知る会 （25） 2005.1

進徳館

幕末と明治初期の教育―高遠藩校「進徳館」とその周辺（春日重信）「伊那路」 上伊那郷土研究会 46（7）通号546 2002.7

文献史料をよむ 信州大学教育学部煉瓦書庫と進徳館蔵書「長野県立歴史館たより」 長野県立歴史館 （56） 2008.9

新馬喰町

「新馬喰町日記」にみる人びとの暮らし（関保男）「市誌研究ながの」 長

野市 （17）2010.2

陣馬峠
陣馬峠（通称・三反田峠）（竹花初雄）「千曲」 東信史学会 119 2003.10

信陽館貯蔵庫
歴史的建造物調査 塩澤家住宅・宮井家住宅・犬塚家住宅・五十君酒店・柏心寺・阿羅多堂・信陽館貯蔵庫（調査報告）（金澤雄宏）「飯田市歴史研究所年報」 飯田市教育委員会 （5）2007.8

信陽鉱山
鉱山開発と公害について—小県郡真田町信陽鉱山の場合（斎藤幸男）「信濃［第3次］」 信濃史学会 57（3）通号662 2005.3

崇教館
「崇教館の歴史を探る～松本にあった藩学～」（誌上博物館 学都松本の礎—近世・近代、学びの場）「あなたと博物館 ： 松本市立博物館ニュース」 松本市立博物館 （190）2014.1

須賀川
須賀川の竹細工（関口佳正）「高井」 高井地方史研究会 （182）2013.2

菅平
菅平の開拓（特集 自然への畏敬 開拓の精神）（坂口益次）「地域文化」 八十二文化財団 （109）2014.7

菅平高原
菅平高原開発の夜明け（堀内泰）「千曲」 東信史学会 （153）2013.6

菅沼家住宅
歴史的建造物調査 菅沼家住宅（東京大学大学院伊藤毅研究室）「飯田市歴史研究所年報」 飯田市教育委員会 （3）2005.8

杉野沢村
宗門改帳から見た杉野沢村・柏原村・古海村の比較（青山始義）「長野」 長野郷土史研究会 235 2004.5

須高
須高における武田氏時代（馬場廣幸）「須高」 須高郷土史研究会 （60）2005.4
須高における防火・消防について（駒津武茂）「須高」 須高郷土史研究会 （77）2013.11

須坂
繭とむきあって—須坂製糸の一側面（小林裕）「須高」 須高郷土史研究会 （56）2003.4
土蔵・繭倉内の史料発掘と保存について—緊急性をもつ須坂製糸業史料の収集（丸山文雄）「須高」 須高郷土史研究会 （56）2003.4
明治前期・須坂地方の教導職について—主として中教院で活躍した人たち（前川幸生）「須高」 須高郷土史研究会 （59）2004.10
須坂の「てぬぐい」と庶民の生活文化（丸山親男）「須高」 須高郷土史研究会 （63）2006.10
明治19年コレラ蔓延と須坂製糸業（上），（下）（中野国雄）「須高」 須高郷土史研究会 （64）/（65）2007.4/2007.10
須坂の土俵物語（山岸鷺堆）「須高」 須高郷土史研究会 （64）2007.4
県外から見た「須坂製糸」の評価について 福島県伊達郡役所『各県製糸場巡回調書』より（中野国雄）「須高」 須高郷土史研究会 （66）2008.4
地名「仙仁」と須坂の民話「仙仁碁打ち」の由来について（仙仁秀泰）「須高」 須高郷土史研究会 （66）2008.4
須坂製糸業を支えた燃料の今昔（西澤新吉）「須高」 須高郷土史研究会 （67）2008.10
須坂製糸の余聞（西澤新吉）「須高」 須高郷土史研究会 （68）2009.4
須坂の詩吟について（西澤新吉）「須高」 須高郷土史研究会 （73）2011.10
小藩大名の陣屋町「信州須坂」について（米田廣博）「パイオニア」 関西地理学研究会 （99）2012.7
太平洋戦争の中の中学生—「食料増産」と「須坂地下壕作戦」・「長野地方空襲」（和田邑吉）「須高」 須高郷土史研究会 （78）2014.3
史料紹介 横浜開港と須坂（井上光由）「須高」 須高郷土史研究会 （78）2014.3

須坂市職業紹介所
昭和初期における製糸工女求人連絡について—須坂市職業紹介所史料を中心に（町田祐一）「信濃［第3次］」 信濃史学会 65（8）通号763 2013.8

須坂小学校
教育史資料を多く所蔵する須坂市立須坂小学校（わが町の文化財保護）（須坂市立須坂小学校）「文化財信濃」 長野県文化財保護協会 35（3）通号133 2008.12

須坂町
長野県における翼賛壮年団の一動向—須坂町翼賛壮年団結成初期の活動を中心に（丸山文雄）「信濃［第3次］」 信濃史学会 55（7）通号642

2003.7
戦時期にかけての公立職業紹介事業の展開—長野県上高井郡須坂町職業安定所を事例に（町田祐一）「信濃［第3次］」 信濃史学会 66（8）通号775 2014.8

須坂藩
須坂藩の立藩年における考察（井出清文）「須高」 須高郷土史研究会 （60）2005.4
明治時代の須坂藩（井出博文）「信濃［第3次］」 信濃史学会 58（10）通号681 2006.10
須坂藩と大坂加番について（小林裕）「須高」 須高郷土史研究会 （77）2013.11
講演記録 高井地方の中世史（7）慶長・元和期の高井郡と須坂藩の成立（井原今朝男）「須高」 須高郷土史研究会 （78）2014.3

須々貴城
表紙裏 泉親衡ゆかりの小泉城・須々貴城位置図「郷土いずみ」 （19）2013.5

雀ヶ森
雀ヶ森新田考（岳麓湖盆）（牛山甲子恵）「茅野」 茅野市郷土研究会 （66）2007.9

スハヂ
和銅～養老期の地方政策の特質—キソヂ・スハヂと諏方国を中心に（論文）（北村安裕）「飯田市歴史研究所年報」 飯田市教育委員会 （11）2013.8

住吉荘
安曇郡住吉荘郷村研究の総括（小穴芳実）「信濃［第3次］」 信濃史学会 60（7）通号702 2008.7

諏訪
私の諏訪古代史（68）～（71）（北沢謙吾）「オール諏訪 ： 郷土の総合文化誌」 諏訪郷土文化研究会 19（1）通号184/19（4）通号187 2000.1/2000.4
私説諏訪古代史（72）～（114），（116）～（145），（147）～（168），（170）～（177）（北沢謙吾）「オール諏訪 ： 郷土の総合文化誌」 諏訪郷土文化研究会 19（5）通号188/29（11）通号305 2000.5/2010.2
ふるさと諏訪紀行（4）製糸業の発達（林嘉志郎）「オール諏訪 ： 郷土の総合文化誌」 諏訪郷土文化研究会 20（1）通号196 2001.1
ふるさと諏訪紀行（5）山一林組争議（林嘉志郎）「オール諏訪 ： 郷土の総合文化誌」 諏訪郷土文化研究会 20（2）通号197 2001.2
諏訪立川流・大隈流 棟梁の想い（立川義明）「地域文化」 八十二文化財団 65 2003.7
長野県の南信三地域（諏訪、上・下伊那）の戦後の工場立地とその展開からみた空間構造（1），（2）—三地域の製造業の立地関連と海外進出を中心に（山口通之）「信濃［第3次］」 信濃史学会 55（11）通号646/55（12）通号647 2003.11/2003.12
ふるさと諏訪紀行（11）原山さまへ（林嘉志郎）「オール諏訪 ： 郷土の総合文化誌」 諏訪郷土文化研究会 24（7）通号241 2004.10
諏訪の風物誌あれこれ（1）「オール諏訪 ： 郷土の総合文化誌」 諏訪郷土文化研究会 24（11）通号245 2005.2
諏訪地方における自由民権運動（今井清水）「オール諏訪 ： 郷土の総合文化誌」 諏訪郷土文化研究会 25（8）通号254 2005.11
蚕糸が諏訪の起業魂を紡いだ（茅野實）「岡谷蚕糸博物館紀要」 岡谷市教育委員会 （10）2005.12
近代史の中の諏訪（6）普選運動（今井清水）「オール諏訪 ： 郷土の総合文化誌」 諏訪郷土文化研究会 26（1）通号259 2006.4
諏訪の学芸の変遷（2）明治期の学芸（川口實）「オール諏訪 ： 郷土の総合文化誌」 諏訪郷土文化研究会 26（1）通号259 2006.4
諏訪地域上水道布設の歴史的経過（特集 人文地理）（櫻井洋）「信濃［第3次］」 信濃史学会 58（4）通号675 2006.4
近現代史の中の諏訪（7）米騒動の波紋（今井清水）「オール諏訪 ： 郷土の総合文化誌」 諏訪郷土文化研究会 26（2）通号260 2006.5
明治・大正・昭和の諏訪の学芸（3）～（23）（川口實）「オール諏訪 ： 郷土の総合文化誌」 諏訪郷土文化研究会 26（2）通号260/27（10）通号280 2006.5/2008.1
近現代史の中の諏訪（8）山一林組争議（今井清水）「オール諏訪 ： 郷土の総合文化誌」 諏訪郷土文化研究会 26（3）通号261 2006.6
近現代史の中の諏訪（9）2・4事件（今井清水）「オール諏訪 ： 郷土の総合文化誌」 諏訪郷土文化研究会 26（4）通号262 2006.7
近現代史の中の諏訪（10）大陸・満州に夢を［1］，（2）（今井清水）「オール諏訪 ： 郷土の総合文化誌」 諏訪郷土文化研究会 26（5）通号263/26（6）通号264 2006.8/2006.9
長野県南信三地域（諏訪、上・下伊那）の戦後の製造業の立地とその関連（〈研究報告要旨〉）（山口通之）「飯田市歴史研究所年報」 飯田市教育委員会 （4）2006.8
近現代史の中の諏訪（14）～（16）製糸を支えた女工たち（1）～（3）（今

井清水）「オール諏訪 ： 郷土の総合文化誌」 諏訪郷土文化研究会
26（9）通号267/26（11）通号269　2006.12/2007.2

近現代史の中の諏訪（17）～（19）社会保障・明治期（1）～（3）（今井清
水）「オール諏訪 ： 郷土の総合文化誌」 諏訪郷土文化研究会　26
（12）通号270/27（2）通号272　2007.3/2007.5

近現代史の中の諏訪（20）～（22）社会保障・大正期（1）～（3）（今井清
水）「オール諏訪 ： 郷土の総合文化誌」 諏訪郷土文化研究会　27（3）
通号273/27（5）通号275　2007.6/2007.8

近現代史の中の諏訪（23）～（26）社会保障・恐慌期（1）～（4）（今井清
水）「オール諏訪 ： 郷土の総合文化誌」 諏訪郷土文化研究会　27（6）
通号276/27（8）通号279　2007.9/2007.12

近現代史の中の諏訪（27）～（30）福祉・社会保障 昭和戦前（1）～（4）
（今井清水）「オール諏訪 ： 郷土の総合文化誌」 諏訪郷土文化研究会
27（10）通号280/28（1）通号283　2008.1/2008.4

近現代史の中の諏訪（31）～（35）福祉・社会保障 昭和戦後（1）～（5）
（今井清水）「オール諏訪 ： 郷土の総合文化誌」 諏訪郷土文化研究会
28（2）通号284/28（6）通号288　2008.5/2008.9

諏訪の昔ばなし（67）大門峠の境と有賀峠の境「オール諏訪 ： 郷土の
総合文化誌」 諏訪郷土文化研究会　28（5）通号287　2008.8

富士見電信取扱所（北原茂俊）「茅野」 茅野市郷土研究会　（68）2008.9

諏訪地方の温泉の歴史と提言（上），（下）（伊藤文夫）「オール諏訪 ： 郷
土の総合文化誌」 諏訪郷土文化研究会　28（7）通号289/28（8）通号
290　2008.10/2008.11

筑摩東山道の解明と諏訪立国の謎（丸山昭）「文化財信濃」 長野県文化財
保護協会　35（3）通号133　2008.12

諏訪地方における地域文化の考察（下）（伊藤文夫）「オール諏訪 ： 郷土
の総合文化誌」 諏訪郷土文化研究会　28（11）通号293　2009.2

ウォンテッド 製糸全盛の頃がよみがえる品―活気に満ちた諏訪地方の
商店「岡谷蚕糸博物館紀要」 岡谷市教育委員会　（13）2009.3

私説諏訪古代史（169）（北澤謙吾）「オール諏訪 ： 郷土の総合文化誌」
諏訪郷土文化研究会　29（2）通号296　2009.5

諏訪の変遷（1）武田から信長へ（小口卓男）「オール諏訪 ： 郷土の総合
文化誌」 諏訪郷土文化研究会　29（5）通号299　2009.8

諏訪の変遷（2）水害の防止（小口卓男）「オール諏訪 ： 郷土の総合文化
誌」 諏訪郷土文化研究会　29（6）通号300　2009.9

諏訪・岡谷地方の経済概況（諏訪信用金庫）「オール諏訪 ： 郷土の総合
文化誌」 諏訪郷土文化研究会　29（10）通号304　2010.1

諏訪・岡谷地方の経済概況（諏訪信用金庫）「オール諏訪 ： 郷土の総合
文化誌」 諏訪郷土文化研究会　29（11）通号305　2010.2

諏訪の歴史にかかわりながらの諸論（宮坂寛美）「茅野」 茅野市郷土研究
会　（72）2010.3

諏訪、井戸尻、地域研究（追悼 戸沢充則氏）（小林公明）「信濃［第3次］」
信濃史学会　64（7）通号750　2012.7

高遠領・諏訪領の分杭について（栗林良裕）「辰野町資料」 辰野町文化財
保護審議会　（107）2012.8

随想 諏訪地方特産―寒天とそのルーツ（伊藤翠）「会報いしばし」 石橋
郷土史研究会　2013年春季号　2013.4

諏訪蚕糸学校
桑科探訪 諏訪蚕糸学校／岡谷工業学校―地域とともに歩む学び舎「岡谷
蚕糸博物館紀要」 岡谷市教育委員会　（14）2010.3

諏訪郡
古代における伊那郡と諏訪郡の郡界について―伊那部・諏訪形成地名によ
る考察（《考古・古代特集号》）（御子柴泰正）「伊那路」 上伊那郷土研
究会　52（4）通号615　2008.4

諏訪郡衙
奈良時代の諏訪郡衙についての考察―岡谷市榎垣外官衙遺跡についての
私論（考古学特集）（塩澤恭輔）「信濃［第3次］」 信濃史学会　66（9）
通号776　2014.9

諏訪湖
諏訪湖浄化と共に暮した30年（1），（2）（沖野外輝夫）「オール諏訪 ： 郷
土の総合文化誌」 諏訪郷土文化研究会　24（5）通号239/24（6）通号
240　2004.8/2004.9

諏訪湖浄化への軌跡と新たな展開（沖野外輝夫）「オール諏訪 ： 郷土の
総合文化誌」 諏訪郷土文化研究会　24（7）通号241　2004.10

諏訪湖の漁業と環境の変遷（1）～（5）（中澤章）「オール諏訪 ： 郷土の総
合文化誌」 諏訪郷土文化研究会　24（8）通号242/24（12）通号246
2004.11/2005.3

諏訪鉱山
近現代史の中の諏訪（12），（13）諏訪鉱山の人々（1），（2）（今井清水）
「オール諏訪 ： 郷土の総合文化誌」 諏訪郷土文化研究会　26（7）通
号265/26（8）通号266　2006.10/2006.11

諏方国
和銅～養老期の地方政策の特質―キソヂ・スハヂと諏方国を中心に（論

文）（北村安裕）「飯田市歴史研究所年報」 飯田市教育委員会　（11）
2013.8

諏訪鉄山
諏訪鉄山に疎開した俘虜収容所（伊藤岩廣）「オール諏訪 ： 郷土の総合
文化誌」 諏訪郷土文化研究会　29（7）通号301　2009.10

生仁館
生仁館と生仁城の戦い余聞（特集号 千曲川流域にみられた中世の合戦）
（大脇文夫）「千曲」 東信史学会　（148）2011.10

清内路村
清内路村長田屋（小池家）文書調査記録の経過と概要（前澤健）「飯田市歴
史研究所年報」 飯田市教育委員会　（2）2004.8

近世の清内路村における若者組の活動（研究活動助成成果概要）（坂本広
徳）「飯田市歴史研究所年報」 飯田市教育委員会　（6）2008.9

清内路村における講録の一考察（研究活動助成成果概要）（芹沢真結子）
「飯田市歴史研究所年報」 飯田市教育委員会　（8）2010.8

近現代の出作りにみる山村の生活と農業形態―長野県旧清内路村を事例
として（地理学小特集）（市川康夫）「信濃［第3次］」 信濃史学会　65
（10）通号765　2013.10

史料紹介「清内路村誌」―村誌と満州移民の時代（本島和人）「飯田市歴
史研究所年報」 飯田市教育委員会　（12）2014.8

旧制長野中学校
旧制長野中学校本館校舎に関する基礎的建築史研究（1）―本館校舎移転
改築に関わる経過と建築様式名（宮澤政太）「市誌研究ながの」 長野
市　（19）2012.3

旧制長野中学校本館校舎に関する基礎的建築史研究（2）―設計図と設計
者、RC造と木造（宮澤政太）「市誌研究ながの」 長野市　（20）2013.3

旧制長野中学校本館校舎に関する基礎的建築史研究（3）―本館校舎異聞
（宮澤政太）「市誌研究ながの」 長野市　（21）2014.3

清明小学校
語り継ぐ 上田市立清明小学校のみなさんから（S・S、S・Y）「東京大空
襲・戦災資料センターニュース ： 平和研究交流誌」 東京大空襲・戦
災資料センター　（23）2013.7

関郷
「伊那郡関郷」に関わる私考（上），（下）（原董）「伊那」 伊那史学会　54
（9）通号940/55（9）通号952　2006.9/2007.9

関田山脈
塩の道だった関田山脈の峠道（杉田幸治）「頸城文化」 上越郷土研究会
（51）2003.9

瀬戸大橋
橋の名前あれこれ 「瀬戸大橋」は信州佐久にある！（本田慶二）「群馬歴
史散歩」 群馬歴史散歩の会　（222）2012.1

瀬戸川村
村方文書にみる犯罪防止策一考―松代藩瀬戸川村の鍬焼神判をとおして
（岡澤由往）「長野」 長野郷土史研究会　231　2003.9

銭
忘れ得ぬ故郷 中川村銭集落と「三六災害」（1），（2）（有賀直雄）「伊那路」
上伊那郷土研究会　56（4）通号663/56（9）通号668　2012.4/2012.09

昭和30年代の山間集落の暮らし―中川村銭（有賀直雄）「伊那路」 上伊
那郷土研究会　57（1）通号672　2013.1

洗馬宿
中山道洗馬宿の追分集落としての性格（田村栄作）「長野県立歴史館研究
紀要」 長野県立歴史館　（10）2004.3

上田藩の世直し騒動について―洗馬宿の庄屋達の記録から（《特集号 明
治維新と農民運動》）（堀内泰）「千曲」 東信史学会　（139）2008.10

善光寺
村方文書にみる福祉一考 善光寺大地震・犀川大洪水罹災者への松代藩
福祉対策（岡沢由往）「長野」 長野郷土史研究会　226　2002.11

渡邊勝之助「柏崎日記」の内 善光寺大地震について（抜き書き）（飯島
昇）「ちょうま」 更埴郷土を知る会　（24）2004.1

近世文書講習会「善光寺地震と救恤」の紹介（研修部）「高井」 高井地方
史研究会　146　2004.2

史料紹介 善光寺地震と小井田宿（小林太郎）「千曲」 東信史学会　120
2004.2

弘化四年善光寺大地震と農村―牛札村東黒川の場合（矢野恒雄）「長野」
長野郷土史研究会　234　2004.5

善光寺地震二次災害犀川大洪水（岡澤由往）「市誌研究ながの」 長野市
（13）2006.2

なくなった温泉 善光寺周辺にあった温泉（《特集 温泉とは何か》）（小林
竜太郎）「長野」 長野郷土史研究会　（249）2006.10

これからの郷土史―映画・演劇で善光寺門前町再発見（《特集 これからの
郷土史》）（小林竜太郎）「長野」 長野郷土史研究会　（255）2007.10

善光寺地震と善光寺役所の対応の軌跡（鬼頭康之）「信濃［第3次］」信濃史学会　60（7）通号702　2008.7

善光寺地震などを伝える『見集録 坤』の紹介（1）～（6）（鬼頭康之）「長野」長野郷土史研究会　（262）/（267）2008.12/2009.10

講演「善光寺と松代 御開帳でつながる門前町と城下町」《特集 善光寺と松代》（小林一郎）「長野」長野郷土史研究会　（265）2009.6

トークセッション「善光寺界隈と松代の歴史・まちづくり」《特集 善光寺と松代》「長野」長野郷土史研究会　（265）2009.6

第440回例会記 善光寺御開帳、別所・小布施を訪ねる旅（鈴木武雄）「杉並郷土史会会報」杉並郷土史会　（219）2010.1

史料紹介 弘化4年における信州善光寺地震の史料（園田大）「日田文化」日田市教育委員会　（52）2010.3

平成23年3月12日栄村の地震と善光寺地震活断層との関連―六地蔵が同じ方向に回転した理由の考察も含めて（塚原弘昭）「長野」長野郷土史研究会　（280）2011.11

弘化四年善光寺地震の記録からその後の地震を検証する（牧忠男）「ちょうま」更埴郷土を知る会　（32）2011.12

善光寺地震と藩主の巡視（原田和彦）「長野市立博物館博物館だより」長野市立博物館　（83）2012.9

史料紹介 加賀藩収集の弘化四年善光寺大地震関係情報について（上），（下）―「信州路大地震記」の紹介（中村芙美子，青木美智男）「信濃［第3次］」信濃史学会　65（7）通号762/65（8）通号763　2013.7/2013.8

平成25年度長野市公文書館講演 善光寺地震と町・村（鬼頭康之）「市誌研究ながの」長野市　（21）2014.3

善光寺地震による虚空蔵山崩壊と村の復興―山平林村孫瀬・岩倉組を中心として（大屋弘）「市誌研究ながの」長野市　（21）2014.3

冬季展「山国の水害〜戌の満水と善光寺地震〜」を開催して（業務報告）（塚田直道）「長野県立歴史館研究紀要」長野県立歴史館　（20）2014.3

冬季展「山国の水害」で展示した善光寺地震による水害関係史料について（業務報告）（山浦直人）「長野県立歴史館研究紀要」長野県立歴史館　（20）2014.3

善光寺地震における真鶴山の崩落とその後（原田和彦）「長野市立博物館博物館だより」長野市立博物館　（89）2014.3

「右大将家善光寺御随兵日記」の成立とその背景（上）（石川勝義）「信濃［第3次］」信濃史学会　66（4）通号771　2014.4

山国の水害、善光寺地震（安曇野の自然と歴史）（洞林平）「安曇野文化」安曇野文化刊行委員会　（11）2014.5

善光寺地震について（高野永篤）「北國街道研究」北國街道の手をつなぐ会　（15）2014.12

善光寺表参道

特集 知られざる善光寺表参道―千年のまちを考える（小林一郎）「長野」長野郷土史研究会　（246）2006.4

未来への伝言 歴史の波を受ける善光寺の小路（《特集 知られざる善光寺表参道（2）歴史の町長野を紡ぐ会5周年》）（小林玲子）「長野」長野郷土史研究会　（251）2007.2

未来への提言 善光寺御開帳中の表参道（《特集 善光寺と松代》）（清水隆史，小林竜太郎）「長野」長野郷土史研究会　（265）2009.6

連載コラム 生きた町の歴史を知ろう（1）善光寺表参道の町間御前に暮らして（小林竜太郎）「長野」長野郷土史研究会　（293）2014.2

連載コラム 生きた町の歴史を知ろう（4）ブランドになった善光寺表参道界隈の小路（小林竜太郎）「長野」長野郷土史研究会　（296）2014.8

善光寺道

夏季企画展 善光寺道―街道を行き来した人・物・文化「長野県立歴史館だより」長野県立歴史館　39　2004.6

文献史料をよむ「善光寺道名所図会」に描かれた信濃の名所―信濃の名所・旧跡のいま、むかし「長野県立歴史館だより」長野県立歴史館　39　2004.6

研究の窓 「善光寺道名所図会」にみる街道の風景（森山俊一）「長野県立歴史館だより」長野県立歴史館　（54）2008.3

善光寺西町

善光寺西町の善光寺地震（鬼頭康之）「信濃［第3次］」信濃史学会　56（12）通号659　2004.12

善光寺白馬電鉄

小林計一郎に聞く 私の生きた長野の昭和（3）長野電鉄、善光寺白馬電鉄「長野」長野郷土史研究会　（243）2005.9

善光寺平

善光寺平と川中島合戦（《特集 川中島の戦い（2）》）（宮下健司）「長野」長野郷土史研究会　（256）2007.12

近世後期の手馬・中馬出入り―善光寺平の動向（大橋昌人）「長野県立歴史館研究紀要」長野県立歴史館　（14）2008.3

善光寺平の渡来系文化―特に5世紀以降を中心に（西山克己）「ちょうま」更埴郷土を知る会　（31）2010.11

善光寺平の方言集（1）～（3）（北村俊治，小林一郎［編］）「長野」長野郷土史研究会　（286）/（288）2012.12/2013.4

善光寺町

江戸と善光寺町の防火対策（古畑和男）「長野」長野郷土史研究会　（248）2006.8

呼称 長野村―行政単位としての長野村と鳥瞰図上の善光寺町（矢島忠亨）「信濃［第3次］」信濃史学会　59（3）通号686　2007.3

善光寺町防火水路

善光寺町防火水路と「畳差し」（古畑和男）「長野」長野郷土史研究会　（253）2007.6

善光寺町防火水路と弁天池（古畑和男）「長野」長野郷土史研究会　（254）2007.8

家の中を流れる善光寺町防火水路（古畑和男）「長野」長野郷土史研究会　（257）2008.2

善光寺町防火水路と鶴が橋（古畑和男）「長野」長野郷土史研究会　（258）2008.4

善光寺役所

善光寺地震と善光寺役所の対応の軌跡（鬼頭康之）「信濃［第3次］」信濃史学会　60（7）通号702　2008.7

前山寺

第433回例会記 秘境の里・秋山郷、上田城、無言館、前山寺をめぐる旅（鈴木武雄）「杉並郷土史会史報」杉並郷土史会　（215）2009.5

千畳敷カール

特別保護地域 千畳敷カール（塩澤一郎）「伊那路」上伊那郷土研究会　47（3）通号554　2003.3

仙仁

地名「仙仁」と須坂の民話「仙仁碁打ち」の由来について（仙仁秀泰）「須高」須高郷土史研究会　（66）2008.4

千人塚城ヶ池

戦前にラジオ放送された「千人塚城ヶ池」築造の経緯―七久保村長高坂宗重の農村経済更生事業実践談（終戦特集号）（伊藤一夫）「伊那路」上伊那郷土研究会　53（8）通号631　2009.8

霜台城

北信濃、「霜台の古城」に立つ（堀越肇）「伊那路」上伊那郷土研究会　49（7）通号582　2005.7

底稲峠

底稲峠（久保田賀津男）「伊那」伊那史学会　52（7）通号914　2004.7

園原

園原碑の秘話（原隆夫）「信濃［第3次］」信濃史学会　56（12）通号659　2004.12

東山道ゆかりの「園原」（特集 県境と暮らし―信州・東濃）（西山秀人）「地域文化」八十二文化財団　（97）2011.7

美濃坂本駅の衰退と信濃園原の成立―神坂越えにおける平安初期の交通形態をめぐって（特集 古代の交通と地方社会―イナ・シナノとその周辺）（中里信之）「飯田市歴史研究所年報」飯田市教育委員会　（12）2014.8

第百十七銀行

両大戦間期の第百十七銀行（〈論文〉）（田中雅孝）「飯田市歴史研究所年報」飯田市教育委員会　（4）2006.8

大門峠

諏訪の昔ばなし（67）大門峠の境と有賀峠の境「オール諏訪 ： 郷土の総合文化誌」諏訪郷土文化研究会　28（5）通号287　2008.8

高井

高井地方の草相撲―江戸相撲との関わりを中心に（徳永泰男）「高井」高井地方史研究会　（152）2005.8

終戦前後の高井地方（池田一男）「高井」高井地方史研究会　（162）2008.2

講演記録 高井地方の中世史（2）東条荘と井上・高梨氏の台頭（井原今朝男）「須高」須高郷土史研究会　（68）2009.4

講演記録 高井地方の山城（宮坂武男）「高井」高井地方史研究会　（167）2009.5

高井地方の中世史（5）高梨氏の戦国大名化と信越国境（井原今朝男）「須高」須高郷土史研究会　（72）2011.4

高井郡

講演 高井郡の風土と文化（市川健夫）「高井」高井地方史研究会　（151）2005.5

近世中後期における欠落―高井郡を中心に（田中毅）「高井」高井地方史研究会　（163）2008.5

高井地方の中世史（3）井上・高梨・須田・村山氏の台頭と一族一揆―高井郡の南北朝・室町時代（井原今朝男）「須高」須高郷土史研究会

（69）2009.10

高井地方の中世史（4）室町将軍足利義政と井上・須田・高梨氏の一門評定（井原今朝男）「須高」　須高郷土史研究会　（70）2010.4

講演記録 高井地方の中世史（6）戦国・織豊期の高井郡と高梨・須田氏の動静［1］,（下）（井原今朝男）「須高」　須高郷土史研究会　（74）/（76）2012.4/2013.4

高井郡「須毛（菅）郷」の中世末をさぐる（田川幸生）「高井」　高井地方史研究会　（183）2013.5

講演記録 高井地方の中世史（7）慶長・元和期の高井郡と須坂藩の成立（井原今朝男）「須高」　須高郷土史研究会　（78）2014.3

高井野村

日滝村・高井野村水論の中で水車小屋の扱いについて（宮前日回）「須高」　須高郷土史研究会　（60）2005.4

高丘村

高丘村の動き（酒井裂裟信）「高井」　高井地方史研究会　147　2004.5

高尾城

おかや歴史散歩（22）高尾城址「オール諏訪 ： 郷土の総合文化誌」　諏訪郷土文化研究会　29（7）通号301　2009.10

高雄山

高雄山 里山の古道を歩こう（堀内暉巳）「ちょうま」　更埴郷土を知る会　（32）2011.12

喬木館

史料紹介 長野県下伊那郡喬木館資料―「吉澤武彦家文書」（1）（松本洋幸）「横浜開港資料館紀要」　横浜開港資料館　（26）2008.3

下伊那の営業製糸喬木館の経営（上山和雄）「横浜開港資料館紀要」　横浜開港資料館　（28）2010.3

高島城

ふるさと諏訪紀行（2）高島城にて（林嘉志郎）「オール諏訪 ： 郷土の総合文化誌」　諏訪郷土文化研究会　19（11）通号194　2000.11

高島藩

高島藩領村々宗門改帳（柳平啓明）「オール諏訪 ： 郷土の総合文化誌」　諏訪郷土文化研究会　25（6）通号252　2005.9

幕末維新期における信州高島藩林目付の活動（坂本達彦）「栃木史学」　国学院大学栃木短期大学史学会　（28）2014.3

高島病院

明治天皇「巡幸」が生んだ高島病院（今井清水）「オール諏訪 ： 郷土の総合文化誌」　諏訪郷土文化研究会　25（9）通号255　2005.12

高遠町

新「伊那」命名の由来―伊那市・高遠町・長谷村合併新市名称検討委員会の記録を中心に（春日博人）「伊那路」　上伊那郷土研究会　50（4）通号591　2006.4

高遠町の合併について（《特集 上伊那地域の平成の合併》―〈合併した自治体から〉）（富山裕一）「伊那路」　上伊那郷土研究会　50（7）通号594　2006.7

高遠

高遠見聞記（戸島保仁）「韮崎市郷土研究会会誌」　（5）2003.4

高遠石工旅稼ぎ人別帳（1）―奥三河型庚申石工（田中清文）「伊那路」　上伊那郷土研究会　48（2）通号565　2004.2

高遠に関する人と言葉・歌など―日々の彩りを実感させる記録から（春日重信）「伊那路」　上伊那郷土研究会　48（2）通号565　2004.2

高遠石工旅稼ぎ人別帳（2）―清水彦之丞と高嶋団蔵（田中清文）「伊那路」　上伊那郷土研究会　48（3）通号566　2004.3

高遠の石工が残した石像物（塩島博光）「峡南の郷土」　峡南郷土研究会　45　2005.3

東濃「高遠石工を考えるつどい」と巡見を通した高遠と東濃の研究交流（書窓の風）（桃井勝）「郷土研究・岐阜」　岐阜県郷土資料研究協議会会報　岐阜県郷土資料研究協議会　（103）2006.6

信州高遠石工の上州赤城村への足跡（角田尚士）「渋川市赤城歴史資料館紀要」　渋川市教育委員会　9　2007.3

高遠領の人口動態について（唐木日出男）「伊那路」　上伊那郷土研究会　51（5）通号604　2007.5

信州・高遠への歴史探訪（島田七夫）「史談しもふさ」　下総町郷土史研究会　（30）2009.9

高遠地震について（矢島太郎）「伊那路」　上伊那郷土研究会　55（7）通号654　2011.7

高遠領・諏訪領の分轄について（栗林良裕）「辰野町資料」　辰野町文化財保護審議会　（107）2012.8

高遠石工福島県の作品（北原多喜夫）「伊那路」　上伊那郷土研究会　56（12）通号671　2012.12

高遠石工旅稼ぎ「第37回上伊那歴史研究会県外実地踏査報告「福島県と上伊那とのつながりを探る」」（仲若康雄）「伊那路」　上伊那郷土研究会　56（12）通号671　2012.12

「古筆要用集」から見た高遠藩の御触書（竹松清文）「伊那路」　上伊那郷土研究会　58（1）通号684　2014.1

高遠石工とその足跡（特集 信州の町 高遠）（笹本正治）「地域文化」　八十二文化財団　（108）2014.4

高遠城

あ、高遠城（浅井敏）「城」　東海古城研究会　（215）2014.6

高遠藩

古文書の窓（58）天保五年（1834）他所売薬者名前帳（高遠藩）（池上正直）「伊那路」　上伊那郷土研究会　47（11）通号562　2003.11

古文書の窓（73）村方の記録に見る旧高遠藩御立山の官林編入（伊藤一夫）「伊那路」　上伊那郷土研究会　50（6）通号593　2006.6

高土手

三輪田町高土手の赤地蔵さんと長野市立城東小学校三年一組のこと（北村俊治）「長野」　長野郷土史研究会　（279）2011.9

高梨城

高梨落城記 尾堅の城（檀原長則）「高井」　高井地方史研究会　（167）2009.5

高森町

高森町の本棟造と竹ノ内住宅（調査報告）（金澤雄記）「飯田市歴史研究所年報」　飯田市教育委員会　（11）2013.8

高山村

高山村「新保塚」の新史料について（松井明子）「須高」　須高郷土史研究会　（72）2011.4

滝沢

三六災害から五十年の歳月を経て（1）―中川村滝沢・桑原・四徳（伊藤修）「伊那路」　上伊那郷土研究会　55（7）通号654　2011.7

田口尋常高等小学校

明治30年代に知られていた日本のスキー―五稜郭・田口尋常高等小発見の教科書（臼田明）「長野」　長野郷土史研究会　（294）2014.4

田口峠

田口峠（小林徳雄）「千曲」　東信史学会　119　2003.10

竹ノ内住宅

高森町の本棟造と竹ノ内住宅（調査報告）（金澤雄記）「飯田市歴史研究所年報」　飯田市教育委員会　（11）2013.8

竹原

高度経済成長へ向かう頃の竹原（特集 高度経済成長期前のくらし―総合）（小野沢誠）「高井」　高井地方史研究会　（181）2012.11

竹原村

高井郡竹原村の延宝3年の検地帳から（武田富夫）「高井」　高井地方史研究会　（151）2005.5

江戸時代の養子縁組について―高井郡竹原村の事例をみる（徳永泰男）「高井」　高井地方史研究会　（173）2010.11

竹淵村

竹淵村の近世文書（資料紹介）（竹淵正晃）「松本市史研究 ： 松本市文書館紀要」　松本市　（22）2012.3

旧竹村家住宅

伊那谷の民家（9）旧竹村家住宅（吉澤政己）「伊那路」　上伊那郷土研究会　47（7）通号558　2003.7

田沢温泉

田沢温泉で騒ぎにまき込まれ出府の事（塚田哲男）「とぐら ： 戸倉史談会誌」　戸倉史談会　（28）2003.2

田沢川

口絵 田沢川で水防中に殉難した11名（49年前に「三六災害」があった）（松島信幸）「伊那」　伊那史学会　58（8）通号987　2010.8

立峠

古道を尋ねて―立峠から聖湖（飯森利衛）「筑北郷土史研究会会誌」　筑北郷土史研究会　（11）2012.10

立場沢

信玄の棒道に関わる立場沢の隠れ岩（牛山甲子恵）「茅野」　茅野市郷土研究会　（69）2009.3

竜江

「辰と龍」そして「龍江」（大原千和喜）「伊那」　伊那史学会　61（1）通号1016　2013.1

竜丘

竜丘青年会の自己教育活動―自主化以後の講演会・自治活動を中心に（瀬川大）「飯田市歴史研究所年報」　飯田市教育委員会　（2）2004.8

竜丘の小字から「大道」の痕跡を探す（伊那谷研究団体協議会第13回シンポジウム（報告）―伊那谷まるごと博物館・伊那史学をめざして）

（今村理則）「伊那」 伊那史学会 59（6）通号997 2011.6

竜岡陣屋

小さな五稜郭（信州田野口＝龍岡陣屋）（米田藤博）「パイオニア」 関西地理学研究会 （100） 2012.11

竜岡城五稜郭

歴史の回想・城跡探訪（11）龍岡城五稜郭（平川大輔）「会報」 大阪歴史懇談会 18（10）通号210 2001.10

龍岡城五稜郭の建築（松岡利郎）「愛城研報告」 愛知中世城郭研究会 （16） 2012.8

辰野駅

辰野駅前百年の来し方（三沢要）「辰野町資料」 辰野町文化財保護審議会 （96） 2006.7

辰野高校

辰野高校の開かれた学校づくり《特集 対話—人と人、心と心の交流》（浦野東洋一）「地域文化」 八十二文化財団 （82） 2007.10

辰野東小学校

消えてしまった分校（6）—中川東小桑原分校・辰野東小上野分校（伊藤一彦）「伊那路」 上伊那郷土研究会 46（9）通号548 2002.9

辰野町

辰野町 自立に向かった経過と今後に向けた主な取り組み《特集 上伊那地域の平成の合併》—〈自立した自治体から〉）（山田勝己）「伊那路」 上伊那郷土研究会 50（7）通号594 2006.7

『たつの拾い話』から『辰野町誌』、そして『辰野の蝶』の発行まで（小野章）「辰野町資料」 辰野町文化財保護審議会 （100） 2009.3

地名の変遷（小林辰興）「辰野町資料」 辰野町文化財保護審議会 （100） 2009.3

辰野町開放子ども会設置当初の同和教育—同和教育推進教員の活動から（小松含人）「辰野町資料」 辰野町文化財保護審議会 （100） 2009.3

『辰野町資料』総目録「辰野町資料」 辰野町文化財保護審議会 （100） 2009.3

辰野町文化財関係年表「辰野町資料」 辰野町文化財保護審議会 （100） 2009.3

明治期から平成期に至る小字の変遷について—辰野町の場合（小林辰興）「伊那路」 上伊那郷土研究会 54（7）通号642 2010.7

明治期から平成期に至る小字の変遷について—長野県上伊那郡辰野町の場合（小林辰興）「信濃［第3次］」 信濃史学会 62（7）通号726 2010.7

あらたに辰野町の所有となった古文書群（辰野町教育委員会事務局）「辰野町資料」 辰野町文化財保護審議会 （107） 2012.8

コラム 辰野町と中仙道/『お猿のかごや』の舞台はどこ？（小沢さとし）「ふきはら ： 活字文化の総合誌」 ふきはら文化の会 （19） 2013.10

谷街道

ふるさと歴史散歩（16）面影残る谷街道（阿部敏明）「高井」 高井地方史研究会 （167） 2009.5

田野口

小さな五稜郭（信州田野口＝龍岡陣屋）（米田藤博）「パイオニア」 関西地理学研究会 （100） 2012.11

田野口は松代大本営工事の木材調達地になりかけた（土屋光男）「ちょうま」 更埴郷土を知る会 （33） 2013.1

田野口陣屋

史料紹介 部落の人々の藩への「直訴」とその結果—「田野口陣屋日記」から（斎藤洋一）「水と村の歴史 ： 信州農村開発史研究所紀要」 信州農村開発史研究所 （26） 2012.3

玉川

茅野市玉川地区高齢者組織の概況（五味省七）「茅野」 茅野市郷土研究会 （72） 2010.3

樽川

樽川を巡る水利権の訴訟について（上），（下）（内藤克彦）「高井」 高井地方史研究会 （167）/（168） 2009.5/2009.08

樽滝

ふるさと歴史散歩（2）樽滝見物今昔（眞篠隆夫）「高井」 高井地方史研究会 （153） 2005.11

太郎山

上田の町づくりを支えた太郎山の岩石（甲田三男）「千曲」 東信史学会 （136） 2008.2

田原村

古文書の窓（95）文政十二年規定書（高遠領・田原村）（池上正直）「伊那路」 上伊那郷土研究会 54（6）通号641 2010.6

丹波島宿

総合講演録 「北国街道 丹波島宿の概要」（丹波島博士検定試験付）講師：長谷部好一氏「北國街道研究」 北國街道の手をつなぐ会 （15）

2014.12

小県郡

史料紹介 『信濃國小縣郡年表』の「小引」通訳（星野志朗）「千曲」 東信史学会 （124） 2005.2

小県郡における信濃国府跡推定地に関する考察（倉澤正幸）「信濃［第3次］」 信濃史学会 57（8）通号667 2005.8

小県郡西部の推定東山道沿いの古代寺院跡、官衙跡の考察（倉澤正幸）「信濃［第3次］」 信濃史学会 59（2）通号685 2007.2

力石

力石の「自治」と「いしぶみ」（中村操子）「ちょうま」 更埴郷土を知る会 （34） 2013.12

筑北

長野県筑北地方に分布する西条炭の歴史（1）—諏訪岡谷・製糸業の最盛期を支えた燃料炭（斎藤保人）「岡谷蚕糸博物館紀要」 岡谷市教育委員会 （8） 2003.12

千曲

千曲市誕生による「閉市式」によせて（宮坂博敏）「ちょうま」 更埴郷土を知る会 （24） 2004.1

解説資料（1） 『千曲之真砂』（ちくまのまさご）「佐久」 佐久史学会 （68） 2013.9

千曲駅

しなの鉄道に待望の「千曲駅」が誕生するまで（中村郷見）「とぐら ： 戸倉史談会誌」 戸倉史談会 （35） 2010.2

千曲川

千曲川流域の歴史と文化を訪ねる（吉田恒義，和気要作，北吹公子）「栃木県立博物館友の会だより」 栃木県立博物館友の会 30 2003.2

千曲川の恩恵と洪水との闘いを繰り返しながら生きた埴科地方の人々（中村郷見）「とぐら ： 戸倉史談会誌」 戸倉史談会 （30） 2005.3

千曲川流域における幕末・明治初期の治水対策—上今井瀬直し工事を通して（寺島正友）「長野県立歴史館研究紀要」 長野県立歴史館 （11） 2005.3

遺跡から見た古代・中世の千曲川の水運（川崎保）「信濃［第3次］」 信濃史学会 57（12）通号671 2005.12

川の道・千曲川《特集 信州・天竜川—通船が運んだもの》（滝沢公男）「地域文化」 八十二文化財団 （77） 2006.7

近代日本を築いた激動の蚕糸業—時代と人が織り成した盛衰の記録《特集 千曲川水系における養蚕・製糸の歩み》（古澤昭二）「千曲」 東信学会 （131） 2006.10

大正11年、製糸工女の一年《特集 千曲川水系における養蚕・製糸の歩み》（土屋理恵）「千曲」 東信学会 （131） 2006.10

千曲川通船と北国街道八宿（話題コーナー）（青山始義）「長野」 長野郷土研究会 （249） 2006.10

千曲川通船と北国街道の宿場（青山始義）「長野」 長野郷土研究会 （259） 2008.6

研究の窓 長野県の近代治水対策—千曲川を中心に（滝澤幸）「長野県立歴史館たより」 長野県立歴史館 （55） 2008.7

仁和3年（887）の八ヶ岳崩壊と仁和4年（888）の千曲川大洪水（特別寄稿）（川崎保）「佐久」 佐久史学会 （60） 2010.7

解説資料（1） 千曲川上流平安期の天然ダム（特別寄稿）「佐久」 佐久史学会 （60） 2010.7

佐久市跡部区の水とのたたかい—千曲川原共有地の割替えをめぐって（伴野敬一）「佐久」 佐久史学会 （60） 2010.7

史料提供 学校周りと千曲川沿いの巨きな石（前）「仁和四年」・「戌の満水」のつめ跡を追って（小林節夫）「佐久」 佐久史学会 （60） 2010.7

中山道塩名田宿と千曲川の川越し（小林基芳）「佐久」 佐久史学会 （61） 2010.12

史料提供 学校の周りと千曲川沿いの巨きな石（続）—千曲川筋境界争いの繋杭（小林節夫）「佐久」 佐久史学会 （61） 2010.12

桜井新田村と千曲川の洪水を検証する—発見されたもう一つ（寛政三）の大洪水（臼田和一，臼田源太郎，臼田尚武，臼田明）「佐久」 佐久史学会 （61） 2010.12

史料提供 佐久の千曲川筋川境論（市川武治）「佐久」 佐久史学会 （61） 2010.12

解説資料（3） 太田部は千曲川の流れをまともにうけてその土地を削りとられてきた「佐久」 佐久史学会 （61） 2010.12

「千曲川」の由来—信濃国府起源の千曲川（臼田明）「佐久」 佐久史学会 （61） 2010.12

解説資料（4） 千曲川の木材「川下げ」 宝永四年善光寺再建で「佐久」 佐久史学会 （61） 2010.12

日本一の長河 千曲川・信濃川（佐久）佐久史学会 （61） 2010.12

都に送られた千曲川のサケ「佐久」 佐久史学会 （61） 2010.12

千曲川沖積層（竹内良一）「とぐら ： 戸倉史談会誌」 戸倉史談会 （36） 2011.2

風雪の千曲川交通―大保近辺の渡舟を中心に（浅沼健治）「高井」 高井地方史研究会 （179）2012.5

史料紹介「万延元年七月 筑摩川満水除目論見入用控」（部分）―「村々評議」千曲川上今井瀬直しの原点（山田正子）「高井」 高井地方史研究会 （184）2013.8

「戌の満水」覚書（研究ノート）（青木隆幸）「信濃［第3次］」 信濃史学会 65(9)通号764 2013.9

千曲川の帆船の写真と船引き（武田富夫）「高井」 高井地方史研究会 （186）2014.2

随想 千曲川俳句会の回顧と句集に込められたあの頃を想う（丸谷文男）「高井」 高井地方史研究会 （186）2014.2

千曲川往還

口絵写真 千曲川往還を守った洪水との闘い―中山道塩名田宿の歴史を考える（柳澤全三）「佐久」 佐久史学会 （61）2010.12

解説資料(1) 塩名田宿―御馬寄村間の千曲川往還組合について「佐久」 佐久史学会 （61）2010.12

筑摩県

明治初期筑摩県における「小校」設置と近代学校への移行―飯田市域の事例（多和田真理子）「飯田市歴史研究所年報」 飯田市教育委員会 （2）2004.8

小型図紹介(6),(7) 筑摩県管下之図（山下和正）「Collegio」 之潮 （42）/（43）2010.10/2010.12

千曲湖

解説資料(2)（小海史談会「歴史と文化」第57号より）平安時代の千曲湖の成立と小海「佐久」 佐久史学会 （65）2012.8

千曲市

発表 あんずの里にみる地域文化の形成と広がり（〈信濃史学会第92回セミナー〉）（木村涼）「信濃［第3次］」 信濃史学会 61(2)通号709 2009.2

『市河文書』よりみた中世の千曲市地域（久保田廣志）「とぐら : 戸倉史談会誌」 戸倉史談会 （35）2010.2

葛尾城と周辺の山城―長野県坂城町・千曲市の中世城郭（三島正之）「中世城郭研究」 中世城郭研究会 （25）2011.7

血ノ池

血ノ池・濁川の係争問題について(1) 延享の水論（小林太郎）「千曲」 東信史学会 （133）2007.5

遺稿 血ノ池地籍保安林編入について（小林太郎）「千曲」 東信史学会 （141）2009.5

千代

「千代の方言」から見えてきたもの―今、千代から消えつつある方言のいくつか（萩元育夫）「伊那」 伊那史学会 57(9)通号976 2009.9

長興寺

歌碑紹介「江差湊」北海道江差町/「長興寺」長野県塩尻市「菅江真澄研究」 菅江真澄研究会 50 2003.6

蝶葉遺跡

蝶葉遺跡から古代更級の里を想う（大橋静雄）「とぐら : 戸倉史談会誌」 戸倉史談会 （31）2006.2

千代村

満州移民の引揚げ後の経済と生活―長野県千代村の人々をめぐって（研究ノート）（湯本麻矢，大૿行昭）「飯田市歴史研究所年報」 飯田市教育委員会 （12）2014.8

筑摩

古代の筑摩に通じた官道と国府・駅家考（丸山昭）「松本市史研究 : 松本市文書館紀要」 松本市 （16）2006.3

明治初期、信濃国長野・筑摩両県の教導職活動―活動状況・教論内容・社会の反応（田川幸生）「信濃［第3次］」 信濃史学会 58(11)通号682 2006.11

筑摩郡

豊臣政権と信濃国―安曇・筑摩郡を事例として（大木丈夫）「信濃［第3次］」 信濃史学会 57(12)通号671 2005.12

筑摩東山道

筑摩東山道の解明と諏訪立国の謎（丸山昭）「文化財信濃」 長野県文化財保護協会 35(3)通号133 2008.12

筑摩湯

信濃温泉史についての雑考―古代中世の筑摩湯の問題を中心に（牛山佳幸）「信濃［第3次］」 信濃史学会 57(8)通号667 2005.8

土屋医院

土屋医院の歴史とその背景（土屋隆）「辰野町資料」 辰野町文化財保護審議会 （96）2006.7

坪野

栄村歴史散策 鷹と炭のむら、坪野を歩く（藤澤恵太）「月刊栄村」 NPO法人栄村ネットワーク （11）2012.5

鶴が橋

善光寺町防火水路と鶴が橋（古畑和男）「長野」 長野郷土史研究会 （258）2008.4

剣岳

劔岳山頂の錫杖と頭剣の穂（片桐晴夫）「伊那」 伊那史学会 59(10)通号1001 2011.10

手良

大久保文書から見た近世上伊那地方の飢饉―手良・中坪村の場合（原毅）「伊那路」 上伊那郷土研究会 51(2)通号601 2007.2

手良における井月の動勢とゆかりの句碑建立（井月特集）（宮原達明）「伊那路」 上伊那郷土研究会 53(7)通号630 2009.7

地方における青年の歴史とその意義―伊那市手良地区を中心にして[1],(2)（北原明）「伊那路」 上伊那郷土研究会 56(10)通号669/56(11)通号670 2012.10/2012.11

寺尾尋常高等小学校

「満州讀本」と「寺尾尋常高等小学校卒業生名簿」（大塚尚三）「市誌研究ながの」 長野市 （10）2003.2

手良沢山

奪われた山林―手良沢山の官有林奪回運動（宮原達明）「伊那路」 上伊那郷土研究会 57(11)通号682 2013.11

手良村

「手良村報」に見る昭和初期のくらし(1) 十三年間続いた「手良村報」（宮原達明）「伊那路」 上伊那郷土研究会 53(6)通号629 2009.6

「手良村報」に見る昭和初期のくらし(2) 青年団体と戦争への道・軍国主義の進行（終戦特集号）（宮原達明）「伊那路」 上伊那郷土研究会 53(8)通号631 2009.8

「手良村報」に見る昭和初期のくらし 昭和初期の小学校教育（宮原達明）「伊那路」 上伊那郷土研究会 54(1)通号636 2010.1

「手良村報」に見る昭和初期のくらし(4) 大不況下のくらしを中心に（宮原達明）「伊那路」 上伊那郷土研究会 54(5)通号640 2010.5

天狗

伊那小屋の建設と登山道の改修(1),(2)―内ノ萱・天狗の人たちの果たした役割（春日博人）「伊那路」 上伊那郷土研究会 49(5)通号580/51(6)通号605 2005.5/2007.6

伝兵衛井筋

伝兵衛井筋の完成年月日考（埋橋正秋）「伊那路」 上伊那郷土研究会 47(4)通号555 2003.4

天竜川

柵立押出堤防―洪水との苦闘の歴史を伝える野底の天竜土手（平澤淳一）「伊那路」 上伊那郷土研究会 47(6)通号557 2003.6

川の道「天竜川」―水運の盛衰（加藤清幸）「伊那路」 上伊那郷土研究会 47(12)通号563 2003.12

天龍川・天龍峡叙情の記録から―国名勝指定70周年を迎えて（今村真直）「伊那」 伊那史学会 52(4)通号911 2004.4

古文書の窓(61) 天龍川・大橋付近資料二題（黒河内茂）「伊那路」 上伊那郷土研究会 48(5)通号568 2004.5

百年前の天竜川測量図から始まる近代治水事業（松島信幸）「伊那」 伊那史学会 52(7)通号914 2004.7

口絵 空から見た天龍川と天竜川のあの頃（山内尚巳）「伊那」 伊那史学会 52(11)通号918 2004.11

飯田下伊那地域研究団体連絡協議会シンポジウム報告 伊那谷の魅力を訪ねて(5)―天龍川 その本来のあり方を考える「伊那」 伊那史学会 52(11)通号918 2004.11

国名勝指定70周年を迎えて 天龍峡・天龍川叙情の記抄（今村真直）「伊那」 伊那史学会 52(11)通号918 2004.11

天竜川と樺木の搬出（三浦宏）「伊那」 伊那史学会 52(11)通号918 2004.11

森本州平日記に見る天竜川水力発電問題（松上清志）「伊那」 伊那史学会 52(11)通号918 2004.11

天竜川を考える―一元河川管理担当者のつぶやき（長沼和宏）「伊那」 伊那史学会 52(11)通号918 2004.11

寄稿 天竜川に寄せて 天龍村の通船事情と塩の道（村澤仁）「伊那」 伊那史学会 52(11)通号918 2004.11

飯田・下伊那地域研究団体連絡協議会第8回シンポジウム報告伊那谷の魅力を訪ねて6―天竜川(2) これからのあり方を考える「伊那」 伊那史学会 53(6)通号925 2005.6

天竜川水系の回顧と課題（手塚友逸）「伊那」 伊那史学会 53(6)通号925 2005.6

天竜川に関わる川路の地名（田畑作衛）「伊那」 伊那史学会 53(6)通号

北陸甲信越　　　　　地名でたどる郷土の歴史　　　　　長野県

925　2005.6

〈特集 後藤総一郎先生の語る「天竜水系の暮らしと文化」〉「柳田学舎」　鎌倉柳田学舎　75　2005.10

天竜川の水運《特集 千曲川・天竜川―通船が運んだもの》)（山内尚巳)「地域文化」　八十二文化財団　(77)　2006.7

古文書の窓(78) 元禄11年、天竜川満水と諸橋流失(池上正直)「伊那路」　上伊那郷土研究会　51(7)　通号606　2007.7

明治15年の天竜峡写真（天竜川の昔）(川村宏)「伊那」　伊那史学会　55(8)　通号951　2007.8

天竜川舟運のこぼれ話（天竜川の昔）(村澤仁)「伊那」　伊那史学会　55(8)　通号951　2007.8

天竜川柵立枠立替目論見―上伊那郡伊奈部村上牧・野底(竹入弘元)「伊那路」　上伊那郷土研究会　53(1)　通号624　2009.1

おかや歴史散歩(26) 天竜川水車「オール諏訪 : 郷土の総合文化誌」　諏訪郷土文化研究会　29(11)　通号305　2010.2

古文書の窓(93) 天竜川通船の認可願届(酒井巌)「伊那路」　上伊那郷土研究会　52(6)　通号637　2010.2

写真で見る大正時代の枇と日雇―天竜川を利用しての材木の川上げ(林登美人)「伊那」　伊那史学会　58(12)　通号991　2010.12

天龍川と地名―三遠南信地域を結ぶ人びとの絆(伊那谷地名研究会第9回シンポジウム 天龍川と地名―三遠南信地域を結ぶ人びとの絆)(原董)「伊那」　伊那史学会　59(6)　通号997　2011.6

天龍川上流域の地形・地質の特徴と治水事業(伊那谷地名研究会第9回シンポジウム 天龍川と地名―三遠南信地域を結ぶ人びとの絆)(青島重行)「伊那」　伊那史学会　59(6)　通号997　2011.6

天龍川の氾濫―松尾地区 語り：新井順三・塩沢勉(三六災害五十年)(松島信幸)「伊那」　伊那史学会　59(8)　通号999　2011.8

天龍川左岸の川筋に暮らす人々と竹藪(大原千和喜)「伊那」　伊那史学会　60(1)　通号1004　2012.1

地名を地域文化として伝える重要性―「遠山」と「天龍川」地名について考える(伊那谷研究団体連絡協議会 第15回シンポジウム 伊那谷の風土の多様性の中から―自然と人間との関わりを考える)(原董)「伊那」　伊那史学会　61(7)　通号1022　2013.7

文化短信 残したい天竜川の渕地名(三浦孝美)「伊那路」　上伊那郷土研究会　58(8)　通号691　2014.8

明治中期の天龍川通船広告(民俗特集号)(松澤英太郎)「伊那路」　上伊那郷土研究会　58(10)　通号693　2014.10

天竜峡

天龍川・天龍峡叙情の記録から―国名勝指定70周年を迎えて(今村真直)「伊那」　伊那史学会　52(4)　通号911　2004.4

国名勝指定70周年を迎えて 天龍峡・天龍川叙情の記抄(今村真直)「伊那」　伊那史学会　52(11)　通号918　2004.11

天竜峡以南の通船と渡船(伊坪達郎)「伊那」　伊那史学会　52(11)　通号918　2004.11

天竜社

戦後天龍社の発展―1950年代を中心に(一橋大学森武麿ゼミナール)「飯田市歴史研究所年報」　飯田市教育委員会　(1)　2003.12

天竜美術館

下伊那の美術館事始め―旧平岡村の天龍美術館構想について(伊那協第14回シンポジウム―伊那谷の風土の多様性)(鎌倉貞男)「伊那」　伊那史学会　60(7)　通号1010　2012.7

天竜村

境界をめぐる村の対立―信濃国伊那郡天竜村の「弁天公事」を素材として(研究活動助成成果概要)(山浦亜佳梨)「飯田市歴史研究所年報」　飯田市教育委員会　(5)　2007.8

問御所

問御所で暮らし始めて(小林竜太郎)「長野」　長野郷土史研究会　(281)　2012.2

桃介橋

南木曽にある桃介橋(「たより」124～159号寄稿文)(西野光彦)「ひがし」　東区郷土史研究会　(12)　2012.1

東信

東信地方における器械製糸業の変遷(野澤敬)「千曲」　東信史学会　(140)　2009.2

戦後の高度経済成長と地方の工業化(1)～(3)―東信地方の場合(野澤敬)「千曲」　東信史学会　(150)/(152)　2012.6/2013.2

遠山

信州遠山の「御役樽木」(前澤健)「伊那」　伊那史学会　58(5)　通号984　2010.5

地名を地域文化として伝える重要性―「遠山」と「天龍川」地名について考える(伊那谷研究団体連絡協議会 第15回シンポジウム 伊那谷の風土の多様性の中から―自然と人間との関わりを考える)(原董)「伊那」　伊那史学会　61(7)　通号1022　2013.7

遠山川

続遠山川埋没林の検証(寺岡義治)「伊那」　伊那史学会　51(8)　通号903　2003.8

遠山郷

南信濃に遠山郷ありて(1)～(3)(夏坊竜一郎)「オール諏訪 : 郷土の総合文化誌」　諏訪郷土文化研究会　22(11)　通号221/23(1)　通号223　2003.2/2003.4

南信州・遠山郷における歴史文化的資源の活用―「神様王国」づくりを事例に(「旅・観光・歴史遺産」共同課題報告)(高木秀和)「歴史地理学」　歴史地理学会、古今書院(発売)　55(1)　通号263　2013.1

戸隠

戸隠地域の石造文化財をまとめた報告書完成(田辺智隆)「長野市立博物館博物館だより」　長野市立博物館　(63)　2005.3

この眼で見た道中記の世界―関川関所・柏原から戸隠・天橋立まで(佐藤貢)「北方風土 : 北国の歴史民俗考古研究誌」　イズミヤ出版　通号51　2006.1

研究の窓 日本で初めて小鳥の声をラジオ中継 ポスター「新緑と小鳥と戸隠」(原明芳)「長野県立歴史館たより」　長野県立歴史館　(71)　2012.6

連載コラム 長野と全国各地の繋がり(1) 信貴山と戸隠(小林玲子)「長野」　長野郷土史研究会　(293)　2014.2

戸隠地域における山里開発の歴史―大頭庵跡の碑文から(田辺智隆、中村千賀、宮澤一栄、小口雄、所太一)「長野市立博物館紀要.自然系」　長野市立博物館　(15)　2014.3

戸隠村

戸隠村の合併(二澤久昭)「長野」　長野郷土史研究会　(239)　2005.1

土口村

文化財講座 第47回 近世初期における「土口村村会規則」について(中島正利)「千曲」　東信史学会　(126)　2005.8

土口八景

「土口八景」と北村蟹渓(上沢恵市)「ちょうま」　更埴郷土を知る会　(31)　2010.11

戸倉

「寛保二年大水害」初出展(戸倉史談会)「とぐら : 戸倉史談会誌」　戸倉史談会　(37)　2012.3

戸倉温泉

戸倉温泉・上山田温泉の温泉場成立過程(滝澤公男)「千曲」　東信史学会　(137)　2008.5

砥沢

南牧村砥沢の金鉱山跡―佐藤興平論文の紹介(斎藤洋一)「信州農村開発史研究所報」　信州農村開発史研究所　(92)　2005.6

百々川

百々川のうち旧市川の瀬替えについて(田幸喜久夫)「須高」　須高郷土史研究会　(59)　2004.10

殿島区

伊那市東春近旧殿島区の三分区の経緯(久保村文人)「伊那路」　上伊那郷土研究会　48(2)　通号565　2004.2

殿島城

伊那殿島城 調査報告(佐分清親)「愛城研報告」　愛知中世城郭研究会　(9)　2005.8

戸部村

上田藩川中島領戸部村の日々―「林武夫文書」の紹介(鬼頭康之)「市誌研究ながの」　長野市　(16)　2009.2

富蔵ダム

富蔵ダム(小仁熊ダム)建設顛末記II(特集 福満寺)(山本長)「筑北郷土史研究会会誌」　筑北郷土史研究会　(9)　2010.10

豊井村

昭和の町村合併にかかわる―豊井村と永田村の姿(西澤啓行)「高井」　高井地方史研究会　147　2004.5

豊科

安曇野市中心市街地の近代史(上),(下)―豊科市街地の生活環境と都市機能の消長(高原正文)「信濃[第3次]」　信濃史学会　62(8)　通号727/62(9)　通号728　2010.8/2010.09

豊田村

豊田村の昔と合併のあゆみ(小林修一)「長野」　長野郷土史研究会　(241)　2005.5

豊野町

豊野町(金井清敏)「長野」　長野郷土史研究会　(239)　2005.1

長野県　　　　　　　　　　地名でたどる郷土の歴史　　　　　　　　　北陸甲信越

長尾金山

信州川上村の長尾金山をめぐって（〈平成15年度公開講座〉）（由井格）「金山史研究」　甲斐黄金村・湯之奥金山博物館　（6）2006.3

長尾堰

長尾堰の今昔（炉辺閑話）（仁木茂博）「三郷文化」　三郷郷土研究会　通号107　2009.2

中川

上伊那の中世城館跡考―飯島・中川地区を中心に（氣賀澤厚典）「伊那路」　上伊那郷土研究会　52（2）通号613　2008.2

中川東小学校

消えてしまった分校（6）―中川東小桑原分校・辰野東小上野分校（伊藤一彦）「伊那路」　上伊那郷土研究会　46（9）通号548　2002.9
消えてしまった分校（7）―伊那里小浦分校・中川東小葛島分校（伊藤一彦）「伊那路」　上伊那郷土研究会　46（11）通号550　2002.11

中川村

中川村　合併問題への経過、現段階・今後の取組み（《特集　上伊那地域の平成の合併》―〈自立した自治体から〉）（玉垣章司）「伊那路」　上伊那郷土研究会　50（7）通号594　2006.7
中川村に残された戦時下の行政文書（終戦特集号）（三浦孝美）「伊那路」　上伊那郷土研究会　53（8）通号631　2009.8
平成24年度特別展「日中、アジア・太平洋戦争と中川村」から（終戦特集号）（中川村歴史民俗資料館）「伊那路」　上伊那郷土研究会　57（8）通号679　2013.8
文化短信　若者の記録　中川村青年会の会誌・機関紙（三浦孝美）「伊那路」　上伊那郷土研究会　57（9）通号680　2013.9
時代を反映した青年たちの思い―中川村の青年会活動（「上伊那郷土研究交流の集い」特集号）（三浦孝美）「伊那路」　上伊那郷土研究会　58（2）通号685　2014.2

中川村東小学校

文化短信　中川村東小学校から移管された資料（伊藤修）「伊那路」　上伊那郷土研究会　58（2）通号685　2014.2

長倉駅

長倉の駅家考（土屋吉衛，金井喜平次）「千曲」　東信史学会　（123）2004.10
東山道長倉駅家址の推論（土屋長久）「信濃［第3次］」　信濃史学会　60（11）通号706　2008.11

中高

中高・飯水地方に於ける史跡とその表示（田中毅）「文化財信濃」　長野県文化財保護協会　38（2）通号144　2011.9

中沢小学校

消えてしまった分校（3）―中沢小学校東分校・南分校（伊藤一彦）「伊那路」　上伊那郷土研究会　46（5）通号544　2002.5

中条村

『中条村から起きた百姓一揆』（小林計一郎）「長野」　長野郷土史研究会　228　2003.3

中関村

天保13年中関村の着類改め（原隆夫）「郷土史巡礼」　阿智史学会　322　2000.8

永田村

昭和の町村合併にかかわる―豊丘村と永田村の姿（西澤啓行）「高井」　高井地方史研究会　147　2004.5

中塔城

保科謙信道と中塔城（山崎直久）「須高」　須高郷土史研究会　（64）2007.4

長沼

「長沼地震の思い出」聞き取りから（高原英男）「長野」　長野郷土史研究会　（277）2011.6

長沼城

水内郡長沼城の再検討―城郭構造を中心として（河西克造）「市誌研究ながの」　長野市　（17）2010.2

中野

飯山か中野か（山田潤一郎）「高井」　高井地方史研究会　147　2004.5
姿を消した中野扇状地の平地林（徳永泰）「高井」　高井地方史研究会　（156）2006.8
1965年県道中野・長野原線―「志賀・草津高原ルート」開通（小布施竹男）「高井」　高井地方史研究会　（156）2006.8
モータリゼーションと中野地方の変化（阿部敏明）「高井」　高井地方史研究会　（156）2006.8
山ノ内・中野の少年が見た長野空襲（宮入廣司，中村鉄治）「高井」　高井地方史研究会　（164）2008.8

公民館報『文化なかの』のいまむかし（特集　高度経済成長期間のくらし―総合）（髙橋登志雄）「高井」　高井地方史研究会　（181）2012.11
中野地方の戦前のぶどう栽培（武田富夫）「高井」　高井地方史研究会　（182）2013.2
100年前の地形図に見る中野地方（畑上不二男）「高井」　高井地方史研究会　（187）2014.5

長野

富士山西麓の開拓（1），（2）　西富士長野開拓団の戦後史（畑尚志）「伊那」　伊那史学会　48（11）通号870/48（12）通号871　2000.11/2000.12
俺たちの作った道、昭和20年（若林俊雄）「長野」　長野郷土史研究会　228　2003.3
天明騒動義民清兵衛の碑建立（佐藤甲子博）「長野」　長野郷土史研究会　228　2003.3
明治初年における富山―長野間の新道に関する研究―開通社関連史料の検討を中心に（若林秀行）「富山史壇」　越中史壇会　140　2003.3
市の成立と財産区の設定（小林高夫）「高井」　高井地方史研究会　147　2004.5
公民館報から見た町村合併（斎藤正男）「高井」　高井地方史研究会　147　2004.5
郡境を越えての中学校統合（小林弥助）「高井」　高井地方史研究会　147　2004.5
調査ノート　持ち込まれた土人形の型　長野と高田の土人形（細川雄次郎）「長野市立博物館博物館だより」　長野市立博物館　（62）2004.12
小林計一郎に聞く　私の生きた長野の昭和（1）「長野」　長野郷土史研究会　（240）2005.3
《特集　市町村合併》「長野」　長野郷土史研究会　（241）2005.5
新潟県妙高市と長野県「長野」　長野郷土史研究会　（241）2005.5
小林計一郎に聞く　私の生きた長野の昭和（2）　映画・ラジオ・テレビ・図書館「長野」　長野郷土史研究会　（241）2005.5
戦時救護の看護婦たち（1），（2）―日赤長野支部救護看護婦の戦争体験から（矢嶋千代子）「信濃［第3次］」　信濃史学会　57（11）通号670/57（12）通号671　2005.11/2005.12
《特集　市町村合併2》「長野」　長野郷土史研究会　（244）2005.11
旧市町村の沿革表（明治元年から）（2）「長野」　長野郷土史研究会　（244）2005.11
平成大合併―県内81市町村に「文化財信濃」　長野県文化財保護協会　32（3）通号121　2005.12
旧市町村の沿革表（明治元年から）（3）（《特集　市町村合併3》）「長野」　長野郷土史研究会　（247）2006.6
市町村合併によって生まれ、消えていった町村名総覧（《特集　市町村合併3》）（小林一郎）「長野」　長野郷土史研究会　（247）2006.6
長野の石工と石工同盟碑（《地域特集　八女》）（山下俊雄）「西日本文化」　西日本文化協会　通号421　2006.6
明治初期、信濃国長野・筑摩両県の教導職活動―活動状況・教諭内容・社会の反応（田川幸生）「信濃［第3次］」　信濃史学会　58（11）通号682　2006.11
歴史の町長野を紡ぐ会5周年（《特集　知られざる善光寺表参道（2）　歴史の町長野を紡ぐ会5周年》）「長野」　長野郷土史研究会　（251）2007.2
郵便の始まり―街道と宿場（《特集　飛脚と郵便―郵政民営化を前に》）（小林竜太郎）「長野」　長野郷土史研究会　（254）2007.8
昨年1月に廃止された郵便局（《特集　飛脚と郵便―郵政民営化を前に》）「長野」　長野郷土史研究会　（254）2007.8
戦後西富士長野開拓団調査報告（調査報告）（森武麿，齊藤俊江，向山敦子）「飯田市歴史研究所年報」　飯田市教育委員会　（5）2007.8
長野オリンピック前と後のスキー・スケート場―県の利用者統計より（《特集　市民文化としてのスキー・スケート―長野五輪10周年企画》）「長野」　長野郷土史研究会　（257）2008.2
山ノ内・中野の少年が見た長野空襲（宮入廣司，中村鉄治）「高井」　高井地方史研究会　（164）2008.8
研究の窓　プランゲ文庫収録雑誌目録　長野関係分（田玉徳明）「信濃［第3次］」　信濃史学会　61（8）通号715　2009.8
五十年前の地図で始める長野の路地研究（《特集　路地》）（小林竜太郎）「長野」　長野郷土史研究会　（266）2009.8
五十年前の路地のいま（《特集　路地》）（小林竜太郎）「長野」　長野郷土史研究会　（266）2009.8
研究の窓　プランゲ文庫収録雑誌目録　長野関係分（続）（田玉徳明）「信濃［第3次］」　信濃史学会　61（9）通号716　2009.9
研究の窓　翼くばら御清鑑御清遊を―戦前の「観光長野」（原明芳）「長野県立歴史館たより」　長野県立歴史館　（60）2009.9
研究の窓　役場日誌に見る戦時中の村の様子（関口楳彬）「信濃［第3次］」　信濃史学会　62（7）通号726　2010.7
東日本大震災・長野県北部地震アンケート（1）　本会幹事「長野」　長野郷土史研究会　（277）2011.6
東日本大震災・長野県北部地震アンケート（2）　東京に行っていた方、避

難者を受け入れた方「長野」 長野郷土史研究会 (277) 2011.6

平成23年度冬季展 信州の歴史遺産V 郷土のお宝 重文・県宝を見よう 世界最古の日向林B遺跡群資料/関東大震災と長野県/3300本の長野県測量図「長野県立歴史館たより」 長野県立歴史館 (69) 2011.11

実は「蔵の町」長野(小林尚子)「長野」 長野郷土史研究会 (282) 2012.4

付録解説 長野付近名勝旧跡案内地図/河内国錦部郡絵図(写)(尾谷雅彦)「大阪春秋」 新風書房 41(2)通号151 2013.7

長野郷土史研究会 五十年の成果(小林一郎)「長野」 長野郷土史研究会 (293) 2014.2

連載コラム 郷土史の視界(1) 関東大震災と長野(小林一郎)「長野」 長野郷土史研究会 (293) 2014.2

太平洋戦争の中の中学生―「食料増産」と「須坂地下壕作戦」・「長野地方空襲」(和田邑吉)「須高」 須高郷土史研究会 (78) 2014.3

連載コラム 長野と全国各地の繋がり(6) 高岡の鋳物と長野(小林玲子)「長野」 長野郷土史研究会 (298) 2014.12

長野運動公園

古道を訪ねて―キツネに化かされた長野運動公園付近の迷い道(池田忠保)「長野」 長野郷土史研究会 (281) 2012.12

長野駅

口絵 長野駅前の如是姫像の移転「長野」 長野郷土史研究会 (286) 2012.12

口絵 明治の面影を残す長野駅前二線路通りの運送会社の蔵「長野」 長野郷土史研究会 (289) 2013.6

長野大通り

長野電鉄地下化・長野大通り建設と駅周辺第一土地区画整理事業(山上茂司)「市誌研究ながの」 長野市 (13) 2006.2

長野岩海

陳情書 「長野城」の史蹟指定と「長野岩海」の天然記念物指定について(河野正彦)「北九州市の文化財を守る会会報」 北九州市の文化財を守る会 (118) 2006.6

長野県

近代史料にみる長野県(小松芳郎)「松本市史研究 : 松本市文書館紀要」 松本市 (10) 2000.3

近代史料にみる長野県(講演会の記録)(小松芳郎)「松本市文書館だより」 松本市 5 2000.3

長野県における賠償指定機械と朝鮮特需(新津新生)「長野県立歴史館研究紀要」 長野県立歴史館 通号6 2000.3

長野県地方史研究の動向(《隣県特集号 隣県地方史学界の動向―平成11年(1999)》)(綿田弘実, 青木歳幸, 小平千文)「信濃[第3次]」 信濃史学会 52(6)通号605 2000.6

軍政部による長野県教育への指導と介入―長野と埼玉を対比して(駒込幸典)「市誌研究ながの」 長野市 (8) 2001.2

満州開拓の経過と長野県からの開拓民(徳永英夫)「長野県立歴史館研究紀要」 長野県立歴史館 (8) 2002.3

《特集 漆塗る里》「地域文化」 八十二文化財団 63 2003.1

《特集 長野県の道―道に命をかけた大野誠県令を中心に》「長野」 長野郷土史研究会 227 2003.1

長野県関係の史料館所蔵史料目録(近年刊行分3冊)の紹介(山崎圭)「信濃[第3次]」 信濃史学会 55(2)通号637 2003.2

戦時下の村常会指示事項―長野県の常会指示事項との比較検討をとおして(小松芳郎)「松本市史研究 : 松本市文書館紀要」 松本市 (13) 2003.3

長野県地方史研究の動向(《隣県特集号 隣県地方史学界の動向―平成14年(2002)》)(青木歳幸, 福島正樹, 木下守)「信濃[第3次]」 信濃史学会 55(6)通号641 2003.6

文献史料をよむ 長野県の市町村合併―未来の歴史資料を保存することを目指して「長野県立歴史館たより」 長野県立歴史館 35 2003.6

長野県の郷土教育運動―教会会・学校史料の活用(講演)(伊藤純郎)「松本市史研究 : 松本市文書館紀要」 松本市 (14) 2004.3

学童疎開の記録―世田谷区三宿国民学校の長野県への疎開(小松芳郎)「松本市史研究 : 松本市文書館紀要」 松本市 (14) 2004.3

第23回文書館講演会要旨 長野県の郷土教育運動(伊藤純郎)「松本市文書館だより」 松本市 18 2004.3

西南戦争と長野県の動向―長野県に残る史料をもとにして(本多得爾)「長野県立歴史館研究紀要」 長野県立歴史館 (10) 2004.3

長野県における校歌の制定―浅井洌・高野辰之の作詞校歌を中心に(市川包雄)「長野県立歴史館研究紀要」 長野県立歴史館 (10) 2004.3

明治・大正期長野県による測量地図作成―その概要と成立過程(田玉徳明)「長野県立歴史館研究紀要」 長野県立歴史館 (10) 2004.3

両大戦期間における長野県製糸女工労働市場(上), (中), (下)(田中雅孝)「伊那」 伊那史学会 52(5)通号912/52(9)通号916 2004.5/2004.9

文献史料をよむ 長野県最初の少年団(ボーイスカウト)「長野県立歴史館たより」 長野県立歴史館 40 2004.9

戦時期日本における農地作付統制政策の運用実態―長野県の事例(坂根嘉弘)「史学研究」 広島史学研究会 (247) 2005.3

旧市町村の沿革表(明治元年から) 更埴市、上山田町、戸倉町、北御牧村、東部町、山口村、佐久町、八千穂村、豊田村、臼田町、浅科村、望月町、楢川村、四賀村、梓川村、安曇村、奈川村「長野」 長野郷土史研究会 (241) 2005.5

鉄道の駅で読み解く長野県の市町村―明治時代からどう変わったか(小林竜太郎)「長野」 長野郷土史研究会 (241) 2005.5

長野県における明治11年巡幸時の小学校洋風校舎建設(長谷川栄子)「信濃[第3次]」 信濃史学会 57(7)通号666 2005.7

長野県の蚕糸業 時代と人が織り成した盛衰の歴史(上山和雄)「地域文化」 八十二文化財団 (74) 2005.7

日露戦争長野県戦没者名簿―『日露戦役忠勇列伝』より(小林一郎)「長野」 長野郷土史研究会 (242) 2005.7

長野県製糸業における原生的労働関係の実態(武田安弘)「岡谷蚕糸博物館紀要」 岡谷市教育委員会 (10) 2005.12

収蔵資料紹介明治時代の「方言調査」「長野県立歴史館たより」 長野県立歴史館 45 2005.12

長野県内におけるアメリカ軍の空襲についての考察(五味省七)「茅野」 茅野市郷土研究会 (63) 2006.3

長野県における廃止スキー場の実態とその後の植生変化(《特集 人文地理》)(小山泰弘)「信濃[第3次]」 信濃史学会 58(4)通号675 2006.4

「梶」の字地名考―梶の字を頭にした県内地名をみる(田川幸生)「須高」 須高郷土史研究会 (62) 2006.4

明治27年の長野県内温泉一覧/平成18年の長野県内温泉地一覧(《特集 温泉とは何か》)「長野」 長野郷土史研究会 (249) 2006.10

特別展 信州の歴史遺産I―新指定長野県宝と歴史館のお宝「長野県立歴史館たより」 長野県立歴史館 49 2006.12

工場法成立過程における長野県製糸業者の対応と動向(《特集 岡谷の製糸》)(武田安弘)「岡谷蚕糸博物館紀要」 岡谷市教育委員会 (11) 2007.1

市川三郷町の一の宮・二の宮に松本「長野県」の年貢が入っていた(中倉茂)「峡南の郷土」 峡南郷土研究会 47 2007.3

夏季展「絵地図の魅力―わたしの城下町―」「長野県立歴史館たより」 長野県立歴史館 (51) 2007.7

長野県最初の郵便局一覧(《特集 飛脚と郵便―郵政民営化を前に》)「長野」 長野郷土史研究会 (254) 2007.8

長野県における終戦前後の公文書保存(梅原康嗣)「信濃[第3次]」 信濃史学会 59(9)通号692 2007.9

長野県における敗戦直後の食糧危機―食糧危機克服策を中心にして(丸山文雄)「信濃[第3次]」 信濃史学会 60(5)通号700 2008.5

研究の窓 長野県の近代治水対策―千曲川を中心に(滝澤正幸)「長野県立歴史館たより」 長野県立歴史館 (55) 2008.7

長野県の地方区域分類の現状と課題―道州制施行問題と関連して(山中鹿次)「信濃[第3次]」 信濃史学会 60(11)通号706 2008.11

平成20年度冬季展「信州の歴史遺産II―長野県宝と歴史館のお宝―」「長野県立歴史館たより」 長野県立歴史館 (57) 2008.11

昭和30年現在 長野県書店名簿(《特集 街の書店》)「長野」 長野郷土史研究会 (262) 2008.12

資料紹介 長野県行政文書より旧長野県書籍文化・メディア関連史料(1)(青柳涼子、素野辰也、檜垣優、鈴木俊幸)「書籍文化史」 鈴木俊幸 10 2009.1

瑟大城と長野県北部の城館遺構―横堀遺構に着目した再評価の視点(遠藤公洋)「市誌研究ながの」 長野市 (16) 2009.2

「長野県部落問題関係記事概要」こぼれ話(2)(川向秀武)「信州農村開発史研究所報」 信州農村開発史研究所 (106・107) 2009.3

文献資料を読む 警廃事件―県民の異議申し立て「長野県立歴史館たより」 長野県立歴史館 (58) 2009.3

長野県地方史研究の動向(《隣県特集号 隣県地方史学界の動向―平成20年(2008)》)(桜井秀雄, 福島正樹, 前澤健, 田玉徳明, 細井雄次郎)「信濃[第3次]」 信濃史学会 61(6)通号712 2009.6

古文書の窓(90) 台地上の原野開発(池上正直)「伊那路」 上伊那郷土研究会 53(8)通号631 2009.8

阪神・淡路大震災時における自治労の活動―長野県本部を中心に(卒業論文要旨)(池島知代)「御影史学論集」 御影史学研究会 通号34 2009.10

長野県行政文書より旧長野県書籍文化・メディア関連史料(2)(青柳涼子, 鈴木翔, 素野辰也, 檜垣優, 磯部敦)「書籍文化史」 鈴木俊幸 11 2010.1

地域史の研究と市河文書の活用(開館15周年記念講演)(井原今朝男)「長野県立歴史館研究紀要」 長野県立歴史館 (16) 2010.3

郡村誌・国史編集と長野県の国史編輯掛(児玉卓文)「長野県立歴史館研

究紀要」 長野県立歴史館 (16) 2010.3

明治期以後、長野県教導職の終末状況―制度廃止前後と、その後の神道教派(田川幸生)「信濃[第3次]」 信濃史学会 62(7)通号726 2010.7

長野県行政文書より旧長野県書籍文化・メディア関連史料(3)(青柳涼子、梅澤亜矢、鈴木翔、素野辰也、鈴木俊幸)「書籍文化史」 鈴木俊幸 12 2011.1

長野県地方史研究の動向(隣県特集号 隣県地方史学界の動向―平成22年(2010))(桜井秀雄、福島正樹、山崎会理、田玉徳明、細井雄次郎)「信濃[第3次]」 信濃史学会 63(6)通号737 2011.6

長野県における温泉地成立と地域的展開(滝澤公男)「千曲」 東信史学会 (147) 2011.6

特集 長野県北部震災と文化財レスキュー活動(白水智)「史料ネットnews letter」 歴史資料ネットワーク (67) 2011.11

長野県行政文書より旧長野県書籍文化・メディア関連史料(4)(2011年度中央大学FLP鈴木ゼミ)「書籍文化史」 鈴木俊幸 13 2012.1

『信濃史料』『長野県史』と信濃の古代史(福島正樹)「長野県立歴史館研究紀要」 長野県立歴史館 (18) 2012.3

歴史資料の利用・公開の実践と課題―長野県立歴史館所蔵文書の展示を中心に(傳田伊史)「長野県立歴史館研究紀要」 長野県立歴史館 (18) 2012.3

地名に関する雑感(金井喜平次)「文化財信濃」 長野県文化財保護協会 38(4)通号146 2012.3

長野県地方史研究の動向(隣県地方史学界の動向―平成23年(2011))(櫻井秀雄、福島正樹、山崎会理、田玉徳明、細井雄次郎)「信濃[第3次]」 信濃史学会 64(6)通号749 2012.6

対談 災害を考える 三六水害と戌の満水を中心に(特集 災害と地域―自然への畏敬)(黒岩範臣、松島信幸)「地域文化」 八十二文化財団 (103) 2013.1

長野県行政文書より旧長野県書籍文化・メディア関連史料(5)旧長野県翻刻教科書関係史料(中)(2012年度中央大学FLP鈴木ゼミ)「書籍文化史」 鈴木俊幸 14 2013.1

三井物産と長野県製糸業―1907年における生糸直輸出について(横山憲長)「市誌研究ながの」 長野市 (20) 2013.3

新聞記事でみる春季企画展「長野県の満州移民」(業務報告)(塚田博之)「長野県立歴史館研究紀要」 長野県立歴史館 (19) 2013.3

長野県地方史研究の動向(櫻井秀雄、福島正樹、山崎会理、田玉徳明)「信濃[第3次]」 信濃史学会 65(6)通号761 2013.6

長野県民の足尾銅山鉱毒被害救済の実相(上)、(下)―田中正造没後100年にあたり(小平千文)「信濃[第3次]」 信濃史学会 65(8)通号763/65(9)通号764 2013.8/2013.9

動向 長野県の地方史(地域史)関係団体・組織(山浦寿)「信濃[第3次]」 信濃史学会 65(9)通号764 2013.9

長野県のスキー・スケートの移入―スキーの移入・受講者たち(臼田明)「長野」 長野郷土史研究会 (291) 2013.10

資料紹介 長野県行政文書より旧長野県書籍文化・メディア関連史料(6)旧長野県翻刻教科書関係史料(下)(2013年度中央大学FLP鈴木ゼミ)「書籍文化史」 鈴木俊幸 15 2014.1

明治期長野県における就学拒否(斎藤洋一)「信州農村開発史研究所報」 信州農村開発史研究所 (126・127) 2014.2

長野県に於ける無散水消雪道路(古畑和男)「長野」 長野郷土史研究会 (293) 2014.2

明治36年に作成された「長野県地学標本」(田辺智隆、市川稔)「長野市立博物館紀要.自然系」 長野市立博物館 (15) 2014.3

長野県の唐箕の特徴について(細井雄次郎)「長野市立博物館紀要.人文系」 長野市立博物館 (15) 2014.3

長野県地方史研究の動向(隣県特集号 隣県地方史学界の動向―平成25年(2013))(櫻井秀雄、福島正樹、山崎会理、田玉徳明)「信濃[第3次]」 信濃史学会 66(6)通号773 2014.6

長野県染織講習所

女子工業教育を担った長野県染織講習所(矢嶋千代子)「信濃[第3次]」 信濃史学会 60(2)通号697 2008.2

長野県中教院

明治初期、教導職・長野県中教院の設立活動(1)(田川幸生)「信濃[第3次]」 信濃史学会 56(7)通号654 2004.7

中野公民館

中野公民館の軌跡(1) 公民館の創立(徳武知重)「高井」 高井地方研究会 (165) 2008.11

中野公民館の軌跡(2) 初期の運営と事業(徳武知重)「高井」 高井地方史研究会 (166) 2009.2

中野公民館の軌跡(3) 団体と周辺公民館の設立(徳武知重)「高井」 高井地方研究会 (167) 2009.5

中野公民館の軌跡(4) 文部大臣表彰と公民館報の創刊(徳武知重)「高井」 高井地方研究会 (168) 2009.8

中野公民館の軌跡(6) 組織の充実と活動(徳武知重)「高井」 高井地方研究会 (172) 2010.8

中野市

一町八ヵ村合併・中野市誕生の概要(篠田昭二)「高井」 高井地方研究会 147 2004.5

中野町から中野市へ(中村鉄治)「高井」 高井地方研究会 147 2004.5

中野市における稲作の生産調整と農村の変貌―小田中を例に(松沢邦男)「高井」 高井地方研究会 (151) 2005.5

中野市の悲しい歴史―県下初のカドミ公害(玉木徳重)「高井」 高井地方史研究会 (156) 2006.8

長野市

農業協同組合の合併過程の研究―長野市域の農協を中心に(駒込幸典)「市誌研究ながの」 長野市 (10) 2003.2

《特集 長野市合併》「長野」 長野郷土史研究会 (239) 2005.1

〈長野市への町村合併〉「長野」 長野郷土史研究会 (239) 2005.1

明治初期における村の製糸工場の繰糸鍋について―長野県の行政文書史料の分析から(太田秀保)「市誌研究ながの」 長野市 (12) 2005.2

長野市内小学校一校制―長野県内市町村の小学校一校制との比較において(宮澤邦典)「市誌研究ながの」 長野市 (12) 2005.2

「新長野市の歴史を知ろう」報告(1)(金井清敏、二澤久昭)「長野」 長野郷土史研究会 (240) 2005.3

「新長野市の歴史を知ろう」報告(2)(山口房保、池内朝雄)「長野」 長野郷土史研究会 (241) 2005.5

長野市が門前町でなくなった40年間―昭和41年の大合併から現在まで(小林竜太郎)「長野」 長野郷土史研究会 (244) 2005.11

長野市における高層マンションの立地動向(《特集 人文地理》)(市川正夫)「信濃[第3次]」 信濃史学会 58(4)通号675 2006.4

未来への伝言 長野市街地の書店のいま(《特集 街の書店》)「長野」 長野郷土史研究会 (262) 2008.12

長野市の都市化とDID人口の動態(山上茂司)「市誌研究ながの」 長野市 (16) 2009.2

資料紹介 野本家文書 代官日記 その1(文化12年)(古文書同好会)「長野市立博物館紀要.人文系」 長野市立博物館 (13) 2012.3

資料目録と解説―平成24年度移管『長野市役所文書』(宮原秀世)「市誌研究ながの」 長野市 (20) 2013.3

野本家文書 代官日記 その2(文化15年)(資料紹介)(長野市立博物館友の会、古文書同好会)「長野市立博物館紀要.人文系」 長野市立博物館 (14) 2013.3

資料目録と解説―平成25年度移管『長野市役所文書』(宮原秀世)「市誌研究ながの」 長野市 (21) 2014.3

資料紹介 野本家文書と収納容器(宮澤崇士)「長野市立博物館紀要.人文系」 長野市立博物館 (15) 2014.3

連載コラム 生きた町の歴史を知ろう(6) これから比較される富山・金沢と長野市(小林竜太郎)「長野」 長野郷土史研究会 (298) 2014.12

長野城

陳情書「長野城」の史蹟指定と「長野岩燕」の天然記念物指定について(河野正彦)「北九州市の文化財を守る会会報」 北九州市の文化財を守る会 (118) 2006.6

中野小学校

中野小学校西校舎のスケッチ―昭和の戦中・戦後(中村鉄治)「高井」 高井地方研究会 (155) 2006.5

長野商工会館

閉館した長野商工会館・ニュー商工について(小林竜太郎)「長野」 長野郷土史研究会 (290) 2013.8

長野中学校

長野中学校の最後(関川喜八郎)「長野」 長野郷土史研究会 (253) 2007.6

長野町

明治初期長野町における懲役場・牢屋の設置経緯とその後の動き(風間紀)「市誌研究ながの」 長野市 (12) 2005.2

長野電鉄

小林計一郎に聞く 私の生きた長野の昭和(3) 長野電鉄、善光寺白馬電鉄「長野」 長野郷土史研究会 (243) 2005.9

長野電鉄地下化・長野大通り建設と駅周辺第一土地区画整理事業(山上茂司)「市誌研究ながの」 長野市 (13) 2006.2

長野農工銀行

史料紹介長野農工銀行の郡別年賦貸付(横山憲長)「信濃[第3次]」 信濃史学会 57(3)通号662 2005.3

長野原

1965年県道中野・長野原線―「志賀・草津高原ルート」開通(小布施竹

男）「高井」 高井地方史研究会 （156） 2006.8

「長田原のお日待ち」の研究について（研究活動成果概要）（原田忠治）「飯田市歴史研究所年報」 飯田市教育委員会 （6） 2008.9

飯田市長野原地区の歴史について研究「長野原の小字とその歴史」（研究活動助成成果概要）（原田忠治）「飯田市歴史研究所年報」 飯田市教育委員会 （7） 2009.8

飯田市長野原地区の歴史についての研究「見聞録の解読と歴史の検証」（研究活動助成成果概要）（原田忠治）「飯田市歴史研究所年報」 飯田市教育委員会 （8） 2010.8

百年前、長野原の人々の暮らし（研究活動助成成果報告）（長野原歴史研究会）「飯田市歴史研究所年報」 飯田市教育委員会 （12） 2014.8

長野村

呼称 長野村―行政単位としての長野村と鳥瞰図上の善光寺町（矢島忠亨）「信濃［第3次］」 信濃史学会 59（3）通号686 2007.3

中俣城

中俣城について（会津衛）「須高」 須高郷土史研究会 （70） 2010.4

中村

長野中村見取亀絵図考―村内経営改革の一駒（調査研究報告）（大木祥太郎）「愛荘町歴史研究」 愛荘町教育委員会 （1） 2008.2

中山

秋季企画展「中山に牧があった頃」（博物館TOPICS）「あなたと博物館 ： 松本市立博物館ニュース」 松本市立博物館 （194） 2014.9

中山社

おかや歴史散歩（25） 中山社「オール諏訪 ： 郷土の総合文化誌」 諏訪郷土文化研究会 29（10）通号304 2010.1

中山村

疎開学童の賄い―東筑摩郡寿村・中山村への疎開（小松芳郎）「松本市史研究 ： 松本市文書館紀要」 松本市 （16） 2006.3

奈川

奈川牛と江戸―史料編纂との関わりの中で（講演）（熊井保）「松本市史研究 ： 松本市文書館紀要」 松本市 （15） 2005.3

第26回文書館講演会要旨 奈川牛と江戸―史料編纂との関わりの中で（熊井保）「松本市文書館だより」 松本市 21 2005.3

新松本市域の人口の特性（3）―松本市奈川・安曇地区の人口の変動（藤森喜雄）「松本市史研究 ： 松本市文書館紀要」 松本市 （17） 2010.3

梨野峠

梨野峠に水戸浪士の跡を追う（民俗特集）（林登美人）「伊那」 伊那史学会 58（1）通号980 2010.1

七久保小学校

「青い目の人形」から学ぶ―七久保小学校の事例を中心に（小木曽豊）「伊那路」 上伊那郷土研究会 48（8）通号571 2004.8

生仁城

生仁館と生仁城の戦い余聞（特集号 千曲川流域にみられた中世の合戦）（大脇文夫）「千曲」 東信史学会 （148） 2011.10

浪合関所

浪合関所あれこれ（黒川良一）「伊那」 伊那史学会 55（11）通号954 2007.11

浪合村

17世紀後半信州伊那郡の幕領支配―浪合村・平谷村の年貢訴願を通して（前澤健）「信濃［第3次］」 信濃史学会 65（7）通号762 2013.7

滑津

館林藩転封余話（1）秋元家の国替と滑津騒動（山田秀穂）「足利文林」 足利文林の会 （62） 2005.5

奈良井宿

中山道奈良井宿（矢久保徳司）「小千谷文化」 小千谷市総合文化協会「小千谷文化」編集委員会 170・171 2003.3

名古屋郷土文化会 見学研究会「中山道の宿場町奈良井と福沢桃介ゆかりの地を訪ねて」（松藤耕造）「郷土文化」 名古屋郷土文化会 66（2）通号216 2012.2

（中山道奈良井宿）（斎藤洋）「ふるさと矢板」 矢板市教育委員会生涯学習課 （43） 2012.3

成相郷

住吉荘成相郷の開発―開発拠点としての成相氏館（小穴芳実）「信濃［第3次］」 信濃史学会 58（12）通号683 2006.12

成相氏館

住吉荘成相郷の開発―開発拠点としての成相氏館（小穴芳実）「信濃［第3次］」 信濃史学会 58（12）通号683 2006.12

南原橋

南原橋の架橋とその時代背景（研究所活動助成成果報告）（長野原歴史研究会）「飯田市歴史研究所年報」 飯田市教育委員会 （10） 2012.8

新倉学校

新倉学校の歴史（上）,（下）（鮎沢毅）「オール諏訪 ： 郷土の総合文化誌」 諏訪郷土文化研究会 29（9）通号303/29（10）通号304 2009.12/2010.1

新野

工場誘致と農山村の変貌―阿南町新野の女性たちを通して（本島和人）「飯田市歴史研究所年報」 飯田市教育委員会 （3） 2005.8

阿南町新野における近世～明治期の馬生産と馬市場（塩澤元広）「伊那」 伊那史学会 58（5）通号984 2010.5

二郡橋

二郡橋について（宮本四郎）「とぐら ： 戸倉史談会誌」 戸倉史談会 （29） 2004.2

濁川

血ノ池・濁川の係争問題について（1） 延享の水論（小林太郎）「千曲」 東信史学会 （133） 2007.5

錦服駅

研究ノート 小野篁『信濃国府絵図』発見の意味―付 松本市内・岡田にあった「錦服駅」（臼田明）「信濃［第3次］」 信濃史学会 63（9）通号740 2011.9

西駒

異郷で偲ぶ西駒の『駒』（安田新）「伊那路」 上伊那郷土研究会 56（1）通号660 2012.1

西駒ヶ岳

親子二代 追憶の西駒ヶ岳（山岸貢）「伊那路」 上伊那郷土研究会 57（9）通号680 2013.9

西天竜

西天竜水田地帯に見られる円筒分水槽（若林博）「伊那路」 上伊那郷土研究会 55（11）通号658 2011.11

西船山村

合併の先駆となった、東西船山村の誕生記録（湯原理三）「ちょうま」 更埴郷土を知る会 （24） 2004.1

西堀

語り継ぐ「西堀夜話」（1）（武井清吉）「オール諏訪 ： 郷土の総合文化誌」 諏訪郷土文化研究会 29（4）通号298 2009.7

語り継ぐ「西堀夜話」（2）五兵衛汐（武井清吉）「オール諏訪 ： 郷土の総合文化誌」 諏訪郷土文化研究会 29（5）通号299 2009.8

語り継ぐ「西堀夜話」（5）西堀の製糸業（武井清吉）「オール諏訪 ： 郷土の総合文化誌」 諏訪郷土文化研究会 29（8）通号302 2009.11

語り継ぐ「西堀夜話」（6）明治の秘話あれこれ（1）（武井清吉）「オール諏訪 ： 郷土の総合文化誌」 諏訪郷土文化研究会 29（9）通号303 2009.12

語り継ぐ「西堀夜話」（7）明治の秘話あれこれ（2）（武井清吉）「オール諏訪 ： 郷土の総合文化誌」 諏訪郷土文化研究会 29（10）通号304 2010.1

語り継ぐ「西堀夜話」（8）幕末秘話あれこれ（武井清吉）「オール諏訪 ： 郷土の総合文化誌」 諏訪郷土文化研究会 29（11）通号305 2010.2

西牧

西牧騒動のてんまつ記補正（柳沢昭功）「千曲」 東信史学会 117 2003.5

西箕輪小学校

消えてしまった分校（5）―西箕輪小北分校・与地分校（伊藤一彦）「伊那路」 上伊那郷土研究会 46（7）通号546 2002.7

西山

黒川谷や西山のことあれこれ（小林敏男）「伊那路」 上伊那郷土研究会 47（10）通号561 2003.10

西山地方の地名の一考察（西沢智孝）「長野」 長野郷土史研究会 （259） 2008.6

新田村

ふるさとを学ぶ堀金友の会シリーズ（6） 小田多井堀の新田村（炉辺閑話）（三村征二）「安曇野文化」 安曇野文化刊行委員会 （10） 2014.2

沼目用水

用水の汚れに苦しんだ沼目区（井上光由）「須高」 須高郷土史研究会 （77） 2013.11

温堰

信州安曇郡住吉荘の梓川を水源とする横沢堰・庄野堰・温堰等の成立年代の研究（小穴芳実）「信濃［第3次］」 信濃史学会 59（9）通号692 2007.9

鼠宿

北国往還鼠宿の成立（山崎仁）「北國街道研究」 北國街道の手をつなぐ会

(7)　2006.9

鼠宿御番所

　北国往還鼠宿御番所について(山﨑仁)「北國街道研究」　北國街道の手を
　つなぐ会　(11)　2010.12

根々井

　地名根々井(根井)由来の一考察(根井立比古)「史學義仲」　木曽義仲史
　学会　(15)　2014.4

根羽火山群

　伊那谷に発見された根羽火山群(伊那協第14回シンポジウム—伊那谷の
　風土の多様性)(坂本正夫)「伊那」　伊那史学会　60(7)　通号1010
　2012.7

農林水産省蚕糸試験場

　農林水産省蚕糸試験場の沿革とそのルーツをたどる(小林勝利)「岡谷蚕
　糸博物館紀要」　岡谷市教育委員会　(7)　2002.10

野口村

　大久保文書に見る天明飢饉時の野口村(丸山伸一)「伊那路」　上伊那郷土
　研究会　49(4)　通号579　2005.4

野沢

　放鷹と野沢の御巣鷹山(上野正)「高井」　高井地方史研究会　(149)
　2004.11

野沢温泉

　野沢温泉地名考(4)(上野正)「高井」　高井地方史研究会　(155)　2006.5

野沢温泉スキー場

　高度経済成長期の野沢温泉スキー場—スキーリフト奮闘日記(富井宇
　内)「高井」　高井地方史研究会　(154)　2006.2

野沢温泉村

　野沢温泉村の地名考(3)(上野正)「高井」　高井地方史研究会　146
　2004.2

　野沢温泉村と市川村の合併(上野正)「高井」　高井地方史研究会　147
　2004.5

　市河文書と野沢温泉村—市河氏の野沢における活躍(上野正)「高井」　高
　井地方史研究会　(152)　2005.8

　野沢温泉村の温泉の沿革(富井宇内)「高井」　高井地方史研究会　(158)
　2007.2

　野沢温泉村のおこしんさん(上野正)「高井」　高井地方史研究会　(168)
　2009.8

　野沢温泉村のスキー発展史(1)(上野正)「高井」　高井地方史研究会
　(171)　2010.5

野沢高女

　証言(1)　弾薬工場の中の乙女たちの過酷な戦争体験(十六歳の兵器工場
　(山室静編)—長野県野沢高女勤労動員手記より)(水間毎子)「佐久」
　佐久史学会　(64)　2012.3

　証言(2)　〇ア号「風船爆弾」との苦闘(十六歳の兵器工場(山室静編)—
　長野県野沢高女勤労動員手記より)(高見沢連子)「佐久」　佐久史学会
　(64)　2012.3

野沢村

　史料紹介　正徳元年(1711)高井郡野沢村指出シ帳(上野正)「高井」　高井
　地方史研究会　(158)　2007.2

　蔵書の様相から見えてくる村役人像・地域像—松本領野沢村務台家の場
　合(田中薫)「信濃［第3次］」　信濃史学会　59(8)　通号691　2007.8

　温泉の発展と湯仲間—近世後期信州高井郡野沢村の例(湯本巌)「信濃
　［第3次］」　信濃史学会　62(3)　通号722　2010.3

野尻宿

　街道をゆく—野尻宿・柏原宿・古間宿(高野永篤)「北國街道研究」　北國
　街道の手をつなぐ会　(12)　2011.12

野底

　天竜川欄立枠立替目論見—上伊那郡伊奈部村上牧・野底(竹入弘元)「伊
　那路」　上伊那郷土研究会　53(1)　通号624　2009.1

野底橋

　三六災の記録—飯田市大門町野底橋近辺での思い出(〈鎮魂の碑〉)(熊
　崎一男)「伊那」　伊那史学会　56(8)　通号963　2008.8

野高場

　稲荷山と杭瀬下・新田との境争いによる野高場(宮澤芳己)「ちょうま」
　更埴郷土を知る会　(25)　2005.1

野麦街道

　野麦街道と野麦峠(小出章)「文化財信濃」　長野県文化財保護協会　34
　(3)　通号129　2007.12

野麦峠

　野麦街道と野麦峠(小出章)「文化財信濃」　長野県文化財保護協会　34
　(3)　通号129　2007.12

　厳冬の野麦峠越え決行時の録音から(上),(下)(北原和登)「茅野」　茅野
　市郷土研究会　(77)/(78)　2012.9/2013.03

　『あゝ野麦峠』に関する研究—「女工哀史」像の解釈をめぐって(永池航
　太郎)「信濃［第3次］」　信濃史学会　66(10)　通号777　2014.10

埴原

　日露戦争時の出征兵士と青年会—東筑摩郡中山村埴原青年会の事例(小
　松芳郎)「松本市史研究　：　松本市文書館紀要」　松本市　(15)　2005.3

白鳥園

　白鳥園の思い出・今後の課題(滝沢滝男)「とぐら　：　戸倉史談会誌」　戸
　倉史談会　(29)　2004.2

白林荘

　ふるさと諏訪紀行(8)　白林荘あれこれ(林嘉志郎)「オール諏訪　：　郷土
　の総合文化誌」　諏訪郷土文化研究会　22(9)　通号219　2002.12

　ふるさと諏訪紀行(9),(10)　白林荘(2),(3)(林嘉志郎)「オール諏訪　：
　郷土の総合文化誌」　諏訪郷土文化研究会　22(10)　通号220;22(11)
　通号221　2003.1;2003.2

長谷

　私たちのふるさと　長谷(《特集　上伊那地域の平成の合併》)—〈合併した
　自治体から〉)(松澤颯斗,　松本洋平,　伊藤美和)「伊那路」　上伊那郷
　土研究会　50(7)　通号594　2006.7

長谷村

　新「伊那市」命名の由来—伊那市・高遠町・長谷村合併新市名称検討委
　員会の記録を中心に(春日博人)「伊那路」　上伊那郷土研究会　50(4)
　通号591　2006.4

波田

　新松本市域の人口の特性(4)—松本市波田地区の人口の動向(市史研究)
　(藤森喜雄)「松本市史研究　：　松本市文書館紀要」　松本市　(22)
　2012.3

波田小学校

　満蒙開拓青少年義勇軍と学校教育—長野県波田小学校を事例として
　(《特集　長野県近代史》)(鈴木幸広)「信濃［第3次］」　信濃史学会
　54(11)　通号634　2002.11

八幡

　八幡に記念碑を—第一次川中島合戦から(和田茂男)「ちょうま」　更埴郷
　土を知る会　(35)　2014.12

八幡小学校

　八幡小学校へも来ていた"青い目の人形"(鳥羽英継)「ちょうま」　更埴
　郷土を知る会　(25)　2005.1

八町銀山

　八町銀山の事(仁科叔子)「須高」　須高郷土史研究会　(60)　2005.4

八丁地川

　八丁地川水系の道筋(小出章)「文化財信濃」　長野県文化財保護協会
　32(3)　通号121　2005.12

埴科

　千曲川の恩恵と洪水との闘いを繰り返しながら生きた埴科地方の人々
　(中村郷生)「とぐら　：　戸倉史談会誌」　戸倉史談会　(30)　2005.3

　古代の更級埴科(福島正樹)「ちょうま」　更埴郷土を知る会　(29)
　2009.1

埴科郡

　『信濃国地誌略』(小学教科書)—更級郡、埴科郡の記述について(中島正
　利)「ちょうま」　更埴郷土を知る会　(21)　2000.12

　埴科郡幹線用水と埴科郡土地改良区来し方の記(竹内幸義)「ちょうま」
　更埴郷土を知る会　(21)　2000.12

　松山犂は埴科の地で試作・実験された—松山原造氏埴科郡役所農会技師時
　代(竹内良一)「とぐら　：　戸倉史談会誌」　戸倉史談会　(32)　2007.2

　旧更級・埴科郡の「御厨」思考(和田茂男)「ちょうま」　更埴郷土を知る
　会　(30)　2009.11

埴科郷

　満蒙開拓埴科郷建設の一齣(宮本ちはる)「とぐら　：　戸倉史談会誌」　戸
　倉史談会　(34)　2009.2

埴生

　埴生地区の歩み考(中島正利)「ちょうま」　更埴郷土を知る会　(30)
　2009.11

羽尾

　冠着トンネルと羽尾の水利(近世文書教室)(北村主計)「とぐら　：　戸倉
　史談会誌」　戸倉史談会　(39)　2014.3

羽子沢番所

　村の庄屋文書から(4)　小倉村飛州新道と羽子沢番所の話(降旗隆夫)「三
　郷文化」　三郷郷土研究会　87　2004.2

北陸甲信越　　　　　　　　　　　地名でたどる郷土の歴史　　　　　　　　　　　長野県

馬場家住宅
伊那谷の民家（5）馬場家住宅（吉澤政己）「伊那路」　上伊那郷土研究会
47（2）通号553　2003.2

馬場土手
古文書こぼればなし　長野馬場土手並木の植え替え事情（嵯峨稔雄）「古文書倶楽部」　秋田県公文書館　（57）2014.1

浜井場小学校
飯田市立浜井場小学校円形校舎について（調査報告）（原朋教）「飯田市歴史研究所年報」　飯田市教育委員会　（7）2009.8

林城
風林火山紀行（5）林城の自落と安曇郡攻略「オール諏訪 : 郷土の総合文化誌」　諏訪郷土文化研究会　27（7）通号277　2007.10

払沢
払沢古屋敷伝承（岳麓湖盆）（牛山甲子恵）「茅野」　茅野市郷土研究会（64）2006.9

原野村
木曽・旧宮越宿と原野村の中山道彩色絵から（上）―絵図にみるいくつかを（神村透）「信濃［第3次］」　信濃史学会　65（3）通号758　2013.3
史料紹介　木曽・旧宮越宿と原野村の中山道彩色絵から（下）―農家の大きさをみる（神村透）「信濃［第3次］」　信濃史学会　65（4）通号759　2013.4

飯水
中高・飯水地方に於ける史跡とその表示（田中毅）「文化財信濃」　長野県文化財保護協会　38（2）通号144　2011.9

東組村
安永七年の黒川東組村絵地図に思う（わが町の文化財保護）（矢野恒雄）「文化財信濃」　長野県文化財保護協会　34（2）通号128　2007.9

東黒川
弘化四年善光寺大地震と農村―牟礼村東黒川の場合（矢野恒雄）「長野」　長野郷土史研究会　234　2004.3

東駒ヶ岳
大正時代の東駒ヶ嶽登山案内（自然と人間との関わり特集）（山岸貢）「伊那路」　上伊那郷土研究会　54（6）通号641　2010.6

東信州
東信州の景頗族文化マップ―鉄矛の用途・銅釧の着装・男山と女山の意味について（柳沢賢次）「千曲」　東信史学会　（133）2007.5

東船山村
合併の先駆となった、東西船山村の誕生記録（湯原理三）「ちょうま」　更埴郷土を知る会　（24）2004.1

東山
東山開拓にかけた夢　男衆を支えた女性たち（柳沢政美）「筑北郷土史研究会会誌」　筑北郷土史研究会　（2）2003.6
箕輪町竜東地区東山山麓歴史の道（小口恵子）「伊那路」　上伊那郷土研究会　54（2）通号637　2010.2
先進的な「ふる里からの出発」―東山の掘り起こし（唐木達雄）「伊那路」　上伊那郷土研究会　54（2）通号637　2010.2

樋沢川
樋沢川水利の源流と経緯（1）「思川」の開削と「大いろ堰」の意味するもの（湯本直嗣）「須高」　須高郷土史研究会　（79）2014.10

飛州新道
村の庄屋文書から（4）小倉村飛州新道と羽子沢番所の話（降旗隆夫）「三郷文化」　三郷郷土研究会　87　2004.2

聖湖
古道を尋ねて―立峠から聖湖（飯森利衛）「筑北郷土史研究会会誌」　筑北郷土史研究会　（11）2012.10

日滝村
日滝村・高井野村水論の中で水車小屋の扱いについて（宮前日回）「須高」　須高郷土史研究会　（60）2005.4

鼻田峠
鼻（花）田峠（峯の茶屋）（金井喜平次）「千曲」　東信史学会　119　2003.10

日野村
日野村の昭和の大合併まで（海野昭二）「高井」　高井地方史研究会　147　2004.5

雲雀沢村
信濃国伊奈郡雲雀沢村の人口―人口趨勢・移動・村落構造（前澤健）「飯田市美術博物館研究紀要」　飯田市美術博物館　（13）2003.3

姫川谷
姫川谷　信州から越後へ―隠れた大地の裂け目を行く（特集　隣県との交流―千国街道）（竹之内耕）「地域文化」　八十二文化財団　（99）2012.1

百石堰
地域の財産「百石堰」（伸びゆく子ら）（矢野司）「安曇野文化」　安曇野文化刊行委員会　（3）2012.5

火山峠
文化短信　火山峠（吉田保晴）「伊那路」　上伊那郷土研究会　56（4）通号663　2012.4

日義村
資料紹介　日中戦争中の出征兵士と軍事郵便―木曽旧日義村役場兵事資料より（上）（神村透）「信濃［第3次］」　信濃史学会　62（3）通号722　2010.3
資料紹介　徴兵検査―壮丁連名簿と国民兵役名簿から―木曽旧日義村役場兵事資料より（中）（神村透）「信濃［第3次］」　信濃史学会　62（7）通号726　2010.7
資料紹介　徴兵事務―昭和20年の壮丁他・戦死者・傷痍軍人の扱い―木曽旧日義村役場兵事資料より（下）（神村透）「信濃［第3次］」　信濃史学会　62（8）通号727　2010.8

平出
明治初年平出の郵便取扱所（矢野恒雄）「長野」　長野郷土史研究会　235　2004.5

平井村
平井村の新規溜池築造をめぐる争い（史料紹介）（浅科古文書研究会）「水と村の歴史 : 信州農村開発史研究所紀要」　信州農村開発史研究所（22）2007.3

平岡村
平岡村へやってきた学童集団疎開（三澤政博）「高井」　高井地方史研究会　142　2003.2
平岡村の町村合併経過（武田冨夫）「高井」　高井地方史研究会　147　2004.5

平岡ダム
市民の声　平岡ダムとの出会い（原英章）「飯田市歴研ニュース」　飯田市歴史研究所　（44）2010.2
平岡ダム建設における強制連行された朝鮮人の逃亡についての一考察（研究報告要旨）（原英章）「飯田市歴史研究所年報」　飯田市教育委員会　（9）2011.10

平賀村
特別寄稿（2）徴兵制における所在不明者をめぐって―昭和期南佐久郡平賀村の文書を中心に（吉良芳恵）「佐久」　佐久史学会　（64）2012.3

平林村
天保の飢饉の対応策―奥殿藩佐久領平林村「御廻状留帳」から（大塚尚三）「信濃［第3次］」　信濃史学会　56（4）通号651　2004.4
平林村・入沢村三条の川除普請（大塚尚三）「佐久」　佐久史学会　（60）2010.7

平谷村
17世紀後半信州伊那郡の幕領支配―浪合村・平谷村の年貢訴願を通して（前澤健）「信濃［第3次］」　信濃史学会　65（7）通号762　2013.7

深見の池
深見の池の成因とその周辺について―寛文二年の大地震によるとされているが（松澤英男）「伊那」　伊那史学会　59（3）通号994　2011.3

福島家住宅
歴史的建造物調査―福島家住宅・脇坂門・川路八区諏訪社・代田家住宅（調査報告）（金澤雄記）「飯田市歴史研究所年報」　飯田市教育委員会（4）2006.8
飯田市内の建築史資料調査報告書　福島家住宅・追手町小学校校舎・旧山本中学校校舎（吉澤政己）「飯田市美術博物館研究紀要」　飯田市美術博物館　（17）2007.3

富士見
中央東線　富士見岡谷間開通（田中秀胤）「茅野」　茅野市郷土研究会（76）2012.3

富士見電信取扱所
富士見電信取扱所（北原茂俊）「茅野」　茅野市郷土研究会　（68）2008.9

藤本蚕業合名株式会社
史料紹介　藤本蚕業合名（株式）会社の蚕種製造の変化について（新津新生）「信濃［第3次］」　信濃史学会　64（2）通号745　2012.2

藤原寺
倉科村の藤原寺と本誓寺跡を訪ねて（矢口嘉幸）「ちょうま」　更埴郷土を知る会　（35）2014.12

長野県　　　地名でたどる郷土の歴史　　　北陸甲信越

二木郷

二木氏と住吉荘二木郷の開発―二木氏系図の検討 (小穴芳実)「信濃［第3次］」信濃史学会　58(9) 通号680　2006.9

部奈疎水

江戸時代における部奈疎水工事の入札と落札 (林登美人)「伊那」伊那史学会　57(1) 通号968　2009.1

写真で見る部奈疎水の上流―三六災害以後はヒューム管を使って通水 (林登美人)「伊那」伊那史学会　57(3) 通号970　2009.3

船山城

上伊那遺跡めぐり(30) 船山城 (伊藤修)「伊那路」上伊那郷土研究会　45(4) 通号531　2001.4

舟山陣所遺跡

飯山市静間、舟山陣所遺跡と上野原の戦 (松澤芳幸)「信濃［第3次］」信濃史学会　59(11) 通号694　2007.11

古間宿

街道をゆく―野尻宿・柏原宿・古間宿 (高野永篤)「北國街道研究」北國街道の手をつなぐ会　(12) 2011.12

古海村

宗門改帳から見た杉野沢村・柏原村・古海村の比較 (青山始義)「長野」長野郷土史研究会　235　2004.5

平野村

平野村の方針転換が流れを変えた (篠田昭二)「高井」高井地方史研究会　147　2004.5

別所

第440回例会記 善光寺御開帳、別所・小布施を訪ねる旅 (鈴木武雄)「杉並郷土史会史報」杉並郷土史会　(219) 2010.1

別所温泉

「別所」の生い立ちと別所温泉 (櫻井松夫)「千曲」東信史学会　(156) 2014.6

弁天池

善光寺町防火水路と弁天池 (古畑和男)「長野」長野郷土史研究会　(254) 2007.8

坊主学校

通称「坊主学校」盛衰記―焼けた坊主学校の謎解き (袖山榮眞)「市誌研究ながの」長野市　(19) 2012.3

芳美御厨

高井地方の中世史(1) 平安時代の高井郡 保科・芳美御厨と中世武士の台頭 (井原今朝男)「須高」須高郷土史研究会　(67) 2008.10

保福寺村

保福寺峠と保福寺村 (木藤学)「千曲」東信史学会　119　2003.10

保福寺峠

保福寺峠と保福寺村 (木藤学)「千曲」東信史学会　119　2003.10

宝来屋

誌上博物館 企画展「工女宿宝来屋のくらし―山里の明治・大正時代―」「あなたと博物館 ： 松本市立博物館ニュース」松本市立博物館　(188) 2013.9

資料紹介 工女宿宝来屋の宿帳「あなたと博物館 ： 松本市立博物館ニュース」松本市立博物館　(189) 2013.11

北信

岡谷の製糸業(6) 北信・松代から岡谷の製糸工場へ来て (大岐きよ志)「岡谷蚕糸博物館紀要」岡谷市教育委員会　(6) 2001.10

〔史料紹介〕織田信長北信支配なる (松田勉)「高井」高井地方史研究会　142　2003.2

凶作関係史料にみる穀物商人の動向―弘化2年北信地方における (多和田雅彦)「論集きんせい」近世史研究会　(25) 2003.5

北信市町村マップ 60年でこう変わった《特集 市町村合併3》「長野」長野郷土史研究会　(247) 2006.6

北信におけるきつつきの戦い―弘治三年の戦い (馬場廣幸)「文化財信濃」長野県文化財保護協会　35(2) 通号132　2008.9

牧之島城

念願叶い牧之島城へ (鷹野圭志)「風林火山」武田家旧温会　(27) 2014.3

保科

保科の古代史・再論《追悼 小穴喜一氏》(桐原健)「信濃［第3次］」信濃史学会　55(5) 通号640　2003.5

高井地方の中世史(1) 平安時代の高井郡 保科・芳美御厨と中世武士の台頭 (井原今朝男)「須高」須高郷土史研究会　(67) 2008.10

保科謙信道

保科謙信道と中塔城 (山崎直久)「須高」須高郷土史研究会　(64)

2007.4

保科郷縦貫古道

保科郷縦貫古道懐古 二題 (山崎直久)「須高」須高郷土史研究会　(59) 2004.10

穂高

穂高への爆撃と戦時体験 (安曇野の自然と歴史) (矢口健陽児)「安曇野文化」安曇野文化刊行委員会　(7) 2013.5

穂高商業高校

穂高商業高校百年の「伝統」(はばたく若人) (小林早貴)「安曇野文化」安曇野文化刊行委員会　(4) 2012.8

穂高商業高等学校

～地域とともに歩んだ一世紀～ 創立一〇〇周年 (穂高商業高等学校) (羽ばたく若人) (松村秀寿)「安曇野文化」安曇野文化刊行委員会　(13) 2014.11

穂高町

資料紹介と解説 「渋沢敬三らの穂高町採訪調査」(1) (高田賢)「武蔵保谷村だより ： 高橋文太郎の『武蔵保谷村郷土資料』を手掛かりに」下保谷の自然と文化を記録する会　(10) 2013.7

穂高村

調印直前まで揺れ動いた穂高村―決め手は統合中学校 (小林淳男)「高井」高井地方史研究会　147　2004.5

穂波村

昭和の町村合併と穂波村 (小嶋正廣)「高井」高井地方史研究会　147　2004.5

堀金

ふるさとを学ぶ堀金友の会シリーズ(4) (炉辺閑話) (平倉勝美)「安曇野文化」安曇野文化刊行委員会　(8) 2013.8

ふるさとを学ぶ堀金友の会シリーズ(5) 平倉六郎右衛門と拾ヶ堰 (炉辺閑話) (黒岩淑人)「安曇野文化」安曇野文化刊行委員会　(9) 2013.11

ふるさとを学ぶ堀金友の会シリーズ(6) 小田多井堰の新田村 (炉辺閑話) (三村征二)「安曇野文化」安曇野文化刊行委員会　(10) 2014.2

ふるさとを学ぶ堀金友の会シリーズ(7) 食をつなぐこと 食がつなぐもの (炉辺閑話) (一志みゆき)「安曇野文化」安曇野文化刊行委員会　(11) 2014.5

遺跡からみた堀金の由来(1) (安曇野の自然と歴史) (宮下一男)「安曇野文化」安曇野文化刊行委員会　(13) 2014.11

堀切沢

史料紹介堀切沢へ鐘鋳堰のため池計画 (関保男)「長野」長野郷土史研究会　(241) 2005.5

本郷

桑原本郷地域の飲み水、生活用水確保の変遷 (山口盛男)「ちょうま」更埴郷土を知る会　(31) 2010.11

本郷村

本郷村のくだ狐騒動 (桃澤匡行)「伊那」伊那史学会　50(9) 通号892　2002.9

本誓寺

千曲市生萱に残る本誓寺字名と本誓寺について (相澤忠一)「ちょうま」更埴郷土を知る会　(35) 2014.12

本誓寺跡

倉科村の藤原寺と本誓寺跡を訪ねて (矢口嘉幸)「ちょうま」更埴郷土を知る会　(35) 2014.12

前坂

前坂にあったこと (小坂多賀栄)「高井」高井地方史研究会　(182) 2013.2

舞田村

近世前期上田領農家の家具・農具類―小県郡舞田村北條家を中心に (尾崎行也)「千曲」東信史学会　(140) 2009.2

前掛山

民話絵物語(58) 浅間の前掛山 (特集 故郷の山―浅間山) (大日方寛［文］, 原勝実［画］)「佐久」佐久史学会　(66・67) 2013.3

前川

口絵 弘化三年「下市田前川除御普請所絵図」(橋都正)「伊那」伊那史学会　61(5) 通号1020　2013.5

真神山

善光寺地震における真神山の崩落とその後 (原田和彦)「長野市立博物館博物館だより」長野市立博物館　(89) 2014.3

牧島村

表紙：牧島村絵図 (国文学研究資料館蔵・真田家文書)／牧野島城跡と城下町「長野市立博物館博物館だより」長野市立博物館　(83) 2012.9

表紙の解説 牧島村絵図（原田和彦）「長野市立博物館博物館だより」 長野市立博物館 （83） 2012.9

孫瀬組

善光寺地震による虚空蔵山崩壊と村の復興—山平林村孫瀬・岩倉組を中心として（大屋弘）「市誌研究ながの」 長野市 （21） 2014.3

松尾

松尾毛賀の地名と伝承（赤羽二三男）「伊那」 伊那史学会 53（1）通号920 2005.1

飛ばなかった木製飛行機—松尾にあった「飯田航空」（谷川政治）「伊那」 伊那史学会 58（1）通号980 2010.1

天龍川の氾濫—松尾地区 語り：新井順三・塩沢勉（三六災害五十年）（松島信幸）「伊那」 伊那史学会 59（8）通号999 2011.8

松尾村

1950年代の地域における医療活動と事業展開—長野県松尾村・下伊那中央病院の経営と意義を事例に（研究活動助成成果概要）（内藤雄生）「飯田市歴史研究所年報」 飯田市教育委員会 （9） 2011.10

松川

発見された中部地方最古の水車ランナ 松川筋の発電所とその遺構（浅野伸一）「産業遺産研究」 中部産業遺産研究会事務局 （11） 2004.5

飯田電灯株式会社と松川筋の発電所（浅野伸一，岡部忠美）「飯田市歴史研究所年報」 飯田市教育委員会 （3） 2005.8

松川入

少年時代の松川入山林の思い出（原宏）「伊那」 伊那史学会 54（5）通号936 2006.5

松川入物語—俘虜者から松川入財産区議員に（原宏）「伊那」 伊那史学会 55（5）通号948 2007.5

松川入一斉皆伐拡大造林のもたらしたもの（原宏）「伊那」 伊那史学会 56（5）通号960 2008.5

松川入—民有林直轄治山事業の導入（原宏）「伊那」 伊那史学会 57（5）通号972 2009.5

松川村

松川村の天井川開発考（中村鉄治）「高井」 高井地方史研究会 （153） 2005.11

松川村の文化財（わが町の文化財保護）（松川村教育委員会）「文化財信濃」 長野県文化財保護協会 37（2）通号140 2010.9

松喜

料亭「松喜」の歴史（水谷延子）「辰野町資料」 辰野町文化財保護審議会 （96） 2006.7

松代

マッシロで思うこと（土屋光男）「ちょうま」 更埴郷土を知る会 （21） 2000.12

岡谷の製糸業（6）北信・松代から岡谷の製糸工場へ来て（大岐きよ志）「岡谷蚕糸博物館紀要」 岡谷市教育委員会 （6） 2001.10

近世城下町・松代の町家建築の様相（《特集 城下町松代》）（丸山日出夫）「信濃［第3次］」 信濃史学会 55（4）通号639 2003.4

松代青年会のあゆみ—郷里総一郎を中心として（古澤友三郎）「市誌研究ながの」 長野市 （11） 2004.2

松代猿屋の上田来訪（尾崎行也）「水と村の歴史 ： 信州農村開発史研究所紀要」 信州農村開発史研究所 （21） 2006.3

城下町・松代に遊ぶ（廣川長幸）「いしぶみ」 まちだ史考会 （21） 2006.7

坂城領三か村と松代領七か村の刈草入会地の山論（高野六雄）「とぐら ： 戸倉史談会誌」 戸倉史談会 （32） 2007.2

松代騒動の一端（丸田修治）「市誌研究ながの」 長野市 （14） 2007.2

信州松代の武田氏・真田氏の史跡巡り（鬼形むつ子）「西上総文化会報」 西上総文化会 （68） 2008.3

松代紀行（佐牟田梅山）「あゆみ」 毛呂山郷土史研究会 （32） 2008.11

松代騒動（午札騒動）（鎌原賢司，宮原英夫，宮原哲雄）「千曲」 東信史学会 （140） 2009.2

講演「善光寺と松代 御開帳でつながる門前町と城下町」（《特集 善光寺と松代》）（小林一郎）「長野」 長野郷土史研究会 （265） 2009.6

トークセッション「善光寺界隈と松代の歴史・まちづくり」（《特集 善光寺と松代》）「長野」 長野郷土史研究会 （265） 2009.6

長野市公文書館開館三周年記念講演 松代地域における近代化にかかわる諸相—維新期から大日本帝国憲法成立期まで、横田家の人びとの動きを辿りながら（上條宏之）「市誌研究ながの」 長野市 （18） 2011.2

松代地域の近代化と横田家の人々（口絵解説）（長野市公文書館）「市誌研究ながの」 長野市 （18） 2011.2

真田宝物館所蔵の真田家文書と新御殿（原田和彦）「松代」 松代文化施設等管理事務所 （24） 2011.3

享和二年大川通御船艙前井本所筋川々浚御普請—一連の流れと上納金借用先について（溝辺いずみ）「松代」 松代文化施設等管理事務所

第460回例会記 八ッ場ダム 旧六合村「伝統建物保存区」と松代史跡めぐりの旅（鈴木武雄）「杉並郷土史会史報」 杉並郷土史会 （229） 2011.9

松代を訪れて（加藤弘一）「邑知」 大内文化財保護協会 （37） 2012.7

終戦の姿を刻む町松代を訪れて（生徒歴史研究発表大会の記録）（樋口健）「房総史学」 国書刊行会 （54） 2014.3

松代城

城めぐり（2）上田城・松代城・沼田城（平野茂）「下野史談」 下野史談会 95 2002.6

松代城下町絵図に見られる水路について（佐々木邦博）「松代」 松代文化施設等管理事務所 （16） 2003.3

松代城二之丸について（《特集 城下町松代》）（利根川淳子）「信濃［第3次］」 信濃史学会 55（4）通号639 2003.4

旧松代城郭地の土地利用構想—廃城直前における一齣（海野修）「松代」 松代文化施設等管理事務所 （20） 2007.3

実務からみた安永四年松代城下における水道のメンテナンス—「年中水道御普請御勘定帳」とは何か（海野修）「松代」 松代文化施設等管理事務所 （21） 2008.3

松代城地の払下と真田家の道具類宝物の管理（朝倉有子）「松代」 松代文化施設等管理事務所 （22） 2009.3

松代城花の丸調査世界（塚原由実）「松代」 松代文化施設等管理事務所 （25） 2012.3

信濃国松代城下町絵図について（原田和彦）「長野市立博物館紀要.人文系」 長野市立博物館 （14） 2013.3

松代城下の拝領屋敷について（原田和彦）「松代」 松代文化施設等管理事務所 （26） 2013.3

松代象山地下壕

太平洋戦争の遺跡松代象山地下壕を訪ねて（川原勝）「ふるさとみまた」 三股郷土史研究会 （20） 2002.11

松代大本営

松代大本営建設の秘話（滝沢輝樹）「高井」 高井地方史研究会 137 2001.11

「松代大本営」地下壕に懐う（続々）（山崎直久）「須高」 須高郷土史研究会 （60） 2005.4

「大本営予定松代地下壕工事」に工兵として関わった吉田栄一さんの証言（土屋光男）「ちょうま」 更埴郷土を知る会 （27） 2007.11

幻の松代大本営移設計画について（三由利夫）「魚津史談」 魚津歴史同好会 （30） 2008.3

大本営予定松代地下壕工事に動員された坂口宗正さんの証言の紹介（土屋光男）「ちょうま」 更埴郷土を知る会 （30） 2009.11

大本営予定松代地下壕工事に動員され、塵肺で亡くなった方がいた…—石坂栄一さん、石川民子さんの証言から（土屋光男）「ちょうま」 更埴郷土を知る会 （30） 2009.11

松代大本営は暗闇の中にあった（歴史随想）（乗橋猛）「郷土はとがや ： 鳩ケ谷郷土史会会報」 鳩ケ谷郷土史会 （64） 2009.11

松代大本営象山地下壕の掘鑿当時を顧みて「ジクザク坑道」と「すかし」を思い出す儘に（山崎直久）「須高」 須高郷土史研究会 （70） 2010.4

松代大本営と沖縄戦（土屋光男）「ちょうま」 更埴郷土を知る会 （31） 2010.11

松代大本営・「ロ号地下倉庫」掘鑿における動力所の位置捜し歩き（山崎直久）「須高」 須高郷土史研究会 （72） 2011.4

大本営等予定松代地下壕群（以下松代大本営と呼称）の工事主任を治めた八田家の千鶴さんの証言（特集 戦争体験）（土屋光男）「ちょうま」 更埴郷土を知る会 （32） 2011.12

田野口は松代大本営工事の木材調達地になりかけた（土屋光男）「ちょうま」 更埴郷土を知る会 （33） 2013.1

松代道

新諏訪町を通る松代道について（松岡昭三郎）「長野」 長野郷土史研究会 （263） 2009.2

松代藩

天明の飢饉について マッシロ藩御勘定元締の「辰御用日記」より（柳町節夫）「ちょうま」 更埴郷土を知る会 （21） 2000.12

松代藩（信州）十万石の城下町（久保敏博）「会報」 大阪歴史懇談会 19（4）通号212 2002.4

村方文書にみる福祉一考 善光寺大地震・犀川大洪水罹災者への松代藩福祉対策（岡沢由往）「長野」 長野郷土史研究会 226 2002.11

松代藩に於ける評定のあり方（1），（2）（仁科叔子）「信濃［第3次］」 信濃史学会 54（12）通号635/56（5）通号652 2002.12/2004.5

松代藩小山田家の道（仁科叔子）「長野」 長野郷土史研究会 228 2003.3

松代藩主真田幸貫飛山中巡覧記と御巡視之図の教訓（山口立雄）「長野」 長野郷土史研究会 231 2003.9

長野県　　　　　　　　　　　　　　地名でたどる郷土の歴史　　　　　　　　　　　　　　北陸甲信越

松代藩の日記から（大橋昌人）「とぐら：戸倉史談会誌」戸倉史談会（29）2004.2

萬御用日記（松代藩矢野家文書）（古文書解読）「とぐら：戸倉史談会誌」戸倉史談会（29）2004.2

松代藩の表彰制度（高野六男）「とぐら：戸倉史談会誌」戸倉史談会（29）2004.2

松代藩の内紛（仁科叔子）「長野」長野郷土史研究会　236　2004.7

松代藩御勤日記（古文書解読 近世文書教室）（宮本ちはる）「とぐら：戸倉史談会誌」戸倉史談会（30）2005.3

松代藩調役（仁科叔子）「長野」長野郷土史研究会（242）2005.7

研究ノート 天明三年浅間大焼け・凶作と松代藩の対応（大塚尚三）「市誌研究ながの」長野市（17）2010.2

横浜開港期の見聞録を読もう 松代藩・片岡志道見聞録（1）～（10）（田村泰治）「横浜西区郷土史研究会会報」横浜西区郷土史研究会（34）/（43）2010.4/2014.10

講演記録 松代藩中・後期の地押検地をめぐって（古川貞雄）「須高」須高郷土史研究会（71）2010.10

研究ノート 松代藩の「水主職多一件吟味留帳」を読む（松本人権推進古文書研究会）「水と村の歴史：信州農村開発史研究所紀要」信州農村開発史研究所（26）2012.3

松代藩下級家臣団に関する一考察—御雇組・後見・松原者（宮澤士士）「長野市立博物館紀要. 人文系」長野市立博物館（14）2013.3

松代藩の品川第六台場警衛—概要と御詰守居役の役割（溝辺いずみ）「松代」松代文化施設等管理事務所（26）2013.3

松代藩諸役職についての職掌・沿革関連文書（資料紹介）（宮澤士士）「松代」松代文化施設等管理事務所（26）2013.3

松代藩における地方支配と文書の管理（原田和彦）「信濃［第3次］」信濃史学会　65（5）通号760　2013.5

松代藩月割上納制の初期についての一考察（小林佳枝）「市誌研究ながの」長野市（21）2014.3

天保飢饉資料からみる松代藩「山中」（宮澤崇士）「信濃［第3次］」信濃史学会　66（3）通号770　2014.3

松代町

要路から外れた松代町の交通網整備への努力（古澤友三郎）「市誌研究ながの」長野市（14）2007.2

松原湖

解説資料（1）松原湖について「佐久」佐久史学会（65）2012.8

松原宿

松代藩「松原宿」に関する一考察—「足軽」との比較の中で（宮澤崇士）「信濃［第3次］」信濃史学会　64（9）通号752　2012.9

松本

講演 伝説にみる松本地域のコスモロジー（福澤昭司）「信濃［第3次］」信濃史学会　55（1）通号636　2003.1

城下町松本の風呂と洗湯（田中薫）「信濃［第3次］」信濃史学会　56（8）通号655　2004.8

「松本一件」関係史料（史料紹介）（住田正）「水と村の歴史：信州農村開発史研究所紀要」信州農村開発史研究所（22）2007.3

いわゆる「松本一件」をめぐって（瀧澤英夫）「水と村の歴史：信州農村開発史研究所紀要」信州農村開発史研究所（23）2008.3

平成21年松本あめ市歴史展示 企画展「商都 松本の繁昌記—江戸時代の商品流通をさぐる」（誌上博物館）「あなたと博物館：松本市立博物館ニュース」松本市立博物館（160）2009.1

松本での蚕糸研究100年（間瀬啓介, 山本俊雄）「岡谷蚕糸博物館紀要」岡谷市教育委員会（13）2009.3

特集 貞享騒動について（3）貞享義民遺跡巡り案内・松本編（高野博）「三郷文化」三郷郷土研究会（110）2009.11

地名などの類似と信濃遷都—古代の佐久と松本について（柳沢賢次）「佐久」佐久史学会（62）2011.3

江戸時代の凶作飢饉の生活史—広域松本領の地域像［1］,（2）（田中薫）「松本市史研究：松本市文書館紀要」松本市（21）/（22）2011.3/2012.3

企画展「戦争と平和—松本に来た特攻隊—」にみる人々の流れ（誌上博物館）「あなたと博物館：松本市立博物館ニュース」松本市立博物館（181）2012.7

松本騒擾事件—移庁・分県運動の歴史（市史研究）（小松芳郎）「松本市史研究：松本市文書館紀要」松本市（23）2013.3

例会発表 第392回松本例会報告（平成25年10月19日）松本城の花器仕様（青木教司）/天正十年松本小笠原鉄砲衆について（市川恵一）/ふたたび銃砲伝来論—村井氏の批判に応える（宇田川武久）「銃砲史研究」日本銃砲史学会（378）2013.12

「崇教館の歴史を探る〜松本にあった藩学〜」（誌上博物館 学都松本の礎—近世・近代、学びの場）「あなたと博物館：松本市立博物館ニュース」松本市立博物館（190）2014.1

「みすず細工」からみる松本の近代（市史研究）（三沢枝美子）「松本市史研究：松本市文書館紀要」松本市（24）2014.3

史料紹介「松本一件」関係史料（補遺一）（松本人権推進古文書研究会）「水と村の歴史：信州農村開発史研究所紀要」信州農村開発史研究所（27）2014.3

天正10年松本小笠原鉄砲衆について（例会発表）（市川慶一）「銃砲史研究」日本銃砲史学会（379）2014.7

工芸の町・松本と飛騨とのかかわり（特集 信州と隣県 信州と飛騨）「地域文化」八十二文化財団（110）2014.10

松本訓盲院

長野県最初の盲ろう教育機関 松本訓盲院設立と東筑摩郡下の盲ろう教育環境（小平千文）「松本市史研究：松本市文書館紀要」松本市（13）2003.3

松本市

地価分布からみた21世紀初頭の松本市の姿（吉田隆彦）「松本市史研究：松本市文書館紀要」松本市（14）2004.3

現在の松本市域の変遷「松本市文書館だより」松本市　20　2004.12

資料紹介 馬場家住宅の出生証明書—木村の墨書「あなたと博物館：松本市立博物館ニュース」松本市立博物館（138）2005.5

新しい松本市の地図「松本市文書館だより」松本市　22　2005.6

松本市における製糸業の分布（斎藤功, 呉羽正昭）「松本市史研究：松本市文書館紀要」松本市（16）2006.3

松本市の都市開発と地区計画（《特集 人文地理》）（相野田祐）「信濃［第3次］」信濃史学会　58（4）通号675　2006.4

誌上博物館 松本市市制施行100周年記念特別展「松本市100彩—来し方、そして未来へ—」開催にあたって「あなたと博物館：松本市立博物館ニュース」松本市立博物館（149）2007.3

松本市の歴史の里へようこそ！（誌上博物館）「あなたと博物館：松本市立博物館ニュース」松本市立博物館（151）2007.7

松本市100年の歴史（小松芳郎）「松本市史研究：松本市文書館紀要」松本市（18）2008.3

新松本市域の人口の特性（4）—松本市波田地区の人口の動向（市史研究）（藤森喜雄）「松本市史研究：松本市文書館紀要」松本市（22）2012.3

企画展「松高生の青春日記3—信州に学んだこと—」（誌上博物館）「あなたと博物館：松本市立博物館ニュース」松本市立博物館（191）2014.3

私の地域史研究と城下町の現代（市史研究）（田中薫）「松本市史研究：松本市文書館紀要」松本市（24）2014.3

誌上博物館「松本民芸の夜明け前」開催によせて「あなたと博物館：松本市立博物館ニュース」松本市立博物館（192）2014.5

「近代都市松本—軍隊と戦争、その遺産」（博物館TOPICS—第4回平和首長会議国内加盟都市会議開催記念 戦争と平和展）「あなたと博物館：松本市立博物館ニュース」松本市立博物館（193）2014.7

松本城

国宝・四天守の一つ松本城（跡部眞）「オール諏訪：郷土の総合文化誌」諏訪郷土文化研究会　23（10）通号232　2004.1

松本城天守を救え—ウィーン万国博覧会と松本博覧会（誌上博物館）「あなたと博物館：松本市立博物館ニュース」松本市立博物館（151）2007.7

新松本城域の人口の特性（1）松本市四賀地区の人口の変動と人口問題（藤森喜雄）「松本市史研究：松本市文書館紀要」松本市（18）2008.3

「城」の表紙を飾った絵 三河岡崎城/遠江浜松城/信濃松本城/美濃大垣城（根津裕津之）「城」東海古城研究会（200）2008.8

松本城の火器仕様（例会発表）（青木教司）「銃砲史研究」日本銃砲史学会（379）2014.7

松本商工会議所

松本商工会議所100年のあゆみ（小松芳郎）「松本市史研究：松本市文書館紀要」松本市（20）2010.3

松本市立幼稚園

松本市立幼稚園誕生—設立120周年を記念して（誌上博物館）「あなたと博物館：松本市立博物館ニュース」松本市立博物館（154）2008.1

松本平

里地・里山の江戸時代（上）,（下）松本平（盆地）とそれを取り巻く山々（田中薫）「信濃［第3次］」信濃史学会　61（11）通号718/62（2）通号721　2009.11/2010.2

江戸時代の村や町の医療事情—松本平を中心として（田中薫）「松本市史研究：松本市文書館紀要」松本市（20）2010.3

松本町

城下町松本町の地子免除と町共同体（田中薫）「信濃［第3次］」信濃史学会　57（12）通号671　2005.12

松本町の火災と松本藩の消防体制（田中薫）「松本市史研究：松本市文書館紀要」松本市（19）2009.3

北陸甲信越　　　　地名でたどる郷土の歴史　　　　長野県

松本藩

ちょんがれちょぼくれ成立試論―信濃国松本藩領文政8年赤蓑騒動の場合（太田秀保）「松本市史研究 : 松本市文書館紀要」 松本市 （13） 2003.3

松本藩の長立について（小穴芳実）「信濃［第3次］」 信濃史学会 56（9）通号656　2004.9

明治初年における松本藩藩政改革と村政―長尾組野沢村の事例を中心に（上條宏之）「信濃［第3次］」 信濃史学会 57（5）通号664　2005.5

松本町の火災と松本藩の消防体制（田中薫）「松本市史研究 : 松本市文書館紀要」 松本市 （19） 2009.3

備荒貯蓄制度進展の基礎的研究（上），（下）―松本藩とその預藩を事例として（田中薫）「信濃［第3次］」 信濃史学会 64（2）通号745/64（3）通号746　2012.2/2012.3

松本飛行場

続・陸軍松本飛行場跡についての覚書（原明芳）「松本市史研究 : 松本市文書館紀要」 松本市 （17） 2007.3

旧陸軍松本飛行場から出撃した特攻隊―特攻隊員（飛行兵）の手紙と整備兵が残した伝言から（市史研究）（川村修）「松本市史研究 : 松本市文書館紀要」 松本市 （23） 2013.3

旧陸軍松本飛行場を鳥瞰図で再現を試みる―空541部隊と松本飛行場 その周辺（市史研究）（川村修）「松本市史研究 : 松本市文書館紀要」 松本市 （24） 2014.3

松本盆地

第二次世界大戦後における松本盆地の農業の展開（市川正夫）「信濃［第3次］」 信濃史学会 59（8）通号691　2007.8

丸子

横浜開港前における信州丸子地方の生糸取引―小県郡飯沼村吉池家と依田糸（井川克彦）「千曲」 東信史学会 （142） 2009.7

丸子町

丸子町の誇るべき歴史 黒坂周平先生講述「千曲」 東信史学会 （137） 2008.5

万年橋

竜ノ口渡船と万年橋（林登美人）「伊那」 伊那史学会 60（3）通号1006　2012.3

万福寺学寮

学童集団疎開 代沢国民学校・萬福寺学寮の記録（佐原佐登司）「信濃［第3次］」 信濃史学会 58（7）通号678　2006.7

満蒙開拓平和記念館

「満蒙開拓平和記念館」を訪ねて（唐沢邦子）「足立史談会だより」 足立史談会 （321） 2014.12

関連して 新聞の切り抜きから 11.17 満蒙開拓平和記念館を訪ねて「足立史談会だより」 足立史談会 （321） 2014.12

御影新田村

目録 信濃国佐久郡御影新田村文書目録「水と村の歴史 : 信州農村開発史研究所紀要」 信州農村開発史研究所 （27） 2014.3

御影陣屋

御影陣屋について（柏木易之）「千曲」 東信史学会 （141） 2009.5

扉写真と解説 御影陣屋の正門（金井喜平次）「千曲」 東信史学会 （150） 2012.6

御影用水

御影用水開鑿記（翠川渡）「長野」 長野郷土史研究会 228　2003.3

御影用水開鑿記（翠川渡）「長野」 長野郷土史研究会 237　2004.9

御影用水の開さく―慶安3年（1650）開発人 柏村小右衛門（柏木易之）「千曲」 東信史学会 （143） 2010.2

神子柴

神子柴簡易水道の開設―先人に感謝《自然と人間の関わり特集》（原旭一）「伊那路」 上伊那郷土研究会 52（6）通号617　2008.6

神子柴文化の探究（1）～（4）―遊動から半定住生活への胎動（田中清文）「伊那路」 上伊那郷土研究会 54（4）通号639/55（4）通号651　2010.4/2011.4

神坂

美濃坂本駅の衰退と信濃園原の成立―神坂越えにおける平安初期の交通形態をめぐって（特集 古代の交通と地方社会―イナ・シナノとその周辺）（中里信之）「飯田市歴史研究所年報」 飯田市教育委員会 （12） 2014.8

神坂峠

神坂峠周辺の金属関係地名（伊那谷研究団体協議会第8回シンポジウム 地名からみる伊那谷の自然と歴史―研究発表）（羽場睦美）「伊那」 伊那史学会 58（6）通号985　2010.6

神坂峠を挟んである恵那郡・伊那郡（久保田安正）「伊那」 伊那史学会 59（7）通号998　2011.7

三沢家住宅

伊那谷の民家（10）旧三沢家住宅（吉澤政巳）「伊那路」 上伊那郷土研究会 47（8）通号559　2003.8

三郷

村の庄屋文書から（2）江戸日本橋で店を持った話（降旗隆夫）「三郷文化」 三郷郷土研究会 85　2003.8

〈特集 村政50周年の三郷そして安曇野市へ〉「三郷文化」 三郷郷土研究会 91　2005.2

ふるさと三郷2550年の翔ける（西山馥司）「三郷文化」 三郷郷土研究会 91　2005.2

アルバムから見る50年「三郷文化」 三郷郷土研究会 91　2005.2

私と三郷公民館図書室（橋本佳織）「三郷文化」 三郷郷土研究会 94　2005.11

三郷文化 安曇野市の船出にあたり（西山馥司）「三郷文化」 三郷郷土研究会 通号95　2006.2

三郷地域の屋敷林保全（〈特集 安曇野市誕生から一年―明日の三郷は!?〉）（布山則男）「三郷文化」 三郷郷土研究会 通号98　2006.10

若い人たちにおくる三郷の歴史（1）～（6）（郷土の自然と歴史）（百瀬新治）「三郷文化」 三郷郷土研究会 通号104/（109）　2008.5/2009.8

想い出の涸沢合宿 三郷山岳会こぼれ話 二談（炉辺閑話）（松岡久夫）「三郷文化」 三郷郷土研究会 （111） 2010.2

三郷郷土研究会シリーズ（5）堰に名前札をつける（郷土の自然と歴史）（萩原昭平）「三郷文化」 三郷郷土研究会 （115） 2011.2

三郷郷土研究会シリース ｜村誌を読む会｜の活動から 仁科の里を訪ねて（郷土の自然と歴史）（降幡隆夫）「三郷文化」 三郷郷土研究会 （116） 2011.5

三郷村

三郷村へのメッセージ 赤つち道の三郷文化（郷田豊）「三郷文化」 三郷郷土研究会 84　2003.5

続・三郷村へのメッセージ 伝承と創造の三郷文化（郷田豊）「三郷文化」 三郷郷土研究会 85　2003.8

三郷村へのメッセージ私の原風景 三郷の土（二木六徳）「三郷文化」 三郷郷土研究会 92　2005.5

安曇野市誕生と三郷村（〈特集 三郷村から安曇野市へ〉）（萩原昭平）「三郷文化」 三郷郷土研究会 通号95　2006.2

三郷村から安曇野市へ〉（〈特集 三郷村から安曇野市へ〉）（吉田明日奈）「三郷文化」 三郷郷土研究会 通号95　2006.2

51年の歴史を閉じるわが村に思いをよせて（〈特集 三郷村から安曇野市へ〉）（西山馥司，西澤詔修）「三郷文化」 三郷郷土研究会 通号95　2006.2

三才山新道

研究の窓 三才山新道開鑿と福田半一なぞの陸軍士官と長野県の結びつき（田玉徳明）「長野県立歴史館たより」 長野県立歴史館 38　2004.3

三沢一里塚

おかや歴史散歩（16）旧中山道の三沢一里塚「オール諏訪 : 郷土の総合文化誌」 諏訪郷土文化研究会 29（1）通号295　2009.4

美篶

美篶の二番井の昔と今―三峰川本流と支流からの取水にかけた先人の苦労《自然と人間の関わり特集》（矢島信之）「伊那路」 上伊那郷土研究会 52（6）通号617　2008.6

美篶笠原

明治27年頃より昭和22年頃まで 青年会（男子）について―美篶笠原区の場合（桜井武）「伊那路」 上伊那郷土研究会 45（1）通号528　2001.1

美篶小学校

美篶小学校郷土資料館の思い出から（堀内敏文）「伊那路」 上伊那郷土研究会 56（2）通号661　2012.2

瑞穂福島

信州瑞穂福島の居住環境―長野県飯山市福島（《長野県飯山市瑞穂地区小菅・福島合同調査特集》）（津山正幹）「昔風と当世風」 古々路の会 （90） 2006.5

溝口

美濃ダム水没地回顧―旧長谷村溝口の上河原耕地にまつわる記録（《自然と人間の関わり特集》）（中山源一）「伊那路」 上伊那郷土研究会 50（6）通号593　2006.6

御園工場

陸軍伊那飛行場付属地下壕と「御園工場」―補充された陸軍伊那飛行場の歴史（2）（終戦特集号）（久保田諠）「伊那路」 上伊那郷土研究会 53（8）通号631　2009.8

三滝川

三滝川水源地を訪ねて（中島六助）「ちょうま」 更埴郷土を知る会 （21） 2000.12

箕作村

山村と飢饉―信濃国箕作村秋山地区の事例を通して（白水智）「信濃［第3次］」 信濃史学会 66(3)通号770 2014.3

緑ヶ丘中学校

地元新聞からみる中学校統合―飯田市立緑ヶ丘中学校の成立を中心に（研究報告）（木下和子）「飯田市歴史研究所年報」 飯田市教育委員会 （11） 2013.8

緑町

中野町（市）緑町の開発の沿革（上），（中），（下）（中村鉄治）「高井」 高井地方史研究会 137/139 2001.11/2002.4

〔史料紹介〕「中野町（市）緑町の開発の沿革」を読んで（細野武史）「高井」 高井地方史研究会 141 2002.11

南向村

考証 南向村物語（西村重治）「ふきはら ： 活字文化の総合誌」 ふきはら文化の会 （14） 2012.7

「下平勇日記」に見る戦time下の南向村の様子（「上伊那郷土研究交流の集い」特集号）（下平すみ子）「伊那路」 上伊那郷土研究会 58(2)通号685 2014.2

南アルプス国立公園

南アルプスが国立公園となるまでの経緯（南アルプス国立公園50周年記念特集号）（矢澤静二）「伊那路」 上伊那郷土研究会 58(5)通号688 2014.5

南木曽

南木曽地方の城郭について（遠藤久生）「愛城研報告」 愛知中世城郭研究会 （9） 2005.8

南佐久

南佐久地方における製糸業の盛衰―工女たちの賃金実態にもふれながら（《特集 千曲川水系における養蚕・製糸の歩み》）（小林収）「千曲」 東信史学会 （131） 2006.10

南信濃

陸軍部隊異動をめぐる浜松・豊橋両地区の対立―「三遠南信地域」構想が出されている今の参考のために（7月隆一郎）「静岡県近代史研究会会報」 静岡県近代史研究会 （346） 2007.7

近世南信山間部における村落構造（研究ノート）（坂本広徳）「飯田市歴史研究所年報」 飯田市教育委員会 （6） 2008.9

三遠南信地域の山間地域における集落立地と農地利用のデータベース化（藤田佳久）「愛知大学綜合郷土研究所紀要」 愛知大学綜合郷土研究所 56 2011.3

「戦争遺跡」の実態（2）―伊那弥生ヶ丘高校・南信一円にかけて（飯塚政美）「伊那路」 上伊那郷土研究会 55(4)通号651 2011.4

天龍川と地名―三遠南信地域を結ぶ人びとの絆（伊那谷地名研究会第9回シンポジウム 天龍川と地名―三遠南信地域を結ぶ人びとの絆）（原童）「伊那」 伊那史学会 59(6)通号997 2011.6

江戸時代における三遠南信地域の人々の交流―新野村に移住してきた住民を通して（塩澤元広）「伊那」 伊那史学会 62(6)通号1033 2014.6

南信濃村

旧南信濃村役場文書調査・整理の経過（調査報告）（鬼塚博）「飯田市歴史研究所年報」 飯田市教育委員会 （7） 2009.8

高度経済成長期日本の過疎対策―長野県下伊那郡南信濃村を事例に（研究活動助成成果概要）（ソマン）「飯田市歴史研究所年報」 飯田市教育委員会 （7） 2009.8

南信州

南信州における産馬（三浦宏）「伊那」 伊那史学会 50(9)通号892 2002.9

南信州のやきものの歴史（上），（下）（岡田正彦）「伊那」 伊那史学会 54(7)通号938/54(9)通号940 2006.7/2006.9

南信州の奈良時代以降の鏡（岡田正彦）「伊那」 伊那史学会 54(11)通号942 2006.11

地域材の家づくりで考える南信州の景観（《シンポジウム 歴史のなかの町並みと建造物》）（新井優）「飯田市歴史研究所年報」 飯田市教育委員会 （5） 2007.8

南信州地域に見る狼煙研究（池田誠）「戦乱の空間」 戦乱の空間編集会 （7） 2008.7

ふるさとの文化財を守り伝える心 柚餅子に夢を託して―南信州の柚餅子「地域文化」 八十二文化財団 （88） 2009.4

南信州の墨書・刻書土器の様相（岡田正彦）「飯田市美術博物館研究紀要」 飯田市美術博物館 （21） 2011.3

平田派国学の具象―南信州の神代文字関係資料（岡田正彦）「伊那」 伊那史学会 59(7)通号1000 2011.9

南信州・遠山郷における歴史文化的資源の活用―「神様王国」づくりを事例に（《旅・観光・歴史遺産》 共同課題報告）（高木秀和）「歴史地理学」 歴史地理学会，古今書院（発売）55(1)通号263 2013.1

南真志野

1960年代における諏訪市南真志野の村落調査（小特集 諏訪郡村落調査）（峰岸純夫）「信濃［第3次］」 信濃史学会 63(12)通号743 2011.12

南箕輪

水を求めた村人―南箕輪（松澤英太郎）「伊那路」 上伊那郷土研究会 57(2)通号673 2013.2

南箕輪村

南箕輪村 自立に向かった経過と今後に向けた取り組み（《特集 上伊那地域の平成の合併》―〈自立した自治体から〉）（小池隆）「伊那路」 上伊那郷土研究会 50(7)通号594 2006.7

南山

義民をめぐる地域社会の相克―安政六年信州南山一揆の歴史的位置（林進一郎）「信濃［第3次］」 信濃史学会 64(2)通号745 2012.2

箕輪町

箕輪町の追分と文学碑公園（矢澤喬治）「伊那路」 上伊那郷土研究会 47(9)通号560 2003.9

箕輪町 箕輪町の自立の選択と新しいまちづくり（《特集 上伊那地域の平成の合併》―〈自立した自治体から〉）（小出嶋文雄）「伊那路」 上伊那郷土研究会 50(7)通号594 2006.7

箕輪東小学校

消えてしまった分校（4）―赤穂小下平分校・吉瀬分校・箕輪東小長岡新田分校（伊藤一彦）「伊那路」 上伊那郷土研究会 46(6)通号545 2002.6

ミハト製糸株式会社

岡谷の製糸業（6） 戦後の製糸工場―ミハト製糸株式会社の思い出（吉川千栄子，小松幸子，伊藤あき江，柳沢輝子，高木美枝子）「岡谷蚕糸博物館紀要」 岡谷市教育委員会 （6） 2001.10

三峰川

日本一の川・三峰川（白鳥孝）「伊那路」 上伊那郷土研究会 47(6)通号557 2003.6

三峰川の霞堤に見る先人の自然との関わり方（矢島信之）「伊那路」 上伊那郷土研究会 49(6)通号581 2005.6

美篶の二番井の昔と今―三峰川本流と支流からの取水にかけた先人の苦労（《自然と人間の関わり特集》）（矢島信之）「伊那路」 上伊那郷土研究会 52(6)通号617 2008.6

御牧ヶ原

海軍記念日御牧ヶ原大運動会から陸上競技会へ―石井の活躍と佐久の陸上競技界（臼田明）「信濃［第3次］」 信濃史学会 56(11)通号658 2004.11

御馬寄村

解説資料（1） 塩名田宿―御馬寄村間の千曲川往還組合について「佐久」 佐久史学会 （61） 2010.12

宮井家住宅

歴史的建造物調査 塩澤家住宅・宮井家住宅・犬塚家住宅・五十君酒店・柏心寺・阿羅多堂・信陽館貯蔵庫（調査報告）（金澤雄司）「飯田市歴史研究所年報」 飯田市教育委員会 （5） 2007.8

宮川鉱山

宮川鉱山の顛末記（青沼滋喜）「茅野」 茅野市郷土研究会 （76） 2012.3

宮木

宮木とその周辺の宿場時代の遺構と遺物の概要（赤坂文隆）「辰野町資料」 辰野町文化財保護審議会 （100） 2009.3

宮越駅

木曽での鉄道誘致と宮越駅（神村透）「伊那」 伊那史学会 57(7)通号974 2009.7

宮越村

江戸末・木曽の宮越村にみる地域相他―嘉永元年（1848）「人別御改帳」より（神村透）「信濃［第3次］」 信濃史学会 61(7)通号714 2009.7

宮田城

宮田城址物語（小田切藤彦）「ふきはら ： 活字文化の総合誌」 ふきはら文化の会 （12） 2012.1

宮田本陣

伊那谷の民家（6） 宮田本陣旧新井家住宅（吉澤政己）「伊那路」 上伊那郷土研究会 47(3)通号554 2003.3

宮田村

宮田村 宮田村の自立選択と自律の村づくり（《特集 上伊那地域の平成の合併》―〈自立した自治体から〉）（赤羽和夫）「伊那路」 上伊那郷土研究会 50(7)通号594 2006.7

宮田村 宮田村の自立選択と自律の村づくり―自立への道（《特集 上伊那地域の平成の合併》―〈自立した自治体から〉）（滝澤修身）「伊那路」 上伊那郷土研究会 50(7)通号594 2006.7

北陸甲信越　　　　　　　　地名でたどる郷土の歴史　　　　　　　　長野県

宮所

宮所地区山地 宮所地区山地の石造物/宮所地区山地の石造物所在地図/宮所地区山地石造物一覧「辰野町資料」 辰野町文化財保護審議会 （105） 2011.12

宮所区

辰野町の石造物調査 上島区/今村区/宮所区/小横川区（辰野町石造物調査会、高井宗雄）「辰野町資料」 辰野町文化財保護審議会 （97） 2007.3

宮越宿

史料紹介 中山道・木曽・宮越宿宿割（絵）図から（神村透）「信濃［第3次］」 信濃史学会 63（10）通号741 2011.10

史料紹介 木曽・宮越宿に残る宿割絵図をみて―間取り図と職業図（神村透）「信濃［第3次］」 信濃史学会 64（7）通号750 2012.7

木曽・旧宮越宿と原野村の中山道彩色絵から（上）―絵図にみるいくつかを（神村透）「信濃［第3次］」 信濃史学会 65（3）通号758 2013.3

史料紹介 木曽・旧宮越宿と原野村の中山道彩色絵から（下）―農家の大きさをみる（神村透）「信濃［第3次］」 信濃史学会 65（4）通号759 2013.4

木曽宮越宿の屋号について（民俗特集）（神村透）「伊那」 伊那史学会 62（1）通号1028 2014.1

明覚山

明覚山脈の山城（馬場広幸）「北陸の中世城郭」 北陸城郭研究会 13 2003.7

三義小学校

消えてしまった分校（2）―三義小学校芝平分校・荊口分校（伊藤一彦）「伊那路」 上伊那郷土研究会 46（4）通号543 2002.4

御代田

御代田合戦と天正九年の「奥州一統」（垣内和孝）「福島史学研究」 福島県史学会 （90） 2012.3

美和ダム

美和ダム水没地回顧―旧長谷村溝口の上河原耕地にまつわる記録（《自然と人間の関わり特集》）（中山源一）「伊那路」 上伊那郷土研究会 50（6）通号593 2006.6

無言館

第433回例会記 秘境の里・秋山郷、上田城、無言館、前山寺をめぐる旅（鈴木武雄）「杉並郷土史会史報」 杉並郷土史会 （215） 2009.5

村山鉄橋

布野の渡しから村山鉄橋への変遷（西沢新吉）「須高」 須高郷土史研究会 （66） 2008.4

牟礼宿

街道をゆく―牟礼宿・新町宿（高野永篤）「北國街道研究」 北國街道の手をつなぐ会 （13） 2012.12

牟礼村

牟礼・三水村の石工と石垣（矢野恒雄）「長野」 長野郷土史研究会 238 2004.11

三水・牟礼両村の石臼考（矢野恒雄）「長野」 長野郷土史研究会 （240） 2005.3

飯綱町の誕生―牟礼村の視点から（町田清司）「長野」 長野郷土史研究会 （244） 2005.11

明盛駅

四か月で消えた「明盛駅」の名前（赤羽根嘉矩）「三郷文化」 三郷郷土研究会 87 2004.2

めがね橋

めがね橋と天保生まれの恋人（江下以知子）「伊那」 伊那史学会 52（7）通号914 2004.7

茂田井

佐久茂田井の歴史（別府頴人）「千曲」 東信史学会 （124） 2005.2

望月

川西騒動と佐久市望月（《特集号 明治維新と農民運動》）（佐藤純一郎）「千曲」 東信史学会 （139） 2008.10

木曽街道六十九次 望月（編集部）「佐久」 佐久史学会 （61） 2010.12

望月宿

大名の通行と本陣―望月宿の大名休泊帳から（大澤廣）「千曲」 東信史学会 120 2004.2

旅籠銭の計算について―望月宿本陣の大名休泊帳より（大澤廣）「千曲」 東信史学会 （123） 2004.10

望月町

地域における部落史研究のあゆみ―北佐久郡望月町を中心に（紀要20号に寄せて）（尾崎行也）「水と村の歴史 : 信州農村開発史研究所紀要」 信州農村開発史研究所 （20） 2005.3

望月陸軍士官学校

資料紹介 僕達の町にも戦争があった―望月陸軍士官学校「佐久」 佐久史学会 （64） 2012.3

元大島防空監視哨

元大島防空監視哨の文書資料と監視壕（1），（2）―少年達の航空機監視（酒井幸則）「伊那」 伊那史学会 50（9）通号892/50（11）通号894 2002.9/2002.11

髻大城

髻大城と長野県北部の城館遺構―横堀遺構に着目した再評価の視点（遠藤公洋）「市誌研究ながの」 長野市 （16） 2009.2

森村

森村の歩み考（中島正利）「ちょうま」 更埴郷土を知る会 （27） 2007.1

守屋山

守屋山（ちばつゆこ）「伊那路」 上伊那郷土研究会 51（11）通号610 2007.11

矢倉

矢倉八景について（宮下泰一）「筑北郷土史研究会会誌」 筑北郷土史研究会 （10） 2011.9

八島高原

信州奥霧ヶ峰八島高原（山口卓也）「阡陵 : 関西大学博物館彙報」 関西大学博物館 （53） 2006.9

矢嶋村

矢嶋村の髪結床場（佐藤敬子）「信州農村開発史研究所報」 信州農村開発史研究所 （120） 2012.6

屋代

屋代地区の歩み考（中島正利）「ちょうま」 更埴郷土を知る会 （29） 2009.1

矢代宿

文献史料をよむ 北国街道矢代宿の「鯽鯆」「長野県立歴史館たより」 長野県立歴史館 36 2003.9

北国街道矢代宿における宿役人と村役人の関係（太田典孝）「長野県立歴史館研究紀要」 長野県立歴史館 （10） 2004.3

屋代城

「城の内」の屋代城（館）（中島正利）「ちょうま」 更埴郷土を知る会 （24） 2004.1

屋代町

旧屋代町地域の歩みの覚書（中島正利）「ちょうま」 更埴郷土を知る会 （25） 2005.1

屋代用水堰

矢代（屋代）用水堰―堰守の仕事について（半田昭彦）「ちょうま」 更埴郷土を知る会 （26） 2006.1

矢高っ原

七十年ほど前の矢高っ原（民俗特集）（古川清司）「伊那」 伊那史学会 62（1）通号1028 2014.1

八千穂

八千穂における山と人々の暮らしと歩み（小林範昭）「千曲」 東信史学会 （127） 2005.11

八千穂高原

八千穂高原を訪ねて（はなしの小窓）（水野恒子）「三郷文化」 三郷郷土研究会 通号105 2008.7

八ヶ岳

八ヶ岳裾野に於ける入会林野について（わが町の文化財保護）（小池修次）「文化財信濃」 長野県文化財保護協会 34（2）通号128 2007.9

仁和3年（887）の八ヶ岳崩壊と仁和4年（888）の千曲川大洪水（特別寄稿）（川崎保）「佐久」 佐久史学会 （60） 2010.7

特別寄稿 日本最大の天然ダム（887年）の形成と決壊洪水―八ヶ岳大月岩屑なだれによる天然ダムの形成と303日後の「仁和洪水」（平安時代）（井上公夫）「佐久」 佐久史学会 （65） 2012.8

八ツ手

織の里「原村八ツ手」生き続けるウチ織りのこころ「岡谷蚕糸博物館紀要」 岡谷市教育委員会 （8） 2003.12

八原

コラム（信濃の風）八原の地名起源（小穴芳実）「信濃［第3次］」 信濃史学会 60（5）通号700 2008.5

柳沢

町村大合併柳沢区の対応（山田茂久）「高井」 高井地方史研究会 147 2004.5

山形村

日露戦争期における軍馬碑についての一考察—長野県山形村での事例をめぐって（森田敏彦）「鷹陵史学」 鷹陵史学会 （36） 2010.9

山形村の文化財（わが町の文化財保護）（山形村教育委員会）「文化財信濃」 長野県文化財保護協会 37（4）通号142 2011.3

山崎城

上田川西地区の中世を歩く—岡城跡と山崎城跡（尾見智志）「千曲」 東信史学会 115 2002.10

山寺

山寺・横屋氏子中の幟（飯森忠幸）「筑北郷土史研究会会誌」 筑北郷土史研究会 （11） 2012.10

山ノ内

山ノ内・中野の少年が見た長野空襲（宮入廣司，中村鉄治）「高井」 高井地方史研究会 （164） 2008.8

山ノ内町

昭和の新しい町「山ノ内」（小布施竹男）「高井」 高井地方史研究会 147 2004.5

山ノ内町の戦前の建造物（檀原長則）「高井」 高井地方史研究会 （157） 2006.11

山ノ内町菅十王堂——茶翁信濃方言入連句（小布施竹男）「高井」 高井地方史研究会 （161） 2007.11

"幕末の三舟"—山ノ内町と正受庵（三澤政博）「高井」 高井地方史研究会 （165） 2008.11

山吹

山吹地区に残る猪垣（《民俗特集》）（林登美人）「伊那」 伊那史学会 54（1）通号932 2006.1

山吹村

映画「ひとりの母の記録」と山吹村（特集 戦後復興から高度成長へ—飯田・下伊那の経験）（大串潤児）「飯田市歴史研究所年報」 飯田市教育委員会 （10） 2012.8

山布施村

文化期信州更級郡における秣場出入りと絵図の作成—山布施村郷内山秣場出入りの場合（舘林弘毅）「高井」 高井地方史研究会 145 2003.11

旧山本中学校校舎

飯田市内の建築史資料調査報告書 福島家住宅・追手町小学校校舎・旧山本中学校校舎（吉澤政己）「飯田市美術博物館研究紀要」 飯田市美術博物館 （17） 2007.3

八幡県有林

八幡県有林のブナと木曽殿陣場（堀内暉巳）「ちょうま」 更埴郷土を知る会 （21） 2000.12

八幡七頭

八幡「七頭」の古今（和田茂男）「ちょうま」 更埴郷土を知る会 （33） 2013.1

湯田中

湯田中渋温泉の旅館の歴史を語る—「登録有形文化財」建物の保存と活用のために（小布施竹男）「文化財信濃」 長野県文化財保護協会 30（2）通号112 2003.9

湯田中の温泉ボーリングと高度成長（小野久雄）「高井」 高井地方史研究会 （156） 2006.8

沓野・湯田中の「温泉」と「部落有財産の整理・統一」（小布施竹男）「高井」 高井地方史研究会 （178） 2012.2

横川

横川地区山地 横川地区山地の石造物／横川地区山地の石造物所在地図／横川地区山地石造物一覧「辰野町資料」 辰野町文化財保護審議会 （105） 2011.12

横川山

岡谷の製糸業と山河—横川山 命はぐくむ緑の山と清流「岡谷蚕糸博物館紀要」 岡谷市教育委員会 （7） 2002.10

横河原駅

伊予鉄道横河原線開通100年 横河原駅前集落の立地と変貌（窪田重治）「伊予史談」 伊予史談会 （316） 2000.1

横沢堰

信州安曇郡住吉荘の梓川を水源とする横沢堰・庄野堰・温堰等の成立年代の研究（小穴芳実）「信濃［第3次］」 信濃史学会 59（9）通号692 2007.9

横田川原

現代語訳「横田川原いくさの事（上），（上）」 「源平盛衰記」巻二十七巻より（小林一郎）「長野」 長野郷土史研究会 （281）／（282） 2012.2/2012.4

横田遊郭

松本横田遊郭の今昔（研究ノート）（瀧澤英夫）「水と村の歴史 ： 信州農村開発史研究所紀要」 信州農村開発史研究所 （27） 2014.3

吉田

高森町吉田の煙火（手塚勝昭）「伊那」 伊那史学会 62（3）通号1030 2014.3

吉村

善光寺大地震の吉村の山崩れによる災害絵図とその検証（口絵解説）（山上茂司）「市誌研究ながの」 長野市 （18） 2011.2

依田社病院

製糸工場の保健と医療—依田社病院の設立と従業員の健康管理（上屋理恵）「千曲」 東信史学会 118 2003.7

米子鉱山

米子鉱山・友子制度成立過程の史的考察（上），（下）（齋藤保人）「須高」 須高郷土史研究会 （71）／（72） 2010.10/2011.4

米川井水

山本の米川井水（熊崎周治）「伊那」 伊那史学会 52（5）通号912 2004.5

理兵衛堤防

理兵衛堤防の歴史と地名（伊那谷地名研究会第9回シンポジウム 天龍川と地名—三遠南信地域を結ぶ人びとの絆）（伊藤修）「伊那」 伊那史学会 59（6）通号997 2011.6

現れた理兵衛堤防（2）—平成22年の調査から（伊藤修）「伊那」 伊那史学会 59（8）通号999 2011.8

竜西電鉄

飯田停留所問題と龍西電鉄（片桐億）「伊那」 伊那史学会 50（7）通号890 2002.7

竜東

鎌倉時代「工藤文書」にみる小井弓工藤氏の竜東地域支配と思われる一考（御子柴泰正）「伊那路」 上伊那郷土研究会 55（4）通号651 2011.4

伊那市竜東地区のジルイ（地類）の話（中﨑隆生）「伊那路」 上伊那郷土研究会 56（1）通号660 2012.1

竜洞院

篠ノ井線と龍洞院のアーチ橋（中村操子）「ちょうま」 更埴郷土を知る会 （27） 2007.1

竜東索道

大量輸送時代の先がけ 竜東索道・伊那山脈越えの三駅（久保田賀津男）「伊那」 伊那史学会 48（8）通号867 2000.8

碌山美術館

三郷村へのメッセージ 安曇野の風土と文化 碌山美術館から（安藤操）「三郷文化」 三郷郷土研究会 90 2004.11

ロマンチック街道

《特集 心癒す—ロマンチック街道の旅》「上州路 ： 郷土文化誌」 あさを社 30（8）通号351 2003.8

若槻

北国街道（若槻地区）とそのごの改修（金子清）「長野」 長野郷土史研究会 227 2003.1

若宮村

文政八年の若宮村の絵図（北澤正一）「とぐら ： 戸倉史談会誌」 戸倉史談会 （37） 2012.3

脇坂門

歴史的建造物調査—福島家住宅・脇坂門・川路八区諏訪社・代田家住宅（調査報告）（金澤雄記）「飯田市歴史研究所年報」 飯田市教育委員会 （4） 2006.8

和田宿

扉写真と解説 国史跡 歴史の道「中山道」の和田宿（倉嶌勝夫）「千曲」 東信史学会 （155） 2014.2

和田峠

天狗党の辿った和田峠を訪ねて（野原小右二）「玉造史叢」 玉造郷土文化研究会 44 2003.4

和田峠—中山道最大の難所（竜野敬一郎）「千曲」 東信史学会 119 2003.10

和田嶺

和田嶺合戦（樋橋戦争）の浪人塚を訪ねる（篠崎澄子）「史談」 安蘇史談会 （24） 2008.6

天狗党水戸浪士の和田嶺合戦絵巻について（矢澤喬治）「伊那路」 上伊那郷土研究会 54（7）通号642 2010.7

東海

中部

中部における織豊系城郭研究10年の現状と課題(戸塚和美, 溝口彰啓)「織豊城郭」織豊期城郭研究会 (10) 2003.9

一般公開された昔の水力発電設備2件(中部の産業遺産)(高橋伊佐夫)「産業遺産研究」中部産業遺産研究会事務局 (12) 2005.5

本州の「舞台」地名の語源はアイヌ語ブトか(2)―中部地方の舞台地名とその立地地形(清水清次郎)「アイヌ語地名研究」アイヌ語地名研究会, 北海道出版企画センター(発売) 通号8 2005.12

中部地方を中心とする近世城郭の形成と展開―日本近世城郭の基礎構造(村井毅史)「愛城研報告」愛知中世城郭研究会 (11) 2007.8

中部・北陸地方の名主座について(薗部寿樹)「米沢史学」米沢史学会(山形県立米沢女子短期大学日本史学科内) (24) 2008.10

中部地方の水害・川名地名(中根洋治)「地名あいち」地名研究会あいち (7) 2009.5

小字地名と地震の液状化被害地―陸羽地震と日本海中部地震に学ぶ(木村清幸)「秋田地名研究年報」秋田地名研究会 (27) 2011.12

水車研究のすすめ―中部の3事例を紹介(研究ノート)(白井昭)「産業遺産研究」中部産業遺産研究会事務局 (20) 2013.5

東海

沼津水野藩側面史(2)―牧師三浦徹の手記『恥か記』からの考察(2) 安政東海大地震について(辻眞澄)「伊豆史談」伊豆史談会 (132) 2003.3

仮説と通説との間を考える―戦国初期の東海・関東の事例を題材に(柳下晃一)「古城」静岡古城研究会 (49) 2003.7

東海地方起源の近世城郭とその展開―日本近世城郭の基礎構造(3)(村井毅史)「愛城研報告」愛知中世城郭研究会 (7) 2003.8

京都らしさの終焉―東海地域の戦国期～織豊期かわらけの様相(松井一明)「織豊城郭」織豊期城郭研究会 (10) 2003.9

天文期今川領国における本末問相論(鈴木正人)「戦国史研究」戦国史研究会, 吉川弘文館(発売) (47) 2004.2

「権太栗毛」譚の背景―『源平盛衰記』から戦国期東海へ(長塚孝)「馬の博物館研究紀要」馬事文化財団・馬の博物館 (15) 2004.2

大地がゆれた日 安政東海大地震(渡邉繁治)「駿河」駿河郷土史研究会 (58) 2004.3

伊豆は安政年間に三度大地震 下田周辺は不運にも全被災 ディアナ号の下田湾受難は安政大地震ではなく東海地震という「豆州歴史通信」豆州研究社歴史通信部 316 2004.5

ディアナ号の下田湾受難は東海地震で安政大地震とは異なる「豆州歴史通信」豆州研究社歴史通信部 350 2005.10

東海の押送船(《第31回大会特集 共通論題「交通の十字路―東海の交通史」》)(胡桃沢勘司)「交通史研究」交通史学会, 吉川弘文館(発売) (59) 2006.4

戦国期東海地方における貫高制の形成過程(上),(上)―今川・武田・徳川氏を事例として(平山優)「武田氏研究」武田氏研究会, 岩田書院(発売) (37)/(38) 2007.12/2008.5

中世後期の馬産と馬具製作―東海地方を事例に(長塚孝)「馬の博物館研究紀要」馬事文化財団・馬の博物館 (17) 2010.12

例会報告要旨 第367回例会 戦国期東海地方の馬生産(長塚孝)「戦国史研究」戦国史研究会, 吉川弘文館(発売) (61) 2011.2

近江・東海, 戦国武将が夢の跡を巡る旅(郷土巡礼記 史蹟を尋ねて緑の旗は行く)(今牧久)「伊那」伊那史学会 59(12)通号1003 2011.12

安政元年東海・東南海・南海大地震に関する新史料について―竹川竹斎『嘉永七年十一月四日地震ノ記』の紹介(研究ノート)(上野利三)「三重中京大学地域社会研究所報」三重中京大学地域社会研究所 (24) 2012.3

『食文化研究の現状と課題』(シンポジウム 東海地方の海里山の食文化総合研究会)「愛知大学綜合郷土研究所紀要」愛知大学綜合郷土研究所 58 2013.3

歴史学からみた食文化研究の現状と課題(シンポジウム 東海地方の海里山の食文化総合研究会)(原田信男)「愛知大学綜合郷土研究所紀要」愛知大学綜合郷土研究所 58 2013.3

シンポジウム「日本中世史のなかの東海地域」の開催にあたって(特集 40周年記念大会 日本中世史のなかの東海地域―シンポジウム)「年報中世史研究」中世史研究会 (38) 2013.5

観応の擾乱と東海地域(特集 40周年記念大会 日本中世史のなかの東海地域―シンポジウム)(松島周一)「年報中世史研究」中世史研究会 (38) 2013.5

古文書から見た東海の地域性―色成・引導・盗賊・悪党文言に注目して(特集 40周年記念大会 日本中世史のなかの東海地域―シンポジウム)(山田邦明)「年報中世史研究」中世史研究会 (38) 2013.5

上野東歌探訪 関東方言と東海方言/上野国東歌のうち方言を含まない歌、また末勘国歌について/本歌の後に異伝を載せる歌/「伊香保ろの岨の榛原」(北川和秀)「上州文化」群馬県教育文化事業団 (136) 2013.11

安政東海地震の被害状況(近隣)(災害)(鈴木潔)「磐南文化」磐南文化協会 (40) 2014.3

清水湊八ケ町と安政大地震の津波―「安政元年十一月四日 東海沖地震に関する静岡県調査報告書」を中心にして(北村欽哉)「清見潟 : 清水郷土史研究会会誌」清水郷土史研究会 (23) 2014.5

東海三県の「ワニ」氏分布―「ワニ」姓表記の違いとその分布(加藤新一郎)「いにしえの風」古代遊学会 (10) 2014.5

東海道線

明治・大正期、国府津→山北→御殿場回りの東海道線[第11号](藤井良晃)「西さがみ庶民史録」西さがみ庶民史録の会 50 2003.5

東海道線金谷―菊川間の線路と菊川(旧堀ノ内)駅(大庭正八)「静岡歴研会報」静岡県歴史研究会 (113) 2005.10

歴史に彩られた鉄道 ぶらり各駅停車―東海道線・草津線(特集 東海道本線・草津線全線開通120年)(辻良樹)「湖国と文化」滋賀県文化振興事業団 34(2)通号131 2010.4

東海道線鉄道敷設について(大庭捷三郎)「紙魚 : 駿河古文書会会報」駿河古文書会 (38) 2012.11

資料よもやま話 関東大震災と東海道線(吉田律人)「開港のひろば : 横浜開港資料館館報」横浜開港資料館 (125) 2014.7

東海道本線

東海道本線建設の歩み(1)～(6)(鈴木英男)「歴研よこはま」横浜歴史研究会 (54)/(60) 2004.5/2008.5

東海道本線の歩み―鉄道と文学(鈴木英男)「歴研よこはま」横浜歴史研究会 (61) 2008.11

東海道本線の建設の歩み(最終回)(鈴木英男)「歴研よこはま」横浜歴史研究会 (62) 2009.8

おもしろ講座 鉄道漫談 東海道本線考(白根貞夫)「三浦半島の文化」三浦半島の文化を考える会 (23) 2013.10

濃尾平野

地図 宝暦当時の濃尾平野河相略図/濃尾平野(昭和58年頃)/近況案内「薩摩義士」鹿児島県薩摩義士顕彰会 (17) 2010.1

服部英雄氏「昭和30年代・濃尾平野と周辺の中世城館」を読んで(高田徹)「愛城研報告」愛知中世城郭研究会 (14) 2010.8

口絵 鹿児島市平田公園 銅像/平田靱負翁川辺遺髪墓・山本八兵衛墓(霧島市)/宝暦当時の濃尾平野河相略図/濃尾平野(昭和58年頃)/近況案内「薩摩義士」鹿児島県薩摩義士顕彰会 (18) 2011.1

口絵 鹿児島市平田公園 銅像/平田公園辞世歌碑/城山麓 義士碑/宝暦当時の濃尾平野河相略図/濃尾平野(昭和58年頃)/鶴丸城・平田公園周辺散策「薩摩義士」鹿児島県薩摩義士顕彰会 (19) 2012.1

口絵写真 大巻薩摩工事役館跡 銅像/大黒寺墓地/千本松原/宝暦当時の濃尾平野河相略図/濃尾平野(昭和58年頃)/鶴丸城・平田公園周辺散策「薩摩義士」鹿児島県薩摩義士顕彰会 (20) 2013.2

「場・潟・津」に共通する越後平野と濃尾平野(地名研究1)(大谷一男)「越佐の地名」越後・佐渡の地名を語る会 (14) 2014.3

富士見十三州

寄贈資料の中から 富士見十三州輿地全図「沼津市歴史民俗資料館だより」沼津市歴史民俗資料館 38(3)通号200 2013.12

岐阜県

赤坂

大和と浮世絵 (7) 木曾街道六十九次之内 赤坂 光明皇后 (浅野秀剛)「月刊大和路ならら」 地域情報ネットワーク 12 (2) 通号125 2009.2

芥見村

芥見村虚無僧闘諍 (第一冊) ～ (第三冊) の翻刻—佐屋宿吐龍こと定蔵留書 (鬼頭勝之)「郷土文化」 名古屋郷土文化会 58 (3) 通号198/60 (3) 通号203 2004.3/2006.3

明智城

美濃明智城 第112号 (昭和59年5月) 《故林春樹遺稿集》(林春樹)「城」 東海古城研究会 (201) 2009.4

東氏館

武将・大名庭園 (7) 美濃 東氏館跡庭園 (松山茂雄)「城」 東海古城研究会 (204) 2010.5

阿千葉城

美濃 阿千葉城について (石川浩治)「城」 東海古城研究会 184 2002.9

池田

池田 わがふるさと 雑稿 (坪井昭夫)「美濃の文化 : 美濃文化総合研究会機関誌」 美濃文化総合研究会 (124) 2013.2

池戸城

美濃 横蔵寺と池戸城を思う (林賢司)「城」 東海古城研究会 (216) 2014.10

池辺

笠郷・池辺地域の水害を防いだ五三排水機 (高橋伊佐夫)「郷土研究・岐阜 : 岐阜県郷土資料研究協議会会報」 岐阜県郷土資料研究協議会 (117) 2012.3

石田の猿尾

石田の猿尾と西田家訪問記 (平田毅久)「薩摩義士」 鹿児島県薩摩義士顕彰会 (17) 2010.1

犬地城

小原城と犬地城 (高田徹)「愛城研報告」 愛知中世城郭研究会 (7) 2003.8

揖斐川

揖斐川流域の渡船場 (渡辺千歳)「郷土研究・岐阜 : 岐阜県郷土資料研究協議会会報」 岐阜県郷土資料研究協議会 (99) 2005.3

長良川・揖斐川の河道変化と郡境 (丸山幸太郎)「郷土研究・岐阜 : 岐阜県郷土資料研究協議会会報」 岐阜県郷土資料研究協議会 (106) 2007.6

揖斐川橋梁

中部の産業遺産 國の重要文化財となった東海道線初代揖斐川橋梁—124年の歴史を刻む (高橋伊佐夫)「産業遺産研究」 中部産業遺産研究会事務局 (16) 2009.5

揖斐川鉄橋

東海道本線初代と第三代揖斐川鉄橋—百二十年の歴史を刻む (高橋伊佐夫)「郷土研究・岐阜 : 岐阜県郷土資料研究協議会会報」 岐阜県郷土資料研究協議会 (104) 2006.10

揖斐城

野村城と揖斐城を歩く (林賢司)「城」 東海古城研究会 (205) 2010.10

伊吹山

平成17年度名古屋郷土文化会見学研究会 伊吹山から能褒野陵まで見学記 (加藤政雄)「郷土文化」 名古屋郷土文化会 60 (3) 通号203 2006.3

伊吹山の歴史と文化 (1), (2) (白木幸一)「中山道加納宿 : 中山道加納宿文化保存会会誌」 中山道加納宿文化保存会 (57) / (58) 2011.4/2011.10

岩井

地誌 高山岩井地区 (川上喜美)「飛騨春秋 : 飛騨郷土学会誌」 高山市民時報社 531 2005.4

岩村城

山城レポ 岩村城に登って (川内和夫)「備陽史探訪」 備陽史探訪の会 (164) 2012.2

岩村電車

岩村電車の新出資料 (研究ノート) (永田宏)「産業遺産研究」 中部産業遺産研究会事務局 (15) 2008.5

鵜飼

岐阜市鵜飼観覧船船頭の操船技術 (大塚清史)「岐阜市歴史博物館研究紀要」 岐阜市歴史博物館 (21) 2013.3

鵜沼宿

中山道鵜沼宿について (横山住雄)「美文会報」 美濃文化財研究会 12 (11) 通号503 2012.11

鵜沼府城

土岐氏の守護館の移動—特に革手・鵜沼府城について (横山住雄)「岐阜史学」 岐阜史学会 通号97 2001.3

漆原城

織田系城郭を追いかけて—美濃漆原城に見られる縄張事例から (池田誠)「戦乱の空間」 戦乱の空間編集会 (13) 2014.7

江月

小輪中の開発—「江月輪中」を例として (伊藤憲司)「郷土研究・岐阜 : 岐阜県郷土資料研究協議会会報」 岐阜県郷土資料研究協議会 (107) 2007.10

大垣

西濃紀行 関ヶ原から大垣をめぐって (伊藤保)「みちしるべ : 尼崎郷土史研究会々誌」 尼崎郷土史研究会 (31) 2003.3

関ヶ原・大垣周辺の古代史跡見学 (三宅清)「つどい」 豊中歴史同好会 202 2005.1

大垣の名物「蛤」 (清水進)「郷土研究・岐阜 : 岐阜県郷土資料研究協議会会報」 岐阜県郷土資料研究協議会 (109) 2008.6

西濃 近代期の大垣の発展を伝える『大垣商工時報』(書窓の風) (平塚正因)「郷土研究・岐阜 : 岐阜県郷土資料研究協議会会報」 岐阜県郷土資料研究協議会 (110) 2008.10

台湾「美濃」と大垣 (3), (4) (中川満)「美濃の文化 : 美濃文化総合研究会機関誌」 美濃文化総合研究会 (121) / (123) 2012.2/2012.10

華陽学校大垣分校小史—短命ながら輝く足跡 (小島駿男)「美濃の文化 : 美濃文化総合研究会機関誌」 美濃文化総合研究会 (124) 2013.2

「坂の上の雲」と大垣 (鈴木維雄)「美濃の文化 : 美濃文化総合研究会機関誌」 美濃文化総合研究会 (126) 2013.10

美濃路を行く朝鮮通信使—大垣と朝鮮通信使 (相馬みさ子)「濃飛史艸」 岐阜県歴史資料保存協会 (106) 2014.4

大垣の「郷宿」について (梅村和子)「濃飛史艸」 岐阜県歴史資料保存協会 (106) 2014.4

大垣市

岐阜市大垣市の空襲記録 (下信行)「郷土研究・岐阜 : 岐阜県郷土資料研究協議会会報」 岐阜県郷土資料研究協議会 97 2004.6

大垣市文教協会四十年の歩み (高木秀之)「郷土研究・岐阜 : 岐阜県郷土資料研究協議会会報」 岐阜県郷土資料研究協議会 (101) 2005.10

西濃 大垣市史資料編近代 (書窓の風) (横幕玖)「郷土研究・岐阜 : 岐阜県郷土資料研究協議会会報」 岐阜県郷土資料研究協議会 (112) 2009.9

郷資研サロン要旨 平成『大垣市史』資料編 近世一について (横幕玖)「郷土研究・岐阜 : 岐阜県郷土資料研究協議会会報」 岐阜県郷土資料研究協議会 (114) 2010.9

西濃 図説大垣市史 (書窓の風) (横幕玖)「郷土研究・岐阜 : 岐阜県郷土資料研究協議会会報」 岐阜県郷土資料研究協議会 (122) 2014.9

大垣城

「城」の表紙を飾った絵 三河岡崎城/遠江浜松城/信濃松本城/美濃大垣城 (根津裂津之)「城」 東海古城研究会 (200) 2008.8

美濃大垣城とその城下町を探訪します (9月・第587回例会) のご案内「城だより」 日本古城友の会 (524) 2012.8

9月・第587回例会の報告 美濃大垣城と城下町 (川端義憲)「城だより」 日本古城友の会 (526) 2012.10

大垣藩

大原騒動余聞 (40), (44) 飛騨出兵を拒否した大垣藩 [1], (2) (林格男)「飛騨春秋 : 飛騨郷土学会誌」 高山市民時報社 489/510 2001.10/2003.7

大垣藩の水運と役船 (清水進)「郷土研究・岐阜 : 岐阜県郷土資料研究協議会会報」 岐阜県郷土資料研究協議会 (100) 2005.6

大垣藩の銀札 (横幕玖)「郷土研究・岐阜 : 岐阜県郷土資料研究協議会会報」 岐阜県郷土資料研究協議会 (100) 2005.6

西濃 「大垣藩城代日記書抜」の発見（書窓の風）（北村晥庸）「郷土研究・岐阜 : 岐阜県郷土資料研究協議会会報」 岐阜県郷土資料研究協議会 （104）2006.10

大原騒動余聞―飛騨出兵を拒否した大垣藩（林格男）「郷土研究・岐阜 : 岐阜県郷土資料研究協議会会報」 岐阜県郷土資料研究協議会 （106）2007.6

大垣藩主の鷹狩り（清水進）「美濃の文化 : 美濃文化総合研究会機関誌」 美濃文化総合研究会 （124）2013.2

大垣船町

大垣船町湊の船問屋（清水進）「岐阜史学」 岐阜史学会 通号102 2007.11

大垣湊

大垣湊の成立（清水進）「岐阜県歴史資料館報」 岐阜県教育文化財団歴史資料館 （28）2005.2

大榑川洗堰

大榑川洗堰（橘一昭）「薩摩義士」 鹿児島県薩摩義士顕彰会 （14）2007.3

大谷川

大谷川洗堰と遊水地の問題点（伊藤安男）「郷土研究・岐阜 : 岐阜県郷土資料研究協議会会報」 岐阜県郷土資料研究協議会 94 2003.6

大野駅

東山道・大野駅の所在地と条里余剰帯（石田明乗）「城」 東海古城研究会 （188）2004.2

大野郡

飛騨国大野郡の城郭について―その小規模城郭を中心に（佐伯哲也）「愛城研究報告」 愛知中世城郭研究会 5 2000.6

大野・吉城二郡の非管轄替問題について（原田政亨）「郷土研究・岐阜 : 岐阜県郷土資料研究協議会会報」 岐阜県郷土資料研究協議会 （101）2005.10

美濃国大野郡と平安京の「地域区分」の類似性（石田明乗）「城」 東海古城研究会 （209）2012.6

大野郡衙

古代の役所「大野郡衙跡」を明らかにする（石田明乗）「城」 東海古城研究会 （197）2007.3

大野町

大野町の地形及び古代都市計画（石田明乗）「城」 東海古城研究会 185 2003.2

岐阜県揖斐郡大野町付近と『常陸国風土記』と結城紬の関係（石田明乗）「城」 東海古城研究会 （186）2003.6

西濃 大野町史・増補編（書窓の風）（横幕孜）「郷土研究・岐阜 : 岐阜県郷土資料研究協議会会報」 岐阜県郷土資料研究協議会 （115）2011.3

大野町の「東山道ルート」を明らかにする（石田明乗）「城」 東海古城研究会 （212）2013.6

大野駅家

東山道の「大野駅家」を探る（石田明乗）「郷土研究・岐阜 : 岐阜県郷土資料研究協議会会報」 岐阜県郷土資料研究協議会 （110）2008.10

大原

大原騒動余聞（34）―大垣越訴状7通（林格男）「飛騨春秋 : 飛騨郷土学会誌」 高山市民時報社 476 2000.9

大原騒動余聞（35）老中あて駕籠訴状の原型（林格男）「飛騨春秋 : 飛騨郷土学会誌」 高山市民時報社 478 2000.11

大原騒動余聞（36）大垣越訴状・補遺（林格男）「飛騨春秋 : 飛騨郷土学会誌」 高山市民時報社 479 2001.1

大原騒動余聞（37）―安永2年8月21日（林格男）「飛騨春秋 : 飛騨郷土学会誌」 高山市民時報社 482 2001.3

大原騒動余聞（38）一色村平左衛門信州御林山稼ぎ（林格男）「飛騨春秋 : 飛騨郷土学会誌」 高山市民時報社 487 2001.8

大原騒動余聞（39）明和8年12月の傘連判状をめぐって（林格男）「飛騨春秋 : 飛騨郷土学会誌」 高山市民時報社 488 2001.9

大原騒動余聞（40），（44）飛騨出兵を拒否した大垣藩［1］，（2）（林格男）「飛騨春秋 : 飛騨郷土学会誌」 高山市民時報社 489/510 2001.10/2003.7

大原騒動余聞（42）～（48）（林格男）「飛騨春秋 : 飛騨郷土学会誌」 高山市民時報社 508/531 2003.5/2005.4

大原騒動余聞（47）付知村勤人馬・村入用書上（林格男）「飛騨春秋 : 飛騨郷土学会誌」 高山市民時報社 513 2003.10

大原騒動（北折幹朗）「東海近代史研究」 東海近代史研究会 （25）2004.3

大原騒動余聞（48）天明騒動・大村万助は無罪であった（林格男）「飛騨春秋 : 飛騨郷土学会誌」 高山市民時報社 518 2004.3

大原騒動余聞（49）ゆれ動く村々（林格男）「飛騨春秋 : 飛騨郷土学会

誌」 高山市民時報社 2006（1）通号540 2006.1

大原騒動余聞 はじめに郡代肩書きありき 小判で買った検地（浅野吉久）「飛騨春秋 : 飛騨郷土学会誌」 高山市民時報社 2006（7）通号546 2006.7

大原騒動余聞―飛騨出兵を拒否した大垣藩（林格男）「郷土研究・岐阜 : 岐阜県郷土資料研究協議会会報」 岐阜県郷土資料研究協議会 （106）2007.6

奥新田

時代の要請から生まれ消えていった丈右衛門新道―岐阜県加茂郡白川町黒川字奥新田の新道集落を中心に（松田千晴）「郷土研究・岐阜 : 岐阜県郷土資料研究協議会会報」 岐阜県郷土資料研究協議会 93 2003.3

奥飛騨

奥飛騨に江馬氏下舘が復元―国指定史跡の室町期の庭と舘・門・塀・空堀が再現「城郭だより : 日本城郭史学会会報」 ［日本城郭史学会］ （77）2012.4

小熊

小熊の「地名」と「名字」（史論）（山中和恵）「からいどすこーぷ」 歴史学同好会 （9）2007.1

奥美濃

第273回研修例会 奥美濃中京地方史跡文化財探訪（中村ミツ子，内田民子，原田よし子，太江田妙子，黒田勝美，秋野トシ子，松山丈三）「夜豆志呂」 八代史談会 143 2003.10

起宿

駕籠継ぎ立ての実態―美濃路起宿の場合（桜井芳昭）「郷土文化」 名古屋郷土文化会 59（1）通号199 2004.8

参勤交代における美濃路宿利用―美濃路起宿の事例から（研究ノート）（宮川充史）「交通史研究」 交通史学会, 吉川弘文館（発売）（80）2013.4

小里城

美濃小里城 多角形天守台先駆遺跡確認（根津袈津之）「城」 東海古城研究会 （189）2004.6

小塩村陣屋

北条美濃守氏規の小塩村陣屋は実在したか（竹鼻康次）「河内長野市郷土研究会誌」 ［河内長野市郷土研究会］（52）2010.4

小原城

小原城と犬地城（高田徹）「愛城研究報告」 愛知中世城郭研究会 （7）2003.8

御深井

常設展示室だより フリールーム 近世の美濃―志野・織部・御深井「名古屋市博物館だより」 名古屋市博物館 160 2004.10

大矢田市

中世末期における美濃和紙の流通機構―京都宝慈院領美濃大矢田市と近江枝村紙商人（吉田義治）「岐阜県歴史資料館報」 岐阜県教育文化財団歴史資料館 （29）2006.2

織部

常設展示室だより フリールーム 近世の美濃―志野・織部・御深井「名古屋市博物館だより」 名古屋市博物館 160 2004.10

海津郡

西濃 異彩を放つ『海津郡報』（書窓の風）（北村晥庸）「郷土研究・岐阜 : 岐阜県郷土資料研究協議会会報」 岐阜県郷土資料研究協議会 （107）2007.10

加賀野井

地名の起り「加賀野井」（『羽島市史』より）「秦史談」 秦史談会 （170）2012.8

各務原

平成26年度総会時講演会「尾張国の始まりは各務原」古代史の史料について―古代の尾張氏をめぐって（尾関章）「郷土研究・岐阜 : 岐阜県郷土資料研究協議会会報」 岐阜県郷土資料研究協議会 （122）2014.9

笠郷

笠郷・池辺地域の水害を防いだ五三排水機（高橋伊佐夫）「郷土研究・岐阜 : 岐阜県郷土資料研究協議会会報」 岐阜県郷土資料研究協議会 （117）2012.3

笠松

資料紹介 笠松の奴行列「岐阜県指定文化財調査報告書」（杉山博文）「中山道加納宿 : 中山道加納宿文化保存会会誌」 中山道加納宿文化保存会 41 2003.4

笠松から眺めし「加納」（1）広江から笠松への鉄路―美濃電鉄（名鉄）の歴史（高橋恒美）「中山道加納宿 : 中山道加納宿文化保存会会誌」 中山道加納宿文化保存会 （63）2014.4

笠松陣屋

美濃郡代笠松陣屋堤方役所文書「中村輪中囲堤之儀ニ付戸田釆女正領分

岐阜県　　　　　　　　　　　　　　地名でたどる郷土の歴史　　　　　　　　　　　　東海

村々より差障一件論所絵図」の紹介（吉田義治）「岐阜県歴史資料館報」岐阜県教育文化財団歴史資料館　（31）2008.3

美濃郡代笠松陣屋堤方役所文書「莚〔席〕田真桑井」文書の紹介（吉田義治）「岐阜県歴史資料館報」岐阜県教育文化財団歴史資料館　（32）2009.3

美濃郡代笠松陣屋堤方役所文書にみる長良川河道の歴史—描かれた古々川・古川・井川より（窪田玲子）「岐阜県歴史資料館報」岐阜県教育文化財団歴史資料館　（32）2009.3

美濃郡代笠松陣屋堤方役所文書「中村輪中堤之儀ニ付戸田采女正領分村々より差障一件論所絵図」の紹介（史料紹介）（吉田義治）「岐阜県歴史資料館報」岐阜県教育文化財団歴史資料館　（33）2010.3

鍛冶屋町

藩境跡に建つ常夜燈　神戸町大字神戸（鍛冶屋町）（森園生栄子）「美濃の文化 ： 美濃文化総合研究会機関誌」美濃文化総合研究会　（122）2012.7

勝原

美濃街道勝原口留番所私考（小倉長良）「奥越史料」大野市教育委員会，大野市文化財保護審議会　31　2005.3

勝山

竹にいざなわれて—岐阜県加茂郡坂祝町勝山地区と「清須の笛」（半田実）「郷土文化」名古屋郷土文化会　58（3）通号198　2004.3

可児

特別寄稿 古代の可児—「久々利」関係史料の検討を中心に（早川万年）「岐阜県歴史資料館報」岐阜県教育文化財団歴史資料館　（30）2007.2

可茂 可児郷土歴史館収蔵の「美濃桃山風」図録（書窓の風）（中島勝国）「郷土研究・岐阜 ： 岐阜県郷土資料研究協議会会報」岐阜県郷土資料研究協議会　（122）2014.9

可児郡

岐阜県旧可児郡にて（野村典彦）「世間話研究」世間話研究会　（20）2011.3

可児市

可茂 可児市史の発刊・編集事業の終了（書窓の風）（中島勝国）「郷土研究・岐阜 ： 岐阜県郷土資料研究協議会会報」岐阜県郷土資料研究協議会　（116）2011.9

金熊城

岐阜県白川町坂ノ東地区の城郭について—金熊城と城ノ段（遠藤久生）「愛城研報告」愛知中世城郭研究会　6　2002.8

金山湊

金山湊と下原湊—飛騨・美濃国境からみた地域経済圏とその支配（福井重治）「郷土研究・岐阜 ： 岐阜県郷土資料研究協議会会報」岐阜県郷土資料研究協議会　91　2002.6

加納

先進的な教育の町 加納（西村覚良）「中山道加納宿 ： 中山道加納宿文化保存会会誌」中山道加納宿文化保存会　36　2000.10

近世加納の食あれこれ（丸山幸太郎）「中山道加納宿 ： 中山道加納宿文化保存会会誌」中山道加納宿文化保存会　38　2001.10

加納今昔ものがたり（2）（石川初太郎）「中山道加納宿 ： 中山道加納宿文化保存会会誌」中山道加納宿文化保存会　40　2002.10

道中案内記に見る加納（平田幹夫）「中山道加納宿 ： 中山道加納宿文化保存会会誌」中山道加納宿文化保存会　42　2003.10

提言 旧加納役場の博物館への活用を「中山道加納宿 ： 中山道加納宿文化保存会会誌」中山道加納宿文化保存会　（43）2004.4

加納の和傘物（1）（松田千晴）「中山道加納宿 ： 中山道加納宿文化保存会会誌」中山道加納宿文化保存会　（46）2005.10

百年前の側溝を発見加納校舎跡地訪問記（杉原敏郎）「中山道加納宿 ： 中山道加納宿文化保存会会誌」中山道加納宿文化保存会　（46）2005.10

加納魚問屋と長良鵜匠（加納宏幸）「中山道加納宿 ： 中山道加納宿文化保存会会誌」中山道加納宿文化保存会　（47）2006.4

加納楽市場の所在について（吉田義治）「史叢」日本大学史学会　（76）2007.3

加納タウンレポート「中山道加納宿 ： 中山道加納宿文化保存会会誌」中山道加納宿文化保存会　（49）2007.4

加納タウンレポート「中山道加納宿 ： 中山道加納宿文化保存会会誌」中山道加納宿文化保存会　（50）2008.4

近世期加納・岐阜への物資輸送（1）～（3）（丸山幸太郎）「中山道加納宿 ： 中山道加納宿文化保存会会誌」中山道加納宿文化保存会　（52）/（54）2008.10/2009.10

都市構造からみた加納と、これからのまちづくり（富樫幸一）「中山道加納宿 ： 中山道加納宿文化保存会会誌」中山道加納宿文化保存会　（54）2009.10

美濃国加納永井家文書目録および解題（望月良親）「岐阜市歴史博物館研究紀要」岐阜市歴史博物館　（21）2013.3

加納宿

加納宿吟行（4）～（16），（18），（20）（村瀬武司）「中山道加納宿 ： 中山道加納宿文化保存会会誌」中山道加納宿文化保存会　35/（51）2000.4/2008.4

加納宿こぼれ話（石川初太郎）「中山道加納宿 ： 中山道加納宿文化保存会会誌」中山道加納宿文化保存会　36　2000.10

加納宿は桃源郷（1）（奥西八重子）「中山道加納宿 ： 中山道加納宿文化保存会会誌」中山道加納宿文化保存会　36　2000.10

中山道加納宿は桃源郷（2）～（4）（奥西八重子）「中山道加納宿 ： 中山道加納宿文化保存会会誌」中山道加納宿文化保存会　37/39　2001.4/2003.2

中山道加納宿と街おこし（今津辰男）「中山道加納宿 ： 中山道加納宿文化保存会会誌」中山道加納宿文化保存会　（49）2007.4

「中山道加納宿」思いつくまま（尾関信彦）「中山道加納宿 ： 中山道加納宿文化保存会会誌」中山道加納宿文化保存会　（52）2008.10

加納宿吟行「濱」（尾関信彦）「中山道加納宿 ： 中山道加納宿文化保存会会誌」中山道加納宿文化保存会　（57）2011.4

地形と災害史から見た中山道加納宿（木村稔）「中山道加納宿 ： 中山道加納宿文化保存会会誌」中山道加納宿文化保存会　（61）2013.4

講座のお知らせ/加納タウンレポート/加納宿機関誌60号訂正/お知らせ/原稿募集「中山道加納宿 ： 中山道加納宿文化保存会会誌」中山道加納宿文化保存会　（61）2013.4

加納城

岐阜城の威容と加納城「御三階櫓」（佐藤哲雄）「中山道加納宿 ： 中山道加納宿文化保存会会誌」中山道加納宿文化保存会　36　2000.10

加納城跡「天下一」瓦が出土「天下一」の号とは「中山道加納宿 ： 中山道加納宿文化保存会会誌」中山道加納宿文化保存会　42　2003.10

特別陳列「ちょっと昔の道具たち」/特別展「奥平信昌と加納城」/加藤栄三・東一記念美術館「出品画にみる栄三・東一の世界」/博物館ニュース 常設展示のリニューアル「岐阜市歴史博物館博物館だより」岐阜市歴史博物館　56　2003.11

岐阜の地名をたずねて（3）再び加納城下町地区町名考（丸山幸太郎）「中山道加納宿 ： 中山道加納宿文化保存会会誌」中山道加納宿文化保存会　（57）2011.4

中山道ものしり帳 一、加納城の歴史について教えて下さい。/講座のおしらせ/加納タウンレポート/お知らせ/原稿募集「中山道加納宿 ： 中山道加納宿文化保存会会誌」中山道加納宿文化保存会　（63）2014.4

加納新町

近年の加納新町に見る変貌状況（松田千晴）「中山道加納宿 ： 中山道加納宿文化保存会会誌」中山道加納宿文化保存会　38　2001.10

加納町役場

旧加納町役場保存・利用に関する書名運動について報告とお礼（大野春一）「中山道加納宿 ： 中山道加納宿文化保存会会誌」中山道加納宿文化保存会　（57）2011.4

旧加納町役場庁舎（林邦隆）「中山道加納宿 ： 中山道加納宿文化保存会会誌」中山道加納宿文化保存会　（57）2011.4

加納町役場に関する説明会及び住民の声「中山道加納宿 ： 中山道加納宿文化保存会会誌」中山道加納宿文化保存会　（58）2011.10

加納町役場保存・利用のアイデア募集「中山道加納宿 ： 中山道加納宿文化保存会会誌」中山道加納宿文化保存会　（58）2011.10

旧加納町役場保存・利用について「中山道加納宿 ： 中山道加納宿文化保存会会誌」中山道加納宿文化保存会　（59）2012.4

旧加納町役場のその後「中山道加納宿 ： 中山道加納宿文化保存会会誌」中山道加納宿文化保存会　（60）2012.10

中山道十七宿が「県の宝もの」に認定/旧加納町役場のその後「中山道加納宿 ： 中山道加納宿文化保存会会誌」中山道加納宿文化保存会　（61）2013.4

旧加納町役場跡地再整備基本構想について（その後の状況）「中山道加納宿 ： 中山道加納宿文化保存会会誌」中山道加納宿文化保存会　（62）2014.4

加納停車場

加納停車場（初代岐阜駅）の位置を再考する（大野鵠士）「中山道加納宿 ： 中山道加納宿文化保存会会誌」中山道加納宿文化保存会　41　2003.4

加納停車場開業の考察（太田三郎）「中山道加納宿 ： 中山道加納宿文化保存会会誌」中山道加納宿文化保存会　（52）2008.10

加納藩

加納藩士田辺さんが見聞した江戸時代（2）～（4），（7）～（13）（西村覚良）「中山道加納宿 ： 中山道加納宿文化保存会会誌」中山道加納宿文化保存会　（52）/（63）2008.10/2014.4

加納藩の藩政の特色（2）（丸山幸太郎）「中山道加納宿 ： 中山道加納宿文化保存会会誌」中山道加納宿文化保存会　（59）2012.4

加納藩と明治維新（1）～（4）（丸山幸太郎）「中山道加納宿 ： 中山道加納

宿文化保存会会誌」 中山道加納宿文化保存会 （60）/（63） 2012.
10/2014.4

表紙 加納藩定書 元旅籠「立花屋」立花屋薬局本店 木村忠八様所有（解
読文4頁）「中山道加納宿 ： 中山道加納宿文化保存会会誌」 中山道加
納宿文化保存会 （62） 2013.10

平成24年度収支決算書/講座のおしらせ/加納タウンレポート/加納藩初
代藩主 奥平信昌公四百回忌追善法要のお知らせ/お知らせ/原稿募集
「中山道加納宿 ： 中山道加納宿文化保存会会誌」 中山道加納宿文化
保存会 （62） 2013.10

上石津
薩摩藩における宝暦のお手伝普請と上石津（辻下榮一）「薩摩義士」 鹿児
島県薩摩義士顕彰会 8 2001.8

神岡
ふるさと調べ第七輯 神岡の地名（壱）（1）～（10）（ふるさと神岡を語る
会）「飛騨春秋 ： 飛騨郷土学会誌」 高山市民時報社 492/501
2002.1/2002.10

ふるさと調べ第九輯 神岡の地名 三（1）～（9），（11）～（26）（ふるさと
神岡を語る会）「飛騨春秋 ： 飛騨郷土学会誌」 高山市民時報社
502/530 2002.11/2005.3

ふるさと調べ第九輯 神岡の地名 三（ふるさと神岡を語る会）「飛騨春秋
： 飛騨郷土学会誌」 高山市民時報社 531 2005.4

ふるさと調べ第九輯 神岡の地名 三（ふるさと神岡を語る会）「飛騨春秋
： 飛騨郷土学会誌」 高山市民時報社 532 2005.5

ふるさと調べ第九輯 神岡の地名 三（ふるさと神岡を語る会）「飛騨春秋
： 飛騨郷土学会誌」 高山市民時報社 533 2005.6

ふるさと調べ第九輯 神岡の地名 三（ふるさと神岡を語る会）「飛騨春秋
： 飛騨郷土学会誌」 高山市民時報社 534 2005.7

ふるさと調べ第九輯 神岡の地名 三（ふるさと神岡を語る会）「飛騨春秋
： 飛騨郷土学会誌」 高山市民時報社 537 2005.10

ふるさと調べ第九輯 神岡の地名 三（ふるさと神岡を語る会）「飛騨春秋
： 飛騨郷土学会誌」 高山市民時報社 538 2005.11

ふるさと調べ第九輯 神岡の地名 三（ふるさと神岡を語る会）「飛騨春秋
： 飛騨郷土学会誌」 高山市民時報社 539 2005.12

ふるさと調べ第九集 神岡の地名三（ふるさと神岡を語る会）「飛騨春秋 ：
飛騨郷土学会誌」 高山市民時報社 2006（1）通号540 2006.1

ふるさと調べ第九集 神岡の地名三（ふるさと神岡を語る会）「飛騨春秋 ：
飛騨郷土学会誌」 高山市民時報社 2006（2）通号541 2006.2

ふるさと調べ第九集 神岡の地名三（ふるさと神岡を語る会）「飛騨春秋 ：
飛騨郷土学会誌」 高山市民時報社 2006（3）通号542 2006.3

ふるさと調べ第九集 神岡の地名三（ふるさと神岡を語る会）「飛騨春秋 ：
飛騨郷土学会誌」 高山市民時報社 2006（4）通号543 2006.4

上加納村
上加納村の絵図を作る、伝える（望月良親）「中山道加納宿 ： 中山道加
納宿文化保存会会誌」 中山道加納宿文化保存会 （63） 2014.4

上河和
美濃市上河和（カミコーワ）の地名由来（土屋一）「郷土研究・岐阜 ： 岐
阜県郷土資料研究協議会会報」 岐阜県郷土資料研究協議会 （122）
2014.9

上高原郷
近世上高原郷見座会所における白木稼（北野興策）「飛騨春秋 ： 飛騨郷
土学会誌」 高山市民時報社 524 2004.9

近世上高原郷見座会所における白木稼 続（北野興策）「飛騨春秋 ： 飛騨
郷土学会誌」 高山市民時報社 525 2004.10

上宝村
近世上高原郷（上宝村）における木地稼の一考察（上），（下）（北野興策）
「飛騨春秋 ： 飛騨郷土学会誌」 高山市民時報社 512/513 2003.9/
2003.10

可茂
書窓の風 可茂 可茂地域の私家的歴史出版物について（中島勝国）「郷土
研究・岐阜 ： 岐阜県郷土資料研究協議会会報」 岐阜県郷土資料研究
協議会 （99） 2005.3

可茂 平成の市町村合併の破綻と市・町村史編纂の動向（書窓の風）（中
島勝国）「郷土研究・岐阜 ： 岐阜県郷土資料研究協議会会報」 岐阜県
郷土資料研究協議会 （103） 2006.6

可茂 とみかの文化財 の発刊（書窓の風）（中島勝国）「郷土研究・岐
阜 ： 岐阜県郷土資料研究協議会会報」 岐阜県郷土資料研究協議会
（114） 2010.9

加茂郡
近世・近代初期における美濃茶の生産と流通について―尾張藩領武儀・
加茂郡の事例から（青木秀樹）「岐阜市歴史博物館研究紀要」 岐阜市
歴史博物館 （14） 2000.3

から尾峠
飛騨山野村の歴史（1） 飛騨と越中の国境にある から尾峠（上平隆憲）
「斐太紀 ： 研究紀要」 飛騨学の会 通号8 2013.3

河上庄
『楓軒文書纂』に見る長滝寺荘園焼野と河上庄（1），（2）（中野義夫）「飛
騨春秋 ： 飛騨郷土学会誌」 高山市民時報社 514/520 2003.11/
2004.5

河崎庄
勧修寺文書と美濃国「上秋庄」と「河崎庄」（平山四郎吉）「城」 東海古
城研究会 （200） 2008.8

川崎庄
「美濃国大野郡川崎庄」の庄域を復元する（石田明乗）「城」 東海古城研
究会 （200） 2008.8

革手城
土岐氏の守護館の移動―特に革手・鷺沼府城について（横山住雄）「岐阜
史学」 岐阜史学会 通号97 2001.3

上秋庄
勧修寺文書と美濃国「上秋庄」と「河崎庄」（平山四郎吉）「城」 東海古
城研究会 （200） 2008.8

帰雲城
白川郷における帰雲の付く固有名詞の成り立ち―帰雲城という名の城は
存在したか（坂部和夫）「飛騨春秋 ： 飛騨郷土学会誌」 高山市民時報
社 506 2003.3

帰雲・山城発見（田口勝）「飛騨春秋 ： 飛騨郷土学会誌」 高山市民時報
社 506 2003.3

いわゆる帰雲城の位置について 庄内右岸説は有り得るか（坂部和男）「飛
騨春秋 ： 飛騨郷土学会誌」 高山市民時報社 509 2003.6

いわゆる帰雲城の構造について 山城は存在したか（坂部和夫）「飛騨春秋
： 飛騨郷土学会誌」 高山市民時報社 511 2003.8

飛騨帰雲城と城主・内ヶ嶋氏の史実を探る―天正大地震の土石流で城と
城下町が埋没し、放置されて420年に当り（安達正雄）「石川郷土史学
会々誌」 石川郷土史学会 （39） 2006.12

木舟城を陥落させ帰雲城を埋没させた天正大地震の真相―天正大地震は
連続多発地震だった（安達正雄）「石川郷土史学会々誌」 石川郷土史
学会 （42） 2009.12

木曽
奥十山美濃の山―「木曽」の語源について（木村成生）「散歩の手帖」 木
村成生 （19） 2008.6

木曽川
下呂石研究の歩み（2） 下呂石の広がり―木曽川を下った円礫（岩田修）
「飛騨春秋 ： 飛騨郷土学会誌」 高山市民時報社 519 2004.4

中世、美濃・尾張の国境の変遷 国境の川・木曾川の流路変遷の歴史（2）
（鈴木秀雄）「郷土研究・岐阜 ： 岐阜県郷土資料研究協議会会報」 岐
阜県郷土資料研究協議会 （112） 2009.9

明治15年の木曽川流送の「諸荷物逓送證券」一枚（安藤弘文）「美文会
報」 美濃文化財研究会 14（4）通号519 2014.4

表紙 木曽川河口目論見絵図（写） 作製年 江戸時代/作者不明/原寸 100
×160cm/手書筆彩 岐阜県図書館蔵「古地図文化ぎふ」 岐阜県古地
図文化研究会 （14） 2014.5

木曽三川
宝暦治水工事（6），（7）（山田尚二）「薩摩義士」 鹿児島県薩摩義士顕彰
会 7/8 2000.3/2001.8

木曽三川と薩摩義士 宝暦治水の意義（藤崎定昭）「薩摩義士」 鹿児島県
薩摩義士顕彰会 7 2000.3

宝暦治水と高木家文書（諏訪兼位）「薩摩義士」 鹿児島県薩摩義士顕彰会
7 2000.3

義殁者は果たして何名か 義殁者の多い理由（片野知二）「薩摩義士」 鹿
児島県薩摩義士顕彰会 7 2000.3

薩摩藩における宝暦のお手伝普請と上石津（辻下榮一）「薩摩義士」 鹿
児島県薩摩義士顕彰会 8 2001.8

伝えてこなかった「宝暦の木曽川治水工事」（坂口達夫）「薩摩義士」 鹿
児島県薩摩義士顕彰会 8 2001.8

岐阜県治水史 宝暦の御手伝普請（薩摩工事）（1）～（3）（山田尚二）「薩
摩義士」 鹿児島県薩摩義士顕彰会 9/11 2002.3/2004.3

宝暦治水と人柱袮屋伊兵衛（平塚貴）「薩摩義士」 鹿児島県薩摩義士顕彰
会 9 2002.3

宝暦治水工事の背景（藤崎定昭）「薩摩義士」 鹿児島県薩摩義士顕彰会
10 2003.3

遺稿 宝暦治水工事と蒲生郷士（湯田信義）「薩摩義士」 鹿児島県薩摩義
士顕彰会 10 2003.3

薩摩義士雑感（藤崎定昭）「薩摩義士」 鹿児島県薩摩義士顕彰会 11
2004.3

岐阜県 地名でたどる郷土の歴史 東海

宝暦治水工事二百五十年忌に思う事(加藤勝巳)「薩摩義士」 鹿児島県薩摩義士顕彰会 11 2007.3

薩摩義士に寄せて(今井俊子)「薩摩義士」 鹿児島県薩摩義士顕彰会 11 2004.3

近世河川水運史研究の動向と展望—木曾三川を中心に(林順子)「交通史研究」 交通史学会, 吉川弘文館(発売) (56) 2005.2

「宝暦治水二百五十年記念薩摩義士」展について(内倉昭文)「薩摩義士」 鹿児島県薩摩義士顕彰会 12 2005.3

宝暦治水二百五十年記念行事(薩摩義士顕彰会)「薩摩義士」 鹿児島県薩摩義士顕彰会 12 2005.3

近世木曽三川の治水(服部正彦)「郷土文化」 名古屋郷土文化会 61(1)通号204 2006.8

薩摩義士調査報告(藤浪三千尋)「薩摩義士に学ぶ」 霧島市薩摩義士顕彰会 (3) 2010.3

薩摩義士(伊藤守一)「薩摩義士に学ぶ」 霧島市薩摩義士顕彰会 (3) 2010.3

講演記録「薩摩義士に感謝の誠を捧げて」(山内久和)「薩摩義士に学ぶ」 霧島市薩摩義士顕彰会 (3) 2010.3

木曽三川 宝暦の大改修—薩摩義士の苦難(橘一昭)「薩摩義士」 鹿児島県薩摩義士顕彰会 (18) 2011.1

薩摩義士の偉業紹介—岐阜県との姉妹県交流「薩摩義士」 鹿児島県薩摩義士顕彰会 (18) 2011.1

漫画 薩摩義士伝—木曽三川治水工事と薩摩義士「薩摩義士」 鹿児島県薩摩義士顕彰会 (18) 2011.1

薩摩義士の紙芝居(鹿児島市立山下小学校)「薩摩義士」 鹿児島県薩摩義士顕彰会 (18) 2011.1

宝暦治水の紙芝居について(平田靫久)「薩摩義士」 鹿児島県薩摩義士顕彰会 (18) 2011.1

宝暦治水工事の遺したもの 「四海同胞」の心と「報恩感謝」の心(中村文夫)「薩摩義士に学ぶ」 霧島市薩摩義士顕彰会 (4) 2011.3

ドキュメンタリー番組『千本松原のメッセージ—木曽三川と薩摩義士たち—』について(堀哲雄)「薩摩義士に学ぶ」 霧島市薩摩義士顕彰会 (5) 2012.3

紙芝居「薩摩義士ものがたり」(鶴垣鹿維, 脇本小学校)「薩摩義士」 鹿児島県薩摩義士顕彰会 (20) 2013.2

表紙 デレーケの木曽三川分離計画図 作製年 明治15年頃/原寸 53×120cm 1：3000を縮小 木曽川文庫蔵「古地図文化ぎふ」 岐阜県古地図文化研究会 (13) 2013.5

特別寄稿 薩摩義士に思いを寄せて(矢野年孝)「薩摩義士に学ぶ」 霧島市薩摩義士顕彰会 (7) 2014.3

北アルプス

北アルプスは本当は飛驒山脈なのです(田添幹夫)「斐太紀 ： 研究紀要」 飛驒学の会 2008年度 2009.3

飛驒山脈はどう扱われているのか 北アルプスと御嶽の視点から(岩田修)「斐太紀 ： 研究紀要」 飛驒学の会 2011年度 2011.3

岐阜

岐阜地区の進駐軍輸送の概要について(下)(渡利正彦)「郷土研究・岐阜 ： 岐阜県郷土資料研究協議会会報」 岐阜県郷土資料研究協議会 84 2000.3

岐阜の水力発電事業の遺産—遺産が語る岐阜の水力発電史(高橋伊佐夫)「郷土研究・岐阜 ： 岐阜県郷土資料研究協議会会報」 岐阜県郷土資料研究協議会 92 2002.10

金次郎像について—岐阜地区小学校の場合(青木義樹, 小野木義浩)「岐阜市歴史博物館研究紀要」 岐阜市歴史博物館 (16) 2003.3

名産 岐阜団扇—成立と特徴についての一考察(大塚清史)「岐阜市歴史博物館研究紀要」 岐阜市歴史博物館 (16) 2003.3

信濃の岐阜改称についての覚書(鈴木秀雄)「中山道加納宿 ： 中山道加納宿文化保存会会誌」 中山道加納宿文化保存会 41 2003.4

古文書に見る尾張藩主岐阜御成(2)(田中豊)「中山道加納宿 ： 中山道加納宿文化保存会会誌」 中山道加納宿文化保存会 41 2003.4

研究ノート 幕末期岐阜の茶の湯—大野木訥庵の茶会記から(稲山由利子)「岐阜市歴史博物館博物館だより」 岐阜市歴史博物館 55 2003.8

「岐阜日日新聞」にみる日露戦時下の民衆不安について—20世紀初頭の犯罪・自殺・家出(渡邊桃子)「岐阜県歴史資料館報」 岐阜県教育文化財団歴史資料館 (27) 2004.3

絵はがきに見る岐阜の鉄道—尾澤家より寄贈された資料より(早川克司)「岐阜県博物館調査研究報告」 岐阜県博物館 (26) 2004.3

平成17年度夏季特別展 「線路はつづくよ—岐阜、鉄道のあゆみ—」「岐阜県博物館だより」 岐阜県博物館 30(1)通号85 2005.4

開館30周年記念特別展 「緑いきいき！ 岐阜の森」「岐阜県博物館だより」 岐阜県博物館 31(1)通号87 2006.4

博物館ニュース 岐阜とプロレス???「岐阜市歴史博物館博物館だより」 岐阜市歴史博物館 (66) 2007.8

加藤栄三・東一記念美術館「ふるさと岐阜・魅力発見大作戦 金華ゆかり

の画家たち」「岐阜市歴史博物館博物館だより」 岐阜市歴史博物館 (67) 2007.12

近世期加療・岐阜への物資輸送(1)～(3)(丸山幸太郎)「中山道加納宿 ： 中山道加納宿文化保存会会誌」 中山道加納宿文化保存会 (52)/(54) 2008.10/2009.10

郡上八幡と岐阜の史跡めぐりの旅(研修委員会)「小田原史談 ： 小田原史談会々報」 小田原史談会 (216) 2009.1

平成20年度講演会 宣教師のみた信長の岐阜(抄録)(髙木洋)「郷土研究・岐阜 ： 岐阜県郷土資料研究協議会会報」 岐阜県郷土資料研究協議会 (111) 2009.3

岐阜 1568年の天正地震—2008年発行の『愛知県史』十一に基づいて(書窓の風)(鈴木秀雄)「郷土研究・岐阜 ： 岐阜県郷土資料研究協議会会報」 岐阜県郷土資料研究協議会 (111) 2009.3

インタビュー 岐阜の産業遺産の保存・展示に協力して—高橋伊佐夫さん「産業遺産研究」 中部産業遺産研究会事務局 (17) 2010.5

企画展「タイムスリップ！ 大むかしのくらし—岐阜の夜明け—」2012.7.13(金)～9.2(日)「岐阜市歴史博物館博物館だより」 岐阜市歴史博物館 (80) 2012.4

歴博セレクション「岐阜の伝統工芸を支える技 摺り込み絵紙」2012.6.9(土)～7.1(日)「岐阜市歴史博物館博物館だより」 岐阜市歴史博物館 (80) 2012.4

企画展「タイムスリップ！ 大むかしのくらし—岐阜の夜明け—」2013.3.26(火)～5.6(月・祝)「岐阜市歴史博物館博物館だより」 岐阜市歴史博物館 (82) 2012.11

特別展「岐阜の茶の湯」2013.5.17(金)～6.30(日)「岐阜市歴史博物館博物館だより」 岐阜市歴史博物館 (83) 2013.3

加藤栄三・東一記念美術館「加藤栄三・東一 岐阜を描く」2013.4.23(火)～6.30(日)「岐阜市歴史博物館博物館だより」 岐阜市歴史博物館 (83) 2013.3

特別展「岐阜の至宝—伝承と創造—」2013.10.11(金)～11.17(日)「岐阜市歴史博物館博物館だより」 岐阜市歴史博物館 (84) 2013.7

北海道北見市常呂町における方言接触と変容 岐阜地区移住者を中心に(第209回例会研究発表資料(2014.9.7))(朝日祥之)「北海道方言研究会会報」 北海道方言研究会事務局 (91) 2014.12

岐阜駅

岐阜駅の変遷(1),(2)(渡利正彦)「中山道加納宿 ： 中山道加納宿文化保存会会誌」 中山道加納宿文化保存会 37/38 2001.4/2001.10

岐阜郷土館

小川栄一日誌に見る岐阜郷土館—戦時下の博物館活動について(小川貴司)「岐阜市歴史博物館研究紀要」 岐阜市歴史博物館 (17) 2005.3

岐阜県

十五年戦争期の岐阜県内の経済組織(6)(黒田隆志)「岐阜近代史研究会報」 岐阜県近代史研究会 (52) 2000.5

岐阜県連合青年団の組織について 1925～36(黒田隆志)「岐阜近代史研究会報」 岐阜県近代史研究会 (54) 2001.5

明治期岐阜県における廃娼と遊郭復活—地方行政「近代公娼制度」(松下哲也)「岐阜史学」 岐阜史学会 通号98 2001.9

北陸東海両道巡幸と岐阜県教育行政—献上品「岐阜県管内学校撮影」の分析を中心として(養基一美)「岐阜県歴史資料館報」 岐阜県教育文化財団歴史資料館 (25) 2002.3

戦後の岐阜県高等学校小史—『岐阜県教育』史料編収載史料を中心に(桐山明宏)「岐阜県歴史資料館報」 岐阜県教育文化財団歴史資料館 (25) 2002.3

岐阜県における新制中学校の設置準備と開校状況(堀内潤一)「岐阜県歴史資料館報」 岐阜県教育文化財団歴史資料館 (25) 2002.3

『岐阜県勧業課年報』と明治10年代の岐阜県の製糸業について(早川克司)「岐阜史学」 岐阜史学会 通号99 2002.3

『岐阜県教育史』編集事業の状況(堀内潤一)「岐阜県歴史資料館報」 岐阜県教育文化財団歴史資料館 (26) 2003.3

昭和戦前期(1926～40)岐阜県における青年団組織(黒田隆志)「岐阜市歴史博物館研究紀要」 岐阜市歴史博物館 (16) 2003.3

平成14年度講演会 岐阜県における伝統的農法—とくに人力犁を中心に(抄録)(有薗正一郎)「郷土研究・岐阜 ： 岐阜県郷土資料研究協議会会報」 岐阜県郷土資料研究協議会 93 2003.3

国立国会図書館雑誌記事索引 岐阜県関係分「郷土研究・岐阜 ： 岐阜県郷土資料研究協議会会報」 岐阜県郷土資料研究協議会 93 2003.3

高木文書の「歴史」(秋山晶則)「薩摩義士」 鹿児島県薩摩義士顕彰会 10 2003.3

国立国会図書館雑誌記事索引 岐阜県関係分「郷土研究・岐阜 ： 岐阜県郷土資料研究協議会会報」 岐阜県郷土資料研究協議会 94 2003.6

岐阜県地方史研究の動向(《隣県特集号 隣県地方史学界の動向—平成14年(2002)》)(村瀬泰啓, 脇田雅彦)「信濃 [第3次]」 信濃史学会 55(6)通号641 2003.6

江戸時代の農民の生活圏—岐阜県史・岐阜県内各市町村史の宗門帳の史

料による(野原敏彦)「岐阜県歴史資料館報」 岐阜県教育文化財団歴史資料館 (27) 2004.3

昭和初期にみられる岐阜県の映画教育(奥村隆史)「岐阜県歴史資料館報」 岐阜県教育文化財団歴史資料館 (27) 2004.3

明治期における留学生―岐阜県人の海外留学の様相(勝野浩)「岐阜県歴史資料館報」 岐阜県教育文化財団歴史資料館 (27) 2004.3

戦前における岐阜県出身の海外渡航者―「学び」を目的に海を渡った先人たち(奥村隆史)「岐阜県歴史資料館報」 岐阜県教育文化財団歴史資料館 (27) 2004.3

近代における岐阜県の学事統計(青木健太郎)「岐阜県歴史資料館報」 岐阜県教育文化財団歴史資料館 (27) 2004.3

『岐阜県教育史』編集事業の状況(山田昭彦)「岐阜県歴史資料館報」 岐阜県教育文化財団歴史資料館 (27) 2004.3

岐阜県郷土資料研究協議会創立30周年記念シンポジウム「ひだ・みのの再考」(全体報告)(山田賢二)「郷土研究・岐阜 : 岐阜県郷土資料研究協議会会報」 岐阜県郷土資料研究協議会 95 2004.3

昭和初期の経済不況期における岐阜県の取り組み(上)(下)―岐阜県連合青年団による鮮満視察並皇軍慰問旅行を中心に(松田千晴)「郷土研究・岐阜 : 岐阜県郷土資料研究協議会会報」 岐阜県郷土資料研究協議会 97(98) 2004.6/2004.10

岐阜県地方史研究の動向(《隣県特集号 隣県地方史学界の動向―平成15年(2003)》)(村瀬泰啓、脇田雅彦)「信濃 [第3次]」 信濃史学会 56(6)通号653 2004.6

村の避難所について―愛知県・岐阜県を中心に(石川浩治)「愛城研報告」 愛知中世城郭研究会 (8) 2004.6

県内発行の雑誌試論 戦後60年が一本の線につながる(高橋健)「郷土研究・岐阜 : 岐阜県郷土資料研究協議会会報」 岐阜県郷土資料研究協議会 (100) 2005.6

岐阜県関係城館論文目録補遺(3)(石川浩治)「愛城研報告」 愛知中世城郭研究会 (9) 2005.8

オーラルヒストリーと岐阜県(根岸秀行)「郷土研究・岐阜 : 岐阜県郷土資料研究協議会会報」 岐阜県郷土資料研究協議会 (101) 2005.10

『岐阜県教育史』編集事業をおえて(岐阜県教育委員会文化課)「岐阜県歴史資料館報」 岐阜県教育文化財団歴史資料館 (29) 2006.2

岐阜県における蘭学の発展と種痘の普及(側島哲)「岐阜県歴史資料館報」 岐阜県教育文化財団歴史資料館 (30) 2007.2

昭和戦前期・岐阜県における農繁期保育園について(黒田隆志)「岐阜市歴史博物館研究紀要」 岐阜市歴史博物館 (20) 2007.3

「岐阜県管内学校撮影」の発見と明治初期の岐阜県教育(蓑島一美)「郷土研究・岐阜 : 岐阜県郷土資料研究協議会会報」 岐阜県郷土資料研究協議会 (105) 2007.3

湧出状況および泉質から見た岐阜県の温泉(古田靖志)「郷土研究・岐阜 : 岐阜県郷土資料研究協議会会報」 岐阜県郷土資料研究協議会 (106) 2007.6

村明細帳にみる江戸末期から明治初期にかけての村況(三浦麻見)「岐阜県歴史資料館報」 岐阜県教育文化財団歴史資料館 (32) 2009.3

極小規模水力発電事業の実態 岐阜県に於ける電気利用組合・集落自家発電の場合(田口憲一)「産業遺産研究」 中部産業遺産研究会事務局 (16) 2009.5

岐阜県地方史研究の動向(《隣県特集号 隣県地方史学界の動向―平成20年(2008)》)(村瀬泰啓)「信濃 [第3次]」 信濃史学会 61(6)通号712 2009.6

岐阜県のやきもの―資料紹介展「岐阜県のやきもの」出品作品を中心として(上)(守屋靖裕)「岐阜県博物館調査研究報告」 岐阜県博物館 (31) 2010.3

岐阜県地方史研究の動向(隣県特集号 隣県地方史学界の動向―平成21年(2009))(村瀬泰啓)「信濃 [第3次]」 信濃史学会 62(6)通号725 2010.6

六つの湧水地名について(土屋一)「郷土研究・岐阜 : 岐阜県郷土資料研究協議会会報」 岐阜県郷土資料研究協議会 (114) 2010.9

岐阜県地方史研究の動向(隣県特集号 隣県地方史学界の動向―平成22年(2010))(村瀬泰啓)「信濃 [第3次]」 信濃史学会 63(6)通号737 2011.6

岐阜県関係城館論文目録補遺(4)(石川浩治)「愛城研報告」 愛知中世城郭研究会 (15) 2011.9

岐阜県における鉄道網の形成と未成線・廃線について(南本有紀)「岐阜県博物館調査研究報告」 岐阜県博物館 (33) 2012.3

『『薩摩義士』の話』発行・活用について―次世代へ「薩摩義士」をどう伝えるか(久保昭男)「薩摩義士に学ぶ」 霧島市薩摩義士顕彰会 (5) 2012.3

岐阜県地方史研究の動向(隣県地方史学界の動向―平成23年(2011))(村瀬泰啓)「信濃 [第3次]」 信濃史学会 64(6)通号749 2012.6

岐阜県の近代建築(川島智生)「近畿文化」 近畿文化会事務局 (752) 2012.7

「放射能泉は大丈夫?」 放射能と岐阜県の放射能泉について(古田靖志)

「郷土研究・岐阜 : 岐阜県郷土資料研究協議会会報」 岐阜県郷土資料研究協議会 (118) 2012.9

「平と成地名」について(土屋一)「郷土研究・岐阜 : 岐阜県郷土資料研究協議会会報」 岐阜県郷土資料研究協議会 (118) 2012.9

『濃中教育の精神』―鹿児島県「美濃の会」の設立から鹿児島県・岐阜県青少年ふれあい事業の受託まで(池下真也)「薩摩義士に学ぶ」 霧島市薩摩義士顕彰会 (6) 2013.3

鹿児島岐阜姉妹県ふれあい事業を担当して(神野剛志)「薩摩義士に学ぶ」 霧島市薩摩義士顕彰会 (6) 2013.3

講演記録 鹿児島と岐阜との絆を結ぶ「美濃の会」の活動から(住吉義輝)「薩摩義士に学ぶ」 霧島市薩摩義士顕彰会 (6) 2013.3

岐阜県地方史研究の動向(村瀬泰啓)「信濃 [第3次]」 信濃史学会 65(6)通号761 2013.6

パネラー発表4 観光資源としての郷土料理(日比野光敏)「郷土研究・岐阜 : 岐阜県郷土資料研究協議会会報」 岐阜県郷土資料研究協議会 (120) 2013.9

岐阜県における学齢児童に対する就学支援 昭和初期(元年～10年頃)を中心に(黒田隆志)「郷土研究・岐阜 : 岐阜県郷土資料研究協議会会報」 岐阜県郷土資料研究協議会 (121) 2014.3

東濃「山なみ遥か石ほとけの道中馬の里」から「岐阜県で活躍した石工たち」を調査を(書窓の風)(桃井勝)「郷土研究・岐阜 : 岐阜県郷土資料研究協議会会報」 岐阜県郷土資料研究協議会 (121) 2014.3

曲谷石工の活躍 米原市に残る作品/岐阜県に残る作品(特集 東草野の山村景観―東草野の山村景観)(佐加太 : 米原市文化財ニュース」 米原市教育委員会 (39) 2014.3

岐阜県歴史資料館だより「濃飛史岬」 岐阜県歴史資料保存協会 (106) 2014.4

平成25年度 岐阜県古地図文化研究会事業報告/平成26年度 岐阜県古地図文化研究会事業計画「古地図文化ぎふ」 岐阜県古地図文化研究会 (14) 2014.5

岐阜県東部の砂防堤防について(その1)(調査報告)(田口憲一)「産業遺産研究」 中部産業遺産研究会 (21) 2014.5

岐阜県地方史研究の動向(隣県特集号 隣県地方史学界の動向―平成25年(2013))(村瀬泰啓)「信濃 [第3次]」 信濃史学会 66(6)通号773 2014.6

岐阜市

資料紹介 杉山家文書について(筧真理子)「岐阜市歴史博物館研究紀要」 岐阜市歴史博物館 (15) 2001.3

岐阜市域における部民制の実態(跡部眞)「オール諏訪 : 郷土の総合文化誌」 諏訪郷土文化研究会 23(2)通号224 2003.5

岐阜市の味起こし事業―「岐阜弁」の誕生と展開(日比野光敏)「郷土研究・岐阜 : 岐阜県郷土資料研究協議会会報」 岐阜県郷土資料研究協議会 (100) 2005.6

博物館ニュース 信玄公の金箔瓦、岐阜市重要文化財に指定される! 金色に輝く復元品も完成!/分館 加藤栄三・東一記念美術館の展示、特集展示(2階総合展示室内)、分室 柳津歴史民俗資料室の展示「岐阜市歴史博物館博物館だより」 岐阜市歴史博物館 (85) 2013.11

岐阜城

岐阜城の威容と加納城「御三階櫓」(佐藤哲雄)「中山道加納宿 : 中山道加納宿文化保存会会誌」 中山道加納宿文化保存会 36 2000.10

岐阜城夜話―二階堂氏(加納宏幸)「中山道加納宿 : 中山道加納宿文化保存会会誌」 中山道加納宿文化保存会 39 2002.3

岐阜城について(高田徹)「中世城郭研究」 中世城郭研究会 (17) 2003.7

研究ノート 岐阜城8月23日の戦い(土山公仁)「岐阜市歴史博物館博物館だより」 岐阜市歴史博物館 58 2004.7

岐阜城(〈第31回上伊那研究会会員外実地踏査報告〉)(浦野紀子)「伊那路」 上伊那郷土会 50(12)通号599 2006.12

岐阜 史跡岐阜城跡の価値・保存・活用(書窓の風)(内堀信雄)「郷土研究・岐阜 : 岐阜県郷土資料研究協議会会報」 岐阜県郷土資料研究協議会 (118) 2012.9

岐阜町

歴史が創った町・金華 金華三十三ヶ寺―金華三十三ヶ寺に秘められた岐阜町の歴史と伝統的文化(松田千晴)「郷土研究・岐阜 : 岐阜県郷土資料研究協議会会報」 岐阜県郷土資料研究協議会 (101) 2005.10

近世岐阜町における都市軸形成とその後の変容(松井幸一)「史泉 : historical & geographical studies in Kansai University」 関西大学史学・地理学会 (110) 2009.7

金華

歴史が創った町・金華 金華三十三ヶ寺―金華三十三ヶ寺に秘められた岐阜町の歴史と伝統的文化(松田千晴)「郷土研究・岐阜 : 岐阜県郷土資料研究協議会会報」 岐阜県郷土資料研究協議会 (101) 2005.10

金華山

「ぎふ金華山ロープウェイ」前史三つの金華山登山者輸送計画(大塚清

杭瀬川

杭瀬川の川湊と船町湊(1),(2)(清水進)「郷土研究・岐阜 : 岐阜県郷土資料研究協議会会報」 岐阜県郷土資料研究協議会 (115)/(116) 2011.3/2011.09

郡上

郡上小景(杉山弘)「隣人 : 草志会年報」 草志会 18 2004.6

郡上の植疱瘡(森永正文)「郡上史談」 郡上史談会 (136) 2012.2

美濃 「郡上かるた」発行される(書窓の風)(馬渕晃修)「郷土研究・岐阜 : 岐阜県郷土資料研究協議会会報」 岐阜県郷土資料研究協議会 (119) 2013.3

鷲見姓は郡上からはじまる(1),(2)(馬渕晃修)「郡上史談」 郡上史談会 (142)/(144) 2014.2/2014.10

郡上街道

郡上・白川街道の再認識(わたしの飛騨・美濃再考)(道下淳)「郷土研究・岐阜 : 岐阜県郷土資料研究協議会会報」 岐阜県郷土資料研究協議会 96 2004.3

郡上郡

書窓の風 美濃 町村合併と町村史編集—旧郡上郡の場合(白石博男)「郷土研究・岐阜 : 岐阜県郷土資料研究協議会会報」 岐阜県郷土資料研究協議会 (101) 2005.10

郡上市

郡上市について「遊悠」 郡上・地名を考える会 17 2003.11

「郡上市史」の編纂を「郡上史談」 郡上史談会 (137) 2012.6

郡上八幡

郡上八幡と岐阜の史跡めぐりの旅(研修委員会)「小田原史談 : 小田原史談会々報」 小田原史談会 (216) 2009.1

郡上藩

美濃 『郡上藩宝暦騒動原書シリーズ』CDの発行(書窓の風)(白石博男)「郷土研究・岐阜 : 岐阜県郷土資料研究協議会会報」 岐阜県郷土資料研究協議会 (104) 2006.10

郡上藩醫学校旧蔵の「理學提要」(森永正文)「郡上史談」 郡上史談会 (138) 2012.10

栗笠湊

中部横断運河計画 栗笠湊の決断(村上圭二)「郷土研究・岐阜 : 岐阜県郷土資料研究協議会会報」 岐阜県郷土資料研究協議会 (101) 2005.10

下呂

下呂石研究の歩み(1) 下呂石の広がり(岩田修)「飛騨春秋 : 飛騨郷土学会誌」 高山市民時報社 2003.10

下呂石研究の歩み(2) 下呂石の広がり—木曽川を下った円礫(岩田修)「飛騨春秋 : 飛騨郷土学会誌」 高山市民時報社 519 2004.4

下呂石研究の現状(1) 第四回下呂石シンポジウムの成果から(岩田修)「斐太紀 : 研究紀要」 飛騨学の会 (6) 2012.3

下呂石研究の現状(3) 「湯ヶ峰石か、下呂石か」下呂石誕生まで(岩田修)「斐太紀 : 研究紀要」 飛騨学の会 通号8 2013.3

下呂町

下呂町(現下呂市の一部)の地名由来(土屋一)「郷土研究・岐阜 : 岐阜県郷土資料研究協議会会報」 岐阜県郷土資料研究協議会 (117) 2012.3

上有知

尾張藩領在郷町と村入用小割帳—宝暦期美濃上有知の事例(境淳伍)「郷土文化」 名古屋郷土文化会 60(3)通号203 2006.3

上有知城下町と上有知蔵人頼保について(古田憲司)「濃飛史艸」 岐阜県歴史資料保存協会 (106) 2014.4

神戸町

お待ちしています 歴史と文化の町神戸町へ再び(三原法雲)「美濃の文化 : 美濃文化総合研究会機関誌」 美濃文化総合研究会 (123) 2012.10

興文小講堂

消えゆく教育遺産に想いを—興文小講堂お別れ式(清水泰浩)「美濃の文化 : 美濃文化総合研究会機関誌」 美濃文化総合研究会 (125) 2013.6

国府

地名考 国府・丹生川は明治8年の命名(桐谷忠夫)「飛騨春秋 : 飛騨郷土学会誌」 高山市民時報社 496 2002.5

小島城

美濃の小島城について(林芳樹)「郷土研究・岐阜 : 岐阜県郷土資料研究協議会会報」 岐阜県郷土資料研究協議会 (122) 2014.9

小白川砦

小白川砦跡の紹介—未確認城館の報告(佐伯哲也)「郷土研究・岐阜 : 岐阜県郷土資料研究協議会会報」 岐阜県郷土資料研究協議会 (107) 2007.10

駒塚

尾張藩川並支配体制における駒塚奉行と関東百人組(林順子)「東海地域文化研究」 名古屋学芸大学短期大学部附属東海地域文化研究所 (15) 2004.3

五郎左衛門新田

飛騨における安永検地以後の検地(1)—吉城郡名張村五郎左衛門新田(林格男)「斐太紀 : 研究紀要」 飛騨学の会 (7) 2012.9

三枝

中部山岳地帯の郷名 三枝について(衣斐義之)「飛騨春秋 : 飛騨郷土学会誌」 高山市民時報社 2006(7)通号546 2006.7

三枝城

飛騨三枝城について(佐伯哲也)「愛城研報告」 愛知中世城郭研究会 (13) 2009.8

坂本駅

美濃坂本駅の衰退と信濃園原の成立—神坂越えにおける平安初期の交通形態をめぐって(特集 古代の交通と地方社会—イナ・シナノとその周辺)(中里信之)「飯田市歴史研究所年報」 飯田市教育委員会 (12) 2014.8

鷺山城

鷺山城址について(池田光雄)「中世城郭研究」 中世城郭研究会 (18) 2004.7

佐保

研究ノート 「佐保」と「佐保姫」(大橋路子)「岐阜市歴史博物館博物館だより」 岐阜市歴史博物館 (70) 2008.12

佐見川水力発電所

岐阜の電気事業先覚者・篠田義彦—佐見川水力発電開発史を中心に(高橋伊佐夫)「産業遺産研究」 中部産業遺産研究会事務局 (10) 2003.5

志野

常設展示室だより フリールーム 近世の美濃—志野・織部・御深井「名古屋市博物館だより」 名古屋市博物館 160 2004.10

下麻生城

美濃下麻生城について(石川浩治)「城」 東海古城研究会 (190) 2004.10

下有知村

武儀郡下有知村の「万治三年名寄」について(坂口浩之)「岐阜県博物館調査研究報告」 岐阜県博物館 (27) 2006.3

下佐波村

加納藩領羽栗郡下佐波村における窮民対策(小川敏雄)「濃飛史艸」 岐阜県歴史資料保存協会 (103) 2013.4

下三之町

下三之町の屋台「仙人台」(岩島周一)「飛騨春秋 : 飛騨郷土学会誌」 高山市民時報社 513 2003.10

下之保

関市下之保の大字地名由来(土屋一)「郷土研究・岐阜 : 岐阜県郷土資料研究協議会会報」 岐阜県郷土資料研究協議会 (121) 2014.3

下林町

高山市下林町堤防決壊水害(浅野吉久)「飛騨春秋 : 飛騨郷土学会誌」 高山市民時報社 529 2005.2

下原湊

金山湊と下原湊—飛騨・美濃国境からみた地域経済圏とその支配(福井重治)「郷土研究・岐阜 : 岐阜県郷土資料研究協議会会報」 岐阜県郷土資料研究協議会 91 2002.6

庄川

庄川流木争議—庄川の初期電源にともなう水利問題を中心に(鈴木和美)「岐阜史学」 岐阜史学会 通号98 2001.9

荘川村と庄川問題(勝野浩)「岐阜史学」 岐阜史学会 通号99 2002.3

いわゆる帰雲城の位置について 庄川右岸説は有り得るか(坂部和男)「飛騨春秋 : 飛騨郷土学会誌」 高山市民時報社 509 2003.6

荘川村

荘川村と庄川問題(勝野浩)「岐阜史学」 岐阜史学会 通号99 2002.3

勝慶寺

城郭寺院 美濃国勝慶寺(平山四郎吉)「城」 東海古城研究会 (187) 2003.10

白河

戊辰戦争・白河口の戦いと白河の関—史談会史跡巡り(大貫一雄)「桐生史苑」 桐生文化史談会 (44) 2005.3

白川街道

郡上・白川街道の再認識(わたしの飛騨・美濃再考)(道下淳)「郷土研究・岐阜 : 岐阜県郷土資料研究協議会会報」 岐阜県郷土資料研究協

議会 96 2004.3

白川街道の三つの峠（牧ヶ野重信）「飛騨春秋 : 飛騨郷土学会誌」 高山市民時報社 529 2005.2

白川郷

白川郷における帰雲の付く固有名詞の成り立ち―帰雲城という名の城は存在したか（坂部和夫）「飛騨春秋 : 飛騨郷土学会誌」 高山市民時報社 506 2003.3

岐阜県高山・白川郷大和町史跡探訪記「東庄の郷土史」 東庄郷土史研究会 （19） 2003.6

飛騨高山散策と白川郷三日間の旅（白川ヒサエ）「えすたでい」 自分史の会・えすたでい （12） 2003.10

白川郷・五箇山をたずねて（弥生人体験クラブの活動記録）（手塚信和）「静岡市立登呂博物館研究紀要」 静岡市立登呂博物館 通号5 2005.3

むらの風景が語るもの―世界遺産白川郷を訪ねて（藤永豪）「非文字資料研究」 神奈川大学21世紀COEプログラム拠点推進会議 （11） 2006.3

白川郷を訪ねて（高野顕）「鹿行の文化財」 鹿行文化財保護連絡協議会 （38） 2008.3

寛正2年に始まる内ヶ嶋為氏等の飛騨白川郷・越中への進出と寛正の大飢饉（坂部和夫）「斐太紀 : 研究紀要」 飛騨学の会 2009年度 2010.3

寛正2年に始まる内ヶ嶋為氏等の飛騨白川郷・越中への進撃ルートとその展開（坂部和夫）「斐太紀 : 研究紀要」 飛騨学の会 2010年度 2010.9

白川郷における江戸期の硝石生産技術―焔硝およびその原料の成分分析をもとに（大会特集 火薬をめぐる社会と文化―江戸時代を中心として）（馬路泰蔵）「風俗史学 : 日本風俗史学会誌」 日本風俗史学会 （42） 2011.2

白川橋

「美濃橋」の補遺と白川橋―我が国に現存する最古と2番目に古い鋼吊橋（山根巌）「産業遺産研究」 中部産業遺産研究会事務局 （12） 2005.5

白川村

大野郡白川村和田弥右衛門家文書に見る幕末・明治初期の情報伝達情況（抄）（野原敏彦）「岐阜県歴史資料館報」 岐阜県教育文化財団歴史資料館 （25） 2002.3

白鳥

近世村々の年貢・産業人口（1）（西原忠一）「郷土白鳥」 白鳥町文化財保護協会 （68） 2000.9

白鳥の小字名と春（上村俊邦）「遊悠」 郡上・地名を考える会 （18） 2009.5

穴馬直参門徒と白鳥八ヵ組同行（白石博男）「郡上史談」 郡上史談会 （137） 2012.6

「白鳥」という地名（白石博男）「郷土研究・岐阜 : 岐阜県郷土資料研究協議会会報」 岐阜県郷土資料研究協議会 （119） 2013.3

白鳥郵便局

白鳥郵便局の歴史について（安井勉）「郷土白鳥」 白鳥町文化財保護協会 （69） 2001.10

新加納

新加納 間の宿について（2），（3）（今尾良三）「中山道加納宿 : 中山道加納宿文化保存会会誌」 中山道加納宿文化保存会 （59）/（60） 2012.4/2012.10

新宮町

昔と今 境界はいつごろ 高齢者の会話から考える高山市新宮町の今のこと（直井昭夫）「斐太紀 : 研究紀要」 飛騨学の会 通号5 2011.9

数河峠

越中東海道筋 山田方面（1） 二つの数河峠（すごうとうげ）（ふるさと神岡を語る会）「飛騨春秋 : 飛騨郷土学会誌」 高山市民時報社 535 2005.8

墨俣一夜城

墨俣一夜城（（第31回上伊那歴史研究会県外実地踏査報告））（内藤りつ子）「伊那路」 上伊那郷土研究会 50（12）通号599 2006.12

墨俣城

密蔵院に集った人たち 墨俣城築城余聞「信長と柏井衆」（清水勝一）「郷土文化」 名古屋郷土文化会 60（1）通号201 2005.8

苔川

平成16年10月20日・台風記録として（1）苔川の氾濫（牧ヶ野重信）「飛騨春秋 : 飛騨郷土学会誌」 高山市民時報社 527 2004.12

西濃

西濃から養老・南濃の史跡（網干善教）「近畿文化」 近畿文化会事務局 649 2003.12

近代の経済変動と地域金融機関の変遷―西濃地域を中心として（1），（2）（山田賢二）「郷土研究・岐阜 : 岐阜県郷土資料研究協議会会報」 岐阜県郷土資料研究協議会 （112）/（113） 2009.9/2010.03

関ヶ原

神指城と関ヶ原（石田明夫）「会津若松市史研究」 会津若松市 （3） 2001.10

関ヶ原戦略の誤算（高山友禅）「宇喜多家史談会会報」 宇喜多家史談会 4 2002.10

関ヶ原戦略の誤算（後）（高山友禅）「宇喜多家史談会会報」 宇喜多家史談会 5 2003.1

西濃紀行 関ヶ原から大垣をめぐって（伊藤保）「みちしるべ : 尼崎郷土史研究会々誌」 尼崎郷土史研究会 （31） 2003.3

描き変えられた関ヶ原合戦図（野田浩子）「彦根博物館だより」 彦根城博物館 61 2003.6

関ヶ原合戦地と矢野家訪問について（藤波整吉）「宇喜多家史談会会報」 宇喜多家史談会 11 2004.7

関ヶ原・大垣周辺の古代史跡見学（三宅清）「つどい」 豊中歴史同好会 202 2005.1

関ヶ原と薩摩義士（藤崎定昭）「薩摩義士」 鹿児島県薩摩義士顕彰会 12 2005.3

古戦場「関ヶ原」を訪ねて（史蹟を訪ねる）（佐藤輝康）「餘戸」 余目町郷土史研究会 （2） 2006.3

関ヶ原の戦いに関する時系列データベース―城郭関連史料を中心として（白峰旬）「愛城研報告」 愛知中世城郭研究会 （10） 2006.8

桶狭間と関ヶ原の古戦場を行く（青山通義雄）「史談しもふさ」 下総町郷土史研究会 （28） 2007.4

関ヶ原合戦と二大老・四奉行（布谷陽子）「史叢」 日本大学史学会 （77） 2007.9

文書で読む栃木の歴史 関ヶ原の戦いと那須地域（直井勝幸）「文書館だより」 栃木県立文書館 （43） 2008.3

関ヶ原―東の共通点・西の共通点（生徒歴史研究発表大会の記録）（川名健太）「房総史学」 国書刊行会 （48） 2008.3

資料紹介 関ヶ原合戦図絵巻（津田貞子）「名古屋市博物館だより」 名古屋市博物館 （193） 2010.4

戦国巻の3「よみがえる関ヶ原合戦―関ヶ原合戦図を読む―」関連事業「彦根城博物館だより」 彦根城博物館 通号90 2010.9

龍谷大学国史学研究会 2010年度総会記念講演 関ヶ原の戦いと中近世移行期の社会（山本浩樹）「国史学研究」 龍谷大学国史学研究会 （35） 2012.3

関ヶ原の戦いにおける東海道方面東軍諸将の動向（下村信博）「名古屋市博物館研究紀要」 名古屋市博物館 36 2013.3

関ヶ原合戦前後の上杉氏と情報伝達―情報伝達経路と「上方散々」の解釈（今福匡）「十六世紀史論叢」 十六世紀史論叢刊行会 （1） 2013.3

第63回企画展「小山評定と関ヶ原合戦」関連講座 伝統芸能・講談で聞く「小山評定」開催報告「小山市立博物館博物館だより」 小山市立博物館 59 2014.9

第5回テーマ展「関ヶ原合戦から大坂の陣」資料紹介「長浜城歴史博物館友の会友の会だより」 長浜城歴史博物館友の会 （182） 2014.12

関ヶ原宿

研究ノート 中山道関ヶ原宿における宿・助郷誓詞（橘敏夫）「交通史研究」 交通史学会, 吉川弘文館（発売） （66） 2008.8

関藩

関藩年譜 上,（2）（史料紹介）（中村正己）「研究報告」 千葉県立関宿城博物館 （17）/18 2013.3/2014.3

千本松原

宝暦治水碑建立物語（5）～（8）（木下秀磨）「薩摩義士」 鹿児島県薩摩義士顕彰会 7/（13） 2000.3/2006.3

交流の絆千本松原を守れ薩摩義士さんありがとう（中島康博）「薩摩義士」 鹿児島県薩摩義士顕彰会 10 2003.3

宝暦治水碑（加藤勝己）「薩摩義士」 鹿児島県薩摩義士顕彰会 （15） 2008.3

口絵 平田靫負銅像（平田公園）/宝暦治水碑の拓本「薩摩義士」 鹿児島県薩摩義士顕彰会 （17） 2010.1

ドキュメンタリー番組『千本松原のメッセージ―木曽三川と薩摩義士たち―』について（堀哲雄）「薩摩義士に学ぶ」 霧島市薩摩義士顕彰会 （5） 2012.3

口絵写真 大巻薩摩工事役館跡 銅像/大黒寺墓地/千本松原/宝暦当時の濃尾平野河相略図/濃尾平野（昭和58年頃）/鶴丸城・平田公園周辺散策「薩摩義士」 鹿児島県薩摩義士顕彰会 （20） 2013.2

千本松原の子孫松について思う（会員のひろば）（石神民男）「薩摩義士に学ぶ」 霧島市薩摩義士顕彰会 （6） 2013.3

荘川

往古荘川 湖底の今昔（田下昭夫）「飛騨春秋 : 飛騨郷土学会誌」 高山市民時報社 514 2003.11

続往古荘川 湖底の今昔（田下昭夫）「飛騨春秋 : 飛騨郷土学会誌」 高山市民時報社 516 2004.1

岐阜県

袖川村

岐阜県における戦後の青年学校―吉城郡袖川村青年学校史料を中心として（堀内潤一）「岐阜県歴史資料館報」　岐阜県教育文化財団歴史資料館　（26）　2003.3

曽根城

古絵図による曽根城の一考察（坂東肇）「郷土研究・岐阜　：　岐阜県郷土資料研究協議会会報」　岐阜県郷土資料研究協議会　（116）　2011.9

蘇原北山

美濃国刻印須恵器・裏字印をめぐって―付編・蘇原北山の刻印須恵器（高木洋）「岐阜市歴史博物館研究紀要」　岐阜市歴史博物館　（19）　2009.3

大威徳寺

下呂市大威徳寺跡の調査（早川万年）「郷土研究・岐阜　：　岐阜県郷土資料研究協議会会報」　岐阜県郷土資料研究協議会　（102）　2006.3

大門村

「美濃国大野郡大門村」の地名の由来（石田明乗）「城」　東海古城研究会　184　2002.9

高須

「タカス」という地名（馬渕旻修）「遊悠」　郡上・地名を考える会　（18）　2009.5

高鷲

美濃　高鷲開拓資料展示室が開設される（書窓の風）（馬渕旻修）「郷土研究・岐阜　：　岐阜県郷土資料研究協議会会報」　岐阜県郷土資料研究協議会　（117）　2012.3

高鷲町

天正地震（1586年）時の岐阜県郡上市高鷲町における大規模山体崩壊について（坂部和夫）「飛騨春秋　：　飛騨郷土学会誌」　高山市民時報社　2006（6）通号545　2006.6

高須藩

美濃高須藩を訪ねて（西野光彦）「ひがし」　東区郷土史研究会　（9）　2002.12

続　高須藩人物略誌（大野正茂）「美濃の文化　：　美濃文化総合研究会機関誌」　美濃文化総合研究会　（124）　2013.2

美濃高須藩と高須藩下伊那領―十代藩主松平義建『夏の旅跡』より（神村透）「伊那」　伊那史学会　62（8）通号1035　2014.8

高原諏訪城

高原諏訪城跡について（佐伯哲也）「郷土研究・岐阜　：　岐阜県郷土資料研究協議会会報」　岐阜県郷土資料研究協議会　（100）　2005.6

高山

岐阜県高山・白川町史跡探訪記「東庄の郷土史」　東庄郷土史研究会　（19）　2003.6

飛騨高山散策と白川郷三日間の旅（白川ヒサエ）「えすたでい」　自分史の会・えすたでい　（12）　2003.10

城下町飛騨高山　時代背景から町づくりを読む（桐谷忠夫）「飛騨春秋　：　飛騨郷土学会誌」　高山市民時報社　530　2005.3

「飛騨高山」という地名について（浅野吉久）「飛騨春秋　：　飛騨郷土学会誌」　高山市民時報社　530　2005.3

飛騨高山　町火消「と」組保存会設立にあたって（加藤一喜）「飛騨春秋　：　飛騨郷土学会誌」　高山市民時報社　531　2005.4

飛騨高山の賞味期限　歴史文化と観光宣伝のあり方（桐谷忠夫）「飛騨春秋　：　飛騨郷土学会誌」　高山市民時報社　534　2005.7

高山「黄鶴臺」中段幕と思われる幕の一考察（長瀬公昭）「飛騨春秋　：　飛騨郷土学会誌」　高山市民時報社　2006（4）通号543　2006.4

「飛騨高山」と飛騨の国（桐谷忠夫）「全国地名研究交流誌　地名談話室」　日本地名研究所　22　2006.10

飛騨国高山役所の地役人改革と文武稽古―天保期を中心に（高橋伸拓）「風俗史学　：　日本風俗史学会誌」　日本風俗史学会　（39）　2009.8

高山盆地形成について　研究の現状と課題（岩田修）「斐太紀　：　研究紀要」　飛騨学の会　2009年度　2010.3

飛騨高山探訪（平沢美代子）「魚津史談」　魚津歴史同好会　（33）　2011.3

飛騨高山の館　柳湾住跡を訪ねて（山上健）「まきの木」　巻郷土資料館友の会　（95）　2011.10

第14回特別地研究会報告　秋の飛騨高山の歴史文化を訪ねて（藤原邦治）「美濃の文化　：　美濃文化総合研究会機関誌」　美濃文化総合研究会　（124）　2013.2

高山「角三運送店」事情（元田久治）「斐太紀　：　研究紀要」　飛騨学の会　通号8　2013.3

高山合同運送株式会社事情（1）（元田久治）「斐太紀　：　研究紀要」　飛騨学の会　（9）　2013.9

都市としての高山と飛騨高山まちの博物館（牛丸岳彦）「郷土研究・岐阜　：　岐阜県郷土資料研究協議会会報」　岐阜県郷土資料研究協議会　（121）　2014.3

高山合同運送株式会社事情II（元田久治）「斐太紀　：　研究紀要」　飛騨学の会　（10）　2014.3

高山県

「高山県」が現石川県の能登半島にも及んでいた（池之端甚衛）「飛騨春秋　：　飛騨郷土学会誌」　高山市民時報社　505　2003.2

高山県買入ручれ富山米請取記録（大野政雄）「飛騨春秋　：　飛騨郷土学会誌」　高山市民時報社　508　2003.5

飛騨の「高山県」が能登半島にまで及んでいた（池之端甚衛）「石川郷土学会々誌」　石川郷土史学会　（40）　2007.12

高山市

巨大地積の高山市　交通路の今昔（1）～（5）（桐谷忠夫）「飛騨春秋　：　飛騨郷土学会誌」　高山市民時報社　538/2006（6）通号545　2005.11/2006.6

高山市内石垣の矢穴―高山城石垣の行方を探る（岩田修）「斐太紀　：　研究紀要」　飛騨学の会　（9）　2013.9

高山城

山城レポ　高山城への想い（末森清司）「備陽史探訪」　備陽史探訪の会　（170）　2013.2

高山陣屋

飛騨郡代高山陣屋文書における『越前国海岸江大筒台場取建方一件』について（藤田佳一）「岐阜県歴史資料館報」　岐阜県教育文化財団歴史資料館　（28）　2005.2

飛騨郡代高山陣屋文書中の絵図紹介―当館・高山陣屋共催「地図が語る飛騨の治山展」出品絵図から（吉野光浩）「岐阜県歴史資料館報」　岐阜県教育文化財団歴史資料館　（29）　2006.2

『飛騨郡代高山陣屋文書』にみる「梅村速水の治世と梅村騒動に関わる史料」の紹介―「大前久八郎家文書」との関連を通して（史料紹介）（田添好男）「岐阜県歴史資料館報」　岐阜県教育文化財団歴史資料館　（33）　2010.3

岐阜県歴史資料館古文書講座「高山陣屋文書を読もう」（小川敏雄）「濃飛史岬」　岐阜県歴史資料保存協会　（105）　2014.1

高山線

昭和九年高山線開通に伴う高山駅舎建築に関わる秘話（前越哲夫）「斐太紀　：　研究紀要」　飛騨学の会　（11）　2014.9

高山藩

高山藩における「十代官」の管轄区分（堀祥岳）「濃飛史岬」　岐阜県歴史資料保存協会　（106）　2014.4

高山本線

高山本線の成立と変遷をめぐって（草卓人）「郷土研究・岐阜　：　岐阜県郷土資料研究協議会会報」　岐阜県郷土資料研究協議会　（110）　2008.10

竹原

飛騨国竹原郷村幕末の村札発見について（小池三次）「斐太紀　：　研究紀要」　飛騨学の会　（7）　2012.9

田畑村

初編中巻六十八「田畑村西行庵の異物作事」（花部英雄）「昔話伝説研究」　昔話伝説研究会　（23）　2003.4

垂井

垂井　表佐の常夜灯（木村邦夫）「美濃の文化　：　美濃文化総合研究会機関誌」　美濃文化総合研究会　（125）　2013.6

垂井宿

中山道垂井宿助郷差止願にみられる福束輪中の概況（片野知二）「中山道加納宿　：　中山道加納宿文化保存会会誌」　中山道加納宿文化保存会　（59）　2012.4

垂井尋常高等小学校

岐阜県における郷土教育運動の展開―不破郡垂井尋常高等小学校の郷土教育の取組み（林由佳子）「岐阜県歴史資料館報」　岐阜県教育文化財団歴史資料館　（25）　2002.3

中濃軽便鉄道

研究ノート　4枚の線路平面図（上）―幻の中濃軽便鉄道「岐阜市歴史博物館博物館だより」　岐阜市歴史博物館　（63）　2006.8

研究ノート　4枚の線路平面図（下）―幻の中濃軽便鉄道（大塚清史）「岐阜市歴史博物館博物館だより」　岐阜市歴史博物館　（64）　2006.12

長滝寺荘園上庄

『楓軒文書纂』に見る　白山長滝寺荘園上庄（中野義夫）「斐太紀　：　研究紀要」　飛騨学の会　2010年度　2010.9

長滝寺荘園焼野

『楓軒文書纂』に見る長滝寺荘園焼野と河上庄（1），（2）（中野義夫）「飛騨春秋　：　飛騨郷土学会誌」　高山市民時報社　514/520　2003.11/2004.5

天満橋
改修後の天満橋「橋名板」(北洞正廣)「中山道加納宿 ： 中山道加納宿文化保存会会誌」 中山道加納宿文化保存会 （51） 2008.4

東濃
東濃十八経(佐浦信男)「城」 東海古城研究会 （194） 2006.2

東濃 「高遠石工を考えるつどい」と巡見を通した高遠と東濃の研究交流(書窓の風)(桃井勝)「郷土研究・岐阜 ： 岐阜県郷土資料研究協議会会報」 岐阜県郷土資料研究協議会 （103） 2006.6

東濃 東濃西部陶磁資料館 陶磁展示の動向(書窓の風)(桃井勝)「郷土研究・岐阜 ： 岐阜県郷土資料研究協議会会報」 岐阜県郷土資料研究協議会 （106） 2007.6

岐阜県東濃地方の風土(特集 県境と暮らし—信州・東濃)(吉田三郎)「地域文化」 八十二文化財団 （97） 2011.7

近世東濃周辺の作事に従事した知多大工(山口潤)「知多半島の歴史と現在」 日本福祉大学知多半島総合研究所 （16） 2012.10

徳山線
国鉄自動車徳山線による戦中・戦後の貨物輸送—元運転士のオーラルヒストリー(夏目勝之)「産業遺産研究」 中部産業遺産研究会事務局 （11） 2004.5

国鉄自動車徳山線による戦中・戦後の貨物輸送—資料編 元運転士・広瀬伍助氏のオーラルヒストリー／元運転士・小林勲氏のオーラルヒストリー(夏目勝之)「産業遺産研究」 中部産業遺産研究会事務局 （11） 2004.5

徳山村
越人論壇 旧美濃徳山村—越美をつなぐ回廊の歴史(山本弘毅)「越人」 越前文化士の会 （5） 2011.4

ダムに浮いた岐阜県徳山村の「ふるさとの碑」拓本(津田悟)「あしたづ ： 河内の郷土文化サークルセンター特集誌」 河内の郷土文化サークルセンター （14） 2012.2

とっくり村
書窓の風 東濃下石とっくり村と窯元館(桃井勝)「郷土研究・岐阜 ： 岐阜県郷土資料研究協議会会報」 岐阜県郷土資料研究協議会 （99） 2005.3

富之保
関中富之保の大字地名由来(土屋一)「郷土研究・岐阜 ： 岐阜県郷土資料研究協議会会報」 岐阜県郷土資料研究協議会 （116） 2011.9

中津川
水戸浪士の足跡を中津川に訪ねて(第39回上伊那歴史研究会県外実地踏査報告「愛知県三河と上伊那とのつながりを探る」)(新井幸徳)「伊那路」 上伊那郷土研究会 58(12)通号695 2014.12

中之保
関中之保の大字地名由来(土屋一)「郷土研究・岐阜 ： 岐阜県郷土資料研究協議会会報」 岐阜県郷土資料研究協議会 （115） 2011.3

中村輪中
美濃郡代笠松陣屋堤方役所文書「中村輪中囲堤之儀ニ付戸田采女正領分村々より差障一件論所絵図」(岐阜県歴史資料館)「岐阜県歴史資料館報」 岐阜県教育文化財団歴史資料館 （31） 2008.3

美濃郡代笠松陣屋堤方役所文書「中村輪中囲堤之儀ニ付戸田采女正領分村々より差障一件論所絵図」の紹介(史料紹介)(吉田義治)「岐阜県歴史資料館報」 岐阜県教育文化財団歴史資料館 （33） 2010.3

長森
土岐氏の惣領制と長森の城(鈴木秀雄)「中山道加納宿 ： 中山道加納宿文化保存会会誌」 中山道加納宿文化保存会 （45） 2005.4

長良
加納魚問屋と長良鵜匠(加納宏幸)「中山道加納宿 ： 中山道加納宿文化保存会会誌」 中山道加納宿文化保存会 （47） 2006.4

長良川
加藤栄三・東一記念美術館「加藤栄三・東一 故郷：岐阜を描く」「悠久の時を越え、今に伝える感動絵巻 絵画に描かれた鵜飼」／企画展「長良川うかいミュージアム」「岐阜市歴史博物館博物館だより」 岐阜市歴史博物館 （65） 2007.4

長良川・揖斐川の河道変化と郡境(丸山幸太郎)「郷土研究・岐阜 ： 岐阜県郷土資料研究協議会会報」 岐阜県郷土資料研究協議会 （106） 2007.6

企画展「長良川うかいミュージアム」「岐阜市歴史博物館博物館だより」 岐阜市歴史博物館 （68） 2008.4

美濃郡代笠松陣屋堤方役所文書にみる長良川河道の歴史—描かれた古々川・古川・井川より(窪田玲子)「岐阜県歴史資料館報」 岐阜県教育文化財団歴史資料館 （32） 2009.3

長良川に佇む井月(井月特集)(矢島太郎)「伊那路」 上伊那郷土研究会 53(7)通号630 2009.7

研究ノート 長良川「古川」「古々川」の名称について(筧真理子)「岐

市歴史博物館博物館だより」 岐阜市歴史博物館 （76） 2010.11

生活環境保全林 ながら川ふれあいの森と(神山輝男)「郷土研究・岐阜 ： 岐阜県郷土資料研究協議会会報」 岐阜県郷土資料研究協議会 （115） 2011.3

長良川の鵜飼について(土屋一)「全国地名研究交流誌 地名談話室」 日本地名研究所 （28） 2013.11

明和治水と長良川(木村稔)「郷土研究・岐阜 ： 岐阜県郷土資料研究協議会会報」 岐阜県郷土資料研究協議会 （121） 2014.3

長良小学校
社会科の発足と長良小学校のカリキュラム研究—「岐阜県教育史史料編現代六(教育課程上)」の編集を終えて(北村厚史)「岐阜県歴史資料館報」 岐阜県教育文化財団歴史資料館 （25） 2002.3

仁科品子と昭和29年の子どもたち—岐阜市立長良小学校4部1年文集にみる子ども像(渡邊桃子)「岐阜県歴史資料館報」 岐阜県教育文化財団歴史資料館 （26） 2003.3

那比
那比の小字地名について(井藤一樹)「遊悠」 郡上・地名を考える会 17 2003.11

南濃
西濃から養老・南濃の史跡(網干善教)「近畿文化」 近畿文化会事務局 649 2003.12

新島
上木屋甚兵衛 新島からの手紙(上),(下)—士・農・工・商に高下御座無く候(林格男)「郷土研究・岐阜 ： 岐阜県郷土資料研究協議会会報」 岐阜県郷土資料研究協議会 （121）／（122） 2014.3/2014.9

西田家
石田の猿尾と西田家訪問記(平田報久)「薩摩義士」 鹿児島県薩摩義士顕彰会 （17） 2010.1

西美濃
第35回定期総会記念講演「新しい時代を夢見た武田耕雲斎ら 西美濃の間道を駆け抜ける」 県文化財保護協会副会長 西村覺良先生「美濃の文化 ： 美濃文化総合研究会機関誌」 美濃文化総合研究会 （123） 2012.10

西美濃三人衆成立考(吉田義治)「濃飛史岬」 岐阜県歴史資料保存協会 （110） 2015.10

丹生川
地名考 国府・丹生川は明治8年の命名(桐谷忠夫)「飛騨春秋 ： 飛騨郷土学会誌」 高山市民時報社 496 2002.5

額田
額田国造と美濃国池田郡額田郷(鈴木正信)「日本史攷究」 日本史攷究会 （28） 2003.11

濃飛
濃飛和名抄地名新考(工藤力男)「岐阜史学」 岐阜史学会 通号101 2005.3

野中城
野中城跡について(佐伯哲也)「斐太紀 ： 研究紀要」 飛騨学の会 2008年度 2009.3

野村城
野村城と揖斐城を歩く(林賢司)「城」 東海古城研究会 （205） 2010.10

八幡町
美濃『郡上八幡町史史料編』の完結(書窓の風)(白石博男)「郷土研究・岐阜 ： 岐阜県郷土資料研究協議会会報」 岐阜県郷土資料研究協議会 （107） 2007.10

ハルビン街
「大ハルビン街」と子供たち(岐阜市)(根岸秀行)「郷土研究・岐阜 ： 岐阜県郷土資料研究協議会会報」 岐阜県郷土資料研究協議会 （98） 2004.10

戦後引揚者集団と住宅開発—岐阜駅前ハルビン街再考(根岸秀行)「郷土研究・岐阜 ： 岐阜県郷土資料研究協議会会報」 岐阜県郷土資料研究協議会 （117） 2012.3

万松園
憩いの世界、川上別荘「万松園」(コラム)「産業遺産研究」 中部産業遺産研究会事務局 （16） 2009.5

半田亀崎
ひだびとの現代紀行 半田亀崎探訪記 飛騨の与鹿と立川流彫刻(長瀬公昭)「飛騨春秋 ： 飛騨郷土学会誌」 高山市民時報社 530 2005.3

東美濃
真澄の一枚(13) 東美濃の二人塾 『粉本稿』より(大館市立中央図書館提供)(菊地利雄)「菅江真澄研究」 菅江真澄研究会 （81） 2013.12

飛騨
大原騒動余聞(40),(44) 飛騨出兵を拒否した大垣藩[1],(2) (林格男)

「飛騨春秋 ： 飛騨郷土学会誌」 高山市民時報社 489/510 2001.
10/2003.2

飛騨呈書(1)〜(12)(豊田藤之進)「飛騨春秋 ： 飛騨郷土学会誌」 高山
市民時報社 497/526 2002.6/2004.11

飛騨(桐谷忠夫)「飛騨春秋 ： 飛騨郷土学会誌」 高山市民時報社 505
2003.2

天保巡見使考続 補遺(川上節男)「飛騨春秋 ： 飛騨郷土学会誌」 高山市
民時報社 505 2003.2

旅日記に見る飛騨・美濃(丸山幸太郎)「交通史研究」 交通史学会, 吉川
弘文館(発売) (52) 2003.4

戦後の「青年団」を想う(足立和男)「飛騨春秋 ： 飛騨郷土学会誌」 高
山市民時報社 507 2003.4

鍛冶残響(新名隆太郎)「飛騨春秋 ： 飛騨郷土学会誌」 高山市民時報社
507 2003.4

続飛騨(桐谷忠夫)「飛騨春秋 ： 飛騨郷土学会誌」 高山市民時報社
507 2003.4

飛騨 市町村合併と町村史編さん—「町村史のない合併は、戸籍がないま
まの結婚と同じ」(福井重治)「郷土研究・岐阜 ： 岐阜県郷土資料研究
協議会会報」 岐阜県郷土資料研究協議会 94 2003.6

ひだびとの現代紀行 飛騨文化のルーツを求めて 能登・越中・日本海文
化の探訪(桐谷忠夫)「飛騨春秋 ： 飛騨郷土学会誌」 高山市民時報社
511 2003.8

飛騨塩の道(大野政雄)「飛騨春秋 ： 飛騨郷土学会誌」 高山市民時報社
511 2003.8

飛騨を考える(坂ノ上瀬戸夫)「飛騨春秋 ： 飛騨郷土学会誌」 高山市民
時報社 515 2003.12

付録(編集人)「飛騨春秋 ： 飛騨郷土学会誌」 高山市民時報社 515
2003.12

「飛騨の匠」成立時期への疑問(三輪義弘)「飛騨春秋 ： 飛騨郷土学会
誌」 高山市民時報社 516 2004.1

飛騨古代史雑考 下両飛騨と瑞祥献上(後藤勝也)「飛騨郷秋 ： 飛騨郷土
学会誌」 高山市民時報社 517 2004.2

ひだのたくみ 匠・工・巧考(桐谷忠夫)「飛騨春秋 ： 飛騨郷土学会誌」
高山市民時報社 517 2004.2

多様性のなかの統一性(わたしの飛騨・美濃再考)(伊藤安男)「郷土研
究・岐阜 ： 岐阜県郷土資料研究協議会会報」 岐阜県郷土資料研究協
議会 96 2004.3

飛騨らしさ・美濃らしさの掘り起こし・磨き出し(わたしの飛騨・美濃再
考)(丸山幸太郎)「郷土研究・岐阜 ： 岐阜県郷土資料研究協議会会
報」 岐阜県郷土資料研究協議会 96 2004.3

異質の共生(わたしの飛騨・美濃再考)(小濤渺美)「郷土研究・岐阜 ：
岐阜県郷土資料研究協議会会報」 岐阜県郷土資料研究協議会 96
2004.3

交通から見たひだ・みの(わたしの飛騨・美濃再考)(松田千晴)「郷土研
究・岐阜 ： 岐阜県郷土資料研究協議会会報」 岐阜県郷土資料研究協
議会 96 2004.3

飛騨に特異なものの中から(わたしの飛騨・美濃再考)(原田政彦)「郷土
研究・岐阜 ： 岐阜県郷土資料研究協議会会報」 岐阜県郷土資料研究
協議会 96 2004.3

飛騨の本物 歴史民俗の記録(桐谷忠夫)「飛騨春秋 ： 飛騨郷土学会誌」
高山市民時報社 520 2004.5

万葉の歌から考えるひだのたくみと木津川流送(桐谷忠夫)「飛騨春秋 ：
飛騨郷土学会誌」 高山市民時報社 521 2004.6

ひだびとの現代紀行 伊丹探訪記 一枚の写真から(長瀬公昭)「飛騨春秋
： 飛騨郷土学会誌」 高山市民時報社 527 2004.12

飛騨呈書(続4)〜(続15)(豊田藤之進)「飛騨春秋 ： 飛騨郷土学会誌」
高山市民時報社 529/2006(1) 通号540 2005.2/2006.1

飛越の狩猟伝承特に穴熊狩りを中心として(郷土文化講座講演要旨)(森
俊)「富山県の文化」 富山県郷土史会 (21) 2005.2

飛騨の城館について—縄張り研究の視点から(抄録)(平成16年度講演
会)(石川浩治)「郷土研究・岐阜 ： 岐阜県郷土資料研究協議会会報」
岐阜県郷土資料研究協議会 (99) 2005.3

厠考Ⅱ チュウギ文化の意味するもの(1) 畿内のチュウギと飛騨(浅野弘
光)「郷土研究・岐阜 ： 岐阜県郷土資料研究協議会会報」 岐阜県郷土
資料研究協議会 (99) 2005.3

飛騨古代史雑考 飛騨の律令国造(新国造)の存在を問う(後藤勝也)「飛
騨春秋 ： 飛騨郷土学会誌」 高山市民時報社 531 2005.4

飛騨における他国山稼ぎ—近世後期を中心に(福井重治)「郷土研究・岐
阜 ： 岐阜県郷土資料研究協議会会報」 岐阜県郷土資料研究協議会
(100) 2005.6

厠考Ⅱ チュウギ文化の意味するもの(2) 草木文化の表れとしての飛騨
のチュウギ(浅野弘光)「郷土研究・岐阜 ： 岐阜県郷土資料研究協議
会会報」 岐阜県郷土資料研究協議会 (100) 2005.6

飛騨古代史雑考 「餘丁輪米充匠丁食」試算と貢納の検証(後藤勝也)「飛
騨春秋 ： 飛騨郷土学会誌」 高山市民時報社 533 2005.6

飛騨三木氏の城館について(佐伯哲也)「愛城研報告」 愛知中世城郭研究
会 (9) 2005.8

資料紹介展など 「発掘された飛騨・美濃の歴史」/資料紹介展「美濃ゆか
りの赤羽刀」/岐阜県図書館収蔵資料展示「古地図の世界—城下町絵図
―」「岐阜県博物館だより」 岐阜県博物館 30(2)通号86 2005.9

公開質問「飛騨の城館について」について 岐阜県郷土資料研究協議会会
長宛(菅田一衛)「飛騨春秋 ： 飛騨郷土学会誌」 高山市民時報社
539 2005.12

特別寄稿 美濃・飛騨の武家文化追究構想(丸山幸太郎)「岐阜県歴史資料
館報」 岐阜県教育文化財団歴史資料館 (29) 2006.2

飛騨郡代高山陣屋文書における『飛越地震に関わる史料』の紹介(藤田
佳一)「岐阜県歴史資料館報」 岐阜県教育文化財団歴史資料館 (29)
2006.2

『飛騨呈書』より 飛騨史・天保時代の視点 疑問点の数々—一考察(桐谷
忠夫)「飛騨春秋 ： 飛騨郷土学会誌」 高山市民時報社 2006(2)通
号541 2006.2

飛騨の未確認城館について(佐伯哲也)「郷土研究・岐阜 ： 岐阜県郷土
資料研究協議会会報」 岐阜県郷土資料研究協議会 (102) 2006.3

飛騨 まだまだある、眠る史料(書窓の風)(福井重治)「郷土研究・岐阜
： 岐阜県郷土資料研究協議会会報」 岐阜県郷土資料研究協議会
(102) 2006.3

飛騨の城館についての公開質問状への所感(丸山幸太郎)「飛騨春秋 ：
飛騨郷土学会誌」 高山市民時報社 2006(3)通号542 2006.3

平安期における飛騨地域経済の衰退とその要因について(三輪義弘)「飛
騨春秋 ： 飛騨郷土学会誌」 高山市民時報社 2006(4)通号543
2006.4

安永騒動余聞(53)(林格男)「飛騨春秋 ： 飛騨郷土学会誌」 高山市民
時報社 2006(5)通号544 2006.5

飛騨古代史雑考 『賦役令』から『延喜式』までの一考察 副題「輸米か
ら商布への検証」(後藤勝也)「飛騨春秋 ： 飛騨郷土学会誌」 高山市
民時報社 2006(5)通号544 2006.5

飛騨の城館について—菅田氏の公開質問に対する回答(石川浩治)「飛騨春
秋 ： 飛騨郷土学会誌」 高山市民時報社 2006(5)通号544 2006.5

飛騨古代史雑考 「令飛騨献斧石」の解釈を問う(後藤勝也)「飛騨春秋 ：
飛騨郷土学会誌」 高山市民時報社 2006(7)通号546 2006.7

城跡周辺に存在する小平坦面について—飛騨の事例を中心として(佐伯
哲也)「愛城研報告」 愛知中世城郭研究会 (11) 2006.8

飛騨美濃合併130周年記念特別展「錦絵が語る美濃と飛騨」「岐阜県博物
館だより」 岐阜県博物館 31(2)通号88 2006.9

「飛騨高山」と飛騨の国(桐谷忠夫)「全国地名研究交流誌 地名談話室」
日本地名研究所 (22) 2006.10

『美濃飛騨両国諸川棲息魚介図 魚魚類取調書』を読んで(上野日出利)
「郷土研究・岐阜 ： 岐阜県郷土資料研究協議会会報」 岐阜県郷土資
料研究協議会 (104) 2006.10

飛騨帰雲城と城主・内ヶ嶋氏の史実を探る—天正大地震の土石流で城と
城下町が埋没し、放置されて420年に当り(安達正雄)「石川郷土史学
会々誌」 石川郷土史学会 (39) 2006.12

上伊那と木曽・飛騨・美濃地方とのかかわりを現地で探る(〈第31回上伊
那歴史研究会県外実地踏査報告〉)「伊那路」 上伊那郷土研究会 50
(12)通号599 2006.12

特別展「錦絵が語る美濃と飛騨」出品作品について(守屋靖裕)「岐阜県
博物館調査研究報告」 岐阜県博物館 (28) 2007.3

岐阜 美濃・飛騨の武家文化の調査研究報告書について(書窓の風)(鈴
木秀雄)「郷土研究・岐阜 ： 岐阜県郷土資料研究協議会会報」 岐阜県
郷土資料研究協議会 (105) 2007.3

飛騨 どうなる旧役場文書(書窓の風)(福井重治)「郷土研究・岐阜 ： 岐
阜県郷土資料研究協議会会報」 岐阜県郷土資料研究協議会 (105)
2007.3

飛騨と宝塚—池田文庫での調査から(石末順子)「館報池田文庫」 阪急学
園池田文庫 (30) 2007.4

大原騒動余聞—飛騨出兵を拒否した大垣藩(林格男)「郷土研究・岐阜 ：
岐阜県郷土資料研究協議会会報」 岐阜県郷土資料研究協議会
(106) 2007.6

飛騨・美濃の古地図と資料—「岐阜県の先人・先輩に学ぶ講座」におけ
る出張歴史資料館(河井信幸)「岐阜県歴史資料館報」 岐阜県教育文
化財団歴史資料館 (31) 2008.3

研究ノート 古代律令制下の「飛騨工」(吉田晋右)「岐阜市歴史博物館博
物館だより」 岐阜市歴史博物館 (69) 2008.8

飛騨幕領における御用木の運材と川下稼—南方を中心に(高橋伸彦)「国
文学研究資料館紀要. アーカイブズ研究篇」 人間文化研究機構国文学
研究資料館 (5) 2009.2

美濃飛騨ゆかりの書画会・展覧会資料の紹介(坂口浩之, 岩佐伸一)「岐
阜県博物館調査研究報告」 岐阜県博物館 (30) 2009.3

飛越地震の被害と救済・復旧に関する一考察—「飛騨郡代高山陣屋文
書」にみる飛騨国側の実態を通して(田添好男)「岐阜県歴史資料館報」

岐阜県教育文化財団歴史資料館　（32）2009.3

飛騨　広がる古文書の輪（書窓の風）（福井重治）「郷土研究・岐阜　：　岐阜県郷土資料研究協議会会報」　岐阜県郷土資料研究協議会　（111）2009.3

飛越国境のカモシカ猟（森俊）「富山市日本海文化研究所紀要」富山市日本海文化研究所　（22）2009.3

飛騨の独鈷石について（吉朝則富）「斐太紀　：　研究紀要」飛騨学の会　2008年度　2009.3

飛騨に伊予水軍の子孫が（中野義夫）「斐太紀　：　研究紀要」飛騨学の会　2008年度　2009.3

飛騨林政のおおまかな変遷（鈴木治幸）「斐太紀　：　研究紀要」飛騨学の会　2008年度　2009.3

信州守護小笠原氏とその配下の内ヶ嶋氏、平瀬氏、嘉念坊明誓と市村氏は何時から如何にして飛騨・越中に進出したか（坂部和夫）「斐太紀　：　研究紀要」飛騨学の会　2008年度　2009.3

「飛騨史料　維新戦後之一」と「戊辰三ヶ月日誌」のこと（川上節男）「斐太紀　：　研究紀要」飛騨学の会　2008年度　2009.3

明治、大正期における「飛騨の輸送事情」（元田久治）「斐太紀　：　研究紀要」飛騨学の会　2008年度　2009.3

美濃・飛騨地区を襲った大災害（1）、（2）（編集担当）「中山道加納宿　：　中山道加納宿文化保存会会誌」中山道加納宿文化保存会　（54）2009.4/2009.10

動向　飛騨・美濃の古地図と資料—「岐阜県の先人・先輩に学ぶ講座」における出張歴史資料館（河井信幸）「岐阜県歴史資料館報」岐阜県教育文化財団歴史資料館　（33）2010.3

飛騨の近代登山史（上）、（下）（木下喜代男）「斐太紀　：　研究紀要」飛騨学の会　2009年度/2010年度　2010.3/2010.09

飛騨登塩考［1］～（3）（元田久治）「斐太紀　：　研究紀要」飛騨学の会　2009年度/2011年度　2010.3/2011.03

飛騨の古代における三つの不思議　相互関連と解明（住斉）「斐太紀　：　研究紀要」飛騨学の会　2009年度　2010.3

飛騨の「人面石」を見直す（岩田修）「斐太紀　：　研究紀要」飛騨学の会　2010年度　2010.9

税を免じても必要と認められた「飛騨の匠」（野尻修二）「斐太紀　：　研究紀要」飛騨学の会　2010年度　2010.9

歴史の見方・考え方（2）飛騨の中世史と地域学—地域史研究の危うさ（桐谷忠夫）「斐太紀　：　研究紀要」飛騨学の会　2010年度　2010.9

歴史の見方・考え方（3）神国日本という史観—飛騨古代史研究の危うさ（桐谷忠夫）「斐太紀　：　研究紀要」飛騨学の会　2011年度　2011.3

飛騨工の労働実態の一側面（三輪義弘）「斐太紀　：　研究紀要」飛騨学の会　2011年度　2011.3

加賀屋（上野）清五郎の古文書について（2）、（3）、（5）（池之端甚衛）「斐太紀　：　研究紀要」飛騨学の会　2011年度/通号8　2011.3/2013.03

飛騨びとの父方ルーツをDNAにより調べることがいよいよ始まる（住斉）「斐太紀　：　研究紀要」飛騨学の会　2011年度　2011.3

飛騨の宿儺伝承の要説と再考（尾関章）「古代史の海」「古代史の海」の会　（63）2011.3

平成23年　地震から見えてきた飛騨の大地　飛騨の地震と東日本大震災（岩田修）「斐太紀　：　研究紀要」飛騨学の会　通号5　2011.9

歴史の見方・考え方（4）ひだびとと天孫民族史　飛騨超古代ロマンの落し穴（桐谷忠夫）「斐太紀　：　研究紀要」飛騨学の会　通号5　2011.9

飛騨登塩考（4）各論I（元田久治）「斐太紀　：　研究紀要」飛騨学の会　通号5　2011.9

金森氏移封後の飛騨の諸相（福井重治）「斐太紀　：　研究紀要」飛騨学の会　通号5　2011.9

飛騨で行われた和牛オリンピック　第8回全国和牛能力共進会—高速道の建設を早めた飛騨牛（中丸輝彦）「斐太紀　：　研究紀要」飛騨学の会　通号5　2011.9

Y染色体から飛騨びと男系ルーツがわかる（佐藤陽一）「斐太紀　：　研究紀要」飛騨学の会　通号5　2011.9

飛騨　襖の下張り文書（書窓の風）（福井重治）「郷土研究・岐阜　：　岐阜県郷土資料研究協議会会報」岐阜県郷土資料研究協議会　（117）2012.3

新飛騨牛物語（1）飛騨牛改良のルーツを探る（中丸輝彦）「斐太紀　：　研究紀要」飛騨学の会　（6）2012.3

Y染色体から飛騨びと男系ルーツがわかる（2）—Y染色体からみた日本人の成り立ち（佐藤陽一）「斐太紀　：　研究紀要」飛騨学の会　（6）2012.3

歴史の見方・考え方（5）飛騨学　神々の伝承と現代論—地球規模で大変事があい次いだ歳に（桐谷忠夫）「斐太紀　：　研究紀要」飛騨学の会　（6）2012.3

飛騨登塩考　第四章（各論、後段）（元田久治）「斐太紀　：　研究紀要」飛騨学の会　（6）2012.3

報告　北陸及び飛騨における寺院城郭（類似）遺構（特集II　根来寺の「要害」）（佐伯哲也）「和歌山城郭研究」和歌山城郭調査研究会　（11）2012.4

東等寺冬任文庫所蔵史料の紹介—飛騨に関係する史料二点（竹田雅文）「郷土研究・岐阜　：　岐阜県郷土資料研究協議会会報」岐阜県郷土資料研究協議会　（118）2012.9

歴史の見方・考え方（6）飛騨は下々の国ではい—明治・大正の時代史も、正しく（桐谷忠夫）「斐太紀　：　研究紀要」飛騨学の会　（7）2012.9

新飛騨牛物語（2）「安福」その後（中丸輝彦）「斐太紀　：　研究紀要」飛騨学の会　（7）2012.9

飛騨と美濃のDNA比較から日本人成立過程が判る—弥生人の先祖は朝鮮半島から渡来（住斉）「斐太紀　：　研究紀要」飛騨学の会　（7）2012.9

安政飛越地震の災害像—地震被害データベース作成の試み（特集　富山県の災害史）（高野靖彦）「富山史壇」越中史壇会　（169・170）2013.3

歴史地震における液状化の様相—安政飛越地震を事例に（特集　富山県の災害史）（近藤浩二）「富山史壇」越中史壇会　（169・170）2013.3

平成24年度総会時講演会　飛騨の歴史的風土と文学（林格男）「郷土研究・岐阜　：　岐阜県郷土資料研究協議会会報」岐阜県郷土資料研究協議会　（119）2013.3

飛騨　手作りの史誌と史料目録（書窓の風）（福井重治）「郷土研究・岐阜　：　岐阜県郷土資料研究協議会会報」岐阜県郷土資料研究協議会　（119）2013.3

歴史の見方・考え方（7）日本書紀の八十四文字、飛騨古代史の謎　巻第十一　仁徳天皇の条のロマン（桐谷忠夫）「斐太紀　：　研究紀要」飛騨学の会　通号8　2013.3

飛騨における安永検地以後の検地（2）—郡代見立新田を中心に（林格男）「斐太紀　：　研究紀要」飛騨学の会　通号8　2013.3

新飛騨牛物語（3）飛騨牛のブランド化への経緯（中丸輝彦）「斐太紀　：　研究紀要」飛騨学の会　通号8　2013.3

創立40周年記念シンポジウム　メインテーマ「美濃・飛騨再考」—その特性の追究と活用（加藤迪男）「郷土研究・岐阜　：　岐阜県郷土資料研究協議会会報」岐阜県郷土資料研究協議会　（120）2013.9

パネラー発表2　飛騨・美濃　近現代産業史研究の意義（根岸秀行）「郷土研究・岐阜　：　岐阜県郷土資料研究協議会会報」岐阜県郷土資料研究協議会　（120）2013.9

パネラー発表3　飛騨史研究の今後（福井重治）「郷土研究・岐阜　：　岐阜県郷土資料研究協議会会報」岐阜県郷土資料研究協議会　（120）2013.9

歴史の見方・考え方（8）考古学と考現学を結ぶ地域学—飛騨地域の学際的論考を事例として（桐谷忠夫）「斐太紀　：　研究紀要」飛騨学の会　（9）2013.9

Y染色体から飛騨びと男系ルーツがわかる（3）—父方ルーツは渡来系弥生人（佐藤陽一，住斉）「斐太紀　：　研究紀要」飛騨学の会　（9）2013.9

近世後期における災害情報の様相—安政飛越地震の災害絵図をめぐって（論文）（高野靖彦）「富山史壇」越中史壇会　（172）2013.12

太政官令「飛騨の石工は言葉も顔付も他国と違う」を裏打ちする飛騨びと形成過程の解明（住斉）「斐太紀　：　研究紀要」飛騨学の会　（10）2014.3

飛騨　「位山集」と「関西日記」（書窓の風）（福井重治）「郷土研究・岐阜　：　岐阜県郷土資料研究協議会会報」岐阜県郷土資料研究協議会　（122）2014.9

飛騨史の文献資料と自由人の学際発想　飛騨の「朱（・）色」と「黒（・）山樹林」—読まれない現代発刊史（桐谷忠夫）「斐太紀　：　研究紀要」飛騨学の会　（11）2014.9

工芸の町・松本と飛騨とのかかわり（特集　信州と隣県　信州と飛騨）「地域文化」八十二文化財団　（110）2014.10

越中—飛騨—信州　鰤が選ばれた道（特集　信州と隣県　信州と飛騨）（窪田雅之）「地域文化」八十二文化財団　（110）2014.10

元同県だった飛騨からの便り（特集　信州と隣県　信州と飛騨）（稲本正）「地域文化」八十二文化財団　（110）2014.10

飛騨山

中世の飛騨山と美濃山（福井重治）「岐阜史学」岐阜史学会　通号97　2001.3

飛騨山脈

飛騨の大地と生い立ち（3）飛騨山脈はどのように高くなってきたか（岩田修）「飛騨春秋　：　飛騨郷土学会誌」高山市民時報社　504　2003.1

北アルプスは本当は飛騨山脈なのです（田添幹夫）「斐太紀　：　研究紀要」飛騨学の会　2008年度　2009.3

飛騨山脈はどう扱われているのか　北アルプスと御嶽の視点から（岩田修）「斐太紀　：　研究紀要」飛騨学の会　2011年度　2011.3

飛騨市

「飛騨市」という市名について（足立和男）「飛騨春秋　：　飛騨郷土学会誌」高山市民時報社　505　2003.2

「飛騨市」僭称に抗議する「珊瑚の島だより」南島地名研究センター　43　2003.5

《平成の町村合併新市名　飛騨市　特集》「飛騨春秋　：　飛騨郷土学会誌」

高山市民時報社　515　2003.12

いいじゃない飛騨市じじばばのたわごと(小鳥幸男)「飛騨春秋 ： 飛騨郷土学会誌」　高山市民時報社　515　2003.12

僭称・新市名決定のいきさつ「飛騨市」(桐谷忠夫)「飛騨春秋 ： 飛騨郷土学会誌」　高山市民時報社　515　2003.12

飛騨市への証言「僭称飛騨市」にかかわった一部始終(浅野吉久)「飛騨春秋 ： 飛騨郷土学会誌」　高山市民時報社　515　2003.12

どんでもないことだ、「飛騨市」とは！　こりゃ、抗議署名運動を始めねば(住斉)「飛騨春秋 ： 飛騨郷土学会誌」　高山市民時報社　515　2003.12

飛騨城

石垣を有する飛騨城館について(佐伯哲也)「愛城研報告」　愛知中世城郭研究会　(12)　2008.8

飛騨国

飛騨国騒乱手続書に見る(2),(3)―梅村騒動と吉田了映の嘆願(小林義忠)「郷土文化」　茨城県郷土文化研究会　41/42　2000.3/2001.7

飛騨国の枡形虎口城郭について(佐伯哲也)「北陸の中世城郭研究会　13　2003.7

奈良時代盛期の政治 権力闘争と飛騨国国司(三輪義弘)「飛騨春秋 ： 飛騨郷土学会誌」　高山市民時報社　520　2004.5

資料紹介 宝暦七年飛騨国・美濃国村々小物成吟味増永伺書[1],(下)(林格男)「飛騨春秋 ： 飛騨郷土学会誌」　高山市民時報社　522/523　2004.7/2004.8

「飛騨国中案内」にみる飛騨の民家分布(新谷一男)「飛騨春秋 ： 飛騨郷土学会誌」　高山市民時報社　535　2005.8

飛騨古代史雑考 飛騨国の賑給についての検証(後藤勝也)「飛騨春秋 ： 飛騨郷土学会誌」　高山市民時報社　通号542　2006.3

早条から推測される古代の飛騨国経済(三輪義弘)「斐太紀 ： 研究紀要」　飛騨学の会　2008年度　2009.3

飛騨国の元禄検地はどのようにすすめられたか―元禄検地水帳を追った10年(林格男)「斐太紀 ： 研究紀要」　飛騨学の会　2008年度　2009.3

両面宿儺と飛騨国造(宝賀寿男)「古代史の海」　「古代史の海」の会　(58)　2009.12

飛騨国の珍しい幕末「村札」―見えてくる村の風景(小池三次)「濃飛史岬」　岐阜県歴史資料保存協会　(104)　2013.10

飛騨古川

平成25年度 研究発表要旨(1) 機能している飛騨古川盆地の霞堤(新谷一男)「古地図文化ぎふ」　岐阜県古地図文化研究会　(14)　2014.5

飛騨屋

調査報告 簡易水道開通前の飛騨屋集落の水利用(杉森孝一)「砺波散村地域研究所研究紀要」　砺波市立砺波散村地域研究所　(27)　2010.3

飛騨屋集落のあらまし(飛騨屋集落調査)(佐伯安一)「砺波散村地域研究所研究紀要」　砺波市立砺波散村地域研究所　(29)　2012.3

飛騨屋集落の本分家関係と散村の展開(飛騨屋集落調査)(佐伯安一, 新藤正夫, 堀越勝)「砺波散村地域研究所研究紀要」　砺波市立砺波散村地域研究所　(29)　2012.3

飛騨屋集落総合調査聞き取り記録(事務局)「砺波散村地域研究所研究紀要」　砺波市立砺波散村地域研究所　(30)　2013.3

飛騨屋村

飛騨屋村の田地割について―地図上の復元を中心に(飛騨屋集落調査)(新藤正夫)「砺波散村地域研究所研究紀要」　砺波市立砺波散村地域研究所　(29)　2012.3

年貢率「合盛」と「卸付米」について―飛騨屋村を例に(飛騨屋集落調査)(佐伯安一)「砺波散村地域研究所研究紀要」　砺波市立砺波散村地域研究所　(29)　2012.3

平金鉱山

大正時代国府村平金鉱山鉱毒除去 カラミ溜池の件(北野興策)「斐太紀 ： 研究紀要」　飛騨学の会　通号5　2011.9

平林城

平林城館に拠る夜叉美濃―その伝承の源流をたどる(石川勝義)「歴研よこはま」　横浜歴史研究会　(52)　2003.5

蛭ヶ野

高鷲・蛭ヶ野開拓(馬渕旻修)「郡上史談」　郡上史談会　(136)　2012.2

美濃 ひるがの開拓の父 辻村徳松(書窓の風)(馬渕旻修)「郷土研究・岐阜 ： 岐阜県郷土資料研究協議会会報」　岐阜県郷土資料研究協議会　(122)　2014.9

広江

広江の踏み切り(後藤昭明)「中山道加納宿 ： 中山道加納宿文化保存会会誌」　中山道加納宿文化保存会　(54)　2009.10

笠松から眺めし「加納」(1) 広江から笠松への鉄路―美濃電鉄(名鉄)の歴史(高橋恒美)「中山道加納宿 ： 中山道加納宿文化保存会会誌」　中山道加納宿文化保存会　(63)　2014.4

広瀬城

縄張りから読み取る広瀬城の改修年代について(上),(下)(佐伯哲也)「斐太紀 ： 研究紀要」　飛騨学の会　2011年度/通号5　2011.3/2011.09

広野河

広野河事件について(山田昭彦)「岐阜県博物館調査研究報告」　岐阜県博物館　(35)　2014.3

福束輪中

中山道垂井宿助郷差止願にみられる福束輪中の概況(片野知二)「中山道加納宿 ： 中山道加納宿文化保存会会誌」　中山道加納宿文化保存会　(59)　2012.4

二日町

団誌に見る戦時下の二日町青年団(8)(白石博男)「郡上史談」　郡上史談会　(142)　2014.2

船町湊

杭瀬川の川湊と船町湊(1),(2)(清水進)「郷土研究・岐阜 ： 岐阜県郷土資料研究協議会会報」　岐阜県郷土資料研究協議会　(115)/(116)　2011.3/2011.09

不破

壬申乱を走る(3)―桑名から不破、そして近江へ(猪熊兼勝)「近畿文化」　近畿文化会事務局　(731)　2010.10

細久手宿

晩秋の細久手宿(酒井房子)「中山道加納宿 ： 中山道加納宿文化保存会会誌」　中山道加納宿文化保存会　40　2002.10

本郷村

美濃国羽栗郡本郷村に見る人と家の動き―宗門帳と寺判帳から(小川敏雄)「岐阜県歴史資料館報」　岐阜県教育文化財団歴史資料館　(30)　2007.2

前野村

争った女性―尾州領濃州各務郡前野村にみる女性の地位(渡邊桃子)「岐阜県歴史資料館報」　岐阜県教育文化財団歴史資料館　(25)　2002.3

牧

牧の地名 『牧史跡伝承之記録』より(滝日千代美)「遊悠」　郡上・地名を考える会　(18)　2009.5

牧ヶ野

天正地震(1586年)時の飛騨白川郷荘川村における大規模山体崩壊について―山田・牧ヶ野で被害があったか(坂部和夫)「飛騨春秋 ： 飛騨郷土学会誌」　高山市民時報社　519　2004.4

牧田川

第65回現地研究会報告「養老町の牧田川以南の文化財と宝暦治水の史跡を訪ねる」(大橋和義)「美濃の文化 ： 美濃文化総合研究会機関誌」　美濃文化総合研究会　(121)　2012.2

牧戸城

戦国末期 幻の城 未確認城郭「牧戸城」(田口勝)「斐太紀 ： 研究紀要」　飛騨学の会　2009年度　2010.3

飛騨牧戸城跡について(佐伯哲也)「愛城研報告」　愛知中世城郭研究会　(15)　2011.9

牧野

石製土掘り具の制作者―和知村牧野(現：美濃加茂市牧野)における江口英夫氏採集資料から(長屋幸二)「岐阜県博物館調査研究報告」　岐阜県博物館　(26)　2005.3

増島城

飛騨・増島城の構造―現況・絵図・空中写真による検討(高田徹)「郷土研究・岐阜 ： 岐阜県郷土資料研究協議会会報」　岐阜県郷土資料研究協議会　(100)　2005.6

馬瀬

「馬瀬」という地域について(編集人)「飛騨春秋 ： 飛騨郷土学会誌」　高山市民時報社　536　2005.9

馬瀬村

馬瀬村を走ったアルプス乗合自動車(1)～(3)(中川銹一)「飛騨春秋 ： 飛騨郷土学会誌」　高山市民時報社　534/536　2005.7/2005.9

松倉城

飛騨松倉城石垣をめぐって―飛騨の戦国山城の石垣から(西ヶ谷恭弘)「城郭だより ： 日本城郭史学会会報」［日本城郭史学会］　(78)　2012.7

美江寺宿

表紙 中山道「美江寺宿」跡に建つ道標(名和武子)「美濃の文化 ： 美濃文化総合研究会機関誌」　美濃文化総合研究会　(128)　2014.6

御嵩町

加茂 御嵩町史「現代編」発行される（書窓の風）（中島勝国）「郷土研究・岐阜 : 岐阜県郷土資料研究協議会会報」 岐阜県郷土資料研究協議会 （106）2007.6

三塚城

地籍図より三塚城を復原する（石田明乗）「城」 東海古城研究会 （205）2010.10

南飛騨

南飛騨で大きな役割を果たした大前家の人々—大前家近世史料を整理して（吉田義治）「岐阜県歴史資料館報」 岐阜県教育文化財団歴史資料館 （29）2006.2

美並町

美並町の地名（1）（池田勇次）「遊悠」 郡上・地名を考える会 （18）2009.5

美濃

寝物語の古文書—国境（美濃と近江）の人々（福田栄次郎）「岐阜県歴史資料館報」 岐阜県教育文化財団歴史資料館 （23）2000.3

近世・近代初期における美濃茶の生産と流通について—尾張藩領武儀・加茂郡の事例から（青木秀樹）「岐阜市歴史博物館研究紀要」 岐阜市歴史博物館 （14）2000.3

美濃の城館と城下町（藤本史子）「岐阜県城郭研究会会報」 岐阜県城郭研究会 （6）2001.8

近世濃尾地方の都市住民—家並帳からみた不動産所有者について（早川秋子）「郷土文化」 名古屋郷土文化会 56（1）通号190 2001.8

愛知県下における濃尾地震関係史料について—行政文書にみる（日比野元彦）「愛知県史研究」 愛知県 （6）2002.3

織田政権成立過程における美濃武士団—西美濃三人衆の動向を心に（吉田義治）「岐阜県歴史資料館報」 岐阜県教育文化財団歴史資料館 （25）2002.3

旅日記に見る飛騨・美濃（丸山幸太郎）「交通史研究」 交通史学会，吉川弘文館（発売）（52）2003.4

ここにこんなものを発見 美濃電気軌道関連の石柱（渡利正彦）「中山道加納宿 : 中山道加納宿文化保存会会誌」 中山道加納宿文化保存会 41 2003.4

近世都市における登記制度—濃尾地方の家並帳（早川秋子）「郷土文化」 名古屋郷土文化会 58（1）通号196 2003.8

江戸出訴と駕籠訴の思惑—化政期の美濃惣代「内願」行動（西脇康）「岐阜県歴史資料館報」 岐阜県教育文化財団歴史資料館 （27）2004.3

多様性のなかの統一性（わたしの飛騨・美濃再考）（伊藤安男）「郷土研究・岐阜 : 岐阜県郷土資料研究協議会会報」 岐阜県郷土資料研究協議会 96 2004.3

飛騨らしさ・美濃らしさの掘り起こし・磨き出し（わたしの飛騨・美濃再考）（丸山幸太郎）「郷土研究・岐阜 : 岐阜県郷土資料研究協議会会報」 岐阜県郷土資料研究協議会 96 2004.3

異質の共生（わたしの飛騨・美濃再考）（小瀬渺美）「郷土研究・岐阜 : 岐阜県郷土資料研究協議会会報」 岐阜県郷土資料研究協議会 96 2004.3

交通から見たひだ・みの（わたしの飛騨・美濃再考）（松田千晴）「郷土研究・岐阜 : 岐阜県郷土資料研究協議会会報」 岐阜県郷土資料研究協議会 96 2004.3

特別展 平山郁夫からの緊急アピール「流出文化財を守れ アフガニスタンそしてイラク展」/特別陳列「美濃桃山陶と美濃焼再興」/加藤栄三・東一記念美術館「栄三・東一 春を描く」「岐阜市歴史博物館博物館だより」 岐阜市歴史博物館 57 2004.4

駅路旅鈴—東海道・北国街道経由下国図にみる（2）美濃～金城（山前圭佑）「加南地方史研究」 加南地方史研究会 （52）2005.3

甲州普請と美濃の普請（中倉茂）「峡南の郷土」 峡南郷土研究会 45 2005.3

美濃の城館について—総合調査の成果から（抄録）（平成16年度講演会）（髙田徹）「郷土研究・岐阜 : 岐阜県郷土資料研究協議会会報」 岐阜県郷土資料研究協議会 （99）2005.3

大正・昭和初期における美濃電気軌道の事業展開（清水孝治）「交通史研究」 交通史学会，吉川弘文館（発売）（57）2005.4

名古屋城の石垣石材検証—美濃地域の採石地と石材加工法（上）,（下）（深貝佳世）「郷土研究・岐阜 : 岐阜県郷土資料研究協議会会報」 岐阜県郷土資料研究協議会 （100）/（101）2005.6/2005.10

資料紹介展など「発掘された飛騨・美濃の歴史」/資料紹介展「美濃ゆかりの赤羽刀」/岐阜県図書館収蔵資料展示「古地図の世界—城下町絵図—」「岐阜県博物館だより」 岐阜県博物館 30（2）通号86 2005.9

川越商人井上権兵衛（盤雨）の「美濃・伊勢紀行稿本」について（山田泰男）「埼玉史談」 埼玉県郷土文化会 52（4）通号284 2006.1

特別寄稿 美濃・飛騨の武家文化追究構想（丸山幸太郎）「岐阜県歴史資料館報」 岐阜県教育文化財団歴史資料館 （29）2006.2

名古屋城の石垣石材検証—美濃地域の採石地と石材加工法（2の上）,（2

の下）（深貝佳世）「郷土研究・岐阜 : 岐阜県郷土資料研究協議会会報」 岐阜県郷土資料研究協議会 （103）/（104）2006.6/2006.10

飛騨美濃合併130周年記念特別展「錦絵が語る美濃と飛騨」「岐阜県博物館だより」 岐阜県博物館 31（2）通号88 2006.9

『美濃飛騨両国諸川棲息魚介図 附魚類取調書』を読んで（上野日出利）「郷土研究・岐阜 : 岐阜県郷土資料研究協議会会報」 岐阜県郷土資料研究協議会 （104）2006.10

上伊那と木曽・飛騨・美濃地方とのかかわりを現地で探る（《第31回上伊那歴史研究会県外実地踏査報告》）「伊那路」 上伊那郷土研究会 50（12）通号599 2006.12

特別展「錦絵が語る美濃と飛騨」出品作品について（守屋靖裕）「岐阜県博物館調査研究報告」 岐阜県博物館 （28）2007.3

岐阜 美濃・飛騨の武家文化の調査研究報告書について（書窓の風）（鈴木秀雄）「郷土研究・岐阜 : 岐阜県郷土資料研究協議会会報」 岐阜県郷土資料研究協議会 （105）2007.3

美濃・加賀・越前の三国にある「馬場」について（杉岡滋夫）「中山道加納宿 : 中山道加納宿文化保存会会誌」 中山道加納宿文化保存会 （49）2007.4

尾張・美濃・信濃の旅（田口正弘）「魚津史談」 魚津歴史同好会 （30）2008.3

濃尾大震災の一考察—災害救済の視点から（側島哲）「岐阜県歴史資料館報」 岐阜県教育文化財団歴史資料館 （31）2008.3

飛騨・美濃の古地図と資料—「岐阜県の先人・先輩に学ぶ講座」における出張歴史資料館（河井信幸）「岐阜県歴史資料館報」 岐阜県教育文化財団歴史資料館 （31）2008.3

源平争乱の美濃（2）（鈴木秀雄）「中山道加納宿 : 中山道加納宿文化保存会会誌」 中山道加納宿文化保存会 （51）2008.4

奥十山美濃の山—「木曽」の語源について（木村成生）「散歩の手帖」 木村成生 （19）2008.6

織豊期における濃尾国境地域（《特集 織豊期の権力と地域社会》）（山本浩樹）「織豊期研究」 織豊期研究会 （10）2008.10

美濃飛騨ゆかりの書画会・展覧会資料の紹介（坂口浩之，岩佐伸一）「岐阜県博物館調査研究報告」 岐阜県博物館 （28）2009.3

特別寄稿 近世後期における美濃地方と江戸の学術交流—昌平坂学問所および系列私塾との交流を中心に（橋本昭彦）「岐阜県歴史資料館報」 岐阜県教育文化財団歴史資料館 （32）2009.3

美濃にて（岡部和雄）「あゆみ」 毛呂山郷土史研究会 （33）2009.4

美濃・飛騨地区を襲った大災害（1）,（2）（編集担当）「中山道加納宿 : 中山道加納宿文化保存会会誌」 中山道加納宿文化保存会 （53）/（54）2009.4/2009.10

江濃境目地域の狼煙研究（池田誠）「戦乱の空間」 戦乱の空間編集会 （8）2009.7

中世、美濃・尾張の国境の変遷 国境の川・木曾川の流路変遷の歴史（1）（鈴木秀雄）「郷土研究・岐阜 : 岐阜県郷土資料研究協議会会報」 岐阜県郷土資料研究協議会 （112）2009.9

焼津湊の廻船業の研究—幕末、伊勢・美濃の御城米廻送を中心に（川崎文昭）「静岡県の歴史と文化」 静岡県の歴史と文化研究会 （13）2009.11

濃尾大震災の一考察—災害救済の視点から（研究ノート）（側島哲）「岐阜県歴史資料館報」 岐阜県教育文化財団歴史資料館 （33）2010.3

動向 飛騨・美濃の古地図と資料—「岐阜県の先人・先輩に学ぶ講座」における出張歴史資料館（河井信幸）「岐阜県歴史資料館報」 岐阜県教育文化財団歴史資料館 （33）2010.3

濃尾地震と犬山城（松田之利）「研究紀要」 犬山城白帝文庫 （4）2010.3

美濃和紙とモダンアート（森妙子）「基層文化」 基層文化研究会 （1）2010.6

東濃 第九回国際陶磁器 フェスティバル美濃11に関連して美濃焼産地資料館が美濃焼千三百年の流れから美濃窯の誇りを表示する（書窓の風）（桃井勝）「郷土研究・岐阜 : 岐阜県郷土資料研究協議会会報」 岐阜県郷土資料研究協議会 （116）2011.9

親子の歴史座談（89）瀬戸・美濃焼と唐津焼「ひらかた文化財だより」 枚方市文化財研究調査会 （89）2011.10

『大阪朝日新聞』における濃尾地震報道（研究ノート）（延広壽一）「地域研究いなみ」 伊乃市 （41）2012.3

飛騨と美濃のDNA比較から日本人成立過程が判る—弥生人の先祖は朝鮮半島から渡来（住斉）「斐太紀 : 研究紀要」 飛騨学の会 （7）2012.9

濃尾震災時の情報伝達について—「公文雑纂」にみる岐阜県関連資料を中心として（山田昭彦）「岐阜県博物館調査研究報告」 岐阜県博物館 （34）2013.3

濃尾大地震で破損した「犬山城」天守閣の修復に協力した人々（松田之利）「研究紀要」 犬山城白帝文庫 （7）2013.3

歴史資料課の窓から 京都府庁文書にみる濃尾地震—英照皇太后の在京記録など（大塚活美）「総合資料館だより」 京都府立総合資料館，京都府立総合資料館友の会 （175）2013.4

平成24年度 特別研究発表会要旨 地籍図・土地台帳による近代の災害被

災地域の復原―濃尾地震を例に（赤石直美）「古地図文化ぎふ」 岐阜県古地図文化研究会 （13） 2013.5

企画展「古地図にみる江戸時代の美濃」 2013.7.12（金）〜9.1（日）「岐阜市歴史博物館博物館だより」 岐阜市歴史博物館 （84） 2013.7

創立40周年記念シンポジウム メインテーマ「美濃・飛騨再考」―その特性の追究と活用（加藤迪男）「郷土研究・岐阜 ： 岐阜県郷土資料研究協議会会報」 岐阜県郷土資料研究協議会 （120） 2013.9

パネラー発表2 飛騨・美濃 近現代産業史研究の意義（根岸秀行）「郷土研究・岐阜 ： 岐阜県郷土資料研究協議会会報」 岐阜県郷土資料研究協議会 （120） 2013.9

近江と美濃を結ぶ峠の交流（特集 東草野の山村景観）「佐加太 ： 米原市文化財ニュース」 米原市教育委員会 （39） 2014.3

濃尾震災文書と岐阜県歴史資料館（吉田義治）「郷土研究・岐阜 ： 岐阜県郷土資料研究協議会会報」 岐阜県郷土資料研究協議会 （122） 2014.9

地名文化を楽しむ市民活動（説田武紀）「美濃の文化 ： 美濃文化総合研究会機関誌」 美濃文化総合研究会 （129） 2014.10

美濃赤坂

美濃赤坂の鉄道と沿線風景（1） 無果実（長澤均）「美濃の文化 ： 美濃文化総合研究会機関誌」 美濃文化総合研究会 （127） 2014.2

第70回現地研究会報告 美濃赤阪の歴史文化探訪を訪ねて（長澤均）「美濃の文化 ： 美濃文化総合研究会機関誌」 美濃文化総合研究会 （128） 2014.6

美濃路

結輪中の古美濃路（白木晃敏）「郷土研究・岐阜 ： 岐阜県郷土資料研究協議会会報」 岐阜県郷土資料研究協議会 （100） 2005.6

美濃路の成立と陸上交通政策の展開（論説）（橘敏夫）「愛知大学綜合郷土研究所紀要」 愛知大学綜合郷土研究所 58 2013.3

展示批評 二つの「美濃路」展―豊橋市二川宿本陣資料館とタルイピアセンター（宮川充史）「地方史研究」 地方史研究協議会 63（4）通号364 2013.8

美濃路を行く朝鮮通信使―大垣と朝鮮通信使（相馬みさ子）「濃飛史艸」 岐阜県歴史資料保存協会 （106） 2014.4

美濃城

美濃城砦群考 第85号（昭和52年8月）（《故林春樹遺稿集》）（林春樹）「城」 東海古城研究会 （201） 2009.4

美濃電鉄

笠松から眺めし「加納」（1） 広江から笠松への鉄路―美濃電鉄（名鉄）の歴史（高橋恒美）「中山道加納宿 ： 中山道加納宿文化保存会会誌」 中山道加納宿文化保存会 （63） 2014.4

美濃国

壬申の乱前後の美濃国（早川万年）「季刊明日香風」 古都飛鳥保存財団 23（3）通号91 2004.7

資料紹介 宝暦七年飛騨国・美濃国村々小物成吟味増永伺書［1］,（下）（林格男）「飛騨春秋 ： 飛騨郷土学会誌」 高山市民時報社 522/523 2004.7/2004.8

古代美濃国関係木簡集成稿II（近藤大典）「岐阜史学」 岐阜史学会 通号101 2005.3

三河・美濃国の尾張藩家臣在所屋敷（高田徹）「愛城研報告」 愛知中世城郭研究会 （9） 2005.8

美濃国刻印須恵器・裏字印をめぐって―付編・蘇原北山の刻印須恵器（高木洋）「岐阜市歴史博物館研究紀要」 岐阜市歴史博物館 （19） 2009.3

寛永巡見使国絵図の記載内容とその成立時期―美濃国を事例として（永井哲夫）「地方史研究」 地方史研究協議会 59（6）通号342 2009.12

一柳宣高が訪ねた美濃国の知る辺（竹内真人）「小松史談」 小松史談会 （139） 2013.1

一柳宣高が訪ねた美濃国の知る辺（竹内真人）「小松史談」 小松史談会 （140） 2014.1

戦国期美濃国における後斎藤氏権力の展開（論文）（石川美咲）「年報中世史研究」 中世史研究会 （39） 2014.5

美濃橋

美濃橋―長良川に現存する我が国最古の近代的吊橋（山根巌）「産業遺産研究」 中部産業遺産研究会事務局 （11） 2004.5

「美濃橋」の補遺と白川橋―我が国に現存する最古と2番目に古い鋼吊橋（山根巌）「産業遺産研究」 中部産業遺産研究会事務局 （12） 2005.5

美濃山

中世の飛騨山と美濃山（福井重治）「岐阜史学」 岐阜史学会 通号97 2001.3

宮峠

益田街道宮峠改修過程に見る地方主要道の近代化（小川明美）「岐阜史学」 岐阜史学会 通号99 2002.3

宮村

『宮村史』編纂を終えて（丸山幸太郎）「郷土研究・岐阜 ： 岐阜県郷土資料研究協議会会報」 岐阜県郷土資料研究協議会 （101） 2005.10

武儀郡

近世・近代初期における美濃茶の生産と流通について―尾張藩領武儀・加茂郡の事例から（青木秀樹）「岐阜市歴史博物館研究紀要」 岐阜市歴史博物館 （14） 2000.3

名鉄高富線

名鉄高富線の思い出（渡利正彦）「中山道加納宿 ： 中山道加納宿文化保存会会誌」 中山道加納宿文化保存会 （43） 2004.4

森ヶ城

飛騨森ヶ城について（石川浩治）「城」 東海古城研究会 （186） 2003.6

山口村

木曽はかつて美濃の国であった―歴史的に見た山口村の越県合併（小林一郎）「長野」 長野郷土史研究会 （241） 2005.5

山田

天正地震（1586年）時の飛騨白川郷荘川村における大規模山体崩壊について―山田・牧ヶ野で被害があったか（坂部和夫）「飛騨春秋 ： 飛騨郷土学会誌」 高山市民時報社 519 2004.4

大和町

岐阜県高山・白川郷大和町史跡探訪記「東庄の郷土史」 東庄郷土史研究会 （19） 2003.6

大和村立西小学校内ヶ谷第二分校

大和村立西小学校内ヶ谷第二分校の開設（服部篤司）「岐阜県歴史資料館報」 岐阜県教育文化財団歴史資料館 （27） 2004.3

山之村

山野村と山之村 村の名称研究試論（上平隆憲）「斐太紀 ： 研究紀要」 飛騨学の会 （10） 2014.3

湯ヶ峰

下呂石研究の現状（3） 「湯ヶ峰石か、下呂石か」下呂石誕生まで（岩田修）「斐太紀 ： 研究紀要」 飛騨学の会 通号8 2013.3

養老

西濃から養老・南濃の史跡（網干善教）「近畿文化」 近畿文化会事務局 649 2003.12

養老町

岐阜県養老町の中世城館について（石川浩治）「愛城研報告」 愛知中世城郭研究会 （10） 2006.8

養老鉄道

生誕100年 養老鉄道の変遷とその存続（上）,（中）,（下）（松田千晴）「郷土研究・岐阜 ： 岐阜県郷土資料研究協議会会報」 岐阜県郷土資料研究協議会 （116）/（118） 2011.9/2012.09

養老の滝

館蔵資料紹介 諸国瀧廻り 美濃ノ国 養老の滝 葛飾北斎 大判錦絵 縦37.0cm、横24.9cm 天保4年（1833）頃「岐阜市歴史博物館博物館だより」 岐阜市歴史博物館 （81） 2012.8

横蔵寺

美濃 横蔵寺と池戸城を思う（林賢司）「城」 東海古城研究会 （216） 2014.10

吉城郡

大野・吉城二郡の非管轄替問題について（原田政彦）「郷土研究・岐阜 ： 岐阜県郷土資料研究協議会会報」 岐阜県郷土資料研究協議会 （101） 2005.10

輪中堤

輪中堤散策（片野敏行）「美濃の文化 ： 美濃文化総合研究会機関誌」 美濃文化総合研究会 （125） 2013.6

輪之内

西濃 輪之内学研究（書窓の風）（横幕孜）「郷土研究・岐阜 ： 岐阜県郷土資料研究協議会会報」 岐阜県郷土資料研究協議会 （119） 2013.3

静岡県

青ヶ島
伊豆青ヶ島の戦時(広江晋)「南島研究」 南島研究会 通号48 2007.11

青木峠
青木峠と長者屋敷(望月忠勝)「かわのり」 芝川町郷土史研究会 28 2001.10

青島
青島—郷土研究の仲間たち(八木一郎)「藤枝市史だより」 藤枝市 11 2004.10

赤石山地
赤石山地の鹿狩り(《静岡市葵区井川地区合同調査特集》)(松田香代子)「昔風と当世風」 古々路の会 (91) 2007.3

秋葉街道
秋葉街道をゆく—諏訪湖から遠州灘へ(「信濃毎日新聞」1986年12月2日)「柳田学舎」 鎌倉柳田学舎 75 2005.10

秋葉街道に信仰の道と塩の道を訪ね、遠江と上伊那との関連を現地に探る《広域特集》—〈第33回上伊那歴史研究会県外実地踏査報告〉)「伊那路」 上伊那郷土研究会 52(12)通号623 2008.12

つながりは深く 秋葉街道—諏訪から太平洋まで/権兵衛峠—木曽と伊那は隣村(《特集 地域間交流—人の心をつむぐ》)「地域文化」 八十二文化財団 (87) 2009.1

秋葉山
秋葉山〜可睡齋《広域特集》—〈第33回上伊那歴史研究会県外実地踏査報告〉)(福與雅寿)「伊那路」 上伊那郷土研究会 52(12)通号623 2008.12

安久路
安久路の生活(小杉達)「磐南文化」 磐南文化協会 (34) 2008.3

明野飛行場
時代再現 明野飛行場建設(鈴木雄介)「磐南文化」 磐南文化協会 (35) 2009.3

浅羽
磐南の歌碑・句碑(2)、(8) 万葉歌碑(浅羽支部)「磐南文化」 磐南文化協会 27/33 2001.3/2007.3

郷土の歌(14) 浅羽連合青年団歌(編集部)「磐南文化」 磐南文化協会 (29) 2003.3

浅羽地域の伝えたいことがら 浅羽地区(第二部 子どもに語り継ぐお話)「新ふるさと袋井」 [袋井市地方史研究会] (26) 2012.1

浅羽町
郷土の歌(17) 西浅羽音頭・浅羽町歌(編集部)「磐南文化」 磐南文化協会 (32) 2006.3

足柄城
足柄城周辺と最末期の後北条氏系城郭(後)(田嶌貴久美)「中世城郭研究」 中世城郭研究会 (25) 2011.7

芦田
芦田の物日の食「スワイ」について(外立ますみ)「沼津市史だより」 [沼津市教育委員会] (22) 2012.3

愛鷹
ぬまづ近代史点描(64) 愛鷹地区の戦争記念碑「沼津市明治史料館通信」沼津市明治史料館 21(4)通号84 2006.1

愛鷹山
霞の城山と愛鷹山中の小・中規模城郭(水野茂)「古城」 静岡古城研究会 (52) 2007.5

愛鷹山の野馬と牧(矢崎巌)「駿河」 駿河郷土史研究会 (68) 2014.4

網代村
幕末・伊豆国網代村に「フランス公使館」(加藤好一)「豆州歴史通信」豆州研究社歴史通信部 347 2005.8

1891(明治24)年 網代村建物公売 村医俸給支給されず 最後の手段「豆州歴史通信」 豆州研究社歴史通信部 (444) 2009.9

阿多古山一里塚
磐南叙情「見付阿多古山一里塚よりの眺め」(磐田支部)「磐南文化」 磐南文化協会 (36) 2010.3

熱海
熱海海水浴場事始め(加藤好一)「豆州歴史通信」 豆州研究社歴史通信部

300 2003.9

3月例会レジュメ 温泉地の社会経済的発展—熱海を事例に(高柳友彦)「静岡県近代史研究会会報」 静岡県近代史研究会 306 2004.3

湯の町「熱海」の革新運動の一端1933(昭和8)年騒擾事件(森山俊英)「豆州歴史通信」 豆州研究社歴史通信部 313 2004.4

熱海に革新運動の灯火が 伊豆の人も案外知らなかった 1929(昭和4)年5月 駿豆民衆党結成。久留弘三委員長に「豆州歴史通信」 豆州研究社歴史通信部 314 2004.4

二・二六事件と熱海「豆州歴史通信」 豆州研究社歴史通信部 335 2005.2

伊豆で初めて「市」ができた。反対意見渦巻く中で苦渋の門出 1931(昭和12)年4月10日熱海市誕生(熱海市と多賀村)の合併/1941(昭和16)年4月29日三島市誕生 三島町と錦田村の合併「豆州歴史通信」 豆州研究社歴史通信部 338 2005.4

論文紹介 平井和子「RAAと「赤線」—熱海における展開」(鈴木雅子)「静岡県近代史研究会会報」 静岡県近代史研究会 (347) 2007.8

丹那トンネル開通(東海道本線)熱海・三島間の丹那盆地下 1934(昭和9)年12月1日 工事期間7年の予定が16年という難工事「豆州歴史通信」 豆州研究社歴史通信部 (427) 2008.12

史料紹介 中山浜次郎記「熱海之日記」・「熱海温泉行諸費用雑記」(平野正裕)「横浜開港資料館紀要」 横浜開港資料館 (27) 2009.3

1880(明治13)年4月28日 熱海大火 303戸焼失、焼死者3名、負傷者多数 再建のため多くの職人たちが入る 街は荒れ犯罪は増加の一途をたどる「豆州歴史通信」 豆州研究社歴史通信部 (449) 2009.11

1889(明治22)年1月 東京熱海間電話開通 明治22年1月3日「時事新聞」より/電話四方山話「豆州歴史通信」 豆州研究社歴史通信部 (449) 2009.11

1895(明治28)年9月 小田原に電気鉄道出現の兆しが噂になる? 馬車鉄道は時代遅れというが、この年の七月には熱海に人車鉄道「豆州歴史通信」 豆州研究社歴史通信部 (453) 2010.1

1932(昭和7)年 熱海騒擾事件 狩野川改修工事に朝鮮労働者二百余人が失業して同盟を結成「豆州歴史通信」 豆州研究社歴史通信部 (458) 2010.4

7月例会レジュメ3 占領と熱海—RAAと性管理を中心に(平井和子)「静岡県近代史研究会会報」 静岡県近代史研究会 (394) 2011.7

熱海におけるコンテンツ・ツーリズムの普及—金色夜叉を事例にして (共同課題「旅・観光・歴史遺産」特集号)(天野宏司)「歴史地理学」歴史地理学会, 古今書院(発売) 56(1)通号268 2014.1

熱海温泉
熱海・湯ヶ原温泉の客激減 伊豆温泉旅館好機到来 1906(明治39)年8月客車転覆 熱海・小田原間の人車鉄道「豆州歴史通信」 豆州研究社歴史通信部 (397) 2007.9

5月例会レジュメ 第二次大戦後における温泉観光都市の展開—熱海温泉を事例に(高柳友彦)「静岡県近代史研究会会報」 静岡県近代史研究会 (356) 2008.5

道路修繕費は温泉客から壹銭ずつピンハネして捻出する 1877(明治10)年7月 熱海温泉街は道路狭し 人力車の通行可能道路にして増客「豆州歴史通信」 豆州研究社歴史通信部 (443) 2009.8

1874年(明治7)年、イギリス人 熱海温泉で無許可療養検診? 騒動「豆州歴史通信」 豆州研究社歴史通信部 (450) 2009.12

熱海噏汽館
1904(明治37)年伊豆の電話交換業 東京木挽町中央電話局と熱海噏汽館 長距離公衆電話の初例 東京・熱海間で始まる「豆州歴史通信」 豆州研究社歴史通信部 (451) 2009.12

熱海市
小蓬莱(熱海町人の為に→現在の熱海市)作歌者・坪内逍遥「豆州歴史通信」 豆州研究社歴史通信部 (462) 2010.9

阿野荘原
戦前期沿海地域に関する一考察—阿野荘原を事例に(菊池浩幸)「沼津市史研究」 沼津市教育委員会 13 2004.3

阿野庄
阿野庄と七栗田(水野茂)「古城」 静岡古城研究会 (51) 2006.5

歴史シンポジウムの報告 歴史シンポジウム・イン沼津「よみがえる戦国の村—阿野庄と七栗田」(編集部)「古城」 静岡古城研究会 (52) 2007.5

静岡県　　　　　　　　　地名でたどる郷土の歴史　　　　　　　　　　東海

安倍川町

「安倍川町花街一覧」のこと(磯野仙太郎)「紙魚 ： 駿河古文書会会報」 駿河古文書会 (36) 2010.11

安倍金山

「安部金山」の資料化をめぐって―歴史遺産として実態把握をめざして(大村和男)「静岡市立登呂博物館研究紀要」 静岡市立登呂博物館 通号7 2007.3

安倍郡

11月例会レジュメ 明治期の静岡県安倍郡における地方自治―民間所在の史料調査を通して(岡村龍男)「静岡県近代史研究会会報」 静岡県近代史研究会 (386) 2010.11

3月例会(11名参加) 幕末期駿河国安倍郡における茶生産・取引慣行―安倍通・藁科通と井川の比較から(例会報告要旨)(岡村龍男)「静岡県地域史研究会報」 静岡県地域史研究会 (181) 2012.5

12月例会(12名参加) 幕末期の駿河区に安倍区における茶生産・取引慣行―安倍通・藁科通と井川の比較から(例会報告要旨)(岡村龍男)「静岡県地域史研究会報」 静岡県地域史研究会 (187) 2013.2

幕末期の駿河国安倍郡と駿府における茶流通―茶産地村落の茶会所運営と横浜開港(第2回交通史学会大会報告・総会報告―大会発表要旨(自由題))(岡村龍男)「交通史研究」 交通史学会, 吉川弘文館(発売) (81) 2013.9

安倍城

安倍城考察のために(川村晃弘)「古城」 静岡古城研究会 (51) 2006.5

天方城

光明城と天方城(大塚勲)「古城」 静岡古城研究会 (58) 2014.7

天城

1890(明治23)年11月 天城御料林など世傳(セデン・セイデン→代々に引き継ぐ)宮内省発表「豆州歴史通信」 豆州研究社歴史通信部 (445) 2009.9

1921(大正10)年8月 天城世傳御料地の解除決定される「豆州歴史通信」 豆州研究社歴史通信部 (447) 2009.10

天城越え

金山開発と天城越えルートの開拓 江戸時代下田街道を往く(橋本敬之)「豆州歴史通信」 豆州研究社歴史通信部 (390) 2007.6

天城湯ヶ島

しろばんばの里・天城湯ヶ島(宇田治良)「伊豆の郷土研究」 田方地域文化財保護審議委員連絡協議会 32 2007.3

天香久山砦

吉原城と天香久山砦・その周辺(高田國義)「駿河」 駿河郷土史研究会 (65) 2011.3

新居

新居勤番組の名簿から読み取れること(特集 維新期の静岡)(樋口雄彦)「静岡県近代史研究」 静岡県近代史研究会 (38) 2013.10

新井漁場

明治末期・伊東町 新井漁場は県下1位の鰤漁(加藤清志)「豆州歴史通信」 豆州研究社歴史通信部 (411) 2008.4

新居宿

紀行文 東海道五十三次ゆったり紀行―新居宿から御油・赤坂まで(岡田宏一郎)「備陽史研究山城志 ： 備陽史探訪の会機関誌」 備陽史探訪の会 (22) 2014.6

新居町

静岡県新居町での合宿調査のことなど(渡辺和敏)「交通史研究」 交通史学会, 吉川弘文館(発売) (66) 2008.8

新居関所

新居関所跡、大井川川越遺跡を訪ねる/「市郡併合そして荒川区誕生の頃」―平成16年歴史資料展「荒川夜談」 荒川史談会 279 2004.9

東海道新居関所の復元状況と宿場景観(シンポジウム 碓氷関所の歴史と現在)(渡辺和敏)「宇須比」 松井田町文化会 (61) 2010.1

飯田村

飯田村の地名と歴史―下野・高橋(伏見洋次郎)「清見潟 ： 清水郷土史研究会会誌」 清水郷土史研究会 (20) 2011.5

五十海

二〇一三年は蓮華寺池普請から四〇〇年 蓮華寺池をめぐる市部・五十海・若王子三か村の争い(長屋隆幸)「藤枝市史だより」 藤枝市 (28) 2013.3

井川線

大井川鐵道井川線新線計画の推移(白井昭)「産業遺産研究」 中部産業遺産研究会事務局 (17) 2010.5

井川村

母・長島さん―井川村の産婆(《静岡市葵区井川地区合同調査特集》)(むらき数子)「昔風と当世風」 古々路の会 (91) 2007.3

伊久身

志太郡伊久身地域における近世茶業の発展について(研究報告要旨 第225回研究会)(山本正)「静岡県地域史研究会報」 静岡県地域史研究会 134 2003.9

池田近道

池田近道は姫街道の延長か(郷土史サロン)(喜多川貞男)「磐南文化」 磐南文化協会 (39) 2013.3

池田村

旧池田村および近隣町村の消防組の沿革(大橋雄司)「磐南文化」 磐南文化協会 (33) 2007.3

池ノ平峠

峠道で継ぐ駅の旅(24) 白神駅から向市場駅 池ノ平峠(1)(久保田賀津男)「伊那」 伊那史学会 49(9)通号880 2001.9

峠道で継ぐ駅の旅(25) 大嵐駅～白神駅 池ノ平峠(2)(久保田賀津男)「伊那」 伊那史学会 49(9)通号880 2001.9

伊佐布

庵原地区の地名 「伊佐布」・「吉原」(伏見洋次郎)「清見潟 ： 清水郷土史研究会会誌」 清水郷土史研究会 (18) 2009.5

石川

飯田村の地名と歴史 山原・蜂ヶ谷・石川(伏見洋次郎)「清見潟 ： 清水郷土史研究会会誌」 清水郷土史研究会 (19) 2010.5

石野村

石野村むかしばなし(戸倉悦司)「ふるさと袋井」 ［袋井市地方史研究会］ 21 2006.11

石脇村

近世石脇村の役負担免除と原川新三郎の由緒(厚地淳司)「焼津市史研究」 焼津市 (6) 2005.3

伊豆

東海道古瓦の系譜(4)―駿河・伊豆(稲垣晋也)「史料 ： 皇學館大學研究開発推進センター史料編纂所報」 皇學館大學研究開発推進センター史料編纂所 通号167 2000.6

伊豆震災考(抜粋)(桜井祥行)「豆州歴史通信」 豆州研究社歴史通信部 232 2000.11

伊豆の国の成立時期と市ヶ原廃寺(山内昭二)「伊豆の郷土研究」 田方地域文化財保護審議委員連絡協議会 27 2002.3

伝染病が頻発するとお金は湯水のように消えていく 1913(大正2)年伊豆地方看護婦会派出規則書を読む「豆州歴史通信」 豆州研究社歴史通信部 287 2003.3

伊豆の虎列刺(コレラ)伝染 衛生観念なく迷信に頼る住民 1879(明治12)～1886(明治19)行政(国・県・郡・村)懸命の努力「豆州歴史通信」 豆州研究社歴史通信部 289 2003.4

伊豆石を石垣用に計画するが国許への連絡、採石場の手配と天手古舞 17世紀前期の江戸城修築工事 幕府の命令に絶対服従の諸藩の苦悩「豆州歴史通信」 豆州研究社歴史通信部 291 2003.5

貸付会社へ人民不穏な動き 重須村の内浦会社へ数十人強談判 1883(明治16)年、伊豆地方 金融逼迫・諸商売不景気「豆州歴史通信」 豆州研究社歴史通信部 295 2003.7

記念講演 古代の災害と救済―遠駿豆三国の事例から 仁藤敦史氏「静岡県地域史研究会報」 静岡県地域史研究会 135 2003.10

伊豆石の利用は江戸城築城から内湾開化の駅舎や鉄路敷石まで 1872(明治5)年10月開業 東京新橋停車場の駅舎外壁「豆州歴史通信」 豆州研究社歴史通信部 304 2003.11

伊豆へ姿を見せた飛行機 大正時代の中期から昭和時代の前期まで「豆州歴史通信」 豆州研究社歴史通信部 305 2003.12

伊豆石の輸送機についての私見(柳田圭一)「豆州歴史通信」 豆州研究社歴史通信部 305 2003.12

伊豆石は築城工事から都市建設まで 東海岸は江戸城・西海岸は駿府城 近世の有力な産業だった採石・輸送・問屋も伊豆石「豆州歴史通信」 豆州研究社歴史通信部 308 2004.1

近世伊豆産石材研究ノート(2)(金子浩之)「豆州歴史通信」 豆州研究社歴史通信部 309 2004.2

軍閥政治が地方の言論弾圧 1934(昭和9)年1月 東伊豆新報発売禁止の背景「豆州歴史通信」 豆州研究社歴史通信部 312 2004.3

伊豆は安政年間に三度大地震 下田周辺は不運にも全被災 ディアナ号の下田湾受難は安政大地震ではなく東海地震という「豆州歴史通信」 豆州研究社歴史通信部 316 2004.5

17世紀伊豆・江戸海上輸送略年表「豆州歴史通信」 豆州研究社歴史通信部 318 2004.6

疎開学童に1944(昭和19)年12月皇太子誕生記念で皇后より歌と菓子配

布「豆州歴史通信」 豆州研究社歴史通信部 323 2004.9

徳川幕府直轄領の伊豆検地村落図「豆州歴史通信」 豆州研究社歴史通信部 324 2004.9

伊豆の学徒動員についての訂正・追記「豆州歴史通信」 豆州研究社歴史通信部 326 2004.10

2004年10月9日、伊豆を襲った台風22号「豆州歴史通信への「お見舞い」に感謝しながら随想を「豆州歴史通信」 豆州研究社歴史通信部 331 2004.12

伊豆の大空を駆ける飛行機 民間人の粘り強い努力と政治家の圧力で成功 1927(昭和2)年10月 飛行補助金 政府重い腰をやっと上げる「豆州歴史通信」 豆州研究社歴史通信部 341 2005.5

伊豆地方検地一覧表「豆州歴史通信」 豆州研究社歴史通信部 342 2005.6

幕末伊豆に来た異国人たち(加藤好一)「豆州歴史通信」 豆州研究社歴史通信部 348 2005.9

伊豆の特定郵便局開局年月日/資料 駅逓局原図の解説「豆州歴史通信」 豆州研究社歴史通信部 (352) 2005.11

伊豆の義務教育学校だが全国の学校と共通点が多し 敗戦直後1947～1948(昭和22～23)年 学校の届け書・諸行事・物品申請等の調査報告「豆州歴史通信」 豆州研究社歴史通信部 (354) 2005.12

続伊豆東岸の義務教育学校 敗戦直後1946(昭和21)年から学校の教育外の様相をみる「豆州歴史通信」 豆州研究社歴史通信部 (355) 2005.12

続々伊豆東海岸の義務教育学校 終戦直後の教育現場の様相 ペアレンツ・ティーチャー・アソシエーション? を早く結成を!「豆州歴史通信」 豆州研究社歴史通信部 (357) 2006.1

新年の伊豆史学に快報 既に約千六百項目が詳述 仮称「伊豆歴史辞典」編纂中 数年以内の完成を目指す遠大な企画「豆州歴史通信」 豆州研究社歴史通信部 (356) 2006.1

早春の中伊豆史跡探訪の記(田村勝正)「調布史談会誌」 調布史談会 (35) 2006.3

伊豆各地の様子を色々と知らせるので足柄県民は大いに新聞を読むべし 1872(明治5)年11月創刊 足柄新聞と伊豆の記事を転載「豆州歴史通信」 豆州研究社歴史通信部 (360) 2006.3

伊豆の人々は旧態依然として他国の人に土地売買を認めず 1872(明治5)年に新政府は「土地永代売買」を許可したが「豆州歴史通信」 豆州研究社歴史通信部 (363) 2006.4

363号・軍人宿泊と伊東温泉組合協定追記/軍人でない伊豆七島の疎開者・伊豆経由の様子「豆州歴史通信」 豆州研究社歴史通信部 (364) 2006.5

伊豆に点在していた沼津藩水野氏領 上総(千葉県)市原郡に転封の余波 1869(明治2)年6月藩籍奉還 伊豆の村が菊間藩に「豆州歴史通信」 豆州研究社歴史通信部 (365) 2006.5

新聞・雑誌は文明開化の推進役 駿河・遠江の先人を追い抜こう 1882(明治15)年2月 伊豆の特色ある新聞・雑誌の出版「豆州歴史通信」 豆州研究社歴史通信部 (367) 2006.6

列挙された伊豆の温泉一覧 1727(享保12)年頃の「伊豆志」 伊豆最古の郷土史・伊東祐綱著「豆州歴史通信」 豆州研究社歴史通信部 (368) 2006.7

近世駿河・遠江・伊豆幕領における村役人呼称―東の名主、西の庄屋の境目《大会特集 東西交流の地域史―列島の境目・静岡》―(問題提起)(厚地淳司)「地方研究」 地方研究協議会 56(4)通号322 2006.8

1879(明治12)年伊豆の虎列喇(コレラ)騒ぎ「豆州歴史通信」 豆州研究社歴史通信部 (372) 2006.9

幕末から1891(明治24)年まで伊豆の発展に寄与した人々「豆州歴史通信」 豆州研究社歴史通信部 (373) 2006.9

日清戦争で想定・加藤好一論文から 清国兵の伊豆海岸奇襲上陸攻撃「豆州歴史通信」 豆州研究社歴史通信部 (378) 2006.12

「伊豆」と「駿河」の境は?(木村博)「伊豆史談」 伊豆史談会 通号136 2007.1

火山の国・伊豆に住んでいて 火山最大の産物「石」広範囲な解釈と利用(加藤清志)「豆州歴史通信」 豆州研究社歴史通信部 (384) 2007.3

続「伊豆石」近現代史(加藤清志)「豆州歴史通信」 豆州研究社歴史通信部 (385) 2007.3

面白い日本史・永享の乱 将軍を籤引きで決めた余波が伊豆・相模に争乱を起こす原因「豆州歴史通信」 豆州研究社歴史通信部 (388) 2007.5

天城・田中山・小坂・日向・畑毛・縄地・河内・奈呂谷 江戸時代伊豆の御林禁制木 五木から七木さらに九制木「豆州歴史通信」 豆州研究社歴史通信部 (389) 2007.5

史料紹介 1913年(大正2)年、東京に伊豆出身学生の宿舎完成「豆州歴史通信」 豆州研究社歴史通信部 (389) 2007.5

伊豆の義務教育学校事情 出征軍人家族への配慮 1905(明治38)年、郡役所より指示「豆州歴史通信」 豆州研究社歴史通信部 (392) 2007.7

水産業界と航空界が締結 漁獲量を激増させる 1928(昭和3)年6月伊豆

上空で魚群捜査飛行をはじめる「豆州歴史通信」 豆州研究社歴史通信部 (393) 2007.7

伊豆各地へ麦の収穫地時期を前 農地から焼夷弾攻撃に備える 1945(昭和20)年6月 敵空襲下農作物保護の命令「豆州歴史通信」 豆州研究社歴史通信部 (394) 2007.8

62年前の8月 戦争の風化許すまじ 伊豆各地の敗戦直前を再現する「豆州歴史通信」 豆州研究社歴史通信部 (395) 2007.8

敗戦直前の伊豆空襲(上)(下)(『豆州新聞』2007年8月15・16日より)(森山俊英)「豆州歴史通信」 豆州研究社歴史通信部 (号外) 2007.9

敗戦直前の伊豆空襲補遺 60余年、昔のカード利用(森山俊英)「豆州歴史通信」 豆州研究社歴史通信部 (号外) 2007.9

伊豆各地の敗戦直前「語り伝えよう戦争の悲劇」アメリカ空軍機の攻撃 小さな漁船に機銃掃射「豆州歴史通信」 豆州研究社歴史通信部 (399) 2007.10

記念講演記録 江戸城修築と相模・伊豆の石丁場(野中和夫)「利根川文化研究」 利根川文化研究会 通号30 2007.11

静岡県は全国ベストテンの8位 県内で伊豆は43%を占める 1891(明治24)年ころ伊豆の漁業 全国的な視野から分析すると「豆州歴史通信」 豆州研究社歴史通信部 (404) 2008.1

古代・伊豆の荘園 日本史総覧より「豆州歴史通信」 豆州研究社歴史通信部 (407) 2008.2

「伊豆の郷土研究」年表(土屋園)「伊豆の郷土研究」 田方地域文化財保護審議委員連絡協議会 33 2008.3

続 1891(明治24)年ころ伊豆の漁業 全国的な視野から分析すると 静岡県は全国ベストテンの8位、県内で伊豆は43%を占める「豆州歴史通信」 豆州研究社歴史通信部 (411) 2008.4

敗戦直前・米軍上陸に備え島民たちは強制集団疎開 伊豆諸島の島民たち故郷を離れ伊東・下田両港に上陸後、疎開地へ「豆州歴史通信」 豆州研究社歴史通信部 (414) 2008.6

伊豆における北条氏の館跡について(池谷初恵)「金沢文庫研究」 神奈川県立金沢文庫 (321) 2008.10

終戦1945=昭和20年8月 学徒動員の伊豆各中学校一覧表「豆州歴史通信」 豆州研究社歴史通信部 (425) 2008.11

1935(昭和10)年 丹那様々伊豆ブーム「豆州歴史通信」 豆州研究社歴史通信部 (427) 2008.12

古代伊豆のサトとムラ―今津報告にふれて(〈2008年度大会特集号 前近代社会地域社会論の再構築〉)(大山喬平)「歴史科学」 大阪歴史科学協議会 (196) 2009.3

続・伊豆に関係の無い「伊豆」の名称「豆州歴史通信」 豆州研究社歴史通信部 (434) 2009.4

文明開化は欧米文化や生活の他に知られざる多くの学問も普及した 1974(明治7)年12月 伊豆の樹木 造船用の堅牢な木材調査実施「豆州歴史通信」 豆州研究社歴史通信部 (435) 2009.4

1902(明治35)年 伊豆疑獄事件/1898(明治31)年 男・女雑魚寝に親嘆息/1899(明治32)年 伊豆半島縦断鉄路/1929(昭和4)年 静岡県政史話消却事件/1880(明治13)年 伊豆半島でも国会設置の願望盛ん「豆州歴史通信」 豆州研究社歴史通信部 (435) 2009.4

1880(明治13)年、伊豆地方 国会設置の願望さかんになる「豆州歴史通信」 豆州研究社歴史通信部 (441) 2009.7

続 1877(明治10)年代・伊豆貧困党騒動は伊豆各地で広がる「豆州歴史通信」 豆州研究社歴史通信部 (444) 2009.9

同時期の伊豆貧困党事件を静岡県史通史編5近現代1で読む「豆州歴史通信」 豆州研究社歴史通信部 (444) 2009.9

文明開化と伊豆石材の需要増加「豆州歴史通信」 豆州研究社歴史通信部 (450) 2009.12

明治初期・伊豆の灯台設置について/神子元島灯台/灯台四方山話 明治時代「豆州歴史通信」 豆州研究社歴史通信部 (454) 2010.2

1921(大正9)年 熱海線 国府津～小田原間開通祝賀会 伊豆の飛躍的発展に曙光「豆州歴史通信」 豆州研究社歴史通信部 (457) 2010.3

1940(昭和15)年 伊豆の朝鮮労働者の就労地域「豆州歴史通信」 豆州研究社歴史通信部 (458) 2010.4

7月例会レジュメⅡ 伊豆における資料保存の実践 近代伊豆の石材について(西村慎太郎)「静岡県近代史研究会会報」 静岡県近代史研究会 (382) 2010.7

伊豆震災80年(桜井祥行)「静岡県近代史研究会会報」 静岡県近代史研究会 (388) 2011.1

1947(昭和22)年、伊豆の小学校 1月1日の記述から、当時を探ってみる。 校務日誌から見る正月の様子「豆州歴史通信」 豆州研究社歴史通信部 (465) 2011.1

終戦の翌々年→1947(昭和22)まで「紀元節」は祝日として休日/「紀元節」名称を変えて登場/紀元節に発布された大日本帝国憲法/大日本帝国憲法発布頃伊豆の様子「豆州歴史通信」 豆州研究社歴史通信部 (465) 2011.1

沼津藩の海防と伊豆東岸の台場(淺川道夫)「開国史研究」 横須賀市 (11) 2011.3

静岡県　　　　　　　　　　　　　　地名でたどる郷土の歴史　　　　　　　　　　　　　　東海

フィールドノート（2）―ウラを読む 伊豆内湾に古文書の魚群あり（中村只吾）「東北学．［第3期］」 東北芸術工科大学東北文化研究センター，はる書房（発売） 3 2014.1

伊豆海軍特別攻撃隊基地

当時の伊豆海軍特別攻撃隊基地「豆州歴史通信」 豆州研究社歴史通信部 （418） 2008.8

伊豆ヶ岳

伊豆ヶ岳の茶店―島田バァの思い出（関口洋介）「奥武蔵」 奥武蔵研究会 329 2003.1

伊豆ヶ岳 点の記（木本和男）「奥武蔵」 奥武蔵研究会 通号369 2009.9

伊豆市

伊豆市町村名百年の移変遷 1888（明治21）年4月17日 「静岡県市町村名百年の変遷・はしがき」より転載「豆州歴史通信」 豆州研究社歴史通信部 （464） 2010.12

伊豆城

伊豆城という名の集落・栗駒「桜田地区」「栗原郷土研究」 栗原郷土史研究会 （39） 2008.3

「続日本紀」と伊豆城（三浦瑞穂）「栗原郷土研究」 栗原郷土史研究会 （45） 2014.6

伊豆国

伊豆は分村から分県まで大騒動 静岡県はイヤ、神奈川県にシテ。 1888（明治18）年11月 伊豆国人民県の管轄替建白「豆州歴史通信」 豆州研究社歴史通信部 284 2003.1

316号で祥述・本号では略述 伊豆国・安政の三大地震 安政元（1854）年～安政2（1855）年「豆州歴史通信」 豆州研究社歴史通信部 350 2005.10

駿河国駿河都の条里と古代の駿豆国境問題 補考（原秀三郎，菊池吉修）「沼津市史研究」 沼津市教育委員会 通号15 2006.3

伊豆国神奈川県管轄替問題（《大会特集 東西交流の地域史―列島の境目・静岡》―〈問題提起〉）（桜井祥行）「地方史研究」 地方史研究協議会 56（4）通号322 2006.8

幕末伊豆国村々領主支配の状況「豆州歴史通信」 豆州研究社歴史通信部 （386） 2007.4

伊豆国「一ノ宮」隣接諸国の「一ノ宮」「豆州歴史通信」 豆州研究社歴史通信部 （387） 2007.4

文禄・慶長検地実施村落図 伊豆国の検地について「豆州歴史通信」 豆州研究社歴史通信部 （391） 2007.6

724（神亀元）年3月1日 伊豆国は他五ケ国と遠流国（オンルノクニ）に定めらる「豆州歴史通信」 豆州研究社歴史通信部 （400） 2007.11

伊豆国 奈良・平安時代における配流・左遷付、遠江、駿河国 続・伊豆に流された人たち「豆州歴史通信」 豆州研究社歴史通信部 （401） 2007.11

石渡延美の『温古誌』より「伊豆国府考」について（下山源仁）「伊豆の郷土研究」 田方地域文化財保護審議委員会連絡協議会 33 2008.3

伊豆国検地に関する覚書き（橋本敬之）「三島市郷土資料館研究報告」 三島市郷土資料館 通号2 2009.3

江戸時代伊豆国の分郡 小さな村に複数の知行支配地 伊豆発展の弊害の一因？「豆州歴史通信」 豆州研究社歴史通信部 （436） 2009.5

続・江戸時代→伊豆国の分郷「豆州歴史通信」 豆州研究社歴史通信部 （437） 2009.5

『伊豆の國』の出版をめぐって（地域学）（村山道宣）「東北学．［第2期］」 東北芸術工科大学東北文化研究センター，柏書房（発売） （24） 2010.8

町村連合会から郡会への地方行政―明治時代前半の伊豆国を事例として（桜井祥行）「三島市郷土資料館研究報告」 三島市郷土資料館 （5） 2012.3

近代中等教育と地方行政―明治・大正時代の伊豆国を事例として（桜井祥行）「三島市郷土資料館研究報告」 三島市郷土資料館 （6） 2013.3

11月例会 12月1日（土）畠山国清の乱と伊豆国（例会報告要旨）（杉山一弥）「国史学」 国史学会 （210） 2013.6

伊豆箱根鉄道

伊豆箱根鉄道開設史（桜井祥行）「三島市郷土資料館研究報告」 三島市郷土資料館 通号2 2009.3

伊豆半島

伊豆半島の町や村では沼津・三島両方の会に派遣依頼 1913（大正2）年 伊豆地方 三島にも看護婦会があった「豆州歴史通信」 豆州研究社歴史通信部 290 2003.4

産馬会社と殖産興業―伊豆半島における豪農層の取り組み（櫻井祥行）「伊豆の郷土研究」 田方地域文化財保護審議委員会連絡協議会 32 2007.3

大正時代に伊豆半島循環鉄道案 熱海・宇佐美・伊東・河津・松崎・仁科・大仁経由 関東大震災の被害で一蹴 伊豆各町村の期待裏切られる「豆州歴史通信」 豆州研究社歴史通信部 （432） 2009.3

1902（明治35）年 伊豆疑獄事件/1898（明治31）年・男・女雑魚寝に親嘆

息/1899（明治32）年 伊豆半島縦断鉄路/1929（昭和4）年 静岡県政史 話消却事件/1880（明治13）年 伊豆半島でも国会設置の願望盛ん「豆州歴史通信」 豆州研究社歴史通信部 （435） 2009.4

7月例会レジュメ2 温泉観光地の発展と伊豆半島の変容（高柳友彦）「静岡県近代史研究会会報」 静岡県近代史研究会 （394） 2011.7

市ヶ原廃寺

伊豆の国の成立時期と市ヶ原廃寺（山内昭二）「伊豆の郷土研究」 田方地域文化財保護審議委員会連絡協議会 27 2002.3

市部

二〇一三年は蓮華寺池普請から四〇〇年 蓮華寺池をめぐる市部・五十海・若王子三か村の争い（長屋隆幸）「藤枝市史だより」 藤枝市 （28） 2013.3

一本松

東海道を歩く（8）一本松、桃里、植田「沼津市歴史民俗資料館だより」 沼津市歴史民俗資料館 28（4）通号162 2003.3

伊東

作家・坂口安吾が激怒して静岡地検へ告訴状を 1951（昭和26）年9月 伊東競輪に不正ありと？「豆州歴史通信」 豆州研究社歴史通信部 307 2004.1

戦後住民運動の先駆けとなる近隣町村へも積極的な勧誘 1950（昭和25）年、伊東で鉱山開発反対の狼煙「豆州歴史通信」 豆州研究社歴史通信部 （353） 2005.11

1945（昭和20）年9月敗戦直後 伊東警察署広報紙の回覧/昭和20年9月4日 日本の内務省 注意を喚起 暴行アメリカ兵には噛みつけ！ 引っ掻け「豆州歴史通信」 豆州研究社歴史通信部 （371） 2006.8

特集 写真でたどる戦前・戦後の伊東 戦前・戦後の宇佐美/観光伊東の姿/漁業の町 伊東「伊東市史だより」 伊東市教育委員会 （9） 2008.3

伊東上水道の歴史（2）「豆州歴史通信」 豆州研究社歴史通信部 （416） 2008.7

伊東へ学童疎開中の女子児童の手記から朝食に耐えた当時の様子を見ると 1944（昭和19）年、大晦日から正月元旦にかけて「豆州歴史通信」 豆州研究社歴史通信部 （429） 2009.1

特集 江戸時代の伊東 江戸時代初期の伊東/さまざまな百姓/自然村落の人口/年貢を請け負う/川奈の湊明堂（田上繁）「伊東市史だより」 伊東市教育委員会 （11） 2010.3

特集 江戸時代の伊東 伊東の湯―温泉の歴史/漁業で生きる村々/林産物と廻船経営/海難発生と救助/酒造が行われる（泉雅博）「伊東市史だより」 伊東市教育委員会 （11） 2010.3

特集 江戸時代の伊東 古文書の扱い（田上繁）「伊東市史だより」 伊東市教育委員会 （11） 2010.3

県道下田・伊東の工事を早くして 1925（大正14）年11月14日 河津町役場所蔵資料「豆州歴史通信」 豆州研究社歴史通信部 （461） 2010.5

伊東―映画つづり F 伊高新聞「映画」異聞（小西恒男，佐藤眞一）「郷土の栞」 伊東郷土研究会 （155） 2012.1

歴史のなかの村と「家」元禄大津波と「家」/村の民俗世界/「飛び上がりの心」/幕末の動向（特集 江戸時代の伊東（2））（関口博巨）「伊東市史だより」 伊東市教育委員会 （12） 2012.3

江戸時代の伊東の文化/『伊東誌』を全文復刻/地元作家たちの歌集『山家塵』/俳句の世界/紀行文で見る江戸時代の伊東/江戸時代伊東の寺社と信仰（特集 江戸時代の伊東（2））（金子浩之）「伊東市史だより」 伊東市教育委員会 （12） 2012.3

伊東―映画つづり G テレビは、いま、映画の花ざかり（小西恒男，佐藤眞一）「郷土の栞」 伊東郷土研究会 （156） 2012.3

伊東の外国人について（小西恒男）「郷土の栞」 伊東郷土研究会 （158） 2012.7

伊東―映画つづり（小西恒男，佐藤眞一）「郷土の栞」 伊東郷土研究会 （159） 2012.9

伊東―映画つづり テレビは、いま、映画の花ざかり（小西恒男，佐藤眞一）「郷土の栞」 伊東郷土研究会 （160） 2012.11

伊東駅

伊東駅に今も残る戦争の傷跡（加藤好一）「豆州歴史通信」 豆州研究社歴史通信部 （374） 2006.10

伊東温泉

坂口安吾の競輪不正告発前後 競輪事業の赤字に溜息続く 1951（昭和26）年）頃の伊東温泉競輪場の様子「豆州歴史通信」 豆州研究社歴史通信部 310 2004.2

史料 1944（昭和19）年、戦争激化のなか陸軍と伊東温泉旅館組合とが宿泊協定を結ぶ「豆州歴史通信」 豆州研究社歴史通信部 （363） 2006.4

熱海・湯ヶ原温泉の客激減 伊東温泉旅館好機到来 1906（明治39）年8月 客車転覆 熱海・小田原間の人車鉄道「豆州歴史通信」 豆州研究社歴史通信部 （397） 2007.9

伊東港

続 軍人でない伊豆七島の疎開者・伊豆経由の様子 神津島から伊東港へ

の疎開船「豆州歴史通信」 豆州研究社歴史通信部 （365）2006.5

敗戦直前・米軍上陸に備え島民たちは強制集団疎開 伊豆諸島の島民たち故郷を離れ伊東・下田両港に上陸後、疎開地へ「豆州歴史通信」 豆州研究社歴史通信部 （414）2008.6

伊東市

ヤマタテと伊東市/寺社に関連する設備の歴史的な事象/茅ヶ崎歴史考（2）/さいたま市・新区名で大もめ/茅ヶ崎市の地頭（4）/萩園宮川音太氏の墓碑/史跡めぐり「郷土ちがさき」 茅ヶ崎郷土会 96 2003.1

連合国軍政部 日本の民主主義推進を計るため教育視察の翌日1947（昭和22）年10月24日 伊東市で各課長の民情講評報告「豆州歴史通信」 豆州研究社歴史通信部 329 2004.12

伊東線

鉄路・伊東線開通までの道程 永年の人々の労苦を偲ぶ 1938（昭和13）年12月20日 沿線の人々の逸話数篇「豆州歴史通信」 豆州研究社歴史通信部 299 2003.9

続・鉄道伊東線開通までの秘話 昭和はじめ人々の苦心談 15年戦争で労力・資材不足「豆州歴史通信」 豆州研究社歴史通信部 301 2003.10

1936（昭和11）年 伊東線工事中 宇佐美隧道北口でストライキ 170名余「豆州歴史通信」 豆州研究社歴史通信部 313 2004.4

伊東線開通式典で歌われた伊東交通唱歌 1938（昭和13）年12月念願叶って沿線住民喜びの歌聲「豆州歴史通信」 豆州研究社歴史通信部 315 2004.5

1936（昭和13）年12月15日、伊豆の人々 念願の伊東線開通と大きな期待を抱く。「豆州歴史通信」 豆州研究社歴史通信部 （462）2010.9

伊東町

続・伊豆へ姿を見せた飛行機 1936（昭和11）年7月1日 伊東町上空で実演中の惨事「豆州歴史通信」 豆州研究社歴史通信部 306 2003.12

1928（昭和4）年7月、伊東町 三回体事件（保守派が進歩派へ暴行）について（渡辺秀夫）「豆州歴史通信」 豆州研究社歴史通信部 319 2004.8

伊東町役場物資課の報告 戦争は国民生活を破綻 1945（昭和20）年、日本の劣勢 日常生活用品の欠乏深刻化「豆州歴史通信」 豆州研究社歴史通信部 （364）2006.5

続々15年戦争下の隣組回覧板と「銃後の暮らし」 伊東町（加藤好一）「豆州歴史通信」 豆州研究社歴史通信部 （406）2008.1

15年戦争下の隣組回覧板と「銃後の暮らし」 伊東町（4）（加藤好一）「豆州歴史通信」 豆州研究社歴史通信部 （408）2008.3

伊東交通唱歌（伊東町宣伝委員部選定）「豆州歴史通信」 豆州研究社歴史通信部 （462）2010.9

伊東村

1901（明治34）年伊東村の分裂危機 合併自治区強大の外面虚飾「豆州歴史通信」 豆州研究社歴史通信部 283 2003.1

調停役になった周辺の村長さんたち 双方の言い分を組み入れ書類作成 1901（明治34）年伊東村 分村騒ぎ終わって仲裁書「豆州歴史通信」 豆州研究社歴史通信部 285 2003.2

1901（明治34）年4月 伊東村の分離騒動起こる「豆州歴史通信」 豆州研究社歴史通信部 （366）2006.6

1887（明治20）年、伊豆賀茂郡和田村と竹之内村 合併して伊東村の名称「豆州歴史通信」 豆州研究社歴史通信部 （366）2006.6

井通尋常高等小学校

時代再現 大正初期の井通尋常高等小学校（大橋雄司）「磐南文化」 磐南文化協会 （31）2005.3

稲子城

稲子城（佐野安朗）「かわのり」 芝川町郷土史研究会 （34）2009.6

稲子城（前号より）（佐野安朗）「かわのり」 芝川町郷土史研究会 （35）2010.6

引佐細江

所謂「引佐細江」をめぐる文学（1）～（4）（鈴木文章）「遠江」 浜松史跡調査顕彰会 24/（29）2001.3/2006.3

稲取

学習と女性の主体形成―「稲取婦人学級」を中心に（4月例会レジュメ）（大橋聖子）「静岡県近代史研究会会報」 静岡県近代史研究会 295 2003.4

日本の民主化推進は警察から 伊豆では大仁・稲取・松崎などに独立警察署「豆州歴史通信」 豆州研究社歴史通信部 336 2005.3

稲取村

静岡県でさいしょの水道完成 全国で横浜市に次いで二番目 1890（明治23）年、賀茂郡稲取村 木管1440メートルを通じ水道施設できる「豆州歴史通信」 豆州研究社歴史通信部 （415）2008.6

稲葉

稲葉の里（番場英子）「藤枝市史だより」 藤枝市 12 2005.3

庵原郡

明治の政治家たちと旧庵原郡地方（米山文雄）「月の輪」 富士宮市郷土史同好会 （26）2011.6

庵原城

庵原城の遺構から見る年代観（水野茂）「古城」 静岡古城研究会 （57）2013.7

庵原

古代いほはら勢力圏の形成過程（杉山満）「清見潟 ： 清水郷土史研究会会誌」 清水郷土史研究会 （13）2004.5

庵原地区（原・草ヶ谷・山田）の地名と歴史（伏見洋次郎）「清見潟 ： 清水郷土史研究会会誌」 清水郷土史研究会 （16）2007.5

庵原地区の地名「伊佐布」・「吉原」（伏見洋次郎）「清見潟 ： 清水郷土史研究会会誌」 清水郷土史研究会 （18）2009.5

庵原町

庵原地区（庵原町）の地名と歴史（伏見洋次郎）「清見潟 ： 清水郷土史研究会会誌」 清水郷土史研究会 （15）2006.5

今井

井塚尊の話 今井地区（第二部 子どもに語り継ぐお話）「新ふるさと袋井」 ［袋井市地方研究会］ （26）2012.1

田島の「城山」と今井の「城ノ内」の考察―吉原湊と富士川渡船との関連から（土屋比都司）「古城」 静岡古城研究会 （58）2014.7

入江荘

入江荘の地理的考察―領域と域内にみられる郷と村について（例会告要旨―2月例会（10名参加）（山田剛徳）「静岡県地域史研究会報」 静岡県地域史研究会 （194）2014.5

不入斗

掛川城攻めの家康本陣は山名郡「不入斗」（兼子春治）「磐南文化」 磐南文化協会 （34）2008.3

入山瀬村

天保10年助郷・入山瀬村諸入用書上帳（戸田文書）《《吉原宿を中心とした宿場資料》―〈宿場財政と助郷村の困窮〉）「駿河」 駿河郷土史研究会 （臨時号）2008.9

天保年間入山瀬村諸入用書上帳の経年変化（戸田文書）《《吉原宿を中心とした宿場資料》―〈宿場財政と助郷村の困窮〉）「駿河」 駿河郷土史研究会 （臨時号）2008.9

「高反別村方明細書上帳」（駿州富士郡下入山瀬村）から（杉山煕司）「駿河」 駿河郷土史研究会 （63）2009.3

岩田

岩田地区の明治・大正・昭和（市川恒）「磐南文化」 磐南文化協会 （31）2005.3

磐田

いわた歴史かるた（松下正）「磐南文化」 磐南文化協会 （29）2003.3

磐南の歌碑・句碑（6）海上王の歌碑（磐田支部）「磐南文化」 磐南文化協会 （31）2005.3

磐田地域の赤煉瓦（1），（2）（高橋廣治）「磐南文化」 磐南文化協会 （32）/（33）2006.3/2007.3

時代再現 磐田東部用水突貫工事（永田竹一）「磐南文化」 磐南文化協会 （33）2007.3

磐田用水路の思い出（雪島精二）「新ふるさと袋井」 ［袋井市地方史研究会］ （23）2008.11

磐田原の開墾史に栄達 遂に上水道が完了した（鈴木直之）「磐南文化」 磐南文化協会 （37）2011.3

磐田郡

豊田、山名、磐田郡米穀改良組合の創立とその規約（水野房次郎）「ふるさと袋井」 ［袋井市地方史研究会］ 17 2002.11

磐田市

『磐田市史』から蓑笠一揆を読む（市川恒）「磐南文化」 磐南文化協会 （35）2009.3

磐田市に現存する高札―江戸時代の代表的な公文書（水野幸博）「磐南文化」 磐南文化協会 （35）2009.3

榑木運材にかかわった信州代官の動向―磐田市秋鹿家文書（松澤保）「伊那」 伊那史学会 62（6）通号1033 2014.6

岩淵宿

岩淵宿を歩く（佐野里見）「かわのり」 芝川町郷土史研究会 28 2001.10

植田

東海道を歩く（8）一本松、桃里、植田「沼津市歴史民俗資料館だより」 沼津市歴史民俗資料館 28（4）通号162 2003.3

浮島

原・浮島の歴史、文化等に関わりある人名ファイル（望月宏充）「沼津史

談」 沼津史談会 （57）2006.3

浮島沼開発の水路跡（望月宏充）「駿河」 駿河郷土史研究会 （64）
2010.3

浮島沼
原一本松の元堀（水落堀）跡と浮島沼について（望月宏充）「沼津史談」
沼津史談会 （60）2009.3

浮橋
近代の浮橋地区における暮らしと生業（古屋寿男）「伊豆の郷土研究」 田
方地域文化財保護審議委員会連絡協議会 32 2007.3

宇佐美
1936（昭和11）年 伊東線工事中 宇佐美隧道北口でストライキ 170名余
「豆州歴史通信」 豆州研究社歴史通信部 313 2004.4
特集 写真でたどる戦前・戦後の伊東 戦前・戦後の宇佐美／観光伊東の姿
／漁業の町 伊東「伊東市史だより」 伊東市教育委員会 （9）2008.3
続 1893（明治26）年 伊豆国賀茂郡宇佐美村移出「村勢要覧」から見る／
同年、宇佐美村移入「村勢要覧」から見る「豆州歴史通信」 豆州研究
社歴史通信部 （456）2010.3

宇佐美中学校
昭和38年頃の宇佐美中学校の社会科教師「豆州歴史通信」 豆州研究社
歴史通信部 （367）2006.6

宇佐美村
伊豆国宇佐美村奨兵會の案内状 戦い終り凱旋兵士の帰村迎えて日露戦
争（1904〜1905／明治37〜38年）村の近況と大歓迎の予告「豆州歴史
通信」 豆州研究社歴史通信部 322 2004.8
二・二六事件（1936＝昭和11年）と伊豆 首謀者、西田税（ニシダミツグ）
の書簡 宇佐美村の有力者宅に保管されていた「豆州歴史通信」 豆州
研究社歴史通信部 （431）2009.2
資料 1893（明治26）年 伊豆宇佐美村移出入「村勢要覧」から当時を見る
と「豆州歴史通信」 豆州研究社歴史通信部 （455）2010.2

内浦
17世紀の漁業地域における秩序と領主の関係性―伊豆国内浦・駿河五ヶ
浦地域を対象に（中村只吾）「地方史研究」 地方史研究協議会 58（3）
通号333 2008.6
豆州内浦の鯨子漁（鳥巣京一）「福岡市博物館研究紀要」 福岡市博物館
（20）2010.3
近世後期の漁村における秩序認識―伊豆国内浦地域での漁場争論を事例
に（中村只吾）「東北芸術工科大学東北文化研究センター研究紀要」
東北芸術工科大学東北文化研究センター 通号10 2011.3
資料館の調査ノートから（21）新版画による内浦の風景「沼津市歴史民
俗資料館だより」 沼津市歴史民俗資料館 38（1）通号198 2013.6
地域経済との関係からみた近世の漁村秩序―伊豆国内浦地域を事例とし
て（特集 関東の地域経済と社会）（中村只吾）「関東近世史研究」 関東
近世史研究会 （76）2014.10

内浦重寺
資料館の調査ノートから（11）内浦重寺 秋山家の「猫絵」 鼠に噛まれ
た猫絵の話「沼津市歴史民俗資料館だより」 沼津市歴史民俗資料館
31（3）通号173 2005.12

内浦長浜
資料館の調査ノートから（17）建切網漁の伝統を引き継ぐ内浦湾最後の
マグロ漁 内浦長浜 菊地敬二さんの話「沼津市歴史民俗資料館だより」
沼津市歴史民俗資料館 36（4）通号193 2012.3

宇津山城
徳川領国下の遠江宇津山城（柴裕之）「静岡県地域史研究会報」 静岡県地
域史研究会 （143）2005.4
遠州宇津山城跡の総合的研究（土屋比都司）「古城」 静岡古城研究会
（55）2010.7

鵜津山城
今川領国下の遠州鵜津山城（糟谷幸裕）「戦国研究」 戦国史研究会，吉
川弘文館（発売）（46）2003.8

有度村
日露戦争下の安倍郡有度村（松浦元治）「清見潟 ： 清水郷土史研究会会
誌」 清水郷土史研究会 （14）2005.5

宇布見
徳川氏五十分一役と宇布見郷勘定書（研究報告要旨 第218回研究会）（本
多隆成）「静岡県地域史研究会報」 静岡県地域史研究会 131 2003.2
天正期遠州宇布見の年貢徴収（研究報告要旨 第224回研究会）（本多隆
成）「静岡県地域史研究会報」 静岡県地域史研究会 134 2003.9
徳川氏五十分一役と宇布見年貢勘定書―谷口説をめぐって（本多隆
成）「織豊期研究」 織豊期研究会 （5）2003.11
遠州宇布見郷年貢勘定書の分析（研究報告要旨 第235回研究会）（鈴木将
典）「静岡県地域史研究会報」 静岡県地域史研究会 140 2004.9

戦国織豊期村落の年貢収取体制―遠州宇布見郷年貢勘定書の分析を通し
て（《大会特集II教育―日本海〜琵琶湖、風の通り道》―〈問題提起〉）
（鈴木将典）「地方史研究」 地方史研究協議会 55（5）通号317
2005.10

馬伏塚城
馬伏塚城戦国史［1］〜（9）（高木錫夫）「磐南文化」 磐南文化協会 26／
（34）2000.3／2008.3

梅ヶ島
梅ヶ島の古文書と古典落語（赤嶋禊）「紙魚 ： 駿河古文書会会報」 駿河
古文書会 （30）2004.2

梅原村
中泉町梅原村組合役場（喜多川貞男）「磐南文化」 磐南文化協会 （30）
2004.3

瓜島村
伝法・瓜島村探索紀行（石川健三）「駿河」 駿河郷土史研究会 （60）
2006.3

江尻
武田親族衆穴山信君の江尻領支配（柴辻俊六）「地方史研究」 地方史研究
協議会 60（1）通号343 2010.2
江尻の地名と歴史（伏見洋次郎）「清見潟 ： 清水郷土史研究会会誌」 清
水郷土史研究会 （23）2014.5

江尻宿
享保に象が江尻宿を通る―象鳴き坂の地名由来と象の旅（山田健司）「清
見潟 ： 清水郷土史研究会会誌」 清水郷土史研究会 （22）2013.5
江尻宿の高札について（望月憲一）「清見潟 ： 清水郷土史研究会会誌」
清水郷土史研究会 （22）2013.5
加宿・宿付村のある東海道の宿場（江尻宿の吉原宿の比較）（例会告要旨
―10月例会（8名参加））（渡辺誠）「静岡県地域史研究会報」 静岡県地
域史研究会 （192）2014.1
吉原宿と江尻宿の比較研究（渡辺誠）「駿河」 駿河郷土史研究会 （68）
2014.4

江尻城
講演記録 薩埵山の戦いと江尻城（水野茂）「清見潟 ： 清水郷土史研究会
会誌」 清水郷土史研究会 （14）2005.5
江尻城 所縁の武田武将（望月憲一）「清見潟 ： 清水郷土史研究会会誌」
清水郷土史研究会 （22）2008.5
江尻城はどのように語られてきたか（川村晃弘）「清見潟 ： 清水郷土史
研究会会誌」 清水郷土史研究会 （20）2011.5

江尻津
史料と寺社から探る中世の江尻津（川村晃弘）「清見潟 ： 清水郷土史研
究会会誌」 清水郷土史研究会 （16）2007.5

江梨村
海村を往き来する人々について―豆州江梨村の村入用帳の記載から（岩
田みゆき）「沼津市史研究」 沼津市教育委員会 11 2002.3

江浦
駿河湾の漁 足立実さんの漁話 江浦に伝わる海難文書（1）「沼津市歴史民
俗資料館だより」 沼津市歴史民俗資料館 32（4）通号177 2007.3

海老塚
9月例会レジュメ2 浜松市海老塚の暴力団追放とは何だったのか―マス
コミ報道の課題（小笠原康晴）「静岡県近代史研究会会報」 静岡県近
代史研究会 （396）2011.9

遠州
近現代部会 静岡県水産試験場『漁村調査報告（駿州及遠州之部）』につ
いて（山本義彦）「焼津市史だより」 焼津市総務部 5 2003.7
紀行文にみる遠州地方のくらし―農間稼ぎと女性の性を中心に（小和田
美智子）「江戸時代おんな考」 桂文庫 （14）2003.10
〈第28回県外実地踏査報告 上伊那と遠州とのつながりを現地に探る〉「伊
那路」 上伊那郷土研究会 47（12）通号563 2003.12
『遠州展望』と地方建設研究所（鈴木直之）「磐南文化」 磐南文化協会
（31）2005.3
天竜川最下流と遠州海岸（山田博章）「伊那」 伊那史学会 53（6）通号
925 2005.6
秋の遠州路のフィールドワーク―明治のデモクラシーを訪ねる（成瀬公
策）「静岡県近代史研究会会報」 静岡県近代史研究会 （326）2005.11
遠州と故郷の安居院庄七像（井上静男）「秦野市史研究」 秦野市 （25）
2006.3
中世寧波船「得泰号」遠州漂着と清水湊入港、及び漂流日本人の物語
（遠藤章二）「清見潟 ： 清水郷土史研究会会誌」 清水郷土史研究会
（16）2007.5
近代社会成立期における民衆運動の一断面―遠州地方の丸山教の展開を
中心に（鈴木正行）「静岡県近代史研究」 静岡県近代史研究会 （33）

2008.10

遠州地域初期報徳運動の特質（足立洋一郎）「静岡県近代史研究」静岡県近代史研究会（35）2010.10

遠州中泉代官竹垣庄蔵による文政の宿駅改革（橘敏夫）「交通史研究」交通史学会，吉川弘文館（発売）（77）2012.4

遠州地域における自然災害と人的災害（災害）（高橋廣治）「磐南文化」磐南文化協会（40）2014.3

天保凱饉下の遠三州十か宿（論説）（橘敏夫）「愛知大学綜合郷土研究所紀要」愛知大学綜合郷土研究所 59 2014.3

遠州三山

遠州三山・豊川稲荷・伊良湖岬の旅（市川三郎）「府中史談」府中市史談会（33）2007.5

遠州路

遠州路をゆく（作本一成）「西上総文化会報」西上総文化会（65）2005.3

時代再現 東京オリンピック聖火遠州路を走る（大橋雄司）「磐南文化」磐南文化協会（39）2013.3

遠州鉄道奥山線

遠州鉄道奥山線の歴史（1）〜（16）（鈴木正之）「遠江」浜松史跡調査顕彰会 22/（37）1999.3/2014.3

遠州灘

中世前期の遠州灘で漂流した薩摩人（橋口尚武）「鹿児島地域史研究」『鹿児島地域史研究』刊行会，鹿児島地域史研究会（5）2009.2

中世末から近世における渥美半島表浜から遠州灘沿岸の地震・津波の諸相（論説）（藤田佳久）「愛知大学綜合郷土研究所紀要」愛知大学綜合郷土研究所 58 2013.3

遠州横須賀藩

幕末期の遠州横須賀藩における郷宿仕法替え（特集 維新期の静岡）（岡村龍男）「静岡県近代史研究」静岡県近代史研究会（38）2013.10

追分

元追分・追分付近の前近代における交通体系（山田剛徳）「清見潟：清水郷土史研究会会誌」清水郷土史研究会（23）2014.5

大井川

大井川流路の変遷と志太平野の生い立ち（講演）（加藤芳朗）「焼津市史研究」焼津市（4）2003.3

大井川の河川交通─近世・近代の通船を中心として（4月例会レジュメ）（肥田正己）「静岡県近代史研究会会報」静岡県近代史研究会（331）2006.4

大井川の河川交通─通船を中心として（〈特集 大井川流域の交通と電源問題〉）（肥田正巳）「静岡県近代史研究」静岡県近代史研究会（31）2006.11

静岡県の電気事業（1）大井川の電源開発と日英水電株式会社（小池善之）「静岡県近代史研究」静岡県近代史研究会（31）2006.11

大井川川越遺跡

新居関所跡、大井川川越遺跡を訪ねる/「市郡併合そして荒川区誕生の頃」─平成16年歴史資料展「荒川史談」荒川史談会 279 2004.9

大井川鉄道

大井川鉄道のSL復活とC5644（肥田正巳）「静岡県近代史研究」静岡県近代史研究会（31）2006.11

大池村

「藤枝の米騒動」例会報告から3 新聞報道に見る大池村の1918年米騒動（清水実）「静岡県近代史研究会会報」静岡県近代史研究会（397）2011.10

大浦丁場

戸田の石丁場─大浦丁場の調査（原田雄紀）「沼津市史だより」［沼津市教育委員会］（22）2012.3

大岡

ぬまづ近代史点描（60）大岡の戦争記念碑「沼津市明治史料館通信」沼津市明治史料館 20（4）通号80 2005.1

大久保

旗本大久保領の支配機構（研究報告要旨 第227回研究会）（青木茂久）「静岡県地域史研究会報」静岡県地域史研究会 136 2003.12

大坂村

静岡県大坂村の算額（増田祐三）「和算」近畿数学史学会（110）2007.5

大沢城

松崎町 大沢城の遺構について─伊豆西南部の城郭に関する一考察（望月保宏）「古城」静岡古城研究会（58）2014.7

大篠山城

大篠山城（見月山山系）の遺構と抗争（水野茂）「古城」静岡古城研究会（56）2011.7

大瀬瀬洞

駿河湾の漁 川上貢さんの漁話 大瀬瀬洞の定置網漁「沼津市歴史民俗資料館だより」沼津市歴史民俗資料館 37（4）通号197 2013.3

大嵐駅

峠道で継ぐ駅の旅（21）─大嵐駅から小和田駅 西之山越え（久保田賀津男）「伊那」伊那史学会 48（12）通号871 2000.12

峠道で継ぐ駅の旅（22），（23）─大嵐駅から白神駅 夏焼松（1），（2）（久保田賀津男）「伊那」伊那史学会 49（5）通号876/49（7）通号878 2001.5/2001.7

峠道で継ぐ駅の旅（25）大嵐駅〜白神駅 池ノ平峠（2）（久保田賀津男）「伊那」伊那史学会 49（9）通号880 2001.9

大谷

大谷の名木（水野房次郎）「ふるさと袋井」［袋井市地方史研究会］21 2006.11

大津城

大津城と蒲原城の縄張考察（見崎鬨雄）「古城」静岡古城研究会（50）2004.7

大津峠

峠道で継なぐ駅の旅（20）小和田駅から水窪駅へ 大津峠（久保田賀津男）「伊那」伊那史学会 48（11）通号870 2000.11

大峠

峠道で継なぐ駅の旅（19）─小和田駅から水窪駅へ 大峠（久保田賀津男）「伊那」伊那史学会 48（9）通号868 2000.9

大中里

大中里地区（約40年）の変貌（若林和司）「月の輪」富士宮市郷土史同好会（19）2004.6

大野命山

磐南叙情「大野命山と中新田命山」（浅羽支部）「磐南文化」磐南文化協会（38）2012.3

大仁

日本の民主化推進は警察から 伊豆では大仁・稲取・松崎などに独立警察署「豆州歴史通信」豆州研究社歴史通信部 336 2005.3

大仁町

大仁町制顛末（櫻井祥行）「伊豆の郷土研究」田方地域文化財保護審議委員連絡協議会 33 2008.3

大平

ぬまづ近代史点描（59）大平の戦争記念碑「沼津市明治史料館通信」沼津市明治史料館 20（3）通号79 2004.10

大平古城

大平古城（静岡県沼津市・函南町）小考（松岡進）「中世城郭研究」中世城郭研究会（22）2008.7

大淵

大淵のあけぼの（宮崎武頼）「駿河」駿河郷土史研究会（59）2005.3

中世から近世へかけての大淵（宮崎竹頼）「駿河」駿河郷土史研究会（61）2007.3

大淵村

吉原宿の助郷大淵村（小山純市家文書）《〈吉原宿を中心とした宿場資料〉─〈吉原宿の伝馬制度〉》「駿河」駿河郷土史研究会（臨時号）2008.9

大宮城

大宮城の戦いと十四ノ城砦群（佐野安朗）「古城」静岡古城研究会（51）2006.5

大宮町

「大宮町大火」のあとさき─当時の新聞で見る災害と復興（澤田政彦）「月の輪」富士宮市郷土史同好会（29）2014.6

大谷村

大谷村の古記録（水野房次郎）「ふるさと袋井」［袋井市地方史研究会］16 2001.11

大谷村・山田村における水争いの件（水野房次郎）「新ふるさと袋井」［袋井市地方史研究会］（23）2008.11

小笠沢川

小笠沢川の河川認定と改修の歴史的考察その他（金原久雄）「ふるさと袋井」［袋井市地方史研究会］21 2006.11

岡田城

岡田城（城屋敷）調査報告（島田市岡田）（『静岡県の城跡─中世城郭縄張図集成─』（中部・駿河国版）編纂に伴う調査ノートII）（水野茂）「古城」静岡古城研究会（57）2013.7

岡部宿

街道の歴史を伝える岡部宿の本陣跡（岩木智絵）「藤枝市史だより」藤枝

市 (28) 2013.3

小川城
有徳人の館 小川城（講演）（河合修）「焼津市史研究」 焼津市 （6）2005.3

新に確認された城館跡 北遠奥山氏 幻の「小川城」（乗松稔）「古城」 静岡古城研究会 （53）2008.5

興津
江戸時代・外国人の紀行文（記録文）より見た興津（保田健）「清見潟 ： 清水郷土史研究会会誌」 清水郷土史研究会 （20）2011.5

奥山城
奥山城の小五郎山について（恵本洋嗣）「山口県地方史研究」 山口県地方史学会 （93）2005.6

小島藩
駿河小島藩、明和百姓一揆の顛末（宮代輝之）「オール諏訪 ： 郷土の総合文化誌」 諏訪郷土文化研究会 27（9）通号279 2007.12

譜代小島藩の二つの村（佐野敏郎）「清見潟 ： 清水郷土史研究会会誌」 清水郷土史研究会 （18）2009.5

御成街道
平島の今昔物語 むかしの面影―御成街道・上当間川/盛んだったイグサ栽培（堀江重一）「藤枝市史だより」 藤枝市 （26）2012.3

御成橋
沼津港橋橋脚と初代御成橋小路についての新発見（仙石規）「沼津史談」 沼津郷土史研究談話会 （65）2014.3

重須村
貸付会社へ人民不穏な動き 重須村の内浦会社へ数十人強談判 1883（明治16）年、伊豆地方 金融逼迫・諸商売不景気「豆州歴史通信」 豆州研究社歴史通信部 295 2003.7

豆州内浦重須村の津元経営と村の構造―西方土屋家の分析を中心に（山口徹）「沼津市史研究」 沼津市教育委員会 14 2005.3

明治初頭〜10年代における漁村の秩序と変容―伊豆国内浦重須村を対象に（中村只吾）「東北芸術工科大学東北文化研究センター研究紀要」 東北芸術工科大学東北文化研究センター （11）2012.3

海軍沼津工廠
日本海軍相模工廠年表、日本海軍沼津工廠年表（山田太郎）「銃砲史研究」 日本銃砲史学会 （354）2006.10

海船川
海船川の正体（中田元比古）「清見潟 ： 清水郷土史研究会会誌」 清水郷土史研究会 （23）2014.5

柿島
朝倉氏（安倍郡柿島）の城館について（水野茂）「古城」 静岡古城研究会 （53）2008.5

柿田川
日本名水紀行（29）富士山大爆発による溶岩流の恵み―日本名水百選・柿田川湧水群（井出孫六）「ATT」 ATT流域研究所 （33）2004.3

掛川
平成18年度史跡めぐり―静岡・掛川（村上正郎）「今治史談」 今治史談会 （13）2007.6

掛川市
史料調査報告 掛川市中 熊切顕夫家文書 緊急概要調査（岡村龍男）「静岡県近代史研究会会報」 静岡県近代史研究会 （404）2012.4

町外歴史探訪 静岡県掛川市方面歴史研究（視察研究）（清水幸子, 小野環）「於保為」 大井町郷土史研究会 （32）2012.8

掛川城
掛川城攻めの家康本陣は山名郡「不入斗」（兼子春治）「磐南文化」 磐南文化協会 （34）2008.3

掛塚
磐南叙情「旧掛塚灯台移転の場面」（竜洋支部）「磐南文化」 磐南文化協会 （34）2008.3

磐南の屋台（1）掛塚地区（資料紹介）（名倉慎一郎）「磐南文化」 磐南文化協会 （37）2011.3

掛塚の帆船「慶徳丸」西へ東へ 明治27年から4年間・船長の記録（資料紹介）（山中徳一）「磐南文化」 磐南文化協会 （39）2013.3

掛塚橋
時代再現 掛塚橋と食糧増産作業（鈴木雄介）「磐南文化」 磐南文化協会 （34）2008.3

掛塚湊
掛塚湊の遺産（郷土史サロン）（増田聖夫）「磐南文化」 磐南文化協会 （40）2014.3

笠原
笠原地区の忠魂碑（鈴木博）「新ふるさと袋井」 ［袋井市地方史研究会］（23）2008.11

「山門の龍」龍巣院の山門の伝説 笠原地区（第二部 子どもに語り継ぐお話）「新ふるさと袋井」 ［袋井市地方史研究会］ （26）2012.1

笠原小学校
笠原小学校の少年二宮金次郎像（鈴木博）「新ふるさと袋井」 ［袋井市地方史研究会］（23）2008.11

笠原小学校のご真影奉安殿（鈴木博）「新ふるさと袋井」 ［袋井市地方史研究会］（23）2008.11

柏谷横穴群
柏谷の百穴について（山内昭二）「伊豆の郷土研究」 田方地域文化財保護審議委員連絡協議会 30 2005.3

可睡斎
秋葉山〜可睡斎《《広域特集》―〈第33回上伊那歴史研究会県外実地踏査報告〉》（福與雅寿）「伊那路」 上伊那郷土研究会 52（12）通号623 2008.12

霞の城山
霞の城山と愛鷹山中の小・中規模城郭（水野茂）「古城」 静岡古城研究会 （52）2007.5

片瀬城
片瀬城は一宮城（大隅信好）「静岡県地域史研究会報」 静岡県地域史研究会 133 2003.6

片浜
片浜学校林の沿革とその変遷（増山温一）「沼津史談」 沼津史談会 （56）2005.2

ぬまづ近代史点描（61）片浜の戦争記念碑「沼津市明治史料館通信」 沼津市明治史料館 21（1）通号81 2005.4

河東
戦国時代「河東の乱と三国同盟」（髙田國義）「駿河」 駿河郷土史研究会 （67）2013.3

門谷
門谷記（大石龍）「遠州の常民文化」 遠州常民文化談話会 （2）2008.10

門屋
門屋の年貢割付状（石山幸喜）「紙魚 ： 駿河古文書会会報」 駿河古文書会 （29）2003.4

金岡
ぬまづ近代史点描（55）金岡地区の戦争記念碑「沼津市明治史料館通信」 沼津市明治史料館 19（2）通号74 2003.8

金谷
東海道線金谷―菊川間の線路と菊川（旧堀ノ内）駅（大庭正八）「静岡県歴史研究会報」 静岡県歴史研究会 （113）2005.10

金谷宿
島田・金谷宿史蹟探訪（佐野里見）「かわのり」 芝川町郷土史研究会 （31）2005.3

狩野川
狩野川と流域住民のかかわり（勝村吾一）「伊豆の郷土研究」 田方地域文化財保護審議委員連絡協議会 28 2003.3

伊豆と昭和30年代「狩野川台風」が与えた影響《《特集 あなたも知らない昭和30年代路地裏の民俗学》》（桜井祥行）「歴史民俗学」 批評社 （24）2005.7

1882（明治15）年12月 静岡県議会混乱 伊豆無関係四大河川に県税を注入（明治15年12月26日 朝野新聞）/1922（大正11）年 狩野川改修促進を流域住民決議して静岡県庁へ（大正11年3月23日 静岡民友新聞より）/1922（大正11）年 狩野川改修は死活問題と静岡県庁へ陳情する（大正11年3月24日 静岡民友新聞より）「豆州歴史通信」 豆州研究社歴史通信部 （457）2010.3

1932（昭和7）年 熱海騒擾事件 狩野川改修工事に朝鮮労働者二百余人が失業して同盟を結成「豆州歴史通信」 豆州研究社歴史通信部 （458）2010.4

上白岩村
細やかな伝習所規則も幻夢に終わった伊豆中部養蚕所 1889（明治22）年から92（明治25）年ころにかけて上白岩村に養蚕伝習所設立の動き「豆州歴史通信」 豆州研究社歴史通信部 （359）2006.2

上当間川
平島の今昔物語 むかしの面影―御成街道・上当間川/盛んだったイグサ栽培（堀江重一）「藤枝市史だより」 藤枝市 （26）2012.3

上長貫
上長貫集落と屋号（特集）（佐野文孝）「かわのり」 芝川町郷土史研究会 （34）2009.6

賀茂郡

1913（大正2）年、賀茂郡下の伝染病院等設置状況一覧表「豆州歴史通信」　豆州研究社歴史通信部　（416）2008.7

1913（大正2）年、賀茂郡下の伝染病院等設置状況一覧表「豆州歴史通信」　豆州研究社歴史通信部　（417）2008.7

明治時代の伊豆水上交通 千石船（日本型帆船）から汽船へと進歩した 南豆風土誌（静岡県賀茂郡）より 軽便鉄道設置の夢虚しく「豆州歴史通信」　豆州研究社歴史通信部　（433）2009.3

続明治時代の郵便・電信・電話 南豆風土誌（静岡県賀茂郡）より「豆州歴史通信」　豆州研究社歴史通信部　（434）2009.4

雁堤

雁堤築堤の一考察（石川雅也）「駿河」　駿河郷土史研究会　（64）2010.3

軽井沢峠

1915（大正4）年、陸軍機 所沢→大阪間の飛行計画発表 伊豆国軽井沢峠（静岡県田方部）飛行には最も危険な山岳地帯「豆州歴史通信」　豆州研究社歴史通信部　（448）2009.11

川奈

海豚漁期は日本屈指の漁場 各地との取引頻繁通信迅速を要す 1905（明治38）年1月8日 伊豆川奈に電信局を設置してほしい「豆州歴史通信」　豆州研究社歴史通信部　（283）2003.1

大正・昭和初期頃の川奈の諸相聞き書き ほか（加藤清志）「郷土の栞」　伊東郷土史研究会　（155）2012.1

大正・昭和初期頃の川奈の諸相聞き書き（加藤清志）「郷土の栞」　伊東郷土史研究会　（156）2012.3

大正・昭和初期頃の川奈の諸相聞き書き（加藤清志）「郷土の栞」　伊東郷土史研究会　（157）2012.5

大正・昭和初期頃の川奈の諸相聞き書き（加藤清志）「郷土の栞」　伊東郷土史研究会　（158）2012.7

大正・昭和初期頃の川奈の諸相聞き書き（加藤清志）「郷土の栞」　伊東郷土史研究会　（159）2012.9

大正・昭和初期頃の川奈の諸相聞き書き（加藤清志）「郷土の栞」　伊東郷土史研究会　（160）2012.11

大正・昭和初期頃の川奈の諸相聞き書き（加藤清志）「郷土の栞」　伊東郷土史研究会　（161）2013.1

川根

川根茶業に見る地域形成（《大会特集 東西交流の地域史—列島の境目・静岡》—〈問題提起〉）（上白石実）「地方史研究」　地方史研究協議会　56（4）通号322　2006.8

川根東街道

山間地域における幹線道路の開墾と住民—川根東街道の開墾を通じて（肥田正巳）「静岡県近代史研究会会報」　静岡県近代史研究会　272　2001.5

蒲原

日軽蒲原工場水路建設工事について（深澤定雄）「かわのり」　芝川町郷土史研究会　（33）2008.4

蒲原宿

文化5年蒲原宿助郷出入の背景（厚地淳司）「静岡県地域史研究会報」　静岡県地域史研究会　137　2004.2

文化3年の蒲原宿財政の破綻について—宿駅窮乏論をめぐって（研究報告要旨 第239回研究会）（厚地淳司）「静岡県地域史研究会報」　静岡県地域史研究会　（143）2003.4

蒲原宿に於ける安政大地震の実相は（高柳政司）「清見潟 ： 清水郷土史研究会会誌」　清水郷土史研究会　（15）2006.5

近世後期名主の生活と周辺地域との交流—東海道蒲原宿渡辺金蔵の日記を中心に（《大会特集 東西交流の地域史—列島の境目・静岡》—〈問題提起〉）（望月真澄）「地方史研究」　地方史研究協議会　56（4）通号322　2006.8

近隣市場概要（三島宿・沼津宿・原宿・蒲原宿）（《吉原宿を中心とした宿場資料》—〈各種資料〉）「駿河」　駿河郷土史研究会　（臨時号）2008.9

蒲原城

蒲原城の城郭に関する一考察（研究報告要旨 第233回研究会）（高柳政司）「静岡県地域史研究会報」　静岡県地域史研究会　139　2004.6

大津城と蒲原城の縄張考察（見崎関雄）「古城」　静岡古城研究会　（50）2004.7

蒲原城の遺構とその合戦に関する考察 付・駿州擾乱における薩埵山関連年表（土屋比都司）「古城」　静岡古城研究会　（50）2004.7

蒲原城に関する一考察（高柳政司）「清見潟 ： 清水郷土史研究会会誌」　清水郷土史研究会　（14）2005.5

気賀陣屋

気賀陣屋 発見！「気賀御陣屋絵図書」について一考（高山新司）「古城」　静岡古城研究会　（49）2003.7

菊川

東海道線金谷—菊川間の線路と菊川（旧堀ノ内）駅（大庭正八）「静岡歴史研究報」　静岡県歴史研究会　（113）2005.10

菊間藩

伊豆に点在していた沼津藩水野氏領 上総（千葉県）市原郡に転封の余波 1869（明治2）年6月藩籍奉還 伊豆の村が菊間藩に「豆州歴史通信」　豆州研究社歴史通信部　（365）2006.5

木瀬川橋

東海道木瀬川橋と木瀬川村・長沢村（久保田富）「沼津市史研究」　沼津市教育委員会　14　2005.3

木瀬川村

東海道木瀬川橋と木瀬川村・長沢村（久保田富）「沼津市史研究」　沼津市教育委員会　14　2005.3

北伊豆

再考。北伊豆地震 関東大震災と同じ規模「豆州歴史通信」　豆州研究社歴史通信部　232　2000.11

北伊豆における苺の発祥（萩原貞夫）「伊豆の郷土研究」　田方地域文化財保護審議委員連絡協議会　28　2003.3

北原川

名栗、北原川の道の変遷について（村松伊三郎）「ふるさと袋井」　袋井市地方史研究会　17　2002.11

北矢部村

北矢部村の村域の成立（山田剛徳）「清見潟 ： 清水郷土史研究会会誌」　清水郷土史研究会　（21）2012.5

吉川

巴川とともに生き続く邑と人と駿河国入江荘吉川郷—有渡郡吉川村—清水市吉川（松浦元治）「清見潟 ： 清水郷土史研究会会誌」　清水郷土史研究会　（12）2003.6

行田

行田の足袋（遠藤富子）「月の輪」　富士宮市郷土史同好会　（27）2012.6

草ヶ谷

庵原地区（原・草ヶ谷・山田）の地名と歴史（伏見洋次郎）「清見潟 ： 清水郷土史研究会会誌」　清水郷土史研究会　（16）2007.5

葛谷峠

葛谷峠の変遷（佐野留子）「かわのり」　芝川町郷土史研究会　28　2001.10

葛山城

葛山城とかくれ城の一考察（水野茂）「古城」　静岡古城研究会　（50）2004.7

久野

遠州久野の地から勢州田丸へ移った久野家家臣団（資料紹介）（兼子春治）「磐南文化」　磐南文化協会　（39）2013.3

久能山

久能山神領あれこれ（増田作一郎）「紙魚 ： 駿河古文書会会報」　駿河古文書会　（34）2008.12

中世の久能山（例会告要旨—7月例会（31名参加）（山田剛徳）「静岡県地域史研究会報」　静岡県地域史研究会　（192）2014.1

国本村

溜池を造った（国本村の仕事）（安間勉）「新ふるさと袋井」　袋井市地方史研究会　（24）2009.11

久料村

沼津市域の沿岸村々と異国船—久料村に残された異国船関係史料（岩田みゆき）「沼津市史だより」　沼津市教育委員会　（14）2003.3

源兵衛川

源兵衛川のいまむかし（土屋寿山）「伊豆史談」　伊豆史談会　通号136　2007.1

府中

徳川家康の大崩進軍路—府中道を歩く（大塚勲）「焼津市史だより」　焼津市総務部　6　2004.7

香貫用水

香貫用水の移り変わり（大庭晃）「沼津市博物館紀要」　沼津市歴史民俗資料館［ほか］　通号27　2003.3

資料館の調査ノートから（3）香貫用水に関わる石碑を訪ねて「沼津市歴史民俗資料館だより」　沼津市歴史民俗資料館　29（3）通号165　2003.12

資料館の調査ノートから（4）香貫用水と香貫の蔬菜栽培 香貫用水実行委員長 増田義信さんの話（1）「沼津市歴史民俗資料館だより」　沼津市歴史民俗資料館　29（4）通号166　2004.3

資料館の調査ノートから（5）香貫用水の維持管理と稲作 香貫用水実行

委員長 増田義信さんの話 (2)「沼津市歴史民俗資料館だより」 沼津市
歴史民俗資料館 30 (1) 通号167 2004.6

河内

明治～大正期の静岡県田方郡旧西浦村における柑橘産地の展開と外来種
への対応―河内地区・海瀬伊右衛門家を中心に (花木宏直)「歴史地理
学野外研究」 筑波大学人文社会科学研究科歴史・人類学専攻歴史地
理学研究室 (15) 2012.3

高南

高南の夜明け前 (郷西俊夫)「磐南文化」 磐南文化協会 (29) 2003.3

高南地区 (高南小学校区) が作られた話 高南地区 (第二部 子どもに語り
継ぐお話)「新ふるさと袋井」[袋井市地方史研究会] (26) 2012.1

小海村

明治初頭～10年代における漁村の秩序と変容II―伊豆国内浦小海村を対
象に (中村只吾)「東北芸術工科大学東北文化研究センター研究紀要」
東北芸術工科大学東北文化研究センター (12) 2013.3

光明城

光明城と天方城 (大塚勲)「古城」 静岡古城研究会 (58) 2014.7

五ヶ浦

17世紀の漁業地域における秩序と領主の関係性―伊豆国内浦・駿州五ヶ
浦地域を対象に (中村只吾)「地方史研究」 地方史研究協議会 58 (3)
通号333 2008.6

湖西

渥美・湖西窯の窯体構造と生産展開について (論文) (小栗康寛)「田原市
博物館研究紀要」 田原市博物館 (6) 2013.3

小島陣屋

駿河小島陣屋見学記 (高橋敬二)「城」 東海古城研究会 (189) 2004.6

御殿場

御殿場の著名人の邸園をめぐる (米山文雄)「月の輪」 富士宮市郷土史同
好会 (27) 2012.6

御殿場市

平成15年度御殿場市歴史研究応募論文 (佳作) 平成12年7月御殿場プレ
ミアムアウトレット店による御殿場市の状況とその問題―御殿場地域
小売商等の経営模索について (佐野隆美)「地方史研究御殿場」 御殿
場市教育委員会 通号9 2005.3

文献で知る宝永の噴火―その災害と人々の苦難と (平成18年度御殿場市
歴史研究応募論文 (佳作)) (吉川桂二)「地方史研究御殿場」 御殿場
市教育委員会 通号11 2009.3

小室村軍需工場

役場の文書綴から時局を知る 案外知られていない白紙動員1940 (昭和
15) 年、伊豆小室村軍需工場従業員不足深刻「豆州歴史通信」 豆州研
究社歴史通信部 320 2004.7

小室藩

市史をひもといて (13)「小堀遠州と小室藩の盛衰」「長浜城歴史博物館
友の会友の会だより」 長浜城歴史博物館友の会 (117) 2009.7

小室村

「大日本帝国の村」の成立 (1) 役場文書から解く日清戦争期 静岡県賀茂
郡小室村の実情 (加藤好一)「豆州歴史通信」 豆州研究社歴史通信部
(375) 2006.10

「大日本帝国の村」の成立 (2) 静岡県賀茂郡小室村の日清戦争期 (加藤
好一)「豆州歴史通信」 豆州研究社歴史通信部 (376) 2006.11

1944 (昭和19) 年、小室村の山林を食料増産の開墾地にする陳情「豆州
歴史通信」 豆州研究社歴史通信部 (394) 2007.8

「大日本帝国の村」の試練 (1),(2) 役場文書から読み解く日露戦争期の
小室村 (加藤好一)「豆州歴史通信」 豆州研究社歴史通信部 (426)/
(428) 2008.12/2009.01

小和田駅

峠道でつなぐ駅の旅 (14) 小和田駅―伊那小沢駅 萩の坂峠 (2) (久保田
賀津男)「伊那」 伊那史学会 48 (2) 通号861 2000.2

峠道で継なぐ駅の旅 (16)―小和田駅から水窪駅 ブナ峠 (1) (久保田賀
津男)「伊那」 伊那史学会 48 (5) 通号864 2000.5

峠道で継なぐ駅の旅 (18) 小和田駅―水窪駅 塩沢峠 (久保田賀津男)「伊
那」 伊那史学会 48 (7) 通号866 2000.7

峠道で継なぐ駅の旅 (19)―小和田駅から水窪駅へ 大峠 (久保田賀津男)
「伊那」 伊那史学会 48 (9) 通号868 2000.9

峠道で継なぐ駅の旅 (20) 小和田駅から水窪駅へ 大津峠 (久保田賀津
男)「伊那」 伊那史学会 48 (11) 通号870 2000.11

峠道で継ぐ駅の旅 (21)―大嵐駅から小和田駅 西之山越え (久保田賀津
男)「伊那」 伊那史学会 48 (12) 通号871 2000.12

境川

「ジオツアー三島宿」の成果 (1)―石燈籠・境川が涸れた時期・三島宿の

古道 (増島淳)「三島市郷土資料館研究報告」 三島市郷土資料館 (5)
2012.3

相良

塩の道の起点 相良《《広域特集》―〈第33回上伊那歴史研究会県外実地踏
査報告》》 (内藤りつ子)「伊那路」 上伊那郷土研究会 52 (12) 通号
623 2008.12

相良城

古絵図をひも解く 相良城受け取りと岸和田藩「テンプス : かいづか文
化財だより」 貝塚市教育委員会 (52) 2014.2

相良町

旧相良町の名字ランキング (中村肇)「相良史蹟」 相良史蹟調査会 通
号2 2008.5

匂坂中之郷

匂坂中之郷の歴史あれこれ (門奈幹雄)「磐南文化」 磐南文化協会
(33) 2007.3

桜ヶ池

伝承地を歩く (17) 桜ヶ池 (現 静岡県御前崎市佐倉)「遠州民話の会通
信」 遠州民話の会 (17) 2012.10

桜田

伊豆城という名の集落・栗駒「桜田地区」「栗原郷土研究」 栗原郷土史
研究会 (39) 2008.3

薩埵峠

富士山を臨む薩埵峠の万葉 (大木昇)「下妻の文化」 下妻市文化団体連絡
協議会 (30) 2005.5

江戸時代における東海道薩埵峠道の変遷について (長澤桃子)「文化財学
報」 奈良大学文学部文化財学科 25 2007.3

東海道五十三次ゆったり歩き紀行―薩た峠から舞阪へ (紀行文) (岡田宏
一郎)「備陽史研究山城志 : 備陽史探訪の会機関誌」 備陽史探訪の会
(21) 2013.1

薩摩土手

薩摩土手の謎 (萬田正治)「薩摩義士に学ぶ」 霧島市薩摩義士顕彰会
(5) 2012.3

佐鳴湖

地表景観から過去を再現できるか 佐鳴湖には兄弟の湖があったか? (研
究発表要旨 第244回研究会) (太田好治)「静岡県地域史研究会報」 静
岡県地域史研究会 (145) 2005.9

佐野

駿豆国境に関する考察―分断された「玉川」と「佐野」に迫る (土屋比
都司)「伊豆史談」 伊豆史談会 (132) 2003.3

佐鳴荘

語る 佐鳴荘にて (杉山健造)「遠州民話の会通信」 遠州民話の会 (15)
2006.3

三福村

脇田家文書「三福由来記」にみる江戸中期の三福村 (山川勇治)「伊豆の
郷土研究」 田方地域文化財保護審議委員連絡協議会 25 2000.3

三本松

戦争の悲惨 (3),(4)―昭和20年1月14日磐田町三本松の空襲被害 (郷
土研究) (高田岩男)「磐南文化」 磐南文化協会 (38)/(39) 2012.
3/2013.3

三枚橋城

武田氏の北条氏に対する前線基地三枚橋城について (土屋誠司)「風林火
山」 武田家旧温会 (24) 2011.3

三枚橋

車返と三枚橋 (宮下義雄)「沼津史談」 沼津史談会 (60) 2009.3

塩買坂陣場

武田軍の塩買坂陣場の全容―新発見の新野原陣場 (仮称) と関連する遺
構群 (増田誠)「古城」 静岡古城研究会 (51) 2006.5

敷地

時代再現 「国鉄二俣線をSLが往く」野部～敷地間 (昭和40年頃) (高橋
邦宏)「磐南文化」 磐南文化協会 (38) 2012.3

敷智郡

卒業論文抄録 律令制下における遠江国敷智郡 (横願礼香)「大谷大学史学
論究」 大谷大学文学部歴史学科 (15) 2010.3

獅子ヶ鼻

表紙絵「夕映えの獅子ヶ鼻」(大隈喜一)「磐南文化」 磐南文化協会
(39) 2013.3

静浦

駿河湾の漁 足立実さんの漁話 終戦前後の静浦 (1),(2)「沼津市歴史民俗
資料館だより」 沼津市歴史民俗資料館 32 (1) 通号175/32 (2・3) 通

号176　2006.6/2006.12

ぬまづ近代史点描(68) 静浦ホテル「沼津市明治史料館通信」 沼津市明治史料館　25(1)通号97　2009.4

静浦村

沼津市と静浦村の合併及び水産教育(足立実)「沼津史談」 沼津史談会 (60) 2009.3

静岡

静岡古城研究会30年の歩み(鈴木東洋)「古城」 静岡古城研究会　47 2001.7

城館レポート('02年)(水野茂)「古城」 静岡古城研究会 (49) 2003.7

ロマンに充ちた静岡踏査行(堀越肇)「伊那路」 上伊那郷土研究会 47 (12)通号563　2003.12

明治期の静岡と秋田、東北地方との茶文化の交流(二村悟、小松知子)「秋田県歴史研究会報・研究団体協議会」 秋田県歴史研究者・研究団体協議会 24 2003.12

静岡県へと連行された朝鮮人兵士・李仁浩さんの証言から(竹内康人)「静岡県近代史研究会会報」 静岡県近代史研究会　308 2004.5

静岡連隊は開戦三か月で九割が戦死。戦傷の大損1937(昭和12)年7月7日 盧溝橋にて日中両軍、不幸な開戦「豆州歴史通信」 豆州研究社歴史通信部　318　2004.6

由比氏とその城郭について(土屋比都司)「古城」 静岡古城研究会 (50) 2004.7

城館レポート('03年)(水野茂)「古城」 静岡古城研究会 (50) 2004.7

清水と静岡の合併の経験から(6月例会報告)(磯谷千代美)「静岡県近代史研究会会報」 静岡県近代史研究会　311　2004.7

静岡・清水の明治期医史のあれこれ(土屋重朗)「清見潟 ： 清水郷土史研究会会誌」 清水郷土史研究会 (14) 2005.5

9月例会レジュメ ある静岡編成部隊の「戦後」(村瀬隆彦)「静岡県近代史研究会会報」 静岡県近代史研究会 (14) 2005.5

静岡の戦争と朝鮮人―朴洋采さんと趙碧連さんの証言から(竹内康人)「静岡県近代史研究会会報」 静岡県近代史研究会　324　2005.9

静岡の戦争と朝鮮人―朴洋采さんと趙碧連さんの証言から(竹内康人)「静岡県近代史研究会会報」 静岡県近代史研究会 (326) 2005.11

静岡へ移住した伊賀衆(1)～(8) 相続者メンバー108名のその後(日向康三郎)「練馬郷土研究会会報」 練馬郷土研究会 (301)/(308) 2006.1/2007.3

静岡近代美術年表稿 大正編(立花義彰)「静岡県博物館協会研究紀要」 静岡県博物館協会 (29) 2006.3

「北日本古代防御性集落」とその周辺―「囲郭」を考える一環として(柳下晃一)「古城」 静岡古城研究会 (51) 2006.5

静岡における織豊系城郭の成立(加藤理文)「静岡県地域史研究会報」 静岡県地域史研究会 (148) 2006.6

人の動きからみた静岡茶の求心力(《大会特集 東西交流の地域史―列島の境目・静岡》―〈問題提起〉)(樋口雄彦)「地方史研究」 地方史研究協議会 56(4)通号322　2006.8

日本海の東西交流?(《大会特集 東西交流の地域史―列島の境目・静岡》―〈問題提起〉)(多仁照廣)「地方史研究」 地方史研究協議会 56 (4)通号322　2006.8

「中日本」文化論の展開を期待する(《大会特集 東西交流の地域史―列島の境目・静岡》―〈問題提起〉)(中村羊一郎)「地方史研究」 地方史研究協議会 56(4)通号322　2006.8

静岡県での強制連行期の朝鮮人死者について(竹内康人)「静岡県近代史研究会会報」 静岡県近代史研究会 (339) 2006.12

静岡近代美術年表稿 明治編(上)、(下)(立花義彰)「静岡県博物館協会研究紀要」 静岡県博物館協会 (30)/(31) 2007.3/2008.3

北遠地方の幕開けを築いた人々(杉山承作)「静岡歴研会報」 静岡県歴史研究会 (118) 2007.6

1905(明治38)年5月 静岡児童発音の訛り 矯正して第一東京語を採用すべし「豆州歴史通信」 豆州研究社歴史通信部 (392) 2007.7

1945(昭和20)年8月6日朝 原爆投下を伝える静岡新聞の記事 軍の厳しい言論統制も抑えられず新型爆弾の残虐性に怒り爆発「豆州歴史通信」 豆州研究社歴史通信部 (418) 2008.8

静岡の史跡めぐり(坂爪義弘)「県央史談」 県央史談会 (48) 2009.1

4月例会レジュメ "聞き書き集 静岡の女性史"制作に向けて(奥田利子)「静岡県近代史研究会会報」 静岡県近代史研究会 (367) 2009.4

城館レポート('08年)(編集部)「古城」 静岡古城研究会 (54) 2009.5

郷土史関係資料目録(2008) 静岡市立清水中央図書館蔵(事務局)「清見潟 ： 清水郷土史研究会会誌」 清水郷土史研究会 (18) 2009.5

1892(明治25)年「珍広告」 選挙の《御馳走と投票は別》 静岡大務新聞の記事を東京日々新聞が報道年2月16日「豆州歴史通信」 豆州研究社歴史通信部 (444) 2009.9

郷土史関係資料目録(2009) 静岡市立清水中央図書館蔵(清水郷土史研究会事務局)「清見潟 ： 清水郷土史研究会会誌」 清水郷土史研究会 (19) 2010.5

論文紹介 時田鉦平「静岡茶の現代史おぼえ〈戦後64年間〉」(村瀬隆彦)

「静岡県近代史研究会会報」 静岡県近代史研究会 (381) 2010.6

城館レポート('09年)(編集部)「古城」 静岡古城研究会 (55) 2010.7

明治初年静岡の郷宿(橋本誠一)「静岡県近代史研究会会報」 静岡県近代史研究会 (382) 2010.7

総会記念講演 戦後天皇制とは何か 近代皇室と静岡地域との関係を中心に(小田部雄次)「静岡県近代史研究」 静岡県近代史研究会 (35) 2010.10

井口省吾日記にみる同郷人とその活動(樋口雄彦)「静岡県近代史研究」 静岡県近代史研究会 (35) 2010.10

静岡近代美術年表稿 昭和戦前期I(立花義彰)「静岡県博物館協会研究紀要」 静岡県博物館協会 (34) 2011.3

県外歴史研究―山梨・静岡方面 幹事：池田孝・加藤弥千代(視察研究)「於保為」 大井町郷土研究会 (30) 2011.5

郷土における中世の船越(佐野明生)「清見潟 ： 清水郷土史研究会会誌」 清水郷土史研究会 (20) 2011.5

郷土史関係資料目録(2010) 静岡市立清水中央図書館蔵(清水郷土史研究会事務局)「清見潟 ： 清水郷土史研究会会誌」 清水郷土史研究会 (20) 2011.5

戦後静岡にみる民衆の天皇意識―象徴天皇論私論(第52回日本史関係卒業論文発表会要旨)(伴野文亮)「地方史研究」 地方史研究協議会 61(3)通号351　2011.6

城館レポート('10年)(編集部)「古城」 静岡古城研究会 (56) 2011.7

静岡近代美術年表稿 昭和戦前編(2)～(4)(立花義彰)「静岡県博物館協会研究紀要」 静岡県博物館協会 (35)/(37) 2012.3/2014.03

郷土史関係資料目録(2011) 静岡市立清水中央図書館蔵(清水郷土史研究会事務局)「清見潟 ： 清水郷土史研究会会誌」 清水郷土史研究会 (21) 2012.5

9月例会レジュメ 2011年3月11日から2012年3月11日―FUKUSHIMAと静岡 影響と連動(清水実)「静岡県近代史研究会会報」 静岡県近代史研究会 (408) 2012.9

鈴木安蔵の高知調査と植木枝盛憲法草案の確認―静岡大学「鈴木安蔵関係資料」の紹介(田村貞雄)「高知市立自由民権記念館紀要」 高知市立自由民権記念館 (20) 2012.12

城館レポート('11・'12年)(編集部)「古城」 静岡古城研究会 (57) 2013.7

1月例会レジュメ 静岡市文化財資料館企画展「駿府で愛されたお菓子―扇子屋と駿府・静岡―」調査報告会にあたって(岡村龍男、増田亜矢乃)「静岡県近代史研究会会報」 静岡県近代史研究会 (424) 2014.1

菓子商「扇子屋」と駿府・静岡の町方社会(岡村龍男)「静岡県近代史研究会会報」 静岡県近代史研究会 (424) 2014.1

静岡市文化財資料館企画展「駿府で愛されたお菓子―扇子屋と駿府・静岡―」調査報告会にあたって(例会告要旨―1月例会(50名参加))(岡村龍男、増田亜矢乃)「静岡県地域史研究会報」 静岡県地域史研究会 (193) 2014.2

菓子商「扇子屋」と駿府・静岡の町方社会(例会告要旨―1月例会(50名参加))(岡村龍男)「静岡県地域史研究会報」 静岡県地域史研究会 (193) 2014.2

講演記録 静岡と星座の方言―内田武志の軌跡II(石井正己)「菅江真澄資料センター真澄研究」 秋田県立博物館菅江真澄資料センター (18) 2014.3

古代地震(望月古喜)「歴史論叢」 静岡県歴史研究会 (7) 2014.3

静岡学問所

弘前藩士が記録した静岡学問所の教育(樋口雄彦)「静岡県近代史研究」 静岡県近代史研究会 (37) 2012.10

静岡県

1930年台湾・霧社事件―静岡県との関わりから(小池善之)「静岡県近代史研究会会報」 静岡県近代史研究会 269 2001.2

2月例会レジュメにかえて 青年教団と県下における普選運動の展開(成瀬公策)「静岡県近代史研究会会報」 静岡県近代史研究会 293 2003.2

静岡県サンカ関係の文献目録・解題(《サンカの最新学2》)(堀場博)「歴史民俗学」 批評社 (22) 2003.2

朝鮮通信使と静岡県(渡辺誠)「駿河」 駿河郷土史研究会 (57) 2003.3

静岡県におけるイルカ漁・イルカ食(板橋悦子)「常民文化」 成城大学常民文化研究会 26 2003.3

6月例会レジュメ 工場立地と土地所有者・利用者―1930年代～1950年代の静岡県内の事例を中心に(沼尻晃伸)「静岡県近代史研究会会報」 静岡県近代史研究会 297 2003.6

地租改正と入会山(桜井祥行)「静岡県近代史研究会会報」 静岡県近代史研究会 297 2003.6

第五福竜丸事件と静岡県の原水爆禁止運動(7月例会レジュメ)(枝村三郎)「静岡県近代史研究会会報」 静岡県近代史研究会 298 2003.7

お知らせ 原口ファイルについて「静岡県関係資料」「静岡県近代史研究会会報」 静岡県近代史研究会 298 2003.7

静岡県での占領軍将兵の犯罪(1945.9～1946.2)(竹内康人)「静岡県近

代史研究会会報」　静岡県近代史研究会　299　2003.8

「遠郷かし日記」をめぐって（研究報告要旨 第224回研究会）（坪井俊三）「静岡県地域史研究会会報」　静岡県地域史研究会　134　2003.9

講演記録 昭和恐慌期の静岡県（荒川章二）「清見潟 : 清水郷土史研究会会誌」　清水郷土史研究会　（13）　2004.5

町村合併の一こま（2）（桜井祥行）「静岡県近代史研究会会報」　静岡県近代史研究会　309　2004.6

静岡県における城館に関る地名（小野眞一）「古城」　静岡古城研究会　（50）　2004.7

近代静岡県の部落問題（7月例会レジュメ）（小林丈広）「静岡県近代史研究会会報」　静岡県近代史研究会　310　2004.7

静岡県史で「部落解放運動」を担当して（7月例会レジュメ）（小池善之）「静岡県近代史研究会会報」　静岡県近代史研究会　310　2004.7

戦後における部落問題（7月例会レジュメ）（黒川みどり）「静岡県近代史研究会会報」　静岡県近代史研究会　310　2004.7

2月例会レジュメ 民主主義科学者協会静岡支部の推移/「プランゲ文庫」静岡県分瞥見（市原正恵）「静岡県近代史研究会会報」　静岡県近代史研究会　317　2005.2

5月例会レジュメ 静岡県における満州開拓移民送り出しの過程を追う（桜井規順）「静岡県近代史研究会会報」　静岡県近代史研究会　320　2005.5

静岡県の自治体史と朝鮮通信使（北村欽哉）「静岡県近代史研究」　静岡県近代史研究会　（30）　2005.10

温泉観光地の形成と発展―戦間期静岡県を事例に（4月例会レジュメ）（高柳友彦）「静岡県近代史研究会会報」　静岡県近代史研究会　（331）　2006.4

静岡県近代史関係文献目録抄「静岡県近代史研究会会報」　静岡県近代史研究会　（335）　2006.8

近世静岡県域の政治史的位置（《大会特集 東西交流の地域史―列島の境目・静岡》―〈問題提起〉）（大野瑞男）「地方史研究」　地方史研究協議会　56（5）通号323　2006.10

徴兵と静岡県の「境目」（《大会特集 東西交流の地域史―列島の境目・静岡》―〈問題提起〉）（高村聰史）「地方史研究」　地方史研究協議会　56（5）通号323　2006.10

静岡県の「満州移民」に関する文献（1），（2）（小池善之）「静岡県近代史研究会会報」　静岡県近代史研究会　（344）/（346）　2007.5/2007.7

平田篤胤関係資料の中の静岡県関係資料（樋口雄彦）「静岡県近代史研究会会報」　静岡県近代史研究会　（347）　2007.8

敗戦後の在日朝鮮人の動向―静岡県の場合（小池善之）「静岡県近代史研究」　静岡県近代史研究会　（32）　2007.10

敗戦直後静岡県国会議員選挙の様相「豆州歴史通信」　豆州研究社歴史通信部　（422）　2008.4

11月例会レジュメI 静岡県における教職追放（教職適格審査・教員レッドパージ）（栗田大介）「静岡県近代史研究会会報」　静岡県近代史研究会　（362）　2008.11

3月例会レジュメ 静岡県における女子中等教育の成立と展開（片桐実絵）「静岡県近代史研究会会報」　静岡県近代史研究会　（366）　2009.3

第一回総選挙における静岡県第二区の選挙戦―日本初期選挙史の研究（10）（上野利三）「三重中京大学地域社会研究所報」　三重中京大学地域社会研究所　（21）　2009.3

静岡県管内全図を読む（前嶋範由）「月の輪」　富士宮市郷土史同好会　（24）　2009.6

1月例会報告 『静岡県史』通史編6（戦後史部分）に学ぶ―時代区分と視点を中心に（橋本誠一）「静岡県近代史研究会会報」　静岡県近代史研究会　（378）　2010.3

静岡県博物館協会研究紀要目録「静岡県博物館協会研究紀要」　静岡県博物館協会　（33）　2010.3

静岡県博物館協会年表「静岡県博物館協会研究紀要」　静岡県博物館協会　（33）　2010.3

『静岡県近代史研究 第35号』発刊「静岡県近代史研究会会報」　静岡県近代史研究会　（385）　2010.10

第一回総選挙における静岡県第六区の情勢―続・明治初期選挙史の研究（3）（上野利三）「三重中京大学地域社会研究所報」　三重中京大学地域社会研究所　（23）　2011.3

静岡県の地域史研究の現状（小特集 地方研究の現在）（森田香司）「地方史研究」　地方史研究協議会　61（2）通号350　2011.4

『静岡県の城跡―中世城郭縄張図集成―』（中部・駿河国版）編纂に伴う調査ノート（1）内野城（富士宮市内野）、蒲原城城北の山地調査（静岡市清水区蒲原）、高橋殿屋敷（静岡市清水区高橋）、吉川［滝］氏屋敷（静岡市清水区吉川）、土岐氏屋敷（静岡市葵区崩野）、小泉氏屋敷（静岡市葵区入島）、南条氏屋敷（静岡市葵区下渡）、見城［見条］氏屋敷（静岡市葵区中平）、青島氏屋敷［池田屋敷］（藤枝市下青島）、花沢の狼煙山（焼津市花沢）、青羽根城（藤枝市岡部町青羽根）、塩郷砦（川根本町塩郷）「古城」　静岡古城研究会　（56）　2011.7

7月例会レジュメ1 高度経済成長期における障害児の親たちの運動―

「静岡県手をつなぐ親の会」をめぐって（鈴木雅子）「静岡県近代史研究会会報」　静岡県近代史研究会　（394）　2011.7

安政の大地震は二度もあった 1854（安政元）年と1855（安政2）年「豆州歴史通信」　豆州研究社歴史通信部　（467）　2011.10

11月例会レジュメ 戦後の静岡県青年団運動―1940年代後半、1950年代を中心に（肥田正巳）「静岡県近代史研究会会報」　静岡県近代史研究会　（398）　2011.11

第二回総選挙・静岡県第一区・二区・三区の情勢―続・日本初期選挙史の研究（6）（論説）（上野利三）「三重中京大学地域社会研究所報」　三重中京大学地域社会研究所　（24）　2012.3

静岡県関係城郭論文目録（石川浩治）「愛城研報告」　愛知中世城郭研究会　（16）　2012.8

静岡県の女子青年団体史―処女会から女子青年団（肥田正巳）「静岡県近代史研究」　静岡県近代史研究会　（37）　2012.10

第32回総会報告 総会、記念講演「近世前期における郷村と領主支配―静岡県地域を中心に―」和泉清司氏/2011年度会務報告・会計報告・会計監査報告/2011年度役員/2012年度活動方針/2012年度予算「静岡県地域史研究会会報」　静岡県地域史研究会　（185）　2012.11

第32回総会記念講演 近世前期における郷村と領主支配―静岡県地域を中心に（和泉清司）「静岡県地域史研究」　静岡県地域史研究会　（3）　2013.9

明治10年代前半静岡裁判所における刑事司法手続―国立公文書館所蔵内閣文庫『府県史料（静岡県）』を手がかりに（特集 維新期の静岡）（橋本誠一）「静岡県近代史研究」　静岡県近代史研究会　（38）　2013.10

写真が語る歴史のひとこま 静岡県にあった日輪兵舎（加藤善夫）「静岡県近代史研究」　静岡県近代史研究会　（38）　2013.10

静岡県（民権ネットワーク）（加藤善夫）「自由民権 : 町田市立自由民権資料館紀要」　町田市教育委員会　（27）　2014.3

3月例会レジュメII 1910年代静岡県議会における地方利益と党派対立（蟹江卓弥）「静岡県近代史研究会会報」　静岡県近代史研究会　（426）　2014.3

静岡県下の1918年米騒動の始まりと、旧大池村宮澤家文書（特集1 大正デモクラシーを考える）（清水実）「静岡県近代史研究」　静岡県近代史研究会　（39）　2014.10

静岡市

3月例会レジメII 中心市街地の現状と活性化法策―浜松市と静岡市を事例にして（長谷川いづみ）「静岡県近代史研究会会報」　静岡県近代史研究会　（342）　2007.3

区内文化財案内（番外編）追跡! 静岡市の石灯籠（滝口正哉）「千代田区立四番町歴史民俗資料館資料館だより」　東京都千代田区教育委員会, 千代田区立四番町歴史民俗資料館　（27）　2008.3

郷土史関係資料目録（2012）静岡市立清水中央図書館蔵（清水郷土史研究会事務局）「清見潟 : 清水郷土史研究会会誌」　清水郷土史研究会　（22）　2013.5

郷土史関係資料目録（2013）静岡市立清水中央図書館蔵（清水郷土史研究会事務局）「清見潟 : 清水郷土史研究会会誌」　清水郷土史研究会　（23）　2014.5

静岡藩

静岡藩商法会所による茶輸出取引（研究報告要旨 第227回研究会）（龍澤潤）「静岡県地域史研究会会報」　静岡県地域史研究会　136　2003.12

写真史のなかの静岡藩と沼津兵学校（樋口雄彦）「沼津市博物館紀要」　沼津市歴史民俗資料館［ほか］　通号32　2008.3

明治三年遠州「大池事件」と静岡藩（杉山容一）「地方史研究」　地方史研究協議会　60（6）通号348　2010.12

富岡製糸場と静岡藩出身者（樋口雄彦）「静岡県近代史研究会会報」　静岡県近代史研究会　（429）　2014.6

静ヶ橋

時代再現 南北を結ぶ大動脈 静ヶ橋（金原久雄）「磐南文化」　磐南文化協会　（29）　2003.3

静ヶ橋の話 南地区（第二部 子どもに語り継ぐお話）「新ふるさと袋井」［袋井市地方研究会］　（26）　2012.1

志太

志太地区の城館調査（齋藤作行）「古城」　静岡古城研究会　（54）　2009.5

志太郡

志太郡出身日露戦争死者の概要（村瀬隆彦）「静岡県近代史研究会会報」　静岡県近代史研究会　（337）　2006.10

志太郡関係日露戦争死没者について（村瀬隆彦）「藤枝市史研究」　藤枝市市民文化部　（9）　2008.3

志太郡出身者の日露戦争での死について―常昌院木像の理解に寄せて（村瀬隆彦）「藤枝市史だより」　藤枝市　（19）　2008.11

志太平野

大井川流路の変遷と志太平野の生い立ち（講演）（加藤芳朗）「焼津市史研究」　焼津市　（4）　2003.3

東海　　　　　　　　　　地名でたどる郷土の歴史　　　　　　　　　静岡県

七栗田

阿野庄と七栗田（水野茂）「古城」　静岡古城研究会　（51）2006.5

歴史シンポジウムの報告 歴史シンポジウム・イン沼津「よみがえる戦国の村―阿野庄と七栗田」（編集部）「古城」　静岡古城研究会　（52）2007.5

志戸呂

志戸呂焼の盛衰（研究報告要旨 第236回研究会）（塚本裕巳）「静岡県地域史研究会報」　静岡県地域史研究会　（142）2005.1

芝川

芝川地区の氏について（編集部）「かわのり」　芝川町郷土史研究会　（36）2011.11

芝川町

芝川町の地名考（佐野文孝）「かわのり」　芝川町郷土史研究会　（33）2008.4

芝川町の屋号調査（特集）（望月志津子）「かわのり」　芝川町郷土史研究会　（34）2009.6

屋号（特集）（望月育三）「かわのり」　芝川町郷土史研究会　（34）2009.6

屋号調査をして感じたこと（特集）（民俗部）「かわのり」　芝川町郷土史研究会　（34）2009.6

芝川町にもあった「いかだ道」を巡って（辻村保男）「かわのり」　芝川町郷土史研究会　（34）2009.6

芝富

芝川町歴史散歩第1回 芝富地区（佐野里見）「月の輪」　富士宮市郷土史同好会　（20）2005.6

渋川

引佐町渋川の「凱旋紀念門」についての少考［1］，（2）（荒川章二）「静岡県近代史研究会報」　静岡県近代史研究会　295/296　2003.4/2003.5

島田宿

島田・金谷宿史蹟探訪（佐野里見）「かわのり」　芝川町郷土史研究会　（31）2005.3

清水

清水と静岡の合併の経験から（6月例会報告）（磯谷千代美）「静岡県近代史研究会会報」　静岡県近代史研究会　311　2004.8

静岡・清水の明治期医史のあれこれ（土屋重朗）「清見潟 ： 清水郷土史研究会会誌」　清水郷土史研究会　（14）2005.5

歴史を刻む地名を大切に（岡部芳雄）「清見潟 ： 清水郷土史研究会会誌」　清水郷土史研究会　（15）2006.5

9月例会レジュメ 住民からみた高度成長期の地域開発―三島、沼津、清水二市一町コンビナート反対運動を中心に（沼尻晃伸）「静岡県近代史研究会会報」　静岡県近代史研究会　（336）2006.9

常設展示 静岡・清水空襲 64年前、街が瓦礫の焼け野原に…「静岡平和資料センターだより」　静岡平和資料センター　（38）2009.11

赤穂浪士と郷土への文芸（佐野明生）「清見潟 ： 清水郷土史研究会会誌」　清水郷土史研究会　（19）2010.5

慶応三年名主代不正詫書（史跡・古文書等研究）（鈴木正雄）「しみず」　清水地区郷土史研究会　（24）2013.3

清水地区の人口及び世帯数の推移（古文書等の研究）（鈴木正雄）「しみず」　清水地区郷土史研究会　（25）2014.3

清水海軍学校

2008年度総会記念講演録 まぼろしの清水海軍学校（樋口雄彦）「清見潟 ： 清水郷土史研究会会誌」　清水郷土史研究会　（18）2009.5

清水区

清水区の中世初期の豪族館跡（川村晃弘）「古城」　静岡古城研究会　（54）2009.5

清水港

西伊豆に特攻基地の建設 清水港から漁船で土肥港へ 1945（昭和20）年3月 海軍航空隊先遣隊上陸（朝香欣一）「豆州歴史通信」　豆州研究社歴史通信部　323　2004.9

テルファー 名古屋港・清水港（調査報告）（永田宏，井土清司）「産業遺産研究」　中部産業遺産研究会事務局　（20）2013.5

清水市

清水市歴史関係資料目録（2001）清水市立中央図書館蔵（林清見）「清見潟 ： 清水郷土史研究会会誌」　清水郷土史研究会　（12）2003.6

清水市歴史関係資料目録（2002・2003）（林清見）「清見潟 ： 清水郷土史研究会会誌」　清水郷土史研究会　（13）2004.5

大正・昭和・平成の大合併 国策としての合併の歴史―清水市のまちづくり（6月例会報告）（鍋倉伸子）「静岡県近代史研究会会報」　静岡県近代史研究会　311　2004.8

戦時下の清水市民生活―昭和18年～19年を中心に（山本博勝）「清見潟 ： 清水郷土史研究会会誌」　清水郷土史研究会　（17）2008.5

清水町

伊豆ロマンにひたる一日 11月27日（日）三島市・清水町の史跡見学 水と文学と歴史めぐり（大川誠一）「静岡歴研会報」　静岡県歴史研究会　（114）2006.3

清水町私史（重田健一）「新ふるさと袋井」　［袋井市地方史研究会］　（24）2009.11

石野家文書で読む清水町（桜田弘）「清見潟 ： 清水郷土史研究会会誌」　清水郷土史研究会　（19）2010.5

石野家「御用留」で読む幕末の清水町（桜田弘）「清見潟 ： 清水郷土史研究会会誌」　清水郷土史研究会　（20）2011.5

清水袋城

清水袋城と武田水軍（望月憲一）「清見潟 ： 清水郷土史研究会会誌」　清水郷土史研究会　（18）2009.5

清水湊

富士川舟運と清水湊―南北交流の視点（《大会特集 東西交流の地域史―列島の境目・静岡》―（問題提起）（増田廣實）「地方史研究」　地方史研究協議会　56（5）通号323　2006.10

中世寧波船「得泰号」遠州漂着と清水湊入港、及び漂流日本人の物語（遠藤章二）「清見潟 ： 清水郷土史研究会会誌」　清水郷土史研究会　（16）2007.5

『妙生寺略記』から見た清水湊諸問屋の成立について（北村欽哉）「清見潟 ： 清水郷土史研究会会誌」　清水郷土史研究会　（18）2009.5

清水湊の廻船問屋―石野家文書で読む清水湊の諸問屋（桜田弘）「清見潟 ： 清水郷土史研究会会誌」　清水郷土史研究会　（18）2009.5

清水湊の河岸騒動と異臭公害（望月憲一）「清見潟 ： 清水郷土史研究会会誌」　清水郷土史研究会　（19）2010.5

清水湊における難破船処理のしかた（桜田弘）「清見潟 ： 清水郷土史研究会会誌」　清水郷土史研究会　（23）2014.5

下方村

史料紹介 郷宿久三郎「下方村御入用帳」（慶応二年）（橋本誠一）「静岡近代史研究会会報」　静岡県近代史研究会　（408）2012.9

下田

浦賀の俳額にみえる房総と豆州下田の在村俳人―『浦賀不動尊献額句合』と『相陽米ケ濱祖師堂奉納額面』（杉仁）「在村文化研究」　在村文化研究会　（12）2003.2

伊豆は安政年間に三度大地震 下田周辺は不運にも全被災 ディアナ号の下田湾受難は安政大地震ではなく東海地震という「豆州歴史通信」　豆州研究社歴史通信部　316　2004.5

下田の成り立ちと地名（前田實）「伊豆史談」　伊豆史談会　通号138　2009.1

県道下田・伊東の工事を早くして 1925（大正14）年11月14日 河津町役場所蔵資料「豆州歴史通信」　豆州研究社歴史通信部　（461）2010.5

日本黎明の地 下田を行く（田中豊）「小田原史談 ： 小田原史談会々報」　小田原史談会　（222）2010.7

下田往還の継立場（土屋壽山）「伊豆史談」　伊豆史談会　（141）2012.1

蔵書紹介 『〈豆州下田〉温泉名所記』（表紙）子―140 泰平堂静治 嘉永7（1854）年版 1舗「岩瀬文庫だより」　西尾市岩瀬文庫　（36）2012.12

幕末期の下田における対外関係―欠乏品貿易を中心に（例会告要旨―3月例会（12名参加）（萩原由佳）「静岡県地域史研究会報」　静岡県地域史研究会　（194）2014.5

下田区裁判所刑事裁判資料（1877～1881年）を読む（橋本誠一）「静岡県近代史研究会会報」　静岡県近代史研究会　（429）2014.6

9月例会レジュメII 下田区裁判所の刑事裁判―治罪法施行以前を中心に（橋本誠一）「静岡県近代史研究会会報」　静岡県近代史研究会　（432）2014.9

下多賀

1945年・終戦前後の熱海市下多賀の様相を聴き取る 相磯富士雄さんから 2008年9月7日（加藤好一）「豆州歴史通信」　豆州研究社歴史通信部　（430）2009.2

下田街道

金山開発と天城越えルートの開拓 江戸時代下田街道を往く（橋本敬之）「豆州歴史通信」　豆州研究社歴史通信部　（390）2007.6

下田街道とは「下田街道を往く」下田街道活用推進協議会編より「豆州歴史通信」　豆州研究社歴史通信部　（391）2007.6

江戸時代の下田街道は無かった（加藤清志）「豆州歴史通信」　豆州研究社歴史通信部　（400）2007.11

下田港

今年は下田開港150周年―記念シンポジウム開催される（市原正恵）「静岡県近代史研究会会報」　静岡県近代史研究会　304　2004.1

敗戦直前・米軍上陸に備え島民たちは強制集団疎開 伊豆諸島の島民たち故郷を離れ伊東・下田両港に上陸後、疎開地へ「豆州歴史通信」　豆州研究社歴史通信部　（414）2008.6

続・人車鉄道 1896（明治29）年/下田港の浚渫工事 1884年「豆州歴史通

静岡県　　　　　　　　　　　　　地名でたどる郷土の歴史　　　　　　　　　　　　　　東海

信」豆州研究社歴史通信部　（454）2010.2

下田港の台場について（淺川道夫）「開国史研究」横須賀市　（12）2012.3

下田奉行所

下田・羽田奉行所の設置と江戸湾防備網構想─天保14年日光社参前後の動向を中心に（2011年度大会特集 近世後期の江戸警衛─将軍不在時を中心に─大会報告）（椿田有希子）「関東近世史研究」関東近世史研究会　（72）2012.10

下田湾

ディアナ号の下田湾受難は東海地震で安政大地震とは異なる「豆州歴史通信」豆州研究社歴史通信部　350　2005.10

下野

飯田村の地名と歴史─下野・高橋（伏見洋次郎）「清見潟 ： 清水郷土史研究会会誌」清水郷土史研究会　（20）2011.5

下羽鮒

下羽鮒地区・歴史散策（佐野里見）「かわのり」芝川町郷土史研究会　27　2000.11

十三カ村

加嶋新田開発の十三カ村（高田國義）「駿河」駿河郷土史研究会　（59）2005.3

修善寺町

春の修善寺町あるき（薬師寺良子）「逗子吾妻鏡研究」逗子吾妻鏡研究会　（30）2005.5

城東郡

明治10年代、城東郡東南部における民権結社の系譜と政治状況（上）（〈特集 明治期の結社と地域社会〉）（高木敬雄）「静岡県近代史研究」静岡県近代史研究会　（32）2007.10

明治10年代、城東郡東南部における民権結社の系譜と政治状況（下）（高木敬雄）「静岡県近代史研究」静岡県近代史研究会　（33）2008.10

庄内

庄内の城館跡（乗松稔）「古城」静岡古城研究会　（49）2003.7

瀬戸方久と新田喜斉と庄内の城（高山新司）「古城」静岡古城研究会　（57）2013.7

白子町

藤枝街白子町の設置（椿原靖弘）「藤枝市史研究」藤枝市市民文化部　（10）2009.3

白鳥山

白鳥山の城郭遺構をたずねて（佐野安朗）「かわのり」芝川町郷土史研究会　（36）2011.11

白神駅

峠道で継ぐ駅の旅（22），（23）─大嵐駅から白神駅 夏焼峠（1），（2）（久保田賀津男）「伊那」伊那史学会　49（5）通号876/49（7）通号878　2001.5/2001.7

峠道で継ぐ駅の旅（24）白神駅から向市場駅 池ノ平峠（1）（久保田賀津男）「伊那」伊那史学会　49（9）通号880　2001.9

峠道で継ぐ駅の旅（25）大嵐駅～白神駅 池ノ平峠（2）（久保田賀津男）「伊那」伊那史学会　49（9）通号880　2001.9

城山

戦国期の由野（芝川町柚野）城山と堀之内（篠原昭二）「月の輪」富士宮市郷土史同好会　（22）2007.7

新貝村

山名郡新貝村の行政区の変遷（永田信典）「磐南文化」磐南文化協会　（30）2004.3

新富士

「新富士」にあった石碑が別所坂児童遊園に設置（平山元也）「目黒区郷土研究」目黒区郷土研究会　（632）2007.9

新吉原宿

新吉原宿時代の助郷制度の変遷（《吉原宿を中心とした宿場資料》─〈吉原宿の伝馬制度〉）「駿河」駿河郷土史研究会　（臨時号）2008.9

新吉原宿の問屋・年寄変遷（滝浪和美氏調・渡辺補筆）（《吉原宿を中心とした宿場資料》─〈吉原宿の伝馬制度〉）「駿河」駿河郷土史研究会　（臨時号）2008.9

杉山

地名と歴史・庵原地区「杉山」（伏見洋次郎）「清見潟 ： 清水郷土史研究会会誌」清水郷土史研究会　（17）2008.5

助宗古窯

古代助宗古窯の歴史的位置（柴垣勇夫）「藤枝市史研究」藤枝市市民文化部　4　2003.3

豆州

静かな湯の町上を下への大騒ぎ 史料紹介 1929（昭和4）年の告訴状 三団体（軍人会・消防団・青年団）事件の真相「豆州歴史通信」豆州研究社歴史通信部　311　2004.3

紹介 『豆州歴史通信』のなかの近現代関係記事「静岡県近代史研究会会報」静岡県近代史研究会　307　2004.4

正午ニ重大放送ヲ全国民ハ聴ケ イヨイヨ本土決戦と覚悟したが？ 1945（昭和20）年8月15日 朕深ク忠良ナル爾臣民ニ戦争終結ヲ告グ「豆州歴史通信」豆州研究社歴史通信部　321　2004.8

市町村の現代史資料の点検が重要 細心の配慮をしてもミスはある 自治体警察について静岡県史、同警察史共に記述が誤っていた。豆州歴史通信も同じ失敗「豆州歴史通信」豆州研究社歴史通信部　339　2005.4

安宅船と安宅丸 南北朝時代から江戸時代初期に数多くの安宅船「豆州歴史通信」豆州研究社歴史通信部　（387）2007.4

続・安宅船と安宅丸「豆州歴史通信」豆州研究社歴史通信部　（388）2007.5

豆州藩

水野忠誠と豆州藩領巡見より（辻真澄）「沼津市史だより」［沼津市教育委員会］　（16）2005.3

鈴川

明治時代の鈴川の発展（渡辺誠）「駿河」駿河郷土史研究会　55　2001.3

明治時代の鈴川の別荘（《吉原宿を中心とした宿場資料》─〈各種資料〉）「駿河」駿河郷土史研究会　（臨時号）2008.9

鈴川駅

コラム 鈴川駅からの馬車鉄道関係資料（石川健三）「駿河」駿河郷土史研究会　（63）2009.3

裾野市

裾野市に再び「郷土ちがさき」茅ヶ崎郷土会　（107）2006.9

寸又峡

寸又峡雑感（郷土巡礼記 史蹟を尋ねて緑の旗は行く）（木下睦子）「伊那」伊那史学会　59（12）通号1003　2011.12

住吉浦

文政9年住吉浦唐船漂着に関する県東部に残る新出資料について（田中之博）「静岡県博物館協会研究紀要」静岡県博物館協会　（33）2010.3

駿河

東海道古瓦の系譜（4）─駿河・伊豆（稲垣晋也）「史料 ： 皇學館大學研究開発推進センター史料編纂所報」皇學館大學研究開発推進センター史料編纂所　通号167　2000.6

駿河を旅した朝鮮通信使（和田嘉夫）「駿河」駿河郷土史研究会　55　2001.3

武田氏の領国支配構造─駿河・遠江における国衆統制より（荒上和人）「武田氏研究」武田氏研究会，岩田書院（発売）（28）2003.6

駿・遠における最末期の武田系城郭について（水野茂）「中世城郭研究」中世城郭研究会　（17）2003.7

記念講演 古代の災害と救済─遠駿豆三国の事例から 仁藤敦史氏「静岡県地域史研究会報」静岡県地域史研究会　135　2003.10

駿河移住幕臣の記録（宮代輝之）「オール諏訪 ： 郷土の総合文化誌」諏訪郷土文化協会　23（8）通号230　2003.11

戦国期遠江・駿河における流通と城郭（研究報告要旨 第244回研究会）（山本邦一）「静岡県地域史研究会報」静岡県地域史研究会　（145）2005.9

近世駿河・遠江・伊豆幕領における村役人呼称─東の名主、西の庄屋の境目（《大会特集 東西交流の地域史─列島の境目・静岡》─〈問題提起〉）（厚地淳司）「地方史研究」地方史研究協議会　56（4）通号322　2006.8

戦国期の駿河をめぐる同盟について（《大会特集 東西交流の地域史─列島の境目・静岡》─〈問題提起〉）（前田利久）「地方史研究」地方史研究協議会　56（5）通号323　2006.10

戦国期遠江・駿河における城郭と流通（《大会特集 東西交流の地域史─列島の境目・静岡》─〈問題提起〉）（山本邦一）「地方史研究」地方史研究協議会　56（5）通号323　2006.10

甲駿、南北交流のダイナミズム（《大会特集 東西交流の地域史─列島の境目・静岡》─〈問題提起〉）（高柳政司）「地方史研究」地方史研究協議会　56（5）通号323　2006.10

「伊豆」と「駿河」の境は？（木村博）「伊豆文談」伊豆史談会　通号136　2007.1

甲斐と駿河を結ぶ道（平成17年度公開講座）（望月定澄）「金山史研究」甲斐黄金村・湯之奥金山博物館　（8）2007.3

甲駿を結ぶみち 今昔物語［1］，（2）（高柳基雄）「駿河」駿河郷土史研究会　（64）/（65）2010.3/2011.3

10月例会（19名参加）戦国期における伝馬制の成立と展開─駿河・甲斐を中心に（例会報告要旨）（松本将太）「静岡県地域史研究会報」静岡県地域史研究会　（174）2011.1

| 東海 | 地名でたどる郷土の歴史 | 静岡県 |

天和期における駿河幕領支配について―天和二年「琉球人継人馬・朝鮮人継人馬駿州御割合帳」の分析を中心に（厚地淳司）「静岡県の歴史と文化」 静岡県の歴史と文化研究会 （14） 2011.3

戦国期遠江・駿河におけるアジールの諸相（佐藤孝之）「遠江」 浜松史跡調査顕彰会 （34） 2011.3

駿河往還

富士山西麓「駿河往還」の成立（特集 富士山 創立70周年記念論文集）（末木健）「甲斐」 山梨郷土研究会 （121） 2010.2

駿河郡

駿河国駿河郡の条里と古代の駿豆国境問題―駿河条里予察報告（原秀三郎、菊池吉修）「沼津市史研究」 沼津市教育委員会 13 2004.3

駿河国駿河郡の条里と古代の駿豆国境問題 補考（原秀三郎、菊池吉修）「沼津市史研究」 沼津市教育委員会 通号15 2006.3

駿河小島

小藩大名の陣屋町「駿河小島」について（米田藤博）「パイオニア」 関西地理学研究会 （92） 2010.8

駿河台

駿河台今昔など（齋藤誠）「目黒区郷土研究」 目黒区郷土研究会 （618） 2006.7

駿河東部

駿河東部における戦国期土豪屋敷について―戦国期「境目の地」の有力農民の動向に関する一考察（例会告要旨―5月例会（14名参加））（望月保宏）「静岡県地域史研究会報」 静岡県地域史研究会 （195） 2014.7

駿河国

コラム 駿河國絵図（石川健三）「駿河」 駿河郷土史研究会 （59） 2005.3

研究発表 ヤマトタケル伝説の駿河国への導入（中西道行）「清見潟 ： 清水郷土史研究会会誌」 清水郷土史研究会 （14） 2005.5

駿河国駿河郡の条里と古代の駿豆国境問題 補考（原秀三郎、菊池吉修）「沼津市史研究」 沼津市教育委員会 通号15 2006.3

近江の国と駿河の国―姥が餅と安倍川餅（特集 シニアが見つけた！ 湖国の文学II）（松本孝子）「湖国と文化」 滋賀県文化振興事業団 33（3）通号128 2009.7

芦峅寺宿坊家が東海道筋に形成した檀那場―特に駿河国と横浜の事例をとりあげて（福江充）「研究紀要」 富山県立山博物館 20 2013.3

創立40周年記念 地域と共に学ぶ戦国史「歴史シンポジウム・イン静岡」「知られざる郷土の山城―駿河国の分布調査と成果―」の報告（川村晃弘）「古城」 静岡古城研究会 （57） 2013.7

戦国期駿河・遠江国の伊勢湾海上交易について―伊勢御師の経済活動を中心に（例会告要旨―5月例会（14名参加））（原田千尋）「静岡県地域史研究会報」 静岡県地域史研究会 （195） 2014.7

駿河府中藩

駿河府中藩成立に伴う田中城明け渡し 熊澤薫著「江城備忘録」の紹介（長屋隆幸）「藤枝市史だより」 藤枝市 （14） 2006.3

駿河路

駿河路の歴史を訪ねて（歴史散歩）（清水淹）「郷土いずみ」 11 2005.5

駿河路を訪ねて（須佐美幸子）「郷土の文化」 観音寺市郷土文化大学 1 2007.3

駿河路の旅（和田ヤイ）「足利文林」 足利文林会 （66） 2007.5

駿河湾

駿河湾の漁 足立実さんの漁話 江戸時代の交通「沼津市歴史民俗資料館だより」 沼津市歴史民俗資料館 30（1）通号167 2004.6

駿河湾の漁 足立実さんの漁話 江戸時代の交通「沼津市歴史民俗資料館だより」 沼津市歴史民俗資料館 30（2）通号168 2004.9

駿河湾の漁 足立実さんの漁話 白鴎丸船長の航海日記「沼津市歴史民俗資料館だより」 沼津市歴史民俗資料館 30（3）通号169 2004.12

駿河湾の漁 足立実さんの漁話「伊豆日記」「沼津市歴史民俗資料館だより」 沼津市歴史民俗資料館 30（4）通号170 2005.3

駿河湾の漁 足立実さんの漁話「雁がね日記」「沼津市歴史民俗資料館だより」 沼津市歴史民俗資料館 31（1）通号171 2005.6

朝鮮使節の駿河湾遊覧と南蛮船（小川雄）「静岡県地域史研究会報」 静岡県地域史研究会 （189） 2013.7

駿遠

近世後期駿遠地方における地域金融（大塚英二）「藤枝市史研究」 藤枝市市民文化部 5 2004.3

2007年度総会記念講演録 駿遠へ移住した徳川家臣団（前田匡一郎）「清見潟 ： 清水郷土史研究会会誌」 清水郷土史研究会 （17） 2008.5

その3 横浜貿易における相州在方茶商の茶流通網―茶加藤と駿遠茶商との関わり合いを中心に（3月例会レジュメ）（菊地悠介）「静岡県近代史研究会会報」 静岡県近代史研究会 （390） 2011.3

5月例会（13名参加） 横浜貿易における相州在方茶商の茶流通網―茶加藤と駿遠茶商との関わり合いを中心に（例会報告要旨）（菊地悠介）「静岡県地域史研究会報」 静岡県地域史研究会 （177） 2011.7

駿遠七藩

駿遠七藩の房総入封における新拠点の開発と展開（2014年度明治維新史学会大会報告要旨）（堀野周平）「会報明治維新学会だより」 明治維新学会 （21） 2014.5

駿州

甲・相・駿州国境に関する一考察（初村正信）「古文書を読む会会報」 古文書を読む会 24 2002.3

近現代部会 静岡県水産試験場「漁村調査報告（駿州及遠州之部）」について（山本義彦）「焼津市史だより」 焼津市総務部 5 2003.7

千人頭の駿州随従歎願について（野口正久）「由比野」 元八王子歴史研究会 （13） 2005.4

江戸後期の市川紙業と駿州―紙漉出稼ぎの差止について（《特集 磯貝正義先生追悼》―磯貝先生に捧ぐ）（飯田文彌）「甲斐」 山梨郷土研究会 （119） 2009.7

駿豆国境

駿豆国境に関する考察―分断された「玉川」と「佐野」に迫る（土屋比都司）「伊豆史談」 伊豆史談会 （132） 2003.3

駿河国駿河郡の条里と古代の駿豆国境問題―駿河条里予察報告（原秀三郎、菊池吉修）「沼津市史研究」 沼津市教育委員会 13 2004.3

駿豆電気鉄道

ぬまづ近代史点描（66） 県内初の電車 駿豆電気鉄道「沼津市明治史料館通信」 沼津市明治史料館 24（2）通号94 2008.7

駿東看護婦学校

資料にみる私立駿東看護婦学校（上杉有）「沼津史談」 沼津史談会 （58） 2007.3

駿府

駿府代官雑感（長倉功）「紙魚 ： 静岡古文書会会報」 駿河古文書会 （29） 2003.4

家康晩年の駿府（《大会特集 東西交流の地域史―列島の境目・静岡》―《問題提起》）（大嶌聖子）「地方史研究」 地方史研究協議会 56（5）通号323 2006.10

12月例会（13名参加） 近世初頭における都市駿府建設（例会報告要旨）（増田亜矢乃）「静岡県地域史研究会報」 静岡県地域史研究会 （175） 2011.3

11月例会レジュメ 近世後期における駿府の郷宿と地域社会（岡村龍男）「静岡県近代史研究会会報」 静岡県近代史研究会 （410） 2012.11

1月例会レジュメ 静岡市文化財資料館企画展「駿府で愛されたお菓子―扇子屋と駿府・静岡―」調査報告会にあたって（岡村龍男、増田亜矢乃）「静岡県近代史研究会会報」 静岡県近代史研究会 （424） 2014.1

菓子商「扇子屋」と駿府・静岡の町方社会（岡村龍男）「静岡県近代史研究会会報」 静岡県近代史研究会 （424） 2014.1

静岡市文化財資料館企画展「駿府で愛されたお菓子―扇子屋と駿府・静岡―」調査報告会にあたって（例会告要旨―1月例会（50名参加））（岡村龍男、増田亜矢乃）「静岡県地域史研究会報」 静岡県地域史研究会 （193） 2014.2

菓子商「扇子屋」と駿府・静岡の町方社会（例会告要旨―1月例会（50名参加））（岡村龍男）「静岡県地域史研究会報」 静岡県地域史研究会 （193） 2014.2

駿府 維新の覚え書き（深津至輝）「歴史論叢」 静岡県歴史研究会 （7） 2014.3

駿府城

駿府城、修理と災害のハザマ（山本宏司）「織豊城郭」 織豊期城郭研究会 （10） 2010.9

駿府城下町の防犯について（研究報告要旨 第226回研究会）（柴雅房）「静岡県地域史研究会報」 静岡県地域史研究会 136 2003.12

伊豆石は築城工事から都市建設まで 東海岸は江戸期・西海岸は駿府城近世の有力な産業だった採石・輸送・問屋も伊豆石「豆州歴史通信」 豆州研究社歴史通信部 308 2004.1

慶長期駿府城手伝い普請の実態（研究報告要旨 第235回研究会）（小和田哲男）「静岡県地域史研究会報」 静岡県地域史研究会 140 2004.9

12月例会（12名参加） 近世における都市駿府の様相―宝永五年駿府城修築普請を中心に（例会報告要旨）（増田亜矢乃）「静岡県地域史研究会報」 静岡県地域史研究会 （187） 2013.2

駿府城と城下町の構造―絵図の分析を通して（増田亜矢乃）「静岡県近代史研究会会報」 静岡県近代史研究会 （424） 2014.1

駿府城下町の構造―今川氏の駿河進出から戦国城下町へ（例会告要旨―12月例会（17名参加））（西川健次）「静岡県地域史研究会報」 静岡県地域史研究会 （193） 2014.2

駿府城と城下町の構造―絵図の分析を通して（例会告要旨―1月例会（50名参加））（増田亜矢乃）「静岡県地域史研究会報」 静岡県地域史研究会 （193） 2014.2

駿府城に坤櫓が復元―二の丸西南角に二層・三階で再現「城郭だより ： 日本城郭史学会会報」 日本城郭史学会 （86） 2014.7

静岡県　　　地名でたどる郷土の歴史　　　東海

姫路藩榊原家による宝永駿府城修築普請について—上越市立高田図書館蔵「榊原文書」と静嘉堂文庫所蔵「駿府城図」を中心に（研究ノート）（増田亜矢乃）「静岡県地域史研究」　静岡県地域史研究会　（4）2014.9

駿府町
駿府町絵図と駿府独案内のこと（水野まさ代）「紙魚　：　駿河古文書会会報」　駿河古文書会　（30）2004.2

12月例会（13名参加）駿府町奉行所支配と駿府町人社会（例会報告要旨）（岡村龍男）「静岡県地域史研究会会報」　静岡県地域史研究会　（175）2011.3

清見寺
東海道の名物の「清見寺青薬」（佐野明生）「清見潟　：　清水郷土史研究会会誌」　清水郷土史研究会　（16）2007.5

清見寺にて朝鮮通信使を思う（とどまつノート）（新川寛）「とどまつ　：北海道開拓記念館・開拓の村友の会会報」　北海道開拓記念館・開拓の村友の会　（56）2009.3

瀬戸
名物　瀬戸の染飯（湯之上隆）「藤枝市史だより」　藤枝市　10　2004.2
続・名物　瀬戸の染飯（湯之上隆）「藤枝市史だより」　藤枝市　11　2004.10

瀬戸川
明治43年瀬戸川水害の写真と図面資料（資料紹介）（清水実）「藤枝市史研究」　藤枝市市民文化部　（10）2009.3

明治43年瀬戸川水害の写真と慰霊碑について（清水実）「藤枝市史だより」　藤枝市　（21）2009.11

瀬戸ノ谷
瀬戸ノ谷でニホンミツバチの養蜂が復活（八木洋行）「藤枝市史だより」　藤枝市　13　2005.9

千頭山
5月例会レジュメ　千頭山と地域住民—近世「御立山」から御料林の成立まで（肥田正巳）「静岡県近代史研究会会報」　静岡県近代史研究会　308　2004.5

千頭峯城
遠江　千頭峯城（永田善久）「城」　東海古城研究会　（186）2003.6

仙台河岸
遠州仙台河岸と伊達重村（吉岡一男）「仙台郷土研究」　仙台郷土研究会　28（2）通号267　2003.12

善得寺
善得寺・吉原城・吉原湊を巡る攻防《吉原宿を中心とした宿場資料》—〈各種資料〉）「駿河」　駿河郷土史研究会　（臨時号）2008.9

千本浜
千本浜「首級家碑」碑文についての一考察（武田藤男）「沼津史談」　沼津史談会　（63）2012.3

資料館の調査ノートから（23）千本〜原海岸の木造船調査「沼津市歴史民俗資料館だより」　沼津市歴史民俗資料館　38（3）通号200　2013.12

袖浦
幕臣の入植—袖浦地区の場合（小杉達）「磐南文化」　磐南文化協会　（37）2011.3

磐南の屋台（2）袖浦地区（資料紹介）（鈴木雄介）「磐南文化」　磐南文化協会　（38）2012.3

大覚寺村
駿州益津郡大覚寺村の近世初期検地（本多隆成）「焼津市史研究」　焼津市　（5）2004.3

大乗院坂
江戸時代の紀行文の中の大乗院坂（高橋廣治）「磐南文化」　磐南文化協会　（34）2008.3

大乗院坂界隈（1），（2）（高橋廣治）「磐南文化」　磐南文化協会　（35）/（36）2009.3/2010.03

帯笑園
原宿植松家「帯笑園」由来（宮下義雄）「沼津市博物館紀要」　沼津市歴史民俗資料館［ほか］　通号28　2004.3

原植松本家と帯笑園（望月宏充）「沼津史談」　沼津史談会　（56）2005.2

大新島村
高柳村から分離独立—大新島村（杉本春雄）「藤枝市史だより」　藤枝市（19）2008.11

高草山
高草山をめぐる入会山野相論（北川裕章）「焼津市史研究」　焼津市　（4）2003.3

高塚新道
高塚新道（太郎平新道）（清水忠雄）「磐南文化」　磐南文化協会　（29）2003.3

高塚太郎平新道
歩いて感嘆　明治の大偉業　高塚太郎平新道（永田竹一）「磐南文化」　磐南文化協会　（30）2004.3

多賀村
1927（昭和2）年伊豆多賀村巡回産婆制度を設ける「豆州歴史通信」　豆州研究社歴史通信部　314　2004.4

田方
近代石碑から読み解く田方の歴史（桜井祥行）「伊豆の郷土研究」　田方地域文化財保護審議委員連絡協議会　29　2004.3

高天神城
高天神攻城戦と城郭—天正期徳川氏の付城を中心に（土屋比都司）「中世城郭研究」　中世城郭研究会　（23）2009.7

高橋
飯田村の地名と歴史—下野・高橋（伏見洋次郎）「清見潟　：　清水郷土史研究会会誌」　清水郷土史研究会　（20）2011.5

高橋城
唯一、城跡が証す城郭遺構—仮称　高橋砦と高橋城（鈴木東洋）「古城」　静岡古城研究会　（52）2007.5

高橋新田
八坂町（西久保新田・高橋新田）の地名と歴史（伏見洋次郎）「清見潟　：清水郷土史研究会会誌」　清水郷土史研究会　（21）2012.5

高部
高部の御所伝説（2）（杉浦康晴）「新ふるさと袋井」［袋井市地方史研究会］（24）2009.11

高天原城
特別寄稿　高天原城を囲む城砦群（上）・（下）（鈴木東洋）「古城」　静岡古城研究会　（58）2014.7

高柳村
高柳村から分離独立—大新島村（杉本春雄）「藤枝市史だより」　藤枝市（19）2008.11

滝沢
「庄屋引渡諸帳面目録帳」—滝沢区有文書を伝えたもの（北原勤）「藤枝市史研究」　藤枝市市民文化部　5　2004.3

田子浦村
田子浦村の潮除堤と時田恒哉の願い（時田勝）「駿河」　駿河郷土史研究会（60）2006.3

田子の古道
「田子の古道」についての一考察（荒川辰美）「駿河」　駿河郷土史研究会（67）2013.3

田島
田島の「城山」と今井の「城ノ内」の考察—吉原湊と富士川渡船との関連から（土屋比都司）「古城」　静岡古城研究会　（58）2014.7

田代牧
古文書にみる戸田村「田代牧」について（武田藤男）「沼津史談」　沼津郷土史研究談話会　（65）2014.3

伊達重村
遠州仙台河岸と伊達重村（吉岡一男）「仙台郷土研究」　仙台郷土研究会28（2）通号267　2003.12

田中
豊臣秀吉文書と田中郷（相原隆三）「伊豆の郷土研究」　田方地域文化財保護審議委員連絡協議会　27　2002.3

田中城
田中城について（椿原靖弘）「藤枝市史だより」　藤枝市　12　2005.3
駿府城中藩成立に伴う田中城明け渡し　熊澤薫著「江城備忘録」の紹介（長屋隆幸）「藤枝市史だより」　藤枝市　（14）2006.3
駿州田中城古図からみる江戸時代初期の田中城の改修（海野一徳）「藤枝市史研究」　藤枝市市民文化部　（8）2007.3

田中藩
近世の田中藩と田中藩領の医師（長田直子）「藤枝市史研究」　藤枝市市民文化部　（9）2008.3
「加村台御屋敷」—田中藩本多家藩士移転（廣瀬早苗）「流山市史研究」流山市教育委員会　（21）2012.3

田原
田原の消防（鈴木好直）「磐南文化」　磐南文化協会　（31）2005.3

玉川
駿豆国境に関する考察—分断された「玉川」と「佐野」に迫る（土屋比都司）「伊豆史談」　伊豆史談会　（132）2003.3

丹那トンネル

丹那トンネル開通（東海道本線）熱海・三島間の丹那盆地下 1934（昭和9）年12月1日 工事期間7年の予定が16年という難工事「豆州歴史通信」 豆州研究社歴史通信部 （427） 2008.12

沖縄県民「丹那トンネル」を掘る（加藤好一）「静岡県近代史研究会会報」 静岡県近代史研究会 （395） 2011.8

丹那盆地

丹那トンネル開通（東海道本線）熱海・三島間の丹那盆地下 1934（昭和9）年12月1日 工事期間7年の予定が16年という難工事「豆州歴史通信」 豆州研究社歴史通信部 （427） 2008.12

中遠

日本棋院中遠支部30年の歩みと中遠地域の囲碁事情（金原久雄）「磐南文化」 磐南文化協会 （31） 2005.3

勅使塚

勅使塚 南地区（第二部 子どもに語り継ぐお話）「新ふるさと袋井」 ［袋井市地方史研究会］ （26） 2012.1

鶴芝

鶴芝の碑余聞（花崎正名）「駿河」 駿河郷土史研究会 （57） 2003.3

鉄砲町

ぬまづ近代史点描（63）鉄砲町について「沼津市明治史料館通信」 沼津市明治史料館 21（3）通号83 2005.10

伝法村

伝法村探索紀行（石川健三）「駿河」 駿河郷土史研究会 （58） 2004.3

天竜

明野陸軍飛行学校・天竜分教所（1）（金堂きくえ）「磐南文化」 磐南文化協会 （33） 2007.3

暴れ天竜懐古（吉野武司）「磐南文化」 磐南文化協会 （33） 2007.3

明野陸軍飛行学校・天竜分教所（2）（近藤きくえ）「磐南文化」 磐南文化協会 （34） 2008.3

天竜川

天竜川最下流と遠州海岸（山田博章）「伊那」 伊那史学会 53（6）通号925 2005.6

天竜川流域の文化交流史（浜松市博物館講座「天竜川シリーズ」）「柳田学舎」 鎌倉柳田学舎 75 2005.10

天竜川流域を行く 風土とその文化―川の精神史（『静岡新聞』1986年8月13日）「柳田学舎」 鎌倉柳田学舎 75 2005.10

浜松藩領「川重組」と白河藩飛地―天竜川以東の村々（堀内健吾）「磐南文化」 磐南文化協会 （33） 2007.3

私と天竜川（名倉慎一郎）「遠州の常民文化」 遠州常民文化談話会 （2） 2008.10

天竜川左岸の杜山疎水計画（鈴木直之）「遠州の常民文化」 遠州常民文化談話会 （2） 2008.10

天竜川と関連碑（雪島精二）「新ふるさと袋井」 ［袋井市地方史研究会］ （24） 2009.11

川東三十二ヵ村について―天竜川川東三十二ヵ村（資料紹介）（山中徳一）「磐南文化」 磐南文化協会 （36） 2010.3

天竜川河口の福長飛行機製作所（郷土史研究）（小杉達）「磐南文化」 磐南文化協会 （40） 2014.3

土肥

近代土肥の金山史―登場する人物像をめぐって（水口為和）「伊豆の郷土研究」 田方地域文化財保護審議委員連絡協議会 28 2003.3

「いじめ」敗戦直後の西伊豆土肥で（江川佐一）「豆州歴史通信」 豆州研究社歴史通信部 （382） 2007.2

土肥温泉

戦時中の土肥温泉（朝香欣一）「伊豆の郷土研究」 田方地域文化財保護審議委員連絡協議会 29 2004.3

土肥金山

1934（昭和9）年1月「モグラ争議」おこる 労働争議に名をはせた「土肥金山争議」「豆州歴史通信」 豆州研究社歴史通信部 （383） 2007.2

1919（大正8）年、伊豆土肥金山賃上闘争 戦後の不景気はじまる。各地で、さかん 第一次世界大戦で社会に大変化「豆州歴史通信」 豆州研究社歴史通信部 （460） 2010.5

1920（大正9）年、伊豆土肥金山精錬所 漁業発展阻止 認可取り消し運動高まる。「豆州歴史通信」 豆州研究社歴史通信部 （461） 2010.5

土肥港

西伊豆に特攻基地の建設 清水港から漁船で土肥港へ 1945（昭和20）年3月 海軍航空隊先遣隊上陸（朝香欣一）「豆州歴史通信」 豆州研究社歴史通信部 323 2004.9

土肥国民学校

1945（昭和20）年3月3日 田方郡土肥国民学校高等科生徒 動員中殉職（水

口為和）「豆州歴史通信」 豆州研究社歴史通信部 327 2004.11

旧東海紙料地名発電所建物

旧東海紙料地名発電所建物の解体に伴う調査報告と保存問題（調査報告）（天野武弘、中住健二郎、永井唐九郎、野口英一朗）「産業遺産研究」 中部産業遺産研究会事務局 （18） 2011.5

東新田

東新田のこと（天上知子）「紙魚 ： 駿河古文書会会報」 駿河古文書会 （38） 2012.11

十足村

伊豆国賀茂郡十足村の田畑に鹿・猪が出没作物を食い荒らす 1727（享保12）年8月に村人寄り合って防止策を協議役所に届け「豆州歴史通信」 豆州研究社歴史通信部 335 2005.2

遠江

武田氏の領国支配構造―駿河・遠江における国衆統制より（荒上和人）「武田氏研究」 武田氏研究会，岩田書院（発売） （28） 2003.6

駿・遠における最末期の武田系城郭について（水野茂）「中世城郭研究」 中世城郭研究会 （17） 2003.7

記念講演 古代の災害と救済―遠駿豆三国の事例から 仁藤敦史氏「静岡県地域史研究会報」 静岡県地域史研究会 135 2003.10

〈新夏草道中「遠江講座」〉「甲斐路」 山梨郷土研究会 106 2004.8

幕末期遠江の湯治場（研究報告要旨 第234回研究会）（坪井俊三）「静岡県地域史研究会報」 静岡県地域史研究会 140 2004.9

戦国期遠江・駿河における流通と城郭（研究報告要旨 第244回研究会）（山本邦一）「静岡県地域史研究会報」 静岡県地域史研究会 （145） 2005.9

近世駿河・遠江・伊豆幕領における村役人呼称―東の名主、西の庄屋の境目《大会特集 東西交流の地域史―列島の境目・静岡》―〈問題提起〉）（厚地淳司）「地方史研究」 地方史研究協議会 56（4）通号322 2006.8

戦国期遠江・駿河における城郭と流通《大会特集 東西交流の地域史―列島の境目・静岡》―〈問題提起〉）（山本邦一）「地方史研究」 地方史研究協議会 56（5）通号323 2006.10

大正9年 折口信夫の三信遠国境の旅を辿る（1）～（3）（塩澤一郎）「伊那」 伊那史学会 54（12）通号943/57（1）通号968 2006.12/2009.1

陸軍部隊異動をめぐる浜松・豊橋両地区の対立―「三遠双信地域」構想が出されている今の参考のために（7月例会レジュメ）（佃隆一郎）「静岡県近代史研究会会報」 静岡県近代史研究会 （346） 2007.7

秋葉街道に信仰の道と塩の道を訪ね、遠江と上伊那との関連を現地に探る《広域特集》―〈第33回上伊那歴史研究会県外実地踏査報告〉「伊那路」 上伊那郷土研究 52（12）通号623 2008.12

これからの遠江国国分寺研究へ向けて（木村弘之）「磐南文化」 磐南文化協会 （35） 2009.3

11月例会（7名参加）永正3年から10年の遠江―大福寺文書と飯尾文書を読む（例会報告要旨）（大塚勲）「静岡県地域史研究会報」 静岡県地域史研究会 （174） 2011.1

戦国期遠江・駿河におけるアジールの諸相（佐藤孝之）「遠江」 浜松史跡調査顕彰会 （34） 2011.3

三遠南信地域の山間地域における集落立地と農地利用のデータベース化（藤田佳久）「愛知大学綜合郷土研究所紀要」 愛知大学綜合郷土研究所 56 2011.3

遠江・三河から見た武田氏（山田邦明）「武田氏研究」 武田氏研究会，岩田書院（発売） （44） 2011.6

天龍川と地名―三遠南信地域を結ぶ人びとの絆（伊那谷地名研究会第9回シンポジウム 天龍川と地名―三遠南信地域を結ぶ人びとの絆）（原董）「伊那」 伊那史学会 59（6）通号997 2011.6

三遠の難波抱節入門（田崎哲郎）「三河地域史研究」 三河地域史研究会 （60） 2012.5

遠江方面史跡めぐり（河合多美江）「小田原史談 ： 小田原史談会々報」 小田原史談会 （230） 2012.7

武田氏侵攻に備えた遠江諸城の改修（加藤理文）「遠江」 浜松史跡調査顕彰会 （36） 2013.3

江戸時代における三遠南信地域の人々の交流―新野村に移住してきた住民を通して（塩澤元広）「伊那」 伊那史学会 62（6）通号1033 2014.6

遠江国府

見付端城と遠江国府（西川広平）「甲斐路」 山梨郷土研究会 106 2004.8

遠江国

中世水運史研究の可能性―遠江国の事例から（綿貫友子）「交通史研究」 交通史学会，吉川弘文館（発売） （56） 2005.7

遠江国府（鈴木小英）「磐南文化」 磐南文化協会 （33） 2007.3

遠江国 袴田姓のルーツ考（門奈幹雄）「磐南文化」 磐南文化協会 （34） 2008.3

律令期・遠江国府復元（上），（下）（木村弘之）「磐南文化」 磐南文化協会

静岡県　　　　　　　　　　　　　　地名でたどる郷土の歴史　　　　　　　　　　　　　　　東海

(36)／(37)　2010.3／2011.03

中世前期地域社会の形成と権門体制―遠江国における「地域社会論」の視点（山本倫弘）「静岡県地域史研究」　静岡県地域史研究会　(1)　2011.9

戦国期駿河・遠江国の伊勢湾海上交易について―伊勢御師の経済活動を中心に（例会告要旨―5月例会（14名参加））（原田千尋）「静岡県地域史研究会報」　静岡県地域史研究会　(195)　2014.7

徳願寺山城

徳願寺山城再考（水野茂）「古城」　静岡古城研究会　(55)　2010.7

戸倉城

戸倉城に関する諸問題（研究報告要旨 第220回研究会）（望月保宏）「静岡県地域史研究会報」　静岡県地域史研究会　132　2003.4

戸田

ぬまづ近代史点描(62) 戸田の戦争記念碑「沼津市明治史料館通信」　沼津市明治史料館　21(2)通号82　2005.7

戸田巡りの印象（長濱昇）「沼津史談」　沼津史談会　(57)　2006.3

ぬまづ近代史点描(69) 戸田の保養館と東京大学戸田寮「沼津市明治史料館通信」　沼津市明治史料館　25(3)通号99　2009.10

戸田のおみやげあれこれ（内田昌宏）「沼津市史だより」　[沼津市教育委員会]　(23)　2013.3

戸田の民家の間取りについて（樋口潤一）「沼津市史だより」　[沼津市教育委員会]　(23)　2013.3

絵葉書「御浜の風景」（戸田造船資料博物館所蔵）「沼津市史だより」　[沼津市教育委員会]　(24)　2014.3

戸田村

特別寄稿 戸田村における「ヘダ号」の建造（菅沼基臣）「沼津史談」　沼津史談会　(57)　2006.3

幕末期における戸田村と異国船問題―ペリー来航以前（岩田みゆき）「沼津市史研究」　沼津市教育委員会　(19)　2011.3

豆州君沢郡戸田村御石場之内 内匠丁場新切開山亀絵図（勝呂安氏所蔵）（縦480mm×横331mm）「沼津市史だより」　[沼津市教育委員会]　(22)　2012.3

歴史講演会 神野善治氏「戸田の暮らしの知恵と技」―戸田村史「戸田の民俗」予告編 平成25年2月24日（日）午後1時30分〜3時30分「沼津市史だより」　[沼津市教育委員会]　(23)　2013.3

戸田村の「活鯛」について―文化一四年尾州様御用鯛元活場一件（岩田みゆき）「沼津市史だより」　[沼津市教育委員会]　(24)　2014.3

十束

磐南の屋台(3) 十束・豊岡地区（資料紹介）（鈴木雄介）「磐南文化」　磐南文化協会　(39)　2013.3

富岡村

富岡村の成立について（大橋雄司）「磐南文化」　磐南文化協会　(30)　2004.3

富沢村

11月例会レジュメI 地租改正による分附関係解消をめぐる訴訟と名主文書引渡―駿河国安倍郡富沢村を事例に（岡村龍男）「静岡県近代史研究会会報」　静岡県近代史研究会　(434)　2014.11

巴川

巴川とともに生き続く邑と人と駿河国入江荘吉川郷―有渡郡吉川村一清水市吉川（松浦元治）「清見潟 : 清水郷土史研究会会誌」　清水郷土史研究会　(12)　2003.6

豊岡

磐南の歌碑・句碑(9) 水濱々七千町歩豊の秋（豊岡支部）「磐南文化」　磐南文化協会　(34)　2008.3

磐南の歌碑・句碑(10) 牛の鼻 詠歌（豊岡支部）「磐南文化」　磐南文化協会　(35)　2009.3

磐南の屋台(3) 十束・豊岡地区（資料紹介）（鈴木雄介）「磐南文化」　磐南文化協会　(39)　2013.3

豊沢

豊沢地区における横須賀街道の変遷と新横須賀街道（和田とり）「ふるさと袋井」　[袋井市地方史研究会]　18　2003.11

豊田

磐南の歌碑・句碑(5) 与謝野晶子の歌碑（豊田支部）「磐南文化」　磐南文化協会　(30)　2004.3

磐南の歌碑・句碑(11) 荻原井泉水の句碑（豊田支部）「磐南文化」　磐南文化協会　(36)　2010.3

豊田郡

豊田、山名、磐田郡米穀改良組合の創立とその規約（水野房次郎）「ふるさと袋井」　[袋井市地方史研究会]　17　2002.11

登呂

登呂水田の？（弥生人体験クラブの活動記録）（手塚信和）「静岡市立登呂博物館研究紀要」　静岡市立登呂博物館　通号3　2003.1

弥生人体験クラブの活動記録 登呂水田の水は何処へ行く（手塚信和）「静岡市立登呂博物館研究紀要」　静岡市立登呂博物館　通号6　2006.3

弥生人体験クラブの活動記録 登呂水田の灌漑と排水（手塚信和）「静岡市立登呂博物館研究紀要」　静岡市立登呂博物館　通号7　2007.3

中泉

中泉地区の小学校沿革考（喜多川貞男）「磐南文化」　磐南文化協会　(29)　2003.3

中泉高等女学校の変革（上）（中津川宗全）「磐南文化」　磐南文化協会　(30)　2004.3

昭和20年5月19日の中泉地区に於ける被爆記録（高橋廣治）「磐南文化」　磐南文化協会　(31)　2005.3

安政東海地震の救済活動―中泉代官所を中心にして（小杉達）「遠江」　浜松史跡調査顕彰会　(36)　2013.3

中泉高等女学校

中泉高等女学校の変革（中）（中津川宗全）「磐南文化」　磐南文化協会　(31)　2005.3

長岡町

戦局逼迫混乱の温泉町工場建設 宇垣一成陸軍大将の嘆き 1945年初め沼津海軍工廠 伊豆長岡町に分散疎開はじまる「豆州歴史通信」　豆州史研究社歴史通信部　345　2005.7

中川根町

5月例会レジュメ 地方自治史再考―「中川根町史 近現代通史編」の紹介を兼ねて（橋本誠一）「静岡県近代史研究会会報」　静岡県近代史研究会　(332)　2006.5

中郷

三島宿新堀と中郷新堀（土屋寿山）「伊豆史談」　伊豆史談会　通号137　2008.1

中沢田

沼津市中沢田の高射砲陣地と各地の砲台跡について（原田雄紀）「沼津市史だより」　[沼津市教育委員会]　(18)　2007.3

長沢村

東海道木瀬川橋と木瀬川村・長沢村（久保田富）「沼津市史研究」　沼津市教育委員会　14　2005.3

幕末期遠江の湯治場―豊田郡長沢村を中心に（坪井俊三）「遠江」　浜松史跡調査顕彰会　(33)　2010.3

長島ダム

長島ダムをめぐって（7月例会レジュメ）（桜井正雄）「静岡県近代史研究会会報」　静岡県近代史研究会　298　2003.7

中嶋村

中嶋村の屋号（高田國義）「駿河」　駿河郷土史研究会　(60)　2006.3

中新田命山

磐南叙情「大野命山と中新田命山」（浅羽支部）「磐南文化」　磐南文化協会　(38)　2012.3

中野町

第8回しずおか町並みゼミ in 中野町（小池善之）「静岡県近代史研究会会報」　静岡県近代史研究会　(403)　2012.4

中野村

砂金採りから焼畑へ―江戸時代の「中野村」（静岡市井川）における生業転換（大村和男）「静岡市立登呂博物館研究紀要」　静岡市立登呂博物館　通号6　2006.3

西浦長浜

資料館の調査ノートから(13) 西浦長浜のマグロ建切網漁 解説映像を制作中「沼津市歴史民俗資料館だより」　沼津市歴史民俗資料館　32(4)通号177　2007.3

中村

豆州君澤郡中村の名主「鈴木家」の古文書について（小林弘邦）「伊豆史談」　伊豆史談会　130　2001.3

中藪田

中藪田今昔ものがたり あのヨシ原が清里団地に／「ソブッ田」のソブを草炭に／盗まれた六地蔵尊の猿宮像／中藪田にキツネが七匹／藪田富士は中藪田のシンボル「藤枝市史だより」　藤枝市　(21)　2009.11

中吉原宿

中吉原宿（高田國義）「駿河」　駿河郷土史研究会　(62)　2008.3

中吉原宿の街並を考える（渡辺誠）「駿河」　駿河郷土史研究会　(63)　2009.3

名栗

名栗、北原川の道の変遷について（村松伊三郎）「ふるさと袋井」　[袋井市地方史研究会]　17　2002.11

夏焼峠

峠道で継ぐ駅の旅(22),(23)―大嵐駅から白神駅 夏焼峠(1),(2)(久保田賀津男)「伊那」 伊那史学会 49(5)通号876/49(7)通号878 2001.5/2001.7

南駿

戦国期「境目の地」における土豪屋敷の様相(2)―南駿地域の事例を中心に(望月保宏)「古城」 静岡古城研究会 (57) 2013.7

新野原陣場

武田軍の塩買坂陣場の全容―新発見の新野原陣場(仮称)と関連する遺構群(増田誠)「古城」 静岡古城研究会 (51) 2006.5

新野村

江戸時代における三遠南信地域の人々の交流―新野村に移住してきた住民を通して(塩澤元広)「伊那」 伊那史学会 62(6)通号1033 2014.6

西伊豆

西伊豆に特攻基地の建設 清水港から漁船で土肥港へ 1945(昭和20)年3月 海軍航空隊先遣隊上陸(朝香欣一)「豆州歴史通信」 豆州研究社歴史通信部 323 2004.9

西浦

昭和33年の西浦青年団の活動記録(上野尚美)「沼津市博物館紀要」 沼津市歴史民俗資料館〔ほか〕 通号28 2004.3

ぬまづ近代史点描(57) 西浦地区の戦争記念碑概観「沼津市明治史料館通信」 沼津市明治史料館 20(1)通号77 2004.4

西浦村

明治～大正期の静岡県田方郡旧西浦村における柑橘産地の展開と外来種への対応―河内地区・海瀬伊右衛門家を中心に(花木宏直)「歴史地理学野外研究」 筑波大学人文社会科学研究科歴史・人類学専攻歴史地理学研究室 (15) 2012.3

錦田

三島市錦田地区方言集(鈴木辰己)「伊豆史談」 伊豆史談会 130 2001.3

西久保新田

八坂町(西久保新田・高橋新田)の地名と歴史(伏見洋次郎)「清見潟：清水郷土史研究会会誌」 清水郷土史研究会 (21) 2012.5

西新町

表紙写真 戦前の西新町(戦後弓町となる)通り(大正中期)佐野里見氏(故人)「月の輪」 富士宮市郷土史同好会 (29) 2014.6

仁科鉱山

戦時鉱業仁科鉱山に連行された中国人の証言(竹内康人)「静岡県近代史研究会会報」 静岡県近代史研究会 (331) 2006.4

西之山

峠道で継ぐ駅の旅(21)―大嵐駅から小和田駅 西之山越え(久保田賀津男)「伊那」 伊那史学会 48(12)通号871 2000.12

西平松

戦時下における女子青年から見た村の様子―袖浦村西平松地区(資料紹介)(山中徳一)「磐南文化」 磐南文化協会 (38) 2012.3

西富士

戦後西富士長野開拓団調査報告(調査報告)(森武麿、齊藤俊江、向山敦子)「飯田市歴史研究所年報」 飯田市教育委員会 (5) 2007.8

入植者を励ました「西富士開拓の歌」(若林和司)「月の輪」 富士宮市郷土史同好会 (27) 2012.6

西山

歴史ロマンの里西山(清忍)「かわのり」 芝川町郷土史研究会 27 2000.11

若王子

二〇一三年は蓮華寺池普請から四〇〇年 蓮華寺池をめぐる市部・五十海・若王子三か村の争い(長屋隆幸)「藤枝市史だより」 藤枝市 (28) 2013.3

韮山

史跡韮山役所跡と江川文庫文書(研究報告要旨 第242回研究会)(工藤雄一郎)「静岡県地域史研究会会報」 静岡県地域史研究会 (145) 2005.9

伊豆の郵便事業の始まりは三島宿と足柄県韮山出張所中心 1875(明治8)年1月より郵便局に全国統一の名称になる「豆州歴史通信」 豆州研究社歴史通信部 351 2005.10

「伊豆」明治初期の殖産興業 桑植え・養蚕・生糸生産等 1872(明治5)年、官営富岡製糸場 伊豆松崎や韮山から伝習生参加「豆州歴史通信」 豆州研究社歴史通信部 (358) 2006.2

伊豆韮山の報徳仕法と「報徳」ネットワーク(松尾公就)「小田原地方史研究」 小田原地方史研究会 (26) 2012.5

沼津水野藩と高島流砲術について―「韮山塾日記」から見た沼津藩士の行動(鈴木保)「伊豆史談」 伊豆史談会 (143) 2014.4

韮山城

伊豆韮山城とその付城・仕寄について―天ヶ岳遺構群からみる戦闘の実態(土屋比都司)「古城」 静岡古城研究会 (52) 2007.5

韮山城における「障子堀」遺構について(望月保宏)「古城」 静岡古城研究会 (53) 2008.5

伊豆韮山籠城戦の付城と仕寄遺構―天ヶ岳遺構群にみる戦闘の実態((第24回全国城郭研究者セミナーの報告))(土屋比都司)「中世城郭研究」 中世城郭研究会 (22) 2008.7

韮山城址と周辺を巡る(エッセイ)(山口正枝)「歴研よこはま」 横浜歴史研究会 (70) 2014.5

布橋

蒲原城布橋伝説をめぐって―「城郭の精神史」の準備として(川村晃弘)「古城」 静岡古城研究会 (56) 2011.7

沼津

沼津の歴史二題 噫々愛鷹丸/朝鮮通信使と沼津(佐野利夫)「沼津史談」 沼津史談会 54 2003.3

ぬまづ近代史点描(53) 昭和初期の観光地図「沼津市明治史料館通信」 沼津市明治史料館 18(4)通号72 2003.1

沼津の海村と漁業(山口徹)「沼津市史研究」 沼津市教育委員会 12 2003.3

昭和戦前期の遊覧汽船「沼津丸」関係史料(上野尚美)「沼津市博物館紀要」 沼津市歴史民俗資料館〔ほか〕 通号27 2003.3

伊豆半島の町や村では沼津・三島両方の会に派遣依頼 1913(大正2)年 伊豆地方 三島にも看護婦会があった「豆州歴史通信」 豆州研究社歴史通信部 290 2003.4

明治22年の鉄道線路図/大正14年の東京～沼津列車時刻表[第11号]「西さがみ庶民史録」 西さがみ庶民史録の会 50 2003.5

ぬまづ近代史点描(58) 沼津いろは歌留多「沼津市明治史料館通信」 沼津市明治史料館 20(2)通号78 2004.7

史料紹介 昭和18年10月1日改正 東京沼津間列車時刻表「豆州歴史通信」 豆州研究社歴史通信部 328 2004.11

沼津地域における中等程度諸学校成立の社会的基盤に関する一試考(四方一瀾)「沼津史談」 沼津史談会 (56) 2005.2

沼津の漁業と五十集商人(資料)(足立実)「沼津史談」 沼津史談会 (57) 2006.3

近現代沼津の経済発展過程―人口統計を手がかりとして(寺村泰)「沼津市史研究」 沼津市教育委員会 通号15 2006.3

9月例会レジュメ 住民からみた高度成長期の地域開発―三島、沼津、清水二市一町コンビナート反対運動を中心に(沼尻晃伸)「静岡県近代史研究会会報」 静岡県近代史研究会 (336) 2006.9

徳川幕臣の沼津移住(高田篤三)「沼津史談」 沼津史談会 (58) 2007.3

近世沼津における海産物の流通と市場(山口徹)「沼津市史研究」 沼津市教育委員会 通号17 2008.3

「中世の沼津」について(本多隆成)「沼津市史研究」 沼津市教育委員会 通号17 2008.3

ぬまづ近代史点描(67) 消防組と纏「沼津市明治史料館通信」 沼津市明治史料館 24(4)通号96 2009.1

沼津市と静浦村の合併及び水産教育(足立実)「沼津史談」 沼津史談会 (60) 2009.3

明治初期近代経済学と沼津(四方一瀾)「沼津史談」 沼津史談会 (61) 2010.3

沼津史談会50年の歩み(増山温一)「沼津史談」 沼津史談会 (62) 2011.3

資料紹介 昭和20年の沼津空襲記録(木口亮)「沼津市博物館紀要」 沼津市歴史民俗資料館〔ほか〕 (35) 2011.3

第1部 沼津における近代的繊維産業について―考察―東京人絹の進出を中心に(内田昌宏)「沼津市博物館紀要」 沼津市歴史民俗資料館〔ほか〕 (36) 2012.3

沼津防空隊の「戦闘計画」(木口亮)「沼津市博物館紀要」 沼津市歴史民俗資料館〔ほか〕 (37) 2013.3

シリーズ 市民が語る戦争体験(7) 沼津大空襲 岩下佳子さんの体験談「沼津市明治史料館通信」 沼津市明治史料館 (115) 2013.10

浮世絵に描かれた「伊賀越道中双六 沼津之段」(望月宏充)「沼津史談」 沼津郷土史研究談話会 (65) 2014.3

6月例会報告 沼津明治史料館訪問記(橋本誠一)「静岡県近代史研究会会報」 静岡県近代史研究会 (431) 2014.8

沼津海軍工廠

戦局逼迫混乱の温泉町工場建設 宇垣一成陸軍大将の嘆き 1945年初め沼津海軍工廠 伊豆長岡町に分散疎開はじまる「豆州歴史通信」 豆州研究社歴史通信部 345 2005.7

沼津港橋

沼津港橋橋脚と初代御成橋小路についての新発見(仙石規)「沼津史談」 沼津郷土史研究談話会 (65) 2014.3

静岡県　　　　　　　　　地名でたどる郷土の歴史　　　　　　　　　東海

沼津市

一地方から見た朝鮮通信使―沼津市を中心にして（北村欽哉）「沼津市史研究」沼津市教育委員会　11　2002.3

沼津市における新制中学校の成立に関する一考察―校舎建築と新教育への取り組み（湯川次義）「沼津市史研究」沼津市教育委員会　12　2003.3

昭和戦前期の沼津市における度量衡行政（渡邊芳久）「沼津市博物館紀要」沼津市歴史民俗資料館［ほか］　通号28　2004.3

戦後地方政治史―沼津市を事例に（荒川章二）「静岡県近代史研究会会報」静岡県近代史研究会　316　2005.1

沼田誠さんと沼津市史（田崎宣義）「沼津市史だより」［沼津市教育委員会］　（16）　2005.3

『沼津市史 史料編』中世編補遺（続）（菊池浩幸）「沼津市史研究」沼津市教育委員会　14　2005.3

沼津市域におけるカネオヤの慣行（佐藤照美）「沼津市史研究」沼津市教育委員会　通号15　2006.3

17世紀における沼津市域の小田原藩領について（厚地淳司）「沼津市史研究」沼津市教育委員会　（19）　2011.3

沼津市旧海軍工廠用地

沼津市旧海軍工廠用地をめぐる開拓問題の諸相（永江雅和）「沼津市史研究」沼津市教育委員会　通号17　2008.3

沼津宿

近隣宿場概要（三島宿・沼津宿・原宿・蒲原宿）《〈吉原宿を中心とした宿場資料〉》―〈各種資料〉）「駿河」駿河郷土史研究会　（臨時号）　2008.9

旧東海道沼津宿散策雑話（松野紀一）「駿河」駿河郷土史研究会　（67）　2013.3

沼津城

城と天守を訪ねて（10）駿河国沼津城と三階櫓（祖谷敏行）「歴研よこはま」横浜歴史研究会　（56）　2005.6

沼津中学校

沼津中学校野球部々々達抄録（中川和郎）「沼津史談」沼津史談会　（59）　2008.3

沼津藩

沼津水野藩側面史（2）―牧師三浦徹の手記『恥か記』からの考察（2）安政東海大地震について（辻眞澄）「伊豆史談」伊豆史談会　（132）　2003.3

沼津水野藩側面史（3）―牧師三浦徹の手記『恥か記』からの考察（3）藩校ありや否や（辻眞澄）「伊豆史談」伊豆史談会　（133）　2003.12

沼津水野藩側面史（3）統一牧師三浦徹の手記『恥か記』からの考察（3）「藩士の子供達の勉学と塾と藩校について」（辻眞澄）「伊豆史談」伊豆史談会　（134）　2004.12

天保期の印旛沼堀割普請―沼津藩（特集 旧萱田村の総合的研究I）（菅野貞男）「史談八千代 ： 八千代市郷土歴史研究会機関誌」八千代市郷土歴史研究会　（35）　2010.11

沼津藩の海防と伊豆東岸の台場（浅川道夫）「開国史研究」横須賀市　（11）　2011.3

沼津水野藩側面史（9）―牧師三浦徹の手記『恥か記』からの考察（9）砲術と大砲（辻眞澄）「伊豆史談」伊豆史談会　（141）　2012.1

沼津藩の砲術稽古入門姓名録（樋口雄彦）「沼津市博物館紀要」沼津市歴史民俗資料館［ほか］　（37）　2013.3

沼津水野藩と高島流砲術について―『韮山塾日記』から見た沼津藩士の行動（鈴木保）「伊豆史談」伊豆史談会　（143）　2014.4

沼津藩水野氏領

伊豆に点在していた沼津藩水野氏領 上総（千葉県）市原郡に転封の余波 1869（明治2）年6月藩籍奉還 伊豆の村が菊間藩に「豆州歴史通信」豆州研究社歴史通信部　（365）　2006.5

沼津兵学校

沼津兵学校とその人材（66）沼津兵学校資業生 渡部四兄弟（樋口雄彦）「沼津市明治史料館通信」沼津市明治史料館　18（4）通号72　2003.8

沼津兵学校関係人物履歴集成（2）～（7）（樋口雄彦）「沼津市博物館紀要」沼津市歴史民俗資料館［ほか］　通号27/（38）　2003.3/2014.3

沼津兵学校とその人材（68）白虎隊出身の留学生 西川鐵次郎（樋口雄彦）「沼津市明治史料館通信」沼津市明治史料館　19（3）通号75　2003.11

沼津兵学校とその人材（69）測量技師になった沼津兵学校出身者（樋口雄彦）「沼津市明治史料館通信」沼津市明治史料館　19（4）通号76　2004.2

沼津兵学校・同附属小学校の研究動向素描（四方一瀰）「沼津市史だより」［沼津市教育委員会］　（15）　2004.3

沼津兵学校とその人材（70）海軍のエンジニア 権田正三郎（樋口雄彦）「沼津市明治史料館通信」沼津市明治史料館　20（2）通号78　2004.7

沼津兵学校にあった伊能図（樋口雄彦）「静岡県近代史研究会会報」静岡県近代史研究会　312　2004.9

沼津兵学校とその人材（71）沼津兵学校関係人物の写真判定（樋口雄彦）

「沼津市明治史料館通信」沼津市明治史料館　20（3）通号79　2004.10

沼津兵学校とその人材（72）淘宮術と沼津兵学校の人脈（樋口雄彦）「沼津市明治史料館通信」沼津市明治史料館　20（4）通号80　2005.1

沼津兵学校とその人材（73）勝海舟と沼津兵学校（樋口雄彦）「沼津市明治史料館通信」沼津市明治史料館　21（2）通号82　2005.7

沼津兵学校とその人材（74）沼津兵学校出身のご長寿たち（樋口雄彦）「沼津市明治史料館通信」沼津市明治史料館　21（3）通号83　2005.10

沼津兵学校とその人材（75）福井藩から来た留学生 津田束（樋口雄彦）「沼津市明治史料館通信」沼津市明治史料館　21（4）通号84　2006.1

沼津兵学校とその人材（76）第九期資業生 真坂忍（樋口雄彦）「沼津市明治史料館通信」沼津市明治史料館　22（1）通号85　2006.4

沼津兵学校とその人材（77）剣豪伊庭八郎の親戚 伊庭真（樋口雄彦）「沼津市明治史料館通信」沼津市明治史料館　22（2）通号86　2006.7

沼津兵学校とその人材（78）地方官となった沼津兵学校出身者（樋口雄彦）「沼津市明治史料館通信」沼津市明治史料館　22（3）通号87　2006.10

沼津兵学校とその人材（80）裁判官になった折井正和（樋口雄彦）「沼津市明治史料館通信」沼津市明治史料館　23（1）通号89　2007.4

沼津兵学校とその人材（81）大奥に仕えた祖母を持つ関戸孝（樋口雄彦）「沼津市明治史料館通信」沼津市明治史料館　23（2）通号90　2007.7

沼津兵学校に流れ込んだ砲術家の系譜（〈板橋シンポジウム特集〉）（樋口雄彦）「銃砲史研究」日本銃砲史学会　（357）　2007.8

沼津兵学校とその人材（82）映画「沼津兵学校」のこと（樋口雄彦）「沼津市明治史料館通信」沼津市明治史料館　23（3）通号91　2007.10

沼津兵学校とその人材（83）樋口一葉と沼津兵学校に連なる人びと（樋口雄彦）「沼津市明治史料館通信」沼津市明治史料館　23（4）通号92　2008.1

講演録 沼津兵学校と佐倉藩士（樋口雄彦）「佐倉市史研究」佐倉市総務部　（21）　2008.3

写真史のなかの静岡藩と沼津兵学校（樋口雄彦）「沼津市博物館紀要」沼津市歴史民俗資料館［ほか］　通号32　2008.3

沼津兵学校とその人材（84）宮川保全と共立女子職業学校（樋口雄彦）「沼津市明治史料館通信」沼津市明治史料館　24（2）通号94　2008.7

沼津兵学校とその人材（85）小田川全之と安全第一（樋口雄彦）「沼津市明治史料館通信」沼津市明治史料館　24（3）通号95　2008.10

沼津兵学校とその人材（86）徳富蘇峰の沼津兵学校評（樋口雄彦）「沼津市明治史料館通信」沼津市明治史料館　24（4）通号96　2009.1

沼津兵学校とその人材（87）資業生芳賀行蔵の人違い（樋口雄彦）「沼津市明治史料館通信」沼津市明治史料館　25（1）通号97　2009.4

三井物産と沼津兵学校の人脈―木山実『近代日本と三井物産』によせて（樋口雄彦）「静岡県近代史研究会会報」静岡県近代史研究会　（375）　2009.12

シリーズ 沼津兵学校とその人材（88）沼津兵学校出身者の日露戦争―「坂の上の雲」を目指した人々（樋口雄彦）「沼津市明治史料館通信」沼津市明治史料館　25（4）通号100　2010.1

シリーズ 沼津兵学校とその人材（89）碧血会と沼津兵学校出身者（樋口雄彦）「沼津市明治史料館通信」沼津市明治史料館　（102）　2010.7

シリーズ 沼津兵学校とその人材（90）永井玄栄と永井久太郎（樋口雄彦）「沼津市明治史料館通信」沼津市明治史料館　（104）　2011.1

シリーズ 沼津兵学校とその人材（91）上田藩への御貸人（樋口雄彦）「沼津市明治史料館通信」沼津市明治史料館　（108）　2012.1

シリーズ 沼津兵学校とその人材（93）錦絵に描かれた禁門の変（樋口雄彦）「沼津市明治史料館通信」沼津市明治史料館　（112）　2013.1

沼津兵学校生徒寄宿舎の図面（樋口雄彦）「沼津市博物館紀要」沼津市歴史民俗資料館［ほか］　（37）　2013.3

シリーズ 沼津兵学校とその人材（94）高島流砲術家 小野金蔵（樋口雄彦）「沼津市明治史料館通信」沼津市明治史料館　（116）　2014.1

シリーズ 沼津兵学校とその人材（95）沼津病院の記念碑建立計画（樋口雄彦）「沼津市明治史料館通信」沼津市明治史料館　（118）　2014.7

長崎海軍伝習所、沼津兵学校と懐徳堂（小西克介）「大塩研究」大塩事件研究会　（71）　2014.8

野部

時代再現「国鉄二俣線をSLが往く」野部～敷地間（昭和40年頃）（髙橋邦宏）「磐南文化」磐南文化協会　（38）　2012.3

箱根古城

鎌倉古道を押さえる仮称箱根古城について（土屋比都司）「中世城郭研究」中世城郭研究会　（21）　2007.7

波志太山

どこで行われたのか？ 波志太山の戦い、鉢田辺の戦い 富士宮市で行われたと言われる富士川の戦いの前哨戦［1］,（2）,［3・最終回］（清昭博）「月の輪」富士宮市郷土史同好会　（19）/（21）　2004.6/2006.6

橋場

橋場の地名あれこれ（辻村保男）「かわのり」芝川町郷土史研究会

東海 地名でたどる郷土の歴史 静岡県

(33) 2008.4

畑毛
函南町畑毛に関する一考察―大石寺文書の譲状から分かること（土屋比都司）「伊豆史談」 伊豆史談会 130 2001.3

蜂ヶ谷
飯田村の地名と歴史 山原・蜂ヶ谷・石川（伏見洋次郎）「清見潟 ： 清水郷土史研究会会誌」 清水郷土史研究会 （19）2010.5

鉢田辺
どこで行われたのか？ 波志太山の戦い、鉢田辺の戦い 富士宮市で行われたと言われる富士川の戦いの前哨戦[1]，(2)，[3・最終回]（清昭博）「月の輪」 富士宮市郷土史同好会 （19）/（21）2004.6/2006.6

八幡町
八幡町の方言（小林一之）「郷土の栞」 伊東郷土研究会 （159）2012.9

八ケ町
清水湊八ケ町と安政大地震の津波―「安政元年十一月四日 東海沖地震に関する静岡県調査報告書」を中心にして（北村欽哉）「清見潟 ： 清水郷土史研究会会誌」 清水郷土史研究会 （23）2014.5

初倉庄
初倉庄についての一、二の問題点（研究報告要旨 第221回研究会）（大塚勲）「静岡県地域史研究会報」 静岡県地域史研究会 132 2003.4

花沢
花沢合戦の考察（川村見弘）「古城」 静岡古城研究会 （58）2014.7

花沢村
花沢村イノさんの一生―古文書に見る江戸時代人の生活（講演）（松本稔）「焼津市史研究」 焼津市 （4）2003.3

葉梨城
葉梨城周辺における城砦遺構の発見とその考察（平井登）「古城」 静岡古城研究会 （52）2007.5

浜岡原子力発電所
中部電力浜岡原子力発電所と浜岡町財政（論文）（竹内康人）「静岡県近代史研究」 静岡県近代史研究会 （38）2013.10

浜岡原発
6月例会レジュメ 浜岡原発の〈いま〉（北原勤）「静岡県近代史研究会会報」 静岡県近代史研究会 （392）2011.5

浜岡原発と反原発住民運動―原子力の平和利用という幻想（特集 浜岡原発の検証）（枝村三郎）「静岡県近代史研究」 静岡県近代史研究会 （37）2012.10

2011年3月11日から2012年3月11日 FUKUSHIMA と静岡（特集 浜岡原発の検証）（清水実）「静岡県近代史研究」 静岡県近代史研究会 （37）2012.10

3月例会レジュメ I 1990年代以降の浜岡原子力発電所をめぐる住民運動―5号機増設時と増設決定後の動向を中心に（安藤文音）「静岡県近代史研究会報」 静岡県近代史研究会 （414）2013.3

浜岡町
中部電力浜岡原子力発電所と浜岡町財政（論文）（竹内康人）「静岡県近代史研究」 静岡県近代史研究会 （38）2013.10

浜名湖
浜名湖北岸の城館跡（松井一明）「浜松市博物館報」 浜松市博物館 （20）2007.9

浜名湖周辺の地震災害に関する絵図と古文書「浜松市博物館報」 浜松市博物館 （24）2012.3

浜名湖周辺の地震災害に関する絵図と古文書（増補改訂）「浜松市博物館報」 浜松市博物館 （26）2014.3

浜名神戸
浜名神戸にみられる集落の形成と灌漑水利体系（例会告要旨―11月例会（15名参加））（朝比奈新）「静岡県地域史研究会報」 静岡県地域史研究会 （192）2014.1

浜松
艦砲射撃調査隊報告書『浜松地域（1945年）に関する調査』について[1]～(4)（阿部聖）「遠江」 浜松史蹟調査顕彰会 24/（28）2001.3/2005.3

失われた浜松の文化遺産（伊東政好）「遠江」 浜松史跡調査顕彰会 （26）2003.3

映画館週報にみる浜松の映画館「浜松市博物館だより」 浜松市博物館 22（3）通号84 2004.1

史料紹介 浜松教導飛行師団「昭和19年度10月以降研究企画」（1944年9月25日）について（竹内康人）「静岡県近代史研究会会報」 静岡県近代史研究会 319 2005.4

浜松の陸軍飛行隊のアジア爆撃と戦争末期の軍地下壕などの戦争史跡について（竹内康人）「静岡県近代史研究会会報」 静岡県近代史研究会

322 2005.7

戦争の拠点・浜松（2）―中国侵略戦争と浜松陸軍航空隊爆撃機（竹内康人）「静岡県近代史研究」 静岡県近代史研究会 （30）2005.10

浜松空襲に関する米軍資料「作戦任務報告書」―1945年6月18日大空襲（阿部聖）「遠江」 浜松史跡調査顕彰会 （29）2006.3

7月いちに例会レジュメ I 明治末期浜松の芸界（山道太郎）「静岡県近代史研究会会報」 静岡県近代史研究会 （334）2006.7

浜松における西洋楽器産業の発展・私論（《大会特集 東西交流の地域史―列島の境目・静岡》〈問題提起〉）（平野正裕）「地方史研究」 地方史研究協議会 56（4）通号322 2006.8

浜松空襲に関する米軍資料「作戦任務報告書」 1945年4月30日浜松空襲（阿部聖）「遠江」 浜松史跡調査顕彰会 （30）2007.3

陸軍部隊異動をめぐる浜松・豊橋両地区の対立―「三遠南信地域」構想が出されている今の参考のために（7月例会レジュメ）（佃隆一郎）「静岡県近代史研究会会報」 静岡県近代史研究会 （346）2007.7

佐々成政の浜松行き道筋試案―有沢永貞『雑録追加』所収文書を手がかりに（鈴木景二）「富山史壇」 越中史壇会 （154）2008.1

浜松空襲に関する米軍資料「作戦任務報告書」（3）1945年5月19日浜松空襲（阿部聖）「遠江」 浜松史跡調査顕彰会 （31）2008.3

浜松空襲に関する米軍資料「作戦任務報告書」 1945年2月の浜松空襲（阿部聖）「遠江」 浜松史跡調査顕彰会 （32）2009.3

浜松空襲に関する米軍資料「作戦任務報告書」 1944年11月・12月浜津空襲（阿部聖）「遠江」 浜松史跡調査顕彰会 （33）2010.3

歴史随想 大逆事件―新宮市と浜松を結ぶ線（小池善之）「静岡県近代史研究会会報」 静岡県近代史研究会 （389）2010.3

浜松空襲に関する米軍資料「作戦任務報告書」―1945年1月の浜松空襲（阿部聖）「遠江」 浜松史跡調査顕彰会 （34）2011.3

史料紹介 浜松地域における敗戦直後の革新運動―坪井愛二『事務所日記』1946年に見る〈戦中から戦後へ〉（枝村三郎）「静岡県近代史研究」 静岡県近代史研究会 （36）2011.10

広重は浜松を「濱松」と書いた ちなみに「濱は「濱」とは違う漢字です（河勝大）「練馬郷土研究会会報」 練馬郷土研究会 （336）2011.11

浜松から国産第一号写真フィルム（1）旭日写真工業株式会社の設立と背景（神谷昌志）「遠江」 浜松史跡調査顕彰会 （35）2012.3

浜松空襲に関する米軍資料「作戦任務報告書」―1945年2月・3月の本土空襲と浜松（阿部聖）「遠江」 浜松史跡調査顕彰会 （35）2012.3

浜松空襲にも関する米軍資料「作戦任務報告書」―1945年4月・5月の浜松空襲（阿部聖）「遠江」 浜松史跡調査顕彰会 （36）2013.3

浜松から国産第一号写真フィルム（2）最初は写真印画紙「若葉」の製造発売（神谷昌志）「遠江」 浜松史跡調査顕彰会 （36）2013.3

七科略説と浜松の近代医療史（栗原雅也）「浜松市博物館報」 浜松市博物館 （25）2013.3

浜松ものづくり展浜松注染そめの記録（鈴木貴之）「浜松市博物館報」 浜松市博物館 （25）2013.3

浜松から国産第一号写真フィルム（3）倍額増資で製造ラインを整備充実（神谷昌志）「遠江」 浜松史蹟調査顕彰会 （37）2014.3

浜松駅
浜松駅付近の明治時代の追憶[1]，(2)（林圭介）「遠江」 浜松史跡調査顕彰会 （30）/（31）2007.3/2008.3

浜松駅付近の明治時代の追懐（2）（林圭介）「遠江」 浜松史跡調査顕彰会 （31）2008.3

浜松市
浜松市役所前庭の大蘇鉄 出自（鈴木博）「ふるさと袋井」 ［袋井市地方史研究会］ 21 2006.11

3月例会レジュメ II 中心市街地の現状と活性化法策―浜松市と静岡市を事例にして（長谷川いづみ）「静岡県近代史研究会会報」 静岡県近代史研究会 （342）2007.3

11月例会のレジュメ 空襲の記憶―浜松市の場合（竹内美帆）「静岡県近代史研究会会報」 静岡県近代史研究会 （374）2009.11

1月例会レジュメ 「田舎の町村を消せ！―浜松市の地域協議会」廃止問題（小池善之）「静岡県近代史研究会会報」 静岡県近代史研究会 （400）2012.1

5月例会報告 浜松市博物館を訪ねて（橋本誠一）「静岡県近代史研究会会報」 静岡県近代史研究会 （417）2013.6

浜松市上水道
中部の産業遺産 浜松市上水道の産業遺産（天野武弘）「産業遺産研究」 中部産業遺産研究会事務局 （17）2010.5

浜松宿
江戸時代における浜松宿の発展と本陣について（伊東政好）「遠江」 浜松史跡調査顕彰会 23 2000.3

浜松城
「城」の表紙を飾った絵 三河岡崎城/遠江浜松城/信濃松本城/美濃大垣

静岡県　　　　　　　　　　　地名でたどる郷土の歴史　　　　　　　　　　　東海

城（根津袈津之）「城」　東海古城研究会　（200）2008.8

浜松城に天守門が復元―天守曲輪虎口に櫓門を再現「城郭だより : 日本城郭史学会会報」［日本城郭史学会］（85）2014.4

浜松伝馬町

資料文献からみる浜松伝馬町小野組大火（伊東政好）「遠江」　浜松史跡調査顕彰会　（32）2009.3

浜松藩

浜松藩領「川東組」と白河藩飛地―天竜川以東の村々（堀内健吾）「磐南文化」　磐南文化協会　（33）2007.3

原

庵原地区（原・草ヶ谷・山田）の地名と歴史（伏見洋次郎）「清見潟 : 清水郷土史研究会会誌」　清水郷土史研究会　（16）2007.5

原一本松

原一本松の元堀（水落堀）跡と浮島沼について（望月宏充）「沼津史談」　沼津史談会　（60）2009.3

原海岸

資料館の調査ノートから（23）千本～原海岸の木造船調査「沼津市歴史民俗資料館だより」　沼津市歴史民俗資料館　38（3）通号200　2013.12

原宿

原宿の飯盛女（曽根ひろみ）「沼津市史だより」［沼津市教育委員会］（14）2003.3

近隣宿場概要（三島宿・沼津宿・原宿・蒲原宿）（《吉原宿を中心とした宿場資料》―〈各種資料〉）「駿河」　駿河郷土史研究会　（臨時号）2008.9

原田

管見「原田の歴史」（大友覚）「駿河」　駿河郷土史研究会　（67）2013.3

磐南

磐南の歌碑・句碑（4）万葉歌碑 防人（竜洋支部）「磐南文化」　磐南文化協会　（29）2003.3

明治時代（明治22年）の町村合併一覧および地図（編集部）「磐南文化」　磐南文化協会　（30）2004.3

合併想い出ばなしあれこれ（山内克巳）「磐南文化」　磐南文化協会　（30）2004.3

合併にまつわる落穂ひろい（鈴木直之）「磐南文化」　磐南文化協会　（30）2004.3

磐南にある侠客の史跡（杉浦弘）「磐南文化」　磐南文化協会　（34）2008.3

明治初期に於ける磐南地方の泡沫銀行史（喜多川貞男）「磐南文化」　磐南文化協会　（34）2008.3

青年団沿革史より村の生活を覗く（兼子春治）「磐南文化」　磐南文化協会　（36）2010.3

糞かぶり一揆の謎―加々爪さん災難のこと（門奈幹雄）「磐南文化」　磐南文化協会　（36）2010.3

豪農の記した幕末の世相（資料紹介）（市川恒）「磐南文化」　磐南文化協会　（37）2011.3

磐南の歌碑・句碑（12）松尾芭蕉の句碑（大橋義篤）「磐南文化」　磐南文化協会　（37）2011.3

磐南の歌碑・句碑（12）松島十湖の句碑（兼子春治）「磐南文化」　磐南文化協会　（38）2012.3

磐南の歌碑・句碑（13）溝口可雄の句碑（川上廣司）「磐南文化」　磐南文化協会　（39）2013.3

磐南地域における災害年表（災害）（大橋雄司［編］）「磐南文化」　磐南文化協会　（40）2014.3

東南海地震での津波の思い出（災害）（横井時燁）「磐南文化」　磐南文化協会　（40）2014.3

東南海地震の体験と教訓（災害）（高田岩男）「磐南文化」　磐南文化協会　（40）2014.3

私の東南海地震は幼稚園の時（災害）（寺田伊勢男）「磐南文化」　磐南文化協会　（40）2014.3

東南海大地震（見中三年学徒動員中）（災害）（鈴木欣三）「磐南文化」　磐南文化協会　（40）2014.3

磐南の歌碑・句碑（14）大橋葉蘭の句碑（田村敦）「磐南文化」　磐南文化協会　（40）2014.3

東

昔の東海道を歩いてみよう 東地区（第二部 子どもに語り継ぐお話）「新ふるさと袋井」［袋井市地方史研究会］（26）2012.1

東浦村

1887（明治20）年 伊豆東浦村々の戸数と人口「豆州歴史通信」　豆州研究社歴史通信部　（367）2006.6

引の田線

峠道で継なぐ駅の旅（15）―県境の集落 引の田線（久保田賀津男）「伊那」　伊那史学会　48（3）通号862　2000.3

比奈古郡

比奈古郡系図の研究―古郡加嶋代官の祖（高田國義）「駿河」　駿河郷土史研究会　（68）2014.4

姫街道

池田近道は姫街道の延長か（郷土史サロン）（喜多川貞男）「磐南文化」　磐南文化協会　（39）2013.3

姫街道（1）名称の由来とお姫様の通行（高山新司）「古城」　静岡古城研究会　（58）2014.7

蛭ヶ島

「蛭ヶ島」は伊豆諸島のどの辺にあるの？「豆州歴史通信」　豆州研究社歴史通信部　285　2003.2

広幡

広幡の歴史を語るいろはかるた（松本八衛）「藤枝市史だより」　藤枝市　（16）2007.3

深沢城

深沢城・富張城における篠原城山城の位置（伊藤慎二）「中世城郭研究」　中世城郭研究会　（20）2006.7

深沢城攻防戦と周辺の城館跡―駿東地域における城館跡の調査成果より（望月保宏）「古城」　静岡古城研究会　（54）2009.5

深見村

深見村離村再建（K・K）「新ふるさと袋井」［袋井市地方史研究会］（25）2010.11

深見山

大藤深見山開墾資料（鈴木栄三郎）「ふるさと袋井」［袋井市地方史研究会］16　2001.11

福田

磐南の歌碑・句碑（3）郷土の俳人（福田支部）「磐南文化」　磐南文化協会　（28）2002.3

3月例会レジュメⅡ 磐田市福田地区の繊維産業における日米繊維交渉との関係性（松下夏子）「静岡県近代史研究会会報」　静岡県近代史研究会　（414）2013.3

磐田市福田地区の繊維産業の一様相（論文）（松下夏子）「静岡県近代史研究」　静岡県近代史研究会　2013.10

磐南の屋台（4）福田地区（1）（資料紹介）（杉浦弘）「磐南文化」　磐南文化協会　（40）2014.3

福田町

旧福田町保管の書画軸（資料紹介）（杉浦弘）「磐南文化」　磐南文化協会　（38）2012.3

旧福田町の災害年表（災害）（杉浦弘）「磐南文化」　磐南文化協会　（40）2014.3

福長飛行機製作所

天竜川河口の福長飛行機製作所（郷土史研究）（小杉達）「磐南文化」　磐南文化協会　（40）2014.3

袋井

磐南の歌碑・句碑（1）万葉歌碑―防人（袋井支部）「磐南文化」　磐南文化協会　26　2000.3

東大袋井会（丸尾巌）「磐南文化」　磐南文化協会　（30）2004.3

磐南の歌碑・句碑（7）正岡子規句碑（袋井支部）「磐南文化」　磐南文化協会　（32）2006.3

ふるさと物語（安間正）「ふるさと袋井」［袋井市地方史研究会］21　2006.11

日本棋院中遠支部発足以前の袋井地方の囲碁事情（金原久雄）「磐南文化」　磐南文化協会　（33）2007.3

太平洋戦争終戦直前に袋井へ投下されたビラ（高橋浩司）「新ふるさと袋井」［袋井市地方史研究会］（23）2008.11

忘れられた「ふる里の湧水とウナギ」捕り（佐藤和彦）「新ふるさと袋井」［袋井市地方史研究会］（23）2008.11

古里袋井で使われた「昔言葉」方言（永田かの江）「新ふるさと袋井」［袋井市地方史研究会］（24）2009.11

青年団沿革史より村の生活を覗く（兼子春治）「新ふるさと袋井」［袋井市地方史研究会］（24）2009.11

古里袋井で使われた「昔言葉」方言追加（永田かの江）「新ふるさと袋井」［袋井市地方史研究会］（25）2010.11

磐南叙情（袋井支部）「磐南文化」　磐南文化協会　（37）2011.3

袋井駅

昭和15年の袋井駅風景（山崎一二）「新ふるさと袋井」［袋井市地方史研究会］（23）2008.11

袋井市

袋井市域の町村合併の歩みと思い出話など（金原久雄）「磐南文化」　磐南文化協会　（30）2004.3

明治以降に行われた四大合併と袋井市域（清水忠雄）「磐南文

化協会　(32)　2006.3

北地区の古道を訪ねて(清水洋子)「ふるさと袋井」［袋井市地方史研究会］　21　2006.11

富士

旧東海道に架かる富士地方の橋(和田嘉夫)「駿河」　駿河郷土史研究会　(56)　2002.3

富士地区の寺子屋の痕跡を尋ねて―筆子塚を中心に(福澤清)「駿河」　駿河郷土史研究会　(57)　2003.3

富士地方の繊維産業史(和田嘉夫)「駿河」　駿河郷土史研究会　(57)　2003.3

市民参加型写真展「20世紀写真のなかの富士―学び舎のあの日」をふりかえって―博物館と学校との連携を視野に入れながら(内田昌宏)「静岡県博物館協会研究紀要」　静岡県博物館協会　(26)　2003.3

鳥取県立博物館蔵『富士の人穴草子』翻刻と解題(資料紹介)(原豊二)「山陰研究」　島根大学法文学部山陰研究センター　(2)　2009.12

満蒙開拓青少年義勇軍富士小隊の誕生(戦中から戦後へ)(加藤善夫)「静岡県近代史研究」　静岡県近代史研究会　(36)　2011.10

満蒙開拓青少年義勇軍富士小隊に関する資料[1]〜3(加藤善夫)「駿河」　駿河郷土史研究会　(66)/(68)　2012.4/2014.04

冨士

田中芳男自筆『冨士紀行』―解説と翻刻(田中義信)「飯田市美術博物館研究紀要」　飯田市美術博物館　(18)　2008.3

藤江

「藤枝の米騒動」例会報告から3 新聞報道に見る大池村の1918年米騒動(清水実)「静岡県近代史研究会会報」　静岡県近代史研究会　(397)　2011.10

藤枝

藤枝の文化財活動のあゆみ(1)―戦後の文化運動(天野信直)「藤枝市史だより」　藤枝市　9　2003.10

藤枝地域の満州開拓移民(土居和江)「藤枝市史研究」　藤枝市市民文化部　5　2004.3

学習会 藤枝防空監視哨と県下の空襲(村瀬隆彦)「藤枝市史研究」　藤枝市市民文化部　5　2004.3

近代藤枝の月並俳諧(山杢誠)「藤枝市史研究」　藤枝市市民文化部　6　2005.3

駿河国正税帳の世界―天平年間の財政文書と古代の藤枝(渡辺晃宏)「藤枝市史研究」　藤枝市市民文化部　6　2005.3

藤枝をフィールドとして「満蒙開拓団」を追跡する(土居和江)「静岡県近代史研究会会報」　静岡県近代史研究会　322　2005.7

藤枝と「関東大震災」(清水実)「藤枝市史だより」　藤枝市　13　2005.9

学習会 近世都市藤枝の形成(齋藤進)「藤枝市史研究」　藤枝市市民文化部　(8)　2007.3

古代藤枝地域における田租と出挙(学習会)(山中敏史)「藤枝市史研究」　藤枝市市民文化部　(10)　2009.3

藤枝防空監視哨資料による警戒警報・空襲警報発令・解除一覧(研究ノート)(村瀬隆彦)「藤枝市史研究」　藤枝市市民文化部　(11)　2010.3

米軍資料『作戦任務報告書ミッションNo.18』と1945年1月9日藤枝空襲(資料紹介)(土居和江)「藤枝市史研究」　藤枝市市民文化部　(11)　2010.3

学習会 ここまでわかった古代の藤枝(原秀三郎)「藤枝市史研究」　藤枝市市民文化部　(11)　2010.3

地域と共に学ぶ戦国史「歴史シンポジウム・イン藤枝」の報告「花蔵の乱 隠された真実と諸城跡―新発見の陣城(付城)遺構が語るもの―」について(川村晃弘)「古城」　静岡古城研究会　(55)　2010.7

9月例会レジュメ 藤枝の米騒動(清水実)「静岡県近代史研究会会報」　静岡県近代史研究会　(384)　2010.9

「藤枝の米騒動」例会報告から1「1918年米騒動」の名称について(清水実)「静岡県近代史研究会会報」　静岡県近代史研究会　(387)　2010.12

4月例会レジュメ 藤枝地域から見た「明治四三年大水害」(清水実)「静岡県近代史研究会会報」　静岡県近代史研究会　(391)　2011.4

「藤枝の米騒動」例会報告から2 県下の1918年米騒動はいつ始まったか(清水実)「静岡県近代史研究会会報」　静岡県近代史研究会　(393)　2011.6

史料で読む戦国末期の藤枝(学習会)(小川隆司)「藤枝市史研究」　藤枝市市民文化部　(12)　2012.3

藤の花と藤枝(湯之上隆)「藤枝市史だより」　藤枝市　(27)　2013.2

水と高度経済成長期の藤枝(村瀬隆彦)「藤枝市史だより」　藤枝市　(27)　2013.2

藤枝駅

「昭和18年 藤枝駅付近で起きた列車事故」についての聞き取り調査(ふじえだ女性史研究会)「藤枝市史研究」　藤枝市市民文化部　(7)　2006.3

藤枝市

「町村役場事務報告」について―藤枝市役所所蔵合併町村文書を中心と

して(清水実)「藤枝市史研究」　藤枝市市民文化部　4　2003.3

藤枝の文化財活動のあゆみ(2)―郷土の歴史は藤枝市民の宝物(天野信直)「藤枝市史だより」　藤枝市　10　2004.2

旅のコメント 藤枝市史余談(石井尚子)「郷土史研通信」　八千代市郷土歴史研究会　51　2005.8

藤枝市域の古代史―自治体史の編さんと活用(学習会)(岩宮隆司)「藤枝市史研究」　藤枝市市民文化部　(9)　2008.3

ふるさと言葉「ママ」(古川幸雄)「藤枝市史だより」　藤枝市　(22)　2010.3

『藤枝市史』通史編刊行記念シンポジウム ふじえだ歴史再発見(学習会)「藤枝市史研究」　藤枝市市民文化部　(12)　2012.3

4月例会レジュメ『藤枝市史』を執筆しての感想―補足を中心に(村瀬隆彦)「静岡県近代史研究会会報」　静岡県近代史研究会　(403)　2012.4

学習会『藤枝市史』通史編下刊行記念シンポジウム ふじえだ歴史再発見 パート2―近世・近現代編―藤枝の宿・町・交通(湯之上隆，大塚英二，北原勝，橋本敬之，清水実，村瀬隆彦)「藤枝市史研究」　藤枝市市民文化部　(13)　2013.3

藤枝市史十五年(湯之上隆)「藤枝市史だより」　藤枝市　(28)　2013.3

藤枝宿

報告 藤枝市郷土博物館 第75回企画展「藤枝宿と朝鮮通信使」(海野一徳)「静岡県博物館協会研究紀要」　静岡県博物館協会　(31)　2008.3

藤枝町

敗戦直後の藤枝町における食糧配給とその実態(森山優)「藤枝市史研究」　藤枝市市民文化部　6　2005.3

紹介『藤枝町役場事務報告書(明治・大正時代編)』『同(昭和時代編)』(足立洋一郎)「静岡県近代史研究会会報」　静岡県近代史研究会　(328)　2006.1

藤枝本町駅

軽便・藤枝本町駅舎(平口照司)「藤枝市史だより」　藤枝市　(27)　2013.2

富士川

富士川での思い出・川下りのこと(和田一郎)「駿河」　駿河郷土史研究会　(60)　2006.3

富士川舟運と江戸廻米(遠藤章二)「清見潟 : 清水郷土史研究会会誌」　清水郷土史研究会　(15)　2006.5

富士川舟運と清水湊―南北交流の視点《大会特集 東西交流の地域史―列島の境目・静岡》(問題提起)(増田廣實)「地方史研究」　地方史研究協議会　56(5)通号323　2006.10

文化的景観「富士川」―世界文化遺産への道(中島信哉)「月の輪」　富士宮市郷土史同好会　(22)　2007.7

富士川の川留めと宿場の混乱《吉原宿を中心とした宿場資料》―〈吉原宿の伝馬制度〉「駿河」　駿河郷土史研究会　(臨時号)　2008.9

富士川渡船賃銭の定め(天明5年)《吉原宿を中心とした宿場資料》―〈吉原宿の伝馬制度〉「駿河」　駿河郷土史研究会　(臨時号)　2008.9

近世渡船場の構造と機能―富士川渡船場附河岸を事例として(加藤倫)「交通史研究」　交通史学会，吉川弘文館(発売)　(69)　2009.8

富士川岸段丘のムラ(2)後篇(池谷九万夫)「駿河」　駿河郷土史研究会　(65)　2011.3

表紙解説 富士川舟運(加藤昭夫)「駿河」　駿河郷土史研究会　(66)　2012.4

田島の「城山」と今井の「城ノ内」の考察―吉原湊と富士川渡船との関連から(土屋比都司)「古城」　静岡古城研究会　(58)　2014.7

宝永地震の富士川流域被害と復旧について(特集 流域の災害)(北原糸子)「利根川文化研究」　利根川文化研究会　(38)　2014.12

富士川新田

富士川新田絵図考察(石川雅也)「駿河」　駿河郷土史研究会　(59)　2005.3

富士帰郷堤

安政4年、富士帰郷堤修復の考察(宮代輝之)「オール諏訪 : 郷土の総合文化誌」　諏訪郷土文化研究会　27(1)通号271　2007.4

富士郡

明治憲法下の国政参加者―富士郡を中心に(篠原昭二)「月の輪」　富士宮市郷土史同好会　(18)　2003.6

明治初期の富士郡における教育(1)(福澤清)「駿河」　駿河郷土史研究会　(58)　2004.3

富士郡内村々の代官・領主の支配高一覧(『駿河国村々高明細帳』)《吉原宿を中心とした宿場資料》―(各種資料)「駿河」　駿河郷土史研究会　(臨時号)

富士郡内旧村の領主と支配高(明治5年『旧高旧領取調帳』)《吉原宿を中心とした宿場資料》―(各種資料)「駿河」　駿河郷土史研究会　(臨時号)　2008.9

富士郡の吉野氏屋敷について(水野茂)「古城」　静岡古城研究会　(54)　2009.5

静岡県　　地名でたどる郷土の歴史　　東海

富士高校

木造の校舎（母校富士高）（鈴木清見）「駿河」　駿河郷土史研究会　（64）2010.3

富士山

富士山西麓の開拓(1),(2) 西富士長野開拓団の戦後史（畑尚志）「伊那」伊那史学会　48(11)通号870/48(12)通号871　2000.11/2000.12

富士山と逗子（菊池邦彦）「手帳：逗子の郷土誌」手帳の会　170　2002.3

宝永4(1707)年の富士山雷鳴、大噴火の模様［第26号］（内田哲夫）「西さがみ庶民史録」西さがみ庶民史録の会　50　2003.5

江戸～昭和初期 外国人達の見た富士山景観の魅力（若林和司）「月の輪」富士宮市郷土史同好会　（18）2003.6

富士山と徐福のロマン（土橋寿）「富士学会会員フォーラム」富士学会　（1）2004.1

富士山の特質を考える(1),(2)（式正英）「富士学会会員フォーラム」富士学会　（1）/（2）2004.1/2004.3

神奈川から眺める富士山（田代博）「郷土神奈川」神奈川県立図書館　（42）2004.3

富士山の地下水の利用と保全（長瀬和雄）「富士学会会員フォーラム」富士学会　（2）2004.3

富士山の噴火と村々の田畑復興に関する嘆願運動・数度に亘る酒匂川の洪水と治水工事（片桐鉱雄）「史談足柄」足柄史談会　42　2004.4

水戸藩士の富士登山（秋山高志）「富士信仰研究」富士信仰研究会　（5）2004.7

富士山の絵札「川越市立博物館博物館だより」川越市立博物館　（45）2005.7

富士山宝永噴火後における二次災害の分析視角（下重清）「小田原地方史研究」小田原地方史研究会　（23）2005.9

新収蔵資料展 嘉永己酉御狩場図絵/不二三十六景 下総鴻の台/角町念仏講資料/雪かきスコップのアイデアスケッチ「まつどミュージアム」松戸市立博物館　（14）2006.3

富士山大噴火―宝永の「砂降り」と神奈川―展について（古宮雅明）「神奈川県立歴史博物館だより」神奈川県立歴史博物館　12(1)通号172　2006.11

宝永の富士山噴火と小田原藩（足立久一，出縄茂，河井輝彦，高杉昭廣，本田貞勇）「小田原史談：小田原史談会々報」小田原史談会　（209）2007.3

富士山南麓の熊（和田嘉夫）「駿河」駿河郷土史研究会　（61）2007.3

富士山（大崎展靖）「富士見郷土研究」富士見村郷土研究会　（61）2008.3

富士山宝永噴火災害における幕府の御救について―神奈川県域所領入組み地域を中心に（古宮雅明）「大磯町史研究」大磯町　（15）2008.3

古文書講座 地域文書に歴史を読む 中田村明細帳と宝永の富士山噴火（翠川宜子）「郷土いずみ」（14）2008.5

富士山頂内院（噴火口）の「散銭の行方」（若林和司）「月の輪」富士宮市郷土史同好会　（23）2008.6

研究ノート 名古屋城天守閣から富士山は見えるか？「名古屋市博物館だより」名古屋市博物館　（185）2008.6

外国人の富士登山に対する幕末日本人の対応（宮崎ふみ子）「富士山文化研究」富士山文化研究会　（9・10）2008.12

富士残照（写真）（植田土郎）「小田原史談：小田原史談会々報」小田原史談会　（216）2009.1

富士山宝永噴火被災地の川普請と幕府の対応（古宮雅明）「神奈川県立博物館研究報告.人文科学」神奈川県立歴史博物館　（35）2009.3

文献で知る宝永の噴火―その災害と人々の苦難と（平成18年度御殿場市歴史研究応募論文（佳作））（吉川桂二）「地方史研究御殿場」御殿場市教育委員会　通号112　2009.3

富士山と酒匂川（小林富幸）「於保為」大井町郷土史研究会　（28）2009.5

幕末の富士登山記―五山驛程見聞雑記より（中島信哉）「月の輪」富士宮市郷土史同好会　（27）2009.6

博物館アラカルト（23）白雲南 北条眺望図（岡野将士）「広島県立歴史博物館ニュース」広島県立歴史博物館　（82）2010.1

富士山と女人禁制（和田嘉夫）「駿河」駿河郷土史研究会　（64）2010.3

錦絵「不二三十六景」（飯田孝）「厚木市史だより」厚木市　（1）2010.9

富士山に行った（文芸梼原―随想）（藤原満子）「梼原 文芸・史談」梼原町文化協会　（35）2010.11

富士山のこと（森安太郎）「杉並郷土史会史報」杉並郷土史会　（225）2011.1

七世紀より前の富士山（柳沢賢次）「千曲」東信史学会　（146）2011.2

地名講演会（会員発表）講演要旨 富士山と江の島との繋がり（出張千秋）「藤沢地名の会会報」藤沢地名の会　（76）2011.5

元禄地震・宝永富士山噴火と鎌倉（浪川幹夫）「鎌倉」鎌倉文化研究会　（111）2011.7

作品鑑賞 富士山の図（岡坂政五郎）「菊内昭宏」「文化たかまつ」高松市

文化協会　（58）2012.1

南麓からみた宝永噴火と地震（和田嘉夫）「駿河」駿河郷土史研究会　（66）2012.4

富士山宝永噴火とそれに伴う降灰災害（特集 武蔵野の災害〈前編〉）（小山真人）「武蔵野」武蔵野文化協会　87(1)通号351　2012.7

宝永の富士山噴火と府中に降った火山灰（特集 武蔵野の災害〈前編〉）（英太郎）「武蔵野」武蔵野文化協会　87(1)通号351　2012.7

"お富士さん"の山開き（橋口）「かたりべ：豊島区立郷土資料館ミュージアム開設準備だより」豊島区立郷土資料館　（107）2012.10

富士山に登った水戸藩士（小野裕紀男）「郷土文化」茨城県郷土文化研究会　（54）2013.3

富士山宝永噴火を描いた絵図についての考察（論文）（古宮雅明）「神奈川県立博物館研究報告.人文科学」神奈川県立歴史博物館　（39）2013.3

日本における世界遺産の現状と富士山登録への関心（加藤幸真［ほか］）「富士学研究」富士学会　10(2)　2013.3

宝永地震と富士山噴火（内藤佳康）「厚木市史だより」厚木市　（8）2013.4

杉並の校歌に詠われた富士山（小島智）「杉並郷土史会会報」杉並郷土史会　（239）2013.5

表紙 富岳図巻「絶頂略全図」「九合目略全図」、「五合之上六合之下俯臨暁色図」「横浜市歴史博物館news：Yokohama History Museum news」横浜市歴史博物館　（35）2013.5

2013年5月11日例会要旨 富士山宝永噴火とその復興過程―相模国千津島村・皆瀬川村を中心に（研究例会報告要旨）（辻林正貴）「地方史研究」地方史研究協議会　63(5)通号365　2013.10

富士山が世界文化遺産に登録されて もう一つの富士登山（勝部建一）「松戸史談」松戸史談会　（53）2013.11

高札場 8月例会 9月1日（日）初秋の富士山一周史跡めぐり、9月例会 10月12日（土）「練馬城と周辺の村落」葛城明彦氏「練馬郷土史研究会会報」練馬郷土史研究会　（348）2013.11

五十八年前の富士登山（坂井政治）「瓦版：柳川郷土研究会会誌「水郷」付録」柳川郷土研究会　（43）2013.11

B29が富士山を目指して飛んで来た頃（松澤歌子）「板橋史談」板橋史談会　（279）2014.2

基調報告1 富士と波の転生―波の伊八と葛飾北斎（東京湾学会シンポジウム「房総から望む富士山の自然と文化」特集）（齊藤泰嘉）「東京湾学会誌：東京湾の水土」東京湾学会　3(6)通号18　2014.3

基調報告2 房総から見た富士山―文化・文学の視点から（東京湾学会シンポジウム「房総から望む富士山の自然と文化」特集）（佐藤毅）「東京湾学会誌：東京湾の水土」東京湾学会　3(6)通号18　2014.3

米軍による「富士山接収」をめぐって（小池善之）「静岡県近代史研究会会報」静岡県近代史研究会　（427）2014.4

表紙解説 富士山と山部赤人の歌碑（加藤昭夫）「駿河」駿河郷土史研究会　（68）2014.4

巻頭言 富士山の世界文化遺産登録に思う（加藤昭夫）「駿河」駿河郷土史研究会　（68）2014.4

昔の富士山表登山口（和田嘉夫）「駿河」駿河郷土史研究会　（68）2014.4

東京都公立小学校校歌に見る「富士山」（特集 武蔵野と富士）（小川一義）「武蔵野」武蔵野文化協会　89(1)通号353　2014.5

富士山と鎌倉から（八重樫忠郎）「いわて文化財」岩手県文化財愛護協会　（259）2014.6

富士山高度測定の歴史（江戸時代から始まった富士山高度測定への挑戦）（若林和司）「月の輪」富士宮市郷土史同好会　（29）2014.6

古文書は語る（40）宝永の大地震と富士山大噴火時の多摩―清水家所蔵文書「谷合氏見聞録」より（馬場憲一）「多摩のあゆみ」たましん地域文化財団　（156）2014.10

道中風景絵巻V 八代の殿さま江戸に行く 富士の見える風景(1)（柏田忠）「夜豆志呂：郷土史」八代史談会　（176）2014.10

宝永の噴火と酒匂川流域の災害（特集 流域の災害）（小野英樹）「利根川文化研究」利根川文化研究会　（38）2014.12

富士山本宮浅間大社

武士団としての浅間大社（植松章八）「月の輪」富士宮市郷土史同好会　（29）2014.6

富士山本宮浅間大社の摂末社と旧兼帯社（前）（鈴木雅史）「月の輪」富士宮市郷土史同好会　（29）2014.6

富士山村山登山道

赤色立体地図が語る富士山村山登山道（渡井一信）「駿河」駿河郷土史研究会　（67）2013.3

富士市

富士市内の歴史の一つを正す（久保田武人）「駿河」駿河郷土史研究会　（57）2003.3

富士市内の文化財的な石造物（三井清治）「駿河」駿河郷土史研究会　（59）2005.3

東海 　　　　　　　　　　　　　　　地名でたどる郷土の歴史 　　　　　　　　　　　　　　　静岡県

富士市民憲章制定運動の発端（矢崎誠治郎）「駿河」 駿河郷土史研究会
（60）2006.3
富士市の伝説「立願渕のお膳」―その誕生を推進する（中嶋俊次）「駿河」
駿河郷土史研究会 （62）2008.3
富士市の伝説「鎧ガ渕」雑感（大友覚）「駿河」 駿河郷土史研究会
（66）2012.4

富士神領

後白河天皇富士神領の立庄に関する一考察（1）吾妻鏡に記す後白河天皇
富士神領（渡邊定正）「富士学研究」 富士学会 10（1）2012.11
後白河天皇富士神領に関する地理学的研究（渡邊定元，渡邊定正）「富
士学研究」 富士学会 10（2）2013.3
後白河天皇富士神領の立庄に関する一考察（2）富士神領の立庄（渡邊定
正）「富士学研究」 富士学会 10（2）2013.3

富士野

写本「富士野巻狩」について（梅澤喜明）「鎌倉」 鎌倉文化研究会 通号
102 2006.12

富士宮

富士山から見た街道（1）～（3）ふるさとの古道（富士宮を中心とした街
道）（中山勝俊）「月の輪」 富士宮市郷土史同好会 （21）/（23）
2006.6/2008.6
富士宮で撃墜されたB29（清昭博）「月の輪」 富士宮市郷土史同好会
（22）2007.7
富士宮で撃墜されたB29（2）（写真と図版）（清昭博）「月の輪」 富士宮
市郷土史同好会 （23）2008.6
黄金期の邦画と富士宮の映画館回顧―昭和20年代から30年代初頭を中心
に（澤田政彦）「月の輪」 富士宮市郷土史同好会 （26）2011.6

富士宮市

郷土歴史大事典「静岡県の地名」に関係する「富士宮市」について（1），
（2）（塩川甲子郎）「月の輪」 富士宮市郷土史同好会 （18）/（19）
2003.6/2004.6
どこで行われたのか？ 波志太山の戦い、鉢田辺の戦い 富士宮市で行わ
れたと言われる富士川の戦いの前哨戦（清昭博）「月の輪」 富士宮市
郷土史同好会 （19）2004.6
富士宮市最初の新しい街づくり「淀川土地区画整理組合」（前嶋範由）「月
の輪」 富士宮市郷土史同好会 （23）2008.6

富士馬車鉄道

富士馬車鉄道 岳南地方の軌道馬車（佐野里見）「月の輪」 富士宮市郷土
史同好会 （19）2004.6
表紙解説 富士馬車鉄道の開通パレード（加藤昭夫）「駿河」 駿河郷土史
研究会 （67）2013.3

富士本町

富士本町の昔（昭和10年前後）（望月全司）「駿河」 駿河郷土史研究会
（60）2006.3

二俣線

時代再現 「国鉄二俣線をSLが往く」野部～敷地間（昭和40年頃）（髙橋
邦宏）「磐南文化」 磐南文化協会 （38）2012.3

ブナ峠

峠道で継なぐ駅の旅（16）―小和田駅から水窪駅 ブナ峠（1）（久保田賀
津男）「伊那」 伊那史学会 48（5）通号864 2000.5

麓金山

富士宮市の麓金山は甲州領であったのか？（中倉茂）「峡南の郷土」 峡南
郷土研究会 43 2003.3

戸田石丁場

沼津の石丁場調査報告（1）戸田石丁場群南西部（原田雄紀，鈴木裕篤）
「沼津市博物館紀要」 沼津市歴史民俗資料館［ほか］ （38）2014.3

戸田湊

戸田湊の景観と廻船問屋の成長（田辺千尋）「沼津史談」 沼津史談会
（61）2010.3

北遠

北遠地方の幕開けを築いた人々（杉山承作）「静岡歴研会報」 静岡県歴史
研究会 （117）2007.3
北遠地方の幕開けを築いた人々（杉山承作）「静岡歴研会報」 静岡県歴史
研究会 （118）2007.6

北駿

戦国期「境目の地」における土豪屋敷の様相―北駿地域の事例を中心に
（望月保宏）「古城」 静岡古城研究会 （56）2011.7

堀之内

戦国期の由野（芝川町柚野）城山と堀之内（篠原昭二）「月の輪」 富士宮
市郷土史同好会 （22）2007.7

堀の内城

三島市の仮称 “堀の内城” について（土屋比都司）「伊豆史談」 伊豆史談
会 130 2001.3

本川根町

『本川根町史』（通史編3近現代）を読んで（成瀬公索）「静岡県近代史研究
会会報」 静岡県近代史研究会 303 2003.12

本坂通

本坂通の人馬賃銭（例会報告要旨）（橘敏夫）「交通史研究」 交通史学会，
吉川弘文館（発売）（76）2012.2
巡見報告 本坂通（姫街道）を歩く（宮川充史）「交通史研究」 交通史学
会，吉川弘文館（発売）（76）2012.2

舞阪

東海道五十三次ゆったり歩き紀行―薩た峠から舞阪へ（紀行文）（岡田宏
一郎）「備陽史研究山城志 ： 備陽史探訪の会機関誌」 備陽史探訪の会
（21）2013.1

牧之原

「牧之原」再発見（2号刊行を祝して）（八木儀一）「相良史蹟」 相良史蹟
調査会 通号2 2008.5
平成22年度那須ヶ原開拓史研究会講演会（平成22年7月17日（土）） 牧
之原開拓140年―士族開拓と茶業経営 講師 牧之原開拓幕臣子孫の会
会長 大草省吾氏（川島秀世）「那須野ヶ原開拓史研究」 那須ケ原開
拓史研究会 （69）2010.12

益頭郡

益頭郡周辺の古代氏族（仁藤敦史）「焼津市史研究」 焼津市 （6）2005.3

松崎

日本の民主化推進は警察から 伊豆では大仁・稲取・松崎などに独立警察
署「豆州歴史通信」 豆州研究社歴史通信部 336 2005.3
「伊豆」明治初期の殖産興業 桑植え・養蚕・生糸生産等 1872（明治5）
年、官営富岡製糸場 伊豆松崎や韮山から伝習生参加「豆州歴史通信」
豆州研究社歴史通信部 （358）2006.2

松崎町

伊豆南端・松崎町の終戦前後回顧（山本和彦）「豆州歴史通信」 豆州研究
社歴史通信部 （401）2007.11
静岡県賀茂郡松崎町避病院 約半世紀前にあった伝染病院 地方財政には
大きな負担（山本和彦）「豆州歴史通信」 豆州研究社歴史通信部
（424）2008.11
伊豆の松崎町方面史跡巡り（河合多美江）「小田原史談 ： 小田原史談
会々報」 小田原史談会 （234）2013.7

松長

松長の五人組帳（増山温一）「沼津史談」 沼津史談会 55 2004.1
造り酒屋に残る酒器についての一考察―松長地区渡辺酒造で使用され
た酒器を中心に（内田昌宏）「沼津市博物館紀要」 沼津市歴史民俗
資料館［ほか］ 通号31 2007.3
松長の溜井（溜池）（増山温一）「沼津史談」 沼津史談会 （60）2009.3

松長陣屋

松長陣屋の場所及び施設の検証（増山温一）「沼津史談」 沼津史談会
54 2003.1

丸子宿

丸子宿問屋場の宿継ぎの様子［1］，［2・続］，［3・続］（山本守夫）「紙魚 ：
駿河古文書会会報」 駿河古文書会 （35）/（38）2009.11/2012.11

万野用水堀

万野用水堀を歩く（前嶋範由）「月の輪」 富士宮市郷土史同好会 （21）
2006.6

脚島

脚島（みかづきじま）（佐野里見）「かわのり」 芝川町郷土史研究会
（30）2003.11

三方原

三方原の戦い―三方原の戦いへ武田軍は信濃から南下したのか？（安原
俊実）「郷土研究読みなみ」 南知多郷土研究会 （89）2010.5
陸軍航空部隊の毒ガス戦研究演習―下志津・三方原・ハイラル・白城子
（竹内康人）「静岡県近代史研究」 静岡県近代史研究会 （35）2010.10
12月例会によせて 竹内康人「陸軍航空部隊の毒ガス戦研究演習―下志
津・三方原・ハイラル・白城子―」（『静岡県近代史研究』第35号2010
年）を読んで（村瀬隆彦）「静岡県近代史研究会会報」 静岡県近代史研
究会 （387）2010.12

三川

三川地域の領主と、合併・分村に伴なう行政区分の変遷（清水忠雄）「ふ
るさと袋井」［袋井市地方研究会］ 18 2003.11
三川地域の領主と合併・分村に伴なう行政区域の変遷（清水忠雄）「磐南
文化」 磐南文化協会 （30）2004.3

静岡県　　　　　　　　　　　地名でたどる郷土の歴史　　　　　　　　　　　東海

三川地域の古用水と溜池の話（清水洋子）「新ふるさと袋井」　（25）2010.11

いぼとり地蔵（柿の木様）三川地区（第二部 子どもに語り継ぐお話）「新ふるさと袋井」［袋井市地方史研究会］　（26）2012.1

三川小学校

三川小の二宮尊徳像と三川の報徳運動（清水洋子）「新ふるさと袋井」［袋井市地方史研究会］　（23）2008.11

御厨

近世前期御厨地方の交通・流通支配について（研究報告要旨 第225回研究会）（厚地淳司）「静岡県地域史研究会報」　静岡県地域史研究会　134　2003.9

水窪駅

峠道で継なぐ駅の旅（16）―小和田駅から水窪駅 ブナ峠（1）（久保田賀津男）「伊那」　伊那史学会　48（5）通号864　2000.5

峠道で継なぐ駅の旅（18）小和田―水窪駅 塩沢峠（久保田賀津男）「伊那」　伊那史学会　48（7）通号866　2000.7

峠道で継なぐ駅の旅（19）―小和田駅から水窪駅へ 大峠（久保田賀津男）「伊那」　伊那史学会　48（9）通号868　2000.9

峠道で継なぐ駅の旅（20）小和田駅から水窪駅へ 大津峠（久保田賀津男）「伊那」　伊那史学会　48（11）通号870　2000.11

三島

伊豆半島の町や村では沼津・三島両方の会に派遣依頼 1913（大正2）年 伊豆地方 三島にも看護婦会があった「豆州歴史通信」　豆州研究社歴史通信部　290　2003.4

平安のむかしから今に至る三島の物見遊山（能勢初枝）「大阪春秋」　新風書房　34（1）通号118　2005.4

三島の御殿と陣屋について―縄張り研究による視点から（土屋比都司）「古城」　静岡古城研究会　2006.5

1945年8月15日を繰り返さない為に戦時下の伊豆三島の生活を思う（石井ゆり）「豆州歴史通信」　豆州研究社歴史通信部　（370）2006.8

9月例会レジュメ 住民からみた高度成長期の地域開発―三島、沼津、清水二市一町コンビナート反対運動を中心に（沼尻晃伸）「静岡県近代史研究会会報」　静岡県近代史研究会　（336）2006.9

足柄駅峠・三島の史跡めぐり（坂爪義弘）「県央史談」　県央史談会　（46）2007.1

三島の御警部屋について（土屋比都司）「伊豆史談」　伊豆史談会　通号136　2007.1

三島の古今伝授について―それは何処で挙行されたか（土屋比都司）「伊豆史談」　伊豆史談会　通号137　2008.1

三島茶碗についての考察と所感（渡邉美幸）「三島市郷土資料館研究報告」　三島市郷土資料館　通号1　2008.3

丹那トンネル開通（東海道本線）熱海・三島間の丹那盆地下 1934（昭和9）年12月1日 工事期間7年の予定が16年という難工事「豆州歴史通信」　豆州研究社歴史通信部　（427）2008.12

慶應4年の三島とその周辺―遊撃隊の動向を中心に（土屋比都司）「伊豆史談」　伊豆史談会　（140）2014.4

三島八小路を歩く（随筆）（野村凱一）「伊豆史談」　伊豆史談会　（143）2014.4

三島市

三島市の仮称 "堀の内城" について（土屋比都司）「伊豆史談」　伊豆史談会　130　2001.3

伊豆ロマンにひたる一日 11月27日（日）三島市・清水町の史跡見学 水と文学と歴史めぐり（大川誠一）「静岡歴研会報」　静岡県歴史研究会　（114）2006.3

三島宿

三島宿における朝鮮使節通行の負担（土屋寿山）「伊豆史談」　伊豆史談会　130　2001.3

旧東海道一里塚と三島宿の里程について（土屋寿山）「伊豆史談会」　伊豆史談会　（132）2003.3

三島宿御伝馬と人馬数について（土屋寿山）「伊豆史談会」　伊豆史談会　（133）2003.12

ふたたび一里塚と三島宿の里程について（土屋寿山）「伊豆史談会」　伊豆史談会　（133）2003.12

伊豆の郵便事業の始まりは三島宿と足柄県韮山出張所中心 1875（明治8）年1月より郵便局に全国統一の名称になる「豆州歴史通信」　豆州研究社歴史通信部　351　2005.10

三島宿新堀と中郷新堀（土屋寿山）「伊豆史談」　伊豆史談会　通号137　2008.1

近隣宿場概要（三島宿・沼津宿・原宿・蒲原宿）《〈吉原宿を中心とした宿場資料〉―〈各種資料〉》「駿河」　駿河郷土史研究会　（臨時号）2008.9

三島宿に関する参考事例（伊豆史談・土屋壽山氏）《〈吉原宿を中心とした宿場資料〉―〈各種資料〉》「駿河」　駿河郷土史研究会　（臨時号）2008.9

三島宿の伝馬あれこれ（土屋寿山）「伊豆史談」　伊豆史談会　通号138　2009.1

三島宿旅籠についての二、三（野中忠）「伊豆史談」　伊豆史談会　通号138　2009.1

三島宿人馬御定賃銭の変遷（土屋比都司）「伊豆史談」　伊豆史談会　通号139　2010.1

東海道五十三次ゆったり歩き紀行（6）箱根宿から三島宿へ（岡田宏一郎）「備陽史探訪」　備陽史探訪の会　（154）2010.6

東海道五十三次ゆったり歩き紀行（7）三島宿から吉原へ（岡田宏一郎）「備陽史探訪」　備陽史探訪の会　（154）2010.6

三島宿御伝馬の特異性について（土屋寿山）「伊豆史談」　伊豆史談会　（140）2011.7

4月例会（9名参加）三島宿地子免除の形態と助郷隔年勤について（例会報告要旨）（土屋比都司）「静岡県地域史研究会報」　静岡県地域史研究会　（177）2011.7

三島宿地子免除の形態と助郷の隔年勤について（土屋比都司）「伊豆史談」　伊豆史談会　（141）2012.1

幕末の諸相―三島宿を中心にして（大川裕代）「三島市郷土資料館研究報告」　三島市郷土資料館　（5）2012.3

「ジオツアー三島宿」の成果（1）―石燈籠・境川が涸れた時期・三島宿の古道（増島淳）「三島市郷土資料館研究報告」　三島市郷土資料館　（5）2012.3

2月例会（20名参加）近世後期三島宿助郷をめぐる諸問題―『三島市誌』中巻、『静岡県史』通史編の再検討（例会報告要旨）（厚地淳司）「静岡県地域史研究会報」　静岡県地域史研究会　（181）2012.5

旧東海道を歩く 日本橋から三島宿を歩く（1）（鈴木秀幸）「横浜西区郷土史研究会会報」　横浜西区郷土史研究会　（39）2012.10

三島宿伝馬・助郷の馬について（野中忠）「伊豆史談」　伊豆史談会　（142）2013.1

三島宿高木伊三郎からみた維新騒動―箱根戦争について（大川裕代）「三島市郷土資料館研究報告」　三島市郷土資料館　（6）2013.3

近世東海道三島宿の人馬継立負担の実態について―箱根八里の過重負担を中心に（論文）（厚地淳司）「交通史研究」　交通史学会，吉川弘文館（発売）（80）2013.4

東海道三島宿の人馬継立をめぐる問題の諸相―人馬賃銭と天保八年の改革を中心に（第2回交通史学会大会報告・総会報告―大会発表要旨（共通論題））（厚地淳司）「交通史研究」　交通史学会，吉川弘文館（発売）（81）2013.9

近世前・中期における東海道三島宿の常備人馬数の変遷（厚地淳司）「駒沢史学」　駒沢史学会　（81）2013.12

お茶壺道中の展開と三島宿（土屋比都司）「伊豆史談」　伊豆史談会　（143）2014.4

三島町

表紙写真 明治末期の三島町市街（現NTT前交差点付近）「伊豆史談」　伊豆史談会　（143）2014.4

水見色

水見色の殿屋敷（静岡市葵区水見色）（『静岡県の城跡―中世城郭縄張図集成―』（中部・駿河国版）編纂に伴う調査ノートII）（水野茂）「古城」　静岡古城研究会　（57）2013.7

水見色砦

水見色砦（静岡市葵区水見色）（『静岡県の城跡―中世城郭縄張図集成―』（中部・駿河国版）編纂に伴う調査ノートII）（水野茂）「古城」　静岡古城研究会　（57）2013.7

水見色村

一人名主の相給村落における文書作成・管理・引き継ぎと村役人の文書把握状況―駿河国安倍郡水見色村を事例に（岡村龍男）「静岡県地域史研究」　静岡県地域史研究会　（2）2012.9

見付

見付地区の小学校沿革考（喜多川貞男）「磐南文化」　磐南文化協会　（30）2004.3

『古老物語』における見付の事（喜多川貞男）「磐南文化」　磐南文化協会　（31）2005.3

見付報徳社連合信用組合関係資料（水野幸博）「磐南文化」　磐南文化協会　（34）2008.3

見付学校

小学校の憶いで 旧見付学校創立130年に併せて（石川博敏）「磐南文化」　磐南文化協会　（31）2005.3

見付学校における台風15号災禍（サロン）（編集部）「磐南文化」　磐南文化協会　（38）2012.3

磐田市旧見付学校「昔の授業体験」（平成25年度静岡県博物館協会地域セミナー事例報告）（高畑裕美）「静岡県博物館協会研究紀要」　静岡県博物館協会　（37）2014.3

598

東海　　　　　　　　　　　　　　地名でたどる郷土の歴史　　　　　　　　　　　　　　静岡県

見付高女
県立見付高女の学徒動員―豊川海軍工廠(1),(2)（高田岩男）「磐南文化」　磐南文化協会　（32）/（33）2006.3/2007.3

見付高等女学校
開校百周年「見付の高等女学校」（水野幸博）「磐南文化」　磐南文化協会（36）2010.3
見付高女について（昭和11年入学の頃）（サロン）（草野冴子）「磐南文化」　磐南文化協会　（38）2012.3

見付宿
近世見付宿の伝馬役屋敷について（石川紀枝子）「磐南文化」　磐南文化協会　（29）2003.3
近世初期の見付宿問屋について（石川紀枝子）「磐南文化」　磐南文化協会（30）2004.3
近世初期見付宿の年貢について慶長15年馬場検地帳から推察して（石川紀枝子）「磐南文化」　磐南文化協会　（31）2005.3
見付宿と朝鮮通信使―五月講演を追って（鈴木小英）「磐南文化」　磐南文化協会　（34）2008.3
見付宿夜話―宿場の記録より（市川恒）「磐南文化」　磐南文化協会　（36）2010.3
「見付往来」にみる見付宿（喜多川貞男）「磐南文化」　磐南文化協会（37）2011.3
東海道見付宿助郷の矛盾した発展とは（郷土史研究）（喜多川貞男）「磐南文化」　磐南文化協会　（40）2014.3

見付小学校
見付小学校のプール（古田貞一）「磐南文化」　磐南文化協会　（30）2004.3

見付端城
見付端城と遠江国府（西川広平）「甲斐路」　山梨郷土研究会　106　2004.8

三津
昭和の面影を残す酒店―内浦三津地区吉川酒店（内田昌宏）「沼津市歴史民俗資料館だより」　沼津市歴史民俗資料館　33（4）通号181　2008.3

水戸島
水戸島と言う地名の由来（塩澤あい子）「駿河」　駿河郷土史研究会（60）2006.3

見取村
遠江国山名庄見取村を支配した領主（清水忠雄）「ふるさと袋井」　[袋井市地方史研究会]　21　2006.11

湊明堂
特集 江戸時代の伊東 江戸開府と伊東/江戸時代初期の伊東/さまざまな百姓/自然村落の人口/年貢を請け負う/川奈の湊明堂（田上繁）「伊東市史だより」　伊東市教育委員会　（11）2010.3

南伊豆
南伊豆における資料保存の現在とこれから（藍原怜）「じゃんぴん　：　NPO法人歴史資料継承機構news letter」　歴史資料継承機構　（17）2014.8

南島村
磐南叙情 南島村「若宮様」の話し（福田支部）「磐南文化」　磐南文化協会　（39）2013.3

南御厨村
旧南御厨村分村合併記録（相場良造）「磐南文化」　磐南文化協会　（30）2004.3

峰之沢鉱山
峰之沢鉱山へと連行された中国人の証言(1)～(3)（竹内康人）「静岡県近代史研究会会報」　静岡県近代史研究会　（339）/（342）2006.12/2007.3

嶺村
2月例会レジュメ 明治期の清水における茶園経営と茶輸出―庵原郡嶺村澤野家の動向を中心に（岡村龍男）「静岡県近代史研究会会報」　静岡県近代史研究会　（401）2012.2

身延線
身延線の思い出（渡辺辰夫）「かわのり」　芝川町郷土史研究会　27　2000.11
遅れてきた鉄道・身延線の戦略構想（牛島利明）「山梨県史だより」　山梨県教育委員会県史編さん室　28　2004.10

身延道
消えた山道(2) 旧身延道を辿る（芹澤壮）「月の輪」　富士宮市郷土史同好会　（24）2009.6

御浜岬
御浜岬の移り変り（野田幹夫）「伊豆の郷土研究」　田方地域文化財保護審

議委員連絡協議会　28　2003.3

三保
陸軍重砲兵学校三保分教所始末記（岡部芳雄）「清見潟　：　清水郷土史研究会会誌」　清水郷土史研究会　（14）2005.5
エレーヌに捧げる三保羽衣薪能（岡部芳雄）「清見潟　：　清水郷土史研究会会誌」　清水郷土史研究会　（17）2008.5
2010年度総会記念講演会論旨 戦前日本人の海外移民―三保のアメリカ移民を中心として（山本正）「清見潟　：　清水郷土史研究会会誌」　清水郷土史研究会　（20）2011.5
静岡事件首魁の移民事業と三保住民の渡米（遠藤章二）「清見潟　：　清水郷土史研究会会誌」　清水郷土史研究会　（20）2011.5
4月例会（14名参加）文献からみる地震・津波災害―三保地方に残る「宝永地震」・「安政地震」に関する古文書から（例会報告要旨）（江口敏郎）「静岡県地域史研究会報」　静岡県地域史研究会　（182）2012.7

三保の松原
表紙説明 赤松麟作『三保の松原(A)』（廣瀬就久）「きび野」　岡山県郷土文化財団　（132）2014.1

三保松原
5月例会（16名参加）静岡県立美術館所蔵の『富士・三保松原図屏風』について―16世紀後半の駿河国の風景及びその制作の背景について考える（例会報告要旨）（望月保宏）「静岡県地域史研究会報」　静岡県地域史研究会　（182）2012.7

三保半島
三保半島・古代遺跡とその特殊性（杉山満）「清見潟　：　清水郷土史研究会会誌」　清水郷土史研究会　（14）2005.5

向笠
向笠歴史いろはかるた（永田竹一）「磐南文化」　磐南文化協会　（31）2005.3

向市場駅
峠道で継ぐ駅の旅(24) 白神駅から向市場駅 池ノ平峠(1)（久保田賀津男）「伊那」　伊那史学会　49（9）通号880　2001.9

村山古道
村山古道の探訪記（小林秀樹）「富士山文化研究会会報」　富士山文化研究会　（22）2006.12

持越鉱山
伊豆持越鉱山でガス大爆発 翌年全総同盟の指導で争議 1937（昭和12）年3月15日 犠牲者48人の大火災事故「豆州歴史通信」　豆州研究社歴史通信部　337　2005.3

本市場
間の宿 本市場（高田國義）「駿河」　駿河郷土史研究会　（61）2007.3

元島遺跡
明応地震と元島遺跡（災害）（木村弘之）「磐南文化」　磐南文化協会（40）2014.3

元吉原
近世元吉原の成立―田子の古道説を比定（高田國義）「駿河」　駿河郷土史研究会　（64）2010.3

桃里
東海道を歩く(8) 一本松、桃里、植田「沼津市歴史民俗資料館だより」　沼津市歴史民俗資料館　28（4）通号162　2003.3

諸久保
諸久保の農業用水（下堰・上堰）（平成18年度御殿場市歴史研究応募論文（佳作））（諸久保歴史研究会）「地方史研究御殿場」　御殿場市教育委員会　通号11　2009.3

門池
門池の歴史（野秋義和）「沼津史談」　沼津史談会　55　2004.1

焼津
焼津における遠洋漁船乗組員の安全衛生と疾病状況―最近の「医療電報」関係資料を手がかりに（若林芳朗）「焼津市史研究」　焼津市　（4）2003.3
焼津地域の経済更生運動―更生計画事例分析を中心に（山本義彦）「焼津市史研究」　焼津市　（5）2004.3
遠洋鰹漁業の構成変化と漁業基地「焼津」の変容―1970年～2000年（大海原宏）「焼津市史研究」　焼津市　（5）2004.3
ヤマトタケル伝承と古代の焼津（講演）（仁藤敦史）「焼津市史研究」　焼津市　（5）2004.3
4月例会レジュメ 1954年ビキニ水爆による海洋汚染と焼津漁船（枝村三郎）「静岡県近代史研究会会報」　静岡県近代史研究会　319　2005.4
焼津カツオ船の代参―共同祈願の変遷とカツオ漁（荻野裕子）「焼津市史研究」　焼津市　（7）2006.3
日中・太平洋戦争における軍徴用の焼津漁船（枝村三郎）「焼津市史研究」

静岡県　　　　　　　　　　　　　地名でたどる郷土の歴史　　　　　　　　　　　　　　東海

焼津市　(7)　2006.3
明治大正 焼津街並往来絵図（市史編さん室）「焼津市史だより」 焼津市
　　総務部　(8)　2006.7
焼津カツオ漁業におけるコドモシロ（川口円子）「焼津市史研究」 焼津市
　　(8)　2007.3
春を告げる―焼津の野鳥「焼津市史だより」 焼津市総務部　(9)　2008.3
研究ノート 焼津鰹節職人の東北地方における製造技術指導について（中
　　村羊一郎）「焼津市史研究」 焼津市　(9)　2008.3
近世中後期の焼津湊の研究(2) 御廻米請負と廻送を中心に（川崎文昭）
　　「静岡県の歴史と文化」 静岡県の歴史と文化研究会　(11)　2008.3
1月例会報告 枚村三郎氏「太平洋戦争における軍徴用焼津漁船」（西村景
　　子）「静岡県近代史研究会会報」 静岡県近代史研究会　(354)　2008.3

焼津港
1954年ビキニ水爆実験、焼津港の放射能汚染による漁獲物廃棄漁船（枝
　　村三郎）「焼津市史研究」 焼津市　(6)　2005.3

焼津市
11月例会レジュメ 焼津市域の農地改革―実施過程を中心に（橋本誠一）
　　「静岡県近代史研究会会報」 静岡県近代史研究会　314　2004.11
焼津市域における農地改革―実施過程を中心に（橋本誠一）「焼津市史研
　　究」 焼津市　(6)　2005.3
焼津市内のボーリング地質記録(2)（加藤芳朗）「焼津市史研究」 焼津市
　　(6)　2005.3
「焼津市史研究」が語りかけてくること（講演（平成19年10月27日 第9回焼
　　津市史講演会））（大海原宏）「焼津市史研究」 焼津市　(9)　2008.3

焼津湊
焼津湊の廻船業の研究―幕末、伊勢・美濃の御城米廻送を中心に（川崎
　　文昭）「静岡県の歴史と文化」 静岡県の歴史と文化研究会　(13)
　　2009.11

谷稲葉村
明治初期の農業―明治8年谷稲葉村物産取調書を読む（北原勤）「藤枝市
　　史研究」 藤枝市市民文化部　4　2003.3

八坂町
八坂町（西久保新田・高橋新田）の地名と歴史（伏見洋次郎）「清見潟 ：
　　清水郷土史研究会会誌」 清水郷土史研究会　(21)　2012.5

社山疎水
天竜川左岸の社山疎水計画（鈴木直之）「遠州の常民文化」 遠州常民文化
　　談話会　(2)　2008.10

矢立
「矢立の初め」と「矢立の杉」（土屋比都司）「静岡県地域史研究会会報」 静
　　岡県地域史研究会　(176)　2011.5

楊原村
ぬまづ近代史点描(56) 楊原村の忠魂碑「沼津市明治史料館通信」 沼津
　　市明治史料館　19(4)通号76　2004.2

山田
庵原地区（原・草ヶ谷・山田）の地名と歴史（伏見洋次郎）「清見潟 ： 清
　　水郷土史研究会会誌」 清水郷土史研究会　(16)　2007.5

山田村
大谷村・山田村における水争いの件（水野房次郎）「新ふるさと袋井」
　　［袋井市地方史研究会］　(23)　2008.11

山中城
日本百名城に選定された国指定史跡山中城（齋藤宏）「伊豆の郷土研究」
　　田方地域文化財保護審議委員連絡協議会　33　2008.3

山名郡
豊田、山名、磐田郡米穀改良組合の創立とその規約（水野房次郎）「ふる
　　さと袋井」［袋井市地方史研究会］　17　2002.11

月見里
「月見里」を「ヤマナシ」と読むのは？（川島昭二）「ふるさと袋井」［袋
　　井市地方史研究会］　21　2006.11

山宮
山宮想見(2)（渡邉吉詔）「月の輪」 富士宮市郷土史同好会　(27)
　　2012.6

山原
飯田村の地名と歴史 山原・蜂ヶ谷・石川（伏見洋次郎）「清見潟 ： 清水
　　郷土史研究会会誌」 清水郷土史研究会　(19)　2010.5

山本
山本区誌から読みとる江戸時代の農民生活史［1］,(2)（中山勝俊）「月の
　　輪」 富士宮市郷土史同好会　(26)/(27)　2011.6/2012.6

由比
由比地域形成試論（手島英真）「清見潟 ： 清水郷土史研究会会誌」 清水

郷土史研究会　(22)　2013.5

油山寺
油山寺礼拝門は（三方原開拓の父）気賀林の長屋門（郷土史研究）（兼子
　　春治）「磐南文化」 磐南文化協会　(40)　2014.3

湯ヶ原温泉
熱海・湯ヶ原温泉の客激減 伊東温泉旅館好機到来 1906(明治39)年8月
　　客車転覆 熱海・小田原間の人車鉄道「豆州歴史通信」 豆州研究社歴
　　史通信部　(397)　2007.9

湯川
静岡県田方郡伊東町湯川区の戦時統制と崩壊過程 15年戦争下の隣組回
　　覧板と「銃後の暮らし」（加藤好一）「豆州歴史通信」 豆州研究社歴史
　　通信部　(403)　2007.12
続・15年戦争下の隣組回覧板と「銃後の暮らし」 伊東町湯川の場合（加
　　藤好一）「豆州歴史通信」 豆州研究社歴史通信部　(405)　2008.1
隣組回覧板と「銃後」のくらし―伊東町湯川地区における戦時統制の形
　　成と崩壊を読み解く（加藤好一）「昭和のくらし研究」 昭和館　(6)
　　2008.3
回覧板資料紹介（昭和19年伊東湯川区）（加藤好一）「豆州歴史通信」 豆
　　州研究社歴史通信部　(410)　2008.4
戦時下1944(昭和19)年 回覧板資料紹介 伊東町湯川区(410号3頁～4頁
　　の続き）（加藤好一）「豆州歴史通信」 豆州研究社歴史通信部　(412)
　　2008.5
続 戦時下1944(昭和19)年 回覧板資料紹介 伊東町湯川区(412号の続き）
　　（加藤好一）「豆州歴史通信」 豆州研究社歴史通信部　(413)　2008.5

柚野
郷土の歩みをたずねて 柚野(6)（篠原昭二）「かわのり」 芝川町郷土史
　　研究会　27　2000.11

横走関
横走関についての一考察―「更級日記」と横走関（平成22年度御殿場市
　　歴史研究応募論文（特選））（鈴木攷史）「地方史研究御殿場」 御殿場
　　市教育委員会　(12)　2013.3

吉原
庵原地区の地名「伊佐布」・「吉原」（伏見洋次郎）「清見潟 ： 清水郷土史
　　研究会会誌」 清水郷土史研究会　(18)　2009.5
東海道五十三次ゆったり歩き紀行(7) 三島宿から吉原へ（岡田宏一郎）
　　「備陽史探訪」 備陽史探訪の会　(154)　2010.6

吉原町
一枚の看板が物語る町工場の軌跡―吉原町・佐野熊ナプキン工場（内田
　　昌宏）「駿河」 駿河郷土史研究会　(67)　2013.3

吉原工場
人絹工場を結んだ引き込み線のその後―東京人造絹糸 沼津・吉原工場
　　跡（内田昌宏）「沼津市歴史民俗資料館だより」 沼津市歴史民俗資料
　　館　37(3)通号196　2012.12

吉原宿
吉原宿の伝馬制度と助郷の研究(1)（渡辺誠）「駿河」 駿河郷土史研究会
　　(59)　2005.3
吉原宿をめぐる財政事情（渡辺誠）「駿河」 駿河郷土史研究会　(62)
　　2008.3
吉原宿の変遷と宿場の役割（《吉原宿を中心とした宿場資料》―〈吉原宿
　　概要および各宿場との比較〉）「駿河」 駿河郷土史研究会　（臨時号）
　　2008.9
天和元年と文化2年の吉原宿の町割（東海道吉原宿）（《吉原宿を中心とし
　　た宿場資料》―〈吉原宿概要および各宿場との比較〉）「駿河」 駿河郷
　　土史研究会　（臨時号）　2008.9
吉原宿本陣・脇本陣間取（《吉原宿を中心とした宿場資料》―〈吉原宿概
　　要および各宿場との比較〉）「駿河」 駿河郷土史研究会　（臨時号）
　　2008.9
東海道本陣・脇本陣比較（《吉原宿を中心とした宿場資料》―〈吉原宿概
　　要および各宿場との比較〉）「駿河」 駿河郷土史研究会　（臨時号）
　　2008.9
吉原宿本陣・脇本陣面積等の推移 新吉原宿中心部軒数・旅籠屋数推移
　　（《吉原宿を中心とした宿場資料》―〈吉原宿概要および各宿場との比
　　較〉）「駿河」 駿河郷土史研究会　（臨時号）　2008.9
東海道各宿駅の本陣・脇本陣の氏名一覧（《吉原宿を中心とした宿場資
　　料》―〈吉原宿概要および各宿場との比較〉）「駿河」 駿河郷土史研究
　　会　（臨時号）　2008.9
天保時代の近隣宿場の比較（《吉原宿を中心とした宿場資料》―〈吉原宿
　　概要および各宿場との比較〉）「駿河」 駿河郷土史研究会　（臨時号）
　　2008.9
県内各宿駅の宿高・支配者・宿内往還長さ・家数・本陣旅籠数等（県
　　資料編）（《吉原宿を中心とした宿場資料》―〈吉原宿概要および各宿
　　場との比較〉）「駿河」 駿河郷土史研究会　（臨時号）　2008.9
県内各宿駅の継飛脚給米・宿役人・支配者・次宿への道法・賃銭等（県

史資料編）《吉原宿を中心とした宿場資料》―〈吉原宿概要および各宿場との比較〉）「駿河」 駿河郷土史研究会 （臨時号）2008.9

東海道宿場の総人口・家数・本陣・脇本陣・旅籠・名物一覧《吉原宿を中心とした宿場資料》―〈吉原宿概要および各宿場との比較〉）「駿河」 駿河郷土史研究会 （臨時号）2008.9

吉原宿第3の本陣を巡って（野口脇本陣文書）《吉原宿を中心とした宿場資料》―〈吉原宿概要および各宿場との比較〉）「駿河」 駿河郷土史研究会 （臨時号）2008.9

問屋・年寄の入れ札による選任記録（吉原市史・東海道吉原宿）《吉原宿を中心とした宿場資料》―〈吉原宿概要および各宿場との比較〉）「駿河」 駿河郷土史研究会 （臨時号）2008.9

吉原宿の大火の歴史（東海道吉原宿）《吉原宿を中心とした宿場資料》―〈吉原宿概要および各宿場との比較〉）「駿河」 駿河郷土史研究会 （臨時号）2008.9

吉原宿を中心とする水災の歴史（東海道吉原宿）《吉原宿を中心とした宿場資料》―〈吉原宿概要および各宿場との比較〉）「駿河」 駿河郷土史研究会 （臨時号）2008.9

吉原宿の拝借金（東海道吉原宿）《吉原宿を中心とした宿場資料》―〈吉原宿概要および各宿場との比較〉）「駿河」 駿河郷土史研究会 （臨時号）2008.9

幕末の吉原宿絵図（井出源一郎家文書）《吉原宿を中心とした宿場資料》―〈吉原宿概要および各宿場との比較〉）「駿河」 駿河郷土史研究会 （臨時号）2008.9

吉原宿の助郷馬（延宝7年駿州富士郡己未吉原領郷帳）《吉原宿を中心とした宿場資料》―〈吉原宿の伝馬制度〉）「駿河」 駿河郷土史研究会 （臨時号）2008.9

延宝7年駿州富士郡賀嶋領己未郷帳（須津文書）《吉原宿を中心とした宿場資料》―〈吉原宿の伝馬制度〉）「駿河」 駿河郷土史研究会 （臨時号）2008.9

東海道駿州吉原宿加宿村附帳（神尾本陣所蔵）《吉原宿を中心とした宿場資料》―〈吉原宿の伝馬制度〉）「駿河」 駿河郷土史研究会 （臨時号）2008.9

天保11年大通行継立辻書付（鈴木脇本陣文書）《吉原宿を中心とした宿場資料》―〈吉原宿の伝馬制度〉）「駿河」 駿河郷土史研究会 （臨時号）2008.9

文久元年人馬継立宿入用払書上（鈴木脇本陣文書）《吉原宿を中心とした宿場資料》―〈吉原宿の伝馬制度〉）「駿河」 駿河郷土史研究会 （臨時号）2008.9

吉原宿関連石高調《吉原宿を中心とした宿場資料》―〈吉原宿の伝馬制度〉）「駿河」 駿河郷土史研究会 （臨時号）2008.9

飛脚、継飛脚、町飛脚（児玉、藤村、鶴木、各氏論文から）《吉原宿を中心とした宿場資料》―〈吉原宿の伝馬制度〉）「駿河」 駿河郷土史研究会 （臨時号）2008.9

間の宿の考察と宿泊紛争《吉原宿を中心とした宿場資料》―〈吉原宿の伝馬制度〉）「駿河」 駿河郷土史研究会 （臨時号）2008.9

県内間の宿、立場（茶屋）調（東海道宿村大概帳）《吉原宿を中心とした宿場資料》―〈吉原宿の伝馬制度〉）「駿河」 駿河郷土史研究会 （臨時号）2008.9

吉原宿をめぐる財政事情（宿賄出入勘定帳・鈴木脇本陣文書）《吉原宿を中心とした宿場資料》―〈宿場財政と助郷村の困窮〉）「駿河」 駿河郷土史研究会 （臨時号）2008.9

地方村・加宿1ヵ年賄金高（伝馬負担割合）《吉原宿を中心とした宿場資料》―〈宿場財政と助郷村の困窮〉）「駿河」 駿河郷土史研究会 （臨時号）2008.9

吉原宿の天保時代の宿場財政《吉原宿を中心とした宿場資料》―〈宿場財政と助郷村の困窮〉）「駿河」 駿河郷土史研究会 （臨時号）2008.9

天保元年吉原宿賄金銭入沸勘定帳（鈴木脇本陣文書）《吉原宿を中心とした宿場資料》―〈宿場財政と助郷村の困窮〉）「駿河」 駿河郷土史研究会 （臨時号）2008.9

宿相続方御調書上写（鈴木脇本陣文書）《吉原宿を中心とした宿場資料》―〈宿場財政と助郷村の困窮〉）「駿河」 駿河郷土史研究会 （臨時号）2008.9

宿助郷取締議定書之事（花守村吉村家文書）《吉原宿を中心とした宿場資料》―〈宿場財政と助郷村の困窮〉）「駿河」 駿河郷土史研究会 （臨時号）2008.9

宝暦8年道中奉行からの達示写（花守村吉村家文書）《吉原宿を中心とした宿場資料》―〈宿場財政と助郷村の困窮〉）「駿河」 駿河郷土史研究会 （臨時号）2008.9

吉原宿・助郷紛争につき助郷よりの願書（花守村吉村家文書）《吉原宿を中心とした宿場資料》―〈宿場財政と助郷村の困窮〉）「駿河」 駿河郷土史研究会 （臨時号）2008.9

吉原宿・助郷紛争済口証文（花守村吉村家文書）《吉原宿を中心とした宿場資料》―〈宿場財政と助郷村の困窮〉）「駿河」 駿河郷土史研究会 （臨時号）2008.9

吉原宿・助郷紛争につき助郷への一札（花守村吉村家文書）《吉原宿を中心とした宿場資料》―〈宿場財政と助郷村の困窮〉）「駿河」 駿河郷土史研究会 （臨時号）2008.9

同上・史料（県史資料から抜粋）《吉原宿を中心とした宿場資料》―〈各種資料〉）「駿河」 駿河郷土史研究会 （臨時号）2008.9

同上の年代順一覧表《吉原宿を中心とした宿場資料》―〈各種資料〉）「駿河」 駿河郷土史研究会 （臨時号）2008.9

参勤交代（加賀藩領から）《吉原宿を中心とした宿場資料》―〈各種資料〉）「駿河」 駿河郷土史研究会 （臨時号）2008.9

12月例会（12名参加）助郷側から見た吉原宿の伝馬制度（例会報告要旨）（渡辺誠）「静岡県地域史研究会報」 静岡県地域史研究会 （180）2012.2

吉原宿の伝馬制度と助郷の研究（2）―助郷側から見た吉原宿の伝馬制度（渡辺誠）「駿河」 駿河郷土史研究会 （66）2012.4

加宿・宿付村のある東海道の宿場（江尻宿の吉原宿の比較）（例会告要旨―10月例会（8名参加）（渡辺誠）「静岡県地域史研究会報」 静岡県地域史研究会 （192）2014.1

吉原宿と江尻宿の比較研究（渡辺誠）「駿河」 駿河郷土史研究会 （68）2014.4

吉原城
善得寺・吉原城・吉原湊を巡る攻防《吉原宿を中心とした宿場資料》―〈各種資料〉）「駿河」 駿河郷土史研究会 （臨時号）2008.9

吉原城と天香久山砦・その周辺（高田國義）「駿河」 駿河郷土史研究会 （65）2011.3

吉原古宿
捜索稿本から吉原古宿を探る（渡辺誠）「駿河」 駿河郷土史研究会 （67）2013.3

吉原湊
善得寺・吉原城・吉原湊を巡る攻防《吉原宿を中心とした宿場資料》―〈各種資料〉）「駿河」 駿河郷土史研究会 （臨時号）2008.9

表紙解説 風光明媚な吉原湊（渡邉繁治）「駿河」 駿河郷土史研究会 （65）2011.3

田島の「城山」と今井の「城ノ内」の考察―吉原湊と富士川渡船との関連から（土屋比都司）「古城」 静岡古城研究会 （58）2014.7

依田原新田
依田原新田の今昔物語（川島やす子）「駿河」 駿河郷土史研究会 （60）2006.3

天保10年助郷・依田原新田諸入用書上帳（柘森文書）《吉原宿を中心とした宿場資料》―〈宿場財政と助郷村の困窮〉）「駿河」 駿河郷土史研究会 （臨時号）2008.9

四日市製紙芝川工場
四日市製紙時代の輸送（5）〜（7）現新富士製紙（株）芝川工場創立記（望月清）「かわのり」 芝川町郷土史研究会 27/29 2000.11/2002.11

竜洋中学校
市町村合併と竜洋中学校（古田善彦）「磐南文化」 磐南文化協会 （30）2004.3

竜洋町
竜洋町（内藤りつ子）「伊那路」 上伊那郷土研究会 47（12）通号563 2003.12

竜洋町合併の推移（鈴木潔）「磐南文化」 磐南文化協会 （30）2004.3

蓮華寺池
二〇一三年は蓮華寺池普請から四〇〇年 蓮華寺池をめぐる市部・五十海・若王子三か村の争い（長屋隆幸）「藤枝市史だより」 藤枝市 （28）2013.3

渡ヶ島
天竜区渡ヶ島の慶長検地帳―区外所在の歴史資料の紹介（郷土博物館）「足立史談」 足立区教育委員会 （520）2011.6

和田村
1887（明治20）年、伊豆賀茂郡和田村と竹之内村 合併して伊東村の名称「豆州歴史通信」 豆州研究社歴史通信部 （366）2006.6

愛知県

愛知

近代日本と愛知の女性達（川口ちあき，伊藤康子）「愛知県史研究」 愛知県 4 2000.3

近代愛知の社会事業施策―起保育園を中心に（伊藤康子）「愛知県史研究」 愛知県 （5） 2001.3

石が語る愛知の歴史（愛知県史を語る会抄録）（斎藤基生，天野武弘）「愛知県史研究」 愛知県 （8） 2004.3

愛知の海苔（永田宏）「産業遺産研究」 中部産業遺産研究会事務局 （11） 2004.5

思い出の博覧会と愛知の画家（服部徳次郎）「郷土文化」 名古屋郷土文化会 59（2・3）通号200 2005.3

"畝状空堀群"を持つ倭城について（堀口健弐）「愛城研報告」 愛知中世城郭研究会 （9） 2005.8

『承継』にみる愛知の戦争資料運動（西形久司）「東海近代史研究」 東海近代史研究会 （29） 2008.6

1947年地方議会選挙と愛知女性の動向（伊藤康子）「愛知県史研究」 愛知県 （13） 2009.3

岐阜 1568年の天正地震―2008年発行の『愛知県史』十一に基づいて（書窓の風）（鈴木秀雄）「郷土研究・岐阜 : 岐阜県郷土資料研究協議会会報」 岐阜県郷土資料研究協議会 （111） 2009.3

愛知産別会議旧蔵資料について（資）（史）料紹介）（佐藤明夫，伊藤英一，佐藤政憲，横地徳，伊藤康子）「愛知県史研究」 愛知県 （14） 2010.3

愛知の戦争遺跡一覧（戦争遺跡保存会）「年魚市風土記」 戦争遺跡研究会 （2） 2010.8

愛知の軍事施設一覧（戦争遺跡研究会）「年魚市風土記」 戦争遺跡研究会 （3） 2011.7

口絵 嘉永二年下志段味村絵図／石山寺十二天像／第三大区下段味村官林位置図／第三区下志段味村石出嶽尾図／下街道玉野川筋渡船場絵図面／小幡村地図（昭和初）／第一回勢調査注意事項／無華禅師筆虎ノ図（高野山普門院）／無住国師七百年遠忌法要の様子／洗足ご詠歌の幕「もりやま」 守山郷土史研究会 （31） 2012.1

近刊市町村史誌紹介 『尾張旭市誌 現代史編』、『新編 豊川市史』第一巻「通史編 原始・古代・中世」『新編 豊川市史』第二巻「通史編 近世」、『新修名古屋市史』資料編 近世3、『幡豆町史 本文編1 原始・古代・中世』、新編三好町誌民俗調査報告書『みよしの民俗』 愛知県 （16） 2012.3

近刊市町村史誌紹介 『新修名古屋市史』資料編「現代」、『半田市史 地区誌篇 乙川地区』、『碧南市史料第六集 碧南市収蔵民俗資料目録』『碧南市史料別巻六 清沢満之物語』『碧南市史料別巻七 伊藤証信物語』「愛知県史研究」 愛知県 （17） 2013.3

青木美智男さんと知多・愛知・伊勢湾三河湾の近世史研究（特別企画 青木美智男さんを偲んで）（押谷智）「愛知県史研究」 愛知県 （18） 2014.3

日本軍機墜落地と関係碑一覧（2）（戦争遺跡研究会）「年魚市風土記」 戦争遺跡研究会 （6） 2014.7

倭城の縄張りについて（補遺編）（堀口健弐）「愛城研報告」 愛知中世城郭研究会 （18） 2014.8

絵葉書から見た愛知の中・近世城郭（高田徹）「愛城研報告」 愛知中世城郭研究会 （18） 2014.8

広小路／市制70周年／アメリカ村／名古屋にいた米軍／名古屋市庁舎／愛知県庁舎／名古屋駅／中村遊郭名楽園／松坂屋／大須／名古屋城／名古屋城の風景／堀川／東山公園／犬山／国府宮はだか祭／蕃те／風景・風景／主な参考文献（「郷土文化」別冊 名古屋郷土文化会創立70周年記念写真集―米国人の見た戦後の名古屋）「郷土文化」 名古屋郷土文化会 通号222（別冊） 2014.12

愛知県第一師範学校男子部付属国民学校

集団疎開の回顧談（6）―愛知県第一師範学校男子部付属国民学校（岡田弘）「ひがし」 東区郷土史研究会 （8） 2001.9

愛知県

明治期愛知県から北海道へ移住した人々 下（1），（2）―国立史料館所蔵 愛知県庁文書より（【資料紹介】）（加藤英俊）「もりやま」 守山郷土史研究会 19/20 2000.4/2001.1

愛知県の気候地名（吉野正敏）「愛知大学綜合郷土研究所紀要」 愛知大学綜合郷土研究所 通号45 2000.3

愛知県の市町村合併の歩み「愛知県公文書館だより」 愛知県公文書館 6 2001.10

愛知県下に残る戦争遺跡「愛知県史だより」 愛知県総務部 13 2001.10

愛知県関係城館論文目録（石川浩治）「愛城研報告」 愛知中世城郭研究会 6 2002.8

愛知県に於ける明治二十年代までの徴兵忌避の特質（池山弘）「愛知県史研究」 愛知県 （7） 2003.3

愛知県における軍事援護団体「尚武会」の成立（横地徹）「愛知県史研究」 愛知県 （7） 2003.3

〈愛知県史を語る会抄録〉「愛知県史研究」 愛知県 （7） 2003.3

近刊市町村史誌紹介「愛知県史研究」 愛知県 （7） 2003.3

愛知県の陶磁器業と前田正名の五二会運動（大森一宏）「愛知県史研究」 愛知県 （8） 2004.3

愛知県による人造石工事とその産業遺産（天野武弘，早川恭子）「愛知県史研究」 愛知県 （8） 2004.3

愛知県における織豊期研究の今昔小島廣次氏に聞く（織豊部会）「愛知県史研究」 愛知県 （8） 2004.3

『愛知県史資料編』18近世4について―反省と批判 資料編のありかた論（塚本学）「安城市史研究」 安城市 5 2004.3

愛知県地方史研究の動向（《隣県特集号 隣県地方史学界の動向―平成15年（2003）》）（三島一信，石田泰弘）「信濃［第3次］」 信濃史学会 56（6）通号653 2004.6

愛知県地方史研究の動向―平成14年（2002）歴史学・民俗学関係（《隣県特集号 隣県地方史学界の動向―平成15年（2003）》）（三島一信，石田泰弘）「信濃［第3次］」 信濃史学会 56（6）通号653 2004.6

村の避難所について―愛知県・岐阜県を中心に（石川浩治）「愛城研報告」 愛知中世城郭研究会 （8） 2004.8

愛知県における明治期の地方誌教科書（1）―その書名と所在を中心にして（永田文夫）「郷土研究誌みなみ」 南知多郷土研究会 （78） 2004.11

愛知万博・愛知県館の概要／東海北陸地区公文書等保存利用事務協議会／閲覧室日記／古文書解読講座／公文書館体験記／寄託資料「加藤鐐五郎関係資料」「愛知県公文書館だより」 愛知県公文書館 9 2005.2

愛知県を語る会抄録 信長とその時代（三木清一郎，播磨良紀，高橋修）「愛知県史研究」 愛知県 （9） 2005.3

愛知県関係城館論文目録補遺（石川浩治）「愛城研報告」 愛知中世城郭研究会 （9） 2005.8

県民こぼれ話 裸寝のこと（脇田雅彦）「愛知県史だより」 愛知県総務部 17 2005.10

愛知県における明治期の地方誌教科書（2）―明治初期の県地誌の内容を中心に（永田文夫）「郷土研究誌みなみ」 南知多郷土研究会 （80） 2005.11

1930年代・愛知県における在日朝鮮人の教育運動資料―朝鮮普成学院認可申請書類（西秀成）「愛知県史研究」 愛知県 （10） 2006.3

古代窯道具の基礎的検討―常滑窯を対象として（市川創）「大阪歴史博物館研究紀要」 大阪市文化財協会 （5） 2006.10

愛知県における明治期の地方誌教科書（3） 明治10年代の郡地誌の内容を中心に（永田文夫）「郷土研究誌みなみ」 南知多郷土研究会 （82） 2006.11

愛知県に現存する「青い目の人形」の歩んだ道（安達覚）「安城市歴史博物館研究紀要」 安城市歴史博物館 （14） 2007.3

愛知県公文書館所蔵の「明治十七年地籍図・地籍帳」について（山田正浩）「愛知県史研究」 愛知県 （12） 2008.3

愛知の建造物・戦争遺跡・産業遺産（愛知県史を語る会抄録）（佐々木享，伊藤厚史，杉野丞）「愛知県史研究」 愛知県 （12） 2008.3

愛知県における明治期の地方誌教科書（4） 明治20年代の県地誌の内容を中心に（永田文夫）「郷土研究誌みなみ」 南知多郷土研究会 （85） 2008.5

愛知県史の調査と執筆から（研究ノート）（山田貢）「産業遺産研究」 中部産業遺産研究会事務局 （15） 2008.5

愛知県における明治期の地方誌教科書（5の1） 明治26年以降の内容を中心に（永田文夫）「郷土研究誌みなみ」 南知多郷土研究会 （86） 2008.11

明治初期の県と村点描［1］～（3）（中村保夫）「郷土文化」 名古屋郷土文化会 63（2）通号210/64（2）通号212 2009.2/2010.02

資料紹介 戦時下の文化財保護 愛知県史蹟名勝天然紀念物調査会主事、小栗鉄次郎の日誌を中心として（梶山勝）「名古屋市博物館研究紀要」 名古屋市博物館 32 2009.3

愛知県史を語る会抄録 日本窯業の礎―瀬戸窯（楢崎彰一，藤澤良祐，鈴木正貴）「愛知県史研究」 愛知県 （13） 2009.3

愛知県における明治期の地方誌教科書(5の2) 明治26年以降の内容を中心に(永田文夫)「郷土研究誌みなみ」 南知多郷土研究会 (87) 2009.5

戦争と紀年碑—愛知県を中心に(元杭和則)「年魚市風土記」 戦争遺跡研究会 (1) 2009.8

明治期の愛知県旧制中学における運動会の考察—明治三十年前後の運動会について(研究ノート)(秦真人)「愛知県史研究」 愛知県 (14) 2010.3

研究ノート 愛知県の名所旧跡調査(石川寛)「年報近現代史研究」 近現代史研究会 (2) 2010.3

崖地名(平成21年度 例会発表・講演・投稿論文)(中根洋治)「地名あいち」 地名研究会あいち (8) 2010.5

海進と地名(平成21年度 例会発表・講演・投稿論文)(中根洋治)「地名あいち」 地名研究会あいち (8) 2010.5

徳川将軍関係の城郭殿舎—とくに東海道沿いにおいて(松岡利郎)「愛城研報告」 愛知中世城郭研究会 (14) 2010.8

コラム 国鉄バス第1号車/横須賀御殿と長源寺「時の鐘」/日本文化は白銀比/熱田港と熱田駅を結ぶ水脈姥子川運河(熱田運河)/堀川の取水量を調整した黒川樋門/「電気新聞」に中部産業遺産研究会が紹介「産業遺産研究」 中部産業遺産研究会事務局 (18) 2011.5

縄文時代からの地名(中根洋治)「地名あいち」 地名研究会あいち (9) 2011.5

沢と谷(やとさわ)(吉川利明)「地名あいち」 地名研究会あいち (9) 2011.5

地名の文字を探る(鏡味明克)「地名あいち」 地名研究会あいち (9) 2011.5

付図 愛知県行政区画変遷図『角川地名大辞典 巻末附図 転用/愛知県主要古墳分布図『角川地名大辞典 巻末附図 転用』「地名あいち」 地名研究会あいち (9) 2011.5

愛知県における第一回衆議院議員選挙(上)(稲田雅俊)「東海近代史研究」 東海近代史研究会 (32) 2011.7

愛知県関係城館論文目録補遺(2)(石川浩治)「愛城研報告」 愛知中世城郭研究会 (15) 2011.9

41回例会 海中の字の廃止(吉川利明)「地名あいち」 地名研究会あいち (10) 2012.6

42回例会 地名ってなんだ—地名の原則(服部真六)「地名あいち」 地名研究会あいち (10) 2012.6

45回例会 愛知県内の市町村合併に見る合成地名(坪井文一)「地名あいち」 地名研究会あいち (10) 2012.6

46回例会 続地名の文字を探る(鏡味明克)「地名あいち」 地名研究会あいち (10) 2012.6

地名討論会「地名あいち」 地名研究会あいち (10) 2012.6

愛知県における第一回衆議院議員選挙(下)(稲田雅俊)「東海近代史研究」 東海近代史研究会 (33) 2012.7

愛知県陶磁資料館企画展「戦国のあいち 信長の見た城館・陶磁・世界」から「城郭だより : 日本城郭史学会会報」「日本城郭史学会」 (79) 2012.10

最近の地名ニュース(中根洋治)「地名あいち」 地名研究会あいち (11) 2013.5

49回例会 河川名の由来(中根洋治)「地名あいち」 地名研究会あいち (11) 2013.5

50回例会 土石業(吉川利明)「地名あいち」 地名研究会あいち (11) 2013.5

52回例会 金属・鍛冶地名(村田三郎)「地名あいち」 地名研究会あいち (11) 2013.5

地名討論会「地名あいち」 地名研究会あいち (11) 2013.5

『愛知県史』編集余話—「資料編(20)学芸」に関わって(鈴木光保)「三河地域史研究」 三河地域史研究会 (62) 2013.9

講演抄録 愛知県陶磁資料館特別企画展「茶人のあそび心 形物香合番付の世界」記念講演会「見立番付研究からみた形物香合番付」(特別企画 青木美智男さんを偲んで)(青木美智男)「愛知県史研究」 愛知県 (18) 2014.3

文化の潮流に〈ふみ〉は残る(愛知県史を語る会抄録 近世の尾張・三河の文化世界)(塩村耕)「愛知県史研究」 愛知県 (18) 2014.3

近刊市町村史誌紹介 『新修名古屋市史』資料編「考古2」、『碧南市史料 第六九集 訳注 大浜陣屋日記 上』、『吉良家日記 吉良町史 別冊資料』『幡豆町史 本文編3 近代・現代』、稲沢市史資料第四十七編『長福寺文書』、『尾張旭市誌 現代史資料編』、『新編 三好町誌』本文編「愛知県史研究」 愛知県 (18) 2014.3

愛知県の大正・昭和期の近代建築—インド様式からジャパニーズモダンへ(川島智生)「近畿文化」 近畿文化会事務局 (778) 2014.9

愛知県への旅(第39回上伊那歴史研究会県外実地踏査報告「愛知県三河と上伊那とのつながりを探る」)(田村栄作)「伊那路」 上伊那郷土研究会 58(12)通号695 2014.12

第一回総選挙と第一議会召集との間—愛知県第一区同名投票訴訟事件な

ど(稲田雅俊)「東海近代史研究」 東海近代史研究会 (35) 2014.12

愛知用水

愛知用水夜話(加藤喜代吉)「郷土研究誌みなみ」 南知多郷土研究会 (87) 2009.5

葵

葵学区 むかしむかし(岡田弘)「ひがし」 東区郷土史研究会 (7) 2000.6

葵国民学校

集団疎開の回顧談(5)—名古屋市葵国民学校(岡田弘)「ひがし」 東区郷土史研究会 (7) 2000.6

赤坂

紀行文 東海道五十三次ゆったり紀行—新居宿から御油・赤坂まで(岡田宏一郎)「備陽史探訪山城志 : 備陽史探訪の会機関誌」 備陽史探訪の会 (22) 2014.6

赤羽根

神社・街道の移転からみた赤羽根地域の海岸浸食(石井一希)「三河地域史研究」 三河地域史研究会 (48) 2006.5

赤羽根沖の黒船から(2)(渡辺賢治)「さんえん」 三遠地方民俗と歴史研究会 (33) 2006.7

赤羽根地区の地形とくらしの変化(藤城信幸)「田原市博物館研究紀要」 田原市博物館 (4) 2009.3

12万年前の海進期における渥美半島中央部の福江面の形成について—赤羽根・泉・野田の3地区に分布する福江面の形成過程(論文)(藤城信幸)「田原市博物館研究紀要」 田原市博物館 (6) 2013.3

赤羽根村

田原市における1944年の昭和東南海地震の被害状況について—田原町柳町・赤羽根村の倒壊家屋を地形・地質との関係から探る(論文)(藤城信幸)「田原市博物館研究紀要」 田原市博物館 (6) 2013.3

赤煉瓦塀

名古屋の電鉄発祥の地 旧那古野車庫と赤煉瓦塀(橋本英樹)「産業遺産研究」 中部産業遺産研究会事務局 (15) 2008.5

阿木城

阿木城について(高田徹)「愛城研報告」 愛知中世城郭研究会 6 2002.8

浅野城

尾張浅野城について—大正時代の史跡整備を中心として(石川浩治)「愛城研報告」 愛知中世城郭研究会 (7) 2003.8

安食荘

私の研究 安食荘絵図の考察(前)(髙橋敏明)「郷土誌かすがい」 春日井市教育委員会 (73) 2014.11

味鋺

味鋺の地名由来は……(「たより」124〜159号寄稿文)「ひがし」 東区郷土史研究会 (12) 2012.1

足助

足助の町並みの保存と活用—豊田市足助伝統的建造物群保存地区「豊田市郷土資料館だより」 豊田市郷土資料館 (78) 2012.1

足助の町並みでの発見—小路について「豊田市郷土資料館だより」 豊田市郷土資料館 (83) 2013.1

足助の町並みでの発見(松川智一)「豊田市郷土資料館だより」 豊田市郷土資料館 (86) 2013.12

中馬の一大中継地「足助」(第39回上伊那歴史研究会県外実地踏査報告「愛知県三河と上伊那とのつながりを探る」)(福澤浩之)「伊那路」 上伊那郷土研究会 58(12)通号695 2014.12

伝建制度を往か生かした町並み保存が進む足助(第39回上伊那歴史研究会県外実地踏査報告「愛知県三河と上伊那とのつながりを探る」)(渡辺社行)「伊那路」 上伊那郷土研究会 58(12)通号695 2014.12

足助街道

足助街道の移り変わり(中根洋治)「岡崎地方史研究会研究紀要」 岡崎地方史研究会 (41) 2013.3

足助城

地域資料館紹介 城跡公園足助城・市場城址・香恋の里(鈴木昭彦)「豊田市郷土資料館だより」 豊田市郷土資料館 (59) 2007.3

7月・第585回例会の報告 三河・足助城とその周辺を探訪(栢木隆)「城だより」 日本古城友の会 (524) 2012.8

三河足助城(鳥瞰図)(会員通信)(川端義憲)「城だより」 日本古城友の会 (524) 2012.8

豊田の城を歩く(1) 足助城(真弓山城・松山城)「豊田市郷土資料館だより」 豊田市郷土資料館 (89) 2014.9

熱田

熱田乗合船(史料紹介)(瀬戸口龍一)「知多半島の歴史と現在」 日本福

愛知県　　　　　　　　　　　　　地名でたどる郷土の歴史　　　　　　　　　　　　東海

祉大学知多半島総合研究所　（13）2005.9
インタビュー「私の歩んだ道」古き熱田の語り部として―近藤是氏「産業遺産研究」中部産業遺産研究会事務局　（16）2009.5

熱田奉行所
口絵　嘉永七年十一月四日　安政地震による津波の状況について熱田奉行所より報告書「愛知県史研究」愛知県　（18）2014.3

熱田港
口絵　無題図（明治十一年伊勢湾図）・明治十一年熱田港川口之図「愛知県史研究」愛知県　（16）2012.3

熱田湊
熱田湊常夜灯（研究ノート）（井上清司）「産業遺産研究」中部産業遺産研究会事務局　（18）2011.5

渥美
渥美窯製品にみられる刻文について―ヘラ描き記号文を中心として（資（史）料紹介）（安井俊則）「愛知県史研究」愛知県　（15）2011.3
渥美・湖西窯の窯体構造と生産展開について（論文）（小栗康寛）「田原市博物館研究紀要」田原市博物館　（6）2013.3
渥美窯の展開（特集　シンポジウム報告）（安井俊則）「知多半島の歴史と現在」日本福祉大学知多半島総合研究所　（17）2013.10
東北地方の渥美と常滑（特集　シンポジウム報告）（八重樫忠郎）「知多半島の歴史と現在」日本福祉大学知多半島総合研究所　（17）2013.10
都市鎌倉における渥美・常滑焼の使われ方（特集　シンポジウム報告）（河野眞知郎）「知多半島の歴史と現在」日本福祉大学知多半島総合研究所　（17）2013.10
シンポジウム「中世渥美・常滑焼をおって」（特集　シンポジウム報告）（安井俊則、中野晴久、藤澤良祐、八重樫忠郎、河野眞知郎、福岡猛志［コーディネーター］）「知多半島の歴史と現在」日本福祉大学知多半島総合研究所　（17）2013.10

渥美郡
『渥美郡地誌略』・『渥美郡誌』明治時代の渥美郡（山内藤雄）「田原市渥美郷土資料館研究紀要」田原市渥美郷土資料館　（9）2005.3

渥美線
渥美線廃線・未成線跡調査（木村洋介）「田原市博物館研究紀要」田原市博物館　（5）2011.3

渥美町
構造改善事業と渥美農業―渥美町誕生50年間の農業（石川洋一）「田原市渥美郷土資料館研究紀要」田原市渥美郷土資料館　（7）2003.3

渥美半島
渥美半島における嘉永東海地震の実状―現存する災害記録から（清田治）「田原市渥美郷土資料館研究紀要」田原市渥美郷土資料館　（7）2003.3
渥美半島における「稲干場」の分布とその意味について（有薗正一郎）「愛知大学綜合郷土研究所紀要」愛知大学綜合郷土研究所　50　2005.3
渥美半島表浜の海岸崖の形状に関する一考察「田原市博物館研究紀要」田原市博物館　（3）2008.3
渥美半島の表浜集落における宝永地震の被害状況と海岸崖との関係「田原市博物館研究紀要」田原市博物館　（3）2008.3
渥美半島上空で1944年12月10日に米軍が撮影した空中写真「3PR―4M34―2V」(林哲志)「田原市博物館研究紀要」田原市博物館　（3）2008.3

安八磨郡
安八磨郡湯沐邑と額田（八賀晋）「愛知県史研究」愛知県　（12）2008.3

油ヶ淵
市史講演会（要約）油ヶ淵の環境を考える（日々野雅俊）「安城市史だより」［安城］市教育委員会生涯学習部　20　2005.3
三河国油が淵の排水をめぐる水論（村瀬正章）「三河地域史研究」三河地域史研究会　（25）2007.11
油ヶ淵と周辺の村々「博物館ニュース」安城市歴史博物館　（82）2011.9

海部
海部・津島からみる近世尾張（石田泰弘）「愛知県史研究」愛知県　（7）2003.3

新居村
元禄尾張藩の御山廻り―新居村　加藤伊之右衛門（木原克之）「もりやま」守山郷土史研究会　（25）2006.1
愛知県東春日井郡新居村是（資料紹介）（木原克之）「もりやま」守山郷土史研究会　（25）2006.1

荒子城
尾張荒子城について（高田徹）「愛城研報告」愛知中世城郭研究会　（18）2014.8

有松
有松散策―豆知識（「たより」124～159号寄稿文）（高田真由美）「ひがし」東区郷土研究会　（12）2012.1

安祥
安祥の地名を考える―安城と安祥（三島一信）「安城歴史研究」安城市教育委員会　（35）2010.3

安城
戦時期の安城と明治航空基地―わかったこと、わからないこと（堀田慎一郎）「安城市史だより」［安城］市教育委員会生涯学習部　9　2001.2
安城に進出した軍需工場（川合正治）「安城歴史研究」安城市教育委員会　（28）2003.3
引揚げ関係文書から見る安城の戦後（松田京子）「安城市史だより」［安城］市教育委員会生涯学習部　16　2003.7
ミュージアム・スポット安城の文化財「博物館ニュース」安城市歴史博物館　56　2005.4
身近な歴史を調べよう（4）標高27.7m―安城で一番高い所（加藤善亮）「博物館ニュース」安城市歴史博物館　57　2005.7
安城の風の中で（岡田仁）「安城市史だより」［安城］市教育委員会生涯学習部　（24）2007.3
身近な歴史を調べよう（10）安城ステンション（加藤善亮）「博物館ニュース」安城市歴史博物館　（64）2007.4
ミュージアム・スポット「農家の女性が織った布―安城のうちおり―」「博物館ニュース」安城市歴史博物館　（67）2008.1
安城における梨栽培史調査報告（西島庸介）「安城市歴史博物館研究紀要」安城市歴史博物館　（15）2008.3
安城の新しい歴史（斎藤卓志）「博物館ニュース」安城市歴史博物館　（69）2008.7
オコシモノを作る―安城における聞き取り調査より（平岩里張）「安城市歴史博物館研究紀要」安城市歴史博物館　（16）2009.3
安城の「文字書き」からくり人形―新出の市川家旧蔵座敷からくり（鬼頭秀明）「安城市歴史博物館研究紀要」安城市歴史博物館　（17）2010.3
安城の地名を考える―安城と安祥（三島一信）「安城歴史研究」安城市教育委員会　（35）2010.3
「日本デンマーク時代」の安城農業を視察したドイツ青年団（神谷友和）「年魚市風土記」戦争遺跡研究会　（2）2010.8
安城の町をつくった駅「博物館ニュース」安城市歴史博物館　（80）2011.4
「安城の軍神像」見聞記（神谷友和）「年魚市風土記」戦争遺跡研究会　（3）2011.7
地図からわかる安城の町の成り立ち[1]～（3）（高山忠士）「博物館ニュース」安城市歴史博物館　（81）/（83）2011.7/2012.01

安城駅
昭和36年（1961）の安城駅（倉知満孝氏撮影）「博物館ニュース」安城市歴史博物館　（80）2011.4

安城が原
上条村の安城が原開発（上条町史編集委員会）「安城歴史研究」安城市教育委員会　（27）2002.3

安城市
超古代からの安城市（深津精一）「安城歴史研究」安城市教育委員会　（25）2000.3
明和4年の矢作川洪水と安城市域―国役普請訴願を中心に（林淳一）「安城市史だより」［安城］市教育委員会生涯学習部　8　2000.10
古代の安城市（1）（深津精一）「安城歴史研究」安城市教育委員会　（26）2001.3
「宗門送り状」にみる安城市域の人の移動―結婚・養子縁組・転居・奉公人などの動向（近藤晴一）「安城市史研究」安城市　4　2003.3
1920―30年代における「日本のデンマーク」をめぐる言説(1)，(2)（岡田洋司）「安城市史研究」安城市　5/6　2004.3/2005.3
安城市内における中世石造物悉皆調査報告（北村和宏）「安城市史研究」安城市　（7）2006.3
新しい形式、新事実登載の安城市史（遠山佳治）「安城市史だより」［安城］市教育委員会生涯学習部　（24）2007.3
今「日本のデンマーク」を歴史の中に位置づける（伴野泰弘）「安城市史だより」［安城］市教育委員会生涯学習部　（24）2007.3
身近な歴史を調べよう（11）作付面積日本一「日本晴」（加藤善亮）「博物館ニュース」安城市歴史博物館　（65）2007.7
身近な歴史を調べよう（12）土地改良碑（加藤善亮）「博物館ニュース」安城市歴史博物館　（66）2007.10
中世三河沿岸地域史の視点―「新編安城市史」からの飛翔（村岡幹生）「安城市史研究」安城市　（10）2009.3
東から望む安城市の中心市街地（昭和20年代後半）「博物館ニュース」安城市歴史博物館　（86）2012.10

東海　　　　　　　　　　　　　　　　　　地名でたどる郷土の歴史　　　　　　　　　　　　　　　　　　愛知県

安祥城

安祥城と安城城について（川合正治）「安城歴史研究」　安城市教育委員会
（36）　2011.3

安祥城の表記について（川合正治）「安城歴史研究」　安城市教育委員会
（39）　2014.3

安城城

「安城城の歴史」　安城市歴史資料館（三島一信）「地名あいち」　地名研究
会あいち　（7）　2009.5

徳川家康の源流　安城松平一族企画展記念シンポジウム「安城城攻防の
10年—一五四〇年代の西三河—」（久保田昌希，下村信博，平野明夫，
村岡幹生）「安城市歴史博物館研究紀要」　安城市歴史博物館　（17）
2010.3

安祥城と安城城について（川合正治）「安城歴史研究」　安城市教育委員会
（36）　2011.3

安城町

主穀・園芸複合経営の展開過程 1927～1940—旧安城町・伊藤家の農家
経営を対象に（宇佐美正史）「安城市史研究」　安城市　（7）　2006.3

安城町鳥瞰図と安城小唄（天野信治）「安城市歴史博物館研究紀要」　安城
市歴史博物館　（13）　2006.3

1930年代における主穀・園芸・畜産複合経営—旧安城町・林家の農業経
営を対象に（宇佐見正史）「安城市史研究」　安城市　（8）　2007.3

矢作川中流域右岸の条里制遺構—旧愛知県碧海郡矢作町・安城町・桜井
村（北村和宏）「安城市史研究」　安城市　（9）　2008.2

安城村

安城村と上条村との山論—細田をめぐって（阿部健，渥美精一，深井宗
善，斎藤績，黒野俊勝，山中康彦）「安城歴史研究」　安城市教育委員
会　（26）　2001.3

中根家文書「安城村之図」について（内藤路子）「安城市歴史博物館研究
紀要」　安城市歴史博物館　（15）　2008.3

伊賀八幡宮

重要文化財建造物の屋根葺替等保存修理工事報告—伊賀八幡宮・瀧山寺
本堂・三門・天恩寺山門（調査研究報告）（岡崎市教育委員会，公益財
団法人文化財建造物保存技術協会）「岡崎市史研究」　岡崎市教育委員
会　（34）　2014.3

生駒屋敷

生駒屋敷の果たした役割（古川三雄）「城」　東海古城研究会　（198）
2007.7

依佐美

「依佐美」の語源（鈴木哲）「かりや：郷土研究誌」　刈谷市郷土文化研
究会　（21）　2000.3

依佐美送信所

依佐美送信所の歴史と技術（石田治治）「かりや：郷土研究誌」　刈谷市
郷土文化研究会　（24）　2003.3

依佐美送信所50の謎（鈴木哲）「かりや：郷土研究誌」　刈谷市郷土文化
研究会　（24）　2003.3

依佐美送信所の調査研究史と長波無線通信設備保存の経緯—IEEEマイ
ルストーンへ道（産業遺産紹介）（石田正治）「産業遺産研究」　中部産
業遺産研究会事務局　（18）　2011.5

依佐美送信所の歴史—伊綱から YOSAMI へ（鈴木哲）「地名あいち」
地名研究会あいち　（9）　2011.5

依佐美送信所保存運動の歩み［1］，［2・続］（加藤修）「かりや：郷土研
究誌」　刈谷市郷土文化研究会　（33）/（34）　2012.3/2013.3

泉

12万年前の海進期における渥美半島中央部の福江面の形成について—赤
羽根・泉・野田の3地区に分布する福江面の形成過程（論文）（藤城信
幸）「田原市博物館研究紀要」　田原市博物館　（6）　2013.3

和泉

安城市和泉地区における子どもの遊び空間とその変容（寺本潔）「安城市
史研究」　安城市　3　2002.3

泉田

泉田の歴史散歩（山田孝）「かりや：郷土研究誌」　刈谷市郷土文化研究
会　（26）　2005.3

伊世賀美隧道

近代化遺産紹介 伊世賀美隧道と大正時代の鉄筋コンクリート（RC）アー
チ橋「豊田市郷土資料館だより」　豊田市郷土資料館　（57）　2006.9

井田城

岡崎市井田城再考（調査報告）（奥田敏春）「愛城研報告」　愛知中世城郭
研究会　（18）　2014.8

一宮

第918回例会 尾張一宮と周辺の史跡と美術（水野孝文）「史迹と美術」
史迹美術同攷会　78（3）通号783　2008.3

市場城

地域資料館紹介 城跡公園足助城・市場城址・香恋の里（鈴木昭彦）「豊田
市郷土資料館だより」　豊田市郷土資料館　（59）　2007.3

尾張 市場城（立松政敏）「城」　東海古城研究会　（207）　2011.12

五日市場

郷土史調査レポート 五日市場と下江湊「豊田市郷土資料館だより」　豊
田市郷土資料館　43　2003.3

一色城

調査報告 三河宝飯郡一色城の形状とその周辺（奥田敏春）「愛城研報告」
愛知中世城郭研究会　（7）　2003.8

一色町

史料紹介 一色町杉浦家文書（神谷智）「愛知県史だより」　愛知県総務部
12　2000.10

一色町所蔵松本家文書目録（神谷智）「愛知県史研究」　愛知県　（13）
2009.3

一色村

知多半島の近世村落の成り立ちに関する一考察—一色村の場合（歴史・
民俗）（高部淑子）「知多半島の歴史と現在」　日本福祉大学知多半島総
合研究所　（17）　2013.10

伊那街道

伊那街道と三州の馬稼ぎ（《第31回大会特集 共通論題「交通の十字路—
東海の交通史」》）（伊川吉秀）「交通史研究」　交通史学会，吉川弘文館
（発売）　（59）　2006.4

高森町歴史資料館特別展「水戸浪士天狗党の伊那街道通行」（展示評）（竹
ノ内雅人）「飯田市歴史研究所年報」　飯田市教育委員会　（7）　2009.8

稲置公園

稲置公園の成立—前号論文「濃尾地震と犬山城」の訂正と補遺（1）（松
田之利）「研究紀要」　犬山城白帝文庫　（5）　2011.3

稲沢市

近刊市町村史誌紹介 稲沢市史資料第四十五編『性海寺文書III—願達類
——』，『新修名古屋市史』資料編「民俗」，『新修名古屋市史』資料編
「近代2」，『幡豆町史 資料編3 近代・現代』「愛知県史研究」　愛知県
（14）　2010.3

近刊市町村史誌紹介 稲沢市史資料第四十六編『神明社文書・本源寺文
書』，『新修名古屋市史』資料編「近世2」，『幡豆町史 資料編2 近世』，
『新編 三好町誌』資料編「愛知県史研究」　愛知県　（15）　2011.3

伊奈城

三河伊奈城の縄張りについて（石川浩治）「愛城研報告」　愛知中世城郭研
究会　5　2000.6

犬山城

犬山城の薩摩義士顕彰碑由来記（湯田信義）「薩摩義士」　鹿児島県薩摩義
士顕彰会　7　2000.3

犬山城天守の評価をめぐって—過去の天守をめぐる評価と課題（高田
徹）「愛城研報告」　愛知中世城郭研究会　（13）　2009.8

濃尾地震と犬山城（松田之利）「研究紀要」　犬山城白帝文庫　（4）　2010.3

犬山城と城下町の治水対策について—犬山周辺河川絵図と関連して（白
水正）「研究紀要」　犬山城白帝文庫　（4）　2010.3

国宝の建築 犬山城天守と茶室「如庵」（江ヶ崎善太郎）「近畿文化」　近畿
文化会事務局　（747）　2012.2

濃尾大地震で破損した「犬山城」天守閣の修復に協力した人々（松田之
利）「研究紀要」　犬山城白帝文庫　（7）　2013.3

犬山城の修築許可老中連署奉書の発給と成瀬氏の格式（林淳一）「研究紀
要」　犬山城白帝文庫　（7）　2013.3

犬山城と城下町模型製作の資料について（白水正，寺岡希華，川村惠子）
「研究紀要」　犬山城白帝文庫　（7）　2013.3

天文期の犬山城と犬山城天守閣の移築について（横山住雄）「郷土文化」
名古屋郷土文化会　68（1）通号219　2013.8

伊吹

伊吹おろしの吹く方向（竹田繁良）「郷土文化」　名古屋郷土文化会　68
（2）通号220　2014.2

今池

歴史スケッチ 今池とその周辺（青木忠夫）「もりやま」　守山郷土史研究
会　（24）　2005.1

伊良湖

伊良湖散策（愛知県田原市伊良湖・日出地区合同調査特集）（早瀬哲恒）
「昔風と当世風」　古々路の会　（96）　2012.4

伊良湖の暮らし今昔（愛知県田原市伊良湖・日出地区合同調査特集）（谷
川隼也）「昔風と当世風」　古々路の会　（96）　2012.4

伊良湖地区の生業と漁具（抄）（愛知県田原市伊良湖・日出地区合同調査
特集）（五十嵐稔）「昔風と当世風」　古々路の会　（96）　2012.4

愛知県　　　　　　　　　　　　地名でたどる郷土の歴史　　　　　　　　　　　　東海

伊良湖岬

遠州三山・豊川稲荷・伊良湖岬の旅（市川三郎）「府中史談」　府中市史談会　（33）2007.5

伊良湖岬の春（「たより」124～159号寄稿文）（園部志津代）「ひがし」　東区郷土史研究会　（12）2012.1

海の十字路伊良湖岬（愛知県田原市伊良湖・日出地区合同調査特集）（鈴木秋子）「昔風と当世風」　古々路の会　（96）2012.4

伊良湖町

伊良湖町の住まい（愛知県田原市伊良湖・日出地区合同調査特集）（宮崎勝弘）「昔風と当世風」　古々路の会　（96）2012.4

『三州奥郡風俗図絵』と伊良湖町の聞き書き（愛知県田原市伊良湖・日出地区合同調査特集）（佐志原圭子）「昔風と当世風」　古々路の会（96）2012.4

岩倉城

尾張岩倉城とその城下町の構造復元に関する考察（村井毅史）「愛城研報告」　愛知中世城郭研究会　（14）2010.8

岩崎城

岩崎城について（高田徹）「愛城研報告」　愛知中世城郭研究会　（7）2003.8

岩崎城―織田・羽柴・徳川との間で丹羽氏四代、悲運の城（久保敏博）「歴史懇談」　大阪歴史懇談会　（26）2012.8

岩津城

岩津城館群について（石川浩治）「愛城研報告」　愛知中世城郭研究会（12）2008.8

岩津新城

調査報告 岩津新城と絵図―岩津新城の位置と形態の再検討（奥田敏春）「岡崎地方史研究会研究紀要」　岡崎地方史研究会　（36）2008.3

消え行く古城「岩津新城」（内平暢子）「城」　東海古城研究会　（200）2008.8

岩津町

戦間期日本の小農経済に関する一考察―愛知県額田郡岩津町・市川幸次郎家の農家経営を対象として（宇佐美正史）「愛知県史研究」　愛知県（14）2010.3

岩村城

岩村城の建築に関する考察（松岡利郎）「愛城研報告」　愛知中世城郭研究会　（15）2011.9

牛久保

永禄四年四月三河国牛久保合戦の意義（柴裕之）「戦国史研究」　戦国史研究会．吉川弘文館（発売）（49）2005.2

内津川

内津川の旧河道と地形景観の変遷―庄名上地区画整理事業に伴う事前調査から（事務局）「郷土誌かすがい」　春日井市教育委員会　（71）2012.11

内海

内海郷土史（西山茂先生作）（大井誠，平野利治）「郷土研究誌みなみ」　南知多郷土研究会　（81）2006.5

知多・内海を思う（松田文一）「郷土研究誌みなみ」　南知多郷土研究会（81）2006.5

近世物流の担い手・千石船（弁才船）の活躍と衰退―尾州廻船・内海船を中心にして（丸山専治）「郷土研究誌みなみ」　南知多郷土研究会（85）2008.5

内海に於ける松葉と灰の取引（内田白花）「郷土研究誌みなみ」　南知多郷土研究会　（86）2008.11

源義朝公内海上陸の地を推論する（大岩隆）「郷土研究誌みなみ」　南知多郷土研究会　（91）2011.5

内海十一ヶ村の地名のルーツを探る（大岩義昌）「郷土研究誌みなみ」　南知多郷土研究会　（98）2014.11

世界一内海サンドスキー場の思い出（内田白花）「郷土研究誌みなみ」　南知多郷土研究会　（98）2014.11

内海川

内海川の大堰（内田辰男）「郷土研究誌みなみ」　南知多郷土研究会（78）2004.11

内海川今昔（内田辰男）「郷土研究誌みなみ」　南知多郷土研究会　（86）2008.11

内海町

日露戦争（明治三十八年戦役）(1),(2)―内海町からの出生兵士の記録より（松本亀男）「郷土研究誌みなみ」　南知多郷土研究会　（96）/（97）2013.11/2014.05

内海東端

内海東端の巴紋と勾玉、管玉について（内田恒助）「郷土研究誌みなみ」南知多郷土研究会　（92）2011.11

馬飼村

馬飼（新明津）輪中について―中島郡馬飼村を中心にして（大野哲夫）「郷土文化」　名古屋郷土文化会　60(3)通号203　2006.3

梅田川

東三河南部、梅田川下流の水の挙動について（研究ノート）（野田賢司）「愛知大学綜合郷土研究所紀要」　愛知大学綜合郷土研究所　58　2013.3

枝下用水路

郷土史調査レポート・寄稿「旧枝下用水路」の遺構「豊田市郷土資料館だより」　豊田市郷土資料館　46　2004.1

愛知郡

尾張國愛知郡村誌 はじめに／千竈村誌／前濱村誌／本星崎村誌／鳴海村誌／豊田村誌／名古屋市南区の明治24年（1891）の現況図／あとがき「あゆち潟」　「あゆち潟」の自然と歴史に親しむ会　（9・10）2004.4

NHK旧桶狭間ラジオ放送所

NHK旧桶狭間ラジオ放送所（中部の産業遺産）（永田宏）「産業遺産研究」中部産業遺産研究会事務局　（12）2005.5

榎前村

近世後期における榎前村の木綿生産と販売―斎藤五郎兵衛家の分析対象として（曲田浩和）「安城市史研究」　安城市　3　2002.3

榎前村の御収納米帳について（曲田浩和）「安城市史研究」　安城市　5　2004.3

榎本城

遺跡紹介 榎本城「豊田市郷土資料館だより」　豊田市郷土資料館　（63）2008.3

江比間

江比間集落の井戸水の塩水化の原因を探る―江比間集落南に広がる谷底低地開発との関係から（藤城信幸）「田原市博物館研究紀要」　田原市博物館　（5）2011.3

大草城

大草城跡（「西尾式部道永城跡」）の研究（深貝佳世）「郷土文化」　名古屋郷土文化会　60(3)通号203　2006.3

大島陣屋

大島陣屋（三河国）（前川浩一）「城」　東海古城研究会　（200）2008.8

大須

大須一帯の歴史（大野哲夫）「郷土文化」　名古屋郷土文化会　64(2)通号212　2010.2

徳川園に大須文庫？―幻の大須文庫移転案をめぐって（木村慎平）「蓬左」　名古屋市蓬左文庫　（87）2013.10

大曽根

大曽根の道標・殉難者慰霊碑の移転（馬場勇）「もりやま」　守山郷土史研究会　（27）2008.1

大曽根駅

瀬戸電の矢田駅と大曽根駅駅設置抄録（岡田弘）「ひがし」　東区郷土史研究会　（8）2001.9

大曽根下屋敷

尾張藩 大曽根下屋敷の門（近藤薫）「城」　東海古城研究会　（200）2008.8

大曽根町

〔資料紹介〕大曽根町屋敷関係の免状（青木忠夫）「もりやま」　守山郷土史研究会　20　2001.1

大高城

大高城をめぐる攻防と周辺勢力（前）（森伸之）「愛城研報告」　愛知中世城郭研究会　（14）2010.8

大高城をめぐる攻防と周辺勢力（後）（森伸之）「愛城研報告」　愛知中世城郭研究会　（15）2011.9

大高村

大高村山口源兵衛と源兵衛新田（浜田匡彦）「あゆち潟」　「あゆち潟」の自然と歴史に親しむ会　（7）2001.2

大伝馬町

松本久三郎船幸生丸の積荷―大伝馬町組白子廻船の一事例（鈴木えりも）「知多半島の歴史と現在」　日本福祉大学知多半島総合研究所（15）2011.3

大野

弥次さん喜多さん 大野へ潮湯治に来る「郷中知多栗毛」（永田久則）「郷土研究誌みなみ」　南知多郷土研究会　（94）2012.11

大野田城

戦国期の北信濃と大野田城（竹井英文）「武田氏研究」　武田氏研究会，岩田書院（発売）（50）2014.6

東海　　　　　　　　　　　　　　地名でたどる郷土の歴史　　　　　　　　　　　　　　愛知県

大浜茶屋
身近な歴史を調べてみよう(26) 天皇が休憩した大浜茶屋(加藤善亮)「博物館ニュース」 安城市歴史博物館 （80）2011.4

大浜湊
18世紀の平坂湊・大浜湊と三河の廻船(曲田浩和)「愛知県史研究」 愛知県 （9）2005.3

大平城
三河・大平城の縄張り(高田徹)「愛城研報告」 愛知中世城郭研究会 （16）2012.8

大平藩
資料紹介 三河国西大平藩の返済証文(竹村到)「港郷土資料館だより」 港区立港郷土資料館 （74）2014.9

大府市
大府市・東浦町方面の歴史をたずねて―宝龍山延命寺・大府市歴史民俗資料館・石が瀬川・村木砦跡・宇宙山乾坤院(竹中兼利)「かりや ： 郷土研究誌」 刈谷市郷土文化研究会 （29）2008.3

知多半島・大府市の城館上(盛田朋樹)「城」 東海古城研究会 （203）2010.2

大船町
名古屋の史料紹介(1)―名古屋城下町大船町藤屋(商家)文書・愛知郡鳴海村下郷家文書(大野哲夫)「郷土文化」 名古屋郷土文化会 58(3) 通号198 2004.3

大森村
明治五年大森村願書書留覚帳(資料紹介)(道木正信)「もりやま」 守山郷土史研究会 （29）2010.1

口絵 大森村絵図(安政七年 年不詳)/明治十七年地籍図(新居村広鍬 印場村壱里山)/大森村新田区分図(北八剣 東川ノ田 西新田 一り山)「もりやま」 守山郷土史研究会 （30）2011.1

大森村新田検地帳について(資料紹介)(道木正信)「もりやま」 守山郷土史研究会 （30）2011.1

明治六年大森村願書留(資料紹介)(道木正信)「もりやま」 守山郷土史研究会 （31）2012.1

大脇城
同時代を共有した沓掛城と大脇城(野村實)「あゆち潟」 「あゆち潟」の自然と歴史に親しむ会 （8）2002.4

大脇村
大脇村の村方騒動と兼帯庄屋竹田庄九郎について(種田祐司)「名古屋市博物館研究紀要」 名古屋市博物館 36 2013.3

小垣江
小垣江の古文書(1),(2)(加藤幸一)「かりや ： 郷土研究誌」 刈谷市郷土文化研究会 （27）/（28）2006.3/2007.3

小垣江の細工人形(加藤幸一)「かりや ： 郷土研究誌」 刈谷市郷土文化研究会 （34）2013.3

小垣江村
近世後期「不埒者」の離村―小垣江村文書を事例として(高橋賢)「三河地域史研究」 三河地域史研究会 （23）2005.12

岡崎
松平氏から家康まで 岡崎北部方面を訪ねて(山城道枝, 堀井照子)「かりや ： 郷土研究誌」 刈谷市郷土文化研究会 （24）2003.3

「中世の古城」「古道」など歴史、文化を訪ねて(鈴木久仁七)「岡崎地方史研究会研究紀要」 岡崎地方史研究会 （34）2006.3

岡崎の地名考(1)(伊東宏)「岡崎地方史研究会研究紀要」 岡崎地方史研究会 （33）2005.3

古城、古道を歩き歴史や文化、民俗を訪ねる(鈴木久仁七)「岡崎地方史研究会研究紀要」 岡崎地方史研究会 （33）2005.3

「大岡崎」の発展を支えた行政と教育(愛知県を語る会抄録)(岡田洋司, 篠田弘)「愛知県史研究」 愛知県 （10）2006.3

岡崎の地名考(2)(嶋村博)「岡崎地方史研究会研究紀要」 岡崎地方史研究会 （34）2006.3

石都岡崎の石工業発達について―三つの考察(長坂一昭)「岡崎地方史研究会研究紀要」 岡崎地方史研究会 （34）2006.3

各地の歴史や文化を訪ねて古道、古城跡を歩く(鈴木久仁七)「岡崎地方史研究会研究紀要」 岡崎地方史研究会 （34）2006.3

岡崎の地名考(3)(奥田敏春)「岡崎地方史研究会研究紀要」 岡崎地方史研究会 （35）2007.3

調査報告「地名の話」(中根洋治)「岡崎地方史研究会研究紀要」 岡崎地方史研究会 （37）2009.3

各地の歴史や文化を訪ねて歩く(鈴木久仁七)「岡崎地方史研究会研究紀要」 岡崎地方史研究会 （37）2009.3

岡崎の近代化遺産(資料紹介)(社会教育課)「岡崎市史研究」 岡崎市教育委員会 （30）2010.3

各地の歴史や文化を訪ねて歩く(鈴木久仁七)「岡崎地方史研究会研究紀要」 岡崎地方史研究会 （38）2010.3

江戸幕府の瓦解と旗本と陣屋―もうひとつの三河国岡崎地方明治維新史(1)～(3)(柴田知憲)「岡崎地方史研究会研究紀要」 岡崎地方史研究会 （39）/（41）2011.3/2013.03

各地の歴史や文化を訪ねて歩く(鈴木久仁七)「岡崎地方史研究会研究紀要」 岡崎地方史研究会 （39）2011.3

各地の歴史や文化を訪ねて歩く(鈴木久仁七)「岡崎地方史研究会研究紀要」 岡崎地方史研究会 （40）2012.3

岡崎と西尾を結んで走った軽便鉄道「西尾鉄道」の記録(藤井建)「岡崎地方史研究会研究紀要」 岡崎地方史研究会 （41）2013.3

各地の歴史や文化を訪ねて歩く(鈴木久仁七)「岡崎地方史研究会研究紀要」 岡崎地方史研究会 （41）2013.3

矢作と額田(中根洋治)「岡崎地方史研究会研究紀要」 岡崎地方史研究会 （42）2014.3

岡崎海軍航空基地
岡崎海軍航空基地―一兵士の記録(田中覚)「安城歴史研究」 安城市教育委員会 （39）2014.3

岡崎公園
三大公園の創造―中村公園改良策・清須公園設計案・岡崎公園設計案の紹介(資(史)料紹介)(石川寛)「愛知県史研究」 愛知県 （15）2011.3

岡崎航空隊基地
安城市岡崎航空隊基地に墜落したP―51機(神谷友和)「年魚市風土記」 戦争遺跡研究会 （6）2014.7

岡崎市
岡崎市史料叢書『中根家文書 上』について(岡崎市文化振興課)「岡崎市史研究」 岡崎市教育委員会 （24）2002.12

常設展示から岡崎市章と龍のテラコッタ「郷土舘 ： 岡崎市郷土館報」 岡崎市美術博物館 187 2005.10

岡崎市誕生―大正5年市制施行「郷土舘 ： 岡崎市郷土館報」 岡崎市美術博物館 （188）2006.1

岡崎市電
回想岡崎市電とその沿線(大石収宏)「岡崎地方史研究会研究紀要」 岡崎地方史研究会 （32）2004.3

岡崎城
近世初頭における岡崎城縄張りの変遷―天守及び廊下橋周辺の検討から(高田徹)「愛城研報告」 愛知中世城郭研究会 5 2000.6

《特集 史跡岡崎城跡》「岡崎市史研究」 岡崎市教育委員会 （22）2000.11

史跡としての岡崎城(新行紀一)「岡崎市史研究」 岡崎市教育委員会 （22）2000.11

地籍図からみた岡崎城と岡崎城下町(高田徹)「岡崎市史研究」 岡崎市教育委員会 （22）2000.11

10月例会の報告(2) 岡崎城の石垣について(石川浩治)「愛城研通信」 愛知中世城郭研究会 （19）2001.3

《特集 史跡岡崎城跡2》「岡崎市史研究」 岡崎市教育委員会 （23）2001.9

岡崎城絵図について(堀江登志実)「岡崎市史研究」 岡崎市教育委員会 （23）2001.9

岡崎城大手の変遷と城下街路(研究ノート)(奥田敏春)「愛城研報告」 愛知中世城郭研究会 6 2002.8

近世岡崎城の中世的遺構について(小野田嘉之)「岡崎地方史研究会研究紀要」 岡崎地方史研究会 （32）2004.3

近世岡崎城の中世的遺構について(小野田嘉之)「城」 東海古城研究会 （200）2008.8

「城」の表紙を飾った絵 三河岡崎城/遠江浜松城/信濃松本城/美濃大垣城(根津栄津之)「城」 東海古城研究会 （200）2008.8

絵葉書から見た近代の岡崎城跡(高田徹)「愛城研報告」 愛知中世城郭研究会 （15）2011.9

岡崎町
研究ノート 「岡崎町立通俗図書館」初代館長千蔵尚・書記八木開枝(付)新編『岡崎市史』における図書館史の誤りを正す(鈴木素夫)「岡崎市史研究」 岡崎市教育委員会 （29）2009.3

岡崎藩
岡崎藩武士の勤務と生活(堀江登志実)「岡崎市史研究」 岡崎市教育委員会 （24）2002.12

岡崎藩の寛政改革(堀江登志実)「岡崎地方史研究会研究紀要」 岡崎地方史研究会 （33）2005.3

岡崎藩の村政と農民のくらし―『長嶋家御用日記』から垣間見る(高橋利男)「岡崎地方史研究会研究紀要」 岡崎地方史研究会 （39）2011.3

岡多線
省営・岡多線と国産自動車のあゆみ(研究ノート)(杉本漢三)「産業遺産

607

研究」 中部産業遺産研究会事務局 （19） 2012.5

大給城

三河大給城(前川浩一)「城」 東海古城研究会 （192） 2005.6

三河大給城縄張り再考(高田徹)「愛城研報告」 愛知中世城郭研究会 （14） 2010.8

大給山中城

報告 三河大給山中城について(石川浩治)「愛城研報告」 愛知中世城郭研究会 （14） 2010.8

奥郡

『三州奥郡風俗図絵』と伊良湖町の聞き書き(愛知県田原市伊良湖・日出地区合同調査特集)(佐志原圭子)「昔風と当世風」 古々路の会 （96） 2012.4

小口城

再び尾張・小口城について―『小口城跡』調査報告書の成果から省みて(高田徹)「愛城研報告」 愛知中世城郭研究会 （10） 2006.8

奥三河

県史こぼれ話 照葉樹林文化論と奥三河(服部誠)「愛知県史だより」 愛知県総務部 15 2003.10

高遠石工旅稼ぎ人別帳(1)―奥三河型庚申石工(田中清文)「伊那路」 上伊那郷土研究会 48(2)通号565 2004.2

55回例会 奥三河14世紀からの古城(加藤博俊)「地名あいち」 地名研究会あいち （12） 2014.5

桶狭間

桶狭間の戦いについて(斎藤雅男)「尾上文化誌」 尾上町郷土史研究会 平成14年版 2003.3

桶狭間合戦拾遺記(浅井敏)「城」 東海古城研究会 （194） 2006.2

桶狭間と関ヶ原の古戦場を行く(青山通義雄)「史談しもふさ」 下総町郷土史研究会 （28） 2007.4

桶狭間から桑名へ(和田ヤイ)「史談」 安蘇史談会 （23） 2007.6

戦場をあるく―戦争調査ガイド 桶狭間古戦場を歩く(高田徹)「織豊期研究」 織豊期研究会 （9） 2007.10

私説「桶狭間の戦い」(河合博司)「城」 東海古城研究会 （200） 2008.8

桶狭間の戦い 信長の進軍ルートを訪ねて(鈴木一朗)「年魚市風土記」 戦争遺跡研究会 （1） 2009.8

桶狭間合戦と信長公記(高橋敬二)「城」 東海古城研究会 （202） 2009.10

私説「桶狭間の戦い」―千秋・佐々隊の戦い(河合博司)「城」 東海古城研究会 （203） 2010.2

桶狭間の戦いと東西複合国家体制(小林正信)「郷土文化」 名古屋郷土文化会 65(1)通号213 2010.8

桶狭間古戦考証(1)～(3)(尾畑太三)「郷土文化」 名古屋郷土文化会 68(1)通号219/69(1)通号221 2013.8/2014.08

起

地域の視点 一宮市起地域の近現代史研究(宮川充史)「年報近現代史研究」 近現代史研究会 （6） 2014.3

尾崎村

三河碧海郡尾崎村宗門人別改帳について(林昌弘)「安城市歴史博物館研究紀要」 安城市歴史博物館 （8） 2001.3

江戸時代尾崎村の年貢の変遷(中筋孝)「安城歴史研究」 安城市教育委員会 （31） 2006.3

江戸時代の農村における農業外の諸業務―岡崎領尾崎村の場合(中筋孝)「安城歴史研究」 安城市教育委員会 （32） 2007.3

江戸時代の農村における世帯構成―岡崎領尾崎村の場合(中筋孝)「安城歴史研究」 安城市教育委員会 （33） 2008.3

江戸時代尾崎村の往還の景観(中筋孝)「安城歴史研究」 安城市教育委員会 （35） 2010.3

尾崎町

安城市尾崎町のからくり人形(鬼頭秀明)「安城市史研究」 安城市 4 2003.3

小鈴谷村

資料紹介 小鈴谷村における鉄道敷設期成同盟会―南知多への敷設計画の動きから(永田文夫)「郷土研究誌みなみ」 南知多郷土研究会 75 2003.5

18世紀における知多地域の変容と酒造業の展開―小鈴谷村の場合(歴史・民俗)(曲田浩和)「知多半島の歴史と現在」 日本福祉大学知多半島総合研究所 （17） 2013.10

落合城

瀬戸の城館調査報告(秦川城・山崎城・落合城)(宮崎諭志)「城」 東海古城研究会 （213） 2013.10

乙方

豊浜乙方の豊楽座(中村祥)「郷土研究誌みなみ」 南知多郷土研究会

（93） 2012.5

鬼ヶ崎

古地図による「鬼ヶ崎」の発見(村田修)「郷土研究誌みなみ」 南知多郷土研究会 （84） 2007.11

小幡

小幡瀧本婦志家文書(資料紹介)(道木正信)「もりやま」 守山郷土史研究会 （32） 2013.1

小幡ヶ原名古屋飛行学校

小幡ヶ原名古屋飛行学校(1)―学校開設まで(伊東重光)「もりやま」 守山郷土史研究会 （32） 2013.1

小幡ヶ原名古屋飛行学校(2)(伊東重光)「もりやま」 守山郷土史研究会 （33） 2014.1

小幡村

小幡村御触留(〔資料紹介〕)(守山古文書の会)「もりやま」 守山郷土史研究会 19 2000.1

〔資料紹介〕小幡村御触留(守山古文書の会)「もりやま」 守山郷土史研究会 20 2001.1

資料紹介 小幡村御触留(守山古文書の会)「もりやま」 守山郷土史研究会 （21） 2002.1

小幡村御触留(資料紹介)(守山古文書の会)「もりやま」 守山郷土史研究会 （22） 2003.1

小幡村御觸書15～25(資料紹介)(守山古文書の会)「もりやま」 守山郷土史研究会 （23）/（33） 2004.1/2014.01

小幡村文書―旧吉田家文書(資料紹介)(道木正信)「もりやま」 守山郷土史研究会 （27） 2008.1

小幡村文書―旧吉田家文書(2)(資料紹介)(道木正信)「もりやま」 守山郷土史研究会 （28） 2009.1

小幡村長谷川和子家文書(資料紹介)(道木正信)「もりやま」 守山郷土史研究会 （31） 2012.1

小牧

小牧長久手の戦いと三河七か寺の動向について(水野智之)「安城市史だより」 〔安城〕市教育委員会生涯学習部 19 2004.10

小牧御陣御進発之図の記載内容について(額田雅裕)「和歌山市立博物館研究紀要」 和歌山市教育委員会 通号19 2005.3

小牧・長久手の合戦と伊予の争乱(川島佳弘)「織豊期研究」 織豊期研究会 （9） 2007.10

愛知県史を語る会抄録 小牧・長久手の戦いと三河(谷口央)「愛知県史研究」 愛知県 （13） 2009.3

小牧代官所 調査ノート―安政五年午(1858)に書かれた「階級人別名寄帳」(栗本英次)「郷土文化」 名古屋郷土文化会 65(1)通号213 2010.8

安政大地震の記録は小牧にもあった(栗木英次)「郷土文化」 名古屋郷土文化会 68(2)通号220 2014.2

表浜

渥美半島表浜の集落(鈴木啓之)「田原市博物館研究紀要」 田原市博物館 （4） 2009.3

中世末から近世における渥美半島表浜から遠州灘沿岸の地震・津波の諸相(論説)(藤田佳久)「愛知大学綜合郷土研究所紀要」 愛知大学綜合郷土研究所 58 2013.3

尾張

織豊から近世にかけての尾張西部(加藤益幹, 大塚英二)「愛知県史研究」 愛知県 4 2000.3

近世濃尾地方の都市住民―家並帳からみた不動産所有者について(早川秋子)「郷土文化」 名古屋郷土文化会 56(1)通号190 2001.8

尾張前田氏の城跡(伊藤喜雄)「ひがし」 東区郷土史研究会 （8） 2001.9

明治17年の地籍図・地籍帳からみた尾張の景観と開発(溝口常俊)「愛知県史研究」 愛知県 （6） 2002.3

愛知県下における濃尾地震関係史料について―行政文書にみる(日比野元彦)「愛知県史研究」 愛知県 （6） 2002.3

古文書からみた中世の尾張(上村喜久子, 村岡幹生)「愛知県史研究」 愛知県 （7） 2003.3

海部・津島からみる近世尾張(石田泰弘)「愛知県史研究」 愛知県 （7） 2003.3

上毛野と尾張(小池浩平)「群馬県立歴史博物館紀要」 群馬県立歴史博物館 （24） 2003.3

近世都市における登記制度―濃尾地方の家並帳(早川秋子)「郷土文化」 名古屋郷土文化会 58(1)通号196 2003.8

尾張拵(奥出賢治)「名古屋市博物館研究紀要」 名古屋市博物館 27 2004.3

近世後期の尾張における開帳―他国からの出開帳を中心として(塚本陽子)「風俗史学 : 日本風俗史学会誌」 日本風俗史学会 （27） 2004.7

『浪合記』覚書―近世尾張における伝承の背景(原昭午)「愛知県史研究」

愛知県　（9）2005.3

尾張・三河と菊人形興業（川井ゆう）「郷土文化」名古屋郷土文化会 59（2・3）通号200　2005.3

尾張の国 菓子屋余録（大島規伊志）「和菓子」虎屋虎屋文庫（12）2005.3

尾張—伊勢 旅のつれづれ（田中豊）「小田原史談 ： 小田原史談々報」小田原史談会　（205）2006.3

尾張・三河地域における奈良時代の古瓦（梶原義実）「愛知県史研究」愛知県　（11）2007.3

尾張・三河と長頸壺をめぐる諸問題（丸山竜平）「きりん」荒木集成館友の会　通号11　2007.5

図絵に見る尾張の街道風景（1）～（14）（櫻井芳昭）「郷土文化」名古屋郷土文化会　62（2）通号208/69（1）通号221　2008.2/2014.8

尾張・美濃・信濃の旅（田口正弘）「魚津史談」魚津歴史同好会（30）2008.3

濃尾大震災の一考察—災害救済の視点から（側島哲）「岐阜県歴史資料館報」岐阜県教育文化財団歴史資料館（31）2008.3

特別寄稿 古代の尾張・三河世界と伊勢湾（福岡猛志）「愛知大学綜合郷土研究所紀要」愛知大学綜合郷土研究所 53　2008.3

尾張 陣屋川原合戦記（宮崎論志）「城」東海古城研究会　（200）2008.8

織豊期における濃尾国境地域《特集 織豊期の権力と地域社会》）（山本浩樹）「織豊期研究」織豊期研究会　（10）2008.10

地名紀行 尾張・三河に見る越後・佐渡の地名（長谷川勲）「越佐の地名」越後・佐渡の地名を語る会　（9）2009.7

尾張に於ける拠点城郭の変容—日本城郭の基礎構造補遺（1）（村井毅史）「愛城研報告」愛知中世城郭研究会　（13）2009.8

中世、美濃・尾張の国境の変遷 国境の川・木曾川の流路変遷の歴史（1）（鈴木秀雄）「郷土研究・岐阜 ： 岐阜県郷土資料研究協議会会報」岐阜県郷土資料研究協議会　（112）2009.9

濃尾大震災の一考察—災害救済の視点から（研究ノート）（側島哲）「岐阜県歴史資料館報」岐阜県教育文化財団歴史資料館　（33）2010.3

濃尾地震と犬山城（松田之利）「研究紀要」犬山城白帝文庫（4）2010.3

塚口先生と行く 尾張の古代史を探る旅（古高邦子）「つどい」豊中歴史同好会　（267）2010.4

『大阪朝日新聞』における濃尾地震報道（研究ノート）（延広壽一）「地域研究いたみ」伊丹市　（41）2012.3

特別寄稿・尾張における渡来人とその文化（丸山竜平）「いにしえの風」古代遊学会　（8）2012.5

45回例会 尾張しだみ地名考（小町嘉孝）「地名あいち」地名研究会あいち　（10）2012.6

絵葉書から見た尾張の城館跡（高田徹）「愛城研報告」愛知中世城郭研究会　（16）2012.8

尾張における「織田検地」「太閤検地」と在地社会—天正十年代を中心として（木元英策）「鷹陵史学」鷹陵史学会　（38）2012.9

濃尾震災時の情報伝達について—「公文雑纂」にみる岐阜県関連資料を中心として（山田昭彦）「岐阜県博物館調査研究報告」岐阜県博物館（34）2013.3

文化の「中京」—尾張・三河（愛知県史を語る会抄録 地域・伝統・都市—県史でとらえた愛知の民俗）（岩among宏實）「愛知県史研究」愛知県（17）2013.3

濃尾大地震で破損した「犬山城」天守閣の修復に協力した人々（松田之利）「研究紀要」犬山城白帝文庫（7）2013.3

歴史資料課の窓から 京都府庁文書にみる濃尾地震—英照皇太后の在京記録など（大塚活美）「総合資料館だより」京都府立総合資料館，京都府立総合資料館友の会（175）2013.4

平成24年度 特別研究発表会要旨 地籍図・土地台帳による近代の災害被災地域の復原—濃尾地震を例に（赤石直実）「古地図文化ぎふ」岐阜県古地図文化研究会（175）2013.4

絵葉書から見た尾張の城館跡（補遺1）（高田徹）「愛城研報告」愛知中世城郭研究会（17）2013.8

尾張・三河の酒造業と奥上船—天保から幕末にかけて（曲田浩和）「安城市歴史博物館研究紀要」安城市歴史博物館（20）2014.3

戦国期尾張の城郭構造—織豊系城郭への道程（論考）（高田徹）「中世城郭研究」中世城郭研究会（28）2014.7

昭和40年代における尾張と周辺の城館 50年前の城址を紹介（丸井国治）「愛城研報告」愛知中世城郭研究会（18）2014.8

濃尾震災文書と岐阜県歴史資料館（吉田義治）「郷土研究・岐阜 ： 岐阜県郷土資料研究協議会会報」岐阜県郷土資料研究協議会（122）2014.9

尾張国

大須真福寺文庫新出の尾張国郡司百姓等解文写本について（梅村喬）「愛知県史研究」愛知県 4　2000.3

尾張国解文の租税と田制（宮原武夫）「千葉史学」千葉歴史学会（43）2003.12

『尾張国郡司百姓等解文』について（愛知県史を語る会抄録—尾張・三河古代資料の魅力）（梅村喬）「愛知県史研究」愛知県（15）2011.3

近代尾張国庶民の日常食（有薗正一郎）「愛知大学綜合郷土研究所紀要」愛知大学綜合郷土研究所 56　2011.3

その1 尾張国の由来（地名討論会）「地名あいち」地名研究会あいち（9）2011.5

その2 続尾張国と（春日部・海部・中島・葉栗・丹羽・愛智・智多）郡の由来（地名討論会）「地名あいち」地名研究会あいち（9）2011.5

研究ノート 尾張国における貫高から石高への移行（下村信博）「名古屋市博物館研究紀要」名古屋市博物館 35　2012.3

三つの正保尾張国絵図（種田祐司）「蓬左」名古屋市蓬左文庫（86）2013.3

戦国期伊勢・尾張国境地域の歴史的展開（特集 40周年記念大会 日本中世史のなかの東海地域—シンポジウム）（播磨良紀）「年報中世史研究」中世史研究会（38）2013.5

平成26年度総会時講演会「尾張国の始まりは各務原」古代史の史料について—古代の尾張氏をめぐって（尾関章）「郷土研究・岐阜 ： 岐阜県郷土資料研究協議会会報」岐阜県郷土資料研究協議会（122）2014.9

尾張藩

尾張藩人別改制度への考察（西山朝雄）「ひがし」東区郷土史研究会（7）2000.6

尾張藩白漉入り藩札—世界で最初の透し入紙幣（河野徳吉）「郷土文化」名古屋郷土文化会 56（1）通号190　2001.8

尾張藩における刑罰について（1），（2）（小川祐佳里）「郷土文化」名古屋郷土文化会　56（2）通号191/56（3）通号192　2001.12/2002.3

尾張藩の川船支配について（川名登）「交通史研究」交通史学会，吉川弘文館（発売）（48）2002.2

尾張藩寺社領における租税徴収（1），（2）（原口典子）「郷土文化」名古屋郷土文化会　56（3）通号192/57（1）通号193　2002.3/2002.8

尾張藩奉行職の法制研究（1）（西山朝雄）「ひがし」東区郷土史研究会（9）2002.12

尾張藩武家相続法における長子相続—近世武家法についての一考察（2）（伊藤由香）「郷土文化」名古屋郷土文化会 57（3）通号195　2003.3

「藩士名寄」データベース活用事例「藩士名寄」にみる藩士の刑罰履歴—謹慎禁足刑を中心に（松村冬樹）「名古屋市博物館研究紀要」名古屋市博物館 26　2003.3

尾張藩「藩士名寄」のデータベース化（松村冬樹）「名古屋市博物館研究紀要」名古屋市博物館 26　2003.3

古文書に見る尾張藩主岐阜御成（2）（田中豊）「中山道加納宿 ： 中山道加納宿文化保存会会誌」中山道加納宿文化保存会　41　2004.3

尾張藩川並支配体制における駒塚奉行と関東百人組（林順子）「東海地域文化研究」名古屋学芸大学短期大学部附属東海地域文化研究所（15）2004.3

「藩士名寄」データベース活用事例（2）尾張藩士の寿命と「お目見」について（松村冬樹）「名古屋市博物館研究紀要」名古屋市博物館 27　2004.3

「開けん」幕末尾張藩と二人の家老（1）～〔4〕（最終回）（木原克之）「郷土研究誌みなみ」南知多郷土研究会　77/〔80〕2004.5/2005.11

尾張藩献上上条瓜考（半田実）「愛知県史研究」愛知県（9）2005.3

木曽街道尾張藩主御小休本陣「安藤家」—徳川慶恕（勝）御小休関連文書を中心に（村中治彦）「愛知県史研究」愛知県（9）2005.3

宇治茶師上林春松・尾崎坊有庵家と尾張藩御用茶詰（坪内淳仁）「愛知大学綜合郷土研究所紀要」愛知大学綜合郷土研究所 50　2005.3

尾張藩草莽隊の成立（前）（秦達之）「東海近代史研究」東海近代史研究会（26）2005.3

尾張藩役職者の変遷について（松村冬樹）「名古屋市博物館研究紀要」名古屋市博物館 28　2005.3

三河・美濃国の尾張藩家臣在所屋敷（高田徹）「愛城研報告」愛知中世城郭研究会（9）2005.8

尾張藩石取場石守役について（服部正彦）「郷土文化」名古屋郷土文化会 60（1）通号201　2005.8

岡山藩研究会と尾張藩社会研究会（岸野俊彦）「岡山藩研究」岡山藩研究会 50　2005.10

尾張藩の田付流鉄炮流派について（安田修）「もりやま」守山郷土史研究会（25）2006.1

尾張藩の田付流砲術流派について（安田修）「銃砲史研究」日本銃砲史学会（354）2006.1

史料で見る青松葉事件（安藤慶六）「郷土文化」名古屋郷土文化会 61（3）通号206　2007.3

尾張藩の成立と知多半島（篠田壽夫）「研究紀要」犬山城白帝文庫（1）2007.3

夢の敗北—尾張藩の戊辰正月と二月（上），（下）（木原克之）「郷土研究誌みなみ」南知多郷土研究会（83）/（84）2007.5/2007.11

名古屋城と尾張藩主思想（西山朝雄）「ひがし」東区郷土史研究会

愛知県　　　　　　　　　　　　　　　地名でたどる郷土の歴史　　　　　　　　　　　　　　　東海

（12）　2012.1

特別企画 インタビュー 研究生活五十年、尾張藩法と名古屋商人史と―林董一さんに聞く（近世史部会）「愛知県史研究」　愛知県　（16）2012.3

尾張藩年寄石河家の借金をめぐる騒動について（種田祐司）「名古屋市博物館研究紀要」　名古屋市博物館　35　2012.3

元禄赤穂事件と尾張藩（閲覧室だより「レファレンスの窓」）（松村冬樹）「蓬左」　名古屋市蓬左文庫　（84）2012.3

尾張藩の田付流千字文の鉄砲について（安田修）「銃砲史研究」　日本銃砲史学会　（372）2012.3

京都人質八ヶ月の幼年藩主（1）―尾張藩青松葉事件始末（木原克之）「郷土研究誌みなみ」　南知多郷土研究会　（94）2012.11

京都人質八ヶ月の幼年藩主（2）―尾張藩青松葉事件始末（木原克之）「郷土研究誌みなみ」　南知多郷土研究会　（95）2013.5

尾張藩能役者の勤務の実態―大鼓方大倉家の場合（研究ノート）（清水禎子）「愛知県史研究」　愛知県　（18）2014.3

尾張藩「同心」身分の再検討―元禄期「城代組同心」の分析を中心に（松村冬樹）「名古屋市博物館研究紀要」　名古屋市博物館　37　2014.3

尾張藩正気隊の北越出兵（秦達之）「東海近代史研究」　東海近代史研究会　（35）2014.12

海西郡

尾張国海東・海西郡と勝幡系織田氏（下村信博）「名古屋市博物館研究紀要」　名古屋市博物館　28　2005.3

海東郡

尾張国海東・海西郡と勝幡系織田氏（下村信博）「名古屋市博物館研究紀要」　名古屋市博物館　28　2005.3

柿崎村

柿崎村の慶安検地帳と宝暦名寄帳の間（中筋孝）「安城歴史研究」　安城市教育委員会　（27）2002.3

柿崎村絵図の考察（中筋孝）「安城歴史研究」　安城市教育委員会　（28）2003.3

柿碕村

江戸時代の柿碕村の花火（中筋孝）「安城歴史研究」　安城市教育委員会　（29）2004.3

覚王山

覚王山周辺をめぐる（佐藤政憲）「愛知県史だより」　愛知県総務部　17　2005.10

フィールド・ワーク学習における「街の期待」と「大学・学生の要望」―覚王山プロジェクトを事例として（原田忠直）「知多半島の歴史と現在」　日本福祉大学知多半島総合研究所　（15）2011.3

春日井

郷土探訪 春日井をとおる街道（21）―駕籠での通行（櫻井芳昭）「郷土誌かすがい」　春日井市教育委員会　（63）2004.10

郷土の自然 春日井の宝石（鈴木稔）「郷土誌かすがい」　春日井市教育委員会　（63）2004.10

春日井の近代化遺産（事務局）「郷土誌かすがい」　春日井市教育委員会　（64）2005.10

郷土探訪 春日井をとおる街道（23），（24）図会にみる景観（1），（2）（櫻井芳昭）「郷土誌かすがい」　春日井市教育委員会　（65）/（66）2006.10/2007.11

郷土探訪 春日井東部山地の地質めぐり（長縄秀孝）「郷土誌かすがい」　春日井市教育委員会　（69）2010.11

春日井の俳諧（2）（大野哲夫）「郷土文化」　名古屋郷土文化会　66（1）通号215　2011.8

郷土探訪 春日井の二宮金次郎像（櫻井芳昭）「郷土誌かすがい」　春日井市教育委員会　（70）2011.11

郷土の自然 春日井の大木（山本哲夫，波多野茂，大橋博）「郷土誌かすがい」　春日井市教育委員会　（70）2011.11

郷土探訪 町名の履歴書から春日井を探る（櫻井芳昭）「郷土誌かすがい」　春日井市教育委員会　（71）2012.11

春日井市

春日井市の誕生―市制施行60周年にちなんで「郷土誌かすがい」　春日井市教育委員会　（62）2003.10

春日井市と名古屋市守山区等の狂俳文芸（1）～（4）（大野哲夫）「郷土文化」　名古屋郷土文化会　61（1）通号204/66（2）通号216　2006.8/2012.2

春日井電報電話局

春日井の電話の歴史―鳥居松郵便局から春日井電報電話局（私の研究）（富中昭智）「郷土誌かすがい」　春日井市教育委員会　（71）2012.11

春日井郡

知多の御山廻りと愛知・春日井郡の御案内（木原克之）「郷土研究誌みなみ」　南知多郷土研究会　76　2003.11

福沢諭吉の官民調和論について―「春日井郡四十三ヶ村地租改正反対運

動」の検証を中心にして（河地清）「東海近代史研究」　東海近代史研究会　（25）2004.3

民衆（農民）の意識・思想―春日井郡四十三ヵ村地租改正反対運動をもとにして（大野哲夫）「郷土文化」　名古屋郷土文化会　60（1）通号201　2005.8

霞堤

元禄期「本野ヶ原入会争論裁許図」の景観から読める村落の入会関係と豊川「下郷」の村落―豊川・霞堤の研究（6）（藤田佳久）「愛知大学綜合郷土研究所紀要」　愛知大学綜合郷土研究所　通号45　2000.3

勝川宿

郷土探訪春日井をとおる街道（22）―勝川宿（櫻井芳昭）「郷土誌かすがい」　春日井市教育委員会　（64）2005.10

金山揚水

金山揚水遺構―待望の水、水路を走る（産業遺産紹介）（小西恭子）「産業遺産研究」　中部産業遺産研究会事務局　（20）2013.5

蟹江新田

尾張国海東蟹江新田戸谷家文書・解説/平成20年度公文書館企画展「愛知県公文書館だより」　愛知県公文書館　（13）2008.12

和爾良

和爾良と吉良（徳田百合子）「もりやま」　守山郷土史研究会　（26）2007.1

鹿乗川

鹿乗川と明治用水―明治14年4月、愛知県令宛の改修願について（伴野泰弘）「安城市史だより」　［安城］市教育委員会生涯学習部　15　2003.3

明治14～16年における鹿乗川改修工事―鹿乗川と明治用水（2）（伴野泰弘，秋山郁子）「安城市史だより」　［安城］市教育委員会生涯学習部　18　2004.4

鹿乗橋

コラム 服部長七の足跡/室戸台風による瀬田川鉄橋列車転覆事故/長崎県対馬にあったオメガ無線局大鉄塔の解体工事/名古屋の造船業/「鹿乗橋」の拡幅/坪内逍遙の描いた明治初期の名古屋「産業遺産研究」　中部産業遺産研究会事務局　（19）2012.5

蒲郡市

愛知県蒲郡市民の"ふるさと"の心象と定住願望との関係（武田圭太）「愛知大学綜合郷土研究所紀要」　愛知大学綜合郷土研究所　49　2004.3

蒲郡市の鋸屋根工場の一次調査（1）（調査報告）（野口英一朗，岩井章真，天野武弘，小野雅信）「産業遺産研究」　中部産業遺産研究会事務局　（20）2013.5

蒲郡市の鋸屋根工場の一次調査（その2）資料調査からみる各業種の分布（調査報告）（岩井章真，小野雅信，天野武弘）「産業遺産研究」　中部産業遺産研究会　（21）2014.5

上石津

歴史散策・上石津のあれこれ（「たより」124～159号寄稿文）（高田真由美）「ひがし」　東区郷土史研究会　（12）2012.1

上小川村

上小川村「諸願書控帳」による基礎的データの作成（曲田浩和）「安城市史研究」　安城市　（7）2006.3

神風ヶ浜

城山の赤松/神風ヶ浜 南知多町誌「郷土研究誌みなみ」　南知多郷土研究会　（94）2012.11

上志段味

「名古屋市守山区上志段味の歴史」補遺（2），（3）（大野哲夫）「郷土文化」　名古屋郷土文化会　65（2）通号214/67（2）通号218　2011.3/2013.02

上条

上条地内の信参鉄道計画（上条町史編集委員会）「安城歴史研究」　安城市教育委員会　（31）2006.3

上条の昭和18、9年作付供出割当（上条町史編集委員会）「安城歴史研究」　安城市教育委員会　（32）2007.3

上条城

上条城について（高田徹）「愛城研報告」　愛知中世城郭研究会　（10）2006.8

上条村

安城村と上条村との山論―細田をめぐって（阿部健，渥美精一，深井宗善，斎藤續，黒野俊勝，山中康彦）「安城歴史研究」　安城市教育委員会　（26）2001.3

上条村の安城が原開発（上条町史編集委員会）「安城歴史研究」　安城市教育委員会　（27）2002.3

上条村における地租改正と社寺地処分（上条町史編集委員会）「安城歴史研究」　安城市教育委員会　（28）2003.3

上条村の成り立ち（上条町史編集委員会）「安城歴史研究」　安城市教育委

員会　（29）　2004.3
地籍帳にみる上条村（斎藤績）「安城歴史研究」　安城市教育委員会
　（30）　2005.3
地籍図にみる上条村の飛び地―細田と土器田（齋藤績）「安城歴史研究」
　安城市教育委員会　（31）　2006.3
上条村の出征兵士（齋藤績）「安城歴史研究」　安城市教育委員会　（32）
　2007.3

上津具村
口絵　額田県管轄第八大区内第三小区三河国設楽郡上津具村絵図「愛知県
　史研究」　愛知県　（17）　2013.3

上ノ郷
調査報告 三河上ノ郷合戦の遺構について（松山好広）「城」　東海古城研
　究会　（188）　2004.2
甲賀忍びと上ノ郷合戦（高橋敬二）「城」　東海古城研究会　（193）　2005.
　10
再我上ノ郷合戦（高橋敬二）「城」　東海古城研究会　（209）　2012.6

上ノ郷城
（永禄4年）松井忠次宛松平元康判物について―三河上ノ郷城と松崎城
　（奥田敏春）「愛城研報告」　愛知中世城郭研究会　（11）　2007.8

亀山城
奥平氏ゆかりの亀山城址「束石」を発見（中山道加納宿 ： 中山道加納
　宿文化保存会会誌）　中山道加納宿文化保存会　42　2003.10

加茂
統計指標からみた旧豊田・加茂地域の変化 1950―2005（平川雄一）「豊
　田市史研究」　豊田市　（1）　2010.3
天保七年三州加茂一揆―史料と叙述・研究の紹介（長谷川伸三）「豊田市
　史研究」　豊田市　（1）　2010.3

賀茂郡
三河国賀茂郡の古瓦（研究ノート）（永井邦仁）「豊田市史研究」　豊田市
　（2）　2011.3

刈谷
刈谷の中世古城九城について（永田金一）「かりや ： 郷土研究誌」　刈谷
　市郷土文化研究会　（23）　2002.3
刈谷古文書研究会の三十余年（筒井稔）「三河地域史研究」　三河地域史研
　究会　41　2002.11
"幻"の刈谷の「角まんど」（加藤幸一）「かりや ： 郷土研究誌」　刈谷市
　郷土文化研究会　（25）　2004.3
「天誅組と刈谷」140年（鈴木哲）「かりや ： 郷土研究誌」　刈谷市郷土文
　化研究会　（25）　2004.3
刈谷南部の自然と子どもたち（1）,（2）第二次大戦前後の頃を中心に（加
　藤忠夫）「かりや ： 郷土研究誌」　刈谷市郷土文化研究会　（25）/
　（26）　2004.3/2005.3
刈谷大名行列の起源について（河野和夫）「かりや ： 郷土研究誌」　刈谷
　市郷土文化研究会　（25）　2004.3
かりや雑談（簗瀬一雄）「かりや ： 郷土研究誌」　刈谷市郷土文化研究会
　（27）　2006.3
調査報告書 刈谷の従軍記念碑と慰霊碑について（原田光敏）「かりや ：
　郷土研究誌」　刈谷市郷土文化研究会　（30）　2009.3
刈谷の土管屋さん―三河の陶管業の推移（内藤良弘）「かりや ： 郷土研
　究誌」　刈谷市郷土文化研究会　（32）　2011.3
刈谷に豊田なかりせば（前）,（後）（渡邉健二）「かりや ： 郷土研究誌」
　刈谷市郷土文化研究会　（33）/（34）　2012.3/2013.3
「天誅組と刈谷」2004～13年（鈴木哲）「かりや ： 郷土研究誌」　刈谷市
　郷土文化研究会　（35）　2014.3

刈谷市
刈谷市における戦時中の阿片生産（倉橋正直）「かりや ： 郷土研究誌」
　刈谷市郷土文化研究会　（21）　2000.3
刈谷市内の指定文化財 拝観と鑑賞（平井芳男）「かりや ： 郷土研究誌」
　刈谷市郷土文化研究会　（27）　2006.3
無線塔解体の思い出（加藤久夫）「かりや ： 郷土研究誌」　刈谷市郷土文
　化研究会　（30）　2009.3
昭和25年4月1日刈谷市誕生（河野和夫）「かりや ： 郷土研究誌」　刈谷市
　郷土文化研究会　（33）　2012.3

刈谷城
刈谷城絵図に見る城郭とその現状（平井芳男）「かりや ： 郷土研究誌」
　刈谷市郷土文化研究会　（24）　2003.3
三河刈谷城―その縄張りの検討（高田徹）「愛城研報告」　愛知中世城郭研
　究会　（8）　2004.8
縄張からみた刈谷城郭（平井芳男）「かりや ： 郷土研究誌」　刈谷市郷土
　文化研究会　（30）　2009.3
今川・織田合戦後の刈谷城郭炎上（平井芳男）「かりや ： 郷土研究誌」
　刈谷市郷土文化研究会　（31）　2010.3

三河刈谷城について―三之丸を中心として（石川浩治）「愛城研報告」　愛
　知中世城郭研究会　（18）　2014.8

刈谷町
吉田初三郎と刈谷町鳥瞰図（鈴木哲）「かりや ： 郷土研究誌」　刈谷市郷
　土文化研究会　（22）　2001.3
「刈谷町の米騒動」を考える（岡本建国）「かりや ： 郷土研究誌」　刈谷
　市郷土文化研究会　（33）　2012.3

刈谷藩
刈谷藩三家老斬殺事件の真相（村瀬正章）「三河地域史研究」　三河地域史
　研究会　（20）　2002.11
刈谷藩「諸役原始」（筒井稔）「三河地域史研究」　三河地域史研究会
　（22）　2004.12
市史「維新前後の刈谷藩」を読む（岡本建国）「かりや ： 郷土研究誌」
　刈谷市郷土文化研究会　（26）　2005.3
幕末刈谷藩 洛西上嵯峨出兵（三ツ橋悟）「かりや ： 郷土研究誌」　刈谷市
　郷土文化研究会　（35）　2014.3

香恋の里
地域資料館紹介 城跡公園足助城・市場城址・香恋の里（鈴木昭彦）「豊田
　市郷土資料館だより」　豊田市郷土資料館　（59）　2007.3

川口城
遺跡紹介 川口城「豊田市郷土資料館だより」　豊田市郷土資料館　（58）
　2006.12

川島村
江戸時代の川島村―加藤家文書を読む（中筋孝）「安城歴史研究」　安城市
　教育委員会　（39）　2014.3

川尻城
雑感 南設楽郡作手村川尻城 人にとって城跡の存在とは何か（増山禎之）
　「愛城研報告」　愛知中世城郭研究会　（9）　2005.8

川向
設楽町の地名（1）川向地区の地名由来（磯貝洋尚）「地名あいち」　地名
　研究会あいち　（7）　2009.5

岩略寺城
中世山城における貯水法について 岩略寺城（愛知県宝飯郡音羽町）の井
　戸にスポットを当てる（浅井敏）「愛城研報告」　愛知中世城郭研究会
　（7）　2003.8
三河岩略寺城再考（石川浩治）「愛城研報告」　愛知中世城郭研究会
　（15）　2011.9

木ヶ崎公園
木ヶ崎公園の成立ちと現状について（資料紹介）（馬場勇）「もりやま」
　守山郷土史研究会　（22）　2003.1

木曽川
木曽川最後の川人（林雅俊）「きりん」　荒木集成館友の会　通号13
　2009.11

木曽川駅
東海道本線木曽川駅における産業遺産の一部保存について（野口英一朗,
　神田年浩, 岩井章真）「産業遺産研究」　中部産業遺産研究会事務局
　（16）　2009.5

木曽川堤
天明の木曽川堤普請（杉本精宏）「愛知県史研究」　愛知県　（13）　2009.3

木曽川橋
旧木曽川橋の産業遺産的調査と部材の保存（調査報告）（馬場慎一）「産業
　遺産研究」　中部産業遺産研究会　（21）　2014.5

北野城
岡崎・北野城を捜して（浅井敏）「城」　東海古城研究会　（214）　2014.3

喜多山
喜多山車庫の過去と現在、そしてこれから（荒川康彦）「もりやま」　守山
　郷土史研究会　（25）　2006.1
喜多山車庫の「歴史が止まった日」（荒川康彦）「もりやま」　守山郷土史
　研究会　（27）　2008.1

喜多川変電所
産業遺産「喜多山変電所」（荒川康彦）「もりやま」　守山郷土史研究会
　（26）　2007.1

北脇
北脇の地名の謂れは"おきた脇"か？（大岩隆）「郷土研究誌みなみ」　南
　知多郷土研究会　（90）　2010.11

吉根
吉根ムラ散歩の記（16）（徳田百合子）「もりやま」　守山郷土史研究会
　（22）　2003.3
吉根見たり聞いたり―吉根の古塚物語（徳田百合子）「もりやま」　守山郷

土史研究会　（24）2005.1

吉根の文化財―千成びょうたん考（藤森宏美）「もりやま」　守山郷土史研究会　（25）2006.1

吉根の河原弘法の話―柴田まつ子さんに聞く（徳田百合子，藤森宏美）「もりやま」　守山郷土史研究会　（26）2007.1

思い出 吉根に語り継がれた自然石（藤森宏美）「もりやま」　守山郷土史研究会　（26）2007.1

吉根雑考―小字について（徳田百合子）「もりやま」　守山郷土史研究会　（27）2008.1

吉根雑考（徳田百合子）「もりやま」　守山郷土史研究会　（31）2012.1

続吉根雑考（徳田百合子）「もりやま」　守山郷土史研究会　（32）2013.1

吉根村

吉根村の小牧長久手の戦い伝承（藤森宏美）「もりやま」　守山郷土史研究会　（33）2014.1

君ヶ伏床砦

三河長篠合戦 君ヶ伏床砦の武将を探る（松山好広）「城」　東海古城研究会　（208）2012.2

木屋村

尾張国知多郡加木屋村における近世後期の本家・分家関係―「万日記」を中心に（藤井智鶴）「愛知県史研究」　愛知県　（7）2003.3

久捨古窯

尾北窯の研究―小牧市久捨古窯（深貝佳世）「郷土文化」　名古屋郷土文化会　61（1）通号204　2006.8

清須

まばたきの見世物―清須花火を中心とした「尾張近世花火年表稿」私案（半田実）「郷土文化」　名古屋郷土文化会　59（2・3）通号200　2005.3

清須花火・資料考―昼旗（半田実）「郷土文化」　名古屋郷土文化会　63（2）通号210　2009.2

清洲川

ふたつの『絵本清洲川』（山本祐子）「名古屋市博物館だより」　名古屋市博物館　（196）2011.1

清須公園

三大公園の創造―中村公園改良策・清須公園設計案・岡崎公園設計案の紹介（資（史）料紹介）（石川寛）「愛知県史研究」　愛知県　（15）2011.3

清須市

清須市域の残存地名（平成21年度 例会発表・講演・投稿論文）（坪井文一）「地名あいち」　地名研究会あいち　（8）2010.5

城下町まるごと移転400年清須越地名（坪井文一）「地名あいち」　地名研究会あいち　（9）2011.5

清洲郵便局

史料紹介 尾張清洲郵便局史料（半田実）「郵便史研究 ： 郵便史研究会紀要」　郵便史研究会　（14）2002.9

尾張国清洲郵便局（2），（3）―切手等の買受に関連して（史料紹介）（半田実）「郵便史研究 ： 郵便史研究会紀要」　郵便史研究会　（16）/（17）2003.9/2004.3

尾張國清洲郵便局史料（4），（5・続）―初期の印顆（半田実）「郵便史研究 ： 郵便史研究会紀要」　郵便史研究会　（20）/（21）2005.10/2006.3

尾張國清洲郵便局史料（6）継立等速について（史料紹介）（半田実）「郵便史研究 ： 郵便史研究会紀要」　郵便史研究会　（23）2007.4

清見潟

資料紹介 市域にのこる相撲資料―清見潟門人の足跡「豊田市郷土資料館だより」　豊田市郷土資料館　49　2004.9

吉良

和爾良と吉良（徳田百合子）「もりやま」　守山郷土史研究会　（26）2007.1

吉良の仁吉血洗いの井戸（内田白花）「郷土研究誌みなみ」　南知多郷土研究会　（83）2007.5

吉良温泉

歴史の三河路と吉良温泉の旅この地に生きた人たち（市川三郎）「府中史談」　府中市史談会　（29）2003.5

喜楽亭

豊田市の近代和風建築と喜楽亭の遺構について（調査報告）（畔柳武司，三輪邦夫，澤上順一）「豊田市史研究」　豊田市　（4）2013.3

吉良荘

青春切符で吉良氏発祥の地・他を訪ねる（寄稿）（編集部）「せたかい ： 歴史さろん」　世田谷区誌研究会　（65）2013.7

金城

駅路旅鈴―東海道・北国街道経由下国図にみる（2）美濃～金城（山前圭佑）「加南地方史研究」　加南地方史研究会　（52）2005.3

沓掛城

同時代を共有した沓掛城と大脇城（野村實）「あゆち潟」　「あゆち潟」の自然と歴史に親しむ会　（8）2002.4

沓掛城について（高田徹）「愛城研報告」　愛知中世城郭研究会　6　2002.8

久保城

額田郡宮崎郷と久保城（奥田敏春）「愛城研報告」　愛知中世城郭研究会　（15）2011.9

栗代村

6月例会（17名参加）近世初頭貨幣の使用実態―三河国設楽郡栗代村年貢史料を事例に（例会報告要旨）（山本英二）「静岡県地域史研究会報」　静岡県地域史研究会　（178）2011.9

栗寺村

古文書にみる近世集落の概要―岡崎藩栗寺村への考察（西山朝雄）「ひがし」　東区郷土史研究会　（11）2006.7

黒川

黒川挽歌―続川村御用水探索（木原克之）「もりやま」　守山郷土史研究会　（26）2007.1

桑下城

桑下城と品野城「尾張瀬戸地方の戦乱」（宮崎諭志）「城」　東海古城研究会　（205）2010.10

桑原村

三河国賀茂郡桑原村の太閤検地帳と中村名寄引高帳（資料紹介）（播磨良紀）「豊田市研究」　豊田市　（2）2011.3

源兵衛新田

大高村山口源兵衛と源兵衛新田（浜田匡彦）「あゆち潟」　「あゆち潟」の自然と歴史に親しむ会　（7）2001.2

香積院

味岡山香積院・般若台考（2），（3）―愛知における菅江真澄研究（1）（宮澤和夫）「郷土文化」　名古屋郷土文化会　64（2）通号212/65（2）通号214　2010.2/2011.3

弘法町

知立市弘法町界隈（斎藤卓志）「博物館ニュース」　安城市歴史博物館　（66）2007.10

河和上村

享保期尾州藩領の商家経営―美濃河和上村の場合（境淳伍）「郷土文化」　名古屋郷土文化会　61（2）通号205　2006.12

河和町

鎧かけの松 河和町史「郷土研究誌みなみ」　南知多郷土研究会　（95）2013.5

小金城

報告 小金城跡（岡崎市牧平町）について（石川浩治）「愛城研報告」　愛知中世城郭研究会　（17）2013.8

小木城

尾張小木城調査報告（舟橋忠夫）「城」　東海古城研究会　（192）2005.6

越戸ダム

郷土史調査レポート「越戸ダム顛末記」「豊田市郷土資料館だより」　豊田市郷土資料館　（69）2009.9

寿町

近代化遺産紹介 寿町の達磨窯「豊田市郷土資料館だより」　豊田市郷土資料館　（56）2006.6

小牧城

尾張小牧城―二つあった小牧城（舟橋忠夫）「城」　東海古城研究会　（198）2007.7

小牧山城

資料紹介 小牧山城の石垣（高田徹）「愛城研報告」　愛知中世城郭研究会　（9）2005.8

御油

紀行文 東海道五十三次ゆったり紀行―新居宿から御油・赤坂まで（岡田宏一郎）「備陽史探訪山城志 ： 備陽史探訪の会機関誌」　備陽史探訪の会　（22）2014.6

挙母

豊田の鉱業―挙母地区西部の磨き砂採掘について（調査報告）（天野卓哉）「豊田市史研究」　豊田市　（4）2013.3

衣ヶ浦

近代衣ヶ浦の海運と産業―碧南市所蔵資料から（豆田誠路）「三河地域史研究」　三河地域史研究会　（59）2011.11

挙母城

挙母城（三河国）（前川浩一）「城」 東海古城研究会 （200） 2008.8

特別寄稿 焼塩壺の一つの流れ―いわき市泉城から豊田市挙母城（渡辺誠）「いわき地方史研究」 いわき地方史研究会 （46） 2009.10

挙母藩

挙母藩家老高木家文書、「四郷村出陣中手控」（大野哲夫）「郷土文化」 名古屋郷土文化会 58（1）通号196 2003.8

権現通り

「権現通り」の行き先は（芦原義守）「杉並郷土史会史報」 杉並郷土史会 （197） 2006.5

権現山

権現山に姿を現した「ごんぎつね」（福田秀志、山田裕樹）「知多半島の歴史と現在」 日本福祉大学知多半島総合研究所 （16） 2012.10

才井戸流

才井戸流れについて（上林光之）「志段味の自然と歴史を訪ねて」 志段味の自然と歴史に親しむ会・世話人会 63 2003.8

佐織村

渡米者送出の様相―愛知県海部郡佐織町を事例に（石田泰弘）「愛知県史研究」 愛知県 （7） 2003.3

戦前期における移民と海外渡航を利用した徴兵猶予の実態―旧愛知県海部郡佐織町域（現愛西市）を事例として（石田泰弘、池山弘）「愛知県史研究」 愛知県 （15） 2011.3

坂井村

坂井村における小字地名の確定と変化―「地引絵図」と「地籍字分全図」から（永田文夫）「郷土研究誌みなみ」 南知多郷土研究会 76 2003.11

坂下宿

郷土探訪 春日井をとおる街道（20）―坂下宿（櫻井芳昭）「郷土誌かすがい」 春日井市教育委員会 （62） 2003.10

桜井城

三河桜井城について（石川浩治）「愛城研報告」 愛知中世城郭研究会 （13） 2009.8

桜井村

弘化3年桜井村郷蔵に於て起きた不詳事件について（菩提寺文書紹介）（鈴木和雄）「安城歴史研究」 安城市教育委員会 （27） 2002.3

矢作川中流域右岸の条里制遺構―旧愛知県碧海郡矢作町・安城町・桜井村（北村和宏）「安城市史研究」 安城市 （9） 2008.2

篠目城

三河・篠目城―安城市の所在不明城館（調査報告）（山崎裕太）「愛城研報告」 愛知中世城郭研究会 （17） 2013.8

篠目町

身近な歴史を調べよう（7） 篠目町ナシ団地（加藤善亮）「博物館ニュース」 安城市歴史博物館 （61） 2006.7

薩埵山陣場

薩埵山陣場について（石川浩治）「愛城研通信」 愛知中世城郭研究会 （24） 2002.11

早苗

名古屋市西区「早苗二丁目」町内の社会関係（長谷川洋一）「名古屋市博物館研究紀要」 名古屋市博物館 36 2013.3

三郷

三郷（中之郷村馬場村北脇村）砂取り争論（内田辰男）「郷土研究誌みなみ」 南知多郷土研究会 （87） 2009.5

三州

中馬慣行と三州馬との紛争について―新資料「中馬街道図」を中心にして（小池貞彦）「飯田市美術博物館研究紀要」 飯田市美術博物館 （13） 2003.3

明和元年中馬裁許と三州の馬稼ぎ（伊村吉秀）「愛知大学綜合郷土研究所紀要」 愛知大学綜合郷土研究所 50 2005.3

伊那街道と三州の馬稼ぎ（《第31回大会特集 共通論題「交通の十字路―東海の交通史」》）（伊村吉秀）「交通史研究」 交通史学会, 吉川弘文館（発売）（59） 2006.4

服部工業の歴史的鋳造工場と三州釜の技術遺産（調査・研究報告）（天野武弘, 野口英一朗）「岡崎市史研究」 岡崎市教育委員会 （30） 2010.3

能面の奇特―「三州奇談」を読み解く（2）（岩本卓夫）「石川郷土史学会々誌」 石川郷土史学会 （46） 2013.12

天保飢饉下の遠三州十か宿（論説）（橘敏夫）「愛知大学綜合郷土研究所紀要」 愛知大学綜合郷土研究所 59 2014.3

三州街道

三州街道の開削とその前後（1）,（2）―伊那村（町）街部の発展を中心にして（春日博人）「伊那路」 上伊那郷土研究会 44（4）通号519/44

（5）通号520 2000.4/2000.5

三州街道の開鑿と橋梁の架設―明治の馬車交通に対応した道づくり（山浦直人）「伊那路」 上伊那郷土研究会 52（3）通号614 2008.3

JR岡崎駅

開業120周年を迎えるJR岡崎駅あれこれ（藤井建）「岡崎地方史研究会研究紀要」 岡崎地方史研究会 （36） 2008.3

JR武豊線

JR武豊線の鉄道遺産（中部の産業遺産）[1],（2）～（3）（石川勝也, 石川恭子）「産業遺産研究」 中部産業遺産研究会事務局 （10）/（12） 2003.5/2005.5

重原

重原ほうろく（杉浦卓次）「かりや : 郷土研究誌」 刈谷市郷土文化研究会 （31） 2010.3

四郷村

挙母藩家老高木家文書、「四郷村出陣中手控」（大野哲夫）「郷土文化」 名古屋郷土文化会 58（1）通号196 2003.8

志段味村

［資料紹介］ 志段味村収入役加藤璋綴「明治四拾壱年度村会議案綴」（徳田百合子）「もりやま」 守山郷土史研究会 20 2001.1

資料紹介 志段味村収入役加藤璋綴より明治四拾壱年度村会議案綴（徳田百合子）「もりやま」 守山郷土史研究会 （21） 2002.1

設楽原

設楽原の鉛玉とその周辺（小林芳春）「銃砲史研究」 日本銃砲史学会 （354） 2006.10

設楽原報告 長篠城から設楽原へ（1）（小林芳春）「研究紀要」 設楽原歴史資料館, 長篠城址史跡保存館 （17） 2013.3

設楽原講演会 【長篠・設楽原の戦い】研究最前線（小和田哲男）「研究紀要」 設楽原歴史資料館, 長篠城址史跡保存館 （18） 2014.3

長篠から設楽原へ（その2）（長篠・設楽原報告）（小林芳春）「研究紀要」 設楽原歴史資料館, 長篠城址史跡保存館 （18） 2014.3

設楽ダム

設楽ダム建設事業における利水計画分析序論―公共事業の「公共性」を考える素材として（松倉源造）「愛知大学綜合郷土研究所紀要」 愛知大学綜合郷土研究所 53 2008.3

設楽ダム建設着手に至る最終手続きを検証する（上）,（下）（松倉源造）「愛知大学綜合郷土研究所紀要」 愛知大学綜合郷土研究所 57/58 2012.3/2013.3

志段味

名古屋市守山区志段味の歴史（大野哲夫）「郷土文化」 名古屋郷土文化会 58（2）通号197 2003.12

志段味の昔を語る―家の行事としきたり・習慣（例会報告より）（西村見地子）「志段味の自然と歴史を訪ねて」 志段味の自然と歴史に親しむ会・世話人会 64 2005.9

しだみのつぶやき（上林光之）「志段味の自然と歴史を訪ねて」 志段味の自然と歴史に親しむ会・世話人会 64 2005.9

「しだみ」の由来（上林光之）「志段味の自然と歴史を訪ねて」 志段味の自然と歴史に親しむ会・世話人会 （65） 2007.8

七里の渡し

堀河散策記（1） 住吉神社と宮宿・七里の渡し―尾張の豪商・前野小平治ゆかりの地を訪ねて（丸山専治）「郷土研究誌みなみ」 南知多郷土研究会 （88） 2009.11

品野城

桑下城と品野城「尾張瀬戸地方の戦乱」（宮崎諭志）「城」 東海古城研究会 （205） 2010.10

篠島

名古屋城築城の採石地 篠島（1）～（3）（松本亀男）「郷土研究誌みなみ」 南知多郷土研究会 （87）/（89） 2009.5/2010.5

篠島から名古屋城へ運ばれた石材―方法・ルートなど（高田祐吉）「郷土研究誌みなみ」 南知多郷土研究会 （88） 2009.11

尾張藩唯一の預け地、篠島・日間賀島（木原克之）「郷土研究誌みなみ」 南知多郷土研究会 （88） 2009.11

若者組と寝宿慣行（1）,（2）―篠島を中心として（祖父江みゆき）「郷土研究誌みなみ」 南知多郷土研究会 （92）/（93） 2011.11/2012.5

篠島・長浜石（名古屋城築城・残石）（石橋伊鶴, 松本亀男）「郷土研究誌みなみ」 南知多郷土研究会 （93） 2012.5

篠島の矢穴

名古屋城と篠島の矢穴[1],（2）（石橋伊鶴）「郷土研究誌みなみ」 南知多郷土研究会 （89）/（90） 2010.5/2010.11

下江湊

郷土史調査レポート 五日市場と下江湊「豊田市郷土資料館だより」 豊

田市郷土資料館　43　2003.3

下小田井郵便局

尾張国下小田井郵便局小考（半田実）「郵便史研究 : 郵便史研究会紀要」郵便史研究会　（15）2003.3

下街道

殿様街道と下有道について（加藤政雄）「郷土文化」　名古屋郷土文化会　68（2）通号220　2014.2

下志段味

下志段味加藤章一家文書（1）～（3）（〔資料紹介〕）（道木正信）「もりやま」　守山郷土史研究会　19/21　2000.1/2000.1

下志段味村

下志段味村加藤公生家文書（1）（資料紹介）（道木正信）「もりやま」　守山郷土史研究会　（31）2012.1
口絵 下志段味村 明治十二年地籍図/小幡村瀧本薬局薬袋「もりやま」守山郷土史研究会　（32）2013.1
下志段味村加藤公生家文書（2）（資料紹介）（道木正信）「もりやま」　守山郷土史研究会　（32）2013.1
下志段味村加藤公生家文書（3）（資料紹介）（道木正信）「もりやま」　守山郷土史研究会　（33）2014.1

下半田村

尾張国知多郡下半田村にみる村内百姓の経済力と村入用の負担割合—商品経済の展開と村社会の関係について（曲田浩和）「知多半島の歴史と現在」　日本福祉大学知多半島総合研究所　（16）2012.10

下山

豊田の水車製材—下山地区の製材工場をめぐって（調査報告）（天野卓哉）「豊田市史研究」　豊田市　（2）2011.3

下山村

三河下山村の古城（前川浩一）「城」東海古城研究会　（190）2004.10
昭和恐慌期～戦時体制期における農村社会事業—愛知県額田郡下山村の事例を対象として（論文）（宇佐美正史）「愛知県史研究」　愛知県　（17）2013.3

城東

城東耕地整理組合事業報告書（資料紹介）（馬場勇）「もりやま」　守山郷土史研究会　（24）2005.1

庄内川

庄内川水系の発電所石造建造物に関する調査研究（茂吉雅典，五島利兵衛）「産業遺産研究」　中部産業遺産研究会事務局　（16）2009.5
郷土探訪 庄内川の水運（櫻井芳昭）「郷土誌かすがい」　春日井市教育委員会　（73）2014.11

城山城

足助城山城の「空堀」遺構について（奥田敏春）「愛城研通信」　愛知中世城郭研究会　（20）2001.8

新城

『壬戌暮春 新城行』の翻刻と研究ノート（下）（鈴木太吉）「愛知大学綜合郷土研究所紀要」　愛知大学綜合郷土研究所　50　2005.3

新城市

愛知県新城市民の〝ふるさと〟の心象と定住願望との関係（武田圭太）「愛知大学綜合郷土研究所紀要」　愛知大学綜合郷土研究所　53　2008.3
新城市設楽原歴史資料館年報「研究紀要」　設楽原歴史資料館, 長篠城址史跡保存館　（18）2014.3
新城市長篠城址史跡保存館年報「研究紀要」　設楽原歴史資料館, 長篠城址史跡保存館　（18）2014.3

新堀川

パネル展と講演会「名古屋の町づくりを支えた堀川・新堀川」—産業遺産と起業を訪ねて（活動報告）（浅野伸一）「産業遺産研究」　中部産業遺産研究会事務局　（18）2011.5

新三菱重工業名古屋製作所

三菱オートギャラリー保存の乗用車「三菱500」（中部の産業遺産）（杉本漢三）「産業遺産研究」　中部産業遺産研究会事務局　（13）2006.5

神竜寺

句碑めぐり（59）五條市西吉野町立川渡・神龍寺に「安藤明女句碑」建立（三河の俳人）平成20年11月29日除幕「吉野路」　樋口昌徳　（120）2009.2

末森城

紀行文 尾張末森城探訪記（末森清司）「備陽史探訪」　備陽史探訪の会　（162）2011.10

須佐

中世、須佐（豊浜）は知多半島の表玄関だった？（村山修）「郷土研究誌みなみ」　南知多郷土研究会　（88）2009.11

住吉神社

堀河散策記（1）住吉神社と宮宿・七里の渡し—尾張の豪商・前野小平治ゆかりの地を訪ねて（丸山専治）「郷土研究誌みなみ」　南知多郷土研究会　（88）2009.11

巣山宿

秋葉街道巣山宿について（仲井政弘）「さんえん」　三遠地方民俗と歴史研究会　（33）2006.7

駿河街道

国絵図の道を訪ねてみませんか—尾州江之新道・駿河街道と信州飯田街道（加藤浩）「郷土文化」　名古屋郷土文化会　61（3）通号206　2007.3
西尾市岩瀬文庫本『東海道絵巻』の道を訪ねてみませんか—なごや街道・駿河街道（加藤浩）「郷土文化」　名古屋郷土文化会　63（1）通号209　2008.8
江戸期駿河街道と明治飯田街道を問う（加藤浩）「郷土文化」　名古屋郷土文化会　67（1）通号217　2012.8

瀬川

すべては「みなみ」から（2）瀬川幻想（榎本美保子）「郷土研究誌みなみ」　南知多郷土研究会　77　2004.5

瀬木城

三河 瀬木城（松山好広）「城」東海古城研究会　（205）2010.10
三河瀬木城ノート（池田光雄）「愛城研報告」　愛知中世城郭研究会　（17）2013.8

瀬古村

〔資料紹介〕瀬古村水野靖弘家文書（4）（道木正信）「もりやま」　守山郷土史研究会　20　2001.1

瀬戸

土器の発生と陶磁器の発達—日本の焼物づくりを二分する伊万里と瀬戸（近藤宗光）「きりん」　荒木集成館友の会　5　2001.5
瀬戸の煙（直井昭夫）「飛騨春秋 : 飛騨郷土学会誌」　高山市民時報社　506　2003.3
明治時代に万国博覧会に出品した瀬戸の窯業家（加藤政雄）「郷土文化」　名古屋郷土文化会　59（2・3）通号200　2005.3
文書で読む栃木の歴史 高松家文書（真岡市道祖土）と瀬戸焼（上野修一）「文書館だより」　栃木県立文書館　（37）2005.3
桑下城と品野城「尾張瀬戸地方の戦乱」（宮崎論志）「城」東海古城研究会　（205）2010.10
親子の歴史座談（89）瀬戸・美濃焼と唐津焼「ひらかた文化財だより」枚方市文化財研究調査会　（89）2011.10
施釉陶器の生産形態—瀬戸焼を中心に（特集 シンポジウム報告）（藤澤良祐）「知多半島の歴史と現在」　日本福祉大学知多半島総合研究所　（17）2013.10

瀬戸街道

瀬戸街道の商店（道木正信）「もりやま」　守山郷土史研究会　（27）2008.1
瀬戸街道の商店 続き（道木正信）「もりやま」　守山郷土史研究会　（28）2009.1

瀬戸市

武田信玄の影響力 瀬戸市との関係［1］～（3）（大嶽吉一）「城」東海古城研究会　184/（186）2002.9/2003.6

瀬戸線

瀬戸線あれこれ［1］～（4）（伊東重光）「もりやま」　守山郷土史研究会　（28）/（31）2009.1/2012.01
変貌する瀬戸線（1）～（5）（荒川康彦）「もりやま」　守山郷土史研究会　（29）/（33）2010.1/2014.01

瀬戸電気鉄道

瀬戸電の矢田駅と大曽根駅設置抄録（岡田弘）「ひがし」　東区郷土史研究会　（8）2001.9
瀬戸電気鉄道のパンフレット（1），（2）（資料紹介）（馬場勇）「もりやま」　守山郷土史研究会　（25）/（26）2006.1/2007.1

全福寺

丹野城と全福寺（高橋敬二）「城」東海古城研究会　（211）2013.3

たいとう田

愛知県のとうほし田・たいとう田（菅野郁雄）「赤米ニュース」　東京赤米研究会　（190）2013.1

大唐田

地名「唐干田・大唐田」の拾集（1），（2）（菅野郁雄）「法政人類学」　法政大学人類学研究会　（95）/（97）2003.6/2003.12

大宝排水機場

大宝排水機場（私のフィールドワーク）（山元章人）「産業遺産研究」　中部産業遺産研究会事務局　（13）2006.5

東海　　　　　　　　　　　　　　　　　　　　地名でたどる郷土の歴史　　　　　　　　　　　　　　　　　　　　愛知県

高須新田
高須新田の開発過程―絵図を中心とした考察（加藤俊彦）「かりや ： 郷土研究誌」 刈谷市郷土文化研究会 （32） 2011.3

高棚学校
明治25年の高棚学校分立について（津田多賀子）「安城市史だより」 ［安城］市教育委員会生涯学習部 （22） 2006.3

高田村
愛知郡高田村の変遷（尾鍋昭彦）「郷土文化」 名古屋郷土文化会 66（2）通号216 2012.2

高橋郡
研究ノート 尾張領分高橋郡「名古屋市博物館だより」 名古屋市博物館 150 2003.2

新出の今川氏真判物と桶狭間合戦前後の高橋郡（村岡幹生）「豊田市史研究」 豊田市 （2） 2011.3

滝山寺
重要文化財建造物の屋根葺替等保存修理工事報告―伊賀八幡宮・瀧山寺本堂・三門・天恩寺山門（調査研究報告）（岡崎市教育委員会，公益財団法人文化財建造物保存技術協会）「岡崎市史研究」 岡崎市教育委員会 （34） 2014.3

滝山城
三河滝山城と狼煙（池田誠）「愛城研報告」 愛知中世城郭研究会 （13） 2009.8

田口町村
田口町村外五ヵ村の天保二年三州馬復帰訴訟と商品流通（伊村吉秀）「愛知大学綜合郷土研究所紀要」 愛知大学綜合郷土研究所 48 2003.3

橘町
橘町と博物館活動… 由緒を守り、歴史を残す（武藤真）「名古屋市博物館だより」 名古屋市博物館 （210） 2014.7

田原市
愛知県田原市消防団員の "ふるさと" の心象と定住願望との関係（武田圭太）「愛知大学綜合郷土研究所紀要」 愛知大学綜合郷土研究所 52 2007.3

カラー図版 久美原海岸から西上空・赤羽根港～東方向上空・堀切上空・潮見坂上空「田原市博物館研究紀要」 田原市博物館 （3） 2008.3

田原市の文化と歴史をたずねて―田原市博物館・池ノ原公園・祭会館・城宝寺・城宝寺古墳・吉胡貝塚資料館（矢田直幸）「かりや ： 郷土研究誌」 刈谷市郷土文化研究会 （30） 2009.3

田原市における1944年の昭和東南海地震の被害状況について―田原町柳町・赤羽根村の倒壊家屋を地形・地質との関係から探る（論文）（藤城信幸）「田原市博物館研究紀要」 田原市博物館 （6） 2013.3

田原藩
田原藩の漁業・漁村支配（講演録）（西田真樹）「愛知大学綜合郷土研究所紀要」 愛知大学綜合郷土研究所 50 2005.3

永久丸遭難と田原藩の漂民対応（《特集 江戸時代のオランダ語と英語》）（河内由美子）「洋学史研究」 洋学史研究会 （25） 2008.4

田光公園
幻の田光公園（松田史世）「郷土文化」 名古屋郷土文化会 60（1）通号201 2005.8

田原城
田原城三ノ丸跡に建つ「渡邉崋山之碑」について（論文）（木村洋介）「田原市博物館研究紀要」 田原市博物館 （6） 2013.3

弾正山陣城
三河 弾正山陣城跡について（1）（松山好広）「城」 東海古城研究会 184 2002.9

丹野城
丹野城と全福寺（高橋敬二）「城」 東海古城研究会 （211） 2013.3

断夫山
方位論再考II―断夫山は尾張氏か（1）（尾関章）「古代史の海」 「古代史の海」の会 （71） 2013.3

断夫山は尾張氏か（2）―河内へ（尾関章）「古代史の海」 「古代史の海」の会 （72） 2013.6

知多
知多の農漁村と藻場の歴史（9）～（12）（木原克之）「郷土研究誌みなみ」 南知多郷土研究会 69/72 2000.5/2001.11

知多木綿（西野鏡子）「ひがし」 東区郷土史研究会 （9） 2002.12

知多における近代工業の展開（愛知県を語る会抄録）（近藤哲生，笠井雅直，大森一宏）「愛知県史研究」 愛知県 （10） 2006.3

「知多遊記」を読んで［1］，［2・続］（内田辰男）「郷土研究誌みなみ」 南知多郷土研究会 （81）/（82） 2006.5/2006.11

知多の海苔生産・今昔（永田宏）「ひがし」 東区郷土史研究会 （11）

2006.7

資料紹介 風流漫筆「知多めぐり」―折本・昭和12年発行・稲垣有編著（永田文夫）「郷土研究誌みなみ」 南知多郷土研究会 （89） 2010.5

研究ノート 知多航業株式会社の基礎的研究（内山一幸）「年報近現代史研究」 近現代史研究会 （3） 2011.3

松山があって鹿がいた―知多の鹿狩（木原克之）「郷土研究誌みなみ」 南知多郷土研究会 （91） 2011.5

近世東濃周辺の作事に従事した知多大工（山口潤）「知多半島の歴史と現在」 日本福祉大学知多半島総合研究所 （16） 2012.10

知多地名譚（1） 『愛知県地名集覧』（加藤喜代吉）「郷土研究誌みなみ」 南知多郷土研究会 （94） 2012.11

知多地名譚（2） 地名の今むかし（加藤喜代吉）「郷土研究誌みなみ」 南知多郷土研究会 （95） 2013.5

知多地域の地名由来（コラム）（福岡猛志）「知多半島の歴史と現在」 日本福祉大学知多半島総合研究所 （17） 2013.10

知多地名譚（3） 地名の消息（加藤喜代吉）「郷土研究誌みなみ」 南知多郷土研究会 （96） 2013.11

「三禅定」の思想研究に向けて―尾張知多『四方四十八願所縁起』をめぐって（加藤基樹）「研究紀要」 富山県立山博物館 21 2014.3

青木美智男さんと知多・愛知・伊勢湾三河湾の近世史研究（特別企画 青木美智男さんを偲んで）（押谷智）「愛知県史研究」 愛知県 （18） 2014.3

トヨの里に生まれて（田中誠）「郷土研究誌みなみ」 南知多郷土研究会 （98） 2014.11

知多地名譚（5） 近世泉州堺と知多黒鍬衆（加藤喜代吉）「郷土研究誌みなみ」 南知多郷土研究会 （98） 2014.11

知多郡
近世尾張知多郡の自然環境と「雨池」民話の生成―新美南吉『ごんぎつね』誕生の背景を探る（青木美智男）「知多半島の歴史と現在」 日本福祉大学知多半島総合研究所 （12） 2003.3

宮戸松齊著作『尾張名所圖繪』―知多郡の内容を中心に（明治～大正初期の図会・写真集紹介）（永田文夫）「郷土研究誌みなみ」 南知多郷土研究会 （94） 2012.11

知多半島
知多半島の歴史と文化を訪ねて（山田孝）「かりや ： 郷土研究誌」 刈谷市郷土文化研究会 （25） 2004.3

知多半島南部の伝統漁法［1］～（3） 明治12年漁具絵図下調より（編集部）「郷土研究誌みなみ」 南知多郷土研究会 （81）/（86） 2006.5/2008.11

尾張藩の成立と知多半島（篠田壽夫）「研究紀要」 犬山城白帝文庫 （1） 2007.3

秘境知多半島を探検して人々（村田修）「郷土研究誌みなみ」 南知多郷土研究会 （85） 2008.5

知多半島は孤絶の一島？（村田修）「郷土研究誌みなみ」 南知多郷土研究会 （87） 2009.5

知多半島の中世産業遺産（村田修）「郷土研究誌みなみ」 南知多郷土研究会 （89） 2010.5

座談会「知多半島を語る」（片田知行，高橋優二，福岡猛志，千頭聡）「知多半島の歴史と現在」 日本福祉大学知多半島総合研究所 （15） 2011.3

「知多半島観光圏」が認定されました（2010年度）「知多半島の歴史と現在」 日本福祉大学知多半島総合研究所 （15） 2011.3

日本福祉大学知多半島総合研究所設立20周年記念冊子「知多半島の地域力をどうみるか」を発行「知多半島の歴史と現在」 日本福祉大学知多半島総合研究所 （15） 2011.3

「九鬼の来襲」関ヶ原の戦七日前、知多半島は戦場だった（村田修）「郷土研究誌みなみ」 南知多郷土研究会 （93） 2012.5

知多半島ワイン物語（高野豊）「知多半島の歴史と現在」 日本福祉大学知多半島総合研究所 （16） 2012.10

知多半島古代史像の追及・試論（福岡猛志）「知多半島の歴史と現在」 日本福祉大学知多半島総合研究所 （16） 2012.10

知多半島5市5町の人口概観（コラム）（加茂浩靖）「知多半島の歴史と現在」 日本福祉大学知多半島総合研究所 （17） 2013.10

知多半島の砂との出会いから（株式会社トウチュウ）（コラム）（加茂浩靖）「知多半島の歴史と現在」 日本福祉大学知多半島総合研究所 （17） 2013.10

中条
中条氏館の幻（関口和也）「愛城研報告」 愛知中世城郭研究会 （17） 2013.8

中馬街道
中馬慣行と三州馬との紛争について―新資料「中馬街道図」を中心にして（小池貞彦）「飯田市美術博物館研究紀要」 飯田市美術博物館 （13） 2003.3

中馬の道
中馬の道、波不知船の道を支える―列島東西物語（木原克之）「もりやま」

守山郷土史研究会　（33）2014.1

津島
海部・津島からみる近世尾張(石田泰弘)「愛知県史研究」　愛知県　（7）2003.3

研究ノート　愛知県綿業界における「とば長」の位置—津島における朝鮮向け輸出綿糸布商(伴野泰弘)「愛知県史研究」　愛知県　（15）2011.3

津島社
第414回例会　織豊期の尾張津島社—社家組織の確立(例会報告要旨)(羽柴亜弥)「戦国史研究」　戦国史研究会，吉川弘文館(発売)（68）2014.8

壺田山城
壺田山城(二本木城)について(山崎裕太)「愛城研報告」　愛知中世城郭研究会　（18）2014.8

鶴舞公園
百周年をむかえる　鶴舞公園の設計図について(大野健生)「郷土文化」　名古屋郷土文化会　62(2)通号208　2008.2

寺部城
三河寺部城合戦と今川義元感状(内山俊身)「戦国史研究」　戦国史研究会，吉川弘文館(発売)（52）2006.8

天恩寺
重要文化財建造物の屋根葺替等保存修理工事報告—伊賀八幡宮・瀧山寺本堂・三門・天恩寺山門(調査研究報告)(岡崎市教育委員会，公益財団法人文化財建造物保存技術協会)「岡崎市史研究」　岡崎市教育委員会　（34）2014.3

天竜川
幕末・明治初年の天竜川通船(《第31回大会特集　共通論題「交通の十字路—東海の交通史」》)(村瀬典章)「交通史研究」　交通史学会，吉川弘文館(発売)（59）2006.4

東海軍管区
東海軍管区の防空体制について(1)—民間防空監視隊(清水啓介)「あゆち潟」　「あゆち潟」の自然と歴史に親しむ会　（7）2001.2

東海軍管区の防空体制について(2)—高射砲隊と前進監視哨(清水啓介)「あゆち潟」　「あゆち潟」の自然と歴史に親しむ会　（8）2002.4

東海市
東海市の沖に伝説の島があった！(村田修)「郷土研究誌みなみ」　南知多郷土史研究会　（86）2008.11

東海中学校
戦後教育改革期の東海中学校職員会議事録(《特集　戦後教育の原点》—〈第2部　戦後教育改革期の学校〉)(西形久司)「東海近代史研究」　東海近代史研究会　（28）2007.3

東郷町
44回例会　私のふるさと東郷町(小林賢朗)「地名あいち」　地名研究会あいち　（10）2012.6

筒針城
岡崎・筒針城跡を訪ねる(浅井敏)「城」　東海古城研究会　（206）2011.6

とうほし田
愛知県のとうほし田・たいとう田(菅野郁雄)「赤米ニュース」　東京赤米研究会　（190）2013.1

土器田
地籍図にみる上条村の飛び地—細田と土器田(齋藤績)「安城歴史研究」　安城市教育委員会　（31）2006.3

徳川園
徳川園に大須文庫？—幻の大須文庫移転案をめぐって(木村慎平)「蓬左」　名古屋市蓬左文庫　（87）2013.10

常滑
インタビュー「私の歩んだ道」常滑焼の調査・研究に捧げて—柿田富造氏「産業遺産研究」　中部産業遺産研究会事務局　（12）2005.5

中世常滑窯における焼成器種とその形態的分類について(研究ノート)(青木修)「愛知県史研究」　愛知県　（16）2012.3

幕末・明治初年における常滑焼の流通(高部淑子)「知多半島の歴史と現在」　日本福祉大学知多半島総合研究所　（16）2012.10

常滑窯の展開(特集　シンポジウム報告)(中野晴久)「知多半島の歴史と現在」　日本福祉大学知多半島総合研究所　（17）2013.10

東北地方の渥美と常滑(特集　シンポジウム報告)(八重樫忠郎)「知多半島の歴史と現在」　日本福祉大学知多半島総合研究所　（17）2013.10

都市鎌倉における渥美・常滑焼の使われ方(特集　シンポジウム報告)(河野眞知郎)「知多半島の歴史と現在」　日本福祉大学知多半島総合研究所　（17）2013.10

シンポジウム「中世渥美・常滑焼をおって」(特集　シンポジウム報告)(安井俊則，中野晴久，藤澤良祐，八重樫忠郎，河野眞知郎，福岡猛

志[コーディネーター])「知多半島の歴史と現在」　日本福祉大学知多半島総合研究所　（17）2013.10

近世常滑焼の真焼甕類について(特集「近世常滑を考える」報告)(小栗康寛)「知多半島の歴史と現在」　日本福祉大学知多半島総合研究所　（18）2014.10

シンポジウム　近世常滑焼を考える　コーディネーター・曲田浩和(特集「近世常滑焼を考える」報告)(岩淵令治[パネリスト]，小栗康寛[パネリスト]，中野晴久[パネリスト]，高部淑子[パネリスト])「知多半島の歴史と現在」　日本福祉大学知多半島総合研究所　（18）2014.10

常滑藩
戦国武将の日常(常滑藩主水野三代にみる)(村田修)「郷土研究誌みなみ」　南知多郷土研究会　（96）2013.11

鳥栖城
尾張　新屋敷鳥栖城(立松政敏)「城」　東海古城研究会　（200）2008.8

舎人町
日本各地の「舎人」という地名(下)(1)，(下)(2)—名古屋市舎人町と舎人氏(竹内秀夫)「足立史談会だより」　足立史談会　（263）/（264）2010.2/2010.3

殿様街道
殿様街道と下街道について(加藤政雄)「郷土文化」　名古屋郷土文化会　68(2)通号220　2014.2

外之原町
春日井外之原町・鳥居松町等の歴史についての一考察(大野哲夫)「郷土文化」　名古屋郷土文化会　62(1)通号207　2007.8

鳶ヶ巣砦
検証　鳶ヶ巣砦奇襲の道(前川浩一)「城」　東海古城研究会　（194）2006.2

長篠合戦　鳶ヶ巣砦奇襲作戦の背景を探る(松山好広)「城」　東海古城研究会　（200）2008.8

三河長篠合戦　鳶ヶ巣砦奇襲における酒井忠次の陣所(本陣)を探る(松山好広)「城」　東海古城研究会　（203）2010.2

戸部
幻の戸部蛙(「たより」124〜159号寄稿文)(西野鏡子)「ひがし」　東区郷土史研究会　（12）2012.1

幻の戸部蛙　その後(「たより」124〜159号寄稿文)「ひがし」　東区郷土史研究会　（12）2012.1

冨田庄
「尾張國冨田庄絵図」の主題をめぐって—文書目録と絵図読解(上村喜久子)「愛知県史研究」　愛知県　（5）2001.3

巴川
文化財シリーズ(56)　巴川の甌穴/資料館NEWS「豊田市郷土資料館だより」　豊田市郷土資料館　（56）2006.6

豊田の川魚漁—足助地区巴川の川漁師と川魚漁について(調査報告)(天野卓哉)「豊田市史研究」　豊田市　（5）2014.3

戸山荘
尾張藩戸山荘の眺望に関する研究(李偉)「日本研究」　人間文化研究機構国際日本文化研究センター　34　2007.3

豊川
元禄期「本野ヶ原入会争論裁許図」の景観から読める村落の入会関係と豊川「下郷」の村落—野畑・霞堤の研究(6)(藤田佳久)「愛知大学綜合郷土研究所紀要」　愛知大学綜合郷土研究所　45　2000.3

旧海軍の技術による昭和期の煉瓦造建築—舞鶴・豊川・友ヶ島(水野信太郎，野口英一朗，天野武弘)「産業遺産研究」　中部産業遺産研究会事務局　（10）2003.5

付Ⅱ　豊川の変遷想定図「豊川史話」　豊川市郷土史研究会　（9）2003.7

ダム事業の再検証基準案(有権者会議案)は適正かつ有効か—23回に及んだ豊川流域委員会の教訓に学んで(松倉源造)「愛知大学綜合郷土研究所紀要」　愛知大学綜合郷土研究所　56　2011.3

東三河地域における社会・経済に対する地域住民意識とその特徴—豊川流域住民に対するアンケート調査をもとにして(研究ノート)(平川雄一)「愛知大学綜合郷土研究所紀要」　愛知大学綜合郷土研究所　58　2013.3

豊川稲荷
遠州三山・豊川稲荷・伊良湖岬の旅(市川三郎)「府中史談」　府中市史談会　（20）2007.5

豊川海軍工廠
豊川海軍工廠跡地見聞記(青山昌嗣)「もりやま」　守山郷土史研究会　19　2000.1

県立見付高女の学徒動員—豊川海軍工廠(1)，(2)(高田岩男)「磐南文化」　磐南文化協会　（32）/（33）2006.3/2007.3

豊橋松操高等女学校の豊川海軍工廠勤務日誌「立命館平和研究：立命

館大学国際平和ミュージアム紀要」 立命館大学国際平和ミュージアム（7）2006.3

各地の戦跡保存活動の紹介 豊川海軍工廠跡地保存をすすめる会（山田賢治）「浅川地下壕の保存をすすめる会ニュース」 浅川地下壕の保存をすすめる会 （55）2006.12

豊川海軍工廠跡地を見学して（日高忠臣）「浅川地下壕の保存をすすめる会ニュース」 浅川地下壕の保存をすすめる会 （57）2007.4

豊川海軍工廠になった飯田中学校—女子挺身隊員と出合う（遠ざかる敗戦）（堅田仁）「伊那」 伊那史学会 57（8）通号975 2009.8

豊川海軍工廠になった飯田中学校—たった丸四ヶ月の学徒動員（遠ざかる敗戦）（松島信幸）「伊那」 伊那史学会 57（8）通号975 2009.8

豊川工廠

日本海軍豊川工廠（山田太郎）「銃砲史研究」 日本銃砲史学会 （352）2006.3

豊川市

豊川市内の旧村名の起源考 楽筒/楠木/向河原/麻生田/谷川/牧野/三橋/雨谷/石原/埴之上/三渡野/当古/土筒/犬之子/馬場/豊川/古宿/北金屋/三蔵子/六角/長草/樽井/上・下千両/大崎/本野/瀬木/西島/柚子/行明/正岡/長山/牛久保/鍛冶/南金屋/市田/野口/八幡/白鳥/久保/平尾/財賀/御油/国府/森/小田渕/為当「豊川史話」 豊川市郷土史研究会 （9）2003.7

豊川市内の旧村名と小字名「豊川史話」 豊川市郷土史研究会 （9）2003.7

豊川市内旧村名と同地名のある県「豊川史話」 豊川市郷土史研究会 （9）2003.7

豊川市旧町村合併一覧「豊川史話」 豊川市郷土史研究会 （9）2003.7

豊川市旧町村境界図「豊川史話」 豊川市郷土史研究会 （9）2003.7

豊川市内の大字略図「豊川史話」 豊川市郷土史研究会 （9）2003.7

豊川市旧村名の小字略図 三上村略図/豊川町略図（陸美地区、麻生田地区、三蔵子地区、豊川地区）/牛久保町略図（上郷地区、下郷地区）/八幡村全図（千両・平尾校区、八南校区）/国府町全図/御油村字分全図「豊川史話」 豊川市郷土史研究会 （9）2003.7

豊川市内に猪垣を探して（栗原将人）「三河地域史研究」 三河地域史研究会 （56）2010.5

豊川鉄道

初期豊川鉄道の経営者—明治後期における地方鉄道運営の一こま（飛田紀男）「三河地域史研究」 三河地域史研究会 （22）2004.12

1935年・豊川鉄道の労働争議—日本主義労働運動発祥地東三河における交通争議（伊藤英一）「東海近代史研究」 東海近代史研究会 （26）2005.3

旧豊川電話中継所

旧豊川電話中継所と装荷線輪用やぐら（天野武弘）「産業遺産研究」 中部産業遺産研究会事務局 （13）2006.5

豊田

とよたの近代和風建築「豊田市郷土資料館だより」 豊田市郷土資料館 （53）2005.10

特別展準備レポート 「新・豊田の文化財」展「豊田市郷土資料館だより」 豊田市郷土資料館 （57）2006.9

統計指標からみた旧豊田・加茂地域の変化 1950—2005（平川雄一）「豊田市史研究」 豊田市 （1）2010.3

刈谷に豊田なかりせば（前）,（後）（渡邉健二）「かりや ： 郷土研究誌」 刈谷市郷土文化研究会 （33）/（34）2012.3/2013.3

豊田市

愛知万博に豊田の文化財・郷土芸能も参加「豊田市郷土資料館だより」 豊田市郷土資料館 （51）2005.3

始祖松平御参待お帰り道中 東京から豊田市へ、そして未来へ「豊田市郷土資料館だより」 豊田市郷土資料館 （52）2005.6

トピックス 合併した旧町村の指定文化財（1）～（4）「豊田市郷土資料館だより」 豊田市郷土資料館 （52）/（55）2005.6/2006.3

始祖松平御参待お帰り道中 地域が歴史を創り上げる「豊田市郷土資料館だより」 豊田市郷土資料館 （53）2005.10

近代から「とよた」を発見する 近代の産業とくらしの発見館「豊田市郷土資料館だより」 豊田市郷土資料館 （54）2006.2

豊田市「近代の産業と暮らしの発見館」（中部の産業遺産）（天野博之）「産業遺産研究」 中部産業遺産研究会事務局 （13）2006.5

探しています!! 市域の古写真「豊田市郷土資料館だより」 豊田市郷土資料館 （57）2006.9

豊田市郷土資料館特別展開催報告 「新・豊田の文化財展」を開催しました「豊田市郷土資料館だより」 豊田市郷土資料館 （58）2006.12

とよたの遺物とその立地「豊田市郷土資料館だより」 豊田市郷土資料館 （71）2010.3

平成23年度 豊田市近代の産業とくらし発見館企画展 白瀬矗—夢の南極大陸へ「豊田市郷土資料館だより」 豊田市郷土資料館 （79）2012.3

豊田市における「平成の大合併」（論文）（森川洋）「豊田市史研究」 豊田

市 （4）2013.3

豊田市における近年の内水面漁業・養殖業の変容—食用魚・鑑賞魚養殖を中心に（論文）（高木秀和）「豊田市史研究」 豊田市 （4）2013.3

豊田市の近代和風建築と喜楽亭の遺構について（調査報告）（畔柳武司, 三輪邦夫、澤上順一）「豊田市史研究」 豊田市 （4）2013.3

豊田市における大型店の立地変化（研究ノート）（伊藤健司）「豊田市史研究」 豊田市 （4）2014.3

豊田市山間部の地名について（調査報告）（松田篤）「豊田市史研究」 豊田市 （5）2014.3

豊根村

愛知県北設楽郡豊根村民の“ふるさと”の心象と定住願望との関係（竹田圭太）「愛知大学綜合郷土研究所紀要」 愛知大学綜合郷土研究所 51 2006.3

豊橋

昭和恐慌期における名古屋第三師団移転問題について—豊橋第十五師団廃止との関連を中心に（佃隆一郎）「愛知県史研究」 愛知県 （7）2003.3

豊橋地方の方言とその変容（吉川利明）「東海地域文化研究」 名古屋学芸大学短期大学部附属東海地域文化研究所 （15）2004.3

陸軍部隊異動をめぐる浜松・豊橋両地区の対立—「三遠南信地域」構想が出されている今の参考のために（7月例会レジュメ）（佃隆一郎）「静岡県近代史研究会」 静岡県近代史研究会 （346）2007.6

資料紹介（史料紹介）明治前期豊橋での漢学講義史料（田崎哲郎）「愛知大学綜合郷土研究所紀要」 愛知大学綜合郷土研究所 57 2012.3

豊橋松操高等女学校

豊橋松操高等女学校の豊川海軍工廠勤務日誌「立命館平和研究 ： 立命館大学国際平和ミュージアム紀要」 立命館大学国際平和ミュージアム（7）2006.3

豊橋第一陸軍予備士官学校

豊橋第一陸軍予備士官学校の思い出（芦田史朗）「丹波史」 丹波史懇話会（30）2010.6

豊橋陸軍予備士官学校

豊橋陸軍予備士官学校について（資料紹介）（堀井令以知）「愛知大学綜合郷土研究所紀要」 愛知大学綜合郷土研究所 55 2010.3

豊浜

豊浜の風俗、習慣、言語について（磯部宅成）「郷土研究誌みなみ」 南知多郷土研究会 76 2003.11

豊浜漁港

豊浜漁港の矢穴石（1）～（3）（高田祐吉）「郷土研究誌みなみ」 南知多郷土研究会 （90）/（92）2010.11/2011.11

豊浜町

旧豊浜町の教育概要—明治終期から昭和初期にかけて（磯部宅成）「郷土研究誌みなみ」 南知多郷土研究会 73 2002.5

旧豊浜町の税について—昭和26年度 自転車税、荷車税、犬税（磯部宅成）「郷土研究誌みなみ」 南知多郷土研究会 （79）2005.5

昭和初期の児童の体格および健康状況について（旧豊浜町）（磯部宅成）「郷土研究誌みなみ」 南知多郷土研究会 （80）2005.11

豊浜郵便局

おかげさまで百年—豊浜郵便局（植部重章）「郷土研究誌みなみ」 南知多郷土研究会 69 2000.5

鳥居松町

春日井市外之原町・鳥居松町等の歴史についての一考察（大野哲夫）「郷土文化」 名古屋郷土文化会 62（1）通号207 2007.8

長尾村

江戸時代長尾村へやって来た「物乞い」たち 文政七年「諸勧進付合力頼る覚帳」長尾村庄屋より（永田久則）「郷土研究誌みなみ」 南知多郷土研究会 （96）2013.11

長尾村三井家文書「天明三年 長尾村匆年御用御触書写帳 六月廿三日 庄屋傳左衛門」より当時の世相を探る（永田久則）「郷土研究誌みなみ」 南知多郷土研究会 （98）2014.11

中川運河

「眠れるウォーターフロント 中川運河」の現状と再生への取り組み（産業遺産関連情報）（柳田哲雄）「産業遺産研究」 中部産業遺産研究会事務局 （16）2009.5

堀川と中川運河を結ぶ松重閘門（コラム）「産業遺産研究」 中部産業遺産研究会事務局 （16）2009.5

中区

『中区誌』の紹介（早川秋子）「郷土文化」 名古屋郷土文化会 66（1）通号215 2011.8

愛知県　　　　　　　　　　地名でたどる郷土の歴史　　　　　　　　　　東海

長久手

小牧長久手の戦いと三河七か寺の動向について（水野智之）「安城市史だより」［安城］市教育委員会生涯学習部　19　2004.10

戦場をあるく―戦場調査ガイド　長久手古戦場を歩く（谷口央）「織豊期研究」　織豊期研究会　（8）2006.10

小牧・長久手の合戦と伊予の争乱（川島佳弘）「織豊期研究」　織豊期研究会　（9）2007.10

愛知県史を語る会抄録　小牧・長久手の戦いと三河（谷口央）「愛知県史研究」　愛知県　（13）2009.3

第43回研究会発表要旨　長久手古戦場を訪ねた人々（服部直子）「郷土文化」　名古屋郷土文化会　66（1）通号215　2011.8

長久手村

長久手村と近代の戦争―戦争記念碑と個人墓（元杭和則）「年魚市風土記」　戦争遺跡研究会　（3）2011.7

長沢

三河長沢3城研究の視点―縄張研究の視点から（池田誠）「愛城研報告」　愛知中世城郭研究会　（9）2005.8

中志段味

中志段味のつぶやき（上林光之）「志段味の自然と歴史を訪ねて」　志段味の自然と歴史に親しむ会・世話人会　63　2003.8

中志段味村

中志段味村方文書の紹介（2）「志段味の自然と歴史を訪ねて」　志段味の自然と歴史に親しむ会・世話人会　63　2003.8

長篠

久昌院蔵『長篠合戦図』について（藤本正行）「中世城郭研究」　中世城郭研究会　（18）2004.7

長篠合戦と長篠戦記（高橋敬二）「城」　東海古城研究会　（197）2007.3

長篠合戦再考―その政治的背景と展開（柴裕之）「織豊期研究」　織豊期研究会　（12）2010.10

10月例会（19名参加）長篠合戦再考―その政治的背景と展開（例会報告要旨）（柴裕之）「静岡県地域史研究会報」　静岡県地域史研究会　（174）2011.1

長篠の鉄砲三段撃ちはなかった（生徒歴史研究発表大会の記録）（佐藤広基）「房総史学」　国書刊行会　（52）2012.3

奥平講演会　中津城奥平家文書について―「家譜」に見る長篠の戦いの意味（谷口央）「研究紀要」　設楽原歴史資料館，長篠城址史跡保存館　（17）2013.3

長篠報告　戦国時代の実相（七原惠史）「研究紀要」　設楽原歴史資料館，長篠城址史跡保存館　（17）2013.3

設楽原講演会　【長篠・設楽原の戦い】研究最前線（小和田哲男）「研究紀要」　設楽原歴史資料館，長篠城址史跡保存館　（18）2014.3

長篠から設楽原へ（その2）（長篠・設楽原報告）（小林芳春）「研究紀要」　設楽原歴史資料館，長篠城址史跡保存館　（18）2014.3

長篠設楽原

長篠・設楽原古戦場めぐり（澤清）「かりや ： 郷土研究誌」　刈谷市郷土文化研究会　2005.3

長篠・設楽原鉄砲隊の火縄銃のカラクリについて（湯浅大司，林利一）「銃砲史研究」　日本銃砲史学会　（352）2006.3

「長篠・設楽原の戦い」での鉄砲使用を江戸期文献はどう記しているか？（小林芳春）「銃砲史研究」　日本銃砲史学会　（358）2007.12

長篠・設楽原鉄砲隊結成20周年記念講演　鉄砲を語る徹底対談―設楽原と火縄銃（小和田哲男，宇田川武久，小林芳春）「研究紀要」　設楽原歴史資料館，長篠城址史跡保存館　（16）2012.3

長篠城

三河長篠城・縄張り再考（高田徹）「愛城研報告」　愛知中世城郭研究会　（8）2004.8

設楽原報告　長篠城から設楽原へ（1）（小林芳春）「研究紀要」　設楽原歴史資料館，長篠城址史跡保存館　（17）2013.3

中根

織田氏の時代の中根（松永善子）「美豆保」　瑞穂地区郷土史跡研究会　（23）2011.3

中之郷村

知多中之郷村宗門御改帳（訳）―第80号の原文を受けて（編集部）「郷土研究誌みなみ」　南知多郷土研究会　（81）2006.5

中村公園

三大公園の創造―中村公園改良策・清須公園設計案・岡崎公園設計案の紹介（資（史）料紹介）（石川寛）「愛知県史研究」　愛知県　（15）2011.3

中山郷

三河中山郷の城館調査（奥田敏春）「愛城研報告」　愛知中世城郭研究会　（14）2010.8

名古屋

近世名古屋の町方法制（西山朝雄）「ひがし」　東区郷土史研究会　（8）2001.9

明治初期の徴兵について（中村保夫）「郷土文化」　名古屋郷土文化会　56（3）通号192　2002.3

なごや弁ものがたり（5）（梶野二郎）「もりやま」　守山郷土史研究会　（22）2003.1

昭和恐慌期における名古屋第三師団移転問題について―豊橋第十五師団廃止との関連を中心に（佃隆一郎）「愛知県史研究」　愛知県　（7）2003.3

名古屋商人小坂井新左衛門の藍瓶年貢銭―近世における租税徴収の一形態（森田陽子）「郷土文化」　名古屋郷土文化会　57（3）通号195　2003.3

紀行に見る江戸時代の名古屋（櫻井芳昭）「郷土文化」　名古屋郷土文化会　58（1）通号196　2003.8

第28回研究会発表要旨　猿猴庵の絵本でみる名古屋城下の楽しみ（山本祐子）「郷土文化」　名古屋郷土文化会　58（1）通号196　2003.8

『新愛知』にみる「名古屋における映画取締の展開」（小林貞弘）「キネマ・ロク」　名古屋大学国際言語文化研究科「メディア的リアリティー」研究グループ　2　2003.12

名古屋町方における町役銀の税額（高田鈴枝）「郷土文化」　名古屋郷土文化会　58（2）通号197　2003.12

日露戦争のロシア軍捕虜と愛知県―名古屋を中心に（堀田慎一郎）「愛知県史研究」　愛知県　（8）2004.3

名古屋城下における瓦の生産と供給（岡村弘子）「名古屋市博物館研究紀要」　名古屋市博物館　27　2004.3

名古屋のやきもの―町の人々の作陶（水野加枝）「きりん」　荒木集成館友の会　8　2004.5

名古屋と博覧会（井上善博）「郷土文化」　名古屋郷土文化会　59（2・3）通号200　2005.3

名古屋城下見世物研究ノスヽメ（武藤真）「郷土文化」　名古屋郷土文化会　59（2・3）通号200　2005.3

名古屋の博覧会見物と共進会出品（櫻井芳昭）「郷土文化」　名古屋郷土文化会　59（2・3）通号200　2005.3

明治四十三年共進会と名古屋の街（山田寂雀）「郷土文化」　名古屋郷土文化会　59（2・3）通号200　2005.3

路傍の石から眺める「名古屋汎太平洋平和博覧会」（阪口泰子）「郷土文化」　名古屋郷土文化会　59（2・3）通号200　2005.3

汎太平洋平和博覧会協賛「神祇館」について（太田正弘）「郷土文化」　名古屋郷土文化会　59（2・3）通号200　2005.3

資料紹介　米軍資料　名古屋三・二四空襲の作戦任務報告書（上）（西形久司）「東海近代史研究」　東海近代史研究会　（26）2005.3

第31回研究発表要旨如来教と名古屋の伝承（情報）（浅野美和子）「郷土文化」　名古屋郷土文化会　60（1）通号201　2005.8

名古屋の史料紹介（2）愛知県鳴海村下郷家文書・名古屋城下車ノ町文書・知多郡梅狭間村梶野家文書（大野哲夫）「郷土文化」　名古屋郷土文化会　61（2）通号205　2006.12

戦前の名古屋の職人（梶野二郎）「もりやま」　守山郷土史研究会　（26）2007.1

万博会場の溜め池の変遷（小林元）「郷土文化」　名古屋郷土文化会　62（2）通号208　2008.2

名古屋離宮の誕生（石川寛）「愛知県史研究」　愛知県　（12）2008.3

近世前期の名古屋材木商大山屋神戸家の経営（林順子）「研究紀要」　犬山城白帝文庫　（2）2008.3

名古屋の電鉄発祥の地　旧那古野車庫と赤煉瓦塀（橋本英樹）「産業遺産研究」　中部産業遺産研究会事務局　（15）2008.5

青島戦ドイツ兵俘虜と名古屋の産業発展―技術移転の様相を探る（校條善夫）「産業遺産研究」　中部産業遺産研究会事務局　（15）2008.5

「学徒勤労令」による動員と名古屋での空襲罹災メモ（旧制伊那中学校（現伊那北高校）生の戦時体験―プロローグ）（原隆男）「伊那路」　上伊那郷土研究会　52（8）通号619　2008.8

名古屋空襲罹災体験（旧制伊那中学校（現伊那北高校）生の戦時体験―プロローグ）（田中三郎）「伊那路」　上伊那郷土研究会　52（8）通号619　2008.8

「元気な名古屋"のモノづくり」講座の実施（活動報告）（寺沢安正）「産業遺産研究」　中部産業遺産研究会事務局　（16）2009.5

展示準備ノート　名古屋最古の村絵図？　みつかる！「名古屋市博物館だより」　名古屋市博物館　（190）2009.10

江戸時代尾張名古屋の出版事情（青木健）「かりや ： 郷土研究誌」　刈谷市郷土文化研究会　（31）2010.3

巻頭言　産業遺産と名古屋開府400年（寺澤安正）「産業遺産研究」　中部産業遺産研究会事務局　（17）2010.5

名古屋の"ものづくり"を支えた企業家たち（活動報告）（寺澤安正，大橋公雄）「産業遺産研究」　中部産業遺産研究会事務局　（17）2010.5

歩いてさぐる名古屋の"ものづくり"講座の実施（活動報告）（寺澤安正）

「産業遺産研究」　中部産業遺産研究会事務局　（17）　2010.5

"帝国"体制下の都市構想と地域アイデンティティー「大名古屋論」をめ
ぐって（1），（2）（岡田洋司）「東海近代史研究」　東海近代史研究会
（31）/（32）　2010.6/2011.07

資料紹介　名古屋三・二四空襲の作戦任務報告書（中）（西形久司）「東海
近代史研究」　東海近代史研究会　（31）　2010.6

名古屋の町（広谷雅子）「秦史談」　秦史談会　（160）　2010.12

屎尿から見る明治の名古屋（木村慎平）「名古屋市博物館だより」　名古屋
市博物館　（196）　2011.1

明治初期の用水と村点描（上），（下）（中村保夫）「郷土文化」　名古屋郷土
文化会　65（2）通号214/66（1）通号215　2011.3/2011.08

パネル展と講演会「名古屋の町づくりを支えた堀川・新堀川」―産業遺
産と起業を訪ねて（活動報告）（浅野伸一）「産業遺産研究」　中部産業
遺産研究会事務局　（18）　2011.5

第42回研究発表会要旨　開府四〇〇年絵はがきにみる近代名古屋（井上
善博）「郷土文化」　名古屋郷土文化会　66（1）通号215　2011.8

名古屋の食文化（「たより」124～159号寄稿文）（浪川久基子）「ひがし」
東区郷土史研究会　（12）　2012.1

名古屋おもてなし武将隊（「たより」124～159号寄稿文）（西野光彦）「ひ
がし」　東区郷土史研究会　（12）　2012.1

明治大正期名古屋市地区における電灯需要の構造と展開―照明革命はいか
にもたらされたか（浅野伸一）「愛知県史研究」　愛知県　（16）　2012.3

名古屋油商吉田家の資料について（調査報告）（曲田浩和）「愛知県史研
究」　愛知県　（16）　2012.3

特別企画　インタビュー　研究生活五十年、尾張藩法と名古屋商人史と一林
董一さんに聞く（近世思想）「愛知県史研究」　愛知県　（16）　2012.3

パネル展と講演会「名古屋のものづくり・町づくりを育んだ木材産業」
（活動報告）（寺澤安正，中住健二郎，大橋公雄）「産業遺産研究」　中
部産業遺産研究会事務局　（19）　2012.5

コラム　服部長七の足跡/室戸台風による瀬田川鉄橋列車転覆事故/長崎
県対馬にあったオメガ無線局大鉄塔の解体工事/名古屋の造船業/「鹿
乗橋」の拡幅/坪内逍遥の描いた明治初期の名古屋「産業遺産研究」
中部産業遺産研究会事務局　（19）　2012.5

"帝国"体制下の都市構想と地域アイデンティティー―「大名古屋論」をめ
ぐって（完結）（岡田洋司）「東海近代史研究」　東海近代史研究会
（33）　2012.7

桑名・名古屋の名建築（川島智生）「近畿文化」　近畿文化会事務局
（760）　2013.3

講演要旨　名古屋都市圏の鉄道―その経緯、現状、展望（須田寛）「産業遺
産研究」　中部産業遺産研究会事務局　（20）　2013.5

名古屋の鉄道発祥地をめぐる散策コース（産業遺産紹介）（山田貢）「産業
遺産研究」　中部産業遺産研究会事務局　（20）　2013.5

2012年度パネル展と講演会「名古屋のまちづくりを支えた鉄道網」（活動
報告）（井上清司）「産業遺産研究」　中部産業遺産研究会事務局
（20）　2013.5

コラム　塔の歴史―東京スカイツリーに寄せて/掩体壕/名古屋汎太平洋
博覧会と名車1400型「産業遺産研究」　中部産業遺産研究会事務局
（20）　2013.5

関東大震災と松坂屋いとう呉服店（1）―罹災直後の対応を中心に（木村
慎平）「名古屋市博物館研究紀要」　名古屋市博物館　37　2014.3

2013年度パネル展・講演会　近代名古屋の発展と海外との関わり～戦前
の国際都市名古屋の形成～PartⅠ（活動報告）（浅野伸一）「産業遺産研
究」　中部産業遺産研究会　（21）　2014.5

よみがえれ文化財！　優れた文化を、名古屋の歴史を、後世に伝えるた
めに。「名古屋市博物館だより」　名古屋市博物館　（210）　2014.7

名古屋駅

戦前の名古屋駅前整備と交通結節点としての役割（第27回「新修名古屋
市史を語る集い」から　資料編「近代3」の内容を紹介）（松永直幸）「新
修名古屋市史だより」　名古屋市市政資料館　（30）　2012.3

なごや街道

西尾市岩瀬文庫本『東海道絵巻』の道を訪ねてみませんか―なごや街
道・駿河街道（加藤浩）「郷土文化」　名古屋郷土文化会　63（1）通号
209　2008.8

名古屋県

名古屋県における戸籍区の設定（小林賢治）「愛知県史研究」　愛知県
（9）　2005.3

名古屋港

「名古屋の都市づくりと名古屋港の産業遺産」と講演会の開催展（活動報
告）（寺沢安正）「産業遺産研究」　中部産業遺産研究会事務局　（15）
2008.5

テルファー　名古屋港・清水港（調査報告）（永田宏，井土清司）「産業遺
産研究」　中部産業遺産研究会事務局　（20）　2013.5

名古屋工専

名古屋工専空襲体験記（築山秀朗）「乙訓文化」　乙訓の文化遺産を守る会
（70）　2006.8

名古屋市

資料紹介　米軍資料　名古屋市街空襲に関する「目標情報シート」（西形久
司）「東海近代史研究」　東海近代史研究会　（24）　2003.3

市民と行政との「協働」による資源循環型地域づくりと新しい「公共圏」
―名古屋市における環境運動体を中心とした取り組みの事例分析（塚
本善弘）「愛知大学綜合郷土研究所紀要」　愛知大学綜合郷土研究所
49　2004.3

名古屋市下で開催された博覧会関連資料目録（事務局）「郷土文化」　名古
屋郷土文化会　59（2・3）通号200　2005.3

名古屋市における埴輪の導入（瀬川貴文）「名古屋市博物館研究紀要」　名
古屋市博物館　29　2006.3

展覧会余録　愛知県・名古屋市の「青い目の人形」歓迎会とアメリカへの
答礼人形に関する記録「名古屋市博物館だより」　名古屋市博物館
（191）　2009.12

地域探検隊（市政資料館開館20周年記念特集）（河村たかし）「新修名古
屋市史だより」　名古屋市市政資料館　（28）　2010.3

昭和20年度における名古屋市学童疎開の様相：名古屋市教育局教学課文
書綴から（加納寛）「愛知大学綜合郷土研究所紀要」　愛知大学綜合郷
土研究所　56　2011.3

「ホームレス」であること―名古屋市におけるホームレスの経験とその
解釈（特集　台湾をめぐる境域）（二文字屋脩）「白山人類学」　白山人類
学研究会，岩田書院（発売）　（14）　2011.3

近代都市における屎尿問題と行政・地域―名古屋市を事例として（木村
慎平）「年報近現代史研究」　近現代史研究会　（3）　2011.3

名古屋市内古城跡めぐり（西野光彦）「ひがし」　東区郷土史研究会
（12）　2012.1

時局事務監査準備書類に見る名古屋市の防空体制―戦時名古屋の軍需工
業都市化の深まりとの関連で（第27回「新修名古屋市史を語る集い」
から　資料編「近代3」の内容を紹介）（池山弘）「新修名古屋市史だよ
り」　名古屋市市政資料館　（30）　2012.3

公文書等の公開について　「公文書」の公開、「行政資料」の公開、「市史
資料」の公開、表紙の説明「新修名古屋市史だより」　名古屋市市政資
料館　（31）　2013.3

古文書解読講座―名古屋市大塚三右衛門家文書「愛知県公文書館だよ
り」　愛知県公文書館　（18）　2014.1

名古屋市周辺の史跡を訪ねる（石塚一郎）「つどい」　豊中歴史同好会
（319）　2014.8

平成26年度名古屋市博物館特別展　三英傑と名古屋への道…。（武藤真）
「名古屋市博物館だより」　名古屋市博物館　（211）　2014.10

名古屋市電

市民の足・市電（木山春光）「ひがし」　東区郷土史研究会　（8）　2001.9

僕の名古屋の市電（桜井孝）「ひがし」　東区郷土史研究会　（8）　2001.9

那古野車庫

名古屋の電鉄発祥の地　旧那古野車庫と赤煉瓦塀（橋本英樹）「産業遺産研
究」　中部産業遺産研究会事務局　（15）　2008.5

名古屋城

名古屋城下町史蹟と名古屋城を訪ねる（永田金一）「かりや　：　郷土研究
誌」　刈谷市郷土文化研究会　（21）　2000.3

尾張国名古屋城修補許可の老中奉書について（白峰旬）「三重大史学」　三
重大学人文学部考古学・日本史研究室　（3）　2003.3

名古屋城の石垣石材検証―美濃地域の採石地と石材加工法（上），（下）
（深貝佳世）「郷土研究・岐阜」　岐阜県郷土資料研究協議会会報」　岐
阜県郷土資料研究協議会　（100）/（101）　2005.6/2005.10

名古屋城下町の武家屋敷地について藩士役宅の空間的復元（松村冬樹）
「名古屋市博物館研究紀要」　名古屋市博物館　29　2006.3

名古屋城の石垣石材検証―美濃地域の採石地と石材加工法（2の上），（2
の下）（深貝佳世）「郷土研究・岐阜　：　岐阜県郷土資料研究協議会会
報」　岐阜県郷土資料研究協議会　（103）/（104）　2006.6/2006.10

名古屋城の金の鯱鉾（西野光彦）「ひがし」　東区郷土史研究会　（11）
2006.7

名古屋城築城の採石丁場―三河湾の丁場址調査から「城郭だより　：　日
本城郭史学会会報」「日本城郭史学会」　（60）　2008.1

戦前の名古屋城に関するスタンプ考（高田徹）「愛城研報告」　愛知中世城
郭研究会　（12）　2008.8

研究ノート　名古屋城天守閣から富士山は見えるか？「名古屋市博物館だ
より」　名古屋市博物館　（185）　2008.12

名古屋城築城の採石地　篠島（1）～（3）（松本亀男）「郷土研究誌みなみ」
南知多郷土研究会　（87）/（91）　2009.5/2010.5

名古屋城模擬天守―博覧会場における模擬天守（高田徹）「愛城研報告」
愛知中世城郭研究会　（13）　2009.8

愛知県　　地名でたどる郷土の歴史　　東海

篠島から名古屋城へ運ばれた石材—方法・ルートなど（高田祐吉）「郷土研究誌みなみ」 南知多郷土研究会 （88）2009.11

名古屋城と篠島の矢穴[1]，(2)（石橋伊鶴）「郷土研究誌みなみ」 南知多郷土研究会 （89）/（90）2010.5/2010.11

資料紹介 戦時下の文化財保護（補遺）—名古屋城障壁画の疎開（梶山勝）「名古屋市博物館研究紀要」 名古屋市博物館 34 2011.3

名古屋城と尾張藩主思想（西山朝雄）「ひがし」 東区郷土史研究会 （12）2012.1

名古屋城二之丸庭園（西野光彦）「ひがし」 東区郷土史研究会 （12）2012.1

名古屋城本丸御殿復元（「たより」124〜159号寄稿文）（西野光彦）「ひがし」 東区郷土史研究会 （12）2012.1

名古屋城本丸御殿復元 上棟記念式典 棟札について（仙石聖子）「郷土文化」 名古屋郷土文化会 66(2)通号216 2012.2

篠島・長浜石（名古屋城築城・残石）（石橋伊鶴，松本亀男）「郷土研究誌みなみ」 南知多郷土研究会 （93）2012.5

近代に於ける名古屋城郭の処分とその変遷—名古屋城北練兵場の創設を中心に（第29回「新修名古屋市史を語る集い」から）（池田弘）「新修名古屋市史だより」 名古屋市市政資料館 （32）2014.3

名古屋新田

名古屋新田 寛文御用留(1)（資料紹介）（青木忠夫）「もりやま」 守山郷土史研究会 （29）2010.1

名古屋テレビ塔

名古屋テレビ塔の50年（永田宏）「産業遺産研究」 中部産業遺産研究会事務局 （13）2006.5

巻頭言 名古屋テレビ塔の今昔（永田宏）「産業遺産研究」 中部産業遺産研究会事務局 （19）2012.5

名古屋藩

明治初期の名古屋藩兵について(2)（中村保夫）「郷土文化」 名古屋郷土文化会 55(2)通号188 2000.12

夏山城

三河夏山城について（石川浩治）「愛城研報告」 愛知中世城郭研究会 6 2002.8

七郷一色

新城市鳳来町「七郷一色」地名の調査研究（金田博子）「地名あいち」 地名研究会あいち （7）2009.5

鍋田

戦後愛知県鍋田干拓調査報告（調査報告）（森武麿，齊藤俊江，向山敦子）「飯田市歴史研究所年報」 飯田市教育委員会 （8）2010.8

成岩町

半田ガンチと成岩ガンチの由来—半田町と成岩町の紛争「荒古事件」の顛末（河合克己）「郷土研究誌みなみ」 南知多郷土研究会 75 2003.5

鳴海村

名古屋の史料紹介(1)—名古屋城下町大船町藤屋（商家）文書・愛知郡鳴海村下郷家文書（大野哲夫）「郷土文化」 名古屋郷土文化会 58(3)通号198 2004.3

名和前新田

名古屋南部の新田開発について—名和前新田を中心にして（葛島博子）「あゆち潟」 「あゆち潟」の自然と歴史に親しむ会 （8）2002.4

西尾

企画展—にしお・ふるさと再発見！「岩瀬文庫だより」 西尾市岩瀬文庫 （4）2004.12

西三河の江戸廻船—高浜弥兵衛船と西尾の蒸気船武蔵丸（神谷和正）「三河地域史研究」 三河地域史研究会 （23）2005.12

岩瀬文庫の西尾資料(2) 西尾をまなぶ。西尾をうたう。「岩瀬文庫だより」 西尾市岩瀬文庫 （14）2007.6

西尾市

新西尾市が誕生！「岩瀬文庫だより」 西尾市岩瀬文庫 （30）2011.6

西尾城

西尾城の断片史料(1) 三浦氏家臣の記憶から（神谷和正）「三河地域史研究」 三河地域史研究会 （49）2006.11

西尾城の断片史料(2) 「英名録」と「公文禄」から（史料紹介）（神谷和正）「三河地域史研究」 三河地域史研究会 （25）2007.11

三河 西尾城について（石川浩治）「城」 東海古城研究会 （200）2008.8

西尾城天守の歴史（伊藤尚武）「愛城研報告」 愛知中世城郭研究会 （16）2012.8

西尾城二之丸土塁の考察（伊藤尚武）「愛城研報告」 愛知中世城郭研究会 （17）2013.8

西尾城二之丸天守台田中時代創建の考察（伊藤尚武）「愛城研報告」 愛知中世城郭研究会 （18）2014.8

西尾鉄道

開業100年を迎えて西尾鉄道とその遺構について（研究ノート）（藤井建）「産業遺産研究」 中部産業遺産研究会事務局 （19）2012.5

岡崎と西尾を結んで走った軽便鉄道「西尾鉄道」の記録（藤井建）「岡崎地方史研究会研究紀要」 岡崎地方史研究会 （41）2013.3

西区

昭和期の味噌溜店における生活の変化—名古屋市西区「山英」のこと（長谷川洋一）「名古屋市博物館研究紀要」 名古屋市博物館 34 2011.3

西中金駅

新登録文化財紹介 名鉄三河線 旧三河広瀬駅と旧西中金駅（天野博之）「豊田市郷土資料館だより」 豊田市郷土資料館 （61）2007.9

西野

安城の地名を考える(2)—「西野」の地（三島一信）「安城歴史研究」 安城市教育委員会 （36）2011.3

西枇杷町

人を結ぶということ—西枇杷町から（藤原直子）「瓦版なまず」 震災・まちのアーカイブ （25）2009.4

西三河

近世西三河における地域と文化（堀江登志実，秋山晶則）「愛知県史研究」 愛知県 （5）2001.3

西三河南部の文化財（水野孝文）「史迹と美術」 史迹美術同攷会 75(3)通号753 2005.3

西三河の江戸廻船—高浜弥兵衛船と西尾の蒸気船武蔵丸（神谷和正）「三河地域史研究」 三河地域史研究会 （23）2005.12

特別企画 インタビュー 西三河地域社会の歴史研究60年の歩み—村瀬正章さんに聞く（近世史部会）「愛知県史研究」 愛知県 （11）2007.3

西三河中世史研究の動向（新行紀一）「かりや ： 郷土研究誌」 刈谷市郷土文化研究会 （29）2008.3

西三河山間部における山茶碗の分布「豊田市郷土資料館だより」 豊田市郷土資料館 （72）2010.6

十字路 西三河の小河川における水運の衰退過程（村瀬正章）「交通史研究」 交通史学会，吉川弘文館（発売） （72）2010.10

織田・今川のはざま—弘治年中西三河の動向（愛知県史を語る会抄録—三河・尾張戦国像の新段階）（村岡幹生）「愛知県史研究」 愛知県 （15）2011.3

第965回例会 西三河の文化財（水野孝文）「史迹と美術」 史迹美術同攷会 82(2)通号822 2012.2

資料紹介 明治十年代後半・西三河に設立された繰綿商の同郷組合—三州組（伴野泰弘）「安城市歴史博物館研究紀要」 安城市歴史博物館 （19）2012.3

特別寄稿・西三河の拠点集落（神谷真佐子）「いにしえの風」 古代遊学会 （9）2013.5

西山

渥美半島先端の西山地区に豊富に存在する地下水の謎に迫る—「淡水レンズ」という考えをもとに、西山砂礫堆の淡水層をとらえる（藤城信幸）「田原市博物館研究紀要」 田原市博物館 （5）2011.3

二本木

身近な歴史を調べよう(8) 二本木の移住記念碑（加藤善亮）「博物館ニュース」 安城市歴史博物館 （62）2006.10

額田

安八磨郡湯沐邑と額田（八賀晋）「愛知県史研究」 愛知県 （12）2008.3

近世額田地域の助郷村々（宇佐美正子）「岡崎市史研究」 岡崎市教育委員会 （28）2008.3

岡崎市額田地区の小規模城館と奥平氏（調査ノート）（奥田敏春）「愛城研報告」 愛知中世城郭研究会 （13）2009.8

額田の農繁期保育所・共同炊事場の役割—戦時下食糧増産と労力強化を求められた農村（調査研究報告）（大山一男）「岡崎市史研究」 岡崎市教育委員会 （32）2012.3

戦時下額田の無医村村民の健康を守った村長と保健婦—映画「村の保健婦」と雑誌「婦人公論」の中の形埜村の保健婦を中心に（調査研究報告）（大山一男）「岡崎市史研究」 岡崎市教育委員会 （33）2013.3

額田郡

額田郡公会堂と物産陳列所(5) 旧額田郡物産陳列所(1)「郷土舘 ： 岡崎市郷土館報」 岡崎市美術博物館 179 2003.1

史料紹介「明治三七、三八年戦役額田郡戦病死者芳名録」（渡辺則雄）「岡崎地方史研究会研究紀要」 岡崎地方史研究会 （31）2003.3

史料紹介 旧額田郡物産陳列所（現岡崎市郷土館附属収蔵庫）と旧額田郡公会堂（同市郷土舘）の使命と役割—第二次世界大戦から第二次世界大戦まで（渡辺則雄）「東海近代史研究」 東海近代史研究会 （24）2003.3

企画展「額田郡公会堂と物産陳列所—徴兵検査が公会堂でおこなわれた」「郷土舘 ： 岡崎市郷土館報」 岡崎市美術博物館 180 2003.6

額田郡公会堂と物産陳列所(6) 旧額田郡物産陳列所(2)「郷土舘 ： 岡崎

市郷土館報」 岡崎市美術博物館　180　2003.6

額田郡公会堂と物産陳列所(7) 額田郡物産陳列所と看守室「郷土舘：岡崎市郷土館報」 岡崎市美術博物館　182　2004.1

企画展「額田郡公会堂と物産陳列所—徴兵検査が公会堂でおこなわれた」「郷土舘：岡崎市郷土館報」 岡崎市美術博物館　183　2004.6

額田郡公会堂と物産陳列所(8) 立ち止まって門柱を見る「郷土舘：岡崎市郷土館報」 岡崎市美術博物館　183　2004.6

額田郡公会堂と物産陳列所(9) 空襲から市公会堂を守る「郷土舘：岡崎市郷土館報」 岡崎市美術博物館　184　2004.10

額田郡公会堂と物産陳列所(10) 戦時中の公会堂にまつわる思い出—「終戦60年展」から「郷土舘：岡崎市郷土館報」 岡崎市美術博物館　187　2005.10

資料紹介 旧額田郡物産陳列所(現岡崎郷土館附属収蔵庫)と旧額田郡公会堂(現岡崎郷土館)の使命と役割—第一次世界大戦期から第二次世界大戦期まで(渡辺則雄)「東海近代史研究」 東海近代史研究会　(27)　2006.3

額田郡公会堂と物産陳列所(11),(12) 市制施行と公会堂(1),(2)「郷土舘：岡崎市郷土館報」 岡崎市美術博物館　(190)/(191)　2006.10/2007.1

額田郡公会堂と物産陳列所(13) 物産陳列所の内部はどうなっているのか「郷土舘：岡崎市郷土館報」 岡崎市美術博物館　(193)　2007.10

額田郡公会堂と物産陳列所(14) 公会堂と物産陳列所の管理や運営はどうなっていたのか(1)「郷土：岡崎市郷土館報」 岡崎市美術博物館　(196)　2008.10

額田郡公会堂と物産陳列所(15) 公会堂と物産陳列所の管理や運営はどうなっていたのか(2)「郷土：岡崎市郷土館報」 岡崎市美術博物館　(197)　2009.1

愛知県三河地方の於ける徴兵慰労会規約の特質—「碧海郡徴兵慰労会規則」(三種)と「額田郡徴兵慰労会規則」(三種)との比較分析(池山弘)「岡崎市史研究」 岡崎市教育委員会　(31)　2011.3

額田県

額田県最後の地方制度改革(小林賢治)「安城市史研究」 安城市　4　2003.3

現代の福祉から見た額田県の「管内士族平民心得書」(斎藤績)「安城歴史研究」 安城市教育委員会　(29)　2004.3

根崎

集落「根崎」の伝統と歴史(鈴木丹)「安城歴史研究」 安城市教育委員会　(34)　2009.3

能見

能見松平氏の江戸屋敷(大湖光雄)「郷土いずみ」　10　2004.5

鋸屋根工場

尾西地方の鋸屋根工場(群)について(岩井章真)「産業遺産研究」 中部産業遺産研究会事務局　(17)　2010.5

尾西地方の鋸屋根工場の一次調査(1)(調査報告)(小野雅信，岩井章真，野口英一朗)「産業遺産研究」 中部産業遺産研究会事務局　(18)　2011.5

展示会開催による産業遺産「尾西地方の鋸屋根工場群」の周知活動について(活動報告)(岩井章真)「産業遺産研究」 中部産業遺産研究会事務局　(18)　2011.5

尾西地方における初期の鋸屋根工場—旧舛善毛織(調査報告)(岩井章真，野口英一朗，天野武弘，神田年浩，小野雅信)「産業遺産研究」 中部産業遺産研究会事務局　(19)　2012.5

野田

12万年前の海進期における渥美半島中央部の福江面の形成について—赤羽根・泉・野田の3地区に分布する福江面の形成過程(論文)(藤城信幸)「田原市博物館研究紀要」 田原市博物館　(6)　2013.3

野田城

戦場をあるく—戦場調査ガイド 三河野田城をあるく(山本浩樹)「織豊期研究」 織豊期研究会　(5)　2003.11

野田町

大高「文久山」「水主ケ池」の語源 刈谷市野田町(平成21年度 例会発表・講演・投稿論文)(鈴木哲)「地名あいち」 地名研究会あいち　(8)　2010.5

野田村

『鵜飼金五郎文書』に記された宝永地震による野田村の被害と地盤との関係(藤城信幸)「田原市博物館研究紀要」 田原市博物館　(3)　2008.3

信長塀

信長塀(田中豊)「小田原史談：小田原史談会々報」 小田原史談会　198　2004.7

野間

疎開地・野間での思い出(木戸武彦)「郷土研究誌みなみ」 南知多郷土研究会　(91)　2011.5

野間町

辨天池へおひな流し 野間町史「郷土研究誌みなみ」 南知多郷土研究会　(96)　2013.11

野見

とよたの小話 野見の流れ橋(鵜の首橋)「豊田市郷土資料館だより」 豊田市郷土資料館　43　2003.3

乗本

崩壊地形・浸蝕地形が並ぶ宇連川左岸「大字乗本」の字名・地名[1],[2・続](金田博子)「地名あいち」 地名研究会あいち　(9)/(10)　2011.5/2012.6

萩の坂峠

峠道でつなぐ駅の旅(14) 小和田駅—伊那小沢駅 萩の坂峠(2)(久保田賀津男)「伊那」 伊那史学会　48(2)通号861　2000.2

羽黒

小牧長久手の戦いの羽黒合戦(星野邦和)「美文会報」 美濃文化財研究会　12(11)通号503　2012.11

橋戸

1月例会講演 橋戸・備中庄(荘)氏の足跡を訪ねて(1)〜(5)(荘正)「練馬郷土史研究会会報」 練馬郷土史研究会　(309)/(313)　2007.5/2008.1

19・1月例会講演 橋戸・備中庄(荘)氏の足跡を訪ねて(6)〜(12)(荘正)「練馬郷土史研究会会報」 練馬郷土史研究会　(314)/(320)　2008.3/2009.3

幡豆町

愛知県幡豆町の「證文岩」の碑文解明について(清水勝)「愛知県史研究」 愛知県　(11)　2007.3

半田

半田戦災史の掘りおこしと継承(シリーズ・地域に根ざし平和を語りつぐ(1))(佐藤明夫)「東海近代史研究」 東海近代史研究会　(31)　2010.6

秦川城

瀬戸の城館調査報告(秦川城・山崎城・落合城)(宮崎諭志)「城」 東海古城研究会　(213)　2013.10

浜島

桶狭間の戦いで生まれた地名 濱島(平成21年度 例会発表・講演・投稿論文)「地名あいち」 地名研究会あいち　(8)　2010.5

針子塚

「針子塚」の紹介—その定義と可能性(山下廉太郎)「三河地域史研究」 三河地域史研究会　(46)　2005.5

半田市

明治17年1月作成愛知県地籍図・地籍帳による半田市域の灌漑用溜池等の施設について(溜池研究第三報)(河合克己)「知多半島の歴史と現在」 日本福祉大学知多半島総合研究所　(12)　2003.3

愛知県半田市における溜池とその四囲の環境変化(富田啓介，溝口常俊)「愛知県史研究」 愛知県　(8)　2004.3

わたしの写真紀行 新美南吉の墓 愛知県半田市「北のむらから」 能代文化出版社　(248)　2008.3

半田町

半田ガンチと成岩ガンチの由来—半田町と成岩町の紛争「荒古事件」の顛末(河合克己)「郷土研究誌みなみ」 南知多郷土研究会　75　2003.5

般若台

味岡山香積院・般若台考(2),(3)—愛知県における菅江真澄研究(1),(2)(宮澤和夫)「郷土文化」 名古屋郷土文化会　64(2)通号212/65(2)通号214　2010.2/2011.3

日影

気候地名「日向」・「日影」について(吉野正敏)「愛知大学綜合郷土研究所紀要」 愛知大学綜合郷土研究所　46　2001.3

東浦

歴史・民俗 18世紀の尾張国知多郡東浦地域の酒造業の展開について(曲田浩和)「知多半島の歴史と現在」 日本福祉大学知多半島総合研究所　(18)　2014.10

東浦町

大府市・東浦町方面の歴史をたずねて—宝龍山延命寺・大府市歴史民俗資料館・石が瀬川・村木砦跡・宇宙山乾坤院(竹中兼利)「かりや：郷土研究誌」 刈谷市郷土文化研究会　(29)　2008.3

東春日井郡

明治27年東春日井郡震災地租改正延納事件(上),(中),(下)—「明治二十七年功程書」(抄) 国立史料館所蔵愛知県庁文書より(加藤英俊)「もりやま」 守山郷土史研究会　(21)/(23)　2002.1/2004.1

東区

東区にあった俘虜収容所（校條善夫）「ひがし」 東区郷土史研究会
（12） 2012.1

東新町

立物花火の技術伝承—愛知県新城市東新町「立物保存会」の事例から
（服部比呂美）「無形文化遺産研究報告」 国立文化財機構東京文化財研
究所 （3） 2009.3

東谷山

再び東谷山について（七原恵史）「もりやま」 守山郷土史研究会 （22）
2003.1

東端

東端区古文書類台帳の作成（3）（伊藤定男）「郷土研究誌みなみ」 南知多
郷土研究会 74 2002.11

東三河

東三河の弥生時代（宮腰健司, 加藤安信）「愛知県史研究」 愛知県 4
2000.3

古代・中世の東海道 東三河編（尾藤卓男）「郷土文化」 名古屋郷土文化
会 56（1）通号190 2001.8

東三河の乗合自動車（吉川利明）「東海地域文化研究」 名古屋学芸大学短
期大学部附属東海地域文化研究所 （14） 2003.7

東三河における銀行業の発展（飛田紀男）「東海地域文化研究」 名古屋学
芸大学短期大学部附属東海地域文化研究所 （15） 2004.3

東三河の「領」について（奥田敏春）「愛城研報告」 愛知中世城郭研究会
（8） 2004.8

1935年・豊川鉄道の労働争議—日本主義労働運動発祥地東三河における
交通争議（伊藤英一）「東海近代史研究」 東海近代史研究会 （26）
2005.3

東三河における鉄製農具の供給と修理—近世農書と鍛冶集団を中心に
（河島一仁）「愛知県史研究」 愛知県 （11） 2007.3

イメージ調査からみた和菓子職人の「和菓子観」—東三河の例（須川妙
子）「愛知大学綜合郷土研究所紀要」 愛知大学綜合郷土研究所 52
2007.3

三河地域史研究会大会講演 東三河の中世文書を読む（山田邦明）「三河地
域史研究」 三河地域史研究会 （24） 2007.3

江戸の大動脈 東三河（愛知県史を語る会抄録）（青木美智男, 小川一朗,
篠宮雄二, 池内敏）「愛知県史研究」 愛知県 （14） 2010.3

東海地方における地震・津波の歴史地理学的研究—東三河地域を中心に
（藤田佳久）「愛知大学綜合郷土研究所紀要」 愛知大学綜合郷土研究所
57 2012.3

東三河地域における社会・経済に対する地域住民意識とその特徴—豊川
流域住民に対するアンケート調査をもとにして（研究ノート）（平川雄
一）「愛知大学綜合郷土研究所紀要」 愛知大学綜合郷土研究所 58
2013.3

私が見聞した東三河の城郭研究のあゆみ（松山好広）「城」 東海古城研究
会 （211） 2013.3

54回例会 東三河とその周辺の地名（吉川利明）「地名あいち」 地名研究
会あいち （12） 2014.5

東吉野村

天誅組と東吉野村—志士たちの慰霊と顕彰（阪本基義）「かりや : 郷土
研究誌」 刈谷市郷土文化研究会 （27） 2006.3

尾西

70年代・自伝的尾西原景（歴史の小径）（高木茂樹）「東海近代史研究」
東海近代史研究会 （28） 2007.3

近世 尾西・尾北の産業と文化（愛知県史を語る会抄録）（青木美智男, 杉
本精宏, 岸野俊彦）「愛知県史研究」 愛知県 （12） 2008.3

尾西地方の鋸屋根工場（群）について（岩井章真）「産業遺産研究」 中部
産業遺産研究会事務局 （17） 2010.5

尾西地方の鋸屋根工場の一次調査（1）（調査報告）（小野雅信, 岩井幸
真, 野口英一朗）「産業遺産研究」 中部産業遺産研究会事務局 （18）
2011.5

展覧会開催による産業遺産「尾西地方の鋸屋根工場群」の周辺活動につ
いて（活動報告）（岩井章真）「産業遺産研究」 中部産業遺産研究会事
務局 （18） 2011.5

尾西地方における初期の鋸屋根工場—旧舛善毛織（調査報告）（岩井章
真, 野口英一朗, 天野武弘, 神田年浩, 小野雅信）「産業遺産研究」
中部産業遺産研究会事務局 （19） 2012.5

尾州

全国流通の展開と神奈川湊（1）—尾州廻船と神奈川湊について（斎藤善
之）「郷土研究誌みなみ」 南知多郷土研究会 73 2002.5

全国流通の展開と神奈川湊（2）—尾州廻船の活動について（斎藤善之）
「郷土研究誌みなみ」 南知多郷土研究会 74 2002.11

新たな尾州廻船研究に向けて（高部淑子）「知多半島の歴史と現在」 日本
福祉大学知多半島総合研究所 （13） 2005.9

『尾州古城志』に関する覚書—特に岩瀬文庫本について（高田徹）「愛城研
報告」 愛知中世城郭研究会 （11） 2007.8

第83回例会 尾州様御鷹野（江戸内）（研究発表要旨）（矢谷由美子）「練馬
区地名研究会会報」 練馬区地名研究会 （83） 2008.5

近世物流の担い手・千石船（弁才船）の活躍と衰退—尾州廻船・内海船を
中心にして（丸山専治）「郷土研究誌みなみ」 南知多郷土研究会
（85） 2008.5

伊勢国における紀州様鷹場と尾州様鷹場（井上正秀）「三重県史研究」 環
境生活部 （24） 2009.3

尾州之新道

国絵図の道を訪ねてみませんか—尾州江之新道・駿河街道と信州飯田街
道（加藤浩）「郷土文化」 名古屋郷土文化会 61（3）通号206 2007.3

聖岬

聖岬（南知多町誌）「郷土研究誌みなみ」 南知多郷土研究会 （86）
2008.11

日向

気候地名「日向」・「日影」について（吉野正敏）「愛知大学綜合郷土研究
所紀要」 愛知大学綜合郷土研究所 46 2001.3

尾北

近世 尾西・尾北の産業と文化（愛知県史を語る会抄録）（青木美智男, 杉
本精宏, 岸野俊彦）「愛知県史研究」 愛知県 （12） 2008.3

日間賀島

尾張藩唯一の預け地、篠島・日間賀島（木原克之）「郷土研究誌みなみ」
南知多郷土研究会 （88） 2009.11

広小路

明治二年広小路にさらしもの多くあり 上—金札（太政官札）の通用を拒
みがたしため（資料紹介）（加藤英俊）「もりやま」 守山郷土史研究会
（27） 2008.1

明治二年広小路にさらしもの多くあり 下（2）—「奇兵隊日記」にみる罪
と罰（加藤英俊）「もりやま」 守山郷土史研究会 （33） 2014.1

深溝

五か国総検による深溝松平領の画定（鈴木将典）「戦国史研究」 戦国史研
究会, 吉川弘文館（発売） （46） 2003.8

福島藩重原領

幕末の碧海台地の開発—福島藩重原領を中心として（三島一信）「三河地
域史研究」 三河地域史研究会 （61） 2012.11

福徳

醍醐寺領尾張国安食荘福徳名検注帳案について（村岡幹生）「愛知県史研
究」 愛知県 4 2000.3

富士松

富士松北部の歴史と自然を見直す（山田孝）「かりや : 郷土研究誌」 刈
谷市郷土文化研究会 （27） 2006.3

富士松村

富士松村郷土教育資料と昭和初期の富士松村（山田孝）「かりや : 郷土
研究誌」 刈谷市郷土文化研究会 （29） 2008.3

不双城

『姫陽秘鑑』に表れた三河の城郭—不双城と丸子城（高田徹）「愛城研報
告」 愛知中世城郭研究会 （10） 2006.8

二川宿

東海道二川宿の本陣・旅籠屋と茶屋の係争（渡辺和敏）「愛知大学綜合郷
土研究所紀要」 愛知大学綜合郷土研究所 通号45 2000.3

東海道二川宿における関札設置の諸相（三世善徳）「愛知大学綜合郷土研
究所紀要」 愛知大学綜合郷土研究所 通号45 2000.3

講演録 江戸時代の本陣—東海道二川宿の事例を中心にして（渡辺和敏）
「松戸市立博物館紀要」 松戸市立博物館 （16） 2009.3

東海道二川宿の本陣宿帳（渡辺和敏）「近世史薬」 近世村落史研究会
（4） 2009.3

二川町

豊橋市二川町の豆味噌・たまり醤油工場と産業遺産—東駒屋と西駒屋の
機械化設備（調査報告）（天野武弘, 野口英一朗）「産業遺産研究」 中
部産業遺産研究会事務局 （20） 2013.5

古井村

愛知県古井村を再考する（小林元）「郷土文化」 名古屋郷土文化会 66
（1）通号215 2011.8

愛知県古井村「松軒屋敷」について（小林元）「郷土文化」 名古屋郷土文
化会 66（2）通号216 2012.2

古川

古川のまち—ダイジェスト（「たより」124〜159号寄稿文）「ひがし」 東
区郷土史研究会 （12） 2012.1

地名でたどる郷土の歴史　　愛知県

平坂湊
18世紀の平坂湊・大浜湊と三河の廻船（曲田浩和）「愛知県史研究」　愛知県　（9）2005.3

平坂無量寺
三河三か寺の寺内町と平坂無量寺の境内―「三十間屋敷」に関して（奥田敏春）「愛城研報告」　愛知中世城郭研究会　（12）2008.8

平和橋
平和橋―名古屋汎太平洋平和博覧会の遺産（調査報告）（永田宏，井上清司）「産業遺産研究」　中部産業遺産研究会　（21）2014.5

碧海郡
愛知県三河地方の於ける徴兵慰労会規約の特質―「碧海郡徴兵慰労会規則」（三種）と「額田郡徴兵慰労会規則」（三種）との比較分析（池山弘）「岡崎市史研究」　岡崎市教育委員会　（31）2011.3

碧海台地
幕末の碧海台地の開発―福島藩重原領を中心として（三島一信）「三河地域史研究」　三河地域史研究会　（61）2012.11

碧南
古井の古井戸―碧南地方の古井戸を考える（天野暢保）「安城歴史研究」　安城市教育委員会　（38）2013.3
碧南鋳物の祖 国松十兵衛家終焉の検証―辻村鋳物師の本家と出職・出店先に関する一考察を含めて（歴史・民俗）（杉浦和文）「知多半島の歴史と現在」　日本福祉大学知多半島総合研究所　（17）2013.10

碧南市
近代衣ケ浦の海運と産業―碧南市所蔵資料から（豆田誠路）「三河地域史研究」　三河地域史研究会　（59）2011.11

宝飯郡
明治10年代中期における愛知県宝飯郡の地域像（藤田佳久）「愛知大学綜合郷土研究所紀要」　愛知大学綜合郷土研究所　53　2008.3
『古人無字庵評丸以上書抜発句帖』（2）（613～1073）―山本群鴻による宝飯郡内各地開催句会高評点発句控帖（史料紹介と考察）（羽田野敬雄研究会，田中康弘）「三河地域史研究」　三河地域史研究会　（28）2011.11

鳳来寺山
新城市鳳来寺山の傘杉はいかにして「樹高日本一の樹」となったか（論説）（近藤暁夫）「愛知大学綜合郷土研究所紀要」　愛知大学綜合郷土研究所　59　2014.3

細田
地籍図にみる上条村の飛び地―細田と土器田（齋藤績）「安城歴史研究」　安城市教育委員会　（31）2006.3

細光
1886（明治19）年『種痘台帳』細光外四ヶ村戸長役場（渡辺則雄）「岡崎地方史研究会研究紀要」　岡崎地方史研究会　（28）2000.3

保久陣屋
幕末期における旗本在地用人の一様相―保久陣屋石川氏用人近藤家文書より（鶴田知大）「岡崎市史研究」　岡崎市教育委員会　（29）2009.3

穂の国
県史こぼれ話 穂の国（福岡猛志）「愛知県史だより」　愛知県総務部　（19）2007.10

穂国
その3 穂国と（渥美・八名・南設楽・北設楽・宝飯）郡の由来（地名討論会）「地名あいち」　地名研究会あいち　（9）2011.5

堀川
堀川と中川運河を結ぶ松重閘門（コラム）「産業遺産研究」　中部産業遺産研究会事務局　（16）
パネル展と講演会「名古屋の町づくりを支えた堀川・新堀川」―産業遺産と起業を訪ねて（活動報告）（浅野伸一）「産業遺産研究」　中部産業遺産研究会事務局　（18）2011.5

本郷城
高取城の城主、植村氏の先祖の城・岡崎の本郷城（川口とよ子）「城」　東海古城研究会　（209）2012.6

本宿村
本宿学区公民館（旧本宿村役場本館）現状調査について（社会教育課文化財班）「岡崎市史研究」　岡崎市教育委員会　（29）2009.3

前津
第34回研究会発表要旨 昔の前津（野場喜子）「郷土文化」　名古屋郷土文化会　61（2）通号205　2006.12

前林
近世丈量単位としての「蒔」と「苅」について―三河国碧海郡堤村前林の史料を通して（高橋碇之介）「三河地域史研究」　三河地域史研究会

（24）2007.3

松ケ崎城
松ケ崎城の地理的な位置付けと築城に関する考察（森伸之）「愛城研報告」　愛知中世城郭研究会　（17）2013.8

松崎城
（永禄4年）松井忠次宛松平元康判物について―三河上ノ郷城と松崎城（奥田敏春）「愛城研報告」　愛知中世城郭研究会　（11）2007.8

松重閘門
堀川と中川運河を結ぶ松重閘門（コラム）「産業遺産研究」　中部産業遺産研究会事務局　（16）2009.5

松平郷
松平探訪（松村今朝治）「美豆保」　瑞穂地区郷土史跡研究会　（23）2011.3
徳川家発祥地松平郷（郷土巡礼記 史蹟を尋ねて緑の旗は行く）（山内尚巳）「伊那」　伊那史学会　59（12）通号1003　2011.12

丸子城
『姫路秘鑑』に表れた三河の城郭―不双城と丸子城（高田徹）「愛城研報告」　愛知中世城郭研究会　（10）2006.8

丸根城
三河丸根城（前川浩一）「城」　東海古城研究会　（203）2010.2

三河
奥三河における近代初頭の里山の景観（有薗正一郎）「愛知大学綜合郷土研究所紀要」　愛知大学綜合郷土研究所　通号45　2000.3
三河の寺内と寺内町に関する一考察（奥田敏春）「愛城研報告」　愛知中世城郭研究会　5　2000.6
三河における世直し状況（岡本建国）「かりや ： 郷土研究誌」　刈谷市郷土文化研究会　（23）2002.3
三河武士―中世から近世へ（新行紀一）「岡崎市史研究」　岡崎市教育委員会　（24）2002.12
三河の旗本の財政（6）―4000石久永家と5000石諏訪家の場合（巽俊雄）「愛知大学綜合郷土研究所紀要」　愛知大学綜合郷土研究所　48　2003.3
三河の旗本の財政（7）―4000石保久陣屋石川氏・9000石西端陣屋本多氏の場合（巽俊雄）「愛知大学綜合郷土研究所紀要」　愛知大学綜合郷土研究所　49　2004.3
平田家の三河関係史料について（田崎哲郎）「三河地域史研究」　三河地域史研究会　45　2004.11
三河における西洋流砲術門人について（塚本弥寿人）「三河地域史研究」　三河地域史研究会　45　2004.11
浅野文庫蔵「諸国古城之図」と三河の古城（高橋敬二）「城」　東海古城研究会　（191）2005.2
18世紀の平坂湊・大浜湊と三河の廻船（曲田浩和）「愛知県史研究」　愛知県　（9）2005.3
尾張・三河と菊人形興業（川井ゆう）「郷土文化」　名古屋郷土文化会　59（2・3）通号200　2005.3
三河民権家国事犯事件と発覚地飯田（1）～（2の2）（北原明文）「伊那」　伊那史学会　54（3）通号934/54（12）通号943　2006.3/2006.12
狼煙・河川・城を視点に戦国三河を見る（池田誠）「愛城研報告」　愛知中世城郭研究会　（10）2006.8
『姫路秘鑑』に表れた三河の城郭―不双城と丸子城（高田徹）「愛城研報告」　愛知中世城郭研究会　（10）2006.8
文化人類学フィールドワークからの姓氏研究 三河の三浦党への誘い（中村武志）「旅とルーツ」　芳文館出版　（87）2006.9
大正9年 折口信夫の三信遠国境の旅を辿る（1）～（3）（塩澤一郎）「伊那」　伊那史学会　54（12）通号943/57（1）通号968　2006.12/2009.1
尾張・三河地域における奈良時代の古瓦（梶原義実）「愛知県史研究」　愛知県　（11）2007.3
尾張・三河と長頸壺をめぐる諸問題（丸山竜平）「きりん」　荒木集成館友の会　通号11　2007.5
馬出の分布について―三河を中心として（〈シンポジウム 城館の分布から何がわかるか〉）（石川浩治）「中世城郭研究」　中世城郭研究会　（21）2007.7
陸軍部隊異動をめぐる浜松・豊橋両地区の対立―「三遠南信地域」構想が出されている今の参考のために（7月例会レジュメ）（佃陸一郎）「静岡県近代史研究会報」　静岡県近代史研究会　（346）2007.7
三河畔田氏の城館（高橋洋充）「城」　東海古城研究会　（198）2007.7
山城の水の手（井戸）について―三河を中心として（石川浩治）「愛城研報告」　愛知中世城郭研究会　（11）2007.8
特別寄稿 古代の尾張・三河世界と伊勢湾（福岡猛志）「愛知大学綜合郷土研究所紀要」　愛知大学綜合郷土研究所　53　2008.3
三河地方における「村高家数人数馬数書上帳」の性格について（神谷智）「愛知大学綜合郷土研究所紀要」　愛知大学綜合郷土研究所　53

2008.3

三河三か寺の寺内町と平坂無量寺の境内—「三十間屋敷」に関して（奥田敏春）「愛城研報告」 愛知中世城郭研究会 （12） 2008.8

三河民権国家事件と発覚地の飯田地方（3の1）（北原明文）「伊那」 伊那史学会 56（9）通号964 2008.9

150年前の江戸を実測復元する（4） お上に楯突いた三河の稲荷（中川惠司）「Collegio」 之潮 （35） 2008.12

愛知県史を語る会抄録 小牧・長久手の戦いと三河（谷口央）「愛知県史研究」 愛知県 （13） 2009.3

吉田東伍が描く古代三河の地域像（藤田佳久）「愛知大学綜合郷土研究所紀要」 愛知大学綜合郷土研究所 54 2009.3

〈古事の国〉三河へ（塩村耕）「かりで ： 郷土研究誌」 刈谷市郷土文化研究会 （30） 2009.3

地名紀行 尾張・三河に見る越後・佐渡の地名（長谷川勲）「越佐の地名」 越後・佐渡の地名を語る会 （9） 2009.7

三河民権国家犯事件と発覚地の飯田地方（3の2）江戸期の伊那谷における不二孝の展開（北原明文）「伊那」 伊那史学会 57（9）通号976 2009.9

フィールドワーカー栗原光政が描いた三河地域の前景（藤田佳久）「愛知大学綜合郷土研究所紀要」 愛知大学綜合郷土研究所 55 2010.3

三河と大日本史（田崎哲郎）「三河地域史研究」 三河地域史研究会 （57） 2010.11

三河民権家国事犯事件と発覚地の飯田地方（3の3）明治期の伊那谷における不二道から実行教への移行（北原明文）「伊那」 伊那史学会 59（3）通号994 2011.3

三遠南信地域の山間地域における集落立地と農地利用のデータベース化（藤田佳久）「愛知大学綜合郷土研究所紀要」 愛知大学綜合郷土研究所 56 2011.3

三河における菓子文化の近代化（研究ノート）（須川妙子）「愛知大学綜合郷土研究所紀要」 愛知大学綜合郷土研究所 56 2011.3

愛知県三河地方の於ける徴兵慰労会規約の特質—「碧海郡徴兵慰労会規則」（三種）と「額田郡徴兵慰労会規則」（三種）との比較分析（池山弘）「岡崎市史研究」 岡崎市教育委員会 （31） 2011.3

遠江・三河から見た武田氏（山田邦明）「武田氏研究」 武田氏研究会，岩田書院（発売） （44） 2011.6

天龍川と地名—三遠南信地域を結ぶ人びとの絆（伊那谷地名研究会第9回シンポジウム 天龍川と地名—三遠南信地域を結ぶ人びとの絆）（原董）「伊那史学会 59（6）通号997 2011.6

歴史的地名遺産と住居表示法（吉川利明）「三河地域史研究」 三河地域史研究会 （59） 2011.11

三遠の雛流抱節入門（田崎哲郎）「三河地域史研究」 三河地域史研究会 （60） 2012.5

文化の"中京"—尾張・三河（愛知県史を語る会抄録 地域・伝統・都市—県史でとらえた愛知の民俗）（岩井宏實）「愛知県史研究」 愛知県 （17） 2013.3

1880年代三河山間地域の勤倹貯蓄政策（研究ノート）（羽賀祥二）「豊田市研究」 豊田市 （4） 2013.3

絵葉書から見た三河の中・近世城郭（高田徹）「愛城研報告」 愛知中世城郭研究会 （17） 2013.8

三河民権家国事犯事件と発覚地の飯田（4の1）〜（4の2）（北原明文）「伊那」 伊那史学会 62（3）通号1030/62（8）通号1035 2013/2014.08

尾張・三河の酒造業と奥立船—天保から幕末にかけて（曲田浩和）「安城市歴史博物館研究紀要」 安城市歴史博物館 （20） 2014.3

江戸時代における三遠南信地域の人々の交流—新野村に移住してきた住民を通して（塩澤元広）「伊那」 伊那史学会 62（6）通号1033 2014.6

三河の神主の蔵書に関する一考察—羽田野敬雄と竹尾正鞆・正寛・正胤を中心に（上田早苗）「三河地域史研究」 三河地域史研究会 （65） 2014.11

塩の道を訪ねて（第39回上伊那歴史研究会県外実地踏査報告「愛知県三河と上伊那とのつながりを探る」）（氣賀澤厚典）「伊那路」 上伊那郷土研究会 58（12）通号695 2014.12

吉良歴史民俗資料館（第39回上伊那歴史研究会県外実地踏査報告「愛知県三河と上伊那とのつながりを探る」）（内藤りつ子）「伊那路」 上伊那郷土研究会 58（12）通号695 2014.12

三河渡城

古城紹介 三河渡城（高橋敬二）「城」 東海古城研究会 （195） 2006.7

三河国

鎌倉時代の三河国—分国主・知行国主の変遷を通して（松島周一）「安城市史研究」 安城市 3 2002.3

三河・美濃国の尾張藩家臣在所屋敷（高田徹）「愛城研報告」 愛知中世城郭研究会 （9） 2005.8

近代三河国庶民の日常食（有薗正一郎）「愛知大学綜合郷土研究所紀要」 愛知大学綜合郷土研究所 54 2009.3

例会報告要旨 第371回例会 室町・戦国期三河国の荘園と枡（平山優）「戦

国史研究」 戦国史研究会，吉川弘文館（発売） （61） 2011.2

その4 三河国と（額田・幡豆・碧海・東加茂・西加茂）郡の由来（地名討論会）「地名あいち」 地名研究会あいち （9） 2011.5

天正十八年三河国太閣検地帳について—加茂郡四ツ松村検地帳の紹介を兼ねて（史料紹介）（谷口央）「愛知県史研究」 愛知県 （16） 2012.3

参河国

古代参河国と犬頭糸・白絹（西宮秀紀）「安城市史研究」 安城市 （7） 2006.3

三河広瀬駅

新登録文化財紹介 名鉄三河線 旧三河広瀬駅と旧西中金駅（天野博之）「豊田市郷土資料館だより」 豊田市郷土資料館 （61） 2007.9

三河湾

三河湾の漁場環境の推移—干潟・浅場及び藻場を中心に（講演録）（武田和也）「愛知大学綜合郷土研究所紀要」 愛知大学綜合郷土研究所 50 2005.3

伊勢・三河湾における漁業の推移—魚種・漁獲量を中心に（講演録）（中村元彦，黒田伸都）「愛知大学綜合郷土研究所紀要」 愛知大学綜合郷土研究所 50 2005.3

名古屋城築城の採石丁場—三河湾の丁場址調査から「城郭だより ： 日本城郭史学会会報」 「日本城郭史学会」 （60） 2008.1

伊勢・三河湾の水産資源と環境（地域・産業）（鈴木輝明）「知多半島の歴史と現在」 日本福祉大学知多半島総合研究所 （17） 2013.10

青木美智男さんと知多・愛知・伊勢湾三河湾の近世史研究（特別企画 青木美智男さんを偲んで）（押谷智）「愛知県史研究」 愛知県 （18） 2014.3

三田

三田青磁と中筋村小池家（大熊隆治）「たからづか ： 市史研究紀要たからづか」 宝塚市教育委員会 18 2001.11

密蔵院

密蔵院に集った人たち 墨俣城築城余聞「信長と柏井衆」（清水勝一）「郷土文化」 名古屋郷土文化会 60（1）通号201 2005.8

港橋

中部の産業遺産 港橋の遺構について（永田宏）「産業遺産研究」 中部産業遺産研究会 （21） 2014.5

南区

南区の史跡100「あゆち潟」 「あゆち潟」の自然と歴史に親しむ会 （6） 2000.4

南設楽郡

明治33年「南設楽郡幷八名郡学事視察報告書」について—教員の職服についての解説を中心に（史料紹介）（山下廉太郎）「三河地域史研究」 三河地域史研究会 （25） 2007.11

南セントレア

市名「南セントレア」を考える（山口均）「日本地名研究所通信」 日本地名研究所 59 2005.3

「南セントレア」市名停止についての要望書「日本地名研究所通信」 日本地名研究所 59 2005.3

南知多

東端区古文書類台帳の作成（1）（伊藤定男）「郷土研究誌みなみ」 南知多郷土研究会 73 2002.5

山県火南知多の旅の疑問（前）、（後）（大岩隆）「郷土研究誌みなみ」 南知多郷土研究会 （85）/（86） 2008.5/2008.11

南知多の捕鯨（山下勝年）「郷土研究誌みなみ」 南知多郷土研究会 （87） 2009.5

今昔治水事情（加藤喜代吉）「郷土研究誌みなみ」 南知多郷土研究会 （92） 2011.11

つぶて浦（中村祥）「郷土研究誌みなみ」 南知多郷土研究会 （94） 2012.11

明治28・29年 知多郡味噌醤油醸造業の南知多（大岩隆）「郷土研究誌みなみ」 南知多郷土研究会 （97） 2014.5

知多地名譚（4） 松と地名こもごも（加藤喜代吉）「郷土研究誌みなみ」 南知多郷土研究会 （97） 2014.5

南知多の人 海上交通の発展に尽くした人々（中村祥）「郷土研究誌みなみ」 南知多郷土研究会 （97） 2014.5

南知多町

南知多町地名物語（吉田弘）「郷土研究誌みなみ」 南知多郷土研究会 （78） 2004.11

このわた/大岩の姓 南知多町誌「郷土研究誌みなみ」 南知多郷土研究会 （92） 2011.11

天皇・皇后両陛下が南知多町に行幸啓された第11回全国豊かな海づくり大会（内田恒助）「郷土研究誌みなみ」 南知多郷土研究会 （94） 2012.11

南知多町の挨拶運動について（内田恒助）「郷土研究誌みなみ」 南知多郷

土研究会　（96）　2013.11

南知多町の人口減少と懐かしい商店を想う（大岩隆）「郷土研究誌みなみ」　南知多郷土研究会　（96）　2013.11

南知多町の挨拶運動について（2），（3）―挨拶放送の抜粋（内田恒助）「郷土研究誌みなみ」　南知多郷土研究会　（97）/（98）　2014.5/2014.11

御旗峠古屋敷

報告 三河御旗峠古屋敷について（石川浩治）「愛城研報告」　愛知中世城郭研究会　（16）　2012.8

美浜町

生活環境評価とまちづくり参画制度の構造化―美浜町住民意識調査を通じて（千頭聡，松岡崇暢，川部竜士）「知多半島の歴史と現在」　日本福祉大学知多半島総合研究所　（16）　2012.10

宮口城

三河 宮口城（前川浩一）「城」　東海古城研究会　（213）　2013.10

宮崎郷

額田郡宮崎郷と久保城（奥田敏春）「愛城研報告」　愛知中世城郭研究会　（15）　2011.9

宮宿

堀河散策記（1）住吉神社と宮宿・七里の渡し―尾張の豪商・前野小平治ゆかりの地を訪ねて（丸山専治）「郷土研究誌みなみ」　南知多郷土研究会　（88）　2009.11

宮田村

尾張絞油業の展開―近世後期宮田村を中心に（杉本精宏）「愛知県史研究」　愛知県　（7）　2003.3

妙喜寺

妙喜寺と三河地震の悲劇「たより」124～159号寄稿文）（本田知子）「ひがし」　東区郷土史研究会　（12）　2012.1

明大寺

岡崎市明大寺地区の城館と寺社―城館遺構とその周辺の考察（奥田敏春）「愛城研報告」　愛知中世城郭研究会　（16）　2012.8

明治基地

明治基地とB29邀撃戦（鈴木丹）「安城歴史研究」　安城市教育委員会　（27）　2002.3

明治基地誕生の経緯とその戦後（鈴木丹）「安城歴史研究」　安城市教育委員会　（28）　2003.3

明治航空基地

戦時期の安城と明治航空基地―わかったこと、わからないこと（堀田慎一郎）「安城市史だより」　［安城］市教育委員会生涯学習部　9　2001.2

明治村

明治村の創設者（斎藤雅男）「尾上文化誌」　尾上町郷土史研究会　平成14年版　2003.3

明治用水

鹿乗川と明治用水―明治14年4月、愛知県令宛の改修願について（伴野泰弘）「安城市史だより」　［安城］市教育委員会生涯学習部　15　2003.3

明治用水開設前後の資料若干―明治9年内務省への申請から22年「秘第九号」上申まで（伴野泰弘）「安城市史研究」　安城市　（8）　2007.3

名鉄瀬戸線

名鉄瀬戸線「尾張旭検車区」（荒川康彦）「もりやま」　守山郷土史研究会　（28）　2009.1

名鉄三河線

新登録文化財紹介 名鉄三河線 旧三河広瀬駅と旧西中金駅（天野博之）「豊田市郷土資料館だより」　豊田市郷土資料館　（61）　2007.9

明倫中学校

明倫中学校跡石碑（長谷川武年）「ひがし」　東区郷土史研究会　（7）　2000.6

守山

『新愛知』に見る昭和7年の守山（道木正信）「もりやま」　守山郷土史研究会　（22）　2003.1

『新愛知』に見る大正時代（元年～5年）の守山（道木正信）「もりやま」　守山郷土史研究会　（24）　2005.1

守山郷土史研究会の歩み（24）（守山郷土史研究会）「もりやま」　守山郷土史研究会　（25）　2005.1

宝暦時代の守山（道木正信）「もりやま」　守山郷土史研究会　（28）　2009.1

地名でたどる父母の在所（徳田百合子）「もりやま」　守山郷土史研究会　（30）　2011.9

昭和二年大字守山敬老会記念写真帳（資料紹介）（道木正信）「もりやま」　守山郷土史研究会　（33）　2014.1

守山区

守山区内の標札探訪（道木正信）「もりやま」　守山郷土史研究会　（23）　2004.1

近世初期の守山区内の給人について「源敬様御黒印写」より（資料紹介）（道木正信）「もりやま」　守山郷土史研究会　（25）　2006.1

春日井市と名古屋市守山区等の狂俳文芸（1）～（4）（大野哲夫）「郷土文化」　名古屋郷土文化会　61（1）通号204/66（2）通号216　2006.8/2012.2

寛政村絵図について―守山区を中心に（資料紹介）（道木正信）「もりやま」　守山郷土史研究会　（26）　2007.1

守山城

守山城の歴史と構造（高田徹）「郷土文化」　名古屋郷土文化会　55（2）通号188　2000.12

守山村

田邊國照著 守山村史（資料紹介）（道木正信）「もりやま」　守山郷土史研究会　（24）　2005.1

師崎

師崎勝景今昔 知多絶景「師崎勝景絵葉書」より（永田久則）「郷土研究誌みなみ」　南知多郷土研究会　（95）　2013.5

師崎村

寛文師崎村宗門改帳の情報分析（木原克之）「郷土研究誌みなみ」　南知多郷土研究会　（82）　2006.11

八雲

八雲の木彫り熊と農民美術展覧会（山田久）「郷土文化」　名古屋郷土文化会　59（2・3）通号200　2005.3

安井村一里塚

国絵図にも描かれている一里塚を探索する―安井村一里塚の故地を特定しようとする（加藤浩）「郷土文化」　名古屋郷土文化会　69（1）通号221　2014.8

矢田

矢田の地名と歴史（長野幸吉）「ひがし」　東区郷土史研究会　（8）　2001.9

矢田駅

瀬戸電の矢田駅と大曽根駅設置抄録（岡田弘）「ひがし」　東区郷土史研究会　（8）　2001.9

矢田町

大正十一年・十二年 決議録矢田町（資料紹介）（馬場勇）「もりやま」　守山郷土史研究会　（23）　2004.1

八名郡

明治33年「南設楽郡幷八名郡学事視察報告書」について―教員の職服についての解説を中心に（史料紹介）（山下廉太郎）「三河地域史研究」　三河地域史研究会　（25）　2007.11

柳町

田原市における1944年の昭和東南海地震の被害状況について―田原町柳町・赤羽根村の倒壊家屋を地形・地質との関係から探る（論文）（藤城信幸）「田原市博物館研究紀要」　田原市博物館　（6）　2013.3

矢作川

明和4年の矢作川洪水と安城市域―国役普請訴願を中心に（林淳一）「安城市史だより」　［安城］市教育委員会生涯学習部　8　2000.10

「ナカダシ」と百々貯水場―矢作川の水制跡「豊田市郷土資料館だより」　豊田市郷土資料館　49　2004.9

投資と投機の新田開発―矢作川河口部の新田を事例として（神谷智）「愛知県史研究」　愛知県　（9）　2005.3

愛知県を語る会抄録 近世矢作川河口地域の人々の人々（青木美智男）「愛知県史研究」　愛知県　（9）　2005.3

人造石工法の水制「オオダシ」―続・矢作川の水制跡「豊田市郷土資料館だより」　豊田市郷土資料館　（51）　2005.3

矢作川河床埋没林の調査はじまる「豊田市郷土資料館だより」　豊田市郷土資料館　（54）　2006.2

近代化遺産紹介 矢作川水系の水力発電所「豊田市郷土資料館だより」　豊田市郷土資料館　（58）　2006.12

近世における矢作川水系の鮎漁と漁業争論（論文）（篠宮雄二）「豊田市史研究」　豊田市　（4）　2013.3

矢作製鉄

矢作製鉄の低炉型電気製鉄炉の技術史的産業遺産的意義（天野武弘，青山正治）「産業遺産研究」　中部産業遺産研究会　（21）　2014.5

旧矢作製鉄高炉

旧矢作製鉄高炉の産業遺産的価値（調査報告）（天野武弘）「産業遺産研究」　中部産業遺産研究会事務局　（19）　2012.5

矢作町

矢作川中流域右岸の条里制遺構―旧愛知県碧海郡矢作町・安城町・桜井

村（北村和宏）「安城市史研究」 安城市 （9） 2008.2

山崎城

山崎城址ノート（池田光雄）「愛城研報告」 愛知中世城郭研究会 （14）
2010.8

瀬戸の城館調査報告（秦川城・山崎城・落合城）（宮崎諭志）「城」 東海
古城研究会 （213） 2013.10

山田郡

山田郡彷徨―謎の氏族を追って（徳田百合子）「もりやま」 守山郷土史研
究会 （33） 2014.1

山海

山海地区の歴史概要（磯部宅成）「郷土研究誌みなみ」 南知多郷土研究会
72 2001.11

横山

織田信長幻の敗戦？ 横山の戦い（七種英康）「城」 東海古城研究会
（200） 2008.8

依佐美村

「依佐美村の歴史」覚書（鈴木哲）「かりや ： 郷土研究誌」 刈谷市郷土
文化研究会 （26） 2005.3

吉田宿

慶応三年東海道吉田宿助郷騒動の再検討（橘敏夫）「愛知県史研究」 愛知
県 （8） 2004.3

吉田宿の助郷騒動（宮田義信）「文化史研究」 なごや文化史研究会 （5）
2007.7

吉田城

三河吉田城の修復と植生管理―『吉田藩普請奉行日記』の記述を中心に
（高田徹）「愛城研報告」 愛知中世城郭研究会 （9） 2005.8

吉田藩

幕末維新期における三河吉田藩札の通用（橘敏夫）「愛知大学綜合郷土研
究所紀要」 愛知大学綜合郷土研究所 50 2005.3

三河吉田城の修復と植生管理―『吉田藩普請奉行日記』の記述を中心に
（高田徹）「愛城研報告」 愛知中世城郭研究会 （9） 2005.8

三河吉田藩における大豆耕作の実態と流通・消費（橘敏夫）「愛知大学綜
合郷土研究所紀要」 愛知大学綜合郷土研究所 51 2006.3

吉田湊

江戸時代の東海道交通と吉田湊（渡辺和敏）「交通史研究」 交通史学会，
吉川弘文館（発売） （54） 2004.4

四ツ松村

天正十八年三河国太閤検地帳について―加茂郡四ツ松村検地帳の紹介を
兼ねて（史料紹介）（谷口央）「愛知県史研究」 愛知県 （16） 2012.3

四谷

愛知県奥三河山地・四谷地区の棚田をめぐって―急傾斜地における農地
利用の存立条件（藤田佳久，樋口智彦）「愛知大学綜合郷土研究所紀要」
愛知大学綜合郷土研究所 51 2006.3

陸軍伊良湖試験場

陸軍伊良湖試験場の沿革と現存する建物群について（伊藤厚史）「愛知県
史研究」 愛知県 4 2000.3

和田勝佐村

寄託資料「大脇家文書」「愛知県公文書館だより」 愛知県公文書館 7
2002.12

寄託資料 「大脇家文書」「愛知県公文書館だより」 愛知県公文書館 8
2003.11

丹羽郡和田勝佐村大脇家文書/表紙写真の解説/企画展の舞台裏「愛知県
公文書館だより」 愛知県公文書館 （15） 2010.12

三重県

青山町

伊賀・青山町 (石原博志)「大阪春秋」 新風書房 31 (3) 通号112 2003.9

赤木城

国指定史跡赤木城跡整備十余年 (中尾勝也)「三重の古文化」 三重郷土会庶務部 (90) 2005.3

阿倉川

回顧 (393) 阿倉川に住まいて (稲毛洋子)「旧四日市を語る」 旧四日市を語る会 (23) 2013.6

明野陸軍飛行場北伊勢分教所

能襄野墓そして明野陸軍飛行場北伊勢分教所―続五 考古少年のノートから (岩野晃司)「三重の古文化」 三重郷土会庶務部 (99) 2014.3

曙町

回顧 (324) 曙町と守り本尊 (黒宮幹男)「旧四日市を語る」 旧四日市を語る会 (21) 2011.6

朝明

壬申乱を走る (2)―隠から朝明へ (猪熊兼勝)「近畿文化」 近畿文化会事務局 (724) 2010.3

朝明駅

東海道朝明・榎撫駅小考 (山中章)「三重大史学」 三重大学人文学部考古学・日本史研究室 (12) 2012.3

朝明川

朝明川と交わる小さな川たち 意外な魅力発見 (巻頭特集 四日市の川 今も川は生きているのでしょうか)「La Sauge : ふるさと四日市を知る本 : 文化展望・四日市」 四日市市文化まちづくり財団 (27) 2010.3

朝明郡

今、よみがえる「古代の朝明郡」(森逸郎)「La Sauge : ふるさと四日市を知る本 : 文化展望・四日市」 四日市市文化まちづくり財団 (22) 2005.3

朝明郡の古代官道に関する一考察 (論文) (久志本鉄也)「三重県史研究」 環境生活部 (29) 2014.3

朝日町

復元図 朝日町 (十九浜田会同級会)「旧四日市を語る」 旧四日市を語る会 (17) 2006.5

足洗池

足洗池 (脇谷実千子)「La Sauge : ふるさと四日市を知る本 : 文化展望・四日市」 四日市市文化まちづくり財団 (18) 2001.3

足見田神社

アセゴの川と足見田神社 (豊田くにえ)「La Sauge : ふるさと四日市を知る本 : 文化展望・四日市」 四日市市文化まちづくり財団 (18) 2001.3

阿瀬知川

阿瀬知川は変わった (〈一口コメント 戦後変わったこと〉) (原孝雄)「旧四日市を語る」 旧四日市を語る会 (18) 2007.5

よみがえれ! 阿瀬知川 地元住民の願いと実践 (巻頭特集 四日市の川 今も川は生きているのでしょうか)「La Sauge : ふるさと四日市を知る本・文化展望・四日市」 四日市市文化まちづくり財団 (27) 2010.3

回顧 (352) 阿瀬知川でのできごとから―「まちづくり」のビジョンを考える (中村成孝)「旧四日市を語る」 旧四日市を語る会 (22) 2012.6

安濃

安濃中央総合公園 (特集2 癒しのスポット) (西浦正夫)「津・市民文化」 津市 (6) 2012.3

安濃川

阿須波道開削以前―九世紀の伊勢道・安濃川とその周辺地域を中心に (山中由紀子)「斎宮歴史博物館研究紀要」 斎宮歴史博物館 (20) 2011.3

「水は命」安濃川水論の歴史・伝承 (伝説・民話) (浅生悦生)「津・市民文化」 津市 (8) 2014.3

安濃津

海あっての安濃津 (樋口清砂)「津市民文化」 津市教育委員会 31 2004.3

安濃津と明応地震の痕跡 (《特集 災害》) (伊藤裕偉)「津・市民文化」 津市 (2) 2008.3

安濃津むかしのはなし (あの津っ子の会)「津・市民文化」 津市 (4) 2010.3

安乗村

近世の回船交通と志摩―安乗村御城米役人の手記 (中田四朗)「海と人間 : 海の博物館・年報」 海の博物館 通号29 2006.12

飯高駅

飯高駅家と駅路に関する二、三の考察 (上野利三)「三重中京大学地域社会研究所報」 三重中京大学地域社会研究所 (20) 2008.3

飯高駅家前後の駅路、および市村駅家周辺の駅路について (研究ノート) (上野利三)「三重中京大学地域社会研究所報」 三重中京大学地域社会研究所 (23) 2011.3

飯高町

吉野路の点景 (47) 高見トンネルの伊勢側出口より望む奥伊勢の景観 (三重県松阪市飯高町)「吉野路」 樋口昌徳 (118) 2008.10

伊賀

伊賀立政館関係文書について (茂木陽一)「三重県史研究」 環境生活部 (18) 2003.3

仏像東漸―伊勢・伊賀、そして東へ (赤川一博)「近畿文化」 近畿文化会事務局 642 2003.5

三本木町伊賀地名考 (二郷成子)「地名」 宮城県地名研究会 (18) 2003.5

「伊賀暮らしの文化探険隊」とは「伊賀暮らしの文化探険隊レポート : 伊賀で育まれた暮らしの文化を見つけよう!」 伊賀暮らしの文化探険隊 6 2004.3

伊賀は古代の鉄の宝庫考 (梅田徹)「伊賀暮らしの文化探険隊レポート : 伊賀で育まれた暮らしの文化を見つけよう!」 伊賀暮らしの文化探険隊 6 2004.3

伊賀と大更 (岡本栄)「伊賀暮らしの文化探険隊レポート : 伊賀で育まれた暮らしの文化を見つけよう!」 伊賀暮らしの文化探険隊 6 2004.3

発表会基調講演 伊賀のすごさ (中島篤巳)「伊賀暮らしの文化探険隊レポート : 伊賀で育まれた暮らしの文化を見つけよう!」 伊賀暮らしの文化探険隊 7 2005.3

伊賀の宝・船石と『舩石記』(探検レポート) (灰原美智子)「伊賀暮らしの文化探険隊レポート : 伊賀で育まれた暮らしの文化を見つけよう!」 伊賀暮らしの文化探険隊 7 2005.3

静岡へ移住した伊賀衆 (1)～(8) 相給者メンバー108名のその後 (日向康三郎)「練馬郷土史研究会会報」 練馬郷土史研究会 (301)/(308) 2006.1/2007.3

伊賀地域の古代・中世の井戸についての覚書 (笠井)「伊賀市文化財年報」 伊賀市教育委員会 通号2 2006.3

伊賀弁採集 (1)、(2)、(3) (探検レポート) (倉元正一)「伊賀暮らしの文化探険隊レポート : 伊賀で育まれた暮らしの文化を見つけよう!」 伊賀暮らしの文化探険隊 8/9 2006.3/2007.3

古代伊賀・志摩における官窯瓦工房 (梶原義実)「三重大史学」 三重大学人文学部考古学・日本史研究室 (6) 2006.3

中世後期における在地小領主の用水支配について―伊賀地域の中世城館の検討から (《特集 三重の中世1》) (豊田祥三)「Mie history」 三重歴史文化研究会 17 2006.8

古代の伊賀と柘植を探る (探検レポート) (梅田徹)「伊賀暮らしの文化探険隊レポート : 伊賀で育まれた暮らしの文化を見つけよう!」 伊賀暮らしの文化探険隊 9 2007.3

伊賀の城 (佐浦信男)「城」 東海古城研究会 (199) 2008.1

たれその森、あわれその森 (探検レポート) (岩田芳夫)「伊賀暮らしの文化探険隊レポート : 伊賀で育まれた暮らしの文化を見つけよう!」 伊賀暮らしの文化探険隊 10 2008.3

「船石」と「左仲屋敷」の行方は (探検レポート) (灰原美智子)「伊賀暮らしの文化探険隊レポート : 伊賀で育まれた暮らしの文化を見つけよう!」 伊賀暮らしの文化探険隊 10 2008.3

史跡の保存顕彰 伊賀における中世城跡の活動 (中川甫)「三重の古文化」 三重郷土会庶務部 通号93 2008.3

一周年を迎えて 伊賀での地名研究 辿ってみると (倉元正一)「日本地名研究所通信」 日本地名研究所 (68) 2008.10

伊賀地域の方形城館と地域―分布の再検討から (《第25回全国城郭研究者セミナーの報告》) (笠井賢治)「中世城郭研究」 中世城郭研究会 (23) 2009.7

伊賀への旅（特集 街道―道をゆく 未知をあるく）（椋本千江）「津・市民文化」 津市 （4）2010.3

伊賀地方と三重郷土会―続々 考古少年のノートから（岩野見司）「三重の古文化」 三重郷土会庶務部 （96）2011.3

伊賀の伝統菓子（探検レポート）（辻上浩司）「伊賀暮らしの文化探検隊レポート ： 伊賀で育まれた暮らしの文化を見つけよう！」 伊賀暮らしの文化探検隊 12 2012.3

死守できるか？ 運命の天正伊賀乱！（探検レポート）（前川友秀）「伊賀暮らしの文化探検隊レポート ： 伊賀で育まれた暮らしの文化を見つけよう！」 伊賀暮らしの文化探検隊 12 2012.3

くノ一忍法帖 伊賀の乱（2）（安田建一）「歴史懇談」 大阪歴史懇談会 （26）2012.8

伊賀の史跡を訪ねる（三橋操）「つどい」 豊中歴史同好会 （299）2012.12

伊賀不思議考（6）命二ツ中に生きたる桜かな（芭蕉のふるさと「伊賀」）（灰原美智子）「伊賀暮らしの文化探検隊レポート ： 伊賀で育まれた暮らしの文化を見つけよう！」 伊賀暮らしの文化探検隊 14 2013.3

古代伊賀の先住民族の研究（1）（伊賀の温故知新）（米沢範彦）「伊賀暮らしの文化探検隊レポート ： 伊賀で育まれた暮らしの文化を見つけよう！」 伊賀暮らしの文化探検隊 14 2013.3

伊賀の陣城（会員通信）（増山政昭）「城だより」 日本古城友の会 （540）2013.12

明治期三重県伊賀地域における部落有林野利用と部落有林野統一事業について（論説）（藤田佳久）「愛知大学綜合郷土研究所紀要」 愛知大学綜合郷土研究所 59 2014.3

伊賀暮らしの文化探検隊15年のあゆみ／伊賀暮らしの文化探検15年のあゆみ（写真）／伊賀暮らしの文化探検報告（第5章 伊賀暮らしの文化探検隊・15周年記念事業）「伊賀暮らしの文化探検隊レポート ： 伊賀で育まれた暮らしの文化を見つけよう！」 伊賀暮らしの文化探検隊 15 2014.5

平成25年度・伊賀暮らしの文化探検活動経過／平成25年度の主な出来事（展示会・講演会など）／伊賀地域の先賢顕彰活動一覧（第6章 伊賀暮らしの文化探検隊 活動抄録）「伊賀暮らしの文化探検隊レポート ： 伊賀で育まれた暮らしの文化を見つけよう！」 伊賀暮らしの文化探検隊 15 2014.5

伊賀上野城

奈良大和路・柳生の里 伊賀上野の史跡を訪ねて（1）～（3）（富岡行昌）「郷土史誌末盧國」 松浦史談会，芸文堂（発売）152/154 2002.12/2003.6

伊賀上野の近代建築（川島智生）「近畿文化」 近畿文化会事務局 （714）2009.5

伊賀上野城下町〈東部地区〉調査報告―農民の道・商人の道・武士の道をたどる（第1章 伊賀上野城下町調査）（伊賀暮らしの文化探検隊）「伊賀暮らしの文化探検隊レポート ： 伊賀で育まれた暮らしの文化を見つけよう！」 伊賀暮らしの文化探検隊 15 2014.5

伊賀上野城

写真でたどる懐かしの伊賀上野城（石田郁代）「わかくす ： 河内ふるさと文化誌」 わかくす文芸研究会 （49）2006.5

伊賀上野城下町の生業と地域間関係に関する一考察―宝暦元～2年「天満宮八百五十歳祭事記録」の分析を通して（渡辺康代）「三重県史研究」環境生活部 （23）2008.3

なぜ今、伊賀上野城下町なのか？（伊賀上野城下町探訪レポート―時を紡ぎ、未来に息づく城下町）「伊賀暮らしの文化探検隊レポート ： 伊賀で育まれた暮らしの文化を見つけよう！」 伊賀暮らしの文化探検隊 13 2013.1

伊賀上野築城への道 群雄割拠をする伊賀―天正伊賀乱の悲しみを乗り越えて／筒井定次から藤堂高虎へ（伊賀上野城下町探訪レポート―時を紡ぎ、未来に息づく城下町）「伊賀暮らしの文化探検隊レポート ： 伊賀で育まれた暮らしの文化を見つけよう！」 伊賀暮らしの文化探検隊 13 2013.1

伊賀上野城下町の形成 河川に囲まれた水の王城「伊賀上野城」／藤堂高虎プロデュースの伊賀上野城下町／高虎流・伊賀上野城下町ビジョン（伊賀上野城下町探訪レポート―時を紡ぎ、未来に息づく城下町）「伊賀暮らしの文化探検隊レポート ： 伊賀で育まれた暮らしの文化を見つけよう！」 伊賀暮らしの文化探検隊 13 2013.1

伊賀上野城下町探検 本町通り、二之町通り、三之町通り、三筋町周辺（主に城下町西部）（伊賀上野城下町探訪レポート―高虎が築いた伊賀上野城下町をめぐる）「伊賀暮らしの文化探検隊レポート ： 伊賀で育まれた暮らしの文化を見つけよう！」 伊賀暮らしの文化探検隊 13 2013.1

イベント写真記録 高虎が築いた伊賀上野城下町の謎をさぐる！（伊賀上野城下町探訪レポート）「伊賀暮らしの文化探検隊レポート ： 伊賀で育まれた暮らしの文化を見つけよう！」 伊賀暮らしの文化探検隊 13 2013.1

伊賀街道

伊賀街道と四つの宿駅（特集 街道―道をゆく 未知をあるく）（竹西宗夫）「津・市民文化」 津市 （4）2010.3

伊賀街道・奈良街道―前田宿・長野宿・久居など 奈良街道、その道筋と雲出川の渡し（特集1 お伊勢さんへの道）（吉村利男）「津・市民文化」津市 （7）2013.3

伊賀川

資料紹介 近代における岡崎市西部地域の土木事業―伊賀川改修の軌跡（渡邉則雄）「岡崎市史研究」 岡崎市教育委員会 （33）2013.3

伊賀城

伊賀城主と伊賀焼（宮坂丹保）「オール諏訪 ： 郷土の総合文化誌」 諏訪郷土文化研究会 24（10）通号244 2005.1

伊賀谷

伊賀谷を中心にしての源平合戦その後（山陰方面）（瀧本恒夫）「但馬史研究」 但馬史研究会 （31）2008.3

伊賀国

近代初期の伊賀国における庶民の日常食について（有薗正一郎）「愛知大学綜合郷土研究所紀要」 愛知大学綜合郷土研究所 48 2003.3

伊賀国上忍の城 百地丹波守城・藤林長門守城と周辺史跡（舟橋忠夫）「城」 東海古城研究会 （190）2004.10

伊賀における伊勢平氏の展開―荘園公領成立期における現地社会の動向（守田逸人）「ヒストリア ： journal of Osaka Historical Association」 大阪歴史学会 （195）2005.6

伊賀の国地名研究会「日本地名研究所通信」 日本地名研究所 （75）2012.10

伊雑宮

先史・古代の志摩と伊雑宮（岡田登）「近畿文化」 近畿文化会事務局 （722）2010.1

石名原宿

伊勢本街道―多気宿・奥津宿 石名原宿（特集1 お伊勢さんへの道）（小竹英司）「津・市民文化」 津市 （7）2013.3

一身田

近世寺内町の形成過程―伊勢―身田の場合（《特集 三重の中世1》）（藤田達生）「Mie history」 三重歴史文化研究会 17 2006.8

寺内町―身田（探訪 三重の古文化）（平松令三）「三重の古文化」 三重郷土会庶務部 通号95（付録）2010.3

一身田界隈（特集 街道―道をゆく 未知をあるく）（森川貴司）「津・市民文化」 津市 （4）2010.3

一身田寺内町

一身田寺内町のまちづくり（浅野聡）「津市民文化」 津市教育委員会 32 2005.3

特集にあたって（《特集 共同研究「一身田寺内町形成史の研究―環濠に注目して」》）「ふびと」 三重大学歴史研究会 通号59 2007.1

総論 一身田寺内町の形成過程（《特集 共同研究「一身田寺内町形成史の研究―環濠に注目して」》）（藤田達生）「ふびと」 三重大学歴史研究会 通号59 2007.1

一身田寺内町の形成と権力（《特集 共同研究「一身田寺内町形成史の研究―環濠に注目して」》）（三浦理沙）「ふびと」 三重大学歴史研究会 通号59 2007.1

一身田寺内町を歩く（《特集 共同研究「一身田寺内町形成史の研究―環濠に注目して」》）（栩原悠，高橋大輔）「ふびと」 三重大学歴史研究会 通号59 2007.1

一身田寺内町の環濠とその利用（《特集 共同研究「一身田寺内町形成史の研究―環濠に注目して」》）（福井正身）「ふびと」 三重大学歴史研究会 通号59 2007.1

質疑応答・関係年表（《特集 共同研究「一身田寺内町形成史の研究―環濠に注目して」》）（齋藤隼人）「ふびと」 三重大学歴史研究会 通号59 2007.1

排水施設としての環濠機能―一身田寺内町から見えること（山本朋也）「愛知中世城郭研究」 愛知中世城郭研究会 （12）2008.8

一身田寺内町ほっとガイド会より（特集 街道―道をゆく 未知をあるく）（岡本靖弘，中川彰）「津・市民文化」 津市 （4）2010.3

映画ロケのまち 一身田寺内町（特集2 津と映画文化）（長谷川哲也）「津・市民文化」 津市 （8）2014.3

伊勢

2001年東海道の旅「伊勢七宿をゆく」「La Sauge ： ふるさと四日市を知る本 ： 文化展望・四日市」 四日市市文化まちづくり財団 （17）2000.3

伊勢西国への旅（2）文政8年の道中日記から（金井安子）「郷土博物館だより」 調布市郷土博物館 62 2002.8

伊勢郷土会古文書講座「伊勢古文書会記録」報告 平成14年6月「伊勢郷土史草」 伊勢郷土会 （36）2002.11

伊勢の町と御師（岡田登）「近畿文化」 近畿文化会事務局 638 2003.1

聖地伊勢と沖縄のアフ・オー（福寛美）「沖縄学 ： 沖縄学研究所紀要」 沖縄学研究所 6(1)通号6 2003.3

仏像東漸―伊勢・伊賀、そして東へ（赤川一博）「近畿文化」 近畿文化会事務局 642 2003.5

『伊勢道中記』（樽田克史）「福島県史料情報 ： 福島県歴史資料館」 福島県文化振興財団 7 2004.2

伊勢へ再び歩いてみる（吉井貞俊）「西宮文化協会会報」 西宮文化協会 433 2004.4

傍国の美し重浪瞬する伊勢を歩く（神宮滋）「北方風土 ： 北国の歴史民俗考古研究誌」 イズミヤ出版 通号48 2004.7

中山道とお伊勢の森（金井友巳）「群馬歴史散歩」 群馬歴史散歩の会 189 2005.5

川越商人井上権兵衛（整雨）の『美濃・伊勢紀行稿本』について（山田泰男）「埼玉談」 埼玉県郷土文化会 52(4)通号284 2006.1

猿毛村百姓の伊勢道中記（関正平）「加茂郷土誌」 加茂郷土調査研究会 (28) 2006.1

尾張―伊勢 旅のつれづれ（田中豊）「小田原談叢 ： 小田原談叢会々報」 小田原談叢会 (205) 2006.3

東海地域の古代寺院造営氏族に関する基礎的研究 伊勢北部を例として（竹内英昭）「斎宮歴史博物館研究紀要」 斎宮歴史博物館 通号15 2006.3

特集 大和から伊勢へ「月刊大和路ならら」 地域情報ネットワーク 9(4)通号91 2006.4

国阿上人の見た伊勢《特集 三重の中世2》（山田雄司）「Mie history」 三重歴史文化研究会 18 2006.8

近畿沿線の建物(3) 伊勢・二見・鳥羽 伊勢「神都」の近代建築をめぐって（川島智生）「近畿文化」 近畿文化会事務局 (682) 2006.9

伊勢御師からみた戦国時代後期の信州情勢―『しなの、国道者之御戦くはり日記』を読んで（逸見大悟）「信濃［第3次］」 信濃史学会 58(10)通号681 2006.10

伊勢の神宮と河崎の町（岡田登）「近畿文化」 近畿文化会事務局 (698) 2008.1

勢州伊勢道中宿帳（山崎直久）「須高」 須高郷土史研究会 (66) 2008.4

伊勢の『古事記』・出雲の『日本書紀』―無文字時代に従った編纂について（柳沢賢次）「信濃［第3次］」 信濃史学会 60(12)通号707 2008.12

講演 新たなる伊勢中世史像の再構築―謎の楠部大五輪と楠部弘正寺・岩田円明寺（松尾剛次）「皇学館史学」 皇学館大学史学会 通号24 2009.3

青木長右衛門嘉房の伊勢参宮旅行について（加藤芳典）「藤沢市文書館紀要」 藤沢市文書館 通号31 2009.3

番場宿神戸高橋仁左衛門の「伊勢参宮日記」について（花木知子）「府中市郷土の森博物館紀要」 府中文化振興財団府中市郷土の森博物館 (22) 2009.3

焼津湊の廻船業の研究―幕末、伊勢・美濃の御城米廻送を中心に（川崎文昭）「静岡県の歴史と文化」 静岡県の歴史と文化研究会 (13) 2009.11

明治二十年 伊勢参り道中記[1]，(2)（齋藤良治）「宮城史学」 宮城歴史教育研究会 (29)／(30) 2010.3/2011.5

高野山成慶院『伊勢和州位牌帳』の翻刻と解題（大藪海）「三重県史研究」 環境生活部 (25) 2010.3

研究ノート 『伊勢新聞』に見る近代の志摩海女―明治・大正期の「海女」の諸相（塚本明）「三重大史学」 三重大学人文学部考古学・日本史研究室 (11) 2011.3

豊島文治郎の伊勢参宮道中記について（西川宇明）「魚沼文化」 魚沼文化の会 (62) 2011.10

江戸末期と明治中期の伊勢参り道中記（宮崎辰昭）「高井」 高井地方史研究会 (177) 2011.11

伊勢暴動と小瀬騒動の数え唄（八木淳夫）「三重の古文化」 三重郷土会庶務部 (97) 2012.3

秋田に遺る伊勢道中記（神宮滋）「出羽路」 秋田県文化財保護協会 通号151 2012.8

伊勢参り道中記（田中秀胤）「茅野」 茅野市郷土研究会 (78) 2013.3

高岡幸助 伊勢四國西國道中記（まちの話題）（大塚芳男）「郷土村松」 村松郷土史研究会 (70) 2013.5

歴史学からみた四・五世紀の伊勢とヤマト政権（荊木美行）「つどい」 豊中歴史同好会 (308) 2013.9

伊勢参宮道中録(1) 稲荷町 川井靖所蔵（阿部美保子，佐藤キヨ）「小千谷文化」 小千谷市総合文化協会『小千谷文化』編集委員会 (213) 2013.11

寛政元年に伊勢の船がエトロフ島へ漂着した記録（大沼忠春）「北海道の文化」 北海道文化財保護協会 (86) 2014.2

資料紹介 史料紹介「伊勢西国道中記」（石川達也，最上志乃）「研究紀要」 戸田市立郷土博物館 (24) 2014.3

伊勢参宮道中録(2)～(4)（阿部美保子［まとめ］，佐藤キヨ［まとめ］）「小千谷文化」 小千谷市総合文化協会『小千谷文化』編集委員会 (214・215)／(217) 2014.3/2014.12

「伊賀元暦の乱」と「伊勢元久の乱」の真相を探る（加山久富）「三重の古文化」 三重郷土会庶務部 (99) 2014.3

和水町で73年分の伊勢暦見つかる（資料紹介）（平田稔）「歴史玉名」 玉名歴史研究会 68 2014.4

伊勢参宮諸色覚帳（京谷博次）「史談」 安蘇史談会 (30) 2014.5

史料紹介 幕末富山人の江戸・伊勢めぐり小遣帳（鈴木景二）「富山史壇」 越中史壇会 (174) 2014.7

伊勢街道

伊勢街道―古代・中世の旅と近世の街道（特集 街道―道をゆく 未知をあるく）（小坂宜広）「津・市民文化」 津市 (1) 2010.3

近世街道の一思考―伊勢街道（和歌山市から伊勢神宮）を事例として（長谷正紀）「和歌山地理」 和歌山地理学会 (29) 2010.12

伊勢街道―上野宿・津の城下町 津市における近世・近代の芝居興行（特集1 お伊勢さんへの道）（吉丸雄哉）「津・市民文化」 津市 (7) 2013.3

伊勢国分寺跡

国分寺跡伊勢国分寺跡の整備に向けて（地域の文化財だより）（中森成行）「三重の古文化」 三重郷土会庶務部 通号92 2007.3

伊勢参宮本街道

三度目の伊勢参宮本街道歩き（吉井貞俊）「西宮文化協会会報」 西宮文化協会 (455) 2006.2

伊勢参宮本街道を歩く(2)～(49)（吉井貞俊）「西宮文化協会会報」 西宮文化協会 (456)／(516) 2006.3/2011.3

伊勢参宮本街道を歩く(2) 高井田～英田（吉井貞俊）「大阪春秋」 新風書房 37(4)通号137 2010.1

伊勢参宮本街道を歩く(3) 松原～西畑（吉井貞俊）「大阪春秋」 新風書房 38(1)通号138 2010.4

伊勢参宮本街道を歩く(4) 藤尾～追分（吉井貞俊）「大阪春秋」 新風書房 38(2)通号139 2010.7

伊勢参宮本街道を歩く(5)終 砂茶屋～京終（吉井貞俊）「大阪春秋」 新風書房 38(3)通号140 2010.10

伊勢市

伊勢市の平家むら（間宮忠夫）「伊勢郷土史草」 伊勢郷土会 (39) 2005.10

『伊勢市史』第三巻「近世編」―第八回配本（市町村編さんの動向）（伊勢市教育委員会文化振興課）「三重県史研究」 環境生活部 (29) 2014.3

伊勢路

「東海道伊勢路通」―参勤従者清五郎の小遣帳（資料紹介）（来見田博基）「郷土と博物館」 鳥取県立博物館 49通号93 2004.3

「紀路」の熊野・「伊勢路」の熊野（熊野学講座）（林雅彦）「北区飛鳥山博物館研究報告」 東京都北区教育委員会 (8) 2006.3

第16回特別現地研究会報告 秋の伊勢路・まほろば路を訪ねて（森園生栄子）「美濃の文化 ： 美濃文化総合研究会機関誌」 美濃文化総合研究会 (127) 2014.2

伊勢大湊町造船所

口絵 伊勢河崎魚市場・伊勢大湊町造船所「三重県史研究」 環境生活部 (25) 2010.3

伊勢西国道

史料紹介 常州茨城郡飯沼村尾吹氏 嘉永元年伊勢西国道中日記帳（太田尚一）「常総の歴史」 崙書房出版茨城営業所 (32) 2005.3

伊勢津城

伊勢津城・波瀬城と周辺史跡（舟橋忠夫）「城」 東海古城研究会 (188) 2004.2

伊勢神宮

中世末・近世初期の伊勢神宮領（稲本紀昭）「ふびと」 三重大学歴史研究会 通号55 2003.1

平安時代伊勢国朝明郡大矢智周辺の状況―伊勢神宮との関係から（山田雄司）「三重大史学」 三重大学人文学部考古学・日本史研究室 (7) 2007.3

伊勢の神宮と小俣・玉城町の史跡（岡田登）「近畿文化」 近畿文化会事務局 (710) 2009.1

「神火」と伊勢神宮の焼亡事件（論文）（田阪仁）「鷹陵史学」 鷹陵史学会 (40) 2014.9

伊勢電

津市を駆け抜けた伊勢電・参急の消長（特集1 お伊勢さんへの道）（上野結城）「津・市民文化」 津市 (7) 2013.3

伊勢国

伊勢国計会帳からみえた律令国家の交通体系（市大樹）「三重県史研究」 環境生活部 (16) 2001.3

伊勢国における紀州領（前千雄）「熊野歴史研究 ： 熊野歴史研究会紀要」 熊野歴史研究会 （8）2001.5

伊勢国北部における大安寺施入墾田地成立の背景（山中章）「ふびと」 三重大学歴史研究会 通号54 2002.1

古代の郡家間の交通・通信制度「郡伝」について―伊勢国・上総国・下総国を例として（佐々木虔一）「千葉史学」 千葉歴史学会 （48）2006.5

古代伊勢国における評・郡・原・「国」についての覚書（榎村寛之）「斎宮歴史博物館研究紀要」 斎宮歴史博物館 通号17 2008.3

伊勢国における紀州様鷹場と尾州様鷹場（井上正秀）「三重県史研究」 環境生活部 （24）2009.3

菅江真澄と伊勢国（金柗紘征）「菅江真澄研究」 菅江真澄研究会 （71）2010.8

戦国期伊勢・尾張国境地域の歴史的展開（特集 40周年記念大会 日本中世史のなかの東海地域―シンポジウム）（播磨良紀）「年報中世史研究」 中世史研究会 （38）2013.5

西山地蔵院文書の伊勢国関係史料について（資料紹介）（小原嘉記）「三重県史研究」 環境生活部 （29）2014.3

伊勢別街道

伊勢別街道酔談《《特集 私たちの町》》（駒田征男）「津・市民文化」 津市 （1）2007.3

伊勢別街道（特集 街道―道をゆく 未知をあるく）（平松令三）「津・市民文化」 津市 （4）2010.3

伊勢別街道―楠原宿・椋本宿・窪田宿 伊勢別街道の宿場と旅人（特集1 お伊勢さんへの道）（浅生悦生）「津・市民文化」 津市 （7）2013.3

伊勢本街道

グラビア 春淡き伊勢本街道を歩く「月刊大和路ならら」 地域情報ネットワーク 9（4）通号91 2006.4

歴史のロマン秘める伊勢本街道「月刊大和路ならら」 地域情報ネットワーク 9（4）通号91 2006.4

サロン・茶論/伊勢本街道走破を目指して「悠 ： 多気町郷土資料館だより」 多気町郷土資料館 （47）2008.1

伊勢本街道―今昔（特集 街道―道をゆく 未知をあるく）（齋藤昭久）「津・市民文化」 津市 （4）2010.3

伊勢本街道散策（特集 街道―道をゆく 未知をあるく）（石阪督規）「津・市民文化」 津市 （4）2010.3

伊勢本街道―多気宿・奥津宿 石名原宿（特集1 お伊勢さんへの道）（小竹英司）「津・市民文化」 津市 （7）2013.3

伊勢本街道周辺の文化財―美杉町・御杖町・曽爾村（菅谷文則）「近畿文化」 近畿文化会事務局 （780）2014.11

伊勢道

在五中将がとおった斎宮への道―九世紀の伊勢道（予察）（特集 九世紀の斎宮）（山内由紀子）「斎宮歴史博物館研究紀要」 斎宮歴史博物館 通号19 2010.3

伊勢湾

伊勢湾台風―耳からはなれぬ悲鳴（平賀房子）「あゆち潟」 「あゆち潟」の自然と歴史に親しむ会 （7）2001.2

堺商人・小西家と伊勢湾―「貝屋」経営と地域間流通（荒武賢一朗）「堺研究」 堺市立中央図書館 （31）2003.3

伊勢湾のうねりに似たユックリズムの元祖 観海流あれこれ（筒井忠勝）「津市民文化」 津市教育委員会 31 2004.3

伊勢・三河湾における漁業の推移―魚種・漁獲量を中心に（講演録）（中村元彦，黒田伸明）「愛知大学綜合郷土研究所紀要」 愛知大学綜合郷土研究所 50 2005.3

伊勢湾周辺地域における木綿流通と知多木綿―18世紀後半から19世紀前半を中心に（曲田浩和）「知多半島の歴史と現在」 日本福祉大学知多半島総合研究所 （13）2005.9

弥生集落の景観構造をめぐる試論―伊勢湾周辺地域を中心に（《特輯 弥生社会の群像―高地性集落の実態》）（石黒立人）「古代文化」 古代学協会 58（2）通号564 2006.10

伊勢湾交通からみた北伊勢の地域的特徴（栄原永遠男）「三重大史学」 三重大学人文学部考古学・日本史研究室 （7）2007.3

特別寄稿 古代の尾張・三河世界と伊勢湾（福岡猛志）「愛知大学綜合郷土研究所紀要」 愛知大学綜合郷土研究所 53 2008.3

伊勢湾台風で行方不明になっていた私（《特集 災害》）（松ヶ谷卓平）「津・市民文化」 津市 （2）2008.3

伊勢湾台風の記憶（《特集 災害》）（小林古寿）「津・市民文化」 津市 （2）2008.3

常設展示室だより フリールーム 伊勢湾台風/テーマ10 むかしの算数「名古屋市博物館だより」 名古屋市博物館 （189）2009.8

サロン・茶論 特集 伊勢湾台風の記憶/辛かった？ 楽しかった？ 江戸の旅/ちょっとひとこと―実習生の感想「悠 ： 多気町郷土資料館だより」 多気町郷土資料館 （54）2009.10

伊勢湾台風関係記録資料・解説/企画展の舞台裏―平成21年度企画展より「愛知県公文書館だより」 愛知県公文書館 （14）2009.12

展覧会余禄 伊勢湾台風 その後「名古屋市博物館だより」 名古屋市博物館 （191）2009.12

回顧（314）伊勢湾台風五十年―警告 悲劇を繰り返さないため（石川勝彦）「旧四日市を語る」 旧四日市を語る会 （20）2010.3

サロン・茶論 伊勢湾台風の記憶［1］～（4）（奥田眞一）「悠 ： 多気町郷土資料館だより」 多気町郷土資料館 （57）/（60）2010.7/2011.04

伊勢湾に大野城は二つあった（村田修）「郷土研究誌みなみ」 南知多郷土研究会 （91）2011.5

三菱汽船伊勢湾航路開設過程の研究（研究ノート）（森靖雄）「愛知県史研究」 愛知県 （16）2012.3

日本人漂流記―伊勢湾沿岸の廻船の記録（大岩隆）「郷土研究誌みなみ」 南知多郷土研究会 （93）2012.5

伊勢湾・香良洲・桑名（特集1 お伊勢さんへの道）（杉本竜）「津・市民文化」 津市 （7）2013.3

伊勢・三河湾の水産資源と環境（地域・産業）（鈴木輝明）「知多半島の歴史と現在」 日本福祉大学知多半島総合研究所 （17）2013.10

青木美智男さんと知多・愛知・伊勢湾三河湾の近世史研究（特別企画 青木美智男さんを偲んで）（押谷智）「愛知県史研究」 愛知県 （18）2014.3

戦国期駿河・遠江国の伊勢湾海上交易について―伊勢御師の経済活動を中心に（例会告要旨―5月例会（14名参加））（原田千尋）「静岡県地域史研究会報」 静岡県地域史研究会 （195）2014.7

一色

寺院にかかわる住民の息ぶき―明治期の中別保と一色（《特集 私たちの町》）（杉沢和夫）「津・市民文化」 津市 （1）2007.3

一色町

資料紹介 公用控 一色町所蔵文書（森幸朗，吉川静夫）「伊勢郷土史草」 伊勢郷土会 （35）2001.11

公用控 一色町所蔵文書の内、翻刻第二回、［翻刻第三回］、翻刻第四回、慶応二年の綴り（森幸朗，土谷幸治）「伊勢郷土史草」 伊勢郷土会 （36）/（38）2002.11/2004.10

いなべ市

「北勢雑記」の研究「ふるさとの心をたずねて」 いなべ市教育委員会 （23）2003.3

入鹿収容所

太平洋戦争中の三重県入鹿収容所（前）（平成16年度～17年度）（自主研究）（上野利三，大川四郎，加藤順一，桝居孝）「三重中京大学地域社会研究所報」 三重中京大学地域社会研究所 （18）2006.3

岩戸山

回顧（332） 「岩戸山」のこと（宮崎良治）「旧四日市を語る」 旧四日市を語る会 （21）2011.6

上新町

上新町（回顧）（柴田いつ）「旧四日市を語る」 旧四日市を語る会 （17）2006.5

上野

伊賀市上野より甲賀市信楽へ 街道の史跡と文化財探訪（品角阿止美）「史迹と美術」 史迹美術同攷会 77（5）通号775 2007.6

上野公園

上野公園の碑文探索（探検レポート）（北出楯夫）「伊賀暮らしの文化探検隊レポート ： 伊賀で育まれた暮らしの文化を見つけよう！」 伊賀暮らしの文化探検隊 11 2009.3

上野市

県・市町村の動向 上野市史・三雲町史・三重県史「三重県史研究」 環境生活部 （19）2004.3

上野宿

伊勢街道―上野宿・津の城下町 津市における近世・近代の芝居興行（特集1 お伊勢さんへの道）（吉丸雄哉）「津・市民文化」 津市 （7）2013.3

上野城

資料紹介 矢穴痕にみる上野城の変遷過程（舘邦典）「伊賀市文化財年報」 伊賀市教育委員会 通号5 2009.3

上野城下町の町割り成立に関する予察（資料紹介）（福田典明）「伊賀市文化財年報」 伊賀市教育委員会 通号6 2010.3

宇治橋

宇治橋修造起工式拝観の記（荒井留五郎）「伊勢郷土史草」 伊勢郷土会 （42）2008.10

宇治山田

神宮神官の苗字に見る権門都市 宇治・山田（《特集 三重の中世2》）（岡野友彦）「Mie history」 三重歴史文化研究会 18 2006.8

中世後期から近世後期の宇治・山田における結界とその機能（《特集 三重の中世2》）（細谷公大）「Mie history」 三重歴史文化研究会 18

2006.8

いにしえの伊勢 (1) ～ (18) 絵葉書・古写真に見る戦前の宇治山田 (山田修司)「史料：皇學館大學研究開発推進センター史料編纂所報」 皇學館大學研究開発推進センター史料編纂所 （220）/（241） 2009.4/ 2014.03

寛政改革と宇治・山田―町入用節減政策を中心に (中橋未帆)「三重県史研究」 環境生活部 （25） 2010.3

権門都市宇治・山田と地域経済圏 (特集 40周年記念大会 日本中世史のなかの東海地域―シンポジウム) (岡野友彦)「年報中世史研究」 中世史研究会 （38） 2013.5

宇治山田市

「神都計画」の構想と実際―戦時期における宇治山田市都市計画をめぐって (山崎智博)「三重県史研究」 環境生活部 （22） 2007.3

太秦

ご存じですか？ 多気町の山 (30) 太秦越え「悠：多気町郷土資料館だより」 多気町郷土資料館 （45） 2007.7

鵜殿

鵜殿経由熊野古道と渡船場について (大西為義)「熊野誌」 熊野地方史研究会 （57） 2010.10

采女城

四日市市中世の城・采女城 (地域の文化財だより) (八木紀生)「三重の古文化」 三重郷土会庶務部 通号92 2007.3

史跡の利活用 采女城跡の利用と活用について (清水弘子)「三重の古文化」 三重郷土会庶務部 通号93 2008.3

足のむくまま、気のむくまま 桂一さんの講演会を聴いて／織田勢に破れ落城した四日市の城跡を訪ねる2 采女城「La Sauge：ふるさと四日市を知る本：文化展望・四日市」 四日市市文化まちづくり財団 （29） 2012.3

采女城鳥瞰図 (川端義憲)「城だより」 日本古城友の会 （534） 2013.6

嬉野

県・市町村史の動向 三重県史・嬉野史・明和町史「三重県史研究」 環境生活部 （22） 2007.3

兄国

多気町の (難読) 地名辞典 兄国 (えくに)、弟国 (おおぐに)「悠：多気町郷土資料館だより」 多気町郷土資料館 （44） 2007.4

榎撫駅

東海道朝明・榎撫駅小考 (山中章)「三重大史学」 三重大学人文学部考古学・日本史研究室 （12） 2012.3

桑名郡家と榎撫駅家 (論文) (石神教親)「ふびと」 三重大学歴史研究会 （64） 2013.1

円明寺

講演 新たなる伊勢中世史像の再構築―謎の楠部大五輪と楠部弘正寺・岩田円明寺 (松尾剛次)「皇学館史学」 皇学館大学史学会 通号24 2009.3

大分里

大分君と伊勢国大分里 (森猛)「古代朝鮮文化を考える」 古代朝鮮文化を考える会 （23） 2008.12

弟国

多気町の (難読) 地名辞典 兄国 (えくに)、弟国 (おおぐに)「悠：多気町郷土資料館だより」 多気町郷土資料館 （44） 2007.4

大国荘

報告書 愛知川町荘園故地 水利地名調査報告書―愛智荘・大国荘域を想定して「愛知川町史研究」 愛知川町教育委員会町史編さん室 2 2004.3

報告書 愛知川町荘園故地 水利地名町報告書II―愛智荘・大国荘を想定して「愛荘町歴史研究」 愛荘町教育委員会 （1） 2008.2

大瀬古町

大瀬古町の店員さん (回顧) (伊藤禮太郎)「旧四日市を語る」 旧四日市を語る会 （15） 2004.6

大野城

伊勢湾に大野城は二つあった (村田修)「郷土研究誌みなみ」 南知多郷土研究会 （91） 2011.5

大洞山

自然 大洞山―四季の星空の魅力・津で星空に一番近い場所 (松本敏也)「津・市民文化」 津市 （8） 2014.3

大湊

大湊の職人の世界 (大西民一)「伊勢郷土史草」 伊勢郷土会 （43） 2009.9

伊勢の大湊と山田奉行所 (岡田登)「近畿文化」 近畿文化会事務局 （746） 2012.1

大湊町

伊勢市大湊町 戦争関連の遺跡と石碑 (山口あい子)「伊勢郷土史草」 伊勢郷土会 （48） 2014.10

大矢智

平安時代伊勢国朝明郡大矢智周辺の状況―伊勢神宮との関係から (山田雄司)「三重大史学」 三重大学人文学部考古学・日本史研究室 （7） 2007.3

大山田

第963回例会 伊賀市大山田地方の文化財 (東暲)「史迹と美術」 史迹美術同攷会 82(1) 通号821 2012.1

奥津宿

伊勢本街道―多気宿・奥津宿 石名原宿 (特集1 お伊勢さんへの道) (小竹英司)「津・市民文化」 津市 （7） 2013.3

沖ノ島

沖ノ島復元図 (回顧) (佐藤敏夫)「旧四日市を語る」 旧四日市を語る会 （17） 2006.5

長田

歴史ある長田の里の探訪 (探検レポート) (廣岡とも子)「伊賀暮らしの文化探検隊レポート：伊賀で育まれた暮らしの文化を見つけよう！」 伊賀暮らしの文化探検隊 8 2006.3

長田氏城

長田氏城跡 (前川浩一)「城」 東海古城研究会 （205） 2010.10

御茶屋御殿

東海道間地域「御茶屋御殿」の復元 (《特集 三重の中世1》) (亀山隆)「Mie history」 三重歴史文化研究会 17 2006.8

音羽

伊賀市音羽「このしろ鮨」(探検レポート) (辻上浩司)「伊賀暮らしの文化探検隊レポート：伊賀で育まれた暮らしの文化を見つけよう！」 伊賀暮らしの文化探検隊 10 2008.3

小俣町

伊勢の神宮と小俣・玉城町の史跡 (岡田登)「近畿文化」 近畿文化会事務局 （710） 2009.1

小向村

庄屋の日記から見る街道村落の様相―小向村庄屋の生活と役務を中心に (藤谷彰)「三重の古文化」 三重郷土会庶務部 （96） 2011.3

尾鷲

尾鷲大庄屋文書の調査始まる―地域文化運動としての古文書調査の試み (塚本明)「三重大史学」 三重大学人文学部考古学・日本史研究室 （3） 2003.3

大学と地域連携―尾鷲組大庄屋文書調査のその後 (塚本明)「三重大史学」 三重大学人文学部考古学・日本史研究室 （5） 2005.3

近世村落における山林所有形態の展開―尾鷲九か村持合山を事例に (井口侑子)「三重大史学」 三重大学人文学部考古学・日本史研究室 （6） 2006.3

熊野北部の木材生産地とその地域構造―中近世移行期の尾鷲 (《特集 織豊期の権力と地域社会》) (伊藤裕偉)「織豊期研究」 織豊期研究会 （10） 2008.10

貝石山

美里町「柳谷の貝石山」(特集1 津の山と森) (津村善博)「津・市民文化」 津市 （8） 2014.3

海蔵川

海蔵川 歴史と花と人との出会い (巻頭特集 四日市の川 今も川は生きているのでしょうか)「La Sauge：ふるさと四日市を知る本：文化展望・四日市」 四日市市文化まちづくり財団 （27） 2010.3

回顧 (322) 海蔵川の思い出 (市川淳子)「旧四日市を語る」 旧四日市を語る会 （21） 2011.6

回顧 (412) 海蔵川での水泳・河口の漁捕り (山本博勝)「旧四日市を語る」 旧四日市を語る会 （24） 2014.6

垣内宿

初瀬街道―二本木宿・垣内宿など 初瀬街道と真盛上人 (特集1 お伊勢さんへの道) (赤松進)「津・市民文化」 津市 （7） 2013.3

鏡宮

御木・鹿海川を上る―鏡宮の御用材木貯木場とその周辺 (荒井留五郎)「伊勢郷土史草」 伊勢郷土会 （42） 2008.10

鍛冶町

鍛冶町は鍛冶屋の町か (灰原美智子)「伊賀暮らしの文化探検隊レポート：伊賀で育まれた暮らしの文化を見つけよう！」 伊賀暮らしの文化探検隊 6 2004.3

三重県　　　　　　　　　　　地名でたどる郷土の歴史　　　　　　　　　　　東海

霞ヶ浦駅

回顧(327) 霞ヶ浦駅周辺の変化(森逸郎)「旧四日市を語る」 旧四日市を語る会 (21) 2011.6

勝地

小論「勝地」について(生駒哲郎)「ぷい&ぷい : 日本史史料研究会会報」 日本史史料研究会企画部 1 2008.1

兼平塚

伝説地「兼平塚」を探る(探検レポート)(北出楯夫)「伊賀暮らしの文化探検隊レポート : 伊賀で育まれた暮らしの文化を見つけよう！」 伊賀暮らしの文化探検隊 10 2008.3

川原町

川原町界隈あれこれ(回顧)(加藤穣)「旧四日市を語る」 旧四日市を語る会 (16) 2005.6

亀山

東西交通の結節点 亀山(稲富正充)「近畿文化」 近畿文化会事務局 (713) 2009.4

亀山宿

東海道五十三次 宿場町を訪ねて―関宿・亀山宿・鈴鹿市(芝口藤雄)「あかね」 御坊文化財研究会 (29) 2003.7

亀山城

文献資料からみた亀山城再考―近世亀山城研究の課題(小林秀樹)「亀山市歴史博物館研究紀要」 亀山市歴史博物館 3 2000.3

史料翻刻 亀山城来歴/亀山城城主の事・亀山近辺高名の屋敷跡之事・破魔射場「亀山市歴史博物館研究紀要」 亀山市歴史博物館 3 2000.3

伊勢亀山城(亀山隆)「近畿文化」 近畿文化会事務局 (713) 2009.4

亀山城多聞櫓が旧状復元「城郭だより : 日本城郭史学会会報」「日本城郭史学会」 (81) 2013.4

亀山藩

史料紹介 伊勢亀山藩参勤交代史料(3)(久志本英男, 北川英昭)「ふびと」 三重大学歴史研究会 通号63 2012.1

香良洲

伊勢湾・香良洲・桑名(特集1 お伊勢さんへの道)(杉本竜)「津・市民文化」 津市 (7) 2013.3

香良洲町

香良洲町の伝統文化(《特集 私たちの町》)(玉井勝則)「津・市民文化」 津市 (1) 2007.3

川上村

川上村 9月7日 川上村高原「伊勢湾台風五十回忌法要」 川上村高原―十五戸全壊 高原区長―資料公開 復興支援の記録克明/他「吉野春秋」 樋口昌徳 (269) 2008.10

川口村

川口村庄屋文書にみる大塩騒動御通し(浅生悦生)「三重の古文化」 三重郷土会庶務部 (97) 2012.3

河芸町

河芸町について(《特集 私たちの町》)(長井隆澄)「津・市民文化」 津市 (1) 2007.3

河崎

中・近世移行期における川湊の物流構造―特に伊勢国河崎を事例として(千枝大志)「Mie history」 三重歴史文化研究会 12 2001.4

「伊勢河崎魚問屋資料」について(千枝大志)「三重県史研究」 環境生活部 (22) 2007.3

伊勢の神宮と河崎の町(岡田登)「近畿文化」 近畿文化会事務局 (698) 2008.1

中近世移行期の「商人宿」の機能とその実像―伊勢国度会郡河崎を事例として(《特集 品川の中世・再発見》)(千枝大志)「品川歴史館紀要」 品川区立品川歴史館 (24) 2009.3

河崎魚市場

口絵 伊勢河崎魚市場・伊勢大湊町造船所「三重県史研究」 環境生活部 (25) 2010.3

川島

絆ネットワークのまち川島(《特集 絆・再発見！》)「La Sauge : ふるさと四日市を知る本 : 文化展望・四日市」 四日市市文化まちづくり財団 (24) 2007.3

河内村

近世山村の生業展開と平家落人伝承―伊勢国安濃郡河内村を事例に(渡辺康代)「帝塚山大学人文学部紀要」 帝塚山大学人文学部 (27) 2010.3

神戸

伊勢神戸の一柳氏と東海道の旧跡を訪ねて(3)(西原俊基)「西條史談」 西條史談会 59 2003.9

神戸城

伊勢・神戸城天守台について(高田徹)「愛城研報告」 愛知中世城郭研究会 (11) 2007.8

紀伊長島

史料紹介 紀北町紀伊長島区の漁場関係史料―儀定一札之事(湊章治)「三重の古文化」 三重郷土会庶務部 通号93 2008.3

紀州藩勢州領

紀州藩勢州領の藩士知行地について(鈴木えりも)「三重県史研究」 環境生活部 (19) 2004.3

木津川

万葉の歌から考えるひだのたくみと木津川流送(桐谷忠夫)「飛騨春秋 : 飛騨郷土学会誌」 高山市民時報社 521 2004.6

木津川の川違え・分水問題と反対運動(福山昭)「枚方市史年報」 枚方市教育委員会 (10) 2007.8

伊賀国地名研究会一周年記念 谷川健一先生の講演 木津川と杣山「全国地名研究交流誌 地名談話室」 日本地名研究所 (24) 2009.8

木造

豊臣期における木造地区の景観―文禄検地帳の分析から《《特集 三重の中世2》》(太田光俊)「Mie history」 三重歴史文化研究会 18 2006.8

紀勢町

県・市町村史の動向 多度町史・紀勢町史「三重県史研究」 環境生活部 (18) 2003.3

北伊勢

壬申の乱及び聖武天皇伊勢巡幸と北伊勢―朝明郡家跡の発見を契機として[上],(下)(岡田登)「史料 : 皇學館大学研究開発推進センター史料編纂所報」 皇學館大学研究開発推進センター史料編纂所 (191)/(192) 2004.6/2004.8

伊勢湾交通からみた北伊勢の地域的特徴(栄原永遠男)「三重大史学」 三重大学人文学部考古学・日本史研究室 (7) 2007.3

北小松

回顧(359) 北小松に嫁いで[1]～(3)(堀須美子)「旧四日市を語る」 旧四日市を語る会 (22)/(24) 2012.6/2014.6

北町

憧れの活動写真機―北町の「人見堂書店」について(回顧)(加藤穣)「旧四日市を語る」 旧四日市を語る会 (16) 2005.6

北町の思い出(回顧)(瀧たづ)「旧四日市を語る」 旧四日市を語る会 (17) 2006.5

北町南鱗堂(回顧)(本多操)「旧四日市を語る」 旧四日市を語る会 (17) 2006.5

北町も変わった(《一口コメント 戦後変わったこと》)(藤田富久子)「旧四日市を語る」 旧四日市を語る会 (18) 2007.5

紀南線

紀南線沿線案内―省営バスの車掌による車内放送(山路哲良)「熊野誌」 熊野地方研究会 (52) 2006.12

経ヶ峰

経ヶ峰礼賛(《特集 私たちの町》)(吉本泰之)「津・市民文化」 津市 (1) 2007.3

橋北

橋北(回顧)(福森芳男)「旧四日市を語る」 旧四日市を語る会 (17) 2006.5

桐原村

近世の情報源あれこれ―入鹿組桐原村の古文書から 紀宝町古文書研究会報告(福田学)「熊野歴史研究 : 熊野歴史研究会紀要」 熊野歴史研究会 (7) 2000.5

紀和町

三重県紀和町における捕虜収容所の状況の聞き取り調査(桝居孝)「松阪大学地域社会研究所報」 松阪大学地域社会研究所 (17) 2005.3

近鉄四日市駅

近鉄四日市駅付近の路線変遷・同記録写真(回顧)(伊藤禮太郎)「旧四日市を語る」 旧四日市を語る会 (18) 2007.5

鯨橋

山の中にある鯨橋(倉元正一)「伊賀暮らしの文化探検隊レポート : 伊賀で育まれた暮らしの文化を見つけよう！」 伊賀暮らしの文化探検隊 6 2004.3

楠町

楠町の文化探訪(松山昌信)「La Sauge : ふるさと四日市を知る本 : 文化展望・四日市」 四日市市文化まちづくり財団 (22) 2005.3

楠原宿

伊勢別街道―楠原宿・椋本宿・窪田宿 伊勢別街道の宿場と旅人(特集1

楠部大五輪

講演 新たなる伊勢中世史像の再構築—謎の楠部大五輪と楠部弘正寺・岩田円明寺(松尾剛次)「皇学館史学」 皇学館大学史学会 通号24 2009.3

窪田宿

伊勢別街道—楠原宿・椋本宿・窪田宿 伊勢別街道の宿場と旅人(特集1 お伊勢さんへの道)(浅生悦生)「津・市民文化」 津市 (7) 2013.3

熊野街道

上町台地を縦断する熊野街道(武藤善一郎)「大阪春秋」 新風書房 32(1)通号114 2004.5

熊野川

熊野川天然鮎を追って(西久保実)「流れ谷」 流れ谷同志会 (23) 2003.5

熊野古道

「熊野古道雑感」—横垣峠を越えて(庵前吉夫)「流れ谷」 流れ谷同志会 (23) 2003.5

熊野古道 松本峠を越えて(倉谷任泰)「流れ谷」 流れ谷同志会 (23) 2003.5

世界遺産に「東紀州」という地域名 日本人の心「熊野古道」に残すのか?(丸山喜年)「流れ谷」 流れ谷同志会 (26) 2009.7

鵜殿経由熊野古道と渡船場について(大西為義)「熊野誌」 熊野地方史研究会 (57) 2010.10

熊野古道伊勢路

世界遺産リレーフォーラム—熊野古道伊勢路を語る(紀勢新聞[編])「くちくまの」 紀南文化財研究会 124 2003.5

熊野古道・伊勢路を歩く(大木浩一)「下野史談」 下野史談会 (110) 2013.7

熊野古道伊勢路をあるいてきました(特集 道)(齊藤宗久)「歴研よこはま」 横浜歴史研究会 (69) 2013.11

雲出畠

中世北畠氏関連の城郭群—雲出川上流域を中心に(竹田憲治)「Mie history」 三重歴史文化研究会 11 2000.4

資料紹介 近世期雲出川水利関係文書と川口井田跡(吉村利男)「三重の古文化」 三重郷土会庶務部 (96) 2011.3

雲出川の渡し

伊賀街道・奈良街道—前田宿・長野宿・久居など 奈良街道、その道筋と雲出川の渡し(特集1 お伊勢さんへの道)(吉村利男)「津・市民文化」 津市 (7) 2013.3

黒田荘

荘園牓示小考—伊賀国黒田荘における天喜四年官宣旨受容を事例に(正木有美)「神戸大学史学年報」 神戸大学史学研究会 (24) 2009.6

院政期における伊賀国黒田荘の拡大と負名(部会報告)(正木有美)「ヒストリア : journal of Osaka Historical Association」 大阪歴史学会 (223) 2010.12

桑名

柏崎と桑名を考える(新沢佳太)「柏崎・刈羽」 柏崎刈羽郷土史研究会 (31) 2004.5

桑名と北近江 戦国時代ロマンの旅(金子宏)「柏崎・刈羽」 柏崎刈羽郷土史研究会 (34) 2007.4

泉鏡花が見た桑名・渡辺勝之助が見た桑名(霜田文子)「柏崎・刈羽」 柏崎刈羽郷土史研究会 (34) 2007.4

桶狭間から桑名へ(和田ヤイ)「史談」 安藤史談会 (23) 2007.6

壬申乱を走る(3)—桑名から不破、そして近江へ(猪熊兼勝)「近畿文化」 近畿文化会事務局 (731) 2010.10

伊勢湾・香良洲・桑名(特集 お伊勢さんへの道)(杉本竜)「津・市民文化」 津市 (7) 2013.3

桑名・名古屋の名建築(川島智生)「近畿文化」 近畿文化会事務局 (760) 2013.3

桑名郡

桑名郡家と榎撫駅家(論文)(石神教親)「ふびと」 三重大学歴史研究会 (64) 2013.1

桑名市

桑名市域の城郭遺構(伊藤徳也)「Mie history」 三重歴史文化研究会 15 2004.5

報告 三重県桑名市を訪ねた青空教室—実業家諸戸清六旧邸宅・六華苑、七里の渡跡、輪中の郷、高田派本山専修寺(橋本正準)「加南地方史研究」 加南地方史研究会 (59) 2012.3

桑名藩

桑名藩家臣団の構造と確立期の特徴—久松松平藩主以降期を中心に(藤谷彰)「ふびと」 三重大学歴史研究会 通号54 2002.1

近世中・後期の桑名藩年貢政策—奥平松平氏を事例に(藤谷彰)「地方史研究」 地方史研究協議会 54(6)通号312 2004.12

桑名藩江戸藩邸—ある藩士の記録より(霜田文子)「柏崎・刈羽」 柏崎刈羽郷土史研究会 (32) 2005.4

桑名藩にまつわる大洲方面の史跡を訪ねて(有岡イミ子)「刈羽村文化」 刈羽村郷土研究会 (85) 2006.12

芸濃町

芸濃町の文化財(《特集 私たちの町》)(若林哲)「津・市民文化」 津市 (1) 2007.3

萩野

芸濃町萩野の「このしろ」なれずし(特集2 地域の味)(成田美代)「津・市民文化」 津市 (5) 2011.3

外宮

外宮・古市を巡る(岡田登)「近畿文化」 近畿文化会事務局 662 2005.1

建福寺前

北町建福寺前の思い出(回顧)(岩田のぶ子)「旧四日市を語る」 旧四日市を語る会 (17) 2006.5

光運寺

上新町光運寺の思い出(回顧)(小黒博次)「旧四日市を語る」 旧四日市を語る会 (17) 2006.5

弘正寺

講演 新たなる伊勢中世史像の再構築—謎の楠部大五輪と楠部弘正寺・岩田円明寺(松尾剛次)「皇学館史学」 皇学館大学史学会 通号24 2009.3

河田

謹賀新年 土馬は河田の生れ「悠 : 多気町郷土資料館だより」 多気町郷土資料館 (71) 2014.1

高茶屋小学校

高茶屋小学校のICT(特集1 放送)「津・市民文化」 津市 (5) 2011.3

五箇篠山城

ご存じですか? 多気町の山(29)五箇篠山城と北畠家「悠 : 多気町郷土資料館だより」 多気町郷土資料館 (44) 2007.4

伊勢五箇篠山城(舟橋忠夫)「城」 東海古城研究会 (199) 2008.1

国道一号

国道一号線の今昔(回顧)(服部幸市)「旧四日市を語る」 旧四日市を語る会 (18) 2007.5

国道42号

高度成長への第一歩国道42号建設中「悠 : 多気町郷土資料館だより」 多気町郷土資料館 (38) 2005.10

五佐奈炭鉱

確かにあった! 五佐奈炭鉱「悠 : 多気町郷土資料館だより」 多気町郷土資料館 (70) 2013.10

御城番長屋

国指定重要文化財になった御城番長屋「三重の古文化」 三重郷土会庶務部 (90) 2005.3

木造荘

伊勢国神宮領嶋抜御厨と六条院領木造荘—雲出島貫遺跡の発掘調査成果から(伊藤裕偉)「あるく中世」 「あるく中世」編集部 (15) 2000.5

小林新田

小林新田の開発の素描—「萬仕入控帳」の分析から(藤谷彰)「三重の古文化」 三重郷土会庶務部 (97) 2012.3

菰野町

三重郡菰野町の太閤検地帳(播磨良紀)「三重県史研究」 環境生活部 (16) 2001.3

伊勢 菰野町の中世城館(舟橋忠夫)「城」 東海古城研究会 184 2002.9

斎宮

中世後期における斎宮の交通路と関所(伊藤裕偉)「斎宮歴史博物館研究紀要」 斎宮歴史博物館 (12) 2003.3

在五中将がとおった斎宮への道—九世紀の伊勢道(予察)(特集 九世紀の斎宮)(山中由紀子)「斎宮歴史博物館研究紀要」 斎宮歴史博物館 通号19 2010.3

斎宮跡

座談会 史跡斎宮跡国指定30年を振り返って(辻孝雄, 西山嘉治, 木戸口眞澄, 倉田直純)「三重の古文化」 三重郷土会庶務部 通号95 2010.3

斎宮跡と塩(新名強)「斎宮歴史博物館研究紀要」 斎宮歴史博物館 (20) 2011.3

境町

境町(回顧)(鈴木裕)「旧四日市を語る」 旧四日市を語る会 (17)

2006.5

堺町

堺町の思い出（小黒博次）「旧四日市を語る」 旧四日市を語る会 （15） 2004.6

栄

大きく変貌した富田丸の内と栄地区（回顧）（鈴木一雄）「旧四日市を語る」 旧四日市を語る会 （18） 2007.5

榊原温泉

ななくりの湯と榊原温泉（《特集 私たちの町》）（増田晋作）「津・市民文化」 津市 （1） 2007.3

榊原城

コラム 全国の榊原さんを産んだ榊原城（《特集 城》）（増田晋作）「津・市民文化」 津市 （3） 2009.3

坂下宿

坂下宿の歴史的変遷 付・東海道五十七宿の成り立ち（外川一實）「おくやまのしょう ： 奥山荘郷土研究会誌」 奥山荘郷土研究会 （32） 2007.3

桜山

ご存じですか？ 多気町の山（31）餌飼山は桜山「悠 ： 多気町郷土資料館だより」 多気町郷土資料館 （46） 2007.10

篠山

懐かしの篠山保育所「悠 ： 多気町郷土資料館だより」 多気町郷土資料館 （42） 2006.10

狭田村

近世夙村の生成につ関する一試論—伊賀国名張郡狭田村を素材に（吉田栄治郎）「研究紀要」 奈良県教育委員会 （14） 2008.3

三郎塚

伊勢三郎と義経（三郎塚由来）（藤沢徳人）「La Sauge ： ふるさと四日市を知る本 ： 文化展望・四日市」 四日市市文化まちづくり財団 （18） 2001.3

思案橋

思案橋（徳田久美子）「La Sauge ： ふるさと四日市を知る本 ： 文化展望・四日市」 四日市市文化まちづくり財団 （18） 2001.3

色太

多気町の（難読）地名辞典 色太（しきふと）「悠 ： 多気町郷土資料館だより」 多気町郷土資料館 （43） 2007.1

寺家

第39回沖縄染織研究会発表要旨伊勢型紙の寺家・白子の現地を尋ねて（植木ちか子）「沖縄染織研究会通信」 沖縄染織研究会 38 2005.1

餌飼山

ご存じですか？ 多気町の山（31）餌飼山は桜山「悠 ： 多気町郷土資料館だより」 多気町郷土資料館 （46） 2007.10

志島

博物館の収蔵資料紹介（6）志島・叉屋の疑似餌製作用具（平賀）「海とにんげん&SOS」 SOS運動本部海の博物館 （6） 2014.7

泗商

戦時体制下の泗商（回顧）（加藤穣）「旧四日市を語る」 旧四日市を語る会 （14） 2003.4

泗翠庵

市民茶室「泗翠庵」をたずねて「La Sauge ： ふるさと四日市を知る本 ： 文化展望・四日市」 四日市市文化まちづくり財団 （21） 2004.3

慈善橋

巻頭特集 四日市の食文化 朝市の笑顔/慈善橋の朝市/富洲原の競り市/四日市の市「La Sauge ： ふるさと四日市を知る本 ： 文化展望・四日市」 四日市市文化まちづくり財団 （26） 2009.3

志登茂川

志登茂川水害（《特集 災害》）（藤田明）「津・市民文化」 津市 （2） 2008.3

志登茂川はなぜ水害が頻発するのか（《特集 災害》）（金山正雄）「津・市民文化」 津市 （2） 2008.3

志摩

歴史的自然遺産を生かした伊勢志摩地域の進行案（上野利三）「松阪大学地域社会研究所報」 松阪大学地域社会研究所 （16） 2004.3

古代伊賀・志摩における官営瓦工房（梶原義実）「三重大史学」 三重大学人文学部考古学・日本史研究室 （6） 2006.3

三重県志摩地方における明治期のヨード産業（石原佳樹，三重県県史編さんグループ）「海と人間 ： 海の博物館・年報」 海の博物館 通号29 2006.12

先史・古代の志摩と伊雑宮（岡田登）「近畿文化」 近畿文化会事務局

近代の志摩海女の出稼ぎについて（塚本明）「三重大史学」 三重大学人文学部考古学・日本史研究室 （10） 2010.3

テングサ採りの海女の出稼ぎ—三重県志摩地方から北海道利尻・礼文島へ（会田理人）「北海道開拓記念館研究紀要」 北海道開拓記念館 （39） 2011.3

研究ノート 『伊勢新聞』に見る近代の志摩海女—明治・大正期の「海女」の諸相（塚本明）「三重大史学」 三重大学人文学部考古学・日本史研究室 （11） 2011.3

都びとのあこがれ—歴史に見る志摩の「観光海女」（塚本明）「三重大史学」 三重大学人文学部考古学・日本史研究室 （12） 2012.3

志摩郡

志摩郡の「山茶花塚」について（吉井正治）「臼杵史談」 臼杵史談会 （96） 2006.2

志摩市

紹介 志摩市歴史民俗資料館（﨑川由美子）「三重の古文化」 三重郷土会庶務部 （98） 2013.3

志摩スペイン村

志摩スペイン村（「たより」124〜159号寄稿文）（浪川久基子）「ひがし」 東区郷土史研究会 （12） 2012.1

嶋抜御厨

伊勢国神宮領嶋抜御厨と六条院領木造荘—雲出島貫遺跡の発掘調査成果から（伊藤裕偉）「あるく中世」 「あるく中世」編集部 （15） 2000.5

志摩国

志摩国砲台場跡（1）（研究ノート）（村上喜雄）「三重県史研究」 環境生活部 （28） 2013.3

志摩国砲台場跡（2）（研究余録）（村山喜雄）「三重県史研究」 環境生活部 （29） 2014.3

志摩姫島

「女島」=志摩姫島の検証（高橋勝明）「九州倭国通信」 九州古代史の会 （157） 2011.8

清水本陣

郷土史の関わる出版案内 東海道四日市宿の清水本陣をご存じですか（井上正秀）「La Sauge ： ふるさと四日市を知る本 ： 文化展望・四日市」 四日市市文化まちづくり財団 （19） 2002.3

東海道四日市宿清水本陣における大名の休泊—「四日市宿清水本陣休泊一覧」の分析を通じて（佐藤宏之）「交通史研究」 交通史学会，吉川弘文館（発売） （52） 2003.4

下柘植

下柘植の三升出岩（伊賀の民話）（廣岡とも子）「伊賀暮らしの文化探検隊レポート ： 伊賀で育まれた暮らしの文化を見つけよう！」 伊賀暮らしの文化探検隊 10 2008.3

蝶夢書簡と下柘植の里（探検レポート）（廣岡とも子）「伊賀暮らしの文化探検隊レポート ： 伊賀で育まれた暮らしの文化を見つけよう！」 伊賀暮らしの文化探検隊 12 2012.3

正法寺山荘跡

国指定史跡 正法寺山荘跡の再検討—新発見の遺構を中心として（《特集 三重の中世1》）（山際文則）「Mie history」 三重歴史文化研究会 17 2006.8

白塚

白塚の小女子とくぎ煮（特集2 地域の味）（岩本岳）「津・市民文化」 津市 （5） 2011.3

白山町

ようこそ白山町へ（《特集 私たちの町》）（小泉忠子）「津・市民文化」 津市 （1） 2007.3

白子

第39回沖縄染織研究会発表要旨伊勢型紙の寺家・白子の現地を尋ねて（植木ちか子）「沖縄染織研究会通信」 沖縄染織研究会 38 2005.1

城山城

三重県久居市所在の宮山城・城山城について（高田徹）「城館史料学」 城館史料学会 （1） 2003.7

神鋼電機

鳥羽造船所と鳥羽電機製作所・神鋼電機の歴史と産業遺産（中部の産業遺産）（浅野伸一）「産業遺産研究」 中部産業遺産研究会事務局 （10） 2003.5

新丁

昔の新丁の思い出（伊藤巳代次）「旧四日市を語る」 旧四日市を語る会 （15） 2004.6

新道

新道に越して来た頃（回顧）（石田昇三）「旧四日市を語る」 旧四日市を

語る会 （18） 2007.5

新町
参考 新町界町名（町界町名調査委員会）「旧四日市を語る」 旧四日市を語る会 （17） 2006.5

水車町
回顧（318）昭和15年頃の水車町周辺（山本修）「旧四日市を語る」 旧四日市を語る会 （21） 2011.6

崇広堂
藤堂藩校崇広堂蔵書に関する基礎的研究—その形成と解体（太田光俊）「ふひと」 三重大学歴史研究会 通号60 2009.1

末広橋梁
コラム 足のむくまま、気のむくまま—残したい風景 天高くそびえる国内最古の現役可動橋『末広橋梁』「La Sauge ： ふるさと四日市を知る本 ： 文化展望・四日市」 四日市市文化まちづくり財団 （32） 2014.3

須賀利
尾鷲市須賀利を訪ねる（田中弘倫）「紀南・地名と風土研究会会報」 紀南・地名と風土研究会 （42） 2007.12

鈴鹿海軍航空隊格納庫
鈴鹿海軍航空隊格納庫の保存運動（岩脇彰）「三重の古文化」 三重郷土会庶務部 （96） 2011.3

鈴鹿海軍航空隊格納庫の保存運動の「敗北」と今後（岩脇彰）「三重の古文化」 三重郷土会庶務部 （97） 2012.3

鈴鹿郡
伊勢国鈴鹿郡域における方形城館（《第25回全国城郭研究者セミナーの報告》）（亀山隆）「中世城郭研究」 中世城郭研究会 （23） 2009.7

鈴鹿工廠
日本海軍鈴鹿工廠年表（山田太郎）「銃砲史研究」 日本銃砲史学会 （353） 2006.6

鈴鹿越
鈴鹿越・近江路紀行（東海道五十三次 関宿～京三条）（田中豊）「小田原史談 ： 小田原史談会々報」 小田原史談会 （210） 2007.7

鈴鹿市
東海道五十三次 宿場町を訪ねて—関宿・亀山宿・鈴鹿（芝口藤雄）「あかね」 御坊文化財研究会 （29） 2003.7

史料復刻 鈴鹿市「中尾家文書」(3)（三重郷土会古文書勉強会）「三重の古文化」 三重郷土会庶務部 （97） 2012.3

史料復刻 鈴鹿市「大井家」所蔵文書（三重郷土会古文書勉強会）「三重の古文化」 三重郷土会庶務部 （99） 2014.3

諏訪駅
諏訪駅の思い出（杉田泰生）「旧四日市を語る」 旧四日市を語る会 （15） 2004.6

諏訪公園
諏訪公園からつながる絆（《特集 絆・再発見！》）「La Sauge ： ふるさと四日市を知る本 ： 文化展望・四日市」 四日市市文化まちづくり財団 （24） 2007.3

第二小学校
第二小学校で送った八か月（回顧）（原孝雄）「旧四日市を語る」 旧四日市を語る会 （15） 2004.6

高松干潟
コラム 残したい風景 ホタルがいる風景／四日市と水／夜景／四日市旧港／高松干潟（《特集 絆・再発見！》）「La Sauge ： ふるさと四日市を知る本 ： 文化展望・四日市」 四日市市文化まちづくり財団 （24） 2007.3

多気
伊勢国司北畠氏の都市 多気（《特集 三重の中世2》）（小林俊之）「Mie history」 三重歴史文化研究会 18 2006.8

多気宿
伊勢本街道—多気宿・奥津宿 石名原宿（特集1 お伊勢さんへの道）（小竹英司）「津・市民文化」 津市 （7） 2013.3

多気町
ご存じですか？ 多気町から見える山(2)「悠 ： 多気町郷土資料館だより」 多気町郷土資料館 （43） 2007.4

広報は語る 新多気町が発足して「悠 ： 多気町郷土資料館だより」 多気町郷土資料館 （46） 2007.10

サロン・茶論 多気町内石造物調査始まる／ぺこじ倶楽部「悠 ： 多気町郷土資料館だより」 多気町郷土資料館 （53） 2009.7

ご存じですか？ 多気町の山(37) 配水池？ 池はどこ？「悠 ： 多気町郷土資料館だより」 多気町郷土資料館 （57） 2010.7

ご存じですか？ 多気町の山(40) 兄橋・弟橋・姉橋・妹橋 ねじりまん

ぼそして生首「悠 ： 多気町郷土資料館だより」 多気町郷土資料館 （60） 2011.4

ご存じですか？ 多気町の山(41) 星に願いを…「悠 ： 多気町郷土資料館だより」 多気町郷土資料館 （61） 2011.7

所蔵資料から 災害を伝える 江戸期の大地震「悠 ： 多気町郷土資料館だより」 多気町郷土資料館 （72） 2014.4

竹原
竹原再発見（特集2 公民館とグループ活動）（瀧川隆雄）「津・市民文化」 津市 （7） 2013.3

竪町
竪町（回顧）（位田元良）「旧四日市を語る」 旧四日市を語る会 （17） 2006.5

多度
「作善日記」からみた多度（石神教親）「三重県史研究」 環境生活部 （18） 2003.3

多度町
県・市町村史の動向 多度町史・紀勢町史「三重県史研究」 環境生活部 （18） 2003.3

近代史資料に見る桑名市多度町の酒販・酒造業（水谷憲二）「三重の古文化」 三重郷土会庶務部 通号91 2006.3

近現代における桑名市多度町の酒販・酒造業（水谷憲二）「三重の古文化」 三重郷土会庶務部 通号92 2007.3

田光川
田光川 水の力で石とともに生きる（巻頭特集 四日市の川 今も川は生きているのでしょうか）「La Sauge ： ふるさと四日市を知る本 ： 文化展望・四日市」 四日市市文化まちづくり財団 （27） 2010.3

玉城町
伊勢の神宮と小俣・玉城町の史跡（岡田登）「近畿文化」 近畿文化会事務局 （710） 2009.1

『玉城町史』近世・近代史料集 第八巻（市町村編さんの動向）「三重県史研究」 環境生活部 （29） 2014.3

田丸
遠州久野の地から勢州田丸へ移った久野家家臣団（資料紹介）（兼子春治）「磐南文化」 磐南文化協会 （39） 2013.3

智積養水
智積養水（黒宮朝子）「La Sauge ： ふるさと四日市を知る本 ： 文化展望・四日市」 四日市市文化まちづくり財団 （18） 2001.3

智積養水の思い出（十人からのエッセイ）（黒宮朝子）「La Sauge ： ふるさと四日市を知る本 ： 文化展望・四日市」 四日市市文化まちづくり財団 （27） 2010.3

コラム 足のむくまま、気のむくまま—残したい風景 鯉が泳ぐ名水『智積養水』「La Sauge ： ふるさと四日市を知る本 ： 文化展望・四日市」 四日市市文化まちづくり財団 （31） 2013.11

千歳山
千歳山紀行（特集2 癒しのスポット）（大嶋都嗣子）「津・市民文化」 津市 （6） 2012.3

津城郊外の山・千歳山—その歴史に魅力を探る（特集1 津の山と森）（青山泰樹）「津・市民文化」 津市 （8） 2014.3

津
「津八幡宮祭礼絵巻」に見る近世初期の津城下と町屋（《特集 共同研究「一身田寺内町形成史の研究—環濠に注目して」》）（菅原洋一）「ふひと」 三重大学歴史研究会 通号59 2007.1

三重県北部（富田・四日市・津）の近代建築—実業家たちの建築遺産（川島智生）「近畿文化」 近畿文化会事務局 （738） 2011.5

伊勢街道—上野宿・津の城下町 津市における近世・近代の芝居興行（特集1 お伊勢さんへの道）（吉丸雄哉）「津・市民文化」 津市 （7） 2013.3

塚原
ヒストリーパーク塚原（特集2 癒しのスポット）（富田和廣）「津・市民文化」 津市 （6） 2012.3

柘植
柘植の地名の起源について（探検レポート）（梅田徹）「伊賀暮らしの文化探検隊レポート ： 伊賀で育まれた暮らしの文化を見つけよう！」 伊賀暮らしの文化探検隊 8 2006.3

柘植の郷の短歌のあゆみ（探検レポート）（余野共子）「伊賀暮らしの文化探検隊レポート ： 伊賀で育まれた暮らしの文化を見つけよう！」 伊賀暮らしの文化探検隊 10 2008.3

柘植郷
柘植郷・野村のことそして横光利一とのこと（探検レポート）（梅田徹）「伊賀暮らしの文化探検隊レポート ： 伊賀で育まれた暮らしの文化を見つけよう！」 伊賀暮らしの文化探検隊 7 2005.3

津市

《特集 津の海》「津市民文化」 津市教育委員会　31　2004.3

津の海に思う 津の海ってすごい（大平智教）「津市民文化」 津市教育委員会　31　2004.3

あこぎが浦を過ぎ行くほどに（青山泰樹）「津市民文化」 津市教育委員会　31　2004.3

津の海フォトスケッチ「津市民文化」 津市教育委員会　31　2004.3

津と映画、最近の話題（藤田明）「津市民文化」 津市教育委員会　31　2004.3

市民文化活動 津・高虎太鼓30周年に想う（中田正己）「津市民文化」 津市教育委員会　31　2004.3

歴史シリーズ 文化財帖（23）阿漕塚・土清反古塚・松本崎紀功碑を訪ねる（平松令三）「津市民文化」 津市教育委員会　31　2004.3

津の町の集い場《特集 私たちの町》（樋田清砂）「津・市民文化」 津市（1）　2007.3

新市百景―写真《特集 私たちの町》）「津・市民文化」 津市（1）　2007.3

新市百景―絵画《特集 私たちの町》）「津・市民文化」 津市（1）　2007.3

13号台風《特集 災害》）（藤波正則）「津・市民文化」 津市（2）　2008.3

写真交流会 津市の景観写真展より抜粋「津・市民文化」 津市（2）　2008.3

津市の玄関口としての津なぎさまちの役割「津・市民文化」 津市（2）　2008.3

津市の城跡を巡る《特集 城》）（竹田憲治）「津・市民文化」 津市（3）　2009.3

写真交流会 11月2日の津市「津・市民文化」 津市（3）　2009.3

三重県立図書館所蔵「津市古地図」（史料紹介）（斎藤隼人，江尻明日香，野田あずさ）「ふびと」 三重大学歴史研究会　通号61　2010.1

津市全域歴史街道マップ（特集 街道―道をゆく 未知をあるく）「津・市民文化」 津市（4）　2010.3

津市域の街道（特集 街道―道をゆく 未知をあるく）（小坂宜広）「津・市民文化」 津市（4）　2010.3

からひ道（特集 街道―道をゆく 未知をあるく）（浅生悦生）「津・市民文化」 津市（4）　2010.3

津市の新名木（1）（川北要始補）「津・市民文化」 津市（4）　2010.3

NHK津放送局（特集1 放送）「津・市民文化」 津市（5）　2011.3

ZTV（特集1 放送）（田村憲司）「津・市民文化」 津市（5）　2011.3

ZTV 開局までを振り返って（特集1 放送）（寺下孝弘）「津・市民文化」 津市（5）　2011.3

ZTV コミュニティチャンネルは地域の応援歌（特集1 放送）（松森伸介）「津・市民文化」 津市（5）　2011.3

ZTV 番組を通じて地域を元気に…（特集1 放送）（高橋美帆）「津・市民文化」 津市（5）　2011.3

津市ケーブルテレビ（特集1 放送）（辻村尚美）「津・市民文化」 津市（5）　2011.3

津の食文化（特集2 地域の味）（成田美代）「津・市民文化」 津市（5）　2011.3

津市の雑煮（特集2 地域の味）（大川吉崇）「津・市民文化」 津市（5）　2011.3

コンニャクが語る食文化（特集2 地域の味）（山口格）「津・市民文化」 津市（5）　2011.3

自然 津市の新名木（2）（川北要始補）「津・市民文化」 津市（5）　2011.3

問い直したい 津での災と害（特集1 災害支援 "絆"）（目崎茂和）「津・市民文化」 津市（6）　2012.3

台風十二号（特集1 災害支援 "絆"）（森由美）「津・市民文化」 津市（6）　2012.3

三重県立図書館所蔵「津市古地図（一）」（史料紹介）（齋藤隼人）「ふびと」 三重大学歴史研究会　通号62　2013.1

津を駆け抜けた伊勢電・参急の消長（特集1 お伊勢さんへの道）（上野結城）「津・市民文化」 津市（7）　2013.3

県都と映画文化の現状（トピックス）「津・市民文化」 津市（7）　2013.3

史料復刻 津市「山崎家文書」（三重郷土会古文書勉強会）「三重の古文化」 三重郷土会庶務部（98）　2013.3

映画のロケに夢を見て、津のまちのステキを全国に！―津フィルムコミッション「ロケっ津」（特集2 津と映画文化）（高垣和郎）「津・市民文化」 津市（8）　2014.3

津市の映画館小史（特集2 津と映画文化）（田川敏夫）「津・市民文化」 津市（8）　2014.3

インタビュー 津の歴史あれこれ―茅原弘さんへのインタビュー（藤田明［聞き手］，浅生悦生［聞き手］）「津・市民文化」 津市（8）　2014.3

戦前期における津市都市計画の意義―都市計画道路整備と鉄道網の再編を中心に（論文）（山崎智博）「三重県史研究」 環境生活部（29）　2014.3

津城

1800年代後半の津城跡（《特集 城》）（小玉道明）「津・市民文化」 津市（3）　2009.3

津城の石垣に関する考察（松島悠）「ふびと」 三重大学歴史研究会　通号61　2010.1

津藩

津藩の種痘の実施について―特に京都新宮家との関係をめぐって（茅原弘）「除痘館記念資料室だより」 洪庵記念会除痘館記念資料室（4）　2012.6

天ヶ須賀村

紙芝居 天ヶ須賀村を救ったしなとこま（平田正男）「La Sauge ： ふるさと四日市を知る本 ： 文化展望・四日市」 四日市市文化まちづくり財団（18）　2001.3

答志島

三重県答志島の「寝屋子」にみる持続可能な地域コミュニティ形成に関する研究（横浜勇樹，上野利三）「三重中京大学地域社会研究所報」 三重中京大学地域社会研究所（21）　2009.3

答志島の寝屋子制度と子育ち子育て支援環境―子育てサロン利用者へのインタビュー調査を通して（新川泰弘，島崎良）「三重中京大学地域社会研究所報」 三重中京大学地域社会研究所（21）　2009.3

鳥羽

近接沿線の建物（3）伊勢・二見・鳥羽 伊勢「神都」の近代建築をめぐって（川島智生）「近畿文化」 近畿文化会事務局（682）　2006.9

鳥羽竜発見秘録（三重県の白亜紀研究史）（萩原正夫）「三重の古文化」 三重郷土会庶務部　通号95　2010.3

鳥羽城

三重県指定史跡「鳥羽城跡」の現況と「保存管理計画書」の具現化（村上喜雄）「三重の古文化」 三重郷土会庶務部（96）　2011.3

鳥羽小学校

鳥羽小学校校舎の価値と保存（村上喜雄）「三重の古文化」 三重郷土会庶務部（90）　2005.3

鳥羽造船所

鳥羽造船所と鳥羽電機製作所・神鋼電機の歴史と産業遺産（中部の産業遺産）（浅野伸一）「産業遺産研究」 中部産業遺産研究会事務局（10）　2003.5

鳥羽電機製作所

鳥羽造船所と鳥羽電機製作所・神鋼電機の歴史と産業遺産（中部の産業遺産）（浅野伸一）「産業遺産研究」 中部産業遺産研究会事務局（10）　2003.5

富洲原

巻頭特集 四日市の食文化 朝市の笑顔/慈善橋の朝市/富洲原の競り市/四日市の市「La Sauge ： ふるさと四日市を知る本 ： 文化展望・四日市」 四日市市文化まちづくり財団（26）　2009.3

富田

富田も変わった（〈一口コメント 戦後変わったこと〉）（野呂修）「旧四日市を語る」 旧四日市を語る会（18）　2007.5

三重県北部（富田・四日市・津）の近代建築―実業家たちの建築遺産（川島智生）「近畿文化」 近畿文化会事務局（738）　2011.5

中町

銀座通り中町の想い出（原正則）「旧四日市を語る」 旧四日市を語る会（15）　2004.6

中納屋町

中納屋町の思い出（回顧）（伊藤禮太郎）「旧四日市を語る」 旧四日市を語る会（17）　2006.5

長野宿

長野宿と長野峠（特集 街道―道をゆく 未知をあるく）（小林和彦）「津・市民文化」 津市（4）　2010.3

伊賀街道・奈良街道―前田宿・長野宿・久居など 奈良街道、その道筋と雲出川の渡し（特集1 お伊勢さんへの道）（吉村利男）「津・市民文化」 津市（7）　2013.3

長野峠

長野宿と長野峠（特集 街道―道をゆく 未知をあるく）（小林和彦）「津・市民文化」 津市（4）　2010.3

中別保

寺院にかかわる住民の息ぶき―明治期の中別保と一色（《特集 私たちの町》）（杉沢和夫）「津・市民文化」 津市（1）　2007.3

流れ谷

流れ谷の戦い（桐本逸鬼）「流れ谷」 流れ谷同志会（26）　2009.7

残したい廃れ行く郷土の文化（杉谷弘之）「流れ谷」 流れ谷同志会（27）　2011.7

東海　　　　　　　　　　　　　　地名でたどる郷土の歴史　　　　　　　　　　　　　　三重県

名張市

三重県名張市の日時計石と新田用水（飯塚修三）「和算」　近畿数学史学会
（109）2007.3

『名張市史』第二巻 資料編 古代（市町村編さんの動向）（山口浩司）「三
重県史研究」　環境生活部　（29）2014.3

名張本町

幕末期、伊賀国名張郡名張本町の中村権平家寺子屋の検討―寺子屋入門帳
を中心として（梅村佳代）「三重県史研究」　環境生活部　（20）2005.3

奈良街道

奈良街道（特集 街道―道をゆく 未知をあるく）（増田晋作）「津・市民文
化」　津市　（4）2010.3

私の奈良街道（特集 街道―道をゆく 未知をあるく）（中川ヤスヒコ）
「津・市民文化」　津市　（4）2010.3

伊賀街道・奈良街道―前田宿・長野宿・久居など 奈良街道、その道筋と
雲出川の渡し（特集1 お伊勢さんへの道）（吉村利男）「津・市民文化」
津市　（7）2013.3

西浦

回顧（325）西浦の回想（森川つや子）「旧四日市を語る」　旧四日市を語
る会　（21）2011.6

西新地

西新地（回顧）（西森卓）「旧四日市を語る」　旧四日市を語る会　（17）
2006.5

西中町

西中町（回顧）（原正則）「旧四日市を語る」　旧四日市を語る会　（17）
2006.5

西八幡町

西八幡町の思い出（岡野繁松）「旧四日市を語る」　旧四日市を語る会
（15）2004.6

西八幡町（回顧）（森川つや子）「旧四日市を語る」　旧四日市を語る会
（17）2006.5

西町

若い頃の西町の店（回顧）（小津武）「旧四日市を語る」　旧四日市を語る
会　（16）2005.6

新田町

新田町（回顧）（田中久義）「旧四日市を語る」　旧四日市を語る会　（17）
2006.5

二本木宿

初瀬街道―二本木宿・垣内宿など 初瀬街道と真盛上人（特集1 お伊勢
さんへの道）（赤松進）「津・市民文化」　津市　（7）2013.3

丹生

古典の中のわが郷土 丹生の水銀「悠 ： 多気町郷土資料館だより」　多
気町郷土資料館　（41）2006.7

ニンベ山

ご存じですか？ 多気町の山（36）不動谷とニンベ山「悠 ： 多気町郷土
資料館だより」　多気町郷土資料館　（56）2010.4

布引山地

布引山地―その歴史と今（特集1 津の山と森）（吉村利男）「津・市民文
化」　津市　（8）2014.3

野中

水辺の風景（6）野中・七つ池「悠 ： 多気町郷土資料館だより」　多気町
郷土資料館　（65）2012.7

野中天王山

ご存じですか？ 多気町の山（38）野中天王山のこと（秦輝彦）「悠 ： 多
気町郷土資料館だより」　多気町郷土資料館　（58）2010.10

羽津城

足の向くまま、気の向くまま 大日山自然環境保全林・浜田城/羽津城
「La Sauge ： ふるさと四日市を知る本 ： 文化展望・四日市」　四日
市市文化まちづくり財団　（28）2011.3

長谷園大正館

建造物調査報告 長谷園大正館（資料紹介）「伊賀市文化財年報」　伊賀市
教育委員会　通号4　2008.3

初瀬街道

万葉歌碑をめぐる初瀬街道（足立捷一郎）「備陽史探訪」　備陽史探訪の会
（129）2006.4

初瀬街道―その道中日記と石造物（特集 街道―道をゆく 未知をあるく）
（吉村利男）「津・市民文化」　津市　（4）2010.3

初瀬街道観て歩き（特集 街道―道をゆく 未知をあるく）（白山町文化協
会）「津・市民文化」　津市　（4）2010.3

初瀬街道―二本木宿・垣内宿など 初瀬街道と真盛上人（特集1 お伊勢さ

んへの道）（赤松進）「津・市民文化」　津市　（7）2013.3

波瀬城

伊勢津城・波瀬城と周辺史跡（舟橋忠夫）「城」　東海古城研究会　（188）
2004.2

波多の横山

波多の横山―万葉集「波多横山」をたどる（特集1 津の山と森）（伊勢野
久好）「津・市民文化」　津市　（8）2014.3

八幡町

八幡町（回顧）（小池英雄）「旧四日市を語る」　旧四日市を語る会　（17）
2006.5

八風街道

御代参街道・八風街道の変遷と八日市―江戸期・明治期近江国絵図分析
を中心に（上）、[中]、（下）（上野彰修）「蒲生野」　八日市郷土文化研究
会　（44）/（46）2012.12/2014.12

浜田

浜田に住んで（回顧）（岩田のぶ子）「旧四日市を語る」　旧四日市を語る
会　（18）2007.5

浜田城

足の向くまま、気の向くまま 大日山自然環境保全林・浜田城/羽津城
「La Sauge ： ふるさと四日市を知る本 ： 文化展望・四日市」　四日
市市文化まちづくり財団　（28）2011.3

浜田小学校

四日市幼稚園・浜田小学校の思い出（回顧）（伊藤博久）「旧四日市を語
る」　旧四日市を語る会　（17）2006.5

原田遺跡

原田遺跡採取遺物からみた中世墓の一事例（《特集 三重の中世1》）（藤岡
直子）「Mie history」　三重歴史文化研究会　17　2006.8

東紀州

世界遺産に「東紀州」という地域名 日本人の心「熊野古道」に残すの
か？（丸山喜年）「流れ谷」　流れ谷同志会　（26）2009.7

彦左川

彦左川 ホタルが乱舞する（巻頭特集 四日市の川 今も川は生きているの
でしょうか）「La Sauge ： ふるさと四日市を知る本 ： 文化展望・四
日市」　四日市市文化まちづくり財団　（27）2010.3

久居

伊賀街道・奈良街道―前田宿・長野宿・久居など 奈良街道、その道筋と
雲出川の渡し（特集1 お伊勢さんへの道）（吉村利男）「津・市民文化」
津市　（7）2013.3

久居城

消えた久居築城プラン（《特集 私たちの町》）（岡田文雄）「津・市民文
化」　津市　（1）2007.3

久居農林高等学校

三重県立久居農林高等学校放送部（特集1 放送）（山口和子）「津・市民文
化」　津市　（5）2011.3

ヒスイ谷

和泉式部の化粧水とヒスイ谷（垣内和美）「La Sauge ： ふるさと四日市
を知る本 ： 文化展望・四日市」　四日市市文化まちづくり財団
（18）2001.3

日永町

日永町の発展（回顧）（伊藤禮太郎）「旧四日市を語る」　旧四日市を語る
会　（18）2007.5

袋町

袋町の町内運営について（回顧）（生川半四郎）「旧四日市を語る」　旧四
日市を語る会　（16）2005.6

袋町（回顧）（真弓正司）「旧四日市を語る」　旧四日市を語る会　（17）
2006.5

富士橋

幻の富士橋 四日市製紙専用鉄道の吊橋―富士橋の再評価（樋口輝久）「か
わのり」　芝川町郷土史研究会　（31）2005.3

藤林長門守城

伊賀国上忍の城 百地丹波守城・藤林長門守城と周辺史跡（舟橋忠夫）
「城」　東海古城研究会　（190）2004.10

藤原岳

藤原岳史「ふるさとの心をたずねて」　いなべ市教育委員会　（20）
2000.3

藤原岳史「ふるさとの心をたずねて」　いなべ市教育委員会　（21）
2001.3

藤原町文化財調査委員会活動記/北勢地方書画人物目録（3）/「北勢雑記」
の研究/藤原岳史/ふるさと発見 員弁の酒造めぐり/天然記念物の町指

三重県　　　　　　　　　　　　　地名でたどる郷土の歴史　　　　　　　　　　　　　東海

定「ふるさとの心をたずねて」　いなべ市教育委員会　(22)　2002.3

二ツ峠

「二ツ峠」雑考―明治四年伊賀暴動における武力衝突場所の想定(山本雅晴)「三重の古文化」　三重郷土会庶務部　通号94　2009.3

二見

近接沿線の建物(3)　伊勢・二見・鳥羽　伊勢「神都」の近代建築をめぐって(川島智生)「近畿文化」　近畿文化会事務局　(682)　2006.9

二見町

伊勢市二見町の砲台場跡・陣屋跡(村上喜雄)「三重の古文化」　三重郷土会庶務部　(98)　2013.3

不動谷

ご存じですか?　多気町の山(36)　不動谷とニンベ山「悠 : 多気町郷土資料館だより」　多気町郷土資料館　(56)　2010.4

古市

外宮・古市を巡る(岡田登)「近畿文化」　近畿文化会事務局　662　2005.1

戸木城

戦場をあるく―戦場調査ガイド　伊勢国一志郡戸木城と周辺を巡る(《特集 織豊期の権力と地域社会》)(太田光俊)「織豊期研究」　織豊期研究会　(10)　2008.10

北勢

「北勢雑記」の研究[上],(下)「ふるさとの心をたずねて」　いなべ市教育委員会　(20)/(21)　2000.3/2001.3

藤原町文化財調査委員会活動記/北勢地方書画人物目録(3)/「北勢雑記」の研究/藤原岳史/ふるさと発見 員弁の酒造めぐり/天然記念物の町指定「ふるさとの心をたずねて」　いなべ市教育委員会　(22)　2002.3

堀木町

回顧(319) 堀木町の変遷(水野英雄)「旧四日市を語る会」　旧四日市を語る会　(21)　2011.6

本通

上野市農人町本通の今昔(田山千城)「伊賀暮らしの文化探検隊レポート : 伊賀で育まれた暮らしの文化を見つけよう!」　伊賀暮らしの文化探検隊　6　2004.3

前田宿

伊賀街道・奈良街道―前田宿・長野宿・久居など 奈良街道、その道筋と雲出川の渡し(特集1 お伊勢さんへの道)(吉村利男)「津・市民文化」　津市　(7)　2013.3

松坂

松坂御為替組と商人(大喜多甫文)「三重の古文化」　三重郷土会庶務部　(88)　2003.3

松阪

松阪地方の電気事業史(黒川静夫)「産業遺産研究」　中部産業遺産研究会事務局　(12)　2005.5

前近代における松阪周辺の古道について(上野利三)「三重中京大学地域社会研究所報」　三重中京大学地域社会研究所　(20)　2008.3

松阪の空間の履歴とまちづくり―「城のある町」を生かして(論説)(村林守、大西正基)「三重中京大学地域社会研究所報」　三重中京大学地域社会研究所　(25)　2013.3

資料 翻刻 竹川竹斎「ななそひの日記」上・下(嘉永六年)―附・千宗室玄々斎射和・松阪滞在の記録(嘉永六年)(上野利三)「三重中京大学地域社会研究所報」　三重中京大学地域社会研究所　(25)　2013.3

駅鈴がつなぐ浜田と松阪―わが町の碑(町から村から)(斎藤晴子)「郷土石見 : 石見郷土研究懇話会機関誌」　石見郷土研究懇話会　(92)　2013.4

松阪市

松阪市における文化資源を活かした地域活性化にむけて(寺本博美,大西正基,大孝)「三重中京大学地域社会研究所報」　三重中京大学地域社会研究所　(21)　2009.3

松阪市における文化資源の戦略的活用の条件(寺本博美)「三重中京大学地域社会研究所報」　三重中京大学地域社会研究所　(22)　2010.3

松阪といえば… 和田金の肉(田中豊)「小田原史談 : 小田原史談会々報」　小田原史談会　(228)　2012.3

人口減少・高齢化における地域政策―松阪市の状況と政策(論説)(矢尾板俊平)「三重中京大学地域社会研究所報」　三重中京大学地域社会研究所　(24)　2012.3

資料 市民サービスの視点から見た松阪市の情報政策の現状―情報化推進の自治体間比較による定量的評価の試み(渡邊義弘)「三重中京大学地域社会研究所報」　三重中京大学地域社会研究所　(24)　2012.3

松阪市の地域経営の課題―高齢化、人口変動、他市との比較を踏まえて(論説)(矢尾板俊平)「三重中京大学地域社会研究所報」　三重中京大学地域社会研究所　(25)　2013.3

松阪殿町

松阪殿町・武家屋敷の変遷―武家屋敷群町並み保存の取り組み(門暉代司)「三重の古文化」　三重郷土会庶務部　通号93　2008.3

松本峠

熊野古道 松本峠を越えて(倉谷任泰)「流れ谷」　流れ谷同志会　(23)　2003.5

丸の内

大きく変貌した富田丸の内と栄地区(回顧)(鈴木一雄)「旧四日市を語る」　旧四日市を語る会　(18)　2007.5

丸山城

丸山城伝承について(杉田鐘治)「あゆみ」　毛呂山郷土史研究会　(33)　2009.4

三重

三重・奈良方面を訪ねて(1)(広谷喜十郎)「いの史談」　いの史談会　(51)　2000.12

根付の歴史と三重の影師たち(奥野秀和)「三重の古文化」　三重郷土会庶務部　(88)　2003.3

平成14年度第4回文化史講座 滋賀・三重における蒲生氏郷ゆかりの地を訪ねて(川野栄一)「会津史談」　会津史談会　(77)　2003.5

三重の城郭櫓遺構(宇佐美達也)「城」　東海古城研究会　(186)　2003.6

研究余禄 三重紡績の朝鮮人労働者(村上義幸)「三重県史研究」　環境生活部　(20)　2005.3

三重の戦争遺跡の現状と今後(岩脇彰)「三重の古文化」　三重郷土会庶務部　通号92　2007.3

地域に残る文化財―文化財を活かしたまちづくり(和氣清章)「三重の古文化」　三重郷土会庶務部　通号95　2010.3

「世界遺産登録」から5年(川端守)「三重の古文化」　三重郷土会庶務部　通号95　2010.3

2009年、三重の文芸事情(藤田明)「三重の古文化」　三重郷土会庶務部　通号95　2010.3

都から地方へ中世文化の伝播(探訪 三重の古文化)(平松令三)「三重の古文化」　三重郷土会庶務部　通号95(付録)　2010.3

神社の棟札が語る村の歴史(探訪 三重の古文化)(平松令三)「三重の古文化」　三重郷土会庶務部　通号95(付録)　2010.3

三重の放送(特集1 放送)(志田行弘)「津・市民文化」　津市　(5)　2011.3

三重テレビ放送(特集1 放送)(別所正章)「津・市民文化」　津市　(5)　2011.3

三重テレビ放送 伝えるべきことをきちんと伝えたい(特集1 放送)(小川秀幸)「津・市民文化」　津市　(5)　2011.3

三重エフエム放送(特集1 放送)「津・市民文化」　津市　(5)　2011.3

三重エフエム放送 放送への強い思い(特集1 放送)(大森久)「津・市民文化」　津市　(5)　2011.3

2010年、三重の文芸事情(藤田明)「三重の古文化」　三重郷土会庶務部　(96)　2011.3

2011年、三重の文芸事情(藤田明)「三重の古文化」　三重郷土会庶務部　(97)　2012.3

自然 我が町の里川・大村川の自然(筧晴)「津・市民文化」　津市　(7)　2013.3

2012年、三重の文芸事情(藤田明)「三重の古文化」　三重郷土会庶務部　(98)　2013.3

自主上映のあゆみ3 三重映画フェスティバル今昔(特集2 津と映画文化)(田中忍)「津・市民文化」　津市　(8)　2014.3

回顧(433) 美味し国、三重の食文化を考える(中村成孝)「旧四日市を語る」　旧四日市を語る会　(24)　2014.6

三重県女子師範学校附属小学校

戦時下の学級―三重県女子師範学校附属小学校「昭和12年学級」の軌跡(太田光俊)「ふびと」　三重大学歴史研究会　通号53　2001.1

三重県

妻方の系譜―三重県内の過去帳を事例として(岡田照子)「三重の古文化」　三重郷土会庶務部　(88)　2003.3

三重県における融和政策・融和運動(黒川みどり)「明日を拓く」　東日本部落解放研究所,解放書店(発売)　30(4)通号54　2004.3

三重県下の戦争遺跡概観(岩脇彰)「三重の古文化」　三重郷土会庶務部　(90)　2005.3

県・市町村史の動向 上野市史・嬉野史・明和町史・大内山村史・南勢町誌・志摩町史・伊賀町のあゆみ「三重県史研究」　環境生活部　(21)　2006.3

集落・城郭・墓地―中世の村とその周辺(《特集 三重の中世1》)(竹田憲治)「Mie history」　三重歴史文化研究会　17　2006.8

出土銭貨からみた三重の中世(《特集 三重の中世1》)(水谷豊)「Mie history」　三重歴史文化研究会　17　2006.8

村の中世と近世―散村、集村、そして再開発(《特集 三重の中世1》)(酒

井巳紀子)「Mie history」 三重歴史文化研究会 17 2006.8

『澤氏古文書』雑考《特集 三重の中世2》(小林秀)「Mie history」 三重歴史文化研究会 18 2006.8

三重県における漁業の動向と沿岸漁業管理(芹澤高斉, 高橋保幸, 川村敏也)「三重中京大学地域社会研究所報」 三重中京大学地域社会研究所 (19) 2007.3

カルチュラル・ツーリズムの可能性と三重県における資源(西孝, 大谷健太郎, 寺本博美)「三重中京大学地域社会研究所報」 三重中京大学地域社会研究所 (19) 2007.3

「萬古」の称と印銘について(岡村奉一郎)「三重県史研究」 環境生活部 (23) 2008.3

三重県内地場スーパーマーケット業に…(納英輔)「三重中京大学地域社会研究所報」 三重中京大学地域社会研究所 (20) 2008.3

東南海地震について《特集 災害》(和田勉)「津・市民文化」 津市 (2) 2008.3

東南海地震と飢え《特集 災害》(真柄尚忠)「津・市民文化」 津市 (2) 2008.3

県・市町村史の動向「三重県史研究」 環境生活部 (24) 2009.3

三重県におけるアワビ類の漁獲動向と潜水漁業による生産状況「海と人間 ： 海の博物館・年報」 海の博物館 通号30 2009.10

第二回総選挙における三重県第四区・第三区の情勢–続・日本初期選挙史の研究(1)(上野利三)「三重中京大学地域社会研究所報」 三重中京大学地域社会研究所 (22) 2010.3

「特定目的通貨」の可能性–三重県内の地域通貨と山田羽書の調査・分析を通じて(堀岡治男)「三重中京大学地域社会研究所報」 三重中京大学地域社会研究所 (22) 2010.3

三重県における商工会の状況(研究ノート)(高橋勝利)「三重中京大学地域社会研究所報」 三重中京大学地域社会研究所 (22) 2010.3

三重県行政文書の県有形文化財指定(服部久士)「アーカイブズ」 国立公文書館 (41) 2010.9

三重の伝統薬「萬金丹」の復刻をめざして(ESSAY・十人十色)(加藤宏明)「La Sauge ： ふるさと四日市を知る本 ： 文化展望・四日市」 四日市市文化まちづくり財団 (28) 2011.3

口絵 三重県立農事試験場・本県特産品「三重県史研究」 環境生活部 (26) 2011.3

第二回総選挙における三重県第五区の情勢–続・明治初期選挙史の研究(2)(上野利三)「三重中京大学地域社会研究所報」 三重中京大学地域社会研究所 (23) 2011.3

子育ち子育て環境と子育てサークル支援の関係性–三重県における地域子育て支援拠点調査を通して(新川泰弘)「三重中京大学地域社会研究所報」 三重中京大学地域社会研究所 (23) 2011.3

大会研修会D 三重県史編纂における資料調査と古文書整理(第36回京都大会特集号)(藤谷彰)「全国歴史資料保存利用機関連絡協議会会報」 全国歴史資料保存利用機関連絡協議会 (89) 2011.3

三重県における近年の自治体史編纂(小特集 地方研究の現在)(上野秀治)「地方史研究」 地方史研究協議会 61(2) 通号350 2011.4

第一回総選挙における三重県第四区・第三区の情勢–続・日本初期選挙史の研究(5)(論説)(上野利三)「三重中京大学地域社会研究所報」 三重中京大学地域社会研究所 (24) 2012.3

三重県における台風12号に係る被災状況及び対応についての報告(服部久士)「全国歴史資料保存利用機関連絡協議会会報」 全国歴史資料保存利用機関連絡協議会 (91) 2012.3

第一回総選挙における土居光華と板垣退助–三重県第四区情勢、続・日本初期選挙史の研究(10)(論説)(上野利三)「三重中京大学地域社会研究所報」 三重中京大学地域社会研究所 (25) 2013.3

三重県の津波碑を訪ねて(西形久司)「東海近代史研究」 東海近代史研究会 (34) 2013.11

「沖縄の軌跡」第102号 関東大震災虐殺事件 大正12年9月1日(11時58分) 秋田県人・三重県人・沖縄三県人殺害の《検見川事件》の真相/検見川事件関係記事「秋田県朝鮮人強制連行真相調査団会報」 秋田県朝鮮人強制連行真相調査団 (72)

自主上映のあゆみ1「三重県自主製作映画フェスティバル」とその時代(特集2 津と映画文化)(高垣和郎)「津・市民文化」 津市 (8) 2014.3

三重県の戦争遺跡(駒井正明)「近畿文化」 近畿文化会事務局 (777) 2014.8

三雲町

県・市町村の動向 上野市史・三雲町史・三重県史「三重県史研究」 環境生活部 (19) 2004.3

美里

美里の特産品《特集 私たちの町》(山川徳美)「津・市民文化」 津市 (1) 2007.3

美里ふるさと資料館から実地探索《特集 私たちの町》(小川廣美)「津・市民文化」 津市 (1) 2007.3

美杉

美杉の文化と私たちの活動《特集 私たちの町》(松井秀成)「津・市民文化」 津市 (1) 2007.3

美杉町

伊勢本街道周辺の文化財—美杉町・御杖町・曽爾村(菅谷文則)「近畿文化」 近畿文化会事務局 (780) 2014.11

三滝川

三瀧川も変わった《一口コメント 戦後変わったこと》(小池英雄)「旧四日市を語る」 旧四日市を語る会 (18) 2007.5

三滝川 川を楽しむ(巻頭特集 四日市の川 今も川は生きているのでしょうか)「La Sauge ： ふるさと四日市を知る本 ： 文化展望・四日市」 四日市市文化まちづくり財団 (27) 2010.3

三ツ谷一里塚

回顧(315) 検証 三ツ谷一里塚(加納俊彦)「旧四日市を語る」 旧四日市を語る会 (20) 2010.3

湊座

回顧(326) 湊座の思い出(寺前操)「旧四日市を語る」 旧四日市を語る会 (21) 2011.6

湊屋

相可「鹿水亭」と六軒茶屋「湊屋」の変遷について(米本一美)「悠 ： 多気町郷土資料館だより」 多気町郷土資料館 (43) 2007.1

南伊勢

防御パーツの組合せによる城郭遺構の分類(下)—南伊勢の諸城を中心として(山本浩之)「中世城郭研究」 中世城郭研究会 (17) 2003.7

中世製塩から見た南伊勢《特集 三重の中世2》(新名強)「Mie history」 三重歴史文化研究会 18 2006.8

南町

南町(回顧)(竹野新衛)「旧四日市を語る」 旧四日市を語る会 (17) 2006.5

南浜田

雑記 南浜田(回顧)(阪崎衛)「旧四日市を語る」 旧四日市を語る会 (17) 2006.5

三浜小学校

回顧(435) 三浜小学校閉校式(岡野繁松)「旧四日市を語る」 旧四日市を語る会 (24) 2014.6

宮川

宮川水運略史(辻村修一)「伊勢郷土史草」 伊勢郷土会 (48) 2014.10

宮山城

三重県久居市所在の宮山城・城山城について(高田徹)「城館史料学」 城館史料学会 (1) 2003.7

椋本宿

伊勢別街道—楠原宿・椋本宿・窪田宿 伊勢別街道の宿場と旅人(特集1 お伊勢さんへの道)(浅生悦生)「津・市民文化」 津市 (7) 2013.3

明和町

県・市町村史の動向 三重県史・嬉野史・明和町史「三重県史研究」 環境生活部 (22) 2007.3

百地丹波守城

伊賀国上忍の城 百地丹波守城・藤林長門守城と周辺史跡(舟橋忠夫)「城」 東海古城研究会 (190) 2004.10

諸戸水道

桑名市内に現存する諸戸水道跡(産業遺産見学会)(大橋公雄)「産業遺産研究」 中部産業遺産研究会事務局 (16) 2009.5

八鬼山道

熊野街道八鬼山道周辺の中世石造物(伊藤裕偉)「三重県史研究」 環境生活部 (24) 2009.3

柳原

史跡東部 柳原区画の整備「斎宮歴史博物館だより」 斎宮歴史博物館 (66) 2011.3

史跡東部(柳原区画)の整備事業「斎宮歴史博物館だより」 斎宮歴史博物館 (67) 2011.8

矢の川峠

夜中の「矢の川峠」越え(福嶋敦甫)「流れ谷」 流れ谷同志会 (26) 2009.7

矢の川峠の今昔(杉谷俊明)「流れ谷」 流れ谷同志会 (26) 2009.7

山田

伊勢御師の町・山田(岡田登)「近畿文化」 近畿文化会事務局 650 2004.1

近世における伊勢国山田周辺地域と「差配人」—榎倉氏を中心に(谷戸佑紀)「皇学館史学」 皇学館大学史学会 通号25 2010.3

山田城

足のむくまま、気のむくまま 160年前の碑文甦る―鵜森神社の石碑/四日市の城跡を訪ねる（3）山田城「La Sauge ：ふるさと四日市を知る本： 文化展望・四日市」 四日市市文化まちづくり財団 （30）2013.3

山田奉行所

資料紹介 安政大地震と津波・会合所から山田奉行所への報告書（資料整理係）「伊勢郷土史草」 伊勢郷土会 （45）2011.9

伊勢の大湊と山田奉行所（岡田登）「近畿文化」 近畿文化会事務局 （746）2012.1

湯の山線

巻頭特集 近鉄湯の山線の旅 海と山を結ぶ「La Sauge ：ふるさと四日市を知る本： 文化展望・四日市」 四日市市文化まちづくり財団 （25）2008.3

横垣峠

「熊野古道雑感」―横垣峠を越えて（庵前吉夫）「流れ谷」 流れ谷同志会 （23）2003.5

四日市

《特集 四日市の伝説―後世へのメッセージ》「La Sauge ：ふるさと四日市を知る本： 文化展望・四日市」 四日市市文化まちづくり財団 （18）2001.3

昭和初めの頃の四日市の風物詩いろいろ（佐藤健三）「旧四日市を語る」 旧四日市を語る会 （14）2003.4

《特集 お茶と四日市》「La Sauge ：ふるさと四日市を知る本： 文化展望・四日市」 四日市市文化まちづくり財団 （21）2004.3

〈文化展望四日市2003―文化会館の一年をふりかえって〉「La Sauge ：ふるさと四日市を知る本： 文化展望・四日市」 四日市市文化まちづくり財団 （21）2004.3

《特集 昔の四日市（再録）》「旧四日市を語る」 旧四日市を語る会 （15）2004.6

旧四日市自動車考（山口守）「旧四日市を語る」 旧四日市を語る会 （15）2004.6

四日市の商店街（回顧）（前田三千子）「旧四日市を語る」 旧四日市を語る会 （15）2004.6

資料 四日市市經濟會規約・會員名簿/昭和五年八月 商工人名録/同會社一覧/第15回歳の市聯合大売出し加盟店名（昭和九年）/可祝連富住連 四日市料理旅館組合 富田料理旅館組合 富田浜料理旅館組合（萬華）「旧四日市を語る」 旧四日市を語る会 （15）2004.6

《特集 私の自慢したいわがまち四日市》「La Sauge ：ふるさと四日市を知る本： 文化展望・四日市」 四日市市文化まちづくり財団 （22）2005.3

わが街 四日市（水谷雅寛）「La Sauge ：ふるさと四日市を知る本： 文化展望・四日市」 四日市市文化まちづくり財団 （22）2005.3

これからの四日市の文化を考える（中川幾郎）「La Sauge ：ふるさと四日市を知る本： 文化展望・四日市」 四日市市文化まちづくり財団 （22）2005.3

旧市内地図 大正初期/昭和3年/昭和13年/昭和20年/昭和63年頃「旧四日市を語る」 旧四日市を語る会 （16）2005.6

旧市内図について（岡野繁松）「旧四日市を語る」 旧四日市を語る会 （16）2005.6

小学校時代の思い出（7）―断片的な記憶を辿って（回顧）（原孝雄）「旧四日市を語る」 旧四日市を語る会 （16）2005.6

復元図 昭和11年頃「旧四日市を語る」 旧四日市を語る会 （16）2005.6

復元図についてジグソーパズルは終わらない（岡野繁松）「旧四日市を語る」 旧四日市を語る会 （16）2005.6

会報・瓦版 「旧四日市を語る」復刻「旧四日市を語る」 旧四日市を語る会 （17）2006.5

四日市に住んで―戦前から戦中（戦災）にかけて（回顧）（原孝雄）「旧四日市を語る」 旧四日市を語る会 （17）2006.5

四日市、我が心のふるさと（回顧）（小林仁）「旧四日市を語る」 旧四日市を語る会 （17）2006.5

昭和初期の四日市散策（回顧）（岡野繁松）「旧四日市を語る」 旧四日市を語る会 （17）2006.5

大字四日市の地名考（岡野繁松）「旧四日市を語る」 旧四日市を語る会 （17）2006.5

四日市の字の変遷（岡野繁松）「旧四日市を語る」 旧四日市を語る会 （17）2006.5

終戦前後の四日市の思い出（回顧）（金津郁哉）「旧四日市を語る」 旧四日市を語る会 （18）2007.5

何処へ進むか四日市（回顧）（鈴木裕）「旧四日市を語る」 旧四日市を語る会 （18）2007.5

四日市は変った（〈一口コメント 戦後変わったこと〉）（金津郁哉）「旧四日市を語る」 旧四日市を語る会 （18）2007.5

四日市その日その日 平成19年の日記帳（森昭源）「旧四日市を語る」 旧

四日市を語る会 （19）2008.11

在りし日の四日市「旧四日市を語る」 旧四日市を語る会 （20）2010.3

旧四日市を語る（会報）再録「旧四日市を語る」 旧四日市を語る会 （20）2010.3

回顧（285）私の思い出（田中俊行）「旧四日市を語る」 旧四日市を語る会 （20）2010.3

回顧（286）私の見た戦中後期・戦後混乱期の母校の変貌と回顧（中村富郎）「旧四日市を語る」 旧四日市を語る会 （20）2010.3

回顧（289）私の四日市原風景（中山一）「旧四日市を語る」 旧四日市を語る会 （20）2010.3

回顧（290）四日市での思い出 伯父から始まった四日市と私（野澤西禧）「旧四日市を語る」 旧四日市を語る会 （20）2010.3

回顧（291）「四日市弁」二百選（野呂修）「旧四日市を語る」 旧四日市を語る会 （20）2010.3

回顧（292）昔の四日市の町（藤田富子）「旧四日市を語る」 旧四日市を語る会 （20）2010.3

回顧（293）四日市の想い出（服部幸市）「旧四日市を語る」 旧四日市を語る会 （20）2010.3

回顧（297）四日市への希望（西森卓）「旧四日市を語る」 旧四日市を語る会 （20）2010.3

回顧（300）四日市公害裁判を思う（玉置泰生）「旧四日市を語る」 旧四日市を語る会 （20）2010.3

回顧（306）四日市で私の出会った人たち（中川誠）「旧四日市を語る」 旧四日市を語る会 （20）2010.3

回顧（309）四日市の人（中原春美）「旧四日市を語る」 旧四日市を語る会 （20）2010.3

もりもとまきのアーキビストの目 所蔵資料紹介 若い力で、伝えていく。『四日市環境情報誌 なたね通信』「西淀川・公害と環境資料館だより」 西淀川・公害と環境資料館 （32）2010.9

明治期の三重県四日市における地域商工団体の展開（「近代の歴史地理・再考」特集号）（清水孝治）「歴史地理学」 歴史地理学会，古今書院（発売）53（1）通号253 2011.1

もりもとまきのアーキビストの目 所蔵資料紹介 四日市公害の現在―記録人・澤井余志郎さん「Ecomuse資料館だより」 あおぞら財団付属西淀川・公害と環境資料館 （35）2011.3

三重県北部（富田・四日市・津）の近代建築―実業家たちの建築遺産（川島智史）「近畿文化」 近畿文化会事務局 （738）2011.5

戦前の面影 四日市米穀取引所仲買○村田増次郎 旅人宿 橋本奥八「旧四日市を語る」 旧四日市を語る会 （21）2011.6

旧四日市を語る（会報）再録「旧四日市を語る」 旧四日市を語る会 （21）2011.6

回顧（320）富中へ通学していた頃の四日市の想い出から（金津郁哉）「旧四日市を語る」 旧四日市を語る会 （21）2011.6

回顧（330）昨今、四日市2番街発展会（増原一真）「旧四日市を語る」 旧四日市を語る会 （21）2011.6

回顧（335）錦を飾らせたい人たち（野呂修）「旧四日市を語る」 旧四日市を語る会 （21）2011.6

回顧（336）四日市人（澤井余志郎）「旧四日市を語る」 旧四日市を語る会 （21）2011.6

回顧（340）四日市空襲（那須明子）「旧四日市を語る」 旧四日市を語る会 （21）2011.6

回顧（342）四日市空襲の余波（内山実）「旧四日市を語る」 旧四日市を語る会 （21）2011.6

回顧（348）四日市を駆け抜けた蒸気機関車たち（内田勝一）「旧四日市を語る」 旧四日市を語る会 （21）2011.6

回顧（360）四日市に寄せて（納屋和子）「旧四日市を語る」 旧四日市を語る会 （22）2012.6

回顧（364）四日市地区の梨についての私見（金津郁哉）「旧四日市を語る」 旧四日市を語る会 （22）2012.6

回顧（375）四日市公害の一断面（宮本忠）「旧四日市を語る」 旧四日市を語る会 （22）2012.6

回顧（377）縁あって四日市へ（竹内一路）「旧四日市を語る」 旧四日市を語る会 （22）2012.6

「明日の四日市を想う」（一言）（服部幸市）「旧四日市を語る」 旧四日市を語る会 （22）2012.6

住みたくなる四日市（一言）（水野英雄）「旧四日市を語る」 旧四日市を語る会 （22）2012.6

最近の四日市（一言）（金津郁哉）「旧四日市を語る」 旧四日市を語る会 （22）2012.6

記録 旧四日市を語る会24年の歩み「旧四日市を語る」 旧四日市を語る会 （22）2012.6

旧四日市を語る（会報）再録・スクラップ「旧四日市を語る」 旧四日市を語る会 （23）2013.6

回顧（387）昭和30年前後の四日市（津坂治男）「旧四日市を語る」 旧四

日市を語る会 （23）2013.6

回顧（391）港四日市 キャバレー物語（増原一眞）「旧四日市を語る」 旧四日市を語る会 （23）2013.6

回顧（394）私の好きな四日市（宇佐美やよい）「旧四日市を語る」 旧四日市を語る会 （23）2013.6

回顧（400）都市の軌跡・四日市総合開発計画（北野保）「旧四日市を語る」 旧四日市を語る会 （23）2013.6

回顧（405）四日市の自然災害・人為的災害は（岡野繁松）「旧四日市を語る」 旧四日市を語る会 （23）2013.6

在りし日の四日市「旧四日市を語る」 旧四日市を語る会 （24）2014.6

旧四日市を語る（会報）再録「旧四日市を語る」 旧四日市を語る会 （24）2014.6

回顧（420）取り戻した往古の四日市（服部幸市）「旧四日市を語る」 旧四日市を語る会 （24）2014.6

記録 旧四日市を語る会の歩み「旧四日市を語る」 旧四日市を語る会 （24）2014.6

四日市あすなろう鉄道

内部・八王子線の素顔とその魅力（伊藤禮太郎）「La Sauge ： ふるさと四日市を知る本 ： 文化展望・四日市」 四日市市文化まちづくり財団 （22）2005.3

回顧（337）内部・八王子線は四日市の宝（野呂修）「旧四日市を語る」 旧四日市を語る会 （21）2011.6

四日市港

寄稿 四日市港を市民に親しまれる港に（巻頭特集 海のある街）（松浦健治郎）「La Sauge ： ふるさと四日市を知る本 ： 文化展望・四日市」 四日市市文化まちづくり財団 （29）2012.3

四日市市

明治陶磁器コレクションのなかの萬古焼（岡村奉一郎）「研究紀要」 四日市市立博物館 （13）2006.3

萬古焼の文様について（岡村奉一郎）「研究紀要」 四日市市立博物館 （13）2006.3

海の匂いのする町 富田かいわい/市場と港のある町 近鉄四日市〜川原町かいわい/神さまの棲む町 日永〜追分かいわい（〈四日市訪ね歩き のんびり気ままに出かけよう〉）「La Sauge ： ふるさと四日市を知る本 ： 文化展望・四日市」 四日市市文化まちづくり財団 （23）2006.3

四日市のおいしい水と酒「La Sauge ： ふるさと四日市を知る本 ： 文化展望・四日市」 四日市市文化まちづくり財団 （23）2006.3

戦国・織豊期の四日市市場の構造（《特集 三重の中世1》）（播磨良紀）「Mie history」 三重歴史文化研究会 17 2006.3

色絵の系譜—萬古の生まれた時代（岡村奉一郎）「研究紀要」 四日市市立博物館 （14）2007.3

萬古印の基礎的研究 古萬古・有節萬古の印について（衣斐唯子）「研究紀要」 四日市市立博物館 （14）2007.3

コラム 残したい風景 ホタルがいる風景/四日市と水/夜景/四日市旧港・高松干潟（〈特集 絆・再発見！〉）「La Sauge ： ふるさと四日市を知る本 ： 文化展望・四日市」 四日市市文化まちづくり財団 （24）2007.3

あなたが創る夢の街よっかいち（〈特集 夢25〉）（渡辺千賀子，中西葉子，松井明紀，水谷誠孝，松賀藤花）「La Sauge ： ふるさと四日市を知る本 ： 文化展望・四日市」 四日市市文化まちづくり財団 （25）2008.3

文化会館とともに25年（木村道山，水谷達，藤堂美津子）「La Sauge ： ふるさと四日市を知る本 ： 文化展望・四日市」 四日市市文化まちづくり財団 （25）2008.3

巻頭特集 四日市の食文化 朝市の笑顔/慈善橋の朝市/富洲原の競り市/四日市の市「La Sauge ： ふるさと四日市を知る本 ： 文化展望・四日市」 四日市市文化まちづくり財団 （26）2009.3

多文化共生 四日市のラテン街「La Sauge ： ふるさと四日市を知る本 ： 文化展望・四日市」 四日市市文化まちづくり財団 （26）2009.3

四日市を流れる川（巻頭特集 四日市の川 今も川は生きているのでしょうか）「La Sauge ： ふるさと四日市を知る本 ： 文化展望・四日市」 四日市市文化まちづくり財団 （27）2010.3

私が見た四日市（十人からのエッセイ）（エウヘニオ・モンレアル）「La Sauge ： ふるさと四日市を知る本 ： 文化展望・四日市」 四日市市文化まちづくり財団 （27）2010.3

四日市 第二のふるさと（十人からのエッセイ）（アンドリュー・キャンベル）「La Sauge ： ふるさと四日市を知る本 ： 文化展望・四日市」 四日市市文化まちづくり財団 （27）2010.3

自主・自由・進取な四日市っ子気質（十人からのエッセイ）（前田憲司）「La Sauge ： ふるさと四日市を知る本 ： 文化展望・四日市」 四日市市文化まちづくり財団 （27）2010.3

特集 外から見た四日市（山中わか子，ジョバンニ・ピアッザ，ナタリー・プチュレ，佐藤ジョルジュ良一，ミミン・ミナサリ，小林慶太郎）「La Sauge ： ふるさと四日市を知る本 ： 文化展望・四日市」 四日市市文化まちづくり財団 （28）2011.3

実は四日市って…なんです！（ESSAY・十人十色）（現代洋子）「La Sauge ： ふるさと四日市を知る本 ： 文化展望・四日市」 四日市市文化まちづくり財団 （28）2011.3

特集 団地がふるさとになるとき「団地大使」座談会/高花平団地/笹川団地/桜花台/三重団地「La Sauge ： ふるさと四日市を知る本 ： 文化展望・四日市」 四日市市文化まちづくり財団 （29）2012.3

心のふるさと私の中の四日市（ESSAY・十人十色）（橘妃呂子）「La Sauge ： ふるさと四日市を知る本 ： 文化展望・四日市」 四日市市文化まちづくり財団 （29）2012.3

四日市の往昔の自然災害の記録 四日市市史（昭和五年版）（資料）「旧四日市を語る」 旧四日市を語る会 （22）2012.6

座談会 元気な産業と輝く文化のまちよっかいちをめざして（特集 四日市文化会館開館30周年 30年が築いた文化 30年後に創りたい世界）「La Sauge ： ふるさと四日市を知る本 ： 文化展望・四日市」 四日市市文化まちづくり財団 （30）2013.3

市民が創る30周年 こどもフェスティバル/四日市 JAZZ フェスティバル/四日市市民ミュージカル「レイル・ドリーム」/四日市鉄道物語（特集 四日市市文化会館開館30周年 30年が築いた文化 30年後に創りたい世界）「La Sauge ： ふるさと四日市を知る本 ： 文化展望・四日市」 四日市市文化まちづくり財団 （30）2013.3

ポスターで見る四日市市文化会館の30年（特集 四日市市文化会館開館30周年 30年が築いた文化 30年後に創りたい世界）「La Sauge ： ふるさと四日市を知る本 ： 文化展望・四日市」 四日市市文化まちづくり財団 （30）2013.3

回顧（403）史料の調査収集について—「四日市市史」の編さんに関わって（主に近世）（岡本孝行）「旧四日市を語る」 旧四日市を語る会 （23）2013.6

四日市宿

資料翻刻 四日市宿 清水本陣文書(6)〜(9)（四博古文書会）「研究紀要」 四日市市立博物館 11/14 2004.3/2007.3

四日市大学

座談会 地域と大学—世界を見つめ地域を考える四日市大学（〈特集 よっかいちうまいもの〉）「La Sauge ： ふるさと四日市を知る本 ： 文化展望・四日市」 四日市市文化まちづくり財団 （26）2009.3

四日市湊

幕末期勢州四日市湊における干鰯・〆粕取引の一形態—内海船持内田七家出店の商活動を事例に（石原佳樹）「知多半島の歴史と現在」 日本福祉大学知多半島総合研究所 （12）2003.3

四日市幼稚園

昭和30年頃の四日市幼稚園（水谷武生）「旧四日市を語る」 旧四日市を語る会 （14）2003.4

四日市幼稚園・浜田小学校の思い出（回顧）（伊藤博久）「旧四日市を語る」 旧四日市を語る会 （17）2006.5

余野

倉部の余野（探検レポート）（余野共子）「伊賀暮らしの文化探検隊レポート ： 伊賀で育まれた暮らしの文化を見つけよう！」 伊賀暮らしの文化探検隊 7 2005.3

鹿水亭

相可「鹿水亭」と六軒茶屋「湊屋」の変遷について（米本一美）「悠 ： 多気町郷土資料館だより」 多気町郷土資料館 （43）2007.1

若松

光太夫のふるさと「若松」を訪ね「大黒屋光太夫だより」 大黒屋光太夫資料研究会 （34）2011.4

収穫多かった「若松」訪問（丹生潔）「大黒屋光太夫だより」 大黒屋光太夫資料研究会 （34）2011.4

度会郡

三重県度会郡における勤勉貯蓄—明治十八年農商務省『済急趣意書』の実践（川越美穂）「史料」 皇學館大学研究開発推進センター史料編纂所報」 皇學館大学研究開発推進センター史料編纂所 （229）2011.3

度会町

伊勢郷土会第465回例会 度会町の歴史散歩（岡谷昌行）「伊勢郷土史草」 伊勢郷土会 （48）2014.10

西日本

芸予諸島

芸予諸島と県境—明治9年、愛媛県から広島県への転轄をめぐって（研究報告要旨）（柚山俊夫）「芸備地方史研究」 芸備地方史研究会 （266） 2009.6

近世後期における異国船対策と瀬戸内海域のネットワーク—芸予・防予諸島をめぐる漂着異国人の長崎移送情報を中心に（鴨頭俊宏）「内海文化研究紀要」 広島大学大学院文学研究科附属内海文化研究施設 （38） 2010.3

寛政3年「異国船取扱法」後の変化をとおして見る海の地域社会—芸予・防予諸島と塩飽島の対比を中心に（2012年度大会報告要旨—近世・個人報告）（鴨頭俊宏）「ヒストリア : journal of Osaka Historical Association」 大阪歴史学会 （232） 2012.6

西国

信濃における戦国時代—西国との比較をとおして（講演）（久留島典子）「松本市史研究 : 松本市文書館紀要」 松本市 （14） 2004.3

西南地域

近世初頭期西南地域大名領における城郭の様相（木島孝之）「中世城郭研究」 中世城郭研究会 （19） 2005.7

西南日本

西南日本の城郭の横矢掛かりから考える—城郭研究と年代観（中西義昌）「中世城郭研究」 中世城郭研究会 （25） 2011.7

瀬戸内

瀬戸内水軍の一様態と変容（森山恒雄）「市史研究くまもと」 熊本市 14 2003.3

福田新田開発と瀬戸内の石工（森下徹）「倉敷の歴史」 倉敷市総務局総務部 （13） 2003.3

瀬戸内を訪ねて（林康夫）「大内文化探訪 : 会誌」 大内文化探訪会 （21） 2003.4

近世瀬戸内の浦と地域運営—讃岐高松藩領引田村を事例に（山本秀夫）「地方史研究」 地方史研究協議会 53（2）通号302 2003.4

周防上関阿波屋客船帳の研究—幕末・維新期の瀬戸内交易について（森野恵, 余佃昭）「日本研究」 日本研究研究会 （17） 2004.2

ただいま準備中 兵庫・岡山・広島三県合同企画 特別展「津々浦々をめぐる—中世瀬戸内の流通と交流」（貝原靖浩）「岡山県立博物館だより」 岡山県立博物館 （61） 2004.3

「瀬戸内の万葉」記念講演会記録 万葉集の旅の歌（佐佐木幸綱）「潮待ちの館資料館だより」 福山市鞆の浦歴史民俗資料館 33 2004.8

企画展「瀬戸内の万葉」記録 船で巡る瀬戸内の万葉故地「潮待ちの館資料館だより」 福山市鞆の浦歴史民俗資料館 33 2004.8

秋の企画展クローズアップ「津々浦々をめぐる—中世瀬戸内の流通と交流—」「広島県立歴史博物館ニュース」 広島県立歴史博物館 61 2004.10

歴史紀行（21）瀬戸内を旅する人びと—薩摩の武将たちの場合（山内譲）「文化愛媛」 愛媛県文化振興財団 53 2004.10

万葉集における瀬戸内地方の地名 二、三のこと（小見山輝）「会報むろのつ」「嶋屋」友の会 （11） 2004.11

瀬戸内の旅「日東第一形勝」鞆の浦の歴史とロマン「郷土史紀行」 ヒューマン・レクチャー・クラブ 2005.1

平成16年度特別展を終えて 岡山・兵庫・広島三県合同企画 津々浦々をめぐる—中世瀬戸内の流通と交流（貝原靖浩）「岡山県立博物館だより」 岡山県立博物館 2005.5

『津々浦々をめぐる—中世瀬戸内の流通と交流』を見て（辰田芳雄）「岡山地方史研究」 岡山地方史研究会 105 2005.5

紀行春秋 瀬戸内古代ロマン大王の棺（武内誠）「郷土史紀行」 ヒューマン・レクチャー・クラブ 36 2005.11

「塵輪」「牛鬼」伝説考—「新羅」来襲伝説と瀬戸内の妖怪伝承（水上勲）「帝塚山大学人文科学部紀要」 帝塚山大学人文科学部 （18） 2005.11

「瀬戸内の塩業」（考古・歴史・民俗部門展）「広島県立歴史博物館ニュース」 広島県立歴史博物館 （66） 2006.2

瀬戸内紀行 壱万円の里・中津 福沢諭吉と中津城「郷土史紀行」 ヒューマン・レクチャー・クラブ （38） 2006.3

瀬戸内の海城—伊予の「海城」を中心に（〈シンポジウム 海城について〉）（日和佐宣正）「中世城郭研究」 中世城郭研究会 （22） 2008.7

瀬戸内の旅 瀬戸内の塩田と塩の道 三田尻（防府市）と竹原「郷土史紀行」 ヒューマン・レクチャー・クラブ （53） 2008.7

近世中後期における瀬戸内地域と上方との文化交流（頼祺一）「史学研究」 広島史学研究会 （263） 2009.3

瀬戸内の多賀谷氏について（佐久間秀樹）「下妻の文化」 下妻市文化団体連絡協議会 （34） 2009.5

奄美・瀬戸内教育の基礎を築いた遠島人たち（徳永茂二）「南島研究」 南島研究会 通号50 2009.11

瀬戸内水軍紀行 海賊から水軍へ 海の民の暮らしと戦いの軌跡（請川洋一）「郷土史紀行」 ヒューマン・レクチャー・クラブ （60） 2010.1

伝承を訪ねる旅（5）—周防・下関 瀬戸内を行き交う人々（堀井建市）「河内どんこう」 やお文化協会 （91） 2010.6

講演 瀬戸内の海賊と戦国期の軍船（山内譲）「芸備地方史研究」 芸備地方史研究会 （277） 2011.6

史料紹介 宮本常一が撮った瀬戸内の写真—尾道を中心に（研究報告要旨）（高木泰伸）「芸備地方史研究」 芸備地方史研究会 （277） 2011.6

瀬戸内塩田におけるネットワークと情報交換（大会報告要旨—共通論題）（落合功）「交通史研究」 交通史学会, 吉川弘文館（発売） （75） 2011.9

瀬戸内塩田のネットワークと情報交換（共通論題論文）（落合功）「交通史研究」 交通史学会, 吉川弘文館（発売） （76） 2012.2

海と墓—瀬戸内と南島を例に（万葉古代学研究所第5回委託共同研究報告—魂の行方）（角南聡一郎）「万葉古代学研究年報」 奈良県立万葉文化館 （10） 2012.3

瀬戸内水軍（海賊）と東広島について（有田篤雄）「ひがしひろしま郷土史研究会ニュース」 東広島郷土史研究会 （452） 2012.4

瀬戸内地方の「万葉地名」覚え書き 柿本人麻呂の「羇旅八首」をめぐって（特集 『万葉集』の世界）（小見山輝）「会報むろのつ」「嶋屋」友の会 （19） 2012.5

近世後期瀬戸内港町における経済活動と金融政策（2011年度九州史学研究大会発表要旨—研究発表）（下向井紀彦）「九州史学」 九州史学研究会 （161） 2012.7

歴史トピックス（中部瀬戸内文化抜粋）米艦モーガンシチー号遭難救済七十五周年回顧記「月刊歴史ジャーナル」 NPO法人尾道文化財研究所 （109） 2013.1

収蔵文書展「海の道」の近世—瀬戸内の景観と生活・交流の歴史（芸備掲示板）（広島県立文書館）「芸備地方史研究」 芸備地方史研究会 （285） 2013.4

調査研究ノート（19）瀬戸内地方の布をめぐる文化を探る「The Kagawa Museum news」 香川県立ミュージアム 25 2014.6

特集 瀬戸内除虫菊誕生記「月刊歴史ジャーナル」 NPO法人尾道文化財研究所 （129） 2014.9

瀬戸内島嶼部

近代瀬戸内島嶼部における果樹産業の展開と果物組合の成立—瀬戸田町生口果物組合を素材として（落合功）「修道商学」 広島修道大学ひろしま未来協創センター 44（2）通号89 2004.2

瀬戸大橋

寄稿 瀬戸大橋架橋（毛利浩）「岡山県立記録資料館だより : Okayama Prefectural Archives」 岡山県立記録資料館 （10） 2014.9

瀬戸内海

9世紀瀬戸内海地域の海賊問題（稲葉靖司）「伊予史談」 伊予史談会 （323） 2001.10

特別展 瀬戸内海と名作—鞆（TOMO）を中心として「潮待ちの館資料館だより」 福山市鞆の浦歴史民俗資料館 31 2003.8

瀬戸内海の風景（西田正憲）「潮待ちの館資料館だより」 福山市鞆の浦歴史民俗資料館 32 2004.2

瀬戸内海の公儀浦触ルートと津和地御茶屋（鴨頭俊宏）「伊予史談」 伊予史談会 （333） 2004.4

瀬戸内海の公用通行に関わる情報と播磨室津・名村氏—長崎上使御下向の事例を手掛かりに（鴨頭俊宏）「史学研究」 広島史学研究会 2005.8

瀬戸内海の海賊と現代アート（白石通弘）「ソーシアル・リサーチ」 ソーシアル・リサーチ研究会 （31） 2006.3

近世瀬戸内海の公用通行に関わる情報機能について—公儀役の下り通行を中心に（鴨頭俊宏）「史学研究」 広島史学研究会 （252） 2006.6

近世前期における瀬戸内海交通と津和地—御茶屋設立年への検討を通じて（鴨頭俊宏）「伊予史談」 伊予史談会 （344） 2007.1

瀬戸内海紀行 浦島太郎伝説の半島（香川県三豊市詫間町）「郷土史紀行」 ヒューマン・レクチャー・クラブ （47） 2007.11

瀬戸内海地域における呉工廠・広11空廠の産業史的位置づけ（研究報告要

西日本　　　　　　　　　　　　　　　地名でたどる郷土の歴史

旨）（今田裕雄）「芸備地方史研究」 芸備地方史研究会　（266）　2009.6

開館20周年記念企画展 平家一門の栄華と瀬戸内海「広島県立歴史博物館ニュース」 広島県立歴史博物館　（81）　2009.9

調査・研究報告編(18) 小企画展「瀬戸内海をゆく油売り」の展示史料について（福島克彦）「大山崎町歴史資料館館報」 大山崎町歴史資料館　（16）　2010.3

近世後期における異国船対策と瀬戸内海域のネットワーク―芸予・防予諸島をめぐる漂着異国人の長崎移送情報を中心に（鴨頭俊宏）「内海文化研究紀要」 広島大学大学院文学研究科附属内海文化研究施設　（38）　2010.3

宮本常一の旅に学ぶ（特集 宮本常一と瀬戸内海）（谷沢明）「会報むろのつ」「嶋屋」友の会　（17）　2010.5

宮本常一の写真と瀬戸内文化（特集 宮本常一と瀬戸内海）（印南敏秀）「会報むろのつ」「嶋屋」友の会　（17）　2010.5

目で見る古代の伊予 法隆寺勢力の瀬戸内海進出と古代の伊予(1)～(4)（吉本拡）「新居浜史談」 新居浜郷土史談会　（381）/（384）　2010. 10/2011.7

瀬戸内歴史民俗調査と中島ミカン（研究エッセイ）（森武麿）「非文字資料研究」 神奈川大学21世紀COEプログラム拠点推進会議　（25）　2011.1

瀬戸内海の風景変化と港町のかたち（特集 風景学事始め）（岡本哲志）「会報むろのつ」「嶋屋」友の会　（18）　2011.5

瀬戸内海西部における島嶼部航路の再編と公営航路の対応―主に松山市中島地域と江田島市を事例として（田中健作）「内海文化研究紀要」 広島大学大学院文学研究科附属内海文化研究施設　（40）　2012.3

厚狭郡埴生浦における魚糶場と仕入―長門国瀬戸内海沿岸地域における魚市場の一形態（木部和昭）「やまぐち学の構築」 山口大学研究推進体「やまぐち学」推進プロジェクト　（8）　2012.3

水で繋がれた歴史の中で(5) 平清盛の瀬戸内海（岩井忠彦）「会報むろのつ」「嶋屋」友の会　（19）　2012.5

大河ドラマ関連企画巡回展「平清盛の時代と瀬戸内海」「ひろしま郷土資料館だより」 広島市郷土資料館　（84）　2012.10

大河ドラマ関連企画巡回展「平清盛の時代と瀬戸内海」2012.6.8～6.24（平成24年度前半（4月～10月）に実施した事業から）（田村規充）「ひろしま郷土資料館だより」 広島市郷土資料館　（84）　2012.10

江戸時代地方史の研究をめぐる二つの情報ネットワーク―瀬戸内海域における異国船対応史の視点から（大会特集II 地方史、その先へ―再構築への模索―問題提起）（鴨頭俊宏）「地方史研究」 地方史研究協議会　62(5)　通号359　2012.10

平家と瀬戸内の武士（特集 平氏研究の最前線）（野口実）「芸備地方史研究」 芸備地方史研究会　（282・283）　2012.12

収蔵文書展によせて 瀬戸内海和歌の旅（西向宏介）「広島県立文書館だより」 広島県立文書館　（37）　2013.3

瀬戸内海の俵物生産について（研究報告要旨）（門田恭一郎）「芸備地方史研究」 芸備地方史研究会　（285）　2013.4

海の儀礼食（鯛）から―瀬戸内海を中心とした鯛文化（第2回「東海地方の海里山の食文化研究」シンポジウム『海里山の儀礼食をめぐって』）（印南敏秀）「愛知大学綜合郷土研究所紀要」 愛知大学綜合郷土研究所　59　2014.3

報告要旨「律令国家の海運政策―瀬戸内海交通を中心に―」堀隆博/伊予史談会例会情報「芸備地方史研究」 芸備地方史研究会　（290）　2014.4

瀬戸内海の由来と古代船（柴田昌児）「今治史談」 今治史談会　（20）　2014.7

太閤道

太閤道伝説を歩く(12) 海の太閤道（牛嶋英俊）「西日本文化」 西日本文化協会　389　2003.3

太閤道伝説を歩く・完(14) 太閤道の点と線（牛嶋英俊）「西日本文化」 西日本文化協会　396　2003.11

東南海

東南海・南海地震を体験して（《地震特集》）（田中弘倫）「熊野誌」 熊野地方史研究会　（53）　2007.12

空襲と東南海地震による中島飛行機の伊那疎開と終戦（久保田誼）「伊那路」 上伊那郷土研究会　55(8)通号655　2011.8

土佐街道

土佐街道―武家屋敷から高取城跡、眼病封じの壺阪寺へ（特集 奈良の春を歩く）「月刊大和路ならら」 地域情報ネットワーク　12(4)通号127　2009.4

南海

諸記録に残る「南海地震」―安政の大地震を中心に（田中弘倫）「熊野誌」 熊野地方史研究会　（48）　2002.12

真宗寺日記にみる安政大地震津波による宇佐の被害状況（岡林正十郎）「土佐地域文化」「土佐地域文化研究会」　（7）　2003.7

南海地震と山内家宝物資料館（山田一郎）「海南千里 : 土佐山内家宝物資料館だより」 土佐山内家宝物資料館　11　2003.9

宝永・安政・昭和の南海大地震と土佐（鈴木堯士）「土佐史談」 土佐史談会　224　2003.12

南海地震による四国の津波被害（村上仁士）「土佐史談」 土佐史談会　224　2003.12

安政大地震（南海地震）における余震の発生状況について（岡林正十郎）「土佐史談」 土佐史談会　224　2003.12

島村右馬丞日記『春秋自記帖』に見る安政南海地震（渡邊哲哉）「土佐史談」 土佐史談会　224　2003.12

昭和の南海大地震―「南海大震災誌」の語るもの（宮崎利博）「土佐史談」 土佐史談会　224　2003.12

史料紹介「三災録 上」（池田聡博、池田真浩、井本明子、川澤桂子、北山登、佐々木文子、佐藤ゆみ、島内瑞、中村悦子、弘田五郎、槙村節雄、水田一郎、森田晶江、山崎浩、山本泰彦、山脇静子、横山澄麿）「高知市史研究」 高知市　2　2004.12

史料紹介「三災録 中」（井本明子、遠藤裕子、川澤桂子、島内瑞、武田京子、武政章次郎、中村悦子、野島益美、槙村節雄、森田晶江、山崎信行、山崎浩、横山澄麿、佐藤ゆみ）「高知市史研究」 高知市　3　2005.12

史料紹介「三災録 下」（井本明子、遠藤裕子、川澤桂子、島内瑞、武田京子、武政章次郎、野島益美、槙村節雄、森田晶江、山崎信行、山崎浩、横山澄麿、佐藤ゆみ）「高知市史研究」 高知市　（4）　2006.12

大地震を二度体験。火事が迫って来た南海地震（《地震特集》―聞取り調査）（津田アヤノ）「熊野誌」 熊野地方史研究会　（53）　2007.12

東南海・南海地震を体験して（《地震特集》）（田中弘倫）「熊野誌」 熊野地方史研究会　（53）　2007.12

関西の私鉄小史―南海と大軌（近鉄）をめぐって（武知京三）「大阪市公文書館研究紀要」 大阪市公文書館　（21）　2009.3

稲むらの火―安政南海地震(1)（毛利俊男）「泰史談」 泰史談会　（154）　2009.12

「稲むらの火」のその後（広谷喜十郎）「泰史談」 泰史談会　（155）　2010.1

安政南海地震(2)―稲むらの火 前号のつづき（毛利俊男）「泰史談」 泰史談会　（155）　2010.1

会員発表「村の古文書」と「宝永四年と安政元年の大地震・大津波」（浜田平士）「佐伯史談」 佐伯史談会　（217）　2011.11

上岡薇峰と安政地震（近世の土佐 特集号）（岩﨑義郎）「土佐史談」 土佐史談会　（248）　2011.12

阿波北方における南海地震の歴史的検討―江戸時代の南海地震と旧吉野川河口域の地盤沈下をめぐって（第34回公開研究大会特集 災害史に学ぶ阿波の歴史）（松下師一）「史窓」 徳島地方史研究会　（42）　2012.3

書き残された安政南海地震「文書館だより」 徳島県立文書館　（33）　2012.3

史料紹介 報道に見る「昭和南海地震」の記録(1)（第II部 研究報告）（松茂町歴史民俗資料館・人形浄瑠璃芝居資料館南海地震関係資料調査班）「歴史の里 : 松茂町歴史民俗資料館・人形浄瑠璃芝居資料館報」 松茂町歴史民俗資料館・人形浄瑠璃芝居資料館　（16）　2012.3

史料紹介 『徳島新聞』昭和南海地震関連記事（1946年12月22日～27日）（第II部 研究報告）「歴史の里 : 松茂町歴史民俗資料館・人形浄瑠璃芝居資料館報」 松茂町歴史民俗資料館・人形浄瑠璃芝居資料館　（16）　2012.3

聞き取り調査「昭和南海地震」体験談の記録（第II部 研究報告）「歴史の里 : 松茂町歴史民俗資料館・人形浄瑠璃芝居資料館報」 松茂町歴史民俗資料館・人形浄瑠璃芝居資料館　（16）　2012.3

肱川で記録された安政大地震（冨永勲）「温古」 大洲史談会　（34）　2012.3

恕斎日録を読む（その一「安政の大地震」・その二「王ノ瀬殺人事件」）（鶴崎古文書の会、牧和義）「研究小報」 大分市鶴崎公民館ふるさとの歴史教室　（29）　2012.3

安政南海地震の記録―宇和島地方のさまざまな資料から（特集 愛媛の天災と先人の知恵）（安永純子）「文化愛媛」 愛媛県文化振興財団　（69）　2012.10

史料紹介 『徳島新聞』昭和南海地震関連記事（1946年12月28日～1947年3月6日）（松茂町歴史民俗資料館・人形浄瑠璃芝居資料館南海地震関係資料調査班）「歴史の里 : 松茂町歴史民俗資料館・人形浄瑠璃芝居資料館報」 松茂町歴史民俗資料館・人形浄瑠璃芝居資料館　（17）　2013.3

概説 松茂町域を対象とした南海地震研究「歴史の里 : 松茂町歴史民俗資料館・人形浄瑠璃芝居資料館報」 松茂町歴史民俗資料館・人形浄瑠璃芝居資料館　（17）　2013.3

紹介 南海地震の歴史について(1)―2000年前の超巨大地震を中心に（佐伯弘見）「ソーシアル・リサーチ : studies in rhe social sciences」 ソーシアル・リサーチ研究会　（39）　2014.3

南海トラフ

南海トラフの巨大地震とその被害予測（第28回「新修名古屋市史を語る

集い」から 歴史と最新研究から学ぶ南海トラフの巨大地震）（廣内大助）「新修名古屋市史だより」 名古屋市市政資料館 （31）2013.3

西瀬戸

戦国期の西瀬戸地域と河野氏権力（川岡勉）「伊予史談」 伊予史談会 （329）2003.4

提言 架橋と都市建設による「広域西瀬戸観光」（矢野元昭）「郷土史紀行」 ヒューマン・レクチャー・クラブ （56）2009.1

西日本

西日本における古代山城の城門について（山口裕平）「古文化談叢」 九州古文化研究会 50（分冊上）2003.6

西日本農民組合の成立—戦時体制期の農民運動と被差別部落（有馬学）「部落解放史・ふくおか」 福岡県人権研究所 110 2003.6

武士神格化一覧・稿（下・西日本編）（高野信治）「九州文化史研究所紀要」 九州大学附属図書館付設記録資料館九州文化史資料部門 （48）2005.3

西日本にアイヌ語地名は存在しないとする地名学者の見解は誤り（清水清次郎）「北海道れきけん」 北海道歴史研究会 （61）2006.5

西日本初期扁平打製石鏃集成図譜（幸泉満夫）「山口県立山口博物館研究報告」 山口県立山口博物館 （33）2007.3

史料紹介 西日本における小藩大名の家臣団について（米田藤博）「パイオニア」 関西地理学研究会 （85）2008.9

西日本の平地居館と土塁・堀（〈第25回全国城郭研究者セミナーの報告〉）（山上雅弘）「中世城郭研究」 中世城郭研究会 （23）2009.7

続短歌紀行（西日本編）（斎藤昭夫）「郷土やながわ」 福島県伊達市梁川町郷土史研究会 （16）2010.3

1961〜2011 西日本の移り変わり「西日本文化」 西日本文化協会 （450）2011.4

考古資料からみた横矢掛け—戦国期の西日本地域を中心に（早川圭）「中世城郭研究」 中世城郭研究会 （25）2011.7

明応地震と庄内沖地震の津波被害（特集 地震・津波・原発—東日本大震災）（矢田俊文）「東北学. ［第2期］」 東北芸術工科大学東北文化研究センター，柏書房（発売）（28）2011.8

近世交通路をめぐる情報ネットワークの研究動向—大坂〜九州間を中心に（鴨頭俊宏）「広島大学大学院文学研究科論集」 広島大学大学院文学研究科 72 2012.12

「昭和28年西日本大水害」とその記憶を辿る（会員の研究）（佐々木ミヨカ）「故郷の花」 小郡市郷土史研究会 （38）2013.3

思い出の新聞記事 毎日 みやぎ群像（6）遠田郡（下）昭和37年1月10日（水）／朝日 沖縄返還交渉 昭和44年5月29日（木）／毎日 「ある教師の生物ものがたり」昭和46年8月1日（日）／朝日 これが縄文人の手形 昭和61年1月12日／河北 斉藤竹堂の「藩史」国訳出版 平成6年8月10日（火）「郷土たどり」 田尻郷土研究会 （35）2013.4

戦国期西日本における境界と戦争（シンポジウム 権力の「境界」と地域社会）（山本浩樹）「史学研究」 広島史学研究会 （285）2014.9

防予諸島

近世後期における異国船対策と瀬戸内海域のネットワーク—芸予・防予諸島をめぐる漂着異国人の長崎移送情報を中心に（鴨頭俊宏）「内海文化研究紀要」 広島大学大学院文学研究科附属内海文化研究施設 （38）2010.3

寛政3年「異国船取扱法」後の変化をとおして見る海の地域社会—芸予・防予諸島と塩飽島の対比を中心に（2012年度大会報告要旨—近世・個人報告）（鴨頭俊宏）「ヒストリア ： journal of Osaka Historical Association」 大阪歴史学会 （232）2012.6

近畿

大阪電気軌道

生駒山宝山寺門前町の形成と大阪電気軌道の郊外開発（鈴木崇智）「ヒストリア ： journal of Osaka Historical Association」 大阪歴史学会 （205） 2007.6

大坂平野

古代宮都と周辺景観の保全―難波京と古代大坂平野を事例として（《シンポジウム「景観の保存と利用の歴史地理」特集号》）（木原克司）「歴史地理学」 歴史地理学会, 古今書院（発売） 49（1）通号232 2007.1

上方

上方における会津藩御用達の活動（長谷川和夫）「会津若松市史研究」 会津若松市 （2） 2000.11

上方との文化的・経済的交流の重大性―九十九里漁業の歴史の一端（川村優）「房総の郷土史」 千葉県郷土史研究連絡協議会 （32） 2004.3

最上川をのぼった上方の品々（野口一雄）「最上川文化研究」 東北芸術工科大学東北文化研究センター （3） 2005.3

近世中後期における瀬戸内地域と上方との文化交流（頼祺一）「史学研究」 広島史学研究会 （263） 2009.3

関西

武蔵野の古井戸と関西のいくつかの古井戸（細野義純）「多摩のあゆみ」 たましん地域文化財団 111 2003.8

関西文化学術研究都市の開発と諸問題（實清隆）「総合研究所所報」 奈良大学総合研究所 （12） 2004.3

関西の話題（2）大坂・京都「新選組」始末記（横山高治）「大阪春秋」 新風書房 32（2）通号115 2004.8

北海道における関西方言の受容について―札幌市若年層の場合（第171回例会発表資料）（道場優）「北海道方言研究会会報」 北海道方言研究会 （83） 2007.3

戦間期関西地方における貨物自動車輸送の展開―阪神国道建設の影響を中心に（《第33回大会共通論題「流域をめぐる交通史―淀川水系を中心に」特集号》）（北原聡）「交通史研究」 交通史学会, 吉川弘文館（発売） （64） 2007.12

震災記録 震災時の関西スーパーマーケット「地域研究いたみ」 伊丹市 （37） 2008.3

関西の私鉄小史―南海と大軌（近鉄）をめぐって（武知京三）「大阪市公文書館研究紀要」 大阪市公文書館 （21） 2009.3

関西の地において（森本弘之）「道鏡を守る会通信」 道鏡を守る会 （99） 2013.2

関西での「平成の大津波被害と博物館」巡回展（事業報告）（鈴木まほろ）「岩手県立博物館だより」 岩手県文化振興事業団 （140） 2014.3

関西鉄道

甦るまほろば軌道 奈良県鉄道小話（5）関西鉄道（安彦勘吾）「月刊大和路ならら」 地域情報ネットワーク 9（8）通号95 2006.8

甦るまほろば軌道 奈良県鉄道小話（6）関西鉄道から国鉄、いまJR（安彦勘吾）「月刊大和路ならら」 地域情報ネットワーク 9（9）通号96 2006.9

北近畿

北近畿をめぐる近代の旅―『京都府驛程記 全』より（嵐光激）「史談福智山」 福知山史談会 614 2003.5

畿内

幕末期の畿内・近国社会―摂津国一橋領における御用人足・歩兵徴発をめぐって（岩城卓二）「ヒストリア ： journal of Osaka Historical Association」 大阪歴史学会 （188） 2004.1

畿内諸私領における綿作発展と領主的対応―作付制限と貢租制度の問題を中心に（本城正徳）「大阪の歴史」 大阪市史料調査会 （63） 2004.1

厠考II チュウギ文化の意味するもの（1）畿内のチュウギと飛騨（浅野弘光）「郷土研究・岐阜 ： 岐阜県郷土資料研究協議会会報」 岐阜県郷土資料研究協議会 （99） 2005.3

畿内・近国の河川支配―大和川堤防を中心に（岩城卓二）「歴史研究」 大阪教育大学歴史学研究室 （42） 2005.3

偽文書からみる畿内国境地域史―「椿井文書」の分析を通して（馬部隆弘）「史敏」 史敏刊行会 2 2005.4

幕末の徳川将軍の畿内（《中央史学会第30回大会シンポジウム「幕末維新の天皇と将軍」》）（久住真也）「中央史学」 中央史学会 （29） 2006.3

〈研究報告 畿内における戦国・織豊期の備前焼〉（《備前歴史フォーラム 備前と茶陶―16・17世紀の変革》）「備前市歴史民俗資料館紀要」 備前市歴史民俗資料館 （9） 2007.10

古墳時代における畿内と東国―5世紀後半における古東山道ルートの成立とその背景（右島和夫）「研究紀要」 由良大和古代文化研究協会 13 2008.3

近世畿内近国支配論を振り返って―広域支配研究の軌跡（《特集 近世畿内・近国社会論の現在》）（村田路人）「歴史科学」 大阪歴史科学協議会 （192） 2008.5

西摂津地域から畿内・近国社会を考える（《特集 近世畿内・近国社会論の現在》）（岩城卓二）「歴史科学」 大阪歴史科学協議会 （192） 2008.5

大庄屋研究からみた近世畿内近国研究―岩城卓二氏著『近世畿内・近国支配の構造』によせて（《特集 近世畿内・近国社会論の現在》）（志村洋）「歴史科学」 大阪歴史科学協議会 （192） 2008.5

畿内近国における方形城館と単郭山城（《第25回全国城郭研究者セミナーの報告》）（福島克彦）「中世城郭研究」 中世城郭研究会 （23） 2009.7

弾正台と畿内―律令国家監察制度の一考察（黒須利夫）「史境」 歴史人類学会, 日本図書センター（発売） （63） 2011.9

畿内政権と紀伊国造―紀直氏と紀朝臣氏（寺西貞弘）「和歌山地方史研究」 和歌山地方史研究会 （61） 2011.9

古代日本における畿内の変容過程―四至畿内から四国畿内へ（門井直哉）「歴史地理学」 歴史地理学会, 古今書院（発売） 54（5）通号262 2012.12

古墳時代中期における渡来系鍛冶技術の導入過程について―特に朝鮮半島西北部と畿内地域との関連を視野に受け入れて（真鍋成史）「たたら研究」 たたら研究会 （52） 2013.2

戦国期畿内・近国における村落の動向―広域村落連合の実態分析から地域権力との関係まで（大会発表要旨）（熱田順）「中央史学」 中央史学会 （37） 2014.3

近世後期における幕府備荒貯蓄政策の特質―畿内幕領村を対象に（研究）（尾崎真理）「ヒストリア ： journal of Osaka Historical Association」 大阪歴史学会 （244） 2014.6

紀和鉄道

甦るまほろば軌道 奈良県鉄道小話（4）南和鉄道と紀和鉄道（安彦勘吾）「月刊大和路ならら」 地域情報ネットワーク 9（7）通号94 2006.7

近畿

近畿における織豊系城郭研究10年の現状と課題（山上雅弘）「織豊城郭」 織豊期城郭研究会 （10） 2003.9

方言 色濃くのこる近畿の特徴（大家慎司）「西日本文化」 西日本文化協会 409 2005.3

「長禄の変」の歴史的背景（坂田大爾）「小野史談」 小野の歴史を知る会 （47） 2006.7

近畿古代史の旅（後藤匡史）「古代朝鮮文化を考える」 古代朝鮮文化を考える会 （22） 2007.12

分科会第3 検証される自治体史編さんと自治体アーカイブズ―近畿の現状から考える（《第34回奈良大会特集号》）―大会テーマ研究会）（島田克彦）「全国歴史資料保存利用機関連絡協議会会報」［全国歴史資料保存利用機関連絡協議会］ （84） 2009.1

シンポジウム 震災の経験を〝伝える〟―今に継承される関東大震災と阪神・淡路大震災の〈記憶〉（板垣貴志, 吉川圭太, 兒玉州平）「史料ネットnews letter」 歴史資料ネットワーク （62） 2010.5

高まる古美術再発見の機運（特集 震愁の大仏鉄道 南山城から奈良へ）「月刊大和路ならら」 地域情報ネットワーク 16（11）通号182 2013.11

阪神・淡路大震災から東日本大震災へ―大震災その後に関する調査（研究プロジェクト）（佐々木和子［ほか］）「レコード・マネジメント ： 記録管理学会誌」 記録管理学会 （65） 2013.11

震災史料をのこす―阪神・淡路大震災から東日本大震災へ（佐々木和子）「史料ネットnews letter」 歴史資料ネットワーク （75） 2014.2

阪神・淡路大震災と東日本大震災発生後に実施したアンケート結果の比較（寄稿）（河尻清和）「神奈川県博物館協会々報」 神奈川県博物館協会 （85） 2014.3

近鉄奈良線

近鉄奈良線―〇〇年の足跡を訪ねて（石田成年）「近畿文化」 近畿文化会事務局 （774） 2014.5

都市間鉄道網形成と観光地―近鉄奈良線と生駒山（1）～（3）（岸田修一）「泉佐野の歴史と今を知る会会報」 泉佐野の歴史と今を知る会 （321）/（323） 2014.9/2014.11

近鉄奈良線―〇〇年の歴史に触れる（石田成年）「河内どんこう」 やお文

化協会 （104） 2014.10

熊野

熊野地方史関係文献目録（1999）～（2004）（山本殖生）「熊野歴史研究：熊野歴史研究会紀要」 熊野歴史研究会 （7）/（12） 2000.5/2005.5

熊野を想う（平野俊）「熊野歴史研究：熊野歴史研究会紀要」 熊野歴史研究会 （8） 2001.5

近世の「大辺路」と熊野地方（《特集 大辺路》）（笠原正夫）「くちくまの」 紀南文化財研究会 120・121 2001.9

熊野の和紙（1），[続]，[完]（大西為義）「熊野歴史研究：熊野歴史研究会紀要」 熊野歴史研究会 （9）/（13） 2002.5/2006.5

熊野を起す（平野俊）「熊野歴史研究：熊野歴史研究会紀要」 熊野歴史研究会 （9） 2002.5

熊野の城―北山一揆を中心に（佐分清親）「愛城研報告」 愛知中世城郭研究会 6 2002.8

日本人の原郷・熊野を歩く（1）～（9）（伊勢田史郎）「神戸史談」 神戸史談会 291/通号300 2003.1/2007.7

古道をたずねて―熊野から奥武蔵へ（町田尚夫）「奥武蔵」 奥武蔵研究会 330 2003.3

歴史探訪スクール/熊野の歴史をよむ会/他「熊歴情報」 熊野歴史研究会 128 2003.4

熊野を伝う（平野俊）「熊野歴史研究：熊野歴史研究会紀要」 熊野歴史研究会 （10） 2003.5

吉野熊野学歴史分野―フレンズネット3県交流授業（橋本昌哉）「奈良県歴史学会紀要」 奈良県高等学校教科等研究会歴史部会 （40） 2003.5

癒しの時空 世界遺産登録を待つ吉野・熊野（22） 吉野・大峯―大峯奥駈道「吉野春秋」 樋口昌徳 205 2003.6

第5回みえ熊野学公開講座/「熊野学へのアプローチ」/他「熊歴情報」 熊野歴史研究会 133 2003.9

みえ熊野学フォーラム/「吉野熊野の魅力を探る」/他「熊歴情報」 熊野歴史研究会 134 2003.10

古語と方言（前千雄）「熊野誌」 熊野地方史研究会 （49） 2003.12

熊野に火山があったころ（後誠介）「熊野誌」 熊野地方史研究会 （49） 2003.12

道成寺物語にみる古代の熊野（寺西貞弘）「くちくまの」 紀南文化財研究会 126 2004.5

地名発掘（70） 熊野と大和（池田末則）「月刊大和路ならら」 地域情報ネットワーク 7（8）通号71 2004.8

華鏡井燕志・熊野紀行「浜ゆふの記」（杉中浩一郎）「くちくまの」 紀南文化財研究会 127 2004.12

熊野を実感する（泉和也）「郷土」 郷土の文化を考える会 6 2004.12

熊野の読書日記（澤村経夫）「郷土」 郷土の文化を考える会 6 2004.12

海の熊野・風土と暮らし（三石学）「熊野誌」 熊野地方史研究会 （50） 2004.12

熊野地名の名義と熊野の範囲（桑原康宏）「上富田文化財」 上富田文化の会 24 2005.3

古代の大和朝廷は熊野に何を求めたか―『記』『紀』『旧事紀』の神語分析（酒井聰朗）「熊野歴史研究：熊野歴史研究会紀要」 熊野歴史研究会 （12） 2005.5

2004年7月1日以降の「熊野」（平野俊）「熊野歴史研究：熊野歴史研究会紀要」 熊野歴史研究会 （12） 2005.5

私の「熊野」の地名考（谷川健一）「紀南・地名と風土研究会会報」 紀南・地名と風土研究会 （38） 2005.12

私の熊野地名考（谷川健一）「全国地名研究交流誌 地名談話室」 日本地名研究所 20 2005.12

「熊野」地名とその解釈の視点（桑原康宏）「全国地名研究交流誌 地名談話室」 日本地名研究所 20 2005.12

熊野の魅力を探る講演会/曼荼羅絵解き/那智参詣曼荼羅シンポ/熊野・ヤタガラス・サッカー/箸折峠の牛馬童子像「熊野情報」 熊野歴史研究会 （160） 2006.1

国際熊野学大会/熊野の歴史をよむ会/サッカーワールドカップ必勝祈願祭/『世界遺産 “川の参詣道”熊野川の魅力』「熊歴情報」 熊野歴史研究会 （160） 2006.1

大和探訪（50） 吉野・熊野と神武伝承（小川光三）「月刊大和路ならら」 地域情報ネットワーク 9（5）通号92 2006.5

熊野像の視点の検証（桑原康宏）「熊野」 紀南文化財研究会 通号131 2006.12

南方熊楠の見た熊野（濱岸宏一）「国際熊野学会会報」 国際熊野学会 （6） 2007.1

「遠くと近くの熊野―中世熊野と北区展―」に学ぶ（〈エキシビジョン・レビュー 北区飛鳥山博物館企画展「遠くと近くの熊野 中世熊野と北区展」によせて〉）（野尻かおる）「北区飛鳥山博物館研究報告」 東京都北区教育委員会 （9） 2007.3

熊野海賊（水軍）（新谷昊）「郷土」 郷土の文化を考える会 （7） 2007.12

房総の中の「熊野」（桐村久美子）「国際熊野学会会報」 国際熊野学会

（9） 2008.4

日本人の原郷・熊野を歩いて―平成20年度新年例会講演（伊勢田史郎）「神戸史談」 神戸史談会 通号302 2008.7

世界遺産とは逆に熊野へ（高澤秀次）「熊野誌」 熊野地方史研究会 （55） 2008.12

熊野の郷土食 さんま寿司とめはり寿司（三石学）「日本地名研究所通信」 日本地名研究所 （69） 2009.2

熊野と東国品川―地域関係の双方向性をめぐる検討（《特集 品川の中世・再発見》）（伊藤裕偉）「品川歴史館紀要」 品川区立品川歴史館 （24） 2009.3

「海上の道」と中世の房総社会―熊野神社・熊野信仰をもたらしたもの（《報告1 開館25周年記念シンポジウム「房総と熊野をつなぐもの」》）（湯浅治久）「袖ケ浦市史研究」 袖ケ浦市郷土博物館 （14） 2009.3

黒潮が伝える人・もの・文化（《報告1 開館25周年記念シンポジウム「房総と熊野をつなぐもの」》）（三石学）「袖ケ浦市史研究」 袖ケ浦市郷土博物館 （14） 2009.3

パネルディスカッション「東国の中の熊野」（《報告1 開館25周年記念シンポジウム「房総と熊野をつなぐもの」》）（林雅彦，桐村久美子，笹生衛，湯浅治久，三石学）「袖ケ浦市史研究」 袖ケ浦市郷土博物館 （14） 2009.3

伝承を訪ねる旅（2） 熊野 生と死ーと再生の願い（堀井建市）「河内どんこう」 やお文化協会 （88） 2009.6

熊野の櫂伝馬競漕（吉川壽洋）「紀南・地名と風土研究会会報」 紀南・地名と風土研究会 （45） 2009.7

幻の熊野国（新谷廣二）「流れ谷」 流れ谷同志会 （26） 2009.7

熊野の木材組合100年の沿革（前川光太郎）「流れ谷」 流れ谷同志会 （26） 2009.7

熊野の森は宝もの（清水鎮一）「流れ谷」 流れ谷同志会 （26） 2009.7

海の熊野の魅力（谷川健一）「日本地名研究所通信」 日本地名研究所 （70） 2009.10

第3回熊野学フォーラム/熊野三山歴史講座/「日本の食文化と海の幸」/『熊野検定テキストブック』「熊歴情報」 熊野歴史研究会 （176） 2009.12

“熊野人”を探る（田中弘倫）「日本地名研究所通信」 日本地名研究所 （71） 2010.1

随想 ちょっと素敵な熊野の邑里（酒井聰郎）「熊野歴史研究：熊野歴史研究会紀要」 熊野歴史研究会 （17） 2010.5

南方熊楠の見た熊野（小特集 南方熊楠関係資料の広がり）（濱岸宏一）「熊野」 紀南文化財研究会 （138） 2010.5

治承・寿永の内乱と紀伊熊野―『平家物語』などの関係諸本における熊野関係逸話の物語性と事実性（阪本敏行）「御影史学論集」 御影史学研究会 通号35 2010.10

お灯祭り―2月6日（日）/講演「中世の熊野と太平洋海運」/第4回熊野学サミット/『熊野御幸と院政』を贈呈します「熊歴情報」 熊野歴史研究会 （180） 2011.1

絵葉書に見る熊野風景百年（中瀬古友夫）「紀南・地名と風土研究会会報」 紀南・地名と風土研究会 （48） 2011.4

故郷としての熊野（スワンソン・ポール）「国際熊野学会会報」 国際熊野学会 （15） 2011.4

「大逆事件」百年と熊野―非戦と平等の源流（辻本雄一）「熊野誌」 熊野地方史研究会 （57）（別冊） 2011.5

熊野の日本狼と黒船（狼煙特集）（上野一夫）「全国地名研究交流誌 地名談話室」 日本地名研究所 （26・27） 2011.6

熊野地域の川にある中島の神様（清水鎭一）「流れ谷」 流れ谷同志会 （27） 2011.7

資料紹介「木本連中狂歌集」―「熊野」という地域（曲田浩和）「三重県史研究」 環境生活部 （27） 2012.3

火と水の神域、熊野（金山明生，楠本弘児）「国際熊野学会会報」 国際熊野学会 （17） 2012.5

絵葉書に見る熊野風景百年（2）～（4）（中瀬古友夫）「紀南・地名と風土研究会会報」 紀南・地名と風土研究会 （50）/（53） 2012.9/2014.04

対談I 宇江勝敏 熊野の自然、風土、歴史 記録：茨木和生「熊野誌」 熊野地方史研究会 （59） 2012.12

熊野の地域資源と協働の地域づくり―山村からの視点（鈴木裕範）「国際熊野学会会報」 国際熊野学会 （18） 2013.1

古代熊野の氏族とその代表である氏人（阪本敏行）「紀南・地名と風土研究会会報」 紀南・地名と風土研究会 （51） 2013.4

地名は警告する「熊野の地形・地質と地名」―那智川流域を中心に（田中弘倫）「紀南・地名と風土研究会会報」 紀南・地名と風土研究会 （51） 2013.4

幕末に熊野地方で流行した疱瘡（論考）（廣本満）「熊野」 紀南文化財研究会 （145） 2013.12

明治後期の熊野紀行文（杉中浩一郎）「熊野誌」 熊野地方史研究会 （60） 2013.12

鈴木牧之と熊野の旅（小倉肇）「熊野誌」 熊野地方史研究会 （60）

近畿　　　　　　　　地名でたどる郷土の歴史

2013.12

熊野地方の市町村史刊行の概観（笠原正夫）「熊野誌」熊野地方史研究会（60）2013.12

地形・地質からみた熊野（自然編）（後誠介）「熊野誌」熊野地方史研究会（60）2013.12

熊野地域と国立公園（自然編）（加藤雅寛）「熊野誌」熊野地方史研究会（60）2013.12

熊野地方の年貢と作徳（論考）（廣本満）「熊野」紀南文化財研究会（147）2014.11

歴史・街道文化探訪 筆文化の里・熊野（間賀田晴行）「季刊南九州文化」南九州文化研究会（120）2014.11

熊野参詣道

中世の熊野参詣道に見える王子名と地名について（堀純一郎）「田辺市史研究」田辺市史編さん室 16 2004.3

熊野参詣道についての呼称と概説（杉中浩一郎）「熊野誌」熊野地方史研究会（50）2004.12

熊野参詣道報告―近世を中心として（岩橋幸大）「上富田文化財」上富田文化の会 25 2007.3

旧本宮町・旧熊野川町に遺された熊野参詣道について（辻田友紀）「熊野」紀南文化財研究会（135）2008.11

熊野三山

熊野文化の魅力―熊野三山を中心に（山本殖生）「熊野歴史研究 ： 熊野歴史研究会紀要」熊野歴史研究会（16）2009.5

熊野灘

明治以降、熊野灘旅客海運の盛衰（石原義剛）「海と人間 ： 海の博物館・年報」海の博物館 通号29 2006.12

京阪大津線

滋賀文化事情 chapter2 祝京阪大津線100周年 その魅力と未来像（辻良樹）「湖国と文化」滋賀県文化振興事業団 36（4）通号141 2012.10

五新鉄道

甦るまほろば軌道（19）五新鉄道（安彦勘吾）「月刊大和路なら」地域情報ネットワーク 10（10）通号109 2007.10

隔された近代化遺産 奈良県知事公舎、旧奈良監獄署、屯鶴峯地下壕、五新鉄道（特集 美しき近代化遺産 明治・大正・昭和の奈良）「月刊大和路なら」地域情報ネットワーク 15（8）通号167 2012.8

参宮急行電鉄

甦るまほろば軌道（16）参宮急行電鉄（安彦勘吾）「月刊大和路なら」地域情報ネットワーク 10（7）通号106 2007.7

信貴山急行電鉄

甦るまほろば軌道（17）信貴山急行電鉄（安彦勘吾）「月刊大和路なら」地域情報ネットワーク 10（8）通号107 2007.8

信貴生駒電気鉄道

甦るまほろば軌道（15）信貴生駒電気鉄道（安彦勘吾）「月刊大和路なら」地域情報ネットワーク 10（6）通号105 2007.6

大軌

甦るまほろば軌道 奈良県鉄道小話（7）～（8）大軌の建設（安彦勘吾）「月刊大和路なら」地域情報ネットワーク 9（10）通号97/9（11）通号98 2006.10/2006.11

関西の私鉄小史―南海と大軌（近鉄）をめぐって（武知京三）「大阪市公文書館研究紀要」大阪市公文書館（21）2009.3

歩いて想う暗越奈良街道と大軌（杉山三記雄）「河内どんこう」やお文化協会（92）2010.10

大仏鉄道

鹿背山通信（6）―大仏鉄道と鹿背山（田辺英夫）「やましろ」城南郷土史研究会（25）2011.12

郷愁の大仏鉄道 築堤の上を駆け抜けた、男たちの夢（特集 郷愁の大仏鉄道 南山城から奈良へ）「月刊大和路なら」地域情報ネットワーク 16（11）通号182 2013.11

誰が呼んだか大仏鉄道 電光羅号はかく走りき（特集 郷愁の大仏鉄道 南山城から奈良へ）「月刊大和路なら」地域情報ネットワーク 16（11）通号182 2013.11

南山城から奈良へ 大仏鉄道のふるさとを歩く／刈り田広がる里山の秋／技術の高さが窺える石積みの美／失われた奈良の大仏鉄道遺構／遺構探しと想像を楽しむ道（特集 郷愁の大仏鉄道 南山城から奈良へ）「月刊大和路なら」地域情報ネットワーク 16（11）通号182 2013.11

大仏鉄道からちょっと寄り道（特集 郷愁の大仏鉄道 南山城から奈良へ）「月刊大和路なら」地域情報ネットワーク 16（11）通号182 2013.11

旧沿線の隠れスポットを巡る（特集 郷愁の大仏鉄道 南山城から奈良へ）「月刊大和路なら」地域情報ネットワーク 16（11）通号182 2013.11

大仏鉄道が走った時代 日露戦争で沸騰（特集 郷愁の大仏鉄道 南山城か

ら奈良へ）「月刊大和路なら」地域情報ネットワーク 16（11）通号182 2013.11

丹波

近世丹波村方騒動に関する一史料（村上紀夫）「ひょうご部落解放」ひょうご部落解放・人権研究所 98 2001.3

古文書から見た丹波の南北朝時代（1）～（3），（5），（6）（笠原彰）「史談福智山」福知山史談会 590/613 2001.5/2003.4

古文書から見た丹波の南北朝時代（4）―南北朝時代の幕開け（笠原彰）「史談福智山」福知山史談会 607 2002.10

伊能忠敬の丹波測量追記 手伝い人足の金が坂越（横川淳一郎）「丹波史」丹波史懇話会 23 2003.6

丹波にみる城郭と市場の関係について（高橋成計）「丹波史」丹波史懇話会 23 2003.6

幕末期における丹波の豪農―安政二年「郡用日記」（文学部所蔵園田家文書）の紹介（園田家文書研究会）「関西大学博物館紀要」関西大学博物館 10 2004.3

信楽と丹波・越前―その形態の比較（松澤修）「紀要」滋賀県文化財保護協会（17）2004.3

近世丹波焼の成立と展開―丹波焼における技術移入・導入と技術拡散を中心に（長谷川眞）「塵界 ： 兵庫県立歴史博物館紀要」兵庫県立歴史博物館（15）2004.3

貝原益軒の『己巳紀行』（丹波・丹後・若狭紀行）についての談義（嵐光澂）「史談福智山」福知山史談会 638 2005.5

室町・戦国期の籾井氏について―丹波多野氏被官小考（中西裕樹）「丹波」丹波史談会（7）2005.10

小考丹波志の序説―丹波志成立の過程とその史料性（後藤靖生）「丹波史」丹波史懇話会（26）2006.6

丹波の水別れ―由良川・大堰川水系の谷中分水界（〈特集 丹波の水系河川とその歴史文化〉）（秋里悠兒）「丹波」丹波史談会（8）2006.10

丹波の黒土―その風土と歴史・文化（浅井義久）「丹波」丹波史談会（9）2007.10

丹波窯にみられる備前系技術―16・17世紀を中心に（《備前歴史フォーラム 備前と菊陶―16・17世紀の変革》）（長谷川眞）「備前市歴史民俗資料館紀要」備前市歴史民俗資料館（9）2007.10

丹波戦国の村 禁制の語るもの（荒木大三）「いちじま史研」丹波市市島町史実研究会（53）2009.4

四、五世紀の丹波とヤマト政権（塚口義信）「つどい」豊中歴史同好会（264）2010.1

丹波の災害（第一部）―地震・津波・噴火・風水害（上野栄二）「丹波」丹波史談会（13）2011.11

タカノからヤマトへ―移りゆく丹波王権（奥村清一郎）「地名探究」京都地名研究会（10）2012.4

丹波の災害（第一部）―火災・旱魃・飢饉・疫病・強訴・一揆（上野栄二）「丹波」丹波史談会（14）2012.10

万延元年の一揆（研究ノート）（稲元源太郎）「丹波」丹波史談会（16）2014.10

『丹波地誌』考（資料紹介）（上野棠二）「丹波」丹波史談会（16）2014.10

丹波国

丹波国六郡村々高控からみる丹波の変遷（1）（小畑弘）「丹波」丹波史談会（9）2007.10

触にみる近世「徳川領国」内丹波国の構造―京都府域関係古文書のアレンジメントの前提として（5）（総合資料館・府立学共同研究事業―総合資料館と府立学共同研究（近世部門）論文集―徳川日本と京都町奉行支配国の諸相―）（山田洋一）「資料館紀要」京都府立総合資料館（38）2010.3

波多野氏の丹波国支配をめぐって―天文・永禄年間を知勇心を中心に（渡邊大門）「鷹陵史学」鷹陵史学会（37）2011.9

阪鶴鉄道

阪鶴鉄道に関しての史料（1），（2）（嵐光澂）「史談福智山」福知山史談会（690）/（691）2009.9/2009.10

コラム 修羅が福知山でも発見されていた（塩見昭吾）「史談福智山」福知山史談会（692）2009.11

「阪鶴鉄道唱歌」について（史料紹介）（田中敦）「地域史研究 ： 尼崎市立地域研究史料館紀要 ： Bulletin of the history of Amagasaki」尼崎市立地域研究史料館（110）2010.9

阪急

展示案内 第74回展示 阪急100周年記念展「館報池田文庫」阪急学園池田文庫（31）2007.10

講演会報告 第74回展示講演会「阪急の100年―お客さまと歩みつづけて1世紀」（松原徳一）「館報池田文庫」阪急学園池田文庫（32）2008.4

展示報告 第74回展示 阪急100周年記念展「館報池田文庫」阪急学園池田文庫（32）2008.4

阪急電車

随想・阪急電車の昔と今（西本珠夫）「みちしるべ ： 尼崎郷土史研究会々誌」 尼崎郷土史研究会 28 2000.3
講演会報告 阪急電車いまむかし（羽川英樹）「館報池田文庫」 阪急学園池田文庫 （35） 2009.12
展示報告 第77回展示「阪急の電車いまむかし」 利用案内「館報池田文庫」 阪急学園池田文庫 （35） 2009.12
池田文庫ギャラリー 双六「阪急電車沿線双六（お年玉名所すごろく）」「館報池田文庫」 阪急学園池田文庫 （38） 2011.6

阪急電鉄

シンポジウム要旨 公共マナーとポスターデザイン―展示「阪急電鉄マナーの歴史」にちなんで「館報池田文庫」 阪急学園池田文庫 （24） 2004.4
展示報告 第66回展示 阪急電鉄マナーの歴史―池田文庫所蔵ポスターより/第67回展示 歌舞伎絵看板展―明治の新聞小説と歌舞伎「館報池田文庫」 阪急学園池田文庫 （24） 2004.4
報告 近代化産業遺産の認定をうけて「館報池田文庫」 阪急学園池田文庫 （35） 2009.12

阪神

「震災論」のゆくえ（藤原直子，季村敏夫，季村範江，木内寛子，笠原一人，蘇理剛志，佐々木和子）「瓦版なまず」 震災・まちのアーカイブ 14 2003.1
震災資料の現状と展望（菅祥明）「瓦版なまず」 震災・まちのアーカイブ 14 2003.1
阪神・淡路大震災記念（人と防災未来センター資料室）「記録と史料 ： journal of the Japan Society of Archives Institutions」 全国歴史資料保存利用機関連絡協議会 通号13 2003.3
阪神・淡路大震災の歴史資料の保全と歴史資料ネットワーク（奥村弘）「兵庫のしおり」 兵庫県 5 2003.3
私の震災体験―1月17日・18日のこと（直木孝次郎）「歴史と神戸」 神戸史学会 42（6）通号241 2003.12
『阪神名勝図絵』にみる地域の面影（明尾圭造）「関西大学博物館紀要」 関西大学博物館 10 2004.3
阪神淡路大震災大社支援隊（森山龍雄）「大社の史話」 大社史話会 138 2004.3
明治初期の東京・阪神間海上交通について（山崎善啓）「郵便史研究 ： 郵便史研究会紀要」 郵便史研究会 （17） 2004.3
震災体験（村山正晃）「歴史と神戸」 神戸史学会 43（2）通号243 2004.4
明治期の阪神・愛媛間の旅程―西村茂樹・大和田建樹の旅日記から（山崎善啓）「伊予史談」 伊予史談会 （334） 2004.7
阪神大地震10年図巻開催の弁花と痴漢とお犬さま「西宮文化協会会報」 西宮文化協会 437 2004.8
阪神淡路大震災からもうすぐ10年（《特集 震災から10年》）（滝野雅博）「ひょうご部落解放」 ひょうご部落解放・人権研究所 114 2004.9
解放の視点 大震災と部落（森田清美）「ひょうご部落解放」 ひょうご部落解放・人権研究所 114 2004.9
記念講演 震災10年、地域とともに歩んだ外国人との共生（《部落解放研究第25回兵庫県集会報告書》）（神田裕）「ひょうご部落解放」 ひょうご部落解放・人権研究所 115 2004.12
震災10年特別展「西宮文化協会会報」 西宮文化協会 442 2005.1
10年前の被災街頭貼紙集（廣瀬久也）「西宮文化協会会報」 西宮文化協会 443 2005.2
資料の保存と修復―阪神淡路大震災から10年 アーカイブズと災害（坂本勇）「千葉県の文書館」 千葉県文書館 （10） 2005.2
阪神・淡路大震災の教訓は生かされたのか―文化財保護法を柱にした「地域史料」調査の実践（《小特集 民間所在史料のゆくえ》）（平井義人）「地方史研究」 地方史研究協議会 55（2）通号314 2005.4
阪神淡路大震災の記憶（阪口昌弘）「西宮文化協会会報」 西宮文化協会 （467） 2007.2
巻頭言 歴史的事件としての阪神淡路大震災（奥村弘）「史料ネットnews letter」 歴史資料ネットワーク （52） 2008.2
阪神・淡路大震災の記録を集める（講演）（佐々木和子）「松本市史研究 ： 松本市文書館紀要」 松本市 （18） 2008.3
阪神・淡路大震災時における自治労の活動―長野県本部を中心に（卒業論文要旨）（池島知代）「御影史学論集」 御影史学研究会 通号34 2009.10
記憶からたどる阪神・淡路大震災の復旧活動―神戸市長田区役所職員の聞き取り調査から（卒業論文要旨）（林田怜菜）「御影史学論集」 御影史学研究会 通号34 2009.10
巻頭言 阪神・淡路大震災から15年―資料保全活動の発展的継承に向けて（吉川圭太）「史料ネットnews letter」 歴史資料ネットワーク （61） 2010.1
創刊号でついえたか？「東神戸新聞」―創刊四日後に阪神大水害に遭遇して（吉井正彦）「歴史と神戸」 神戸史学会 49（2）通号279 2010.4
阪神・淡路大震災と救済した歴史資料のその後―地域連携と活用・研究の深まり（坂江渉）「Link ： 地域・大学・文化」 神戸大学大学院人文学研究科地域連携センター 2 2010.8
震災記録 震災時の陸上自衛隊「地域研究いたみ」 伊丹市 （40） 2011.3
阪神・淡路大震災の震災資料をめぐる現状と課題―人と防災未来センター資料室の取り組みから（特集 災害と歴史資料保全）（吉川圭太，兒玉州平）「歴史」 東北史学会 118 2012.4
もりもとまきのアーキビストの目 所蔵資料紹介 西淀川と阪神・淡路大震災―写真が伝える、大きな被害「Ecomuse資料館だより」 あおぞら財団付属西淀川・公害と環境資料館 （40） 2012.4
次はあんたらの番やで―震災語り部 長谷川忠一氏インタビュー「瓦版なまず」 震災・まちのアーカイブ （28） 2013.4
松戸と阪神タイガース（宇田川正）「松戸史談」 松戸史談会 （53） 2013.11
藤井が語るこの資料 小さな街の大きな被害―「西淀川の震災展」の記録（患者会資料No.6228）（藤井正太）「Ecomuse資料館だより」 あおぞら財団付属西淀川・公害と環境資料館 （46） 2013.11
阪神・淡路大震災時の淡路における史・資料救出活動（フィールドレポート）（海部伸雄）「Link ： 地域・大学・文化」 神戸大学大学院人文学研究科地域連携センター 5 2013.11
神戸市文書館企画展「戦時下に起こった阪神大水害」（活動報告）（吉原大志）「Link ： 地域・大学・文化」 神戸大学大学院人文学研究科地域連携センター 5 2013.11
解放の視点 阪神・淡路大震災二〇年に想う（河村宗治郎）「ひょうご部落解放」 ひょうご部落解放・人権研究所 155 2014.12
阪神・淡路大震災の記憶を受け継ぐということ（特集 震災から20年、被災地からの発信）（頼政良太）「ひょうご部落解放」 ひょうご部落解放・人権研究所 155 2014.12
震災と住居―応急居住段階・仮設住宅等の問題点を中心に（特集 震災から20年、被災地からの発信）（橋本貴美男）「ひょうご部落解放」 ひょうご部落解放・人権研究所 155 2014.12
阪神・淡路大震災の負の教訓と課題（特集 震災から20年、被災地からの発信）（中島絢子）「ひょうご部落解放」 ひょうご部落解放・人権研究所 155 2014.12
新たな出発―阪神・淡路大震災20年（特集 震災から20年、被災地からの発信）（清水誠一）「ひょうご部落解放」 ひょうご部落解放・人権研究所 155 2014.12

福知山線

神崎駅・尼崎駅・福知山線の話 付「西宮駅エビスさんの臨時列車」と「明治33年全国鉄道地図」（西本珠夫）「みちしるべ ： 尼崎郷土史研究会々誌」 尼崎郷土史研究会 （39） 2011.3

牟婁

雑賀貞次郎『牟婁口碑集』を読む（広川英一郎）「昔話伝説研究」 昔話伝説研究会 （27） 2007.5

滋賀県

愛荘町

湖東地域における戦後農業の変遷と地域景観の復権―愛荘町長野西集落を事例として（調査研究報告）（谷川聰一）「愛荘町歴史研究」 愛荘町教育委員会 （2）2009.2

ヨシ製品を滋賀から全国に発信 コクヨ工業滋賀（愛荘町）（特集 ヨシものがたり）「湖国と文化」 滋賀県文化振興事業団 36（3）通号140 2012.7

芦浦観音寺

近世前期琵琶湖の船支配と芦浦観音寺《大会特集敦賀―日本海～琵琶湖、風の通り道》―〈問題提起〉（藤田恒春）「地方史研究」 地方史研究協議会 55（4）通号316 2005.8

浅井

ふるさと浅井のむかしばなし（1）「長浜城歴史博物館友の会友の会だより」 長浜城歴史博物館友の会 （99）2008.1

浅小井

浅小井のこみそ（粉味噌）について《特集 地元に残したい食材（3）》（森井サワ子）「滋賀の食事文化（年報）」 滋賀の食事文化研究会 （15）2006.12

朝妻

琵琶湖の良港・朝妻―その歴史と立地「長浜城歴史博物館友の会友の会だより」 長浜城歴史博物館友の会 55 2004.5

朝宮

茶どころ（2）朝宮茶 「夏を越して旨みが出るお茶」茶生産団地で伝統を守る（特集 近江茶どころ）「湖国と文化」 滋賀県文化振興事業団 35（4）通号137 2011.10

安土

安土における面会場所と宿所について（松下浩）「織豊期城郭」 織豊期城郭研究会 （10）2003.9

『安土日記』に記された「安土御山」・「安土」（鑓田恵美子）「織豊期城郭」 織豊期城郭研究会 （10）2003.9

「天皇行幸」から見た安土築城について（石橋正嗣）「研究紀要」 滋賀県安土城郭調査研究所 10 2004.8

《特集 信長と安土に歴史のロマンを探る》「湖国と文化」 滋賀県文化振興事業団 29（3）通号112 2005.7

信長が安土に託したもの（童門冬二）「湖国と文化」 滋賀県文化振興事業団 29（3）通号112 2005.7

文化財巡り 安土・近江八幡水郷を巡って（田原文化協会文芸部会）「さんえん」 三遠地方民俗と歴史研究会 （33）2006.7

安土城

安土城（山本真申）「えびの」 えびの市史談会 34 2000.5

安土城下町の再考（近藤滋）「研究紀要」 滋賀県安土城郭調査研究所 9 2003.8

伝前田利家邸跡の整備―特別史跡安土城跡（石橋正嗣）「研究紀要」 滋賀県安土城郭調査研究所 9 2003.8

安土城下町の町割に関する一考察（松下浩）「研究紀要」 滋賀県安土城郭調査研究所 9 2003.8

安土城の総構と城内の縄張り（近藤滋）「研究紀要」 滋賀県安土城郭調査研究所 10 2004.8

安土城の南口に秘められた信長の謀（仲川靖）「研究紀要」 滋賀県安土城郭調査研究所 10 2004.8

安土城跡の歴史をめぐる考察（松下浩）「研究紀要」 滋賀県安土城郭調査研究所 10 2004.8

安土城と琵琶湖（近藤滋）「湖国と文化」 滋賀県文化振興事業団 29（3）通号112 2005.7

安土城の大手道は無かった―登城口と御成口（木戸雅寿）「紀要」 滋賀県文化財保護協会 （20）2007.3

安土城天主は天正6年に崩壊か？（西ヶ谷恭弘）「城郭だより ： 日本城郭史学会会報」 ［日本城郭史学会］ （59）2007.10

安土城と徳富蘇峰（松下浩）「研究紀要」 滋賀県安土城郭調査研究所 （13）2008.3

安土城今昔 そして私の思い（山北勲夫）「城」 東海古城研究会 （200）2008.8

安土城の石段「三訪会会報」 三成学区の歴史と自然を訪ねる会 （53）2011.11

安土城の歴史と構造（特集 名城めぐり）（松下浩）「福山市立福山城博物

館友の会だより」 福山市立福山城博物館友の会 （43）2013.6

安土城随想―安土山より三上山を眺む（小嵜善通）「近江学 ： 文化誌近江学」 成安造形大学附属近江学研究所，サンライズ出版（発売） （6）2014.1

安土城天主の構造および外観に関する復元考察（論説）（佐藤大規）「史学研究」 広島史学研究会 （283）2014.3

安土山

安土城随想―安土山より三上山を眺む（小嵜善通）「近江学 ： 文化誌近江学」 成安造形大学附属近江学研究所，サンライズ出版（発売） （6）2014.1

阿曽津千軒

伝承に見る淡海（28）水没した阿曽津千軒と阿曽津婆の話（黄地百合子）「湖国と文化」 滋賀県文化振興事業団 34（2）通号131 2010.4

安曇川

滋賀県途中・葛川・朽木・安曇川の文化財（品角阿止美）「史跡と美術」 史跡美術同攷会 76（1）通号761 2006.1

伝承に見る淡海（27）安曇川の筏の神さま、シコブチ神（黄地百合子）「湖国と文化」 滋賀県文化振興事業団 34（1）通号130 2010.1

安曇川沿いに時代と趣異なる名園 朽木池の沢と旧秀隣寺（特集 近江の庭園文化―庭と私）（宮崎雅充）「湖国と文化」 滋賀県文化振興事業団 37（2）通号143 2013.3

姉川

戦場をあるく―戦場調査ガイド姉川合戦場をあるく（太田浩司）「織豊期研究」 織豊期研究会 （6）2004.10

市史をひもといて（12）「姉川地震」「長浜城歴史博物館友の会友の会だより」 長浜城歴史博物館友の会 （116）2009.6

姉川さざれ石「佐加太 ： 米原市文化財ニュース」 米原市教育委員会 （35）2012.3

シリーズ 歴史に学ぶ防災・減災 姉川地震（1）「長浜城歴史博物館友の会友の会だより」 長浜城歴史博物館友の会 （156）2012.10

石造物の宝庫・吉槻 山間交通の要衝・吉槻/姉川の矢石穴（特集 東草野の山村景観―東草野の山村景観）「佐加太 ： 米原市文化財ニュース」 米原市教育委員会 （39）2014.3

穴太

対談 穴太衆積―命が宿る石の声（特集 "石" のある風景）（栗田純司，大岩剛一）「近江学 ： 文化誌近江学」 成安造形大学附属近江学研究所，サンライズ出版（発売） （4）2012.1

阿弥陀山

歴史豊かな西方浄土の山 阿弥陀山（シリーズ 一等三角点の山と私（2））（小林守）「湖国と文化」 滋賀県文化振興事業団 36（4）通号141 2012.10

安楽越

訪れたいスポット spot1 沖島/spot2 新名神土山サービスエリア/spot3 安楽越/spot4 小入峠（特集 滋賀は道の国）「湖国と文化」 滋賀県文化振興事業団 36（1）通号138 2012.1

いかごの里

歴史探求ハイク「いかごの里・木之本町黒田から大音を歩く」報告「長浜城歴史博物館友の会友の会だより」 長浜城歴史博物館友の会 （118）2009.8

井川

八日市の井川（森野吉雄）「蒲生野」 八日市郷土文化研究会 通号41 2009.12

石田町

統・ふるさと歴史散歩「三成の里」―長浜市石田町（早藤貞二）「湖国と文化」 滋賀県文化振興事業団 32（3）通号124 2008.7

石寺

統・ふるさと歴史散歩「観音寺城跡」―安土町石寺（早藤貞二）「湖国と文化」 滋賀県文化振興事業団 34（1）通号130 2010.1

石橋

特集 石橋紀行（森野秀三，村瀬佐太美，浦田勝美）「湖国と文化」 滋賀県文化振興事業団 32（2）通号123 2008.4

石部宿

東海道石部宿―おかげまいりとええじゃないか（八杉淳）「滋賀文化財教

滋賀県　　地名でたどる郷土の歴史　　近畿

室シリーズ」 滋賀県文化財保護協会 （222） 2007.3
おうみ（近江）おうみ（多見）歩く（13） 旧東海道（1） 三雲から旧石部宿（加藤賢治）「湖国と文化」 びわ湖芸術文化財団 38（2）通号147 2014.4

石山
琵琶湖八景を巡る（続）北の賤ヶ岳、南の瀬田・石山 歴史的な二大拠点（植田耕司）「湖国と文化」 滋賀県文化振興事業団 36（3）通号140 2012.7

一円屋敷
シリーズ「琵琶湖世界の地域デザイン」（3）山の辺の道 活性化を図る拠点に 歴史的な古民家「一圓屋敷」を受け入れる（山崎一眞）「湖国と文化」 滋賀県文化振興事業団 36（3）通号140 2012.7
シリーズ「琵琶湖世界の地域デザイン」（4）多賀「里の駅（プラットフォーム）」の活動が定着 古民家「一圓屋敷」を起点とした山の辺の里づくり（山崎一眞）「湖国と文化」 滋賀県文化振興事業団 36（4）通号141 2012.10

伊藤糸店
伊藤糸店の店法草案（史料紹介）（宇佐美英機）「滋賀大学経済学部附属史料館研究紀要」 滋賀大学経済学部附属史料館 （45） 2012.3

伊吹
朗読劇 次代へつなごう伊吹大根（肥田文子［ほか］）「滋賀の食事文化（年報）」 滋賀の食事文化研究会 （13） 2004.12
幻の伊吹大根 純度の高い種目指し30年以上取り組む 木之本町の山内喜平さん（特集 伊吹山の現在（いま））「湖国と文化」 滋賀県文化振興事業団 35（3）通号136 2011.7

伊吹町
曲石の石切り場跡（伊吹町）（高橋順之）「佐加太 ： 米原市文化財ニュース」 米原市教育委員会 （19） 2004.3
女人禁制を物語る「手掛け岩」（伊吹町）（高橋順之）「佐加太 ： 米原市文化財ニュース」 米原市教育委員会 （20） 2004.10

伊吹山
伊吹山頂の着氷観測所（中井均）「佐加太 ： 米原市文化財ニュース」 米原市教育委員会 （27） 2008.2
伊吹山の洞窟探訪（高橋順之）「佐加太 ： 米原市文化財ニュース」 米原市教育委員会 （27） 2008.2
色とりどりの花で着飾る近江と琵琶湖を守護する巨人（特集 伊吹山の現在（いま））（中野剛）「湖国と文化」 滋賀県文化振興事業団 35（3）通号136 2011.7
山全体が大きな里山 伊吹山と人との関わり（特集 伊吹山の現在（いま））（高橋順之）「湖国と文化」 滋賀県文化振興事業団 35（3）通号136 2011.7
貴重な石灰岩の山 採掘跡地の植生を復元（特集 伊吹山の現在（いま））（編集室）「湖国と文化」 滋賀県文化振興事業団 35（3）通号136 2011.7
中世の寺院や戦国時代の城跡をたどるピークから見る伊吹が壮観／伊吹の麓で名水巡り（特集 伊吹山の現在（いま））「湖国と文化」 滋賀県文化振興事業団 35（3）通号136 2011.7
調査報告（2）伊吹山麓「峠のシシ垣」の測量調査（高橋順之）「佐加太 ： 米原市文化財ニュース」 米原市教育委員会 （34） 2011.10
自然・歴史・暮らし 魅力がつきない山 伊吹山（シリーズ 一等三角点の山と私（5）完）（久保豊和）「湖国と文化」 滋賀県文化振興事業団 37（3）通号144 2013.7

今市上砦
賤ヶ岳合戦における前衛と後衛の陣城―天神山砦・今市上砦・小谷城西部の城郭遺構について（高橋成計）「丹波史」 丹波史懇話会 （26） 2006.6

今井樋
野洲川下流の用水樋―乙窪の今井樋を中心に（古川与志継）「野洲市歴史民俗博物館研究紀要」 野洲市歴史民俗博物館 （14） 2010.3

今出川
彦根藩主の食―今出川豆腐と醍井餅の再現（《特集 地元に残したい食材（3）》）（高正晴子）「滋賀の食事文化（年報）」 滋賀の食事文化研究会 （15） 2006.12

井元城
フィールドワークノート近江井元城（長谷川博美）「愛城研報告」 愛知中世城郭研究会 （13） 2009.8

入江内湖
戦争中の入江内湖干拓事業（米原町）「佐加太 ： 米原市文化財ニュース」 米原市教育委員会 （20） 2004.10

ヴォーリズ今津郵便局
報告2 市民の手で建物の整備と記録作り ヴォーリズ今津郵便局の会（特集 ヴォーリズ没後50年―William Merrell 8 ヴォーリズの名建築を訪

ねて）「湖国と文化」 びわ湖芸術文化財団 38（4）通号149 2014.10

永源寺町
収蔵資料紹介 木地屋関連文書とゆかりの地・永源寺町（福西大輔）「武蔵村山市立歴史民俗資料館報 ： 資料館だより」 武蔵村山市立歴史民俗資料館 40 2004.3

枝村
中世末期における美濃和紙の流通機構―京都宝慈院領美濃大矢田市と近江枝村紙商人（吉田義治）「岐阜県歴史資料館報」 岐阜県教育文化財団歴史資料館 （29） 2006.2

愛知川
近江路の俳諧 風雅のネットワーク―愛知川の里秋（調査研究報告）（藤井美保子）「愛荘町歴史研究」 愛荘町教育委員会 （1） 2008.2
近江路の俳諧―愛知川の俳諧額と京の宗匠五仲庵有節（調査研究報告）（藤井美保子）「愛荘町歴史研究」 愛荘町教育委員会 （2） 2009.2
茶どころ（5）愛東のお茶 「見ばは悪いが味は負けない」愛知川の河岸段丘で栽培（特集 近江茶どころ）「湖国と文化」 滋賀県文化振興事業団 35（4）通号137 2011.10

愛知川町
愛知川町史の目指すもの（渡部幹雄）「愛知川町史研究」 愛知川町教育委員会町史編さん室 1 2003.3
愛知川町における古文書整理作業について（増田巧）「愛知川町史研究」 愛知川町教育委員会町史編さん室 2 2004.3
荘園故地水利・地名調査によせて（大高康正）「愛知川町史研究」 愛知川町教育委員会町史編さん室 2 2004.3
報告書 愛知川町荘園故地 水利地名調査報告書―愛智荘・大国荘域を想定して「愛知川町史研究」 愛知川町教育委員会町史編さん室 2 2004.3
湖東地域の石工に関する研究ノート―愛知川町域に所在する二例の石工銘から（田井中洋介）「滋賀県地方史研究」 滋賀県地方史研究家連絡会 （16） 2006.5
報告書 愛荘町荘園故地 水利地名調査報告書II―愛智荘・大国荘を想定して「愛荘町歴史研究」 愛荘町教育委員会 （1） 2008.2

愛知高等女学校
滋賀県立愛知高等女学校における「花」「茶」の受容―学科目「農業」との関連を交えて（小林善帆）「愛知川町史研究」 愛知川町教育委員会町史編さん室 3 2005.3

愛知実業学校
実業学校における「花」・「茶」の受容―滋賀県愛知郡愛知実業学校女子部を事例に（小林善帆）「愛知川町史研究」 愛知川町教育委員会町史編さん室 2 2004.3

愛智荘
報告書 愛知川町荘園故地 水利地名調査報告書―愛智荘・大国荘域を想定して「愛知川町史研究」 愛知川町教育委員会町史編さん室 2 2004.3
報告書 愛知川町荘園故地 水利地名町報告書II―愛智荘・大国荘を想定して「愛荘町歴史研究」 愛荘町教育委員会 （1） 2008.2

追分
伊勢参宮本街道を歩く（4）藤尾～追分（吉井貞俊）「大阪春秋」 新風書房 38（2）通号139 2010.7

逢坂山トンネル
学芸員のノートから 逢坂山トンネルの軍需工場・記憶の断片（樋爪修）「大津歴博だより」 大津市歴史博物館 （76） 2009.7

近江
寝物語の古文書―国境（美濃と近江）の人々（福田栄次郎）「岐阜県歴史資料館報」 岐阜県教育文化財団歴史資料館 （23） 2000.3
《特集 地名から近江の歴史をよむ》「湖国と文化」 滋賀県文化振興事業団 91 2000.4
近江の地名について（吉田金彦）「湖国と文化」 滋賀県文化振興事業団 91 2000.4
地名から近江の歴史をよむ「湖国と文化」 滋賀県文化振興事業団 91 2000.4
地名から近江の歴史をよむ（寿福滋）「湖国と文化」 滋賀県文化振興事業団 91 2000.4
近江の食文化 朝鮮通信使と近江（高正晴子）「湖国と文化」 滋賀県文化振興事業団 91 2000.4
城が語る近江の戦国史（中井均）「湖国と文化」 滋賀県文化振興事業団 92 2000.7
近江の戦国略年譜／市町村別城郭分布図／滋賀県中近世城郭分布図「湖国と文化」 滋賀県文化振興事業団 92 2000.7
近江土豪「嶋」（飯村）氏の土井家仕官（筒井稔）「かりや ： 郷土研究誌」 刈谷市郷土文化研究会 （22） 2001.3
近江「本山石灰」の偽称騒ぎと京都改所設立―藤田家文書『改所一件記』

から（中川真澄）「地方史研究」 地方史研究協議会 51（2）通号290 2001.4
松前藩と近江商人（宮下正司）「とどまつ ： 北海道開拓記念館・開拓の村友の会会報」 北海道開拓記念館・開拓の村友の会 （20） 2001.10
激動の明治維新と近江商人（小林隆）「彦根郷土史研究」 彦根史談会 38 2003.1
近江国御家人鎌田氏と関係史料—伊賀名張鎌田文書・「弘化帖」所収影写本を中心に（恵良宏）「皇学館史学」 皇学館大学史学会 通号18 2003.3
平成15年度 近江の文化財展（通年）「浮城 ： 滋賀県立琵琶湖文化館情報誌」 滋賀県立琵琶湖文化館 22 2003.4
近江の渡来地名を探る 大津市で第22回地名研究者大会「都藝泥布 ： 京都地名研究会会報」 ［京都地名研究会事務局］ 5 2003.7
栃木の造り酒屋と近江商人（小川聖）「歴史と文化」 栃木県歴史文化研究会，随想舎（発売） （12） 2003.8
盛岡商人伝 南部公と「小田喜」 話題も多い「馬町」 エリート商人「木津権」 「御仮屋」と斉藤家近江商人の舞台呉服町（大正十三造）「擬宝珠」 盛岡の歴史を語る会 （143） 2003.12
近江八話（1） 「半次郎」での出会い（鈴木康弘）「静岡歴研会報」 静岡県歴史研究会 106 2004.1
近江商人の「立身」「出世」観（宇佐美英機）「滋賀大学経済学部附属史料館研究紀要」 滋賀大学経済学部附属史料館 （37） 2004.2
近江八話（2） 鯖街道を行く—周辺の寺を尋ねつつ（鈴木康弘）「静岡歴研会報」 静岡県歴史研究会 107 2004.3
北前船と近江商人（牧野隆信）「江渟の久爾」 江沼地方史研究会 （49） 2004.4
近世後期の絵図・地誌作成と「旅行文化」—近江の旅行史関係史料から（《特集 近世民衆の移動と社会変容—旅・観光の視点から》）（青柳周一）「民衆史研究」 民衆史研究会 （67） 2004.5
平成16年度友の会記念講演会「近江の歴史とその風土」「長浜城歴史博物館友の会友の会だより」 長浜城歴史博物館友の会 56 2004.6
近江の銅鐸—その不思議に遊ぶ（水野正好）「近畿文化」 近畿文化会事務局 656 2004.7
特別展「フェノロサ・天心の見た近江」—明治21年臨時全国宝物調査から「浮城 ： 滋賀県立琵琶湖文化館情報誌」 滋賀県立琵琶湖文化館 25 2004.9
近江は誘う—古代・中世・近世の歴史の舞台（佐土根脩）「文化情報」 北海道文化財保護協会 270 2004.10
一寸一服 近江と江戸（小笠原宏樹）「湖国と文化」 滋賀県文化振興事業団 29（1）通号110 2005.1
講演録 「中井源左衛門家文書」と「近江商人」研究（宇佐美英機）「滋賀大学経済学部附属史料館研究紀要」 滋賀大学経済学部附属史料館 （38） 2005.2
しょっぱい川向こうの北海道史料 海を渡った近江商人たち（堀井靖枝）「赤れんが ： 北海道立文書館報」 北海道立文書館 40 2005.2
近江八話（鈴木康弘）「静岡歴研会報」 静岡県歴史研究会 （111） 2005.3
近江天保一揆史料について（7）—永原共有文書を中心に（古川与志継）「野洲市歴史民俗博物館研究紀要」 野洲市歴史民俗博物館 （11） 2005.3
紀州山本氏と近江源氏山本義経一族（小谷正，駒野裕佳）「和歌山県立文書館紀要」 和歌山県 （10） 2005.3
近江雁皮紙（松井由美子）「湖国と文化」 滋賀県文化振興事業団 29（2）通号111 2005.4
近江本藍染（松井智映）「湖国と文化」 滋賀県文化振興事業団 29（2）通号111 2005.4
ルーツは近江—輝ける人々［1］～（3）（鵜飼修三）「湖国と文化」 滋賀県文化振興事業団 29（2）通号111/29（4）通号113 2005.4/2005.10
平成17年度友の会総会・記念講演会 古代近江の木簡と湖北の文化（佐藤宗諄）「長浜城歴史博物館友の会友の会だより」 長浜城歴史博物館友の会 69 2005.7
「近江商人」社会と商業慣行（《大会特集敦賀—日本海～琵琶湖、風の通り道》—〈問題提起〉）（宇佐美英機）「地方史研究」 地方史研究協議会 55（4）通号316 2005.8
近江の渡来文化（猪熊兼勝）「近畿文化」 近畿文化会事務局 （672） 2005.11
近江を訪ねて（亀元義男）「もろかた ： 諸県」 都城史談会 （39） 2005.12
近江古代史の旅（松本保）「つどい」 豊中歴史同好会 （214） 2006.1
近江八話（鈴木康弘）「静岡歴研会報」 静岡県歴史研究会 （114） 2006.3
近江の法隆寺式軒瓦（北村圭弘）「紀要」 滋賀県文化財保護協会 （19） 2006.3
『延喜式』諸国駅伝馬条と近江の交通路—伝馬供給施設を巡って（内田保之）「紀要」 滋賀県文化財保護協会 （19） 2006.3
講演録 近江の街道の特性—おもに中山道を中心に（木村至宏）「滋賀大学経済学部附属史料館研究紀要」 滋賀大学経済学部附属史料館 （39） 2006.3
特別陳列「赤羽刀と近江の刀剣」「長浜城歴史博物館友の会友の会だより」 長浜城歴史博物館友の会 （86） 2006.12
街道の近江菓子—食と名物（桂田峰男）「佐加太 ： 米原市文化財ニュース」 米原市教育委員会 （25） 2007.1
講演録 近江の街道と宿場（八杉淳）「滋賀大学経済学部附属史料館研究紀要」 滋賀大学経済学部附属史料館 （40） 2007.3
新4階パネル展示 とんぼとめぐる近江の文化財（榊拓敏）「浮城 ： 滋賀県立琵琶湖文化館情報誌」 滋賀県立琵琶湖文化館 30 2007.3
平成17年度記念講演会「古代近江の木簡と湖北の文化」「長浜城歴史博物館友の会友の会だより」 長浜城歴史博物館友の会 （93） 2007.7
朝鮮通信使と近江—饗応記録に見る鳥獣類（《特集 地元に残したい食材（5）》）（高正晴子）「滋賀の食事文化（年報）」 滋賀の食事文化研究会 （17） 2008.12
近江学概論—湖と道と山（木村至宏）「近江学 ： 文化誌近江学」 成安造形大学附属近江学研究所，サンライズ出版（発売） （1） 2009.1
近江の歴史 近世近江の宿場町と街道—「まなざし」の視点から（水本邦彦）「近江学 ： 文化誌近江学」 成安造形大学附属近江学研究所，サンライズ出版（発売） （1） 2009.1
近江商人と桐生（清水照治）「桐生史苑」 桐生文化史談会 （48） 2009.3
平成20年度滋賀県指定文化財『近江輿地志略』（樋爪修）「滋賀文化財教室シリーズ」 滋賀県文化財保護協会 （231） 2009.3
近江天保一揆 平成の判決（《特集 シニアが見つけた！ 湖国の文学II》）（小山康夫）「湖国と文化」 滋賀県文化振興事業団 33（3）通号128 2009.7
江濃境目地域の狼煙研究（池田誠）「戦乱の空間」 戦乱の空間編集会 （8） 2009.7
興味津津 私の近江（5） 近江商人とは何だったのか（MOTOKO）「湖国と文化」 滋賀県文化振興事業団 33（4）通号129 2009.10
「雪の山」から近江の古代を（外村芳夫）「蒲生野」 八日市郷土文化研究会 通号41 2009.12
長浜城歴史博物館友の会25周年記念事業「近江文化の源流を訪ねて—遣唐使の南航路 最澄・空海の道を行く」報告「長浜城歴史博物館友の会友の会だより」 長浜城歴史博物館友の会 （122） 2009.12
“前垂れ”、暖簾（のれん）、そしてブランドの関係。（特集 前垂れに見る近江商人魂）（藤澤武夫）「湖国と文化」 滋賀県文化振興事業団 34（1）通号130 2010.1
「前垂れ展」記念シンポジウム 前垂れに見る近江商人の勤勉さと誇り（特集 前垂れに見る近江商人魂）（岩根順子，塚本喜左衛門，前川洋一郎，角谷和好，藤澤武夫）「湖国と文化」 滋賀県文化振興事業団 34（1）通号130 2010.1
再発見！ 滋賀の文学（9） 近江の心（1） 「良知」の心（井上次雄）「湖国と文化」 滋賀県文化振興事業団 34（1）通号130 2010.1
近江の山の文化史（木村至宏）「近江学 ： 文化誌近江学」 成安造形大学附属近江学研究所，サンライズ出版（発売） （2） 2010.1
講演録 近江の村々（原田敏丸）「滋賀大学経済学部附属史料館研究紀要」 滋賀大学経済学部附属史料館 （43） 2010.3
壬申乱を走る（3）—桑名から不破、そして近江へ（猪熊兼勝）「近畿文化」 近畿文化会事務局 （731） 2010.10
巻頭論文 近江の古代豪族（水谷千秋）「蒲生野」 八日市郷土文化研究会 通号42 2010.12
近江上布と山越商人（渡邊守順）「蒲生野」 八日市郷土文化研究会 通号42 2010.12
近江の思想 近江商人の精神を考える（宇佐美英機）「近江学 ： 文化誌近江学」 成安造形大学附属近江学研究所，サンライズ出版（発売） （3） 2011.1
近江の歴史 近江の城物語—最新の調査成果より（中井均）「近江学 ： 文化誌近江学」 成安造形大学附属近江学研究所，サンライズ出版（発売） （3） 2011.1
近江の意匠 近江商人の前垂れ考（藤澤武夫）「近江学 ： 文化誌近江学」 成安造形大学附属近江学研究所，サンライズ出版（発売） （3） 2011.1
近江の茶について（特集 近江茶どころ）（奥村茂夫）「湖国と文化」 滋賀県文化振興事業団 35（4）通号137 2011.10
お茶よもやま話（1） 煎茶のできるまで（特集 近江茶どころ）（編集室）「湖国と文化」 滋賀県文化振興事業団 35（4）通号137 2011.10
お茶よもやま話（2） 銘茶のふるさと近江（特集 近江茶どころ）（小島秀治郎）「湖国と文化」 滋賀県文化振興事業団 35（4）通号137 2011.10
湖國藝術紀行（8） 紀行文と近江（上） 名作と現在を楽しめる近江の至福（植田耕司）「湖国と文化」 滋賀県文化振興事業団 35（4）通号137 2011.10
近江・東海、戦国武将が夢の跡を巡る旅（郷土巡礼記 史蹟を尋ねて緑の旗は行く）（今牧久）「伊那」 伊那史学会 59（12）通号1003 2011.12
近江の古代の役割りと東近江に関わる歴史を（外村芳夫）「蒲生野」 八日市郷土文化研究会 （43） 2011.12
近江商人の丁稚教育（松本和典）「郷土史誌末盧國」 松浦史談会，芸文堂（発売） （188） 2011.12

滋賀県　地名でたどる郷土の歴史　近畿

近江の石積み（特集 "石"のある風景）（中井均）「近江学 : 文化誌近江学」 成安造形大学附属近江学研究所，サンライズ出版（発売）（4）2012.1

近江の渡来人―古代近江の国際的環境（井上満郎）「近江学 : 文化誌近江学」 成安造形大学附属近江学研究所，サンライズ出版（発売）（4）2012.1

近江の風景（大野俊明，小嵜善通）「近江学 : 文化誌近江学」 成安造形大学附属近江学研究所，サンライズ出版（発売）（4）2012.1

シリーズ近江の意匠I 奥田博士―信楽と造形（辻喜代治）「近江学 : 文化誌近江学」 成安造形大学附属近江学研究所，サンライズ出版（発売）（4）2012.1

シリーズ近江の意匠II 近江の近代建築ヴォーリズ（人長信昭）「近江学 : 文化誌近江学」 成安造形大学附属近江学研究所，サンライズ出版（発売）（4）2012.1

講座［近江学］「近江学 : 文化誌近江学」 成安造形大学附属近江学研究所，サンライズ出版（発売）（4）2012.1

「道の国」近江の特性（特集 滋賀は道の国）（木村至宏）「湖国と文化」 滋賀県文化振興事業団 36（1）通号138　2012.1

おうみ（近江）おうみ（多見）歩く（4）繖山（きぬがさやま）（加藤賢治）「湖国と文化」 滋賀県文化振興事業団 36（1）通号138　2012.1

湖國藝術紀行（9）紀行文と近江（下）琵琶湖，琵琶湖，琵琶湖 朝鮮通信使の見た近江（植田耕司）「湖国と文化」 滋賀県文化振興事業団 36（1）通号138　2012.1

上毛野氏及び上毛野―上野国地域とエミシ政策との関連（3）近江・上毛野・陸奥地域を結ぶワニ系氏族のあり方を中心に（小池浩平）「群馬県立歴史博物館紀要」 群馬県立歴史博物館 （33）2012.3

江越国境の「塩の道」再見（濱本弘志）「会誌」 日本海地誌調査研究会（10）2012.3

近江における緑釉陶器の生産（丸山竜平）「きりん」 荒木集成館友の会 16　2012.3

おうみ（近江）おうみ（多見）歩く（5）小関越（こぜきごえ）（加藤賢治）「湖国と文化」 滋賀県文化振興事業団 36（2）通号139　2012.4

現代滋賀ブランド（7）近江の城跡 歴史の表舞台となった重要な証人（木戸雅春）「湖国と文化」 滋賀県文化振興事業団 36（2）通号139　2012.4

四・五世紀のヤマト政権と近江（上），（下）―香坂王・忍熊王の反乱伝承を手がかりとして（塚口義信）「つどい」 豊中歴史同好会 （292）/（293）2012.5/2012.6

おうみ（近江）おうみ（多見）歩く（6）荒神山（加藤賢治）「湖国と文化」 滋賀県文化振興事業団 36（3）通号140　2012.7

近江浅井氏「信仰と城郭」「物流と戦争」（長谷川博美）「愛城研報告」 愛知中世城郭研究会 （16）2012.8

「大和国近江重清日記」大名考（安達和人）「常総の歴史」 崙書房出版茨城営業所 （45）2012.12

近江の文化を支える樹木（特集 木と暮らし）（木村至宏）「近江学 : 文化誌近江学」 成安造形大学附属近江学研究所，サンライズ出版（発売）（5）2013.1

シリーズ近江の意匠III 朽木盆―菊紋の由来をたずねて（磯野英生）「近江学 : 文化誌近江学」 成安造形大学附属近江学研究所，サンライズ出版（発売）（5）2013.1

シリーズ近江の意匠IV 近江和紙 紙の王様「雁皮紙」（小嵜善通）「近江学 : 文化誌近江学」 成安造形大学附属近江学研究所，サンライズ出版（発売）（5）2013.1

講座［近江学］「近江学 : 文化誌近江学」 成安造形大学附属近江学研究所，サンライズ出版（発売）（5）2013.1

近江学 第5号 関連地図「近江学 : 文化誌近江学」 成安造形大学附属近江学研究所，サンライズ出版（発売）（5）2013.1

おうみ（近江）おうみ（多見）歩く（8）甲賀の里（加藤賢治）「湖国と文化」 滋賀県文化振興事業団 37（1）通号142　2013.1

近江の庭園文化 滋賀の美は琵琶湖と人の共同作品（特集 近江の庭園文化）（尼崎博正）「湖国と文化」 滋賀県文化振興事業団 37（2）通号143　2013.3

滋賀の名園庭園一覧 国指定名勝・県指定名勝庭園/近江の豊かな庭園文化/滋賀の名勝庭園一覧地図（特集 近江の庭園文化）「湖国と文化」 滋賀県文化振興事業団 37（2）通号143　2013.3

おうみ（近江）おうみ（多見）歩く（9）三上山から妙光寺山周辺（加藤賢治）「湖国と文化」 滋賀県文化振興事業団 37（2）通号143　2013.3

近江における文人交流の一事例―頼山陽銘「鑫山」を題材に（井上ひろ美）「滋賀県立琵琶湖文化館研究紀要」 滋賀県立琵琶湖文化館 （29）2013.3

講演録 近江商人の今昔（宇佐美英機）「滋賀大学経済学部附属史料館研究紀要」 滋賀大学経済学部附属史料館 （46）2013.3

下野八溝地方と近江商人について―那須烏山と茂木に残る一・二の考察（工藤忠道）「下野史談」 下野史談会 （110）2013.7

おうみ（近江）おうみ（多見）歩く（10）蒲生野と太郎坊宮（加藤賢治）「湖国と文化」 滋賀県文化振興事業団 37（3）通号144　2013.7

おうみ（近江）おうみ（多見）歩く（11）黒田・大音から賤ヶ岳へ（加藤賢治）「湖国と文化」 滋賀県文化振興事業団 37（4）通号145　2013.10

シリーズ近江の意匠V 麻の物語―すべては近江の蚊帳生地との出会いから（河原林美知子）「近江学 : 文化誌近江学」 成安造形大学附属近江学研究所，サンライズ出版（発売）（6）2014.1

講座［近江学］「近江学 : 文化誌近江学」 成安造形大学附属近江学研究所，サンライズ出版（発売）（6）2014.1

おうみ（近江）おうみ（多見）歩く（12）滋賀の山越を行く（加藤賢治）「湖国と文化」 びわ湖芸術文化財団 38（1）通号146　2014.1

近江と美濃を結ぶ峠の交流（特集 東草野の山村景観）「佐加太 : 米原市文化財ニュース」 米原市教育委員会 （39）2014.3

江戸時代における近江国の「ふなずし」（補遺）（櫻井信也）「栗東歴史民俗博物館紀要」 栗東歴史民俗博物館 （20）2014.3

報告 古代近江の鉄生産―技術系譜と背景（調査研究報告会発表要旨）（大道和人）「栗東歴史民俗博物館紀要」 栗東歴史民俗博物館 （20）2014.3

近江路略図（久木弥兵衛）「歴報」 （29）2014.4

戦国期近江における権力支配の構造―六角氏を中心に（2014年度大会報告要旨―中世・部会報告）（新谷和之）「ヒストリア : journal of Osaka Historical Association」 大阪歴史学会 （244）2014.6

談話室 近江の古代史復活を（外村芳夫）「蒲生野」 八日市郷土文化研究会 （46）2014.12

戦国期近江における権力支配の構造―六角氏を中心に（2014年度大会特集号―部会報告 中世）（新谷和之）「ヒストリア : journal of Osaka Historical Association」 大阪歴史学会 （247）2014.12

淡海

伝承に見る淡海［1］～（24）（黄地百合子）「湖国と文化」 滋賀県文化振興事業団 103/33（1）通号126　2003.4/2009.1

淡海再発見（池田重信）「湖国と文化」 滋賀県文化振興事業団 29（4）通号113　2005.10

伝承に見る淡海（26）老女が斧を磨いた峠は中山道一の絶景の地（黄地百合子）「湖国と文化」 滋賀県文化振興事業団 33（3）通号128　2009.7

伝承に見る淡海（26）倭姫命の日雲宮は甲賀のどの地であったのだろう…（黄地百合子）「湖国と文化」 滋賀県文化振興事業団 33（4）通号129　2009.10

伝承に見る淡海（27）安曇川の筏の神さま，シコブチ神（黄地百合子）「湖国と文化」 滋賀県文化振興事業団 34（1）通号130　2010.1

伝承に見る淡海（28）水没した阿曽津千軒と阿曽津婆の話（黄地百合子）「湖国と文化」 滋賀県文化振興事業団 34（2）通号131　2010.4

伝承にみる淡海（30）平木の沢の龍女と竜王寺の鐘（黄地百合子）「湖国と文化」 滋賀県文化振興事業団 34（3）通号132　2010.7

伝承にみる淡海（31）連載を振り返って（上）生活や信仰を色濃く反映（黄地百合子）「湖国と文化」 滋賀県文化振興事業団 34（4）通号133　2010.10

伝承にみる淡海（32）連載を振り返って（下）心に残る近江独特の伝承（黄地百合子）「湖国と文化」 滋賀県文化振興事業団 35（1）通号134　2011.1

近江路

文化財散歩―歴史とロマンの近江路・琵琶湖ア・ラ・カルト（亀岡武）「文化情報」 北海道文化財保護協会 273　2005.1

鈴鹿越・近江路紀行（東海道五十三次 関宿～京三条）（田中豊）「小田原史談 : 小田原史談会々報」 小田原史談会 （210）2007.7

史料紹介 北国街道近江路に残る売薬商遭難碑（鈴木景二）「富山史壇」 越中史壇会 （155）2008.3

古代史研究会 近江路を尋ねて「加須郷土史」 加須郷土史研究会 （68）2009.11

近江路史跡巡りの旅（松島俊樹）「小田原史談 : 小田原史談会々報」 小田原史談会 （220）2010.1

講演録 近江路を歩いた人々（江竜喜之）「滋賀大学経済学部附属史料館研究紀要」 滋賀大学経済学部附属史料館 （45）2012.3

近江塩津

近江塩津熊谷氏再考（大会発表要旨）（柴﨑啓太）「中央史学」 中央史学会 （37）2014.3

近江水力電気株式会社

日露戦後第一次大戦期に至る近江水力電気株式会社の発展と地域社会（1）―会社の創立準備と発起人動向（筒井正夫，佐々木哲也）「滋賀大学経済学部附属史料館研究紀要」 滋賀大学経済学部附属史料館 （43）2010.3

近江鉄道

近江鉄道の資金調達と北浜銀行―明治34年恐慌の信用連鎖を中心に（小川功）「滋賀大学経済学部附属史料館研究紀要」 滋賀大学経済学部附属史料館 （41）2008.3

近江の海

近江の海 おーい老いと呼んでみる（1）～（15）（熊谷栄三郎）「湖国と文化」 滋賀県文化振興事業団 29（3）通号112/33（1）通号126 2005.7/2009.1

近江の海 おーい老いと呼んでみる（16）桜とアラコキ（熊谷栄三郎）「湖国と文化」 滋賀県文化振興事業団 33（2）通号127 2009.4

近江の海 おーい老いと呼んでみる（17）世界一うまい魚（熊谷栄三郎）「湖国と文化」 滋賀県文化振興事業団 33（3）通号128 2009.7

近江の海 おーい老いと呼んでみる（18）ウグイスに挑戦！（熊谷栄三郎）「湖国と文化」 滋賀県文化振興事業団 33（4）通号129 2009.10

近江の海 おーい老いと呼んでみる（19）琵琶湖のエスカレーター（熊谷栄三郎）「湖国と文化」 滋賀県文化振興事業団 34（1）通号130 2010.1

近江の海 おーい老いと呼んでみる（20）一筆書きの琵琶湖（熊谷栄三郎）「湖国と文化」 滋賀県文化振興事業団 34（2）通号131 2010.4

近江の海 おーい老いと呼んでみる（21）見せ消ち（熊谷栄三郎）「湖国と文化」 滋賀県文化振興事業団 34（3）通号132 2010.7

近江の海 おーい老いと呼んでみる（22）死者はどこを見ていたか（熊谷栄三郎）「湖国と文化」 滋賀県文化振興事業団 34（4）通号133 2010.10

近江の海 おーい老いと呼んでみる（23）ネット社会（熊谷栄三郎）「湖国と文化」 滋賀県文化振興事業団 35（1）通号134 2011.1

近江の海 おーい老いと呼んでみる（24）祈りと呪い（熊谷栄三郎）「湖国と文化」 滋賀県文化振興事業団 35（2）通号135 2011.4

近江の海 おーい老いと呼んでみる（25）最終回 さんば（熊谷栄三郎）「湖国と文化」 滋賀県文化振興事業団 35（3）通号136 2011.7

近江国

市町村の変遷/滋賀県藩県統合表/近江国郷名語源/藩領分布図「湖国と文化」 滋賀県文化振興事業団 91 2000.4

戦国後期における近江国の水陸交通―「立場」と「礼銭」を中心に（鍛代敏雄）「交通史研究」 交通史学会，吉川弘文館（発売）（52）2003.4

近世旅行史上における近江国―地域間関係史の視点から《第32回大会共通論題「都市と交通II―観光・行楽・参詣」特集号》）（青柳周一）「交通史研究」 交通史学会，吉川弘文館（発売）（61）2006.12

近江国検地（見分）反対一揆（研究レポート）（川田浩子）「からいどすこーぷ」 歴史学同好会（9）2007.1

近江の国と駿河の国―姥が餅と安倍川餅（《特集 シニアが見つけた！ 湖国の文学II》）（松本孝子）「湖国と文化」 滋賀県文化振興事業団 33（3）通号128 2009.7

江戸時代における近江国の「ふなずし」（櫻井信也）「栗東歴史民俗博物館紀要」 栗東歴史民俗博物館（18）2012.3

近世所領配置考―近江国を事例として（論文）（郡山志保）「神女大史学」 神戸女子大学史学会（30）2013.11

近江国庁

続・ふるさと歴史散歩 「近江国庁」（大津市三大寺）（早藤貞二）「湖国と文化」 滋賀県文化振興事業団 109 2004.10

近江八幡

文化財巡り 安土・近江八幡水郷を巡って（田原文化協会文芸部会）「さんえん」 三遠地方民俗と歴史研究会（33）2006.7

近江八幡の水郷（奈良俊哉）「滋賀文化財教室シリーズ」 滋賀県文化財保護協会（228）2008.3

記憶の創造と編集―日本近世の近江八幡を事例に（渡辺浩一）「国文学研究資料館紀要．アーカイブズ研究篇」 人間文化研究機構国文学研究資料館（5）2009.2

存在証明文書の実践―近江八幡における「御朱印」の保管と使用（渡辺浩一）「国文学研究資料館紀要．アーカイブズ研究篇」 人間文化研究機構国文学研究資料館（6）2010.3

近江八幡とかわらミュージアム（市川訓敏）「阡陵：関西大学博物館彙報」 関西大学博物館（67）2013.9

近江八幡を彩るヴォーリズ建築（カラーグラビア）「湖国と文化」 びわ湖芸術文化財団 38（4）通号149 2014.10

近江八幡市

近江八幡市のスローフード「北之庄菜」について（森井サワ子）「滋賀の食事文化（年報）」 滋賀の食事文化研究会（12）2003.12

彦根市と近江八幡市（神内幹子）「讃岐のやまなみ」 香川県歴史研究会（7）2014.4

近江八景

第30回ミニ企画展「近江八景」「大津歴博だより」 大津市歴史博物館 49 2003.1

企画展「近江八景」「大津歴博だより」 大津市歴史博物館 53 2004.2

新収蔵品紹介 近江八景画巻―作品の検討（横谷賢一郎）「大津歴博だより」 大津市歴史博物館 54 2004.3

一寸服 『近江八景の幻影』（M.ダウテンダイ）（高橋勉）「湖国と文化」

滋賀県文化振興事業団 29（2）通号111 2005.4

テーマ展「近江八景から琵琶湖八景へ」より 近江をみるまなざし（小井川理）「彦根城博物館だより」 彦根城博物館 70 2005.9

作品紹介「近江八景図」屏風 吉村孝敬筆（行俊勉）「野洲市歴史民俗博物館研究紀要」 野洲市歴史民俗博物館（13）2009.3

滋賀文化事情 文化遺産・近江八景を生かそう 近江は湖の国・山の国・道の国 対談から探る滋賀の文化とこれから（編集室）「湖国と文化」 滋賀県文化振興事業団 35（3）通号136 2011.7

近江八景 和の情景の総合パッケージ（特集 近江八景）（横谷賢一郎）「湖国と文化」 滋賀県文化振興事業団 36（2）通号139 2012.4

作品でたどる近江八景の300年 17世紀から20世紀まで（特集 近江八景）「湖国と文化」 滋賀県文化振興事業団 36（2）通号139 2012.4

観光から見た近江八景 大津観光の原点 近江八景（特集 近江八景）（田中眞一）「湖国と文化」 滋賀県文化振興事業団 36（2）通号139 2012.4

和菓子と近江八景 200年の味を守る老舗「藤屋内匠」の落雁（特集 近江八景）「湖国と文化」 滋賀県文化振興事業団 36（2）通号139 2012.4

近江八景と富並八景へ（居駒永幸）「山形県地域史研究」 山形県地域史研究協議会（38）2013.2

大石富川町

続・ふるさと歴史散歩「大石義民」―大津市大石富川町（早藤貞二）「湖国と文化」 滋賀県文化振興事業団 31（4）通号121 2007.10

大岩山砦

賤ヶ岳城塞群 大岩山砦の復元図「長浜城歴史博物館友の会友の会だより」 長浜城歴史博物館友の会（152）2012.6

仰木

仰木ふるさとカルタ―気持ちやいのちをカルタに映す（永江弘之）「近江学：文化誌近江学」 成安造形大学附属近江学研究所，サンライズ出版（発売）（6）2014.1

仰木の里

第923回例会 比叡山横川膝下の仰木の里を訪ねて（丸山貞）「史迹と美術」 史迹美術同攷会 78（5）通号785 2008.6

大郷村

町村役場における兵事係の記録管理―大郷村兵事係文書を事例として（橋本陽）「GCAS report」 学習院大学大学院人文科学研究科アーカイブズ学専攻（1）2012.2

大沢町

「福地」は稲作の歴史とともに―「ため池百選」に東近江市大沢町の八楽溜（野村宗一）「蒲生野」 八日市郷土文化研究会（46）2014.12

大篠原

大篠原の農事実行組合―大篠原共有文書IIより（本多桂）「野洲町立歴史民俗資料館研究紀要」 野洲町立歴史民俗資料館 10 2003.3

大ずく山城

大ずく山城とモロドノクルワについて（上），（下）（杉田鐘治）「あゆみ」 毛呂山郷土史研究会（35）/（36）2012.2/2013.03

大洲藩

藩札からみた大洲藩の財政対策について―なぜ大洲藩札は高い評価を受けたのか（神徳興甫）「長濱史談」 長浜史談会（38）2014.3

大角家

縁側に座って心のタイムスリップ 大角家 旧和中散本舗（特集 近江の庭園文化―庭と私）（松村浩）「湖国と文化」 滋賀県文化振興事業団 37（2）通号143 2013.3

大津

企画展「大津事件」「大津歴博だより」 大津市歴史博物館 49 2003.1

滋賀県所蔵「大津事件関係資料」（翻刻）（土井通弘，樋爪修）「滋賀県立琵琶湖文化館研究紀要」 滋賀県立琵琶湖文化館（19）2003.3

学芸員のノートから 古代の地域支配について（大津の一例より）（山崎和宏）「大津歴博だより」 大津市歴史博物館 50 2003.4

大津と車内と湯布院で（藤本恵子）「湖国と文化」 滋賀県文化振興事業団 103 2003.4

第33回ミニ企画展「大津・戦争・市民」/第34回ミニ企画展「坂本の美術―公人屋敷の絵画」「大津歴博だより」 大津市歴史博物館 51 2003.5

第38回ミニ企画展「絵はがきで見る琵琶湖と大津」/「古都・大津歴史シンポジウム」を開催「大津歴博だより」 大津市歴史博物館 53 2004.2

大津を訪ねて（亀田芳子）「備陽史探訪」 備陽史探訪の会（135）2007.4

琵琶湖文化館蔵「大津事件関係資料」（井上六美）「滋賀県立琵琶湖文化館研究紀要」 滋賀県立琵琶湖文化館（25）2009.3

大津絵時事川柳（《特集 シニアが見つけた！ 湖国の文学II》）（小谷清）「湖国と文化」 滋賀県文化振興事業団 33（3）通号128 2009.7

歴史文書は語る 県政史料室から（1）大津事件 県民あげての歓迎が一転悲劇に 懸問と恐れの気持ちがこもごも（栗生春実）「湖国と文化」 滋賀県文化振興事業団 35（4）通号137 2011.10

滋賀県　地名でたどる郷土の歴史　近畿

観光から見た近江八景 大津観光の原点 近江八景（特集 近江八景）（田中眞一）「湖国と文化」 滋賀県文化振興事業団 36(2)通号139 2012.4

湖國藝術紀行(11) 甲子吟行「大津へ出る道」異聞 白川・志賀山越えの道（江南和幸）「湖国と文化」 滋賀県文化振興事業団 36(3)通号140 2012.7

王塚
続・ふるさと歴史散歩「王塚」（高島市安曇川町）（早藤貞二）「湖国と文化」 滋賀県文化振興事業団 30(1)通号114 2006.1

大津京
大津京跡の方格地割（吉本昌弘）「歴史地理学」 歴史地理学会，古今書院（発売）48(3)通号229 2006.6

「大津京」の定義と学術用語—林博通「「大津京」呼び名の正否」及び「飛鳥の「京」と大津の「京」に対する疑問（櫻井信也）「古代史の海」 「古代史の海」の会 (55) 2009.3

「大津京」論の現在と駅名改変（櫻井信也）「古代史の海」 「古代史の海」の会 (57) 2009.9

大津京駅
「大津京駅」改名運動と歴史認識（櫻井信也）「古代史の海」 「古代史の海」の会 (43) 2006.3

大津港
続・ふるさと歴史散歩「なぎさ公園」—大津港から瀬田川へ（早藤貞二）「湖国と文化」 滋賀県文化振興事業団 34(4)通号133 2010.10

大津市
大津市域における近世の石工たち（田井中洋介）「紀要」 滋賀県文化財保護協会 (22) 2009.3

戦時中の防火水槽—大津市内に遺存する例から（青山均）「大津市歴史博物館研究紀要」 大津市歴史博物館 通号17 2010.10

大津城
学芸員のノート 大津城の復元（青山均）「大津歴博だより」 大津市歴史博物館 (62) 2006.2

大津城と大津籠城戦（樋爪修）「大津市歴史博物館研究紀要」 大津市歴史博物館 通号15 2008.7

大津の宮
近江大津の宮・遷都（藤岡侑子）「東温史談」 東温史談会 (8) 2013.1

大津宮
古都大津・歴史シンポジウム「近江・大津になぜ都は営まれたのか—大津宮・紫香楽宮・保良宮」「大津歴博だより」 大津市歴史博物館 52 2003.9

大津宮錦織遺跡
大津市歴史博物館と近江大津宮錦織遺跡（野村武司）「つどい」 豊中歴史同好会 (233) 2007.7

大音
歴史探求ハイク「いかごの里・木之本町黒田から大音を歩く」報告「長浜城歴史博物館友の会友の会だより」 長浜城歴史博物館友の会 (118) 2009.8

おうみ（近江）おうみ（多見）歩く(11) 黒田・大音から賤ヶ岳へ（加藤賢治）「湖国と文化」 滋賀県文化振興事業団 37(4)通号145 2013.10

大戸川発電所
湖国に発電所を訪ねて—神山発電所跡・現役最古の大戸川発電所（産業遺産紹介）（安見脩）「産業遺産研究」 中部産業遺産研究会事務局 (18) 2011.5

大橋村
資料翻刻 天正十九年近江国犬上郡大橋村検地帳（渡辺恒一）「彦根城博物館研究紀要」 彦根城博物館 (22) 2011.3

大道
小字「大道」から見た古代近江の官道（徳網克己）「野洲市歴史民俗博物館研究紀要」 野洲市歴史民俗博物館 (18) 2014.3

大森城
近江布施山城、大森城 鳥瞰図（会員通信）（川端義憲）「城だより」 日本古城友の会 (529) 2013.1

小川三城
3月・第581回例会の報告 近江（信楽）小川三城（川岡治）「城だより」 日本古城友の会 (520) 2012.4

小川西の城
小川西の城（鳥瞰図）（会員通信）「城だより」 日本古城友の会 (520) 2012.4

沖島
訪れたいスポット spot1 沖島/spot2 新名神土山サービスエリア/spot3 安楽越/spot4 小入峠（特集 滋賀は道の国）「湖国と文化」 滋賀県文化振興事業団 36(1)通号138 2012.1

奥嶋荘
近江国奥嶋荘・津田荘における惣村の成立と在地社会の変質（若林陵一）「歴史」 東北史学会 105 2005.9

奥琵琶湖
奥琵琶湖探訪（《特集 シニアが見つけた！ 湖国の文学I》）（北川昌美）「湖国と文化」 滋賀県文化振興事業団 33(2)通号127 2009.4

奥びわこ探訪（《特集 シニアが見つけた！ 湖国の文学I》）（木村柳太郎）「湖国と文化」 滋賀県文化振興事業団 33(2)通号127 2009.4

紫式部の「奥びわ湖」とっておきの話（《特集 シニアが見つけた！ 湖国の文学I》）（松井忠夫）「湖国と文化」 滋賀県文化振興事業団 33(2)通号127 2009.4

第969回例会 奥琵琶湖の湊と周辺の文化財を訪ねる（品角阿止美，嘉津山清）「史迹と美術」 史迹美術同攷会 82(6)通号826 2012.6

小椋谷
木地師の里「小椋谷」を訪ねて（特集 木と暮らし）（加藤賢治）「近江学：文化誌近江学」 成安造形大学附属近江学研究所，サンライズ出版（発売）(5) 2013.1

大君ケ畑
多賀町大君ケ畑の惟喬親王伝説（中島伸男）「蒲生野」 八日市郷土文化研究会 (44) 2012.12

小谷城
小谷城絵図の基礎的考察—小谷城下町の復元的研究(2)（北村圭弘）「紀要」 滋賀県立安土城考古博物館 (9) 2001.3

小谷城下町の形成過程—小谷城下町の復元的研究(3)（北村圭弘）「紀要」 滋賀県立安土城考古博物館 (10) 2002.3

賤ヶ岳合戦における前衛と後衛の陣城—天神山砦・今市上砦・小谷城西部の城郭遺構について（高橋成計）「丹波史」 丹波史懇話会 (26) 2006.6

小谷城と長浜城（来村多加史）「近畿文化」 近畿文化会事務局 (684) 2006.11

湖北・小谷城跡南面から俯瞰する「近世」の予兆（郷土巡礼記 史蹟を尋ねて緑の旗は行く）（伊藤昭雄）「伊那」 伊那史学会 59(12)通号1003 2011.12

小入峠
訪れたいスポット spot1 沖島/spot2 新名神土山サービスエリア/spot3 安楽越/spot4 小入峠（特集 滋賀は道の国）「湖国と文化」 滋賀県文化振興事業団 36(1)通号138 2012.1

尾上区
地域に今も残る食材—湖北町尾上区の「尾上菜」を尋ねて（肥田文子）「滋賀の食事文化（年報）」 滋賀の食事文化研究会 (13) 2004.12

オランダ堰堤
百年後の今も役立つオランダ堰堤（北から南から）（山田勝彦）「湖国と文化」 滋賀県文化振興事業団 37(4)通号145 2013.10

折立山
中世の境界争いを秘める比良山系・折立山（網本逸雄）「地名探究」 京都地名研究会 (8) 2010.3

海津
重要文化的景観「高島市海津・西浜・知内の水辺景観」（山本晃子）「滋賀文化財教室シリーズ」 滋賀県文化財保護協会 (232) 2009.3

海津（特集 "石"のある風景）（寿福滋）「近江学：文化誌近江学」 成安造形大学附属近江学研究所，サンライズ出版（発売）(4) 2012.1

海津大崎
海津大崎の山桜物語（《特集 シニアが見つけた！ 湖国の文学I》）（藤原準次）「湖国と文化」 滋賀県文化振興事業団 33(2)通号127 2009.4

鏡
続・ふるさと歴史散歩 鏡（蒲生郡竜王町）（早藤貞二）「湖国と文化」 滋賀県文化振興事業団 107 2004.4

鏡宿
中山道と鏡宿(1)（松本光卿）「宿場町ひらかた」 宿場町枚方を考える会 (52) 2000.9

鏡山
ルーツ（近江鏡山）を訪ねて（会員発表と記録）（田中寿子）「霊山史談」 霊山町郷土史研究会 (12) 2012.3

景清道
おじいちゃんのおはなし 景清道と腰掛石（和田志郎）「湖国と文化」 滋賀県文化振興事業団 33(2)通号127 2009.4

笠原
笠原のショウガ（《特集 地元に残したい食材(3)》）（小島朝子）「滋賀の食事文化（年報）」 滋賀の食事文化研究会 (15) 2006.12

梶山

三角点の山と私(2) 京都市民にも愛されている 梶山(大尾山)(山田宗良)「湖国と文化」 びわ湖芸術文化財団 38(4)通号149 2014.10

鍛冶屋村

「村の鍛冶屋」と鍛冶屋村の話(橋本章)「長浜城歴史博物館友の会会友の会だより」 長浜城歴史博物館友の会 69 2005.7

柏原

この眼で見た道中記の世界―関川関所・柏原から戸隠・天橋立まで(佐藤貢)「北方風土 : 北国の歴史民俗考古研究誌」 イズミヤ出版 通号51 2006.1

近江八話(6) 東山道柏原・番場の悲劇―増鏡・梅松論からみる(鈴木康弘)「静岡歴研会報」 静岡県歴史研究会 (128) 2010.6

柏原宿

中山道柏原宿をひもとく(桂田峰男)「滋賀文化財教室シリーズ」 滋賀県文化財保護協会 208 2003.1

街道をゆく―野尻宿・柏原宿・古೚宿(高野永篤)「北國街道研究」 北國街道の手をつなぐ会 (12) 2011.12

堅田

近世琵琶湖における堅田の漁業権(鎌谷かおる)「ヒストリア : journal of Osaka Historical Association」 大阪歴史学会 (181) 2002.9

湖の水運を支配した堅田文化の結晶 居初氏 天然図画亭(特集 近江の庭園文化―庭と私)(木村至宏)「湖国と文化」 滋賀県文化振興事業団 37(2)通号143 2013.3

琵琶湖の自然環境からみた中世堅田の漁撈活動(論説)(佐野静代)「史林」 史学研究会 96(5)通号501 2013.9

堅田小学校

収蔵品紹介(42) 「青い目の人形」歓迎風景―堅田小学校の様子(和田光生)「大津歴博だより」 大津市歴史博物館 49 2003.1

堅田町

続・ふるさと歴史散歩「一休修行の寺」―大津市堅田町(早藤貞二)「湖国と文化」 滋賀県文化振興事業団 32(4)通号125 2008.10

片山城

片山城(研究報告)(山本祐三)「三豊史談」 三豊史談会 (4) 2013.9

葛川

滋賀県途中・葛川・朽木・安曇川の文化財(品角阿止美)「史迹と美術」 史迹美術同攷会 76(1)通号761 2006.1

鎌刃城

鎌刃城跡が国史跡に文化審議会が答申(米原町)「佐加太 : 米原市文化財ニュース」 米原市教育委員会 (21) 2005.1

蒲生

近江婦人慈善会蒲生支会の看病婦養成(1)～(6)(八木聖弥)「啓迪」 京都医学史研究会 (25)/(30) 2007.5/2013.3

蒲生上郡

中世後期近江国蒲生下郡・上郡・〈境界地域〉と佐々木六角氏(若林陵一)「東北学院大学東北文化研究所紀要」 東北学院大学東北文化研究所 (45) 2013.12

蒲生下郡

中世後期近江国蒲生下郡・上郡・〈境界地域〉と佐々木六角氏(若林陵一)「東北学院大学東北文化研究所紀要」 東北学院大学東北文化研究所 (45) 2013.12

唐川

湖北地方の文化財探訪(2)～(3)「高月町唐川の文化財I」「長浜城歴史博物館友の会だより」 長浜城歴史博物館友の会 (140)/(141) 2011.6/2011.7

河上荘

近江国河上荘の宮座と村落神話(薗部寿樹)「米沢史学」 米沢史学会(山形県立米沢女子短期大学日本史学科内) (28) 2012.10

川原

近江川原考―矢口伝三郎家文書「諸用永々控」を読む(小国邦昭)「最上地域史」 最上地域史研究会 (32) 2010.3

観音寺

戦国期における近江後藤氏について(上)～(下)―観音寺騒動の史的意義(蓑田正道)「史境」 歴史人類学会, 日本図書センター(発売) (49)/(50) 2004.9/2005.3

観音寺城

続・ふるさと歴史散歩「観音寺城跡」―安土町石寺(早藤貞二)「湖国と文化」 滋賀県文化振興事業団 34(1)通号130 2010.1

観音正寺と観音寺城跡(2)(伊庭功)「紀要」 滋賀県文化財保護協会 (24) 2011.3

山城レポ 近江観音寺城(末森清司)「備陽史探訪」 備陽史探訪の会 (163) 2011.12

観音正寺

観音正寺と観音寺城跡(2)(伊庭功)「紀要」 滋賀県文化財保護協会 (24) 2011.3

岸下荘

惟喬親王伝説と岸下(本)荘そして「御縁起」(中島伸男)「蒲生野」 八日市郷土文化研究会 (45) 2013.12

北近江

桑名と北近江 戦国時代ロマンの旅(金子宏)「柏崎・刈羽」 柏崎刈羽郷土史研究会 (34) 2007.4

長浜城歴史博物館 開館25周年記念特別展「戦国大名浅井氏と北近江 浅井三代から三姉妹へ」「長浜城歴史博物館友の会会の会だより」 長浜城歴史博物館友の会 (108) 2008.10

北方桜場用水場

撥ね釣瓶と北方桜場用水場(内堀甚一郎)「蒲生野」 八日市郷土文化研究会 (44) 2012.12

北船木

北船木ゴボウ(高橋静子)「滋賀の食事文化(年報)」 滋賀の食事文化研究会 (14) 2005.12

繖山

おうみ(近江)おうみ(多見)歩く(4) 繖山(きぬがさやま)(加藤賢治)「湖国と文化」 滋賀県文化振興事業団 36(1)通号138 2012.1

木之本町

幻の伊吹大根 純度の高い種目指し30年以上取り組む 木之本町の山内喜平さん(特集 伊吹山の現在(いま))「湖国と文化」 滋賀県文化振興事業団 35(3)通号136 2011.7

黄和田村

彦根藩町人代官の就役者と年貢免定・年貢皆済状―愛知郡君ヶ畑村・黄和田村の史料を素材にして(東谷智)「彦根城博物館研究紀要」 彦根城博物館 (16) 2005.3

君ヶ畑

秘境 君ヶ畑をたづねて(西村彦次)「歴史懇談」 大阪歴史懇談会 (18) 2004.9

君ヶ畑村

彦根藩町人代官の就役者と年貢免定・年貢皆済状―愛知郡君ヶ畑村・黄和田村の史料を素材にして(東谷智)「彦根城博物館研究紀要」 彦根城博物館 (16) 2005.3

久徳飛行場

海軍久徳飛行場の研究(重岡卓)「紀要」 滋賀県文化財保護協会 (19) 2006.3

京極氏館跡庭園

庭園望み、主従関係確認の儀式行う 京極氏館跡庭園(特集 近江の庭園文化―庭と私)(高橋順之)「湖国と文化」 滋賀県文化振興事業団 37(2)通号143 2013.3

草津

東海道と中山道が出会う宿場町「草津」(駒井敏男)「滋賀県地方史研究」 滋賀県地方史研究家連絡会 (16) 2006.5

草津山内家文書と新発見の前島書簡(シンポジウム特集)(郵便史研究会)「郵便史研究 : 郵便史研究会紀要」 郵便史研究会 (38) 2014.9

草津宿

中山道と草津宿―草津を通った女性たち(八杉淳)「滋賀文化財教室シリーズ」 滋賀県文化財保護協会 203 2002.12

東海道と中山道が出会う草津宿の魅力(特集 滋賀は道の国)(八杉淳)「湖国と文化」 滋賀県文化振興事業団 36(1)通号138 2012.1

草津宿における前島密書簡発見の意義(シンポジウム特集)(井上卓朗)「郵便史研究 : 郵便史研究会紀要」 郵便史研究会 (38) 2014.9

草津宿本陣

博物館遊歩(14) 草津宿本陣(柏山泰訓)「会報むろのつ」 「嶋屋」友の会 (14) 2007.6

草津線

歴史に彩られた鉄道 ぶらり各駅停車―東海道線・草津線(特集 東海道本線・草津線全線開通120年)(辻良樹)「湖国と文化」 滋賀県文化振興事業団 34(2)通号131 2010.4

郡上

市史をひもといて(6)「郡上のあだ討ち―幕末維新の湖北長浜トピックス」「長浜城歴史博物館友の会会の会だより」 長浜城歴史博物館友の会 (111) 2009.1

滋賀県　　　　　　　　　　地名でたどる郷土の歴史　　　　　　　　　　近畿

沓掛村

「嘉永七寅年 田畑作り高調書 愛知郡沓掛村」「河村安太郎家文書」(史料紹介)(福井絵理子)「愛荘町歴史研究」 愛荘町教育委員会　(2) 2009.2

朽木

滋賀県途中・葛川・朽木・安曇川の文化財(品角阿止美)「史迹と美術」 史迹美術同攷会　76(1)通号761　2006.1

朽木池の沢

安曇川沿いに時代と趣異なる名園 朽木池の沢と旧秀隣寺(特集 近江の庭園文化—庭と私)(宮﨑雅充)「湖国と文化」 滋賀県文化振興事業団 37(2)通号143　2013.3

朽木越え

鯖街道・朽木越えを行く(田中嗣人)「近畿文化」 近畿文化会事務局　657　2004.8

国友

国友鉄砲鍛冶小屋の現状(岡崎清)「銃砲史研究」 日本銃砲史学会　(365) 2010.4

栗太郡

旧栗太郡内の小学校の変遷について(中川路里香)「栗東歴史民俗博物館紀要」 栗東歴史民俗博物館　(7) 2001.3

栗太郡鋳物師の形成(山本順也)「栗東歴史民俗博物館紀要」 栗東歴史民俗博物館　(10) 2004.3

古代栗太郡の東海道に関する二、三の問題(櫻井信也)「栗東歴史民俗博物館紀要」 栗東歴史民俗博物館　(16) 2010.3

近江国栗太郡の条里復元(櫻井信也)「栗東歴史民俗博物館紀要」 栗東歴史民俗博物館　(17) 2011.3

古代近江の鉄生産—栗太郡における製鉄技術の背景(特別展示「技術者の系譜—古代近江の金属生産」関連事業)(調査研究報告会発表要旨)(大道和人、藤居朋、近藤広、佐伯英樹、雨森智美)「栗東歴史民俗博物館紀要」 栗東歴史民俗博物館　(20) 2014.3

黒川氏城

近江・黒川氏城の縄張りについて(高田徹)「中世城郭研究」 中世城郭研究会　(21) 2007.7

近江黒川氏城 鳥瞰図(川端義憲)「城だより」 日本古城友の会　(532) 2013.4

黒田

歴史探求ハイク「いかごの里・木之本町黒田から大音を歩く」報告「長浜城歴史博物館友の会友の会だより」 長浜城歴史博物館友の会　(118) 2009.8

おうみ(近江)おうみ(多見)歩く(11) 黒田・大音から賤ヶ岳へ(加藤賢治)「湖国と文化」 滋賀県文化振興事業団 37(4)通号145　2013.10

慶雲館

企画展「新指定史跡名勝展 下坂氏館と慶雲館」「長浜城歴史博物館友の会友の会だより」 長浜城歴史博物館友の会　(80) 2006.6

玄宮園

1キロ南の芹川から逆サイフォンで導水 玄宮園(特集 近江の庭園文化—庭と私)(三尾次郎)「湖国と文化」 滋賀県文化振興事業団　37(2)通号143　2013.3

甲賀

甲賀流忍術屋敷と望月家(長峰透)「滋賀文化財教室シリーズ」 滋賀県文化財保護協会　207　2003.1

甲賀武士五十三家と民主主義(縄削修三)「滋賀県地方史研究」 滋賀県地方史研究家連絡会　15　2005.5

甲賀の城のネットワーク(木戸雅寿)「紀要」 滋賀県文化財保護協会　(19) 2006.3

織豊期の甲賀—甲賀の焼き討ちは無かった(木戸雅寿)「紀要」 滋賀県文化財保護協会　(21) 2008.3

伝承に見る淡海(26) 倭姫命の日雲宮は甲賀のどの地であったのだろう…(黄地百合子)「湖国と文化」 滋賀県文化振興事業団 33(4)通号129　2009.10

郷士集団と由緒—甲賀古士の動向から(藤田和敏)「ヒストリア : journal of Osaka Historical Association」 大阪歴史学会　(230) 2012.2

甲賀探訪記(佐々木国広)「蒲生野」 八日市郷土文化研究会　(44) 2012.12

おうみ(近江)おうみ(多見)歩く(8) 甲賀の里(加藤賢治)「湖国と文化」 滋賀県文化振興事業団 37(1)通号142　2013.1

甲賀郡

史料紹介 織豊期甲賀「郡中」関連文書の紹介—滝川一益・六角承禎の書状をめぐって(尾下成敏)「織豊期研究」 織豊期研究会　(12) 2010.10

近江国野洲・甲賀郡境をめぐる一考察(辻川哲朗)「紀要」 滋賀県文化財保護協会　(25) 2012.3

甲賀市

第976回例会 滋賀県甲賀市、水口町・甲南町の文化財(品角阿止美)「史迹と美術」 史迹美術同攷会　83(1)通号831　2013.1

江若鉄道

歴史文書は語る 県政史料室から(2) 江若鉄道 湖西を拓く県と住民の一大事業(東資子)「湖国と文化」 滋賀県文化振興事業団 36(1)通号138　2012.1

思い出の写真に涙ぐむ人も 今津で懐かしの江若鉄道展(北から南から)(熊谷もも)「湖国と文化」 滋賀県文化振興事業団 37(1)通号142　2013.1

荒神山

テーマ展「荒神山と周辺地域の暮らし」より 生活の歴史(渡辺恒一)「彦根城博物館だより」 彦根城博物館　61　2003.6

古文書に見る江戸時代の荒神山(奥山二三男)「彦根郷土史研究」 彦根史談会　45　2010.3

おうみ(近江)おうみ(多見)歩く(6) 荒神山(加藤賢治)「湖国と文化」 滋賀県文化振興事業団 36(3)通号140　2012.7

甲南町

第976回例会 滋賀県甲賀市、水口町・甲南町の文化財(品角阿止美)「史迹と美術」 史迹美術同攷会　83(1)通号831　2013.1

江北

江北の土地制度と井戸村氏の土地所有(牧原成征)「論集きんせい」 近世史研究会　(25) 2003.5

神山発電所

湖国に発電所を訪ねて—神山発電所跡・現役最古の大戸川発電所(産業遺産紹介)(安見脩)「産業遺産研究」 中部産業遺産研究会事務局　(18) 2011.5

郡山藩領近江国飛地

触留にみる幕末期の政治的「情報」—郡山藩領近江国飛地を事例として(郡山志保)「神女大史学」 神戸女子大学史学会　(26) 2009.11

湖国

外から見た湖国(1)～[8](最終回)(大谷昭宏)「湖国と文化」 滋賀県文化振興事業団 96/103　2001.7/2003.4

その時、湖国の歴史が動いた(松平定知)「湖国と文化」 滋賀県文化振興事業団 99　2002.4

「湖国と文化」・25年の歩み(編集室)「湖国と文化」 滋賀県文化振興事業団 100　2002.7

その時、湖国の歴史が動いた(松丸慶太)「湖国と文化」 滋賀県文化振興事業団 101　2002.10

その時、湖国の歴史が動いた(最終回)(竹下健一郎)「湖国と文化」 滋賀県文化振興事業団 102　2003.1

湖国の文学・歴史探訪[1]～[8](最終回)(久保田暁一)「湖国と文化」 滋賀県文化振興事業団 103/29(1)通号110　2003.4/2005.1

一寸一服 湖国が故国にならないように(谷口五佳夫)「湖国と文化」 滋賀県文化振興事業団 103　2003.4

《特集 湖国文化の元気計画 湖国から元気になろう！》「湖国と文化」 滋賀県文化振興事業団 106　2004.1

《特集 湖国の手業》「湖国と文化」 滋賀県文化振興事業団 29(2)通号111　2005.4

湖国と源氏物語[1]～(14)(鈴木ゆみ)「湖国と文化」 滋賀県文化振興事業団 29(3)通号112/32(4)通号125　2005.7/2008.10

鉄道で行く湖国の爽秋(辻良樹)「湖国と文化」 滋賀県文化振興事業団 30(4)通号117　2006.10

湖国の鉄道、ひと、文化(〈創刊30周年に寄せて〉)(鈴木哲法)「湖国と文化」 滋賀県文化振興事業団 31(1)通号118　2007.1

特集 湖国最古の図書館物語(岸本岳文, 冨田光彦, 編集室)「湖国と文化」 滋賀県文化振興事業団 31(4)通号121　2007.10

戦国武将の夢と野望が渦巻く湖国の旅「郷土史誌末盧國」 松浦史談会, 芸文堂(発売)　(188) 2011.12

五個荘

第933回例会 五個荘の町なみと古美術(矢ヶ崎善太郎)「史迹と美術」 史迹美術同攷会　79(4)通号794　2009.4

五個荘便り(佐々木国広)「蒲生野」 八日市郷土文化研究会　通号41　2009.12

湖国 人・物・風景(20) 近江商人のふるさとは 歌人・文人たちの故郷 五個荘(東近江市)(苗村和正)「湖国と文化」 滋賀県文化振興事業団 34(2)通号131　2010.4

てんびんの里・五個荘「たより」124～159号寄稿文)(高田真由美)「ひがし」 東区郷土史研究会　(12) 2012.1

小堤城山城

小堤城山城・三雲城の縄張構造と郡境城における六角氏の城郭運営について(福永清治)「中世城郭研究」 中世城郭研究会　(17) 2003.7

小堤城山城の石垣について（概要の報告）（福永清治）「野洲市歴史民俗博物館研究紀要」 野洲市歴史民俗博物館 （11）2005.3

湖西

湖西地域における山寺の城郭化（小林裕季）「紀要」 滋賀県文化財保護協会 （27）2014.3

小関越

おうみ（近江）おうみ（多見）歩く（5）小関越（こぜきごえ）（加藤賢治）「湖国と文化」 滋賀県文化振興事業団 36（2）通号139 2012.4

御代参街道

御代参街道・八風街道の変遷と八日市—江戸期・明治期近江国絵図分析を中心に（上）,［中］,（下）（上野彰修）「蒲生野」 八日市郷土文化研究会 （44）/（46） 2012.12/2014.12

御代参街道旧道

八日市の御代参街道旧道（森野吉雄）「蒲生野」 八日市郷土文化研究会 （43）2011.12

湖東

歴史に見る湖東流紋岩（横田洋三）「滋賀文化財だより」 滋賀県文化財保護協会 289 2004.1

近代の滋賀県湖東麻布業に関する一考察—1900～30年代を中心に（久岡道武）「愛知川町史研究」 愛知川町教育委員会町史編さん室 3 2005.3

湖東の城郭（来村多加史）「近畿文化」 近畿文化会事務局 669 2005.8

第8回下郷共済会所蔵品展「湖東焼と浜縮緬の逸品」「長浜城歴史博物館友の会友の会だより」 長浜城歴史博物館友の会 （75）2006.1

湖東地域の非日常的な茶粥—「五豆茶粥」・「五粥茶」・「豆茶」・「豆じゃ」（《特集 地元に残したい食材》）（早川史子）「滋賀の食事文化（年報）」 滋賀の食事文化研究会 （16）2007.12

湖東地域における戦後農業の変遷と地域景観の復権—愛荘町長野西集落を事例として（調査研究報告）（谷川聰一）「愛荘町歴史研究」 愛荘町教育委員会 （2）2009.2

煎茶文化と湖東焼（木下義信）「紀要」 滋賀県文化財保護協会 （23）2010.3

絋鈎史跡探訪記（7）～（9）「湖東・明智光秀伝説の城」探訪（末森清司）「備陽史探訪」 備陽史探訪の会 （154）/（156）2010.6/2010.10

江戸時代の湖東の百姓たち（野村寺一）「蒲生野」 八日市郷土文化研究会 （45）2013.12

近江の国 湖東紀行（森田定和）「歴史懇談」 大阪歴史懇談会 （28）2014.8

湖東三山

滋賀県彦根・湖東三山見学記（上南哲也）「せたかい ： 歴史さろん」 世田谷区誌研究会 （55）2003.11

湖東町

湖東町の登録文化財—地域の個性を生かして（森容子）「滋賀文化財教室シリーズ」 滋賀県文化財保護協会 215 2005.3

「寺伝天徳寺址」石碑建碑と旧湖東町の古代氏族一考（和田徳蔵）「蒲生野」 八日市郷土文化研究会 通号42 2010.12

湖南

第12回特別現地研究会報告「再び 湖南・信楽の歴史・文化を訪ねる」（中田洋子）「美濃の文化 ： 美濃文化総合研究会機関誌」 美濃文化総合研究会 （121）2012.2

湖南市

滋賀県湖南市北部の史跡と美術（矢ヶ崎善太郎）「史迹と美術」 史迹美術同攷会 77（4）通号774 2007.5

第916回例会 滋賀県湖南市、野洲川左岸の文化財を訪ねる（品角阿止美）「史迹と美術」 史迹美術同攷会 78（1）通号781 2008.1

湖北

湖北学講座第1回「湖北の学校（総論）—滋賀県教育史のなかの位置」「長浜城歴史博物館友の会友の会だより」 長浜城歴史博物館友の会 57 2004.7

民俗資料に見る「昭和」のくらし—湖北のお風呂物語（橋本章）「長浜城歴史博物館友の会友の会だより」 長浜城歴史博物館友の会 68 2005.6

新市創設企画展I「湖北の野鍛冶伝説—浅井町「七りん館」所蔵資料展—」「長浜城歴史博物館友の会友の会だより」 長浜城歴史博物館友の会 70 2005.8

中世湖北の郡と領域（《大会特集敦賀—日本海～琵琶湖、風の通り道》—〈問題提起〉）（水野章二）「地方史研究」 地方史研究協議会 55（4）通号316 2005.8

湖北の大根（中村紀子）「滋賀の食事文化（年報）」 滋賀の食事文化研究会 （14）2005.12

企画展「湖北の養蚕と浜縮緬の展開」「長浜城歴史博物館友の会友の会だより」 長浜城歴史博物館友の会 （85）2006.11

民俗資料に見る昭和のくらし—湖北のお風呂物語「長浜城歴史博物館友

の会友の会だより」 長浜城歴史博物館友の会 （92）2007.6

平成17年度記念講演会「古代近江の木簡と湖北の文化」「長浜城歴史博物館友の会友の会だより」 長浜城歴史博物館友の会 （93）2007.7

湖北の野鍛冶伝説—浅井町「七りん館」の所蔵資料展「長浜城歴史博物館友の会友の会だより」 長浜城歴史博物館友の会 （94）2007.8

第1回湖北講座「湖国に残る織物から学び伝えよう」が開催されました「長浜城歴史博物館友の会友の会だより」 長浜城歴史博物館友の会 （120）2009.10

市史をひもといて（17）「糸の世紀・織りの文化シリーズ（4）湖北の養蚕・その1」「長浜城歴史博物館友の会友の会だより」 長浜城歴史博物館友の会 （121）2009.11

市史をひもといて（18）「糸の世紀・織りの文化シリーズ（5）成田恩斎の業績（湖北の養蚕・その2）」「長浜城歴史博物館友の会友の会だより」 長浜城歴史博物館友の会 （122）2009.12

湖北路

湖北路を歩いた人々 イギリス外交官の湖北紀行（1）～（3）「長浜城歴史博物館友の会友の会だより」 長浜城歴史博物館友の会 53/55 2004.3/2004.5

湖北路を歩いた人々 貝原益軒の湖北紀行（1）～（4）「長浜城歴史博物館友の会友の会だより」 長浜城歴史博物館友の会 61/64 2004.11/2005.2

湖北路を歩いた人々 東北農民の湖北紀行（1）～（2）（江竜喜之）「長浜城歴史博物館友の会友の会だより」 長浜城歴史博物館友の会 65/66 2005.3/2005.4

湖北路を歩いた人々 湖北の女性巌佐由子（由衛）とその旅（江竜喜之）「長浜城歴史博物館友の会友の会だより」 長浜城歴史博物館友の会 （72）2005.10

湖北路を歩いた人々 松平慶永（春嶽）の上京日記（江竜喜之）「長浜城歴史博物館友の会友の会だより」 長浜城歴史博物館友の会 （73）

湖北路を歩いた人々 加賀藩参勤交代の随行記（1）～（3）「長浜城歴史博物館友の会友の会だより」 長浜城歴史博物館友の会 （74）/（76）2005.12/2006.2

湖北路を歩いた人々 福井藩参勤交代経路の見聞録［1］～［8］「長浜城歴史博物館友の会友の会だより」 長浜城歴史博物館友の会 （79）/（86）2006.5/2006.12

湖北路を歩いた人々 貝原益軒の湖北紀行（3）～（4）「長浜城歴史博物館友の会友の会だより」 長浜城歴史博物館友の会 （87）/（88）2007.1/2007.2

湖北路を歩いた人々 東北農民の湖北紀行（1）～（2）「長浜城歴史博物館友の会友の会だより」 長浜城歴史博物館友の会 （89）/（90）2007.3/2007.4

湖北路を歩いた人々 湖北の女性 巌佐由子（由衛）とその旅「長浜城歴史博物館友の会友の会だより」 長浜城歴史博物館友の会 （96）2007.10

湖北路を歩いた人々 松平慶永（春嶽）の上京日記「長浜城歴史博物館友の会友の会だより」 長浜城歴史博物館友の会 （97）2007.11

湖北路を歩いた人々 加賀藩参勤交代の随行記（1）「長浜城歴史博物館友の会友の会だより」 長浜城歴史博物館友の会 （98）2007.12

蒲生野

天正本『太平記』の近江八重山蒲生野合戦について—軍記と系図の利用をめぐって（生駒孝臣）「史敏」 史敏刊行会 通号3 2006.4

表紙写真 蒲生野遊猟の図 陶板壁画 写真説明（小嶋太郎）「蒲生野」 八日市郷土文化研究会 （43）2011.12

表紙写真 蒲生野遊猟の図 陶板壁画 案内文（出目弘）「蒲生野」 八日市郷土文化研究会 （43）2011.12

おうみ（近江）おうみ（多見）歩く（10）蒲生野と太郎坊宮（加藤賢治）「湖国と文化」 滋賀県文化振興事業団 37（3）通号144 2013.7

坂本

第33回ミニ企画展「大津・戦争・市民」/第34回ミニ企画展「坂本の美術—公人屋敷の絵画」「大津歴博だより」 大津市歴史博物館 51 2003.5

坂本菊（串岡慶子）「滋賀の食事文化（年報）」 滋賀の食事文化研究会 （12）2003.12

坂本の山椒（串丘慶子）「滋賀の食事文化（年報）」 滋賀の食事文化研究会 （13）2004.12

中世坂本の都市構造—六箇条と三津浜の「在地」をめぐって（下坂守）「日本文化史研究」 帝塚山大学奈良学総合文化研究所 （38）2007.3

坂本の特産物（《特集 地元に残したい食材（5）》）（串岡慶子）「滋賀の食事文化（年報）」 滋賀の食事文化研究会 （17）2008.12

門前町坂本の景観（特集 "石"のある風景）（木村至宏）「近江学 ： 文化誌近江学」 成安造形大学附属近江学研究所, サンライズ出版（発売） （4）2012.1

庭を巡る 町全体が庭園—坂本の庭を巡る 滋賀院門跡宸殿庭園/旧竹林院/芙蓉園（旧白毫院）（特集 近江の庭園文化）（植田耕司, 林泰彦）

「湖国と文化」　滋賀県文化振興事業団　37（2）通号143　2013.3

12月例会　12月15日（土）資料紹介　國學院大學図書館所蔵「山門大絵図・門前町坂本絵図」（例会報告要旨）（田中健司）「国史学」　国史学会（210）2013.6

醒井

醒井餅と砂糖餅（高正晴子，小島朝子）「滋賀の食事文化（年報）」　滋賀の食事文化研究会　（13）2004.12

彦根藩主の食―今出川豆腐と醒井餅の再現（《特集 地元に残したい食材（3）》）（高正晴子）「滋賀の食事文化（年報）」　滋賀の食事文化研究会（15）2006.12

佐和山城

近江佐和山城 天守小天守試論（長谷川博美）「戦乱の空間」　戦乱の空間編集会　（8）2009.7

歴史探求ハイク「石田三成関連史跡を歩く（1）三成の居城・佐和山城」報告「長浜城歴史博物館友の会友の会だより」　長浜城歴史博物館友の会（119）2009.9

山東町

時の流れ…（山東町）（桂田峰男）「佐加太 ： 米原市文化財ニュース」　米原市教育委員会　（20）2004.10

合併特別企画 新市「米原」の街道・宿場―絵図・地図―展（山東町）「佐加太 ： 米原市文化財ニュース」　米原市教育委員会　（20）2004.10

山王

伝説を追って 小字「山王」をめぐる肥田の古代史（高瀬俊英）「彦根郷土史研究」　彦根史談会　44　2009.3

塩津

続・ふるさと歴史散歩「塩津」―伊香郡西浅井町（早藤貞二）「湖国と文化」　滋賀県文化振興事業団　32（1）通号122　2008.1

塩津港

塩津港挽歌（鈴木文七）「蒲生野」　八日市郷土文化研究会　通号41　2009.12

滋賀

滋賀の登録文化財（水谷勝）「湖国と文化」　滋賀県文化振興事業団　102　2003.1

京都・滋賀を訪ねて（石井しおり）「備陽史探訪」　備陽史探訪の会　110　2003.2

《特集 ふるさと滋賀の言葉》「湖国と文化」　滋賀県文化振興事業団　103　2003.4

日本語と滋賀の言葉（増井金典）「湖国と文化」　滋賀県文化振興事業団　103　2003.4

地域にみる、滋賀の方言の特徴（熊谷直孝）「湖国と文化」　滋賀県文化振興事業団　103　2003.4

滋賀の登録文化財（水谷勝）「湖国と文化」　滋賀県文化振興事業団　103　2003.4

平成14年度第4回文化史講座 滋賀・三重における蒲生氏郷ゆかりの地を訪ねて（川野栄一）「会津史談」　会津史談会　（77）2003.5

滋賀の登録文化財（水谷勝）「湖国と文化」　滋賀県文化振興事業団　104　2003.7

滋賀の文化施設（上原恵美）「湖国と文化」　滋賀県文化振興事業団　105　2003.10

滋賀の登録文化財（水谷勝）「湖国と文化」　滋賀県文化振興事業団　105　2003.10

その後の滋賀の文化財―無形民俗文化財に選択して以後（長谷川嘉和）「滋賀の食事文化（年報）」　滋賀の食事文化研究会　（12）2003.12

コーナー討論会 食文化を支える滋賀の伝統食材―琵琶湖や河川でとれる魚介類を中心に（小島朝子［他］）「滋賀の食事文化（年報）」　滋賀の食事文化研究会　（12）2003.12

滋賀の登録文化財（水谷勝）「湖国と文化」　滋賀県文化振興事業団　106　2004.1

滋賀の登録文化財（水谷勝）「湖国と文化」　滋賀県文化振興事業団　107　2004.4

滋賀の登録文化財（水谷勝）「湖国と文化」　滋賀県文化振興事業団　108　2004.7

滋賀の登録文化財（水谷勝）「湖国と文化」　滋賀県文化振興事業団　109　2004.10

滋賀の登録文化財（水谷勝）「湖国と文化」　滋賀県文化振興事業団　29（1）通号110　2005.1

滋賀の登録文化財（最終回）（水谷勝）「湖国と文化」　滋賀県文化振興事業団　29（2）通号111　2005.4

特集 花開く個性と感性 滋賀の文学（國松善次，羽生道英）「湖国と文化」　滋賀県文化振興事業団　30（1）通号114　2006.1

滋賀のかくれ里（2）～（17）（いかいゆり子）「湖国と文化」　滋賀県文化振興事業団　30（3）通号116/34（4）通号133　2006.7/2010.10

藩校の蔵書目録に関する覚書―滋賀・石川・富山を調査して（膽吹覚）

「書籍文化史」　鈴木俊幸　9　2008.1

再発見！滋賀の文学（1）～（5）（井上次雄）「湖国と文化」　滋賀県文化振興事業団　32（1）通号122/33（1）通号126　2008.1/2009.1

再発見！滋賀の文学（6）～（8）教科書に見る滋賀ゆかりの文学（6）～（8）（井上次雄）「湖国と文化」　滋賀県文化振興事業団　33（2）通号127/33（4）通号129　2009.4/2009.10

福井県外の善光寺関係の報告―石川・富山・滋賀（北村市朗）「長野」　長野郷土史研究会　（268）2009.12

再発見！滋賀の文学（10）近江の心（2）「この子らを世の光に」（井上次雄）「湖国と文化」　滋賀県文化振興事業団　34（2）通号131　2010.4

再発見！滋賀の文学（11）近江の心（3）「誠をもって交わる心」（井上次雄）「湖国と文化」　滋賀県文化振興事業団　34（3）通号132　2010.7

滋賀文化事情 図書館利用率全国一 県内図書館の過去・現在・未来（國松完二）「湖国と文化」　滋賀県文化振興事業団　34（4）通号133　2010.10

繊維力 滋賀の織物―その技と感性（1）浜ちりめんの雅（森下あおい）「湖国と文化」　滋賀県文化振興事業団　35（1）通号134　2011.1

古代の奈良、中世の滋賀、近世の京都―滋賀は社寺等歴史的建造物の宝庫（特集 滋賀の国宝建築物）（池野保）「湖国と文化」　滋賀県文化振興事業団　35（2）通号135　2011.4

滋賀の国宝建造物一覧 全国第3位、県内は文化財の宝庫（特集 滋賀の国宝建築物）「湖国と文化」　滋賀県文化振興事業団　35（2）通号135　2011.4

繊維力 滋賀の織物―その技と感性（2）綿クレープの純（森下あおい）「湖国と文化」　滋賀県文化振興事業団　35（2）通号135　2011.4

繊維力 滋賀の織物―その技と感性（3）麻ちぢみの粋（いき）（森下あおい）「湖国と文化」　滋賀県文化振興事業団　35（3）通号136　2011.7

繊維力 滋賀の織物―その技と感性（4）最終回 滋賀の織物の未来を語る（森下あおい）「湖国と文化」　滋賀県文化振興事業団　35（4）通号137　2011.10

滋賀の道の愛称 町の歴史とや景観を反映（特集 滋賀は道の国）「湖国と文化」　滋賀県文化振興事業団　36（1）通号138　2012.1

京極家ゆかりの福井・滋賀の史跡を訪ねて（松岡繁）「文化財保護協会報まるがめ」　丸亀市文化財保護協会　（7）2012.3

百人一首の中の滋賀 天皇、歌枕、歌人、信仰 京とのつながり深く多くの和歌が残る（特集 あきの田の…百人一首と滋賀）（吉海直人）「湖国と文化」　滋賀県文化振興事業団　36（4）通号141　2012.10

彦根かるたと滋賀の郷土かるた（特集 あきの田の…百人一首と滋賀）（藤野滋）「湖国と文化」　滋賀県文化振興事業団　36（4）通号141　2012.10

滋賀の名勝庭園一覧 国指定名勝・県指定名勝庭園/近江の豊かな庭園文化/滋賀の名勝庭園一覧地図（特集 近江の庭園文化）「湖国と文化」　滋賀県文化振興事業団　37（2）通号143　2013.3

滋賀の橋散策（カラーグラビア）（長井泰彦）「湖国と文化」　びわ湖芸術文化団体　38（1）通号146　2014.1

おうみ（近江）おうみ（多見）歩く（12）滋賀の山越を行く（加藤賢治）「湖国と文化」　びわ湖芸術文化団体　38（1）通号146　2014.1

滋賀における字誌刊行リストの作成と民俗調査への活用について（吉村風）「縁 ： 集いの広場」　縁フォーラム事務局　（6）2014.6

滋賀とかかわりが深い長崎の高島家 色鍋島の出土片に勢力をしのぶ（北から南から）（赤尾和美）「湖国と文化」　びわ湖芸術文化団体　38（3）通号148　2014.7

滋賀院門跡宸殿庭園

庭を巡る 町全体が庭園―坂本の庭を巡る 滋賀院門跡宸殿庭園/旧竹林院/芙蓉園（旧白毫院）（特集 近江の庭園文化）（植田耕司，長井泰彦）「湖国と文化」　滋賀県文化振興事業団　37（2）通号143　2013.3

滋賀県

滋賀県の地名について思うこと（井戸庄三）「湖国と文化」　滋賀県文化振興事業団　91　2000.4

滋賀県町村分合改称一覧表（明治22年4月1日）「湖国と文化」　滋賀県文化振興事業団　91　2000.4

市町村の変遷/滋賀県藩県統合表/近江国郷名語源/藩領分布図「湖国と文化」　滋賀県文化振興事業団　91　2000.4

近江の戦国略年譜/市町村別城郭分布図/滋賀県中近世城郭分布図「湖国と文化」　滋賀県文化振興事業団　92　2000.7

大浜家文書目録（補遺）「滋賀大学経済学部附属史料館研究紀要」　滋賀大学経済学部附属史料館　（34）2001.3

忍びの里の武士たち（鵜飼修三）「湖国と文化」　滋賀県文化振興事業団　99　2002.4

忍びの里の武士たち（鵜飼修三）「湖国と文化」　滋賀県文化振興事業団　100　2002.7

忍びの里の武士たち（鵜飼修三）「湖国と文化」　滋賀県文化振興事業団　101　2002.10

忍びの里の武士たち（鵜飼修三）「湖国と文化」　滋賀県文化振興事業団　102　2003.1

水を押しとどめる文化、ともに移ろう文化(矢野晋吾)「湖国と文化」 滋賀県文化振興事業団 104 2003.7

続・ふるさと歴史散歩 木地師の里(早藤貞二)「湖国と文化」 滋賀県文化振興事業団 105 2003.10

忍びの里の武士たち(鵜飼修三)「湖国と文化」 滋賀県文化振興事業団 106 2004.1

〈震災〉という歴史への問い―「文化」の練習帖(2)(阿部安成)「滋賀大学経済学部附属史料館研究紀要」 滋賀大学経済学部附属史料館 (37) 2004.2

忍びの里の武士たち(鵜飼修三)「湖国と文化」 滋賀県文化振興事業団 107 2004.4

特別展から 「滋賀県新指定文化財展」について「長浜城歴史博物館友の会友の会だより」 長浜城歴史博物館友の会 55 2004.5

忍びの里の武士たち(鵜飼修三)「湖国と文化」 滋賀県文化振興事業団 108 2004.7

忍びの里の武士たち(鵜飼修三)「湖国と文化」 滋賀県文化振興事業団 109 2004.10

明治前期の滋賀県の地籍図類の編製について(《特集 地域に残された歴史資料の保存と活用》)(河崎幸一)「和歌山地方史研究」 和歌山地方史研究会 (48) 2004.11

忍びの里の武士たち(最終回)(鵜飼修三)「湖国と文化」 滋賀県文化振興事業団 29(1)通号110 2005.1

芦原国民学校の学童集団疎開生活について―滋賀県下における学童集団疎開の一事例(大西稔子)「栗東歴史民俗博物館紀要」 栗東歴史民俗博物館 (11) 2005.3

滋賀県における城館調査の現状と課題(中井均)「中世城郭研究」 中世城郭研究会 (19) 2005.7

各地の情報 滋賀県(上垣幸徳)「日引 ： 石造物研究会会誌」 (7) 2005.10

滋賀県の柿文化(堀越昌子, 近藤昌子)「滋賀の食事文化(年報)」 滋賀の食事文化研究会 (14) 2005.12

京街道を旅して(大西實)「郷土の文化」 観音寺市郷土文化大学 1 2007.3

大橋彦祐家文書目録「滋賀大学経済学部附属史料館研究紀要」 滋賀大学経済学部附属史料館 (41) 2008.3

滋賀県下におけるヴォーリズの洋風建築(川島智生)「近畿文化」 近畿文化会事務局 (700) 2008.3

滋賀における明治前期地籍図の成立とその機能の変化―佐藤甚次郎説の再検討を通して(《「歴史地理学における絵図・地図」特集号》)(古関大樹)「歴史地理学」 歴史地理学会, 古今書院(発売) 51(1)通号243 2009.1

講演録 伊藤両家史料から見えてくるもの(宇佐美英機)「滋賀大学経済学部附属史料館研究紀要」 滋賀大学経済学部附属史料館 (42) 2009.3

地域史からみた自由民権運動―滋賀県・京都府の場合(《特集 シンポジウム 民権運動再考II「地域から描く自由民権」》)(高久嶺之介)「自由民権 ： 町田市立自由民権資料館紀要」 町田市教育委員会 通号22 2009.3

綯鈎古跡探訪記(2) 暮家総山城探訪の心構え(末森清司)「備陽史探訪」 備陽史探訪の会 (150) 2009.10

綯鈎古跡探訪記(3) 怨霊の古城跡(末森清司)「備陽史探訪」 備陽史探訪の会 (151) 2009.12

綯鈎古跡探訪記(4) 古城跡探訪の怪奇(2)(末森清司)「備陽史探訪」 備陽史探訪の会 (152) 2010.2

明治前期地域研究のいくつかの論点―滋賀県の事例から(特集 移行期・転換期における社会と経済)(高久嶺之介)「年報近現代史研究」 近現代史研究会 (2) 2010.3

綯鈎古跡探訪記(5) 古城跡の怪奇・家内の遭遇(3)(末森清司)「備陽史探訪」 備陽史探訪の会 (153) 2010.4

時評 滋賀県下の博物館問題(市川秀之)「新しい歴史学のために」 京都民科歴史部会 (276) 2010.5

横através三渓園にある滋賀県内の道標(大塚活美)「蒲生野」 八日市郷土文化研究会 通号42 2010.12

滋賀県の石造反橋の研究(多田準二)「歴史考古学」 歴史考古学研究会 (64) 2011.10

歴史文書は語る 県政史料室から(3) 公文書のなかの仏像(生嶋輝美)「湖国と文化」 滋賀県文化振興事業団 36(2)通号139 2012.4

歴史文書は語る 県政史料室から(5) 災害 公文書に残る災害の記録(東資子)「湖国と文化」 滋賀県文化振興事業団 36(4)通号141 2012.10

歴史文書は語る 県政史料室から(6) 植林 滋賀県の植林事業と山樫(生嶋輝美)「湖国と文化」 滋賀県文化振興事業団 37(1)通号142 2013.1

歴史文書は語る 県政史料室から(7) 文化財 有形文化財となった「県行政文書」(栗生春実)「湖国と文化」 滋賀県文化振興事業団 37(2)通号143 2013.3

歴史文書は語る 県政史料室から(9) 行政文書の整理・保存について高い意識(工藤克洋)「湖国と文化」 滋賀県文化振興事業団 37(4)通号145 2013.10

歴史文書は語る 県政史料室から(10) 「伊香相救社」 湖北の名望家が中心になって共済結社を設立 130年の長きにわたり、湖北の人びとを支える(大月英雄)「湖国と文化」 びわ湖芸術文化財団 38(1)通号146 2014.1

滋賀県における近現代戦争記念碑―基礎的整理と課題の提示(辻川哲朗)「紀要」 滋賀県文化財保護協会 (27) 2014.3

志賀町

旧志賀町所在彫刻調査目録(2)、(3)(寺島典人)「大津市歴史博物館研究紀要」 大津市歴史博物館 通号15/通号16 2008.7/2009.10

信楽

中世の信楽焼の文様について(松澤修)「滋賀文化財だより」 滋賀県文化財保護協会 290 2004.2

信楽と丹波・越前―その形態の比較(松澤修)「紀要」 滋賀県文化財保護協会 (17) 2004.3

歴史散策 大和と信楽幻の都と日常遣いの器「月刊大和路ならら」 地域情報ネットワーク 8(1)通号76 2005.1

信楽鉢の変遷について(松澤修)「紀要」 滋賀県文化財保護協会 (19) 2006.3

伊賀市上野より甲賀市信楽へ 街道の史跡と文化財探訪(品角阿止美)「史迹と美術」 史迹美術同攷会 77(5)通号775 2007.6

近江の美術 信楽焼の概説(大槻倫子)「近江学 ： 文化誌近江学」 成安造形大学附属近江学研究所, サンライズ出版(発売) (2) 2010.1

シリーズ近江の意匠I 奥田博土―信楽と造形(辻喜代治)「近江学 ： 文化誌近江学」 成安造形大学附属近江学研究所, サンライズ出版(発売) (4) 2012.1

第12回特別現地研究会報告「再び 湖南・信楽の歴史・文化を訪ねる」(中田洋子)「美濃の文化 ： 美濃文化総合研究会機関誌」 美濃文化総合研究会 (121) 2012.2

シリーズ ふるさと遊彩(3) 信楽(田中陽一郎)「湖国と文化」 びわ湖芸術文化財団 38(4)通号149 2014.10

紫香楽宮

古都大津・歴史シンポジウム「近江・大津になぜ都は営まれたのか―大津宮・紫香楽宮・保良宮」「大津歴博だより」 大津市歴史博物館 52 2003.9

続・ふるさと歴史散歩「紫香楽宮跡」―甲賀市信楽町宮町(早藤貞二)「湖国と文化」 滋賀県文化振興事業団 30(4)通号117 2006.10

続日本紀「続日本紀」と「紫香楽宮」(読書会)(西山正之助)「いしぶみ」 まちだ史考会 (33) 2012.7

賤ヶ岳

賤ヶ岳合戦における前衛と後衛の陣城―天神山砦・今市上砦・小谷城西部の城郭遺構について(高橋成計)「丹波史」 丹波史懇話会 (26) 2006.6

紀行文 賤ヶ岳散策(高橋光雄)「備陽史探訪」 備陽史探訪の会 (156) 2010.10

『日本城郭史資料』に掲載された賤ヶ岳合戦の陣城(中井均)「長浜城歴史博物館友の会友の会だより」 長浜歴史博物館友の会 (138) 2011.4

琵琶湖八景を巡る(続) 北の賤ヶ岳、南の瀬田・石山 歴史的な二大拠点(植田耕司)「湖国と文化」 滋賀県文化振興事業団 36(3)通号140 2012.7

おうみ(近江) おうみ(多見)歩く(11) 黒田・大音から賤ヶ岳へ(加藤賢治)「湖国と文化」 滋賀県文化振興事業団 37(2)通号143 2013.10

「菅沢町の歴史民俗より」 武功第一の荒武者賤ヶ岳七本槍絵馬について(多田豊美)「讃岐のやまなみ」 香川県歴史研究会 (7) 2014.4

清水山城

続・ふるさと歴史散歩「清水山城跡」―高島市新旭町(早藤貞二)「湖国と文化」 滋賀県文化振興事業団 31(2)通号119 2007.4

下坂氏館

企画展「新指定史跡名勝展 下坂氏館と慶雲館」「長浜城歴史博物館友の会友の会だより」 長浜城歴史博物館友の会 (80) 2006.6

下坂本村

近世の「観光地」における利益配分と旅行者管理体制―近江国下坂本村を事例に(2013年度大会特集号―近世部会報告)(青柳周一)「ヒストリア ： journal of Osaka Historical Association」 大阪歴史学会 (241) 2013.12

下田

下田ナス(榎和子)「滋賀の食事文化(年報)」 滋賀の食事文化研究会 (14) 2005.12

秀隣寺

安曇川沿いに時代と趣異なる名園 朽木池の沢と旧秀隣寺(特集 近江の庭園文化―庭と私)(宮崎雅充)「湖国と文化」 滋賀県文化振興事業団 37(2)通号143 2013.3

滋賀県　　　　　　　　地名でたどる郷土の歴史　　　　　　　　近畿

旧秀隣寺庭園

続・ふるさと歴史散歩「旧秀隣寺庭園」―高島市朽木岩瀬（早藤貞二）「湖国と文化」 滋賀県文化振興事業団　33（3）通号128　2009.7

上平寺城

続・ふるさと歴史散歩「上平寺城」（坂田郡伊吹町）（早藤貞二）「湖国と文化」 滋賀県文化振興事業団　29（1）通号110　2005.1

山城レポ 京極氏の山城・上平寺城跡（末森清司）「備陽史探訪」 備陽史探訪の会　（167）2012.8

正楽寺

続・ふるさと歴史散歩 「道誉の里」（甲良町字正楽寺）（早藤貞二）「湖国と文化」 滋賀県文化振興事業団　29（4）通号113　2005.10

諸浦の親郷

近世琵琶湖水運と「諸浦の親郷」三ヵ浦の誕生（杉江進）「交通史研究」 交通史学会，吉川弘文館（発売）（57）2005.4

白王

琵琶湖八景を巡る 冬の夕陽をあびるヨシ原の美 近江八幡市白王、円山地区の水郷（特集 近江八景）（植田耕司）「湖国と文化」 滋賀県文化振興事業団　36（2）通号139　2012.4

白川

湖國藝術紀行（11）甲子吟行「大津へ出る道」異聞 白川・志賀山越えの道（江南和幸）「湖国と文化」 滋賀県文化振興事業団　36（3）通号140　2012.7

賑窮舎

高宮村の社会福祉事業について―賑窮舎を中心に（西田稔）「彦根郷土史研究」 彦根史談会　36　2001.3

新名神土山サービスエリア

訪れたいスポット spot1 沖島/spot2 新名神土山サービスエリア/spot3 安楽越/spot4 小入峠（特集 滋賀は道の国）「湖国と文化」 滋賀県文化振興事業団　36（1）通号138　2012.1

須越

須越の言葉の歴史（林三郎）「彦根郷土史研究」 彦根史談会　44　2009.3

菅浦

中世菅浦文書について（5）～（10）（蔵持重裕）「滋賀大学経済学部附属史料館研究紀要」 滋賀大学経済学部附属史料館　（34）/（45）2001.3/2012.3

続・ふるさと歴史散歩「四足門」（西浅井郡菅浦）（早藤貞二）「湖国と文化」 滋賀県文化振興事業団　29（3）通号112　2005.7

シリーズ・湖北のくらしと祈り（2）「たたかう村のくらし―中村惣村の村・菅浦の歴史と文化―」「長浜城歴史博物館友の会友の会だより」 長浜城歴史博物館友の会　（104）2008.6

史料目録 菅浦家文書目録（近世分）「滋賀大学経済学部附属史料館研究紀要」 滋賀大学経済学部附属史料館　（47）2014.3

菅浦の四足門「長浜城歴史博物館友の会友の会だより」 長浜城歴史博物館友の会　（179）2014.9

菅浦の自治と浅井氏「長浜城歴史博物館友の会友の会だより」 長浜城歴史博物館友の会　（180）2014.10

表紙 企画展「日本中世の村落社会―菅浦文書が語る民衆の歴史―」 H26年11/1（土）～11/30（日）「長浜城歴史博物館友の会友の会だより」 長浜城歴史博物館友の会　（181）2014.11

杉谷

杉谷なすび―忍者の里のなすび（《特集 ハレの食》）（長朔男，長倭子）「滋賀の食事文化（年報）」 滋賀の食事文化研究会　（18）2009.12

膳所城

江戸時代の城下町―膳所城下町遺跡の調査から（中村智孝）「滋賀文化財だより」 滋賀県文化財保護協会　（300）2006.3

膳所城址公園

膳所城跡公園から日の出を狙う（北から南から）（長井泰彦）「湖国と文化」 びわ湖芸術文化財団　38（4）通号149　2014.10

膳所梅仙窟

学芸員のノートから 膳所梅仙窟の盆梅展について（木津勝）「大津歴博だより」 大津市歴史博物館　53　2004.2

瀬田

琵琶湖八景を巡る（続）北の賎ヶ岳、南の瀬田・石山 歴史的な二大拠点（植田耕司）「湖国と文化」 滋賀県文化振興事業団　36（3）通号140　2012.7

瀬田川

続・ふるさと歴史散歩「なぎさ公園」―大津港から瀬田川へ（早藤貞二）「湖国と文化」 滋賀県文化振興事業団　34（4）通号133　2010.10

瀬田川鉄橋

コラム 服部長七の足跡/室戸台風による瀬田川鉄橋列車転覆事故/長崎

県対馬にあったオメガ無線局大鉄塔の解体工事/名古屋の造船業/「鹿乗橋」の拡幅/坪内逍遙の描いた明治初期の名古屋「産業遺産研究」 中部産業遺産研究会事務局　（19）2012.5

瀬田丘陵

報告 瀬田丘陵の開発と生産遺跡（調査研究報告会発表要旨）（藤居朗）「栗東歴史民俗博物館紀要」 栗東歴史民俗博物館　（20）2014.3

瀬田唐橋

瀬田唐橋の「色」論争 景観を重視し、「唐茶」色の橋に 地震対策など安全策も推進（滋賀文化事情）（編集室）「湖国と文化」 滋賀県文化振興事業団　36（1）通号138　2012.1

瀬田唐橋とわたし 夕照を眺め至福の時間過ごす（特集 瀬田唐橋と滋賀の橋）（礒田陽子）「湖国と文化」 びわ湖芸術文化財団　38（1）通号146　2014.1

特集4 石橋の物語るもの（特集 瀬田唐橋と滋賀の橋）（米田実）「湖国と文化」 びわ湖芸術文化財団　38（1）通号146　2014.1

勢多唐橋

近江八話（7）勢多唐橋（鈴木康弘）「静岡歴研会報」 静岡県歴史研究会　（131）2011.6

瀬田の長橋

急がば回れ瀬田の長橋（特集 近江八景）（成安造形大学附属近江学研究所）「湖国と文化」 滋賀県文化振興事業団　36（2）通号139　2012.4

瀬田橋

壬申乱を走る（4）―瀬田橋の戦い（猪熊兼勝）「近畿文化」 近畿文化会事務局　（736）2011.3

特集1 瀬田橋を考える―架橋、移動、そして今（特集 瀬田唐橋と滋賀の橋）（松浦俊和）「湖国と文化」 びわ湖芸術文化財団　38（1）通号146　2014.1

仙台藩近江飛び地

仙台藩近江飛び地とその周辺（野崎常）「東北学院大学東北文化研究所紀要」 東北学院大学東北文化研究所　（42）2010.12

千町

大津市千町・山のある農村の暮らしと祭りの食（特集 ハレの食）（堀越昌子）「滋賀の食事文化（年報）」 滋賀の食事文化研究会　（19）2010.12

多賀

シリーズ「琵琶湖世界の地域デザイン」（4）多賀「里の駅（プラットフォーム）」の活動が定着 古民家「一圓屋敷」を起点とした山の辺の里づくり（山崎一眞）「湖国と文化」 滋賀県文化振興事業団　36（4）通号141　2012.10

高穴穂宮

倭都、「高穴穂宮」三代（大芝英雄）「九州倭国通信」 九州古代史の会　（165）2013.3

高木村

ブレーメン海外博物館蔵「江州蒲生郡庄村高木村検地図巻」について（久留島浩，宮坂正英）「滋賀大学経済学部附属史料館研究紀要」 滋賀大学経済学部附属史料館　（40）2007.3

高島市

「過則勿憚改」―「論語」学而編愚名「西近江」を撤回した滋賀県「高島市」の英知を称える（楠原佑介）「全国地名保存連盟会報」 全国地名保存連盟　55　2004.5

多賀町

仏領ニューカレドニアの滋賀移民 犬上郡多賀町 リリアンの墓参り（津田睦美）「近江学：文化誌近江学」 成安造形大学附属近江学研究所，サンライズ出版（発売）（6）2014.1

高月

高月菜について（粕渕宏昭）「滋賀の食事文化（年報）」 滋賀の食事文化研究会　（13）2004.12

高取山城

最初で最後の、近江、高取山城を訪ねて（会員通信）（川端義憲）「城だより」 日本古城友の会　（519）2012.3

高野

高野地区の文化財（松岡久美子）「栗東歴史民俗博物館紀要」 栗東歴史民俗博物館　（11）2005.3

湖北地方の文化財探訪（4）「高月町高野の歴史と文化財」「長浜城歴史博物館友の会友の会だより」 長浜城歴史博物館友の会　（142）2011.8

高旗山

三角点の山と私（2）歴史ある古道から手軽に登れる 高旗山（吉野千栄子）「湖国と文化」 びわ湖芸術文化財団　38（4）通号149　2014.10

高宮村

高宮村の社会福祉事業について―賑窮舎を中心に（西田稔）「彦根郷土史研究」 彦根史談会　36　2001.3

長比城

米原市の城跡探訪 長比城跡(柏原・長久寺)/箕浦城跡(新庄・箕浦)「佐加太 : 米原市文化財ニュース」 米原市教育委員会 (26) 2007.12

多度津陣屋

多度津陣屋(家中絵図)「彦根郷土史研究」 彦根史談会 37 2002.1

田上

昔の風俗を伝える田上手城(北から南から)(赤尾和美)「湖国と文化」 滋賀県文化振興事業団 37(2)通号143 2013.3

大津市田上に伝わる伝統の味「菜の花漬」(北から南から)(赤尾和美)「湖国と文化」 びわ湖芸術文化財団 38(2)通号147 2014.4

田上町

絶釣史跡探訪記 田上町内史跡探訪(悠閑暮家爺)「備陽史探訪」 備陽史探訪の会 (149) 2009.8

玉園中学校

思い出の玉園中学校(談話室)(喜多尾文代)「蒲生野」 八日市郷土文化研究会 通号41 2009.12

太郎坊宮

おうみ(近江)おうみ(多見)歩く(10) 蒲生野と太郎坊宮(加藤賢治)「湖国と文化」 滋賀県文化振興事業団 37(3)通号144 2013.7

丹波越

鯖街道の歴史的考察—若狭からの丹波越ルート(小畑弘)「丹波」 丹波史談会 (10) 2008.10

竹生島

新市創設企画展 第2回「『竹生島文書』が語る湖北史」「長浜城歴史博物館友の会の会だより」 長浜城歴史博物館友の会 (72) 2005.10

あきとせつ(4) 竹生島(藤本恵子, 中西文彦)「湖国と文化」 滋賀県文化振興事業団 36(1)通号138 2012.1

筑摩

米原・筑摩の赤カブ(久保加織)「滋賀の食事文化(年報)」 滋賀の食事文化研究会 (14) 2005.12

旧竹林院

庭を巡る 町全体が庭園—坂本の庭を巡る 滋賀院門跡宸殿庭園/旧竹林院/芙蓉園(旧白毫院)(特集 近江の庭園文化)(植田耕司, 長井泰彦)「湖国と文化」 滋賀県文化振興事業団 37(2)通号143 2013.3

知内

重要文化的景観「高島市海津・西浜・知内の水辺景観」(山本晃子)「滋賀文化教室シリーズ」 滋賀県文化財保護協会 (232) 2009.3

津乎の崎

万葉の歌を湖上から探る 津乎の崎(《特集 シニアが見つけた! 湖国の文学I》)(肥田嘉昭)「湖国と文化」 滋賀県文化振興事業団 33(2)通号127 2009.4

津田荘

近江国奥嶋荘・津田荘における惣村の成立と在地社会の変質(若林陵一)「歴史」 東北史学会 105 2005.9

土山

茶どころ(1) 土山茶「せんのきくコクのあるお茶」滋賀県離れした広大な茶畑(特集 近江茶どころ)「湖国と文化」 滋賀県文化振興事業団 35(4)通号137 2011.10

土山宿

続・ふるさと歴史散歩「土山宿」(甲賀市土山町)(早藤貞二)「湖国と文化」 滋賀県文化振興事業団 29(2)通号111 2005.4

天井川

天井川の生い立ちを考える(1)(重田勉)「紀要」 滋賀県文化財保護協会 (22) 2009.3

天井川の生い立ちを考える(2)—天井川の目的と機能(重田勉)「紀要」 滋賀県文化財保護協会 (23) 2010.3

天井川の生い立ちを考える(3)—天井川と埋没河川との関係について(重田勉)「紀要」 滋賀県文化財保護協会 (25) 2012.3

天神山砦

賤ヶ岳合戦における前衛と後衛の陣城—天神山砦・今市上砦・小谷城西部の城郭遺構について(高橋成計)「丹波史」 丹波史懇話会 (26) 2006.6

天徳寺

「寺伝天徳寺址」石碑建碑と旧湖東町の古代氏族一考(和田徳蔵)「蒲生野」 八日市郷土文化研究会 通号42 2010.12

天然図画亭

湖の水運を支配した堅田文化の結晶 居初氏 天然図画亭(特集 近江の庭園文化—庭と私)(木村至宏)「湖国と文化」 滋賀県文化振興事業団 37(2)通号143 2013.3

伝前田利家邸跡

伝前田利家邸跡の整備—特別史跡安土城跡(石橋正嗣)「研究紀要」 滋賀県安土城郭調査研究所 9 2003.8

虎御前山

歴史と伝説の虎御前山(福井智英)「滋賀文化財教室シリーズ」 滋賀県文化財保護協会 210 2004.1

鳥居本宿

中山道鳥居本宿の成立について(野田浩子)「滋賀県地方史研究」 滋賀県地方史研究家連絡会 (16) 2006.5

内湖

講演録 内湖利用の民俗文化とその歴史的意義(佐野静代)「滋賀大学経済学部附属史料館研究紀要」 滋賀大学経済学部附属史料館 (44) 2011.3

長島

戦争と地域のくらし—長島共有文書IIより(本多桂)「野洲市歴史民俗博物館研究紀要」 野洲市歴史民俗博物館 (11) 2005.3

中宿村

明治初期の小学校—愛知郡中宿村の彰考学校をめぐって(調査研究報告)(門脇正人)「愛荘町歴史研究」 愛荘町教育委員会 (2) 2009.2

長野出町

象徴化としての井伊家—長野出町における村自治精神の形成過程についての一考察(調査研究報告)(大木祥太郎)「愛荘町歴史研究」 愛荘町教育委員会 (2) 2009.2

長浜

おおみ大発見・小発見 長浜(馬場章夫)「湖国と文化」 滋賀県文化振興事業団 91 2000.4

地名が語る町の歴史 長浜の旧52町(上),(下)(太田浩司)「長浜城歴史博物館友の会友の会だより」 長浜城歴史博物館友の会 44/45 2003.6/2003.7

第8回下郷共済会所蔵品展「湖東焼と長浜焼の逸品」「長浜城歴史博物館友の会友の会だより」 長浜城歴史博物館友の会 (75) 2006.1

特別陳列「長浜ゆかりの甲冑と刀剣」「長浜城歴史博物館友の会友の会だより」 長浜城歴史博物館友の会 (103) 2008.5

湖北長浜の伝統的な食生活と食材(《特集 地元に残したい食材(5)》)(堀越昌子)「滋賀の食事文化(年報)」 滋賀の食事文化研究会 (17) 2008.12

市史をひもといて(9)「石田三成のふるさと長浜」「長浜城歴史博物館友の会友の会だより」 長浜城歴史博物館友の会 (113) 2009.3

市史をひもといて(10)「郷里五川と樽番—水の差配をめぐる歴史と民俗」「長浜城歴史博物館友の会友の会だより」 長浜城歴史博物館友の会 (114) 2009.4

市史をひもといて(11)「長浜の『石』のはなし二題」「長浜城歴史博物館友の会友の会だより」 長浜城歴史博物館友の会 (115) 2009.5

市史をひもといて(14)「糸の世紀・織りの文化シリーズ(1) 浜蚊帳」「長浜城歴史博物館友の会友の会だより」 長浜城歴史博物館友の会 (118) 2009.8

市史をひもといて(15),(16)「糸の世紀・織りの文化シリーズ(2) 浜縮緬・その1,その2」「長浜城歴史博物館友の会友の会だより」 長浜城歴史博物館友の会 (119)/(120) 2009.9/2009.10

第21年度長浜城歴史博物館特別展「糸の世紀・織りの時代—湖北・長浜をめぐる糸の文化史—」「長浜城歴史博物館友の会友の会だより」 長浜城歴史博物館友の会 (124) 2010.2

シリーズ ながはま"まるっと"文化財[1],(2)〜(6)「長浜城歴史博物館友の会友の会だより」 長浜城歴史博物館友の会 (128)/(136) 2010.7/2011.02

旅に出る! パート1 長浜・小浜国宝の旅(平井優三)「備陽史探訪」 備陽史探訪の会 (159) 2011.4

企画展「長浜ゆかりのひな人形」「長浜城歴史博物館友の会友の会だより」 長浜城歴史博物館友の会 (147) 2012.1

長浜・戦国大河ふるさと博について「長浜城歴史博物館友の会友の会だより」 長浜城歴史博物館友の会 (150) 2012.4

篠島・長浜石(名古屋城築城・残石)(石橋伊鶴, 松本亀男)「郷土研究誌 みなみ」 南知多郷土研究会 (93) 2012.5

シリーズ 絵解き☆長浜の引き札(1)〜(5)「長浜城歴史博物館友の会友の会だより」 長浜城歴史博物館友の会 (176)/(181) 2014.6/2014.11

長浜駅

企画展「長浜駅舎と鉄道文化—敦賀長浜鉄道物語—」「長浜城歴史博物館友の会友の会だより」 長浜城歴史博物館友の会 (81) 2006.7

企画展「長浜駅舎と鉄道文化—敦賀長浜鉄道物語—」「長浜城歴史博物館友の会友の会だより」 長浜城歴史博物館友の会 (82) 2006.8

滋賀県　　地名でたどる郷土の歴史　　近畿

長浜市

第3回新市創設企画展「湖北の美―新・長浜市の文化財―」「長浜城歴史博物館友の会友の会だより」　長浜城歴史博物館友の会　（76）2006.2

長浜市指定文化財 国友寛家鉄炮鍛冶資料について（小西雅徳）「銃砲史研究」　日本銃砲史学会　（353）2006.6

城下町における都市の景観復元に関する課題―滋賀県長浜市を事例に（《シンポジウム「景観の保存と利用の歴史地理」特集号》）（中西和子）「歴史地理学」　歴史地理学会．古今書院（発売）49（1）通号232　2007.1

歴史民俗探訪の見どころ 滋賀県長浜市「讃岐のやまなみ」　香川県歴史研究会　（7）2014.4

長浜城

市町村合併と地名―地域の歴史と個性を失わせないために（太田浩司）「長浜城歴史博物館友の会友の会だより」　長浜城歴史博物館友の会　40　2003.1

小谷城と長浜城（来村多加史）「近畿文化」　近畿文化会事務局　（684）2006.11

いしだみつにゃん・しまさこにゃん 長浜城登場「長浜城歴史博物館友の会友の会だより」　長浜城歴史博物館友の会　（104）2008.6

長浜城から移された門「長浜城歴史博物館友の会友の会だより」　長浜城歴史博物館友の会　（131）2010.9

長浜城は今年で30歳になりました「長浜城歴史博物館友の会友の会だより」　長浜城歴史博物館友の会　（162）2013.4

開館30周年 写真でふりかえる長浜城「長浜城歴史博物館友の会友の会だより」　長浜城歴史博物館友の会　（163）2013.5

開館30周年 写真でふりかえる長浜城「長浜城歴史博物館友の会友の会だより」　長浜城歴史博物館友の会　（164）2013.6

開館30周年 写真でふりかえる長浜城 長浜城前に長蛇の列/長浜城前のにぎわい「長浜城歴史博物館友の会友の会だより」　長浜城歴史博物館友の会　（165）2013.7

開館30周年 写真でふりかえる長浜城 北近江秀吉博覧会 第3会場（長浜城歴史博物館）の様子「長浜城歴史博物館友の会友の会だより」　長浜城歴史博物館友の会　（169）2013.11

開館30周年 写真でふりかえる長浜城 北近江一豊・千代博覧会長浜城の様子/展示室の様子「長浜城歴史博物館友の会友の会だより」　長浜城歴史博物館友の会　（170）2013.12

表紙 開館30周年 写真でふりかえる長浜城 江展開催中の展示室の様子/江展開会式の様子「長浜城歴史博物館友の会友の会だより」　長浜城歴史博物館友の会　（171）2014.1

表紙 開館30周年 写真でふりかえる長浜城 黒田官兵衛博覧会「長浜城歴史博物館友の会友の会だより」　長浜城歴史博物館友の会　（173）2014.3

「人柱伝説」―長浜城と丸岡城（今川徳子）「扣之帳」　扣之帳刊行会　（46）2014.12

長浜町

長浜町の成立と朱印地（上）―江戸時代の年貢免除地は何を意味するか（太田浩司）「長浜城歴史博物館友の会友の会だより」　長浜城歴史博物館友の会　47　2003.9

長浜町の成立と朱印地（下）―長浜町の周辺村と朱印地（太田浩司）「長浜城歴史博物館友の会友の会だより」　長浜城歴史博物館友の会　48　2003.10

長浜湊

近江長浜湊の流通について（《大会特集II敦賀―日本海～琵琶湖、風の通り道》―〈問題提起〉）（西川丈雄）「地方史研究」　地方史研究協議会　55（5）通号317　2005.10

永原村

帝塚山大学大学院所蔵「永原村文書」目録と解題（資料紹介）（中根麻貴）「帝塚山大学大学院人文科学研究科紀要」　帝塚山大学大学院人文科学研究科　（15）2013.3

中山陣屋

旗本領の陣屋とその町その村（承前）其四 近江中山陣屋（会員通信）（上田正和）「城だより」　日本古城友の会　（530）2013.2

匂住庵

近江八話（8）匂住庵の記（鈴木康弘）「静岡歴研会報」　静岡県歴史研究会　（133）2012.3

西近江

「過則勿憚改」―「論語」学而編愚名「西近江」を撤回した滋賀県「高島市」の英知を称える（楠原佑介）「全国地名保存連盟会報」　全国地名保存連盟　55　2004.5

西田

資料紹介 西田薬舗の看板（松岡久美子）「栗東歴史民俗博物館紀要」　栗東歴史民俗博物館　（12）2006.3

西野

隔号連載 湖北地方の文化財探訪（1）「高月町西野の史跡と文化財」「長浜城歴史博物館友の会友の会だより」　長浜城歴史博物館友の会　（128）2010.6

西浜

重要文化的景観「高島市海津・西浜・知内の水辺景観」（山本晃子）「滋賀文化財教室シリーズ」　滋賀県文化財保護協会　（232）2009.3

仁正寺陣屋

陣屋町点描（5）近江仁正寺（西大路）陣屋の表御殿（米田藤博）「パイオニア」　関西地理学研究会　（95）2011.5

近畿周辺―大名陣屋とその町その村（承前）2 近江仁正寺陣屋（のち改称西大路）/3 近江山上陣屋（会員通信）（上田正和）「城だより」　日本古城友の会　（537）2013.9

丹生

丹生・壬生と水源関連地名（綱本逸雄）「地名探究」　京都地名研究会　（7）2009.3

布引丘陵掩体群

布引丘陵掩体群 後記（小杉弘一）「蒲生野」　八日市郷土文化研究会　通号42　2010.12

野路の玉川

滋賀の伝説と民話「野路の玉川」（渡邊守順，斉藤裕子）「湖国と文化」　滋賀県文化振興事業団　32（3）通号124　2008.7

野路の玉川散策（《特集 シニアが見つけた！ 湖国の文学11》）（山内利夫）「湖国と文化」　滋賀県文化振興事業団　33（3）通号128　2009.7

八幡

八幡の中世山城（廣崎篤夫）「郷土八幡」　八幡郷土史会　（4）2014.2

八楽溜

「福地」は稲作の歴史とともに―「ため池百選」に東近江市大沢町の八楽溜（野村赤一）「蒲生野」　八日市郷土文化研究会　（46）2014.12

花しょうぶ通り

シリーズ「琵琶湖世界の地域デザイン」（1）寺子屋の活用を景気としたまちづくり 花しょうぶ通りとその周辺（山崎一眞）「湖国と文化」　滋賀県文化振興事業団　36（1）通号138　2012.1

羽田陣屋

羽田陣屋と近世の村（近藤滋）「蒲生野」　八日市郷土文化研究会　（46）2014.12

針江集落

重要文化的景観選定を受け入れた地域社会の論理―滋賀県高島市針江集落を事例として（特集 流域の文化的景観）（野田岳仁）「利根川文化研究」　利根川文化研究会　（37）2013.12

治田村

大日本国防夫人会 治田村分会記録（田中明雄，大西稔子）「栗東歴史民俗博物館紀要」　栗東歴史民俗博物館　（16）2010.3

番場

近江八話（6）東山道柏原・番場の悲劇―増鏡・梅松論からみる（鈴木康弘）「静岡歴研会報」　静岡県歴史研究会　（128）2010.6

新連載 シリーズふるさと遊彩（1）番場（田中陽一郎）「湖国と文化」　びわ湖芸術文化財団　38（2）通号147　2014.4

東近江

東近江の中世城館（巻頭論文）（中井均）「蒲生野」　八日市郷土文化研究会　（46）2014.12

東近江市

市史を読む会百回記念講演 近代小説の東近江市（渡邊守順）「蒲生野」　八日市郷土文化研究会　通号40　2008.12

東沼波村

寛政10年の近江国犬上郡東沼波村農民所蔵の書物に関する報告書「書物留帳」―翻刻と解説（ピーター・コーニッキー）「書籍文化史」　鈴木俊幸　4　2003.1

東迎山城

狼煙台がある近江東迎山城の研究（池田誠）「戦乱の空間」　戦乱の空間編集会　（5）2006.7

日雲宮

伝承に見る淡海（26）倭姫命の日雲宮は甲賀のどの地であったのだろう…（黄地百合子）「湖国と文化」　滋賀県文化振興事業団　33（4）通号129　2009.10

彦根

彦根幷近辺旧記集成［1］，（続）「彦根郷土史研究」　彦根史談会　36/37　2001.3/2002.1

滋賀県彦根・湖東三山見学記（上南哲也）「せたかい：歴史さろん」　世

田谷区誌研究会 （55） 2003.11

テーマ展「彦根の食文化」より江戸時代の普段の食事（野田浩子）「彦根城博物館だより」 彦根城博物館 70 2005.9

金亀玉鶴 将軍に献上された彦根りんご（野田浩子）「彦根城博物館だより」 彦根城博物館 通号72 2006.3

テーマ展 彦根ゆかりの画人/雅なあそび/大名の佗び茶「彦根城博物館だより」 彦根城博物館 通号73 2006.6

国宝・彦根屏風―屏風復活へのみちのり「彦根城博物館だより」 彦根城博物館 通号74 2006.9

国宝・彦根屏風を読み解く（高木文恵）「滋賀文化財教室シリーズ」 滋賀県文化財保護協会 （224） 2007.3

国宝・彦根屏風―屏風復活へのみちのり（5）本紙の裏から分かること「彦根城博物館だより」 彦根城博物館 通号77 2007.6

国宝・彦根屏風―屏風復活へのみちのり（6）補彩「彦根城博物館だより」 彦根城博物館 通号78 2007.9

修理完成記念シンポジウム「よみがえった国宝・彦根屏風」/夏休み教育普及活動のひとこま はくぶつかんへ行こうスペシャル「彦根城博物館だより」 彦根城博物館 通号78 2007.9

国宝・彦根屏風―屏風復活へのみちのり（7）表装「彦根城博物館だより」 彦根城博物館 通号79 2007.12

彦根リンゴと村松七郎先生（《特集 ハレの食》）（粕渕宏昭）「滋賀の食事文化（年報）」 滋賀の食事文化研究会 （18） 2009.12

我が「まち」の起こりは（山村昭男）「彦根郷土史研究」 彦根史談会 46・47 2012.5

彦根かるたと滋賀の郷土かるた（特集 あきた田の…百人一首と滋賀）（藤野滋）「湖国と文化」 滋賀県文化振興事業団 36（4）通号141 2012.10

彦根・横浜（溝渕共治）「讃岐のやまなみ」 香川県歴史研究会 （7） 2014.4

彦根高等商業学校

官立商業学校の調査セレクションと科外教育―彦根高等商業学校調査課の写真資料をてがかりとして（研究ノート）（坂野鉄也）「滋賀大学経済学部附属史料館研究紀要」 滋賀大学経済学部附属史料館 （47） 2014.3

彦根市

彦根市域のカナダ移民について（小林隆）「彦根郷土史研究」 彦根史談会 40 2005.3

『新修彦根市史』（第十巻 景観編）の試み―「市民の市史」をめざして（大会特集I 地方史、その先へ―再構築への模索―問題提起）（小林隆）「地方史研究」 地方史研究協議会 62（4）通号358 2012.8

彦根と近江八幡市（神内幹子）「讃岐のやまなみ」 香川県歴史研究会 （7） 2014.4

彦根城

続・ふるさと歴史散歩「天秤櫓と天守閣」―彦根市金亀町（早藤貞二）「湖国と文化」 滋賀県文化振興事業団 31（3）通号120 2007.7

彦根城築城伝承の史料―「井伊年譜」説の再検討（野田浩子）「彦根城博物館研究紀要」 彦根城博物館 （20） 2009.3

研究余録 金亀玉鶴 彦根城表御殿能舞台建設の歴史的意味（渡辺恒一）「彦根城博物館だより」 彦根城博物館 （96） 2012.3

箕輪城から彦根城へ（西原巌）「群馬歴史散歩」 群馬歴史散歩の会 （228） 2013.3

研究余録 金亀玉鶴 井伊家当主の遠忌と彦根城の修理―井伊直孝150回忌から（青木俊郎）「彦根城博物館だより」 彦根博物館 （100） 2013.3

彦根城を世界遺産に 華開く大名文化をアピール 遺産登録に向けて第2段階に入る（滋賀文化事情）（谷口徹）「湖国と文化」 滋賀県文化振興事業団 37（3）通号144 2013.7

歴史文書は語る 県政史料室から（8）明治の彦根城 払い下げの危機にさらされた天守と櫓（生嶋輝美）「湖国と文化」 滋賀県文化振興事業団 37（3）通号144 2013.7

彦根製糸場

歴史文書は語る 県政史料室から（13）彦根製糸場 廃藩後の彦根士族授産が目的 西南戦争後に「官設」で実現（大月英雄）「湖国と文化」 びわ湖芸術文化財団 38（4）通号149 2014.10

彦根芹橋

シリーズ「琵琶湖世界の地域デザイン」（2）トラスト運動から「歴史的風致」再生へ 彦根芹橋 足軽辻番所を起点とした歴史まちづくり（山崎一眞）「湖国と文化」 滋賀県文化振興事業団 36（2）通号139 2012.4

彦根藩

彦根藩の助郷政策瞥見―中山道の場合（江竜喜之）「紀要」 滋賀県立安土城考古博物館 通号8 2000.3

彦根藩の宿駅・助郷政策（江竜喜之）「交通史研究」 交通史学会. 吉川弘文館（発売） （47） 2001.4

彦根藩の火薬庫（横田洋三）「滋賀文化財教室シリーズ」 滋賀県文化財保護協会 287 2003.2

平成15年度企画展「井伊の赤備えー彦根藩の甲冑」「彦根城博物館だより」 彦根城博物館 62 2003.9

金亀玉鶴 彦根藩の藩札（米札）（斎藤祐司）「彦根城博物館だより」 彦根城博物館 63 2003.12

史料紹介 旧彦根藩家老・宇津木家文書（武田庸二郎）「世田谷区立郷土資料館資料館だより」 ［東京都］世田谷区立郷土資料館 （40） 2004.3

彦根藩の相州警衛 三浦半島彩色絵図（斎藤祐司）「彦根城博物館だより」 彦根城博物館 65 2004.6

彦根藩の相州警備と西洋流砲術（淺川道夫）「開国史研究」 横須賀市 （5） 2005.3

彦根藩主の食―今出川豆腐と醒井餅の再現（《特集 地元に残したい食材（3）》）（高正晴子）「滋賀の食事文化（年報）」 滋賀の食事文化研究会 （15） 2006.12

彦根藩主スジエビの魚醤つくり（《特集 地元に残したい食材（3）》―〈滋賀ぐるっと食文化リレー発表会〉）（乾久子）「滋賀の食事文化（年報）」 滋賀の食事文化研究会 （15） 2006.12

彦根藩主の食―料理再現と試食（《特集 地元に残したい食材（3）》―〈滋賀ぐるっと食文化リレー発表会〉）（高正晴子）「滋賀の食事文化（年報）」 滋賀の食事文化研究会 （15） 2006.12

彦根藩の相州諸台場に関する史料（史料紹介）（淺川道夫）「開国史研究」 横須賀市 （7） 2007.3

市史をひもといて（7）「御維新長屋とその後の彦根藩士―幕末維新の湖北長浜トピックスII」「長浜城歴史博物館友の会友の会だより」 長浜城歴史博物館友の会 （111） 2009.1

彦根藩足軽組の軍事編成と組織運営（母利美和）「史窓」 京都女子大学史学会 （69） 2012.2

区指定有形文化財（古文書）宇津木家文書（新しく登録・指定された文化財）「せたがやの文化財」 東京都世田谷区教育委員会事務局 （24） 2012.3

講演記録 戊辰戦争と彦根藩（小林隆）「彦根郷土史研究」 彦根史談会 46・47 2012.5

研究余録 金亀玉鶴 彦根藩城使役の勤めと「御城使寄合留帳」の成立（野田浩子）「彦根城博物館だより」 彦根城博物館 （97） 2012.6

資料紹介 彦根藩士小納戸役就任誓詞 当館蔵（渡辺恒一）「彦根城博物館だより」 彦根城博物館 （98） 2012.9

譜代藩の「明治維新」―彦根藩を素材として（2012年度明治維新学会秋期大会報告要旨）（時広雅紀）「会報明治維新学会だより」 明治維新学会 （18） 2012.10

研究余録 金亀玉鶴 彦根藩士の生活史（渡辺恒一）「彦根城博物館だより」 彦根城博物館 （99） 2012.12

時広雅紀氏「譜代藩の「明治維新」―彦根藩を素材として―」（2012年度明治維新学会秋期大会討論要旨）（後藤敦史）「会報明治維新学会だより」 明治維新学会 （19） 2013.5

彦根藩井伊家飛地領の意義（第54回日本史関係卒業論文発表会要旨）（守屋龍馬）「地方史研究協議会 63（3）通号363 2013.6

桜田門外の変とその後の彦根藩士について（研究）（笹川恵）「橘史学」 京都橘大学歴史文化学会 （28） 2013.12

肥田

伝説を追って 小字「山王」をめぐる肥田の古代史（高瀬俊英）「彦根郷土史研究」 彦根史談会 44 2009.3

日野

日野商人山中兵右衛門家の歴史（松元宏）「地方史研究御殿場」 御殿場市教育委員会 通号9 2005.3

日野商人山中兵右衛門家の出店概要と史料構成―本家・出店経営文書の現存状況とその特徴（佐々木哲也）「地方史研究御殿場」 御殿場市教育委員会 通号9 2005.3

俳諧歌撰集における「在」字地名の意義―近江日野「月盛」の地域移動（高橋章則）「書籍文化史」 鈴木俊幸 7 2006.1

山中兵右衛門商店往復書簡に見る明治18年～21年の御廻地方（樺林一美）「地方史研究御殿場」 御殿場市教育委員会 通号10 2007.3

特別寄稿 村井家文書からみる近江日野商人（三浦順一郎）「うそり」 ドドの歴史と文化を語る会 （49） 2013.2

山中兵右衛門商店「明治十八年諸国書状入出控」明治十九年分解題（特別寄稿）（樺林一美）「地方史研究御殿場」 御殿場市教育委員会 （12） 2013.3

日野北山

茶どころ（4）日野北山茶 「さわやかな味わい」氏郷の町のお茶目指す（特集 近江茶どころ）「湖国と文化」 滋賀県文化振興事業団 35（4）通号137 2011.10

日野町

続・ふるさと歴史散歩「蒲生氏郷像」―蒲生郡日野町（早藤貞二）「湖国と文化」 滋賀県文化振興事業団 33（1）通号126 2009.1

滋賀県　　　　　　　　　　　　　　　地名でたどる郷土の歴史　　　　　　　　　　　　　　　近畿

第960回例会 日野町の中世石造美術と「近江式装飾文様」を見る（品角阿止美）「史迹と美術」　史迹美術同攷会　81（8）通号818　2011.9

兵主大社庭園

続・ふるさと歴史散歩「名勝 兵主大社庭園」（野洲市中主町五条）（早藤貞二）「湖国と文化」　滋賀県文化振興事業団　30（2）通号115　2006.4

平木の沢

伝承にみる淡海（30）平木の沢の龍女と竜王寺の鐘（黄地百合子）「湖国と文化」　滋賀県文化振興事業団　34（3）通号132　2010.7

比良庄

講演録 文化財修理の現状—滋賀県指定文化財 比良庄絵図の修理を通して（坂田雅之）「滋賀県立琵琶湖文化館研究紀要」　滋賀県立琵琶湖文化館　（20）2004.3

蛭口

マキノの蛭口かぶ（堀越昌子）「滋賀の食事文化（年報）」　滋賀の食事文化研究会　（13）2004.12

琵琶湖

明治初期琵琶湖の蒸気船（和田光生）「交通史研究」　交通史学会，吉川弘文館（発売）　（47）2001.4

近世琵琶湖における堅田の漁業権（鎌谷かおる）「ヒストリア ： journal of Osaka Historical Association」　大阪歴史学会　（181）2002.9

企画展「描かれた幕末の琵琶湖—湖・里・山のなりわい」「大津歴博だより」　大津市歴史博物館　51　2003.5

第63回例会 道行文と地名—影媛の歌から琵琶湖周航歌まで（下島邦夫）「練馬区地名研究会会報」　練馬区地名研究会　64　2003.5

《特集 びわ湖不思議発見》「湖国と文化」　滋賀県文化振興事業団　104　2003.7

琵琶湖の環境変化と移動はどうしてわかる？（里口保文）「湖国と文化」　滋賀県文化振興事業団　104　2003.7

琵琶湖の湖底遺跡と水没村伝承（用田政晴）「湖国と文化」　滋賀県文化振興事業団　104　2003.7

第38回ミニ企画展「絵はがきで見る琵琶湖と大津」「古都・大津歴史シンポジウム」を開催「大津歴博だより」　大津市歴史博物館　53　2004.2

琵琶湖一周史跡の旅（1），（2）（富岡行昌）「郷土史誌末盧國」　松浦史談会，芸文堂（発売）160/161　2004.12/2005.3

文化財散歩—歴史とロマンの近江路（近江路ア・ラ・カルト（亀岡武）「文化情報」　北海道文化財保護協会　273　2005.1

近世琵琶湖水運と「諸浦の親郷」三ヵ浦の誕生（杉江進）「交通史研究」　交通史学会，吉川弘文館（発売）　（57）2005.4

安土城と琵琶湖（近藤滋）「湖国と文化」　滋賀県文化振興事業団　29（3）通号112　2005.7

近世前期琵琶湖の船支配と芦浦観音寺（《大会特集教賀—日本海～琵琶湖、風の通り道》—〈問題提起〉（藤田恒春）「地方史研究」　地方史研究協議会　55（4）通号316　2005.8

琵琶湖阿調について（湯浅勇）「塩川史研究」　塩川史振興会　（2）2005.10

研究最前線 琵琶湖の歴史はいつまでさかのぼれるか？「うみんど ： 琵琶湖博物館だより ： 湖と人とくらしの情報誌」　滋賀県立琵琶湖博物館　11（3）通号40　2006.10

研究最前線 魚と人との奇妙な関係のはじまり—琵琶湖の殺生禁断「うみんど ： 琵琶湖博物館だより ： 湖と人とくらしの情報誌」　滋賀県立琵琶湖博物館　12（3）通号44　2007.10

近世琵琶湖における船大工について（鎌谷かおる）「神女大史学」　神戸女子大学史学会　（24）2007.11

琵琶湖—敦賀「運河」計画の再検討（《第33回大会共通論題「流域をめぐる交通史—淀川水系を中心に」特集》）（杉江進）「交通史研究」　交通史学会，吉川弘文館（発売）　（64）2007.12

琵琶湖周遊・京都洛北の歴史と文化をたずねて（吉田恒義）「栃木県立博物館友の会だより」　栃木県立博物館友の会　（45）2008.2

琵琶湖周遊・京都洛北の歴史と文化をたずねて（長島秀夫）「栃木県立博物館友の会だより」　栃木県立博物館友の会　（45）2008.2

近江・野洲郡内の古代東山道ルート復元について—琵琶湖東岸地域における水陸ネットワークの形成過程との関係をめぐって（辻川哲朗）「紀要」　滋賀県文化財保護協会　（21）2008.3

淀川の治水と琵琶湖（永末明幸）「淀の流れ」　淀川資料館　（77）2008.9

琵琶湖に関わる遺跡群—生活と生業の湖、人と物が行き交った湖の道（高橋順之）「佐加太 ： 米原市文化財ニュース」　米原市教育委員会　（29）2009.1.10

過去の琵琶湖ブランド（《特集 燦然、琵琶湖ブランド》）（木村至宏）「湖国と文化」　滋賀県文化振興事業団　33（4）通号129　2009.10

未来の琵琶湖ブランド（《特集 燦然、琵琶湖ブランド》）（中井learned）「湖国と文化」　滋賀県文化振興事業団　33（4）通号129　2009.10

近江八話（5）琵琶湖の丸子船（鈴木康弘）「静岡歴研会報」　静岡県歴史研究会　（126）2009.10

近江の海 おーい老いと呼んでみる（19）琵琶湖のエスカレーター（熊谷栄三郎）「湖国と文化」　滋賀県文化振興事業団　34（1）通号130　2010.1

フナズシに対する琵琶湖文化史的考察—「湖中他界」序説として（大沼芳幸）「紀要」　滋賀県文化財保護協会　（23）2010.3

市外史跡探訪 近江琵琶湖周辺への旅（重田武男）「史談足柄」　足柄史談会　48　2010.4

近江の海 おーい老いと呼んでみる（20）一筆書きの琵琶湖（熊谷栄三郎）「湖国と文化」　滋賀県文化振興事業団　34（2）通号131　2010.4

琵琶湖の呼称の由来について（木村至宏）「近江学 ： 文化誌近江学」　成安造形大学附属近江学研究所，サンライズ出版（発売）　（3）2011.1

近江の生活 琵琶湖の食（堀越昌子）「近江学 ： 文化誌近江学」　成安造形大学附属近江学研究所，サンライズ出版（発売）　（3）2011.1

文化遺産としての琵琶湖—「水」を介した人類と自然の永続的共生を示す資産群（大沼芳幸）「紀要」　滋賀県文化財保護協会　（24）2011.3

湖國藝術紀行（9）紀行文と近江（下）琵琶湖、琵琶湖、琵琶湖 朝鮮通信使の見た近江（植田耕司）「湖国と文化」　滋賀県文化振興事業団　36（1）通号138　2012.1

歴史文書は語る 県政史料室から（4）琵琶湖の魚 明治の水産事業（栗生春実）「湖国と文化」　滋賀県文化振興事業団　36（3）通号140　2012.7

エッセイ 歴史の宝庫 琵琶湖湖畔を巡る（会員のひろば）（植木静山）「歴研よこはま」　横浜歴史研究会（記念誌）2012.11

シリーズ「琵琶湖世界の地域デザイン」（5完）歴史遺産活用の可能性を高め琵琶湖世界の持続を図る（山崎一眞）「湖国と文化」　滋賀県文化振興事業団　37（1）通号142　2013.1

『環湖帖』の旅を読む—江戸時代の大阪文人の琵琶湖行（学術研究）（湯城吉信）「懐徳」　懐徳堂記念会　（81）2013.1

近江の庭園文化 滋賀の美は琵琶湖と人の共同作品（特集 近江の庭園文化）（尼﨑博正）「湖国と文化」　滋賀県文化振興事業団　37（2）通号143　2013.3

湖の恵み—琵琶湖の漁業史 琵琶湖のエリ漁／フナズシと筑摩御厨／アジアのエリ（特別寄稿）（植田文雄）「佐加太 ： 米原市文化財ニュース」　米原市教育委員会　（37）2013.3

琵琶湖の水を飲み干した侍（大槻伸）「史談福智山」　福知山史談会　（739）2013.10

琵琶湖大橋

特集2 日本有数の長大橋・琵琶湖大橋 観光促進から徐々に生活・産業の橋に（特集 瀬田唐橋と滋賀の橋）（禮場侍郎）「湖国と文化」　びわ湖芸術文化財団　38（1）通号146　2014.1

琵琶湖疏水

百二十年の時を超えて琵琶湖疏水は語る（特集 琵琶湖疏水120年）（織田直文）「湖国と文化」　滋賀県文化振興事業団　34（4）通号133　2010.10

琵琶湖疏水と現在—安らぎと潤いをお届けする琵琶湖疏水（特集 琵琶湖疏水120年）（辰巳修二）「湖国と文化」　滋賀県文化振興事業団　34（4）通号133　2010.10

歴史的文書から見る琵琶湖疏水（特集 琵琶湖疏水120年）（栗生春実）「湖国と文化」　滋賀県文化振興事業団　34（4）通号133　2010.10

琵琶湖疏水を歩く（特集 琵琶湖疏水120年）（編集室）「湖国と文化」　滋賀県文化振興事業団　34（4）通号133　2010.10

琵琶湖八景

テーマ展「近江八景から琵琶湖八景へ」より 近江をみるまなざし（小井川理）「彦根城博物館だより」　彦根城博物館　70　2005.9

琵琶湖八景を巡る 冬の夕陽をあびるヨシ原の美 近江八幡市白王、円山地区の水郷（特集 近江八景）（植田耕司）「湖国と文化」　滋賀県文化振興事業団　36（2）通号139　2012.4

琵琶湖八景を巡る（続）北の賎ヶ岳、南の瀬田・石山 歴史的な二大拠点（植田耕司）「湖国と文化」　滋賀県文化振興事業団　36（3）通号140　2012.7

琵琶湖ホテル

歴史文書は語る 県政史料室から（12）国際ホテル 外国人観光客と琵琶湖ホテル 外客誘致の国家事業として滋賀に誕生 客室すべてに暖房とバス・トイレ・洗面所（工藤克洋）「湖国と文化」　びわ湖芸術文化財団　38（3）通号148　2014.7

藤尾

郷里藤尾の再発見と再構築（《特集 シニアが見つけた！ 湖国の文学II》）（真田孝男）「湖国と文化」　滋賀県文化振興事業団　33（3）通号128　2009.7

伊勢参宮本街道を歩く（4）藤尾～追分（吉井貞俊）「大阪春秋」　新風書房　38（2）通号139　2010.7

藤屋内匠

和菓子と近江八景 200年の味を守る老舗「藤屋内匠」の落雁（特集 近江八景）「湖国と文化」　滋賀県文化振興事業団　36（2）通号139　2012.4

布施山城

近江布施山城、大森城 鳥瞰図（会員通信）（川端義憲）「城だより」 日本古城友の会 （529） 2013.1

船木荘

中世後期近江国蒲生郡船木荘をめぐる領有状況と在地社会（若林陵一）「六軒丁中世史研究」 東北学院大学中世史研究会 （14） 2009.10

冨波沢村

冨波沢村と地租改正―冨波乙共有文書を中心に（江藤弥生）「野洲市歴史民俗博物館研究紀要」 野洲市歴史民俗博物館 （16） 2012.4

芙蓉園

庭を巡る 町全体が庭園―坂本の庭を巡る 滋賀院門跡宸殿庭園／旧竹林院／芙蓉園（旧白毫院）（特集 近江の庭園文化）（植田耕司，長井泰彦）「湖国と文化」 滋賀県文化振興事業団 37（2）通号143 2013.3

絁村

資料紹介 近世絁村に関する新出資料（平成20年度の資料調査から）（中川敦之）「栗東歴史民俗博物館紀要」 栗東歴史民俗博物館 （16） 2010.3

保内

続・ふるさと歴史散歩「保内商人」―東近江市八日市（早藤貞二）「湖国と文化」 滋賀県文化振興事業団 31（1）通号118 2007.1

保良宮

古都大津・歴史シンポジウム「近江・大津になぜ都は営まれたのか―大津宮・紫香楽宮・保良宮」「大津歴史だより」 大津市歴史博物館 52 2003.9

保良宮の古景観（重村英雄）「古代史の海」 「古代史の海」の会 （46） 2006.12

なぜ保良宮が選ばれたのか（重村英雄）「古代史の海」 「古代史の海」の会 （47） 2007.3

保良宮を訪ねて（訪ねました）（本田義幾）「道鏡を守る会 ： 道鏡禅師を知ろう」 道鏡を守る会 （29） 2007.9

会誌29号の保良宮の記事を読んで（森本弘之）「道鏡を守る会通信」 道鏡を守る会 （84） 2010.2

「保良宮」の造営について（森本裕之）「道鏡を守る会 ： 道鏡禅師を知ろう」 道鏡を守る会 （32） 2010.9

本堅田村

史料紹介「江州滋賀郡本堅田村明細帳」（鎌谷かおる，高橋大樹）「神女大史学」 神戸女子大学史学会 （30） 2013.11

本庄村

近世の旧土豪有力百姓の存在形態―近江国神崎郡本庄村を事例として（渡辺恒一）「彦根城博物館研究紀要」 彦根城博物館 （16） 2005.3

米原

米原・筑摩の赤カブ（久保加織）「滋賀の食事文化（年報）」 滋賀の食事文化研究会 （14） 2005.12

古代の官道「東山道」と米原（高橋順之）「佐加太 ： 米原市文化財ニュース」 米原市教育委員会 （32） 2010.8

米原市

合併特別企画 新市「米原」の街道・宿場―絵図・地図―展（山東町）「佐加太 ： 米原市文化財ニュース」 米原市教育委員会 （20） 2004.10

米原市の戦争遺跡―列車爆《特集 終戦60年》（中井均）「佐加太 ： 米原市文化財ニュース」 米原市教育委員会 （23） 2006.3

「功名が辻」の舞台・米原市（高畑光昭）「佐加太 ： 米原市文化財ニュース」 米原市教育委員会 （23） 2006.3

続・ふるさと歴史散歩 一豊と千代の里界隈（米原市朝妻筑摩から顔戸まで）（早藤貞二）「湖国と文化」 滋賀県文化振興事業団 30（3）通号116 2006.7

「峠」のシシ垣―農民の文化財（高橋順之）「佐加太 ： 米原市文化財ニュース」 米原市教育委員会 （25） 2007.1

米原市の城跡探訪 長比城跡（柏原・長久寺）／箕浦城跡（新庄・箕浦）「佐加太 ： 米原市文化財ニュース」 米原市教育委員会 （27） 2007.12

曲谷石工の活躍 米原市に残る作品／岐阜県に残る作品（特集 東草野の山村景観―東草野の山村景観）「佐加太 ： 米原市文化財ニュース」 米原市教育委員会 （39） 2014.3

旧前田邸

報告3 ヴォーリズゆかりの旧前田邸を継承 いずれは住宅として居住（特集 ヴォーリズ没後50年―William Merrell 8 ヴォーリズの名建築を訪ねて）「湖国と文化」 びわ湖芸術文化財団 38（4）通号149 2014.10

曲谷

曲谷石工の活躍 米原市に残る作品／岐阜県に残る作品（特集 東草野の山村景観―東草野の山村景観）「佐加太 ： 米原市文化財ニュース」 米原市教育委員会 （39） 2014.3

鈎の陣

資料紹介 鈎の陣をめぐる遺跡調査の現状（雨森智美）「栗東歴史民俗博物館紀要」 栗東歴史民俗博物館 （18） 2012.3

マキノ

マキノのヤマゴボウ団子と蛭口カブ（堀越昌子）「滋賀の食事文化（年報）」 滋賀の食事文化研究会 （14） 2005.12

茶どころ（6） マキノ茶「渋みの最後に甘みを感じるお茶」農協指導でブランド化目指す（特集 近江茶どころ）「湖国と文化」 滋賀県文化振興事業団 35（4）通号137 2011.10

円山

琵琶湖八景を巡る 冬の夕陽をあびるヨシ原の美 近江八幡市白王、円山地区の水郷（特集 近江八景）（植田耕司）「湖国と文化」 滋賀県文化振興事業団 36（2）通号139 2012.4

政所

茶どころ（3） 政所茶「のぐくぐりがいいお茶」樹齢200年の在来種を無農薬栽培（特集 近江茶どころ）「湖国と文化」 滋賀県文化振興事業団 35（4）通号137 2011.10

三上

城主格大名 三上の遠藤氏（加藤隆）「城」 東海古城研究会 （191） 2005.2

三上陣屋

近畿周辺―大名陣屋とその町その村（承前） 4 近江三上陣屋／5 播磨安志陣屋（会員通信）（上田正和）「城だより」 日本古城友の会 （539） 2013.11

三上村

天保一揆史料について（6） 一揆の舞台三上村を中心として（古川与志継）「野洲町立歴史民俗資料館研究紀要」 野洲町立歴史民俗資料館 10 2003.3

三上山

「近江富士」三上山―様々な歴史の姿（行俊勉）「野洲市歴史民俗博物館研究紀要」 野洲市歴史民俗博物館 （13） 2009.3

史料紹介 三上山役人日記 文化10年（1813）（古川与志継，博物館友の会古文書部会）「野洲市歴史民俗博物館研究紀要」 野洲市歴史民俗博物館 （14） 2010.3

おうみ（近江）おうみ（多見）歩く（9） 三上山から妙光寺山周辺（加藤賢治）「湖国と文化」 滋賀県文化振興事業団 37（2）通号143 2013.3

安土城随想―安土山より三上山を眺む（小嵜善通）「近江学 ： 文化誌近江学」 成安造形大学附属近江学研究所，サンライズ出版（発売） （6） 2014.1

三雲

おうみ（近江）おうみ（多見）歩く（13） 旧東海道（1） 三雲から旧石部宿（加藤賢治）「湖国と文化」 びわ湖芸術文化財団 38（2）通号147 2014.4

三雲城

小堤城山城・三雲城の縄張構造と郡境城における六角氏の城郭運営について（福永清治）「中世城郭研究」 中世城郭研究会 （17） 2003.7

近江湖南 三雲城鳥瞰図（会員通信）（川端義憲）「城だより」 日本古城友の会 （527） 2012.11

御厨

山中兵右衛門商店往復書簡に見る明治18年～21年の御厨地方（榑林一美）「地方史研究御殿場」 御殿場市教育委員会 通号10 2007.3

水茎の岡

西行法師庵住の址・水茎の岡を尋ねて（喜代吉榮徳）「新居浜史談」 新居浜郷土史談会 （362） 2006.1

御園村

御園村の成立―明治初期町村合併の一事例（大西稔子）「栗東歴史民俗博物館紀要」 栗東歴史民俗博物館 （10） 2004.3

箕作山城

山城レポ 『信長公記』信長近江侵攻の城「箕作山城跡」（末森清司）「備陽史探訪」 備陽史探訪の会 （171） 2013.4

三津浜

中世坂本の都市構造―六篇条と三津浜の「在地」をめぐって（下坂守）「日本文化史研究」 帝塚山大学奈良学総合文化研究所 （38） 2007.3

水口

干瓢と水口《特集 地元に残したい食材（3）》（長朔男，長倭子）「滋賀の食事文化（年報）」 滋賀の食事文化研究会 （15） 2006.12

一寸一服 水口・古代人の智慧（和田耕馬）「湖国と文化」 滋賀県文化振興事業団 32（4）通号125 2008.10

水口岡山城

城に見る水口の中世から近世―美濃郡氏城館・水口岡山城・水口城（木戸雅寿）「紀要」 滋賀県文化財保護協会 （22） 2009.3

水口岡山城の構造（高田徹）「中世城郭研究」 中世城郭研究会 （23）

2009.7

水口岡山城（鳥瞰図）（会員通信）（川端義憲）「城だより」　日本古城友の
　会　（522）2012.6

水口町

第976回例会　滋賀県甲賀市、水口町・甲南町の文化財（品角阿止美）「史
跡と美術」　史迹美術同攷会　83（1）通号831　2013.1

水口藩

徳川時代大坂城関係資料調査概報 平成22年度 滋賀県甲賀市 近江国水口
藩加藤家大坂加番記録調査概報（宮本裕次，瀬島宏計）「大阪城天守閣
紀要」　大阪城天守閣　（40）2013.3

南桜村

近江天保一揆と南桜村―近江天保一揆史料紹介（9）（古川与志継）「野洲
市歴史民俗博物館研究紀要」　野洲市歴史民俗博物館　（17）2013.3

箕浦集落

近江箕浦集落「井守」の井堰管理（今田美穂）「滋賀県地方史研究」　滋
賀県地方史研究家連絡会　14　2004.5

箕浦城

米原市の城跡探訪 長比城跡（柏原・長久寺）/箕浦城跡（新庄・箕浦）「佐
加太 ： 米原市文化財ニュース」　米原市教育委員会　（26）2007.12

宮川陣屋

近畿周辺―大名陣屋とその町その村 はじめに/1 近江宮川陣屋（会員通
信）（上田正和）「城だより」　日本古城友の会　（536）2013.8

宮野

宮野ネギ（高橋静子）「滋賀の食事文化（年報）」　滋賀の食事文化研究会
　（14）2005.12

妙光寺山

おうみ（近江）おうみ（多見）歩く（9）三上山から妙光寺山周辺（加藤賢
治）「湖国と文化」　滋賀県文化振興事業団　37（2）通号143　2013.3

無賃橋

「徳本泰平録」―愛知川「無賃橋」架橋顛末記（坪田利右衛門家文書）
（史料紹介）（大木祥太郎）「愛荘町歴史研究」　愛荘町教育委員会
（2）2009.2

明治山

明治山と旅順―乃木希典を求める人々（松室孝樹）「紀要」　滋賀県文化財
保護協会　（25）2012.3

目賀田城

目賀田城について（小川重喜）「滋賀県地方史研究」　滋賀県地方史研究家
連絡会　15　2005.5

望月城

甲賀望月城の縄張りについて（高田徹）「中世城郭研究」　中世城郭研究会
（22）2008.7

守山

「朝鮮人御用」と雇（仮）手代―浜坂村森奥右衛門の守山行について（岡
部良一）「但馬史研究」　但馬史研究会　26　2003.3

守山メロン（《特集 地元に残したい食材（4）》）（小島朝子，乾久子）「滋
賀の食事文化（年報）」　滋賀の食事文化研究会　（16）2007.12

江州守山の立入城―歴史地理からの資料紹介（田中彰）「斐太紀 ： 研究
紀要」　飛騨学の会　2008年度　2009.3

矢島

守山の矢島カブ（小島朝子）「滋賀の食事文化（年報）」　滋賀の食事文化
研究会　（14）2005.12

野洲

古代野洲の高床倉庫（徳網克己）「野洲市歴史民俗博物館研究紀要」　野洲
市歴史民俗博物館　（17）2013.3

野洲川

第916回例会　滋賀県湖南市、野洲川左岸の文化財を訪ねる（品角阿止美）
「史迹と美術」　史迹美術同攷会　78（1）通号781　2008.1

史料紹介 江州野洲筋諸書―享保7年（1722）野洲川をめぐる記録（古川与
志継）「野洲市歴史民俗博物館研究紀要」　野洲市歴史民俗博物館
（13）2009.3

野洲川下流の用水樋―乙窪の今井樋を中心に（古川与志継）「野洲市歴史
民俗博物館研究紀要」　野洲市歴史民俗博物館　（14）2010.3

報告 集落と鉄―野洲川流域の集落から（調査研究報告会発表要旨）（近藤
広）「栗東歴史民俗博物館紀要」　栗東歴史民俗博物館　（20）2014.3

野洲郡

近江・野洲郡内の古代東山道ルート復元について―琵琶湖東岸地域にお
ける水陸ネットワークの形成過程との関係をめぐって（辻川哲朗）「紀
要」　滋賀県文化財保護協会　（21）2008.3

野洲郡の条里地割と湖岸をめぐって（古川与志継）「野洲市歴史民俗博物
館研究紀要」　野洲市歴史民俗博物館　（15）2011.4

近江国野洲・甲賀郡境をめぐる一考察（辻川哲朗）「紀要」　滋賀県文化財
保護協会　（25）2012.3

近江天保一揆と野洲郡の村々―近江天保一揆史料紹介（10）（古川与志
継）「野洲市歴史民俗博物館研究紀要」　野洲市歴史民俗博物館　（18）
2014.3

野洲町

滋賀県野洲町における唐箕の変遷（井出努）「野洲町立歴史民俗資料館
研究紀要」　野洲町立歴史民俗資料館　10　2003.3

野洲の道標―旧野洲町域の道標とその背景（行俊勉）「野洲市歴史民俗博
物館研究紀要」　野洲市歴史民俗博物館　（11）2005.3

野洲村

近江天保一揆と野洲村 近江天保一揆史料紹介（8）（古川与志継）「野洲市
歴史民俗博物館研究紀要」　野洲市歴史民俗博物館　（16）2012.4

柳川

柳川共有文書目録について（史料紹介）「滋賀大学経済学部附属史料館研
究紀要」　滋賀大学経済学部附属史料館　（45）2012.3

山上陣屋

近畿周辺―大名陣屋とその町その村（承前）2 近江仁正寺陣屋（のち改称
西大路）/3 近江山上陣屋（会員通信）（上田正和）「城だより」　日本古
城友の会　（537）2013.9

山田川

彦根藩が実施した明和7年の山田川の付け替え工事―小谷城下町の復元
的研究（1）（北村圭弘）「紀要」　滋賀県立安土城考古博物館　通号8
2000.3

雪野山

歴史とロマンの山 雪野山（シリーズ 一等三角点の山と私（3））（今村由
紀子）「湖国と文化」　滋賀県文化振興事業団　37（1）通号142　2013.1

豊会館

縦長の大きな石が並ぶ独特の雰囲気 豊会館（特集 近江の庭園文化―庭
と私）（村上修一）「湖国と文化」　滋賀県文化振興事業団　37（2）通号
143　2013.3

八日市

風景印に見るふるさとの自然と文化財（談話室）（藤本長蔵）「蒲生野」
八日市郷土文化研究会　通号42　2010.12

八日市の御代参街道旧道（森野吉雄）「蒲生野」　八日市郷土文化研究会
（43）2011.12

戦争を語る蒸気機関車の避難壕見聞（小杉弘一）「蒲生野」　八日市郷土文
化研究会　（43）2011.12

談話室 風景印に見るふるさとの自然と文化財（藤本長蔵）「蒲生野」　八
日市郷土文化研究会　（43）2011.12

八日市の小字名（森野吉雄）「蒲生野」　八日市郷土文化研究会　（44）
2012.12

御代参街道・八風街道の変遷と八日市―江戸期・明治期近江国絵図分析
を中心に（上），［中］，（下）（上野彰修）「蒲生野」　八日市郷土文化研究
会　（44）/（46）2012.12/2014.12

「特攻隊」さんたちのお宿（小杉弘一）「蒲生野」　八日市郷土文化研究会
（45）2013.12

八日市飛行場

大樹とジージの探検記「昔、八日市に飛行場があった？」（森下忠彦）「湖
国と文化」　滋賀県文化振興事業団　33（2）通号127　2009.4

聞き書き「戦中・戦後の陸軍八日市飛行場」（中島伸男）「蒲生野」　八日
市郷土文化研究会　（43）2011.12

覇風号が物語る旧八日市飛行場（北から南から）（門野昇二）「湖国と文
化」　滋賀県文化振興事業団　37（1）通号142　2013.1

旧陸軍八日市飛行場と掩体壕群（中島伸男）「蒲生野」　八日市郷土文化研
究会　（46）2014.12

余呉

焼畑で育てた余呉の山かぶら（《特集 地元に残したい食材（4）》）（中村紀
子）「滋賀の食事文化（年報）」　滋賀の食事文化研究会　（16）2007.12

余呉町新堂

続・ふるさと歴史散歩 毛受兄弟の墓（余呉町新堂）（早藤貞二）「湖国と
文化」　滋賀県文化振興事業団　108　2004.7

吉槻

石造物の宝庫・吉槻 山間交通の要衝・吉槻/姉川の矢石穴（特集 東草野
の山村景観―東草野の山村景観）「佐加太 ： 米原市文化財ニュース」
米原市教育委員会　（39）2014.3

淀川

中・近世移行期における淀川交通の変換（鍛代敏雄）「交通史研究」　交通
史学会，吉川弘文館（発売）（47）2001.4

延長東海道四宿と淀川水運（井上英文）「宇摩史談」　宇摩史談会　88
2004.8

趣旨説明（《第33回大会共通論題「流域をめぐる交通史—淀川水系を中心に」特集号》）（胡桃沢勘司）「交通史研究」　交通史学会，吉川弘文館（発売）　（64）　2007.12

淀川水運と山城・摂津の古式古墳（水野正好）「近畿文化」　近畿文化会事務局　（704）　2008.7

幕府広域役の負担原則と地域社会—琉球使節淀川通航時の綱引役を事例として（飯沼雅行）「地方史研究」　地方史研究協議会　60（3）通号345　2010.6

2012年度シンポジウム報告 2013年2月3日 シンポジウム「淀川水系とその周辺地域」（巡見・シンポジウム報告）（原淳一郎）「交通史研究」　交通史学会，吉川弘文館（発売）　（80）　2013.4

淀川改良工事と地域社会（論文）（淺井良亮）「交通史研究」　交通史学会，吉川弘文館（発売）　（81）　2013.9

淀川筋綱引役に見る二重役意識の変遷（論文）（飯沼雅行）「交通史研究」　交通史学会，吉川弘文館（発売）　（83）　2014.8

栗東

栗東における日清戦争期の軍事郵便—里内文庫蔵『葉山忠士ノ遺芳』にみる（研究ノート）（小野翠）「栗東歴史民俗博物館紀要」　栗東歴史民俗博物館　（18）　2012.3

栗東歴史民俗博物館が収蔵する地籍図について（中川敦之）「栗東歴史民俗博物館紀要」　栗東歴史民俗博物館　（19）　2013.3

栗東歴史民俗博物館が所蔵する凱旋・除隊等記念品について（資料紹介）（大西稔子）「栗東歴史民俗博物館紀要」　栗東歴史民俗博物館　（20）　2014.3

竜王山

おうみ（近江）おうみ（多見）歩く（2）金勝（こんぜ）アルプス 竜王山（加藤賢治）「湖国と文化」　滋賀県文化振興事業団　35（3）通号136　2011.7

竜王寺

伝承にみる淡海（30）平木の沢の龍女と竜王寺の鐘（黄地百合子）「湖国と文化」　滋賀県文化振興事業団　34（3）通号132　2010.7

竜王町

第947回例会 竜王町の文化財と石造美術を訪ねて（品角阿止美）「史迹と美術」　史迹美術同攷会　80（7）通号807　2010.8

若江

金亀玉鶴 なぜ若江合戦図は描かれたのか（渡辺恒一）「彦根城博物館だより」　彦根城博物館　65　2004.6

和邇今宿

混住化地域におけるつきあいの研究—滋賀県和邇今宿地区の事例を中心に（平原園子）「鷹陵史学」　鷹陵史学会　（37）　2011.9

京都府

青谷
城陽市五島池と人々の暮らし 天井川に挟まれた青谷地区の古老に聞く（梅原恭仁子）「やましろ」 城南郷土史研究会 （23）2009.10

東山
京都東山の庭と古建築（江ヶ崎善太郎）「近畿文化」 近畿文化会事務局 （735）2011.2

随感 国宝への旅—比叡山と京都東山の国宝（谷原博信）「讃岐のやまなみ」 香川県歴史研究会 （6）2013.4

明智藪
「明智藪」の名称は近年の新造語で「蛇端藪」が正式名である（塩見昭吾）「史談福智山」 福知山史談会 （741）2013.12

東村
東村角成り分割割付帳「筒城」 京田辺市郷土史会 （55）2010.3

東村の陶土と粟田寶山焼（村上泰昭）「筒城」 京田辺市郷土史会 （56）2011.3

兄国
兄国・弟国の探究（講演）（吉田金彦）「地名探究」 京都地名研究会 （4）2006.3

油小路通
大路小路 上京の史蹟（23）油小路通「上京・史蹟と文化」 上京区民ふれあい事業実行委員会 41 2011.2

天田郡
徴兵制度と天田郡での実情の一端（塩見昭吾）「史談福智山」 福知山史談会 （705）2010.12

コラム 『天田郡案内と事蹟の一班』について 付『篠田實の生涯』の訂正方依頼（塩見昭吾）「史談福智山」 福知山史談会 （705）2010.12

天田村
コラム 「天田村」から「大字天田」に改名（塩見昭吾）「史談福智山」 福知山史談会 （710）2011.5

天橋立
「勘注系図」「残闕」と丹後国風土記逸文—雪舟「天橋立図」研究の途上で（加藤晃）「両丹地方史」 両丹地方史研究者協議会 （70）2002.6

この眼で見た道中記の世界—関川関所・柏原から戸隠・天橋立まで（佐藤貢）「北方風土 ： 北国の歴史民俗考古研究誌」 イズミヤ出版 通号51 2006.1

観光開発と地域振興—天橋立をめぐって（並松信久）「京都産業大学日本文化研究所紀要」 京都産業大学日本文化研究所 （12・13）2008.3

国宝「天橋立図」についての一考察［1］〜（3）（先村栄二）「ふるさと山口」 山口の文化財を守る会 （29）/（31）2008.6/2010.6

近代の日本三景を描いた鳥瞰図（中西僚太郎）「厳島研究 ： 広島大学世界遺産・厳島-内海の歴史と文化プロジェクト研究センター研究成果報告書」 世界遺産・厳島-内海の歴史と文化プロジェクト研究センター （10）2014.3

余部
舞鶴の「余部」—海部とのつながり（高橋聡子）「地名探究」 京都地名研究会 （3）2005.3

網野町
網野町調査報告（1）（前坂英樹）「帝塚山大学大学院人文科学研究科紀要」 帝塚山大学大学院人文科学研究科 （3）2002.1

網野町調査報告（2）（奥村晃代）「帝塚山大学大学院人文科学研究科紀要」 帝塚山大学大学院人文科学研究科 （4）2003.1

網野町調査報告（3）（東條さやか）「帝塚山大学大学院人文科学研究科紀要」 帝塚山大学大学院人文科学研究科 （5）2004.1

調査報告 網野町調査報告（4）（上田喜江）「帝塚山大学大学院人文科学研究科紀要」 帝塚山大学大学院人文科学研究科 （6）2005.1

京丹後市（旧網野町）調査報告（5）（田深孝幸）「帝塚山大学大学院人文科学研究科紀要」 帝塚山大学大学院人文科学研究科 （7）2006.1

京丹後市（旧網野町）調査報告（6）（金政雄介）「帝塚山大学大学院人文科学研究科紀要」 帝塚山大学大学院人文科学研究科 （9）2007.1

京丹後市（旧網野町）調査報告（7）（伊東航）「帝塚山大学大学院人文科学研究科紀要」 帝塚山大学大学院人文科学研究科 （10）2008.2

京丹後市（旧網野町）調査報告（8）（井上匡史，高柴季史子）「帝塚山大学大学院人文科学研究科紀要」 帝塚山大学大学院人文科学研究科 （11）2009.2

京丹後市（旧網野町）調査報告 平成20年8月17日（日）〜19日（火）（木村友紀，平松典晃）「帝塚山大学大学院人文科学研究科紀要」 帝塚山大学大学院人文科学研究科 （12）2010.3

綾部
小藩陣屋町「丹波綾部」について（米田藤博）「パイオニア」 関西地理学研究会 （61）2000.3

綾部の地名あれこれ（川端二三三郎）「地名探究」 京都地名研究会 （3）2005.3

記念講演 山は誰のものか—福知山と綾部の山年貢 綾部史談会副会長 川端二三三郎先生（山口博輝）「史談福智山」 福知山史談会 （659）2007.2

江戸時代の綾部地域の俳諧事情（川端二三三郎）「両丹地方史」 両丹地方史研究者協議会 （83）2014.4

綾部市
府選定文化的景観の紹介（表紙解説）綾部市グンゼの近代製糸産業景観「文化財レポート」 京都文化財団 （23）2010.3

講座「石と語る」第35回 京都府綾部市を訪ねて「石と語る」綾部探訪（千田草介）「Sala ： 歴史民俗誌」 常民学舎 （50）2011.10

綾部陣屋
大名陣屋とその村その町（第二集）10 丹波 綾部陣屋（会員通信）（上田正昭）「城だより」 日本古城友の会 （548）2014.8

綾部藩
元綾部藩士佐藤家所蔵 久鬼家歴代藩主「履歴集」について（山崎巌）「両丹地方史」 両丹地方史研究者協議会 （73）2003.10

嵐山
桜花爛漫の嵐山—吉田初三郎の鳥瞰図「総合資料館だより」 京都府立総合資料館，京都府立総合資料館友の会 （155）2008.4

「嵐の山」から「嵐山」へ—「小倉山」との関係をめぐって（糸井通浩）「地名探究」 京都地名研究会 （10）2012.4

粟田
東村の陶土と粟田寶山焼（村上泰昭）「筒城」 京田辺市郷土史会 （56）2011.3

飯岡
飯岡の七井戸について（森村正信，小泉芳孝）「筒城」 京田辺市郷土史会 （49）2004.3

池田屋
池田屋事件の基礎的考察—「御所向放火」をめぐって（中村武生）「奈良歴史研究」 奈良歴史研究会 （65）2006.3

池田屋事件再考—進発・天誅・一会桑（2012年度明治維新史学会秋期大会報告要旨）（中村武生）「会報明治維新史学会だより」 明治維新史学会 （18）2012.10

中村武生氏「池田屋事件再考—進発・天誅・一会桑—」（2012年度明治維新史学会秋期大会討論要旨）（町田明広）「会報明治維新史学会だより」 明治維新史学会 （19）2013.5

維新の道
「維新の道」と椿原関連の勤王烈士一覧（編集部）「椿原史談」 椿原史談会 （27）2005.11

泉津
泉津と恭仁京（森下惠介）「近畿文化」 近畿文化会事務局 （751）2012.6

一条戻橋
美を語る 一条戻橋（加藤類子）「上京・史蹟と文化」 上京区民ふれあい事業実行委員会 35 2008.8

市辺
地名随想 「市辺」（城陽市）について（斎藤幸雄）「都藝泥布 ： 京都地名研究会会報」［京都地名研究会事務局］ （21）2007.7

五辻通
大路小路 上京の史蹟（29）紋屋図子・五辻通 紋屋図子/五辻通（出雲路敬直）「上京・史蹟と文化」 上京区民ふれあい事業実行委員会 47 2014.8

井出町
井出町の子どもたちに伝えたい南山城水害（特集 南山城水害・台風十三号災害60年—子どもたちに語り伝える南山城水害）（宮本敏雪）「やましろ」 城南郷土史研究会 （27）2013.12

稲間荘
学習ノート 山城国相楽郡稲間荘について（仁張真人）「やましろ」 城南郷土史研究会 （19）2004.8

伊根
報告 若狭と丹後をたずねて青空教室―熊川宿・舞鶴引揚記念館・舞鶴市立赤れんが博物館・伊根（舟屋）の町並み散策（橋本正準）「加南地方史研究」 加南地方史研究会 （60）2013.3

岩倉
岩倉の暮らしと岩倉川（中村治）「洛北岩倉研究」 岩倉の歴史と文化を学ぶ会 （8）2007.3

岩倉川
岩倉の暮らしと岩倉川（中村治）「洛北岩倉研究」 岩倉の歴史と文化を学ぶ会 （8）2007.3

岩倉川と水害（中村治）「洛北岩倉研究」 岩倉の歴史と文化を学ぶ会 （8）2007.3

石清水八幡宮
石清水八幡宮での戦勝奇瑞―弘安の役、暴風雨圏拡大の徴候（太田弘毅）「松浦党研究」 松浦党研究連合会, 芸文堂（発売）（27）2004.6

植松荘
研究ノート 東寺領山城国植松荘の伝領と相論（松園潤一朗）「地方史研究」 地方史研究協議会 61（6）通号354 2011.12

浮田町
洛陽浮田町の桜（大西泰正）「桃山歴史・地理」 京都教育大学史学会 （44）2009.11

宇治
宇治原子炉設置反対運動の考察原子力研究開発最初期における住民運動（樫本喜一）「大阪民衆史研究」 大阪民衆史研究会 57 2005.6

史料紹介 空から見た江戸時代の宇治―宇治名所図（小嶋正亮）「宇治市歴史資料館年報」 宇治市歴史資料館 2004年度 2006.3

鳥取藩と宇治茶師（大嶋陽一）「鳥取県立博物館研究報告」 鳥取県立博物館 （45）2008.3

「宇治十帖」と宇治―文学と地名（小寺慶昭）「地名探究」 京都地名研究会 （8）2010.3

醍醐と宇治（遺稿）（吉原道正）「福山市立福山城博物館友の会だより」 福山市立福山城博物館友の会 （41）2011.6

宇治文学碑廻り[1]～(3)（小西亘）「やましろ」 城南郷土史研究会 （26）/（28）2012.12/2014.12

宇治川
宇治川水力発電問題と淀川沿岸の動向（服部敬）「枚方市史年報」 枚方市教育委員会 （9）2006.4

承久宇治川合戦の再評価―史料の検討を中心に（野口実, 長村祥知）「研究紀要」 京都女子大学宗教・文化研究所 （23）2010.3

宇治川決壊と旧巨椋池（特集 続 南山城水害・台風十三号災害60年）（堀井篤）「やましろ」 城南郷土史研究会 （28）2014.12

宇治市
京焼産地の分散化に関する考察―宇治市炭山を例として（小倉麗子）「京都地域研究」 京都地域研究会 14 2000.2

写真展「なつかしの街角・思い出の一枚」の記録（小嶋正亮）「宇治市歴史資料館年報」 宇治市歴史資料館 2002年度 2004.3

宇治市における昭和二十八年に関する碑について（特集 南山城水害・台風十三号災害60年）（吉永利明）「やましろ」 城南郷土史研究会 （27）2013.12

宇治田原
惣の城―普賢寺谷・宇治田原・田山の城跡構成（中井均）「やましろ」 城南郷土史研究会 （21）2006.12

宇治田原町
第964回例会 宇治田原町の文化財（加藤繁生）「史迹と美術」 史迹美術同攷会 82（1）通号821 2012.1

宇治屋
宇治屋と藪の渡し（古瀬誠三）「やましろ」 城南郷土史研究会 （22）2008.5

太秦
賀茂・糺ノ森と太秦を巡る地名と歴史（吉田金彦）「地名探究」 京都地名研究会 （2）2004.3

打田
ふるさと史跡探訪マップ 水取より天王・高船・打田"歴史散歩コース"（出版部会）「筒城」 京田辺市郷土史会 （49）2004.3

円山
口絵 平成24年2月例会 京都市東山区円山周辺の文化財「史迹と美術」 史迹美術同攷会 82（9）通号829 2012.11

第974回例会 京都市東山区円山周辺の文化財（加藤繁生）「史迹と美術」 史迹美術同攷会 82（9）通号829 2012.11

生田口
バス停「生田口（おいだくち）」（清水弘）「地名探究」 京都地名研究会 （8）2010.3

近江屋
近江屋事件百五十年に向かって（2）（三）ええじゃないか（京都市民の維新）/（四）近江屋事件の夜 高知（山路洋）「秦史談」 秦史談会 （180）2014.11

大堰川
角倉了以の大堰川開削・通船事業（川名登）「交通史研究」 交通史学会, 吉川弘文館（発売）（57）2005.4

胡麻高原の谷中分水界と大堰川流域（〈特集 丹波の水系河川とその歴史文化〉）（河原信之）「丹波」 丹波史談会 （8）2006.10

丹波の水別れ―由良川・大堰川水系の谷中分水界（〈特集 丹波の水系河川とその歴史文化〉）（秋里悠兒）「丹波」 丹波史談会 （8）2006.10

続 丹波の水系河川とその歴史文化 胡麻高原の分水界と大堰川流域（河原信之）「丹波」 丹波史談会 （9）2007.10

大堰川水運の歴史（特集 大堰川を中心として水運）（上野栄二）「丹波」 丹波史談会 （12）2010.10

禁裏領山国荘の鮎献上（特集 大堰川を中心として水運）（山村安郎）「丹波」 丹波史談会 （12）2010.10

河内の浜と大堰川筋の歴史文化（特集 大堰川を中心として水運）（河原信之）「丹波」 丹波史談会 （12）2010.10

舟筏の起源説話と大堰川桴流し―附 出雲風土記の舟桴流し（特集 大堰川を中心として水運）（秋里悠兒）「丹波」 丹波史談会 （12）2010.10

大江山
民衆史の足跡をたどる（13）「鬼伝説」と「強制連行」の大江山を歩く（福林徹）「大阪民衆史研究」 大阪民衆史研究会 54 2003.12

香取本「大江山絵詞」の伝承と北総地域（大会特集 北総地域の水辺と台地―生活空間の歴史的変容―問題提起）（鈴木哲雄）「地方史研究」 地方史研究協議会 60（4）通号346 2010.8

福知山史談会夏の例会報告 緑陰講座 大江山について学ぶ（編集者より報告）大江山を愛した先賢たち 藤木九三・荒木良雄（山口正世司）、二つの大江山をめぐって―大江山と大枝山（村上政市）「史談福智山」 福知山史談会 （713）2011.8

山名「大江山」、丹後定着への道（論文）（糸井通浩）「地名探究」 京都地名研究会 （12）2014.4

大河原
関西本線の土手が決壊（大河原）（特集 南山城水害・台風十三号災害60年―六十年前のこと―水害の思い出）（大仲清子）「やましろ」 城南郷土史研究会 （27）2013.12

大雲取越え
熊野古道の旅（7）大雲取越え・小雲取越えコース（佐野順三）「泉佐野の歴史と今を知る会会報」 泉佐野の歴史と今を知る会 158 2001.4

大坂町
京都醍醐町八木家文書・伏見大坂町文書（史料紹介）（母利美和, 藤田彩, 金森智子）「史窓」 京都女子大学史学会 （68）2011.2

大芝原新田
大芝原新田（西田村）開発について（斎藤清三）「郷土誌八木」 八木史談会 12 2005.3

大住
昭和の思い出 普賢寺／三山木／草内／田辺／大住「筒城」 京田辺市郷土史会 （50）2005.3

松井・大住周辺 "歴史散歩コース"（『ふるさと史跡探訪マップ』）（調査研究部会）「筒城」 京田辺市郷土史会 （52）2007.4

大住岡村
大住岡村に残る蛤御門の変と松明行事の記録について（守岡正純）「筒城」 京田辺市郷土史会 （57）2012.3

大坪村
完人村・西山村・大坪村三ヵ村入会地の裁量（小林本一）「丹波」 丹波史談会 6 2004.12

大戸城
丹波胡麻大戸城の鍛冶屋敷について―陣城としての評価をめぐって（高橋成計）「中世城郭研究」 中世城郭研究会 （21）2007.7

大丹生
女布・大丹生という地名について―水銀との関わりを探る（高橋聡子）「両丹地方史」 両丹地方史研究者協議会 （73）2003.10

大野
美山町大野のことばと方言（上）,（下）（野々村美好）「丹波」 丹波史談会

京都府　　　地名でたどる郷土の歴史　　　近畿

(9)／(10) 2007.10／2008.10

大原

京都めぐり 八瀬・大原ガイド「西宮文化協会会報」 西宮文化協会 439 2004.10

京都大原と壇の浦に思う（厚東武通）「厚東」 厚東史研究会 （47） 2005.11

近代の大原女―八瀬・大原の歴史地理学的研究（〈例会報告要旨〉）（橋本暁子）「交通史研究」 交通史学会, 吉川弘文館（発売）（60） 2006.8

近代における大原女の変化―大原と八瀬の比較を通して（橋本暁子）「交通史研究」 交通史学会, 吉川弘文館（発売）（63） 2007.8

絵画「雪の大原」（《特集 清らかなる飛鳥の川》）（由里本出）「季刊明日香風」 古都飛鳥保存財団 27（1）通号105 2008.1

研究ノート 京都大原の山林文書（1）（田口標, 松下幸司, 宇野日出生）「生物資源経済研究」 京都大学大学院生物資源経済学専攻 （13） 2008.3

研究ノート 京都大原の山林文書（2）御入木山代官木村宗右衛門を中心として（田口標, 松下幸司, 宇野日出生）「生物資源経済研究」 京都大学大学院生物資源経済学専攻 （14） 2009.3

研究ノート 京都大原の山林文書（3）御入木山における山林売買を中心として（田口標, 松下幸司, 宇野日出生）「生物資源経済研究」 京都大学大学院生物資源経済学専攻 （15） 2010.3

京都近郊農山村における柴・薪の行商活動―明治前期から1950年代の八瀬・大原を事例として（研究ノート）（橋本暁子）「歴史地理学」 歴史地理学会, 古今書院（発売）53（4）通号256 2011.9

大原野

京都めぐり 洛西松尾・大原野ガイド「西宮文化協会会報」 西宮文化協会 （451） 2005.10

大原野「入野」は歌垣の里（吉田金彦）「地名探究」 京都地名研究会 （5） 2007.3

大原の里

洛北大原の里を訪ねて（猪瀬弘義）「史迹と美術」 史迹美術同攷会 73（3）通号733 2003.3

大山崎

第14回企画展「戦国の争乱と大山崎」の展示資料について（福島克彦）「大山崎町歴史資料館館報」 大山崎町歴史資料館 （13） 2006.11

調査・研究報告編（19）小企画展「応仁・文明の乱と大山崎の油売り」展示資料について（福島克彦）「大山崎町歴史資料館館報」 大山崎町歴史資料館 （17） 2011.3

大山崎瓦窯

大山崎瓦窯の調査（林亨）「乙訓文化」 乙訓の文化遺産を守る会 （67） 2005.5

平安京の造営と大山崎瓦窯（網伸也）「乙訓文化遺産」 乙訓の文化遺産を守る会 （12） 2005.10

大山崎山荘

大山崎山荘見学記（佐藤兼司）「乙訓文化遺産」 乙訓の文化遺産を守る会 （14） 2008.6

大山崎町

史跡めぐりの旅 京都府乙訓郡大山崎町方面史跡めぐり（大塚善子）「香美史談」 香美史談会 （1） 2008.3

大山崎村

調査・研究報告編（20）吉田初三郎「島本町大山崎村史蹟景勝鳥瞰図」について（福島克彦）「大山崎町歴史資料館館報」 大山崎町歴史資料館 （18） 2012.3

小川通

上京の史蹟シリーズ 大路小路（16）小川通「上京・史蹟と文化」 上京区民ふれあい事業実行委員会 34 2008.2

大雲川

大雲川と由良川（加藤晃）「地名探究」 京都地名研究会 （10） 2012.4

巨椋池

古代の巨椋池周辺（山嵜泰正）「地名探究」 京都地名研究会 （2） 2004.3

親子の歴史座談（86）太閤堤（文禄堤）と巨椋池「ひらかた文化財だより」 枚方市文化財研究調査会 （86） 2011.1

京都の自然地名・災害地名（2）―盆地中央部・巨椋池干拓地とその周辺地域の例（池田碩）「地名探究」 京都地名研究会 （9） 2011.4

第33回「地名フォーラム」in 京都・山城報告 講演 相楽の歴史と地名を学んで（中津川敬朗）／発表1 巨椋池周辺の指月地名（岩田貢）／発表2 京都の「朱雀」地名について（清水弘）「都藝泥布 : 京都地名研究会会報」 ［京都地名研究会事務局］ （9） 2012.3

宇治川決壊と旧巨椋池（特集 続 南山城水害・台風十三号災害60年）（堀井篤）「やましろ」 城南郷土史研究会 （28） 2014.12

小倉山

「嵐の山」から「嵐山」へ―「小倉山」との関係をめぐって（糸井通浩）「地名探究」 京都地名研究会 （10） 2012.4

御土居

御土居―西ノ京円町から北野天満宮までを歩く（丸山貞）「史迹と美術」 史迹美術同攷会 74（1）通号741 2004.1

御土居の現状（砕玉類題）（橋本楢夫）「城郭史研究」 日本城郭史学会, 東京堂出版（発売）（31） 2012.3

御土居堀

「惣構」の変容―京都・御土居堀を中心に（中村武生）「中世城郭研究」 中世城郭研究会 （17） 2003.7

乙訓

乙訓（弟国）と久我国（中村修）「古代史の海」 「古代史の海」の会 （50） 2007.12

乙訓（弟国）と茨田氏（中村修）「古代史の海」 「古代史の海」の会 （56） 2009.6

中世乙訓の一断面―調子家文書を手がかりに「乙訓文化遺産」 乙訓の文化遺産を守る会 （15） 2010.4

『乙訓の原像・続編』の感想（会員ひろば）（中村修）「古代史の海」 「古代史の海」の会 （20） 2012.12

ききがき 乙訓地域の歴史を学ぶとりくみ―乙訓の文化遺産を守る会創立のころのこと（井ヶ田良治）「乙訓文化遺産」 乙訓の文化遺産を守る会 （17） 2013.1

乙訓地域の災害記録―大島家日記から（古文書部会）「乙訓文化」 乙訓の文化遺産を守る会 （81） 2013.9

乙訓地域の災害記録（一覧表）「乙訓文化」 乙訓の文化遺産を守る会 （81） 2013.9

「近現代史部会」の取り組み 「乙訓の学校のルーツをたずねて」（中山修一）「乙訓文化」 乙訓の文化遺産を守る会 （83） 2014.8

乙訓地名詩の刊行（鵜野高資）「乙訓文化」 乙訓の文化遺産を守る会 （83） 2014.8

近世日本のロミオとジュリエット（井ケ田良治）「乙訓文化遺産」 乙訓の文化遺産を守る会 （18） 2014.8

弟国

兄国・弟国の探究（講演）（吉田金彦）「地名探究」 京都地名研究会 （4） 2006.3

乙訓郡

永正・天文年間における乙訓郡一揆史料の紹介と年代比定（下川雅弘）「史叢」 日本大学史学会 （70） 2004.3

乙訓郡の郷名比定（中村修）「古代史の海」 「古代史の海」の会 （40） 2005.6

弟国宮

講演 筒城宮から弟国宮へ（吉田金彦）「地名探究」 京都地名研究会 （3） 2005.3

音無瀬橋

由良川架設橋梁運動の一コマ（音無瀬橋のこと）（嵐光激）「史談福智山」 福知山史談会 （747） 2014.6

小野

第一回京都地名ウォーク 「小野」編の実施報告（大野克二）「都藝泥布 : 京都地名研究会会報」 ［京都地名研究会事務局］ （46） 2014.3

小野原

春の例会 「小野原の里歴史散歩」五千石在を訪ねて（塩見昭吾）「史談福智山」 福知山史談会 615 2003.6

遠下村

文書資料（新しく公開する資料）蛸薬師町文書／遠下村文書「総合資料館だより」 京都府立総合資料館, 京都府立総合資料館友の会 （169） 2011.10

御前通

大路小路 上京の史蹟（24）御前通 御前通／旧平安道場／数多い寺院／平安宮の遺跡（出雲路敬直）「上京・史蹟と文化」 上京区民ふれあい事業実行委員会 42 2012.2

開田城

開田城をどう評価するか（仁木宏）「乙訓文化」 乙訓の文化遺産を守る会 （63） 2004.2

笠置

太平記にみる笠置合戦探訪（出内博都）「備陽史探訪」 備陽史探訪の会 （149） 2009.8

笠置山

江戸後期・明治の笠置山の詩（小西亘）「やましろ」 城南郷土史研究会 （18） 2003.8

加佐郡

戦国期の丹後加佐郡の支配について―中世城館遺構からの考察（高橋成計）「丹波史」　丹波史懇話会　（27）　2007.6

丹後旧与謝郡・加佐郡の石造美術（篠原良吉）「歴史考古学」　歴史考古学研究会　（63）　2010.12

柏清盛町

地名随想2 柏清盛町（山嵜泰正）「都藝泥布 ： 京都地名研究会会報」［京都地名研究会事務局］　（40）　2012.3

鹿背山

歌枕の里鹿背山の歴史と地名（発表論文）（斎藤幸雄）「地名探究」　京都地名研究会　（4）　2006.3

鹿背山通信（3）　みもろつく鹿背山（田辺英夫）「やましろ」　城南郷土史研究会　（22）　2008.5

鹿背山通信（5）―熊沢蕃山と鹿背山（田辺英夫）「やましろ」　城南郷土史研究会　（24）　2010.10

鹿背山通信（6）―大仏鉄道と鹿背山（田辺英夫）「やましろ」　城南郷土史研究会　（25）　2011.12

鹿背山城

木津川市の鹿背山城あとをあるく（感想）「乙訓文化」　乙訓の文化遺産を守る会　（83）　2014.8

堅田

堅田（黄當時）「地名探究」　京都地名研究会　（6）　2008.3

桂川

桂川合戦前夜の細川晴元方による京都包囲網（羅針盤）（馬部隆弘）「戦国史研究」　戦国史研究会，吉川弘文館（発売）（65）　2013.2

桂宮家領村

「桂宮家領村開田絵図」を巡って（井上喜雄）「乙訓文化」　乙訓の文化遺産を守る会　（78）　2012.5

桂離宮

仙洞御所・桂離宮・修学院離宮（「たより」124～159号寄稿文）（西野鏡子）「ひがし」　東区郷土史研究会　（12）　2012.1

上大久保村

鶴牧藩の丹波御領分様子大概帳にみる上大久保村（稲元源太郎）「丹波」　丹波史談会　（9）　2007.10

上桂川

丹波の上桂川と由良川各水系―源流付近の植生と胡麻高原（〈特集 丹波の水系河川とその歴史文化〉）（奥村覚）「丹波」　丹波史談会　（8）　2006.10

上賀茂

上賀茂から下鴨へ（田中嗣人）「近畿文化」　近畿文化会事務局　（712）　2009.3

上京

戦国末期の上京と樂焼（貫名義隆）「茶の湯研究和比」　表千家不審菴　（6）　2009.5

上京区

上京の町家 山中油店「上京・史蹟と文化」　上京区民ふれあい事業実行委員会　27　2004.8

「源氏物語千年紀」と上京区（朧谷壽）「上京・史蹟と文化」　上京区民ふれあい事業実行委員会　33　2007.8

上京区130周年記念特集 古地図に見る上京区130年―京都市歴史資料館協賛（《上京区130周年記念》）（伊東宗裕）「上京・史蹟と文化」　上京区民ふれあい事業実行委員会　37　2009.8

「新しいまちづくり」と地域を愛する心（上京区130周年記念―上京区130周年記念特集）（高瀬博章）「上京・史蹟と文化」　上京区民ふれあい事業実行委員会　38　2010.2

上京区130周年と上京の今後のまちづくりに向けて（上京区130周年記念―上京区130周年記念特集）（北條和仁）「上京・史蹟と文化」　上京区民ふれあい事業実行委員会　38　2010.2

上京区の伝統文化の継承とさらなる文化の普及、向上を願って（上京区130周年記念―上京区130周年記念特集）（小谷一之）「上京・史蹟と文化」　上京区民ふれあい事業実行委員会　38　2010.2

京都御苑の変遷に見る上京130年―京都市歴史資料館協賛（上京区130周年記念―上京区130周年記念特集）（伊東宗裕）「上京・史蹟と文化」　上京区民ふれあい事業実行委員会　38　2010.2

上京区130周年記念事業 上京区の伝統文化をまるごと体験!!―千年の都の文化を体感しよう「上京・史蹟と文化」　上京区民ふれあい事業実行委員会　38　2010.2

上狛

知られざる天誅組騒動 上狛からの鎮圧動員と大和・河内の水争い（淺田

周宏）「やましろ」　城南郷土史研究会　（27）　2013.12

上狛小学校

子どもたちの地域史（8）上狛の歴史探検 平成23年度木津川市立上狛小学校 六年一組「やましろ」　城南郷土史研究会　（26）　2012.12

上御霊前通

上京の史蹟シリーズ 大路小路（13）上御霊前通「上京・史蹟と文化」　上京区民ふれあい事業実行委員会　31　2006.8

上嵯峨

幕末刈谷藩 洛西上嵯峨出兵（三ツ松悟）「かりや ： 郷土研究誌」　刈谷市郷土文化研究会　（35）　2014.3

上立売通

大路小路 上京の史蹟（19）上立売通（《上京区130年記念》）（出雲路敬直）「上京・史蹟と文化」　上京区民ふれあい事業実行委員会　37　2009.8

上妙覚寺町

地名随想 寺の名の付いた町名（8）上・下妙覚寺町（清水弘）「都藝泥布 ： 京都地名研究会会報」［京都地名研究会事務局］　（47）　2014.7

亀岡

地域史の伝統と創生―亀岡の歴史と文化に学ぶ（上田正昭）「新修亀岡市史編さんだより」　亀岡市　12　2005.3

亀岡盆地の式内社と地名（発表論文）（安藤信策）「地名探究」　京都地名研究会　（4）　2006.3

第928回例会 亀岡近郊（西部地域）の文化財を訪ねて（中尾純子）「史迹と美術」　史迹美術同攷会　78（10）通号790　2008.12

亀岡市

亀岡市域の近・現代行政文書について（小山俊樹）「新修亀岡市史編さんだより」　亀岡市　11　2003.5

表紙写真説明 二代目亀岡市役所「新修亀岡市史編さんだより」　亀岡市　12　2005.3

亀岡市の文化財を訪ねて（中尾純子）「史迹と美術」　史迹美術同攷会　77（6）通号776　2007.7

亀岡城

歴史文化教室 亀岡城下町散策（北岡彦七）「乙訓文化」　乙訓の文化遺産を守る会　（75）　2010.8

亀山

丹波国亀山を歴史探訪（中野豊）「さんえん」　三遠地方民俗と歴史研究会　（33）　2006.7

亀山城

3月・第605回例会の報告 丹波 亀山城と周辺の中世城館 平成26年3月9日（日）（森田又一）「城だより」　日本古城友の会　（544）　2014.4

賀茂川

大会プレ企画 講演 賀茂別雷神社と賀茂川（第36回京都大会特集号）（橋本政宜）「全国歴史資料保存利用機関連絡協議会会報」［全国歴史資料保存利用機関連絡協議会］　（89）　2011.3

鴨川

近代における鴨川の景観についての一考察―四条大橋と車道橋を中心に（白木正俊）「新しい歴史学のために」　京都民科歴史部会　2004年度（2）通号257　2005.6

幕末の鴨川水害と鴨川浚渫計画―西町奉行浅野長祚と元東町奉行与力平塚飄塚との関わりを中心に（鈴木栄樹）「京都市政史編さん通信」　京都市市政史編さん委員会　（41）　2011.7

鴨川西岸

第984回例会 京都鴨川西岸の文化財と史跡（加藤繁生）「史迹と美術」　史迹美術同攷会　83（7）通号837　2013.8

賀茂別雷神社

大会プレ企画 講演 賀茂別雷神社と賀茂川（第36回京都大会特集号）（橋本政宜）「全国歴史資料保存利用機関連絡協議会会報」［全国歴史資料保存利用機関連絡協議会］　（89）　2011.3

加悦

近世における鋳物師の地域的構造―丹後・加悦地方を中心に（市川祐樹）「地方史研究」　地方史研究協議会　54（6）通号312　2004.12

河原

史跡探訪「ふるさと史跡探訪マップ」田辺・河原周辺 "歴史散歩コース"（小泉芳孝）「筒城」　京田辺市郷土史会　（54）　2009.3

柏原町

新井（柏原町）の条里制遺構（横川淳一郎）「丹波史」　丹波史懇話会　（29）　2009.6

河原町通

京都市都市計画事業の一九二一年前半（上）～（下）―河原町通拡築か木

京都府 　　　　　　　　地名でたどる郷土の歴史 　　　　　　　　近畿

屋町通か(伊藤之雄)「京都市政史編さん通信」 京都市市政史編さん
　委員会 　(43)/(44)　2012.9/2012.12

函谷鉾町

京都府戸籍簿の維持利用とその歴史地理学的研究―『函谷鉾町戸籍簿』
　にみる居住と移動(本多健一, 村上富美, 河原典史)「歴史地理学」 歴
　史地理学会, 古今書院(発売) 49(3)通号234　2007.6

完人村

完人村・西山村・大坪村三ヵ村入会地の裁量(小林本一)「丹波」 丹波史
　談会　6　2004.12

祇園

祇園御本地「総合資料館だより」 京都府立総合資料館, 京都府立総合資
　料館友の会　136　2003.7
近代京都におけるタクシーの誕生について―祇園と京都自動車史・「お
　ふれまい」研究事始(熊谷保)「京都産業大学日本文化研究所紀要」 京
　都産業大学日本文化研究所 　(15)　2010.3
祇園という地名(辻正次)「道鏡を守る会通信」 道鏡を守る会 　(97)
　2012.7

祇園甲部

花街のおもてなし文化の変遷と課題について―祇園甲部の地方, 幸長さ
　んの談話をもとに(西沢暢晃)「京都産業大学日本文化研究所紀要」
　京都産業大学日本文化研究所 　(12・13)　2008.3

木津川

流れをたずねて(4) 木津川 分水界を追いかけて「あかい奈良」 青垣出
　版, 星雲社(発売)　17　2002.9
木津川のうた(小西亘)「やましろ」 城南郷土史研究会 　(22)　2008.5
京都府木津川散策 感動句「Sala : 歴史民俗誌」 常民学舎 　(46)
　2009.8
南山城木津川の史跡(田中嗣人)「近畿文化」 近畿文化会事務局 　(720)
　2009.11
木津川の帆かけ舟 渡し舟(梅原恭仁子)「やましろ」 城南郷土史研究会
　(26)　2012.12
木津川水害史概説(特集 南山城水害・台風十三号災害60年)(田中淳一
　郎)「やましろ」 城南郷土史研究会 　(27)　2013.12
子どもたちの地域史(シリーズ(9)) 子どもたちと見つめた木津川(田中
　実知世)「やましろ」 城南郷土史研究会 　(27)　2013.12

北大路

敗戦前後の旧木津町北大路町内会文書―町内会保存文書にみる戦時下の
　国策下達の媒体をめぐって(青山由起子)「やましろ」 城南郷土史研
　究会 　(28)　2014.12

北白川

北白川の村落構成と祭祀組織(宇野日出生)「京都市歴史資料館紀要」 京
　都市歴史資料館　通号22　2009.3

北野天満宮

御土居―西ノ京円町から北野天満宮までを歩く(丸山貞)「史迹と美術」
　史迹美術同攷会　74(1)通号741　2004.1

北山

「北山杉」という言葉―地名を冠した京の名産(綱本逸雄)「地名探究」
　京都地名研究会 　(32)　2010.3
京都北山の古寺と美山の茅葺民家(矢ヶ崎善太郎)「近畿文化」 近畿文化
　会事務局 　(719)　2009.10

衣笠山

衣笠山周辺の史跡(田中嗣人)「近畿文化」 近畿文化会事務局 　(734)
　2011.1

木屋町通

京都市都市計画事業の一九二一年前半(上)～(下)―河原町通拡築か木
　屋町通か(伊藤之雄)「京都市政史編さん通信」 京都市市政史編さん
　委員会 　(43)/(44)　2012.9/2012.12

京

慶応三年 御上京日記(7)～(10)(佐川古文書研究会)「佐川史談霧生関」
　佐川史談会　36/(40)通号73　2004.9
京町衆の家業・家訓(北川政次)「杉並郷土史会史報」 杉並郷土史会
　177　2003.1
「京」とは何か(橋本政良)「あわじ : 淡路地方史研究会会誌」 淡路地
　方史研究会 　(21)　2004.1
開館40周年記念連続講座「京の遊楽」を開催しました「総合資料館だよ
　り」 京都府立総合資料館, 京都府立総合資料館友の会　138　2004.1
在京日記(権田直助)「あゆみ」 毛呂山郷土史会 　(30)　2004.4
酒窟閑話(38) 京のお茶漬(豊泉清)「上州路 : 郷土文化誌」 あさを社
　31(5)通号360　2004.5
企画展 京の商い―「京」ブランドの今むかし「総合資料館だより」 京
　都府立総合資料館, 京都府立総合資料館友の会　142　2005.1

京の備前焼(中井淳史)「備前市歴史民俗資料館紀要」 備前市歴史民俗資
　料館 　(7)　2005.9
文久三年 御上京日記[1]～(3)(佐川古文書研究会)「佐川史談霧生関」
　佐川史談会 　(41)通号74/(43)通号76　2005.11/2007.11
丹後から京への通船計画(〈特集 丹波の水系河川とその歴史文化〉)(秋
　里悠兒)「丹波」 丹波史談会 　(8)　2006.10
京の夏「総合資料館だより」 京都府立総合資料館, 京都府立総合資料館
　友の会 　(156)　2008.7
食に見る京と会津(平出美穂子)「会津人群像」 歴史春秋出版 　(13)
　2009.5
『京の茶漬け』の法則(佐竹秀雄)「館報池田文庫」 阪急学園池田文庫
　(35)　2009.12
伊勢参宮本街道を歩く(5) 終 砂茶屋～京終(吉井貞俊)「大阪春秋」 新
　風書房　38(3)通号140　2010.10
平安貴族における「京」の認識―日記の検討を通して(安藤哲郎)「歴史
　地理学」 歴史地理学会, 古今書院(発売) 53(2)通号254　2011.3
「京の記憶のライブラリ」「総合資料館だより」 京都府立総合資料館, 京
　都府立総合資料館友の会 　(168)　2011.7
冬の京(松下政司)「秦史談」 秦史談会 　(168)　2012.3
明治前期の名所案内記にみる京名所についての考察(研究ノート)(長谷
　川奨悟)「歴史地理学」 歴史地理学会, 古今書院(発売) 54(4)通号
　261　2012.9
難波より京に至る大道を置く(第100号記念特集号)(安村俊史)「河内ど
　んこう」 やお文化協会 　(100)　2013.6

京田辺

『竹取物語』“かぐや姫の里”京田辺(小泉芳孝)「地名探究」 京都地名研
　究会 　(1)　2003.3
京田辺探訪記(永田良茂)「地名探究」 京都地名研究会 　(2)　2004.3
『竹取物語』“かぐや姫の里”京田辺の活動経過(小泉芳孝)「筒城」 京田
　辺市郷土史会 　(49)　2004.3
今, 京田辺がおもしろい(太田文代)「筒城」 京田辺市郷土史会 　(49)
　2004.3
京田辺の古建築(矢ヶ崎善太郎)「近畿文化」 近畿文化会事務局 　(701)
　2008.4

京田辺市

ボケとアチラと―京田辺市の小字地名(古川章)「地名探究」 京都地名研
　究会 　(1)　2003.3
第920回例会 南山城の京田辺市の文化財を訪ねて(中嶋昌子)「史迹と美
　術」 史迹美術同攷会　78(4)通号784　2008.5
京田辺市近世近代資料拾遺(1), (4), (5)「筒城」 京田辺市郷土史会
　(54)/(59)　2009.3/2014.03
重要文化財 澤井家住宅と座敷の天袋(上村公則)「筒城」 京田辺市郷土
　史会 　(57)　2012.3

京丹後市

市町村合併と「京丹後市」考(水野孝典)「地名探究」 京都地名研究会
　(5)　2007.3
第26回京都地名フォーラム報告 京丹後市旧3郡の郡名について(水野孝
　典)/考古学から見た丹後王国(三浦到)/籠神社の籠について(黄當
　時)「都藝泥布 : 京都地名研究会会報」 [京都地名研究会事務局]
　(32)　2010.3
第30回京都地名フォーラム報告 地名となった寺院―京丹後市の事例か
　ら(小山元孝)/移りゆく王権 タカノからヤマトへ(奥村清一郎)/丹後
　にアイヌ地名はあったか(吉田金彦)(清水弘記)「都藝泥布 : 京都地
　名研究会会報」 [京都地名研究会事務局] 　(36)　2011.3
京丹後市旧3郡の地名と歴史を考える(冨貴高司)「地名探究」 京都地名
　研究会 　(9)　2011.4
口丹波(京丹後市・南丹市)地方の森林と注目すべき材木と地域景観(奥
　村寛)「丹波」 丹波史談会 　(14)　2012.10

京丹波

京丹波・原始から中世への物語(浅井義久)「丹波」 丹波史談会 　(11)
　2009.10

京都

中世京都「七口」考―室町・戦国期における京都境域と流通(〈個人報
　告〉)(河内将芳)「ヒストリア : journal of Osaka Historical
　Association」 大阪歴史学会　通号168　2000.1
室町幕府の京都支配(〈報告要旨〉)(窪božed子)「東北中世史研究会会報」
　東北中世史研究会 　(12)　2000.3
近江「本山石灰」の偽称騒ぎと京都改所設立―藤田家文書『改所一件記』
　から(中川真澄)「地方史研究」 地方史研究協議会　51(2)通号290
　2001.4
京都・滋賀を訪ねて(石井しおり)「備陽史探訪」 備陽史探訪の会　110
　2003.2
室町時代における侍所の京都支配(松井智之)「富山史壇」 越中史壇会
　139　2003.2

明治期京都の区画改正問題と区役所（秋元せき）「京都市歴史資料館紀要」 京都市歴史資料館 （19）2003.3

《特集 京都の多様な「生活空間」—共生社会構築に向けてのさまざまな取り組み》「京都地域研究」 京都地域研究会 17 2003.3

新聞記事を通じてみた京都の在日朝鮮・韓国人像の変容—1945〜2000年の京都新聞の記事から（江口信清）「京都地域研究」 京都地域研究会 17 2003.3

観光開発と地域観光化対策（泉俊弘）「京都地域研究」 京都地域研究会 17 2003.3

小西大東（3）—京都史蹟会に関する新出資料を中心として（松田万智子）「資料館紀要」 京都府立総合資料館 （31）2003.3

地名から歴史と文化の息吹を（上田正昭）「地名探究」 京都地名研究会 （1）2003.3

地名・言葉の成立探究の意義（金坂清則）「地名探究」 京都地名研究会 （1）2003.3

京都の縄文地名例（永田良茂）「地名探究」 京都地名研究会 （1）2003.3

将軍から朝廷への使者 京都上使行列絵巻（野田浩子）「彦根城博物館だより」 彦根城博物館 60 2003.3

地名随想 私の地名研究（小泉芳孝）「都藝泥布 : 京都地名研究会会報」 [京都地名研究会事務局] 4 2003.4

京都への旅（遠藤妙子）「会津会々報」 会津会 109 2003.6

文久三年 京都（横山衛）「古文書研究会報」 岩手古文書研究会 297 2003.6

重要文化財指定記念 革嶋家文書展—京都近郊の中世武家の歴史がいま甦る「総合資料館だより」 京都府立総合資料館，京都府立総合資料館友の会 137 2003.6

幕末期の摂津国一橋領—一橋慶喜の京都での活動を支えた所領（岩城卓二）「たからづか : 市史研究紀要たからづか」 宝塚市教育委員会 （20）2003.11

第16回歴史文化教室の感想 京都をあるく（伊藤誠之，平塚理子，成瀬晃一，疋田崇治）「乙訓文化」 乙訓の文化遺産を守る会 （63）2004.2

講演 平安京・京都そしてカモ（上田正昭）「地名探究」 京都地名研究会 （2）2004.3

フォーラム「京の古代史と地名」（上田正昭，吉田金彦，井上満郎）「地名探究」 京都地名研究会 （2）2004.3

校歌・寮歌と紀要の地名（小林一彦）「地名探究」 京都地名研究会 （2）2004.3

人康親王伝説と地名（明川忠夫）「地名探究」 京都地名研究会 （2）2004.3

地名随想 古代国号私見（石田天佑）「都藝泥布 : 京都地名研究会会報」 [京都地名研究会事務局] 8 2004.4

錦小路家学館開講史料（田崎哲郎）「啓迪」 京都医学史研究会 （22）2004.5

中世京都における庶民の茶屋（小山京子）「洛北史学」 洛北史学会 （6）2004.6

関西の話題(2)大坂・京都「新選組」始末記（横山高治）「大阪春秋」 新風書房 通号115 2004.8

近世京都の狩野派展について（野口剛）「文化財レポート」 京都文化財団 （15）2004.10

洛北だより 京都からの絵手紙（山端遊人）「扣之帳」 扣之帳刊行会 （5）2004.10

洛北だより 京都からの絵手紙（山端遊人）「扣之帳」 扣之帳刊行会 （6）2005.1

「京都武鑑」にみる京都町奉行与力・同心の存在形態（吉住恭子）「京都市歴史資料館紀要」 京都市歴史資料館 通号20 2005.3

幕末維新の京都、新撰組の旧跡を訪ねて（細川寿之）「郷土の文化」 観音寺市郷土文化大学 30 2005.3

「この蟹や」の歌の地名とその意義（渡部正理）「地名探究」 京都地名研究会 （3）2005.3

地名の研究と民意（山口均）「地名探究」 京都地名研究会 （3）2005.3

府指定文化財の紹介紙本著色草花図「文化財レポート」 京都文化財団 （16）2005.3

洛北だより 京都からの絵手紙（山端遊人）「扣之帳」 扣之帳刊行会 （7）2005.3

文献課の窓から江戸時代の京都案内記「総合資料館だより」 京都府立総合資料館，京都府立総合資料館友の会 143 2005.4

歴史巡見報告記 新選組「誠」の旅—京都の足跡を辿る（金子宏）「柏崎・刈羽」 柏崎刈羽郷土史研究会 （32）2005.4

洛北だより 京都からの絵手紙（山端遊人）「扣之帳」 扣之帳刊行会 （8）2005.5

河内国御館村と京都守護職会津藩役知（田崎公司）「会北史談」 会北史談会 （47）2005.7

洛北だより 京都からの絵手紙（山端遊人）「扣之帳」 扣之帳刊行会 （9）2005.8

京都の新選組史跡を歩く（佐々木寛）「幕末史研究」 三十一人会，小島資

料館（発売） （41）2005.9

洛北だより 京都からの絵手紙（山端遊人）「扣之帳」 扣之帳刊行会 （10）2005.10

満州問題の「発見」と日本の知識人—IPR京都会議と蝋山政道の議論を中心に（藤岡健太郎）「九州史学」 九州史学研究会 （143）2005.12

「京都」と「京師」（下司和男）「古代史の海」 「古代史の海」の会 （42）2005.12

第14回地名フォーラム報告／『京都の地名 検証』の書評 学会誌に取り上げられる／総理官邸敷地は京極屋敷 標識が設置される「都藝泥布 : 京都地名研究会会報」 [京都地名研究会事務局] （15）2006.1

「京都」と「京師」（補）（下司和男）「古代史の海」 「古代史の海」の会 （43）2006.3

義経伝承と京の地名（発表論文）（山嵜泰正）「地名探究」 京都地名研究会 （4）2006.3

灌漑用水路による小字名（発表論文）（若林重栄）「地名探究」 京都地名研究会 （4）2006.3

パネルディスカッション要旨 『京都の地名 検証』を出版して（明川忠夫，清水弘，綱本逸雄，山嵜泰正）「地名探究」 京都地名研究会 （4）2006.3

随想 カモとイヅモ（渡部正理）「地名探究」 京都地名研究会 （4）2006.3

博物館遊歩(13) 京都が凝縮した博物館（柏山泰訓）「会報むろのつ」 「鯉屋」友の会 （13）2006.6

維新変革と仙台藩の京都情報（難波信雄）「市史せんだい」 仙台市博物館 16 2006.9

京都の旅（藤井好玄）「備陽史探訪」 備陽史探訪の会 （132）2006.10

何故、奈良、京都が空襲から逃れたか？（滝住光二）「わかくす : 河内ふるさと文化誌」 わかくす文芸研究会 （50）2006.11

宇垣軍縮下の京都師団（仁張真人）「やましろ」 城南郷土史研究会 （21）2006.12

京都地名研究の新地平を求めて（講演）（金坂清則）「地名探究」 京都地名研究会 （5）2007.3

織田信長の京都焼き討ち—ルイス・フロイス『日本史』の京都地名を読む（山嵜泰正）「地名探究」 京都地名研究会 （5）2007.3

京の井戸と小町伝承（明川忠夫）「地名探究」 京都地名研究会 （5）2007.3

第18回地名フォーラム報告／京都地名研究会会員が京都キャンパスプラザで連続講義／龍谷大学深草校舎で連続講義「京都のおもしろ地名散策」／東京でも京都地名学／『京都地名検証2』の書評「都藝泥布 : 京都地名研究会会報」 [京都地名研究会事務局] （20）2007.4

展示会短評 国立歴史民俗博物館企画展「西のみやこ東のみやこ—描かれた中・近世都市」（大澤泉）「民衆史研究」 民衆史研究会 （73）2007.6

関西探訪 京都・奈良・八尾を訪ねて「道鏡を守る会 : 道鏡禅師を知ろう」 道鏡を守る会 （29）2007.9

京都守護職会津藩の京都防衛構想と楠葉台場（〈小特集 大阪府枚方市楠葉台場跡の保存問題をめぐって〉）（馬部隆弘）「ヒストリア : journal of Osaka Historical Association」 大阪歴史学会 （206）2007.9

京都再発見 鉄道の日記念キップの旅（池田健二）「備陽史探訪」 備陽史探訪の会 （139）2007.12

近代京都・三大事業における道路拡築事業とその影響（岡本訓明）「史泉 : historical & geographical studies in Kansai University」 関西大学史学・地理学会 （107）2008.1

明治期京都の博覧会—「国際化」と「歴史」をめぐって（並松信久）「京都産業大学日本文化研究所紀要」 京都産業大学日本文化研究所 （12・13）2008.3

明治期京都の工芸の展開—試験研究と工業化をめぐって（並松信久）「京都産業大学日本文化研究所紀要」 京都産業大学日本文化研究所 （12・13）2008.3

講演 京都創生の取組—京都の素晴らしさの磨きをかけ、未来に引き継ぐために（〈国際シンポジウム 世界のなかの京都〉）（白須正）「京都産業大学日本文化研究所紀要」 京都産業大学日本文化研究所 （12・13）2008.3

講演 国際的な視点で見る京都文化—在外・京都滞在の経験をふまえて（〈国際シンポジウム 世界のなかの京都〉）（中村順一）「京都産業大学日本文化研究所紀要」 京都産業大学日本文化研究所 （12・13）2008.3

そうだ!!京都に行こう（藤本涼輔）「郷土史研通信」 八千代市郷土歴史研究会 （62）2008.5

慶応二年、京都では（橋口明子）「目黒区郷土研究」 目黒区郷土研究会 （641）2008.6

特別展 京都歴史こぼれ話—京都新聞コラム「雑学京都史」より「総合資料館だより」 京都府立総合資料館，京都府立総合資料館友の会 （156）2008.7

空襲は京都にもあった（有馬康之）「西日本文化」 西日本文化協会 通号434 2008.8

京都にある天皇陵界隈雑探訪(足立捷一郎)「備陽史研究山城志 : 備陽史探訪の会機関誌」 備陽史探訪の会 (19) 2008.11

奈良・京都の春を訪ねる(永瀬礼一郎)「下野史談」 下野史談会 (106) 2008.12

京都に旅して(河野百雄)「古代朝鮮文化を考える」 古代朝鮮文化を考える会 (23) 2008.12

公開資料紹介 京都における戦後処理―新公開資料から(福島幸宏)「総合資料館だより」 京都府立総合資料館,京都府立総合資料館友の会 (158) 2009.1

『都名所図会』に記された名宝(市川彰)「朱雀 : 京都文化博物館研究紀要」 京都府京都文化博物館 21 2009.3

紫式部・京の地理的空間(山嵜泰正)「地名探究」 京都地名研究会 (7) 2009.3

近代京都の陶芸技術にみる古典へのまなざし―革新と復古の間で京焼陶工が目指したもの(森下愛子)「無形文化遺産研究報告」 国立文化財機構東京文化財研究所 2009.3

歴史資料課の窓から 行政文書にみる京都 明治の地域力再生―地方改良運動と維新以前地方民政制度沿革及事蹟調査(渡辺佳子)「総合資料館だより」 京都府立総合資料館,京都府立総合資料館友の会 (159) 2009.4

第8回京都地名シンポジウム報告(山背の古道から地名を探る 片平博文/京都の自然地名・災害地名パートII 池田碩)「都藝泥布 : 京都地名研究会会報」 [京都地名研究会事務局] (29) 2009.7

幕末における京都警備について―京都守護職会津藩の関門構想(特集 幕末京都京口の関門―枚方・楠葉台遺跡)(馬部隆弘)「ヒストリア : journal of Osaka Historical Association」 大阪歴史学会 (217) 2009.10

京都ぶらり散歩(加地和夫)「新居浜史談」 新居浜郷土史談会 (377) 2009.10

第27回京都地名フォーラム テーマ「丹後の歴史と地名」「都藝泥布 : 京都地名研究会会報」 [京都地名研究会事務局] (31) 2010.1

近代京都の都市計画と都市形成(上野裕)「史泉 : historical & geographical studies in Kansai University」 関西大学史学・地理学会 (111) 2010.1

『拾遺都名所図会』に記された名宝(市川彰)「朱雀 : 京都文化博物館研究紀要」 京都府京都文化博物館 22 2010.3

京都の地名と説話文学―院政期の記録と比較して(安ına哲郎)「地名探究」 京都地名研究会 (8) 2010.3

研究ノート 1900年パリ万国博覧会が京都菓子業界に与えた影響(五十嵐雪佳)「日本文化史研究」 帝塚山大学奈良学総合文化研究所 (41) 2010.3

近代の京焼から「伝統」を考える―近代京都の陶芸家における古典学習について(森下愛子)「無形文化遺産研究報告」 国立文化財機構東京文化財研究所 (4) 2010.3

京都歴史民俗探訪記 平成21年4月12日(日)(多田豊美)「讃岐のやまなみ」 香川県歴史研究会 (3) 2010.4

1960年代京都における沖縄返還運動―佐次田勉氏に聞く(櫻澤誠)「Notre critique : history and criticism」 ノートル・クリティーク編集委員会 (10) 2010.5

大正期京都の町の共有財産と「税」(秋元せき)「京都市政史編さん通信」 京都市市政史編さん委員会 (38) 2010.7

文献課の窓から 「都」と「日出」―戦後京都の夕刊紙(大瀧徹也)「総合資料館だより」 京都府立総合資料館,京都府立総合資料館友の会 (165) 2010.10

歴史資料課の窓から 行政文書に見る京都 建物疎開関係資料について―京都のイメージのために(福島幸宏)「総合資料館だより」 京都府立総合資料館,京都府立総合資料館友の会 (165) 2010.10

文政京都地震(1830年)における被害状況(月例会報告)(西山昭仁)「史潮」 [歴史学会],同成社(発売) (68) 2010.11

平城遷都1300年の古都の旅―飛鳥・奈良・京都とその周辺(史蹟を尋ねて緑の旗は行く)(今牧久)「伊那」 伊那史学会 58(12)通号991 2010.12

したたかさと幸運,京都であるといえ矜持(小堀利行)「京都市政史編さん通信」 京都市市政史編さん委員会 (40) 2011.3

京の地名俳句を観る(1)(尾崎聖二郎)「都藝泥布 : 京都地名研究会会報」 [京都地名研究会事務局] (36) 2011.3

京とその周辺の史跡に見る秀吉の事績―近世京都を形作ったもの(山口博)「文化財レポート」 京都文化財団 (24) 2011.3

京都の企業精神と今後の課題―報徳思想との類似性(並松信久)「京都産業大学日本文化研究所紀要」 京都産業大学日本文化研究所 (16) 2011.3

古代の奈良,中世の滋賀,近世の京都―滋賀は社寺等歴史的建造物の宝庫(特集 滋賀の国宝建築物)(池野坂)「湖国と文化」 滋賀県文化振興事業団 35(2)通号135 2011.4

京の「アガル・サガル」(付イル)考(続)(糸井通浩)「地名探究」 京都地名研究会 (9) 2011.4

難解地名・一口考(研究ノート)(綱本逸雄)「地名探究」 京都地名研究会 (9) 2011.4

歴史と現代 大内氏の見た京都(光田憲雄)「山口県地方史研究」 山口県地方史学会 (105) 2011.6

てくてく京都―京都で多度津に出会ったぁ(中西史和)「多度津文化財 : 多度津町文化財保護協会会報」 多度津町文化財保護協会 (39) 2011.6

京都守護職会津藩役知再論―河内国を中心として(田﨑公司,池田治司)「会北史談」 会北史談会 (53) 2011.7

地名随想 音仮名地名のこと(梅谷繁樹)「都藝泥布 : 京都地名研究会会報」 [京都地名研究会事務局] (37) 2011.7

近世京都の商家と奉公人から考える―近世都市史研究の分析視座の検討(第33回北陸都市史学会福井大会 発表要旨)(宇佐美英機)「北陸都市史学会誌」 北陸都市史学会事務局 (17) 2011.8

地名随想1 寺の名の付いた町名(1)～(2)(清水弘)「都藝泥布 : 京都地名研究会会報」 [京都地名研究会事務局] (39)/(41) 2011.12/2012.7

地名随想2 駅舎の色と地名(岩田貢)「都藝泥布 : 京都地名研究会会報」 [京都地名研究会事務局] (39) 2011.12

南北朝・室町時代の佐渡と京都(田中聡)「鑑賞」 新潟文化観賞会 (33) 2012.2

第二部 京都公私ちりふくろ(1)「岩手の古文書 : the Iwate journal of diplomatics」 岩手古文書会 (26) 2012.3

京都町奉行所関係資料(4) 古久保家文書「起源」(総合資料館・府立学共同研究事業)(歴史資料課)「資料館紀要」 京都府立総合資料館 (40) 2012.3

地名随想3 地所表記のカタカナ―「上ル」か「上る」か問題めぐって(1)(糸井通浩)「都藝泥布 : 京都地名研究会会報」 [京都地名研究会事務局] (40) 2012.3

卒業論文抄録 近世京都の被差別部落と新地開発(松尾秀子)「大谷大学史学論究」 大谷大学文学部歴史学科 (17) 2012.3

楠葉・梶原の"関門"台場と会津藩―八幡・山崎の関門構築構想から見えてくる京都守護職会津藩の姿(第11回会津史談会賞入賞作)(吉野集平)「会津史談」 会津史談会 (86) 2012.4

「京都名所五十景」「総合資料館だより」 京都府立総合資料館,京都府立総合資料館友の会 (171) 2012.4

足利将軍は京都にどう再現されたのか 時代祭への室町行列参入に思う(歴史・郷土史研究)(堀江和義)「足利文林」 足利文林会 (76) 2012.6

文献課の窓から 京都の震災と防災「総合資料館だより」 京都府立総合資料館,京都府立総合資料館友の会 (172) 2012.7

『京都学へのいざない講座―京都力を探る―』のご案内「総合資料館だより」 京都府立総合資料館,京都府立総合資料館友の会 (172) 2012.7

地名随想2 地所表記のカタカナ―「上ル」か「上る」か問題めぐって(2)(糸井通浩)「都藝泥布 : 京都地名研究会会報」 [京都地名研究会事務局] (41) 2012.7

古都保存「古都京都における歴史的風土保存のための新たな取組」(難波陽一郎)「季刊明日香風」 古都飛鳥保存財団 31(3)通号123 2012.7

史料ニュース 戦前の都市計画京都地方委員会議事速記録などの公開について/編纂だより/京わらべ「京都市政史編さん通信」 京都市市政史編さん委員会 (43) 2012.9

総合資料館企画展 世界遺産条約40周年記念「京都の世界遺産」 平成24年10月20日(土)～11月18日(日)「総合資料館だより」 京都府立総合資料館,京都府立総合資料館友の会 (173) 2012.10

文献課の窓から 資料紹介「住民生活に光をそそぐ交付金」により収集した京都関係資料「総合資料館だより」 京都府立総合資料館,京都府立総合資料館友の会 (173) 2012.10

平成24年度 京都学へのいざない講座 京都力を探る「総合資料館だより」 京都府立総合資料館,京都府立総合資料館友の会 (173) 2012.10

京都人質八ヶ月の幼年藩主(1)―尾張藩青松葉事件始末(木原克之)「郷土研究誌みなみ」 南知多郷土研究会 (94) 2012.11

近代京都における遊興地の研究(平成23年度修士論文要旨)(伊ヶ崎鷹彦)「花園史学」 花園大学史学会 (33) 2012.11

地所表記のカタカナ―「上ル」か「上る」か問題めぐって(3)(糸井通浩)「都藝泥布 : 京都地名研究会会報」 [京都地名研究会事務局] (42) 2012.12

織田政権期京都の貨幣流通―石高制と基準銭「びた」の成立(本多博之)「広島大学大学院文学研究科論集」 広島大学大学院文学研究科 72 2012.12

京都の歴史遺産と旅―授業実践を踏まえた歴史地理学からの提案(「旅・観光・歴史遺産」共同課題報告)(安藤哲郎)「歴史地理学」 歴史地理学会,古今書院(発売) 55(1)通号263 2013.1

近畿　　　　　　　　　　　　　　　　地名でたどる郷土の歴史　　　　　　　　　　　　　　　京都府

万延期の京都警衛―幕末期京都警衛の体制化とその変遷（2）（論文）（野村晋作）「京浜歴史科研年報」京浜歴史科学研究会　（25）2013.2

京都における近代産業の形成と発展―6人の起業家の役割（太田耕史郎）「経済科学研究」広島修道大学ひろしま未来協創センター　16（2）通号31　2013.2

明治四年京都博覧会について（畑智子）「朱雀 ： 京都文化博物館研究紀要」京都府京都文化博物館　25　2013.3

町名をつけた町民のすごさ（地名随想）（小西ায之）「都藝泥布 ： 京都地名研究会会報」［京都地名研究会事務局］（43）2013.3

くろ谷 金戒光明寺について―会津と京都のかかわり（橋本周現）「文化財レポート」京都府文化財団　（26）2013.3

住所表記としての「上ル下ル」―アガル・サガル考（近現代編）（黒田正子）「地名探究」京都地名研究会　（11）2013.4

京都人質八ヶ月の幼年藩主（2）―尾張藩青松葉事件始末（木原克之）「郷土研究誌みなみ」南知多郷土研究会　（95）2013.5

加賀藩京都藩邸の構成員と機能―その職務規程と業務報告を通じて（研究ノート）（千葉拓真）「加賀藩研究 ： 加賀藩研究ネットワーク会誌」加賀藩研究ネットワーク　（3）2013.6

文献課の窓から 8月16日は火事にご用心？―京都の火災と大文字送り火（松田万智子）「総合資料館だより」京都府立総合資料館，京都府立総合資料館友の会　（176）2013.7

京都の戦争遺跡（駒井正明）「近畿文化」近畿文化会事務局　（765）2013.8

嘉永・安政期における京都紅花問屋の取引―最上屋喜八家文書を中心として（論文）（森田昌一）「地方史研究」地方史研究協議会　63（5）通号365　2013.10

京都公家華族の負債問題（刑部芳則）「地方史研究」地方史研究協議会　64（5）通号371　2014.1

第405回例会 天文期伊予河野氏の対京都外交―桐紋拝受と在地・公家・武家を繋ぐ「取次」の態様（例会報告要旨）（磯川いずみ）「戦国史研究」戦国史研究会，吉川弘文館（発売）（67）2014.2

蔵書印で辿る武士の学問―幕末の京都を中心として（松田万智子）「資料館紀要」京都府立総合資料館　（42）2014.3

連載 京都守護職の苦悩 総督大河内正質の戦術ミスによる鳥羽伏見の敗北（鈴木荘一）「会津人群像」歴史春秋出版　（26）2014.4

中世京都の「開郭」の様相についての寸描―信長・秀吉の都市政策との関連を中心に（柳下晃一）「古城」静岡古城研究会　（58）2014.7

表紙「京都のいま」を記録する活動として（総合資料館だより）京都府立総合資料館，京都府立総合資料館友の会　（180）2014.7

文献課の窓から 時代を映す鏡―京都関係雑誌に見る水害記録（小篠景子）「総合資料館だより」京都府立総合資料館，京都府立総合資料館友の会　（180）2014.7

講演1 ハザードマップが警告する危ない地名（綱本逸雄）「都藝泥布 ： 京都地名研究会会報」［京都地名研究会事務局］（47）2014.7

連載 京都守護職の苦悩 会津救済としての奥羽列藩同盟（鈴木荘一）「会津人群像」歴史春秋出版　（27）2014.8

王政復古期の京都警固体制（研究ノート）（渡邊忠司）「鷹陵史学」鷹陵史学会　（40）2014.9

京都の古寺紀行（駒津武茂）「須高」須高郷土史研究会　（79）2014.10

連載 京都守護職の苦悩 母成峠陥つ（鈴木荘一）「会津人群像」歴史春秋出版　（28）2014.11

第38回地名フォーラム報告 発表1 八幡信仰と地名伝承（石田天祐）/発表2 丹波式内社による丹波猿楽の考察（櫻井雅子）/発表3 京都手誌行政史料の活用について（大野政男）「都藝泥布 ： 京都地名研究会会報」［京都地名研究会事務局］（48）2014.11

京都地名研究会 第39回地名フォーラム案内 2014年12月21日（日）講演 吉田会長退任記念講演 浦島太郎のふるさと/発表1 秋山郷 平家落人伝説と地名―その構造をさぐる（明川忠夫）、発表2 大路・小路から通りへ―公家の日記を探る（清水弘）「都藝泥布 ： 京都地名研究会会報」［京都地名研究会事務局］（48）2014.11

中世都市京都変容過程の研究―在京武士の居住・土地所有形態を手がかりに（例会報告）（松井直人）「比較都市史研究」比較都市史研究会　33（2）2014.12

京都駅

歴史資料課の窓から 初代京都駅を探る―写真資料等を手懸りとして（大塚活美）「総合資料館だより」京都府立総合資料館，京都府立総合資料館友の会　（164）2010.7

京都御苑

京都御所・御苑空間と近代日本の天皇制［上］，（中），（下）（伊藤之雄）「京都市政史編さん通信」京都市市政史編さん委員会　（27）/（29）2006.12/2007.8

第925回例会 京都御苑周辺の古美術と近代建築（矢ヶ崎善太郎）「史迹と美術」史迹美術同攷会　78（7）通号787　2008.8

京都御苑の変遷に見る上京区130年―京都市歴史資料館協賛（上京区130周年記念―上京区130周年記念特集）（伊東宗裕）「上京・史蹟と文化」上京区民ふれあい事業実行委員会　38　2010.2

京都御所

歴史資料課の窓から 江戸時代の「京都御所正月一般公開」―旗本の「（二条城米蔵）仮御役中日記」から（山田洋一）「総合資料館だより」京都府立総合資料館，京都府立総合資料館友の会　138　2004.1

京都御所・御苑空間と近代日本の天皇制［上］，（中），（下）（伊藤之雄）「京都市政史編さん通信」京都市市政史編さん委員会　（27）/（29）2006.12/2007.8

京都御所を訪ねて（佐々木善孝）「会津史談」会津史談会　（83）2009.4

京都御所ゆかりの至宝（「たより」124～159号寄稿文）（永田宏）「ひがし」東区郷土史研究会　（12）2012.1

京都御所「大禹戒酒防微図」の日本伝来の脈絡を垣間見る（論文）（王敏）「治水神・禹王研究会誌」治水神・禹王研究会　（1）2014.4

京都市

京の近代化と土木遺産（田中尚人）「会報」京都市文化観光資源保護財団　82　2001.11

1920年代における京都市の学区統一問題（白木正俊）「京都市歴史資料館紀要」京都市歴史資料館　（19）2003.3

京都市域における史跡石標建碑事業について 附・幕末の石碑を訪ねて（石田孝喜）「京都市歴史資料館紀要」京都市歴史資料館　（19）2003.3

現代京都の歴史・『京都市政』第5巻の発刊によせて（伊藤之雄）「京都市政史編さん通信」京都市市政史編さん委員会　（25）2006.4

『京都市政』第5巻の内容と特色（村上弘）「京都市政史編さん通信」京都市市政史編さん委員会　（25）2006.4

京都市歴史資料館テーマ展「戦後京都の記録」について（松中博）「京都市政史編さん通信」京都市市政史編さん委員会　（26）2006.7

1920～30年代の都市社会事業運営と市政―京都市児童院をめぐる「格差」と都市社会（杉本弘幸）「新しい歴史学のために」京都民科歴史部会　2006年度（1）通号264　2007.4

戦時下「京都市地方改善地区改良事業」から戦後「錦林地区改良住宅建設事業」へ（《特集 第14回全国部落研究交流会》―近現代史分科会報告）（前川修）「解放研究 ： 東日本部落解放研究所紀要」東日本部落解放研究所，解放出版社（発売）（22）2008.9

京都市における住宅地の地域的分化と人口・住宅の動向（堀地千加）「史泉 ： historical & geographical studies in Kansai University」関西大学史学・地理学会　（109）2009.1

戦後初期における京都市失業対策事業と失対労働者に関わる覚書（上）（杉本弘幸）「京都市政史編さん通信」京都市市政史編さん委員会　（33）2009.1

『京都市政史 第1巻 市政の形成』発刊に際して（伊藤之雄）「京都市政史編さん通信」京都市市政史編さん委員会　（34）2009.3

戦後初期における京都市失業対策事情と失対労働者に関する覚書（下）（杉本弘幸）「京都市政史編さん通信」京都市市政史編さん委員会　（34）2009.3

こんどの『京都市政史』は面白い（牧英正）「京都市政史編さん通信」京都市市政史編さん委員会　（36）2009.11

『京都市政史 第1巻 市政の形成』を拝読して（山本篤史）「京都市政史編さん通信」京都市市政史編さん委員会　（37）2010.3

京都市内の石造アーチ橋（上），（中），（下）（加藤繁生）「史迹と美術」史迹美術同攷会　80（4）通号804/80（6）通号806　2010.5/2010.07

児童公園・児童館・ちびっこひろば（上），（下）（森川正則）「京都市政史編さん通信」京都市市政史編さん委員会　（39）/（40）2010.11/2011.3

明治・大正期の京都市域における蔬菜生産の展開―菜園都市の形成（並松信久）「京都産業大学日本文化研究所紀要」京都産業大学日本文化研究所　（16）2011.3

戦前期京都市における都市下層の職業構成（1），（2）（高野昭彦）「研究紀要」京都女子大学宗教・文化研究所　（24）/（25）2011.3/2012.03

歴史資料課の窓から 京都市域の景観変化―「京都市明細図」を読み解く（大橋典子）「総合資料館だより」京都府立総合資料館，京都府立総合資料館友の会　（165）2011.4

都市社会事業の地域社会―1920年代後半～30年代の京都市の場合（松下孝昭）「神女大史学」神戸女子大学史学会　（28）2011.11

1920―30年代の失業救済事業の地域的展開と「登録労働者」―京都市失業救済事業を事例に（杉本弘幸）「年報近現代史研究」近現代史研究会　（4）2012.3

『京都市政史』刊行記念「戦後京都の軌跡」展によせて―史料『京都市建物疎開跡地処理計画』の紹介（川口朋子）「京都市政史編さん通信」京都市市政史編さん委員会　（43）2012.9

講演1 再建から成熟へ 京都市政の展開（京都市政史第2巻観光記念シンポジウム 現代京都への転換―国際文化観光都市から世界文化自由都市へ―第1部 基調講演）（大西裕）「京都市歴史資料館紀要」京都市歴史資料館　（24）2013.3

675

京都府　　　　　　　　　　　　　地名でたどる郷土の歴史　　　　　　　　　　　　近畿

講演2 市民との関係 京都市の対市民政策（京都市政史第2巻観光記念シンポジウム 現代京都への転換―国際文化観光都市から世界文化自由都市へ―第1部 基調講演）（佐藤満）「京都市歴史資料館紀要」 京都市歴史資料館 （24） 2013.3

現代京都への転換―国際文化観光都市から世界文化自由都市へ（京都市政史第2巻観光記念シンポジウム 現代京都への転換―国際文化観光都市から世界文化自由都市へ―第2部 パネルディスカッション）（大西裕, 佐藤満, 秋月謙吾［コーディネーター］）「京都市歴史資料館紀要」 京都市歴史資料館 （24） 2013.3

京都市長川上親晴の選出過程についての一史料―上野捨次郎宛大浦兼武書簡（鈴木栄樹）「京都市政史編さん通信」 京都市市政史編さん委員会 （47） 2013.12

京都地名研究会 第38回地名フォーラム案内 発表1 八幡信仰と地名伝承（石田天祐）/発表2 丹波・丹後における式内社の地理的条件と地名（櫻井雅子）/発表3 京都市行政史料の活用について（大野政男）都藝泥布 : 京都地名研究会会報」［京都地名研究会事務局］ （47） 2014.7

京都大学

大学史研究―京大（沢柳）事件再考―帝国大学から大学へ（小路田泰直）「日本史の方法」 奈良女子大学「日本史の方法」研究会 （3） 2006.1

京都大学博物館

京都大学博物館と清風荘（東暉）「史迹と美術」 史迹美術同攷会 76（7）通号767 2006.8

京都東町奉行所

京都町奉行所関係資料集（1） 京都東町奉行所御番方与力覚帳（歴史資料課）「資料館紀要」 京都府立総合資料館 （37） 2009.3

京都府

京都府域関係古文書所在情報の一整理 近世領主並びに近世村町別閲覧可能関連文書一覧―京都府域（洛中洛外町続等）（歴史資料課）「資料館紀要」 京都府立総合資料館 （31） 2003.3

国指定・登録文化財 平成14年～平成16年, 平成20年～平成22年, 平成24年・京都府内分「文化財レポート」 京都文化財団 11/22 2003.4/2009.3

文献課の窓から 所蔵資料紹介 京都府内の住宅地図「総合資料館だより」 京都府立総合資料館, 京都府立総合資料館友の会 136 2003.7

新指定・登録文化財 京都府・第21～23,26～29回「文化財レポート」 京都文化財団 12/26 2004.1/2013.3

京都ゆかりの貴重な「映画フィルム資料」を後世に伝える―京都府フィルムライブラリー事業（井上文夫）「文化財レポート」 京都文化財団 （14） 2004.4

文献課の窓から 京都府の歩みを数字でたどるには―京都府統計書の移り変わり「総合資料館だより」 京都府立総合資料館, 京都府立総合資料館友の会 140 2004.7

京都府自由民権運動研究の新段階―国会開設運動の始まりをめぐって（飯塚一幸）「新しい歴史学のために」 京都民科歴史部会 2004年度（1）通号256 2005.1

京滋路を旅して（大西實）「郷土の文化」 観音寺市郷土文化大学 1 2007.3

京都府戸籍簿の維持利用とその歴史地理学的研究―『函谷鉾町戸籍簿』にみる居住と移動（本多健一, 村上富美, 河原典史）「歴史地理学」 歴史地理学会, 古今書院（発売）49（3）通号234 2007.6

総合資料館企画展 地域をむすぶ―京都府の交通史―「総合資料館だより」 京都府立総合資料館, 京都府立総合資料館友の会 （154） 2008.1

公開資料紹介 京都府地籍関連資料（歴史資料課行政文書担当）「総合資料館だより」 京都府立総合資料館, 京都府立総合資料館友の会 （155） 2008.4

京都府北部の新生代後期火山活動史・火山灰降灰史（小滝篤夫）「両丹地方史」 両丹地方史研究者協議会 （77） 2008.4

歴史資料課の窓から 行政文書に見る京都 京都府と山羊、犬にライオンと象（山本みゆき）「総合資料館だより」 京都府立総合資料館, 京都府立総合資料館友の会 （157） 2008.10

地域史からみた自由民権運動―滋賀県・京都府の場合（《特集 シンポジウム 民権運動再考II「地域から描く自由民権」》）（高久嶺之介）「自由民権 : 町田市立自由民権資料館紀要」 町田市教育委員会 通号22 2009.3

明治維新後の京都府遊所政策と踊―島原の新出資料紹介（中川清生）「角屋研究 : 調査研究報告書」 角屋保存会角屋饗宴・もてなしの文化研究所 （13） 2009.3

触にみる近世「徳川領国」内丹波国の構造―京都府域関係古文書のアレンジメントの前提として（5）（総合資料館・府立学共同研究事業―総合資料館・府立学共同研究（近世部門）論文集―徳川日本と京都町奉行支配国の諸相―）（山田洋一）「資料館紀要」 京都府立総合資料館 （38） 2010.3

第四回内国勧業博覧会 第四回内国京都府勧業博覧会図「総合資料館だより」 京都府立総合資料館, 京都府立総合資料館友の会 （170） 2012.1

行政文書（新しく公開する資料）京都府庁文書昭和25年度～昭和37年度完結有期限文書 338点「総合資料館だより」 京都府立総合資料館, 京都府立総合資料館友の会 （170） 2012.1

兵庫県・京都府・岡山県・福島県のとうほし田・たいとう田（菅野郁雄）「赤米ニュース」 東京赤米研究会 （189） 2012.12

歴史資料課の窓から 京都府庁文書にみる濃尾地震―英照皇太后の在京記録など（大塚活美）「総合資料館だより」 京都府立総合資料館, 京都府立総合資料館友の会 （175） 2013.4

京都府北部訪問（神内幹子）「讃岐のやまなみ」 香川県歴史研究会 （6）2013.4

明治初期の京都府政―「槇村府政」の再検討（第54回日本史関係卒業論文発表会要旨）（水野初音）「地方史研究」 地方史研究協議会 63（3）通号363 2013.6

京都府蔵『常永入道記 写本』の紹介と翻刻（資料紹介）（西山剛）「朱雀 : 京都文化博物館研究紀要」 京都府京都文化博物館 26 2014.3

京都盆地

京都盆地の歌枕―三代集・枕草子の歌枕を中心に（忠住佳織）「地名探究」 京都地名研究会 （2） 2004.3

東アジアのなかの京都盆地―古代を中心として（《国際シンポジウム 世界のなかの京都》）（上田正昭）「京都産業大学日本文化研究所紀要」 京都産業大学日本文化研究所 （12・13） 2008.3

桓武天皇が見た平安京前夜の京都盆地（久世康博）「史迹と美術」 史迹美術同攷会 82（4）通号824 2012.4

京都盆地の災害地名（論文）（網本逸雄）「地名探究」 京都地名研究会 （12） 2014.4

京都町奉行所

総合資料館・府立学共同研究事業 京都町奉行所関係資料集（5） 「仲ヶ間月番帳抜書」（歴史資料課）「資料館紀要」 京都府立総合資料館 （41） 2013.3

清水寺

京都清水寺のアテルイ碑を訪ねて（越後谷幹雄）「湯田史談」 湯田史談会 （21） 2003.3

研究ノート 清水寺（新清水）の今昔（上）,（下）（岡倉光男）「大阪春秋」 新風書房 34（2）通号123/34（3）通号124 2006.7/2006.10

錦林

戦時下「京都市地方改善地区改良事業」から戦後「錦林地区改良住宅建設事業」へ（《特集 第14回全国部落史研究交流会》―近現代史分科会報告）（前川修）「解放研究 : 東日本部落解放研究所紀要」 東日本部落解放研究所, 解放書店（発売）（22） 2008.9

草内

昭和の思い出 普賢寺/三山木/草内/田辺/大住「筒城」 京田辺市郷土史会 （50） 2005.3

草内の古老に聞いたこと（古川章）「筒城」 京田辺市郷土史会 （52）2007.4

口丹波

丹波（口丹波）の農耕文化の考察（中西俊一）「丹波」 丹波史談会 （11）2009.10

口丹波の合戦と城郭（第一回）（研究ノート）（若江茂）「丹波」 丹波史談会 （16） 2014.10

恭仁京

棚倉の地名とその広がりについて―恭仁京造営に関連して（中島正）「地名探究」 京都地名研究会 （5） 2007.3

泉津と恭仁京（森下惠介）「近畿文化」 近畿文化会事務局 （751） 2012.6

恭仁京の造営・遷都と恭仁京讃歌（藤原仲麻呂 特集（3））（尾崎富義）「史聚」 史聚会, 岩田書院（発売）（47） 2014.3

恭仁宮

恭仁宮―もうひとつの天平の都（奈良康正）「文化財レポート」 京都文化財団 13 2004.3

熊野街道

「熊野街道」ぶらり散策住吉東から遠里小野まで（三村正臣）「大阪春秋」 新風書房 31（1）通号110 2003.3

熊野古道

熊野古道の旅（7） 大雲取越え・小雲取越えコース（佐野順三）「泉佐野の歴史と今を知る会会報」 泉佐野の歴史と今を知る会 158 2001.4

久美庄

地名から見る中世久美庄の様相（橋本勝行）「地名探究」 京都地名研究会 （5） 2007.3

久美浜湾

府指定文化財の紹介（表紙解説）京丹後市久美浜湾沿岸の商家建築群と街並み景観「文化財レポート」 京都文化財団 （26） 2013.3

雲原

雲原砂防 国の登録記念物指定答申について（嵐光澂）「史談福智山」 福知山史談会　（651）2006.6

九門

京都府の「九門内」改良事業─東京「遷都」後の都市振興策の展開と桓武天皇の浮上（吉岡拓）「明治維新史研究」 明治維新史学会　（5）2009.2

鞍馬山

鞍馬山の旧跡「畚下し」（綱本逸雄）「全国地名保存連盟会報」 全国地名保存連盟　54　2003.12

栗隈

地名随想 古代地名「栗隈」（斎藤幸雄）「都藝泥布 ： 京都地名研究会会報」 「京都地名研究会事務局」　12　2005.4

「栗隈」をめぐる歴史と地名（斎藤幸雄）「地名探究」 京都地名研究会　（6）2008.3

栗田口

栗田焼の宝山銘（上）〜（下）（村上泰昭）「史迹と美術」 史迹美術同攷会　74（3）通号743/74（4）通号744　2004.3/2004.5

黒谷

赤彦ノート（24）万葉集と京都黒谷（神戸利郎）「オール諏訪 ： 郷土の総合文化誌」 諏訪郷土文化研究会　24（12）通号246　2005.3

黒部

「黒部」地名の一考察（論文）（高口定雄）「地名探究」 京都地名研究会　（12）2014.4

桑田

古記録にみる桑田・船井の弓射 主に園部藩の状況（山村安郎）「丹波」 丹波史談会　（10）2008.10

蹴上

地名随想 蹴上（けあげ）と血洗町（山嵜泰正）「都藝泥布 ： 京都地名研究会会報」 「京都地名研究会事務局」　9　2004.7

京奈和自動車道

平城宮跡と京奈和自動車道の建設（〈個人報告〉）（岩宮隆司）「ヒストリア ： journal of Osaka Historical Association」 大阪歴史学会　（178）2002.1

京阪運河

近代京都における地域開発構想と地方財界─伏見港修築と京阪運河計画をめぐって（秋元せき）「京都市歴史資料館紀要」 京都市歴史資料館　通号23　2011.3

京北

京北の歴史伝説に由来する地名（山村安郎）「丹波」 丹波史談会　（9）2007.10

京北町

史料ニュース 旧京北町域の調査について（1）「京都市政史編さん通信」 京都市市政史編さん委員会　（27）2006.12

編纂だより/史料ニュース、旧京北町域の調査について（2）/京わらべ「京都市政史編さん通信」 京都市市政史編さん委員会　（28）2007.4

口絵写真解説 京都市右京区京北（旧京北町）の石造美術（品角阿止美）「史迹と美術」 史迹美術同攷会　82（6）通号826　2012.6

検非違使庁

大路小路 上京の史蹟（28）葭屋町通 葭屋町通/晴明神社/福大明神社/検非違使庁址（出雲路敬直）「上京・史蹟と文化」 上京区民ふれあい事業実行委員会　46　2014.2

顕乗山

後藤一族の知行地・顕乗山（左京区）（綱本逸雄）「地名探究」 京都地名研究会　（6）2008.3

小泉川

小泉川の歴史的景観と第二外環（岡本晶）「乙訓文化」 乙訓の文化遺産を守る会　（66）2005.3

光悦村

光悦村散策（足立捷一郎）「備陽史探訪」 備陽史探訪の会　120　2004.10

荒神橋

大路小路 上京の史蹟（25）荒神口通 法成寺址/荒神橋/白川街道（出雲路敬直）「上京・史蹟と文化」 上京区民ふれあい事業実行委員会　43　2012.8

興戸

『ふるさと史跡探訪マップ』興戸周辺 "歴史散歩コース"（京田辺市郷土史会出版部会）「筒城」 京田辺市郷土史会　（51）2006.3

広隆寺

山背の古道を地名から探る─広隆寺を通過する「斜めの道」の存在（片

平博文）「地名探究」 京都地名研究会　（8）2010.3

久我国

乙訓（弟国）と久我国（中村修）「古代史の海」 「古代史の海」の会　（50）2007.12

北陸道と久我国─ウミとクヌガ（渡里恒信）「古代史の研究」 関西大学古代史研究会　（16）2010.10

小雲取越え

熊野古道の旅（7）大雲取越え・小雲取越えコース（佐野順三）「泉佐野の歴史と今を知る会会報」 泉佐野の歴史と今を知る会　158　2001.4

五条坂

運営委員リレー連載 五条坂を歩く─考古学と戦争と伝統工芸（木立雅朗）「立命館大学国際平和ミュージアムだより」 立命館大学国際平和ミュージアム　16（1）通号44　2008.8

五島池

城陽市五島池と人々の暮らし 天井川に挟まれた青谷地区の古老に聞く（梅原恭仁子）「やましろ」 城南郷土史研究会　（23）2009.10

五番町

俗曲考─花街五番町の元芸妓よりの聞き取り（森雅樹）「朱雀 ： 京都文化博物館研究紀要」 京都府京都文化博物館　19　2007.3

胡麻高原

胡麻高原の谷中分水界と大堰川流域（〈特集 丹波の水系河川とその歴史文化〉）（河原信之）「丹波」 丹波史談会　（8）2006.10

丹波の上桂川と由良川各水系─源流付近の植生と胡麻高原（〈特集 丹波の水系河川とその歴史文化〉）（奥村覚）「丹波」 丹波史談会　（8）2006.10

胡麻高原探訪（1），（2）（秋里悠兒）「丹波」 丹波史談会　（9）/（10）2007.10/2008.10

続 丹波の水系河川とその歴史文化 胡麻高原の分水界と大堰川流域（河原信之）「丹波」 丹波史談会　（9）2007.10

狛田駅

奈良電狛田駅での機銃掃射事件と祝園部隊からの救援出動（1），（2）（柴田保彦）「やましろ」 城南郷土史研究会　（23）/（24）2009.10/2010.10

高麗村

南山城水害誌（高麗村にみる記録）（特集 南山城水害・台風十三号災害60年）（大西康允）「やましろ」 城南郷土史研究会　（27）2013.12

南山城水害誌（高麗村にみる記録）（2）（特集 続 南山城水害・台風十三号災害60年）（大西康允）「やましろ」 城南郷土史研究会　（28）2014.12

狛野南庄

狛野南庄域の五ケ村入り組み問題をめぐって─天正19年「上山城上狛村指出帳」の書誌情報を中心に（吉田英治郎）「やましろ」 城南郷土史研究会　（25）2011.12

小麦山

小麦山山頂の石碑群と歴史認識（内藤久夫）「丹波」 丹波史談会　6　2004.12

衣手の森

第35回地名フォーラム案内 西郷菊次郎と京都市の改造─三大事業計画をめぐって（山本泰正）/歌枕「衣手の森」考（梅谷繁樹）/「贄野の池」を考える（斎藤幸雄）「都藝泥布 ： 京都地名研究会会報」 「京都地名研究会事務局」　（42）2012.12

第35回京都地名フォーラム報告 発表1 西郷菊次郎と京都市の改造─三大事業計画をめぐって（山嵜泰正）/発表2 歌枕「衣手の森」考（梅谷繁樹）/発表3 贄野の池を考える─所在地をめぐって（斎藤幸雄）「都藝泥布 ： 京都地名研究会会報」 「京都地名研究会事務局」　（43）2013.3

歌枕「衣手の森」─山城国を中心に推測する（論文）（梅谷繁樹）「地名探究」 京都地名研究会　（12）2014.4

金戒光明寺

くろ谷 金戒光明寺について─会津と京都のかかわり（橋本周現）「文化財レポート」 京都文化財団　（26）2013.3

西国街道

西国街道展「ひがしひろしま郷土史研究会ニュース」 東広島郷土史研究会　327　2001.11

西国街道行程記（1），（2）（奥本馨）「みちしるべ ： 尼崎郷土史研究会々誌」 尼崎郷土史研究会　30/（31）2002.3/2003.3

西国街道・岩屋から三宮まで─9月例会より（道谷卓）「神戸史談」 神戸史談会　291　2003.1

西国街道の訪ね歩記 古江から井口へ（鷹取誠、鷹取千穂）「郷土史紀行」 ヒューマン・レクチャー・クラブ　21　2003.2

西国街道訪ね歩記 大野から玖波まで（鷹取誠、鷹取千穂）「郷土史紀行」 ヒューマン・レクチャー・クラブ　23　2003.6

東広島の西国街道（菅野晃行）「広島県文化財ニュース」 広島県文化財協

会 185 2005.5

西国街道の今昔(1)～(7)(吉田泰義)「ひがしひろしま郷土史研究会ニュース」 東広島郷土史研究会 (413)/(420) 2009.1/2009.08

高橋川流域の歴史をたずねて—10月例会 史蹟探訪—西国街道こぼれ道から(望月浩)「神戸史談」 神戸史談会 (307) 2011.1

山陽道・西国街道とその景観(シンポジウム報告)(八田茂樹)「交通史研究」 交通史学会, 吉川弘文館(発売) (74) 2011.4

高槻の西国街道歴史漫歩(特集 北摂・高槻)(下村治男)「大阪春秋」 新風書房 39(2)通号143 2011.7

西国街道の一里塚—尾道～三原間の一里塚を巡る(歴史トピックス)「月刊歴史ジャーナル」 NPO法人尾道文化財研究所 (100) 2012.4

矢掛町 西国街道(旧山陽道)と矢掛宿の町並み(流域ニュース2012)(西野望)「高梁川」 高梁川流域連盟 (70) 2012.12

西国街道まち歩き(1) 明石から神戸長田まで(須貝隆弘)「家系研究」 家系研究協議会 (58) 2014.10

嵯峨御所

続・新発見！片貝 御用鑑札の謎を追っかけて 新たな嵯峨御所・御用鑑札と逢し文発見への道程(小野坂庄一)「小千谷文化」 小千谷市総合文化協会『小千谷文化』編集委員会 (184) 2006.7

相楽

相楽(さがなか)の地名(発表論文)(河原勝彦)「地名探究」 京都地名研究会 (4) 2006.3

相楽木綿とその絣文様—色糸縞絣木綿の研究(山本菜穂)「やましろ」 城南郷土史研究会 (24) 2010.10

第33回「地名フォーラム」in 京都・山城報告 講演 相楽の歴史と地名を学んで(中津川敬朗)/発表1 巨椋池周辺の指月地名(岩田貢)/発表2 京都の「朱雀」地名について(清水弘)「都藝泥布 ： 京都地名研究会会報」 [京都地名研究会事務局] (40) 2012.3

佐賀庄

椿井文書「山代国喜智郡筒城郷朱智庄佐賀庄両惣図の検討」(村上泰昭)「筒城」 京田辺市郷土史会 (55) 2010.3

鷺坂

講演2「万葉集」「鷺坂」の歌(真下厚)「都藝泥布 ： 京都地名研究会会報」 [京都地名研究会事務局] (47) 2014.7

笹屋町通

大路小路 上京の史蹟(17) 武者小路通、元誓願寺通、笹屋町通(出雲路敬直)「上京・史蹟と文化」 上京区区民ふれあい事業実行委員会 35 2008.8

沢田川

催馬楽に歌われた恭仁京の「沢田川」を探る(岩口勝彦)「やましろ」 城南郷土史研究会 (25) 2011.12

山陰道

古代但馬国朝来郡衙跡と古代山陰道—通過地の地名についての歴史地理的考察(上),(下)(足立裕, 生田隆)「歴史と神戸」 神戸史学会 41(1)通号230/41(4)通号233 2002.2/2002.8

朝来郡郡衙の比定と古代山陰道の通過ルート(中)(足立裕, 生田隆)「歴史と神戸」 神戸史学会 41(3)通号232 2002.6

古代但馬国朝来郡の山陰道と朝来郡衙について—歴史地理的考察(生田隆, 足立裕)「但馬史研究」 但馬史研究会 26 2003.3

ふる里の道・山陰道(武内誠)「郷土史紀行」 ヒューマン・レクチャー・クラブ (38) 2006.3

ふる里の道 山陰道 伯耆国分寺から相見駅家跡(武内誠)「郷土史紀行」 ヒューマン・レクチャー・クラブ (40) 2006.9

街道往来 山陰道(3) 出雲国野城駅から多威駅へ(武内誠)「郷土史紀行」 ヒューマン・レクチャー・クラブ (44) 2007.1

故郷の街道 山陰道・波祢駅から伊甘駅まで(武内誠)「郷土史紀行」 ヒューマン・レクチャー・クラブ (45) 2007.9

L.ハーンが提供した山陰道と隠岐の英文旅行ガイド(岡崎秀紀)「隠岐の文化財」 隠岐の島町教育委員会 (27) 2010.3

古代山陰道に思う(2),(3)(塩見与一郎)「史談福知山」 福知山史談会 (745)/(746) 2014.4/2014.05

讃州寺町

地名随想 鷹峰・讃州寺と讃州寺町(上京区)(綱本逸雄)「都藝泥布 ： 京都地名研究会会報」 [京都地名研究会事務局] (24) 2008.4

三年坂

三年坂(産寧坂)考—伝承と地名(糸井通浩)「地名探究」 京都地名研究会 (11) 2013.4

山陽道

古代山陽道の探索(井東茂夫)「ひがしひろしま郷土史研究会ニュース」 東広島郷土史研究会 318 2001.2

古代山陽道を歩いて正戸山まで(井上新一)「文化財ふくやま」 福山市文

化財協会 38 2003.5

御許神社と古代山陽道(1),(2)「わが町三原」 みはら歴史と観光の会 147/149 2003.6/2003.8

親子歴史教室 山陽道・萩往還おもしろ歴史ばなし—かわら版づくりに挑戦してみよう(金山政秋, 渋谷勝美)「佐波の里 ： 防府史談会会誌」 防府史談会 (32) 2004.3

古代但馬国養父郡・出石郡の山陰道に関する考察(生田隆, 足立裕)「但馬史研究」 但馬史研究会 27 2004.3

旧山陽道を歩く「備陽史探訪」 備陽史探訪の会 118 2004.6

ビデオ ふるさと紀行—旧山陽道」制作記(武村充大)「史談いばら」 井原史談会 29 2005.4

石見の古代山陰道—浜田市東部地区(神英雄)「郷土石見 ： 石見郷土研究懇話会機関誌」 石見郷土研究懇話会 (70) 2005.12

『播磨国風土記』の古代山陽道と明石駅家考(田井恭一)「東播磨 地域史論集」 東播磨地域史懇話会 (12) 2006.3

検証 三原の旧山陽道 拡張された街道の歴史と現状(中川嘉明)「郷土史紀行」 ヒューマン・レクチャー・クラブ (41) 2006.11

検証 三原の旧山陽道 拡張された街道の歴史と現状(中川嘉明)「郷土史紀行」 ヒューマン・レクチャー・クラブ (42) 2007.1

旧山陽道を歩く・尾道篇(野母寿子)「備陽史探訪」 備陽史探訪の会 (135) 2007.4

いまも山陽道は生きている—瀬野川流域「往還」の変遷(正藤英夫)「瀬野川流域郷土史懇話会会報」 瀬野川流域郷土史懇話会 (6) 2007.8

旧山陽道を歩く—神辺から高屋まで(種本実)「備陽史探訪」 備陽史探訪の会 (148) 2009.6

誌上紹介 街道てくてく旅。山陽道」((松本))「瀬野川流域郷土史懇話会会報」 瀬野川流域郷土史懇話会 (10) 2009.8

参勤交代と山陽道の宿駅(シンポジウム報告)(山本博文)「交通史研究」 交通史学会, 吉川弘文館(発売) (74) 2011.4

山陽道・西国街道とその景観(シンポジウム報告)(八田茂樹)「交通史研究」 交通史学会, 吉川弘文館(発売) (74) 2011.4

東海道宿駅の本陣—山陽道と比較して(シンポジウム報告)(和田実)「交通史研究」 交通史学会, 吉川弘文館(発売) (74) 2011.4

史料紹介「山陽道芸備両州之内広島領十六郡ノ古城并寺社ノ因而共在顕書上事 三豁郡之内抜萃」(新相隆太郎)「みよし地方史」 三次市地方史研究会 (86) 2011.12

古代山陽道研究事情(島田拓)「ひょうご歴史文化フォーラム会報」 ひょうご歴史文化フォーラム (18) 2012.12

宇喜多直家・秀家親子の業績・「岡山城下町」へ山陽道の迂回と町人の誘致(谷淵陽一)「宇喜多家史談会会報」 宇喜多家史談会 (47) 2013.7

志楽谷

若丹国境における志楽谷合戦の検証(高橋成計)「丹波」 丹波史談会 (8) 2006.10

志賀山越え

湖國藝術紀行(11) 甲子吟行「大津へ出る道」異聞 白川・志賀山越えの道(江南和幸)「湖国と文化」 滋賀県文化振興事業団 36(3)通号140 2012.7

時雨殿

時雨殿 嵐山にある百人一首の殿堂・時雨殿 入門講座やかるた会で普及目指す(特集 あきの田の…百人一首と滋賀)「湖国と文化」 滋賀県文化振興事業団 36(4)通号141 2012.10

鹿ヶ谷

解説「殿下乗合」と「鹿ヶ谷」事件は『平家物語』の捏造(創作)か(高坪宗男)「史学義仲」 木曽義仲史学会 (13) 2012.3

四条大橋

近代における鴨川の景観についての一考察—四条大橋と車道橋を中心に(白木正俊)「新しい歴史学のために」 京都民科歴史部会 2004年度(2)通号257 2005.6

四条河原

中世「四条河原」考—描かれた「四てうのあおや」をめぐって(下坂守)「奈良史学」 奈良大学史学会 (27) 2010.1

「四条河原夕涼」「総合資料館だより」 京都府立総合資料館, 京都府立総合資料館友の会 (172) 2012.7

紫宸殿

ふるさと歴史ロマン講座「九州王朝」の終焉と「日本国」の成立—越智国にあった「紫宸殿」地名が語るもの(合田洋一)「松前史談」 松前町松前史談会 (29) 2013.3

指月

第33回「地名フォーラム」in 京都・山城報告 講演 相楽の歴史と地名を学んで(中津川敬朗)/発表1 巨椋池周辺の指月地名(岩田貢)/発表2 京都の「朱雀」地名について(清水弘)「都藝泥布 ： 京都地名研究会会報」 [京都地名研究会事務局] (40) 2012.3

指月城

伏見・指月城の調査(山本雅和)「中世城郭研究」 中世城郭研究会 (25) 2011.7

詩仙堂

第950回例会 野仏庵や詩仙堂を中心に、京都洛北の庭を巡る(加藤友規)「史迹と美術」 史迹美術同攷会 80(9)通号809 2010.11

七瀬川

七瀬川(普賢寺川)のこと(水山春男)「筒城」 京田辺市郷土史会 (51) 2006.3

実相院町

地名随想1 寺の名の付いた町名(3) 「実相院町」(清水弘)「都藝泥布 : 京都地名研究会会報」 [京都地名研究会事務局] (42) 2012.12

島原

島原 太夫の衣裳 私考(切畑健)「角屋研究 : 調査研究報告書」 角屋保存会角屋饗宴・もてなしの文化研究所 (20) 2011.3

昭和の島原、太夫道中のひととき─高浜虚子「島原の太夫の道中」記事紹介(青木亮人)「角屋研究 : 調査研究報告書」 角屋保存会角屋饗宴・もてなしの文化研究所 (21) 2012.5

島原傾城町

慶応四年 新出資料紹介─新政府宛の島原傾城町口上書から見える京の遊所政策(中川清生)「角屋研究 : 調査研究報告書」 角屋保存会角屋饗宴・もてなしの文化研究所 (21) 2012.5

下鴨

上賀茂から下鴨へ(田中嗣人)「近畿文化」 近畿文化会事務局 (712) 2009.3

下妙覚寺町

地名随想 寺の名の付いた町名(8) 上・下妙覚寺町(清水弘)「都藝泥布 : 京都地名研究会会報」 [京都地名研究会事務局] (47) 2014.7

蛇端藪

「明智藪」の名称は近年の新造語で「蛇端藪」が正式名である(塩見昭吾)「史談福知山」 福知山史談会 (741) 2013.12

修学院離宮

仙洞御所・桂離宮・修学院離宮(「たより」124〜159号寄稿文)(西野鏡子)「ひがし」 東区郷土史研究会 (12) 2012.1

修徳学区

第19回地名フォーラム報告(京のキリシタン史跡・地名 山嵜泰正氏/考古学と地名 永田信一氏/修徳学区の歴史地名 小西宏之氏)「都藝泥布 : 京都地名研究会会報」 [京都地名研究会事務局] (22) 2007.11

朱智社

竹取物語ゆかりの筒木について 朱智社の飛天と筒木の絹織物─多々羅は、日本初の養蚕飼育所(小泉芳孝)「筒城」 京田辺市郷土史会 (53) 2008.3

朱智庄

椿井文書「山代国綴喜郡筒城郷朱智庄佐賀庄両惣図の検討」(村上泰昭)「筒城」 京田辺市郷土史会 (55) 2010.3

聚楽第

天正十九年の聚楽第御前演奏(山本敬久)「房総史学」 国書刊行会 (44) 2004.3

城郭絵画の縄張り図化の試み─豊臣期大坂城・順天倭城・聚楽第(高田徹)「戦乱の空間」 戦乱の空間編集会 (9) 2010.7

「聚楽第」趾の町名(山嵜泰正)「地名探究」 京都地名研究会 (10) 2012.4

聚楽第の石垣(1)、(2)(加藤繁生)「史迹と美術」 史迹美術同攷会 83(7)通号837/83(10)通号840 2013.8/2013.12

城南洛水

青春キップの旅報告 城南洛水・王朝文化の残照をみる(例会報告)(藤井好玄)「備陽史探訪」 備陽史探訪の会 (160) 2011.6

城陽

城陽の地名を考える(福富城介)「地名探究」 京都地名研究会 (9) 2011.4

城陽市

城陽市の「京ことば」(高橋純子)「やましろ」 城南郷土史研究会 (21) 2006.12

樟葉台

樟葉台見学の感想(井汲菫)「乙訓文化」 乙訓の文化遺産を守る会 (81) 2013.9

勝竜寺城

戦国時代の西岡と勝龍寺城(仁木宏)「乙訓文化」 乙訓の文化遺産を守る会 60 2003.1

白川街道

大路小路 上京の史蹟(25) 荒神口通 法成寺址/荒神橋/白川街道(出雲路敬直)「上京・史蹟と文化」 上京区民ふれあい事業実行委員会 43 2012.8

志楽庄

中世に生まれた地名─西大寺領丹後国志楽庄の中で(高橋聡子)「地名探究」 京都地名研究会 (7) 2009.3

白谷村

「船井郡白谷村」は八木町池ノ内である(上野栄二)「丹波」 丹波史談会 (10) 2008.10

白土山

白土山(山下隆男)「筒城」 京田辺市郷土史会 (52) 2007.4

新京極

新京極設立概説(伊ヶ崎鷹彦)「花園史学」 花園大学史学会 (34) 2013.11

神童子村

道中風景絵巻III 松井家関西の知行地 神童子村、尾の井村を訪ねる(柏山忠)「夜豆志呂 : 郷土史」 八代史談会 (174) 2014.2

真如堂町

地名随想 寺の名の付いた町名(7) 真如堂町(清水弘)「都藝泥布 : 京都地名研究会会報」 [京都地名研究会事務局] (46) 2014.3

新町通

大路小路 上京の史蹟(20) 新町通(出雲路敬直)「上京・史蹟と文化」 上京区民ふれあい事業実行委員会 38 2010.2

朱雀

第33回「地名フォーラム」in 京都・山城報告 講演 相楽の歴史と地名を学んで(中津川敬朗)/発表1 巨椋池周辺の指月地名(岩田貢)/発表2 京都の「朱雀」地名について(清水弘)「都藝泥布 : 京都地名研究会会報」 [京都地名研究会事務局] (40) 2012.3

「朱雀」地名について(清水弘)「地名探究」 京都地名研究会 (11) 2013.4

須智城

丹州舟井郡須智城之代書並城中揃之覚(上野栄二)「丹波」 丹波史談会 (11) 2009.10

清風荘

京都大学博物館と清風荘(東暉)「史迹と美術」 史迹美術同攷会 76(7)通号767 2006.8

晴明神社

大路小路 上京の史蹟(28) 葭屋町通 葭屋町通/晴明神社/福大明神社/検非違使庁址(出雲路敬直)「上京・史蹟と文化」 上京区民ふれあい事業実行委員会 46 2014.2

瀬川家住宅

上京の町家 瀬川家住宅「上京・史蹟と文化」 上京区民ふれあい事業実行委員会 31 2006.8

仙洞御所

仙洞御所の記(乾常美)「南国史談」 南国史談会 (26) 2003.4

仙洞御所・桂離宮・修学院離宮(「たより」124〜159号寄稿文)(西野鏡子)「ひがし」 東区郷土史研究会 (12) 2012.1

千本

楽只(千本)地区コミュニティ活性化の取り組みと課題(熊谷亨)「京都地域研究」 京都地域研究会 17 2003.3

相楽郡

日露戦争と「学校林」─京都府相楽郡に於ける戦時記念事業をめぐって(橘尚彦)「やましろ」 城南郷土史研究会 (21) 2006.12

南山城水害 相楽郡連合青年団の救援活動(特集 続 南山城水害・台風十三号災害60年)(永嶋和男)「やましろ」 城南郷土史研究会 (28) 2014.12

相楽地域災害救助活動の記録─資料紹介 京都府相楽地方事務所・相楽郡町村会〔編〕「災害写真」「序」(特集 続 南山城水害・台風十三号災害60年)「やましろ」 城南郷土史研究会 (28) 2014.12

袖志

丹後袖志冬物語─海の紙漉き「岩ノリ漉き」(井之本泰)「東北学.〔第2期〕」 東北芸術工科大学東北文化研究センター. 柏書房(発売) (5) 2005.10

園部川

近世の園部川水運(犬持雅哉)「帝塚山大学大学院人文科学研究科紀要」 帝塚山大学大学院人文科学研究科 (8) 2006.3

園部川の水運─近世期を中心に(特集 大堰川を中心として水運)(犬持雅哉)「丹波」 丹波史談会 (12) 2010.10

園部公園

復刻 園部公園附船井案内(奥村寛)「丹波」 丹波史談会 (9) 2007.10

復刻 園部公園附船井案内(2)(奥村覚)「丹波」 丹波史談会 (10) 2008.10

園部藩

園部藩の家臣団(吉田清)「丹波」 丹波史談会 5 2003.11

園部藩の幕末維新(河原信之)「丹波」 丹波史談会 6 2004.12

古記録にみる桑田・船井の弓射 主に園部藩の状況(山村安郎)「丹波」 丹波史談会 (10) 2008.10

杣山

伊賀国地名研究会一周年記念 谷川健一先生の講演 木津川と杣山「全国地名研究交流誌 地名談話室」 日本地名研究所 (24) 2009.8

醍醐

醍醐と宇治(遺稿)(吉原道正)「福山市立福山城博物館友の会だより」 福山市立福山城博物館友の会 (41) 2011.6

醍醐町

京都醍醐町八木家文書・伏見大坂町文書(史料紹介)(母利美和, 藤田彩, 金森智子)「史窓」 京都女子大学史学会 (68) 2011.2

間人

地名「間人」について―「はし」という語を中心に(糸井通浩)「地名探究」 京都地名研究会 (1) 2003.3

間人(タイザ)考(三浦到)「地名探究」 京都地名研究会 (9) 2011.4

泰山製陶所

旧県庁舎と泰山製陶所(内木裕)「文書館だより」 栃木県立文書館 (40) 2006.8

大門

平成17年度春の例会 大門を歩く(概要報告)(塩見昭吾)「史談福智山」 福知山史談会 637 2005.4

鷹峰

地名随想 鷹峰・讃州寺と讃州寺町(上京区)(綱本逸雄)「都藝泥布 : 京都地名研究会会報」 [京都地名研究会事務局] (24) 2008.4

高島

高島の継体天皇伝承地をあるく(大原治三, 大原亘)「乙訓文化」 乙訓の文化遺産を守る会 (78) 2012.5

高瀬川

表紙 平成26年度企画展「高瀬川と京都の水運」「総合資料館だより」 京都府立総合資料館, 京都府立総合資料館友の会 (181) 2014.10

平成26年度企画展 高瀬川開削400年記念～高瀬川と京都の水運～ 平成26年9月13日(土)～10月12日(日)「総合資料館だより」 京都府立総合資料館, 京都府立総合資料館友の会 (181) 2014.10

高瀬川二条苑

「がんこ高瀬川二条苑」の庭園(矢ヶ崎善太郎)「史迹と美術」 史迹美術同攷会 83(10)通号840 2013.12

高浜街道

鯖街道(高浜街道)(秋里悠兒)「丹波」 丹波史談会 (13) 2011.11

高船

ふるさと史跡探訪マップ 水取より天王・高船・打田 "歴史散歩コース"(出版部会)「筒城」 京田辺市郷土史会 (49) 2004.3

薪

「ふるさと史跡探訪マップ」薪周辺 "歴史散歩コース"(京田辺市郷土史会出版部会)「筒城」 京田辺市郷土史会 (53) 2008.3

竹野

タカノからヤマトへ―移りゆく丹波王権(奥村清一郎)「地名探究」 京都地名研究会 (10) 2012.4

蛸薬師町

文書資料(新しく公開する資料)蛸薬師町文書/遠下村文書「総合資料館だより」 京都府立総合資料館, 京都府立総合資料館友の会 (169) 2011.10

糺ノ森

賀茂・糺ノ森と太秦を巡る地名と歴史(吉田金彦)「地名探究」 京都地名研究会 (2) 2004.3

多々羅

竹取物語ゆかりの筒木について 朱智社の飛天と筒木の絁織物―多々羅は、日本初の養蚕飼育所(小泉芳孝)「筒城」 京田辺市郷土史会 (53) 2008.3

棚倉

棚倉の地名とその広がりについて―恭仁京造営に関連して(中島正)「地名探究」 京都地名研究会 (5) 2007.3

土砂で埋もれた国鉄トンネル(棚倉)(特集 南山城水害・台風十三号災害60年―六十年前のこと―水害の思い出)(梅原恭仁子)「やましろ」 城南郷土史研究会 (27) 2013.12

棚倉小学校

十四歳の記憶 棚倉小学校でのお話(特集 南山城水害・台風十三号災害60年―子どもたちに語り伝える南山城水害)(中西佳子)「やましろ」 城南郷土史研究会 (27) 2013.12

十四歳の記憶 棚倉小学校でのお話 中西さんのお話を聴いて(特集 南山城水害・台風十三号災害60年―子どもたちに語り伝える南山城水害)(三年生児童の感想)「やましろ」 城南郷土史研究会 (27) 2013.12

十四歳の記憶 棚倉小学校でのお話 命とふるさとを守る学習(特集 南山城水害・台風十三号災害60年―子どもたちに語り伝える南山城水害)(大仲順子)「やましろ」 城南郷土史研究会 (27) 2013.12

田辺

田辺の電信電話普及について(村上泰昭)「筒城」 京田辺市郷土史会 (50) 2005.3

昭和の思い出 普賢寺/三山木/草内/田辺/大住「筒城」 京田辺市郷土史会 (50) 2005.3

史跡探訪 ふるさと史跡探訪マップ「田辺・河原周辺 "歴史散歩コース"(小泉芳孝)「筒城」 京田辺市郷土史会 (54) 2009.3

田辺町

『田辺町史』に見る椿井文書の影―その背景を探る(太田文代)「筒城」 京田辺市郷土史会 (52) 2007.4

田野村

「豊岡県布達」について―丹波国天田郡田野村由良家文書を事例に(総合資料館・府立学共同研究事業―総合資料館・府立学共同研究(近世部門)論文集―徳川日本と京都町奉行支配国の諸相―)(西村正芳)「資料館紀要」 京都府立総合資料館 (38) 2010.3

玉川

玉川の陸橋へ家族で避難(井出)(特集 南山城水害・台風十三号災害60年―六十年前のこと―水害の思い出)(小川許子)「やましろ」 城南郷土史研究会 (27) 2013.12

田山

惣の城―普賢寺谷・宇治田原・田山の城跡構成(中井均)「やましろ」 城南郷土史研究会 (21) 2006.12

田原小学校

子どもたちの地域史(7)地域と共に育む―お茶の町・田原の歴史と伝統を学ぶ取組を通して 田原小学校(芦田浩章, 後藤裕樹)「やましろ」 城南郷土史研究会 (24) 2010.10

田原尋常高等小学校

田原尋常高等小学校の茶摘風景(赤塚康雄)「やましろ」 城南郷土史研究会 (24) 2010.10

田原道

天保～弘化年間の田原道新道整備について(塚脇康宏)「やましろ」 城南郷土史研究会 (24) 2010.10

田原村

田原村の日清戦争 今西義彦家文書に見る青年の入営と戦死(橘尚彦, 仁張真人)「やましろ」 城南郷土史研究会 (24) 2010.10

田原村の「報公義会」 今西義彦家文書にみる日清戦争と軍事援護団体(橘尚彦)「やましろ」 城南郷土史研究会 (25) 2011.12

田原村の「日清日露戦役紀念碑」 今西義彦家文書にみる建設経過と宇治田原町の戦争記念碑(橘尚彦)「やましろ」 城南郷土史研究会 (26) 2012.12

丹後

「丹後」地名考(上谷正男)「地名探究」 京都地名研究会 (2) 2004.3

貝原益軒の『己巳紀行』(丹波・丹後・若狭紀行)についての談義(嵐光澂)「史談福智山」 福知山史談会 638 2005.5

丹後の史跡(田中嗣人)「近畿文化」 近畿文化会事務局 (670) 2005.9

丹後から京への通船計画(《特集 丹波の水系河川とその歴史文化》)(秋里悠兒)「丹波」 丹波史談会 (8) 2006.10

ブランド生成に関する歴史的考察―丹後縮緬にみる「信用」の形成(《特集 憲法》―〈特集1 COEこの一年―「六合の中心大和の誕生」〉)(北野裕子)「日本史の方法」 奈良女子大学「日本史の方法」研究会 (5) 2007.2

蚕糸業と震災復興の建築遺産―丹波・丹後の洋風建築(川島智生)「近畿文化」 近畿文化会事務局 (705) 2008.8

地名研究における近世地誌―「丹後風土記残欠」と『丹哥府志』(加藤晃)「地名探究」 京都地名研究会 (7) 2009.3

若狭・丹後・但馬の古代史を探る旅(古高邦子)「つどい」 豊中歴史同好会 (259) 2009.8

塚口先生と行く 若狭・丹後・但馬の古代史を探る旅(2)～(3)(古高邦

子）「つどい」 豊中歴史同好会 （262）/（265） 2009.11/2010.2

秋の史蹟めぐり[1],（2）—若狭・丹後路の旅（佐々木市太郎）「郷土史誌末廣國」 松浦史談会，芸文堂（発売）（180） 2009.12

丹後織物産地における縮緬の生産について（林智子）「朱雀 ： 京都文化博物館研究紀要」 京都府京都文化博物館 22 2010.3

慶長七年丹後惣検地にみる諸村惣有地（真下八雄）「両丹地方史」 両丹地方史研究者協議会 （79） 2010.4

第30回地名フォーラム「丹後と地名研究」「都藝泥布 ： 京都地名研究会会報」［京都地名研究会事務局］ （35） 2010.12

第30回京都地名フォーラム報告 地名となった寺院—右丹後市の事例から（小山元孝）/移りゆく王権 タカノからヤマトへ（奥村清一郎）/丹後にアイヌ地名はあったか（吉田金彦）（清水弘記）「都藝泥布 ： 京都地名研究会会報」［京都地名研究会事務局］ （36） 2011.3

京都地名研究会主催特別事業 後援京丹後市教育委員会 丹後建国1300年紀記念講演会「地名でたどる丹後の地名」 旧丹波からの但馬，丹後の分国（水野孝典）/丹後王国から丹後国へ（三浦到）/木簡出土状況と地名研究（糸井通浩）/棟札に記された地名（小山元孝）/地名の示す範囲の変化（新谷勝行）「都藝泥布 ： 京都地名研究会会報」［京都地名研究会事務局］ （45） 2013.11

丹後建国1300年紀記念講演会・報告 講演1 旧丹波からの但馬，丹後の分国（水野孝典）/講演2 丹後王国から丹後国へ（三浦到）/講演3 木簡出土状況と地名研究（糸井通浩）/講演4 棟札に記された地名（小山元孝）/講演5 地名の示す範囲の変化（新谷勝行）「都藝泥布 ： 京都地名研究会会報」［京都地名研究会事務局］ （46） 2014.3

京都地名研究会 第38回地名フォーラム案内 発表1 八幡信仰と地名伝承（石田天祐）/発表2 丹波・丹後における式内社の地理的条件と地名（櫻井雅子）/発表3 京都市行政史料の活用について（大野政男）「都藝泥布 ： 京都地名研究会会報」［京都地名研究会事務局］ （47） 2014.7

丹後堰用水

恵みの水—丹後堰用水「ちば市史編さん便り」 千葉市立郷土博物館 （11） 2013.9

丹後国

「勘注系図」「残闕」と丹後国風土記逸文—雪舟「天橋立図」研究の途上で（加藤晃）「両丹地方史」 両丹地方史研究者協議会 （70） 2002.6

「丹後国風土記残欠」についての基礎的検討（論文）（福岡猛志）「愛知県史研究」 愛知県 （17） 2013.3

丹後半島

丹後半島における海賊についての一考察（高井勝己）「城郭史研究」 日本城郭史学会，東京堂出版（発売） （26） 2007.1

丹東

丹東城墨記の中世城郭の調査（若江茂）「丹波」 丹波史談会 6 2004.12

丹波

幻の朝鮮語読本を追う—丹波の病む元韓国人の証言（荻野正太郎）「丹波史」 丹波史懇話会 24 2004.6

若丹国境における志楽谷合戦の検証（高橋成計）「丹波」 丹波史談会 （8） 2006.10

蚕糸業と震災復興の建築遺産—丹波・丹後の洋風建築（川島智生）「近畿文化」 近畿文化会事務局 （705） 2008.8

陣屋町点描（6）丹波の太鼓櫓（米田藤博）「パイオニア」 関西地理学研究会 （96） 2011.8

切山丹波と山家宿（特集 山家宿400年記念—峠・街道・宿場町2）（柴多一雄）「福岡地方史研究 ： 福岡地方史研究会会報」 福岡地方史研究会，海鳥社（発売）（49） 2011.9

丹波建国1300年紀記念講演会・報告 講演1 旧丹波からの但馬，丹後の分国（水野孝典）/講演2 丹後王国から丹後国へ（三浦到）/講演3 木簡出土状況と地名研究（糸井通浩）/講演4 棟札に記された地名（小山元孝）/講演5 地名の示す範囲の変化（新谷勝行）「都藝泥布 ： 京都地名研究会事務局」 （46） 2014.3

京都地名研究会 第38回地名フォーラム案内 発表1 八幡信仰と地名伝承（石田天祐）/発表2 丹波・丹後における式内社の地理的条件と地名（櫻井雅子）/発表3 京都市行政史料の活用について（大野政男）「都藝泥布 ： 京都地名研究会会報」［京都地名研究会事務局］ （47） 2014.7

丹波綾部道路

丹波綾部道路沿線の中世城郭（前）,（後）（若江茂）「丹波」 丹波史談会 （13） 2011.11

丹波綾部道路沿線の中世城郭—最終編 瑞穂町内西側の城（研究ノート）（若江茂）「丹波」 丹波史談会 （15） 2013.10

丹波路

「丹波路」を歩く（粟井光代）「あわじ ： 淡路地方史研究会会誌」 淡路地方史研究会 （17） 2000.1

板倉八右衛門の丹波路日記（尾上停）「長崎談叢」 長崎史談会 95 2006.4

丹波路（西本珠夫）「みちしるべ ： 尼崎郷土史研究会々誌」 尼崎郷土史

研究会 （35） 2007.3

丹波路を訪ねて（俳句）（荒川健持）「備陽史探訪」 備陽史探訪の会 （143） 2008.8

錦秋の丹波路をあるく（矢地一哉）「乙訓文化」 乙訓の文化遺産を守る会 （78） 2012.5

丹波笑路城

鳥瞰図 丹波笑路城（作画 川端義憲氏）「城だより」 日本古城友の会 （544） 2014.4

血洗町

地名随想 蹴上（けあげ）と血洗町（山嵜泰正）「都藝泥布 ： 京都地名研究会会報」［京都地名研究会事務局］ 9 2004.7

智恵光院通

大路小路 上京の史蹟（18）智恵光院通（出雲路敬直）「上京・史蹟と文化」 上京区民ふれあい事業実行委員会 36 2009.2

茶壺道中街道

茶壺道中街道を歩く（館林秋元会）「群馬風土記」 群馬出版センター 17（2）通号73 2003.4

中院山荘

地名随想 嵯峨野—中院山荘跡を尋ねて（明川忠夫）「都藝泥布 ： 京都地名研究会会報」［京都地名研究会事務局］ （27） 2008.11

中立舎

石門心学と「中立舎」（中野卓郎）「丹波史」 丹波史懇話会 24 2004.6

長者町

上京の史蹟シリーズ 大路小路（9）長者町「上京・史蹟と文化」 上京区民ふれあい事業実行委員会 27 2004.8

勅使

「消えぬ灯籠」伝説と地名「勅使」をめぐって（上）,（下）（赤井信吾）「史談福智山」 福知山史談会 （668）/（669） 2007.11/2007.12

福知山鋳物師と地名「勅使」の由来について（赤井信吾）「両丹地方史」 両丹地方史研究者協議会 （81） 2012.8

綴喜

講演会 山代の古代と民族（的）文化—甦った大筒木（綴喜）の王女・かぐや姫（門脇禎二）「筒城」 京田辺市郷土史会 （49） 2004.3

筒城

続 筒城の宮・筒城の原について（水山春男）「筒城」 京田辺市郷土史会 （53） 2008.3

筒城郷

椿井文書「山代国綴喜郡筒城郷朱智庄佐賀庄両惣図の検討」（村上泰昭）「筒城」 京田辺市郷土史会 （55） 2010.3

綴喜郡

日露戦争講話反対綴喜郡民決議案について 宇治田原町今西義彦家文書から（仁張真人）「やましろ」 城南郷土史研究会 （26） 2012.12

筒木

竹取物語ゆかりの筒木について（小泉芳孝）「筒城」 京田辺市郷土史会 （49） 2004.3

竹取物語ゆかりの筒木について 朱智社の飛天と筒木の絹織物—多々羅は，日本初の養蚕飼育所（小泉芳孝）「筒城」 京田辺市郷土史会 （53） 2008.3

筒城宮

講演 筒城宮から弟国宮へ（吉田金彦）「地名探究」 京都地名研究会 （3） 2005.3

出水通

上京の史蹟シリーズ大路小路（11）出水通「上京・史蹟と文化」 上京区民ふれあい事業実行委員会 29 2005.8

寺町

京都寺町界隈を歩く（猪熊兼勝）「近畿文化」 近畿文化会事務局 659 2004.10

天神通

大路小路 上京の史蹟（22）天神通「上京・史蹟と文化」 上京区民ふれあい事業実行委員会 40 2011.2

天王

ふるさと史跡探訪マップ 水取より天王・高船・打田 "歴史散歩コース"（出版部会）「筒城」 京田辺市郷土史会 （49） 2004.3

天王地区の地名と歴史について（小泉芳孝）「筒城」 京田辺市郷土史会 （53） 2008.3

天王山

天王山、高取城に登って感じた事（山崎保雄）「歴史懇談」 大阪歴史懇談会 （21） 2007.9

天王山周辺を訪ねて（清水静志）「あかね」 御坊文化財研究会 （32）

2008.5

天王山電気鉄道

天王山電気鉄道の計画について（福島克彦）「大山崎町歴史資料館館報」 大山崎町歴史資料館 （12） 2006.3

東山道

古代上野国の東山道（森田悌）「群馬文化」 群馬県地域文化研究協議会 275 2003.7

上野国内における東山道駅路（《大会特集 交流の地域史—ぐんまの山・川・道》）（中村光一）「地方史研究」 地方史研究協議会 54（4）通号310 2004.8

信濃の東山道新駅にかかわる推論（桐原健）「信濃［第3次］」 信濃史学会 56（10）通号657 2004.10

東山道と旧碓氷峠（3）（土屋長久）「千曲」 東信史学会 （126） 2005.8

研究の窓 長野県文化財保護協会『信濃の東山道』「雨境峠から瓜生坂へ」についての諸問題（押野谷美智子）「信濃［第3次］」 信濃史学会 58（9）通号680 2006.9

『信濃の東山道』について後述（押野谷美智子）「信濃［第3次］」 信濃史学会 58（12）通号683 2006.12

小県郡西部の推定東山道沿いの古代寺院跡、官衙跡の考察（倉澤正幸）「信濃［第3次］」 信濃史学会 59（2）通号685 2007.2

よみがえる東山道駅路—最近の下野国内の調査例から（歴史講座）（木下実）「氏家の歴史と文化」 氏家歴史文化研究会 （6） 2007.3

峠と古道を歩く（37）入山峠と、東山道の碓氷坂—『神道集』の「毛無通・毛無峯」の語からの検証（須田茂）「上州路：郷土文化誌」 あさを社 34（3）通号394 2007.3

東山道浅麓南路考（3）（岡村知彦）「佐久」 佐久史学会 （56） 2007.3

近江・野洲郡内の古代東山道ルート復元について—琵琶湖東岸地域における水陸ネットワークの形成過程との関係をめぐって（辻川哲朗）「紀要」 滋賀県文化財保護協会 （21） 2008.3

古墳時代における畿内と東国—5世紀後半における古東山道ルートの成立とその背景（右島和夫）「研究紀要」 由良大和古代文化研究協会 13 2008.3

碓氷坂ならびに東山道の比定地に関する再検証—『神道集』に見られる「毛無〔峯〕」の峠名を中心として（須田茂）「群馬文化」 群馬県地域文化研究協議会 通号295 2008.7

東山道 いま昔（小澤瑞）「いしぶみ」 「いしぶみ」発行所 （28） 2008.11

中世上野の東西交通路について—古代東山道駅路「牛堀・矢ノ原ルート」との関わり（久保田順一）「ぐんま史料研究」 群馬県立文書館 （26） 2009.3

歴史講演会「県北地方における古代の東山道について」—都へ続く一本の道（行事報告）（事務局）「郷土の研究」 国見町郷土史研究会 （39） 2009.3

記念論文 武蔵と物部—東山道からの進出（森田悌）「埼玉史談」 埼玉県郷土文化会 56（4）通号300 2010.1

ぐんまの歴史入門講座 第110講 東山道駅路と周辺の遺跡（小宮俊久）「ぐんま地域文化」 群馬地域文化振興会 （34） 2010.5

古代の官道「東山道」と米原（高橋順之）「佐加太：米原市文化財ニュース」 米原市教育委員会 （32） 2010.8

陸奥国の「東山道」（神谷沢）（宮下周子）「地名」 宮城県地名研究会 通号33 2011.6

東山道ゆかりの「園原」（特集 県境と暮らし—信州・東濃）（西山秀人）「地域文化」 八十二文化財団 （97） 2011.7

下野国南部の東山道を推定する（清水喜吉三）「史談」 安蘇史談会 （29） 2013.6

古代東山道の旅（研究ノート）（造酒豊）「龍谷日本史研究」 龍谷大学日本史学研究会 （37） 2014.3

パネル構成 結ばれる郡と地方—古代の東山道（特集 古代の交通と地方社会—イナ・シナノとその周辺）（北村安裕，小林彩）「飯田市歴史研究所年報」 飯田市教育委員会 （12） 2014.8

東三本木

東三本木のこと 区民からの投稿（高木清）「上京・史蹟と文化」 上京区民ふれあい事業実行委員会 43 2012.8

東寺

室町期京都の騒乱と東寺の文書管理（《特集 中世における文書の管理・保管と地域社会》）（西尾知己）「民衆史研究」 民衆史研究会 （74） 2012.12

同志社今出川キャンパス

同志社今出川キャンパス今・昔「上京・史蹟と文化」 上京区民ふれあい事業実行委員会 40 2011.2

同志社英学校

「熊本洋学校」と「同志社英学校」（研究ノート）（堤克彦）「近代熊本」 熊本近代史研究会 （36） 2014.4

同志社山手住宅

地名を守ろう（同志社山手住宅）（水山春男）「筒城」 京田辺市郷土史会 （52） 2007.4

東福寺

古都の旅—二条城から東福寺まで（照内捷二）「鷹巣地方史研究」 鷹巣地方史研究会 （54） 2004.4

当尾

当尾・柳生の旅（石井しおり）「備陽史探訪」 備陽史探訪の会 116 2004.2

多保市

夏の例会「緑陰講座」 多保市界隈の歴史と民俗（塩見昭吾）「史談福智山」 福知山史談会 629 2004.8

莵道

莵道と莵道稚郎子について（尾崎聖二朗）「地名探究」 京都地名研究会 （6） 2008.3

史料紹介 莵道尋常高等小学校「郷土読本」（小嶋正亮，岡本京子）「宇治市歴史資料館年報」 宇治市歴史資料館 2010年度 2012.3

鳥羽伏見

鳥羽伏見の戦い（岡田一幸）「神戸史談」 神戸史談会 291 2003.1

史料紹介 鳥羽伏見の戦いにおける旧幕府敗兵の未払い金に関する史料（田葉元一）「和歌山地方史研究」 和歌山地方史研究会 （47） 2004.5

城南の鳥羽伏見紀行（1）（例会報告）（坂井邦典）「備陽史探訪」 備陽史探訪の会 （160） 2011.6

例会報告 洛南の鳥羽伏見紀行（2）（坂井邦典）「備陽史探訪」 備陽史探訪の会 （161） 2011.8

古文書研究部会報告 飛脚問屋business で「鳥羽伏見の戦い」を読む（鈴木肇）「三浦半島の文化」 三浦半島の文化を考える会 （23） 2013.10

連載 京都守護職の苦悩 総督大河内正質の戦術ミスによる鳥羽伏見の敗北（鈴木荘一）「会津人群像」 歴史春秋出版 （26） 2014.4

豊岡県

「豊岡県布達」について—丹波国天田郡田野村由良家文書を事例に（総合資料館・府立学共同研究事業—総合資料館・府立学共同研究（近世部門）論文集—徳川日本と京都町奉行支配国の諸相—）（西村正芳）「資料館紀要」 京都府立総合資料館 （38） 2010.3

曇華院前町

寺の名の付いた町名（4） 曇華院前町（地名随想）（清水弘）「都藝泥布：京都地名研究会会報」 ［京都地名研究会事務局］ （43） 2013.3

長岡京

初期の長岡京跡研究と小林清（古閑正浩）「乙訓文化遺産」 乙訓の文化遺産を守る会 （12） 2005.10

長岡京「翔鸞楼」発見の意義（松崎俊郎）「乙訓文化」 乙訓の文化遺産を守る会 （69） 2006.6

「長岡京造営論」を読む（中村修）「古代史の海」 「古代史の海」の会 （49） 2007.9

国立歴史民俗博物館平成19年度企画展示「長岡京遷都—桓武と激動の時代」（展示会短評）（岩本健寿）「民衆史研究」 民衆史研究会 （74） 2007.12

井上満郎氏講演「長岡京の謎を解く」を拝聴して（河野宏文）「古代史の海」 「古代史の海」の会 （72） 2013.6

「長岡」は「名が岡」が語源—国語をないがしろにしては「長岡京」の歴史は解けない（論文）（古田金彦）「地名探究」 京都地名研究会 （12） 2014.4

長岡京市

向日市と長岡京市の文化財（矢ヶ崎善太郎）「史迹と美術」 史迹美術同攷会 77（8）通号778 2007.9

長岡京市への流入文書の紹介と若干の雑感（馬部隆弘）「乙訓文化遺産」 乙訓の文化遺産を守る会 （18） 2014.8

中立売通

上京の史蹟シリーズ 大路小路（15） 中立売通「上京・史蹟と文化」 上京区民ふれあい事業実行委員会 33 2007.8

南海路

第362回報告 南海路と長宗我部氏—元親宛書状（写）の紹介を中心に（例会記録/例会報告要旨）（津野倫明）「戦国史研究」 戦国史研究会，吉川弘文館（発売） （60） 2010.8

南海道

南海道地震の火事で手伝いに行った（《地震特集》—聞取り調査）（山口虎雄）「熊野誌」 熊野地方史研究会 （53） 2007.12

南海道地震で起こった火事の消火に駆けつけた（《地震特集》—聞取り調査）（山崎正利）「熊野誌」 熊野地方史研究会 （53） 2007.12

南海道大地震の回想（《地震特集》）（草加浅一）「熊野誌」 熊野地方史研究会 （53） 2007.12

南海道大地震の火災で家が爆破されたことなど（《地震特集》）（二河螢子）「熊野誌」 熊野地方史研究会 （53） 2007.12

震災余録（《地震特集》）（前川十寸据）「熊野誌」 熊野地方史研究会 （53） 2007.12

南海道を行く（泉森皎）「近畿文化」 近畿文化会事務局 （733） 2010.12

「前代未聞 南海道地震記」読み下し（会員寄稿）（山本静登）「さぬき市の文化財」 さぬき市文化財保護協会 （9） 2012.3

南海道駅路と前期伊予国府—周敷駅から越智駅への道（白石成二）「ソーシアル・リサーチ」 ソーシアル・リサーチ研究会 （37） 2012.3

道制「南海道」考（松木傳樹）「東予史談」 （15） 2012.6

南海道の名主座について（補遺）（研究ノート）（薗部寿樹）「米沢史学」 米沢史学会（山形県立米沢女子短期大学日本史学科内） （29） 2013.10

南山義塾

「南山義塾遺跡」姿消す 偉功を残して百三十年（中川進）「筒城」 京田辺市郷土史会 （53） 2008.3

南丹市

口丹波（京丹後市・南丹市）地方の森林と注目すべき材木と地域景観（奥村寛）「丹波」 丹波史談会 （14） 2012.10

何鹿郡

何鹿郡における幕末・維新の助郷負担について（塩尻千賀良）「両丹地方史」 両丹地方史研究者協議会 （82） 2013.6

贄野の池

第35回地名フォーラム案内 西郷菊次郎と京都市の改造—三大事業計画をめぐって（山本泰正）／歌枕「衣手の森」考（梅谷繁樹）／「贄野の池」を考える（齋藤幸雄）「都藝泥布 ： 京都地名研究会会報」 ［京都地名研究会事務局］ （42） 2012.12

第35回京都地名フォーラム報告 発表1 西郷菊次郎と京都市の改造—三大事業計画をめぐって（山喬泰正）／発表2 歌枕「衣手の森」考（梅谷繁樹）／発表3 贄野の池を考える—所在地をめぐって（齋藤幸雄）「都藝泥布 ： 京都地名研究会会報」 ［京都地名研究会事務局］ （43） 2013.3

贄野の池を考える—その所在地をめぐって（論文）（齋藤幸雄）「地名探究」 京都地名研究会 （12） 2014.4

西近江路

おうみ（近江）おうみ（多見）歩く（3）西近江路（北国街道）（加藤賢治）「湖国と文化」 滋賀県文化振興事業団 35（4）通号137 2011.10

西大谷めがね橋

口絵写真解説 西大谷めがね橋多色石版図について（中西亨）「史迹と美術」 史迹美術同攷会 80（6）通号806 2010.7

西岡

戦国時代の西岡と勝龍寺城（仁木宏）「乙訓文化」 乙訓の文化遺産を守る会 60 2003.1

西陣

上京の町家 西陣 藥〇家「上京・史蹟と文化」 上京区民ふれあい事業実行委員会 29 2005.8

西高瀬川

紀行文 西高瀬川を歩く（足立捷一郎）「備陽史探訪」 備陽史探訪の会 （161） 2011.11

西高瀬川掘削のこと（地名随想）（梅谷繁樹）「都藝泥布 ： 京都地名研究会会報」 ［京都地名研究会事務局］ （45） 2013.11

西ノ京円町

御土居—西ノ京円町から北野天満宮までを歩く（丸山貞）「史迹と美術」 史迹美術同攷会 74（1）通号741 2004.1

西本願寺

西本願寺末寺支配における敦賀の位置—国郡制と領国の狭間で（《大会特集敦賀—日本海〜琵琶湖、風の通り道》—〈問題提起〉）（澤博勝）「地方史研究」 地方史研究協議会 55（4）通号316 2005.8

西向日

西向日住宅地の変遷（長尾史子）「乙訓文化遺産」 乙訓の文化遺産を守る会 （12） 2005.10

西山村

完人村・西山村・大坪村三ヵ村入会地の裁量（小林本一）「丹波」 丹波史談会 6 2004.12

二条城

歴史の回想・城跡探訪（8）旧二条城と二条城（1）〜（2）（平川大輔）「会報」 大阪歴史懇談会 18（7）通号203/18（8）通号204 2001.7/2001.8

古都の旅—二条城から東福寺まで（照内捷二）「鷹巣地方史研究」 鷹巣地方史研究会 （54） 2004.4

史料紹介 二条城作事入用記録—上瓦屋新川清一家文書より（上）,（下）（北林千鶴）「泉佐野の歴史と今を知る会会報」 泉佐野の歴史と今を知

る会 204/205 2004.12/2005.1

鶴松館と二条城（後藤邦子）「ひさみね」 広瀬地区郷土史同好会 （21） 2005.1

補遺 二条城作事入用記録（北林千鶴）「泉佐野の歴史と今を知る会会報」 泉佐野の歴史と今を知る会 209 2005.5

元離宮二条城二の丸御殿壁画の保存修理事業について（松本直子）「文化財レポート」 京都文化財団 （20） 2007.3

史料紹介 丹羽家文書『御組由緒記』—二條城守衛與力由緒記録（渡邊忠司）「鷹陵史学」 鷹陵史学会 （36） 2010.9

江戸東京博物館開館20周年記念特別展「二条城展」 平成24年7月28日（土）〜9月23日（日）（齋藤慎一）「江戸東京博物館news ： Edo-Tokyo Museum news」 東京都歴史文化財団東京都江戸東京博物館 （78） 2012.6

女布

女布・大丹生という地名について—水銀との関わりを探る（高橋聡子）「両丹地方史」 両丹地方史研究者協議会 （73） 2003.10

野仏庵

第950回例会 野仏庵や詩仙堂を中心に、京都洛北の庭を巡る（加藤友規）「史迹と美術」 史迹美術同攷会 80（9）通号809 2010.11

土師河原

「土師河原」考（増田信武）「史談福智山」 福知山史談会 612 2003.3

土師村

資料紹介 総会講演資料（前号続き）土師村の天候と検見付ケ上対照表/参考資料抜粋紹介「史談福智山」 福知山史談会 624 2004.3

橋本

京都府八幡市橋本・某家旧蔵柄鏡群について（木下博文）「洛北史学」 洛北史学会 （6） 2004.6

八瀬

京都めぐり 八瀬・大原ガイド「西宮文化協会会報」 西宮文化協会 439 2004.10

近代の大原女—八瀬・大原の歴史地理学的研究（《例会報告要旨》）（橋本暁子）「交通史研究」 交通史学会, 吉川弘文館（発売） （60） 2006.8

近代における大原女の変化—大原と八瀬の比較を通して（橋本暁子）「交通史研究」 交通史学会, 吉川弘文館（発売） （63） 2007.8

京都近郊農山村における柴・薪の行商活動—明治前期から1950年代の八瀬・大原を事例として（研究ノート）（橋本暁子）「歴史地理学」 歴史地理学会, 古今書院（発売） 53（4）通号256 2011.9

八木

京都丹波の「八木」という町—但馬人から見た口丹波（奥野博美）「Sala ： 歴史民俗誌」 常民学舎 32 2002.8

歴史が息づくふるさとの八木（八木關山）「郷土誌八木」 八木史談会 12 2005.3

比叡山

京都の自然地名・災害地名（1）比叡山地・山麓の例（池田碩）「地名探究」 京都地名研究会 （7） 2009.3

花山院と比叡山「かまくら」（笹川博司）「地名探究」 京都地名研究会 （7） 2009.3

随感 国宝への旅—比叡山と京都東山の国宝（谷原博信）「讃岐のやまなみ」 香川県歴史研究会 （6） 2013.4

東岩蔵寺

京都東岩蔵寺と富山郷—越中地域史研究の原点（10）（論文）（久保尚文）「富山史壇」 越中史壇会 （174） 2014.7

東九条

戦前期京都市東七条・東九条における事業所の立地状況（高野昭雄）「研究紀要」 京都女子大学宗教・文化研究所 （23） 2010.3

東高野街道

生駒・飯盛山麓の東高野街道 四条畷・野崎・寺川（青木茂夫）「大阪春秋」 新風書房 31（1）通号110 2003.3

東高野街道周辺の史跡（1）—東大阪市石切・日下の里（泉森皎）「近畿文化」 近畿文化会事務局 665 2005.4

東高野街道の一里塚 荻田/昭次「わかくす ： 河内ふるさと文化誌」 わかくす文芸研究会 （54） 2008.11

東高野街道 杖について（佐野一雄）「あしたづ ： 河内の郷土文化サークルセンター特集誌」 河内の郷土文化サークルセンター （12） 2010.2

東高野街道 杖ついて（佐野一雄）「あしたづ ： 河内の郷土文化サークルセンター特集誌」 河内の郷土文化サークルセンター （13） 2011.2

東高野街道 杖について（佐野一雄）「あしたづ ： 河内の郷土文化サークルセンター特集誌」 河内の郷土文化サークルセンター （14） 2012.2

東高野街道 杖ついて（文化をつづる）（佐野一雄）「あしたづ ： 河内の郷土文化サークルセンター特集誌」 河内の郷土文化サークルセンター （15） 2013.2

京都府　　　　　　　　　　　地名でたどる郷土の歴史　　　　　　　　　　　近畿

東高野街道杖について（河内の郷土史）（佐野一雄）「あしたづ ： 河内の郷土文化サークルセンター特集誌」 河内の郷土文化サークルセンター （16） 2014.2

東高野街道道標つれづれ（河内の郷土史）（津田悟）「あしたづ ： 河内の郷土文化サークルセンター特集誌」 河内の郷土文化サークルセンター （16） 2014.2

東七条
戦前期京都市東七条・東九条における事業所の立地状況（高野昭雄）「研究紀要」 京都女子大学宗教・文化研究所 （23） 2010.3

東本願寺
明治15年、小矢部川上流刀利村から東本願寺本山再建への献木（加藤享子）「砺波散村地域研究所研究紀要」 砺波市立砺波散村地域研究所 （23） 2006.3

東山七条
東山七条界隈豊臣家栄枯盛衰（上），（下）（加藤繁生）「史迹と美術」 史迹美術同攷会 84（8）通号848/84（9）通号849 2014.9/2014.11

第998回例会 東山七条界隈の名勝庭園と名跡を訪ねて（加藤友規）「史迹と美術」 史迹美術同攷会 84（8）通号848 2014.9

久次
地名に見る「す・つ」の問題―丹後の地名「久次」をめぐって（糸井通浩）「地名探究」 京都地名研究会 （8） 2010.3

日吉町
第941回例会 日吉町の文化財（矢ヶ崎善太郎）「史迹と美術」 史迹美術同攷会 80（1）通号801 2010.1

びわ湖疏水
京都市のびわ湖疏水と高知人脈（橋田稔）「土佐史談」 土佐史談会 （229） 2005.8

深草
深草の「くさ」がつく地名（川村平和）「地名探究」 京都地名研究会 （1） 2003.3

深草丘陵
深草丘陵散策（足立捷一郎）「備陽史探訪」 備陽史探訪の会 （150） 2009.10

福大明神社
大路小路 上京の史蹟（28）葭屋町通 葭屋町通/晴明神社/福大明神社/検非違使庁址（出雲路敬直）「上京・史蹟と文化」 上京区民ふれあい事業実行委員会 46 2014.2

福知山
近世期の全国と福知山地方の紺屋の発達と藍の栽培（塩見敏治）「両丹地方史」 両丹地方史研究者協議会 （75） 2005.3

日露戦争に関しての余禄（嵐光瀲）「史談福智山」 福知山史談会 （645） 2005.12

明治40年福知山大水害に関する一つの記録（嵐光瀲）「史談福智山」 福知山史談会 （651） 2006.6

福知山地方の江戸後期、明治期の藍の栽培と紺屋（塩見敏治）「史談福智山」 福知山史談会 （658） 2007.1

記念講演 山は誰のものか―福知山と綾部の山年貢 綾部史談会副会長 川端二三三郎先生（山口博輝）「史談福智山」 福知山史談会 （659） 2007.2

「消えし灯籠」伝説と地名「勅使」をめぐって（上），（下）（赤井信吾）「史談福智山」 福知山史談会 （668）/（669） 2007.11/2007.12

第20回地名フォーラム報告（福知山の古代・中世と地名 崎山正人氏/江戸から明治への小字名変遷の一事例 西村正芳氏/考古学からみた地名―考古学調査成果と地名研究との接点 小池寛氏）「都藝泥布 ： 京都地名研究会会報」 ［京都地名研究会事務局］ （23） 2007.12

福知山近辺の鉄道について（嵐光瀲）「史談福智山」 福知山史談会 （672） 2008.3

福知山の古代・中世と地名（崎山正人）「地名探究」 京都地名研究会 （6） 2008.3

昭和十、二十年代福知山の洋学事情（依田豊司）「史談福智山」 福知山史談会 （720） 2012.3

福知山鋳物師と地名「勅使」の由来について（赤井信吾）「両丹地方史」 両丹地方史研究者協議会 （81） 2012.8

福知山駅
福知山駅構内は過去田圃であった（塩見昭吾）「史談福智山」 福知山史談会 627 2004.6

福知山市
福知山市元紺屋公庄家の染型紙と紺屋資料について（塩見敏治）「史談福智山」 福知山史談会 639 2005.3

旧福知山市の石造美術（篠原良吉）「歴史考古学」 歴史考古学研究会 （67） 2012.11

福知山城
福知山城見聞余滴 城址での出会い（昭和59年の手記から）（足立悦夫）「史談福智山」 福知山史談会 （706） 2011.1

普賢寺
昭和の思い出 普賢寺/三山木/草内/田辺/大住「筒城」 京田辺市郷土史会 （50） 2005.3

普賢寺郷
普賢寺郷金石銘文調査（1）～（3）（中川勤）「筒城」 京田辺市郷土史会 （54）/（56） 2009.3/2010.03

普賢寺郷山川筋町間改帳「筒城」 京田辺市郷土史会 （55） 2010.3

普賢寺谷
地名より普賢寺谷の鉄を考える（水山春男）「筒城」 京田辺市郷土史会 （49） 2004.3

惣の城―普賢寺谷・宇治田原・田山の城跡構成（中井均）「やましろ」 城南郷土史研究会 （21） 2006.12

藤森
「藤森」という地名（宮本三郎）「地名探究」 京都地名研究会 （3） 2005.3

伏見
伏見人形の「猿」「総合資料館だより」 京都府立総合資料館，京都府立総合資料館友の会 138 2004.1

伏見人形の「鶏」「総合資料館だより」 京都府立総合資料館，京都府立総合資料館友の会 142 2005.1

祝園部隊の写真から見えてくること―祝園憲兵分駐所と伏見憲兵分隊（柴田保彦）「やましろ」 城南郷土史研究会 （21） 2006.12

近世伏見の土地・人の構造とその支配―伏見廻り村の視点を中心に（総合資料館・府立学共同研究事業―総合資料館・府立学共同研究（近世部門）論文集―徳川日本と京都町奉行支配国の諸相―）（伊藤誠之）「資料館紀要」 京都府立総合資料館 （38） 2010.3

第45回歴史文化教室（2011年6月5日）伏見の戦争遺跡フィールドワーク（本山雅章）「乙訓文化」 乙訓の文化遺産を守る会 （77） 2011.8

伏見の建築と庭園（矢ヶ崎善太郎）「近畿文化」 近畿文化会事務局 （754） 2012.9

伏見港
近代京都における地域開発構想と地方財界―伏見港修築と京阪運河計画をめぐって（秋元せき）「京都市歴史資料館紀要」 京都市歴史資料館 通号23 2011.3

伏見庄
室町期伏見庄における侍衆をめぐって（志賀節子）「ヒストリア ： journal of Osaka Historical Association」 大阪歴史学会 （197） 2005.11

伏見城
伏見城縄張りに関する基礎的検討―現時点での縄張り調査・研究の試み（高田徹）「中世城郭研究」 中世城郭研究会 （19） 2005.7

親子の歴史座談（85）大坂城と伏見城「ひらかた文化財だより」 枚方市文化財研究調査会 （85） 2010.10

伏見城と豊臣・徳川初期の城郭構造（特集 伏見城研究の成果と課題）（中井均）「ヒストリア ： journal of Osaka Historical Association」 大阪歴史学会 （222） 2010.10

伏見城の機能とその破却について（特集 伏見城研究の成果と課題）（福島克彦）「ヒストリア ： journal of Osaka Historical Association」 大阪歴史学会 （222） 2010.10

伏見城・城下町の研究史と陵墓問題（特集 伏見城研究の成果と課題）（山田邦和）「ヒストリア ： journal of Osaka Historical Association」 大阪歴史学会 （222） 2010.10

まとめと展望（特集 伏見城研究の成果と課題）（大阪歴史学会委員会）「ヒストリア ： journal of Osaka Historical Association」 大阪歴史学会 （222） 2010.10

伏見城跡の現状調査（報告）（企画委員会）「ヒストリア ： journal of Osaka Historical Association」 大阪歴史学会 （233） 2012.8

伏見城研究の成果と可能性―縄張り論と政権論の視座から（2014年度大会報告要旨―特別部会）（仁木宏，岸本直文）「ヒストリア ： journal of Osaka Historical Association」 大阪歴史学会 （244） 2014.6

伏見城の調査からみた城郭的位置づけ（2014年度大会報告要旨―特別部会）（中井均）「ヒストリア ： journal of Osaka Historical Association」 大阪歴史学会 （244） 2014.6

伏見城（木幡山城）の遺構（2014年度大会報告要旨―特別部会）（中西裕樹）「ヒストリア ： journal of Osaka Historical Association」 大阪歴史学会 （244） 2014.6

二俣村
丹後国加佐郡二俣村の年齢別人口（佐古田廣文）「両丹地方史」 両丹地方史研究者協議会 （83） 2014.4

近畿　　　　　　　　　　　　地名でたどる郷土の歴史　　　　　　　　　　　　京都府

不動堂屯所

不動堂屯所の真実「幕末史研究」　三十一人会，小島資料館（発売）
（40）　2004.11

船井

古記録にみる桑田・船井の弓射　主に園部藩の状況（山村安郎）「丹波」
丹波史談会　（10）　2008.10

船岡山

万葉の里船岡山の整備について（東川英雄）「蒲生野」　八日市郷土文化研
究会　（45）　2013.12

平安宮

大路小路　上京の史蹟（24）　御前通　御前通/旧平安道場/数多い寺院/平安
宮の遺跡（出雲路敬直）「上京・史蹟と文化」　上京区民ふれあい事業実
行委員会　42　2012.2

平安京

地名から探る水の都、平安京―秘められた蝦夷語の影（吉田金彦）「地名
探究」　京都地名研究会　（1）　2003.3

平安京の造営と大山崎瓦窯（網伸也）「乙訓文化遺産」　乙訓の文化遺産を
守る会　（12）　2005.10

古代都城の廃棄物処理―平城京・平安京を中心として（〈東北文化研究室
公開シンポジウム「ゴミの文化史―過去と現在」報告〉）（松井章）「東
北文化研究室紀要」　東北大学大学院文学研究科東北文化研究室　49
2008.3

隋唐の長安城から見た日本の平城京と平安京のモデルの原型（〈国際シ
ンポジウム　世界のなかの京都〉）（王維坤）「京都産業大学日本文化研
究所紀要」　京都産業大学日本文化研究所　（12・13）　2008.3

平安京を歩く（15）　主水司と氷室（江谷寛）「土車：公益財団法人古代學
協會だより」　古代学協会　（118）　2009.9

「平安京」散策（1），（2）（藤田邦子）「良寛だより：全国良寛会会報」
全国良寛会　（127）/（128）　2010.1/2010.04

随想!!生きている平安京 平安京の都市プラン（角田文衞）「土車：公
益財團法人古代學協會だより」　古代学協会　（127）　2014.11

第4回角田文衞古代学奨励賞 久米舞子「平安京『西京』の形成」（「古代
文化」第64巻第3号、平成24年12月）「土車：公益財團法人古代學協
會だより」　古代学協会　（127）　2014.11

旧平安道場

大路小路　上京の史蹟（24）　御前通　御前通/旧平安道場/数多い寺院/平安
宮の遺跡（出雲路敬直）「上京・史蹟と文化」　上京区民ふれあい事業実
行委員会　42　2012.2

平城京左京三条一坊一坪

平城京左京三条一坊一坪の組織的鍛冶工房について（小池伸彦）「たたら
研究」　たたら研究会　（53）　2014.8

弁財天町

私の生家と弁財天町（10周年記念特集 エッセー「私と地名」）（山喜泰
正）「地名探究」　京都地名研究会　（10）　2012.4

鳳凰堂

池に映ゆ鳳凰堂の花盛り（中島政子）「備陽史探訪」　備陽史探訪の会
（143）　2008.8

法成寺

大路小路　上京の史蹟（25）　荒神口道 法成寺址/荒神橋/白川街道（出雲
路敬直）「上京・史蹟と文化」　上京区民ふれあい事業実行委員会　43
2012.8

祝園憲兵分駐所

祝園部隊の写真から見えてくること―祝園憲兵分駐所と伏見憲兵分隊
（柴田保彦）「やましろ」　城南郷土史研究会　（21）　2006.12

北丹鉄道

連絡運輸からみた中小私鉄の輸送―北丹鉄道の事例を中心に［1］，（2）（住
本剛史）「史談福智山」　福知山史談会　（698）/（699）　2010.5/2010.6

北丹鉄道にみる労働運動史（住本剛史）「史談福智山」　福知山史談会
（736）　2013.7

北陸街道

北陸街道（富山県）の実態調査（舟竹孝）「近代史研究」　富山近代史研究
会　（29）　2006.3

北陸路

北陸路へのある憧憬（1）～（4）（夏坊寛一郎）「オール諏訪：郷土の総合
文化誌」　諏訪郷土文化研究会　23（6）通号228/23（9）通号231
2003.9/2003.12

北陸道

北陸東海両道巡幸と岐阜県教育行政―献上品「岐阜県管内学校撮影」の
分析を中心として（養島一美）「岐阜県歴史資料館報」　岐阜県教育文
化財団歴史資料館　（25）　2002.3

北陸道の昔と今―細呂木から金沢まで（岸豊則）「加南地方史研究」　加南
地方史研究会　（54）　2007.3

西廻り北陸道筋（斎藤喜美）「会誌」　鯖江郷土史懇談会　（17）　2009.11

愛発関と北陸道―奈良時代のルートを巡って（内田保之）「紀要」　滋賀県
文化財保護協会　（23）　2010.3

古代北陸道の駅家位置と路線の推定（田嶋正和）「江渟の久爾」　江沼地方
史研究会　（55）　2010.4

北陸道と久我国―ウミとクヌガ（渡里恒信）「古代史の研究」　関西大学古
代史研究会　（16）　2010.10

住吉の西回り北陸道筋（斎藤喜美）「会誌」　鯖江郷土史懇談会　（18）
2010.11

鯖江市域　往古西回り北陸道（斉藤喜美）「会誌」　鯖江郷土史懇談会
（19）　2011.11

鎌倉幕府支配の北陸道における展開（熊谷隆之）「富山史壇」　越中史壇会
（168）　2012.7

北陸道越前の烽火―現地調査から見えてきた北陸道の狼煙ライン（池田
誠）「戦乱の空間」　戦乱の空間編集会　（12）　2013.7

北国街道

北国街道と新井宿（金子潤次）「頸城文化」　上越郷土研究会　（52）
2004.7

北国街道の研究を尋ねて（金井喜平次）「北國街道研究」　北國街道の手を
つなぐ会　（5）　2004.9

北国街道四題（一條豊信）「北國街道研究」　北國街道の手をつなぐ会
（5）　2004.9

特別展「北国街道の脇往還―街道と宿駅が織りなす湖北史」「長浜城歴史
博物館友の会友の会だより」　長浜城歴史博物館友の会　60　2004.10

駅路旅鈴―東海道・北国街道経由下国図にみる（2）美濃～金城（山前圭
佑）「加南地方史研究」　加南地方史研究会　（52）　2005.3

北国街道に残された味噌の香り（関本いずみ）「東葛流山研究」　流山市立
博物館友の会事務局，崙書房出版（発売）　（23）　2005.3

晩秋の北国街道を行く「会報羽村郷土研究」　羽村郷土研究会　（84）
2005.7

北国街道三題（一條豊信）「北國街道研究」　北國街道の手をつなぐ会
（6）　2005.9

北国街道の中山道（金子潤次）「頸城文化」　上越郷土研究会　（53）
2005.10

高田藩の穀留と北国街道の宿場（青山始義）「北國街道研究」　北國街道の
手をつなぐ会　（7）　2006.9

千曲川通船と北国街道八宿（話題コーナー）（青山始義）「長野」　長野郷
土史研究会　（249）　2006.10

千曲川通船と北国街道の宿場（青山始義）「長野」　長野郷土史研究会
（259）　2008.6

北国街道とお館の乱［1］，（2）（金子潤次）「北國街道研究」　北國街道の
手をつなぐ会　（9）/（10）　2008.10/2009.12

長岡藩の幻の国替えと北国街道（青山始義）「頸城文化」　上越郷土研究会
（56）　2008.10

北国街道の道路元標（塚田清徳）「北國街道研究」　北國街道の手をつなぐ
会　（10）　2009.12

北国街道の由来について（高野永篤）「北國街道研究」　北國街道の手をつ
なぐ会　（11）　2010.12

北国街道と鉄道を見る（金井喜平次）「北國街道研究」　北國街道の手をつ
なぐ会　（11）　2010.12

おうみ（近江）おうみ（多見）歩く（3）　西近江路（北国街道）（加藤賢治）
「湖国と文化」　滋賀県文化振興事業団　35（4）通号137　2011.10

五街道に次ぐ北国街道の重要性（金子潤次）「北國街道研究」　北國街道の
手をつなぐ会　（12）　2011.12

新北国街道 風土記（柏崎）（高橋勝）「北國街道研究」　北國街道の手をつ
なぐ会　（12）　2011.12

制定四百年の北国街道（金子潤次）「頸城文化」　上越郷土研究会　（60）
2012.9

新北国街道風土記（追分）（高橋勝）「北國街道研究」　北國街道の手をつ
なぐ会　（13）　2012.12

北国街道の戊辰戦争碑をたずねて―中央区から赤塚まで（飯田哲男）「越
後赤塚」　赤塚郷土研究会　（24）　2013.7

北国街道における塩荷物の流通と紛争（高野永篤）「北國街道研究」　北國
街道の手をつなぐ会　（14）　2013.12

新北国街道風土記―街道を往来した文人（高橋勝）「北國街道研究」　北國
街道の手をつなぐ会　（14）　2013.12

『双六で辿る北国街道』足跡を残した先人たち（1）（齋藤倫示）「郷土新
潟」　新潟郷土史研究会　（54）　2014.3

北国街道を行く（2）―壬戌の道しるべ（史料紹介）（山前圭佑）「加南地方
史研究」　加南地方史研究会　（61）　2014.3

三木の北国街道（野﨑進一）「江渟の久爾」　江沼地方史研究会　（59）
2014.4

京都府　　　　　　　　　　　　地名でたどる郷土の歴史　　　　　　　　　　　　近畿

佐渡産金銀の輸送と北国街道（金子潤次）「北國街道研究」北國街道の手
をつなぐ会　（15）2014.12

先斗町
「先斗町」地名考—カルタ用語ポントの新解釈を踏まえて（杉本重雄）「地
名探究」京都地名研究会　（11）2013.4
「先斗町」地名考 補遺（研究ノート）（杉本重雄）「地名探究」京都地名
研究会　（12）2014.4

本能寺
伊予国新居郡からみた本能寺の変（藤田達生）「西條史談」西條史談会
60　2004.1
本能寺の変—日記からその経緯を探る（安原俊実）「郷土研究誌みなみ」
南知多郷土研究会　（97）2014.5
本能寺の変の新史料〔明智家譜〕（熊本県立図書館蔵）の真偽を探る（研
究レポート）（首藤義之）「戦国史と人 : 女風林火山」戦国史と人を
学ぶ会　（55）2014.8

舞鶴
旧海軍の技術による昭和期の煉瓦造建築—舞鶴・豊川・友ヶ島（水野信
太郎，野口英一朗，天野武弘）「産業遺産研究」中部産業遺産研究会
事務局　（4）2003.5
舞鶴の文化財（田中編人）「近畿文化」近畿文化会事務局　（681）2006.8
城下町田辺（舞鶴）の町名の移り変わり—幕末から明治へ（高橋聡子）「地
名探究」京都地名研究会　（10）2012.4
関東大震災後の海軍用地問題—横須賀における稲楠土地交換と海軍機関
学校の舞鶴移転（論文）（高村聡史）「首都圏史研究 : 年報」首都圏形
成史研究会　（3）2014.3
舞鶴旧海軍施設の変遷の歴史と転用に関する研究（出口あかね）「両丹地
方史」両丹地方史研究者協議会　（83）2014.4

舞鶴港
引き揚げの航跡（上）（下）舞鶴港 回想ノートから 私の半世紀（1）〜
（2）（青木崇）「ふるさとの自然と歴史」歴史と自然をまもる会
285/286　2001.3/2001.5

舞鶴市
軍港舞鶴の児童画（〈特集2 舞鶴市明倫国民学校梅田学級児童画〉）（吉田
ちづゑ）「立命館平和研究 : 立命館大学国際平和ミュージアム紀要」
立命館大学国際平和ミュージアム　（4）2003.3
舞鶴市新部落の警世と解放への主体の形成（1）鳥取県移住者の子孫から
の聴き取りを中心に（國歳眞臣）「解放研究とっとり : 研究紀要」鳥取
県人権文化センター　（9）2007.2
舞鶴市新興部落の形成と解放への主体の形成（2）鳥取県移住者の子孫か
らの聴き取りを中心に（國歳眞臣）「解放研究とっとり : 研究紀要」
鳥取県人権文化センター　（10）2008.2

舞鶴市立赤れんが博物館
報告 若狭と丹後をたずねて青空教室—熊川宿・舞鶴引揚記念館・舞鶴市
立赤れんが博物館・伊根（舟屋）の町並み散策（橋本正幸）「加南地方史
研究会」加南地方史研究会　（60）2013.3

舞鶴東山防空指揮所
舞鶴東山防空指揮所（関本長三郎）「両丹地方史」両丹地方史研究者協議
会　（81）2012.8

舞鶴引揚記念館
報告 若狭と丹後をたずねて青空教室—熊川宿・舞鶴引揚記念館・舞鶴市
立赤れんが博物館・伊根（舟屋）の町並み散策（橋本正幸）「加南地方史
研究」加南地方史研究会　（60）2013.3
舞鶴引揚記念館を訪ねて思うこと（永山純夫）「のうみ : 能美郷土史の
会会誌」能美郷土史の会　（8）2013.3

槇島村
史料紹介『槇島村郷土誌』（上），（下）（研究紀要）（小嶋正亮，岡本京子）
「宇治市歴史資料館年報」宇治市歴史資料館　2011年度/2012年度
2013.3/2014.3

松井
松井・大住周辺 "歴史散歩コース"（『ふるさと史跡探訪マップ』）（調査研
究部会）「筒城」京田辺市郷土史会　（52）2007.4

水取
ふるさと史跡探訪マップ 水取より天王・高船・打田 "歴史散歩コース"
（出版部会）「筒城」京田辺市郷土史会　（49）2004.3

瑞穂町
丹波綾部道路沿線の中世城郭群—最終編 瑞穂町内西側の城（研究ノート）
（若江茂）「丹波」丹波史談会　（15）2013.10

溝尻城
遺構から考察する丹後溝尻城（高橋成計）「北陸の中世城郭」北陸城郭研
究会　14　2004.7

三ツ塚廃寺跡
白鳳の風—国史跡・三ツ塚廃寺跡を考える（大槻勝己）「丹波史」丹波史
懇話会　（34）2014.6

三山木村
綴喜郡三山木村金融社通帳（筒城）「筒城」京田辺市郷土史会　（59）2014.3

南加茂台小学校
子どもたちの地域史（6）南加茂台小学校六年生の「加茂遺跡めぐり」（井
上千里，大村和広）「やましろ」城南郷土史研究会　（23）2009.10

南山城
南山城の太平洋戦争（上）少国民の同時代史（赤塚康雄）「やましろ」城
南郷土史研究会　（18）2003.8
南山城の太平洋戦争（上），［下］少国民の同時代史（赤塚康雄）「やまし
ろ」城南郷土史研究会　（18）/（19）2003.8/2004.8
南山城関係図書の出版目録（1985年以降）（小林凱之）「やましろ」城南
郷土史研究会　（18）2003.8
南山城地域市町村史発行一覧（小林凱之）「やましろ」城南郷土史研究会
（19）2004.8
「南山城の太平洋戦争（上）」を読んで（大石麻水）「やましろ」城南郷土
史研究会　（19）2004.8
南山城のことば（金田知子）「やましろ」城南郷土史研究会　（19）
2004.8
今後の地域個性を考える—南山城の風土と日本文化から（門脇禎二）「や
ましろ」城南郷土史研究会　（20）2005.10
南山城地域市町村発行資料一覧表（市町村史を除く）（小林凱之）「やまし
ろ」城南郷土史研究会　（20）2005.10
南山城の太平洋戦争 落穂拾いの巻—戦時保育所の成立と分布（赤塚康
雄）「やましろ」城南郷土史研究会　（20）2005.10
南山城地域市町村発行資料一覧表（市町村史を除く）（小林凱之）「やまし
ろ」城南郷土史研究会　（21）2006.12
南山城文学誌のあわさい（1）仁徳の桑の木（古川章）「やましろ」城南
郷土史研究会　（21）2006.12
戦時・戦後期に於ける南山城青年 エリートの思想と行動の軌跡（上）—
資料・陸士生徒日記、立命館大学上狛班日誌を通して（赤塚康雄）「や
ましろ」城南郷土史研究会　（21）2006.12
南山城の史跡めぐり（山口政昭）「乙訓文化」乙訓の文化遺産を守る会
（71）2007.5
南山城地域の城館構成—国一揆から戦国期へ（〈第23回全国城郭研究者
セミナーの報告〉）（中井均）「中世城郭研究」中世城郭研究会　（21）
2007.7
南山城の歴史探訪（草川英昭）「つどい」豊中歴史同好会　（238）2007.
12
南山城文学誌のあわさい（2）継体の宮の址（古川章）「やましろ」城南
郷土史研究会　（22）2008.5
戦時・戦後期に於ける南山城青年 エリートの思想と行動の軌跡（下）—
資料・陸士生徒日記、立命館大学上狛班日誌を通して（赤塚康雄）「や
ましろ」城南郷土史研究会　（22）2008.5
第920回例会 南山城の京田辺市の文化財を訪ねて（中嶋昌子）「史迹と美
術」史迹美術同攷会　78（4）通号784　2008.5
南山と南山城跡に関する研究小史（登真智子，山内勝美）「廣友会誌」廣
友会　（4）2008.12
南山城の水無月探訪を終えて（坂本敏夫）「備陽史探訪」備陽史探訪の会
（149）2009.8
浅田家文書と南山城研究 『近世・近代の南山城—綿作から茶業へ』を読
もう（田中淳一郎）「やましろ」城南郷土史研究会　（23）2009.10
南山城文学誌のあわさい（3）応神は酒のはじめ（古川章）「やましろ」
城南郷土史研究会　（23）2009.10
第26回京都地名フォーラム テーマ：南山城の地名「都藝泥布 : 京都地
名研究会会報」「京都地名研究会事務局」（30）2009.11
南山城文学誌のあわさい（4）南山城のマンボの語源（古川章）「やまし
ろ」城南郷土史研究会　（24）2010.10
南山城と大和 豊かな風土と歴史（特集 郷愁の大仏鉄道 南山城から奈良
へ）「月刊大和路ならら」地域情報ネットワーク　16（11）通号182
2013.11
木津川水害概説（特集 南山城水害・台風十三号災害60年）（田中淳一
郎）「やましろ」城南郷土史研究会　（27）2013.12
南山城水害誌（高麗村にみる記録）（特集 南山城水害・台風十三号災害
60年）（大西康允）「やましろ」城南郷土史研究会　（27）2013.12
解説 上—執筆・編集過程を中心に（特集 南山城水害・台風十三号災害
60年）（赤塚康雄）「やましろ」城南郷土史研究会　（27）2013.12
澤村吉兵衛日記にみる南山城水害（特集 南山城水害・台風十三号災害60
年）（梅原恭仁子，橘尚彦［編］）「やましろ」城南郷土史研究会
（27）2013.12
玉川の陸橋へ家族で避難（井出）（特集 南山城水害・台風十三号災害60
年—六十年前のこと—水害の思い出）（小川許子）「やましろ」城南郷

土史研究会　（27）2013.12

土砂で埋もれた国鉄トンネル（棚倉）（特集 南山城水害・台風十三号災害60年―六十年前のこと―水害の思い出）（梅原恭仁子）「やましろ」 城南郷土史研究会　（27）2013.12

関西本線の土手が決壊（大河原）（特集 南山城水害・台風十三号災害60年―六十年前のこと―水害の思い出）（大仲清子）「やましろ」 城南郷土史研究会　（27）2013.12

十四歳の記憶 棚倉小学校でのお話（特集 南山城水害・台風十三号災害60年―子どもたちに語り伝える南山城水害）（中西佳子）「やましろ」 城南郷土史研究会　（27）2013.12

十四歳の記憶 棚倉小学校でのお話 中西さんのお話を聴いて（特集 南山城水害・台風十三号災害60年―子どもたちに語り伝える南山城水害）（三年生児童の感想）「やましろ」 城南郷土史研究会　（27）2013.12

十四歳の記憶 棚倉小学校でのお話 命とふるさとを守る学習（特集 南山城水害・台風十三号災害60年―子どもたちに語り伝える南山城水害）（大仲順子）「やましろ」 城南郷土史研究会　（27）2013.12

井出町の子どもたちに伝えたい南山城水害（特集 南山城水害・台風十三号災害60年―子どもたちに語り伝える南山城水害）（宮本敏雪）「やましろ」 城南郷土史研究会　（27）2013.12

南山城水害から学んだ自然の猛威と人間の力（特集 南山城水害・台風十三号災害60年―子どもたちに語り伝える南山城水害）（井戸野佐知子）「やましろ」 城南郷土史研究会　（27）2013.12

南山城水害・台風十三号災害文献目録（特集 南山城水害・台風十三号災害60年）「やましろ」 城南郷土史研究会　（27）2013.12

口絵 平成25年12月例会 南山城の文化財「史迹と美術」 史迹美術同攷会　84（6）通号846　2014.7

南山城水害 相楽郡連合青年団の救援活動（特集 続 南山城水害・台風十三号災害60年）（永嶋和男）「やましろ」 城南郷土史研究会　（28）2014.12

宇治川決壊と旧巨椋池（特集 続 南山城水害・台風十三号災害60年）（堀井篤）「やましろ」 城南郷土史研究会　（28）2014.12

南山城水害誌（高麗村にみる記録）（2）（特集 続 南山城水害・台風十三号災害60年）（大西康允）「やましろ」 城南郷土史研究会　（28）2014.12

南山城水害・台風13号災害 文献目録 追加（特集 続 南山城水害・台風十三号災害60年）「やましろ」 城南郷土史研究会　（28）2014.12

南山城村

南山城村文学散歩（小西亘）「やましろ」 城南郷土史研究会　（21）2006.12

峰山町

1927年北丹後地震における峰山町の被害実態と復興計画（植村善博，小林善仁，大邑潤三）「鷹陵史学」 鷹陵史学会　（37）2011.9

壬生

丹生・壬生と水源関連地名（綱本逸雄）「地名探究」 京都地名研究会　（7）2009.3

宮津城

宮津城残存石垣を撤去―僅かに残る三の丸石垣だったが遺構消滅「城郭だより ： 日本城郭史学会会報」［日本城郭史学会］　（62）2008.7

美山

篠山城と美山の山郷を訪ねて（種本実）「備陽史探訪」 備陽史探訪の会　120　2004.10

判取帳にみる美山の一面（小畑弘）「丹波」 丹波史談会　（8）2006.10

京都北山の古寺と美山の茅葺民家（矢ヶ崎善太郎）「近畿文化」 近畿文化会事務局　（719）2009.10

「美山学」初年度の取組と課題（研究ノート）（小畑弘）「丹波」 丹波史談会　（15）2013.10

美山川

由良川水系の筏（いかだ）について―上由良川上流・美山川の例（特集 大堰川を中心として水運）（野々村美好）「丹波」 丹波史談会　（12）2010.10

三山木

昭和の思い出 普賢寺/三山木/草内/田辺/大住「筒城」 京田辺市郷土史会　（50）2005.3

京田辺市「三山木」の地名起源について（小泉芳孝）「筒城」 京田辺市郷土史会　（52）2007.4

美山町

過疎自治体財政の実態と評価―京都府美山町を中心に（桑田但馬）「京都地域研究」 京都地域研究　17　2003.3

フレンドツアー かやぶきの里・美山町スケッチ（関谷広，関光雄，西尾茂治，天竹薫信）「わかくす ： 河内ふるさと文化誌」 わかくす文芸研究会　（52）2007.11

丹波川勝氏の中世城郭一付、京都府南丹市美山町内の城と伝承（若江茂）「丹波」 丹波史談会　（11）2009.10

美山町における掟の類いの考察（研究ノート）（小畑弘）「丹波」 丹波史談会　（16）2014.10

向日市

向日市と長岡京市の文化財（矢崎善太郎）「史迹と美術」 史迹美術同攷会　77（8）通号778　2007.9

武者小路通

大路小路 上京の史蹟（17）武者小路通、元誓願寺通、笹屋町通（出雲路敬直）「上京・史蹟と文化」 上京区民ふれあい事業実行委員会　35　2008.8

室町通

上京の史蹟シリーズ 大路小路（12）室町通「上京・史蹟と文化」 上京区民ふれあい事業実行委員会　30　2006.2

室町幕府女房所領

戦国末期室町幕府女房所領に関する一史料（西島太郎）「織豊期研究」 織豊期研究会　（6）2004.10

物集女城

山城国 物集女城（前川浩一）「城」 東海古城研究会　（187）2003.10

もっと物集女城を知ってほしい（竹原吉彦）「乙訓文化」 乙訓の文化遺産を守る会　（64）2004.5

元誓願寺通

大路小路 上京の史蹟（17）武者小路通、元誓願寺通、笹屋町通（出雲路敬直）「上京・史蹟と文化」 上京区民ふれあい事業実行委員会　35　2008.8

元頂妙寺町

地名随想 寺の名の付いた町名（9）元頂妙寺町（清水弘）「都藝泥布 ： 京都地名研究会会報」［京都地名研究会事務局］　（48）2014.11

桃山

桃山の地名の定義について（清水弘）「地名探究」 京都地名研究会　（6）2008.3

紋屋図子

大路小路 上京の史蹟（29）紋屋図子・五辻通 紋屋図子/五辻通（出雲路敬直）「上京・史蹟と文化」 上京区民ふれあい事業実行委員会　47　2014.8

八木町

口絵写真解説 南丹市八木町の石造美術（矢ヶ崎善太郎）「史迹と美術」 史迹美術同攷会　80（10）通号810　2010.12

第972回例会 南丹市八木町の文化財（矢ヶ崎善太郎）「史迹と美術」 史迹美術同攷会　82（7）通号827　2012.8

夜久野

記念講演 夜久野の話「夜久野と市川騒動」講師 足立悦夫氏「史談福智山」 福知山史談会　（683）2009.2

夜久野と市川騒動（足立悦夫）「史談福智山」 福知山史談会　（684）2009.3

平成21年度春の例会 夜久野高原 その歴史・地学・民俗の探訪（概略）（編集者より）「史談福智山」 福知山史談会　（685）2009.4

八坂道

「いにしえの八坂道」のご案内（1），（2）（大本静人）「わが町三原」 みはら歴史と観光の会　195/197　2007.6/2007.8

藪の渡し

宇治屋と藪の渡し（古瀬誠三）「やましろ」 城南郷土史研究会　（22）2008.5

山家陣屋

会員通信 大名陣屋とその村その町（第二集）9 丹波 山家陣屋（別名 鷹栖陣屋、山家殿）（上田正和）「城だより」 日本古城友の会　（547）2014.7

山国荘

禁裏領山国荘の鮎献上（特集 大堰川を中心として水運）（山村安郎）「丹波」 丹波史談会　（12）2010.10

丹波国山国荘地域の現地調査・その成果と課題（特集「荘園調査」の現在地）（坂田聡）「民衆史研究」 民衆史研究会　（85）2013.5

史料紹介 丹波国山国荘鳥居家文書の中世文書―名職・田地関係文書（大貫茂紀，髙島良太，柳澤誠）「中央史学」 中央史学会　（37）2014.3

山国庄

宇津氏の違乱と滅亡前後の山国庄―「御湯殿上日記」に見る（山村安郎）「丹波」 丹波史談会　（8）2006.10

山崎

山崎合戦陣形図について（福島克彦）「大山崎町歴史資料館館報」 大山崎町歴史資料館　（14）2008.3

楠葉・梶原の"関門"台場と会津藩―八幡・山崎の関門構築構想から見えてくる京都守護職会津藩の姿（第11回会津史談会賞入選作）（吉野集

平)「会津史談」 会津史談会 （86） 2012.4

山科

第26回京都地名フォーラム報告 山科の地名の由来について（鏡山次郎）/紀要との地名表示「上ル・下ル」の導入への道（糸井通浩）「入江成治」「都藝泥布 ： 京都地名研究会会報」「京都地名研究会事務局」（34） 2010.10

山科寺内町

山科本願寺寺内町の城郭性について―虎口の位置を中心に（岸田盛秀）「城郭史研究」 日本城郭史学会, 東京堂出版（発売） 25 2005.9

山城

山城地方の史跡を訪ねて（吉松達生）「大内文化探訪 ： 会誌」 大内文化探訪会 （21） 2003.4

淀川水運と山城・摂津の古式古墳（水野正好）「近畿文化」 近畿文化会事務局 （704） 2008.7

大和と浮世絵（34） 歌川広重画「国尽張交図会 五畿内五箇国 山城大和」（浅野秀剛）「月刊大和路ならら」 地域情報ネットワーク 14（5）通号152 2011.5

田中家文書D50 年未詳〔鋳物師書上〕（「山城」・「大和」・「河内」部分）（橋本貴明）「ひらかた文化財だより」 枚方市文化財研究調査会 （92） 2012.7

山城散策の報告（梅垣秀基）「史談福智山」 福知山史談会 （736） 2013.7

山城探訪報告（梅垣秀基, 芦田弘夫）「史談福智山」 福知山史談会 （737） 2013.8

山城中学校

中学生いまむかし（上）,（中）,（下） 山城中学校での60年間の調査から（赤塚康雄）「やましろ」 城南郷土史研究会 （23）/（25） 2009.10/2011.12

山城町

淺田家文書雑感［1］～（3）（淺田周宏）「やましろ」 城南郷土史研究会（22）/（26） 2008.5/2012,12

山城町上狛

山城町上狛小林氏の歴史をめぐる考察（田中淳一郎）「やましろ」 城南郷土史研究会 （19） 2004.8

山城国

歌枕「衣手の森」―山城国を中心に推測する（論文）（梅谷繁樹）「地名探究」 京都地名研究会 （12） 2014.4

山背

第8回京都地名シンポジウム報告（山背の古道から地名を探る 片平博文/京都の自然地名・災害地名パートII 池田碩）「都藝泥布 ： 京都地名研究会会報」「京都地名研究会事務局」（29） 2009.7

地名随想 もう一つの「山背」（糸井通浩）「都藝泥布 ： 京都地名研究会会報」「京都地名研究会事務局」（48） 2014.11

大和路

市外史跡めぐり 高野山から奈良大和路への旅（大島輝男）「史談足柄」足柄史談会 46 2008.4

特集 道長 大和路を行く―「扶桑略記」を読む「あかい奈良」 青垣出版, 星雲社（発売）42 2008.12

古都奈良・大和路への旅（西川隆）「久之の郷」 門前町郷土史研究会（8） 2013.3

大和路へ（紀行・随想）（土屋義明）「氏家の歴史と文化」 氏家歴史文化研究会 （12） 2013.6

八幡

歴史の窓 境内都市「八幡」と歌舞伎「引窓」（鍜代敏雄）「栃木史学」 国学院大学栃木短期大学史学会 （23） 2009.3

八幡市

京都・八幡市 八幡合戦を歩く（鬼頭将介）「わかくす ： 河内ふるさと文化誌」 わかくす文芸研究会 （55） 2009.5

由良川

由良川の環境変化考―前田地内の記憶から（増田信武）「史談福智山」 福知山史談会 616 2003.7

近世由良川流域に見る地名と舟運（住本剛史）「地名探究」 京都地名研究会 （3） 2005.3

丹波の上桂川と由良川各水系―源流付近の植生と胡麻高原（〈特集 丹波の水系河川とその歴史文化〉）（奥村覚）「丹波」 丹波史談会 （8）2006.10

丹波の水別れ―由良川・大堰川水系の谷中分水界（〈特集 丹波の水系河川とその歴史文化〉）（秋里悠司）「丹波」 丹波史談会 （8） 2006.10

由良川水系の筏（いかだ）について―上由良川上流・美山川の例（特集大堰川を中心として水運）（野々村美好）「丹波」 丹波史談会 （12）2010.10

大雲川と由良川（加藤晃）「地名探究」 京都地名研究会 （10） 2012.4

要法寺町

寺の名の付いた町名（5） 要法寺町（清水弘）「都藝泥布 ： 京都地名研究会会報」「京都地名研究会事務局」（44） 2013.7

与謝郡

丹後旧与謝郡・加佐郡の石造美術（篠原良吉）「歴史考古学」 歴史考古学研究会 （63） 2010.12

吉田山

吉田山周辺の建築と庭園（矢ヶ崎善太郎）「近畿文化」 近畿文化会事務局（767） 2013.10

義経街道

義経街道（石坂初男）「群馬歴史散歩」 群馬歴史散歩の会 186 2004.9

吉野

地名随想 八幡市男山吉野（古川章）「都藝泥布 ： 京都地名研究会会報」「京都地名研究会事務局」 8 2004.4

葭屋町通

大路小路 上京の史蹟（28） 葭屋町通 葭屋町通/晴明神社/福大明神社/検非違使庁址（出雲路敬直）「上京・史蹟と文化」 上京区民ふれあい事業実行委員会 46 2014.2

淀川

「土佐日記」に見る「淀川」の地名から（久保田孝夫）「地名探究」 京都地名研究会 （5） 2007.3

近代の淀川について―京都府下を中心にして（巡見・シンポジウム報告）（高久嶺之介）「交通史研究」 交通史学会, 吉川弘文館（発売）（80）2013.4

淀藩

朝鮮通信使と高安淀藩の村々（棚橋利光）「河内どんこう」 やお文化協会（91） 2010.6

淀藩大森陣屋に対する村々の諸入用負担（「成田の地名と歴史―大字別地域の事典―」 編集余話2）（鏑木行廣）「成田市史研究」 成田市教育委員会 （37） 2013.3

頼政道

源頼政の逃げ道―頼政道（齋藤幸雄）「地名探究」 京都地名研究会 （9）2011.4

洛西

京の地名俳句を観る（6） 洛西の巻（尾崎聖二郎）「都藝泥布 ： 京都地名研究会会報」「京都地名研究会事務局」（42） 2012.12

洛西松尾

京都めぐり洛西松尾・大原野ガイド「西宮文化協会会報」 西宮文化協会 （451） 2005.10

洛中

京の地名俳句を観る（2） 洛中の巻（尾崎聖二郎）「都藝泥布 ： 京都地名研究会会報」「京都地名研究会事務局」（38） 2011.9

洛中洛外

上杉本洛中洛外図の主人公は誰か（第237回例会講話）（加澤昌人）「温故」 米沢温故会 （30） 2003.8

岡山の文化財 洛中洛外図屏風（熊倉功夫）「きび野」 岡山県郷土文化財団 （100） 2006.1

わたしたちの文化財 洛中洛外図（尼崎市教育委員会所蔵）（伏谷優子）「ヒストリア ： journal of Osaka Historical Association」 大阪歴史学会 （214） 2009.3

洛東

京の地名俳句を観る（4） 洛東の巻（尾崎聖二郎）「都藝泥布 ： 京都地名研究会会報」「京都地名研究会事務局」（40） 2012.3

洛南

京の地名俳句を観る（5） 洛南の巻（尾崎聖二郎）「都藝泥布 ： 京都地名研究会会報」「京都地名研究会事務局」（41） 2012.7

洛北

琵琶湖周遊・京都洛北の歴史と文化をたずねて（吉田恒義）「栃木県立博物館友の会だより」 栃木県立博物館友の会 （45） 2008.2

琵琶湖周遊・京都洛北の歴史と文化をたずねて（長島秀夫）「栃木県立博物館友の会だより」 栃木県立博物館友の会 （45） 2008.2

京の地名俳句を観る（3） 洛北の巻（尾崎聖二郎）「都藝泥布 ： 京都地名研究会会報」「京都地名研究会事務局」（39） 2011.12

羅生門

竹内（新）家文書絵図類の紹介―「羅城門の記憶展」によせて（資料紹介）（村野正景）「朱雀 ： 京都文化博物館研究紀要」 京都府京都文化博物館 26 2014.3

両丹

たかが一里塚 されど一里塚（古道再見）（栢分逸郎）「両丹地方史」 両丹

近畿 地名でたどる郷土の歴史 京都府

地方史研究者協議会 （75） 2005.3
第24回京都地名フォーラム テーマ「両丹地方の地名」「都藝泥布 ： 京
都地名研究会会報」〔京都地名研究会事務局〕 （27） 2008.11

六波羅

貞応三年二月二五日付六波羅下知状（真鍋淳哉）「三浦一族研究」 横須賀
市 （8） 2004.5

蕨

河岸段丘と水利について 京丹波町蕨地区の水資源確保（研究ノート）
（齋藤治）「丹波」 丹波史談会 （15） 2013.10

大阪府

あいりん

そして、釜ヶ崎へ あいりん地区で生きる東北の人々（馬場竹千代）「別冊東北学」 東北芸術工科大学東北文化研究センター，作品社（発売）5 2003.2

青葉山

青葉山のふもと（《戦後61年特集》）（安居隆行）「歴史懇談」 大阪歴史懇談会 （20）2006.8

青屋口

最後の大坂加番—青屋口加番・播磨国山崎藩本多家（菅良樹）「歴史と神戸」 神戸史学会 43（3）通号244 2004.6

赤川鉄橋

赤川鉄橋（浜本正女）「大阪春秋」 新風書房 31（1）通号110 2003.3

英田

伊勢参宮本街道を歩く（2）高井田〜英田（吉井貞俊）「大阪春秋」 新風書房 37（4）通号137 2010.1

芥川山城

戦国三好氏の山城—芥川山城と飯盛山城（特集 飯森山城と戦国おおさか—飯盛山城）（天野忠幸）「大阪春秋」 新風書房 40（4）通号149 2013.1

付録解説 芥川山城跡縄張り図・飯盛山城跡縄張り図・烏帽子形城跡縄張り図（中井均）「大阪春秋」 新風書房 40（4）通号149 2013.1

芥川山城 鳥瞰図（会員通信）（川端義憲）「城だより」 日本古城友の会 （531）2013.3

曙川

よみがえれ曙川（《特集 見てほしい 知ってほしい 残したい わが町の風景2》）（かしもとけいじ）「河内どんこう」 やお文化協会 （81）2007.2

麻田陣屋

小藩陣屋町「摂津麻田」について（米田藤博）「パイオニア」 関西地理学研究会 （77）2006.3

旭区

大阪歴史散歩（12）旭区・都島区・城東区を歩く（西俣稔）「大阪の歴史」 大阪市史料調査会 （62）2003.7

アサヒビール吹田工場

アサヒビール吹田工場 歴史的建築物を残す（《特集 大阪の酒造り》）（酒井一光）「大阪春秋」 新風書房 33（4）通号121 2006.1

芦原国民学校

芦原国民学校の学童集団疎開生活について—滋賀県下における学童集団疎開の一事例（大西稔子）「栗東歴史民俗博物館紀要」 栗東歴史民俗博物館 （11）2005.3

我孫子道

『万葉集』に詠われた紀州街道 阪堺線 part1 恵美須町〜我孫子道（特集 阪堺電車—阪堺線開通100年—阪堺電車沿線案内）（横井三保）「大阪春秋」 新風書房 39（3）通号144 2011.10

阿倍野

阿倍野の「もと熊野街道」を歩く（西口忠）「大阪春秋」 新風書房 31（1）通号110 2003.3

戦災に消えた阿倍野の薬局（櫻井久之）「葦火 ： 大阪市文化財情報」 大阪市博物館協会大阪文化財研究所 22（4）通号130 2007.10

中世の摂河阿倍野周辺について（長谷川靖高）「摂播歴史研究」 摂播歴史研究会 （56）2011.11

阿倍野区

大阪市阿倍野区における新制中学校成立期通学域の形成過程（赤塚康雄）「パイオニア」 関西地理学研究会 （93）2010.11

阿倍野橋

資料紹介 戦中・戦後の阿倍野橋・河内長野・富田林附近の劇場に関する2・3の資料の紹介（松本弘）「河内長野市郷土研究会誌」 ［河内長野市郷土研究会］ （52）2010.4

天見

天見の監視哨（井上元良）「河内長野市郷土研究会誌」 ［河内長野市郷土研究会］ （51）2009.4

「天見の監視哨」・監視哨の証明書について（井上元良）「河内長野市郷土研究会誌」 ［河内長野市郷土研究会］ （52）2010.4

阿弥陀池

文化財総合調査 おおさかの名所阿弥陀池の構造とその歴史（佐藤隆）「大阪の歴史と文化財」 大阪市教育委員会事務局生涯学習部 （15）2005.3

雨山城

土丸・雨山城—中世荘園日根荘と山城（特集 飯森山城と戦国おおさか—戦国おおさかの城跡）（中岡勝）「大阪春秋」 新風書房 40（4）通号149 2013.1

荒前井路

荒前井路の水利組合行事と放場について（伏井邦彦）「河内長野市郷土研究会誌」 ［河内長野市郷土研究会］ （55）2013.4

有馬

文人たちの遊んだ北摂—箕面・有馬・一庫温泉（肥田晧三）「大阪春秋」 新風書房 34（1）通号118 2005.4

安堂遺跡

茨田氏と大和川（上），（下）—安堂遺跡・津積郷・津積駅家に関連して（塚口義信）「つどい」 豊中歴史同好会 199/200 2004.10/2004.11

飯盛城

総論 戦国史の舞台 おおさか—千早城・飯盛城・大坂城（特集 飯森山城と戦国おおさか）（中西裕樹）「大阪春秋」 新風書房 40（4）通号149 2013.1

飯盛山

河内 飯盛山「四条畷合戦」の舞台（青木茂夫）「大阪春秋」 新風書房 34（3）通号120 2005.10

飯盛山城

2月・第580回例会の報告 飯盛山城、野崎城（川岡治）「城だより」 日本古城友の会 （519）2012.3

飯盛山城（鳥瞰図）（会員通信）（川端義憲）「城だより」 日本古城友の会 （519）2012.3

インタビュー 飯盛山城とまちづくり 談：小浜且幸・田村雅子・水野淳（特集 飯森山城と戦国おおさか）（小林義孝）「大阪春秋」 新風書房 40（4）通号149 2013.1

総論 天上の飯盛山城—視界270度の世界（特集 飯森山城と戦国おおさか）（小林義孝）「大阪春秋」 新風書房 40（4）通号149 2013.1

戦国おおさかと山城（特集 飯森山城と戦国おおさか—中世史の立場から）（仁木宏）「大阪春秋」 新風書房 40（4）通号149 2013.1

飯盛山城の構造と歴史的位置（特集 飯森山城と戦国おおさか—飯盛山城）（中井均）「大阪春秋」 新風書房 40（4）通号149 2013.1

飯盛山城をめぐる周辺の城跡（特集 飯森山城と戦国おおさか—飯盛山城）（實盛良彦）「大阪春秋」 新風書房 40（4）通号149 2013.1

戦国三好氏の山城—芥川山城と飯盛山城（特集 飯森山城と戦国おおさか—飯盛山城）（天野忠幸）「大阪春秋」 新風書房 40（4）通号149 2013.1

探訪 飯盛山城跡—つわものどもが夢の跡（特集 飯森山城と戦国おおさか—エッセイ）（黒田淳）「大阪春秋」 新風書房 40（4）通号149 2013.1

飯盛山城のふもとから（特集 飯森山城と戦国おおさか—エッセイ）（浅野詠子）「大阪春秋」 新風書房 40（4）通号149 2013.1

付録解説 芥川山城跡縄張り図・飯盛山城跡縄張り図・烏帽子形城跡縄張り図（中井均）「大阪春秋」 新風書房 40（4）通号149 2013.1

井内荘

摂津国井内荘に関する二つの史料（福島克彦）「大山崎町歴史資料館館報」 大山崎町歴史資料館 （15）2009.3

猪飼野

「大阪のコリアン文化に触れる：沖縄—済州島—大阪猪飼野」を企画して（前田真之）「博友 ： 沖縄県立博物館友の会機関誌」 沖縄県立博物館友の会 17 2003.5

王仁博士「難波津の歌」歌碑建立と猪飼野（足代健二郎）「大阪春秋」 新風書房 38（1）通号138 2010.4

「過去」にならない猪飼野—『ニッポン猪飼野ものがたり』刊行に寄せて（随筆春秋）（金由汀）「大阪春秋」 新風書房 39（2）通号143 2011.7

グラビア 猪飼野・百済の面影（二宮一郎，林耕二）「大阪民衆史研究」 大阪民衆史研究会 （66）2011.12

鶴橋・猪飼野画集—日本画家・堤楢次郎が描いた大正・昭和時代の鶴橋・猪飼野の世界（随筆春秋）（小野賢一）「大阪春秋」 新風書房 40

近畿　　　　　　　　　　　　　　　地名でたどる郷土の歴史　　　　　　　　　　　　大阪府

（1）通号146　2012.4

生野

在阪済州島出身者の生活誌―大阪市生野の事例から（二宮一郎）「大阪民衆史研究」　大阪民衆史研究会　通号59　2006.10

「生野南部地区」の整備事業報告（伊藤和雄）「都市文化研究」　大阪都市文化研究会　（29）2010.3

生野区

野外講座 在日コリアンの歴史と生活―生野区を歩く「Liberty」　大阪人権博物館　（42）2008.10

大阪市生野区における新制中学校成立期通学域の形成過程（赤塚康雄）「パイオニア」　関西地理学研究会　（92）2010.8

生野区（大阪市）を核とする周辺地域の塩化ビニールレザー小史（まちをつくる）（眞奎通）「あしたづ：河内の郷土文化サークルセンター特集誌」　河内の郷土文化サークルセンター　（16）2014.2

池内村

松原の史蹟と伝説（9）池内村と河内天美駅（出水睦己）「河内どんこう」　やお文化協会　71　2003.10

池田

酒蔵拝見（1）池田の酒蔵二軒（《特集 大阪の酒造り》）（吉田高子）「大阪春秋」　新風書房　33（4）通号121　2006.1

満蒙開拓青少年義勇軍―池田から送り出された少年たち（〈戦前・戦後回顧特集〉）（室田卓雄）「歴史懇談」　大阪歴史懇談会　（23）2009.8

文学作品に書かれた池田（肥田晧三）「池田郷土研究」　池田郷土史学会　（12）2010.3

池田在郷町における特質について―「早時」の対応を中心に（田中万里子）「池田郷土研究」　池田郷土史学会　（12）2010.3

近世池田の町構造について（乾宏巳）「池田郷土研究」　池田郷土史学会　（13）2011.3

新版・郷土学習資料『いけだ』について（橋高和明）「池田郷土研究」　池田郷土史学会　（13）2011.3

大阪の老舗と文化（3）北摂の街道と在郷町の賑わいがうみだした池田の文化の老舗（前川洋一郎）「大阪春秋」　新風書房　41（3）通号152　2013.10

池田の集落史と地形面（武藤直）「池田郷土研究」　池田郷土史学会　（16）2014.4

池田市

大阪府池田町から池田市へ（戦前・戦後回顧特集）（室田卓雄）「歴史懇談」　大阪歴史懇談会　（24）2010.8

池田市の文化財に指定された算額等について（山田悦郎）「池田郷土研究」　池田郷土史学会　（14）2012.4

豊中市・池田市の史跡を訪ねる（山口久幸）「つどい」　豊中歴史同好会　（322）2014.11

池田師範学校

池田師範学校八十四年の歴史（中島正雄）「池田郷土研究」　池田郷土史学会　（16）2014.4

池田師範学校（その1）（その2）（その3）（中島正雄）「池田郷土研究」　池田郷土史学会　（16）2014.4

附属小学校の生活（中島正雄）「池田郷土研究」　池田郷土史学会　（16）2014.4

池田城

池田城跡に開設された学校―戦時下の人材養成機関を中心として（室田卓雄）「御影史学論集」　御影史学研究会　（38）2013.10

池田町

大阪府池田町から池田市へ（戦前・戦後回顧特集）（室田卓雄）「歴史懇談」　大阪歴史懇談会　（24）2010.8

石川庄

室町院領河内国石川庄・肥前国三重屋庄に関する一考察（遠城悦子）「ソーシアル・リサーチ」　ソーシアル・リサーチ研究会　（33）2008.3

石切

東高野街道周辺の史跡（4）―東大阪市石切・日下の里（泉森皎）「近畿文化」　近畿文化会事務局　665　2005.4

石見川村

石見川村オヤハタキ一件について（前）伝承と史実（玉城幸男）「河内長野市郷土研究会誌」　河内長野市郷土研究会　（51）2009.4

石山寺内町

石山寺内町の空間復元のために―研究批判の方法と実践（仁木宏）「寺内町研究」　貝塚寺内町歴史研究会，和泉書院（発売）6　2002.6

和泉

和泉国城跡図を閲覧（事務局）「泉佐野の歴史と今を知る会会報」　泉佐野の歴史と今を知る会　（240）2007.12

パネルディスカッション 近世後期の大坂と摂津・河内・和泉―大塩事件

の背景をさぐる（酒井一）「大塩研究」　大塩事件研究会　（62）2010.3

第947回例会 和泉地区に伝わる文化財を訪ねて（松永修輔）「史迹と美術」　史迹美術同攷会　80（6）通号806　2010.7

古絵図をひも解く 河摂泉（かせっせん）絵図「テンプス：かいづか文化財だより」　貝塚市教育委員会　（42）2010.8

特集・秋の史蹟探訪 和泉・大和路の旅（佐々木市太郎）「郷土史誌末廬國」　松浦史談会，芸文堂（発売）（184）2010.12

和泉の中世城跡（1）～（4）（井田寿邦）「泉佐野の歴史と今を知る会会報」　泉佐野の歴史と今を知る会　（283）／（286）2011.7/2011.10

帝塚山大学大学院人文科学研究所所蔵『大和河内和泉ヶ国街道道程図』「月刊大和路ならら」　地域情報ネットワーク　14（8）通号155　2011.8

和泉の中世城郭（5）～（33）（井田寿邦）「泉佐野の歴史と今を知る会会報」　泉佐野の歴史と今を知る会　（287）／（323）2011.11/2014.11

近世初期における海上交通役の編成―摂津・和泉・播磨三ヵ国の沿海地域を素材に（2012年度大会報告要旨―近世・部会報告）（河野未央）「ヒストリア：journal of Osaka Historical Association」　大阪歴史学会　（232）2012.6

近世初期における海上交通役の編成―摂津・和泉・播磨三ヵ国沿海地域を素材として（2012年度大会特集号―近世部会報告）（河野未央）「ヒストリア：journal of Osaka Historical Association」　大阪歴史学会　（235）2012.12

和泉の倭寇（廣田浩治）「泉佐野の歴史と今を知る会会報」　泉佐野の歴史と今を知る会　（316）2014.4

和泉川

和泉川沿いの史跡を訪ねて（杉山一夫）「とみづか」　戸塚歴史の会　29　2003.6

泉区

泉区地名考 和泉（1）（安西實）「郷土いずみ」　10　2004.5

泉佐野

泉佐野農業の歩み（42）～（43）様々な内乱（2）～（3）「泉佐野の歴史と今を知る会会報」　泉佐野の歴史と今を知る会　148/151　2000.6/2000.9

泉佐野農業の歩み（44）内乱の中盤へ「泉佐野の歴史と今を知る会会報」　泉佐野の歴史と今を知る会　152　2000.10

「貝塚・泉佐野の村の城・村の寺内を訪ねて」見学記（上野裕子）「寺内町研究」　貝塚寺内町歴史研究会，和泉書院（発売）5　2000.12

泉佐野農業の歩み（45）足利氏の分裂と後村上方の動き「泉佐野の歴史と今を知る会会報」　泉佐野の歴史と今を知る会　156　2001.2

泉佐野農業の歩み（46）再び激戦地に「泉佐野の歴史と今を知る会会報」　泉佐野の歴史と今を知る会　159　2001.5

泉佐野農業の歩み（47）日根野氏の没落「泉佐野の歴史と今を知る会会報」　泉佐野の歴史と今を知る会　165　2001.11

泉佐野農業の歩み（48）和田氏の「分裂」「泉佐野の歴史と今を知る会会報」　泉佐野の歴史と今を知る会　167　2002.1

泉佐野農業の歩み（49）淡輪氏の鞍替え「泉佐野の歴史と今を知る会会報」　泉佐野の歴史と今を知る会　171　2002.5

泉佐野農業の歩み（50）村の成立「泉佐野の歴史と今を知る会会報」　泉佐野の歴史と今を知る会　181　2003.2

16年の歩み「泉佐野の歴史と今を知る会会報」　泉佐野の歴史と今を知る会　199　2004.7

語り合おう泉佐野の今昔を開催（事務局）「泉佐野の歴史と今を知る会会報」　泉佐野の歴史と今を知る会　206　2005.2

泉佐野の古代の漁業を語り合う（事務局）「泉佐野の歴史と今を知る会会報」　泉佐野の歴史と今を知る会　212　2005.8

いずみさの歴史散歩（5）「中世絵図」を歩く―絵図コウォーカーから「歴史通信いずみさの」　歴史館いずみさの　18　2006.3

聞書 昭和7年頃の星工業（北山理）「泉佐野の歴史と今を知る会会報」　泉佐野の歴史と今を知る会　（227）2006.11

史料紹介 戦後の泉佐野漁業（1）～（5）（事務局）「泉佐野の歴史と今を知る会会報」　泉佐野の歴史と今を知る会　（272）／（280）2010.8/2011.04

企画展 泉佐野サムライ列伝―日根野氏と和泉の中世武士たち，特別展ぎょ！ギョ‼漁業―泉佐野 漁業の昔と今，特別陳列I 館蔵資料展―人のかお（表情），ホール展示 土曜れきし館作品展（平成23年度の展覧会）「歴史通信いずみさの」　歴史館いずみさの　24　2012.3

「兼葭堂日記」にみる食野・唐金家および泉州佐野について（1），（2）（よねかずゆうたろう）「泉佐野の歴史と今を知る会会報」　泉佐野の歴史と今を知る会　（307）／（309）2013.7/2013.09

泉佐野市

圃場整備にかかわる泉佐野市の回答および重ねての要望書（事務局）「泉佐野の歴史と今を知る会会報」　泉佐野の歴史と今を知る会　181　2003.2

大阪府　　　　　　　　　　　　地名でたどる郷土の歴史　　　　　　　　　　　　近畿

和泉市
和泉市史における地域史像構成の模索─地域叙述編を編さんして(〈地域史研究の方法と思想─三つの地域での実践から〉)(森下徹)「歴史科学」　大阪歴史科学協議会　(179・180)　2005.5

和泉式部町
地名随想 和泉式部町(明川忠夫)「都藝泥布 ： 京都地名研究会会報」　[京都地名研究会事務局]　13　2005.7

猪名川
難波「八十嶋」と神崎川・猪名川下流域(黒田慶一)「地域史研究 ： 尼崎市立地域研究史料館紀要 ： Bulletin of the history of Amagasaki」　尼崎市立地域研究史料館　(111)　2011.9

犬鳴山
犬鳴山の伝承(1) 犬鳴山の由来(上),(下)(樋野修司)「泉佐野の歴史と今を知る会会報」　泉佐野の歴史と今を知る会　(254)/(255)　2009.2/2009.03

茨木
茨木の判官道と小栗判官について(坂口幸人)「茨木市文化財愛護会会報」　茨木市文化財愛護会　(9)　2006.11
『わがまち茨木 年代誌編』「茨木市文化財愛護会会報」　茨木市文化財愛護会　(11)　2008.2
茨木と茨田(中村修)「古代史の海」　「古代史の海」の会　(54)　2008.12
茨木と佐保(中村修)「古代史の海」　「古代史の海」の会　(57)　2009.9
「茨木と佐保」追記(会員ひろば)(中村修)「古代史の海」　「古代史の海」の会　(60)　2010.6
茨木の文化財めぐり(17)「茨木市文化財愛護会会報」　茨木市文化財愛護会　(15)　2011.5
大阪の老舗と文化(7) 京阪の中間、街道在郷の町 茨木の文化と歴史(前川洋一郎)「大阪春秋」　新風書房　42(3)通号156　2014.10

茨木市
『新修 茨木市史』第九巻 史料編 美術工芸「茨木市文化財愛護会会報」　茨木市文化財愛護会　(12)　2008.5

今井
富田林と今井の寺内町(大澤研一)「近畿文化」　近畿文化会事務局　(745)　2011.12

今池遺跡
松原の史蹟と伝説(11) 大和川今池遺跡と芝・油上(出水睦己)「河内どんこう」　やお文化協会　73　2004.6

今川
万葉集に詠まれた息長川はわがまちの今川だった(上),(中),(下)完(三津井康純)「大阪春秋」　新風書房　34(2)通号119/34(1)通号122　2005.7/2006.4
今川の歴史講演会「万葉集に詠まれた今川」(編集部)「大阪春秋」　新風書房　34(3)通号120　2005.10

今福村
摂津国東成郡今福村の特色─史料集『西井清家文書』の紹介を兼ねて(史料紹介)(札埜耕三)「大阪の歴史」　大阪市史料調査会　(69)　2007.8

入山田村
『新修泉佐野市史』に未収録の入山田村関係史料(廣田浩治)「泉佐野の歴史と今を知る会会報」　泉佐野の歴史と今を知る会　205　2005.1
入山田村の撰銭令は存在したか─日記の史料批判から(村田修三)「史敏」　史敏刊行会　2　2005.4

岩湧山
豊かな自然を守ろう 奥河内の名峰 岩湧山の四季(特集 奥河内の今昔物語─奥河内の自然)(上田泰二郎)「大阪春秋」　新風書房　41(2)通号151　2013.7

上庄悪水井路
柿木家所蔵絵図からみる上庄悪水井路と大和川付け替え(蓮井岳史)「枚方市史年報」　枚方市教育委員会　(13)　2010.4

上田
上田庄代地区の歴史と野耀山増福寺(竹鼻康次)「河内長野市郷土研究会誌」　[河内長野市郷土研究会]　(48)　2006.4

上の川水路
上の川水路跡の調査について(西本安秀)「吹田市立博物館博物館だより」　吹田市立博物館　(60)　2014.12

上町
私の掃苔 上町散歩(村田隆志)「大阪春秋」　新風書房　32(3)通号116　2004.10

上町線
市電上町線廃止(創立20周年記念 学習発表会)(松岡肇三)「吉野史談」　吉野史談会　(37)　2013.3

上町台地
《特集 上町台地の魅力》[1],[続]「大阪春秋」　新風書房　32(1)通号114/32(2)通号116　2004.5/2004.10
上町台地の崖線に沿って(加藤政洋)「大阪春秋」　新風書房　32(1)通号114　2004.5
上町台地を縦断する熊野街道(武藤善一郎)「大阪春秋」　新風書房　32(1)通号114　2004.5
大阪発祥の地 上町台地(脇田修)「大阪春秋」　新風書房　32(3)通号116　2004.10
上町台地の攻防─大坂夏の陣(跡部信)「大阪春秋」　新風書房　32(3)通号116　2004.10
浪華往古図による上町台地四河川の考察(木村邦男)「大阪春秋」　新風書房　32(3)通号116　2004.10
上町台地は教育の森(赤塚康雄)「大阪春秋」　新風書房　32(3)通号116　2004.10
上町台地の芭蕉俳跡(中) 野坡が頼み、芦角が建て、鳥酔再建の大阪最古の芭蕉塚(三善貞司)「大阪春秋」　新風書房　32(3)通号116　2004.10
物見遊山、行楽地としての上町台地(高島伸)「大阪春秋」　新風書房　34(1)通号118　2005.4
上町谷窯の発見(前)─上町台地の初期須恵器窯(市川創)「葦火 ： 大阪市文化財情報」　大阪市博物館協会大阪文化財研究所　25(4)通号148　2010.10
上町台地西側で見つかった海辺の集落(平田洋司)「葦火 ： 大阪市文化財情報」　大阪市博物館協会大阪文化財研究所　25(6)通号150　2010.12
上町台地の文化遺産をとりまく景観とその変遷─関西大学大阪旧蹟産研究センター所蔵「牧村史陽旧蔵写真」に見る史跡・名所・寺社(内田吉哉)「大阪の歴史」　大阪市史料調査会　(76)　2011.1
上町台地でも起こっていた歴史時代の地すべり(趙哲済,清水和明)「葦火 ： 大阪市文化財情報」　大阪市博物館協会大阪文化財研究所　26(5)通号155　2011.12

上六ホテル
近鉄の近代建築(5) 上六ホテル(現、百楽本店)(川島智生)「近畿文化」　近畿文化会事務局　(703)　2008.6

歌島橋
歌島橋交差点の改修工事(特集 交通イノベーション)(藤江徹)「Libella」　公害地域再生センター　(115)　2010.7

宇多庄
八条院領和泉国宇多庄に関する一考察(遠城悦子)「ソーシアル・リサーチ」　ソーシアル・リサーチ研究会　26　2001.2

打上村
明治初期村「地誌」─讃良郡河北村、萓島流作新田、交野郡寝屋村、打上村、燈油村(史料紹介)(大久保雅央)「市史紀要」　寝屋川市教育委員会　(14)　2007.3

馬見丘陵公園
馬見丘陵公園散策(山口久幸)「つどい」　豊中歴史同好会　(209)　2005.8

梅田
梅田と北郊(文庫への提言・随想)(脇田修)「館報池田文庫」　阪急学園池田文庫　(24)　2004.4

梅鉢鉄鋼
近代産業の発達─堺市所在、梅鉢鉄鋼を例として(前川浩一)「史潮」　[歴史学会]，同成社(発売)　(62)　2007.11

梅鉢鉄工所
梅鉢鉄工所始末記(中沢良夫)「堺人」　堺泉州出版会　(3)　2006.4

江坂
江坂周辺の文化財(西本安秀作成)「吹田市立博物館博物館だより」　吹田市立博物館　(47)　2011.7

江之子島
江之子島庁舎時代の主な行政文書の紹介(2)「大阪あーかいぶず」　大阪府公文書館　31　2003.3

海老江
海老江「石畳路地」と歴史の移り変わり(末廣訂)「大阪春秋」　新風書房　41(1)通号150　2013.4

恵美須町
『万葉集』に詠われた紀州街道 阪堺線 part1 恵美須町〜我孫子道(特集 阪堺電車─阪堺線開通100年─阪堺電車沿線案内)(横井三保)「大阪春秋」　新風書房　39(3)通号144　2011.10

戎橋筋
戎橋商店街百周年 画像に見る戎橋・戎橋筋(古川武志)「大阪の歴史」　大阪市史料調査会　(81)　2013.11
百歳を迎えた戎橋筋商店街(古川武志)「編纂所だより」　大阪市史編纂所　(42)　2014.3

烏帽子形城

烏帽子形城（長野城）の歴代城主とその周辺（竹鼻康次）「河内長野市郷土研究会誌」（河内長野市郷土研究会）（47）2005.4

烏帽子形城―78年ぶりの国史跡指定（特集 飯森山城と戦国おおさか―戦国おおさかの城跡）（尾谷雅彦）「大阪春秋」 新風書房 40（4）通号149 2013.1

烏帽子形城 秋の陣―地域住民に親しまれる山城を目指して（特集 飯森山城と戦国おおさか―エッセイ）（小林和美）「大阪春秋」 新風書房 40（4）通号149 2013.1

付録解説 芥川山城跡縄張り図・飯盛山城跡縄張り図・烏帽子形城跡縄張り図（中井均）「大阪春秋」 新風書房 40（4）通号149 2013.1

老原

銀の路の老原に立って（第100号記念特集号）（守山嘉門）「河内どんこう」 やお文化協会 （100）2013.6

往古城

史料紹介「和泉往古城跡」について（井田寿邦）「泉佐野の歴史と今を知る会会報」 泉佐野の歴史と今を知る会 （280）2011.4

大江橋

絵はがきでみる昔の大阪（15）大江橋（大正期）（堀田暁生）「編纂所だより」 大阪市史編纂所 （37）2011.11

大木

大木の水田が語るもの（海老沢衷）「泉佐野の歴史と今を知る会会報」 泉佐野の歴史と今を知る会 169 2002.3

大坂

天下の台所への道―大坂の町と町民の形成（渡辺忠司）「すみのえ」 住吉大社社務所 37（3）通号237 2000.7

近世大坂町人の生活と学問―懐徳堂を中心に（浅井允晶）「すみのえ」 住吉大社社務所 37（4）通号238 2000.10

天下の台所―大坂の町民とくらし（渡辺忠司）「すみのえ」 住吉大社社務所 37（4）通号238 2000.10

近世後期大坂と周辺農村―摂河小便仲間の分析から（〈個人報告〉）（荒武賢一朗）「ヒストリア ： journal of Osaka Historical Association」 大阪歴史学会 （173）2001.1

近世大坂の酒仲次仲間と酒造仲間（〈部会報告〉）（屋久健二）「ヒストリア ： journal of Osaka Historical Association」 大阪歴史学会 （183）2003.1

"大塩の乱で焼けた先祖の家"探し（西山清雄）「大塩研究」 大塩事件研究会 （48）2003.2

明治維新期大坂における下屎取引―制度的変遷と実態（荒武賢一朗）「大阪の歴史」 大阪市史料調査会 （61）2003.3

下野茂木（谷田部）藩細川氏の大坂加番役についての史料（史料紹介）（大木茂）「栃木史学」 国学院大学栃木短期大学史学会 （17）2003.3

乾宏巳著『近世大坂の家・町・住民』（小沢詠美子）「史潮」 歴史学会」 同成社（発売）（53）2003.5

大坂の陣と徳島藩―幕藩制的秩序とその成立過程（根津寿夫）「岡山藩研究」 岡山藩研究会 43 2003.6

根津寿夫氏報告「大坂の陣と徳島藩―幕藩制的秩序とその成立過程」参加記（参加記）（倉持隆）「岡山藩研究」 岡山藩研究会 43 2003.6

江戸期皮流通と大坂商人―長崎・府内・小倉・筑前・大坂（阿刀田有幸）「部落解放・ふくおか」 福岡県人権研究所 110 2003.6

大塩事件と「武士の町」大坂（〈シンポジウム「大塩事件が語りかけるもの」〉）（藪田貫）「大塩研究」 大塩事件研究会 （49）2003.7

近世都市の歴史的展開をどう考えるか―塚田孝『歴史のなかの大坂』を読む（奥村弘）「歴史科学」 大阪歴史科学協議会 （175）2004.1

近世大坂研究に学ぶ都市史の方法―塚田孝『歴史のなかの大坂』へのコメント（森下徹）「歴史科学」 大阪歴史科学協議会 （175）2004.1

「谷非人頭万兵衛」大坂に出張―広域捜査と非人頭（田中眞次）「解放研究とっとり ： 研究紀要」 鳥取県人権文化センター （6）2004.2

江戸時代の大坂を食べる―復元・町会所の接待料理（田中久寿, 明珍健二）「大阪の歴史と文化財」 大阪市教育委員会事務局生涯学習部 （13）2004.3

大坂の生鮮食料品市場の成立とその沿革（酒井亮介）「大阪市公文書館研究紀要」 大阪市公文書館 （16）2004.3

大坂の陣と周辺村落―地域社会における対立と領主権力（宮本裕次）「大阪城天守閣紀要」 大阪城天守閣 （32）2004.3

秀吉の遷都構想と大坂の都市建設（《大会特集号 近世都市大坂の成立をめぐって》）（内田九州男）「歴史科学」 大阪歴史科学協議会 （176）2004.4

コメント 内田九州男氏の近世大坂成立史研究について（《大会特集号 近世都市大坂の成立をめぐって》）（豆谷浩之）「歴史科学」 大阪歴史科学協議会 （176）2004.4

慶長・元和期の町と町人（《大会特集号 近世都市大坂の成立をめぐって》）（八木滋）「歴史科学」 大阪歴史科学協議会 （176）2004.4

震災記録保存活動の取り組み―人と防災未来センター資料室の資料を中心に（《大会特集号 近世都市大坂の成立をめぐって》）（佐々木和子）「歴史科学」 大阪歴史科学協議会 （176）2004.4

震災と人間（《大会特集号 近世都市大坂の成立をめぐって》）（菅祥明）「歴史科学」 大阪歴史科学協議会 （176）2004.4

震災資料公開・利用の現状と課題について（《大会特集号 近世都市大坂の成立をめぐって》）（山村由華）「歴史科学」 大阪歴史科学協議会 （176）2004.4

十人両替助利と大坂両替商―肝胆関係を中心に（境淳伍）「大阪春秋」 新風書房 32（1）通号114 2004.5

最後の大坂加番―青屋口加番・播磨国山崎藩本多家（菅良樹）「歴史と神戸」 神戸史学会 43（3）通号244 2004.6

南蛮吹と近世大坂の銅吹屋仲間（今井典子）「住友史料館報」 住友史料館 （35）2004.7

関西の話題（2）大坂・京都「新選組」始末記（横山高治）「大阪春秋」 新風書房 32（2）通号115 2004.8

慶応期の大坂定番について―本多忠鄰配下加役・与力・同心および播磨国山崎藩家中の動向（菅良樹）「地方史研究」 地方史研究協議会 55（1）通号313 2005.2

関宿（現・千葉県野田市北部）藩士・大坂物見遊山（渡邊忠司）「大阪春秋」 新風書房 34（1）通号118 2005.4

《特集 大坂の長屋》「都市文化研究」 大阪都市文化研究会 （27・28）2005.5

近世中後期、大坂通行の長崎役人一覧（今井典子）「住友史料館報」 住友史料館 （36）2005.7

大坂の遊女と三川内焼（郷土史はオモシロイ）（山口日都志）「談林」 佐世保史談会 （46）2005.11

豊臣秀吉の大坂建設と遷都計画「編纂所だより」 大阪市史編纂所 （24）2005.11

慶応期の大坂定番―京橋口定番・播磨国山崎藩本多忠鄰（菅良樹）「歴史と神戸」 神戸史学会 44（6）通号253 2005.12

わが街に来た朝鮮通信使の淀川水行―南浜と大坂河川を中心として（中敏昭）「神戸史談」 神戸史談会 通号297 2006.1

近世大坂の火災と住友の火消（安国良一）「住友史料館報」 住友史料館 （37）2006.7

みおつくし 来洛武士と大坂（吉田洋子）「大阪の歴史」 大阪市史料調査会 （68）2006.8

錦絵に描かれたアットゥシ―大坂へもたらされたアイヌ風俗（中野朋子）「大阪歴史博物館研究紀要」 大阪市文化財協会 （5）2006.10

大坂町奉行組与力の知行地（野高宏之）「枚方市史年報」 枚方市教育委員会 （10）2007.8

近世前期大坂における宗旨改めに関する史料（八木滋）「大阪歴史博物館研究紀要」 大阪市文化財協会 （6）2007.10

報告要旨 "空白"を埋める―「『武士の町大坂』という問い」の現在（〈第15回総会の記録〉）（藪田貫）「岡山藩研究」 岡山藩研究会 （55）2007.10

「『武士の町大坂』」について―藪田報告参加記（〈第15回総会の記録〉―参加記）（泉正人）「岡山藩研究」 岡山藩研究会 （55）2007.10

近世大坂の町内空間と居住地の管理―下水溝と町並みを中心に（谷直樹）「大阪市公文書館研究紀要」 大阪市公文書館 （20）2008.3

江戸時代の大坂の水運（松本望）「編纂所だより」 大阪市史編纂所 （31）2008.10

大坂から大和への肥料流通―大坂積方中と在方仲買を中心に（部会報告）（岡島永昌）「ヒストリア ： journal of Osaka Historical Association」 大阪歴史学会 （213）2009.1

古文書が語る上州史（90）大坂見聞記（田畑勉）「群馬風土記」 群馬出版センター 23（1）通号96 2009.1

都市大坂の捨子養育仕法―『年々諸用留』の事例から（海原亮）「住友史料館報」 住友史料館 （40）2009.7

みおつくし 大坂城代（松本望）「大阪の歴史」 大阪市史料調査会 （73）2009.7

商都大坂と新田開発会所のシステム―遺構主義からシステム主義へ（特集 平野屋新田会所と近世河内平野の新田開発）（伊藤正義）「ヒストリア ： journal of Osaka Historical Association」 大阪歴史学会 （216）2009.8

付録 大坂名所案内（明治36年頃）（《特集 観光都市おおさか》）「大阪春秋」 新風書房 37（3）通号136 2009.10

パネルディスカッション 近世後期の大坂と摂津・河内・和泉―大塩事件の背景をさぐる（酒井一）「大塩研究」 大塩事件研究会 （62）2010.3

大坂と摂津について（中川すがね）「大塩研究」 大塩事件研究会 （62）2010.3

江戸時代大坂におけるミニチュア土製品の一考察（研究ノート）（川村紀子）「大阪歴史博物館研究紀要」 大阪市文化財協会 （8）2010.3

近世大坂における穴蔵（研究ノート）（豆谷浩之）「大阪歴史博物館研究紀要」 大阪市文化財協会 （8）2010.3

中世の大坂を訪れた人々（生駒孝臣）「編纂所だより」 大阪市史編纂所（34）2010.3

近世の都市―大坂と北摂の在郷町（今井修平）「池田郷土研究」 池田郷土史学会（12）2010.3

研究ノート 大坂における大名留守居と幕府諸職について（瀬島宏計）「大阪城天守閣紀要」 大阪城天守閣（38）2010.10

大坂夏の陣と現代をつなぐ人情（特集 柏原ワインと河内の文化）（山西敏一）「河内どんこう」 やお文化協会（92）2010.10

近世大坂研究の諸流（シンポジウム）（藪田實）「大塩研究」 大塩事件研究会（64）2011.3

近世武家集団における文化―徳島藩蜂須賀家の大坂の陣（シンポジウム「四国大名の文化と交流」報告要旨）（根津寿夫）「研究紀要」 土佐山内家宝物資料館（9）2011.3

大坂のねりもの（北川博子）「阡陵 : 関西大学博物館彙報」 関西大学博物館（63）2011.9

大坂夏の陣の戦跡を訪ねて（3）（西田貞之）「河内どんこう」 やお文化協会（95）2011.10

近世大坂の疱瘡対策―『神仏霊験記図絵』を中心に（研究ノート）（伊藤純）「大阪歴史博物館研究紀要」 大阪市文化財協会（10）2012.3

特別展「城下町・大坂 武士たちが見た風景」によせて（八木美恵）「大塩研究」 大塩事件研究会（66）2012.3

『大正大阪風土記』の大塩関連記事（久保在久）「大塩研究」 大塩事件研究会（66）2012.3

「豊臣期大坂図屏風」デジタルコンテンツの制作について（井浦崇）「阡陵 : 関西大学博物館彙報」 関西大学博物館（64）2012.3

大阪商人大根屋文書（調査研究）（近松鴻二）「東京都江戸東京博物館紀要」 東京都江戸東京博物館（2）2012.3

大阪と郷土玩具―張子・土人形・練物人形・木製玩具を中心に（特集 おおさかの郷土玩具）（伊藤廣之）「大阪春秋」 新風書房 40（2）通号147 2012.7

昭和初期の縁起物の語り―『上方』にみる郷土玩具趣味（特集 おおさかの郷土玩具）（田野登）「大阪春秋」 新風書房 40（2）通号147 2012.7

大阪のおもちゃあれこれ 大阪府立中之島図書館「人魚洞文庫データベース」より&郷土玩具を収集・展示している関西の博物館・資料館（特集 おおさかの郷土玩具）（編集部）「大阪春秋」 新風書房 40（2）通号147 2012.7

組み上げおもちゃ絵 立版古の世界 「人形劇の図書館」コレクションから（特集 おおさかの郷土玩具）（渇見英明）「大阪春秋」 新風書房 40（2）通号147 2012.7

大阪の都市遺産と住友（岩田陽子）「阡陵 : 関西大学博物館彙報」 関西大学博物館（65）2012.9

近世初期大阪の地子収取と惣代―新出史料の紹介（上田長生）「大阪の歴史」 大阪市史料調査会（79）2012.10

近世大坂における質屋仲間の特質―定方書の分析から（論文）（西本菜穂子）「大阪歴史博物館研究紀要」 大阪市文化財協会（11）2013.2

近世大坂の合薬屋に関する新史料（史料・資料紹介）（八木滋）「大阪歴史博物館研究紀要」 大阪市文化財協会（11）2013.2

紀州の華岡流医術、大坂から全国へ「編纂所だより」 大阪市史編纂所（40）2013.3

豊臣秀吉が生きた時代の大坂を描く 豊臣期大坂図屏風 8曲1隻（部分）（松永友和）「徳島県立博物館博物館ニュース」 徳島県立博物館（90）2013.3

大坂渡海の覚え（牧和義）「研究小報」 大分市鶴崎公民館ふるさとの歴史教室（30）2013.3

企画展「天下の台所大坂と徳島―江戸時代の交流史―」覚書（松永友和）「大塩研究」 大塩事件研究会（69）2013.3

須高藩と大坂加番について（小林裕）「須高」 須高郷土史研究会（77）2013.11

『浪華勝概帖』と大坂代官竹垣直道―在坂武士の文化交流（内海寧子）「大阪の歴史」 大阪市史料調査会（81）2013.11

大坂三郷質屋仲間の盗品調査（西本菜穂子）「大阪歴史博物館研究紀要」 大阪市文化財協会（12）2014.2

大坂留守居役と館入―天保飢饉前後の秋田藩と大坂（論文）（金森正也）「秋大史学」 秋田大学史学会（60）2014.3

大坂の町屋にあった庭園跡!?（大庭重信）「葦火 : 大阪市文化財情報」 大阪市博物館協会大阪文化財研究所 29（1）通号169 2014.4

ピースおおさかと学童疎開―展示・収蔵品・事業を中心に（特集 国民学校と学童疎開70年）（岡田重信）「大阪春秋」 新風書房 42（1）通号154 2014.4

大坂の陣（勝部邦夫）「わかくす : 河内ふるさと文化誌」 わかくす文芸研究会（65）2014.6

明治一〇年代前半の長崎港における大坂運航汽船と船主（東條正）「研究会報」 地域史料研究会・福岡（10）通号140 2014.8

史料集を刊行すること―埼玉県で見つかった大坂町奉行関係史料（松本望）「編纂所だより」 大阪市史編纂所（43）2014.9

慶応二年大坂騒擾と戦時下の社会変容（澤井廣次）「大阪の歴史」 大阪市史料調査会（82）2014.10

大坂夏の陣で活躍した3人の武将（400年記念）（清水健二）「河内どんこう」 やお文化協会（104）2014.10

第5回テーマ展「関ヶ原合戦から大坂の陣」資料紹介「長浜城歴史博物館友の会友の会だより」 長浜城歴史博物館友の会（182）2014.12

大阪

大阪にみる新設型寺内の構造―仁木宏氏の大坂寺内論への再批判をかねて（藤田実）「寺内町研究」 貝塚寺内町歴史研究会，和泉書院（発売）5 2000.12

在本土沖縄県人紙について―「大阪球陽新報」「球陽新報」「内報」「自由沖縄」目録―（納富香織）「史料編集室紀要」 沖縄県教育委員会（26）2001.3

大阪第六選挙区の初期選挙（服部敬）「枚方市史年報」 枚方市教育委員会（5）2002.3

大阪の部落から 東北人のための部落問題入門講座（小島伸豊）「別冊東北学」 東北芸術工科大学東北文化研究センター，作品社（発売）5 2003.2

堺弁・大阪弁と猫（藤原紀代子）「堺人」 堺泉州出版会（1）2003.3

1920年代の在阪沖縄青年の運動（仲間恵子）「水平社博物館研究紀要」 水平社博物館（5）2003.3

明治前半期大阪の出版と印刷―「銅版本」を中心に（熊田司）「大阪の歴史と文化財」 大阪市教育委員会事務局生涯学習部（11）2003.3

大阪歴史散歩（11）橋づくし（脇田修）「大阪の歴史と文化財」 大阪市教育委員会事務局生涯学習部（11）2003.3

明治前期大阪における屎尿問題（荒武賢一朗）「大阪市公文書館研究紀要」 大阪市公文書館（15）2003.3

大阪案内から広がる感動と人の輪（西俣稔）「大阪春秋」 新風書房 31（1）通号110 2003.3

《特集 大阪新百景・私の好きな散歩道》「大阪春秋」 新風書房 31（1）通号110 2003.3

近代大阪のトポグラフィー（11）―戦前期におけるあやめ池の遊び場と住まい（中島大輔）「大阪春秋」 新風書房 31（1）通号110 2003.3

水運からみた「水の都」大阪（巡見報告）（三木理史）「交通史研究」 交通史学会，吉川弘文館（発売）（52）2003.3

高鍋藩の大阪蔵屋敷跡について（飛田博温）「史友会報」 高鍋史友会（38）2003.6

《特集 おおさかの伝統野菜》「大阪春秋」 新風書房 31（2）通号111 2003.6

近代大阪のトポグラフィー（12）―航空の民都（橋爪紳也）「大阪春秋」 新風書房 31（2）通号111 2003.6

大阪庶民の郷愁が彷彿と漂うところ（ジョン・カメン）「大阪春秋」 新風書房 31（3）通号112 2003.9

近代大阪のトポグラフィー（13）―明治大正期、関西地区のレジャーランドにおける映画上映の歴史（藤岡篤弘）「大阪春秋」 新風書房 31（4）通号113 2003.12

戦前における神戸・大阪の外国領事館（楠本利夫）「居留地の窓から : NPO法人神戸外国人居留地研究会年報」 神戸外国人居留地研究会 4 2004.1

昭和20年代の行政文書の紹介（2）「大阪あーかいぶず」 大阪府公文書館 33 2004.3

巻頭対談 戦後世代がみた大阪の町と人（芦辺拓，橋爪紳也）「大阪春秋」 新風書房 32（1）通号114 2004.5

大阪の「非人」研究について（中尾健次）「部落解放・ふくおか」 福岡県人権研究所 114 2004.6

関連展示「大阪の出版あれこれ―近世から近代まで」を開催「編纂所だより」 大阪市史編纂所 20 2004.7

巻頭対談「新三都物語」と「大大阪」（若一光司，橋爪紳也）「大阪春秋」 新風書房 32（2）通号115 2004.8

大阪の闇は明けるか（福井栄一）「大阪春秋」 新風書房 32（2）通号115 2004.8

大阪の台風災害と高潮対策（高倉史人）「大阪あーかいぶず」 大阪府公文書館 34 2004.9

大阪と神戸（梅村伸雄）「歴史懇談」 大阪歴史懇談会（18）2004.9

資料紹介 「在日コリアン」「ウチナーンチュ」「広報誌リバティ」 大阪人権博物館 27 2004.10

新選組と大阪「編纂所だより」 大阪市史編纂所（21）2004.10

空間と創造力―大阪の都市形成と都市化をめぐって（橋爪紳也）「ヒストリア : journal of Osaka Historical Association」 大阪歴史学会（193）2005.1

《特集 おおさかの私塾》「大阪春秋」 新風書房 33（4）通号117 2005.1

大阪歴史懇談会（現代の私塾）（松坂定徳）「大阪春秋」 新風書房 33（4）通号117 2005.1

歴史資料ネットワークと水害被災歴史資料保全活動（加藤宏文）「ヒストリア : journal of Osaka Historical Association」 大阪歴史学会

（194）2005.3

資料紹介 安政大地震の碑（伊藤純）「大阪の歴史と文化財」 大阪市教育委員会事務局生涯学習部 （15）2005.3

大阪の水資源問題から見えてきたこと（末石冨太郎）「大阪市公文書館研究紀要」 大阪市公文書館 （17）2005.3

大阪廻船松尾丸について（地方史研究発表）（永峰文男）「東奥文化」 青森県文化財保護協会 通号76 2005.3

《特集 大阪物見遊山》「大阪春秋」 新風書房 34（1）通号118 2005.4

時間・記憶・歴史―阪神大震災メタヒストリー（寺田匡宏）「歴史科学」 大阪歴史科学協議会 （179・180）2005.5

《大阪の大衆文化特集》「大阪の歴史」 大阪市史料調査会 （66）2005.7

《特集 終戦60年―戦中の大阪》「大阪春秋」 新風書房 34（2）通号119 2005.7

大阪大空襲の研究（小山仁示）「大阪春秋」 新風書房 34（2）通号119 2005.7

戦時下の大阪経済―中小企業の街と戦争（植田浩史）「大阪春秋」 新風書房 34（2）通号119 2005.7

大阪の学童疎開（赤塚康雄）「大阪春秋」 新風書房 34（2）通号119 2005.7

義経伝説と大阪「編纂所だより」 大阪市史編纂所 （23）2005.8

巻頭対談 大阪弁の行方（本渡章，橋爪紳也）「大阪春秋」 新風書房 34（3）通号120 2005.9

《特集 大阪の山々（大阪122山一覧）》「大阪春秋」 新風書房 34（3）通号120 2005.10

大阪の嶺峰 北摂の山群・生駒連山・金剛連峰・和泉山脈（赤松滋）「大阪春秋」 新風書房 34（3）通号120 2005.10

大阪から移築した小学校（樋野修司）「泉佐野の歴史と今を知る会会報」 泉佐野の歴史と今を知る会 （217）2006.1

大阪酒造業の盛衰（《特集 大阪の酒造り》）（北崎豊二）「大阪春秋」 新風書房 33（4）通号121 2006.1

大阪のビール―大阪は近代ビール発祥の地である（《特集 大阪の酒造り》）（川口玄）「大阪春秋」 新風書房 33（4）通号121 2006.1

大阪で生まれたウイスキー 洋酒づくりに命を賭けた鳥井信治郎（《特集 大阪の酒造り》）（谷川稔）「大阪春秋」 新風書房 33（4）通号121 2006.1

お酒が飲める近代建築（《特集 大阪の酒造り》）（酒井一光）「大阪春秋」 新風書房 33（4）通号121 2006.1

大阪府下の酒蔵めぐり 良いお酒をつくる、おいしいお酒をつくる（《特集 大阪の酒造り》）（神野茂樹）「大阪春秋」 新風書房 33（4）通号121 2006.1

大阪ワイン物語 瓶詰めされた大阪のロマン（《特集 大阪の酒造り》）（原田彰子）「大阪春秋」 新風書房 33（4）通号121 2006.1

酒蔵拝見（2）カタシモワインフード貯蔵庫（《特集 大阪の酒造り》）（石田成年）「大阪春秋」 新風書房 33（4）通号121 2006.1

付録解説 戦時下大阪府民の日常消費生活実態を覗く（宇田正）「大阪春秋」 新風書房 33（4）通号121 2006.1

歴史を伝える史料―大阪の明治時代（荒武賢一朗）「編纂所だより」 大阪市史編纂所 （25）2006.2

近代大阪における「軒切り」の展開について（岡本訓明）「歴史地理学」 歴史地理学会，古今書院（発売）48（2）通号228 2006.3

覇者カネボウの興亡 大阪近代史の光と影［1］，（2）（松田尚士）「大阪春秋」 新風書房 34（2）通号123/34（3）通号124 2006.7/2006.10

近代日本の大都市近郊鉄道と恵方―東京と大阪を中心に（《例会報告要旨》）（平山昇）「交通史研究」 交通史学会，吉川弘文館（発売）（60）2006.8

戦時下大阪における女性建築家の育成―建築工芸技術研究所婦人建築研究部の卒業生への聞き取りを通して（小川知子，酒井一光）「大阪歴史博物館研究紀要」 大阪市文化財協会 （5）2006.10

系図が語る大阪の中世（生駒孝臣）「編纂所だより」 大阪市史編纂所 （27）2006.11

豊饒なる海 近世初頭なにわ海産物事情（黒田慶一）「葦火 ： 大阪市文化財情報」 大阪市博物館協会大阪文化財研究所 21（5）通号125 2006.12

大阪を襲った歴代の南海地震津波（《地震学と歴史学の接点をさぐる―環境史の視点から―》）（郡司嘉宣）「歴史科学」 大阪歴史科学協議会 （187）2007.2

大阪の公害・環境政策史を学ぶ（宮本憲一）「大阪市公文書館研究紀要」 大阪市公文書館 （19）2007.3

敗戦から統制制度撤廃までにおける大阪の生鮮食料品の流通状況について―焼跡当時から占領下の統制とその撤廃まで（酒井亮介）「大阪市公文書館研究紀要」 大阪市公文書館 （19）2007.3

大阪のど真ん中に町名をのこした銀山の加奉たち（佐藤文夫）「一里塚」 生野銀山史談会 （12）2007.3

戦間期における大阪の都市形成と住友―大阪北港株式会社を中心に（名武なつ紀）「住友史料館報」 住友史料館 （38）2007.7

大阪歴史散歩（19）築港行き市電沿道いまむかし（田野登）「大阪の歴史」 大阪市史料調査会 （69）2007.8

地下に眠る大阪の歴史（4）KKR HOTEL OSAKA 遺跡庭園（長山雅一）「葦火 ： 大阪市文化財情報」 大阪市博物館協会大阪文化財研究所 22（4）通号130 2007.10

聖帝と煤煙―大阪における歴史認識の転換についての覚書（井上智勝）「大阪歴史博物館研究紀要」 大阪市文化財協会 （6）2007.10

茨城から宮城へ、そして故里大阪へ（渡部幸子）「わかくす ： 河内ふるさと文化誌」 わかくす文芸研究会 （52）2007.11

地下に眠る大阪の歴史（5）市立中央青年センターの遺構保存（長山雅一）「葦火 ： 大阪市文化財情報」 大阪市博物館協会大阪文化財研究所 22（5）通号131 2007.12

「天下の台所」と「大大阪」（《特集 中世大阪の水上交通》）（野高宏之）「大阪の歴史」 大阪市史料調査会 （70）2007.12

八尾～大阪・まちづくりへの思い（山田重昭）「河内どんこう」 やお文化協会 （84）2008.2

特別展報告 「大阪の下水道」展「大阪市公文書館研究紀要」 大阪市公文書館 （20）2008.3

明治・大正期の大阪落語戦争―新聞記事から見た大阪落語会（堀田藍）「大阪の歴史」 大阪市史料調査会 （71）2008.8

薩摩と大阪の縁（横山高治）「歴史懇談」 大阪歴史懇談会 （22）2008.8

明治初年の大阪における遊所統制と「再編公娼制」（部会報告）（人見佐知子）「ヒストリア ： journal of Osaka Historical Association」 大阪歴史学会 （213）2009.1

戦前・戦時期大阪におけるハンセン病者の処遇―大阪皮膚病研究所と大阪のハンセン病問題（廣川和花）「大阪の歴史」 大阪市史料調査会 （72）2009.1

みおつくし 第四回内国勧業博覧会の誘致合戦（古川武志）「大阪の歴史」 大阪市史料調査会 （72）2009.1

古代の大阪と被差別民「大阪の部落史通信」 大阪の部落史委員会 （44）2009.3

商業流通の要としての中世大阪と部落史「大阪の部落史通信」 大阪の部落史委員会 （44）2009.3

大阪の企業家精神と大阪企業家ミュージアム（宮本又郎）「大阪市公文書館研究紀要」 大阪市公文書館 （21）2009.3

大阪の総合交通体系整備―道路・鉄道網整備から駐車・駐輪対策まで（立田章）「大阪市公文書館研究紀要」 大阪市公文書館 （21）2009.3

特別展示報告 「大阪の都市交通」―大阪の市営交通を中心に「大阪市公文書館研究紀要」 大阪市公文書館 （21）2009.3

近代日朝航路の中の大阪―済州島航路（《特集 日韓境域のトランスナショナリティ―済州人を中心に》）（高成鳳）「白山人類学」 白山人類学研究会，岩田書院（発売）（12）2009.3

近代都市社会構造史の把握のために一書評にこたえて（《特集 近代大阪・都市研究の現在を読む》）（佐賀朝）「歴史科学」 大阪歴史科学協議会 （197）2009.5

日本貨幣史で見るなにわ・おおさか（1）日本貨幣史の曙（佐々木宏之）「河内どんこう」 やお文化協会 （88）2009.6

特別寄稿 講演録（抄）日本のなかの大阪文化遺産（高橋隆博）「歴史懇談」 大阪歴史懇談会 （23）2009.8

大阪歴史紀行（広谷喜十郎）「秦史談」 秦史談会 （153）2009.10

大阪観光史試論（《特集 観光都市おおさか》）「大阪春秋」 新風書房 37（3）通号136 2009.10

映画「大大阪観光」再考―モダン都市はいかに撮影されたか（《特集 観光都市おおさか》）「大阪春秋」 新風書房 37（3）通号136 2009.10

1915（大正4）年、陸軍機 所沢→大阪間の飛行計画発表 伊豆国軽井沢峠（静岡県田方郡）飛行には最も危険な山岳地帯「豆州歴史通信」 豆州研究社歴史通信部 （448）2009.11

みおつくし 三度飛脚（野高宏之）「大阪の歴史」 大阪市史料調査会 （74）2010.1

製造業から見た大阪と奈良―企業者史的視点から（特集 大阪と奈良 平城遷都1300年によせて）（武知京三）「大阪春秋」 新風書房 37（4）通号137 2010.1

昭和のはじめ 大阪・阪神間の暮らし―ある主婦の日記から（2）春を迎える（石原佳子）「大阪春秋」 新風書房 37（4）通号137 2010.1

ただいま資料整理中 大阪から公害をなくす会資料受け入れ ダンボール箱16箱！「西淀川・公害と環境資料館だより」 西淀川・公害と環境資料館 （28）2010.1

なにわの海に臨む、謎の古代建物（岡村勝行）「葦火 ： 大阪市文化財情報」 大阪市博物館協会大阪文化財研究所 24（6）通号144 2010.2

日本貨幣史で見るなにわ・おおさか（3）律令国家の銭貨（皇朝十二銭）（佐々木宏之）「河内どんこう」 やお文化協会 （90）2010.2

報告 シンポジウム 大阪の近代建築・戦後建築の魅力をさぐる（橋爪節也，橋寺知子，橋本健治，岩田雅希，眞口大介，高岡伸一，酒井一光）「大阪歴史博物館研究紀要」 大阪市文化財協会 （8）2010.3

大阪が時代を変える―「笑い」と「お笑い」（井上宏）「大阪市公文書館研

究紀要」 大阪市公文書館 （22） 2010.3

研究ノート 大阪の伝統野菜について(長谷川靖高)「摂播歴史研究」 摂播歴史研究会 （51） 2010.3

ただいま資料整理中 よみがえった映像「大阪から公害をなくす会資料」のビデオ「西淀川・公害と環境資料館だより」 西淀川・公害と環境資料館 （29） 2010.3

昭和のはじめ 大阪・阪神間の暮らし―ある主婦の日記から(3) 昭和2年の夏から初夏(石原佳子)「大阪春秋」 新風書房 38(1)通号138 2010.4

明治12年 アーネスト・サトウの大阪来訪―外交官と文筆家のはざまで(宇田正)「大阪春秋」 新風書房 38(1)通号138 2010.4

日本貨幣史で見るなにわ・おおさか(4) 渡来銭 私鋳銭 銅楷(佐々木宏之)「河内どんこう」 やお文化協会 （91） 2010.6

昭和のはじめ 大阪・阪神間の暮らし―ある主婦の日記から(4) 過ぎゆく夏(石原佳子)「大阪春秋」 新風書房 38(2)通号139 2010.7

大阪の戦争遺跡を巡る(駒井正明)「近畿文化」 近畿文化会事務局 （729） 2010.8

みおつくし またも負けたか八聯隊(堀井暁生)「大阪の歴史」 大阪市史料調査会 （75） 2010.8

博覧会の始まりと「大阪の博覧会」(特集 大阪と博覧会)(西口忠)「大阪春秋」 新風書房 38(3)通号140 2010.10

上海万博のなかの大阪(特集 大阪と博覧会)(橋爪紳也)「大阪春秋」 新風書房 38(3)通号140 2010.10

大阪と内国勧業博覧会・明治の万博開催へ(特集 大阪と博覧会)(古川武志)「大阪春秋」 新風書房 38(3)通号140 2010.10

「大大阪」の成立と大大阪記念博覧会(特集 大阪と博覧会)(古川武志)「大阪春秋」 新風書房 38(3)通号140 2010.10

私と大阪万博 万国博関連事業史を書く(特集 大阪と博覧会)(青木茂夫)「大阪春秋」 新風書房 38(3)通号140 2010.10

博覧会余録・新世界(特集 大阪と博覧会)(青木茂夫)「大阪春秋」 新風書房 38(3)通号140 2010.10

大阪万博の思い出(特集 大阪と博覧会)(編集部)「大阪春秋」 新風書房 38(3)通号140 2010.10

昭和のはじめ 大阪・阪神間の暮らし―ある主婦の日記から(5) 秋の歳時記、お月見と衣替え(石原佳子)「大阪春秋」 新風書房 38(3)通号140 2010.10

昭和のはじめ 大阪・阪神間の暮らし―ある主婦の日記から(6) 年の暮れ(石原佳子)「大阪春秋」 新風書房 38(4)通号141 2011.1

町惣代(1)(野高宏之)「大阪の歴史」 大阪市史料調査会 （76） 2011.1

日本貨幣史で見るなにわ・おおさか(6) 金・銀から金貨・銀貨へ(佐々木宏之)「河内どんこう」 やお文化協会 （93） 2011.2

報告 シンポジウム「関西建築界のあゆみを語る」(井須圭太郎, 設楽貞樹, 平田雅利, 山形政昭, 酒井一光)「大阪歴史博物館研究紀要」 大阪市文化財協会 （9） 2011.3

なにわの食文化 おすしの今昔(随筆春秋)(梶康子)「大阪春秋」 新風書房 39(1)通号142 2011.4

昭和のはじめ 大阪・阪神間の暮らし―ある主婦の日記から(7) 啓蟄、菜種盛りの頃(石原佳子)「大阪春秋」 新風書房 39(1)通号142 2011.4

地方史研究の現在―大阪(小特集 地方史研究の現在)(尾崎安security)「地方史研究」 地方史研究協議会 61(2)通号350 2011.4

日本貨幣史で見るなにわ・おおさか(7) 天下の台所(佐々木宏之)「河内どんこう」 やお文化協会 （94） 2011.6

昭和のはじめ 大阪・阪神間の暮らし―ある主婦の日記から(8) 夏の盛りに(石原佳子)「大阪春秋」 新風書房 39(2)通号143 2011.7

「天下の台所」盛衰(随筆春秋)(横山好三)「大阪春秋」 新風書房 39(3)通号144 2011.10

昭和のはじめ 大阪・阪神間の暮らし―ある主婦の日記から(9) 秋たけなわ、菊薫る季節に(石原佳子)「大阪春秋」 新風書房 39(3)通号144 2011.10

伝承を訪ねる旅(9) 旧地に残る唯一の王子社 大阪の熊野古道(3)(堀井建市)「河内どんこう」 やお文化協会 （95） 2011.10

安政の大震災を考える(菅冨士夫)「大阪民衆史研究」 大阪民衆史研究会 （66） 2011.12

大阪に帰った忠臣蔵本『播磨樒原』―大阪市立図書館への寄贈と都の錦 鉄舟の大坂、寺島吉右衛門伝説(特集 300年ぶりに自筆本発見! その名は「都の錦」―大阪生まれの元禄浮世絵草子作者の謎を探る)(高橋俊郎)「大阪春秋」 新風書房 39(4)通号145 2012.1

昭和のはじめ 大阪・阪神間の暮らし―ある主婦の日記から(10) 昭和5年、「緊縮」の正月(石原佳子)「大阪春秋」 新風書房 39(4)通号145 2012.1

日本貨幣史で見るなにわ・おおさか(8) 両替商とウォール街(佐々木宏之)「河内どんこう」 やお文化協会 （96） 2012.2

資料・史料紹介 『寄附事件記録』(大阪市中央公会堂蔵)について―都市民衆騒擾期における大阪財界の動向(飯田直樹)「大阪歴史博物館研究

紀要」 大阪市文化財協会 （10） 2012.3

巻頭随想 大阪ディープサウス(山田政弥)「大阪春秋」 新風書房 40(1)通号146 2012.4

ディープサウスと建築 個性あふれる戦前・戦後の名建築を訪ねる(特集 ディープサウス―天王寺・新世界・新今宮・阿倍野界隈)(酒井一光)「大阪春秋」 新風書房 40(1)通号146 2012.4

昭和のはじめ 大阪・阪神間の暮らし―ある主婦の日記から(11) 端午の節句・豆芝居の頃(石原佳子)「大阪春秋」 新風書房 40(1)通号146 2012.4

伝承を訪ねる旅(10)～(13) 大阪の熊野古道(5)～(8)(堀井建市)「河内どんこう」 やお文化協会 （97）/(100) 2012.6/2013.6

日本貨幣史で見るなにわ・おおさか(9) 江戸時代のお札(紙幣)(佐々木宏之)「河内どんこう」 やお文化協会 （97） 2012.6

江戸時代の出土品にみる 大阪の土人形(特集 おおさかの郷土玩具)(川村紀子)「大阪春秋」 新風書房 40(2)通号147 2012.7

なつかしの古人形と商都大阪のくらし 「博物館 さがの人形の家」コレクションから(特集 おおさかの郷土玩具)(原田彰子)「大阪春秋」 新風書房 40(2)通号147 2012.7

おおさかの郷土玩具とグリコのおまけ 宮本順三記念館「豆玩舎ZUNZO」の収蔵品から(特集 おおさかの郷土玩具)(樋口須賀子)「大阪春秋」 新風書房 40(2)通号147 2012.7

昭和のはじめ 大阪・阪神間の暮らし―ある主婦の日記から(最終回) 伊丹とインテリ泥棒(石原佳子)「大阪春秋」 新風書房 40(2)通号147 2012.7

大阪大空襲の六十年―徳田さんのこと(特集 西区)(人見佐知子)「大阪の歴史」 大阪市史料調査会 （78） 2012.7

電鉄系百貨店の女子商業学校―昭和初期の大阪を中心として(特集 西区)(谷内正往)「大阪の歴史」 大阪市史料調査会 （78） 2012.7

Q&A「大阪」と「大坂」は同じ意味ですか?(松永友和)「徳島県立博物館博物館ニュース」 徳島県立博物館 （88） 2012.9

巻頭随想 陽気な大阪―「辻馬車」が出たころ(山田政弥)「大阪春秋」 新風書房 40(3)通号148 2012.10

日本貨幣史で見るなにわ・おおさか(10) 河内木綿と近世の札(佐々木宏之)「河内どんこう」 やお文化協会 （98） 2012.10

歴史的転換の針路をもとめて―1935～40年、関西地方における日本共産党再建と人民戦線運動の再検討(木津力松)「大阪民衆史研究」 大阪民衆史研究会 （67） 2012.12

特別企画展 141「大阪を襲った地震と津波」を開催して(特別寄稿)(飯田直樹)「史料ネットnews letter」 歴史資料ネットワーク （72） 2013.1

大阪の地域歴史遺産をめぐる諸動向(大阪歴史科学協議会)「史料ネットnews letter」 歴史資料ネットワーク （72） 2013.1

近代の工芸をめぐる「中央」と「地方」に関する一考察―近代大阪の金属工芸の動向を素材として(研究ノート)(内藤直子)「大阪歴史博物館研究紀要」 大阪市文化財協会 （11） 2013.2

日本貨幣史で見るなにわ・おおさか(11) 両替店の動揺とDNA(佐々木宏之)「河内どんこう」 やお文化協会 （99） 2013.2

戦間期における大阪の乳児死亡について(研究ノート)(樋口恵美子)「ヒストリア : journal of Osaka Historical Association」 大阪歴史学会 （236） 2013.2

近代大阪のバイゴマ(独楽)製造(池田研)「葦火 : 大阪市文化財情報」 大阪市博物館協会大阪文化財研究所 28(1)通号163 2013.4

阿波藍商人が伝えた狸文化―大阪・木更津への伝播をめぐって(田中優生)「史泉 : historical & geographical studies in Kansai University」 関西大学史学・地理学会 （118） 2013.7

奈良・大阪・神戸の創設期水道施設(石田成年)「近畿文化」 近畿文化会事務局 （766） 2013.9

よみがえった『大阪附近線路図』(五月女賢司)「吹田市立博物館博物館だより」 吹田市立博物館 （55） 2013.9

巡航船から見た明治後期の大阪(相良真理子)「阡陵 : 関西大学博物館彙報」 関西大学博物館 （67） 2013.9

みおつくし 特別市制(松岡弘之)「大阪の歴史」 大阪市史料調査会 （81） 2013.11

史料紹介 大阪地方世話部「陸軍墓地ニ関スル書類綴」について(上)、(下)(横山篤夫)「大阪の歴史」 大阪市史料調査会 （81）/(82) 2013.11/2014.10

史煙 歴史とイメージ―大阪製藥株式会社のケース(辻川敦)「地域研究 : 尼崎市立地域研究史料館紀要 : Bulletin of the history of Amagasaki」 尼崎市立地域研究史料館 （113） 2013.11

なにわづに(小田木富慈美)「葦火 : 大阪市文化財情報」 大阪市博物館協会大阪文化財研究所 28(5)通号167 2013.12

おおさかの女(130) 花外楼を語る 徳光清子さん・正子さん(前)(泉耿子)「大阪春秋」 新風書房 41(4)通号153 2014.1

日本貨幣史で見るなにわ・おおさか(13) 近代銀行の動揺(佐々木宏之)「河内どんこう」 やお文化協会 （102） 2014.2

近代大阪の経済人たち(特別企画 小特集 今年の「大阪検定」のテーマは

"企業家"！　大阪を代表する企業家の足跡を辿る）（船越幹央）「大阪春秋」　新風書房　42（1）通号154　2014.4

大阪を舞台とした近代企業家の社会貢献―学問・文化の振興を中心に（特別企画 小特集 今年の「大阪検定」のテーマは "企業家"！　大阪を代表する企業家の足跡を辿る）（伊木稔）「大阪春秋」　新風書房　42（1）通号154　2014.4

大阪の学童疎開（特集 国民学校と学童疎開70年）（石原佳子）「大阪春秋」新風書房　42（1）通号154　2014.4

大阪の学童疎開と戦争孤児（特集 国民学校と学童疎開70年）（赤塚康雄）「大阪春秋」　新風書房　42（1）通号154　2014.4

おおさかの女（131）花外楼を語る 徳光清子さん・正子さん（後）（泉耿子）「大阪春秋」　新風書房　42（1）通号154　2014.4

大阪に見る『別子銅山・住友』ゆかりの地（入江義博）「新居浜史談」　新居浜郷土史談会　（391）2014.4

日本貨幣史で見るなにわ・おおさか（14）近代から現代へ（佐々木宏之）「河内どんこう」　やお文化協会　（103）2014.6

名取川丸沈没の悲劇（論考）（山本賢）「熊野」　紀南文化財研究会　（146）2014.6

日曜歴史散歩―大阪の歴史と伝説をたずねて（室田卓雄）「歴史懇談」　大阪歴史懇談会　（28）2014.8

おおさかの女（133）歌人 濱本正女さん（泉耿子）「大阪春秋」　新風書房　42（3）通号156　2014.10

日本貨幣史で見るなにわ・おおさか（15）最終回 余滴（佐々木宏之）「河内どんこう」　やお文化協会　（104）2014.10

戦前期大阪近郊における石炭需要高の推移からみた石炭流通の特質（研究ノート）（宮下弘美）「釧路公立大学地域研究」　釧路公立大学地域分析研究委員会　（23）2014.12

大阪駅

大阪駅前と歩道橋（随筆春秋）（直村和佳）「大阪春秋」　新風書房　38（3）通号140　2010.10

絵はがきでみる昔の大阪（13）大阪駅（二代目、大正5〜10年頃）（堀田暁生）「編纂所だより」　大阪市史編纂所　（35）2010.10

大阪汽車製造

汽笛は思い出のなかに大阪汽車製造興亡史（上），（下）（藤井一二三）「大阪春秋」　新風書房　33（4）通号117/34（2）通号119　2005.1/2005.7

大阪北浜電車

絵でみる昔の大阪（11）大阪北浜電車交差点（大正初年）（堀田暁生）「編纂所だより」　大阪市史編纂所　（33）2009.10

大坂港

嘉永・安政期の大坂城代―常陸国土浦藩・土屋寅直の大坂、兵庫開港問題への対応を中心に（菅良樹）「日本研究」　人間文化研究機構国際日本文化研究センター　43　2011.3

大正・昭和初期の大阪港と経済団体―大阪商工会議所を中心に（共通論題論文）（伊藤敏雄）「交通史研究」　交通史学会，吉川弘文館（発売）（76）2012.2

大阪控訴院

絵はがきでみる昔の大阪（9）大阪控訴院（明治33年〜明治42年7月31日）（堀田暁生）「編纂所だより」　大阪市史編纂所　（31）2008.10

大坂御陣

三重県史編さん班所蔵『大坂御陣寅卯両年覚書』（資料紹介）（稲本紀昭）「三重県史研究」　環境生活部　（29）2014.3

大坂御番所

史料紹介 明和九年大坂御番所御触書之写シ（小野古文書を読む会）「小野史談」　小野の歴史を知る会　（46）2006.1

大坂御用場

幕末維新期の大坂御用場―大名・旗本におけるもうひとつの大坂拠点（〈2007年度秋期大会報告要旨〉（荒武賢一朗）「会報明治維新史学会だより」　明治維新史学会　（8）2007.10

荒武賢一朗氏「幕末維新期の大坂御用場―大名・旗本におけるもうひとつの大坂拠点」（〈2007年度明治維新史学会秋期大会討論要旨〉（針谷武志）「会報明治維新史学会だより」　明治維新史学会　（9）2008.5

大坂三郷

大坂三郷人口推移表の誤り（野高宏之）「大阪の歴史」　大阪市史料調査会　（74）2010.1

大坂三郷

明治初期における旧大坂三郷の貸家（深田智恵子）「大阪の歴史」　大阪市史料調査会　（76）2011.1

大阪市

大阪市学童集団避難先の地域的な分布（赤塚康雄）「パイオニア」　関西地理学研究会　（61）2000.3

B29部隊による戦略爆撃・無差別爆撃―大阪市街地への地域爆撃を中心に（《特集 戦争遺跡から見た近代大阪―大阪大空襲から55年》）（小山仁示）「ヒストリア ： journal of Osaka Historical Association」　大阪歴史学会　（171）2000.9

平成14（2002）年度 大阪市指定の文化財（10件）「大阪の歴史と文化財」　大阪市教育委員会事務局生涯学習部　（11）2003.3

大阪市区役所の組織の変遷（5）（八木弘）「大阪市公文書館研究紀要」　大阪市公文書館　（15）2003.3

都市部落をめぐる衛生観と社会認識―大阪市「第一次市域拡張」関係資料（吉村智博）「大阪人権博物館紀要」　大阪人権博物館　（6）2003.3

平成15（2003）年度 大阪市指定の文化財（16件）「大阪の歴史と文化財」　大阪市教育委員会事務局生涯学習部　（13）2004.3

第5回内国勧業博覧会と大阪市（堀田暁生）「大阪市公文書館研究紀要」　大阪市公文書館　（16）2004.3

特別展示報告「公文書にみる大阪市政のあゆみ」展の概要「大阪市公文書館研究紀要」　大阪市公文書館　（16）2004.3

戦間期大阪市をめぐる貨物輸送と中央卸売市場の成立（三木理史）「交通史研究」　交通史学会，吉川弘文館（発売）（54）2004.4

付録 大正12年発行の「大阪市商工地図」について（1），（2），（4）（高島伸）「大阪春秋」　新風書房　32（1）通号114/33（4）通号117　2004.5/2005.1

大阪市学童の集団疎開（池橋達雄）「大社の史話」　大社史話会　140　2004.9

平成16（2004）年度 大阪市指定の文化財（12件）「大阪の歴史と文化財」　大阪市教育委員会事務局生涯学習部　（15）2005.3

大阪市の水道と高度浄水処理（小笹泰）「大阪市公文書館研究紀要」　大阪市公文書館　（17）2005.3

大阪市交通局庁舎について（釘岡一雄）「大阪市公文書館研究紀要」　大阪市公文書館　（17）2005.3

特別展示報告「大阪市の水道」展の概要「大阪市公文書館研究紀要」　大阪市公文書館　（17）2005.3

昭和の合併―6ヶ町村合併（竹村保治）「大阪市公文書館研究紀要」　大阪市公文書館　（18）2006.3

戦後復興期の市民生活（三輪昌子）「大阪市公文書館研究紀要」　大阪市公文書館　（18）2006.3

戦後復興期の大阪市政雑感―三つの災禍と大都市制度（木村収）「大阪市公文書館研究紀要」　大阪市公文書館　（18）2006.3

特別展示報告「戦後復興期の大阪市制」の概要「大阪市公文書館研究紀要」　大阪市公文書館　（18）2006.3

特別展示報告「高度経済成長期の大阪市制」―大阪の街の変遷を振り返る「大阪市公文書館研究紀要」　大阪市公文書館　（19）2007.3

大阪市周辺を訪ねて（芝口藤雄）「あかね」　御坊文化財研究会　（31）2007.3

町会域・学区域と地域の形成―大阪市に於ける敗戦直後の展開過程（赤塚雄雄）「パイオニア」　関西地理学研究会　（82）2007.11

大正・昭和初期の大阪市内三河川の内港化（《第33回大会共通論題「流域をめぐる交通史―淀川水系を中心に」特集号》（伊藤敏雄）「交通史研究」　交通史学会，吉川弘文館（発売）（64）2007.12

大阪市下水道の歴史と特徴―先人の遺産、先駆的な業績（高柳枝直）「大阪市公文書館研究紀要」　大阪市公文書館　（20）2008.3

大阪市に於ける新制中学校通学区域の形成過程（赤塚康雄）「パイオニア」　関西地理学研究会　（85）2008.9

大阪市における新制中学校の開校準備過程―大阪市立中学校設置決定後の事務（赤塚康雄）「パイオニア」　関西地理学研究会　（87）2009.3

大阪市営地下鉄建設のあゆみ―安全・快適な交通ネットワークの整備（綿谷茂則）「大阪市公文書館研究紀要」　大阪市公文書館　（21）2009.3

資料紹介 大阪市社会部住宅課『本市に於ける簡易宿の実状』（吉村智博）「大阪人権博物館紀要」　大阪人権博物館　（12）2010.1

自治体史の始まり―大阪市史（堀田暁生）「大阪市公文書館研究紀要」　大阪市公文書館　（22）2010.3

同和地区の共同浴場に関する研究控―大阪市における聞き書き記録を資料として（白石太良）「御影史学論集」　御影史学研究会　通号35　2010.10

戦後大阪市における各区新学制実施協議会の組織と活動実態（赤塚康雄）「パイオニア」　関西地理学研究会　（98）2012.3

わたしたちの文化財 地村邦夫「渡邊瑠一―失われた大阪市内最古の民家―」（地村邦夫）「ヒストリア ： journal of Osaka Historical Association」　大阪歴史学会　（238）2013.6

大阪市学童疎開関係年表（特集 国民学校と学童疎開70年）（赤塚康雄［編］）「大阪春秋」　新風書房　42（1）通号154　2014.4

大阪市池島国民学校

善光寺（香川）へ集団疎開、死角を利し「兵隊ごっこ」《大阪市池島国民学校から》（特集 国民学校と学童疎開70年―体験者の投稿）（池田正夫）「大阪春秋」　新風書房　42（1）通号154　2014.4

大阪市中央卸売市場

大阪市中央卸売市場本場から雑喉場魚市場跡へ（鈴木照世）「大阪春秋」 新風書房　31（1）通号110　2003.3

大阪市中央公会堂

大阪市中央公会堂の保存再生（橋本健治）「大阪市公文書館研究紀要」 大阪市公文書館　（16）2004.3

よみがえった大阪市中央公会堂（植木久）「大阪春秋」 新風書房　32（2）通号115　2004.8

大阪市電

横観大阪市電史（辰巳博）「大阪市公文書館研究紀要」 大阪市公文書館　（16）2004.3

大坂城

歴史の回想・城跡探訪（6）～（7）大坂城山里曲輪［1］，（2）（平川大輔）「会報」 大阪歴史懇談会　18（5）通号201/18（6）通号202　2001.5/2001.6

石垣からみた豊臣大坂城と徳川製大坂城（北垣聰一郎）「すみのえ」 住吉大社社務所　38（3）通号241　2001.7

夏の陣前夜の大坂城―玉造口馬出曲輪周辺を中心として（黒田慶一）「織豊城郭」 織豊期城郭研究会　（10）2003.9

大阪歴史散歩（12）大坂城（脇田修）「大阪の歴史と文化財」 大阪市教育委員会事務局生涯学習部　（12）2003.10

文献史料からみた豊臣期大坂城―豊臣期大坂城縄張りに関する予察的検討（高田徹）「戦乱の空間」 戦乱の空間編集会　（3）2004.7

豊臣期大坂城下町の成立と展開（松尾信裕）「ヒストリア ： journal of Osaka Historical Association」 大阪歴史学会　（193）2005.1

豊臣期大坂城と大坂冬の陣―大阪府警察本部地点検出の堀をめぐって（江浦洋）「大阪の歴史」 大阪市史料調査会　（65）2005.1

豊臣氏大坂城下の瓦作り（黒田慶一）「大阪の歴史」 大阪市史料調査会　（65）2005.1

慶長3～5年の大坂城普請について―「三之丸築造」をめぐる諸問題（〈個人報告〉）（中村博司）「ヒストリア ： journal of Osaka Historical Association」 大阪歴史学会　（198）2006.1

石垣・刻印・符牒調査の17年間の成果 大坂城石垣調査報告書二「城郭だより ： 日本城郭史学会会報」［日本城郭史学会］（57）2007.4

徳川氏大坂城の石垣普請について（《特集 城石垣・採石丁場》）（中村博司）「城郭史研究」 日本城郭史学会，東京堂出版（発売）（27）2008.1

研究ノート 豊臣期大坂城惣構内の景観（松尾信裕）「大阪城天守閣紀要」 大阪城天守閣　（36）2008.3

大坂城の請負業者（吉田洋子）「編纂所だより」 大阪市史編纂所　（30）2008.3

豊臣期大坂城外郭に関する一考察（高田徹）「戦乱の空間」 戦乱の空間編集会　（7）2008.7

「大坂城之画図」について―古活字版『大坂物語』付図の紹介と考察（中村博司）「大阪の歴史」 大阪市史料調査会　（72）2009.1

日の目を見なかった「残念石」―大坂城とバールベック神殿（堀川義央）「郷土史誌末盧國」 松浦史談会，芸文堂（発売）（177）2009.3

豊臣氏大坂城下町さらに広がる！（池田研）「葦火 ： 大阪市文化財情報」 大阪市博物館協会大阪文化財研究所　25（1）通号145　2010.4

城郭絵画の縄張り図化の試み―豊臣期大坂城・順天倭城・聚楽第（高田徹）「戦乱の空間」 戦乱の空間編集会　（9）2010.7

親子の歴史座談（85）大坂城と伏見城「ひらかた文化財だより」 枚方市文化財研究調査会　（85）2010.10

豊臣大坂城天守の復元的研究（佐藤大規）「史学研究」 広島史学研究会　（270）2011.2

徳川幕府による大坂城再築の一様相―黒田家丁場における石垣普請を事例に（中村博司）「城郭史研究」 日本城郭史学会，東京堂出版（発売）（30）2011.2

嘉永・安政期の大坂城代―常陸国土浦藩・土屋寅直の大坂、兵庫開港問題への対応を中心に（菅良樹）「日本研究」 人間文化研究機構国際日本文化研究センター　43　2011.3

徳川大坂城における石切丁場の変遷について（特集 東六甲山採石場と大阪城石垣の研究2）（望月悠佑，高田祐一）「歴史と神戸」 神戸史学会　50（4）通号287　2011.8

徳川大坂城東六甲採石場越木岩刻印群（特集 東六甲山採石場と大阪城石垣の研究2）（池原拓哉）「歴史と神戸」 神戸史学会　50（4）通号287　2011.8

道からみた豊臣初期大坂城下町（研究ノート）（大澤研一）「大阪歴史博物館研究紀要」 大阪市文化財協会　（10）2012.3

慶長三年における大坂城下の改造をめぐって―『西笑和尚文案』所収史料を中心に（研究ノート）（豆谷浩之）「大阪歴史博物館研究紀要」 大阪市文化財協会　（10）2012.3

研究ノート 江戸時代大坂城周辺の武家地について（宮本裕次）「大阪城天守閣紀要」 大阪城天守閣　（39）2012.3

調査報告 徳川大坂城における石切丁場―丁場の確保をめぐって（望月悠佑，高田祐一）「城郭史研究」 日本城郭史学会，東京堂出版（発売）（31）2012.3

大坂城大手門枡形所在の鏡石について（特集 西区）（三瓶裕司）「大阪の歴史」 大阪市史料調査会　（78）2012.7

総論 戦国史の舞台 おおさか―千早城・飯盛城・大坂城（特集 飯森山城と戦国おおさか）（中西裕樹）「大阪春秋」 新風書房　40（4）通号149　2013.1

総括報告1 遺構からみた徳川期大坂城普請の組織と技術（特集 石川県金沢城研究所10周年記念シンポジウムの記録 「城郭石垣の技術と組織を探る―金沢城と諸城―」（23年度実施））（北野博司）「金沢城研究 ： 研究紀要」 石川県金沢城調査研究所　（11）2013.3

徳川時代大坂城関係資料調査概報 平成22年度 滋賀県甲賀市 近江国水口藩加藤家大坂加番記録調査概報（宮本裕次，瀬島宏計）「大阪城天守閣紀要」 大阪城天守閣　（40）2013.3

元和五年の池田忠雄による大坂城普請について（史料紹介）（内池英樹）「鳥取地域史研究」 鳥取地域史研究会　（15）2013.3

資料紹介 元和五年の池田忠雄における大坂城普請について（続）（内池英樹）「鳥取地域史研究」 鳥取地域史研究会　（16）2014.2

史料紹介 大坂城再築関係史料の紹介―游酔庵文庫所蔵文書から（伊藤一美）「城郭史研究」 日本城郭史学会，東京堂出版（発売）（33）2014.2

大阪城

大阪城雑感（渡辺武）「大阪春秋」 新風書房　32（1）通号114　2004.5

大阪城周辺にあった軍事施設（覚書）（船越幹央）「大阪春秋」 新風書房　32（1）通号114　2004.5

大阪城石垣のたのしみ（植木久）「大阪の歴史と文化財」 大阪市教育委員会事務局生涯学習部　（14）2004.10

野外講座 大阪城周辺と在日コリアン 砲兵工廠、アパッチ部落、植民地の跡を訪ねる「広報誌リバティ」 大阪人権博物館　（35）2006.10

大阪城天守閣復興前史―陸軍史料に見る大阪城の観光地化と浪速神宮造営問題（能川泰治）「大阪の歴史」 大阪市史料調査会　（73）2009.7

城郭の採石場研究のあゆみと課題―東六甲採石場を中心に（《特集 東六甲山採石場と大坂城石垣の研究》）（藤川祐作）「歴史と神戸」 神戸史学会　48（6）通号277　2009.12

猿丸邸に持ち込まれた奥山刻印群の石材と搬出ルート（特集 東六甲山採石場と大阪城石垣の研究2）（藤川祐作）「歴史と神戸」 神戸史学会　50（4）通号287　2011.8

大阪市淀川国民学校

"歓呼"の声に送られ石川県羽咋町に学童集団疎開《大阪市淀川国民学校から》（特集 国民学校と学童疎開70年―体験者の投稿）（寺師一清）「大阪春秋」 新風書房　42（1）通号154　2014.4

大阪築港

戦前期大阪築港における港湾運送業と労働者―1932年・築港沖仲仕争を中心に（〈個人報告〉）（島田克彦）「ヒストリア ： journal of Osaka Historical Association」 大阪歴史学会　（178）2002.1

大坂中央市場

摂津浦々の海運と大坂中央市場―摂津沿岸の異色断面を探る（中敏昭）「神戸史談」 神戸史談会　通号298　2006.7

大阪中央郵便局庁舎

大阪中央郵便局庁舎の保存問題（報告）（長山雅一）「ヒストリア ： journal of Osaka Historical Association」 大阪歴史学会　（216）2009.8

大阪中央郵便局庁舎の保存に関する特集にあたって（特集 大阪中央郵便局庁舎の保存をめぐって）（長山雅一）「ヒストリア ： journal of Osaka Historical Association」 大阪歴史学会　（220）2010.6

大阪中央郵便局と大阪駅前の都市計画（特集 大阪中央郵便局庁舎の保存をめぐって）（橋爪紳也）「ヒストリア ： journal of Osaka Historical Association」 大阪歴史学会　（220）2010.6

大阪中央郵便局旧庁舎の保存を求める裁判（報告）（企画委員会）「ヒストリア ： journal of Osaka Historical Association」 大阪歴史学会　（233）2012.8

大阪中央郵便局旧庁舎問題その後（報告）（企画委員会）「ヒストリア ： journal of Osaka Historical Association」 大阪歴史学会　（237）2013.4

大阪帝国大学

「大阪帝國大學創立史」復刻によせて（福井康子）「大阪春秋」 新風書房　33（4）通号117　2005.1

大阪鉄道

甦るまほろば軌道（13）大阪鉄道（安彦勘吾）「月刊大和路ならら」 地域情報ネットワーク　10（4）通号103　2007.4

大阪南部

大阪府南部の温泉（源泉）の開発（1）～（2）（岸田修一）「泉佐野の歴史と今を知る会会報」 泉佐野の歴史と今を知る会　（263）/（264）2009.11/2009.12

近畿　　　　　　　　　　地名でたどる郷土の歴史　　　　　　　　　　大阪府

大阪飛行場

木津川尻にあった大阪飛行場（想い出おおさか）（坪井清足）「大阪の歴史と文化財」　大阪市教育委員会事務局生涯学習部　（14）2004.10

大坂府

今に残る大阪府下の軍事施設（塚崎昌之）「大阪春秋」　新風書房　34（2）通号119　2005.7

大阪府

島本町/高槻市/茨木市/吹田市/豊中市/池田市/箕面市/豊能町/能勢町/三田市/宝塚市/川西市/尼崎市/伊丹市/西宮市/芦屋市「大阪春秋」　新風書房　31（4）通号113　2003.9

大阪府における市町村合併の歴史―「明治の大合併」と「昭和の大合併」（高倉史人）「大阪あーかいぶず」　大阪府公文書館　33　2004.3

占領初期・大阪府と在日朝鮮人―占領期の強制送還事業と朝鮮人登録を中心に（文公輝）「大阪人権博物館紀要」　大阪人権博物館　（8）2004.12

戦前地方「自治」の確立と大阪府（矢切努）「大阪あーかいぶず」　大阪府公文書館　35　2005.3

近代大阪府の郡役所（矢切努）「大阪あーかいぶず」　大阪府公文書館　（38）2006.9

大阪府下 南北朝時代の金石文（鬼頭将介）「わかくす ： 河内ふるさと文化誌」　わかくす文芸研究会　（50）2006.11

同和地区の共同浴場に関する研究控（2）―大阪府におけるアンケート調査をもとに（白石太良）「御影史学論集」　御影史学研究会　通号36　2011.10

大阪ホテル

絵葉書でみる昔の大阪（5）大阪ホテル（1904～1920年ごろ）（堀田暁生）「編纂所だより」　大阪市史編纂所　（26）2006.6

大坂町奉行所

摂海御台場築立御用における大坂町奉行の位置（特集 幕末京都口の関門―枚方・楠葉台遺跡）（高久智広）「ヒストリア ： journal of Osaka Historical Association」　大阪歴史学会　（217）2009.10

大坂町奉行所と「長吏の組織」―特に町目付との関わりから（シンポジウム 江戸時代の道頓堀と千日前―長吏・三昧聖・刑場）（高久智広）「大阪人権博物館紀要」　大阪人権博物館　（13）2011.3

大坂湾

大坂湾警衛と国主大名―江戸湾警衛からの移転について（三宅智志）「鷹陵史学」　鷹陵史学会　（38）2012.9

大阪湾

広田社と大阪湾の潮の流れ―神功皇后伝説と寿永三年の源平の争乱を中心に（井阪康二）「御影史学論集」　御影史学研究会　通号28　2003.10

中世渡辺津の展開と大阪湾（《特集 中世大阪の水上交通》）（村井拓生）「大阪の歴史」　大阪市史料調査会　（70）2007.12

楠葉台場以前の大阪湾防備―安政期を中心に（特集 幕末京都口の関門―枚方・楠葉台遺跡）（後藤敦史）「ヒストリア ： journal of Osaka Historical Association」　大阪歴史学会　（217）2009.10

大正・昭和初期の大阪湾と物流促進機関（大会報告要旨―共通論題）（伊藤敏雄）「交通史研究」　交通史学会，吉川弘文館（発売）（75）2011.9

幕末期の大阪湾警衛と村々（上田長生）「大塩研究」　大塩事件研究会　（68）2013.3

大橋

聞き書き ありし日のまちと暮らし（33）その名に刻まれた歴史 毛斯倫大橋（井上眞理子）「歴史と神戸」　神戸史学会　49（3）通号280　2010.6

大浜

大浜「一力樓」のこと（下村弘）「堺人」　堺泉州出版会　（2）2004.5

大堀城

松原の史蹟と伝説（8）大堀村と大堀城跡（出水睦己）「河内どんこう」　やお文化協会　70　2003.6

大堀村

松原の史蹟と伝説（8）大堀村と大堀城跡（出水睦己）「河内どんこう」　やお文化協会　70　2003.6

大和田

大和田と万葉集（西幹禎之）「大和田郷土史会会報」　大和田郷土史会　（23）2011.5

古文献に見る大和田 第二編 江戸時代［その1］～（その3）（金田啓吾）「大和田郷土史会会報」　大和田郷土史会　（24）/（26）2012.5/2014.5

大和田川

表紙写真の説明 大和田川の浮かぶ漁船「大和田郷土史会会報」　大和田郷土史会　（24）2012.5

大和田城

「大和田城」考（金田啓吾）「まんだ ： 北河内とその周辺の地域文化誌」　まんだ編集部　85　2005.12

「大和田城」考（2）（金田啓吾）「まんだ ： 北河内とその周辺の地域文化誌」　まんだ編集部　（86）2006.5

大和田小学校

大阪市立大和田小学校沿革（恩地宏）「大和田郷土史会会報」　大和田郷土史会　（23）2011.5

大和田村

西淀川区の「佃村大和田村漁師御由緒手続」（1）～（2）（金田啓吾）「まんだ ： 北河内とその周辺の地域文化誌」　まんだ編集部　（87）/（88）2006.8/2006.12

岡町

古代ロマンの跡をたどって 豊中の岡町・桜塚あたり（谷口佳以子）「大阪春秋」　新風書房　31（1）通号110　2003.3

岡村

松原の史蹟と伝説（19）岡村と河内鋳物師工房跡（出水睦己）「河内どんこう」　やお文化協会　（81）2007.2

奥津城

雄略天皇の奥津城は何処か（岸本直文）「つどい」　豊中歴史同好会　（319）2014.8

息長川

万葉集に詠まれた息長川はわがまちの今川だった（上），（中），（下）完（三津井康純）「大阪春秋」　新風書房　34（2）通号119/34（1）通号122　2005.7/2006.4

奥河内

総論 ちかくてふかい 奥河内の今昔物語（特集 奥河内の今昔物語）（尾谷雅彦）「大阪春秋」　新風書房　41（2）通号151　2013.7

戦国争乱 奥河内の山城（特集 奥河内の今昔物語―奥河内の歴史）（中西裕樹）「大阪春秋」　新風書房　41（2）通号151　2013.7

三日市宿の旅人たち 古文書に見る奥河内の宿場の情景（特集 奥河内の今昔物語―奥河内の歴史）（鎌田和栄）「大阪春秋」　新風書房　41（2）通号151　2013.7

茅葺屋根と大和棟 古民家をめぐる旅へ（特集 奥河内の今昔物語―奥河内の文化遺産）（山田智子）「大阪春秋」　新風書房　41（2）通号151　2013.7

奥河内のものづくり 奥河内のつくり手を訪ねて 人形作家 秋山信子さん/爪楊枝製作 稲葉修さん/酒造り 西條陽三さん（特集 奥河内の今昔物語）（浅野詠子）「大阪春秋」　新風書房　41（2）通号151　2013.7

おと越え

十三街道とおと越え（《特集 「なりひらの恋―高安の女」新春二月プリズムホールで公演》）（松江信一）「河内どんこう」　やお文化協会　（83）2007.10

鬼住村

鬼住村の地名の変遷とその歴史（中筋喜春）「河内長野市郷土研究会誌」［河内長野市郷土研究会］（49）2007.4

鬼住村研究―鬼を名乗った男（中筋喜昭）「河内長野市郷土研究会誌」［河内長野市郷土研究会］（51）2009.4

鬼住村研究 茱萸木村に移住した鬼住村住民（中筋喜春）「河内長野市郷土研究会誌」［河内長野市郷土研究会］（52）2010.4

鬼住村研究 明治維新と鬼住村・天誅組の乱と西南戦争（中筋喜春）「河内長野市郷土研究会誌」［河内長野市郷土研究会］（53）2011.4

鬼住村研究・そだ峯越えと七本松越え 高野街道の脇道（中筋喜春）「河内長野市郷土研究会誌」［河内長野市郷土研究会］（54）2012.4

鬼住村研究・鬼住村住民の暮らし（1）犬養広麻呂のこと（中筋喜春）「河内長野市郷土研究会誌」［河内長野市郷土研究会］（55）2013.4

鬼住村研究―なぜ鬼住村を研究するのか（工房鬼住，中筋喜春）「河内長野市郷土研究会誌」［河内長野市郷土研究会］（56）2014.4

尾の井村

道中風景絵巻III 松井家関西の知行地 神童子村、尾の井村を訪ねる（柏田忠）「夜豆志呂 ： 郷土史」　八代史談会　（174）2014.2

小布施町

小布施町（吉川三郎）「歴史懇談」　大阪歴史懇談会　（22）2008.8

遠里小野

万葉集によまれた上町台地南端の地 住吉・遠里小野（樋口百合子）「大阪春秋」　新風書房　32（3）通号116　2004.10

恩智

戦争遺跡を訪ねて（5）恩智山中にあった射撃場（大西進）「河内どんこう」　やお文化協会　（83）2007.10

貝塚

「貝塚・泉佐野の村の城・村の寺内を訪ねて」見学記（上野裕子）「寺内町研究」　貝塚寺内町歴史研究会，和泉書院（発売）5　2000.12

貝塚の城跡・十万騎の夢のあと（見學稔）「堺泉州」　堺泉州出版会

大阪府　　　　　　　　　　　　　　　　　　地名でたどる郷土の歴史　　　　　　　　　　　　　　　　　　近畿

（15）2004.1
貝塚商人と周辺農村―和泉屋「有物改帳」の分析から（岡田光代）「寺内町研究」　貝塚寺内町歴史研究会，和泉書院（発売）8　2004.9
近世後期・貝塚旅籠屋の基礎的考察―天保期を中心に（戸田博彦）「寺内町研究」　貝塚寺内町歴史研究会，和泉書院（発売）9　2005.4
古文書講座「北前船と貝塚」/古文書講座（第37回）開催のお知らせ「テンプス　：　かいづか文化財だより」　貝塚市教育委員会（46）2011.8

貝塚工場
大日本紡績株式会社 貝塚工場の建築的特徴「テンプス　：　かいづか文化財だより」　貝塚市教育委員会　（34）2008.7

貝塚市
かいづかの街道―歩いてみませんか？　熊野街道/紀州街道/水間街道「テンプス　：　かいづか文化財だより」　貝塚市教育委員会　15　2004.1
市内の古文書調査から 田村家文書「テンプス　：　かいづか文化財だより」　貝塚市教育委員会　15　2004.1
平成15年度貝塚市指定文化財 本願寺門主の絵像など26幅を指定「テンプス　：　かいづか文化財だより」　貝塚市教育委員会　16　2004.3
市内の古文書調査から 斎藤家文書「テンプス　：　かいづか文化財だより」　貝塚市教育委員会　16　2004.3
市内の古文書調査から 宇野家文書/尾食家文書「テンプス　：　かいづか文化財だより」　貝塚市教育委員会　17　2004.5
市内の古文書調査から 並河家文書「テンプス　：　かいづか文化財だより」　貝塚市教育委員会　18　2004.7
市内の古文書調査から 山中家文書「テンプス　：　かいづか文化財だより」　貝塚市教育委員会　（19）2004.10
貝塚の天然記念物「テンプス　：　かいづか文化財だより」　貝塚市教育委員会　（21）2005.4
貝塚市郷土資料展示室 企画展1「写真展 貝塚市のいま、むかし」/平成18年度展示会のお知らせ/特別展「ぼっかんさんの平成大修理I―重要文化財願泉寺附築地塀解体の成果」/加治・神前・畠中遺跡の調査「テンプス　：　かいづか文化財だより」　貝塚市教育委員会　（25）2006.4
郷土資料展示室 企画展1「写真展 貝塚市のいま、むかし」を開催しました/企画展2「親子で見よう、なつかしのアニメづくり」を開催します「テンプス　：　かいづか文化財だより」　貝塚市教育委員会　（26）2006.7
市内の古文書調査から 森川家（納屋六兵衛）文書/古文書講座 貝塚市の中世文書「テンプス　：　かいづか文化財だより」　貝塚市教育委員会　（26）2006.7
写真で見る貝塚市のいま、むかし「テンプス　：　かいづか文化財だより」　貝塚市教育委員会　（27）2006.10
古文書をひも解く 「御客船名寄」に見る北前船「テンプス　：　かいづか文化財だより」　貝塚市教育委員会　（27）2006.10
古文書をひも解く 庄屋日記から見えること「テンプス　：　かいづか文化財だより」　貝塚市教育委員会　（29）2007.7
貝塚市内における「塩間屋」の成立「テンプス　：　かいづか文化財だより」　貝塚市教育委員会　（30）2007.9
古文書を読み解く 廣海家文書のたくさんの帳簿「テンプス　：　かいづか文化財だより」　貝塚市教育委員会　（30）2007.9
古文書をひも解く 人びとの要求が、政治を突き動かす時「テンプス　：　かいづか文化財だより」　貝塚市教育委員会　（31）2007.12
貝塚市郷土資料展示室 展示会のお知らせ 貝塚市の指定文化財展 第3期「中世の村のくらしと村人たちのおはなし」「テンプス　：　かいづか文化財だより」　貝塚市教育委員会　（31）2007.12
貝塚市内建造物調査の成果―近代建築の調査から/貝塚市郷土資料展示室 特別展2「貝塚市内の近代建築」のお知らせ「テンプス　：　かいづか文化財だより」　貝塚市教育委員会　（32）2008.1
市内の古文書調査から 幹工務店所蔵建築関係資料「テンプス　：　かいづか文化財だより」　貝塚市教育委員会　（32）2008.1
貝塚市郷土資料展示室 特別展2「貝塚市内の近代建築」/平成20年度展示会のお知らせ（上半期）「テンプス　：　かいづか文化財だより」　貝塚市教育委員会　（33）2008.4
江戸時代の国絵図作成事業と要家文書に残る村池絵図「テンプス　：　かいづか文化財だより」　貝塚市教育委員会　（40）2010.1
阪南市内に点在した避病舎（下）―貝塚市内の避病施設と大阪府南部の医療体制（中川義朗）「大阪民衆史研究」　大阪民衆史研究会　通号64　2010.3
貝塚の旧集落を巡りながら「WEAVE 紡ぐ　：　『貝塚市の70年』編纂だより」　貝塚市教育委員会　（1）2010.8
フィールドワークの現場から「WEAVE 紡ぐ　：　『貝塚市の70年』編纂だより」　貝塚市教育委員会　（1）2010.8
編纂だより速報 第1回「貝塚市の成立」「WEAVE 紡ぐ　：　『貝塚市の70年』編纂だより」　貝塚市教育委員会　（2）2011.1
貝塚の建築「WEAVE 紡ぐ　：　『貝塚市の70年』編纂だより」　貝塚市教育委員会　（2）2011.1

貝塚市の風景―文化財防火訓練のようす「テンプス　：　かいづか文化財だより」　貝塚市教育委員会　（44）2011.2
編纂だより速報 第2回「絵図・地図などから読み解く貝塚 その1」「WEAVE 紡ぐ　：　『貝塚市の70年』編纂だより」　貝塚市教育委員会　（3）2011.4
古文書をひも解く 北前船（きたまえぶね）と貝塚「テンプス　：　かいづか文化財だより」　貝塚市教育委員会　（45）2011.5
編纂だより速報 第3回「地図などから読み解く貝塚 その2」「WEAVE 紡ぐ　：　『貝塚市の70年』編纂だより」　貝塚市教育委員会　（4）2011.7
終戦後の復among者「WEAVE 紡ぐ　：　『貝塚市の70年』編纂だより」　貝塚市教育委員会　（4）2011.7
戦後復興と公営住宅「WEAVE 紡ぐ　：　『貝塚市の70年』編纂だより」　貝塚市教育委員会　（4）2011.7
貝塚寺内町周辺登録文化財地図/貝塚市内周辺登録文化財一覧「テンプス　：　かいづか文化財だより」　貝塚市教育委員会　（46）2011.8
表紙 市制10周年記念式典/役場庁舎（『貝塚町勢要覧 昭和十三年度版』より）「テンプス　：　かいづか文化財だより」　貝塚市教育委員会　（49）2013.3
貝塚町から貝塚市へ/平成25年度貝塚市郷土資料展示室企画展のお知らせ 「貝塚市の70年写真展3―昭和の貝塚―」展 平成25年5月11日（土）～6月30日（日）「テンプス　：　かいづか文化財だより」　貝塚市教育委員会　（49）2013.3
貝塚市の特産品 "つげ櫛"「テンプス　：　かいづか文化財だより」　貝塚市教育委員会　（51）2013.11
地図に見る貝塚市―貝塚町全図から「テンプス　：　かいづか文化財だより」　貝塚市教育委員会　（52）2014.2

貝塚寺内町
《願泉寺・貝塚寺内町特集》「寺内町研究」　貝塚寺内町歴史研究会，和泉書院（発売）7　2004.5
貝塚特集発刊に寄せて（卜半了顕）「寺内町研究」　貝塚寺内町歴史研究会，和泉書院（発売）7　2004.5
貝塚寺内外側の仏供田について（上畑治司）「寺内町研究」　貝塚寺内町歴史研究会，和泉書院（発売）7　2004.5
史料紹介 明治初年の願泉寺の所轄をめぐる史料（宮田克成）「寺内町研究」　貝塚寺内町歴史研究会，和泉書院（発売）7　2004.5
史料翻刻 吉村家文書『諸用記』(1)，(2)，(3)，(5)（曽我友良）「寺内町研究」　貝塚寺内町歴史研究会，和泉書院（発売）7/11　2004.5/2009.6
惣寺内の空間構造―土地の支配と所有をめぐって（藤田実）「寺内町研究」　貝塚寺内町歴史研究会，和泉書院（発売）8　2004.9
貝塚市郷土資料展示室 企画展1「絵図に見る貝塚寺内のうつりかわり」のお知らせ「テンプス　：　かいづか文化財だより」　貝塚市教育委員会　（21）2005.4
貝塚市郷土資料展示室 企画展1「絵図に見る貝塚寺内のうつりかわり」「テンプス　：　かいづか文化財だより」　貝塚市教育委員会　（22）2005.7
古文書講座「願泉寺と貝塚寺内(1)―秀吉・家康の時代」/季節をめぐって 夏 二色の浜と海水浴「テンプス　：　かいづか文化財だより」　貝塚市教育委員会　（22）2005.7
古文書講座「願泉寺と貝塚寺内(2)―大名との交流と贈答」/古文書をひも解く 貝塚寺内領主卜半家と大名・寺院との手紙「テンプス　：　かいづか文化財だより」　貝塚市教育委員会　（23）2005.10
戦国期寺内町の空間構造（福島克彦）「寺内町研究」　貝塚寺内町歴史研究会，和泉書院（発売）10　2005.12
歴史地理学からみた寺内町研究史（金井年）「寺内町研究」　貝塚寺内町歴史研究会，和泉書院（発売）10　2005.12
古文書講座「願泉寺と貝塚寺内(3)―宗教と政治のはざま、本願寺と寛永寺」/古文書をひも解く 願泉寺と寛永寺の結びつき「テンプス　：　かいづか文化財だより」　貝塚市教育委員会　（24）2006.2
岸和田城下町と貝塚寺内町を歩く（大澤研一）「近畿文化」　近畿文化会事務局　（727）2010.6

貝塚町
史料紹介 明治十六年十二月 大阪府管下 和泉國南郡貝塚町地圖（上畑治司，前川浩一）「寺内町研究」　貝塚寺内町歴史研究会，和泉書院（発売）10　2005.12
貝塚町から貝塚市へ/平成25年度貝塚市郷土資料展示室企画展のお知らせ 「貝塚市の70年写真展3―昭和の貝塚―」展 平成25年5月11日（土）～6月30日（日）「テンプス　：　かいづか文化財だより」　貝塚市教育委員会　（49）2013.3
地図に見る貝塚市―貝塚町全図から「テンプス　：　かいづか文化財だより」　貝塚市教育委員会　（52）2014.2

堺泉州
堺泉州の味ある城跡砦跡（桧本多加三）「堺泉州」　堺泉州出版会　（15）2004.1
堺泉州の顔「堺泉州」　堺泉州出版会　（16）2004.7

700

近畿　　　　　　　　　　　　地名でたどる郷土の歴史　　　　　　　　　　　　大阪府

堺泉州の自然と産業文化（南清彦）「堺泉州」　堺泉州出版会　（16）
2004.7

堺泉州の天然記念物（編集部）「堺泉州」　堺泉州出版会　（16）2004.7

垣内

戦争遺跡を訪ねて（6）垣内の掩体壕と誘導路他（大西進）「河内どんこう」　やお文化協会　（84）2008.2

垣内格納庫

八尾市垣内格納庫の思い出（松村健治）「河内どんこう」　やお文化協会　（79）2006.6

懐徳堂

近世大坂町人の生活と学問─懐徳堂を中心に（浅井允晶）「すみのえ」　住吉大社社務所　37（4）通号238　2000.10

長崎海軍伝習所、沼津兵学校と懐徳堂（小西克介）「大塩研究」　大塩事件研究会　（71）2014.8

笠山

笠山登山と畦の谷地蔵谷（大井秀喜）「堺泉州」　堺泉州出版会　（16）2004.7

栂井

籾井（もみい）か、栂井（かしい）か─地名の歴史学（廣田浩治）「泉佐野の歴史と今を知る会会報」　泉佐野の歴史と今を知る会　（269）2010.5

樫井

「見てきたような樫井合戦」の講演を終えて（松本芳郎）「泉佐野の歴史と今を知る会会報」　泉佐野の歴史と今を知る会　（235）2007.7

講座「大坂夏の陣樫井合戦」を聞いてわかったこと（2）「紀州一揆と挟撃する」作戦とは（樋野修司）「泉佐野の歴史と今を知る会会報」　泉佐野の歴史と今を知る会　（241）2008.1

講座「大坂夏の陣樫井合戦」を聞いてわかったこと（3）樫井合戦の規模（樋野修司）「泉佐野の歴史と今を知る会会報」　泉佐野の歴史と今を知る会　（246）2008.6

柏原

柏原の登録文化財（辻野忠彦，石田成年）「近畿文化」　近畿文化会事務局　（671）2005.10

「かしわら郷土史かるた」で見る奈良時代の柏原（特集「かしわらの郷土史かるた」に関連して）（中西隆子）「河内どんこう」　やお文化協会　（91）2010.6

戦争遺跡を訪ねて（13）─大正飛行場の官舎と合宿舎─柏原にあった将校官舎（特集「かしわらの郷土史かるた」に関連して）（大西進）「河内どんこう」　やお文化協会　（91）2010.6

柏原鉄道物語（桝谷政則）「あしたづ：河内の郷土文化サークルセンター特集誌」　河内の郷土文化サークルセンター　（13）2011.2

当時は、柏原は稲の品種改良研究最先端の地だった　宮沢賢治と柏原（宮本知幸）「河内どんこう」　やお文化協会　（103）2014.6

柏原ぶどうの変遷（辻井清吾）「河内どんこう」　やお文化協会　（104）2014.10

柏村新田

大坂町人銭屋と河内国若江郡柏村新田（松永友和）「研究紀要」　八尾市文化財調査研究会　（20）2009.3

柏原市

柏原市域にある近代の構築物（石田成年）「河内どんこう」　やお文化協会　63　2001.2

柏原市の話題を集めて（石田成年）「近畿文化」　近畿文化会事務局　（741）2011.8

柏原市の史跡を訪ねて（1）（石塚一郎）「つどい」　豊中歴史同好会　（296）2012.9

柏原市の史跡見学（2）（山口久幸）「つどい」　豊中歴史同好会　（297）2012.10

梶原台場

梶原台場の歴史と構造（特集　幕末京都口の関門─枚方・楠葉台場遺跡）（中西裕樹）「ヒストリア：journal of Osaka Historical Association」　大阪歴史学会　（217）2009.10

高槻市・梶原台場　忘れられた幕末史の舞台（特集　北摂・高槻）（中西裕樹）「大阪春秋」　新風書房　39（2）通号143　2011.7

楠葉・梶原の"関門"台場と会津藩─八幡・山崎の関門構築構想から見えてくる京都守護職会津藩の姿（第11回会津史談会賞入賞作）（吉野集平）「会津史談」　会津史談会　（86）2012.4

春日出新田

大阪歴史散歩（13）春日出新田賛歌（越智雅典）「大阪の歴史」　大阪市史料調査会　（63）2004.1

葛城山

和泉葛城山を歩く（堀内昭宏）「大阪春秋」　新風書房　34（3）通号120　2005.10

巻頭随想　金剛山と三つの葛城山（山田政弥）「大阪春秋」　新風書房　41（2）通号151　2013.7

交野

茨田と交野の開発─ミヤケに関連して（上遠野浩一）「歴史地理学」　歴史地理学会，古今書院（発売）52（2）通号249　2010.3

交野街道

交野街道とは（「ふるさと今昔」余聞）（粂平吉郎）「まんだ：北河内とその周辺の地域文化誌」　まんだ編集部　78　2003.8

交野郡

元和・寛永期における交野郡の村落支配─「誓円ノ日記」を手がかりに（馬部隆弘）「枚方市史年報」　枚方市教育委員会　（12）2009.4

交野市

交野市の地名　官田（かんでん）（井戸桂二）「まんだ：北河内とその周辺の地域文化誌」　まんだ編集部　78　2003.8

第987回例会　北河内の四条畷市から交野市・枚方市の文化財を訪ねて（松永修輔）「史迹と美術」　史迹美術同攷会　83（8）通号838　2013.9

交野城

私部城（交野城）─信長の河内平定へのクサビ、北河内の雄・安見氏の城（特集　飯森山城と戦国おおさか─戦国おおさかの城跡）（吉田知史）「大阪春秋」　新風書房　40（4）通号149　2013.1

合水堂

適塾と華岡塾・合水堂　両塾は幕末大坂で何をなしえたか（古西義麿）「大阪春秋」　新風書房　33（4）通号117　2005.1

かつた村

いずくにや去らん─「かつた村」の鋳造師たち（小田木富慈美）「葦火：大阪市文化財情報」　大阪市博物館協会大阪文化財研究所　22（1）通号127　2007.4

桂川

桂川の水害環境と治水（植村善博）「淀の流れ」　淀川資料館　（76）2008.3

我堂

松原の史蹟と伝説（12）我堂の条里と古道（出水睦己）「河内どんこう」　やお文化協会　74　2004.10

門真市

門真市立歴史資料館で門真市の平橋家に伝わる江戸時代の「河州古橋大工組の資料や門真の民家」を紹介する催し（1）「まんだ：北河内とその周辺の地域文化誌」　まんだ編集部　85　2005.12

河南鉄道

河南鐵道株式会社・運輸課のちらしについて（資料紹介）（松本弘）「河内長野市郷土研究会誌」　［河内長野市郷土研究会］　（52）2010.4

明治36年発行「河南鐵道線路案内」の挿入写真・図等について（松本弘）「河内長野市郷土研究会誌」　［河内長野市郷土研究会］　（53）2011.4

鐘紡住道工場

近代産業の始まりと鐘紡住道工場（田中郁夫）「あしたづ：河内の郷土文化サークルセンター特集誌」　河内の郷土文化サークルセンター　（14）2012.2

釜ヶ崎

そして、釜ヶ崎へ　あいりん地区で生きる東北の人々（馬渕竹千代）「別冊東北学」　東北芸術工科大学東北文化研究センター，作品社（発売）5　2003.2

近代初頭の「釜ヶ崎」─都市下層社会形成史序説（吉村智博）「大阪人権博物館紀要」　（8）2004.12

日傭労働者街「釜ヶ崎」の木賃宿─法規制と止宿人の生活実態を中心に（吉村智博）「大阪人権博物館紀要」　大阪人権博物館　（11）2009.2

上赤坂城

上赤坂城か下赤坂城か（棚橋利光）「河内どんこう」　やお文化協会　（79）2006.6

上神谷郷

近世中期伯太藩における村落社会と領主支配─泉州上神谷郷を対象に（2014年度大会報告要旨─近世・部会報告）（齊藤紘子）「ヒストリア：journal of Osaka Historical Association」　大阪歴史学会　（244）2014.6

近世中期伯太藩における村落社会と領主支配─泉州上神谷郷を対象に（2014年度大会特集号─部会報告　近世）（齊藤紘子）「ヒストリア：journal of Osaka Historical Association」　大阪歴史学会　（247）2014.12

上瓦屋村

泉州日根郡上瓦屋村新川家の田地支配論争（北林千鶴）「泉佐野の歴史と今を知る会会報」　泉佐野の歴史と今を知る会　196　2004.4

亀岡街道

亀岡街道をあるく―道標と語り部による道案内（研究報告）（加賀眞砂子）「吹田市立博物館館報」 吹田市立博物館 （13） 2012.12

亀ノ瀬トンネル

わたしたちの文化財 関西本線「亀ノ瀬トンネル」（石田成年）「ヒストリア ： journal of Osaka Historical Association」 大阪歴史学会 （222） 2010.10

萱島流作新田

明治初期村「地誌」―讃良郡河北村、萱島流作新田、交野郡寝屋村、打上村、燈油村（史料紹介）（大久保雅央）「市史紀要」 寝屋川市教育委員会 （14） 2007.3

萱振寺内町

萱振御坊恵光寺の歴史と萱振寺内町［1］，（2），（3）（本多真）「河内どんこう」 やお文化協会 69/72 2003.2/2004.2

資料紹介 萱振寺内町の基礎的考察（1）（小谷利明）「館報」 八尾市立歴史民俗資料館 2013年度 2014.3

萱野村

戦時期自作農創設維持事業の可能性と限界―大阪府豊能郡萱野村を事例に（中村昌民）「歴史と神戸」 神戸史学会 48（1）通号272 2009.2

萱振村

堺県萱振村（《特集 見てほしい 知ってほしい 残してほしい わが町の風景4》）（坂上ひろこ）「河内どんこう」 やお文化協会 （84） 2008.2

唐崎

慶応4年の大洪水 「明治元年戊辰大洪水下郡唐崎切レ図」（大阪市史編纂所蔵中谷家文書）／最大浸水深m60cm！／決壊した堤防の復旧工事／災害の記録を残す（片山早紀）「摂津市市史編纂だより」 摂津市市史編さん室 （1） 2012.11

空堀

復活！ 良子のスケッチ散歩（4）平野・空堀の講座に出席（高宮良子）「大阪春秋」 新風書房 33（4）通号117 2005.1

空堀商店街

長屋町の魅力と再生―空堀商店街界隈における挑戦（栗本智代）「大阪春秋」 新風書房 32（1）通号114 2004.5

河合村

松原の史蹟と伝説（16） 河合村と水田開発（出水睦己）「河内どんこう」 やお文化協会 （78） 2006.2

河内町

歴史講演会講演要旨 寺社・民家の建物の見方―河内町内の調査をふまえて（濱島正士）「郷土研究誌かわち」 河内町史編さん委員会 （8） 2003.11

戦争の記録 町内戦没者の遺品から「郷土研究誌かわち」 河内町史編さん委員会 （8） 2003.11

歴史講演会講演要旨 河内の歴史と文化の発見―『図説 河内の歴史』編さんに携わって（鈴木久）「郷土研究誌かわち」 河内町史編さん委員会 （8） 2003.11

「町の歴史あれこれ」（広報『かわち』連載）再録（鈴木久）「郷土研究誌かわち」 河内町史編さん委員会 （8） 2003.11

河北村

明治初期村「地誌」―讃良郡河北村、萱島流作新田、交野郡寝屋村、打上村、燈油村（史料紹介）（大久保雅央）「市史紀要」 寝屋川市教育委員会 （14） 2007.3

川口

近世初期大坂川口絵図に見える新田―青山家所蔵絵図資料より（松本望）「大阪の歴史」 大阪市史料調査会 （73） 2009.7

川口華商

大阪の華僑と「川口華商」（〈2001年度現地見学検討会港湾からみた近代大阪〉）（西口忠）「ヒストリア ： journal of Osaka Historical Association」 大阪歴史学会 （181） 2002.9

河尻

『土佐日記』に見える「河尻」について（谷山由夫）「摂播歴史研究」 摂播歴史研究会 （49・50） 2009.11

河内

綿の文化と河内木綿（2）（橋本千栄子）「河内どんこう」 やお文化協会 63 2001.2

〈特集 河内の歴史風土記25〉「河内どんこう」 やお文化協会 69 2003.2

心に残したい「河内の遺産」（8），（11）（高野剛）「河内どんこう」 やお文化協会 69/73 2003.2/2004.6

河内国司の補任史料―未刊史料の紹介と刊本の訂正（中野祥利）「市史紀要」 寝屋川市教育委員会 10 2003.3

河内木綿とともに生きて―寺尾和一郎さん（棚橋利光）「河内どんこう」 やお文化協会 70 2003.6

京道を通って（1），（2）（中西豊）「河内どんこう」 やお文化協会 71/72 2003.10/2004.2

河内の伝承考（12） 古代を伝える町（堀井建市）「河内どんこう」 やお文化協会 71 2003.10

5・6世紀の大阪湾沿岸地域と渡来人―河内を中心に（田中史生）「歴史科学」 大阪歴史科学協議会 （175） 2004.1

河内鋳物師の実験工房見学記（永井文子）「まんだ ： 北河内とその周辺の地域文化誌」 まんだ編集部 81 2004.7

河内の綿作（関谷広）「わかくす ： 河内ふるさと文化誌」 わかくす文芸研究会 （46） 2004.11

河内国司の補任史料（続）―未刊史料の紹介と河内国司一覧（中野祥利）「市史紀要」 寝屋川市教育委員会 12 2005.3

近世河内関連文献目録（1）（鎌谷かおる）「研究紀要」 八尾市文化財調査研究会 16 2005.3

河内の春事一年に一度の農家の遊山（川口哲秀）「大阪春秋」 新風書房 34（1）通号118 2005.4

邪馬台国河内説（米田敏幸）「河内どんこう」 やお文化協会 76 2005.6

今昔物語集と河内（平嶋述司）「河内どんこう」 やお文化協会 76 2005.6

河内の風物誌・王権と儀礼埴輪群像の世界（編集部）「わかくす ： 河内ふるさと文化誌」 わかくす文芸研究会 （48） 2005.11

大和・河内の結界石（藤澤典彦）「近畿文化」 近畿文化会事務局 （673） 2005.12

河内弁について（第164回例会発表資料）（武沢和義）「北海道方言研究会会報」 北海道方言研究会 （81） 2005.12

高安城と河内鋳銭司―その謎と共通点（佐々木宏之）「河内どんこう」 やお文化協会 （78） 2006.2

常陸「生瀬の乱」と河内との関連について（望月金人）「峡南の郷土」 峡南郷土研究会 46 2006.3

永正・大永期の畠山氏の抗争と「小峰城」―大和・河内・紀伊国境付近の城郭と関連づけて（岩倉哲夫）「和歌山城郭研究」 和歌山城郭調査研究会 （5） 2006.3

河内鋳物師について（山田周作）「堺人」 堺泉出版会 （3） 2006.4

平成の河内風土記「狛犬三題」（宮下栄麟）「まんだ ： 北河内とその周辺の地域文化誌」 まんだ編集部 （86） 2006.5

平成の河内風土記「大老暗殺事件（大和川付け替え）」（宮下栄麟）「まんだ ： 北河内とその周辺の地域文化誌」 まんだ編集部 （87） 2006.8

室町台風の思い出（関谷廣）「わかくす ： 河内ふるさと文化誌」 わかくす文芸研究会 （50） 2006.11

郵便ポストのある風景（《特集 見てほしい 知ってほしい 残したい わが町の風景2》）（松江信一）「河内どんこう」 やお文化協会 （82） 2007.2

戦国時代に河内の山に生きる（平成17年度公開講座）（笹本正治）「金山史研究」 甲斐黄金村・湯之奥金山博物館 （8） 2007.3

河内の産業と経済の歩み（平成17年度公開講座）（斎藤康彦）「金山史研究」 甲斐黄金村・湯之奥金山博物館 （8） 2007.3

河内木綿商人の在方組織―八尾組・久宝寺組を事例に（角垣内佑梨）「研究紀要」 八尾市文化財調査研究会 （18） 2007.3

邪馬台国河内説の史的背景―伊勢物語「高安の女」の原型を考える（《特集 「なりひらの恋―高安の女」新春二月プリズムホールで公演》）（米田敏幸）「河内どんこう」 やお文化協会 （83） 2007.10

茨田屯倉と河内馬飼（松本政春）「市史紀要」 寝屋川市教育委員会 （15） 2008.3

地名発掘（113） 大和・河内国境水論一揆（池田末則）「月刊大和路ならら」 地域情報ネットワーク 11（3）通号114 2008.3

17世紀摂津・河内における治水政策と堤外地土地利用規制（村田路人）「枚方市史年報」 枚方市教育委員会 （11） 2008.4

河内と摂津との接点を求めて 伴林光平の足跡を中心として（益尾宏之）「河内どんこう」 やお文化協会 （87） 2009.2

河内木綿と道頓堀（今中宏永）「河内どんこう」 やお文化協会 （88） 2009.6

河内国分に遺る「小禹廟（しょううびょう）」（桝谷政則）「河内どんこう」 やお文化協会 （89） 2009.10

四世紀末・五世紀初の大和と河内（石野博信）「つどい」 豊中歴史同好会 （263） 2009.12

『河内文化のおもちゃ箱』と記憶遺産（『河内文化のおもちゃ箱』関係）（浅野詠子）「あしたづ ： 河内の郷土文化サークルセンター特集誌」 河内の郷土文化サークルセンター （12） 2010.2

パネルディスカッション 近世後期の大坂と摂津・河内・和泉―大塩事件の背景をさぐる（酒井一）「大塩研究」 大塩事件研究会 （62） 2010.3

近世後期の河内農村（常松隆嗣）「大塩研究」 大塩事件研究会 （62） 2010.3

天誅組の足跡を追う―河内から五条へ（来村多加史）「近畿文化」 近畿文化会事務局 （724） 2010.3

古絵図をひも解く 河摂泉（かせっせん）絵図「テンプス：かいづか文化財だより」貝塚市教育委員会 （42）2010.8

河内の浜と大堰川筋の歴史文化（特集 大堰川を中心として水運）（河原信之）「丹波」丹波史談会 （12）2010.10

大阪河内の文化が柏原ワイン（河内ワイン）を育んだ（特集 柏原ワインと河内の文化）（高井利洋）「河内どんこう」やお文化協会 （92）2010.10

平城遷都と河内（上）（特集 柏原ワインと河内の文化）（安村俊史）「河内どんこう」やお文化協会 （92）2010.10

木綿の産地を訪ねて（楠田有子）「あしたづ：河内の郷土文化サークルセンター特集誌」河内の郷土文化サークルセンター （13）2011.2

平城遷都と河内（下）（安村俊史）「河内どんこう」やお文化協会 （93）2011.2

帝塚山大学大学院人文科学研究所所蔵 『大和河内和泉ヶ国街道道程図』「月刊大和路ならら」地域情報ネットワーク 14（8）通号155 2011.8

遺跡・文献・絵図等による中世河内の景観（勝田邦夫）「わかくす：河内ふるさと文化誌」わかくす文芸研究会 （60）2011.11

特別寄稿 摂津と河内—二つの百済（京嶋覚）「あしたづ：河内の郷土文化サークルセンター特集誌」河内の郷土文化サークルセンター （14）2012.2

郷土史・異説あれこれ（伊ヶ崎淑彦）「あしたづ：河内の郷土文化サークルセンター特集誌」河内の郷土文化サークルセンター （14）2012.2

田中家文書D50 年未詳［鋳物師書上］（「山城」・「大和」・「河内」部分）（橋本貴明）「ひらかた文化財だより」枚方市文化財研究調査会 （22）2012.7

峡南地方（河内地方）の方言資料紹介（笠井充）「峡南の郷土」峡南郷土研究会 52 2012.9

河内の城と文芸（特集 飯盛山城と戦国おおさか—中世史の立場から）（小谷利明）「大阪春秋」新風書房 40（4）通号149 2013.1

河内と阿波 阿波とおおさかを結ぶ—勝瑞城館跡の活用を目指して（特集 飯盛山城と戦国おおさか）（重見髙博）「大阪春秋」新風書房 40（4）通号149 2013.1

河内木綿と阿波の藍—三好長慶をめぐる地域の名品つくり（特集 飯盛山城と戦国おおさか—エッセイ）（中井由榮）「大阪春秋」新風書房 40（4）通号149 2013.1

巻頭言 万葉歌に顕れた、河内の風景（大東雄三）「あしたづ：河内の郷土文化サークルセンター特集誌」河内の郷土文化サークルセンター （15）2013.2

河内木綿雑記（文化をつづる）（中井由榮）「あしたづ：河内の郷土文化サークルセンター特集誌」河内の郷土文化サークルセンター （15）2013.2

井路と河内の香る水（まちをつくる）（湊一裕）「あしたづ：河内の郷土文化サークルセンター特集誌」河内の郷土文化サークルセンター （15）2013.2

河内の洪水を止めた 大和川付け替え（中西敏一）「河内どんこう」やお文化協会 （99）2013.2

断夫山は尾張氏か（2）—河内へ（尾関章）「古代史の海」「古代史の海」の会 （72）2013.6

知られざる天誅組騒動 上狛からの鎮圧動員と大和・河内の水争い（淺田周宏）「やましろ」城南郷土史研究会 （27）2013.12

河内木綿と東大阪市（特集 東大阪とは何か）（酒野晶子）「大阪春秋」新風書房 41（4）通号153 2014.1

河内の紡績具の研究—綿繰り機について（研究ノート）（李熙連伊、岡田清一、樋口めぐみ）「館報」八尾市立歴史民俗資料館 2013年度 2014.3

河内における天誅組（松本弘）「河内長野市郷土研究会誌」［河内長野市郷土研究会］ （56）2014.4

報告 第14回知ったはりまっか？河内講座（椋本進）「河内長野市郷土研究会誌」［河内長野市郷土研究会］ （56）2014.4

講演2 五世紀の政治拠点は河内か大和か（豊中歴史同好会創立25周年記念シンポジウム）（西川寿勝）「つどい」豊中歴史同好会 （317）2014.6

総論 河内人の系譜—悪党と善人をめぐって（特集 河内人の足おと）（石上敏）「大阪春秋」新風書房 42（3）通号156 2014.10

河内天美駅

松原の史蹟と伝説（9）池内村と河内天美駅（出水睦己）「河内どんこう」やお文化協会 71 2003.10

河内鋳物師工房跡

松原の史蹟と伝説（19）岡村と河内鋳物師工房跡（出水睦己）「河内どんこう」やお文化協会 （81）2007.2

河内街道

ぶらり河内街道を往く（北原仁己）「まんだ：北河内とその周辺の地域文化誌」まんだ編集部 80 2004.5

河内長野

第5回「知ったはりまっか？河内講座」検証！高野街道（河内長野付

近）ビデオウォーク今、歴史的な景観保全を（椋本進）「河内長野市郷土研究会誌」［河内長野市郷土研究会］ （47）2005.4

「河内長野 平家物語とその時代」（椋本進）「河内長野市郷土研究会誌」［河内長野市郷土研究会］ （51）2009.4

資料紹介 戦中・戦後の阿倍野橋・河内長野・富田林附近の劇場に関する2・3の資料の紹介（松本弘）「河内長野市郷土研究会誌」［河内長野市郷土研究会］ （52）2010.4

河内長野の産業革命—南海高野線の発展史を中心にして（今道幸夫）「河内長野市郷土研究会誌」［河内長野市郷土研究会］ （53）2011.4

河内長野の鋳物業について（竹鼻康裕）「河内長野市郷土研究会誌」［河内長野市郷土研究会］ （55）2013.4

天誅組150周年・河内長野（椋本進）「河内長野市郷土研究会誌」［河内長野市郷土研究会］ （56）2014.4

河内長野市

河内長野市内を中心とする近世相撲資料について（椋本進）「河内長野市郷土研究会誌」［河内長野市郷土研究会］ 43 2001.4

ふるさと見聞録（2）、（3）（峯るり子）「河内長野市郷土研究会誌」［河内長野市郷土研究会］ （45）/（46）2003.4/2004.4

河内長野市郷土研究会主催・第3回「知ったはりまっかん？河内講座」「水車」—大正・昭和にあった130余の水車たち（河内長野市郷土研究会）「河内長野市郷土研究会誌」［河内長野市郷土研究会］ （45）2003.4

藤井家古文書「見聞筆記」を読む（松尾巴留美）「河内長野市郷土研究会誌」［河内長野市郷土研究会］ （49）2007.4

戦争遺跡・紀元二千六百年記念の碑を求めて（井上元良）「河内長野市郷土研究会誌」［河内長野市郷土研究会］ （52）2010.4

河内長野市に残る城塞跡（竹鼻康次）「河内長野市郷土研究会誌」［河内長野市郷土研究会］ （53）2011.4

明治44年発行「楠氏遺跡録」の挿入写真・図等について（松本弘）「河内長野市郷土研究会誌」［河内長野市郷土研究会］ （53）2011.4

大阪の老舗と文化（2）里山の水車と街道の文化が醸し出した奥河内・河内長野市（前川洋一郎）「大阪春秋」新風書房 41（2）通号151 2013.7

河内国

明治22年発行の「河内国商工便覧」を読む（松本弘）「河内長野市郷土研究会誌」［河内長野市郷土研究会］ （46）2004.4

京都守護職会津藩役知再論—河内国を中心として（田崎公司、池田治司）「会北史談」会北史談会 （53）2011.7

摂津国中島と河内国十七ヶ所・八ヶ所（研究）（山田徹）「ヒストリア：journal of Osaka Historical Association」大阪歴史学会 （238）2013.6

河内国の郵便局（2）（守山嘉門）「河内どんこう」やお文化協会 （102）2014.2

河内国木屋堂

河内国木屋堂考（堀内和明）「河内長野市郷土研究会誌」［河内長野市郷土研究会］ 42 2000.4

河内国淀藩稲葉領

河内国淀藩稲葉領について（荻田昭次）「河内どんこう」やお文化協会 （88）2009.6

河内平野

新大阪駅頭に河内平野のなりたちを見る（高橋工）「葦火：大阪市文化財情報」大阪市博物館協会大阪文化財研究所 22（5）通号131 2007.12

河内平野の新田開発と会所（特集 平野屋新田会所と近世河内平野の新田開発）（岸本直文）「ヒストリア：journal of Osaka Historical Association」大阪歴史学会 （216）2009.8

川辺

東除川と八箇用水—大阪市平野区川辺・長原地区を中心に（石原佳子）「大阪の歴史」大阪市史料調査会 （63）2004.1

寛永寺

古文書講座「願泉寺と貝塚寺内（3）—宗教と政治のはざま、本願寺と寛永寺」/古文書をひも解く 願泉寺と寛永寺の結びつき「テンプス：かいづか文化財だより」貝塚市教育委員会 （24）2006.2

神崎川

神崎川を生かす（高橋真希）「吹田市立博物館博物館だより」吹田市立博物館 （27）2006.8

難波「八十嶋」と神崎川・猪名川下流域（黒田慶一）「地域史研究：尼崎市立地域研究史料館紀要：Bulletin of the history of Amagasaki」尼崎市立地域研究史料館 （111）2011.9

伊能忠敬の神崎川測量 第5次測量と淀川水系/神崎川実測のようす/測量隊を迎えた村々の負担（片山早紀）「摂津市市史編纂だより」摂津市市史編さん室 （2）2014.4

神崎川変電所

資料紹介 阪急電鉄株式会社神崎川変電所 (休館) の建築 (酒井一光)「大阪の歴史」 大阪市史料調査会 (68) 2006.8

神崎橋

史料紹介 武者小路実純序「神崎橋詠草」(日下幸男)「地域史研究 : 尼崎市立地域研究史料館紀要 : Bulletin of the history of Amagasaki」 尼崎市立地域研究史料館 39(2) 通号109 2010.3

環山楼

八尾の学塾「環山楼」(坂上ひろこ)「大阪春秋」 新風書房 33(4) 通号117 2005.1

願泉寺

願泉寺の所在地名のうつりかわり―願泉寺所蔵の市指定文化財の絵画から「テンプス : かいづか文化財だより」 貝塚市教育委員会 18 2004.7

古文書講座「願泉寺と貝塚寺内(1)―秀吉・家康の時代」/季節をめぐって 夏 二色の浜と海水浴「テンプス : かいづか文化財だより」 貝塚市教育委員会 (22) 2005.7

古文書講座「願泉寺と貝塚寺内(2)―大名との交流と贈答」/古文書をひも解く 貝塚寺内領主卜半家と大名・寺院との手紙「テンプス : かいづか文化財だより」 貝塚市教育委員会 (23) 2005.10

菊水台監視哨

菊水台監視哨の再考―新資料の追加(井上元良)「河内長野市郷土研究会誌」 [河内長野市郷土研究会] (53) 2011.4

私部城

わたしたちの文化財 私部城跡(交野城跡)(古田知史)「ヒストリア : journal of Osaka Historical Association」 大阪歴史学会 (233) 2012.8

岸部

岸部周辺の文化財(西本安秀)「吹田市立博物館博物館だより」 吹田市立博物館 (52) 2012.10

木島谷

歴史を探ろう! 木島谷地域「テンプス : かいづか文化財だより」 貝塚市教育委員会 18 2004.7

紀州路

紀州路に西條松平家ゆかりの地を訪ねる(北川義則)「西條史談」 西條史談会 (72) 2008.1

岸和田

岸和田と紀州とのつながり(田中伸幸)「紀南・地名と風土研究会会報」 紀南・地名と風土研究会 (41) 2007.7

聞書・岸和田の漁師(中崎才吉、北山理)「泉佐野の歴史と今を知る会会報」 泉佐野の歴史と今を知る会 (247) 2008.7

大阪の老舗と文化(6) 殿さま文化とだんじり魂の融合した里山、田畑、街道、海浜のマルチ都市 岸和田の文化と老舗(前川洋一郎)「大阪春秋」 新風書房 42(2) 通号155 2014.7

岸和田古城

岸和田古城跡の保存問題と現地見学検討会(大阪歴史学会企画委員会)「ヒストリア : journal of Osaka Historical Association」 大阪歴史学会 (207) 2007.11

岸和田古城跡問題と楠葉台場跡保存の要望書(《2007年度大会特集号》―〈個人報告〉)(大阪歴史学会企画委員会)「ヒストリア : journal of Osaka Historical Association」 大阪歴史学会 (208) 2008.1

岸和田城・岸和田古城と中世和泉―城郭史の立場から(小特集 岸和田城・岸和田古城を考える)(新谷和之)「ヒストリア : journal of Osaka Historical Association」 大阪歴史学会 (237) 2013.4

和泉国地域史のなかの岸和田城・岸和田古城(小特集 岸和田城・岸和田古城を考える)(廣田浩治)「ヒストリア : journal of Osaka Historical Association」 大阪歴史学会 (237) 2013.4

守護権力論からみた岸和田城・岸和田古城(小特集 岸和田城・岸和田古城を考える)(古野貢)「ヒストリア : journal of Osaka Historical Association」 大阪歴史学会 (237) 2013.4

岸和田城

歴史の随想・城跡探訪(10) 岸和田城(平川大輔)「会報」 大阪歴史懇談会 18(9) 通号205 2001.9

古文書講座 岸和田城天守閣に雷が落ちた―庄屋日記に見る岸和田藩事件簿(1)「テンプス : かいづか文化財だより」 貝塚市教育委員会 (29) 2007.7

岸和田城下を歩く(伊藤保)「みちしるべ : 尼崎郷土史研究会々誌」 尼崎郷土史研究会 (36) 2008.3

岸和田城と岸和田古城問題について(田中伸幸)「紀南・地名と風土研究会会報」 紀南・地名と風土研究会 (44) 2008.12

岸和田城下町と貝塚寺内町を歩く(大澤研一)「近畿文化」 近畿文化会事務局 (727) 2010.6

小特集にあたって

小特集にあたって(小特集 岸和田城・岸和田古城を考える)(大澤研一,新谷和之,仁木宏,廣田浩治,古野貢)「ヒストリア : journal of Osaka Historical Association」 大阪歴史学会 (237) 2013.4

岸和田城・岸和田古城と中世和泉―城郭史の立場から(小特集 岸和田城・岸和田古城を考える)(新谷和之)「ヒストリア : journal of Osaka Historical Association」 大阪歴史学会 (237) 2013.4

和泉国地域史のなかの岸和田城・岸和田古城(小特集 岸和田城・岸和田古城を考える)(廣田浩治)「ヒストリア : journal of Osaka Historical Association」 大阪歴史学会 (237) 2013.4

守護権力論からみた岸和田城・岸和田古城(小特集 岸和田城・岸和田古城を考える)(古野貢)「ヒストリア : journal of Osaka Historical Association」 大阪歴史学会 (237) 2013.4

岸和田藩

古文書講座 泉州の人びと、物価引き下げを求める―庄屋日記に見る岸和田藩事件簿(1)/次回(第26回)古文書講座開催のお知らせ「テンプス : かいづか文化財だより」 貝塚市教育委員会 (31) 2007.12

古文書講座 岸和田藩財政改革の奔走する―庄屋日記に見る岸和田藩事件簿(3)/次回(第27回)古文書講座開催のお知らせ「テンプス : かいづか文化財だより」 貝塚市教育委員会 (33) 2008.4

古文書をひも解く 岸和田藩財政改革がもたらしたもの「テンプス : かいづか文化財だより」 貝塚市教育委員会 (33) 2008.4

岸和田藩の七人庄屋/古文書講座 戦国から近世へ「テンプス : かいづか文化財だより」 貝塚市教育委員会 (40) 2010.1

古絵図をひも解く 相良城受け取りと岸和田藩「テンプス : かいづか文化財だより」 貝塚市教育委員会 (52) 2014.2

衣摺

衣摺白井家文書から ロシア使節プチャーチン泉州沖に(荻田昭次)「わかくす : 河内ふるさと文化誌」 わかくす文芸研究会 (57) 2010.5

北河内

寛永後期北河内地域の触と触留帳―「河内国交野郡藤坂村寛永16～20年触留帳」の紹介を中心に(村田路人)「枚方市史年報」 枚方市教育委員会 (8) 2005.3

北・中河内の山々 北は淀川以南、南は大和川まで(山田博利)「大阪春秋」 新風書房 34(3) 通号120 2005.10

北河内七市 郷土かるた(3分の1)～(3分の3)(津田悟)「わかくす : 河内ふるさと文化誌」 わかくす文芸研究会 (56)/(58) 2009.11/2010.11

第987回例会 北河内の四条畷市から交野市・枚方市の文化財を訪ねて(松永修輔)「史迹と美術」 史迹美術同攷会 83(8) 通号838 2013.9

北摂津

建武・暦応の西摂津・北摂津合戦(市沢哲)「新兵庫県の歴史」 兵庫県 (3) 2011.3

北船場

北船場界隈の碑と建物(藪内吉彦)「大阪春秋」 新風書房 31(1) 通号110 2003.3

北荘

民衆史の足跡をたどる(14) 堺旧市内を歩く―北荘を中心に(竹田芳則)「大阪民衆史研究」 大阪民衆史研究会 55 2004.6

北野田

『夫婦善哉』を書いたまち北野田(特集 大阪に生きるオダサク 織田作之助生誕100年)(井村身恒)「大阪春秋」 新風書房 41(3) 通号152 2013.10

北八下

分裂した我がふるさと北八下(石田収)「堺人」 堺泉州出版会 (3) 2006.4

木の本

ふるさと歳時記―八尾市木の本[1]～(6)(大久保正男)「河内どんこう」 やお文化協会 69/74 2003.2/2004.10

紀見峠

金剛山地大和川から紀見峠に至る地域(石水久夫)「大阪春秋」 新風書房 34(3) 通号120 2005.10

紀見峠隧道の崩落と朝鮮人問題(井上元良)「河内長野市郷土研究会誌」 [河内長野市郷土研究会] (51) 2009.4

久宝寺

久宝寺・八尾地域における都市形成(《特集 中世・近世の寺内町を考える―久宝寺・八尾寺内町を中心として》)(小谷利明)「ヒストリア : journal of Osaka Historical Association」 大阪歴史学会 (186) 2003.9

河内木綿商人の在方組織―八尾組・久宝寺組を事例に(角垣内佑梨)「研究紀要」 八尾市文化財調査研究会 (18) 2007.3

久宝寺寺内町

久宝寺寺内町の再開発と融通念仏宗(小谷利明)「研究紀要」 八尾市文化

近畿　　　　　　　　　　地名でたどる郷土の歴史　　　　　　　　　　大阪府

財調査研究会　11　2000.3

久宝寺寺内町の成立と再編(小谷利明)「館報」　八尾市立歴史民俗資料館
2012年度　2013.3

久宝寺村

高田家文書でみる江戸時代の久宝寺村とお金(佐々木宏之)「河内どんこ
う」　やお文化協会　61　2000.6

久宝寺内町

特集にあたって《《特集 中世・近世の寺内町を考える―久宝寺・八尾寺内
町を中心として》》(大阪歴史学会企画委員会)「ヒストリア：journal
of Osaka Historical Association」　大阪歴史学会　(186)　2003.9

「中世・近世の寺内町を考える―久宝寺・八尾寺内町を中心として」報
告《《特集 中世・近世の寺内町を考える―久宝寺・八尾寺内町を中心
として》》(鎌谷かおる)「ヒストリア：journal of Osaka Historical
Association」　大阪歴史学会　(186)　2003.9

久宝寺緑地

戦時遺跡を訪ねて(2)　戦時防空緑地であった久宝寺緑地(大西進)「河内
どんこう」　やお文化協会　(80)　2006.10

京街道

京街道を歩く(古道再見)(前野治男)「両丹地方史」　両丹地方史研究者
協議会　(75)　2005.3

古文書をひも解く 幕末の助郷制度について―京街道の宿場町と泉州の
村々「テンプス：かいづか文化財だより」　貝塚市教育委員会
(32)　2008.1

教興寺村

黒谷村・教興寺村の入組支配[1],(2)(坂上ひろこ)「河内どんこう」　や
お文化協会　70/71　2003.6/2003.10

往古曽根崎村噂 教興寺村の段(上),(下)(今中宏永)「河内どんこう」
やお文化協会　(78)/(79)　2006.2/2006.6

京橋口

慶応期の大坂定番―京橋口定番・播磨山崎藩本多忠鄰(菅良樹)「歴史と
神戸」　神戸史学会　44(6)通号253　2005.12

喜連村

津田秀夫文庫文書目録(8) 摂津国住吉郡喜連村文書について(長谷川伸
三)「関西大学博物館紀要」　関西大学博物館　17　2011.3

錦西尋常小

明治期堺市中の小学校日誌を読む(4)―錦小分校・錦西尋常小日誌抜萃
から(和田充弘)「堺研究」　堺市立中央図書館　(35)　2013.3

近鉄旧八尾駅前

戦争遺跡を訪ねて(3) 強制疎開があった八尾表町、近鉄旧八尾駅前(大
西進)「河内どんこう」　やお文化協会　(81)　2007.2

近鉄花園ラグビー場

近鉄の近代建築(2) 近鉄花園ラグビー場(川島智生)「近畿文化」　近畿
文化会事務局　(694)　2007.9

禁野火薬庫

禁野火薬庫の調査とその復元(駒井正明)「枚方市史年報」　枚方市教育委
員会　(10)　2007.8

親子の歴史座談(98) 禁野火薬庫と枚方製造所「ひらかた文化財だより」
枚方市文化財研究調査会　(99)　2014.4

禁野本町

禁野本町遺跡の井戸「ひらかた文化財だより」　枚方市文化財研究調査
会　(62)　2005.1

日下

東高野街道周辺の史跡(4)―東大阪市石切・日下の里(泉森皎)「近畿文
化」　近畿文化会事務局　665　2005.4

日下のほたるII 蛍雪の光(中井由榮)「あしたづ：河内の郷土文化サーク
ルセンター特集誌」　河内の郷土文化サークルセンター　(14)　2012.2

表紙の説明 『日下のかや』の説明(編集部)「わかくす：河内のふるさと
と文化誌」　わかくす文芸研究会　(61)　2012.5

巻頭随想「日下」の不思議(山田政弥)「大阪春秋」　新風書房　41(4)
通号153　2014.1

日下村

『日下村森家庄屋日記』を読む(浜田昭子)「河内どんこう」　やお文化協
会　71　2003.10

『日下村森家庄屋日記』を読む(2)―勝二郎の疱瘡(浜田昭子)「河内どん
こう」　やお文化協会　72　2004.2

『日下村森家庄屋日記』を読む(3)―日下村事件簿(浜田昭子)「河内どん
こう」　やお文化協会　73　2004.6

『日下村森家庄屋日記』を読む(4)―日下村離婚事情(浜田昭子)「河内ど
んこう」　やお文化協会　74　2004.10

『日下村森家庄屋日記』を読む(5)―西称揚寺看病坊の自害(浜田昭子)

「河内どんこう」　やお文化協会　75　2005.2

『日下村森家庄屋日記』を読む(6)―奉公人制限(浜田昭子)「河内どんこ
う」　やお文化協会　77　2005.10

九条二番道路

絵はがきでみる昔の大阪(10) 九条二番道路(大正初年)(堀田暁生)「編
纂所だより」　大阪市史編纂所　(32)　2009.3

九条南国民学校

九條南国民学校 津田勝人君の疎開日記「郷土史ひらた」　平田郷土史研
究会　14　2003.3

津田君の疎開日記を読んで「郷土史ひらた」　平田郷土史研究会　14
2003.3

九條南国民学校 寮母へのハガキと母が残した疎開地からのぼくの便り
「郷土史ひらた」　平田郷土史研究会　14　2003.3

今ふりかえみる学童疎開 明治国民学校/九條南国民学校「郷土史ひら
た」　平田郷土史研究会　14　2003.3

楠葉

史料紹介 15～16世紀の楠葉今中家文書―中世都市楠葉の構造分析序説
(馬部隆弘)「枚方市史年報」　枚方市教育委員会　(8)　2005.3

河内国楠葉の石清水八幡宮神人と室町将軍家祈願寺伝宗寺―寺内町成立
前史(馬部隆弘)「枚方市史年報」　枚方市教育委員会　(9)　2006.4

楠葉台場

楠葉台場跡の紹介(巻頭写真解説)《《小特集 大阪府枚方市楠葉台場跡の
保存問題をめぐって》》(大阪歴史学会企画委員会)「ヒストリア：
journal of Osaka Historical Association」　大阪歴史学会　(206)
2007.9

京都守護職会津藩の京都防衛構想と楠葉台場(《小特集 大阪府枚方市楠
葉台場跡の保存問題をめぐって》)(馬部隆弘)「ヒストリア：journal
of Osaka Historical Association」　大阪歴史学会　(206)　2007.9

岸和田古城跡問題と楠葉台場跡保存の要望書《《2007年度大会特集号》》―
〈個人報告〉(大阪歴史学会企画委員会)「ヒストリア：journal of
Osaka Historical Association」　大阪歴史学会　(208)　2008.1

楠葉台場(関門)の理解のために(特集 幕末京都口の関門―枚方・楠葉
台場跡)(岸本直文)「ヒストリア：journal of Osaka Historical
Association」　大阪歴史学会　(217)　2009.10

楠葉台場以前の大坂湾防備―安政期を中心に(特集 幕末京都口の関門―
枚方・楠葉台場跡)(後藤敦史)「ヒストリア：journal of Osaka
Historical Association」　大阪歴史学会　(217)　2009.10

京都守護職会津藩と楠葉台場―幕末会津藩の政治的地位と日本唯一の河
川砲台との関連(吉野隼平)「会津史談」　会津史談会　(84)　2010.4

幻の楠葉台場設計図(馬部隆弘)「枚方市史年報」　枚方市教育委員会
(13)　2010.4

楠葉・梶原の"関門"台場と会津藩―八幡・山崎の関門構築構想から見え
てくる京都守護職会津藩の姿(第11回会津史談会賞入選作)(吉野集
平)「会津史談」　会津史談会　(86)　2012.4

親子の歴史座談(97) 楠葉台場(関門)跡「ひらかた文化財だより」　枚
方市文化財研究調査会　(98)　2014.1

百済

特別寄稿 摂津と河内―二つの百済(京嶋覚)「あしたづ：河内の郷土文
化サークルセンター特集誌」　河内の郷土文化サークルセンター
(14)　2012.2

百済川

百舌鳥野を巡る―百済・百舌鳥川を遡って(一瀬和夫)「近畿文化」　近畿
文化会事務局　(780)　2014.11

百済郡

摂津国百済郡の郡域と成立年代(古市晃)「大阪の歴史」　大阪市史料調査
会　(56)　2000.10

件井

古絵図をひも解く 近木川と件井「テンプス：かいづか文化財だより」
貝塚市教育委員会　(34)　2008.7

国松村

史料目録 市史編纂課所蔵「国松村文書」「市史紀要」　寝屋川市教育委員
会　11　2004.3

熊取荘

中世の熊取荘の領主について(上),(下)(廣田浩治)「泉佐野の歴史と今
を知る会会報」　泉佐野の歴史と今を知る会　(319)/(320)　2014.7/
2014.08

熊野街道

熊野街道の今昔―大阪府下を中心に(例会報告)(関口靖之)「交通史研
究」　交通史学会. 吉川弘文館(発売)　(59)　2006.4

熊野古道

世界遺産の熊野古道(石川忠)「大阪春秋」　新風書房　34(1)通号118

2005.4

伝承を訪ねる旅(6) 八軒家→坂口王子 大阪の熊野古道(堀井建市)「河内どんこう」 やお文化協会 (93) 2011.2

熊野古道の旅(第17回)(北山理)「泉佐野の歴史と今を知る会会報」 泉佐野の歴史と今を知る会 (282) 2011.6

伝承を訪ねる旅(7) 郡戸王子跡を求めて 大阪の熊野古道(2)(堀井建市)「河内どんこう」 やお文化協会 (94) 2011.6

伝承を訪ねる旅(8) 旧地に残る唯一の王子社 大阪の熊野古道(3)(堀井建市)「河内どんこう」 やお文化協会 (95) 2011.10

伝承を訪ねる旅(9) 住吉大社と津守王子 大阪の熊野古道(4)(堀井建市)「河内どんこう」 やお文化協会 (96) 2012.2

伝承を訪ねる旅(10)～(13) 大阪の熊野古道(5)～(8)(堀井建市)「河内どんこう」 やお文化協会 (97)/(100) 2012.6/2013.6

主人と熊野古道(小山光子)「泉佐野の歴史と今を知る会会報」 泉佐野の歴史と今を知る会 (318) 2014.6

熊野古道「第二〇弾」に思う(水脇美智代)「泉佐野の歴史と今を知る会会報」 泉佐野の歴史と今を知る会 (318) 2014.6

熊野古道紀伊路

熊野古道の旅(第20回) 熊野古道紀伊路(1)～(3)(北山理)「泉佐野の歴史と今を知る会会報」 泉佐野の歴史と今を知る会 (315)/(317) 2014.3/2014.05

熊野路

紀州熊野路を訪ねる(富岡行昌)「郷土史誌末盧國」 松浦史談会, 芸文堂(発売) 156 2003.12

茱萸木村

鬼住村研究 茱萸木村に移住した鬼住村住民(中筋喜春)「河内長野市郷土研究会誌」 [河内長野市郷土研究会] (52) 2010.4

九名井

古文書の世界(5) 九名井をめぐる江戸時代の村々(田村正孝)「文化財ニュース豊中」 豊中市教育委員会 (34) 2006.11

暗越奈良街道

山の辺の道、上ツ道、山田道/柳生街道/太子道/暗越奈良街道/伊勢本街道(特集 奈良の春を歩く)「月刊大和路ならら」 地域情報ネットワーク 12(4)通号127 2009.4

よみがえれ! 生活文化景観「暗越奈良街道サミット」大阪、生駒から奈良へ(暗越奈良街道クラブ)「大阪春秋」 新風書房 37(4)通号137 2010.1

歩いて想う暗越奈良街道と大軌(杉山三記雄)「河内どんこう」 やお文化協会 (92) 2010.10

巻頭言 街道ブランド・コミュニティへの歩み―「暗越奈良街道2012」ガイドブック初公刊(初谷勇)「あしたづ : 河内の郷土文化サークルセンター特集誌」 河内の郷土文化サークルセンター (14) 2012.2

黒谷村

黒谷村・教興寺村の入組支配[1],(2)(坂上ひろこ)「河内どんこう」 やお文化協会 70/71 2003.6/2003.10

黒原村

市史編纂課所蔵「黒原村文書」「市史紀要」 寝屋川市教育委員会 10 2003.3

高津宮

五世紀の宮居を探る―応神天皇の大隅宮・仁徳天皇の高津宮を中心に(荊木美行)「つどい」 豊中歴史同好会 (299) 2012.12

高津国民学校

父病死、学童疎開、空襲―とわが家も戦争の渦中に《大阪市高津国民学校から》(特集 国民学校と学童疎開70年)(吉田房彦)「大阪春秋」 新風書房 42(1)通号154 2014.4

興蔵寺城

曲輪散在型の山城 興蔵寺城跡(高倉寿院跡)(白石博則)「泉佐野の歴史と今を知る会会報」 泉佐野の歴史と今を知る会 (245) 2008.5

神田

大正時代における神田の子供の暮らし(八木伊平)「池田郷土研究」 池田郷土史学会 (12) 2010.3

郡戸王子

伝承を訪ねる旅(7) 郡戸王子跡を求めて 大阪の熊野古道(2)(堀井建市)「河内どんこう」 やお文化協会 (94) 2011.6

鴻池

船場と美術―豪商・鴻池と大阪美術倶楽部を中心に(特集 船場―商人道と伝統文化)(川口玄)「大阪春秋」 新風書房 41(1)通号150 2013.4

鴻池新田

河内の風物誌・鴻池新田会所秋季一般公開(編集部)「わかくす : 河内ふるさと文化誌」 わかくす文芸研究会 (48) 2005.11

鴻池新田会所跡

鴻池新田会所跡保存への道程―天竹薫信氏の偉業に添えて(藤井直正)「わかくす : 河内ふるさと文化誌」 わかくす文芸研究会 (64) 2013.12

高野街道

第5回「知ったはりまっか? 河内講座」 検証! 高野街道(河内長野付近) ビデオウォーク今、歴史的な景観保全を(椋本進)「河内長野市郷土研究会誌」 [河内長野市郷土研究会] (47) 2005.4

資料紹介 高野街道・三日市宿を中心にして[1]～(2)(松本弘)「河内長野市郷土研究会誌」 [河内長野市郷土研究会] (48)/(49) 2006.4/2007.4

三日町村明細帳に見る高野街道三日市宿とその街並み(竹鼻康次)「河内長野市郷土研究会誌」 [河内長野市郷土研究会] (50) 2008.4

郡山宿本陣

「郡山宿本陣」の土佐藩の記録(島田穣)「秦史談」 秦史談会 (137) 2007.1

近木川

古絵図をひも解く 近木川と件井「テンプス : かいづか文化財だより」 貝塚市教育委員会 (34) 2008.7

近木荘

史料紹介 近木荘代官排斥運動の関係史料(小倉英樹)「ヒストリア : journal of Osaka Historical Association」 大阪歴史学会 (187) 2003.11

国道43号線

グラビア 大久保勝芳氏寄贈 国道43号線道路公害反対運動関係写真より「地域史研究 : 尼崎市立地域研究史料館紀要 : Bulletin of the history of Amagasaki」 尼崎市立地域研究史料館 38(1)通号106 2008.9

小阪

小阪物語(黒田収)「あしたづ : 河内の郷土文化サークルセンター特集誌」 河内の郷土文化サークルセンター (13) 2011.2

大軌が拓いた小阪の近代(小特集 船場と小阪―河内モダニズムの再発見)(宇田正)「大阪春秋」 新風書房 41(1)通号150 2013.4

小阪モダニズム(小特集 船場と小阪―河内モダニズムの再発見)(石上敏)「大阪春秋」 新風書房 41(1)通号150 2013.4

木積

市内の古文書調査から 南川家文書(木積)「テンプス : かいづか文化財だより」 貝塚市教育委員会 (39) 2009.10

古堤街道

ぶらり 古堤街道を往く(北原仁己)「まんだ : 北河内とその周辺の地域文化誌」 まんだ編集部 78 2003.8

旧小西家住宅

重要文化財「旧小西家住宅」とコニシ株式会社(特集 船場―商人道と伝統文化)(原田彰子)「大阪春秋」 新風書房 41(1)通号150 2013.4

粉浜

なにはうたまくら(2)住吉―粉浜の地(樋口百合子)「大阪春秋」 新風書房 34(1)通号118 2005.4

許麻橋

八尾の橋(2) 許麻橋 なんとかならへんか親柱「河内どんこう」 やお文化協会 (83) 2007.10

金剛山

「金剛山」について(安原幹也)「河内長野市郷土研究会誌」 [河内長野市郷土研究会] (46) 2004.4

コラム 金剛山地の峠と古道(石水久夫)「大阪春秋」 新風書房 34(3)通号120 2005.10

巻頭随想 金剛山と三つの葛城山(山田政弥)「大阪春秋」 新風書房 41(2)通号151 2013.7

金剛山地

金剛山地大和川から紀見峠に至る地域(石水久夫)「大阪春秋」 新風書房 34(3)通号120 2005.10

堺

堺廻り農村の御用留帳(10)(福島雅蔵)「堺研究」 堺市立中央図書館 (31) 2003.3

堺の思い出とこれから(旭堂小南陵)「堺人」 堺泉州出版会 (1) 2003.3

日本史上に重要な堺(井上博行)「堺人」 堺泉州出版会 (1) 2003.3

堺弁・大阪弁と猫(藤原紀代子)「堺人」 堺泉州出版会 (1) 2003.3

堺の銅像(編集部)「堺人」 堺泉州出版会 (1) 2003.3

堺研究のための新資料「堺人」 堺泉州出版会 (1) 2003.3

堺の旧市・自転車散歩(井渓明)「大阪春秋」 新風書房 31(1)通号110 2003.3

〈特集1 城跡・砦跡〉「堺泉州」 堺泉州出版会 （15） 2004.1

特別資料 堺市内の城跡113（桧本多加三）「堺泉州」 堺泉州出版会 （15） 2004.1

堺の歌あれこれ（那賀ひろし）「堺泉州」 堺泉州出版会 （15） 2004.1

幕末の堺商人について―慶応2年「菅梅講名記」より（矢内一磨）「堺市博物館報」 堺市博物館 （23） 2004.3

堺のまちの歴史像―名著堺市史から75年（吉田豊）「堺市博物館報」 堺市博物館 （23） 2004.3

中世・堺衆の人生観（中井正弘）「堺人」 堺泉州出版会 （2） 2004.5

戦時体制下の堺産業人（加藤保之）「堺人」 堺泉州出版会 （2） 2004.5

堺商工会議所の歴史と近代産業史（編集部）「堺人」 堺泉州出版会 （2） 2004.5

明治末の「堺の名家」の周辺（編集部）「堺人」 堺泉州出版会 （2） 2004.5

明治期の堺の銀行・近代堺の酒造家（編集部）「堺人」 堺泉州出版会 （2） 2004.5

江戸時代の堺の酒造家・旧堺の醤油業者（編集部）「堺人」 堺泉州出版会 （2） 2004.5

ふるさと堺 わが心の街（杉江正美）「堺人」 堺泉州出版会 （2） 2004.5

堺言葉の番付表（堺人）「堺人」 堺泉州出版会 （2） 2004.5

岸谷勢蔵氏の堺大空襲図と説明文への疑問（網信二）「堺人」 堺泉州出版会 （2） 2004.5

堺小学水泳歌「八重の荒波蹴破りて」（長谷川善八）「堺人」 堺泉州出版会 （2） 2004.5

民衆史の足跡をたどる(14) 堺旧市内を歩く―北荘を中心に（竹田芳則）「大阪民衆史研究」 大阪民衆史研究会 55 2004.6

〈特集2 散策路・散歩道〉「堺泉州」 堺泉州出版会 （16） 2004.7

「お気軽散策会」コース案内(1)（藤原紀代子）「堺泉州」 堺泉州出版会 （16） 2004.7

堺の散歩道・鈴縣の径（北村修治）「堺泉州」 堺泉州出版会 （16） 2004.7

堺の郷学所 明治維新後の教育体制に受け継がれる（吉田豊）「大阪春秋」 新風書房 33(4)通号117 2005.1

「絵図に見る堺と大和川付け替え三百年」展から（堺市立中央図書館郷土資料担当）「堺史料通信」 堺市立中央図書館・郷土資料担当 2 2005.2

江戸時代堺の産業一覧（吉田豊）「堺市博物館報」 堺市博物館 （24） 2005.3

堺事件について（濱田龍雄）「南国史談」 南国史談会 （28） 2005.4

堺大空襲と『平和いのち―堺戦災関係資料集』刊行の思い出（中井正弘）「大阪春秋」 新風書房 34(2)通号119 2005.7

備前焼は、いつ堺にきたのか・そして茶の湯の大成へ（森村健一）「備前市歴史民俗資料館紀要」 備前市歴史民俗資料館 （7） 2005.9

堺酒造業の変遷 大正期まで製造業のトップ（《特集 大阪の酒造り》）（中井正弘）「大阪春秋」 新風書房 33(4)通号121 2006.1

中世堺の琉球貿易（吉田豊）「堺市博物館報」 堺市博物館 （25） 2006.3

中世・近世の堺の有名出版物（編集部）「堺人」 堺泉州出版会 （3） 2006.4

堺関係の主な書籍と出版人（編集部）「堺人」 堺泉州出版会 （3） 2006.4

堺の難読地名（含 美原町）「堺人」 堺泉州出版会 （3） 2006.4

もてなしの心を堺から―堺の茶の湯（《特集 堺》）（角山榮）「大阪春秋」 新風書房 34(1)通号122 2006.4

中世・近世初頭における「アジアの海都」堺の新歴史像（《特集 堺》）（森村健一）「大阪春秋」 新風書房 34(1)通号122 2006.4

ものの始まりは堺「堺ブランド」焼塩壺（《特集 堺》）（小谷慶）「大阪春秋」 新風書房 34(1)通号122 2006.4

溜池を生かした町づくり 政令指定都市堺に望むもの（《特集 堺》）（福島雅蔵）「大阪春秋」 新風書房 34(1)通号122 2006.4

先人に学ぶ暮らしのお茶―政令指定都市・堺の誕生を機に "もてなしの心"の復活を！（《特集 堺》）（谷本陽蔵）「大阪春秋」 新風書房 34(1)通号122 2006.4

堺再発見へ向けての町づくり "堺なんや衆"の実践（《特集 堺》）（青井弘之）「大阪春秋」 新風書房 34(1)通号122 2006.4

「堺のことば」昭和のはじめころ使われていた「堺のことば」の蒐集（《特集 堺》）（川村淳二）「大阪春秋」 新風書房 34(1)通号122 2006.4

「つくる」ことを楽しむ「ナヤ・ミュージアム」 登録文化財兒山家住宅のこころみ（《特集 堺》）（兒山万珠代）「大阪春秋」 新風書房 34(1)通号122 2006.4

堺と自転車―その歴史から自転車文化の発信へ（《特集 堺》）（中村博司）「大阪春秋」 新風書房 34(1)通号122 2006.4

復活！ 良子のスケッチ散歩(9) 伝統工芸 堺の包丁（《特集 堺》）（高宮良子）「大阪春秋」 新風書房 34(1)通号122 2006.4

堺の新聞 確認できた物で明治以降45紙が発行されていた（《特集 堺》）（西口忠）「大阪春秋」 新風書房 34(1)通号122 2006.4

歩いて見よう 少し前の堺の面影を旧市内に訪ねつつ 堺の文化財（《特集 堺》）（井渓明）「大阪春秋」 新風書房 34(1)通号122 2006.4

大阪春秋（創刊号～100号）掲載の「堺」関連記事一覧（《特集 堺》）（編集部）「大阪春秋」 新風書房 34(1)通号122 2006.4

付録解説 近世の堺を知る恰好の地図（《特集 堺》）（中井正弘）「大阪春秋」 新風書房 34(1)通号122 2006.4

近代初頭の堺における軒庇の伐縮（岡本訓明）「史泉 ： historical & geographical studies in Kansai University」 関西大学史学・地理学会 （104） 2006.7

堺特集補遺 堺市内の戦争遺構ウォッチング（柴田正己）「大阪春秋」 新風書房 34(2)通号123 2006.7

堺の現地に義弘の戦いの跡を見る（柳井貞夫）「大内文化探訪 ： 会誌」 大内文化探訪会 （25） 2007.3

堺の茶の湯に関する若干の検討―特別展「茶道具拝見」を通して（白神典之）「堺市博物館報」 堺市博物館 （27） 2007.11

港からみた堺の歴史（吉田豊）「堺市博物館報」 堺市博物館 （27） 2007.11

中世堺と材木流通（大澤研一）「堺市博物館報」 堺市博物館 （28） 2009.3

堺大空襲と私（《戦前・戦後回顧特集》）（汐見や寿子）「歴史懇談」 大阪歴史懇談会 （23） 2009.8

宗久茶屋と鉄砲伝来―堺史研究における伝説と通説（吉田豊）「堺市博物館報」 堺市博物館 （29） 2010.3

室町後期・戦国期における堺の都市構造―会合衆の再検討（藤本誉博）「ヒストリア ： journal of Osaka Historical Association」 大阪歴史学会 （220） 2010.6

堺と博覧会（特集 大阪と博覧会）（中井正弘）「大阪春秋」 新風書房 38(3)通号140 2010.10

堺と中世都市―『黄金の日々』遥か（『堺市史』刊行80年記念特集）（仁木宏）「堺研究」 堺市立中央図書館 （33） 2011.3

幕末維新期における宗門帳からみた堺のまちと職業渡世（『堺市史』刊行80年記念特集）（福島雅蔵）「堺研究」 堺市立中央図書館 （33） 2011.3

2011年4月3日 史跡めぐりの記録「堺行基の会会報」 堺行基の会 （34） 2011.8

平成23年11月20日（日）史跡巡りの記録 堺再発見の旅（吉良隆司）「堺行基の会会報」 堺行基の会 （35） 2012.4

武家政権・地域公権の都市としての中世堺（廣田浩治）「堺市博物館研究報告」 堺市博物館 （32） 2013.3

堺鍛冶による世界最大の火縄銃と大砲―特異で高度な日本技術（吉田豊）「堺市博物館研究報告」 堺市博物館 （32） 2013.3

収録史料報告 本館蔵「堺鉄砲鍛冶芝辻理右衛門家文書」（矢内一磨）「堺市博物館研究報告」 堺市博物館 （32） 2013.3

史料紹介「堺聯隊区管内兵事研究会報」（久保庭萌）「Notre critique ： history and criticism」 ノートル・クリティーク編集委員会 （6） 2013.5

「堺」地名起源考―埋蔵文化財からの回答（白神典之）「堺市博物館報」 堺市博物館 （33） 2014.3

堺は一日にしてならず―古墳文化に根づいた環濠都市（清水守民）「わかくす ： 河内ふるさと文化誌」 わかくす文芸研究会 （65） 2014.6

知多地名譚(5) 近世泉州堺と知多黒鍬衆（加藤喜代吉）「郷土研究誌みなみ」 南知多郷土研究会 （98） 2014.11

堺港

絵図でみる堺港（『堺市史』刊行80年記念特集）（吉田豊）「堺研究」 堺市立中央図書館 （33） 2011.3

堺市

幕末維新期の宗門帳よりみた堺のまち―堺市中北組の事例を中心に（福島雅蔵）「堺市博物館報」 堺市博物館 （28） 2009.3

堺市における国民学校の学童疎開（特集 国民学校と学童疎開70年）（福山琢磨）「大阪春秋」 新風書房 42(1)通号154 2014.4

堺水族館

堺水族館を国営化？ 昭和2、3年のお話 国立公文書館に残る国会議決と内閣総理大臣の指令書（中井正弘）「大阪春秋」 新風書房 39(4)通号145 2012.1

堺筋

大阪・都市建築の歴史的探求(2)―堺筋界隈（川島智生）「近畿文化」 近畿文化会事務局 （671） 2005.10

絵はがきでみる昔の大阪(8) 堺筋（1920年ごろ）（藤田実）「編纂所だより」 大阪市史編纂所 （30） 2008.3

堺灯台

堺燈台と旧市内を巡る（近藤康司）「近畿文化」 近畿文化会事務局 （728） 2010.7

大阪府　　地名でたどる郷土の歴史　　近畿

堺幕府

堺幕府はどこにあったのか―中世都市の空間構造（吉田豊）「堺市博物館
研究報告」　堺市博物館　（31）2012.3

堺奉行所

わたしたちの文化財　堺奉行所資料の発見―旗本若狭野浅野家資料より
（市村高規）「ヒストリア ： journal of Osaka Historical
Association」　大阪歴史学会　（220）2010.6

栄小学校

都市部落における学校経営と財政―栄小学校と屎尿処理問題（吉村智
博）「ヒストリア ： journal of Osaka Historical Association」　大阪
歴史学会　（171）2000.9

栄線

佐野散策資料（10）～（11）車小路―道路拡張予定の土丸・栄線（1）,［2］
（樋野修司）「泉佐野の歴史と今を知る会会報」　泉佐野の歴史と今を知る
会　150/155　2000.8/2001.1

坂口王子

伝承を訪ねる旅（6）八軒家→坂口王子　大阪の熊野古道（堀井建市）「河
内どんこう」　やお文化協会　（93）2011.2

坂本郷

桑原、重源、谷山池と坂本郷（藤原重夫）「堺泉州」　堺泉州出版会
（18）2006.12

桜井谷

桜井谷郷土史について（鹿島友治）「池田郷土研究」　池田郷土史学会
（12）2010.3
北摂散歩　桜井谷窯跡群23号窯跡を探して（古高邦子）「つどい」　豊中歴
史同好会　（296）2012.9

桜井宿

楠氏正成の桜井宿で子息正行に教訓の壁書（天竹薫信）「あしたづ ： 河
内の郷土文化サークルセンター特集誌」　河内の郷土文化サークルセ
ンター　（12）2010.2

桜井駅

櫻井の駅を訪ねて（塚本茂男）「史談しもふさ」　下総町郷土史研究会
（2）2007.4

桜塚

古代ロマンの跡をたどって　豊中の岡町・桜塚あたり（谷口佳以子）「大阪
春秋」　新風書房　31（1）通号110　2003.3

桜橋

諸行無常の櫻橋（阿川弘之）「大阪春秋」　新風書房　34（1）通号118
2005.4

雑喉場魚市場

大阪市中央卸売市場本場から雑喉場魚市場跡へ（鈴木照世）「大阪春秋」
新風書房　31（1）通号110　2003.3

実盛

茨木市郡の小字名「実盛」と「宗清林」に関する考察（島野穣）「歴史懇
談」　大阪歴史懇談会　（23）2009.8

佐野

佐野散策資料（17）髪鏡（樋野修司）「泉佐野の歴史と今を知る会会報」
泉佐野の歴史と今を知る会　174　2002.8
佐野散策資料（24）浦役場の印鑑と資料（樋野修司）「泉佐野の歴史と今を
知る会会報」　泉佐野の歴史と今を知る会　195　2004.3
第3回　明治の佐野を語り合う（事務局）「泉佐野の歴史と今を知る会会報」
泉佐野の歴史と今を知る会　208　2005.4
佐野と井原（上）,（中）,（下）（井田寿邦）「泉佐野の歴史と今を知る会会
報」　泉佐野の歴史と今を知る会　（266）/（268）2010.2/2010.04
資料　昭和七年、一五年の泉州佐野の力士名（北山理）「泉佐野の歴史と今
を知る会会報」　泉佐野の歴史と今を知る会　（303）2013.3
昭和初めの佐野漁業（1）（北山理）「泉佐野の歴史と今を知る会会報」　泉
佐野の歴史と今を知る会　（324）2014.12

佐野浦

佐野散策資料（7）佐野浦五町（樋野修司）「泉佐野の歴史と今を知る会会
報」　泉佐野の歴史と今を知る会　145　2000.3
佐野散策資料（8）佐野浦の自治（樋野修司）「泉佐野の歴史と今を知る会会
報」　泉佐野の歴史と今を知る会　146　2000.4
佐野浦の漁業（1）先祖・鎌与三の誉れ（播磨谷慶三）「泉佐野の歴史と今
を知る会会報」　泉佐野の歴史と今を知る会　（284）2011.8
佐野浦の漁業（1）鎌与三・時代の証言（播磨谷慶三）「泉佐野の歴史と今
を知る会会報」　泉佐野の歴史と今を知る会　（285）2011.9

佐野城

信長政権の佐野城の新史料（廣田浩治）「泉佐野の歴史と今を知る会会
報」　泉佐野の歴史と今を知る会　（306）2013.6

佐野小学校

佐野散策資料（20）明治8年佐野小学校、食野屋敷に新設開校（上）～
（下）（樋野修司）「泉佐野の歴史と今を知る会会報」　泉佐野の歴史と
今を知る会　184/185　2003.5/

佐野荘

戦国期の佐野荘に関する新史料（廣田浩治）「泉佐野の歴史と今を知る会
会報」　泉佐野の歴史と今を知る会　（257）2009.5
戦国期佐野庄の構造を探る（井田寿邦）「泉佐野の歴史と今を知る会会
報」　泉佐野の歴史と今を知る会　（272）2010.8

佐野飛行場

佐野散策資料（15）佐野飛行場の掩体壕（樋野修司）「泉佐野の歴史と今
を知る会会報」　泉佐野の歴史と今を知る会　165　2001.11
佐野飛行場の掩体壕（樋野修司）「大阪春秋」　新風書房　34（2）通号119
2005.7

佐野村

佐野散策資料（9）元文5年の「佐野村図」（樋野修司）「泉佐野の歴史と今
を知る会会報」　泉佐野の歴史と今を知る会　148　2000.6
佐野散策資料（16）明治13年の佐野村の興業（樋野修司）「泉佐野の歴史と
今を知る会会報」　泉佐野の歴史と今を知る会　171　2002.5
佐野村におけるコレラの流行（上）,（下）（樋野修司）「泉佐野の歴史と今
を知る会会報」　泉佐野の歴史と今を知る会　201/202　2004.9/
2004.10
近世前期の佐野村諸帳簿―土地関連史料の整理を課題に（1）～（5）（井
田寿邦）「泉佐野の歴史と今を知る会会報」　泉佐野の歴史と今を知る
会　（296）/（302）2012.8/2013.02
近世前期の佐野村の構造（上）（井田寿邦）「泉佐野の歴史と今を知る会会
報」　泉佐野の歴史と今を知る会　303　2013.3
近世前期の佐野村の構造（下）二　久左衛門方の構成（井田寿邦）「泉佐野
の歴史と今を知る会会報」　泉佐野の歴史と今を知る会　（304）
2013.4
近世初頭の佐野村の土地諸帳簿（上）,（下）（井田寿邦）「泉佐野の歴史と
今を知る会会報」　泉佐野の歴史と今を知る会　（308）/（309）2013.
8/2013.09
近世前期の土地「越ス」作業―和泉国佐野村の場合（1）～（3）（井田寿
邦）「泉佐野の歴史と今を知る会会報」　泉佐野の歴史と今を知る会
（318）/（321）2014.6/2014.09
近世前期の土地「越ス」作業―和泉国佐野村の場合（4）二、正徳二年の
越帳類（続）d『十郎太夫方へ越帳』と『久左衛門方へ越帳』（続）（井
田寿邦）「泉佐野の歴史と今を知る会会報」　泉佐野の歴史と今を知る
会　（322）2014.10
近世前期の土地「越ス」作業―和泉国佐野村の場合（5）三、名寄帳にみ
る越ス作業 a宝永五子年、b特例的な越ス作業の他の事例、c正徳二辰
年、d正徳三巳年、e移入土地の傾向（井田寿邦）「泉佐野の歴史と今を
知る会会報」　泉佐野の歴史と今を知る会　（324）2014.12

狭山池

狭山池酔い待草（木村邦男）「大阪春秋」　新風書房　31（2）通号111
2003.6
第932回例会　大阪狭山市と狭山池（丸山貞）「史迹と美術」　史迹美術同
攷会　79（4）通号794　2009.4

三郷町

刊本以外の大坂図「大坂三郷町絵図」に関する書誌学的検討（渡辺理絵）
「懐徳」　懐徳堂記念会　通号72　2004.1

三ノ坪橋

八尾の橋（7）条里制を語る おんぢ川の三ノ坪橋・六ノ坪橋（〈特集 見て
ほしい 知ってほしい 残してほしい わが町の風景5〉）（ちゃお）「河内
どんこう」　やお文化協会　（88）2009.6

汐の宮

資料紹介　汐の宮の地質と汐の宮温泉について（松本弘（裕之）)「河内長
野市郷土研究会誌」［河内長野市郷土研究会］　（51）2009.4

四恩学園

ただ、子どもたちのために　活用保存 モ237―四恩学園の場合（特集 阪
堺電車―阪堺線開通100年）（馬場文子）「大阪春秋」　新風書房　39
（3）通号144　2011.10

志紀郡築留

資料紹介　大和川築留の維持管理について―「河内国志紀郡築留明細帖」
の紹介（小谷利明）「館報」　八尾市立歴史民俗資料館　2011年度
2012.3

信貴山

「信貴山縁起絵巻」能「弱法師」昔こそあらめ今も亦（今中宏永）「河内
どんこう」　やお文化協会　（89）2009.10
「信貴山越え」でつながれたもの（清水守民）「わかくす ： 河内ふるさと
文化誌」　わかくす文芸研究会　（63）2013.6

近畿　　　　　　　　　　　　　地名でたどる郷土の歴史　　　　　　　　　　　　　大阪府

四条畷

生駒・飯盛山麓の東高野街道 四条畷・野崎・寺川（青木茂夫）「大阪春秋」　新風書房　31（1）通号110　2003.3

東高野街道周辺の史跡（5）四条畷から寝屋川へ（泉森皎）「近畿文化」　近畿文化会事務局　（678）2006.5

四条縄手の合戦 楠木正行公陣所—往生院（真野尚子）「歴史懇談」　大阪歴史懇談会　（25）2011.8

南北朝史ゆかりの地 笠置山／千早城／南都／四條畷（特集 青葉繁れる吉野山 南朝の舞台をゆく）「月刊大和路ならら」　地域情報ネットワーク　16（6）通号177　2013.6

大阪の老舗と文化（4）飯盛山と楠公さんが育んだ ふるさと四条畷の文化と老舗（前川洋一郎）「大阪春秋」　新風書房　41（4）通号153　2014.1

四条畷市

第987回例会 北河内の四条畷市から交野市・枚方市の文化財を訪ねて（松永修輔）「史迹と美術」　史迹美術同攷会　83（8）通号838　2013.9

下田村

維新変革期における摂州能勢郡下田村—明治4年「約定取締一札之事」再考（《大阪歴史学会への提言》）（吉村智博）「ヒストリア : journal of Osaka Historical Association」　大阪歴史学会　（200）2006.6

四天王寺

野外講座 四天王寺界隈を歩こう「広報誌リバティ」　大阪人権博物館　27　2004.10

芝

松原の史蹟と伝説（11）大和川今池遺跡と芝・油上（出水睦己）「河内どんこう」　やお文化協会　73　2004.6

島本町

歴史文化教室 島本町散策（長谷川智子）「乙訓文化」　乙訓の文化遺産を守る会　（75）2010.8

下赤坂城

上赤坂城か下赤坂城か（棚橋利光）「河内どんこう」　やお文化協会　（79）2006.6

下寺住宅

日本橋改良住宅地域の生活史—裏長屋から「改良」を経て戦後「立体長屋」へ（《消えゆく最後の市営改良住宅—大阪市営下寺住宅の建築と歴史》）（佐賀朝）「歴史科学」　大阪歴史科学協議会　（190）2007.12

近代大阪の鉄筋コンクリート造改良住宅の建設経緯と建築的特徴について（《消えゆく最後の市営改良住宅—大阪市営下寺住宅の建築と歴史》）（中嶋節子）「歴史科学」　大阪歴史科学協議会　（190）2007.12

下寺町

下寺町界隈探訪期（《特集 寺町》）（田野登）「大阪春秋」　新風書房　34（3）通号124　2006.10

釈迦ヶ池

釈迦ヶ池の水利と樋あけ（池田直子）「吹田市立博物館博物館だより」　吹田市立博物館　（58）2014.7

十三街道

十三街道とおと越え（《特集「なりひらの恋—高安の女」新春二月プリズムホールで公演》）（松江信一）「河内どんこう」　やお文化協会　（83）2007.10

河内・十三街道を見直す 伊能忠敬の地図とE・サトウのガイドブック（松江信一）「河内どんこう」　やお文化協会　（86）2008.10

俊徳道・十三街道（河内の郷土史）（黒田收）「あしたづ : 河内の郷土文化サークルセンター特集誌」　河内の郷土文化サークルセンター　（15）2013.2

菊と蕗の道・十三街道（第100号記念特集号）（川西茂）「河内どんこう」　やお文化協会　（100）2013.6

招提寺内町

親子の歴史座談（80）招提寺内町と枚方寺内町「ひらかた文化財だより」　枚方市文化財研究調査会　（80）2009.7

城東区

大阪歴史散歩（12）旭区・都島区・城東区を歩く（西俣稔）「大阪の歴史」　大阪市史料調査会　（62）2003.7

城南寺町

わがまち城南寺町（《特集 寺町》）（小田切聡）「大阪春秋」　新風書房　34（3）通号124　2006.10

少林寺町

堺少林寺町の職業渡世について—明治三庚午年十月「堺南組之内少林寺町宗旨人別御改帳」（福島雅蔵）「堺市博物館報」　堺市博物館　（29）2010.3

城連寺村

松原の史蹟と伝説（10）城連寺村と大和川（出水睦己）「河内どんこう」

やお文化協会　72　2004.2

除痘館

大阪の除痘館開設160年に寄せて（古西義麿）「除痘館記念資料室だより」　洪庵記念会除痘館記念資料室　（1）2010.3

大坂除痘館と緒方洪庵—その開設と展開（緒方洪庵生誕200年記念特集）（淺井允晶）「除痘館記念資料室だより」　洪庵記念会除痘館記念資料室　（2）2010.6

大坂除痘館の推移と発展—官立化と変遷をめぐって（緒方洪庵生誕200年記念特集）（米田該典）「除痘館記念資料室だより」　洪庵記念会除痘館記念資料室　（2）2010.6

新出の塩野屋宛て「疱瘡済証」について—除痘館「疱瘡済証」の意義と役割（淺井允晶）「除痘館記念資料室だより」　洪庵記念会除痘館記念資料室　（3）2011.7

大坂の除痘館における出張種痘（古西義麿）「除痘館記念資料室だより」　洪庵記念会除痘館記念資料室　（4）2012.6

大坂の除痘館における「出張」をめぐって（古西義麿）「御影史学論集」　御影史学研究会　（38）2013.10

牛種種痘法普及における光と影—大阪の除痘館の大和伝苗をめぐって（淺井允晶）「除痘館記念資料室だより」　洪庵記念会除痘館記念資料室　（6）2014.6

白木陣屋

大名の飛地（飛知）陣屋（承前）河内 白木陣屋（上田正和）「城だより」　日本古城友の会　（523）2012.7

新大阪駅

新大阪駅頭に河内平野のなりたちを見る（高橋工）「葦火 : 大阪市文化財情報」　大阪市博物館協会大阪文化財研究所　22（5）通号131　2007.12

心斎橋

心斎橋転転（宮下栄麟）「まんだ : 北河内とその周辺の地域文化誌」　まんだ編集部　80　2004.5

心斎橋筋

絵はがきでみる昔の大阪（12）大阪心斎橋筋（明治末〜大正10年頃）（堀田暁生）「編纂所だより」　大阪市史編纂所　（34）2010.3

新堂村

松原の史蹟と伝説（18）新堂村の住吉街道（斜向道路跡）（出水睦己）「河内どんこう」　やお文化協会　（80）2006.10

信念橋

八尾の橋（5）信念橋・新橋 澤之川に架かる橋（ちゃお）「河内どんこう」　やお文化協会　（86）2008.10

新橋

八尾の橋（5）信念橋・新橋 澤之川に架かる橋（ちゃお）「河内どんこう」　やお文化協会　（86）2008.10

新町

佐野散策資料（13）新町（樋野修司）「泉佐野の歴史と今を知る会会報」　泉佐野の歴史と今を知る会　157　2001.3

巻頭随想 新町と米谷修さんの思い出（山田政弥）「大阪春秋」　新風書房　38（1）通号138　2010.4

新町遊郭の歴史（特集 新町）（人見佐知子）「大阪春秋」　新風書房　38（1）通号138　2010.4

水に囲まれていた西六（新町）その川と橋（特集 新町）（水知悠之介）「大阪春秋」　新風書房　38（1）通号138　2010.4

髪結いが見てきた新町今昔（特集 新町）（西平のぶ子）「大阪春秋」　新風書房　38（1）通号138　2010.4

新町の戦後復興（特集 新町）（青木茂夫）「大阪春秋」　新風書房　38（1）通号138　2010.4

新町と文字—"ニシ"の文字（特集 新町）（高橋俊郎）「大阪春秋」　新風書房　38（1）通号138　2010.4

御菓子司 長濱屋重房（特集 新町）（長重十五）「大阪春秋」　新風書房　38（1）通号138　2010.4

新町演舞場と大阪屋—今も残る新町の面影（特集 新町）（福山琢磨）「大阪春秋」　新風書房　38（1）通号138　2010.4

なつかしの昭和・新町展—そのあらましとこぼれ話（特集 新町）（水知悠之介）「大阪春秋」　新風書房　38（1）通号138　2010.4

吹田

吹田・300万年の景観（小山修三）「吹田市立博物館博物館だより」　吹田市立博物館　（27）2006.8

風になびく門田の稲—中世吹田の景観（池田直子）「吹田市立博物館博物館だより」　吹田市立博物館　（27）2006.8

河川交通の発達—江戸時代の吹田（田口泰久）「吹田市立博物館博物館だより」　吹田市立博物館　（27）2006.8

吹田にあった麦酒町「吹田市立博物館博物館だより」　吹田市立博物館　（35）2008.10

大阪府 / 近畿 / 地名でたどる郷土の歴史

吹田まち歩きのご案内 刊行ボランティアガイド「吹田まち案内人」による解説（岡村昇二）「都市文化研究」 大阪都市文化研究会 （29） 2010.3

難波宮と吹田（高橋真希）「吹田市立博物館博物館だより」 吹田市立博物館 （41） 2010.3

吹田の生き物地図を作ろう！「吹田市立博物館博物館だより」 吹田市立博物館 （43） 2010.7

大阪万博と吹田市民（池田直子）「吹田市立博物館博物館だより」 吹田市立博物館 （45） 2011.3

吹田の風水害—災害と環境展にことよせて（藤井裕之）「吹田市立博物館博物館だより」 吹田市立博物館 （46） 2011.7

市内の遺跡にみる災害の痕跡（高橋真希）「吹田市立博物館博物館だより」 吹田市立博物館 （46） 2011.7

大庄屋・中西家と吹田の大坂画壇（田中敏雄）「吹田市立博物館博物館だより」 吹田市立博物館 （49） 2012.1

「ニュータウン半世紀展」関連イベント「吹田市立博物館博物館だより」 吹田市立博物館 （51） 2012.7

磁石と吹田 そして「くらしと遊び」（小川忠夫）「吹田市立博物館博物館だより」 吹田市立博物館 （54） 2013.7

操車場・高速道路、物流結節点としての吹田の今昔（野尻亘）「吹田市立博物館博物館だより」 吹田市立博物館 （55） 2013.9

吹田操車場から吹田信号場、そして吹田貨物ターミナル駅へ（中俣秀康）「吹田市立博物館博物館だより」 吹田市立博物館 （55） 2013.9

大塩事件と吹田（誌齢70号に寄せて）（内田正雄）「大塩研究」 大塩事件研究会 （70） 2014.2

吹田市立博物館周辺の地質（林陽夫）「吹田市立博物館博物館だより」 吹田市立博物館 （58） 2014.7

近世・近代の葺瓦調査からみた吹田（藤原学）「大塩研究」 大塩事件研究会 （71） 2014.8

吹田歴史探訪—旧吹田地域（西本安秀, 中岡宏美）「吹田市立博物館博物館だより」 吹田市立博物館 （60） 2014.12

吹田砂堆

吹田砂堆と三國川（上遠野浩一）「古代史の海」 「古代史の海」の会 （31） 2003.3

吹田市

口絵 日本の塔百選（4）／平成23年8月例会 旧西尾家と吹田市の建築文化「史迹と美術」 史迹美術同攷会 82（4）通号824 2012.4

第968回例会 旧西尾家と吹田市の建築文化（矢ヶ崎善太郎）「史迹と美術」 史迹美術同攷会 82（4）通号824 2012.4

助松村

泉州助松村紀州家本陣田中家の家伝薬売り弘め（上）,（下）—紀州藩領内における売薬行商の一形態（鈴木実）「和歌山地方史研究」 和歌山地方史研究会 （49）／（50） 2005.7／2005.9

辻子越え

辻子越えを歩く（《特集 見てほしい 知ってほしい 残してほしい わが町の風景4》）（高野剛）「河内どんこう」 やお文化協会 （84） 2008.2

住友銅吹所

「近世大坂と住友銅吹所—発掘から10年」報告（《特集 近世大坂と住友銅吹所—発掘から10年》）（川口宏海）「ヒストリア ： journal of Osaka Historical Association」 大阪歴史学会 （176） 2001.9

住友銅吹所と大坂—技術とオランダ商館長応接をめぐって（《特集 近世大坂と住友銅吹所—発掘から10年》）（今井典子）「ヒストリア ： journal of Osaka Historical Association」 大阪歴史学会 （176） 2001.9

住道

住道だより—河内の歴史あれこれ（小林義孝）「あしたづ ： 河内の郷土文化サークルセンター特集誌」 河内の郷土文化サークルセンター （13） 2011.2

わが町で最高の学術と芸術を—住道だより（2）（小林義孝）「あしたづ ： 河内の郷土文化サークルセンター特集誌」 河内の郷土文化サークルセンター （14） 2012.2

住道からぶらり中垣内越え宝山寺への道（文化をつづる）（今村奥志雄）「あしたづ ： 河内の郷土文化サークルセンター特集誌」 河内の郷土文化サークルセンター （15） 2013.2

住道だより（4）（まちをつくる）（小林義孝）「あしたづ ： 河内の郷土文化サークルセンター特集誌」 河内の郷土文化サークルセンター （16） 2014.2

住吉

忘れられた「住吉八景」（資料紹介）（伊藤純）「大阪の歴史と文化財」 大阪市教育委員会事務局生涯学習部 （14） 2004.10

近代大都市の郊外行楽地と私鉄—大阪住吉を中心に（《第32回大会共通論題「都市と交通II—観光・行楽・参詣」特集号》）（鈴木勇一郎）「交通史研究」 交通史学会, 吉川弘文館（発売） （61） 2006.12

「吉吉は1800年。」展記録（野高宏之）「大阪の歴史」 大阪市史料調査会

（76） 2011.1

住吉御旅所

堺の歴史は住吉御旅所から（吉田豊）「堺市博物館報」 堺市博物館 （30） 2011.3

住吉公園

上町線周辺を歩く 上町線（天王寺西門前〜）天王寺駅前〜住吉公園（特集 阪堺電車—阪堺線開通100年—阪堺電車沿線案内）（西口忠）「大阪春秋」 新風書房 39（3）通号144 2011.10

住吉大社

伝承を訪ねる旅（9） 住吉大社と津守王子 大阪の熊野古道（4）（堀井建市）「河内どんこう」 やお文化協会 （96） 2012.2

住吉大社参詣鉄道

住吉大社参詣鉄道の軌跡をたどる—南海電鉄の前史的素描（特集 すみよし—住吉大社1800年）（宇田正）「大阪春秋」 新風書房 39（1）通号142 2011.04

菫橋

八尾の橋（3） 菫橋 スミレ咲く菫橋は山高前「河内どんこう」 やお文化協会 （84） 2008.2

積善寺城

秀吉の紀州攻めと積善寺城跡「テンプス ： かいづか文化財だより」 貝塚市教育委員会 18 2004.7

摂河

朝鮮通信使・琉球使節通航時の綱引助郷—摂河両国を中心に（飯沼雅行）「交通史研究」 交通史学会, 吉川弘文館（発売） （54） 2004.4

摂海御台場

摂海御台場築立御用における大坂町奉行の位置（特集 幕末京都口の関門—枚方・楠葉台遺跡）（高久智広）「ヒストリア ： journal of Osaka Historical Association」 大阪歴史学会 （217） 2009.10

摂河泉

三好家四代の盛衰と摂河泉の城（松本仁龍斎）「堺泉州」 堺泉州出版会 （15） 2004.1

摂河泉地方の農民闘争（2）（向江強）「大阪民衆史研究」 大阪民衆史研究会 56 2004.12

摂河泉地方の農民闘争（3）大塩の乱と農民（向江強）「大阪民衆史研究」 大阪民衆史研究会 58 2005.12

摂河泉地方の農民闘争（4） 北摂能勢一揆の問題点（向江強）「大阪民衆史研究」 大阪民衆史研究会 通号59 2006.10

摂河泉播村々の歴史・政治意識—「大塩書付」の読み方（深谷克己）「大塩研究」 大塩事件研究会 （68） 2013.3

摂津

摂津地域からみた古墳時代の王権構造（寺前直人）「つどい」 豊中歴史同好会 （209） 2005.8

17世紀摂津・河内における治水政策と堤外地土地利用規制（村田路人）「枚方市史年報」 枚方市教育委員会 （11） 2008.4

淀川水運と山城・摂津の古式古墳（水野正好）「近畿文化」 近畿文化会事務局 （704） 2008.7

戦国期摂津における国人領主と地域—摂津国人一揆の再検討を通して（部会報告）（石本倫子）「ヒストリア ： journal of Osaka Historical Association」 大阪歴史学会 （213） 2009.1

パネルディスカッション 近世後期の大坂と摂津・河内・和泉—大塩事件の背景をさぐる（酒井一）「大塩研究」 大塩事件研究会 （62） 2010.3

大坂と摂津について（中川すがね）「大塩研究」 大塩事件研究会 （62） 2010.3

古絵図をひも解く 河摂泉（かせっせん）絵図「テンプス ： かいづか文化財だより」 貝塚市教育委員会 （42） 2010.8

特別寄稿 摂津と河内—二つの百済（京嶋覚）「あしたづ ： 河内の郷土文化サークルセンター特集誌」 河内の郷土文化サークルセンター （14） 2012.2

摂津渡辺党の遠藤氏と渡辺氏（宝賀寿男）「家系研究」 家系研究協議会 （53） 2012.4

近世初期における海上交通役の編成—摂津・和泉・播磨三ヵ国の沿海地域を素材に（2012年度大会報告要旨—近世・部会報告）（河野未央）「ヒストリア ： journal of Osaka Historical Association」 大阪歴史学会 （232） 2012.6

近世初期における海上交通役の編成—摂津・和泉・播磨三ヵ国沿海地域を素材として（2012年度大会特集号—近世部会報告）（河野未央）「ヒストリア ： journal of Osaka Historical Association」 大阪歴史学会 （235） 2012.12

摂津富田

戦国織豊期摂津富田集落と「寺内」—歴史地理学的手法の再検討（福島克彦）「寺内町研究」 貝塚寺内町歴史研究会, 和泉書院（発売） 5 2000.12

摂津国

研究ノート 「摂津国」ができるまで(高橋真希)「吹田市立博物館博物館だより」 吹田市立博物館 (28) 2006.9

河内と摂津との接点を求めて 伴林光平の足跡を中心として(益尾宏之)「河内どんこう」 やお文化協会 (87) 2009.2

摂津国を襲った災害—仁和大地震と正平大地震 古代の大地震—仁和南海地震/中世の大地震—正平南海地震(曽我部愛)「摂津市市史編纂だより」 摂津市市史編纂さん室 (1) 2012.11

千石堀城

表紙 戦国期根来出城の最前線「千石堀城跡」「テンプス : かいづか文化財だより」 貝塚市教育委員会 (53) 2014.5

千手

大塩の乱から見る江戸時代の千手界隈(井上宏)「大塩研究」 大塩事件研究会 (64) 2011.3

泉州

地域社会における郷土史の展開—泉州地域を中心として(〈部会報告〉)(古川武志)「ヒストリア : journal of Osaka Historical Association」 大阪歴史学会 (173) 2001.1

泉州一橋領知における惣代庄屋について(〈部会報告〉)(町田哲)「ヒストリア : journal of Osaka Historical Association」 大阪歴史学会 (178) 2002.1

泉州タマネギ・水茄子(白木江都子)「大阪春秋」 新風書房 31(2)通号111 2003.6

古文書講座 泉州の人びと、物価引き下げを求める—庄屋日記に見る岸和田藩事件簿(1)/次回(第26回)古文書講座開催のお知らせ「テンプス : かいづか文化財だより」 貝塚市教育委員会 (31) 2007.12

和菓子を通じて泉州の語り部に(向井新)「泉佐野の歴史と今を知る会会報」 泉佐野の歴史と今を知る会 (287) 2011.11

泉州の引き札展(下村欣司)「泉佐野の歴史と今を知る会会報」 泉佐野の歴史と今を知る会 (310) 2013.10

たそがれの泉州弁(1)〜(3)(中野恒一)「泉佐野の歴史と今を知る会会報」 泉佐野の歴史と今を知る会 (322)/(324) 2014.10/2014.12

泉州沖

衣摺白井家文書から ロシア使節プチャーチン泉州沖に(荻田昭次)「わかくす : 河内ふるさと文化誌」 わかくす文芸研究会 (57) 2010.5

泉州佐野

「黒衣の宰相」崇伝と泉州佐野(廣田浩治)「泉佐野の歴史と今を知る会会報」 泉佐野の歴史と今を知る会 206 2005.2

泉州佐野の歴史的展開に関するノート(上),(下)(廣田浩治)「泉佐野の歴史と今を知る会会報」 泉佐野の歴史と今を知る会 (225)/(226) 2006.9/2006.10

泉州佐野の村相撲(1)〜(4)(樋野修司,北山理)「泉佐野の歴史と今を知る会会報」 泉佐野の歴史と今を知る会 (228)/(231) 2006.12/2007.3

江戸中期の泉州佐野浦食野家代々(1)〜(5)(井田寿邦)「泉佐野の歴史と今を知る会会報」 泉佐野の歴史と今を知る会 (310)/(315) 2013.10/2014.3

泉州伯太

小藩陣屋町「泉州伯太」について(米田藤博)「パイオニア」 関西地理学研究会 (72) 2004.9

泉南

「泉南地方の戦時期の海員養成」補遺資料(横山篤夫)「泉佐野市史研究」 泉佐野市教育委員会 9 2003.3

大阪府泉南地域における農業の地域性と持続的性格(古谷和歳)「和歌山地理」 和歌山地理学会 (23) 2003.12

貝塚市郷土資料展示室 特別展1「米穀肥料商簾海家と泉南地域」のお知らせ「テンプス : かいづか文化財だより」 貝塚市教育委員会 (30) 2007.9

宮座と女性—泉南の事例をもとに研究ノートとして[1]〜(4)(松本紀郎)「泉佐野の歴史と今を知る会会報」 泉佐野の歴史と今を知る会 (267)/(270) 2010.3/2010.06

千日前

絵葉書でみる明治末〜大正初年の千日前—「映画の街」の黎明期(藤田実)「大阪の歴史」 大阪市史料調査会 (74) 2010.1

近世 千日前の風景(シンポジウム 江戸時代の道頓堀と千日前—長吏・三昧聖・刑場)(村上紀夫)「大阪人権博物館紀要」 大阪人権博物館 (13) 2011.3

船場

特別寄稿 大阪商人の社是・家訓・社訓に学ぶ 始末の思想を大切にした取引(特集 船場—商人道と伝統文化)(大塚融)「大阪春秋」 新風書房 41(1)通号150 2013.4

船場の目指す21世紀—経済学の立場から(特集 船場—商人道と伝統文

化)(釣島平三郎)「大阪春秋」 新風書房 41(1)通号150 2013.4

「淀屋」中興 番頭・牧田仁右衛門の忠誠と「倉吉」(特集 船場—商人道と伝統文化)(福山琢磨)「大阪春秋」 新風書房 41(1)通号150 2013.4

聖地としての新田会所—船場商人と新田経営(特集 船場—商人道と伝統文化)(小林義孝)「大阪春秋」 新風書房 41(1)通号150 2013.4

船場と美術—豪商・鴻池と大阪美術倶楽部を中心に(特集 船場—商人道と伝統文化)(川口玄)「大阪春秋」 新風書房 41(1)通号150 2013.4

船場と文学—商都大阪商人気質の神髄(特集 船場—商人道と伝統文化)(高橋俊郎)「大阪春秋」 新風書房 41(1)通号150 2013.4

船場の「ものづくり」—雙六駒づくりの発見を中心に(特集 船場—商人道と伝統文化)(清水和明)「大阪春秋」 新風書房 41(1)通号150 2013.4

船場の風景をつくる 近代建築ガイド(特集 船場—商人道と伝統文化)(酒井一光)「大阪春秋」 新風書房 41(1)通号150 2013.4

付録解説 大阪市街精密地図 船場之部(明治39年発行 大阪市史編纂所蔵)(堀田暁生)「大阪春秋」 新風書房 41(1)通号150 2013.4

私流船場の歩き方(随想春秋)(青木由美子)「大阪春秋」 新風書房 41(2)通号151 2013.7

「船場特集」を見て思いだした或る出会い(随想春秋)(辻中昭一)「大阪春秋」 新風書房 41(3)通号152 2013.10

泉陽紡織

昭和三年頃の泉陽紡織(北山理)「泉佐野の歴史と今を知る会会報」 泉佐野の歴史と今を知る会 (225) 2006.9

千里丘陵

原千里丘陵—ゾウやワニがいた森(増田真木)「吹田市立博物館博物館だより」 吹田市立博物館 (27) 2006.8

千里ニュータウン

東アジアにおける高度成長の時差と新生活への夢—韓国から見る千里ニュータウン(陳泌秀)「吹田市立博物館博物館だより」 吹田市立博物館 (51) 2012.7

増福寺

上田庄生地区の歴史と野耀山増福寺(竹鼻康次)「河内長野市郷土研究会誌」 河内長野市郷土研究会 (48) 2006.4

ソタ峰越

高野への古道「ソタ峰越」—第12回当ったはりまっか? 河内講座要項(椋本進)「河内長野市郷土研究会誌」 河内長野市郷土研究会 (54) 2012.4

蘇鉄山

一等三角点のある日本一低い蘇鉄山(中井正弘)「大阪春秋」 新風書房 34(3)通号120 2005.10

曽根崎

故郷の曽根崎を歩いて(随筆春秋)(岸本映子)「大阪春秋」 新風書房 42(2)通号155 2014.7

曽根崎村

往古曽根崎村噂 教興寺村の段(上),(下)(今中宏永)「河内どんこう」 やお文化協会 (78)/(79) 2006.2/2006.6

蕎原村

市内の古文書調査から和歌山大学所蔵蕎原村文書「テンプス : かいづか文化財だより」 貝塚市教育委員会 (21) 2005.4

大軌ビルヂング

近鉄の近代建築(1) 大軌ビルヂング(川島智生)「近畿文化」 近畿文化会事務局 (692) 2007.7

太閤堤

親子の歴史座談(86) 太閤堤(文禄堤)と巨椋池「ひらかた文化財だより」 枚方市文化財研究調査会 (86) 2011.1

太閤道

歴史の道「太閤道」秀吉も歩いた16キロ(熊本典宏)「郷土史誌末盧國」 松浦史談会, 芸文堂(発売) (170) 2007.6

太子町

竹内街道と王陵の谷 私の故郷・大阪太子町(木村公平)「歴史懇談」 大阪歴史懇談会 (22) 2008.8

太子堂村

近世の大聖勝軍寺と太子堂村(木下光生)「研究紀要」 八尾市文化財調査研究会 15 2004.3

第十一飛行師団司令部

戦争遺跡を訪ねて(10)〜(11) 第十一飛行団司令部(前)〜(後)(大西進)「河内どんこう」 やお文化協会 (88)/(89) 2009.6/2009.10

大正区

大正区の近代(〈2001年度現地見学検討会港湾からみた近代大阪〉)(堀田暁生)「ヒストリア : journal of Osaka Historical Association」

大阪府　　　　　　　　　　　　　地名でたどる郷土の歴史　　　　　　　　　　　　　近畿

大阪歴史学会　（181）2002.9

大正区を「市電王国」に（随筆春秋）（宇田正）「大阪春秋」　新風書房
33（4）通号121　2006.1

大正橋

「大正橋」誕生譚（随想春秋）（田口晃也）「大阪春秋」　新風書房　40（3）
通号148　2012.10

大正飛行場

戦争遺跡の一例―大阪・大正飛行場の場合（《特集 戦争遺跡から見た近
代大阪―大阪大空襲から55年》）（駒井正明）「ヒストリア ： journal
of Osaka Historical Association」　大阪歴史学会　（171）2000.9

阪神飛行学校と大正飛行場（清水綾）「大阪民衆史研究」　大阪民衆史研究
会　53　2003.6

大正飛行場―民衆を守れなかった「防空」飛行場（上），（下）（塚崎昌之）
「河内どんこう」　やお文化協会　71/72　2003.10/2004.2

河内の伝承考（14）戦時中の八尾（1）―狙われた大正飛行場（堀井建市）
「河内どんこう」　やお文化協会　74　2004.10

戦争遺跡を訪ねて（7）大正飛行場の戦闘指揮所（飛行第246戦隊）（大西
進）「河内どんこう」　やお文化協会　（85）2008.6

戦争遺跡を訪ねて（8）大阪陸軍航空廠（大正飛行場）（大西進）「河内ど
んこう」　やお文化協会　（86）2008.10

戦争遺跡を訪ねて（9）大正飛行場の水濠（大西進）「河内どんこう」　や
お文化協会　（87）2009.2

戦争遺跡を訪ねて（13）―大正飛行場の官舎と合宿舎―柏原にあった将
校官舎（特集「かしわらの郷土史かるた」に関連して）（大西進）「河
内どんこう」　やお文化協会　（91）2010.6

八尾に残る戦争遺跡―旧陸軍大正飛行場にある戦争文化財（大西進）「大
阪民衆史研究」　大阪民衆史研究会　通号65　2011.3

田井城村

松原の史蹟と伝説（14）田井城村と田坐神社（出水睦己）「河内どんこう」
やお文化協会　76　2005.6

大聖勝軍寺

近世の大聖勝軍寺と太子堂村（木下光生）「研究紀要」　八尾市文化財調査
研究会　15　2004.3

大鉄ビルヂング

近鉄の近代建築（3）大鐵ビルヂング（近鉄百貨店阿倍野店）（川島智生）
「近畿文化」　近畿文化会事務局　（695）2007.10

大丸心斎橋店

旧藤田邸庭園より大丸心斎橋店へ（三和勝彦）「史迹と美術」　史迹美術同
攷会　76（8）通号768　2006.9

高井田

梅子さんの戦争体験記―東大阪市・高井田にB29が落ちてきた（高野剛）
「河内どんこう」　やお文化協会　（87）2007.10

伊勢参宮本街道を歩く（2）高田井～英田（吉井貞俊）「大阪春秋」　新風
書房　37（4）通号137　2010.1

高津

大谷家所蔵鋳造関係史料―江戸時代の高津周辺（資料紹介）（伊藤純）「大
阪の歴史と文化財」　大阪市教育委員会事務局生涯学習部　（12）
2003.10

高槻

高山右近と天下統一の城主たち―城から見た高槻の歴史（特集 北摂・高
槻）（中西裕樹）「大阪春秋」　新風書房　39（2）通号143　2011.7

高槻の西国街道歴史漫歩（特集 北摂・高槻）（下村治男）「大阪春秋」　新
風書房　39（2）通号143　2011.7

工兵第四連隊 誘致で発展の起爆剤に（特集 北摂・高槻）（編集部）「大阪
春秋」　新風書房　39（2）通号143　2011.7

座談会 北摂の"とかいなか"高槻の魅力を考える―自然・歴史・にぎわ
い・人（大矢正彦，中川修一，平田太，井上学）「大阪春秋」　新風書房
39（2）通号143　2011.7

高槻藩

古文書を解読してみると 枚方宿と周辺の高槻藩預所（触の廻達を中心
に）（馬部隆弘）「まんだ ： 北河内とその周辺の地域文化誌」　まんだ
編集部　（87）2006.8

特別寄稿 近世江戸積み酒造業と原料米の流通―伊丹酒造業と高槻藩の
郷払い米（石川道子）「歴史懇談」　大阪歴史懇談会　（26）2012.8

高津原橋

上町台地の陸橋「高津原橋」（伊藤和雄）「都市文化研究」　大阪都市文化
研究会　（27・28）2005.5

竹原井頓宮

平成の河内風土記「幻の竹原井頓宮を尋ねて」（宮下栄麟）「まんだ ： 北
河内とその周辺の地域文化誌」　まんだ編集部　（88）2006.12

高見

松原の史蹟と伝説（15）高見の伝説と駅（出水睦己）「河内どんこう」　や
お文化協会　77　2005.10

高安

東高野街道沿いの史跡（1）―高安の里を歩く（泉森皎）「近畿文化」　近畿
文化会事務局　639　2003.2

高安地域の下肥とバリキ運搬（研究ノート）（岡田清一）「館報」　八尾市
立歴史民俗資料館　2011年度　2012.3

高安郡

江戸時代・高安郡村々の金銭トラブル（常谷伸之）「河内どんこう」　やお
文化協会　75　2005.2

高安山

中河内と関連する切手 番外編（3）高安山物語（松江信一）「河内どんこ
う」　やお文化協会　（84）2008.2

高安山讃歌（《特集 高安山麓の歴史と文化》）（大槻洋子）「河内どんこ
う」　やお文化協会　（85）2008.6

高安山とその周辺、歴史と人物（《特集 高安山麓の歴史と文化》）（坂上
ひろこ）「河内どんこう」　やお文化協会　（85）2008.6

歴史の眠るふるさとへ 高安山の史跡を訪ねて（《特集 見てほしい 知っ
てほしい 残してほしい わが町の風景5》）（中西隆子）「河内どんこう」
やお文化協会　（88）2009.6

八尾の歴史年表/高安山周辺・山麓の歴史年表「河内どんこう」　やお文
化協会　（94）2011.6

高安城

高安城と河内鋳銭司―その謎と共通点（佐々木宏之）「河内どんこう」　や
お文化協会　（78）2006.2

高安山城

4月・第582回例会の報告 河内・大和 信貴山城、高安山城（周藤匡範）
「城だより」　日本古城友の会　（521）2012.5

滝畑

河内滝畑散策（天野宜子）「大阪春秋」　新風書房　31（1）通号110
2003.3

竹内街道

"やまと"と東アジアを結ぶ道―大和川と原竹内街道の役割を中心に（白
石太一郎）「大阪府立近つ飛鳥博物館館報」　大阪府立近つ飛鳥博物館
通号10　2006.3

グラビア 竹内街道と葛城古道 春の古路をゆく（特集 竹内街道と葛城古
道）（椿本九美夫）「月刊大和路ならら」　地域情報ネットワーク　10
（4）通号103　2007.4

竹内街道・葛城古道道案内 古代が息づく山裾の道（特集 竹内街道と葛
城古道）「月刊大和路ならら」　地域情報ネットワーク　10（4）通号103
2007.4

竹内道 遣隋使・小野妹子から芭蕉、吉田松陰まで（特集 竹内街道と葛城
古道）「月刊大和路ならら」　地域情報ネットワーク　10（4）通号103
2007.4

竹内街道と王陵の谷 私の故郷・大阪太子町（木村公平）「歴史懇談」　大
阪歴史懇談会　（22）2008.8

竹内街道から磯長王陵の谷を巡る（山口久幸）「つどい」　豊中歴史同好会
（275）2010.12

竹内街道（特集 道）（間淵二三夫）「歴研よこはま」　横浜歴史研究会
（69）2013.11

竹内街道と横大路（特集 竹内街道 敷設1400年）（和田萃）「季刊明日香
風」　古都飛鳥保存財団　33（1）通号129　2014.1

大和からみた竹内街道の歴史（特集 竹内街道 敷設1400年）（神庭滋）「季
刊明日香風」　古都飛鳥保存財団　33（1）通号129　2014.1

二上山麓の古道について（特集 竹内街道 敷設1400年）（鍋島隆宏）「季刊
明日香風」　古都飛鳥保存財団　33（1）通号129　2014.1

歴史の十字路 竹内街道から横大路へ（特集 ソツヒコ 古代葛城氏の原像
をたどる）「月刊大和路ならら」　地域情報ネットワーク　17（4）通号
187　2014.4

竹淵

竹渕地区の竹藪と渕（棚橋利光）「河内どんこう」　やお文化協会　69
2003.2

竹淵馬洗池

竹淵馬洗池跡の由来（棚橋利光）「河内どんこう」　やお文化協会　（83）
2007.10

岳山

嶽山 楠公史跡と中腹の龍泉寺（深江茂樹）「大阪春秋」　新風書房　34
（3）通号120　2005.10

田尻町

聞書・軍役と田尻町役場（下）（樫井賢三郎，北山理）「泉佐野の歴史と今
を知る会会報」　泉佐野の歴史と今を知る会　（255）2009.3

近畿　　　　　　　　　　　　　　地名でたどる郷土の歴史　　　　　　　　　　　　　　大阪府

竜田越え
「竜田越え」で運ばれたもの(清水守民)「わかくす : 河内ふるさと文化誌」 わかくす文芸研究会 (62) 2012.11

巽
"巽"地域の歴史(古代編)(第100号記念特集号)(大東道雄)「河内どんこう」 やお文化協会 (100) 2013.6
"巽"地域の歴史(中世編)(大東道雄)「河内どんこう」 やお文化協会 (102) 2014.2
"巽"地域の歴史(近世編)(上)(大東道雄)「河内どんこう」 やお文化協会 (103) 2014.6

盾津飛行場
盾津飛行場研究ノート(5)〜(7)(太田理)「わかくす : 河内ふるさと文化誌」 わかくす文芸研究会 (59)/(66) 2011.5/2014.11
盾津飛行場と私とその周辺(河内の郷土史)(太田理)「あしたづ : 河内の郷土文化サークルセンター特集誌」 河内の郷土文化サークルセンター (15) 2013.2

谷山池
桑原、重源、谷山池と坂本郷(藤原重夫)「堺泉州」 堺泉州出版会 (18) 2006.12

田輪ノ樋
河内の治水「田輪ノ樋、余間」安宿部郡国分村文書より(大東道雄)「あしたづ : 河内の郷土文化サークルセンター特集誌」 河内の郷土文化サークルセンター (13) 2011.2

田輪樋
河内国分の郷土史を探る(1)田輪樋(桝谷政則)「河内どんこう」 やお文化協会 77 2005.10

俵屋新田
佐野散策資料(14) 佐野村の俵屋新田(樋野修司)「泉佐野の歴史と今を知る会会報」 泉佐野の歴史と今を知る会 163 2001.9

丹南藩
松原の史蹟と伝説(20) 丹南村と丹南藩(出水睦己)「河内どんこう」 やお文化協会 (82) 2007.6

丹南村
松原の史蹟と伝説(20) 丹南村と丹南藩(出水睦己)「河内どんこう」 やお文化協会 (82) 2007.6

千早
奥河内の伝統産業 凍豆腐をつくった村 こごせ(金剛山)の里 千早の歴史と記憶(特集 奥河内の今昔物語)(和泉大樹)「大阪春秋」 新風書房 41(2)通号151 2013.7

千早城
総論 戦国史の舞台 おおさか─千早城・飯盛城・大坂城(特集 飯森山城と戦国おおさか)(中西裕樹)「大阪春秋」 新風書房 40(4)通号149 2013.1

通天閣
高いは通天閣、通天閣こわい…(古川武志)「編纂所だより」 大阪市史編纂所 (37) 2011.11
通天閣の100年 鉄塔と街の歴史(特集 ディープサウス─天王寺・新世界・新今宮・阿倍野界隈)(橋爪紳也)「大阪春秋」 新風書房 40(1)通号146 2012.4

佃村
西淀川区の「佃村大和田村漁師御由緒手続」(1)〜(2)(金田啓吾)「まんだ : 北河内とその周辺の地域文化誌」 まんだ編集部 (87)/(88) 2006.8/2006.12

津積駅家
茨田氏と大和川(上),(下)─安堂遺跡・津積郷・津積駅家に関連して(塚口義信)「つどい」 豊中歴史同好会 199/200 2004.10/2004.11

津田川
津田川を考える─行基の開発と近木川との関わりの中で(植野加代子)「御影史学論集」 御影史学研究会 通号32 2007.12

津田村
史料紹介 津田村役人日記『見聞録』補遺─文化元年〜文化六年(馬部隆弘)「枚方市史年報」 枚方市教育委員会 (7) 2004.3

土丸城
土丸城探査(事務局T)「泉佐野の歴史と今を知る会会報」 泉佐野の歴史と今を知る会 (314) 2014.2
土丸城についての新史料─紀伊土屋家系図の記事(廣田浩治)「泉佐野の歴史と今を知る会会報」 泉佐野の歴史と今を知る会 (324) 2014.12

土丸線
佐野散策資料(10)〜(11) 車小路─道路拡張予定の土丸・栄線(1)、[2]

(樋野修司)「泉佐野の歴史と今を知る会会報」 泉佐野の歴史と今を知る会 150/155 2000.8/2001.1

津積郷
茨田氏と大和川(上),(下)─安堂遺跡・津積郷・津積駅家に関連して(塚口義信)「つどい」 豊中歴史同好会 199/200 2004.10/2004.11

椿の本陣
椿の本陣(川添由利子)「敬天愛人」 西郷南洲顕彰会 (21) 2003.9

津守王子
伝承を訪ねる旅(9) 住吉大社と津守王子 大阪の熊野古道(4)(堀井建市)「河内どんこう」 やお文化協会 (96) 2012.2

鶴橋
大阪「鶴橋」物語─ごった煮商店街の戦後史(都文研の本棚)(伊藤和雄)「都市文化研究」 大阪都市文化研究会 (29) 2010.3
鶴橋・猪飼野画集─日本画家・堤楢次郎が描いた大正・昭和時代の鶴橋・猪飼野の世界(随筆春秋)(小野賢一)「大阪春秋」 新風書房 40(1)通号146 2012.4
楢次郎の描く「大正期の鶴橋」を読み解く(小特集 堤楢次郎)(小野賢一)「あしたづ : 河内の郷土文化サークルセンター特集誌」 河内の郷土文化サークルセンター (15) 2013.2

適塾
適塾周辺(吉谷省三)「きび野」 岡山県郷土文化財団 86 2002.6
適塾と華岡塾・合水堂 両塾は幕末大坂で何をなしえたか(古西義麿)「大阪春秋」 新風書房 33(4)通号117 2005.1
適塾と田中多助(神田二三夫)「南国史談」 南国史談会 (33) 2010.4
大阪に適塾を訪ねて(特集 研究会創立30周年を迎えて)(高橋勇市)「洋学史研究」 洋学史研究会 (30) 2013.4

出口寺内町
享保期の新田開発と出口寺内町(馬部隆弘)「枚方市史年報」 枚方市教育委員会 (13) 2010.4

寺井漁境石
水争いも知っている 寺井漁境石(《特集 見てほしい 知ってほしい 残したい わが町の風景2》)(坂上ひろこ)「河内どんこう」 やお文化協会 (81) 2007.2

寺川
生駒・飯盛山麓の東高野街道 四条畷・野崎・寺川(青木茂夫)「大阪春秋」 新風書房 31(1)通号110 2003.3

寺田家住宅
貝塚市の新しい登録文化財 寺田家住宅/登録文化財とは「テンプス : かいづか文化財だより」 貝塚市教育委員会 (45) 2011.5

寺町
情報昨今 大阪の寺町─都心に残された歴史的景観(植木久)「大阪の歴史と文化財」 大阪市教育委員会事務局生涯学習部 (12) 2003.10
寺町文化とまちおこし(秋田光彦)「大阪春秋」 新風書房 32(1)通号114 2004.5
豊臣秀吉による寺町の形成(《特集 寺町》)(宮元健次)「大阪春秋」 新風書房 34(3)通号124 2006.10
寺町と掃苔(《特集 寺町》)(T・M生)「大阪春秋」 新風書房 34(3)通号124 2006.10
寺町寺院 掃苔・碑めぐり案内(《特集 寺町》)(編集部)「大阪春秋」 新風書房 34(3)通号124 2006.10
寺町における浄土宗寺院の境内とその建築(《特集 寺町》)(東野良平)「大阪春秋」 新風書房 34(3)通号124 2006.10

天王寺駅前
上町線周辺を歩く 上町線(天王寺西門前〜)天王寺駅前〜住吉公園(特集 阪堺電車─阪堺線開通100年─阪堺電車沿線案内)(西口忠)「大阪春秋」 新風書房 39(3)通号144 2011.10

天王寺公園
絵はがきでみる昔の大阪(17) 天王寺公園の庭園(大正初年ころ)(堀田暁生)「編纂所だより」 大阪市史編纂所 (39) 2012.9
絵はがきでみる昔の大阪(20) 天王寺公園の池上四郎銅像(昭和10年〜17年)(堀田暁生)「編纂所だより」 大阪市史編纂所 (42) 2014.3

天王寺村
天保十二年天王寺村の徒党・打ちこわしについて(史料紹介)(松永友和)「大阪の歴史」 大阪市史料調査会 (77) 2012.1

伝法
大阪の水郷─伝法と野里(川島智生)「近畿文化」 近畿文化会事務局 657 2004.8

天保山
大阪歴史散歩(13) 天保山(脇田修)「大阪の歴史と文化財」 大阪市教育委員会事務局生涯学習部 (13) 2004.3

幕末の天保山にロシア船がやってきた！（上田長生）「編纂所だより」 大阪市史編纂所 （30） 2008.3

天保山灯台
絵葉書でみる昔の大阪（6） 天保山灯台（明治30年代）（堀田暁生）「編纂所だより」 大阪市史編纂所 （27） 2006.11

天満
天満と大塩平八郎展（西山清雄）「大塩研究」 大塩事件研究会 （49） 2003.7

天満天神裏
明治中期の天満天神裏にみる大道芸と寄席の風土（特集 住吉方面）（高島幸次）「大阪の歴史」 大阪市史料調査会 （75） 2010.8

天満橋
平成の風土記 天満橋界隈（宮下栄鱗）「まんだ ： 北河内とその周辺の地域文化誌」 まんだ編集部 78 2003.8

天満堀川
大塩の乱後の都市復興策―猫間川と天満堀川の名所化（内海寧子）「大塩研究」 大塩事件研究会 （67） 2012.9

天満屋ビル
歴史建築みてある記（10）天満屋ビル（酒井一光）「大阪の歴史と文化財」 大阪市教育委員会事務局生涯学習部 （13） 2004.3

天満宮
大阪天満宮の古今縁起物（特集 おおさかの郷土玩具）（大阪天満宮社務所）「大阪春秋」 新風書房 40（2）通号147 2012.7

天満天神
「天満天神繁昌亭」に託されたもの（《特集 上方落語》）（やまだりよこ）「大阪春秋」 新風書房 34（2）通号123 2006.7

東喜連環濠
東喜連環濠の発見―街中に中世の姿を探る（白川俊義）「大阪春秋」 新風書房 41（1）通号150 2013.4

堂島
大阪・都市建築の歴史的探求（1）―堂島・肥後橋界隈（川島智生）「近畿文化」 近畿文化会事務局 666 2005.5

描かれた堂島―画家は都市に何を読みとるか（《特集 堂島・中之島とその周辺》）（橋爪節也）「大阪の歴史」 大阪市史料調査会 （71） 2008.8

堂島米市（《特集 堂島・中之島とその周辺》―堂島と中之島そのミニ知識）（野高宏之）「大阪の歴史」 大阪市史料調査会 （71） 2008.8

蔵屋敷（《特集 堂島・中之島とその周辺》―堂島と中之島そのミニ知識）（上田長生）「大阪の歴史」 大阪市史料調査会 （71） 2008.8

近代製紙業発祥の地（《特集 堂島・中之島とその周辺》―堂島と中之島そのミニ知識）（古川武志）「大阪の歴史」 大阪市史料調査会 （71） 2008.8

事件二題（梅檀木橋と美人の首・皮を残した女賊）（《特集 堂島・中之島とその周辺》―堂島と中之島そのミニ知識）（古川武志）「大阪の歴史」 大阪市史料調査会 （71） 2008.8

戦禍の日本銀行大阪支店（《特集 堂島・中之島とその周辺》―堂島と中之島そのミニ知識）（松岡弘之）「大阪の歴史」 大阪市史料調査会 （71） 2008.8

道頓堀
《道頓堀特集》「大阪の歴史」 大阪市史料調査会 （62） 2003.7

道頓堀座談会―その歴史と未来のまちづくり（今井徳三，慶元眞二，後藤隆平，林美奈子，堀奈良三郎，肥田晧三，古川武志）「大阪の歴史」 大阪市史料調査会 （62） 2003.7

レコードから聞こえてくる「道頓堀ジャズ」（古川武志）「大阪の歴史と文化財」 大阪市教育委員会事務局生涯学習部 （12） 2003.10

河内木綿と道頓堀（今中宏永）「河内どんこう」 やお文化協会 （88） 2009.6

近世前期道頓堀の開発過程―新出文書の検討から（八木滋）「大阪歴史博物館研究紀要」 大阪市文化財協会 （12） 2014.2

わたしたちの文化財 新しく発見された道頓堀関係史料について（八木滋）「ヒストリア ： journal of Osaka Historical Association」 大阪歴史学会 （245） 2014.8

道頓堀川
宮本輝「道頓堀川」論―道頓堀の影響および武内と鈴子の物語（藤村猛）「安田女子大学紀要」 安田女子大学・安田女子短期大学 （40） 2012.2

2015年（平成27年）道頓堀川開削400年 先人の歩み（吉田利彫）「大阪春秋」 新風書房 40（4）通号149 2013.1

灯油村
明治初期村「地誌」―讃良郡河北村、萱島流作新田、交野郡寝屋村、打上村、燈油村（史料紹介）（大久保雅央）「市史紀要」 寝屋川市教育委員会 （14） 2007.3

鳥坂寺
わたしたちの文化財 史跡鳥坂寺跡（山根航）「ヒストリア ： journal of Osaka Historical Association」 大阪歴史学会 （243） 2014.4

道修町
昔の船場道修町［1］～（7）（三島佑一）「大阪春秋」 新風書房 29（4）通号105/31（3）通号112 2001.12/2003.9

薬の町―道修町の歴史（八木滋）「大阪の歴史と文化財」 大阪市教育委員会事務局生涯学習部 （11） 2003.3

くすりの道修町資料館（大阪市内編補）（三島佑一）「大阪春秋」 新風書房 31（4）通号113 2003.12

大阪歴史散歩（14） 道修町（脇田修）「大阪の歴史と文化財」 大阪市教育委員会事務局生涯学習部 （14） 2004.10

昔の船場道修町（8）家族が職場に居候（三島佑一）「大阪春秋」 新風書房 34（1）通号118 2005.2

くすりの町道修町にある『春琴抄』の文学碑（中西隆子）「河内どんこう」 やお文化協会 （82） 2007.6

赤玉海王丸に陀羅尼助 昔なつかしい薬の町を訪ねて「月刊大和路なら」 地域情報ネットワーク 13（9）通号144 2010.9

道修町界隈の近代化を促した「軒切り」「道修町 ： 道修町インフォメーション ： くすりの道修町資料館だより」 道修町資料保存会 （62） 2012.7

全国の薬種流通の中心地であった道修町「道修町 ： 道修町インフォメーション ： くすりの道修町資料館だより」 道修町資料保存会 （64） 2013.1

昔の「薬の道修町」（特集 船場―商人道と伝統文化）（三島佑一）「大阪春秋」 新風書房 41（1）通号150 2013.4

戸田
戸田訪問記―安政地震とディアナ号（滝川恵三）「大阪民衆史研究」 大阪民衆史研究会 （66） 2011.12

豊碕
難波の「長柄」「豊碕」のこと（地名特集（72））（森田修一）「歴史と神戸」 神戸史学会 39（6）通号223 2000.12

豊中
事例報告 五世紀の豊中（文化財講演会09 豊中歴史同好会設立20周年・『つどい』250号記念 特集 五世紀のヤマト政権を探る（1））（清水篤）「つどい」 豊中歴史同好会 （256） 2009.5

「ラヂオ塔」が神戸・諏訪山と豊中にも残っていた（吉井正彦）「歴史と神戸」 神戸史学会 51（2）通号291 2012.4

豊中市
豊中市・池田市の史跡を訪ねる（山口久幸）「つどい」 豊中歴史同好会 （322） 2014.11

富田林
資料紹介 戦中の富田林町のある町民の生活（松本弘）「河内長野市郷土研究会誌」 河内長野市郷土研究会 （50） 2008.4

資料紹介 戦中・戦後の阿倍野橋・河内長野・富田林附近の劇場に関する2・3の資料の紹介（松本弘）「河内長野市郷土研究会誌」 ［河内長野市郷土研究会］ （52） 2010.4

富田林と今井の寺内町（大澤研一）「近畿文化」 近畿文化会事務局 （745） 2011.12

中垣内越え
住道からぶらり中垣内越え宝山寺への道（文化をつづる）（今村輿志雄）「あしたづ ： 河内の郷土文化サークルセンター特集誌」 河内の郷土文化サークルセンター （15） 2013.2

中河内
中河内に関連する切手［1］～（3）（松江信一）「河内どんこう」 やお文化協会 73/75 2004.6/2005.2

幕末維新期中河内における地域的特質（荒武賢一朗）「研究紀要」 八尾市文化財調査研究会 16 2005.3

北・中河内の山々 北は淀川以南、南は大和川まで（山田博利）「大阪春秋」 新風書房 34（3）通号120 2005.10

中河内に関連する切手 番外編1「ゴジラ切手」の逆襲（松江信一）「河内どんこう」 やお文化協会 （81） 2007.2

中河内に関連する切手 番外編2 河内ドルメン（松江信一）「河内どんこう」 やお文化協会 （82） 2007.6

中河内と関連する切手 番外編（3） 高安山物語（松江信一）「河内どんこう」 やお文化協会 （84） 2008.2

「中河内に関連する切手」余聞 ゴジラと郵便切手と郷土史の個人的覚書（松江信一）「河内どんこう」 やお文化協会 （90） 2010.2

中河内に関連する切手・余聞 切手でみる大河ドラマと高安の古墳周辺事項（松江信一）「河内どんこう」 やお文化協会 （92） 2010.10

中河内に関連する切手・余聞 マンガ・アニメ切手をめぐって（松江信一）「河内どんこう」 やお文化協会 （93） 2011.2

中河内に関する切手 2014（松江信一）「河内どんこう」 やお文化協会
（104）2014.10

中川原
中川原海軍地下魚雷格納庫跡跡について（室田卓雄）「池田郷土研究」 池田
郷土史学会 （13）2011.3

名加家住宅
貝塚市の新しい登録文化財 名加家住宅主屋、隠居屋「テンプス : かい
づか文化財だより」 貝塚市教育委員会 （33）2008.4

中高野街道
東高野街道沿いの史跡（1）—高安の里を歩く（泉森皎）「近畿文化」 近畿
文化会事務局 639 2003.2
東高野街道周辺の史跡（5）四条畷から寝屋川へ（泉森皎）「近畿文化」
近畿文化会事務局 （678）2006.5
東高野街道周辺の史跡（6）枚方台地を歩く（泉森皎）「近畿文化」 近畿
文化会事務局 （697）2007.12
中高野街道を歩く—平野から松原間の名所と旧跡（泉森皎）「近畿文化」
近畿文化会事務局 （721）2009.12

中島
摂津国中島と河内国十七ヶ所・八ヶ所（研究）（山田徹）「ヒストリア :
journal of Osaka Historical Association」 大阪歴史学会 （238）
2013.6

長瀬川
私の歴史散歩（3）長瀬川点描（《特集 見てほしい 知ってほしい 残して
ほしい わが町の風景5》）（吉川昌英）「河内どんこう」 やお文化協会
（88）2009.6
長瀬川を歩く（第100号記念特集号）（常谷伸之）「河内どんこう」 やお文
化協会 （100）2013.6

中寺町
復活！ 良子のスケッチ散歩（11）中寺町・夕陽丘（《特集 寺町》）（高宮
良子）「大阪春秋」 新風書房 34（3）通号124 2006.10

中農人町
幕末維新期堺市中農人町—宗旨人別改帳の紹介を中心に（福島雅蔵）「堺
史料通信」 堺市立中央図書館・郷土資料担当 2 2005.2

中之島
朝日会館からフェスティバルホールへ—洋学史画す中之島の殿堂（小倉
孝）「大阪の歴史」 大阪市史料調査会 （61）2003.3
中之島界隈の歴史的建造物と母の日記（情報昨今）（武田佐知子）「大阪の
歴史と文化財」 大阪市教育委員会事務局生涯学習部 （11）2003.3
《特集 中之島の魅力》「大阪春秋」 新風書房 32（2）通号115 2004.8
中之島の生い立ち（木村邦男）「大阪春秋」 新風書房 32（2）通号115
2004.8
中之島散歩 中之島遊歩道・緑道・バラ園（麻生節子）「大阪春秋」 新風
書房 32（2）通号115 2004.8
中之島名橋めぐり 大阪が世界に誇る都市景観（松村禎一）「大阪春秋」 新
風書房 32（2）通号115 2004.8
日本近代建築の縮図・中之島（酒井一光）「大阪春秋」 新風書房 32（2）
通号115 2004.8
復活！ 良子のスケッチ散歩（2）中之島は不思議な島（高宮良子）「大阪春
秋」 新風書房 32（2）通号115 2004.8
中之島の自由亭ホテルと草野丈吉について（《特集 堂島・中之島とその
周辺》）（堀田暁生）「大阪の歴史」 大阪市史料調査会 （71）2008.8
蔵屋敷（《特集 堂島・中之島とその周辺》—堂島と中之島そのミニ知識）
（上田長生）「大阪の歴史」 大阪市史料調査会 （71）2008.8
中之島の始まり（《特集 堂島・中之島とその周辺》—堂島と中之島その
ミニ知識）（藤田実）「大阪の歴史」 大阪市史料調査会 （71）2008.8
中之島公園（《特集 堂島・中之島とその周辺》—堂島と中之島そのミニ
知識）（藤田実）「大阪の歴史」 大阪市史料調査会 （71）2008.8
近代製紙業発祥の地（《特集 堂島・中之島とその周辺》—堂島と中之島
そのミニ知識）（古川武志）「大阪の歴史」 大阪市史料調査会 （71）
2008.8
事件二題（栴檀木橋と美人の首・皮を残した女賊）（《特集 堂島・中之島
とその周辺》—堂島と中之島そのミニ知識）（古川武志）「大阪の歴史」
大阪市史料調査会 （71）2008.8
戦禍の日本銀行大阪支店（《特集 堂島・中之島とその周辺》—堂島と中
之島そのミニ知識）（松岡弘之）「大阪の歴史」 大阪市史料調査会
（71）2008.8
992回例会 大阪中之島の近代建築（矢ヶ崎善太郎）「史迹と美術」 史迹美
術同攷会 84（3）通号843 2014.3

中之島公園
絵葉書でみる昔の大阪（4）中之島公園（1910年ごろ）「編纂所だより」
大阪市史編纂所 （25）2006.2

中之島図書館
百周年を祝った府立中之島図書館（椹野敏男）「大阪春秋」 新風書房
32（2）通号115 2004.8
中之島図書館「藤澤文庫」—大阪文学の巨星が残した資料（特集 没後25
年 回想の藤澤桓夫—大阪文壇の大御所）（小笠原弘之）「大阪春秋」
新風書房 42（2）通号155 2014.7

長野線
資料紹介 近鉄長野線について（6）（松本弘）「河内長野市郷土研究会誌」
「河内長野市郷土研究会」 （46）2004.4

長原
東除川と八箇用水—大阪市平野区川辺・長原地区を中心に（石原佳子）
「大阪の歴史」 大阪市史料調査会 （63）2004.1
私の歴史散歩（1）「長原の戦前歳時記」十二か月（吉川昌英）「河内どん
こう」 やお文化協会 （86）2008.10

長原村
「人別送り一札」から「送籍券」へ—長原村城家文書の場合（木原弘美）
「大阪の歴史」 大阪市史料調査会 （63）2004.1

長柄
難波の「長柄」「豊碕」のこと（地名特集（72）（森田修一）「歴史と神
戸」 神戸史学会 39（6）通号223 2000.12

七瀬新地
安永四年、七瀬新地明細帳の紹介（野高宏之）「大阪の歴史」 大阪市史料
調査会 （74）2010.1

難波京条坊
四天王寺南方で見つかった難波京条坊跡（平田洋司）「葦火 : 大阪市文
化財情報」 大阪市博物館協会大阪文化財研究所 28（6）通号168
2014.2

難波津
祝詞「遣唐使時奉幣」について、古来の誤解を正し、難波津の位置と成
立時期を確定する（田中卓）「摂播歴史研究」 摂播歴史研究会 （特集
号）2007.3
難波津小考（上），（下）（田寺英治）「史迹と美術」 史迹美術同攷会 80
（1）通号801/80（2）通号802 2010.1/2010.02
『日本書紀』の里程と、難波津—種子（多禰）島間の距離五千余里につい
ての考察（草川英昭）「つどい」 豊中歴史同好会 （271）2010.8
難波津から河尻へ—中世的流通構造の成立過程（橘田正徳）「古文化談
叢」 九州古文化研究会 70 2013.10
難波津から斑鳩への道（特集 筋道道（すじかいみち））（安村俊史）「季刊
明日香風」 古都飛鳥保存財団 33（4）通号132 2014.10

難波大道
大阪歴史散歩（15）東住吉区内の難波大道（小松庸祐）「大阪の歴史」 大
阪市史料調査会 （66）2005.7

難波宮
難波宮の魅力 大阪歴史博物館の楽しみ方（長山雅一）「大阪春秋」 新風
書房 32（1）通号114 2004.5
地下に眠る大阪の歴史（1）難波宮の東限で想う歴史の散歩道（長山雅
一）「葦火 : 大阪市文化財情報」 大阪市博物館協会大阪文化財研究所
22（1）通号127 2007.4
地下に眠る大阪の歴史（2）後期難波宮内裏外郭築地の跡（長山雅一）「葦
火 : 大阪市文化財情報」 大阪市博物館協会大阪文化財研究所 22
（2）通号128 2007.6
地下に眠る大阪の歴史（3）前期難波宮朝堂院南門跡（長山雅一）「葦火 :
大阪市文化財情報」 大阪市博物館協会大阪文化財研究所 22（3）通
号129 2007.8
地下に残る大阪の歴史（7）大阪歴史博物館の難波宮「並び倉」保存（長
山雅一）「葦火 : 大阪市文化財情報」 大阪市博物館協会大阪文化財研
究所 23（4）通号136 2008.10
平城宮と難波宮（特集 大阪と奈良 平城遷都1300年によせて）（小笠原好
彦）「大阪春秋」 新風書房 37（4）通号137 2010.1
難波宮と吹田（高橋真希）「吹田市立博物館博物館だより」 吹田市立博物
館 （41）2010.3
前期難波宮東方官衙の「楼閣風建物」をめぐる復元的考察（李陽浩）「大
阪歴史博物館研究紀要」 大阪市文化財協会 （10）2012.3
難波宮東方地域のガラス玉生産（大庭重信）「葦火 : 大阪市文化財情報」
大阪市博物館協会大阪文化財研究所 27（2）通号158 2012.6
前期難波宮に釘を刺す!?（李陽浩）「葦火 : 大阪市文化財情報」 大阪市
博物館協会大阪文化財研究所 27（4）通号160 2012.10
難波大宮既に停む—難波宮址の平安時代（谷﨑仁美）「葦火 : 大阪市文
化財情報」 大阪市博物館協会大阪文化財研究所 29（2）通号170
2014.6

難波京
古代宮都と周辺景観の保全—難波京と古代大坂平野を事例として（《シ

ンポジウム「景観の保存と利用の歴史地理」特集号》）（木原克司）「歴史地理学」 歴史地理学会, 古今書院（発売） 49(1) 通号232 2007.1

難波八十嶋
難波「八十嶋」と神崎川・猪名川下流域（黒田慶一）「地域史研究 ： 尼崎市立地域研究史料館紀要 ： Bulletin of the history of Amagasaki」 尼崎市立地域研究史料館 （111） 2011.9

縄手
縄手郷土史(1)〜(3)（荻田昭次）「わかくす ： 河内ふるさと文化誌」 わかくす文芸研究会 （50）/(52) 2006.11/2007.11

南海高野線
〔資料紹介〕「南海高野線」について—特に南河内地方を中心に(1)〜(2)（松本弘）「河内長野市郷土研究会誌」 ［河内長野市郷土研究会］ (44)/(45) 2002.4/2003.4

資料紹介「南海高野線」について(3)—特に高野登山鉄道について(1)（松本弘）「河内長野市郷土研究会誌」 ［河内長野市郷土研究会］ (47) 2005.4

資料紹介「南海高野線」について(4) 戦前の南海電鉄の宣伝広告（ちらし）を中心として(1)（松本弘）「河内長野市郷土研究会誌」 ［河内長野市郷土研究会］ (48) 2006.4

資料紹介「南海高野線」について(5) 戦前（昭和7年以降）の南海電鉄の宣伝広告（ちらし）を中心として(2)（松本弘）「河内長野市郷土研究会誌」 ［河内長野市郷土研究会］ (49) 2007.4

資料紹介「南海高野線」について(6) 大阪高野鉄道について（松本弘）「河内長野市郷土研究会誌」 ［河内長野市郷土研究会］ (50) 2008.4

河内長野の産業革命—南海高野線の発展史を中心にして（今道幸夫）「河内長野市郷土研究会誌」 ［河内長野市郷土研究会］ (53) 2011.4

南海電鉄
南海電鉄と淡輪(2)「淡輪游記」（竹内三郎）「堺泉州」 堺泉州出版会 (18) 2006.12

住吉大社参詣鉄道の軌跡をたどる—南海電鉄の前史的素描（特集 すみよし—住吉大社1800年）（宇田正）「大阪春秋」 新風書房 39(1) 通号142 2011.04

南海平野線
南海平野線の歴史と敗戦跡めぐり（特集 阪堺電車—阪堺線開通100年）（石本隆一）「大阪春秋」 新風書房 39(3) 通号144 2011.10

難波
古代難波地域における渡来人と在地系氏族（コメント）（古市晃）「歴史科学」 大阪歴史科学協議会 (175) 2004.1

古代難波の都市造営（寺井誠）「葦火 ： 大阪市文化財情報」 大阪市博物館協会大阪文化財研究所 19(5) 通号113 2004.12

なにはうたまくら(6) なには—浪速・難波（樋口百合子）「大阪春秋」 新風書房 34(1) 通号122 2006.4

難波からの北上路—8世紀の淀川河口部と三嶋路の復原（上遠野浩一）「歴史地理学」 歴史地理学会, 古今書院（発売） 49(5) 通号236 2007.12

遷都前夜の難波のモノづくり（大庭重行）「葦火 ： 大阪市文化財情報」 大阪市博物館協会大阪文化財研究所 通号143 2009.12

万葉集によまれた難波（特集 大阪と奈良 平城遷都1300年によせて）（栄原永遠男）「大阪春秋」 新風書房 37(4) 通号137 2010.1

「難波古図」についての覚え書き（足代健二郎）「あしたづ ： 河内の郷土文化サークルセンター特集誌」 河内の郷土文化サークルセンター (13) 2011.2

仁徳天皇の難波宮と寝屋川と尼崎の難波（田中久夫）「御影史学論集」 御影史学研究会 通号36 2011.10

難波のさきの並び浜（趙哲済）「葦火 ： 大阪市文化財情報」 大阪市博物館協会大阪文化財研究所 27(3) 通号159 2012.8

難波より京に至る大道を置く（第100号記念特集号）（安村俊史）「河内どんこう」 やお文化協会 (100) 2013.6

難波新地
新地開発をめぐる幕府政策と訴願運動—難波新地の開発を中心に（松永友和）「史泉 ： historical & geographical studies in Kansai University」 関西大学史学・地理学会 (108) 2008.7

難波村
市制町村制施行当時の難波村（小田康徳）「大阪市公文書館研究紀要」 大阪市公文書館 (16) 2004.3

楠風荘
戦時中の楠風荘（北山良）「あしたづ ： 河内の郷土文化サークルセンター特集誌」 河内の郷土文化サークルセンター (14) 2012.2

西大阪
西大阪の開発と水陸交通—新田地域をたずねる（藤井直正）「近畿文化」 近畿文化会事務局 644 2003.7

西大塚村
松原の史蹟と伝説(22) 西大塚村と大塚山古墳（出水睦己）「河内どんこう」 やお文化協会 (84) 2008.2

旧西尾家住宅
文化財建造物の保存と活用—重要文化財旧西尾家住宅（藤原学）「阡陵 ： 関西大学博物館彙報」 関西大学博物館 (62) 2011.3

西尾家住宅
口絵 日本の塔百選(4)／平成23年8月例会 旧西尾家と吹田市の建築文化「史迹と美術」 史迹美術同攷会 82(4) 通号824 2012.4

第968回例会 旧西尾家と吹田市の建築文化（矢ヶ崎善太郎）「史迹と美術」 史迹美術同攷会 82(4) 通号824 2012.4

すいたの石造物(3) 旧西尾家住宅の蹲踞「吹田市立博物館博物館だより」 吹田市立博物館 (54) 2013.7

わたしたちの文化財 重要文化財 旧西尾家住宅（吹田文化創造交流館）（橘悠太）「ヒストリア ： journal of Osaka Historical Association」 大阪歴史学会 (244) 2014.6

西葛城
歴史を探ろう！ 西葛城地域「テンプス ： かいづか文化財だより」 貝塚市教育委員会 (20) 2005.1

貝塚市の風景—西葛城地域周辺「テンプス ： かいづか文化財だより」 貝塚市教育委員会 (41) 2010.5

錦尋常小学校
明治期堺市中の小学校日誌を読む(1)—「錦尋常小学校日誌抜萃」から（和田充弘）「堺研究」 堺市立中央図書館 (34) 2012.3

二色の浜
貝塚市の風景—二色の浜周辺「テンプス ： かいづか文化財だより」 貝塚市教育委員会 (42) 2010.8

錦部郡
農事調査大阪府之部に記載された錦部郡（今道幸夫）「河内長野市郷土研究会誌」 ［河内長野市郷土研究会］ (49) 2007.4

付録解説 長野付近名勝旧跡案内地図／河内国錦部郡絵図（写）（尾谷雅彦）「大阪春秋」 新風書房 41(2) 通号151 2013.7

西区
「大阪の表玄関」西区—その歴史と文化を探る—展（古川武志）「大阪の歴史」 大阪市史料調査会 (79) 2012.10

西高野街道
西高野街道・里程石をたずねて（河内の郷土史）（中河内拓本クラブ）「あしたづ ： 河内の郷土文化サークルセンター特集誌」 河内の郷土文化サークルセンター (16) 2014.2

西郡郡
西郡村関係文書から見えるもの—その特異性と普遍性について（森田康夫）「大阪の部落史通信」 大阪の部落史委員会 (43) 2009.1

西摂津
西摂津地域から畿内・近国社会を考える（〈特集 近世畿内・近国社会論の現在〉）（岩城卓二）「歴史科学」 大阪歴史科学協議会 (192) 2008.5

西成区
大阪市西成区における新制中学校の成立と学校用地—独立校舎の確保（赤塚康雄）「パイオニア」 関西地理学研究会 (94) 2011.2

西成郡
室町期摂津国西成郡における細川氏の在地掌握—嘉吉・文安年間の崇禅寺との関係を通して（小山明彦）「鷹陵史学」 鷹陵史学会 (36) 2010.9

二上山
二上山遠景（山田武史）「河内どんこう」 やお文化協会 77 2005.10

西淀川
ただいま資料整理中「西淀川に資料として送る」と書かれた箱の中身は？—1980年代の公害運動資料（田尻悠太）「西淀川・公害と環境資料館だより」 西淀川・公害と環境資料館 (30) 2010.5

変貌する西淀川（特集 We Love 西淀川）（山崎晋一，神吉紀世子）「Libella」 公害地域再生センター (116) 2010.9

「西淀川の交通・移動・物流について考えてみよう！」の取り組み（特集 We Love 西淀川）（谷内久美子）「Libella」 公害地域再生センター (116) 2010.9

モノづくりの街・西淀川／データでみる西淀川（特集 We Love 西淀川）（編集部）「Libella」 公害地域再生センター (116) 2010.9

もりもとまきのアーキビストの目 所蔵資料紹介 弁護士も立ち上がる—西淀川大気問題研究会「Ecomuse資料館だより」 あおぞら財団付属西淀川・公害と環境資料館 (36) 2011.5

もりもとまきのアーキビストの目 所蔵資料紹介 弁護団、一丸となるために—西淀川公害訴訟弁護団事務局ニュース「Ecomuse資料館だより」 あおぞら財団付属西淀川・公害と環境資料館 (37) 2011.7

近畿　　　　　　　　　　地名でたどる郷土の歴史　　　　　　　　　　大阪府

所蔵資料紹介 30年前の西淀川を上空から撮影（林美帆）「Ecomuse資料館だより」 あおぞら財団付属西淀川・公害と環境資料館 （42） 2012.10

「西淀川の公害」授業を小学校で行っています（天野憲一郎）「Ecomuse資料館だより」 あおぞら財団付属西淀川・公害と環境資料館 （48） 2014.5

西淀川区
西淀川区の「佃村大和田村漁師御由緒手続」（1）～（2）（金田啓吾）「まんだ ： 北河内とその周辺の地域文化誌」 まんだ編集部 （87）/（88） 2006.8/2006.12

猫間川
大塩の乱後の都市復興策―猫間川と天満堀川の名所化（内海寧子）「大塩研究」 大塩事件研究会 （67） 2012.9

根崎村
寺津大河内と根崎村の絆（鈴木丹）「安城歴史研究」 安城市教育委員会 （39） 2014.3

根福寺城
古絵図をひも解く 根福寺城絵図（岸和田市教育委員会所蔵）「テンプス ： かいづか文化財だより」 貝塚市教育委員会 （39） 2009.10

寝屋川
明治9年、寝屋川流域の河内相撲衆（大西英利）「わかくす ： 河内ふるさと文化誌」 わかくす文芸研究会 （41） 2002.5
寝屋川の文化資料数種をめぐって（菊池政和）「市史紀要」 寝屋川市教育委員会 13 2005.12
東高野街道周辺の史跡（5）四条畷から寝屋川へ（泉森皎）「近畿文化」 近畿文化会事務局 （678） 2006.5
仁徳天皇の難波と寝屋川と尼崎の難波（田中久夫）「御影史学論集」 御影史学研究会 通号36 2011.10

寝屋川市
寝屋川市の南都仏画（荒木泰恵）「市史紀要」 寝屋川市教育委員会 13 2005.12
大正・昭和前期の寝屋川市域における治水事業（戸塚順子）「市史紀要」 寝屋川市教育委員会 （14） 2007.3
寝屋川市史を読む 第六巻・近現代史料編―付図を中心に（中野祥利）「市史紀要」 寝屋川市教育委員会 （14） 2007.3
『寝屋川市史』の内容紹介（特集）「市史紀要」 寝屋川市教育委員会 （15） 2008.3

寝屋川市駅
京阪 寝屋川市駅（「ふるさと今昔」余聞）（粂平吉郎）「まんだ ： 北河内とその周辺の地域文化誌」 まんだ編集部 78 2003.8

寝屋村
明治初期村「地誌」―讚良郡河北村、萱島流作新田、交野郡寝屋村、打上村、燈油村（史料紹介）（大久保雅央）「市史紀要」 寝屋川市教育委員会 （14） 2007.3

野崎
生駒・飯盛山麓の東高野街道 四条畷・野崎・寺川（青木茂夫）「大阪春秋」 新風書房 31（1）通号110 2003.3

野崎
2月・第580回例会の報告 飯盛山城、野崎城（川岡治）「城だより」 日本古城友の会 （519） 2012.3

野里
大阪の水郷―伝法と野里（川島智生）「近畿文化」 近畿文化会事務局 657 2004.8

能勢
猪名川流域をたどる（3）能勢の歴史と文化財（藤井直正）「近畿文化」 近畿文化会事務局 （690） 2007.5
大塩事件と能勢一揆（酒井一）「池田郷土研究」 池田郷土史学会 （12） 2010.3

能勢郷
伝聞『能勢郷風土記』（山端研三）「つどい」 豊中歴史同好会 （306） 2013.7

野田
史料紹介 『野田藤とその歴史』抜粋（若松和三郎）「ふるさと阿波 ： 阿波郷土会報」 阿波郷土会 188 2001.9

白水千坊
謎の遺跡 白水千坊は何処にあるのか（木下密運）「わかくす ： 河内ふるさと文化誌」 わかくす文芸研究会 （62） 2012.11

箱館産物会所
堺に設置された箱館産物会所（北林千鶴）「堺史料通信」 堺市立中央図書館・郷土資料担当 1 2004.3

土師村
史料紹介 和泉国大島郡土師村関係の史料について（岡田光代, 大久保雅央）「堺研究」 堺市立中央図書館 （36） 2014.3

八軒家
伝承を訪ねる旅（6）八軒家→坂口王子 大阪の熊野古道（堀井建市）「河内どんこう」 やお文化協会 （93） 2011.2

八箇用水
東除川と八箇用水―大阪市平野区川辺・長原地区を中心に（石原佳子）「大阪の歴史」 大阪市史料調査会 （63） 2004.1

華岡塾
適塾と華岡塾・合水堂 両塾は幕末大坂で何をなしえたか（古西義麿）「大阪春秋」 新風書房 33（4）通号117 2005.1

羽曳野
羽曳野丘陵中央部を歩く（泉森皎）「近畿文化」 近畿文化会事務局 （702） 2008.5

浜寺
浜寺の思い出（水谷春樹）「堺人」 堺泉州出版会 （1） 2003.3

浜寺駅前
むかしのかたち―ぶらり道ばたの文化遺産 阪堺線 part2 大和川～浜寺駅前（特集 阪堺電車―阪堺線開通100年―阪堺電車沿線案内）（野崎敏生）「大阪春秋」 新風書房 39（3）通号144 2011.10

浜寺収容所天下茶屋分所
日露戦争の濱寺収容所天下茶屋分所と非ロシア系兵士―特にポーランド人問題について（林耕二）「大阪民衆史研究」 大阪民衆史研究会 通号65 2011.3

浜寺水練学校
浜寺水練学校小史（玉置通夫）「大阪春秋」 新風書房 29（3）通号104 2001.9

浜寺俘虜収容所
浜寺俘虜収容所と泉大津のロシア兵墓地について（林耕二）「大阪民衆史研究」 大阪民衆史研究会 55 2004.6

原田城
どう保存し・活用する？ 市指定史跡原田城跡―（仮称）原田城跡の未来を考える会の発足からこれまで「文化財ニュース豊中」 豊中市教育委員会 （34） 2006.11

阪堺
「堺」文化の花の苑（特集 阪堺電車―阪堺線開通100年）（宇田正）「大阪春秋」 新風書房 39（3）通号144 2011.10
阪堺間交通近代化と鉄道・軌道の役割（宇田正）「堺研究」 堺市立中央図書館 （34） 2012.3

阪堺線
『万葉集』に詠われた紀州街道 阪堺線 part1 恵美須町～我孫子道（特集 阪堺電車―阪堺線開通100年―阪堺電車沿線案内）（横井三保）「大阪春秋」 新風書房 39（3）通号144 2011.10
むかしのかたち―ぶらり道ばたの文化遺産 阪堺線 part2 大和川～浜寺駅前（特集 阪堺電車―阪堺線開通100年―阪堺電車沿線案内）（野崎敏生）「大阪春秋」 新風書房 39（3）通号144 2011.10

阪堺電車
阪堺電車の廃止問題と市民運動（特集 交通イノベーション）（福井隆一郎）「Libella」 公営地域再生センター （115） 2010.7
巻頭随想 新世界と阪堺電車（山田政弥）「大阪春秋」 新風書房 39（3）通号144 2011.10
阪堺線開通100年記念 阪堺電気軌道・山本拓郎社長インタビュー（特集 阪堺電車―阪堺線開通100年）（中井正弘）「大阪春秋」 新風書房 39（3）通号144 2011.10
阪堺間連絡軌道電車の歴史と進路（特集 阪堺電車―阪堺線開通100年）（宇田正）「大阪春秋」 新風書房 39（3）通号144 2011.10
廃線になった大浜支線 海浜リゾートへ直通だった（特集 阪堺電車―阪堺線開通100年）（中井正弘）「大阪春秋」 新風書房 39（3）通号144 2011.10
RACDA大阪・堺 走れチン電これからも―路線存続・沿線活性化活動の経緯と現状（特集 阪堺電車―阪堺線開通100年―阪堺線開通100周年に寄せて）「大阪春秋」 新風書房 39（3）通号144 2011.10
ただ、子どもたちのために 活用保存 モ237―四恩学園の場合（特集 阪堺電車―阪堺線開通100年）（馬場文子）「大阪春秋」 新風書房 39（3）通号144 2011.10
阪堺電車保存車両アルバム 国内編/海外編/撤去された車両（特集 阪堺電車―阪堺線開通100年）（野木義弘, 網村一男, 服部重敬, 馬場文子, 長山公一, 工藤寛之）「大阪春秋」 新風書房 39（3）通号144 2011.10
座談会 阪堺電車と堺の観光・まちづくり 与謝野晶子を活かしたまち町家会・山之口商店街の取り組み（特集 阪堺電車―阪堺線開通100

年）（奥野浩史，柏木作，佐藤多賀子，福本正，小川雅司）「大阪春秋」 新風書房 39（3）通号144 2011.10

ギャラリー むかしの乗車券（特集 阪堺電車―阪堺線開通100年）（工藤寛之）「大阪春秋」 新風書房 39（3）通号144 2011.10

エッセイ チンチン電車の思い出（特集 阪堺電車―阪堺線開通100年）（川村淳二）「大阪春秋」 新風書房 39（3）通号144 2011.10

コラム 開運「福助電車」！（特集 阪堺電車―阪堺線開通100年）（酒井いくお）「大阪春秋」 新風書房 39（3）通号144 2011.10

阪堺電車上町線

上町線周辺を歩く 上町線（天王寺西門前〜）〜住吉公園（特集 阪堺電車―阪堺線開通100年―阪堺電車沿線案内）（西口忠）「大阪春秋」 新風書房 39（3）通号144 2011.10

阪神国道

戦間期関西地方における貨物自動車輸送の展開―阪神国道建設の影響を中心に（《第33回大会共通論題「流域をめぐる交通史―淀川水系を中心に」特集号》）（北原聡）「交通史研究」 交通史学会，吉川弘文館（発売）（64）2007.12

グラビア 昭和戦前期の阪神国道・西難波「地域史研究 ： 尼崎市立地域研究史料館紀要 ： Bulletin of the history of Amagasaki」 尼崎市立地域研究史料館 （111）2011.9

阪神飛行学校

阪神飛行学校と大正飛行場（清水綾）「大阪民衆史研究」 大阪民衆史研究会 53 2003.6

阪南市

報告 阪南市に唯一の防空壕跡―住民の必死な想いが造らせた戦争遺跡（中川義朗）「大阪民衆史研究」 大阪民衆史研究会 通号61 2007.12

阪南市内に点在した避病舎（上）―所在地の特定とその位置から見えてくる社会（中川義朗）「大阪民衆史研究」 大阪民衆史研究会 通号62 2008.9

阪南市内に点在した避病舎（中）所在地の特定とその位置から見えてくるもの（中川義朗）「大阪民衆史研究」 大阪民衆史研究会 通号63 2009.4

阪南市内に点在した避病舎（下）―貝塚市内の避病施設と大阪府南部の医療体制（中川義朗）「大阪民衆史研究」 大阪民衆史研究会 通号64 2010.3

万博公園

万博公園の森は今（平軍二）「吹田市立博物館博物館だより」 吹田市立博物館 （45）2011.3

東大阪

東大阪市内の池について（5）洪水と治水・遊水池（飛田太一郎）「わかくす ： 河内ふるさと文化誌」 わかくす文芸研究会 （46）2004.11

東大阪市内の城・総論（上）（若松博恵）「わかくす ： 河内ふるさと文化誌」 わかくす文芸研究会 （50）2006.11

東大阪の力石（大西英利）「わかくす ： 河内ふるさと文化誌」 わかくす文芸研究会 （53）2008.5

東大阪の大空襲―旧布施市域（荻田昭次）「河内どんこう」 やお文化協会 （85）2008.6

東大阪の橋 道と川から橋を探る（青井建之）「あしたづ ： 河内の郷土文化サークルセンター特集誌」 河内の郷土文化サークルセンター （13）2011.2

出雲と東大阪の地域間関係（若松博恵）「わかくす ： 河内ふるさと文化誌」 わかくす文芸研究会 （54）2013.12

東大阪 アナザーワールドの近現代建築（特集 東大阪とは何か）（植松清志）「大阪春秋」 新風書房 41（4）通号153 2014.1

映画のまち ロケのまち 東大阪（特集 東大阪とは何か）（藤本貴司）「大阪春秋」 新風書房 41（4）通号153 2014.1

東大阪にご当地グルメを！ カレーパンでまちおこし（特集 東大阪とは何か）（横見宗樹，大原晶子）「大阪春秋」 新風書房 41（4）通号153 2014.1

地域探訪―学生が見た東大阪 石切・瓢箪山・岩田・稲田・小阪・大連 大阪樟蔭女子大学＋大阪商業大学（北嶋秀和（担当代表），廣岡桜・中内あゆ・田中文乃・堤俊輝・辰巳年寛・髙橋礼菜・根岸亮輔）（特集 東大阪とは何か）「大阪春秋」 新風書房 41（4）通号153 2014.1

東大阪新聞の歴史（随筆春秋）（小山博）「大阪春秋」 新風書房 42（2）通号155 2014.7

東大阪市

シンポジウム 地域資料の保存と活用を考える 第5回準備研究会「大阪府内における行政文書の保存・活用の現状―東大阪市などの活動を手がかりに―」の記録（亀岡哲也）「ヒストリア ： journal of Osaka Historical Association」 大阪歴史学会 （200）2006.6

東大阪市と文学 通過する文学者たちと文学的風土をめぐって（特集 東大阪とは何か）（石上敏）「大阪春秋」 新風書房 41（4）通号153 2014.1

東大阪市の近代交通（特集 東大阪とは何か）（松浦康之）「大阪春秋」 新

風書房 41（4）通号153 2014.1

河内木綿と東大阪市（特集 東大阪とは何か）（酒野晶子）「大阪春秋」 新風書房 41（4）通号153 2014.1

東大阪市の石碑（勝田邦夫）「わかくす ： 河内ふるさと文化誌」 わかくす文芸研究会 （66）2014.11

東区

敗戦直後の大阪市東区国民学校通学域と町会域の変遷（赤塚康雄）「パイオニア」 関西地理学研究会 （90）2010.2

東百済橋

八尾の橋（8）東百済橋（ちゃお）「河内どんこう」 やお文化協会 （90）2010.2

東出戸村

村絵図にみる近世村落の分村と景観―河内国丹北郡東出戸村を事例に（渡邊忠司）「大阪の歴史」 大阪市史料調査会 （63）2004.1

東生

みおつくし 東生から東成へ（野高宏之）「大阪の歴史」 大阪市史料調査会 （61）2003.3

東村

近世における「武」へのまなざし―河内国茨田郡東村中西家の事例から（橋本孝成）「史敏」 史敏刊行会 2 2005.4

東除川

東除川と八箇用水―大阪市平野区川辺・長原地区を中心に（石原佳子）「大阪の歴史」 大阪市史料調査会 （63）2004.1

東淀川区

大阪市東淀川区における新制中学校成立期の形成過程（赤塚康雄）「パイオニア」 関西地理学研究会 （91）2010.5

市内東淀川区に残る高射砲台陣地跡（滝川恵三）「大阪民衆史研究」 大阪民衆史研究会 通号65 2011.3

肥後橋

大阪・都市建築の歴史的探求（1）―堂島・肥後橋界隈（川島智生）「近畿文化」 近畿文化会事務局 666 2005.5

一庫温泉

文人たちの遊んだ北摂―箕面・有馬・一庫温泉（肥田晧三）「大阪春秋」 新風書房 34（1）通号118 2005.4

日根野

日根野ブックステーション保存要望に対する市の回答（事務局）「泉佐野の歴史と今を知る会会報」 泉佐野の歴史と今を知る会 201 2004.9

聞書・日根野 小富士山山林火災について（賀本俊勝，北山理）「泉佐野の歴史と今を知る会会報」 泉佐野の歴史と今を知る会 （264）2009.12

日根荘

日根荘域圃場整備問題について（大阪歴史学会委員会）「ヒストリア ： journal of Osaka Historical Association」 大阪歴史学会 （180）2002.6

文亀二年佐藤久信の反乱と和泉国日根荘（永松圭子）「ヒストリア ： journal of Osaka Historical Association」 大阪歴史学会 （194）2005.3

日根荘の古文書を読む―『新修泉佐野市史 第4巻』から「歴史通信いずみさの」 歴史館いずみさの 18 2006.3

日根荘遺跡大木地区圃場整備問題にかかわる経過と総括（古野貢）「ヒストリア ： journal of Osaka Historical Association」 大阪歴史学会 （200）2006.6

日根荘遺跡大木地区圃場整備問題について（村井良介）「ヒストリア ： journal of Osaka Historical Association」 大阪歴史学会 （200）2006.6

「中世荘園の景観―日根荘大木」報告（《特集 見学検討会 中世荘園の景観―日根荘大木》）（村井良介）「ヒストリア ： journal of Osaka Historical Association」 大阪歴史学会 （202）2006.11

一関市本寺地区の農村景観―その意義と保全にむけての提言（《特集 見学検討会 中世荘園の景観―日根荘大木》）（吉田敏弘）「ヒストリア ： journal of Osaka Historical Association」 大阪歴史学会 （202）2006.11

まとめと展望（《特集 見学検討会 中世荘園の景観―日根荘大木》）（前田徹）「ヒストリア ： journal of Osaka Historical Association」 大阪歴史学会 （202）2006.11

南北朝内乱期の「日根陣」に関する文書―泉佐野市史資料補遺（廣田浩治）「泉佐野の歴史と今を知る会会報」 泉佐野の歴史と今を知る会 （273）2010.9

鎌倉末期の「春日若宮神主祐松記」の日根荘史料（廣田浩治）「泉佐野の歴史と今を知る会会報」 泉佐野の歴史と今を知る会 （298）2012.10

土丸・雨山城―中世荘園日根荘と山城（特集 飯森山城と戦国おおさか―戦国おおさかの城跡）（中岡勝）「大阪春秋」 新風書房 40（4）通号149 2013.1

近畿　　地名でたどる郷土の歴史　　大阪府

日根野村

明治の学校を移築した旧日根野村役場（事務局）「泉佐野の歴史と今を知る会会報」　泉佐野の歴史と今を知る会　202　2004.10

明治の学校建築 旧日根野村役場の移築資料（樋野修司）「泉佐野の歴史と今を知る会会報」　泉佐野の歴史と今を知る会　203　2004.11

明治の建築 旧日根野村役場が解体されようとしています一保存にご尽力ください（事務局）「泉佐野の歴史と今を知る会会報」　泉佐野の歴史と今を知る会　208　2005.4

比売嶋

『摂津国風土記』「比売嶋」小考（荊木美行）「史料 ： 皇學館大學研究開発推進センター史料編纂所報」　皇學館大學研究開発推進センター史料編纂所　（226）　2010.6

平池村

史料目録市史編纂課所蔵「平池村文書」「市史紀要」　寝屋川市教育委員会　12　2005.3

枚岡

歴史のまち 枚岡（特集 東大阪とは何か一東大阪市前史）（勝田邦夫）「大阪春秋」　新風書房　41（4）通号153　2014.1

枚方

史料紹介 「旗本永井家知行所御用記録」一市域の旗本知行所支配解明にむけて（馬部隆弘）「枚方市史年報」　枚方市教育委員会　（6）　2003.6

古代・蝦夷のドン「アテルイ・モレ」終焉地の枚方で、二人を描くミュージカル（池田靖男）「まんだ ： 北河内とその周辺の地域文化誌」　まんだ編集部　80　2004.5

近世鋳物師の地域性一大阪府域における枚方村田中家の位置をめぐって（吉田晶子）「枚方市史年報」　枚方市教育委員会　（8）　2005.3

枚方の史跡を訪ねて（豊福勝）「つどい」　豊中歴史同好会　（218）　2006.5

ひらかた大菊人形一さよならという前に（川井ゆう）「まんだ ： 北河内とその周辺の地域文化誌」　まんだ編集部　（86）　2006.5

日清戦争期の鉄道敷設計画と枚方（服部敬）「枚方市史年報」　枚方市教育委員会　（12）　2009.4

展示「絵葉書にみる100年前の枚方」平成24年1月5日～4月1日「枚方市史年報」　枚方市教育委員会　（15）　2013.3

大阪の老舗と文化（1）くらわんか文化の町・枚方（前川洋一郎）「大阪春秋」　新風書房　41（1）通号150　2013.4

枚方のミズグルマ（踏車）（橋本貴明）「枚方市史年報」　枚方市教育委員会　（16）　2013.10

枚方市

寺内と惣寺内一枚方にみる「寺内町」共同体（藤田実）「枚方市史年報」　枚方市教育委員会　（5）　2002.3

枚方における中世社殿の造営と様式的系統（東野良平）「枚方市史年報」　枚方市教育委員会　（7）　2004.3

大阪府枚方市に残る織豊政権関係の史料四点（馬部隆弘）「織豊期研究」　織豊期研究会　（6）　2004.10

枚方市域の私塾 三浦家の言順堂と文化人グループ（馬部隆弘）「大阪春秋」　新風書房　33（4）通号117　2005.1

蝦夷の首長アテルイと枚方一官民一体となった史蹟の捏造（馬部隆弘）「史敏」　史敏刊行会　通号3　2006.4

枚方一江戸末期から明治初めの旅館チェーン制（講）について（堀家啓男）「まんだ ： 北河内とその周辺の地域文化誌」　まんだ編集部　（87）　2006.8

享保初年における幕府派遣役人の上方川筋見分・普請と堤外地政策（村田路人）「枚方市史年報」　枚方市教育委員会　（13）　2010.4

第987回例会 北河内の四条畷市から交野市・枚方市の文化財を訪ねて（松永修輔）「史迹と美術」　史迹美術同攷会　83（8）通号838　2013.9

枚方寺内町

親子の歴史座談（80）招提寺内町と枚方寺内町「ひらかた文化財だより」　枚方市文化財研究調査会　（80）　2009.7

枚方宿

朝鮮通信使と淀川 大船団の枚方宿休息（中島三佳）「宿場町ひらかた」　宿場町枚方を考える会　（52）　2004.9

古文書を解読してみると 枚方宿と周辺の高槻藩預所（触の廻達を中心に）（馬部隆弘）「まんだ ： 北河内とその周辺の地域文化誌」　まんだ編集部　（87）　2006.8

親子の歴史座談（90）東海道と枚方宿「ひらかた文化財だより」　枚方市文化財研究調査会　（90）　2012.1

親子の歴史座談（91）枚方宿と本陣跡「ひらかた文化財だより」　枚方市文化財研究調査会　（92）　2012.7

親子の歴史座談（92）くらわんか舟と枚方宿の鍵屋「ひらかた文化財だより」　枚方市文化財研究調査会　（93）　2012.10

平成24年度市立枚方宿鍵屋資料館購入の朝鮮通信使関係史料2点（金子真由美、片山正彦）「枚方市史年報」　枚方市教育委員会　（16）　2013.10

枚方製造所

親子の歴史座談（98）禁野火薬庫と枚方製造所「ひらかた文化財だより」　枚方市文化財研究調査会　（99）　2014.4

枚方台地

東高野街道周辺の史跡（6）枚方台地を歩く（泉森皎）「近畿文化」　近畿文化会事務局　（697）　2007.12

平野

復活！ 良子のスケッチ散歩（4）平野・空堀の講座に出席（高宮良子）「大阪春秋」　新風書房　33（4）通号117　2005.1

中高野街道を歩く一平野から松原間の名所と旧跡（泉森皎）「近畿文化」　近畿文化会事務局　（721）　2009.12

八尾・平野の史跡散策（山口久幸）「つどい」　豊中歴史同好会　（268）　2010.5

平野区

平野区の「歴史の小道」（杉本厚典）「葦火 ： 大阪市文化財情報」　大阪市博物館協会大阪文化財研究所　18（3）通号105　2003.8

住民による地域づくり活動と歴史学一大阪市平野区「平野の町づくりを考える会」の活動から（平岡瑛二）「史敏」　史敏刊行会　1　2004.3

平野区発・奈良時代の豪邸ふたたび（市川創）「葦火 ： 大阪市文化財情報」　大阪市博物館協会大阪文化財研究所　20（6）通号120　2006.2

平野郷

江戸時代の「物見遊山」道中記から「平野郷」を読む（阪井明）「大阪春秋」　新風書房　34（1）通号118　2005.4

平野郷惣年寄と坂上七名家（出原真哉）「歴史研究」　大阪教育大学歴史学研究室　（43）　2006.3

平野郷町

摂津国平野郷町における村入用と住民構造（特集 住吉方面）（平岡瑛二）「大阪の歴史」　大阪市史料調査会　（75）　2010.8

平野郷町にみる触書伝達システムと諸文書の授受・作成一貞享五年「今井九右衛門様御下知并諸事書上留帳」を素材として（佐藤孝之）「大阪の歴史」　大阪市史料調査会　（77）　2012.1

座談会 平野郷町の歴史をめぐって一村田隆志氏を囲んで（村田隆志、藤江正謹、平井和、黒瀬晃、戸田嘉子）「大阪の歴史」　大阪市史料調査会　（77）　2012.1

平野屋新田会所

わたしたちの文化財 平野屋新田会所一大阪府大東市所在（佐久間貴士）「ヒストリア ： journal of Osaka Historical Association」　大阪歴史学会　（212）　2008.11

深津惣新田の再編と平野屋新田会所の建設（特集 平野屋新田会所と近世河内平野の新田開発）（井上伸一）「ヒストリア ： journal of Osaka Historical Association」　大阪歴史学会　（216）　2009.8

平野屋新田会所の屋敷構成と建築（特集 平野屋新田会所と近世河内平野の新田開発）（吉田高子）「ヒストリア ： journal of Osaka Historical Association」　大阪歴史学会　（216）　2009.8

平野屋新田会所跡の語るもの一その意義と課題（特集 平野屋新田会所と近世河内平野の新田開発）（藪田貫）「ヒストリア ： journal of Osaka Historical Association」　大阪歴史学会　（216）　2009.8

広海家主屋

国登録有形文化財 廣海家主屋の建物について/国登録有形文化財 廣海家主屋見学会「テンプス ： かいづか文化財だより」　貝塚市教育委員会　（26）　2006.7

深津惣新田

深津惣新田の再編と平野屋新田会所の建設（特集 平野屋新田会所と近世河内平野の新田開発）（井上伸一）「ヒストリア ： journal of Osaka Historical Association」　大阪歴史学会　（216）　2009.8

福万寺町

福万寺村の時空 八尾市福万寺町（旧中河内郡三野郷村大字福万寺）（赤井俊明）「河内どんこう」　やお文化協会　（97）　2012.6

深野池

深野池の復元図作成（山本六合夫）「大阪春秋」　新風書房　31（2）通号111　2003.6

姿を消した深野池（河内国）の跡を探り、復元図作成（山元六合）「まんだ ： 北河内とその周辺の地域文化誌」　まんだ編集部　（88）　2006.12

藤井寺球場

さよなら藤井寺球場（高野剛）「河内どんこう」　やお文化協会　（78）　2006.2

藤坂村

寛永後期北河内地域の触と触留帳―「河内国交野郡藤坂村寛永16～20年触留帳」の紹介を中心に（村田路人）「枚方市史年報」　枚方市教育委員会　（8）　2005.3

大阪府　　　　地名でたどる郷土の歴史　　　　近畿

旧藤田邸庭園

旧藤田邸庭園より大丸心斎橋店へ（三和勝彦）「史迹と美術」　史迹美術同攷会　76（8）通号768　2006.9

布施

布施の話（黒田収）「あしたづ：河内の郷土文化サークルセンター特集誌」　河内の郷土文化サークルセンター　（14）2012.2

やさしいまち 布施（特集 東大阪とは何か—東大阪市前史）（黒田収）「大阪春秋」　新風書房　41（4）通号153　2014.1

府中

「与津のタンスか府中のタンスか」（井上元良）「河内長野市郷土研究会誌」（河内長野市郷土研究会）　（54）2012.4

古手町除痘館

古手町除痘館の記念碑建立について（緒方洪庵生誕200年記念特集）（川上潤）「除痘館記念資料室だより」　洪庵記念会除痘館記念資料室　（2）2010.6

文禄堤

親子の歴史座談（88）文禄堤上の家屋「ひらかた文化財だより」　枚方市文化財研究調査会　（88）2011.7

法善寺横丁

昭和10年の法善寺横丁（山田政弥）「大阪春秋」　新風書房　31（3）通号112　2003.9

《特集 法善寺横丁界隈》「大阪春秋」　新風書房　31（3）通号112　2003.9

ややこしい法善寺横丁（杉山平一）「大阪春秋」　新風書房　31（3）通号112　2003.9

法善寺横丁界隈の文学碑（編集部）「大阪春秋」　新風書房　31（3）通号112　2003.9

法善寺横丁はぼくの先生や（吉里忠史）「大阪春秋」　新風書房　31（3）通号112　2003.9

母の胎内の法善寺横丁（成瀬國晴）「大阪春秋」　新風書房　31（3）通号112　2003.9

法善寺横丁の復興にあたって（國松弘一）「大阪春秋」　新風書房　31（3）通号112　2003.9

法善寺横丁復興日記（編集部）「大阪春秋」　新風書房　31（3）通号112　2003.9

北摂

北摂の山々 山群で形成され、縦走できず一日一山（赤松滋）「大阪春秋」　新風書房　34（3）通号120　2005.10

基調演演1 五世紀のヤマト政権と北摂（文化財講演会09 豊中歴史同好会設立20周年・『つどい』250号記念 特集「五世紀のヤマト政権を探る」（1））「つどい」　豊中歴史同好会　（256）2009.5

近世の都市—大坂と北摂の在郷町（今井修平）「池田郷土研究」　池田郷土史学会　（12）2010.3

星田村

わが町 星田村落と石高について（上）（和久田薫）「まんだ：北河内とその周辺の地域文化誌」　まんだ編集部　78　2003.8

星田山

交野・星田山中に明治初期の「土堰堤」見つかる[1]、[2]（堀江哲夫）「まんだ：北河内とその周辺の地域文化誌」　まんだ編集部　（86）/（87）2006.5/2006.8

堀江

大阪歴史散歩（14）大阪堀江・歴史ツアー（水知悠之助）「大阪の歴史」　大阪市史料調査会　（64）2004.8

堀江・あみだ池大黒の二百年（特集 西区）（水知悠之介）「大阪の歴史」　大阪市史料調査会　（78）2012.7

堀川

失われた歴史的景観—近世大坂の堀川（想い出おおさか）（福山昭）「大阪の歴史と文化財」　大阪市教育委員会事務局生涯学習部　（14）2004.10

堀溝村

近世堀溝村の家族構成と家相続（乾宏巳）「市史紀要」　寝屋川市教育委員会　13　2005.12

堀村

松原の史蹟と伝説（13）堀村の河川と水路（出水睦己）「河内どんこう」　やお文化協会　75　2005.2

本願寺

古文書講座「願泉寺と貝塚寺内（3）—宗教と政治のはざま、本願寺と寛永寺／古文書をひも解く 願泉寺と寛永寺の結びつき「テンプス：かいづか文化財だより」　貝塚市教育委員会　（24）2006.2

本田小学校

学童疎開 本田小学校との交流（板倉栄子）「大社の史話」　大社史話会　（164）2010.9

松島八千代座

絵はがきでみる昔の大阪（19）大阪松島八千代座（昭和6年）（堀田暁生）「編纂所だより」　大阪市史編纂所　（41）2013.9

茨田

古代「茨田」の範囲について（《小特集 民間所在史料のゆくえ》）（上遠野浩一）「地方史研究」　地方史研究協議会　55（2）通号314　2005.4

茨田屯倉と河内馬飼（松本政春）「市史紀要」　寝屋川市教育委員会　（15）2008.3

茨木と茨田（中村修）「古代史の海」　「古代史の海」の会　（54）2008.12

茨田と交野の開発—ミヤケに関連して（上遠野浩一）「歴史地理学」　歴史地理学会，古今書院（発売）52（2）通号249　2010.3

茨田郡

茨田郡史の諸問題（1）、（続）（井上薫）「まんだ：北河内とその周辺の地域文化誌」　まんだ編集部　80/81　2004.5/2004.7

茨田郡士・茨田家文書との出会い（誌齢70号に寄せて）（常松隆嗣）「大塩研究」　大塩事件研究会　（70）2014.2

茨田堤

「茨田堤」の比定地について（上遠野浩一）「歴史地理学」　歴史地理学会，古今書院（発売）46（4）通号220　2004.9

仁徳天皇時代の淀川にあった断間と茨田堤の位置は（辻本義信）「まんだ：北河内とその周辺の地域文化誌」　まんだ編集部　（88）2006.12

松原

中高野街道を歩く—平野から松原間の名所と旧跡（泉森皎）「近畿文化」　近畿文化会事務局　（721）2009.12

伊勢参宮本街道を歩く（3）松原〜西畑（吉井貞俊）「大阪春秋」　新風書房　38（1）通号138　2010.4

万願寺村

近世後期の万願寺村について—株分けを中心に（鎌谷かおる）「研究紀要」　八尾市文化財調査研究会　15　2004.3

三木

二人での「春ごと」行 金物の町、三木探訪記（植田啓司）「わかくす：河内ふるさと文芸誌」　わかくす文芸研究会　（57）2010.5

三国川

吹田砂堆と三國川（上遠野浩一）「古代史の海」　「古代史の海」の会　（31）2003.3

御厨村

河内国御厨村と京都守護職会津藩役知（田崎公司）「会北史談」　会北史談会　（47）2005.7

岬町

幕末の岬町（1）旧西畑村某家の古文書から（竹内三郎）「堺泉州」　堺泉州出版会　（18）2006.12

三嶋路

難波からの北上路—8世紀の淀川河口部と三嶋路の復原（上遠野浩一）「歴史地理学」　歴史地理学会，古今書院（発売）49（5）通号236　2007.12

水間鉄道

貝塚をはしる鉄道 水間鉄道「テンプス：かいづか文化財だより」　貝塚市教育委員会　（36）2009.1

史料紹介「水間鉄道延長紀泉鉄道設置認可に対する意見書」（上）、（下）（宮田克成）「泉佐野の歴史と今を知る会会報」　泉佐野の歴史と今を知る会　（278）/（279）2011.2/2011.03

三日市宿

資料紹介 高野街道・三日市宿を中心にして[1]〜（2）（松本弘）「河内長野市郷土研究会誌」（河内長野市郷土研究会）　（48）/（49）2006.4/2007.4

三日町村明細帳に見る高野街道三日市宿とその街並み（竹巣廉次）「河内長野市郷土研究会誌」（河内長野市郷土研究会）　（50）2008.4

三日市宿の旅人たち 古文書に見る奥河内の宿場の情景（特集 奥河内の今昔物語—奥河内の歴史）（鎌田和栄）「大阪春秋」　新風書房　41（2）通号151　2013.7

三野郷

三野郷のことなど（佐藤啓二）「あしたづ：河内の郷土文化サークルセンター特集誌」　河内の郷土文化サークルセンター　（14）2012.2

消えた村 三野郷（特集 東大阪とは何か—東大阪市前史）（佐藤啓二）「大阪春秋」　新風書房　41（4）通号153　2014.1

三野郷村

二つに分かれた三野郷村（佐藤啓二）「河内どんこう」　やお文化協会　（79）2006.6

水無瀬離宮

講演会1「水無瀬離宮跡についての再検討」講師：国際日本文化研究センター共同研究員 豊田裕章氏（豊田裕章）「茨木市文化財愛護会会報」

近畿　　　　　　　　　　地名でたどる郷土の歴史　　　　　　　　　　大阪府

茨木市文化財愛護会　(14)　2010.5

湊浦
泉州日根郡湊浦廻船について(北林千鶴)「泉佐野市史研究」　泉佐野市教育委員会　9　2003.3

第4回 日本のなかの近世湊浦を語り合う(事務局)「泉佐野の歴史と今を知る会会報」　泉佐野の歴史と今を知る会　209　2005.5

湊駅
南海「湊駅」誕生のことなど(中沢良夫)「堺泉州」　堺泉州出版会　(18)　2006.12

湊川
湊川の戦い(研究記録)(井元滝雄)「きずな」　観音寺市教育委員会生涯学習課中央公民館　(5)　2014.2

港区
大阪市港区における空襲被災後の町会域と国民学校通学区域の変遷(赤塚康雄)「パイオニア」　関西地理学研究会　(88)　2009.7

湊町
湊町リバープレイスについて(殿本卓)「大阪市公文書館研究紀要」　大阪市公文書館　(15)　2003.3

湊町の昭和初期の農業 話者：岩田利雄・米田清一・米野昌四郎(北山理)「泉佐野の歴史と今を知る会会報」　泉佐野の歴史と今を知る会　(223)　2006.7

湊町の漁師の思い出(北山理)「泉佐野の歴史と今を知る会会報」　泉佐野の歴史と今を知る会　(224)　2006.8

昭和6年頃の湊町(風呂要蔵, 北山理)「泉佐野の歴史と今を知る会会報」　泉佐野の歴史と今を知る会　(233)　2007.5

湊町の調査(岩田利雄)「泉佐野の歴史と今を知る会会報」　泉佐野の歴史と今を知る会　(236)　2007.8

聞書 湊町の農業・畜産について(岩田清一, 北山理)「泉佐野の歴史と今を知る会会報」　泉佐野の歴史と今を知る会　(237)　2007.9

南王子村
19世紀泉州南王子村の村落構造—博奕問題を手がかりに(2013年度大会特集号—近世部会報告)(三田智子)「ヒストリア ： journal of Osaka Historical Association」　大阪歴史学会　(241)　2013.12

南貝塚駅
貝塚市の風景—南貝塚駅周辺「テンプス ： かいづか文化財だより」　貝塚市教育委員会　(38)　2009.7

南河内
第958回例会 南河内地方の文化財を訪ねて(松永修輔)「史迹と美術」　史迹美術同攷会　81(6)通号816　2011.7

昭和10年頃の南河内地方のバス交通の状況と旅館・料理屋について(松本弘)「河内長野市郷土研究会誌」［河内長野市郷土研究会］　(54)　2012.4

南河内探訪記(小林宜英)「小野史談」　小野の歴史を知る会　(60)　2013.1

江戸後期の南河内地方の教育について—特に藩校・寺子屋を中心にして(松本弘)「河内長野市郷土研究会誌」［河内長野市郷土研究会］　(56)　2014.4

箕面
文人たちの遊んだ北摂—箕面・有馬・一庫温泉(肥田晧三)「大阪春秋」　新風書房　34(1)通号118　2005.4

箕面電車
終点の無い鉄道線路—箕面電車の初期軌跡はエンドレス(宇田正)「大阪春秋」　新風書房　31(4)通号113　2003.12

美原町
美原町の町名の読み方「堺人」　堺泉州出版会　(3)　2006.4

美原町の歴史(河内鋳物師, 丹比氏)(編集部)「堺人」　堺泉州出版会　(3)　2006.4

都島区
大阪歴史散歩(12) 旭区・都島区・城東区を歩く(西俣稔)「大阪の歴史」　大阪市史料調査会　(62)　2003.7

大阪歴史散歩(16) 都島区 歴史の彩り(西出達郎)「大阪の歴史」　大阪市史料調査会　(68)　2006.8

向井村
松原の史蹟と伝説(23) 向井村と布忍神社(出水睦己)「河内どんこう」　やお文化協会　(85)　2008.6

向野村
資料目録 向野村文書「大阪人権博物館紀要」　大阪人権博物館　(8)　2004.12

宗清林
茨木市郡の小字名「実盛」と「宗清林」に関する考察(島野穣)「歴史懇

談」　大阪歴史懇談会　(23)　2009.8

百舌鳥川
百舌鳥野を巡る—百済・百舌鳥川を遡って(一瀬和夫)「近畿文化」　近畿文化会事務局　(780)　2014.11

百舌鳥野
百舌鳥野を巡る—百済・百舌鳥川を遡って(一瀬和夫)「近畿文化」　近畿文化会事務局　(780)　2014.11

もと熊野街道
阿倍野の「もと熊野街道」を歩く(西口忠)「大阪春秋」　新風書房　31(1)通号110　2003.3

籾井
籾井(もみい)か, 栂井(かしい)か—地名の歴史学(廣田浩治)「泉佐野の歴史と今を知る会会報」　泉佐野の歴史と今を知る会　(269)　2010.5

守口
江戸時代の豪商 淀屋の足跡(守口と淀)(毛利信二)「まんだ ： 北河内とその周辺の地域文化誌」　まんだ編集部　(86)　2006.5

八尾
郷土八尾の文化遺産 河内木綿夢の展覧会が実現(西野民夫)「河内どんこう」　やお文化協会　72　2004.2

八尾歴史民俗資料館と周辺の史跡めぐり(斉藤久士)「つどい」　豊中歴史同好会　200　2004.11

古代の八尾を想う(立花洋子)「河内どんこう」　やお文化協会　75　2005.2

河内の伝承考(15) 戦時中の八尾—子供の戦争(堀井建市)「河内どんこう」　やお文化協会　75　2005.2

昔の話から八尾を知る(堀井建市, 三好乃美子)「河内どんこう」　やお文化協会　76　2005.6

八尾の史跡メモ帳(1)「河内どんこう」　やお文化協会　76　2005.6

昔の話から八尾を知る(2),(3)(堀井建市, 増田容子)「河内どんこう」　やお文化協会　77/(78)　2005.10/2006.2

昔の話から八尾を知る(5),(6)(堀井建市, 小野愛)「河内どんこう」　やお文化協会　(80)/(81)　2006.10/2007.2

河内木綿商人の在方組織—八尾組・久宝寺組を事例に(角垣内佑梨)「研究紀要」　八尾市文化財調査研究会　(18)　2007.3

昔の話から八尾を知る(4),(7)～(11)(堀井建市)「河内どんこう」　やお文化協会　(79)/(86)　2006.6/2008.10

八尾に残るレンガ建物(《特集 見てほしい 知ってほしい 残したい わが町の風景3》)(坂上ひろこ)「河内どんこう」　やお文化協会　(82)　2007.6

戦争遺跡を訪ねて(4) 八尾に配備された防空兵器(大西進)「河内どんこう」　やお文化協会　(82)　2007.6

関西探訪 京都・奈良・八尾を訪ねて「道鏡を守る会 ： 道鏡禅師を知ろう」　道鏡を守る会　(29)　2007.9

伝えたい風景 やおの景観(《特集 見てほしい 知ってほしい 残してほしい わが町の風景4》)(北村茂章)「河内どんこう」　やお文化協会　(84)　2008.2

八尾～大阪・まちづくりへの思い(山田重昭)「河内どんこう」　やお文化協会　(84)　2008.2

中世の八尾と常光寺(小谷利明)「研究紀要」　八尾市文化財調査研究会　(19)　2008.3

伝えたい風景「八尾の景観」 伝統民家が残る風景(平谷宗隆)「河内どんこう」　やお文化協会　(85)　2008.6

八尾の灯籠の探訪を終えて(荒木正雄)「河内どんこう」　やお文化協会　(85)　2008.6

新田ゼラチンと八尾との関わり(中谷伸一)「河内どんこう」　やお文化協会　(86)　2008.10

八尾の景観を考える(大森達男)「河内どんこう」　やお文化協会　(86)　2008.10

戦争遺跡を訪ねて(12)—八尾にあった防空壕、待避所(大西進)「河内どんこう」　やお文化協会　(90)　2010.2

八尾・平野の史跡散策(山口久幸)「つどい」　豊中歴史同好会　(268)　2010.5

戦争遺跡を訪ねて(14)—八尾付近にあった監視哨(大西進)「河内どんこう」　やお文化協会　(92)　2010.10

大坂夏の陣の戦跡を訪ねて(1)(特集 八尾再発見)(西田貞之)「河内どんこう」　やお文化協会　(93)　2011.2

お宝いっぱい！ 人情いっぱい！ 我が街八尾を案内して(特集 八尾再発見)(中西隆子)「河内どんこう」　やお文化協会　(93)　2011.2

戦争遺跡を訪ねて(15) 戦時下の松根油事情(大西進)「河内どんこう」　やお文化協会　(93)　2011.2

戦争遺跡を訪ねて(16)～(18) 八尾の空襲(前),(中),(後)(大西進)「河内どんこう」　やお文化協会　(94)/(96)　2011.6/2012.02

大坂夏の陣の戦跡を訪ねて(2)(特集 八尾再発見)(西田貞之)「河内ど

大阪府　　　　　　　　　　　地名でたどる郷土の歴史　　　　　　　　　　　　近畿

んこう」　やお文化協会　（94）2011.6

八尾の歴史年表/高安山周辺・山麓の歴史年表「河内どんこう」　やお文化協会　（94）2011.6

資料紹介 宝永の大地震と八尾（小谷利明）「館報」　八尾市立歴史民俗資料館　2011年度　2012.3

河内・八尾の思い出—なつかしのその時、この場所あの出来事 お店の思い出（第100号記念特集号）（増田清）「河内どんこう」　やお文化協会　（100）2013.6

河内八尾（萱原）に生まれ育って75年（第100号記念特集号）（東野隆司）「河内どんこう」　やお文化協会　（100）2013.6

戦争遺跡記念碑について（第100号記念特集号）（西田貞之）「河内どんこう」　やお文化協会　（100）2013.6

百号記念 幻の八尾 由義宮（道鏡物語一）（第100号記念特集号）（高井雅弘）「河内どんこう」　やお文化協会　（100）2013.6

大阪の老舗と文化（5）河内音頭とものづくりの町 八尾の文化と老舗（前川洋一郎）「大阪春秋」　新風書房　42（1）通号154　2014.4

「仏壇通り」・八尾表町通り（川西茂）「河内どんこう」　やお文化協会　（103）2014.6

戦前八尾の教育から今を考える（1），（2）（堀井建市）「河内どんこう」　やお文化協会　（103）/（104）2014.6/2014.10

八尾駅

JR八尾駅前・今昔ばなし—300名の青春の日々（浜名多代美）「河内どんこう」　やお文化協会　77　2005.10

八尾表町

戦争遺跡を訪ねて（3）強制疎開があった八尾表町、近鉄旧八尾駅前（大西進）「河内どんこう」　やお文化協会　（81）2007.2

八尾市

道鏡さんゆかりの地八尾市を訪ねて（新山智雄）「道鏡を守る会 ： 道鏡禅師を知ろう」　道鏡を守る会　25　2003.9

八尾市内の燈籠「河内どんこう」　やお文化協会　（85）2008.6

八尾市への思い（第100号記念特集号）（河合克子）「河内どんこう」　やお文化協会　（100）2013.6

八尾寺内町

八尾寺内町をつくった人々（小谷利明）「研究紀要」　八尾市文化財調査研究会　14　2003.3

特集にあたって（《特集 中世・近世の寺内町を考える—久宝寺・八尾寺内町を中心として》）（大阪歴史学会企画委員会）「ヒストリア ： journal of Osaka Historical Association」　大阪歴史学会　（186）2003.9

「中世・近世の寺内町を考える—久宝寺・八尾寺内町を中心として」報告（《特集 中世・近世の寺内町を考える—久宝寺・八尾寺内町を中心として》）（鎌谷かおる）「ヒストリア ： journal of Osaka Historical Association」　大阪歴史学会　（186）2003.9

久宝寺・八尾地域における都市形成（《特集 中世・近世の寺内町を考える—久宝寺・八尾寺内町を中心として》）（小谷利明）「ヒストリア ： journal of Osaka Historical Association」　大阪歴史学会　（186）2003.9

戦国期摂河泉都市のオリジナリティ—多核都市の「克服」と流通ネットワーク（《特集 中世・近世の寺内町を考える—久宝寺・八尾寺内町を中心として》）（仁木宏）「ヒストリア ： journal of Osaka Historical Association」　大阪歴史学会　（186）2003.9

文化講演会 八尾寺内町誕生400年にあたって（上）～（下）（小西利明）「河内どんこう」　やお文化協会　（82）/（83）2007.6/2007.10

八尾寺内村環濠

八尾の橋（1）八尾寺内村環濠にかかる橋「河内どんこう」　やお文化協会　（82）2007.6

八尾枚方線

戦争遺跡を訪ねて—軍用の予備滑走路であった府県八尾枚方線（大西進）「河内どんこう」　やお文化協会　（79）2006.6

八尾由義宮

幻の八尾由義宮（道鏡物語・三）（高井雅弘）「河内どんこう」　やお文化協会　（103）2014.6

山畑川橋

八尾の橋（4）山畑川橋 やはたかわはし？（ちゃお）「河内どんこう」　やお文化協会　（85）2008.6

大和川

北・中河内の山々 北は淀川以南、南は大和川まで（山田博利）「大阪春秋」　新風書房　34（3）通号120　2005.10

大和庄

醍醐寺僧房玄と河内国大和庄と久我家—東寺宝菩提院蔵「散位某奉書」を手掛かりに（河野昭昌）「市史紀要」　寝屋川市教育委員会　11　2004.3

山中谷

鳥取荘山中谷と根来寺—戦国期の新出古文書紹介（廣田浩治）「泉佐野の歴史と今を知る会会報」　泉佐野の歴史と今を知る会　（271）2010.7

山本

山本今昔物語（1）～（8）（鶴田正人）「河内どんこう」　やお文化協会　66/76　2002.2/2005.6

八幡

楠葉・梶原の"関門"台場と会津藩—八幡・山崎の関門構築構想から見えてくる京都守護職会津藩の姿（第11回 淀川談会賞入賞作）（吉野集平）「会津史談」　会津史談会　（86）2012.4

夕凪橋線

戦前の風景 そのIII「市電夕凪橋線」（八木茂）「大和田郷土史会会報」　大和田郷土史会　（25）2013.5

夕陽丘

復活！ 良子のスケッチ散歩（11）中寺町・夕陽丘（《特集 寺町》）（高宮良子）「大阪春秋」　新風書房　34（3）通号124　2006.10

油上

松原の史蹟と伝説（11）大和川今池遺跡と芝・油上（出水睦己）「河内どんこう」　やお文化協会　73　2004.6

ユニチカ株式会社貝塚工場

貝塚市の風景—ユニチカ株式会社貝塚工場跡「テンプス ： かいづか文化財だより」　貝塚市教育委員会　（43）2010.11

横山

河内町横山の歴史の概要（跡部眞）「オール諏訪 ： 郷土の総合文化誌」　諏訪郷土文化研究会　23（4）通号226　2003.7

与津

「与津のタンスか府中のタンスか」（井上元良）「河内長野市郷土研究会誌」〔河内長野市郷土研究会〕　（54）2012.4

四つ橋

私たちの「四つ橋」物語 大阪市立電気科学館・四つ橋今昔（青木和子）「大阪春秋」　新風書房　31（1）通号110　2003.3

淀川

朝鮮通信使と淀川 大船団の枚方宿休息（中島三佳）「宿場町ひらかた」　宿場町枚方を考える会　（52）2000.9

銅鐸は淀川流域から（森田克行）「つどい」　豊中歴史同好会　（208）2005.7

北・中河内の山々 北は淀川以南、南は大和川まで（山田博利）「大阪春秋」　新風書房　34（3）通号120　2005.10

「淀川の石碑を見にいこう！」展を振り返って（淀川資料館）「まんだ ： 北河内とその周辺の地域文化誌」　まんだ編集部　85　2005.12

淀川の夢（2）くらわんか船の悪口雑言をどう見るか（永野仁）「まんだ ： 北河内とその周辺の地域文化誌」　まんだ編集部　（87）2006.8

鵜の塚輪と淀川の鵜飼（森田克行）「つどい」　豊中歴史同好会　（223）2006.10

仁徳天皇時代の淀川にあった断間と茨田堤の位置は（辻本義信）「まんだ ： 北河内とその周辺の地域文化誌」　まんだ編集部　（88）2006.12

近世後期における淀川水系の環境変化と天の川通（馬部隆弘）「枚方市史年報」　枚方市教育委員会　（10）2007.8

難波からの北上路—8世紀の淀川河口部と三嶋路の復原（上遠野浩一）「歴史地理学」　歴史地理学会，古今書院（発売）49（5）通号236　2007.12

淀川を懐う（今中宏永）「河内どんこう」　やお文化協会　（85）2008.6

淀川の治水と琵琶湖（永末博幸）「淀の流れ」　淀川資料館　（77）2008.9

淀川警衛体制と京都守護職会津藩の関門構想（特集 幕末京都口の関門—枚方・楠葉台場跡）（馬部隆弘）「ヒストリア ： journal of Osaka Historical Association」　大阪歴史学会　（217）2009.10

もりもとまきのアーキビストの目 所蔵資料紹介 「公害指定地域」を守れ—「四淀川公害患者と家族の会」の学習会「西淀川・公害と環境資料館だより」　西淀川・公害と環境資料館　（28）2010.1

もりもとまきのアーキビストの目 所蔵資料紹介 みんなで決めて、みんなで闘う—「四淀川公害患者と家族の会」班長役員会議「西淀川・公害と環境資料館だより」　西淀川・公害と環境資料館　（29）2010.3

淀川三十石船とくらわんか舟（特集 北摂・高槻）（千田康治）「大阪春秋」　新風書房　39（2）通号143　2011.7

データシート 淀川大洪水（近辻喜一）「郵便史研究 ： 郵便史研究会紀要」　郵便史研究会　（37）2014.3

中世前期の淀川流域にみる水上交通 貴族の寺社参詣と淀川の交通—四天王寺・高野山・熊野参詣/戦乱の敗者と淀川（曽我部愛）「摂津市市史編纂だより」　摂津市市史編纂さん室　（2）2014.4

淀川水系全体に甚大な被害をもたらした昭和28年台風13号災害。旧鳥飼村役場・旧味生村役場が被災後に作成した記録写真を全文収録した史料集が完成しました。A4版カラー66頁 販売価格800円「摂津市市史編纂だより」　摂津市市史編纂さん室　（2）2014.4

近畿　　　　　　　　　　　　地名でたどる郷土の歴史　　　　　　　　　　　　大阪府

総会記念講演 淀川と最上川 (大澤研一)「西村山地域史の研究」 西村山
　地域史研究会　(32)　2014.9

澱川橋
　絵はがきでみる昔の大阪 (14) 澱川橋 (堀田暁生)「編纂所だより」 大阪
　市史編纂所　(36)　2011.3

淀川区
　大阪歴史散歩 (11) 淀川区の史跡と伝承 (三善貞司)「大阪の歴史」 大阪
　市史料調査会　(61)　2003.3

淀川橋
　絵はがきでみる昔の大阪 (21) 大阪淀川橋鉄橋 (明治34年〜昭和3年の
　間) (堀田暁生)「編纂所だより」 大阪市史編纂所　(43)　2014.9

淀城
　尾原隆男氏所蔵写真から 淀城天守台石蔵調査風景 (会員通信)「城だよ
　り」 日本古城友の会　(541)　2014.1

陸軍大阪被服支廠
　陸軍大阪被服支廠跡の調査—大阪府警本部地点における近・現代遺構の
　発掘調査 (《特集 戦争遺跡から見た近代大阪—大阪大空襲から55年》)
　(江浦洋, 本田奈都子, 小林和美)「ヒストリア ： journal of Osaka
　Historical Association」 大阪歴史学会　(171)　2000.9

竜王山
　北摂 竜王山「歴史の山」散歩 (下村治男)「大阪春秋」 新風書房　34
　(3) 通号120　2005.10

竜華橋
　八尾の橋 (6) ふたつの龍華橋 (ちゃお)「河内どんこう」 やお文化協会
　(87)　2009.2

竜泉寺
　嶽山 楠公史跡と中腹の龍泉寺 (深江茂樹)「大阪春秋」 新風書房　34
　(3) 通号120　2005.10

六ノ坪橋
　八尾の橋 (7) 条里制を語る おんぢ川の三ノ坪橋・六ノ坪橋 (《特集 見て
　ほしい 知ってほしい 残してほしい わが町の風景5》) (ちゃお)「河内
　どんこう」 やお文化協会　(88)　2009.6

若江
　美女堂氏遺愛碣と若江 (杉山三記雄)「あしたづ ： 河内の郷土文化サー
　クルセンター特集誌」 河内の郷土文化サークルセンター　(13)　2011.2
　わが故郷の若江 (河内の郷土史) (杉山三記雄)「あしたづ ： 河内の郷土
　文化サークルセンター特集誌」 河内の郷土文化サークルセンター
　(15)　2013.2

若江城
　河内の風物誌・なぞの城—発掘調査からみた若江城 (編集部)「わかくす
　： 河内ふるさと文化誌」 わかくす文芸研究会　(48)　2005.11

若江堤
　大坂夏の陣の決戦場 若江堤は何処 (杉山三記雄)「河内どんこう」 やお
　文化協会　(80)　2006.10

若林村
　松原の史蹟と伝説 (7) 若林村と法華経塔 (出水睦己)「河内どんこう」
　やお文化協会　69　2003.2

若松荘
　堺市南区 若松荘を歩く (鬼頭将介)「わかくす ： 河内ふるさと文化誌」
　わかくす文芸研究会　(59)　2011.5

和光寺
　絵はがきでみる昔の大阪 (16) 和光寺 (堀田暁生)「編纂所だより」 大阪
　市史編纂所　(38)　2012.3

和田荘
　堺市南区 和田荘を歩く (鬼頭将介)「わかくす ： 河内ふるさと文化誌」
　わかくす文芸研究会　(58)　2010.11

渡辺
　南北朝・室町期の "渡辺" について—「渡辺散在下地早田内検地帳」の紹
　介を通して (《特集 中世大阪の水上交通》) (生駒孝臣)「大阪の歴史」
　大阪市史料調査会　(70)　2007.12

渡辺津
　中世渡辺津の展開と大阪湾 (《特集 中世大阪の水上交通》) (大村拓生)
　「大阪の歴史」 大阪市史料調査会　(70)　2007.12

渡辺橋
　渡辺橋 (《特集 堂島・中之島とその周辺》)—堂島と中之島そのミニ知識)
　(生駒孝臣)「大阪の歴史」 大阪市史料調査会　(71)　2008.8

渡辺村
　企画展「江戸時代の被差別部落大坂・渡辺村」「広報誌リバティ」 大阪
　人権博物館　10　2000.7

渡辺村研究の現在—研究総括の視点 (のびしょうじ)「大阪の部落史通
　信」 大阪の部落史委員会　34　2004.1
「太鼓の胴銘」に摂州大坂渡辺村 河内屋・太鼓屋の名が「研究所情報」
　長崎人権研究所　通号44　2008.2
太鼓の胴から見える近世のかわた村—渡辺村を中心として (村上紀夫)
　「大阪人権博物館紀要」 大阪人権博物館　(12)　2010.1
遠隔地皮革流通の構造—九州諸藩と大坂渡辺村 (のびしょうじ)「リベラ
　シオン ： 人権研究ふくおか」 福岡県人権研究所　(150)　2013.6

和田村
　古文書に見る「和田村の御一新」(土師楠嘉)「堺人」 堺泉州出版会
　(1)　2003.3

兵庫県

安乎直田城

安乎直田城（あいがじきでんじょう）について（定本義広）「あわじ ： 淡路地方史研究会会誌」 淡路地方史研究会 （30） 2013.1

相給村

相給村・森村庄屋文書を読む（浅井義久）「丹波」 丹波史談会 （14） 2012.10

藍那

神戸市北区山田町藍那地区における昭和30年代の生業記録―稲作を中心に（《創刊特集 大学は地域の歴史文化にどうかかわるのか―地域連携の成果と課題》）（森田竜雄）「Link ： 地域・大学・文化」 神戸大学大学院人文学研究科地域連携センター 1 2009.8

鮎原上村

知行付百姓の給知割について一考察―金屋村・鮎原上村給人拝知帳を中心に（北山學）「あわじ ： 淡路地方史研究会会誌」 淡路地方史研究会 （29） 2012.1

阿閇

「阿閇（あえ）」由来の謎を究める（井上季史）「東播磨 地域史論集」 東播磨地域史懇話会 （16） 2010.10

阿閇城

阿閇城（内山慶人，井上季史）「東播磨 地域史論集」 東播磨地域史懇話会 （16） 2010.10

阿閇ノ里

阿閇ノ里の古代を偲んで（北山一枝，松本和子，畔上徳友）「東播磨 地域史論集」 東播磨地域史懇話会 （13） 2007.3

青垣

ふるさと探訪 市内社寺・史跡めぐり（青垣地区）（吉住成徳）「いちじま史研」 丹波市島町史実研究会 （53） 2009.4

青野ヶ原俘虜収容所

青野ヶ原俘虜収容所関係新聞記事紹介「小野史談」 小野の歴史を知る会 （52） 2009.1

青野原俘虜収容所

青野原俘虜収容所の世界―非総力戦論序説（《特集 戦国期権力論の再検討》）（大津留厚）「歴史科学」 大阪歴史科学協議会 （198） 2009.9

青野原俘虜収容所 in Tokyo 青野原俘虜収容所展 in Tokyo（時評・書評・展示評）（大津留厚）「Link ： 地域・大学・文化」 神戸大学大学院人文学研究科地域連携センター 2 2010.8

青野原俘虜収容所展 in Tokyo「青野原俘虜収容所展 in Tokyo 2009」と神戸大学東京オフィス（時評・書評・展示評）（植村達男）「Link ： 地域・大学・文化」 神戸大学大学院人文学研究科地域連携センター 2 2010.8

明石

魚の棚・高知と明石（西村和子）「土佐地域文化」 土佐地域文化学会 （6） 2003.1

古代地名と万葉集―播磨のアカシと越中大野路（川崎私）「高岡市万葉歴史館紀要」 高岡市万葉歴史館 （13） 2003.3

「明石焼と兵庫のやきもの」ご案内―古窯から現代陶工までの名品展（稲原昭嘉）「明石市立文化博物館ニュース」 明石市立文化博物館 38 2004.12

明石は大好きな街（吉井貞俊）「西宮文化協会会報」 西宮文化協会 442 2005.1

明石のむかしを解き明かす 道具今・昔 雛人形 御殿飾り（永田浩史）「明石市立文化博物館ニュース」 明石市立文化博物館 （42） 2005.1

MEMO 早春の明石「明石市立文化博物館ニュース」 明石市立文化博物館 （56） 2010.1

紫式部は明石の地を踏んだか？（小栗秀夫）「東播磨 地域史論集」 東播磨地域史懇話会 （16） 2010.10

近世明石における城下町プラン（石田曜）「歴史地理学」 歴史地理学会，古今書院（発売）52（5）通号252 2010.12

明石空襲を考える（牛尾延登）「摂播歴史研究」 摂播歴史研究会 （54） 2011.3

テーマ展示「酒と器―明石 酒造の歴史展―」 2011年5月21日（土）～6月12日（日）（展覧会レポート）「明石市立文化博物館ニュース」 明石市立文化博物館 （63） 2011.10

須磨・明石（随筆）（坂口進）「浜木綿 ： 五島文化協会同人誌」 五島文化協会 （92） 2011.10

西国街道まち歩き（1） 明石から神戸長田まで（須貝隆弘）「家系研究」家系研究協議会 （58） 2014.10

明石海峡

伊予河野氏と平氏と明石海峡―大蔵谷の稲爪神社と舞子の山田浦を中心に（田中久夫）「御影史学論集」 御影史学研究会 通号29 2004.10

発会記念講演 明石海峡と倭大國魂神（瀧川政次郎）「摂播歴史研究」 摂播歴史研究会 （特集号） 2007.3

文博雑記「明石海峡」「明石市立文化博物館ニュース」 明石市立文化博物館 （62） 2011.7

明石川

明石川下流域両岸の条里地割について―道代とは何か（特集 播磨の大地に刻む歴史）（吉本昌弘）「歴史と神戸」 神戸史学会 50（5）通号288 2011.10

明石市

史料 20世紀明石市民文化史・文学史年表（木村二朗）「播磨学紀要」 播磨学研究所 （9） 2003.10

明石市西部地域の湧水「どっこいしょ」の分布について（森本眞一）「東播磨 地域史論集」 東播磨地域史懇話会 （19） 2013.3

史料紹介 明石市立文化博物館所蔵 黒田家文書「慶応元年乙丑年日記」（上），（下）（前田結城）「Link ： 地域・大学・文化」 神戸大学大学院人文学研究科地域連携センター 5/6 2013.11/2014.12

明石城

「明石城下の寺」を探る―10月例会より（木村英昭）「神戸史談」 神戸史談会 291 2003.1

明石駅家

『播磨国風土記』の古代山陽道と明石駅家考（田井恭一）「東播磨 地域史論集」 東播磨地域史懇話会 （12） 2006.3

明石藩

明石築城390周年「大坂夏の陣と明石藩成立」（（矢野）「明石市立文化博物館ニュース」 明石市立文化博物館 （54） 2009.7

速報！「明石藩の世界」展「明石市立文化博物館ニュース」 明石市立文化博物館 （67） 2012.10

10月20日まで開催！ 企画展 館収蔵品展「明石藩の世界I―文書と絵画―」 2013年9月21日（土）～10月20日（日）「明石市立文化博物館ニュース」 明石市立文化博物館 （71） 2013.10

松平家・黒田家旧蔵資料受贈記念速報展「明石藩の世界」（時評・書評・展示評）（河野未央）「Link ： 地域・大学・文化」 神戸大学大学院人文学研究科地域連携センター 5 2013.11

挙田村

延宝の挙田村検地帳（続）当時の挙田村のくらし（横川淳一郎）「丹波史」 丹波史懇話会 （27） 2007.6

安倉

寛文8年安倉姥ヶ茶屋道標と小浜をめぐる宝塚の初期道標（前），（後）（古川久雄）「たからづか ： 市史研究紀要たからづか」 宝塚市教育委員会 （19）/（20） 2002.11/2003.11

明延

但馬歴史探訪 感動の明延・生野・竹田（事務局）「泉佐野の歴史と今を知る会会報」 泉佐野の歴史と今を知る会 （297） 2012.9

赤穂

「赤穂浪士討入り口上」の古文書（菅野晃行）「ひがしひろしま郷土史研究会ニュース」 東広島郷土史研究会 305 2000.1

近世地方商人の諸活動―那波屋三木家の事例を中心に（三木美保）「赤穂の文化研究紀要」 赤穂市文化とみどり財団 （5） 2004.3

赤穂事件の謎と剣を鍬に持ち替えた浪士（奥野博實）「播磨郷土研究」 加西郡郷土研究会 （23） 2007.11

赤穂から来た延岡の塩（片伯部旭）「亀井 ： 内藤家顕彰会会誌」 内藤家顕彰会 2009年度 2010.5

赤穂義士残照―関鉄之介の赤穂来訪並びに水戸藩の赤穂義士礼賛（佐藤誠）「赤穂の文化研究紀要」 赤穂市文化とみどり財団 （6） 2012.2

赤穂の海水産業・塩と苦汁（横山嘉人）「赤穂の文化研究紀要」 赤穂市文化とみどり財団 （6） 2012.2

赤穂義士と秋田藩士（伊沢美佐子）「横手郷土史資料」 横手郷土史研究会 （86） 2012.3

近畿　　　　地名でたどる郷土の歴史　　　　兵庫県

元禄赤穂事件と尾張藩（閲覧室だより「レファレンスの窓」）（松村冬樹）「蓬左」　名古屋市蓬左文庫　（84）2012.3

赤穂事件と岩槻の関わり（飯山実）「岩槻史林」　岩槻地方史研究会　（39）2012.7

赤穂緞通を受け継ぐ——人の織り手の立場から思うこと（久田雅代）「赤穂の文化研究紀要」　赤穂市文化とみどり財団　（7）2014.3

赤穂国民学校

赤穂国民学校のころ（堀江玲子）「伊那路」　上伊那郷土研究会　49（8）通号583　2005.8

赤穂市

西播磨文化財めぐり——赤穂市と室津を訪ねて（芝口藤雄）「あかね」　御坊文化財研究会　（28）2002.7

赤穂市の天文学的立地状況と夜空の環境（川西浩陽）「赤穂の文化研究紀要」　赤穂市文化とみどり財団　（6）2012.2

赤穂市における麓崩面の現状と課題について（金﨑尊紀）「赤穂の文化研究紀要」　赤穂市文化とみどり財団　（7）2014.3

赤穂城

赤穂城大手虎口の復元——桝形虎口石垣と番所建築が復元「城郭だより　：　日本城郭史学会会報」〔日本城郭史学会〕　43　2003.10

西日本の名城　瀬戸内海に面した戦の海岸平城　赤穂城「郷土史紀行」　ヒューマン・レクチャー・クラブ　（37）2006.1

紅葉の閑谷学校と赤穂城跡を訪ねて（藤本眞事）「南国史談」　南国史談会　（30）2007.3

赤穂線

JR（国鉄）赤穂線物語（吉栖清美）「赤穂の文化研究紀要」　赤穂市文化とみどり財団　（6）2012.2

赤穂森藩藩校

赤穂森藩藩校　博文館教授（山脇拓士）「赤穂の文化研究紀要」　赤穂市文化とみどり財団　（7）2014.3

安相里

『播磨国風土記』の「飾磨郡安相里」考（田井恭一）「東播磨 地域史論集」　東播磨地域史懇話会　（11）2005.3

朝来郡衙

古代但馬国朝来郡衙跡と古代山陰道——通過地の地名についての歴史地理的考察（上）、（下）（足立裕，生田隆）「歴史と神戸」　神戸史学会　41（1）通号230/41（4）通号233　2002.2/2002.8

古代但馬国朝来郡の山陰道と朝来郡衙について——歴史地理的考察（生田隆，足立裕）「但馬史研究」　但馬史研究会　26　2003.3

朝来郡郡衙

朝来郡郡衙の比定と古代山陰道の通過ルート（中）（足立裕，生田隆）「歴史と神戸」　神戸史学会　41（3）通号232　2002.6

芦田

氷上郡青垣町芦田の祖 井上家光の出自について（谷田勝）「丹波史」　丹波史懇話会　24　2004.6

芦屋

市民歴史講座 芦屋の歴史をたどる——尼崎藩と灘上の村々（河野未央）「史料ネットnews letter」　歴史資料ネットワーク　39　2004.10

芦屋の歴史と文化財（藤井直正）「近畿文化」　近畿文化会事務局　（722）2010.1

芦屋の戦争遺跡（特集 戦争の記憶と記録2）（竹村忠洋）「歴史と神戸」　神戸史学会　49（6）通号283　2010.12

アシヤの里

津の国、菟原の郡、アシヤの里 考（長谷川美保子）「摂播歴史研究」　摂播歴史研究会　（57）2012.3

芦屋庄

戦国時代の芦屋庄・本庄・西宮の山をめぐる相論（《特集 新視点 中世の神戸とその周辺》）（天野忠幸）「歴史と神戸」　神戸史学会　48（3）通号274　2009.6

芦屋村

史料紹介「芦屋村専右衛門旅日記 天明元年閏五月七日～九月七日」（成田耕治）「弘前大学国史研究」　弘前大学国史研究会　（118）2005.3

網引村

網引村の伝承と伝説（古川益男）「播磨郷土研究」　加西郡郷土研究会　（2）2005.11

網干

西播 網干に寺島瓦を訪ねて（黒田慶一）「葦火 ： 大阪市文化財情報」　大阪市博物館協会大阪文化財研究所　24（6）通号144　2010.2

網干本町橋

網干本町橋の物語り（《特集 草の根の地域遺産を守る》）（田中早春）「歴史と神戸」　神戸史学会　48（4）通号275　2009.8

阿万

阿万の漁業今昔（堀部るみ子）「あわじ ： 淡路地方研究会会誌」　淡路地方研究会　（31）2014.1

尼崎

明治4年5月18日の風水害について（田中敦）「みちしるべ ： 尼崎郷土史研究会々誌」　尼崎郷土史研究会　28　2000.3

尼崎のさりげない地名（3）（地名特集（72））（白石健二）「歴史と神戸」　神戸史学会　39（6）通号223　2000.12

第二次大戦下の尼崎のくらし（1）～（8）（羽間美智子）「みちしるべ ： 尼崎郷土史研究会々誌」　尼崎郷土史研究会　29／（42）2001.3/2014.3

史料紹介 宝永八年桜井松平氏尼崎移封関係史料——内田助左衛門覚え帳から（中村光夫）「地域史研究 ： 尼崎市立地域研究史料館紀要 ： Bulletin of the history of Amagasaki」　尼崎市立地域研究史料館　32（2）通号95　2003.3

尼崎関係新着史料・文献・歴史論文紹介「地域史研究 ： 尼崎市立地域研究史料館紀要 ： Bulletin of the history of Amagasaki」　尼崎市立地域研究史料館　32（2）通号95　2003.3

聞き描き ありし日のまちと暮らし（8）尼崎版「土地の神話」——土地開発に暗躍した男たちの話（1）（井上眞理子）「歴史と神戸」　神戸史学会　42（4）通号239　2003.8

尼崎戦後史聞き取り研究会（研究会報告）（田中実）「地域史研究 ： 尼崎市立地域研究史料館紀要 ： Bulletin of the history of Amagasaki」　尼崎市立地域研究史料館　33（1）通号96　2003.9

英国企業の極東戦略と尼崎——1910～1925年の間におけるリーバ・ブラザーズ尼崎工場（山内昌斗）「地域史研究 ： 尼崎市立地域研究史料館紀要 ： Bulletin of the history of Amagasaki」　尼崎市立地域研究史料館　33（2）通号97　2004.3

尼崎関係新着史料・文献・歴史論文紹介「地域史研究 ： 尼崎市立地域研究史料館紀要 ： Bulletin of the history of Amagasaki」　尼崎市立地域研究史料館　33（2）通号97　2004.3

回想 高度成長期の尼崎製鋼所（佐藤益弘，小林清二）「地域史研究 ： 尼崎市立地域研究史料館紀要 ： Bulletin of the history of Amagasaki」　尼崎市立地域研究史料館　34（1）通号98　2004.9

尼崎戦後史聞き取り研究会（研究会報告）（井上眞理子）「地域史研究 ： 尼崎市立地域研究史料館紀要 ： Bulletin of the history of Amagasaki」　尼崎市立地域研究史料館　34（1）通号98　2004.9

歴史を活かしたまちづくり——自然と文化の森協会（尼崎）の取り組み（内田大造）「歴史と神戸」　神戸史学会　43（6）通号247　2004.12

《尼崎の伝説特集号1》「みちしるべ ： 尼崎郷土史研究会々誌」　尼崎郷土史研究会　（33）2005.3

尼崎の伝説特集にあたって（西本珠夫）「みちしるべ ： 尼崎郷土史研究会々誌」　尼崎郷土史研究会　（33）2005.3

尼崎の伝説 凡例/書名略記表「みちしるべ ： 尼崎郷土史研究会々誌」　尼崎郷土史研究会　（33）2005.3

中央地区（尼崎の伝説）（羽間美智子）「みちしるべ ： 尼崎郷土史研究会々誌」　尼崎郷土史研究会　（33）2005.3

行基さんと魚——尼崎の伝説から（田中敦）「みちしるべ ： 尼崎郷土史研究会々誌」　尼崎郷土史研究会　（33）2005.3

尼崎関係新着史料・文献・歴史論文紹介「地域史研究 ： 尼崎市立地域研究史料館紀要 ： Bulletin of the history of Amagasaki」　尼崎市立地域研究史料館　34（2）通号99　2005.3

聞き書き ありし日のまちと暮らし（15）具体と尼崎——前衛芸術家たちと、煙のまち（1）廃墟（井上眞理子）「歴史と神戸」　神戸史学会　44（2）通号249　2005.4

聞き書き ありし日のまちと暮らし（16）具体と尼崎——前衛芸術家たちと、煙のまち（2）月代の青（井上眞理子）「歴史と神戸」　神戸史学会　44（3）通号250　2005.6

聞き書き ありし日のまちと暮らし（17）具体と尼崎——前衛芸術家たちと、煙のまち（3）怖い顔（井上眞理子）「歴史と神戸」　神戸史学会　44（4）通号251　2005.8

尼崎市文化会館の設計過程にみる戦後初期の尼崎市と新日本建築家集団大阪支部の活動（船曳悦子）「地域史研究 ： 尼崎市立地域研究史料館紀要 ： Bulletin of the history of Amagasaki」　尼崎市立地域研究史料館　35（1）通号100　2005.9

尼崎戦後史聞き取り研究会（研究会報告）（田中実）「地域史研究 ： 尼崎市立地域研究史料館紀要 ： Bulletin of the history of Amagasaki」　尼崎市立地域研究史料館　35（1）通号100　2005.9

尼崎関係新着史料・文献・歴史論文紹「地域史研究 ： 尼崎市立地域研究史料館紀要 ： Bulletin of the history of Amagasaki」　尼崎市立地域研究史料館　35（1）通号100　2005.9

尼崎の伝説特集2の発刊にあたって（《尼崎の伝説特集号2》）（西本珠夫）「みちしるべ ： 尼崎郷土史研究会々誌」　尼崎郷土史研究会　（34）2006.3

凡例/書名略記表（《尼崎の伝説特集号2》——尼崎の伝説）「みちしるべ ： 尼崎郷土史研究会々誌」　尼崎郷土史研究会　（34）2006.3

園田・立花・武庫・大庄地区目次(《尼崎の伝説特集号2》―尼崎の伝説)「みちしるべ : 尼崎郷土史研究会々誌」 尼崎郷土史研究会 (34) 2006.3

伝説 園田・立花・武庫・大庄地区(《尼崎の伝説特集号2》)(羽間美智子)「みちしるべ : 尼崎郷土史研究会々誌」 尼崎郷土史研究会 (34) 2006.3

尼崎の伝説1・2索引(《尼崎の伝説特集号2》)(羽間美智子)「みちしるべ : 尼崎郷土史研究会々誌」 尼崎郷土史研究会 (34) 2006.3

大将軍再考(《尼崎の伝説特集号2》)(田中敦)「みちしるべ : 尼崎郷土史研究会々誌」 尼崎郷土史研究会 (34) 2006.3

尼崎の伝説地図(ただし、関連事物存在分)(羽間美智子)「みちしるべ : 尼崎郷土史研究会々誌」 尼崎郷土史研究会 (34) 2006.3

もう一冊の本―欧米文献に紹介された尼崎製鋼(佐藤益弘)「地域史研究 : 尼崎市立地域研究史料館紀要 : Bulletin of the history of Amagasaki」 尼崎市立地域研究史料館 35(2) 通号101 2006.3

尼崎市立図書館の設計案作成過程にみる戦後初期の尼崎市と新日本建築家集団大阪支部の活動(船曳悦子)「地域史研究 : 尼崎市立地域研究史料館紀要 : Bulletin of the history of Amagasaki」 尼崎市立地域研究史料館 36(2) 通号103 2007.3

『図説 尼崎の歴史』に関する断想(上村武男)「歴史と神戸」 神戸史学会 46(3) 通号262 2007.6

尼崎の土地の成り立ちと暮しを学ぶ―「尼崎の歴史展」子ども向けワークショップ感想(田中眞吾)「地域史研究 : 尼崎市立地域研究史料館紀要 : Bulletin of the history of Amagasaki」 尼崎市立地域研究史料館 37(1) 通号104 2007.9

尼崎の環濠集落(西本珠夫)「みちしるべ : 尼崎郷土史研究会々誌」 尼崎郷土史研究会 (36) 2008.3

歴史講座 尼崎南部の文学碑を訪ねて/尼崎最後の藩主松平忠興(平成20年度尼崎郷土史研究会実施行事)「みちしるべ : 尼崎郷土史研究会々誌」 尼崎郷土史研究会 (37) 2009.3

尼崎関係新着史料・文献紹介「地域史研究 : 尼崎市立地域研究史料館紀要 : Bulletin of the history of Amagasaki」 尼崎市立地域研究史料館 38(2) 通号107 2008.3

聞き書き ありし日のまちと暮らし(29)～(30) 尼崎から消えた牛たち(1)～(2)(井上眞理子)「歴史と神戸」 神戸史学会 48(2) 通号273/48(3) 通号274 2009.4/2009.6

鎌倉後期の尼崎―長洲荘「悪党」教念・教性の活動を通じて(大村拓生)「地域史研究 : 尼崎市立地域研究史料館紀要 : Bulletin of the history of Amagasaki」 尼崎市立地域研究史料館 39(1) 通号108 2009.9

尼崎関係新着史料・文献・歴史論文紹介「地域史研究 : 尼崎市立地域研究史料館紀要 : Bulletin of the history of Amagasaki」 尼崎市立地域研究史料館 39(1) 通号108 2009.9

城下町形成以前の尼崎(田中伸幸)「紀南・地名と風土研究会会報」 紀南・地名と風土研究会 (46) 2010.1

尼崎市内の契沖顕彰碑・歌碑をめぐり(西川春敏)「みちしるべ : 尼崎郷土史研究会々誌」 尼崎郷土史研究会 (38) 2010.3

大尼崎が描かれた鳥瞰図(香山明子)「地域史研究 : 尼崎市立地域研究史料館紀要 : Bulletin of the history of Amagasaki」 尼崎市立地域研究史料館 39(2) 通号109 2010.3

尼崎関係新着史料・文献・歴史論文紹介「地域史研究 : 尼崎市立地域研究史料館紀要 : Bulletin of the history of Amagasaki」 尼崎市立地域研究史料館 39(2) 通号109 2010.3

あまがさき「幕末維新十大事件」(田中敦)「みちしるべ : 尼崎郷土史研究会々誌」 尼崎郷土史研究会 (39) 2011.3

尼崎・伊丹の史跡を訪ねる(金谷健一)「つどい」 豊中歴史同好会 (284) 2011.9

中世都市尼崎の空間構造(藤本誉博)「地域史研究 : 尼崎市立地域研究史料館紀要 : Bulletin of the history of Amagasaki」 尼崎市立地域研究史料館 (111) 2011.9

学生によるウェブ版『図説尼崎の歴史』の開発(垣東弘一)「地域史研究 : 尼崎市立地域研究史料館紀要 : Bulletin of the history of Amagasaki」 尼崎市立地域研究史料館 (111) 2011.9

中世尼崎に生きた人々(記念論文)(市澤哲)「みちしるべ : 尼崎郷土史研究会々誌」 尼崎郷土史研究会 (40) 2012.3

7月5日に第7回神戸・阪神歴史講座 尼崎の歴史街道に学ぶ「歴史と神戸」 神戸史学会 51(3) 通号292 2012.6

グラビア 「大尼崎繁栄双六」(昭和12年)「地域史研究 : 尼崎市立地域研究史料館紀要 : Bulletin of the history of Amagasaki」 尼崎市立地域研究史料館 (112) 2012.9

尼崎地域地震津波被害の記録(地域研究部会)「地域史研究 : 尼崎市立地域研究史料館紀要 : Bulletin of the history of Amagasaki」 尼崎市立地域研究史料館 (112) 2012.9

『尼崎の道標―歩いて訪ねてみちしるべ―』(道標部会)「みちしるべ : 尼崎郷土史研究会々誌」 尼崎郷土史研究会 (41) 2013.3

『尼崎の道標―歩いて訪ねてみちしるべ―』調査・編集に参画して(草薙芳弘)「みちしるべ : 尼崎郷土史研究会々誌」 尼崎郷土史研究会 (41) 2013.3

『歩いて訪ねてみちしるべ―尼崎の道標』の調査で感じたこと(山村康雅)「みちしるべ : 尼崎郷土史研究会々誌」 尼崎郷土史研究会 (41) 2013.3

尼崎にあった藤原邦綱の別荘・寺江亭(特集 50周年記念号6 古代・中世の西摂)(曲江三郎)「歴史と神戸」 神戸史学会 52(4) 通号299 2013.8

尼崎藩の明和期綿作禁止令―天明二年の綿作騒擾事件から(特集 神戸の中世・近世史)(岸添和義)「歴史と神戸」 神戸史学会 52(5) 通号300 2013.10

細川氏内衆の存在形態(小特集 宝珠院文書から見る中世後期の尼崎)(古野貢)「地域史研究 : 尼崎市立地域研究史料館紀要 : Bulletin of the history of Amagasaki」 尼崎市立地域研究史料館 35(3) 2013.11

戦国期に奈良から尼崎を旅した僧侶たちの記録(小特集 宝珠院文書から見る中世後期の尼崎)(大村拓生)「地域史研究 : 尼崎市立地域研究史料館紀要 : Bulletin of the history of Amagasaki」 尼崎市立地域研究史料館 (113) 2013.11

軍事拠点としての近世兵庫城と尼崎の再検討―天正年間の織豊城郭遺構伝存の意義(大国正美)「地域史研究 : 尼崎市立地域研究史料館紀要 : Bulletin of the history of Amagasaki」 尼崎市立地域研究史料館 (113) 2013.11

『摂津名所図絵』尼崎関係場面(解読版)(史料紹介)(地域研究部会)「地域史研究 : 尼崎市立地域研究史料館紀要 : Bulletin of the history of Amagasaki」 尼崎市立地域研究史料館 (113) 2013.11

尼崎今昔物語について(田中敦)「みちしるべ : 尼崎郷土史研究会々誌」 尼崎郷土史研究会 (42) 2014.3

白髪一雄と尼崎(妹尾綾)「地域史研究 : 尼崎市立地域研究史料館紀要 : Bulletin of the history of Amagasaki」 尼崎市立地域研究史料館 (114) 2014.11

尼崎駅

神崎駅・尼崎駅・福知山線の話 付「西宮駅エビスさんの臨時列車」と「明治33年全国鉄道地図」(西本珠夫)「みちしるべ : 尼崎郷土史研究会々誌」 尼崎郷土史研究会 (39) 2011.3

尼崎警察署

あまがさき城内フォーラム 旧尼崎警察署建物保存活用ミニシンポジウムの記録(岡崎勝宏, 笠原一人, 綱本琴)「地域史研究 : 尼崎市立地域研究史料館紀要 : Bulletin of the history of Amagasaki」 尼崎市立地域研究史料館 39(1) 通号108 2009.9

尼崎市

尼崎市域における皮多村の形成(三沢雅俊)「ひょうご部落解放」 ひょうご部落解放・人権研究所 通号92 2000.3

戦国富松都市論―尼崎市富松城・富松集落の研究(仁木宏)「地域史研究 : 尼崎市立地域研究史料館紀要 : Bulletin of the history of Amagasaki」 尼崎市立地域研究史料館 33(1) 通号96 2003.9

校長職の成立と学校経営史(1)―尼崎市戦前教育史余話(末方鐵郎)「地域史研究 : 尼崎市立地域研究史料館紀要 : Bulletin of the history of Amagasaki」 尼崎市立地域研究史料館 34(2) 通号99 2005.3

史料紹介 戦前尼崎市営籍関係写真アルバム(井上衛)「地域史研究 : 尼崎市立地域研究史料館紀要 : Bulletin of the history of Amagasaki」 尼崎市立地域研究史料館 34(2) 通号99 2005.3

旧開明小学校の塀に残る「機銃掃射」の跡(井上眞理子)「地域史研究 : 尼崎市立地域研究史料館紀要 : Bulletin of the history of Amagasaki」 尼崎市立地域研究史料館 35(1) 通号100 2005.9

グラビア特集 尼崎市制90周年記念「目で見る尼崎市のあゆみ」年表 原始・古代から近代(市制施行)まで/尼崎市のあゆみ―市制施行から90周年まで「地域史研究 : 尼崎市立地域研究史料館紀要 : Bulletin of the history of Amagasaki」 尼崎市立地域研究史料館 35(2) 通号101 2006.3

報告 尼崎市制90周年記念「尼崎の歴史展」協力企画 子ども向けワークショップ「尼崎の土地の成り立ちと暮しを学ぶ」(神戸大学大学院人文学研究科地域連携センター)「地域史研究 : 尼崎市立地域研究史料館紀要 : Bulletin of the history of Amagasaki」 尼崎市立地域研究史料館 37(1) 通号104 2007.9

講演 『図説尼崎の歴史』に学ぶ地域の歴史(《小特集 発刊!! 尼崎市制90周年記念『図説尼崎の歴史』》)(岩城卓二)「地域史研究 : 尼崎市立地域研究史料館紀要 : Bulletin of the history of Amagasaki」 尼崎市立地域研究史料館 37(2) 通号105 2008.3

グラビア 高度成長期の尼崎市の公害対策「地域史研究 : 尼崎市立地域研究史料館紀要 : Bulletin of the history of Amagasaki」 尼崎市立地域研究史料館 (110) 2010.9

公害関係公文書の修復と調査(小特集 尼崎市公開関係文書の公開に向けた取り組み)(島田昌彦)「地域史研究 : 尼崎市立地域研究史料館紀要 : Bulletin of the history of Amagasaki」 尼崎市立地域研究史料館

(110) 2010.9

騒音公害関係文書の目録化作業を通して―「尼崎市騒音防止条例」制定前後（小特集 尼崎市公開関係文書の公開に向けた取り組み）（石原佳子）「地域史研究 ： 尼崎市立地域研究史料館紀要 ： Bulletin of the history of Amagasaki」 尼崎市立地域研究史料館 （110) 2010.9

「（財）尼崎市婦人共励文書」について（宮城洋一郎）「地域史研究 ： 尼崎市立地域研究史料館紀要 ： Bulletin of the history of Amagasaki」 尼崎市立地域研究史料館 （112) 2012.9

尼崎の古代・中世―史料と研究（1) 尼崎市史古代・中世史料補遺（1)（史料紹介）（天野忠幸、樋口健太郎）「地域史研究 ： 尼崎市立地域研究史料館紀要 ： Bulletin of the history of Amagasaki」 尼崎市立地域研究史料館 （114) 2014.11

尼崎市立地域研究史料館の下張り文書はがし作業について（城戸八千代）「地域史研究 ： 尼崎市立地域研究史料館紀要 ： Bulletin of the history of Amagasaki」 尼崎市立地域研究史料館 （114) 2014.11

尼崎市庁舎

村野藤吾の尼崎市庁舎―その公共の形（笠原一人）「地域史研究 ： 尼崎市立地域研究史料館紀要 ： Bulletin of the history of Amagasaki」 尼崎市立地域研究史料館 36（1) 通号102 2006.11

兵庫の戦後モダニズム建築（5) 尼崎市庁舎（笠原一人）「歴史と神戸」 神戸史学会 48（1) 通号272 2009.2

尼崎市民館

戦前の尼崎市民館について（宮城洋一郎）「地域史研究 ： 尼崎市立地域研究史料館紀要 ： Bulletin of the history of Amagasaki」 尼崎市立地域研究史料館 38（2) 通号107 2009.3

尼崎市役所開明庁舎

「尼崎市立開明小学校」の廃校から「尼崎市役所開明庁舎」へ（山本敏史）「地域史研究 ： 尼崎市立地域研究史料館紀要 ： Bulletin of the history of Amagasaki」 尼崎市立地域研究史料館 （114) 2014.11

尼崎城

資料紹介 尼崎城『御門通札』及び関連史料（衛藤彩子）「研究報告」 西宮市立郷土資料館 通号8 2008.3

尼崎城門の領民通行―村々へ渡される「御門通札」（近藤浩二）「地域史研究 ： 尼崎市立地域研究史料館紀要 ： Bulletin of the history of Amagasaki」 尼崎市立地域研究史料館 38（2) 通号107 2009.3

尼崎城下の江戸積み酒造業（石川道子）「地域史研究 ： 尼崎市立地域研究史料館紀要 ： Bulletin of the history of Amagasaki」 尼崎市立地域研究史料館 （110) 2010.9

尼崎城御門通礼の変遷と城内通行―岡本家大庄屋日記の事例から（衛藤彩子）「研究報告」 西宮市立郷土資料館 （10) 2013.11

尼崎城「関城」の心得と本文（室谷公一）「西宮文化協会会報」 西宮文化協会 （550) 2014.1

荒木村重の戦いと尼崎城（史料紹介）（天野忠幸）「地域史研究 ： 尼崎市立地域研究史料館紀要 ： Bulletin of the history of Amagasaki」 尼崎市立地域研究史料館 （114) 2014.11

尼崎町

尼崎町「除痘館跡」記念銘板について（川上潤）「除痘館記念資料室だより」 洪庵記念会除痘館記念資料室 （3) 2011.7

尼崎藩

幕末維新期における畿内・近国譜代藩の動向―慶応期の尼崎藩を中心に（辻門恵美）「地域史研究 ： 尼崎市立地域研究史料館紀要 ： Bulletin of the history of Amagasaki」 尼崎市立地域研究史料館 32（2) 通号95 2003.3

明和六年尼崎藩領上知の背景（岩ības卓二）「歴史研究」 大阪教育大学歴史学研究室 （40) 2003.3

明和上知による尼崎藩の政策変化とその影響―摂津国武庫郡上瓦村岡本家を事例に（肥後博）「史料ネットnews letter」 歴史資料ネットワーク 37 2004.5

尼崎藩の大庄屋制度について（岸添和義）「地域史研究 ： 尼崎市立地域研究史料館紀要 ： Bulletin of the history of Amagasaki」 尼崎市立地域研究史料館 35（2) 通号101 2006.3

尼崎藩の領界碑（田中敦）「地域史研究 ： 尼崎市立地域研究史料館紀要 ： Bulletin of the history of Amagasaki」 尼崎市立地域研究史料館 36（2) 通号103 2007.3

尼崎藩の領界碑について―古文書調査からの検討（岸添和義）「地域史研究 ： 尼崎市立地域研究史料館紀要 ： Bulletin of the history of Amagasaki」 尼崎市立地域研究史料館 38（2) 通号107 2009.3

尼崎藩領の「御林」関係文書（史料紹介）（山形隆司）「地域史研究 ： 尼崎市立地域研究史料館紀要 ： Bulletin of the history of Amagasaki」 尼崎市立地域研究史料館 （110) 2010.9

尼子谷

地名研究（90) 西宮の地名探索 尼子谷（渋谷武弘）「歴史と神戸」 神戸史学会 47（1) 通号266 2008.2

荒川

播磨ぶらり旅（7) 姫路市荒川地区（内海加代子）「Sala ： 歴史民俗誌」 常民学舎 （38) 2005.8

荒牧村

荒牧村の皇国地誌残稿をめぐって（史料調査報告）（中川すがね）「地域研究いたみ」 伊丹市 （41) 2012.3

有岡城

有岡城大溝筋堀跡と地割―惣構え成立過程の検討（小長谷正治）「地域研究いたみ」 伊丹市 （34) 2005.3

有岡城と荒木村重の一族（今川徳子）「扣之帳」 扣之帳刊行会 （26) 2009.12

有栖川宮舞子別邸

有栖川宮舞子別邸と賀陽宮須磨別邸（村上忠男）「歴史と神戸」 神戸史学会 50（2) 通号285 2011.4

有馬

有馬（勝盛典子）「博物館だより」 神戸市立博物館 （90) 2006.10

有馬・三田の史跡（藤井直正）「近畿文化」 近畿文化会事務局 （712) 2009.3

古代から中世の有馬の湯（西田克子）「三田史談」 三田市郷土文化研究会 （33) 2013.4

有馬温泉

有馬温泉の起源（〈前編 神戸史談会諸先賢の遺稿〉―5 諸先賢の部）（長濃丈夫）「神戸史談」 神戸史談会 296 2005.6

有馬温泉の三恩人（太田信義）「神戸史談」 神戸史談会 通号297 2006.1

有馬温泉の「癩」者・坂者・夙（吉田栄治郎）「Regional」 奈良県立同和問題関係史料センター （1) 2006.5

資料紹介 有馬温泉地にみられる角柱石の碑文―江芸閣と頼山陽（《特集 知られざる文人の足跡》)（亥野强）「歴史と神戸」 神戸史学会 47（4) 通号269 2008.8

有馬温泉と羽束の月―非文書史料からみた古代・中世の摂津国有馬郡（印藤昭一）「市史研究さんだ」 三田市 （13) 2011.3

「有馬温泉への道」の変遷（藤田裕彦）「三田史談」 三田市郷土文化研究会 （31) 2011.4

芳春院の『東路記』に載る有馬温泉を訪ねて（今井喜江）「石川郷土史学会々誌」 石川郷土史学会 （44) 2011.12

有馬郡

有馬郡の史跡点描（〈前編 神戸史談会諸先賢の遺稿〉―5 諸先賢の部）（森鼻平次郎）「神戸史談」 神戸史談会 296 2005.6

古代有馬郡の地域区分と氏族へのアプローチ（考古論考特集）（印藤昭一）「市史研究さんだ」 三田市 （12) 2010.3

有馬高等学校清陵会館

「有馬会図書館」の沿革と運営―兵庫県立有馬高等学校清陵会館保管資料の調査成果によせて（印藤昭一）「市史研究さんだ」 三田市 （8) 2005.12

淡路

史料紹介 淡路における部落史料（浜岡きみ子）「ひょうご部落解放」 ひょうご部落解放・人権研究所 通号92 2000.3

史跡と景観を訪ねて（坂本昌雅）「あわじ ： 淡路地方研究会会誌」 淡路地方研究会 （20) 2003.1

「震災論」のゆくえ（藤原直子、季村敏夫、季村範江、木内寛子、笠原一人、蘇理剛志、佐々木和子）「瓦版なまず」 震災・まちのアーカイブ 14 2003.1

震災資料の現状と展望（菅祥明）「瓦版なまず」 震災・まちのアーカイブ 14 2003.1

阪神・淡路大震災記念（人と防災未来センター資料室）「記録と史料 ： journal of the Japan Society of Archives Institutions」 全国歴史資料保存利用機関連絡協議会 通号13 2003.3

阪神・淡路大震災の歴史資料の保全と歴史資料ネットワーク（奥村弘）「兵庫のしおり」 兵庫県 5 2003.3

私の震災体験―1月17日・18日のこと（直木孝次郎）「歴史と神戸」 神戸史学会 42（6) 通号241 2003.12

淡路の人形師（居内春一）「西宮文化協会会報」 西宮文化協会 430 2004.1

私部の伝領と皇居―安房・若狭・隠岐・淡路の事例を中心に（土田可奈）「佐渡・越後文化交流史研究」 新潟大学大学院現代社会文化研究科プロジェクト佐渡・越後の文化交流史研究 （4) 2004.3

阪神淡路大震災大社支援隊（森山龍雄）「大社の史話」 大社史話会 138 2004.3

震災体験（村山正晃）「歴史と神戸」 神戸史学会 43（2) 通号243 2004.4

阪神大地震10年図巻開催の弁花と痴漢とお犬さま「西宮文化協会会報」 西宮文化協会 437 2004.8

阪神淡路大震災からもうすぐ10年（《特集 震災から10年》）（滝野雅博）「ひょうご部落解放」 ひょうご部落解放・人権研究所 114 2004.9

解放の視点 大震災と部落（森川清美）「ひょうご部落解放」 ひょうご部落解放・人権研究所 114 2004.9

記念講演 震災10年、地域とともに歩んだ外国人との共生（《部落解放研究第25回兵庫県集会報告書》）（神田裕）「ひょうご部落解放」 ひょうご部落解放・人権研究所 115 2004.12

高田屋嘉兵衛と大和源氏（4）淡路の高田姓のルーツを探る（高田成樹）「あわじ ： 淡路地方史研究会会誌」 淡路地方史研究会 （22） 2005.1

震災10年特別展「西宮文化協会会報」 西宮文化協会 442 2005.1

10年前の被災街頭貼紙集（廣瀬久也）「西宮文化協会会報」 西宮文化協会 443 2005.2

資料の保存と修復—阪神淡路大震災から10年 アーカイブズと災害（坂本勇）「千葉県の文書館」 千葉県文書館 （10） 2005.2

阪神・淡路大震災の教訓は生かされたのか—文化財保護法を柱にした「地域史料」調査の実践（《小特集 民間所在史料のゆくえ》）（平井義人）「地方史研究」 地方史研究協議会 55（2）通号314 2005.4

淡路史料探訪（〈前編 神戸史談会諸先賢の遺稿〉—5 諸先賢の部）（田岡香逸）「神戸史談」 神戸史談会 296 2005.6

旅の手帖 徳島・淡路・姫路震災紀行を終えて（紺谷憲夫）「とどまつ ： 北海道開拓記念館・開拓の村友の会会報」 北海道開拓記念館・開拓の村友の会 （28） 2005.11

道外文化財散歩 北に夢を描いた人々 淡路・徳島・高知の旅（佐土根靜）「文化情報」 北海道文化財保護協会 284 2005.12

淡路国府と駅路について（長谷正昭）「和歌山地理」 和歌山地理学会 （25） 2005.12

市町合併と地名—淡路の場合（《特集 地名と地図から考える歴史（1）》）（武田信一）「歴史と神戸」 神戸史学会 45（2）通号255 2006.4

『一遍聖絵』と淡路（武田信一）「あわじ ： 淡路地方史研究会会誌」 淡路地方史研究会 （24） 2007.1

天保・安政年間の淡路の反別・戸口調査記録『銘細 郡村仮名（附）帖』について（北山學）「あわじ ： 淡路地方史研究会会誌」 淡路地方史研究会 （24） 2007.1

阪神淡路大震災の記憶（阪口昌弘）「西宮文化協会会報」 西宮文化協会 （467） 2007.2

巻頭言 歴史的事件としての阪神淡路大震災（奥村弘）「史料ネットnews letter」 歴史資料ネットワーク （52） 2008.2

阪神・淡路大震災の記録を集める（講演）（佐々木和子）「松本市史研究 ： 松本市文書館紀要」 松本市 （18） 2008.3

淡路瓦の歴史—江戸時代を中心として（北山學）「ひょうご歴史文化フォーラム会報」 ひょうご歴史文化フォーラム （6） 2008.11

阪神・淡路大震災時における自治労の活動—長野県本部を中心に（卒業論文要旨）（池島知代）「御影史学論集」 御影史学研究会 通号34 2009.10

記憶からたどる阪神・淡路大震災の復旧活動—神戸市長田区役所職員の聞き取り調査から（卒業論文要旨）（林田怜菜）「御影史学論集」 御影史学研究会 通号34 2009.10

「大塩平八郎の乱」再考と淡路そして渡邊月石（大江恒雄）「あわじ ： 淡路地方史研究会会誌」 淡路地方史研究会 （27） 2010.1

巻頭言 阪神・淡路大震災から15年—資料保全活動の発展的継承に向けて（吉川圭太）「史料ネットnews letter」 歴史資料ネットワーク （61） 2010.1

創刊号でついえたか？「東神戸新聞」—創刊四日後に阪神大水害に遭遇して（吉井正彦）「歴史と神戸」 神戸史学会 49（2）通号279 2010.4

阪神・淡路大震災と救済した歴史資料のその後—地域連携と活用・研究の深まり（坂江渉）「Link ： 地域・大学・文化」 神戸大学大学院人文学研究科地域連携センター 2 2010.8

震災記録 震災時の陸上自衛隊「地域研究いたみ」 伊丹市 （40） 2011.3

阪神・淡路大震災の震災資料をめぐる現状と課題—人と防災未来センター資料室の取り組みから（特集 災害と歴史資料保全）（吉川圭太, 兒玉州平）「歴史」 東北史学会 118 2012.4

もりもとまきのアーキビストの目 所蔵資料紹介 西淀川と阪神・淡路大震災—写真が伝える、大きな被害「Ecomuse資料館だより」 あおぞら財団付属西淀川・公害と環境資料館 （40） 2012.4

淡路の豪農尊攘派と天誅組の志士たち（特集 歴史文化を活かす）（大江恒雄）「歴史と神戸」 神戸史学会 51（3）通号292 2012.6

次はあんたらの番やで—震災語り部 長谷川忠一氏インタビュー「瓦版なまず」 震災・まちのアーカイブ （28） 2013.4

藤井が語るこの資料 小さな街の大きな被害—「西淀川の震災展」の記録（患者会資料No.6228）（藤井正太）「Ecomuse資料館だより」 あおぞら財団付属西淀川・公害と環境資料館 （46） 2013.11

阪神・淡路大震災時の淡路における史・資料救出活動（フィールドレポート）（海郡伸雄）「Link ： 地域・大学・文化」 神戸大学大学院人文学研究科地域連携センター 5 2013.11

神戸御用邸の概観（特集 淡路の近世史）（高橋健司）「歴史と神戸」 神戸

史学会 52（6）通号301 2013.12

伊能忠敬の「伊能図」と淡路（特集 淡路の近世史）（大江恒雄）「歴史と神戸」 神戸史学会 52（6）通号301 2013.12

文政三年から天保十年迄廿年間 須本藩士等の賞罰事例についての一考察（特集 淡路の近世史）（北山學）「歴史と神戸」 神戸史学会 52（6）通号301 2013.12

鎌倉末期の兵庫下庄田畑数惣目録（特集 淡路の近世史）（木南弘）「歴史と神戸」 神戸史学会 52（6）通号301 2013.12

解放の視点 阪神・淡路大震災二〇年に想う（河村宗治郎）「ひょうご部落解放」 ひょうご部落解放・人権研究所 155 2014.12

阪神・淡路大震災の記憶を受け継ぐということ（特集 震災から20年、被災地からの発信）（頼政良太）「ひょうご部落解放」 ひょうご部落解放・人権研究所 155 2014.12

震災と住居—応急居住段階・仮設住宅等の問題点を中心に（特集 震災から20年、被災地からの発信）（橋本貴美男）「ひょうご部落解放」 ひょうご部落解放・人権研究所 155 2014.12

阪神・淡路大震災の負の教訓と課題（特集 震災から20年、被災地からの発信）（中島絢子）「ひょうご部落解放」 ひょうご部落解放・人権研究所 155 2014.12

新たな出発—阪神・淡路大震災20年（特集 震災から20年、被災地からの発信）（清水誠一）「ひょうご部落解放」 ひょうご部落解放・人権研究所 155 2014.12

淡路往還

近世の淡路往還と馬指について—延享三寅年立川瀬村馬指 七兵衛より（北山学）「あわじ ： 淡路地方史研究会会誌」 淡路地方史研究会 （25） 2008.2

淡路島

淡路島の虫送り—銅鐸の絵と害虫防除法についての一考察（永田誠吾）「あわじ ： 淡路地方史研究会会誌」 淡路地方史研究会 （20） 2003.1

アイヌの人たちと淡路島—北海道静内の風土を通して（五島清弘）「あわじ ： 淡路地方史研究会会誌」 淡路地方史研究会 （23） 2006.1

古代中河内と淡路島—河原からみた交流（樋口薫）「河内どんこう」 やお文化協会 （82） 2007.6

言霊の幸はふ国、淡路島のことば[1],（2）（伊郷好文）「あわじ ： 淡路地方史研究会会誌」 淡路地方史研究会 （25）／（26） 2008.2/2009.1

市外探訪 淡路島・徳島県（平成19年度文化財現地探訪報告）（事務局, 山本満寿美）「ふるさと山口」 山口の文化財を守る会 （29） 2008.6

淡路島の「大人」の由来と巨人伝承の系譜（永田誠吾）「あわじ ： 淡路地方史研究会会誌」 淡路地方史研究会 （27） 2010.1

言葉の幸はふ国、淡路島のことば（3）,（4）（伊郷好文）「あわじ ： 淡路地方史研究会会誌」 淡路地方史研究会 （27）／（28） 2010.1/2011.01

淡路島内の旧海軍海面砲台と予科練（定本義広）「あわじ ： 淡路地方史研究会会誌」 淡路地方史研究会 （27） 2010.1

淡路島と由良要塞の決戦態勢について（定本義広）「あわじ ： 淡路地方史研究会会誌」 淡路地方史研究会 （28） 2011.1

淡路島のヤマドッサン—永田与四郎家の記録（小栗栖健治）「塵界 ： 兵庫県立歴史博物館紀要」 兵庫県立歴史博物館 （23） 2012.3

巻頭写真 淡路島地震巡回調査のようす「史料ネットnews letter」 歴史資料ネットワーク （73） 2013.6

小型機による淡路島の空襲の実態—米軍資料と地元証言をもとに（原田修一）「あわじ ： 淡路地方史研究会会誌」 淡路地方史研究会 （31） 2014.1

歴史民俗探訪の見どころ 兵庫県淡路島「讃岐のやまなみ」 香川県歴史研究会 （7） 2014.4

『一遍聖絵』にみる淡路島の光景（加地和夫）「新居浜史談」 新居浜郷土史談会 （392） 2014.10

淡路国

天平10年「淡路国正税帳」に関する一考察（1）,（2）（武田信一）「あわじ ： 淡路地方史研究会会誌」 淡路地方史研究会 （17）／（18） 2000.1/2000.4

淡路国衆と菅流水軍菅平右衛門（上）（菊川兼男）「あわじ ： 淡路地方史研究会会誌」 淡路地方史研究会 （21） 2004.1

紀行文 淡路国史跡探訪（坂井邦典）「備陽史探訪」 備陽史探訪の会 （169） 2012.12

徳島藩における淡路国支配と組頭庄屋—「身分」と役職を中心に（大会発表要旨）（田中七七望）「中央史学」 中央史学会 （37） 2014.3

淡路紡績

明治中期の淡路紡績関係史料（1）伊藤重義文書に見る地方紡績業（酒井一）「新兵庫県の歴史」 兵庫県 （1） 2009.3

明治中期の淡路紡績関係史料（2）—伊藤重義文書に見る地方紡績業（酒井一）「新兵庫県の歴史」 兵庫県 （2） 2010.3

安志陣屋

近畿周辺—大名陣屋とその町その村（承前）4 近江三上陣屋/5 播磨安志

近畿　　　　　　　　　　地名でたどる郷土の歴史　　　　　　　兵庫県

陣屋（会員通信）（上田正和）「城だより」　日本古城友の会　　（539）
2013.11

粒丘
『風土記』「廝御井」「大家の里」「粒丘」「麻跡の里」の可能性（田井恭一）「東播磨 地域史論集」 東播磨地域史懇話会　（15）2009.8

家島
播磨ぶらり旅 家島（金山敏美）「Sala ： 歴史民俗誌」 常民学舎　35
2004.2

錨山
錨山と市章山（〈前編 神戸史談会諸先賢の遺稿〉―5 諸先賢の部）（神田禎次郎）「神戸史談」 神戸史談会　296　2005.6

斑鳩寺
斑鳩寺と太子町の文化財（田村三千夫）「ひょうご歴史文化フォーラム会報」 ひょうご歴史文化フォーラム　（15）2011.12

生島
坂越の歴史 生島（大西孜）「赤穂の文化研究紀要」 赤穂市文化とみどり財団　（5）2004.3

生田
年頭挨拶 生田の馬場について（加藤隆久）「神戸史談」 神戸史談会（310）2013.1

生田川
生田川の河道の遍歴（前原敏朗）「居留地の窓から ： NPO法人神戸外国人居留地研究会年報」 神戸外国人居留地研究会　5　2005.3

人権歴史マップセミナー報告 第1回「近代神戸と生田川―新川部落・賀川豊彦・神戸水平社―」「ひょうご部落解放」 ひょうご部落解放・人権研究所　150　2013.9

生田神社
年頭所感 神戸と生田神社と酒造について（加藤隆久）「神戸史談」 神戸史談会　通号305　2010.1

生野
古代の生野あれこれ（山本武男）「一里塚」 生野銀山史談会　（8）2001.3

秀吉と生野（藤本博）「一里塚」 生野銀山史談会　（8）2001.3

生野代官領の安石代について（森田忍）「但馬史研究」 但馬史研究会
26　2003.3

地名「生野」由来考察（椿野兵馬）「一里塚」 生野銀山史談会　（10）2003.10

生野の石碑（岩宮佳朗）「一里塚」 生野銀山史談会　（11）2006.3

生野代官の墨蹟（岩宮佳朗）「一里塚」 生野銀山史談会　（12）2007.3

生野に来た外国人（海崎陽一）「一里塚」 生野銀山史談会　（13）2008.3

統計からさぐる戦前の生野（山本多佳子）「一里塚」 生野銀山史談会
（13）2008.3

いくの今昔（岩宮佳朗）「一里塚」 生野銀山史談会　（13）2008.3

但馬歴史探訪 感動の明延・生野・竹田（事務局）「泉佐野の歴史と今を知る会会報」 泉佐野の歴史と今を知る会　（297）2012.9

生野銀山
生野銀山医療事情（海崎陽一）「一里塚」 生野銀山史談会　（9）2002.3

生野銀山発祥記（藤本博）「一里塚」 生野銀山史談会　（9）2002.3

日本名水紀行（24）四百年にわたる "歴史の鉱脈" を掘る―生野銀山・太閤水（井出孫六）「ATT」 ATT流域研究所　（28）2002.7

古絵図に残る幻の水路（佐藤文夫）「一里塚」 生野銀山史談会　（10）2003.10

明治維新後生野銀山が官営鉱山になった経緯（藤本博）「一里塚」 生野銀山史談会　（11）2006.3

続生野銀山医療事情（海崎陽一）「一里塚」 生野銀山史談会　（12）2007.3

銀谷廻りの大火と水利（乳原克巳）「一里塚」 生野銀山史談会　（12）2007.3

竹田城跡から生野銀山へ（来村多加史）「近畿文化」 近畿文化会事務局（694）2007.9

生野銀山あれこれ（海崎陽一）「ひょうご歴史文化フォーラム会報」 ひょうご歴史文化フォーラム　（4）2008.3

開抗1200年の大鉱山 生野銀山「郷土史紀行」 ヒューマン・レクチャー・クラブ　（52）2008.5

掛風の情報蒐集―生野銀山・藤本市兵衛義方の日記から（添田仁）「Link ： 地域・大学・文化」 神戸大学大学院人文学研究科地域連携センター　4　2012.8

生野銀山の見石（みいし）飾幕（加地和夫）「新居浜史談」 新居浜郷土史談会　（389）2013.4

生野警察署庁舎
文化財紹介 旧兵庫県警察生野警察署庁舎（田畑基）「但馬史研究」 但馬史研究会　（35）2012.3

生野工場
官営生野工場の焼打と赤瓦焼成（乳原克巳）「一里塚」 生野銀山史談会（10）2003.10

生野陣屋
生野陣屋・周辺宿泊施設（乳原克巳）「一里塚」 生野銀山史談会　（10）2003.10

生野町
千種町史に見る生野町代官所（乳原克巳）「一里塚」 生野銀山史談会（9）2002.3

生野町の住民の市町村合併に対する取り組み（渕本稔）「ひょうご部落解放」 ひょうご部落解放・人権研究所　108　2003.3

栃原区の生野編入―昭和の大合併と生野町（山本多佳子）「一里塚」 生野銀山史談会　（14）2009.3

育波
育波という古代地名（濱岡きみ子）「歴史と神戸」 神戸史学会　42（3）通号238　2003.6

石在
地名研究（97）西宮の地名探索 石在 境界と地名（1）（渋谷武弘）「歴史と神戸」 神戸史学会　48（6）通号277　2009.12

石刎
地名研究（78）西宮・宝塚の地名探索 石刎（渋谷武弘）「歴史と神戸」 神戸史学会　43（1）通号242　2004.2

石風呂
石風呂地名について（地名特集（72））（岸政一）「歴史と神戸」 神戸史学会　39（6）通号223　2000.12

出石
伊能忠敬、出石を測る（川村信雄）「但馬史研究」 但馬史研究会　（33）2010.3

出石川
近世における大規模河川井堰の構造と変容―但馬国出石郡口矢根村・出石川大井堰をめぐって（《創刊特集 大学は地域の歴史文化にどうかかわるのか―地域連携の成果と課題》）（木村修二）「Link ： 地域・大学・文化」 神戸大学大学院人文学研究科地域連携センター　1　2009.8

出石郡
古代但馬国養父郡・出石郡の山陰道に関する考察（生田隆，足立裕）「但馬史研究」 但馬史研究会　27　2004.3

伊孑志村
水と闘い水と生きた村の歴史（2）続・武庫郡伊孑志村の近世史料（大国正美）「たからづか ： 市史研究紀要たからづか」 宝塚市教育委員会（23）2007.3

伊丹
『神戸又新日報』伊丹関係記事について（橋本唯子，三村昌司）「地域研究いたみ」 伊丹市　（32）2003.3

伊丹の寺子屋・私塾と胃岡天満宮（大国正美）「地域研究いたみ」 伊丹市（33）2004.3

ひだびとの現代紀行 伊丹探訪記 一枚の写真から（長瀬公昭）「飛驒春秋 ： 飛驒郷土学会誌」 高山市民時報社　527　2004.12

伊丹における諸芸の展開（竹下喜久男）「地域研究いたみ」 伊丹市（34）2005.3

地図学者森謹斎幸安と伊丹（三好唯義，和島恭仁雄）「地域研究いたみ」 伊丹市　（34）2005.3

企業調査報告 ミノルタと伊丹「地域研究いたみ」 伊丹市　（35）2006.3

近衛家代官の領地伊丹下向について（和島恭仁雄）「地域研究いたみ」 伊丹市　（36）2007.3

摂津国川辺郡伊丹細見図と制作者翠竹観について（史料紹介）（瀬川照子）「地域研究いたみ」 伊丹市　（39）2010.3

尼崎・伊丹の史跡を訪ねる（金谷健一）「つどい」 豊中歴史同好会（284）2011.9

特別寄稿 近世江戸積み酒造業と原料米の流通―伊丹酒造業と高槻藩の郷払い米（石川道子）「大阪歴史懇談会 」 大阪歴史懇談会　（26）2012.8

素描・伊丹の地域史研究―小林杖吉による私立伊丹図書館の開設を起点に（研究ノート）（川内淳史）「地域研究いたみ」 伊丹市　（42）2013.3

特集にあたって（特集 在郷町伊丹の歴史と発展）（大阪歴史学会委員会）「ヒストリア ： journal of Osaka Historical Association」 大阪歴史学会　（246）2014.10

在郷町伊丹研究の成果と課題（特集 在郷町伊丹の歴史と発展）（今井修平）「ヒストリア ： journal of Osaka Historical Association」 大阪歴史学会　（246）2014.10

在郷町伊丹の近代化過程―鉄道敷設過程をとおして（特集 在郷町伊丹の歴史と発展）（久野洋）「ヒストリア ： journal of Osaka Historical Association」 大阪歴史学会　（246）2014.10

伊丹街道

郷土の史跡探訪（2）伊丹街道沿い（浅田尚子）「文化財ニュース豊中」豊中市教育委員会 （34）2006.11

伊丹郷

原典に返る―「寛文9年伊丹郷町絵図」の再検討（和島恭仁雄）「地域研究いたみ」伊丹市 （32）2003.3

伊丹郷町

研究ノート 伊丹天王町と大広寺村との天水出入り一件について―近世伊丹郷町における都市改造に関する覚え書き（和島恭仁雄）「地域研究いたみ」伊丹市 （37）2008.3

猪名川通船の伊丹郷町入船と役割（史料調査報告）（大国正美）「地域研究いたみ」伊丹市 （40）2011.3

幕末期伊丹郷町の治安維持と町運営（加藤明恵）「地域研究いたみ」伊丹市 （43）2014.3

伊丹郷町の文化的特質―郷学明倫堂橋本香坡と幕末伊丹の町人文化（特集 在郷町伊丹の歴史と発展）（今井美紀）「ヒストリア： journal of Osaka Historical Association」大阪歴史学会 （246）2014.10

伊丹産業株式会社

震災記録 震災時の伊丹産業株式会社「地域研究いたみ」伊丹市 （38）2009.3

伊丹市

震災記録 伊丹市交通局の活動「地域研究いたみ」伊丹市 （32）2003.3

昨今の伊丹市市制70周年に因んで「伊丹モダニズム 再発見」（随筆春秋）（坂上義太郎）「大阪春秋」新風書房 39（1）通号142 2011.4

史料紹介 伊丹市立博物館所蔵の唐箕について（西尾嘉美）「地域研究いたみ」伊丹市 （43）2014.3

伊丹市水道局

震災当時の伊丹市水道局「地域研究いたみ」伊丹市 （33）2004.3

伊丹道

歴史散歩（1）源平の史跡を訪ねて『一ノ谷から須磨寺へ』、（2）伊丹道を行く、（3）猪名寺～田能 史跡と石造物を訪ねて（平成25年度尼崎郷土史研究会実施行事）「みちしるべ： 尼崎郷土史研究会々誌」尼崎郷土史研究会 （42）2014.3

伊丹飛行場

伊丹飛行場の成立の背景と戦時期の軍用飛行場の実態（塚崎昌之）「地域研究いたみ」伊丹市 （39）2010.3

板宿村

歴史探訪「村」めぐりシリーズ（3）―板宿村（前田章賀）「神戸史談」神戸史談会 292 2003.7

市川

播磨市川・加古川の遺跡を楽しく歩く（水野正好）「近畿文化」近畿文化会事務局 （683）2006.10

市島

江戸時代中期・後期 市島の領主たち（荒木大三）「いちじま史研」丹波市市島町史実研究会 （51）2007.4

中学生の市島の歴史（3）～（6）（荒木祐夫）「いちじま史研」丹波市市島町史実研究会 （52）/（55）2008.4/2011.04

市島町

古文書研究「依田家文書」（古文書講座部会）「いちじま史研」丹波市市島町史実研究会 （48）2004.4

地名あれこれ（大槻良雄）「いちじま史研」丹波市市島町史実研究会 （49）2005.4

中学生のいちじまの歴史（荒木祐夫）「いちじま史研」丹波市市島町史実研究会 （50）2006.4

古文書にみる村の生活（福井輝一）「いちじま史研」丹波市市島町史実研究会 （50）2006.4

中学生のいちじまの歴史（荒木祐夫）「いちじま史研」丹波市市島町史実研究会 （51）2007.4

地名漫歩（大槻良雄）「いちじま史研」丹波市市島町史実研究会 （53）2009.4

市島町の地名（大槻良雄）「いちじま史研」丹波市市島町史実研究会 （54）2010.4

丹波市市島町における被災状況調査（特集 2014年8月豪雨災害での史料保全活動）（前田結城，小野塚航一）「史料ネットnews letter」歴史資料ネットワーク （77）2014.12

市助町

エッセイ 市助町（遠山猛）「小野史談」小野の歴史を知る会 （59）2012.7

一の谷

白川鷲尾の系図――一の谷合戦の真相を物語る系図（梅村伸雄）「兵庫歴研」兵庫歴史研究会 （19）2003.4

一の谷内裡址標石の移転（〈前編 神戸史談会諸先賢の遺稿〉―5 諸先賢の部）（木村昇三）「神戸史談」神戸史談会 296 2005.6

「義経の」"一の谷"の坂落し（三浦真厳）「神戸史談」神戸史談会 通号297 2006.1

源平の一の谷合戦物語―第一章 義経の鵯越逆落しの考察（重成裕）「神戸史談」神戸史談会 通号299 2007.1

源平の一の谷合戦物語（2），（3）（重成裕）「神戸史談」神戸史談会 通号300/通号301 2007.7/2008.1

いくさ場の描かれ方―兵庫県立歴史博物館本 一の谷合戦図屏風（前田徹）「塵界： 兵庫県立歴史博物館紀要」兵庫県立歴史博物館 （22）2011.3

歴史のしおり「義経の連れは誰？―一ノ谷合戦図小考―」（池田伸子）「The amuseum」埼玉県立歴史と民俗の博物館 6（2）通号17 2011.9

一ノ谷

歴史散歩（1）源平の史跡を訪ねて『一ノ谷から須磨寺へ』、（2）伊丹道を行く、（3）猪名寺～田能 史跡と石造物を訪ねて（平成25年度尼崎郷土史研究会実施行事）「みちしるべ： 尼崎郷土史研究会々誌」尼崎郷土史研究会 （42）2014.3

一の谷城

一の谷城と鵯越の逆落とし（梅村伸雄）「兵庫歴研」兵庫歴史研究会 （30）2014.4

猪名

研究ノート（6）「摂津職河辺郡猪名所地図」の成立をめぐる一試論（楞野一裕）「しながどり： （仮称）尼崎市立歴史博物館準備室だより」尼崎市教育委員会歴史博物館準備室 12 2001.10

猪名川

猪名川の水害と水防（松田佑）「みちしるべ： 尼崎郷土史研究会々誌」尼崎郷土史研究会 （36）2008.3

猪名川通船と船着場―下河原と雲正坂下（史料調査報告）（中川すがね）「地域研究いたみ」伊丹市 （40）2011.3

猪名川通船の積み荷―荷物送り状を中心に（研究ノート）（大黒恵理）「地域研究いたみ」伊丹市 （41）2012.3

神戸・阪神歴史講座 第8回「八十嶋」―神崎川・猪名川下流域の古代史を学ぶ「歴史と神戸」神戸史学会 52（1）通号296 2013.2

事業報告 平成二十五年度春季テーマ展「旧村シリーズ 東桑津と西桑津～猪名川治水と空港造成～」（吉川潤）「地域研究いたみ」伊丹市 （43）2014.3

猪名川町

猪名川流域をたどる（1）―猪名川町の文化財（藤井直正）「近畿文化」近畿文化会事務局 669 2005.8

猪名寺

歴史・文化を活かしたまちづくり―尼崎市猪名寺自治会の取り組み（特集 歴史文化を活かす）（内田大造）「歴史と神戸」神戸史学会 51（3）通号292 2012.6

歴史散歩（1）源平の史跡を訪ねて『一ノ谷から須磨寺へ』、（2）伊丹道を行く、（3）猪名寺～田能 史跡と石造物を訪ねて（平成25年度尼崎郷土史研究会実施行事）「みちしるべ： 尼崎郷土史研究会々誌」尼崎郷土史研究会 （42）2014.3

猪名野

万葉の故地、猪名野を行く（白石静香）「みちしるべ： 尼崎郷土史研究会々誌」尼崎郷土史研究会 （31）2003.3

猪名川流域をたどる（4）猪名野をめぐる歴史（藤井直正）「近畿文化」近畿文化会事務局 （698）2008.1

行基の足跡を訪ねて（3）―摂津猪名野・武庫・兵庫（泉森皎）「近畿文化」近畿文化会事務局 （757）2012.12

猪名荘

東大寺領猪名荘とその絵図（市大樹）「つどい」豊中歴史同好会 （304）2013.5

旧乾邸庭園

兵庫の庭園逍遥（3）旧乾邸庭園について（西桂）「Sala： 歴史民俗誌」常民学舎 （52）2012.8

揖保川

揖保川高瀬舟の舟着場（会報部）「山崎郷土会報」山崎郷土研究会 （122）2014.3

揖保郡

播磨風土記 再考（2）―揖保郡にみる新旧の対立と交替（寺本躬久）「歴史と神戸」神戸史学会 44（1）通号248 2005.2

戦間期における同業組合の販売促進事業―兵庫県揖保郡の素麺業を事例に（〈大阪歴史学会への提言〉）（久岡道武）「ヒストリア： journal of Osaka Historical Association」大阪歴史学会 （200）2006.6

近畿　　地名でたどる郷土の歴史　　兵庫県

今宿
地名研究 (74) 姫路市今宿の小字地名について (田中早春)「歴史と神戸」神戸史学会　40 (4) 通号227　2001.8

鋳物師
鋳物師地区調査の概要 (山名晶子)「地域研究いたみ」伊丹市　(33)　2004.3

伊由荘
中世に朝来伊由荘を襲った洪水—災害関連史料の掘り起こし (史料紹介) (瀬戸谷晧)「但馬史研究」但馬史研究会　(33) 2010.3

岩屋
西国街道・岩屋から三宮まで—9月例会より (道谷卓)「神戸史談」神戸史談会　291　2003.1

上田村
氷上郡上田村の村方騒動について (吉住成徳)「いちじま史研」丹波市島町史実研究会　(50) 2006.4

上野村
上野村年貢免定 (岸添和義)「歴史と神戸」神戸史学会　47 (3) 通号268　2008.6

魚崎郷
神戸歴史見聞録 (25) 木造酒蔵の風景—魚崎郷・御影郷・西郷 (関野豊)「博物館だより」神戸市立博物館　(106) 2014.9

魚崎村
近世中後期、西摂地域の人口と社会—菟原郡魚崎村を中心に (〈部会報告〉) (寺田匡宏)「ヒストリア ： journal of Osaka Historical Association」大阪歴史学会　(173) 2001.1

うづら野
うづら野遊女塚と出見世 (喜谷進一朗)「播磨郷土研究」加西郡郷土研究会　(24) 2008.11

鶉野飛行場
姫路海軍航空隊基地—通称「鶉野飛行場」工事事務所に勤務して (藤原昭三)「播磨郷土研究」加西郡郷土研究会　(27) 2011.11

姫路海軍航空隊鶉野基地 (続)—通称「鶉野飛行場」工事事務所退職以後のこと (藤原昭三)「播磨郷土研究」加西郡郷土研究会　(28) 2013.3

旧内田邸 (天理教兵神大教会) 庭園
兵庫の庭園再訪 (5) 旧内田邸 (天理教兵神大教会) 庭園について (西桂)「歴史と神戸」神戸史学会　52 (1) 通号296　2013.2

打出
打出焼の歴史 (藤川祐作)「生活文化史」神戸・深江生活文化史料館　(37) 2009.3

八景が描かれた打出焼 (夙川八景—打出焼) (藤川祐作)「生活文化史」神戸・深江生活文化史料館　(38) 2010.3

打出焼と精道村尚歯会 (藤川祐作)「生活文化史」神戸・深江生活文化史料館　(39) 2011.3

有年宿
幕末山陽道 有年宿の旅人たち (室井正彰)「赤穂の文化研究紀要」赤穂市文化とみどり財団　(6) 2012.2

馬指
近世の淡路往還と馬指について—延享三寅年立川瀬村馬指 七兵衛より (北山学)「あわじ ： 淡路地方史研究会会誌」淡路地方史研究会　(25) 2008.2

閏賀
台風9号と宍粟市一宮町閏賀地区区有文書 (板垣貴志)「史料ネットnews letter」歴史資料ネットワーク　(64) 2010.12

雲正坂下
猪名川通船と船着場—下河原と雲正坂下 (史料調査報告) (中川すがね)「地域研究いたみ」伊丹市　(40) 2011.3

益習館跡庭園
兵庫の庭園逍遥 (7) 益習館跡庭園について (西桂)「Sala ： 歴史民俗誌」常民学舎　(56) 2014.8

江坂町
「大宮警察署江坂町巡査駐在所」(定本義広)「あわじ ： 淡路地方史研究会会誌」淡路地方史研究会　(29) 2012.1

塩山
塩山の歴史 (谷井伴夫)「山崎郷土会報」山崎郷土研究会　(114) 2009.9

淡河
史料紹介 淡河の羽柴秀吉制札 (木村修二，村井良介)「ヒストリア ： journal of Osaka Historical Association」大阪歴史学会　(194) 2005.3

淡河の歴史を訪ねて (〈前編 神戸史談会諸賢の遺稿〉)—1 歴代会長の

部) (下田勉)「神戸史談」神戸史談会　296　2005.6

編集部から—三木と淡河への秀吉制札をめぐって「歴史と神戸」神戸史学会　49 (3) 通号280　2010.6

羽柴秀吉と淡河楽市 (長澤伸樹)「ヒストリア ： journal of Osaka Historical Association」大阪歴史学会　(232) 2012.6

王子町
1450年頃の王子町 (4)，(5) (神生昭夫)「小野史談」小野の歴史を知る会　34/35　2000.1/2000.7

青木
神戸市東灘区青木所在の火の見櫓について (望月浩)「生活文化史」神戸・深江生活文化史料館　(31) 2003.3

大鹿村
大根屋改革と大鹿村—武田丈蔵氏所蔵史料の紹介をかねて (中川すがね)「地域研究いたみ」伊丹市　(32) 2003.3

史料紹介 大鹿村の高札 (山形隆司)「地域研究いたみ」伊丹市　(42) 2013.3

大庄村
史料紹介「嗚呼昭和九年九月二十一日」—室戸台風被災記録—付「昭和九年九月二十一日 武庫郡大庄村大風水被害実況」アルバム (田中敦)「地域史研究 ： 尼崎市立地域研究史料館紀要 ： Bulletin of the history of Amagasaki」尼崎市立地域研究史料館　35 (1) 通号100　2005.9

昭和戦前期における旧大庄村地域の土地区画整理事業—「旧大庄村芋地区森源逸氏文書」を手掛かりとして (森本米紀)「地域史研究 ： 尼崎市立地域研究史料館紀要 ： Bulletin of the history of Amagasaki」尼崎市立地域研究史料館　36 (2) 通号103　2007.3

大庄村役場
村野藤吾の旧大庄村役場をめぐって—建築史の立場から (笠原一人)「地域史研究 ： 尼崎市立地域研究史料館紀要 ： Bulletin of the history of Amagasaki」尼崎市立地域研究史料館　33 (2) 通号97　2004.3

大部荘
東播磨の悪党—東大寺領大部荘を中心として (坂田大爾)「小野史談」小野の歴史を知る会　41　2003.10

播磨国における南北朝内乱の影響—東大寺領・大部荘を題材に (八代醍ひとみ)「小野史談」小野の歴史を知る会　(50) 2008.1

播磨国における南北朝内乱の影響—東大寺領・大部荘を題材に (後) (八代醍ひとみ)「小野史談」小野の歴史を知る会　(51) 2008.7

大山先生講演録 浄土寺・重源・大部荘 (大山喬平)「小野史談」小野の歴史を知る会　(63) 2014.7

大家の里
『風土記』「腸御井」「大家の里」「粒丘」「麻跡の里」の可能性 (田井恭一)「東播磨 地域史論集」東播磨地域史懇話会　(15) 2009.8

大屋町
山村における焼畑の衰退と林野利用の変化—兵庫県養父郡大屋町を例として (赤石直美)「歴史地理学」歴史地理学会，古今書院 (発売) 46 (3) 通号219　2004.6

大山荘
丹波国大山荘における荘家・東寺の守護勢力対策—14世紀後期の交渉形態から (村上潔)「年報中世史研究」中世史研究会　(28) 2003.5

丹波国大山荘における荘家・東寺の守護勢力対策—14世紀後期の交渉形態から (村上潔)「年報中世史研究」中世史研究会　(29) 2004.5

大輪田泊
「大輪田泊の位置」一試論 (地名特集 (72)) (太田義和)「歴史と神戸」神戸史学会　39 (6) 通号223　2000.12

坤元録が語る大輪田泊 (梅村伸雄)「神戸史談」神戸史談会　295　2005.1

平清盛の (兵庫) 経の島と大輪田の泊—平成19年新年例会講演 (田中久夫)「神戸史談」神戸史談会　通号300　2007.7

大輪田橋
大輪田橋飾り柱の戦災・震災モニュメント (和田武司)「神戸史談」神戸史談会　295　2005.1

人権歴史マップセミナー報告 第2回「大輪田橋と神戸空襲戦没者慰霊碑—犠牲者を記録すること—」「ひょうご部落解放」ひょうご部落解放・人権研究所　150　2013.9

奥
奥方面探訪と雑感 (夜久俊助)「一里塚」生野銀山史談会　(12) 2007.3

奥銀谷小学校
明治時代の奥銀谷小学校 (山本多佳子)「一里塚」生野銀山史談会　(12) 2007.3

奥平野村
邪馬臺国・卑彌呼・臺與の読み方と奥平野村の起源について (服部晃)

兵庫県　　　　　　　　　　地名でたどる郷土の歴史　　　　　　　　　　近畿

「神戸史談」神戸史談会　通号306　2010.7

旧小河氏庭園

兵庫の庭園再訪(1)旧小河氏庭園について(西桂)「歴史と神戸」神戸史学会　49(2)通号279　2010.4

兵庫の庭園逍遥(1)旧小河氏庭園について(西桂)「Sala：歴史民俗誌」常民学舎　(50)　2011.10

小坂田村

近世後期の小坂田村の在地代官と御用状支配―旗本貞仲系服部氏の事例(史料調査報告)(大国正美)「地域研究いたみ」伊丹市　(38)　2009.3

消えた村の記憶・川辺郡小坂田村の諸事覚書(史料調査報告)(中川すがね)「地域研究いたみ」伊丹市　(38)　2009.3

小代

小代残酷ものがたり(井上孝)「但馬史研究」但馬史研究会　(30)　2007.3

「小代一揆」と秀吉(西尾孝昌)「但馬史研究」但馬史研究会　(31)　2008.3

小田

小田地区(尼崎の伝説)(羽間美智子)「みちしるべ：尼崎郷土史研究会々誌」尼崎郷土史研究会　(33)　2005.3

小田地区に新たな道標が出現(田中實)「みちしるべ：尼崎郷土史研究会々誌」尼崎郷土史研究会　(42)　2014.3

越知谷

新連載 忘れ去られつつある生活文化 私と越知谷地域―お正月の準備(井上知美)「Sala：歴史民俗誌」常民学舎　(49)　2011.2

忘れ去られつつある生活文化 私と越知谷地域(3)木馬引き―一枚の写真から(井上知美)「Sala：歴史民俗誌」常民学舎　(51)　2012.2

忘れ去られつつある生活文化 私と越知谷地域(4)昔の峠道を歩いて、青倉さん参り(井上知美)「Sala：歴史民俗誌」常民学舎　(52)　2012.8

忘れ去られつつある生活文化 私と越知谷地域(5)旧白口峠を歩いてみた(井上知美)「Sala：歴史民俗誌」常民学舎　(53)　2013.2

忘れ去られつつある生活文化 私と越知谷地域(6)千ヶ峰の草刈り場への道を歩いてみた(井上知美)「Sala：歴史民俗誌」常民学舎　(54)　2013.8

忘れ去られつつある生活文化 私と越知谷地域(7)幻の作畑銀山を追い求めて(井上知美)「Sala：歴史民俗誌」常民学舎　(55)　2014.2

忘れ去られつつある生活文化 私と越知谷地域(8)作畑観音堂からみる上生野とのつながり(井上知美)「Sala：歴史民俗誌」常民学舎　(56)　2014.8

処女塚

処女塚伝説考(中村修)「古代史の海」「古代史の海」の会　(41)　2005.9

小野

故郷の史跡をたずねて(6)、(7)(小林茂美)「小野史談」小野の歴史を知る会　34/35　2000.1/2000.7

史料にみる近世の小野(石野茂三)「小野史談」小野の歴史を知る会　37　2001.7

「小野の歴史を知る会」20周年の歩み「小野史談」小野の歴史を知る会　41　2003.10

小野の歴史を知る会創立20周年を終って(内藤正克)「小野史談」小野の歴史を知る会　(42)　2004.1

市民による企画展 拓本でみる隠れた小野の史跡/予告 乞ご期待！講談で綴る〈ふるさと小野〉音楽絵巻「小野史談」小野の歴史を知る会　(46)　2006.1

小野の昭和史こぼれ話(遠山猛)「小野史談」小野の歴史を知る会　(47)　2006.7

表紙 小野の道標「小野史談」小野の歴史を知る会　(50)　2008.1

歴史エッセイ 縁は異なもの味なもの―小野・一柳家と九鬼家・白洲家(佐野允彦)「小野史談」小野の歴史を知る会　(58)　2012.1

歴史エッセイ 縁とは異なもの味なもの―小野・一柳家と九鬼家・白洲家(続)(佐野允彦)「小野史談」小野の歴史を知る会　(60)　2013.1

おの歴史散歩(佐野允彦)「小野史談」小野の歴史を知る会　(62)　2014.1

小野市

小野市の歩みと議員と市長等の年譜(上)～(5)最終回(蓬莱由雄)「小野史談」小野の歴史を知る会　37/42　2001.7/2004.1

小野市史編纂の歩み(石野茂三)「小野史談」小野の歴史を知る会　41　2003.10

「中学校郷土資料小野市」を読む「小野史談」小野の歴史を知る会　(45)　2005.7

地域歴史文化における大学の役割―神戸大学と小野市の連携を中心に(《創刊特集 大学は地域の歴史文化にどうかかわるのか―地域連携の成果と課題》)(奥村弘)「Link：地域・大学・文化」神戸大学大学

院人文学研究科地域連携センター　1　2009.8

小野市立好古館展示紹介「秀吉・官兵衛と一柳直末」、「北播磨の近代化を支えた建築家『内藤克雄』展」「小野史談」小野の歴史を知る会　(63)　2014.7

小野市中学校

小野市中学校郷土資料「小野史談」小野の歴史を知る会　(51)　2008.7

小野藩

近世後期小野藩における捨子と地域社会(三木えり子)「歴史と神戸」神戸史学会　41(3)通号232　2002.6

近世後期小野藩における捨子と地域社会(三木えり子)「小野史談」小野の歴史を知る会　40　2003.1

陣屋と大名(承前)陣屋大名の家臣団とその例 播磨小野藩(会員通信)(上田正和)「城だより」日本古城友の会　(519)　2012.3

陣屋と大名(承前)陣屋大名の家臣団とその例 播磨小野藩(会員通信)(上田正和)「城だより」日本古城友の会　(520)　2012.4

表紙 小野藩関係文書「丙馬録」「小野史談」小野の歴史を知る会　(63)　2014.7

小林荘

勧修寺家領摂津国小林荘について(渡邊大門)「たからづか：市史研究紀要たからづか」宝塚市教育委員会　(21)　2004.11

垣内

火揚げ(姫路市網干区垣内)(増田政利)「Sala：歴史民俗誌」常民学舎　(51)　2012.2

元服(姫路市網干区垣内)(増田政利)「Sala：歴史民俗誌」常民学舎　(52)　2012.8

柏原

ふるさと探訪 市内社寺・史跡めぐり(柏原地区)(史実研究会)「いちじま史研」丹波市市島町史実研究会　(54)　2010.4

開明小学校

聞き書き ありし日のまちと暮らし(12)開明小学校の塀に残る機銃掃射の跡が教えてくれるもの(1)―西の空に現れた戦闘機の幻(井上眞理子)「歴史と神戸」神戸史学会　43(4)通号245　2004.8

記憶される学校の空間要素とその特性―尼崎市立開明小学校を事例として(伊藤昭裕)「地域史研究：尼崎市立地域研究史料館紀要：Bulletin of the history of Amagasaki」尼崎市立地域研究史料館　34(1)通号98　2004.9

聞き書き ありし日のまちと暮らし(13)開明小学校の塀に残る機銃掃射の跡が教えてくれるもの(2)―今日よりは6月という夏空の(井上眞理子)「歴史と神戸」神戸史学会　43(5)通号246　2004.10

「尼崎市立開明小学校」の廃校から「尼崎市役所開明庁舎」へ(山本敏史)「地域史研究：尼崎市立地域研究史料館紀要：Bulletin of the history of Amagasaki」尼崎市立地域研究史料館　(114)　2014.11

加古川

近世における加古川の舟運(桑田優)「兵庫のしおり」兵庫県　5　2003.3

天保4年加古川筋百姓「騒立」考(1)～(3)(砂子了一)「小野史談」小野の歴史を知る会　41/(43)　2003.10/2004.7

宿 歴史の残像を訪ねて(播磨ぶらり旅(5)加古川)(阿木鉄郎)「Sala：歴史民俗誌」常民学舎　(36)　2004.8

加古川の史跡を尋ねて(伊藤恒夫)「つどい」豊中歴史同好会　201　2004.12

播磨加古川の川船(川名登)「利根川文化研究」利根川文化研究会　通号27　2005.11

附録史料(加古川水運史料)「利根川文化研究」利根川文化研究会　通号27　2005.11

播磨市川・加古川の遺跡を楽しく歩く(水野正好)「近畿文化」近畿文化会事務局　(683)　2006.10

丹波州川筋「水尾洗い高瀬所な労談書」加古川の舟運、高瀬舟と筏(芦田卯朗)「丹波」丹波史懇話会　(27)　2007.6

新発見の中世瓦を追って―岡田貞治氏蒐集品と加古川・鶴林寺(《特集 中世史料を読み直す》)(浅岡俊夫)「歴史と神戸」神戸史学会　46(3)通号262　2007.6

加古川「かつめし」のルーツをたどって(《特集 受けつがれる部落の文化》)(東田寿啓)「ひょうご部落解放」ひょうご部落解放・人権研究所　134　2009.9

加古川の古代から地域を考える―私的素描(岡本一士)「ひょうご歴史文化フォーラム会報」ひょうご歴史文化フォーラム　(9)　2009.12

加古川流域の舟運と住吉神社紀行(福田益男，花垣信夫，松本和子)「東播磨 地域史論集」東播磨地域史懇話会　(16)　2010.10

播磨加古川筋の百姓一揆と近藤亀蔵(松木守一)「小松史談」小松史談会　(139)　2013.1

古代加古川河口の歴史的環境(清水一文)「摂播歴史研究」摂播歴史研究会　(62)　2013.11

播州加古川筋の百姓一揆と近藤亀蔵(松木守一)「小松史談」 小松史談会 (140) 2014.1

加古川宿
加古川宿の盛衰(山本祐作)「東播磨 地域史論集」 東播磨地域史懇話会 (17) 2010.9

加西
松岡家と加西、北条—柳田国男を中心として(藤原昭三)「播磨郷土研究」 加西郡郷土研究会 (19) 2003.11

加西の戦争と平和—古家實三氏、昭和20年代の日記より 敗戦の年の戦局を抄録[1]〜(3)(藤原昭三)「播磨郷土研究」 加西郡郷土研究会 (24)/(26) 2008.11/2010.11

加西の文化人 児島尚善の基礎調査(8)—地元に残る尚善関係の資料・遺跡について(三枝正平)「播磨郷土研究」 加西郡郷土研究会 (29) 2014.3

河西
河西の川と橋(尼崎弘幸)「播磨郷土研究」 加西郡郷土研究会 (23) 2007.11

加西郡
播磨国加西郡の紙幣(脇坂俊夫)「播磨郷土研究」 加西郡郷土研究会 (20) 2004.11

加西郡史蹟雑話(〈前編 神戸史談会諸先賢の遺稿〉)—5 諸先賢の部(三枝角太郎)「神戸史談」 神戸史談会 296 2005.6

近世加西郡の津出(吉田省三)「播磨郷土研究」 加西郡郷土研究会 (25) 2009.11

加西市
播磨ぶらり散歩(2) ロマンの歴史街道・加西市(古角田鶴子)「Sala ： 歴史民俗誌」 常民学舎 33 2003.2

梶
地名考「梶」と「カンジヤ」—地名に秘められたる謎 歴史とその実像に迫る(後藤靖生)「丹波史」 丹波史懇話会 21 2001.6

樫ヶ谷トンネル
随筆 樫ヶ谷トンネルと舞子袴線橋—山陽電鉄舞子駅付近の身近な近代化遺産(田中正文)「神戸史談」 神戸史談会 (310) 2013.1

賀嶋城
天正期賀嶋城合戦に関する一考察(桑名洋一)「伊予史談」 伊予史談会 (372) 2014.1

樫山町
考地遊記—樫山町(國井正胤)「小野史談」 小野の歴史を知る会 41 2003.10

廝御井
『風土記』「廝御井」「大家の里」「粒丘」「麻跡の里」の可能性(田井恭一)「東播磨 地域史論集」 東播磨地域史懇話会 (15) 2009.8

柏原藩陣屋
丹波市の歴史と文化財—遠身寺と柏原藩陣屋を中心として(芦田岩男)「ひょうご歴史文化フォーラム会報」 ひょうご歴史文化フォーラム (17) 2012.8

春日
ふるさと探訪 市内社寺・史跡めぐり(春日地区)(藤田富子)「いちじま史研」 丹波市市島町史実研究会 (55) 2011.4

鹿集城
鹿集城と城主吉見氏(荒木大三)「いちじま史研」 丹波市市島町史実研究会 (58) 2014.4

片山
1450年頃の久茂・片山・下大部町[1]〜(9)(神生昭夫)「小野史談」 小野の歴史を知る会 37/(45) 2001.7/2005.7

勝雄不動滝
神戸歴史見聞録(7) 勝雄不動瀧(池田毅)「博物館だより」 神戸市立博物館 85 2004.7

加東郡
日清戦争期の婦人軍事援護団体—加東郡婦人公会を事例として(人見佐知子)「神戸大学史学年報」 神戸大学史学研究会 (20) 2005.6

大塩平八郎の乱と近世加東郡地方—大塩平八郎の乱と近世加東郡地方との関係について(片岡正光)「小野史談」 小野の歴史を知る会 (49) 2007.7

金屋村
寛文年間(1660〜73)頃の金屋村について(北山學)「あわじ ： 淡路地方史研究会会誌」 淡路地方史研究会 (28) 2011.1

知行付百姓の給知割について一考察—金屋村・鮎原上村給人抑知帳を中心に(北山學)「あわじ ： 淡路地方史研究会会誌」 淡路地方史研究会 (29) 2012.1

鹿庭山
佐用・宍粟タタラの神々の再考と鹿庭山麓の地名(鳥羽弘毅)「Sala ： 歴史民俗誌」 常民学舎 (40) 2006.8

金ヶ崎
金ヶ崎艶笑譚(2)(髙橋忠男)「金ヶ崎史談」 金ヶ崎史談会 (35) 2004.4

金ヶ崎の算額(木村國男)「金ヶ崎史談」 金ヶ崎史談会 (35) 2004.4

甲山
長期裁判を許さないために 甲山裁判から考える(麻田光広)「ひょうご部落解放」 ひょうご部落解放・人権研究所 95 2000.9

甲山事件から(荒木潔)「ひょうご部落解放」 ひょうご部落解放・人権研究所 95 2000.9

上川
天明8(1788)年の巡見使道を辿る—上川面のいま・むかし(大垣文男)「たからづか ： 市史研究紀要たからづか」 宝塚市教育委員会 (25) 2011.3

香美町
地域の歴史文化遺産を継承するたびに—香美町「ふるさとガイド」の取り組み(フィールドレポート)(石松崇)「Link ： 地域・大学・文化」 神戸大学大学院人文学研究科地域連携センター 5 2013.11

上東条村
加東郡上東条村小作争議記念碑を訪ねて(木津力松)「歴史と神戸」 神戸史学会 43(3)通号244 2004.6

《特集 兵庫農民運動史の諸相1上東条村の小作争議》「歴史と神戸」 神戸史学会 44(2)通号249 2005.4

上東条村小作争議と加東郡水平社(山本英孝)「歴史と神戸」 神戸史学会 44(2)通号249 2005.4

加東郡上東条村小作争議と放火・弾圧事件(木津力松)「歴史と神戸」 神戸史学会 44(2)通号249 2005.4

上の島
上の島に伝わる文化 差別を笑い飛ばす民衆の力《特集 受けつがれる部落の文化》(川面千鶴子)「ひょうご部落解放」 ひょうご部落解放・人権研究所 134 2009.9

上の島に伝わる文化 土鍋で作る、油かす飯 秘伝のレシピ《特集 受けつがれる部落の文化》「ひょうご部落解放」 ひょうご部落解放・人権研究所 134 2009.9

伽耶院庭園
兵庫の庭園逍遥(6) 伽耶院庭園について(西桂)「Sala ： 歴史民俗誌」 常民学舎 (55) 2014.2

賀陽宮須磨別邸
有栖川宮舞子別邸と賀陽宮須磨別邸(村上忠男)「歴史と神戸」 神戸史学会 50(2)通号285 2011.4

唐荷島
室津よもやま話(2) 唐荷島(2)(柏山泰訓)「嶋屋友の会だより」 「嶋屋」友の会 (34) 2008.6

河尻
河尻の檜物商人(大村拓生)「地域史研究 ： 尼崎市立地域研究史料館紀要 ： Bulletin of the history of Amagasaki」 尼崎市立地域研究史料館 35(2)通号101 2006.3

行基設置の楊津院と河尻(西本昌弘)「地域史研究 ： 尼崎市立地域研究史料館紀要 ： Bulletin of the history of Amagasaki」 尼崎市立地域研究史料館 37(1)通号104 2007.9

難波津から河尻へ—中世的流通構造の成立過程(橘田正徳)「古文化談叢」 九州古文化研究会 70 2013.10

川西市
川西市内に残る力士の碑(藤田孝)「播磨郷土研究」 加西郡郷土研究会 (23) 2007.11

兵庫県川西市・神戸市(歴史民俗探訪の見どころ)「讃岐のやまなみ」 香川県歴史研究会 (6) 2013.4

川西町
阪神大地震10年図巻(部分)—西宮市香櫨園校区川西町「西宮文化協会会報」 西宮文化協会 437 2004.8

河原町
講演会 町・浜・交流—河原町の歴史と都市民俗学から「西宮文化協会会報」 西宮文化協会 (452) 2005.11

川東古道
川東古道(下村哲三)「山崎郷土会報」 山崎郷土研究会 103 2004.4

川辺郡
再び兵庫の部落史に学ぶ(7) 徳川検地(延宝検地)と近世部落の成立—摂津国川辺郡猪名川流域の部落史(安達五男)「ひょうご部落解放」

兵庫県　　　　　　　　　　　　地名でたどる郷土の歴史　　　　　　　　　　　　近畿

ひょうご部落解放・人権研究所　133　2009.6

瓦葺駅家

山陽道瓦葺駅家の定様（岸本道昭）「兵庫のしおり」　兵庫県　（10）　2008.3

神吉城

神吉城の攻防（山本祐作）「東播磨 地域史論集」　東播磨地域史懇話会　（15）　2009.8

神崎駅

神崎駅・尼崎駅・福知山線の話 付「西宮駅エビスさんの臨時列車」と「明治33年全国鉄道地図」（西本珠夫）「みちしるべ : 尼崎郷土史研究会々誌」　尼崎郷土史研究会　（39）　2011.3

神崎川

神戸・阪神歴史講座 第8回「八十嶋」―神崎川・猪名川下流域の古代史を学ぶ「歴史と神戸」　神戸史学会　52（1）通号296　2013.2

神崎郡

神崎郡の地名若干について（1）～（3）（地名特集（72）～（74））（建部恵潤）「歴史と神戸」　神戸史学会　39（6）通号223/40（4）通号227　2000.12/2001.8

神崎工場

『神崎工場物語』補遺―戦前の紡績女子労働者に聞く（三輪泰史）「地域史研究 : 尼崎市立地域研究史料館紀要 : Bulletin of the history of Amagasaki」　尼崎市立地域研究史料館　39（2）通号109　2010.3

感状山城

感状山城跡をめぐって（内樋三三）「備陽史探訪」　備陽史探訪の会　（147）　2009.4

旧関西学院ブランチ・メモリアル・チャペル

神戸歴史見聞録（13）旧関西学院ブランチ・メモリアル・チャペル（三好唯義）「博物館だより」　神戸市立博物館　（93）　2008.3

鹿場村

中竹田村、鹿場村、三井庄村一揆の記録「宝暦騒動記」回想（土田孝）「いちじま史研」　丹波市市島町史実研究会　（53）　2009.4

貴志

古代東播磨の玄関は三田市貴志にあった（西田克子）「三田史談」　三田市郷土文化研究会　（32）　2012.4

北但馬

特別分科会 フィールドワーク 北但馬における在日朝鮮人の足跡をたどる、近代在日朝鮮人の歴史を学ぶ「ひょうご部落解放」　ひょうご部落解放・人権研究所　107　2002.12

北野

神戸「北野界隈」の形成因―水害現場からの一考察（《特集 草の根の地域遺産を守る》）（中蔦清吾）「歴史と神戸」　神戸史学会　48（4）通号275　2009.8

北野町異人館

北野町異人館と諸宗教施設（平成20年度5月18日例会探訪）―国際都市神戸の一つの側面（武田則明）「神戸史談」　神戸史談会　通号302　2008.7

北野村

北野村古文書さとがえり展について（時評・書評・展示評）（大国正美）「Link : 地域・大学・文化」　神戸大学大学院人文学研究科地域連携センター　3　2011.8

北播磨

地域史随想 北播磨の国あれこれ（宇野正碩）「山崎郷土会報」　山崎郷土研究会　102　2003.9

北播磨洋学序説―双椋館蘭学者グループと蘭学研究をめぐって（西山勝仁）「北播磨探史研究」　北播磨探史研究会　1（1）　2003.11

地域史随想 北播磨の紙漉き業―杉（椙）原・海田・都多杉原の紙屋（宇野正碩）「山崎郷土会報」　山崎郷土研究会　103　2004.4

〈史料の部 北播磨探史研究会編〉「北播磨探史研究」　北播磨探史研究会　（2）　2005.9

明治期北播磨地方行政関係史料（1）「北播磨探史研究」　北播磨探史研究会　（2）　2005.9

文献正読弘化四年 義士石碑寄附帳「北播磨探史研究」　北播磨探史研究会　（2）　2005.9

北播磨の碑文「北播磨探史研究」　北播磨探史研究会　（2）　2005.9

シリーズ郷土小史発見北播磨歴史散歩（1）（喜多針間子）「北播磨探史研究」　北播磨探史研究会　（2）　2005.9

民話における近世北播磨の百姓たち 創立50周年記念講演（全文）（吉田省三）「播磨郷土研究」　加西郡郷土研究会　（22）　2006.11

在村蘭方医 西山静斎―幕末期・北播磨における洋学展開の一事例（西山勝仁）「北播磨探史研究」　北播磨探史研究会　（3）　2009.2

シリーズ郷土小史発見 北播磨歴史散歩（2）（喜多針間子）「北播磨探史研究」　北播磨探史研究会　（3）　2009.2

北播磨史を行く（7）国産義眼の創始者・高橋江春（加東太郎）「北播磨探史研究」　北播磨探史研究会　（10）　2012.4

北村

北村・鋳物師地区の染織業「地域研究いたみ」　伊丹市　（33）　2004.3

史料紹介 天保の飢饉・大塩平八郎の乱と北村（加藤宏文）「地域研究いたみ」　伊丹市　（37）　2008.3

木梨村

史料 加東郡木梨村大熊本家当主墓碑銘/郷土の無名蘭学者 墓碑銘（西山勝仁，神園寿福）「北播磨探史研究」　北播磨探史研究会　1（1）　2003.11

城崎温泉

城崎温泉における「内湯問題」（北折幹朗）「東海近代史研究」　東海近代史研究会　（24）　2003.3

木部村

神戸女子大学図書館所蔵「木部村文書」について（1）（神戸女子大学畿内地域史研究会）「神女大学史」　神戸女子大学史学会　（22）　2005.11

木村

播磨国加東郡久保木村の水利と開発（1）～（3）久保木村絵図と久保木村方文書を中心として（下山信）「小野史談」　小野の歴史を知る会　（47）/（49）　2006.7/2007.7

経の嶋

清盛の「経の嶋」築造深さについて（中島豊）「歴史と神戸」　神戸史学会　44（3）通号250　2005.6

共立女子職業学校

共立女子職業学校と服部一三（伏谷聡）「新兵庫県の歴史」　兵庫県　（3）　2011.3

清盛塚

兵庫区歴史講演会「清盛塚からみた兵庫」（吉原大志）「史料ネットnews letter」　歴史資料ネットワーク　（69）　2012.5

杭瀬

グラビア「阪神国道杭瀬交通事故防止アーチ設置工事写真」「地域史研究 : 尼崎市立地域研究史料館紀要 : Bulletin of the history of Amagasaki」　尼崎市立地域研究史料館　（113）　2013.11

九鬼家住宅資料館

表紙写真 旧九鬼家住宅資料館「三田史談」　三田市郷土文化研究会　（33）　2013.4

釘ぬき門

釘ぬき門はどこにあったのか（中後茂）「三田史談」　三田市郷土文化研究会　（28）　2008.4

久下

久下氏文書ならびに久下谷山論検使来について（久下信生）「いちじま史研」　丹波市市島町史実研究会　（50）　2006.4

口矢根村

近世における大規模河川井堰の構造と変容―但馬国出石郡口矢根村・出石川大井堰をめぐって（《創刊特集 大学は地域の歴史文化にどうかかわるのか―地域連携の成果と課題》）（木村修二）「Link : 地域・大学・文化」　神戸大学大学院人文学研究科地域連携センター　1　2009.8

首洗い井戸

「首洗い井戸」伝承―南帝、それとも足利義政か（小林千万億）「小野史談」　小野の歴史を知る会　（45）　2005.7

熊野部村

義民夏梅太郎右衛門―明和元年多可郡熊野部村太郎右衛門の越訴一件（脇屋俊夫）「童子山 : 西脇市郷土資料館紀要」　西脇市教育委員会　（10）　2003.8

久茂

1450年頃の久茂・片山・下大部町[1]～（9）（神生昭夫）「小野史談」　小野の歴史を知る会　37/（45）　2001.7/2005.7

倉見陣屋

旗本小出氏の「但馬倉見陣屋」について（米田藤博）「パイオニア」　関西地理学研究会　（67）　2002.7

蔵人

地名研究（95）西宮の地名探索 蔵人 氾濫原と地名（渋谷武弘）「歴史と神戸」　神戸史学会　48（3）通号274　2009.6

暮坂峠

暮坂峠―香寺町須加院考究のために（建部恵潤）「歴史と神戸」　神戸史学会　41（5）通号234　2002.10

近畿 　　　　　　　　　　　地名でたどる郷土の歴史　　　　　　　　　　　　兵庫県

黒井城

丹波黒井城攻略期の陣城考察—織田氏の丹波攻略期 (高橋成計)「中世城郭研究」 中世城郭研究会 (23) 2009.7

黒田庄

西脇地域史話 黒田庄地域の紙幣—私札 (脇坂俊夫)「童子山 ： 西脇市郷土資料館紀要」 西脇市教育委員会 (13) 2006.8

黒田庄町大門

黒田庄町大門所在 西脇市指定文化財 石造十三重塔移転に伴う調査 (調査報告) (岸本一郎)「童子山 ： 西脇市郷土資料館紀要」 西脇市教育委員会 (20) 2013.9

桑津

地名研究 (104) 桑津 (伊丹) と桑原 (三田) 佳名と地名 (渋谷武弘)「歴史と神戸」 神戸史学会 52 (6) 通号301 2013.12

桑原

桑原、重源、谷山池と坂本郷 (藤原重夫)「堺泉州」 堺泉州出版会 (18) 2006.12

地名研究 (104) 桑津 (伊丹) と桑原 (三田) 佳名と地名 (渋谷武弘)「歴史と神戸」 神戸史学会 52 (6) 通号301 2013.12

気多郡

旧気多郡の地名と民俗を訪ねて (巽新)「山陰・鳥取の地名を愛する会会報」 山陰・鳥取の地名を愛する会 (11) 2002.3

甲子園球場

座談会 甲子園球場は命の恩人 (高岡綾子、島崎喜代子、伊勢戸照子、太田康子、近江晴子)「大阪春秋」 新風書房 32 (2) 通号115 2004.8

巻頭対談 阪神甲子園球場は紅洲 (ベニス) 球場と呼ばれていたかも知れない (田付晃司、橋爪紳也)「大阪春秋」 新風書房 34 (1) 通号118 2005.4

上月城

姫路線で上月城を訪ねる (例会報告) (河口八州郎)「備陽史探訪」 備陽史探訪の会 (177) 2014.4

香寺町

播磨ぶらり旅 (7) 神崎郡香寺町 (大槻守)「Sala ： 歴史民俗誌」 常民学舎 (38) 2005.8

ムラの歴史を考える—香寺町史『村の記憶・地域篇』のこと (大山喬平)「歴史科学」 大阪歴史科学協議会 (185) 2006.8

住民がつくる地域史の試み—『香寺町史 村の記憶』地域編を編纂して (〈地域史研究の課題と方法—香寺町史をめぐって〉) (大槻守)「歴史科学」 大阪歴史科学協議会 (186) 2006.11

地域史叙述の方法について—『香寺町史 村の記憶』の検討 (〈地域史研究の課題と方法—香寺町史をめぐって〉) (田中ひとみ)「歴史科学」 大阪歴史科学協議会 (186) 2006.11

住民と歩んだ町史の編纂—『香寺町史』の編集事業について (大槻守)「ひょうご歴史文化フォーラム会報」 ひょうご歴史文化フォーラム (10) 2010.3

市町村合併と町史編纂—香寺町史の場合 (特集 "地域の再生" と歴史文化) (大槻守)「Link ： 地域・大学・文化」 神戸大学大学院人文学研究科地域連携センター 2 2010.8

甲南高等学校

旧制甲南中学校・甲南高等学校と前波仲尾—平生釟三郎日記を資料として (永田実)「歴史と神戸」 神戸史学会 40 (4) 通号227 2001.8

甲南女子大学

兵庫の戦後モダニズム建築 (2) 甲南女子大学校舎 (笠原一人)「歴史と神戸」 神戸史学会 47 (3) 通号268 2008.6

甲南中学校

旧制甲南中学校・甲南高等学校と前波仲尾—平生釟三郎日記を資料として (永田実)「歴史と神戸」 神戸史学会 40 (4) 通号227 2001.8

神戸

「難波は大阪」の常識に挑戦する 神戸にあった古代の難波 (梅村伸雄)「兵庫歴研」 兵庫歴史研究会 16 2000.4

「空襲と戦災を記録する会」30年の歩み (今井清一)「歴史と神戸」 神戸史学会 39 (5) 通号222 2000.10

神戸空襲を記録する会の歩み (中田政子)「歴史と神戸」 神戸史学会 39 (5) 通号222 2000.10

《特集 地名研究 (10)》「歴史と神戸」 神戸史学会 39 (6) 通号223 2000.12

日本人の認識の誤りを指摘する神戸にあった古代の難波 (2),(3) (梅村伸雄)「兵庫歴研」 兵庫歴史研究会 17/18 2001.4/2002.4

《特集 戦前の社会運動史》「歴史と神戸」 神戸史学会 40 (2) 通号225 2001.4

歴史イリチョリー日朝交流史 (4) ～ (5) 李朝末期に神戸に来た人たち [上],(下) (金慶海)「歴史と神戸」 神戸史学会 40 (3) 通号226/40

(4) 通号227 2001.6/2001.8

《特集 神戸の人々 出会いと交流》「歴史と神戸」 神戸史学会 40 (6) 通号229 2001.12

震災・復興の資料を探しています「歴史と神戸」 神戸史学会 40 (6) 通号229 2001.12

聞き描き ありし日のまちと暮らし (2) 銀玉鉄砲と空襲の記憶 (井上真理子)「歴史と神戸」 神戸史学会 41 (1) 通号230 2002.2

歴史イリチョリー—ひょうご日朝交渉史 (8) ～ (10),(完) 神戸周辺での朝鮮人の足跡 (1) ～ [4] (金慶海)「歴史と神戸」 神戸史学会 41 (2) 通号231/42 (2) 通号237 2002.4/2003.4

聞き書き ありし日のまちと暮らし (3) 国道沿いの柔道場と嘉納家 (井上真理子)「歴史と神戸」 神戸史学会 41 (2) 通号231 2002.4

《特集 歴史地名を歩く》「歴史と神戸」 神戸史学会 41 (5) 通号234 2002.10

神戸で立憲改進党系の民権運動にかかわった淡路人たち (北山学)「あわじ ： 淡路地方研究会会誌」 淡路地方研究会 (20) 2003.1

神戸のドイツ人—1868年以後、旧き神戸への回想 (翻訳) (中美津子)「居留地の窓から ： NPO法人神戸外国人居留地研究会年報」 神戸外国人居留地研究会 3 2003.1

ギャラリー 古写真に見る神戸—人のイギリス人と三人のドイツ人 (田井玲子)「博物館だより」 神戸市立博物館 79 2003.1

西代シンポジウム「歴史のあるまち、神戸」開催 (添田仁)「史料ネット news letter」 歴史資料ネットワーク 33 2003.6

百年前の神戸の大都市整備—再評価される近代土木遺産 平成15年新年例会講演より (大意) (田辺眞人)「神戸史談」 神戸史談会 292 2003.7

新神戸百石集 (1),(2)—福原会下山人のひそみに習う (併和倭文子)「神戸史談」 神戸史談会 292/293 2003.7/2004.1

神戸の文化発信拠点を目指して (杉田文夫)「博物館だより」 神戸市立博物館 81 2003.7

戦前における神戸・大阪の外国領事館 (楠本利夫)「居留地の窓から ： NPO法人神戸外国人居留地研究会年報」 神戸外国人居留地研究会 4 2004.1

華南の海原を乗り越えた人たち—神戸華僑のルーツを求めて (中敏昭)「神戸史談」 神戸史談会 293 2004.1

神戸の街なかを駆けたSL達—7月例会講演より (大意) (中庄司久治)「神戸史談」 神戸史談会 293 2004.1

8年半後の神戸へ—「知らなくてごめんなさい」の気持ちと (橋本京子)「瓦版なまず」 震災・まちのアーカイブ (16) 2004.3

神戸と源氏物語 (梅村伸雄)「兵庫歴研」 兵庫歴史研究会 (20) 2004.4

《特集 神戸の歴史再発見》「歴史と神戸」 神戸史学会 43 (2) 通号243 2004.4

神戸 文学のおもかげ (1)—100年の時の流れに映る (宮崎修二朗)「歴史と神戸」 神戸史学会 43 (2) 通号243 2004.4

兵庫津から神戸へ—ミナトと周辺の村々 史料ネット講座、生田文化会館にて開催「史料ネット news letter」 歴史資料ネットワーク 37 2004.5

神戸 文学のおもかげ (2)—100年の時の流れに映る 明治11年～同19年 (宮崎修二朗)「歴史と神戸」 神戸史学会 43 (3) 通号244 2004.6

清盛の恐れた神戸の波—平成16年新年例会講演から (大意) (梅村伸雄)「神戸史談」 神戸史談会 294 2004.7

神戸華僑と神戸中華同文学校—創設事情と変遷過程を追って (中敏昭)「神戸史談」 神戸史談会 294 2004.7

神戸の力石 (併和倭文子)「神戸史談」 神戸史談会 294 2004.7

神戸文学のおもかげ (3),(4) 100年の時の流れに映る—1887 (明治20年) ～1896年前半, 後半 (宮崎修二朗)「歴史と神戸」 神戸史学会 43 (4) 通号245/43 (5) 通号246 2004.8/2004.10

大阪と神戸 (梅村伸雄)「大阪歴史懇談」 大阪歴史懇談会 (18) 2004.9

神戸の歴史を検証する (前田章賀)「神戸史談」 神戸史談会 295 2005.1

大正時代の神戸—人々の暮らしを中心に (布川弘)「神戸史談」 神戸史談会 295 2005.1

神戸 文学のおもかげ (5) ～ (10) 100年の時の流れに映る—明治30年～同44年「歴史と神戸」 神戸史学会 44 (1) 通号248/44 (6) 通号253 2005.2/2005.12

神戸「女学校」の設立と教育実践—キリスト教週刊紙『七一雑報』の記事を通して (小原正男)「居留地の窓から ： NPO法人神戸外国人居留地研究会年報」 神戸外国人居留地研究会 5 2005.3

神戸・阪神間ヴォーリズの建築とスポーツ (高木應光)「居留地の窓から ： NPO法人神戸外国人居留地研究会年報」 神戸外国人居留地研究会 5 2005.3

企画展 震災10年 神戸からの発信 描かれた神戸物語—源平合戦から港街・異人館まで「博物館だより」 神戸市立博物館 (87) 2005.3

神戸歴史見聞録 (9) 蒐集家としての画家たち (金井紀子)「博物館だより」 神戸市立博物館 (87) 2005.3

神戸にあった古代の難波 (4),(6) ～ (12) (梅村伸雄)「兵庫歴研」 兵庫

歴史研究会　(21)／(29)　2005.4／2013.4

神戸開港と神戸事件(《前編 神戸史談会諸先賢の遺稿》)—1 歴代会長の部)(島田清)「神戸史談」　神戸史談会　296　2005.6

空海と神戸(《前編 神戸史談会諸先賢の遺稿》)—4 編集委員の部)(西川光一)「神戸史談」　神戸史談会　296　2005.6

辛亥革命と神戸(《前編 神戸史談会諸先賢の遺稿》)—5 諸先賢の部)(陳徳仁)「神戸史談」　神戸史談会　296　2005.6

蕪村と神戸(《前編 神戸史談会諸先賢の遺稿》)—5 諸先賢の部)(大谷篤蔵)「神戸史談」　神戸史談会　296　2005.6

神戸開港当時ノ聞書(《前編 神戸史談会諸先賢の遺稿》)—5 諸先賢の部)(井上保蔵)「神戸史談」　神戸史談会　296　2005.6

《特集 神戸の歴史再発見2》「歴史と神戸」　神戸史学会　44(3)通号250　2005.6

あれから60年 神戸大空襲について語ろう 内橋克人氏講演会—同時開催「写真でみる神戸大空襲」「歴史と神戸」　神戸史学会　44(3)通号250　2005.6

神戸 文学のおもかげ(11),(12) 100年の時の流れに映る—大正元年〜同15年(宮崎修二郎)「歴史と神戸」　神戸史学会　45(1)通号254／45(2)通号255　2006.2／2006.4

神戸への移住(前利潔)「えらぶせりよさ ： 沖永良部郷土研究会会報」　沖永良部郷土研究会　(33)　2006.2

神戸将来の事業(上),(下)—「神戸又新日報」による「文明の都」神戸への改造計画(楠本利夫)「居留地の窓から ： NPO法人神戸外国人居留地研究会年報」　神戸外国人居留地研究会　(6)／(7)　2006.3／2007.3

地名研究(84) 牛頭天王にまつわる地名三題《特集 地名と地図から考える歴史 》)(田中早春)「歴史と神戸」　神戸史学会　45(3)通号256　2006.6

地名遠田を考える(《特集 地名と地図から考える歴史(2)》)(濱岡きみ子)「歴史と神戸」　神戸史学会　45(3)通号256　2006.6

古地図で見る地名(2) 真野と中村(神戸市長田区) 忘れられた万葉集の「淀の継ぎ橋」(大国正美)「歴史と神戸」　神戸史学会　45(3)通号256　2006.6

神戸 文学のおもかげ(13)〜(14) 100年の時の流れに映る—大正10年〜同15年(宮崎修二朗)「歴史と神戸」　神戸史学会　45(3)通号256／45(4)通号257　2006.6／2006.8

歴史探訪「村」めぐりシリーズ(6) 東尻池村、西尻池村(前田章賀)「神戸史談」　神戸史談会　通号298　2006.7

神戸あれこれ日本一(前田章賀)「神戸史談」　神戸史談会　通号299　2007.1

神戸 文学のおもかげ(15)〜(18) 100年の時の流れに映る—1926年(昭和元年)〜35(昭和10年)(宮崎修二朗)「歴史と神戸」　神戸史学会　46(1)通号260／46(4)通号263　2007.2／2008.2

デラカンプ商会とデラカンプ家—神戸外国人居留地ドイツ商社(秋田豊子)「居留地の窓から ： NPO法人神戸外国人居留地研究会年報」　神戸外国人居留地研究会　(7)　2007.3

神戸歴史見聞録(11) 舞子砲台跡(菅本宏明)「博物館だより」　神戸市立博物館　(91)　2007.3

神戸から高松塚を想う(安田八重)「神戸史談」　神戸史談会　通号300　2007.7

神戸における陸上競技—その黎明期 明治〜大正(《特集 神戸と陸上競技こと始め》)(高木應光)「歴史と神戸」　神戸史学会　46(5)通号264　2007.9

神戸 文学のおもかげ(19)〜(21) 100年の時の流れに映る—昭和11年〜同20年(宮崎修二朗)「歴史と神戸」　神戸史学会　46(5)通号264／47(4)通号269　2007.9／2008.8

史人の道草つづり書き 神戸 私の映画館、昔むかし(西久保専司)「歴史と神戸」　神戸史学会　46(6)通号265　2007.12

私の就職移住物語—神戸の葺合工場等を支えたエラブの人々(永井一夫)「えらぶせりよさ ： 沖永良部郷土研究会会報」　沖永良部郷土研究会　(41)　2008.2

フィールドワーク「近代神戸の歴史と人権」(「ひょうご部落解放」ひょうご部落解放・人権研究所　128　2008.3

初三郎地図 1930年の神戸—9月例会講演から(大意)(三好唯義)「神戸史談」　神戸史談会　通号303　2009.1

史人の道草つづり書き 神戸の亡命ロシア人を訪ね歩いて(佐藤美友紀)「歴史と神戸」　神戸史学会　48(1)通号272　2009.2

源平研究の権威者三氏が尼崎で激突(《特集 新視点 中世の神戸とその周辺》)(田中實)「歴史と神戸」　神戸史学会　48(3)通号274　2009.6

ギャラリー 古写真と絵画に見る神戸(田井玲子)「博物館だより」　神戸市立博物館　(96)　2009.9

年頭雑感 神戸と生田神社と酒造について(加藤隆久)「神戸史談」　神戸史談会　通号305　2010.1

描かれた神戸の物語—清盛の築島と絵画資料 9月例会講演から(大意)(問屋真一)「神戸史談」　神戸史談会　通号305　2010.1

神戸歴史見聞録(17) 旧居留地の境界石(小野田一幸)「博物館だより」

神戸市立博物館　(97)　2010.3

神戸新興芸術運動とその周辺—特集にあたって(特集 神戸新興芸術運動とその周辺)(高木伸夫)「歴史と神戸」　神戸史学会　49(3)通号280　2010.6

福沢諭吉に関わる神戸の人々(前田章賀)「神戸史談」　神戸史談会　通号306　2010.7

第三回「神戸学」検定問題(前田章賀)「神戸史談」　神戸史談会　通号306　2010.7

戦争の時代を考える—神戸大空襲から六十五年(特集 戦争の記憶と記録2)(たかとう匡子)「歴史と神戸」　神戸史学会　49(6)通号283　2010.12

古代の神戸と敏売崎の外交儀礼—8月例会講演から(概要)(坂江渉)「神戸史談」　神戸史談会　(307)　2011.1

明治期の観光—神戸を訪れた外国人—9月例会講演から(概要)(田井玲子)「神戸史談」　神戸史談会　(307)　2011.1

神戸歴史見聞録(19) 松風village雨、恋の跡(国木田明子)「博物館だより」　神戸市立博物館　(99)　2011.3

戦前の神戸風景(桝田輝郎氏)—3月例会から(事務局)「神戸史談」　神戸史談会　(308)　2011.7

東日本大震災と阪神大震災の与えた課題—神戸から東北への声援(特集 地震・津波・原発—東日本大震災)(森栗茂一)「東北学. [第2期]」　東北芸術工科大学東北文化研究センター, 柏書房(発売)　(28)　2011.8

学芸員のノートから(96) ドイツ人デラカンプと神戸(田井玲子)「博物館だより」　神戸市立博物館　(100)　2011.10

平清盛と神戸—年頭挨拶(加藤隆久)「神戸史談」　神戸史談会　(309)　2012.1

市民同友会と君本昌久(特集 君本昌久と戦後神戸の市民運動)(大村卓弘)「歴史と神戸」　神戸史学会　51(1)通号290　2012.2

神戸歴史見聞録(21) 清盛の墓所はどこか?(問屋真一)「博物館だより」　神戸市立博物館　(101)　2012.3

伊藤博文没後102年目の旅 伊藤俊輔の神戸での足跡を訪ねて(広林真理子)「地先方史研究」　地先方史研究会　(38)　2012.3

イベント情報 自然民俗誌「やま かわ うみ VOL.5」発刊イベント シンポジウム「震災後の表現—神戸から東北—」「神戸からの発信(東北の復興・日本の明日)」「瓦版なまず」　震災・まちのアーカイブ　(27)　2012.4

手記集を介したコミュニティー市民の震災記録活動と、神戸と東北の繋がりについて(特集 地域歴史文化の形成と災害資料—認識すること・記録すること・伝えることの意味を考える)(高森順子)「Link ： 地域・大学・文化」　神戸大学大学院人文学研究科地域連携センター　4　2012.8

近代神戸の風景—レファート写真コレクション(時評・書評・展示評)(木村修二)「Link ： 地域・大学・文化」　神戸大学大学院人文学研究科地域連携センター　4　2012.8

神戸空襲を忘れない(いのちと平和の碑)完成に向けて(中田政子)「史料ネットnews letter」　歴史資料ネットワーク　(71)　2012.11

昭和20年8月15日の神戸空襲と防空壕 証言者：森岡道子(特集 50周年記念号2 戦災と災害を越えて)(森岡秀人)「歴史と神戸」　神戸史学会　51(6)通号295　2012.12

記憶を紡ぐ—「神戸空襲を記録する会」の軌跡をたどって(特集 50周年記念号2 戦災と災害を越えて)(横山聡子)「歴史と神戸」　神戸史学会　51(6)通号295　2012.12

9月例会「外国人居留 ガス灯考—神戸・横浜・長崎」の概要(西川和機)「神戸史談」　神戸史談会　(310)　2013.1

11月例会 神戸の歴史を検証する(前田章賀)「神戸史談」　神戸史談会　(310)　2013.1

神戸のユダヤ人の系譜をたどって—デヴィッド・モッシュの記録から(研究ノート)(岩田隆義)「居留地の窓から ： NPO法人神戸外国人居留地研究会年報」　神戸外国人居留地研究会　(8)　2013.4

「ラグビーの父」クラーク 神戸へ(研究ノート)(高木應光)「居留地の窓から ： NPO法人神戸外国人居留地研究会年報」　神戸外国人居留地研究会　(8)　2013.4

小寺邸襲撃事件の展開と背景(特集 50周年記念号4 開港地・神戸の点描2)(稲田真也)「歴史と神戸」　神戸史学会　52(2)通号297　2013.4

神戸で(溝淵共治)「讃岐のやまなみ」　香川県歴史研究会　(6)　2013.4

奈良・大阪・神戸の創設期水道施設(石田成年)「近畿文化」　近畿文化会事務局　(766)　2013.9

人権歴史マップセミナー報告 第1回「近代神戸と生田川—新川部落・賀川豊彦・神戸水平社—」「ひょうご部落解放」ひょうご部落解放・人権研究所　150　2013.9

人権歴史マップセミナー報告 第2回「大輪田橋と神戸空襲戦没者慰霊碑—犠牲者を記録すること—」「ひょうご部落解放」ひょうご部落解放・人権研究所　150　2013.9

第4回「孫文と神戸」(人権歴史マップセミナー報告)「ひょうご部落解放」ひょうご部落解放・人権研究所　152　2014.3

近畿 地名でたどる郷土の歴史 兵庫県

大正期、兵庫県下の中学校受験競争をめぐって（特集 大正期の神戸教育史）（中野佳和）「歴史と神戸 ： 神戸を中心とした兵庫県郷土研究誌」 神戸史学会 53（2）通号303 2014.4

大正期神戸の教育課長本荘太一郎—神戸市の小学校舎拡充計画と校長人事刷新（特集 大正期の神戸教育史）（湯田拓史）「歴史と神戸 ： 神戸を中心とした兵庫県郷土研究誌」 神戸史学会 53（2）通号303 2014.4

口絵 平成25年9月例会 神戸西方の文化財「史迹と美術」 史迹美術同攷会 84（4）通号844 2014.4

第993回例会 神戸西方の戦災・震災を耐えた文化財を訪ねる（八田洋子）「史迹と美術」 史迹美術同攷会 84（4）通号844 2014.4

神戸の美術史と上前智祐：表層から実存へ（論文）（濱下昌宏）「居留地の窓から ： 神戸外国人居留地研究会年報」 神戸外国人居留地研究会 （9）2014.7

エッセー 船出するブラジル移民船とガントリークレーン—記憶にとどめたい神戸らしい景観（田中正文）「居留地の窓から ： 神戸外国人居留地研究会年報」 神戸外国人居留地研究会 （9）2014.7

インタビュー 親戚や家族のように—「神戸きょうだいの会」の45年（特集 兵庫の障害者運動）（松村敏明、石倉泰三）「ひょうご部落解放」 ひょうご部落解放・人権研究所 154 2014.9

神戸阿利襪園

「神戸阿利襪園」—明治末期におけるオリーブ園再興の試み（論文）（中西テツ）「居留地の窓から ： 神戸外国人居留地研究会年報」 神戸外国人居留地研究会 （9）2014.7

神戸海軍操練所

神戸海軍操練所と龍馬そして隆範（藤田裕彦）「三田史談」 三田市郷土文化研究会 （25）2005.4

神戸外国人居留地

神戸外国人居留地で始まったICIの日本における事業展開（清水貞夫）「居留地の窓から ： NPO法人神戸外国人居留地研究会年報」 神戸外国人居留地研究会 3 2003.1

兵庫開港と神戸外国人居留地（桑田優）「居留地の窓から ： NPO法人神戸外国人居留地研究会年報」 神戸外国人居留地研究会 （6）2006.3

雑居地の中にあった外国人居留地—八部郡地誌に記載された所在から（研究ノート）（岩田隆義）「居留地の窓から ： 神戸外国人居留地研究会年報」 神戸外国人居留地研究会 （9）2014.7

神戸外国人居留地の水路の変遷—市街地雑居の進展と黎明期の下水道（研究ノート）（西川和機）「居留地の窓から ： 神戸外国人居留地研究会年報」 神戸外国人居留地研究会 （9）2014.7

神戸居留地の下水道管に使われていた煉瓦（研究ノート）（藤本雅之）「居留地の窓から ： 神戸外国人居留地研究会年報」 神戸外国人居留地研究会 （9）2014.7

神戸市外国人居留地

学芸員のノートから（91）"描かれた旧居留地界隈"雑感（金井紀子）「博物館だより」 神戸市立博物館 （95）2009.3

神戸居留地

神戸居留地と外国人墓地（論文）（戸田清子）「居留地の窓から ： NPO法人神戸外国人居留地研究会年報」 神戸外国人居留地研究会 （8）2013.4

神戸港

明治11年神戸港乗下船の旅客たち（1）～（3）—史料としての「船客宿泊名簿」（片山清）「すみのえ」 住吉大社社務所 38（2）通号240/38（4）通号242 2001.4/2001.10

神戸港と強制連行・捕虜を考える 三冊の本出版（村田壮一）「歴史と神戸」 神戸史学会 43（3）通号244 2004.6

学芸員のノートから（83）「神戸港眺望」—神戸港と生糸輸出商（中村善則）「博物館だより」 神戸市立博物館 （87）2005.3

清盛と築港—（前編 神戸史談会諸先賢の遺稿）—5 諸先賢の部）（岡部又蔵）「神戸史談」 神戸史談会 296 2005.6

小型図紹介（1）兵庫神戸/両港全図 昭和13年（山下和正）「Collegio」之潮 （36）2009.4

神戸御用邸

神戸御用邸調査（《特集 近代神戸・阪神間の埋もれた人と建物》）（村上忠男）「歴史と神戸」 神戸史学会 47（5）通号270 2008.10

神戸御用邸の概観（特集 淡路の近世史）（髙橋健司）「歴史と神戸」 神戸史学会 52（6）通号301 2013.12

神戸市

神戸市制百年・歴代市長の逸話（〈前編 神戸史談会諸賢の遺稿〉—3 顧問の部）（荒尾親成）「神戸史談」 神戸史談会 296 2005.6

特集 阪神・淡路大震災時の救出史料が寄贈に—神戸市・野田家史料の保全活動と寄贈先斡旋活動について（松下正和）「史料ネットnewsletter」 歴史資料ネットワーク 42 2005.9

1938年阪神大水害における家屋被害分布と地形条件・都市化との関連性—神戸市を事例に（研究ノート）（谷端郷）「歴史地理学」 歴史地理学

会. 古今書院（発売）54（3）通号260 2012.6

兵庫県川西市・神戸市（歴史民俗探訪の見どころ）「讃岐のやまなみ」 香川県歴史研究会 （6）2013.4

11月例会レジュメ 神戸市民救援会議の救援運動—1969年発足から1980年代を中心に（船津かおり）「静岡県近代史研究会会報」 静岡県近代史研究会 （422）2013.11

神戸歴史見聞録（24）入館者900万人と博物館の建物—登録有形文化財 神戸市立博物館（田井玲子）「博物館だより」 神戸市立博物館 （105）2014.3

戦前の弾丸列車構想ルート（神戸市内）について（特集 知られざる鉄道と通信の歴史2）（大島貴之）「歴史と神戸 ： 神戸を中心とした兵庫県郷土研究誌」 神戸史学会 53（5）通号306 2014.10

神戸市の方面教育の始まり—その前史から一九五〇年代までの展開（特集 知られざる鉄道と通信の歴史2）（鳥居和代）「歴史と神戸 ： 神戸を中心とした兵庫県郷土研究誌」 神戸史学会 53（5）通号306 2014.10

神戸市水上児童ホーム

港の繁栄を支えた児童福祉施設の波紋の広がり—「神戸市水上児童ホーム」の実践から（研究ノート）（小原正男）「居留地の窓から ： 神戸外国人居留地研究会年報」 神戸外国人居留地研究会 （9）2014.7

神戸市庁舎

兵庫の戦後モダニズム建築 第13回 神戸市庁舎（笠原一人）「歴史と神戸」 神戸史学会 52（1）通号296 2013.2

神戸第十一警備大隊洞窟

神戸第十一警備大隊洞窟の（ニ）地点について（金慶海）「歴史と神戸」 神戸史学会 42（4）通号239 2003.8

神戸電鉄

第3回「神戸電鉄 朝鮮人労働者モニュメント」（人権歴史マップセミナー報告）「ひょうご部落解放」 ひょうご部落解放・人権研究所 152 2014.3

神戸ポートタワー

兵庫の戦後モダニズム建築（7）神戸ポートタワー（笠原一人）「歴史と神戸」 神戸史学会 48（3）通号274 2009.6

神戸村

特集 江戸時代の兵庫津、神戸村人名録（前田章賀）「神戸史談」 神戸史談会 通号301 2008.1

「文久年間摂州海岸辺神戸村附近海海防御固之図」について（（高久））「維新の道 ： 霊山歴史館機関紙」 霊山顕彰会 （133）2009.4

神戸市立外国人墓地

神戸歴史見聞録（12）神戸市立外国人墓地（田井玲子）「博物館だより」 神戸市立博物館 （92）2007.9

郡部駅家

但馬国郡部駅家の所在地について（特集 ひょうご古代史新研究）（生田隆）「歴史と神戸 ： 神戸を中心とした兵庫県郷土研究誌」 神戸史学会 53（3）通号304 2014.6

郡部駅

考察 延喜式第二十八兵部省 山陰道但馬国郡部駅の所在地について（生田隆）「但馬史研究」 但馬史研究会 （37）2014.3

国分寺館

史料保存機関を訪ねて（5）但馬国府・国分寺館（兵庫県公館県政資料館）「新兵庫県の歴史」 兵庫県 （1）2009.3

御所の前

地名研究（80）宝塚の地名探索御所の前（渋谷武弘）「歴史と神戸」 神戸史学会 43（6）通号247 2004.12

神谷

神谷ばなし（1），（2）（森本一二）「山崎郷土会報」 山崎郷土研究会 （113）/（114）2009.4/2009.09

小西酒造株式会社

震災記録 震災時の小西酒造株式会社「地域研究いたみ」 伊丹市 （39）2010.3

小浜

寛文8年安倉姥ヶ茶屋道標と小浜をめぐる宝塚の初期道標（前），（後）（古川久雄）「たからづか ： 市史研究紀要たからづか」 宝塚市教育委員会 （19）/（20）2002.11/2003.11

小林村

史料紹介 水害と闘った村の歴史—小林村の近世史料（大国正美）「たからづか ： 市史研究紀要たからづか」 宝塚市教育委員会 （24）2009.3

駒ケ林

駒ケ林の地名と伝承（尻池誠一）「歴史と神戸」 神戸史学会 42（2）通号237 2003.4

駒ヶ林村

歴史探訪「村」めぐりシリーズ(5)―駒ヶ林村(前田章賀)「神戸史談」 神戸史談会　294　2004.7

「元禄郷帳」の家数・人数について―野田村・駒ヶ林村の検討(青野克彦)「摂播歴史研究」 摂播歴史研究会　(48)　2009.3

小松

地名研究(92)　西宮の地名探索 小松 ヒヒ退治と隼人伝承(渋谷武弘)「歴史と神戸」 神戸史学会　47(3)通号268　2008.6

昆陽

事業報告 平成22年度春季テーマ展「旧村シリーズ 昆陽―昆陽池・宿場と新撰組―」(大黒恵理)「地域研究いたみ」 伊丹市　(40)　2011.3

幸崎町

佐江崎鉱山史(1)〜[5・完結編] 幸崎町の鉱山調査記録(行長啓三)「わが町三原」 みはら歴史と観光の会　219/224　2009.6/2009.11

逆瀬川

地名研究(96)　二つの逆瀬川 兵庫津と宝塚の地名探索(渋谷武弘)「歴史と神戸」 神戸史学会　48(4)通号275　2009.8

酒梨村

氷上郡酒梨村委細帳扣(阪谷澄雄)「いちじま史研」 丹波市市島町史実研究会　(56)　2012.4

坂越庄

資料紹介(1)　播磨国坂越庄に移った飽間斎藤氏の文書資料(新井毅一)「宇須比」 松井田町文化会　44　2001.5

坂越小学校

坂越小学校のあゆみ(佐方直陽)「赤穂の文化研究紀要」 赤穂市文化とみどり財団　(5)　2004.3

篠の丸

新篠の丸私記(2)〜(4)(深川定義)「山崎郷土会報」 山崎郷土研究会　(116)/(121)　2011.2/2013.08

篠の丸登山(浅田耕三)「山崎郷土会報」 山崎郷土研究会　(122)　2014.3

篠の丸城

宇野氏の篠の丸城(1),(2)(藤原孝三)「山崎郷土会報」 山崎郷土研究会　(119)/(120)　2012.8/2013.03

篠山市

市町村合併と同和対策の行方―篠山市の経験に学ぶ(冨田稔)「ひょうご部落解放」 ひょうご部落解放・人権研究所　108　2003.3

篠山市内の知られざる「小字名」二題(《特集 地名と地図から考える歴史(1)》)(中野卓郎)「歴史と神戸」 神戸史学会　45(2)通号255　2006.4

篠山城

篠山城と美山の山郷を訪ねて(種本実)「備陽史探訪」 備陽史探訪の会　120　2004.10

篠山城内堀・犬走の復元―二の丸北東部の復元整備成る「城郭だより：日本城郭史学会会報」 [日本城郭史学会]　(58)　2007.7

篠山藩

明治維新の篠山藩と西園寺公(中野卓郎)「丹波」 丹波史談会　6　2004.12

史料紹介 篠山藩郡取締役日記―安政三年「郡用日記」の紹介(1),(2)(園田家文書研究会)「関西大学博物館紀要」 関西大学博物館　12/13　2006.3/2007.3

篠山藩における藩士帰農問題―明治3年「御藩士散居一件」の紹介(常松隆嗣)「新兵庫県の歴史」 兵庫県　(2)　2010.3

石高制から見た篠山藩(土田孝)「いちじま史研」 丹波市市島町史実研究会　(57)　2013.4

明治維新の篠山藩と西園寺公(中野卓郎)「丹波史」 丹波史懇話会　(34)　2014.6

狭野

津田秀大文庫文書目録(6)　播磨国赤穂郡狭野・浅野隼人家関係文書(荒武賢一朗)「関西大学博物館紀要」 関西大学博物館　13　2007.3

佐保社村

慶長六年 播州加東郡佐保社村田方御検地帳(写)「北播磨探史研究」 北播磨探史研究会　(2)　2005.9

慶長六年 播州加東郡佐保社村畑方御検地帳(写)「北播磨探史研究」 北播磨探史研究会　(2)　2005.9

佐用

佐用・宍粟タタラの神々の再考と鹿庭山麓の地名(鳥羽弘毅)「Sala：歴史民俗誌」 常民学舎　(40)　2006.8

佐用郡

播磨国佐用郡における土塁を有する城館について(《〈シンポジウム 城館の分布から何がわかるか〉》)(山下晃誉)「中世城郭研究」 中世城郭研究会　(21)　2007.7

佐用町

2009年台風9号水害と史料救済―佐用町での動き(小特集 風水害から歴史資料を救う―2009年台風9号被害をめぐって)(藤木透)「Link ： 地域・大学・文化」 神戸大学大学院人文学研究科地域連携センター　2　2010.8

随筆のじぎく(10) 2009年佐用町、宍粟市における水害時の歴史資料保全(河野未央)「新兵庫県の歴史」 兵庫県　(3)　2011.3

三条村

往還筋における病人への対応について―三条村・新田中野村・千僧村の事例をもとに(明尾圭造)「地域研究いたみ」 伊丹市　(35)　2006.3

三田

近世後期における北摂津三田への魚肥流入について(柴田桃代)「市史研究さんだ」 三田市　2　2000.3

町規約にみる「町」の変遷―三田地区における壱番町を事例として(鰺坂学)「市史研究さんだ」 三田市　2　2000.3

源平合戦と三田(元木泰雄)「市史研究さんだ」 三田市　4　2001.3

中世三田の荘園(高田義久)「三田史談」 三田市郷土文化研究会　21　2001.4

《特集 三田・久鬼藩の遺産と現代》「歴史と神戸」 神戸史学会　40(5)通号228　2001.10

海からのチャレンジャー 久鬼氏の歴史と故郷三田―三田における新しい歴史叙述への序曲(勝本淳弘)「歴史と神戸」 神戸史学会　40(5)通号228　2001.10

現代の三田の歴史(野上和雄)「歴史と神戸」 神戸史学会　40(5)通号228　2001.10

聞き取り 三田牛と杏(永瀬康博)「市史研究さんだ」 三田市　(6)　2003.3

三田の町政(高田義久)「三田史談」 三田市郷土文化研究会　(23)　2003.5

三田巷談(朝野久恵)「三田史談」 三田市郷土文化研究会　(23)　2003.5

三田焼と兵庫のやきもの(長谷川眞)「市史研究さんだ」 三田市　(7)　2004.3

統計と地図でみる三田(藤井正)「市史研究さんだ」 三田市　(7)　2004.3

三田の姥捨山(西田克子)「三田史談」 三田市郷土文化研究会　(25)　2005.4

三田青磁誕生三人衆―中国青磁を凌駕した陶工(大熊隆治)「歴史と神戸」 神戸史学会　44(5)通号252　2005.10

「湖海と川の造化」―三田盆地の段丘地形への思い(田中眞吾)「市史研究さんだ」 三田市　(8)　2005.12

「田園文化都市」三田の都市的なりたち(岩崎信彦)「市史研究さんだ」 三田市　(9)　2007.3

幕末維新期の北摂三田商人をめぐる物流と町飛脚の役割―金物流通を中心として(三浦俊明)「歴史科学」 大阪歴史科学協議会　(191)　2008.2

幕末維新期における北摂三田商人の金物取引について(三浦俊明)「市史研究さんだ」 三田市　(10)　2008.3

私立有馬会と三田地域―私立有馬会に関する覚書(北泊謙太郎)「市史研究さんだ」 三田市　(10)　2008.3

近代三田における生活様式の変化(李東彦)「市史研究さんだ」 三田市　(10)　2008.3

有馬・三田の史跡(藤井直正)「近畿文化」 近畿文化会事務局　(712)　2009.3

早春の香り 三田ウドの小話(前中久雄)「三田史談」 三田市郷土文化研究会　(29)　2009.4

三田の焼物と日本赤十字社(中後茂)「三田史談」 三田市郷土文化研究会　(31)　2011.4

三田市

郊外ニュータウン地区住民の社会特性・居住動向と生活行動―兵庫県三田市におけるアンケート調査結果の概要(藤井正，山中拓真)「市史研究さんだ」 三田市　(8)　2005.12

平成16年度「市史を読む会」古代・中世編の概要「市史研究さんだ」 三田市　(8)　2005.12

三田市の銅像(前田重夫)「三田史談」 三田市郷土文化研究会　(26)　2006.4

三田陣屋

三田陣屋「御館」の空間構造(北上真生)「三田史談」 三田市郷土文化研究会　(32)　2012.4

三田谷

「杣保」の領主三田氏と「三田谷」(齋藤愼一)「羽村市郷土博物館紀要」 羽村市郷土博物館　(24)　2010.3

三田町

江戸時代の三田町―中小都市研究の課題(三浦俊明)「市史研究さんだ」 三田市　4　2001.3

三田藩

三田藩学史（高田義久）「歴史と神戸」 神戸史学会 40（5）通号228 2001.10

旧三田藩、北海道移住の背景（高田義久）「三田史談」 三田市郷土文化研究会 （24）2004.4

三田藩の進路をリードした"大参事"白州退蔵（高田義久）「三田史談」 三田市郷土文化研究会 （25）2005.4

近世の九鬼氏三田藩・十丁町・魚肥・蔵米・金物商について（三浦俊明）「市史研究さんだ」 三田市 （11）2009.3

朝鮮通信使・三田藩が担った役目（高田義久）「三田史談」 三田市郷土文化研究会 （30）2010.4

三田藩に命じられた勅使・院使饗応役（高田義久）「三田史談」 三田市郷土文化研究会 （33）2013.4

維新直後、三田藩が見舞われた「奇禍」と元家老の苦衷（藤田裕彦）「三田史談」 三田市郷土文化研究会 （33）2013.4

三田藩への福沢諭吉翁の影響（藤田裕彦）「三田史談」 三田市郷土文化研究会 （34）2014.4

三田藩の参勤交代（高田義久）「三田史談」 三田市郷土文化研究会 （34）2014.4

山南

ふるさと探訪 市内社寺・史跡めぐり（山南地区）（渕上義雄）「いちじま史研」 丹波市市島町史実研究会 （52）2008.4

三宮

西国街道・岩屋から三宮まで—9月例会より（道谷卓）「神戸史談」 神戸史談会 291 2003.1

三宮駅

「JR三宮駅」は東へ動いていた（藤田裕彦）「三田史談」 三田市郷土文化研究会 （27）2007.4

塩田城

塩田城（藤原孝三）「山崎郷土会報」 山崎郷土研究会 （118）2012.3

塩野垣内

井堰の開発と環境—丹波国山国荘下黒田村塩野垣内の事例（西川広平）「民衆史研究」 民衆史研究会 （66）2003.11

飾磨

ふる里は飾磨にて（播磨ぶらり旅）（森崎大青）「Sala：歴史民俗誌」 常民学舎 34 2003.8

播磨風土記 再考（1）—餝磨郡里名の記載順について（寺本躬久）「歴史と神戸」 神戸史学会 43（5）通号246 2004.10

播州飾磨の家族（森崎高澄）「Sala：歴史民俗誌」 常民学舎 （39）2006.2

市章山

錨山と市章山（〈前編 神戸史談会諸先賢の遺稿〉—5 諸先賢の部）（神田禎次郎）「神戸史談」 神戸史談会 296 2005.6

静内町

庚午事変を憶う/静内町を旅して（生田静子）「あわじ：淡路地方史研究会会誌」 淡路地方史研究会 （31）2014.1

宍粟

明治27年宍粟からの開拓団篠津原野への挑戦（鎌田裕明）「山崎郷土会報」 山崎郷土研究会 （106）2005.9

百年前の宍粟の名所旧跡（宗平圭司）「山崎郷土会報」 山崎郷土研究会 （120）2013.3

中世後期の宍粟と仏画（相田愛子，宍粟市歴史資料館）「塵界：兵庫県立歴史博物館紀要」 兵庫県立歴史博物館 （25）2014.3

宍粟郡

旧宍粟郡における満蒙開拓移民と同青少年義勇隊［1］～（2）（鳥羽弘毅）「Sala：歴史民俗誌」 常民学舎 （45）/（46）2009.2/2009.8

宍粟市

〈宍粟市誕生に寄せて〉「山崎郷土会報」 山崎郷土研究会 （106）2005.9

宍粟市における農民運動の一端（上山勝）「山崎郷土会報」 山崎郷土研究会 （107）2006.4

宍粟市における豪雨災害と歴史資料の保全（小特集 風水害から歴史資料を救う—2009年台風9号被害をめぐって）（田路正幸）「Link：地域・大学・文化」 神戸大学大学院人文学研究科地域連携センター 2 2010.8

台風9号と宍粟市一宮町閨賀地区有文書（板垣貴志）「史料ネットnews letter」 歴史資料ネットワーク （64）2010.12

随筆のじぎく（10）2009年佐用町、宍粟市における水害時の歴史資料保全（河野未央）「新兵庫県の歴史」 兵庫県 （3）2011.3

宍粟タタラ

佐用・宍粟タタラの神々の再考と鹿庭山麓の地名（鳥羽弘毅）「Sala：歴史民俗誌」 常民学舎 （40）2006.8

余田井郷

天保15年の余田井郷四ヶ村水論（神生昭夫）「小野史談」 小野の歴史を知る会 （60）2013.1

支多々川

地名研究（81）宝塚の地名探索 支多々川（渋谷武弘）「歴史と神戸」 神戸史学会 44（3）通号250 2005.6

篠原村

明治初年の篠原村の職業（〈前編 神戸史談会諸先賢の遺稿〉—5 諸先賢の部）（若林泰）「神戸史談」 神戸史談会 296 2005.6

史料紹介 神戸大学附属図書館所蔵近世初期篠原村・若林家関係文書（木村修二）「Link：地域・大学・文化」 神戸大学大学院人文学研究科地域連携センター 3 2011.8

新野辺村

近世・播磨加古郡新野辺村の住吉頭について（羽田真也）「新兵庫県の歴史」 兵庫県 （1）2009.3

下井沢村

下井沢村小史（北上真生）「三田史談」 三田市郷土文化研究会 （33）2013.4

下大部

1450年頃の久茂・片山・下大部町［1］～（9）（神生昭夫）「小野史談」 小野の歴史を知る会 37/（45）2001.7/2005.7

下河原

猪名川通船と船着場—下河原と雲正坂下（史料調査報告）（中川すがね）「地域研究いたみ」 伊丹市 （40）2011.3

事業報告 平成23年度春季テーマ展「旧村シリーズ 下河原—猪名川の渡しと高瀬船—」（大黒恵理）「地域研究いたみ」 伊丹市 （41）2012.3

下坂部

摂津国川辺郡下坂部「村」と在地代官沢田家（熊谷光子）「地域史研究：尼崎市立地域研究史料館紀要：Bulletin of the history of Amagasaki」 尼崎市立地域研究史料館 33（2）通号97 2004.3

下佐曽利村

史料紹介 下佐曽利村の近世史料（大国正美）「たからづか：市史研究紀要たからづか」 宝塚市教育委員会 （25）2011.3

下里川

下里川の水利権をめぐる紛争（衣笠節夫）「播磨郷土研究」 加西郡郷土研究会 （21）2005.11

夙川

みね子氏寄贈の「夙川八景」（夙川八景—打出焼）（樋口元巳）「生活文化史」 神戸・深江生活文化史料館 （38）2010.3

松濤園

博物館遊歩（20）松濤園（柏山泰訓）「会報むろのつ」 「嶋屋」友の会 （20）2013.9

城東町

町名改称問題と水平社—姫路市城東町町名改称をめぐって（大槻守）「歴史と神戸」 神戸史学会 43（3）通号244 2004.6

浄土寺

大山先生講演録 浄土寺・重源・大部荘（大山喬平）「小野史談」 小野の歴史を知る会 （63）2014.7

浄土橋

地名研究（83）西尻池村字浄土橋について思う《〈特集 地名と地図から考える歴史（1）〉》（平岡正之）「歴史と神戸」 神戸史学会 45（2）通号255 2006.4

白川村

兵庫下庄の変遷と中世白川村の自治（特集 神戸の中世・近世史）（木南弘）「歴史と神戸」 神戸史学会 52（5）通号300 2013.10

白洲邸

史料紹介 白洲次郎の父文平の別邸—白洲邸（小長谷正治）「地域研究いたみ」 伊丹市 （40）2011.3

尻池

古地図で見る地名（1）尻池（神戸市長田区）森幸安絵図と源氏の武将・木村源吾塚（大国正美）「歴史と神戸」 神戸史学会 45（2）通号255 2006.4

新宮町

史料紹介 たつの市新宮町に関わる二つの中世史料—「播磨新宮町史 史料編I」中世編の補遺をかねて（森田竜雄）「兵庫のしおり」 兵庫県 （9）2007.3

新三和商店街

聞き描き ありし日のまちと暮らし（7）玄番堀と闇市のドブ川—新三和商店街の原風景（井上眞理子）「歴史と神戸」 神戸史学会 42（2）通

号237 2003.4

新田中野
事業報告 日米友好の桜100周年記念協賛事業 平成24年度春季テーマ展「旧村シリーズ 新田中野—西野・中野・東野の歴史—」(久野洋)「地域研究いたみ」 伊丹市 (42) 2013.3

新田中野村
往還筋における病人への対応について—三条村・新田中野村・千僧村の事例をもとに(明尾圭造)「地域研究いたみ」 伊丹市 (35) 2006.3

新田庄
長講堂領但馬国新田庄をめぐる九条忠教と章徳門院瑛子内親王(遠城悦子)「ソーシアル・リサーチ」 ソーシアル・リサーチ研究会 (32) 2007.3

新道
「新道」つれづれ(夜久俊助)「一里塚」 生野銀山史談会 (14) 2009.3

菅田
歴史随想 小字から菅田首の足跡を探る(岩城喜三)「小野史談」 小野の歴史を知る会 (54) 2010.1

杉原川
西脇地域史話 杉原川の筏流行(脇坂俊夫)「童子山 ： 西脇市郷土資料館紀要」 西脇市教育委員会 (14) 2007.8

杉原谷
史料紹介 杉原谷地震・別名播磨丹波国境地震関係史料—元治2年(1865)正月29日2時発生の地震(脇坂俊夫)「童子山 ： 西脇市郷土資料館紀要」 西脇市教育委員会 (10) 2003.8

須磨
花の名所・史跡としての須磨(〈前編 神戸史談会諸先賢の遺稿〉—3 顧問の部)(武藤誠)「神戸史談」 神戸史談会 296 2005.6

須磨・明石(随筆)(坂口進)「浜木綿 ： 五島文化協会同人誌」 五島文化協会 (92) 2011.10

須磨海岸
なつかしの須磨海岸—3月例会から(辻正彦)「神戸史談」 神戸史談会 (308) 2011.7

須磨区
村から町へ—神戸市須磨区の場合(秋宗康子)「ひょうご歴史文化フォーラム会報」 ひょうご歴史文化フォーラム (7) 2009.3

須磨寺
歴史散歩 (1)源平の史跡を訪ねて『一ノ谷から須磨寺へ』、(2)伊丹道を行く、(3)猪名寺~田能 史跡と石造物を訪ねて(平成25年度尼崎郷土史研究会実施行事)「みちしるべ ： 尼崎郷土史研究会々誌」 尼崎郷土史研究会 (42) 2014.3

須磨の白川
神戸歴史見聞録(18) 須磨の白川「博物館だより」 神戸市立博物館 (98) 2010.10

住吉
神戸屋：住吉(江嵜健一郎)「西宮文化協会会報」 西宮文化協会 (464) 2006.11

神戸住吉ジュンク堂にて(江嵜健一郎)「西宮文化協会会報」 西宮文化協会 (465) 2006.12

住吉川
住吉川流域の水車滝壺跡に関する一考察(妻木宣嗣)「歴史と神戸」 神戸史学会 41(4)通号233 2002.8

住吉川七輪場の水車—菊正宗酒造に伝わる1枚の写真(浅岡俊夫)「歴史と神戸」 神戸史学会 44(1)通号248 2005.2

洲本城
庭の散歩道(18) 旧洲本城下稲田氏武家屋敷庭園群(西桂)「Sala ： 歴史民俗誌」 常民学舎 (37) 2005.2

検証!! 洲本城天守閣移築説(田中広道)「温古」 大洲史談会 (29) 2007.3

近世初期城下町の成立過程と町割計画図の意義—徳島藩洲本城下町の場合(《「歴史地理学における絵図・地図」特集号》)(平井松午)「歴史地理学」 歴史地理学会, 古今書院(発売) 51(1)通号243 2009.1

初めてのエッセー—「洲本城の朝」(松本義為)「あわじ ： 淡路地方史研究会会誌」 淡路地方史研究会 (27) 2010.1

幕末の砲台(2) 由良の高崎台場と洲本城(来村多加史)「近畿文化」 近畿文化会事務局 (729) 2010.8

諏訪山
「ラヂオ塔」が神戸・諏訪山と豊中にも残っていた(吉井正彦)「歴史と神戸」 神戸史学会 51(2)通号291 2012.4

静思館
猪名川町立静思館(旧冨田家住宅)と冨田家の人々(《特集 近代神戸・阪

神間の埋もれた人と建物》)(藤岡真澄)「歴史と神戸」 神戸史学会 47(5)通号270 2008.10

西摂
《特集 考古学から見た西摂・兵庫津》「歴史と神戸」 神戸史学会 42(6)通号241 2003.12

震災後の発掘による西摂の古代史の成果(天羽育子)「歴史と神戸」 神戸史学会 42(6)通号241 2003.12

18世紀における西摂沿海地域と浦役負担(河野未央)「地域史研究 ： 尼崎市立地域研究史料館紀要 ： Bulletin of the history of Amagasaki」 尼崎市立地域研究史料館 36(1)通号102 2006.11

特集 古代市民講座概要「古代西摂の風土と人々の生活」「史料ネット news letter」 歴史資料ネットワーク (51) 2007.10

西摂の中世都市—中世後期を中心として(藤本史子)「地域研究いたみ」 伊丹市 (41) 2012.3

西淡町
文化財保護法50年と西淡町(菊川兼男)「あわじ ： 淡路地方史研究会会誌」 淡路地方史研究会 (18) 2001.1

精道村
打出焼と精道村尚歯会(藤川祐作)「生活文化史」 神戸・深江生活文化史料館 (39) 2011.3

西播磨路
秋の史蹟探訪 西播磨路を巡る 三、三、三の旅(佐々木市太郎)「郷土誌末廬國」 松浦史談会, 芸文堂(発売) (192) 2012.12

摂津
《特集 摂津と播磨の点と線》「歴史と神戸」 神戸史学会 43(3)通号244 2004.6

中世摂津・播磨の港津と海運—「兵庫北関入船納帳」を中心に(前田徹)「鷹界 ： 兵庫県立歴史博物館紀要」 兵庫県立歴史博物館 (17) 2006.3

摂津浦々の海運と大坂中央市場—摂津沿岸の異色断面を探る(中敏昭)「神戸史談」 神戸史談会 通号298 2006.7

系図史料にみる大名池田家の出自と摂津—池田恒興の摂津支配についての一試論(小林将司)「史叢」 日本大学史学会 (77) 2007.9

摂津国
摂津国の成立(直木孝次郎)「歴史と神戸」 神戸史学会 41(6)通号235 2002.12

武庫と六甲—「摂津国の成立」補遺(直木孝次郎)「歴史と神戸」 神戸史学会 42(3)通号238 2003.6

近世初期における摂津国沿海域秩序の形成—いわゆる「三ヵ浦」システムについて(河野未央)「神戸大学史学年報」 神戸大学史学研究会 (21) 2006.6

「摂津国風土記」逸文をめぐって(荊木美行)「摂播歴史研究」 摂播歴史研究会 (特集号) 2007.3

摂津国における国人領主制—塩川氏を例に(特集 50周年記念号6 古代・中世の西摂)(柴谷慶)「歴史と神戸」 神戸史学会 52(4)通号299 2013.8

摂津国一橋領
幕末期の摂津国一橋領——橋慶喜の京都での活動を支えた所領(岩城卓二)「たからづか ： 市史研究紀要たからづか」 宝塚市教育委員会 (20) 2003.11

幕末期の畿内・近国社会—摂津国一橋領における御用人足・歩兵徴発をめぐって(岩城卓二)「ヒストリア ： journal of Osaka Historical Association」 大阪歴史学会 (188) 2004.1

摂播五泊
摂播五泊と行基—地名伝承を訪ねて(橘川真一)「会報むろのつ」 「嶋屋」友の会 (11) 2004.11

千僧村
往還筋における病人への対応について—三条村・新田中野村・千僧村の事例をもとに(明尾圭造)「地域研究いたみ」 伊丹市 (35) 2006.3

善防山
善防山麓領有権をめぐる紛争(衣笠節夫)「播磨郷土研究」 加西郡郷土研究会 (20) 2004.11

「善防山麓領有権をめぐる紛争」補遺(衣笠節夫)「播磨郷土研究」 加西郡郷土研究会 (21) 2005.11

善坊(防)山城
善坊(防)山城(藤原孝三)「播磨郷土研究」 加西郡郷土研究会 (24) 2008.11

戦没学徒記念若人の広場
兵庫の戦後モダニズム建築(6) 戦没学徒記念若人の広場(笠原一人)「歴史と神戸」 神戸史学会 48(2)通号273 2009.4

近畿　　　　　　　　　　　　　　　　　地名でたどる郷土の歴史　　　　　　　　　　　　　　　　兵庫県

千本宿

千本宿の俳人（上），（中），（下）（國重和義）「Sala ： 歴史民俗誌」 常民学舎　30/32　2001.8/2002.8

曽根村

天保飢饉と播磨国曽根村（特集 50周年記念号5 近世播磨の飢饉と村文化）（歌井昭夫）「歴史と神戸」 神戸史学会　52（3）通号298　2013.6

園和住宅

園和住宅の建設（松田佑）「地域史研究 ： 尼崎市立地域研究史料館紀要 ： Bulletin of the history of Amagasaki」 尼崎市立地域研究史料館　38（2）通号107　2009.3

大開町

大開町誕生へのあしあと（1）～（4）（安達丑之助）「小野史談」 小野の歴史を知る会　37/40　2001.7/2003.1

大開町誕生へのあしあと（その2の上），（その2の下）（中村康一）「小野史談」 小野の歴史を知る会　（42）/（43）　2004.1/2004.7

太子町

斑鳩寺と太子町の文化財（田村三千夫）「ひょうご歴史文化フォーラム会報」 ひょうご歴史文化フォーラム　（15）　2011.12

対田

資料紹介 新温泉町対田の一里塚と因幡道・湯島道（下田英郎）「但馬史研究」 但馬史研究会　（34）　2011.3

大日電線尼崎工場

戦時中の大日電線尼崎工場の中国人労働者について―「外務省報告書」にない中国人強制連行（塚崎昌之）「歴史と神戸」 神戸史学会　42（4）通号239　2003.8

多可

壬申戸籍の試行と改訂―西脇・多可地方における（脇坂俊夫）「童子山 ： 西脇市郷土資料館紀要」 西脇市教育委員会　（16）　2009.7

高木

近世後期における皮革経営の実態―姫路市高木の高田家文書を中心として（永瀬康博）「ひょうご部落解放」 ひょうご部落解放・人権研究所　通号92　2000.3

高木陣屋

高木陣屋の一柳氏（福本錦嶺）「三木史談」 三木郷土史の会　50　2003.7

高木村

近代前期播州高木村の皮革業覚書（高木伸夫）「ひょうご部落解放」 ひょうご部落解放・人権研究所　通号92　2000.3

多可郡

古代多可郡の須恵器生産（小川真理子）「童子山 ： 西脇市郷土資料館紀要」 西脇市教育委員会　（17）　2010.7

近世北播磨地誌考（3）三木郡・多可郡篇（研究ノート）（賀茂田東六）「北播磨探史研究」 北播磨探史研究会　（10）　2012.4

多可郡銅山用所 金壹朱札（西脇地域史話）（脇坂俊夫）「童子山 ： 西脇市郷土資料館紀要」 西脇市教育委員会　（20）　2013.9

三草藩領多可郡の内村々諸色直書帳上帳 寛政2年 福地村（史料紹介）（西脇市郷土資料館）「童子山 ： 西脇市郷土資料館紀要」 西脇市教育委員会　（20）　2013.9

三草藩領多可郡の内村々諸色直書帳上帳 文政2年 町村・喜多村・和田村・高田井村・谷村・坂本村・中野間村（史料紹介）（西脇市郷土資料館）「童子山 ： 西脇市郷土資料館紀要」 西脇市教育委員会　（20）　2013.9

高崎台場

幕末の砲台（2）由良の高崎台場と洲本城（来村多加史）「近畿文化」 近畿文化会事務局　（729）　2010.8

高砂沖

貞享3（1686）年閏3月「浦手形の事」―播磨高砂沖難船の備前焼積荷（《備前市歴史フォーラム 江戸時代の暮らしと備前焼》―誌上報告）（伊藤見）「備前市歴史民俗資料館紀要」 備前市歴史民俗資料館　（10）　2008.9

高砂城

幻の「高砂城」（《特集 東播地方農民運動の再評価》―史人の道草つづり書き）（山本敏信）「歴史と神戸」 神戸史学会　45（6）通号259　2006.12

高砂町

ある「高砂町絵図」（伊能参考図）について（大西道一）「摂播歴史研究」 摂播歴史研究会　（44）　2006.3

高砂湊

播磨国高砂湊の渡海船（中川すがね）「新兵庫県の歴史」 兵庫県　（3）　2011.3

高瀬川避溢橋

消えたJR高瀬川の避溢橋―土木構築物から土地の歴史を覗く（井上衛）

「地域史研究 ： 尼崎市立地域研究史料館紀要 ： Bulletin of the history of Amagasaki」 尼崎市立地域研究史料館　36（1）通号102　2006.11

高瀬城

但馬伊達城と高瀬城（宿南保）「但馬史研究」 但馬史研究会　28　2005.3

高橋川

高橋川をたずねて（望月浩）「生活文化史」 神戸・深江生活文化史料館　（37）　2009.3

高橋川流域の歴史をたずねて―10月例会 史蹟探訪―西国街道こぼれ道から（望月浩）「神戸史談」 神戸史談会　（307）　2011.1

宝塚

宝塚新温泉の成立とその建築について―小林一三の理念と新しいビルディングタイプの誕生（川島智生）「たからづか ： 市史研究紀要たからづか」 宝塚市教育委員会　（19）　2002.11

寛文8年安倉姥ヶ茶屋道標と小浜をめぐる宝塚の初期道標（前），（後）（古川久雄）「たからづか ： 市史研究紀要たからづか」 宝塚市教育委員会　（19）/（20）　2002.11/2003.11

土井内蔵（松本安弘）邸と建築家・川崎忍について―戦前期の宝塚における洋風住宅の研究（川島智生）「たからづか ： 市史研究紀要たからづか」 宝塚市教育委員会　（20）　2003.11

宝塚門前町（吉井貞俊）「西宮文化協会会報」 西宮文化協会　436　2004.7

宝塚を考える（随想）（近藤瑞男）「館報池田文庫」 阪急学園池田文庫　（25）　2004.10

宝塚のこと（文庫への提言・随想）（宮地裕）「館報池田文庫」 阪急学園池田文庫　（26）　2005.4

講演報告 宝塚・私の25年（榛名由梨）「館報池田文庫」 阪急学園池田文庫　（26）　2005.4

沖縄から宝塚へ―さらにもうひとつの歴史（山口覚）「たからづか ： 市史研究紀要たからづか」 宝塚市教育委員会　（23）　2007.3

飛騨と宝塚―池田文庫での調査から（石末順子）「館報池田文庫」 阪急学園池田文庫　（30）　2007.4

地名研究（98）宝塚の地名探索 宝塚―境界と地名（2）（渋谷武弘）「歴史と神戸」 神戸史学会　49（4）通号281　2010.8

映像にみる宝塚―映画『学生三代記―野球の巻』が伝える宝塚の1930年（郷田真理子，鈴村裕輔，山梨牧子）「たからづか ： 市史研究紀要たからづか」 宝塚市教育委員会　（25）　2011.3

「手塚治虫と宝塚」（中村よお）「たからづか ： 市史研究紀要たからづか」 宝塚市教育委員会　（25）　2011.3

宝塚音楽学校

戦争に翻弄された宝塚音楽学校の生徒たち（辻則彦）「たからづか ： 市史研究紀要たからづか」 宝塚市教育委員会　（26）　2013.3

宝塚温泉

宝塚温泉における花街の盛衰（上），（下）（《特集 近代化遺産の保存と活用》）（桑野友恵）「歴史と神戸」 神戸史学会　46（6）通号265/47（1）通号266　2007.12/2008.2

宝塚新温泉

遊園地・宝塚新温泉が形成した娯楽空間の史的理解（安野彰）「たからづか ： 市史研究紀要たからづか」 宝塚市教育委員会　（20）　2003.11

資料紹介 『寶塚新温泉御案内』について（田畑きよ子）「館報池田文庫」 阪急学園池田文庫　（31）　2007.10

宝塚公会堂

旧宝塚公会堂の建設経緯とデザインの特徴について（安野彰）「たからづか ： 市史研究紀要たからづか」 宝塚市教育委員会　（22）　2005.11

宝塚鉱泉株式会社

大正期・宝塚鉱泉株式会社の建築と模範職工団について―セセッションの洋館と設計者・松本儀八と藤枝良一（川島智生）「たからづか ： 市史研究紀要たからづか」 宝塚市教育委員会　（25）　2011.3

宝塚ゴルフ倶楽部

兵庫の戦後モダニズム建築（8）宝塚ゴルフ倶楽部クラブハウス（笠原一人）「歴史と神戸」 神戸史学会　48（4）通号275　2009.8

宝塚市

宝塚市の残る石造美術（社会教育課）「たからづか ： 市史研究紀要たからづか」 宝塚市教育委員会　（22）　2005.11

宝塚市の文化財―工芸編（社会教育課）「たからづか ： 市史研究紀要たからづか」 宝塚市教育委員会　（23）　2007.3

歴史・文化を巡るツアールートの開発と「まちづくり」―宝塚市北部における実践例から（白石太良）「御影史学論集」 御影史学研究会　（38）　2013.10

多紀北庄

九条家領丹波国多紀北庄の所職について（遠城悦子）「ソーシアル・リ

サーチ」 ソーシアル・リサーチ研究会 （28）2003.2

多紀郡

丹波国多紀郡東部の中世城館構造と在地勢力―荒木・籾井・波々伯部氏関連の城郭から(中西裕樹)「愛城研報告」 愛知中世城郭研究会 5 2000.6

滝野

近世～近代移行期河川舟運の特質―明治期滝野船座解体を例に(三角菜緒)「新兵庫県の歴史」 兵庫県 （3）2011.3

滝野川

滝野町高瀬舟破船溺れ死一件(前)，(後)(神生昭夫)「小野史談」 小野の歴史を知る会 （62）/（63）2014.1/2014.7

滝山城

瀧山城略史(〈前編 神戸史談会諸先賢の遺稿〉―4 編集委員の部)(桜谷忍)「神戸史談」 神戸史談会 296 2005.6

松永久秀と滝山城(特集 史料から読む西摂)(天野忠幸)「歴史と神戸」 神戸史学会 50（6）通号289 2011.12

竹田

但馬歴史探訪 感動の明延・生野・竹田(事務局)「泉佐野の歴史と今を知る会会報」 泉佐野の歴史と今を知る会 （297）2012.9

竹田城

竹田城跡から生野銀山へ(来村多加史)「近畿文化」 近畿文化会事務局 （694）2007.9

総石垣の中世山城・竹田城跡(兵庫県朝来市)(請川洋一)「郷土史紀行」 ヒューマン・レクチャー・クラブ （52）2008.5

口絵 竹田城(虎臥城)―兵庫県朝来市和田山町竹田「但馬史研究」 但馬史研究会 （33）2010.3

山城例会報告 竹田城「三訪会会報」 三成学区の歴史と自然を訪ねる会 （68）2014.5

竹田藩

報告 関ヶ原合戦前における竹田藩と八木藩の領地(谷本進)「但馬史研究」 但馬史研究会 （36）2013.10

但馬

歴史イリチョリ―ひょうご日朝交渉史(6)，(7) 但馬地方での戦前の朝鮮人の足跡(上)，(下)(金慶海)「歴史と神戸」 神戸史学会 40（5）通号228/40（6）通号229 2001.10/2001.12

《但馬特集》「歴史と神戸」 神戸史学会 41（1）通号230 2002.2

京都丹波の「八木」という町―但馬人から見た口丹波(奥野博美)「Sala：歴史民俗誌」 常民学舎 32 2002.8

今、賑わう但馬の古代(細田昌)「歴史と神戸」 神戸史学会 41（6）通号235 2002.12

南北朝期における但馬守護―長氏の動向を中心に(渡邊大門)「兵庫のしおり」 兵庫県 5 2003.3

但馬の在村文化―蚕書と私塾と俳人と(杉仁)「但馬史研究」 但馬史研究会 27 2004.3

但馬の所領と合併(前田喜一)「但馬史研究」 但馬史研究会 （29）2006.3

但馬史研究の旅と世界の旅(藤原文男)「但馬史研究」 但馬史研究会 （30）2007.3

〈外部〉から見た但馬・〈外部〉にある但馬(松下正和)「但馬史研究」 但馬史研究会 （31）2008.3

但馬山名氏在所の移転を巡って(山口久喜)「但馬史研究」 但馬史研究会 （31）2008.3

随筆のじぎく(5) 但馬における永禄二年の合戦史料に思う(宿南保)「兵庫のしおり」 兵庫県 （10）2008.3

文明・明応期の但馬の争乱について―山名政豊父子と垣屋氏(片岡秀樹)「地方史研究」 地方史研究協議会 58（6）通号336 2008.12

講演 但馬廻船史考(安本恭二)「但馬史研究」 但馬史研究会 （32）2009.3

若狭・丹後・但馬の古代史を探る旅(古高邦子)「つどい」 豊中歴史同好会 （259）2009.8

塚口先生と行く 若狭・丹後・但馬の古代史を探る旅(2)～(3)(古高邦子)「つどい」 豊中歴史同好会 （262）/（265） 2009.11/2010.2

フィールドワーク 但馬・在日朝鮮人の足跡(《部落解放研究第30回兵庫県集会報告書》―ワークショップ・フィールドワーク報告)「ひょうご部落解放」 ひょうご部落解放・人権研究所 135 2009.12

秀吉の但馬攻めと鉱山(古川哲男)「但馬史研究」 但馬史研究会 （33）2010.3

『日本霊異記』の地域像―7世紀の播磨と但馬(秋吉正博)「新兵庫県の歴史」 兵庫県 （3）2011.3

但馬の南北朝争乱(講演の記録)(市沢哲)「但馬史研究」 但馬史研究会 （34）2011.3

但馬におけるたたら製鉄について(講演の記録)(古川哲男)「但馬史研

究」 但馬史研究会 （34）2011.3

但馬・因幡国境目之事について(史料紹介)(岡部良一)「但馬史研究」 但馬史研究会 （35）2012.3

但馬天領の安石代(史料紹介)(森田忽)「但馬史研究」 但馬史研究会 （35）2012.3

鳥取地域史研究会 2月例会 2013年2月23日（土）午前10時30分～正午 岡村吉彦氏「秀吉の因幡・但馬侵攻と垣屋氏」「鳥取地域史通信」 鳥取地域史研究会 （192）2013.1

2月報告要旨 秀吉の但馬・因幡進攻と垣屋氏(岡村吉彦)「鳥取地域史通信」 鳥取地域史研究会 （194）2013.3

京都地名研究会主催特別事業 後援京丹後市教育委員会 丹後建国1300年紀記念講演会「地名でたどる丹後の地名」 旧丹波からの但馬、丹後の分国(水野孝典)/丹後王国から丹後国へ(三浦到)/木簡出土状況と地名研究(糸井通浩)/棟札に記された地名(小山元孝)/地名の示す範囲の変化(新谷勝行)「都藝泥布 ： 京都地名研究会会報」 ［京都地名研究会事務局］ （45）2013.11

丹後建国1300年紀記念講演会・報告 講演1 旧丹波からの但馬、丹後の分国(水野孝典)/講演2 丹後王国から丹後国へ(三浦到)/講演3 木簡出土状況と地名研究(糸井通浩)/講演4 棟札に記された地名(小山元孝)/講演5 地名の示す範囲の変化(新谷勝行)「都藝泥布 ： 京都地名研究会会報」 ［京都地名研究会事務局］ （46）2014.3

但馬江

幻の但馬江(本間隆市)「佐渡郷土文化」 佐渡郷土文化の会 （121）2009.10

但馬城

「但馬国にしかた日記」と但馬の城(西尾孝昌)「但馬史研究」 但馬史研究会 （32）2009.3

但馬国

但馬国太田文とその歴史(歴史講演会記録)(太田順三)「但馬史研究」 但馬史研究会 26 2003.3

古代の地方行政と但馬国(泉谷康夫)「但馬史研究」 但馬史研究会 （30）2007.3

但馬国旧国府についての考察(生田隆, 足立裕)「但馬史研究」 但馬史研究会 （30）2007.3

但馬国絵図の若干の考察(下田英郎)「但馬史研究」 但馬史研究会 （31）2008.3

但馬国幕領における安石代の軌跡(大会特集II 出羽庄内の風土と歴史像―その一体性と多様性)(宿南保)「地方史研究」 地方史研究協議会 61（5）通号353 2011.10

織田・毛利戦争と但馬国(講演の記録)(山本浩樹)「但馬史研究」 但馬史研究会 （35）2012.3

天正九年の但馬国小代一揆について(特集 ひょうご中世史新研究)(渡邊大門)「歴史と神戸 ： 神戸を中心とした兵庫県郷土研究誌」 神戸史学会 53（4）通号305 2014.8

但馬国府

史料保存機関を訪ねて(5) 但馬国府・国分寺館(兵庫県公館県政資料館)「新兵庫県の歴史」 兵庫県 （1）2009.3

但馬村岡陣屋

旗本交代寄合席表御礼衆山名氏の「但馬村岡陣屋」について(米田藤博)「パイオニア」 関西地理学研究会 （82）2007.11

旗本領の陣屋とその町その村(承前) 其二 但馬村岡陣屋(会員通信)(上田正和)「城だより」 日本古城友の会 （528）2012.12

多田

中世後期における多田地域の権力形態と主体について―多田院を中心に(特集 ひょうご中世史新研究)(小山明彦)「歴史と神戸 ： 神戸を中心とした兵庫県郷土研究誌」 神戸史学会 53（4）通号305 2014.8

竜野

小京都散歩 赤とんぼの城下町 龍野「郷土史紀行」 ヒューマン・レクチャー・クラブ 21 2003.2

日本醸造史における播州龍野醤油業の位置(関西醤油史研究会)「播磨学紀要」 播磨学研究所 （9）2003.10

竜野古城

歴史の回想・城跡探訪(5) 龍野古城(平川大輔)「会報」 大阪歴史懇談会 18（4）通号200 2001.4

竜野城

最近の城郭ニュースから 龍野城に模擬天守/大内氏舘庭園の整備/三原城から玉縁石列出土「城郭だより ： 日本城郭史学会会報」 ［日本城郭史学会］ （76）2012.1

伊達城

但馬伊達城と高瀬城(宿南保)「但馬史研究」 但馬史研究会 28 2005.3

田能

聞き書き ありし日のまちと暮らし(27) 二つの石伝説(1) 田能の力石(井上眞理子)「歴史と神戸」 神戸史学会 47(1)通号266 2008.2

歴史散歩(1)源平の史跡を訪ねて『一ノ谷から須磨寺へ』、(2)伊丹道を行く、(3)猪名寺〜田能 史跡と石造物を訪ねて(平成25年度尼崎郷土史研究会実施行事)「みちしるべ : 尼崎郷土史研究会々誌」 尼崎郷土史研究会 (42) 2014.3

田原荘

鎌倉後期の播磨国田原荘―正応四年実験目録を中心に(前田徹)「塵界 : 兵庫県立歴史博物館紀要」 兵庫県立歴史博物館 (18) 2007.3

垂水なぎさ街道

垂水なぎさ街道(足立捷一郎)「備陽史探訪」 備陽史探訪の会 (155) 2010.8

淡州

淡州古地図(広田文雄)「あわじ : 淡路地方史研究会会誌」 淡路地方史研究会 (17) 2000.1

丹波篠山

丹波篠山臨地研修報告(徳永京子)「ひがしひろしま郷土史研究会ニュース」 東広島郷土史研究会 345 2003.5

神々の在すクニ―丹波篠山考(どいかずこ)「神戸史談」 神戸史談会 通号298 2006.7

丹波篠山デカンショ探訪記(出内博都)「備陽史探訪」 備陽史探訪の会 (144) 2008.10

丹波篠山藩

丹波篠山藩領の変遷について(中野卓郎)「ひょうご歴史文化フォーラム会報」 ひょうご歴史文化フォーラム (4) 2008.3

丹波市

再び兵庫の部落史に学ぶ(4) 丹波の太閤検地の被差別部落の形成―丹波市の『太閤検地帳』と『延宝検地帳』の分析(安達五男)「ひょうご部落解放」 ひょうご部落解放・人権研究所 124 2007.3

丹波市の歴史と文化財―達身寺と柏原藩陣屋を中心として(芦田岩男)「ひょうご歴史文化フォーラム会報」 ひょうご歴史文化フォーラム (17) 2012.8

中道子山城

中道子山城について(上月昭信)「東播磨 地域史論集」 東播磨地域史懇話会 (19) 2013.3

長水城

長水城五十波溝(溝の城)(春名俊夫)「山崎郷土会報」 山崎郷土研究会 (104) 2004.9

長水城の伝説七不思議(中川真里)「山崎郷土会報」 山崎郷土研究会 (104) 2004.9

長水城雑記(深川定義)「山崎郷土会報」 山崎郷土研究会 (112) 2008.9

勅使川

地名研究(85) 宝塚の地名探索 中山と勅使川(1)(《特集 近世海運流通と兵庫津》)(渋谷武弘)「歴史と神戸」 神戸史学会 45(4)通号257 2006.8

地名研究(86) 宝塚の地名探索 中山と勅使川(2)(《特集 赤松氏の家臣と荘園の盛衰》)(渋谷武弘)「歴史と神戸」 神戸史学会 45(5)通号258 2006.10

津井村

享保年間以降の津井村瓦師の動き(北山學)「あわじ : 淡路地方史研究会会誌」 淡路地方史研究会 (26) 2009.1

塚口寺内町

中世真宗寺内町割の一類型―摂津国塚口寺内を中心に(藤田実)「大阪の歴史」 大阪市史料調査会 通号55 2000.4

月地

地名研究(93) 宝塚の地名探索 月地 月の名所と埋立地(渋谷武弘)「歴史と神戸」 神戸史学会 47(5)通号270 2008.10

津長の湊

水で繋がれた歴史の中で(4) 津長の湊(岩井忠彦)「会報むろのつ」「鶴屋」友の会 (18) 2011.5

津名郡

津名郡の郡家地名考(地名特集(72))(浜岡きみ子)「歴史と神戸」 神戸史学会 39(6)通号223 2000.12

津名郡衙

津名郡衙址を探り続けて(濱岡きみ子)「あわじ : 淡路地方史研究会会誌」 淡路地方史研究会 (23) 2006.1

綱敷天満宮

綱敷天満宮と地名分布(小寺慶昭)「地名探究」 京都地名研究会 (1) 2003.3

津名町

津名町志柏屋善蔵文書より生薬店かしぜん取扱商品(植野徹)「あわじ : 淡路地方史研究会会誌」 淡路地方史研究会 (17) 2000.1

常本

地名研究(100) 「常本」の謎(平岡正之)「歴史と神戸」 神戸史学会 50(2)通号285 2011.4

坪

地名研究(75) 地名の坪の意味について(建部恵潤)「歴史と神戸」 神戸史学会 40(6)通号229 2001.12

鶴居城

播磨 鶴居城の鳥瞰図(川端義憲氏作画、引用縄張図 星野直哉氏)「城だより」 日本古城友の会 (539) 2013.11

手柄山

地名研究(89) 『播磨風土記』にある地名「手柄丘」の語源と伝承考(中本四郎)「歴史と神戸」 神戸史学会 46(5)通号264 2007.9

出屋敷

聞き書き ありし日のまちと暮らし(1) 尼崎・出屋敷の踏切(井上真理子)「歴史と神戸」 神戸史学会 40(6)通号229 2001.12

天下溝

「天下溝」を探る(藤田孝)「播磨郷土研究」 加西郡郷土研究会 (24) 2008.11

トア・ホテル

学芸員のノートから(79) 幻のトア・ホテルが残したもの(田井玲子)「博物館だより」 神戸市立博物館 83 2004.1

東延

写真は語る(7)〜(10) 東延(上)、(中)、(下)終章(伊藤玉男)「山村文化」 山村研究会 (30)/(34) 2003.3/2004.6

東条

研究ノート 俳人岸本花月と「東條名所獨案内」(西山勝仁、神崎壽福)「北播磨探史研究」 北播磨探史研究会 (3) 2009.2

東播

加古川小学校敷地返還争議と河合義一―予審尋問調書を中心に(《特集 東播地方農民運動の再評価》)(小南浩一)「歴史と神戸」 神戸史学会 45(6)通号259 2006.12

東洋紡績神崎工場

戦時下の東洋紡績神崎工場をめぐるヒアリング調査について(三輪泰史)「歴史研究」 大阪教育大学歴史学研究室 (45) 2008.3

東リ株式会社

震災記録 震災時の東リ株式会社「地域研究いたみ」 伊丹市 (36) 2007.3

徳地

重源の里「徳地」を訪ねて(遠山猛)「小野史談」 小野の歴史を知る会 (56) 2011.1

栃原

栃原のマンプ(椿野兵馬)「一里塚」 生野銀山史談会 (13) 2008.3

富松

戦国富松都市論―尼崎市富松城・富松集落の研究(仁木宏)「地域史研究 : 尼崎市立地域研究史料館紀要 : Bulletin of the history of Amagasaki」 尼崎市立地域研究史料館 33(1)通号96 2003.9

富松城

「見直そう尼崎の宝・中世の富松城展」開催される(辻川敦)「史料ネット news letter」 歴史資料ネットワーク 31 2003.1

聞き描き ありし日のまちと暮らし(6) 中世の富松城跡と原風景マップ(井上眞理子)「歴史と神戸」 神戸史学会 42(1)通号236 2003.2

富松城跡について学び、まちづくりに活かす取り組み(宮本敏一)「地域史研究 : 尼崎市立地域研究史料館紀要 : Bulletin of the history of Amagasaki」 尼崎市立地域研究史料館 33(1)通号96 2003.9

まちづくりシンポジウム「バーチャル富松歴史博物館から見えてきたもの」(後藤真)「史料ネットnews letter」 歴史資料ネットワーク 35 2003.11

尼崎・富松城をあるく(山口義弘、江見弘志)「乙訓文化」 乙訓の文化遺産を守る会 (66) 2005.3

富松城跡の保存運動と地域づくりの取り組み(特集 "地域の再生"と歴史文化)(善見壽男)「Link : 地域・大学・文化」 神戸大学大学院人文学研究科地域連携センター 2 2010.8

仁木宏さんに聞く「歴史研究・文化財保存と地域社会」富松城跡の保存と活用から見える課題(仁木宏[話者]、辻川敦[聞き手])「歴史と神戸」 神戸史学会 52(4)通号299 2013.8

豊岡

小藩陣屋町「但馬豊岡」について（米田藤博）「パイオニア」関西地理学研究会 （67）2002.7

豊岡京極領

豊岡京極領と村岡山名領の境界争い 大照山の実地検分検使案内の記録（古川哲男）「但馬史研究」但馬史研究会 （31）2008.3

豊岡市

兵庫県豊岡市「伏」について（生田隆，足立裕）「但馬史研究」但馬史研究会 （33）2010.3

考察 豊岡市「六地蔵」の「石津」について（生田隆）「但馬史研究」但馬史研究会 （36）2013.10

豊岡市民会館

兵庫の戦後モダニズム建築 第10回 豊岡市民会館（笠原一人）「歴史と神戸」神戸史学会 50（2）通号285 2011.4

豊岡城

展望 元禄年間豊岡城下絵図について（瀬戸谷晧）「但馬史研究」但馬史研究会 （35）2012.3

豊岡陣屋

大名陣屋とその村その町（第二集）11 但馬 豊岡陣屋（会員通信）（上田正昭）「城だより」日本古城友の会 （549）2014.9

豊岡藩

豊岡藩の尊徳至宝―恵義館と宝林舎（山口久喜）「但馬史研究」但馬史研究会 27 2004.3

鳥居領

鳥居領百姓一揆（《前編 神戸史談会諸先賢の遺稿》―4 編集委員の部）（太田睦郎）「神戸史談」神戸史談会 296 2005.6

中尾城

溝口氏と中尾城の歴史について（東前正未）「三田史談」三田市郷土文化研究会 （31）2011.4

溝口氏と中尾城の歴史について（東前正未）「三田史談」三田市郷土文化研究会 （32）2012.4

中筋陣屋

旗本渡辺氏の在地代官と中筋陣屋（大国正美）「たからづか : 市史研究紀要たからづか」宝塚市教育委員会 18 2001.11

中筋村

〔史料紹介〕中筋村の近世史料（大国正美）「たからづか : 市史研究紀要たからづか」宝塚市教育委員会 17 2000.11

三田青磁と中筋村小池家（大熊隆治）「たからづか : 市史研究紀要たからづか」宝塚市教育委員会 18 2001.11

長洲荘

三好氏と長洲荘（小特集 宝珠院文書から見る中世後期の尼崎）（天野忠幸）「地域史研究 : 尼崎市立地域研究史料館紀要 : Bulletin of the history of Amagasaki」尼崎市立地域研究史料館 （113）2013.11

戦国期の長洲荘支配における下代益富氏（小特集 宝珠院文書から見る中世後期の尼崎）（村井良介）「地域史研究 : 尼崎市立地域研究史料館紀要 : Bulletin of the history of Amagasaki」尼崎市立地域研究史料館 （113）2013.11

舟屋法眼元恵と法華堂・長洲荘（小特集 宝珠院文書から見る中世後期の尼崎）（伊藤啓介）「地域史研究 : 尼崎市立地域研究史料館紀要 : Bulletin of the history of Amagasaki」尼崎市立地域研究史料館 （113）2013.11

貞治四年「野地前田田数目録」に見える人名と寺院について（小特集 宝珠院文書から見る中世後期の尼崎）（小橋勇介）「地域史研究 : 尼崎市立地域研究史料館紀要 : Bulletin of the history of Amagasaki」尼崎市立地域研究史料館 （113）2013.11

長田

西国街道まち歩き（1）明石から神戸長田まで（須貝隆弘）「家系研究」家系研究協議会 （58）2014.10

中竹田村

中竹田村、鹿場村、三井庄村一揆の記録 「宝暦騒動記」回想（土田孝）「いちじま史研」丹波市市島町史実研究会 （53）2009.4

仲荘

摂津国仲荘の伝領過程について（1）（小林仁水）「歴史と神戸」神戸史学会 45（1）通号254 2006.2

摂津国仲荘の伝領過程について（2）（《特集 赤松氏の家臣と荘園の盛衰》）（小林仁水）「歴史と神戸」神戸史学会 45（5）通号258 2006.10

中村

町内巡検 中村地区（活動報告）（沼田勝博）「香寺町の歴史 : 年報」香寺歴史研究会 （8）2014.3

中山

地名研究（85）宝塚の地名探索 中山と勅使川（1）（《特集 近世海運流通と兵庫津》）（渋谷武弘）「歴史と神戸」神戸史学会 45（4）通号257 2006.8

地名研究（86）宝塚の地名探索 中山と勅使川（2）（《特集 赤松氏の家臣と荘園の盛衰》）（渋谷武弘）「歴史と神戸」神戸史学会 45（5）通号258 2006.10

鳴島

室津よもやま話（12）鳴島（3）（柏山泰訓）「嶋屋友の会だより」「嶋屋」友の会 （46）2012.6

菜切

地名研究（79）宝塚の地名探索 菜切（渋谷武弘）「歴史と神戸」神戸史学会 43（4）通号245 2004.8

名塩

紙の歴史と文化・名塩和紙の里［1］〜（3）（山下忠男）「西宮文化協会会報」西宮文化協会 （534）/（536）2012.9/2012.11

紙の歴史と文化・名塩和紙の里（4）〜（5）II.名塩和紙とそのルーツを訪ねて 1.名塩紙漉千軒（続き）（山下忠男）「西宮文化協会会報」西宮文化協会 （537）/（539）2012.12/2013.2

名塩村

旧有馬郡名塩村に送られてきた生麦事件の情報文（亥野彊）「御影史学論集」御影史学研究会 （38）2013.10

灘

江戸でもてはやされた灘の酒―杉樽と樽廻船の功績 7月例会講演より（豊田實）「神戸史談」神戸史談会 通号301 2008.1

樺山の割木は灘の酒樽に（小峰甲子夫）「あゆみ」毛呂山郷土史研究会 （33）2009.4

灘区

10月例会 復活西国街道こぼれ道シリーズ「灘区編」（豊田實）「神戸史談」神戸史談会 （309）2012.1

難波

仁徳天皇の難波と寝屋川と尼崎の難波（田中久夫）「御影史学論集」御影史学研究会 通号36 2011.10

生瀬

生瀬自治会文書について（須崎慎一，藤室玲治）「市史研究にしのみや」西宮市総務局総務総括室 5 2003.3

鳴尾

地域組織化活動と福祉コミュニティの形成要因―鳴尾地区の地域福祉実践の事例を通して（加川充浩）「市史研究にしのみや」西宮市総務局総務総括室 5 2003.3

鳴尾村

資料紹介「鳴尾村関係文書」「鳴尾村関係文書」について/翻刻（衛藤彩子）「研究報告」西宮市立郷土資料館 通号7 2005.3

南野村

近世南野村の成年式と宮座の再検討（史料調査報告）（大国正美）「地域研究いたみ」伊丹市 （36）2007.3

丹生

尼崎にもあった地名 丹生（にう・にぶ）ものがたり（西本珠夫）「みちしるべ : 尼崎郷土史研究会々誌」尼崎郷土史研究会 （35）2007.3

仁川

地名研究（77）仁川周辺の地名散策あれこれ（渋谷武弘）「歴史と神戸」神戸史学会 42（5）通号240 2003.10

仁川（《特集 地名と地図から考える歴史（1）》）（渋谷武弘）「歴史と神戸」神戸史学会 45（2）通号255 2006.4

西在田村

資料紹介日常の心得 西在田村処女会（藤原昭三）「播磨郷土研究」加西郡郷土研究会 （21）2005.11

西淡路高射砲陣地

わたしたちの文化財 西淡路高射砲陣地（企画委員会）「ヒストリア : journal of Osaka Historical Association」大阪歴史学会 （236）2013.2

西尾邸庭園

兵庫の庭園再訪（2）西尾邸庭園について（西桂）「歴史と神戸」神戸史学会 49（4）通号281 2010.8

西尾村

西尾村「姥が懐」の秘話―遺稿（岡田一幸）「神戸史談」神戸史談会 295 2005.1

西桑津

事業報告 平成二十五年度春季テーマ展「旧村シリーズ 東桑津と西桑津

～猪名川治水と空港造成～」(吉川潤)「地域研究いたみ」 伊丹市
（43） 2014.3

西郷
神戸歴史見聞録(25) 木造酒蔵の風景―魚崎郷・御影郷・西郷(関野豊)
「博物館だより」 神戸市立博物館 （106） 2014.9

西御着
西御着の皮革産業(《特集 受けつがれる部落の文化》)(編集部)「ひょう
ご部落解放」 ひょうご部落解放・人権研究所 134 2009.9

西須磨村
歴史探訪「村」めぐりシリーズ(7) 東須磨村、西須磨村(前田章賀)「神
戸史談」 神戸史談会 通号300 2007.7

西摂津
天保期、西摂津における米穀流通(岩城卓二)「兵庫のしおり」 兵庫県
（9） 2007.3
17世紀西摂津農村における人口移動(佐藤敦子)「地域史研究 ： 尼崎市
立地域研究史料館紀要 ： Bulletin of the history of Amagasaki」
尼崎市立地域研究史料館 38(1)通号106 2008.9
建武・暦応の西摂津・北摂津合戦(市沢哲)「新兵庫県の歴史」 兵庫県
（3） 2011.3

西代村
歴史探訪「村」めぐりシリーズ(4)―西代村(前田章賀)「神戸史談」 神
戸史談会 293 2004.1

西谷村
〔史料紹介〕 西谷村の近代史と旧村役場文書(市史資料担当)「たからづ
か ： 市史研究紀要たからづか」 宝塚市教育委員会 18 2001.11

西難波
グラビア 昭和戦前期の阪神国道・西難波「地域史研究 ： 尼崎市立地域
研究史料館紀要 ： Bulletin of the history of Amagasaki」 尼崎市
立地域研究史料館 （111） 2011.9

西野
近世の西野地区の水害対策と地域社会(史料調査報告)(大国正美)「地域
研究いたみ」 伊丹市 （42） 2013.3

西宮
危機状況における地域福祉とコミュティワーク―阪神・淡路大震災下西
宮の要援護高齢者支援の分析を通して(青木淳英)「市史研究にしのみ
や」 西宮市総務局総務総括室 5 2003.3
戦国時代の芦屋庄・本庄・西宮の山をめぐる相論(《特集 新視点 中世の
神戸とその周辺》)(天野忠幸)「歴史と神戸」 神戸史学会 48(3)通
号274 2009.6

西宮市
会員活動通信 わが国アマチュア無線局発祥の地は西宮市だった(梶本久
一. 堀祥造)「西宮文化協会会報」 西宮文化協会 440 2004.11
都市文化の自立的形成とその要因―1970年代前半までの西宮市民の文化
活動を通して(竹内利江)「市史研究にしのみや」 西宮市総務局総務
総括室 6 2005.3
建築用材輸送の問題―(兵庫県西宮市)武庫川河尻と東条川上流の大川
瀬の占める位置(田中久夫)「研究報告」 西宮市立郷土資料館 （10）
2013.11
徳本名号石の建立―西宮市周辺の事例を中心に(俵谷和子)「研究報告」
西宮市立郷土資料館 （10） 2013.11
西宮市の今津の発展と小豆嶋屋(細木ひとみ)「研究報告」 西宮市立郷土
資料館 （10） 2013.11

西宮台場
文久～元治期における兵庫・西宮台場の築造―「御台場築立御用掛」体
制と「地域社会」に関する若干の考察(高久智広)「居留地の窓から ：
NPO法人神戸外国人居留地研究会年報」 神戸外国人居留地研究会
4 2004.1

西浜
公儀普請の大物橋―『大坂代官 竹垣直道日記』より(特集 史料から読む
西浜の近世史散策)(中村光夫)「歴史と神戸」 神戸史学会 51(2)通
号291 2012.4
未生流挿花と尼崎(特集 史料から読む西浜の近世史散策)(村上昭彦)
「歴史と神戸」 神戸史学会 51(2)通号291 2012.4
岡本家大庄屋日記より天保五年(特集 史料から読む西浜の近世史散策)
(高田耕三)「歴史と神戸」 神戸史学会 51(2)通号291 2012.4
動乱期の青少年教育史話 ああ筒台の辺に―戦中戦後を生きた中高生の
記録(7)(特集 史料から読む西浜の近世史散策)(森田修一)「歴史と
神戸」 神戸史学会 51(2)通号291 2012.4

西播磨
播磨における古代・中世の郡の分割について(下)―西播磨の諸郡の検
討(上月昭信)「歴史と神戸」 神戸史学会 46(5)通号264 2007.9

西播磨を訪ねて(根岸尚克)「備陽史探訪」 備陽史探訪の会 （147）
2009.4
ワンショット・例会レポート―西播磨北部の史跡を歩く「備陽史探訪」
備陽史探訪の会 （161） 2011.8

西村旅館
近代神戸の名旅館・西村旅館について―創業期の軌跡(特集 50周年記念
号3 開港地・神戸の点描1)(宮本眞貴子)「歴史と神戸」 神戸史学会
52(1)通号296 2013.2

西山記念会館
兵庫の戦後モダニズム建築(11) 西山記念会館(特集 播磨の大地に刻む歴
史)(笠原一人)「歴史と神戸」 神戸史学会 50(5)通号288 2011.10

西脇
西脇地域史話 古河藩の農兵取立て(脇坂俊夫)「童子山 ： 西脇市郷土資
料館紀要」 西脇市教育委員会 （15） 2008.7
考古資料からみる古代西脇の概観(1)―法太里を中心に(小川真理子)
「童子山 ： 西脇市郷土資料館紀要」 西脇市教育委員会 （11） 2004.8
長襤木綿―西脇地方における播州縞の源流(脇坂俊夫)「童子山 ： 西脇
市郷土資料館紀要」 西脇市教育委員会 （13） 2006.8
壬申戸籍の試行と改訂―西脇・多可地方における(脇坂俊夫)「童子山 ：
西脇市郷土資料館紀要」 西脇市教育委員会 （16） 2009.7
西脇地域史話 蚊帳の環献納運動/失われ行くバンコ(脇坂俊夫)「童子山
： 西脇市郷土資料館紀要」 西脇市教育委員会 （16） 2009.7
「大日本婦人会」の解散(西脇地域史話)(脇坂俊夫)「童子山 ： 西脇市郷
土資料館紀要」 西脇市教育委員会 （20） 2013.9
入学志願者心得―兵庫県立小野中学校(西脇地域史話)(脇坂俊夫)「童子
山 ： 西脇市郷土資料館紀要」 西脇市教育委員会 （20） 2013.9
西脇地域史話「しだ坂」か「しら坂」か(脇坂俊夫)「童子山 ： 西脇市
郷土資料館紀要」 西脇市教育委員会 （21） 2014.9

西脇市
口絵 西脇市指定文化財「石造十三重塔」解説(岸本一郎)「童子山 ： 西
脇市郷土資料館紀要」 西脇市教育委員会 （20） 2013.9

日亜製鋼
日亜製鋼勤めの回想(史煙)(萩原卓)「地域史研究 ： 尼崎市立地域研究
史料館紀要 ： Bulletin of the history of Amagasaki」 尼崎市立地
域研究史料館 37(2)通号105 2008.3

日遣古道
日遣古道をたずねて―先人の息吹きを感じながら(濱岡きみ子)「あわじ
： 淡路地方史研究会会誌」 淡路地方史研究会 （25） 2008.2

日本真珠会館
兵庫の戦後モダニズム建築(9) 日本真珠会館(笠原一人)「歴史と神戸」
神戸史学会 49(1)通号278 2010.2

庭
播磨国美嚢郡淡河市庭(神戸市北区)の楽市制札をめぐる一考察(仁木
宏)「兵庫のしおり」 兵庫県 7 2005.3

沼島
庭の散歩道(16) 沼島の庭園(西桂)「Sala ： 歴史民俗誌」 常民学舎
35 2004.2

布曳滝
布曳瀧奥川筋水車場一件に就て(上)(〈前編 神戸史談会諸先賢の遺稿〉
―3 顧問の部)(藤木喜一郎)「神戸史談」 神戸史談会 296 2005.6

野田村
「元禄郷帳」の家数・人数について―野田村・駒ヶ林村の検討(青野克
彦)「摂播歴研究」 摂播歴史研究会 （48） 2009.3

野々宮村
神戸女子大学図書館所蔵「野々宮村文書」について(1)(神戸女子大学畿
内地域史研究会)「神女大史学」 神戸女子大学史学会 （23） 2006.11

野間
野間・筒井良和氏所蔵文書の概要(史料調査報告)(小谷佳秀)「地域研究
いたみ」 伊丹市 （34） 2005.3

野間村
幕末の野間村に生きる―巽弥左衛門の農事日誌より(史料調査報告)(中
川すがね)「地域研究いたみ」 伊丹市 （34） 2005.3

野村
史料紹介 播磨国多可郡野村鑑覚書帳(脇坂俊夫)「童子山 ： 西脇市郷土
資料館紀要」 西脇市教育委員会 （19） 2012.9

ハサクリ
地名研究(101) 宝塚の地名探索 ハクサリ 焼畑と地名(渋谷武弘)「歴史
と神戸」 神戸史学会 50(5)通号288 2011.10

兵庫県

椅鹿山

椅鹿山神領地をめぐる疑問調査(西田克子)「三田史談」 三田市郷土文化研究会 (29) 2009.4

住吉松葉大記にみる椅鹿山神領地(西田克子)「三田史談」 三田市郷土文化研究会 (30) 2010.4

住吉・椅鹿山神領地の研究(西田克子)「三田史談」 三田市郷土文化研究会 (31) 2011.4

觜崎庄

播磨国揖東郡觜崎庄 觜崎石工の一考察(藤原良夫)「歴史考古学」 歴史考古学研究会 (57) 2005.6

端谷城

「トーチカ」と天守台がある播磨端谷城の究(池田誠)「戦乱の空間」 戦乱の空間編集会 (5) 2006.7

初島

聞き書き ありし日のまちと暮らし(5) 尼崎・初島雑感—消えた尼いも畑(井上真理子)「歴史と神戸」 神戸史学会 41(5)通号234 2002.10

波豆

地名研究(99)三田・宝塚の地名探索 宝塚—境界と地名(3) 羽束山(三田)・波豆(宝塚)(渋谷武弘)「歴史と神戸」 神戸史学会 50(1)通号284 2011.2

櫨谷

播磨「櫨谷」の地名について(谷山由夫)「摂播歴史研究」 摂播歴史研究会 (特集号)2007.3

櫨塚

地名研究(87)西宮の地名探索 櫨塚(《特集 中世史料を読み直す》)(渋谷武弘)「歴史と神戸」 神戸史学会 46(3)通号262 2007.6

八多庄

八田皇后と八田部と八多庄について(西田克子)「三田史談」 三田市郷土文化研究会 (24) 2004.4

旗振り山

兵庫県内の旗振り山について(柴田昭彦)「歴史と神戸」 神戸史学会 42(5)通号240 2003.10

兵庫県内の旗振り山の解明—新たに見つかった旗振り山(《特集 前近代の播磨》)(柴田昭彦)「歴史と神戸」 神戸史学会 46(4)通号263 2007.8

米相場の旗振り山について—赤穂市における解明(特集 播磨の大地に刻む歴史)(柴田昭彦)「歴史と神戸」 神戸史学会 50(5)通号288 2011.10

八王子

八王子の地名の謂れ(乳原克巳)「一里塚」 生野銀山史談会 (10) 2003.10

羽束川

清流「羽束川」と近代化遺産(藤田裕彦)「三田史談」 三田市郷土文化研究会 (32) 2012.4

羽束郷

由来の異なる二つの羽束郷(中村修)「古代史の海」 「古代史の海」の会 (67) 2012.3

羽束山

地名研究(99)三田・宝塚の地名探索 宝塚—境界と地名(3) 羽束山(三田)・波豆(宝塚)(渋谷武弘)「歴史と神戸」 神戸史学会 50(1)通号284 2011.2

八徳村

講演 八葉寺と八徳村—新出史料からみた近世の八徳山(大槻守)「香寺町の歴史 : 年報」 香寺歴史研究会 (8) 2014.3

花熊

7月例会 岡山大学附属図書館池田家文庫蔵『摂津国花熊之図』の再検討(須藤宏)「神戸史談」 神戸史談会 (311) 2014.1

花小分校

資料『白鞣し皮工程花小分校結婚由来』(著者広信)「ひょうご部落解放」 ひょうご部落解放・人権研究所 通号91 2000.1

浜松村

「朝鮮人御用」と雇(仮)手代—浜坂村森與右衛門の守山行について(岡部良一)「但馬史研究」 但馬史研究会 26 2003.3

浜脇小学校

浜脇小学校時代の記憶(阪口昌弘)「西宮文化協会会報」 西宮文化協会 (472) 2007.7

林崎第二尋常高等小学校

『ポプラの学校』—まぼろしの林崎第二尋常高等小学校(森本眞一)「東播磨 地域史論集」 東播磨地域史懇話会 (20) 2014.5

播磨

「播磨古城記」について(清水ひとみ)「論叢ゆほびか」 古記録を読む会 2 2001.12

《近世・近代播磨の地域社会と文化》「歴史と神戸」 神戸史学会 41(3)通号232 2002.6

最近読んだホットな戦国時代史と播磨・備前・美作三国関係の戦国年表(中山泰秀)「東備」 東備歴史研究協議会 (11) 2003.7

4〜5世紀の播磨とヤマト政権(山本三郎)「つどい」 豊中歴史同好会 190 2004.1

《特集 摂津と播磨の点と線》「歴史と神戸」 神戸史学会 43(3)通号244 2004.6

はりまの文学碑巡礼(1)〜(13)(難波正司, 國重和義)「Sala : 歴史民俗誌」 常民学舎 (36)/(48) 2004.8/2010.8

君に忠 福岡藩を支えた播磨武士の変遷(横田武子)「播磨学紀要」 播磨学研究所 (10) 2004.10

交通からみた播磨地域の都市構造と階層性について(大橋健一, 藤田雅史, 本間彰洋)「播磨学紀要」 播磨学研究所 (10) 2004.10

《特集 古代・中世の播磨支配再考》「歴史と神戸」 神戸史学会 43(5)通号246 2004.10

播磨の巨鹿「伊佐々王」の原像を追って—中国山地の「悪鹿」伝承考(水上勲)「帝塚山大学人文科学部紀要」 帝塚山大学人文科学部 (16) 2004.11

播磨木工芸の系譜(山本和人)「姫路美術工芸館紀要」 姫路市書写の里・美術工芸館 (6) 2005.3

播磨風土記 再考(3)一品太天王伝説と播磨国風土記(寺本躬久)「歴史と神戸」 神戸史学会 44(3)通号250 2005.6

播磨守護赤松氏の支配機構—嘉吉の乱以前を中心に(西面亜紀子)「神女大史学」 神戸女子大学史学会 (22) 2005.11

《特集 播磨史研究の最前線》「歴史と神戸」 神戸史学会 44(6)通号253 2005.12

播磨国風土記 再考(4)伊和大神の世界(寺本躬久)「歴史と神戸」 神戸史学会 44(6)通号253 2005.12

中世後期における播磨国清水寺の存在形態(《特集 ひょうごの中世地域史》)(濱田浩一郎)「歴史と神戸」 神戸史学会 45(1)通号254 2006.2

中世摂津・播磨の港津と海運—『兵庫北関入船納帳』を中心に(前田徹)「塵界 : 兵庫県立歴史博物館紀要」 兵庫県立歴史博物館 (17) 2006.3

播磨地方の鬼と播州弁(大中良英)「六甲倶楽部報告」 六甲倶楽部 (76) 2006.3

想い出点描(1)家族とともに(《特集 播磨のノスタルジー昭和》)「Sala : 歴史民俗誌」 常民学舎 (40) 2006.8

想い出点描(2)子どもの世界(《特集 播磨のノスタルジー昭和》)「Sala : 歴史民俗誌」 常民学舎 (40) 2006.8

子どもから消えた言葉/大人と子どもの年表(《特集 播磨のノスタルジー昭和》)「Sala : 歴史民俗誌」 常民学舎 (40) 2006.8

想い出点描(3)巷の情景(《特集 播磨のノスタルジー昭和》)「Sala : 歴史民俗誌」 常民学舎 (40) 2006.8

想い出点描(4)これって何?(《特集 播磨のノスタルジー昭和》)「Sala : 歴史民俗誌」 常民学舎 (40) 2006.8

想い出点描(5)古い写真帖より(《特集 播磨のノスタルジー昭和》)「Sala : 歴史民俗誌」 常民学舎 (40) 2006.8

陽だまりの想い(《特集 播磨のノスタルジー昭和》)(荒木富佐子)「Sala : 歴史民俗誌」 常民学舎 (40) 2006.8

懐かしいあの頃へ(1)小学校の思い出(《特集 播磨のノスタルジー昭和》)(難波正司)「Sala : 歴史民俗誌」 常民学舎 (40) 2006.8

懐かしいあの頃へ(2)たなばたさん(《特集 播磨のノスタルジー昭和》)(三浦孝一)「Sala : 歴史民俗誌」 常民学舎 (40) 2006.8

懐かしいあの頃へ(3)半世紀ぶりに作ってみました(《特集 播磨のノスタルジー昭和》)(加茂田喬)「Sala : 歴史民俗誌」 常民学舎 (40) 2006.8

懐かしいあの頃へ(4)昭和30年代の風景(《特集 播磨のノスタルジー昭和》)(吉田ふみゑ)「Sala : 歴史民俗誌」 常民学舎 (40) 2006.8

播磨から世界を見る—江戸時代の書物文化(横田冬彦)「ひょうご歴史文化フォーラム会報」 ひょうご歴史文化フォーラム (3) 2007.11

戦国末期の播磨における地域権力と荘園(特集 赤松氏研究の最前線)(小林基伸)「年報赤松氏研究」 赤松氏研究会 (2) 2009.3

播磨「風雅堂」について(中村正行)「Sala : 歴史民俗誌」 常民学舎 (46) 2009.8

江戸時代の播磨国鋳物師 姫路の鋳物師の現地調査(片山昭悟)「山崎郷土会報」 山崎郷土研究会 (114) 2009.9

風土記の歳時記—古代播磨の農曆 8月例会講演資料(松下正和)「神戸史談」 神戸史談会 通号305 2010.1

「峯相記」と中世の播磨(大山喬平)「ひょうご歴史文化フォーラム会報」 ひょうご歴史文化フォーラム (10) 2010.3

工業地帯開発に伴う港湾の大規模化とそのインパクト—播磨工業地帯の開発プロセスを中心に（林昌宏）「播磨学紀要」 播磨学研究所 （15） 2010.12

綿作り—播磨の地に綿を作りはじめてから二十年（吉田義弘）「Sala ： 歴史民俗誌」 常民学舎 （49） 2011.2

はりまの文学碑巡礼（15）～（21）（難波正司, 國重和重）「Sala ： 歴史民俗誌」 常民学舎 （49）/（56） 2011.2/2014.08

播磨と出雲—『播磨国風土記』にみえる出雲国人の往来をめぐって（荊木美行）「史料 ： 皇學館大學研究開発推進センター史料編纂所報」 皇學館大學研究開発推進センター史料編纂所 （229） 2011.3

『日本霊異記』の地域像—7世紀の播磨と但馬（秋吉正博）「新兵庫県の歴史」 兵庫県 （3） 2011.3

内海敏夫『兵庫の民家と町並み画集』より（創刊50号記念 特集～時は流れて～ノスタルジー播磨）「Sala ： 歴史民俗誌」 常民学舎 （50） 2011.10

聖徳太子以前、上代における播磨の地の姿（北山良）「わかくす ： 河内ふるさと文化誌」 わかくす文芸研究会 （60） 2011.11

播磨と讃岐—『播磨国風土記』からみた両国の交流（荊木美行）「史料 ： 皇學館大學研究開発推進センター史料編纂所報」 皇學館大學研究開発推進センター史料編纂所 （232） 2011.12

翻刻 「播磨古事」解題と翻刻「播磨古事」解説（播磨学研究所, 藤原龍雄）「播磨学紀要」 播磨学研究所 （16） 2012.3

翻刻 「播磨古事」解題と翻刻「播磨古事」解読文「播磨学紀要」 播磨学研究所 （16） 2012.3

播磨木工芸の系譜 補遺（岡崎美穂）「姫路美術工芸館紀要」 姫路市書写の里・美術工芸館 （8） 2012.3

播磨六大河川流域の金星近代石工・石material一覧—石工地別の石工銘集成（1）（藤原清尚）「目引 ： 石造物研究会会誌」 （13） 2012.5

近世初期における海上交通役の編成—摂津・和泉・播磨三ヵ国の沿海地域を素材に（2012年度大会報告要旨—近世・部会報告）（河野未央）「ヒストリア ： journal of Osaka Historical Association」 大阪歴史学会 （232） 2012.6

「播磨」という地名（橋本雅之）「摂播歴史研究」 摂播歴史研究会 （58） 2012.7

『山名家譜』所収文書について（特集 新しい播磨の地域史）（渡邉大門）「歴史と神戸」 神戸史学会 51（4）通号293 2012.8

『投贈和答諸詩小序』にみる播磨の雲溪文山について（特集 新しい播磨の地域史）（片岡秀樹）「歴史と神戸」 神戸史学会 51（4）通号293 2012.8

〈景観〉—その表象と古層のあいだ 『神戸～尼崎 海辺の歴史 古代から近現代まで』読後（特集 新しい播磨の地域史）（上村正男）「歴史と神戸」 神戸史学会 51（4）通号293 2012.8

『伊能忠敬測量隊を支えた播磨の人たち』出版/残暑お見舞い「歴史と神戸」 神戸史学会 51（5）通号294 2012.10

川柳が見た史談会播磨の旅（坂本兵八郎）「郷土史誌末盧國」 松浦史談会, 芸文堂（発売） （192） 2012.12

近世初期における海上交通役の編成—摂津・和泉・播磨三ヵ国沿海地域を素材として（2012年度大会特集号—近世部会報告）（河野未央）「ヒストリア ： journal of Osaka Historical Association」 大阪歴史学会 （235） 2012.12

播磨の城下町—姫路と龍野（大澤研一）「近畿文化」 近畿文化会事務局 （760） 2013.3

岡平保『播磨風土記考』について（近藤左知子）「史料 ： 皇學館大學研究開発推進センター史料編纂所報」 皇學館大學研究開発推進センター史料編纂所 （238） 2013.6

嘉永期における凶荒と上月組の村々—元三日月藩上月組大庄屋・大谷家文書をから見えること（特集 50周年記念号5 近世播磨の飢饉と村文化）（中岡宏美）「歴史と神戸」 神戸史学会 52（3）通号298 2013.6

「播磨国風土記新考」の著述とその助力者について—井上通泰研究・序説（論考）（井上舞）「Link ： 地域・大学・文化」 神戸大学大学院人文学研究科地域連携センター 5 2013.11

「播磨学研究所」の四半世紀（特集 地域学）（中元孝迪）「会報むろのつ」 「嶋屋」友の会 （21） 2014.11

播磨の10人（1）：恵便法師（千田草介）「会報むろのつ」 「嶋屋」友の会 （21） 2014.11

播磨灘

播磨の海の物語（10） 播磨灘の夜明け（10） 漁業者の工夫（青木敬介）「会報むろのつ」 「嶋屋」友の会 （10） 2004.1

播磨の海の物語（11） 播磨灘の夜明け（11） 連載を終えて（青木敬介）「会報むろのつ」 「嶋屋」友の会 （11） 2004.11

ドラマチック海道 播磨灘と『万葉集』（特集 『万葉集』の世界）（楠木立身）「会報むろのつ」 「嶋屋」友の会 （19） 2012.5

播磨国

播磨国守護領の形成過程（熊谷隆之）「ヒストリア ： journal of Osaka Historical Association」 大阪歴史学会 （184） 2003.4

播磨国の「大将軍」（谷山由夫）「摂播歴史研究」 摂播歴史研究会 34・35 2003.4

播磨国風土記再考（5） 十四丘説話を構成する物語名について（《播磨特集》）（寺本躬久）「歴史と神戸」 神戸史学会 46（1）通号260 2007.2

『播磨国風土記』の「廝の御井」について（田井恭一）「東播磨 地域史論集」 東播磨地域史懇話会 （13） 2007.3

播磨国風土記にみるモニュメント空間—墳墓伝承を中心に（松下正和）「兵庫のしおり」 兵庫県 （9） 2007.3

播磨国風土記年代考（寺本躬久）「播磨学研究所」 播磨学研究所 （13） 2008.2

『播磨国風土記』と『万葉集』が描く古代の道と湊の記録（田井恭一）「東播磨 地域史論集」 東播磨地域史懇話会 （14） 2008.3

いまに生きる『播磨国風土記』（《特集 風土記の世界》）（橘川真一）「会報むろのつ」 「嶋屋」友の会 （15） 2008.6

『播磨国風土記』と古代遺跡—出雲と筑紫（石野博信）「ひょうご歴史文化フォーラム会報」 ひょうご歴史文化フォーラム （5） 2008.7

『播磨国風土記』と博物館・資料館（田井恭一）「ひょうご歴史文化フォーラム会報」 ひょうご歴史文化フォーラム （5） 2008.7

『播磨国風土記』の現実的解釈（田中伸幸）「紀南・地名と風土研究会会報」 紀南・地名と風土研究会 （43） 2008.7

戦国期播磨国権力構造に関する一視点—越後など諸国との比較から（矢田俊文）「年報赤松氏研究」 赤松氏研究会 （2） 2009.3

『風土記』の「廝御井」「大家の里」「粒丘」「麻跡の里」の可能性（田井恭一）「東播磨 地域史論集」 東播磨地域史懇話会 （15） 2009.8

播磨国における山名氏権力の地域支配構造—郡単位の統治機構に注目して（稲垣翔）「年報中世史研究」 中世史研究会 （35） 2010.5

『播磨国風土記』の山と丘、比定・推定地一覧（田井恭一）「東播磨 地域史論集」 東播磨地域史懇話会 （17） 2010.9

『播磨国風土記』の「十四の丘」考（田井恭一）「東播磨 地域史論集」 東播磨地域史懇話会 （16） 2010.10

播磨国と冷泉家（藤本孝一）「ひょうご歴史文化フォーラム会報」 ひょうご歴史文化フォーラム （12） 2010.12

戦国期播磨国における「地域権力」の形成過程—播磨国清水寺を通じてみた依藤氏を中心に（畑康明）「年報赤松氏研究」 赤松氏研究会 （4） 2011.3

『風土記』に記された開拓一覧（田井恭一）「東播磨 地域史論集」 東播磨地域史懇話会 （18） 2011.3

中世初期における備前国衙と天台寺院—播磨国との比較において（苅米一志）「吉備地方文化研究」 就実大学吉備地方文化研究所 （21） 2011.3

古代史の視点 播磨国風土記と古事記神話をみる（特集 播磨の大地に刻む歴史）（寺本躬久）「歴史と神戸」 神戸史学会 50（5）通号288 2011.10

戦国期播磨国赤松氏権力をめぐる研究史への一視点（中脇聖）「年報赤松氏研究」 赤松氏研究会 （5） 2012.3

播磨国大地震—貞観から安政まで（神栄越郷）「摂播歴史研究」 摂播歴史研究会 （60） 2013.3

幕末・維新期における畿内近国譜代小藩の権力構造—播磨国山崎藩本多家の事例（論考）（菅良樹）「城郭研究室年報」 姫路市立城郭研究室 （23） 2014.3

播磨国における王家領荘園の形成—鳥羽院政期を中心に（前田徹）「塵界 ： 兵庫県立歴史博物館紀要」 兵庫県立歴史博物館 （25） 2014.3

播磨国一橋領

九郎太夫騒動—天明七年・播磨国一橋領知における（兼本雄三）「御影史学論集」 御影史学研究会 通号34 2009.10

播磨みち

「伊能忠敬の歩いた播磨みち」に参加して（木村方美）「Sala ： 歴史民俗誌」 常民学舎 （47） 2010.2

播磨路

播磨路を行く（富岡行昌）「郷土史誌末盧國」 松浦史談会, 芸文堂（発売） （172） 2007.12

姥ヶ茶屋

寛文8年安倉姥ヶ茶屋道標と小浜をめぐる宝塚の初期道標（前）,（後）（古川久雄）「たからづか ： 市史研究紀要たからづか」 宝塚市教育委員会 （19）/（20） 2002.11/2003.11

播州

播州織の統計（改訂・増補）（池田忠詮）「童子山 ： 西脇市郷土資料館紀要」 西脇市教育委員会 8 2001.9

播州織産元組合史（脇坂俊夫）「童子山 ： 西脇市郷土資料館紀要」 西脇市教育委員会 9 2002.9

落合重信記念賞贈呈式 講演会「播州太平記と別所一族」のお知らせ「歴史と神戸」 神戸史学会 45（5）通号258 2006.10

播州織女子教育に関する一考察—とくに「良妻賢母観」を中心に（研究発表）（岩本真佐子）「日本精神文化」 日本精神文化学会 （17） 2007.7

兵庫県　　　　　　　　　　　地名でたどる郷土の歴史　　　　　　　　　　　近畿

口絵 中入れ札―播州織ラベル 解説(脇坂俊夫)「童子山 ： 西脇市郷土資料館紀要」 西脇市教育委員会 (18) 2011.10

播州鉄道
播州・播丹鉄道の歴史 [1]〜(2)(岡本勲)「小野史談」 小野の歴史を知る会 35/36 2000.7/2001.1

〔史料紹介〕 修学旅行と播州鉄道(西脇市郷土資料館)「童子山 ： 西脇市郷土資料館紀要」 西脇市教育委員会 8 2001.9

播州路
例会報告 播州路に古代ロマンに魅せられて(小川道子)「備陽史探訪」備陽史探訪の会 (170) 2013.2

阪神間
聞き書き ありし日のまちと暮らし(4) 阪神間モダニズムと労働者のまち(井上真理子)「歴史と神戸」 神戸史学会 41(4)通号233 2002.8

第3回震災復興市民歴史講座 「市民と深める阪神間の江戸時代史」(大国正美)「史料ネットnews letter」 歴史資料ネットワーク 31 2003.1

史料ネット講座によせて 阪神間の近代現風景(福嶋忠嗣)「史料ネットnews letter」 歴史資料ネットワーク 36 2004.2

阪神間の盲点(吉井貞俊)「西宮文化協会会報」 西宮文化協会 437 2004.8

神戸・阪神間ヴォーリズの建築とスポーツ(高木應光)「居留地の窓から ： NPO法人神戸外国人居留地研究会年報」 神戸外国人居留地研究会 5 2005.3

阪神間大空襲の体験と不戦の誓い(畑喜一郎)「地域史研究 ： 尼崎市立地域研究史料館紀要 ： Bulletin of the history of Amagasaki」 尼崎市立地域研究史料館 35(2)通号101 2006.3

「阪神日日新聞」に見る占領期の阪神間(玉木雄三)「地域史研究 ： 尼崎市立地域研究史料館紀要 ： Bulletin of the history of Amagasaki」 尼崎市立地域研究史料館 37(2)通号105 2008.3

昭和のはじめ 大阪・阪神間の暮らし―ある主婦の日記から(2) 春を迎える(石原佳子)「大阪春秋」 新風書房 37(4)通号137 2010.1

昭和のはじめ 大阪・阪神間の暮らし―ある主婦の日記から(3) 昭和2年の夏から初夏(石原佳子)「大阪春秋」 新風書房 38(1)通号138 2010.4

昭和のはじめ 大阪・阪神間の暮らし―ある主婦の日記から(4) 過ぎゆく夏(石原佳子)「大阪春秋」 新風書房 38(2)通号139 2010.7

昭和のはじめ 大阪・阪神間の暮らし―ある主婦の日記から(5) 秋の歳時記、お月見と衣替え(石原佳子)「大阪春秋」 新風書房 38(3)通号140 2010.10

昭和のはじめ 大阪・阪神間の暮らし―ある主婦の日記から(6) 年の暮れ(石原佳子)「大阪春秋」 新風書房 38(4)通号141 2011.1

昭和のはじめ 大阪・阪神間の暮らし―ある主婦の日記から(7) 啓蟄、菜種盛りの頃(石原佳子)「大阪春秋」 新風書房 39(1)通号142 2011.4

昭和のはじめ 大阪・阪神間の暮らし―ある主婦の日記から(8) 夏の盛りに(石原佳子)「大阪春秋」 新風書房 39(2)通号143 2011.7

昭和のはじめ 大阪・阪神間の暮らし―ある主婦の日記から(9) 秋たけなわ、菊薫る季節に(石原佳子)「大阪春秋」 新風書房 39(3)通号144 2011.10

昭和のはじめ 大阪・阪神間の暮らし―ある主婦の日記から(10) 昭和5年、「緊縮」の正月(石原佳子)「大阪春秋」 新風書房 39(4)通号145 2012.1

昭和のはじめ 大阪・阪神間の暮らし―ある主婦の日記から(11) 端午の節句・豆芝居の頃(石原佳子)「大阪春秋」 新風書房 40(1)通号146 2012.4

地名研究(102) 阪神間の地名探索 髭茶屋(尼崎)、姥ヶ茶屋(宝塚)、御茶屋所(西宮) 街道と茶屋地名(渋谷武弘)「歴史と神戸」 神戸史学会 51(3)通号292 2012.6

昭和のはじめ 大阪・阪神間の暮らし―ある主婦の日記から(最終回) 伊丹とインテリ泥棒(石原佳子)「大阪春秋」 新風書房 40(2)通号147 2012.7

阪神電鉄
阪神電鉄海岸線について(田中敦)「みちしるべ ： 尼崎郷土史研究会々誌」 尼崎郷土史研究会 (31) 2003.3

播丹鉄道
播州・播丹鉄道の歴史 [1]〜(2)(岡本勲)「小野史談」 小野の歴史を知る会 35/36 2000.7/2001.1

比延庄村
森元成―夏目漱石と親交のあった比延庄村長(脇坂俊夫)「童子山 ： 西脇市郷土資料館紀要」 西脇市教育委員会 (12) 2005.8

比延中学校
比延中学校敷地の決定をめぐって(脇坂俊夫)「童子山 ： 西脇市郷土資料館紀要」 西脇市教育委員会 (21) 2014.9

東桑津
事業報告 平成二十五年度春季テーマ展 「旧村シリーズ 東桑津と西桑津〜猪名川治水と空港造成〜」(吉川潤)「地域研究いたみ」 伊丹市 (43) 2014.3

東尻池
6月例会概要 『グレーター真野のちから』―東尻池周辺の近代産業史(和田幹司)「神戸史談」 神戸史談会 (311) 2014.1

東尻池交差点
神戸歴史見聞録(20) 東尻池交差点(高久智広)「博物館だより」 神戸市立博物館 (100) 2011.10

東須磨村
歴史探訪「村」めぐりシリーズ(7) 東須磨村、西須磨村(前田章賀)「神戸史談」 神戸史談会 通号300 2007.7

史料紹介 摂津国八部郡大手村東須磨村山論(特集 神戸の中世・近世史)(永野温子)「歴史と神戸」 神戸史学会 52(5)通号300 2013.10

東高室
東高室札版本(脇坂俊夫)「播磨郷土研究」 加西郡郷土研究会 (21) 2005.11

東播磨
東はりまの文化財を訪ねて(北田道雄, 草刈朝男, 白石静香, 津田靖子, 永田帆風, 西本みずう, 羽間美智子, 増田ヨシ子)「みちしるべ ： 尼崎郷土史研究会々誌」 尼崎郷土史研究会 (32) 2004.3

秋の東播磨に文化財を訪ねる(朝田成雄, 太田千恵子, 北田道雄, 津田靖子, 寺井弘治, 永田帆風, 中村清司, 西本珠夫, 藤田美子, 盛山志げ子)「みちしるべ ： 尼崎郷土史研究会々誌」 尼崎郷土史研究会 (33) 2005.3

サイラとコメ(《特集 東播地方農民運動の再評価》―史人の道草つづり書き)(大村卓弘)「歴史と神戸」 神戸史学会 45(6)通号259 2006.12

戦前に於ける東播地方の農民組合の展開(《特集 東播地方農民運動の再評価》)(沖浩一)「歴史と神戸」 神戸史学会 45(6)通号259 2006.12

1920年代初頭の農民運動と小作争議(1) 兵庫県東播地方を中心に(《特集 東播地方農民運動の再評価》)(高木伸夫)「歴史と神戸」 神戸史学会 45(6)通号259 2006.12

1920年代初頭の農民運動と小作争議(2) 兵庫県東播磨地方を中心に(《播磨特集》)(高木伸夫)「歴史と神戸」 神戸史学会 46(1)通号260 2007.2

播磨における古代・中世の郡の分割について(上)―東播磨の諸郡の検討(《特集 前近代の播磨》)(上月昭信)「歴史と神戸」 神戸史学会 46(4)通号263 2007.8

晩秋の東播磨へ(吉田禮子)「讃岐のやまなみ」 香川県歴史研究会 (3) 2010.4

古代東播磨の玄関は三田市貴志にあった(西田克子)「三田史談」 三田市郷土文化研究会 (32) 2012.4

東六甲採石場
東六甲採石場城山刻印群と「十曜紋と一」の刻印(多賀左門)「歴史と神戸」 神戸史学会 48(6)通号277 2009.12

東六甲山採石場
城郭の採石場研究のあゆみと課題―東六甲採石場を中心に(《特集 東六甲山採石場と大坂城石垣の研究》)(藤川祐作)「歴史と神戸」 神戸史学会 48(6)通号277 2009.12

猿丸邸に持ち込まれた奥山刻印群の石材と搬出ルート(特集 東六甲山採石場と大阪城石垣の研究2)(藤川祐作)「歴史と神戸」 神戸史学会 50(4)通号287 2011.8

氷上
ふるさと探訪 市内社寺・史跡めぐり(氷上地区)(淵上義雄)「いちじま史研」 丹波市市島町史実研究会 (51) 2007.4

氷上を求めて 地名の旅(大槻良雄)「いちじま史研」 丹波市市島町史実研究会 (52) 2008.4

再び兵庫の部落史学ぶ(6) 徳川総検地の実施と近世部落の成立―丹波氷上地方の延宝検地の分析を中心に(安達五男)「ひょうご部落解放」 ひょうご部落解放・人権研究所 130 2008.9

氷上郡
庭の散歩道(12) 氷上郡の庭(2)(西桂)「Sala ： 歴史民俗誌」 常民学舎 31 2002.2

伊能忠敬の丹波測量追記(2) 氷上郡内の測量費用について(横川淳一郎)「丹波史」 丹波史懇話会 24 2004.6

聖山城
聖山城跡と秀吉軍の行軍ルート(竹内克司)「山崎郷土会報」 山崎郷土研究会 (123) 2014.8

火撫
古代但馬国城崎郡三江郷火撫について(生田隆)「但馬史研究」 但馬史研究会 28 2005.3

姫路

《特集 姫路 白鞣しの技と歴史》「ひょうご部落解放」 ひょうご部落解放・人権研究所 通号91 2000.1

姫路白なめし革の歴史 (林久良)「ひょうご部落解放」 ひょうご部落解放・人権研究所 通号91 2000.1

米相場を伝えた旗振り山の解明―姫路以西のルートを中心に (柴田昭彦)「歴史と神戸」 神戸史学会 41 (5) 通号234 2002.10

姫路酒井家の絵画―道具帳にみる酒井抱一とその周辺 (岡野智子)「姫路美術工芸館紀要」 姫路市書写の里・美術工芸館 通号4 2003.3

国宝を歩く―姫路から日光へ (尾崎重雄)「今市史談」 今市史談会 12 2003.4

姫路のやきもの 東山焼試論 (山本和人)「姫路美術工芸館紀要」 姫路市書写の里・美術工芸館 (5) 2004.3

兵庫の方言の中の「姫路弁」(第161回例会発表資料) (白尾耀子)「北海道方言研究会会報」 北海道方言研究会 (80) 2005.6

旅の手帖 徳島・淡路・姫路歴史紀行を終えて (紺谷憲夫)「とどまつ」：北海道開拓記念館・開拓の村友の会会報」 北海道開拓記念館・開拓の村友の会 (28) 2005.11

45号記念企画 私の原風景 姫路 (坂東大蔵)「Sala ： 歴史民俗誌」 常民学舎 (45) 2009.2

高橋秀治コレクションの姫路古写真―デジタルデータによる記録化の試み (資料紹介) (堀田浩之)「塵界 ： 兵庫県立歴史博物館紀要」 兵庫県立歴史博物館 (20) 2009.2

江戸時代の播磨国鋳物師 姫路の鋳物師の現地調査 (片山昭悟)「山崎郷土会報」 山崎郷土研究会 (114) 2009.9

〈旧藩勤王派中心史観〉の成立と展開―姫路を事例に (前田結城)「神戸大学史学年報」 神戸大学史学研究会 (26) 2011.6

姫路の火山 (狼煙特集) (田中早春)「全国地名研究交流誌 地名談話室」 日本地名研究所 (26・27) 2011.6

特別寄稿 戦後 姫路の美術 (上) (保田博司)「Sala ： 歴史民俗誌」 常民学舎 (51) 2012.2

戦後 姫路の美術 (下) (保田博司)「Sala ： 歴史民俗誌」 常民学舎 (52) 2012.8

前橋藩の姫路転封 (大野富次)「群馬風土記」 群馬出版センター 26 (4) 通号111 2012.10

播磨国姫路領における僧録設置の変遷について (2013年度駒沢史学会大会発表要旨) (永井俊道)「駒沢史学」 駒沢史学会 (81) 2013.12

翻刻 『姫路御古墓記』(姫路御古墓記を読む会 [翻刻]、藤原龍雄 [要約と解説])「播磨学紀要」 播磨学研究所 (18) 2014.3

姫路機関車庫

地中から姿を見せた姫路機関車庫 (長濱誠司)「ひょうご歴史文化フォーラム会報」 ひょうご歴史文化フォーラム (14) 2011.7

姫路市

都市青年団の構造と変遷過程―姫路市を中心として (《播磨特集》) (森本泰弘)「歴史と神戸」 神戸史学会 46 (1) 通号260 2007.2

姫路市内の文化財を訪ねて (福濱文雄)「文化財保護協会報まるがめ」 丸亀市文化財保護協会 (3) 2008.3

分科会2 白革鞣しの歴史―高田家文書から (特集2 第25回人権啓発研究集会 in 姫路 (III)) (永瀬康専)「ひょうご部落解放」 ひょうご部落解放・人権研究所 (142) 2011.9

分科会2 被差別部落が担ってきた伝統文化―西誓寺文書から見えてきたこと (特集2 第25回人権啓発研究集会 in 姫路 (III)) (今井進、植村満)「ひょうご部落解放」 ひょうご部落解放・人権研究所 (142) 2011.9

姫路城

近代の姫路城に関する覚書―鳥羽正雄コレクションの資料紹介を兼ねて (堀田浩之)「塵界 ： 兵庫県立歴史博物館紀要」 兵庫県立歴史博物館 (15) 2004.3

奇跡の城―姫路城が生き残った理由 (生徒歴史研究発表大会の記録) (県立船橋高校歴史研究部)「房総史学」 国書刊行会 (47) 2007.3

特別寄稿 姫路城に魅せられて (井村裕保)「Sala ： 歴史民俗誌」 常民学舎 (42) 2007.8

天守建築の屋根勾配―姫路城大天守を例に (阿部和彦)「城郭史研究」 日本城郭史学会, 東京堂出版 (発売) (27) 2008.1

国宝姫路城と兵庫県立考古博物館 (来村多加史)「近畿文化」 近畿文化会事務局 (699) 2008.2

新知見の姫路城古写真―絵図ノ門、ウの櫓、鐘楼などが写る「城郭だより ： 日本城郭史学会会報」 日本城郭史学会 (64) 2009.1

姫路城大天守の幻の窓―最上階壁の中から窓枠みつかる「城郭だより ： 日本城郭史学会会報」[日本城郭史学会] (76) 2012.1

国宝姫路城大天守保存修理工事の概要と現在 (小林正治)「ひょうご歴史文化フォーラム会報」 ひょうご歴史文化フォーラム (17) 2012.8

姫路城御本城復原にむけて―その必要性と可能性 (志賀咲穂)「播磨学報」 播磨学研究所 (20) 2014.3

姫路城と城主たち (会員研究) (長尾正和)「歴研よこはま」 横浜歴史研究会 (70) 2014.5

姫路藩

播州姫路藩の大庄屋制と支配庄屋 (《特集 中世・近世の寺内町を考える―久宝寺・八尾寺内町を中心として》) (羽田真也)「ヒストリア ： journal of Osaka Historical Association」 大阪歴史学会 (186) 2003.9

播州姫路藩における大庄屋と村 (羽田真也)「ヒストリア ： journal of Osaka Historical Association」 大阪歴史学会 (193) 2005.1

幕末期における姫路藩城下町の状況―米穀廉売と施行の実態を通して (三浦俊明)「兵庫のしおり」 兵庫県 7 2005.3

姫路藩榊原家による宝永駿府城修築普請について―上越市立高田図書館蔵「榊原文書」と静遊堂文庫所蔵「駿府城図」を中心に (研究ノート) (増田亜矢乃)「静岡県地域史研究」 静岡県地域史研究会 (4) 2014.9

姫路風羅堂

姫路風羅堂関連の俳跡 (難波正司)「播磨郷土研究」 加西郡郷土研究会 (29) 2014.3

姫山

風土記を歩く・姫山の女神 (《特集 風土記の世界》) (埴岡真弓)「会報むろのつ」 「嶋屋」友の会 (15) 2008.6

兵庫

《兵庫における部落史の研究 (3) 》「ひょうご部落解放」 ひょうご部落解放・人権研究所 通号92 2000.3

《特集 兵庫における解放教育の課題》「ひょうご部落解放」 ひょうご部落解放・人権研究所 97 2001.1

《特集 兵庫の教育史2 大正から昭和を中心に》「歴史と神戸」 神戸史学会 40 (4) 通号227 2001.8

兵庫空襲の墜落米軍機と捕虜飛行士 (福林徹)「歴史と神戸」 神戸史学会 40 (4) 通号227 2001.8

《特集 講話条約前後の兵庫の社会運動と選挙》「歴史と神戸」 神戸史学会 42 (1) 通号236 2003.2

《特集 朝鮮通信使の文化と兵庫》「歴史と神戸」 神戸史学会 42 (3) 通号238 2003.6

《特集 戦時下の神戸・阪神間》「歴史と神戸」 神戸史学会 42 (4) 通号239 2003.8

「兵庫木遣音頭」余話 (太田義和)「歴史と神戸」 神戸史学会 42 (4) 通号239 2003.8

《特集 兵庫の教育史3》「歴史と神戸」 神戸史学会 43 (1) 通号242 2004.2

兵庫における人権施策の実施状況について (《特集 「人権教育のための国連10年」行動計画の成果と課題》)「ひょうご部落解放」 ひょうご部落解放・人権研究所 112 2004.3

陶磁器生産と地域社会―近世後期の篠山藩と三田藩 (常松隆嗣)「地方史研究」 地方史研究協議会 54 (2) 通号308 2004.4

《特集 神戸・阪神間の戦争被害》「歴史と神戸」 神戸史学会 43 (4) 通号245 2004.8

企画展「検証！ 兵庫の災害史―その時、なにが起きたのか」/入江コレクション巡回展「いま・むかし おもちゃ大博覧会―入江正彦児童文化史コレクション」「兵庫県立歴史博物館ニュース」 兵庫県立歴史博物館 (79) 2004.10

駐兵庫英国領事報告 (1868年、1689―70年) (横山仁郎、桑原優)「居留地の窓から ： NPO法人神戸外国人居留地研究会年報」 神戸外国人居留地研究会 5 2005.3

兵庫北関入船納帳の「南浦」と玉島黒崎の「南浦」(間壁忠彦)「倉敷の歴史」 倉敷市総務局総務部 (15) 2005.3

瀬戸内海の水運と兵庫 (〈前編 神戸史談会諸先賢の遺稿〉―3 顧問の部) (魚澄忽五郎)「神戸史談」 神戸史談会 296 2005.6

兵庫名所記と植田省翁祖先墓碑 (〈前編 神戸史談会諸先賢の遺稿〉―5 諸先賢の部) (福橋茂樹)「神戸史談」 神戸史談会 296 2005.6

兵庫開港と神戸外国人居留地 (桑田優)「居留地の窓から ： NPO法人神戸外国人居留地研究会年報」 神戸外国人居留地研究会 (6) 2006.3

再び兵庫の部落史に学ぶ (1) 心に潜む偏見・差別意識を越えるために (安達五男)「ひょうご部落解放」 ひょうご部落解放・人権研究所 121 2006.6

再び兵庫の部落史に学ぶ (2) 戦国時代摂津・丹波の戦国領主と「かわた」衆たち (安達五男)「ひょうご部落解放」 ひょうご部落解放・人権研究所 122 2006.9

中世の瀬戸内の流通考―『兵庫北関入舩納帳』を中心に (白川敦子)「鳴門史学」 鳴門史学会 20 2006.10

再び兵庫の部落史に学ぶ (3) 丹波・播磨の戦国小領主とその妻女・息女たち―妻女・息女の運命をなぜかわた道場主に託したのか (安達五男)「ひょうご部落解放」 ひょうご部落解放・人権研究所 123 2006.12

「ひょうご地域史」の再発見を (橘川真一)「ひょうご歴史文化フォーラム会報」 ひょうご歴史文化フォーラム (1) 2007.3

兵庫県　　　　　　　　　　地名でたどる郷土の歴史　　　　　　　　　　近畿

五千石の塩道―兵庫北関入船納帳と塩商人たち（宮本住逸）「文化財ふくやま」　福山市文化財協会　（42）2007.5

再び兵庫の部落史に学ぶ（5）近世中、後期における部落差別の歴史―氏子と祭り差別問題を中心に（安達五男）「ひょうご部落解放」ひょうご部落解放・人権研究所　125　2007.6

企画展「古陶磁から現代陶芸まで　兵庫のやきものとその周辺展」（衣笠智恵）「明石市立文化博物館ニュース」　明石市立文化博物館　（46）2007.8

特別展「過去から未来へ―ひょうごのメッセージ―」「兵庫県立歴史博物館ニュース」　兵庫県立歴史博物館　（84）2007.10

ネットミュージアム　ひょうご歴史ステーション―歴史の旅への始発駅／企画展「収蔵資料でたどるひょうごの景観」「兵庫県立歴史博物館ニュース」　兵庫県立歴史博物館　（84）2007.10

企画展「古陶磁から現代陶芸まで　兵庫のやきものとその周辺展」（衣笠智恵）「明石市立文化博物館ニュース」　明石市立文化博物館　（47）2007.11

兵庫の近代化遺産（《特集　近代化遺産の保存と活用》）（村上裕道）「歴史と神戸」　神戸史学会　46（6）通号265　2007.12

平野歴史クラブ第27回歴史講演会「戦国時代の兵庫をめぐって」「史料ネットnews letter」　歴史資料ネットワーク　（52）2008.2

米騒動における新聞社焼打ち関する考察（《特集　近代の神戸と阪神間　断章》）（浅井七155）「歴史と神戸」　神戸史学会　47（1）通号266　2008.2

全体講演会　兵庫における部落史関係史料収集50年の足跡（《特集　第13回全国部落史研究交流会報告》）「ひょうご部落解放」　ひょうご部落解放・人権研究所　128　2008.3

幕末における兵庫警備について―讃岐国大内郡引田村かめびし屋岡田家文書から（藤本正武）「東かがわ市歴史民俗資料館年報・紀要」　東かがわ市歴史民俗資料館　（5）2008.7

企画展　神戸と兵庫のモダニズム　初公開　川西英えがく「兵庫百景」を中心に（金井紀子）「博物館だより」　神戸市立博物館　（94）2008.9

随筆のじぎく（8）『行程記』と兵庫（橋川真一）「新兵庫県の歴史」　兵庫県　（1）2009.3

兵庫県西部における名主座について（薗部寿樹）「米沢史学」　米沢史学会（山形県立米沢女子短期大学日本史学科内）（25）2009.10

第1分科会　兵庫における解放運動50年と明日への課題（《部落解放研究第30回兵庫県集会講座書》―分科会報告）「ひょうご部落解放」ひょうご部落解放・人権研究所　135　2009.10

兵庫の鬼を訪ねて（大中良英）「六甲倶楽部報告」　六甲倶楽部　（95）2010.12

山陽鉄道　神戸・広島間全線開通時の時刻表（特集　高梁川流域の鉄道　今昔）（中山薫）「高梁川」　高梁川流域連盟　通号68　2010.12

地名研究（100）地名探索　氷ノ山と兵庫　境界と地名（4）（渋谷武弘）「歴史と神戸」　神戸史学会　50（2）通号285　2011.4

神戸史学会創立50周年記念事業　『神戸・阪神間小字名集』の刊行のその後について「歴史と神戸」　神戸史学会　50（4）通号287　2011.8

9月例会　兵庫北風家の蝦夷地御用産物取扱いに関する史料について（木南弘）「神戸史談」　神戸史談会　（309）2012.1

人と防災未来センター資料室企画「兵庫と水害」の記録（兒玉州平，吉川圭太）「史料ネットnews letter」　歴史資料ネットワーク　（68）2012.1

神戸・阪神歴史講座　第六回　のじぎく文庫『神戸～尼崎　海辺の歴史』出版記念企画「史料ネットnews letter」　歴史資料ネットワーク　（69）2012.5

神戸・阪神地域の特性を重層的に描く―『神戸～尼崎・海辺の歴史〈古代から近現代まで〉』（芝村篤樹）「歴史と神戸」　神戸史学会　51（5）通号294　2012.10

行基の足跡を訪ねて（3）―摂津猪名野・武庫・兵庫（泉森皎）「近畿文化」　近畿文化会事務局　（757）2012.12

「兵庫開港」とプチャーチン（竹村勝昌）「歴史と神戸」　神戸史学会　52（5）通号300　2013.10

中世・近世の兵庫―港と城の歴史（特集　歴史のなかの兵庫津と兵庫城）（天野忠幸）「ヒストリア　：　journal of Osaka Historical Association」　大阪歴史学会　（240）2013.10

明和上知と兵庫勤番所（特集　歴史のなかの兵庫津と兵庫城）（髙久智広）「ヒストリア　：　journal of Osaka Historical Association」　大阪歴史学会　（240）2013.10

室町期における兵庫間丸の活動（戸板将典）「九州史学」　九州史学研究会　（168）2014.3

兵庫ガス会社

外資系企業「兵庫ガス会社」の設立―明治初期の会社定款と兵庫県令神田孝平（研究ノート）（西川和機）「居留地の窓から　：　NPO法人神戸外国人居留地研究会年報」　神戸外国人居留地研究会　（8）2013.4

兵庫北関

『入船納帳』研究の成果と課題（藤田裕嗣）「歴史と神戸」　神戸史学会　41（2）通号231　2002.4

兵庫区

特集　神戸開港140周年記念兵庫区歴史講演会「激変する港―近世の兵庫津・近代の兵庫港」「史料ネットnews letter」　歴史資料ネットワーク　（52）2008.2

兵庫県

兵庫県における第1回普通選挙の研究―無産政党の動向を中心に（小南浩一）「歴史と神戸」　神戸史学会　40（2）通号225　2001.4

サンフランシスコ講話前後の政党と支持動向―兵庫県域を事例に（小南浩一）「歴史と神戸」　神戸史学会　42（1）通号236　2003.2

兵庫県内の市町合併の動向（兵藤宏）「ひょうご部落解放」　ひょうご部落解放・人権研究所　108　2003.3

兵庫県の合併に関する資料「ひょうご部落解放」　ひょうご部落解放・人権研究所　108　2003.3

『明治二十二年度通常兵庫県会議事録』にみる地方政治状況（三村昌司）「市史研究さんだ」　三田市　（6）2003.3

島本町／高槻市／茨木市／吹田市／豊中市／池田市／箕面市／豊能町／能勢町／三田市／宝塚市／川西市／尼崎市／伊丹市／西宮市／芦屋市「大阪春秋」新風書房　31（4）通号113　2003.12

史料紹介「小寺家文書」について（本多博之）「兵庫のしおり」　兵庫県　6　2004.3

講演筆記　兵庫県政と地域の歴史群像―兵庫県・日本・世界を結ぶ（酒井一）「兵庫のしおり」　兵庫県　6　2004.3

講演筆記　明治期の兵庫県政と住民―自治の視点から（山中永之佑）「兵庫のしおり」　兵庫県　6　2004.3

兵庫県草創期の史料に見る県政（伏谷聡）「兵庫のしおり」　兵庫県　6　2004.3

兵庫県防空計画について（田中敦）「地域史研究　：　尼崎市立地域研究史料館紀要　：　Bulletin of the history of Amagasaki」　尼崎市立地域研究史料館　34（1）通号98　2004.9

兵庫県下の動力水車報告（望月浩）「歴史と神戸」　神戸史学会　44（1）通号248　2005.2

各地の情報　兵庫県（渡辺昇）「日引　：　石造物研究会誌」　（7）2005.10

B29による兵庫県域への初期爆撃―1944年12月～1945年3月（佐々木和子）「兵庫のしおり」　兵庫県　（8）2006.3

民学官連携による被災歴史文化遺産の救出と復旧―台風23号による兵庫県内被災史料の救出を例として（中村弘）「兵庫のしおり」　兵庫県　（8）2006.3

兵庫県の近世文化―兵庫県史セミナー「江戸時代の兵庫県I」（兵庫県公館県政資料館）「兵庫のしおり」　兵庫県　（8）2006.3

各地の情報　兵庫県の石造物情報（渡辺昇）「日引　：　石造物研究会誌」　（8）2006.9

「大区小区制」期における「区」運営―兵庫県第十五区を例に（三村昌司）「市史研究さんだ」　三田市　（9）2007.3

B29部隊のリーフレット（伝単）作戦と兵庫県域（佐々木和子）「兵庫のしおり」　兵庫県　（10）2008.3

兵庫県にかかわる　古典文学総覧索引（宮崎修二朗）「歴史と神戸」　神戸史学会　48（5）通号276　2009.10

兵庫県出土の備前焼（備前歴史フォーラム　鎌倉・室町　BIZEN―中世備前焼のスガタ―誌上報告）（松岡千寿）「備前市歴史民俗資料館紀要」備前市歴史民俗資料館　（11）2010.1

『兵庫県漁業慣行録』と近代兵庫県漁業（伏谷聡）「新兵庫県の歴史」　兵庫県　（2）2010.3

郡役所廃止の歴史的意義―農林行政及び兵庫県農会との関連を中心に（部会報告）（深見貴成）「ヒストリア　：　journal of Osaka Historical Association」　大阪歴史学会　（223）2010.12

初期小作争議への対応策と系統農会の主体性―兵庫県における土地利用組合奨励事業の成立過程を中心に（浅利文子）「神戸大学史学年報」神戸大学史学研究会　（26）2011.6

兵庫県の庭園文化の現状（西桂）「歴史と神戸」　神戸史学会　51（5）通号294　2012.10

兵庫県・京都府・岡山県・福島県のとうほし田・たいとう田（菅野郁雄）「赤米ニュース」　東京赤米研究会　（189）2012.12

兵庫県内の航空灯台について（特集　知られざる鉄道と通信の歴史2）（柴田昭彦）「歴史と神戸　：　神戸を中心とした兵庫県郷土研究誌」　神戸史学会　53（5）通号306　2014.10

兵庫県庁舎

兵庫県庁舎の変遷について―兵庫県史セミナー「明治維新と兵庫県庁舎」（伏谷聡）「兵庫のしおり」　兵庫県　（10）2008.3

兵庫の戦後モダニズム建築（1）兵庫県庁舎（笠原一人）「歴史と神戸」神戸史学会　47（2）通号267　2008.4

兵庫港

小型図紹介（1）兵庫神戸／両港全図　昭和13年（山下和正）「Collegio」之潮　（36）2009.4

嘉永・安政期の大坂城代―常陸国土浦藩・土屋寅直の大坂、兵庫開港問

題への対応を中心に（菅良樹）「日本研究」 人間文化研究機構国際日本文化研究センター 43 2011.3

兵庫下庄

兵庫下庄の変遷と中世白川村の自治（特集 神戸の中世・近世史）（木南弘）「歴史と神戸」 神戸史学会 52(5)通号300 2013.10

兵庫城

11月・第589回例会の報告 播磨花隈・兵庫城（木下修二）「城だより」 日本古城友の会 （528）2012.12

城郭史からみた兵庫城（特集 歴史のなかの兵庫津と兵庫城）（中井均）「ヒストリア ： journal of Osaka Historical Association」 大阪歴史学会 （240）2013.10

兵庫城石垣と城郭石垣研究の課題と展望（特集 歴史のなかの兵庫津と兵庫城）（下高大輔）「ヒストリア ： journal of Osaka Historical Association」 大阪歴史学会 （240）2013.10

軍事拠点としての近世兵庫城と尼崎の再検討―天正年間の織豊城郭遺構伝存の意義（大国正美）「地域史研究 ： 尼崎市立地域研究史料館紀要 ： Bulletin of the history of Amagasaki」 尼崎市立地域研究史料館 （113）2013.11

兵庫大開小学校

神戸歴史見聞録(15) 兵庫大開小学校とガラス乾板（高久智広）「博物館だより」 神戸市立博物館 （95）2009.3

兵庫津

中世兵庫津関料について―特に札狩を中心として（重成裕）「交通史研究」 交通史学会, 吉川弘文館（発売） （45）2000.4

《能福寺の新出史料と兵庫津研究の新展開》「歴史と神戸」 神戸史学会 41(2)通号231 2002.4

中世の能福寺と兵庫津の伝承―「能福寺記録抄」について（藤田明良）「歴史と神戸」 神戸史学会 41(2)通号231 2002.4

兵庫津研究会の創設と展開（大国正美）「歴史と神戸」 神戸史学会 41(2)通号231 2002.4

寛永20年度朝鮮通信使 兵庫津の饗応（高木賢一）「歴史と神戸」 神戸史学会 42(3)通号238 2003.6

慶長の朝鮮通信使紀行を読む―室津・兵庫津を中心に（尹宝世）「歴史と神戸」 神戸史学会 42(3)通号238 2003.6

中世後期の瀬戸内海運と兵庫津（斎藤浩俊）「新潟史学」 新潟史学会 （50）2003.10

中世の国際交流と兵庫津―福厳寺講堂にて、史料ネット講座を開催（市澤哲）「史料ネットnews letter」 歴史資料ネットワーク 35 2003.11

《特集 考古学から見た西摂・兵庫津》「歴史と神戸」 神戸史学会 42(6)通号241 2003.12

兵庫津から神戸へ―ミナトと周辺の村々 史料ネット講座、生田文化会館にて開催「史料ネットnews letter」 歴史資料ネットワーク 37 2004.5

特別展 よみがえる兵庫津―港湾都市の命脈をたどる（高久智広）「博物館だより」 神戸市立博物館 85 2004.7

兵庫津の道（足立捷一郎）「備陽史探訪」 備陽史探訪の会 123 2005.4

兵庫津の天保飢饉難民助成史料《〈前編 神戸史談会諸先賢の遺稿〉―1 歴代会長の部》（石阪孝二郎）「神戸史談」 神戸史談会 296 2005.6

兵庫津出土の備前焼（岡田章一）「備前市歴史民俗資料館紀要」 備前市歴史民俗資料館 （7）2005.9

兵庫津・御馳走場の空間構造―宝暦度の朝鮮通信使来朝史料を中心として（《特集2 「地域史卒論報告会」の記録》）（安藤美保）「史料ネットnews letter」 歴史資料ネットワーク （44）2006.4

兵庫の津 古い言葉（和田英子）「瓦版なまず」 震災・まちのアーカイブ （19）2006.7

兵庫津舟間屋の記録に見る海運世界の歴史と叙述（《特集 近世海運流通と兵庫津》）（森元純一）「歴史と神戸」 神戸史学会 45(4)通号257 2006.8

明和上知後の兵庫津諸問屋と北風荘右衛門貞幹（《特集 近世海運流通と兵庫津》）（間瀬三朗）「歴史と神戸」 神戸史学会 45(4)通号257 2006.8

地名「ふろ」について（《特集 近世海運流通と兵庫津》）（岸政一）「歴史と神戸」 神戸史学会 45(4)通号257 2006.8

幕末の兵庫開港と地域動静を探る―兵庫津の住民を中心として（中敏昭）「神戸史談」 神戸史談会 通号299 2007.1

兵庫津・御馳走場の空間構造―宝暦度の朝鮮通信使来朝史料を中心として（《特集 近世都市・兵庫津》）（安藤美保）「歴史と神戸」 神戸史学会 46(2)通号261 2007.4

近世兵庫津の町役人・惣代の職務について（《特集 近世都市・兵庫津》）（河野未央）「歴史と神戸」 神戸史学会 46(2)通号261 2007.4

特集 江戸時代の兵庫津, 神戸村人名録（前田章賀）「神戸史談」 神戸史談会 通号301 2008.1

学芸員のノートから(95) 近世兵庫津における人口構造の一齣（小野田一幸）「博物館だより」 神戸市立博物館 （99）2011.3

11月例会 西摂津地域の中の兵庫津（河野未央）「神戸史談」 神戸史談会 （309）2012.1

開港時の「兵庫の津」と「風」（特集 歴史文化を活かす）（竹村勝昌）「歴史と神戸」 神戸史学会 52(3)通号292 2012.6

開港時の「兵庫の津」と「水深」（特集 50周年記念号3 開港場・神戸の点描1）（竹村勝昌）「歴史と神戸」 神戸史学会 52(1)通号296 2013.2

兵庫津車屋五兵衛家の船舶経営 宝塚市史資料室に寄贈された「車田家文庫」より（石川道子）「たからづか ： 市史研究紀要たからづか」 宝塚市教育委員会 （26）2013.3

兵庫津の歴史を調べてみよう―兵庫城石垣の発見にふれて（河野未央）「地域史研究 ： 尼崎市立地域研究史料館紀要 ： Bulletin of the history of Amagasaki」 尼崎市立地域研究史料館 （113）2013.11

兵庫関

中世兵庫関について―史談会講演会の報告から（重成裕）「神戸史談」 神戸史談会 通号303 2009.1

兵主

地名考 兵主と疱瘡/道標兵主山と兵主道の謎（後藤靖生）「丹波史」 丹波史懇話会 23 2003.6

兵主山

地名考 兵主と疱瘡/道標兵主山と兵主道の謎（後藤靖生）「丹波史」 丹波史懇話会 23 2003.6

氷ノ山

地名研究(100) 地名探索 氷ノ山と兵庫 境界と地名(4)（渋谷武弘）「歴史と神戸」 神戸史学会 50(2)通号285 2011.4

鵯越

鵯越の錯覚（〈前編 神戸史談会諸先賢の遺稿〉―3 顧問の部）（木戸只一）「神戸史談」 神戸史談会 296 2005.6

鵯越の私観（安田八重）「神戸史談」 神戸史談会 通号297 2006.1

一の谷城と鵯越の逆落とし（梅村伸雄）「兵庫歴研」 兵庫歴史研究会 （30）2014.4

平野

平野の七不思議を解明する（前田章賀）「神戸史談」 神戸史談会 通号297 2006.1

平野村

「播州揖西郡平野村検地帳」の「寛み」について―池田輝政の（「歴史と神戸」 神戸史学会 44(6)通号253 2005.12

平福

城下町から陣屋町・宿場町へ―兵庫県佐用町平福の変遷（岩佐悟）「城郭だより ： 日本城郭史学会会報」「日本城郭史学会」 （83）2013.10

広谷

戦前、養父郡広谷の小作争議（高階守）「歴史と神戸」 神戸史学会 41(1)通号230 2002.2

深江

深江物語(1)―昭和20年代の駅前界隈を歩く（森口健一）「生活文化史」 神戸・深江生活文化史料館 （39）2011.3

深江の青年団と夜学会（大国正美）「生活文化史」 神戸・深江生活文化史料館 （39）2011.3

深江物語(2)―昭和20年代の稲荷筋を歩く（森口健一）「生活文化史」 神戸・深江生活文化史料館 （40）2012.3

深江の町を知る「関西あそ歩」実施協力（深江塾）「生活文化史」 神戸・深江生活文化史料館 （40）2012.3

深江物語(3)―昭和20年代の深江浜を歩く（森口健一）「生活文化史」 神戸・深江生活文化史料館 （41）2013.3

深江弁あれこれ（深江塾）「生活文化史」 神戸・深江生活文化史料館 （41）2013.3

深江の菅原酒造場について 福田賢二氏撮影のアルバムから(1)（大国正美）「生活文化史」 神戸・深江生活文化史料館 （42）2014.3

昭和時代 深江の子供の遊び（深江塾）「生活文化史」 神戸・深江生活文化史料館 （42）2014.3

深江物語(4)―昭和20～30年代の深江浜を歩く(2)（森口健一）「生活文化史」 神戸・深江生活文化史料館 （42）2014.3

深江文化村

追憶の遺産 神戸・深江文化村について―平成20年度3月例会卓話（辻正彦）「神戸史談」 神戸史談会 通号302 2008.7

葺合

展示「葺合・脇濱の歴史と長濱家文書」を終えて（加藤明恵）「史料ネットnews letter」 歴史資料ネットワーク （72）2013.1

福崎町

フレンドツアー 柳田国男の生誕地・播州福崎町をたずねて（関谷廣, 関光雄, 西尾茂治, 天竹薫信）「わかくす ： 河内ふるさと文化誌」 わか

兵庫県　　　　　　　　　　　地名でたどる郷土の歴史　　　　　　　　　　　近畿

くす文芸研究会　（53）　2008.5
福崎町文化財探訪記（3）（林彰彦）「福崎町文化」　福崎町文化センター
（26）　2010.4

福地村
史料紹介　元文3年　福地村村鑑帳/明治5年　福地村明細帳（西脇市郷土資
料館）「童子山 ： 西脇市郷土資料館紀要」　西脇市教育委員会　（16）
2009.7

福原京
福原京の調査—楠・荒田町遺跡の調査から（岡田章一）「ひょうご歴史文
化フォーラム会報」　ひょうご歴史文化フォーラム　（3）　2007.11

福原荘
戦国期一条氏の家領維持政策に見る福原荘と幡多荘（中脇聖）「年報赤松
氏研究」　赤松氏研究会　（4）　2011.3

福原宮
神戸歴史見聞録（5）福原宮（富山直人）「博物館だより」　神戸市立博物
館　83　2004.1

福本陣屋
旗本交代寄合席表御礼衆池田氏の「播州福本陣屋」について（米田藤博）
「パイオニア」　関西地理学研究会　（80）　2007.3

福本藩
播州福本藩領の成立と地域社会（小特集 近世播磨国小藩・福本池田家領
の研究）（今井修平）「神女大史学」　神戸女子大学史学会　（28）
2011.11
大庄屋鵜野金兵衛家の金融活動と地域社会（小特集 近世播磨国小藩・福
本池田家領の研究）（鎌谷かおる）「神女大史学」　神戸女子大学史学会
（28）　2011.11

旧福本藩陣屋跡庭園
兵庫の庭園逍遥（4）旧福本藩陣屋跡庭園について（西桂）「Sala ： 歴史
民俗誌」　常民学舎　（53）　2013.2

福原
福原への道（《特集 中世史料を読み直す》）（中島豊）「歴史と神戸」　神
戸史学会　46（3）通号262　2007.6
福原遷都の計画性の再検討—反平氏包囲網に対する清盛の対応（《特集
新視点 中世の神戸とその周辺》）（中島豊）「歴史と神戸」　神戸史学会
48（3）通号274　2009.6
神戸福原における安徳天皇新内裏の位置についての考察—陰陽五行思想
からの分析（田中宏和）「岡山大学大学院社会文化科学研究科紀要」
岡山大学大学院社会文化科学研究科　（29）　2010.3

船
「船」地名考（地名特集（72））（寺本躬久）「歴史と神戸」　神戸史学会
39（6）通号223　2000.12

船城郷
地名考 知られざる船城郷—倭文の苧環繰り返した水郷 国際色豊かな、
機織の郷（後藤靖生）「丹波史」　丹波史懇話会　20　2000.6

船坂トンネル
山陽鉄道の建設と煉瓦—船坂トンネル周辺の構造物調査より（鈴木敬二,
長濱誠司）「塵界 ： 兵庫県立歴史博物館紀要」　兵庫県立歴史博物館
（23）　2012.3

船瀬
水で繋がれた歴史の中で（3）船瀬（岩井忠彦）「会報むろのつ」　「嶋屋」
友の会　（17）　2010.5

船町村
船町村船座絵図—田高船座と三ヶ村井堰を描いた（地域史研究）（脇坂俊
夫）「童子山 ： 西脇市郷土資料館紀要」　西脇市教育委員会　（20）
2013.9

古宮村
阿淡の備荒貯蓄について—特に古宮村奥井家文書にみる「預申米之事」
（北山学）「あわじ ： 淡路地方史研究会会誌」　淡路地方史研究会
（17）　2000.1

平家坂
平家坂（佐藤文夫）「一里塚」　生野銀山史談会　（11）　2006.3

別所
地名研究（100）姫路の「別所」地名二題（田中早春）「歴史と神戸」　神
戸史学会　50（2）通号285　2011.4

別符
播磨国師僧郡別符の伝領と支配（田平孝三）「歴史研究」　大阪教育大学歴
史学研究室　（42）　2005.3

法光寺城
丹波八上城・法光寺城遺跡群保存問題（中村直人）「ヒストリア ： journal

of Osaka Historical Association」　大阪歴史学会　通号170　2000.6

傍示
傍示（牓示）という地名について（武田信一）「あわじ ： 淡路地方史研究
会会誌」　淡路地方史研究会　（18）　2001.1

北条村
加西郡北条村蘭方医 徳岡左門筆「永世記」「北播磨探史研究」　北播磨探
史研究会　（2）　2005.9

保木
保木と馬落ち〈北条地下工場覚書〉（喜谷進一郎）「播磨郷土研究」　加西
郡郷土研究会　（29）　2014.3

北摂
《特集 北摂の中世・近世史》「歴史と神戸」　神戸史学会　44（5）通号252
2005.10

星角駅
「星角駅」はどこか（芦田史朗）「丹波史」　丹波史懇話会　22　2002.6

本庄
戦国時代の芦屋庄・本庄・西宮の山をめぐる相論（《特集 新視点 中世の
神戸とその周辺》）（天野忠幸）「歴史と神戸」　神戸史学会　48（3）通
号274　2009.6

本庄小学校
本庄小学校歴史写真展の開催（深江塾）「生活文化史」　神戸・深江生活文
化史料館　（40）　2012.3
本庄小学校の二宮金次郎像（藤川祐作）「生活文化史」　神戸・深江生活文
化史料館　（41）　2013.3
本庄小学校の歴史的な写真と展示（大国正美）「生活文化史」　神戸・深江
生活文化史料館　（41）　2013.3

本庄中学校
トライやる・ウィークと史料館—本庄中学校の生徒を受け入れて（高田
祐一）「生活文化史」　神戸・深江生活文化史料館　（41）　2013.3
トライやる・ウィークと史料館—本庄中学校の生徒を受け入れて（水口
千里）「生活文化史」　神戸・深江生活文化史料館　（42）　2014.3

本庄村
本庄村史の地理編・民俗編発行（大国正美）「生活文化史」　神戸・深江生
活文化史料館　（32）　2004.3
草の根史料館の編んだ地域史—『本庄村史』編纂を終えて「史料ネット
news letter」　歴史資料ネットワーク　（54）　2008.6
解村時の本庄村職員（大国正美）「生活文化史」　神戸・深江生活文化史料
館　（37）　2009.3
史料館設立から本庄村史刊行までの軌跡—本庄村史刊行・史料館開館25
周年記念会の報告を兼ねて（道谷卓）「生活文化史」　神戸・深江生活文
化史料館　（37）　2009.3
『本庄村史』の編纂を終えて（《特集 『本庄村史』—地域がつくる歴史》）
（大国正美）「歴史科学」　大阪歴史科学協議会　（199）　2009.11
『本庄村史歴史編—神戸市東灘区深江・青木・西青木のあゆみ』をめ
ぐって（《特集 『本庄村史』—地域がつくる歴史》）（飯塚一幸）「歴史
科学」　大阪歴史科学協議会　（199）　2009.11

舞子
舞子の近代建築探訪—5月例会から（佐藤憲太郎）「神戸史談」　神戸史談
会　（308）　2011.7

舞子袴線橋
随筆 樫ヶ谷トンネルと舞子袴線橋—山陽電鉄舞子駅付近の身近な近代
化遺産（田中正文）「神戸史談」　神戸史談会　（310）　2013.1

舞子浜
神戸歴史見聞録（6）舞子浜（塚原晃）「博物館だより」　神戸市立博物館
84　2004.4
舞子浜いまむかし—播州名所巡覧図絵から（田中正文）「神戸史談」　神戸
史談会　（308）　2011.7

米谷村
兵庫県米谷村の小学校開業願いより（邑上浩巳）「和算」　近畿数学史学会
（108）　2006.11

望理の里
石造物散策覚書（15）加古郡望理の里（三浦孝一）「Sala ： 歴史民俗誌」
常民学舎　（44）　2008.8
石造物散策覚書（16）加古郡望理の里（2）（三浦孝一）「Sala ： 歴史民俗
誌」　常民学舎　（45）　2009.2

麻跡の里
『風土記』「廝御井」「大家の里」「粒丘」「麻跡の里」の可能性（田井恭
一）「東播磨 地域史論集」　東播磨地域史懇話会　（15）　2009.8

松谷化学
震災記録 大震災時の松谷化学「地域研究いたみ」　伊丹市　（34）　2005.3

馬淵ダム

服部長七と馬渕ダム偶感（佐藤文夫）「一里塚」 生野銀山史談会 （10） 2003.10

摩耶山天上寺庭園

兵庫の庭園逍遥（5）摩耶山天上寺庭園について（西桂）「Sala : 歴史民俗誌」 常民学舎 （54） 2013.8

摩耶道

学芸員のノートから（75）摩耶道をたどる（三好唯義）「博物館だより」 神戸市立博物館 79 2003.1

丸島

グラビア 出洲の鼻（丸島）（井上眞理子）「地域史研究 : 尼崎市立地域研究史料館紀要 : Bulletin of the history of Amagasaki」 尼崎市立地域研究史料館 39（2）通号109 2010.3

円山

円山の地名考察（夜久俊助）「一里塚」 生野銀山史談会 （11） 2006.3

円山川

円山川通船の加賀藩企画説についての一考察（フラーシェム N.良子）「富山史壇」 越中史壇会 145 2004.12

満願寺

満願寺朝鮮扁額とその由来（岡部良一）「歴史と神戸」 神戸史学会 41（1）通号230 2002.2

三井庄村

中竹田村、鹿場村、三井庄村一揆の記録（宝暦騒動記）回想（土田孝）「いちじま史研」 丹波市市島町史実研究会 （53） 2009.4

三尾

エッセー タムシバの花咲く三尾の山脈─春日逍遥（後藤靖生）「丹波史」 丹波史懇話会 （27） 2007.6

御影

《特集 産業遺産としての水車1》「歴史と神戸」 神戸史学会 41（4）通号233 2002.8

「御影能里」に写された水車小屋（浅岡俊夫）「歴史と神戸」 神戸史学会 41（4）通号233 2002.8

御影郷

神戸歴史見聞録（25）木造酒蔵の風景─魚崎郷・御影郷・西郷（関野豊）「博物館だより」 神戸市立博物館 （106） 2014.9

三日月陣屋

大名陣屋とその村その町（第二集）7 播磨三日月（乃井野）陣屋（会員通信）（上田正和）「城だより」 日本古城友の会 （545） 2014.5

三方川断層帯

播磨・三方川断層帯の崩壊地名を歩く（《特集 地名と地図から考える歴史（2）》）（須磨岡輯）「歴史と神戸」 神戸史学会 45（3）通号256 2006.6

三木

ふるさと探訪（1）～（3）（信国清）「三木史談」 三木郷土史の会 49/51 2003.1/2004.1

明治以降の三木の生いたち（3）（福本錦嶺）「三木史談」 三木郷土史の会 49 2003.1

播州三木十露盤史（筒井俊雄）「三木史談」 三木郷土史の会 50 2003.7

三木の歴史諸種断片（2）（石田安夫）「三木史談」 三木郷土史の会 50 2003.7

播州三木十露盤史（筒井俊雄）「三木史談」 三木郷土史の会 51 2004.1

三木の形әⓋ（阪本信子）「兵庫歴研」 兵庫歴史研究会 （21） 2005.4

三木の歴史にみる金物史（石田安夫）「Sala : 歴史民俗誌」 常民学舎 （38） 2005.8

三木合戦中の平井山本陣（三木市）における秀吉の茶会について（上月昭信, 上月香澄）「東播磨 地域史論集」 東播磨地域史懇話会 （15） 2009.8

播磨国美嚢郡三木町制札をめぐって（特集 三木と豊臣秀吉の史実と史料）（伊賀なほゑ）「歴史と神戸」 神戸史学会 49（2）通号279 2010.4

「武功夜話」と三木合戦（特集 三木と豊臣秀吉の史実と史料）（宮田逸民）「歴史と神戸」 神戸史学会 49（2）通号279 2010.4

編集部から─三木と淡河への秀吉制札をめぐって「歴史と神戸」 神戸史学会 49（3）通号280 2010.6

三木の医家・神澤家（飯塚修三）「神戸史談」 神戸史談会 （309） 2012.1

三木郡

近世北播磨地誌考（3）三木郡・多可郡篇（研究ノート）（賀茂田東六）「北播磨探史研究」 北播磨探史研究会 （10） 2012.4

三木城

三木城の最期について（特集 新しい播磨の地域史）（小林基伸）「歴史と神戸」 神戸史学会 51（4）通号293 2012.8

三草陣屋

大名陣屋とその村その町（第二集）8 播磨三草陣屋（会員通信）（上田正和）「城だより」 日本古城友の会 （546） 2014.6

水堂村

西摂地域における在方酒造業について─摂津国川辺郡水堂村、川端又兵衛を事例に（肥後博）「地域史研究 : 尼崎市立地域研究史料館紀要 : Bulletin of the history of Amagasaki」 尼崎市立地域研究史料館 32（2）通号95 2003.3

水生古城

研究ノート 天正六年の宵田城・水生古城の戦い（西尾孝昌）「但馬史研究」 但馬史研究会 （34） 2011.3

溝口城

溝口城と中尾城の歴史について（東前正未）「三田史談」 三田市郷土文化研究会 （31） 2011.4

溝口城と中尾城の歴史について（東前正未）「三田史談」 三田市郷土文化研究会 （32） 2012.4

御園小学校

御園小学校の先進的取り組み─昭和30年代の挑戦（玉木雄三）「地域史研究 : 尼崎市立地域研究史料館紀要 : Bulletin of the history of Amagasaki」 尼崎市立地域研究史料館 （112） 2012.9

三種山

鎌倉期における播磨国三種山相論と承久の乱（白井克浩）「地方史研究」 地方史研究協議会 51（2）通号290 2001.4

御手洗

孤島の遊里・御手洗（片岡智）「会報むろのつ」 「嶋屋」友の会 （10） 2004.1

三菱製紙高砂工場

1925年の三菱製紙高砂工場争議にみる労働者の「心意気」（三輪泰史）「歴史研究」 大阪教育大学歴史学研究室 （42） 2005.3

みどりの塔

神戸「みどりの塔」（税田啓一郎）「石の証言」 「平和の塔」の史実を考える会 （63） 2014.9

みとろ苑庭園

兵庫の庭園再訪（3）みとろ苑庭園について（西桂）「歴史と神戸」 神戸史学会 50（1）通号284 2011.2

兵庫の庭園逍遥（2）みとろ苑庭園について（西桂）「Sala : 歴史民俗誌」 常民学舎 （51） 2012.2

湊川

湊川の流路変遷の一考察（太田義和）「歴史と神戸」 神戸史学会 41（5）通号234 2002.10

口絵 楠公訣子之図／松村玉年『湊川合戦図』「敬天愛人」 西郷南洲顕彰会 （29） 2011.9

湊川新開地

1910年代湊川新開地における活動写真と「不良少年」（吉原大志）「新兵庫県の歴史」 兵庫県 （2） 2010.3

湊川砲台

新収蔵資料から 和田岬砲台・灯台、湊川砲台 古写真 各13.5cm×19.6cm（間屋真一）「博物館だより」 神戸市立博物館 （105） 2014.3

南淡路国民休暇村

南淡路国民休暇村 歌碑物語（前田勝一）「あわじ : 淡路地方研究会会誌」 淡路地方史研究会 （19） 2002.1

南浦

『兵庫北関入船納帳』に見る南浦の比定地について（三宅克広）「倉敷の歴史」 倉敷市総務局総務部 （17） 2007.3

アラカルト 『兵庫北関入船納帳』に見る南浦の比定地について（続）（三宅克広）「倉敷の歴史」 倉敷市総務局総務部 （19） 2009.3

南但馬

続 南但馬における古代山陰道について（生田隆, 足立裕）「但馬史研究」 但馬史研究会 （29） 2006.3

南但馬における今一つの官道（生田隆, 足立裕）「但馬史研究」 但馬史研究会 （32） 2009.3

南但馬の駅路と旧但馬国府の所在地について（生田隆）「ひょうご歴史文化フォーラム会報」 ひょうご歴史文化フォーラム （8） 2009.8

南野

平成21年度春季テーマ展「旧村シリーズ 南野─領主・村医者・むぎわら音頭─」（大黒恵理）「地域研究いたみ」 伊丹市 （39） 2010.3

南浜

兵庫県の南浜と朝鮮通信使─近世の日韓交流とその断面（中敏昭）「神戸史談」 神戸史談会 291 2003.1

わが街に来た朝鮮通信使の淀川水行―南浜と大坂河川を中心として（中敏昭）「神戸史談」　神戸史談会　通号297　2006.1

敏馬
万葉集の地名と枕詞から（1）玉藻刈る敏馬（井上政行）「練馬区地名研究会会報」　練馬区地名研究会　（104）2013.8

美野丘小学校
兵庫の戦後モダニズム建築　第12回　美野丘小学校円形校舎（特集 歴史文化を活かす）（笠原一人）「歴史と神戸」　神戸史学会　51（3）通号292　2012.6

三原
平成・木地山紀行―但馬三原の木地屋・加悦忠雄さんとの語らいから（吉田ふみ子）「Sala ： 歴史民俗誌」　常民学会　31　2002.2

三原郡
随筆のじぎく（9）郡史編さんの在り方―三原郡（現あわじ市）の例（菊川兼男）「新兵庫県の歴史」　兵庫県　（3）2011.3

妙法寺村
妙法寺村の弘法井戸 村に伝わる井戸にまつわるお話（加門得勇）「神戸史談」　神戸史談会　（310）2013.1

明楽寺村
地域史研究ノート 明楽寺村微考―歴史篇（脇坂俊夫）「童子山 ： 西脇市郷土資料館紀要」　西脇市教育委員会　（18）2011.10
地域史研究ノート 明楽寺村微考―民俗篇（脇坂俊夫）「童子山 ： 西脇市郷土資料館紀要」　西脇市教育委員会　（19）2012.9

美和
ふるさと探訪 町内社寺・史跡めぐり（第5回 美和地区）（渕上義雄）「いちじま史研」　丹波市市島町史実研究会　（50）2006.4

三輪郵便局
昭和初期の地方利益問題―三輪郵便局設置過程の政治史的考察（河島真）「市史研究さんだ」　三田市　（6）2003.3

武庫
武庫と六甲―「摂津国の成立」補遺（直木孝次郎）「歴史と神戸」　神戸史学会　42（3）通号238　2003.6
「務古（武庫）の海」と「神の島」（どいかずこ）「神戸史談」　神戸史談会　通号306　2010.7
行基の足跡を訪ねて（3）―摂津猪名野・武庫・兵庫（泉森皎）「近畿文化」　近畿文化会事務局　（757）2012.12

武庫川
武庫川に架る橋（中後茂）「三田史談」　三田市郷土文化研究会　（23）2003.5
武庫川を遡って（吉井貞俊）「西宮文化協会会報」　西宮文化協会　（484）2008.7

武庫村
史料紹介 昭和11年8月「武庫村行政綜合視察概目答申書」（田中敦）「地域史研究 ： 尼崎市立地域研究史料館紀要 ： Bulletin of the history of Amagasaki」　尼崎市立地域研究史料館　（112）2012.9

武庫離宮
武庫離宮調査（村上忠男）「歴史と神戸」　神戸史学会　44（3）通号250　2005.6
絵葉書などで見る武庫離宮（《特集 近代の神戸と阪神間 断章》）（村上忠男）「歴史と神戸」　神戸史学会　47（1）通号266　2008.2

武庫離宮庭苑
兵庫の庭園再訪（4）武庫離宮庭苑について（西桂）「歴史と神戸」　神戸史学会　50（6）通号289　2011.12

村岡
但馬牛と村岡（研究ノート）（古川哲男）「但馬史研究」　但馬史研究会　（37）2014.3

村岡山名領
豊岡京極領と村岡山名領の境界争い 大照山の実地検分検使案内の記録（古川哲男）「但馬史研究」　但馬史研究会　（31）2008.3

室津
西播磨文化財めぐり―赤穂市と室津を訪ねて（芝口藤雄）「あかね」　御坊文化財研究会　（28）2002.7
室津の廻船（大川佳樹）「会報むろのつ」　「嶋屋」友の会 9　2002.9
新室津追考記（9）御茶屋と本陣（望月尚）「会報むろのつ」　「嶋屋」友の会 9　2002.9
慶長の朝鮮通信使紀行を読む―室津・兵庫津を中心に（尹達世）「歴史と神戸」　神戸史学会　42（3）通号238　2003.6
室津の遊女（柏山泰訓）「会報むろのつ」　「嶋屋」友の会　（10）2004.1
江戸上り史料調査（室津）（小野まさ子）「沖縄県史だより」　沖縄県教育庁　（14）2005.3

瀬戸内海の公用通行に関わる情報と播磨室津・名村氏―長崎上使御下向の事例を手掛かりに（鴨頭俊宏）「史学研究」　広島史学研究会　2005.8
新室津追考記（10）～（12）（大川佳樹）「会報むろのつ」　「嶋屋」友の会（12）/（14）2005.9/2007.6
日向国諸大名の参勤交代と室津（《特集 参勤交代》）（永井哲雄）「会報むろのつ」　「嶋屋」友の会　（14）2007.6
海駅室津のにぎわい《《特集 参勤交代》》（柏山泰訓）「会報むろのつ」　「嶋屋」友の会　（14）2007.6
翻刻 室津惣会所文書（たつの市御津町）「やさしい古文書教室」「播磨学紀要」　播磨学研究所　（14）2009.4
宮本常一と室津（特集 宮本常一と瀬戸内海）（柏山泰訓）「会報むろのつ」　「嶋屋」友の会　（17）2010.5
室津惣会所文書「明治元年」辰大帳/室津惣会所文書「明治2年」巳大帳（翻刻 室津惣会所文書）「播磨学紀要」　播磨学研究所　（15）2010.12
解説文「室津惣会所文書」巳大帳（明治2年）（翻刻 室津惣会所文書）（たつの市御津町「室津本陣文書を読む会」）「播磨学紀要」　播磨学研究所　（15）2010.12
翻刻 室津惣会所文書「午大帳」「午大帳」（解説文）「播磨学紀要」　播磨学研究所　（16）2012.3
翻刻 室津惣会所文書「午大帳」「午大帳」（解説文）「播磨学紀要」　播磨学研究所　（17）2013.3
翻刻 室津惣会所文書「未大帳」（明治4年1月～8月）（室津本陣文書を読む会）「播磨学紀要」　播磨学研究所　（18）2014.3

室津港
古絵図と文献の語る室津港（上），（下）（山本武雄）「土佐史談」　土佐史談会　223/225　2003.8/2004.3
瀬戸内紀行 江戸上がりと海の宿場・海駅 室津港「郷土史紀行」　ヒューマン・レクチャー・クラブ　（37）2006.1

室の津
室の津から風土記をみる（《特集 風土記の世界》）（寺本躬久）「会報むろのつ」　「嶋屋」友の会　（15）2008.6

室山
「室山の観光開発」昔話（赤羽根嘉矩）「三郷文化」　三郷郷土研究会　90　2004.11
かえりみち 平清盛ゆかりの地（2）―室山合戦「嶋屋友の会だより」　「嶋屋」友の会　（46）2012.6

メリケン波止場
新収蔵資料から 桝井一夫『メリケン波止場より』（金井紀子）「博物館だより」　神戸市立博物館　（97）2010.3

元町通
絵葉書・写真を通じて見る元町通―7月例会講演から（安井裕二郎）「神戸史談」　神戸史談会　（307）2011.1

森垣村
森垣村の昔ばなし（椿野兵馬）「一里塚」　生野銀山史談会　（11）2006.3

森村
相給村・森村庄屋文書を読む（浅井義久）「丹波」　丹波史談会　（14）2012.10

森本村
近世森本村の水利慣行の成立・展開と水害対策（史料調査報告）（大国正美）「地域研究いたみ」　伊丹市　（35）2006.3

門戸
地名研究（91）西宮の地名探索 門戸（渋谷武弘）「歴史と神戸」　神戸史学会　47（2）通号267　2008.4

八上城
丹波八上城・法光寺城遺跡群保存問題（中村直人）「ヒストリア ： journal of Osaka Historical Association」　大阪歴史学会　通号170　2000.6
丹波八上城縄張りに関する私見―『八上城・法光寺城跡調査報告書』の評価を中心に（高田徹）「中世城郭研究」　中世城郭研究会　（18）2004.7
戦場をあるく―戦場調査ガイド丹波八上城攻めの戦場をあるく（高橋成計）「織豊期研究」　織豊期研究会　（7）2005.10
丹波八上城の縄張り評価について―中西裕樹・福島克彦氏による反論をめぐって（高田徹）「戦乱の空間」　戦乱の空間編集会　（5）2006.7
国史跡丹波八上城をめぐって（芦田岩男）「ひょうご歴史文化フォーラム会報」　ひょうご歴史文化フォーラム　（4）2008.3

八木藩
報告 関ヶ原合戦前における竹田藩と八木藩の領地（谷本進）「但馬史研究」　但馬史研究会　（36）2013.10

社村
社村蘭方医 石垣蘭斎筆「経験日記」「北播磨探史研究」　北播磨探史研究会　（2）2005.9
兵庫県社村出張所居置願い（西脇地域史話）（脇坂俊夫）「童子山 ： 西脇

市郷土資料館紀要」 西脇市教育委員会 （17） 2010.7

八田部

八田皇后と八田部と八多庄について（西田克子）「三田史談」 三田市郷土文化研究会 （24） 2004.4

八部郡

地名研究（102）神戸の地名探索 八部郡 『和名抄』と地名（渋谷武弘）「歴史と神戸」 神戸史学会 51（2）通号291 2012.4

矢野荘

戦国期における矢野荘と守護代層（渡邊大門）「ぶい＆ぶい ： 日本史史料研究会会報」 日本史史料研究会企画部 10 2009.9

播磨国矢野荘飽間氏の軌跡（論考）（三浦紀子）「城郭史研究」 日本城郭史学会，東京堂出版（発売） （33） 2014.2

養父郡

古代但馬国養父郡・出石郡の山陰道に関する考察（生田隆，足立裕）「但馬史研究」 但馬史研究会 27 2004.3

養父郡三拾三所御詠歌（栂井逸郎，谷本進）「但馬史研究」 但馬史研究会 （31） 2008.3

山崎

伊能忠敬測量隊が山崎へ（西川博敏）「山崎郷土会報」 山崎郷土研究会 （104） 2004.9

城下町山崎の成立の頃（大谷司郎）「山崎郷土会報」 山崎郷土研究会 （122） 2014.3

山崎陣屋

大名陣屋とその村その町（第二集）6 播磨山崎陣屋（会員通信）（上田正和）「城だより」 日本古城友の会 （544） 2014.4

山崎町

山崎町歴史街道（4）〜（13）（会報部）「山崎郷土会報」 山崎郷土研究会 97／（110） 2001.4／2007.9

山崎歴史街道（15）〜（20）（会報部）「山崎郷土会報」 山崎郷土研究会 （111）／（116） 2008.4／2011.2

山崎藩

最後の大坂加番—青屋口加番・播磨国山崎藩本多家（菅良樹）「歴史と神戸」 神戸史学会 43（3）通号244 2004.6

慶応期の大坂定番について—本多忠鄰配下徒役・与力・同心および播磨国山崎藩家中の動向（菅良樹）「地方史研究」 地方史研究協議会 55（1）通号313 2005.2

慶応期の大坂定番—京橋口定番・播磨山崎藩本多忠鄰（菅良樹）「歴史と神戸」 神戸史学会 44（6）通号253 2005.12

山崎藩陣屋町

山崎藩陣屋町における武家地の現況（春名俊夫）「山崎郷土会報」 山崎郷土研究会 （119） 2012.8

山野部村

研究 山野部村の一年（宮原文隆）「播磨学紀要」 播磨学研究所 （14） 2009.4

湯長谷藩丹波代官所

湯長谷藩丹波代官所古文書（依田文書）の調査（市島町史実研究会・文化財調査委員会）「いちじま史研」 丹波市市島町史実研究会 （55） 2011.4

湯長谷藩丹波代官所古文書（依田文書）の調査（2）その一、湯長谷藩丹波領年貢割付帳（市島町史実研究会・文化財調査委員会）「いちじま史研」 丹波市市島町史実研究会 （56） 2012.4

夢野村

歴史探訪「村」めぐりシリーズ（2）夢野村（前田章賀）「神戸史談」 神戸史談会 291 2003.1

由良要塞

由良要塞はわが青春の地（〈特集 ふるさとへの恋文〉）（原田政章）「文化愛媛」 愛媛県文化振興財団 （56） 2006.3

1945年 淡路由良要塞の少年たち（島田耕）「大阪民衆史研究」 大阪民衆史研究会 通号64 2010.3

由良要塞の変遷（特集 戦争の記憶と記録2）（原田修一）「歴史と神戸」 神戸史学会 49（6）通号283 2010.12

淡路島と由良要塞の決戦態勢について（定本義広）「あわじ ： 淡路地方史研究会会誌」 淡路地方史研究会 （28） 2011.1

由良要塞（由良地区）の案内（特集 戦争の記憶と記録3）（原田修一）「歴史と神戸」 神戸史学会 50（3）通号286 2011.6

東京湾に次ぐ国防上の要塞・由良要塞（原田修一）「あわじ ： 淡路地方史研究会会誌」 淡路地方史研究会 （29） 2012.1

淡路島の台場と由良要塞（定本義広）「あわじ ： 淡路地方史研究会会誌」 淡路地方史研究会 （31） 2014.1

宵田城

研究ノート 天正六年の宵田城・水生古城の戦い（西尾孝昌）「但馬史研究」 但馬史研究会 （34） 2011.3

用人鎌

地名研究（82）宝塚の地名探索 用人鎌（渋谷武弘）「歴史と神戸」 神戸史学会 44（5）通号252 2005.10

永沢寺

摂丹境永沢寺の僧録支配とその変遷について—特に姫路領の曹洞宗支配を中心に（永井俊道）「駒沢史学」 駒沢史学会 （81） 2013.12

横内

地名研究（76）龍野市横内と加古川市横大路（建部恵潤）「歴史と神戸」 神戸史学会 42（3）通号238 2003.6

横大路

地名研究（76）龍野市横内と加古川市横大路（建部恵潤）「歴史と神戸」 神戸史学会 42（3）通号238 2003.6

良野

加古川市野口町良野に残る地名「天王寺村」成立過程の考察 鶴林寺創建の謎にも挑む（小林誠司）「東播磨 地域史論集」 東播磨地域史懇話会 （16） 2010.10

吉見

ふるさと探訪 町内社寺・史跡めぐり（第3回 吉見地区）（高見勉）「いちじま史研」 丹波市市島町史実研究会 （48） 2004.4

淀川

わが街に来た朝鮮通信使の淀川水行—南浜と大坂河川を中心として（中敏昭）「神戸史談」 神戸史談会 通号297 2006.1

利神城

鳥瞰図 播磨利神城（川端義憲氏作画）「城だより」 日本古城友の会 （543） 2014.3

六甲

武庫と六甲—「摂津国の成立」補遺（直木孝次郎）「歴史と神戸」 神戸史学会 42（3）通号238 2003.6

脇浜

展示「葺合・脇濱の歴史と長濱家文書」を終えて（加藤明恵）「史料ネットnews letter」 歴史資料ネットワーク （72） 2013.1

輪田庄

室町時代の摂津国輪田庄と赤松氏（樋口健太郎）「神戸大学史学年報」 神戸大学史学研究会 （21） 2006.6

和田岬灯台

新収蔵資料から 和田岬砲台・灯台、湊川砲台 古写真 各13.5cm×19.6cm（間屋真一）「博物館だより」 神戸市立博物館 （105） 2014.3

和田岬砲台

神戸歴史見聞録（1） 和田岬砲台（高久智広）「博物館だより」 神戸市立博物館 79 2003.1

「神戸の空襲・戦災史をさぐる」「史料ネットnews letter」 歴史資料ネットワーク 33 2003.6

新収蔵資料から 和田岬砲台・灯台、湊川砲台 古写真 各13.5cm×19.6cm（間屋真一）「博物館だより」 神戸市立博物館 （105） 2014.3

奈良県

赤滝の水
吉野路の名水 (18) 黒滝村赤滝の水「吉野路」 樋口昌徳 (112) 2007.2

赤膚山元古窯瀬堯三
近代化遺産を体験する フトルミン工場跡、菊水楼、奈良ホテル、旧奈良女子高等師範学校本館、旧大阪電気軌道変電所、赤膚山元古窯瀬堯三 (特集 美しき近代化遺産 明治・大正・昭和の奈良)「月刊大和路ならら」 地域情報ネットワーク 15(8)通号167 2012.8

赤目四十八滝
新緑でめぐる春の渓谷 天川村みたらい渓谷・赤目四十八滝「月刊大和路ならら」 地域情報ネットワーク 8(4)通号79 2005.4

秋篠
佐紀野から秋篠へ「月刊大和路ならら」 地域情報ネットワーク 9(11)通号98 2006.11

秋篠川
古都奈良を彩るサクラたち 奈良市街と佐保川・秋篠川(特集 春爛漫—奈良大和路花霞—町桜、里桜をあるく)「月刊大和路ならら」 地域情報ネットワーク 14(3)通号150 2011.3

阿騎野
阿騎野と宇智野—『万葉集』のコスモロジー(〈万葉古代学研究所第2回委託共同研究報告〉)(梶川信行)「万葉古代学研究年報」 奈良県立万葉文化館 (5) 2007.3

芦原峠道
道標(93) 吉野への道(3) 芦原峠道の道標(高取町土佐〜大淀町土田)「吉野路」 樋口昌徳 (116) 2008.3

飛鳥
飛鳥の漆工房(松村恵司)「季刊明日香風」 古都飛鳥保存財団 22(1)通号85 2003.1

平城(多川俊映)「季刊明日香風」 古都飛鳥保存財団 22(3)通号87 2003.7

《特集 古代暦にみる飛鳥の時空》「季刊明日香風」 古都飛鳥保存財団 22(4)通号88 2003.10

飛鳥の天文学的時空(山田慶兒)「季刊明日香風」 古都飛鳥保存財団 22(4)通号88 2003.10

飛鳥の時計台と時刻制の成立(今泉隆雄)「季刊明日香風」 古都飛鳥保存財団 22(4)通号88 2003.10

飛鳥朝の都城と宮室(山尾幸久)「季刊明日香風」 古都飛鳥保存財団 23(2)通号90 2004.4

飛鳥の都市計画(河上邦彦)「近畿文化」 近畿文化会事務局 654 2004.5

藤原宮から、飛鳥を望み、歴史を体感する(上野誠)「季刊明日香風」 古都飛鳥保存財団 23(3)通号91 2004.7

「飛鳥」王権の布石(2)(川村一彦)「歴史懇談」 大阪歴史懇談会 (18) 2004.9

特集 作家たちの飛鳥「月刊大和路ならら」 地域情報ネットワーク 8(1)通号76 2005.1

文部科学省オープン・リサーチ・センター 整備事業に関する研究調査(中間報告) ラオス調査/済州島調査/飛鳥調査「東北芸術工科大学東北文化研究センター研究紀要」 東北芸術工科大学東北文化研究センター 通号4 2005.3

飛鳥の地、イハレ(菅野雅雄)「季刊明日香風」 古都飛鳥保存財団 24(2)通号94 2005.4

地名発掘(84) 「飛鳥道標」考(池田末則)「月刊大和路ならら」 地域情報ネットワーク 8(10)通号85 2005.10

「大和・飛鳥」を見直す9月特別例会の報告「九州古代史の会NEWS」 九州古代史の会 124 2005.11

飛鳥の瓦礫、落ち穂拾い(花谷浩)「季刊明日香風」 古都飛鳥保存財団 25(1)通号97 2006.1

天武・持統朝における飛鳥から遠隔地の掌握(甲斐弓子)「奈良学研究」 帝塚山大学奈良学総合文化研究所 (8) 2006.1

奈良・飛鳥紀行 部落史フィールドワーク「岡山部落解放研究所報」 岡山部落解放研究所 (275) 2006.2

正月の飛鳥を訪ねる(深津至輝)「静岡歴研会報」 静岡県歴史研究会 (114) 2006.3

折口信夫と飛鳥—わが呻吟語(川南勝)「季刊明日香風」 古都飛鳥保存財団 25(3)通号99 2006.7

飛鳥廻望(上田正昭)「季刊明日香風」 古都飛鳥保存財団 26(1)通号101 2007.1

飛鳥—私的回想(和田萃)「季刊明日香風」 古都飛鳥保存財団 26(1)通号101 2007.1

グラビア 飛鳥心象(特集 世界遺産を先どりする飛鳥・藤原宮都 歴史と謎めぐり)(上山好庸)「月刊大和路ならら」 地域情報ネットワーク 10(5)通号104 2007.5

ならら一冊リュックに入れて、歩いて知ろう、感じよう 飛鳥・藤原の宮都の魅力 史跡散策マップ(特集 世界遺産を先どりする飛鳥・藤原宮都 歴史と謎めぐり)「月刊大和路ならら」 地域情報ネットワーク 10(5)通号104 2007.5

飛鳥出土の七世紀の木簡(《特集 7世紀の木簡から飛鳥をみる》)(和田萃)「季刊明日香風」 古都飛鳥保存財団 26(4)通号104 2007.10

平成19年秋ごとツアー 飛鳥再発見(編集部)「わかくす : 河内ふるさと文化誌」 わかくす文芸研究会 (52) 2007.11

レポート 世界遺産登録で何が変わる? 何を変える? 第1回ならら倶楽部フォーラム はばたけ、世界の飛鳥・藤原へ—「飛鳥・藤原の宮都とその関連資産群」、世界遺産への道「月刊大和路ならら」 地域情報ネットワーク 10(11)通号104 2007.11

飛鳥と宮滝(《特集 清らかなる飛鳥の川》)(相原嘉之)「季刊明日香風」 古都飛鳥保存財団 27(1)通号105 2008.1

絵画「飛鳥の景・明日香に飛ぶ」(《特集 飛鳥の石》)(鳥頭尾精)「季刊明日香風」 古都飛鳥保存財団 27(2)通号106 2008.4

飛鳥の石造物(《特集 飛鳥の石》)(服部museum世)「季刊明日香風」 古都飛鳥保存財団 27(2)通号106 2008.4

飛鳥における石造物(《特集 飛鳥の石》)(上村淳之)「季刊明日香風」 古都飛鳥保存財団 27(2)通号106 2008.4

"飛鳥の石"「亀石」と「亀形石造物」(《特集 飛鳥の石》)(清水俊明)「季刊明日香風」 古都飛鳥保存財団 27(2)通号106 2008.4

飛鳥の道標「鬼の世界への道しるべ」(《特集 紀路をめぐる諸問題》)(猪熊兼勝)「季刊明日香風」 古都飛鳥保存財団 27(3)通号107 2008.7

飛鳥百景「幽玄の明日香路」(《特集 紀路をめぐる諸問題》)(勝見勝昭)「季刊明日香風」 古都飛鳥保存財団 27(3)通号107 2008.7

折口信夫の飛鳥万葉旅行(《特集 飛鳥と折口信夫》)(保坂達雄)「季刊明日香風」 古都飛鳥保存財団 27(4)通号108 2008.10

飛鳥の渡来系遺跡(《特集 飛鳥の渡来系遺跡・遺物》)(猪熊兼勝)「季刊明日香風」 古都飛鳥保存財団 28(1)通号109 2009.1

飛鳥百景「飛鳥万象」(《特集 飛鳥の渡来系遺跡・遺物》)(脇田宗孝)「季刊明日香風」 古都飛鳥保存財団 28(1)通号109 2009.1

本居宣長の歩いた飛鳥(《特集 本居宣長のみた飛鳥》)(和田萃)「季刊明日香風」 古都飛鳥保存財団 28(2)通号110 2009.4

飛鳥百景「聖・性の谷間」(《特集 本居宣長のみた飛鳥》)(渡辺誠弥)「季刊明日香風」 古都飛鳥保存財団 28(2)通号110 2009.4

本居宣長と飛鳥の王陵(《特集 本居宣長のみた飛鳥》)(西光慎治)「季刊明日香風」 古都飛鳥保存財団 28(2)通号110 2009.4

飛鳥散策マップ(特集 飛鳥の壁画にみる古代と未来)「月刊大和路ならら」 地域情報ネットワーク 12(5)通号128 2009.5

旧都を吹く風(《特集 飛鳥から藤原へ》)(村田右富実)「季刊明日香風」 古都飛鳥保存財団 28(3)通号111 2009.7

鼎談 飛鳥学最前線—考古・歴史・文学(《特集 飛鳥学最前線》)「季刊明日香風」 古都飛鳥保存財団 28(4)通号112 2009.10

世界遺産登録に向けて「世界遺産登録と飛鳥」(《特集 飛鳥学最前線》)(足立久美子)「季刊明日香風」 古都飛鳥保存財団 28(4)通号112 2009.10

絵画「飛鳥の地・平安に飛ぶ」(特集 世界遺産登録に向けて)(鳥頭尾精)「季刊明日香風」 古都飛鳥保存財団 29(1)通号113 2010.1

飛鳥・藤原の宮都とその関連資産群(特集 世界遺産登録に向けて)(木下正史)「季刊明日香風」 古都飛鳥保存財団 29(1)通号113 2010.1

飛鳥と歴史街道(特集 世界遺産登録に向けて)(足立伸之助)「季刊明日香風」 古都飛鳥保存財団 29(1)通号113 2010.1

奈良・飛鳥と平城京を訪ねて(小倉秀円)「文化財保護協会報まるがめ」 丸亀市文化財保護協会 (5) 2010.3

飛鳥百景「奈良と飛鳥」(特集 藤原から平城へ—平城遷都1300年)(増尾正子)「季刊明日香風」 古都飛鳥保存財団 29(2)通号114 2010.4

寺尾勇と飛鳥保存(特集 飛鳥保存の歩み 緊急報告・纒向遺跡)(高橋徹)「季刊明日香風」 古都飛鳥保存財団 29(3)通号115 2010.7

飛鳥保存の歩み(特集 飛鳥保存の歩み 緊急報告・纒向遺跡)(脇田宗

孝)「季刊明日香風」 古都飛鳥保存財団 29（3）通号115 2010.7

飛鳥百景「ことだまの幸わふ国」（特集 飛鳥保存の歩み 緊急報告・纒向遺跡）（加藤準一）「季刊明日香風」 古都飛鳥保存財団 29（3）通号115 2010.7

世界遺産登録に向けて（特集 飛鳥保存の歩み 緊急報告・纒向遺跡）（吉田宏）「季刊明日香風」 古都飛鳥保存財団 29（3）通号115 2010.7

難波宮からみた飛鳥諸宮（特集 続・飛鳥保存の歩み）（中尾芳治）「季刊明日香風」 古都飛鳥保存財団 29（4）通号116 2010.10

世界遺産「飛鳥・藤原」登録への想い（特集 続・飛鳥保存の歩み）（竹尾徳治）「季刊明日香風」 古都飛鳥保存財団 29（4）通号116 2010.10

平城遷都1300年の古都の旅―飛鳥・奈良・京都とその周辺（史蹟を尋ねて緑の旗は行く）（今牧久）「伊那」 伊那史学会 58（12）通号991 2010.12

飛鳥百景「棚田の四季 案山子のある風景」（特集 斉明天皇とその時代）（吉兼秀夫）「季刊明日香風」 古都飛鳥保存財団 30（2）通号118 2011.4

飛鳥百景「松下記念講堂と明日香村の社会教育」（特集 明日香風30年）（垣内正義）「季刊明日香風」 古都飛鳥保存財団 30（4）通号120 2011.10

絵画「飛鳥の丘」（烏頭尾精）「季刊明日香風」 古都飛鳥保存財団 31（1）通号121 2012.1

飛鳥百景「棚田」（中島史子）「季刊明日香風」 古都飛鳥保存財団 31（1）通号121 2012.1

出雲と飛鳥（花谷浩）「季刊明日香風」 古都飛鳥保存財団 31（1）通号121 2012.1

記紀万葉ツアリズム―歴史の重心・飛鳥へ 甘樫丘/甘樫坐神社/飛鳥坐神社/飛鳥京跡/飛鳥寺/天武・持統天皇陵/山帰来/奈良県立万葉歴文化館「まほろびすと：奈良に焦がれ、歴史に耳澄ます情報誌」 実業印刷まほろば会 1（1）通号1 2012.1

地図で読み解く、埋もれた古代 飛鳥に隠れている大いなる謎（多田克己）「まほろびすと：奈良に焦がれ、歴史に耳澄ます情報誌」 実業印刷まほろば会 1（1）通号1 2012.1

飛鳥百景「飛鳥の魅力」（舟久保敏）「季刊明日香風」 古都飛鳥保存財団 31（3）通号123 2012.7

百済王陵の飛鳥への影響（特集 飛鳥・扶餘―姉妹都市提携40周年記念）（猪熊兼勝）「季刊明日香風」 古都飛鳥保存財団 31（4）通号124 2012.10

飛鳥百景「体感★明日香」（森川裕一）「季刊明日香風」 古都飛鳥保存財団 31（4）通号124 2012.10

飛鳥と古代百済の関係について（森公章）「季刊明日香風」 古都飛鳥保存財団 31（4）通号124 2012.10

絵画「古都の景・天照らす」（特集 飛鳥・万葉）（烏頭尾精）「季刊明日香風」 古都飛鳥保存財団 32（1）通号125 2013.1

飛鳥百景「飛鳥とともに」（特集 飛鳥・万葉）（鈴木莅光）「季刊明日香風」 古都飛鳥保存財団 32（1）通号125 2013.1

飛鳥らしさと吉野らしさ（特集 飛鳥と吉野）（池田淳）「季刊明日香風」 古都飛鳥保存財団 32（2）通号126 2013.4

万葉集にみる飛鳥と吉野の交流（特集 飛鳥と吉野）（菊地義裕）「季刊明日香風」 古都飛鳥保存財団 32（2）通号126 2013.4

絵画「古都の景・高照らす」（特集 飛鳥と苑池）（烏頭尾精）「季刊明日香風」 古都飛鳥保存財団 32（3）通号127 2013.7

飛鳥百景「幻の飛鳥のかむなび山」（大森亮尚）「季刊明日香風」 古都飛鳥保存財団 32（3）通号127 2013.7

飛鳥百景「素晴らしい景観と史跡を後世に」（特集 キトラ古墳 発見から30年）（森本晃司）「季刊明日香風」 古都飛鳥保存財団 32（4）通号128 2013.10

飛鳥百景「歴史的風土の創造的活用」（特集 遣唐使と万葉集）（大石智弘）「季刊明日香風」 古都飛鳥保存財団 33（2）通号130 2014.4

飛鳥百景「明日香の自然の恵み～山菜～」（特集 今、聖徳太子を考える）（東成敏毅）「季刊明日香風」 古都飛鳥保存財団 33（3）通号131 2014.7

明日香村教育委員会文化財課主任技師 髙橋幸治さんに聞く 飛鳥の石造物は本当に謎だらけなのか？（特集 聖なる岩へ 石をめぐる歴史と信仰）「月刊大和路ならら」 地域情報ネットワーク 17（9）通号192 2014.9

飛鳥百景「はじまりの『飛鳥』」（特集 筋違道（すじかいみち））（植島寶照）「季刊明日香風」 古都飛鳥保存財団 33（4）通号132 2014.10

明日香

明日香（飛鳥）懐古（森本和幸）「油谷のささやき」 油谷町郷土文化会（21）2003.3

対談 明日香立法成立の際、「飴と鞭」をどのようにバランスとるべきか。大変な苦心がありました。（杉平正治，猪熊兼勝）「季刊明日香風」 古都飛鳥保存財団 22（3）通号87 2003.7

特集 いま、よみがえる歴史の舞台 明日香・桜井「月刊大和路ならら」 地域情報ネットワーク 7（5）通号68 2004.5

明日香に住むの記（桐村英一郎）「季刊明日香風」 古都飛鳥保存財団

24（2）通号94 2005.4

明日香の亀形石造物と水占―姿見伝説と古代（1）（軽澤照文）「昔話伝説研究」 昔話伝説研究会 （25）2005.5

明日香が揺れる日（寒川旭）「季刊明日香風」 古都飛鳥保存財団 25（4）通号100 2006.10

わたしと明日香（坂本信幸）「季刊明日香風」 古都飛鳥保存財団 26（1）通号101 2007.1

明日香建築雑感（鈴木嘉吉）「季刊明日香風」 古都飛鳥保存財団 26（1）通号101 2007.1

特集 誰も行かない明日香「月刊大和路ならら」 地域情報ネットワーク 13（5）通号140 2010.5

誰ものぞけない明日香 謎の石造物の後ろ側「月刊大和路ならら」 地域情報ネットワーク 13（5）通号140 2010.5

絵画「明日香の丘」（特集 飛鳥・藤原の宮都とその関連資産群紹介）（烏頭尾精）「季刊明日香風」 古都飛鳥保存財団 30（1）通号117 2011.1

子供の頃の明日香について（特集 明日香風30年）（西岡善信）「季刊明日香風」 古都飛鳥保存財団 30（2）通号120 2011.10

鼎談（前）（特集 明日香風30年）（青山茂，天野幸弘，柳林修）「季刊明日香風」 古都飛鳥保存財団 30（2）通号120 2011.10

鼎談（後半）（青山茂，天野幸弘，柳林修）「季刊明日香風」 古都飛鳥保存財団 31（1）通号121 2012.1

明日香と平城京（山下一郎）「讃岐のやまなみ」 香川県歴史研究会 （4）2012.5

明日香石造物めぐり/奈良県の主な磐座・巨石一覧（特集 聖なる岩へ 石をめぐる歴史と信仰）「月刊大和路ならら」 地域情報ネットワーク 17（9）通号192 2014.9

飛鳥川

絵画「水墨飛鳥川・七瀬の掟」（烏頭尾精）「季刊明日香風」 古都飛鳥保存財団 26（1）通号101 2007.1

絵画「水墨飛鳥川・石はしる」（《特集 明日香万葉学の最前線》）（烏頭尾精）「季刊明日香風」 古都飛鳥保存財団 26（2）通号102 2007.4

飛鳥川流域開発の水運（《特集 清らかなる飛鳥の川》）（松田真一）「季刊明日香風」 古都飛鳥保存財団 27（1）通号105 2008.1

"歌ことば"「あすか川」の源流を訪ねて（《特集 清らかなる飛鳥の川》）（大浦誠士）「季刊明日香風」 古都飛鳥保存財団 27（1）通号105 2008.1

飛鳥川の系譜（共同研究報告 万葉文化館第4回主宰共同研究報告）（小倉久美子）「万葉古代学研究年報」 奈良県立万葉文化館 （12）2014.3

明日香川

絵画「明日香川夕照」（奥田元宋）「季刊明日香風」 古都飛鳥保存財団 31（4）通号124 2012.10

飛鳥宮

飛鳥の宮と基幹水路（林部均，南部裕樹）「季刊明日香風」 古都飛鳥保存財団 22（3）通号87 2003.7

「飛鳥宮」の廃絶（林部均）「季刊明日香風」 古都飛鳥保存財団 25（2）通号98 2006.4

飛鳥の宮都関連遺跡（特集 飛鳥・藤原の宮都とその関連資産群紹介）（青木敬）「季刊明日香風」 古都飛鳥保存財団 30（1）通号117 2011.1

飛鳥京

図版解説 最近の飛鳥京跡の調査（鈴木裕明）「古代文化」 古代学協会 59（1）通号568 2007.6

飛鳥京出土の木簡をめぐって（《特集 7世紀の木簡から飛鳥をみる》）（鶴見泰寿）「季刊明日香風」 古都飛鳥保存財団 26（2）通号104 2007.10

回想の飛鳥古京を守る会（特集 明日香風30年）（川崎馨）「季刊明日香風」 古都飛鳥保存財団 30（4）通号120 2011.10

飛鳥京跡苑池

飛鳥京跡苑池の特徴（特集 飛鳥と苑池）（東影悠）「季刊明日香風」 古都飛鳥保存財団 32（3）通号127 2013.7

飛鳥路

北近江万葉の会 飛鳥路をめぐる「長浜城歴史博物館友の会友の会だより」 長浜城歴史博物館友の会 51 2004.1

飛鳥寺西槻下

壬申の乱と飛鳥寺西槻下（特集 飛鳥と壬申の乱）（山本崇）「季刊明日香風」 古都飛鳥保存財団 31（2）通号122 2012.4

飛鳥の苑池

飛鳥の苑池―嶋宮の池と舎人達の歌（特集 飛鳥と苑池）（和田萃）「季刊明日香風」 古都飛鳥保存財団 32（3）通号127 2013.7

飛鳥藤原

飛鳥藤原地域の無文銀銭（松村恵司）「季刊明日香風」 古都飛鳥保存財団 23（2）通号90 2004.4

明日香村

姉妹都市「明日香村」・「扶餘郡」(小野智貴)「季刊明日香風」 古都飛鳥保存財団 31(4)通号124 2012.10

奈良スケッチ「明日香村遠望」「月刊大和路ならら」 地域情報ネットワーク 17(2)通号185 2014.2

阿字万字町

近世奈良阿字万字町の「記録」(資料紹介)(安彦勘吾)「日本文化史研究」 帝塚山大学奈良学総合文化研究所「日本文化史研究」通号32 2000.3

近世奈良 阿字万字町「記録」(二)について(安彦勘吾)「奈良学研究」 帝塚山大学奈良学総合文化研究所 (11) 2009.1

奈良阿字万字町「記録」三について(安彦勘吾)「日本文化史研究」 帝塚山大学奈良学総合文化研究所 (40) 2009.3

阿田

《奈良県五條市阿田地区合同調査特集》「昔風と当世風」 古々路の会 (86) 2004.4

阿田地区の生産・生業、拾い書き(五十嵐稔)「昔風と当世風」 古々路の会 (86) 2004.4

五條市阿田地区(西阿田・東阿田)の住居探索(早瀬哲恒)「昔風と当世風」 古々路の会 (86) 2004.4

奈良県五條市阿田地区の婚姻に関する聞き書き(佐志原圭子)「昔風と当世風」 古々路の会 (86) 2004.4

膳椀に関する聞書き―五條市阿田地区(神かほり)「昔風と当世風」 古々路の会 (87) 2004.10

アタゴ

地名発掘(130)「アタゴ」考(池田末則)「月刊大和路ならら」 地域情報ネットワーク 12(8)通号131 2009.8

賀名生

奈良風影 第二部(4)野の道 賀名生へ(吉田伊佐夫)「月刊大和路ならら」 地域情報ネットワーク 9(7)通号94 2006.7

吉野路に見る南朝の遺跡(67)西吉野(五條市)に南朝の跡を見る(42)賀名生(あのう)とその周辺の遺跡「吉野路」 樋口昌徳 (119) 2008.11

虻峠

吉野路の点景(36)虻峠から天川村川合を見下ろす(天川村中越)「吉野路」 樋口昌徳 107 2005.11

油こぼし

吉野路に見る南朝の遺跡(55)天川村に南朝の跡をさぐる(31)天川村歴史散歩(ヨ)洞川と大峯登拝の道(H)「わらじはきかえ所」の碑と行場「油こぼし」「吉野路」 樋口昌徳 107 2005.11

阿部

地名発掘(77)安倍・阿部・安部考(池田末則)「月刊大和路ならら」 地域情報ネットワーク 8(3)通号78 2005.3

安倍

地名発掘(77)安倍・阿部・安部考(池田末則)「月刊大和路ならら」 地域情報ネットワーク 8(3)通号78 2005.3

安部

地名発掘(77)安倍・阿部・安部考(池田末則)「月刊大和路ならら」 地域情報ネットワーク 8(3)通号78 2005.3

甘樫の丘

聞き書き 岩本泉治のより道小道(1)高市郡明日香村「甘樫の丘」「あかい奈良」 青垣出版、星雲社(発売) 11 2001.3

奈良スケッチ(40)「甘樫の丘からの遠望」(杉本哲也、上丈竜矢)「月刊大和路ならら」 地域情報ネットワーク 14(7)通号154 2011.7

甘樫丘

飛鳥百景「甘樫丘―明日香風万葉歌碑」(特集 続・飛鳥保存の歩み)(辰巳和余)「季刊明日香風」 古都飛鳥保存財団 29(4)通号116 2010.10

飛鳥百景「甘樫丘～展望とその魅力～」(成田久郎)「季刊明日香風」 古都飛鳥保存財団 32(2)通号126 2013.4

甘橿丘

地名発掘(101)甘梼丘は山でなく、香久山は丘ではない?(池田末則)「月刊大和路ならら」 地域情報ネットワーク 10(3)通号102 2007.3

尼ヶ辻

地名発掘(71)「尼ヶ辻」とは何か(池田末則)「月刊大和路ならら」 地域情報ネットワーク 7(9)通号72 2004.9

天香久山

天香(具)山(根岸尚克)「備陽史探訪」 備陽史探訪の会 (154) 2010.6

阿弥陀ヶ森

吉野路に見る南朝の遺跡(64)天川村に南朝の跡をさぐる(39)天川村歴史散歩(ウ)洞川と登拝の道(s)「女人結界門」のある「阿弥陀ヶ森」「吉野路」 樋口昌徳 (116) 2008.3

あやめ池

奈良の異空間―郷愁のあやめ池昭和史(特集 愛すべきエロじじい 九十九黄人 おまえはアホか、オレはピンクだ 東洋民俗博物館コレクション)「月刊大和路ならら」 地域情報ネットワーク 15(7)通号166 2012.7

新益京

新益京から寧楽宮へ(特集 藤原から平城へ―平城遷都1300年)(猪熊兼勝)「季刊明日香風」 古都飛鳥保存財団 29(2)通号114 2010.4

安位寺

地名発掘(127)幻の葛城山中「安位寺」跡とは(池田末則)「月刊大和路ならら」 地域情報ネットワーク 12(5)通号128 2009.5

安堵

資料紹介 安堵のレンガ積み史料について(橋本紀美)「奈良県立同和問題関係史料センター研究紀要」 奈良県立同和問題関係史料センター 10 2004.3

斑鳩

ハレムとしての斑鳩(半沢英一)「古代史の海」 「古代史の海」の会 (40) 2005.6

半沢英一氏「ハレムとしての斑鳩」について―西域系渡来人自治特区としての斑鳩(山中光一)「古代史の海」 「古代史の海」の会 (41) 2005.9

山部氏に関する一考察―特に斑鳩地域の山部を中心として(岩本次郎)「奈良学研究」 帝塚山大学奈良学総合文化研究所 (8) 2006.1

法隆寺の造営と斑鳩文化圏の成立(森郁夫)「奈良学研究」 帝塚山大学奈良学総合文化研究所 (8) 2006.1

「いかるが」と古代史―「いかるが」に関する基礎的省察(岩本次郎)「奈良学研究」 帝塚山大学奈良学総合文化研究所 (9) 2007.1

初期斑鳩文化圏の成立と韓半島の要素(森郁夫)「奈良学研究」 帝塚山大学奈良学総合文化研究所 (10) 2008.1

斑鳩観光の一拠点に 小城利重斑鳩町長 藤ノ木古墳とともに歩んだ25年「月刊大和路ならら」 地域情報ネットワーク 13(4)通号139 2010.4

斑鳩の古墳と歴史散歩「月刊大和路ならら」 地域情報ネットワーク 13(4)通号139 2010.4

古都保存「古都斑鳩における歴史的風土の保全に向けた取組」(特集 竹内街道 敷設1400年)(仲村佳真)「季刊明日香風」 古都飛鳥保存財団 33(1)通号129 2014.1

難波津から斑鳩への道(特集 筋違道(すじかいみち))(安村俊史)「季刊明日香風」 古都飛鳥保存財団 33(4)通号132 2014.10

古文書解説「斑鳩古文書三十選」25「広隆寺・聖徳太子像胎内物の包紙」聖徳太子像胎内物包み紙の発見と詳細(小山博之、足立恵子、中西博子、横山誠)「鳩遊」 斑鳩を古文書で歩く会 (9) 2014.10

古文書解説「斑鳩古文書三十選」27「僧賢範起請文」記名のある落書起請文―「賢範起請文」(河野昭昌)「鳩遊」 斑鳩を古文書で歩く会 (9) 2014.10

古文書解説「斑鳩古文書三十選」27「僧賢範起請文」釈文と若干の注釈(乗本益行)「鳩遊」 斑鳩を古文書で歩く会 (9) 2014.10

「斑鳩を古文書で歩く会」紹介「鳩遊」 斑鳩を古文書で歩く会 (9) 2014.10

斑鳩の里

斑鳩の里探訪(足立捷一郎)「備陽史探訪」 備陽史探訪の会 (131) 2006.8

池之内町

特集 史料紹介 大和郡山市池之内町奥西家文書―明治前半期の小学校教育と被差別部落「Regional」 奈良県立同和問題関係史料センター (12) 2009.9

生駒

生駒・信貴をめざした鉄路(石田成年)「近畿文化」 近畿文化会事務局 (725) 2010.4

地名発掘(140)生駒―辺境国から平群へ(池田末則)「月刊大和路ならら」 地域情報ネットワーク 13(6)通号141 2010.6

地名発掘(144)生駒名産「鳴石」のこと(池田末則)「月刊大和路ならら」 地域情報ネットワーク 13(10)通号145 2010.10

地名発掘(145)生駒名産「鳴石」のこと(池田末則)「月刊大和路ならら」 地域情報ネットワーク 13(11)通号146 2010.11

生駒鋼索線

甦るまほろば軌道(18)生駒鋼(安彦勘吾)「月刊大和路ならら」 地域情報ネットワーク 10(9)通号108 2007.9

生駒山地

正保郷帳で見る 生駒山地の年貢(津田悟)「わかくす : 河内ふるさと文化誌」 わかくす文芸研究会 (62) 2012.11

生駒直越え

年々歳々花相似 而 人・街不同(3)生駒直越えと今(1)「わかくす : 河内ふるさと文化誌」 わかくす文芸研究会 (62) 2012.11

近畿　　　　　　　　　　　地名でたどる郷土の歴史　　　　　　　　　　　奈良県

生駒山

大和探訪 (36) 三笠山と生駒山 (小川光三)「月刊大和路ならら」 地域情報ネットワーク　8 (3) 通号78　2005.3

生駒山 人々の暮らしと生駒山の移り変わり (勝田邦夫)「大阪春秋」 新風書房　34 (3) 通号120　2005.10

河内の風物詩 生駒山系歴史・文化フォーラム/見えてきた弥生のムラ「わかくす：河内ふるさと文化誌」 わかくす文芸研究会　(50)　2006.11

万葉と生駒山―万葉びとの「愛」と「生活」と歴史的背景をめぐって (脇谷英勝)「日本文化史研究」 帝塚山大学奈良学総合文化研究所　(39)　2008.3

梅子さんの戦争体験記 (2) 勝つまでは「武運長久」生駒登山 (高野剛)「河内どんこう」 やお文化協会　(86)　2008.10

近鉄の近代建築 (6) 生駒山上開発と別荘地―ブルーノ・タウトの「生駒山嶺小都市計画」と本間乙彦の小住宅群 (川島智生)「近畿文化」 近畿文化会事務局　(710)　2009.1

都市間鉄道網形成と観光地―近鉄奈良線と生駒山 (1) ～ (3) (岸田修一)「泉佐野の歴史と今を知る会会報」 泉佐野の歴史と今を知る会　(321) / (323)　2014.9/2014.11

生駒山上ホテル

近鉄の近代建築 (4) 幻の生駒山上ホテル―ブルーノ・タウトの「生駒山嶺小都市計画」(川島智生)「近畿文化」 近畿文化会事務局　(698)　2008.1

伊豆尾

句碑めぐり (50) 杉浦虹波句碑 東吉野村伊豆尾「吉野路」 樋口昌徳　99　2003.11

句碑めぐり (52) 東吉野村伊豆尾・光蔵寺境内 安藤安芸生・明女句碑「吉野路」 樋口昌徳　102　2004.8

句碑めぐり (53) 東吉野村伊豆尾・光蔵寺境内 3月10日「橋本安騎生句碑」除幕、3月29日「中島枝葉句碑」建立「吉野路」 樋口昌徳　105　2005.5

句碑めぐり (54) 東吉野村伊豆尾・光蔵寺境内建立の「加古宗也句碑」「吉野路」 樋口昌徳　107　2005.11

泉の森

吉野路の名水 (20) 天川村洞川「洞川湧水群」の一つ「泉の森」(環境庁指定名水百選の一つ)「吉野路」 樋口昌徳　(115)　2007.11

出雲

菅公ゆかりの地 桜井出雲を訪ねて (特集 隠国の初瀬 よき地よき歌 與喜天神！)「月刊大和路ならら」 地域情報ネットワーク　15 (5) 通号164　2012.5

伊勢街道

道標 (93) 吉野への道 (1) 宇野峠越え伊勢街道「吉野路」 樋口昌徳　(114)　2007.8

伊勢本街道

山の辺の道、上ツ道、山田道/柳生街道/太子道/暗越奈良街道/伊勢本街道 (特集 奈良の春を歩く)「月刊大和路ならら」 地域情報ネットワーク　12 (4) 通号127　2009.4

市尾

4月現地見学 高取町市尾から玉手 (野村武司)「つどい」 豊中歴史同好会　(269)　2010.6

稲村ヶ岳

吉野路に見る南朝の遺跡 (65) 天川村に南朝の跡をさぐる (40) 天川村歴史散歩 (エ) 洞川と登拝の道 (T) 大峯山 (山上ヶ岳) 頂上と稲村ヶ岳の道標「吉野路」 樋口昌徳　(117)　2008.5

今井町

特集 今井町 扉の向こうのおもしろ話「あかい奈良」 青垣出版, 星雲社 (発売)　19　2003.3

橿原、今井町 長寿道を歩く (特集 世界遺産を先どりする飛鳥・藤原宮都 歴史と謎めぐり―ぶらり大和路)「月刊大和路ならら」 地域情報ネットワーク　10 (5) 通号104　2007.5

今井村

《特集 三箇家文書 (旧大和国宇智郡今井村)》「奈良歴史研究」 奈良歴史研究会　(59)　2003.3

芋峠

飛鳥百景「芋峠への道」《特集 飛鳥から藤原へ》(上山好庸)「季刊明日香風」 古都飛鳥保存財団　28 (3) 通号111　2009.7

芋ヶ峠道

飛鳥の道標「芋ヶ峠道の役行者像」《特集 飛鳥学最前線》(和田萃)「季刊明日香風」 古都飛鳥保存財団　28 (4) 通号112　2009.10

芋峠道

道標 (95) 吉野への道 (5) 芋峠道の道標 明日香の地から吉野への道「吉野路」 樋口昌徳　(118)　2008.10

妹背山

『妹背山婦女庭訓』の伝説の地を巡る (池田淳)「近畿文化」 近畿文化会事務局　(764)　2013.7

妹山

道標 (83) 伊勢街道 (伊勢南街道・高見越伊勢街道) の道標 (10) 吉野町河原屋・妹山麓の三差路の道標「吉野路」 樋口昌徳　104　2005.2

吉野路の点景 (39) 吉野川北岸に登える妹山 (吉野町河原屋)「吉野路」 樋口昌徳　(110)　2006.8

岩井川

中世奈良の河原者一考―岩井川河原者を主題材として (山村雅史)「奈良県立同和問題関係史料センター研究紀要」 奈良県立同和問題関係史料センター　9　2003.3

祝戸荘

飛鳥百景「祝戸荘と御井敬三」《特集 飛鳥の石》(藤野健一)「季刊明日香風」 古都飛鳥保存財団　27 (2) 通号106　2008.4

岩本家住宅

奈良スケッチ (42)「旧岩本家住宅」(杉本哲也, 上丈竜矢)「月刊大和路ならら」 地域情報ネットワーク　14 (9) 通号156　2011.9

磐余

五世紀における磐余と忍坂 (千田稔)「つどい」 豊中歴史同好会　(259)　2009.8

磯城と磐余 (会員ひろば) (渡部正路)「古代史の海」 「古代史の海」の会　(65)　2011.9

磐余の諸官とその時代 (特集 磐余 (いわれ)) (和田萃)「季刊明日香風」 古都飛鳥保存財団　31 (3) 通号123　2012.7

磐余池

磐余池 (矢澤泰三)「いにしえの風」 古代遊学会　(8)　2012.5

宇陀

ぶらり大和路 宇陀の里を歩く「月刊大和路ならら」 地域情報ネットワーク　8 (7) 通号82　2005.7

奈良風影 第二部 (3) 宇陀の石茶臼 (吉田伊佐夫)「月刊大和路ならら」 地域情報ネットワーク　9 (6) 通号93　2006.6

戦国期における大和口宇陀地域の城館構成と縄張技術 (《第24回全国城郭研究者セミナーの報告》) (金松誠)「中世城郭研究」 中世城郭研究会　(22)　2008.7

記紀の迷い道 神武東征物語と宇陀と水銀「あかい奈良」 青垣出版, 星雲社 (発売)　52　2011.6

宇陀郡

倭国宇陀郡風土記 (研究レポート) (西田安弘)「からいどすこーぷ」 歴史学同好会　(14)　2012.1

菟田野

中将姫伝説の地をゆく 當麻、菟田野、奈良町 (特集 中将姫伝説を訪ねて 奈良町、菟田野、そして當麻)「月刊大和路ならら」 地域情報ネットワーク　16 (4) 通号175　2013.4

宇陀松山

小特集 宇陀松山を行く「あかい奈良」 青垣出版, 星雲社 (発売)　38　2007.12

宇陀松山藩

奈良奉行所と宇陀松山藩 (大宮守友)「日本文化史研究」 帝塚山大学奈良学総合文化研究所　(39)　2008.3

宇智郡

宇智郡衆と畠山政長・尚順 (小谷利明)「奈良歴史研究」 奈良歴史研究会　(59)　2003.3

戦国期大和国宇智郡惣郡一揆について (田中慶治)「ヒストリア：journal of Osaka Historical Association」 大阪歴史学会　(188)　2004.1

宇智野

阿騎野と宇智野―『万葉』のコスモロジー (《万葉古代学研究所第2回委託共同研究報告》) (梶川信行)「万葉古代学研究年報」 奈良県立万葉文化館　(5)　2007.3

宇智の大野

たまきはる宇智の大野 井上皇后母子の非史残す万葉の地 (特集 五條 藤岡家住宅)「月刊大和路ならら」 地域情報ネットワーク　12 (3) 通号126　2009.3

畝傍

絵画「飛鳥の景・畝傍に飛ぶ」《特集 飛鳥と折口信夫》(鳥頭尾精)「季刊明日香風」 古都飛鳥保存財団　27 (4) 通号108　2008.10

畝傍山

記紀の古を偲ぶ畝傍山、二上山紀行 (坂井邦典)「備陽史探訪」 備陽史探訪の会　(136)　2007.6

奈良県　　　　　　　　　　地名でたどる郷土の歴史　　　　　　　　　　近畿

宇野峠
道標(76) 伊勢南街道(高見越え伊勢街道)の道標(3) 五條市「宇野峠」を越える「吉野路」 樋口昌徳 96 2003.2

道標(93) 吉野への道(1) 宇野峠越え伊勢街道「吉野路」 樋口昌徳 (114) 2007.8

梅川
奈良風影(20) 梅川(吉田伊佐夫)「月刊大和路ならら」 地域情報ネットワーク 8(11)通号86 2005.11

芸亭院
芸亭院開創1250年 石上宅嗣と芸亭院/石上宅嗣卿芸亭院顕彰の歩み「うんてい : 奈良県立図書情報館報」 奈良県立図書情報館 (4) 2012.3

越集落
飛鳥の道標「越集落の道標」(《特集 7世紀の木簡から飛鳥をみる》)(和田萃)「季刊明日香風」 古都飛鳥保存財団 26(4)通号104 2007.10

追分
地名発掘(79) 杏掛と追分(池田末則)「月刊大和路ならら」 地域情報ネットワーク 8(5)通号80 2005.5

王陵の谷
竹内街道と王陵の谷 私の故郷・大阪太子町(木村公平)「歴史懇談」 大阪歴史懇談会 (22) 2008.8

竹内街道から磯長王陵の谷を巡る(山口久幸)「つどい」 豊中歴史同好会 (275) 2010.12

大宇陀
大和地酒をめぐる旅 春 大宇陀・花と酒「あかい奈良」 青垣出版, 星雲社(発売) 23 2004.3

奈良スケッチ(37)「大宇陀 又兵衛桜(滝桜)」(杉本哲也, 上丈竜矢)「月刊大和路ならら」 地域情報ネットワーク 14(4)通号151 2011.4

大黒ヶ芝
地名発掘(110)「大黒ヶ芝」は「大皇后ヶ芝」か(池田末則)「月刊大和路ならら」 地域情報ネットワーク 10(12)通号111 2007.12

大阪電気軌道変電所
近代化遺産を体験する フトルミン工場跡、菊水楼、奈良ホテル、旧奈良女子高等師範学校本館、旧大阪電気軌道変電所、赤膚山元古窯瀬窯三(特集 美しき近代化遺産 明治・大正・昭和の奈良)「月刊大和路ならら」 地域情報ネットワーク 15(8)通号167 2012.8

大沢
地名発掘(146) 地名「大沢」、飛鳥「尾曽」由来記(池田末則)「月刊大和路ならら」 地域情報ネットワーク 13(12)通号147 2010.12

尾曽
地名発掘(146) 地名「大沢」、飛鳥「尾曽」由来記(池田末則)「月刊大和路ならら」 地域情報ネットワーク 13(12)通号147 2010.12

大台
聞き書き 大台の四季―大台の守人・岩本泉治の世界「あかい奈良」 青垣出版, 星雲社(発売) 8 2000.6

聞き書き 大台の四季 すきとおる秋―大台の守人・岩本泉治の世界「あかい奈良」 青垣出版, 星雲社(発売) 9 2000.9

大台ヶ原
心の風景 大台ヶ原に雪(井上博道, 西村博美)「あかい奈良」 青垣出版, 星雲社(発売) 53 2011.9

大滝ダム
吉野路の点景(34) 大自然の中に出現した「大滝ダムの堰堤」(川上村大滝)「吉野路」 樋口昌徳 105 2005.5

吉野路あちこち 川上村大滝・大瀧ダム 5月18日「望郷の碑」除幕「吉野路」 樋口昌徳 (118) 2008.10

大津村
近世初期大和郡宇智郡の小領主と地域―坂合部郷大津村表野家の事例(〈部会報告〉)(熊谷光子)「ヒストリア : journal of Osaka Historical Association」 大阪歴史学会 (198) 2006.1

大塔村
たのまれもしない市町村PR 横顔の奈良 大塔村「あかい奈良」 青垣出版, 星雲社(発売) 9 2000.9

大野丘
地名発掘(82) 大野丘(池田末則)「月刊大和路ならら」 地域情報ネットワーク 8(8)通号83 2005.8

大峰
役行者―葛城・大峰に鬼と生きる(特集 鬼が来た! 春が来た!)「月刊大和路ならら」 地域情報ネットワーク 15(3)通号162 2012.3

大峯
写真旅人 厳冬の大峯(疋田勉)「月刊大和路ならら」 地域情報ネット

ワーク 9(2)通号89 2006.2

世界遺産「吉野・大峯地域」「整備保全事業連絡協議会」設立/他「吉野春秋」 樋口昌徳 (238) 2006.3

奈良風影 第二部(16) 大峯の磐笛(吉田伊佐夫)「月刊大和路ならら」 地域情報ネットワーク 10(7)通号106 2007.7

大峯、気高き修験の道(特集 春、大峯駈道をめぐる)「月刊大和路ならら」 地域情報ネットワーク 15(4)通号163 2012.4

大峯奥駈道
感得した!(特集 春、大峯奥駈道をめぐる)「月刊大和路ならら」 地域情報ネットワーク 15(4)通号163 2012.4

いざ、修験の道へ!(特集 春、大峯奥駈道をめぐる)「月刊大和路ならら」 地域情報ネットワーク 15(4)通号163 2012.4

順峰でめぐる春の大峯奥駈道 十津川/下北山、上北山/天川/川上、黒滝/吉野、大淀(特集 春、大峯奥駈道をめぐる)「月刊大和路ならら」 地域情報ネットワーク 15(4)通号163 2012.4

大峯山
吉野路に見る南朝の遺跡(58) 天川村に南朝の跡をさぐる(33) 天川村歴史散歩(ソ) 洞川と大峯登拝の道(h) 大峯山頂に建つ「岸田日出夫」の顕彰碑「吉野路」 樋口昌徳 (110) 2006.8

吉野路に見る南朝の遺跡(65) 天川村に南朝の跡をさぐる(40) 天川村歴史散歩(エ) 洞川と登拝の道(T) 大峯山(山上ヶ岳)頂上と稲村ヶ岳の道標「吉野路」 樋口昌徳 (117) 2008.5

大峯山へ分け入った人々(菅谷文則)「近畿文化」 近畿文化会事務局 (740) 2011.7

大峯山寺
1300年の道(8) 1001～1050年 大峯山寺「月刊大和路ならら」 地域情報ネットワーク 11(5)通号116 2008.5

大峯山寺本道
吉野路に見る南朝の遺跡(62) 天川村に南朝の跡をさぐる(37) 天川村歴史散歩(ラ) 洞川と登拝の道(m) 大峰山頂の「大峯山寺本道」とその当り「吉野路」 樋口昌徳 (114) 2007.8

大峯道
特集 世界遺産登録! 大峯道からのメッセージ「月刊大和路ならら」 地域情報ネットワーク 7(6)通号69 2004.6

大倭国
大和探訪(44)～(46) 大倭国の成立(上),(中),(下)(小川光三)「月刊大和路ならら」 地域情報ネットワーク 8(11)通号86/9(1)通号88 2005.11/2006.1

二つの「大倭国」の謎(松下高明)「大隅」 大隅史談会 (51) 2008.3

大淀町
大淀町とその周辺の文学―近鉄吉野線を歩く・万葉の「六田」と吉野川を中心に(脇谷英勝)「奈良学研究」 帝塚山大学奈良学総合文化研究所 (9) 2007.1

大淀町 大阿太高原に実る二十世紀梨を食す(特集 南の奈良へ―はじめての南和を旅して)「月刊大和路ならら」 地域情報ネットワーク 13(7)通号142 2010.7

お亀石
吉野路に見る南朝の遺跡(58) 天川村に南朝の跡をさぐる(34) 天川村歴史散歩(ツ) 洞川と登拝の道(i) お亀石とその伝説「吉野路」 樋口昌徳 (111) 2006.11

奥飛鳥
小特集 奥飛鳥の春 稲淵・栢森・入谷「あかい奈良」 青垣出版, 星雲社(発売) 35 2007.3

第927回例会 奥飛鳥の文化財と伝承を訪ね古代食を味わう(東暉)「史迹と美術」 史迹美術同攷会 78(9)通号789 2008.11

奥明日香
奥明日香 最後の桃源郷「月刊大和路ならら」 地域情報ネットワーク 13(5)通号140 2010.5

誰にも会わない明日香 隠れ里・奥明日香の集落「月刊大和路ならら」 地域情報ネットワーク 13(5)通号140 2010.5

奥宇陀
地域づくり事例2 奥宇陀からの挑戦 "この地で生きるために?"(大澤洋道)「奈良人権・部落解放研究所紀要」 奈良人権・部落解放研究所 (31) 2013.3

奥千本
吉野から奥千本への道を行く(廣田浩治)「泉佐野の歴史と今を知る会会報」 泉佐野の歴史と今を知る会 (256) 2009.4

奥の谷
大和と浮世絵(22) 小林清親「日本名勝図絵 月ヶ瀬奥の谷」(浅野秀剛)「月刊大和路ならら」 地域情報ネットワーク 13(5)通号140 2010.5

近畿　　　　　　　　　　　　　　　地名でたどる郷土の歴史　　　　　　　　　　　　　　奈良県

奥吉野
奥吉野 "すし" 紀行「月刊大和路ならら」 地域情報ネットワーク　8(5)通号80　2005.5

忍坂
五世紀における磐余と忍坂 (千田稔)「つどい」 豊中歴史同好会　(259)　2009.8

忍海
地名発掘 (136) 「袖の松」に忍ぶ忍海の春 (池田末則)「月刊大和路ならら」 地域情報ネットワーク　13(2)通号137　2010.2

鬼住
地名発掘 (103) 鬼住・鬼取とは?―熊取・大熊の熊は隈の意 (池田末則)「月刊大和路ならら」 地域情報ネットワーク　10(5)通号104　2007.5

鬼取
地名発掘 (103) 鬼住・鬼取とは?―熊取・大熊の熊は隈の意 (池田末則)「月刊大和路ならら」 地域情報ネットワーク　10(5)通号104　2007.5

飯富
地名発掘 (98) 飯高と飯富 (池田末則)「月刊大和路ならら」 地域情報ネットワーク　9(12)通号99　2006.12

開運橋
信貴山の近代建築 日本最古のカンチレバー 開運橋「月刊大和路ならら」 地域情報ネットワーク　13(1)通号136　2010.1

学園前
近鉄沿線の建築 (1) 富雄・学園前界隈 大和「新和風」建築をめぐって (川島智生)「近畿文化」 近畿文化会事務局　(676)　2006.3

香久山
地名発掘 (101) 甘樫丘は山でなく、香久山は丘ではない? (池田末則)「月刊大和路ならら」 地域情報ネットワーク　10(3)通号102　2007.3

笠置山
南北朝史ゆかりの地 笠置山/千早城/南都/四條畷 (特集 青葉繁れる吉野山 南朝の舞台をゆく)「月刊大和路ならら」 地域情報ネットワーク　16(6)通号177　2013.6

橿原
ぶらり大和路 橿原・高取探訪藤原京の足跡を訪ねて「月刊大和路ならら」 地域情報ネットワーク　8(9)通号84　2005.9

近鉄沿線の建築 (4) 神宮・外苑・道場 橿原聖地計画の遺構をめぐって (川島智生)「近畿文化」 近畿文化会事務局　(689)　2007.4

橿原、今井町 長寿道を歩く (特集 世界遺産を先どりする飛鳥・藤原宮都 歴史と謎めぐり―ぶらり大和路)「月刊大和路ならら」 地域情報ネットワーク　10(5)通号104　2007.5

橿原地域の「渡来人」と蘇我氏 (《特集 飛鳥の渡来系遺跡・遺物》) (青柳泰介)「季刊明日香風」 古都飛鳥保存財団　28(1)通号109　2009.1

古都保存「古都橿原の景観保全の取組」(藤岡秀規)「季刊明日香風」 古都飛鳥保存財団　32(2)通号126　2013.4

橿原市
第940回例会 橿原市付近の普段見られない文化財を訪ねる (東暲)「史迹と美術」 史迹美術同攷会　79(10)通号800　2009.12

春日
特集 神降りる春日「月刊大和路ならら」 地域情報ネットワーク　9(5)通号92　2006.5

赤裸々に投影された詠み人の心情 万葉集に詠まれた春日の地「月刊大和路ならら」 地域情報ネットワーク　9(5)通号92　2006.5

春日山
グラビア 神仏の聖地、春日野 (小川光三)「月刊大和路ならら」 地域情報ネットワーク　9(5)通号92　2006.5

心の風景 ゆき―春日野の (井上博道, 西村博美)「あかい奈良」 青垣出版, 星雲社 (発売) 38　2007.12

春日山
春日山異聞―乞食へのまなざしをめぐって (井岡康時)「Regional」 奈良県立同和問題関係史料センター　(9)　2008.1

春日山原始林
大和の聖地、春日山原始林へ「まほろびすと : 奈良に焦がれ、歴史に耳澄ます情報誌」 実業印刷まほろば会　1(4)通号4　2012.10

春日若宮
地名発掘 (135) 春日若宮 (佐良気社)―平城飛鳥 (池田末則)「月刊大和路ならら」 地域情報ネットワーク　13(1)通号136　2010.1

風ノ森
南北朝～後南朝 葛城「風ノ森」「水越峠」 特別寄稿「巨勢川原」の合戦 船宿寺応永廿八年逆修碑と「助さん」のこと「月刊大和路ならら」 地域情報ネットワーク　13(8)通号143　2010.8

風屋
吉野路の名水 (10) 十津川村風屋・国道脇「三里山の名水」「吉野路」 樋口昌徳　101　2004.5

片岡
大和片岡地域の瓦―帝塚山大学附属博物館所蔵資料の紹介 (資料紹介) (伊藤真琴, 河村卓, 田中雪樹野, 西垣遼, 清水昭博)「帝塚山大学大学院人文科学研究科紀要」 帝塚山大学大学院人文科学研究科　(15)　2013.3

片岡山
片岡山伝説から 推古二一年設置の「大道」を考える (中西隆子)「河内どんこう」 やお文化協会　(102)　2014.2

葛城
大和探訪 (42) 神話と葛城の神々 (小川光三)「月刊大和路ならら」 地域情報ネットワーク　8(9)通号84　2005.9

地名発掘 (83) 「葛城」再考 (池田末則)「月刊大和路ならら」 地域情報ネットワーク　8(9)通号84　2005.9

古代葛城の地域分割 (平林章仁)「史聚」 史聚会, 岩田書院 (発売) 通号39・40　2007.3

葛城と文学―古事記・日本書紀の石之比売・万葉の磐姫皇后の歌をめぐって (脇谷英勝)「奈良学研究」 帝塚山大学奈良学総合文化研究所　(10)　2008.1

葛城の渡来人―豪族の本拠を支えた人々 (坂靖)「研究紀要」 由良大和古代文化研究協会　15　2010.3

役行者―葛城・大峰に鬼と生きる (特集 鬼が来た! 春が来た!)「月刊大和路ならら」 地域情報ネットワーク　15(3)通号162　2012.3

倭国の原風景 (8) 葛城王朝の聖地 (室伏志畔)「九州倭国通信」 九州古代史の会　(160)　2012.3

大和国葛城北部の史跡を訪ねる (前) (今中典男)「つどい」 豊中歴史同好会　(306)　2013.7

大和国葛城北部の史跡を訪ねる (後) (今中典男)「つどい」 豊中歴史同好会　(307)　2013.8

葛城の原像をめぐる (特集 ソツヒコ 古代葛城氏の原像をたどる)「月刊大和路ならら」 地域情報ネットワーク　17(4)通号187　2014.4

葛城古道
葛城古道 (《特集 ロマンスグレーの三度めの奈良》) (矢野正善)「あかい奈良」 青垣出版, 星雲社 (発売) 9　2000.9

葛城古道を行く (3) (中村主江)「つどい」 豊中歴史同好会　190　2004.1

グラビア 竹内街道と葛城古道 春の古路をゆく (特集 竹内街道と葛城古道) (椿本九美夫)「月刊大和路ならら」 地域情報ネットワーク　10(4)通号103　2007.4

竹内街道・葛城古道案内 古代が息づく山裾の道 (特集 竹内街道と葛城古道)「月刊大和路ならら」 地域情報ネットワーク　10(4)通号103　2007.4

神々と人々の原像を訪ねて 葛城古道と司馬遼太郎の世界 (特集 竹内街道と葛城古道)「月刊大和路ならら」 地域情報ネットワーク　10(4)通号103　2007.4

葛城の国
大和探訪 (43) 葛城の国 (小川光三)「月刊大和路ならら」 地域情報ネットワーク　8(10)通号85　2005.10

葛城山
葛城山を訪ねて (片岡秀雄)「道鏡を守る会 : 道鏡禅師を知ろう」 道鏡を守る会　(29)　2007.9

近世葛城山北麓における多水源の灌漑と水利慣行 (高橋清吾)「歴史地理学」 歴史地理学会, 古今書院 (発売) 49(4)通号235　2007.9

絵画「春柳葛城山」(特集 斉明天皇とその時代) (畠中光享)「季刊明日香風」 古都飛鳥保存財団　30(2)通号118　2011.4

鐘掛けの行場
吉野路に見る南朝の遺跡 (56) 天川村に南朝の跡をさぐる (31) 天川村歴史散歩 (タ) 洞川と大峯登拝の道 (I) 「鐘掛けの行場」とその周辺「吉野路」 樋口昌徳　(108)　2006.2

カネツキ田
地名発掘 (148) 「カネツキ田」「太鼓田」とは? (池田末則)「月刊大和路ならら」 地域情報ネットワーク　14(2)通号149　2011.2

上市
道標 (81) 伊勢街道 (伊勢南街道・高見越え伊勢街道) の道標 (8) 吉野町上市「妙法寺」への登り口の道標「吉野路」 樋口昌徳 102　2004.8

上北山
大自然・秋 天川・上北山「あかい奈良」 青垣出版, 星雲社 (発売) 37　2007.9

奈良県　　　　　　　　　　　　　地名でたどる郷土の歴史　　　　　　　　　　　　近畿

上北山村

ぶらり大和路 関西の秘境上北山村を歩く「月刊大和路ならら」 地域情報ネットワーク　8(8)通号83　2005.8

上北山村 手つかずの原生林、大台ケ原の神秘(特集 南の奈良へ―はじめての南和を旅して)「月刊大和路ならら」 地域情報ネットワーク　13(7)通号142　2010.7

上夘村

中世真土宿と近世上夘村(吉田栄治郎)「Regional」 奈良県立同和問題関係史料センター　(6)　2007.5

上ツ道

山の辺の道、上ツ道、山田道/柳生街道/太子道/暗越奈良街道/伊勢本街道(特集 奈良の春を歩く)「月刊大和路ならら」 地域情報ネットワーク　12(4)通号127　2009.4

奈良 古代の道を往く 上、中、下ツ道と横大路(特集 奈良の春を歩く)「月刊大和路ならら」 地域情報ネットワーク　12(4)通号127　2009.4

上ツ道と箸墓古墳・阿倍山田道(福辻淳)「季刊明日香風」 古都飛鳥保存財団　31(2)通号122　2012.4

神なび山

飛鳥万葉集の「神岳」と「神なび山」(西宮一民)「季刊明日香風」 古都飛鳥保存財団　25(4)通号100　2006.10

神代の水

吉野路の名水(16) 東吉野村木津「神代の水」「吉野路」 樋口昌徳　(110)　2006.8

神岳

飛鳥万葉集の「神岳」と「神なび山」(西宮一民)「季刊明日香風」 古都飛鳥保存財団　25(4)通号100　2006.10

亀形石

酒船石、亀形石と田身嶺山城(田寺英治)「史迹と美術」 史迹美術同攷会　76(8)通号768　2006.9

鴨の宮

奈良の伝統行事(24)鴨の宮のススキ提灯「あかい奈良」 青垣出版, 星雲社(発売)25　2004.9

川合

吉野路の点景(36) 虻峠から天川村川合を見下ろす(天川村中越)「吉野路」 樋口昌徳　107　2005.11

河合町

たのまれもしない市町村PR 横がおの奈良 河合町「あかい奈良」 青垣出版, 星雲社(発売)13　2001.9

川上村

水源地の村 川上村で森林浴「月刊大和路ならら」 地域情報ネットワーク　8(5)通号80　2005.5

川上村 吉野川の最初の一滴を生む源流の森(特集 南の奈良へ―はじめての南和を旅して)「月刊大和路ならら」 地域情報ネットワーク　13(7)通号142　2010.7

後南朝と川上村(森下恵介)「近畿文化」 近畿文化会事務局　(776)　2014.7

川久保

川久保日記/バックナンバー「月刊大和路ならら」 地域情報ネットワーク　17(1)通号184　2014.1

川久保日記「月刊大和路ならら」 地域情報ネットワーク　17(2)通号185　2014.2

川久保日記/バックナンバー「月刊大和路ならら」 地域情報ネットワーク　17(3)通号186　2014.3

川久保日記/バックナンバー「月刊大和路ならら」 地域情報ネットワーク　17(4)通号187　2014.4

川久保日記/バックナンバー「月刊大和路ならら」 地域情報ネットワーク　17(5)通号188　2014.5

川久保日記/バックナンバー「月刊大和路ならら」 地域情報ネットワーク　17(6)通号189　2014.6

川久保日記/バックナンバー「月刊大和路ならら」 地域情報ネットワーク　17(7)通号190　2014.7

川久保日記/バックナンバー「月刊大和路ならら」 地域情報ネットワーク　17(8)通号191　2014.8

川久保日記/バックナンバー「月刊大和路ならら」 地域情報ネットワーク　17(9)通号192　2014.9

川久保日記/バックナンバー「月刊大和路ならら」 地域情報ネットワーク　17(10)通号193　2014.10

川久保日記/バックナンバー「月刊大和路ならら」 地域情報ネットワーク　17(11)通号194　2014.11

川久保日記/バックナンバー「月刊大和路ならら」 地域情報ネットワーク　17(12)通号195　2014.12

河内越

大和と浮世絵(49) 鈴木春信「河内越え」(浅野秀剛)「月刊大和路ならら」 地域情報ネットワーク　15(8)通号167　2012.8

川原寺西南隅

飛鳥の道標「川原寺西南隅の道標」(和田萃)「季刊明日香風」 古都飛鳥保存財団　27(2)通号106　2008.4

元興寺町

町家に住まう ならまち元興寺町 杉政憲・のぶ子さん夫妻(特集 町と人が紡ぐ奈良)「月刊大和路ならら」 地域情報ネットワーク　10(11)通号110　2007.11

観音の水

吉野路の名水(15) 天川村洞川、観音峯山登山道の「南朝ロマンの小径」にある「観音の水」「吉野路」 樋口昌徳　107　2005.11

観音平

聞き書き 岩本泉治のより道小道(6) 吉野郡天川村「観音平」「あかい奈良」 青垣出版, 星雲社(発売)16　2002.6

上牧村

試論 郷土誌のなかの部落―葛下郡上牧村の場合(吉田栄治郎)「奈良人権・部落解放研究所紀要」 奈良人権・部落解放研究所　(27)　2009.3

元林院

特集 花街・元林院―その歴史と人「月刊大和路ならら」 地域情報ネットワーク　9(6)通号93　2006.6

写真で見る懐かしの元林院/元林院の人を歩く「月刊大和路ならら」 地域情報ネットワーク　9(6)通号93　2006.6

花街・元林院 観光と祭礼と―時代を生き抜いた関西屈指の花柳界(勝部月子)「月刊大和路ならら」 地域情報ネットワーク　9(6)通号93　2006.6

絵屋町としての工房連ねた元林院「月刊大和路ならら」 地域情報ネットワーク　9(6)通号93　2006.6

奈良の花街年表―花街 元林院を中心に(勝部月子)「奈良学研究」 帝塚山大学奈良学総合文化研究所　(11)　2009.1

菊水楼

近鉄沿線の建築(6) 奈良・菊水楼の建築について(川島智生)「近畿文化」 近畿文化会事務局　(711)　2009.2

近代化遺産を体験する フトルミン工場跡、菊水楼、奈良ホテル、旧奈良女子高等師範学校本館、旧大阪電気軌道変電所、赤膚山元古窯瀬堯三(特集 美しき近代化遺産 明治・大正・昭和の奈良)「月刊大和路ならら」 地域情報ネットワーク　15(8)通号167　2012.8

紀路

「紀路」の熊野・「伊勢路」の熊野(熊野学講座)(林雅彦)「北区飛鳥山博物館研究報告」 東京都北区教育委員会　(8)　2006.3

絵画「浜木綿」(《特集 紀路をめぐる諸問題》)(小島和夫)「季刊明日香風」 古都飛鳥保存財団　27(3)通号107　2008.7

紀路の再検討(《特集 紀路をめぐる諸問題》)(和田萃)「季刊明日香風」 古都飛鳥保存財団　27(3)通号107　2008.7

古代の紀伊行幸について(《特集 紀路をめぐる諸問題》)(仁藤敦史)「季刊明日香風」 古都飛鳥保存財団　27(3)通号107　2008.7

紀路を描いた中世の鳥瞰図―フリア美術館蔵『熊野宮曼荼羅』(橋本観吉)「紀南・地名と風土研究会会報」 紀南・地名と風土研究会　(51)　2013.4

木津峠

道標(91) 伊勢街道(伊勢南街道・高見越伊勢街道)の道標(18) 東吉野村木津・木津峠の三叉路「吉野路」 樋口昌徳　(112)　2007.2

北宇智

藤岡家住宅が在る 北宇智を歩く(特集 五條 藤岡家住宅)「月刊大和路ならら」 地域情報ネットワーク　12(3)通号126　2009.3

北宇智駅

五條市 JR和歌山線「北宇智駅」 スイッチバック 3月17日夜・廃止/他「吉野春秋」 樋口昌徳　(251)　2007.4

北奈良

冬の北奈良(東暉)「史迹と美術」 史迹美術同攷会　73(7)通号737　2003.8

北山川

流れをたずねて(3) 北山川 大人の遠足 さまざま「あかい奈良」 青垣出版, 星雲社(発売)16　2002.6

北山川ダム

北山川ダム反対陳情書(小西清次)「流れ谷」 流れ谷同志会　(26)　2009.7

北山郷

やまと彩食館 北山郷の食「あかい奈良」 青垣出版, 星雲社(発売)27

近畿　　　　　　　　　　　　　　　　地名でたどる郷土の歴史　　　　　　　　　　　　　　　　奈良県

2005.3
新緑萌える北山郷を訪ねて「吉野路アラカルト」　樋口昌徳　（2）2009.9

北山十八間戸
救癩施設・北山十八間戸移転論の隘路をめぐって（吉田栄治郎）「奈良県立同和問題関係史料センター研究紀要」　奈良県立同和問題関係史料センター　9　2003.3
救癩施設・北山十八間戸最後の住人（吉田栄治郎）「Regional」　奈良県立同和問題関係史料センター　（3）2006.10

狐井
地名発掘（96）地名、「狐井」とは？（池田末則）「月刊大和路ならら」　地域情報ネットワーク　9（10）通号97　2006.10

木辻遊郭
奈良町木辻遊郭史試論（井岡康時）「奈良県立同和問題関係史料センター研究紀要」　奈良県立同和問題関係史料センター　（16）2011.3

喜虎
地名発掘（122）「喜虎」「寧楽」「蔵宝」地名考（池田末則）「月刊大和路ならら」　地域情報ネットワーク　11（12）通号123　2008.12

吉備池
吉備池が百済大寺になった頃（猪熊兼勝）「季刊明日香風」　古都飛鳥保存財団　31（3）通号123　2012.7

空海の道
弘法大師空海の道─吉野から高野へ（菅谷文則）「近畿文化」　近畿文化会事務局　（753）2012.8

草場村
史料紹介　市場村南里の「草場村覚帳」（中村泰彦）「研究紀要」　奈良県教育委員会　（12）2006.3

葛の名水
吉野路の名水（14）黒滝村下寺戸「葛の名水」「吉野路」　樋口昌徳　105　2005.5

沓掛
地名発掘（79）沓掛と追分（池田末則）「月刊大和路ならら」　地域情報ネットワーク　8（5）通号80　2005.5

窪垣内
吉野路の点景（46）吉野川上流の「紙すきの里」（吉野町窪垣内）「吉野路」　樋口昌徳　（117）2008.5

雲井坂
大和と浮世絵（25）南都八景の話（2）豊麿画「南都八景　雲井坂の雨」（浅野秀剛）「月刊大和路ならら」　地域情報ネットワーク　13（8）通号143　2010.8

車坂峠道
道標（92）吉野への道（2）車坂峠道（今木峠道）の道標「吉野路」　樋口昌徳　（115）2007.11

黒滝町
黒滝町　豊かな森に囲まれた "奈良のへそ"（特集　南の奈良へ─はじめての南和を旅して）「月刊大和路ならら」　地域情報ネットワーク　13（7）通号142　2010.7

高算堂
吉野路あちこち　黒滝村横尾にある「高算堂」「吉野路」　樋口昌徳　（108）2006.2

神野山
巨石の不思議　星座を投影した山添の神野山「月刊大和路ならら」　地域情報ネットワーク　9（8）通号95　2006.8

郡山
特集　藩主が愛した金魚─郡山金魚事始め「月刊大和路ならら」　地域情報ネットワーク　9（7）通号94　2006.7
世界を泳いだ郡山金魚「月刊大和路ならら」　地域情報ネットワーク　9（7）通号94　2006.7
郡山御城下　気まま歩き／金魚畑の広がる町で─夏の郡山、金魚に遊ぶ「月刊大和路ならら」　地域情報ネットワーク　9（7）通号94　2006.7
1300年の道（34）1701〜1750年（2）柳里恭と郡山金魚「月刊大和路ならら」　地域情報ネットワーク　13（7）通号142　2010.7

郡山城
郡山城を巡る（来村多加史）「近畿文化」　近畿文化会事務局　（676）2006.3
郡山城跡採集の瓦について（《特集　古代遺跡の地域相研究》）（小都隆）「芸備」　芸備友の会　（36）2008.11
郡山城内にあった和智氏の屋敷（新祖隆太郎）「みよし地方史」　三次市地方史研究会　（77）2008.12
郡山城の「御殿」「五軒屋敷」について（藤本仁文）「Regional」　奈良県立同和問題関係史料センター　（11）2009.6

大和郡山城について（夏草講座─大和郡山）（山下孝司）「甲斐」　山梨郷土研究会　（120）2009.8
郡山城下町の調査（《特集　遺構から見た芸備の城館跡》）（川尻真）「芸備」　芸備友の会　（37）2009.12
1300年の道（29）1551〜1600年（2）郡山城「月刊大和路ならら」　地域情報ネットワーク　13（2）通号137　2010.2
グラビア　忘れられた城・高取城／天守の面影・郡山城「月刊大和路ならら」　地域情報ネットワーク　13（11）通号146　2010.11
郡山城　筒井順慶が基礎造り、豊臣秀長が百万石の城に「月刊大和路ならら」　地域情報ネットワーク　13（11）通号146　2010.11
奈良スケッチ「郡山城跡」「月刊大和路ならら」　地域情報ネットワーク　16（8）通号179　2013.8

郡山藩
新出の明治期郡山藩藩政史料について（西村幸信）「奈良歴史研究」　奈良歴史研究会　（63・64）2005.6
近世在方における酒造業の展開─郡山藩領を素材として（松田暁子）「論集きんせい」　近世史研究会　（32）2010.4
郡山藩領における松浦勘十郎の増殖仕法と百姓一揆─研究の軌跡と基本史料の紹介（谷山正道）「奈良学研究」　帝塚山大学奈良学総合文化研究所　（14）2012.3

郡山紡績
研究　郡山紡績の設立と経営動向（北井直樹）「奈良歴史研究」　奈良歴史研究会　（81）2014.2

五条
五條で聞いた話（下境界典）「昔風と当世風」　古々路の会　（86）2004.4
五條の史跡（来村多加史）「近畿文化」　近畿文化会事務局　（688）2007.3
地名発掘（133）五條・御霊・御廟の地名（池田末則）「月刊大和路ならら」　地域情報ネットワーク　12（11）通号134　2009.11
天誅組の足跡を追う─河内から五條へ（来村多加史）「近畿文化」　近畿文化会事務局　（724）2010.3

五条県
明治初期の県政と「開放令」─奈良県と五條県の事例から（井岡康時）「奈良県立同和問題関係史料センター研究紀要」　奈良県立同和問題関係史料センター　10　2004.3

五条市
たのまれもしない市町村PR　横がおの奈良　五條市「あかい奈良」　青垣出版　星雲社（発売）14　2001.12
五条市を訪ねる（東暘）「史迹と美術」　史迹美術同攷会　73（4）通号734　2003.5
五條市での暑い・熱い合同調査（森隆男）「昔風と当世風」　古々路の会　（86）2004.4
五條市の助産婦・保健師として（むらき数子）「昔風と当世風」　古々路の会　（86）2004.4
五條市の食事のことなど（丸山久子）「昔風と当世風」　古々路の会　（86）2004.4

小条の宿
吉野路に見る南朝の遺跡（63）天川村に南朝の跡をさぐる（38）天川村歴史散歩（ム）洞川と登拝の道（r）奥駈道へ、「小條の宿」の現状「吉野路」　樋口昌徳　（115）2007.11

御所
王朝の雅を伝える冷泉家住宅と御所周辺の仏寺・美術館（河田貞）「近畿文化」　近畿文化会事務局　647　2003.10
地域統合「御所流」はなかった！　平成23年9月1日（特集　大和1700年の自然災害史）「月刊大和路ならら」　地域情報ネットワーク　14（9）通号156　2011.9

巨勢川原
南北朝─後南朝　葛城「風ノ森」「水越峠」特別寄稿「巨勢川原」の合戦船宿寺応永廿八年逆修碑と「助さん」のこと「月刊大和路ならら」　地域情報ネットワーク　13（8）通号143　2010.8

御所町
文政13年おかげ参りに関する考察─大和国御所町の施行記録に基づいて（中井陽一）「史泉：historical & geographical studies in Kansai University」　関西大学史学・地理学会　（105）2007.1
近世五人組の機能に関する再検討─大和国御所町の五人組を例に（中井陽一）「史泉：historical & geographical studies in Kansai University」　関西大学史学・地理学会　（111）2010.1

小東荘
大和国小東荘についての雑感（北野隆亮）「あるく中世」　「あるく中世」編集部　（15）2000.5

御廟
地名発掘（133）五條・御霊・御廟の地名（池田末則）「月刊大和路なら

奈良県　　　　　　　　　　　　　地名でたどる郷土の歴史　　　　　　　　　　　　　近畿

ら」 地域情報ネットワーク　12(11) 通号134　2009.11

駒帰村
地名発掘 (134) 「小和田村」転じて「駒帰村」(池田末則)「月刊大和路なら
ら」 地域情報ネットワーク　12(12) 通号135　2009.12

護摩壇山
吉野路の点景 (49) 吉野路の西南・和歌山県境に聳える護摩壇山頂上の
スカイタワー (野迫川村護摩壇山頂上)「吉野路」 樋口昌徳　(120)
2009.2

隠国の郷
ぶらり大和路 初瀬周辺散策 隠国の郷を訪ねて「月刊大和路なら」 地
域情報ネットワーク　10(6) 通号105　2007.6

御霊
地名発掘 (133) 五條・御霊・御廟の地名 (池田末則)「月刊大和路なら
ら」 地域情報ネットワーク　12(11) 通号134　2009.11

金剛山
御所市西北窪遺跡と金剛山東麓の道 (《特集 紀路をめぐる諸問題》)(廣
岡孝信)「季刊明日香風」 古都飛鳥保存財団　27(3) 通号107　2008.7

西大寺食堂院跡
西大寺領越前国赤江庄の復元—西大寺食堂院跡出土木簡をめぐって (舘
野和己)「福井県文書館研究紀要」 福井県文書館　(7) 2010.3

酒船石
酒船石、亀形石と田身嶺山城 (田寺英治)「史迹と美術」 史迹美術同攷会
76(8) 通号768　2006.9

宣長の見た酒船石 (《特集 本居宣長のみた飛鳥》)(猪熊兼勝)「季刊明日
香風」 古都飛鳥保存財団　28(2) 通号110　2009.4

佐紀
地名発掘 (137) 佐紀—散吉は古墳群集地か (池田末則)「月刊大和路なら
ら」 地域情報ネットワーク　13(3) 通号138　2010.3

鷲家
碑に見る天誅組の遺跡 (89) 東吉野村鷲家に「吉村寅太郎」と「藤本鉄
石」の遺詠歌碑建立「吉野路」 樋口昌徳　100　2004.2

佐紀路
佐保路・佐紀路 (《特集 ロマンスグレーの三度めの奈良》)(島田善博)
「あかい奈良」 青垣出版, 星雲社 (発売) 9　2000.9

佐紀野
佐紀野から秋篠へ「月刊大和路なら」 地域情報ネットワーク　9
(11) 通号98　2006.11

サクラ
地名発掘 (78) サクラ (池田末則)「月刊大和路なら」 地域情報ネット
ワーク　8(4) 通号79　2005.4

桜井
特集 いま、よみがえる歴史の舞台 明日香・桜井「月刊大和路なら」
地域情報ネットワーク　7(5) 通号68　2004.5

吉野川分水路をたどる—下渕頭首工から桜井まで (来村多加史)「近畿文
化」 近畿文化会事務局　(748) 2012.3

古都保存 「古都」桜井の景観を守る仕組み (奥田道明)「季刊明日香風」
古都飛鳥保存財団　32(4) 通号128　2013.10

桜井市
桜井市域における渡来人の足跡 (《特集 飛鳥の渡来系遺跡・遺物》)(橋
本輝彦)「季刊明日香風」 古都飛鳥保存財団　28(1) 通号109　2009.1

佐倉峠
道標 (97) 多武峰から吉野への道 (7) 「関戸峠」と「佐倉峠」「吉野路」
樋口昌徳　(120) 2009.2

桜峠
地名発掘 (99) 桜峠 (池田末則)「月刊大和路なら」 地域情報ネット
ワーク　10(1) 通号100　2007.1

笹の滝
滝をたずねて (14) 「笹の滝」(十津川村内原)「吉野路」 樋口昌徳
(114) 2007.8

ささやきの小径
奈良スケッチ「ささやきの小径」「月刊大和路なら」 地域情報ネット
ワーク　16(5) 通号176　2013.5

佐保
茨木と佐保 (中村修)「古代史の海」 「古代史の海」の会　(57) 2009.9

「茨木と佐保」追記 (会員ひろば)(中村修)「古代史の海」 「古代史の
海」の会　(60) 2010.6

佐保川
古都奈良を彩るサクラたち 奈良市街と佐保川・秋篠川 (特集 春爛漫—

奈良大和路花霞—町桜、里桜をあるく)「月刊大和路なら」 地域情
報ネットワーク　14(3) 通号150　2011.3

大和と浮世絵 (33) 磯田湖龍斎「風流南都八景 佐保川の蛍」(浅野秀剛)
「月刊大和路なら」 地域情報ネットワーク　14(4) 通号151　2011.4

佐保路
佐保路・佐紀路 (《特集 ロマンスグレーの三度めの奈良》)(島田善博)
「あかい奈良」 青垣出版, 星雲社 (発売) 9　2000.9

猿沢池
大和と浮世絵 (18) 葛岡北渓『狂歌画自慢』より「猿沢池 ならの都 春日
野」(浅野秀剛)「月刊大和路なら」 地域情報ネットワーク　13(1)
通号136　2010.1

沢原
吉野路に見る南朝の遺跡 (66) 天川村に南朝の跡をさぐる (41) 天川村
歴史散歩 (オ) 南朝皇居跡と南北朝合一の碑—天川村沢原と天川大辨
財天社「吉野路」 樋口昌徳　(118) 2008.10

三月堂
奈良スケッチ (3) 三月堂への階段 (杉本哲也)「月刊大和路なら」 地
域情報ネットワーク　11(6) 通号117　2008.6

三綱田町
史料紹介 奈良三綱田町の「町掟」などについて (安彦勘吾)「日本文化史
研究」 帝塚山大学奈良学総合文化研究所　(39) 2008.3

サンショウ
地名発掘 (75) 大字冬野小字「サンショウ」考 (池田末則)「月刊大和路な
らら」 地域情報ネットワーク　8(1) 通号76　2005.1

JR奈良駅
歴史を見届けた近代化遺産 旧奈良帝室博物館、旧奈良県庁舎、旧奈良県
公会堂、奈良ホテル、旧奈良女子高等師範学校本館、旧奈良県立図書
館、旧JR奈良駅(特集 美しき近代化遺産 明治・大正・昭和の奈良)
「月刊大和路なら」 地域情報ネットワーク　18(8) 通号167　2012.8

志賀直哉邸
近鉄の近代建築 (6) 奈良ホテルから旧志賀直哉邸へ (川島智生)「近畿文
化」 近畿文化会事務局　(708) 2008.11

鹿野堂
私のナラコモノ 鹿野堂の木簡しおり「まほろびすと : 奈良に焦がれ、
歴史に耳澄ます情報誌」 実業印刷まほろ会　1(1) 通号1　2012.1

磯城
磯城と磐余 (会員ひろば)(渡部正路)「古代史の海」 「古代史の海」の
会　(65) 2011.9

信貴
生駒・信貴をめざした鉄路 (石田成年)「近畿文化」 近畿文化会事務局
(725) 2010.4

信貴山
信貴山から平群谷へ (来村多加史)「近畿文化」 近畿文化会事務局　663
2005.2

連載コラム 長野と全国各地の繋がり (1) 信貴山と戸隠 (小林玲子)「長
野」 長野郷土史研究会　(293) 2014.2

信貴山城
戦国の終焉とともに消滅 悲劇の二城 多聞、信貴山城「月刊大和路なら
ら」 地域情報ネットワーク　13(11) 通号146　2010.11

4月・第582回例会の報告 河内・大和 信貴山城、高安山城 (周藤匡範)
「城だより」 日本古城友の会　(521) 2012.5

信貴山城 (鳥瞰図)(会員通信)(川端義憲)「城だより」 日本古城友の会
(521) 2012.5

地蔵の水
吉野路の名水 (9) 地蔵の水 黒滝村鳥住、地蔵峠頂上「吉野路」 樋口昌
徳　99　2003.11

下淵西町
道標 (77) 伊勢街道 (伊勢南街道・高見越え伊勢街道) の道標 (4) 大淀
町下淵西町の四ツ辻「吉野路」 樋口昌徳　97　2003.5

東雲の山
大和のけしき 「東雲の山」(植田英介 [写真・文])「月刊大和路なら」
地域情報ネットワーク　17(10) 通号193　2014.10

芝村
小藩陣屋町「和州芝村」について (米田藤博)「パイオニア」 関西地理学
研究会　(66) 2002.4

芝村藩
史料紹介 芝村藩における諸定 (1) (米田藤博)「パイオニア」 関西地理
学研究会　(66) 2002.4

近畿　　　　　　　　　　地名でたどる郷土の歴史　　　　　　　　　　奈良県

島庄

飛鳥の道標「島庄の道標」(《特集 飛鳥の渡来系遺跡・遺物》)(和田萃)
「季刊明日香風」 古都飛鳥保存財団 28(1)通号109 2009.1

島庄遺跡

嶋家から嶋宮へ―島庄遺跡の調査成果(特集 飛鳥と苑池)(相原嘉之)
「季刊明日香風」 古都飛鳥保存財団 32(3)通号127 2013.7

嶋宮

嶋宮と勾池(特集 飛鳥と苑池)(菅谷文則)「季刊明日香風」 古都飛鳥保
存財団 32(3)通号127 2013.7

嶋家から嶋宮へ―島庄遺跡の調査成果(特集 飛鳥と苑池)(相原嘉之)
「季刊明日香風」 古都飛鳥保存財団 32(3)通号127 2013.7

嶋家

嶋家から嶋宮へ―島庄遺跡の調査成果(特集 飛鳥と苑池)(相原嘉之)
「季刊明日香風」 古都飛鳥保存財団 32(3)通号127 2013.7

新村

村の要件―添下郡矢田村と新村の争論から(井岡康時)「Regional」 奈
良県立同和問題関係史料センター (2) 2006.9

下市町

下市町 街道の味わい残す町並みと広橋梅林(特集 南の奈良へ―はじめ
ての南和を旅して)「月刊大和路ならら」 地域情報ネットワーク 13
(7)通号142 2010.7

下笠間

やまと歳時記(50) 宇陀市室生区下笠間 虫送り(植田英介)「月刊大和路
ならら」 地域情報ネットワーク 11(6)通号117 2008.6

下河辺

近世期における万葉研究 下河辺長流の万葉研究(《万葉古代学研究所第1
回委託共同研究報告》)(坂本信幸)「万葉古代学研究年報」 奈良県立
万葉文化館 (4) 2006.3

下千本

訪碑録(29) 吉野山下千本「史跡及名勝天然記念物」の碑(吉野町)「吉
野路」 樋口昌徳 96 2003.2

下ツ道

奈良 古代の道を往く 上、中、下ツ道と横大路(特集 奈良の春を歩く)
「月刊大和路ならら」 地域情報ネットワーク 12(4)通号127 2009.4

下之庄小学

下之庄小学設立を伝える文書―『奈良県被差別部落史』史料集第5巻か
ら(中村泰彦)「奈良人権・部落解放研究所紀要」 奈良人権・部落解放
研究所 (24) 2006.3

下淵

道標(78) 伊勢街道(伊勢南街道・高見越え伊勢街道)の道標(5) 大淀
町下渕の街中、駅前四ツ辻に建っていた道標「吉野路」 樋口昌徳
98 2003.8

下淵頭首工

吉野川分水路をたどる―下淵頭首工から桜井市まで(来村多加史)「近畿文
化」 近畿文化会事務局 (748) 2012.3

十三塚

地名発掘(94) 三輪・十三塚の地名(池田末則)「月刊大和路ならら」 地
域情報ネットワーク 9(8)通号95 2006.8

十三峠

研究あれこれ 「御根太縁記」をめぐって―十三峠の伝承に思う(山村雅
史)「史料センター事業ニュース」 奈良県立同和問題関係史料セン
ター 10 2004.3

十二滝

吉野路の点景(29) 国道脇・頭上に落ちる滝「十二滝」(十津川村)「吉野
路」 樋口昌徳 100 2004.2

夙村

奈良町北郊夙村の由緒の物語(吉田栄治郎)「Regional」 奈良県立同和
問題関係史料センター (5) 2007.1

夙村の概歓と深憂(吉田栄治郎)「Regional」 奈良県立同和問題関係史
料センター (9) 2008.1

上居

上居の暮らしと伝承聞き取り調査から(佐々木孝子)「季刊明日香風」 古
都飛鳥保存財団 29(1)通号113 2010.1

城ノ上

地名発掘(105) 古代の「殯の森」―城ノ上の地名(池田末則)「月刊大和
路ならら」 地域情報ネットワーク 10(7)通号106 2007.7

正暦寺

日本の清酒発祥の地 正暦寺と僧坊酒のはなし(特集 大和酒物語)「月刊
大和路ならら」 地域情報ネットワーク 15(11)通号170 2012.11

丈六

地名発掘(73) 地名「丈六」とは？(池田末則)「月刊大和路ならら」 地
域情報ネットワーク 7(11)通号74 2004.11

白石畑

中世の白石畑と法隆寺―『昭和資材帳 法隆寺の至宝』第八巻を読む(嵩本
和臣)「Regional」 奈良県立同和問題関係史料センター (9) 2008.1

白銀岳

吉野路の点景(44) 西吉野・白銀岳の北斜面より金剛山と五條市街を望
む(五條市吉野町)「吉野路」 樋口昌徳 (115) 2007.11

新椿大橋

吉野路の点景(33) 新しい橋(新椿大橋)の完成で そこから見る私の住
む村(新しい風景)「吉野路」 樋口昌徳 104 2005.2

吉野路の点景(41) 風景に溶け込んだ新椿大橋(下市町阿知賀小字中瀬の
上)「吉野路」 樋口昌徳 (112) 2007.2

新町通り

古き町並みを残す 五條市新町通り(特集 五條 藤岡家住宅)「月刊大和路
ならら」 地域情報ネットワーク 12(3)通号126 2009.3

にゅーすNOW 「五條新町通り古民家改修でまちづくり」「吉野路アラ
カルト」 樋口昌徳 (2) 2009.9

五條市 重厚な古民家が軒を連ねる新町通り(特集 南の奈良へ―はじめ
ての南和を旅して)「月刊大和路ならら」 地域情報ネットワーク 13
(7)通号142 2010.7

朱雀門

奈良スケッチ(18) 朱雀門「月刊大和路ならら」 地域情報ネットワーク
12(9)通号132 2009.9

筋違道

大和の古道―筋違道とコグリ石(特集 筋違道(すじかいみち))(和田
萃)「季刊明日香風」 古都飛鳥保存財団 33(4)通号132 2014.10

難波津から斑鳩への道(特集 筋違道(すじかいみち))(安村俊史)「季刊
明日香風」 古都飛鳥保存財団 33(4)通号132 2014.10

筋違道と『万葉集』(特集 筋違道(すじかいみち))(井上さやか)「季刊
明日香風」 古都飛鳥保存財団 33(4)通号132 2014.10

簾の名水

吉野路の名水(7) 大塔村護・光圓寺境内 乗鞍山の籠「簾の名水」「吉野
路」 樋口昌徳 97 2003.5

砂茶屋

伊勢参宮本街道を歩く(5)終 砂茶屋～京終(吉井貞俊)「大阪春秋」 新
風書房 38(3)通号140 2010.10

昴の水

吉野路の名水(11) 十津川村平谷「昴の里」前の「昴の水」「吉野路」
樋口昌徳 102 2004.8

西部幹線洲水路

吉野川分水(3)―西部幹線洲水路をたどる(来村多加史)「近畿文化」 近
畿文化会事務局 (772) 2014.3

関戸峠

道標(97) 多武峰から吉野への道(7) 「関戸峠」と「佐倉峠」「吉野路」
樋口昌徳 (120) 2009.2

前鬼口

吉野路の点景(31) 静かな湖面・池原のダム湖 下北山村前鬼口「吉野
路」 樋口昌徳 102 2004.8

蔵宝

地名発掘(122) 「喜虎」「寧楽」「蔵宝」地名考(池田末則)「月刊大和路
ならら」 地域情報ネットワーク 11(12)通号123 2008.12

曽爾

特集 曽爾へ 涼風わたる漆部の郷「月刊大和路ならら」 地域情報ネット
ワーク 11(7)通号118 2008.7

屹立する断層 奇観の村・景勝の地 曽爾・室生火山群を歩く「月刊大和
路ならら」 地域情報ネットワーク 11(7)通号118 2008.7

曽爾高原温泉

おふろのお奈良「漆部の郷 曽爾高原温泉 お亀の湯」「月刊大和路なら
ら」 地域情報ネットワーク 17(8)通号191 2014.8

曽爾村

グラビア 宇陀郡曽爾村の四季「月刊大和路ならら」 地域情報ネットワー
ク 11(7)通号118 2008.7

伊勢本街道周辺の文化財―美杉町・御杖町・曽爾村(菅谷文則)「近畿文
化」 近畿文化会事務局 (780) 2014.11

大安寺

伊勢国北部における大安寺施入墾田地成立の背景(山中章)「ふびと」 三
重大学歴史研究会 通号54 2002.1

765

奈良県　　　　　　　　　　地名でたどる郷土の歴史　　　　　　　　　　近畿

大皇后ヶ芝

地名発掘(110)「大黒ヶ芝」は「大皇后ヶ芝」か(池田末則)「月刊大和路ならら」地域情報ネットワーク　10(12)通号111　2007.12

大極殿

進む第一次大極殿正殿復原工事(奈良・平城京跡)(村田和義)「史迹と美術」史迹美術同攷会　76(6)通号766　2006.7

よみがえった平成の大極殿 じっくり見るべし！ 第一次大極殿の見どころ徹底研究「月刊大和路ならら」地域情報ネットワーク　13(6)通号141　2010.6

ちょっと寄り道 大極殿の北側でのんびり3時間散歩「月刊大和路ならら」地域情報ネットワーク　13(6)通号141　2010.6

奈良スケッチ(32)「大極殿」(杉本哲也，上丈竜矢)「月刊大和路ならら」地域情報ネットワーク　13(11)通号146　2010.11

太鼓田

地名発掘(148)「カネツキ田」「太鼓田」とは？(池田末則)「月刊大和路ならら」地域情報ネットワーク　14(2)通号149　2011.2

大師の水

吉野路の名水(12) 十津川村野尻 国道脇の「大師の水」「吉野路」樋口昌徳　103　2004.11

太子道

山の辺の道、上ツ道、山田道/柳生街道/太子道/暗越奈良街道/伊勢本街道(特集 奈良の春を歩く)「月刊大和路ならら」地域情報ネットワーク　12(4)通号127　2009.4

大乗院庭園

奈良スケッチ(14) 大乗院庭園(杉本哲也，上丈竜矢)「月刊大和路ならら」地域情報ネットワーク　12(5)通号128　2009.5

大普賢岳

聞き書き 岩本泉治のより道小道最終回 吉野郡上北山村「大普賢岳」「あかい奈良」青垣出版，星雲社(発売)　18　2002.12

大仏線

奈良のもの・ひと(1) 関西鉄道の路線延長と大仏線(森川博之)「うんてい：奈良県立図書情報館報」奈良県立図書情報館　(1)　2008.11

当麻

中将姫伝説の地をゆく 當麻、菟田野、奈良町(特集 中将姫伝説を訪ねて 奈良町、菟田野、そして當麻)「月刊大和路ならら」地域情報ネットワーク　16(4)通号175　2013.4

石光寺住職・染井義孝さんに聞く 中将姫伝説の地、當麻を歩く(特集 中将姫伝説を訪ねて 奈良町、菟田野、そして當麻)「月刊大和路ならら」地域情報ネットワーク　16(4)通号175　2013.4

当麻の里

いつもと違う奈良を歩こう 中将姫ゆかりの地をたずねてならまちから當麻の里へ「あかい奈良」青垣出版，星雲社(発売)　26　2004.12

高田町

高田町「米騒動」始末(上)，(下)(中村泰彦)「Regional」奈良県立同和問題関係史料センター　(2)/(3)　2006.9/2006.10

高取

ぶらり大和路 橿原・高取探訪藤原京の足跡を訪ねて「月刊大和路ならら」地域情報ネットワーク　8(9)通号84　2005.9

高取城

歴史の回想・城跡探訪(12) 大和高取城(平川大輔)「会報」大阪歴史懇談会　18(11)通号207　2001.11

高取城覚え書き(河上邦彦)「季刊明日香風」古都飛鳥保存財団　22(1)通号85　2003.1

高取城紀行(河上邦彦)「近畿文化」近畿文化会事務局　648　2003.11

天王山、高取城に登って感じた事(山崎保雄)「歴史懇談会」大阪歴史懇談会　(21)　2007.9

土佐街道―武家屋敷から高取城跡、眼病封じの壺阪寺へ(特集 奈良の春を歩く)「月刊大和路ならら」地域情報ネットワーク　12(4)通号127　2009.4

1300年の道(30) 1601～1650年 高取城「月刊大和路ならら」地域情報ネットワーク　13(3)通号138　2010.3

吉野の建築と高取城石垣(矢ヶ崎善太郎)「近畿文化」近畿文化会事務局　(731)　2010.10

グラビア 忘れられた城・高取城/天守の面影・郡山城「月刊大和路ならら」地域情報ネットワーク　13(11)通号146　2010.11

高取城 城郭の周囲約30km、本格的な近世の平山城「月刊大和路ならら」地域情報ネットワーク　13(11)通号146　2010.11

「高取城を奪拾せよ」天誅組がやって来た！ 多勢を退散させた一門の大砲(特集 風雲！高取城)「月刊大和路ならら」地域情報ネットワーク　15(1)通号160　2012.1

高取城の城主、植村氏の先祖の城・岡崎の本郷城(川口とよ子)「城」東

海古城研究会　(209)　2012.6

高取町

高取町内 紀路沿いの渡来系氏族の遺跡(《特集 紀路をめぐる諸問題》)(木場幸弘)「季刊明日香風」古都飛鳥保存財団　27(3)通号107　2008.7

奈良・高取町を訪ねて(《特集 明日香を思い、古墳を考える》)(清水健二)「河内どんこう」やお文化協会　(89)　2009.10

高の原

地名発掘(147)「奈良山」と「奈保山」、「高の原」と「高野原」(池田末則)「月刊大和路ならら」地域情報ネットワーク　14(1)通号148　2011.1

高野原

地名発掘(147)「奈良山」と「奈保山」、「高の原」と「高野原」(池田末則)「月刊大和路ならら」地域情報ネットワーク　14(1)通号148　2011.1

高畑

文人の愛した町、高畑モダンを歩く(特集 高畑を歩く)「月刊大和路ならら」地域情報ネットワーク　12(1)通号124　2009.1

神主さんの住む町「社家町」の風情残す高畑(特集 高畑を歩く)「月刊大和路ならら」地域情報ネットワーク　12(1)通号124　2009.1

明治・大正・昭和の変遷を、奈良連隊の遺構に訪ねる 高畑の連隊があったころ(特集 高畑を歩く)「月刊大和路ならら」地域情報ネットワーク　12(1)通号124　2009.1

高松塚

神戸から高松塚を想う(安田八重)「神戸史談」神戸史談会　通号300　2007.7

高松塚古墳

1300年の道(44) 1951～2000(1) 高松塚古墳「月刊大和路ならら」地域情報ネットワーク　14(5)通号152　2011.5

高円山

奈良スケッチ「高円山」「月刊大和路ならら」地域情報ネットワーク　16(3)通号174　2013.3

高見峠

道標(92) 伊勢街道(伊勢南街道・高見越伊勢街道)の道標(19) 東吉野村杉谷・高見峠登り口「吉野路」樋口昌徳　(113)　2007.5

高山郷

近世高山郷における勧化と接待(高田照世)「奈良学研究」帝塚山大学奈良学総合文化研究所　(11)　2009.1

高山城

奈良県高山城の構造(千田嘉博)「文化財学報」奈良大学文学部文化財学科　23・24　2006.3

高山茶筌の里

道具を超えた芸術品 高山茶筌の里と職人の技(特集 新春を寿ぐ奈良大茶会)「月刊大和路ならら」地域情報ネットワーク　17(1)通号184　2014.1

滝

碑に見る天誅組の遺跡(88) 五條市滝に「橋本若狭生誕地の碑」建立「吉野路」樋口昌徳　99　2003.11

滝野

東吉野村滝野「白馬寺の大ケヤキ伐採」「吉野路」樋口昌徳　(117)　2008.5

竹内遺跡

葦池の戦いと竹内遺跡(神庭滋)「季刊明日香風」古都飛鳥保存財団　31(2)通号122　2012.4

竹の山

絵画「竹の山」(特集 竹内街道 敷設1400年)(鳥頭尾精)「季刊明日香風」古都飛鳥保存財団　33(1)通号129　2014.1

高見の郷

東吉野散策 シダレザクラ一千本 天空の庭 高見の郷(ぶらり大和路)「月刊大和路ならら」地域情報ネットワーク　10(4)通号103　2007.4

橘寺西

飛鳥の道標「橘寺西の石碑」(《特集 本居宣長のみた飛鳥》)(猪熊兼勝)「季刊明日香風」古都飛鳥保存財団　28(2)通号110　2009.4

立部

地名発掘(95) 飛鳥の「立部」考(池田末則)「月刊大和路ならら」地域情報ネットワーク　9(9)通号96　2006.9

竜田

さくらとは謎ばかり 音に聞く三室と龍田はどこにある？(特集 春爛漫―奈良大和路花霞)「月刊大和路ならら」地域情報ネットワーク　14

近畿　　　　　　　　　　　　地名でたどる郷土の歴史　　　　　　　　　　　　奈良県

（3）通号150　2011.3

田原

いつもと違う奈良を歩こう お坊さんと走った田原「あかい奈良」 青垣出版，星雲社（発売）24　2004.6

玉手

4月現地見学 高取町市尾から玉手（野村武司）「つどい」 豊中歴史同好会（269）2010.6

田身嶺山城

酒船石，亀形石と田身嶺山城（田寺英治）「史迹と美術」 史迹美術同攷会76（8）通号768　2006.9

多聞城

ならまち北 幻のシンボル 誌上再現！ 多聞城 松永久秀が建てた近世城郭の先駆「月刊大和路ならら」 地域情報ネットワーク　10（7）通号106　2007.7

1300年の道（28）1551〜1600年 多聞城「月刊大和路ならら」 地域情報ネットワーク　13（1）通号136　2010.1

戦国の終焉とともに消滅 悲劇の二城 多聞，信貴山城「月刊大和路ならら」 地域情報ネットワーク　13（11）通号146　2010.11

田原の里

奈良スケッチ「田原の里 秋桜」「月刊大和路ならら」 地域情報ネットワーク　16（10）通号181　2013.10

田原本陣屋

短報 旗本交代寄合席表御礼衆 平野氏の「和州田原本陣屋」について（米田藤博）「パイオニア」 関西地理学研究会（84）2008.6

和州 田原本陣屋の考察（岩井重幸）「城」 東海古城研究会（200）2008.8

田原本

地名発掘（119）「田原本」は形状地名か（池田末則）「月刊大和路ならら」 地域情報ネットワーク　11（9）通号120　2008.9

池之内村

地租改正地引絵図からみた添下郡池之内村の地割（土平博）「奈良大学紀要」 奈良大学（42）2014.3

千早城

南北朝史ゆかりの地 笠置山／千早城／南都／四條畷（特集 青葉繁れる吉野山 南朝の舞台をゆく）「月刊大和路ならら」 地域情報ネットワーク16（6）通号177　2013.6

千股口

道標（82）伊勢街道（伊勢南街道・高見越伊勢街道）の道標（9）吉野町上市・千股口の道標「吉野路」 樋口昌徳　103　2004.11

長寿道

橿原市，今井町 長寿道を歩く（特集 世界遺産を先どりする飛鳥・藤原宮都 歴史と謎めぐり—ぶらり大和路）「月刊大和路ならら」 地域情報ネットワーク　10（5）通号104　2007.5

桃花鳥

地名発掘（80）「桃花鳥」はツキはトキか？（池田末則）「月刊大和路ならら」 地域情報ネットワーク　8（6）通号81　2005.6

月ヶ瀬

月ヶ瀬の歴史と考古学的成果（泉森皎）「史園：Sonoda's journal of history and folk studies」 園田学園女子大学歴史民俗学会　5　2004.10

子規と節と月ヶ瀬（橋本俊明）「長塚節の文学」 長塚節研究会（16）2010.4

地名発掘（150）桃香野の月ヶ瀬（池田末則）「月刊大和路ならら」 地域情報ネットワーク　14（4）通号151　2011.4

奈良スケッチ「月ヶ瀬」（杉本哲也，上丈竜矢）「月刊大和路ならら」 地域情報ネットワーク　15（3）通号162　2012.3

月ヶ瀬温泉

おふろのお奈良「梅の郷月ヶ瀬温泉」「月刊大和路ならら」 地域情報ネットワーク　17（4）通号187　2014.4

月ヶ瀬村

たのまれもしない市町村PR 横顔の奈良 月ヶ瀬村「あかい奈良」 青垣出版，星雲社（発売）11　2001.3

はじめに—高谷重夫と月ヶ瀬村（大江篤）「史園：Sonoda's journal of history and folk studies」 園田学園女子大学歴史民俗学会　5　2004.10

九十九山城

九十九山城—生駒氏支城網支配の城か（松田英治）「文化財協会報」 観音寺市文化財保護協会（6）2012.3

都祁

大和探訪（37）都祁の国（上）（小川光三）「月刊大和路ならら」 地域情報ネットワーク　8（4）通号79　2005.4

大和探訪（38）都祁の国（中）（小川光三）「月刊大和路ならら」 地域情報ネットワーク　8（5）通号80　2005.5

大和探訪（39）都祁の国（下）（小川光三）「月刊大和路ならら」 地域情報ネットワーク　8（6）通号81　2005.6

大和探訪（47）都祁は邪馬台国か（小川光三）「月刊大和路ならら」 地域情報ネットワーク　9（2）通号89　2006.2

神が訪れる道—奈良市都祁のヤスンバー（森隆男）「阡陵：関西大学博物館彙報」 関西大学博物館（53）2006.9

地名発掘（124）都祁は柘植か（池田末則）「月刊大和路ならら」 地域情報ネットワーク　12（2）通号125　2009.2

大和高原・都祁で野菜もぎ おばあちゃんの畑であそぼう（特集 風土が育む大和野菜）「月刊大和路ならら」 地域情報ネットワーク　12（7）通号130　2009.7

山辺郡都祁の地（荻田昭次）「わかくす：河内ふるさと文化誌」 わかくす文芸研究会（60）2011.11

都祁白石

心の風景 大和高原—都祁白石 神の休場（井上博道，西村博美）「あかい奈良」 青垣出版，星雲社（発売）49　2010.9

椿井城

戦国の闘将，島左近の夢の跡 平群谷の椿井城（特集 奈良生駒 乙田村一座がゆく!!）「月刊大和路ならら」 地域情報ネットワーク　14（8）通号155　2011.8

壺阪寺

土佐街道—武家屋敷から高取城跡，眼病封じの壺阪寺へ（特集 奈良の春を歩く）「月刊大和路ならら」 地域情報ネットワーク　12（4）通号127　2009.4

壺坂峠道

道標（94）吉野への道（2）壺坂峠道の道標（高取町清水谷〜大淀町比曽）—吉野山への巡礼の道「吉野路」 樋口昌徳（117）2008.5

鶴屋治兵衛屋敷

碑に見る天誅組の遺跡（95）大塔村天誅本陣の置かれた鶴屋治兵衛屋敷跡（天誅組本陣跡）「吉野路」 樋口昌徳　106　2005.8

天川

大自然・秋 天川・上北山「あかい奈良」 青垣出版，星雲社（発売）37　2007.9

天川村三湯

大和路・歴史薫るいで湯で大人の休日 十津川温泉郷／天川村三湯（特集 みほとけの湯 大和温泉物語）「月刊大和路ならら」 地域情報ネットワーク　17（11）通号194　2014.11

天川大弁財天社

吉野路に見る南朝の遺跡（66）天川村に南朝の跡をさぐる（41）天川村歴史散歩（オ）南朝皇居跡と南北朝合一の碑—天川村沢原と天川大辨財天社「吉野路」 樋口昌徳（118）2008.10

天川村

吉野路に見る南朝の遺跡（32）〜（54），（60）天川村に南朝の跡をさぐる（8）〜（30），（35）天川村歴史散歩（イ）〜（カ），（ネ）「吉野路」 樋口昌徳　84／112　2002.2／2007.3

天川村 B29（米軍の爆撃機）のエンジン 8月1日 61年ぶりに回収／他「吉野春秋」 樋口昌徳（244）2006.9

天川村 修験者でにぎわう昔ながらの温泉街（特集 南の奈良へ—はじめての南和を旅して）「月刊大和路ならら」 地域情報ネットワーク　13（7）通号142　2010.7

天誅窟

「天誅窟」探索記（長田光男）「高円史学」 高円史学会（20）2004.10

天理軽便鉄道

甦るまほろば軌道 奈良県鉄道小話（9）天理軽便鉄道（安彦勘吾）「月刊大和路ならら」 地域情報ネットワーク　9（12）通号99　2006.12

天理市

たのまれもしない市町村PR 横がおの奈良 天理市「あかい奈良」 青垣出版，星雲社（発売）12　2001.6

古都保存「古都天理市の魅力」（近江昌司）「季刊明日香風」 古都飛鳥保存財団　31（1）通号121　2012.1

古都保存「わたしたちのまち—天理市」（森清典）「季刊明日香風」 古都飛鳥保存財団　33（2）通号130　2014.4

東大寺

近世奈良町の都市経済と東大寺復興（古川聡子）「ヒストリア：journal of Osaka Historical Association」 大阪歴史学会　通号169　2000.4

鳥羽院政期における寺領荘園の立荘と知行国支配—東大寺領荘園を中心に（高橋一樹）「ヒストリア：journal of Osaka Historical Association」 大阪歴史学会（171）2000.9

佐伯有若「立山開山」と東大寺—越中地域史研究の原点(6)(研究ノート)(久保尚文)「富山史壇」 越中史壇会 (167) 2012.3
大和と浮世絵 一筆斎文調「南都八景 東大寺の鐘」(浅野秀剛)「月刊大和路ならら」 地域情報ネットワーク 17(11)通号194 2014.11

多武峰

多武峯の町石 現況報告(野尻忠)「鹿園雑集 : 奈良国立博物館研究紀要」 奈良国立博物館 (7) 2005.3
初期大和政権発祥の地 三輪山、箸墓、多武峰に漂うロマン(特集 世界遺産を先どりする飛鳥・藤原宮都 歴史と謎めぐり—ぶらり大和路)「月刊大和路ならら」 地域情報ネットワーク 10(5)通号104 2007.5
多武峰の「百味の御食の事」(久世郁子)「碧」 碧の会 (26) 2009.11

十津川

流れを訪ねて 最終回 十津川 十津川百年ものがたり「あかい奈良」 青垣出版, 星雲社(発売) 18 2002.12
ぶらり大和路 秘境の景観・魂が安らぐ場所 緑の十津川「月刊大和路ならら」 地域情報ネットワーク 10(8)通号107 2007.8
天誅組と十津川郷士[正],続(来村多加史)「近畿文化」 近畿文化会事務局 (737)/(742) 2011.4/2011.9
社会 十津川で大水害、死者168人 明治22年8月18〜19日(特集 大和1700年の自然災害史)「月刊大和路ならら」 地域情報ネットワーク 14(9)通号156 2011.9

十津川温泉郷

大和路・歴史薫るいで湯で大人の休日 十津川温泉郷/天川村三湯(特集 みほとけの湯 大和温泉物語)「月刊大和路ならら」 地域情報ネットワーク 17(11)通号194 2014.11

十津川郷

吉野路の点景(48) 天辻峠から望む十津川郷の山並み(五條市大塔町天辻)「吉野路」 樋口昌徳 (119) 2008.11

十津川村

十津川村 果てしなしの山々連なる日本一広い村(特集 南の奈良へ—はじめての南和を旅して)「月刊大和路ならら」 地域情報ネットワーク 13(7)通号142 2010.7

飛火野

奈良スケッチ「飛火野 若草山遠望」「月刊大和路ならら」 地域情報ネットワーク 16(2)通号173 2013.2

富雄

近鉄沿線の建築(1) 富雄・学園前界隈 大和「新和風」建築をめぐって(川島智生)「近畿文化」 近畿文化会事務局 (676) 2006.3

登美ヶ丘

地名発掘(90) 十三塚—「登美ヶ丘」地名由来(池田末則)「月刊大和路ならら」 地域情報ネットワーク 9(4)通号91 2006.4

豊田

三輪山山麓の東良と綱懸け—被差別部落豊田の旧地名を読み解く(松田量善)「奈良県立同和問題関係史料センター研究紀要」 奈良県立同和問題関係史料センター 10 2004.3

洞川温泉郷

吉野路の点景(40) 「修験の宿」・洞川温泉郷(天川村洞川)「吉野路」 樋口昌徳 (111) 2006.11

屯鶴峯地下壕

隔された近代化遺産 奈良県知事公舎、旧奈良監獄署、屯鶴峯地下壕、五新鉄道(特集 美しき近代化遺産 明治・大正・昭和の奈良)「月刊大和路ならら」 地域情報ネットワーク 15(8)通号167 2012.8

中ツ道

奈良 古代の道を往く 上、中、下ツ道と横大路(特集 奈良の春を歩く)「月刊大和路ならら」 地域情報ネットワーク 12(4)通号127 2009.4
中ツ道—現況と歴史的背景(特集 藤原から平城へ—平城遷都1300年)(和田萃)「季刊明日香風」 古都飛鳥保存財団 29(2)通号114 2010.4
古道・中ツ道を歩く(特集 藤原から平城へ—平城遷都1300年)(本誌編集委員)「季刊明日香風」 古都飛鳥保存財団 29(2)通号114 2010.4

永原村

近世後期の永原村と中村家—中村直三関係史料の紹介(1)(谷山正道)「Regional」 奈良県立同和問題関係史料センター (4) 2006.11
帝塚山大学大学院人文科学研究所所蔵「永原村絵図」「月刊大和路ならら」 地域情報ネットワーク 13(5)通号140 2010.5

長屋王邸

長屋王邸跡から法華寺へ(山口久幸)「つどい」 豊中歴史同好会 (239) 2008.1

七滝八壺

吉野路の名水(21) 東吉野村大又「七滝八壺」 環境省認定「平成の名水」「吉野路」 樋口昌徳 (119) 2008.11

奈保山

地名発掘(147) 「奈良山」と「奈保山」、「高の原」と「高野原」(池田末則)「月刊大和路ならら」 地域情報ネットワーク 14(1)通号148 2011.1

奈良

やまと彩食館 奈良漬(高木順子)「あかい奈良」 青垣出版, 星雲社(発売) 7 2000.3
三重・奈良方面を訪ねて(1)(広谷喜十郎)「いの史談」 いの史談会 (51) 2000.12
特集 タイムスリップ 奈良観光名所案内 明治・大正・昭和の写真で見る奈良「あかい奈良」 青垣出版, 星雲社(発売) 12 2001.6
今日見心観 奈良の漆工「あかい奈良」 青垣出版, 星雲社(発売) 19 2003.3
奈良紀行(古谷正巳)「鷹巣地方史研究」 鷹巣地方史研究会 52 2003.4
畿内における最有力国人城郭と都市的な場の防禦について—奈良「中世城郭研究」 中世城郭研究会 (17) 2003.7
いつもと違う奈良を歩こう 後南朝哀史のみなもと「あかい奈良」 青垣出版, 星雲社(発売) 21 2003.9
特集 銀幕のなかの奈良「月刊大和路ならら」 地域情報ネットワーク 7(1)通号64 2004.1
いつもと違う奈良を歩こう 江戸っ子奉行の日記で探る 奈良…おかしな町と不思議な人びと「あかい奈良」 青垣出版, 星雲社(発売) 23 2004.3
奈良団扇—美と伝統の変遷について(大谷政義)「奈良学研究」 帝塚山大学奈良学総合文化研究所 (7) 2004.3
中世奈良博奕検断考(照井貴史)「歴史」 東北史学会 102 2004.4
いつもと違う奈良を歩こう 晴れの日、雨の日 森鷗外の奈良「あかい奈良」 青垣出版, 星雲社(発売) 25 2004.9
特集 奈良の鹿を知る「あかい奈良」 青垣出版, 星雲社(発売) 26 2004.12
大和地酒をめぐる旅 冬 よみがえった奈良の名酒 菩提泉「あかい奈良」 青垣出版, 星雲社(発売) 26 2004.12
いつもと違う奈良を歩こう 田中一光と奈良 十六歳の春に見た夢「あかい奈良」 青垣出版, 星雲社(発売) 27 2005.3
特集 奈良に息づく「まちの茶室」「月刊大和路ならら」 地域情報ネットワーク 8(3)通号78 2005.3
〈平成16年度公開講座 奈良学への招待III〉「帝塚山芸術文化」 帝塚山大学芸術文化研究所 12 2005.3
いつもと違う奈良を歩こう 今宵の月を見上げてみれば 奈良の名月案内「あかい奈良」 青垣出版, 星雲社(発売) 29 2005.9
特集 はるは、奈良。女性のための小さな奈良の旅「あかい奈良」 青垣出版, 星雲社(発売) 31 2006.3
奈良風影 第二部(2) 茶筅軍記の里(吉田伊佐夫)「月刊大和路ならら」 地域情報ネットワーク 9(5)通号92 2006.5
特集 奈良怪異譚「月刊大和路ならら」 地域情報ネットワーク 9(8)通号95 2006.8
山駆ける物の怪たち 奈良妖怪譚「月刊大和路ならら」 地域情報ネットワーク 9(8)通号95 2006.8
歩く ぶらり大和路 灯りの古都 奈良「月刊大和路ならら」 地域情報ネットワーク 9(8)通号95 2006.8
奈良風影 第二部(5) 耀う塔の来歴(吉田伊佐夫)「月刊大和路ならら」 地域情報ネットワーク 9(8)通号95 2006.8
歩く ぶらり大和路 秋景色のなかの奈良「月刊大和路ならら」 地域情報ネットワーク 9(9)通号96 2006.9
何故、奈良、京都が空襲から逃れたか?(滝住光二)「わかくす : 河内ふるさと文化誌」 わかくす文芸研究会 (50) 2006.11
奈良風影 第二部(8) 「甘し土」の伝説(吉田伊佐夫)「月刊大和路ならら」 地域情報ネットワーク 9(11)通号98 2006.11
特集 冬を愉しむ奈良の温泉ものがたり「あかい奈良」 青垣出版, 星雲社(発売) 34 2006.12
グラビア 写真家たちの奈良大和路 小川光三/植田英介/久保田秀典/上山好庸/井ノ上博之/疋田勉/京條幸子/入江泰吉(特集 奈良を撮る、奈良を遺す)「月刊大和路ならら」 地域情報ネットワーク 10(1)通号100 2007.1
奈良八景 むかしと今—奈良古今名所案内(特集 奈良を撮る、奈良を遺す)「月刊大和路ならら」 地域情報ネットワーク 10(1)通号100 2007.1
芭蕉が見た奈良の町 大仏復興事業の槌音高く(特集 芭蕉と奈良大和路)「月刊大和路ならら」 地域情報ネットワーク 10(3)通号102 2007.3
関西探訪 京都・奈良・八尾を訪ねて「道鏡を守る会 : 道鏡禅師を知ろう」 道鏡を守る会 (29) 2007.9
ぶらり大和路 秋の花木 染まる奈良「月刊大和路ならら」 地域情報ネットワーク 10(10)通号109 2007.10
グラビア 奈良の看板がおもしろい!(特集 町と人が紡ぐ奈良)「月刊大

和路ならら」 地域情報ネットワーク 10(11)通号110 2007.11

上を向いて歩こう！ 町に生きる、人と生きる 奈良の看板ものがたり（特集 町と人が紡ぐ奈良）「月刊大和路ならら」 地域情報ネットワーク 10(11)通号110 2007.11

奈良の自然と景観保存の先達 奈良奉行 川路聖謨の日々（特集 町と人が紡ぐ奈良）「月刊大和路ならら」 地域情報ネットワーク 10(11)通号110 2007.11

シルクロードと奈良 奈良時代に伝わった文様「あかい奈良」 青垣出版, 星雲社（発売）38 2007.12

饅頭は奈良で生まれた 和菓子の起源（特集 大和のお菓子、なつかしのおやつ）「月刊大和路ならら」 地域情報ネットワーク 11(1)通号112 2008.1

田の神と人とを結ぶ伝統の味 奈良の郷土食 半夏生餅を味わう（特集 大和のお菓子、なつかしのおやつ）「月刊大和路ならら」 地域情報ネットワーク 11(1)通号112 2008.1

小特集 奈良・椿ものがたり「あかい奈良」 青垣出版, 星雲社（発売）39 2008.3

シルクロードと奈良(4) 奈良時代のワインの話「あかい奈良」 青垣出版, 星雲社（発売）40 2008.6

グラビア あかりの奈良 夏夢幻「月刊大和路ならら」 地域情報ネットワーク 11(8)通号119 2008.8

夏の夜の奈良を楽しむ 灯りが彩る奈良ロマン「月刊大和路ならら」 地域情報ネットワーク 11(8)通号119 2008.8

小さな奈良の物語(1) おいしそうな地名の由来「あかい奈良」 青垣出版, 星雲社（発売）41 2008.9

古都奈良を歩く（ぶらり紀行）（米田仁）「郷土史紀行」 ヒューマン・レクチャー・クラブ （55）2008.11

奈良・京都の春を訪ねる（永瀬礼一郎）「下野史談」 下野史談会 （106）2008.12

中井大和守と奈良（特集 近世の名大工棟梁）「あかい奈良」 青垣出版, 星雲社（発売）43 2009.3

奈良スケッチ(12) 奈良散歩…（杉本哲也）「月刊大和路ならら」 地域情報ネットワーク 12(3)通号126 2009.3

地名発掘(131) 奈良のことわざ地名（池田末則）「月刊大和路ならら」 地域情報ネットワーク 12(9)通号132 2009.9

第33回大会 奈良伝説散歩（竹原威滋）「伝え：日本口承文芸学会会報」 日本口承文芸学会 （45）2009.9

晩秋の奈良で校倉めぐり 正倉院と校倉造の建造物を訪ねる（御即位二十年記念 第61回正倉院展）「月刊大和路ならら」 地域情報ネットワーク 12(10)通号133 2009.10

奈良庭園 庭園めぐり—飛鳥から昭和まで、時を超えた庭の旅へ 飛鳥 飛鳥京跡苑池遺構／奈良 平城京左京三条二坊跡庭園・平城京跡東院庭園／平安 円成寺・浄瑠璃寺／室町 旧大乗院庭園／安土桃山 竹林院・當麻寺中之坊香藕園／江戸 慈光院・法華寺・興福寺／明治 依水園／大正 吉城園（奈良庭園紀行へ 時を超えた庭）「月刊大和路ならら」 地域情報ネットワーク 12(11)通号134 2009.11

庭の原点を奈良に探る 遺跡と文学にあらわれる万葉庭園（奈良庭園紀行へ 時を超えた庭）「月刊大和路ならら」 地域情報ネットワーク 12(11)通号134 2009.11

奈良スケッチ(20) 秋の塔（杉本哲也, 上丈竜矢）「月刊大和路ならら」 地域情報ネットワーク 12(11)通号134 2009.11

県ът博「友の会」 奈良の文化財を訪ねて（群馬を歩く）（東宮春生）「群馬風土記」 群馬出版センター 24(1)通号100 2010.1

巻頭随想 奈良と志賀直哉（山田政弥）「大阪春秋」 新風書房 37(4)通号137 2010.1

奈良の都を救った行基（特集 大阪と奈良 平城遷都1300年によせて）（中井正弘）「大阪春秋」 新風書房 37(4)通号137 2010.1

製造業から見た大阪と奈良—企業者史的視点から（特集 大阪と奈良 平城遷都1300年によせて）（武知京三）「大阪春秋」 新風書房 37(4)通号137 2010.1

所蔵資料紹介 和州奈良之絵図 解説（大宮守友）「うんてい：奈良県立図書情報館報」 奈良県立図書情報館 （2）2010.3

奈良のもの・ひと（2）古都奈良の洋館（徳山さおり）「うんてい：奈良県立図書情報館報」 奈良県立図書情報館 （2）2010.3

差別と排外を撃つ多文化共生の教育実践を！—奈良・在日外国人教育運動史序説（金井英樹）「奈良人権・部落解放研究所紀要」 奈良人権・部落解放研究所 （28）2010.3

小さな旅 古都・奈良を訪ねて（池田順子）「讃岐のやまなみ」 香川県歴史研究会 （3）2010.4

近鉄沿線の建築(7) 奈良の学校建築（川島智生）「近畿文化」 近畿文化会事務局 （726）2010.5

奈良スケッチ(27)「新緑の塔」（杉本哲也, 上丈竜矢）「月刊大和路ならら」 地域情報ネットワーク 13(6)通号141 2010.6

奈良まち紀行（坂井邦典）「備陽史探訪」 備陽史探訪の会 （154）2010.6

大和と浮世絵(24) 南都八景の話(1) 奈良名所のルーツを探る（浅野秀剛）「月刊大和路ならら」 地域情報ネットワーク 13(7)通号142 2010.7

近代奈良の地域社会形成と名望家今村勤三—とくに「地方行政・政治家」としての活動を中心に（山上豊）「奈良歴史研究」 奈良歴史研究会 （74）2010.9

小さな奈良の物語(9) 復活してた宮廷人の恋のおまじない（あかい奈良編集局）「あかい奈良」 青垣出版, 星雲社（発売）49 2010.9

特集 奈良の秋草—万葉の草々と薬草のはなし「月刊大和路ならら」 地域情報ネットワーク 13(9)通号144 2010.9

帝塚山大学大学院人文科学研究所蔵「奈良明細全図」「月刊大和路ならら」 地域情報ネットワーク 13(10)通号145 2010.10

特集 登城せよ！—奈良の城めぐり「月刊大和路ならら」 地域情報ネットワーク 13(11)通号146 2010.11

奈良の城はこんなに面白い 知られざる中世の奈良、お城歩きのススメ インタビュー・千田嘉博「月刊大和路ならら」 地域情報ネットワーク 13(11)通号146 2010.11

平城遷都1300年の古都の旅—飛鳥・奈良・京都とその周辺（史蹟を尋ねて緑の旗は行く）（今牧久）「伊那」 伊那史学会 58(12)通号991 2010.12

奈良の旅（高橋崇江）「もりやま」 守山郷土史研究会 （30）2011.1

近代の奈良における祝賀行事—祝賀行事を支えた芸妓（勝部月子）「奈良学研究」 帝塚山大学奈良学総合文化研究所 （13）2011.3

喜田貞吉と奈良—南北朝正閏問題を例として（山畑ちみ夫）「奈良学研究」 帝塚山大学奈良学総合文化研究所 （13）2011.3

古代の奈良、中世の滋賀、近世の京都—滋賀は社寺等歴史的建造物の宝庫（特集 滋賀の国宝建築物）（池野保）「湖国と文化」 滋賀県文化振興事業団 35(2)通号135 2011.4

不思議な奈良三彩の謎を解く（特集 再考・飛鳥仏教）（弓場紀知）「季刊明日香風」 古都飛鳥保存財団 30(3)通号119 2011.7

奈良1700年の災害史 奈良災害年表（特集 大和1700年の自然災害史）「月刊大和路ならら」 地域情報ネットワーク 14(9)通号156 2011.9

奈良災害史年表（特集 大和1700年の自然災害史）「月刊大和路ならら」 地域情報ネットワーク 14(9)通号156 2011.9

エッセイ「奈良もよし」（七尾与史）「まほろびすと：奈良に焦がれ、歴史に耳澄ます情報誌」 実業印刷まほろば会 1(1)通号1 2012.1

奈良鬼むかし（特集 鬼が来た！春が来た！）「月刊大和路ならら」 地域情報ネットワーク 15(1)通号162 2012.3

特別寄稿 鹿の角切りと奈良の町（幡鎌一弘）「奈良県立同和問題関係史料センター研究紀要」 奈良県立同和問題関係史料センター （17）2012.3

今西伊之吉と奈良の歴史地理—喜田貞吉との関わりを中心に（研究ノート）（川合一郎）「歴史地理学」 歴史地理学会, 古今書院（発売）54(2)通号259 2012.3

地図で読み解く、埋もれた古代 地理で読み解く奈良の都城（多田克己）「まほろびすと：奈良に焦がれ、歴史に耳澄ます情報誌」 実業印刷まほろば会 1(2)通号2 2012.4

奈良・古事記ゆかり地マップ（特集 神と人が紡ぐ壮大なる物語 古事記 ザ・スペクタル）「月刊大和路ならら」 地域情報ネットワーク 15(6)通号165 2012.6

近代奈良を築いた建築家たち（特集 美しき近代化遺産 明治・大正・昭和の奈良）「月刊大和路ならら」 地域情報ネットワーク 15(8)通号167 2012.8

近代化遺産はここを見ろ！（特集 美しき近代化遺産 明治・大正・昭和の奈良）「月刊大和路ならら」 地域情報ネットワーク 15(8)通号167 2012.8

まだまだある近代化遺産（特集 美しき近代化遺産 明治・大正・昭和の奈良）「月刊大和路ならら」 地域情報ネットワーク 15(8)通号167 2012.8

第12回企画展「大和同志社と融和運動—全国水平社創立前夜—」、第15回特別展「水平社運動・部落解放運動90年の歴史」「ルシファー」 水平社博物館 （15）2012.10

2011年度公開講座「大和同志社と融和運動—全国水平社創立前夜—」（手島一雄）「ルシファー」 水平社博物館 （15）2012.10

地図で読み解く、埋もれた古代 遷都はどのように計画されたのか（多田克巳）「まほろびすと：奈良に焦がれ、歴史に耳澄ます情報誌」 実業印刷まほろば会 1(3)通号4 2012.10

酒処の亭主は菩提もと開発者 奈良の酒を知り尽くした男（特集 大和酒物語）「月刊大和路ならら」 地域情報ネットワーク 15(11)通号170 2012.11

奈良を支配した衆徒・国民（特集 春日若宮おん祭 われら、大和士でござる）「月刊大和路ならら」 地域情報ネットワーク 15(12)通号171 2012.12

古都保存「古都奈良の景観に配慮した自動販売機の色彩誘導」（仲谷裕巳）「季刊明日香風」 古都飛鳥保存財団 32(1)通号125 2013.1

「ならめい志ょんづ」を歩く（森下惠介）「近畿文化」 近畿文化会事務局 （759）2013.2

奈良県

谷崎潤一郎が描いた奈良(中島一裕)「奈良学研究」 帝塚山大学奈良学総合文化研究所 (15) 2013.2

『弘化四年未正月改 年中行事并家事取極記』(有山肇家文書)(史料紹介)(高田照世)「奈良学研究」 帝塚山大学奈良学総合文化研究所 (15) 2013.2

古都奈良・大和路への旅(西川隆)「久之の郷」 門前町郷土史研究会 (8) 2013.3

エッセイ 奈良に魅せられて(会員のひろば)(藤盛詔子)「歴研よこはま」 横浜歴史研究会 (68) 2013.5

奈良・神戸の創設期水道施設(石田成年)「近畿文化」 近畿文化会事務局 (766) 2013.9

奈良を歩けば正倉院文様に出合う!(特集 文様を楽しむいのりの美くらしの美)「月刊大和路ならら」 地域情報ネットワーク 16(10) 通号181 2013.10

戦国期に奈良から尼崎を旅した僧侶たちの記録(小特集 宝珠院文書から見る中世後期の尼崎)(大村拓生)「地域史研究 : 尼崎市立地域史料館紀要 : Bulletin of the history of Amagasaki」 尼崎市立地域研究史料館 (113) 2013.11

村田珠光 侘数寄の哲学/奈良にはじまる茶の湯の胎動(特集 新春を寿ぐ奈良大茶会)「月刊大和路ならら」 地域情報ネットワーク 17(1) 通号184 2014.1

この人のお点前 村田珠光/叡尊/宗砌/片桐石州/奈良のお茶年表(特集 新春を寿ぐ奈良大茶会)「月刊大和路ならら」 地域情報ネットワーク 17(1) 通号184 2014.1

奈良のもの・ひと(6) 奈良のシカ「うんてい : 奈良県立図書情報館報」 奈良県立図書情報館 (6) 2014.3

奈良政治史研究に関する一考察(関根淳)「史聚」 史聚会, 岩田書院(発売) (47) 2014.3

大和路、温泉と湯屋の歴史 奈良ゆかりの人と各地の開湯伝説(特集 みほとけの湯 大和温泉物語)「月刊大和路ならら」 地域情報ネットワーク 17(11) 通号194 2014.11

奈良スケッチ「正倉院晩秋」(杉本哲也[画], 上丈竜矢[文])「月刊大和路ならら」 地域情報ネットワーク 17(11) 通号194 2014.11

寧楽

寧楽歴史散歩(1)~(3)(小山弘二)「藤岡史談」 藤岡町古文書研究会 (7)/(10) 2001.6/2004.7

地名発掘(122)「喜應」「寧楽」「蔵宝」地名考(池田末則)「月刊大和路ならら」 地域情報ネットワーク 11(12) 通号123 2008.12

青丹よし寧楽へ、汽車から電車へ一大和への憧憬を乗せた鉄道の軌跡(宇田正)「大阪春秋」 新風書房 37(4) 通号137 2010.1

奈良英和学校

奈良英和学校におけるアイザック=ドーマン―『THE SPIRIT OF MISSIONS』の史料紹介を中心に(小特集 明治期奈良県における部落問題の諸相)(片山周二)「研究紀要」 奈良県教育委員会 (18) 2013.3

奈良駅舎

奈良スケッチ「JR奈良旧駅舎」(杉本哲也, 上丈竜矢)「月刊大和路ならら」 地域情報ネットワーク 15(5) 通号164 2012.5

奈良監獄署

隔された近代化遺産 奈良県知事公舎、旧奈良監獄署、屯鶴峯地下壕、五新鉄道(特集 美しき近代化遺産 明治・大正・昭和の奈良)「月刊大和路ならら」 地域情報ネットワーク 15(8) 通号167 2012.8

奈良基督教会

近代化遺産物語 旧奈良県物産陳列所、奈良基督教会(特集 美しき近代化遺産 明治・大正・昭和の奈良)「月刊大和路ならら」 地域情報ネットワーク 15(8) 通号167 2012.8

奈良県

戦前奈良県の労働運動(1) 南和木履工友会(久保在久)「大阪民衆史研究」 大阪民衆史研究会 50 2001.12

戦前奈良県の労働運動(2) 奈良駅人力車夫の争議(久保在久)「大阪民衆史研究」 大阪民衆史研究会 51 2002.8

戦前奈良県の労働運動(3) 初期の労働運動(久保在久)「大阪民衆史研究」 大阪民衆史研究会 52 2002.12

戦前奈良朝政治史研究―水平社運動との関連を中心に(久保在久)「水平社博物館研究紀要」 水平社博物館 (5) 2003.3

地域の政治状況と水平社運動―1920年代後半の奈良県を中心に(井岡康時)「部落解放・ふくおか」 福岡県人権研究所 110 2003.6

戦前奈良県の労働運動―水平社運動との関連を中心に((公開講座報告))「ルシファー」 水平社博物館 6 2003.10

戦前奈良県の労働運動(4) 大阪市電菊野山争議の余波(久保在久)「大阪民衆史研究」 大阪民衆史研究会 54 2003.12

地名発掘(63)~(69)(池田末則)「月刊大和路ならら」 地域情報ネットワーク 7(1) 通号64/7(7) 通号70 2004.1/2004.7

奈良県地方水平社初期機関誌の諸相(守安敏司)「水平社博物館研究紀要」 水平社博物館 (6) 2004.3

奈良県における初期茶業の展開について(寺田孝重)「奈良学研究」 帝塚山大学奈良学総合文化研究所 (7) 2004.3

史料紹介 『奈良県下地価修正材料調査書』について(安彦勘吾)「奈良学研究」 帝塚山大学奈良学総合文化研究所 (7) 2004.3

明治初期の県政と「開放令」―奈良県と五條県の事例から(井岡康時)「奈良県立同和問題関係史料センター研究紀要」 奈良県立同和問題関係史料センター 10 2004.3

第一回統一地方選挙の奈良県知事革新候補 決戦投票直前に戦犯指定で失格(森紀太雄)「大阪民衆史研究」 大阪民衆史研究会 55 2004.6

戦前奈良県の労働運動(5) 普選運動の展開(久保在久)「大阪民衆史研究」 大阪民衆史研究会 55 2004.6

地名発掘(74) 果てしなく続く地名の用字改変(池田末則)「月刊大和路ならら」 地域情報ネットワーク 7(12) 通号75 2004.12

戦前奈良県の労働運動(6) 運動家列伝(1)(久保在久)「大阪民衆史研究」 大阪民衆史研究会 56 2004.12

近代奈良県の地域社会と部落差別をめぐる問題点(井岡康時)「奈良県立同和問題関係史料センター研究紀要」 奈良県立同和問題関係史料センター 11 2005.3

戦前奈良県の労働運動(7) 初期の労働争議(久保在久)「大阪民衆史研究」 大阪民衆史研究会 57 2005.6

地名発掘(81) 百地・百谷・百野とはなにか(池田末則)「月刊大和路ならら」 地域情報ネットワーク 8(7) 通号82 2005.7

地名発掘(85)「赤」の地名(池田末則)「月刊大和路ならら」 地域情報ネットワーク 8(11) 通号86 2005.11

戦前奈良県の労働運動(8) 右派・中間派政党の消長(久保在久)「大阪民衆史研究」 大阪民衆史研究会 58 2005.12

地名発掘(87) 古代用字の誤写説(池田末則)「月刊大和路ならら」 地域情報ネットワーク 9(1) 通号88 2006.1

奈良県における万葉古代学関連研究の史的研究(〈万葉古代学研究所第1回委託共同研究報告〉)(坂本信幸)「万葉古代学研究年報」 奈良県立万葉文化館 (4) 2006.3

辰巳利文氏の活動について―奈良県における大正期から昭和初期にかけての万葉地理研究(〈万葉古代学研究所第1回委託共同研究報告〉)(垣見修司)「万葉古代学研究年報」 奈良県立万葉文化館 (4) 2006.3

古代史研究と『万葉集』―奈良県関係者の研究史ノート(〈万葉古代学研究所第1回委託共同研究報告〉)(舘野和己)「万葉古代学研究年報」 奈良県立万葉文化館 (4) 2006.3

甦るまほろば軌道 奈良県鉄道小話(1)~(3)(安彦勘吾)「月刊大和路ならら」 地域情報ネットワーク 9(4) 通号91/9(6) 通号93 2006.4/2006.6

甦るまほろば軌道 奈良県鉄道小話(5) 関西鉄道(安彦勘吾)「月刊大和路ならら」 地域情報ネットワーク 9(8) 通号95 2006.8

甦るまほろば軌道 奈良県鉄道小話(5)~(8) 大軌の建設(安彦勘吾)「月刊大和路ならら」 地域情報ネットワーク 9(10) 通号97/9(11) 通号98 2006.10/2006.11

史料紹介 奈良県戸籍規則書とその背景(井岡康時)「Regional」 奈良県立同和問題関係史料センター (4) 2006.11

地名発掘(106) 山村に迫る「迫」の名(池田末則)「月刊大和路ならら」 地域情報ネットワーク 10(8) 通号107 2007.8

地名発掘(107)「峠」考(池田末則)「月刊大和路ならら」 地域情報ネットワーク 10(9) 通号108 2007.9

地名発掘(108)「ところてん」考(池田末則)「月刊大和路ならら」 地域情報ネットワーク 10(10) 通号109 2007.10

甦るまほろば軌道(20) まぼろしの汽車・電車線(安彦勘吾)「月刊大和路ならら」 地域情報ネットワーク 10(11) 通号110 2007.11

1300年の道(2) 701~750年(2) 大仏建立「月刊大和路ならら」 地域情報ネットワーク 10(11) 通号110 2007.11

1300年の道(3) 751~800年 蝦夷反乱「月刊大和路ならら」 地域情報ネットワーク 10(12) 通号111 2007.12

地名発掘(111) 雀の話(池田末則)「月刊大和路ならら」 地域情報ネットワーク 11(1) 通号112 2008.1

1300年の道(5) 801~850年 薬子の変「月刊大和路ならら」 地域情報ネットワーク 11(1) 通号112 2008.1

1300年の道(5) 851~900年 春日祭「月刊大和路ならら」 地域情報ネットワーク 11(2) 通号113 2008.2

1300年の道(6) 901~950年「月刊大和路ならら」 地域情報ネットワーク 11(3) 通号114 2008.3

地名発掘(114)「箸」考(池田末則)「月刊大和路ならら」 地域情報ネットワーク 11(4) 通号115 2008.4

1300年の道(7) 951~1000年 荘園乱立「月刊大和路ならら」 地域情報ネットワーク 11(4) 通号115 2008.4

十五年戦争期の奈良県下における銃後の一断面―戦没者と傷痍軍人について(仁張真人)「やましろ」 城南郷土史研究会 (22) 2008.5

地名発掘（116）地名の一番合戦（池田末則）「月刊大和路ならら」 地域情報ネットワーク　11（6）通号117　2008.6

1300年の道（9）1051〜1100年 大和のみやび「月刊大和路ならら」 地域情報ネットワーク　11（6）通号117　2008.6

地名発掘（117）地名の誤写例—「木の葉」考（池田末則）「月刊大和路ならら」 地域情報ネットワーク　11（7）通号118　2008.7

1300年の道（10）1051〜1100年 藤原彫刻の完成「月刊大和路ならら」 地域情報ネットワーク　11（7）通号118　2008.7

地名発掘（118）「城」地名を考える（池田末則）「月刊大和路ならら」 地域情報ネットワーク　11（8）通号119　2008.8

1300年の道（11）1101〜1150年 おん祭創始「月刊大和路ならら」 地域情報ネットワーク　11（8）通号119　2008.8

1300年の道（12）,（13）1151〜1200年 源平の争乱［1］,［2］「月刊大和路ならら」 地域情報ネットワーク　11（9）通号120/11（11）通号122　2008.9/2008.11

地名発掘（121）旧国名に残る村の話（池田末則）「月刊大和路ならら」 地域情報ネットワーク　11（11）通号122　2008.11

1300年の道（17）1201〜1250年（2）寺社領拡大「月刊大和路ならら」 地域情報ネットワーク　12（2）通号125　2009.2

地名発掘（125）地名は貴重な文化遺産だ（池田末則）「月刊大和路ならら」 地域情報ネットワーク　12（3）通号126　2009.3

1300年の道（18）1251〜1300年（1）叡尊の活躍「月刊大和路ならら」 地域情報ネットワーク　12（3）通号126　2009.3

1300年の道（19）1251〜1300年（2）市のはじまり「月刊大和路ならら」 地域情報ネットワーク　12（4）通号127　2009.4

1300年の道（20）1251〜1300年（3）数々の座「月刊大和路ならら」 地域情報ネットワーク　12（5）通号128　2009.5

「奈良県風俗誌」からみたムラの制裁（津浦и久）「Regional」 奈良県立同和問題関係史料センター　（11）2009.6

地名発掘（129）カタカナ方言地名のこと（下）（池田末則）「月刊大和路ならら」 地域情報ネットワーク　12（7）通号130　2009.7

1300年の道（22）1301〜1350年（2）宗徒と国民「月刊大和路ならら」 地域情報ネットワーク　12（7）通号130　2009.7

1300年の道（23）1351〜1400年 民衆の自立「月刊大和路ならら」 地域情報ネットワーク　12（8）通号131　2009.8

1300年の道（24）1401〜1450年 正長の土一揆「月刊大和路ならら」 地域情報ネットワーク　12（9）通号132　2009.9

1300年の道（25）1451〜1500年 中世の水争い「月刊大和路ならら」 地域情報ネットワーク　12（10）通号133　2009.10

1300年の道（26）1451〜1500年（2）茶の湯発祥「月刊大和路ならら」 地域情報ネットワーク　12（11）通号134　2009.11

奈良県再設置運動と大和の人々（特集 大阪と奈良 平城遷都1300年によせて）（山上豊）「大阪春秋」 新風書房　37（4）通号137　2009.12

明治前期奈良県の遊郭・貸座敷に関する史料をめぐって（井岡康時）「Regional」 奈良県立同和問題関係史料センター　（13）2010.1

地名発掘（138）「フケ」「ホケ」考（池田末則）「月刊大和路ならら」 地域情報ネットワーク　13（4）通号139　2010.4

1300年の道（33）1701〜1750年 公慶の大仏殿復興「月刊大和路ならら」 地域情報ネットワーク　13（6）通号141　2010.6

地名発掘（142）「戒」の字地名（池田末則）「月刊大和路ならら」 地域情報ネットワーク　13（8）通号143　2010.8

1300年の道（35）1751〜1800年 浄瑠璃の盛行「月刊大和路ならら」 地域情報ネットワーク　13（8）通号143　2010.8

行って見てわかる奈良県の城一覧「月刊大和路ならら」 地域情報ネットワーク　13（11）通号146　2010.11

1300年の道（38）1801〜1850年 川路聖謨の活躍「月刊大和路ならら」 地域情報ネットワーク　13（11）通号146　2010.11

1300年の道（39）1851〜1900年 天誅組の変・下「月刊大和路ならら」 地域情報ネットワーク　13（12）通号147　2010.12

1300年の道（40）1851〜1900年（3）五重塔身売り「月刊大和路ならら」 地域情報ネットワーク　14（1）通号148　2011.1

1300年の道（41）1901〜1950年（1）柳田嘉十郎「月刊大和路ならら」 地域情報ネットワーク　14（2）通号149　2011.2

地名発掘（149）地名の破壊許すべからず（池田末則）「月刊大和路ならら」 地域情報ネットワーク　14（3）通号150　2011.3

1300年の道（42）1901〜1950年（2）紀元二千六百年祭「月刊大和路ならら」 地域情報ネットワーク　14（3）通号150　2011.3

1300年の道（43）1901〜1950年（3）幻の大本営「月刊大和路ならら」 地域情報ネットワーク　14（4）通号151　2011.4

奈良県北東部の古寺と文化財—般若寺から大柳生・狭川へ（関根俊一）「近畿文化」 近畿文化会事務局　（738）2011.5

地名発掘（151）地名があらわす、その土地本来の姿（池田末則）「月刊大和路ならら」 地域情報ネットワーク　14（5）通号152　2011.5

1300年の道（45）終 1951〜2000（2）関西学研都市「月刊大和路ならら」

地域情報ネットワーク　14（6）通号153　2011.6

地名発掘（152）古代地名の魅力を考える（池田末則）「月刊大和路ならら」 地域情報ネットワーク　14（6）通号153　2011.6

行って見てわかる奈良県の城一覧（特集 風雲！ 高取城）「月刊大和路ならら」 地域情報ネットワーク　15（1）通号160　2012.1

奈良県における運動史研究の蓄積と課題—大和同志会創立100年、奈良県水平社創立90年によせて（井岡康時）「水平社博物館研究紀要」 水平社博物館　（14）2012.3

戦間・戦時体制期奈良県の被差別部落の状況について（井岡康時）「奈良県立同和問題関係史料センター研究紀要」 奈良県立同和問題関係史料センター　（17）2012.3

奈良県にみる戦争（駒井正明）「近畿文化」 近畿文化会事務局　（753）2012.8

奈良県の「をに」第2回（中野譲）「六甲倶楽部報告」 六甲倶楽部　（103）2012.12

奈良県のとうほし田・たいとう田（菅野郁雄）「赤米ニュース」 東京赤米研究会　（191）2013.2

市制町村制期の奈良県における町村合併について一考察（小特集 明治期奈良県における部落問題の諸相）（井岡康時）「研究紀要」 奈良県教育委員会　（18）2013.3

未遂の部落差別撤廃運動—帝国咸一会・大日本咸一会（小特集 明治期奈良県における部落問題の諸相）（奥本武裕）「研究紀要」 奈良県教育委員会　（18）2013.3

解説 第二次大戦後初期の奈良における部落問題関係新聞記事リストと解説（井岡康時）「奈良人権・部落解放研究所紀要」 奈良人権・部落解放研究所　（31）2013.3

天忠組行軍経路と史跡（特集 青き群像 天忠組150年 明治維新の魁と散った志士たち）「月刊大和路ならら」 地域情報ネットワーク　16（8）通号179　2013.8

第13回企画展「奈良県水平社運動—普遍性と独自性—」を開催して（佐々木健太郎）「ルシファー」 水平社博物館　（16）2013.10

国勢調査小地域集計にもとづく奈良県同和地区の変化と現状に関する考察（論考）（井岡康時）「奈良人権・部落解放研究所紀要」 奈良人権・部落解放研究所　（32）2014.3

奈良県公会堂

歴史を見届けた近代化遺産 旧奈良帝室博物館、旧奈良県庁舎、旧奈良県公会堂、奈良ホテル、旧奈良女子高等師範学校本館、旧奈良県立図書館、旧JR奈良駅（特集 美しき近代化遺産 明治・大正・昭和の奈良）「月刊大和路ならら」 地域情報ネットワーク　15（8）通号167　2012.8

奈良県知事公舎

隔された近代化遺産 奈良県知事公舎、旧奈良監獄署、屯鶴峯地下壕、五新鉄道（特集 美しき近代化遺産 明治・大正・昭和の奈良）「月刊大和路ならら」 地域情報ネットワーク　15（8）通号167　2012.8

奈良県庁舎

歴史を見届けた近代化遺産 旧奈良帝室博物館、旧奈良県庁舎、旧奈良県公会堂、奈良ホテル、旧奈良女子高等師範学校本館、旧奈良県立図書館、旧JR奈良駅（特集 美しき近代化遺産 明治・大正・昭和の奈良）「月刊大和路ならら」 地域情報ネットワーク　15（8）通号167　2012.8

奈良県物産陳列所

近代化遺産物語 旧奈良県物産陳列所、奈良基督教会（特集 美しき近代化遺産 明治・大正・昭和の奈良）「月刊大和路ならら」 地域情報ネットワーク　15（8）通号167　2012.8

奈良県立図書館

歴史を見届けた近代化遺産 旧奈良帝室博物館、旧奈良県庁舎、旧奈良県公会堂、奈良ホテル、旧奈良女子高等師範学校本館、旧奈良県立図書館、旧JR奈良駅（特集 美しき近代化遺産 明治・大正・昭和の奈良）「月刊大和路ならら」 地域情報ネットワーク　15（8）通号167　2012.8

奈良公園

わたしの奈良公園ものがたり（1）誕生のころ「あかい奈良」 青垣出版, 星雲社（発売）10　2000.12

わたしの奈良公園ものがたり（2）人の願いとともに「あかい奈良」 青垣出版, 星雲社（発売）11　2001.3

わたしの奈良公園ものがたり（3）水の流れを追って「あかい奈良」 青垣出版, 星雲社（発売）12　2001.6

わたしの奈良公園ものがたり 最終回 それぞれの奈良公園「あかい奈良」 青垣出版, 星雲社（発売）13　2001.9

特集 奈良公園をちょっとはずれてみれば「あかい奈良」 青垣出版, 星雲社（発売）18　2002.12

奈良スケッチ 奈良公園（2）（杉本哲也）「月刊大和路ならら」 地域情報ネットワーク　11（5）通号116　2008.5

奈良スケッチ「奈良公園 秋の宿・古都」「月刊大和路ならら」 地域情報ネットワーク　16（11）通号182　2013.11

奈良公園は進化する「月刊大和路ならら」 地域情報ネットワーク　17

（12）通号195　2014.12

奈良公園浮見堂

奈良スケッチ「春桜花 奈良公園浮見堂」（杉本哲也，上丈竜矢）「月刊大和路ならら」 地域情報ネットワーク　15（4）通号163　2012.4

奈良交通

ゆけゆけ、僕らの奈良交通 もしくは奈良交通愛について プロローグ（特集 ゆけゆけ、僕らの奈良交通）「月刊大和路ならら」 地域情報ネットワーク　16（7）通号178　2013.7

写真で見る奈良交通70年史（特集 ゆけゆけ、僕らの奈良交通）「月刊大和路ならら」 地域情報ネットワーク　16（7）通号178　2013.7

初めて奈良をバスが走った日（特集 ゆけゆけ、僕らの奈良交通）「月刊大和路ならら」 地域情報ネットワーク　16（7）通号178　2013.7

ベテラン運転者は知っている（特集 ゆけゆけ、僕らの奈良交通）「月刊大和路ならら」 地域情報ネットワーク　16（7）通号178　2013.7

知られざる奈良交通の世界（特集 ゆけゆけ、僕らの奈良交通）「月刊大和路ならら」 地域情報ネットワーク　16（7）通号178　2013.7

バス停は語る（特集 ゆけゆけ、僕らの奈良交通）「月刊大和路ならら」 地域情報ネットワーク　16（7）通号178　2013.7

私を名所に連れてって 定期観光バスバスガイドさんに聞く（特集 ゆけゆけ、僕らの奈良交通）「月刊大和路ならら」 地域情報ネットワーク　16（7）通号178　2013.7

奈良交通で究極の奈良を知る（特集 ゆけゆけ、僕らの奈良交通）「月刊大和路ならら」 地域情報ネットワーク　16（7）通号178　2013.7

シーカくん号乗車体験記（特集 ゆけゆけ、僕らの奈良交通）「月刊大和路ならら」 地域情報ネットワーク　16（7）通号178　2013.7

シーカくん号大解剖!!（特集 ゆけゆけ、僕らの奈良交通）「月刊大和路ならら」 地域情報ネットワーク　16（7）通号178　2013.7

私を名所に連れてって 貸切バスバスガイドさんに聞く（特集 ゆけゆけ、僕らの奈良交通）「月刊大和路ならら」 地域情報ネットワーク　16（7）通号178　2013.7

主な路線と停留所（特集 ゆけゆけ、僕らの奈良交通）「月刊大和路ならら」 地域情報ネットワーク　16（7）通号178　2013.7

奈良交通グッズ大集合（特集 ゆけゆけ、僕らの奈良交通）「月刊大和路ならら」 地域情報ネットワーク　16（7）通号178　2013.7

奈良古道

古代伊勢道（奈良古道）の復元に関する覚書（倉田直純）「斎宮歴史博物館研究紀要」 斎宮歴史博物館　通号19　2010.3

奈良市

奈良市西部の文化財と薬師寺を訪れる（東暉）「史迹と美術」 史迹美術同攷会　74（3）通号743　2004.3

古都奈良を彩るサクラたち 奈良市街と佐保川・秋篠川（特集 春爛漫―奈良大和路花霞―町桜、里桜をあるく）「月刊大和路ならら」 地域情報ネットワーク　14（3）通号150　2011.3

奈良女子高等師範学校本館

歴史を見届けた近代化遺産 旧奈良帝室博物館、旧奈良県庁舎、旧奈良県公会堂、奈良ホテル、旧奈良女子高等師範学校本館、旧奈良県立図書館、旧JR奈良駅（特集 美しき近代化遺産 明治・大正・昭和の奈良）「月刊大和路ならら」 地域情報ネットワーク　15（8）通号167　2012.8

近代化遺産を体験する フトルミン工場跡、菊水楼、奈良ホテル、旧奈良女子高等師範学校本館、旧大阪電気軌道変電所、赤膚山元古窯瀬堯三（特集 美しき近代化遺産 明治・大正・昭和の奈良）「月刊大和路ならら」 地域情報ネットワーク　15（8）通号167　2012.8

奈良女子高等師範学校

奈良女子高等師範学校の可能性と限界―良妻賢母教育の重圧（小特集 奈良女子高等師範学校の教育）（小路田泰直）「寧楽史苑」 奈良女子大学史学会　（56）2011.2

奈良女子大学本館

奈良スケッチ（23）「奈良女子大学旧本館」（杉本哲也，上丈竜矢）「月刊大和路ならら」 地域情報ネットワーク　13（2）通号137　2010.2

奈良帝室博物館

歴史を見届けた近代化遺産 旧奈良帝室博物館、旧奈良県庁舎、旧奈良県公会堂、奈良ホテル、旧奈良女子高等師範学校本館、旧奈良県立図書館、旧JR奈良駅（特集 美しき近代化遺産 明治・大正・昭和の奈良）「月刊大和路ならら」 地域情報ネットワーク　15（8）通号167　2012.8

奈良電気鉄道

甦るまほろば軌道（14）奈良電気鉄道（安彦勘吾）「月刊大和路ならら」 地域情報ネットワーク　10（5）通号104　2007.5

寧楽宮

新益京から寧楽宮へ（特集 藤原から平城へ―平城遷都1300年）（猪熊兼勝）「季刊明日香風」 古都飛鳥保存財団　29（2）通号114　2010.4

奈良奉行所

奈良奉行所と宇陀松山藩（大宮守友）「日本文化史研究」 帝塚山大学奈良学総合文化研究所　（39）2008.3

1300年の道（36）1751〜1800年（2）奈良奉行所「月刊大和路ならら」 地域情報ネットワーク　13（9）通号144　2010.9

奈良ホテル

近鉄の近代建築（6）奈良ホテルから旧志賀直哉邸へ（川島智生）「近畿文化」 近畿文化会事務局　（708）2008.11

歴史を見届けた近代化遺産 旧奈良帝室博物館、旧奈良県庁舎、旧奈良県公会堂、奈良ホテル、旧奈良女子高等師範学校本館、旧奈良県立図書館、旧JR奈良駅（特集 美しき近代化遺産 明治・大正・昭和の奈良）「月刊大和路ならら」 地域情報ネットワーク　15（8）通号167　2012.8

近代化遺産を体験する フトルミン工場跡、菊水楼、奈良ホテル、旧奈良女子高等師範学校本館、旧大阪電気軌道変電所、赤膚山元古窯瀬堯三（特集 美しき近代化遺産 明治・大正・昭和の奈良）「月刊大和路ならら」 地域情報ネットワーク　15（8）通号167　2012.8

奈良盆地

古代奈良盆地の水運（《特集 清らかなる飛鳥の川》）（舘野和己）「季刊明日香風」 古都飛鳥保存財団　27（1）通号105　2008.1

第924回例会 奈良盆地西北の文化財を訪ねて（東暉）「史迹と美術」 史迹美術同攷会　78（6）通号786　2008.7

ミニチュア炊飯具に見る渡来系集団の動向―奈良盆地の事例から（志田真吾）「国史学研究」 龍谷大学国史学研究会　（35）2012.3

"奈良盆地の史跡を巡る旅"（茶谷勇司）「古代朝鮮文化を考える」 古代朝鮮文化を考える会　（29）2014.12

奈良町

近世奈良町の都市経済と東大寺復興（古川聡子）「ヒストリア ： journal of Osaka Historical Association」 大阪歴史学会　通号169　2000.4

近世奈良町における都市政策の展開（古川聡子）「ヒストリア ： journal of Osaka Historical Association」 大阪歴史学会　（191）2004.9

近世奈良町と興福寺―死魔処理からみた（水谷友紀）「洛北史学」 洛北史学会　（7）2005.6

GISによる奈良町の3次元景観モデル（《景観の保存と利用の歴史地理 特集号》）（碓井照子）「歴史地理学」 歴史地理学会，古今書院（発売）48（1）通号227　2006.1

奈良町の景観変容と景観保存（《景観の保存と利用の歴史地理 特集号》）（實清隆、安田敦郎）「歴史地理学」 歴史地理学会，古今書院（発売）48（1）通号227　2006.1

奈良町における景観変容、景観保存とまちづくり（實清隆）「奈良学研究」 帝塚山大学奈良学総合文化研究所　（9）2007.1

ぶらり大和路 今昔風景 ならまちそぞろ歩き「月刊大和路ならら」 地域情報ネットワーク　10（9）通号108　2007.9

第917回例会 奈良町周辺の文化財（東暉）「史迹と美術」 史迹美術同攷会　78（2）通号782　2008.2

奈良スケッチ（16）奈良町（杉本哲也，上丈竜矢）「月刊大和路ならら」 地域情報ネットワーク　12（7）通号130　2009.7

特集 奈良町旅籠屋繁昌記「あかい奈良」 青垣出版，星雲社（発売）49　2010.9

中将姫伝説の地をゆく 當麻、菟田野、奈良町（特集 中将姫伝説を訪ねて 奈良町、菟田野、そして當麻）「月刊大和路ならら」 地域情報ネットワーク　16（4）通号175　2013.4

奈良山

地名発掘（147）「奈良山」と「奈保山」、「高の原」と「高野原」（池田末則）「月刊大和路ならら」 地域情報ネットワーク　14（1）通号148　2011.1

南都

1300年の道（15）1151〜1200年 南都復興（1）「月刊大和路ならら」 地域情報ネットワーク　11（12）通号123　2008.12

1300年の道（16）1201〜1250年 南都復興（2）「月刊大和路ならら」 地域情報ネットワーク　12（1）通号124　2009.1

帝塚山大学大学院人文科学研究所所蔵「南都名所道筋記」「月刊大和路ならら」 地域情報ネットワーク　12（10）通号133　2009.10

地域資料から「文政第四辛巳記―南都楽人の日記―」（北堀光信）「うんてい ： 奈良県立図書情報館報」 奈良県立図書情報館　（2）2010.3

大和と浮世絵（31）渓斎英泉画「南都八景」（浅野秀剛）「月刊大和路ならら」 地域情報ネットワーク　14（2）通号149　2011.2

南北朝史ゆかりの地 笠置山／千早城／南都／四條畷（特集 青葉繁れる吉野山 南朝の舞台をゆく）「月刊大和路ならら」 地域情報ネットワーク　16（6）通号177　2013.6

南都の春の歳時記（赤田光男）「帝塚山大学人文学部紀要」 帝塚山大学人文学部　（35）2014.3

南和鉄道

甦るまほろば軌道 奈良県鉄道小話（4）南和鉄道と紀和鉄道（安彦勘吾）

「月刊大和路ならら」 地域情報ネットワーク 9(7)通号94 2006.7

西阿田

郷関問答(4) 西阿田の年中行事—暮らしに息づく自然と神仏(田中斉)「昔風と当世風」 古々路の会 (86) 2004.4

西阿田地区の行事と食べ物(福島閑子)「昔風と当世風」 古々路の会 (86) 2004.4

西河

吉野路の点景(30) 蜻蛉の滝公園と音無川 川上村西河「吉野路」 樋口昌徳 101 2004.5

西北窪遺跡

御所市西北窪遺跡と金剛山東麓の道(《特集 紀路をめぐる諸問題》)(廣岡孝信)「季刊明日香風」 古都飛鳥保存財団 27(3)通号107 2008.7

西御所

地域統合 西御所のみ込む濁流 元文5年閏7月17日(特集 大和1700年の自然災害史)「月刊大和路ならら」 地域情報ネットワーク 14(9)通号156 2011.9

西の覗き

吉野路に見る南朝の遺跡(57) 天川村に南朝の跡をさぐる(32) 天川村歴史散歩(レ) 洞川と大峯登拝の道(J) 大峯山頂行場「西の覗き」とその周辺「吉野路」 樋口昌徳 (109) 2006.5

西畑

伊勢参宮本街道を歩く(3) 松原～西畑(吉井貞俊)「大阪春秋」 新風書房 38(1)通号138 2010.4

二上山

記紀の古を偲ぶ畝傍山、二上山紀行(坂井邦典)「備陽史探訪」 備陽史探訪の会 (136) 2007.6

二上山の「くつわ虫伝説」(大野豊)「二上山研究」 二上山総合調査研究会 (5) 2008.2

二上山の新住居地名—伏木地区を例に(中葉博文)「二上山研究」 二上山総合調査研究会 (5) 2008.2

食のくらしからみた二上山(4) 小矢部川の恵み(羽岡ゆみ子, 米田玲子, 川端房子)「二上山研究」 二上山総合調査研究会 (5) 2008.2

五十嵐篤好と二上山(太田久夫)「二上山研究」 二上山総合調査研究会 (5) 2008.2

ヤマトの西と東と—古道にみる二上山地域 附論『死者の書』が描いた二上山(〈万葉古代学研究所第3回委託共同研究報告〉—第一部 ヤマトと二上山地域)(渡部修)「万葉古代学研究年報」 奈良県立万葉文化館 (7) 2009.3

大津皇子と二上山(来村多加史)「近畿文化」 近畿文化会事務局 (720) 2009.11

大和の「たくましげ二上山」存疑—巻七・一〇九八番歌訓詁私案(新谷秀夫)「高岡市万葉歴史館紀要」 高岡市万葉歴史館 (23) 2013.3

西吉野村

西吉野村 南朝の歴史とロマンが薫る西吉野の隠れ郷「賀名生の里歴史民俗史料館」9月1日にオープン/他「吉野春秋」 樋口昌徳 220 2004.9

漆部の里

峨峨たる神仙世界 知られざる漆部の里の物語「月刊大和路ならら」 地域情報ネットワーク 11(7)通号118 2008.7

野尻

吉野路の点景(43) 十津川をひと跨ぎ 谷をわたる送水管(十津川村野尻)「吉野路」 樋口昌徳 (114) 2007.8

野迫川村

吉野路の点景(28) 「平維盛の墓」のある村(野迫川村)「吉野路」 樋口昌徳 99 2003.11

小さな奈良の物語(4) 野迫川村の「鶴姫哀歌」(あかい奈良編集局)「あかい奈良」 青垣出版, 星雲社(発売) 44 2009.6

野迫川村 高野のとなり、雲海広がる天空の国(特集 南の奈良へ—はじめての南和を旅して)「月刊大和路ならら」 地域情報ネットワーク 13(7)通号142 2010.7

野々熊村

吉野路の点景(37) 野々熊村(下市町)のイチョウ並木「御葉付きイチョウ」が混じる(下市町阿知賀・野々熊)「吉野路」 樋口昌徳 (108) 2006.2

野見観音のお香水

吉野路の名水(8) 野見観音のお香水 東吉野村鷲家、龍泉寺参道脇「吉野路」 樋口昌徳 98 2003.8

白銀の木立

大和のけしき 「白銀の木立」(植田英介[写真・文])「月刊大和路ならら」 地域情報ネットワーク 17(12)通号195 2014.12

蘲

地名発掘(120) 地名「花内」「蘲」とは(池田末則)「月刊大和路ならら」 地域情報ネットワーク 11(10)通号121 2008.10

箸墓

初期大和政権発祥の地 三輪山、箸墓、多武峰に漂うロマン(特集 世界遺産を先どりする飛鳥・藤原宮都 歴史と謎めぐり—ぶらり大和路)「月刊大和路ならら」 地域情報ネットワーク 10(5)通号104 2007.5

箸墓古墳

上ツ道と箸墓古墳・阿倍山田道(福辻淳)「季刊明日香風」 古都飛鳥保存財団 31(2)通号122 2012.4

八経ヶ岳

近世後期における大峰の入峰ルート—八経ヶ岳付近の場合(小田匡保)「交通史研究」 交通史学会, 吉川弘文館(発売) (55) 2004.9

初瀬

ぶらり大和路 初瀬周辺散策 隠国の郷を訪ねて「月刊大和路ならら」 地域情報ネットワーク 10(6)通号105 2007.6

初瀬軽便鉄道

甦るまほろば軌道(11) 初瀬軽便鉄道(安彦勘吾)「月刊大和路ならら」 地域情報ネットワーク 10(2)通号101 2007.2

花内

地名発掘(120) 地名「花内」「蘲」とは(池田末則)「月刊大和路ならら」 地域情報ネットワーク 11(10)通号121 2008.10

地名発掘(126) 「花内」と「羽内」のこと(池田末則)「月刊大和路ならら」 地域情報ネットワーク 12(4)通号127 2009.4

吐山

奈良スケッチ「都祁 吐山」「月刊大和路ならら」 地域情報ネットワーク 16(9)通号180 2013.9

原町

五條市原町の墓地と東阿田のナナツゴゼン(山崎祐子)「昔風と当世風」 古々路の会 (86) 2004.4

五條市原町、東阿田町の産育習俗(折橋豊子)「昔風と当世風」 古々路の会 (86) 2004.4

稗田村

地名発掘(97) 二つの稗田村(池田末則)「月刊大和路ならら」 地域情報ネットワーク 9(11)通号98 2006.11

檜垣本

道標(79) 伊勢街道(伊勢南街道・高見越え伊勢街道)の道標(6) 大淀町桧垣本・正覚寺境内保管の二基の道標「吉野路」 樋口昌徳 99 2003.11

東之阪

私と東之阪—私の子どもとその友だち、そしてその親たち(松谷操)「奈良人権・部落解放研究所紀要」 奈良人権・部落解放研究所 (28) 2010.3

東山村

大和国葛下郡東山村の歩みと地域社会—近世近代移行期を中心に(井岡康時)「奈良県立同和問題関係史料センター研究紀要」 奈良県立同和問題関係史料センター 9 2003.3

東吉野

東吉野の史跡と青蓮寺(来村多加史)「近畿文化」 近畿文化会事務局 (703) 2008.6

熊野からさらなる無漏の地を訪ねる—東吉野の歴史散歩(研究ノート)(玉本太平)「熊野学研究」 国際熊野学会 (2) 2013.3

東吉野村

ぶらり大和路初夏の東吉野村を歩く「月刊大和路ならら」 地域情報ネットワーク 8(6)通号81 2005.6

連載 人権が共存するまちづくりを考える 東吉野村から始まった地域活性化活動(滝口俊二)「奈良人権・部落解放研究所紀要」 奈良人権・部落解放研究所 (28) 2010.3

第945回例会 自然一ぱいの東吉野村付近の文化財(東暲)「史迹と美術」 史迹美術同攷会 80(4)通号804 2010.5

東吉野村 きらめく霧氷、関西のマッターホルン(特集 南の奈良へ—はじめての南和を旅して)「月刊大和路ならら」 地域情報ネットワーク 13(7)通号142 2010.7

飛鳥舎

延喜二年飛鳥舎藤花宴をめぐって(滝川幸司)「奈良大学紀要」 奈良大学 (32) 2004.3

飯高

地名発掘(98) 飯高と飫富(池田末則)「月刊大和路ならら」 地域情報ネットワーク 9(12)通号99 2006.12

奈良県　　地名でたどる郷土の歴史　　近畿

日前
地名発掘 (139) 地名、日前―桧隈とは (池田末則)「月刊大和路ならら」地域情報ネットワーク　13(5) 通号140　2010.5

桧隈
地名発掘 (139) 地名、日前―桧隈とは (池田末則)「月刊大和路ならら」地域情報ネットワーク　13(5) 通号140　2010.5

桧前
桧前・今来の地と渡来人 (加藤謙吉)「季刊明日香風」 古都飛鳥保存財団　22(3) 通号87　2003.7

平尾
道標 (84) 伊勢街道 (伊勢南街道・高見越伊勢街道) の道標 (11) 吉野町竜門・平尾の道端の道標「吉野路」 樋口昌徳　105　2005.9

平谷
吉野路の点景 (32) 十津川村「昴の里」のモニュメント 十津川村平谷「吉野路」 樋口昌徳　103　2004.11

平野殿庄
大和国平野殿庄の庄領と構造 (菱沼一憲)「地方史研究」 地方史研究協議会　53(3) 通号303　2003.6

浮見堂
奈良スケッチ (4) 浮見堂郷愁 (杉本哲也)「月刊大和路ならら」 地域情報ネットワーク　11(7) 通号118　2008.7

奈良スケッチ (25) 「桜花爛漫 浮見堂」 (杉本哲也, 上丈竜矢)「月刊大和路ならら」 地域情報ネットワーク　13(4) 通号139　2010.4

奈良スケッチ (33) 「郷愁浮見堂」 (杉本哲也, 上丈竜矢)「月刊大和路ならら」 地域情報ネットワーク　13(12) 通号147　2010.12

藤原
ならら一冊リュックに入れて、歩いて知ろう、感じよう 飛鳥・藤原の宮都の魅力 史跡散策マップ (特集 世界遺産を先どりする飛鳥・藤原宮都 歴史と謎めぐり)「月刊大和路ならら」 地域情報ネットワーク　10(5) 通号104　2007.5

レポート 世界遺産登録で何が変わる？ 何を変える？ 第1回ならら倶楽部フォーラム ははばたけ、世界の飛鳥・藤原へ―「飛鳥・藤原の宮都とその関連資産群」、世界遺産への道「月刊大和路ならら」 地域情報ネットワーク　10(11) 通号110　2007.11

旧都を吹く風 (《特集 飛鳥から藤原へ》) (村田有富実)「季刊明日香風」 古都飛鳥保存財団　28(3) 通号111　2009.7

飛鳥・藤原の宮都とその関連資産群 (特集 世界遺産登録に向けて) (木下正史)「季刊明日香風」 古都飛鳥保存財団　29(1) 通号113　2010.1

世界遺産「飛鳥・藤原」登録への想い (特集 続・飛鳥保存の歩み) (竹尾徳治)「季刊明日香風」 古都飛鳥保存財団　29(4) 通号116　2010.10

藤原京
藤原京と大藤原京一その選地と構想の原理序説 (青山茂)「奈良学研究」 帝塚山大学奈良学総合文化研究所　(7) 2004.3

古代都城と道教思想―張寅成教授「百済金銅大香炉の道教文化的背景」と藤原・平城京 (金子裕之)「古文化談叢」 九州古文化研究会　53　2005.5

ぶらり大和路 橿原・高取探訪藤原京の足跡を訪ねて「月刊大和路ならら」 地域情報ネットワーク　8(9) 通号84　2005.9

藤原京の建設と廃替 (井上和人)「季刊明日香風」 古都飛鳥保存財団　25(2) 通号98　2006.4

歩く ぶらり大和路 今井町・藤原京跡を散策「月刊大和路ならら」 地域情報ネットワーク　9(6) 通号93　2006.6

藤原京と官員分別記 (仁藤敦史)「季刊明日香風」 古都飛鳥保存財団　25(4) 通号100　2006.10

神武神話と藤原京 (金子裕之先生遺稿) (金子裕之)「日本史の方法」 奈良女子大学「日本史の方法」研究会　(5) 2008.5

藤原京中軸線と古墳の占地 (《特集 飛鳥から藤原へ》) (小澤毅, 入倉徳裕)「季刊明日香風」 古都飛鳥保存財団　28(3) 通号111　2009.7

藤原京から平城京へ (市大樹)「つどい」 豊中歴史同好会　(278) 2011.3

藤原宮
藤原宮から、飛鳥を望み、歴史を体感する (上野誠)「季刊明日香風」 古都飛鳥保存財団　23(3) 通号91　2004.7

平城遷都後の藤原宮 (安田龍太郎)「季刊明日香風」 古都飛鳥保存財団　24(1) 通号93　2005.1

藤原宮朝堂院東第六堂の調査 (市大樹)「季刊明日香風」 古都飛鳥保存財団　25(3) 通号99　2006.7

藤原宮役民作歌と御井の歌 (《特集 飛鳥から藤原へ》) (景山尚之)「季刊明日香風」 古都飛鳥保存財団　28(3) 通号111　2009.7

今年は「藤原廃都千三百年」 謎が眠る藤原宮跡「あかい奈良」 青垣出版, 星雲社 (発売)　49　2010.9

藤原宮と尾張国勝川廃寺の同笵軒瓦について (安達奈央)「奈良学研究」 帝塚山大学奈良学総合文化研究所　(14) 2012.3

不動七重の滝
吉野路の点景 (25) 下北山村・不動七重の滝「吉野路」 樋口昌徳　96　2003.2

フトルミン工場
近代化遺産を体験する フトルミン工場跡、菊水楼、奈良ホテル、旧奈良女子高等師範学校本館、旧大阪電気軌道変電所、赤膚山元古窯瀬堯三 (特集 美しき近代化遺産 明治・大正・昭和の奈良)「月刊大和路ならら」 地域情報ネットワーク　15(8) 通号167　2012.8

舟ノ川
聞き書き 岩本泉治のより道小道 (7) 吉野郡大塔村「舟ノ川」「あかい奈良」 青垣出版, 星雲社 (発売)　17　2002.9

古市郷
室町期畿内における町場の構造―「経覚私要鈔」に描かれた大和国古市郷 (例会報告) (清水克行)「比較都市史研究」 比較都市史研究会　30(2) 2011.12

室町期畿内における町場の構造―「経覚私要鈔」に描かれた大和国古市郷 (清水克行)「比較都市史研究」 比較都市史研究会　30(2) 2011.12

古市新城
奈良文化財研究所所蔵『古市氏由来幷古市新城之絵図』について (史料紹介) (前嶋真吾)「奈良学研究」 帝塚山大学奈良学総合文化研究所　(16) 2014.2

平城
山上憶良の処方箋―都市平城の病 (《万葉古代学研究所第2回委託共同研究報告》) (東茂美)「万葉古代学研究年報」 奈良県立万葉文化館　(5) 2007.3

平城新都讃歌を読む (特集 藤原から平城へ―平城遷都1300年) (上野誠)「季刊明日香風」 古都飛鳥保存財団　29(2) 通号114　2010.4

平城遷都1300年の古都の旅―飛鳥・奈良・京都とその周辺 (史蹟を尋ねて緑の旗は行く) (今牧久)「伊那」 伊那史学会　58(12) 通号991　2010.12

文化講演会 平城遷都と周防国分寺 (吉村誠)「佐波の里 ： 防府史談会会誌」 防府史談会　(39) 2011.3

平城宮
平城宮跡と京奈和自動車道の建設 (《個人報告》) (岩宮隆司)「ヒストリア ： journal of Osaka Historical Association」 大阪歴史学会　(178) 2002.1

平城宮における建物復元 (岩永省三)「Museum Kyushu ： 文明のクロスロード」 博物館等建設推進九州会議　20(2) 通号76　2003.12

ぶらり大和路ちょっと一息奈良町・平城宮跡周辺散策「月刊大和路ならら」 地域情報ネットワーク　8(2) 通号77　2005.2

地名発掘 (86) 平城宮跡「横領」と「尼辻」とは何か (池田末則)「月刊大和路ならら」 地域情報ネットワーク　8(12) 通号87　2005.12

宇宙を象る宮殿―平城宮第一次大極殿院の設計思想 (《特集 憲法》―〈特集1 COEこの一年―「六合の中心大和の誕生」〉) (内田和伸)「日本史の方法」 奈良女子大学「日本史の方法」研究会　(5) 2007.2

平城宮と難波宮 (特集 大阪と奈良 平城遷都1300年によせて) (小笠原好彦)「大阪春秋」 新風書房　37(4) 通号137　2010.1

特集 平城宮跡 ひとあしのばして「あかい奈良」 青垣出版, 星雲社 (発売)　48　2010.6

吉村作治の遺跡直行便 (12) 日本 奈良県 平城宮「月刊大和路ならら」 地域情報ネットワーク　14(9) 通号156　2011.9

平城宮東院庭園
奈良スケッチ「平城宮東院庭園」 (杉本哲也 [画], 上丈竜矢 [文])「月刊大和路ならら」 地域情報ネットワーク　17(12) 通号195　2014.12

平城京
古代都城と道教思想―張寅成教授「百済金銅大香炉の道教文化的背景」と藤原・平城京 (金子裕之)「古文化談叢」 九州古文化研究会　53　2005.5

女性歌人たちの地名表現―平城京を中心に (《万葉古代学研究所第2回委託共同研究報告》) (野口恵子)「万葉古代学研究年報」 奈良県立万葉文化館　(5) 2007.3

大伴家持と平城京の政界―政治権力の動向を中心として (《万葉古代学研究所第2回委託共同研究報告》) (木本好信)「万葉古代学研究年報」 奈良県立万葉文化館　(5) 2007.3

平城遷都1300年企画 新連載「1300年の道」(1) 701～750年 (1) 平城遷都「月刊大和路ならら」 地域情報ネットワーク　10(10) 通号109　2007.10

古代都城の廃棄物処理―平城京・平安京を中心として (《東北文化研究室公開シンポジウム「ゴミの文化史―過去と現在」報告》) (松井章)「東北文化研究室紀要」 東北大学大学院文学研究科東北文化研究室　49　2008.3

隋唐の長安城から見た日本の平城京と平安京のモデルの原型 (《国際シンポジウム 世界のなかの京都》) (王維坤)「京都産業大学日本文化研

近畿　　　　　　　　　　地名でたどる郷土の歴史　　　　　　　　　　奈良県

究所紀要」京都産業大学日本文化研究所　(12・13)　2008.3

平城京四重奏『四季』冬炎・夕映えの都(上)，(中)，(下)(吉田伊佐夫)「月刊大和路ならら」地域情報ネットワーク　12(1)通号124/12(3)通号126　2009.1/2009.03

奈良・飛鳥と平城京を訪ねて(小倉秀円)「文化財保護協会報まるがめ」丸亀市文化財保護協会　(5)　2010.3

特集 遷都元年！よみがえる平城京—平城遷都1300年祭記念特集号「月刊大和路ならら」地域情報ネットワーク　13(6)通号141　2010.6

奈良の都いまむかし 入江泰吉が写した平城京「月刊大和路ならら」地域情報ネットワーク　13(6)通号141　2010.6

平城京遷都 隠された政略とエネルギー「月刊大和路ならら」地域情報ネットワーク　13(6)通号141　2010.6

平城京成立事情(根岸尚克)「備陽史探訪」備陽史探訪の会　(155)　2010.8

平城京と大宰府(佐藤信)「都府楼」古都大宰府保存協会　(42)　2010.12

藤原京から平城京へ(市大樹)「つどい」豊中歴史同好会　(278)　2011.3

平城 平城京跡に地震痕跡 平成20年12月1日(特集 大和1700年の自然災害史)「月刊大和路ならら」地域情報ネットワーク　14(9)通号156　2011.9

平城京を歩く(森下惠介)「近畿文化」近畿文化会事務局　(743)　2011.10

明日香と平城京(山下一郎)「讃岐のやまなみ」香川県歴史研究会　(4)　2012.9

地図で読み解く、埋もれた古代 平城京遷都の秘密(多田克己)「まほろば すと：奈良に焦がれ、歴史に耳澄ます情報誌」実業印刷まほろば会　1(3)通号3　2012.7

日本酒の原点は平城京にあった！木簡は語る—天平びととお酒のはなし(特集 大和酒物語)「月刊大和路ならら」地域情報ネットワーク　15(11)通号170　2012.11

平城京域内の河川復原(重見泰)「研究紀要」由良大和古代文化研究協会　18　2013.3

裏表紙 平城京天平行列 写真提供：村田和義「道鏡を守る会：道鏡禅師を知ろう」道鏡を守る会　(36)　2014.9

平城京極大路

ぶらり大和路 ならまち北 平城京極大路の今昔「月刊大和路ならら」地域情報ネットワーク　10(7)通号106　2007.7

平城京東院

心の風景 はつゆき—平城宮東院の(井上博道，西村博美)「あかい奈良」青垣出版，星雲社(発売)　46　2009.12

平群

地名発掘(140) 生駒—辺国から平群へ(池田末則)「月刊大和路ならら」地域情報ネットワーク　13(6)通号141　2010.6

平群町

たのまれもしない市町村PR 横顔の奈良 平群町「あかい奈良」青垣出版，星雲社(発売)　8　2000.6

平群谷

信貴山から平群谷へ(来村多加史)「近畿文化」近畿文化会事務局　663　2005.2

平群谷を巡る(古高邦子)「つどい」豊中歴史同好会　(305)　2013.6

宝山寺

生駒山宝山寺門前町の形成と大阪電気軌道の郊外開発(鈴木崇智)「ヒストリア：journal of Osaka Historical Association」大阪歴史学会　(205)　2007.6

住道からぶらり中垣内越え宝山寺への道(文化をつづる)(今村奥志雄)「あしたづ：河内の郷土文化サークルセンター特集誌」河内の郷土文化サークルセンター　(15)　2013.2

羽内

地名発掘(126)「花内」と「羽内」のこと(池田末則)「月刊大和路ならら」地域情報ネットワーク　12(4)通号127　2009.4

洞村

洞村移転考序論(吉田栄治郎)「奈良県立同和問題関係史料センター研究紀要」奈良県立同和問題関係史料センター　10　2004.3

洞村移転=「天皇制権力による部落の強制移転」論は成立するのか(吉田栄治郎)「奈良歴史研究」奈良歴史研究会　(63・64)　2005.6

洞村移転の思想的相貌(八箇亮仁)「水平社博物館研究紀要」水平社博物館　(8)　2006.3

法隆寺

目で見る古代の伊予 法隆寺勢力の瀬戸内海進出と古代の伊予(1)～(4)(吉本拡)「新居浜史談」新居浜郷土史談会　(381)/(384)　2010.10/2011.7

細峠

道標(96) 多武峰から吉野への道(6)「竜在峠道」と「細峠道」「吉野

路」樋口昌徳　(119)　2008.11

勾池

嶋宮と勾池(特集 飛鳥と苑池)(菅谷文則)「季刊明日香風」古都飛鳥保存財団　32(3)通号127　2013.7

纒向

纒向の王と兵主神(山口順久)「古代史の海」「古代史の海」の会　(59)　2010.3

コラム 邪馬台国=纒向説「可能性高い」「神戸史談」神戸史談会　通号306　2010.7

マキムクはマキの向い(会員ひろば)(渡部正路)「古代史の海」「古代史の海」の会　(62)　2010.12

グラビア 纒向=虚構の邪馬台国「季刊邪馬台国」「季刊邪馬台国」編纂委員会，梓書院(発売)　(122)　2014.7

巻頭言 纒向=虚構の邪馬台国「季刊邪馬台国」「季刊邪馬台国」編纂委員会，梓書院(発売)　(122)　2014.7

纒向遺跡

邪馬台国と大和・纒向遺跡(石野博信)「つどい」豊中歴史同好会　(271)　2010.8

紙上再現(講演録と著作による) 寺沢薫氏の「纒向遺跡と初期ヤマト王権」(『いにしえの風』編集部)「いにしえの風」古代遊学会　(9)　2013.5

枕状溶岩

吉野路あちこち 十津川村玉置山 村指定天然記念物「枕状溶岩」「吉野路」樋口昌徳　(115)　2007.11

益田岩船

大和探訪(26) 益田岩船の謎(小川光三)「月刊大和路ならら」地域情報ネットワーク　7(5)通号68　2004.5

大和探訪(32)～(34) 益田岩船の原像(上)，(中)，[下](小川光三)「月刊大和路ならら」地域情報ネットワーク　7(11)通号74/8(1)通号76　2004.11/2005.1

松井家住宅

奈良スケッチ(30)「旧松井家住宅」(杉本哲也，上丈竜矢)「月刊大和路ならら」地域情報ネットワーク　13(9)通号144　2010.9

真土宿

中世真土宿と近世上臥village(吉田栄治郎)「Regional」奈良県立同和問題関係史料センター　(6)　2007.5

三笠山

大和探訪(36) 三笠山と生駒山(小川光三)「月刊大和路ならら」地域情報ネットワーク　8(3)通号78　2005.3

捻じ曲げられた真実 若草山の本当の名前は三笠山だった「月刊大和路ならら」地域情報ネットワーク　11(9)通号120　2008.9

三倉堂

地名発掘(92) 三倉堂(池田末則)「月刊大和路ならら」地域情報ネットワーク　9(6)通号93　2006.6

水越峠

南北朝～後南朝 葛城「風ノ森」「水越峠」特別寄稿「巨勢川原」の合戦 船宿寺応永廿八年逆修碑と「助さん」のこと「月刊大和路ならら」地域情報ネットワーク　13(8)通号143　2010.8

水間

心の風景 水間の細道(井上博道，西村博美)「あかい奈良」青垣出版，星雲社(発売)　39　2008.3

みたらい渓谷

聞き書き 岩本泉治のより道小道(3) 吉野郡天川村「みたらい渓谷」(岩本泉治)「あかい奈良」青垣出版，星雲社(発売)　13　2001.9

御杖村

たのまれもしない市町村PR 横顔の奈良 御杖村「あかい奈良」青垣出版，星雲社(発売)　10　2000.12

御杖町

伊勢本街道周辺の文化財—美杉町・御杖町・曽爾村(菅谷文則)「近畿文化」近畿文化会事務局　(780)　2014.11

南井町

〔史料紹介〕被差別部落成立の事情を伝える文書—大和郡山市南井町の場合(吉田栄治郎)「部落解放なら」奈良人権・部落解放研究所　通号20　2003.12

南葛城郡

初期奈良県水平社の糾弾闘争と行政対応—南葛城郡を中心に(駒井忠之)「水平社博物館研究紀要」水平社博物館　(12)　2010.3

御船の滝

心の風景 御船の滝—川上村・井光(井上博道，西村博美)「あかい奈良」

奈良県　　　　　　　　　　　地名でたどる郷土の歴史　　　　　　　　　　　近畿

青垣出版，星雲社（発売）44　2009.6

三室

さくらとは謎ばかり　音に聞く三室と龍田はどこにある？（特集 春爛漫
―奈良大和路花霞）「月刊大和路ならら」 地域情報ネットワーク　14
（3）通号150　2011.3

宮滝

飛鳥と宮滝（《特集 清らかなる飛鳥の川》）（相原嘉之）「季刊明日香風」
古都飛鳥保存財団　27（1）通号105　2008.1

吉野町宮滝に「万葉歌碑」を建立 平成20年10月除幕「吉野路」 樋口昌
徳　（120）　2009.2

万葉歌碑 吉野郡吉野町宮滝の万葉歌碑「吉野路アラカルト」 樋口昌徳
（1）2009.5

研究ノート 吉野町宮滝、今西家文書の紹介と分析―吉野林業史研究の前
進のために（谷彌兵衛）「奈良歴史研究」 奈良歴史研究会　（75）
2011.4

宮奥ダム

ダムのある風景（1）宮奥ダム―宇陀市大字大陀地区「吉野路アラカルト」
樋口昌徳　（2）2009.9

妙覚門

吉野路に見る南朝の遺跡（61）天川村に南朝の跡をさぐる（36）天川村
歴史散歩（ノ）洞川と登拝の道（h）「妙覚門」とその辺り「吉野路」
樋口昌徳　（113）2007.5

三輪

地名発掘（94）三輪・十三塚の地名（池田末則）「月刊大和路ならら」 地
域情報ネットワーク　9（8）通号95　2006.8

神話に彩られた三輪「素麺誕生のルーツを探る」巽製粉「まほろびすと
：奈良に焦がれ、歴史に耳澄ます情報誌」 実業印刷まほろば会　1
（1）通号1　2012.1

ヤマトの美味・三輪素麺（巽製粉）万葉集ゆかりの地で受け継がれる大
和の美味「まほろびすと ：奈良に焦がれ、歴史に耳澄ます情報誌」
実業印刷まほろば会　1（2）通号2　2012.4

三輪山

初期大和政権発祥の地 三輪山、箸墓、多武峰に漂うロマン（特集 世界遺
産を先どりする飛鳥・藤原宮都 歴史と謎めぐり―ぶらり大和路）「月
刊大和路ならら」 地域情報ネットワーク　10（5）通号104　2007.5

須恵器生産と三輪山式伝説（渥美賢吾）「史聚」 史聚会，岩田書院（発
売）（42）2009.5

特集 三輪山物語「あかい奈良」 青垣出版，星雲社（発売）46　2009.12

六田の淀

吉野路の点景（26）万葉集に詠まれた「六田の淀」の辺り「吉野路」 樋
口昌徳　97　2003.5

六御県

六御県に関する試論―延喜式祝詞から見た成立と歴史的意義（堀川徹）
「史叢」 日本大学史学会　（82）2010.3

室生火山群

屹立する断崖 奇観の村・景勝の地 曽爾・室生火山群を歩く「月刊大和
路ならら」 地域情報ネットワーク　11（7）通号118　2008.7

馬洗滝

大和と浮世絵（17）葛飾北斎「諸国滝廻り 和州吉野義経馬洗滝」（浅野秀
剛）「月刊大和路ならら」 地域情報ネットワーク　12（12）通号135
2009.12

桃香野

地名発掘（88）月ヶ瀬の桃香野・熊橋の妹尾滝（池田末則）「月刊大和路
ならら」 地域情報ネットワーク　9（2）通号89　2006.2

百谷

地名発掘（100）百地・百谷・桃俣・百市とは？（池田末則）「月刊大和路
ならら」 地域情報ネットワーク　10（2）通号101　2007.2

百地

地名発掘（100）百地・百谷・桃俣・百市とは？（池田末則）「月刊大和路
ならら」 地域情報ネットワーク　10（2）通号101　2007.2

百市

地名発掘（100）百地・百谷・桃俣・百市とは？（池田末則）「月刊大和路
ならら」 地域情報ネットワーク　10（2）通号101　2007.2

桃尾滝

地名発掘（88）月ヶ瀬の桃香野・熊橋の桃尾滝（池田末則）「月刊大和路
ならら」 地域情報ネットワーク　9（2）通号89　2006.2

桃俣

地名発掘（100）百地・百谷・桃俣・百市とは？（池田末則）「月刊大和路
ならら」 地域情報ネットワーク　10（2）通号101　2007.2

八木村

史料紹介 大和国高市郡八木村河合家文書目録・解題（下坂守先生退職記
念号）（奈良大学文学部史学科木下光生研究室）「奈良史学」 奈良大学
史学会　（31）2014.1

柳生

奈良大和路・柳生の里 伊賀上野の史跡を訪ねて（1）～（3）（富岡行昌）
「郷土史談末廬園」 松浦史談会，芸文堂（発売）152/154　2002.12/
2003.6

当尾・柳生の旅（石井しおり）「備陽史探訪」 備陽史探訪の会　116
2004.2

剣豪の里・柳生へ（松谷波燈）「あかね」 御坊文化財研究会　（30）
2004.9

柳生の里（奈良）を訪ねて（山崎正）「群馬歴史散歩」 群馬歴史散歩の会
（204）2008.5

柳生の里（奈良県）を訪ねて（山崎正）「群馬歴史散歩」 群馬歴史散歩の
会　（205）2008.7

昼なお暗き神域、巨石に宿る神の気配 柳生「月刊大和路ならら」 地域
情報ネットワーク　14（1）通号148　2011.1

柳生街道

山の辺の道、上ツ道、山田道/柳生街道/太子道/暗越奈良街道/伊勢本街
道（特集 奈良の春を歩く）「月刊大和路ならら」 地域情報ネットワー
ク　12（4）通号127　2009.4

神依る磐座に地蔵を刻む神仏習合の道 柳生街道「月刊大和路ならら」
地域情報ネットワーク　14（1）通号148　2011.1

柳生みち

柳生みち（《特集 ロマンスグレーの三度めの奈良》）（北山星淳）「あかい
奈良」 青垣出版，星雲社（発売）9　2000.9

薬師寺

薬師寺周辺地域における新田開発村の成立をめぐって（井岡康時）
「Regional」 奈良県立同和問題関係史料センター　（1）2006.5

矢田丘陵

第995回例会 矢田丘陵の滝寺磨崖仏や付近の文化財を訪ねる（東暉）「史
迹と美術」 史迹美術同攷会　84（6）通号846　2014.7

矢田村

村の要件―添下郡矢田村と新村の争論から（井岡康時）「Regional」 奈
良県立同和問題関係史料センター　（2）2006.9

矢田山丘陵

聞き書き 岩本泉治のより道小道（2）大和郡山市「矢田山丘陵」「あかい
奈良」 青垣出版，星雲社（発売）12　2001.6

柳の渡し

道標（80）伊勢街道（伊勢南街道・高見越え伊勢街道）の道標（7）大淀町
北六田「柳の渡し跡」の道標「吉野路」 樋口昌徳　101　2004.5

柳町村

奈良大学史学科蔵『柳町村文書』の紹介と目録（大木祥太郎）「奈良史学」
奈良大学史学会　（22）2004.12

柳本

城主格大名 柳本の織田氏（加藤隆）「城」 東海古城研究会　（213）
2013.10

柳本陣屋

柳本陣屋 前方後円墳が堀代わり、柳本藩藩庁と黒塚古墳「月刊大和路な
らら」 地域情報ネットワーク　13（11）通号146　2010.11

陣屋町点描（4）柳本陣屋の表御殿（米田藤博）「パイオニア」 関西地理
学研究会　（94）2011.2

山口

道標（85）伊勢街道（伊勢南街道・高見越伊勢街道）の道標（12）吉野町
竜門・山口、山口神社前の道標「吉野路」 樋口昌徳　106　2005.8

山添

巨石が群れなす村 山添を歩く（特集 聖なる岩へ 石をめぐる歴史と信仰）
「月刊大和路ならら」 地域情報ネットワーク　17（9）通号192　2014.9

山添村

奈良県山添村の文化財を訪ねて（東暉）「史迹と美術」 史迹美術同攷会
76（4）通号764　2006.5

特集 山添村 イワクラ探訪「あかい奈良」 青垣出版，星雲社（発売）44
2009.6

山田道

山の辺の道、上ツ道、山田道/柳生街道/太子道/暗越奈良街道/伊勢本街
道（特集 奈良の春を歩く）「月刊大和路ならら」 地域情報ネットワー
ク　12（4）通号127　2009.4

上ツ道と箸墓古墳・阿倍山田道（福辻淳）「季刊明日香風」 古都飛鳥保存
財団　31（2）通号122　2012.4

大和

出雲と備後と大和(中谷裕子)「わが町三原」 みはら歴史と観光の会 142 2003.1

史料紹介 三業感乱と大和の「穢多」村寺院(奥本武裕)「奈良県立同和問題関係史料センター研究紀要」 奈良県立同和問題関係史料センター 9 2003.3

吉備と大和の関係(直木孝次郎)「岡山地方史研究」 岡山地方史研究会 100 2003.6

東国・吉備・大和(近藤義郎)「古代吉備」 古代吉備研究会 24 2003.7

那珂国造とヤマト王権(井上辰雄)「常総の歴史」 崙書房出版茨城営業所 29 2003.7

「大和」王権の布石(1)(川村一彦)「歴史懇談」 大阪歴史懇談会 (17) 2003.8

大和探訪(22)～(25)(小川光三)「月刊大和路なら」 地域情報ネットワーク 7(1)通号64/7(4)通号67 2004.1/2004.4

大和の史跡めぐり(坂爪義弘)「県央史談」 県央史談会 (43) 2004.1

中世大和の変異現象と予兆(赤田光男)「日本文化史研究」 帝塚山大学奈良学総合文化研究所 (36) 2004.3

大和探訪(28) 天地陰陽の配置(小川光三)「月刊大和路ならら」 地域情報ネットワーク 7(7)通号70 2004.7

よみがえれ歴史のロマン 大和の清流(小松清生)「堺泉州」 堺泉州出版会 (16) 2004.7

「神武東征」は何故「大和」なのか(小崎龍也)「史叢」 熊本歴史学研究会 (9) 2004.7

大和探訪(29)続・天地陰陽の配置配置(小川光三)「月刊大和路ならら」 地域情報ネットワーク 7(8)通号71 2004.8

地名発掘(70) 熊野と大和(池田末則)「月刊大和路ならら」 地域情報ネットワーク 7(8)通号71 2004.8

特別展「ヤマトとアヅマ―武具からみるヤマト王権と東国」によせて(平野卓治)「横浜市歴史博物館news : Yokohama History Museum news」 横浜市歴史博物館 (19) 2004.9

大和探訪(30) 月と星と太陽(小川光三)「月刊大和路ならら」 地域情報ネットワーク 7(9)通号72 2004.9

特集 大和―「美」と「歴史」をめぐる「月刊大和路ならら」 地域情報ネットワーク 7(11)通号74 2004.11

中世大和の予兆と禁忌(赤田光男)「帝塚山大学人文科学部紀要」 帝塚山大学人文科学部 (16) 2004.11

歴史散策 大和と信楽幻の都と日常遣いの器「月刊大和路ならら」 地域情報ネットワーク 8(1)通号76 2005.1

地名発掘(76) ヤマト(池田末則)「月刊大和路ならら」 地域情報ネットワーク 8(2)通号77 2005.2

大和探訪(35)日葉酢媛綾 蓋形埴輪の謎(小川光三)「月刊大和路ならら」 地域情報ネットワーク 8(2)通号77 2005.2

中世大和の被差別民一考(山村雅史)「奈良県立同和問題関係史料センター研究紀要」 奈良県立同和問題関係史料センター 11 2005.3

古代の大和朝廷は熊野に何を求めたか―「記」「紀」「旧事紀」の神語分析(酒井聰郎)「熊野歴史研究 : 熊野歴史研究会紀要」 熊野歴史研究会 (12) 2005.5

大和探訪(40) 多氏とハタ氏(小川光三)「月刊大和路ならら」 地域情報ネットワーク 8(7)通号82 2005.7

大和探訪(41) ヤマトの国(小川光三)「月刊大和路ならら」 地域情報ネットワーク 8(8)通号83 2005.8

「大和・飛鳥」を見直す9月特別例会の報告「九州古代史の会NEWS」 九州古代史の会 124 2005.11

大和・河内の結界石(藤澤典彦)「近畿文化」 近畿文化会事務局 (673) 2005.12

近世の旅閲と街道の変容―参宮と大和めぐり(安田真紀子)「奈良史学」 奈良大学史学会 (23) 2005.12

「大和」王権の布石(3)斉明女帝と石の都(川村一彦)「歴史懇談」 大阪歴史懇談会 (19) 2005.12

グラビア 春を待つ大和の冬「月刊大和路ならら」 地域情報ネットワーク 9(1)通号88 2006.1

特集 かつて大和は国際都市だった!「月刊大和路ならら」 地域情報ネットワーク 9(1)通号88 2006.1

神武東遷とその環境橋―日向・筑紫から大和へ(山内美義)「江渟の久爾」 江沼地方史研究会 (51) 2006.3

奈良奉行川路聖謨が見た幕末大和の被差別民(吉田栄治郎)「研究紀要」 奈良県教育委員会 (12) 2006.3

19世紀大和における真宗フォークロアの生成・序説(奥本武裕)「研究紀要」 奈良県教育委員会 (12) 2006.3

永正・大永期の畠山氏の抗争と「小峰城」―大和・河内・紀伊国境付近の城郭と関連づけて(岩倉哲夫)「和歌山城郭研究」 和歌山城郭調査研究会 (5) 2006.3

特集 大和から伊勢へ「月刊大和路ならら」 地域情報ネットワーク 9(4)通号91 2006.4

特集 大和の清流 みる、たずねる「あかい奈良」 青垣出版, 星雲社(発売) 32 2006.6

大和の売薬「豊心丹」(常谷伸之)「河内どんこう」 やお文化協会 (80) 2006.10

大和探訪(55)「まほろば」と「まほらま」(小川光三)「月刊大和路ならら」 地域情報ネットワーク 9(10)通号97 2006.10

「出大和」と「和風」の創造(《特集 憲法》―〈特集1 COEこの一年―「六合の中心大和の誕生」〉)(西村さとみ)「日本史の方法」 奈良女子大学「日本史の方法」研究会 (5) 2007.2

「東大寺文書」に記された「坂ノ穢多」―中世大和の河原者に関する考察(山村雅史)「研究紀要」 奈良県教育委員会 (13) 2007.3

古代大和を中心とした有機質玉類の流通について(植田直見, 室賀照子)「研究紀要」 由良大和古代文化研究協会 12 2007.4

地名発掘(113) 大和・河内国境水論一揆(池田末則)「月刊大和路ならら」 地域情報ネットワーク 11(3)通号114 2008.3

「三棟」考―中世大和の被差別民集団三党の考察(山村雅史)「研究紀要」 奈良県教育委員会 (14) 2008.3

大和の名橋を巡る(石田成年)「近畿文化」 近畿文化会事務局 (706) 2008.9

特別寄稿 大和の道しるべ(但馬五郎)「月刊大和路ならら」 地域情報ネットワーク 11(9)通号120 2008.9

大坂から大和への肥料流通―大坂積方中と在方仲買を中心に(部会報告)(岡島永昌)「ヒストリア : journal of Osaka Historical Association」 大阪歴史学会 (213) 2009.1

万葉歌にみるヤマト(《万葉古代学研究所第3回委託共同研究報告》―第一部 ヤマトと二上山地域)(城崎陽子)「万葉古代学研究年報」 奈良県立万葉文化館 (7) 2009.3

ヤマトの西と東と―古道にみる二上山地域 附論『死者の書』が描いた二上山(《万葉古代学研究所第3回委託共同研究報告》―第一部 ヤマトと二上山地域)(渡部修)「万葉古代学研究年報」 奈良県立万葉文化館 (7) 2009.3

グラビア 大和野菜の故郷を訪ねて(特集 風土が育む大和野菜)「月刊大和路ならら」 地域情報ネットワーク 12(7)通号130 2009.7

早わかり大和野菜図鑑(特集 風土が育む大和野菜)「月刊大和路ならら」 地域情報ネットワーク 12(7)通号130 2009.7

四世紀末・五世紀初の大和と河内(石野博信)「つどい」 豊中歴史同好会 (263) 2009.12

青春残照―生きている大和 vs 出雲(下垣秀典)「郷土石見 : 石見郷土研究懇話会機関誌」 石見郷土研究懇話会 (82) 2009.12

四、五世紀の丹波とヤマト政権(塚口義信)「つどい」 豊中歴史同好会 (264) 2010.1

近世大和における広域訴願の一形態―全幕領連合訴願の展開と五條代官所(谷山正道)「日本文化史研究」 帝塚山大学奈良学総合文化研究所 (41) 2010.3

大和探訪(96)～(111) 大和朝廷と伊勢の神々(1)～(16)(小川光三)「月刊大和路ならら」 地域情報ネットワーク 13(3)通号138/14(6)通号153 2010.3/2011.06

1300年の道(32) 1651～1700年 芭蕉の大和吟行「月刊大和路ならら」 地域情報ネットワーク 13(5)通号140 2010.5

薬草採取に薬づくり 大和国1500年の薬草のはなし「月刊大和路ならら」 地域情報ネットワーク 13(9)通号144 2010.9

見て触って知る大和の薬文化「月刊大和路ならら」 地域情報ネットワーク 13(9)通号144 2010.9

大和と浮世絵(26) 南都八景の話(3) 吉田元陳「南都八景 轟橋行人」(浅野秀剛)「月刊大和路ならら」 地域情報ネットワーク 13(9)通号144 2010.9

特集・秋の史蹟探訪 和泉・大和路の旅(佐々木市太郎)「郷土史誌末盧國」 松浦史談会, 芸文堂(発売) (184) 2010.12

近世大和観光における案内人の史的研究(安田真紀子)「奈良史学」 奈良大学史学会 (28) 2011.1

特集 大和あやかしがたり「あかい奈良」 青垣出版, 星雲社(発売) 51 2011.3

中世大和「盲目」に関する研究―「西金堂大行事方引付」を主材料として(山村雅史)「奈良県立同和問題関係史料センター研究紀要」 奈良県立同和問題関係史料センター (16) 2011.3

巻頭言「大和は国のまほろば」の深層(半沢英一)「古代史の海」 「古代史の海」の会 (63) 2011.3

大和と浮世絵(34) 歌川広重画「国尽張交図会 五畿内五箇国 山城大和」(浅野秀剛)「月刊大和路ならら」 地域情報ネットワーク 14(5)通号152 2011.5

帝塚山大学大学院人文科学研究所所蔵「大和河内和泉ヶ街道道程図」「月刊大和路ならら」 地域情報ネットワーク 14(8)通号155 2011.8

グラビア 災害と人、自然と文化財(特集 大和1700年の自然災害史)「月刊大和路ならら」 地域情報ネットワーク 14(9)通号156 2011.9

サイエンス 旱ばつ―大和の宿命(特集 大和1700年の自然災害史)「月刊

大和路ならら」地域情報ネットワーク　14（9）通号156　2011.9

壬申乱を走る（5）—大和の戦い（猪熊兼勝）「近畿文化」近畿文化会事務局　（744）2011.11

大和の廃線跡をめぐる（石田成年）「近畿文化」近畿文化会事務局　（746）2012.1

研究　大和における一向一揆と共同体（森本修平）「奈良歴史研究」奈良歴史研究会　（77）2012.2

地域資料から　歴史資料としての新聞—郷軍奈良支部機関紙「大和錦」「うんてい：奈良県立図書情報館報」奈良県立図書情報館　（4）2012.3

タカノからヤマトへ—移りゆく丹波王権（奥村清一郎）「地名探究」京都地名研究会　（10）2012.4

壬申の乱と大和　飛鳥と壬申の乱（和田萃）「季刊明日香風」古都飛鳥保存財団　31（2）通号122　2012.4

四・五世紀のヤマト政権と近江（上），（下）—香坂王・忍熊王の反乱伝承を手がかりとして（塚口義信）「つどい」豊中歴史同好会　（292）/（293）2012.5/2012.6

田中家文書D50年未詳［鋳物師書上］（「山城」・「大和」・「河内」部分）（橋本貴明）「ひらかた文化財だより」枚方市文化財研究調査会　（92）2012.7

邪馬台国から倭国・大和朝廷への道程（創立30周年記念レポート）（横山忠弘）「歴研よこはま」横浜歴史研究会（記念誌）2012.11

蔵が人を呼んだ奈良豊澤酒造物語（特集　大和酒物語）「月刊大和路ならら」地域情報ネットワーク　15（11）通号170　2012.11

こよなく酒を愛した万葉びと（特集　大和酒物語）「月刊大和路ならら」地域情報ネットワーク　15（11）通号170　2012.11

安永期大和の綿国訴をめぐって—研究の軌跡と新出史料の紹介（谷山正道）「奈良学研究」帝塚山大学奈良学総合文化研究所　（15）2013.2

「玉依姫の微笑」を旅する　大和は母性の国　微笑の山河「月刊大和路ならら」地域情報ネットワーク　16（3）通号174　2013.3

中世大和「盲目衆補任次第」を考える（山村雅史）「研究紀要」奈良県教育委員会　（18）2013.3

近世大和の年中行事—『弘化四年未正月乃日　年中行事幷家事取極記　宇山萬助』を中心に（高田照世）「日本文化史研究」帝塚山大学奈良学総合文化研究所　（44）2013.3

吉野と大和の国見歌をめぐって（特集　飛鳥と吉野）（内田忠賢）「季刊明日香風」古都飛鳥保存財団　32（2）通号126　2013.4

わたしと中将姫　講談で語り継ぐ大和の歴史（特集　中将姫伝説を訪ねて　奈良町、菟田野、そして當麻）「月刊大和路ならら」地域情報ネットワーク　16（4）通号175　2013.4

行基の足跡を訪ねて（4）—大和とその周辺（泉森皎）「近畿文化」近畿文化会事務局　（762）2013.5

なぜ大和になったのか—大和政権の鎮座地考（東山勝也）「いにしえの風」古代遊学会　（9）2013.5

初期ヤマト政権の萌芽期の様相（加藤甫）「いにしえの風」古代遊学会　（9）2013.5

中世後期大和の律家と在地領主—己心寺と大安寺向氏を中心に（研究ノート）（葛本隆将）「洛北史学」洛北史学会　（15）2013.6

ヤマト史観雑考（1），（2）（会員研究）（間淵二三夫）「歴研よこはま」横浜歴史研究会　（69）/（71）2013.11/2013.11

南山城と大和　豊かな風土と歴史（特集　郷愁の大仏鉄道　南山城から奈良へ）「月刊大和路ならら」地域情報ネットワーク　16（11）通号182　2013.11

大和探訪　ヤマトについて（上），（下）「月刊大和路ならら」地域情報ネットワーク　16（11）通号182/16（12）通号183　2013.11/2013.12

知られざる天誅組騒動　上狛からの鎮圧動員と大和・河内の水争い（淺田周宏）「やましろ」城南郷土史研究会　（27）2013.12

奈良奉行と近世の大和支配（特集　春日若宮おん祭と大名行列）「月刊大和路ならら」地域情報ネットワーク　16（12）通号183　2013.12

大和からみた竹内街道の歴史（特集　竹内街道　敷設1400年）（神庭滋）「季刊明日香風」古都飛鳥保存財団　33（1）通号129　2014.1

大和お茶めぐり　歴史ある、ゆかりの場所を訪ねて（特集　新春を寿ぐ奈良大茶会）「月刊大和路ならら」地域情報ネットワーク　17（1）通号184　2014.1

高原が育んだ奈良の緑茶　大和茶をご存知ですか（特集　新春を寿ぐ奈良大茶会）「月刊大和路ならら」地域情報ネットワーク　17（1）通号184　2014.1

大和と世界帝国を結んだ遣唐使、随想風に（特集　遣唐使と万葉集）（上野誠）「季刊明日香風」古都飛鳥保存財団　33（2）通号130　2014.4

大和と浮世絵　「南都名所図会」と「ならめいしょずゑ」（浅野秀剛）「月刊大和路ならら」地域情報ネットワーク　17（5）通号188　2014.5

奈良まるごとキャンパス　帝塚山大学文学部文化創造学科「大和の古墳時代古道を探る」「月刊大和路ならら」地域情報ネットワーク　17（5）通号188　2014.5

大和政権の画期と天皇制の萌芽（東山勝也）「いにしえの風」古代遊学会　（10）2014.5

講演2　五世紀の政治拠点は河内か大和か（豊中歴史同好会創立25周年記念シンポジウム）（西川寿勝）「つどい」豊中歴史同好会　（317）2014.6

大和探訪　ヤマトの謎（1）〜（6）（小川光三［文・写真］）「月刊大和路ならら」地域情報ネットワーク　17（7）通号190/17（12）通号195　2014.7/2014.12

遺跡からみたヤマト王権と鉄器生産（坂靖）「たたら研究」たたら研究会　（53）2014.8

大和のけしき　「ほとばしる水」（植田英介［写真・文］）「月刊大和路ならら」地域情報ネットワーク　17（9）通号192　2014.9

古代山武地域の氏族とヤマト王権（論文）（須永忍）「千葉史学」千葉歴史学会　（65）2014.11

大和川

流れたずねて（2）大和川　消えた舟、その歴史「あかい奈良」青垣出版, 星雲社（発売）15　2002.3

松原の史蹟と伝説（10）城連寺村と大和川（出水睦己）「河内どんこう」やお文化協会　72　2004.2

宝永の大和川付替工事（荻田昭次）「わかくす：河内ふるさと文化誌」わかくす文芸研究会　（45）2004.5

大和川（村上広造）「わかくす：河内ふるさと文化誌」わかくす文芸研究会　（45）2004.5

大和川付替三百年（関谷廣）「わかくす：河内ふるさと文化誌」わかくす文芸研究会　（45）2004.5

大和川付替え300年を記念して（3）〜（4）大和川付替えへの道のり（1）〜（2）（棚橋利光）「河内どんこう」やお文化協会　73/74　2004.6/2004.10

大和川の橋聞書（堤清）「河内どんこう」やお文化協会　73　2004.6

茨田氏と大和川（上），（下）—安堂遺跡・津積郷・津積駅家に関連して（塚口義信）「つどい」豊中歴史同好会　199/200　2004.10/2004.11

民衆史の足跡をたどる（15）大和川付け替えから三百年（小松清生）「大阪民衆史研究」大阪民衆史研究会　56　2004.12

大和川付替え後の用水問題（1）〜（3）（棚橋利光）「河内どんこう」やお文化協会　75/77　2005.2/2005.10

「絵図に見る堺と大和川付け替え三百年」展から（堺市立中央図書館郷土資料担当）「堺史料通信」堺市立中央図書館・郷土資料担当　2　2005.2

金剛山地大和川から紀見峠に至る地域（石水久夫）「大阪春秋」新風書房　34（3）通号120　2005.10

"やまと"と東アジアを結ぶ道—大和川と原竹内街道の役割を中心に（白石太一郎）「大阪府立近つ飛鳥博物館報」大阪府立近つ飛鳥博物館　通号10　2006.3

明治中期大和川をめぐる郡役所と地域社会—旧川筋の開発と洪水の問題を中心に（重岡伸泰）「研究紀要」八尾市文化財調査研究会　（17）2006.6

平成の河内風土記「大老暗殺事件（大和川付け替え）」（宮下栄麟）「まんぷ：北河内とその周辺の地域文化誌」まんぷ編集部　（87）2006.8

大和川—大阪と奈良をつなぐ川（山野寿男）「大阪春秋」新風書房　37（4）通号137　2010.1

柿本家所蔵絵図からみる上庄悪水井路と大和川付け替え（蓮井岳史）「枚方市史年報」枚方市教育委員会　（13）2010.4

社会　大和川流域が大氾濫　昭和57年8月1日（特集　大和1700年の自然災害史）「月刊大和路ならら」地域情報ネットワーク　14（9）通号156　2011.9

むかしのかたち—ぶらり道ばたの文化遺産　阪堺線　part2　大和川〜浜寺駅前（特集　阪堺電車—阪堺線開通100年—阪堺電車沿線案内）（野﨑敏生）「大阪春秋」新風書房　39（3）通号144　2011.10

資料紹介　大和川築留の維持管理について—「河内国志紀郡築留明細帖」の紹介（小谷利明）「館報」八尾市立歴史民俗資料館　2011年度　2012.3

大和川付替にみる新田経営と経済環境変化（吉田育弘）「河内どんこう」やお文化協会　（97）2012.6

河内の洪水を止めた大和川付け替え（中西敏一）「河内どんこう」やお文化協会　（99）2013.2

旧大和川跡は丸ごと "史跡" なり（まちをつくる）（杉山三記雄）「あしたづ：河内の郷土文化サークルセンター特集誌」河内の郷土文化サークルセンター　（16）2014.2

大和川堤防

畿内・近国の河川支配—大和川堤防を中心に（岩城卓二）「歴史研究」大阪教育大学歴史学研究室　（42）2005.3

旧大和川堤防遺跡の井路《《特集　見てほしい　知ってほしい　残してほしい　わが町の風景4》》（棚橋利光）「河内どんこう」やお文化協会　（84）2008.2

大和高原

第934回例会　奈良市大和高原地域を往く（東暉）「史迹と美術」史迹美術同攷会　79（5）通号795　2009.5

近畿　　　　　　　　　　　　　　　　　　　　地名でたどる郷土の歴史　　　　　　　　　　　　　　　　　　　　奈良県

大和郡山

城下町シリーズ 大和郡山（嶋岡尚子）「あかい奈良」 青垣出版，星雲社
（発売） 7　2000.3

大和郡山と周辺の文化財（関根俊一）「近畿文化」 近畿文化会事務局
（675）2006.2

大和郡山市

地域資料から 大和郡山市の過去（特に明治時代）の水害記録が記載され
ている資料はないか。（図書情報館で調べる レファレンス事例紹介）
（上田壽惠）「うんてい ： 奈良県立図書情報館報」 奈良県立図書情報
館　（1）2008.11

奈良県大和郡山市（歴史民俗探訪の見どころ）「讃岐のやまなみ」 香川県
歴史研究会　（6）2013.4

大和三山

大和三山は男か女か（平嶋述司）「河内どんこう」 やお文化協会　74
2004.10

地名発掘（102）『竹取物語』と大和三山（池田末則）「月刊大和路なら
ら」 地域情報ネットワーク　10（4）通号103　2007.4

飛鳥百景「折口信夫『口ぶえ』の大和三山」（《特集 清らかなる飛鳥の
川》）（上野誠）「季刊明日香風」 古都飛鳥保存財団　27（1）通号105
2008.1

本居宣長『菅笠日記』の大和三山（《特集 本居宣長のみた飛鳥》）（上野
誠）「季刊明日香風」 古都飛鳥保存財団　28（2）通号110　2009.4

グラビア ゆく夏を追いかけて 晩夏の大和三山を行く（特集 大和三山―
香久山・畝傍山・耳成山を歩く）「月刊大和路ならら」 地域情報ネッ
トワーク　12（9）通号132　2009.9

万葉集や謡曲に描かれた 大和三山の恋（特集 大和三山―香久山・畝傍
山・耳成山を歩く）「月刊大和路ならら」 地域情報ネットワーク　12
（9）通号132　2009.9

藤原京と大和三山 宮都を鎮護する三山思想（特集 大和三山―香久山・
畝傍山・耳成山を歩く）「月刊大和路ならら」 地域情報ネットワーク
12（9）通号132　2009.9

インタビュー 蓬窪弘行さん・本田和幸さん 人の手が大和三山を救った！
立ち枯れの松林から照葉樹の森へ―奈良森林管理事務所，知られざる
山の守護神たち（特集 大和三山―香久山・畝傍山・耳成山を歩く）「月
刊大和路ならら」 地域情報ネットワーク　12（9）通号132　2009.9

山の神と遺跡を訪ねて 大和三山を歩こう（特集 大和三山―香久山・畝
傍山・耳成山を歩く）「月刊大和路ならら」 地域情報ネットワーク
12（9）通号132　2009.9

大和路

緋色ぎゃらりい（最終回）奈良・大和路の魅力と可能性（小池重二）「あ
かい奈良」 青垣出版，星雲社（発売）19　2003.3

グラビア 大和路芭蕉句碑めぐり 吉野，奈良周辺，葛城・初瀬周辺（特集
芭蕉と奈良大和路）「月刊大和路ならら」 地域情報ネットワーク　10
（3）通号102　2007.3

先人の跡に懐旧の念やまず 芭蕉が歩いた大和路（特集 芭蕉と奈良大和
路）「月刊大和路ならら」 地域情報ネットワーク　10（3）通号102
2007.3

大和路の新緑散策（ぶらり大和路）「月刊大和路ならら」 地域情報ネット
ワーク　10（4）通号103　2007.4

ぶらり大和路 歩く 大和の甘味とお茶どころ「月刊大和路ならら」 地域
情報ネットワーク　11（1）通号112　2008.1

グラビア 春風に誘われて いにしえの大和路を歩こう！（特集 奈良の春
を歩く）「月刊大和路ならら」 地域情報ネットワーク　12（4）通号127
2009.4

行く春の大和路（西條史談会創立30周年記念特集）（高橋重美）「西條史
談」 西條史談会　（81）2011.7

グラビア 里の春―大和路春景（特集 春恋ぶ歌）（久保田秀典）「月刊大和
路ならら」 地域情報ネットワーク　14（4）通号151　2011.4

寺湯から秘湯まで 大和路歴史と湯めぐり（特集 みほとけの湯 大和温泉
物語）「月刊大和路ならら」 地域情報ネットワーク　17（11）通号194
2014.11

大和路温泉一覧（特集 みほとけの湯 大和温泉物語）「月刊大和路ならら」
地域情報ネットワーク　17（11）通号194　2014.11

大和信貴城

木沢・松永権力の領域支配と大和信貴城（中川貴皓）「中世城郭研究」 中
世城郭研究会　（25）2011.7

大和鉄道

甦るまほろば軌道（10）大和鉄道（安彦勘吾）「月刊大和路ならら」 地域
情報ネットワーク　10（1）通号100　2007.1

大和国

近世大和国の研究状況について―幕領と郡山藩領を例として（塩谷行
庸）「奈良県歴史学会紀要」 奈良県高等学校教科等研究会歴史部会
（40）2003.5

史料紹介 近江博労の大和国内での活動を伝える文書（吉田栄治郎）「部落
解放なら」 奈良人権・部落解放研究所　通号23　2005.3

近世大和国幕領における皆石代納制の展開過程（本城正徳）「高円史学」
高円史学会　（21）2005.10

大和国の散所に関する新出史料の周辺（吉田栄治郎）「Regional」 奈良
県立同和問題関係史料センター　（7）2007.7

大和国の被差別民について（1）尻の場合（吉田栄治郎）「奈良人権・部落
解放研究所紀要」 奈良人権・部落解放研究所　（26）2008.3

承和九年の広瀬秋麻呂売券をめぐって―伊藤寿和氏「大和国の条里関連
史料についての基礎的研究」にふれて（荊木美行）「史料 ： 皇學館大
學研究開発推進センター史料編纂所報」 皇學館大學研究開発推進セン
ター史料編纂所　（222）2009.8

三業惑乱における大和国穢多村の動向（1）―洞村教宗寺の去就（奥本武
裕）「Regional」 奈良県立同和問題関係史料センター　（13）2010.1

大和と浮世絵（48）三代歌川広重「大日本物産図絵 大和国葛ノ根ヲ堀
図・大和国葛之粉製図」（浅野秀剛）「月刊大和路ならら」 地域情報
ネットワーク　15（7）通号166　2012.7

大和国の中世城館（1）地域的特徴としての単郭方形城館（会員通信）（星
野直哉）「城だより」 日本古城友の会　（524）2012.8

大和国の中世城館（2）石積みを有する城郭（会員通信）（星野直哉）「城
だより」 日本古城友の会　（526）2012.10

大和国の中世城館（3）環濠に囲まれる城館と集落（会員通信）（星野直
哉）「城だより」 日本古城友の会　（531）2013.3

「筒井氏の系図」に見る元親と大和国衆の関係（楠本正躬）「土佐史談」
土佐史談会　（252）2013.3

大和国の中世城館（4）城内動線を考える（会員通信）（星野直哉）「城だ
より」 日本古城友の会　（532）2013.4

大和国の中世城館（5）文献史料にみえる攻防の様相から（会員通信）（星
野直哉）「城だより」 日本古城友の会　（533）2013.5

大和国の中世城館（6）大和における「伊賀型」城館の系譜（会員通信）
（星野直哉）「城だより」 日本古城友の会　（534）2013.6

大和国の中世城館（7）城郭遺構の破壊および政変による変遷（会員通
信）（星野直哉）「城だより」 日本古城友の会　（535）2013.7

地域資料紹介 『大和国著聞記 ： 寛永七年高付』『府庁漫録』17：玉井家
文書）「うんてい ： 奈良県立図書情報館報」 奈良県立図書情報館
（6）2014.3

室町・戦国期大和国における領主権力の構造―大和国人越智氏とその
「若党」を対象として（論文）（児玉庸子）「新潟史学」 新潟史学会
（71）2014.6

山辺

地名発掘（115）「山辺」考（池田末則）「月刊大和路ならら」 地域情報
ネットワーク　11（5）通号116　2008.5

山の辺の道

特集 春「山の辺の道」を歩く「月刊大和路ならら」 地域情報ネット
ワーク　7（4）通号67　2004.4

ぶらり大和路陽春の山の辺の道を歩く「月刊大和路ならら」 地域情報
ネットワーク　8（4）通号79　2005.4

山の辺の道，上ツ道，山田道／柳生街道／太子道／暗越奈良街道／伊勢本街
道（特集 奈良の春を歩く）「月刊大和路ならら」 地域情報ネットワー
ク　12（4）通号127　2009.4

奈良やまのべの道衾田と目黒衾の四根・六根（栗山佳也）「郷土目黒」 目
黒区郷土研究会　55　2011.10

記紀万葉ツアリズム 古今が行き交う，山の辺の道へ 海柘榴市／磯城瑞籬
宮跡／大神神社／狭井神社／狭井川／檜原神社／箸墓古墳「まほろびすと
： 奈良に焦がれ，歴史に耳澄ます情報誌」 実業印刷まほろば会　1
（4）通号4　2012.10

山ノ辺の道

地名発掘（132）山ノ辺の道の「大和三景」（池田末則）「月刊大和路なら
ら」 地域情報ネットワーク　12（10）通号133　2009.10

山辺の道

歴史街道としての山辺の道を歩く（稗田重徳）「小城の歴史」 小城郷土史
研究会　49　2004.3

吉野川分水（2）―山辺の道周辺（来村多加史）「近畿文化」 近畿文化会事
務局　（758）2013.1

横大路

奈良 古代の道を往く 上，中，下ツ道と横大路（特集 奈良の春を歩く）
「月刊大和路ならら」 地域情報ネットワーク　12（4）通号127　2009.4

竹内街道と横大路（特集 竹内街道 敷設1400年）（和田萃）「季刊明日香
風」 古都飛鳥保存財団　33（1）通号129　2014.1

横大路の地鎮め遺構から考える（特集 竹内街道 敷設1400年）（今尾文
昭）「季刊明日香風」 古都飛鳥保存財団　33（1）通号129　2014.1

歴史の十字路 竹内街道から横大路へ（特集 ソツヒコ 古代葛城氏の原像
をたどる）「月刊大和路ならら」 地域情報ネットワーク　17（4）通号

奈良県　　　　　　　　　　　　　地名でたどる郷土の歴史　　　　　　　　　　　　　近畿

187　2014.4

吉城園

奈良スケッチ「吉城園」「月刊大和路ならら」　地域情報ネットワーク
16（1）通号172　2013.1

吉野

「丁亥の吉野」について（岩田一雄）「古事記通信」　多元的古代研究会・
古事記の会　64　2000.8

癒しの時空 世界遺産登録を待つ吉野・熊野（22）吉野・大峯―大峯奥駈
道/他「吉野春秋」　樋口昌徳　205　2003.6

吉野路の点景（27）風力発電の風車のある風景「吉野路」　樋口昌徳　98
2003.8

第26回「吉野路探訪会」実施報告「吉野路」　樋口昌徳　100　2004.2

第27回「吉野路探訪会」実施報告「吉野路」　樋口昌徳　101　2004.5

世界遺産「吉野・大峯地域」「整備保全事業連絡協議会」設立/他「吉
野春秋」　樋口昌徳　（238）2006.3

大和探訪（50）吉野・熊野と神武伝承（小川光三）「月刊大和路ならら」
地域情報ネットワーク　9（5）通号92　2006.5

近鉄沿線の建築（2）吉野界隈 吉野の「近代」建築をめぐって（河島智
生）「近畿文化」　近畿文化会事務局　（679）2006.6

地名発掘（104）「迫」は何と読む？ 吉野だけの地名用字例（池田末則）
「月刊大和路ならら」地域情報ネットワーク　10（6）通号105　2007.6

吉野から奥千本への道を行く（廣田浩治）「泉佐野の歴史と今を知る会会
報」泉佐野の歴史と今を知る会　（256）2009.4

壬申乱を走る―吉野から隠へ（猪熊兼勝）「近畿文化」　近畿文化会事務局
（715）2009.6

吉野に魅せられた（別井栄三）「つぼう郷土史研究会だより」　つぼう郷土
史研究会　（27）2011.6

吉野の陸・海・空を巡る（石田成年）「近畿文化」　近畿文化会事務局
（755）2012.10

奈良時代の牧と馬の貢上―天平勝宝六年吉野百嶋解について（鷲森浩
幸）「奈良уч研究」　帝塚山大学奈良学総合文化研究所　（15）2013.2

絵画「吉野䔥乱一時雨」（特集 飛鳥と吉野）（中野弘彦）「季刊明日香風」
古都飛鳥保存財団　32（2）通号126　2013.4

飛鳥らしさと吉野らしさ（特集 飛鳥と吉野）（池田淳）「季刊明日香風」
古都飛鳥保存財団　32（2）通号126　2013.4

吉野と大和の国見歌をめぐって（特集 飛鳥と吉野）（内田忠賢）「季刊明
日香風」　古都飛鳥保存財団　32（2）通号126　2013.4

万葉集にみる飛鳥と吉野の交流（特集 飛鳥と吉野）（菊地義裕）「季刊明
日香風」　古都飛鳥保存財団　32（2）通号126　2013.4

吉野川

流れをたずねて（1）吉野川 小説『吉野葛』の世界「あかい奈良」　青垣
出版，星雲社（発売）14　2001.12

吉野路の点景（45）西の丘陵端から見た我が家と吉野川の上流の情景
（下市町阿智賀・野々熊）「吉野路」　樋口昌徳　（116）2008.3

吉野川「潮」紀行（池田淳）「近畿文化」　近畿文化会事務局　（728）
2010.7

吉野川分水路

吉野川分水路をたどる―下渕頭首工から桜井まで（来村多加史）「近畿文
化」　近畿文化会事務局　（748）2012.3

吉野口駅

近鉄吉野線各駅停車（1）「吉野口駅」とその周辺―御所市古瀬「吉野路
アラカルト」　樋口昌徳　（2）2009.9

吉野軽便鉄道

甦るまほろば軌道（12）吉野軽便鉄道（安彦勘吾）「月刊大和路ならら」
地域情報ネットワーク　10（3）通号102　2007.3

吉野町

道標（86）伊勢街道（伊勢南街道・高見越伊勢街道）の道標（13）吉野町
龍門，香束と三茶屋の道標「吉野路」　樋口昌徳　107　2005.11

吉野町 一目千本，吉野山を彩るご神木の桜（特集 南の奈良へ―はじめ
ての内和を旅して）「月刊大和路ならら」　地域情報ネットワーク　13
（7）通号142　2010.7

吉野宮

飛鳥学講演会 持統天皇の吉野宮行幸（《特集 飛鳥学最前線》）（和田萃）
「季刊明日香風」　古都飛鳥保存財団　28（4）通号112　2009.10

吉野宮瀧遺跡と吉野宮（特集 飛鳥と吉野）（前園実知雄）「季刊明日香風」
古都飛鳥保存財団　32（2）通号126　2013.4

吉野山

聞き書き 岩本泉治のより道小道（4）吉野郡吉野町『吉野山』「あかい奈
良」青垣出版，星雲社（発売）14　2001.12

全国「歩きたくなるみち五百選」奈良県から「日本一さくらの里 吉野山
を巡るみち」（吉野町）など/他「吉野春秋」　樋口昌徳　225　2005.2

1300年の道（14）1151～1200年 源平の争乱（3）吉野山逃避行「月刊大

和路ならら」　地域情報ネットワーク　11（11）通号122　2008.11

第956例会 吉野山付近の文化財を訪ねる（東暉）「史迹と美術」　史迹美
術同攷会　81（4）通号814　2011.5

吉野山の絵画資料（池田淳）「近畿文化」　近畿文化会事務局　（756）
2012.11

大和と浮世絵（52）歌川国芳「吉野山合戦」（浅野秀剛）「月刊大和路なら
ら」地域情報ネットワーク　15（11）通号170　2012.11

ゆかりの地マップ（特集 青葉繁れる吉野山 南朝の舞台をゆく）「月刊大
和路ならら」　地域情報ネットワーク　16（6）通号177　2013.6

雷岳

絵画「天雲の雷丘」（鳥頭尾精）「季刊明日香風」　古都飛鳥保存財団　31
（3）通号123　2012.7

羅城

飛鳥の羅城（相原嘉之）「季刊明日香風」　古都飛鳥保存財団　24（3）通号
95　2005.7

竜王山城

もうひとつの山城 複雑に入り組んだ城郭 大和随一の中世山城 龍王山城
（特集 風雲！ 高取城）「月刊大和路ならら」　地域情報ネットワーク
15（1）通号160　2012.1

竜王山十市城

歴史の回想・城跡探訪（4）龍王山十市城（平川大輔）「会報」　大阪歴史
懇談会　18（3）通号199　2001.3

竜在峠

道標（96）多武峰から吉野への道（6）「竜在峠道」と「細峠道」「吉野
路」　樋口昌徳　（119）2008.11

竜門

道標（85）伊勢街道（伊勢南街道・高見越伊勢街道）の道標（12）吉野町
竜門・山口，山口神社前の道標「吉野路」　樋口昌徳　106　2005.8

若草

地名発掘（141）春日（若草・嫩草）―平城飛鳥（池田末則）「月刊大和路
ならら」地域情報ネットワーク　13（7）通号142　2010.7

嫩草

地名発掘（141）春日（若草・嫩草）―平城飛鳥（池田末則）「月刊大和路
ならら」地域情報ネットワーク　13（7）通号142　2010.7

若草山

やまと歳時記（45）若草山（三笠山）の山焼き（植田英介）「月刊大和路な
らら」地域情報ネットワーク　11（1）通号112　2008.1

特集 秋の開山間近 若草山大解剖！「月刊大和路ならら」　地域情報ネッ
トワーク　11（9）通号120　2008.9

湧き立つ緑，野生のきらめき 若草山―静かなる山の鼓動「月刊大和路な
らら」地域情報ネットワーク　11（9）通号120　2008.9

捻じ曲げられた真実 若草山の本当の名前は三笠山だった「月刊大和路な
らら」地域情報ネットワーク　11（9）通号120　2008.9

若草山こぼれ話（1）（2）「月刊大和路ならら」　地域情報ネットワーク
11（9）通号120　2008.9

境界争い，牛魂鎮め，大蛇との誓い？ 南都若草山，山焼き起源を探る
「月刊大和路ならら」　地域情報ネットワーク　11（9）通号120　2008.9

奈良スケッチ「若草山遠望」（杉本哲也，上丈竜矢）「月刊大和路ならら」
地域情報ネットワーク　15（2）通号161　2012.2

倭京

百済熊津・泗沘時代の都城制と倭―特に倭京～大宰府との関係について
（小田富士夫）「古文化談叢」　九州古文化研究会　49　2003.2

鷲家

道標（88）～（89）伊勢街道（伊勢南街道・高見越伊勢街道）の道標（15）
～（16）東吉野村鷲家 街中に建つ道標（イ）～（ロ）「吉野路」　樋口昌
徳　（109）/（110）2006.5/2006.8

道標（90）伊勢街道（伊勢南街道・高見越伊勢街道）の道標（16）東吉野
村鷲家 松本奎堂戦死の地へ登り口「吉野路」　樋口昌徳　（111）
2006.11

鷲家峠

道標（87）伊勢街道（伊勢南街道・高見越伊勢街道）の道標（14）吉野町
小名から鷲家峠への途中の道標「吉野路」　樋口昌徳　（108）2006.2

和州

高野山成慶院『伊勢和州位牌帳』の翻刻と解題（大藪海）「三重県史研究」
環境生活部　（25）2010.3

わらじはきかえ所

吉野路に見る南朝の遺跡（55）天川村に南朝の跡をさぐる（31）天川村
歴史散歩（ヨ）洞川と大峯登拝の道（H）「わらじはきかえ所」の碑と
行場「油こぼし」「吉野路」　樋口昌徳　107　2005.11

破石
　奈良スケッチ（10）破石から福井へ…（杉本哲也）「月刊大和路ならら」
　　地域情報ネットワーク　12（1）通号124　2009.1

和歌山県

相賀荘
相賀荘相賀大社の中世的展開（坂本亮太）「和歌山地方史研究」 和歌山地方史研究会 45 2003.6

逢妻町
逢妻町―三市同地名（熊谷正朋）「紀南・地名と風土研究会会報」 紀南・地名と風土研究会 （38）2005.12

赤塚村
紀伊国伊都郡赤塚村田中家文書の分析（1）伊都郡赤塚村の地詰検地と役古高（研究ノート）（廣本満）「和歌山地方史研究」 和歌山地方史研究会 （61）2011.9

愛宕
「南紀」と「愛宕」について（内山汎）「古代史の海」 「古代史の海」の会 （38）2004.12

天野郷
天野郷の調査とふたつの報告書（高木徳郎）「和歌山地方史研究」 和歌山地方史研究会 44 2002.11

荒川荘
荒川荘の調査（海老澤衷）「和歌山地方史研究」 和歌山地方史研究会 44 2002.11
荒川荘分田支配切符帳（特集 "あらかわ" の新資料）（坂本亮太）「和歌山県立博物館研究紀要」 和歌山県立博物館 （17）2011.3

安楽川村
天正一九年安楽川村検地帳・天正一九年野田原村検地帳（特集 "あらかわ" の新資料）（前田正明）「和歌山県立博物館研究紀要」 和歌山県立博物館 （17）2011.3

あらぎ島
ふるさとの棚田景観・あらぎ島（平成22年度文化財研究発表）（二澤久雄）「きのくに文化財」 和歌山県文化財研究会 （45）2012.3

有田
政都江戸100万人口の味覚をひとり占めした紀州有田蜜柑繁「きのくに文化財」 和歌山県文化財研究会 （36）2003.3
紀州有田蜜柑の繁栄と紀伊国屋文左衛門との関連を探る（平成18年度文化財講座）（川岸光司）「きのくに文化財」 和歌山県文化財研究会 （40）2007.3

有田浦
有田浦の人足札―天保の飢饉対策か（中橋譲）「くちくまの」 紀南文化財研究会 120・121 2001.9

有田川町
清水城跡・小峠城跡・二川天城跡・若田城跡・鳥屋城跡・岩室城跡ほか（特集II 有田郡有田川町〈旧清水町・旧吉備町・旧金屋町〉の城館跡）「和歌山城郭研究」 和歌山城郭調査研究会 （10）2011.4
991回例会 有田川町の文化財（松本啓吾）「史迹と美術」 史迹美術同攷会 84（2）通号842 2014.2

有田市
紀州有田市訪問記（池島嘉和）「柏崎・刈羽」 柏崎刈羽郷土史研究会 （30）2003.4

池庄漆器店
新登録文化財の紹介 尾崎家住宅/池庄漆器店主屋/旧葛城館「きのくに文化財」 和歌山県文化財研究会 （35）2002.3

池田村
池田村検地帳雑考（中西捷美）「あかね」 御坊文化財研究会 （28）2002.7

伊佐田池
新宮城のお濠―伊佐田池（特集I 新宮城跡と城下町をめぐって）（川崎康樹）「和歌山城郭研究」 和歌山城郭調査研究会 （10）2011.4

石崎館
中世前期の「町場」と在地領主の館―紀伊国湯浅氏の石崎館とその周辺（《大会特集II 交流の地域史―ぐんまの山・川・道》―〈問題提起〉）（高橋修）「地方史研究」 地方史研究協議会 54（5）通号311 2004.10

伊勢南街道
ぶらり大和路 伊勢南街道を歩く「月刊大和路ならら」 地域情報ネットワーク 9（4）通号91 2006.4

市ノ瀬
田辺地方の地租改正と農民（3）―市ノ瀬分局轄内の村々の場合（広本満）「くちくまの」 紀南文化財研究会 117・118 2000.8
上富田町の民俗―百年前の市ノ瀬の農家の生活と風習（吹揚克之）「上富田文化財」 上富田文化の会 25 2007.3

市堀川
和歌山屋敷絵図の記載内容と市堀川（額田雅裕）「和歌山市立博物館研究紀要」 和歌山市教育委員会 通号23 2009.1

伊都
伊都地方における地主と富農の作徳米（研究ノート）（廣本満）「和歌山地方史研究」 和歌山地方史研究会 （64）2013.5

稲積島
稲積島と南方熊楠（木村甫）「いなづみ：すさみ町文化財冊子」 すさみ町教育委員会 10 2003.3

稲葉根
稲葉根小岡（津軽誠道）「紀南・地名と風土研究会会報」 紀南・地名と風土研究会 （36）2004.12

印南
川辺町大字土生・江川、印南町印南の小字地名（御坊文化財研究会地名調査班）「あかね」 御坊文化財研究会 （30）2004.9

印南町
御坊市の城館跡/日高郡印南町の城館跡「和歌山城郭研究」 和歌山城郭調査研究会 （4）2005.2
漁撈習俗と漁民信仰―和歌山県日高郡印南町、御坊市名田町の事例を中心として（《特集 有形民俗資料の最新事情》）（裏直記）「和歌山地方史研究」 和歌山地方史研究会 （56）2009.2

今福町
変貌遂げる田辺市今福町（桑原康宏）「くちくまの」 紀南文化財研究会 119 2001.3

入野橋
橋梁を通してみた身近な地誌と地域学習の開拓―入野橋ものがたり（研究ノート）（角克明）「和歌山地理」 和歌山地理学会 （29）2010.12

色川
いろかわ（色川）の地名の由来（田中弘倫）「紀南・地名と風土研究会会報」 紀南・地名と風土研究会 （39）2006.7
「ひとつたたら」伝承と色川の地名（田中弘倫）「紀南・地名と風土研究会会報」 紀南・地名と風土研究会 （49）2012.1

岩神王子
消えた古道と岩神王子が語るもの（浅里耕一郎）「紀南・地名と風土研究会会報」 紀南・地名と風土研究会 （42）2007.12

岩出市
紀の川市・岩出市の道しるべ（平成24年度文化財研究発表）（矢野朋希）「きのくに文化財」 和歌山県文化財研究会 （46）2013.3

浮島
新宮蘭沢浮島考（梅本信也）「熊野誌」 熊野地方史研究会 （60）2013.12

浮島の森
森を形成した泥炭浮遊体―浮島の森（後誠介，山崎泰）「熊野誌」 熊野地方史研究会 （52）2006.12

浦神
浦神地区（那智勝浦町）の微細地名（田中弘倫）「紀南・地名と風土研究会会報」 紀南・地名と風土研究会 （44）2008.12

江川
田辺市江川の升形について（桑原康宏）「くちくまの」 紀南文化財研究会 122 2002.6
川辺町大字土生・江川、印南町印南の小字地名（御坊文化財研究会地名調査班）「あかね」 御坊文化財研究会 （30）2004.9

江須崎
総合学習における文化財保護への取り組み 見直そう故郷の海・江須崎（中間報告）（森拓也）「いなづみ：すさみ町文化財冊子」 すさみ町教育委員会 11 2004.3

衣奈
史料紹介 衣奈御影家文書 湊草 全（小出潔）「由良町の文化財」 由良町

教育委員会 （30) 2003.3

奥熊野

口熊野・奥熊野の地名(2)（田中弘倫)「郷土」 郷土の文化を考える会
6 2004.12

奥熊野に生きた人たち(23)（中田重顕)「流れ谷」 流れ谷同志会 （27)
2011.7

大白河

大白河・小白河という地名(吉川壽洋)「紀南・地名と風土研究会会報」
紀南・地名と風土研究会 （34) 2003.12

太田川

太田川(特集 2011年台風12号)（木本殖巳)「熊野誌」 熊野地方史研究会
（61) 2014.12

太田城

「太田城水攻め」の土木技術面からの見直し(宇民正，宮田順吉)「紀州経
済史文化史研究所紀要」 和歌山大学紀州経済史文化史研究所 （27)
2004.12

シンポジウム報告 太田城水攻めと出水堤防―フィールドミュージアム
雑賀惣国「紀州経済史文化史研究所紀要」 和歌山大学紀州経済史文
化史研究所 （28) 2007.12

太田城水攻について（解題 海津一朗・江利川春雄)（〈小特集 『紀州研
フィールドミュージアム叢書(1) 中世終焉』の波紋〉)（西岡虎之助)
「紀州経済史文化史研究所紀要」 和歌山大学紀州経済史文化史研究所
（29) 2008.12

太田城の考古学史と景観復元(〈小特集 『紀州研フィールドミュージア
ム叢書(1) 中世終焉』の波紋〉)（北野隆亮)「紀州経済史文化史研究
所紀要」 和歌山大学紀州経済史文化史研究所 （29) 2008.12

太田城水攻めの政治的意義(〈小特集 『紀州研フィールドミュージアム
叢書(1) 中世終焉』の波紋〉)（寺西貞弘)「紀州経済史文化史研究所
紀要」 和歌山大学紀州経済史文化史研究所 （29) 2008.12

地籍図による太田城水攻め堤防の復元(《特集 有形民俗資料の最新事
情》)（湯峯優)「和歌山地方史研究」 和歌山地方史研究会 （56)
2009.2

太田城の伝・大門について(高田徹)「和歌山城郭研究」 和歌山城郭調査
研究会 （10) 2011.4

惣光寺所蔵「総光寺由来并太田城水責図」について（資料紹介）（額田雅
裕)「和歌山市立博物館研究紀要」 和歌山市教育委員会 （27) 2013.1

関連論文 天正13年「太田城」の実像―関連史料と空間構造の分析を通
じて(新谷和之)「和歌山城郭研究」 和歌山城郭調査研究会 （12)
2013.4

大谷城

資料紹介 東西牟婁郡の山城跡三箇所―城之森城跡・三尾川中村城跡・大
谷城跡(堀口健弐，平辰貞敏)「和歌山城郭研究」 和歌山城郭調査研究
会 （10) 2011.4

太田村

字限図による太田村の景観復元(岩本茉莉)「和歌山地方史研究」 和歌山
地方史研究会 （54) 2008.3

大都河

佐本・大都河地区への電気導入記(和田耕)「いなづみ ： すさみ町文化
財冊子」 すさみ町教育委員会 10 2003.3

大野城

特別報告 大野城の構造の特質とその役割(特集I 海南市(旧下津町)の城
館跡)（新谷和之)「和歌山城郭研究」 和歌山城郭調査研究会 （11)
2012.4

大引浦

白崎大引浦の聞書(濱岸宏一)「由良町の文化財」 由良町教育委員会
（33) 2006.3

大辺路

近世の「大辺路」と熊野地方(《特集 大辺路》)（笠原正夫)「くちくまの」
紀南文化財研究会 120・121 2001.9

大辺路熊野古道一見老津長井坂口～里野・和深環境界調査報告(小倉重起)
「熊野」 紀南文化財研究会 通号132・133 2007.12

熊野・大辺路の暮らし―死者は補陀落へと旅立つ(上野一夫)「熊野歴史
研究 ： 熊野歴史研究会紀要」 熊野歴史研究会 （15) 2008.5

熊野・大辺路の暮らし―サンゴの意外な利用法(上野一夫)「熊野歴史研
究 ： 熊野歴史研究会紀要」 熊野歴史研究会 （16) 2009.5

大辺路調査報告書を読んで(山内恒男)「熊野」 紀南文化財研究会
（137) 2009.11

大辺路はどこからどこまで？―史実に基づいた制定を(田中弘倫)「紀南・
地名と風土研究会会報」 紀南・地名と風土研究会 （47) 2010.9

熊野古道の旅(18) 大辺路(上)（北山理)「泉佐野の歴史と今を知る会会
報」 泉佐野の歴史と今を知る会 （296) 2012.8

熊野古道の旅(第19回) 大辺路(1)～(3)（北山理)「泉佐野の歴史と今

を知る会会報」 泉佐野の歴史と今を知る会 （305)/（308) 2013.5/
2013.08

大辺路を辿った絵師・芦雪と虎と鯨の話し(上野一夫)「熊野歴史研究 ：
熊野歴史研究会紀要」 熊野歴史研究会 （19) 2014.5

大辺路街道

熊野古道の旅(8)～(9) 大辺路街道(佐野順三)「泉佐野の歴史と今を知
る会会報」 泉佐野の歴史と今を知る会 169/182 2002.3/2003.3

岡公園

地方史のひろば 「岡公園記」碑を散歩する(三尾功)「和歌山地方史研
究」 和歌山地方史研究会 （54) 2008.3

岡田

資料紹介 地Стад域に残る習慣・行事について―岩出市岡田の場合(長谷正
紀)「紀州経済史文化史研究所紀要」 和歌山大学紀州経済史文化史研
究所 （30) 2009.12

小川村

周参見組小川村の年貢収取―荒高の多い山村の場合(廣本満)「熊野」 紀
南文化財研究会 （143) 2012.11

小栗街道

「小栗街道」の名の由来考(酒井聰郎)「熊野歴史研究 ： 熊野歴史研究会
紀要」 熊野歴史研究会 （17) 2010.5

尾崎家住宅

新登録文化財の紹介 尾崎家住宅/池庄漆器店主屋/旧葛城館「きのくに
文化財」 和歌山県文化財研究会 （35) 2002.3

音無川

熊野川は音無川だった(大西為義)「熊野歴史研究 ： 熊野歴史研究会紀
要」 熊野歴史研究会 （14) 2007.5

小畑村

年貢と雑税にあえいだ農民―加茂組小畑村池田家文書・青枝村文書より
探る(平成15年度文化財研究発表)（中谷澄雄)「きのくに文化財」 和
歌山県文化財研究会 （38) 2005.3

海草郡

覚書 和歌山県海草郡における青年会の成立(安藤精一)「紀州経済史文化
史研究所紀要」 和歌山大学紀州経済史文化史研究所 （33) 2012.12

学童疎開 苦闘の思い出 吉岡たすく先生に引率され海草郡(和歌山県)へ
(特集 国民学校と学童疎開70年)（松田尚士)「大阪春秋」 新風書房
42(1)通号154 2014.4

海南市

報告 国人加茂氏居城加茂城跡・南北朝期の姿をとどめる篠ヶ城跡・神田
城跡・九品寺城跡ほか(特集I 海南市(旧下津町)の城館跡)「和歌山城
郭研究」 和歌山城郭調査研究会 （11) 2012.4

関連論文 海南市域の中世史と城郭(特集I 海南市(旧下津町)の城館跡)
（岩倉哲夫)「和歌山城郭研究」 和歌山城郭調査研究会 （11) 2012.4

海南市の文化財(平成24年度文化財研究発表)（大峯登)「きのくに文化
財」 和歌山県文化財研究会 （46) 2013.3

偕楽園

偕楽園境にみえる「八詠」銘について(中村貞史)「和歌山地方史研究」
和歌山地方史研究会 （55) 2008.7

学習館

城下町若山書肆と藩校学習館(須山高明)「紀州経済史文化史研究所紀
要」 和歌山大学紀州経済史文化史研究所 通号20 2000.3

紀州藩校学習館督学の歴代(上)（須山高明)「和歌山県立文書館紀要」
和歌山県 （16) 2013.3

樫野埼灯台旧官舎

新登録文化財の紹介 樫野埼灯台旧官舎/みそや別館主家、土蔵及び離れ
座敷、下蔵/小林家住宅主屋、土蔵「きのくに文化財」 和歌山県文化
財研究会 （37) 2004.3

鹿島

『萬葉集』三名部の「鹿島」考(橋本観吉)「紀南・地名と風土研究会会
報」 紀南・地名と風土研究会 （47) 2010.9

笠田

実践報告 笠田歴史探訪フィールドウーク(山口康平)「和歌山地方史研
究」 和歌山地方史研究会 （60) 2011.3

桛田荘

桛田荘の調査と報告書(則竹雄一)「和歌山地方史研究」 和歌山地方史研
究会 44 2002.11

『紀伊国桛田荘』始末記―かつらぎ町史編集委員会との15年論争を中心
に(海津一朗)「紀州経済史文化史研究所紀要」 和歌山大学紀州経済
史文化史研究所 （32) 2011.12

『紀伊国桛田荘』覚書―書評の批判に答える、共同研究の行方(海津一
朗)「紀州経済史文化史研究所紀要」 和歌山大学紀州経済史文化史研

究所 (33) 2012.12

加太町

史料展示報告 戦前期海草郡加太町の小滝德五郎とアーカイブズ—海草郡の「郷土誌」と和歌山県県政資料 (藤本清二郎)「紀州経済史文化史研究所紀要」 和歌山大学紀州経済史文化史研究所 (23) 2003.3

勝浦

勝浦の魚 (新谷昊)「郷土」 郷土の文化を考える会 6 2004.12

文化二年前後の天満・勝浦の景観 (桑原康宏)「郷土」 郷土の文化を考える会 (7) 2007.12

旧葛城館

新登録文化財の紹介 尾崎家住宅/池庄漆器店主屋/旧葛城館「きのくに文化財」 和歌山県文化財研究会 (35) 2002.3

かつらぎ町

関連論文 古和田城と岸和田城—地名からのアプローチ (特集I 紀の川市北部・かつらぎ町 (旧花園村) の城郭跡) (田中伸幸)「和歌山城郭研究」 和歌山城郭調査研究会 (8) 2009.3

河南

特別報告 和歌山市河南に所在する幕末の台場の構造 (特集I 和歌山市域 (紀の川以南) の中近世城館跡調査報告 (城館跡・御殿跡・台場跡))「和歌山城郭研究」 和歌山城郭調査研究会 (12) 2013.4

株井峠

株井峠について (吉川壽洋)「紀南・地名と風土研究会会報」 紀南・地名と風土研究会 (33) 2003.7

上天野

扶桑国論—紀伊・上天野にみつけた (伊ヶ崎淑彦)「あしたづ : 河内の郷土文化サークルセンター特集誌」 河内の郷土文化サークルセンター (12) 2010.2

上富田

上富田吟行 (中瀬喜陽)「上富田文化財」 上富田文化の会 24 2005.3

上富田の文学 (中瀬喜陽)「上富田文化財」 上富田文化の会 24 2005.3

明治22年大洪水の推定水位標建立について (岩橋幸大)「上富田文化財」 上富田文化の会 25 2007.3

亀島

「志を継ぐ」ために…検証その1「亀島上陸、御船島周回」(《特集「大逆事件」と熊野の現代》—大石誠之助を中心に) (松尾一郎)「熊野誌」 熊野地方史研究会 (54) 2008.9

狩宿

名手狩宿の米騒動と諸階層—堀家文書群中堀正寿『日誌』を史料として (研究) (小田直寿)「和歌山地方史研究」 和歌山地方史研究会 (66) 2014.11

鰈川隧道

わたしたちの文化財 旧鰈川隧道 (武内雅人)「ヒストリア : journal of Osaka Historical Association」 大阪歴史学会 (239) 2013.8

河北

和歌山市地籍図目録II (河北編) (額田雅裕)「和歌山市立博物館研究紀要」 和歌山市教育委員会 通号20 2006.3

特別報告 和歌山市河北に所在する幕末の台場群 (特集 和歌山市域 (紀ノ川以北) の中近世城館跡調査報告 (城館跡・御殿跡・台場跡)) (角田誠)「和歌山城郭研究」 和歌山城郭調査研究会 (13) 2014.4

川端街道

近世・熊野川の舟行と川端街道 (大西為義)「熊野歴史研究 : 熊野歴史研究会紀要」 熊野歴史研究会 (10) 2003.5

熊野古道「川端街道」について (大西為義)「熊野歴史研究 : 熊野歴史研究会紀要」 熊野歴史研究会 (18) 2011.5

川辺町

川辺町・中津村・美山村の城館跡 (編集部)「和歌山城郭研究」 和歌山城郭調査研究会 (3) 2004.2

川湯温泉

川湯温泉覚書 (1),(2) (小渕ルリエ)「熊野誌」 熊野地方史研究会 (48)/(49) 2002.12/2003.12

官省符荘

室町幕府高野山領荘園における「分田支配」の確立過程—紀伊国官省符荘を事例として (小倉英樹)「地方研究」 地方史研究協議会 54 (1) 通号307 2004.2

紀伊

戦国時代紀伊関係年表 (弓倉弘年)「和歌山城郭研究」 和歌山城郭調査研究会 (2) 2003.3

豊臣期紀伊における検地と石高 (弓倉弘年)「南紀徳川史研究」 南紀徳川史研究会 8 2004.12

永正・大永期の畠山氏の抗争と「小峰城」—大和・河内・紀伊国境付近の城郭と関連づけて (岩倉哲夫)「和歌山城郭研究」 和歌山城郭調査研究会 (5) 2006.3

鉄の時代—王権の鉄・民衆の鉄・紀伊の鉄 (平成21年度文化財講座) (岩井顕彦)「きのくに文化財」 和歌山県文化財研究会 (43) 2010.3

紀伊における守護所の変遷 (弓倉弘年)「南紀徳川史研究」 南紀徳川史研究会 (9) 2010.6

紀伊における瓦器椀生産の地域性 (平成23年度修士論文要旨) (藤井克之)「花園史学」 花園大学史学会 (33) 2012.11

土丸城についての新史料—紀伊土屋家系図の記事 (廣田浩治)「泉佐野の歴史と今を知る会会報」 泉佐野の歴史と今を知る会 (324) 2014.12

紀伊大島

紀伊大島の里海魚族料理 (梅本信也, 岩谷知明)「熊野誌」 熊野地方史研究会 (52) 2006.12

紀伊路街道

熊野古道の旅 (13) 紀伊路街道と中辺路街道 (北山理)「泉佐野の歴史と今を知る会会報」 泉佐野の歴史と今を知る会 (232) 2007.4

紀伊国

紀伊国造次第について (寺西貞弘)「和歌山市立博物館研究紀要」 和歌山市教育委員会 (17) 2003.3

『紀伊国名所図会』出版の背景 (1)～(4) (江本英雄)「和歌山地方史研究」 和歌山地方史研究会 (47)/(51) 2004.5/2006.7

紀伊国中世武家居館伝承の形成に関する一事例 (高橋修)「和歌山城郭研究」 和歌山城郭調査研究会 (5) 2006.3

紀伊国における名主座について (上),(下) (薗部寿樹)「和歌山地方史研究」 和歌山地方史研究会 (58)/(59) 2010.2/2010.08

紀伊国造と日前宮縁起—多和文庫所蔵「日前宮神主紀伊国造系譜」について (鈴木正信)「香川県立文書館紀要」 香川県立文書館 (14) 2010.3

紀伊国造任官儀式の検討 (寺西貞弘)「和歌山地方史研究」 和歌山地方史研究会 (59) 2010.8

『紀伊国造次第』の書写方針と注記 (鈴木正信)「香川県立文書館紀要」 香川県立文書館 (15) 2011.3

畿内政権と紀伊国造—紀直氏と紀朝臣氏 (寺西貞弘)「和歌山地方史研究」 和歌山地方史研究会 (61) 2011.9

紀伊半島

紀伊半島南部における沿岸集落群の分類について (山本新平)「和歌山地理」 和歌山地理学会 (26) 2006.12

紀伊半島大水害のこと (特集 2011年台風12号) (松實豊繁)「熊野誌」 熊野地方史研究会 (61) 2014.12

紀伊半島大水害・避難所の記録より (特集 2011年台風12号) (丹羽達宗)「熊野誌」 熊野地方史研究会 (61) 2014.12

紀伊半島大水害—主婦の非・日常生活 覚え書き (特集 2011年台風12号) (守安美湖)「熊野誌」 熊野地方史研究会 (61) 2014.12

台風12号による紀伊半島豪雨水害から (特集 2011年台風12号) (上中章嘉)「熊野誌」 熊野地方史研究会 (61) 2014.12

地形・地質からみた紀伊半島大水害 (後誠介)「熊野誌」 熊野地方史研究会 (61) 2014.12

紀伊風土記の丘

移築民家の見学—紀伊風土記の丘 (平成25年度文化財講座) (寺本就一)「きのくに文化財」 和歌山県文化財研究会 (47) 2014.3

貴志川町

貴志川町観光案内 (2)～(4) (児玉順彦)「木の国」 木国文化財協会 28/30 2002.3/2004.3

紀州

伊勢国における紀州領 (前千雄)「熊野歴史研究 : 熊野歴史研究会紀要」 熊野歴史研究会 (8) 2001.5

紀州「惣国」研究の課題と展望 (《特集 雑賀・惣国の実体をさぐる》) (紀州惣国研究会, 川端泰幸, 坂本亮太, 野田阿紀子)「和歌山地方史研究」 和歌山地方史研究会 46 2003.10

知られざる機帆船の戦没、散華した紀州の船乗りたち (1) (野平陽一)「熊野誌」 熊野地方史研究会 (49) 2003.12

近世紀州で老いを支える (遊佐教寛)「和歌山県立文書館紀要」 和歌山県 (9) 2004.3

紀州の御庭焼 (1)～(3) (中村貞史)「和歌山地方史研究」 和歌山地方史研究会 (47)/(49) 2004.5/2005.7

紀州グループの顕彰碑、市民の手で建立 (〔大逆事件新史料紹介〕 (木村まき)「平出修研究」 平出修研究会 36 2004.6

秀吉の紀州攻めと積善寺城跡「テンプス : かいづか文化財だより」 貝塚市教育委員会 18 2004.7

近世後期紀州における歌集編纂の一端—『類題和歌清渚集』と『三熊野集』(中澤伸弘)「和歌山地方史研究」 和歌山地方史研究会 (48) 2004.11

近畿　　　　　　　　　　　　　地名でたどる郷土の歴史　　　　　　　　　　　　　和歌山県

紀州の難解な地名考(1)〜(3)(桑原康宏)「紀南・地名と風土研究会会報」　紀南・地名と風土研究会　(36)/(38) 2004.12/2005.12
江戸時代後期の紀州採薬記抄―小野蘭山・小原桃洞・畔田翠山の記録(花尻薫)「熊野誌」　熊野地方史研究会　(50) 2004.12
四国と紀州の史的関係(山口登志夫)「西南四国歴史文化論叢よど」　西南四国歴史文化研究会　(6) 2005.3
紀州の煎茶道について(西端里月)「木の国」　木国文化財協会　31 2005.3
紀州山本氏と近江源氏山本義経一族(小谷正、駒野裕佳)「和歌山県立文書館紀要」　和歌山県　(10) 2005.3
宝暦6(1756)年紀州船エトロフ島漂流記について(川上淳)「比較文化論叢：札幌大学文化学部紀要」　札幌大学文化学部　通号17　2006.3
銚子における紀州移民の定着と港町形成に果たした役割―とくに興野地区の特徴形成と大新旅館を例として(清水克志)「歴史地理学調査報告」　筑波大学人文社会科学研究科歴史・人類学専攻歴史地理学研究室　(12) 2006.3
岸和田と紀州とのつながり(田中伸幸)「紀南・地名と風土研究会会報」　紀南・地名と風土研究会　(41) 2007.7
移民史に残る紀州の真珠貝ダイバー―西オーストラリア　ブルームを訪ねて(東悦子)「紀州経済史文化史研究所紀要」　和歌山大学紀州経済史文化史研究所　(28) 2007.12
モノガタリの断層―中上健次と『紀州木の国・根の国物語』(鎌田小梅)「熊野誌」　熊野地方史研究会　(53) 2007.12
鉄砲伝来と紀州(平成19年度文化財講座)(太田宏一)「きのくに文化財」　和歌山県文化財研究会　(41) 2008.3
近世後期、紀州における鷹場の分布について(山下奈津子)「和歌山地方史研究」　和歌山地方史研究会　(55) 2008.7
伊勢国における紀州様鷹場と尾州様鷹場(井上正秀)「三重県史研究」　環境生活部　(24) 2009.3
地方史のひろば 紀州の書肆と出版あれこれ(2) 続近世紀州の「書商」補遺(1)(須山高明)「和歌山地方史研究」　和歌山地方史研究会　(58) 2010.2
文久元年の沿岸測量―イギリス軍艦の紀州沿岸測量顛末(桑原康宏)「熊野」　紀南文化財研究会　(139) 2010.11
文久元年の英艦による紀州沿岸測量―イギリス軍艦の紀州沿岸測量顛末(研究ノート)(桑原康宏)「和歌山地理」　和歌山地理学会　(29) 2010.12
応永7年の紀州「惣国」について(井関裕子)「史窓」　京都女子大学史学会　(68) 2011.2
紀州の山脈を歩いて(竹平巨嗣)「流れ谷」　流れ谷同志会　(27) 2011.7
鷹狩による統治効果―特に吉宗が引き継いだ紀州さんの鷹狩(井上正秀)「三重県史研究」　環境生活部　(27) 2012.3
紀州製火縄銃の特徴について―出来製の火縄銃(太田宏一)「和歌山市立博物館研究紀要」　和歌山市教育委員会　(27) 2013.1
幕末維新期の紀州徳川家「女中日記」について(資料紹介)(山下奈津子)「和歌山市立博物館研究紀要」　和歌山市教育委員会　(27) 2013.1
紀州の華岡流医術、大坂から全国へ「編纂所だより」　大阪市史編纂所　(40) 2013.3

紀州御殿
紀州御殿に関する一考察(特集II 和歌山城をめぐって)(高田徹)「和歌山城郭研究」　和歌山城郭調査研究会　(8) 2009.3

紀州藩
史料翻刻 紀州藩家老三浦家文書(5)〜(20)―江戸出府日記・御用番留帳(上村雅洋)「紀州経済史文化史研究所紀要」　和歌山大学紀州経済史文化史研究所　通号20/通号35　2003.3/2014.12
紀州藩御目付の記録『類集略記』(三尾八朔)「和歌山市史研究」　和歌山市教育委員会　(31) 2003.3
史料翻刻 紀州藩御目付の記録『類集略記』(1)(三尾八朔)「和歌山市史研究」　和歌山市教育委員会　(31) 2003.3
幕末期紀州藩における在夫徴発と村―長州戦争を中心に(豆田誠路)「和歌山地方史研究」　和歌山地方史研究会　(48) 2004.11
紀州藩付家老安藤・水野両家の拝領屋敷と家臣団(小山誉城)「南紀徳川史研究」　南紀徳川史研究会　8 2004.12
泉州助松村紀州家本陣田中家の家伝薬売り弘め(上)〜(下)―紀州藩領内における売薬行商の一形態(鈴木実)「和歌山地方史研究」　和歌山地方史研究会　(49)/(50) 2005.7/2005.9
近世における高野山と紀州藩―地士の分析を中心に(白井頌子)「高円史学」　高円史学会　(22) 2006.10
紀州藩の武術について(塩出峰生)「西條史談」　西條史談会　(70) 2007.5
近世後期の高野山再建活動と紀州藩(佐藤顕)「和歌山市立博物館研究紀要」　和歌山市教育委員会　通号26　2011.11
近世紀州藩における捕鯨業の展開(瀧本伊佐奈)「熊野誌」　熊野地方史研究会　(58) 2011.12
享保改革期における紀州藩地士の身上り運動と由緒(佐藤顕)「和歌山市立博物館研究紀要」　和歌山市教育委員会　(27) 2013.1
紀州藩における胡乱者改(研究)(白井陽子)「和歌山地方史研究」　和歌山地方史研究会　(64) 2013.5
宝永大地震と吉宗藩主期の復旧・防災(試論)(藤本清二郎)「紀州経済史文化史研究所紀要」　和歌山大学紀州経済史文化史研究所　(34) 2013.12
公開研究会報告 近世初期の紀州藩儒学とその特徴をめぐって「紀州経済史文化史研究所紀要」　和歌山大学紀州経済史文化史研究所　(35) 2014.12

紀州藩台場
『異船記』に見た「紀州藩」台場の特徴(水島大二)「和歌山城郭研究」　和歌山城郭調査研究会　(2) 2003.3
紀州藩「台場」の特徴を探る(水島大二)「城郭史研究」　日本城郭史学会，東京堂出版(発売) 24　2004.9

木造
地名・木造とバクチ(熊谷正朋)「紀南・地名と風土研究会会報」　紀南・地名と風土研究会　(34) 2003.12

紀勢線
熊野地方に見る産業遺構 紀勢線(尾鷲―串本)沿線のレールと橋梁を中心として(左近晴久)「熊野誌」　熊野地方史研究会　(50) 2004.12

奇絶峡
奇絶峡散策(杉中浩一郎)「紀南・地名と風土研究会会報」　紀南・地名と風土研究会　(50) 2012.9

北谷
史料紹介 明治二十二年水害記 川添村北谷 小森喜四郎筆(杉中浩一郎)「紀南・地名と風土研究会会報」　紀南・地名と風土研究会　(50) 2012.9

北山
熊野の城―北山一揆を中心に(佐分清親)「愛城研報告」　愛知中世城郭研究会　6 2002.8
北山一揆の事(森田秀)「流れ谷」　流れ谷同志会　(23) 2003.5
北山一揆と怪奇現象(西久保実)「流れ谷」　流れ谷同志会　(26) 2009.7
北山地区の圃場整備工事はじまる(児玉順彦)「木の国」　木国文化財協会　(33) 2010.3
北山一揆物語(坪井平二)「流れ谷」　流れ谷同志会　(27) 2011.7

北山村
"飛び地"北山村ほかの成立について(田中弘倫)「和歌山地理」　和歌山地理学会　(26) 2006.12
台風12号紀伊半島水害(当時の北山村)報告(特集 2011年台風12号)(藪本いづみ)「熊野誌」　熊野地方史研究会　(61) 2014.12

紀淡海峡
紀淡海峡の旧海軍海面砲台(角田誠)「和歌山城郭研究」　和歌山城郭調査研究会　(7) 2008.3

紀中
酒切手考―紀北・紀中を中心として(松田光広)「木の国」　木国文化財協会　30 2004.3

紀南
紀南地方の「ことば」と「伝説・民話」(3)、(4)(宮本恵司)「くちくまの」　紀南文化財研究会　116/117・118　2000.2/2000.8
『宇治拾遺物語』に見える紀南地方のことば[1]、(2)(宮本恵司)「くちくまの」　紀南文化財研究会　124/125　2003.5/2003.12
紀南の無住地(堀畑実)「紀南・地名と風土研究会会報」　紀南・地名と風土研究会　(42) 2007.12
『紀南の地名(二)』についての感想(杉中浩一郎)「紀南・地名と風土研究会会報」　紀南・地名と風土研究会　(45) 2009.7
部落史素描(3) 第二次世界大戦後の紀南で起きた最初の差別事件(藤井寿一)「熊野」　紀南文化財研究会　(140) 2011.5
市民に訴える 『紀南新聞』昭和37年1月9日〜11日掲載より(浜畑栄造)「熊野誌」　熊野地方史研究会　(57)(別冊) 2011.5
『大逆事件と紀南の初期社会主義者』の執筆から学んだこと(西郷章)「熊野誌」　熊野地方史研究会　(57)(別冊) 2011.5
紀南・地名と風土研究会会報 第50号記念号より 台風12号による災害と地名 小字地名や微細地名研究の必要性「日本地名研究所通信」　日本地名研究所　(75) 2012.10

紀の川
紀の川流域の小規模銀行―伊都銀行・那賀銀行・伊那合同銀行の軌跡(高嶋雅明)「紀州経済史文化史研究所紀要」　和歌山大学紀州経済史文化史研究所　(26) 2005.12

紀ノ川
紀ノ川流域の荘園と文化的景観(平成16年度文化財講座)(小山靖憲)「きのくに文化財」　和歌山県文化財研究会　(38) 2005.3

和歌山県　　　　　地名でたどる郷土の歴史　　　　　近畿

紀ノ川流域荘園における混作と出作(高木徳郎)「和歌山県立博物館研究紀要」 和歌山県立博物館 (12) 2006.8

紀ノ川の治水と紀州流の工法(平成17年度文化財研究発表)(中野榮治)「きのくに文化財」 和歌山県文化財研究会 (40) 2007.3

中世の市場と通行税─紀ノ川流域の市場と粉河市場(岩倉哲夫)「和歌山城郭研究」 和歌山城郭調査研究会 (13) 2014.4

紀の川市

特集 報告 紀の川市南部(河南)の城館跡「和歌山城郭研究」 和歌山城郭調査研究会 (7) 2008.3

根来寺・粉河寺・春日山城跡・古和田城跡・笠松城跡(特集Ⅰ 紀の川市北部・かつらぎ町(旧花園村)の城館跡)「和歌山城郭研究」 和歌山城郭調査研究会 (8) 2009.3

紀の川市・岩出市の道しるべ(平成24年度文化財研究発表)(矢野朋希)「きのくに文化財」 和歌山県文化財研究会 (46) 2013.3

きのくに

《特集 きのくに荘園踏査の現段階》「和歌山地方史研究」 和歌山地方史研究会 44 2002.11

特集にあたって「和歌山地方史研究」 和歌山地方史研究会 44 2002.11

きのくに「布袋図」二題(安永拓世)「木の国」 木国文化協会 30 2004.3

きのくに線

JRきのくに線 駅名・トンネル名物語(平成14年度文化財研究発表)(芝村勉)「きのくに文化財」 和歌山県文化財研究会 (37) 2004.3

紀北

酒切手考─紀北・紀中を中心として(松田光広)「木の国」 木国文化財協会 30 2004.3

紀北農村の「ええじゃないか」(安藤精一)「紀州経済史文化史研究所紀要」 和歌山大学紀州経済文化史研究所 (31) 2010.12

紀美野町

紀美野町の城郭跡(《特集Ⅱ 城郭調査報告 海草郡紀美野町》)「和歌山城郭研究」 和歌山城郭調査研究会 (6) 2007.3

展示会短評 和歌山県立博物館特別展「中世の村をあるく─紀美野町の歴史と文化」(大澤勇太，土山祐之，道村唯輔)「民衆史研究」 民衆史研究会 (82) 2011.12

桐原村

本藩領桐原村の貢租(廣本満)「熊野誌」 熊野地方史研究会 (50) 2004.12

串本

農山漁村対策の系譜─串本地方の村々の状況(中橋譲)「熊野誌」 熊野地方史研究会 (49) 2003.12

楠ノ久保

楠ノ久保(宇江敏勝)「紀南・地名と風土研究会会報」 紀南・地名と風土研究会 (39) 2006.7

九度山町

各城館跡の報告(特集Ⅰ 橋本市(旧高野口町)・伊都郡九度山町・高野町の城館跡)「和歌山城郭研究」 和歌山城郭調査研究会 (9) 2010.4

熊野

プロフィール「大逆事件」に連座した熊野・新宮地方の人たち(「新宮グループ」)「熊野誌」 熊野地方史研究会 46(別冊) 2001.10

口熊野・奥熊野の地名(2)(田中弘倫)「郷土」 郷土の文化を考える会 6 2004.12

物語の復権─なぜ今熊野なのか(金山明生)「国際熊野学会会報」 国際熊野学会 (1) 2005.6

大和探訪(51) 南紀の熊野と出雲の熊野(小川光三)「月刊大和路ならら」 地域情報ネットワーク 9(6)通号93 2006.6

近代文学と熊野・新宮─今年度の大会に寄せて(辻本雄一)「国際熊野学会会報」 国際熊野学会 (11) 2009.4

熊野川

近世・熊野川の舟行と川端街道(大西為義)「熊野歴史研究 ： 熊野歴史研究会紀要」 熊野歴史研究会 (10) 2003.5

熊野川は音無川だった(大西為義)「熊野歴史研究 ： 熊野歴史研究会紀要」 熊野歴史研究会 (14) 2007.5

覚書 熊野川の舟次(川伝馬)について(廣本満)「熊野誌」 熊野地方史研究会 (53) 2007.12

世界遺産「川の参詣道」熊野川─その魅力と活用(山本殖生)「きのくに文化財」 和歌山県文化財研究会 (38) 2009.3

熊野川呼称問題の歴史的経過とその背景(田中弘倫)「紀南・地名と風土研究会会報」 紀南・地名と風土研究会 (48) 2011.4

台風12号による災害と地名─熊野川・那智川流域の被害を中心に(田中弘倫)「紀南・地名と風土研究会会報」 紀南・地名と風土研究会

(50) 2012.9

熊野川数十年の移い(特集 2011年台風12号)(谷上嘉一)「熊野誌」 熊野地方史研究会 (61) 2014.12

熊野川町

旧本宮町・旧熊野川町に遺された熊野参詣道について(辻田友紀)「熊野」 紀南文化財研究会 (135) 2008.11

熊野古道

紹介 熊野古道に関する二書(堀純一郎)「くちくまの」 紀南文化財研究会 119 2001.3

熊野古道の旅(8)～(9) 大辺路街道(佐南順三)「泉佐野の歴史と今を知る会会報」 泉佐野の歴史と今を知る会 169/182 2002.3/2003.3

熊野古道を歩いて(権平康子)「新潟の生活文化 ： 新潟県生活文化研究会誌」 新潟県生活文化研究会 (10) 2004.2

熊野古道「曼陀羅の道コース」の考察(大西為義)「熊野誌」 熊野地方史研究会 (50) 2004.12

世界遺産 熊野古道を歩く(香川豊)「郷土の文化」 観音寺市郷土文化大学 30 2005.3

特集 世界遺産登録一周年「月刊大和路ならら」 地域情報ネットワーク 8(8)通号83 2005.8

熊野古道(仏坂・長井坂)案内記(木村甫)「いなづみ ： すさみ町文化財冊子」 すさみ町教育委員会 (14) 2007.3

熊野古道の旅(13) 紀伊路街道と中辺路街道(北山理)「泉佐野の歴史と今を知る会会報」 泉佐野の歴史と今を知る会 (232) 2007.4

消えた古道と岩神王子が語るもの(浅里耕一郎)「紀南・地名と風土研究会会報」 紀南・地名と風土研究会 (42) 2007.12

世界遺産 熊野古道ウォーク(橘田昭雄)「西上総文化会報」 西上総文化会 (68) 2008.3

熊野古道を歩く(樽井哲)「上州文化」 群馬県教育文化事業団 (125) 2011.2

名取市郷土史研究会との交流会/『熊野鬼伝説』/世界文化遺産「熊野古道」70kmを歩く─その伝播と定着/事務局より「熊歴情報」 熊野歴史研究会 (187) 2012.10

特集 熊野古道を行く「月刊歴史ジャーナル」 NPO法人尾道文化財研究所 (131) 2014.11

熊野路

熊野路ゆういんぐ(小村一郎)「江沼の久爾」 江沼地方史研究会 (48) 2003.4

熊野路の正月(根岸秀子)「横須賀文化財協会会報」 横須賀文化財協会 22 2004.3

熊野路を訪ねて(植木ケイ子)「栃木県立博物館友の会だより」 栃木県立博物館友の会 (42) 2007.1

熊野地村

熊野地村と王子(田中弘倫)「郷土」 郷土の文化を考える会 (7) 2007.12

黒島

2012年の黒島(吉田元重)「由良町の文化財」 由良町教育委員会 (40) 2013.3

黒江

紀州漆器黒江塗の魅力に触れる(移動歴史教室紀州漆器蒔絵体験教室)(西野民夫)「河内どんこう」 やお文化協会 (78) 2006.2

懸泉堂

懸泉堂の建物にみる地域文化(《特集 佐藤春夫と熊野》)(千森督子)「熊野誌」 熊野地方史研究会 (55) 2008.12

高津気

那智津浦町高津気における水管理と共同性に関する考察(湯崎真梨子，中島敦司)「和歌山地理」 和歌山地理学会 (29) 2010.12

高野街道

高野街道の村々─高野参詣道(平成22年度文化財研究発表)(東毅)「きのくに文化財」 和歌山県文化財研究会 (45) 2012.3

高野山

近世における高野山と紀州藩─地士の分析を中心に(白井頌子)「高円史学」 高円史学会 (22) 2006.10

高野山領村絵図の記載内容と山地の地形表現─西郷村絵図と貴志組絵図を中心として(額田雅裕)「和歌山市立博物館研究紀要」 和歌山市教育委員会 通号21 2007.3

天正19年の高野山領の検地について(前田正明)「和歌山地方史研究」 和歌山地方史研究会 (54) 2008.3

市外史跡めぐり 高野山から奈良大和路への旅(大島輝男)「史談足柄」 足柄史談会 46 2008.4

近世の高野山参拝記録(資料紹介)(磯部武男)「藤枝市史研究」 藤枝市市民文化部 (10) 2009.3

高野山勢力の城郭(特集Ⅰ 橋本市(旧高野口町)・伊都郡九度山町・高野

近畿　　　　　　　　　　　　　　　地名でたどる郷土の歴史　　　　　　　　　　　　　　　和歌山県

町の城館跡）（藤岡英礼）「和歌山城郭研究」　和歌山城郭調査研究会　（9）　2010.4

第293回例会講話 直江家と高野山 そして兼続公の「愛」（加藤昌人）「温故」　米沢温故会　（37）　2010.8

高野山の近代建築（川島智生）「近畿文化」　近畿文化会事務局　（730）　2010.9

中世の文書を読む―『高野山文書』を中心に［1］～（4）（平成22年度文化財講座）～（平成25年度文化財講座）（中村直人）「きのくに文化財」　和歌山県文化財研究会　（44）/（47）　2011.3/2014.3

戦国期の長滝・根来寺・高野山に関する新史料（廣岡浩治）「泉佐野の歴史と今を知る会会報」　泉佐野の歴史と今を知る会　（281）　2011.5

近世後期の高野山再建活動と紀州藩（佐藤顕）「和歌山市立博物館研究紀要」　和歌山市教育委員会　通号26　2011.11

高野山城

高野山城跡（仮称）の発見から（野田理）「和歌山城郭研究」　和歌山城郭調査研究会　（11）　2012.4

高野山町石道

熊野古道の旅（10）小辺路街道・高野山町石道（北山理）「泉佐野の歴史と今を知る会会報」　泉佐野の歴史と今を知る会　194　2004.2

高野町

各城館跡の報告（特集I 橋本市（旧高野口町）・伊都郡九度山町・高野町の城館跡）「和歌山城郭研究」　和歌山城郭調査研究会　（9）　2010.4

高野登山鉄道

明治44年発行「高野登山鐵道沿線遊覧案内」の挿入写真・図等について（松本弘）「河内長野市郷土研究会誌」　河内長野市郷土研究会　（54）　2012.4

虎臥城

二つの虎臥城（田中伸幸）「紀南・地名と風土研究会会報」　紀南・地名と風土研究会　（40）　2006.12

粉河

北林トモの粉河の家、写真見つかる―和大「ゾルゲ展」拾遺（永野基綱）「和歌山地方史研究」　和歌山地方史研究会　（49）　2005.7

粉河鋳物と鋳物師の系譜（平成18年度文化財研究発表）「きのくに文化財」　和歌山県文化財研究会　（41）　2008.3

粉河の豊臣蔵入地（研究ノート）（寺沢光世）「和歌山地方史研究」　和歌山地方史研究会　（61）　2011.9

古座川

古座川筋のイタダキ（小板橋淳）「熊野」　紀南文化財研究会　（144）　2013.6

古座川流域とその周辺の小規模鉱山群（自然編）（福田敏之, 後誠介）「熊野誌」　熊野地方研究会　（60）　2013.12

2011年9月の台風12号による古座川水害に関する聞き書き（特集 2011年台風12号）（梅本信也）「熊野誌」　熊野地方研究会　（61）　2014.12

古座小学校

史料紹介 和歌山県教育史関係史料（3）古座小学校開設当時の上申書（馬場一博）「和歌山地方史研究」　和歌山地方史研究会　45　2003.6

古座町

市町村合併と文書保存―本宮町・古座町の事例（《小特集 市町村合併にともなう行政文書保存》）（立花秀治）「和歌山地方史研究」　和歌山地方史研究会　（47）　2004.5

和歌山県教育史関係史料（4）古座町教育委員会保管文書（教育関係）と明治初期の教育法令（馬場一博）「和歌山地方史研究」　和歌山地方史研究会　（47）　2004.5

小白河

大白河・小白河という地名（吉川壽洋）「紀南・地名と風土研究会会報」　紀南・地名と風土研究会　（34）　2003.12

御鷹場村

〔資料紹介〕 会田家文書の「紀州御鷹場村絵図」について（兼子順）「紀要」　埼玉県立博物館　通号26　2001.3

琴ノ浦温山荘庭園

名勝琴ノ浦温山荘庭園―近代和風庭園としての特色と価値（平成22年度文化財講座）（粟野隆）「きのくに文化財」　和歌山県文化財研究会　（44）　2011.3

琴の滝

琴の滝俳句の里（田上久敏）「いなづみ ： すさみ町文化財冊子」　すさみ町教育委員会　7　2000.3

小林家住宅

新登録文化財の紹介 樫野埼灯台旧官舎/みそや別館主家、上蔵及び離れ座敷、下蔵/小林家住宅主屋、土蔵「きのくに文化財」　和歌山県文化財研究会　（37）　2004.3

小辺路

特集 世界遺産の古道小辺路を歩く「あかい奈良」　青垣出版, 星雲社（発売）　28　2005.6

熊野古道・小辺路を歩く（大木浩一）「下野史談」　下野史談会　（107）　2009.12

小辺路街道

熊野古道の旅（10）小辺路街道・高野山町石道（北山理）「泉佐野の歴史と今を知る会会報」　泉佐野の歴史と今を知る会　194　2004.2

熊野古道の旅（11）小辺路街道（伯母子峠越えコース・三浦峠越えコース）（北山理, 宮田克成）「泉佐野の歴史と今を知る会会報」　泉佐野の歴史と今を知る会　207　2005.3

熊野古道の旅（12）小辺路街道 大日越コース・果無峠越コース（北山理）「泉佐野の歴史と今を知る会会報」　泉佐野の歴史と今を知る会　（220）　2006.4

御坊市

御坊市の城館跡/日高郡印南町の城館跡「和歌山城郭研究」　和歌山城郭調査研究会　（4）　2005.2

御坊砲台

報告 御坊砲台跡「トーチカ」について（森崎順臣）「和歌山城郭研究」　和歌山城郭調査研究会　（11）　2012.4

高野坂

三輪崎・高野坂（新宮市）（田中弘倫）「紀南・地名と風土研究会会報」　紀南・地名と風土研究会　（43）　2008.7

雑賀

民衆史の跡をたどる（11）雑賀衆の遺跡を訪ねて（林耕二）「大阪民衆史研究」　大阪民衆史研究会　51　2002.8

中世雑賀の塩入荒野開発―日前宮領和太郷の塩垣・新溝（野田阿紀子）「和歌山地方史研究」　和歌山地方史研究会　（51）　2006.7

雑賀衆の鉄砲射撃法について（太田宏一）「和歌山市立博物館研究紀要」　和歌山市教育委員会　通号22　2008.3

織田信長の雑賀攻めについて（論文）（伊藤俊治）「和歌山城郭研究」　和歌山城郭調査研究会　（12）　2013.4

雑賀鉄砲衆「雑賀係市」の地に住んで（川村祥子）「会報いしばし」　石橋郷土史研究会　2013年秋季号　2013.9

雑賀崎

幕末の砲台（3）雑賀崎・友ヶ島の台場をめぐる（来村多加史）「近畿文化」　近畿文化会事務局　（777）　2014.8

雑賀惣国

雑賀惣国と織豊政権の戦い―雑賀惣国の結集を中心に（《特集 雑賀・惣国の実体をさぐる》）（播磨良紀）「和歌山地方史研究」　和歌山地方史研究会　46　2003.10

考古資料からみた雑賀・惣国（《特集 雑賀・惣国の実体をさぐる》）（北野隆亮）「和歌山地方史研究」　和歌山地方史研究会　46　2003.10

雑賀衆と雑賀一向衆（《特集 雑賀・惣国の実体をさぐる》）（武内善信）「和歌山地方史研究」　和歌山地方史研究会　46　2003.10

「文明十一年 飛鳥井殿下向之儀式」―惣国の風景（《特集 雑賀・惣国の実体をさぐる》）（海津一朗）「和歌山地方史研究」　和歌山地方史研究会　46　2003.10

栄

栄の有様を探る（川岸光司）「きのくに文化財」　和歌山県文化財研究会　（36）　2003.3

下里

奥熊野・口熊野の地名 下里（那智勝浦町）（田中弘倫）「紀南・地名と風土研究会会報」　紀南・地名と風土研究会　（45）　2009.7

里野

新谷健三氏のメモ―主として里野のことなど（木村甫）「いなづみ ： すさみ町文化財冊子」　すさみ町教育委員会　（14）　2007.3

佐本

佐本・大都河地区への電気導入記（和田耕）「いなづみ ： すさみ町文化財冊子」　すさみ町教育委員会　10　2003.3

大正・昭和初期の佐本の稲作（1）～（3）（和田耕）「いなづみ ： すさみ町文化財冊子」　すさみ町教育委員会　11/13　2004.3/2006.3

塩津

塩津という地名（吉川壽洋）「紀南・地名と風土研究会会報」　紀南・地名と風土研究会　（40）　2006.12

獅子岩

巨巌獅子岩の名について（桑原康宏）「紀南・地名と風土研究会会報」　紀南・地名と風土研究会　（40）　2006.12

寺中城

寺中城跡出土の常滑焼（《特集II 城郭調査報告 海草郡紀美野町》）（北野

和歌山県　　　地名でたどる郷土の歴史　　　近畿

隆亮)「和歌山城郭研究」　和歌山城郭調査研究会　(6)　2007.3

七里御浜

七里御浜の範囲と名称(大西為義)「熊野歴史研究 : 熊野歴史研究会紀要」　熊野歴史研究会　(17)　2010.5

芝崎

部落史素描(5) 南部町芝崎地区農民の小作争議(藤井寿一)「熊野」　紀南文化財研究会　(143)　2012.11

住持池

大門池・住持池に関する新史料(《特集 根来寺研究の成果と課題》)(梅田志保)「和歌山地方史研究」　和歌山地方史研究会　(50)　2005.9

手取城

手取城の表面調査による研究(《特集 手取城と玉置氏》)(白石博則)「和歌山城郭研究」　和歌山城郭調査研究会　(3)　2004.2

和佐玉置氏の城ネットワーク(《特集 手取城と玉置氏》)(野田理)「和歌山城郭研究」　和歌山城郭調査研究会　(3)　2004.2

近世における玉置氏 紀州日高川上荘手取城主玉置氏に関する基礎的文献よりの考察(2)(《特集 湯河氏と玉置氏》)(谷口敏雄)「和歌山城郭研究」　和歌山城郭調査研究会　(4)　2005.2

奉公衆としての玉置氏(その3・天正兵乱)—紀州日高河上荘手取城主玉置氏に関する基礎的文献よりの考察(9)(谷口敏雄)「和歌山城郭研究」　和歌山城郭調査研究会　(11)　2012.4

上戸川

上戸川主家平山本家の奕葉碑(木村甫)「いなづみ : すさみ町文化財冊子」　すさみ町教育委員会　10　2003.3

小豆島堤

断ち切られた小豆島堤(紀ノ川堤防)—緊急調査の概報(和歌山井堰研究会)「和歌山地方史研究」　和歌山地方史研究会　46　2003.10

勝楽寺

湯浅荘別所勝楽寺考—地方寺院と在地領主(高橋修)「和歌山地方史研究」　和歌山地方史研究会　45　2003.6

白浜

南方熊楠日記にみる白浜時代(濱岸宏一)「熊野」　紀南文化財研究会　通号131　2006.12

白浜町

明治22年大水害の新たな記録—白浜町内川幸夫家文書(桑原康宏)「紀南・地名と風土研究会会報」　紀南・地名と風土研究会　28　2000.12

白良浜

白良浜(しららはま)の語源解釈をめぐって(桑原康宏)「紀南・地名と風土研究会会報」　紀南・地名と風土研究会　(39)　2006.7

城之森城

資料紹介 東西牟婁郡の山城跡三箇所—城之森城跡・三尾川中村城跡・大谷城跡(堀口健弐, 平阪貞敏)「和歌山城郭研究」　和歌山城郭調査研究会　(10)　2011.4

新宮

プロフィール「大逆事件」に連座した熊野・新宮地方の人たち(「新宮グループ」)「熊野誌」　熊野地方史研究会　46(別冊)　2001.10

新宮水野家知行所(新宮領)の取米(廣本満)「熊野歴史研究 : 熊野歴史研究会紀要」　熊野歴史研究会　(9)　2002.5

新宮領の山家足軽(廣本満)「熊野誌」　熊野地方史研究会　(49)　2003.12

浅期紀州藩の城下町プラン—和歌山、田辺、新宮(水田義一)「和歌山地理」　和歌山地理学会　(23)　2003.12

「大逆事件」犠牲者紀州新宮グループ 峯尾節堂と三好鼻吉父子の生涯—未発表の遺稿と聞き取りを中心に(脇田憲一)「熊野誌」　熊野地方史研究会　(51)　2005.12

近代文学と熊野・新宮—今年度の大会に寄せて(辻本雄一)「国際熊野学会会報」　国際熊野学会　(11)　2009.4

伝承を訪ねる旅(3),(4) 新宮[1],(2) 渡来してきた人々と東征神話(堀井建市)「河内どんこう」　やお文化協会　(89)/(90)　2009.10/2010.2

新聞にみる誠之助・新宮の町(津沢豊志)「熊野誌」　熊野地方史研究会　(57)(別冊)　2011.5

ヤタガラスの弥之助の中上健次文学案内・新宮歩楽歩楽マップその3・解説「熊野誌」　熊野地方史研究会　(59)　2012.12

昭和21年新宮大火事の真相(脇村修子)「熊野誌」　熊野地方史研究会　(60)　2013.12

新宮川原町

大水から逃げる街—新宮川原町(1),(2)(丸山奈巳)「熊野誌」　熊野地方史研究会　(52)/(53)　2006.12/2007.12

新宮市

「大逆事件」顕彰碑建立へ—新宮市・西村記念館(池田千尋)「平出修研

究」　平出修研究会　35　2003.6

歴史随想 大逆事件—新宮市と浜松を結ぶ線(小池善之)「静岡県近代史研究会会報」　静岡県近代史研究会　(389)　2011.2

徐福の渡来伝説がある新宮市(「たより」124〜159号寄稿文)(西野光彦)「ひがし」　東区郷土史研究会　(12)　2012.1

新宮城

紀伊新宮城雑記—注目度と今後を追う(水島大二)「熊野誌」　熊野地方史研究会　(50)　2004.12

地震と城郭—新宮城の記録(《地震特集》)(水島大二)「熊野誌」　熊野地方史研究会　(53)　2007.12

新宮城「伝・鯱」の考察(水島大二)「和歌山城郭研究」　和歌山城郭調査研究会　(7)　2008.3

新宮城水之手曲輪関連遺構の可能性について(山本新平)「和歌山地方史研究」　和歌山地方史研究会　(54)　2008.3

絵葉書に写された新宮城(特集II 和歌山城をめぐって)(高田徹)「和歌山城郭研究」　和歌山城郭調査研究会　(9)　2010.4

新宮城の縄張り(特集II 和歌山城をめぐって)(堀口健弐)「和歌山城郭研究」　和歌山城郭調査研究会　(9)　2010.4

概略 水野家と新宮城(丹鶴城)について(特集 水野家と新宮城(丹鶴城))(山崎泰)「熊野誌」　熊野地方史研究会　(57)　2010.10

丹鶴姫異聞(特集 水野家と新宮城(丹鶴城))(紀和鏡)「熊野誌」　熊野地方史研究会　(57)　2010.10

紀伊新宮城を解く(4) 浅野期新宮城跡を追う—石垣から見た変遷史(特集 水野家と新宮城(丹鶴城))(水島大二)「熊野誌」　熊野地方史研究会　(57)　2010.10

明治・大正・昭和・平成期の水野家と新宮城(丹鶴城)(特集 水野家と新宮城(丹鶴城))(山崎泰)「熊野誌」　熊野地方史研究会　(57)　2010.10

追想散歩 丹鶴城近辺、我が家の辺り(特集 水野家と新宮城(丹鶴城))(倉本隆之)「熊野誌」　熊野地方史研究会　(57)　2010.10

紀伊新宮城残存石垣を観る(特集I 新宮城跡と城下町をめぐって)(水島大二)「和歌山城郭研究」　和歌山城郭調査研究会　(10)　2011.4

新宮鉄道

新宮鉄道の形成と展開(完)(左近晴久)「熊野誌」　熊野地方史研究会　(47)　2002.1

株主構成を中心に見た、新宮鉄道の形成と展開(左近晴久)「熊野誌」　熊野地方史研究会　(60)　2013.12

新庄村

田辺万代記に見る新庄村—塩田(1),(2)(榎本修造)「くちくまの」　紀南文化財研究会　124/125　2003.5/2003.12

『万代記』『御用留』に見る江戸時代の新庄村(1)—戸数・人口および庄屋(榎本修造)「くちくまの」　紀南文化財研究会　126　2004.5

『万代記』『御用留』に見る江戸時代の新庄村(2)—商人(榎本修造)「くちくまの」　紀南文化財研究会　127　2004.12

『万代記』『御用留』に見る江戸時代の新庄村(2の2)—商人(榎本修造)「くちくまの」　紀南文化財研究会　128　2005.5

『万代記』『御用留』に見る江戸時代の新庄村(3)—農業(榎本修造)「くちくまの」　紀南文化財研究会　129　2005.11

『万代記』『御用留』に見る江戸時代の新庄村(4) 海運業(榎本修造)「熊野」　紀南文化財研究会　通号130　2006.5

資料紹介 原稿「新庄村合併の就て」南方熊楠筆(和歌山県立博物館蔵)(竹中康彦)「和歌山県立博物館研究紀要」　和歌山県立博物館　(15)　2009.3

新田辺市

参考 江戸末期からの新田辺市域行政村名の変遷(桑原康宏)「紀南・地名と風土研究会会報」　紀南・地名と風土研究会　(37)　2005.7

森林鉄道

大塔山の森林鉄道(植甲一夫)「熊野誌」　熊野地方史研究会　(60)　2013.12

水軒堤防

養翠園と水軒堤防(平成19年度文化財講座)(藤井清, 佐々木宏治, 御船達雄)「きのくに文化財」　和歌山県文化財研究会　(41)　2008.3

すさみ

田辺万代記に見るすさみのこと(1),(2)(木村甫)「いなづみ : すさみ町文化財冊子」　すさみ町教育委員会　9/10　2002.3/2003.3

周参見浦

周参見浦漂流人に関しての覚書(杉中浩一郎)「熊野」　紀南文化財研究会　(134)　2008.5

周参見港

周参見港の「みなとの文化」について(木村甫)「いなづみ : すさみ町文化財冊子」　すさみ町教育委員会　(16)　2010.3

周参見村

大正後期から昭和初期における「周参見村報」(1)～[4](最終回)(田上久敏)「いなづみ：すさみ町文化財冊子」 すさみ町教育委員会 9/12 2002.3/2005.3

周参見浦村定め連印帳(木村甫)「いなづみ：すさみ町文化財冊子」 すさみ町教育委員会 10 2003.3

すさみ町

すさみ町周遊吟行案内(田上久敏)「いなづみ：すさみ町文化財冊子」 すさみ町教育委員会 (13) 2006.3

隅田荘

隅田荘の調査と報告書(中村直人)「和歌山地方史研究」 和歌山地方史研究会 44 2002.11

隅田党城館

隅田党城館跡を探す(田中伸幸)「紀南・地名と風土研究会会報」 紀南・地名と風土研究会 (49) 2012.1

住吉街道

松原の史蹟と伝説(18) 新堂村の住吉街道(斜向道路跡)(出水睦己)「河内どんこう」 やお文化協会 (80) 2006.10

太地浦

熊野太地浦における捕鯨業の展開(西濱広亮)「熊野誌」 熊野地方史研究会 (49) 2003.12

太地町

太地における捕鯨銃砲類の導入―太地町立くじらの博物館所蔵捕鯨銃砲コレクション解説(《特集 有形民俗資料の最新事情》)(櫻井敬人)「和歌山地方史研究」 和歌山地方史研究会 (56) 2009.2

大門池

大門池・住持池に関する新史料(《特集 根来寺研究の成果と課題》)(梅田志保)「和歌山地方史研究」 和歌山地方史研究会 (50) 2005.9

高雄

新町名に「高雄一～三丁目」(2010.4.24.紀伊民報)「紀南・地名と風土研究会会報」 紀南・地名と風土研究会 (47) 2010.9

高雄山

高雄山伝説―和気清麻呂が鷹を弔う話を追う(吹場克之)「紀南・地名と風土研究会会報」 紀南・地名と風土研究会 (38) 2005.12

高原

熊野街道中辺路の旧宿場・高原の今昔(吹揚克之)「紀南・地名と風土研究会会報」 紀南・地名と風土研究会 (32) 2002.12

高松

南紀高松焼再考(中村貞史)「和歌山地方史研究」 和歌山地方史研究会 45 2003.6

滝尻王子

表紙 滝尻王子付近の景色 昭和初期か「紀南・地名と風土研究会会報」 紀南・地名と風土研究会 (52) 2013.11

滝の拝

地名「滝の拝」について(吉川壽洋)「紀南・地名と風土研究会会報」 紀南・地名と風土研究会 (43) 2008.7

田尻城

城跡の保存と活用 中津村田尻城跡(堂代峻男)「和歌山城郭研究」 和歌山城郭調査研究会 (3) 2004.2

立花

「立花」地名(吉川壽洋)「紀南・地名と風土研究会会報」 紀南・地名と風土研究会 (47) 2010.9

田辺

田辺領における皮田頭の行刑罰裁量権について(芝英一)「くちくまの」 紀南文化財研究会 116 2000.2

近世田辺領における心中死の取扱いと身分制(芝英一)「くちくまの」 紀南文化財研究会 117・118 2000.8

近世田辺領における皮田頭(牢番頭)制度と牢役制度の展開(芝英一)「くちくまの」 紀南文化財研究会 119 2001.3

近世田辺領における捨子の取扱いと身分制度(芝英一)「くちくまの」 紀南文化財研究会 120・121 2001.9

近世田辺領における殖産興業政策の展開と皮田農民の出作(移住)(芝英一)「くちくまの」 紀南文化財研究会 122 2002.6

万代記及御用留、田辺大帳のこと(再録)「田辺文化財」 田辺市教育委員会 43 2003.3

江戸時代・田辺の人口推移「田辺文化財」 田辺市教育委員会 43 2003.3

近世田辺領における追放刑(流罪)について(1)～(4),(6)―田辺の町と田辺組を中心に(芝英一)「くちくまの」 紀南文化財研究会 124/129 2003.5/2005.11

浅野期紀州藩の城下町プラン―和歌山、田辺、新宮(水田義一)「和歌山地理」 和歌山地理学会 (23) 2003.12

紀州藩田辺領近世狼煙場についての研究(新谷和之)「和歌山城郭研究」 和歌山城郭調査研究会 (4) 2005.2

熊野の田辺時代(その幕開け)(濱岸宏一)「熊野」 紀南文化財研究会 通号130 2006.5

近世田辺領における追放刑(流罪)について(7) 博奕の罪による田辺城下追放(芝英一)「熊野」 紀南文化財研究会 通号132・133 2007.12

和歌山県下における明治期の豪商たち―田辺を中心とした地域を対象として(須山高明)「和歌山県立文書館紀要」 和歌山県 (13) 2008.3

近世田辺領における追放刑(流罪)について―田辺の町と田辺組を中心に(芝英一)「熊野」 紀南文化財研究会 (135) 2008.11

近世田辺領における追放刑(流罪)について―田辺組追放(芝英一)「熊野」 紀南文化財研究会 (136) 2009.5

近世田辺領における追放刑(流罪)について―居町追放(芝英一)「熊野」 紀南文化財研究会 (137) 2009.11

近世田辺領における追放刑(流罪)について―居村追放(上),(下)(芝英一)「熊野」 紀南文化財研究会 (138)/(139) 2010.5/2010.11

「田辺十二景」について(堀純一郎)「紀南・地名と風土研究会会報」 紀南・地名と風土研究会 (47) 2010.9

近世田辺の追放刑序説(芝英一)「熊野」 紀南文化財研究会 (140) 2011.5

備長炭の創始者は誰か(中瀬喜陽)「紀南・地名と風土研究会会報」 紀南・地名と風土研究会 (50) 2012.9

近世田辺領の今高制・上ヶ知制、上ヶ米制序説(1)～(4)(芝英一)「熊野」 紀南文化財研究会 (144)/(147) 2013.6/2014.11

田辺港

田辺港引揚げの回想―原地の婦女子を引率して(井上尚)「くちくまの」 紀南文化財研究会 117・118 2000.8

田辺市

『紀伊民報』(田辺市関係)記事索引(昭和33年・上),(昭和33年・下)(池田孝雄)「田辺市史研究」 田辺市史編さん室 15/16 2003.3/2004.3

田辺町

「万代記」「田辺町大帳」「御用留」(概説)「田辺文化財」 田辺市教育委員会 43 2003.3

「万代記」「田辺町大帳」「御用留」にみる江戸時代の田辺「田辺文化財」 田辺市教育委員会 43 2003.3

「万代記」「田辺町大帳」「御用留」にみる田辺近世年譜「田辺文化財」 田辺市教育委員会 43 2003.3

南方熊楠と田辺町の米騒動(池田孝雄)「熊野」 紀南文化財研究会 (134) 2008.5

田辺藩

元田辺藩家老邸の瓦(吹揚克之)「紀南・地名と風土研究会会報」 紀南・地名と風土研究会 (40) 2006.12

田辺本町

部落史素描(2) 田辺本町新蔵召捕り一件の深層(藤井寿一)「熊野」 紀南文化財研究会 (139) 2010.11

血深城

白浜町 血深城跡(報告)(増山政昭)「和歌山城郭研究」 和歌山城郭調査研究会 (12) 2013.4

町石

高野山町石にみる石造物の紀年銘(コラム)(前田治幸)「ぷい&ぷい：日本史史料研究会会報」 日本史史料研究会企画部 4 2008.8

箸折峠

中辺路の箸折峠―地名と現地の由来(杉中浩一郎)「紀南・地名と風土研究会会報」 紀南・地名と風土研究会 (38) 2005.12

天満

東南海地震で津波にあった那智勝浦天満の惨状(《地震特集》)―聞取り調査)(二河通夫)「熊野誌」 熊野地方史研究会 (53) 2007.12

東家

橋本・東家の渡し(平成19年度文化財研究発表)(東毅)「きのくに文化財」 和歌山県文化財研究会 (42) 2009.3

富田川

富田川中流域における農具の地域的特色(加藤幸治)「上富田文化財」 上富田文化の会 24 2005.3

明治22年富田川大洪水推定水位(冨貴建男)「上富田文化財」 上富田文化の会 25 2007.3

富田川伝染病院

富田川伝染病院の残映(岡本勇)「上富田文化財」 上富田文化の会 25 2007.3

富安川
富安川と善童子王子（塩路正）「紀南・地名と風土研究会会報」 紀南・地名と風土研究会 （40） 2006.12

どめき
「どめき」という地名（吉川壽洋）「紀南・地名と風土研究会会報」 紀南・地名と風土研究会 （46） 2010.1

友ヶ島
旧海軍の技術による昭和期の煉瓦造建築―舞鶴・豊川・友ヶ島（水野信太郎，野口英一朗，天野武弘）「産業遺産研究」 中部産業遺産研究会事務局 （10） 2003.5
友ヶ島の穹窖式砲台について（〈特集II 城郭調査報告 海草郡紀美野町〉）（角田誠）「和歌山城郭研究」 和歌山城郭調査研究会 （6） 2007.3
幕末の砲台（3） 雑賀崎・友ヶ島の台場をめぐる（来村多加史）「近畿文化」 近畿文化会事務局 （777） 2014.8

友ヶ嶋
資料紹介 御台場普請に関する史料について―友ヶ嶋の御台場を中心に（高橋克伸）「和歌山市立博物館研究紀要」 和歌山市教育委員会 通号26 2011.11

鞆淵荘
鞆淵荘の調査と報告書（山陰加春夫）「和歌山地方史研究」 和歌山地方史研究会 44 2002.11
中世の荘園と惣―紀伊国鞆淵荘の変遷（似鳥雄一）「歴史民俗」 早稲田大学第二文学部歴史・民俗系専修 （6） 2008.12

鳥屋城
文献からみた鳥屋城（特集II 有田郡有田川町（旧清水町・旧吉備町・旧金屋町）の城館跡）（新谷和之）「和歌山城郭研究」 和歌山城郭調査研究会 （10） 2011.4

長井坂
熊野古道（仏坂・長井坂）案内記（木村甫）「いなづみ ： すさみ町文化財冊子」 すさみ町教育委員会 （14） 2007.3

長井村
太田組長井村の本田と新田（廣本満）「熊野誌」 熊野地方史研究会 （55） 2008.12

那賀郡
和歌山県那賀郡における道しるべ分布とその地域的特徴（矢野朋希）「和歌山地理」 和歌山地理学会 （27） 2007.12
明治期の和歌山県那賀郡における北米輸出に伴う柑橘産地の変容（「近代の歴史地理・再考」特集号）（花木宏直）「歴史地理学」 歴史地理学会，古今書院（発売） 53（1）通号253 2011.1
畠山守護期、紀伊国那賀郡奉行館に関する試論（論文）（岩倉哲夫）「和歌山城郭研究」 和歌山城郭調査研究会 （12） 2013.4

長滝
戦国期の長滝・根来寺・高野山に関する新史料（廣田浩治）「泉佐野の歴史と今を知る会会報」 泉佐野の歴史と今を知る会 （281） 2011.5

中津村
川辺町・中津村・美山村の城館跡（編集部）「和歌山城郭研究」 和歌山城郭調査研究会 （3） 2004.2
グリーンツーリズムにおける体験型観光の地域展開―和歌山県旧中津村地区を事例として（湯崎真梨子）「和歌山地理」 和歌山地理学会 （26） 2006.12

中ノ城
中ノ城の存在意義（〈特集II 城郭調査報告 海草郡紀美野町〉）（野田理）「和歌山城郭研究」 和歌山城郭調査研究会 （6） 2007.3

中野城
関連論文 織田信長の雑賀攻めと中野城（新谷和之）「和歌山城郭研究」 和歌山城郭調査研究会 （13） 2014.4

中辺路
熊野街道中辺路の旅籠（吹揚克之）「紀南・地名と風土研究会会報」 紀南・地名と風土研究会 （41） 2007.7
古道中辺路の地名―『紀南の地名』補遺（杉中浩一郎）「紀南・地名と風土研究会会報」 紀南・地名と風土研究会 （47） 2010.9
大正中期の中辺路通行―近露吉田屋に宿った人々（杉中浩一郎）「熊野」 紀南文化財研究会 （144） 2013.6

中辺路街道
熊野古道の旅（13） 紀伊路街道と中辺路街道（北山理）「泉佐野の歴史と今を知る会会報」 泉佐野の歴史と今を知る会 （232） 2007.4
熊野古道の旅（14） 中辺路街道（上），（下）（北山理）「泉佐野の歴史と今を知る会会報」 泉佐野の歴史と今を知る会 （243）／（244） 2008.3/2008.4

中辺路町
田辺市中辺路町、三番組伝馬庄屋の不始末―御用状損傷事件と、その結末（吹揚克之）「紀南・地名と風土研究会会報」 紀南・地名と風土研究会 （46） 2010.1

中村
旧富田荘中村の集落景観の復原について（研究ノート）（山本新平）「和歌山地方史研究」 和歌山地方史研究会 （62） 2012.3

名倉村
官省符庄名倉村について―市場との関わりと結び付けて（岩倉哲夫）「和歌山地方史研究」 和歌山地方史研究会 46 2003.10

那智
那智の里（越水暢之）「郷土」 郷土の文化を考える会 6 2004.12

那智勝浦町
口熊野・奥熊野の地名―那智勝浦町を中心に（田中弘倫）「紀南・地名と風土研究会会報」 紀南・地名と風土研究会 （46） 2010.1

那智川
台風12号による災害と地名―熊野川・那智川流域の被害を中心に（田中弘倫）「紀南・地名と風土研究会会報」 紀南・地名と風土研究会 （50） 2012.9

那智三瀑
野呂介石筆「那智三瀑図」について（安永拓世）「木の国」 木国文化財協会 31 2005.3

名手市場
御徒浪人について―紀の川市名手市場・堀家文書より（研究）（白井陽子）「和歌山地方史研究」 和歌山地方史研究会 （65） 2014.3

鍋倉山城
御坊市鍋倉山城（〈特集II 城郭調査報告 海草郡紀美野町〉）（野田理）「和歌山城郭研究」 和歌山城郭調査研究会 （6） 2007.3

成川
近世を中心にした成川について―慶長検地帳等を参考に（大西爲義）「熊野誌」 熊野地方史研究会 （60） 2013.12

南紀
「南紀」と「愛宕」について（内山汎）「古代史の海」 「古代史の海」の会 （38） 2004.12
南紀に旅して一曾遊の地南紀・南方熊楠翁の事ども（沢田秀三郎）「扣之帳」 扣之帳刊行会 （46） 2014.12

南紀新しき村
大逆事件と南紀新しき村（《特集 「大逆事件」と熊野の現代》）（中田重顕）「熊野誌」 熊野地方史研究会 （54） 2008.9

南紀男山
南紀男山焼と陶工光川仙馬（土屋政吉）（平成19年度文化財講座）（垣内貞）「きのくに文化財」 和歌山県文化財研究会 （41） 2008.3

西浜村
「城下町世界」西浜村の景観と開発―紀州「水軒堤防」築造の前提（藤本清二郎）「紀州経済史文化史研究所紀要」 和歌山大学紀州経済史文化史研究所 （31） 2010.12
研究ノート 慶長検地帳の復原の試み―西浜村元禄名寄帳から（藤本清二郎，白井陽子）「紀州経済史文化史研究所紀要」 和歌山大学紀州経済史文化史研究所 （31） 2010.12

西浜村水軒堤防
江戸期、城下近郊海浜部の防災堤防―紀州西浜村水軒堤防の築造期を中心に（藤本清二郎）「紀州経済史文化史研究所紀要」 和歌山大学紀州経済史文化史研究所 （26） 2005.12

西牟婁郡
史料紹介 「和歌山県西牟婁郡一覧概表」（ふじいとしかず）「和歌山地方史研究」 和歌山地方史研究会 43 2002.8

西山
平成23年9月4日 真夜中の金山西山地区災害（特集 2011年台風12号）（永井充吉）「熊野誌」 熊野地方史研究会 （61） 2014.12

入山城
紀伊入山城について（山下晃誉）「和歌山城郭研究」 和歌山城郭調査研究会 （7） 2008.3

根皆田川
明治の大水害と根皆田川の川替（谷本圭司）「くちくまの」 紀南文化財研究会 122 2002.6

根来
「根来政権」と民衆（1）～（9）（井田寿邦）「泉佐野の歴史と今を知る会会報」 泉佐野の歴史と今を知る会 （253）／（265） 2009.1/2010.01
わたしたちの文化財 根来の城、発見と保存の意義（海津一朗）「ヒストリ

ア ： journal of Osaka Historical Association」 大阪歴史学会
（227）2011.8

根来の城の発見（特集II 根来寺の「要害」）（武内雅人）「和歌山城郭研究」
和歌山城郭調査研究会 （11）2012.4

根来街道

根来街道について（平成21年度文化財研究発表）（長谷正紀）「きのくに
文化財」 和歌山県文化財研究会 （44）2011.3

根来寺

根来寺遺跡をめぐる現状について（根来寺部会）「和歌山地方史研究」 和
歌山地方史研究会 （48）2004.11

紀州根来寺と備前焼（本多元成）「備前市歴史民俗資料館紀要」 備前市歴
史民俗資料館 （7）2005.9

根来寺境内、国史跡となる（竹田博昭）「泉佐野の歴史と今を知る会会報」
泉佐野の歴史と今を知る会 （234）2007.6

根来寺を訪ねて四国を知る（石井利邦）「郷土の文化」 観音寺市郷土文化
大学 2 2008.3

鳥取荘山中谷と根来寺—戦国期の新出古文書紹介（廣田浩治）「泉佐野の
歴史と今を知る会報」 泉佐野の歴史と今を知る会 （271）2010.7

戦国期の長滝・根来寺・高野山に関する新史料（廣田浩治）「泉佐野の歴
史と今を知る会報」 泉佐野の歴史と今を知る会 （281）2011.5

報告 北陸及び飛騨における寺院城郭（類似）遺構（特集II 根来寺の「要
害」）（佐伯哲也）「和歌山城郭研究」 和歌山城郭調査研究会 （11）
2012.4

直川

地名からの推察—和歌山市直川と六十谷—「殿芝」と「中尾城山」（水島
大二）「あかね」 御坊文化財研究会 （29）2003.7

野田原村

天正一九年安楽川村検地帳・天正一九年野田原村検地帳（特集 "あらか
わ"の新資料）（前田正明）「和歌山県立博物館研究紀要」 和歌山県立
博物館 （17）2011.3

早藤

地名「早藤」について（吉川壽洋）「紀南・地名と風土研究会会報」 紀
南・地名と風土研究会 （39）2006.7

橋本

橋本地域の戦国史と城郭（続）（岩倉哲夫）「和歌山城郭研究」 和歌山城
郭調査研究会 （10）2011.4

橋本市

明治期の種痘普及と大坂の除痘館—和歌山県橋本市の一事例（古西義
麿）「洋学 ： 洋学史学会研究年報」 洋学史学会 通号13 2005.3

橋本地域の戦国史と城郭（特集I 橋本市（旧高野口町）・伊都郡九度山町・
高野町の城館跡）（岩倉哲夫）「和歌山城郭研究」 和歌山城郭調査研究
会 （9）2010.4

八草の滝

八草の滝に関して（小板橋淳）「熊野」 紀南文化財研究会 （140）2011.5

土生

川辺町大字土生・江川、印南町印南の小字地名（御坊文化財研究会地名
調査班）「あかね」 御坊文化財研究会 （30）2004.9

芳養

芳養に残る「袖すり岩」「腰かけ岩」について（岡本巌）「くちくまの」
紀南文化財研究会 116 2000.2

比井崎

紀州比井崎の漁撈習俗と信仰（裏直記）「帝塚山大学大学院人文科学研究
科紀要」 帝塚山大学大学院人文科学研究科 （10）2008.2

日置川

日置川の丸太流し—狩り川の話（吹揚克之）「紀南・地名と風土研究会会
報」 紀南・地名と風土研究会 （47）2007.12

日置川の筏と筏師の道（小板橋淳）「熊野」 紀南文化財研究会 （137）
2009.11

日置川流域の三大水害（特集 2011年台風12号）（廣本満）「熊野誌」 熊野
地方史研究会 （61）2014.12

日高

日高地方の土地台帳調査から（谷口恒一）「あかね」 御坊文化財研究会
（30）2004.9

近世のはじまり—日高地方の寺社と城（小出潔）「あかね」 御坊文化財研
究会 （32）2008.5

江戸時代の旅と宿—日高地方の場合（小出潔）「あかね」 御坊文化財研究
会 （33）2009.12

紀州日高・竜神のよく話される語と語尾（小路順）「あかね」 御坊文化財
研究会 （33）2009.12

紀州藩家老牧野長虎の幕府提訴事件と日高（小山誓城）「あかね」 御坊文
化財研究会 （34）2011.12

日高川

歴史散歩シリーズ（3）日高川流域の史跡と城跡を歩く（吉田亘）「和歌山
城郭研究」 和歌山城郭調査研究会 （3）2004.2

日高郡

日高町・由良町の中世城館跡（《特集 日高郡日高町・由良町の中世城館
跡》）（編集部）「和歌山城郭研究」 和歌山城郭調査研究会 （2）
2003.3

日高町・美浜町・由良町の中世城館の築城主体とその意図（《特集 日高
郡日高町・由良町の中世城館跡》）（白石博則）「和歌山城郭調査研究
会」 和歌山城郭調査研究会 （2）2003.3

紀州日高郡の造酒屋仲間について（山崎竜洋）「和歌山県立文書館紀要」
和歌山県 （13）2008.3

日高別院

歴史散歩シリーズ（4）三つの御坊を探る—日高別院から古寺内、そして
吉原御坊へ「和歌山城郭研究」 和歌山城郭調査研究会 （4）2005.2

雲雀山

もう一つの雲雀山にちなんで（平成12年度文化財研究発表）（田中治）
「きのくに文化財」 和歌山県文化財研究会 （35）2002.3

兵生

廃村兵生の今昔（杉中浩一郎）「紀南・地名と風土研究会会報」 紀南・地
名と風土研究会 （41）2007.7

熊楠滞在の兵生の製板所について（中瀬喜陽）「紀南・地名と風土研究会
会報」 紀南・地名と風土研究会 （43）2008.7

兵生は兵主（吉川壽洋）「紀南・地名と風土研究会会報」 紀南・地名と風
土研究会 （53）2014.4

平岩城

高野山領における城内ルートについて—特に平岩城の縄張りを中心に
（《特集II 城郭調査報告 海草郡紀美野町》）（藤岡英礼）「和歌山城郭研
究」 和歌山城郭調査研究会 （6）2007.3

平間

部落史素描 平間日新社の設立時期についての基礎的考察（藤井寿一）「熊
野」 紀南文化財研究会 （137）2009.11

広川町

報告 有田郡湯浅町・広川町の城館跡／有田郡の幕末海防遺跡雑感「和歌
山城郭研究」 和歌山城郭調査研究会 （5）2006.3

吹上

吹上の地名と姓の探訪（吹揚克之）「紀南・地名と風土研究会会報」 紀
南・地名と風土研究会 （34）2004.7

視点 紀州吹上非人村初代長吏・転びキリシタン久三郎「大阪の部落史通
信」 大阪の部落史委員会 34 2004.1

藤谷城

和佐玉置氏城館群と伝藤谷城跡を考える（水島大二）「あかね」 御坊文化
財研究会 （34）2011.12

藤原城

すさみ町藤原城の縄張り（報告）（堀口健弐）「和歌山城郭研究」 和歌山
城郭調査研究会 （12）2013.4

古寺内

歴史散歩シリーズ（4）三つの御坊を探る—日高別院から古寺内、そして
吉原御坊へ「和歌山城郭研究」 和歌山城郭調査研究会 （4）2005.2

平治川

廃村平治川の残照（杉中浩一郎）「紀南・地名と風土研究会会報」 紀南・
地名と風土研究会 （49）2012.1

卜半町

古文書をひも解く 和歌山にある「卜半町（ぼくはんまち）」の名前の由
来「テンプス ： かいづか文化財だより」 貝塚市教育委員会 （25）
2006.4

仏坂

ある林地所有者への要望書—仏坂の世界遺産登録に関して（杉中浩一
郎）「くちくまの」 紀南文化財研究会 123 2002.10

熊野古道（仏坂・長井坂）案内記（木村甫）「いなづみ ： すさみ町文化
冊子」 すさみ町教育委員会 （14）2007.3

堀止

「堀止」かいわいを歩く（三尾功）「木の国」 木国文化財協会 30 2004.3

本宮

『雑囊風土記』を追う—本宮地区の石像物再調査（堀敏実）「紀南・地名と
風土研究会会報」 紀南・地名と風土研究会 （52）2013.11

本宮町

市町村合併と文書保存—本宮町・古座町の事例（《小特集 市町村合併に
ともなう行政文書保存》）（立花秀治）「和歌山地方史研究」 和歌山地

和歌山県　地名でたどる郷土の歴史　近畿

方史研究会　(47)　2004.5

本宮町における「大逆事件」犠牲者復権運動の歩み（《特集「大逆事件」と熊野の現代》）(伊奈一男)「熊野誌」熊野地方史研究会　(54)　2008.9

旧本宮町・旧熊野川町に遺された熊野参詣道について(辻田友紀)「熊野」紀南文化財研究会　(135)　2008.11

丸栖村
丸栖村の地名を考察する(児玉順彦)「木の国」木国文化財協会　31　2005.3

三尾
三尾カナダ連絡協会と戦後送還者の軌跡―和歌山県三尾地区とカナダのトロント(岡本寿郎)「和歌山地方史研究」和歌山地方史研究会　(53)　2007.6

三尾川中村城
資料紹介 東西牟婁郡の山城跡三箇所―城之森城跡・三尾川中村城跡・大谷城跡(堀口健弐,平阪貞敏)「和歌山城郭研究」和歌山城郭調査研究会　(10)　2011.4

三佐木
新宮・三佐木地域の地震時の地盤危険度予測図(《地震特集》)(後誠介)「熊野誌」熊野地方史研究会　(53)　2007.12

三須
「三栖・三須」地名について(桑原康宏)「紀南・地名と風土研究会会報」紀南・地名と風土研究会　(48)　2011.4

三栖
「三栖・三須」地名について(桑原康宏)「紀南・地名と風土研究会会報」紀南・地名と風土研究会　(48)　2011.4

みそや別館
新登録文化財の紹介 樫堺埼灯台旧官舎/みそや別館主家、上蔵及び離れ座敷、下蔵/小林家住宅主屋、土蔵「きのくに文化財」和歌山県文化財研究会　(37)　2004.3

水口町本丸
地名 水口町本丸考(熊谷正朋)「紀南・地名と風土研究会会報」紀南・地名と風土研究会　31　2002.7

湊御殿
湊御殿に関する史料―坂井家文書より(高橋克伸)「和歌山市立博物館研究紀要」和歌山市教育委員会　(17)　2003.3

みなべ町
みなべ町の平家伝説(山本賢)「熊野」紀南文化財研究会　(143)　2012.11

南部荘
鎌倉地頭三浦氏時代の紀伊国南部荘における検注について―南部荘関係文書調査の成果より(海津一朗)「紀州経済史文化史研究所紀要」和歌山大学紀州経済史文化史研究所　(21)　2001.3

南部荘地頭職継承問題に関連して―二階堂氏から名越流の北条氏へ(阪本敏行)「くちくまの」紀南文化財研究会　120・121　2001.9

南部荘の調査と報告書(橋口定志)「和歌山地方史研究」和歌山地方史研究会　44　2002.11

高野山正智院文書のなかの南部荘関係文書について(海津一朗)「紀州経済史文化史研究所紀要」和歌山大学紀州経済史文化史研究所　(25)　2005.3

美浜町
日高町・美浜町・由良町の中世城館の築城主体とその意図(《特集 日高郡日高町・由良町の中世城館跡》)(白石博則)「和歌山城郭研究」和歌山城郭調査研究会　(2)　2003.3

御船島丸
「志を継ぐ」ために…検証その1「亀島上陸、御船島周回」(《特集「大逆事件」と熊野の現代》―大石誠之助を中心に)(松尾一郎)「熊野誌」熊野地方史研究会　(54)　2008.9

美山村
川辺町・中津村・美山村の城館跡(編集部)「和歌山城郭研究」和歌山城郭調査研究会　(3)　2004.2

三輪崎
内海船と熊野三輪崎(松田文一)「郷土研究誌みなみ」南知多郷土研究会　(80)　2005.11

はせど(走せ道)―今は無い三輪崎の緊急避難路(《地震特集》)(北畑卓也)「熊野誌」熊野地方史研究会　(53)　2007.12

三輪崎・高野坂(新宮市)(田中弘倫)「紀南・地名と風土研究会会報」紀南・地名と風土研究会　(43)　2008.7

六十谷
地名からの推論―和歌山市直川と六十谷―「殿芝」と「中尾城山」(水島

大二)「あかね」御坊文化財研究会　(29)　2003.7

八尾城
八尾城の所在地論争について(田中伸幸)「紀南・地名と風土研究会会報」紀南・地名と風土研究会　(33)　2003.7

八尾城の所在地論争について(田中伸幸)「和歌山地理」和歌山地理学会　(24)　2004.12

保田
つくるものから語るものへ―新指定文化財「保田紙の製作用具」をめぐって(《特集 有形民俗資料の最新事情》)(蘇理剛志)「和歌山地方史研究」和歌山地方史研究会　(56)　2009.2

山口御殿
紀州徳川家「山口御殿」についての私見(特集II 和歌山城をめぐって)(水島大二)「和歌山城郭研究」和歌山城郭調査研究会　(8)　2009.3

山崎郷
紀伊国那賀郡山崎郷と根来寺領山崎庄―律令制公郷と荘園領域に関する一事例(《小特集 根来寺をめぐる諸問題》)(寺西貞弘)「和歌山地方史研究」和歌山地方史研究会　(49)　2005.7

山崎庄
紀伊国那賀郡山崎郷と根来寺領山崎庄―律令制公郷と荘園領域に関する一事例(《小特集 根来寺をめぐる諸問題》)(寺西貞弘)「和歌山地方史研究」和歌山地方史研究会　(49)　2005.7

湯浅城
湯浅城の立地・縄張りの再検討(特集II 有田郡湯浅城跡の再検討)(白石博則)「和歌山城郭研究」和歌山城郭調査研究会　(12)　2013.4

幻の「湯浅城合戦」―湯浅城(青木城)起源伝承再考(特集II 有田郡湯浅城跡の再検討)(高橋修)「和歌山城郭研究」和歌山城郭調査研究会　(12)　2013.4

湯浅小学校講堂
新登録文化財の紹介 湯浅小学校講堂「きのくに文化財」和歌山県文化財研究会　(36)　2003.3

湯浅町
報告 有田郡湯浅町・広川町の城館跡/有田郡の幕末海防遺跡雑感「和歌山城郭研究」和歌山城郭調査研究会　(5)　2006.3

湯河荘
紀州湯河荘司とその同族諸氏(上),(下)(宝賀寿男)「家系研究」家系研究協議会　(55)/(56)　2013.4/2013.10

由良
由良の地震と津波(大野治)「由良町の文化財」由良町教育委員会　(30)　2003.3

続続由良方言―由良地方の生活方言(岩崎芳幸)「由良町の文化財」由良町教育委員会　(30)　2003.3

続・由良に残る戦争の跡(岩崎芳幸)「由良町の文化財」由良町教育委員会　(31)　2004.3

写真で見る近代由良の生活文化―新ふるさと今昔物語(岩崎芳幸)「由良町の文化財」由良町教育委員会　(32)　2005.3

由良のみなと七変化―海よ・港よ・ふる里よ(岩崎芳幸)「由良町の文化財」由良町教育委員会　(40)　2013.3

由良町
日高町・由良町の中世城館跡(《特集 日高郡日高町・由良町の中世城館跡》)(編集部)「和歌山城郭研究」和歌山城郭調査研究会　(2)　2003.3

日高町・美浜町・由良町の中世城館の築城主体とその意図(《特集 日高郡日高町・由良町の中世城館跡》)(白石博則)「和歌山城郭研究」和歌山城郭調査研究会　(2)　2003.3

由良町の文化財めぐりコース(大野治)「由良町の文化財」由良町教育委員会　(31)　2004.3

写真で見る近代由良の生活文化―由良町内の青年会場(岩崎芳幸)「由良町の文化財」由良町教育委員会　(33)　2006.3

続・由良町の「食」歳時記(岩崎芳幸)「由良町の文化財」由良町教育委員会　(34)　2007.3

由良町の近代建築物―写真で見る建造物(岩崎芳幸)「由良町の文化財」由良町教育委員会　(35)　2008.3

由良町の近代由良の生活―望郷・心に残るふるさとの姿(岩崎芳幸)「由良町の文化財」由良町教育委員会　(37)　2010.3

由良町誌余稿(由良村・衣奈村・白崎村各郷土誌より)(岩崎芳幸)「由良町の文化財」由良町教育委員会　(39)　2012.3

由良町文化財整理作業―ふるさと資料展示―を終えて(大野治)「由良町の文化財」由良町教育委員会　(39)　2012.3

由良町に大敷網が多いのは(吉田元重)「由良町の文化財」由良町教育委員会　(39)　2012.3

由良町内の碑文(大野治)「由良町の文化財」由良町教育委員会　(41)

近畿　　　　　　　　　　　地名でたどる郷土の歴史　　　　　　　　　和歌山県

2014.3

要害山城
富田坂要害山城跡の保存と活用を（〈特集II 城郭調査報告 海草郡紀美野町〉）（白石博則）「和歌山城郭研究」 和歌山城郭調査研究会　（6）2007.3

養翠園
養翠園と水軒堤防（平成19年度文化財講座）（藤井清，佐々木宏治，御船達雄）「きのくに文化財」 和歌山県文化財研究会　（41）2008.3

表紙 国指定名勝・養翠園「きのくに文化財」 和歌山県文化財研究会　（46）2013.3

吉原御坊
歴史散歩シリーズ（4）三つの御坊を探る—日高別院から古寺内、そして吉原御坊へ「和歌山城郭研究」 和歌山城郭調査研究会　（4）2005.2

竜神温泉
龍神温泉の御殿と島原の乱（小池洋一）「和歌山地理」 和歌山地理学会　（24）2004.12

和歌の浦
地方史のひろば 和歌の浦 芭蕉句碑の謎（三尾功）「和歌山地方史研究」 和歌山地方史研究会　（61）2011.9

名所絵葉書にみる景観観と景観変容—「溝端コレクション（和歌の浦）」とその内容分析（米田頼司）「紀州経済史文化史研究所紀要」 和歌山大学紀州経済史文化史研究所　（33）2012.12

和歌浦
和歌浦かまぼこの歴史地理（小林護）「和歌山地理」 和歌山地理学会　（24）2004.12

和歌浦の干物—和歌浦の水産加工（2）（小林護）「和歌山地理」 和歌山地理学会　（26）2006.12

絵図にみる和歌浦の景観構成（額田雅裕）「和歌山市立博物館研究紀要」 和歌山市教育委員会　通号26　2011.11

和歌山
近世城下町の水害と危機管理—和歌山の場合（安藤精一）「紀州経済史文化史研究所紀要」 和歌山大学紀州経済史文化史研究所　（23）2003.3

近代大阪のトポグラフィー（13）—観光都市としての和歌山（神田孝治）「大阪春秋」 新風書房　31（3）通号112　2003.9

浅野期紀州藩の城下町プラン—和歌山、田辺、新宮（水田義一）「和歌山地理」 和歌山地理学会　（23）2003.12

紀州藩士早川家旧蔵「和哥山絵図」概観（松島由佳）「和歌山県立文書館紀要」 和歌山県　（10）2005.3

和歌山の地方史研究50年—主催者のあいさつにかえて（〈シンポジウム「和歌山の地方史研究と歴史教育」の記録〉）（三尾功）「和歌山地方史研究」 和歌山地方史研究会　（50）2005.9

シンポジウムを終えて（〈シンポジウム「和歌山の地方史研究と歴史教育」の記録〉）（歴史教育部会）「和歌山地方史研究」 和歌山地方史研究会　（50）2005.9

文献目録・研究動向（《特集 和歌山関係の地方史研究文献目録（1991年1月～2004年12月）》）「和歌山地方史研究」 和歌山地方史研究会　（52）2007.2

資料目録・史料集（《特集 和歌山関係の地方史研究文献目録（1991年1月～2004年12月）》）「和歌山地方史研究」 和歌山地方史研究会　（52）2007.2

通史・図録・辞典（《特集 和歌山関係の地方史研究文献目録（1991年1月～2004年12月）》）「和歌山地方史研究」 和歌山地方史研究会　（52）2007.2

自治体史誌（《特集 和歌山関係の地方史研究文献目録（1991年1月～2004年12月）》）「和歌山地方史研究」 和歌山地方史研究会　（52）2007.2

時代別 古代/中世/近世/近現代（《特集 和歌山関係の地方史研究文献目録（1991年1月～2004年12月）》）「和歌山地方史研究」 和歌山地方史研究会　（52）2007.2

文化財（《特集 和歌山関係の地方史研究文献目録（1991年1月～2004年12月）》）「和歌山地方史研究」 和歌山地方史研究会　（52）2007.2

歴史地理（《特集 和歌山関係の地方史研究文献目録（1991年1月～2004年12月）》）「和歌山地方史研究」 和歌山地方史研究会　（52）2007.2

その他（《特集 和歌山関係の地方史研究文献目録（1991年1月～2004年12月）》）「和歌山地方史研究」 和歌山地方史研究会　（52）2007.2

祖父が書き残した和歌山空襲（林静二）「大阪民衆史研究」 大阪民衆史研究会　通号61　2007.12

和歌山空襲で見たこと、考えたこと（南清彦）「大阪民衆史研究」 大阪民衆史研究会　通号61　2007.12

明治維新期における和歌山の洋学と慶應義塾—福沢諭吉と南方熊楠の関係によせて（武内善信）「和歌山市立博物館研究紀要」 和歌山市教育委員会　通号22　2008.3

出版物等にみる近代和歌山の書商たち（前）—喜多村論考の検証を通して（須山高明）「和歌山地方史研究」 和歌山地方史研究会　（55）2008.7

和歌山屋敷絵図の記載内容と市堀川（額田雅裕）「和歌山市立博物館研究紀要」 通号23　2009.1

平成21年度通常総会記念講演 東京に残る和歌山ゆかりの文化財（小関洋治）「きのくに文化財」 和歌山県文化財研究会　（43）2010.3

城館跡からみた戦国期の和歌山（平成20年度文化財研究発表）（白石博則）「きのくに文化財」 和歌山県文化財研究会　（43）2010.3

出版物等にみる近代和歌山の書商たち（後）—喜多村論考ほかの検証を通して（須山高明）「和歌山地方史研究」 和歌山地方史研究会　（59）2010.8

和歌山ラーメンの源流（寺西貞弘）「和歌山市立博物館研究紀要」 和歌山市教育委員会　通号26　2011.11

天保期における城下町「溜」の性格と機能—和歌山の場合（藤本清二郎）「紀州経済史文化史研究所紀要」 和歌山大学紀州経済史文化史研究所　（32）2011.12

旅日記に見る近世の和歌山観光（佐藤顕）「和歌山市史研究」 和歌山市教育委員会　（40）2012.3

文献批判・史料批判についての一考察—三尾功「城下町和歌山夜ばなし」及び「海防図」によせて（武内善信）「和歌山市立博物館研究紀要」 和歌山市教育委員会　（27）2013.1

城下町和歌山の街路パターン 今も生きている街路パターンと地域制（平成24年度通常総会記念講演）（水田義一）「きのくに文化財」 和歌山県文化財研究会　（46）2013.3

講義報告 教養科目「わかやまを学ぶ」「紀州経済史文化史研究所紀要」 和歌山大学紀州経済史文化史研究所　（35）2014.12

和歌山県
安政地震洪浪の記を再読してみる［1］，（2）（仲邦利）「いなづみ ： すさみ町文化財冊子」 すさみ町教育委員会　8/9　2001.3/2002.3

史料紹介 和歌山県教育史関係史料（1）和歌山県師範学校附属小学校編輯・発行「研究」、「実際教育」（馬場一博）「和歌山地方史研究」 和歌山地方史研究会　43　2002.8

史料紹介 和歌山県教育史関係資料（2）県内の中等学校と中等学校発刊雑誌（馬場一博）「和歌山地方史研究」 和歌山地方史研究会　44　2002.11

和歌山県の市町村合併—明治と昭和の「大合併」を中心として（高嶋雅明）「紀州経済史文化史研究所紀要」 和歌山大学紀州経済史文化史研究所　（23）2003.3

地名の語源（熊谷正朋）「紀南・地名と風土研究会会報」 紀南・地名と風土研究会　（33）2003.7

平成の大合併と行政名（桑原康宏）「紀南・地名と風土研究会会報」 紀南・地名と風土研究会　（33）2003.7

和歌山県下中世山城の築城技法（白石博則）「くちくまの」 紀南文化財研究会　125　2003.12

和歌山県内の市町村合併と公文書保存について（藤隆宏）「和歌山県立文書館紀要」 和歌山県　（9）2004.3

資料紹介 野長瀬家文書について（池田孝雄）「和歌山県立文書館紀要」 和歌山県　（9）2004.3

歴史資料の保存と活用をめぐる和歌山県下の現状と課題（《特集 地域に残された歴史資料の保存と活用》）（資料保存問題検討部会）「和歌山地方史研究」 和歌山地方史研究会　（48）2004.11

市町村合併と行政文書の保存に関する小考（《特集 地域に残された歴史資料の保存と活用》）（石垣堅固）「和歌山地方史研究」 和歌山地方史研究会　（48）2004.11

明治前期の地籍図の作成と和歌山県における状況（《特集 地域に残された歴史資料の保存と活用》）（水田義一）「和歌山地方史研究」 和歌山地方史研究会　（48）2004.11

史料紹介 和歌山県教育史関係史料（5）「連合軍指令並に報告書」（馬場一博，中嶋浩晶）「和歌山地方史研究」 和歌山地方史研究会　（48）2004.11

富田、吉家文書の律五位について（吹揚克之）「紀南・地名と風土研究会会報」 紀南・地名と風土研究会　（36）2004.12

地名小話［1］～（6）（熊谷正朋）「紀南・地名と風土研究会会報」 紀南・地名と風土研究会　（36）～（41）2004.12/2007.7

縄文語地名は存在するのか（田中伸幸）「紀南・地名と風土研究会会報」 紀南・地名と風土研究会　（36）2004.12

湯河氏の城・玉置氏の城（《特集 湯河氏と玉置氏》）（白石博則）「和歌山城郭研究」 和歌山城郭調査研究会　（5）2005.2

平成16年度記念講演 和歌山県の歴史的まちなみとまちづくり（神吉紀世子）「きのくに文化財」 和歌山県文化財研究会　（38）2005.3

藩政村から近代行政村へ—明治初期の和歌山県の大区小区制と町村分合（平成15年度文化財研究発表）（桑原康宏）「きのくに文化財」 和歌山県文化財研究会　（38）2005.3

民家編（平成16年度文化財講座—文化財建造物の楽しみ方）（御船達雄）「きのくに文化財」 和歌山県文化財研究会　（38）2005.3

新登録文化財の紹介 火伏医院主屋、病院棟/前田家住宅主屋、中書院、新書院、土蔵（4棟）/双青閣/河野家住宅主屋・離れ座敷・表門/栖原

角兵衛屋敷主屋・土蔵・土塀/日本聖公会橋本基督教会旧礼拝堂/旧和歌山県議会議事堂/泉家住宅座敷「きのくに文化財」 和歌山県文化財研究会 （38） 2005.3

展示評 和歌山県立博物館「見る・読む・歩く荘園」（山中吾朗）「歴史学と博物館」 歴史学と博物館のありかたを考える会 1 2005.3

資料紹介 明治前期の鉱山開発と公害―和歌山県域の場合（安藤精一）「和歌山県立文書館紀要」 和歌山県 （10） 2005.3

和歌山縣令達綴（明治10年頃）について（小谷正，駒野裕佳）「和歌山県立文書館紀要」 和歌山県 （10） 2005.3

消えた校名と村名（池田孝雄）「紀南・地名と風土研究会会報」 紀南・地名と風土研究会 （37） 2005.7

若者組から青年会の成立―和歌山県域の場合（安藤精一）「紀州経済史文化史研究所紀要」 和歌山大学紀州経済史文化史研究所 （26） 2005.12

歴史教科書のなかの和歌山県関係記述と教材自主編成運動―地域文化コミュニケーター教員養成にむけて（海津一朗）「紀州経済史文化史研究所紀要」 和歌山大学紀州経済史文化史研究所 （26） 2005.12

藤地名（樫山茂樹）「紀南・地名と風土研究会会報」 紀南・地名と風土研究会 （38） 2005.12

珍難地名 三話（熊谷正朋）「紀南・地名と風土研究会会報」 紀南・地名と風土研究会 （39） 2006.7

明治期における青年会―和歌山県域の場合（安藤精一）「紀州経済史文化史研究所紀要」 和歌山大学紀州経済史文化史研究所 （27） 2006.12

紀州移民についての一考察―ハワイと和歌山県人（東悦子）「紀州経済史文化史研究所紀要」 和歌山大学紀州経済史文化史研究所 （27） 2006.12

珍難地名（熊谷正朋）「紀南・地名と風土研究会会報」 紀南・地名と風土研究会 （40） 2006.12

北から南から 平成の市町村合併 和歌山県（野田泰生）「和歌山地理」 和歌山地理学会 （26） 2006.12

和歌山県の歴史と文化を訪ねて（岸伸輔）「栃木県立博物館友の会だより」 栃木県立博物館友の会 （42） 2007.1

和歌山の街道と停車場道―明治45年和歌山県道路規制（森脇義夫）「和歌山県立文書館紀要」 和歌山県 （12） 2007.3

史跡めぐりの旅 和歌山県内史跡めぐり（中山泰弘）「土佐山田史談」 土佐山田史談会 （31） 2007.3

和歌山県歴史的建造物in銘瓦集成（武内雅人）「和歌山地方史研究」 和歌山地方史研究会 （53） 2007.6

珍難地名（熊谷正朋）「紀南・地名と風土研究会会報」 紀南・地名と風土研究会 （41） 2007.7

和歌山県・高知県のアイヌ語系地名―クシ・クシル・ルクシ（ルークシ）（清水清次郎）「アイヌ語地名研究」 アイヌ語地名研究会，北海道出版企画センター（発売） 通号10 2007.12

大正期における青年会―和歌山県域の場合（安藤精一）「紀州経済史文化史研究所紀要」 和歌山大学紀州経済史文化史研究所 （28） 2007.12

「道路元標」調査の中間報告―和歌山県内の場合（桑原康宏）「紀南・地名と風土研究会会報」 紀南・地名と風土研究会 （42） 2007.12

私の「見た」津波《《地震特集》》（田代均）「熊野誌」 熊野地方史研究会 （53） 2007.12

和歌山県下における明治の豪商たち―田辺を中心とした地域を対象として（須山高明）「和歌山県立文書館紀要」 和歌山県 （13） 2008.3

和歌山県内の道路元標の実態調査緊急速報（桑原康宏）「紀南・地名と風土研究会会報」 紀南・地名と風土研究会 （42） 2008.7

和歌山県における有形民俗資料の文化財指定と保存について《《特集 有形民俗資料の最新事情》》（蘇理剛志）「和歌山地方史研究」 和歌山地方史研究会 （56） 2009.2

和歌山県における有形民俗資料の課題《《特集 有形民俗資料の最新事情》》（藤井弘章）「和歌山地方史研究」 和歌山地方史研究会 （56） 2009.2

地名に残された未発見の城跡（田中伸幸）「紀南・地名と風土研究会会報」 紀南・地名と風土研究会 （45） 2009.7

地名から見る郷土史（平成21年度文化財講座）（桑原康安）「きのくに文化財」 和歌山県文化財研究会 （43） 2010.3

大正中期和歌山県域における近代産業の展開と構造（三好國彦）「南紀徳川史研究」 南紀徳川史研究会 （9） 2010.6

史料紹介 和歌山県教育史関係史料（7）終戦前夜の学校の設置・廃止等に関する史料（馬場一博）「和歌山地方史研究」 和歌山地方史研究会 （59） 2010.8

和歌山県の「をに」（中野譲）「六甲倶楽部報告」 六甲倶楽部 （96） 2011.3

地名こぼれ話「紀南・地名と風土研究会会報」 紀南・地名と風土研究会 （48） 2011.4

横矢掛りからみた和歌山県の山城跡（白石博則）「和歌山城郭研究」 和歌山城郭調査研究会 （10） 2011.4

地方史研究の現在―和歌山県（小特集 地方史研究の現在）（小山誉城）「地方史研究」 地方史研究協議会 61（2）通号350 2011.4

明治10年代の山村における村立学校（廣本満）「熊野歴史研究 ： 熊野歴史研究会紀要」 熊野歴史研究会 （18） 2011.5

紹介 和歌山県内の城郭および関連移築建物（水島大二）「和歌山城郭研究」 和歌山城郭調査研究会 （11） 2012.4

新指定 和歌山県文化財の紹介「きのくに文化財」 和歌山県文化財研究会 （46） 2013.3

平成24年度文化財めぐり「きのくに文化財」 和歌山県文化財研究会 （46） 2013.3

新指定 和歌山県文化財の紹介「きのくに文化財」 和歌山県文化財研究会 （47） 2014.3

史料紹介 1910年代以降の和歌山県における出移民と移民送金（高嶋雅明）「紀州経済史文化史研究所紀要」 和歌山大学紀州経済史文化史研究所 （35） 2014.12

和歌山市

和歌山市のメリヤス工業―三葛・吉原・ニットの街今昔（小林護）「和歌山地理」 和歌山地理学会 （23） 2003.12

旧中筋家文書目録（榎本邦雄）「和歌山市立博物館研究紀要」 和歌山市教育委員会 通号19 2005.3

和歌山市立博物館館蔵絵図・地図目録（2）（額田雅裕）「和歌山市立博物館研究紀要」 和歌山市教育委員会 通号22 2008.3

太田城跡・秋月城跡・和佐山城跡・南山城跡など（特集I 和歌山市城（紀の川以南）の中近世城館跡調査報告（城館跡・御殿跡・台場跡））「和歌山城郭研究」 和歌山城郭調査研究会 （12） 2013.4

特別報告 和歌山市内の近世御殿（特集I 和歌山市城（紀の川以南）の中近世城館跡調査報告（城館跡・御殿跡・台場跡））「和歌山城郭研究」 和歌山城郭調査研究会 （12） 2013.4

和歌山師範学校

和歌山師範学校・和歌山中学校の建造物と景観―明治一〇〜二〇年代の古写真をてがかりに（藤本清二郎）「紀州経済史文化史研究所紀要」 和歌山大学紀州経済史文化史研究所 （35） 2014.12

和歌山師範附属小学校

和歌山師範附属小学校における低学年の英語教育―1920年代における石口儀太郎の実践を中心に（東悦子，江利川春雄）「紀州経済史文化史研究所紀要」 和歌山大学紀州経済史文化史研究所 （25） 2005.3

和歌山城

和歌山城の江戸城類似性を探る（水島大二）「あかね」 御坊文化財研究会 （28） 2002.7

和歌山城付かわた村の社会構造―屋敷地・家持・屋敷年貢を中心に（藤本清二郎）「紀州経済史文化史研究所紀要」 和歌山大学紀州経済史文化史研究所 （24） 2004.3

江戸期、城下町における行倒人・孤独比地の介抱と扶養―和歌山城下非人村への収容者を中心に（藤本清二郎）「紀州経済史文化史研究所紀要」 和歌山大学紀州経済史文化史研究所 （25） 2005.3

日本の城郭と和歌山城（平成17年度文化財講座）（水島大二）「きのくに文化財」 和歌山県文化財研究会 （39） 2006.3

和歌山城「南堀」の旧姿を考える―岡口西南櫓台の犬走り石垣から（水島大二）「あかね」 御坊文化財研究会 （6） 2007.3

歴史散歩シリーズ（6）和歌山城下町を歩く―嘉家作りから一の橋へ「和歌山城郭研究」 和歌山城郭調査研究会 （6） 2007.3

和歌山城「三年坂堀（南堀）」の考察（〈特集I 和歌山城をめぐって〉）（水島大二）「和歌山城郭研究」 和歌山城郭調査研究会 （6） 2007.3

和歌山城の選地・縄張り形式について（〈特集I 和歌山城をめぐって〉）（高田徹）「和歌山城郭研究」 和歌山城郭調査研究会 （6） 2007.3

歴史散歩シリーズ（7）和歌山城下町を歩く―岡口門から堀止へ「和歌山城郭研究」 和歌山城郭調査研究会 （7） 2008.3

和歌山城天守閣に関する覚え書き（高田徹）「和歌山城郭研究」 和歌山城郭調査研究会 （7） 2008.3

「執念の城郭改修で変貌を遂げた和歌山城」（陶山誠）「城」 東海古城研究会 （200） 2008.8

和歌山城あれこれ（平成20年度通常総会記念講演）（三尾功）「きのくに文化財」 和歌山県文化財研究会 （42） 2009.3

和城研歴史散歩シリーズ 和歌山城下町を歩く（3）追廻門から西へ 頼宣公隠居所/正住寺/七曲市場/湊城跡/湊築地跡「和歌山城郭研究」 和歌山城郭調査研究会 （8） 2009.3

和歌山城天守図にみる建築構成（特集II 和歌山城をめぐって）（松岡利郎）「和歌山城郭研究」 和歌山城郭調査研究会 （8） 2009.3

和歌山城の石垣について（特集II 和歌山城をめぐって）（堀口健弐）「和歌山城郭研究」 和歌山城郭調査研究会 （8） 2009.3

明治13年の和歌山城内民有地一件について―「陸軍省大日記」より（資料紹介）（高橋克伸）「和歌山市立博物館研究紀要」 和歌山市教育委員会 通号24 2010.1

地方史のひろば 和歌山城の別称について（高橋克伸）「和歌山地方史研究」 和歌山地方史研究会 （58） 2010.2

和城研歴史散歩シリーズ(9),(10) 和歌山城下町を歩く(4),(5)「和歌山城郭研究」 和歌山城郭調査研究会 (9)/(10) 2010.4/2011.4

和歌山城下に関する三つの絵図の再検討(研究ノート)(武内善信)「和歌山地方史研究」 和歌山地方史研究会 (61) 2011.9

南方熊楠と和歌山城保存運動(雲藤等)「地方史研究」 地方史研究協議会 62(1)通号355 2012.2

和城研歴史散歩シリーズ(11),[12] 和歌山城下町の周縁を歩く(1),(2)「和歌山城郭研究」 和歌山城郭調査研究会 (11)/(12) 2012.4/2013.4

嘉永再建和歌山城天守の建築構成(松岡利郎)「和歌山城郭研究」 和歌山城郭調査研究会 (11) 2012.4

和歌山城三之丸の軍事性(論文)(髙田徹)「和歌山城郭研究」 和歌山城郭調査研究会 (12) 2013.4

地方史のひろば 和歌山城の鯱は「別称・龍城」を表現か!(水島大二)「和歌山地方史研究」 和歌山地方史研究会 (64) 2013.5

成立期和歌山城の政治的意義―豊臣政権の「統一」事業との関わりから(新谷和之)「和歌山市立博物館研究紀要」 和歌山市教育委員会 (28) 2013.11

和歌山城下の町人の子育てについて―沼野六兵衛「日録」を題材に(山下奈津子)「和歌山市立博物館研究紀要」 和歌山市教育委員会 (28) 2013.11

和歌山城の山裾を囲む石垣(高田徹)「和歌山城郭研究」 和歌山城郭調査研究会 (13) 2014.4

8月・第610回例会(講演会)の報告 平成26年8月3日(日) 藪西旭氏「石垣に魅せられて」/水島大二氏「紀伊徳川家・天守再建願望の記」(木下修二)「城だより」 日本古城友の会 (549) 2014.9

和歌山大学

企画展 師範学校の時代―史料が語る和歌山大学前史―(2013年展示報告)「紀州経済史文化史研究所紀要」 和歌山大学紀州経済史文化史研究所 (35) 2014.12

和歌山中学校

和歌山県教育史関係史料(6) 県立和歌山中学校関係の二点の明治期史料(馬場一博)「和歌山地方史研究」 和歌山地方史研究会 (53) 2007.6

和歌山師範学校・和歌山中学校の建造物と景観―明治一〇～二〇年代の古写真をてがかりに(藤本清二郎)「紀州経済史文化史研究所紀要」 和歌山大学紀州経済史文化史研究所 (35) 2014.12

和歌山藩

明治2年頃「和歌山藩領絵図」について(藤本清二郎)「紀州経済史文化史研究所紀要」 和歌山大学紀州経済史文化史研究所 (21) 2001.3

和歌山藩・茶屋札(山東正巳)「木の国」 木国文化財協会 29 2003.3

和歌山藩の服忌書について(林由紀子)「東海地域文化研究」 名古屋学芸大学短期大学部附属東海地域文化研究所 (15) 2004.3

和歌山平野

和歌山の銅鐸と弥生集落(村)―和歌山平野を中心に(平成23年度文化財講座)(前田敬彦)「きのくに文化財」 和歌山県文化財研究会 (45) 2012.3

和歌山平野南部の地形と土地開発(額田雅裕)「和歌山市立博物館研究紀要」 和歌山市教育委員会 (28) 2013.11

和佐玉置氏城館群

和佐玉置氏城館群と伝藤谷城跡を考える(水島大二)「あかね」 御坊文化財研究会 (34) 2011.12

和佐荘

紀伊国和佐荘の中世と近世(小橋勇介)「和歌山市立博物館研究紀要」 和歌山市教育委員会 (28) 2013.11

中国

井原鉄道

随想二題 マイレール井原鉄道(原田純彦)「きび野」 岡山県郷土文化財団 84 2002.1

井原鉄道(特集 高梁川流域の鉄道 今昔)(重見之雄)「高梁川」 高梁川流域連盟 通号68 2010.12

因伯

「和名抄」因伯両国の郡郷名(2)(山崎良作)「山陰・鳥取の地名を愛する会会報」 山陰・鳥取の地名を愛する会 (11) 2002.3

陰陽連絡鉄道線路

明治二二年の陰陽連絡鉄道線路の実地測量について―技師・小田川全之と鳥取・岡山両県地域(研究ノート)(沼本龍)「山陰研究」 島根大学法文学部山陰研究センター (7) 2014.12

芸備塩田

休浜同盟の展開と芸備塩田―「生口浜増稼一件」を素材として(落合功)「ヒストリア : journal of Osaka Historical Association」 大阪歴史学会 通号170 2000.6

芸備線

芸備線と急行"ちどり号"(米丸嘉一)「みよし地方史」 三次市地方史研究会 60 2003.1

「芸備線・米寿の軌跡」菁文社が発刊/近世史用語解説 庶民の刑罰「みよし地方史」 三次市地方史研究会 63 2004.3

芸備線西城・塩合間開通記念鉄道唱歌と絵/鉄道唱歌の思い出(塩田迪)「郷土」 西城町郷土研究会 (92) 2008.9

ローカル線の記録「芸備線草創期の出来事」(今中慶一)「郷土史紀行」 ヒューマン・レクチャー・クラブ (58) 2009.7

県北の縦断鉄道 芸備線・姫新線(特集 高梁川流域の鉄道 今昔)(田中広)「高梁川」 高梁川流域連盟 通号68 2010.12

芸予

南北朝・室町期における芸予の政治動向と沼田小早川氏の海上進出(市川裕士)「芸備地方研究」 芸備地方史研究会 235・236 2003.4

江の川

重要有形民俗文化財 江の川流域の漁撈用具「歴風」 広島県立歴史民俗資料館 36 2003.9

民俗部門展 重要有形民俗文化財 江の川流域の漁撈用具「歴風」 広島県立歴史民俗資料館 37 2004.3

江の川風土記―最初の記憶(森脇勝弘)「郷土石見 : 石見郷土研究懇話会機関誌」 石見郷土研究懇話会 67 2004.12

江の川の瀬と淵(山本智宏)「広島県立歴史民俗資料館研究紀要」 広島県立歴史民俗資料館 5 2005.3

江の川風土記(2)、(3)―「女工哀史」の時代,[補遺](森脇勝弘)「郷土石見 : 石見郷土研究懇話会機関誌」 石見郷土研究懇話会 68/69 2005.4/2005.8

江の川風土記(4)～(8)―日中戦争の時代[1]～(5)(森脇勝弘)「郷土石見 : 石見郷土研究懇話会機関誌」 石見郷土研究懇話会 (70)/(74) 2005.12/2007.5

江の川風土記(7)(森脇勝弘)「郷土石見 : 石見郷土研究懇話会機関誌」 石見郷土研究懇話会 (73) 2006.12

江の川風土記(9)～(12) 太平洋戦争の時代[1]～(4)(森脇勝弘)「郷土石見 : 石見郷土研究懇話会機関誌」 石見郷土研究懇話会 (75)/(80) 2007.8/2009.4

川につけられた「地名」―江の川流域主要河川の瀬・渕の呼称について(報告)(田邊英男)「広島県立歴史民俗資料館研究紀要」 広島県立歴史民俗資料館 8 2011.3

江の川の渡し船(近世編)(森脇登)「郷土石見 : 石見郷土研究懇話会機関誌」 石見郷土研究懇話会 (94) 2014.1

江の川の渡し舟(近・現代編)(森脇登)「郷土石見 : 石見郷土研究懇話会機関誌」 石見郷土研究懇話会 (96) 2014.8

山陰

地名は貴重な文化遺産(山本宏)「山陰・鳥取の地名を愛する会会報」 山陰・鳥取の地名を愛する会 (9) 2000.3

低湿小字地名二、三について(1)(森納)「山陰・鳥取の地名を愛する会会報」 山陰・鳥取の地名を愛する会 (11) 2002.3

《山陰文化フォーラム 伯耆と出雲―その地域性をめぐって》「伯耆文化研究」 伯耆文化研究会 (4) 2002.11

伯耆と出雲・体験からみた地域性問題(乗本吉郎)「伯耆文化研究」 伯耆文化研究会 (4) 2002.11

山陰地域の古墳時代後期～奈良時代の炊飯具について(岩橋孝典)「古代文化研究」 島根県古代文化センター (11) 2003.3

明治20年代の漁場争い―島根鳥取両県交渉漁業事件(森安章)「島根史学会会報」 島根史学会 41 2003.7

中世山陰海運の構造―美保関と隠岐の位置づけを中心に(錦織勤)「鳥取地域史研究」 鳥取地域史研究会 (6) 2004.2

山陰地域の古墳時代後期～奈良時代の炊飯具について(2)(岩橋孝典)「古代文化研究」 島根県古代文化センター (12) 2004.3

低湿小字地名フケ・ナメ・ナメラなど(森納)「山陰・鳥取の地名を愛する会会報」 山陰・鳥取の地名を愛する会 (12・13) 2004.3

合併で消える地名(白岩尚)「山陰・鳥取の地名を愛する会会報」 山陰・鳥取の地名を愛する会 (12・13) 2004.3

山陰史跡探訪の旅(松園嵩)「栖 : 鳥栖と周辺の自然と歴史をさぐる郷土誌」 鳥栖郷土研究会 (44) 2004.4

山陰地方の日朝交流史に関わる一、二の問題(杉原隆)「島根史学会会報」 島根史学会 42 2004.6

山陰における中世の鉄製品について(八峠興)「古文化談叢」 九州古文化研究会 52 2005.1

山陰の歴史と文化を訪ねる(有馬訓子)「栃木県立博物館友の会だより」 栃木県立博物館友の会 (26) 2005.2

平成の大合併で「生まれた地名・消える地名」(巽納)「山陰・鳥取の地名を愛する会会報」 山陰・鳥取の地名を愛する会 (14・15) 2006.3

但馬と因州の鉱山被害(古川哲男)「但馬史研究」 但馬史研究会 (30) 2007.3

戦国期山陰地域における経済関と海辺領主の変容―出雲国を事例として(岩成俊策)「交通史研究」 交通史学会, 吉川弘文館(発売) (62) 2007.4

山陰の美術と北東アジア文化交流―平塚運一の版画(石野眞)「北東アジア文化研究」 鳥取短期大学 (26) 2007.10

出雲・伯耆・因幡の史跡巡り(広谷喜十郎)「秦史談」 秦史談会 (142) 2007.11

元文の百姓一揆とその陰に咲いた花(柴田東一郎)「但馬史研究」 但馬史研究会 (31) 2008.3

山陰の雄 尼子一族の興亡(阪本享式)「ふるさと山口」 山口の文化財を守る会 (29) 2008.6

山陰地方民の欝陵島侵入の始まり(朴炳渉)「北東アジア文化研究」 鳥取短期大学 (30) 2009.10

弥生青銅器研究の方法/山陰におけるたたら製鉄史の比較研究(特集3 古代文化センターの調査報告)「季刊文化財」 島根県文化財愛護協会 (122) 2010.3

鉄道敷設法成立以前の山陰地域における鉄道敷設運動(研究ノート)(沼本龍)「山陰研究」 島根大学法文学部山陰研究センター 2 2010.12

鳥居龍蔵の山陰踏査(鳥居龍蔵の足跡を辿る)(中原計)「鳥居龍蔵研究」 鳥居龍蔵を語る会 (1) 2011.3

抄物資料に見える戦国期山陰地域関連記事について(史料紹介)(倉恒康一)「鳥取地域史研究」 鳥取地域史研究会 (15) 2013.3

秋の史跡探訪 六〇年に一度の大遷宮出雲大社と山陰の名勝・史跡を訪ねる旅(松本知典)「郷土史誌末盧國」 松浦史談会, 芸文堂(発売) (196) 2013.12

山陰鉄道

7月報告要旨 「山陰鉄道開通百年」をふり返る(寺坂祐介)「鳥取地域史通信」 鳥取地域史研究会 (187) 2012.8

山陽新幹線

愉しいよ、東海道・山陽新幹線(特集 高梁川流域の鉄道 今昔)(矢沢昭郎)「高梁川」 高梁川流域連盟 通号68 2010.12

山陽鉄道

山陽鉄道の資金調達(井田泰人)「交通史研究」 交通史学会, 吉川弘文館(発売) (56) 2005.2

山陽鉄道 広島県内開通史話(松崎哲)「郷土史紀行」 ヒューマン・レクチャー・クラブ 33 2005.5

山陽鉄道瀬野―八本松の路線をめぐって―鉄道村発展への礎(奥田博)「瀬野川流域郷土史懇話会会報」 瀬野川流域郷土史懇話会 (7) 2008.2

旧山陽鉄道(兵庫～姫路間)開通時の煉瓦造構築物―橋梁、アーチ橋等の調査報告(鈴木敬二)「塵界 : 兵庫県立歴史博物館紀要」 兵庫県立歴

史博物館 (21) 2010.3
山陽鉄道 徳山―三田尻間隧道考(河杉忠昭)「徳山地方郷土史研究」 徳山地方郷土史研究会 (31) 2010.3
近代化の旗手 陸蒸気備中を駆ける―私鉄山陽鉄道の歩み(特集 高梁川流域の鉄道 今昔)(上田賢一)「高梁川」 高梁川流域連盟 通号68 2010.12
山陽鉄道 神戸・広島間全線開通時の時刻表(特集 高梁川流域の鉄道 今昔)(中山薫)「高梁川」 高梁川流域連盟 通号68 2010.12
田んぼ田中の一軒家―山陽鉄道開通秘話(特集 高梁川流域の鉄道 今昔)(渡邊義明)「高梁川」 高梁川流域連盟 通号68 2010.12
幻の山陽鉄道 三成を走る「三訪会会報」 三成学区の歴史と自然を訪ねる会 (66) 2014.1

山陽本線

JR山陽本線糸崎・広島間開業110年に寄せて(松崎哲)「郷土史紀行」 ヒューマン・レクチャー・クラブ 28 2004.7

中国

エゲ・エゴ・イゴ地名について(森納)「山陰・鳥取の地名を愛する会会報」 山陰・鳥取の地名を愛する会 (9) 2000.3
河童伝承と地名について(森納)「山陰・鳥取の地名を愛する会会報」 山陰・鳥取の地名を愛する会 (9) 2000.3
松江憲兵分隊の朝鮮人情報―昭和16年島根・広島・山口三県の朝鮮人(内藤正中)「北東アジア文化研究」 鳥取短期大学 (16) 2002.10
中国における織豊系城郭研究10年の現状と課題(乗岡実)「織豊城郭」 織豊期城郭研究会 (10) 2003.9
中国地方と義仲一族/義仲の物語について(國定美津子)「史學義仲」 木曽義仲史学会 (5) 2003.11
戦国期の諜報活動と山伏―毛利領国の事例から(馬部隆弘)「史敏」 史敏刊行会 1 2004.3
倉光、中島、浜田を歩く(井上新一)「文化財ふくやま」 福山市文化財協会 39 2004.5
銀の道 備北3町を訪ねて(大谷和弘)「わが町三原」 みはら歴史と観光の会 165 2004.12
二つの本家と一つの分家の関係―新宮池田家と岡山藩・鳥取藩(藤尾隆志)「鳥取地域史研究」 鳥取地域史研究会 (7) 2005.2
豊臣期における毛利氏検地の進展と領国支配(光成準治)「九州史学」 九州史学研究会 (141) 2005.6
『陰徳太平記』の成立事情と吉川家の家格宣伝活動(山本洋)「山口県地方史研究」 山口県地方史学会 (93) 2005.6
中世の東伯耆国境と美作国―矢送の伯耆国衆長氏について(日置粂左ヱ門)「鳥取地域史研究」 鳥取地域史研究会 (9) 2007.2
地域呼称「中国」の成立と変遷(渡邊誠)「芸備地方史研究」 芸備地方史研究会 (257) 2007.10
藤村耕市「近世石見銀山と三次地方」講演要旨「みよし地方史」 三次市地方史研究会 (74) 2007.12
ふる里の史跡 西周旧宅(津和野) 観音堂(廿日市市)「郷土史紀行」 ヒューマン・レクチャー・クラブ (50) 2008.2
資料紹介 雲州廻米御用と尾道商人―松江城下廻勤御用と出雲藩屋敷御料理仕出御用(森本幾子)「関西大学博物館紀要」 関西大学博物館 14 2008.3
開発にともない設置される小規模公園の現状―岡山市、倉敷市、福山市、鳥取市、松江市(芳賀修)「吉備地方文化研究」 就実大学吉備地方文化研究所 (18) 2008.3
縮景園と後楽園「郷土史紀行」 ヒューマン・レクチャー・クラブ (53) 2008.7
7月例会報告要旨(2) 池田家系図にみる岡山と鳥取―池田冠山『池田氏家譜集成』を手がかりに(岸本寛)「鳥取地域史通信」 鳥取地域史研究会 2008(8) 2008.8
中国地方の鋳物師と豊後府内(後藤匡史)「備陽史探訪」 備陽史探訪の会 (143) 2008.8
戊辰戦争期備中国鎮撫についての一考察―芸州・備前両大名の対立と地域の安定(笹田健一)「岡山地方史研究」 岡山地方史研究会 通号115 2008.9
備前焼と鞆保命酒(《備前歴史フォーラム 江戸時代の暮らしと備前焼》―研究報告)(岡本純夫)「備前市歴史民俗資料館紀要」 備前市歴史民俗資料館 (10) 2008.9
中国地方の桜の名所と史跡めぐり「郷土史紀行」 ヒューマン・レクチャー・クラブ (57) 2009.3
吉川氏の「矢野と吉浦と岩国」の関係(新宅春三)「ふるさとよしうら」 吉浦郷土史研究会 (55) 2009.4
岡山県・広島県(備前歴史フォーラム 鎌倉・室町 BIZEN―中世備前焼のスガタ―研究報告)(重根弘和)「備前市歴史民俗資料館紀要」 備前市歴史民俗資料館 (11) 2010.1
近世中後期における中国地方の開墾について―地租改正前後の統計資料を素材として(中山富広)「内海文化研究紀要」 広島大学大学院文学研究科附属内海文化研究施設 (38) 2010.3
寂地山と「地下図」―山口・島根県境界の誤り(井上佑)「山口県地方史研究」 山口県地方史学会 (104) 2010.11
備後・備中の幕府領地鎮撫―松尾(林)魯平関係文書から(立畑春夫)「みよし地方史」 三次市地方史研究会 (85) 2011.8
石州から長州へ(塚田照代)「深谷上杉・郷土史研究会会報」 深谷上杉・郷土史研究会 (128) 2012.1
瀬戸大橋を渡って(「たより」124～159号寄稿文)(園部志津代)「ひがし」 東区郷土史研究会 (12) 2012.1
寛永期の2度作成された中国筋絵図―寛永10、15年出雲国絵図の比較(川村博忠)「松江市史研究」 松江市教育委員会 (3) 2012.3
広島・島根ローカル線の旅(原田隆雄)「みよし風土記の丘」 みよし風土記の丘友の会 (86) 2012.3
近世後期中国地方における鑪経営の様相(研究報告要旨)(笠井今日子)「芸備地方史研究」 芸備地方史研究会 (280) 2012.4
特集 尾道は吉備国??―備後国の守護は尼子晴久??「月刊歴史ジャーナル」 NPO法人尾道文化財研究所 (101) 2012.5
石州西南部と玖北の史跡を訪ねる(探訪部現地探訪資料)「大内文化探訪：会誌」 大内文化探訪会 (30) 2012.5
中国地方の戦国大名を生んだ『承久の乱』(歴史トピックス)「月刊歴史ジャーナル」 NPO法人尾道文化財研究所 (102) 2012.6
小特集 鉱山の歴史散歩 石見銀山・吉岡銅山を訪ねて(入江義博)「新居浜史談」 新居浜郷土史談会 (390) 2013.10
毛利元清発給文書の研究(石畑匡基)「倉敷の歴史」 倉敷市総務局総務部 (24) 2014.3
近世街道絵図「中国行程記」について(研究)(山田稔)「山口県文書館研究紀要」 山口県文書館 (41) 2014.3
尾道商人と雲州御廻米御用(研究発表要旨)(森本幾子)「芸備地方史研究」 芸備地方史研究会 (290) 2014.4
寛政元年の中国筋巡見使、備中・備前を行く(別府信吾)「高梁川」 高梁川流域連盟 (72) 2014.12

中国山地

中国山地のたたら製鉄とその展開(〈鉄の文化圏・鉄の歴史村 文化講演会「中国山地の金屋子神信仰―祀られるものと祀るものの歩み」〉)(河瀬正利)「しまねの古代文化 ： 古代文化記録集」 島根県古代文化センター 通号7 2000.3
基調講演 幻の技術を自分たちの手で(〈鉄の文化圏・鉄の歴史村 文化講演会「中国山地の金屋子神信仰―祀られるものと祀るものの歩み」〉)(大蔵明光)「しまねの古代文化 ： 古代文化記録集」 島根県古代文化センター 通号7 2000.3
パネルディスカッション「たたら製鉄、過去から未来へつなぐもの」(〈鉄の文化圏・鉄の歴史村 文化講演会「中国山地の金屋子神信仰―祀られるものと祀るものの歩み」〉)(山内登貴夫, 大蔵明光, 山崎光夫, 景山明, 嘉田功)「しまねの古代文化 ： 古代文化記録集」 島根県古代文化センター 通号7 2000.3
郷土大学本年度第2回(再開第21回)講義「中国山地と宮本常一」神田三亀男さん「周防大島郷土大学ニュウズ」 周防大島文化交流センター 19 2005.7
近代の中国山地西部における水田開発と環境利用変化―広島県山県郡上殿村を中心として(赤石直美)「歴史地理学」 歴史地理学会, 古今書院(発売) 47(5)通号226 2005.12
地図から消えた「むら」―中国山地の過去・現在・未来(《特集 廃村―少子高齢化時代を迎えて》)(島津邦弘)「東北学.[第2期]」 東北芸術工科大学東北文化研究センター, 柏書房(発売) (7) 2006.4
平成18年度特別企画展 鑪―中国山地の鉄と人―「歴風」 広島県立歴史民俗資料館 (42) 2006.9
鉄穴流しに由来する中国山地・臨海平野の景観変容とその今日的意義(《シンポジウム「景観の保存と利用の歴史地理」特集号》)(貞方昇)「歴史地理学」 歴史地理学会, 古今書院(発売) 49(1)通号232 2007.1
中国山地における役牛の売買流通過程―牛馬商の専門分化と階層構造に関する分析(板垣貴志)「地方史研究」 地方史研究協議会 60(6)通号348 2010.12
中国山地の砂鉄を調べる―その性状と特性(谷井宏)「みよし風土記の丘」 みよし風土記の丘友の会 (84) 2011.3
中世後期中国山地の研究史をふりかえる(研究報告要旨)(中司健一)「芸備地方史研究」 芸備地方史研究会 (280) 2012.4
中国山地の緩斜面に開けた集落と建築儀礼(岡山県美作市後山地区合同調査特集)(津山正幹)「昔風と当世風」 古々路の会 (97) 2013.4

天領陣屋跡

史跡をあるく 天領陣屋跡「芸備地方史研究」 芸備地方史研究会 (249) 2006.1

西中国山地

棚田保全における棚田オーナー制度導入の条件―西中国山地の導入地区

と非導入地区の比較から（榎本隆明）「日本研究」　日本研究研究会
　　（25）2012.3

伯備線

吉備線・伯備線の思い出（特集 高梁川流域の鉄道 今昔）（原田亮二）「高
　　梁川」　高梁川流域連盟　通号68　2010.12

伯備線断章（特集 高梁川流域の鉄道 今昔）（高見彰）「高梁川」　高梁川
　　流域連盟　通号68　2010.12

伯備線鉄輪記（特集 高梁川流域の鉄道 今昔）（安達政一）「高梁川」　高
　　梁川流域連盟　通号68　2010.12

備州

芸備両国の領主の変遷（1）,（2）（近藤納）「ひがしひろしま郷土史研究会
　　ニュース」　東広島郷土史研究会　312/313　2000.8/2000.9

《特集 創立50周年記念大会「芸備地方史の新視点」》「芸備地方史研究」
　　芸備地方史研究会　240・241　2004.4

理勢志（編集部）「かんべ」　可部郷土史研究会　105　2004.7

理勢志（編集部）「かんべ」　可部郷土史研究会　106　2004.10

山口線

湯田温泉～津和野 普通列車の旅—山口線は近代化遺産の宝庫（林梓）「ふ
　　るさと山口」　山口の文化財を守る会　（27）2006.6

鳥取県

旭川
リレーエッセイ 幻の「鳥取藩など四藩により旭川共同利用」(山嵜雅晴)「鳥取地域史通信」 鳥取地域史研究会　2006 (8) 2006.8

阿太郷
阿太郷の伝承と生活(長野晃子)「昔風と当世風」 古々路の会　(87) 2004.10

新屋山鉄山
日南町多里 新屋山鉄山概況(影山猛)「伯耆文化研究」 伯耆文化研究会　(6) 2004.11

因幡
因幡二十士について(2),(3)(岡田年正)「伯耆文化研究」 伯耆文化研究会　(2)/(3) 2000.11/2001.11

因幡二十士について(4)―手結浦事件からの考察(岡田年正)「伯耆文化研究」 伯耆文化研究会　(4) 2002.11

雨も又楽しからずや 因幡の古跡を傘さしてゆく…(佐藤秀子)「備陽史探訪」 備陽史探訪の会　111 2003.4

因幡二十士について(5)―蛤御門の変をめぐる鳥取藩と二十士の動向(岡田年正)「伯耆文化研究」 伯耆文化研究会　(5) 2003.11

因幡伯耆の選ばれた空間―八景などの景観選定と因幡人(北尾泰志)「鳥取地域史研究」 鳥取地域史研究会　2004.2

因幡二十士について(6)―維新前後の現実と理想との相克(岡田年正)「伯耆文化研究」 伯耆文化研究会　(6) 2004.11

古代史ロマン 「因幡の白うさぎ」が今でも伊那路に?(安田新)「伊那路」 上伊那郷土研究会　48(12) 通号575 2004.12

因幡二十士について(6)―手結騒動記(岡田年正)「伯耆文化研究」 伯耆文化研究会　(7) 2005.11

豊臣政権と因幡・伯耆―宮部継潤の発給文書と関係史料(日置粂左ヱ門)「鳥取地域史研究」 鳥取地域史研究会　(8) 2006.2

因幡二十士関係文書(7) 村河與一右衛門直方之事蹟演舌筆記/清水千萬人関係書簡(岡田年正)「伯耆文化研究」 伯耆文化研究会　(8) 2006.11

因幡二十士関係文書(8) 山口正次談話記/京都本國寺事件ニ関スル座談記事(岡田年正)「伯耆文化研究」 伯耆文化研究会　(9) 2007.11

因幡の兎は白いのか(木村成生)「散歩の手帖」 木村成生　(19) 2008.6

因幡二十士関係文書(9) 足立正聲より田中邦十郎宛書簡/中原忠次郎和歌・書簡(岡田年正)「伯耆文化研究」 伯耆文化研究会　(10) 2008.11

因幡のワニはサメなのか(木村成生)「散歩の手帖」 木村成生　(20) 2008.11

リレーエッセイ 奈良時代の因幡で観測された日食(石田敏紀)「鳥取地域史通信」 鳥取地域史研究会　2009(8) 通号152 2009.8

因幡二十士関係文書(10)～(14) 「新國隊記録」(1)～(5)(岡田年正)「伯耆文化研究」 伯耆文化研究会　(11)/(15) 2009.11/2014.5

3月例会報告要旨 平安時代の因幡出身の采女(石田敏紀)「鳥取地域史通信」 鳥取地域史研究会　(171) 2011.4

但馬・因幡国境目之事について(史料紹介)(岡部良一)「但馬史研究」 但馬史研究会　(35) 2012.3

第970回例会 因幡中南部の文化財を訪ねる(東暲)「史跡と美術」 史跡美術同攷会　82(6) 通号826 2012.6

8月報告要旨 因幡二十士事件を考える(来見田博基)「鳥取地域史通信」 鳥取地域史研究会　(188) 2012.9

9月報告要旨 『因幡誌』の語る神話―近世神話の誕生(石田敏紀)「鳥取地域史通信」 鳥取地域史研究会　(189) 2012.10

鳥取地域史研究会 2月例会 2013年2月23日(土)午前10時30分～正午 岡村吉彦氏「秀吉の因幡・但馬侵攻と垣屋氏」「鳥取地域史通信」 鳥取地域史研究会　(192) 2013.1

『因幡志』の「神話」叙述―創造される「大国主命」、「ウサギ」、「八上比売」の「神話」(研究ノート)(石田敏紀)「鳥取地域史研究」 鳥取地域史研究会　(15) 2013.3

2月報告要旨 秀吉の但馬・因幡進攻と垣屋氏(岡村吉彦)「鳥取地域史通信」 鳥取地域史研究会　(194) 2013.3

因幡国
戦国期因幡国における守護支配の展開と構造(岡村吉彦)「鳥取地域史研究」 鳥取地域史研究会　(5) 2003.2

例会報告要旨因幡国における鉄砲の登場(岡村吉彦)「鳥取地域史通信」 鳥取地域史研究会　2005(12) 2005.12

因幡国における鉄砲の登場(岡村吉彦)「鳥取地域史研究」 鳥取地域史研究会　(8) 2006.2

1月例会報告要旨 毛利・織田戦争と因幡国地域社会(倉恒康一)「鳥取地域史通信」 鳥取地域史研究会　2008(2) 2008.2

他国へ移住した石見漁民の伝承―因幡国と佐渡国のこと(児島俊平)「郷土石見 : 石見郷土研究懇話会機関誌」 石見郷土研究懇話会　(82) 2009.12

3月例会報告要旨 因幡国貢進の采女(石田敏紀)「鳥取地域史通信」 鳥取地域史研究会　(160) 2010.4

12月例会報告 「理性院・金剛王院等相承血脈次第」について―国衙領にみる後南朝と因幡国(石井伸宏)「鳥取地域史通信」 鳥取地域史研究会　(180) 2012.1

因幡藩
山国隊と因幡藩[1],[2],(完)(秋里悠兒)「丹波」 丹波史談会　6/8 2004.12/2006.10

岩井郡
岩井郡の始期について(山崎良作)「山陰・鳥取の地名を愛する会会報」 山陰・鳥取の地名を愛する会　(9) 2000.3

鳥取藩領因幡国岩井郡大庄屋中島家「御用日記」翻刻(1)(大嶋陽一,四井幸子,芝田尚子)「鳥取県立博物館研究報告」 鳥取県立博物館　(49) 2012.3

鳥取藩領稲葉国岩井郡大庄屋中島家「御用日記」翻刻(2)(大嶋陽一,四井幸子,芝田尚子)「鳥取県立博物館研究報告」 鳥取県立博物館　(50) 2013.3

鳥取藩領稲葉国岩井郡大庄屋中島家「御用日記」翻刻(3)(人文分野―資料紹介)(大嶋陽一,四井幸子,芝田尚子)「鳥取県立博物館研究報告」 鳥取県立博物館　(51) 2014.3

岩美郡
鳥取県県関連の郡是・村是資料と『岩美郡生産力調査書』―紹介と集計の試み(大川篤志)「鳥取地域史研究」 鳥取地域史研究会　(5) 2003.2

因伯
近世因伯の視覚障害者の暮らしとその芸能(川上廸彦)「伯耆文化研究」 伯耆文化研究会　(6) 2004.11

後谷銅山
明治二年産物方御趣向後谷銅山(中田文人)「伯耆文化研究」 伯耆文化研究会　(7) 2005.11

浦富
岩美町蒲生川流域と浦富地区の地名と民俗を訪ねて(巽新)「山陰・鳥取の地名を愛する会会報」 山陰・鳥取の地名を愛する会　(9) 2000.3

江美城
西伯耆における織豊城郭の成立―米子城と江美城を例として(伊藤創)「伯耆文化研究」 伯耆文化研究会　(11) 2009.11

邑美県
鳥取県と邑美県―県名とは何か(篠村昭二)「山陰・鳥取の地名を愛する会会報」 山陰・鳥取の地名を愛する会　(11) 2002.3

岡崎邸
岡崎家住宅の建設者について一考察(田村達也)「鳥取地域史通信」 鳥取地域史研究会　2003(4) 2003.4

リレーエッセイ岡崎邸にみる湿気対策(田村達也)「鳥取地域史通信」 鳥取地域史研究会　2005(12) 2005.12

研究ノート 岡崎邸小考―御殿風武家屋敷論(田村達也)「鳥取地域史研究」 鳥取地域史研究会　(13) 2011.2

1月例会報告要旨 岡崎邸小考―御殿風武家屋敷論(田村達也)「鳥取地域史通信」 鳥取地域史研究会　(169) 2011.2

尾高城
尾高城址について(伊藤創)「新修米子市史だより」 米子市史編さん事務局　(26) 2008.3

皆生温泉
「皆生温泉市街地設計図」(大正十年)(篠田建三)「伯耆文化研究」 伯耆文化研究会　(15) 2014.5

会見郡
伯耆国会見郡衙について―近年の発掘調査からみた様相(坂本嘉和)「伯耆文化研究」 伯耆文化研究会　(10) 2008.11

明治六年会見郡血税一揆の問いかけたもの(国田俊雄)「伯耆文化研究」

伯耆文化研究会 （13）2012.3

会見郡全図（文政年間）を読む―絵図を通して藩政期の村落景観をさぐる（岩佐武彦）「伯耆文化研究」 伯耆文化研究会 （14）2013.3

伯耆国会見郡の古代中世社会を考える―説話物語・かたりものなどをもとに考察（國田俊雄）「伯耆文化研究」 伯耆文化研究会 （15）2014.5

鏡山城
伯耆鏡山城の縄張り―関氏の城郭考（高田徹）「愛城研報告」 愛知中世城郭研究会 5 2000.6

角盤通り
角盤通りの変遷（篠田建三）「伯耆文化研究」 伯耆文化研究会 （12）2010.11

笠木
日野郡笠木十三ヶ村検地帳の研究（高橋章司）「伯耆文化研究」 伯耆文化研究会 （12）2010.11

蒲生川
岩美町蒲生川流域と浦富地区の地名と民俗を訪ねて（巽新）「山陰・鳥取の地名を愛する会会報」 山陰・鳥取の地名を愛する会 （9）2000.3

加茂川
加茂川、下町よもやま話（加川克治郎）「新修米子市史だより」 米子市史編さん事務局 20 2005.3

賀露港
二人の蘭人工師と賀露港の改修―鳥取県の水災史・序説（伊藤康）「鳥取県立公文書館研究紀要」 鳥取県立公文書館 （3）2007.3

河村郡
伯耆国河村郡に伝わる文書―戦国時代を中心に（研究ノート）（日置粂左エ門）「鳥取地域史研究」 鳥取地域史研究会 （12）2010.2

箕蚊屋
例会報告要旨 昭和恐慌下における小作争議の歴史的性格―第二次箕蚊屋争議を通して（坪倉潤也）「鳥取地域史通信」 鳥取地域史研究会 2005（9）2005.9

義方小学校
明治初期の義方小学校（杉本良巳）「新修米子市史だより」 米子市史編さん事務局 （28）2009.3

久松山
久松山名か近世城郭等分布調査について（中間報告）（西尾）「鳥取城調査研究年報」 鳥取市教育委員会 （1）2008.3

久松山（現：きゅうしょうざん）の山の名称変遷に関する調査記録及び考察（神谷佳友）「鳥取城調査研究年報」 鳥取市教育委員会 （7）2014.3

国信村
幕末期の地域争論と大庄屋―嘉永5年汗入郡福尾村・国信村水論を事例に（石田裕子）「鳥取地域史研究」 鳥取地域史研究会 （5）2003.2

倉吉
文献からみた倉吉稲扱千歯について―近世倉吉稲扱の生産（山脇幸人）「鳥取地域史通信」 鳥取地域史研究会 2003（6）2003.6

倉吉絣と大和絣―倉吉絣新研究のヒント（山脇幸人）「鳥取地域史通信」 鳥取地域史研究会 2007（6）2007.6

9月例会報告 最近発見された近世後期倉吉の略絵図（山脇幸人）「鳥取地域史通信」 鳥取地域史研究会 （176）2011.9

気高郡
気高郡気高町から（篠村昭二）「山陰・鳥取の地名を愛する会会報」 山陰・鳥取の地名を愛する会 （14・15）2006.3

源太夫山
源太夫山、天神山の名称変更について（野田吉夫）「山陰・鳥取の地名を愛する会会報」 山陰・鳥取の地名を愛する会 （12・13）2004.3

国道9号
国道9号「距離標」から史跡再発見（畠中弘）「新修米子市史だより」 米子市史編さん事務局 （22）2006.3

国府町
国府町の古地名など―"とき"郷と日常上人（山崎良作）「山陰・鳥取の地名を愛する会会報」 山陰・鳥取の地名を愛する会 （12・13）2004.3

琴浦町立東伯中学校
語り継ぐ 橋本代志子さんの体験を聞いて 琴浦町立東伯中学校（鳥取県）から／都立工芸高校の卒業制作で戦災資料センターのポスターをつくる／体験者の絵をみて 感想文・感想ノートから「東京大空襲・戦災資料センターニュース : 平和研究交流誌」 東京大空襲・戦災資料センター （21）2012.7

湖山池
8月報告要旨 中世末から近世にかけての湖山潟・湖山池周辺（八峠興）「鳥取地域史通信」 鳥取地域史研究会 （199・200）2013.9

湖山潟
8月報告要旨 中世末から近世にかけての湖山潟・湖山池周辺（八峠興）「鳥取地域史通信」 鳥取地域史研究会 （199・200）2013.9

境港
明治期境港の朝鮮貿易（内藤正中）「北東アジア文化研究」 鳥取短期大学 （14）2001.10

境港の朝鮮航路（内藤正中）「北東アジア文化研究」 鳥取短期大学 （15）2002.3

尚徳村
村名の成立―尚徳村のこと（篠村昭二）「山陰・鳥取の地名を愛する会会報」 山陰・鳥取の地名を愛する会 （9）2000.3

庄内
テーマ「近代部落史における庄内の動き―橋嵜繁蔵と岡田美子、庄内ヒューマン倶楽部、庄内水平社―」 意見交流（〈2003年度第2回定例会〉）「鳥取県部落史研究会のあゆみ」 鳥取県部落史研究会 （4）2004.3

仁風閣
巻頭言―仁風閣秘話（田村達也）「鳥取地域史研究」 鳥取地域史研究会 （5）2003.2

末恒
鳥取市末恒地区における中新統鳥取層群河原火山岩層中の水中火山岩（山名巌）「鳥取県立博物館研究報告」 鳥取県立博物館 （44）2007.3

船上山
船上山行（太平記へのいざない）（藤波平次郎）「備陽史探訪」 備陽史探訪の会 （128）2006.2

千代川
千代川の筏流しと智頭の元木（本木）調度（大北英太郎）「鳥取地域史研究」 鳥取地域史研究会 （8）2006.2

鳥取県東部の被差別部落を訪ねて―千代川流域を中心として（〈2004年度第4回定例会〉―研究発表）（坂田収）「鳥取県部落史研究会のあゆみ」 鳥取県部落史研究会 （5）2006.3

大山村
銃後農村から見た総力戦―鳥取県西伯郡旧大山村の事例より（小林裕之）「鳥取地域史通信」 鳥取地域史研究会 2007（4）2007.4

大楽院
3月報告要旨 「河村郡泊村大楽院文書」の紹介（大嶋陽一）「鳥取地域史通信」 鳥取地域史研究会 （183）2012.4

高草郡
融和政策期における被差別部落名望家の存在形態―鳥取県因幡国高草郡を中心として（橋詰勝人）「鳴門史学」 鳴門史学会 17 2003.10

融和政策期における被差別部落名望家の存在形態―鳥取県因幡国高草郡を中心として（橋詰勝人）「解放研究とっとり : 研究紀要」 鳥取県人権文化センター （7）2004.12

智頭
千代川の筏流しと智頭の元木（本木）調度（大北英太郎）「鳥取地域史研究」 鳥取地域史研究会 （8）2006.2

智頭町
講演（要旨）智頭町の解放運動のあゆみ（〈2006年度第2回定例会〉）（中田幸雄）「鳥取県部落史研究会のあゆみ」 鳥取県部落史研究会 （6）2007.3

研究発表 鳥取県部落史研究の諸問題―『智頭町誌』執筆で考えたこと（〈2006年度第3回定例会〉）（北尾泰志）「鳥取県部落史研究会のあゆみ」 鳥取県部落史研究会 （6）2007.3

智頭宿
上方往来の追分宿「智頭宿」（鳥取県智頭）（街道を行く）「郷土史紀行」 ヒューマン・レクチャー・クラブ （55）2008.11

天神川
鳥取県天神川流域における鉄穴流しと海岸地形の変化―中国地方の鉄穴流し調査補遺（1）（貞方昇，武下憲史）「たたら研究」 たたら研究会 （50）2010.12

天神山
源太夫山、天神山の名称変更について（野田吉夫）「山陰・鳥取の地名を愛する会会報」 山陰・鳥取の地名を愛する会 （12・13）2004.3

東郷町
例会報告要旨 『東郷町誌』に収められた史料（日置粂左エ門）「鳥取地域史通信」 鳥取地域史研究会 2006（6）2006.6

東郷荘
研究ノート 伯耆国東郷荘絵図の周辺（日置粂左エ門）「鳥取地域史研究」 鳥取地域史研究会 （14）2012.2

所子

所子の喧嘩凧(坂田友宏)「伯耆文化研究」 伯耆文化研究会 (12) 2010.11

鳥取

鳥取の食文化(8) 城下町鳥取の豆腐屋さん(坂本敬司)「郷土と博物館」 鳥取県立博物館 48通号92 2003.3

鳥取の食文化(9)5代藩主池田重寛の食生活(坂本敬司)「郷土と博物館」 鳥取県立博物館 49通号93 2004.3

鳥取江戸時代絵巻めぐり(〈平成16年度日本博物館協会中国支部研修会報告 博物館と地域づくり—実践報告〉)(坂本敬司)「しまねの古代文化 : 古代文化記録集」 島根県古代文化センター (12) 2005.3

鳥取の食文化(10)平安貴族のテーブルマナー(石田敏紀)「郷土と博物館」 鳥取県立博物館 50通号94 2005.3

鳥取の旧家 河本家の由緒と保存文書から—水戸との所縁を探る(小谷恵造)「水戸史学」 水戸史学会 (63) 2005.11

鳥取の武家屋敷—拝領屋敷・借宅屋敷・長屋(坂本敬司)「鳥取地域史通信」 鳥取地域史研究会 2005(11) 2005.11

鳥取の武家屋敷—拝領屋敷・借宅屋敷・長屋(坂本敬司)「鳥取地域史研究」 鳥取地域史研究会 (8) 2006.2

例会報告要旨 幕末期の鳥取における情報流通—「耳袋」を中心として(渡邉仁美)「鳥取地域史研究」 2006(2) 2006.2

鳥取県の動物地名(鰐、兎、象)考(8)(但馬恭市)「山陰・鳥取の地名を愛する会会報」 山陰・鳥取の地名を愛する会 (14・15) 2006.3

パネルディスカッション 鳥取の部落史をどう考えるか(〈2004年度第2回定例会(鳥取県部落史シンポジウム1)〉)(北尾泰志, 坂本敬司, 橋詰勝人, 山根秀明, 上杉聰)「鳥取県部落史研究会のあゆみ」 鳥取県部落史研究会 (5) 2006.3

鳥取の目黒氏—目黒氏の研究(6)(小池泰子)「郷土目黒」 目黒区郷土研究会 50 2006.10

例会報告 大正デモクラシー前後の文化状況 地域都市・鳥取と「中央」(佐々木孝文)「鳥取地域史通信」 鳥取地域史研究会 2007(1) 2007.1

12月例会報告要旨 建造物からみる鳥取の地域性について—近代和風建築総合調査をとおして(松本経理)「鳥取地域史通信」 鳥取地域史研究会 2008(1) 2008.1

史料から見えてくる鳥取近世部落史の具体像(〈第32回部落解放・人権確立鳥取県研究集会 第7分科会(地域部落史の研究)—報告〉(坂本敬司)「鳥取県部落史研究会のあゆみ」 鳥取県部落史研究会 (7) 2008.3

2008年の活動記録/鳥取地域史この一年「鳥取地域史研究」 鳥取地域史研究会 (11) 2009.2

リレーエッセイ 城下町鳥取のお茶事情(大嶋陽一)「鳥取地域史通信」 鳥取地域史研究会 2009(12)通号155 2009.12

5月例会報告要旨 明治期の徴兵制と鳥取(岸本覚)「鳥取地域史通信」 鳥取地域史研究会 (162) 2010.6

10月例会報告 秋の叙勲・褒賞を見て—近代鳥取の栄典から見ること(岸本寛)「鳥取地域史通信」 鳥取地域史研究会 (178) 2011.11

資料 鳥取における陪審裁判—因伯時報・鳥取新報・大阪朝日新聞ならびに予審終結決定書・訊示・刑事判決書に見る陪審裁判(広島修道大学「明治の法と裁判」研究会)「修道法学」 広島修道大学ひろしま未来協創センター 35(1)通号68 2012.9

鳥取と隠岐—因州藩の隠岐取締りと県域編入(伊藤康)「鳥取県立公文書館研究紀要」 鳥取県立公文書館 (8) 2014.3

新聞報道と雑誌にみる鳥取大震災(田中やよい)「鳥取県立公文書館研究紀要」 鳥取県立公文書館 (8) 2014.3

大正デモクラシーと鳥取(松尾尊兊)「鳥取市史研究」 鳥取市 25 2014.3

鳥取県

史料紹介 藩政資料「在方諸事取捌帳」にみる部落とその周辺(宇田川宏)「解放研究とっとり : 研究紀要」 鳥取県人権文化センター (2) 2000.3

鳥取県の動物地名(龍)考(但馬恭市)「山陰・鳥取の地名を愛する会会報」 山陰・鳥取の地名を愛する会 (9) 2000.3

戦後期における鳥取県の朝鮮人(内藤正中)「北東アジア文化研究」 鳥取短期大学 通号11 2000.3

調査報告 医家・徳田家資料を調査「解放研究とっとり : 研究紀要」 鳥取県人権文化センター (3) 2001.3

鳥取県と邑美県—県名とは何か(篠村昭二)「山陰・鳥取の地名を愛する会会報」 山陰・鳥取の地名を愛する会 (11) 2002.3

鳥取県の動物地名(馬)考(6)(但馬恭市)「山陰・鳥取の地名を愛する会会報」 山陰・鳥取の地名を愛する会 (11) 2002.3

鳥取県の地域編制に関する実証的考察(1)—「戸籍区」の成立と展開・戸長職の実相(伊藤康)「鳥取市史研究」 鳥取市 22 2002.3

鳥取県の地域編制に関する実証的考察(2)—「郡区」の成立と展開・初

期郡長の実相(伊藤康)「鳥取市史研究」 鳥取市 22 2002.3

鳥取県の無籍運動と朝鮮(池原正雄)「北東アジア文化研究」 鳥取短期大学 (15) 2002.3

鳥取県の内水面における漁業権の免許切り替え(浜田章作)「北東アジア文化研究」 鳥取短期大学 (17) 2003.3

研究報告 鳥取県内に於ける大正期の水平社結成の萌芽(〈2002年度第2回定例会〉)(洞山雅央)「鳥取県部落史研究会のあゆみ」 鳥取県部落史研究会 (3) 2003.4

テーマ「人々の生きていた姿が鮮明になってくる部落史II—鳥取県の近・現代における部落史研究の現状とこれから」(〈2002年度第3回定例会「部落史フォーラムII」記録〉)「鳥取県部落史研究会のあゆみ」 鳥取県部落史研究会 (3) 2003.4

基調講演 近代鳥取県における被差別部落—明治・大正を中心として(〈2002年度第3回定例会「部落史フォーラムII」記録〉)(國歳眞臣)「鳥取県部落史研究会のあゆみ」 鳥取県部落史研究会 (3) 2003.4

パネルディスカッション 部落史の見直しの中で、鳥取県における近・現代部落史をどうとらえるのか—水平社運動と融和運動、農民運動を中心として(〈2002年度第3回定例会「部落史フォーラムII」記録〉)(山根秀明, 新井宏則, 橋詰勝人)「鳥取県部落史研究会のあゆみ」 鳥取県部落史研究会 (3) 2003.4

近世武家官位制度と大名の意識—岡山鳥取両池田家を中心に(藤尾隆志)「岡山地方研究」 岡山地方史研究会 100 2003.6

戦前期鳥取県の日本海時代(内藤正中)「北東アジア文化研究」 鳥取短期大学 (18) 2003.10

鳥取県内の鴫尾—山陰系鴫尾を中心に(岸本浩忠)「郷土と博物館」 鳥取県立博物館 49通号93 2004.3

鳥取県の動物地名(鼠、猫、虎)考(7)(但馬恭市)「山陰・鳥取の地名を愛する会会報」 山陰・鳥取の地名を愛する会 (12・13) 2004.3

昭和前期鳥取県の朝鮮人対策(内藤正中)「北東アジア文化研究」 鳥取短期大学 (19) 2004.3

例会発表要旨 鳥取県立図書館所蔵絵図の成立過程(北尾泰志)「鳥取地域史通信」 鳥取地域史研究会 2004(7) 2004.7

例会報告要旨 鳥取県における明治初年の戸籍編製について(伊藤康)「鳥取地域史通信」 鳥取地域史研究会 2004(10) 2004.10

鳥取県における内水面漁業免許の新たな展開(浜田章作)「北東アジア文化研究」 鳥取短期大学 (20) 2004.10

鳥取県の戸籍編製—明治初年の地方制度史の視点から(伊藤康)「鳥取県立公文書館研究紀要」 鳥取県立公文書館 ([1]) 2005.1

鳥取県の動物地名(熊、狼)考(9)(但馬恭市)「山陰・鳥取の地名を愛する会会報」 山陰・鳥取の地名を愛する会 (14・15) 2006.3

鳥取県管内で初めて購読された新聞「郵便報知新聞」と「鳥取県新報」(大原俊二)「伯耆文化研究」 伯耆文化研究会 (2) 2006.11

近代の鳥取県食肉産業と部落(田中真次)「解放研究とっとり : 研究紀要」 鳥取県人権文化センター (9) 2007.2

舞鶴市新部落の警世と解放への主体の形成(1) 鳥取県移住者の子孫からの聴き取りを中心に(國歳眞臣)「解放研究とっとり : 研究紀要」 鳥取県人権文化センター (9) 2007.2

研究発表 鳥取県における同和教育創造のあゆみ(〈2005年度第4回定例会〉)(山本寛)「鳥取県部落史研究会のあゆみ」 鳥取県部落史研究会 (6) 2007.3

追加資料 鳥取県における戦後の部落史研究(〈第30回部落解放鳥取県研究集会 第8分科会(地域部落史の研究)〉)「鳥取県部落史研究会のあゆみ」 鳥取県部落史研究会 (6) 2007.3

講演 同対審答申前後の鳥取県の部落解放運動(〈2006年度第1回定例会〉)(森下冷蔵)「鳥取県部落史研究会のあゆみ」 鳥取県部落史研究会 (6) 2007.3

舞鶴市新興部落の形成と解放への主体の形成(2) 鳥取県移住者の子孫からの聴き取りを中心に(國歳眞臣)「解放研究とっとり : 研究紀要」 鳥取県人権文化センター (10) 2008.2

研究発表 鳥取県内の近代における水平運動—水平社未成熟県(〈2007年度第1回定例会〉)(洞山雅央)「鳥取県部落史研究会のあゆみ」 鳥取県部落史研究会 (7) 2008.3

稲作における県農政と中井太一郎の普及活動—郡立農学校の創立と林遠里招聘を中心に(大島佐知子)「鳥取県立公文書館研究紀要」 鳥取県立公文書館 (4) 2008.3

6月例会報告要旨 『織田 vs 毛利—鳥取めぐる攻防〈鳥取県史ブックレット1〉』合評会(倉恒康一)「鳥取地域史通信」 鳥取地域史研究会 2008(7) 2008.7

『鳥取県社会時報』と鳥取県一心会に関するノート(西村芳将)「解放研究とっとり : 研究紀要」 鳥取県人権文化センター (11) 2009.2

リレーエッセイ 「鳥取県の無らい県運動」編さん過程で考えたこと、今考えていること(西村芳将)「鳥取地域史通信」 鳥取地域史研究会 2009(2)通号147 2009.2

研究発表 鳥取県部落史研究の現状と課題—資料集編さんのための準備作業として(〈2008年度第1回定例会〉)(西村芳将)「鳥取県部落史研究

会のあゆみ」 鳥取県部落史研究会 （8） 2009.3

リレーエッセイ 鳥取県内の中世文書の現状（岡村吉彦）「鳥取地域史通信」 鳥取地域史研究会 （157） 2010.1

鳥取県の中世備前焼の流通（備前歴史フォーラム 鎌倉・室町 BIZEN―中世備前焼のスガタ―研究報告）（佐伯純也）「備前市歴史民俗資料館紀要」 備前市歴史民俗資料館 （11） 2010.1

リレーエッセイ 天保未年、田畑地続全図の活用のために（錦織勤）「鳥取地域史通信」 鳥取地域史研究会 （167） 2010.12

鳥取県における学校史料の史料学的研究―米子市角盤高等小学校を題材に（小山景子）「鳥取地域史研究」 鳥取地域史研究会 （13） 2011.2

県東部の旧村に残された戸籍簿を読む―「明治三年式戸籍」と壬申戸籍（補遺）（伊藤康）「解放研究とっとり：研究紀要」 鳥取県人権文化センター （13） 2011.3

記念講演 鳥取県の記録と伝え（日置粂左エ門）「鳥取地域史通信」 鳥取地域史研究会 （170） 2011.3

第2回定例会研究発表・第34回人権尊重社会を実現する鳥取県研究集会 第4分科会報告 鳥取県内の近代における水平運動（2009年度）（洞山雅史）「鳥取県部落史研究会のあゆみ」 鳥取県部落史研究会 （9） 2011.3

第4回定例会研究発表 『鳥取県社会時報』と鳥取県一心会（2010年度）（西村芳将）「鳥取県部落史研究会のあゆみ」 鳥取県部落史研究会 （9） 2011.3

鳥取県と韓国との交流における北東アジア文化総合研究所の役割（野津和功）「北東アジア文化研究」 鳥取短期大学 （33） 2011.3

3月例会報告要旨 満蒙開拓と鳥取県（小山富見男）「鳥取地域史通信」 鳥取地域史研究会 （171） 2011.4

大正期鳥取県の部落改善政策の展開（西村芳将）「解放研究とっとり：研究紀要」 鳥取県人権文化センター （14） 2012.3

近藤家文書「一時預かり」の事情―鳥取県西部地震の頃を回想する（伊藤康）「鳥取県立公文書館研究紀要」 鳥取県立公文書館 （7） 2012.3

鳥取県のムラにおける社会組織の現状―平成20年度鳥取県歴史民俗事象調査結果から（福代宏）「鳥取県立博物館研究報告」 鳥取県立博物館 （49） 2012.3

鳥取県のムラ社会（喜多村理）「鳥取県立博物館研究報告」 鳥取県立博物館 （49） 2012.3

鳥取県の明治前期における新道建設と交通事情（岩佐武彦）「伯耆文化研究」 伯耆文化研究会 （13） 2012.3

『災害と人権』―東日本大震災に関わる鳥取県民の意識調査から考える（公益社団法人鳥取県人権文化センター）「解放研究とっとり：研究紀要」 鳥取県人権文化センター （15） 2013.3

鳥取県社会保健委員制度の成立―昭和戦前期地方における無医村・無産婆村対策の展開（研究論文）（西村芳将）「鳥取地域史研究」 鳥取地域史研究会 （15） 2013.3

平成24年度巡検紀行 鳥取県中部の史跡を訪ねて（国田俊雄）「伯耆文化研究」 伯耆文化研究会 （14） 2013.3

鳥取県地方紙等に見る空襲とその時代（鳥取県に関連して）（高塚久司）「古代文化研究」 島根県古代文化センター （21） 2013.3

鳥取県の歴史を環日本海域のなかで明らかにする（内藤正中先生追悼文集）（眞田廣幸）「北東アジア文化研究」 鳥取看護大学・鳥取短期大学 （38） 2014.2

大正期鳥取県における融和政策の基調―岩切重雄の部落改善論（西村芳将）「解放研究とっとり：研究紀要」 鳥取県人権文化センター （16） 2014.3

報告 鳥取県内の奈良・平安時代の紀年棟札について（人文分野）（藤木竜也、福代宏）「鳥取県立博物館研究報告」 鳥取県立博物館 （51） 2014.3

鳥取市

鳥取市三街道周辺町並図（篠村昭二）「山陰・鳥取の地名を愛する会会報」 山陰・鳥取の地名を愛する会 （12・13） 2004.3

鳥取城

史跡・鳥取城跡附太閤ヶ平の現在「鳥取城調査研究年報」 鳥取市教育委員会 （1） 2008.3

近代の鳥取城跡（1）（佐々木）「鳥取城調査研究年報」 鳥取市教育委員会 （1） 2008.3

鳥取城包囲の羽柴秀吉軍の陣城考察（高橋成計）「戦乱の空間」 戦乱の空間編集会 （7） 2008.7

鳥取城山上ノ丸の構造と形態（谷本進）「鳥取城調査研究年報」 鳥取市教育委員会 （2） 2009.3

4月例会報告要旨 鳥取城の通説を疑う―池田長吉現存遺構構築説の幻（細田隆博）「鳥取地域史通信」 鳥取地域史研究会 2009（5）通号149 2009.5

鳥取城の通説を疑う 池田長吉現存遺構構築説を再考する（細田隆博）「鳥取城調査研究年報」 鳥取市教育委員会 （3） 2010.3

近代の鳥取城（2） 明治後期から昭和19年の鳥取市への寄贈まで（佐々木

孝文）「鳥取城調査研究年報」 鳥取市教育委員会 （3） 2010.3

鳥取城瓦考（坂田邦彦）「鳥取城調査研究年報」 鳥取市教育委員会 （3） 2010.3

近世後期における鳥取城の石垣修理（細田隆博）「鳥取城調査研究年報」 鳥取市教育委員会 （4） 2011.3

9月例会報告 鳥取城研究と岡島正義（大嶋陽一）「鳥取地域史通信」 鳥取地域史研究会 （176） 2011.9

鳥取城下五橋の架け替え工事―秋里屋権兵衛を中心に（奥田美也子）「橘史学」 京都橘大学歴史文化学会 （26） 2011.11

鳥取城攻め太閤ヶ平本陣群の検討（谷本進）「鳥取城調査研究年報」 鳥取市教育委員会 （5） 2012.3

鳥取城「明地籾御蔵」の調査について―岡嶋家旧蔵「普請方関係資料」との比較を通して（研究ノート）（中原斉、佐々木孝文）「鳥取城調査研究年報」 鳥取市教育委員会 （5） 2012.3

近代の鳥取城（4）「久松山整備審議会」について（資料紹介）（佐々木孝文）「鳥取城調査研究年報」 鳥取市教育委員会 （5） 2012.3

戦場をあるく―戦場調査ガイド 因幡鳥取城攻めと太閤ヶ平本陣（谷本進）「織豊研究」 織豊研究会 （15） 2013.10

差圖にみる鳥取城三ノ丸殿舎（松岡利郎）「鳥取城調査研究年報」 鳥取市教育委員会 （7） 2014.3

近代の鳥取城―資料紹介・史跡指定前夜（佐々木孝文）「鳥取城調査研究年報」 鳥取市教育委員会 （7） 2014.3

鳥取藩

鳥取藩における「在中」非人頭の生活と「役」(1)，(2)（田中真次）「解放研究とっとり：研究紀要」 鳥取県人権文化センター （2）/（3） 2000.3/2001.3

鳥取藩における被差別部落の地域的特色（坂本敬司）「解放研究とっとり：研究紀要」 鳥取県人権文化センター （3） 2001.3

加賀藩の陸廻与力派遣と鳥取藩（長山直治）「加能地域史」 加能地域史研究会 （34） 2001.7

近世前期鳥取藩の非人政策について（西村芳将）「解放研究とっとり：研究紀要」 鳥取県人権文化センター （5） 2003.3

公開講演会 元禄・享保期の鳥取藩の非人（〈2002年度第4回定例会〉）（坂本敬司）「鳥取県部落史研究会のあゆみ」 鳥取県部落史研究会 （3） 2003.4

例会報告要旨 因伯の鋳物師について―鳥取藩領の鋳物師と真継家の支配（池内敏）「鳥取地域史通信」 鳥取地域史研究会 2003（11） 2003.11

因幡二十士について（5）―蛤御門の変をめぐる鳥取藩と二十士の動向（岡田年正）「伯耆文化研究」 伯耆文化研究会 （3） 2003.11

鳥取藩領の鋳物師と真継家の支配（池内敏）「鳥取地域史研究」 鳥取地域史研究会 （6） 2004.2

鳥取藩非人頭「三宅万二郎袖控之覚写」（坂本敬司）「解放研究とっとり：研究紀要」 鳥取県人権文化センター （6） 2004.3

例会報告要旨 藩医についての一考察―鳥取藩を事例に（溝口智子）「鳥取地域史通信」 鳥取地域史研究会 2004（4） 2004.4

因州鳥取藩の藩札について（〈特集 故河手龍海編さん委員長を追悼して〉）（河手龍海）「鳥取市史研究」 鳥取市 24 2004.6

例会報告要旨 県外研究者による鳥取藩研究の紹介（坂本敬司）「鳥取地域史通信」 鳥取地域史研究会 2004（8） 2004.8

例会報告要旨 近世因・伯の所領構成について―「鳥取藩給人所附帳」を中心に（山田洋一）「鳥取地域史通信」 鳥取地域史研究会 2004（12） 2004.12

御番からみる鳥取藩医の医療活動（溝口智子）「鳥取地域史研究」 鳥取地域史研究会 （7） 2005.2

「因・伯給人所附帳」による「鳥取藩（因幡・伯耆）給人一覧」の掲載について（山田洋一）「鳥取地域史研究」 鳥取地域史研究会 （7） 2005.2

資料紹介鳥取藩享保18年の御貸札（坂本敬司）「郷土と博物館」 鳥取県立博物館 50通号94 2005.3

鳥取藩における百姓一揆の様相（国田俊雄）「伯耆文化研究」 伯耆文化研究会 （7） 2005.11

品川御殿山下台場の築造と鳥取藩池田家による警衛（冨川武史）「品川歴史館紀要」 品川区立品川歴史館 （21） 2006.3

享保～安永期の鳥取藩の非人（〈2004年度第4回定例会〉―研究発表）（西村芳将）「鳥取県部落史研究会のあゆみ」 鳥取県部落史研究会 （5） 2006.3

例会報告要旨 殿様をめぐる女性たち―鳥取藩の御曲（来見田博基）「鳥取地域史通信」 鳥取地域史研究会 2006（11） 2006.11

木地師源左衛門とその家族をたどって―鳥取藩内での木地師の生活（川上睦子）「伯耆文化研究」 伯耆文化研究会 （8） 2006.11

例会報告要旨 鳥取藩の御用願・御出入（大嶋陽一）「鳥取地域史通信」 鳥取地域史研究会 2006（12） 2006.12

10月例会報告要旨 鳥取藩と宇治茶師（大嶋陽一）「鳥取地域史通信」 鳥取地域史研究会 2007（11） 2007.11

安龍福と鳥取藩（池内敏）「鳥取地域史研究」 鳥取地域史研究会 （10）

2008.2

品川台場警衛体制下における東海道品川宿への影響―鳥取藩発給文書の検討を中心に(冨川武史)「品川歴史舘紀要」 品川区立品川歴史館 (23) 2008.3

鳥取藩と宇治茶師(大嶋陽一)「鳥取県立博物館研究報告」 鳥取県立博物館 (45) 2008.3

『非人と他国御用』(上)―鳥取藩寛政10年「津山贋銀札事件」を通して(田中真次)「解放研究とっとり : 研究紀要」 鳥取県人権文化センター (12) 2010.3

『非人と他国御用』(下)―鳥取藩寛政10年「津山贋銀札事件」を通して(田中真次)「解放研究とっとり : 研究紀要」 鳥取県人権文化センター (13) 2011.3

第4回定例会研究発表 鳥取藩における行倒死の一考察(2009年度)(堀江駿)「鳥取県部落史研究会のあゆみ」 鳥取県部落史研究会 (9) 2011.3

鳥取藩におけるお救い―非人制度の福祉的側面(堀江駿)「解放研究とっとり : 研究紀要」 鳥取県人権文化センター (14) 2012.3

鳥取藩の参勤交代における宿割について―山崎道郡山宿を事例として(来見田博基)「鳥取県立博物館研究報告」 鳥取県立博物館 (49) 2012.3

1月報告要旨 鳥取藩の贈答品「竹島飴」(大嶋陽一)「鳥取地域史通信」 鳥取地域史研究会 (193) 2013.2

近世甲斐国における川除普請―鳥取藩・岡藩による御手伝普請をめぐって(西川広平)「山梨県立博物館研究紀要」 山梨県立博物館 7 2013.3

近世後期の鳥取藩御内用頼(研究)(荒木裕行)「論集きんせい」 近世史研究会 (35) 2013.5

文久期江戸城登城と国事周旋―鳥取藩主池田慶徳の動向を中心に(篠崎佑太)「中央史学」 中央史学会 (37) 2014.3

鳥取藩台場
幕末鳥取藩お台場考(宮崎諭志)「城」 東海古城研究会 (202) 2009.10

鳥取平野
明治期鳥取平野の農地と農村―近代的土地改良以前の姿を中心に(松尾容孝)「鳥取市史研究」 鳥取市 20 2000.3

泊村
「河村郡泊村山伏大楽院文書」の翻刻と紹介(資料紹介)(大嶋陽一)「鳥取地域史研究」 鳥取地域史研究会 (14) 2012.2

鳥越
「鳥越」地名について(吉田恵紹)「山陰・鳥取の地名を愛する会会報」 山陰・鳥取の地名を愛する会 (9) 2000.3

中高
大山町中高地区の「天保絵図」(資料紹介)(中尾慶治郎)「鳥取の部落史研究」 鳥取の部落史研究会 (4) 2004.1

南部町
庭先の小さな煙草プラント―南部町の葉煙草乾燥小屋を伝える(濵野浩美)「伯耆文化研究」 伯耆文化研究会 (14) 2013.3

西構
八橋郡西構の部落史に学ぶ―近世後期から戦後解放運動まで(岸田和久)「解放研究とっとり : 研究紀要」 鳥取県人権文化センター (8) 2006.2

9月例会報告要旨 八橋郡西構の在村医師(坂本敬司)「鳥取地域史通信」 鳥取地域史研究会 2007(10) 2007.10

錦の浦
「錦海」の由来 歌枕「錦の浦」考(大原俊二)「新修米子市史だより」 米子市史編さん事務局 (24) 2007.3

西伯耆
西伯耆鉄山慣用語(影山猛)「伯耆文化研究」 伯耆文化研究会 (2) 2000.11

西伯耆における力士塚(墓)と碑(中田文人)「伯耆文化研究」 伯耆文化研究会 (12) 2010.11

根雨宿
伯耆国根雨宿大鉄山師手島家についての一考察(中田文人)「伯耆文化研究」 伯耆文化研究会 (6) 2004.11

伯州
近世・石見の廻船研究(15)―温泉津湊の石州瓦と因・伯州の交易(児島俊平)「郷土石見 : 石見郷土研究懇話会機関誌」 石見郷土研究懇話会 63 2003.8

浜坂
鳥取・浜坂焼についての報告と若干の考察(研究ノート)(八峠興)「鳥取県立博物館研究報告」 鳥取県立博物館 (50) 2013.3

日吉津村
3月例会報告要旨 鳥取県西部の綿栽培用具―日吉津村民俗資料館の所蔵資料から(樫村賢二)「鳥取地域史通信」 鳥取地域史研究会 2009(4)

通号148 2009.4

東伯耆
東伯耆の鞍下牛 聞き書き(安部龍彦)「伯耆文化研究」 伯耆文化研究会 (5) 2003.11

東伯耆の金属地名と金属神(牧田朋子)「伯耆文化研究」 伯耆文化研究会 (9) 2007.11

11月例会報告 『新鳥取県史資料編 近世一 東伯耆』の収集資料について(坂本敬司)「鳥取地域史通信」 鳥取地域史研究会 (179) 2011.12

日野
幕末 日野の暮らし(川上迪彦)「伯耆文化研究」 伯耆文化研究会 (9) 2007.11

日野川
私の日野川(古田恵紹)「山陰・鳥取の地名を愛する会会報」 山陰・鳥取の地名を愛する会 (11) 2002.3

日野川鉄橋と奥江清之助(杉本良巳)「新修米子市史だより」 米子市史編さん事務局 (26) 2008.3

鳥取県日野川流域における鉐の立地と移動(加持至)「たたら研究」 たたら研究会 (50) 2010.12

日野銀山
伯耆日野銀山のあらまし(矢田貝喜好)「伯耆文化研究」 伯耆文化研究会 (2) 2000.11

日野郡
伯耆国日野郡大鉄山師と大鉄商の系譜(中田文人)「伯耆文化研究」 伯耆文化研究会 (8) 2006.11

近藤家の事業の軌跡(1)～(3)(影山猛)「伯耆文化研究会」 (8)/(10) 2006.11/2008.11

明治中期日野郡鉄山経営状況(影山猛)「伯耆文化研究」 伯耆文化研究会 (11) 2009.11

伯耆国日野郡の鉄穴経営に関する一考察―近藤家文書「小鉄斗分帳」を中心に(若林亮)「鳥取地域史研究」 鳥取地域史研究会 (12) 2010.2

近世後期における出雲国能義郡鉄師鴟家の経営進出―出雲国飯石郡及び伯国日野郡への進出事例(鳥谷智文)「たたら研究」 たたら研究会 (50) 2010.12

明治40年代初頭における近藤家の鉄山経営―「鉄山経営覚書」を読む(山内美緒)「鳥取県立公文書館研究紀要」 鳥取県立公文書館 (7) 2012.3

9月報告要旨 近世日野郡の鉄山と山内(渡邉仁美)「鳥取地域史通信」 鳥取地域史研究会 (201) 2013.10

安政期近藤家経営鉄山の山内(研究論文)(渡邉仁美)「鳥取地域史研究」 鳥取地域史研究会 (16) 2014.2

日野橋
リレーエッセイ 消えた日野橋の親柱を求めて(清水太郎)「鳥取地域史通信」 鳥取地域史研究会 (164) 2010.9

姫路
「姫路」地名について(山崎良作)「山陰・鳥取の地名を愛する会会報」 山陰・鳥取の地名を愛する会 (9) 2000.3

福尾村
幕末期の地域争論と大庄屋―嘉永5年汗入郡福尾村・国信村水論を事例に(石田裕子)「鳥取地域史研究」 鳥取地域史研究会 (5) 2003.2

富桑村
史料紹介 大正9年の国勢調査と被差別部落の人たち―岩美郡富桑村の紛争(北尾泰志)「解放研究とっとり : 研究紀要」 鳥取県人権文化センター (3) 2001.3

布施
因幡国布施・溝口の中世―湖山「潟」の発見(錦織勤)「鳥取地域史研究」 鳥取地域史研究会 (12) 2010.2

布施天神山城
絵図と発掘調査で読み解く山名氏の布施天神山城―理論からのアプローチ(八峠興)「鳥取地域史研究」 鳥取地域史研究会 (13) 2011.2

船岡
八頭町船岡地域にまつわる武内宿禰の物語(山根幹世)「山陰・鳥取の地名を愛する会会報」 山陰・鳥取の地名を愛する会 (14・15) 2006.3

伯耆
因幡伯耆の選ばれた空間―八景などの景観選定と因伯人(北尾泰志)「鳥取地域史研究」 鳥取地域史研究会 (6) 2004.2

尼子氏と伯耆の所領―晴久・義久と勝久発給文書(日置粂左エ門)「鳥取地域史研究」 鳥取地域史研究会 (7) 2005.2

豊臣政権と因幡・伯耆―宮部継潤の発給文書と関係史料(日置粂左エ門)「鳥取地域史研究」 鳥取地域史研究会 (8) 2006.2

伯耆の国人(国衆)杉原氏の内証(国田俊雄)「伯耆文化研究」 伯耆文化研究会 (12) 2010.11

伯耆における15世紀代の土師器皿─京都系土師器皿出現期を探るために（中森祥）「古代文化研究」島根県古代文化センター（19）2011.3

第970回例会 鳥取県伯耆の文化財を訪ねる（東暉）「史迹と美術」史迹美術同攷会 82(6)通号826 2012.6

戦国大名尼子氏と伯耆─天文期の尼子奉公人と代官（研究論文）（日置粂左ヱ門）「鳥取地域史研究」鳥取地域史研究会（15）2013.3

環日本海文化圏の中の「出雲・伯耆」(1)～(3)（工藤常泰）「九州倭国通信」九州古代史の会（171)／(173)2014.5/2014.11

伯耆大山

戦前期の伯耆大山におけるツーリズム空間の生成（長尾隼）「古代文化研究」島根県古代文化センター（20）2012.3

伯耆国

毛利氏の兵糧政策と西伯耆国人村上氏（岡村吉彦）「鳥取地域史研究」鳥取地域史研究会（7）2005.2

伯耆国主中村氏の城郭について─伯耆国内乱としての米子城騒動（寺井毅）「戦乱の空間」戦乱の空間編集会（4）2005.7

例会報告要旨 玄賓僧都と伯耆国（石田敏紀）「鳥取地域史通信」鳥取地域史研究会 2005(10) 2005.10

永禄末天正初期の吉川奉行人─毛利領伯耆国の情勢（日置粂左ヱ門）「山口県地方史研究」山口県地方史学会（101）2009.6

戦国期戦争下における伯耆国人の動向─天文期の南条国清の活動を中心に（岡村吉彦）「鳥取地域史研究」鳥取地域史研究会（12）2010.2

戦国末期伯耆国「境目」地域の動向と諸勢力─山田重直の活動を中心として（研究論文）（岡村吉彦）「鳥取地域史研究」鳥取地域史研究会（16）2014.2

法勝寺

伯耆国法勝寺地名の由来（入口馨）「伯耆文化研究」伯耆文化研究会（11）2009.11

報徳社

史料探索あれこれ(19) 報徳社の資料について（松尾陽吉）「新修米子市史だより」米子市史編さん事務局（24）2007.3

槙原村

史料紹介 因幡国高草郡槙原村加藤家文書（宇田川宏）「解放研究とっとり：研究紀要」鳥取県人権文化センター（3）2001.3

松原村

リレーエッセイ 江戸時代の集落は移動する─松原村の集落移動と国絵図の利用（伊康康晴）「鳥取地域史通信」鳥取地域史研究会 2009(11)通号154 2009.11

溝口

因幡国布施・溝口の中世─湖山「潟」の発見（錦織勤）「鳥取地域史研究」鳥取地域史研究会（12）2010.2

溝口町

溝口町幕末の教学─出雲街道の石像物と古文書は語る（南波睦人）「伯耆文化研究」伯耆文化研究会（5）2003.11

美歎水源地

5月報告要旨 国指定重要文化財 旧美歎水源地水道施設（横山展宏）「鳥取地域史通信」鳥取地域史研究会（185）2012.6

美保飛行場

美保飛行場周辺の戦争遺跡─掩体壕を中心にして（篠田建三）「伯耆文化研究」伯耆文化研究会（13）2012.3

宮市原

近藤家の宮市原開田（小田隆）「伯耆文化研究」伯耆文化研究会（5）2003.11

宮前

テーマ「宮前地区の墓石と天保絵図」説明・意見交換/フィールドワーク（〈2005年度第2回定例会〉）「鳥取県部落史研究会のあゆみ」鳥取県部落史研究会（6）2007.3

資料発表 同和対策事業以前の宮前地区（〈2007年度第3回定例会〉）（中前茂美）「鳥取県部落史研究会のあゆみ」鳥取県部落史研究会（7）2008.3

水依評

5月例会報告要旨 水依評の立評と分割（石田敏紀）「鳥取地域史通信」鳥取地域史研究会 2009(6)通号150 2009.6

用瀬町

例会報告要旨鳥取市用瀬町の文化財「鳥取地域史通信」鳥取地域史研究会 2005(7) 2005.7

八頭郡

研究発表（聞き取り実践）鳥取県東部の部落史─八頭郡の聞き取りを中心にして（〈2001年度第4回定例会〉）（坂田収）「鳥取県部落史研究会のあゆみ」鳥取県部落史研究会（3）2003.4

八橋城

八橋城について（知れるだけ）「中村家の会会報」中村家の会（33）2011.8

弓浜

多彩な模様を織り出す弓浜絣（梅林智美）「新修米子市史だより」米子市史編さん事務局（28）2009.3

淀江

中世後期の淀江をめぐる諸動向（岡村吉彦）「鳥取地域史通信」鳥取地域史研究会 4(9) 2000.9

淀江町

鳥取県淀江町・岡山県津山市の史跡見学報告（渡辺正彦）「広島郷土史会会報」広島郷土史会 150 2003.3

米子

市史編さんで発見 楽しい米子の七不思議（畠中弘）「新修米子市史だより」米子市史編さん事務局 17 2003.9

関義臣と米子─県庁の移転構想（伊藤康）「新修米子市史だより」米子市史編さん事務局 19 2004.9

米子都市圏のロードサイド型店舗立地について─国道9号線、産業道路、国道431号線（篠田建三）「伯耆文化研究」伯耆文化研究会（6）2004.11

米子史談（その他）「中村家の会会報」中村家の会 27 2005.9

史料探索あれこれ(18) 戦前の「米子案内」について（松尾陽吉）「新修米子市史だより」米子市史編さん事務局（23）2006.9

米子よいとこ─米子の文芸こぼれ話（上灘順子）「伯耆文化研究」伯耆文化研究会（8）2006.11

江戸時代に来訪文人の記録 米子の文化財感銘の紀行文（畠中弘）「新修米子市史だより」米子市史編さん事務局（26）2008.3

「鳥取県民俗文化論」（坂田友宏）に見られる米子の伝説など（中村忠文）「中村家の会会報」中村家の会（30）2008.6

米子の近代建築（和田嘉有）「新修米子市史だより」米子市史編さん事務局（29）2009.10

近世米子 中村藩が造った商都米子（酒井教仁）「伯耆文化研究」伯耆文化研究会（11）2009.11

太平洋戦争下 連合国軍の米子地方空襲について（岩佐武彦）「伯耆文化研究」伯耆文化研究会（12）2010.11

「米子歴旅」による「中村一忠公」の墓所について「中村家の会会報」中村家の会（35）2013.8

米子市

子どもに知らせたい郷土の歴史（佐々木満）「新修米子市史だより」米子市史編さん事務局 16 2003.3

よなごの歴史ふれあい講座「新修米子市史だより」米子市史編さん事務局 17 2003.9

加茂川、下町よもやま話（加川克治郎）「新修米子市史だより」米子市史編さん事務局 20 2005.3

史料探索あれこれ(17) 米子市役所所蔵の統計資料について（松尾陽吉）「新修米子市史だより」米子市史編さん事務局（22）2006.3

米子市におけるCVS（コンビニエンスストア）の進出と分布について（篠田建三）「新修米子市史だより」米子市史編さん事務局（22）2006.3

「米子市報」考（上灘順子）「伯耆文化研究」伯耆文化研究会（10）2008.11

米子市A地区の人口動態（杉本良巳）「新修米子市史だより」米子市史編さん事務局（29）2009.10

米子市への縁故疎開の一資料（笹間愛史）「新修米子市史だより」米子市史編さん事務局（29）2009.10

『新修米子市史』は米子市民の貴重な財産（野坂康夫）「新修米子市史だより」米子市史編さん事務局（30）2010.3

新修米子市史編さん収集資料目録（抜粋）「新修米子市史だより」米子市史編さん事務局（30）2010.3

米子市史完結にあたり（瀧信雄）「新修米子市史だより」米子市史編さん事務局（30）2010.3

米子城

米子城跡の絵はがき「新修米子市史だより」米子市史編さん事務局 18 2004.3

古城の詩 米子城「郷土史紀行」ヒューマン・レクチャー・クラブ 29 2004.9

米子城築城と城下町米子の町プラン（国田俊雄）「伯耆文化研究」伯耆文化研究会（8）2006.11

米子城跡を整備しよう「中村家の会会報」中村家の会（31）2009.8

10月例会報告要旨 米子城下町成立期の様相（佐伯純也）「鳥取地域史通信」鳥取地域史研究会 2009(11)通号154 2009.11

西伯耆における織豊城郭の成立─米子城と江美城を例として（伊藤創）

| 中国 | 地名でたどる郷土の歴史 | 鳥取県 |

「伯耆文化研究」 伯耆文化研究会 （11）2009.11

若桜宿

街道往来 初夏の山陰 「仮屋」に雪国の知恵, 若桜宿（鳥取県八頭郡）（請
川洋一）「郷土史紀行」 ヒューマン・レクチャー・クラブ （58）
2009.7

島根県

赤来町

島根県飯南町「旧赤来町役場文書」調査プロジェクトについて（報告）（安斎正人）「GCAS report」 学習院大学大学院人文科学研究科アーカイブズ学専攻 （1） 2012.2

赤塚

『赤塚歴史探訪』発刊される！（編集部）「大社の史話」 大社史話会 （165） 2010.12

「記憶」から「記録」へ一『赤塚歴史探訪』ができるまで（『赤塚歴史探訪』編集委員会）「大社の史話」 大社史話会 （168） 2011.9

朝酌促戸

朝酌促戸の筌漁について（森田喜久男）「古代文化研究」 島根県古代文化センター （14） 2006.3

朝酌郷

出雲地域における飛鳥・奈良時代集落について一嶋根郡朝酌郷の村落景観復元模型製作のための一考察（岩橋孝典）「古代文化研究」 島根県古代文化センター （13） 2005.3

旭

旭のどすこい（田舎相撲の人々）一わが町の碑（町から村から）（白川英隆）「郷土石見 ： 石見郷土研究懇話会機関誌」 石見郷土研究懇話会 （86） 2011.4

阿須那公民館阿須那分館

国登録 登録有形文化財（建造物）阿須那公民館阿須那分館／登録有形民俗文化財 雲州そろばんの製作用具／指定文化財一覧（特集 新（追加）指定・登録文化財の紹介）（文化財課）「季刊文化財」 島根県文化財愛護協会 （111） 2006.3

価谷たたら

第22回古代文化講座 近世のたたら製鉄一江津価谷たたらと俵國一博士（河瀬正利）「しまねの古代文化 ： 古代文化記録集」 島根県古代文化センター （14） 2007.3

海士

海士の地名（吉川三郎）「歴史懇談」 大阪歴史懇談会 （24） 2010.8

海士町

磯・灘の名称（1），（2）（海士町文化財保護審議会）「隠岐の文化財」 隠岐の島町教育委員会 （24）／（25） 2007.3／2008.3

異国船の警備「砲術方」に関する古文書解読（海士町古文書クラブ）「隠岐の文化財」 隠岐の島町教育委員会，海士町教育委員会，西ノ島町教育委員会，知夫村教育委員会 （31） 2014.3

荒木

伝承したいことども 「ふるさと荒木」のもつ力（廣澤由美子）「大社の史話」 大社史話会 （155） 2008.6

荒木四か村・茅原村・修理免村の猪目浦への入会と山論（斎藤一）「大社の史話」 大社史話会 （175） 2013.6

荒木川方役所

荒木川方役所について（多久田友秀）「大社の史話」 大社史話会 （167） 2011.6

有福城

有福城（石見銀街道 備北3町史跡紹介）（坂井吉徳）「わが町三原」 みはら歴史と観光の会 164 2004.11

安濃郡

古代石見国安濃郡の郡家と駅（関和彦）「郷土石見 ： 石見郷土研究懇話会機関誌」 石見郷土研究懇話会 （77） 2008.4

飯石郡

近世後期における出雲国能義郡鉄師家嶋家の経営進出一出雲国飯石郡及び伯耆国日野郡への進出事例（鳥谷智文）「たたら研究」 たたら研究会 （50） 2010.12

意宇平野

出雲意宇平野の開発と地割（藤原哲）「出雲古代史研究」 出雲古代史研究会 （13） 2003.7

石東

資料 中世末石東の三系類史料を読む（小林俊二）「郷土石見 ： 石見郷土研究懇話会機関誌」 石見郷土研究懇話会 （87） 2011.8

出羽

出羽地方の方言について（川本晃）「郷土石見 ： 石見郷土研究懇話会機関誌」 石見郷土研究懇話会 54 2000.8

出雲

中世の横田庄と出雲を岩屋寺『快円日記』に見る（2），（3）「奥出雲」 奥出雲編集団横田史談会 301／303・304 2000.7／2000.12

樹木の出雲方言（福島勉）「大社の史話」 大社史話会 133 2002.11

出雲弁よもやま話 おばばの立ち話二題（手錢蔵子，村上清子）「大社の史話」 大社史話会 133 2002.11

出雲と備後と大和（中谷裕子）「わが町三原」 みはら歴史と観光の会 142 2003.1

古代における越と出雲の交流とヤマト王権（森田喜久男）「加南地方史研究」 加南地方史研究会 （50） 2003.2

神話の国「出雲」を訪ねて（〈創立50周年記念号会員特別原稿〉）（枝中幸子）「加南地方史研究」 加南地方史研究会 （50） 2003.2

出雲地方の思い出（〈創立50周年記念号会員特別原稿〉）（広川洋子）「加南地方史研究」 加南地方史研究会 （50） 2003.2

「神話のふるさと」出雲（〈創立50周年記念号会員特別原稿〉）（山本恭子）「加南地方史研究」 加南地方史研究会 （50） 2003.2

基調講演（〈第18回古代文化講座 日本語誕生の謎と出雲弁一日本語形成期における古代出雲語の影響を考える〉）（上村幸雄）「しまねの古代文化 ： 古代文化記録集」 島根県古代文化センター （10） 2003.3

公開対談（〈第18回古代文化講座 日本語誕生の謎と出雲弁一日本語形成期における古代出雲語の影響を考える〉）（上村幸雄，藤岡大拙）「しまねの古代文化 ： 古代文化記録集」 島根県古代文化センター （10） 2003.3

中世の相撲と出雲（〈第2回神在月シンポジウム 陣幕久五郎没後100年記念 相撲の歴史に迫る〉一リレートーク）（新田一郎）「しまねの古代文化 ： 古代文化記録集」 島根県古代文化センター （10） 2003.3

江戸の相撲と出雲の相撲（〈第2回神在月シンポジウム 陣幕久五郎没後100年記念 相撲の歴史に迫る〉一リレートーク）（高埜利彦）「しまねの古代文化 ： 古代文化記録集」 島根県古代文化センター （10） 2003.3

続・樹木の出雲方言［2］，（4）（福島勉）「大社の史話」 大社史話会 134／136 2003.3／2003.9

出雲地方の城址を訪ねる（一乗いく子）「大社の史話」 大社史話会 136 2003.9

出雲弁よもやま話 盆さんがえなっしゃって（村上清子）「大社の史話」 大社史話会 136 2003.9

野津隆氏蔵「元禄国絵図・出雲」について（池橋達雄）「山陰史談」 山陰歴史研究会 31 2003.12

出雲風土記と古代朝鮮（〈第3回神在月古代文化シンポジウム 出雲神話の謎一国譲りの舞台としての出雲〉）（豊田有恒）「しまねの古代文化 ： 古代文化記録集」 島根県古代文化センター （11） 2004.3

出雲西部地域の権力構造と物部氏（平充）「古代文化研究」 島根県古代文化センター （12） 2004.3

出雲弁よもやま話 女子のふとおごと・婆さんの本音（松村美恵子）「大社の史話」 大社史話会 138 2004.3

出雲弁よもやま話 初もん（村上清子）「大社の史話」 大社史話会 139 2004.6

出雲の国の「神宝」と「景初三年銘三角縁神獣鏡」（編集部）「季刊邪馬台国」 「季刊邪馬台国」編纂委員会，梓書院（発売） 84 2004.7

出雲弁よもやま話 夏休みの思い出（村上清子）「大社の史話」 大社史話会 140 2004.9

出雲弁よもやま話 出雲弁の中の動詞たち（村上清子）「大社の史話」 大社史話会 （141） 2004.12

出雲弁よもやま話 難儀だったあの頃、だども（村上清子）「大社の史話」 大社史話会 （144） 2005.9

古代出雲の謎に迫る一出前講座のご案内（大社史話会）「大社の史話」 大社史話会 （144） 2005.9

出雲、上総、常陸のイジミ地名考（澤田文夫）「常総の歴史」 崙書房出版茨城営業所 （33） 2005.12

「出雲塩冶太平記」完成一塩治判官高貞公絵巻（編集部）「大社の史話」 大社史話会 （145） 2005.12

出雲弁よもやま話 出征届け出珍談（村上清子）「大社の史話」 大社史話会 （146） 2006.3

出雲のまほろば いずこ一ロマンの花咲く和歌発祥の地（原青波）「大社の

史話」 大社史話会 （147） 2006.6

出雲弁よもやま話 誕生祝い（村上清子）「大社の史話」 大社史話会
（147） 2006.6

出雲弁かるた（松本静江）「大社の史話」 大社史話会 （148） 2006.9

古代出雲の謎に迫る（稲根克也）「大社の史話」 大社史話会 （149）
2006.12

出雲弁よもやま話 大詔奉戴日の思い出（村上清子）「大社の史話」 大社
史話会 （149） 2006.12

出雲の鉄生産史にみる神木カツラ―構内の個性豊かな樹木景観（中尾英
一）「大社の史話」 大社史話会 （150） 2007.3

出雲古代史研究をめぐる二・三の論点（森田喜久男）「大社の史話」 大社
史話会 （150） 2007.3

出雲弁よもやま話 おいでませ出雲歴博へ（村上清子）「大社の史話」 大
社史話会 （150） 2007.3

神話の国 出雲をたずねて（光家紀雄）「文化財協会報」 善通寺市文化財
保護協会 （26） 2007.3

出雲弁よもやま話 女子の初めての選挙（村上清子）「大社の史話」 大社
史話会 （151） 2007.6

戦前の出雲地方における一般家庭の婚礼（手銭歳子）「大社の史話」 大社
史話会 （152） 2007.6

懐かしの出雲方言（馬庭将光）「大社の史話」 大社史話会 （152） 2007.9

出雲弁とアクセント（滝川泰治）「大社の史話」 大社史話会 （152）
2007.9

出雲弁よもやま話（村上清子）「大社の史話」 大社史話会 （152） 2007.9

出雲弁よもやま話（村上清子）「大社の史話」 大社史話会 （153） 2007.
12

出雲地方の正月行事―特集展について（島根県立古代出雲歴史博物館）
「大社の史話」 大社史話会 （153） 2007.12

古代出雲の観相（根岸尚克）「備陽史探訪」 備陽史探訪の会 （139）
2007.12

出雲に行きました（第77回文化財めぐり）（佐野綱由）「博物館だより」
津山郷土博物館 （57） 2008.1

出雲弁よもやま話（村上清子）「大社の史話」 大社史話会 （154） 2008.3

古代出雲の交流域―見えてきた銅文化の源流（梶谷実）「大社の史話」 大
社史話会 （154） 2008.3

「よみがえる幻の染色―出雲藍板染めの世界とその系譜―」のご案内（古
代出雲歴史博物館）「大社の史話」 大社史話会 （154） 2008.3

神話の国 出雲歴史探訪（松田武司）「光地方史研究」 光地方史研究会
（34） 2008.3

出雲地方探訪記（H19.10.24～25）（田中賢一）「徳山地方郷土史研究」
徳山地方郷土史研究会 （29） 2008.3

出雲紀行（重中昭徳）「和海藻」 下関市豊北町郷土文化研究会 （23）
2008.3

出雲地方の文化財を尋ねて（林一郎）「文化財保護協会報まるがめ」 丸亀
市文化財保護協会 （3） 2008.3

『播磨国風土記』と古代遺跡―出雲と筑紫（石野博信）「ひょうご歴史文化
フォーラム会報」 ひょうご歴史文化フォーラム （5） 2008.7

東国の中の出雲世界―主に北武蔵の入間・比企地域を中心にて（《特集
出雲国造をめぐる諸問題》）（黒済和彦）「出雲古代史研究」 出雲古代
史研究会 （18） 2008.7

伊勢の『古事記』・出雲の『日本書紀』―無文字時代に従った編纂につい
て（柳沢賢次）「信濃［第3次］」 信濃史学会 60（12）通号707 2008.
12

出雲弁よもやま話（村上清子）「大社の史話」 大社史話会 （157） 2008.
12

問題提起 宮廷儀礼のなかの神賀詞奏上儀礼（《第8回林在月古代文化シン
ポジウム 天皇の前で語られた「出雲神話」―出雲国造神賀詞奏上儀礼
の謎に迫る》）（岡田荘司）「しまねの古代文化 : 古代文化記録集」 島
根県古代文化センター （16） 2009.3

内山真龍著 出雲日記 覚書（和田孝子）「遠江」 浜松史跡調査顕彰会
（32） 2009.3

出雲弁よもやま話（村上清子）「大社の史話」 大社史話会 （158） 2009.3

出雲弁よもやま話（村上清子）「大社の史話」 大社史話会 （159） 2009.6

松江開府400年 どすこい！―出雲と相撲（古代出雲歴史博物館）「大社の
史話」 大社史話会 （159） 2009.6

塚口先生と訪ねる 出雲の古代を探る旅（3）（古高邦子）「つどい」 豊中
歴史同好会 （258） 2009.7

島根県文化財天然記念物金魚 出雲なんきんの今昔（山根芳館）「大社の史
話」 大社史話会 （160） 2009.9

出雲弁よもやま話（村上清子）「大社の史話」 大社史話会 （160） 2009.9

出雲弁 川柳（大社中学校三年）「大社の史話」 大社史話会 （160）
2009.9

青春残照―生きている大和 vs 出雲（下垣秀典）「郷土石見 : 石見郷土研
究懇話会機関誌」 石見郷土研究懇話会 （82） 2009.12

古代出雲首長の独立志向（高坂孟承）「古代朝鮮文化を考える」 古代朝鮮

文化を考える会 （24） 2009.12

出雲の旅は感動の連続（佐々木洋）「古代朝鮮文化を考える」 古代朝鮮文
化を考える会 （24） 2009.12

出雲弁よもやま話（村上清子）「大社の史話」 大社史話会 （161） 2009.
12

出雲弁「はいぐんか、はいごんか」（編集部）「大社の史話」 大社史話会
（162） 2010.3

出雲弁よもやま話（村上清子）「大社の史話」 大社史話会 （162） 2010.3

出雲弁よもやま話（村上清子）「大社の史話」 大社史話会 （163） 2010.6

出雲弁よもやま話（村上清子）「大社の史話」 大社史話会 （164） 2010.9

出雲弁川柳（大社中学校）「大社の史話」 大社史話会 （164） 2010.9

舟筏の起源説話と大堰川桴流し一附 出雲風土記の舟桴流し（特集 大堰川
を中心として水運）（秋里悠兒）「丹波」 丹波史談会 （12） 2010.10

出雲弁よもやま話（村上清子）「大社の史話」 大社史話会 （165） 2010.
12

播磨と出雲―『播磨国風土記』にみえる出雲国人の往来をめぐって（荊
木美行）「史料 : 皇學館大學研究開発推進センター史料編纂所報」 皇
學館大學研究開発推進センター史料編纂所 （229） 2011.3

出雲弁よもやま話―速玉さんね参って（村上清子）「大社の史話」 大社史
話会 （166） 2011.3

交流展を終えて「古代出雲展―神々の世界―」（河合忍）「岡山県立博物
館だより」 岡山県立博物館 （75） 2011.3

出雲弁よもやま話（村上清子）「大社の史話」 大社史話会 （167） 2011.6

石見、出雲歌紀行（松原正男）「温故知新」 美東町文化研究会 （38）
2011.6

市外探訪 出雲・松江（平成22年度文化財現地探訪報告）（山本満寿美）
「ふるさと山口」 山口の文化財を守る会 （32） 2011.6

出雲弁 川柳（大社中学校三年）「大社の史話」 大社史話会 （168）
2011.9

出雲弁よもやま話―終戦の日の思い出（村上清子）「大社の史話」 大社史
話会 （168） 2011.9

翻刻 『出雲名勝摘要』（資料紹介）（要木純一）「山陰研究」 島根大学法
文学部山陰研究センター （4） 2011.12

出雲弁よもやま話―擬態語・擬声語の世界［1］,（2）（村上清子）「大社の
史話」 大社史話会 （169）/（170） 2011.12/2012.1

出雲と飛鳥（花谷浩）「季刊明日香風」 古都飛鳥保存財団 31（1）通号
121 2012.1

出雲弥生の森博物館企画展「古代出雲のものつくり―織る・塗る・熔か
す・焼く―」（出雲弥生の森博物館）「大社の史話」 大社史話会
（170） 2012.3

『神話の国・出雲』―吟行の思い出（宮本よしえ）「大社の史話」 大社史
話会 （171） 2012.6

出雲弁よもやま話―弥山さんよも高け塔 スカイツリーができた（村上清
子）「大社の史話」 大社史話会 （171） 2012.6

神話博しまね特別展 写真展「八雲立つ出雲」―植田正治・上田正昭が歩
いた神々のふるさと（古代出雲歴史博物館）「大社の史話」 大社史話
会 （171） 2012.6

出雲入国時における堀尾氏の支城について（寺井毅）「戦乱の空間」 戦乱
の空間編集会 （11） 2012.7

出雲弁よもやま話―ようなった直線（村上清子）「大社の史話」 大社史話
会 （172） 2012.9

2012年出雲弥生の森博物館ミニ企画展 出雲を掘る 第3話 うつわを焼く
―窖窯と登窯（出雲弥生の森博物館）「大社の史話」 大社史話会
（172） 2012.9

手銭記念館の四季 江戸力（2）―出雲と和歌（佐々木杏里）「大社の史話」
大社史話会 （172） 2012.9

出雲弁よもやま話―えすいこ・さすいこ（村上清子）「大社の史話」 大社
史話会 （173） 2012.12

大出雲展を観る（楠見）「河内どんこう」 やお文化協会 （99） 2013.2

前方後円墳と東西出雲の成立に関する研究（特集1 古代出雲歴史博物館
特別展・企画展 古代文化センターの調査研究）「季刊文化財」 島根県
文化財愛護協会 （130） 2013.2

出雲地域の歴史と文化（6） 近世出雲西部における村落間の入会（斎藤
一）「大社の史話」 大社史話会 （174） 2013.3

出雲弁よもやま話―あいさつ（村上清子）「大社の史話」 大社史話会
（174） 2013.3

明治初年出雲地域における別郡産物の特徴（鳥谷智文）「松江市史研究」
松江市教育委員会 （4） 2013.3

紀行 出雲の神様（重中昭徳）「和海藻」 下関市豊北町郷土文化研究会
（28） 2013.3

出雲弁よもやま話―風呂の入あやこ（貰い風呂）（村上清子）「大社の史
話」 大社史話会 （175） 2013.6

手銭記念館の四季 出雲焼と漆壺斎森―不昧公ゆかりの工芸（佐々木杏里）
「大社の史話」 大社史話会 （175） 2013.6

出雲弁よもやま話―みやしゅんなあなはった（出産された）キャサリン

妃(村上清子)「大社の史話」 大社史話会 (176) 2013.9

アテンダントのご縁物語(1)—古代出雲歴史博物館で紡ぐ"出雲の縁"(竹下朋子)「大社の史話」 大社史話会 (176) 2013.9

ミニ企画展 出雲を掘る 第四話 銭—出雲のじぇねこを考古学する(出雲弥生の森博物館)「大社の史話」 大社史話会 (176) 2013.9

出雲と東大阪の地域間関係(若松博恵)「わかくす : 河内ふるさと文化誌」 わかくす文芸研究会 (64) 2013.12

出雲弁よもやま話—意地出しぅ庵(村上清子)「大社の史話」 大社史話会 (177) 2013.12

出雲弁よもやま話—節分さん(村上清子)「大社の史話」 大社史話会 (178) 2014.3

出雲地域の終戦秘話 台湾から外国海岸に不時着した輸送機(森本紀彦)「大社の史話」 大社史話会 (178) 2014.3

出雲の風と光を感じて(田中洋子)「大社の史話」 大社史話会 (178) 2014.3

出雲弥生の森博物館ミニ企画展「ふるさと出雲お宝II—小中学校編—」(出雲弥生の森博物館)「大社の史話」 大社史話会 (178) 2014.3

環日本海文化圏の中の「出雲・伯耆」(1)～(3)(工藤常泰)「九州倭国通信」 九州古代史の会 (171)/(173) 2014.5/2014.11

出雲弁よもやま話—じょうじぅもんとまんなしぅ(村上清子)「大社の史話」 大社史話会 (179) 2014.6

企画展「倭の五王と出雲の豪族」(古代出雲歴史博物館)「大社の史話」 大社史話会 (179) 2014.6

出雲弥生の森博物館 夏季企画展「古代の出雲びと、文字を書く—示す・伝える・祈る—」(出雲弥生の森博物館)「大社の史話」 大社史話会 (179) 2014.6

出雲船団の軌跡を追って(岩成俊策)「大社の史話」 大社史話会 (180) 2014.9

巻頭言 出雲に行く(半沢英一)「古代史の海」 「古代史の海」の会 (78) 2014.12

出雲井

大原郷と黒里庄を潤す用水「出雲井」(高橋順之)「佐伯太 : 米原市文化財ニュース」 米原市教育委員会 (36) 2012.9

出雲大川

『出雲国風土記』記載についての一考察—出雲郡「出雲大川」条を中心に(野々村安浩)「古代文化研究」 島根県古代文化センター (17) 2009.3

出雲大社

出雲大社、旧大社駅本屋が国指定、温泉津が重伝建に「季刊文化財」 島根県文化財愛護協会 108 2004.10

『出雲大社観光史』の発刊に寄せて(馬庭孝司)「大社の史話」 大社史話会 (181) 2014.12

出雲路

鬼住村研究 古代出雲文化との関わり イズモジとカンナビ 鬼住村大字出雲路に初めて住んだ人々(中筋喜春)「河内長野市郷土研究会誌」[河内長野市郷土研究会] (48) 2006.4

今月の各地 かなしみの出雲路(恵本慧)「わが町三原」 みはら歴史と観光の会 218 2009.5

今月の各地 かなしみの出雲路(2)(恵本慧)「わが町三原」 みはら歴史と観光の会 240 2011.3

出雲町

資料紹介 島根県出雲町「櫻井家文書」について「越前市史編纂だより」 越前市史編さん委員会 (6) 2011.3

出雲の国

武蔵の里と出雲の国の旅(澤田辰雄)「小浜市郷土研究会便り」 小浜市郷土研究会 40 2004.1

出雲国

新資料紹介 出雲国・隠岐国産物帳(岡宏三)「しまねの古代文化 : 古代文化記録集」 島根県古代文化センター (8) 2001.3

「出雲国風土記」駅路の検証—手間割からの野城駅まで(野津浩志)「山陰史談」 山陰歴史研究会 31 2003.12

資料調査 出雲国風土記写本の調査(1)～(6)(野々村安浩)「古代文化研究」 島根県古代文化センター (12)/(17) 2004.3/2009.3

『出雲国風土記』写本研究の意義(森田喜久男)「古代文化研究」 島根県古代文化センター (12) 2004.3

『出雲国風土記』が残したもの—大原・仁多郡の条から(坂本輪司)「季刊文化財」 島根県文化財愛護協会 108 2004.10

古代出雲国「朝酌市」の景観について(野々村安浩)「古代文化研究」 島根県古代文化センター (13) 2005.3

古代大洲と出雲国 新たな視点からのアプローチ(五藤孝人)「温古」 大洲史談会 (28) 2006.3

テーマ別展示(2)「出雲国風土記の世界」ズバリ見どころ(《特集 古代出雲歴史博物館開館記念》)「季刊文化財」 島根県文化財愛護協会 (113) 2007.2

天平年間成立当初の『出雲国風土記』について(森田喜久男)「古代文化研究」 島根県古代文化センター (15) 2007.3

出雲国の地形と国引き神話—薗の長浜にふれて(《出雲大社仮殿遷座祭特集》)(馬庭將光)「大社の史話」 大社史話会 (154) 2008.3

平安後期の出雲国司—白河・鳥羽院政期を中心に(大日方克己)「山陰研究」 島根大学法文学部山陰研究センター (1) 2008.12

基調講演 出雲古代史研究への期待(第9回神在月古代文化シンポジウム 律令国家と出雲国の成立)(平川南)「しまねの古代文化 : 古代文化記録集」 島根県古代文化センター (17) 2010.3

出雲国造のクニと令制国出雲(第9回神在月古代文化シンポジウム 律令国家と出雲国の成立—問題提起)(佐藤信)「しまねの古代文化 : 古代文化記録集」 島根県古代文化センター (17) 2010.3

律令制国家の成立と政治的景観の出現—役所と寺院(第9回神在月古代文化シンポジウム 律令国家と出雲国の成立—問題提起)(大橋泰夫)「しまねの古代文化 : 古代文化記録集」 島根県古代文化センター (17) 2010.3

パネルディスカッション 律令制国家成立が出雲に与えたインパクト(第9回神在月古代文化シンポジウム 律令国家と出雲国の成立)(野々村安浩、平川南、佐藤信、大橋泰夫、藤岡大拙)「しまねの古代文化 : 古代文化記録集」 島根県古代文化センター (17) 2010.3

資料調査 出雲国風土記写本の調査(7)(野々村安浩、森田喜久男)「古代文化研究」 島根県古代文化センター (18) 2010.3

『出雲国風土記』異同一題—「功鳥」と「悪鳥」(佐藤豊)「中央史学」 中央史学会 (33) 2010.3

資料調査 出雲国風土記写本の調査(8)～(10)(野々村安浩)「古代文化研究」 島根県古代文化センター (19)/(22) 2011.3/2014.03

表紙 出雲国風土記「蓬左」 名古屋市蓬左文庫 (82) 2011.4

出雲国司補任表(稿) 大宝元年～保元元年(大日方克己)「松江市史研究」 松江市教育委員会 (3) 2012.3

出雲国の氏族の地域性—『出雲国風土記』を中心に(中村友一)「地方史研究」 地方史研究協議会 62(2)通号356 2012.4

近世たたら製鉄業と労働者飯米—出雲国田部家の「養米」を中心に(中山富広)「広島大学大学院文学研究科論集」 広島大学大学院文学研究科 72 2012.12

出雲國の伝承をたどる—平成25年度研究活動より(調査報告)(尾道市薭伝承文化協会)「尾道文学談話会会報」 尾道大学芸術文化学部日本文学科 (4) 2013.12

出雲国風土記写本二題—郷原家本と「自清本」をめぐって(高橋周)「古代文化研究」 島根県古代文化センター (22) 2014.3

尼子氏による出雲国成敗権の掌握(川岡勉)「松江市史研究」 松江市教育委員会 (5) 2014.3

江戸幕府収納の出雲国絵図に記された「古城」について(西尾克己、稲田信、福井将介)「松江歴史館研究紀要」 松江歴史館 (4) 2014.3

出雲国風土記「越の八口」攷(酢谷琢磨)「石川郷土史学会々誌」 石川郷土史学会 (47) 2014.12

出雲府中

中世出雲府中周辺における城と館—黒田館跡と茶臼山城跡(高屋茂男)「中世城郭研究」 中世城郭研究会 (25) 2011.7

出雲平野

出雲平野西部の花粉分析結果と『出雲国風土記』(渡辺正巳)「出雲古代史研究」 出雲古代史研究会 (13) 2003.7

一畑軽便鉄道

「一畑軽便鉄道唱歌」から(村上清子)「大社の史話」 大社史話会 (145) 2005.12

糸原家住宅

角家住宅・絲原家住宅が国登録文化財に「季刊文化財」 島根県文化財愛護協会 106 2004.1

稲佐海水浴場

大社観光史研究(2) 稲佐海水浴場の創設(遺稿)(石部満)「大社の史話」 大社史話会 (177) 2013.12

稲積が原

私見、稲積が原・鼠原村・坂本(池田一憲)「郷土石見 : 石見郷土研究懇話会機関誌」 石見郷土研究懇話会 (82) 2009.12

井野

小鉄道—井野から大烏鉥へ(児高房夫)「郷土石見 : 石見郷土研究懇話会機関誌」 石見郷土研究懇話会 67 2004.12

井野村

近世の三隅ものがたり(1)—井野村の紙漉き(平川真吾)「郷土石見 : 石見郷土研究懇話会機関誌」 石見郷土研究懇話会 54 2000.8

石見

近世・石見の廻船研究 (12) ―銀山領の廻船地図と鈩 (児島俊平)「郷土石見 ： 石見郷土研究懇話会機関誌」 石見郷土研究懇話会 55 2000.12

児玉家文書 (大庭良美)「郷土石見 ： 石見郷土研究懇話会機関誌」 石見郷土研究懇話会 55 2000.12

15・16世紀朝鮮の文献に登場する石見衆の周辺 (杉原隆)「郷土石見 ： 石見郷土研究懇話会機関誌」 石見郷土研究懇話会 56 2001.4

小さな米騒動 (青木淳)「郷土石見 ： 石見郷土研究懇話会機関誌」 石見郷土研究懇話会 57 2001.8

石見人による北海道開拓史―山陰移住会社 (松尾登)「郷土石見 ： 石見郷土研究懇話会機関誌」 石見郷土研究懇話会 59 2002.4

近世・石見の廻船研究 (13) ―浜田藩小鉄政策と東浦組の廻船 (児島俊平)「郷土石見 ： 石見郷土研究懇話会機関誌」 石見郷土研究懇話会 59 2002.4

石見の宮大工と彫刻師たち (岡堂義武)「郷土石見 ： 石見郷土研究懇話会機関誌」 石見郷土研究懇話会 60 2002.8

『石見人名録』と美濃郡・鹿足郡の人たち (富吉脩)「郷土石見 ： 石見郷土研究懇話会機関誌」 石見郷土研究懇話会 60 2002.8

天保7年松平周防守家転封による「家中売り立て」に関する一農民史料 (牛尾光國)「郷土石見 ： 石見郷土研究懇話会機関誌」 石見郷土研究懇話会 61 2002.12

父子鷹、小島清友・清文の「石見タイムス」(1) ―昭和21年から昭和25年 (吉田豊明)「郷土石見 ： 石見郷土研究懇話会機関誌」 石見郷土研究懇話会 61 2002.12

『浜田新聞誌』にみる明治7年の石見地方 (内藤正中)「郷土石見 ： 石見郷土研究懇話会機関誌」 石見郷土研究懇話会 62 2003.4

近世・石見の廻船研究 (14) ―銀山領鉄山師と伯耆国の浜砂鉄 (児島俊平)「郷土石見 ： 石見郷土研究懇話会機関誌」 石見郷土研究懇話会 62 2003.4

父子鷹、小島清友・清文の「石見タイムズ」(2) ―昭和25年から昭和27年 (吉田豊明)「郷土石見 ： 石見郷土研究懇話会機関誌」 石見郷土研究懇話会 62 2003.4

近世・石見の廻船研究 (15) ―温泉津湊の石州瓦と因・伯州の交易 (児島俊平)「郷土石見 ： 石見郷土研究懇話会機関誌」 石見郷土研究懇話会 63 2003.8

父子鷹、小島清友・清文の「石見タイムズ」(3) ―昭和28年から昭和30年 (吉田豊明)「郷土石見 ： 石見郷土研究懇話会機関誌」 石見郷土研究懇話会 63 2003.8

佐々田懸日誌と石見立憲改進党 (藤田亨)「郷土石見 ： 石見郷土研究懇話会機関誌」 石見郷土研究懇話会 65 2004.4

近世・石見の廻船研究 (16) ―浜田湊を根拠とした地元廻船の動態 (児島俊平)「郷土石見 ： 石見郷土研究懇話会機関誌」 石見郷土研究懇話会 65 2004.4

父子鷹、小島清友・清文の「石見タイムズ」(4) ―昭和30年から昭和33年 (吉田豊明)「郷土石見 ： 石見郷土研究懇話会機関誌」 石見郷土研究懇話会 65 2004.4

石見の大震災―巨智部忠承氏の古文書をもとに (松井整司)「郷土石見 ： 石見郷土研究懇話会機関誌」 石見郷土研究懇話会 66 2004.8

近世・石見の廻船研究 (17) ―鉄交易にみる石見船団の実像 (児島俊平)「郷土石見 ： 石見郷土研究懇話会機関誌」 石見郷土研究懇話会 66 2004.8

石見の豪族福屋氏滅亡の足跡 (島津正人)「亀山」 浜田市文化財愛護会 30 2004.11

石見半紙の生産と流通 (桑原韶一)「亀山」 浜田市文化財愛護会 30 2004.11

『父子鷹、小島清友・清文の「石見タイムズ」』の補遺 (吉田豊明)「郷土石見 ： 石見郷土研究懇話会機関誌」 石見郷土研究懇話会 68 2005.4

石見義学考 (藤田亨)「郷土石見 ： 石見郷土研究懇話会機関誌」 石見郷土研究懇話会 68 2005.4

石見と対馬―日朝交渉を支えた2つの拠点地の交流史 (杉原隆)「郷土石見 ： 石見郷土研究懇話会機関誌」 石見郷土研究懇話会 (69) 2005.8

近世・石見の鈩製鉄を探る (1) ―石見鈩の源流 (児島俊平)「郷土石見 ： 石見郷土研究懇話会機関誌」 石見郷土研究懇話会 (70) 2005.12

石見の攻城戦について―毛利軍の陣城を中心に (〈シンポジウム 陣城・臨時築城をめぐって〉) (寺井毅)「中世城郭研究」 中世城郭研究会 (20) 2006.7

石見の歴史を読み直す―消された国府 (宮本巌)「郷土石見 ： 石見郷土研究懇話会機関誌」 石見郷土研究懇話会 (72) 2006.8

近世・石見の鈩製鉄を探る (2) 前期の産鉄と鉄穴 (児島俊平)「郷土石見 ： 石見郷土研究懇話会機関誌」 石見郷土研究懇話会 (72) 2006.8

近世・石見の鈩製鉄を探る (3) 出羽流・備後流と天秤鞴 (児島俊平)「郷土石見 ： 石見郷土研究懇話会機関誌」 石見郷土研究懇話会 (73) 2006.12

石見の湯宿 (宮本巌)「郷土石見 ： 石見郷土研究懇話会機関誌」 石見郷土研究懇話会 (73) 2006.12

森脇太一と石見の昔話 生誕100年記念文庫展と講演会開催 (田中登一)「伝え ： 日本口承文芸学会会報」 日本口承文芸学会 (40) 2007.3

史料紹介「長征石見戦争開書」(岡宏三)「古代文化研究」 島根県古代文化センター (15) 2007.3

石見の三大峡谷と三大渓谷 (宮本巌)「郷土石見 ： 石見郷土研究懇話会機関誌」 石見郷土研究懇話会 (74) 2007.5

明治維新の石見地域の歩み (水崎齊)「郷土石見 ： 石見郷土研究懇話会機関誌」 石見郷土研究懇話会 (75) 2007.8

近世・石見の鈩製鉄を探る (4) 元禄の黄金時代 (児島俊平)「郷土石見 ： 石見郷土研究懇話会機関誌」 石見郷土研究懇話会 (76) 2007.12

石見産紙と佐々田懸 (藤田亨)「郷土石見 ： 石見郷土研究懇話会機関誌」 石見郷土研究懇話会 (76) 2007.12

『石見銀』(1) 銀山が生んだ元禄の俳諧書 (富吉脩)「郷土石見 ： 石見郷土研究懇話会機関誌」 石見郷土研究懇話会 (77) 2008.4

近世・石見の鈩製鉄を探る (5) 銀山領の産鉄・天秤鞴の碑 (児島俊平)「郷土石見 ： 石見郷土研究懇話会機関誌」 石見郷土研究懇話会 (79) 2008.12

明治期石見地方への朝鮮人漂着について (杉原隆)「郷土石見 ： 石見郷土研究懇話会機関誌」 石見郷土研究懇話会 (82) 2009.12

他国へ移住した石見漁民の伝承―因幡国と佐渡国のこと (児島俊平)「郷土石見 ： 石見郷土研究懇話会機関誌」 石見郷土研究懇話会 (82) 2009.12

柿本人麻呂の歩いた石見世界 (関和彦)「郷土石見 ： 石見郷土研究懇話会機関誌」 石見郷土研究懇話会 (83) 2010.4

石見の滝 (宮本巌)「郷土石見 ： 石見郷土研究懇話会機関誌」 石見郷土研究懇話会 (83) 2010.4

みやこの歴史発見伝 (42) 古文書が語る村の生活と文化 (1) 石見から来た瓦焼職人と旅人規制 (川本英紀)「みやこ町歴史民俗博物館だより」 みやこ町歴史民俗博物館 (54) 2010.10

石見、出雲歌紀行 (松原正男)「温故知新」 美東町文化研究会 (38) 2011.6

北海道にある石見焼について (阿部志朗)「郷土石見 ： 石見郷土研究懇話会機関誌」 石見郷土研究懇話会 (87) 2011.8

石見地区における体験 (町から村から) (大橋敏博)「郷土石見 ： 石見郷土研究懇話会機関誌」 石見郷土研究懇話会 (87) 2011.8

随想「石見の方言に魅せられて…」(町から村から) (神本晃)「郷土石見 ： 石見郷土研究懇話会機関誌」 石見郷土研究懇話会 (89) 2012.4

特報 北海道にある石見焼と石州瓦について―2010年8月の現地調査の報告を中心に (阿部志朗)「郷土石見 ： 石見郷土研究懇話会機関誌」 石見郷土研究懇話会 (91) 2012.12

資料 歴家家服部之総と石見 (河野純一)「郷土石見 ： 石見郷土研究懇話会機関誌」 石見郷土研究懇話会 (91) 2012.12

資料紹介 大正期における流通関係史料―「大田商店 諸国取引先控 大正拾四年」(野々村安浩)「古代文化研究」 島根県古代文化センター (21) 2013.3

明治16年鬱陵島を退去させられた石見の人達 (杉原隆)「郷土石見 ： 石見郷土研究懇話会機関誌」 石見郷土研究懇話会 (92) 2013.4

石見の方言 (町から村から) (神本晃)「郷土石見 ： 石見郷土研究懇話会機関誌」 石見郷土研究懇話会 (92) 2013.4

佐渡島へ渡った石見の漁師たち (1)、(2) ―それは四百年も昔 (村上英明)「郷土石見 ： 石見郷土研究懇話会機関誌」 石見郷土研究懇話会 (94) / (95) 2014.1/2014.5

石見銀街道

《石見銀街道 備北3町の旅特集》「わが町三原」 みはら歴史と観光の会 165 2004.12

石見銀山

石見銀山領の年貢と諸懸物 (松尾登)「郷土石見 ： 石見郷土研究懇話会機関誌」 石見郷土研究懇話会 53 2000.8

絵地図のなかの石見銀山 (鳥谷芳雄)「季刊文化財」 島根県文化財愛護協会 99 2002.2

古文書が語る石見銀山 (松岡美幸)「季刊文化財」 島根県文化財愛護協会 99 2002.2

山吹城と石見銀山 (寺井毅)「戦乱の空間」 戦乱の空間編集会 (1) 2002.7

国絵図の中の石見銀山・領内表現 (鳥谷芳雄)「古代文化研究」 島根県古代文化センター (11) 2003.3

江戸時代後期の石見銀山をめぐる二つの裁判 (上)、(下) (松尾登)「郷土石見 ： 石見郷土研究懇話会機関誌」 石見郷土研究懇話会 62/63 2003.4/2003.8

石見銀山の銅山吹について (仲野義文)「日本鉱業史研究」 日本鉱業史研究会 46 2003.8

石見銀山御料代官と朝鮮通信使 (杉原隆)「郷土石見 ： 石見郷土研究懇話会機関誌」 石見郷土研究懇話会 64 2003.12

戦国大名銀山争奪合戦 毛利元就、中国制覇の資金源 石見銀山「郷土史

紀行」 ヒューマン・レクチャー・クラブ 26 2004.3

三瓶小豆原埋没林と石見銀山(1),(2)（新田成美）「郷土」 西城町郷土研究会 84/85 2004.5/2004.8

近世石見銀山における生産資材の調達とそのシステム（仲野義文）「古代文化研究」 島根県古代文化センター （13） 2005.3

産業遺産としての日本の金銀山―石見銀山の世界遺産登録をめぐって（平成16年度公開講座）（村上隆）「金山史研究」 甲斐黄金村・湯之奥金山博物館 （7） 2006.3

国指定 名勝旧堀氏庭園/史跡田儀櫻井家たたら製鉄遺跡/史跡松江藩主松平家墓所/史跡石見銀山遺跡（特集 新（追加）指定・登録文化財の紹介）（文化財課）「季刊文化財」 島根県文化財愛護協会 （111） 2006.3

銀山役場レポート 御取納丁銀について（鳥谷芳雄）「季刊文化財」 島根県文化財愛護協会 （111） 2006.3

世界遺産をめざす「石見銀山」遺跡探訪（兼人士）「徳山地方郷土史研究」 徳山地方郷土史研究会 （28） 2007.3

輝きふたたび 石見銀山展のご案内（島根県立古代出雲歴史博物館）「大社の史話」 大社史話会 （151） 2007.6

16世紀石見銀山と灰吹法伝達者慶寿禅門―日朝通交の人的ネットワークに関する一試論（秋田洋一郎）「ヒストリア ： journal of Osaka Historical Association」 大阪歴史学会 （207） 2007.11

特集 石見銀山遺跡の世界遺産登録決定/「八雲立つ風土記の丘展示学習館」リニューアルオープン「季刊文化財」 島根県文化財愛護協会 （114） 2007.12

歴博特別展をふりかえって 開館記念特別展「神々の至宝 祈りのこころと美のかたち」/《特集 開館半年あまりの古代出雲歴史博物館》「季刊文化財」 島根県文化財愛護協会 （115） 2007.12

西洋古地図の中の石見銀山（研究ノート）（鳥谷芳雄）「季刊文化財」 島根県文化財愛護協会 （116） 2008.2

鉱山探訪 世界遺産・石見銀山（三浦佐久子）「足尾を語る会会報.第2次」 足尾を語る会 （12） 2008.5

世界遺産「石見銀山」見学行「瀬野川流域郷土史懇話会会報」 瀬野川流域郷土史懇話会 （8） 2008.8

世界遺産登録後の動き（《特集 世界遺産石見銀山遺跡》）「季刊文化財」 島根県文化財愛護協会 （118） 2009.2

石見銀山遺跡世界遺産登録一周年記念事業の開催 基調講演「世界経済史の中の石見銀山」/パネルディスカッション（《特集 世界遺産石見銀山遺跡》）「季刊文化財」 島根県文化財愛護協会 （118） 2009.2

石見銀山世界遺産センター フルオープン（《特集 世界遺産石見銀山遺跡》）「季刊文化財」 島根県文化財愛護協会 （118） 2009.2

平成20年度の調査研究事業 基礎的調査研究/テーマ別調査研究（《特集 世界遺産石見銀山遺跡》）「季刊文化財」 島根県文化財愛護協会 （118） 2009.2

研究ノート 石見銀山絵巻上野家本の作者と制作年代（鳥谷芳雄）「季刊文化財」 島根県文化財愛護協会 （118） 2009.2

「石見銀山」研究者の足跡を偲ぶ(5) 『郷土石見』の先人たち（竹内幸夫）「郷土石見 ： 石見郷土研究懇話会機関誌」 石見郷土研究懇話会 （80） 2009.4

世界遺産石見銀山と画聖・書聖の安住の郷へ（佐々木市太郎）「郷土史誌 末盧贐」 浦浦史談会, 芸文堂（発売） （178） 2009.6

世界遺産石見銀山と益田の人麻呂・雪舟の史跡を訪ねて（坂本兵人郎）「郷土史誌末盧贐」 浦浦史談会, 芸文堂（発売） （178） 2009.6

特報 石見銀山 天保飢饉時生活史の一断面―史料『銀山騒動記』の紹介（那須寛正）「郷土石見 ： 石見郷土研究懇話会機関誌」 石見郷土研究懇話会 （81） 2009.8

石見銀山遺跡の最新調査情報（《特集 世界遺産石見銀山遺跡》）「季刊文化財」 島根県文化財愛護協会 （120） 2009.8

石見銀山領における猪被害とたたら製鉄（佐竹昭）「広島大学総合博物館研究報告」 広島大学総合博物館 （1） 2009.12

世界遺産 石見銀山紀行（史跡探訪）（田中賢二）「故郷の花」 小郡市郷土史研究会 （35） 2010.5

石見銀山遺跡を尋ねて（史跡探訪）（佐々木ミヨカ）「故郷の花」 小郡市郷土史研究会 （35） 2010.5

世界遺産石見銀山視察の旅（山本修巳）「佐渡郷土文化」 佐渡郷土文化の会 （123） 2010.6

2009年度龍谷大学史学会総会講演録 豊臣期における石見銀山支配（秋山伸隆）「竜谷史壇」 竜谷大学史学会 （132） 2010.11

世界遺産 石見銀山歴史探訪「かんべ」 可部郷土史研究会 （118） 2010.11

第34回世界遺産委員会で石見銀山遺跡の資産範囲の軽微な変更が承認されました「季刊文化財」 島根県文化財愛護協会 （123） 2010.12

永久坑についての聞き取り調査（特集 石見銀山遺跡調査ノート）「季刊文化財」 島根県文化財愛護協会 （123） 2010.12

幕末石見銀山領における就業移動―持高階層別家再生産率に関連して（廣嶋清志）「山陰研究」 島根大学法文学部山陰研究センター （3） 2010.12

世界史における石見銀山と佐渡金銀山―研究の整理と史料の見直し（竹田和夫）「新潟の生活文化 ： 新潟県生活文化研究会誌」 新潟県生活文化研究会 （17） 2011.3

二十六代石見銀山代官天野助次郎とその碑について（上）,（下）（高橋悟）「郷土石見 ： 石見郷土研究懇話会機関誌」 石見郷土研究懇話会 （87）/（88） 2011.8/2011.12

平ід丁銀コレクションの特別展示を石見銀山世界遺産センターで開催（特集 石見銀山2011）「季刊文化財」 島根県文化財愛護協会 （126） 2012.1

「世界遺産石見銀山写真展レポート」（特集 石見銀山2011）「季刊文化財」 島根県文化財愛護協会 （126） 2012.1

石見銀山世界遺産登録夜話（特別企画 風土記の丘40周年、古代文化センター・埋蔵文化財調査センター20周年、古代出雲歴史博物館・石見銀山世界遺産登録5周年を語る）「季刊文化財」 島根県文化財愛護協会 （128） 2012.3

「石見銀山絵巻」上野家本について(1)―文字情報からの作家の特定（鳥谷芳雄）「古代文化研究」 島根県古代文化センター （20） 2012.3

世界遺産登録5周年記念事業について（特集1 世界遺産登録5周年を迎えた石見銀山）「季刊文化財」 島根県文化財愛護協会 （129） 2013.1

山間地域史研究の視座―石見銀山領の村における生産・流通・資本（小特集 山間地域史研究の現状）（仲野義文）「芸備地方史研究」 芸備地方史研究会 （284） 2013.2

「石見銀山絵巻」上野家本について(2)―石見銀山絵巻は佐渡金銀山絵巻を参考に成立した（鳥谷芳雄）「古代文化研究」 島根県古代文化センター （21） 2013.3

民話が語る石見銀山への道（高橋悟）「郷土石見 ： 石見郷土研究懇話会機関誌」 石見郷土研究懇話会 （92） 2013.4

近世中期石見銀山領における鉄山政策と鑪製鉄業の展開（笠井今日子）「史学研究」 広島史学研究会 （282） 2013.12

西洋古地図の中の石見銀山(2)―オルテリウス図の「銀鉱山」「季刊文化財」 島根県文化財愛護協会 （132） 2014.3

本格的な開発が始まるより前の石見銀山の検討「季刊文化財」 島根県文化財愛護協会 （132） 2014.3

石見銀山「柵之内」の推定復元―19世紀前半絵図史料にみる「垣松」から（鳥谷芳雄）「古代文化研究」 島根県古代文化センター （22） 2014.3

創立六十周年記念行事 世界遺産「石見銀山」探訪（武居スミヨ）「下松地方史研究」 下松地方史研究会 （50） 2014.4

石見銀山領における鑪製鉄業維持の動向（2013年度九州史学研究会大会公開講演・研究発表要旨―研究発表）（笠井今日子）「九州史学」 九州史学研究会 （169） 2014.5

石見銀山遺跡

国指定史跡の追加指定 石見銀山遺跡「季刊文化財」 島根県文化財愛護協会 109 2005.2

石見路

街道往来 参勤交代の道 津和野路/石見路 可部街道の茶屋跡「郷土史紀行」 ヒューマン・レクチャー・クラブ 21 2003.2

石見国

寛政元年（1789）の石見国巡見使（松尾登）「郷土石見 ： 石見郷土研究懇話会機関誌」 石見郷土研究懇話会 68 2004.4

豊臣政権下毛利氏領国時代の石見国絵図―その内容と作成目的（川村博忠）「歴史地理学」 歴史地理学会, 古今書院（発売） 48（5）通号231 2006.12

人麻呂と石見国とその周辺［1］,続（小林俊二）「郷土石見 ： 石見郷土研究懇話会機関誌」 石見郷土研究懇話会 （76）/（79） 2007.12/2008.12

石見国鋳物師頭領山根氏の足跡（石津碓）「郷土石見 ： 石見郷土研究懇話会機関誌」 石見郷土研究懇話会 （78） 2008.8

公開歴史講座 石見国の名族吉見氏の滅亡（公開歴史講座ほか）（小川國治）「大内文化探訪 ： 会誌」 大内文化探訪会 （30） 2012.5

守屋山名氏の石見国支配（渡邊大門）「鷹陵史学」 鷹陵史学会 （38） 2012.9

慶応2年（1868）の石見国（小林俊二）「郷土石見 ： 石見郷土研究懇話会機関誌」 石見郷土研究懇話会 （95） 2014.5

因原村

忍び寄る天保の大飢饉―因原村徒党事件の背景（森脇登）「郷土石見 ： 石見郷土研究懇話会機関誌」 石見郷土研究懇話会 （91） 2012.12

鵜鷺村

戦後の鵜鷺村―合併前の4年間の記録（杉谷明信）「大社の史話」 大社史話会 （152） 2007.9

後山都茂屋

県指定文化財 堀部第1遺跡、双川峡、後山都茂屋のヤブツバキ「季刊文化財」 島根県文化財愛護協会 109 2005.2

中国　　　　　　　　　　　　　地名でたどる郷土の歴史　　　　　　　　　　　島根県

十六島

「十六島海苔」の話（岡宏三）「大社の史話」　大社史話会　（150）2007.3

鵜峠

鵜峠のこと（2），（4）（樋野仁）「大社の史話」　大社史話会　136/138 2003.9/2004.3

鵜峠石膏五山（杉谷明信）「大社の史話」　大社史話会　（149）2006.12

続 鵜峠石膏五山（杉谷明信）「大社の史話」　大社史話会　（151）2007.6

鵜峠銅山

鵜峠銅山のはじまり（杉谷明信）「大社の史話」　大社史話会　（143）2005.6

馬路村

資料 石見国銀山領馬路村の廻船業について―近世後期から明治期にかけての形態と動向（中安恵一）「郷土石見 ： 石見郷土研究懇話会機関誌」　石見郷土研究懇話会　（89）2012.4

浦郷村

知夫郡浦郷村情況調査書（西ノ島町古文書教室）「隠岐の文化財」　隠岐の島町教育委員会　（26）2009.3

宇竜

宇龍大船頭―海の生活伝承（岩成俊策）「大社の史話」　大社史話会　（170）2012.3

宇竜浦

宇龍浦聞き書き―出雲の持つ「海洋性」（岩成俊策）「大社の史話」　大社史話会　（163）2010.6

潮風が通る峠道―宇龍浦聞き書き余録（岩成俊策）「大社の史話」　大社史話会　（166）2011.3

雲州

近世後期における雲州七里について（藤村潤一郎）「郵便史研究 ： 郵便史研究会会紀要」　郵便史研究会　（30）2010.9

大内神社

富田城跡・京羅木山本陣跡・大内神社の旅（柳井貞夫）「大内文化探訪 ： 会誌」　大内文化探訪会　（26）2008.4

大国村

資料 安永天明期の石東俳諧―大国村俳諧を中心として（吉川隆美）「郷土石見 ： 石見郷土研究懇話会機関誌」　石見郷土研究懇話会　（90）2012.8

大田市

大田市の天然記念物（中村唯史）「季刊文化財」　島根県文化財愛護協会　106　2004.1

市町村指定も相次ぐ―美都町・羽須美村・宍道町・大田市・玉湯町・松江市「季刊文化財」　島根県文化財愛護協会　108　2004.10

邑智郡

『石見人名録』邑智郡の人たち（富吉脩）「郷土石見 ： 石見郷土研究懇話会機関誌」　石見郷土研究懇話会　53　2000.4

《特集 邑智郡の文化財》「季刊文化財」　島根県文化財愛護協会　103　2003.2

邑智郡南部地域のタタラ製鉄（森岡弘典）「郷土石見 ： 石見郷土研究懇話会機関誌」　石見郷土研究懇話会　（85）2010.12

邑智町

「ふるさとおおち伝承館」と町指定文化財（邑智町教育委員会）「季刊文化財」　島根県文化財愛護協会　103　2003.2

大鳥鈩

小鉄道―井野から大鳥鈩へ（児高房夫）「郷土石見 ： 石見郷土研究懇話会機関誌」　石見郷土研究懇話会　67　2004.12

大根島

島根県・中海の大根島における生業の変遷―戦後の牡丹苗丹商を生み出した背景（第二期共同研究活動報告―第4班 水辺の生活環境史）（山本志乃）「年報非文字資料研究」　神奈川大学日本常民文化研究所非文字資料研究センター　（10）2014.3

大橋川

絵図と測量図に見る大橋川の歴史（徳岡隆夫，高安克己，大矢幸雄）「松江市史研究」　松江市教育委員会　（3）2012.3

大林銀山

特報 「もう1つの石見銀山」―久喜・大林銀山について（吉川正）「郷土石見 ： 石見郷土研究懇話会機関誌」　石見郷土研究懇話会　（85）2010.12

大森

重文熊谷家と大森地域の女性たち（小泉和子）「郷土石見 ： 石見郷土研究懇話会機関誌」　石見郷土研究懇話会　（72）2006.8

大森鉱山

史料紹介 「大森鉱山水害美談」について（特集 石見銀山2011）「季刊文化財」　島根県文化財愛護協会　（126）2012.1

大森陣屋

大森陣屋鍋田三郎右衛門の書状（編集部）「亀山」　浜田市文化財愛護会　30　2004.11

大森町

江戸時代大森町の商家熊谷家で働いていた人々―襖の下張りから見つかった史料について（特集1 世界遺産登録5周年を迎えた石見銀山）「季刊文化財」　島根県文化財愛護協会　（129）2013.1

大屋

大屋地名考（渡辺農）「郷土石見 ： 石見郷土研究懇話会機関誌」　石見郷土研究懇話会　60　2002.8

隠岐

隠岐雑俎（5）～（7）―機関誌「隠岐郷土選書」の中から（岡部武夫）「隠岐の文化財」　隠岐の島町教育委員会　18/20　2001.3/2003.3

隠岐古典相撲の原点―日本相撲史上の位置づけ（《古代文化講座》）（櫻井徳太郎）「しまねの古代文化 ： 古代文化記録集」　島根県古代文化センター　（9）2002.3

隠岐洲巡り・井原雪江（上），（2）～（4）―明治44年の隠岐（日野雅之）「隠岐の文化財」　隠岐の島町教育委員会　19/22　2002.3/2005.3

歴史の島、隠岐を訪ねて（島津清修）「郷土文化」　郷土文化の会　（12）2003.3

「隠岐造り民家」とは（上），（中），（下）（後藤玉樹）「季刊文化財」　島根県文化財愛護協会　105/109　2003.10/2005.2

慶応元年の百姓一揆から慶応四年の隠岐事件へ（藤田新）「隠岐の文化財」　隠岐の島町教育委員会　21　2004.3

私部の伝領と皇居―安房・若狭・隠岐・淡路の事例を中心に（土田可奈）「佐渡・越後文化交流史研究」　新潟大学大学院現代社会文化研究科プロジェクト佐渡・越後の文化交流史研究　（4）2004.3

語り伝えて―天皇を背負い隠岐脱出の伝来（小野清恒）「新居浜郷土史談」　新居浜郷土史談会　345　2004.5

第20回古代文化講座海の道・唄の道 隠岐（竹内勉）「しまねの古代文化 ： 古代文化記録集」　島根県古代文化センター　（12）2005.3

隠岐造りの民家―その特徴を佐々木家に見る（後藤玉樹）「隠岐の文化財」　隠岐の島町教育委員会　22　2005.3

隠岐歴史めぐりの旅（重中昭徳）「和海藻」　下関市豊北町郷土文化研究会　（21）2006.1

隠岐の映像（矢野守）「隠岐の文化財」　隠岐の島町教育委員会　（24）2007.3

おきのすさび（西ノ島町古文書教室）「隠岐の文化財」　隠岐の島町教育委員会　（24）2007.3

隠岐の村落形成に中世を垣間見た（吉田侑）「隠岐の文化財」　隠岐の島町教育委員会　（24）2007.3

元禄九丙子年朝鮮舟着岸一巻之覚書（西ノ島町古文書教室）「隠岐の文化財」　隠岐の島町教育委員会　（25）2008.3

クロード・レヴィ＝ストロースの隠岐紀行（田中浩司）「隠岐の文化財」　隠岐の島町教育委員会　（26）2009.3

壬申乱を走る（2）―隠から朝明へ（猪熊兼勝）「近畿文化」　近畿文化会事務局　（724）2010.3

第27回古代文化講座 後醍醐天皇と中世の隠岐（新田一郎）「しまねの古代文化 ： 古代文化記録集」　島根県古代文化センター　（19）2012.3

隠岐の指定文化財一覧「隠岐の文化財」　隠岐の島町教育委員会　（29）2012.3

日置風水の紀行文 『隠岐のすさび』を読む（1）～（7）（山崎隆司）「大社の史話」　大社史話会　（175）/（181）2013.6/2014.12

全国ブランドを生み出す畜産漁業―隠岐潮風ファームの経営を中心に（論文）（北山幸子）「山陰研究」　島根大学法文学部山陰研究センター　（6）2013.12

鳥取と隠岐―因州藩の隠岐取締りと県域編入（伊藤康）「鳥取県立公文書館研究紀要」　鳥取県立公文書館　（8）2014.3

隠岐諸島

（2）中世古文書からみる隠岐諸島（隠岐小特集）（伊藤一美）「城郭だより ： 日本城郭史学会会報」　[日本城郭史学会]　（86）2014.7

隠岐国

新資料紹介 出雲国・隠岐国産物帳（岡宏三）「しまねの古代文化 ： 古代文化記録集」　島根県古代文化センター　（8）2001.3

隠岐之国

企画展「隠岐之国 島々の歴史と文化」（古代出雲歴史博物館）「大社の史話」　大社史話会　（177）2013.12

隠岐の島

隠岐の島旅行記並に参考資料（勝賀瀬賢次）「いの史談」　いの史談会

（55）2004.11

隠岐の島に伝わる駅鈴（今枝弘隆）「文化史研究」　なごや文化史研究会　（5）2007.7

乃木希典第3軍司令官と隠岐の島（大河内義雅）「文化財協会報」　善通寺市文化財保護協会　（29）2010.3

隠岐の島 游々（田辺達也）「夜豆志呂」　八代史談会　（173）2013.10

隠岐島

隠岐島び豊後茸山師（田中治郎）「津久見史談」　津久見史談会　（16）2012.3

会員便り 隠岐島と大塩探究の旅（末廣訂）「大塩研究」　大塩事件研究会　（71）2014.8

隠岐の島町

隠岐の島町新指定文化財の紹介（後藤玉樹）「隠岐の文化財」　隠岐の島町教育委員会　（24）2007.3

奥出雲町

島根県奥出雲町におけるICTを活用した高齢者向けサービスの効果に関する研究（研究ノート）（野田哲夫, 賈馳）「山陰研究」　島根大学法文学部山陰研究センター　（4）2011.12

奥出雲

第21回古代文化講座 中世奥出雲と三沢氏一族（長谷川博史）「しまねの古代文化 : 古代文化記録集」　島根県古代文化センター　（13）2006.3

寄稿 たたらの里 奥出雲を訪ねて（佐野遼平）「崗」　芦屋町郷土史研究会　（35）2009.1

論文 奥出雲の鉄師卜蔵家の鉄山について（佐竹昭）「日本研究」　日本研究会　（27）2014.4

長田

尼子三兄弟が幽閉されていた長田を訪ねて（村上清子）「大社の史話」　大社史話会　138　2004.3

長田郷

ふるさとのかたりべ―羽須美村長田郷（森岡勲）「郷土石見 : 石見郷土研究懇話会機関誌」　石見郷土研究懇話会　56　2001.4

穏地郡

島後における中近世城館跡（穏地郡編）（村尾秀信, 上田律夫, 八幡賢一, 常角敏）「隠岐の文化財」　隠岐の島町教育委員会　（25）2008.3

乙女峠

乙女峠覚書（山岡浩二）「郷土石見 : 石見郷土研究懇話会機関誌」　石見郷土研究懇話会　（93）2013.8

掛合町

限界集落に生きる人々の「語り」の共有化の試み―島根県雲南市掛合町の一集落を事例として（江口貴康, 片岡佳美, 吹野卓）「山陰研究」　島根大学法文学部山陰研究センター　（1）2008.12

価谷鑪

價谷鑪跡（江津の鑪跡）（渡利喜代子）「石見潟」　江津市文化財研究会　（22）2003.12

月山富田城

古城残照（月山富田城）（本永茂貞）「大内文化探訪 : 会誌」　大内文化探訪会　（25）2007.3

表紙写真 月山富田城（島根県）「月刊歴史ジャーナル」　NPO法人尾道文化財研究所　（101）2012.5

鹿足郡

『石見人名録』と美濃郡・鹿足郡の人たち（冨吉脩）「郷土石見 : 石見郷土研究懇話会機関誌」　石見郷土研究懇話会　60　2002.8

辛ノ埼

辛ノ埼の人麻呂歌碑（松田忠幸）「石見潟」　江津市文化財研究会　（23）2005.8

神名備山

『出雲国風土記にみる神名備山の謎』ご案内（編集部）「大社の史話」　大社史話会　（156）2008.9

亀谷

亀谷の噺あれこれ（川本晃）「郷土石見 : 石見郷土研究懇話会機関誌」　石見郷土研究懇話会　67　2004.12

亀村

中世から近世の濱原村・川戸村・瀧原村・信喜村・亀村・高山村（上），（中），（下）（小野博之）「郷土石見 : 石見郷土研究懇話会機関誌」　石見郷土研究懇話会　（94）/（96）2014.1/2014.08

表紙写真 カヌーの里おおち（邑智郡美郷町亀村）（梅木知巳, 河井俊彦）「郷土石見 : 石見郷土研究懇話会機関誌」　石見郷土研究懇話会　（96）2014.8

加茂町

市町村指定文化財 加茂町・木次町・美都町・匹見町・瑞穂町「季刊文化財」　島根県文化財愛護協会　109　2005.2

鴨山

茂吉歌集「赤光」の近代性と「鴨山考証」の限界性及び「鴨山浜田説と人麿帰化人説」について（大場志郎）「郷土石見 : 石見郷土研究懇話会機関誌」　石見郷土研究懇話会　66　2004.8

茅原村

荒木四か村・茅原村・修理免村の猪目浦への入会と山論（斎藤一）「大社の史話」　大社史話会　（175）2013.6

川上村

消えた川上村の一部―町村合併（昭和30年）の遺したもの（森脇登）「郷土石見 : 石見郷土研究懇話会機関誌」　石見郷土研究懇話会　（89）2012.4

河内郷

『出雲国風土記』河内郷について（渡部純子）「出雲古代史研究」　出雲古代史研究会　（13）2003.7

川戸村

中世から近世の濱原村・川戸村・瀧原村・信喜村・亀村・高山村（上），（中），（下）（小野博之）「郷土石見 : 石見郷土研究懇話会機関誌」　石見郷土研究懇話会　（94）/（96）2014.1/2014.08

川本

江戸時代における川本地方の災害（1）火災編（森脇登）「郷土石見 : 石見郷土研究懇話会機関誌」　石見郷土研究懇話会　（75）2007.8

江戸時代における川本地方の災害（2）洪水編（森脇登）「郷土石見 : 石見郷土研究懇話会機関誌」　石見郷土研究懇話会　（76）2007.12

江戸時代における川本地方の災害（3）凶作・飢饉編（森脇登）「郷土石見 : 石見郷土研究懇話会機関誌」　石見郷土研究懇話会　（77）2008.4

川本村

天明・天保の大飢饉と酒造り―川本村 三上家文書を中心として（森脇登）「郷土石見 : 石見郷土研究懇話会機関誌」　石見郷土研究懇話会　（93）2013.8

川本町

島根県川本町を訪ねて（土居徹）「神楽尾」　神楽尾城跡保存協力会　（47）2013.4

木地谷

出雲国仁多郡木地谷敵討の実録（論文）（田中則雄）「山陰研究」　島根大学法文学部山陰研究センター　（6）2013.12

杵築

中世・出雲国杵築の宗教者による政治経済活動―寿讃と坪内氏（丸茂朋）「古代文化研究」　島根県古代文化センター　（14）2006.3

中世における杵築の集落（1），（2）市庭の形成について（梶谷実）「大社の史話」　大社史話会　（157）/（158）2008.12/2009.3

寛永2年杵築検地帳と杵築の歴史（長谷川博史）「大社の史話」　大社史話会　（164）2010.9

手錢記念館の四季―杵築文学あれこれ（1），（2）（佐々木杏里）「大社の史話」　大社史話会　（169）/（170）2011.12/2012.3

手錢記念館の四季 杵築文学あれこれ（3）（佐々木杏里）「大社の史話」　大社史話会　（173）2012.12

大社観光史研究（14）杵築富くじ興行とその経済効果（山﨑裕二）「大社の史話」　大社史話会　（177）2014.6

大社観光史研究（15）杵築富くじ興行を実施した人びと（山﨑裕二）「大社の史話」　大社史話会　（180）2014.9

木次町

市町村指定文化財 加茂町・木次町・美都町・匹見町・瑞穂町「季刊文化財」　島根県文化財愛護協会　109　2005.2

北島国造館

北島国造館大門の注連縄（馬庭孝司）「大社の史話」　大社史話会　（143）2005.6

北島国造邸

北島国造邸寛文屋敷替の遺構（馬庭孝司）「大社の史話」　大社史話会　（141）2004.12

北山

検証！ 北山山中への一式陸上攻撃機墜落事故（森本紀彦）「大社の史話」　大社史話会　（177）2013.12

牛馬市

牛馬市跡（大山博之）「郷土石見 : 石見郷土研究懇話会機関誌」　石見郷土研究懇話会　（85）2010.12

京羅木山本陣

富田城跡・京羅木山本陣跡・大内神社の旅（柳井貞夫）「大内文化探訪 :

中国　　　　　　　　　　　　地名でたどる郷土の歴史　　　　　　　　　　　島根県

会誌」　大内文化探訪会　（26）2008.4

銀山街道
栗原北公民館との交流事業 フィールドワークの事前学習「銀山街道を歩く」「三成学会会報」三成学区の歴史と自然を訪ねる会　（64）2013.9

久喜銀山
紀行文 銀山紀行 石見の國「久喜銀山跡」を訪ねて（大森だけが銀山ではない）（岡田宏一郎）「備陽史探訪」備陽史探訪の会　（166）2012.6

熊谷家住宅
熊谷家住宅の下張り文書調査（特集 石見銀山2011）「季刊文化財」島根県文化財愛護協会　（126）2012.1

神稲
「倭名類聚抄」所載「神稲（代）郷」についての一考察（1），（2）（富永美恵子）「古代文化研究」島根県古代文化センター　（15）/（16）2007.3/2008.3

熊野
大和探訪（51）南紀の熊野と出雲の熊野（小川光三）「月刊大和路ならら」地域情報ネットワーク　9（6）通号93　2006.6

黒木御所の丘
（3）伝黒木御所の丘は海賊城の構（隠岐小特集）（西ヶ谷恭弘）「城郭だより」：日本城郭史学会会報」「日本城郭史学会」　（86）2014.7

黒田館
中世出雲府中周辺における城と館―黒田館跡と茶臼山城跡（高屋茂男）「中世城郭研究」中世城郭研究会　（25）2011.7

恵口鑪
恵口鑪跡（江津の鑪跡）（三浦志峰）「石見潟」江津市文化財研究会　（22）2003.12

芸浜街道
参勤交代の道 芸浜街道を行く（神山典之）「亀山」浜田市文化財愛護会　30　2004.11

小石見郷
中近世移行期の土豪と在地社会―石見国小石見郷を事例として（玉井絵里香）「史学研究」広島史学研究会　（275）2012.3

江川
近世江川流域における鑪製鉄業の展開（笠井今日子）「たたら研究」たたら研究会　（50）2010.12

荒神谷
投稿原稿 神庭荒神谷遺跡の古代出雲地方での意義（長瀬貴）「季刊邪馬台国」「季刊邪馬台国」編纂委員会，梓書院（発売）（118）2013.7

江津
特集にあたって（《特集 江津の近代化遺産》）（森脇傳）「石見潟」江津市文化財研究会　（25）2009.5

江津市の道路の近代化／江津市の江の川架橋／山陰の鉄道の近代化／江の川の舟運／石見焼の近代化／養蚕業の近代化／旧江津郵便局／森医院黒松診療所（旧黒松郵便局）／渡会館（旧川越郵便局）／旧江津町役場／都野津会館（旧都野津町役場）／旧江津警察署武道館／服部商店（旧市山興業銀行）／旧矢上銀行江津支店／旧波積小学校／跡市小学校／石見楽小学／花田医院／山本医院／藤村酒店／千代緑醬油醸造場／渡り村江川堤防工事／今田・小田の用水確保／今田報徳社／六部川火力発電所／長谷の葉タバコ火力乾燥場／有福温泉の御前場／農機具の近代化（《特集 江津の近代化遺産》）「石見潟」江津市文化財研究会　（25）2009.5

江水社
山陰初の組合製糸会社 江水社（森脇登）「郷土石見 ： 石見郷土研究懇話会機関誌」石見郷土研究懇話会　（72）2006.8

江津市
「江津市の町並み」特集にあたって（特集 江津市の町並み）（森脇傳）「石見潟」江津市文化財研究会　（26）2012.3

黒松町／後地町・尾浜／都治町・郷／波積町／浅利町／松川町／渡津村・塩田／渡津町・嘉戸／江津町／和木町／都野津町／跡市町／敬川町／有福温泉街／波子町（特集 江津市の町並み）「石見潟」江津市文化財研究会　（26）2012.3

五箇村
五箇村道路元標（藤田茂正）「隠岐の文化財」隠岐の島町教育委員会　20　2003.3

古志
吉田豊辰家に伝存した遺失古志家文書について（論考）（矢田貞美）「備陽史探訪」備陽史探訪の会　（180）2014.10

古志町
出雲地域の歴史と文化（9）（古志町）両古志村の入会をめぐる山論（斎藤一）「大社の史話」大社史話会　（176）2013.9

紺屋
板倉紺屋の藍板締（大橋正芳）「古代文化研究」島根県古代文化センター　（12）2004.3

西郷町
西郷町公文（庄屋）の隠岐事件体験記―八尾・孫平 演舌書を読む（藤田新）「隠岐の文化財」隠岐の島町教育委員会　（23）2006.3

坂本
私見、稲積が原・鼠原村・坂本（池田一憲）「郷土石見 ： 石見郷土研究懇話会機関誌」石見郷土研究懇話会　（82）2009.12

鷺浦
鷺浦散歩から 鶴の「コテエ」のこと（杉谷明信）「大社の史話」大社史話会　（154）2008.3

鷺浦散歩から 一畑灯篭（杉谷明信）「大社の史話」大社史話会　（155）2008.6

鷺浦来航北前船の歴史的意義（藤澤秀晴）「大社の史話」大社史話会　（166）2011.3

鷺浦福浦入港北前船の歴史的価値（藤澤秀晴）「大社の史話」大社史話会　（168）2011.9

日本海史料紹介（1）～（11）出雲国鷺浦船問屋讃岐屋旧蔵 船御改控帳（藤澤秀晴）「大社の史話」大社史話会　（170）/（181）2012.3/2014.12

鷺鉱山
百年前の鉱山調査書から―鷺鉱山編を読む（杉谷明信）「大社の史話」大社史話会　134　2003.3

鷺峠
鷺峠（神田力）「大社の史話」大社史話会　（176）2013.9

桜井家住宅
桜井家住宅が重要文化財に指定／県指定文化財2件「季刊文化財」島根県文化財愛護協会　105　2003.10

桜谷鑪
桜谷鑪跡（江津の鑪跡）（松田忠幸）「石見潟」江津市文化財研究会　（22）2003.12

三瓶小豆原埋没林
三瓶小豆原埋没林が国指定天然記念物に（文化財課）「季刊文化財」島根県文化財愛護協会　106　2004.1

三瓶小豆原埋没林と石見銀山（1），（2）（新田成美）「郷土」西城町郷土研究会　84/85　2004.5/2004.8

三瓶山
「石見八重葎」に見える三瓶山の薬草（和田孝）「郷土石見 ： 石見郷土研究懇話会機関誌」石見郷土研究懇話会　（73）2006.12

塩谷
窯資料からみた塩谷焼の検討（阿部賢治）「季刊文化財」島根県文化財愛護協会　（112）2006.10

志学
大田市三瓶町志学に残る石碑（和田孝）「郷土石見 ： 石見郷土研究懇話会機関誌」石見郷土研究懇話会　68　2005.4

志学の地名と志学温泉（和田孝）「郷土石見 ： 石見郷土研究懇話会機関誌」石見郷土研究懇話会　（71）2006.4

志学温泉
志学温泉（三瓶温泉）の沿革（松尾登）「郷土石見 ： 石見郷土研究懇話会機関誌」石見郷土研究懇話会　（72）2006.8

信喜村
中世から近世の濱原村・川戸村・瀧原村・信喜村・亀村・高山村（上），（中），（下）（小野博之）「郷土石見 ： 石見郷土研究懇話会機関誌」石見郷土研究懇話会　（94）/（96）2014.1/2014.08

静間郷
石見国静間郷の変遷（上），（中），（下）（小林俊二）「郷土石見 ： 石見郷土研究懇話会機関誌」石見郷土研究懇話会　59/63　2002.4/2003.8

島根
島根・赤羽家の鷹番廃止高札（榎本義憲）「足立史談」足立区教育委員会　392　2000.10

島根だより「郷土史ひらた」平田郷土史研究会　14　2003.3

〈島根の天然記念物（1）〉「季刊文化財」島根県文化財愛護協会　105　2003.10

島根の天然記念物―指定推移（文化財課）「季刊文化財」島根県文化財愛護協会　105　2003.10

〈島根の天然記念物（2）〉「季刊文化財」島根県文化財愛護協会　106　2004.1

島根の天然記念物―種別（文化財課）「季刊文化財」島根県文化財愛護協会　106　2004.1

北前船が運んだ島根の富と文化（《第19回古代文化講座近世海運が結ぶ島根の文化》）（加藤貞仁）「しまねの古代文化 ： 古代文化記録集」 島根県古代文化センター （11） 2004.3

案内 「絵画でたどる島根の歴史展」と歴史地理学会島根大会の開催「島根史学会会報」 島根史学会 42 2004.6

特集 島根の名勝/島根の自然的名勝ガイド（文化財課）「季刊文化財」 島根県文化財愛護協会 110 2005.3

島根と世界史を結んだ日露戦争 日本海海戦で島根県沿岸に漂着したロシア兵（岡崎秀紀）「隠岐の文化財」 隠岐の島町教育委員会 （23） 2006.3

島根にもあった幻の大鋸（森岡弘典）「季刊文化財」 島根県文化財愛護協会 （112） 2006.10

総合展示「島根の人々の生活と交流」ズバリ見どころ（《特集 古代出雲歴史博物館開館記念》）「季刊文化財」 島根県文化財愛護協会 （113） 2007.2

戦争末期の郷土—当時の島根新聞から（福島勉）「大社の史話」 大社史話会 （152） 2007.9

島根ワイン醸造五十年の歩み—ワイン＝ぶどうを潰すとワインになる、神が人に与えし最高のもの（狩野和志）「大社の史話」 大社史話会 （158） 2009.3

その後の島根を規定した律令制国家の行政区分（第9回神在月古代文化シンポジウム 律令国家と出雲国の成立—問題提起）（藤岡大拙）「しまねの古代文化 ： 古代文化記録集」 島根県古代文化センター （17） 2010.3

島根の古代文化の意味「しまねの古代文化 ： 古代文化記録集」 島根県古代文化センター （21） 2014.3

島根県

国指定天然記念物一覧表「季刊文化財」 島根県文化財愛護協会 106 2004.1

県指定文化財2件—新たに天然記念物2件が指定に「季刊文化財」 島根県文化財愛護協会 106 2004.1

県指定天然記念物一覧表「季刊文化財」 島根県文化財愛護協会 106 2004.1

指定文化財件数一覧「季刊文化財」 島根県文化財愛護協会 106 2004.1

特集 文化財建造物の登録 島根県の登録有形文化財/島根の登録有形文化財ガイド（文化財課）「季刊文化財」 島根県文化財愛護協会 109 2005.2

各地の情報 島根県（今岡利江）「日引 ： 石造物研究会会誌」 （7） 2005.10

島根県の中世史と備前焼（《備前歴史フォーラム 江戸時代の暮らしと備前焼》一誌上報告）（阿部賢治，重枝弘和）「備前市歴史民俗資料館紀要」 備前市歴史民俗資料館 （10） 2008.9

島根県における備前焼流入の検討（備前歴史フォーラム 鎌倉・室町 BIZEN—中世備前焼のスガタ—研究報告）（阿部賢治）「備前市歴史民俗資料館紀要」 備前市歴史民俗資料館 （11） 2010.1

島根県における鉄道敷設運動の出発（松江市史叢書2）（沼本龍）「松江市史研究」 松江市教育委員会 （1） 2010.3

『萩藩譜録』所収島根県関係中世史料目録（佐伯徳哉，西田友広，飯分徹）「古代文化研究」 島根県古代文化センター （20） 2012.3

島根県の石造物情報（今岡稔）「日引 ： 石造物研究会会誌」 （13） 2012.5

島根県のとうほし田・たいとう田（菅野郁雄）「赤米ニュース」 東京赤米研究会 （188） 2012.11

島根県における生産森林組合の解散—2組合の解散を例として（論文）（江渕武彦）「山陰研究」 島根大学法文学部山陰研究センター （6） 2013.12

島根県立古代出雲歴史博物館企画展「戦国大名尼子氏の興亡」を観て（展示批評）（西島太郎）「地方史研究」 地方史研究協議会 63（6）通号366 2013.12

島根県立図書館へ寄贈された原龍雄先生収集資料について（杉原隆）「郷土石見 ： 石見郷土研究懇話会機関誌」 石見郷土研究懇話会 （94） 2014.1

島根県指定文化財 太刀 銘 来国光（田邑福太郎）「隠岐の文化財」 隠岐の島町教育委員会，海士町教育委員会，西ノ島町教育委員会，知夫村教育委員会 （31） 2014.3

島根県における空襲とその時代 1944年8月10日～11日「山陰空襲」に関連して（高塚久司）「古代文化研究」 島根県古代文化センター （22） 2014.3

島根半島

島根半島の旅の思い出（樋野仁）「大社の史話」 大社史話会 （161） 2009.12

島根半島西部沖天山丸空襲について（高塚久司）「大社の史話」 大社史話会 （174） 2013.3

邇摩の道

古代石見の邇摩の道と官衙（関和彦）「郷土石見 ： 石見郷土研究懇話会機関誌」 石見郷土研究懇話会 （81） 2009.8

清水谷精錬所

表紙写真 清水谷精錬所跡（大田市仁摩町大国）（勝部衛）「郷土石見 ： 石見郷土研究懇話会機関誌」 石見郷土研究懇話会 （95） 2014.5

下河戸鑪

下河戸（土居）鑪跡（江津の鑪跡）（渡利喜代子）「石見潟」 江津市文化財研究会 （22） 2003.12

修理免

コラム 「修理免」のはなし（編集部）「大社の史話」 大社史話会 （171） 2012.6

修理免村

荒木四か村・茅原村・修理免村の猪目浦への入会と山論（斎藤一）「大社の史話」 大社史話会 （175） 2013.6

宍道町

市町村指定も相次ぐ—美都町・羽須美村・宍道町・大田市・玉湯町・松江市「季刊文化財」 島根県文化財愛護協会 108 2004.10

島根県宍道町役場町日誌にみる空襲とその時代（高塚久司）「古代文化研究」 島根県古代文化センター （20） 2012.3

新橋町

松江新橋町絵図について（新庄正典）「松江歴史館研究紀要」 松江歴史館 （1） 2011.3

神門通り

神門通りの思い出（椿良子）「大社の史話」 大社史話会 （162） 2010.3

昭和一桁生まれの直線（神門通り）の思い出、あれこれ（秦幸正）「大社の史話」 大社史話会 （163） 2010.6

出雲大社の門前町にふさわしい神門通りの甦りをめざして（神門通り甦りの会）「大社の史話」 大社史話会 （175） 2013.6

大社観光史研究（13） 神門通りの今昔（金山治正）「大社の史話」 大社史話会 （179） 2014.6

周吉郡

島後における中近世城館跡（周吉郡編）（村尾秀信，上田律夫，八幡賢一，常角敏）「隠岐の文化財」 隠岐の島町教育委員会 （24） 2007.3

須佐

須佐浦唐船打払いと須佐益田家、浜田藩の対応（杉原隆）「郷土石見 ： 石見郷土研究懇話会機関誌」 石見郷土研究懇話会 58 2001.12

周布村

旧周布村の百姓一揆（1）（肥後敏雄）「郷土石見 ： 石見郷土研究懇話会機関誌」 石見郷土研究懇話会 （80） 2009.4

角家住宅

角家住宅・絲原家住宅が国登録文化財に「季刊文化財」 島根県文化財愛護協会 106 2004.1

生湯の浜

生湯の浜と十八砦（肥後敏雄）「郷土石見 ： 石見郷土研究懇話会機関誌」 石見郷土研究懇話会 （81） 2009.8

石州

研究ノート 文禄石州丁銀について（鳥谷芳雄）「季刊文化財」 島根県文化財愛護協会 （114） 2007.12

石州半紙（石州半紙技術者会 浜田市）（重要無形文化財）「季刊文化財」 島根県文化財愛護協会 （120） 2009.12

「石州半紙」がユネスコ無形文化遺産の代表一覧表に記載決定（重要無形文化財）「季刊文化財」 島根県文化財愛護協会 （120） 2009.12

近世・石州瓦史考（上）、（中）（児島俊平）「郷土石見 ： 石見郷土研究懇話会機関誌」 石見郷土研究懇話会 （90）/（91） 2012.8/2012.12

和紙と石州半紙について（中政信）「郷土石見 ： 石見郷土研究懇話会機関誌」 石見郷土研究懇話会 （92） 2013.4

近世・石州瓦史考（下）—浜田藩領の瓦と石見焼物（児島俊平）「郷土石見 ： 石見郷土研究懇話会機関誌」 石見郷土研究懇話会 （94） 2014.1

石州街道

石州街道（石見街道）と可部峠「かんべ」 可部郷土史研究会 89 2000.7

石州街道の長助茶屋「郷土史紀行」 ヒューマン・レクチャー・クラブ 31 2005.1

歴史の道「石州街道」調査を終えて（山崎一郎）「山口県文化財」 山口県文化財愛護協会 36 2005.8

石州街道・出口通り（棗田澄子）「広島県文化財ニュース」 広島県文化財協会 （194） 2007.10

石州口

石州口の戦いと乃木希典（内谷知）「郷土石見 ： 石見郷土研究懇話会機関誌」 石見郷土研究懇話会 （75） 2007.8

幕長戦争石州口戦争の展開過程（三宅紹宣）「山口県史研究」 山口県 （17） 2009.3

四境の役 石州口戦史跡を訪ねて（金本武真）「ふるさと」 橘郷土会 （33） 2011.2

石州口の戦一明治への夜明け（児島房夫）「郷土石見 ： 石見郷土研究懇話会機関誌」 石見郷土研究懇話会 （88） 2011.12

石州路

石州路吟行旅（文芸部）（きまま旅）（武市公子）「松前史談」 松前町松前史談会 （24） 2008.3

石西

探訪部現地探訪資料 周防大島町西部の史跡を訪ねる/豊前国京都・築上地方の史跡を訪ねる/山口市大内地区の史跡を訪ねる/阿東・石西の史跡を訪ねる（児玉輝巳）「大内文化探訪 ： 会誌」 大内文化探訪会 （27） 2009.6

阿東・石西の史跡を訪ねて（森美晴）「大内文化探訪 ： 会誌」 大内文化探訪会 （27） 2009.6

仙崎

仙崎と魚（肥後敏雄）「郷土石見 ： 石見郷土研究懇話会機関誌」 石見郷土研究懇話会 64 2003.12

千丈渓

千丈渓開発小史（上），（中），（下）（竹内幸夫）「郷土石見 ： 石見郷土研究懇話会機関誌」 石見郷土研究懇話会 53/55 2000.4/2000.12

双川峡

県指定文化財 堀部第1遺跡、双川峡、後山都茂屋のヤブツバキ「季刊文化財」 島根県文化財愛護協会 109 2005.2

存済館

松江藩立藩医学校「存済館」の医学教育カリキュラムについて一山本逸記稿「存済館医学教導規則」の翻刻（梶谷光弘）「古代文化研究」 島根県古代文化センター （19） 2011.3

大社

韓国・高興と大社（手銭歳子）「大社の史話」 大社史話会 127 2001.6

大社の味 ごっつぉさん（4）（小川恭子）「大社の史話」 大社史話会 134 2003.3

消えゆくもの（14）町名の移りかわり（春木芳子）「大社の史話」 大社史話会 （141） 2004.12

大社の心豊かな風土づくり一風物（動物）に関する三つの提言（中尾英一）「大社の史話」 大社史話会 （153） 2007.12

大社の文化を学ぶ・受け継ぐ・創る（1） 阿国さんとともに（出雲阿国顕彰会）「大社の史話」 大社史話会 （167） 2011.6

大社観光史研究（12）門前町の盛衰一二つの大遷宮の間から（岩成俊策）「大社の史話」 大社史話会 （179） 2014.6

大社駅

バスの車掌さんの説明の思い出一大社駅から宮内まで（影山恵子）「大社の史話」 大社史話会 （142） 2005.3

大社駅本屋

出雲大社駅、旧大社駅本屋が国指定、温泉津が重伝建に「季刊文化財」 島根県文化財愛護協会 108 2004.10

大社海岸

大社海岸の植林（福島勉）「大社の史話」 大社史話会 （145） 2005.12

大社蒲鉾組合

大社蒲鉾組合の成り立ちについて（手銭歳子）「大社の史話」 大社史話会 （141） 2004.12

大社基地

思い出の大社基地（江角ミヨ子）「大社の史話」 大社史話会 128 2001.8

大社警察署

さよなら大社警察署一誕生から128の軌跡を辿る（中島喜平）「大社の史話」 大社史話会 （142） 2005.3

大社小学校

大社小学校改築によせて一旧校舎誕生時の波瀾の回顧（中島喜平）「大社の史話」 大社史話会 139 2004.6

大社線

大社線の盛衰一戦後史（福島勉）「大社の史話」 大社史話会 （142） 2005.3

大社中学校

旧制大社中学校菊水会の発会について一手銭白三郎を訪ねて（春木芳子, 村上清子）「大社の史話」 大社史話会 139 2004.6

大社町

戦後の大社町剣道（松井清）「大社の史話」 大社史話会 134 2003.3

終戦直後の大社町と私の周辺（村上清子）「大社の史話」 大社史話会 136 2003.9

昭和の大社町合併一島根タイムス特別号から［1］, （2）（福島勉）「大社の史話」 大社史話会 139/140 2004.6/2004.9

出雲弁よもやま話合併して出雲市の中の大社町（村上清子）「大社の史話」 大社史話会 （142） 2005.3

大社町にある指定文化財/平成18年4月～6月出雲市大社町年表（編集部）「大社の史話」 大社史話会 （148） 2006.9

ツバキと大社町（金築一郎）「大社の史話」 大社史話会 （157） 2008.12

資料紹介 大社町の吉兆（幡）について「季刊文化財」 島根県文化財愛護協会 （123） 2010.12

大社町戦争の記憶一北山軍用機墜落事故を追って（播磨栄佑）「大社の史話」 大社史話会 （167） 2011.6

大社浜

対馬（對州）行きの話一大社浜から鴨居瀬まで（西山光顕）「大社の史話」 大社史話会 （157） 2008.12

大社湾

大社湾周辺における台場（永見高明）「大社の史話」 大社史話会 （148） 2006.9

大山

街道往来 出雲街道の宿場町「溝口宿」と「大山」「郷土史紀行」 ヒューマン・レクチャー・クラブ 23 2003.6

高津川

断章 高津川の漁（大庭良美）「郷土石見 ： 石見郷土研究懇話会機関誌」 石見郷土研究懇話会 58 2001.12

街道を行く 高津川（益田市）の源流を訪ねる 水源公園と津和野藩参勤交代道「郷土史紀行」 ヒューマン・レクチャー・クラブ 29 2004.9

高殿

山陰紀行 奥出雲・鉄の文化たたら山内に残る「高殿」（島根県雲南市吉田町）「郷土史紀行」 ヒューマン・レクチャー・クラブ （40） 2006.9

高山村

中世から近世の濱原村・川戸村・瀧原村・信喜村・亀村・高山村（上），（中），（下）（小野博之）「郷土石見 ： 石見郷土研究懇話会機関誌」 石見郷土研究懇話会 （94）/（96） 2014.1/2014.08

田儀桜井家たたら製鉄遺跡

国指定 名勝旧堀氏庭園/史跡田儀櫻井家たたら製鉄遺跡/史跡松江藩主松平家墓所/史跡石見銀山遺跡（特集 新（追加）指定・登録文化財の紹介）（文化課）「季刊文化財」 島根県文化財愛護協会 （111） 2006.3

滝原村

中世から近世の濱原村・川戸村・瀧原村・信喜村・亀村・高山村（上），（中），（下）（小野博之）「郷土石見 ： 石見郷土研究懇話会機関誌」 石見郷土研究懇話会 （94）/（96） 2014.1/2014.08

竹島

竹島（独島）問題の問題点（内藤正中）「北東アジア文化研究」 鳥取短期大学 （20） 2004.10

竹島固有領土論の問題点一日本固有の領土か（内藤正中）「郷土石見 ： 石見郷土研究懇話会機関誌」 石見郷土研究懇話会 （69） 2005.8

翻訳 宋炳基「日本のリャンコ島（独島）領土編入」（内藤浩之）「北東アジア文化研究」 鳥取短期大学 （22） 2005.10

竹島領有問題を考える一「山陰中央新報」［新聞情報あれこれ］「季刊邪馬台国」「季刊邪馬台国」編纂委員会, 梓書院（発売）（90） 2006.7

島根県竹島報告書に異議あり一竹島の領有権問題（内藤正中）「郷土石見 ： 石見郷土研究懇話会機関誌」 石見郷土研究懇話会 （71） 2006.4

竹島の領土編入をめぐる諸問題（内藤正中）「北東アジア文化研究」 鳥取短期大学 （24） 2006.10

竹島の領土編入は無主地先占（内藤正中）「郷土石見 ： 石見郷土研究懇話会機関誌」 石見郷土研究懇話会 （74） 2007.5

竹島問題補遺一島根県竹島問題研究会最終報告書批判（内藤正中）「北東アジア文化研究」 鳥取短期大学 （26） 2007.10

竹島問題補遺一島根県竹島問題研究会最終報告書批判（内藤正中）「郷土石見 ： 石見郷土研究懇話会機関誌」 石見郷土研究懇話会 （77） 2008.4

外務省『竹島』批判（内藤正中）「北東アジア文化研究」 鳥取短期大学 （28） 2008.10

明治政府の竹島＝独島認識（朴炳渉）「北東アジア文化研究」 鳥取短期大学 （28） 2008.10

松浦武四郎の「竹島雑誌」（杉原隆）「隠岐の文化財」 隠岐の島町教育委員会 （26） 2009.3

明治時代の欝陵島漁業と竹島＝独島問題（1），（2）（朴炳渉）「北東アジア文化研究」 鳥取短期大学 （31）/（32） 2010.3/2010.10

坂本龍馬と竹島開拓（小美濃清明）「高知県立坂本龍馬記念館・現代龍馬学会紀要」 高知県立坂本龍馬記念館・現代龍馬学会 （2） 2011.1

竹島＝独島漁業の歴史と誤解（1），（2）（朴炳渉）「北東アジア文化研究」 鳥取短期大学 （33）/（34） 2011.3/2011.10

「竹島外一島」の解釈をめぐる問題について（竹内猛）「郷土石見 ： 石見

郷土研究懇話会機関誌」 石見郷土研究懇話会 （87）2011.8

1905年の竹島問題（内藤正中）「北東アジア文化研究」 鳥取短期大学 （34）2011.10

旧津和野藩士宮崎幸麿の「竹島」について（杉原隆）「郷土石見 ： 石見郷土研究懇話会機関誌」 石見郷土研究懇話会 （88）2011.12

江戸時代の竹島＝独島での漁業と領有権問題（朴炳渉）「北東アジア文化研究」 鳥取短期大学 （35）2012.3

竹島一件と安龍福問題（内藤正中）「北東アジア文化研究」 鳥取短期大学 （36・37）2013.3

日露海戦と竹島＝独島の軍事的価値（朴炳渉）「北東アジア文化研究」 鳥取短期大学 （36・37）2013.3

「竹島学習」と郷土学習（竹内猛）「郷土石見 ： 石見郷土研究懇話会機関誌」 石見郷土研究懇話会 （92）2013.4

7月例会レジュメII 竹島をめぐって―「帝国意識」の視点から（小池善之）「静岡県近代史研究会会報」 静岡県近代史研究会 （418）2013.7

サンフランシスコ講和条約と千島・竹島＝独島問題（1）～（3）（朴炳渉）「北東アジア文化研究」 鳥取看護大学・鳥取短期大学 （38）/（39） 2014.2/2014.11

有終の竹島＝独島問題研究（内藤正中先生追悼文集）（朴炳渉）「北東アジア文化研究」 鳥取看護大学・鳥取短期大学 （38）2014.2

「竹島」編入当時の日本人の領土認識（竹内猛）「郷土石見 ： 石見郷土研究懇話会機関誌」 石見郷土研究懇話会 （95）2014.5

竹嶋

密貿易竹嶋事件高田屋又蔵と北前船辰悦丸をめぐる問題（北山学）「あわじ ： 淡路地方史研究会会誌」 淡路地方史研究会 （21）2004.1

畳ヶ浦

谷田文書に見える畳ヶ浦（藤田亨）「郷土石見 ： 石見郷土研究懇話会機関誌」 石見郷土研究懇話会 67 2004.12

玉湯町

市町村指定も相次ぐ―美都町・羽須美村・宍道町・大田市・玉湯町・松江市「季刊文化財」 島根県文化財愛護協会 108 2004.10

茶臼山城

大田市三瓶茶臼山城踏査記（今岡稔）「季刊文化財」 島根県文化財愛護協会 108 2004.10

中世出雲府中周辺における城と館―黒田館跡と茶臼山城跡（高屋茂男）「中世城郭研究」 中世城郭研究会 （25）2011.7

猪目浦

荒木四か村・茅原村・修理免村の猪目浦への入会と山論（斎藤一）「大社の史話」 大社史話会 （175）2013.6

都賀

「天保四年騒動取調吟味控」―石州浜田藩・出羽組都賀西村（藤間比徳）「郷土石見 ： 石見郷土研究懇話会機関誌」 石見郷土研究懇話会 58 2001.12

都野津村

「明治10年の都野津村諸職業の様態」について（牛尾光国）「郷土石見 ： 石見郷土研究懇話会機関誌」 石見郷土研究懇話会 56 2001.4

坪背山

一登山者の探した坪背山山境石碑（田中貞利）「大社の史話」 大社史話会 （173）2012.12

一登山者の探した坪背山山境石碑（2）（田中貞利）「大社の史話」 大社史話会 （175）2013.6

津摩郷

宝暦十三年浜田津摩浦朝鮮人漂着一件（杉原隆）「郷土石見 ： 石見郷土研究懇話会機関誌」 石見郷土研究懇話会 （72）2006.8

都茂鉱山

美都の宝 都茂鉱山の盛衰（児高房夫）「郷土石見 ： 石見郷土研究懇話会機関誌」 石見郷土研究懇話会 （89）2012.4

都茂丸山鉱山

美都の宝「都茂丸山鉱山（銅山）」を活かすために（町から村から）（久保勝規）「郷土石見 ： 石見郷土研究懇話会機関誌」 石見郷土研究懇話会 （96）2014.8

津和野

西国廻々訪ね歩記 五日市から津和野分かれへ「郷土史紀行」 ヒューマン・レクチャー・クラブ 22 2003.4

山陰の小京都 津和野の史跡を訪ねて（山本公一）「北九州市の文化財を守る会会報」 北九州市の文化財を守る会 （119）2006.10

『山河あり』と津和野（林量三）「郷土石見 ： 石見郷土研究懇話会機関誌」 石見郷土研究懇話会 （83）2010.4

津和野人の語る森鷗外（山岡浩二）「郷土石見 ： 石見郷土研究懇話会機関誌」 石見郷土研究懇話会 （90）2012.8

文化探訪 津和野の秋を訪ねて（山口正人）「ふるさと」 橘郷土会 （36）2014.2

津和野城

津和野城の安芸式城郭への改築と篭城戦への影響（岩崎健）「郷土石見 ： 石見郷土研究懇話会機関誌」 石見郷土研究懇話会 67 2004.12

山陰紀行 つわぶきの里津和野城下を訪ねる「郷土史紀行」 ヒューマン・レクチャー・クラブ 31 2005.1

津和野町

我がまちの文化財 合併後の指定文化財（2）津和野町の場合（津和野町教育委員会）「季刊文化財」 島根県文化財愛護協会 （112）2006.10

津和野藩

幕末・維新期津和野藩の宗教政策（小林俊二）「郷土石見 ： 石見郷土研究懇話会機関誌」 石見郷土研究懇話会 57 2001.8

銅ヶ丸鉱山

銅ヶ丸鉱山の盛衰（森脇登）「郷土石見 ： 石見郷土研究懇話会機関誌」 石見郷土研究懇話会 （79）2008.12

銅ヶ丸鉱山の産業医（町から村から）（福崎脩二）「郷土石見 ： 石見郷土研究懇話会機関誌」 石見郷土研究懇話会 （96）2014.8

島後

隠岐・島後に産出する黒耀石について（吉谷昭彦）「隠岐の文化財」 隠岐の島町教育委員会 （27）2010.3

道後

（1）隠岐国 道後の中世城郭について（隠岐小特集）（小高巳季彦）「城郭だより ： 日本城郭史学会会報」 日本城郭史学会 （86）2014.7

島前

フィールド・ワークの現場から（6）隠岐・島前の牧から（岸本誠司）「まんだら ： 東北文化友の会会報」 東北芸術工科大学東北文化研究センター （38）2009.2

東仙道

語り継ぎたい東仙道史の碑―わが町の碑（岡原良夫）「郷土石見 ： 石見郷土研究懇話会機関誌」 石見郷土研究懇話会 （71）2006.4

富田城

第23回古代文化講座 中世富田城と戦国時代城下研究（小野正敏）「しまねの古代文化 ： 古代文化記録集」 島根県古代文化センター （15）2008.3

富田城跡・京羅木山本陣跡・大内神社の旅（柳井貞夫）「大内文化探訪 ： 会誌」 大内文化探訪会 （26）2008.4

那賀郡

「石見人名録」と那賀郡の人たち（2）,（3）（富吉脩）「郷土石見 ： 石見郷土研究懇話会機関誌」 石見郷土研究懇話会 56/57 2001.4/2001.8

古代石見国那賀郡の駅家と道―人麻呂も歩いた道（関和彦）「郷土石見 ： 石見郷土研究懇話会機関誌」 石見郷土研究懇話会 （82）2009.12

石見国那賀郡の近世末から近代のたたら製鉄―遺跡分布と高殿平面形の比較を中心にして（榊原博英）「古代文化研究」 島根県古代文化センター （22）2014.3

長浜

長浜刀工と日脚砂鉄とのかかわりを考える（志波清次郎）「郷土石見 ： 石見郷土研究懇話会機関誌」 石見郷土研究懇話会 59 2002.4

中村

隠岐郡西郷町大字中村の客さんとお山さん（石川恒保）「隠岐の文化財」 隠岐の島町教育委員会 20 2003.3

西石見

城郭が語る吉川氏の西石見攻略（岩崎健）「郷土石見 ： 石見郷土研究懇話会機関誌」 石見郷土研究懇話会 62 2003.4

西ノ島町

表紙 トモド（国指定重要民俗資料）西ノ島町「隠岐の文化財」 隠岐の島町教育委員会, 海士町教育委員会, 西ノ島町教育委員会, 知夫村教育委員会 （31）2014.3

西浜

古代西浜のおもかげ―出雲風土記に照らして（松澤静雄）「糸魚川郷土研究」 糸魚川郷土研究会 （4）2010.2

西村

「天保四年騒動取調吟味控」―石州浜田藩・出羽組都賀西村（藤間比徳）「郷土石見 ： 石見郷土研究懇話会機関誌」 石見郷土研究懇話会 58 2001.12

西代村

楯縫郡村々萬差出張（西代村）「郷土史ひらた」 平田郷土史研究会 14 2003.3

西代村萬差出張補注「郷土史ひらた」 平田郷土史研究会 14 2003.3

日原

日原の鳥けもの（大庭良美）「郷土石見 ： 石見郷土研究懇話会機関誌」 石見郷土研究懇話会　56　2001.4

仁摩町

仁摩町の今昔（町から村から）（山内博道）「郷土石見 ： 石見郷土研究懇話会機関誌」 石見郷土研究懇話会　（93）　2013.8

仁万製鉄所

近世・石見の釘製鉄を探る（6）—幻の仁万製鉄所（児島俊平）「郷土石見 ： 石見郷土研究懇話会機関誌」 石見郷土研究懇話会　（95）　2014.5

入南

大社町入南、永岡家文書について（山下和秀）「大社の史話」 大社史話会　（142）　2005.3

鼠原村

私見、稲積が原・鼠原村・坂本（池田一憲）「郷土石見 ： 石見郷土研究懇話会機関誌」 石見郷土研究懇話会　（82）　2009.12

能義郡

近世後期における出雲国能義郡鉄師家嶋家の経営進出—出雲国飯石郡及び伯耆国日野郡への進出事例（鳥谷智文）「たたら研究」 たたら研究会　（50）　2010.12

野波村

資料紹介 島根県旧野波村『野波防空監視哨沿革誌』（小野啓次郎作成）—『出雲国風土記』嶋根郡瀬埼戌にふれつつ（服部旦）「山陰史談」 山陰歴史研究会　31　2003.12

伯太町

国登録有形文化財 安来市伯太町の町家三箇所「季刊文化財」 島根県文化財愛護協会　109　2005.2

白潟町

白潟町屋の商人と町人地の変容—「松江白潟町絵図」の分析を中心として（大矢幸雄，渡辺理絵）「松江市史研究」 松江市教育委員会　（5）　2014.3

波佐街道

歴史の道「波佐街道」をさぐる（桑原彰）「亀山」 浜田市文化財愛護会　30　2004.11

波積

邇摩郡波積部役場の変遷（藤田亨）「郷土石見 ： 石見郷土研究懇話会機関誌」 石見郷土研究懇話会　57　2001.8

羽須美村

市町村指定も相次ぐ—美都町・羽須美村・宍道町・大田市・玉湯町・松江市「季刊文化財」 島根県文化財愛護協会　108　2004.10

波根

波根の地名は「波珍」より起きるか（長沢哲夫）「郷土石見 ： 石見郷土研究懇話会機関誌」 石見郷土研究懇話会　59　2002.4

古代波根の幻像［1］,（2）（長沢哲夫）「郷土石見 ： 石見郷土研究懇話会機関誌」 石見郷土研究懇話会　63/69　2003.8/2005.8

古代波根の幻像（3） 物部降臨伝承から読み解く（長澤哲夫）「郷土石見 ： 石見郷土研究懇話会機関誌」 石見郷土研究懇話会　（80）　2009.4

波根湖

水門と潮—干拓以前の波根湖の環境誌にむけて（長尾隼）「古代文化研究」 島根県古代文化センター　（21）　2013.3

潟を経営する—干拓以前の波根湖における漁撈活動とその存立背景（長尾隼）「古代文化研究」 島根県古代文化センター　（22）　2014.3

波禰郷

石見国波祢郷の変遷（中），（下）（小林俊二）「郷土石見 ： 石見郷土研究懇話会機関誌」 石見郷土研究懇話会　53/54　2000.4/2000.8

資料 中世の石見国波禰郷について（上）（池田誠一）「郷土石見 ： 石見郷土研究懇話会機関誌」 石見郷土研究懇話会　（96）　2014.8

浜田

浜田の海運を語る資料たち—客船帳からわかったこと（〈第19回古代文化講座近世海運が結ぶ島根のまち〉）（森須和男）「しまねの古代文化：古代文化記録集」 島根県古代文化センター　（11）　2004.3

資料紹介 明治の浜田全景と大正時代の駅（神山典之）「亀山」 浜田市文化財愛護会　30　2004.11

畳ヶ浦・平床の"浜田地震隆起説"の誤りを正す（渡辺農）「郷土石見 ： 石見郷土研究懇話会機関誌」 石見郷土研究懇話会　67　2004.12

石見国浜田の史跡を訪ねる（探訪部現地探訪資料）（児玉輝巳）「大内文化探訪 ： 会誌」 大内文化探訪会　（28）　2010.6

駅鈴がつなぐ浜田と松阪—わが町の碑（町から村から）（斎藤晴子）「郷土石見 ： 石見郷土研究懇話会機関誌」 石見郷土研究懇話会　（92）　2013.4

百年前の浜田スケッチ（上），（下）—詩人伊良子清白日記（岩町功）「郷土石見 ： 石見郷土研究懇話会機関誌」 石見郷土研究懇話会　（95）/（96）　2014.5/2014.8

浜田川

浜田川のカッパ（岩本修）「郷土石見 ： 石見郷土研究懇話会機関誌」 石見郷土研究懇話会　57　2001.8

変わりをゆく浜田川—川とその周辺の景観は文化のシンボルである（坂本文江）「郷土石見 ： 石見郷土研究懇話会機関誌」 石見郷土研究懇話会　（91）　2012.12

浜田県

資料 明治初年代、浜田県庁の民事裁判について（1）—（濱田縣）聴訟課『自明治四辛未年 至明治八年 訴訟審判録』（民第壹号）を中心として（広島修道大学「明治の法と裁判」研究会）「修道法学」 広島修道大学ひろしま未来協創センター　36（1）通号70　2013.9

資料 明治初年代、浜田県庁の民事裁判について（2・完）—（濱田縣）聴訟課『自明治四辛未年 至明治八年 訴訟審判録』（民第壹号）を中心として（2・完）—松江始審裁判所濱田支廳『明治九年 訴訟審判録 完』（民第貳號）を中心として（広島修道大学「明治の法と裁判」研究会）「修道法学」 広島修道大学ひろしま未来協創センター　36（2）通号71　2014.3

浜田高校

商業・家庭科を抱えた総合高校だった浜田高校—昭和27年4月～30年3月まで（吉田豊明）「郷土石見 ： 石見郷土研究懇話会機関誌」 石見郷土研究懇話会　（88）　2011.12

浜田市

浜田市管轄地区の変遷（編集部）「亀山」 浜田市文化財愛護会　28・29　2002.11

浜田市東部の小学校に関する「学制」末期の一資料（藤田亨）「亀山」 浜田市文化財愛護会　30　2004.11

石見の古代山陰道—浜田市東部地区（神英雄）「郷土石見 ： 石見郷土研究懇話会機関誌」 石見郷土研究懇話会　（70）　2005.12

浜田城

浜田城絵図（石津貫治）「郷土石見 ： 石見郷土研究懇話会機関誌」 石見郷土研究懇話会　53　2000.4

波濤—浜田落城の周辺（佐々木徳次）「郷土石見 ： 石見郷土研究懇話会機関誌」 石見郷土研究懇話会　（71）　2006.4

表紙写真 浜田城址（浜田市殿町）（松谷敏秀）「郷土石見 ： 石見郷土研究懇話会機関誌」 石見郷土研究懇話会　（92）　2013.4

浜田城址公園

浜田城址公園の変遷（藤田亨）「亀山」 浜田市文化財愛護会　28・29　2002.11

浜田市立第二中学校

特報 創立当初の浜田市立第二中学校—混沌とした戦後民主主義教育の流れのなかで（吉田豊明）「郷土石見 ： 石見郷土研究懇話会機関誌」 石見郷土研究懇話会　（86）　2011.4

浜田藩

浜田藩領内における享保の飢饉を二つの史料にみる（牛尾光国）「郷土石見 ： 石見郷土研究懇話会機関誌」 石見郷土研究懇話会　54　2000.8

石は語る—東京に残る石見浜田藩のなごり（三原節子）「亀山」 浜田市文化財愛護会　30　2004.11

江戸中期の百姓家作に関する一考察—浜田藩、市木組の場合（洲浜昌利）「郷土石見 ： 石見郷土研究懇話会機関誌」 石見郷土研究懇話会　67　2004.12

怨念の書『石州要見録』—浜田藩主・本多家家中の悲憤と憎悪（牛尾光國）「郷土石見 ： 石見郷土研究懇話会機関誌」 石見郷土研究懇話会　68　2005.4

「鏡山事件」の不思議（上），（下）（岩町功）「郷土石見 ： 石見郷土研究懇話会機関誌」 石見郷土研究懇話会　（78）/（80）　2008.8/2009.4

石浦峠から見た幕末の浜田藩（宮本巌）「郷土石見 ： 石見郷土研究懇話会機関誌」 石見郷土研究懇話会　（86）　2011.4

浜田湊

近世・石見の廻船研究（16）—浜田湊を根拠とした地元廻船の動態（児島俊平）「郷土石見 ： 石見郷土研究懇話会機関誌」 石見郷土研究懇話会　65　2004.4

浜原村

中世から近世の濱原村・川戸村・瀧原村・信喜村・亀村・高山村（上），（中），（下）（小野博之）「郷土石見 ： 石見郷土研究懇話会機関誌」 石見郷土研究懇話会　（94）/（96）　2014.1/2014.08

原井国民学校

戦中・戦後の原井国民学校（小学校）—戦時教育から一転、民主教育の大実験（吉田豊明）「郷土石見 ： 石見郷土研究懇話会機関誌」 石見郷土研究懇話会　（85）　2010.12

番の木鑪

番の木（長良）鑪跡（江津の鑪跡）（渡利喜代子）「石見潟」 江津市文化財研究会 （22） 2003.12

東仙道村

満州分村開拓と東仙道村（寺井昭介）「郷土石見 ： 石見郷土研究懇話会機関誌」 石見郷土研究懇話会 （73） 2006.12

斐川

出雲地域の歴史と文化（5）出雲平野の築地松について—斐川地域を中心として（宍道年弘）「大社の史話」 大社史話会 （174） 2013.3

匹見町

市町村指定文化財 加茂町・木次町・美都町・匹見町・瑞穂町「季刊文化財」 島根県文化財愛護協会 109 2005.2

里山環境のフィールドワーク—島根県匹見町の限界集落調査から（笠松浩樹）「東北学．［第2期］」 東北芸術工科大学東北文化研究センター，柏書房（発売）（5） 2005.10

美田小学校

裏表紙 旧美田小学校「隠岐の文化財」 隠岐の島町教育委員会 （29） 2012.3

日脚

長浜刀工と日脚砂鉄とのかかわりを考える（志波清次郎）「郷土石見 ： 石見郷土研究懇話会機関誌」 石見郷土研究懇話会 59 2002.4

日御碕

没後百年に当たって ラフカディオ・ハーン（小泉八雲）と大社（4）日御碕（下）（日本瞥見記—日ノ御碕から）（村上清子）「大社の史話」 大社史話会 （142） 2005.3

日御碕灯台

大社の宝物（12）出雲日御碕灯台97年の歩み（木村崇）「大社の史話」 大社史話会 125 2000.12

日御碕灯台—わたしのうたコンクールから（高木美也子）「大社の史話」 大社史話会 136 2003.9

出雲日御碕灯台の100年（浜田海上保安部）「大社の史話」 大社史話会 136 2003.9

出雲日御碕灯台のライトアップ（古島忠衛）「大社の史話」 大社史話会 （145） 2005.12

平成二十五年に百十歳を迎える出雲日御碕灯台（1）～（4）（阿部和男）「大社の史話」 大社史話会 （163）/（166） 2010.6/2011.03

比婆山

伯太町比婆山は伊邪那美の命の墓所か？（上野良亮）「大社の史話」 大社史話会 134 2003.3

日和村

資料 邑智郡日和村の由来（1）—一六世紀開拓の「おおみ・大見」（久守藤男）「郷土石見 ： 石見郷土研究懇話会機関誌」 石見郷土研究懇話会 （92） 2013.4

資料 邑智郡日和村の由来（2）—八世紀初頭、阿波忌部一族の来住（久守藤男）「郷土石見 ： 石見郷土研究懇話会機関誌」 石見郷土研究懇話会 （94） 2014.1

平田

大会講演 日本の町並みからみた平田（土屋敦夫）「郷土史ひらた」 平田郷土史研究会 14 2003.3

《特集 平田の学童疎開》「郷土史ひらた」 平田郷土史研究会 14 2003.3

平田の学童疎開「郷土史ひらた」 平田郷土史研究会 14 2003.3

九條南国民学校 津田勝人君の疎開日記「郷土史ひらた」 平田郷土史研究会 14 2003.3

津田君の疎開日記を読んで「郷土史ひらた」 平田郷土史研究会 14 2003.3

九條南国民学校 寮母へのハガキと母が残した疎開地からのぼくの便り「郷土史ひらた」 平田郷土史研究会 14 2003.3

今ふりかえみる学童疎開 明治国民学校/九條南国民学校「郷土史ひらた」 平田郷土史研究会 14 2003.3

まちなみ紹介 平田の街は木綿・船川とともに—木綿街道（來間久）「季刊文化財」 島根県文化財愛護協会 110 2005.3

広瀬

城主格大名 広瀬の松平氏（加藤隆）「城」 東海古城研究会 （190） 2004.10

小藩大名の陣屋町「雲州広瀬」について（米田藤博）「パイオニア」 関西地理学研究会 （91） 2010.5

広瀬藩

雲州広瀬藩の藩札について—墨書「銭三百銅」（梶谷弘）「郷土史ひらた」 平田郷土史研究会 14 2003.3

福浦

鷺浦福浦入港北前船の歴史的価値（藤澤秀晴）「大社の史話」 大社史話会

（168） 2011.9

布施村

『享保二十年布施村船頭朝鮮漂流記』について（加藤健）「隠岐の文化財」 隠岐の島町教育委員会 20 2003.3

二川鑪

二川鑪跡（江津の鑪跡）（郷原巌）「石見潟」 江津市文化財研究会 （22） 2003.12

石見国・石田家の二川鈩札（那須寛正）「郷土石見 ： 石見郷土研究懇話会機関誌」 石見郷土研究懇話会 67 2004.12

二見

出雲二見に整備された大社漁港（馬庭孝司）「大社の史話」 大社史話会 （181） 2014.12

弁天島

コラム 「弁天島」はかつてはどう呼ばれていたか？（編集部）「大社の史話」 大社史話会 （174） 2013.3

方円学舎

島根県初の私立和洋画学校「方圓学舎」入門者一覧（西島太郎）「松江歴史館研究紀要」 松江歴史館 （2） 2012.3

旧堀氏庭園

国指定 名勝旧堀氏庭園/史跡田儀櫻井家たたら製鉄遺跡/史跡松江藩主松平家墓所/史跡石見銀山遺跡（特集 新（追加）指定・登録文化財の紹介）（文化財課）「季刊文化財」 島根県文化財愛護協会 （111） 2006.3

堀部第1遺跡

県指定文化財 堀部第1遺跡、双川城、後山都茂屋のヤブツバキ「季刊文化財」 島根県文化財愛護協会 109 2005.2

本地宿

街道往来石見浜田路の宿場 本地宿「郷土史紀行」 ヒューマン・レクチャー・クラブ 32 2005.3

本町

江津市本町のまちづくりについて（尾川隆康）「季刊文化財」 島根県文化財愛護協会 107 2004.3

前原埼

出雲風土記と水鳥—前原埼における前原坂と水鳥について（谷口榮）「古代文化研究」 島根県古代文化センター （13） 2005.3

益田

柿本人麻呂と雪舟の町 益田を訪ねて（水井貴士）「徳山地方郷土史研究」 徳山地方郷土史研究会 24 2003.3

毛利氏の侵攻に備える益田氏の築城（岩崎健）「郷土石見 ： 石見郷土研究懇話会機関誌」 石見郷土研究懇話会 （71） 2006.4

調査記録 地方競馬の変遷—益田競馬馬主・大石正の聞き書き（関耕平，平田直樹）「山陰研究」 島根大学法文学部山陰研究センター （1） 2008.12

中世・益田の風景、山寺図（宮本巌）「郷土石見 ： 石見郷土研究懇話会機関誌」 石見郷土研究懇話会 （80） 2009.4

世界遺産石見銀山と益田の人麻呂・雪舟の史跡を訪ねて（坂本兵八郎）「郷土誌誌末盧國」 松浦文談会，芸文堂（発売）（178） 2009.6

表紙 「人麿・雪舟ゆかりの益田」歴史探訪（柿本神社人麿公像前で写す）「かんべ」 可部郷土史研究会 （123） 2013.5

「人麿・雪舟ゆかりの益田」歴史探訪「かんべ」 可部郷土史研究会 （123） 2013.5

益田氏城館

益田氏城館跡が国指定史跡に「季刊文化財」 島根県文化財愛護協会 108 2004.10

松江

美しい湖畔の町「松江」から見た「延岡」の精神性（藤本栄之助）「亀井 ： 内藤家顕彰会会誌」 内藤家顕彰会 平成17年度 2005.5

資料 松江における陪審裁判—初審公判始末簿・刑事判決書ならびに松陽新報・山陰新聞の報道を中心に見る陪審裁判（広島修道大学「明治の法と裁判」研究会）「修道法学」 広島修道大学ひろしま未来協創センター 33（2）通号65 2011.2

市外探訪 出雲・松江（平成22年度文化財現地探訪報告）（山本満寿美）「ふるさと山口」 山口の文化財を守る会 （32） 2011.6

古代出雲歴史博物館 新収蔵品紹介 川瀬巴水「出雲松江（三日月）」（特集 1 古代文化センターの調査研究・古代出雲歴史博物館企画展）「季刊文化財」 島根県文化財愛護協会 （127） 2012.2

松江における米騒動に関する史料紹介（能川泰治）「松江市史研究」 松江市教育委員会 （4） 2013.3

松江市

市町村指定も相次ぐ—美都町・羽須美村・宍道町・大田市・玉湯町・松江市「季刊文化財」 島根県文化財愛護協会 108 2004.10

我がまちの文化財 合併後の指定文化財―松江市の場合（松江市教育委員会文化財課）「季刊文化財」 島根県文化財愛護協会　（111）2006.3

史料紹介 初代松江市長・福岡世徳文書（4）～（10・完）（資料紹介）（福岡世徳文書研究会）「山陰研究」 島根大学法文学部山陰研究センター　（1）／（10・完）2008.12／2014.12

新『松江市史』編纂の意義（松江市歴史叢書2）（井上寛司）「松江市史研究」 松江市教育委員会　（1）2010.3

第一次桂太郎内閣下の府県廃合計画と福岡世徳・松江市長の上京活動（松江市歴史叢書2）（竹永三男）「松江市史研究」 松江市教育委員会　（1）2010.3

松江市史編纂日誌（史料編纂室）「松江市史研究」 松江市教育委員会　（2）2011.3

附 松江市史編纂基本計画「松江市史研究」 松江市教育委員会　（2）2011.3

松江市史編纂日誌（史料編纂室）「松江市史研究」 松江市教育委員会　（2）2012.3

日本新八景の選定をめぐる諸運動と松江市（長尾隼）「松江市史研究」 松江市教育委員会　（4）2013.3

松江市史編纂日誌（史料編纂室）「松江市史研究」 松江市教育委員会　（4）2013.3

松江城

日本の城桃山時代の現存天守 松江城「郷土史紀行」 ヒューマン・レクチャー・クラブ　34　2005.7

城の櫓 福山城月見櫓・鐘楼櫓 高松城月見櫓 松江城南櫓・中櫓「郷土史紀行」 ヒューマン・レクチャー・クラブ　（47）2007.11

京極期松江城下町図と分限帳―諸本の比較検討（西島太郎）「松江歴史館研究紀要」 松江歴史館　（1）2011.3

松江城下町人の食事―新屋太助の日記から（松原祥子）「松江歴史館研究紀要」 松江歴史館　（1）2011.3

「松江城及城下古図」の特徴とその表現内容（渡辺理絵，大矢幸雄）「松江市史研究」 松江市教育委員会　（4）2013.3

松江城の石の構造と年代（乗岡実）「松江市史研究」 松江市教育委員会　（5）2014.3

「平成の大遷宮・出雲大社と水郷の城下町・松江城」の歴史探訪「かんべ」 可部郷土史研究会　（124）2014.6

松江渡海場

幕末の松江渡海場―「御用留 船目代六右衛門」をよむ（多久田友秀）「松江歴史館研究紀要」 松江歴史館　（2）2012.3

松江藩

キリシタン流配者と松江藩の対応（景山良平）「島根史学会会報」 島根史学会　41　2003.7

史料紹介 松江藩相撲関係資料（2）（内田文恵，岡宏三）「古代文化研究」 島根県古代文化センター　（12）2004.3

松江藩における茶道方の位置と役割（須山敦子）「島根史学会会報」 島根史学会　（45）2007.3

研究ノート 松江藩の天明2年「寸里道地図」について（川村博忠）「歴史地理学」 歴史地理学会，古今書院（発売）53（2）通号254　2011.3

松江藩領全域をおおう「輪切絵図」―安定的な年貢確保を目的に（上杉和央，大矢幸雄，石倉每美）「松江歴史館研究紀要」 松江歴史館　（2）2012.3

7月例会レジュメⅢ 明治初年の聴訟事務―明治政府と松江藩を中心に（橋本誠一）「静岡県近代史研究会会報」 静岡県近代史研究会　（406）2012.7

近世後期におけるたたら製鉄業の展開―出雲国松江藩領を中心に（小特集 山間地域史研究の現状）（鳥谷智文）「芸備地方史研究」 芸備地方史研究会　（284）2013.2

城下町松江研究の現状と課題（松江藩研究）（西島太郎）「松江歴史館研究紀要」 松江歴史館　（3）2013.3

松平斉貴の上洛道中記録に見る旅の姿―「御上京一途」を参考として（松江藩研究）（小山祥子）「松江歴史館研究紀要」 松江歴史館　（3）2013.3

資料紹介 安達家文書目録・翻刻（1）（松江藩研究）（新庄正典）「松江歴史館研究紀要」 松江歴史館　（3）2013.3

松江藩財政に関する覚書（伊藤昭弘）「松江市史研究」 松江市教育委員会　（5）2014.3

『土工記』にみる河川の維持管理と松江藩の藩政改革（東谷智）「松江市史研究」 松江市教育委員会　（5）2014.3

松江藩医北尾家の系譜について（梶谷光弘）「松江歴史館研究紀要」 松江歴史館　（4）2014.3

松島

浅井村士族大屋兼助外一名の「松島開拓願」について（杉原隆）「郷土石見 ： 石見郷土研究懇話会機関誌」 石見郷土研究懇話会　（83）2010.4

御碕山

出雲御碕山・弥山さん（馬庭孝司）「大社の史話」 大社史話会　（149）2006.12

見島

中世 益田領・見島（宮本巌）「郷土石見 ： 石見郷土研究懇話会機関誌」 石見郷土研究懇話会　（77）2008.4

瑞穂町

エコミュージアム「瑞穂町まるごと博物館」（瑞穂町教育委員会）「季刊文化財」 島根県文化財愛護協会 103　2003.2

市町村指定文化財 加茂町・木次町・美都町・匹見町・瑞穂町「季刊文化財」 島根県文化財愛護協会 109　2005.2

三隅

近世の三隅ものがたり（2）―石州和紙について（平川真悟）「郷土石見 ： 石見郷土研究懇話会機関誌」 石見郷土研究懇話会 58　2001.12

弥山

出雲御碕山・弥山さん（馬庭孝司）「大社の史話」 大社史話会　（149）2006.12

溝口宿

街道往来 出雲街道の宿場町「溝口宿」と「大山」「郷土史紀行」 ヒューマン・レクチャー・クラブ　23　2003.6

三谷家住宅

「三谷家住宅」調査報告書（松江藩研究）（足立正智）「松江歴史館研究紀要」 松江歴史館　（3）2013.3

三石

『出雲国風土記』の里程と宍道郷三石記事に現れた「古韓尺」（新井宏）「古代文化研究」 島根県古代文化センター　（19）2011.3

三石練山

三石練山を確認―平成23年度間歩調査について（特集 石見銀山2011）「季刊文化財」 島根県文化財愛護協会　（126）2012.1

美都

美都支部20年の歩み―記念誌発刊にあたって（町から村から）（児島房夫）「郷土石見 ： 石見郷土研究懇話会機関誌」 石見郷土研究懇話会　（90）2012.8

美都町

市町村指定も相次ぐ―美都町・羽須美村・宍道町・大田市・玉湯町・松江市「季刊文化財」 島根県文化財愛護協会 108　2004.10

市町村指定文化財 加茂町・木次町・美都町・匹見町・瑞穂町「季刊文化財」 島根県文化財愛護協会 109　2005.2

南町

四本松南町内の『えびすこさん』（佐藤収男）「大社の史話」 大社史話会　（163）2010.6

三成尋常高等小学校

三成尋常高等小学校の卒業式の歌／山城の登ろう会／例会計画「三訪会会報」 三成学区の歴史と自然を訪ねる会　（70）2014.9

美濃郡

『石見人名録』と美濃郡・鹿足郡の人たち（冨吉脩）「郷土石見 ： 石見郷土研究懇話会機関誌」 石見郷土研究懇話会 60　2002.8

美濃部

『石見人名録』と美濃部の人たち（1）（富吉脩）「郷土石見 ： 石見郷土研究懇話会機関誌」 石見郷土研究懇話会 58　2001.12

美保館

現役旅館県内初！ 美保館本館・旧本館が国登録「季刊文化財」 島根県文化財愛護協会 108　2004.10

美保関

山陰紀行 歴史と景色と海の幸 島根半島の港町・美保関「郷土史紀行」 ヒューマン・レクチャー・クラブ　27　2004.5

美保関町

島根県美保関町の北方民族関係資料（平野芳英，山崎幸治，北原次郎太）「北海道立アイヌ民族文化研究センター研究紀要」 北海道立アイヌ民族文化研究センター　（10）2004.3

宮内

バスの車掌さんの説明の思い出―大社駅から宮内まで（影山恵子）「大社の史話」 大社史話会　（142）2005.3

三良坂

ふる里発 石見銀山道の間駅・三良坂「郷土史紀行」 ヒューマン・レクチャー・クラブ　（39）2006.5

木綿街道

街道往来 山陽道の大商都「備前福岡市」（岡山県瀬戸内市）／宍道湖の水

運で繁栄「木綿街道」(島根県出雲市)「郷土史紀行」 ヒューマン・レクチャー・クラブ （39） 2006.5

出雲地域の歴史と文化（4）木綿街道のまちづくりの歩み—町並み保全と活用にむけて（木綿街道振興会）「大社の史話」 大社史話会 （173） 2012.12

矢尾村
周吉郡矢尾村の人口構成について（鳥谷智文）「隠岐の文化財」 隠岐の島町教育委員会 （25） 2008.3

矢滝城
戦争遺跡と矢滝城（寺井毅）「戦乱の空間」 戦乱の空間編集会 （2） 2003.7

やなしお坂
やなしお坂中の休石碑について（林栄毅）「郷土石見 ： 石見郷土研究懇話会機関誌」 石見郷土研究懇話会 （90） 2012.8

山崎家住宅
町指定文化財「旧山崎家住宅」について（石見町教育委員会）「季刊文化財」 島根県文化財愛護協会 103 2003.2

山中村
銀山領山中村における「申年より餓しん難渋覚帳」について（和田孝）「郷土石見 ： 石見郷土研究懇話会機関誌」 石見郷土研究懇話会 64 2003.12

山吹城
山吹城と石見銀山（寺井毅）「戦乱の空間」 戦乱の空間編集会 （1） 2002.7

弥生山地
古代の弥生山地の様相（福島勉）「大社の史話」 大社史話会 （150） 2007.3

温泉津
出雲大社、旧大社駅本屋が国指定、温泉津が重伝建に「季刊文化財」 島根県文化財愛護協会 108 2004.10

温泉津港城砦群
温泉津港城砦群と鼻くぐり岩（今岡稔）「戦乱の空間」 戦乱の空間編集会 （3） 2004.7

温泉津町
温泉津町の句碑と歌碑—わがまちの碑（富吉脩）「郷土石見 ： 石見郷土研究懇話会機関誌」 石見郷土研究懇話会 （72） 2006.8

温泉津湊
近世・石見の廻船研究（15）—温泉津湊の石州瓦と因・伯州の交易（児島俊平）「郷土石見 ： 石見郷土研究懇話会機関誌」 石見郷土研究懇話会 63 2003.8

遥堪
遥堪小史（1）～（4）（福島勉）「大社の史話」 大社史話会 （147）/（151） 2006.6/2007.6

横田庄
中世の横田庄と出雲を岩屋寺『快円日記』に見る（2）,（3）「奥出雲」 奥出雲編集集団横田史談会 301/303・304 2000.7/2000.12

荘園 横田荘（庄）「奥出雲」 奥出雲編集集団横田史談会 305 2002.8

吉賀
中世における吉賀地方の戦の "一端"（橋本雅夫）「郷土石見 ： 石見郷土研究懇話会機関誌」 石見郷土研究懇話会 （79） 2008.12

吉田
糸繰り人形を育てた吉田の土壌（宮本巌）「郷土石見 ： 石見郷土研究懇話会機関誌」 石見郷土研究懇話会 （90） 2012.8

吉田村
昭和44年、幻の技術の再現—吉田村で行われた、たたらの復元操業（〈鉄の文化圏・鉄の歴史村 文化講演会「中国山地の金屋子神信仰—祀られるものと祀るものの歩み」〉）「しまねの古代文化 ： 古代文化記録集」 島根県古代文化センター 通号7 2000.3

吉永藩
短命に終った石見国吉永藩の成立とその前後（牛尾光国）「郷土石見 ： 石見郷土研究懇話会機関誌」 石見郷土研究懇話会 63 2003.8

岡山県

赤磐郡

忘れられた農民一揆（1）～（4）明治4年県南4郡（赤磐、津高、磐梨、上道）騒動始末記（清野忠昭）「部落問題 : 調査と研究」 岡山部落問題研究所　145/149　2000.4/2000.12

秋町城

「備中兵乱記」に登場する田井長門守一族と中世の山城 秋町城について（野田和心）「高梁川」 高梁川流域連盟　（64）2006.12

浅尾

吉備路郷土館講座2002年度 第9回歴史講座「慶応二年の倉敷浅尾騒動をめぐって」 朝森要氏「吉備路郷土館だより」 岡山県立吉備路郷土館　26　2003.3

浅口市

昔も今も美しい星空とともに天文台の街・浅口市（特集 星空のメッカ）（粟田諭美）「高梁川」 高梁川流域連盟　（72）2014.12

旭川

岡山における水との闘い—旭川と百間川の過去・現在・未来（植田彰）「岡山の自然と文化 : 郷土文化講座から」 岡山県郷土文化財団　（32）2013.3

足守

小藩陣屋町「備中足守」について（米田藤博）「パイオニア」 関西地理学研究会　（62）2000.7

瀬戸内紀行 秀吉の正室・ねねの里 陣屋町足守「郷土史紀行」 ヒューマン・レクチャー・クラブ　2004.9

足守御屋敷

足守御屋敷と陣屋町の構造（野村智史）「愛城研報告」 愛知中世城郭研究会　（11）2007.8

足守除痘館

緒方洪庵と足守除痘館（緒方洪庵生誕200年記念特集）（淺井允晶）「除痘館記念資料室だより」 洪庵記念会除痘館記念資料室　（2）2010.6

足守除痘館の種痘引札をめぐって（淺井允晶）「除痘館記念資料室だより」 洪庵記念会除痘館記念資料室　（4）2012.6

足守藩

備中足守藩木下家資料—その概要と修復について（瀬戸裕子）「岡山びと : 岡山シティミュージアム紀要」 岡山シティミュージアム　（7）2013.3

阿智

天正十年前夜に至る毛利勢と織豊勢による「備前備中国境阿智・児島両内海地域」の築城動向（2）（池田誠, 光畑克己）「戦乱の空間」 戦乱の空間編集会　（2）2003.7

天城中学校

鉄軒大塚香先生と私立天城中学校—ある地方名望家の事績を中心に（北村章）「倉敷の歴史」 倉敷市総務局総務部　（17）2007.3

医王山城

美作医王山城合戦の意義について—合戦の城郭から意義を考える（高橋成計）「戦乱の空間」 戦乱の空間編集会　（13）2014.7

井笠

井笠地域における工業の展開と地域編成（下）（前田昌義）「井原の歴史 : 井原市史紀要」 井原市教育委員会市史編さん室　3　2003.3

井笠鉄道

井笠鉄道58年の栄光（特集 高梁川流域の鉄道 今昔）（定金恒次）「高梁川」 高梁川流域連盟　通号68　2010.12

「井笠鉄道記念館」館長として—井笠鉄道と共に（特集 高梁川流域の鉄道 今昔）（田中春夫）「高梁川」 高梁川流域連盟　通号68　2010.12

井倉峡

岡山の自然 井倉峡（新見市商工観光課）「きび野」 岡山県郷土文化財団　（119）2010.9

池田動物園

池田動物園の開園六十周年を迎えて（忠政智登士）「岡山の自然と文化 : 郷土文化講座から」 岡山県郷土文化財団　（33）2014.3

池田光政公御涼所

岡山の文化財 池田光政公御涼所跡「きび野」 岡山県郷土文化財団　（118）2010.6

磯崎城

磯崎城で採集の備前焼大甕について（中世）（清水真一）「西四国」 西四国郷土研究会　（7）2007.11

板倉

倉光成澄の塚と笹ヶ迫、板倉の合戦（今井淳一）「史學義仲」 木曽義仲史学会　（5）2003.11

糸島

伊都学講座抄録 古代糸島地方と鉄—弥生～奈良時代を中心に（岡部裕俊）「糸島市立伊都国歴史博物館紀要」 糸島市立伊都国歴史博物館　（4）2009.3

稲岡庄

中世の窓から—荘園の風景（1）美作国稲岡庄（田中修實）「人権21 : 調査と研究」 おかやま人権研究センター　（157）2002.4

稲荷山支線

吉備線稲荷山支線と最上稲荷（特集 高梁川流域の鉄道 今昔）（城本五郎）「高梁川」 高梁川流域連盟　通号68　2010.12

犬島

津田永忠と犬島の石（在本桂子）「東備」 東備歴史研究協議会　（11）2003.7

巻頭言 歴史遺産が残されている犬島（在本桂子）「中庄の歴史」 中庄の歴史を語り継ぐ会　（9）2014.9

井上家住宅

岡山の文化財 井上家住宅（吉田晴幸）「きび野」 岡山県郷土文化財団　（95）2004.9

井の口橋

琴弾橋誕生—猿掛橋と井の口橋の統廃合（渡邉隆男）「高梁川」 高梁川流域連盟　（63）2005.12

井原

山田方谷と井原（朝森要）「井原の歴史 : 井原市史紀要」 井原市教育委員会市史編さん室　3　2003.3

数字で見る井原の農園芸（1）（歳森茂）「井原の歴史 : 井原市史紀要」 井原市教育委員会市史編さん室　3　2003.3

井原地方はてんてんばらばら（森近丘也）「高梁川」 高梁川流域連盟　（61）2003.12

井原の人情の想い出ばなし（柴田一）「井原市史だより」 井原市教育委員会市史編さん室　（20）2005.4

史料紹介 井原の興行—明治・大正時代（井上奈緒）「岡山地方史研究」 岡山地方史研究会　通号115　2008.9

井原市

井原市街地のヒートアイランド（塩飽英明）「井原の歴史 : 井原市史紀要」 井原市教育委員会市史編さん室　3　2003.3

楽しい歴史探訪 井原市史を読む会開催「井原市史だより」 井原市教育委員会市史編さん室　（17）2003.8

井原市の中世山城（補遺）—市史本編で紹介し得なかった城と伝承（尾崎聡）「井原の歴史 : 井原市史紀要」 井原市教育委員会市史編さん室　5　2005.3

井原荘

備中井原荘と足利直冬の末裔たち（大島千鶴）「井原の歴史 : 井原市史紀要」 井原市教育委員会市史編さん室　4　2004.3

井原町

研究余禄 井原市井原町の券番・置き屋などについて（井上奈緒）「岡山地方史研究」 岡山地方史研究会　通号121　2010.10

今津屋橋

昭和49年9月21日 今津屋橋流失（写真提供：森永貞朝氏）「博物館だより」 津山郷土博物館　（61）2009.5

妹山

妹山の郷と呉織（杉愼吾）「高梁川」 高梁川流域連盟　（71）2013.12

岩井滝

岡山の自然 岩井滝（片田八重美）「きび野」 岡山県郷土文化財団　（110）2008.6

岩倉村

近世後期における岩倉村・稗原村・高屋村の通婚圏について（大島千鶴）

岡山県　　　　　　　　　　　地名でたどる郷土の歴史　　　　　　　　　　　　中国

「井原の歴史 : 井原市史紀要」 井原市教育委員会市史編さん室　3　2003.3

磐梨郡
忘れられた農民一揆(1)～(4) 明治4年県南4郡(赤磐、津高、磐梨、上道)騒動始末記(清野忠昭)「部落問題 : 調査と研究」 岡山部落問題研究所　145/149　2000.4/2000.12

石生
石生天皇遺跡(和気町石生)(大森智子)「岡山地名研通信」 岡山地名研究会　(8)　2006.12

岩屋城
美作岩屋城攻囲戦での陣城群(池田誠)「戦乱の空間」 戦乱の空間編集会　(4)　2005.7
美作岩屋城包囲の付城群について(高田徹)「中世城郭研究」 中世城郭研究会　(25)　2011.7
美作岩屋城を訪ねて(会員通信)(川端義憲)「城だより」 日本古城友の会　(545)　2014.5
美作岩屋城を訪ねて(承前)(会員通信)(川端義憲)「城だより」 日本古城友の会　(546)　2014.6

院庄
院庄碑 貞享5年(1688)「博物館だより」 津山郷土博物館　46　2005.4
二つの院庄再論―館跡と構城跡(湊哲夫)「博物館だより」 津山郷土博物館　46　2005.4

伊部南大窯
岡山の文化財 伊部南大窯跡(石井啓)「きび野」 岡山県郷土文化財団　(98)　2005.6
生産地―伊部南大窯跡の調査を中心に(石井啓)「備前市歴史民俗資料館紀要」 備前市歴史民俗資料館　(7)　2005.9

魚街道
明治期の「魚街道」を追跡する試み―笠岡市金浦から美里町三山まで(塩田宏之，森山上志)「高梁川」 高梁川流域連盟　通号68　2010.12

うかん常山公園
わが町・わが村の自慢 うかん常山公園(有漢町)「きび野」 岡山県郷土文化財団　79　2000.9

宇喜多堤
地域文化創造に向けて 宇喜多堤築堤420周年記念事業(早島町)「きび野」 岡山県郷土文化財団　(113)　2009.3
宇喜多堤と早島(黒瀬英樹)「高梁川」 高梁川流域連盟　通号67　2009.12

牛窓
史料紹介 牛窓の造船史料(1)，(2)(金谷芳寛)「岡山地方史研究」 岡山地方史研究会　96/通号110　2001.8/2006.12

牛窓町
自治体史と部落問題(3) 『牛窓町史 通史編』(寺見敬三)「人権21 : 調査と研究」 おかやま人権研究センター　(166)　2003.10

宇野線
宇野線の歴史(特集 高梁川流域の鉄道 今昔)(垣内雄一)「高梁川」 高梁川流域連盟　通号68　2010.12

江見小学校
江見小学校の頃(特別寄稿)(岡田千茶)「作東の文化」 作東町文化協会　(36)　2010.10

生石橋
生石橋(岡山市門前)(森下良子)「岡山地名研通信」 岡山地名研究会　5　2003.12

大井
大井(岡山市大井)(園尾妙子)「岡山地名研通信」 岡山地名研究会　5　2003.12

大島荘
徳大寺家領備中大島荘について(亀井政男)「岡山地方史研究」 岡山地方史研究会　97　2001.12

大空山
岡山の自然 大空山(佐古庸二)「きび野」 岡山県郷土文化財団　(111)　2008.9

大谷村
史料紹介 「大谷村小割帳」(金光和道)「金光町史だより」 金光町史編纂室，金光町役場　(8)　2003.3
大谷村小割帳(史料紹介)(金光和道)「金光町史だより」 金光町史編纂室，金光町役場　(9)　2004.3

大谷山
研究ノート 坪井下村の大谷山論所絵図について(尾島治)「津博 : 津山

郷土博物館だより「つはく」」 津山郷土博物館　(71)　2012.1

大原
歴史散歩 大原焼の狛犬(間壁忠彦)「春秋くらしき」 倉敷市文化連盟　(4)　2006.11

大原保
中世の窓から―荘園の風景(10) 美作国讃甘庄・大原保(田中修實)「人権21 : 調査と研究」 おかやま人権研究センター　(166)　2003.10

大原美術館
岡山の文化財 大原美術館本館(上田恭嗣)「きび野」 岡山県郷土文化財団　(126)　2012.6
15年戦争下の大原美術館(特集 戦時下の高梁川流域)(柳沢秀行)「高梁川」 高梁川流域連盟　(70)　2012.6

大飛島
椿の島 大飛島のくらし(岡本繁光)「昔風と当世風」 古々路の会　(84)　2003.4
笠岡市大飛島(尻替地区)の産屋・ヒマエの習俗の変化を追う(折橋豊子)「昔風と当世風」 古々路の会　(84)　2003.4

岡田藩
岡田藩における明治維新―藩主伊東氏の場合(渡邉隆男)「高梁川」 高梁川流域連盟　(70)　2012.12
記録に残る岡田藩主伊東氏十代(渡邉隆男)「高梁川」 高梁川流域連盟　(72)　2014.12

岡山
AIR RAID ON Okayama―岡山大空襲体験記(竹馬浩)「6.29岡山空襲研究」 6.29岡山空襲研究会　(31)　2000.1
2000人の証言募る(新聞記事)「6.29岡山空襲研究」 6.29岡山空襲研究会　(31)　2000.1
1945.6.29大空襲と私(《特集 15年戦争と私》)(森金章二)「6.29岡山空襲研究」 6.29岡山空襲研究会　(32)　2000.4
岡山の橋に見る明治大正昭和戦前のデザイン(皆木国義)「岡山学こと始め : 岡山市デジタルミュージアム開設準備室研究レポート」 岡山市デジタルミュージアム開設準備室　2　2003.3
犬島の花崗岩(能美洋介)「岡山学こと始め : 岡山市デジタルミュージアム開設準備室研究レポート」 岡山市デジタルミュージアム開設準備室　2　2003.3
犬島丁場の採石用具(根木修)「岡山学こと始め : 岡山市デジタルミュージアム開設準備室研究レポート」 岡山市デジタルミュージアム開設準備室　2　2003.3
〈世界から岡山を見つめて〉「岡山学こと始め : 岡山市デジタルミュージアム開設準備室研究レポート」 岡山市デジタルミュージアム開設準備室　2　2003.3
部落史拾遺 楽戸以前(好並隆司)「岡山部落解放研究所報」 岡山部落解放研究所　243　2003.5
近世武家官位制度と大名の意識―岡山鳥取両池田家を中心に(藤尾隆志)「岡山地方史研究」 岡山地方史研究会　100　2003.6
平成15年度特別展「動乱と変革の中で―岡山の幕末維新」を終えて(横山定)「岡山県立博物館だより」 岡山県立博物館　(61)　2004.3
明治期富山売薬の配置活動について―岡山地方懸場帳にみる配薬の実態(兼子心)「富山史壇」 越中史壇会　142・143　2004.3
岡山地方遺跡めぐりと歴史探訪の旅(上)，(下)(高田浩二)「ふるさとの自然と歴史」 歴史と自然をまもる会　299/300　2004.7/2004.9
岡山の地域俳書と各地の在村俳書群―岡山「燕々文庫」と美作「仁枝文庫」を中心に(杉仁)「岡山藩研究」 岡山藩研究会　50　2005.10
地方振興局から県民局へ「快適生活県おかやま」の実現に向けて(山本哲之進)「高梁川」 高梁川流域連盟　(63)　2005.12
岡山のよさ(随想)(内野淳子)「きび野」 岡山県郷土文化財団　(100)　2006.1
『米軍資料 ルメイの焼夷電撃戦―参謀による分析報告―』『米軍資料で語る岡山大空襲―少年の空襲史科学』「岡山空襲資料センターニュース」 岡山空襲資料センター　(9)　2006.1
人づくり、町づくりの拠点としての博物館―岡山で「桃太郎展」開催の意義(〈開館記念企画「おかやまと桃太郎展」開催〉)(加原奈穂子)「岡山びと : 岡山シティミュージアム紀要」 岡山シティミュージアム　(1)　2006.3
「おかやまと桃太郎展」での郷土玩具の役割(〈開館記念企画「おかやまと桃太郎展」開催〉)(東隆志)「岡山びと : 岡山シティミュージアム紀要」 岡山シティミュージアム　(1)　2006.3
「岡山の名宝」展―伝えられた美と匠の心(特別展への取り組み)(中田利枝子)「岡山県立博物館だより」 岡山県立博物館　(65)　2006.3
講演 岡山空襲について(日笠俊男)「岡山の歴史地理教育」　(33)　2006.10
岡山の伊能大図と沖新田図(藤田則之)「岡山地方史研究」 岡山地方史研究会　通号110　2006.12

描かれる岡山(随想)(山口裕視)「きび野」 岡山県郷土文化財団 (105) 2007.3

岡山方言の特徴と全国的位置(吉田則夫)「岡山の自然と文化 ： 郷土文化講座から」 岡山県郷土文化財団 (26) 2007.3

「市民学芸員による企画展示 伝承をつむぐ鳥城紬のこころ」について(〈開館1周年にあたって〉)(猪原千恵)「岡山びと ： 岡山シティミュージアム紀要」 岡山シティミュージアム (2) 2007.3

古典料理書にみる鱶―鱶料理今昔(〈岡山を深く知る〉)(岡嶋隆司)「岡山びと ： 岡山シティミュージアム紀要」 岡山シティミュージアム (2) 2007.3

前挽大鋸による板抜き手順(〈岡山を深く知る〉)(根木修)「岡山びと ： 岡山シティミュージアム紀要」 岡山シティミュージアム (2) 2007.3

坪田譲治作品に見る明治期岡山の田園環境―フクロウとモズクガニの記述を例に(〈坪田譲治と岡山〉)(大塚利昭)「岡山びと ： 岡山シティミュージアム紀要」 岡山シティミュージアム (2) 2007.3

坪田譲治から岡山を知る―企画展「坪田譲治と岡山」について(〈坪田譲治と岡山〉)(友延由紀恵)「岡山びと ： 岡山シティミュージアム紀要」 岡山シティミュージアム (2) 2007.3

岡山の歴史と今を記録・展示・発信―第4回全国地域映像コンクール審査員特別賞受賞によせて(古川克行)「岡山びと ： 岡山シティミュージアム紀要」 岡山シティミュージアム (2) 2007.3

岡山の文化財 綾杉地獅子牡丹蒔絵婚礼調度(宮尾素子)「きび野」 岡山県郷土文化財団 (106) 2007.6

昭和37年 岡山国体の記録「岡山県立記録資料館だより ： Okayama Prefectural Archives」 岡山県立記録資料館 (3) 2007.8

岡山地域史研究文献目録 古代・中世「岡山地方史研究」 岡山地方史研究会 通号112 2007.9

岡山地域史研究文献目録 近世「岡山地方史研究」 岡山地方史研究会 通号113 2007.12

2008年謹賀新年/されど岡山空襲の灯の消えず(日笠俊男)「岡山空襲資料センターニュース」 岡山空襲資料センター (11) 2008.1

地名の由来・神仏名の由来(小見山輝)「岡山地名研通信」 岡山地名研究会 (9) 2008.1

古記録にみる「ままかり」料理(〈岡山の歴史と今〉)(岡嶋隆司)「岡山びと ： 岡山シティミュージアム紀要」 岡山シティミュージアム (3) 2008.3

岡山における近・現代の里山環境の変化―古写真、文学、統計にみるかつての里山(〈岡山の歴史と今〉)(大塚利昭)「岡山びと ： 岡山シティミュージアム紀要」 岡山シティミュージアム (3) 2008.3

窪田善之介の新暦御用について―岡山暦の編暦(藤田則之)「岡山地方史研究」 岡山地方史研究会 通号114 2008.4

岡山の文化財 正宗文庫(正宗千春)「きび野」 岡山県郷土文化財団 (110) 2008.6

岡山の福祉文化(江草安彦)「石井十次資料館研究紀要」 石井記念友愛社 (9) 2008.8

種と子供と岡山と(随想)(山根知子)「きび野」 岡山県郷土文化財団 (111) 2008.9

平成20年度企画展「近代おかやまの博覧会」「岡山県立記録資料館だより ： Okayama Prefectural Archives」 岡山県立記録資料館 (4) 2008.9

『わたしと岡山大空襲』を読んで(甲元二郎)「岡山空襲資料センターニュース」 岡山空襲資料センター (13) 2008.11

博物館・展示会めぐり 岡山県立記録資料館企画展「近代おかやまの博覧会」を見て(山下洋)「岡山地方史研究」 岡山地方史研究会 通号116 2009.1

人体部位の名称と地名(小見山輝)「岡山地名研通信」 岡山地名研究会 (10) 2009.1

岡山空襲の罹災証明書 記録資料館所蔵迫田家資料((定兼))「岡山県立記録資料館だより ： Okayama Prefectural Archives」 岡山県立記録資料館 (5) 2009.3

平成21年度企画展「岡山の技術革新」「岡山県立記録資料館だより ： Okayama Prefectural Archives」 岡山県立記録資料館 (5) 2009.9

岡山とトルストイ(太田健一)「岡山の自然と文化 ： 郷土文化講座から」 岡山県郷土文化財団 (29) 2010.3

岡山の鉄道(特集 高梁川流域の鉄道 今昔)(在間宣久)「高梁川」 高梁川流域連盟 通号68 2010.12

特別展を終えて 「晴れの国の名宝―岡山の国宝・重要文化財―」(鈴木力郎)「岡山県立博物館だより」 岡山県立博物館 (75) 2011.3

岡山の鉄道遺産とその背景(小西伸彦)「岡山の自然と文化 ： 郷土文化講座から」 岡山県郷土文化財団 (30) 2011.3

岡山のスシについて(岡嶋隆司)「岡山びと ： 岡山シティミュージアム紀要」 岡山シティミュージアム (5) 2011.3

岡山の文化財 ノートルダム清心女子大学ノートルダムホール本館・東棟(上田恭嗣)「きび野」 岡山県郷土文化財団 (122) 2011.6

高潮・高波が岡山を襲った―明治17年海嘯関係書類「岡山県立記録資料

館だより ： Okayama Prefectural Archives」 岡山県立記録資料館 (7) 2011.9

読書感想 「岡山ぶらりスケッチ紀行」(岡山文庫)(岡田宏一郎)「備陽史探訪」 備陽史探訪の会 (163) 2011.12

「大正時代のおかやま」展(特集 市民がつくる企画展「大正時代のおかやま」)(大正百年プロジェクト実行委員会事務局)「岡山びと ： 岡山シティミュージアム紀要」 岡山シティミュージアム (6) 2012.3

おかやま歴史講座第1回記念講演「大正時代のおかやま」(特集 市民がつくる企画展「大正時代のおかやま」)(森元辰昭)「岡山びと ： 岡山シティミュージアム紀要」 岡山シティミュージアム (6) 2012.3

コラム1 大正期の交通(特集 市民がつくる企画展「大正時代のおかやま」)「岡山びと ： 岡山シティミュージアム紀要」 岡山シティミュージアム (6) 2012.3

大正期の官庁街(戦捷記念図書館を中心に)(特集 市民がつくる企画展「大正時代のおかやま」)(鈴木榮一，万代仁美，山本よしふみ，北川文夫)「岡山びと ： 岡山シティミュージアム紀要」 岡山シティミュージアム (6) 2012.3

福祉の先進県岡山―日本の福祉の基盤をつくった人々(特集 市民がつくる企画展「大正時代のおかやま」)(横山良樹)「岡山びと ： 岡山シティミュージアム紀要」 岡山シティミュージアム (6) 2012.3

教育県岡山の大正期―女子教育の発展を中心に(特集 市民がつくる企画展「大正時代のおかやま」)(青江信子，寺見敬三)「岡山びと ： 岡山シティミュージアム紀要」 岡山シティミュージアム (6) 2012.3

大正 人々のくらし(特集 市民がつくる企画展「大正時代のおかやま」)(岡田文雄，山本鐘生)「岡山びと ： 岡山シティミュージアム紀要」 岡山シティミュージアム (6) 2012.3

市民から寄せられた「大正時代」(特集 市民がつくる企画展「大正時代のおかやま」)(菊田成夫，岡田文雄，山本鐘生)「岡山びと ： 岡山シティミュージアム紀要」 岡山シティミュージアム (6) 2012.3

コラム2 岡山の街筋(特集 市民がつくる企画展「大正時代のおかやま」)「岡山びと ： 岡山シティミュージアム紀要」 岡山シティミュージアム (6) 2012.3

おかやま歴史講座(特集 市民がつくる企画展「大正時代のおかやま」)(実行委員会事務局)「岡山びと ： 岡山シティミュージアム紀要」 岡山シティミュージアム (6) 2012.3

岡山の桃太郎伝説について(広谷喜十郎)「秦史談」 秦史談会 (170) 2012.8

大森満體像と史料(大國家文書にみる豪農の生活と文化)(柳川真由美)「岡山地方史研究」 岡山地方史研究会 (127) 2012.9

大國家と家相(大國家文書にみる豪農の生活と文化)(森元純一)「岡山地方史研究」 岡山地方史研究会 (127) 2012.9

大国家の相続と闔家(大國家文書にみる豪農の生活と文化)(倉地克直)「岡山地方史研究」 岡山地方史研究会 (127) 2012.9

「米海軍機動部隊艦載機の岡山県南空襲―1945年7月24日の記憶と記録―」「岡山空襲資料センターニュース」 岡山空襲資料センター (16) 2013.1

博物館・展示会めぐり 岡山県立記録資料館 平成24年度企画展「おかやまの名物・名産」(東野将伸)「岡山地方史研究」 岡山地方史研究会 (129) 2013.5

随想 岡山と種差海岸(八戸市) 最初の国立公園と最新の国立公園(柳沢卓美)「きび野」 岡山県郷土文化財団 (130) 2013.6

高瀬舟水運の要所―平成25年度企画展「岡山の南北水運」から「岡山県立記録資料館だより ： Okayama Prefectural Archives」 岡山県立記録資料館 (9) 2013.9

岡山地域史研究文献目録(総説)「岡山地方史研究」 岡山地方史研究会 (131) 2013.12

岡山空襲の真実次世代へ―センターはあと3年は閉鎖しない(『日本経済新聞』2013年6月26日付)「岡山空襲資料センターニュース」 岡山空襲資料センター (17) 2014.1

企画展展示叙述 岡山の南北水運(武本淳)「岡山県立記録資料館紀要」 岡山県立記録資料館 (9) 2014.3

岡山の木工芸―知られざる名工と現代の匠たち(福富幸)「岡山の自然と文化 ： 郷土文化講座から」 岡山県郷土文化財団 (33) 2014.3

岡山の戦国大名 宇喜多氏について(内池英明)「岡豊風日 ： 高知県立歴史民俗資料館だより」 高知県立歴史民俗資料館 (87) 2014.10

岡山の天文と人と(特集 星空のメッカ)(大島修)「高梁川」 高梁川流域連盟 (72) 2014.12

岡山禁酒会館

岡山の文化財 岡山禁酒会館(小西伸彦)「きび野」 岡山県郷土文化財団 (133) 2014.4

岡山県

岡山県における中世史研究の現状と課題(レジュメ)(田中修實)「吉備地方文化研究」 就実大学吉備地方文化研究所 (13) 2003.1

近代における岡山県織物業の地域的構成(前田昌義)「倉敷の歴史」 倉敷

市総務局総務部　(13)　2003.3

参観記 林原美術館「大名池田家の名宝」展（定兼学）「閑谷学校研究」特別史跡閑谷学校顕彰保存会　(7)　2003.5

岡山県における朝鮮漁業について（北脇義友）「岡山地方史研究」岡山地方史研究会　100　2003.6

岡山県の旧制中学の校風―岡山一中と岡山二中を中心に（渡辺一弘）「岡山地方史研究」岡山地方史研究会　100　2003.6

新収蔵資料の御紹介―昭和9年室戸台風の猛威を物語る文化財（高畑知功）「岡山県立博物館だより」岡山県立博物館　60　2003.10

原澄治と岡山県済世顧問制度―済世顧問制度創設から済世委員制度設置に至る迄の過程（阿部紀子）「倉敷の歴史」倉敷市総務局総務部　(14)　2004.3

明治期岡山県の花莚製造業における工場制生産の展開（内田豊士）「岡山大学大学院文化科学研究科紀要」岡山大学大学院文化科学研究科　(18)　2004.11

「高松小鳥氏日記ノ写」―覚書記事から垣間見る岡山県地域の戦国時代史（森俊弘）「吉備地方文化研究」就実大学吉備地方文化研究所　(15)　2005.3

岡山県立図書館に伝わる岡山藩文書について―明治前期の岡山県庁と池田家（別府信吾）「岡山地方史研究」岡山地方史研究会　106　2005.10

近代における岡山県の醤油醸造業の地域的構成（前田昌義）「倉敷の歴史」倉敷市総務局総務部　(16)　2006.3

岡山県内の木の附く地名について（小林雅成）「系譜研究」家系研究協議会　(41)　2006.4

記録資料に見る岡山県―教育県岡山と記録資料（在間宣久）「岡山県立記録資料館だより ： Okayama Prefectural Archives」岡山県立記録資料館　(2)　2006.9

新収蔵資料の紹介/平成18年度企画展「都市化する岡山県の村々」「岡山県立記録資料館だより ： Okayama Prefectural Archives」岡山県立記録資料館　(2)　2006.9

岡山県の中世窯業《《備前歴史フォーラム 備前焼・海の道・夢フォーラム2006―備前焼の歴史と未来像をもとめて》》（伊藤晃）「備前市歴史民俗資料館紀要」備前市歴史民俗資料館　(8)　2006.9

明治期の岡山県土木事業と平木深造（首藤ゆきえ）「倉敷の歴史」倉敷市総務局総務部　(17)　2007.3

博物館・展示会めぐり 岡山県立歴史資料館 平成18年度企画展「都市化する岡山県の村々」を見学して（金谷芳寛）「岡山地方史研究」岡山地方史研究会　通号111　2007.5

岡山県地域史研究文献目録 2002年〜2005年・総説「岡山地方史研究」岡山地方史研究会　通号111　2007.5

平成19年度企画展「近代のみち―岡山県の道路交通網整備―」「岡山県立記録資料館だより ： Okayama Prefectural Archives」岡山県立記録資料館　(3)　2007.8

岡山県における宗教者の社会事業について―大正9年・10年の美作社会協会に関する資料から（藤本頼生）「岡山地方史研究」岡山地方史研究会　通号113　2007.12

岡山県指定重要文化財「三角縁二神四獣鏡」について（柳瀬昭彦）「岡山県立博物館研究報告」岡山県立博物館　通号28　2008.3

大正中期〜昭和初期における岡山県醤油醸造業の醤油移出入状況（前田昌義）「倉敷の歴史」倉敷市総務局総務部　(18)　2008.3

『長島は語る―岡山県ハンセン病関係資料集・前編』を読む（《特集 『長島は語る―岡山県ハンセン病関係資料集・前編』合評会》）（沢山美果子）「岡山地方史研究」岡山地方史研究会　通号114　2008.4

ハンセン病関係資料の保存と活用のために『長島は語る』前編によせて（《特集 『長島は語る―岡山県ハンセン病関係資料集・前編』合評会》）（松岡弘之）「岡山地方史研究」岡山地方史研究会　通号114　2008.4

岡山県関係論文目録（近現代の部）「岡山地方史研究」岡山地方史研究会　通号114　2008.4

平成20年度（第33回）学術研究振興資金の授与について 研究テーマ「岡山県下における中世村落の研究―生産・流通・宗教・生活文化を中心に」「美作地域史研究」美作大学地域生活科学研究所美作地域史研究会　(2)　2009.1

報告 就実大学歴史シンポジウム「岡山県古代・中世史研究の最前線」「吉備地方文化研究」就実大学吉備地方文化研究所　(19)　2009.3

岡山県の川柳史（東おさむ）「高梁川」高梁川流域連盟　通号67　2009.12

児島醤油株式会社と岡山県の醤油醸造業（前田昌義）「倉敷の歴史」倉敷市総務局総務部　(20)　2010.3

『長島は語る 岡山県ハンセン病関係資料・後編』をよむ（『長島は語る 後編』合評会）（西村芳将）「岡山地方史研究」岡山地方史研究会　通号121　2010.10

『長島は語る―岡山県ハンセン病関係資料集―』合評会に参加して（『長島は語る 後編』合評会）（在間宣久）「岡山地方史研究」岡山地方史研究会　通号121　2010.10

郷土の方言を伝承してゆこう（三宅将晴）「高梁川」高梁川流域連盟　通号68　2010.12

「明治の里程標石」探索覚え書き（山本鐘生，山下敬彦）「岡山びと ： 岡山シティミュージアム紀要」岡山シティミュージアム　(5)　2011.3

研究動向 岡山県域における中世前期研究をめぐって（前原茂雄）「吉備地方文化研究」就実大学吉備地方文化研究所　(22)　2012.3

大規模事業等の記録―第52回所蔵資料展「30年前の岡山県と公文書」から「岡山県立記録資料館だより ： Okayama Prefectural Archives」岡山県立記録資料館　(8)　2012.9

岡山県関係論文目録・抄（近世の部，2005〜2010年）「岡山地方史研究」岡山地方史研究会　(128)　2012.12

兵庫県・京都府・岡山県・福島県のとうほし田・たいとう田（菅野郁雄）「赤米ニュース」東京赤米研究会　(189)　2012.12

「空襲・戦災の記憶と記録―記録する会（岡山県空襲資料センター）の課題」空襲・戦災を記録する会全国連絡会議第42回愛知大会「岡山空襲資料センターニュース」岡山空襲資料センター　(16)　2013.1

岡山県下における中世前半期の城郭（島崎東）「岡山県立博物館研究報告」岡山県立博物館　通号33　2013.3

岡山県地域史研究文献目録（中世の部）「岡山地方史研究」岡山地方史研究会　(129)　2013.5

岡山県地域史研究文献目録（近現代の部）「岡山地方史研究」岡山地方史研究会　(130)　2013.9

脳裡に焼き付いている「高瀬舟」との出会い（竹本俊郎）「高梁川」高梁川流域連盟　(71)　2013.12

近世後期における豪農の心性―大國家文書にみる家相説受容の諸相を通して（論文）（森元純一）「岡山県立記録資料館紀要」岡山県立記録資料館　(9)　2014.3

「明治の里程標石」探索覚え書き2（山本鐘生，山下敬彦）「岡山びと ： 岡山シティミュージアム紀要」岡山シティミュージアム　(8)　2014.3

再発見！ ふるさとの山城 岡山県中世城館跡総合調査（澤山孝之）「所報 吉備」岡山県古代吉備文化財センター　(56)　2014.3

随想二題 あれから三十年―岡山県が熱く燃えた日（山田宗志）「きび野」岡山県郷土文化財団　(133)　2014.4

岡山県津山中学校

岡山の文化財 岡山県立津山高等学校（旧岡山県津山中学校）本館（中山勇）「きび野」岡山県郷土文化財団　(121)　2011.3

岡山孤児院

岡山孤児院を支えた明治期の日本の生活文化（児嶋草次郎）「石井十次資料館研究紀要」石井記念友愛社　(4)　2003.4

石井記念協会での養護実践と財政概要―岡山孤児院解散後を引継いだ組織と活動（菊池義昭）「石井十次資料館研究紀要」石井記念友愛社　(4)　2003.4

岡山孤児院日誌（明治30年）マーおばあちゃんの歩んだ道(2)（菊池義昭，米津三千代）「石井十次資料館研究紀要」石井記念友愛社　(4)　2003.4

明治40年代前半の岡山孤児院の養護実践と家庭舎建築への発展（菊池義昭）「石井十次資料館研究紀要」石井記念友愛社　(5)　2004.4

岡山孤児院日誌（明治31年）（米津三千代，菊池義昭）「石井十次資料館研究紀要」石井記念友愛社　(5)　2004.4

岡山孤児院の出版物に見る「岡山孤児院十二則」の形成過程の概要（菊池義昭）「石井十次資料館研究紀要」石井記念友愛社　(6)　2005.6

岡山孤児院日誌（明治32年）（米津三千代，菊池義昭）「石井十次資料館研究紀要」石井記念友愛社　(6)　2005.6

『岡山孤児院新報』に見る「岡山孤児院十二則」の形成過程の展開―第63号（1902年1月）から第134号（1907年12月まで）（菊池義昭）「石井十次資料館研究紀要」石井記念友愛社　(7)　2006.6

「岡山孤児院十二則」を含む養護実践論に関する資料集（菊池義昭）「石井十次資料館研究紀要」石井記念友愛社　(7)　2006.6

岡山孤児院日誌（明治32年）（米津三千代，菊池義昭）「石井十次資料館研究紀要」石井記念友愛社　(7)　2006.6

「写真・映像で綴る岡山孤児院 石井十次と岡山孤児院の児童養護実践」について（三上邦彦）「石井十次資料館研究紀要」石井記念友愛社　(7)　2006.6

岡山孤児院の里預制の成立と急増急減期の内容（菊池義昭，田谷幸子）「石井十次資料館研究紀要」石井記念友愛社　(8)　2007.6

写真・映像でつづる岡山孤児院（第9回石井十次セミナー（石井十次交流会）報告）（三上邦彦，元村智明）「石井十次資料館研究紀要」石井記念友愛社　(8)　2007.6

岡山孤児院におけるネットワーク形式と自立支援に関する総合的研究に参加して（片岡優子）「石井十次資料館研究紀要」石井記念友愛社　(8)　2007.6

岡山孤児院の里預制と安定期の運用内容（菊池義昭，田谷幸子）「石井十次資料館研究紀要」石井記念友愛社　(9)　2008.5

岡山孤児院日誌（明治32年7月8日）（米津三千代，菊池義昭）「石井十次資料館研究紀要」石井記念友愛社　(10)　2009.8

今ここで何が求められているか―百年前の大阪、東京、茶臼原の岡山孤児院事務所日誌を通して（小野修三）「石井十次資料館研究紀要」　石井記念友愛社　（10）　2009.8

1917年から1926年の岡山孤児院の里預制の終息までの内容―その動向と里預児110事例の数量的内容を中心に（菊池義昭）「東北社会福祉史研究」　東北社会福祉史研究連絡会　（28）　2010.3

1917年から1926年の岡山孤児院の里預制の終息期と里親の地区分布の特徴（菊池義昭）「石井十次資料館研究紀要」　石井記念友愛社　（11）　2010.8

資料 岡山孤児院日誌（明治32年9月から12月）（菊池義昭）「石井十次資料館研究紀要」　石井記念友愛社　（11）　2010.8

岡山孤児院の「茶臼原農村」づくりにおける物的環境条件の整備過程―1905年から1917年頃までの茶臼原孤児院の動きを中心に（菊池義昭）「石井十次資料館研究紀要」　石井記念友愛社　（12）　2011.8

資料 岡山孤児院日誌（明治32年9月から12月の書簡）（菊池義昭）「石井十次資料館研究紀要」　石井記念友愛社　（12）　2011.8

岡山孤児院の里預制における地区世話役の活動内容と役割（菊池義昭）「石井十次資料館研究紀要」　石井記念友愛社　（13）　2012.8

資料 岡山孤児院日誌（明治34年1月）（菊池義昭）「石井十次資料館研究紀要」　石井記念友愛社　（13）　2012.8

明治期の関門北九州地域における岡山孤児院による慈善活動（2）～（3）（論説）（安東邦昭）「石井十次資料館研究紀要」　石井記念友愛社　（14）/（15）　2013.8/2014.8

岡山孤児院の農場学校開校一年目の教育実践の内容とその実績（論説）（菊池義昭）「石井十次資料館研究紀要」　石井記念友愛社　（14）　2013.8

資料 岡山孤児院日誌（明治34年2月から3月）（菊池義昭）「石井十次資料館研究紀要」　石井記念友愛社　（14）　2013.8

巻頭言 岡山孤児院にみる社会子育て（金潔）「石井十次資料館研究紀要」　石井記念友愛社　（15）　2014.8

子ども救済事業における道徳教育と公教育体制―岡山孤児院設立から附属小学校設立後までの初等教育とキリスト教教育に着目して（論説）（稲井智美）「石井十次資料館研究紀要」　石井記念友愛社　（15）　2014.8

東北三県凶作で岡山孤児院が収容した長期滞在児への養護実践の歴史的役割（3）―1918年（大正7）年に退院した東北児を中心に（論説）（菊池義昭）「石井十次資料館研究紀要」　石井記念友愛社　（15）　2014.8

資料 岡山孤児院日誌（明治三十四年四月）（菊池義昭）「石井十次資料館研究紀要」　石井記念友愛社　（15）　2014.8

岡山市

岡山市中心商業地域の変容（吉本勇）「吉備地方文化研究」　就実大学吉備地方文化研究所　（13）　2003.1

岡山市内に残された巨大で奇抜な構築物（乗岡実）「岡山学こと始め ： 岡山市デジタルミュージアム開設準備室研究レポート」　岡山市デジタルミュージアム開設準備室　2　2003.3

地域愛から「新たな市民と行政の協働」を―岡山市立出石小学校施設暫定活用運営協議会を事例として（大野慶子）「岡山学こと始め ： 岡山市デジタルミュージアム開設準備室研究レポート」　岡山市デジタルミュージアム開設準備室　3　2004.3

岡山・倉敷市街地は海だった 岡山県下の千拓あれこれ（堀省三）「高梁川」　高梁川流域連盟　（64）　2006.12

備前国の中心地・岡山市とその周辺の探訪（1），（2）（新田成美）「郷土」　西城町郷土研究会　（91）/（92）　2008.3/2008.9

随想 岡山市政令指定都市誕生に想う（太田健一）「きび野」　岡山県郷土文化財団　（113）　2009.3

岡山市における開発公園（遊園地）の遊具および立木の現状（芳賀修）「吉備地方文化研究」　就実大学吉備地方文化研究所　（19）　2009.3

研究ノート 岡山市内の高速バス網（昼行便）について（吉本勇）「吉備地方文化研究」　就実大学吉備地方文化研究所　（21）　2011.3

吉田初三郎の「鳥瞰図屏風・岡山市」考察（特集 市民がつくる企画展「大正時代のおかやま」）（澤田茉実，青江信子，山下敬彦）「岡山びと ： 岡山シティミュージアム紀要」　岡山シティミュージアム　（6）　2012.3

豊臣時代資料・史跡調査概報 平成22年度 岡山県総社市・岡山市 豊臣時代資料・史跡調査概報（跡部信，北川央）「大阪城天守閣紀要」　大阪城天守閣　（40）　2013.3

所蔵資料展記録 第53回所蔵資料展「地震と水害の記録」、第54回所蔵資料展「先祖祭祀の記録」、第55回所蔵資料展「災害・疾病の記録」、第56回所蔵資料展「新公開資料」、第57回所蔵資料展「明治の岡山市街」「岡山県立記録資料館だより ： Okayama Prefectural Archives」　岡山県立記録資料館　（9）　2013.9

岡山城

瀬戸内名勝散策 岡山城・後楽園めぐり「郷土史紀行」　ヒューマン・レクチャー・クラブ　24　2003.11

岡山城とまちづくり（武内めぐみ）「岡山学こと始め ： 岡山市デジタルミュージアム開設準備室研究レポート」　岡山市デジタルミュージアム開設準備室　3　2004.3

池田家文庫絵図と岡山城（乗岡実）「岡山学こと始め ： 岡山市デジタルミュージアム開設準備室研究レポート」　岡山市デジタルミュージアム開設準備室　3　2004.3

岡山城に残るめずらしい構造からなる2基の櫓（西ヶ谷恭弘）「郷土史紀行」　ヒューマン・レクチャー・クラブ　29　2004.9

岡山城下の備前焼（乗岡実）「備前市歴史民俗資料館研究紀要」　備前市歴史民俗資料館　（7）　2005.9

天守の聳えたつ近世の名城 広島城/福山城/岡山城/備中松山城/岩国城/伊予松山城/今治城/丸亀城「郷土史紀行」　ヒューマン・レクチャー・クラブ　36　2005.11

岡山城ニュース！「宇喜多家史談会会報」　宇喜多家史談会　（20）　2006.10

復元 岡山城の金箔瓦（〈岡山の歴史と今〉（乗岡実）「岡山びと ： 岡山シティミュージアム紀要」　岡山シティミュージアム　（3）　2008.3

宇喜多氏城郭群の瓦と石垣―岡山城支城群の諸段階（乗岡実）「吉備地方文化研究」　就実大学吉備地方文化研究所　（18）　2008.3

近世岡山城下における瓦の生産と流通（景山貴昭）「古文化談叢」　九州古文化研究会　60　2008.9

宇喜多秀家の岡山城築城の検証メモ（出宮徳尚）「宇喜多家史談会会報」　宇喜多家史談会　（28）　2008.10

岡山城と城下町―掘って・比べて・考える（載岡実）「岡山の自然と文化 ： 郷土文化講座から」　岡山県郷土文化財団　（28）　2009.3

岡山の文化財 岡山城西手櫓（乗岡実）「きび野」　岡山県郷土文化財団　（114）　2009.6

岡山城築城四百年関連事業に係わって（天野勝昭）「宇喜多家史談会会報」　宇喜多家史談会　（31）　2009.7

岡山城とその城下町の形成過程―地誌「吉備前鑑」の検討を中心に（森俊弘）「岡山地方史研究」　岡山地方史研究会　通号118　2009.9

戦前の絵はがきと岡山城（小野田伸）「宇喜多家史談会会報」　宇喜多家史談会　（36）　2010.10

焼失前の岡山城の写真を寄贈（矢吹壽年）「宇喜多家史談会会報」　宇喜多家史談会　（42）　2012.4

会員サロン 岡山城天守閣の風評への疑問（一会員）「宇喜多家史談会会報」　宇喜多家史談会　（43）　2012.8

会員サロン 岡山シティミュージアムでの岡山城と宇喜多家の資料展示（小野田伸）「宇喜多家史談会会報」　宇喜多家史談会　（44）　2012.10

宇喜多直家・秀家親子の業績・「岡山城下町」へ山陽道の迂回と町人の誘致（谷淵陽一）「宇喜多家史談会会報」　宇喜多家史談会　（47）　2013.7

会員サロン 岡山城天守の安土城天守傲倣観をめぐって（出宮徳尚）「宇喜多家史談会会報」　宇喜多家史談会　（47）　2013.7

岡山城の保存をめぐって―花房端連・新庄厚信・西毅一宛蜂谷熊男書簡から（研究ノート）（山下香織）「岡山県立記録資料館紀要」　岡山県立記録資料館　（9）　2014.3

山城レポ 古中の浮城 水泛岡山城（末森清司）「備陽史探訪」　備陽史探訪の会　（178）　2014.6

岡山城内の食―江戸時代初期を中心に（岡嶋隆司）「歴研おかやま」　岡山歴史研究会　（10）　2014.7

岡山市立内山下尋常高等小学校校舎

岡山の文化財 旧岡山市立内山下尋常高等小学校校舎（皆木國義）「きび野」　岡山県郷土文化財団　（131）　2013.9

岡山藩

テーマ「人々の生きていた姿が鮮明になってくる部落史―渋染一揆の史実に学び、これからの歴史学習を考える」（〈2003年度第3回定例会〉）「鳥取県部落史研究会のあゆみ」　鳥取県部落史研究会　（4）　2004.3

基調講演 渋染一揆に学ぶもの（〈2003年度第3回定例会〉）（柴田一）「鳥取県部落史研究会のあゆみ」　鳥取県部落史研究会　（4）　2004.3

博物館・展示会めぐり 池田家文庫等貴重資料展「新田開発をめぐる争い―岡山藩の新田開発（2）」（清原浩美，洞井宏太）「岡山地方史研究」　岡山地方史研究会　102　2004.5

藩世界史料の魅力（深谷克己）「岡山藩研究」　岡山藩研究会　50　2005.10

岡山藩研究会と尾張藩社会史研究会（岸野俊彦）「岡山藩研究」　岡山藩研究会　50　2005.10

新禧 祝・渋染一揆150周年（楠本裕樹）「岡山部落解放研究所報」　岡山部落解放研究所　（274）　2006.1

史料による渋染一揆（大森久雄）「岡山の歴史地理教育」　（33）　2006.10

岡山藩関旋方資料 津田家資料から（資料紹介）（竹原伸之）「岡山県立博物館研究報告」　岡山県立博物館　通号33　2013.3

史料群紹介 倉敷市所蔵岡山藩家老天城池田家家臣平山家文書（畑和良）「倉敷の歴史」　倉敷市総務局総務部　（23）　2013.3

岡山藩池田家における分家大名への認識とその活動（論文）（藤尾隆志）「岡山地方史研究」　岡山地方史研究会　（129）　2013.5

「法事の赦」の構造分析―岡山藩池田家を事例に（論文）（谷口眞子）「岡山地方史研究」　岡山地方史研究会　（130）　2013.9

授業実践 勤務校での渋染一揆の学習について（池上訓文）「岡山の歴史地理教育」（38）2013.11

参加記 藩権力と宗派の関係性と影響力—坂輪報告を聞いて（第38回全体会の記録 2014.3.29）（竹村到）「岡山藩研究」 岡山藩研究会（73）2014.7

博物館・展示会めぐり 岡山県立博物館特別展「護国山曹源寺」展と池田家文庫絵図展「岡山藩と明治維新」を見て（山下香織）「岡山地方史研究」 岡山地方史研究会 （134）2014.12

岡山平野
岡山平野での「都市」出現考証—その前提作業的メモ（未定稿）（出宮徳尚）「岡山学こと始め ： 岡山市デジタルミュージアム開設準備室研究レポート」 岡山市デジタルミュージアム開設準備室 3 2004.3

沖新田
干拓地の用水—児島湾北岸の沖新田を中心に（安倉清博）「岡山びと ： 岡山シティミュージアム紀要」 岡山シティミュージアム （5）2011.3

特別寄稿 備前国上道郡沖新田と人柱伝説（柴田一）「吉備地方文化研究」就実大学吉備地方文化研究所 （21）2011.3

小田川
守屋勘兵衛父子と小田川の改修（杉慎吾）「高梁川」 高梁川流域連盟 通号67 2009.12

落目弁天台場
落目弁天台場（高見彰）「高梁川」 高梁川流域連盟 （69）2011.12

越畑
越畑あたりが吉備の鉄の中心と思って来てみたが（編集前記）（小見山輝）「岡山地名研通信」 岡山地名研究会 （8）2006.12

乙子城
宇喜多氏の城々（3）乙子城 乙子城主・宇喜多直家考（出宮徳尚）「宇喜多家史談会会報」 宇喜多家史談会 （14・15）2005.7

鬼山城
戦国備中の小領主 杉家の家譜より見る顛末記—川崎城、鬼山城、寺山城主周辺の考察（野田和心）「高梁川」 高梁川流域連盟 通号66 2008.12

蛇ヶ乢湿原
岡山の自然 蛇ヶ乢湿原（山田信光）「きび野」 岡山県郷土文化財団 （128）2013.1

香登庄
中世の窓から—荘園の風景（2）備前国香登庄（田中修實）「人権21 ： 調査と研究」 おかやま人権研究センター （158）2002.6

神楽尾城
神楽尾山妖怪降伏の事神楽尾城にまつわる話（2）（土居徹）「神楽尾」 神楽尾城跡保存協力会 （34）2005.4

神楽尾保存整備 神楽尾城跡に親しみ拡がる夢（植月良彦）「神楽尾」 神楽尾城跡保存協力会 （36）2006.5

笠岡
笠岡にもあった戸田流秘伝の巻（水沢霞子）「高梁川」 高梁川流域連盟 （70）2012.12

笠岡のこぼれ話（水沢霞子）「高梁川」 高梁川流域連盟 （72）2014.12

笠岡市
地域文化創造に向けて 元禄錦（笠岡市）「きび野」 岡山県郷土文化財団 （97）2005.3

岡山県笠岡市の史跡見学報告（渡邉正彦）「広島郷土史会会報」 広島郷土史会 （166）2008.12

笠岡諸島
笠岡諸島の歴史と民俗を訪ねて—高島・白石島（西原千万子）「備陽史探訪」 備陽史探訪の会 116 2004.2

地域文化創造に向けて 瀬戸内ど真ん中—笠岡諸島（笠岡市）「きび野」 岡山県郷土文化財団 （114）2009.6

梶屋
梶屋（赤磐市是里）（正本友子）「岡山地名研通信」 岡山地名研究会 （8）2006.12

鍛冶屋山城
光畑克己さんの遺作「鍛冶屋山城の縄張り図」について—毛利の陣城と宇喜多の陣城と秀吉の陣城の複合遺構（尾崎聡）「戦乱の空間」 戦乱の空間編集会 （1）2002.7

備中高松城合戦直前哨戦における秀吉の陣城「鍛冶屋山城」—伝承と軍記録と遺構（総石造りの主郭・大型石材を使用した主郭櫓台・石垣造りの井戸曲輪状遺構（尾崎聡）「戦乱の空間」 戦乱の空間編集会 （2）2003.7

神田
神田の米作り（井口祥子）「作東の文化」 作東町文化協会 （31）2005.10

片島
船尾と片島との境界線（定兼学）「倉敷の歴史」 倉敷市総務局総務部 （16）2006.3

鹿田荘
備前鹿田荘と旭川流域の流通・商況—岡山城下町成立の歴史的前提（研究ノート）（しらが康義）「岡山県立記録資料館紀要」 岡山県立記録資料館 （9）2014.3

片山邸
わが町・わが村の自慢 片山邸（加茂川町）「きび野」 岡山県郷土文化財団 80 2001.1

勝山
Mの旅日記 美作勝山をたずねて「谷中・根津・千駄木」 谷根千工房 73 2003.6

金倉
金倉（高梁市有漢町）（藤本孝子）「岡山地名研通信」 岡山地名研究会 （8）2006.12

金屋
金屋（津山市金屋）（高橋ひろ子）「岡山地名研通信」 岡山地名研究会 （8）2006.12

鐘撞堂
鐘撞堂雛形復元事業に参加して（〈特集 鐘撞堂〉）（山口松太）「岡山びと ： 岡山シティミュージアム紀要」 岡山シティミュージアム （1）2006.3

鐘撞堂雛形制作に参加して（〈特集 鐘撞堂〉）（小川一洋）「岡山びと ： 岡山シティミュージアム紀要」 岡山シティミュージアム （1）2006.3

旧岡山藩鐘撞堂城下町おかやま 原風景の継承（〈特集 鐘撞堂〉）（金光秀泰）「岡山びと ： 岡山シティミュージアム紀要」 岡山シティミュージアム （1）2006.3

鐘撞堂の柿板葺き屋根の復元に想う（〈特集 鐘撞堂〉）（児島研輔）「岡山びと ： 岡山シティミュージアム紀要」 岡山シティミュージアム （1）2006.3

鐘撞堂の復元作業 その喜びと苦しみ（〈特集 鐘撞堂〉）（久保弘道）「岡山びと ： 岡山シティミュージアム紀要」 岡山シティミュージアム （1）2006.3

「鐘撞堂」復元にあたっての思い（〈特集 鐘撞堂〉）（芥川英祐）「岡山びと ： 岡山シティミュージアム紀要」 岡山シティミュージアム （1）2006.3

成人まで育った、大好きな岡山の復元制作（〈特集 鐘撞堂〉）（安川敏男）「岡山びと ： 岡山シティミュージアム紀要」 岡山シティミュージアム （1）2006.3

試金石としての鐘撞堂（〈特集 鐘撞堂〉）（能勢伊勢雄）「岡山びと ： 岡山シティミュージアム紀要」 岡山シティミュージアム （1）2006.3

甦った鐘撞堂（〈特集 鐘撞堂〉）（乗岡実）「岡山びと ： 岡山シティミュージアム紀要」 岡山シティミュージアム （1）2006.3

金掘り坂
金掘り坂（久米南町全間）（日下智加枝）「岡山地名研通信」 岡山地名研究会 （8）2006.12

上相
近世出雲街道のルーツか？ 上相遺跡 美作市上相「所報吉備」 岡山県古代吉備文化財センター （54）2013.3

亀島山
亀島山から見た水島工業地帯「春秋くらしき」 倉敷市文化連盟 （7）2008.5

亀山
亀山領村の通貨など（小野敏也）「倉敷の歴史」 倉敷市総務局総務部 （15）2005.3

亀山城
亀山城天守の復元（内藤勝輔）「宇喜多家史談会会報」 宇喜多家史談会 （27）2008.7

亀山城跡の岡山市指定史跡指定記念記事「宇喜多家史談会会報」 宇喜多家史談会 （44）2012.10

宇喜多氏の城々（6）武将直家の居城・亀山城跡（1）（出宮徳尚）「宇喜多家史談会会報」 宇喜多家史談会 （44）2012.10

亀山城跡の岡山市指定史跡指定記念記事 宇喜多氏の城々（6）武将直家の居城・亀山城跡（2）（出宮徳尚）「宇喜多家史談会会報」 宇喜多家史談会 （45）2013.1

会員サロン 亀山城跡の岡山市指定史跡の記念イベント（津下誠治）「宇喜多家史談会会報」 宇喜多家史談会 （45）2013.1

かもがた町家公園
わが町・わが村の自慢 かもがた町家公園（鴨方町）「きび野」 岡山県郷土文化財団 84 2002.1

かもがた町家公園の四季―行事を中心に（流域ニュース2011）（虫明知恵子）「高梁川」　高梁川流域連盟　（69）　2011.12

鴨方往来

ふるさと歴史講座「鴨方往来を走ったKOバス」より　鴨方往来と国道の変遷（南智）「中庄の歴史」　中庄の歴史を語り継ぐ会　（9）　2014.9

辛川

辛川合戦と虫明氏（矢吹壽年）「宇喜多家史談会会報」　宇喜多家史談会　11　2004.7

辛香峠

辛香峠（岡山市津高～御津郡御津町）（赤羽学）「岡山地名研通信」　岡山地名研究会　6　2004.12

川崎城

戦国備中の小領主　杉家の家譜より見る顚末記―川崎城、鬼ノ城、寺山城主周辺の考察（野田和心）「高梁川」　高梁川流域連盟　通号66　2008.12

川辺橋

川辺橋の橋桁が動く―拡幅工事の記録（渡邉隆男）「高梁川」　高梁川流域連盟　（61）　2003.12

川辺宿

備中国下道郡「川辺宿絵図」を読む（渡邉隆男）「高梁川」　高梁川流域連盟　通号66　2008.12

川面村

初代秋町橋架橋と川面村の舟運遺構（野田和心）「高梁川」　高梁川流域連盟　通号67　2009.12

甘棠碑

随想　甘棠碑を思う（廣常人世）「きび野」　岡山県郷土文化財団　（122）　2011.6

神庭

随筆　神庭にカタクリの里（木村六之助）「郷土研究」　奥多摩郷土研究会　（15）　2004.3

きくな越

笠岡市北部「きくな越」（ききな峠）の歴史的考察―幕府巡見使通行と明治期の「魚荷」中継地（森山上志）「高梁川」　高梁川流域連盟　（65）　2007.12

鬼身城

毛利氏によって総石垣化された宇喜多領境目の城―備中鬼身城の事例（尾崎聡）「戦乱の空間」　戦乱の空間編集会　（5）　2006.7

北庄

岡山県久米南町北庄における地域づくりの推移と青壮年組織（神田竜也）「日本研究」　日本研究研究会　（26）　2013.3

キナザコ製鉄遺跡

キナザコ製鉄遺跡（津山市加茂町）（樋之津保子）「岡山地名研通信」　岡山地名研究会　（8）　2006.12

鬼ノ城

地域文化創造に向けて　鬼ノ城たたら倶楽部（総社市）「きび野」　岡山県郷土文化財団　81　2001.3

鬼ノ城のルーツを探る―韓国の百済興亡史を訪ねる旅から（高見茂）「高梁川」　高梁川流域連盟　（61）　2003.12

古代山城・鬼ノ城からの発信―たたら製鉄からデジタルミュージアムへ（林正実）「岡山学こと始め：岡山市デジタルミュージアム開設準備室研究レポート」　岡山市デジタルミュージアム開設準備室　3　2004.3

鬼ノ城の概要（村上幸雄）「吉備地方文化研究」　就実大学吉備地方文化研究所　（14）　2004.3

「甦る！　古代吉備の国―謎の鬼ノ城」調査開始！　謎の鬼ノ城（飯田浩光）「所報吉備」　岡山県古代吉備文化財センター　（41）　2006.9

岡山の文化財　鬼城山（鬼ノ城）（大橋雅也）「きび野」　岡山県郷土文化財団　（104）　2007.1

エッセー　ふたたび「鬼ノ城」へ（三宅将晴）「高梁川」　高梁川流域連盟　（65）　2007.12

全国で唯一　古代山城の鍛冶工房　鬼ノ城　総社市奥坂「所報吉備」　岡山県古代吉備文化財センター　（48）　2010.3

特別展を終えて　「鬼ノ城―謎の古代山城―」（正木茂樹）「岡山県立博物館だより」　岡山県立博物館　（75）　2011.3

古代山城で初調査　水門に伴う土手状遺構　鬼ノ城　総社市奥坂「所報吉備」　岡山県古代吉備文化財センター　（50）　2011.3

吉備

記念講演　吉備の古代（要旨）「岡山の博物館：岡山県博物館協議会会報」　岡山県博物館協議会　22　2002.6

吉備と大和の関係（直木孝次郎）「岡山地方史研究」　岡山地方史研究会　100　2003.6

東国・吉備・大和（近藤義郎）「古代吉備」　古代吉備研究会　24　2003.7

吉備の製鉄炉―方形炉について（安倉清博）「古代吉備」　古代吉備研究会　24　2003.7

文献からみえる吉備と加耶（李永植）「吉備地方文化研究」　就実大学吉備地方文化研究所　（14）　2004.3

平成16年度企画展「吉備のすずり」/16年度実施講座のご紹介/吉備路ニュース/2005年度講座開催案内「吉備路郷土館だより」　岡山県立吉備路郷土館　28　2005.3

「吉備の渡来文化―渡り来た人々と文化」展（特別展への取り組み）（佐藤寛介）「岡山県立博物館だより」　岡山県立博物館　（65）　2006.3

平成17年度企画展　晴れの国おかやま国体スポーツ芸術事業「古代吉備の産物―都における吉備の風―」「吉備路郷土館だより」　岡山県立吉備路郷土館　（29）　2006.3

郷土館講座2005から―実施講座のご紹介　自然講座「吉備路の植物にふれる」/体験講座「吉備路で田植たいけん」/歴史講座「吉備の製鉄」「吉備路郷土館だより」　岡山県立吉備路郷土館　（29）　2006.3

夢づくりプラン「吉備の国歴史探検ツアー」（鈴木力郎）「岡山県立博物館だより」　岡山県立博物館　（66）　2006.11

剣はいま吉備にあり（齋藤盛之）「古代史の海」　「古代史の海」の会　（47）　2007.3

吉備の国「新雨月物語」(1),(2)（矢沢昭郎）「高梁川」　高梁川流域連盟　通号66/通号67　2008.12/2009.12

吉備津彦伝承考(2)　その系譜の史料的検証（出宮徳尚）「吉備地方文化研究」　就実大学吉備地方文化研究所　（19）　2009.3

「吉備日々新聞」に関する一考察―民権期御用新聞の研究（太田健一）「倉敷の歴史」　倉敷市総務局総務部　（19）　2009.3

授業実践　授業実践報告「古代吉備と朝鮮―鬼ノ城から渡来人を考える」（村田秀石）「岡山の歴史地理教育」　（35）　2009.8

古代吉備の史跡訪問記（宮田佐智子）「つどい」　豊中歴史同好会　（264）　2010.1

古代吉備王国を訪ねて（高木勘）「文化財保護協会報まるがめ」　丸亀市文化財保護協会　（5）　2010.3

第1回おかやま文化フォーラム「見えてきた古代吉備の実像」「岡山の自然と文化：郷土文化講座から」　岡山県郷土文化財団　（31）　2012.3

吉備津彦命神への神階授与をめぐって―8・9世紀における「吉備」の記憶（長谷部将司）「吉備地方文化研究」　就実大学吉備地方文化研究所　（22）　2012.3

気になる情報コーナー　岡山県立博物館「吉備の国ジュニア歴史スクール」の紹介―岡山県立博物館（竹原伸之）「岡山の博物館：岡山県博物館協議会会報」　岡山県博物館協議会　（43）　2013.1

第2回おかやま文化フォーラム「見えてきた古代吉備の実像」「岡山の自然と文化：郷土文化講座から」　岡山県郷土文化財団　（32）　2013.3

古代吉備の鉄生産（上拵武）「古文化談義」　九州古文化研究会　70　2013.10

アーカイブコーナ・吉備の難波（高橋勝明）「九州倭国通信」　九州古代史の会　（169）　2014.1

映像記録作成事業　吉備の国文化遺産映像記録事業（内池英樹）「岡山県立博物館だより」　岡山県立博物館　（78）　2014.3

鼎談「美作国と古代吉備」（第3回おかやま文化フォーラム）（神崎宣武、佐藤信、尾島治）「岡山の自然と文化：郷土文化講座から」　岡山県郷土文化財団　（33）　2014.3

古代吉備の実像に迫る完結編　三年間のまとめ（第3回おかやま文化フォーラム）（神崎宣武）「岡山の自然と文化：郷土文化講座から」　岡山県郷土文化財団　（33）　2014.3

文化講演会　吉備の文化財探訪―二つの国宝建造物を中心に（田村啓介）「閑谷学校研究」　特別史跡閑谷学校顕彰保存会　（18）　2014.5

紀行随筆　「吉備の国原」に古代ロマンを訪ねて（矢沢昭郎）「高梁川」　高梁川流域連盟　（72）　2014.12

吉備王国

「古代吉備王国」探訪（村上清明）「美豆保」　瑞穂地区郷土史跡研究会　（23）　2011.3

吉備線

吉備線・伯備線の思い出（特集　高梁川流域の鉄道　今昔）（原田亮二）「高梁川」　高梁川流域連盟　通号68　2010.12

吉備高島

吉備高島考（種本実）「備陽史探訪」　備陽史探訪の会　114　2003.10

吉備津

口絵　平成25年6月例会　鬼の伝説の岡山県吉備津を訪ねて「史迹と美術」　史迹美術同攷会　84(1)通号841　2014.1

990回例会　鬼の伝説の岡山県吉備津を訪ねて（藪田夏雄）「史迹と美術」　史迹美術同攷会　84(1)通号841　2014.1

吉備津宮

吉備津宮の門前町宮内（柴田一）「中庄の歴史」　中庄の歴史を語り継ぐ会

(9) 2014.9

吉備国
まがねふく吉備国とJFE（堀省三）「高梁川」 高梁川流域連盟 （65）
2007.12
例会報告 吉備の世界 備後の国の位置づけ「三訪会会報」 三成学区の歴
史と自然を訪ねる会 （52） 2011.9

吉備の中山
吉備の中山の一首から一三たび詩形について考える（寺杣雅人）「尾道文
学談話会会報」 尾道大学芸術文化学部日本文学科 （4） 2013.12

吉備路
吉備路の史跡巡り（宮本耕三）「かんべ」 可部郷土史研究会 95 2002.1
春の吉備路（久保武）「史談いばら」 井原史談会 29 2005.4
続「吉備路緑映」（随想）（永島旭）「きび野」 岡山県郷土文化財団
（116） 2010.1

京橋
新京橋と京橋について（松本紀郎）「秦史談」 秦史談会 （148） 2008.11

金光学園記念講堂
岡山の文化財 江川三郎八と金光学園記念講堂「きび野」 岡山県郷土文
化財団 （124） 2012.1

琴弾橋
琴弾橋誕生―猿掛橋と井の口橋の統廃合（渡邉隆男）「高梁川」 高梁川流
域連盟 （63） 2005.12

久米
久米押領使漆間時国について（湊哲夫）「岡山地方史研究」 岡山地方史研
究会 100 2003.6

倉敷
倉敷とエジプト趣味―野崎武左衛門翁旌徳碑について（鈴木まどか）「倉
敷の歴史」 倉敷市総務局総務部 （13） 2003.3
8・31研究会「倉敷・水島の戦災」第2部「福田史談会会報」 倉敷・福
田史談会 （176） 2003.10
倉敷に「蔵屋敷」はなかった（池内節光）「高梁川」 高梁川流域連盟
（62） 2004.12
岡山の文化財 倉敷型町家（澁谷泰彦）「きび野」 岡山県郷土文化財団
（99） 2005.9
備中日記に写された倉敷（小野敏也）「倉敷の歴史」 倉敷市総務局総務部
（16） 2006.3
「近代の倉敷」雑感（坂本忠次）「倉敷の歴史」 倉敷市総務局総務部
（16） 2006.3
倉敷の大原三代（舟山廣治）「文化情報」 北海道文化財保護協会 （294）
2006.10
ふるさと劇場（1） 倉敷そして源平藤戸「春秋くらしき」 倉敷市文化連
盟 （4） 2006.11
倉敷は故郷の如く―小山富士夫追想（柘植健次）「高梁川」 高梁川流域連
盟 （64） 2006.12
馬車は倉敷へ 大久保利通遭難時の馬車をめぐって（片山純一）「高梁川」
高梁川流域連盟 （64） 2006.12
特別寄稿 故郷の夢二と倉敷（小嶋光信）「倉敷の歴史」 倉敷市総務局総
務部 （17） 2007.3
倉敷美観地区「春秋くらしき」 倉敷市文化連盟 （5） 2007.5
倉敷のスケートと高橋大輔の軌跡（藤井康男）「高梁川」 高梁川流域連盟
（65） 2007.12
丙寅初夏―倉敷浅尾暴動事件―維新を目前に夢潰れた若者たち（岡崎鎮
生）「下松地方史研究」 下松地方史研究会 （46） 2009.12
戦前倉敷の道路行政と都市計画（中野茂夫）「倉敷の歴史」 倉敷市総務局
総務部 （20） 2010.3
もりもとまきのアーキビストの目 所蔵資料紹介 写真で知る倉敷大気汚
染公害―『水島の公害』「西淀川・公害と環境資料館だより」 西淀
川・公害と環境資料館 （22）
松戸と倉敷（会員の広場）（木村旭志）「松戸史談」 松戸史談会 （50）
2010.11
備中国南部の中心都・倉敷とその周辺の探訪（1）（新田成美）「郷土」 西
城町郷土研究会 （96） 2010.12
電線が消えた美観地区「春秋くらしき」 倉敷市文化連盟 （14） 2011.11
新禄側の江戸出語と中島屋本分家の動向―江戸出語人源助あて本家平蔵
の書状などを手がかりに（首藤ゆきえ）「倉敷の歴史」 倉敷市総務局
総務部 （22） 2012.3
史料紹介 18世紀後半倉敷の庶民女性が絡んだ事件の資料（定兼学）「倉敷
の歴史」 倉敷市総務局総務部 （22） 2012.3
聞き書き倉敷の歴史 林源十郎商店記念室づくりにたずさわって（土岐隆
信）「倉敷の歴史」 倉敷市総務局総務部 （23） 2013.3
報告 平成24年度歴史資料講座／平成25年度古文書解読講座／倉敷市立中
央図書館開館30周年記念行事「絵図で歩く倉敷のまち」「倉敷の歴史」

倉敷市総務局総務部 （24） 2014.3

倉敷海軍航空隊
わが青春のモニュメント 思い出の倉敷海軍航空隊（特集 戦時下の高梁
川流域）（矢沢昭郎）「高梁川」 高梁川流域連盟 （70） 2012.12

倉敷川
倉敷川左岸にて（《特集 大原總一郎生誕百年》）（畠山繁子）「高梁川」
高梁川流域連盟 通号66 2008.12
倉敷川畔伝統的建造物群内の漆喰塗り「奉行窓」（間壁忠彦）「倉敷の歴
史」 倉敷市総務局総務部 （20） 2010.3

倉敷銀行
地方的銀行合同の先駆者 大原孫三郎（1）―倉敷銀行の設立と発展（高橋
義雄）「高梁川」 高梁川流域連盟 （72） 2014.12

倉敷市
倉敷市内の備前焼宮獅子（藤原好二）「倉敷の歴史」 倉敷市総務局総務部
（16） 2006.3
『新修倉敷市史』完結記念講演会傍聴記（山本太郎）「倉敷の歴史」 倉敷
市総務局総務部 （16） 2006.3
岡山・倉敷市街地は海だった 岡山県下の干拓あれこれ（堀省三）「高梁
川」 高梁川流域連盟 （64） 2006.12
岡山支藩に関する史料―『新修倉敷市史』補遺（別府信吾）「倉敷の歴史」
倉敷市総務局総務部 （17） 2007.3
倉敷市における歴史資料整備（山本太郎）「倉敷の歴史」 倉敷市総務局総
務部 （17） 2007.3
第56回現地探訪報告 備中国南部の中心地・倉敷市と周辺の探訪（2）,（3）
（新田成美）「郷土」 西城町郷土研究会 （97）／（98） 2011.3/2011.09
第56回現地探訪報告 備中国南部の中心地・倉敷市と周辺の探訪（4）は
じめに／探訪当日の日程（四掲）／探訪地五、倉敷市真備町のこと／岡山
県と倉敷市の各エリア図／真備町の明治以後と今日／資料／吉備真備略
年表（新田成美）「郷土」 西城町郷土研究会 （99） 2012.3
市制記念「倉敷市新地図」に出会って（田中正也）「中庄の歴史」 中庄の
歴史を語り継ぐ会 （7） 2012.9
倉敷市域における武術流派竹内流の系譜（足立賢二）「倉敷の歴史」 倉敷
市総務局総務部 （23） 2013.3
『新修倉敷市史』、研究誌『倉敷の歴史』「倉敷の歴史」 倉敷市総務局総務
部 （23） 2013.3

倉敷支援学校
倉敷市 倉敷市立倉敷支援学校 創立50周年を迎えて（流域ニュース
2014）（藤澤達郎）「高梁川」 高梁川流域連盟 （72） 2014.12

倉敷市立小学校
倉敷市立小学校「学校沿革史」に見る戦争（特集 戦時下の高梁川流域）
（上田州信）「高梁川」 高梁川流域連盟 （70） 2012.12

倉敷代官役所
倉敷代官役所管下幕府領における郡中惣代と郡中入用（1）,（2）（山本太
郎）「岡山大学大学院文化科学研究科紀要」 岡山大学大学院文化科学
研究科 （19）／（20） 2005.3/2005.11

倉敷町
史料群紹介 倉敷市所蔵岡山県都窪郡倉敷町大森家文書（立石智章）「倉敷
の歴史」 倉敷市総務局総務部 （24） 2014.3

倉敷天文台
倉敷天文台の観測室（大野智久）「高梁川」 高梁川流域連盟 （71）
2013.12
倉敷天文台 星移 八話（特集 星空のメッカ）（原圭一郎）「高梁川」 高梁
川流域連盟 （72） 2014.12

倉敷中庄郵便局
ウォーク＆トーク ふるさと紀行（5） 大寺の巻 倉敷中庄郵便局（皿井直
江）「中庄の歴史」 中庄の歴史を語り継ぐ会 （7） 2012.9

倉敷紡績
戦前倉敷の都市計画をめぐる覚書―倉敷紡績「職工村」建設をめぐって
（坂本忠次）「倉敷の歴史」 倉敷市総務局総務部 （15） 2005.3
私立青年学校の教育―倉紡の青年学校を中心に（南智）「倉敷の歴史」 倉
敷市総務局総務部 （17） 2007.3

倉敷村
史料は語る（1）,（2）,（5）,（9） 倉敷村の牢番（1）,（2）,（5）,（9）（大森久
雄）「部落問題 ： 調査と研究」 岡山部落問題研究所 148/163
2000.10/2003.4
「備中国窪屋郡倉敷村分見図」の物語ること（原圭一郎）「高梁川」 高梁
川流域連盟 通号68 2010.12
史料群紹介 備中国窪屋郡倉敷村大橋紀寛家文書（山本太郎）「倉敷の歴
史」 倉敷市総務局総務部 （22） 2012.3
幕府領陣屋元村の掛屋と陣屋・地域社会―備中国窪屋郡倉敷村を事例と
して（2014年度大会報告要旨―近世・部会報告）（山本太郎）「ヒスト

リア ： journal of Osaka Historical Association」 大阪歴史学会 （244）2014.6

幕府領陣屋元村の掛屋と陣屋・地域社会—備中国窪屋郡倉敷村を事例として（2014年度大会特集号—一部会報告 近世）（山本太郎）「ヒストリア ： journal of Osaka Historical Association」 大阪歴史学会 （247）2014.12

倉敷幼稚園舎

岡山の文化財 倉敷市歴史民俗資料館（旧倉敷幼稚園舎）（藤原憲芳）「きび野」 岡山県郷土文化財団 （130）2013.6

栗坂

ウォーク&トーク ふるさと紀行（7）栗坂の巻 「陶酔窯」を訪ねて（難波良郎）「中庄の歴史」 中庄の歴史を語り継ぐ会 （9）2014.9

黒鳥陣屋

備中黒鳥陣屋—布賀知行所ともいう旗本陣屋（岩佐悟）「城郭史研究」 日本城郭史学会，東京堂出版（発売）（27）2008.1

KOバス

鴨方往来を走ったKOバス（特集 市民がつくる企画展「大正時代のおかやま」）（戸板啓四郎）「岡山びと ： 岡山シティミュージアム紀要」 岡山シティミュージアム （6）2012.3

鴨方往来とKOバス（随想）（高木範子）「中庄の歴史」 中庄の歴史を語り継ぐ会 （7）2012.9

KOバスが走ったころの倉敷（在間宣久）「中庄の歴史」 中庄の歴史を語り継ぐ会 （7）2012.9

敬業館

岡山の文化財 敬業館跡（安東康宏）「きび野」 岡山県郷土文化財団 （128）2013.1

興譲館

幕末・明治期の興譲館（山田芳則）「吉備地方文化研究」 就実大学吉備地方文化研究所 （14）2004.3

岡山の文化財 興譲館「東館」（藤原美恵子）「きび野」 岡山県郷土文化財団 （120）2011.1

荒神山城

荒神山城跡山麓の新遺構について—新たに確認された「伊の谷」の遺構と謎の雲清寺について（草苅啓介）「戦乱の空間」 戦乱の空間編集会 （3）2004.7

郷原

岡山の文化財 郷原漆器（高山雅之）「きび野」 岡山県郷土文化財団 （101）2006.3

岡山の文化財 昔の郷原漆器製作用具（高山雅之）「きび野」 岡山県郷土文化財団 （105）2007.3

後楽園

江戸時代の岡山後楽園日々の記録 「御後園諸事留帳」（神原邦男）「岡山の自然と文化 ： 郷土文化講座から」 岡山県郷土文化財団 19 2000.3

瀬戸内名勝散策 岡山城・後楽園めぐり「郷土史紀行」 ヒューマン・レクチャー・クラブ 24 2003.11

「御茶屋御絵図」と後楽園（万城あき）「岡山の自然と文化 ： 郷土文化講座から」 岡山県郷土文化財団 24 2005.3

自然のいとなみに魅せられて—岡山後楽園と小さな仲間（難波由城雄）「岡山の自然と文化 ： 郷土文化講座から」 岡山県郷土文化財団 （25）2006.3

岡山後楽園の園名物語（高見茂）「高梁川」 高梁川流域連盟 通号66 2008.12

岡山藩主が利用した後楽園の玄関口 特別名勝岡山後楽園御舟入跡 岡山市北区後楽園「所報吉備」 岡山県古代吉備文化財センター （53）2012.9

津田永忠がわれわれに託したメッセージを閑谷学校と後楽園から読み解く（論文）（臼井洋輔）「閑谷学校研究」 特別史跡閑谷学校顕彰保存会 （17）2013.5

口林

口林（浅口郡里庄町里見）（赤澤光子）「岡山地名研通信」 岡山地名研究会 （10）2009.1

小岡庄

中世の窓から—荘園の風景（8）備前国小岡庄（田中修實）「人権21 ： 調査と研究」 おかやま人権研究センター （164）2003.6

小坂庄

中世の窓から—荘園の風景（9）備中国小坂庄（田中修實）「人権21 ： 調査と研究」 おかやま人権研究センター （165）2003.8

小阪部

小阪部に移寓してからの子弟教育（岡田克三）「高梁川」 高梁川流域連盟 （62）2004.12

児島

児島へおいで—地名散歩 海上からの遊覧（田中正也）「高梁川」 高梁川流域連盟 （58）2000.12

天正十年前夜に至る毛利勢と織豊勢による「備前備中国境阿智・児島両内海地域」の築城動向（2）（池田誠，光畑克己）「戦乱の空間」 戦乱の空間編集会 （2）2003.7

吉備の児島（随想）（小見山輝）「きび野」 岡山県郷土文化財団 （110）2008.6

聞き書き昭和史 児島の繊維業界の変遷（河合達朗）「倉敷の歴史」 倉敷市総務局総務部 （20）2010.3

特別寄稿 児島の史誌 編集の記（大谷壽文）「倉敷の歴史」 倉敷市総務局総務部 （22）2012.3

瀬戸内児島の鯛網漁考（太田健一）「倉敷の歴史」 倉敷市総務局総務部 （23）2013.3

児島郡

慶長～寛永期における大名権力による地方支配について—おもに児島郡を中心に分析して（内池英樹）「岡山地方史研究」 岡山地方史研究会 （125）2011.12

研究ノート 備前国児島郡の大庄屋の変遷について（北村章）「岡山地方史研究」 岡山地方史研究会 （128）2012.12

児島湾

「ひと・まち・ミュージアム」フォーラム「海に広がる大地 児島湾」より「岡山学こと始め ： 岡山市デジタルミュージアム開設準備室研究レポート」 岡山市デジタルミュージアム開設準備室 2 2003.3

旧児島湾の産物について—文献に記録された魚介類たち（岡嶋隆司）「岡山学こと始め ： 岡山市デジタルミュージアム開設準備室研究レポート」 岡山市デジタルミュージアム開設準備室 3 2004.3

児島湾干拓地七区における農業的土地利用と営農分化（山野明男）「岡山大学大学院文化科学研究科紀要」 岡山大学大学院文化科学研究科 （18）2004.11

岡山の文化財 児島湾開墾第一区の樋門群（横山定）「きび野」 岡山県郷土文化財団 （111）2008.9

新田場の履歴—近世の児島湾干拓と干拓地の暮らし（安倉清瑞）「岡山の自然と文化 ： 郷土文化講座から」 岡山県郷土文化財団 （29）2010.3

今昔児島湾スケッチ—86の証言から見えてくる風景（森千恵）「岡山びと ： 岡山シティミュージアム紀要」 岡山シティミュージアム （8）2014.3

父祖の地から 藤田伝三郎の足跡を訪ねて—児島湾干拓地（広林真理子）「下松地方史研究」 下松地方史研究会 （50）2014.4

古新田

改修された古新田干拓史跡跡（高橋彪）「福田史談会会報」 倉敷・福田史談会 （175）2003.8

ふるさと誕生の歴史 第1部 福田古新田干拓跡を歩く（高橋彪）「福田史談会会報」 倉敷・福田史談会 （176）2003.10

改修された古新田干拓史跡跡（高橋彪）「福田史談会会報」 倉敷・福田史談会 （177）2004.2

人柱、実は工事犠牲者だった 福田古新田開発における伝説の真実（國守卓史）「高梁川」 高梁川流域連盟 （65）2007.12

国境七城

国境七城の探訪（上）（市川俊介）「宇喜多家史談会会報」 宇喜多家史談会 7 2003.7

金光

金光 むかしむかし（間壁忠彦）「金光町史だより」 金光町史編纂室，金光町役場 （8）2003.3

金光町

金光町の中世山城（補遺）と城跡の見方—「金光町史」本編で語り得なかったもの（尾崎聡）「金光町史だより」 金光町史編纂室，金光町役場 （8）2003.3

衣食住からみた明治から大正期の金光町（上田賢一）「金光町史だより」 金光町史編纂室，金光町役場 （9）2004.3

金光町の短歌・俳句（柿本照夫）「金光町史だより」 金光町史編纂室，金光町役場 （9）2004.3

奈良時代の金光町—古代の村と生活（今津勝紀）「金光町史だより」 金光町史編纂室，金光町役場 （9）2004.3

金光町史編纂事業の回顧（朝霧要）「金光町史だより」 金光町史編纂室，金光町役場 （9）2004.3

最上稲荷

吉備線稲荷山支線と最上稲荷（特集 高梁川流域の鉄道 今昔）（城本五郎）「高梁川」 高梁川流域連盟 通号68 2010.12

備中

備仲と備中（備仲臣道）「きび野」 岡山県郷土文化財団 87 2002.9

葦ずい論法 備中残光抄（矢沢昭郎）「高梁川」 高梁川流域連盟 （61）

2003.12

備前・備中の和算と算額について（佐治あゆみ）「吉備地方文化研究」 就実大学吉備地方文化研究所 （14） 2004.3

改版を重ねた『備中村鑑』—内容に多くの疑問点（片山新助）「倉敷の歴史」 倉敷市総務局総務部 （14） 2004.3

備中北部における山野利用（1）,（2）（岡地克直）「岡山地方史研究」 岡山地方史研究会 102/103 2004.5/2004.9

うどん好き 備中人と讃岐人（三宅将晴）「高梁川」 高梁川流域連盟 （62） 2004.12

備中南部における石製宮獅子—尾道石工の影響を中心に（藤原好二）「倉敷の歴史」 倉敷市総務局総務部 （17） 2007.3

郷土の伝統産業 備中手延べそうめん今昔（三宅将晴）「高梁川」 高梁川流域連盟 通号66 2008.12

平安初期の京貫と在地社会—和気氏・賀陽氏と備前・備中（長谷部将司）「吉備地方文化研究」 就実大学吉備地方文化研究所 （19） 2009.3

備中漆の再興（高山雅之）「岡山の自然と文化 : 郷土文化講座から」 岡山県郷土文化財団 （30） 2011.3

幕末維新期の備中における紙幣発行について—玉島請札と大内再興札を中心に（古賀康士）「倉敷の歴史」 倉敷市総務局総務部 （21） 2011.3

アラカルト 宇喜多氏備中域の範囲について（森脇崇文）「倉敷の歴史」 倉敷市総務局総務部 （22） 2012.3

例会報告 備中境目七城を歩くに参加して（野村秀樹）「備陽史探訪」 備陽史探訪の会 （178） 2014.6

酒津

酒津の桜と貯水池「春秋くらしき」 倉敷市文化連盟 （11） 2010.5

作州

史料紹介 武南勝太郎著『作州出張中日記』（横山定）「岡山地方史研究」 岡山地方史研究会 104 2004.12

作州史の流れと菅原系粟井氏の盛衰（粟井弘二）「家系研究」 家系研究協議会 （47） 2009.4

笹沖村

窪屋郡における近世前期村方騒動の一考察—笹沖村八兵衛の訴えを分析して（内池英樹）「倉敷の歴史」 倉敷市総務局総務部 （14） 2004.3

笹ヶ迫

倉光成澄の塚と笹ヶ迫、板倉の合戦（今井淳一）「史學義仲」 木曽義仲史学会 （5） 2003.11

皿村

皿村煙硝蔵について（尾島治）「津博 : 津山郷土博物館だより「つはく」」 津山郷土博物館 （66） 2010.9

猿懸城

猿懸城合戦と毛利氏の備中国経略（畑和良）「倉敷の歴史」 倉敷市総務局総務部 （20） 2010.3

猿掛橋

琴弾橋誕生—猿掛橋と井の口橋の統廃合（渡邉隆男）「高梁川」 高梁川流域連盟 （63） 2005.12

JR瀬戸大橋線

JR瀬戸大橋線あれこれ（特集 高梁川流域の鉄道 今昔）（渡邉隆男）「高梁川」 高梁川流域連盟 通号68 2010.12

閑谷学校

宮本武蔵生誕の地「武蔵の里」と特別史跡「閑谷学校」を訪ねて（松井卓子）「かんべ」 可部郷土史研究会 98 2002.10

新時代に生かす伝統（森崎岩之助）「閑谷学校研究」 特別史跡閑谷学校顕彰保存会 （7） 2003.5

閑谷學校回想（平野宣紀）「閑谷学校研究」 特別史跡閑谷学校顕彰保存会 （7） 2003.5

閑谷学校文化講演会 三人の山田方谷（矢吹邦彦）「閑谷学校研究」 特別史跡閑谷学校顕彰保存会 （7） 2003.5

閑谷学校の夜の"あかり"（史料紹介）（岡本明郎）「閑谷学校研究」 特別史跡閑谷学校顕彰保存会 （7） 2003.5

昭和28年の鶴鳴門修理を記録する赤銅板（史料紹介）「閑谷学校研究」 特別史跡閑谷学校顕彰保存会 （7） 2003.5

「閑谷学校幷医学館入学諸事留」（史料紹介）（加原耕作）「閑谷学校研究」 特別史跡閑谷学校顕彰保存会 （7） 2003.5

閑谷学校を訪ねて（後藤安臣）「郷土史杵築」 杵築郷土史研究会 120 2004.3

吉備路秋の巡見—旧閑谷学校・高松城址・備中国分寺（岩政幸夫）「柳井市郷談会誌」 柳井市郷談会 28 2004.4

「薇山西先生碑」と「薇山西先生墓碑銘」（史料紹介）（竹内良雄）「閑谷学校研究」 特別史跡閑谷学校顕彰保存会 （8） 2004.5

遠来の客を案内するのはいつも閑谷学校（回顧閑谷中学校）（松本知之）「閑谷学校研究」 特別史跡閑谷学校顕彰保存会 （8） 2004.5

父・平野宣紀の青春彷徨と閑谷学校（平野耿）「閑谷学校研究」 特別史跡

閑谷学校顕彰保存会 （8） 2004.5

観梅の会と孔子像特別公開（特別史跡閑谷学校顕彰保存会）「閑谷学校研究」 特別史跡閑谷学校顕彰保存会 （8） 2004.5

閑谷遺跡 石垣と石塀（岡本明郎）「閑谷学校研究」 特別史跡閑谷学校顕彰保存会 （9） 2005.5

今を生きる心の故郷（佐藤智）「閑谷学校研究」 特別史跡閑谷学校顕彰保存会 （9） 2005.5

講堂修理と聖廟改修を記録する赤銅盤（顕彰保存会）「閑谷学校研究」 特別史跡閑谷学校顕彰保存会 （9） 2005.5

閑谷学校来訪者・観光客の動向と意向（顕彰保存会）「閑谷学校研究」 特別史跡閑谷学校顕彰保存会 （9） 2005.5

閑谷遺跡「いちたに池」と幻の臨水亭（岡本明郎）「閑谷学校研究」 特別史跡閑谷学校顕彰保存会 （10） 2006.5

閑谷学校史跡めぐり（大橋義子）「閑谷学校研究」 特別史跡閑谷学校顕彰保存会 （10） 2006.5

剣豪の墓も兵士の記念碑も（竹内良雄）「閑谷学校研究」 特別史跡閑谷学校顕彰保存会 （10） 2006.5

北関東より閑谷学校を懐古する（中山茂樹）「閑谷学校研究」 特別史跡閑谷学校顕彰保存会 （10） 2006.5

紅葉の閑谷学校と赤穂城跡を訪ねて（藤本眞事）「南国史談」 南国史談会 （30） 2007.3

閑谷学校を子どもたちに伝えていこう（鍋島豊）「閑谷学校研究」 特別史跡閑谷学校顕彰保存会 （11） 2007.5

閑谷学校の意匠（1） 懸魚と鬼板と六葉と（竹内良雄）「閑谷学校研究」 特別史跡閑谷学校顕彰保存会 （11） 2007.5

弘前藩儒伊藤梅軒の閑谷訪問（定塚学）「閑谷学校研究」 特別史跡閑谷学校顕彰保存会 （11） 2007.5

閑谷学校の意匠（2） 厨子の扉絵と花頭窓（竹内良雄）「閑谷学校研究」 特別史跡閑谷学校顕彰保存会 （12） 2008.5

津田家所蔵文書（加原耕作）「閑谷学校研究」 特別史跡閑谷学校顕彰保存会 （12） 2008.5

『旧閑谷学校歴史資料目録』にみる教育の変遷（冨岡直樹）「閑谷学校研究」 特別史跡閑谷学校顕彰保存会 （13） 2009.5

閑谷学校の意匠（3） 石塀・椿谷の石壁・泮池の泮橋（竹内良雄）「閑谷学校研究」 特別史跡閑谷学校顕彰保存会 （13） 2009.5

閑谷学校楷の木俳句会（曽根薫風）「閑谷学校研究」 特別史跡閑谷学校顕彰保存会 （13） 2009.5

教育遺産としての旧閑谷学校（〈新たな文化財の評価のあり方をめざして〉）（石井啓, 福本浩子）「常総の歴史」 崙書房出版茨城営業所 （39） 2009.7

文化講演会 閑谷学校を粋に見る（臼井洋輔）「閑谷学校研究」 特別史跡閑谷学校顕彰保存会 （14） 2010.5

俳句 閑谷学校楷の木俳句会（曽根薫風）「閑谷学校研究」 特別史跡閑谷学校顕彰保存会 （14） 2010.5

文化財 閑谷学校の意匠（4） 石の造形（竹内良雄）「閑谷学校研究」 特別史跡閑谷学校顕彰保存会 （14） 2010.5

巻頭言 閑谷学校世界遺産への道（森崎岩之助）「閑谷学校研究」 特別史跡閑谷学校顕彰保存会 （15） 2011.5

俳句 閑谷学校楷の木俳句会（曽根薫風）「閑谷学校研究」 特別史跡閑谷学校顕彰保存会 （15） 2011.5

『北林遺稿』 閑谷学校と武元君立（1） 教授役を拝命、黄葉亭を建つ（竹内良雄）「閑谷学校研究」 特別史跡閑谷学校顕彰保存会 （15） 2011.5

文化講演会 岡山藩における閑谷学校の教育（柴田一）「閑谷学校研究」 特別史跡閑谷学校顕彰保存会 （16） 2012.5

文化財 閑谷学校の石工技術について（北脇義友）「閑谷学校研究」 特別史跡閑谷学校顕彰保存会 （16） 2012.5

『北林遺稿』 閑谷学校と武元君立（2） 閑谷の日々、行動範囲と交流の人々（竹内良雄）「閑谷学校研究」 特別史跡閑谷学校顕彰保存会 （16） 2012.5

活動報告 岡山県青少年教育センター閑谷学校のとりくみ（國友道一）「閑谷学校研究」 特別史跡閑谷学校顕彰保存会 （16） 2012.5

津田永忠がわれわれに託したメッセージを閑谷学校と後楽園から読み解く（論文）（臼井洋輔）「閑谷学校研究」 特別史跡閑谷学校顕彰保存会 （17） 2013.5

『北林遺稿』 閑谷学校と武元君立（3） 閑谷を去り悠々の思い求め京へ（竹内良雄）「閑谷学校研究」 特別史跡閑谷学校顕彰保存会 （17） 2013.5

坂archives家と閑谷学校（史料紹介）（村上節子）「閑谷学校研究」 特別史跡閑谷学校顕彰保存会 （17） 2013.5

世界遺産 「備前市旧閑谷学校世界遺産登録検討専門委員」の活動について（倉地克直）「閑谷学校研究」 特別史跡閑谷学校顕彰保存会 （17） 2013.5

文化財 重要文化財 特別史跡旧閑谷学校石塀修理について（横山定）「閑谷学校研究」 特別史跡閑谷学校顕彰保存会 （17） 2013.5

岡山市に設置された閑谷黌の消長について（論文）（難波俊成）「閑谷学校

研究」 特別史跡閑谷学校顕彰保存会 （18） 2014.5

俳句 閑谷学校楷の木俳句会 曽根薫風選「閑谷学校研究」 特別史跡閑谷学校顕彰保存会 （18） 2014.5

明治二十四年西薌長の発した閑谷学校状況報告（史料紹介）（太田健一）「閑谷学校研究」 特別史跡閑谷学校顕彰保存会 （18） 2014.5

加子浦歴史文化館 企画展「閑谷と中国―閑谷山中から中国へ―」（展示報告）（村上節子）「閑谷学校研究」 特別史跡閑谷学校顕彰保存会 （18） 2014.5

世界遺産 旧閑谷学校の世界遺産登録に向けて（横山裕昭）「閑谷学校研究」 特別史跡閑谷学校顕彰保存会 （18） 2014.5

旧閑谷学校

岡山の文化財 旧閑谷学校（徳光泰弘）「きび野」 岡山県郷土文化財団 78 2000.6

閑谷中学校

石塀に想う（回顧閑谷中学校）（廣井弘）「閑谷学校研究」 特別史跡閑谷学校顕彰保存会 （7） 2003.5

中学時代の座右銘いまも生きて（回顧閑谷中学校）（東山浅）「閑谷学校研究」 特別史跡閑谷学校顕彰保存会 （7） 2003.5

京阪神閑谷会のことなど（回顧閑谷中学校）（菊井正和）「閑谷学校研究」 特別史跡閑谷学校顕彰保存会 （8） 2004.5

聖教授業に思う（回顧閑谷中学校）（青木人美）「閑谷学校研究」 特別史跡閑谷学校顕彰保存会 （8） 2004.5

中学時代の追想（沖和男）「閑谷学校研究」 特別史跡閑谷学校顕彰保存会 （9） 2005.5

私立閑谷中学校の設立（金谷達夫）「閑谷学校研究」 特別史跡閑谷学校顕彰保存会 （14） 2010.5

後月郡

小田・後月郡の地主経営（首藤ゆきえ）「井原の歴史 ： 井原市史紀要」 井原市教育委員会市史編さん室 4 2004.3

忍山城

城郭研究及び軍記研究から見た備中忍山城合戦と合戦場の諸城―附 忍山城に相対する陣城のひとつ「信倉城」の縄張図下書き（光畑克己氏遺作）（尾崎聡）「戦乱の空間」 戦乱の空間編集会 （3） 2004.7

下足守

織豊・毛利備中戦役と城館群―岡山市下足守の城館遺構をめぐって（畑和良）「愛城研報告」 愛知中世城郭研究会 （12） 2008.8

下津井

北前船の来航と下津井（大谷壽文）「高梁川」 高梁川流域連盟 （62） 2004.12

下津井からの瑜伽みち（大谷壽文）「高梁川」 高梁川流域連盟 （64） 2006.12

下津井と旧野﨑家を訪ねる（宮城敏男）「光地方史研究」 光地方史研究会 （40） 2014.3

下津井城

投稿俳句 下津井城址にて（荒川憲司）「備陽史探訪」 備陽史探訪の会 （157） 2010.12

下津井電鉄

現場からみた下津井電鉄（特集 高梁川流域の鉄道 今昔）（高尾智）「高梁川」 高梁川流域連盟 通号68 2010.12

下津井港

のどかな下津井港絵巻「春秋くらしき」 倉敷市文化連盟 （16） 2012.12

下出部村

史料紹介 備中国後月郡下出部村の捨て子（沢山美果子）「岡山地方史研究」 岡山地方史研究会 通号117 2009.4

下村湊

備前下村湊（大谷壽文）「高梁川」 高梁川流域連盟 （63） 2005.12

衆楽園

衆楽園と曲水をめぐるいくつかの疑問点（研究ノート）（小島徹）「津博 ： 津山郷土博物館だより「つはく」」 津山郷土博物館 （76） 2013.5

上道郡

忘れられた農民一揆（1）～（4） 明治4年県南4郡（赤磐、津高、磐梨、上道）騒動始末記（清野忠昭）「部落問題 ： 調査と研究」 岡山部落問題研究所 145/149 2000.4/2000.12

勝北町

わが町・わが村の自慢 勝北町文化センター（勝北町）「きび野」 岡山県郷土文化財団 81 2001.3

白石島

随想 白石島の集落構造（中嶋節子）「きび野」 岡山県郷土文化財団 （114） 2009.6

白猪屯倉

白猪屯倉について（湊哲夫）「博物館だより」 津山郷土博物館 （49） 2006.1

白猪屯倉論の現状と課題（湊哲夫）「吉備地方文化研究」 就実大学吉備地方文化研究所 （19） 2009.3

白旗山

白旗山（関川有吉光江）「郷土誌三石城」 郷土誌三石城編集局 118 2002.7

新庄宿

地域文化創造に向けて 出雲街道 新庄宿町づくりの会（新庄村）「きび野」 岡山県郷土文化財団 79 2000.9

新保港

比企谷・池上・身延三山詣道中日記に読む中世の新保港と松田屋敷（矢吹壽年）「宇喜多家史談会会報」 宇喜多家史談会 （37） 2011.2

仁堀尋常高等小学校

岡山の文化財 赤磐市吉井郷土資料館（旧仁堀尋常高等小学校本館）（高畑富子）「きび野」 岡山県郷土文化財団 （123） 2011.9

鈴木の滝

岡山の自然 鈴木の滝（須广耕介）「きび野」 岡山県郷土文化財団 90 2003.6

須内

須内（真庭市鹿田）（三浦智江子）「岡山地名研通信」 岡山地名研究会 （8） 2006.12

井田

岡山の文化財 井田跡（石井啓）「きび野」 岡山県郷土文化財団 （117） 2010.3

瀬戸内市

ふるさとの想い出 佐竹徳画伯とオリーブ園（瀬戸内市）「きび野」 岡山県郷土文化財団 （119） 2010.9

遷喬尋常小学校校舎

岡山の文化財 旧遷喬尋常小学校校舎（池上博）「きび野」 岡山県郷土文化財団 83 2001.9

千人塚

研究会 明治17年8月25日の暴風津波 千人塚（第1部）「福田史談会会報」 倉敷・福田史談会 （178） 2004.4

総社

総社と永井荷風（守安晴美）「高梁川」 高梁川流域連盟 （70） 2012.12

総社市

総社市の扶桑社歴史教科書「採択」報道と、採択制度問題（小椋千寿子）「人権21 ： 調査と研究」 おかやま人権研究センター （179） 2005.12

備中国の中心地・総社市とその周辺の探訪（1）～（3）（新田成美）「郷土」 西備町郷土研究会 （93）/（95） 2009.3/2010.03

豊臣時代資料・史跡調査概報 平成22年度 岡山県総社市・岡山市 豊臣時代資料・史跡調査概報（跡部信, 北川央）「大阪城天守閣紀要」 大阪城天守閣 （40） 2013.3

第一合同銀行倉敷支店

岡山の文化財 中国銀行倉敷本町出張所（旧第一合同銀行倉敷支店）（上田恭嗣）「きび野」 岡山県郷土文化財団 （132） 2014.1

大遷橋

出雲街道と大遷橋（宿野喜一）「作東の文化」 作東町文化協会 （32） 2006.10

大山往来

大山往来の概略（赤羽学）「岡山地名研通信」 岡山地名研究会 5 2003.12

大仙屋敷

あとがき―そして「大仙屋敷」のこと（小見山輝）「岡山地名研通信」 岡山地名研究会 5 2003.12

平川

現地報告書 山間の郷士平川家の痕跡―岡山県高梁市備中町平川（古林小百合）「関西大学博物館紀要」 関西大学博物館 20 2014.3

高島

地域から始まるまちづくり「高島の風土記」（小野田美津）「岡山学こと始め ： 岡山市デジタルミュージアム開設準備室研究レポート」 岡山市デジタルミュージアム開設準備室 3 2004.3

高瀬通し

「高瀬通し」を歩く（田仲満雄）「高梁川」 高梁川流域連盟 通号67 2009.12

高田城

天神山落城・高田落城年代に関する考察（加原耕作）「宇喜多家史談会

報」宇喜多家史談会 （27）2008.7

旧高戸楚一郎家

岡山の文化財 旧高戸楚一郎家（渋谷泰彦）「きび野」 岡山県郷土文化財団 79 2000.9

高取山城

宇喜多氏の城々（2）高取山城（出宮徳尚）「宇喜多家史談会会報」 宇喜多家史談会 5 2003.1

高野郷

亀山家伝来の美作国高野郷中嶋氏受給文書（史料紹介）（横山定）「倉敷の歴史」 倉敷市総務局総務部 （13）2003.3

高梁

高梁に明治初期西洋医学の医院を開いた東三省の碑について（野田和心）「高梁川」 高梁川流域連盟 （62）2004.12

高橋川

表紙解説 高橋川橋梁を渡る「夢やすらぎ号」（小西伸彦）「高梁川」 高梁川流域連盟 通号68 2010.12

高梁川

昭和18年合同新聞「高梁川に高瀬舟復活」の記事から（野田和心）「高梁川」 高梁川流域連盟 （61）2003.12

高梁川遡行の歌（菅野光明）「高梁川」 高梁川流域連盟 （61）2003.12

高梁川随想 このすばらしい台地を後世に残そう（三宅将晴）「高梁川」 高梁川流域連盟 （61）2003.12

歴史探訪 高梁川水系に存在した旧渡船の調査（斎藤彰男）「高梁川」 高梁川流域連盟 （61）2003.12

高梁川の特徴と治水対策について（国土交通省岡山河川事務所）「高梁川」 高梁川流域連盟 （64）2006.12

高梁川舟運の舟手形 高瀬舟舟運の物品販売業の許可証（野田和心）「高梁川」 高梁川流域連盟 （65）2007.12

大改修前の高梁川の測量図（吉澤利忠）「倉敷の歴史」 倉敷市総務局総務部 （18）2008.3

高梁川へのロマンと大原總一郎氏（《特集 大原總一郎生誕百年》）（坂本忠次）「高梁川」 高梁川流域連盟 通号66 2008.12

アラカルト 高梁川流域問題と大原總一郎（坂本忠次）「倉敷の歴史」 倉敷市総務局総務部 （19）2009.3

特別寄稿 高梁川流域用水問題と広domainis文書館（中野美智子）「倉敷の歴史」 倉敷市総務局総務部 （20）2010.3

近世河川交通から見る「流域社会」—高梁川流域を中心として（例会報告要旨）（久住祐一郎）「交通史研究」 交通史学会, 吉川弘文館（発売）（72）2010.10

特集「高梁川流域の鉄道 今昔」（写真）「高梁川」 高梁川流域連盟 通号68 2010.12

高梁川流域の鉄道遺産を訪ねる（特集 高梁川流域の鉄道 今昔）（小西伸彦）「高梁川」 高梁川流域連盟 通号68 2010.12

高梁川流域のスケーターたち（藤井康男）「高梁川」 高梁川流域連盟 通号68 2010.12

高梁川改修工事と一の口水門の「導水路」（アラカルト）（福本明）「倉敷の歴史」 倉敷市総務局総務部 （21）2011.3

岡山の自然 高梁川（植田彰）「きび野」 岡山県郷土文化財団 （122）2011.6

高梁川と高瀬舟—松山藩と新見藩における河川行政（杉慎吾）「高梁川」 高梁川流域連盟 （69）2011.12

特攻隊員が終戦直後に自爆（特集 戦時下の高梁川流域）（杉原尚示）「高梁川」 高梁川流域連盟 （70）2012.12

今も、私の心に残る戦時下のこと（特集 戦時下の高梁川流域）（樋口皓廸）「高梁川」 高梁川流域連盟 （70）2012.12

戦争中だった子どものころ（特集 戦時下の高梁川流域）（宮尾雅彦）「高梁川」 高梁川流域連盟 （70）2012.12

戦時体制下を生きた一中学生の回想（特集 戦時下の高梁川流域）（定金恒次）「高梁川」 高梁川流域連盟 （70）2012.12

耐え難きを耐え 忍び難きを忍んだ 占領下の日本を回顧して（特集 戦時下の高梁川流域）（堀省三）「高梁川」 高梁川流域連盟 （70）2012.12

終戦直前の我が里 タケノコ生活（特集 戦時下の高梁川流域）（三宅将晴）「高梁川」 高梁川流域連盟 （70）2012.12

国民学校教育と新制中学校教育（特集 戦時下の高梁川流域）（福本晃）「高梁川」 高梁川流域連盟 （70）2012.12

高梁川流域の詩行（井奥行彦）「高梁川」 高梁川流域連盟 （70）2012.12

「古文書から探る高瀬舟」—高梁川の運賃と物価（中澤祐一）「歴史懇談」 大阪歴史懇談会 （27）2013.8

「備中の川、高瀬川」を、改めて考える（高梁川流域の自然フォトコンテスト2012）（大原謙一郎）「高梁川」 高梁川流域連盟 （71）2013.12

高梁川と水島の歴史（児島塊太郎）「高梁川」 高梁川流域連盟 （71）2013.12

高梁市立吹屋小学校

ふるさとの想い出 高梁市立吹屋小学校（高梁市成羽町）「きび野」 岡山県郷土文化財団 （125）2012.3

高松城

備中高松城水攻めの発案者（花房正幸）「宇喜多家史談会会報」 宇喜多家史談会 8 2003.10

吉備路秋の巡見—旧閑谷学校・高松城址・備中国分寺（岩政幸夫）「柳井市郷談会誌」 柳井市郷談会 28 2004.3

瀬戸内紀行 水攻めの城 備中高松城「郷土史紀行」 ヒューマン・レクチャー・クラブ 28 2004.7

備中高松城合戦と秀吉の密書（新祖隆太郎）「みよし地方史」 三次地方史研究会 （71）2006.12

備中高松城水攻め関係文献（1）（市川俊介）「宇喜多家史談会会報」 宇喜多家史談会 （24）2007.10

高松城水攻め前夜の攻防と城郭・港（水成準治）「倉敷の歴史」 倉敷市総務局総務部 （18）2008.3

備中高松城攻め堤防伝説—文献・絵画資料から見た（別府信吾）「岡山地方史研究会 （124）2011.9

備中高松城攻めの発案者（宇喜多家史談会会報第8号・平成15年10月4日）（花房正幸）「宇喜多家史談会会報」 宇喜多家史談会 （43）2012.8

例会談義 備中高松城水攻戦—地名から見た水攻め（佐藤貴洋）「備陽史探訪」 備陽史探訪の会 （178）2014.6

高屋

高屋北部の石碑を訪ねて 中村耕雲先生頌徳碑／土肥伊賀守碑（森近丘也）「史談いばら」 井原史談会 29 2005.4

高屋城

尼子勢力掃討戦における毛利氏の城郭に関する一考察—備中高屋城および備中国後月郡の国人一揆（永禄12年）を例に（尾崎聡）「戦乱の空間」 戦乱の空間編集会 （4）2005.7

高屋町

高屋町の塚の分布について「井原市文化財ガイドマップ」より（森近丘也）「井原史談会会報」 井原史談会 92 2005.8

高梁川東西用水

「疏水百選」に！—高梁川東西用水（流域ニュース2006）（島村邦彦）「高梁川」 高梁川流域連盟 （64）2006.12

高屋村

近世後期における岩倉村・稗原村・高屋村の通婚圏について（大島千鶴）「井原の歴史 : 井原市史紀要」 井原市教育委員会市史編さん室 3 2003.3

竹橋

「竹橋（はし・ちっきょう）」時代の竹喬（上薗四郎）「岡山の自然と文化 : 郷土文化講座から」 岡山県郷土文化財団 23 2004.3

建部庄

中世の窓から一荘園の風景（4）美作国建部庄（田中修實）「人権21 : 調査と研究」 おかやま人権研究センター （160）2002.10

竜ノ口山

寺屋敷からの報告（17）あの山は、龍野山か竜ノ口山か、あるいは…（山本雅典）「発喜のしほり」 発喜会 （141）2011.10

竜野山

寺屋敷からの報告（17）あの山は、龍野山か竜ノ口山か、あるいは…（山本雅典）「発喜のしほり」 発喜会 （141）2011.10

田淵1号製鉄

田淵1号製鉄跡（新見市哲多町）（林良三）「岡山地名研通信」 岡山地名研究会 （8）2006.12

玉島

歴史散歩 玉島陶の陶棺（間壁忠彦）「春秋くらしき」 倉敷市文化連盟 （3）2006.5

現代語訳「玉島記聞」（中山薫）「高梁川」 高梁川流域連盟 （64）2006.12

「備中玉島を綿で白くする」玉島から全国に発信（流域ニュース2011）（西廣行）「高梁川」 高梁川流域連盟 （69）2011.12

玉島信用金庫

心をつないで100周年—玉島信用金庫「中庄の歴史」 中庄の歴史を語り継ぐ会 （9）2014.9

玉島港

地域文化創造に向けて 備中玉島港築港三百五十年（倉敷市玉島）「きび野」 岡山県郷土文化財団 （111）2008.9

玉野

懐かしの玉野市電と玉野の交通 2日間で1200人の参加で成功「玉野市電

保存会通信」 玉野市電保存会 （7） 2006.3

湛井堰十二ケ郷用水

《備中伝説》瀬尾兼康と湛井堰十二ケ郷用水（阪本信子）「兵庫歴研」 兵庫歴史研究会 （28） 2012.4

誕生寺川運河

日本最初の閘門式運河か―誕生寺川運河（川名登）「利根川文化研究」 利根川文化研究会 通号29 2006.12

槻大橋

槻大橋ができるまで―総社市・採石場崩落事故以後の記録（渡邉隆男）「高梁川」 高梁川流域連盟 （62） 2004.12

都窪丘陵

中庄むかし風土記 再録「都窪丘陵の峠と道」（斉藤伸英著）『高梁川』第50号より「中庄の歴史」 中庄の歴史を語り継ぐ会 （9） 2014.9

倉敷市北東部 都窪丘陵の峠と道（斎藤伸英）「中庄の歴史」 中庄の歴史を語り継ぐ会 （9） 2014.9

津高郡

忘れられた農民一揆（1）～（4） 明治4年県南4郡（赤磐、津高、磐梨、上道）騒動始末記（清野忠昭）「部落問題 ： 調査と研究」 岡山部落問題研究所 145/149 2000.4/2000.12

粒江村

近世初期岡山藩における年貢割付についての若干の考察―渡辺数馬と児島郡粒江村との関係から（内海英樹）「倉敷の歴史」 倉敷市総務局総務部 （19） 2009.3

坪井下村

研究ノート 坪井下村の大谷山論所絵図について（尾島治）「津博 ： 津山郷土博物館だより「つはく」」 津山郷土博物館 （71） 2012.1

津山

津山景観図屛風「博物館だより」 津山郷土博物館 42 2004.4

平成18年度特別展報告 森本家が守り伝えた津山洋学の至宝展「一滴 ： 洋学研究誌」 津山洋学資料館 （15） 2008.3

第58回文化講演会報告／新資料館建設開始／「津山とオランダ」展報告／第28回バス旅行報告「津山洋学資料館友の会だより」 「津山洋学資料館」友の会事務局 （53） 2008.3

5分でわかる津山の歴史（1） 津山＝海!?（乾康二）「博物館だより」 津山郷土博物館 （62） 2009.8

焼失した国元日記（研究ノート）（杉井万里子）「津博 ： 津山郷土博物館だより「つはく」」 津山郷土博物館 （78） 2013.10

津山の城と城下町（尾島治）「岡山の自然と文化 ： 郷土文化講座から」 岡山県郷土文化財団 （33） 2014.3

焼き松茸に津山の諸白―近世社会の相場と物価（研究ノート）（尾島治）「津博 ： 津山郷土博物館だより「つはく」」 津山郷土博物館 （82） 2014.10

津山機関庫

わが町・わが村の自慢 津山機関庫（津山市）「きび野」 岡山県郷土文化財団 （118） 2010.6

津山市

鳥取県淀江町・岡山県津山市の史跡見学報告（渡辺正彦）「広島郷土史会会報」 広島郷土史会 150 2003.3

美作国の中心地・津山市の探訪（1），（2）（新田成美）「郷土」 西城町郷土研究会 （89）/（90） 2007.2/2007.9

津山城

松平氏藩政期における津山城の作事関係の修復（修繕）について（白峰旬）「城館史料学」 城館史料学会 （1） 2003.7

津山城下の昔日を訪ねる（藤井保夫）「備陽史探訪」 備陽史探訪の会 116 2004.2

津山城400年（平岡正宏）「岡山学こと始め ： 岡山市デジタルミュージアム開設準備室研究レポート」 岡山市デジタルミュージアム開設準備室 3 2004.3

津山城に備中櫓が復元―築城400年記念事業として「城郭だより ： 日本城郭史学会会報」 「日本城郭史学会」 48 2005.1

古城の詩 石垣の美と白亜の櫓美作国津山城「郷土史紀行」 ヒューマン・レクチャー・クラブ 33 2005.5

津山城下町町人地家割図「博物館だより」 津山郷土博物館 47 2005.7

「津山城下町町人地家割図」について（乾康二）「博物館だより」 津山郷土博物館 47 2005.7

街道を行く 美作国津山城下出雲往来の東町筋「郷土史紀行」 ヒューマン・レクチャー・クラブ 35 2005.9

津山城本丸御殿と復元された備中櫓の特徴（森本基嗣）「城郭史研究」 日本城郭史学会, 東京堂出版（発売） 25 2005.9

桜の津山城・備中櫓（岡山県津山市）「郷土史紀行」 ヒューマン・レクチャー・クラブ （51） 2008.3

再建された天守閣（研究ノート）（梶村明慶）「津博 ： 津山郷土博物館だより「つはく」」 津山郷土博物館 （76） 2013.5

津山城完成伝承について（研究ノート）（尾島治）「津博 ： 津山郷土博物館だより「つはく」」 津山郷土博物館 （77） 2013.7

津山城内の正月儀式―津山藩国元日記をひもといて（研究ノート）（梶村明慶）「津博 ： 津山郷土博物館だより「つはく」」 津山郷土博物館 （79） 2014.1

久世代官早川八郎左衛門の怒り―津山城下の通行・宿泊をめぐって（研究ノート）（小島徹）「津博 ： 津山郷土博物館だより「つはく」」 津山郷土博物館 （80） 2014.4

資料紹介 作事所作成の津山城御殿絵図ほか（東万里子）「津博 ： 津山郷土博物館だより「つはく」」 津山郷土博物館 （81） 2014.7

津山城下町の義倉（研究ノート）（尾島治）「津博 ： 津山郷土博物館だより「つはく」」 津山郷土博物館 （81） 2014.7

津山女子専門学校

津山女子専門学校関係史料について―「津山女子専門学校設立期成会会則」等の紹介（渡邊大門）「美作地域史研究」 美作大学地域生活科学研究所美作地域史研究会 （1） 2008.3

津山藩

近世前期における津山藩蔵本と船持（森元純一）「岡山地方史研究」 岡山地方史研究会 93 2000.8

津山松平藩 町奉行日記11～16「津山郷土博物館紀要」 津山郷土博物館 16/22 2003.3/2008.3

津山藩領と幕末（乾康二）「博物館だより」 津山郷土博物館 38 2003.4

津山松平藩町奉行日記（寛政4年）「博物館だより」 津山郷土博物館 41 2004.1

近世美作地域における油流通の展開―寛政期の津山藩城下町商人の経営（矢野香織）「地方史研究」 地方史研究協議会 55（6）通号318 2005.12

津山松平藩 町奉行日記17 寛政11年（1799）「津山郷土博物館紀要」 津山郷土博物館 （23） 2009.3

津山松平藩 町奉行日記18 寛政12年（1800）「津山郷土博物館紀要」 津山郷土博物館 （24） 2010.3

報告 津山藩の変貌―「先進隊」への軌跡（第25回国民文化祭 洋学シンポジウム報告 江戸時代の国際文化交流―洋学・異国人・異国船）（磯田道史）「一滴 ： 洋学研究誌」 津山洋学資料館 （18） 2011.2

津山松平藩 町奉行日記19 享和元年（1801）「津山郷土博物館紀要」 津山郷土博物館 （25） 2011.3

幕末期における郷校の設立―津山藩領内の医学研究場を事例として（下山佳那子）「岡山地方史研究」 岡山地方史研究会 （124） 2011.9

津山松平藩 町奉行日記20 享和2年（1802）「津山郷土博物館紀要」 津山郷土博物館 （26） 2012.3

津山松平藩 町奉行日記21 享和3年（1803）「津山郷土博物館紀要」 津山郷土博物館 （27） 2013.3

歴史講談 小豆島と津山藩松平家（多田豊美）「讃岐のやまなみ」 香川県歴史研究会 （7） 2014.4

津山松平藩 町奉行日記22 文化元年（1804）「津山郷土博物館紀要」 津山郷土博物館 （28） 2014.10

哲多町

わが町・わが村の自慢 哲多すずらんの園（哲多町）「きび野」 岡山県郷土文化財団 （97） 2005.3

寺山城

戦国備中の小領主 杉家の家譜より見る顚末記―川崎城、鬼山城、寺山城主周辺の考察（野田和心）「高梁川」 高梁川流域連盟 通号66 2008.12

天神山城

天神山落城・高田落城年代に関する考察（加原耕也）「宇喜多家史談会会報」 宇喜多家史談会 （27） 2008.7

天神山落城の年代をめぐって（大西泰正）「宇喜多家史談会会報」 宇喜多家史談会 （37） 2011.2

天保山

クローズアップ館蔵品 天保山諸家警備之図（梶村明慶）「津博 ： 津山郷土博物館だより「つはく」」 津山郷土博物館 （71） 2012.1

土居

広江の城山と土居の地名（高橋彪）「福田史談会会報」 倉敷・福田史談会 （174） 2003.7

戸石城

戸石城一の城戸口合戦―宇喜多氏関連説話考（7）（森俊弘）「宇喜多家史談会会報」 宇喜多家史談会 （17） 2006.2

土居宿

わが町・わが村の自慢 出雲街道土居宿（美作市）「きび野」 岡山県郷土文化財団 （112） 2009.1

岡山県　　　　　　　　　　　　　　　　　　　　　　地名でたどる郷土の歴史　　　　　　　　　　　　　　　　　　　　　　中国

ふるさと発見 土居宿界隈の活性化に向けて―今こそ地区民の結集を（春名正昭）「作東の文化」 作東町文化協会　（36）2010.10

道祖渓

岡山の自然 道祖渓（高田知樹）「きび野」 岡山県郷土文化財団　（130）2013.6

東備

加子浦歴史文化館 企画展「東備を治めた人々 古墳時代から近世初頭まで」（展示報告）（村上節子）「閑谷学校研究」 特別史跡閑谷学校顕彰保存会　（16）2012.5

倒松たたら址

倒松たたら址（総社市山田）（宮本加代子）「岡山地名研通信」 岡山地名研究会　（8）2006.12

飛島

《岡山県笠岡市飛島・六島合同調査特集》「昔風と当世風」 古々路の会　（84）2003.4
飛島のくらし（むらき数子）「昔風と当世風」 古々路の会　（84）2003.4
大飛島・六島の本瓦葺き（早瀬哲恒）「昔風と当世風」 古々路の会　（84）2003.4
聞き書き 昭和初期の笠岡市飛島、六島の食べものとくらし（丸山久子）「昔風と当世風」 古々路の会　（84）2003.4
報告 飛島の伝説、世間話（1）（清野知子，清野尚史，花部英雄）「昔話伝説研究」 昔話伝説研究会　（30）2010.12
資料 飛島の世間話（清野知子，清野尚志，花部英雄）「昔話伝説研究」 昔話伝説研究会　（32）2013.4
資料 飛島の世間話と俗信（清野知子，清野尚志，花部英雄）「昔話伝説研究」 昔話伝説研究会　（33）2014.3

中庄

中庄との関わり、歴史の重み（随想）（内田武宏）「中庄の歴史」 中庄の歴史を語り継ぐ会　（7）2012.9
「平家物語」に登場する「備中国万寿の庄」（特集 源平の争乱と中庄）「中庄の歴史」 中庄の歴史を語り継ぐ会　（7）2012.9
『平家物語』とその時代 二冊の本に出会って（特集 源平の争乱と中庄）「中庄の歴史」 中庄の歴史を語り継ぐ会　（7）2012.9
地名の歴史 辻編（難波史郎）「中庄の歴史」 中庄の歴史を語り継ぐ会　（7）2012.9
中庄むかし風土記 國富氏と鳥羽（國富良昭）「中庄の歴史」 中庄の歴史を語り継ぐ会　（8）2013.9
戦後の断章 ふるさと人物群像（6）一枚の写真が語る戦後の中庄 公民館活動と青年団（戸板啓四郎）「中庄の歴史」 中庄の歴史を語り継ぐ会　（8）2013.9
私の中の「中庄」（随想）（山下敬彦）「中庄の歴史」 中庄の歴史を語り継ぐ会　（9）2014.9
中庄を訪ねて 昭和の戦争が遺したもの（戸板啓四郎）「中庄の歴史」 中庄の歴史を語り継ぐ会　（9）2014.9

中庄駅

中庄を探ねて 中庄駅の誕生悲話（難波四郎）「中庄の歴史」 中庄の歴史を語り継ぐ会　（8）2013.9

中庄小学校

中庄小学校の思い出 音楽教育先進校を目指して（桑木儀夫）「中庄の歴史」 中庄の歴史を語り継ぐ会　（9）2014.9

中庄村

中庄村と平松市蔵（小野敏也）「倉敷の歴史」 倉敷市総務局総務部　（17）2007.3

中庄中学校

五十三年ぶりの同窓会（特集 中庄中学校十一年の軌跡）（青木政子）「中庄の歴史」 中庄の歴史を語り継ぐ会　（7）2012.9
思い出中庄中学校（特集 中庄中学校十一年の軌跡）（景山弘正）「中庄の歴史」 中庄の歴史を語り継ぐ会　（7）2012.9
グッドオールド中庄中学校（シリーズ 中庄中学校11年の軌跡 1947.4～1958.8）（佐藤三木雄）「中庄の歴史」 中庄の歴史を語り継ぐ会　（8）2013.9
中庄中学校の思い出（シリーズ 中庄中学校11年の軌跡 1947.4～1958.3）（青山富美子）「中庄の歴史」 中庄の歴史を語り継ぐ会　（8）2013.9

中津井

中津井騒動学習会 今後も部落史学習会の継続を「岡山部落解放研究所報」 岡山部落解放研究所　245　2003.7

中津井庄

中世の窓から―荘園の風景（6）備中国中津井庄（田中修實）「人権21 ： 調査と研究」 おかやま人権研究センター　（162）2003.2

中山学校

「中山学校記」に出会って（史料紹介）（板野喜八）「閑谷学校研究」 特別

史跡閑谷学校顕彰保存会　（8）2004.5

那岐山

岡山の自然 那岐山（松岡誠志）「きび野」 岡山県郷土文化財団　76　2000.1

撫川城

備中庭妹城の成立過程から近世城郭構想への展開（上），（下）―撫川城問題の解明のために（亀井政男）「岡山地方史研究」 岡山地方史研究会　92/93　2000.4/2000.8

奈良部城

宇喜多氏の城々（4）奈良部城―その存否の検討（出宮徳尚）「宇喜多家史談会会報」 宇喜多家史談会　（17）2006.2
宇喜多氏の城々（8）奈良部城―その存否の検討（3）（出宮徳尚）「宇喜多家史談会会報」 宇喜多家史談会　（52）2014.10

成羽城

自治体史と部落問題（6）『成羽町史』―合併で消えてゆく町（寺見敬三）「人権21 ： 調査と研究」 おかやま人権研究センター　（173）2004.12

庭妹城

備中庭妹城の成立過程から近世城郭構想への展開（上），（下）―撫川城問題の解明のために（亀井政男）「岡山地方史研究」 岡山地方史研究会　92/93　2000.4/2000.8

新見

資料から見た新見地方の農村生活（4），（5）山番[1]，（2）（竹本豊重）「人権21 ： 調査と研究」 おかやま人権研究センター　（162）/（163）2003.2/2003.4
資料から見た新見地方の農村生活（6）牢屋敷（竹本豊重）「人権21 ： 調査と研究」 おかやま人権研究センター　（164）2003.6
資料から見た新見地方の農村生活（7）穢多（竹本豊重）「人権21 ： 調査と研究」 おかやま人権研究センター　（166）2003.10
資料から見た新見地方の農村生活（8），（23）（竹本豊重）「人権21 ： 調査と研究」 おかやま人権研究センター　（167）/（200）2003.12/2009.6
資料から見た新見地方の農村生活（9）近世宮座をとおして（竹本豊重）「人権21 ： 調査と研究」 おかやま人権研究センター　（172）2004.10
小藩陣屋町「備中新見」について（米田廣博）「パイオニア」 関西地理学研究会　（74）2005.4
資料から見た新見地方の農村生活（10），（12），（13），（14）山地と村について（1）（竹本豊重）「人権21 ： 調査と研究」 おかやま人権研究センター　（177）/（184）2005.8/2006.10
資料から見た新見地方の農村生活（17）山地と農村について（8）（竹本豊重）「人権21 ： 調査と研究」 おかやま人権研究センター　（191）2007.12

新見市

ふるさとの想い出（新見市）「きび野」 岡山県郷土文化財団　（118）2010.6

新見庄

報告 備中国新見庄史料「竹田家文書」探訪余話（田中修實）「吉備地方文化研究」 就実大学吉備地方文化研究所　（21）2011.3

新見町

戦時下に於ける新見町の大火と復興（特集 戦時下の高梁川流域）（竹本俊郎）「高梁川」 高梁川流域連盟　（70）2012.12

新見荘

祐清殺害事件新論（レジュメ）―備中国新見荘における直務支配の内実（辰田芳雄）「吉備地方文化研究」 就実大学吉備地方文化研究所　（13）2003.1
東寺領備中国新見荘の地域と人物―高瀬・中奥、田所金子衡氏（辰田芳雄）「吉備地方文化研究」 就実大学吉備地方文化研究所　（15）2005.3
鎌倉前期における谷の開発と畠地―備中国新見荘を題材にして（渡邊太祐）「地方史研究」 地方史研究協議会　59（6）通号342　2009.12
中世後期の交通事情と荘園年貢―備中国新見荘を事例として（渡邊太祐）「交通史研究」 交通史学会，吉川弘文館（発売）（75）2011.9
日本中世の手形―新見荘の割符について（論説）（佐藤泰弘）「史林」 史学研究会　96（5）通号501　2013.9
応仁・文明の乱後の荘園支配の様相―備中国新見荘を事例として（論文）（渡邊太祐）「岡山地方史研究」 岡山地方史研究会　（132）2014.5

西江邸

ふるさとの想い出 西江邸（高梁市成羽町）「きび野」 岡山県郷土文化財団　（124）2012.1

野崎家住宅

文化施設めぐり 旧野崎家住宅（国指定重文）「春秋くらしき」 倉敷市文化連盟　（8）2008.11

野谷小学校

岡山市立野谷小学校の「香橘校記」（大西守）「閑谷学校研究」 特別史跡

閑谷学校顕彰保存会　（9）2005.5

野土路山たたら

奥土用たたら跡　野土路山たたら（真庭郡新庄村）（高田節実）「岡山地名研通信」　岡山地名研究会　（8）2006.12

延助

延助（真庭郡川上村）（勝瑞夫己子）「岡山地名研通信」　岡山地名研究会　5　2003.12

坪和庄

美作国坪和庄と坪和氏（榎原雅治）「吉備地方文化研究」　就実大学吉備地方文化研究所　（16）2006.3

八田部村

備中国賀陽郡八田部村亀山家文書について（内池昭子）「岡山地方史研究」　岡山地方史研究会　96　2001.8

八浜

備前八浜を歩く（内海清慈）「ソーシアル・リサーチ」　ソーシアル・リサーチ研究会　（33）2008.3

八浜町

ふるさとの想い出　八浜町並保存推進委員会（玉野市八浜町八浜）「きび野」　岡山県郷土文化財団　（134）2014.6

八角園舎

岡山の文化財　八角園舎（乗岡実）「きび野」　岡山県郷土文化財団　（125）2012.3

早島

早島領主戸川家と間家とのかかわりについて（岡敬）「宇喜多家史談会会報」　宇喜多家史談会　6　2003.4

宇喜多堤と早島（黒瀬英樹）「高梁川」　高梁川流域連盟　通号67　2009.12

早島町

早島町　高梁川と早島（流域ニュース2013）（黒瀬英樹）「高梁川」　高梁川流域連盟　（71）2013.12

稗原村

近世後期における岩倉村・稗原村・高屋村の通婚圏について（大島千鶴）「井原の歴史：井原市史紀要」　井原市教育委員会市史編さん室　3　2003.3

比企谷

比企谷・池上・身延三山詣道中日記に読む中世の新保港と松田屋敷（矢吹壽年）「宇喜多家史談会会報」　宇喜多家史談会　（37）2011.2

備作

中世備作地域の荘園―「荘園の風景」連載から（田中修實）「吉備地方文化研究」　就実大学吉備地方文化研究所　（14）2004.3

備讃瀬戸

備讃瀬戸の眺望（随想）（小野芳朗）「きび野」　岡山県郷土文化財団　（119）2010.9

備前

最近読んだホットな戦国時代史と播磨・備前・美作三国関係の戦国年表（中山泰秀）「東備」　東備歴史研究協議会　（11）2003.7

備前・備中の和算と算額について（佐治あゆみ）「吉備地方文化研究」　就実大学吉備地方文化研究所　（14）2004.3

備前の史跡（田中嗣人）「近畿文化」　近畿文化会事務局　664　2005.3

備前地区（一部県内を含む）の耐火物業界に貢献した人々「備前市歴史民俗資料館紀要」　備前市歴史民俗資料館　（6）2005.6

《備前歴史フォーラム資料集備前焼研究最前線II》「備前市歴史民俗資料館紀要」　備前市歴史民俗資料館　（7）2005.9

備前焼の流通（伊藤晃）「備前市歴史民俗資料館紀要」　備前市歴史民俗資料館　（7）2005.9

備前焼は、いつ堺にきたのか・そして茶の湯の大成へ（森村健一）「備前市歴史民俗資料館紀要」　備前市歴史民俗資料館　（7）2005.9

京の備前焼（中井淳史）「備前市歴史民俗資料館紀要」　備前市歴史民俗資料館　（7）2005.9

中世の備前焼（重根弘和）「備前市歴史民俗資料館紀要」　備前市歴史民俗資料館　（7）2005.9

発掘された中世備前焼（上西高登）「備前市歴史民俗資料館紀要」　備前市歴史民俗資料館　（7）2005.9

中世備前焼に関する考察―製作技法から（重根弘和）「古文化談叢」　九州古文化研究会　54　2005.10

備前焼（伊勢崎淳）「岡山の自然と文化：郷土文化講座から」　岡山県郷土文化財団　（25）2006.3

これからの備前焼《《備前歴史フォーラム　備前焼・海の道・夢フォーラム2006―備前焼の歴史と未来像をもとめて》》（上西節雄）「備前市歴史民俗資料館紀要」　備前市歴史民俗資料館　（8）2006.9

茶の湯と備前焼《《備前歴史フォーラム　備前焼・海の道・夢フォーラム2006―備前焼の歴史と未来像をもとめて》》（藤原祥宏）「備前市歴史民俗資料館紀要」　備前市歴史民俗資料館　（8）2006.9

備前焼陶片レクチャー（1）中世備前焼変遷《《備前歴史フォーラム　備前焼・海の道・夢フォーラム2006―備前焼の歴史と未来像をもとめて》》（上西高登）「備前市歴史民俗資料館紀要」　備前市歴史民俗資料館　（8）2006.9

近世の備前焼陶片レクチャー《《備前歴史フォーラム　備前焼・海の道・夢フォーラム2006―備前焼の歴史と未来像をもとめて》》（乗岡実）「備前市歴史民俗資料館紀要」　備前市歴史民俗資料館　（8）2006.9

擂鉢の製作技法《《備前歴史フォーラム　備前焼・海の道・夢フォーラム2006―備前焼の歴史と未来像をもとめて》》（森山裕二、重根弘和）「備前市歴史民俗資料館紀要」　備前市歴史民俗資料館　（8）2006.9

備前焼の過去・現在・未来BIZENYAKI―桃山文化の形に生きる《《備前歴史フォーラム　備前焼・海の道・夢フォーラム2006―備前焼の歴史と未来像をもとめて》》（森村健一）「備前市歴史民俗資料館紀要」　備前市歴史民俗資料館　（8）2006.9

備前焼の現在・未来・土窯の再現実験《《備前歴史フォーラム　備前焼・海の道・夢フォーラム2006―備前焼の歴史と未来像をもとめて》》（平川忠）「備前市歴史民俗資料館紀要」　備前市歴史民俗資料館　（8）2006.9

〈研究報告　畿内における戦国・織豊期の備前焼〉《《備前歴史フォーラム　備前と茶陶―16・17世紀の変革》》「備前市歴史民俗資料館紀要」　備前市歴史民俗資料館　（9）2007.10

徳利の製作技法《《備前歴史フォーラム　備前と茶陶―16・17世紀の変革》》（森山裕二、重根弘和）「備前市歴史民俗資料館紀要」　備前市歴史民俗資料館　（9）2007.10

〈誌上報告1　備前系焼締陶器の展開〉《《備前歴史フォーラム　備前と茶陶―16・17世紀の変革》》「備前市歴史民俗資料館紀要」　備前市歴史民俗資料館　（9）2007.10

加賀作品窯と備前焼V期の関係《《備前歴史フォーラム　備前と茶陶―16・17世紀の変革》》（伊藤晃）「備前市歴史民俗資料館紀要」　備前市歴史民俗資料館　（9）2007.10

山口県における備前焼系陶器《《備前歴史フォーラム　備前と茶陶―16・17世紀の変革》》（岩崎仁志）「備前市歴史民俗資料館紀要」　備前市歴史民俗資料館　（9）2007.10

各地で作られた備前焼に似た焼き物―問題の整理と展望《《備前歴史フォーラム　備前と茶陶―16・17世紀の変革》》（乗岡実）「備前市歴史民俗資料館紀要」　備前市歴史民俗資料館　（9）2007.10

磯崎城で採集の備前焼大甕について（中世）（清水真一）「西四国」　西四国郷土研究会　（7）2007.11

古記録に見る備前焼と料理《《備前歴史フォーラム　江戸時代の暮らしと備前焼》―研究報告》（岡嶋隆司）「備前市歴史民俗資料館紀要」　備前市歴史民俗資料館　（10）2008.9

備前焼灯明皿考《《備前歴史フォーラム　江戸時代の暮らしと備前焼》―研究報告》（白谷朋世）「備前市歴史民俗資料館紀要」　備前市歴史民俗資料館　（10）2008.9

備前「叶」銘と千利休《《備前歴史フォーラム　江戸時代の暮らしと備前焼》―誌上報告》（森村健一）「備前市歴史民俗資料館紀要」　備前市歴史民俗資料館　（10）2008.9

万治年銘水屋甕について《《備前歴史フォーラム　江戸時代の暮らしと備前焼》―誌上報告》（上西高登）「備前市歴史民俗資料館紀要」　備前市歴史民俗資料館　（10）2008.9

絵図でさぐる備前焼の窯と構造《《備前歴史フォーラム　江戸時代の暮らしと備前焼》―誌上報告》（石井啓）「備前市歴史民俗資料館紀要」　備前市歴史民俗資料館　（10）2008.9

備前焼徳利について《《備前歴史フォーラム　江戸時代の暮らしと備前焼》―誌上報告》（岩崎紅美）「備前市歴史民俗資料館紀要」　備前市歴史民俗資料館　（10）2008.9

平安初期の京貫と在地社会―和気・賀陽氏と備前・備中（長谷部将司）「吉備地方文化研究」　就実大学吉備地方文化研究所　（19）2009.3

基調報告　土器・陶磁器が語る中世の流通―吉備系土師器椀・備前焼を中心に（備前歴史フォーラム　鎌倉・室町　BIZEN―中世備前焼のスガタ）（橋本久和）「備前市歴史民俗資料館紀要」　備前市歴史民俗資料館　（11）2010.1

「鞆命命酒屋中村家文書」による江戸後期の備前焼について（備前歴史フォーラム　鎌倉・室町　BIZEN―中世備前焼のスガタ―誌上報告）（伊藤晃）「備前市歴史民俗資料館紀要」　備前市歴史民俗資料館　（11）2010.1

備前焼の流通と変革（備前歴史フォーラム　鎌倉・室町　BIZEN―中世備前焼のスガタ―誌上報告）（森村健一）「備前市歴史民俗資料館紀要」　備前市歴史民俗資料館　（11）2010.1

備前擂鉢で何を摺ったか―料理法からの視点（備前歴史フォーラム　鎌倉・室町　BIZEN―中世備前焼のスガタ―誌上報告）（岡嶋隆司）「備前市歴史民俗資料館紀要」　備前市歴史民俗資料館　（11）2010.1

15世紀から17世紀初頭の備前焼を消費した遺跡（備前歴史フォーラム　鎌

倉・室町 BIZEN―中世備前焼のスガタ―誌上報告）（乗岡実）「備前市歴史民俗資料館紀要」 備前市歴史民俗資料館 （11） 2010.1

紹介『備前論語かるた』（定兼学）「閑谷学校研究」 特別史跡閑谷学校顕彰保存会 （16） 2012.5

備前宇喜多氏の陣城について―織豊系陣城への移行時期を探る（高橋成計）「戦乱の空間」 戦乱の空間編集会 （12） 2013.7

平成25年度高知・岡山文化交流事業II/平成25年第63回高知県芸術祭共催行事 特別展 備前焼―薪と炎が織りなす土の美 平成25年10月19日（土）～12月8日（日）（岡本桂典，曽我満子）「岡豊風日 ： 高知県立歴史民俗資料館だより」 高知県立歴史民俗資料館 （83） 2013.10

交流展「備前焼―薪と炎が織りなす土の美―」 平成25年10月19日（日）～12月8日（日）（交流展を終えて）（重según弘和）「岡山県立博物館だより」 岡山県立博物館 （78） 2014.3

備前宇喜多氏の陣城縄張りの考察―陣城縄張りの変遷（論考）（高橋成計）「中世城郭研究」 中世城郭研究会 （28） 2014.7

備前市

《備前市の耐火物料―耐火れんがが発祥の地》「備前市歴史民俗資料館紀要」 備前市歴史民俗資料館 （6） 2005.6

明治から昭和時代への耐火れんが産業の発展「備前市歴史民俗資料館紀要」 備前市歴史民俗資料館 （6） 2005.6

昭和後期から平成期の耐火れんが業界「備前市歴史民俗資料館紀要」 備前市歴史民俗資料館 （6） 2005.6

備前国

備前国裳懸庄と裳懸氏について（村上岳）「吉備地方文化研究」 就実大学吉備地方文化研究所 （14） 2004.3

備前国戦国合戦 二題（谷淵陽一）「宇喜多家史談会会報」 宇喜多家史談会 （13） 2005.2

平成20年度宇喜多家史談会総会記念講演要旨 宇喜多氏発展の時代背景―戦国期の備前国（田中修實）「宇喜多家史談会会報」 宇喜多家史談会 （27） 2008.7

中・近世移行期における村落統治と法―備前・美作国を中心に（光成準治）「年報赤松氏研究」 赤松氏研究会 （3） 2010.3

美作国・備前国の名主座について（薗部寿樹）「吉備地方文化研究」 就実大学吉備地方文化研究所 （20） 2010.3

豊臣期備前国の都市と経済（渡邊大門）「ぶい&ぶい ： 日本史史料研究会会報」 日本史史料研究会企画部 （16） 2010.12

中近世移行期の備前国人と地域産業―林原美術館所蔵年欠八月四日付け宇喜多直家書状を端緒として（森俊弘）「岡山地方史研究」 岡山地方史研究会 （128） 2012.12

備前国衙

中世初期における備前国衙と天台寺院―播磨国との比較において（苅米一志）「吉備地方文化研究」 就実大学吉備地方文化研究所 （21） 2011.3

備前藩

備前藩御用石工の系譜と石工集団（〈岡山の歴史と今〉）（根本修）「岡山びと ： 岡山シティミュージアム紀要」 岡山シティミュージアム （3） 2008.3

備前福岡

街道往来 山陽道の大商都「備前福岡市」（岡山県瀬戸内市）/宍道湖の水運で繁栄「木綿街道」（島根県出雲市）「郷土史紀行」 ヒューマン・レクチャー・クラブ （39） 2006.5

備中国分寺

吉備路秋の巡見―旧閑谷学校・高松城址・備中国分寺（岩政幸夫）「柳井市郷談会誌」 柳井市郷談会 28 2004.3

備中高梁

備中高梁における洋学事情（高見彰）「高梁川」 高梁川流域連盟 通号67 2009.12

備中成羽

旗本交代寄合席表御礼衆山崎氏の陣屋町「備中成羽」について（米田藤博）「パイオニア」 関西地理学研究会 （71） 2004.4

備中成羽陣屋

旗本領の陣屋とその町その村（承前）其三 備中成羽陣屋（会員通信）（上田正和）「城だより」 日本古城友の会 （529） 2013.1

備中国

国会開設請願運動の備中国総代・忍峡稜威兄について（前田昌義）「倉敷の歴史」 倉敷市総務局総務部 （14） 2004.3

歴史探訪 旧備中国南部、謎のエリアを探る（斎藤彰男）「高梁川」 高梁川流域連盟 （63） 2005.12

備中国の名主座について（薗部寿樹）「米沢史学」 米沢史学会（山形県立米沢女子短期大学日本史学科内） （26） 2010.10

備中国府域をめぐる城郭群―空間論からのアプローチ（松岡進）「中世城郭研究」 中世城郭研究会 （25） 2011.7

中世後期における備中国の領主をめぐって（渡邊大門）「岡山地方研究」 岡山地方史研究会 （125） 2011.12

備中国の源平争乱余聞 玉島 水島合戦／連島 梅雲寺／能 藤戸／京都 醍醐寺「藤戸石」／妹尾太郎兼康／鳥羽宝幢院 智久の松「中庄の歴史」 中庄の歴史を語り継ぐ会 （7） 2012.9

『日本霊異記』における備中国説話の成立―上巻第二九をめぐって（論文）（藤原誠）「吉備地方文化研究」 就実大学吉備地方文化研究所 （23） 2013.3

備中一橋領

安政4年の紙幣目録―幕末期備中一橋領の通貨事情（小特集 史料は語る）（古賀康士）「岡山地方史研究」 岡山地方史研究会 通号116 2009.1

備中松山藩御茶屋

わが町・わが村の自慢 旧備中松山藩御茶屋（高梁市奥万田町）「きび野」 岡山県郷土文化財団 （131） 2013.9

備中路

山陽道備中路の遠山金四郎と「ねぼけ先生」と（別府信吾）「高梁川」 高梁川流域連盟 （70） 2012.12

日生

日生（備前市）（赤羽学）「岡山地名研通信」 岡山地名研究会 7 2005.12

百間川

岡山における水との闘い―旭川と百間川の過去・現在・未来（植田彰）「岡山の自然と文化 ： 郷土文化講座から」 岡山県郷土文化財団 （32） 2013.3

蒜山盆地

鶴の恩返し 岡山県「蒜山盆地の昔話」より「夕鶴」 夕鶴の里友の会 （40） 2008.12

広江

広江の城山と土居の地名（高橋彪）「福田史談会会報」 倉敷・福田史談会 （174） 2003.7

広戸仙

岡山の自然 広戸仙（齊藤誠治）「きび野」 岡山県郷土文化財団 （107） 2007.9

布賀知行所

備中布賀知行所のこと（夏目利美）「爽恢」 岩瀬肥後守忠震顕彰会 （23） 2010.4

吹屋

秋の巡見記 備中吹屋・宿場町矢掛（原谷百合乃）「柳井市郷談会誌」 柳井市郷談会 27 2003.3

行事だより 高梁市吹屋地区の史跡見学報告「広島郷土史会会報」 広島郷土史会 （172） 2011.11

歴史・街道文化探訪 ベンガラの里 豪商たちの町・吹屋（間賀田晴行）「季刊南九州文化」 南九州文化研究会 （115） 2012.5

高梁市 吹屋の町並み 都市景観大賞を受賞（流域ニュース2012）（渡辺恵郎）「高梁川」 高梁川流域連盟 （70） 2012.12

吹屋小学校校舎

岡山の文化財 吹屋小学校校舎（細川寿美雄）「きび野」 岡山県郷土文化財団 94 2004.6

福岡

《備前福岡歴史物語》「備前福岡史跡保存会会報」 備前福岡史跡保存会 （23） 2005.11

平安時代/鎌倉時代/室町時代（南北朝時代）/室町時代（室町時代）/室町時代（戦国時代）/安土・桃山時代/江戸時代/明治時代/大正昭和・平成時代「備前福岡史跡保存会会報」 備前福岡史跡保存会 （23） 2005.11

備前福岡探訪（有馬隆之）「海路」 「海路」編集委員会，海鳥社（発売） 通号3 2006.6

黒田家の故郷（研究ノート）（寺崎幹洋）「福岡地方史研究 ： 福岡地方史研究会会報」 福岡地方史研究会，海鳥社（発売） （47） 2009.8

ふるさとの想い出 黒田家「礎」の地「備前福岡」（瀬戸内市長船町）「きび野」 岡山県郷土文化財団 （132） 2014.1

城下・福岡の由来は辛酸の備前福岡にあり 講演を聴いて（楠敏明）「歴研おかやま」 岡山歴史研究会 （10） 2014.7

表紙写真 福岡の市跡（岡山県）「月刊歴史ジャーナル」 NPO法人尾道文化財研究所 （128） 2014.8

福岡町

備前福岡郷土館前/平井家/上小路/四つ角/恵美須宮「福岡市一遍巡錫の地」の碑/実教寺跡/だんじり庫/牛神様/下小路と二つの「七つ井戸」/出口と摩利支天堂/妙興寺/宇喜多興家の墓/黒田墓所/妙興寺の山門前/「福岡一文字造劔の地」の碑/「備前福岡史跡街並図」/東小路/七つ井戸/ふれあい農園（《備前福岡町並み歴史散歩》「備前福岡史跡保存会会報」 備前福岡史跡保存会 （24） 2006.10

殿様、昔は殿屋敷/薬王寺跡/旦過から東を見た昔の風景の話/中世城下

町の特徴の「襞」と「歪」/横町と二つ井戸/横小路/上小路の七つ井戸と常夜灯/「大の字」と「坂口」/妙見堂とお稲荷様/福岡城址/「渋染一揆結集の地」の碑/一日市の渡し/福岡の氏神様の石津神社/「縄文埋れ木」発見の地/寺山の渡し/後小路/備前福岡郷土館内の見学/備前福岡郷土館説明テープの内容/福岡の地名《〈備前福岡町並み歴史散歩〉》「備前福岡史跡保存会会報」 備前福岡史跡保存会 （24）2006.10

福田新田
福田新田開発と瀬戸内の石工（森下徹）「倉敷の歴史」 倉敷市総務局総務部 （13）2003.3

福山城
『太平記』の城を巡る 備中・福山城のこと（随想）（片山潤子）「中庄の歴史」 中庄の歴史を語り継ぐ会 （9）2014.9

二上山
岡山の自然 二上山からの眺望と雲海（井上観真）「きび野」 岡山県郷土文化財団 （124）2012.1

布滝
岡山の自然 布滝（寺坂昌彦）「きび野」 岡山県郷土文化財団 （100）2006.1

船尾
船尾と片島との境界線（定兼学）「倉敷の歴史」 倉敷市総務局総務部 （16）2006.3

船穂
船穂の高瀬通し「春秋くらしき」 倉敷市文化連盟 （6）2007.11

船穂町
市指定になった旧船穂・真備町の文化財「倉敷市文化財だより」 倉敷市教育委員会 （23）2006.11

富美庄
中世の窓から―荘園の風景（7）美作国富美庄（田中修實）「人権21 : 調査と研究」 おかやま人権研究センター （163）2003.4

豊原庄
王家領備前国豊原庄の基礎的研究（橋本道範）「吉備地方文化研究」 就実大学吉備地方文化研究所 （16）2006.3

北房町
北房町の鰤市（佐藤ハル子）「井原史談会会報」 井原史談会 87 2003.3

前潟
前潟開墾碑（岡敬）「宇喜多家史談会会報」 宇喜多家史談会 7 2003.7

松山城
天守の役割―備中松山城天守保存修理工事から（森宏之）「織豊城郭」 織豊期城郭研究会 （10）2003.9

歴史紀行（20）幕末・松山城無血開城（山崎善啓）「文化愛媛」 愛媛県文化振興財団 52 2004.3

天守の聳えたつ近世の名城 広島城/福山城/岡山城/備中松山城/岩国城/伊予松山城/今治城/丸亀城「郷土史紀行」 ヒューマン・レクチャー・クラブ 36 2005.11

備中松山城に登る（児玉輝巳）「大内文化探訪 : 会誌」 大内文化探訪会 （24）2006.3

備中松山城を訪ねて（国指定重要文化財）（北川通雄）「佐川史談霧生関」 佐川史談会 （44）通号77 2008.11

真備町
市指定になった旧船穂・真備町の文化財「倉敷市文化財だより」 倉敷市教育委員会 （23）2006.11

万納屋橋
随想 万納屋橋をめぐって（在間宣久）「きび野」 岡山県郷土文化財団 （115）2009.9

美咲町
「美咲町」誕生 平成17年3月22日 柵原町の合併問題に取り組んできた経緯「やなはらの文化」 柵原町文化協会 （26）2005.3

美里町
星空を誇るまちづくり―井原市美里町（特集 星空のメッカ）（伊達卓生）「高梁川」 高梁川流域連盟 （72）2014.12

美里天文台
21年目を迎えた井原市美里天文台（特集 星空のメッカ）（綾仁一哉）「高梁川」 高梁川流域連盟 （72）2014.12

水島
8・31 研究会「倉敷・水島の戦災」第2部「福田史談会会報」 倉敷・福田史談会 （176）2003.10

日蝕と水島の戦い（志村平治）「史學義仲」 木曽義仲史学会 （11）2010.3

もりもとまきのアーキビストの目 所蔵資料紹介 写真で知る倉敷大気汚染公害―『水島の公害』「西淀川・公害と環境資料館だより」 西淀川・公害と環境資料館 （31）2010.7

高梁川と水島の歴史（児島塊太郎）「高梁川」 高梁川流域連盟 （71）2013.12

水島航空機製作所
聞き書き昭和史 水島航空機製作所で過ごした日々（藤井実）「倉敷の歴史」 倉敷市総務局総務部 （19）2009.3

水島臨海鉄道
臨鉄の車窓から―水島臨海鉄道と地域とのつながり（特集 高梁川流域の鉄道 今昔）（塩飽敏史）「高梁川」 高梁川流域連盟 通号68 2010.12

三石
幕末の宿場町三石に関する著作から（下）（石井俊雄）「郷土誌三石城」 郷土誌三石城編集局 120 2003.1

三石の米騒動について（2）（仙田実）「岡山地方史研究」 岡山地方史研究会 105 2005.5

三石と耐火物産業「郷土誌三石城」 郷土誌三石城編集局 （147）2009.10

三石駅
路上探検（3）三石駅舎横の曲がり桧「郷土誌三石城」 郷土誌三石城編集局 119 2002.10

路上探検（4）三石駅前坂道の板石列「郷土誌三石城」 郷土誌三石城編集局 120 2003.1

路上探検（5）三石駅プラットホームの変遷「郷土誌三石城」 郷土誌三石城編集局 122 2003.7

三石城
備前三石城史の研究（42）,（43）（大饗利司）「郷土誌三石城」 郷土誌三石城編集局 110/111 2000.7/2000.10

備前三石城誌の研究（48）～（50）,（最終）（大饗利司）「郷土誌三石城」 郷土誌三石城編集局 116/120 2002.1/2003.1

宇喜多氏の城々（5）初期戦国大名の居城・三石城跡（出宮徳尚）「宇喜多家史談会会報」 宇喜多家史談会 （37）2011.2

旧三石郵便局
路上探検（1）旧郵便局建物の遊び心「郷土誌三石城」 郷土誌三石城編集局 117 2002.4

三菱重工業水島航空機製作所
地域の中の戦争遺跡 三菱重工業水島航空機製作所の疎開工場（特集 戦時下の高梁川流域）（土屋篤典）「高梁川」 高梁川流域連盟 （70）2012.12

三菱石油水島精油所
聞き書き昭和史 三菱石油水島精油所重油流出事故と安全への取り組み（安田弘志, 高杉正）「倉敷の歴史」 倉敷市総務局総務部 （22）2012.3

美作
美作後藤氏の盛衰（田口義之）「備陽史研究山城志 : 備陽史探訪の会機関誌」 備陽史探訪の会 17 2003.6

最近読んだホットな戦国時代史と播磨・備前・美作三国関係の戦国年表（中山泰秀）「東備」 東備歴史研究協議会 （11）2003.7

開催報告 「美作中世地域史研究を拓く―美作学への招待―」の開催について/報告資料「美作地域史研究」 美作大学地域生活科学研究所美作地域史研究会 （1）2008.3

報告へのコメント 前原茂雄「中世美作の民衆生活」へのコメント―中世史学の立場から（苅米一志）「美作地域史研究」 美作大学地域生活科学研究所美作地域史研究会 （1）2008.3

中世美作の村落社会（前原茂雄）「美作地域史研究」 美作大学地域生活科学研究所美作地域史研究会 （1）2008.3

開催報告 美作学特別講座の開催「美作地域史研究」 美作大学地域生活科学研究所美作地域史研究会 （2）2009.1

美作地域における奉公衆の研究（渡邊大門）「岡山地方史研究」 岡山地方史研究会 通号119 2009.12

例会報告 美作の中世山城を訪ねる―備後福田氏の足跡を辿る（野村秀樹）「備陽史探訪」 備陽史探訪の会 （164）2012.2

美作国府
美作国府 再発見「所報吉備」 岡山県古代吉備文化財センター （46）2009.3

国府の地に立ちて（1）（植月良彦）「神楽尾」 神楽尾城跡保存協力会 （47）2013.4

美作国
美作国絵図（部分）「博物館だより」 津山郷土博物館 31 2001.7

「岡本文書」所収の美作国関係中世史料（畑和良）「美作地域史研究」 美作大学地域生活科学研究所美作地域史研究会 （1）2008.3

中・近世移行期における村落統治と法―備前・美作国を中心に（光成準治）「年報赤松氏研究」 赤松氏研究会 （3）2010.3

美作国・備前国

美作国・備前国の名主座について（薗部寿樹）「吉備地方文化研究」 就実大学吉備地方文化研究所 （20）2010.3

トピックス 美作国建国1300年記念企画展への協力 岡山県立美術館「美作の美術展」5月31日〜6月30日/岡山県立博物館「美作の名宝」7月25日〜9月1日「津博 ： 津山郷土博物館だより「つはく」 津山郷土博物館 （77）2013.7

平成25年度企画展 美作国建国1300年記念事業「美作の名宝」（企画展を終えて）（竹原伸之）「岡山県立博物館だより」 岡山県立博物館 （78）2014.3

鼎談「美作国と古代吉備」（第3回おかやま文化フォーラム）（神崎宣武，佐藤信，尾島治）「岡山の自然と文化 ： 郷土文化講座から」 岡山県郷土文化財団 （33）2014.3

美作国衙

中世後期「美作国衙」関係史料（田中修實）「吉備地方文化研究」 就実大学吉備地方文化研究所 （15）2005.3

美作山城

美作山城サミット―その進行状況「神楽尾」 神楽尾城跡保存協力会 （32）2003.11

妙善寺

関係史料からみた妙善寺合戦―主に古伝承の検討を通じて（森俊弘）「宇喜多家史談会会報」 宇喜多家史談会 （38）2011.5

関係史料からみた妙善寺合戦（前号継承）―主に古伝承の検討を通じて（森俊弘）「宇喜多家史談会会報」 宇喜多家史談会 （39）2011.7

武蔵の里

宮本武蔵誕生の地「武蔵の里」と特別史跡「閑谷学校」を訪ねて（松井卓子）「かんべ」 可部郷土史研究会 98 2002.10

〈武蔵の里探訪 参加記〉「わが町三原」 みはら歴史と観光の会 153 2003.12

武蔵の里を守るひとたち（金森迪子）「わが町三原」 みはら歴史と観光の会 153 2003.12

観光地として発展する武蔵の里（花岡徳忠）「わが町三原」 みはら歴史と観光の会 153 2003.12

武蔵の里と出雲の国の旅（澤田辰雄）「小浜市郷土研究会便り」 小浜市郷土研究会 40 2004.1

武蔵の里を訪れて（杉田佳子）「小浜市郷土研究会便り」 小浜市郷土研究会 40 2004.1

虫明

学芸員ノート 特別陳列「虫明焼」（鈴木力郎）「岡山県立博物館だより」 岡山県立博物館 （73）2010.3

「虫明焼」について（資料紹介）（鈴木力郎）「岡山県立博物館研究報告」 岡山県立博物館 通号31 2011.3

六島

《岡山県笠岡市飛島・六島合同調査特集》「昔風と当世風」 古々路の会 （84）2003.4

大飛島・六島の本瓦葺き（早瀬哲恒）「昔風と当世風」 古々路の会 （84）2003.4

聞き書き 昭和初期の笠岡市飛島、六島の食べものとくらし（丸山久子）「昔風と当世風」 古々路の会 （84）2003.4

水上の六島（津山正幹）「昔風と当世風」 古々路の会 （84）2003.4

明禅寺

明禅寺合戦考（出宮徳尚）「吉備地方文化研究」 就実大学吉備地方文化研究所 （21）2011.3

明禅寺城

湯迫の万燈会と明禅寺合戦（柴田一）「宇喜多家史談会会報」 宇喜多家史談会 5 2003.4

明禅寺城合戦の古跡としての首塚（谷淵陽一）「宇喜多家史談会会報」 宇喜多家史談会 6 2003.4

目黒町

岡山市の目黒町付近―目黒氏の研究（4）（小池泰子）「郷土目黒」 目黒区郷土研究会 48 2004.10

矢掛

秋の巡見記 備中吹屋・宿場町矢掛（原谷百合乃）「柳井市郷談会誌」 柳井市郷談会 27 2003.3

ふるさとの想い出 宿場町・矢掛に（小田郡矢掛町）「きび野」 岡山県郷土文化財団 （133）2014.4

矢掛町 賑わいの創出を目指して・やかげ町家交流館（流域ニュース2014）「高梁川」 高梁川流域連盟 （72）2014.12

矢掛宿

西国街道 参勤交代と宿場・矢掛「郷土史紀行」 ヒューマン・レクチャー・クラブ 35 2005.9

シンポジウム「山陽道矢掛宿の歴史と現代」（シンポジウム報告）（和田実）「交通史研究」 交通史学会，吉川弘文館（発売）（74）2011.4

篤姫と矢掛宿（シンポジウム報告）（渡邉和夫）「交通史研究」 交通史学会，吉川弘文館（発売）（74）2011.4

矢掛宿の町並みと休泊の諸相（シンポジウム報告）（中野美智子）「交通史研究」 交通史学会，吉川弘文館（発売）（74）2011.4

矢掛宿と神辺宿（巡見報告）（河島悦子）「交通史研究」 交通史学会，吉川弘文館（発売）（74）2011.4

矢掛町 西国街道（旧山陽道）と矢掛宿の町並み（流域ニュース2012）（西野望）「高梁川」 高梁川流域連盟 （70）2012.12

矢掛町

岡山県小田郡矢掛町の史跡見学報告「広島郷土史会会報」 広島郷土史会 （160）2006.8

矢掛町ブランド誕生（流域ニュース2010）（妹尾一正）「高梁川」 高梁川流域連盟 通号68 2010.12

八木山

八木山の「一里塚跡」の碑「郷土誌三石城」 郷土誌三石城編集局 118 2002.7

柵原鉱山

旧柵原のシンボル 柵原鉱山の中央立杭櫓解体撤去/山田方谷の説明板設置「やなはらの文化」 柵原町文化協会 （27）2006.3

事例 観光とタイアップ 柵原鉱山資料館（片山克彦）「岡山の博物館 ： 岡山県博物館協議会会報」 岡山県博物館協議会 （31）2006.12

岡山の自然 柵原鉱山（片山克）「きび野」 岡山県郷土文化財団 （118）2010.6

柵原町

昭和の合併柵原町誕生のあれこれ（光嶋瀬市郎）「やなはらの文化」 柵原町文化協会 （26）2005.3

柵原町の誕生と私（角南強夫）「やなはらの文化」 柵原町文化協会 （26）2005.3

柵原町町制50周年に寄せて（森広亮太郎）「やなはらの文化」 柵原町文化協会 （26）2005.3

柵原町町制50周年に寄せて（高橋浅子）「やなはらの文化」 柵原町文化協会 （26）2005.3

矢筈山城

毛利系城郭の到達点―美作矢筈山城の研究から（池田誠）「戦乱の空間」 戦乱の空間編集会 （3）2004.7

有終館

藩校有終館跡「高梁方谷会報」 高梁方谷会 （29）2007

弓削駅

岡山の文化財 JR津山線弓削駅駅舎（岡山県最古の駅舎）（松岡久夫）「きび野」 岡山県郷土文化財団 （135）2014.9

弓削荘

美作国弓削荘における名主座について（薗部寿樹）「米沢史学」 米沢史学会（山形県立米沢女子短期大学日本史学科内）（21）2005.6

横井

横井「カンナ流し跡」（岡山市横井上）（赤羽学）「岡山地名研通信」 岡山地名研究会 （8）2006.12

吉井川

吉井川の高瀬舟と民衆の生活（上）（西岡正浩）「東備」 東備歴史研究協議会 （11）2003.7

「備前石工」とその技術―吉井川周辺を歩く（北垣聡一郎）「岡山学こと始め ： 岡山市デジタルミュージアム開設準備室研究レポート」 岡山市デジタルミュージアム開設準備室 3 2004.3

吉井川の外輪船（乾康二）「博物館だより」 津山郷土博物館 （50）2006.4

岡山の自然 吉井川（植田彰）「きび野」 岡山県郷土文化財団 （126）2012.6

吉井水門

岡山の文化財 吉井の水門（横山定）「きび野」 岡山県郷土文化財団 （119）2010.9

吉井町

自治体史と部落問題（4）『吉井町史』 過去への省察（寺見敬三）「人権21 ： 調査と研究」 おかやま人権研究センター （167）2003.12

六間川

中庄歴史散歩 六間川物語（6）電車（池内節光）「中庄の歴史」 中庄の歴史を語り継ぐ会 （7）2012.9

広島県

青河
史料紹介 明治35年の字規約書—酒河村大字青河のこと（米丸嘉一）「みよし地方史」 三次市地方史研究会 （77）2008.12

青ヶ城
郷分青ヶ城と皆内氏（田口義之）「備陽史探訪」 備陽史探訪の会 （144）2008.10

伝承と史実の間—郷分町の青ヶ城を例に（田口義之）「備陽史探訪」 備陽史探訪の会 （176）2014.2

青河町
倉 民俗的アプローチ—三次市青河町の調査から（米丸嘉一）「みよし地方史」 三次市地方史研究会 （71）2006.12

青河村
疫病の流行—文久二年 三次郡志和村・青河村の状況（三次市下志和地町 山田家「御用控」より）（立畑春夫）「みよし地方史」 三次市地方史研究会 （89）2012.12

赤城
赤城と太田垣氏（田口義之）「備陽史探訪」 備陽史探訪の会 （147）2009.4

安芸
安芸吉川氏とその文化（前西照子）「瀬野川郷土史研究会会報」 瀬野川郷土史研究会 34 2004.7

安芸平賀氏の盛衰（田口義之）「備陽史探訪」 備陽史探訪の会 121 2004.12

安芸・高知方面見学記（竹内眞人）「小松史談」 小松史談会 54（1）通号133 2007.1

日本刀を鑑賞してみませんか 企画展「備後と安芸の刀と鐔—鎌倉から現代まで」を終えて 美術品としての刀/刀の見方/刀づくりの工程と鑑賞ポイント（大室謙二）「しろうや！広島城」 広島市未来都市創造財団 （34）2012.12

安芸守護山名氏の分国支配と地域社会（市川裕士）「史学研究」 広島史学研究会 （279）2013.3

大化前代における備後・安芸の「国界」地域（1）～（3），（完結編）（大本静人）「わが町三原」 みはら歴史と観光の会 272/276 2013.11/2014.3

安芸草井氏の出自と系譜（1）～（4）（和氣泰ది）「わが町三原」 みはら歴史と観光の会 275/279 2014.2/2014.06

安芸草井氏の出自と系譜（5）（2），（6）（2）五郎行信の子、太郎義安が移り住んだ大和町下草井黒谷の史跡（和氣泰臣）「わが町三原」 みはら歴史と観光の会 280/281 2014.7/2014.8

安芸草井氏の出自と系譜（7），（完結編）（3）懸城に居住した時代の小草井・西谷の史跡（和氣泰臣）「わが町三原」 みはら歴史と観光の会 282/283 2014.9/2014.10

安芸太田町
市町の文化財（4）安芸太田町（西藤義邦）「広島県文化財ニュース」 広島県文化財協会 （196）2008.3

安芸太田町の近代建築—旧筒賀村役場庁舎・旧加計銀行（事務局）「広島県文化財ニュース」 広島県文化財協会 （205）2010.5

安芸市民病院
歴史の証言 安芸市民病院の紆余曲折（古川了永）「郷土史紀行」 ヒューマン・レクチャー・クラブ （52）2008.5

安芸高田市
安芸高田市姉妹都市交流 毛利元就遺跡探訪の旅（大田和子）「佐波の里 : 防府史談会会誌」 防府史談会 （34）2006.3

市町の文化財（5）安芸高田市（兼近勝）「広島県文化財ニュース」 広島県文化財協会 （199）2009.2

安芸津
万葉集、三津杜氏 安芸津の歴史を知る 8月例会概要報告「ひがしひろしま郷土史研究会ニュース」 東広島郷土史研究会 （457）2012.9

安芸津町
東広島市安芸津町の史跡見学報告（渡邉正彦）「広島郷土史会会報」 広島郷土史会 （169）2009.8

とびっく 安芸津町史が完成/グループ研究会ご案内/新入会員ご紹介「ひがしひろしま郷土史研究会ニュース」 東広島郷土史研究会 （453）2012.5

安芸国
安芸国、千代田町と宮島の文化財（東暲）「史迹と美術」 史迹美術同攷会 73（5）通号735 2003.6

「千葉家文書」に見る安芸国神保氏（本多博之）「広島県立文書館だより」 広島県立文書館 23 2004.1

安芸国におけるケキョウ制の成立について（沖野清治）「芸備地方研究」 芸備地方研究会 244 2005.2

鎌倉から室町時代の安芸国守護職安芸武田氏の栄枯盛衰「郷土史紀行」 ヒューマン・レクチャー・クラブ 35 2005.9

平氏と安芸国王家領荘園成立過程—知行国制の推移と共に（畑野順子）「史学研究」 広島史学研究会 （250）2005.3

名勝の発見と在村知識人—近世後期の安芸国沿岸島嶼部を事例として（中山富広）「内海文化研究紀要」 広島大学大学院文学研究科附属内海文化研究施設 （35）2007.3

近世安芸国におけ山稼ぎと城下町（中山富広）「内海文化研究紀要」 広島大学大学院文学研究科附属内海文化研究施設 （36）2008.3

毛利博物館所蔵の古文書を読む 陶晴賢の安芸国支配—厳島支配を中心に（柴原直樹）「佐波の里 : 防府史談会会誌」 防府史談会 （37）2009.3

「神武東征」考—安芸国（曽川直子）「つどい」 豊中歴史同好会 （293）2012.6

安芸国人沼田小早川氏と室町幕府・守護（市川裕士）「ヒストリア : journal of Osaka Historical Association」 大阪歴史学会 （233）2012.8

例会報告 安芸国衆天野氏の山城を体感（沖正明）「備陽史探訪」 備陽史探訪の会 （173）2013.8

大内義隆の安芸国支配（論説）（中司健一）「芸備地方研究」 芸備地方研究会 （287）2013.12

特集 安芸国衆と毛利氏（木村信幸）「ひろしま県史協」 広島県郷土史研究協議会 （32）2014.10

安佐南区
なつかしの風景 乗合馬車 大塚〜古市間を運行（広島市安佐南区）「郷土史紀行」 ヒューマン・レクチャー・クラブ （55）2008.11

芦田
芦田の歴史（田口義之）「備陽史探訪」 備陽史探訪の会 112 2003.6

芦田川
中世芦田川河口の繁栄（田口義之）「備陽史探訪」 備陽史探訪の会 （131）2006.8

葦田川の語源（根岸尚克）「備陽史探訪」 備陽史探訪の会 （138）2007.10

芦田川の渇水に思う（田口義之）「備陽史探訪」 備陽史探訪の会 （149）2009.8

郷土探訪 連載「川筋を訪ねて」（3）芦田川の砂堰の跡（種本実）「備陽史探訪」 備陽史探訪の会 （172）2013.6

近代における災害と救済—芦田川洪水への対応から考える（研究発表要旨）（平下義正）「芸備地方研究」 芸備地方研究会 （290）2014.4

芦田郡
元禄期の村落構造—備後国芦田郡を中心として（原田誠司）「史学研究」 広島史学研究会 （271）2011.6

元禄検地帳における「分附」と「家抱」—17世紀末期備後国芦田郡を中心として（原田誠司）「芸備地方研究」 芸備地方研究会 （278）2011.10

吾妻子の滝
広島藩絵師・岡岷山の描いた滝 菖蒲前のひそんだ里「吾妻子の滝」（東広島市西条町）「郷土史紀行」 ヒューマン・レクチャー・クラブ （40）2006.9

穴の海
穴の海の謎（田口義之）「備陽史探訪」 備陽史探訪の会 115 2003.12

阿部地
三次地方の珍しい地名（4）馬洗川/阿部地「みよし地方史」 三次市地方史研究会 （70）2006.7

有田城
毛利元就の初陣 有田城と武田方武将戦死の地「郷土史紀行」 ヒューマン・レクチャー・クラブ 23 2003.6

安国寺市

消えた地名 安国寺市（南畑敷村）（新祖隆太郎）「みよし地方史」 三次市地方史研究会 66 2005.3

安那郡

史料紹介 備後國安那郡社領寺領（小林定市）「備陽史研究山城志 ： 備陽史探訪の会機関誌」 備陽史探訪の会 （20） 2011.2

飯田村

安芸国賀茂郡市飯田村 市飯田区有文書の成立に関する基礎的考察（長沢洋）「広島県立文書館紀要」 広島県立文書館 （7） 2003.3

伊屋城

ふるさと探訪（1） 伊屋城跡と伊屋支城跡（古川了亮）「瀬野川流域郷土史懇話会会報」 瀬野川流域郷土史懇話会 （3） 2006.2

生口島

近世生口島における林野の利用とその「植生」（佐竹昭）「日本研究」 日本研究会 （特集号2） 2003.4

特集 黒船と仙太郎（生口島出身）物語（1）「月刊歴史ジャーナル」 NPO法人尾道文化財研究所 （132） 2014.12

石井町

論考 石井氏と鞆石井町の語源について（矢田貞美）「備陽史探訪」 備陽史探訪の会 （161） 2011.8

石臼峠

三次地方の珍しい地名（8） 兎峠（うさぎとうげ）/石臼峠（いしうすとうげ）「みよし地方史」 三次市地方史研究会 （74） 2007.12

石内

広町石内・吉池の水論（福正伊三）「広郷土史研究会会報」 広郷土史研究会 63 2004.8

石内よもやま話し（光原和登）「広郷土史研究会ニュース」 広郷土史研究会 （71） 2006.1

昭和20年の枕崎台風と石内森川水系の被害（出来本義三）「広郷土史研究会ニュース」 広郷土史研究会 （76） 2006.11

呉市広石内 荒采川水系・森川水系地区全遠景（出来本義三）「広郷土史研究会ニュース」 広郷土史研究会 （82） 2007.11

昭和20年の枕崎台風と石内 森川水系の被害（後）（出来本義三）「広郷土史研究会ニュース」 広郷土史研究会 （82） 2007.11

枕崎台風 石内 荒采川水系の被害と奇跡をよぶ白い大蛇（上河内良平）「広郷土史研究会ニュース」 広郷土史研究会 （82） 2007.11

昭和20年9月17日石内森川水系ながれの生き証人記録（小早川諭）「広郷土史研究会会報」 広郷土史研究会 （111） 2012.9

石ヶ谷峡

広島藩絵師岡岷山と広島市北部郊外を旅する 第二部 石ヶ谷峡から駒ヶ瀧 「都志見往来日記&諸勝図」（請川洋一）「郷土史紀行」 ヒューマン・レクチャー・クラブ （60） 2010.1

石成庄

「石成庄上村武守名内即分田畠坪付」文書考察（論考）（坂本敏夫）「備陽史探訪」 備陽史探訪の会 （175） 2013.12

石原

「水車七ヶ所」の一――いしはら（石原）「発喜のしほり」 発喜会 （151） 2014.4

泉山城

中世の山城「宮の城」「泉山城」と梶尾神社について（田辺俊造）「広島県文化財ニュース」 広島県文化財協会 181 2004.5

出雲屋敷

表紙写真 出雲屋敷跡（尾道市）「月刊歴史ジャーナル」 NPO法人尾道文化財研究所 （106） 2012.10

一の渡橋

三次地方の珍しい地名（12） 皆瀬（かいぜ）/時打（ときうち）と一の渡橋（いちのわたりばし）「みよし地方史」 三次市地方史研究会 （78） 2009.3

五日市

西国廻々訪ね歩記 五日市から津和野分かれへ「郷土史紀行」 ヒューマン・レクチャー・クラブ 22 2003.4

厳島

厳島八景詩―解釈と鑑賞―（狩野充徳）「厳島研究 ： 広島大学世界遺産・厳島-内海の歴史と文化プロジェクト研究センター研究成果報告書」 世界遺産・厳島-内海の歴史と文化プロジェクト研究センター （2） 2006.3

『厳島八景』（元文四年刊）をめぐって（朝倉尚）「厳島研究 ： 広島大学世界遺産・厳島-内海の歴史と文化プロジェクト研究センター研究成果報告書」 世界遺産・厳島-内海の歴史と文化プロジェクト研究センター （2） 2006.3

平成17年度新収 厳島関連資料略目録「厳島研究 ： 広島大学世界遺産・厳島-内海の歴史と文化プロジェクト研究センター研究成果報告書」 世界遺産・厳島-内海の歴史と文化プロジェクト研究センター （2） 2006.3

元就 vs 晴賢厳島合戦の跡を訪ねて（住本雄司）「備陽史探訪」 備陽史探訪の会 （130） 2006.6

「芸備日々新聞」における厳島関連記事（1）～（4）（勝部眞人，佐藤靖裕）「内海文化研究紀要」 広島大学大学院文学研究科附属内海文化研究施設 （34）/（37） 2006.3/2009.3

世界遺産・厳島―内海の歴史と文化研究―プロジェクト研究センターの紹介《特集 厳島研究の過去・現在・未来―厳島神社世界遺産登録10周年記念》―厳島研究の最前線）（西別府元日）「芸備地方史研究」 芸備地方史研究会 （258・259） 2008.2

中近世移行期の厳島と町衆（本多博之）「厳島研究 ： 広島大学世界遺産・厳島-内海の歴史と文化プロジェクト研究センター研究成果報告書」 世界遺産・厳島-内海の歴史と文化プロジェクト研究センター （4） 2008.3

近世厳島研究序説―その経済的基盤と観光産業（中山富広）「厳島研究 ： 広島大学世界遺産・厳島-内海の歴史と文化プロジェクト研究センター研究成果報告書」 世界遺産・厳島-内海の歴史と文化プロジェクト研究センター （4） 2008.3

平成19年度新収 厳島関連資料略目録「厳島研究 ： 広島大学世界遺産・厳島-内海の歴史と文化プロジェクト研究センター研究成果報告書」 世界遺産・厳島-内海の歴史と文化プロジェクト研究センター （4） 2008.3

厳島・陶晴賢敗死の地を訪ねて（蔵田君世）「大内文化探訪 ： 会誌」 大内文化探訪会 （26） 2014.9

翻刻『懐珍厳島記』―江戸時代のポケット厳島事典（妹尾好信）「厳島研究 ： 広島大学世界遺産・厳島-内海の歴史と文化プロジェクト研究センター研究成果報告書」 世界遺産・厳島-内海の歴史と文化プロジェクト研究センター （5） 2009.3

「厳島研究」への期待―取材の合間に思うこと（田原直樹）「厳島研究 ： 広島大学世界遺産・厳島-内海の歴史と文化プロジェクト研究センター研究成果報告書」 世界遺産・厳島-内海の歴史と文化プロジェクト研究センター （5） 2009.3

厳島研究の成果と課題―戦国期研究の立場から（秋山伸隆）「厳島研究 ： 広島大学世界遺産・厳島-内海の歴史と文化プロジェクト研究センター研究成果報告書」 世界遺産・厳島-内海の歴史と文化プロジェクト研究センター （5） 2009.3

平成20年度新収 厳島関連資料略目録「厳島研究 ： 広島大学世界遺産・厳島-内海の歴史と文化プロジェクト研究センター研究成果報告書」 世界遺産・厳島-内海の歴史と文化プロジェクト研究センター （5） 2009.3

「芸備日々新聞」厳島関連記事（5）～（7）（勝部眞人，櫻武加奈子）「内海文化研究紀要」 広島大学大学院文学研究科附属内海文化研究施設 （38）/（40） 2010.3/2012.03

平成21年度新収 厳島関連資料略目録「厳島研究 ： 広島大学世界遺産・厳島-内海の歴史と文化プロジェクト研究センター研究成果報告書」 世界遺産・厳島-内海の歴史と文化プロジェクト研究センター （6） 2010.3

厳島合戦を再考する（秋山伸隆）「宮島学センター年報」 県立広島大学宮島学センター （1） 2010.3

厳島を詠んだ漢詩を鑑賞する―暫し世を忘れて心洗われる世界に浸る 広島大学大学院文学研究科教授 博士（文学） 狩野充徳氏（井原治之）「会報さくらお」 廿日市町郷土文化協会 （132） 2010.3

史料紹介 厳島訪問日記（中山富広）「厳島研究 ： 広島大学世界遺産・厳島-内海の歴史と文化プロジェクト研究センター研究成果報告書」 世界遺産・厳島-内海の歴史と文化プロジェクト研究センター （7） 2011.3

平成22年度新収 厳島関連資料略目録「厳島研究 ： 広島大学世界遺産・厳島-内海の歴史と文化プロジェクト研究センター研究成果報告書」 世界遺産・厳島-内海の歴史と文化プロジェクト研究センター （7） 2011.3

厳島門前町の宗教空間構造に関する一試論―ケガレの処理方法を手掛りとして（松井輝昭）「宮島学センター年報」 県立広島大学宮島学センター （2） 2011.3

厳島の町家建築の年代測定結果（広島県内の文化財情報）（藤田聡児）「広島県文化財ニュース」 広島県文化財協会 （209） 2011.7

今話題の資料紹介 「芸州厳島図会」（広島城蔵）「しろうや！ 広島城」 広島市未来都市創造財団 （30） 2012.1

厳島が"撮影禁止"だったころ一室浜砲台、鷹ノ巣低・高砲台をめぐって（瀬崎圭二）「厳島研究 ： 広島大学世界遺産・厳島-内海の歴史と文化プロジェクト研究センター研究成果報告書」 世界遺産・厳島-内海の歴史と文化プロジェクト研究センター （8） 2012.3

厳島研究の現在地一地域メディアの視点から（岩崎誠）「厳島研究 ： 広島大学世界遺産・厳島-内海の歴史と文化プロジェクト研究センター

研究成果報告書」 世界遺産・厳島-内海の歴史と文化プロジェクト研究センター （8）2012.3

平成23年度新収 厳島関連資料略目録「厳島研究 ： 広島大学世界遺産・厳島-内海の歴史と文化プロジェクト研究センター研究成果報告書」 世界遺産・厳島-内海の歴史と文化プロジェクト研究センター （8）2012.3

厳島関係文献目録（文学編）（江波曜子）「厳島研究 ： 広島大学世界遺産・厳島-内海の歴史と文化プロジェクト研究センター研究成果報告書」 世界遺産・厳島-内海の歴史と文化プロジェクト研究センター （8）2012.3

研究余録（3）厳島門前町の宗教空間とその限界―「あし山」の立地条件を手掛かりとして（松井輝昭）「宮島学センター通信」 県立広島大学宮島学センター （3）2012.3

毛利元就と厳島の合戦（1）（研究発表）（豊田綏郷）「松ヶ崎 ： 松崎歴史同好会誌」 松崎歴史同好会 （19）2012.3

史料解説 エリザ・シドモア「不朽の島」―米国女性紀行作家が観た明治中期の厳島（中川利國）「広島市公文書館紀要」 広島市公文書館 （25）2012.6

平成24年度新収 厳島関連資料略目録「厳島研究 ： 広島大学世界遺産・厳島-内海の歴史と文化プロジェクト研究センター研究成果報告書」 世界遺産・厳島-内海の歴史と文化プロジェクト研究センター （9）2013.3

世界遺産 厳島（宮島）への旅（探訪記）（砂田譲二）「徳山地方郷土史研究」 徳山地方郷土史研究会 （34）2013.3

毛利元就と厳島の合戦（2）（研究発表）（豊田綏郷）「松ヶ崎 ： 松崎歴史同好会誌」 松崎歴史同好会 （20）2013.3

近代の日本三景を描いた鳥瞰図（中西僚太郎）「厳島研究 ： 広島大学世界遺産・厳島-内海の歴史と文化プロジェクト研究センター研究成果報告書」 世界遺産・厳島-内海の歴史と文化プロジェクト研究センター （10）2014.3

上卿屋敷と厳島文化（出先洋一）「厳島研究 ： 広島大学世界遺産・厳島-内海の歴史と文化プロジェクト研究センター研究成果報告書」 世界遺産・厳島-内海の歴史と文化プロジェクト研究センター （10）2014.3

翻刻『厳嶋大明神前今記』（明和九年写・架蔵B本）―附A・B二本解題（妹尾好信）「厳島研究 ： 広島大学世界遺産・厳島-内海の歴史と文化プロジェクト研究センター研究成果報告書」 世界遺産・厳島-内海の歴史と文化プロジェクト研究センター （10）2014.3

平成25年度新収 厳島関連資料略目録「厳島研究 ： 広島大学世界遺産・厳島-内海の歴史と文化プロジェクト研究センター研究成果報告書」 世界遺産・厳島-内海の歴史と文化プロジェクト研究センター （10）2014.3

厳島合戦の戦跡を訪ねる（現地探訪）（探訪部）「大内文化探訪 ： 会誌」 大内文化探訪会 （32）2014.5

糸崎

ふるさと糸崎展関連情報糸崎の港（大谷和弘）「わが町三原」 みはら歴史と観光の会 169 2005.4

今月の各地 糸崎港・みゆきの松 復権へ（下西勝彦）「わが町三原」 みはら歴史と観光の会 211 2008.10

井仁

風物詩 井仁の棚田（広島県安芸太田町）「郷土史紀行」 ヒューマン・レクチャー・クラブ （44）2007.8

井仁の棚田について（大江眞）「広島県文化財ニュース」 広島県文化財協会 （205）2010.5

井口

西国街道の訪ね歩記 古江から井口へ（鷹取誠，鷹取千穂）「郷土史紀行」 ヒューマン・レクチャー・クラブ 21 2003.2

井ノ口池

書出帖で見つけた二つの地名―「井ノ口池」と「志やうごん」「発喜のしほり」 発喜会 （150）2014.1

茨城

深津市から茨城跡をたずねて（村上稔）「備陽史探訪」 備陽史探訪の会 111 2003.4

伊福寺

伊福寺と鉄との関わり（宍戸大観）「瀬野川流域郷土史懇話会会報」 瀬野川流域郷土史懇話会 （9）2009.2

今井町

10月例会概要報告 今井町・今西家住宅の見所 古文書の魅力「ひがしひろしま郷土史研究会ニュース」 東広島郷土史研究会 （459）2012.11

今高野山

今高野山（大田庄）世羅町文化財と銀山街道天領上下宿を訪ねて「かんべ」 可部郷土研究会 （113）2007.10

今津村

研究ノート 明治38年の今津村役場「上司往復書」の解読報告（岡田宏一

郎）「備陽史探訪」 備陽史探訪の会 （158）2011.2

妹背の滝

広島藩絵師・岡岷山の描いた滝壮と婉の夫婦滝 妹背の滝「郷土史紀行」 ヒューマン・レクチャー・クラブ 33 2005.5

葦陽用水

連載「川筋を訪ねて」（6）久松用水と葦陽用水を遡る（郷土探訪）（種本実）「備陽史探訪」 備陽史探訪の会 （176）2014.2

岩方国民学校

子どもたちの戦場―呉市岩方国民学校 児童の集団疎開（山崎優）「美多」 三田郷土史同好会 38 2003.2

因島

南朝方侍たちの瀬戸内因島土着と苗字の移動とその歴史（片山清）「すみのえ」 住吉大社社務所 38（1）通号239 2000.12

因島の潮風はよぶ 沈寿官氏の日韓交流（瀬下登美子）「東葛流山研究」 流山市立博物館友の会事務局，崙書房出版（発売）（25）2007.3

小史史談会・史跡めぐり「尾道・因島方面」雑感（織田義彦）「小松史談」 小松史談会 59（1）通号138 2012.1

因島水軍城と因島村上水軍史（第102回広島県文化財臨地研究会特集号）（今井豊）「広島県文化財ニュース」 広島県文化財協会 （222）2014.9

広島県南東部、瀬戸内海沿岸域の地形と地質と因島 ： 多島美の裏の物語を読む（第102回広島県文化財臨地研究会特集号）（山崎博史）「広島県文化財ニュース」 広島県文化財協会 （222）2014.9

陰野の滝

陰野の滝・多祁理の滝（竹中正治）「発喜のしほり」 発喜会 （141）2011.10

宇賀村

世羅郡宇賀村の貢租関係文書について（1）～（4）（藤原一三）「みよし地方史」 三次市地方史研究会 （76）/（78）2008.8/2009.12

兎峠

三次地方の珍しい地名（8）兎峠（うさぎとうげ）/石臼峠（いしうすとうげ）「みよし地方史」 三次市地方史研究会 （74）2007.12

宇品

宇品むかし語り（山縣紀子）「ひろしま郷土資料館だより」 広島市郷土資料館 65 2003.3

新出資料 宇品陸軍糧秣支廠の内部写真（石本正紀）「ひろしま郷土資料館だより」 広島市郷土資料館 66 2003.12

ロビー展 宇品誕生、そして赤煉瓦の博物館（石本正紀）「ひろしま郷土資料館だより」 広島市郷土資料館 70 2005.11

宇品尋常高等小学校

新収蔵資料 昭和五年四月六日宇品尋常高等小学校校舎講堂落成記念絵葉書「ひろしま郷土資料館だより」 広島市郷土資料館 69 2005.3

宇品線

企画展「陸軍の三廠―宇品線沿線の軍需施設―」 2014年1月25日（土）～2014年3月23日（日）（田村規充）「ひろしま郷土資料館だより」 広島市郷土資料館 （87）2014.3

宇品郵便局

宇品郵便局必死の消火活動「広島美奈美国風土記」 広島市南区役所市民部区政振興課 （15）2013.3

宇品陸軍糧秣支廠

資料紹介 宇品陸軍糧秣支廠絵はがき（石本正紀）「ひろしま郷土資料館だより」 広島市郷土資料館 67 2004.3

企画展「旧宇品陸軍糧秣支廠100年」 2011.6/4～7/18（平成23年度前半（4月～9月）に実施した事業から）（稲坂恒宏）「ひろしま郷土資料館だより」 広島市郷土資料館 （82）2011.11

コラム「糧秣支廠の名残」―寄贈絵葉書より（稲坂恒宏）「ひろしま郷土資料館だより」 広島市郷土資料館 （85）2013.3

宇品陸軍糧秣支廠缶詰工場

祝！旧宇品陸軍糧秣支廠缶詰工場竣工100年「ひろしま郷土資料館だより」 広島市郷土資料館 （82）2011.11

牛の皮城

牛の皮城跡と御調探訪（藤波平次郎）「備陽史探訪」 備陽史探訪の会 117 2004.4

内海町

新市一概況と文化財（特集 内海町・新市町の文化財紹介）（山名洋司）「文化財ふくやま」 福山市文化財協会 39 2004.5

文化財めぐり―内海町散策（特集 内海町・新市町の文化財紹介）（兼田明昌）「文化財ふくやま」 福山市文化財協会 39 2004.5

浦島

「浦島測量之図」（第5次伊能測量隊）に見る200年前の広・阿賀（試論）（井垣武久）「広郷土史研究会会報」 広郷土史研究会 （91）2009.5

英橋

大河入海と英橋「広島美奈美国風土記」 広島市南区役所市民部区政振興課 (17) 2014.3

営所通り

営所通りを歩いて(例会報告)(北川浩二)「備陽史探訪」 備陽史探訪の会 (179) 2014.8

恵下山遺跡

ふる里の史跡 恵下山遺跡(広島市安佐北区)(今岡一則)「郷土史紀行」 ヒューマン・レクチャー・クラブ (41) 2006.11

恵下谷

牛馬で越えた恵下谷の坂道—昭和初期頃(小出学)「わが町三原」 みはら歴史と観光の会 202 2008.1

恵蘇郡

慶応3年備後国恵蘇郡百姓一揆の諸要求(中山富広)「広島大学大学院文学研究科論集」 広島大学大学院文学研究科 69 2009.12

江田川之内町

三次地方の珍しい地名(11) 江田川之内町(えたがわのうちまち)/塩貝(しおがい)「みよし地方史」 三次市地方史研究会 (77) 2008.12

江田島

帝国海軍士官のメッカ江田島と呉鎮守府長官山を訪ねて(渡辺政友)「徳山地方郷土史研究」 徳山地方郷土史研究会 26 2005.3

日本海軍の聖地江田島・呉を訪ねて(豆塚基司)「徳山地方郷土史研究」 徳山地方郷土史研究会 26 2005.3

平家伝説と江田島(宇根川進)「広郷土史研究会会報」 広郷土史研究会 (118) 2014.3

江田島市

瀬戸内海西部における島嶼部航路の再編と公営航路の対応—主に松山市中島地域と江田島市を事例として(田中健作)「内海文化研究紀要」 広島大学大学院文学研究科附属内海文化施設 (40) 2012.3

会員だより/江田島市の史跡巡り/福山市鞆の浦地区の史跡巡り「広島郷土史会会報」 広島郷土史会 (173) 2012.5

市町の文化財(6) 江田島市(宇根川進)「広島県文化財ニュース」 広島県文化財協会 (213) 2012.7

榎木峠

備後夜談 榎木峠[1],2(根岸尚克)「備陽史探訪」 備陽史探訪の会 (178)/(180) 2014.6/2014.10

生城山城

毛利氏麾下天野氏の居城「生城山城跡」「郷土史紀行」 ヒューマン・レクチャー・クラブ 24 2003.11

大朝

豊平・千代田・大朝三町の史跡を訪ねて—吉川元春館跡/万徳院跡/小倉山城跡/天狗シデ「かんべ」 可部郷土史研究会 97 2002.7

大朝町

山県郡大朝町の史跡見学報告「広島郷土史会会報」 広島郷土史会 155 2005.1

大内山城

大内山城跡測量調査報告(城郭研究部会)「備陽史探訪」 備陽史探訪の会 113 2003.8

大浦崎

ふる里の史跡 大浦崎の特攻基地「郷土史紀行」 ヒューマン・レクチャー・クラブ 31 2005.1

大君

江田島市大柿町大君より早瀬大橋を望む「かんべ」 可部郷土史研究会 (122) 2012.12

平家伝説の郷「大君」「かんべ」 可部郷土史研究会 (122) 2012.12

大久野島

近代史における大久野島の光と影(1),(2)(向田裕始)「広島県文化財ニュース」 広島県文化財協会 168/177 2001.3/2003.6

大倉組山陽製鉄所

大倉組山陽製鉄所について(研究報告要旨)(望月英範)「芸備地方史研究」 芸備地方史研究会 (285) 2013.4

大崎上島

瀬戸内散歩 港町の歴史と文化 大崎上島(広島県豊田郡)「郷土史紀行」 ヒューマン・レクチャー・クラブ (54) 2008.9

太田川

太田川本流移転の時期について(保田文吾)「芸備地方史研究」 芸備地方史研究会 248 2005.10

検証 太田川の雁木群と水の都歴史クルーズ「郷土史紀行」 ヒューマン・レクチャー・クラブ (53) 2008.7

企画展「太田川の歴史」 平成26年7月5日(土)〜8月31日(日)(村上宣昭)「ひろしま郷土資料館だより」 広島市郷土資料館 (88) 2014.10

大滝

広村二級峡大瀧 広島水力電気株式会社設立時の発電設備(上河内良平)「広郷土史研究会会報」 広郷土史研究会 (91) 2009.5

大竹

講演 幕長戦争と大竹(三宅紹宣)「芸備地方史研究」 芸備地方史研究会 (285) 2013.4

大竹市

大竹市指定重要文化財 森崎家文書について(島崎陽子)「広島県文化財ニュース」 広島県文化財協会 (196) 2008.3

市町の文化財(7) 大竹市(畠中軇朧)「広島県文化財ニュース」 広島県文化財協会 (217) 2013.7

大竹油見の一里塚

ふる里の史跡 大竹油見の一里塚「郷土史紀行」 ヒューマン・レクチャー・クラブ (37) 2006.1

大谷城

大谷城と有地隆信(田口義之)「備陽史探訪」 備陽史探訪の会 (148) 2009.6

大田庄

備後国大田庄故地の研究環境(上),(下)(前原茂雄)「芸備地方史研究」 芸備地方史研究会 233/234 2002.10/2003.1

大手町

明治19年広島区大手町堤防改修計画の絵図面(数野文明)「広島県立文書館だより」 広島県立文書館 22 2013.7

大峠

大峠探訪記(1)〜(4)(船越雄治)「ひがしひろしま郷土史研究会ニュース」 東広島郷土史研究会 (428)/(431) 2010.4/2010.07

大蔵山

芸州大永争乱期の呉浦千束要害と大蔵山 付・音戸の瀬戸城の歴史と平清盛公の瀬戸開削伝説(上河内良平)「広郷土史研究会会報」 広郷土史研究会 (108) 2012.3

大富山城

中世山城散歩 久代宮氏の拠点大富山城と備後西城の史跡めぐり「郷土史紀行」 ヒューマン・レクチャー・クラブ 34 2005.7

大野

西国街道訪ね歩記 大野から玖波まで(鷹取誠，鷹取千穂)「郷土史紀行」 ヒューマン・レクチャー・クラブ 23 2003.6

大野村

第二次長州征伐と西條藩(芸州口・大野村周辺の戦い)—「荒木満福寺文書」を基にして(3) 西條勢の手柄(三木秋男[編])「西條史談」 西條史談会 (87) 2013.1

大林村

大林村庄屋が保管していた文書「かんべ」 可部郷土史研究会 (114) 2008.4

大原

大原の地の一考察—伝承・史跡・文化財から「研究紀要古里」 世羅郡文化財協会甲山地区部会 (12) 2012.3

大平

三次地方の珍しい地名(10) 大平(おおびら)/焼庭(やけには)「みよし地方史」 三次市地方史研究会 (76) 2008.8

大屋村の滝

古の姿のまま流れる「大屋村の瀧」「郷土史紀行」 ヒューマン・レクチャー・クラブ 31 2005.1

大山峠

旧山陽道「大山峠を歩く」「瀬野川流域郷土史懇話会会報」 瀬野川流域郷土史懇話会 (3) 2006.2

瀬野まち歩き「大山峠を歩く」を終わって(松島千秋)「瀬野川流域郷土史懇話会会報」 瀬野川流域郷土史懇話会 (9) 2009.2

旧山陽道「大山峠」を歩く(古宮篤美)「瀬野川流域郷土史懇話会会報」 瀬野川流域郷土史懇話会 (11) 2010.2

旧山陽道「大山峠」を歩く(平賀興三郎)「瀬野川流域郷土史懇話会会報」 瀬野川流域郷土史懇話会 (15) 2012.2

大山峠歩きと郷土史会(平賀興三郎)「瀬野川流域郷土史懇話会会報」 瀬野川流域郷土史懇話会 (17) 2013.2

旧山陽道「大山峠を歩こう」「瀬野川流域郷土史懇話会会報」 瀬野川流域郷土史懇話会 (19) 2014.2

尾形

尾形に伝わる古文書について(末永統一)「ふるさとよしうら」 吉浦郷土

史研究会 (54) 2008.4

翁山城

翁山城（石見銀街道 備北3町史跡紹介）（伊野木勲）「わが町三原」 みはら歴史と観光の会 164 2004.11

小倉山城

史跡吉川氏城跡（小倉山城跡）の整備（木下裕史）「広島県文化財ニュース」 広島県文化財協会 179 2003.10

小倉山城跡の登城路と《特集 遺構から見た芸備の城館跡》）（平川孝志）「芸備」 芸備友の会 (37) 2009.12

折敷畑山

折敷畑合戦あれこれ（柳井貞夫）「大内文化探訪 ： 会誌」 大内文化探訪会 (23) 2005.3

小田県

明治初期の小田県布告について―山野村役場文書から（史料研究）（長沢洋）「広島県立文書館紀要」 広島県立文書館 (12) 2013.3

落矢橋

三次地方の珍しい地名(5) 和知（わち）／矢壺川・矢櫃・落矢橋（立畑春夫）「みよし地方史」 三次市地方史研究会 (71) 2006.12

尾道

近代港湾都市尾道の二つの顔―「山手」住宅地と「海岸通り」の形成過程について（西川龍也）「広島県文化財ニュース」 広島県文化財協会 168 2001.3

尾道の古代人の足跡（えひめ文化財散歩（1））（榊原桓司）「ゆづき.特別号 ： えひめ文化財散歩」 文化財フォーラム愛媛 1 2004.6

尾道石工の成立について―残された石造物から（佐藤昭嗣）「みよし地方史」 三次市地方史研究会 64 2004.8

尾道商家の「預り手形」（西向宏介）「広島県立文書館だより」 広島県立文書館 (25) 2005.1

浦上4番崩れと尾道（高垣俊雄）「郷土史紀行」 ヒューマン・レクチャー・クラブ 32 2005.3

おのみち文学のこみちと古利散策（小沢園枝）「徳山地方郷土史研究」 徳山地方郷土史研究会 26 2005.3

文化財都市尾道と文化財保護行政（神田晴行）「広島県文化財ニュース」 広島県文化財協会 (190) 2006.10

兵庫北関入舩能帳からみた尾道周辺について（植田崇文）「国史談話会雑誌」 東北大学国史談話会 (47) 2006.11

旧山陽道を歩く・尾道篇（野母寿子）「備陽史探訪」 備陽史探訪の会 (135) 2007.4

尾道雑話（野母寿子）「備陽史探訪」 備陽史探訪の会 (137) 2007.8

ふる里の史跡 備後国尾道の石工（郷土史紀行）「郷土史紀行」 ヒューマン・レクチャー・クラブ (45) 2007.9

近世尾道鍛冶についての基礎的考察（下向井紀彦）「芸備地方史研究」 芸備地方史研究会 (262) 2008.6

「聖地」へと至る尾道というフィールド―歌枕から『かみちゅ！』へ（玉井建也）「コンテンツ文化史研究」 コンテンツ文化史学会 (1) 2009.4

尾道の風土と『尾道草紙』（光原百合）「尾道文学談話会会報」 尾道大学芸術文化学部日本文学科 （[1]）2010.12

近世尾道を訪れた行商人たち（森本幾子）「広島県立文書館だより」 広島県立文書館 (35) 2011.3

史料紹介 宮本常一が撮った瀬戸内の写真―尾道を中心に（研究報告要旨）（高木泰伸）「芸備地方史研究」 芸備地方史研究会 (277) 2011.6

研究レポート 備後南部の金融機関の設立と変遷について（尾道編）（岡田宏一郎）「備陽史探訪」 備陽史探訪の会 (163) 2011.12

謎！尾道の古代「万葉集」と尾道（歴史トピックス）「月刊歴史ジャーナル」 NPO法人尾道文化財研究所 (97) 2012.1

小松史談会・史跡めぐり「尾道・因島方面」雑感（織田義彦）「小松史談」 小松史談会 59(1) 通号138 2012.1

伊能忠敬の尾道地方測量記(2)（歴史トピックス）「月刊歴史ジャーナル」 NPO法人尾道文化財研究所 (100) 2012.4

西国街道の一里塚―尾道～三原間の一里塚を巡る（歴史トピックス）「月刊歴史ジャーナル」 NPO法人尾道文化財研究所 (100) 2012.4

特集 「海フェスタ」応援 後白河上皇によって造られた「尾道」「月刊歴史ジャーナル」 NPO法人尾道文化財研究所 (103) 2012.7

特集 生まれ変わることになった「日英友好プレート」「月刊歴史ジャーナル」 NPO法人尾道文化財研究所 (103) 2012.7

特集 全国の水軍どもよ、いざ、出陣じゃー!!―尾道はブラックマーケット?? 水軍は海運業?? 宮地氏より「月刊歴史ジャーナル」 NPO法人尾道文化財研究所 (105) 2012.9

特集 尾道商工会議所創立120周年記念特集 尾道の産業の歴史「月刊歴史ジャーナル」 NPO法人尾道文化財研究所 (106) 2012.10

特集 尾道商工会議所創立120周年記念特集 第六十六國立銀行初代頭取・初代尾道商業会議所会頭 尾道の豪商「橋本家」「月刊歴史ジャーナル」 NPO法人尾道文化財研究所 (107) 2012.11

「住友銀行はなぜ尾道で産声を上げたのか」―尾道と住友との古い関係（小谷範人）「尾道市立大学経済情報論集」 尾道市立大学経済情報学部 12(2) 2012.12

特集 尾道でのお正月の魚といえば、鰤に鮭?? なぜ、北前船が尾道に?? 「月刊歴史ジャーナル」 NPO法人尾道文化財研究所 (108) 2012.12

実は、尾道は「武士の町」だった??（歴史トピックス）「月刊歴史ジャーナル」 NPO法人尾道文化財研究所 (111) 2013.3

「刀狩令」で尾道の名刀は、有名武将が（歴史トピックス）「月刊歴史ジャーナル」 NPO法人尾道文化財研究所 (112) 2013.4

尾道の山根（屋）系石工と石造物について（狛犬を中心に）（研究レポート）（岡田宏一郎）「備陽史探訪」 備陽史探訪の会 (171) 2013.4

甦った日英米友好プレートの除幕式開催される（歴史トピックス）（森田昌典）「月刊歴史ジャーナル」 NPO法人尾道文化財研究所 (113) 2013.5

尾道の豪商「大西家」（澁谷家）の給料は？（歴史トピックス）「月刊歴史ジャーナル」 NPO法人尾道文化財研究所 (115) 2013.6

尾道の水 水源地の現在と過去「かみのらぼ」 尾道市立大学芸術文化学部 (1) 2013.7

おのみち水すがた「かみのらぼ」 尾道市立大学芸術文化学部 (1) 2013.7

尾道の海の人々「かみのらぼ」 尾道市立大学芸術文化学部 (1) 2013.7

井戸に導かれ―尾道の発展「かみのらぼ」 尾道市立大学芸術文化学部 (1) 2013.7

中世の尾道豪商たちの蓄えとは??（歴史トピックス）「月刊歴史ジャーナル」 NPO法人尾道文化財研究所 (117) 2013.9

近世後期港湾都市尾道における諸会所の成立と展開（下向井紀彦）「史学研究」 広島史学研究会 (281) 2013.9

特集 時に漂う人々(12)―飛鳥時代（古墳時代終末期）の尾道地方「月刊歴史ジャーナル」 NPO法人尾道文化財研究所 (121) 2014.1

尾道石工による石造物「三訪会会報」 三成学区の歴史と自然を訪ねる会 (66) 2014.1

尾道・竹原へ故きを温ねて（高嶋清）「郷土東かがわ」 東かがわ市文化財保護協会 (81) 2014.3

特集 時に漂う人々(15)―奈良時代と尾道「月刊歴史ジャーナル」 NPO法人尾道文化財研究所 (124) 2014.4

尾道酢と酢徳利について（備後史談）（岡田宏一郎）「備陽史探訪」 備陽史探訪の会 (177) 2014.4

特集 時に漂う人々(16)―尾道の港町、幕開け 平安時代「月刊歴史ジャーナル」 NPO法人尾道文化財研究所 (125) 2014.5

堀団衛門と尾道「三訪会会報」 三成学区の歴史と自然を訪ねる会 (68) 2014.5

特集 時に漂う人々(17)―平清盛と尾道の誕生 平安時代後期「月刊歴史ジャーナル」 NPO法人尾道文化財研究所 (126) 2014.6

歴史トピックス 歴史を研究するって？ 尾道はどのような姿かな？「月刊歴史ジャーナル」 NPO法人尾道文化財研究所 (126) 2014.6

特集 時に漂う人々(18)―尾道の誕生から鎌倉時代「月刊歴史ジャーナル」 NPO法人尾道文化財研究所 (127) 2014.7

特集 時に漂う人々(19)―尾道は武士の誕生人って?? 「月刊歴史ジャーナル」 NPO法人尾道文化財研究所 (128) 2014.8

「尾道路地歩き」碁縄（例会報告）（中西タイチ）「備陽史探訪」 備陽史探訪の会 (179) 2014.8

特集 時に漂う人々(20)―鎌倉時代の様子は？「月刊歴史ジャーナル」 NPO法人尾道文化財研究所 (129) 2014.9

特集 時に漂う人々(22)―足利尊氏が尾道へ 建武の新政、室町時代の尾道「月刊歴史ジャーナル」 NPO法人尾道文化財研究所 (131) 2014.11

特集 時に漂う人々(23)―こんなにいたのか尾道武士団（室町時代の尾道）「月刊歴史ジャーナル」 NPO法人尾道文化財研究所 (132) 2014.12

尾道市

1900年前後における松永塩流通の展開と尾道市場（落合功）「経済科学研究」 広島修道大学ひろしま未来協創センター 5(2) 通号9 2002.2

尾道市体育協会の社会的貢献に関する一考察―1945年から2004年までの60年間（平松携）「尾道大学経済情報論集」 尾道大学経済情報学部 6(1) 2006.6

尾道市の歴史的建造物及び町並みについて（宇高雄志）「広島県文化財ニュース」 広島県文化財協会 (190) 2006.10

尾道市の廻廊組回覧板史料（研究報告要旨）（天野安治）「芸備地方史研究」 芸備地方史研究会 (277) 2011.6

表紙写真 取り壊される捕虜収容所跡の壁（尾道市）「月刊歴史ジャーナル」 NPO法人尾道文化財研究所 (103) 2012.7

尾道自動車道

尾道自動車道開通に寄せて「研究紀要古里」 世羅郡文化財協会甲山地区部会 (11) 2011.3

広島県　　　　　　　　　　地名でたどる郷土の歴史　　　　　　　　　　中国

尾道城

尾道城×中川美優×オノジョーマン「かみのらぼ」 尾道市立大学芸術文化学部 （1） 2013.7

尾道造船株式会社

特集 江戸時代に遡る?? 尾道造船株式会社の足跡「月刊歴史ジャーナル」 NPO法人尾道文化財研究所 （104） 2012.8

尾道鉄道

郷土探訪 郷愁の鐵路「消えた尾道鉄道」（岡田宏一郎）「備陽史探訪」 備陽史探訪の会 （165） 2012.4

尾道町

収蔵文書の紹介 江戸・明治の小間物商売―尾道町商家の古文書（西向宏介）「広島県立文書館だより」 広島県立文書館 （27） 2006.1

オハグロ池

「オハグロ池」伝説のこと（山本雅典）「発喜のしほり」 発喜会 （117） 2005.10

御許神社

御許神社と古代山陽道（1），（2）「わが町三原」 みはら歴史と観光の会 147/149 2003.6/2003.8

折りヅルの塔

平和への願い 折りヅルの塔（広島平和公園）「郷土史紀行」 ヒューマン・レクチャー・クラブ （54） 2008.9

音戸の瀬戸

平清盛と音戸の瀬戸開削伝（阿井康憲）「ひろしま県史協」 広島県郷土史研究協議会 （29） 2011.10

音戸瀬戸

平清盛と平家伝説・音戸瀬戸とその近辺（特集 平清盛と平家伝説―研究発表 平清盛と平家伝説編）（上河内良平）「ひろしま県史協」 広島県郷土史研究協議会 （30） 2012.11

音戸町

安芸郡音戸町の史跡見学報告（渡辺正彦）「広島郷土史会会報」 広島郷土史会 151 2003.8

海軍山

1月例会発表要旨 知られざる志和の海軍山（吉本正就）「ひがしひろしま郷土史研究会ニュース」 東広島郷土史研究会 （475） 2014.3

皆瀬

三次地方の珍しい地名（12） 皆瀬（かいぜ）/時打（ときうち）と一の渡橋（いちのわたりばし）「みよし地方史」 三次市地方史研究会 （78） 2009.3

海田町

安芸郡海田町の史跡見学報告（行事だより）（渡邉正彦）「広島郷土史会会報」 広島郷土史会 （164） 2008.2

第二次長州戦争の記録 越後榊原高田藩士の墓誌（広島県海田町）（渡辺健）「郷土史紀行」 ヒューマン・レクチャー・クラブ （52） 2008.5

蛙岩

懐かしの写真館 蛙岩（福山市、港町公園内）（中西タイチ）「備陽史探訪」 備陽史探訪の会 （168） 2012.10

鏡山城

中世の城跡を歩く（2） 鏡山城跡の今昔（吉田泰義）「ひがしひろしま郷土史研究会ニュース」 東広島郷土史研究会 （438） 2011.2

中世の城跡を歩く（4） 鏡山城跡の今昔（2）（吉田泰義）「ひがしひろしま郷土史研究会ニュース」 東広島郷土史研究会 （440） 2011.4

芸州東西条郡代居城「鏡山城」北面、陳ヶ平山方面より望む（上河内良平）「広郷土史研究会会報」 広郷土史研究会 （108） 2012.3

県史協広島大学見学大会案内と機関誌第31号特集、鏡山城とその歴史紹介（上河内良平）「広郷土史研究会会報」 広郷土史研究会 （号外） 2013.11

鏡山城合戦と尼子経久（特集 大内氏分国安芸東西条鏡山城とその歴史）（長谷川博史）「ひろしま県史協」 広島県郷土史研究協議会 （31） 2013.11

大永三年の東西条鏡山合戦と久芳氏（特集 大内氏分国安芸東西条鏡山城とその歴史）（久場以津子）「ひろしま県史協」 広島県郷土史研究協議会 （31） 2013.11

懸城

安芸草井氏の出自と系譜（7），（完結編）（3）懸城に居住した時代の小草井・西谷の史跡（和氣藤臣）「わが町三原」 みはら歴史と観光の会 282/283 2014.9/2014.10

加計町

山県郡加計町・筒賀村の史跡見学報告（宮本金次郎）「広島郷土史会会報」 広島郷土史会 150 2003.3

風早郷

論説 安芸国高田郡三田・風早郷の寄進と立荘―御願寺領荘園形成について（畑野順子）「芸備地方史研究」 芸備地方史研究会 （288・289） 2014.3

梶尾神社

中世の山城「宮の城」「泉山城」と梶尾神社について（田辺俊造）「広島県文化財ニュース」 広島県文化財協会 181 2004.5

神島城

神島城（追悼村上稔さん）（藤波平次郎）「備陽史探訪」 備陽史探訪の会 （133） 2006.12

神島町

石文で知るふるさと図説―神島町（平塚義和）「文化財ふくやま」 福山市文化財協会 38 2003.5

鍛冶屋垣内

三次地方の地名あれこれ（18） 鍛冶屋垣内（かじやがいち） 三次市青河町（米丸嘉一）/藤坂（ふじさか） 三次市三良坂町（中畑和彦）「みよし地方史」 三次市地方史研究会 （86） 2011.12

頭崎城

大規模な山城「頭崎城」跡「郷土史紀行」 ヒューマン・レクチャー・クラブ 16 2002.4

頭崎城跡見学随想（森島正幸）「ひがしひろしま郷土史研究会ニュース」 東広島郷土史研究会 354 2010.4

頭崎城跡訪問感想記（菅川孝彦）「ひがしひろしま郷土史研究会ニュース」 東広島郷土史研究会 （452） 2012.4

柏城

品治郡下安井村所在の柏城について―集落も視野に入れた観察（谷重豊季）「芸備地方史研究」 芸備地方史研究会 233 2002.10

柏村

宮氏と柏村―宮下野守家の盛衰（論考）（田口義之）「備陽史研究山城志：備陽史探訪の会機関誌」 備陽史探訪の会 （21） 2013.1

春日

春日今昔（高橋恵子）「文化財ふくやま」 福山市文化財協会 38 2003.5

樫木茶屋

樫木茶屋の思い出（梶矢祥弘）「発喜のしほり」 発喜会 （141） 2011.10

片山城

片山城発見記（小林定市）「備陽史探訪」 備陽史探訪の会 （153） 2010.4

餓

三次地方の地名あれこれ（15） 小童（ひち）/餓（かつえ）「みよし地方史」 三次市地方史研究会 （81） 2010.3

桂田浜

今月の各地 桂田濱（大谷和弘）「わが町三原」 みはら歴史と観光の会 266 2013.5

金井学校

広島大学文書館企画展示 「金井学校の二人展―平岡敬と大牟田稔―」の記録（菅真城）「広島大学文書館紀要」 広島大学文書館 （8） 2006.3

甲山城

史跡をあるく 甲山城「芸備地方史研究」 芸備地方史研究会 （267） 2009.10

甲山町

明治初期における甲山町筋の租税記録から（蔵橋純海夫）「研究紀要古里」 世羅郡文化財協会甲山地区部会 （14） 2013.3

在郷・甲山町（こうざんまち）の歴史年表（蔵橋純海夫）「研究紀要古里」 世羅郡文化財協会甲山地区部会 （14） 2014.3

江戸時代後期頃の甲山町絵図（蔵橋純海夫）「研究紀要古里」 世羅郡文化財協会甲山地区部会 （14） 2014.3

在郷町・「甲山町」の焼失絵図から（蔵橋純海夫）「研究紀要古里」 世羅郡文化財協会甲山地区部会 （14） 2014.3

『甲山町御年貢米名寄帳』について（蔵橋純海夫）「研究紀要古里」 世羅郡文化財協会甲山地区部会 （14） 2014.3

延享元年九月『甲山町御年貢取立帳』（蔵橋純海夫）「研究紀要古里」 世羅郡文化財協会甲山地区部会 （14） 2014.3

仮題『備後国世羅郡甲山町屋敷・畑反別地代書上帖』（蔵橋純海夫）「研究紀要古里」 世羅郡文化財協会甲山地区部会 （14） 2014.3

甲山町年寄加儀屋市郎右衛門相続書付（文化7年）（蔵橋純海夫）「研究紀要古里」 世羅郡文化財協会甲山地区部会 （14） 2014.3

甲山町の記録（蔵橋純海夫）「研究紀要古里」 世羅郡文化財協会甲山地区部会 （14） 2014.3

覚（世羅郡甲山町）（蔵橋純海夫）「研究紀要古里」 世羅郡文化財協会甲山地区部会 （14） 2014.3

中国　　　　　　　　　　　地名でたどる郷土の歴史　　　　　　　　　　　広島県

可部

可部地方の方言を編集して「かんべ」 可部郷土史研究会 88 2000.4

可部の街並み 折目と卯建「かんべ」 可部郷土史研究会 89 2000.7

宿場町可部と高松城「郷土史紀行」 ヒューマン・レクチャー・クラブ 15 2002.2

郷土史講座「私たちの可部」を受講して(松井卓子)「かんべ」 可部郷土史研究会 104 2004.4

私たちの可部(第二講) 「ひとり娘の可愛さに」―地域としての可部(斎秀明)「かんべ」 可部郷土史研究会 104 2004.4

可部21世紀(編集部)「かんべ」 可部郷土史研究会 105 2004.7

安芸国可部の史跡を訪ねて(会務報告)(佐竹節子)「大内文化探訪 ： 会誌」 大内文化探訪会 (26) 2008.4

可部街道

街道往来 参勤交代の道 津和野路/石見路 可部街道の茶屋跡「郷土史紀行」 ヒューマン・レクチャー・クラブ 21 2003.2

可部峠

石州街道(石見街道)と可部峠「かんべ」 可部郷土史研究会 89 2000.7

上井出川

郷土探訪 連載「川筋を訪ねて」(5) 新田を潤した上井出川と下井出川(種本実)「備陽史探訪」 備陽史探訪の会 (175) 2013.12

上井出川筋を歩きました(例会報告)(沖正明)「備陽史探訪」 備陽史探訪の会 (176) 2014.2

神嶋村

備後の神嶋村伝説(1),(2)(遺稿)(小林定市)「備陽史探訪」 備陽史探訪の会 (158)/(159) 2011.2/2011.4

古文書解読「宝永八年沼隈郡神嶋村萬差出帳」(1)～(4)「備陽史探訪」 備陽史探訪の会 (176)/(179) 2014.2/2014.08

上瀬野信号所

ふる里探訪11 上瀬野信号所「瀬野川流域郷土史懇話会会報」 瀬野川流域郷土史懇話会 (15) 2012.2

上殿村

近代の中国山地西部における水田開発と環境利用変化―広島県山県郡上殿村を中心として(赤石直美)「歴史地理学」 歴史地理学会, 古今書院(発売) 47(5)通号226 2005.12

上三永

上三永の歴史散歩(1)～(5)(井東茂夫)「ひがしひろしま郷土史研究会ニュース」 東広島郷土史研究会 375/(379) 2005.11/2006.3

上竜頭の滝

広島藩絵師・岡岷山の描いた滝筒賀村の名瀑 上龍頭の滝・下龍頭の滝「郷土史紀行」 ヒューマン・レクチャー・クラブ 34 2005.7

鹿附駅

古代山陽道の鹿附駅の駅名について(道城金二郎)「ひがしひろしま郷土史研究会ニュース」 東広島郷土史研究会 323 2001.7

神村庄

備後国神村庄について(田口義之)「備陽史探訪」 備陽史探訪の会 (162) 2011.10

亀居城

歴史散歩 安芸と周防国境の史跡 亀居城跡と木野川の渡し(大竹市)「郷土史紀行」 ヒューマン・レクチャー・クラブ (44) 2007.8

広島城と支城亀居城へ行きました(会員通信)(水品弘樹)「城だより」 日本古城友の会 (544) 2014.4

加茂川

加茂川と羽賀の砂堰(高田荘爾)「文化財ふくやま」 福山市文化財協会 40 2005.5

賀茂台地

「被爆四十周年賀茂台地の声 続」発刊について(井東茂夫)「ひがしひろしま郷土史研究会ニュース」 東広島郷土史研究会 348 2003.8

「被爆四十周年賀茂台地の声 続」の口絵の説明(1)(井東茂夫)「ひがしひろしま郷土史研究会ニュース」 東広島郷土史研究会 349 2003.9

「被爆四十周年賀茂台地の声 続」の口絵説明(2),(3)(井東茂夫)「ひがしひろしま郷土史研究会ニュース」 東広島郷土史研究会 350/351 2003.10/2003.11

烏小島

アレイからすこじま 烏小島の今昔(若林秀和)「広郷土史研究会会報」 広郷土史研究会 (92) 2009.7

雁木

企画展「雁木～広島の水辺の記憶～」2012.4.14～5.27(平成24年度前半(4月～10月)に実施した事業から)(本田美和子)「ひろしま郷土資料館だより」 広島市郷土資料館 (84) 2012.10

川尻町

山口 光市(周防)の史跡見学報告/呉 川尻町周辺の史跡巡り「広島郷土史会会報」 広島郷土史会 (174) 2012.12

川尻村

江戸時代の川尻村について(国郡志御用下調べ書出帳から見た江戸時代の川尻村)(天間宏)「研究紀要考古里」 世羅郡文化財協会甲山地区部会 (12) 2012.3

川西

川西講座「史料からわかる川西地域の歴史」(加藤宏文)「史料ネット news letter」 歴史資料ネットワーク (51) 2007.10

神田造船所

吉浦の現代史―神田造船所のばあい(島崎信夫)「ふるさとよしうら」 吉浦郷土史研究会 (55) 2009.4

神辺

文化四年の神辺大火をめぐって―杉ノ木資料の頼春水宛書状から(花本哲志)「広島県文化財ニュース」 広島県文化財協会 (193) 2007.9

神辺、古城山の謎(田口義之)「備陽史探訪」 備陽史探訪の会 (153) 2010.4

神辺宿

矢掛宿と神辺宿(巡見報告)(河島悦子)「交通史研究」 交通史学会, 吉川弘文館(発売) (74) 2011.4

神辺町

深安郡神辺町の史跡見学報告(渡辺正彦)「広島郷土史会会報」 広島郷土史会 151 2003.8

かんなべの文化財(特集「神辺町の文化財」紹介)(佐藤一夫)「文化財ふくやま」 福山市文化財協会 (41) 2006.5

観音川

観音(かんのん)川「発喜のしほり」 発喜会 (140) 2011.7

神辺城

神辺城と山名丈休(田口義之)「備陽史探訪」 備陽史探訪の会 (154) 2010.6

神辺平野

論考 神辺平野の条里制地名(根岸尚克)「備陽史探訪」 備陽史探訪の会 (158) 2011.2

官立綿糸紡績工場

ふるさと探訪(2) 県史跡 官立綿糸紡績工場跡(古川了永)「瀬野川流域郷土史懇話会会報」 瀬野川流域郷土史懇話会 (4) 2006.8

菊水幼稚園

「菊水幼稚園」の思い出「発喜のしほり」 発喜会 (153) 2014.10

亀寿山城

亀寿山城と宮氏(田口義之)「備陽史研究山城志 ： 備陽史探訪の会機関誌」 備陽史探訪の会 (19) 2008.11

木頃城

木頃城主の後裔「三訪会会報」 三成学区の歴史と自然を訪ねる会 (63) 2013.7

吉舎

宿場町の面影を残す吉舎(山田恭子)「わが町三原」 みはら歴史と観光の会 165 2004.12

北広島町

市町の文化財(1) 北広島町(六郷寛)「広島県文化財ニュース」 広島県文化財協会 (191) 2007.2

史跡散歩 毛利元就初陣の地 2つの山城と古戦場(広島県北広島町)「郷土史紀行」 ヒューマン・レクチャー・クラブ (43) 2007.7

吉祥寺

吉祥寺はいつ流れたか「瀬野川流域郷土史懇話会会報」 瀬野川流域郷土史懇話会 (20) 2014.8

吉川元春館

史跡吉川氏城跡(吉川元春館跡)(沢元代史)「広島県文化財ニュース」 広島県文化財協会 179 2003.10

復元された中世の台所―吉川元春館跡(沢元代史)「広島県文化財ニュース」 広島県文化財協会 186 2005.9

ふる里の史跡 吉川元春館跡(広島県北広島町)「郷土史紀行」 ヒューマン・レクチャー・クラブ (47) 2007.11

木野川の渡し

歴史散歩 安芸と周防国境の史跡 亀居城跡と木野川の渡し(大竹市)「郷土史紀行」 ヒューマン・レクチャー・クラブ (44) 2007.8

木原家住宅

先祖を追って旧木原家住宅を訪れる 郷土史研究会に入会して(木原日出夫)「ひがしひろしま郷土史研究会ニュース」 東広島郷土史研究会

広島県　　　　　地名でたどる郷土の歴史　　　　　中国

（458）2012.10

君田町

自治体合併にともなう地域経営の変容―広島県三次市君田町の事例（永井彰）「東北文化研究室紀要」 東北大学大学院文学研究科東北文化研究室　49　2008.3

木村城

竹原小早川氏の本拠城―木村城跡（木村信幸）「広島県文化財ニュース」 広島県文化財協会　178　2003.8

竹原北部地区史跡巡り（1）木村城跡を訪ねて（土肥正徳）「わが町三原」 みはら歴史と観光の会　182　2006.5

木門田

木門田の鍛冶屋「三訪会会報」 三成学区の歴史と自然を訪ねる会
（51）2011.7

京楽

銀の道でつながる、世羅と赤名―旧甲山町小世良字京楽、「京楽院」の場合（岡本信正）「研究紀要古里」 世羅郡文化財協会甲山地区部会
（14）2014.3

銀山城

銀山城の語源（研究ノート）（根岸尚克）「備陽史探訪」 備陽史探訪の会
（164）2012.2

金明山城

中世の城跡を歩く（5）志和堀・金明山城跡の今昔（吉田泰義）「ひがしひろしま郷土史研究会ニュース」 東広島郷土史研究会　（441）2011.5

草井

安芸草井氏の出自と系譜（7）、（完結編）（3）懸城に居住した時代の小草井・西谷の史跡（和氣泰臣）「わが町三原」 みはら歴史と観光の会　282/283　2014.9/2014.10

草木大溝堤

草木大溝堤（豊田淳祥）「広島県文化財ニュース」 広島県文化財協会
181　2004.5

草摺の滝

夏の風物詩 広島藩絵師岡岷山の描いた滝 草摺の滝（広島県安芸郡府中町）「郷土史紀行」 ヒューマン・レクチャー・クラブ　（43）2007.7

草戸千軒

草戸千軒を巡る謎（小林定市）「備陽史探訪」 備陽史探訪の会　110　2003.2

中世・草戸千軒探検1―船着場を中心に「広島県立歴史博物館ニュース」 広島県立歴史博物館　59　2004.4

はくぶつかんこぼればなし2 昔の風景 それは草戸千軒実物大復原をゴーストタウンにしないための工夫だった「広島県立歴史博物館ニュース」 広島県立歴史博物館　60　2004.7

中世・草戸千軒探検2―市場の賑わい（1）、（2）「広島県立歴史博物館ニュース」 広島県立歴史博物館　60/61　2004.7/2004.10

中世・草戸千軒探検（4）井戸に集う人々「広島県立歴史博物館ニュース」 広島県立歴史博物館　62　2005.1

中世・草戸千軒探検（5）塗師の暮らしぶり「広島県立歴史博物館ニュース」 広島県立歴史博物館　63　2005.4

中世・草戸千軒探検（6）下駄の職人「足駄づくり」「広島県立歴史博物館ニュース」 広島県立歴史博物館　64　2005.7

中世・草戸千軒探検（7）鍛冶屋の家「広島県立歴史博物館ニュース」 広島県立歴史博物館　65　2005.10

中世・草戸千軒探検（8）お堂と墓地「広島県立歴史博物館ニュース」 広島県立歴史博物館　（66）2006.2

中世・草戸千軒探検（9）貯える「広島県立歴史博物館ニュース」 広島県立歴史博物館　67　2006.4

潮見浩先生と草戸千軒町遺跡「広島県立歴史博物館ニュース」 広島県立歴史博物館　（67）2006.4

中世・草戸千軒探検（10）炊く「広島県立歴史博物館ニュース」 広島県立歴史博物館　68　2006.7

中世・草戸千軒探検（11）食べる「広島県立歴史博物館ニュース」 広島県立歴史博物館　69　2006.9

中世・草戸千軒探検（12）灯す（鈴木康之）「広島県立歴史博物館ニュース」 広島県立歴史博物館　（70）2007.2

はくぶつかんこぼればなし（13）小学生が描き続けた草戸千軒の6年（木村信幸）「広島県立歴史博物館ニュース」 広島県立歴史博物館　（71）2007.4

中世・草戸千軒探検（13）暖める（鈴木康之）「広島県立歴史博物館ニュース」 広島県立歴史博物館　（71）2007.4

中世・草戸千軒探検（14）書く（鈴木康之）「広島県立歴史博物館ニュース」 広島県立歴史博物館　（72）2007.6

疑史 草戸千軒（小林定市）「備陽史探訪」 備陽史探訪の会　（137）2007.8

中世・草戸千軒探検（15）装う（鈴木康之）「広島県立歴史博物館ニュース」 広島県立歴史博物館　（73）2007.9

中世・草戸千軒探検（16）履く（鈴木康之）「広島県立歴史博物館ニュース」 広島県立歴史博物館　（74）2008.1

中世・草戸千軒探検（17）耕す（鈴木康之）「広島県立歴史博物館ニュース」 広島県立歴史博物館　（76）2008.6

中世・草戸千軒探検（18）漁る（鈴木康之）「広島県立歴史博物館ニュース」 広島県立歴史博物館　（77）2008.8

中世・草戸千軒探検（19）作る（番匠）（鈴木康之）「広島県立歴史博物館ニュース」 広島県立歴史博物館　（78）2009.1

中世・草戸千軒探検（20）作る（鍛冶）（鈴木康之）「広島県立歴史博物館ニュース」 広島県立歴史博物館　（79）2009.4

中世・草戸千軒探検21 作る（塗師）「広島県立歴史博物館ニュース」 広島県立歴史博物館　（80）2009.7

中世・草戸千軒探検（22）作る（かわらけづくり）（鈴木康之）「広島県立歴史博物館ニュース」 広島県立歴史博物館　（82）2010.1

中世・草戸千軒探検（23）作る（さまざまな細工）（鈴木康之）「広島県立歴史博物館ニュース」 広島県立歴史博物館　（83）2010.4

中世・草戸千軒探検（24）商う（銭の保管・流通）（鈴木康之）「広島県立歴史博物館ニュース」 広島県立歴史博物館　（84）2010.7

中世・草戸千軒探検（25）商う（木簡にみる金融取引）「広島県立歴史博物館ニュース」 広島県立歴史博物館　（87）2011.6

中世・草戸千軒探検（26）商う（陶磁器の流通）「広島県立歴史博物館ニュース」 広島県立歴史博物館　（88）2011.9

草戸千軒絵巻レポート「広島県立歴史博物館ニュース」 広島県立歴史博物館　（89）2011.11

中世・草戸千軒探検（27）祈る（まじない）（鈴木康之）「広島県立歴史博物館ニュース」 広島県立歴史博物館　（92）2012.8

草戸千軒絵巻レポート イベント案内/展示案内「広島県立歴史博物館ニュース」 広島県立歴史博物館　（93）2012.12

草戸千軒町

平成23年度秋の展示開催記念セミナー 草戸千軒町遺跡 その成果と展望「広島県立歴史博物館ニュース」 広島県立歴史博物館　（89）2011.11

草戸山城

草戸山城跡について（田口義之）「備陽史探訪」 備陽史探訪の会　（165）2012.4

玖島村

地方名望家文書の構造―広島県佐伯郡玖島村八田家文書の場合（西向宏介）「広島県立文書館紀要」 広島県立文書館　（8）2005.3

串山

鍋蓋と串山（根岸尚克）「備陽史探訪」 備陽史探訪の会　（145）2008.12

口和町

行事だより 庄原市口和町の史跡見学報告（渡邉正彦）「広島郷土史会会報」 広島郷土史会　（170）2010.3

玖波

西国街道訪ね歩記 大野から玖波まで（鷹取誠、鷹取千穂）「郷土史紀行」 ヒューマン・レクチャー・クラブ　23　2003.6

久保町

文政年間 尾道久保町での出商いと出稼ぎについて（小野敏也）「倉敷の歴史」 倉敷市総務局総務部　（13）2003.3

熊野

安芸熊野探訪（五藤俊弘）「発喜のしほり」 発喜会　（121）2006.10

矢―熊野間の乗合交通の歩み―馬車から熊野胡自動車、そして広島バスが「発喜のしほり」 発喜会　（151）2014.4

熊野町

芸州の産業 花開いた筆文化（広島県熊野町）（請川洋一）「郷土史紀行」 ヒューマン・レクチャー・クラブ　（51）2008.3

倉橋

文安四年の矢野・倉橋合戦（篠原達也）「発喜のしほり」 発喜会　（125）2007.10

広島県嶼部の絵馬について―倉橋の状況（道岡尚生）「広島県文化財ニュース」 広島県文化財協会　（195）2008.3

倉橋島

倉橋島を訪ねる（根岸尚克）「備陽史探訪」 備陽史探訪の会　（150）2009.10

倉橋町

呉市倉橋町の史跡見学報告「広島郷土史会会報」 広島郷土史会　156　2005.6

呉

誌上展示「呉と旧海軍の記録」「館報入船山」 呉市入船山記念館　12　2000.3

呉空襲後の住宅難を救った「三角兵舎」(松下宏, 千田武志)「芸備地方史研究」 芸備地方史研究会 239 2004.2

呉の語源 呉中国説と考えた場合の矛盾点 (上河内良平)「広郷土史研究会会報」 広郷土史研究会 63 2004.8

日本海軍の聖地江田島・呉を訪ねて (豆塚基司)「徳山地方郷土史研究」 徳山地方郷土史研究会 26 2005.3

呉再び (佐々木徳次)「郷土石見 ： 石見郷土研究懇話会機関誌」 石見郷土研究懇話会 (70) 2005.12

占領下の呉について情報をお寄せ下さい (呉市海事歴史科学館)「芸備地方史研究」 芸備地方史研究会 (253) 2006.10

呉の近代化～入船山を巡って (井垣武久)「広郷土史研究会ニュース」 広郷土史研究会 (81) 2007.9

特集にあたって (《特集 呉の近代と海軍―モノと文書から考える》)「芸備地方史研究」 芸備地方史研究会 (266) 2009.6

藤田家文書の発見と明治期広村の世相 (《特集 呉の近代と海軍―モノと文書から考える》) (上河内良平)「芸備地方史研究」 芸備地方史研究会 (266) 2009.6

呉の語源から日本の古代史を探る (研究発表) (上河内良平)「ひろしま県史協」 広島県郷土研究協議会 (29) 2011.10

呉の『青バス』さようなら (小早川諭)「広郷土史研究会会報」 広郷土史研究会 (111) 2012.9

呉浦

大和ミュージアム第9回企画展「海軍が来た！―「呉浦」から呉鎮守府へ」(芸備掲示板)(呉市海事歴史科学館)「芸備地方史研究」 芸備地方史研究会 (260・261) 2008.4

呉海軍工廠

史跡をあるく アレイからすこじま (旧呉海軍工廠)「芸備地方史研究」 芸備地方史研究会 (266) 2009.6

寺屋敷からの報告(16) 呉海軍工廠物資昭和第一農場のこと/石井一弘さんは知っていた (山本雅典)「発喜のしほり」 発喜会 (140) 2011.7

呉海軍造兵廠

海軍の兵器独立に果たした呉海軍造兵廠の役割 (千田武志)「呉市海事歴史科学館研究紀要」 呉市海事歴史科学館 (5) 2011.3

呉ヶ垰宿場

呉ヶ垰宿場のこと (新田成美)「郷土」 西城町郷土研究会 78 2000.10

呉軍港

呉軍港の周辺―海軍施設の設置とその影響 (研究ノート)(道岡尚生)「呉市海事歴史科学館研究紀要」 呉市海事歴史科学館 (8) 2014.3

呉拘置支所

吉浦の現代史 呉拘置支所について (神尾光一)「ふるさとよしうら」 吉浦郷土史研究会 (53) 2006.12

呉市

戦中戦後生活体験記 奉天(中国大陸)から呉(呉市)(藤岡洋)「広郷土史研究会ニュース」 広郷土史研究会 (44) 2001.12

呉市史編さん事業視察報告 (小原隆)「さがみはら市史編さんだより」 相模原市総務局 10 2003.1

宇佐神宮の呉橋と「呉の語源」の考察、その後編 (上河内良平)「広郷土史研究会ニュース」 広郷土史研究会 (55) 2003.4

呉の語源はなにか？ 古代・船木郷と安満郷と呉の関係について (小栗康治)「広郷土史研究会会報」 広郷土史研究会 62 2004.6

「私の日本地図」を歩く 広島県呉市―宮本常一最初の旅/宮本常一関連の新連載始まる (周防大島郷土大学ニュゥズ) 周防大島文化交流センター 16 2005.1

呉市の水道事業と三永水源地 (有川義晴)「ひがしひろしま郷土史研究会ニュース」 東広島郷土史研究会 (379) 2006.3

呉市史をつくる (津田文夫)「広郷土史研究会ニュース」 広郷土史研究会 (83) 2008.1

呉の語源と広島県呉市の「くれ」の地名の言葉と意味について (研究報告要旨) (上河内良平)「芸備地方史研究」 芸備地方史研究会 (260・261) 2008.4

調査報告 広島の戦争遺跡 (広島市・呉市) 踏査報告 (矢野慎一)「戦争と民衆」 戦時下の小田原地方を記録する会 (68) 2012.3

資料紹介 呉市海事歴史科学館の近代化産業遺産が伝えるもの (道岡尚生)「呉市海事歴史科学館研究紀要」 呉市海事歴史科学館 (7) 2013.3

呉線

歳事記 呉線の100年 (大谷和弘)「わが町三原」 みはら歴史と観光の会 153 2003.12

呉鎮守府

艦艇の国産化政策と呉鎮守府の設立 (研究報告要旨) (千田武志)「芸備地方史研究」 芸備地方史研究会 (266) 2009.6

呉鎮守府司令長官官舎

呉市入船山記念館・旧呉鎮守府司令長官官舎 (松下宏)「館報入船山」 呉市入船山記念館 14 2003.2

呉鎮守府造船部

呉鎮守府造船部の建設と活動 (千田武志)「呉市海事歴史科学館研究紀要」 呉市海事歴史科学館 (6) 2012.3

呉鎮守府長官山

帝国海軍士官のメッカ江田島と呉鎮守府長官山を訪ねて (渡辺政友)「徳山地方郷土史研究」 徳山地方郷土史研究会 26 2005.3

黒鞘峠

三次地方の珍しい地名(2)黒鞘峠/救い「みよし地方史」 三次市地方史研究会 (68) 2005.11

黒谷

安芸草井氏の出自と系譜(5) (2), (6) (2)五郎行信の子、太郎清義が移り住んだ大和町下草井黒谷の史跡 (和氣泰臣)「わが町三原」 みはら歴史と観光の会 280/281 2014.7/2014.8

芸州

芸備両国の領主の変遷(1), (2) (近藤納)「ひがしひろしま郷土研究会ニュース」 東広島郷土研究会 312/313 2000.8/2000.9

田中城攻撃の芸州衆について―玉名歴史断片(2) (高木繁司)「歴史玉名」 玉名歴史研究会 51 2003.10

《特集 創立50周年記念大会「芸備地方史の新視点」》「芸備地方史研究」 芸備地方史研究会 240・241 2004.4

理勢志 (編集部)「かんべ」 可部郷土史研究会 105 2004.7

理勢志 (編集部)「かんべ」 可部郷土史研究会 106 2004.10

特別展 旅人たちの見た芸州広島―江戸時代の街道と旅 (石本正紀)「ひろしま郷土資料館だより」 広島市郷土資料館 69 2005.3

幕末期芸州浅野家の軍備増強―蒸気船の導入を中心に (坂本卓也)「鷹陵史学」 鷹陵史学会 (39) 2013.9

芸州口

幕長戦争の展開過程―芸州口戦争を中心として (三宅紹宣)「史学研究」 広島史学研究会 (263) 2009.3

芸州藩

御三家の水戸家より石高が多かった芸州藩 (歴史トピックス) (榊原恒司)「月刊歴史ジャーナル」 NPO法人尾道文化財研究所 (112) 2013.4

芸藩

芸藩土産図の比較 (西村直城)「広島県立歴史博物館研究紀要」 広島県立歴史博物館 (7) 2003.3

著述年代を検証する芸藩通志「濱ちどりの記」(中屋敷康)「郷土史紀行」 ヒューマン・レクチャー・クラブ 33 2005.5

芸北

山県郡北広島町芸北地区の史跡見学報告 (渡邉正彦)「広島郷土史会会報」 広島郷土史会 (167) 2009.2

芸北 むかしのはきもの展 (芸備掲示板) (芸北民俗芸能保存伝承館)「芸備地方史研究」 芸備地方史研究会 (287) 2013.12

警固屋

地名が語る警固屋の歴史 (講演) (下向井龍彦)「芸備地方史研究」 芸備地方史研究会 235・236 2003.4

己斐

ふる里の街道 己斐の道「郷土史紀行」 ヒューマン・レクチャー・クラブ (45) 2007.9

高下谷

まほろば矢野(14)「高下谷 (矢野西7丁目辺り)」(長船布施夫)「発喜のしほり」 発喜会 (134) 2010.1

広水力発電所

藤田家文書 第Q章を読み終えて 広水力発電所設立秘話と伝承不備の謎を解く (上河内良平)「広郷土史研究会会報」 広郷土史研究会 (116) 2013.9

甲成

三次地方の珍しい地名(3) 甲成/酒屋町「みよし地方史」 三次市地方史研究会 (69) 2006.4

小歌島

藤井川公民館と小歌島「三訪会会報」 三成学区の歴史と自然を訪ねる会 (60) 2013.1

甲田町

安芸高田市甲田町の史跡見学報告 (渡邉正彦)「広島郷土史会会報」 広島郷土史会 (165) 2008.7

郷田村

西条郷田村・田口村庄屋 荒谷家文書について (上河内良平)「広郷土史研

究会会報」 広郷土史研究会 63 2004.8

甲奴郡
幕末期の甲奴郡地方(藤原一三)「みよし地方史」 三次市地方史研究会
(90) 2013.4

江の川発電
江の川発電問題と三次(米丸嘉一)「みよし地方史」 三次市地方史研究会
57 2001.10

郷原村
広島水力電気株式会社広水力発電所の郷原村水源地 写真：賀茂郡志・大
正5年刊より転載(上河内良平)「広郷土史研究会会報」 広郷土史研究
会 (114) 2013.5

工兵橋
町かどの史跡 工兵橋(広島市中区・東区)「郷土史紀行」 ヒューマン・
レクチャー・クラブ (55) 2008.11

広弁天橋
昭和20年以前の広弁天橋と高等官が暮らした官舎(上河内良平)「広郷土
史研究会会報」 広郷土史研究会 (98) 2010.7

弘法谷
三次地方の珍しい地名(9) 弘法谷(こうぼうだに)/八雲(やぐも)「みよ
し地方史」 三次市地方史研究会 (75) 2008.3

黄葉夕陽村舎
黄葉夕陽村舎の由来とその教育(第99回広島県文化財臨地研究会特集
号)(岡野将士)「広島県文化財ニュース」 広島県文化財協会 (210)
2011.9

幸利
三次地方の地名あれこれ(21) 幸利(三次市志幸町)(上重武和)「みよし
地方史」 三次市地方史研究会 (88) 2012.8

郡山
郡山合戦 敵将の墓(今岡一則)「郷土史紀行」 ヒューマン・レク
チャー・クラブ 28 2004.7

郡山城
郡山城跡の青釉片(田村和光)「郷土史紀行」 ヒューマン・レクチャー・
クラブ 17 2002.6
毛利元就、中国制覇への道 一族・重臣を束ねた百万一心と郡山城を取り
巻く支城網「郷土史紀行」 ヒューマン・レクチャー・クラブ 27
2004.5
毛利元就郡山城の歴史散策とみよし風土記の丘を訪ねて(小野洋)「文化
財協会報」 善通寺市文化財保護協会 (31) 2012.3

郡山城下町遺跡
郡山城下町遺跡の河川港について―高宮郡衙推定地における津済の復元
(研究ノート)(中山学)「芸備」 芸備友の会 (42) 2013.7

五箇村
天領備後国甲奴郡五箇村の貢租について(藤原一三)「みよし地方史」 三
次市地方史研究会 (75) 2008.3

国府城
国府城について(田口義之)「備陽史探訪」 備陽史探訪の会 (170)
2013.2

極楽
三次地方の地名あれこれ(22) 極楽(三次市子甲奴町太郎丸)(藤原一
三)「みよし地方史」 三次市地方史研究会 (89) 2012.12

小坂
今月の各地 小坂の自然をもう一度(羽藤文雄)「わが町三原」 みはら歴
史と観光の会 212 2008.11

小佐木島
今月の各地 小佐木島にあった大造船所(吉田千津子)「わが町三原」 み
はら歴史と観光の会 198 2007.9

小谷
小谷焼について(1)～(5)(井東茂夫)「ひがしひろしま郷土史研究会
ニュース」 東広島郷土史研究会 (422)/(426) 2009.10/2010.2

古浜
古浜の今昔(1)～(6)(山根光博)「わが町三原」 みはら歴史と観光の会
247/254 2011.10/2012.5

小早川城
小早川氏城跡のことを中心として(講演)(仲野浩)「芸備地方史研究」
芸備地方史研究会 (260・261) 2008.4
小早川城跡の石垣について(研究報告要旨)(時元省二、佐藤大規)「芸備
地方史研究」 芸備地方史研究会 (260・261) 2008.4

高麗
安芸高麗古窯の存在を検証する(田村和光)「郷土史紀行」 ヒューマン・

レクチャー・クラブ 29 2004.9

駒ヶ滝
広島藩絵師・岡岷山の描いた滝『都志見往来日記』より駒ヶ滝「郷土史
紀行」 ヒューマン・レクチャー・クラブ 32 2005.3
広島藩絵師岡岷山と広島市北部郊外を旅する 第二部 石ヶ谷峡から駒ヶ
瀧 「都志見往来日記&諸勝図」(靖川洋一)「郷土史紀行」 ヒューマ
ン・レクチャー・クラブ (60) 2010.1

駒ヶ原
駒ヶ原考(福岡幸司)「わが町三原」 みはら歴史と観光の会 191
2007.2
伝承地探訪 駒ヶ原・中之町編 鬼ヶへんち―伝説の岩窟(大本静人)「わ
が町三原」 みはら歴史と観光の会 194 2007.5

駒が原鉱山
三原鉱山跡(7) 駒が原、中之町鉱山(2)(大木静人)「わが町三原」 み
はら歴史と観光の会 127 2001.10

駒ヶ原町
三原鉱山跡(6) 三原市駒ヶ原町及び中之町における鉱山について(大本
静人)「わが町三原」 みはら歴史と観光の会 126 2001.9

五竜城
「五龍城跡」と「理窓院」「郷土史紀行」 ヒューマン・レクチャー・クラ
ブ 18 2002.8
五龍城に登る(児玉輝巳)「大内文化探訪 ： 会誌」 大内文化探訪会
(21) 2003.3

今大山城
今大山城と宮氏(特集 神辺町西中条所在 今大山城跡の調査報告)(田口
義之)「備陽史研究山城志 ： 備陽史探訪の会機関誌」 備陽史探訪の会
(20) 2011.2
今大山(遍照寺)城跡測量調査報告(特集 神辺町西中条所在 今大山城跡
の調査報告)(坂本敏夫)「備陽史研究山城志 ： 備陽史探訪の会機関
誌」 備陽史探訪の会 (20) 2011.2

西条
歴史と伝説のはざまで(西条地方の伝説)(貞広豊鹿)「ひがしひろしま郷
土史研究会ニュース」 東広島郷土史研究会 332 2002.4
一人の建築家を育てた酒都西條の景観(1)、(2)(木村浩男)「ひがしひろ
しま郷土史研究会ニュース」 東広島郷土史研究会 (403)/(404)
2008.3/2008.4
酒都西條 なつかしき銘柄揃い踏み(木村浩男)「ひがしひろしま郷土史研
究会ニュース」 東広島郷土史研究会 (410) 2008.10
街道を往った西条柿文化誌―古文書とDNA解析から解く毛利軍中国地
方伝播説(藤重道雅)「ひがしひろしま郷土史研究会ニュース」 東広
島郷土史研究会 (427) 2010.3
「酒都西条」その産みの苦しみが書かれた一通の手紙(松木津々二)「ひが
しひろしま郷土史研究会ニュース」 東広島郷土史研究会 (443)
2011.7
「酒都西条」その2 故岡田茂東映名誉会長と「くぐり門」の保存(松木
津々二)「ひがしひろしま郷土史研究会ニュース」 東広島郷土史研究
会 (444) 2011.8
「酒都西条」その3 演劇場「朝日座」と「くぐり門」について(松木津々
二)「ひがしひろしま郷土史研究会ニュース」 東広島郷土史研究会
(445) 2011.9
「酒都西条」その4 私がその歴史を調べるようになったワケ(松木津々
二)「ひがしひろしま郷土史研究会ニュース」 東広島郷土史研究会
(446) 2011.10
「酒都西条」その5 この街で定説になってしまった数々の誤解(松木津々
二)「ひがしひろしま郷土史研究会ニュース」 東広島郷土史研究会
(447) 2011.11
「酒都西条」その6 誰も語らなくなった酒都西條の歴史(松木津々二)「ひ
がしひろしま郷土史研究会ニュース」 東広島郷土史研究会 (448)
2011.12
「酒都西条」その8 「酒蔵通り」ってどの通り？(松木津々二)「ひがしひ
ろしま郷土史研究会ニュース」 東広島郷土史研究会 (450) 2012.2
「酒都西条」その9 灘・伏見と並ぶ酒の都 広島県西条???(松木津々二)
「ひがしひろしま郷土史研究会ニュース」 東広島郷土史研究会
(451) 2012.3
「酒都西条」その10 「酒の都」の座を賭けてくり返された技術の戦い
(松木津々二)「ひがしひろしま郷土史研究会ニュース」 東広島郷土史
研究会 (452) 2012.4
「酒都西条」その11 灘に負けない清酒を造ろうとした地方の酒造家(松
木津々二)「ひがしひろしま郷土史研究会ニュース」 東広島郷土史研
究会 (453) 2012.5
「酒都西条」その12 酒都西条の礎を築いた和平の魂を継ぐ人たち(松木
津々二)「ひがしひろしま郷土史研究会ニュース」 東広島郷土史研究
会 (455) 2012.7

中国　　　　　　　　　　　　　地名でたどる郷土の歴史　　　　　　　　　　　　広島県

西條の歴史/食事の変遷 5月例会報告「ひがしひろしま郷土史研究会ニュース」 東広島郷土史研究会 （478）2014.6

西条が生んだ教育の先駆者 第39回郷土史展で紹介する5人 23〜28日 市民ギャラリー（田坂次彦）「ひがしひろしま郷土史研究会ニュース」 東広島郷土史研究会 （481）2014.9

西条教育先駆者に熱い視線 市民ギャラリーで郷土史展開催「ひがしひろしま郷土史研究会ニュース」 東広島郷土史研究会 （482）2014.10

西城川

資料報告「西城川舟運図」について（山本智宏）「広島県立歴史民俗資料館研究紀要」 広島県立歴史民俗資料館 6 2007.3

西城町

庄原市西城町の史跡見学報告（行事だより）（渡邊正彦）「広島郷土史会会報」 広島郷土史会 （164）2008.2

西条農業高等学校

6月例会概要報告「寮生活、夜行軍、茶園」西農100年/「巨樹からもらう生命力」巨樹・植物研究会活動報告/「歩く会」候補地を募る「ひがしひろしま郷土史研究会ニュース」 東広島郷土史研究会 （455）2012.7

西条四日市

西条四日市遺跡の調査について（石垣敏之）「広島県文化財ニュース」 広島県文化財協会 185 2005.5

明治期の西条四日市町並みの変遷と酒造業の隆盛（菅川孝彦）「ひがしひろしま郷土史研究会ニュース」 東広島郷土史研究会 （385）2006.9

四日市から酒都西条への酒造業の歴史（木村浩男）「ひがしひろしま郷土史研究会ニュース」 東広島郷土史研究会 （386）2006.10

西条四日市町並の変遷—山陽鉄道開通から昭和初期まで（吉田義和）「ひがしひろしま郷土史研究会ニュース」 東広島郷土史研究会 （388）2006.12

「西條四日市町並写真展」開催報告（田坂次彦）「ひがしひろしま郷土史研究会ニュース」 東広島郷土史研究会 （392）2007.4

「第2回西條四日市町並写真展」開催報告（田坂次彦）「ひがしひろしま郷土史研究会ニュース」 東広島郷土史研究会 （398）2007.10

町並歴史館開設へ署名運動スタート 酒蔵通りに四日市の歴史史料を展示公開/酒蔵通りに東広島市立「西條四日市町町並歴史館」(仮称)を!! 署名協力のお願い「ひがしひろしま郷土史研究会ニュース」 東広島郷土史研究会 （457）2012.9

四日市のまちの発展/明治期の官公署 酒蔵通り歴史講座開く/次回は12月9日 湯川、菅川両氏が講演/グループ研究会ご案内「ひがしひろしま郷土史研究会ニュース」 東広島郷土史研究会 （460）2012.12

2月例会のご案内/第3回西條四日市町並写真展開催/第16回酒蔵通り歴史講座「ひがしひろしま郷土史研究会ニュース」 東広島郷土史研究会 （462）2013.2

才原

例会 三成の史跡めぐり才原編「三訪会会報」 三成学区の歴史と自然を訪ねる会 （61）2013.3

佐伯郡

収蔵文書の紹介 佐伯郡の大地主八田家と林業（西向宏介）「広島県立文書館だより」 広島県立文書館 22 2003.7

元佐伯郡役所奉安庫について（藤下憲明）「広島県文化財ニュース」 広島県文化財協会 （196）2008.3

酒蔵通り

「謎の石祠」と「一通の手紙」酒蔵通り歴史講座開く「ひがしひろしま郷土史研究会ニュース」 東広島郷土史研究会 （455）2012.7

相方城

史跡をあるく 旧相方城々門「芸備地方史研究」 芸備地方史研究会 242 2004.6

カンタン 山城鳥瞰図 その4 相方城を描く（山岡佑佳）「備陽史探訪」 備陽史探訪の会 （181）2014.12

坂根峠

三次地方の地名あれこれ(17) 坂根峠・火打坂（さかねとうげ・ひうちさか）/凌木（しのぎ）・おかんど原「みよし地方史」 三次市地方史研究会 （83）2010.12

佐木島

今月の各地 佐木島島民と第五北川丸海難事故の50年（吉田千津子）「わが町三原」 みはら歴史と観光の会 183 2006.6

佐木島「大平山」とその言い伝えについて（土田美千恵）「わが町三原」 みはら歴史と観光の会 183 2006.6

桜山

桜山、三原の歴史を学んだ一日（西山弘美）「わが町三原」 みはら歴史と観光の会 168 2005.3

桜山東側五太夫堀近辺の想い出—昭和12年頃（前田典子）「わが町三原」 みはら歴史と観光の会 202 2008.1

桜山城

中世の遺構が残る 桜山城「郷土史紀行」 ヒューマン・レクチャー・クラブ 26 2004.3

酒屋町

三次地方の珍しい地名(3) 甲成/酒屋町「みよし地方史」 三次市地方史研究会 （69）2006.4

佐々木家鑪

18〜19世紀中期における鑪操業と技術展開—安芸国山県郡佐々木家鑪を中心に（山﨑一郎）「たたら研究」 たたら研究会 （51）2012.1

佐波浄水場

福山市の黎明は佐波浄水場にあり（備後史談）（田口由実）「備陽史探訪」 備陽史探訪の会 （173）2013.8

三景園

投稿俳句 名苑三景園（広島空港間近在）に遊び詠む（住田保夫）「備陽史探訪」 備陽史探訪の会 （155）2010.8

三枚橋

郷土探訪 連載「川筋を訪ねて」(1) 蓮池川の三枚橋（種本実）「備陽史探訪」 備陽史探訪の会 （170）2013.2

塩貝

三次地方の珍しい地名(11) 江田川之内町（えたがわのうちまち）/塩貝（しおがい）「みよし地方史」 三次市地方史研究会 （77）2008.12

塩町

三次地方の珍しい地名(6) 塩町（しおまち）/両熟（りょうじゅく）「みよし地方史」 三次市地方史研究会 （72）2007.3

志川滝山

志川滝山合戦と芋原の大スキ（田口義之）「備陽史探訪」 備陽史探訪の会 （150）2009.10

糸崎鉄道学校

糸崎鉄道学校物語(1)〜(7)—建学の理念は脈々と生きる（木戸靖彦）「わが町三原」 みはら歴史と観光の会 162/169 2004.9/2005.4

四拾貫町

三次地方の珍しい地名(13) 四拾貫町（しじっかんちょう）/菅田（すがた）「みよし地方史」 三次市地方史研究会 （79）2009.8

四十八坂

三次地方の珍しい地名(1) 女亀山/四十八坂「みよし地方史」 三次市地方史研究会 67 2005.7

品

三次地方の珍しい地名(14) 来源（らいげん）/品（しな）「みよし地方史」 三次市地方史研究会 （80）2009.12

寺内町

絵手紙便だより 寺内町散策（小川直子）「備陽史探訪」 備陽史探訪の会 （175）2013.12

凌木

三次地方の地名あれこれ(17) 坂根峠・火打坂（さかねとうげ・ひうちさか）/凌木（しのぎ）・おかんど原「みよし地方史」 三次市地方史研究会 （83）2010.12

しまなみ

しまなみの南北戦争（村上和馬）「今治史談」 今治史談会 （15）2009.6

しまなみ海道

安積開拓縁の地と歴史と観光の島「しまなみ海道」を訪ねる（柳田家光）「富田町史談会会報」 富田町史談会 （11）2003.4

海域の魅力・しまなみ海道紀行（えひめ文化財散歩(2)）（三原寿太郎）「ゆづき.特別号 ：えひめ文化財散歩」 文化財フォーラム愛媛 2 2005.1

しまなみ海道付近の中・近世石造物（中〜近世）（奥田尚）「西四国」 西四国郷土研究会 （9）2009.12

しまなみ海道史跡めぐり（広谷喜十郎）「秦史談」 秦史談会 （158）2010.7

しまなみ海道自転車の旅（篠原実）「宇摩史談」 宇摩史談会 （100）2012.3

下井出川

郷土探訪 連載「川筋を訪ねて」(5) 新田を潤した上井出川と下井出川（種本実）「備陽史探訪」 備陽史探訪の会 （175）2013.12

下浦刈島

朝鮮通信使が宿泊した町「下浦刈島」を訪ねて（小倉敬二）「徳山地方郷土史研究」 徳山地方郷土史研究会 23 2002.3

下蒲刈島

朝鮮通信使史跡（西日本最大）広島県下蒲刈島へ（天田満）「光地方史研究」 光地方史研究会 28 2002.3

849

広島県　　　地名でたどる郷土の歴史　　　中国

下蒲刈町

下蒲刈町と朝鮮通信使について（近藤福太郎）「怒麻」 大西町史談会事務局　24　2002.4

朝鮮通信使が往復11回も立ち寄った歴史の町下蒲刈町を訪ねる（編集部）「怒麻」 大西町史談会事務局　24　2002.4

下志和地村

史料紹介三次郡下志和地村人馬御改帳（立畑春男）「みよし地方史」 三次市地方史研究会　67　2005.7

下瀬野村

研究ノート 寛永拾五年下瀬野村地詰帳をさぐる（1）〜（5）（寺島洋一）「瀬野川流域郷土史懇話会会報」 瀬野川流域郷土史懇話会　（3）/（7）2006.2/2008.2

下瀬野村の山内家（1）、（6）（寺島洋一）「瀬野川流域郷土史懇話会会報」 瀬野川流域郷土史懇話会　（11）/（17）2010.2/2013.02

下瀬野村の山内家（2）—明治30年代所有の田畑・山林（寺島洋一）「瀬野川流域郷土史懇話会会報」 瀬野川流域郷土史懇話会　（12）2010.8

明治からの瀬野 下瀬野村の山内家（5）（寺島洋一）「瀬野川流域郷土史懇話会会報」 瀬野川流域郷土史懇話会　（15）2012.2

明治からの瀬野 明治末期の下瀬野村（竹林善一）「瀬野川流域郷土史懇話会会報」 瀬野川流域郷土史懇話会　（15）2012.2

下瀬野村の三土居七屋敷（寺島洋一）「瀬野川流域郷土史懇話会会報」 瀬野川流域郷土史懇話会　（16）2012.8

下瀬野村の山内家 山内家の最後「瀬野川流域郷土史懇話会会報」 瀬野川流域郷土史懇話会　（20）2014.8

下竜頭の滝

広島藩絵師・岡岷山の描いた滝筒賀村の名瀑 上龍頭の滝・下龍頭の滝「郷土史紀行」 ヒューマン・レクチャー・クラブ　34　2005.7

志やうごん

書出帖で見つけた二つの地名—「井ノ口池」と「志やうごん」「発喜のしほり」 発喜会　（150）2014.1

十王堂

三次地方の地名あれこれ（20）十王堂（じゅうおうどう）三良坂町三良坂（新祖隆太郎）「みよし地方史」 三次市地方史研究会　（87）2012.4

縮景園

ふる里散歩（1）岡岷山の描いた縮景園「郷土史紀行」 ヒューマン・レクチャー・クラブ　（42）2007.1

18世紀甲板から19世紀前半における縮景園の改修について（白井比佐雄）「広島県文化財ニュース」 広島県文化財協会　（216）2013.3

浄行寺

桧木城と浄行寺（川内町）について（正藤英夫）「瀬野川流域郷土史懇話会会報」 瀬野川流域郷土史懇話会　（5）2007.2

上下宿

今高野山（大田庄）世羅町文化財と銀山街道天領上下宿を訪ねて「かんべ」 可部郷土史研究会　（113）2007.10

常香郡

三次地方の地名あれこれ（18）茶が原（ちゃがはら）三次市向江田町（上重）/常香郡（じょうこうぶ）三次市山家町（冨士坂）「みよし地方史」 三次市地方史研究会　（84）2011.3

小童城

御調別宮小童城の渋川氏（1）、（2）、［完結編］（大本静人）「わが町三原」 みはら歴史と観光の会　269/271　2013.8/2013.10

庄原市

市町の文化財（3）庄原市（稲村秀介）「広島県文化財ニュース」 広島県文化財協会　（193）2007.9

庄原市の歴史と文化財（武田祐三）「広島県文化財ニュース」 広島県文化財協会　（214）2012.10

城山防空監視哨

太平洋戦争中の城山防空監視哨について（林奎介）「研究紀要古里」 世羅郡文化財協会甲山地区部会　（11）2011.3

白市

白市の焙炉（檜山昭敏）「ひがしひろしま郷土史研究会ニュース」 東広島郷土史研究会　308　2000.4

白糸の滝

郷土探訪 糸崎にもある白糸の滝（中西タイチ）「備陽史探訪」 備陽史探訪の会　（168）2012.10

白井の滝

広島藩絵師・岡岷山の描いた滝 白井の滝「郷土史紀行」 ヒューマン・レクチャー・クラブ　29　2004.9

白木町

白木町の史跡をたずねて（助信淳子）「かんべ」 可部郷土史研究会　102　2003.10

白江

例会「白江の史跡と尾鉄跡を巡る」「三訪会会報」 三成学区の歴史と自然を訪ねる会　（68）2014.5

城町

今月の各地 城町今昔（大坪和生）「わが町三原」 みはら歴史と観光の会　185　2006.8

志和

第32回郷土史展報告「東広島の明治維新」—志和に結成された神機隊と広島藩の隠れ城八条原城（松浦学）「ひがしひろしま郷土史研究会ニュース」 東広島郷土史研究会　（448）2011.12

志和地

三次地方の地名あれこれ（16）志和地（しわち）「みよし地方史」 三次市地方史研究会　（82）2010.7

志和地村

史料紹介「野山」の性格 天保11年（1840）「両志和地村野山差縺一件御吟味済定書」より（立畑春男）「みよし地方史」 三次市地方史研究会　64　2004.8

明暦二年 備後国志和地村地平帳の分析（立畑春夫）「みよし地方史」 三次地方史研究会　（93）2014.4

志和地町

盗賊の横行—三次市志和地町 山田家御用控より（立畑春夫）「みよし地方史」 三次市地方史研究会　（90）2013.4

志和町

東広島市志和町の史跡見学報告（渡邉正彦）「広島郷土史会会報」 広島郷土史会　（165）2008.7

東広島市志和町に残る幕末維新期の城—広島藩が計画した八条原城 広島城に代わる防御施設/広島藩の取り組み/工事の始まりと終焉/その後の八条原（尾川健）「しろうや！広島城」 広島市未来都市創造財団　（33）2012.10

志和分校

昭和50年3月 定時制高等学校志和分校の由来（1）〜（3）（丸山夐）「ひがしひろしま郷土史研究会ニュース」 東広島郷土史研究会　305/307　2000.1/2000.3

志和堀

中世の城跡を歩く（5）志和堀・金明山城跡の今昔（吉田泰義）「ひがしひろしま郷土史研究会ニュース」 東広島郷土史研究会　（441）2011.5

志和村

疫病の流行—文久二年 三次郡志和村・青河村の状況（三次市下志和地町山田家『御用控』より）（立畑春夫）「みよし地方史」 三次市地方史研究会　（89）2012.12

新市町

福山市新市町の史跡見学報告（宮本金次郎）「広島郷土史会会報」 広島郷土史会　152　2003.12

新市—概況と文化財（特集 内海町・新市町の文化財紹介）（山名洋通）「文化財ふくやま」 福山市文化財協会　39　2004.5

文化財めぐり—内海町散策（特集 内海町・新市町の文化財紹介）（兼田明昌）「文化財ふくやま」 福山市文化財協会　39　2004.5

写真で視る郷土探訪（新市町）（田口由実）「備陽史探訪」 備陽史探訪の会　（161）2011.8

新開

新開と新地「かみのらぼ」 尾道市立大学芸術文化学部　（1）2013.7

新庄村

宿場の町、新庄村を訪ねる旅「かんべ」 可部郷土史研究会　（110）2006.5

神石町

神石町の沿革など（新田成美）「郷土」 西城町郷土研究会　78　2000.10

新高山

沼田新高山之図（縦158.8cm×横167.2cm）「広島県立歴史博物館ニュース」 広島県立歴史博物館　（86）2011.2

新地

新開と新地「かみのらぼ」 尾道市立大学芸術文化学部　（1）2013.7

津之郷町

津之郷町の中央を流れる本谷川流域の史跡（資料紹介）（村上範鏹）「文化財ふくやま」 福山市文化財協会　（41）2006.5

新浜

天保新開（新浜）関連古文書（1）〜（3）、（完結編）（新畑末男）「わが町三

原」 みはら歴史と観光の会 198/202 2007.9/2008.1

救い
三次地方の珍しい地名(2)黒鞴峠/救い「みよし地方史」 三次市地方史研究会 (68) 2005.11

宿禰島
裸の島「宿禰島」(備後浮城)「わが町三原」 みはら歴史と観光の会 255 2012.6

菅田
三次地方の珍しい地名(13)四拾貫町(しじっかんちょう)/菅田(すがた)「みよし地方史」 三次市地方史研究会 (79) 2009.8

砂原通り
子どものころの薬局(砂原通り)(長船布施夫)「発喜のしほり」 発喜会 (132) 2009.7

須波西町
今月の各地 須波西町の初祈禱(坂井吉徳)「わが町三原」 みはら歴史と観光の会 179 2006.2

瀬戸
芸州大永争乱期の呉浦千束要害と大歳山 付・音戸の瀬戸城の歴史と平清盛公の瀬戸開削伝説(上河内良平)「広郷土史研究会会報」 広郷土史研究会 (108) 2012.3

瀬戸城
芸州大永争乱期の呉浦千束要害と大歳山 付・音戸の瀬戸城の歴史と平清盛公の瀬戸開削伝説(上河内良平)「広郷土史研究会会報」 広郷土史研究会 (108) 2012.3

瀬戸田
中世港町瀬戸田の景観(山内譲)「芸備地方史研究」 芸備地方史研究会 (255) 2007.4

瀬戸田町
近代瀬戸内島嶼部における果樹産業の展開と果物組合の成立―瀬戸田町生口果物組合を素材として(落合功)「修道商学」 広島修道大学ひろしま未来協創センター 44(2)通号89 2004.2
尾道市瀬戸田町の史跡見学報告「広島郷土史会会報」 広島郷土史会 (172) 2011.11

瀬野
今年は「瀬野は鉄道村」でいこう(正藤英夫)「瀬野川流域郷土史懇話会会報」 瀬野川流域郷土史懇話会 (4) 2006.8
頼山陽と瀬野(中村健治)「瀬野川流域郷土史懇話会会報」 瀬野川流域郷土史懇話会 (4) 2006.8
軌道に乗った「瀬野は鉄道村」、今年も走ろう「瀬野川流域郷土史懇話会会報」 瀬野川流域郷土史懇話会 (5) 2007.2
瀬野と俳諧(宍戸大観)「瀬野川流域郷土史懇話会会報」 瀬野川流域郷土史懇話会 (5) 2007.2
昭和26年の「鉄道村」「瀬野川流域郷土史懇話会会報」 瀬野川流域郷土史懇話会 (6) 2007.8
ふるさと探訪(5)瀬野の国道「瀬野川流域郷土史懇話会会報」 瀬野川流域郷土史懇話会 (7) 2008.2
都築要『新広島城下町』(昭和49年より)五瀬命から転化した瀬野「瀬野川流域郷土史懇話会会報」 瀬野川流域郷土史懇話会 (7) 2008.2
明治からの瀬野をさぐろう「瀬野川流域郷土史懇話会会報」 瀬野川流域郷土史懇話会 (8) 2008.8
「鶴亭日記」にみる瀬野(1),(2)(寺島洋一)「瀬野川流域郷土史懇話会会報」 瀬野川流域郷土史懇話会 (8)/(9) 2008.8/2009.2
随筆 昭和はじめの瀬野―歴代村長の記録など(正藤英夫)「瀬野川流域郷土史懇話会会報」 瀬野川流域郷土史懇話会 (8) 2008.8
第34回公民館まつり「明治からの瀬野」写真を展示する(松本尚武)「瀬野川流域郷土史懇話会会報」 瀬野川流域郷土史懇話会 (9) 2009.2
明治からの瀬野をさぐる 桔梗豊松先生追慕碑(境界)「瀬野川流域郷土史懇話会会報」 瀬野川流域郷土史懇話会 (9) 2009.2
明治からの瀬野をさぐる その1 警察(奥田博)「瀬野川流域郷土史懇話会会報」 瀬野川流域郷土史懇話会 (9) 2009.2
ふる里探訪(7)瀬野の樹(古川)「瀬野川流域郷土史懇話会会報」 瀬野川流域郷土史懇話会 (9) 2009.2
明治からの瀬野をさぐる 日記と写真からさぐった「桔梗先生追慕碑」(寺島洋一)「瀬野川流域郷土史懇話会会報」 瀬野川流域郷土史懇話会 (10) 2009.8
明治からの瀬野をさぐる 瀬野に銀行ができた(三浦賢彬,種田潔)「瀬野川流域郷土史懇話会会報」 瀬野川流域郷土史懇話会 (10) 2009.8
"瀬野"の郷土史資料を復元しよう(奥田博)「瀬野川流域郷土史懇話会会報」 瀬野川流域郷土史懇話会 (12) 2010.8
瀬野の郵便局 大正・昭和時代(川野久男)「瀬野川流域郷土史懇話会会報」 瀬野川流域郷土史懇話会 (12) 2010.8

龍善寺と瀬野―龍善寺の古文書にある伝承(中村健治)「瀬野川流域郷土史懇話会会報」 瀬野川流域郷土史懇話会 (12) 2010.8
瀬野と東広島の関わり(奥田博)「ひがしひろしま郷土史研究会ニュース」 東広島郷土史研究会 (451) 2012.3
ふる里探訪12 瀬野の岩石「瀬野川流域郷土史懇話会会報」 瀬野川流域郷土史懇話会 (16) 2012.8
瀬野の歴史遺産の魅力を活かそう(奥田博)「瀬野川流域郷土史懇話会会報」 瀬野川流域郷土史懇話会 (17) 2013.2
父の原爆回想録 血だらけのステテコで瀬野まで帰った(石津靖彦)「瀬野川流域郷土史懇話会会報」 瀬野川流域郷土史懇話会 (18) 2013.8
"瀬野は鉄道村"と文化伝承の話題ふたつ(奥田博)「瀬野川流域郷土史懇話会会報」 瀬野川流域郷土史懇話会 (19) 2014.2
国鉄女子車掌として(特集 昭和の戦争・瀬野)「瀬野川流域郷土史懇話会会報」 瀬野川流域郷土史懇話会 (19) 2014.2

瀬野駅
瀬野機関区・瀬野駅,その略史「瀬野川流域郷土史懇話会会報」 瀬野川流域郷土史懇話会 (5) 2007.2
第38回「公民館まつり」「昭和10年の瀬野駅周辺の町並み再現」ほか「瀬野川流域郷土史懇話会会報」 瀬野川流域郷土史懇話会 (17) 2013.2

瀬野川
瀬野川流域の洪水氾濫(中野陽之助)「瀬野川郷土史研究会会報」 瀬野川郷土史研究会 33 2003.7
瀬野川の石碑(古川了永)「瀬野川郷土史研究会会報」 瀬野川郷土史研究会 34 2004.7
いまも山陽道は生きている―瀬野川流域「往還」の変遷(正藤英夫)「瀬野川流域郷土史懇話会会報」 瀬野川流域郷土史懇話会 (6) 2007.8
郷土史講座 八世八山が語る瀬野川の生い立ち「瀬野川流域郷土史懇話会会報」 瀬野川流域郷土史懇話会 (19) 2014.2

瀬野川町
瀬野川町の道 その一,その二「瀬野川郷土史研究会会報」 瀬野川郷土史研究会 (38)/(39) 2008.2/2009.2

瀬野機関区
『瀬野機関区創立20周年記念誌』より「瀬野川流域郷土史懇話会会報」 瀬野川流域郷土史懇話会 (5) 2007.2
『瀬野機関区創立30周年記念誌』より「瀬野川流域郷土史懇話会会報」 瀬野川流域郷土史懇話会 (6) 2007.8

瀬野小学校
瀬野小学校内の碑・史跡学習について(奥田博)「瀬野川流域郷土史懇話会会報」 瀬野川流域郷土史懇話会 (11) 2010.2

瀬野村
『芸藩通志』に見る安芸郡瀬野村(中村健治)「瀬野川流域郷土史懇話会会報」 瀬野川流域郷土史懇話会 (5) 2007.2

世羅
世羅の荘園と名について(蔵橋純海夫)「研究紀要古里」 世羅郡文化財協会甲山地区部会 (13) 2013.3

世羅郡
世羅郡中における伊能忠敬測量隊の動向(前)(成安信昭)「研究紀要古里」 世羅郡文化財協会甲山地区部会 (11) 2011.3
世羅郡内における大工銘の変遷について 世羅町内の古棟札一覧表(大工・小工)「研究紀要古里」 世羅郡文化財協会甲山地区部会 (12) 2012.3
世羅郡教育事始め―庶民教育の始まり 広島県の教育の流れ/広島県内の学問所の開設(瀬戸一登氏資料から)/世羅町の教育を拓いた先賢たち/寺子屋について(瀬戸一登氏資料から)/寺子屋手本(『甲山町史』資料編IIから)/家塾願之事/明治初期の学校沿革史(蔵橋純海夫)「研究紀要古里」 世羅郡文化財協会甲山地区部会 (12) 2012.3
明治初期頃の世羅郡内と医師たち(蔵橋純海夫)「研究紀要古里」 世羅郡文化財協会甲山地区部会 (13) 2013.3
世羅郡の郡長の記録(蔵橋純海夫)「研究紀要古里」 世羅郡文化財協会甲山地区部会 (13) 2013.3
明治4年の百姓一揆「武一騒動」―世羅郡中における一揆の動向について(成安信昭)「研究紀要古里」 世羅郡文化財協会甲山地区部会 (13) 2013.3
江戸期における世羅郡の支配機構(蔵橋純海夫)「研究紀要古里」 世羅郡文化財協会甲山地区部会 (14) 2014.3

世良郡
世良郡内における平家伝説 桓武平氏略系図/六代(平知忠)被斬/小谷大霊社(平教溢作の御神像)/国郡志差出帳記載の平家伝説/平家落人伝説(備後古蹟志)/伝平清盛護本尊(照善寺)「研究紀要古里」 世羅郡文化財協会甲山地区部会 (12) 2012.3

世羅町

世羅町世羅町の史跡見学報告「広島郷土史会会報」 広島郷土史会
（161） 2007.1

今高野山（大田庄）世羅町文化財と銀山街道天領上下宿を訪ねて「かんべ」 可部郷土史研究会 （113） 2007.10

世羅郡内における国・県・町指定重要文化財等一覧表（蔵橋純海夫）「研究紀要古里」 世羅郡文化財協会甲山地区部会 （11） 2011.3

世羅郡教育事始め―庶民教育の始まり 広島県の教育の流れ/広島県内の学問所の開設（瀬戸一登氏資料から）/世羅町の教育を拓いた先賢たち/寺子屋について（瀬戸一登氏資料から）/寺子屋手本（『甲山町史』資料編IIから）/家塾願之事/明治初期の学校沿革史（蔵橋純海夫）「研究紀要古里」 世羅郡文化財協会甲山地区部会 （12） 2012.3

4月例会レポート―世羅町の石造物を訪ねて（種本実）「備陽史探訪」 備陽史探訪の会 （166） 2012.6

千畳閣

史跡を歩く 千畳閣/室浜砲台跡/八田新七信敏翁之碑「芸備地方史研究」 芸備地方史研究会 （258・259） 2008.2

仙酔島

仙酔島の眼鏡岩「潮待ちの館資料館だより」 福山市鞆の浦歴史民俗資料館 （43） 2009.9

千田

千田の歴史遺産―藪路大峠に残る牛馬の供養碑と両備軽便鉄道の橋脚（郷土探訪）（根岸尚克）「備陽史探訪」 備陽史探訪の会 （176） 2014.2

総領町

現地探訪資料・総領町（甲奴郡）の概要（新田成美）「郷土」 西城町郷土研究会 80 2001.9

総領町の位置・沿革など（新田成美）「郷土」 西城町郷土研究会 80 2001.9

曽場ヶ城

初登山（曽場ヶ城跡）記（篠崎昭巳）「ひがしひろしま郷土史研究会ニュース」 東広島郷土史研究会 342 2003.2

中世の城跡を歩く（6）曽場ヶ城跡の今昔（吉田泰義）「ひがしひろしま郷土史研究会ニュース」 東広島郷土史研究会 （450） 2012.2

大可島城

鞆大可島城と村上亮康（論考）（田口義之）「備陽史探訪」 備陽史探訪の会 （167） 2012.8

第十一海軍航空廠

広海軍工廠・第十一海軍航空廠史（相原謙次）「広郷土史研究会会報」 広郷土史研究会 （109） 2012.5

第十一海軍航空廠発動機部

戦後60年敗戦を偲ぶ 第十一海軍航空廠発動機部の軌跡（檀正二）「広郷土史研究会会報」 広郷土史研究会 69 2005.8

第11航空廠

米軍機の撮影した広工廠・第11航空廠と広航空隊（大成宣惟，賀谷剛三，上河内良平）「広郷土史研究会ニュース」 広郷土史研究会 （80） 2007.7

大望月邸

41年振りの里帰り 大崎上島「大望月邸」へ（佐道弘之）「文化財ふくやま」 福山市文化財協会 38 2003.5

大門駅

あれから十年大門駅（後藤匡史）「備陽史探訪」 備陽史探訪の会 （141） 2008.4

大和町

三原市大和町の史跡見学報告「広島郷土史会会報」 広島郷土史会 （171） 2011.2

高尾山城

中世山城散歩 野間水軍の矢野要害 高尾山城「郷土史紀行」 ヒューマン・レクチャー・クラブ 32 2005.3

高尾城

高尾城跡探訪記（田口義之）「備陽史探訪」 備陽史探訪の会 107 2002.6

鷹の巣滝

表紙 鷹の巣滝（矢野川）「発喜のしほり」 発喜会 （147） 2013.4

高松山

高松山の話「かんべ」 可部郷土史研究会 102 2003.10

高松城

宿場町可部と高松城「郷土史紀行」 ヒューマン・レクチャー・クラブ 15 2002.2

高宮郡衙

郡山城下町遺跡の河川港について―高宮郡衙推定地における津済の復元（研究ノート）（中山学）「芸備」 芸備友の会 （42） 2013.7

高屋

東広島市（高屋地区）の史跡見学報告「広島郷土史会会報」 広島郷土史会 （161） 2007.1

来場者1200人超し大盛況 第34回郷土史展『高屋の戦国武将 平賀氏と白市の豪商木原家』実施報告（吉田義和）「ひがしひろしま郷土史研究会ニュース」 東広島郷土史研究会 （459） 2012.11

宝山

宝山への道（例会報告）（大場和宏）「備陽史探訪」 備陽史探訪の会 （177） 2014.4

田口村

西条郷田村・田口村庄屋 荒谷家文書について（上河内良平）「広郷土史研究会会報」 広郷土史研究会 63 2004.8

竹田川

郷土探訪 連載「川筋を訪ねて」（8）竹田川流域を歩いて（種本実）「備陽史探訪」 備陽史探訪の会 （179） 2014.8

竹原

頼家ゆかりの地「たけはら」探訪―頼家旧宅やまちなみを散策「西山拙斎顕彰会会報」「西山拙斎顕彰会」（5） 2003.5

竹原の「町人文化」雑感（頼祺一）「広島県文化財ニュース」 広島県文化財協会 177 2003.6

竹原から（最近のことから）（島田助左衛門）「道鏡を守る会 : 道鏡禅師を知ろう」 道鏡を守る会 26 2004.9

安芸竹原・本郷に中世の国人小早川氏興亡史を辿る（原田寛雄）「備陽史探訪」 備陽史探訪の会 123 2005.4

解説 竹原探訪もう一つの竹原探訪（大谷和弘）「わが町三原」 みはら歴史と観光の会 170 2005.5

竹原北部地区史跡巡り（2）屋敷跡～小早川家墓地～摩崖仏巡り（徳永進一郎）「わが町三原」 みはら歴史と観光の会 182 2006.5

安芸国竹原の史跡を訪ねて（末冨延幸）「大内文化探訪 : 会誌」 大内文化探訪会 （25） 2007.3

瀬戸内の旅 瀬戸内の塩田と塩の道 三田尻（防府市）と竹原「郷土史紀行」 ヒューマン・レクチャー・クラブ （53） 2008.7

竹原と平家の伝承（忠海・大乗編）（特集 平清盛と平家伝説―研究発表 平清盛と平家伝説編）（山名重徳）「ひろしま県史協」 広島県郷土史研究協議会 （30） 2012.11

尾道・竹原へ故きを温ねて（高嶋清）「郷土東かがわ」 東かがわ市文化財保護協会 （81） 2014.3

歴史・街道文化探訪 塩田が生んだ豪商の町 安芸の小京都・たけはら（間賀田晴行）「季刊南九州文化」 南九州文化研究会 （119） 2014.5

竹原市竹原地区伝統的建造物群保存地区における町家（原著論文）（佐藤大規）「広島大学総合博物館研究報告」 広島大学総合博物館 （6） 2014.12

竹原塩田

明治期の竹原塩田における浜業（村松洋子）「史学研究」 広島史学研究会 （273） 2011.10

竹原市

竹原市の文化と文化財の現状と課題（唐崎香代子）「れきみんきょう : 広島県歴史民俗資料館等連絡協議会会報」 広島県歴史民俗資料館等連絡協議会 40 2005.6

竹原市を訪ねて（北川通雄）「佐川史談霧生関」 佐川史談会 （41） 通号 74 2005.11

竹原町

安芸国竹原町みつ（鈴木幸夫）「安田女子大学紀要」 安田女子大学・安田女子短期大学 （31） 2003.2

近世商家の籌笥収納文書―安芸国竹原町吉井家の事例（西向宏介）「広島県立文書館紀要」 広島県立文書館 （9） 2007.3

多祁理の滝

陰野の滝・多祁理の滝（竹中正治）「発喜のしほり」 発喜会 （141） 2011.10

太歳町

『太歳町出納帳』にみる戦前史点描（米丸嘉一）「みよし地方史」 三次市地方史研究会 （73） 2007.7

田島

宮本常一文庫写真資料の紹介―昭和三十二年の田島・横島（高木泰伸）「アーカイブスふくやま」 福山市 （1） 2010.10

田尻町

写真で視る郷土探訪（田尻町）（田口由実）「備陽史探訪」 備陽史探訪の会 （174） 2013.10

忠海

忠海の歴史―中世から近世への港町としての発展(脇本繁紀)「広島県文化財ニュース」 広島県文化財協会 177 2003.6

立花

特集 向島立花地区であった土石流災害始末記「月刊歴史ジャーナル」 NPO法人尾道文化財研究所 (130) 2014.10

竜ノ口岩

寺屋敷からの報告(19)―タツ年の春、「竜ノ口岩」へどうぞ(山本雅典)「発喜のしほり」 発喜会 (143) 2012.4

田野口たたら

三次市作木町所在の田野口たたら関連資料―高田家文書(資料紹介)(平川孝志)「広島県立歴史民俗資料館研究紀要」 広島県立歴史民俗資料館 8 2011.3

田総

田総の地名の起こり(新田成美)「郷土」 西城町郷土研究会 80 2001.9

蛇円山

聞き書き「蛇円山物語」(田口義之)「備陽史探訪」 備陽史探訪の会 (175) 2013.12

たらたらの滝

広島藩絵師・岡岷山の描いた滝2たらたらの瀧「郷土史紀行」 ヒューマン・レクチャー・クラブ 25 2004.1

足山

古代山陽道の足山について(道城金二郎)「ひがしひろしま郷土史研究会ニュース」 東広島郷土史研究会 326 2001.10

太郎丸城

表紙 安芸草井氏の出自 太郎丸城跡 大和町大草「わが町三原」 みはら歴史と観光の会 275 2014.2

千束要害

芸州大永争乱期の呉浦千束要害と大歳山 付・音戸の瀬戸城の歴史と平清盛公の瀬戸開削伝説(上河内良平)「広郷土史研究会会報」 広郷土史研究会 (108) 2012.3

父木野村

幕末の村落「神石郡父木野村」を例に(杉原道彦)「備陽史研究山城志:備陽史探訪の会機関誌」 備陽史探訪の会 (20) 2011.2

地ノ御前道

ウダツのある町並み 地ノ御前道(廿日市市)「郷土史紀行」 ヒューマン・レクチャー・クラブ (47) 2007.11

茶が原

三次地方の地名あれこれ(18) 茶が原(ちゃがはら) 三次市向江田町(上重)/常香郡(じょうこうぶ) 三次市山家町(冨士原)「みよし地方史」 三次市地方史研究会 (84) 2011.3

長者門

ふる里の史跡 長者門と長者屋敷跡(広島市安芸区)(古川了永)「郷土史紀行」 ヒューマン・レクチャー・クラブ (41) 2006.11

長者屋敷

長者屋敷跡と長者のはなし(古川了永)「瀬野川郷土史研究会会報」 瀬野川郷土史研究会 35 2005.7

ふる里の史跡 長者門と長者屋敷跡(広島市安芸区)(古川了永)「郷土史紀行」 ヒューマン・レクチャー・クラブ (41) 2006.11

長助茶屋

峠の茶屋―長助茶屋の歴史「かんべ」 可部郷土史研究会 89 2000.7

千代田

豊平・千代田・大朝三町の史跡を訪ねて―吉川元春館跡/万徳院跡/小倉山城跡/天狗シデ「かんべ」 可部郷土史研究会 97 2002.7

千代田町

安芸国、千代田町と宮島の文化財(東暉)「史迹と美術」 史迹美術同攷会 73(5) 通号735 2003.6

枕城

中世山城の歴史と遺構 安芸の有力国人阿曽沼氏の支城 枕城「郷土史紀行」 ヒューマン・レクチャー・クラブ 36 2005.11

槌山

槌山合戦・黙霖に熱いまなざし 郷土史展報告(国永昭二)「ひがしひろしま郷土史研究会ニュース」 東広島郷土史研究会 (471) 2013.11

槌山城

槌山城跡 新春初登山(藤原俊雄)「ひがしひろしま郷土史研究会ニュース」 東広島郷土史研究会 366 2005.2

初夏の山城散歩 周防大内氏安芸攻略の拠点 槌山城「郷土史紀行」 ヒューマン・レクチャー・クラブ 33 2005.5

中世の城跡を歩く(7) 槌山城跡の今昔(吉田泰義)「ひがしひろしま郷土史研究会ニュース」 東広島郷土史研究会 (451) 2012.3

筒賀村

山県郡加計町・筒賀村の史跡見学報告(宮本金次郎)「広島郷土史会会報」 広島郷土史会 150 2003.3

つなし川

つなし川(矢野東五丁目14)(長船布施夫)「発喜のしほり」 発喜会 (131) 2009.4

常

焦土探訪 写真で視る郷土探訪(新市町常)(田口由実)「備陽史探訪」 備陽史探訪の会 (157) 2010.12

常石

常石張子《《特集 広島県の土・張子人形》》(三谷範子)「広島県文化財ニュース」 広島県文化財協会 (188) 2006.3

坪生

坪生の蛙(藤波平太郎)「備陽史探訪」 備陽史探訪の会 (131) 2006.8

「住みよいわが町・つぼう」発―坪生ふるさとだより(内藤快範)「つぼう郷土史研究会だより」 つぼう郷土史研究会 (27) 2011.6

坪生荘

再録 歴史紀行「備後・坪生荘」―現代につながる、歴史の重み「つぼう郷土史研究会だより」 つぼう郷土史研究会 (27) 2011.6

鶴ヶ橋

郷土探訪 連載「川筋を訪ねて(2) 鶴ヶ橋と横尾界隈(種本実)「備陽史探訪」 備陽史探訪の会 (171) 2013.4

鶴山

鶴山探検記(川上哲司)「わが町三原」 みはら歴史と観光の会 242 2011.5

津和野路

街道往来 参勤交代の道 津和野路/石見路 可部街道の茶屋跡「郷土史紀行」 ヒューマン・レクチャー・クラブ 21 2003.2

出口通り

石州街道・出口通り(棗田澄子)「広島県文化財ニュース」 広島県文化財協会 (194) 2007.10

出島

広島県立文書館収蔵文書展「開発の時代―広島県行政文書1955〜1975―」によせて 広島西港区(出島)の埋立工事(安藤福平)「広島県立文書館だより」 広島県立文書館 (31) 2008.1

手城川

郷土探訪 連載「川筋を訪ねて」(4) 手城川流域を歩く(種本実)「備陽史探訪」 備陽史探訪の会 (173) 2013.8

寺町

三次地方の珍しい地名(7) 寺町(てらまち)/船所(ふねぞ)「みよし地方史」 三次市地方史研究会 (73) 2007.7

寺屋敷

寺屋敷からの報告(山本雅典)「発喜のしほり」 発喜会 (125) 2007.10

寺屋敷からの報告2 道路と交通(2) 「昭和(村)人口」の移り変わり(山本雅典)「発喜のしほり」 発喜会 (126) 2008.1

寺屋敷からの報告(3) 道路と交通(3)「羊腸の樵路」で多くのドラマが(山本雅典)「発喜のしほり」 発喜会 (127) 2008.4

寺屋敷からの報告4 道路と交通(4) あの旧道は今いずこ(山本雅典)「発喜のしほり」 発喜会 (128) 2008.7

寺屋敷からの報告(5) 旧道に立つ苦難の標柱(山本雅典)「発喜のしほり」 発喜会 (129) 2008.10

寺屋敷からの報告(7) マサ土ブロック農舎と開こん鍬のこと(山本雅典)「発喜のしほり」 発喜会 (131) 2009.4

寺屋敷からの報告8 広島県初のマツ枯れ調査が寺屋敷跡で(山本雅典)「発喜のしほり」 発喜会 (132) 2009.7

寺屋敷からの報告(9) 幻の「カラカサ松」の写真を発見―道路と交通(5)(山本雅典)「発喜のしほり」 発喜会 (133) 2009.10

寺屋敷からの報告10 再び「寺屋敷峠越え」の史実を(山本雅典)「発喜のしほり」 発喜会 (134) 2010.1

寺屋敷からの報告(11) あの谷川は「寺屋敷川」だった(山本雅典)「発喜のしほり」 発喜会 (135) 2010.4

寺屋敷からの報告(12) 分からないこと、知りたいこと―寺屋敷地域の周辺雑記(山本雅典)「発喜のしほり」 発喜会 (136) 2010.7

寺屋敷からの報告(13) 一枚岩は教えてくれる(山本雅典)「発喜のしほり」 発喜会 (137) 2010.10

寺屋敷からの報告(14) 寺屋敷開拓のはじまりと先駆者たち(山本雅典)「発喜のしほり」 発喜会 (138) 2011.1

寺屋敷からの報告(15) この人のことを忘れない(山本雅典)「発喜のし

ほり」発喜会 (139) 2011.4

寺屋敷からの報告(16) 呉海軍工廠物資昭和第一農場のこと/石井一弘さんは知っていた(山本雅典)「発喜のしほり」 発喜会 (140) 2011.7

寺屋敷からの報告(17) あの山は、龍野山か竜ノ口山か、あるいは…(山本雅典)「発喜のしほり」 発喜会 (141) 2011.10

寺屋敷からの報告(18)―呉市側への「越境通学」の顛末(山本雅典)「発喜のしほり」 発喜会 (142) 2012.1

寺屋敷からの報告(19)―タツ年の春、「竜ノ口岩」へどうぞ(山本雅典)「発喜のしほり」 発喜会 (143) 2012.4

寺屋敷からの報告(20)―どうして「寺屋敷」なのですか(山本雅典)「発喜のしほり」 発喜会 (145) 2012.10

寺屋敷からの報告(22)～(24)―寺屋敷地域の歩み(2)～(4)「発喜のしほり」 発喜会 (147)/(149) 2013.4/2013.10

寺屋敷川

寺屋敷からの報告(11) あの谷川は「寺屋敷川」だった(山本雅典)「発喜のしほり」 発喜会 (135) 2010.4

寺屋敷峠

寺屋敷からの報告10 再び「寺屋敷峠越え」の史実を(山本雅典)「発喜のしほり」 発喜会 (134) 2010.1

電機(工業)大学・中学校

幻の学校誘致―電機(工業)大学・中学校の町誘致問題(編集室)「発喜のしほり」 発喜会 (132) 2009.7

天神川

JR天神川開業に寄せて(後藤匡史)「備陽史探訪」 備陽史探訪の会 117 2004.4

天満山

今月の各地 天満山の鉱山(寺迫保夫)「わが町三原」 みはら歴史と観光の会 246 2011.9

土肥実科高等女学校

近代日本農村における女子中等教育機関の存立基盤―中黒瀬村の土肥実科高等女学校・高等女学校をめぐって(梶井一暁)「史学研究」 広島史学研究会 (255) 2007.2

土居城

近田堀の土居城と近田宗左衛門(田口義之)「備陽史探訪」 備陽史探訪の会 (142) 2008.6

十日町

十日町にもあった三吉氏支族 「原五郎政家」の墓碑(後藤千賀子)「みよし地方史」 三次地方史研究会 (87) 2012.4

東城

四月バス例会報告 備北東城紀行―要害桜を愛で、戦国武将宮氏と歌人若山牧水の足跡をどる旅(例会報告)(伊達邦子)「備陽史探訪」 備陽史探訪の会 (160) 2011.6

道上

道上(道の上とも)地名の考察(坂本敏夫)「備陽史探訪」 備陽史探訪の会 (159) 2011.4

ワンショット・例会レポート―道上地域の地域史を訪ね歩く「備陽史探訪」 備陽史探訪の会 (171) 2013.4

東城町

庄原市東城町の史跡見学報告(渡邉正彦)「広島郷土史会会報」 広島郷土史会 (167) 2009.2

春遅い東城町を訪ねて(例会報告)(種本実)「備陽史探訪」 備陽史探訪の会 (160) 2011.6

東備塩元売捌所

戦後、塩販売機構の整備と展開―東備塩元売捌所を中心として(落合功)「修道商学」 広島修道大学ひろしま未来協創センター 46(1)通号92 2005.9

東備地方塩元売捌所

戦前期、塩専売制下の流通組織の展開―東備地方塩元売捌所を素材として(落合功)「経済科学研究」 広島修道大学ひろしま未来協創センター 9(2)通号17 2006.2

利鎌山城

研究ノート 利鎌山城と福田氏(田口義之)「備陽史探訪」 備陽史探訪の会 (151) 2009.12

時打

三次地方の珍しい地名(12) 皆瀬(かいぜ)/時打(ときうち)と一の渡橋(いちのわたりばし)「みよし地方史」 三次市地方史研究会 (78) 2009.3

土岐城

熊野要害 土岐城と小早川隆景の武器入長持「郷土史紀行」 ヒューマン・レクチャー・クラブ 23 2003.6

殿様の腰掛石

殿様の腰掛石(広島市中区)「郷土史紀行」 ヒューマン・レクチャー・クラブ (56) 2009.1

とびしま海道

とびしま海道と御手洗の町並み散策と山頭火句碑めぐり「瀬野川流域郷土史懇話会会報」 瀬野川流域郷土史懇話会 (16) 2012.8

鞆

鞆の底力―住民と共に(蔵本久)「潮待ちの館資料館だより」 福山市鞆の浦歴史民俗資料館 30 2003.1

鞆の皆さまに支えられ…これからも鞆の活性化を(小林実)「潮待ちの館資料館だより」 福山市鞆の浦歴史民俗資料館 30 2003.1

鞆と切手(石井六郎)「潮待ちの館資料館だより」 福山市鞆の浦歴史民俗資料館 30 2003.1

山田渡辺氏と鞆(小林定市)「備陽史探訪」 備陽史探訪の会 111 2003.4

特別展 瀬戸内海と名作―鞆(TOMO)を中心として「潮待ちの館資料館だより」 福山市鞆の浦歴史民俗資料館 31 2003.8

芸備掲示板「みんなで救おう! 鞆のまち」(松居秀子)「芸備地方史研究」 芸備地方史研究会 240・241 2004.4

鞆の町並み(渡辺泰)「潮待ちの館資料館だより」 福山市鞆の浦歴史民俗資料館 33 2004.8

鞆地区道路港湾整備計画の凍結解除に反対する要望書「芸備地方史研究」 芸備地方史研究会 245・246 2005.4

文化財 鞆の景観と焚場「郷土史紀行」 ヒューマン・レクチャー・クラブ (57) 2009.3

鞆の「町割り保存」(戸田和吉)「潮待ちの館資料館だより」 福山市鞆の浦歴史民俗資料館 (42) 2009.3

中村吉兵衛政長と鞆皿山窯(園尾裕)「潮待ちの館資料館だより」 福山市鞆の浦歴史民俗資料館 (44) 2010.3

鞆から出した龍馬の手紙(池田一彦)「潮待ちの館資料館だより」 福山市鞆の浦歴史民俗資料館 (44) 2010.3

特別展「江戸末期からの鞆皿山焼」(記録)「潮待ちの館資料館だより」 福山市鞆の浦歴史民俗資料館 (44) 2010.3

鞆・保命酒屋経営再建秘話―不良債権処理をめぐる豪農商・藩の動き(片岡智)「アーカイブふくやま」 福山市 (1) 2010.10

鞆ヶ浦

戦国の銀鉱石積み出し港 鞆ヶ浦(特集 石見銀山遺跡調査ノート)「季刊文化財」 島根県文化財愛護協会 (123) 2010.12

鞆軽便鉄道

鞆軽便鉄道―昔なつかしいラッキョ汽車「潮待ちの館資料館だより」 福山市鞆の浦歴史民俗資料館 (41) 2008.11

鞆港

特集 史跡保存と都市化 焚場と鞆港(福山市)の歴史「郷土史紀行」 ヒューマン・レクチャー・クラブ 3 2000.2

古代船「海王」鞆港に入港(戸田和吉)「潮待ちの館資料館だより」 福山市鞆の浦歴史民俗資料館 (36) 2006.2

明治・大正期における鞆港―西廻海運からの自立とその変化をめぐって(特集 港町・鞆の浦と瀬戸内)(三木理史)「芸備地方史研究」 芸備地方史研究会 (268・269) 2010.2

鞆港の波戸の構築と焚場(藤谷美喜夫)「福山市立福山城博物館友の会だより」 福山市立福山城博物館友の会 (41) 2011.6

鞆城

知行一万八千石 よみがえれ鞆城(北村憲司)「潮待ちの館資料館だより」 福山市鞆の浦歴史民俗資料館 (53) 2014.9

鞆町

写真で視る郷土探訪(福山市鞆町)(田口由実)「備陽史探訪」 備陽史探訪の会 (158) 2011.2

投稿俳句 福山市鞆町―海浜の風景及び一般の雑詠(住田保夫)「備陽史探訪」 備陽史探訪の会 (161) 2011.8

鞆の浦

近世の港と町並み(《特集 失われゆく港湾都市の原像―鞆の浦の歴史的価値をめぐって》)(中山富広)「芸備地方史研究」 芸備地方史研究会 222・223 2000.10

歴史探訪道中記 鞆の浦を歩く(米田仁)「郷土史紀行」 ヒューマン・レクチャー・クラブ 21 2003.2

鞆の油問題と芸備地方史研究会(長谷川博史)「芸備地方史研究」 芸備地方史研究会 237 2003.6

友の会総会記念講演会記録 近世の国際関係と鞆の浦(荒野泰典)「潮待ちの館資料館だより」 福山市鞆の浦歴史民俗資料館 33 2004.8

瀬戸内の旅「日東第一形勝」鞆の浦の歴史とロマン「郷土史紀行」 ヒューマン・レクチャー・クラブ 2005.1

特別展「町人文化の栄華」―鞆の浦の風(壇上浩二)「潮待ちの館資料館

だより」福山市鞆の浦歴史民俗資料館 （35） 2005.8

鞆の浦の歴史と文化（有馬康之）「海路」 「海路」編集委員会，海鳥社（発売） 通号4 2007.2

鞆の浦を散策して（井元滝雄）「郷土の文化」 観音寺市郷土文化大学 1 2007.3

鞆の浦（田口義之）「備陽史探訪」 備陽史探訪の会 （140） 2008.2

景観美の文法—名勝鞆の浦・17〜20世紀（〈特集 鞆の浦の景観と社会—景観保存運動によせて〉）（片岡智）「歴史科学」 大阪歴史科学協議会 （194） 2008.10

近世鞆の浦をめぐる流通と社会構造（〈特集 鞆の浦の景観と社会—景観保存運動によせて〉）（神田由築）「歴史科学」 大阪歴史科学協議会 （194） 2008.10

鞆の浦における移動・地域・イメージ（《特集 近世港湾都市における文化と社会》）（玉井建也）「民衆史研究」 民衆史研究会 （76） 2008.12

鞆の浦の町家における建築活動の諸相（川后のぞみ）「内海文化研究紀要」 広島大学大学院文学研究科附属内海文化研究施設 （37） 2009.3

鞆の浦と坂本龍馬（1）（檀上浩二）「潮待ちの館資料館だより」 福山市鞆の浦歴史民俗資料館 （43） 2009.9

名勝をめぐる視覚表象の展開—鞆の浦の場合（片岡智）「芸備地方史研究」 芸備地方史研究会 （267） 2009.10

特集にあたって（特集 港町・鞆の浦と瀬戸内）「芸備地方史研究」 芸備地方史研究会 （268・269） 2010.2

「鞆幕府」論（特集 港町・鞆の浦と瀬戸内）（藤田達生）「芸備地方史研究」 芸備地方史研究会 （268・269） 2010.2

近世鞆の社会構造と地域社会（特集 港町・鞆の浦と瀬戸内）（片岡智）「芸備地方史研究」 芸備地方史研究会 （268・269） 2010.2

鞆の浦の町家における土間形式の変化（特集 港町・鞆の浦と瀬戸内）（川后のぞみ）「芸備地方史研究」 芸備地方史研究会 （268・269） 2010.2

埋立架橋計画と鞆の浦（特集 港町・鞆の浦と瀬戸内）（長谷川博史）「芸備地方史研究」 芸備地方史研究会 （268・269） 2010.2

鞆の浦と坂本龍馬（2）（壇上浩二）「潮待ちの館資料館だより」 福山市鞆の浦歴史民俗資料館 （44） 2010.3

備後南部における鞆の浦の位置づけ—草戸千軒遺跡の研究成果から（鈴木康之）「芸備地方史研究」 芸備地方史研究会 （273） 2010.10

鞆の浦の文化的景観（特集 風景学事始め）（戸田和吉）「会報むろのつ」 「嶋屋」友の会 （18） 2011.5

鞆の浦の万葉歌八首（特集 「万葉集」の世界）（戸田和吉）「会報むろのつ」 「嶋屋」友の会 （19） 2012.5

福山市鞆の浦地区の史跡見学報告（三浦英児）「広島郷土史会会報」 広島郷土史会 （173） 2012.5

会員だより／江田島市の史跡巡り／福山市鞆の浦地区の史跡巡り「広島郷土史会会報」 広島郷土史会 （173） 2012.5

歴史を語る 福山市鞆の浦「亀の甲」について（松居敏雄）「芸備地方史研究」 芸備地方史研究会 （281） 2012.6

鞆の浦の風景（坂口征喜）「夜豆志呂 ： 郷土史」 八代史談会 （174） 2014.2

映像の町 鞆の浦（通堂博彰）「潮待ちの館資料館だより」 福山市鞆の浦歴史民俗資料館 （52） 2014.3

鞆の津塔

広島県福山鞆町の「鞆の津塔」（佐藤大規，檀上浩二）「広島大学総合博物館研究報告」 広島大学総合博物館 （5） 2013.12

鞆の津

江戸時代、鞆の津の遊郭（池田一彦）「会報むろのつ」 「嶋屋」友の会 （10） 2004.1

北前船と福山藩港・鞆の津（池田一彦）「潮待ちの館資料館だより」 福山市鞆の浦歴史民俗資料館 33 2004.8

豊栄

豊栄窯跡群の成立と展開（向田裕始）「広島県立歴史民俗資料館研究紀要」 広島県立歴史民俗資料館 7 2009.3

豊田郡

論説 近世豊田郡における頼母子講の検討（高垣真利子）「芸備地方史研究」 芸備地方史研究会 （291） 2014.6

豊平

豊平・千代田・大朝三町の史跡を訪ねて—吉川元春館跡／万徳院跡／小倉山城跡／天狗シデ「かんべ」 可部郷土史研究会 97 2002.7

泥田城

泥田城跡（吉野健志）「広島県文化財ニュース」 広島県文化財協会 （206） 2010.10

中郡古道

来年度県史協大会案内紹介 中郡古道沿線の遺跡を中心に開催（県史協組織）（黒川章男）「ひろしま県史協」 広島県郷土史研究協議会 （32） 2014.10

中野

中野（成岡）の昔覚え書き（平原キミエ）「瀬野川郷土史研究会会報」 瀬野川郷土史研究会 33 2003.7

昭和初期の中野の子供達の遊びと自然の移り変わり「瀬野川郷土史研究会会報」 瀬野川郷土史研究会 （38） 2008.2

中之町

三原鉱山跡（6）三原市駒ヶ原町及び中之町における鉱山について（大本静人）「わが町三原」 みはら歴史と観光の会 126 2001.9

中之町小学校学区内史跡探訪 中之町の昔をたずねて（石川文雄，仁井道枝，池田桂子）「わが町三原」 みはら歴史と観光の会 148 2003.7

中之町小学校学区内 史跡探訪（2）「わが町三原」 みはら歴史と観光の会 149 2003.8

地域に支えられた「いきいきタイム」—中之町の昔をたずねて（大川由喜美，金岡たか子，苅山仁巳）「わが町三原」 みはら歴史と観光の会 162 2004.9

4年生の総合的な学習の時間「中之町の昔をたずねて」（野中美智子，行廣泰子，苅山仁巳）「わが町三原」 みはら歴史と観光の会 180 2006.3

伝承地探訪 駒ヶ原・中之町編 鬼ヶへんち—伝説の岩窟（大本静人）「わが町三原」 みはら歴史と観光の会 194 2007.5

中之町北

中之町大谷奥の「中之町北地区」の「しし垣」探索行（沖正明）「わが町三原」 みはら歴史と観光の会 206 2008.5

中之町鉱山

三原鉱山跡（7）駒が原、中之町鉱山（2）（大木静人）「わが町三原」 みはら歴史と観光の会 127 2001.10

中野村

中野村の今と（中野陽之助）「瀬野川郷土史研究会会報」 瀬野川郷土史研究会 35 2005.7

長浜

長浜地区 環境改善運動「蚊とハエのない町づくり」について（藤田一郎）「広郷土史研究会会報」 広郷土史研究会 69 2005.8

長浜で息づく地域共同体—石泉和上と石泉文庫（荒本昱夫）「広郷土史研究会ニュース」 広郷土史研究会 （86） 2008.7

広村今昔 明治後期の長浜の景観（上河内良平）「広郷土史研究会会報」 広郷土史研究会 （93） 2009.9

長峰城

山手町の長峰城跡（田口義之）「備陽史探訪」 備陽史探訪の会 （133） 2006.12

長見山城

影武者・渡辺通の城 長見山城「郷土史紀行」 ヒューマン・レクチャー・クラブ 27 2004.5

梨羽城

小早川梨羽氏とその本拠城（木村信幸）「広島県文化財ニュース」 広島県文化財協会 184 2005.3

七ツ池

本山町七ツ池の三番池堤体改修工事記録（藤木義夫）「もとやま」 本山町郷土史会 29 2001.5

備後名所「七ツ池」（火呑池）—日本最古級のため池（藤木英太郎）「もとやま」 本山町郷土史会 30 2002.11

七ツ池とその一日（和田恵美子）「備陽史探訪」 備陽史探訪の会 （141） 2008.4

「備後七ツ池」（研究・レポート）（喜多紀世雄）「もとやま」 本山町郷土史会 （38） 2014.12

南原

可මු南原屋屓金造り事件（徒然なるままに一筆）「郷土史紀行」 ヒューマン・レクチャー・クラブ （57） 2009.3

鳴滝

鳴滝探訪（足立捷一郎）「備陽史探訪」 備陽史探訪の会 （138） 2007.10

南湖

博物館アラカルト（19）南湖十七景と菅茶山（岡野将士）「広島県立歴史博物館ニュース」 広島県立歴史博物館 （78） 2009.1

新高山城

宗光寺山門の新高山城からの移築説に対する疑問（佐藤大規）「内海文化研究紀要」 広島大学大学院文学研究科附属内海文化研究施設 （36） 2008.3

山城レポ 新高山城探訪（末森清司）「備陽史探訪」 備陽史探訪の会 （174） 2013.10

二河の滝

『芸藩諸村瀑布図』 広島藩士岡岷山の描いた「二河の瀧」「郷土史紀行」 ヒューマン・レクチャー・クラブ 24 2003.11

西谷

本山の歴史と地名 本山町の地名総覧(2) 西谷地区(藤木英太郎)「もとやま」 本山町郷土史会 30 2002.11

安芸草井氏の出自と系譜(7),(完結編)(3)懸城に居住した時代の小草井・西谷の史跡(和氣泰臣)「わが町三原」 みはら歴史と観光の会 282/283 2014.9/2014.10

西野の梅林

西野の梅林(1)〜(3)—俳諧人が競って詠んだ名梅園(袖下拝悠)「わが町三原」 みはら歴史と観光の会 146/148 2003.5/2003.7

似島俘虜収容所

第一次大戦時の似島俘虜収容所(瀬戸武彦)「広島市公文書館紀要」 広島市公文書館 (26) 2013.6

仁保島村

異色の新資料 "漬物石" ハワイ移民史・服飾史研究家バーバラ・F・カワカミさん寄贈「にほしま」 生活資料館・ハワイ移民資料館仁保島村 7 2001.7

検証 漬物石が見た時代 移民が制限された1908〜24「にほしま」 生活資料館・ハワイ移民資料館仁保島村 7 2001.7

「伝えたい移民の遺産」バーバラ・F・カワカミさん講演の夕べ「にほしま」 生活資料館・ハワイ移民資料館仁保島村 7 2001.7

実感した親の愛情,体感した戦時下の生活 仁保島村の資料を活用して(広島市立仁保小学校)「にほしま」 生活資料館・ハワイ移民資料館仁保島村 (12) 2007.5

入船山

入船山で蘇った金唐紙(旧呉鎮守府司令長官官舎の金唐紙)(上田尚)「館報入船山」 呉市入船山記念館 14 2003.2

沼隈

沼隈の文化財(上田靖士)「文化財ふくやま」 福山市文化財協会 40 2005.5

ぬまくまの風土が支えた平家の足跡(特集 平清盛と平家伝説—研究発表 平清盛と平家伝説編)(藤井好玄)「ひろしま県史協」 広島県郷土史研究協議会 (30) 2012.11

沼隈町

《特集 沼隈町の文化財紹介》「文化財ふくやま」 福山市文化財協会 40 2005.5

沼隈半島

沼隈半島の歴史を訪ねて(内田京子)「備陽史探訪」 備陽史探訪の会 113 2003.8

沼隈半島周辺の史跡を訪ねて(大谷和弘)「わが町三原」 みはら歴史と観光の会 219 2009.6

沼田

沼田地方郷土史年表[1]〜(4),(最終回)(新谷英雄)「わが町三原」 みはら歴史と観光の会 153/157 2003.12/2004.4

沼田新庄

安芸沼田新庄方の支配地について—仁治二年御正検注目録から(宗本正記)「芸備地方史研究」 芸備地方史研究会 243 2004.10

野路山

天保期における安芸国野路山開発(中山富広)「内海文化研究紀要」 広島大学大学院文学研究科附属内海文化研究施設 (37) 2009.3

能美庄

平家伝説と安芸国能美庄源平の攻防(上河内良平)「広郷土史研究会ニュース」 広島郷土史研究会 (74) 2006.7

野呂往還

ワンショット・レポート—野呂往還を歩く「備陽史探訪」 備陽史探訪の会 (164) 2012.2

野呂山

野呂山周辺の史跡見学報告(赤木賢治)「広島郷土史会会報」 広島郷土史会 (174) 2012.12

羽賀の砂堰

加茂川と羽賀の砂堰(高田荘爾)「文化財ふくやま」 福山市文化財協会 40 2005.5

土師ダム

広島近郊の史跡散歩 咽声忠佐衛門の偉業(広島県安芸高田市土師ダム湖畔)「郷土史紀行」 ヒューマン・レクチャー・クラブ (52) 2008.5

馬洗川

三次地方の珍しい地名(4)馬洗川/阿部地「みよし地方史」 三次市地方史研究会 (70) 2006.7

葉煙草再乾燥場跡

今月の各地 葉煙草再乾燥場跡(山根光博)「わが町三原」 みはら歴史と観光の会 236 2010.11

旛山家住宅

旧旛山家住宅について(新祖隆太郎)「広島県文化財ニュース」 広島県文化財協会 187 2005.10

八条原城

八条原城とその時代(尾川健)「ひがしひろしま郷土史研究会ニュース」 東広島郷土史研究会 (440) 2011.4

第32回郷土史展報告「東広島の明治維新」—志和に結成された神機隊と広島藩の隠れ城八条原城(松浦学)「ひがしひろしま郷土史研究会ニュース」 東広島郷土史研究会 (448) 2011.12

八幡

中世の繁栄を残す八幡の史跡(1)(大本静人)「わが町三原」 みはら歴史と観光の会 158 2004.5

八幡藪事件の謎(1),(2),(完結編)(大谷和弘)「わが町三原」 みはら歴史と観光の会 251/253 2012.4

八幡藪事件の謎「三訪会会報」 三成学区の歴史と自然を訪ねる会 (56) 2012.4

廿日市

中世の廿日市(秋山伸隆)「れきみんきょう: 広島県歴史民俗資料館等連絡協議会会報」 広島県歴史民俗資料館等連絡協議会 34 2002.6

廿日市張り子《特集 広島県の土・張子人形》(藤田広幸)「広島県文化財ニュース」 広島県文化財協会 (188) 2006.3

「廿日市」の地名の起源について(藤下憲明)「芸備地方史研究」 芸備地方史研究会 (250・251) 2006.4

講演内容I「屋号から推測する江戸期廿日市の経済圏」、講演内容II「3次元CGによる廿日市本陣の外観復元想定図」、講演内容III「iPadを使った町歩き」「会報さくらお」 廿日市町郷土文化研究会 (134) 2013.1

廿日市市

廿日市市(旧市域)の史跡見学報告「広島郷土史会会報」 広島郷土史会 (162) 2007.6

廿日市市郷土史研究会主催 平成24年度文化講演会「もっと知ろう! 廿日市市宿」 広島工業大学・工学部・都市デザイン工学科准教授 博士(工学) 三好孝治「会報さくらお」 廿日市町郷土文化研究会 (134) 2013.1

廿日市宿

廿日市宿と幻の「大新の桶ずし」—謎の酢(荒瀬良彦)「会報さくらお」 廿日市町郷土文化研究会 (132) 2010.3

廿日市市郷土文化研究会主催文化講演会 広島工業大学・工学部・都市デザイン工学科准教授 博士(工学) 三好孝治 講演題目「絵図を歩こう 江戸期廿日市宿」「会報さくらお」 廿日市町郷土文化研究会 (133) 2011.3

廿日市町

江戸期の海岸線探査フィールドワーク(三好孝治)「会報さくらお」 廿日市町郷土文化研究会 (131) 2008.10

八田新七信敏翁之碑

史跡を歩く 千畳閣/室浜砲台跡/八田新七信敏翁之碑「芸備地方史研究」 芸備地方史研究会 (258・259) 2008.2

服部

駅家町服部地区の地名語源(研究ノート)(根岸尚克)「備陽史研究山城志: 備陽史探訪の会機関誌」 備陽史探訪の会 (22) 2014.6

服部池

備後一かや服部池は可愛いやお糸人柱(上),(下)(和田恵美子)「備陽史探訪」 備陽史探訪の会 (130)/(131) 2006.6/2006.8

服部大池

服部大池の人柱伝説について(井上新一)「文化財ふくやま」 福山市文化財協会 (43) 2009.4

花上

田んぼ(矢野東四丁目・花上)(長船布施夫)「発喜のしほり」 発喜会 (130) 2009.1

土生

土生という地名について(伊勢村武司)「郷土」 西城町郷土研究会 78 2000.10

早瀬大橋

江田島市大柿町大君より早瀬大橋を望む「かんべ」 可部郷土史研究会 (122) 2012.12

原村

原村史を推奨/社倉と飢饉と一揆 1月例会概要報告「ひがしひろしま郷土史研究会ニュース」 東広島郷土史研究会 (462) 2013.2

播磨屋

「播磨屋文書」に関する考察[1]〜(5)(鼓尚夫)「ひがしひろしま郷土史研究会ニュース」 東広島郷土史研究会 315/319 2000.11/2001.3

万象園

三原浅野の広島別邸 萬象園(大谷和弘)「わが町三原」 みはら歴史と観光の会 185 2006.8

幡立山城

芦田郡本山村幡立山城について(田口義之)「備陽史研究山城志 : 備陽史探訪の会機関誌」 備陽史探訪の会 18 2004.8

火打坂

三次地方の地名あれこれ(17) 坂根峠・火打坂(さかねとうげ・ひうちさか)/凌木(しのぎ)・おかんど原「みよし地方史」 三次市地方史研究会 (83) 2010.12

日宇那の潮湯

広島市黄金山麓 日宇那の潮湯(松崎哲)「郷土史紀行」 ヒューマン・レクチャー・クラブ 27 2004.5

東上原村

江戸時代の東上原村について(国郡志御用下調べ書出帳から見た東上原村)「研究紀要古里」 世羅郡文化財協会甲山地区部会 (12) 2012.3

東大橋

生まれ変わる東大橋(森岡由紀子)「広島美奈美国風土記」 広島市南区役所市民部区政振興課 (15) 2013.3

東西条

中世・東西条/米満村地詰帖 大矢邦宣氏が姿見せ語る 5月例会「ひがしひろしま郷土史研究会ニュース」 東広島郷土史研究会 (466) 2013.6

東西条始末記(特集 大内氏分国安芸東西条鏡山城とその歴史)(上河内良平)「ひろしま県史協」 広島県郷土史研究協議会 (31) 2013.11

東中倉山

東中倉山にあった海軍監視廠(特集 昭和の戦争・瀬野)「瀬野川流域郷土史懇話会会報」 瀬野川流域郷土史懇話会 (19) 2014.2

東広島

東広島地方の赤瓦について(1)〜(4)(栗本哲雄)「ひがしひろしま郷土史研究会ニュース」 東広島郷土史研究会 322/327 2001.6/2001.11

東広島の電気の歴史(坂本忠敬)「ひがしひろしま郷土史研究会ニュース」 東広島郷土史研究会 343 2003.3

東広島郷土史研究会30年の歩み(1)〜(4)「ひがしひろしま郷土史研究会ニュース」 東広島郷土史研究会 357/360 2004.5/2004.8

東広島の西国街道(菅野晃行)「広島県文化財ニュース」 広島県文化財協会 185 2005.5

古代道路関係地名(1),(2)(井東義夫)「ひがしひろしま郷土史研究会ニュース」 東広島郷土史研究会 (383)/(384) 2006.7/2006.8

第32回郷土史展報告「東広島の明治維新」―志和に結成された神儀隊と広島藩の隠れ城八条原城(松浦学)「ひがしひろしま郷土史研究会ニュース」 東広島郷土史研究会 (448) 2011.12

瀬野と東広島の関わり(奥田博)「ひがしひろしま郷土史研究会ニュース」 東広島郷土史研究会 (451) 2012.3

瀬戸内水軍(海賊)と東広島について(有田篤雄)「ひがしひろしま郷土史研究会ニュース」 東広島郷土史研究会 (452) 2012.4

古絵図の東広島 2月例会概要報告「ひがしひろしま郷土史研究会ニュース」 東広島郷土史研究会 (475) 2014.3

東広島市

東広島市の滝(1),(2)(藤井孝昭)「ひがしひろしま郷土史研究会ニュース」 東広島郷土史研究会 (408)/(409) 2008.8/2008.9

東広島市の大地―古黒瀬川と西条層(沖村雄二)「ひがしひろしま郷土史研究会ニュース」 東広島郷土史研究会 (431) 2010.7

東広島市と原爆「ひがしひろしま郷土史研究会ニュース」 東広島郷土史研究会 (467) 2013.7

東広島市の文化財―史跡の整備と今後の課題(第101回広島県文化財臨地研究会特集号)(吉野健志)「広島県文化財ニュース」 広島県文化財協会 (218) 2013.9

光谷

三原市中之町光谷地区の鉱山跡について「わが町三原」 みはら歴史と観光の会 114 2002.9

中之町光谷の野井戸(山根光博)「わが町三原」 みはら歴史と観光の会 223 2009.10

引野

引野誕生伝承の一話(三好勝芳)「備陽史探訪」 備陽史探訪の会 (154) 2010.6

比熊山城

中世の山城 毛利元就の側室三吉氏ゆかりの城 比熊山城「郷土史紀行」 ヒューマン・レクチャー・クラブ (37) 2006.1

久井町

備後百景(8) 冬の訪れとともに訪ねた町―御調郡久井町(山口哲晶)「備

陽史探訪」 備陽史探訪の会 110 2003.2

三原市久井町の史跡見学報告(渡邉正彦)「広島郷土史会会報」 広島郷土史会 (168) 2009.6

久松用水

連載「川筋を訪ねて」(6) 久松用水と葦陽用水を遡る(郷土探訪)(種本実)「備陽史探訪」 備陽史探訪の会 (176) 2014.2

小童

甲奴郡小童の珍しい道標(藤原一三)「みよし地方史」 三次市地方史研究会 (76) 2008.8

三次地方の地名あれこれ(15) 小童(ひち)/餓(かつえ)「みよし地方史」 三次市地方史研究会 (81) 2010.3

檜ケ城

檜ケ城と丸畑次郎右衛門「瀬野川流域郷土史懇話会会報」 瀬野川流域郷土史懇話会 (19) 2014.2

檜木城

桧木城と浄行寺(川内町)について(正藤英夫)「瀬野川流域郷土史懇話会会報」 瀬野川流域郷土史懇話会 (5) 2007.2

備北

備北の旅 雑感(大坪和生)「わが町三原」 みはら歴史と観光の会 165 2004.12

明治20年ころの備北農村 藤村俊太郎遺文(1),(2)「みよし地方史」 三次市地方史研究会 (83)/(85) 2010.12/2011.8

安政地震と広島・備北(米丸嘉一)「みよし地方史」 三次市地方史研究会 (91) 2013.8

姫谷

平成20年度春の展示 姫谷焼「広島県立歴史博物館ニュース」 広島県立歴史博物館 (75) 2008.4

姫谷焼―備後に花開いた初期色絵磁器―「広島県立歴史博物館ニュース」 広島県立歴史博物館 (75) 2008.4

備陽

備陽史研究「山城志」目次総覧(第1集〜第9集)(1982〜1987)「備陽史探訪」 備陽史探訪の会 (179) 2014.8

備陽史研究「山城志」目次総覧(第10集〜第15集)(1991〜1998)「備陽史探訪」 備陽史探訪の会 (180) 2014.10

「備陽史探訪」復刻版第5集「備陽史探訪」 備陽史探訪の会 (181) 2014.12

備陽史聞き語り 祖母が見た戦争(大場和弘)「備陽史探訪」 備陽史探訪の会 (181) 2014.12

備陽史研究「山城志」目次総覧(第16集〜第21集)(2002〜2013)「備陽史探訪」 備陽史探訪の会 (181) 2014.12

広

小栗康治「呉衆の広支配とその終焉」にかかわる山本氏と桧垣氏について(能島正美)「広郷土史研究会ニュース」 広郷土史研究会 (36) 2001.4

広の各新開とその検地年代(小栗康治)「広郷土史研究会ニュース」 広郷土史研究会 (39) 2001.7

広で生まれ育って(聞き書き)(西本隆司)「広郷土史研究会ニュース」 広郷土史研究会 (56) 2003.6

昭和28年6月 呉広地区電話統合について(賀谷倭登)「広郷土史研究会会報」 広郷土史研究会 61 2004.4

広における村と人の生活史(1)(小栗康治)「広郷土史研究会会報」 広郷土史研究会 66 2005.3

広第三地区改良区のあゆみ(谷口一美)「広郷土史研究会会報」 広郷土史研究会 68 2005.7

終戦60年を記念して 広工廠・十一空廠を中心に私の回想を交えて(荒本昱夫)「広郷土史研究会会報」 広郷土史研究会 69 2005.8

資料紹介(6) 藤田家文書 第D章 明治17年8月25日の台風による堤防決壊修復関連文書(小栗康治)「広郷土史研究会ニュース」 広郷土史研究会 (82) 2007.11

資料紹介(7) 藤田家文書第D章 明治29年6月9日の台風被災による堤防決壊修復文書(小栗康治)「広郷土史研究会ニュース」 広郷土史研究会 (83) 2008.1

藤田家文書D章の解説(上河内良平)「広郷土史研究会ニュース」 広郷土史研究会 (83) 2008.1

郷土広の発展を夢見て(杉岡護)「広郷土史研究会会報」 広郷土史研究会 (87) 2008.9

資料紹介(5) 藤田家文書 第B章 折手峠県道改修関連文書「B―10号文書」(上河内良平)「広郷土史研究会ニュース」 広郷土史研究会 (88) 2008.11

広甘藍ものがたり(小栗康治)「広郷土史研究会会報」 広郷土史研究会 (90) 2009.03

ひろ地名の由来と広大新開築調経過研究(小栗康治)「広郷土史研究会

広島県　　　　　　　　　　地名でたどる郷土の歴史　　　　　　　　　　中国

報」 広郷土史研究会 （94）2009.11
郷土・広の将来を語る（杉岡護）「広郷土史研究会会報」 広郷土史研究会 （95）2010.1
すべては維新から あまりにも知られなさすぎる郷土の維新と先覚の人々（武田正視）「広郷土史研究会会報」 広郷土史研究会 （99）2010.9
藤田家文書 第FJ章［1］～（5）（広郷土史研究会古文書部会）「広郷土史研究会会報」 広郷土史研究会 （113）/（121）2013.3/2014.09
『膺懲碑』と模範村 広甘藍との関係（小栗康治）「広郷土史研究会会報」 広郷土史研究会 （118）2014.3
保存資料紹介「広甘藍（かんらん）一件綴」農林水産課（呉市）（上河内良平）「広郷土史研究会会報」 広郷土史研究会 （119）2014.5
広甘藍事始め再考（上河内良平）「広郷土史研究会会報」 広郷土史研究会 （120）2014.7
藤田家文書 第FJ章（6）藤田正夫氏寄贈文書（広郷土史研究会古文書部会）「広郷土史研究会会報」 広郷土史研究会 （122）2014.11

広浦

広浦中世史概要（3）呉地方文書に見る中世の事跡 乃美氏（1）～（3）（上河内良平）「広郷土史研究会ニュース」 広郷土史研究会 （34）/（36）2001.2/2001.4
広浦中世史概要（4）呉地方文書に見る中世の事跡 山本氏［1］～（2）（上河内良平）「広郷土史研究会ニュース」 広郷土史研究会 （40）/（42）2001.8/2001.10
広浦中世史概要（8）安芸国天文の争乱と広浦（上河内良平）「広郷土史研究会ニュース」 広郷土史研究会 （59）2003.12

広工廠

昭和20年（1945）4月12日当時の広工廠（賀谷剛三）「広郷土史研究会ニュース」 広郷土史研究会 （79）2007.7
米軍機の撮影した広工廠・第11航空戦隊と広航空隊（大成宣惟，賀谷剛三，上河内良平）「広郷土史研究会ニュース」 広郷土史研究会 （80）2007.7

広島

広島のくらしとことばをきいて（斎秀明）「かんべ」 可部郷土史研究会 87 2000.1
「建国記念の日」のヒロシマ（33）（34）～（48）（芸備地方史研究会）「芸備地方研究」 芸備地方史研究会 220/（291）2000.5/2014.6
特集 広島とハワイ移民 その源流をさぐる「にほしま」 生活資料館・ハワイ移民資料館仁保島村 6 2000.2
広島の山まゆ織（石本正紀）「ひろしま郷土資料館だより」 広島市郷土資料館 62 2001.9
河野通匡と広島の理科教育史（里見志朋）「広島大学史紀要」 広島大学文書館設立準備室 6 2003.3
広島「ピカドン」の惨状をこの眼で（青山紫朗）「長野」 長野郷土史会 228 2003.3
ヒロシマを見た（松本紀郎）「秦史談」 秦史談会 115 2003.5
広島の鏝絵―左官さんの心意気（山縣紀子）「ひろしま郷土資料館だより」 広島市郷土資料館 66 2003.12
国立広島原爆死没者追悼平和祈念館を訪ねて（窪井方弘）「和海藻」 下関市豊北町郷土文化研究会 （19）2003.12
共同企画「路面電車が語るヒロシマ」と連携イベント「被爆電車でめぐるヒロシマ―歴史と平和えお親子で学ぼう―」（数野文明）「広島県立文書館だより」 広島県立文書館 5 2004.1
ヒロシマ・原爆（交流報告）（黒川歩唯）「戦争と民衆」 戦時下の小田原地方を記録する会 52 2004.4
発見！ 広島・江戸時代（広島郷土史会事務局）「広島郷土史会会報」 広島郷土史会 155 2005.1
広島の歴史群像（財）広島市文化財団広島城提供（広島郷土史会事務局）「広島郷土史会会報」 広島郷土史会 156 2005.6
夏の企画展 ひろしま鉄道大集合―ふるさとの夢と郷愁を乗せて「広島県立歴史博物館ニュース」 広島県立歴史博物館 64 2005.7
広島法律学校沿革誌 附、講法館・広島法学校・法学講習所・尾道法律学校「修道法学」 広島修道大学ひろしま未来協創センター 28（1）通号54 2005.9
会員のページ 路面電車小史―広島・長崎を中心として（有馬康之）「西日本文化」 西日本文化協会 414 2005.9
ひろしまの城物語（広島郷土史会事務局）「広島郷土史会会報」 広島郷土史会 （158）2006.1
被爆60周年広島原爆忌―諸行事参加と想い出（〈戦後60年に寄せて―特集（戦中戦後）〉）（窪井方弘）「和海藻」 下関市豊北町郷土文化研究会 （21）2006.1
はくぶつかんこぼればなし（8）企画展「ひろしま鉄道大集合」で培われた心のタブレット「広島県立歴史博物館ニュース」 広島県立歴史博物館 （66）2006.2
「広島」を見た（〈特集 終戦六十年の回顧〉）（吉田喜代）「千台 ： 薩摩川内郷土研究会機関誌」 薩摩川内郷土史研究会 （34）2006.3

建造物の観点から《〈小特集 被爆60年と史・資料保存―現状と課題を考える〉―シンポジウムの記録》（石丸紀興）「芸備地方史研究」 芸備地方史研究会 （250・251）2006.4
文献資料の観点から《〈小特集 被爆60年と史・資料保存―現状と課題を考える〉―シンポジウムの記録》（宇吹暁）「芸備地方史研究」 芸備地方史研究会 （250・251）2006.4
モノ資料の観点から《〈小特集 被爆60年と史・資料保存―現状と課題を考える〉―シンポジウムの記録》（高野和彦）「芸備地方史研究」 芸備地方史研究会 （250・251）2006.4
企画展 水の都広島―橋でつづる街の歴史（村上宣昭）「ひろしま郷土資料館だより」 広島市郷土資料館 （72）2006.10
広島ご城下今昔（西国街道往来）（持永芳孝）「郷土史紀行」 ヒューマン・レクチャー・クラブ （41）2006.11
芸備物産考 広島カキの歴史 江戸期に大坂でカキ船「郷土史紀行」 ヒューマン・レクチャー・クラブ （42）2007.1
資料紹介 広島における陪審裁判―昭和初期の芸備日日新聞・中国新聞の報道ならびに刑事判決原本を中心にして見る陪審裁判（広島修道大学「明治の法と裁判」研究会）「修道法学」 広島修道大学ひろしま未来協創センター 29（2）通号57 2007.2
大正時代の広島を探してみよう（村上宣昭）「ひろしま郷土資料館だより」 広島市郷土資料館 （73）2007.3
企画展 大正時代の広島修学旅行（村上宣昭）「ひろしま郷土資料館だより」 広島市郷土資料館 （73）2007.3
春の企画展 中世からのメッセージ―遺跡が語る広島の歴史―「広島県立歴史博物館ニュース」 広島県立歴史博物館 （71）2007.4
収蔵文書の紹介 田中嗣三資料―ヒロシマを伝える、忘れられたグラフ誌関係資料（数野文明）「広島県立文書館だより」 広島県立文書館 （30）2007.8
資料紹介 広島における陪審裁判（2）昭和初期の芸備日日新聞・中国新聞の報道ならびに刑事判決原本を中心にして見る陪審裁判（広島修道大学「明治の法と裁判」研究会）「修道法学」 広島修道大学ひろしま未来協創センター 30（1）通号58 2007.9
広島被爆一週間後の救援活動に参加した友（森山俊英）「豆州歴史通信」 豆州研究社歴史通信部 （号外）2007.10
広島市公文書館開館30年特別展「ひろしま・歴史への誘い（芸備掲示板）（広島市公文書館）「芸備地方史研究」 芸備地方史研究会 （257）2007.10
ふしぎな声に起こされた―待望の広島へ（和田恵美子）「備陽史探訪」 備陽史探訪の会 （138）2007.10
占領下の「被爆地」報道―『中国新聞』の8月6日（大島香織）「史潮」［歴史学会］，同成社（発売）（62）2007.11
広島を育んだ鉄の文化と産業（有馬康之）「海路」 「海路」編集委員会，海鳥社（発売）通号5 2007.11
特別寄稿 原爆記録写真―埋もれた史実を検証する（西本雅実）「広島平和記念資料館資料調査研究会研究報告」 広島平和記念資料館資料調査研究会 （4）2008.3
広島針づくりの歴史（有馬康之）「海路」 「海路」編集委員会，海鳥社（発売）通号6 2008.6
歴史的な広島の町々（小中哲治）「発喜のしほり」 発喜会 （129）2008.10
広島の文化財講座 江戸に聴く―町とエコロジーの未来（広島郷土史会事務局）「広島郷土史会会報」 広島郷土史会 （167）2009.2
1945年8月6日、広島の川の状況―水深・流速・川幅・橋・川岸（谷整二）「広島大学文書館紀要」 広島大学文書館 （11）2009.3
菊地俊吉撮影写真―2ヵ月後と2年後のヒロシマ（宇多田寿子）「広島平和記念資料館資料調査研究会研究報告」 広島平和記念資料館資料調査研究会 （5）2009.3
広島に残る伝統的な町並みについて（藤田盟児）「広島県文化財ニュース」 広島県文化財協会 （202）2009.9
ヒロシマを語り継ぐ（葉佐井博巳）「広島平和記念資料館資料調査研究会研究報告」 広島平和記念資料館資料調査研究会 （6）2010.3
宮本常一が見た広島（大室謙二）「ひろしま郷土資料館だより」 広島市郷土資料館 （79）2010.4
特別展「宮本常一と広島」（平成21年度後半（10月～3月）に実施した事業）（大室謙二）「ひろしま郷土資料館だより」 広島市郷土資料館 （79）2010.4
小特集にあたって（小特集 広島平和記念都市法制定60周年にあたり理学部一号館の保存・活用を考える―声なき証言者を次の世代に伝えるために）「芸備地方史研究」 芸備地方史研究会 （272）2010.6
報告 広島の復興と広島平和記念都市法（小特集 広島平和記念都市法制定60周年にあたり理学部一号館の保存・活用を考える―声なき証言者を次の世代に伝えるために）（布川弘）「芸備地方史研究」 芸備地方史研究会 （272）2010.6
山陽鉄道 神戸・広島間全線開通時の時刻表（特集 高梁川流域の鉄道 今昔）（中山薫）「高梁川」 高梁川流域連盟 通号68 2010.12

中国　　　　　　　　　　　　　　地名でたどる郷土の歴史　　　　　　　　　　　　　　広島県

資料 広島控訴院管内における陪審裁判—実証的研究のための資料探究（広島修道大学「明治の法と裁判」研究会）「修道法学」 広島修道大学ひろしま未来協創センター 33（2）通号65 2011.2

県外学習 昭和二十年八月六日のこと（福本孝）「伊予市の歴史文化」 伊予市歴史文化の会 （64） 2011.3

県外学習 広島方面探訪（藤谷忠義）「伊予市の歴史文化」 伊予市歴史文化の会 （64） 2011.3

特別寄稿 アンケート調査に基づく広島の黒い雨の時空間分布の推定（大瀧慈）「広島平和記念資料館資料調査研究会研究報告」 広島平和記念資料館資料調査研究会 （7） 2011.5

特別寄稿 ヒロシマをめぐる「神話」と「事実」—写真集から読みとく（西本雅実）「広島平和記念資料館資料調査研究会研究報告」 広島平和記念資料館資料調査研究会 （7） 2011.5

「市民が描いた原爆の絵」の特質と意義（横山昭正）「広島平和記念資料館資料調査研究会研究報告」 広島平和記念資料館資料調査研究会 （7） 2011.5

ヒロシマ、原爆忌の回想（岡田毅）「郷土文化ながと」 長門市郷土文化研究会 （23） 2011.5

資料 広島における陪審裁判（3）補遺—問書、説示、陪審制度実施の感想および司法省陪審宣伝竝各地法況から見る陪審裁判（広島修道大学「明治の法と裁判」研究会）「修道法学」 広島修道大学ひろしま未来協創センター 34（1）通号66 2011.9

広島企業における環境会計への取り組み状況の分析（政岡孝宏）「修道商学」 広島修道大学ひろしま未来協創センター 52（1）通号104 2011.9

ヒロシマから福島へ・断絶と連続（堀江和義）「足利文林」 足利文林会 （75） 2011.10

広島のおしゃれ事情—企画展「江戸のおしゃれ」こぼれ話 おしゃれへの情熱/倹約令からみる広島おしゃれ事情/おしゃれの小道具（1）帯/おしゃれの小道具（2）髪飾り/裏をかく？/広島城下でのおしゃれショッピング（前野やよい）「しろうや！ 広島城」 広島市未来都市創造財団 （30） 2012.1

企画展「変わりゆく広島—大下隆雄写真展—」「ひろしま郷土資料館だより」 広島市郷土資料館 （83） 2012.3

企画展「変わりゆく広島—大下隆雄写真展—」 2012.1.14～3.20（平成23年度後半（10月～3月）に実施した事業から）（大室謙二）「ひろしま郷土資料館だより」 広島市郷土資料館 （83） 2012.3

広島に新型爆弾投下直後の至急回覧「新型爆弾に対する防空対策」—日野町町内会長宅に残された資料より（個人所蔵）（宮本淑子）「郷土研究」 佐世保市立図書館 （39） 2012.3

広島における51C型・DKタイプの導入・普及—公営住宅編（石丸紀興）「広島市公文書館紀要」 広島市公文書館 （25） 2012.6

広島の戦後復興における計画思想としての平和記念都市の提案・形成・成立過程に関する研究（石丸紀興）「広島平和記念資料館資料調査研究会研究報告」 広島平和記念資料館資料調査研究会 （8） 2012.9

学徒動員・黒い雨（藤中義治）「瀬野川流域郷土史懇話会会報」 瀬野川流域郷土史懇話会 （17） 2013.2

収蔵文書の紹介 広島の戦災復興に関する行政文書について（安藤福平）「広島県立文書館だより」 広島県立文書館 （37） 2013.3

平成25年度 春の展示 ひろしまの鉄道・パートI—ひろしまローカル線の旅 平成25年4月26日（金）～6月16日（日）「広島県立歴史博物館ニュース」 広島県立歴史博物館 （94） 2013.3

平成25年度 夏の展示 ひろしまの鉄道・パートII—山陽本線と新幹線 平成25年7月12日（金）～9月1日（日）「広島県立歴史博物館ニュース」 広島県立歴史博物館 （95） 2013.6

奇跡的に残った、広島に原爆が投下された当日の鉄道業務日誌「広島県立歴史博物館ニュース」 広島県立歴史博物館 （95） 2013.6

広島の戦後復興における建築活動—地域の建築家の設計活動を通して（前）（錦織亮雄［語り］，石丸紀興［編］）「広島市公文書館紀要」 広島市公文書館 （26） 2013.6

学徒動員先の南観音の工場で被爆 当日夕に西条駅前で見た整列の光景 私の原爆体験記（坂本忠暁）「ひがしひろしま郷土史研究会ニュース」 東広島郷土史研究会 （467） 2013.7

戦時中の広島のこと、原爆のこと（奥田博）「瀬野川流域郷土史懇話会会報」 瀬野川流域郷土史懇話会 （18） 2013.8

資料 広島控訴院管内における陪審裁判・資料解題（緑大輔）「修道法学」 広島修道大学ひろしま未来協創センター 36（2）通号71 2014.3

資料 広島地方裁判所所蔵「却下文書」（明治10年）について（1）（広島修道大学「明治の法と裁判」研究会）「修道法学」 広島修道大学ひろしま未来協創センター 37（1）通号72 2014.3

特別展「絵葉書の中の広島—閉じ込められた街の面影—」 2013年10月26日（土～2014年1月19日（日）（本田美和子）「ひろしま郷土資料館だより」 広島市郷土資料館 （87） 2014.3

広島カキを訪ねて「広島美奈美国風土記」 広島市南区役所市民部区政振興課 （17） 2014.3

広島の戦後復興における建築活動—地域の建築家の設計活動を通して（後）（錦織亮雄［語り］，石丸紀興［編］）「広島市公文書館紀要」 広島市公文書館 （27） 2014.6

明治後期の広島における洋楽普及—「丁未音楽会」に見る西洋音楽へのまなざし（大迫知佳子）「広島市公文書館紀要」 広島市公文書館 （27） 2014.6

企画展「ひろしま再発見」平成26年4月5日（土）～6月22日（日）（若島一）「ひろしま郷土資料館だより」 広島市郷土資料館 （88） 2014.10

広島土砂災害による被災写真アルバムの保全活動（特集 2014年8月豪雨災害での史料保全活動）（吉川圭太，吉原大志）「史料ネットnews letter」 歴史資料ネットワーク （77） 2014.12

広島カープ

広島カープと広島大学・広島高等師範学校—アーカイブズと市民（利用者）との関係に関する試論（菅真城）「芸備地方史研究」 芸備地方史研究会 （253） 2006.10

講演資料 広島カープ草創期の秘話 付：広島カープ創立趣意書（谷川昇他有志署名）（長谷部稔）「ひろしま県史協」 広島県郷土史研究協議会 （32） 2014.10

特集 「広島東洋カープ」球団の歴史（阿井康憲）「ひろしま県史協」 広島県郷土史研究協議会 （32） 2014.10

広島市郷土資料館

ロビー展 赤煉瓦の博物館誕生物語—広島市郷土資料館20年のあゆみ（石本正紀）「ひろしま郷土資料館だより」 広島市郷土資料館 70 2005.11

広島軍用水道

広島軍用水道について（安藤福平）「広島県立文書館紀要」 広島県立文書館 （8） 2005.3

広島県

広島県の煉瓦生産—明治時代・創生期から成長期へ（秀川武次）「広島県文化財ニュース」 広島県文化財協会 168 2001.3

資料 幻の高等小学校地理教科書 川越守男・福田禄太郎共編「広島県地理大要」の復刻（藤木英太郎）「もとやま」 本山町郷土史会 29 2001.5

蒙古襲来の史跡（山田鯉都子）「かんべ」 可部郷土史会 93 2001.7

新たに指定された文化財（広島郷土史会事務局）「広島郷土史会会報」 広島郷土史会 150 2003.6

報徳社の設立と展開の諸類型—日露戦後の広島県を事例として（桐山太志）「芸備地方史研究」 芸備地方史研究会 237 2003.6

広島県新指定の文化財（広島郷土史会事務局）「広島郷土史会会報」 広島郷土史会 151 2003.8

新指定文化財の紹介—平成13年度・14年度指定「広島県文化財ニュース」 広島県文化財協会 178 2003.8

広島県新指定の文化財（広島郷土史会事務局）「広島郷土史会会報」 広島郷土史会 153 2004.6

収蔵文書の紹介 昭和47年の行政文書—昨年度再選別の広島県行政文書（数野文明）「広島県立文書館だより」 広島県立文書館 （24） 2004.7

新指定文化財の紹介—平成15年度指定「広島県文化財ニュース」 広島県文化財協会 182 2004.9

博物館アラカルト（4）「広島県内の鉄道」レポート最前線「広島県立歴史博物館ニュース」 広島県立歴史博物館 62 2005.1

広島県の文化財（12），（13）彫刻（12），（13）—肖像（濱田宣）「広島県文化財ニュース」 広島県文化財協会 184/186 2005.3/2005.9

平成16年度国・県指定文化財等補助事業一覧「広島県文化財ニュース」 広島県文化財協会 184 2005.3

「黒い雨」に含まれた原爆フォールアウトを追って（静間清）「広島平和記念資料館研究報告」 広島平和記念資料館 （2） 2005.3

『市民が描いた原爆の絵』における橋—画中の説明を中心に（横山昭正）「広島平和記念資料館研究報告」 広島平和記念資料館 （2） 2005.3

広島県の地方史研究「芸備地方史研究」 芸備地方史研究会 245・246 2005.4

篠津屯田兵移住者の帰属性についての一考察—広島県出身者の聞き取りから（佐志原圭子）「昔風と当世風」 古々路の会 （88） 2005.4

占領期広島県における高校再編成と軍政部の役割（石田雅春）「芸備地方史研究」 芸備地方史研究会 247 2005.6

芸備掲示板 広島県立図書館企画展「被爆建造物を巡る60年」/広島県立文書館企画展「被爆の60年記念展示 さまざまな原爆資料」/戦中・戦後の市民生活展/「金井学校の二人展—平岡敏と大牢田稔」のご案内/広島大学文書館2005年度公開講座のご案内「芸備地方史研究」 芸備地方史研究会 247 2005.6

戦前の県庁文書（安藤福平）「広島県立文書館だより」 広島県立文書館 （26） 2005.7

広島県新指定の文化財 広島県教育委員会文化課提供（広島郷土史会事務局）「広島郷土史会会報」 広島郷土史会 157 2005.8

広島県の地方史研究「芸備地方史研究」 芸備地方史研究会 248 2005.10

県北の古民家（迫垣内裕）「広島県文化財ニュース」 広島県文化財協会 187 2005.10

広島県月別史跡観光一覧（瀬川博）「郷土史紀行」 ヒューマン・レクチャー・クラブ 36 2005.11

広島県の地方史研究／新聞記事から（1997年1月～6月）「芸備地方史研究」 芸備地方史研究会 （249） 2006.1

芸備地方史研究会の歩みにみる戦後広島県における地方史研究—広島大学との関係を中心に—（菅真城）「広島大学文書館紀要」 広島大学文書館 （8） 2006.3

広島県の地方史研究／新聞記事から（1997年7月～12月）「芸備地方史研究」 芸備地方史研究会 （250・251） 2006.4

広島県の文化財（14）彫刻（14）板ټ・龕像（濱川宣）「広島県文化財ニュース」 広島県文化財協会 （189） 2006.6

広島県新指定の文化財（広島郷土史会事務局）「広島郷土史会会報」 広島郷土史会 （160） 2006.8

近代広島県における酒造業の発展と木村静彦（石田雅春）「広郷土史研究会ニュース」 広郷土史研究会 （77） 2007.1

広島県内新指定・登録の文化財（広郷土史会会事務局）「広島郷土史会会報」 広島郷土史会 （161） 2007.1

企画展「川が育んだ文化財—広島県の重要文化財—」（芸備掲示板）（広島県立歴史博物館）「芸備地方史研究」 芸備地方史研究会 （254） 2007.2

企画展 川が育んだ文化財—広島県の重要文化財—「広島県立歴史博物館ニュース」 広島県立歴史博物館 （70） 2007.2

明治5年広島県の壬申地券（長沢洋）「広島県立文書館だより」 広島県立文書館 （30） 2007.8

海難事故の記録—第五北川丸沈没遭難事故と行政文書（数野文明）「広島県立文書館だより」 広島県立文書館 （31） 2008.1

広島県文化財協会50年の歩み（藤井昭）「広島県文化財ニュース」 広島県文化財協会 （198） 2008.1

石造物ウォッチング 広島県最古の石造物（鎌倉健一）「郷土史紀行」 ヒューマン・レクチャー・クラブ （55） 2008.11

動向 広島県の地方史研究「芸備地方史研究」 芸備地方史研究会 （264） 2009.2

広島県の地方史研究「芸備地方史研究」 芸備地方史研究会 （265） 2009.4

動向 広島県の地方史研究「芸備地方史研究」 芸備地方史研究会 （266） 2009.6

広島県内新指定の文化財 広島県教育委員会文化財課提供（広島郷土史会事務局）「広島郷土史会会報」 広島郷土史会 （168） 2009.6

動向 建国記念の日のヒロシマ（43）／広島県の地方史研究「芸備地方史研究」 芸備地方史研究会 （267） 2009.10

広島県の地方史研究「芸備地方史研究」 芸備地方史研究会 （270・271） 2010.4

文化的景観の指定と広島県内での潜在資源（中越信和）「広島県文化財ニュース」 広島県文化財協会 （205） 2010.5

広島県の地方史研究「芸備地方史研究」 芸備地方史研究会 （272） 2010.6

広島県が謡われた万葉集の歌（大村一郎）「広郷土史研究会会報」 広郷土史研究会 （98） 2010.7

動向 建国記念の日のヒロシマ（44）／広島県の地方史研究「芸備地方史研究」 芸備地方史研究会 （273） 2010.10

講演会記録 広島県の中世山城（1）—戦国期の居城を中心に「備陽史探訪」 備陽史探訪の会 （156） 2010.10

広島県の地方史研究「芸備地方史研究」 芸備地方史研究会 （274） 2011.2

統計資料・1930年代の広島県に在留した日系二世（史料紹介）（坂口満宏）「史窓」 京都女子大学史学会 （68） 2011.2

広島県の魚食（中川平介）「ひがしひろしま郷土史研究会ニュース」 東広島郷土史研究会 （439） 2011.3

広島県の地方史研究「芸備地方史研究」 芸備地方史研究会 （275・276） 2011.4

地方史研究と自治体史編纂—広島県（小特集 地方史研究の現在）（中山富広）「地方史研究」 地方史研究協議会 61（2）通号350 2011.4

動向 歴史講座「広島県の歴史」の記録／広島県の地方史研究「芸備地方史研究」 芸備地方史研究会 （277） 2011.6

広島県の文化財（16）彫刻（16）—仮面（行道面）（広島県内の文化財情報）（濱川宣）「広島県文化財ニュース」 広島県文化財協会 （209） 2011.7

広島県の中小会社における定款自治に関する実証的分析—地域団体と連携した演習授業の成果として（田邉真敏）「修道法学」 広島修道大学ひろしま未来協創センター 34（1）通号66 2011.9

歴史余録 広島県（備後・安芸）の刀工（森脇明彦）「芸備地方史研究」 芸備地方史研究会 （278） 2011.10

広島県内の指定文化財「広島郷土史会会報」 広島郷土史会 （172）

2011.11

広島県の「をに」（中野譲）「六甲倶楽部報告」 六甲倶楽部 （99） 2011.12

歴史講座「広島県の歴史」の記録（動向）「芸備地方史研究」 芸備地方史研究会 （279） 2012.2

広島県の地方史研究（動向）「芸備地方史研究」 芸備地方史研究会 （279） 2012.2

平成23年度収蔵文書展 広報資料からみた広島県政の歩み—1970～2000（芸備掲示板）（広島県立文書館）「芸備地方史研究」 芸備地方史研究会 （279） 2012.2

伊能忠敬を歩く（続）—測量隊を追って 志和堀から辻まで 市和堀村／上竹仁村／下竹仁村／久芳村／乃美村／鍛冶屋村／清武村／吉原村／壱歩村／中村／黒川村／上津田村／下津田村／長田村／徳市村／辻村（成安信昭）「研究紀要古里」 世羅郡文化財協会甲山地区部会 （12） 2012.3

収蔵文書の紹介 広島県の公用文の左横書き化（神原眞一）「広島県立文書館だより」 広島県立文書館 （36） 2012.3

収蔵文書展によせて 広報資料からみた広島県政の歩み—1970～2000（荒木清二）「広島県立文書館だより」 広島県立文書館 （36） 2012.3

広島県の地方史研究（動向）「芸備地方史研究」 芸備地方史研究会 （280） 2012.4

「地元自慢」 なんと我が町に国の重要文化財があるなんて（中村正治）「広島郷土史会会報」 広島郷土史会 （173） 2012.5

歴史講座「広島県の歴史」の記録（動向）「芸備地方史研究」 芸備地方史研究会 （281） 2012.6

広島県の地方史研究（動向）「芸備地方史研究」 芸備地方史研究会 （281） 2012.6

NHKが取り上げたロマンティックな地名「歌」（歴史トピックス）「月刊歴史ジャーナル」 NPO法人尾道文化財研究所 （103） 2012.7

平成23年度指定・登録文化財について（事務局）「広島県文化財ニュース」 広島県文化財協会 （213） 2012.7

広島県の中小会社における定款自治に関する実証的分析（補遺）—弁護士、司法書士、公認会計士、税理士を対象とした調査結果から（研究ノート）（田邉真敏）「修道法学」 広島修道大学ひろしま未来協創センター 35（1）通号68 2012.9

中世の城跡を歩く（8）平賀氏三城の昔と今と（吉田泰義）「ひがしひろしま郷土史研究会ニュース」 東広島郷土史研究会 （457） 2012.9

歴史講座「広島県の歴史」の記録（動向）「芸備地方史研究」 芸備地方史研究会 （282・283） 2012.12

広島県の地方史研究（動向）「芸備地方史研究」 芸備地方史研究会 （282・283） 2012.12

動向 広島県の地方史研究「芸備地方史研究」 芸備地方史研究会 （284） 2013.2

広島県の観光産業の活性化（瀬尾晋司）「尾道市立大学経済情報学部卒業論文集」 尾道市立大学経済情報学部 2012年度 2013.3

広島県の地方史研究「芸備地方史研究」 芸備地方史研究会 （285） 2013.4

広島県の地方史研究「芸備地方史研究」 芸備地方史研究会 （286） 2013.6

平成24年度指定・登録文化財について（事務局）「広島県文化財ニュース」 広島県文化財協会 （217） 2013.7

歴史講座「広島県の歴史」の記録 第3回「二宮就辰と広島城」（講師 光成準治）／第4回「近世たたら製鉄業と地域社会—生活を支えた鉄山稼ぎ—」（講師 笠井今日子）（動向）「芸備地方史研究会 （287） 2013.12

広島県の地方史研究（動向）「芸備地方史研究」 芸備地方史研究会 （287） 2013.12

広島県の地方史研究（動向）「芸備地方史研究」 芸備地方史研究会 （288・289） 2014.3

寄稿 先人の取り組みに学び活かす 広島県の小水力発電所関係文書（西野寿章）「広島県立文書館だより」 広島県立文書館 （38） 2014.3

歴史講座「広島県の歴史」の記録（動向）「芸備地方史研究」 芸備地方史研究会 （290） 2014.4

広島県の地方史研究（動向）「芸備地方史研究」 芸備地方史研究会 （290） 2014.4

広島県立文書の紹介 古文書の中の"公文書"—薄赤色（淡茜色）紙の文書「広島郷土史会会報」 広島郷土史会 （177） 2014.4

広島県の地方史研究（動向）「芸備地方史研究」 芸備地方史研究会 （291） 2014.6

特集 思い起こそう第五北川丸沈没事件「月刊歴史ジャーナル」 NPO法人尾道文化財研究所 （128） 2014.6

広島県南東部、瀬戸内海沿岸域の地形と地質と因島 ：多島美の裏の物語を読む（第102回広島県文化財臨地研究会特集号）（山崎博史）「広島県文化財ニュース」 広島県文化財協会 （222） 2014.9

広島県裁判所

明治初年の「広島県裁判所」について（加藤高）「広島県立文書館だより」

中国　　　　　　　　　　　　　　　地名でたどる郷土の歴史　　　　　　　　　　　　　　広島県

広島県立文書館　22　2003.7

広島県醸造試験場

広島県醸造試験場物語(1)～(6)(鼓尚夫)「ひがしひろしま郷土史研究会ニュース」　東広島郷土史研究会　(400)/(406)　2007.12/2008.6

広島県庁

資料 明治初年、広島県庁の民事裁判について(1)～(4完)―「自明治五年至司九年裁判申渡案」(民第226号)を中心として(広島修道大学「明治の法と裁判」研究会)「修道法学」　広島修道大学ひろしま未来協創センター　34(1)通号66/35(2)通号69　2011.9/2013.03

広島高等学校

旧制広島高等学校創立80年記念資料展「広島26年の歴史」(小宮山道夫)「広島大学史紀要」　広島大学文書館設立準備室　(6)　2004.3

旧制広島高等学校講堂「広島美奈国風土記」　広島市南区役所市民部区政振興課　(15)　2013.3

広島高等工業学校

戦間期における広島高等工業学校のカリキュラム改革(酒井真)「広島大学文書館紀要」　広島大学文書館　(12)　2010.3

広島高等師範学校

広島カープと広島大学・広島高等師範学校―アーカイブズと市民(利用者)との関係に関する試論(菅真城)「芸備地方史研究」　芸備地方史研究会　(253)　2006.10

広島裁判所

明治初年代の「廣島裁判所民事取扱順序」について―明治九年三月 山口裁判所民事部の『決議録』調査報告・その三(広島修道大学「明治期の法と裁判」研究会)「修道法学」　広島修道大学ひろしま未来協創センター　28(1)通号54　2005.9

広島市

企画展 戦中・戦後の市民生活展―よみがえる戦争の記憶・はじめて知る苦難の時代(石本正紀)「ひろしま郷土資料館だより」　広島市郷土資料館　70　2005.11

市内電車車庫の大正時代と現在「ひろしま郷土資料館だより」　広島市郷土資料館　(73)　2007.3

1945(昭和20)年8月10日の新聞記事 6日に広島市投下の新型爆弾に勝つ途 防空総本部が対策を発表する 頑丈な防空壕を屋外に造れ「豆州歴史通信」　豆州研究社歴史通信部　(419)　2008.8

広島藩絵師岡岷山と広島市北部郊外を旅する 第一部 広島城下から湯の山温泉(靖川洋一)「郷土史紀行」　ヒューマン・レクチャー・クラブ　(59)　2009.9

広島藩絵師岡岷山と広島市北部郊外を旅する 第二部 石ヶ谷峡から駒ヶ瀧　「都志見往来日記&諸勝図」(靖川洋一)「郷土史紀行」　ヒューマン・レクチャー・クラブ　(60)　2010.1

広島の競馬場―かつて広島市にも競馬場が存在した(牛黄蓍豊)「ひろしま郷土資料館だより」　広島市郷土資料館　(81)　2011.3

開館25周年記念企画展「広島の競馬場」　2010.11/13～2011.1/16(平成22年度後半(10月～3月)に実施した事業)(牛黄蓍豊)「ひろしま郷土資料館だより」　広島市郷土資料館　(81)　2011.3

交流報告 8月6日に広島市を訪ねて(交流報告)(矢野暁)「戦争と民衆」戦時下の小田原地方を記録する会　(68)　2012.3

調査報告 広島の戦争遺跡(広島市・呉市)踏査報告(矢野慎一)「戦争と民衆」戦時下の小田原地方を記録する会　(68)　2012.3

木原七郎「広島平和記念都市建設法」制定に尽力、原爆後最初の広島市長(田辺良平)「発喜のしほり」　発喜会　(143)　2012.4

広島市の復興を助けた競輪事業「広島美奈国風土記」　広島市南区役所市民部区政振興課　(16)　2013.9

広島市営さん橋「広島美奈国風土記」　広島市南区役所市民部区政振興課　(16)　2013.9

イベント「郷土資料館被爆建物案内」2013年8月6日(火)(若island一則)「ひろしま郷土資料館だより」　広島市郷土資料館　(86)　2013.10

資料解説「丹下健三書簡綴」(藤本千万太資料)について―広島市公文書館所蔵資料との関係を中心として(中川利國)「広島市公文書館紀要」　広島市公文書館　(27)　2014.6

広島市民球場

企画展「広島市民球場の記憶」(芸備掲示板)(広島市郷土資料館)「芸備地方史研究」　芸備地方史研究会　(263)　2008.10

広島城

毛利輝元と二つの城―広島築城と残された吉田郡山城(広島市文化財団広島城, 吉田町歴史民俗資料館)「広島郷土史会会報」　広島郷土史会　152　2003.12

広島城の鬼門を守る 二葉の里(前)、(後)(米田仁)「郷土史紀行」　ヒューマン・レクチャー・クラブ　26/27　2004.3/2004.5

天守の聳えたつ近世の名城 広島城/福山城/岡山城/備中松山城/岩国城/伊予松山城/今治城/丸亀城「郷土史紀行」　ヒューマン・レクチャー・

クラブ　36　2005.11

広島県立文書館平成17年度収蔵文書展 保田家文書展―広島城下商家の活動と文化(芸備掲示板)(広島県立文書館)「芸備地方史研究」　芸備地方史研究会　(249)　2006.1

毛利輝元書状の年代確認についての考察―広島城築城をめぐる初出書状の検討(小栗康治)「芸備地方史研究」　芸備地方史研究会　(254)　2007.2

毛利輝元広島築城にみる都市形成(百万都市の原点)(靖川洋一)「郷土史紀行」　ヒューマン・レクチャー・クラブ　(55)　2008.11

歴史随想 広島城の石垣(有馬康之)「海路」　「海路」編集委員会, 海鳥社(発売)　通号7　2009.1

広島藩絵師岡岷山と広島市北部郊外を旅する 第一部 広島城下から湯の山温泉(靖川洋一)「郷土史紀行」　ヒューマン・レクチャー・クラブ　(59)　2009.9

広島城における古写真の収集・活用(篠原達也)「れきみんきょう : 広島県歴史民俗資料館等連絡協議会会報」　広島県歴史民俗資料館等連絡協議会　(46)　2009.12

特集「芸州広島図」「しろうや！ 広島城」　広島市未来都市創造財団　(27)　2011.3

「芸州広島図」でたどる城下町広島「しろうや！ 広島城」　広島市未来都市創造財団　(28)　2011.7

城のしかけ もしも広島城が攻められたら…「しろうや！ 広島城」　広島市未来都市創造財団　(29)　2011.9

広島城下 町民パワー結集の＂御供船＂ってなに？ 「お供する」御供船/16日&18日も胸弾む御供船/美しすぎる御供船/窮地に立った御供船/明治以降の御供船(山縣紀子)「しろうや！ 広島城」　広島市未来都市創造財団　(31)　2012.3

東国の一武将は見た！ 毛利氏時代の広島城天守 はじめに/平塚瀧俊とは？/書状の詳細/秀吉も登った!? 広島城天守/さいごに(篠原達也)「しろうや！ 広島城」　広島市未来都市創造財団　(32)　2012.8

広島城下近郊の花見名所―東照宮参道・櫻の馬場「しろうや！ 広島城」　広島市未来都市創造財団　(35)　2013.3

広島城と、広島城雌雄編の史跡を訪ねる(現地探訪)「大内文化探訪 : 会誌」　大内文化探訪会　(31)　2013.5

広島城築城の「島普請」説について(研究ノート)(後藤研一)「芸備」　芸備友の会　(42)　2013.7

被爆の痕跡をめぐる 広島城紙上フィールドワーク(大室謙二)「しろうや！ 広島城」　広島市未来都市創造財団　(36)　2013.7

被爆痕跡ガイドのご案内/ミニガイド「広島城と原爆」のご案内「しろうや！ 広島城」　広島市未来都市創造財団　(36)　2013.7

広島城紙上フィールドワーク Part2 ～石垣は歴史の博物館なのだ～(岡野孝子)「しろうや！ 広島城」　広島市未来都市創造財団　(38)　2014.3

～広島城の痕跡をめぐる～ 広島城紙上フィールドワーク Part3(大室謙二)「しろうや！ 広島城」　広島市未来都市創造財団　(39)　2014.3

広島城と支城亀居城へ行きました(会員通信)(水品弘樹)「城だより」　日本古城友の会　(544)　2014.4

広島女子高等師範学校

広島女子高等師範学校と女子学生文化の胎動(田中卓也)「広島大学文書館紀要」　広島大学文書館　(9)　2007.3

広島水力電気

広島水力電気株式会社の設立と経営―地元から発掘された資料による再検討(千田武志)「広郷土史研究会ニュース」　広郷土史研究会　(88)　2008.11

広島水力電気会社

広島水力電気会社の設立と経営(千田武志)「広郷土史研究会会報」　広郷土史研究会　(90)　2009.3

広島水力電気株式会社

写真展の開催報告 藤田譲夫と広島水力電気株式会社(吉田顕治)「広郷土史研究会会報」　広郷土史研究会　(116)　2013.9

広島水力発電所

藤田家文書 第Q章 藤田家財産目録・起業資料集と関連文書 Q―1広島水力発電所基本資料(2)～(16)(小栗康治)「広郷土史研究会会報」　広郷土史研究会　(95)/(112)　2010.1/2013.01

藤田家文書の解説 「第Q章 広島水力発電株式会社」と同文書について(上河内良平)「広郷土史研究会会報」　広郷土史研究会　(96)　2010.3

広島青年師範学校

地域と大学の関係について一考察―広島青年師範学校から広島大学水畜産学部(石田雅春)「アーカイブズふくやま」　福山市　(3)　2012.3

地域と大学の関係についての一考察―広島青年師範学校と広島大学水畜産学部(研究報告要旨)(石田雅春)「芸備地方史研究」　芸備地方史研究会　(280)　2012.4

広島大学

平和研究と広島大学（松尾雅嗣）「広島大学文書館紀要」 広島大学文書館 （8） 2006.3

広島大学における国際人事交流のあゆみ（小宮山道夫）「広島大学文書館紀要」 広島大学文書館 （8） 2006.3

広島カープと広島大学・広高高等師範学校—アーカイブズと市民（利用者）との関係に関する試論（菅真城）「芸備地方史研究」 芸備地方史研究会 （253） 2006.10

原爆と広島大学「生死の火」学術編（復刻版）（佐藤裕哉）「広島大学総合博物館研究報告」 広島大学総合博物館 （4） 2012.12

広島大学旧理学部一号館

報告 広島大学旧理学部一号館のあゆみ（小特集 広島平和記念都市法制定60周年にあたり理学部一号館の保存・活用を考える—声なき証言者を次の世代に伝えるために）（石田雅春）「芸備地方史研究」 芸備地方史研究会 （272） 2010.6

報告 自然史系博物館の必要性と旧理学部一号館の活用（小特集 広島平和記念都市法制定60周年にあたり理学部一号館の保存・活用を考える—声なき証言者を次の世代に伝えるために）（渡辺一雄）「芸備地方史研究」 芸備地方史研究会 （272） 2010.6

広島大学旧理学部1号館

旧広島大学理学部1号館保存運動の現状（菅真城）「芸備地方史研究」 芸備地方史研究会 243 2004.10

広島大学水畜産学部

地域と大学の関係について—一考察—広島青年師範学校から広島大学水畜産学部（石田雅春）「アーカイブズふくやま」 福山市 （3） 2012.3

地域と大学の関係についての一考察—広島青年師範学校と広島大学水畜産学部（研究報告要旨）（石田雅春）「芸備地方史研究」 芸備地方史研究会 （280） 2012.4

広島中学校

中学校令公布前後における広島中学校改革史料（小宮山道夫）「広島大学文書館紀要」 広島大学文書館 （11） 2009.3

広島電鉄

特別展「路面電車100年—今も昔も広島の街を路面電車が走っていく—」2012年10月20日（土）〜12月16日（日）（牛葉蕃豊）「ひろしま郷土資料館だより」 広島市郷土資料館 （84）

関連図録「広島の路面電車100年」—今も昔も広島の街を路面電車が走っていく「ひろしま郷土資料館だより」 広島市郷土資料館 （85） 2013.3

広島藩

広島藩の社倉法（1）〜（5）—広島藩と安芸郡矢野村の関係を中心に（柴田昌記）「発喜のしほり」 発喜会 107/111 2003.4/2004.4

広島藩の参勤交代関係史料（豆谷浩之）「大阪の歴史と文化財」 大阪市教育委員会事務局生涯学習部 （12） 2003.10

収蔵文書から—村役人の見た明治4年広島藩騒動—勝木村重川家文書より（長沢洋）「広島県立文書館だより」 広島県立文書館 23 2004.1

郷土の歴史メモ 維新と広島藩「ひろしま郷土資料館」 広島市郷土資料館 67 2004.3

広島藩の富くじ（長沢洋）「広島県立文書館だより」 広島県立文書館 （24） 2004.7

広島藩絵師・岡岷山の描いた滝「郷土史紀行」 ヒューマン・レクチャー・クラブ 31 2005.1

収蔵文書展から広島藩の割庄屋と「文書行政」（長沢洋）「広島県立文書館だより」 広島県立文書館 （25） 2005.1

広島藩における割庄屋文書の引継について—安芸国賀茂郡吉川村竹内家文書と同郡上保田村平賀家文書から（長沢洋）「広島県立文書館紀要」 広島県立文書館 （8） 2005.3

「村上家乗」と広島藩家老東城浅野家臣団—「資料集 第3集」の紹介を兼ねて（西村晃）「広島県立文書館紀要」 広島県立文書館 （8） 2005.3

広島藩の社倉考（米田仁）「発喜のしほり」 発喜会 （117） 2005.10

幕末の広島藩海防絵図（西村晃）「広島県立文書館だより」 広島県立文書館 （29） 2007.1

江戸後期における広島藩割庄屋の差出文書について—天保14年「割庄屋手元諸書類差出方月令録」の紹介（長沢洋）「広島県立文書館紀要」 広島県立文書館 （9） 2007.3

近世広島藩領における林野利用の地域性（新中裕子）「日本研究」 日本研究研究会 （20） 2007.5

広島藩における「長州戦争」（伊藤倫雄）「柳井市郷談会誌」 柳井市郷談会 （32） 2008.3

広島藩の富くじ 広島県立文書館提供（広島郷土史会事務局）「広島郷土史会会報」 広島郷土史会 （165） 2008.7

広島藩と種痘の歴史 開かなかった花—漂流民・川尻浦久蔵と痘苗（請川洋一）「郷土史紀行」 ヒューマン・レクチャー・クラブ （54） 2008.9

近世後期における広島藩の経済政策と尾道鍛冶の構造転換（下向井紀

彦）「史学研究」 広島史学研究会 （262） 2008.9

講演を終えて「年貢を納めていた人々・広島藩の年貢徴収システム」尾道大学経済情報学部教授 勝矢倫生「三訪会会報」 三成学区の歴史と自然を訪ねる会 （54） 2012.1

刀が語る、ある広島藩士の江戸詰め暮らし—新着収蔵品オススメ紹介 松尾秀作の刀・短刀（山縣紀子）「しろうや！ 広島城」 広島市未来都市創造財団 （34） 2012.12

広島藩家老東城浅野家給知とその文書（史料研究）（西村晃）「広島県立文書館紀要」 広島県立文書館 （12） 2013.3

広島平和記念公園

丹下健三と広島平和公園—計画対象区域の変容とその意味（石丸紀興）「広島平和記念資料館資料調査研究会研究報告」 広島平和記念資料館資料調査研究会 （10） 2014.8

広島弁護士会

広島弁護士会沿革誌（1），（2）明治編 附・「代書人取締規則」（明治三六年広島県令 第一〇二号）に基づく代書人組合（広島修道大学「明治の法と裁判」研究会）「修道法学」 広島修道大学ひろしま未来協創センター 31（1）通号60/32（1）通号62 2008.9/2009.9

広島弁護士会沿革誌（3）大正編（広島修道大学「明治の法と裁判」研究会）「修道法学」 広島修道大学ひろしま未来協創センター 33（1）通号64 2010.9

資料 広島弁護士会沿革誌（4）〜（5）昭和戦前編・上，中，下（広島修道大学「明治の法と裁判」研究会）「修道法学」 広島修道大学ひろしま未来協創センター 34（2）通号67/36（2）通号71 2012.2/2014.3

広島法律学校

甦る広島法律学校—文書館・図書館が所蔵する新聞紙・統計資料から復元（増田修）「広島県立文書館だより」 広島県立文書館 （26） 2005.7

広島港

広島工業港の修築—戦時期の一大プロジェクトと行政文書（荒木清二）「広島県立文書館だより」 広島県立文書館 （34） 2010.1

コラム 広島築港120周年目の墓参（山縣紀子）「ひろしま郷土資料館だより」 広島市郷土資料館 （79） 2010.4

広島立志舎

広島立志舎の創立とその活動—山田十畝・稿「演説会誌の葛藤」（『広島新聞』明治十三年一月二十七日〜同四月四日）を中心として「修道法学」 広島修道大学ひろしま未来協創センター 28（1）通号54 2005.9

広島湾

中世地域経済の発展と広島湾頭—祇園を中心として（角重始）「かんべ」 可部郷土史研究会 96 2002.4

"育まれた"広島牡蠣—古写真が語る広島湾のカキ養殖（芸備掲示板）（広島市郷土資料館）「芸備地方史研究」 芸備地方史研究会 （249） 2006.1

広塩焼

呉市広塩焼・藤岡義隆氏宅 ふすまの裏貼りから見える世相（小栗康治）「広郷土史研究会ニュース」 広郷土史研究会 （41） 2001.9

広11空廠

瀬戸内海地域における呉工廠・広11空廠の産業史的位置づけ（研究報告要旨）（今田裕雄）「芸備地方史研究」 芸備地方史研究会 （266） 2009.6

広谷村

郷土地誌 広谷村地誌（中戸千葉之進編）—復刻「もとやま」 本山町郷土史会 30 2002.11

広長浜

広長浜 池庄司家の由来—口伝・墓碑・文献調査による（池庄司敏明）「広郷土史研究会会報」 広郷土史研究会 （89） 2009.1

広町

広町の変遷 戦前の広村と戦後の広町について（補備事項）（菊本斎）「広郷土史研究会ニュース」 広郷土史研究会 （39） 2001.7

昭和30年代の広町を描いた映画「営団だん子」の上映実現のお願い（山下愼一）「広郷土史研究会会報」 広郷土史研究会 （98） 2010.7

広村

広町の変遷 戦前の広村と戦後の広町について（補備事項）（菊本斎）「広郷土史研究会ニュース」 広郷土史研究会 （39） 2001.7

広村古文書からみた近世村落像（講演）（中山富廣）「芸備地方史研究」 芸備地方史研究会 235・236 2003.4

広村読本考（賀谷倭登）「広郷土史研究会ニュース」 広郷土史研究会 （57） 2003.8

広村と模範村制度について（菊本斉）「広郷土史研究会会報」 広郷土史研究会 60 2004.3

旧広村初代村長「藤田譲夫」関係文書紹介（上河内良平）「広郷土史研究会会報」 広郷土史研究会 70 2005.11

模範村広村資料（3） 『大呉市民史 明治篇』にみる広村関連記事（小栗康

治)「広郷土史研究会ニュース」 広郷土史研究会 （78） 2007.3

藤田家文書第F章解読文 第F章 広村郵便局開設関連文書（小栗康治）「広郷土史研究会ニュース」 広郷土史研究会 （86） 2008.7

広村甘藍（キャベツ）栽培の普及と広園芸出荷組合 祖父・玉木伊之吉の思い出（浜本美智子）「広郷土史研究会会報」 広郷土史研究会 （87） 2008.9

藤田家文書の研究（1）藤田家文書の基礎知識と藤田家文書で見る明治期の広村（上河内良平）「広郷土史研究会ニュース」 広郷土史研究会 （88） 2008.11

広村今昔 大正時代の西亀内科医院と吉松北谷遠景（上河内良平）「広郷土史研究会会報」 広郷土史研究会 （92） 2009.7

広村今昔 明治後期の長浜の景観（上河内良平）「広郷土史研究会会報」 広郷土史研究会 （93） 2009.9

広村名品遺作集 文化財探訪（上河内良平）「広郷土史研究会会報」 広郷土史研究会 （98） 2010.7

文久二年壬戌五月浅野茂長公領内御廻公広村経路 藤田家文書Q―15より（上河内良平）「広郷土史研究会会報」 広郷土史研究会 （99） 2010.9

広村名品遺作集 文化財探訪 神垣家（上河内良平）「広郷土史研究会会報」 広郷土史研究会 （99） 2010.9

教育第一を掲げた藤田譲夫広村村長と明治期からの教育（上河内良平）「広郷土史研究会会報」 広郷土史研究会 （105） 2011.9

明治期に於ける広村の初等教育への取り組み 主に広小学校について（吉田顕治）「広郷土史研究会会報」 広郷土史研究会 （105） 2011.9

全国一の「模範村」表彰百年を経て広村の形成と教訓（上河内良平）「広郷土史研究会会報」 広郷土史研究会 （106） 2011.11

明治の広村の歴史 全国一の模範村広村の形成と教訓―模範村表彰100周年にあたって（小栗康治）「広郷土史研究会会報」 広郷土史研究会 （106） 2011.11

広村が掲げた教育第一（上河内良平）「広郷土史研究会会報」 広郷土史研究会 （106） 2011.11

明治43年内務省表彰 全国一の模範村広村のその後（小栗康治）「広郷土史研究会会報」 広郷土史研究会 （114） 2013.5

広両谷

呉・広・両谷地域の安全を支えて57年（山本一義）「広郷土史研究会ニュース」 広郷土史研究会 （73） 2006.4

比和町

庄原市比和町の史跡見学報告「広島郷土史会会報」 広島郷土史会 （171） 2011.2

備後

備後の石清水八幡宮領荘園について（内海清慈）「ソーシアル・リサーチ」 ソーシアル・リサーチ研究会 25 2000.3

出雲と備後と大和（中谷裕子）「わが町三原」 みはら歴史と観光の会 142 2003.1

備後における南北朝の一断面（出内博都）「備陽史研究山城志 ： 備陽史探訪の会機関誌」 備陽史探訪の会 17 2003.6

備後を造った人々（1）～（3）（田口義之）「備陽史探訪」 備陽史探訪の会 116/118 2004.2/2004.6

備後杉原氏と南北朝の動乱（木下和司）「芸備地方史研究」 芸備地方史研究会 242 2004.6

考古・歴史・民俗部門展クローズアップ「備後表―畳の歴史を探る」「広島県立歴史博物館ニュース」 広島県立歴史博物館 62 2005.3

はくぶつかんこぼればなし（9）えっ、どこにあるの？ 備後絣の秘めた意匠「広島県立歴史博物館ニュース」 広島県立歴史博物館 （67） 2006.4

備後の自由民権運動と学校の始まり 水respects小（啓蒙所）の起りと各地に啓蒙所をつくった窪田次郎（岡田智晶）「文化財ふくやま」 福山市文化財協会 （42） 2007.5

壇上本『備後古城記』を読む「備陽史探訪」 備陽史探訪の会 （155） 2010.8

例会報告 備後の豪族とその後裔「三訪会会報」 三成学区の歴史と自然を訪ねる会 （48） 2011.1

備後の大永～天文年間前期の戦国史を見直す（木下和司）「備陽史研究山城志 ： 備陽史探訪の会機関誌」 備陽史探訪の会 （20） 2011.2

明治期、備後地域における大地主の家的結合―広島県品部戸手村信岡家を事例に（平下義記）「史学研究」 広島史学研究会 （270） 2011.2

備後地方における一地主の家訓と親族形成―芦田郡戸手村信岡家を事例に（研究発表）（平下義記）「ひろしま県史協」 広島県郷土史研究協議会 （29） 2011.10

研究レポート 備後の開発地名（根岸尚克）「備陽史探訪」 備陽史探訪の会 （165） 2012.4

足利義昭と備後（論考）（田口義之）「備陽史探訪」 備陽史探訪の会 （168） 2012.10

備後の生き証人／三成小総合学習「三訪会会報」 三成学区の歴史と自然を訪ねる会 （59） 2012.11

日本刀を鑑賞してみませんか 企画展「備後と安芸の刀と鐔―鎌倉から現代まで」を終えて 美術品としての刀／刀の見方／刀づくりの工程と鑑賞ポイント（大室謙二）「しろうや！ 広島城」 広島市未来都市創造財団 （34） 2012.12

レポート 備後地方中世石造物の建立目的（根岸尚克）「備陽史探訪」 備陽史探訪の会 （171） 2013.4

『萬覚書』（天明期）に見る献上畳の一端と備後表の諸資料紹介（森田吉昭）「福山市立福山城博物館友の会だより」 福山市立福山城博物館友の会 （43） 2013.6

トキメキ☆豊松（行事案内 「備陽史研究 山城志 第21集」発行記念講演会／備陽史探訪の会歴史講演会「備後の中世山城」 講師：田口義之）（探訪マニア）「備陽史探訪」 備陽史探訪の会 （173） 2013.8

備後史談 庄屋矢田重宗（根岸尚克）「備陽史探訪」 備陽史探訪の会 （174） 2013.10

大化前代における備後・安芸の「国界」地域（1）～（3），（完結編）（大本静人）「わが町三原」 みはら歴史と観光の会 272/276 2013.11/2014.3

城郭部会学習会便り 中世後期の武家と民衆―建武の新政から足利政権まで、備後古城記壇上本 深津郡下岩成～下岩成、城郭研部会担当 来年実施バス例会下見、新発見・山城の調査 中止、備後守護としての山名是豊・俊豊一室町幕府の守護とはどんな職分なのか「備陽史探訪」 備陽史探訪の会 （175） 2013.12

備後史談 アメリカから送られて来た友情の人形（青い眼の人形）と日本（小田慶久）「備陽史探訪」 備陽史探訪の会 （176） 2014.2

備後昔語り 昭和15年の城下町（田口由実）「備陽史探訪」 備陽史探訪の会 （177） 2014.4

古文書に見る備後表「三訪会会報」 三成学区の歴史と自然を訪ねる会 （69） 2014.3

備後の海運とその歴史的遺産（第102回広島県文化財臨地研究会特集号）（藤田盟児）「広島県文化財ニュース」 広島県文化財協会 （222） 2014.9

『備後古城記』を読む―田邊美作守、未渡村国広にて成敗の事（田口義之）「備陽史探訪」 備陽史探訪の会 （181） 2014.12

備後赤坂

西国街道をたどる 備後赤坂「郷土史紀行」 ヒューマン・レクチャー・クラブ 29 2004.9

備後城山

「比志島文書」備後城山について（田口義之）「備陽史探訪」 備陽史探訪の会 （160） 2011.6

備後西城

中世山城散歩 久代宮氏の拠点大富山城と備後西城の史跡めぐり「郷土史紀行」 ヒューマン・レクチャー・クラブ 34 2005.7

備後国

備後国の渋川氏について（〈公開講演―80年の歩みをふりかえって〉）（植田崇文）「国史談話会雑誌」 東北大学国史談話会 （44） 2003.11

備後国あれこれ（堀省三）「高梁川」 高梁川流域連盟 （62） 2004.12

備後国多賀山氏の基本的性格（木村信幸）「芸備地方史研究」 芸備地方史研究会 248 2005.10

豊臣期毛利氏の備後国における動向―神辺周辺を対象として（横畠渉）「芸備地方史研究」 芸備地方史研究会 （264） 2009.2

大永七年九月の備後国衆和談と山名理興（上）（木下和司）「芸備地方史研究」 芸備地方史研究会 （274）/（275・276） 2011.2/2011.04

冬の展示「備後国府とその時代」 平成24年12月21日（金）～平成25年2月17日（日）「広島県立歴史博物館ニュース」 広島県立歴史博物館 （92） 2012.8

印象深かった歴史講演会「備後の中世武士団―備後国人衆の盛衰―」（例会報告）（岡田宏一郎）「備陽史探訪」 備陽史探訪の会 （168） 2012.10

特集 時に漂う人々（21）―備後国地頭杉（椙）原氏「月刊歴史ジャーナル」 NPO法人尾道文化財研究所 （130） 2014.10

備後国府

備後国府の謎（田口義之）「備陽史探訪」 備陽史探訪の会 123 2005.4

備後国府と本山の文化財（研究・レポート）（土井基司）「もとやま」 本山町郷土史会 （38） 2014.12

備後国府城

備後国府城と杉原保（小林定市）「備陽史探訪」 備陽史探訪の会 120 2004.10

備後三川

備後三川案内マップのご紹介「研究紀要古里」 世羅郡文化財協会甲山地区部会 （14） 2014.3

深津王子山城

毛利元康と深津王子山城（小林定市）「備陽史探訪」 備陽史探訪の会 （135） 2007.4

深津市

深津市から茨城城跡をたずねて（村上稔）「備陽史探訪」 備陽史探訪の会 111 2003.4

深町

深の由来と伝説―深町に五藤市長をご案内して（石井静夫）「わが町三原」 みはら歴史と観光の会 226 2010.1

福島雁木

町かどの史跡 「福島雁木」（広島県蒲刈島三之瀬）「郷土史紀行」 ヒューマン・レクチャー・クラブ （58） 2009.7

福寿会館

登録有形文化財福山市福寿会館の概要（福島政文）「福山市立福山城博物館友の会だより」 福山市立福山城博物館友の会 （43） 2013.6

福田

福田・山城の探照灯跡（鴨井義男）「福田史談会会報」 倉敷・福田史談会 （177） 2004.2

福田庄

例会報告 歴史の風薫る晩秋の福田庄を訪ねて（永久信吾）「備陽史探訪」 備陽史探訪の会 （158） 2011.2

福山

資料 明治初年に発行された最初の地理教科書 備後 五弓久文著「福山管内地理略」について（藤木英太郎）「もとやま」 本山町郷土史会 29 2001.5

『備後福山領古城記』（1）～（14）（郷郭研究部会）「備陽史探訪」 備陽史探訪の会 101/115 2001.6/2003.12

福山の古建築（田口義之）「備陽史探訪」 備陽史探訪の会 111 2003.4

福山から特攻に行った水上機（吉田和隆）「文化財ふくやま」 福山市文化財協会 38 2003.5

福山の米騒動（岡田智明）「文化財ふくやま」 福山市文化財協会 39 2004.5

福山の原始古代（田口義之）「備陽史探訪」 備陽史探訪の会 （125） 2005.8

巻頭言 もっと周知しよう！ 福山の文化財（土居勲）「文化財ふくやま」 福山市文化財協会 （42） 2007.5

福山を想う（田口義之）「備陽史探訪」 備陽史探訪の会 （137） 2007.8

一九三〇年代福山の風情（土肥勲）「文化財ふくやま」 福山市文化財協会 （43） 2009.4

ノート 歩兵第四十一連隊の福山駐営と市制施行への動き（布川弘）「アーカイブスふくやま」 福山市 （2） 2011.3

研究レポート 備後南部の金融機関の設立と変遷について（福山編）（岡田宏一郎）「備陽史探訪」 備陽史探訪の会 （162） 2011.10

福山の中世石造物（田口義之）「備陽史探訪」 備陽史探訪の会 （164） 2012.2

戦時農地政策と福山（坂根嘉弘）「アーカイブスふくやま」 福山市 （3） 2012.3

福山南部の干拓における矛盾について―消された福山沖新田の謎に迫る（論考）（田中伸治）「備陽史探訪」 備陽史探訪の会 （167） 2012.8

福山人伝説 福山に伝説残す人物「大河・平清盛編」（中西タイチ）「備陽史探訪」 備陽史探訪の会 （169） 2012.12

新しく部会学習会開設！「近世福山を読む」「備陽史探訪」 備陽史探訪の会 （170） 2013.2

戦中・戦後の福山の藺業の軌跡（桂明宏）「アーカイブスふくやま」 福山市 （4） 2013.3

歴民研便り 歴史講座「近世福山を読む」始まりました。（高木康彦）「備陽史探訪」 備陽史探訪の会 （172） 2013.6

歴民研便り 近世福山を読む 第四・五回要旨（高木康彦）「備陽史探訪」 備陽史探訪の会 （173） 2013.8

歴民研便り 「近世福山を読む」第6・7回要旨（高木康彦）「備陽史探訪」 備陽史探訪の会 （174） 2013.10

明治期における福山義倉の組織変革（平下義記）「史学研究」 広島史学研究会 （282） 2013.12

郷土探訪 福山の郷土料理「うずみ」について・その後（岡田宏一郎）「備陽史探訪」 備陽史探訪の会 （175） 2013.12

資料 明治期の福山における学校体育の展開（都筑真）「福山平成大学福祉健康科学研究」 福山平成大学福祉健康学部 9（1）通号9 2014.3

連載「川筋を訪ねて」（7） 失われた河川を辿って（郷土探訪）（種本実）「備陽史探訪」 備陽史探訪の会 （177） 2014.4

近世・近代史部会便り 近世福山を読む 第11～13回要旨（高木康彦）「備陽史探訪」 備陽史探訪の会 （177） 2014.4

近世・近代史部会便り 「近世福山を読む」第20回～第21回要旨（高木康彦）「備陽史探訪」 備陽史探訪の会 （181） 2014.12

福山駅

福山駅前広場整備工事（地下送迎場）に伴う「文化財ふくやま」 福山市文化財協会 （43） 2009.4

福山市

新聞と「市政回顧録」の写真で見る福山市の誕生（岡田智晶）「文化財ふくやま」 福山市文化財協会 38 2003.5

近世後期における豪農商層の経済倫理と地域社会認識（上）―備後福山の義倉設立と運営をめぐって（中山富広）「芸備地方史研究」 芸備地方史研究会 243 2004.10

ノート 1880年の県会議員除名処分と地元の反応（首藤ゆきえ）「アーカイブスふくやま」 福山市 （2） 2011.3

福山市章の意匠（佐道弘之）「福山市立福山城博物館友の会だより」 福山市立福山城博物館友の会 （41） 2011.6

写真で視る郷土探訪（福山市）「備陽史探訪」 備陽史探訪の会 （164） 2012.2

福山市域のアーカイブズ―広島県芦品郡常金丸村役場文書を中心に（アーカイブズ研究）（数野文明）「アーカイブスふくやま」 福山市 （5） 2014.3

福山城

史跡福山城の復元整備（久保泰）「箱館昔話」 函館パルス企画 （15） 2003.4

福山城の一枚の古写真から得られる情報（吉田和隆）「文化財ふくやま」 福山市文化財協会 38 2003.5

西国監視の城 福山城「郷土史紀行」 ヒューマン・レクチャー・クラブ 25 2004.1

再発見！ ふくやま城下町（野母吾子）「備陽史探訪」 備陽史探訪の会 （124） 2005.6

福山城の下屋敷について（シン・ターナー）「備陽史探訪」 備陽史探訪の会 （126） 2005.10

天守の聳えたつ近世の名城 広島城/福山城/岡山城/備中松山城/岩国城/伊予松山城/今治城/丸亀城「郷土史紀行」 ヒューマン・レクチャー・クラブ 36 2005.11

戊辰福山城攻防戦（小林定市）「備陽史探訪」 備陽史探訪の会 （127） 2005.12

博物館アラカルト（8） 福山城西三之丸の歴史「広島県立歴史博物館ニュース」 広島県立歴史博物館 （66） 2006.2

春の展示 福山城西三之丸の380年―家老屋敷、葦陽高校、そして県博まで―「広島県立歴史博物館ニュース」 広島県立歴史博物館 （67） 2006.4

福山城伏見櫓・筋鉄門の構造―内部構成を見学して（岩佐悟）「城郭だより：日本城郭史学会会報」 日本城郭史学会 （54） 2006.5

福山城郭の終焉・考（特集 福山城や福山城周辺にかかわる私の備忘録）（割石忠典）「文化財ふくやま」 福山市文化財協会 （42） 2007.5

福山城の石碑（特集 福山城や福山城周辺にかかわる私の備忘録）（平塚義和）「文化財ふくやま」 福山市文化財協会 （42） 2007.5

大坂夏の陣出陣図（特集 福山城や福山城周辺にかかわる私の備忘録）（平井隆夫）「文化財ふくやま」 福山市文化財協会 （42） 2007.5

城の櫓 福山城月見櫓・鐘楼櫓 高松城月見櫓 松江城南櫓・中櫓「郷土史紀行」 ヒューマン・レクチャー・クラブ （47） 2007.11

福山城（田口義之）「備陽史探訪」 備陽史探訪の会 （139） 2007.12

これで良いのか福山城（田口義之）「備陽史探訪」 備陽史探訪の会 （145） 2008.12

福山築城四百年に向けて（田口義之）「備陽史探訪」 備陽史探訪の会 （152） 2010.2

福山城跡外堀の調査（福島政文）「広島県文化財ニュース」 広島県文化財協会 （204） 2010.3

福山城公園盛衰記（1）―福山城天守閣・伏見櫓・筋鉄門の修繕見積書（明治28年）について（紹介）（鐘尾光世）「アーカイブスふくやま」 福山市 （2） 2011.3

懐かし写真館 在りし日の福山城「備陽史探訪」 備陽史探訪の会 （164） 2012.2

写真で視る郷土探訪（福山市丸之内） 「福山城三之丸北御門外桝北川石垣」（中西太一）「備陽史探訪」 備陽史探訪の会 （166） 2012.6

福山城の藩主屋敷について 御屋形は水野勝俊によって建てられたのか？（論考）（田中伸治）「備陽史探訪山城志：備陽史探訪の会機関誌」 備陽史探訪の会 （21） 2013.1

藩庁文書の階層構成と福山城における管理（アーカイブズ研究）（片岡智）「アーカイブスふくやま」 福山市 （4） 2013.3

紹介 福山城公園盛衰記（3）―福山城公園（偕楽園）並びに勇職神社絵図を読む（鐘尾光世）「アーカイブスふくやま」 福山市 （4） 2013.3

福山城の御用米蔵について―五千石蔵に収められた一万石の謎に迫る（論考）（田中伸治）「備陽史探訪」 備陽史探訪の会 （172） 2013.6

福山城御用米蔵―五千石蔵に収められた一万石の謎（城郭部会便り）（中西タイチ）「備陽史探訪」 備陽史探訪の会 （174） 2013.10

研究レポート 甦る福山城下町―現在の町並へ城下町を復元する（瀬良泰三）「備陽史探訪」 備陽史探訪の会 （181） 2014.12

中国　　　　　　　　　　　　　　　地名でたどる郷土の歴史　　　　　　　　　　　　　広島県

福山上水道
郷土探訪 福山上水道と井戸の謎（田口由実）「備陽史探訪」 備陽史探訪の会 （160）2011.6

福山市立東小学校
郷土探訪 福山市立東小学校の創設にまつわる伝説（中西太一）「備陽史探訪」 備陽史探訪の会 （167）2012.8

福山中学校
ふる里発 福山中学校における教員排斥事件（田中卓也）「郷土史紀行」 ヒューマン・レクチャー・クラブ （52）2008.5

ふる里発 福山中学における寄宿舎生活（田中卓也）「郷土史紀行」 ヒューマン・レクチャー・クラブ （53）2008.7

ふる里発 福山中学における学芸行事（田中卓也）「郷土史紀行」 ヒューマン・レクチャー・クラブ （55）2008.11

福山中学における修学旅行（明治期）（ふる里発）（田中卓也）「郷土史紀行」 ヒューマン・レクチャー・クラブ （57）2009.3

福山中学における修学旅行（大正期）（ふる里発）（田中卓也）「郷土史紀行」 ヒューマン・レクチャー・クラブ （58）2009.7

ふる里発 福山中学における入学試験（田中卓也）「郷土史紀行」 ヒューマン・レクチャー・クラブ （59）2009.9

ふる里発 福山中学の吹奏楽（田中卓也）「郷土史紀行」 ヒューマン・レクチャー・クラブ （60）2010.1

福山藩
福山藩における蔺田徴租法（勝矢倫生）「尾道大学経済情報論集」 尾道大学経済情報学部 4（1）2004.6

徳川期における耕地水害復旧支援策の展開構造—福山藩起こし鍬下年季仕法の分析を中心に（勝矢倫生）「尾道大学経済情報論集」 尾道大学経済情報学部 6（2）2006.12

福山藩における麦作・稗作徴租法（勝矢倫生）「尾道大学経済情報論集」 尾道大学経済情報学部 10（1）2010.6

例会「福山藩における天明一揆」「三訪会会報」 三成学区の歴史と自然を訪ねる会 （59）2012.11

福山藩における屋敷地徴租法（勝矢倫生）「尾道市立大学経済情報論集」 尾道市立大学経済情報学部 13（2）2013.12

近世福山を読む 福山藩水野氏の石高の変遷—備陽六郡志より（高木康彦）「備陽史探訪」 備陽史探訪の会 （176）2014.2

嘉永七年、アメリカ船を見学した福山藩士に関する資料について（西村直城）「広島県立歴史博物館研究紀要」 広島県立歴史博物館 （16）2014.3

1月24日備陽史探訪の会記念講演に寄せて 福山藩の農民はどのように年貢を負担したか—阿部氏治世期福山藩徴租法の探究（勝矢倫生）「備陽史探訪」 備陽史探訪の会 （181）2014.12

福山湾
研究レポ 勝成入封時の福山湾の地形（高木康彦）「備陽史探訪」 備陽史探訪の会 （175）2013.12

藤江
藤江と山路機谷について（粟村英子）「文化財ふくやま」 福山市文化財協会 （43）2009.4

藤坂
三次地方の地名あれこれ（18）鍛冶屋垣内（かじやがいち）三次市青河町（米丸嘉一）/藤坂（ふじさか）三次市三良坂町（中畑和彦）「みよし地方史」 三次市地方史研究会 （86）2011.12

二ヶ城山
二ヶ城山系（広島市安佐北区）に残る歴史的石造物（ふる里の史跡）（今中慶一）「郷土史紀行」 ヒューマン・レクチャー・クラブ （59）2009.9

二神山城
中世の城跡を歩く（1）二神山城跡の今昔（吉田泰義）「ひがしひろしま郷土史研究会ニュース」 東広島郷土史研究会 （437）2011.1

二葉の里
二葉の里へのお誘い（後藤匡史）「備陽史探訪」 備陽史探訪の会 121 2004.12

読者投稿 二葉の里を返り見て（後藤匡史）「備陽史探訪」 備陽史探訪の会 （162）2011.10

二葉の里歴史の散歩道
二葉の里歴史の散歩道「かんべ」 可部郷土史研究会 （117）2010.4

淵崎
猿猴川河口付近での川遊び 昭和34年（1959）淵崎（南区）「ひろしま郷土資料館だより」 広島市郷土資料館 （78）2009.11

府中市
府中市の歴史と文化財（備後国府の調査）（土井基司）「れきみんきょう：広島県歴史民俗資料館等連絡協議会会報」 広島県歴史民俗資料館等連絡協議会 35 2002.12

府中市の古蹟を訪ねて（石井しおり）「備陽史探訪」 備陽史探訪の会 113 2003.8

府中市の史跡見学報告「広島郷土史会会報」 広島郷土史会 （158）2006.1

市町の文化財（2）府中市（下津間康夫）「広島県文化財ニュース」 広島県文化財協会 （191）2007.2

府中町
安芸郡府中町の史跡見学報告「広島郷土史会会報」 広島郷土史会 155 2005.1

舟入川口町
被爆者の証言を聞く会 一般寄稿 被爆時の概要 当時の年齢15歳 被爆地点（舟入川口町1.5km）「会報さくらお」 廿日市町郷土文化研究会 （135）2014.3

船所
三次地方の珍しい地名（7）寺町（てらまち）/船所（ふねぞ）「みよし地方史」 三次市地方史研究会 （73）2007.7

布野
キツネも味方した布野合戦（東一人）「みよし地方史」 三次市地方史研究会 54 2000.9

布野村
コラム 伝染病・腸チブスの流行—布野村の場合「みよし地方史」 三次市地方史研究会 63 2004.3

布野町
天保元年（1830）布野町全焼（藤村耕市）「みよし地方史」 三次市地方史研究会 54 2000.9

三次市布野町にある三基の手水鉢について（中畑和彦）「みよし地方史」 三次市地方史研究会 （73）2007.7

父尾銀山
調査報告 藤尾・父尾銀山間歩の位置確認（田口由実）「備陽史探訪」 備陽史探訪の会 （170）2013.2

古江
西国街道の訪ね歩記 古江から井口へ（鷹取誠、鷹取千穂）「郷土史紀行」 ヒューマン・レクチャー・クラブ 21 2003.2

古城山
神辺、古城山の謎（田口義之）「備陽史探訪」 備陽史探訪の会 （153）2010.4

平家谷
地名で辿る平家谷（根岸尚克）「備陽史探訪」 備陽史探訪の会 （130）2006.6

平和記念公園
特別寄稿 文化財としての平和記念資料館本館・平和記念公園（杉本俊多）「広島平和記念資料館研究報告」 広島平和記念資料館 （3）2007.3

平和記念資料館本館
特別寄稿 文化財としての平和記念資料館本館・平和記念公園（杉本俊多）「広島平和記念資料館研究報告」 広島平和記念資料館 （3）2007.3

平和塔
史跡をあるく 平和塔「芸備地方史研究」 芸備地方史研究会 （263）2008.10

戸坂
戸坂のあけぼの（檜垣栄次）「戸坂のあけぼの」 戸坂アーカイブズ委員会 （2）2013.3

戸坂小学校
おもて表紙の写真 戸坂小学校/裏表紙の写真 脱臭脱硫黄装置「戸坂アーカイブズ委員会レポート」 戸坂アーカイブズ委員会 （3）2014.10

戸坂村
戸坂村史の地名批判（木村伸次）「芸備地方史研究」 芸備地方史研究会 235・236 2003.4

戸坂中学校
付属資料 戸坂中学校ガス噴出に関する新聞記事要約/戸坂中学校ガス噴出に関する新聞記事一部コピー「戸坂アーカイブズ委員会レポート」 戸坂アーカイブズ委員会 （3）2014.10

別所砂留
史料紹介 福田別所砂留について（田口由実）「備陽史探訪」 備陽史探訪の会 （166）2012.6

史料紹介 福田別所砂留（2）（田口由実）「備陽史探訪」 備陽史探訪の会 （167）2012.8

別所谷
上瀬野の別所谷をめぐって（奥田博）「瀬野川流域郷土史懇話会会報」 瀬野川流域郷土史懇話会 （8）2008.8

広島県　　　　　　　　　　　　地名でたどる郷土の歴史　　　　　　　　　　　　中国

遍照寺山城
遍照寺山城便り［2］～（5）（藤波平次郎）「備陽史探訪」 備陽史探訪の会（148）/（151）2009.6/2009.12

遍照寺山城跡大田円（藤波平次郎）「備陽史探訪」 備陽史探訪の会（153）2010.4

弁天島
弁天島の俳画・夜の舟遊び（石井六郎）「潮待ちの館資料館だより」 福山市鞆の浦歴史民俗資料館 32 2004.2

鞆の浦弁天島石造層塔考（佐藤亜聖）「芸備地方史研究」 芸備地方史研究会 （275・276）2011.4

保木城
特集 矢野保木城と野間氏の系譜（上河内良平）「ひろしま県史協」 広島県郷土史研究協議会 （32）2014.10

蒲刈島
安芸蒲刈島の重盛一族（特集 平清盛と平家伝説―研究発表 平清盛と平家伝説編）（上河内良平）「ひろしま県史協」 広島県郷土史研究協議会（30）2012.11

細越
細越（ほそごえ）「発喜のしほり」 発喜会 （121）2006.10

細越川
細越川（小田川）「発喜のしほり」 発喜会 （138）2011.1

本郷
安芸竹原・本郷に中世の国人小早川氏興亡史を辿る（原田寛雄）「備陽史探訪」 備陽史探訪の会 123 2005.4

本郷町
三原市本郷町の史跡見学報告「広島郷土史会会報」 広島郷土史会（163）2007.10

本山
本山の地名考（2）―地名の寿命は数千年（小林桂一郎）「もとやま」 本山町郷土史会 28 2000.6

備後国府と本山の文化財（研究・レポート）（土井基司）「もとやま」 本山町郷土史会 （38）2014.12

本山村
元禄13年備後国芦田郡本山村御検地水帳（原本複写（1）～（2））（資料）「もとやま」 本山町郷土史会 28/32 2000.6/2004.10

本谷川
津之郷町の中央を流れる本谷川流域の史跡（資料紹介）（村上範轍）「文化財ふくやま」 福山市文化財協会 （41）2006.5

本山町
本山町七ツ池の二番池改修工事記録（藤木義夫）「もとやま」 本山町郷土史会 28 2000.6

本山町の地名総覧（1）―本山の歴史と地名（藤木英太郎）「もとやま」 本山町郷土史会 29 2001.5

真地
「まほろば矢野」（29）―町歩き（真地町内会）「発喜のしほり」 発喜会（149）2013.10

正戸山
正戸山フィールドワーク（小学校教育部会）「あしふ：芦府部落解放研究所紀要」 芦府部落解放研究所 （15）2000.5

古代山陽道を歩いて正戸山まで（井上新一）「文化財ふくやま」 福山市文化財協会 38 2003.5

天皇と正戸山（坂本敏夫）「備陽史探訪」 備陽史探訪の会 （157）2010.12

松尾城
広島県史跡「松尾城跡」について（木村信幸）「広島県文化財ニュース」 広島県文化財協会 （193）2007.9

大永三年 安芸津 松尾城攻防伝承と行友氏（特集 大内氏分国安芸東西条鏡山城とその歴史）（新本直澄）「ひろしま県史協」 広島県郷土史研究協議会 （31）2013.11

松坂家住宅
史跡をあるく 松坂家住宅「芸備地方史研究」 芸備地方史研究会 247 2005.6

松永
1900年前後における松永塩流通の展開と尾道市場（落合яйм）「経済科学研究」 広島修道大学ひろしま未来協創センター 5（2）通号9 2002.2

ミニふるさと歴史散歩 「塩と下駄」の町―松永（村上範轍）「文化財ふくやま」 福山市文化財協会 39 2004.5

紀行文 ミニふるさと歴史散歩 松永地区（粟村英子）「文化財ふくやま」 福山市文化財協会 39 2004.5

研究レポート 備後南部の金融機関の設立と変遷について（松永編）（岡田宏一郎）「備陽史探訪」 備陽史探訪の会 （161）2011.8

松永の共同井戸「三訪会会報」 三成学区の歴史と自然を訪ねる会（56）2012.4

松永地域の出身力士について（備後史談）（岡田宏一郎）「備陽史探訪」 備陽史探訪の会 （173）2013.8

松永塩田
松永塩田の歴史（松崎哲）「広島県文化財ニュース」 広島県文化財協会（199）2009.2

松永塩田の月代り所の設置について（紹介）（落合功）「アーカイブスふくやま」 福山市 （2）2011.3

松永町
写真で見る郷土探訪（福山市松永町）（岡田宏一郎）「備陽史探訪」 備陽史探訪の会 （159）2011.4

松尾山城
尾道市高須町 松尾山城跡について（田口義之）「備陽史探訪」 備陽史探訪の会 （129）2006.4

真野家住宅
旧真野家住宅について（山本智宏）「広島県文化財ニュース」 広島県文化財協会 187 2005.10

丸屋城
水軍紀行 多賀谷水軍と丸屋城「郷土史紀行」 ヒューマン・レクチャー・クラブ 24 2003.11

史跡をあるく 丸屋城跡「芸備地方史研究」 芸備地方史研究会 （262）2008.6

三入
安芸三入熊谷氏の史跡を訪ねる（金丸正三）「郷土史紀行」 ヒューマン・レクチャー・クラブ 31 2005.1

三尾
三尾巡り（高橋光雄）「備陽史探訪」 備陽史探訪の会 （144）2008.10

美可崎城
瀬戸内水軍紀行 美可崎城と地蔵岩「郷土史紀行」 ヒューマン・レクチャー・クラブ 22 2003.4

三上家住宅
三上家住宅「殿敷」について（神田肇）「広島県文化財ニュース」 広島県文化財協会 187 2005.10

三坂地小学校
三坂地小学校旧木造校舎（上河内良平）「広郷土史研究会ニュース」 広郷土史研究会 （73）2006.4

三津
三津の呼岩（1）～（3）（井東茂夫）「ひがしひろしま郷土史研究会ニュース」 東広島郷土史研究会 367/369 2005.3/2005.5

石造物研究会報告（4） 三津の呼岩探訪（1）～（3）（船越雄治）「ひがしひろしま郷土史研究会ニュース」 東広島郷土史研究会 （405）/（407）2008.5/2008.7

水越
水越風景と道しるべ（聞き書き）（山中節夫）「広郷土史研究会ニュース」 広郷土史研究会 （56）2003.6

昭和14年夏の旱魃渇水時 水越の川底を掘る「広郷土史研究会会報」 広郷土史研究会 （87）2008.9

水野藩
水野藩と宮本武蔵（平井隆夫）「文化財ふくやま」 福山市文化財協会 38 2003.5

弥山
宮島と弥山における自然観光（フンク・カロリン，丸山奈穂）「厳島研究：広島大学世界遺産・厳島-内海の歴史と文化プロジェクト研究センター研究成果報告書」 世界遺産・厳島-内海の歴史と文化プロジェクト研究センター （7）2011.3

三田
白木町大字三田の南限の標柱「美多」 三田郷土史同好会 38 2003.2

見立山
初夏ウォーク 毛利輝元広島城地の見立て「見立山」（広島市東区）「郷土史紀行」 ヒューマン・レクチャー・クラブ （39）2006.5

三玉川
三玉（三玉）川「発喜のしほり」 発喜会 （141）2011.10

御手洗
御手洗訪問記（助信淳子）「かんべ」 可部郷土史研究会 94 2001.10

近世後期瀬戸内における「船後家」について―御手洗を中心に（布川弘）「日本研究」 日本研究研究会 （特集号2）2003.4

中国　　　　　　　　　　　　　地名でたどる郷土の歴史　　　　　　　　　　　広島県

瀬戸内紀行 御手洗の繁栄を陰で支えた女衆「郷土史紀行」 ヒューマン・レクチャー・クラブ 35 2005.9

大崎下島御手洗における花街の景観と生活（加藤晴美）「歴史地理学野外研究」 筑波大学人文社会科学研究科歴史・人類学専攻歴史地理学研究室 （13）2009.3

瀬戸内紀行 御手洗の町家巡り――輪差しに遊女への想い（請川洋一）「郷土史紀行」 ヒューマン・レクチャー・クラブ （58）2009.7

重伝建地区御手洗の過去・未来（今崎仙也）「広島県文化財ニュース」 広島県文化財協会 （202）2009.9

「呉市豊町御手洗地区」の保存修理事業について（里田謙一）「広島県文化財ニュース」 広島県文化財協会 （202）2009.9

米と魚からみる港町の食生活–芸予諸島大崎下島御手洗における行商人と米穀商について（渡部圭一）「歴史地理学野外研究」 筑波大学人文社会科学研究科歴史・人類学専攻歴史地理学研究室 （14）2010.3

とびしま海道と御手洗の町並み散策と山頭火句碑めぐり「瀬野川流域郷土史懇話会会報」 瀬野川流域郷土史懇話会 （16）2012.8

御手洗町

廻船寄港地御手洗町の繁栄とそのなごり–昭和20年代以前の景観と住民の暮らしの復原を通して（清水克志）「歴史地理学野外研究」 筑波大学人文社会科学研究科歴史・人類学専攻歴史地理学研究室 （13）2009.3

御手洗町並歴史探訪「かんべ」 可部郷土史研究会 （117）2010.4

御手洗港

巷談 御手洗港の遊女哀歌（綴急車雲助）「広郷土史研究会会報」 広郷土史研究会 （93）2009.9

御調

牛の皮城跡と御調探訪（藤波平次郎）「備陽史探訪」 備陽史探訪の会 117 2004.4

三次

江の川発電問題と三次（米丸嘉一）「みよし地方史」 三次市地方史研究会 57 2001.10

三次の稲扱[1]、(2)（幸田光温）「みよし地方史」 三次市地方史研究会 59/60 2002.8/2003.1

三次の鵜飼–歴史と伝説（米丸嘉一）「みよし地方史」 三次市地方史研究会 61 2003.6

三次の銀行小史（米丸嘉一）「みよし地方史」 三次市地方史研究会 63 2004.3

三次地方の石造物 石造道標（中畑和彦）「みよし地方史」 三次市地方史研究会 63 2004.3

地名「三次」の移り変わり–ブランド地名「三次」成立私論（米丸嘉一）「みよし地方史」 三次市地方史研究会 65 2004.12

三次から江戸へ–参勤交代の旅（東一人）「みよし地方史」 三次市地方史研究会 67 2005.7

三次人形《特集 広島県の土・張子人形》（伊藤正壮）「広島県文化財ニュース」 広島県文化財協会 （188）2006.3

学芸員こぼれ話 今年も物怪が三次にやって来た「歴風」 広島県立歴史民俗資料館 （42）2006.9

歴史散歩 三次の妖怪について（宮本典彦）「芸備地方史研究」 芸備地方史研究会 （255）2007.4

藤村耕市著『三次郷土史』（芸備掲示板）（三次地方史研究会）「芸備地方史研究」 芸備地方史研究会 （266）2009.6

三次地方の地震（米丸嘉一）「みよし地方史」 三次市地方史研究会 （88）2012.8

『鎮魂』と出会い、三次を訪問して（別所智子）「みよし地方史」 三次市地方史研究会 （89）2012.12

史料についての整理（三次町大年寄助右衛門表彰される）/両家勤役覚/勤役覚（畠中家家系下調べのための第一稿）/神木屋家系/《公儀より御尋に付申し上げる書付》/町奉行所へ書付上ル控/内用書付/尼子盛王家系ヲ/《佐々木神木屋家系》/《尼子氏系図》/比例 畠中氏先祖の件/佐々木畠中家 文化二年/（畠中家絶家関係）/（畠中家絶家関係 内用書付）/（佐々木家）家系用覚書之下書/佐々木氏畠中家系「三次地方史研究」 三次地方史研究会 （4）2014.11

三次地方史研究（第4集）上木屋文書（史料編1）藤村耕市責任編集/ものがたり・三次地方史 芸備線百年–あなたの思い出の駅・思い出の列車は 米丸嘉市著「みよし地方史」 三次地方史研究会 （95）2014.12

御調町

行事だより 尾道市御調町の史跡見学報告「広島郷土史会会報」 広島郷土史会 （171）2011.2

三成

方言教室第3回「三訪会会報」 三成学区の歴史と自然を訪ねる会 （48）2011.1

三成の生活で思い出すこと「三訪会会報」 三成学区の歴史と自然を訪ねる会 （48）2011.1

方言教室第4回 尾道大学 灰谷謙二先生「三訪会会報」 三成学区の歴史と自然を訪ねる会 （49）2011.3

三成の史跡巡り / 郷土誌三成 編集委員会始動「三訪会会報」 三成学区の歴史と自然を訪ねる会 （51）2011.7

三成の思い出「三訪会会報」 三成学区の歴史と自然を訪ねる会 （52）2011.9

三成の灯を守る人「三訪会会報」 三成学区の歴史と自然を訪ねる会 （54）2012.1

ふるさと三成で育ったことを振り返って「三訪会会報」 三成学区の歴史と自然を訪ねる会 （54）2012.1

「郷土誌三成」を読んで「三訪会会報」 三成学区の歴史と自然を訪ねる会 （55）2012.2

「郷土誌三成」発刊に寄せて「三訪会会報」 三成学区の歴史と自然を訪ねる会 （56）2012.4

一里塚はどこだ 一里塚から須恵器発見「三訪会会報」 三成学区の歴史と自然を訪ねる会 （57）2012.7

郷土誌三成を読んで「三訪会会報」 三成学区の歴史と自然を訪ねる会 （57）2012.7

三成地区の歴史と備後地方の自然探訪教室 第2回要旨「三訪会会報」 三成学区の歴史と自然を訪ねる会 （58）2012.9

続「ふるさと三成」古写真「三訪会会報」 三成学区の歴史と自然を訪ねる会 （58）2012.9

三成写真集「三訪会会報」 三成学区の歴史と自然を訪ねる会 （60）2013.1

あの日あの時 三成の宝さがしをしよう「三訪会会報」 三成学区の歴史と自然を訪ねる会 （61）2013.3

続ふるさと三成古写真集「三訪会会報」 三成学区の歴史と自然を訪ねる会 （61）2013.3

続「ふるさと三成」古写真「三訪会会報」 三成学区の歴史と自然を訪ねる会 （62）2013.4

続ふるさと三成古写真「三訪会会報」 三成学区の歴史と自然を訪ねる会 （63）2013.7

古写真集「三訪会会報」 三成学区の歴史と自然を訪ねる会 （64）2013.9

三成の昔話を聞く「三訪会会報」 三成学区の歴史と自然を訪ねる会 （64）2013.9

三成の昔の話を聞く「三訪会会報」 三成学区の歴史と自然を訪ねる会 （65）2013.11

三成の昔の話を聞く「三訪会会報」 三成学区の歴史と自然を訪ねる会 （66）2014.1

幻の山陽鉄道 三成を走る「三訪会会報」 三成学区の歴史と自然を訪ねる会 （66）2014.1

三成の昔話を聞く「三訪会会報」 三成学区の歴史と自然を訪ねる会 （67）2014.3

三成古写真「三訪会会報」 三成学区の歴史と自然を訪ねる会 （67）2014.3

三成の昔話を聞く「三訪会会報」 三成学区の歴史と自然を訪ねる会 （68）2014.5

三成古写真「三訪会会報」 三成学区の歴史と自然を訪ねる会 （68）2014.5

三成の宝さがし 史跡案内板の設置「三訪会会報」 三成学区の歴史と自然を訪ねる会 （69）2014.7

三成の昔の話を聞く「三訪会会報」 三成学区の歴史と自然を訪ねる会 （69）2014.7

三成古写真「三訪会会報」 三成学区の歴史と自然を訪ねる会 （69）2014.7

7月例会「三成の歴史を学ぼう」/今後の予定「三訪会会報」 三成学区の歴史と自然を訪ねる会 （70）2014.9

三成の辻堂「三訪会会報」 三成学区の歴史と自然を訪ねる会 （70）2014.9

三成の昔話を聞く「三訪会会報」 三成学区の歴史と自然を訪ねる会 （70）2014.9

礼儀作法/三成の昔の話「三訪会会報」 三成学区の歴史と自然を訪ねる会 （71）2014.11

三成の古写真「三訪会会報」 三成学区の歴史と自然を訪ねる会 （71）2014.11

三成村

三成村の一里塚「三訪会会報」 三成学区の歴史と自然を訪ねる会 （56）2012.4

豊町

呉市豊町の史跡見学報告（渡邉正彦）「広島郷土史会会報」 広島郷土史会 （170）2010.3

三原

芸備国三原（上野啓司）「わが町三原」 みはら歴史と観光の会 116

広島県 / 中国

2000.11

10年の歩み―みはら歴史と観光の会(福岡幸司)「わが町三原」 みはら歴史と観光の会 121 2001.4

三原だるま物語(久保等)「わが町三原」 みはら歴史と観光の会 143 2003.2

往時再考(1),(2)―三原の歴史の通説を検証(中谷裕子)「わが町三原」 みはら歴史と観光の会 150/151 2003.9/2003.10

桜山、三原の歴史を学んだ一日(西山弘美)「わが町三原」 みはら歴史と観光の会 168 2005.3

ふるさとの銀行物語 三原編(1)～(3),(完結編)(田辺良平)「わが町三原」 みはら歴史と観光の会 175/178 2005.10/2006.1

三原人形について《特集 広島県の土・張子人形》(向田裕始)「広島県文化財ニュース」 広島県文化財協会 (188) 2006.3

今月の各地 卑弥呼と三原(宮原幸司)「わが町三原」 みはら歴史と観光の会 187 2006.10

毎回新しい発見が楽しみ(第7回三原(旧)一周膝栗毛を終えて)(正田公佑)「わが町三原」 みはら歴史と観光の会 190 2007.1

検証 三原の旧山陽道 拡張された街道の歴史と現状(中川嘉明)「郷土史紀行」 ヒューマン・レクチャー・クラブ (42) 2007.1

三原案内 天主台より(1),(2)(福岡幸司)「わが町三原」 みはら歴史と観光の会 192/193 2007.3/2007.4

見延典子氏講演「頼山陽と三原」の報告(1),(2),(完結編)(鈴木健次)「わが町三原」 みはら歴史と観光の会 204/206 2008.3/2008.5

小早川隆景と三原(講演)(本多博之)「芸備地方史研究」 芸備地方史研究会 (260・261) 2008.4

総会記念講演会 橋本敬二先生「江戸時代の三原」(要旨1～3,完結編)(鈴木健次)「わが町三原」 みはら歴史と観光の会 209/212 2008.8/2008.11

秀吉と三原(1)～(4),(完結編)九州往復で通った道の推定(大谷和弘)「わが町三原」 みはら歴史と観光の会 209/213 2008.8/2008.12

トンネルが拓いた給・排水路(1)～(3),(完結編)(鈴木健次)「わが町三原」 みはら歴史と観光の会 212/218 2008.11/2009.5

H21年度レキカン総会記念講演会 三原をめぐる武将たち(1),(完結編)渋川氏・杉原氏を中心に(鈴木健次)「わが町三原」 みはら歴史と観光の会 221/222 2009.8/2009.9

山名氏はどのようにして三原に来たか(1)～(4),(完結編)(楪博自)「わが町三原」 みはら歴史と観光の会 227/230 2010.2/2010.05

三原英学史考(1)～(7)(田邊達雄)「わが町三原」 みはら歴史と観光の会 238/246 2011.1/2011.09

三原英学史考(8) 4.,(完結編)三原洋學所設立の意義/5.むすび(田邊達雄)「わが町三原」 みはら歴史と観光の会 247/248 2011.10/2011.

西国街道の一里塚―尾道～三原間の一里塚を巡る(歴史トピックス)「月刊歴史ジャーナル」 NPO法人尾道文化財研究所 (100) 2012.4

三原やっさ 最古のレコード 好評/資料館マメ知識 「やっさ」とは?「三原市歴史民俗資料館蔵出しお宝ニュース」 三原 (8) 2012.7

三原のあゆみ(1)～(3)(芸陽日々新聞創刊20周年記念誌より)「わが町三原」 みはら歴史と観光の会 258/260 2012.9/2012.11

平氏の三原(特集 平清盛と平家伝説―研究発表 平清盛と平家伝説編)(大谷和弘)「ひろしま県史協」 広島県郷土史研究協議会 (30) 2012.11

三原ゆかりの和菓子資料を展示/置床春秋 掛物:羽倉信郷筆 和歌、花入:瓢箪、花:季のもの「三原市歴史民俗資料館蔵出しお宝ニュース」 三原 (10) 2012.11

三原のあゆみ(4)(芸陽日々新聞創刊20周年記念誌より) 郷土と小早川氏について(つづき)「わが町三原」 みはら歴史と観光の会 261 2012.12

三原のあゆみ(5)(芸陽日々新聞創刊20周年記念誌より) 真宗の普及と明光上人/きずきあげた文化の礎/江戸時代の三原「わが町三原」 みはら歴史と観光の会 262 2013.1

今月の各地 卑弥呼の郷三原説(宮原幸司)「わが町三原」 みはら歴史と観光の会 264 2013.3

平氏と三原(1),(2),(完結編)(大谷和弘)「わが町三原」 みはら歴史と観光の会 264/268 2013.3/2013.07

三原のあゆみ(6)(芸陽日々新聞創刊20周年記念誌より) 江戸時代の三原(つづき)/郷土史略年表「わが町三原」 みはら歴史と観光の会 264 2013.3

三原のあゆみ(7),(完結編)(芸陽日々新聞創刊20周年記念誌より) 郷土史略年表(つづき)「わが町三原」 みはら歴史と観光の会 265/266 2013.4/2013.5

今月の各地 三原は第三のふるさと(近藤正夫)「わが町三原」 みはら歴史と観光の会 269 2013.8

楢崎氏と三原(1)～(4),(完結編)(大谷和弘)「わが町三原」 みはら歴史と観光の会 271/279 2013.10/2014.6

資料館マメ知識 「三原物」とは? 其の2/三原物の系譜1「三原市歴史民俗資料館蔵出しお宝ニュース」 三原 (43) 2014.1

今月の各地 三原は備後人? 安芸人?(渾川雅子)「わが町三原」 みはら歴史と観光の会 275 2014.2

今月の各地 三原の土人形のこと(田邊達雄)「わが町三原」 みはら歴史と観光の会 279 2014.6

今月の各地 地産地消でみはらを元気に!(佐藤俊夫)「わが町三原」 みはら歴史と観光の会 280 2014.7

資料館マメ知識 「三原物」とは? 其の1/置床春秋 掛物:堀田翠峰筆郭子儀画、花入:魚籠、花:季のもの「三原市歴史民俗資料館蔵出しお宝ニュース」 三原 (42) 2014.9

資料館マメ知識 「三原物」とは? 其の3/三原物の系譜2 辰房、貝三原「三原市歴史民俗資料館蔵出しお宝ニュース」 三原 (44) 2014.11

今月の各地 三原讃歌 パートI(大坪一風)「わが町三原」 みはら歴史と観光の会 284 2014.11

三原駅

表紙 山陽新幹線岡山～博多間開通 三原駅でのテープカット「わが町三原」 みはら歴史と観光の会 252 2012.3

山陽新幹線 三原駅誘致秘話(1)～(5),(完結編)(西原達夫)「わが町三原」 みはら歴史と観光の会 252/257 2012.3/2012.08

三原沖

異国船の三原沖への来航(1)～(6),(最終回)(新畑末男)「わが町三原」 みはら歴史と観光の会 179/185 2006.2/2006.8

三原郷

三原郷と沼田小早川、杉原両氏の関係について(研究ノート)(木下和司)「備陽史研究山城志: 備陽史探訪の会機関誌」 備陽史探訪の会 (21) 2013.1

三原鉱山

三原鉱山跡(3),[4],(5)(大本静人)「わが町三原」 みはら歴史と観光の会 116/124 2000.11/2001.7

三原鉱山跡(6) 三原市駒ヶ原町及び中之町における鉱山について(大本静人)「わが町三原」 みはら歴史と観光の会 126 2001.9

三原鉱山跡(続) 木もれ日の三原周辺を行く(古本繁)「わが町三原」 みはら歴史と観光の会 126 2001.9

三原鉱山跡(7) 駒が原、中之町鉱山(2)(大木静人)「わが町三原」 みはら歴史と観光の会 127 2001.10

三原市

「三原市鳥瞰図」―昭和の発禁図書秘話(坪井幸子)「わが町三原」 みはら歴史と観光の会 156 2004.3

東京三原会 東京三原会の現況―郷土愛で集う三原出身者(山根昌久)「わが町三原」 みはら歴史と観光の会 171 2005.6

大和町文化財保護協会会員来三(1) 旧三原市の史跡を訪ねて(潮禎雄)「わが町三原」 みはら歴史と観光の会 182 2006.5

三原城

小早川隆景の城 三原城「郷土史紀行」 ヒューマン・レクチャー・クラブ 26 2004.3

三原城から湯築城(伊予)へ「郷土史紀行」 ヒューマン・レクチャー・クラブ 26 2004.3

史料紹介 西条市立小松温芳図書館所蔵「小松森田本家資料 貼交屏風」所収「毛利輝元書状」―「三原城城壁文書」の一連とみられる一通(山内治朗)「芸備地方史研究」 芸備地方史研究会 (249) 2006.1

みはら歴史と観光の会15周年記念講演会 "三原城の構成"―瀬戸内水運の戦略拠点 西ヶ谷恭弘先生(鈴木健次)「わが町三原」 みはら歴史と観光の会 184 2006.7

15周年記念講演会 三原城の構成―瀬戸内水運の戦略拠点(《レキカン創立15周年記念式典の記録》)(西ヶ谷恭弘)「わが町三原」 みはら歴史と観光の会 186 2006.9

三原城は一夜にしてならず(1)～(3),(完結編)(中谷裕子)「わが町三原」 みはら歴史と観光の会 187/191 2006.10/2007.2

三原城本丸大広間についての考察(佐藤大規)「内海文化研究紀要」 広島大学大学院文学研究科附属内海文化研究施設 (37) 2009.3

最近の城郭ニュースから 龍野城に模擬天守/大内氏舘庭園の整備/三原城から玉縁石列出土「城郭だより: 日本城郭史学会会報」 [日本城郭史学会] (76) 2012.1

三原城を築く際に使われた"シダ"見つかる/置床春秋 掛物:亀太郎筆木守図、花入:唐銅鶴首、花:季のもの「三原市歴史民俗資料館蔵出しお宝ニュース」 三原 (29) 2013.11

三原女子師範学校

三原女子師範学校と女子学生の帰属意識の形成(田中卓也)「広島大学文書館紀要」 広島大学文書館 (10) 2008.3

三原洋学所

三原洋学所物語(1)～(8),(完結編)(大谷和弘)「わが町三原」 みはら歴史と観光の会 176/184 2005.11/2006.7

中国　　　　　　　　　　　　　　　　　　　地名でたどる郷土の歴史　　　　　　　　　　　　　　　　　　　広島県

宮迫城

宮迫城跡の石碑完成（坂井吉徳）「わが町三原」　みはら歴史と観光の会　191　2007.2

宮下川

表紙　宮下川の潮（画提供 やの工房・矢埜弘美さま）「発喜のしほり」　発喜会　(152)　2014.7

宮島

秋の宮島を歩く（前西照子）「瀬野川郷土史研究会会報」　瀬野川郷土史研究会　32　2003.1

宮島に陶晴賢最期の地を目指す（斎藤智恵）「大内文化探訪 : 会誌」　大内文化探訪会　(21)　2003.4

安芸国、千代田町と宮島の文化財（東暲）「史迹と美術」　史迹美術同攷会　73(5)通号735　2003.6

宮島の「箸と猿」（松崎哲）「郷土史紀行」　ヒューマン・レクチャー・クラブ　26　2004.3

県立広島大学の「宮島プロジェクト」（本多博之）「芸備地方史研究」　芸備地方史研究会　(252)　2006.6

県立広島大学の現代GP（「宮島プロジェクト」）《特集 厳島研究の過去・現在・未来—厳島神社世界遺産登録10周年記念》—厳島研究の最前線（本多博之）「芸備地方史研究」　芸備地方史研究会　(258・259)　2008.2

観光地宮島の知覚と解釈（フンク・カロリン）「厳島研究 : 広島大学世界遺産・厳島-内海の歴史と文化プロジェクト研究センター研究成果報告書」　世界遺産・厳島-内海の歴史と文化プロジェクト研究センター　(4)　2008.3

川瀬巴水の「宮島」（前野やよい）「ひろしま郷土資料館だより」　広島市郷土資料館　(76)　2008.11

大願寺と宮島（平山貴明）「厳島研究 : 広島大学世界遺産・厳島-内海の歴史と文化プロジェクト研究センター研究成果報告書」　世界遺産・厳島-内海の歴史と文化プロジェクト研究センター　(6)　2010.3

研究ノート 宮島のしゃもじ（榎陽介）「博物館だより」　福島県立博物館　通号97　2010.6

宮島と弥山における自然観光（フンク・カロリン，丸山奈穂）「厳島研究 : 広島大学世界遺産・厳島-内海の歴史と文化プロジェクト研究センター研究成果報告書」　世界遺産・厳島-内海の歴史と文化プロジェクト研究センター　(7)　2011.3

平成22年度「地域文化学（宮島学）」「宮島学センター通信」　県立広島大学宮島学センター　(2)　2011.3

研究余録(2) 宮島の石垣（秋山伸隆）「宮島学センター通信」　県立広島大学宮島学センター　(2)　2011.3

明治時代の観光地、宮島—西洋と日本の視点から（天野みゆき）「宮島学センター年報」　県立広島大学宮島学センター　(2)　2011.3

私と宮島—なぜ宮島に魅かれるか（藤原隆雄）「厳島研究 : 広島大学世界遺産・厳島-内海の歴史と文化プロジェクト研究センター研究成果報告書」　世界遺産・厳島-内海の歴史と文化プロジェクト研究センター　(8)　2012.3

宮島学の方法—期待と課題（森正夫）「宮島学センター通信」　県立広島大学宮島学センター　(3)　2012.3

平成23年度「地域文化学（宮島学）」/図書館企画展示「みやじま・いきもの展—伝承と現在（いま）に生きる—」/宮島学園での展示「宮島学センター通信」　県立広島大学宮島学センター　(3)　2012.3

仮訳「不朽の島」エリザ・ルーアマー・シドモア著（中川利國）「広島市公文書館紀要」　広島市公文書館　(25)　2012.6

宮島における外国人と日本人観光者の行動（フンク・カロリン）「厳島研究 : 広島大学世界遺産・厳島-内海の歴史と文化プロジェクト研究センター研究成果報告書」　世界遺産・厳島-内海の歴史と文化プロジェクト研究センター　(9)　2013.3

NPO活動による "新・みやじま紀行" に寄せて—宮島の新しい観光や魅力の深耕にむけて（坂東朗）「厳島研究 : 広島大学世界遺産・厳島-内海の歴史と文化プロジェクト研究センター研究成果報告書」　世界遺産・厳島-内海の歴史と文化プロジェクト研究センター　(9)　2013.3

図書館企画展示 絵図からせまる宮島—近世の景観を覗いてみませんか　平成24年7月2日〜7月14日（宮島学センター通信）　県立広島大学宮島学センター　(3)　2013.3

宮島の歴史探訪（宮城敏男）「光地方史研究」　光地方史研究会　(39)　2013.3

企画展示 紀行作家シドモア写真展—明治時代の宮島がよみがえる—「宮島学センター通信」　県立広島大学宮島学センター　(5)　2014.3

宮島線

廿日市エリア 広島電鉄宮島線 沿線時代物語（荒瀬良彦）「会報さくらお」　廿日市町郷土文化研究会　(133)　2011.3

宮島鉄道連絡船

宮島鉄道連絡船—宮島航路の変遷（荒瀬良彦）「会報さくらお」　廿日市町郷土文化研究会　(131)　2008.10

宮の城

中世の山城「宮の城」「泉山城」と梶尾神社について（田辺俊造）「広島県文化財ニュース」　広島県文化財協会　181　2004.5

深山の滝

広島藩絵師・岡岷山の描いた滝「深山の滝」（広島市安芸区矢野町）「郷土史紀行」　ヒューマン・レクチャー・クラブ　(39)　2006.5

深山の滝（広島市安芸区矢野）（竹中正治）「発喜のしほり」　発喜会　(142)　2012.1

三次浅野藩

三次浅野藩に関わる家譜 長治公生誕から三次浅野家廃絶まで、110年間の人々(1)〜(4)（冨士原昌宏）「みよし地方史」　三次市地方史研究会　(91)/(94)　2013.8/2014.08

三次監獄

三次監獄今昔—明治編（瀬川信二）「みよし地方史」　三次市地方史研究会　(78)　2009.3

三次監獄今昔(2) 大正・昭和編（瀬川信二）「みよし地方史」　三次市地方史研究会　(79)　2009.8

三次市

戦後合併 三次市誕生の経過（立畑春夫）「みよし地方史」　三次市地方史研究会　55　2001.2

「庄屋日記」（史料紹介）（立畑春雄）「みよし地方史」　三次市地方史研究会　62　2003.11

史料紹介 村法示禁人別受印帳（立畑春男）「みよし地方史」　三次市地方史研究会　66　2005.3

三次市の史跡見学報告「広島郷土史会会報」　広島郷土史会　(160)　2006.8

史料紹介 年貢輸送に伴い発生した事件・出来事—山田家文書「御用控」より（立畑春夫）「みよし地方史」　三次市地方史研究会　(87)　2012.4

史料紹介 上下銀の返済が滞った一事例—箕岡家文書より（立畑春夫）「みよし地方史」　三次市地方史研究会　(88)　2012.8

三次藩

三次藩参勤交代の道を尋ねて—三次から忠海までの往還を歩く（成安信昭）「研究紀要古里」　世羅郡文化財協会甲山地区部会　(14)　2014.3

三次捕虜収容所

戦時中の三次捕虜収容所について—オランダ国立公文書館文書から（米丸嘉一）「みよし地方史」　三次市地方史研究会　54　2000.9

三次町

三次の歴史的地名は残った—三次町名保存運動始末記（抄）（沢井仁朗）「みよし地方史」　三次市地方史研究会　54　2000.9

江戸時代の三次町点描（藤村靜市）「みよし地方史」　三次市地方史研究会　61　2003.6

日本占領中の進駐軍関係文書（三次町役場文書）（史料紹介）（米丸嘉一）「みよし地方史」　三次市地方史研究会　62　2003.11

三次町古地図に見る川の謎（伊藤正壮）「みよし地方史」　三次市地方史研究会　(78)　2009.3

上里氏が作った三次町（後藤千賀子）「みよし地方史」　三次市地方史研究会　(93)　2014.4

上木屋文書 史料編1（三次町大年寄 佐々木家）「三次地方史研究」　三次地方史研究会　(4)　2014.11

三良坂

ふる里の史跡 写真で見る三良坂の文化財「郷土史紀行」　ヒューマン・レクチャー・クラブ　23　2008.6

安芸吉田町の史跡巡り 平成24年12月9日（日）/三次・三良坂の史跡巡り 平成25年3月24日（日）「広島郷土史会会報」　広島郷土史会　(175)　2013.5

三良坂町

遺稿『三良坂町中世史料総覧』（その1）（故新祖隆太郎氏（本会会長）追悼号）（新祖隆太郎）「みよし地方史」　三次市地方史研究会　(95)　2014.12

向宇品艇庫

向宇品艇庫の学生時代の思い出（皆川多郎）「広島美奈美国風土記」　広島市南区役所市民部区政振興課　(16)　2013.9

向島

特集2 地方初世界の技術チャックの発祥地向島「月刊歴史ジャーナル」　NPO法人尾道文化財研究所　(100)　2012.4

特集 消してはならない！ 旧向島紡績の「日英友好プレート」(1),(2)「月刊歴史ジャーナル」　NPO法人尾道文化財研究所　(101)/(102)　2012.5/2012.06

傘連判状による百姓一揆が向島で(1)（歴史トピックス）「月刊歴史ジャーナル」　NPO法人尾道文化財研究所　(113)　2013.5

傘連判状による百姓一揆が向島で(2)—「大岡裁き」で決着した向島の百姓の訴え（歴史トピックス）「月刊歴史ジャーナル」　NPO法人尾道

広島県 地名でたどる郷土の歴史 中国

文化財研究所 （114） 2013.6

向島中央小学校

特集 小学生が校区の文化財を調査—尾道市立向島中央小学校「月刊歴史ジャーナル」 NPO法人尾道文化財研究所 （99） 2012.3

向島町

特集 尾道市向島町に甦った日英友好のプレート「月刊歴史ジャーナル」 NPO法人尾道文化財研究所 （112） 2013.4

宗高尾城

広島県廿日市市 宗高尾城跡検出の地鎮の研究（木下密運，西山要一，浅岡俊夫，藤田広幸）「文化財学報」 奈良大学文学部文化財学科 25 2007.3

村市

村市事件（東一人）「みよし地方史」 三次市地方史研究会 （75） 2008.3

村尾郷

神辺の原点村尾郷（小林定市）「備陽史探訪」 備陽史探訪の会 （138） 2007.10

室浜砲台

史跡を歩く 千畳閣/室浜砲台跡/八田新七信敏翁之碑「芸備地方史研究」 芸備地方史研究会 （258・259） 2008.2

女亀山

三次地方の珍しい地名（1）女亀山/四十八坂「みよし地方史」 三次市地方史研究会 67 2005.7

元宇品

宇品水族館 昭和35年（1960）頃 元宇品（南区）「ひろしま郷土資料館だより」 広島市郷土資料館 （78） 2009.11

元宇品の海水浴場 私の思い出の元宇品の海水浴場「広島美奈美国風土記」 広島市南区役所市民部区政振興課 （15） 2013.3

元宇品の広島大学ヨット部艇庫「広島美奈美国風土記」 広島市南区役所市民部区政振興課 （16） 2013.9

森川家住宅

森川家住宅（黒崎英治）「広島県文化財ニュース」 広島県文化財協会 177 2003.6

八尾城

八尾城址と麓の史跡を巡る（根岸尚克）「備陽史探訪」 備陽史探訪の会 118 2004.6

八木用水

資料紹介 八木用水関係資料「定用水筋細見」（村上宜昭）「ひろしま郷土資料館だより」 広島市郷土資料館 68 2004.12

八木用水と江戸時代の測量技術家（企画展）（村上宜昭）「ひろしま郷土資料館だより」 広島市郷土資料館 68 2004.12

桑原卯之助と「八木用水」「郷土史紀行」 ヒューマン・レクチャー・クラブ （40） 2006.9

八雲

三次地方の珍しい地名（9）弘法谷（こうぼうだに）/八雲（やぐも）「みよし地方史」 三次市地方史研究会 （75） 2008.3

焼庭

三次地方の珍しい地名（10）大平（おおびら）/焼庭（やけには）「みよし地方史」 三次市地方史研究会 （76） 2008.8

八坂鉱山

三原鉱山跡（2）八坂鉱山に関する見聞について（大本静人）「わが町三原」 みはら歴史と観光の会 115 2000.10

安浦

呉市安浦地区に伝わる平家伝説（特集 平清盛と平家伝説—研究発表 平清盛と平家伝説編）（山田賢一）「ひろしま県史協」 広島県郷土史研究協議会 （30） 2012.11

やすみどん

三次地方の地名あれこれ（23）やすみどん（三次市向江田町）（上重武和）「みよし地方史」 三次市地方史研究会 （90） 2013.4

八千代町

安芸高田市八千代町の史跡見学報告「広島郷土史会会報」 広島郷土史会 157 2005.8

矢壺川

三次地方の珍しい地名（5）和知（わち）/矢壺川・矢櫃・落矢橋（立畑春夫）「みよし地方史」 三次市地方史研究会 （71） 2006.12

矢野

「矢野の昔へタイムとリップ」（広島市立矢野西小学校4年）「発喜のしほり」 発喜会 109 2003.10

まほろば矢野（編集室）「発喜のしほり」 発喜会 111 2004.4

矢野の漁業「発喜のしほり」 発喜会 （116） 2005.7

「矢野ひと・まち」「発喜のしほり」 発喜会 （118） 2006.1

「矢野ひと・まち」「発喜のしほり」 発喜会 （119） 2006.4

矢野のあゆみ「発喜のしほり」 発喜会 （120） 2006.7

まほろば矢野（1）（長船布施夫）「発喜のしほり」 発喜会 （120） 2006.7

矢野探訪（ぶらり紀行の会）「発喜のしほり」 発喜会 （123） 2007.4

企画展「かもじとかつら」—矢野のかもじを知っていますか？（芸備掲示板）（広島市郷土資料館）「芸備地方研究」 芸備地方研究会 （257） 2007.10

文安四年の矢野・倉橋合戦（篠原達也）「発喜のしほり」 発喜会 （125） 2007.10

心に残る矢野 向井鶴醸造元「発喜のしほり」 発喜会 （131） 2009.4

心に残る矢野 畠山だぼこ屋「発喜のしほり」 発喜会 （132） 2009.7

矢野青年団第四分団（宮下青年団）「発喜のしほり」 発喜会 （133） 2009.10

まほろば矢野（15）「本町界隈」（長船布施夫）「発喜のしほり」 発喜会 （135） 2010.4

まほろば矢野（16）「線路」（長船布施夫）「発喜のしほり」 発喜会 （136） 2010.7

まほろば矢野（17）「草取り」（長船布施夫）「発喜のしほり」 発喜会 （137） 2010.10

戦時中に矢野に来ていた中国労務者のこと（湯木昭八郎）「発喜のしほり」 発喜会 （138） 2011.1

まほろば矢野（18）棚田（長船布施夫）「発喜のしほり」 発喜会 （138） 2011.1

まほろば矢野（19）変貌する町並み（あげ＝上げ・揚）（長船布施夫）「発喜のしほり」 発喜会 （139） 2011.4

まほろば矢野（21）手押しポンプ（長船布施夫）「発喜のしほり」 発喜会 （141） 2011.10

「矢野ひと・まち」を語る—某氏 名を棄て…碑に刻む（楠精洲）「発喜のしほり」 発喜会 （142） 2012.1

まほろば矢野（22）—小さな踏切（長船布施夫）「発喜のしほり」 発喜会 （142） 2012.1

矢野ひと・まち—木原七郎六十年法要に参列—「発喜のしほり」 発喜会 （143） 2012.4

矢野ひと・まち—駅伝に懸けた青春—「発喜のしほり」 発喜会 （143） 2012.4

まほろば矢野（23）—桜の木（長船布施夫）「発喜のしほり」 発喜会 （143） 2012.4

カキとかもじのまち・矢野（広島市安芸区）（平木久惠）「発喜のしほり」 発喜会 （144） 2012.7

まほろば矢野（24）—昔の建物の面構え（長船布施夫）「発喜のしほり」 発喜会 （144） 2012.7

矢野ひと・まち—矢野の海（木村豊視）「発喜のしほり」 発喜会 （145） 2012.10

まほろば矢野（25）—江の口川河口（大井）（長船布施夫）「発喜のしほり」 発喜会 （145） 2012.10

「まほろば矢野」（27）—蔵の窓 祇園社界隈「発喜のしほり」 発喜会 （147） 2013.4

「まほろば矢野」（30）—朝顔「発喜のしほり」 発喜会 （150） 2014.1

矢野—熊野間の乗合交通の歩み—馬車から熊野胡自動車、そして広島バスが「発喜のしほり」 発喜会 （151） 2014.4

「まほろば矢野」（31）—蕗（ふき）「発喜のしほり」 発喜会 （151） 2014.4

矢野駅

「矢野駅周辺整備を契機とした街づくり」「発喜のしほり」 発喜会 （123） 2007.4

矢野駅（長船布施夫）「発喜のしほり」 発喜会 （128） 2008.7

矢野大浜

浦風・浜風（矢野大浜のこと）（8）—新開地（編集室）「発喜のしほり」 発喜会 107 2003.4

矢野川

矢野町今昔写真手帳（3）「矢野川」を語る（楠精洲）「発喜のしほり」 発喜会 113 2004.10

矢野川下流「発喜のしほり」 発喜会 （129） 2008.10

矢野三山

矢野ひと・まち—矢野三山たんけんマップ（部分）「発喜のしほり」 発喜会 （139） 2011.4

矢野城

矢野城跡の標柱について（編集室）「発喜のしほり」 発喜会 110 2004.1

熊谷直行（蓮覚）と矢野城（編集室）「発喜のしほり」 発喜会 （125） 2007.10

中国　　　　　　　　　　　　　　地名でたどる郷土の歴史　　　　　　　　　　　　　　　広島県

矢野小学校
「矢野町文化発祥の地」矢野小学校「発喜のしほり」 発喜会 （120）
2006.7

矢野中学校
心のふるさと(11)「矢野中学校」「発喜のしほり」 発喜会 （134）
2010.1

矢野町
矢野町今昔写真手帳(1)「発喜のしほり」 発喜会 111 2004.4
矢野町今昔写真手帳(3)「矢野川」を語る(楠精洲)「発喜のしほり」
発喜会 113 2004.10
心のふるさと(写真で見る矢野町の明治・大正・昭和)「発喜のしほり」
発喜会 （122）2007.1
心のふるさと(写真で見る矢野町の明治・大正・昭和)「発喜のしほり」
発喜会 （123）2007.4
矢野町の今昔(小根森福三)「発喜のしほり」 発喜会 （124）2007.7
「目で見る矢野町史」(古代編)その後(14)―西崎箱式石棺群(編集室)
「発喜のしほり」 発喜会 （134）2010.1

矢野西
路地(矢野西五丁目)(長船布施夫)「発喜のしほり」 発喜会 （127）
2008.4

矢野東
縁側(矢野東五丁目)(長船布施夫)「発喜のしほり」 発喜会 （126）
2008.1

矢野村
広島藩の社倉法(1)～(5)―広島藩と安芸郡矢野村の関係を中心に(柴
田昌記)「発喜のしほり」 発喜会 107/111 2003.4/2004.4
官より民へ(矢野村役場)「発喜のしほり」 発喜会 （130）2009.1
矢野村絵図と小灘家いろいろ(勢良寛)「発喜のしほり」 発喜会 （145）
2012.10

矢櫃
三次地方の珍しい地名(5) 和知(わち)/矢壺川・矢櫃・落矢橋(立畑春
夫)「みよし地方史」 三次市地方史研究会 （71）2006.12

山田
三月徒歩例会報告 中世の山田を歩いた(例会報告)(杉本憲宏)「備陽史
探訪」 備陽史探訪の会 （160）2011.6

山田村
旧呉庄山田村庄屋沢原家三ツ倉 芸予地震で壊れる「広郷土史研究会
ニュース」 広郷土史研究会 （37）2001.5

山手銀山
山手銀山城測量調査報告(調査報告)「備陽史探訪」 備陽史探訪の会
（181）2014.12

山手町
進化する縄張図―山手町の銀山城を例に(田口義之)「備陽史探訪」 備陽
史探訪の会 （177）2014.4

山中郷
世羅郡山中郷の山中要害について(篠原達也)「広島県文化財ニュース」
広島県文化財協会 178 2003.8

山中野
孝行息子の心温まる伝説 山中野の出雲石(岡本雅亭)「わが町三原」 み
はら歴史と観光の会 265 2013.4

山中村
幕末の山中村の雑記(1),(2)(苅山始敏)「わが町三原」 みはら歴史と
観光の会 140/141 2002.11/2002.12

山野村
広島県深安郡山野村役場文書の引継と管理について―庄屋文書と戸長役
場文書を中心に(西村晃)「広島県立文書館紀要」 広島県立文書館
（7）2003.3
収蔵文書展「残された村の記録」から―山野村郷土保存会の記録(数野
文明)「広島県立文書館だより」 広島県立文書館 （29）2007.1
「残された村の記憶―広島県深安郡山野村役場文書―」(芸備掲示板)(広
島県立文書館)「芸備地方史研究」 芸備地方史研究会 （254）2007.2
残された村の記録―広島県深安郡山野村役場文書の保存とその背景(数
野文明)「広島県立文書館紀要」 広島県立文書館 （9）2007.3
広島県重要文化財に指定された広島県深安郡山野村役場文書(棚橋久美
子)「広島県立文書館だより」 広島県立文書館 （37）2013.3
県重要文化財に指定された「広島県深安郡山野村役場文書」(棚橋久美
子)「広島県文化財ニュース」 広島県文化財協会 （217）2013.7
収蔵文書の紹介展示 データでみる深安郡山野村の経済成長―広島県重
要文化財 山野村役場文書(芸備掲示板)(広島県立文書館)「芸備地方
史研究」 芸備地方史研究会 （288・289）2014.3

油木村
奴可郡油木村長百姓滝平宅へ盗賊侵入一件―「襖の下張」から現れた古
文書を読む(上田輝馬)「郷土」 西城町郷土史研究会 （100）2013.3

湯の山温泉
広島藩絵師岡岷山と広島市北部郊外を旅する 第一部 広島城下から湯の
山温泉(請川洋一)「郷土史紀行」 ヒューマン・レクチャー・クラブ
（59）2009.9

庸司川
庸司(ようじ)川「発喜のしほり」 発喜会 （139）2011.4

羊腸の樵路
寺屋敷からの報告(3) 道路と交通(3)「羊腸の樵路」で多くのドラマ
が(山本雅典)「発喜のしほり」 発喜会 （127）2008.4

横川
芸州横川の合戦について「かんべ」 可部郷土史研究会 91 2001.1

横尾
郷土探訪 連載「川筋を訪ねて」(2) 鶴ヶ橋と横尾界隈(種本実)「備陽史
探訪」 備陽史探訪の会 （171）2013.4

横尾町
横尾町備忘録(根岸尚克)「備陽史探訪」 備陽史探訪の会 （124）2005.6

横島
宮本常一文庫写真資料の紹介―昭和三十二年の田島・横島(高木泰伸)
「アーカイブふくやま」 福山市 （1）2010.10

余崎城
表紙写真 余崎城址(尾道市向島町立花)「月刊歴史ジャーナル」 NPO法
人尾道文化財研究所 （132）2014.12

吉浦
吉浦地域の今昔(上平正彦)「ふるさとよしうら」 吉浦郷土史研究会
46 2000.8
吉浦地区自治会史―吉浦地区としての一現代史 連合会長としてのあゆ
み(平田司)「ふるさとよしうら」 吉浦郷土史研究会 47 2001.3
吉浦地区としての一現代史 吉浦の老人クラブ(清水公男)「ふるさとよし
うら」 吉浦郷土史研究会 48 2001.7
吉浦の現代史シリーズ―吉浦体育協会の巻(三浦和郎)「ふるさとよしう
ら」 吉浦郷土史研究会 50 2003.3
表紙写真の説明―旧吉浦地区市街地図模型について(編集部)「ふるさと
よしうら」 吉浦郷土史研究会 （51）2004.8
吉浦の現代史(3)―吉浦在住の毛利氏(毛利忠)「ふるさとよしうら」 吉
浦郷土史研究会 （51）2004.8
吉浦の遊歩道(大牟秀基)「ふるさとよしうら」 吉浦郷土史研究会
（52）2005.10
呉空襲時における吉浦地区の被害と体験記 その一 戦後六十年呉空襲―
思い出のままに(小山田純子)「ふるさとよしうら」 吉浦郷土史研究
会 （52）2005.10
呉空襲時における吉浦地区の被害と体験記 その二 呉市史を補正す―吉
浦地区の被害と体験(中田文芳)「ふるさとよしうら」 吉浦郷土史研
究会 （52）2005.10
ふるさと「吉浦」の地形について―明治から平成の変遷概要(事務局)
「ふるさとよしうら」 吉浦郷土史研究会 （54）2008.4
吉浦の現代史 民生委員制度創設百周年に向けて(木村路子)「ふるさとよ
しうら」 吉浦郷土史研究会 （56）2010.5

吉浦渓谷
吉浦渓谷今昔(土手義孝)「ふるさとよしうら」 吉浦郷土史研究会
（55）2009.4

吉ヶ迫
鉄山と共に栄えた吉ヶ迫(伊勢村武司)「郷土」 西城町郷土史研究会 78
2000.10

吉川村
吉川村の慶長検地帳(浜井士郎)「ひがしひろしま郷土史研究会ニュー
ス」 東広島郷土史研究会 317 2001.1

吉地
広町石内・吉地の水論(福正伊三)「広郷土史研究会会報」 広郷土史研究
会 63 2004.8

吉田
「芸州吉田行程記」について(山田稔)「山口県文書館研究紀要」 山口県
文書館 （33）2006.3

吉田郡山城
毛利輝元と二つの城―広島築城と残された吉田郡山城(広島市文化財団
広島城，吉田町歴史民俗資料館)「広島郷土史会会報」 広島郷土史会
152 2003.12

広島県　　　　　　　　　　　　　地名でたどる郷土の歴史　　　　　　　　　　　　　　　　中国

吉田町
　安芸吉田町の史跡巡り　平成24年12月9日（日）/三次・三良坂の史跡巡り
　　平成25年3月24日（日）「広島郷土史会会報」　広島郷土史会　（175）
　　2013.5

吉原家住宅
　重要文化財吉原家住宅の修理について（春日井道彦）「広島県文化財
　　ニュース」　広島県文化財協会　182　2004.9

四日市宿
　幕末の四日市宿に関する一考察―『鶴亭日記』と『仮称四日市町並絵図』
　　を史料として（田坂次彦）「ひがしひろしま郷土史研究会ニュース」
　　東広島郷土史研究会　（387）2006.11

米満村
　中世・東西条/米満村地詰帖　大矢邦宣氏が姿見せ語る　5月例会「ひがしひ
　　ろしま郷土史研究会ニュース」　東広島郷土史研究会　（466）2013.6

頼杏坪役宅
　頼杏坪役宅（運甓居）（史跡をあるく）（玉井絵里香）「芸備地方史研究」
　　芸備地方史研究会　（284）2013.2

来源
　三次地方の珍しい地名（14）来源（らいげん）/品（しな）「みよし地方史」
　　三次市地方史研究会　（80）2009.12

理窓院
　「五龍城跡」と「理窓院」「郷土史紀行」　ヒューマン・レクチャー・クラ
　　ブ　18　2002.8

竜王山
　栗原龍王山フィールドワーク「三訪会会報」　三成学区の歴史と自然を
　　訪ねる会　（67）2014.3

竜泉寺山
　竜泉寺山が烽火山なのか「三訪会会報」　三成学区の歴史と自然を訪ね
　　る会　（57）2012.7

両熟
　三次地方の珍しい地名（6）塩町（しおまち）/両熟（りょうじゅく）「みよ
　　し地方史」　三次市地方史研究会　（72）2007.3

両備軽便鉄道
　懐かしの写真館　両備軽便鉄道　ラッキョウ汽車と奈良津トンネル（中西
　　太一）「備陽史探訪」　備陽史探訪の会　（167）2012.8

糧秣支廠
　特別展　糧秣支廠写真展「ひろしま郷土資料館だより」　広島市郷土資料
　　館　57　2000.1

廉塾
　廉塾―学習と生活（西原千代）「安田女子大学大学院文学研究科紀要.合
　　冊」　安田女子大学大学院文学研究科　10　2005.3
　廉塾の池と寮について（広島県内の文化財情報）（菅波哲郎）「広島県文化
　　財ニュース」　広島県文化財協会　（209）2011.7

六本山
　今月の各地　六本山の愛称のいわれと埋蔵金（松田治三）「わが町三原」
　　みはら歴史と観光の会　244　2011.7

和久原川
　今月の各地　和久原川の変遷（寺迫保夫）「わが町三原」　みはら歴史と観
　　光の会　231　2010.6

羽倉城
　羽倉城跡について（羽倉城主末近四郎三郎信賀公425年祭報告）（秦正
　　壽）「わが町三原」　みはら歴史と観光の会　196　2007.7

鷲尾山城
　木梨杉原氏盛衰の鷲尾山城を訪ねて（中西タイチ）「備陽史探訪」　備陽史
　　探訪の会　（172）2013.6

和知
　三次地方の珍しい地名（5）和知（わち）/矢壺川・矢櫃・落矢橋（立畑春
　　夫）「みよし地方史」　三次市地方史研究会　（71）2006.12

藁江港
　備後国藁江港の所在地（論考）（矢田貞美）「備陽史探訪」　備陽史探訪の
　　会　（179）2014.8

山口県

秋穂

鋳銭司・秋穂地区の現地探訪（児玉輝巳）「大内文化探訪 ： 会誌」 大内文化探訪会 （25） 2007.3

秋穂・秋穂二島地区の史跡探訪（現地探訪）「大内文化探訪 ： 会誌」 大内文化探訪会 （31） 2013.5

秋穂二島

秋穂・秋穂二島地区の史跡探訪（現地探訪）「大内文化探訪 ： 会誌」 大内文化探訪会 （31） 2013.5

青山城

勝山城の考察と青山城地下人一揆（井上佑）「郷土」 下関郷土会 （54） 2011.3

赤崎

赤崎騒動記（北杏）「郷土文化ながと」 長門市郷土文化研究会 （19） 2007.5

赤間

赤間硯の史料（史料紹介）（吉積久年）「山口県文書館研究紀要」 山口県文書館 （40） 2013.3

赤間関

近世後期の赤間関近辺の烽火台（井上佑）「郷土」 下関郷土会 （46） 2003.3

中世後期における赤間関の機能と大内氏（須田牧子）「ヒストリア ： journal of Osaka Historical Association」 大阪歴史学会 （189） 2004.4

赤間関街道

史跡調査 秋吉台の赤間関街道「みねぶんか」 美祢市郷土文化研究会 （39） 2008.9

史跡調査 厚保地区の赤間関街道「みねぶんか」 美祢市郷土文化研究会 （40） 2009.10

赤間関街道よもやま話（波佐間正己）「温故知新」 美東町文化研究会 （37） 2010.4

赤間神宮

春の巡見会—巌流島・春帆楼・赤間神宮・東行庵（奥村早苗）「柳井市郷談会誌」 柳井市郷談会 28 2004.3

赤村

天保二年美祢宰判赤村一揆について（石川敦彦）「山口県地方史研究」 山口県地方史学会 （98） 2007.11

阿川

阿川毛利アクスチノイ元景（小川信子）「和海藻」 下関市豊北町郷土文化研究会 （23） 2008.3

阿川のヘビダコ（蛇鮹）（柴田ツユ子，熊井清雄）「和海藻」 下関市豊北町郷土文化研究会 （23） 2008.3

阿川金山

歴史 阿川金山史（1）（熊井清雄）「和海藻」 下関市豊北町郷土文化研究会 （27） 2012.3

歴史 阿川金山史（明治以降）（2）（熊井清雄）「和海藻」 下関市豊北町郷土文化研究会 （29） 2014.3

阿川岳山

阿川岳山の人魂（熊井清雄，柴田ツユ子）「和海藻」 下関市豊北町郷土文化研究会 （22） 2007.3

秋月

秋月郷愁（冨永和信）「ふるさと山口」 山口の文化財を守る会 （28） 2007.6

秋穂浦

難船史料にみる秋穂浦（柳澤京子）「山口県地方史研究」 山口県地方史学会 （106） 2011.10

秋吉台

史跡調査 秋吉台の赤間関街道「みねぶんか」 美祢市郷土文化研究会 （39） 2008.9

史料紹介「於秋吉台諸士中稽古農兵教練御覧」（小川孝生）「秋芳町地方文化研究」 秋芳町地方文化研究会 （48） 2012.5

「於秋吉台諸士中稽古農兵教練御覧」補遺（小川孝生）「秋芳町地方文化研究」 秋芳町地方文化研究会 （49） 2013.5

秋吉台周辺の湧水について（配川武彦）「秋芳町地方文化研究」 秋芳町地方文化研究会 （49） 2013.5

秋吉台入会地火入れと山焼き（小川孝生）「秋芳町地方文化研究」 秋芳町地方文化研究会 （50） 2014.5

秋吉台周辺の河川の氾濫とカルスト凹地の一時湖および台上の宙水型湧水について（配川武彦）「秋芳町地方文化研究」 秋芳町地方文化研究会 （50） 2014.5

秋吉台サファリーランド

秋吉台サファリーランド—美東町観光の中核を担って30年（特集 美東町54年のあゆみ）（作間重彦）「温故知新」 美東町文化研究会 （35） 2008.5

秋吉台鍾乳洞

秋吉台鍾乳洞と雨乞（研究）（藏本隆博）「山口県地方史研究」 山口県地方史学会 （109） 2013.6

秋芳洞

E.ガントレット教授の秋芳洞に関する知見について（山本弘秋）「温故知新」 美東町文化研究会 （33） 2006.4

仮説・秋芳洞は七十万歳（藤井厚志）「秋芳町地方文化研究」 秋芳町地方文化研究会 （44） 2008.5

特集 秋芳洞開洞百周年記念写真集（美祢市観光部）「秋芳町地方文化研究」 秋芳町地方文化研究会 （46） 2010.5

瀧穴（秋芳洞）及び洞内名勝の名称について（木島忠興）「秋芳町地方文化研究」 秋芳町地方文化研究会 （46） 2010.5

最近の秋芳洞研究から（車本正）「秋芳町地方文化研究」 秋芳町地方文化研究会 （46） 2010.5

明木

天保二年当島宰判明木一揆について（石川敦彦）「山口県地方史研究」 山口県地方史学会 （89） 2003.6

厚狭

『厚狭毛利史料』刊行のあゆみ（県内における史料集刊行活動について）（小川孝生）「山口県地方史研究」 山口県地方史学会 （97） 2007.6

阿知須町

阿知須の居蔵造—阿知須町伝統的建造物群保存対策調査報告書（阿知須町教育委員会）「山口県文化財」 山口県文化財愛護協会 34 2003.8

厚保

史跡調査 厚保地区の赤間関街道「みねぶんか」 美祢市郷土文化研究会 （40） 2009.10

阿月

浦靫負の阿月—「浦日記」の記述から（上田純子）「柳井市郷談会誌」 柳井市郷談会 （33） 2009.3

阿東

探訪部現地探訪資料 周防大島町西部の史跡を訪ねる/豊前国京都・築上地方の史跡を訪ねる/山口市大内地区の史跡を訪ねる/阿東・石西の史跡を訪ねる（児玉輝巳）「大内文化探訪 ： 会誌」 大内文化探訪会 （27） 2009.6

阿東・石西の史跡を訪ねて（森美晴）「大内文化探訪 ： 会誌」 大内文化探訪会 （27） 2009.6

市内探訪 阿東地域内（各所）（平成二十五年度文化財現地探訪報告）（熊野汎美）「ふるさと山口」 山口の文化財を守る会 （35） 2014.6

阿弥陀寺町

寺の名の付いた町名（6）阿弥陀寺町（地名随想）（清水弘）「都藝泥布 ： 京都地名研究会会報」「京都地名研究会事務局」 （45） 2013.11

綾木

写真で見る綾木の歴史（野村斉）「温故知新」 美東町文化研究会 （35） 2008.5

綾木酪農の歴史（野村斉）「温故知新」 美東町文化研究会 （35） 2008.5

有近家住宅

文化財ニュース 「有近家住宅（徳地八坂）」が国の文化財指定に！「山口市史編さんだより」 山口市総合政策部 （20） 2013.2

表紙写真 有近家住宅（国指定・重要文化財）「ふるさと山口」 山口の文化財を守る会 （34） 2013.6

粟野

鉄道開通ごろの粟野（金重浩汲）「和海藻」 下関市豊北町郷土文化研究会 （19） 2003.12

山口県

粟野橋
粟野橋付近の石碑（金重浩波）「和海藻」 下関市豊北町郷土文化研究会 （22） 2007.3

阿波屋
周防上関阿波屋客船帳の研究—幕末・維新期の瀬戸内交易について（森野恵, 佐竹昭）「日本研究」 日本研究研究会 （17） 2004.2

安高
安高の塩浜（星出勝美）「ふるさと」 橘郷土会 （35） 2013.2

安下庄小学校
一枚の写真（安下庄小学校正面玄関）「ふるさと」 橘郷土会 （33） 2011.2

伊上小学校
伊上小学校の閉校に想う—131年の歴史の断片（森本和幸）「油谷のささやき」 油谷町郷土文化会 （28） 2010.4

池ノ浦
源平合戦 壇ノ浦の前哨戦幻の古戦場「周防池ノ浦合戦」「郷土史紀行」 ヒューマン・レクチャー・クラブ 35 2005.9

伊佐
伊佐の市町について（土屋貞夫）「みねぶんか」 美祢市郷土文化研究会 35 2004.9
土屋さんと伊佐売薬（池田実）「みねぶんか」 美祢市郷土文化研究会 （37） 2006.9
伊佐の市町の形成と行事について（土屋貞夫）「みねぶんか」 美祢市郷土文化研究会 （41） 2010.10

一ノ瀬
一ノ瀬懐古の碑（中野良彦）「郷土文化ながと」 長門市郷土文化研究会 （16） 2004.5

伊藤博文邸
旧伊藤博文邸の保存修理工事（大和町教育委員会）「山口県文化財」 山口県文化財愛護協会 35 2004.8

西表
エコツーリズムの島—西表（山本千鶴子）「油谷のささやき」 油谷町郷土文化会 （22） 2004.3

祝島
瀬戸の島紀行 周防灘のハートランド・祝島「郷土史紀行」 ヒューマン・レクチャー・クラブ （43） 2007.7
島からのことづて（4）原発なしで暮らしたい—瀬戸内海・祝島の人々（安渓遊地, 安渓貴子）「東北学」［第2期］ 東北芸術工科大学東北文化研究センター, 柏書房（発売）（28） 2011.8
わたしの写真紀行 上関原発と祝島 山口県熊毛郡上関町祝島「北のむらから」 能代文化出版社 （295） 2012.2

岩ヶ下
旧秋吉村岩ヶ下集落の今昔（古永忠夫）「秋芳町地方文化研究」 秋芳町地方文化研究会 （39） 2003.6

石城山
石城山神籠石再考（米田仁）「山口県地方史研究」 山口県地方史学会 （89） 2003.6
歴史探訪道中記 古代の謎を秘めた石城山（米田仁）「郷土史紀行」 ヒューマン・レクチャー・クラブ 24 2003.11
石城山の愛称・西の高野山（谷千寿子）「光地方史研究」 光地方史研究会 （32） 2006.3
石城山の神籠石を再考する（松島幸夫）「柳井市郷談会誌」 柳井市郷談会 （37） 2013.3

石城山神籠石
国指定史跡「石城山神籠石」保存修理事業と「第一回神籠石サミット」（光市教育委員会）「山口県文化財」 山口県文化財愛護協会 38 2007.8
千古の亀を秘める石城山神籠石（松岡宣夫）「光地方史研究」 光地方史研究会 （34） 2008.3
石城山神籠石（岡村俊介）「光地方史研究」 光地方史研究会 （35） 2009.3
史跡石城山神籠石保存管理計画策定事業（文化財トピックス）（河原剛）「山口県文化財」 山口県文化財愛護協会 42 2011.8

岩国
文献紹介『岩国案内記』（藤重豊）「岩国地方史研究」 岩国地方史研究会 1 2004.10
史料紹介『岩国むらつくし』（藤重豊）「岩国地方史研究」 岩国地方史研究会 1 2004.10
岩国と吉川氏（研究発表）［前］,（後）（豊田絃郷）「松ヶ崎 ： 松崎歴史同好会誌」 松崎歴史同好会 （13）/（14） 2006.5/2007.3
城下町散歩 城下町岩国「郷土史紀行」 ヒューマン・レクチャー・クラブ（47） 2007.11

岩国市
岩国市西部の史跡を訪ねて（吉松達生）「大内文化探訪 ： 会誌」 大内文化探訪会 （25） 2007.3

岩国城
萩城・串崎城・岩国城（天守台）の構築技術について（縄田弘志）「山口県地方史研究」 山口県地方史学会 （93） 2005.6
天守の聳えたつ近世の名城 広島城/福山城/岡山城/備中松山城/岩国城/伊予松山城/今治城/丸亀城「郷土史紀行」 ヒューマン・レクチャー・クラブ 36 2005.11
岩国城下町—岩国市岩国地区伝統的建造物群保存対策調査報告書（岩国市教育委員会）「山口県文化財」 山口県文化財愛護協会 38 2007.8

岩国中学校
岩国中学校同窓会誌に憶う（沖原宗雄）「柳井市郷談会誌」 柳井市郷談会 （32） 2008.3

岩国電車
藤岡市助と岩国電車（有馬康之）「西日本文化」 西日本文化協会 通号 423 2006.10

岩国藩
岩国藩の茶事と千家裏流（藤重豊）「岩国地方史研究」 岩国地方史研究会 1 2004.10

岩国山
周防なる岩国山（田村隆）「山口県地方史研究」 山口県地方史学会 （106） 2011.10

魚ヶ辺
写真 浅江魚ヶ辺の道造りに関係があると思われる役行者「光地方史研究」 光地方史研究会 （38） 2012.3

うぐいの里
うぐいの里（1）風土注進案にみられる地家室（濱崎英次）「地家室だより」 吉田繁行 （83） 2008.11
うぐいの里（2）承前（濱崎英次）「地家室だより」 吉田繁行 （84） 2009.3
うぐいの里（3）承前「地家室だより」 吉田繁行 （85） 2009.7

宇佐村
近世宇佐村の方位表現（研究）（西尾良司）「山口県地方史研究」 山口県地方史学会 （109） 2013.6

牛島
牛島打瀬船物語—朝鮮半島沿岸に雄飛した牛島漁民（藤井耿介）「西日本文化」 西日本文化協会 362 2000.6

宇部
今昔 宇部のいけばな（岡田銀二郎）「宇部地方史研究」 宇部地方史研究会 （30） 2003.3
宇部工業都市化の原点（日野綏彦）「宇部地方史研究」 宇部地方史研究会 （30） 2003.3
戦後鉱工業の復興と労働運動の転換—傾斜生産方式下の山口県宇部地区を事例として（船越豊）「山口県地方史研究」 山口県 （12） 2004.3
《写真で見る大正期の宇部》「宇部地方史研究」 宇部地方史研究会 （31・32） 2004.6
市制施行/宇部の市街地/炭鉱の大型化/工場・企業の整備、鉄道の開通/学校の開設/その他/付 大正9年「宇部村勢要覧」「宇部地方史研究」 宇部地方史研究会 （31・32） 2004.6
宇部の景観（岡田銀二郎）「宇部地方史研究」 宇部地方史研究会 （33） 2005.5
宇部およびその周辺地区の闘鶏楽について（新造文紀）「くすのき文化」 楠町文化協会 （57・58） 2006.7
「宇部方式」のルーツについて—炭鉱の鉱害賠償に見る（浅野正策）「宇部地方史研究」 宇部地方史研究会 （34） 2006.12
山田亀之介翁「宇部郷土史話」掲載に当たって（脇和也）「宇部地方史研究」 宇部地方史研究会 （34） 2006.12
宇部郷土史話（山田亀之介）「宇部地方史研究」 宇部地方史研究会 （34） 2006.12
写真で見るふるさとの歴史と文化（田邊満彦）「宇部地方史研究」 宇部地方史研究会 （35） 2007.6
宇部郷土史話（山田亀之介）「宇部地方史研究」 宇部地方史研究会 （35） 2007.6
宇部郷土史話（山田亀之介）「宇部地方史研究」 宇部地方史研究会 （36） 2008.11
渡辺祐策の経営理念による宇部の都市形成（特集「渡辺翁記念会館」の思い出）（田中伸）「宇部地方史研究」 宇部地方史研究会 （37・38） 2010.6
卒寿の宇部（特集 明治と宇部）（堀雅昭）「宇部地方史研究」 宇部地方史

研究会　(39)　2011.7
宇部の彫刻運動の深層(堀雅昭)「宇部地方史研究」　宇部地方史研究会
　(40)　2012.6
シンポジウム「先人の遺業 宇部の精神 渡部祐策からバトン―幕末から
そして現代へ―」概要報告「宇部地方史研究」　宇部地方史研究会
　(40)　2012.6
文化探訪 三田尻・宇部を訪ねて(尼崎桂子)「ふるさと」　橘郷土会
　(35)　2013.2
石造物からみる宇部の歴史(内田鉄平)「宇部地方史研究」　宇部地方史研
究会　(41)　2013.9
宇部の維新史と炭鉱コミューン(堀雅昭)「宇部地方史研究」　宇部地方史
研究会　(41)　2013.9

宇部駅
宇部駅の一世紀 駅前の話あれこれ(江本主幹)「厚南」　厚南郷土史研究
会　(8)　2011.3

宇部競馬場
宇部競馬場の思い出(合併70周年記念特集―合併後の厚南に生きて)(網
文通)「厚南」　厚南郷土史研究会　(9)　2012.3

宇部軽便鉄道
宇部軽便鉄道(株)宇部―宇部新川間開通一〇〇年(浅上健彦)「厚南」
厚南郷土史研究会　(11)　2014.3

宇部興産大橋
宇部興産道路と宇部興産大橋建設の思い出(特集 明治と宇部)(住居孝
紀)「宇部地方史研究」　宇部地方史研究会　(39)　2011.7

宇部興産道路
宇部興産道路と宇部興産大橋建設の思い出(特集 明治と宇部)(住居孝
紀)「宇部地方史研究」　宇部地方史研究会　(39)　2011.7

宇部市
近世における宇部市域の灌漑敷設について―天保期から安政期の堤を
中心に(中村禎司)「宇部地方史研究」　宇部地方史研究会　(28・29)
2002.3
宇部市の空襲(井上実智夫)「宇部地方史研究」　宇部地方史研究会
　(33)　2005.5
宇部市の「六地蔵」について(新造文紀)「くすのき文化」　楠町文化協会
　(60)　2008.3
宇部市東部の史跡を訪ねる(探訪部現地探訪資料)(児玉輝巳)「大内文化
探訪 ： 会誌」　大内文化探訪会　(28)　2010.6
厚南が宇部市になって70年 合併当時のことを考察(合併70周年記念特
集)(大窪静美)「厚南」　厚南郷土史研究会　(9)　2012.3
宇部市と厚南発展の跡を探る(合併70周年記念特集)(松村通男)「厚南」
厚南郷土史研究会　(9)　2012.3

宇部石炭鉱業
昭和戦前期における宇部石炭鉱業の生産、市場、資本蓄積に関する一考
察(三浦壮)「宇部地方史研究」　宇部地方史研究会　(42)　2014.7

宇部炭鉱
宇部炭鉱米騒動の展開過程の考察―鉱夫等のダイナマイト・日本刀携帯
を疑う(論文)(西岡清美)「山口県史研究」　山口県　(22)　2014.3

宇部炭田
特別寄稿 宇部炭田における特殊技法と経営の在り方等に関する紹介(1)
(浅野正策)「常磐炭田史研究」　常磐炭田史研究会　(8)　2011.11

宇部の炭田
"朝鮮人強制連行の跡をたどる"「下関」および「宇部の炭田(長生炭
鉱)」のフィールドワーク(特集 韓国併合100年を機に考える)(内岡
貞雄)「リベラシオン ： 人権研究ふくおか」　福岡県人権研究所
　(140)　2010.12

上関
潮風に悠久のときを感じて 朝鮮通信使と水軍と奇兵隊 上関(山口県)編
「郷土史紀行」　ヒューマン・レクチャー・クラブ　6　2000.8
上関での朝鮮通信使(安田和幸)「柳井市郷談会誌」　柳井市郷談会　29
2005.3
古文書の中の上関朝鮮通信使(井上美登里)「柳井市郷談会誌」　柳井市郷
談会　(31)　2007.3
近世後期萩藩上関地域の頼母子に関する基礎的考察(下向井紀彦)「史学
研究」　広島史学研究会　(273)　2011.10
史料紹介 上関記録(上)を読む(松永恵子)「徳山地方郷土史研究」　徳山
地方郷土史研究会　(34)　2013.3

雲谷庵
雲谷庵考(先村栄二)「大内文化探訪 ： 会誌」　大内文化探訪会　(24)
2006.3
転載(蒙談12号より)(1) 山口市指定史跡「雲谷庵」再建功労者の一人
初代山口町長松田敏樹の事績(小倉直方)「大内文化探訪 ： 会誌」　大

内文化探訪　(24)　2006.3
雲谷庵保存の努力(蒙談12号転載その2)(雪舟特集)(小倉直方)「大内文
化探訪 ： 会誌」　大内文化探訪会　(25)　2007.3
雲谷庵雑考(2) その所在と命名の由来(雪舟特集)(先村榮二)「大内文
化探訪 ： 会誌」　大内文化探訪会　(25)　2007.3
雲谷庵保存の努力(蒙談転載その3)(小倉直方)「大内文化探訪 ： 会誌」
大内文化探訪会　(26)　2008.4

永源山公園
陶晴賢の居城若山城と永源山公園「郷土史紀行」　ヒューマン・レク
チャー・クラブ　23　2003.6

絵堂
大田・絵堂戦を詠む(重枝敏太郎)「温故知新」　美東町文化研究会
　(30)　2003.5
文化講演会 林勇蔵と大田・絵堂戦争(広田暢久)「佐波の里 ： 防府史談
会会誌」　防府史談会　(32)　2004.3
大田・絵堂戦と林勇蔵(作間重彦)「温故知新」　美東町文化研究会
　(31)　2004.4
検証 大田・絵堂戦の記録と逸話[1]、(続)(池田善文)「温故知新」　美東
町文化研究会　(37)/(39)　2010.4/2012.4
大田絵堂戦の前哨戦(土屋貞夫)「みねぶんか」　美祢市郷土文化研究会
　(42)　2012.1
大田絵堂戦の舞台裏(土屋貞夫)「温故知新」　美東町文化研究会　(40)
2013.6

江原
蛇と蛙をめぐって 別府江原の「もりさま」から(蔵本隆博)「秋芳町地方
文化研究」　秋芳町地方文化研究会　(43)　2007.4

恵美須ヶ鼻造船所
恵美須ヶ鼻造船所跡(新指定・登録・追加認定の文化財―国指定 史跡)
「山口県文化財」　山口県文化財愛護協会　45　2014.8

逢坂村
現代語訳(抄)舟木宰判防長風土注進案(8) 逢坂村(古谷彰敏)「くすの
き文化」　楠町文化協会　(57・58)　2006.7

王子道路
王子道路記念碑と時局匡救事業(中尾茂樹)「宇部地方史研究」　宇部地方
史研究会　(34)　2006.12

青海島
新日本名勝俳句「青海島」をよむ(中野良彦)「郷土文化ながと」　長門市
郷土文化研究会　(17)　2005.5
青海島観光遊船ガイドの先駆け(中谷貞女)「郷土文化ながと」　長門市郷土
文化研究会　(23)　2011.5
みすゞの心の故郷 青海島(藤井文則)「郷土文化ながと」　長門市郷土
文化研究会　(23)　2011.5
ふるさとのうた 青海島/川尻岬「郷土文化ながと」　長門市郷土文化研究
会　(23)　2011.5
大内義隆の遭難と長門(青海島)(話のひろば)(野村時信)「大内文化探
訪 ： 会誌」　大内文化探訪会　(32)　2014.5

青海島鯨墓
英訳説明版・青海島鯨墓「郷土文化ながと」　長門市郷土文化研究会
　(15)　2003.5

大内
大内グループの活動概況(山本浩)「大内文化探訪 ： 会誌」　大内文化探
訪会　19　2001.2
座談会 大内文化探訪会・二十年の歩み(河野正夫)「大内文化探訪 ： 会
誌」　大内文化探訪会　20　2002.2
大内文化と外郎(福田百合子)「大内文化探訪 ： 会誌」　大内文化探訪会
　(21)　2003.4
戦国時代の大内氏(1)、(2)(山本一成)「大内文化探訪 ： 会誌」　大内文
化探訪会　(21)/(22)　2003.4/2004.3
大内氏壁書を読む会(山本十一)「大内文化探訪 ： 会誌」　大内文化探訪
会　(21)　2003.4
大内地区研究グループの活動概要(山本浩)「大内文化探訪 ： 会誌」　大
内文化探訪会　(21)　2003.4
大内文化専門部会大内文化を網羅的に(國守進)「山口市史編さんだよ
り」　山口市総合政策課　(1)　2003.8
中世後期における大内氏の直轄領(三村講介)「九州史学」　九州史学研究
会　(136)　2003.9
大内時代にタイムスリップ 「大内文化探訪会」(サポランテ)「大内文化
探訪 ： 会誌」　大内文化探訪会　(22)　2004.3
大内哀史に異変(戸村豊)「郷土文化ながと」　長門市郷土文化研究会
　(17)　2005.5
探訪部現地探訪資料 周防大島町西部の史跡を訪ねる/豊前国京都・築上
地方の史跡を訪ねる/山口市大内地区の史跡を訪ねる/阿東・石西の史

跡を訪ねる（児玉輝巳）「大内文化探訪 ： 会誌」 大内文化探訪会 （27） 2009.6

山口市大内地区の史跡を訪ねて（吉松達生）「大内文化探訪 ： 会誌」 大内文化探訪会 （27） 2009.6

会員歴史探訪 山口大内文化を訪ねて（宮田充子）「郷土文化ながと」 長門市郷土文化研究会 （23） 2011.5

三浦氏と大内文化（公開歴史講座）（清水玄栄）「大内文化探訪 ： 会誌」 大内文化探訪会 （31） 2013.5

大内氏舘庭園

最近の城郭ニュースから 龍野城に模擬天守/大内氏舘庭園の整備/三原城から玉縁石列出土「城郭だより ： 日本城郭史学会会報」 ［日本城郭史学会］ （76） 2012.1

大島口

四境の役大島口戦役における一考察—開戦日について（芥川昭寿）「山口県地方史研究」 山口県地方史学会 （93） 2005.6

幕長戦争大島口戦の展開過程（三宅紹宣）「山口県地方史研究」 山口県地方史学会 （94） 2005.11

大島郡

第二奇兵隊大島郡出陣中日記（口語訳）（石永雅）「柳井市郷談会誌」 柳井市郷談会 28 2004.3

大津

大津の海—海の路と大寧寺（岩田老師講演要旨）（安部言思）「郷土文化ながと」 長門市郷土文化研究会 （21） 2009.5

大津島

瀬戸の島紀行 太平洋戦争、負の遺産・回天（周南市大津島）「郷土史紀行」 ヒューマン・レクチャー・クラブ （45） 2007.9

防衛省資料にみる『大津島回天基地の震洋』（田中賢一）「徳山地方郷土史研究」 徳山地方郷土史研究会 （31） 2013.5

大田

近郷の古文書に接して「長門国美祢郡大田邦（村）風土記草稿を読む」（吉永保義）「温故知新」 美東町文化研究会 29 2002.4

大田・絵堂戦を詠む（重枝敏太郎）「温故知新」 美東町文化研究会 （30） 2003.5

文化講演会 林勇蔵と大田・絵堂戦争（広田暢久）「佐波の里 ： 防府史談会会誌」 防府史談会 （32） 2004.3

大田・絵堂戦と林勇蔵（作間重彦）「温故知新」 美東町文化研究会 （31） 2004.4

検証 大田・絵堂戦の記録と逸話［1］,（続）（池田善文）「温故知新」 美東町文化研究会 （37）/（39） 2010.4/2012.4

大田絵堂戦の前哨戦（土屋貞夫）「みねぶんか」 美祢市郷土文化研究会 （42） 2012.1

大田絵堂戦の舞台裏（土屋貞夫）「温故知新」 美東町文化研究会 （40） 2013.6

大田「中原家文書」について（小川孝生）「温故知新」 美東町文化研究会 （41） 2014.6

大田川

大田川河川改修と橋梁について（特集 美東町54年のあゆみ）（岩本三芳）「温故知新」 美東町文化研究会 （35） 2008.5

大田村

大田村の思い出—病床の記（藤井利治）「温故知新」 美東町文化研究会 （38） 2011.6

大津中学校

大津中学校時代〜海軍工廠動員の追憶（〈戦後60年に寄せて—特集（戦中戦後）〉）（鷲津悟）「和海藻」 下関市豊北町郷土文化研究会 （21） 2006.1

大垰

明治維新への道大垰の関門について（吉永保義）「温故知新」 美東町文化研究会 （32） 2005.4

ふるさと大垰歳時記（村田忠）「郷土文化ながと」 長門市郷土文化研究会 （21） 2009.5

大野毛利家上屋敷

大野毛利家上屋敷地隅矢倉の機能について（樋口尚樹）「萩市郷土博物館研究報告」 萩市郷土博物館 13 2003.3

大嶺

美祢郡大嶺村上領耕地整理組合について（小田俊雄）「みねぶんか」 美祢市郷土文化研究会 （39） 2008.9

奥津借島

「奥津借島」の論（上）,（下）（室田浩然）「郷土」 下関郷土会 （46）/（47） 2003.3/2004.3

沖ノ旦

幕末沖ノ旦の軍役人数/お知らせ/会誌会計決算報告「厚南」 厚南郷土史研究会 （8） 2011.3

際流沖開作と沖ノ旦開作の境目（白石重人）「厚南」 厚南郷土史研究会 （9） 2012.3

その日沖ノ旦では（厚南大風水害70周年特集—周防灘台風の思い出）（白石重人）「厚南」 厚南郷土史研究会 （10） 2013.3

小郡

市内探訪 小郡東部（平成19年度文化財現地探訪報告）（山本満寿美）「ふるさと山口」 山口の文化財を守る会 （29） 2008.6

歴史講座 戦国時代の防府・山口・小郡（柴原直樹）「佐波の里 ： 防府史談会誌」 防府史談会 （38） 2010.3

市内探訪 小郡地区（平成22年度文化財現地探訪報告）（塩見興一郎）「ふるさと山口」 山口の文化財を守る会 （32） 2011.6

奥畑

田耕・奥畑物語（1）,（2）（内村鐵雄）「和海藻」 下関市豊北町郷土文化研究会 （25）/（26） 2010.3/2011.03

田耕村奥畑毛利家山林購入の経緯（阿部和正）「和海藻」 下関市豊北町郷土文化研究会 （26） 2011.3

奥畑銅山

歴史 奥畑銅山（児玉光生）「和海藻」 下関市豊北町郷土文化研究会 （27） 2012.3

小郡宿

林家文書の小郡宿史料群—宰判大庄屋と山陽道宿場の運営（中野美智子）「やまぐち学の構築」 山口大学研究推進体「やまぐち学」推進プロジェクト （8） 2012.3

大島

大島方言かるたへの道（宮城信）「ふるさと」 橘郷土会 （33） 2011.2

続・大島方言かるたへの道（宮城信）「ふるさと」 橘郷土会 （35） 2013.2

大島に省営バスが来た！（金本武真）「ふるさと」 橘郷土会 （35） 2013.2

音信川河川公園

近松道路公園と音信川河川公園の建設（藤井文則）「郷土文化ながと」 長門市郷土文化研究会 （18） 2006.5

小野

小野に伝わる和紙—生活を支える農家の副業（中嶋三郎）「温故知新」 美東町文化研究会 （34） 2007.4

歴遊余話 古代語から見た小野の地名（藤井惇）「松ヶ崎 ： 松崎歴史同好会誌」 松崎歴史同好会 （17） 2010.3

小野田

丸河内が小野田へ（合併70周年記念特集）（溝渕義雄）「厚南」 厚南郷土史研究会 （9） 2012.3

小野田セメント徳利窯

小野田セメント徳利窯の補修保存対策（台信富寿）「山口県文化財」 山口県文化財愛護協会 34 2003.8

わが町の史跡 小野田セメント徳利窯（山陽小野田市）「郷土史紀行」 ヒューマン・レクチャー・クラブ （52） 2008.5

温田

温田のかぶと（西村修一）「徳山地方郷土史研究」 徳山地方郷土史研究会 （27） 2006.3

温野

周南市温野地区史跡を訪ねて（植村順久）「宇部地方史研究」 宇部地方史研究会 （33） 2005.5

海軍工廠

大津中学校時代〜海軍工廠動員の追憶（〈戦後60年に寄せて—特集（戦中戦後）〉）（鷲津悟）「和海藻」 下関市豊北町郷土文化研究会 （21） 2006.1

回天訓練基地

魚雷発射試験場の構築—回天訓練基地の前身（小川宣）「徳山地方郷土史研究」 徳山地方郷土史研究会 （27） 2006.3

角島

春の巡見記 土井ヶ浜人類学ミュージアム・角島・くすの森・功山寺（河本正則）「柳井市郷談会誌」 柳井市郷談会 27 2003.3

百済王角島漂着の史的考証と小倉・瑞王山西顕寺（熊井清雄）「和海藻」 下関市豊北町郷土文化研究会 （24） 2009.4

『角島』の『天平十八年三月十九日』（室田浩然）「和海藻」 下関市豊北町郷土文化研究会 （26） 2011.3

景清洞

歴史よもやまばなし 以前は長生き洞と呼ばれていた景清洞（宮原英一）

「温故知新」 美東町文化研究会 (32) 2005.4

笠戸島
伊能忠敬笠戸島測量とその方法について (三井寛静)「下松地方史研究」 下松地方史研究会 41 2004.12

笠戸島 (本浦地区を主体として) 郷土史について (武居謹一)「下松地方史研究」 下松地方史研究会 (43) 2006.12

勝山城
勝山城の考察と青山城地下人一揆 (井上佑)「郷土」 下関郷土会 (54) 2011.3

桂木山
盗まれた桂木山祈願の輝き 崩れるか大内氏始祖系図 (斎藤順)「下松地方史研究」 下松地方史研究会 (50) 2014.4

鹿野
中世から歴史の香る町「鹿野」を訪ねて (森山幸子)「徳山地方郷土史研究」 徳山地方郷土史研究会 25 2004.3

賀保荘
周防国賀保荘における名主座について (薗部寿樹)「米沢史学」 米沢史学会 (山形県立米沢女子短期大学日本史学科内) (23) 2007.10

釜屋
口絵 近代化遺産としての釜屋の煙突 (重枝慎三)「佐波の里 : 防府史談会会誌」 防府史談会 (34) 2006.3

上太田
田耕上太田の古狐 (柴田ツユ子, 熊井清雄)「和海藻」 下関市豊北町郷土文化研究会 (24) 2009.4

上島田
上・中島田の歴史探訪を終えて (隅田芳直)「光地方史研究」 光地方史研究会 (38) 2012.3

上の関
朝鮮通信使が寄港した上の関 (安田和幸)「柳井市郷談会誌」 柳井市郷談会 (37) 2013.3

神原
「神原の歴史」―史跡標注から見る (鈴永英二)「宇部地方史研究」 宇部地方史研究会 (34) 2006.12

通浦
慶安元年 瀬戸崎・通浦の仙崎湾境界争いの裁定絵図 (萩原茂生)「郷土文化ながと」 長門市郷土文化研究会 (26) 2014.5

唐樋札場
国指定 史跡 萩往還 (追加指定)唐樋札場跡/登録有形文化財 日清講和記念館 (新指定・登録の文化財)「山口県文化財」 山口県文化財愛護協会 42 2011.8

川尻岬
ふるさとのうた 青海島/川尻岬「郷土文化ながと」 長門市郷土文化研究会 (23) 2011.5

川棚温泉
表紙「水辺藤彩」 山口県 川棚温泉 渡邊壽雄氏 (本会理事) 撮影「ふるさとの自然と歴史」 歴史と自然をまもる会 (358) 2014.5

河原国民学校
河原国民学校私史 (田村貞雄)「徳山地方郷土史研究」 徳山地方郷土史研究会 (29) 2008.3

河原小学校
回想 河原小学校と徳山海軍燃料廠 (藤井健三)「徳山地方郷土史研究」 徳山地方郷土史研究会 (29) 2008.3

河原小学校と徳山海軍燃料廠 (2) (藤井健三)「徳山地方郷土史研究」 徳山地方郷土史研究会 (30) 2009.3

観察院五輪塔
県指定 有形文化財 (建造物) 観察院五輪塔・付自然石板碑/有形文化財 (建造物) 旧吉川家岩国事務所/市町新指定文化財一覧 (平成23年度)/国および県指定文化財等件数一覧 (新指定・登録の文化財)「山口県文化財」 山口県文化財愛護協会 43 2012.8

勘場屋敷
公開歴史講座 勘場屋敷と楊井三之丞 (公開歴史講座ほか) (野村時信)「大内文化探訪 : 会誌」 大内文化探訪会 (30) 2012.5

観音山
表紙写真 観音山より厚南平野と竜王山を望む (佐藤輝好会員撮影)「厚南」 厚南郷土研究会 (10) 2013.3

関門
関門地域の国際 (インバウンド) 観光振興―中国「関門地域研究」 関門地域共同研究会 14 2005.3

関門鯨産業文化史 (岸本允弘)「西日本文化」 西日本文化協会 通号438 2009.4

幕末期通行規制としての関門 (井上佑)「郷土」 下関郷土会 (57) 2014.3

関門海峡
関門海峡を取り巻く古代豪族 (史論) (山中和恵)「からいどすこーぷ」 歴史学同好会 (10) 2008.1

北九州今と昔 関門海峡 巌流島「北九州市の文化財を守る会会報」 北九州市の文化財を守る会 (137) 2012.8

関門地域
〈関門地域・韓国間の経済・産業協力に関する研究〉「関門地域研究」 関門地域共同研究会 12 2003.3

〈関門地域の中小企業金融に関する研究〉「関門地域研究」 関門地域共同研究会 12 2003.3

関門地域のベンチャー企業創出・育成に向けた調査研究「関門地域研究」 関門地域共同研究会 14 2005.3

関門電子債権・電子手形ネットワークの構築 (《関門地域連携のあり方に関する調査研究―中間報告「ソーシャル・キャピタル」の視点から》―〈関門地域連携の現状と課題〉) (溝渕彰)「関門地域研究」 関門地域共同研究会 15 2006.3

関門地域における廃棄物処理システムと地域間連携の課題 (《関門地域連携のあり方に関する調査研究―中間報告「ソーシャル・キャピタル」の視点から》―〈関門地域連携の現状と課題〉) (松永裕己)「関門地域研究」 関門地域共同研究会 15 2006.3

地域連携に関する一考察 (1) 主として山口県および関門地域を事例として (《関門地域連携のあり方に関する調査研究―中間報告「ソーシャル・キャピタル」の視点から》―〈関門地域連携の現状と課題〉) (吉津直樹)「関門地域研究」 関門地域共同研究会 15 2006.3

まちづくりと関門地域連携―住民アンケート結果報告 (《関門地域連携のあり方に関する調査研究―中間報告「ソーシャル・キャピタル」の視点から》―〈まちづくりと関門地域連携〉) (加来和典, 須藤廣, 児玉弥生, 石塚優)「関門地域研究」 関門地域共同研究会 15 2006.3

関門地域における「ソーシャル・キャピタル」―今期テーマの意義と残された課題 (《資源としてのソーシャル・キャピタル研究》) (道盛誠一)「関門地域研究」 関門地域共同研究会 16 2007.3

地域というソーシャル・キャピタルの現状と課題 (《資源としてのソーシャル・キャピタル研究》―〈第1部 関門地域の住民が保有するソーシャル・キャピタルに光をあてる〉) (石塚優)「関門地域研究」 関門地域共同研究会 16 2007.3

社会関係と相互扶助 (《資源としてのソーシャル・キャピタル研究》―〈第1部 関門地域の住民が保有するソーシャル・キャピタルに光をあてる〉) (加来和典)「関門地域研究」 関門地域共同研究会 16 2007.3

東アジア経済交流推進機構と関門地域―国際物流拠点とネットワーク形成のための連携 (《資源としてのソーシャル・キャピタル研究》―〈第2部 関門地域におけるソーシャル・キャピタル涵養の構造に光をあてる〉) (高嶋正晴)「関門地域研究」 関門地域共同研究会 16 2007.3

コミュニティにおける資源回収の新たなシステムづくりについて (《資源としてのソーシャル・キャピタル研究》―〈第2部 関門地域におけるソーシャル・キャピタル涵養の構造に光をあてる〉) (松永裕己)「関門地域研究」 関門地域共同研究会 16 2007.3

電子登録債券と関門地域における中小企業金融 (《資源としてのソーシャル・キャピタル研究》―〈第2部 関門地域におけるソーシャル・キャピタル涵養の構造に光をあてる〉) (溝渕彰)「関門地域研究」 関門地域共同研究会 16 2007.3

関門地域における連携に関する一考察 (《資源としてのソーシャル・キャピタル研究》―〈第2部 関門地域におけるソーシャル・キャピタル涵養の構造に光をあてる〉) (吉津直樹)「関門地域研究」 関門地域共同研究会 16 2007.3

地域の観光化に対する住民の意識 (《資源としてのソーシャル・キャピタル研究》―〈第2部 関門地域におけるソーシャル・キャピタル涵養の構造に光をあてる〉) (須藤廣)「関門地域研究」 関門地域共同研究会 16 2007.3

附録 本年度社会調査「関門地域まちづくりアンケート」の概要 (《資源としてのソーシャル・キャピタル研究》―〈第2部 関門地域におけるソーシャル・キャピタル涵養の構造に光をあてる〉)「関門地域研究」 関門地域共同研究会 16 2007.3

巌流島
武蔵と小次郎決闘の地巌流島に渡る「郷土史紀行」 ヒューマン・レクチャー・クラブ 18 2002.8

巌流島の決闘 小次郎と武蔵 (瀧本久雄)「小浜市郷土研究会便り」 小浜市郷土研究会 38 2003.1

武蔵・小次郎の決闘 巌流島と長府散策の旅 (松井卓子)「かんべ」 可部郷土研究会 101 2003.7

春の巡見会―巌流島・春帆楼・赤間神宮・東行庵 (奥村早苗)「柳井市郷談会誌」 柳井市郷談会 28 2004.3

山口県　地名でたどる郷土の歴史　中国

北九州今と昔 関門海峡 巌流島「北九州市の文化財を守る会会報」 北九州市の文化財を守る会　（137）2012.8

巌流島決闘400年（安富静夫）「郷土」 下関郷土会　（56）2013.3

表紙の写真 昭和26年7月19日、村上元三が門司在住の郷土史家吉永卯太郎や海運局の人々とともに、「佐々木巌流之碑」を訪れたとき。『随筆 佐々木小次郎』から。「郷土」 下関郷土会　（56）2013.3

菊川町

豊田町および菊川町の史跡を訪ねて（古屋純夫）「大内文化探訪 ： 会誌」 大内文化探訪会　（21）2003.4

農村女性にとっての生活改善とは―山口県下関市菊川町における戦後の共同炊事より（安井眞奈美）「山口県史研究」 山口県　（15）2007.3

北浦

〔資料紹介〕 馬関并北浦行日記（1）～（3）（山口八郎）「諫早史談」 諫早史談会　33/35　2001.3/2003.3

近世北浦海岸に於ける漂着船の取扱き（河野良輔）「郷土文化ながと」 長門市郷土文化研究会　（18）2006.5

「川尻捕鯨絵図」返還の経緯と意義―長州・北浦古式捕鯨（藤井文則）「郷土文化ながと」 長門市郷土文化研究会　（21）2009.5

歴史文学 「行乞記」にみる山頭火の北浦・豊北の旅など（熊井清雄）「和海藻」 下関市豊北町郷土文化研究会　（28）2013.3

木谷

文献紹介 『木谷雑記』（藤重豊）「岩国地方史研究」 岩国地方史研究会　3　2015.12

旧吉川家岩国事務所

県指定 有形文化財（建造物）観察院五輪塔・付自然石板碑/有形文化財（建造物）旧吉川家岩国事務所/市町新指定文化財一覧（平成23年度）/国および県指定文化財等件数一覧（新指定・登録の文化財）「山口県文化財」 山口県文化財愛護協会 43　2012.8

岐波浦

部坂家文書より 堅田氏の岐波浦干潟開作地下尋答申（中尾茂樹）「喜和」 東岐波郷土誌研究会　（111）2011.5

共和のカシの森

在りし日の共和のカシの森の物語（吉村徹）「秋芳町地方文化研究」 秋芳町地方文化研究会　（47）2011.5

清末

小藩陣屋町「長州清末」について（米田藤博）「パイオニア」 関西地理学研究会　（76）2005.11

清末藩

史料紹介 長州清末藩史料（1）―清末藩旧記（第8冊）（米田藤博）「パイオニア」 関西地理学研究会　（74）2005.4

史料紹介 清末藩史料（2）（米田藤博）「パイオニア」 関西地理学研究会　（75）2005.7

史料紹介 長州清末藩史料（3）―清末藩旧記（第21冊）（米田藤博）「パイオニア」 関西地理学研究会　（76）2005.11

際波

際波沖開作と沖ノ旦開作の境目（白石重人）「厚南」 厚南郷土史研究会　（9）2012.3

錦帯橋

名勝 錦帯橋保存修理事業について（岩国市教育委員会）「山口県文化財」 山口県文化財愛護協会 35　2004.8

祖谷のかずら橋と錦帯橋（明間キミ）「おくやまのしょう ： 奥山荘郷土研究会誌」 奥山荘郷土研究会　（30）2005.3

流されることも考慮されていた? 錦帯橋の構造（岡崎賢治）「山口県文化財」 山口県文化財愛護協会 37　2006.8

錦帯橋備蓄林

ふるさと文化財の森 ふるさと文化財の森 岩国市倉谷市有林（錦帯橋備蓄林）「山口県文化財」 山口県文化財愛護協会 44　2013.8

久賀

石積みの技再評価/日常の技から職人技へ 久賀の石造物と石工たちの歴史/他「文化と交流」 周防大島文化交流センター　（4）2004.2

重要無形民俗文化財 久賀の諸職用具 民俗文化財保存修理事業（特集 山口県の民俗文化の保存と活用）（中村作）「山口県文化財」 山口県文化財愛護協会 44　2013.8

串崎城

萩城・串崎城・岩国城（天守台）の構築技術について（縄田弘志）「山口県地方史研究」 山口県地方史学会　（93）2005.6

くじら資料館

くじら資料館に思う（歴代くじら資料館長の思い）（野上弘巳）「郷土文化ながと」 長門市郷土文化研究会　（17）2005.5

私の日本伝統捕鯨地域サミット（歴代くじら資料館長の思い）（白石文

則）「郷土文化ながと」 長門市郷土文化研究会　（17）2005.5

「くじら資料館」今日的な課題（歴代くじら資料館長の思い）（藤井文則）「郷土文化ながと」 長門市郷土文化研究会　（17）2005.5

楠

宇部市楠地区のうつりかわり（年表）（山田信義）「くすのき文化」 楠町文化協会　（57・58）2006.7

第28回郷土を考えるシリーズ展 楠の郷土をたずねて―楠文化財展―を終えて（山田信義）「宇部地方史研究」 宇部地方史研究会　（35）2007.6

宇部市楠地区のうつりかわり（年表）（山田信義）「宇部地方史研究」 宇部地方史研究会　（36）2008.11

くすの森

春の巡見記 土井ヶ浜人類学ミュージアム・角島・くすの森・功山寺（河本正則）「柳井市郷談会誌」 柳井市郷談会 27　2003.3

下松

下松の古代先住民と蔾藜欝について（1）（斎藤順）「下松地方史研究」 下松地方史研究会 40　2003.12

地名変遷雑感―守りたいふるさとの地名（河村蒸一郎）「下松地方史研究」 下松地方史研究会　（42）2005.12

下松の地名伝承（伊藤彰）「全国地名研究交流誌 地名談話室」 日本地名研究所　（21）2006.2

『図説 周南・下松・光の歴史』の出版に思う（国広哲也）「光地方史研究」 光地方史研究会　（32）2006.3

父祖の地 下松と藤田伝三郎の軌跡（田村悌夫）「下松地方史研究」 下松地方史研究会　（49）2013.4

下松海岸

江戸末期～明治時代の下松海岸の町並と経緯（河村蒸一郎）「下松地方史研究」 下松地方史研究会　（48）2012.3

下松市

下松市域内の旧往還道（河村蒸一郎）「下松地方史研究」 下松地方史研究会　（45）2008.12

下松藩

下松藩の成立と展開（田中誠二）「下松地方史研究」 下松地方史研究会 37　2001.3

下松御船倉

毛利水軍下松御船倉の所在地（河村蒸一郎）「下松地方史研究」 下松地方史研究会　（43）2006.12

国森家住宅

柳井津商人と国森家住宅（松本和典）「郷土誌末盧國」 松浦史談会，芸文堂（発売）（186）2011.6

久保市

旧往還道に於ける久保市高札場と塩売峠の駕籠建場所在地（河村蒸一郎）「下松地方史研究」 下松地方史研究会 39　2002.12

来巻村

来巻村の水方帳（信友明）「下松地方史研究」 下松地方史研究会 37　2001.3

黒石

ふるさと探訪・黒石（6）～（9）（梅岡昭美）「厚南」 厚南郷土史研究会　（8）/（11）2011.3/2014.03

功山寺

春の巡見記 土井ヶ浜人類学ミュージアム・角島・くすの森・功山寺（河本正則）「柳井市郷談会誌」 柳井市郷談会 27　2003.3

荒人

昭和初期における荒人集落（楢崎潔）「油谷のささやき」 油谷町郷土文化会　（21）2003.3

昭和初期における荒人集落（2）（楢崎潔）「油谷のささやき」 油谷町郷土文化会　（22）2004.3

興成義塾

興成義塾と粟屋活輔（脇和也）「宇部地方史研究」 宇部地方史研究会　（33）2005.5

厚南

厚南地方の地名（5），（6）（嵐織文）「厚南」 厚南郷土史研究会　（8）/（10）2011.3/2013.3

鉄道布設始めの頃（湯田壽一郎）「厚南」 厚南郷土史研究会　（8）2011.3

忘れられていく厚南地方の「屋号」（白石重人）「厚南」 厚南郷土史研究会　（8）2011.3

厚南が宇部市になって70年 合併当時のことを考察（合併70周年記念特集）（大窪静美）「厚南」 厚南郷土史研究会　（9）2012.3

宇部市と厚南発展の跡を探る（合併70周年記念特集）（松村通男）「厚南」 厚南郷土史研究会　（9）2012.3

村市合併頃の厚南域における炭鉱（合併70周年記念特集）（藤里俊裕）

「厚南」 厚南郷土史研究会 （9） 2012.3

流転の人生に安住の地、厚南（合併70周年記念特集―合併後の厚南に生きて）（村田忠）「厚南」 厚南郷土史研究会 （9） 2012.3

人口急増 新設校が次々と（合併70周年記念特集―合併後の厚南に生きて）（大窪静美）「厚南」 厚南郷土史研究会 （9） 2012.3

昭和30年代の風景（合併70周年記念特集―合併後の厚南に生きて）（山西秀樹）「厚南」 厚南郷土史研究会 （9） 2012.3

青年団活動の思い出（合併70周年記念特集―合併後の厚南に生きて）（西武了）「厚南」 厚南郷土史研究会 （9） 2012.3

厚南青年団合唱団の結成と活動状況（合併70周年記念特集―合併後の厚南に生きて）（喜志多孝策）「厚南」 厚南郷土史研究会 （9） 2012.3

「配給米」のころ（合併70周年記念特集―合併後の厚南に生きて）（佐藤輝好）「厚南」 厚南郷土史研究会 （9） 2012.3

思い出写真集（合併70周年記念特集）（編集委員会）「厚南」 厚南郷土史研究会 （9） 2012.3

厚南の年表（合併50周年以降の20年）（合併70周年記念特集）（編集委員会）「厚南」 厚南郷土史研究会 （9） 2012.3

大風水害記録写真集（厚南大風水害70周年特集）（編集委員会）「厚南」 厚南郷土史研究会 （10） 2013.3

堤防造築と改修の歴史（厚南大風水害70周年特集）（大亀恆芳）「厚南」 厚南郷土史研究会 （10） 2013.3

厚南地区小中学校六校の校章と校歌を綴る（一般稿）（大窪静美）「厚南」 厚南郷土史研究会 （10） 2013.3

厚南小学校

なつかしい学び舎 厚南小学校（大窪静美）「厚南」 厚南郷土史研究会 （8） 2011.3

厚南平野

表紙写真 藤山松崎より厚南川と厚南平野を望む（佐藤輝好会員提供）「厚南」 厚南郷土史研究会 （9） 2012.3

厚南平野の御撫育開作異聞（阿部幸夫）「厚東」 厚東史研究会 （54） 2012.11

表紙写真 観音山より厚南平野と竜王山を望む（佐藤輝好会員撮影）「厚南」 厚南郷土史研究会 （10） 2013.3

厚南平野の基盤 御撫育用水路の歴史 長州藩撫育方／御撫育用水路築立／御撫育用水路の護持（大亀恆芳）「厚南」 厚南郷土史研究会 （11） 2014.3

高野

古里の伝承高野（大木務）「光地方史研究」 光地方史研究会 （32） 2006.3

荒滝山城

荒滝山城跡案内（伊川孝慈）「くすのき文化」 楠町文化協会 （61） 2009.3

小倉口

幕長戦争小倉口戦争の展開過程（三宅紹宣）「山口県地方史研究」 山口県地方史学会 （100） 2008.11

小鯖

山口市小鯖地区の史跡を訪ねる（探訪部現地探訪資料）（児玉輝巳）「大内文化探訪 ： 会誌」 大内文化探訪会 （28） 2010.6

御鷹野

毛利重就と御鷹野（三田尻沙汰控より）（伊藤義登）「佐波の里 ： 防府史談会会誌」 防府史談会 （31） 2003.3

五反田川

五反田川の自然環境維持活動（里海再生 ふるさと再生）（中山宗之）「喜和」 東岐波郷土誌研究会 （112） 2012.5

特牛港

竹の桟橋―大正の頃の特牛港（内田圓）「和海藻」 下関市豊北町郷土文化研究会 （20） 2004.12

厚東

厚東地区年間主要行事と各種団体（川本武治）「厚東」 厚東史研究会 （45） 2003.11

合併50周年記念 厚東の歴史再発見と今後の課題（沖金吾）「厚東」 厚東史研究会 （46） 2004.11

厚東郷土誌問答（堀雅昭）「厚東」 厚東史研究会 （46） 2004.11

厚東地区年間主要行事と各種団体（川本武治）「厚東」 厚東史研究会 （46） 2004.11

厚東地区年間主要行事と各種団体（川本武治）「厚東」 厚東史研究会 （47） 2005.11

厚東氏史跡駈けめぐり（浜本久雄）「大内文化探訪 ： 会誌」 大内文化探訪会 （25） 2007.3

厚東史跡観光案内板の設置（沖金吾）「厚東」 厚東史研究会 （49） 2007.11

厚東氏所産の文化遺産（沖金吾）「厚東」 厚東史研究会 （51） 2009.11

消えていく「厚東の古いことば」（厚東武通）「厚東」 厚東史研究会 （51） 2009.11

歴史随想 それからの厚東（厚東哲郎）「厚東」 厚東史研究会 （51） 2009.11

厚東地区年間主要行事と各種団体（小野田智文）「厚東」 厚東史研究会 （51） 2009.11

厚東地区の文化財及び史跡の保存顕彰活動について（小野田智文）「厚東」 厚東史研究会 （53） 2011.11

歴史随想 それからの厚東パートIII 由布院へ、そして秋吉氏について（厚東哲郎）「厚東」 厚東史研究会 （53） 2011.11

厚東地区年間主要行事と各種団体（小野田智文）「厚東」 厚東史研究会 （53） 2011.11

厚東における金石文（1）（小野田智文）「厚東」 厚東史研究会 （54） 2012.11

歴史随想 彼方の篝火……厚東氏のルーツとは（厚東哲郎）「厚東」 厚東史研究会 （54） 2012.11

厚東地区年間主要行事と各種団体（小野田智文）「厚東」 厚東史研究会 （54） 2012.11

厚東地区年間主要行事と各種団体（小野田智文）「厚東」 厚東史研究会 （55） 2013.11

厚東地区年間主要行事と各種団体（小野田智文）「厚東」 厚東史研究会 （56） 2014.11

厚東駅

厚東駅の歴史と想い出（沖金吾）「厚東」 厚東史研究会 （49） 2007.11

厚東川

厚東川 総轄編（沖金吾）「厚東」 厚東史研究会 （45） 2003.11

厚東川 今昔編（厚東武通外12名）「厚東」 厚東史研究会 （45） 2003.11

表紙写真 藤山松崎より厚東川と厚南平野を望む（佐藤輝好会員提供）「厚南」 厚南郷土史研究会 （9） 2012.3

厚東小学校

厚東小学校校歌制定のエピソード「出合い、そして感動」（林正三）「厚東」 厚東史研究会 （48） 2006.11

厚東村

厚東村青年団機関誌「青年厚東」にまつわるエピソード（沖金吾）「厚東」 厚東史研究会 （47） 2005.11

小林司村

小林司村小史（研究）（林芙美夫）「田布施町郷土館研究紀要」 田布施町郷土館 （15） 2014.8

菜香亭

菜香亭よみがえる―歴史と文化の調和した空間（福田礼輔）「ふるさと山口」 山口の文化財を守る会 （26） 2005.6

先大津

「先大津と人丸今昔」あれこれ（高林正義）「油谷のささやき」 油谷町郷土文化会 （28） 2010.4

佐々木邸

山陰の豪族・尼子氏末裔 佐々木邸跡について（兼重元）「ふるさと山口」 山口の文化財を守る会 （29） 2008.6

佐々並市

萩市佐々並市重要伝統的建造物保存地区の選定（文化財トピックス）（弘健助）「山口県文化財」 山口県文化財愛護協会 42 2011.8

国選定 重要伝統的建造物群保存地区 萩市佐々並市（新指定・登録の文化財）「山口県文化財」 山口県文化財愛護協会 43 2012.8

里ノ尾

第二の故郷 厚南里ノ尾（合併70周年記念特集―合併後の厚南に生きて）（矢原聖子）「厚南」 厚南郷土史研究会 （9） 2012.3

佐野嶺

佐野嶺物語（岡本みよ）「佐波の里 ： 防府史談会会誌」 防府史談会 （31） 2003.3

佐波川

親子歴史教室 「母なる川」佐波川の歴史を学ぼう（渋谷勝美，中嶋毅）「佐波の里 ： 防府史談会会誌」 防府史談会 （34） 2006.3

総会講演 近世絵図に描かれた佐波川の洪水（河村克典）「佐波の里 ： 防府史談会会誌」 防府史談会 （36） 2008.3

山水園本館

文化財ニュース「秦益人刻書石」と「山水園本館」が文化財に！「山口市史編さんだより」 山口市ふるさと創生部 （22） 2014.2

山頭火の小路

文学紀行 山頭火の小路（山口県防府市）（請川洋一）「郷土史紀行」 ヒューマン・レクチャー・クラブ （44） 2007.8

塩田

塩田地区史跡探訪（綿谷広吉）「光地方史研究」 光地方史研究会 （41） 2014.3

塩屋台

急速な変貌 塩屋台付近（合併70周年記念特集）（松冨俊雄）「厚南」 厚南郷土史研究会 （9） 2012.3

塩屋台の今昔と思うこと（合併70周年記念特集）（吉岡清治）「厚南」 厚南郷土史研究会 （9） 2012.3

塩売峠

旧往還道に於ける久保市高札場と塩売峠の駕籠建場所在地（河村蒸一郎）「下松地方史研究」 下松地方史研究会 39 2002.12

敷山城

南北朝の騒乱 敷山城戦いの跡を訪ねて（児玉輝巳）「大内文化探訪 ： 会誌」 大内文化探訪会 （22） 2004.3

志田

太平洋戦争の悲劇 志田沖海空戦（山口県柳井市上関町）（米田仁）「郷土史紀行」 ヒューマン・レクチャー・クラブ （59） 2009.9

七段の滝河川公園

頭振川みどりの砂防公園と七段の滝河川公園（藤井文則）「郷土文化ながと」 長門市郷土文化研究会 （19） 2007.5

事能要害

周防国事能要害と毛利氏水軍（中司健一）「内海文化研究紀要」 広島大学大学院文学研究科附属内海文化研究施設 （35） 2007.3

島末城

知将 平知盛の動向と城山（島末城）（尾野栄明）「ふるさと」 橘郷土会 （34） 2012.2

下関

旅日記に見る下関（3）（安富静夫）「郷土」 下関郷土会 （47） 2004.3

文政期中関・下関の米入札について（石川敦彦）「山口県地方史研究」 山口県地方史学会 （92） 2004.11

下関地区の造船業（明治～昭和戦前期）（前田博司）「郷土」 下関郷土会 （48） 2005.3

平成16年度藩外巡見 長州「下関（長府）・萩」史跡探訪（山口洋文）「大村史談」 大村史談会 56 2005.3

紹介と考察 元治元年の下関戦争における主要砲台と備砲に関する欧米史料（中本静晩）「郷土」 下関郷土会 （49） 2006.3

下関越荷方に関する再検討（木部和昭）「山口県史研究」 山口県 （15） 2007.3

幕末期、福井藩の他国交易について―横浜・長崎・下関における（本川幹男）「福井県地域史研究」 福井県地域史研究会 （12） 2008.6

下関と北九州の史跡を訪ねて（大森省三）「風早」 風早歴史文化研究会 （61） 2009.5

伝承を訪ねる旅（5）―周防・下関 瀬戸内を行き交う人々（堀井建市）「河内どんこう」 やお文化協会 （91） 2010.6

文久元年下関におけるイギリス艦来航事件（三宅紹宣）「山口県地方史研究」 山口県地方史学会 （104） 2010.11

"朝鮮人強制連行の跡をたどる"「下関」および「宇部の炭田（長生炭鉱）」のフィールドワーク（特集 韓国併合100年を機に考える）（内周貞雄）「リベラシオン ： 人権研究ふくおか」 福岡県人権研究所 （140） 2010.12

特別講演 坂本龍馬と下関―薩長和解・同盟における長府藩の役割を中心に（古城春樹）「徳山地方郷土史研究」 徳山地方郷土史研究会 （32） 2011.3

下関歴史探訪（探訪記）（吉成二郎）「徳山地方郷土史研究」 徳山地方郷土史研究会 （32） 2011.3

下関砲撃事件と池田横浜鎮港施設団について（塚越俊志）「京浜歴科研年報」 京浜歴史科学研究会 （24） 2012.2

海に活きる街 下関・長門（田代元良）「郷土文化ながと」 長門市郷土文化研究会 （24） 2012.5

県民講演録 関湊繁栄録―近世下関の発展と中継交易（木部和昭）「山口県史研究」 山口県 （21） 2013.3

表紙 下関砲撃図 縦20cm×横25cm W078/1014（英国公文書館 National Archives 蔵）「山口県史だより」 山口県県史編さん室 （30） 2013.11

下関英国領事館

重要文化財 旧下関英国領事館の保存修理について（文化財トピックス）（高月鈴世）「山口県文化財」 山口県文化財愛護協会 45 2014.8

下関市

山口県防府市・下関市の史跡見学報告（渡辺正彦）「広島郷土史会会報」 広島郷土史会 152 2003.12

北九州市と下関市の県境を越えた合併の可能性の検討（《関門地域連携

のあり方に関する調査研究―中間報告「ソーシャル・キャピタル」の視点から》―〈関門地域連携の現状と課題〉）（古賀哲矢）「関門地域研究」 関門地域共同研究会 15 2006.3

下関市西部の史跡を訪ねて（森美晴）「大内文化探訪 ： 会誌」 大内文化探訪会 （25） 2007.3

下関市内の雇用・就業状況についての考察（下関市内の雇用・就業状況についての考察）「関門地域研究」 関門地域共同研究会 （19） 2010.3

下関市の就業状況（下関市内の雇用・就業状況についての考察）（素川博司，道盛誠一，田中裕美子）「関門地域研究」 関門地域共同研究会 （19） 2010.3

下関市の雇用動向と若年者就業意識（下関市内の雇用・就業状況についての考察）（素川博司，道盛誠一，田中裕美子）「関門地域研究」 関門地域共同研究会 （19） 2010.3

企業の期待する人材と若年者の自己評価（下関市内の雇用・就業状況についての考察）（素川博司，道盛誠一，田中裕美子）「関門地域研究」 関門地域共同研究会 （19） 2010.3

若年者の就業についての基礎的考察（下関市内の雇用・就業状況についての考察）（道盛誠一）「関門地域研究」 関門地域共同研究会 （19） 2010.3

下関市における斜面地居住者の生活問題（付録 斜面地居住の生活問題と社会関係―2009年度調査から）（土屋敏夫）「関門地域研究」 関門地域共同研究会 （19） 2010.3

下関港

下関港における東アジア国際物流の現状と今後の展望に関する一試論（《関門地域連携のあり方に関する調査研究―中間報告「ソーシャル・キャピタル」の視点から》―〈東アジアと関門地域〉）（高嶋正晴）「関門地域研究」 関門地域共同研究会 15 2006.3

関門港の連携形態としての「スーパー中枢港湾」―スーパー中枢港湾指定申請をめぐる一動向（《資源としてのソーシャル・キャピタル研究》―〈第2部 関門地域におけるソーシャル・キャピタル涵養の構造に光をあてる〉）（尹明憲）「関門地域研究」 関門地域共同研究会 16 2007.3

周南

高度経済成長期周南地区四市工業の変化（船越豊）「山口県史研究」 山口県 11 2003.3

市名「周南」について（小川宣）「徳山地方郷土史研究」 徳山地方郷土史研究会 25 2004.3

『図説 周南・下松・光の歴史』の出版に思う（国広哲也）「光地方史研究」 光地方史研究会 （32） 2006.3

周南地方自然災害史（気象災害の部）―周南地方自然災害綜合年表の作成（小林省三）「徳山地方郷土史研究」 徳山地方郷土史研究会 （32） 2011.3

周南地方自然災害史（地震災害の部）（研究）（小林省三）「徳山地方郷土史研究」 徳山地方郷土史研究会 （34） 2013.3

周南地方（旧徳山地域を中心とした）百姓一揆についての一考察（1）（研究）（小林省三）「徳山地方郷土史研究」 徳山地方郷土史研究会 （35） 2014.3

周南市

周南市夏切りの鐘（清水素）「山口県地方史研究」 山口県地方史学会 （89） 2003.6

周南市史の編纂を提案する（田村貞雄）「徳山地方郷土史研究」 徳山地方郷土史研究会 （27） 2006.3

周南市西南部の史跡を訪ねて（会務報告）（吉松達生）「大内文化探訪 ： 会誌」 大内文化探訪会 （26） 2008.4

周南市長公舎

有形文化財に指定された周南市長公舎の沿革―旧徳山第三海軍燃料廠・廠長官舎（田村貞雄）「徳山地方郷土史研究」 徳山地方郷土史研究会 （32） 2011.3

秋芳

秋芳梨百年のあゆみ（小田孝）「秋芳町地方文化研究」 秋芳町地方文化研究会 （43） 2007.4

秋芳鉱山

秋芳鉱山の石灰石の用途について（綿引宏）「秋芳町地方文化研究」 秋芳町地方文化研究会 （49） 2013.5

周芳佐麼の津

神功皇后説話の中の周芳佐麼の津（長洋一）「ふるさとの自然と歴史」 歴史と自然をまもる会 （340） 2011.5

秋芳町

明治中期、別府村と秋吉村の物価から見た風俗と暮し（古永忠夫）「秋芳町地方文化研究」 秋芳町地方文化研究会 （44） 2008.5

秋芳町観光協会の30年と秋芳洞観光のこれから―藤井信氏との対談（蔵本隆博）「秋芳町地方文化研究」 秋芳町地方文化研究会 （46） 2010.5

「秋芳町地方文化研究会」50周年にあたって（藏本隆博）「秋芳町地方文化研究」 秋芳町地方文化研究会 （50） 2014.5

中国　　　　　　　　　　　　　　　　　　　　地名でたどる郷土の歴史　　　　　　　　　　　　　　　　　　　　山口県

十朋亭

市指定文化財・史跡「十朋亭」(来栖佳明)「ふるさと山口」　山口の文化財を守る会　(26)　2005.6

春帆楼

春の巡見会―巌流島・春帆楼・赤間神宮・東行庵(奥村早苗)「柳井市郷談会誌」　柳井市郷談会　28　2004.3

淳美小学校

淳美小学校と長田分教場(森重武久)「温故知新」　美東町文化研究会　(32)　2005.4

正明市駅

写真で見る郷土史 ふるさと長門 正明市駅/現在の長門市駅「郷土文化ながと」　長門市郷土文化研究会　(24)　2012.5

四郎ヶ宿

元治内戦時の四郎ヶ宿―河原家の日記を中心に(木部和昭)「みねぶんか」　美祢市郷土文化研究会　(41)　2010.10

四郎ヶ原

表紙 四郎ヶ原(赤門関街道宿場)写真：土屋「みねぶんか」　美祢市郷土文化研究会　(43)　2013.3

末武村

近世に於ける末武村海岸(末武川～玉鶴川)の開作(河村蒸一郎)「下松地方史研究」　下松地方史研究会　(46)　2009.12

周防

長周遊覧記の紹介に就いて(木村蒼生)「秋芳町地方文化研究」　秋芳町地方文化研究会　(39)　2003.6

「周防猿まわし」光市文化財指定を受ける「周防大島郷土大学ニュウズ」　周防大島文化交流センター　15　2004.12

インタビュー 周防猿まわし一人間が猿になるとき(村崎五郎)「まんだら ： 東北文化友の会会報」　東北芸術工科大学東北文化研究センター　(24)　2005.8

特別講演 周防東部の大内氏一門(國守進)「徳山地方郷土史研究」　徳山地方郷土史研究会　(30)　2009.3

伝承を訪ねる旅(5)―周防・下関 瀬戸内を行き交う人々(堀井建市)「河内どんこう」　やお文化協会　(91)　2010.5

春の史跡探訪 近代化産業遺産と白壁の街並みを巡る長門・周防路の旅(佐々木市太郎)「郷土誌末盧國」　松浦史談会, 芸文堂(発売)　(186)　2011.6

周防の国での源平合戦ゆかりの地を訪ねて「柳井市郷談会誌」　柳井市郷談会　(37)　2013.3

周防大島

大正・昭和前期における周防大島の交易活動―史料紹介を中心に(勝部眞人, 岡本健一郎)「内海文化研究紀要」　広島大学大学院文学研究科附属内海文化研究施設　(31)　2003.3

郷土大学第6回(再開第14回)講義「周防大島と対馬―もうひとつのハワイ」三原伊文さん「周防大島郷土大学ニュウズ」　周防大島文化交流センター　14　2004.11

瀬戸内紀行 シーボルトの上陸地(周防大島)「郷土史紀行」　ヒューマン・レクチャー・クラブ　36　2005.11

「周防大島」史跡探訪―金魚を巡る(西村修一)「徳山地方郷土史研究」　徳山地方郷土史研究会　(27)　2006.3

特集 長屋王と周防大島「山口県史だより」　山口県県史編さん室　(24)　2007.10

会員歴史探訪 周防大島を訪ねて(宮野しゅん)「郷土文化ながと」　長門市郷土文化研究会　(22)　2010.5

周防大島を探訪する(宮城敏男)「光地方研究」　光地方研究会　(38)　2012.3

歴史研究 絵図を使った「郷土おおしま」の取組み(南方長)「山口県地方史研究」　山口県地方史学会　(108)　2012.10

周防大島の伝説の中より「ふるさと」　橘郷土会　(36)　2014.2

周防大島町

山口県大島郡周防大島町の史跡見学報告「広島郷土史会会報」　広島郷土史会　(158)　2006.1

探訪部現地探訪資料 周防大島町西部の史跡を訪ねる/豊前国京都・築上地方の史跡を訪ねる/山口市大内地区の史跡を訪ねる/阿東・石西の史跡を訪ねる(児玉輝巳)「大内文化探訪 ： 会誌」　大内文化探訪会　(27)　2009.6

周防大島町西部の史跡を訪ねて(佐竹節子)「大内文化探訪 ： 会誌」　大内文化探訪会　(27)　2009.6

周防国府

周防国府跡の古環境を考える(羽鳥幸一)「佐波の里 ： 防府史談会会誌」　防府史談会　(32)　2004.3

周防国分寺

文化講演会 平城遷都と周防国分寺(吉村誠)「佐波の里 ： 防府史談会会誌」　防府史談会　(39)　2011.3

周防町

周防町と共に(随筆春秋)(荒木美江子)「大阪春秋」　新風書房　34(3)通号124　2006.10

周防徳山

小藩大名の陣屋町「周防徳山」について(米田藤博)「パイオニア」　関西地理学研究会　(90)　2010.2

周防灘

周防灘一夜の漂流記(荒川整作)「秋芳町地方文化研究」　秋芳町地方文化研究会　(40)　2004.6

周防灘台風の概要(厚南大風水害70周年特集)(編集委員会)「厚南」　厚南郷土史研究会　(10)　2013.3

酒蔵のレンガ煙突倒壊(厚南大風水害70周年特集―周防灘台風の思い出)(神田甚一郎)「厚南」　厚南郷土史研究会　(10)　2013.3

失った白い筆箱(厚南大風水害70周年特集―周防灘台風の思い出)(大亀恆芳)「厚南」　厚南郷土史研究会　(10)　2013.3

防災の日に思う(厚南大風水害70周年特集―周防灘台風の思い出)(江本昭光)「厚南」　厚南郷土史研究会　(10)　2013.3

風水害の思い出(厚南大風水害70周年特集―周防灘台風の思い出)(竹本光昭)「厚南」　厚南郷土史研究会　(10)　2013.3

厚南地区風水害の思い出(厚南大風水害70周年特集―周防灘台風の思い出)(師井昭亮)「厚南」　厚南郷土史研究会　(10)　2013.3

古代周防灘交易圏―竹島古墳と邪馬台国(6)(研究)(西村修一)「徳山地方郷土史研究」　徳山地方郷土史研究会　(34)　2013.3

周防国

口絵 周防国府展(原田光朗)「佐波の里 ： 防府史談会会誌」　防府史談会　(35)　2007.3

研究発表 周防国正税帳の世界から(中嶋毅)「佐波の里 ： 防府史談会会誌」　防府史談会　(38)　2010.3

周防鋳銭司

周防鋳銭司の所在地について―考古学からみた推定地(大林達夫)「山口県地方史研究」　山口県地方史学会　(90)　2003.10

市史「史料編」編さん講演会3周防鋳銭司と銅銭づくり 講師・八木充氏「山口市史編さんだより」　山口市総合政策部　(5)　2005.8

須佐

毛利氏永代家老益田氏と須佐(末冨延孝)「大内文化探訪 ： 会誌」　大内文化探訪会　(21)　2003.4

地域に根ざす(30) 須佐郷土史研究会(西村武正)「山口県史だより」　山口県県史編さん室　(31)　2014.11

鋳銭司

鋳銭司・秋穂地区の現地探訪(児玉輝巳)「大内文化探訪 ： 会誌」　大内文化探訪会　(25)　2007.3

赤郷飛行場

赤郷飛行場(三本木滑走路)について(森田孝一)「温故知新」　美東町文化研究会　(40)　2013.6

汐前

沖ノ旦開作「字汐前」の地層(資料)(佐藤輝好)「厚南」　厚南郷土史研究会　(11)　2014.3

瀬崎

角島瀬崎の尼宮と人魚を食べた話(熊片清雄)「和海藻」　下関市豊北町郷土文化研究会　(24)　2009.4

瀬戸井堰

大正期の瀬戸井堰風景(古永忠夫)「秋芳町地方文化研究」　秋芳町地方文化研究会　(41)　2005.6

瀬戸崎

慶安元年 瀬戸崎・通浦の仙崎湾境界いの裁定絵図(萩原茂生)「郷土文化ながと」　長門市郷土文化研究会　(26)　2014.5

仙崎

仙崎の江戸時代 『寺戸家文書』考(中野良彦)「郷土文化ながと」　長門市郷土文化研究会　(15)　2003.5

引揚指定港・仙崎の思い出(片平政雄)「郷土文化ながと」　長門市郷土文化研究会　(15)　2003.5

港町仙崎 町なか再発見(坂本和磨)「郷土文化ながと」　長門市郷土文化研究会　(17)　2005.5

仙崎まちあるきマップ(観光ホスピタリティ実行委員会)「郷土文化ながと」　長門市郷土文化研究会　(17)　2005.5

通・仙崎定期船就航100年―歴史と思い出(藤井文則)「郷土文化ながと」　長門市郷土文化研究会　(22)　2010.5

金子書店発行絵葉書「仙崎八景」の紹介（萩原茂生）「郷土文化ながと」
長門市郷土文化研究会　（23）2011.5

仙崎の八百比丘尼伝説（中野良彦）「郷土文化ながと」　長門市郷土文化研究会　（24）2012.5

文化講演会 仙崎文化の今昔について―私の生きた時代と仙崎（中谷貞女講演師対談要旨）（安部言忠）「郷土文化ながと」　長門市郷土文化研究会（25）2013.5

仙崎小学校

深川・仙崎小学校 校庭の二宮尊徳像（中野良彦）「郷土文化ながと」　長門市郷土文化研究会　（18）2006.5

仙崎湾

慶安元年 瀬戸崎・通浦の仙崎湾境界争いの裁定絵図（萩原茂生）「郷土文化ながと」　長門市郷土文化研究会　（26）2014.5

船城銀行

船城銀行から宇部銀行へ（堀雅昭）「くすのき文化」　楠町文化協会（61）2009.3

杣山

市史「史料編」編さん講演会10 演題 防長の杣山からひろがる材木の道　講師：伊藤幸司氏「山口市史編さんだより」　山口市総合政策部（19）2012.8

台山

「台山」ものがたり（野上栄子）「温故知新」　美東町文化研究会　（30）2003.5

大道村

大道村上田家の豪農経営と酒造業（文化講演会）（木部和昭）「佐波の里 ： 防府史談会会誌」　防府史談会　（31）2003.3

大日比浦

近世前・中期大日比浦の共同体秩序―漁業編成と宗教的紐帯（上野大輔）「山口県地方史研究」　山口県地方史学会　（108）2012.10

大寧寺峠

大寧寺峠の今昔（戸村豊）「郷土文化ながと」　長門市郷土文化研究会（16）2004.5

平川

平川地区の現地探訪（佐竹節子）「大内文化探訪 ： 会誌」　大内文化探訪会　（25）2007.3

鷹羽山城

鷹羽山城について―村上水軍海城として（井上佑）「郷土」　下関郷土会（52）2009.3

高山

私が住む高山集落（2）（中嶋三郎）「温故知新」　美東町文化研究会（35）2008.5

私が住む高山集落（余話）（中嶋三郎）「温故知新」　美東町文化研究会（36）2009.6

滝穴

幕末滝穴鍾乳石採集（小川孝生）「秋芳町地方文化研究」　秋芳町地方文化研究会　（46）2010.5

瀧穴（秋芳洞）及び洞内名勝の名称について（木島忠興）「秋芳町地方文化研究」　秋芳町地方文化研究会　（46）2010.5

滝部

滝部のおサン狐（弘中信雄）「和海藻」　下関市豊北町郷土文化研究会（23）2008.3

歴史 滝部の一旧家にみる歴史と信仰［1］，（2），［3］（青田隆子）「和海藻」　下関市豊北町郷土文化研究会　（27）/（29）2012.3/2014.3

滝部小学校

県指定文化財（建造物）の保存と活用―旧滝部小学校の利活用について（特集1 山口県文化財の公開・活用）（吉留徹，佐々田麻未）「山口県文化財」　山口県文化財愛護協会　43　2012.8

滝部小学校本館

旧滝部小学校本館（追加指定）/市町新指定文化財一覧（平成22年度）/国および県指定文化財等件数一覧（新指定・登録の文化財）「山口県文化財」　山口県文化財愛護協会　42　2011.8

田耕

田耕公民館から 郷土資料の収集と整理（阿部正和）「和海藻」　下関市豊北町郷土文化研究会　（24）2004.12

田耕・奥畑物語（1），（2）（内村鐵雄）「和海藻」　下関市豊北町郷土文化研究会　（25）/（26）2010.3/2011.03

田耕の地名を探る（阿部和正）「和海藻」　下関市豊北町郷土文化研究会（25）2010.3

田耕地区出征兵士の記録（阿部正和）「和海藻」　下関市豊北町郷土文化研究会　（26）2011.3

田耕村

歴史 田耕村における農地改革（阿部和正）「和海藻」　下関市豊北町郷土文化研究会　（27）2012.3

忠信

ふる里発 新発見！ 義経ゆかりの地「ただのぶさん」（柳井市忠信）「郷土史紀行」　ヒューマン・レクチャー・クラブ　（38）2006.3

多々良

多々良小史（森氏幹夫，小川勝博）「松ヶ崎 ： 松崎歴史同好会誌」　松崎歴史同好会　（16）2009.3

立岩

表紙のことば 立岩（滝本洋司郎）「ふるさと」　橘郷土会　（33）2011.2

立野

立野地区史跡探訪（宮本久江）「光地方史研究」　光地方史研究会　（40）2014.3

橘

方言あれこれ「ふるさと」　橘郷土会　（33）2011.2

絵日記の方言（T・N生）「ふるさと」　橘郷土会　（33）2011.2

語りつぎたい 故郷の言葉（正久武則）「ふるさと」　橘郷土会　（33）2011.2

語りつぎたい 故郷の言葉（正久武則）「ふるさと」　橘郷土会　（35）2013.2

棚井

中原中也の原風景、棚井（宮本誠）「厚東」　厚東史研究会　（48）2006.11

田布施

「田布施金石文集成」補遺，補遺II，補遺III，補遺IV（林芙美夫）「田布施町郷土館研究紀要」　田布施町郷土館　（8）/（13）2007.8/2012.08

「田布施の方言」補遺（林芙美夫）「田布施町郷土館研究紀要」　田布施町郷土館　（10）2009.8

田布施のおはなし「紙芝居と原画展」（研究）（平井洋子）「田布施町郷土館研究紀要」　田布施町郷土館　（15）2014.8

紙芝居で、語り継ぎたい田布施の昔話（研究）（西光俊雄）「田布施町郷土館研究紀要」　田布施町郷土館　（15）2014.8

田布施町

田布施町の方言（林芙美夫）「田布施町郷土館研究紀要」　田布施町郷土館　（4）2003.8

「田布施町文化史年表」補遺II（林芙美夫）「田布施町郷土館研究紀要」　田布施町郷土館　（6）2005.8

「田布施町文化史年表」補遺（林芙美夫）「田布施町郷土館研究紀要」　田布施町郷土館　（10）2009.8

勘場からの「覚」（研究）（高瀬達男）「田布施町郷土館研究紀要」　田布施町郷土館　（14）2013.8

「田布施町文化史年表」補遺（研究）（林芙美夫）「田布施町郷土館研究紀要」　田布施町郷土館　（14）2013.8

俵山

俵山の旧家内田家 風雪の道（戸村豊）「郷土文化ながと」　長門市郷土文化研究会　（20）2008.5

俵山御茶屋

俵山・湯本両御茶屋について（河野良輔）「郷土文化ながと」　長門市郷土文化研究会　（17）2005.5

俵山温泉

俵山温泉 白猿の湯（鷲頭信）「郷土文化ながと」　長門市郷土文化研究会（18）2006.5

俵山鉱山

俵山鉱山跡の探訪（俵山ふるさと探訪会）「郷土文化ながと」　長門市郷土文化研究会　（16）2004.5

俵山小学校

随想 俵山小学校の今むかし（福原勇）「郷土文化ながと」　長門市郷土文化研究会　（20）2008.5

壇の浦

京都大原と壇の浦に思う（厚東武通）「厚東」　厚東史研究会　（47）2005.11

壇ノ浦

壇ノ浦合戦と湖琴姫伝説（窪井方弘）「和海藻」　下関市豊北町郷土文化研究会　（22）2007.3

能「八島」から 壇ノ浦と檀ノ浦（種本実）「備陽史探訪」　備陽史探訪の会　（154）2010.6

歴史の謎 ほんと？ うそ？ 壇ノ浦の戦いの後、平清盛の弟が公卿に??「月刊歴史ジャーナル」　NPO法人尾道文化財研究所　（101）2012.5

中国　　　　　　　　　　　　　　　地名でたどる郷土の歴史　　　　　　　　　　　　　　　山口県

檀ノ浦

能「八島」から 壇ノ浦と檀ノ浦（種本実）「備陽史探訪」 備陽史探訪の会 （154） 2010.6

近松道路公園

近松道路公園と音信川河川公園の建設（藤井文則）「郷土文化ながと」 長門市郷土文化研究会 （18） 2006.5

池泉庭園

表紙写真 復元整備の終わった史跡大内氏館跡「池泉庭園」「ふるさと山口」 山口の文化財を守る会 （33） 2012.6

史跡大内氏館跡池泉庭園の復元整備について（特集2 山口県文化財の保存・修理・調査）（山口県教育委員会文化財保護課）「山口県文化財」 山口県文化財愛護協会 43 2012.8

町絵

町絵集落の移り変り（片山武雄）「温故知新」 美東町文化研究会 （38） 2011.6

長州

道中旅籠勘定手扣帳―長州征伐出兵（細貝隆司）「長岡郷土史」 長岡郷土史研究会 （40） 2003.5

奢るなかれ長州（阿部井亨）「月刊会津人」 月刊会津人社 （3） 2003.12

県史講演録 長州戦争と明治維新（三宅紹宣）「山口県史研究」 山口県 （12） 2004.3

四境戦争（第2次長州征伐戦争）（えひめ文化財散歩（2））（村上文朗）「ゆづき,特別号 : えひめ文化財散歩」 文化財フォーラム愛媛 2 2005.1

幕末長州紀行―2005年,広島・山口紀行（抄）（伊東清風）「京浜歴科研年報」 京浜歴史科学研究会 （18） 2006.1

会津と長州との交流士（滝沢洋之）「会津人群像」 歴史春秋出版 （6） 2006.3

長州征伐と生野代官所（乳原克巳）「一里塚」 生野銀山史談会 （11） 2006.3

理解し合おう長州と会津（畑敬之助）「会津会々報」 会津会 （113） 2007.6

第二次長州征討と松山藩の対応―奥平貞幹の戦後処理交渉について（清水正史）「伊予史談」 伊予史談会 （346） 2007.7

慶応二年第二次長州征討の道中日記（高野清）「長野」 長野郷土史研究会 （259） 2008.6

会津、長州の和解とは、理解できない《特集 戊辰戦争140年》（鈴木荘一）「会津人群像」 歴史春秋出版 （12） 2008.10

会津と長州―幕末5年間、因果の曼陀羅《特集 戊辰戦争140年》（畑敬之助）「会津人群像」 歴史春秋出版 （12） 2008.10

会津と長州、21年間の交流《特集 戊辰戦争140年》（滝沢洋之）「会津人群像」 歴史春秋出版 （12） 2008.10

長州戦争の総合的考察（土井浩）「柳井市郷談会誌」 柳井市郷談会 （33） 2009.3

長州大工の足跡を訪ねて（《特集2 文化財建造物の修理・活用・調査》）（川口智）「山口県文化財」 山口県文化財愛護協会 40 2009.8

長州大工の足跡（梼原史談）（川田清雄）「樗原 文芸・史談」 樗原町文化協会 （35） 2010.11

幕末の長州戦争における農民達の負担（和田孝）「郷土石見 : 石見郷土研究懇話会機関誌」 石見郷土研究懇話会 （85） 2010.12

長州・山口県の近代捕鯨（清水満幸）「西日本文化」 西日本文化協会 （454） 2011.12

第二次長州戦争が勝利したのはなぜか？―班討論で討幕の原因を考える（研究協議会の記録）（若杉温）「房総史学」 国書刊行会 （52） 2012.3

第二次長州征伐と西條藩（1）（三木秋男［編］）「西條史談」 西條史談会 （85） 2012.5

第二次長州征伐と西條藩（2）紀州・西条藩の参城（三木秋男［編］）「西條史談」 西條史談会 （86） 2012.9

第二次長州征伐と西條藩（芸州口・大野村周辺の戦い）―「荒木満福寺文書」を基にして（3）西條勢の手柄（三木秋男［編］）「西條史談」 西條史談会 （87） 2013.1

文化講演会 長州と頼山陽（見延典子）「佐波の里 : 防府史談会会誌」 防府史談会 （41） 2013.3

古式捕鯨業時代の長州漁場（1）（中園成生）「西日本文化」 西日本文化協会 （465） 2013.10

小山村に残る『第二次長州征討旅日記』出版の報告（内田征一）「いしぶみ」 まちだ史考会 （20周年記念号） 2014.7

長州五傑碑

地下史余話 長州五傑碑と地域（平原祐次）「ふるさと山口」 山口の文化財を守る会 （25） 2004.6

長州台場

長州お台場物語（内藤繁行）「油谷のささやき」 油谷町郷土文化会 （22） 2004.3

長州藩

上浮穴郡美川村大川 土居家文書に見る長州藩に見る長州戦争記録（大村博）「郷土うちこ」 内子町郷土研究会 24 2001.5

藩政時代の庶民の犯罪と刑罰の一形態（西島勘治）「ふるさと山口」 山口の文化財を守る会 （25） 2004.6

朝鮮通信使に関する聘礼改革と長州藩―新井白石との関連性から（邢永鳳）「山口県地方史研究」 山口県地方史学会 （91） 2004.6

幕末長州藩における朝陽丸事件について（町田明広）「山口県地方史研究」 山口県地方史学会 （92） 2004.11

近世初期幕府の銭貨政策と長州藩（本多博之）「広島女子大学国際文化学部紀要」 県立広島女子大学 （13） 2005.2

長州藩の相州警備に見る預所経営と民政思想（竹本知行）「開国史研究」 横須賀市 （5） 2005.3

『脱退騒動』武力鎮定の真相に迫る―郷土史家「安藤紀一」の遺稿（今井東吾）「山口県地方史研究」 山口県地方史学会 （93） 2005.6

政令二途を巡る長州藩と小倉藩の確執について（町田明広）「山口県地方史研究」 山口県地方史学会 （94） 2005.11

常願寺川改修工事に従事した長州藩士の半生（貴堂巌）「近代史研究」 富山近代史研究会 （33） 2010.3

幕末期長州藩村落における対外的危機（三宅紹宣）「山口県地方史研究」 山口県地方史学会 （106） 2011.10

総合記念講演 明治維新と長州藩（利重忠講師講演要旨）（松本英之）「郷土文化ながと」 長門市郷土文化研究会 （25） 2013.5

幕末の御親兵設置に対する長州藩の寄与（研究）（野村晋作）「山口県地方史研究」 山口県地方史学会 （110） 2013.10

文久元・二年における長州藩士の海外渡航（2013年度明治維新史学会秋期大会報告要旨）（山田裕輝）「会報明治維新学会だより」 明治維新史学会 （20） 2013.10

特集 幕末日本の軍事力―長州と幕府 長州藩耽読の外国船砲撃／日本の軍事力の外面的な弱さ／致命的な問題はソフト面の弱さだった／長州と幕府の明暗を分けたもの「山口県史だより」 山口県県史編さん室 （30） 2013.11

古式捕鯨業時代の長州漁場（2）（中園成生）「西日本文化」 西日本文化協会 （466） 2013.12

長州藩元治の内戦の研究（論文）（三宅紹宣）「山口県史研究」 山口県 （22） 2014.3

長州藩における文久四年正月の具足祝式（論文）（立石智章）「山口県史研究」 山口県 （22） 2014.3

山田裕輝氏「文久元・二年における長州藩士の海外渡航」（2013年度明治維新史学会秋期大会討論要旨）（岸本覚）「会報明治維新史学会だより」 明治維新史学会 （21） 2014.5

幕末期長州藩における医学館の創設とその機能（小川亜弥子）「洋学 : 洋学史学会研究年報」 洋学史学会 通号21 2014.7

長府

武蔵・小次郎の決闘 巌流島と長府散策の旅（松井卓子）「かんべ」 可部郷土史研究会 101 2003.7

長府・萩を訪ねて（杉本仔瑒子）「郷土研究」 佐世保市立図書館 （31） 2004.3

瀬戸内紀行 城下町長府「郷土史紀行」 ヒューマン・レクチャー・クラブ 2004.3

平成16年度藩外巡見 長州「下関（長府）・萩」史跡探訪（山口洋文）「大村史談」 大村史談会 56 2005.3

会員歴史探訪 下関市吉田・長府を歩く（松本英之）「郷土文化ながと」 長門市郷土文化研究会 （21） 2009.5

長府に残る教育者・宮本桂馬ゆかりの書状について（村上昭彦）「西條史談」 西條史談会 （86） 2012.9

長府藩

長府藩三澤家文書中の仙台藩関係文書について（吉田真夫）「山口県文書館研究紀要」 山口県文書館 （31） 2004.3

慶応年間の長府藩作成地図―四境戦小倉口の戦備を読む（井上佑）「山口県史研究」 山口県 （17） 2009.3

文化講演会 長府藩の藩論及び方針決定に関する一考察―『航海遠略策』から『破約攘夷』転換の中で（田中洋一）「佐波の里 : 防府史談会会誌」 防府史談会 （42） 2014.3

束荷村

束荷村誌より束荷の風俗・人情（岡村俊介）「光地方史研究」 光地方史研究会 （31） 2005.3

都濃郡

都濃郡役所について―戸田剱持家文書を史料として（佐伯隆）「徳山地方郷土史研究」 徳山地方郷土史研究会 （29） 2008.3

津波敷

聞き書き「津波敷・今昔物語」（熊井清雄, 中藤駿）「和海藻」 下関市豊北町郷土文化研究会 （28） 2013.3

883

山口県　　　　　　　　　　地名でたどる郷土の歴史　　　　　　　　　　中国

津和野

会員歴史探訪 津和野歴史探訪の記（玉江繁一）「郷土文化ながと」 長門市郷土文化研究会　（19） 2007.5

頭振川みどりの砂防公園

頭振川みどりの砂防公園と七段の滝河川公園（藤井文則）「郷土文化ながと」 長門市郷土文化研究会　（19） 2007.5

土井ヶ浜

春の巡見記 土井ヶ浜人類学ミュージアム・角島・くすの森・功山寺（河本正則）「柳井市郷談会誌」 柳井市郷談会　27 2003.3

遠石

遠石の歴史を語る一対談（橋本望、兼崎士）「徳山地方郷土史研究」 徳山地方郷土史研究会　（29） 2008.3

東行庵

春の巡見会―巌流島・春帆楼・赤間神宮・東行庵（奥村早苗）「柳井市郷談会誌」 柳井市郷談会　28 2004.3

報告 毛利藩船倉・東行庵を訪ねて（野々下静）「佐伯史談」 佐伯史談会　（218） 2012.3

陶峠下一里塚

ふる里の史跡 陶峠下一里塚（中川正）「郷土史紀行」 ヒューマン・レクチャー・クラブ　24 2003.11

常盤

「ふるさと常盤四方山話」について（鈴永英二）「宇部地方史研究」 宇部地方史研究会　（33） 2005.5

常盤湖

系図の附記にみる常盤湖築堤、立ち退きの例（中尾茂樹）「宇部地方史研究」 宇部地方史研究会　（35） 2007.6

常盤公園

「常盤公園」の登録記念物への登録（宇部市教育委員会）「山口県文化財」 山口県文化財愛護協会　39 2008.8

徳山

特別講演 朝鮮通信使と徳山（小山良具）「徳山地方郷土史研究」 徳山地方郷土史研究会　23 2002.3

徳山地方の幕末維新期に活躍した群像たち（3）（小林省三）「徳山地方郷土史研究」 徳山地方郷土史研究会　25 2004.3

萩の乱における徳山勢の参加（田村貞雄）「徳山地方郷土史研究」 徳山地方郷土史研究会　26 2005.3

徳山地方の幕末維新期に活躍した群像たち（4）―山崎隊を中心に（前）（小林省三）「徳山地方郷土史研究」 徳山地方郷土史研究会　26 2005.3

徳山地方の乗合バスの歴史（弘中栄二）「徳山地方郷土史研究」 徳山地方郷土史研究会　26 2005.3

徳山地方の幕末維新期に活躍した群像たち（5）山崎隊を中心に（中）（小林省三）「徳山地方郷土史研究」 徳山地方郷土史研究会　（27） 2006.3

徳山近辺「古跡さがし」を読む（古文書解読研究会）「徳山地方郷土史研究」 徳山地方郷土史研究会　（27） 2006.3

海軍燃料政策の変転と徳山海軍練炭製造所・海軍燃料廠（田村貞雄）「山口県史」 山口県　（15） 2007.3

人造石油の失敗と徳山海軍燃料第三廠（田村貞雄）「山口県地方史学会」 山口県地方史学会　（97） 2007.6

徳山地方の幕末維新期に活躍した群像たち（6）山崎隊を中心に（後）（小林省三）「徳山地方郷土史研究」 徳山地方郷土史研究会　（29） 2008.3

所感 徳山よいとこ―「菊池寛賞」受賞うらばなし（村松久）「徳山地方郷土史研究」 徳山地方郷土史研究会　（30） 2009.3

昭和前期における徳山町・徳山市の小学校の増設（田村貞雄）「徳山地方郷土史研究」 徳山地方郷土史研究会　（31） 2010.3

要港都市徳山の建設とその解体―徳山地方市町村合併研究1938〜1949（山田友紀）「山口県地方史学会」 山口県地方史学会　（104） 2010.11

「毛利荘」と「児玉源太郎ゆかりの地」を訪ねて（探訪記）（矢野定）「徳山地方郷土史研究」 徳山地方郷土史研究会　（32） 2011.3

特別講演 徳山空襲と写真偵察（工藤洋三）「徳山地方郷土史研究」 徳山地方郷土史研究会　（33） 2012.3

徳山の地名―東京地名・得善保・岐山（研究）（田村貞雄）「徳山地方郷土史研究」 徳山地方郷土史研究会　（35） 2014.3

徳地

市内探訪 徳地地区（平成18年度文化財現地探訪報告）（塩見興一郎）「ふるさと山口」 山口の文化財を守る会　（28） 2007.6

徳地町

山口市徳地町の史跡見学報告「広島郷土史会会報」 広島郷土史会　（163） 2007.10

徳山海軍燃料廠

回想 河原小学校と徳山海軍燃料廠（藤井健三）「徳山地方郷土史研究」 徳山地方郷土史研究会　（29） 2008.3

河原小学校と徳山海軍燃料廠（2）（藤井健三）「徳山地方郷土史研究」 徳山地方郷土史研究会　（30） 2009.3

徳山共栄社

明治中期に活躍した徳山共栄社（田村貞雄）「徳山地方郷土史研究」 徳山地方郷土史研究会　（28） 2007.3

徳山市

『奇兵隊日記』に見える幕末維新期に活躍した旧徳山市域内の群像（小林省三）「徳山地方郷土史研究」 徳山地方郷土史研究会　25 2004.3

大徳山市構想の顛末―第4代徳山市長・長谷川藤七の生涯（山田友紀）「山口県地方史研究」 山口県地方史学会　（92） 2004.11

玉野派と長谷川派―戦災復興計画を巡る徳山市政の派閥系譜（山田友紀）「山口県地方史研究」 山口県地方史学会　（108） 2012.10

徳山乗降場

山陽汽船 徳山乗降場の盛衰―明治31〜34年 徳山門司赤間関間航路に供された山陽波止場の変遷（河杉忠昭）「山口県地方史研究」 山口県地方史学会　（102） 2009.11

徳山市立第三中学校

草創期の徳山市立第三中学校（研究）（田村貞雄）「徳山地方郷土史研究」 徳山地方郷土史研究会　（33） 2012.3

徳山電気軌道

大正期 未成鉄道に終わった徳山電気軌道（河杉忠昭）「山口県地方史研究」 山口県地方史学会　（100） 2008.11

徳山藩

箱館戦争における徳山藩諸隊（山崎隊・献功隊）の活躍について（小林省三）「山口県地方史研究」 山口県地方史学会　（98） 2007.11

徳山藩の廃藩と徳山部・都濃区・第七大区（研究）（田村貞雄）「徳山地方郷土史研究」 徳山地方郷土史研究会　（34） 2013.3

徳山要港

大戦末期の「徳山要港」の防備態勢（田中賢一）「徳山地方郷土史研究」 徳山地方郷土史研究会　（30） 2009.3

徳山湾

岩井商店の徳山湾岸進出（田村貞雄）「徳山地方郷土史研究」 徳山地方郷土史研究会　（30） 2009.3

徳山湾岸海軍御用水槽（研究）（田中賢一）「徳山地方郷土史研究」 徳山地方郷土史研究会　（33） 2012.3

富海

富海の歴史的特質について（1）（児玉識）「佐波の里 ： 防府史談会会誌」 防府史談会　（32） 2004.3

文化講演 徳山毛利家文庫「御蔵本日記」の中の富海（吉積久年）「佐波の里 ： 防府史談会会誌」 防府史談会　（36） 2008.3

富海飛船の歴史（研究発表）（出橋稔朗）「佐波の里 ： 防府史談会会誌」 防府史談会　（41） 2013.3

歴史遺産 毛利元就と富海（柴原直樹）「佐波の里 ： 防府史談会会誌」 防府史談会　（41） 2013.3

歴史講座 毛利元就の富海支配をめぐって（柴原直樹）「佐波の里 ： 防府史談会会誌」 防府史談会　（42） 2014.3

殿居郵便局舎

下関市豊田町・旧殿居郵便局舎の保存修理（文化財トピックス）（今井徹也）「山口県文化財」 山口県文化財愛護協会　42 2011.8

富田川

陶器片の故郷を探る 富田川流砂から採取した唐津片（田村和光）「郷土史紀行」 ヒューマン・レクチャー・クラブ　14 2001.12

陶片の故郷を探る「富田川の青磁片」（田村和光）「郷土史紀行」 ヒューマン・レクチャー・クラブ　16 2002.4

陶片の故郷を探る 富田川流砂の中の美濃焼き系陶片（田村和光）「郷土史紀行」 ヒューマン・レクチャー・クラブ　22 2003.4

陶片の故郷を探る 富田川流域の中で見つけた青磁丸碗片（田村和光）「郷土史紀行」 ヒューマン・レクチャー・クラブ　28 2004.7

富田御殿

富田御殿絵図（西村修一）「徳山地方郷土史研究」 徳山地方郷土史研究会　（28） 2007.3

豊田町

豊田町および菊川町の史跡を訪ねて（古屋純夫）「大内文化探訪 ： 会誌」 大内文化探訪会　（21） 2003.4

中川

ゼロメートル地帯の排水対策（中川の改修）（合併70周年記念特集）（大亀恆芳）「厚南」 厚南郷土史研究会　（9） 2012.3

中島田

上・中島田の歴史探訪を終えて（隅田芳直）「光地方史研究」 光地方史研

会 (38) 2012.3

長田分教場

淳美小学校と長田分教場(森重武久)「温故知新」 美東町文化研究会 (32) 2005.4

長門

長門地区電信電話のあゆみ(山田耕二)「郷土文化ながと」 長門市郷土文化研究会 12 2000.5

元禄時代の長門 『長州雑記』を読む(土屋貞夫)「郷土文化ながと」 長門市郷土文化研究会 (15) 2003.5

長岡遊覧記の紹介に就いて(木村苔生)「秋芳町地方文化研究」 秋芳町地方文化研究会 (39) 2003.6

長門のいしぶみ(第3次追録)(大石正信)「郷土文化ながと」 長門市郷土文化研究会 (16) 2004.5

長門の元寇史跡(武内誠)「郷土史紀行」 ヒューマン・レクチャー・クラブ 28 2004.7

長門のいしぶみ(追録)(大石正信)「郷土文化ながと」 長門市郷土文化研究会 (17) 2005.5

長門のいしぶみ(大石正信)「郷土文化ながと」 長門市郷土文化研究会 (18) 2006.5

長門・萩の史跡と観桜の旅(富岡行昌)「郷土史誌末盧國」 松浦史談会, 芸文堂(発売) (166) 2006.6

長門の浦(高田掏泉)「小田原史談 : 小田原史談会々報」 小田原史談会 (206) 2006.7

長門のいしぶみ(大石正信)「郷土文化ながと」 長門市郷土文化研究会 (19) 2007.5

史料紹介「長門練兵場蔵板 活板散兵教練書」(三宅紹宣)「山口県史教研究」 山口県 (16) 2008.3

長門のいしぶみ(大石正信)「郷土文化ながと」 長門市郷土文化研究会 (20) 2008.5

巻頭随想・山風潮風 わがまち長門 古里の歴史を語り継ぐ(安部言思)「郷土文化ながと」 長門市郷土文化研究会 (21) 2009.5

長門の伝統文化(河野先生講話要旨)(藤井文則)「郷土文化ながと」 長門市郷土文化研究会 (21) 2009.5

長門のいしぶみ(大石正信)「郷土文化ながと」 長門市郷土文化研究会 (21) 2009.5

長門に於ける北辰余光(内藤繁行)「大内文化探訪 : 会誌」 大内文化探訪会 (29) 2011.5

長門のいしぶみ「お使いは自転車に乗って」の碑「郷土文化ながと」 長門市郷土文化研究会 (23) 2011.5

写真で見る郷土史 ふるさと長門「郷土文化ながと」 長門市郷土文化研究会 (23) 2011.5

春の史跡探訪 近代化産業遺産と白壁の街並みを巡る長門・周防路の旅(佐々木市太郎)「郷土史誌末盧國」 松浦史談会, 芸文堂(発売) (186) 2011.6

海に活きる街 下関・長門(田代元良)「郷土文化ながと」 長門市郷土文化研究会 (24) 2012.5

長門探題の滅亡と「タスキ」氏(歴史)(樋口州男)「和海藻」 下関市豊北町郷土文化研究会 (28) 2013.3

「長門鯨霊崇拝伝説」を糺す(藤井文則)「郷土文化ながと」 長門市郷土文化研究会 (25) 2013.5

伊能忠敬の長門測量(萩原茂生)「郷土文化ながと」 長門市郷土文化研究会 (25) 2013.5

写真で見る郷土史 ふるさと長門「郷土文化ながと」 長門市郷土文化研究会 (25) 2013.5

歴史のロマン―奥州安倍氏と長門(橘厳子)「郷土文化ながと」 長門市郷土文化研究会 (26) 2014.5

写真で見る郷土史 ふるさと長門「郷土文化ながと」 長門市郷土文化研究会 (26) 2014.5

長門市

ながとつれづれ(斎藤智恵)「郷土文化ながと」 長門市郷土文化研究会 (16) 2004.5

日本近代捕鯨発祥の地(河野良輔)「郷土文化ながと」 長門市郷土文化研究会 (17) 2005.5

長門市合併時の人口・面積/新・長門市への沿革「郷土文化ながと」 長門市郷土文化研究会 (18) 2006.5

長門市の史跡をたねる(探訪部現地探訪資料)(児玉輝巳)「大内文化探訪 : 会誌」 大内文化探訪会 (29) 2011.5

長門城

長門城は幻―実地踏査による地形的考察(井上佑)「郷土」 下関郷土会 (50) 2007.3

長門国

慶安・承応期における長門国目付について―石川弥左衛門の動向を中心に(山本英貴)「山口県地方史研究」 山口県地方史学会 (89) 2003.6

長門国府・国分寺を中心とした軒瓦の様相(妹尾周三)「広島大学総合博物館研究報告」 広島大学総合博物館 (4) 2012.12

長門国の山城址(歴史)(児玉光生)「和海藻」 下関市豊北町郷土文化研究会 (28) 2013.3

中野

須恵の地・中野の石造物を訪ねて―三戸氏と丹後守(大窪静美)「宇部地方史研究」 宇部地方史研究会 (35) 2007.6

中ノ川山

街道往来 山代街道 中ノ川山の一里塚(岩国市本郷町)「郷土史紀行」 ヒューマン・レクチャー・クラブ (43) 2007.7

中関

文政期中関・下関の米入札について(石川敦彦)「山口県地方史研究」 山口県地方史学会 (92) 2004.11

長登銅山

古文書より見た長登銅山跡(吉永保義)「温故知新」 美東町文化研究会 (31) 2004.4

平成17年度 文化関係ニュース/平成17年度 長登銅山跡の動向(美東町教育委員会)「温故知新」 美東町文化研究会 (33) 2006.4

平成18年度文化関係ニュース/平成18年度長登銅山跡の動向(美東町教育委員会)「温故知新」 美東町文化研究会 (34) 2007.4

平成19年度長登銅山跡の動向(美東町教育委員会)「温故知新」 美東町文化研究会 (35) 2008.5

平成20年度 長登銅山関係の動向(美祢市教育委員会文化財保護課)「温故知新」 美東町文化研究会 (36) 2009.6

平成21年度 長登銅山関係の動向(長登銅山文化交流館)「温故知新」 美東町文化研究会 (37) 2010.4

平成22年度長登銅山跡を巡る動向と文化ニュース(美祢市長登銅山交流館)「温故知新」 美東町文化研究会 (38) 2011.6

平成23年度長登銅山跡を巡る動向と文化ニュース(美祢市長登銅山交流館)「温故知新」 美東町文化研究会 (39) 2012.4

史跡長登銅山跡保存管理計画策定事業(特集2 山口県文化財の保存・修理・調査)(森田孝一)「山口県文化財」 山口県文化財愛護協会 43 2012.8

平成24年度 長登銅山跡を巡る動向と文化ニュース(美祢市長登銅山交流館)「温故知新」 美東町文化研究会 (40) 2013.6

平成25年度長登銅山跡の動向と文化ニュース(長登銅山文化交流館)「温故知新」 美東町文化研究会 (41) 2014.6

中原

中原の歴史と信仰(青田隆子)「和海藻」 下関市豊北町郷土文化研究会 (25) 2010.3

名田島

開作築立の歴史に学ぶ(2),(3)―名田島新開作を中心にして(内田悟)「ふるさと山口」 山口の文化財を守る会 (25)/(26) 2004.6/2005.6

市内探訪 名田島地区(平成17年度文化財現地探訪報告)(塩見興一郎)「ふるさと山口」 山口の文化財を守る会 (27) 2006.6

南陽

山口県周南市南陽区の史跡見学報告(渡邉正彦)「広島郷土史会会報」 広島郷土史会 (169) 2009.8

西岐波

わたしの写真紀行 海底の犠牲者たち 山口県宇部市西岐波「北のむらから」 能代文化出版社 (257) 2008.12

西岐波小学校請川分校

寺子屋から西岐波小学校請川分校廃校まで(植村順久)「宇部地方史研究」 宇部地方史研究会 (34) 2006.12

西平谷

源流の郷でいのちをつなぐ―西平谷の暮らし(下村清一)「下松地方史研究」 下松地方史研究会 (49) 2013.4

西ノ沖山

厚南地方の地名(7) 西ノ沖山(西沖干拓)(嵐織文)「厚南」 厚南郷土史研究会 (11) 2014.3

日清講和記念館

国指定 史跡 萩往還(追加指定)唐樋札場跡/登録有形文化財 日清講和記念館(新指定・登録の文化財)「山口県文化財」 山口県文化財愛護協会 42 2011.8

仁保

山口市仁保地区の史跡を訪ねる(探訪部現地探訪資料)「大内文化探訪 : 会誌」 大内文化探訪会 (30) 2012.5

沼城

毛利元就沼城攻めの本陣跡を訪ねる(児玉輝巳)「大内文化探訪 : 会誌」 大内文化探訪会 (26) 2008.4

山口県　　　　　　　　　　　　　　地名でたどる郷土の歴史　　　　　　　　　　　　　　中国

狼煙山

攘夷戦と四境役の狼煙山 (井上佑)「山口県地方史研究」 山口県地方史学会 (100) 2008.11

馬関

〔資料紹介〕 馬関并北浦行日記 (1)～(3) (山口八郎)「諫早史談」 諫早史談会 33/35 2001.3/2003.3

波瀾の萩野隊 四ヵ国攘夷戦争馬関防衛の戦士たち (岡本和勇)「郷土」 下関郷土会 (53) 2010.3

国司信濃公の馬関戦争 (特集 明治と宇部) (武波博行)「宇部地方史研究」 宇部地方史研究会 (39) 2011.7

馬関商業銀行

馬関商業銀行に関する史料について (畠中茂朗)「山口県地方史研究」 山口県地方史学会 (100) 2008.11

萩

萩の乱石供書一覧表について (田村貞雄)「山口県史研究」 山口県 11 2003.3

長府・萩を訪ねて (杉本伃璃子)「郷土研究」 佐世保市立図書館 (31) 2004.3

山口と萩—観光地の歴史的背景を中心に考察する神 (神代祥男)「大内文化探訪 : 会誌」 大内文化探訪会 (22) 2004.3

萩開府400年記念事業について (萩市文化財保護課)「山口県文化財」 山口県文化財愛護協会 35 2004.8

〈特集 会津志士・萩を行く〉「月刊会津人」 月刊会津人社 (16) 2005.1

会津藩士・萩を行く (金子健一)「月刊会津人」 月刊会津人社 (16) 2005.1

美東・萩の史跡探訪紀行 (河部佳子)「光地方史研究」 光地方史研究会 (31) 2005.3

平成16年度藩外巡見 長州「下関 (長府)・萩」史跡探訪 (山口洋文)「大村史談」 大村史談会 56 2005.3

長門・萩の史跡と観桜の旅 (富岡行昌)「郷土史誌末盧國」 松浦史談会, 芸文堂 (発売) (166) 2006.6

近世萩焼に関する史料 (吉積久年)「山口県地方史研究」 山口県地方史学会 (96) 2006.11

会津は「戊辰百四十年」萩は「明治維新百四十年」(特集 戊辰戦争140年》) (山本貞壽)「会津人群像」 歴史春秋出版 (12) 2008.10

萩を訪ねて (萩城跡と周辺巡り感想) (川上哲司)「わが町三原」 みはら歴史と観光の会 237 2010.12

明治維新発祥の地 萩市を訪問して (萩城跡と周辺巡り感想) (大本静人)「わが町三原」 みはら歴史と観光の会 237 2010.12

「維新の萩」歴史探訪「かんべ」 可部郷土史研究会 (120) 2011.11

「日本の近代化産業遺産群—九州・山口及び関連地域」萩の世界遺産候補 (文化財トピックス) (植山幸三)「山口県文化財」 山口県文化財愛護協会 44 2013.8

文化講演会 萩地域に残る近代化産業遺産群—反射炉を中心に (森本文規講師対談要旨)〈宗金周治)「郷土文化ながと」 長門市郷土文化研究会 (26) 2014.5

萩往還

親子歴史教室 山陽道・萩往還おもしろ歴史ばなし—かわら版づくりに挑戦してみよう (金山政秋, 渋谷勝美)「佐波の里 : 防府史談会会誌」 防府史談会 (32) 2004.3

会津—萩往還 (《特集 戊辰戦争140年》) (高谷雄三)「会津人群像」 歴史春秋出版 (12) 2008.10

市内探訪 小鯖の萩往還文化財 (平成21年度文化財現地探訪報告) (山本満寿美)「ふるさと山口」 山口の文化財を守る会 (31) 2010.6

国指定 史跡 萩往還 (追加指定)唐樋札場跡/登録有形文化財 日清講和記念館 (新指定・登録の文化財)「山口県文化財」 山口県文化財愛護協会 42 2011.8

口絵 萩往還と三田尻御茶屋 (阿部かおり)「佐波の里 : 防府史談会会誌」 防府史談会 (40) 2012.3

山口県の観光ブランドをけん引する歴史浪漫街道「萩往還」の魅力 (特集1 山口県文化財の公開・活用) (県観光振興課)「山口県文化財」 山口県文化財愛護協会 43 2012.8

萩高等学校

歴史教育 長州おはぎ—山口県立萩高等学校における歴史教育と地域共生教育の実践 (石永雅子)「山口県地方史研究」 山口県地方史学会 (109) 2013.6

萩市

会員歴史探訪開府400年・萩市探訪の記 (開作一明)「郷土文化ながと」 長門市郷土文化研究会 (17) 2005.5

萩城

萩城及び城下町における瓦の諸相 (1) 堺瓦について (柏本朝子)「萩市郷土博物館研究報告」 萩市郷土博物館 11 2001.3

萩城及び城下町における瓦の諸相 (2)—御用瓦師と瓦町について (柏本朝子)「萩市郷土博物館研究報告」 萩市郷土博物館 13 2003.3

萩城・串崎城・岩国城 (天守台) の構築技術について (縄田弘志)「山口県地方史研究」 山口県地方史学会 (93) 2005.6

萩城跡見学 (萩城跡と周辺巡り感想) (山根光博)「わが町三原」 みはら歴史と観光の会 237 2010.12

国指定 重要文化財 (建造物) 旧毛利家本邸/史跡 萩城城下町 (追加指定)/重要無形民俗文化財 地福のトイトイ (新指定・登録の文化財)「山口県文化財」 山口県文化財愛護協会 43 2012.8

萩藩

幕末期萩藩の宰判別牛馬廻船漁船数について (石川敦彦)「山口県地方史研究」 山口県地方史学会 (86) 2001.10

萩藩における「御仕成」と中間層 (伊藤昭弘)「九州史学」 九州史学研究会 (133) 2002.9

萩藩の地方知行制について—大組・羽仁氏を事例として (河本福美)「山口県史研究」 山口県 11 2003.3

萩藩における損亡高の幕府報告について (石風呂知典)「山口県史研究」 山口県 (13) 2005.3

特集 萩藩の初代藩主は誰?「山口県史だより」 山口県史編さん室 (22) 2005.10

萩藩における海浜の開発と地域社会 (《2006年度大会特集 18～19世紀の資源をめぐる政策と生業》) (山下聡一)「歴史科学」 大阪歴史科学協議会 (188) 2007.5

市史「史料編」編さん講演会5 萩藩の本・支藩関係 講師・田中誠二氏「山口市史編さんだより」 山口市総合政策部 (9) 2007.8

萩藩における朝鮮語通詞と朝鮮情報 (木部和昭)「境」 歴史人類学会, 日本図書センター (発売) (57) 2008.9

近世街道絵図「行程記」の路線図 (山田稔)「山口県文書館研究紀要」 山口県文書館 (36) 2009.3

天保期萩藩領室浦修甫と茶屋五歩銀 (下向井紀彦)「山口県史研究」 山口県 (18) 2010.3

幕末期萩藩財政史研究序説 (田中誠二)「やまぐち学の構築」 山口大学研究推進体「やまぐち学」推進プロジェクト (7) 2011.3

萩藩後期の山代紙 (田中誠二)「やまぐち学の構築」 山口大学研究推進体「やまぐち学」推進プロジェクト (7) 2011.3

寛政～文化期前半における萩藩密用方について (研究) (山﨑一郎)「山口県文書館研究紀要」 山口県文書館 (39) 2012.3

萩藩絵図方関係年表 (図版編) (研究ノート) (山田稔)「山口県文書館研究紀要」 山口県文書館 (39) 2012.3

萩藩「宰判宿駅」における継送りの諸相—林勇蔵家文書を中心に (中野美智子)「やまぐち学の構築」 山口大学研究推進体「やまぐち学」推進プロジェクト (9) 2013.3

萩藩郡方地理図師の職務と地位—有馬家の筆並騒動を巡って (研究) (山田稔)「山口県文書館研究紀要」 山口県文書館 (40) 2013.3

萩藩領の地下上申絵図—一郷一村知行所絵図と村落景観 (研究ノート) (羽山久男)「史窓」 徳島地方史研究会 (43) 2013.3

地方知行制存続の意義について—萩藩を事例として (研究) (脇正典)「山口県地方史研究」 山口県地方史学会 (109) 2013.6

十八世紀萩藩における文書管理・記録作成と藩士柿並市右衛門—当職所記録取締役・当職所記録仕法・江戸御国大記録方 (研究) (山﨑一郎)「山口県文書館研究紀要」 山口県文書館 (41) 2014.3

萩藩庁

近代における毛利家文庫の形成と萩藩庁文書 (シンポジウム 移行期の文書管理) (山﨑一郎)「史学研究」 広島史学研究会 (280) 2013.7

萩焼深川古窯

新・県指定有形文化財 (史跡) 萩焼深川古窯跡群 (県・市文化財保護担当資料)「郷土文化ながと」 長門市郷土文化研究会 (18) 2006.5

馬皿

地名の字は歴史の宝—中世の馬皿について (沖原宗雄)「柳井市郷談会誌」 柳井市郷談会 (35・36) 2012.3

秦益人刻書石

文化財ニュース「秦益人刻書石」と「山水園本館」が文化財に!「山口市史編さんだより」 山口市ふるさと創生部 (22) 2014.2

花岡

末武花岡市に於ける勘場・御茶屋・御番所・高札場の旧跡 (河村燕一郎)「下松地方史研究」 下松地方史研究会 41 2004.12

花岡・久保往還道

江戸末期～明治時代に於ける花岡・久保往還道の町並 (河村燕一郎)「下松地方史研究」 下松地方史研究会 (49) 2013.4

花園往還

表紙写真説明 花園往還の石燈籠 (岩本光蔵, 神代素行)「喜和」 東岐波郷土誌研究会 (112) 2012.5

花園往還の石燈籠（神代素行）「喜和」 東岐波郷土誌研究会 （112）
2012.5

埴生浦

厚狭郡埴生浦における魚曜場と仕入―長門国瀬戸内海沿岸地域における
魚市場の一形態（木部和昭）「やまぐち学の構築」 山口大学研究推進
体「やまぐち学」推進プロジェクト （8）2012.3

浜崎

萩市浜崎伝統的建造物群保存地区とまちづくり（〈特集2 文化財建造物の
修理・活用・調査〉）（大槻洋二）「山口県文化財」 山口県文化財愛護
協会 40 2009.8

早鞆瀬戸

万葉集「隼人乃淵門」考（本論）―関門の「早鞆瀬戸」説に対しての吟味
（室田浩然）「郷土」 下関郷土会 （50）2007.3

東吉部村

現代語訳（抄）舟木宰判風土注進案 東吉部村一（古谷彰敏）「くすのき文
化」 楠町文化協会 （61）2009.3

東岐波

平成22年度東岐波郷土誌研究会総会講演 東岐波十景の詩と日野宗春（吉
村富雄，岩本光蔵）「喜和」 東岐波郷土誌研究会 （111）2011.5

郷土の石碑あれこれ "密やかに立つ石碑から先人の足跡を探る"（舛富佑
二郎，岩本光蔵，赤川秀雄）「喜和」 東岐波郷土誌研究会 （111）
2011.5

第1回東岐波ふれあい散策マップめぐり―岐波・門前地区（赤川秀雄，岩
本光蔵）「喜和」 東岐波郷土誌研究会 （111）2011.5

東岐波の文化財等DVD制作（林嘉一）「喜和」 東岐波郷土誌研究会
（111）2011.5

郷土片々録（赤川秀雄）「喜和」 東岐波郷土誌研究会 （111）2011.5

平成23年度東岐波郷土誌研究会総会講演 「東岐波と自然災害」―ハ
ザードマップの裏側（三浦房紀）「喜和」 東岐波郷土誌研究会 （112）
2012.5

第2回東岐波ふれあい散策マップめぐり―花園・前田の歴史を訪ねる（赤
川秀雄，岩本光蔵）「喜和」 東岐波郷土誌研究会 （112）2012.5

郷土片々録（赤川秀雄）「喜和」 東岐波郷土誌研究会 （112）2012.5

第3回東岐波ふれあい散策マップめぐりの記（磯地・北原地区）（神代素
行［文］，岩本光蔵［写真］）「喜和」 東岐波郷土誌研究会 （113）
2013.5

東岐波郷土誌研究会創立六十周年記念DVD ふるさと東岐波の文化財
（創立60周年記念特別号）（岩本光蔵「表紙写真」，前山光男「説明」）
「喜和」 東岐波郷土誌研究会 （114）2014.5

記念事業の三 東岐波郷土誌研究会のあけぼの―創立前後の動きを探る
（創立60周年記念特別号）（神代素行［編著］，原谷恒雄［編著］，岩本
光蔵［写真協力］）「喜和」 東岐波郷土誌研究会 （114）2014.5

東岐波雑考（正司茂）「喜和」 東岐波郷土誌研究会 （114）2014.5

東岐波十景の詩と日野宗春（吉村富雄）「宇部地方史研究」 宇部地方史研
究会 （42）2014.7

光

『図説 周南・下松・光の歴史』の出版に思う（国広哲也）「光地方史研究」
光地方史研究会 （32）2006.3

光市

光市の「名字」考察（1），（2）（有沢二夫）「光地方史研究」 光地方史研究
会 （33）/（34）2007.3/2008.3

光市の国民学校高等科「学徒動員の犠牲者」（佐伯亮二）「光地方史研究」
光地方史研究会 （34）2008.3

地方史ニュース（光市の文化財・刷新）「光地方史研究」 光地方史研究会
（35）2009.3

地方史ニュース「光地方史研究」 光地方史研究会 （37）2011.3

行事だより 山口 光市（周防）の史跡見学報告（三浦英児）「広島郷土史会
会報」 広島郷土史会 （174）2012.12

山口 光市（周防）の史跡見学報告/呉 川尻町周辺の史跡巡り「広島郷土
史会会報」 広島郷土史会 （174）2012.12

日積

日積地区史の謎（三村宏）「柳井市郷談会誌」 柳井市郷談会 29 2005.3

肥中街道

肥中街道 第1回（松原正男）「秋芳町地方文化研究」 秋芳町地方文化研究
会 （41）2005.6

肥中街道をたずねて（中野喜久子）「みねぶんか」 美祢市郷土文化研究会
（40）2009.10

肥中港

歴史 肥中港における萩藩の武器密輸事件（熊井清雄）「和海藻」 下関市
豊北町郷土文化研究会 （27）2012.3

大内義弘・盛見の治世下における朝鮮交易および肥中港の役割（歴史）
（熊井清雄）「和海藻」 下関市豊北町郷土文化研究会 （28）2013.3

人丸

「先大津と人丸今昔」あれこれ（高林正義）「油谷のささやき」 油谷町郷
土文化会 （28）2010.4

広大新開

広大新開築造経過研究（1）～（2）（小栗康治）「広郷土史研究会会報」 広
郷土史研究会 48/51 2002.4/2002.8

広瀬

嘉永4年広瀬旭荘の長府婪嫁及び藩儒招聘に関する一考察（亀田一邦）
「山口県地方史研究」 山口県地方史学会 （91）2004.6

深浦

正徳度・朝鮮通信使下松の宮の洲・深浦へ寄港（三井寛静）「下松地方史
研究」 下松地方史研究会 （43）2006.12

深浦砲台山

深浦砲台山と二つの道（宮田幸治）「下松地方史研究」 下松地方史研究会
（47）2011.3

深川町

深川町女子青年団活動資料の紹介（萩原茂生）「郷土文化ながと」 長門市
郷土文化研究会 （23）2011.5

福川西本陣

福川西御本陣書抜（研究）（田中賢一）「徳山地方郷土史研究」 徳山地方
郷土史研究会 （34）2013.3

福川本陣

篤姫と福川本陣（西村修一）「徳山地方郷土史研究」 徳山地方郷土史研究
会 （30）2009.3

篤姫と福川本陣（西村修一）「徳山地方郷土史研究」 徳山地方郷土史研究
会 （31）2010.3

二の丸様顕彰碑

史跡の杜 二の丸様顕彰碑 落成の集い（平山智昭）「温故知新」 美東町文
化研究会 （41）2014.6

二見

長門二見の夫婦岩（窪井方弘）「和海藻」 下関市豊北町郷土文化研究会
（26）2011.3

船木

三代続く船木の銘菓 松葉菓子（岡村正英）「くすのき文化」 楠町文化協
会 （51）2000.3

船木警察署の歴史（山田新義）「くすのき文化」 楠町文化協会 （55・
56）2004.3

現代語訳（抄）舟木宰判防長風土注進案（古谷彰敏）「くすのき文化」 楠
町文化協会 （60）2008.3

船木市村

現代語訳（抄）舟木宰判 防長風土注進案（7）船木市村（古谷彰敏）「くす
のき文化」 楠町文化協会 （59）2007.3

平郡島

平郡島における舸子役と漁業権（木部和昭）「やまぐち学の構築」 山口大
学研究推進体「やまぐち学」推進プロジェクト （7）2011.3

文政年間に平郡島で起きた強訴事件について（研究ノート）（三浦章）「山
口県地方史研究」 山口県地方史学会 （109）2013.6

文政年間に平郡島で起きた強訴事件について（三浦章）「柳井市郷談会
誌」 柳井市郷談会 （38）2014.5

別府村

明治中期、別府村と秋吉村の物価から見た風俗と暮し（古永忠夫）「秋芳
町地方文化研究」 秋芳町地方文化研究会 （44）2008.5

弁天川

弁天川の水利慣行と下嘉万落水の文書について（秋枝顕治）「秋芳町地方
文化研究」 秋芳町地方文化研究会 （43）2007.4

弁天島

大日比「弁天島」の松（藤井文則）「郷土文化ながと」 長門市郷土文化研
究会 （23）2011.5

豊井村

近世豊井村（東・西）海岸に於ける開作（河村蒸一郎）「下松地方史研究」
下松地方史研究会 （47）2011.3

烽火山

長門北東辺の烽火山（井上佑）「山口県地方史研究」 山口県地方史学会
（97）2007.6

防石鉄道

研究発表 防石鉄道のあゆみ（荻原旭）「佐波の里 ： 防府史談会会誌」 防
府史談会 （40）2012.3

防長

防長移封後の熊谷氏について(栗田義一)「かんべ」 可部郷土史研究会
101 2003.7

資料紹介 防長米の受賞メダル(伊原慎太郎)「山口県立山口博物館研究報
告」 山口県立山口博物館 (31) 2005.3

『防長国郡志』・『防長風土注進案』と近藤芳樹(影山純夫)「山口県地方史
研究」 山口県地方史学会 (94) 2005.11

防長にもあった飢饉について考える(西島勘治)「ふるさと山口」 山口の
文化財を守る会 (29) 2008.6

戦国大名毛利氏の防長支配と元亀3年龍福寺「再興」(高橋研一)「山口県
地方史研究」 山口県地方史学会 (99) 2008.6

『防長風土注進案』「風俗」の項にみる村の「共同体」(研究)(金谷匡人)
「山口県文書館研究紀要」 山口県文書館 (39) 2012.3

総会記念講演 防長の古地図—その特徴と魅力(山田稔)「佐波の里 ：
府史談会会誌」 防府史談会 (41) 2013.3

『防長風土注進案』「風俗」の項にみる村の「正月」(研究)(金谷匡人)
「山口県文書館研究紀要」 山口県文書館 (40) 2013.3

歴史 「防長の古地図」 その特徴と魅力(山田稔)「和海藻」 下関市豊北
町郷土文化研究会 (29) 2014.3

現代部会 東京で見つけた観光映画「防長風土記」(部会トピックス)「山
口県史だより」 山口県県史編さん室 (31) 2014.11

県史アラカルト(10) 豊後佐伯藩と近世の防長「山口県史だより」 山口
県県史編さん室 (31) 2014.11

防長塩田

近世塩業社会における地主集団の形成と展開—防長塩田を事例として
(伊藤昭弘)「ヒストリア ： journal of Osaka Historical
Association」 大阪歴史学会 (172) 2000.11

防徳

防徳方言風土記(2)(研究グループ)「松ヶ崎 ： 松崎歴史同好会誌」 松
崎歴史同好会 (11) 2004.5

防徳方言風土記(3)「松ヶ崎 ： 松崎歴史同好会誌」 松崎歴史同好会
(12) 2005.5

防府

周防府中防府における市・津・町の展開と商業(文化講演会)(岩元修
一)「佐波の里 ： 防府史談会会誌」 防府史談会 (31) 2003.3

歴史講座 毛利元就と防府(柴原直樹)「佐波の里 ： 防府史談会会誌」 防
府史談会 (32) 2004.3

『防府市史』発刊にいたる経緯について(県内における史料集刊行活動に
ついて)(重枝慎三)「山口県地方史研究」 山口県地方史学会 (97)
2007.6

会員歴史探訪 周防の国府 防府歴史探訪記(宮本司)「郷土文化ながと」
長門市郷土文化研究会 (20) 2008.5

親子歴史教室 知っちょる!? 防府歴史ウォーク(渋谷勝美，中嶋毅)「佐
波の里 ： 防府史談会会誌」 防府史談会 (37) 2009.3

総会記念講演 防府地域の方言(森川信夫)「佐波の里 ： 防府史談会会
誌」 防府史談会 (38) 2010.3

観光ガイド教室 知っちょる!?防府 歴史ウォーク(渋谷勝美)「佐波の里
： 防府史談会会誌」 防府史談会 (38) 2010.3

歴史講座 戦国時代の防府・山口・小郡(柴原直樹)「佐波の里 ： 防府史
談会会誌」 防府史談会 (38) 2010.3

歴史講座 戦国大名毛利氏の防長支配と防府(柴原直樹)「佐波の里 ： 防
府史談会会誌」 防府史談会 (39) 2011.3

研究発表 防府の寺子屋(荻原旭)「佐波の里 ： 防府史談会会誌」 防府史
談会 (39) 2011.3

総会記念講演 幕末・防府を訪れた人たち(山本栄一郎)「佐波の里 ： 防
府史談会会誌」 防府史談会 (39) 2011.3

フランシスコ・ザビエルと防府(研究発表)(石井孝)「松ヶ崎 ： 松崎歴
史同好会誌」 松崎歴史同好会 (20) 2013.3

防府市

山口県防府市・下関市の史跡見学報告(渡辺正彦)「広島郷土史会会報」
広島郷土史会 152 2003.12

文化講演 防府市の石造文化財(内田伸)「佐波の里 ： 防府史談会会誌」
防府史談会 (35) 2007.3

防府市の歴史・文化に魅せられて(藤永勝喜)「徳山地方郷土史研究」 徳
山地方郷土史研究会 (30) 2009.3

防府平野

親子歴史教室 山口県で一番広い「防府平野はこうして生まれた」を調べ
よう(渋谷勝美，中嶋毅)「佐波の里 ： 防府史談会会誌」 防府史談会
(36) 2008.3

豊北

豊北の人と自然の歴史年表図を試作して(伊藤忠雄)「和海藻」 下関市豊
北町郷土文化研究会 (19) 2003.12

豊北の元寇と浜出祭の起源(熊井清雄)「和海藻」 下関市豊北町郷土文化

研究会 (25) 2010.3

講演 「これからの豊北と郷土遺産」(波多野宏之)「和海藻」 下関市豊北
町郷土文化研究会 (27) 2012.3

豊北・東京往復メール 「ふるさと再生」(波多野宏之，岡崎新太郎)「和
海藻」 下関市豊北町郷土文化研究会 (27) 2012.3

歴史文学 「行乞記」にみる山頭火の北浦・豊北の旅など(熊井清雄)「和
海藻」 下関市豊北町郷土文化研究会 (28) 2013.3

教育歴史 豊北文教の礎と発展(窪井方弘)「和海藻」 下関市豊北町郷土
文化研究会 (28) 2013.3

事業報告 豊北の街道整備事業(阿部和正)「和海藻」 下関市豊北町郷土
文化研究会 (28) 2013.3

事業報告 『豊北の街道』展～豊北郷土文化友の会(阿部和正)「和海藻」
下関市豊北町郷土文化研究会 (29) 2014.3

豊北町

楊貴妃の里と角島 山口県油谷町・豊北町「郷土史紀行」 ヒューマン・
レクチャー・クラブ 28 2004.7

穂ノ木

灌漑用水路「スイドウ」と地名「穂ノ木」(藤谷和彦)「柳井市郷談会誌」
柳井市郷談会 (31) 2007.3

本浦

近世周防宮本浦と長期市の構造—嘉永六年花相撲興行を中心に(研究
ノート)(久角健二)「ヒストリア ： journal of Osaka Historical
Association」 大阪歴史学会 (230) 2012.2

真木

真木の白雉伝承と大化の改新(松野育男)「郷土文化ながと」 長門市郷土
文化研究会 (20) 2008.5

松崎

松崎教育(1)(森氏幹夫)「松ヶ崎 ： 松崎歴史同好会誌」 松崎歴史同好
会 (11) 2004.5

松崎教育(2)(研究発表)(森氏幹夫)「松ヶ崎 ： 松崎歴史同好会誌」 松
崎歴史同好会 (13) 2006.5

源平の合戦における松崎にまつわる話(研究発表)(石井孝)「松ヶ崎 ：
松崎歴史同好会誌」 松崎歴史同好会 (18) 2011.3

表紙写真 藤山松崎より厚東川と厚南平野を望む(佐藤輝好会員提供)「厚
南」 厚南郷土史研究会 (9) 2012.3

歴史に見る海進・海退—防府・松崎とのかかわり(研究発表)(石井孝)
「松ヶ崎 ： 松崎歴史同好会誌」 松崎歴史同好会 (19) 2012.3

丸尾崎砲台

丸尾崎砲台跡のこと(吉村富雄)「喜和」 東岐波郷土誌研究会 (113)
2013.5

万倉

万倉の苗作りについて(山本紀代子)「くすのき文化」 楠町文化協会
(57・58) 2006.7

万倉宮尾の郷のことについて(今村淳)「くすのき文化」 楠町文化協会
(60) 2008.3

万徳院庭園

武将・大名の庭園(4) 旧万徳院庭園(古川氏庭園)(松山茂雄)「城」 東
海古城研究会 (199) 2008.1

見島

山口県歴史モノ語り(20) 見島の鬼楊子「山口県史だより」 山口県県史
編さん室 (23) 2006.10

見島探訪の旅(研究・論説・紀行等)(史料を読む会)「大内文化探訪 ：
会誌」 大内文化探訪会 (32) 2014.5

水落

水落集落に伝わる市小野伝説—役の行者小角「巨人の足跡」発見(平山
智昭)「温故知新」 美東町文化研究会 (33) 2006.4

水落集落に伝わる市小野伝説 役の行者小角「巨人の足跡」発見(平山智
昭)「温故知新」 美東町文化研究会 (39) 2012.4

三隅

三隅の淵源を辿り三隅御厨の起源に迫る(粟畑勝利)「郷土文化ながと」
長門市郷土文化研究会 (26) 2014.5

三隅塾

写真 三隅塾跡と説明板(光市束荷)「光地方史研究」 光地方史研究会
(36) 2010.3

三田尻

三田尻別邸と毛利重就の隠居(三田尻沙汰控より)(大田和子)「佐波の里
： 防府史談会会誌」 防府史談会 (31) 2003.3

瀬戸内の旅 瀬戸内の塩田と塩の道 三田尻(防府市)と竹原「郷土史紀
行」 ヒューマン・レクチャー・クラブ (53) 2008.7

研究発表 記録映画に見る三田尻塩業のあゆみ(重枝慎三)「佐波の里 ：

防府史談会会誌」 防府史談会 （37） 2009.3

文化講演会 三田尻を運んだ北前船（小川嘉彦講師講演要旨）（安部言思）「郷土文化ながと」 長門市郷土文化研究会 （23） 2011.5

三田尻塩業の遺跡探訪 中関地区を中心として（重枝慎三）「佐波の里 ： 防府史談会会誌」 防府史談会 （40） 2012.3

文化探訪 三田尻・宇部を訪ねて（尼崎桂子）「ふるさと」 橘郷土会 （35） 2013.2

三田尻塩田

19世紀中期三田尻塩田の社会構造—会所運営の担い手を中心に（山下聡一）「ヒストリア ： journal of Osaka Historical Association」 大阪歴史学会 （193） 2005.1

総合記念講演 幕末・明治初期の三田尻塩田について（伊藤昭弘）「佐波の里 ： 防府史談会会誌」 防府史談会 （34） 2006.3

歴史の道 三田尻塩田の「塩の道」（田中和夫）「佐波の里 ： 防府史談会会誌」 防府史談会 （42） 2014.3

三田尻御茶屋

口絵 萩往還と三田尻御茶屋（阿部かおり）「佐波の里 ： 防府史談会会誌」 防府史談会 （40） 2012.3

史跡萩往還関連遺跡三田尻御茶屋旧構内保存修理事業（防府市英雲荘）（特集2 山口県文化財の保存・修理・調査）（阿部かおり）「山口県文化財」 山口県文化財愛護協会 43 2012.8

光井

光井地区史跡マップ作りと探訪会（品田亘）「光地方史研究」 光地方史研究会 （37） 2011.3

光井川

表紙写真 回天の碑（光井川河口）「光地方史研究」 光地方史研究会 （41） 2014.3

三ツ松

三ツ松と飛行機（吉兼弘）「ふるさと」 橘郷土会 （34） 2012.2

一枚の写真（三ツ松の浜辺）「ふるさと」 橘郷土会 （35） 2013.2

美東

美東・萩の史跡探訪紀行（河部佳子）「光地方史研究」 光地方史研究会 （31） 2005.3

美東町

美東町の鉱山遺跡（3）（池田善文）「温故知新」 美東町文化研究会 （30） 2003.5

ふるさとの句碑・碑文をたずねて（森重武久）「温故知新」 美東町文化研究会 （30） 2003.5

美東町の寺子屋について（作間重彦）「温故知新」 美東町文化研究会 （32） 2005.4

増補改定版『美東町史』の編さんを終えて—集落史研究のキーワード（美東町教育委員会）「温故知新」 美東町文化研究会 （32） 2005.4

年表で見る美東町54年の思い出（特集 美東町54年のあゆみ）（池田善文）「温故知新」 美東町文化研究会 （35） 2008.5

美祢

美祢地方の俳諧について（山本弘秋）「温故知新」 美東町文化研究会 （30） 2003.5

「美祢」はやはりすばらしい（野上栄子）「温故知新」 美東町文化研究会 （34） 2007.4

美祢都市の仏教地名（財前司一）「秋芳町地方文化研究」 秋芳町地方文化研究会 （43） 2007.4

幕末・維新と美祢（土屋貞夫）「みねぶんか」 美祢市郷土文化研究会 （38） 2007.9

美祢宰判内在郷諸士兵と農兵等について（土屋貞夫）「温故知新」 美東町文化研究会 （39） 2012.4

美祢地区における川舟について（土屋貞夫）「みねぶんか」 美祢市郷土文化研究会 （43） 2013.3

大内義隆の遭難と美祢（話のひろば）（野村時信）「大内文化探訪 ： 会誌」 大内文化探訪会 （31） 2013.5

高野山成慶院「長門国日牌月牌帳」に見る中世末から近世初期の美祢の人びと（木部和昭）「みねぶんか」 美祢市郷土文化研究会 （44） 2014.3

維新のたたかいと美祢（7）（河崎敏昭）「温故知新」 美東町文化研究会 （41） 2014.6

美祢郡

「本間源三郎日記」の美祢郡出張記事（資料）（阿武至朗）「みねぶんか」 美祢市郷土文化研究会 31 2000.9

第10回美祢地区合同研究発表会 遊行上人の美祢郡通路について（土屋貞夫）「みねぶんか」 美祢市郷土文化研究会 （40） 2009.10

文久二年「美禰郡細見絵圖」をめぐって（藏本隆博）「秋芳町地方文化研究」 秋芳町地方文化研究会 （48） 2012.5

美祢市

時の流れのままに—下店商店街の50年（中野喜久子）「みねぶんか」 美祢市郷土文化研究会 35 2004.9

国民学校（8月15日・そのとき9歳の夏）（土屋貞夫）「みねぶんか」 美祢市郷土文化研究会 36 2005.9

生涯学習フェスティバル「ふるさと歴史講座」「みねぶんか」 美祢市郷土文化研究会 36 2005.9

第9回美祢地区合同研究発表会—柳井家文書でみる役職について（土屋貞夫）「みねぶんか」 美祢市郷土文化研究会 （39） 2008.9

宮市

親子歴史教室 門前町・宮市の店をたんけんしよう（渋谷勝美, 中嶋毅）「佐波の里 ： 防府史談会会誌」 防府史談会 （35） 2007.3

宮市本陣

口絵 宮市御本陣兄部盤右衛門所差図（防府市教育委員会教育部文化財課）「佐波の里 ： 防府史談会会誌」 防府史談会 （41） 2013.3

宮崎商館

旧宮崎商館（新指定・登録・追加認定の文化財—国登録 登録有形文化財（建造物）「山口県文化財」 山口県文化財愛護協会 45 2014.8

宮野

秋の自由探訪 宮野地区（現地探訪）「大内文化探訪 ： 会誌」 大内文化探訪会 （32） 2014.5

宮ノ洲山

絵図・古地図でひもとく宮ノ洲山（桂木山）の歴史（宮田幸治）「下松地方史研究」 下松地方史研究会 （48） 2012.3

宮の洲

正徳度・朝鮮通信使下松の宮の洲・深浦へ寄港（三井寛静）「下松地方史研究」 下松地方史研究会 （43） 2006.12

宮ノ台刑場

幕末脱退兵事件と宮ノ台刑場跡（福原勇）「郷土文化ながと」 長門市郷土文化研究会 （15） 2003.5

椋野

椋野の今昔ものがたり（原野茂）「郷土」 下関郷土会 （50） 2007.3

室積

港町室積の海と商人山根屋—残存の売買仕切書などより（藤井耿介）「光地方史研究」 光地方史研究会 27 2001.3

遊女と室積（黒岩淳）「光地方史研究」 光地方史研究会 （29） 2003.3

室積の海商中村屋の商いについて明治3年〜5年の「賣買仕切目録帳」解読などを通して（藤井耿介）「光地方史研究」 光地方史研究会 （31） 2005.3

室積海岸の松と私（小川啓一）「光地方史研究」 光地方史研究会 （34） 2008.3

未完成の海軍工廠—山口県室積に仮称S廠・海軍工廠建設計画（秋本元之）「光地方史研究」 光地方史研究会 （40） 2014.3

室積のイワシと私（小川浩一）「光地方史研究」 光地方史研究会 （40） 2014.3

室積村

明治前期の地方廻船の航跡—室積村中津屋驫吉丸の商い（藤井耿介）「山口県地方史研究」 山口県地方史学会 通号83 2000.6

むろやの園

「むろやの園」のお礼から（金谷匡人）「柳井市郷談会誌」 柳井市郷談会 27 2003.3

明倫館

豊北朗吟会の萩史跡探訪—藩校明倫館 長井雅楽のことども（熊井清雄）「和海藻」 下関市豊北郷土文化研究会 （19） 2003.12

史料紹介 明倫館、蔵版局の出版事業「山口県文書館ニュース」 山口県文書館 （40） 2006.3

長門国明倫館記訳注（牛見真博）「山口県地方史研究」 山口県地方史学会 （95） 2006.6

毛利家文庫

近代における毛利家文庫の保存施設と災害（研究）（山﨑一郎）「山口県文書館研究紀要」 山口県文書館 （40） 2013.3

旧毛利家本邸

国指定 重要文化財（建造物）旧毛利家本邸/史跡 萩城城下町（追加指定）/重要無形民俗文化財 地福のトイトイ（新指定・登録の文化財）「山口県文化財」 山口県文化財愛護協会 43 2012.8

毛利邸

毛利邸について（柴原直樹）「山口県文化財」 山口県文化財愛護協会 34 2003.8

八島

上関町八島の歴史と産業（伊藤徹男）「柳井市郷談会誌」 柳井市郷談会

山口県　　　　　　　　　　　地名でたどる郷土の歴史　　　　　　　　　　　中国

　　　（30）　2006.3

屋代島

平成24年 秋の史跡めぐり 山口県屋代島（今治史談会）「今治史談」 今治史談会　（19）2013.7

柳井

冬の巡見記 柳井白壁の町並み散策（松村宗明）「柳井市郷談会誌」 柳井市郷談会　27　2003.3

白壁の町 柳井（米田仁）「郷土史紀行」 ヒューマン・レクチャー・クラブ　25　2004.1

近世柳井の市の展開と地域社会（久角健二）「ヒストリア ： journal of Osaka Historical Association」 大阪歴史学会　（212）2008.11

古墳と商家―酷暑の柳井紀行（野母寿子）「備陽史探訪」 備陽史探訪の会（156）2010.10

会員の歴史探訪 白壁の町柳井を訪ねて（宮野しゅん）「郷土文化ながと」 長門市郷土文化研究会　（24）2012.5

柳井地域にみられる地形と片麻状花崗岩と広島花崗岩（佐野満）「柳井市郷談会誌」 柳井市郷談会　（37）2013.3

柳井市

柳井市探索記―国木田独歩（神野幸人）「佐伯史談」 佐伯史談会　193　2003.6

柳井市探索記―国木田独歩（神野幸人）「佐伯史談」 佐伯史談会　194　2003.10

赤米（古代米）栽培の歴史をたどる（藤坂豊）「柳井市郷談会誌」 柳井市郷談会　29　2005.3

山口県柳井市の史跡見学報告「広島郷土史会会報」 広島郷土史会（159）2006.5

柳井津

柳井津商人と国森家住宅（松本和典）「郷土史誌末盧國」 松浦史談会, 芸文堂（発売）（186）2011.6

柳井津町

巻頭記 柳井津町の人々の「火伏せ」への祈り（金子佳孝）「柳井市郷談会誌」 柳井市郷談会　（33）2009.3

柳瀬川

調査研究 柳瀬川とその周辺の歴史と現状を調べる（2）山口城コース（小高正明）「郷土研だより」 東村山郷土研究会　（385）2012.6

山口

山口の方言（作間重孝）「温故知新」 美東町文化研究会　（30）2003.5

山口を訪れて（大内晃）「大内文化探訪 ： 会誌」 大内文化探訪会（22）2004.3

山口と萩―観光地の歴史的背景を中心に考察する神（神代祥男）「大内文化探訪 ： 会誌」 大内文化探訪会　（22）2004.3

「四季山水図」（国宝）のモデルは山口の風景だった 付「雪舟筆絵画一覧」（山本一成）「大内文化探訪 ： 会誌」 大内文化探訪会（23）2005.3

瀬戸内紀行 西の京・山口争乱の中で花開いた武家文化「郷土史紀行」 ヒューマン・レクチャー・クラブ　33　2005.5

山口の謎（内田伸）「ふるさと山口」 山口の文化財を守る会　（26）2005.6

ふるさと山口（21）「教えること」と「学ぶこと」（松野浩二）「山口県史だより」 山口県県史編さん室　（22）2005.10

県史講演録 山口の人と環境史―過去三万年のタイムカプセルを読み解く（辻誠一郎）「山口県史研究」 山口県　（14）2006.3

ザビエルと山口（山本一成）「大内文化探訪 ： 会誌」 大内文化探訪会（24）2006.3

山口団体と北海道移住（《特集 札幌の歴史 新たな出発のために（3）》）（中村英重）「札幌の歴史 ： 「新札幌市史」機関誌」 札幌市　（53）2007.8

雪舟を育てた山口の自然（山本一成）「大内文化探訪 ： 会誌」 大内文化探訪会　（26）2008.4

車で行けない山口の峠道（寺田康直）「大内文化探訪 ： 会誌」 大内文化探訪会　（27）2009.6

山口開府650年にちなんで 大内氏時代山口古図（山口県文書館蔵）「山口市史編さんだより」 山口市総合政策部　（14）2010.2

歴史講座 戦国時代の防府・山口・小郡（柴原直樹）「佐波の里 ： 防府史談会会誌」 防府史談会　（38）2010.3

山口開府650年を迎えて（兼重元）「大内文化探訪 ： 会誌」 大内文化探訪会　（28）2010.6

ふるさと山口（25）祖父から受けとったもの（松村邦洋）「山口県史だより」 山口県県史編さん室　（27）2010.11

大内弘世合同法要と山口開府650年記念公演（話のひろば）（編集部）「大内文化探訪 ： 会誌」 大内文化探訪会　（29）2011.5

市史「資料編」編さん講演会9 演題「山口の近世」 講師：森下徹氏「山口市史編さんだより」 山口市総合政策部　（17）2011.8

九州・山口の近代化産業遺産群 世界遺産登録に向けた福岡県の取り組み（森井啓次）「ふるさとの自然と歴史」 歴史と自然をまもる会（345）2012.3

「西の京」やまぐち歴史探訪「かんべ」 可部郷土史研究会　（121）2012.4

中世山口の都市形成と首都伝説の誕生（研究）（北川健）「山口県地方史研究」 山口県地方史学会　（109）2013.6

「日本の近代化産業遺産群―九州・山口及び関連地域」萩の世界遺産候補（文化財トピックス）（植山幸三）「山口県文化財」 山口県文化財愛護協会　44　2013.8

特別寄稿 「明治日本の産業革命遺産 九州・山口と関連地域」平成二十七年夏の世界遺産登録をめざして（植山幸三）「山口県文化財」 山口県文化財愛護協会　45　2014.8

山口駅

軌道鉄道の廃業と山口線の開通から百年 山口小郡間軌道鉄道山口駅（亀山駅）付近「山口市史編さんだより」 山口市総合政策部　（20）2013.2

山口県

明治中後期における山口県の会社企業―「山口県勧業年報」を用いて（佐々木淳）「山口県史研究」 山口県　8　2000.3

高度成長開始期の山口県工業の特質（船越豊）「山口県史研究」 山口県　8　2000.3

山口県における「賤民廃止令」について（木京睦人）「山口県地方史研究」 山口県地方史学会　通号83　2000.6

十五年戦争期の国民貯蓄運動について―山口県内の貯蓄活動から（石川健）「山口県地方史研究」 山口県地方史学会　（84）2000.10

協会この10年の歩み「山口県文化財」 山口県文化財愛護協会　31　2001.1

山口県における中学校形成の特質と五学校設立の経緯（永添祥多）「山口県地方史研究」 山口県地方史学会　（85）2001.6

山口県の朝鮮沿海漁業調査（木京睦人）「山口県地方史研究」 山口県地方史学会　（86）2001.10

山口県における尋常中学校の設立経緯（永添祥多）「山口県史研究」 山口県　10　2002.3

藩校から明治初年の中学への連続性に関する問題―山口県を事例として（永添祥多）「山口県地方史研究」 山口県地方史学会　（88）2002.10

史料紹介 山口県地図史関係文献目録（河村克典）「山口県文書館研究紀要」 山口県文書館　（30）2003.3

山口県内の一里塚について（山崎一郎）「山口県文化財」 山口県文化財愛護協会　34　2003.8

新指定・登録の文化財「山口県文化財」 山口県文化財愛護協会　34　2003.8

毛利家文庫女儀日記「真砂印溜り御日記」について（井上健）「山口県地方史研究」 山口県地方史学会　（90）2003.10

台湾と山口県（有沢二夫）「光地方史研究」 光地方史研究会　（30）2004.3

プランゲ文庫に見る占領下アメリカ論の諸相―山口県の場合（栗田尚弥）「山口県史研究」 山口県　（12）2004.3

戦後復興期の山口県政―プランゲ文庫所蔵雑誌『県政展望』を中心にして（河野健男）「山口県史研究」 山口県　（12）2004.3

占領期の食糧問題と食糧政策―山口県関連のプランゲ文庫を中心にして（来島浩）「山口県史研究」 山口県　（12）2004.3

戦後のスポーツとプランゲ文庫―山口県社会人野球の事例（古園井昌喜）「山口県史研究」 山口県　（12）2004.3

山口県における占領組織と管轄区域（大西比呂志）「山口県史研究」 山口県　（12）2004.3

"太田ラッパ"の史実検証―『山口県史 史料編 現代2』ヒアリング調査のメモ帳（山本興治）「山口県史研究」 山口県　（12）2004.3

「大内氏実録引用書」目録（1）（和田秀作）「山口県文書館研究紀要」 山口県文書館　（31）2004.3

山口県内乱・戦争史のデータベース（明治大正期）（田村貞雄）「山口県地方史研究」 山口県地方史学会　（91）2004.6

弘化年間の烽火線―赤間関から北浦経由萩まで（井上佑）「山口県地方史研究」 山口県地方史学会　（91）2004.6

新指定・登録の文化財「山口県文化財」 山口県文化財愛護協会　35　2004.8

山口県歴史モノ語り（18）会津白虎隊自刃石版画（土井浩）「山口県史だより」 山口県県史編さん室　（21）2004.10

山口県内乱・戦争史のデータベース（昭和期）（田村貞雄）「山口県地方史研究」 山口県地方史学会　（92）2004.11

大正期山口県における郡制廃止と地域再編成（岡本健一郎）「山口県史研究」 山口県　（13）2005.3

県史編さんに伴う収集資料から（河村吉行）「山口県史研究」 山口県　（13）2005.3

県史講演録 占領期の言論と文化—ブランゲ文庫にみる青春の軌跡(来島浩)「山口県史研究」 山口県 (13) 2005.3

明治・大正・昭和初期山口県近海の海図について(河村克典)「山口県文書館研究紀要」 山口県文書館 (32) 2005.3

水産業を担った人達(山口県の先達)(神代祥男)「大内文化探訪 : 会誌」 大内文化探訪会 (23) 2005.3

国指定重要文化財山口県行政文書「山口県文書館ニュース」 山口県文書館 (39) 2005.3

史料紹介 白井家文書について(藤重豊)「岩国地方史研究」 岩国地方史研究会 2 2005.4

重要文化財「山口県行政文書」伝来の一側面(伊藤一晴)「山口県文化財」 山口県文化財愛護協会 36 2005.8

新指定・登録の文化財「山口県文化財」 山口県文化財愛護協会 36 2005.8

山口県歴史モノ語り(19) 行啓記念碑と加護谷祐太郎「山口県史だより」 山口県県史編さん室 (22) 2005.10

県史アラカルト(1) 刊行準備進む「通史編 原始・古代」「山口県史だより」 山口県県史編さん室 (22) 2005.10

史料紹介 為重家文書について(藤重豊)「岩国地方史研究」 岩国地方史研究会 3 2005.12

明治前期山口県の地域財政の再編(矢野健太郎)「地方史研究」 地方史研究協議会 56(1)/通号319 2006.2

「外務省記録」にみる山東省青島と山口県漁業(木京睦人)「山口県史研究」 山口県 (14) 2006.3

地域連携に関する一考察(1) 主として山口県および関門地域を事例として(《関門地域連携のあり方に関する調査研究—中間報告「ソーシャル・キャピタル」の視点から》—〈関門地域連携の現状と課題〉)(吉津直樹)「関門地域研究」 関門地域共同研究会 15 2006.3

山口県における缶詰製造業の展開(木京睦人)「山口県地方史研究」 山口県地方史学会 (95) 2006.6

山口県内市町村刊行の地図について(河村克典)「山口県文書館研究紀要」 山口県文書館 (34) 2007.3

「銀山騒乱略記」を読む(古文書解読研究会)「徳山地方郷土史研究」 徳山地方郷土史研究会 21 2007.3

山口県における備前焼系陶器(《備前歴史フォーラム 備前と茶陶—16・17世紀の変革》)(岩崎仁志)「備前市歴史民俗資料館紀要」 備前市歴史民俗資料館 (9) 2007.10

山口県歴史モノ語り(21) 石炭鉱業の名残「山口県史だより」 山口県県史編さん室 (24) 2007.10

東京の中の山口県—銅像を訪ねて[1],(2)(神代祥男)「大内文化探訪 : 会誌」 大内文化探訪会 (26)/(27) 2008.4/2009.6

山口県における名主座について(薗部寿樹)「米沢史学」 米沢史学会(山形県立米沢女子短期大学日本史学科内) (24) 2008.10

山口県地租改正における地価算出(矢野健太郎)「山口県地方史研究」 山口県地方史学会 (101) 2009.6

山口県地方史関係文献目録/地方史文庫/受贈図書目録「山口県地方史研究」 山口県地方史学会 (101) 2009.6

明治前半期山口県におけるコレラの流行(田村貞雄)「山口県史研究」 山口県 (17) 2009.11

山口県歴史モノ語り(22) よみがえる中世の土塁「山口県史だより」 山口県県史編さん室 (26) 2009.12

県史アラカルト(5) 「民俗編」の刊行準備すすむ「山口県史だより」 山口県県史編さん室 (26) 2009.12

県史刊行のおしらせ/こちら県史編さん室「山口県史だより」 山口県県史編さん室 (26) 2009.12

明治初期山口県における地域共有米金—「修甫改正」と「勧業局」(矢野健太郎)「山口県史研究」 山口県 (18) 2010.3

研究ノート 日清戦争における毛利隊と山口県(木京睦人)「山口県史研究」 山口県 (18) 2010.3

研究ノート 「初代山口県令 中野梧一日記」正誤(田村貞雄)「山口県地方史研究」 山口県地方史学会 (103) 2010.6

山口県地方史関係文献目録 地方史文庫/受贈図書目録「山口県地方史研究」 山口県地方史学会 (103) 2010.6

山口県歴史モノ語り(23) 改訂版「山口県史だより」 山口県県史編さん室 (27) 2010.11

県史アラカルト(6) 「史料編 中世」の活用術「山口県史だより」 山口県県史編さん室 (27) 2010.11

山口県での日清戦争軍隊凱旋歓迎会実施の経緯(木京睦人)「山口県史研究」 山口県 (19) 2011.3

山口県地方史関係文献目録 地方史文庫/受贈図書目録「山口県地方史研究」 山口県地方史学会 (105) 2011.6

山口県の烽(狼煙特集)(伊藤彰)「全国地名研究交流誌 地名談話室」 日本地名研究所 (26・27) 2011.6

山口県近代和風建築の概要(特集 山口県近代和風建築総合調査)(佐藤正彦)「山口県文化財」 山口県文化財愛護協会 42 2011.8

大名華族家本部の建造物(特集 山口県近代和風建築総合調査)(福田東亜)「山口県文化財」 山口県文化財愛護協会 42 2011.8

山口県近代和風建築調査に関わらせていただいて(特集 山口県近代和風建築総合調査)(中川明子)「山口県文化財」 山口県文化財愛護協会 42 2011.8

山口県近代和風建築総合調査徒然(特集 山口県近代和風建築総合調査)(金子敦子)「山口県文化財」 山口県文化財愛護協会 42 2011.8

近代和風建築調査を振り返って(特集 山口県近代和風建築総合調査)(宮本渉)「山口県文化財」 山口県文化財愛護協会 42 2011.8

山口県近代和風建築総合調査事業の概要(特集 山口県近代和風建築総合調査)(社会教育・文化財課)「山口県文化財」 山口県文化財愛護協会 42 2011.8

山口県地方史関係文献目録 地方史文庫・受贈図書目録「山口県地方史研究」 山口県地方史学会 (106) 2011.10

特集 「山口県建設十年計画」と「農工両全」「山口県史だより」 山口県県史編さん室 (28) 2011.11

県史刊行のお知らせ/こちら県史編さん室「山口県史だより」 山口県県史編さん室 (28) 2011.11

長州・山口県の近代捕鯨(清水満幸)「西日本文化」 西日本文化協会 (454) 2011.12

明治期山口県における食料摂取変遷(三宅紹宣)「山口県史研究」 山口県 (20) 2012.3

県史講演録 山口県の近代化と対外経済関係(木村健二)「山口県史研究」 山口県 (20) 2012.3

明治期山口県における入会山野の官有地編入について(研究ノート)(伊藤一晴)「山口県文書館研究紀要」 山口県文書館 (39) 2012.3

河北家文書の世界(立石智章)「ふるさと山口」 山口の文化財を守る会 (33) 2012.6

山口県地方史関係文献目録 地方史文庫・受贈図書目録「山口県地方史研究」 山口県地方史学会 (108) 2012.10

山口県災害記—過去の記録に学ぶ「山口県文書館ニュース」 山口県文書館 (47) 2013.3

明治期山口県の魚市場慣行調に見る魚問屋仕入制度の諸相(上)—近世防長漁業の内部構造・地域類型解明の手がかりとして(木部和昭)「やまぐち学の構築」 山口大学研究推進体「やまぐち学」推進プロジェクト (9) 2013.3

山口県域に投影された畿内政権の動静(田中晋作)「やまぐち学の構築」 山口大学研究推進体「やまぐち学」推進プロジェクト (9) 2013.3

日清戦争時の山口県での動向—県の郡への割命等を中心として(史料紹介)(木京睦人)「山口県史研究」 山口県 (21) 2013.3

山口県産鉱物目録(渋谷五郎, 亀谷敦)「山口県立山口博物館研究報告」 山口県立山口博物館 (39) 2013.3

日清戦争・北清事変・日露戦争での山口県の戦病死者数について(研究)(木京睦人)「山口県地方史研究」 山口県地方史学会 (109) 2013.6

国指定 史跡 大板山たたら製鉄遺跡/史跡 萩往還(追加指定)/重要文化財 有近家住宅/重要文化財(絵画) 紙本著色松崎天神縁起箱入 六巻附 紙本著色松崎天神縁起 六巻(追加指定)/史跡 周防灘干拓間遺跡 高泊開作浜五挺唐樋 名田島新開作南蛮樋(追加指定)(新指定・登録の文化財及び新設定のふるさと文化財の森)「山口県文化財」 山口県文化財愛護協会 44 2013.8

県指定 有形文化財(歴史資料) 吉田松陰関係資料(松陰神社伝来)/天然記念物 教善寺のサザンカ(新指定・登録の文化財及び新設定のふるさと文化財の森)「山口県文化財」 山口県文化財愛護協会 44 2013.8

市町新指定文化財一覧(平成24年度)/国および県指定文化財等件数一覧「山口県文化財」 山口県文化財愛護協会 44 2013.8

山口県地方史関係文献目録(2012年10月～2013年8月受付)「山口県地方史研究」 山口県地方史学会 (110) 2013.10

県史刊行のお知らせ 『史料編 近世7』、『史料編 幕末維新7』、『史料編 近代3』、『史料編 現代4』、『通史編 近代』/こちら県史編さん室/山口県史の構成・刊行計画(全41巻)「山口県史だより」 山口県県史編さん室 (30) 2013.11

山口県における林野下戻運動(論文)(伊藤一晴)「山口県史研究」 山口県 (22) 2014.3

昭和戦後期の山口県における小売商業の展開—宇部市とその周辺地域を中心に(論文)(廣田誠)「山口県史研究」 山口県 (22) 2014.3

県史講演会講演要旨 開発計画と山口県経済—「農工両全」論から「周南開発」へ(高嶋雅明)「山口県史研究」 山口県 (22) 2014.3

明治期山口県の魚市場慣行調に見る魚問屋仕入制度の諸相(下)—近世防長漁業の内部構造・地域類型解明の手がかりとして(木部和昭)「やまぐち学の構築」 山口大学研究推進体「やまぐち学」推進プロジェクト (10) 2014.3

「山口県災害記—過去の歴史に学ぶ—」平成25年6月1日～9日 第8回中国四国地区アーカイブズウィーク「山口県文書館ニュース」 山口県文書館 (48) 2014.3

山口県　　　　　　　　　　　　　　地名でたどる郷土の歴史　　　　　　　　　　　　　　中国

山口県立山口博物館蔵「大内氏関係資料」について(記念講演・公開歴史講座―公開歴史講座)(佐藤嘉孝)「大内文化探訪 : 会誌」 大内文化探訪会 (32) 2014.5

市町新指定文化財一覧(平成二十五年度)(新指定・登録・追加認定の文化財)「山口県文化財」 山口県文化財愛護協会 45 2014.8

明治十二年の山口県におけるコレラ病流行について(研究)(木京睦人)「山口県地方史研究」 山口県地方史学会 (112) 2014.10

歴史散歩 中部家資料「昭和十五年/十六年度漁場日誌」について(岸本充道)「山口県地方史研究」 山口県地方史学会 (112) 2014.10

山口県地方史関係文献目録「山口県地方史研究」 山口県地方史学会 (112) 2014.10

ふるさと山口(29) 山口県に世界遺産を(八木重二郎)「山口県史だより」 山口県県史編さん室 (31) 2014.11

山口県県会議事堂

歴史ある建物の活用を考える―重要文化財山口県旧県会議事堂保存修理事業の終わりに寄せて(浅川均)「山口県文化財」 山口県文化財愛護協会 36 2005.8

山口県監獄

明治初期における山口県監獄の成立と展開(兒玉圭司)「山口県地方史研究」 山口県地方史学会 (95) 2006.6

山口高等中学校

夏目漱石「坊ちゃん」の舞台―山口高等中学校寄宿舎騒動(田村貞雄)「山口県地方史研究」 山口県地方史学会 (101) 2009.6

山口市

山口市の歴史史料を集大成する(合志栄一)「山口市史編さんだより」 山口市総合政策部 (1) 2003.8

統計資料にみる山口市の歩み/市史編さんファイル「山口市史編さんだより」 山口市総合政策部 (5) 2005.8

市史「史料編」編さん講演会4 民俗と地名 講師・伊藤彰氏「山口市史編さんだより」 山口市総合政策部 (7) 2006.8

市史「史料編」編さん講演会6 大内氏と室町幕府 講師・川岡勉氏「山口市史編さんだより」 山口市総合政策部 (11) 2008.8

市史「史料編」編さん講演会報告「山口市史編さんだより」 山口市総合政策部 (12) 2009.2

市内探訪I 陶・鋳銭司(平成20年度文化財現地探訪報告)(熊野汎美)「ふるさと山口」 山口の文化財を守る会 (30) 2009.6

市内探訪II 陶窯跡(平成20年度文化財現地探訪報告)(寺田康道)「ふるさと山口」 山口の文化財を守る会 (30) 2009.6

市史編さんファイル「山口市史編さんだより」 山口市総合政策部 (13) 2009.8

市史編さんトピックス 市史「史料編」編さん講演会報告「山口市史編さんだより」 山口市総合政策部 (14) 2010.2

市史「史料編」編さん講演会8 演題「大内文化を伝える」講師・國守進氏「山口市史編さんだより」 山口市総合政策部 (15) 2010.8

市史「史料編 大内文化」(第2回配本)10月1日 販売開始!「山口市史編さんだより」 山口市総合政策部 (15) 2010.8

市史編さんファイル「山口市史編さんだより」 山口市総合政策部 (15) 2010.8

市史編さんファイル 新山口十二景―市報にみる山口市のあゆみ(2)「山口市史編さんだより」 山口市総合政策部 (16) 2011.2

公開歴史講座 山口市内の庭園遺跡について(公開歴史講座ほか)(古賀信幸)「大内文化探訪 : 会誌」 大内文化探訪会 (30) 2012.5

市内探訪(平成23年度文化財現地探訪報告)「ふるさと山口」 山口の文化財を守る会 (33) 2012.6

市史「史料編」編さん講演会11 演題「戦後の山口市財政と福祉」講師：難波利光氏 陳情書から見える行政サービスと財政の関係「山口市史編さんだより」 山口市総合政策部 (21) 2013.8

市史編さんトピックス 市史「史料編」編さん講演会報告 第11回講演会「戦後の山口市財政と福祉」(講師 現代専門部会 難波利光専門委員)8月31日「山口市史編さんだより」 山口市ふるさと創生部 (22) 2014.2

山口城

文久の山口移鎮と山口城に関わる諸問題(桑原邦彦)「山口県地方史研究」 山口県地方史学会 (91) 2004.6

山口城の城地選定と対幕府折衝について(桑原邦彦)「山口県地方史研究」 山口県地方史学会 (94) 2005.11

山口城の絵図・差図と縄張について(桑原邦彦)「山口県地方史研究」 山口県地方史学会 (95) 2006.6

山口御屋形(山口城)の築造年代と縄張り(桑原邦彦)「山口県地方史研究」 山口県地方史学会 (105) 2011.6

山口城の外郭、小郡口の防備について―柳井田・国森両関門を中心として(桑原邦彦)「山口県地方史研究」 山口県地方史学会 (108) 2012.10

山口城の外郭、宮市口・千切口等の防備について(研究)(桑原邦彦)「山口県地方史研究」 山口県地方史学会 (110) 2013.10

山口藩

山口藩の「采地返上」と明治三年献石高(林元)「山口県史研究」 山口県 (19) 2011.3

維新期山口藩財政史研究序説(田中誠二)「やまぐち学の構築」 山口大学研究推進体「やまぐち学」推進プロジェクト (8) 2012.3

渡辺新七の「日記」にみる山口藩禄制改革(論文)(林元)「山口県史研究」 山口県 (21) 2013.3

山代

山代広瀬堀江一族の商活動とルーツについて(恵本洋嗣)「山口県地方史研究」 山口県地方史学会 (90) 2003.10

街道を行く 山代風土記11人の庄屋が守りぬいた山里「郷土史紀行」 ヒューマン・レクチャー・クラブ 33 2005.5

山代街道

《特集 山代街道調査》「山口県文化財」 山口県文化財愛護協会 33 2002.8

一里塚について―福栄村山代街道(岡英夫)「山口県文化財」 山口県文化財愛護協会 33 2002.8

歴史の道(山代街道)の調査を終えて(河野正)「山口県文化財」 山口県文化財愛護協会 33 2002.8

歴史の道「山代街道」を踏査して(小川宣)「山口県文化財」 山口県文化財愛護協会 33 2002.8

山代街道探訪記(中村良雄)「山口県文化財」 山口県文化財愛護協会 33 2002.8

山代街道とまちぐるみ博物館「郷土史紀行」 ヒューマン・レクチャー・クラブ 28 2004.7

山田屋本屋

山口県指定文化財山田屋本屋について(三浦孝)「徳山地方郷土史研究」 徳山地方郷土史研究会 25 2004.3

「山田屋本屋」の移築復元について(周南市教育委員会)「山口県文化財」 山口県文化財愛護協会 35 2004.8

大和

大和の歴史を後世に(松岡宣夫)「光地方史研究」 光地方研究会 (31) 2005.3

山本園

山本園本館(新指定・登録・追加認定の文化財―国登録 登録有形文化財(建造物))「山口県文化財」 山口県文化財愛護協会 45 2014.8

山本実科女学校

平成13年度ふるさと歴史講座 山本実科女学校について(山本稔)「みねぶんか」 美祢市郷土文化研究会 33 2002.9

由宇

由宇の駅家(伊藤彰)「全国地名研究交流誌 地名談話室」 日本地名研究所 20 2005.12

湯田温泉

湯田温泉復活300年―湯田の歴史をふりかえる「山口市史編さんだより」 山口市総合政策部 (15) 2010.8

湯ノ口温泉

湯ノ口温泉のあゆみ(特集 美東町54年のあゆみ)(森重武久)「温故知新」 美東町文化研究会 (35) 2008.5

湯本御茶屋

俵山・湯本両御茶屋について(河野良輔)「郷土文化ながと」 長門市郷土文化研究会 (17) 2005.5

油谷町

会員歴史探訪 油谷町探訪記(田畑浩賢)「郷土文化ながと」 長門市郷土文化研究会 (16) 2004.5

楊貴妃の里と角島 山口県油谷町・豊北町「郷土史紀行」 ヒューマン・レクチャー・クラブ 28 2004.7

油谷町の地方史研究の先達―山口県地方史研究者事典から(前田勲)「油谷のささやき」 油谷町郷土文化会 (23) 2005.3

油谷湾

大陸進出構想の挫折と油谷湾開発事業(落合功)「山口県史研究」 山口県 (20) 2012.3

吉敷

山口市吉敷地区の史跡を訪ねる(探訪部現地探訪資料)(兒玉輝巳)「大内文化探訪 : 会誌」 大内文化探訪会 (29) 2011.5

吉敷郡

市史「史料編」編さん講演会7 町村役場文書にみる人の移動と近代史―山口県吉敷郡の各町村を事例として 講師・木村健二氏「山口市史編さんだより」 山口市総合政策部 (13) 2009.8

吉田

会員歴史探訪 下関市吉田・長府を歩く(松本英之)「郷土文化ながと」

中国 地名でたどる郷土の歴史 山口県

長門市郷土文化研究会 （21）2009.5

吉見村

吉見村「史跡顕彰碑」建立の経緯（西村智明）「厚東」 厚東史研究会
（55）2013.11

竜王山

表紙写真 観音山より厚南平野と竜王山を望む（佐藤輝好会員撮影）「厚
南」 厚南郷土史研究会 （10）2013.3

竜宮淵

竜宮淵ものがたり（金谷匡人）「大内文化探訪 ： 会誌」 大内文化探訪会
（24）2006.3

流田

史料紹介 「別府村婦人会流田部落支部会誌」昭和13年以降（秋枝顕治）
「秋芳町地方文化研究」 秋芳町地方文化研究会 （41）2005.6

菱海村

村落環境研究会シンポジウムから 長門市旧菱海村（大字4地区）の入会林
野整備と課題（福村良一）「郷土文化ながと」 長門市郷土文化研究会
（22）2010.5

若山城

陶晴賢の居城若山城と永源山公園「郷土史紀行」 ヒューマン・レク
チャー・クラブ 23 2003.6

和木村

地方史の広場 旧和木村戸長役場文書の整理保存事業について（正中克
磨）「山口県地方史研究」 山口県地方史学会 （110）2013.10

893

四国

阿波街道

史窓のひろば（2）2006年度徳島県博物館協議会による連携事業「みる・きく・あるく歴史の道」から 特別展「阿波街道─讃岐と阿波を結ぶ道─」を振り返って─更なる阿讃の交流を期待して（萩野憲司）「史窓」 徳島地方史研究会 （38）2008.3

金比羅街道

金比羅街道を歩く（山内譲）「文化愛媛」 愛媛県文化振興財団 （59）2007.10

四国

南海巨大地震（小松勝記）「土佐地域文化」 ［土佐地域文化研究会］ （6）2003.1

昭和二十年四国に配属された陸軍部隊（上村事秀）「大豊史談」 大豊史談会 （33）2003.8

四国における織豊系城郭研究10年の現状と課題（松田直則）「織豊城郭」 織豊期城郭研究会 （10）2003.9

語り伝えて─四国の覇権争い（小野清恒）「新居浜史談」 新居浜郷土史談会 339 2003.11

南海地震による四国の津波被害（村上仁士）「土佐史談」 土佐史談会 224 2003.12

切山、平家伝説から見た四国の真鍋氏（真鍋松子）「宇摩史談」 宇摩史談会 87 2004.1

明治時代の郵便開始と逓送事情─四国西南地域を中心に（山崎善啓）「西南四国歴史文化論叢よど」 西南四国歴史文化研究会 （5）2004.3

四国各地に残る芋名月ともちなし正月（近藤日出男）「土佐地域文化」 ［土佐地域文化研究会］ （8）2004.12

四国西部に隼人の伝承をさぐる（2）（川澤哲夫、杉原勇三）「西南四国歴史文化論叢よど」 西南四国歴史文化研究会 （6）2005.3

四国と紀州の史的関係（山口登志夫）「西南四国歴史文化論叢よど」 西南四国歴史文化研究会 （6）2005.3

四国の近世城郭─高知城と平成普請の城（宅間一之）「南国史談」 南国史談会 （28）2005.4

『讃岐・伊予・土佐・阿波探索書』について─公儀隠密による四国七城の城郭調査（寛永4年）（白柳旬）「愛城研報告」 愛知中世城郭研究会 （9）2005.8

四国稗─謎多き作物を尋ねて（佐藤省三）「土佐地域文化」 ［土佐地域文化研究会］ （9）2005.8

しらべて下さい 下伊那にきた四国からの行商人（神村透）「伊那」 伊那史学会 54（3）通号934 2006.3

四国島の地質（清水真一）「西四国」 西四国郷土研究会 （6）2006.12

『四国偏礼道指南』の一考察（藤井洋一）「文化財協会報. 特別号」 香川県文化財保護協会 2006年度 2007.3

四国西南地域の曽我伝説（甫喜本一）「西南四国歴史文化論叢よど」 西南四国歴史文化研究会 （8）2007.3

四国四県の亥ノ子習俗（《特集 海浜地方の民俗》）（佐藤文哉）「徳島地域文化研究」 徳島地域文化研究会 （5）2007.3

四国に伝わる古代茶の拡がり（《茶特集》）（近藤日出男）「土佐地域文化」 ［土佐地域文化研究会］ （11）2007.6

天下一品四国のやま茶ほうじ茶（《茶特集》）（脇博義）「土佐地域文化」 ［土佐地域文化研究会］ （11）2007.6

古文書を楽しむ─金陵・四国会議（喜代吉榮徳）「新居浜史談」 新居浜郷土史談会 （368）2007.7

中世における四国─その内と外と（唐木裕志）「香川史学」 香川歴史学会 （34）2007.7

中世南九州と四国の交流について（《大会特集I 四国─その内と外と》─〈問題提起〉）（小山博）「地方史研究」 地方史研究協議会 57（4）通号328 2007.8

日本地図に描かれた16世紀の四国（《大会特集I 四国─その内と外と》─〈問題提起〉）（長谷川博史）「地方史研究」 地方史研究協議会 57（4）通号328 2007.8

四国における鉄道網形成の特質（《大会特集I 四国─その内と外と》─〈問題提起〉）（鈴木勇一郎）「地方史研究」 地方史研究協議会 57（4）通号328 2007.8

四国山間部の里芋と雑穀の民俗（《大会特集I 四国─その内と外と》─〈問題提起〉）（津野幸右）「地方史研究」 地方史研究協議会 57（4）通号328 2007.8

「南街道」と「四国」─「四国」観の形成の一側面（《大会特集II 四国─その内と外と》─〈問題提起〉）（渋谷啓一）「地方史研究」 地方史研究協議会 57（5）通号329 2007.10

戦国大名大友氏と四国（《大会特集II 四国─その内と外と》─〈問題提起〉）（松原勝也）「地方史研究」 地方史研究協議会 57（5）通号329 2007.10

統一政権と高松藩─四国の大名配置をめぐって（《大会特集II 四国─その内と外と》─〈問題提起〉）（胡光）「地方史研究」 地方史研究協議会 57（5）通号329 2007.10

四国四県の成立について（《大会特集II 四国─その内と外と》─〈問題提起〉）（野村美紀）「地方史研究」 地方史研究協議会 57（5）通号329 2007.10

金毘羅船の船旅（《大会特集II 四国─その内と外と》─〈問題提起〉）（荻慎一郎）「地方史研究」 地方史研究協議会 57（5）通号329 2007.10

羽柴秀吉勢の淡路・阿波出兵─信長・秀吉の四国進出過程をめぐって（尾下成敏）「ヒストリア ： journal of Osaka Historical Association」（214）大阪歴史学会 2009.3

谷音吉地震津波記録について（小野義廣）「西南四国歴史文化論叢よど」 西南四国歴史文化研究会 （10）2009.4

ノート 四国にあった大辺路・中辺路（桑原康宏）「紀南・地名と風土研究会会報」 紀南・地名と風土研究会 （46）2010.1

資料紹介 四国徧禮絵図（細田昌）「但馬史研究」 但馬史研究会 （33）2010.3

江戸初期の九州・四国両寄絵図と日本総図（川村博忠）「歴史地理学」 歴史地理学会，古今書院（発売）52（2）通号249 2010.3

特集 四国地域史研究大会 四国の大名─大名の交流と文化（四国地域史研究連絡協議会，香川歴史学会）「香川史学」 香川歴史学会 （37）2010.7

四国地方水路郵便線路の沿革（山崎善啓）「郵便研究 ： 郵便研究会紀要」 郵便研究会 （30）2010.9

事業報告 シンポジウム「四国大名の文化と交流」概要報告 平成22年7月11日（山崎竜洋）「海南千里 ： 土佐山内家宝物資料館だより」 土佐山内家宝物資料館 （33）2011.1

16世紀第4四半期四国の銭使用秩序に関するノート（高木久史）「安田女子大学紀要」 安田女子大学・安田女子短期大学 （39）2011.2

討論要旨〔シンポジウム「四国大名の文化と交流」報告要旨〕（渡部淳）「研究紀要」 土佐山内家宝物資料館 （9）2011.3

宮城県・金華山の「ヘチ」ち四国の「ヘチ」補遺（桑原康宏）「紀南・地名と風土研究会会報」 紀南・地名と風土研究会 （48）2011.4

四国の地方史研究（小特集 地方史研究の現在）（胡光）「地方史研究」 地方史研究協議会 61（2）通号350 2011.4

土佐国境阿波国端絵図（部分）元禄13（1700）年 幅80.3cm×長433.9cm（渡部淳）「海南千里 ： 土佐山内家宝物資料館だより」 土佐山内家宝物資料館 （35）2011.10

四国の地方史・地域史を考える─四国地域史研究連絡協議会の試み（大会特集I 地方史、その先へ─再構築への模索─問題提起）（胡光）「地方史研究」 地方史研究協議会 62（4）通号358 2012.8

長崎御用銅廻船と四国の金比羅宮─米代川流域との繋がりについて（木村清幸）「鷹巣地方史研究」 鷹巣地方史研究会 （68）2012.11

第394例会報告 シンポジウム「四国をめぐる戦国期の諸相」（例会報告要旨）（事務局）「戦国史研究」 戦国史研究会，吉川弘文館（発売）（65）2013.2

企画展 四国遍路ぐるり今昔「歴博だより」 愛媛県歴史文化博物館 （76）2014.1

シンポジウム「四国の地域社会と交通」と巡見（2013年度シンポジウム・巡見報告）（常任委員会）「交通史研究」 交通史学会，吉川弘文館（発売）（82）2014.2

四国邊路道指南（会員寄稿）（渡邉寛）「さぬき市の文化財」 さぬき市文化財保護協会 （11）2014.3

四国遍路のこと（藤井洋一）「讃岐のやまなみ」 香川県歴史研究会 （7）2014.4

四国遍路の諸問題（岡村庄造）「西南四国歴史文化論叢よど」 西南四国歴史文化研究会 （15）2014.4

四国中世史研究会・戦国史研究会編『四国と戦国世界』（小特集 話題の研究書）（中平景介）「伊予史談」 伊予史談会 （375）2014.10

四国東南部における野口雨情の作品（原田英祐）「秦史談」 秦史談会 （180）2014.11

四国　　　　　　　　　　　　　地名でたどる郷土の歴史

四国山地

四国山地のコビダンゴ（坂本正夫）「土佐地域文化」［土佐地域文化研究
　会］（8）2004.12

四国山地における蜂須賀氏入部反対運動（丸山幸彦）「奈良史学」奈良大
　学史学会（24）2007.1

四国山地の在来茶（《茶特集》）（坂本正夫）「土佐地域文化」［土佐地域
　文化研究会］（11）2007.6

由緒書からみた転換期の四国山地―蜂須賀氏入部をめぐる虚と実（特集
　徳島地方史研究の現在）（丸山幸彦）「史窓」徳島地方史研究会
　（40）2010.3

四国路

土御門上皇と四国路（溝渕匠）「秦史談」秦史談会（170）2012.8

土御門上皇と四国路（4）8阿波での行在所、9阿波でのお歌（溝渕匠）「秦
　史談」秦史談会（173）2013.2

土御門上皇と四国路（5）10旧御所村の土御門上皇遺蹟（溝渕匠）「秦史
　談」秦史談会（174）2013.5

土御門上皇と四国路（6）（溝渕匠）「秦史談」秦史談会（176）2013.11

四国八十八ヶ所

四国八十八ヶ所成立の時期について（会員寄稿）（三好成其）「さぬき市の
　文化財」さぬき市文化財保護協会（11）2014.3

西光寺四国八十八ヶ所―西光寺文書が語る（個人研究）（寶亀道聰）「郷土
　研究」佐世保市立図書館（41）2014.3

四国竜馬街道

龍馬が開眼した旅路―四国龍馬街道（春野公麻呂）「高知県立坂本龍馬記
　念館・現代龍馬学会紀要」高知県立坂本龍馬記念館・現代龍馬学会
　（2）2011.1

中四国

報告要旨 敗戦時における中四国地方へのアメリカ軍の進駐について（石
　田雅春）「芸備地方史研究」芸備地方史研究会（260・261）2008.4

野井街道

野井街道の歴史（清家徳男）「西南四国歴史文化論叢よど」西南四国歴史
　文化研究会（4）2003.3

予土

えひめ・学・事典（39）「龍馬が抜けた」予土国境（横山昭市）「文化愛
　媛」愛媛県文化振興財団（65）2010.10

予土旧街道

予土旧街道峠調査記（〈梼原史談〉）（鎌倉安弘）「檮原 文芸・史談」檮原
　町文化協会（34）2009.10

徳島県

相川橋
「相川橋三代」異聞（桐島昭）「三好郷土史研究会誌」 三好郷土史研究会 （21） 2013.1

赤松
美波町赤松の正月飾りと牛王行事（《特集 海部地方の民俗》）（庄武憲子）「徳島地域文化研究」 徳島地域文化研究会 （5） 2007.3

美波町赤松の門飾り・鍬初め（《特集 海部地方の民俗》）（大杉洋子，森本嘉訓）「徳島地域文化研究」 徳島地域文化研究会 （5） 2007.3

浅川
徳島県海部郡海陽町浅川の磯魚伝統（田邉悟）「徳島県立博物館研究報告」 徳島県立博物館 （19） 2009.3

足代
足代地区の道・東山増川地区の道（研究の足跡）（伊藤良徳）「三好郷土史研究会誌」 三好郷土史研究会 （18） 2009.12

阿南市
徳島県阿南市域における長宗我部氏侵入と城館（福永素久）「愛城研報告」 愛知中世城郭研究会 （11） 2007.8

史跡めぐりの旅 徳島県阿南市・小松島市方面史跡めぐり（間崎福義）「香美史談」 香美史談会 （1） 2008.3

阿南市における出産にかかわる忌みについて（関眞由子）「徳島地域文化研究」 徳島地域文化研究会 （10） 2012.3

阿南市における後産の始末と三十三日までの禁忌（関眞由子）「徳島地域文化研究」 徳島地域文化研究会 （12） 2014.3

査読論文 日本の歴史的重要建造物における徳島県阿南市産大理石の使用とその意義（石田啓祐，早渕隆人，中尾賢一，東明省三）「徳島大学地域科学研究」 徳島大学総合科学部，徳島大学大学院総合科学教育部，徳島大学大学院ソシオ・アーツ・アンド・サイエンス研究部 4 2014.12

阿波
阿波俳諧資料散策（7） 『阿波勢見山法樂句集』 翻刻と紹介（白井宏）「凌霄」 四国大学 通号7 2000.2

阿波俳諧資料散策（8） 翻刻『梅風集』（梅後亭其風追善）（白井宏）「凌霄」 四国大学 （8） 2001.2

四国大学図書館所蔵「凌霄文庫」の阿波の引札（須藤茂樹）「凌霄」 四国大学 通号149 2002.2

阿波の書肆・天満屋武兵衛と浄瑠璃本（神津武男）「凌霄」 四国大学 （9） 2002.2

阿波俳諧資料散策（9） 朧庵朴斎『礫傳ひ』翻刻と解説（竹本友愛，白井宏）「凌霄」 四国大学 （9） 2002.2

「阿淡夢物語」について（武田清市）「あわじ ： 淡路地方史研究会会誌」 淡路地方史研究会 （20） 2003.1

〈史料特集 阿波における自由民権運動の再発見〉「史窓」 徳島地方史研究会 （33） 2003.2

阿波「自助社」関係史料―徳島県立文書館所蔵史料の紹介（宇山孝人）「史窓」 徳島地方史研究会 （33） 2003.2

阿波の慶長9年検地帳の謎―文書を残すことの大切さ（宇山孝人）「文書館だより」 徳島県立文書館 20 2003.2

阿波俳諧資料紹介（亀代亜矢子）「凌霄」 四国大学 （10） 2003.2

阿波俳諧資料散策（10） 翻刻『旅のねさめ』（高知県立図書館蔵）（白井宏）「凌霄」 四国大学 （10） 2003.2

阿波の砂糖は天下一品の味「徳島近世研究」 徳島近世史研究会 2 2003.7

阿波の卵建「郷土史紀行」 ヒューマン・レクチャー・クラブ 24 2003.11

『阿波ええじゃないか』考・余禄（田村貞雄）「東海近代史研究」 東海近代史研究会 （25） 2004.3

阿波俳諧資料散策（11）～（14） 酒井農圃『俳諧雑記』翻刻・略注（白井宏，四国大学大学院「近世文学特論」受講生）「凌霄」 四国大学 （11）/（14） 2004.3/2007.3

阿波西部の昔（写真集）（小松磨記）「秦史談」 秦史談会 123 2004.9

阿波商人が西郷隆盛へ献金の謎（矢野宏治）「敬天愛人」 西郷南洲顕彰会 （23） 2005.9

阿波の伝馬役負担と郡中―近世後期の名東郡を事例に（森千枝）「史窓」 徳島地方史研究会 （37） 2007.3

阿波白地域の考察（高橋成計）「戦乱の空間」 戦乱の空間編集会 （6）

2007.7

蝦夷銘々伝（1） 爾散南公 阿波蘇（田牧久穂）「北方風土 ： 北国の歴史民俗考古研究誌」 イズミヤ出版 通号55 2008.1

史窓のひろば（1） 第30回公開研究大会 山から見直す阿波の歴史―生業の視点から「史窓」 徳島地方史研究会 （38） 2008.3

阿波俳諧資料散策（15） 『きり火桶』翻刻（白井宏）「凌霄」 四国大学 （15） 2008.3

史窓のひろば（3） 第31回公開研究大会 海から見直す阿波の歴史―生業の視点から「史窓」 徳島地方史研究会 （39） 2009.3

阿波書道と篠崎小竹（1），（2）（太田剛）「凌霄」 四国大学 （16）/（17） 2009.3/2011.04

阿波俳諧資料散策（16） 『俳諧眉の山』翻刻・略注（白井宏［他9名］）「凌霄」 四国大学 （16） 2009.3

阿波に残る武田家伝承（《特集 磯貝正義先生追悼》）（須藤茂樹）「甲斐」 山梨郷土研究会 （119） 2009.7

近世阿波絵画史研究の軌跡―その回顧と展望（特集 徳島地方史研究の現在）（須藤茂樹）「史窓」 徳島地方史研究会 （40） 2010.3

第32回公開研究大会 里と街から見直す阿波の歴史―生業の視点から（特集 徳島地方史研究の現在―史窓のひろば）（徳野隆）「史窓」 徳島地方史研究会 （40） 2010.3

篠崎小竹と阿波書道（太田剛）「水脈 ： 徳島県立文学書道研究紀要」 徳島県立文学書道館 （9） 2010.3

阿波俳諧資料散策（17） 『かた身の雪』翻刻・略注（白井宏，四国大学大学院文学研究科院生）「凌霄」 四国大学 （17） 2011.4

近世史料にみる阿波の地震と津波（第34回公開研究大会特集 災害史に学ぶ阿波の歴史）（徳野隆）「史窓」 徳島地方史研究会 （42） 2012.3

阿波北方における南海地震の歴史的検討―江戸時代の南海地震と旧吉野川河口域の地盤沈下をめぐって（第34回公開研究大会特集 災害史に学ぶ阿波の歴史）（松下師一）「史窓」 徳島地方史研究会 （42） 2012.3

第387例会報告 天正前期の阿波と諸勢力（例会報告要旨）（中平景介）「戦国史研究」 戦国史研究会，吉川弘文館（発売） （64） 2012.8

阿波の自由民権運動と自助社（2010年度特別展記念講演記録）（宇山孝人）「高知市立自由民権記念館紀要」 高知市立自由民権記念館 （20） 2012.12

河内と阿波 阿波とおおさかを結ぶ―勝瑞城館跡の活用を目指して（特集 飯森山城と戦国おおさか）（重見髙博）「大阪春秋」 新風書房 40（4） 通号149 2013.1

河内木綿と阿波の藍―三好長慶をめぐる地域の名品つくり（特集 飯森山城と戦国おおさか―エッセイ）（中井由榮）「大阪春秋」 新風書房 40（4） 通号149 2013.1

阿波藍商人が伝えた狸文化―大阪・木更津への伝播をめぐって（田中優生）「史泉 ： historical & geographical studies in Kansai University」 関西大学史学・地理学会 （118） 2013.7

天正前期の阿波をめぐる政治情勢―三好存保の動向を中心に（中平景介）「戦国史研究」 戦国史研究会，吉川弘文館（発売） （66） 2013.8

阿波の飛鉢説話（嶺岡美見）「御影史学論集」 御影史学研究会 （38） 2013.10

「徳島市内と阿波探訪」（志賀孝弘）「小松史談」 小松史談会 （140） 2014.1

阿波俳諧資料散策（19） 『掬影亭機因五十回追善（仮題）』翻刻・略注（白井宏，四国大学大学院文学研究科院生）「凌霄」 四国大学 （19） 2014.4

阿波出兵をめぐる羽柴秀吉書状の年代比定（研究ノート）（藤井譲治）「織豊期研究」 織豊期研究会 （16） 2014.10

鮎原村
鮎原村におけるアジア・太平洋戦争と戦後―戦争体験を持つ戦後教員の証言を中心に（高倍昭治）「鳴門史学」 鳴門史学会 21 2007.10

阿波池田駅
表紙 阿波池田駅開業の日の風景（大正3年3月25日）「三好郷土史研究会誌」 三好郷土史研究会 （22） 2014.3

阿波九城
論文 二つの「一国一城令」と阿波九城の周縁をめぐって（宇山孝人）「徳島県立文書館研究紀要」 徳島県立文書館 （6） 2014.10

阿波支路
那賀郡の条里と南海道阿波支路に関する試論―桑野盆地の条里の検討から（竹谷勝也）「鳴門史学」 鳴門史学会 17 2003.10

阿波膳坂

地名の由来 藤の棚/阿波膳坂の謂れ/血合い取り駄馬（佐川ミサヲ）「ふるさと久万」 久万郷土会 （44）2004.7

阿波国

幕末期阿波国における地域市場の構造―撫養山西家の経営分析を中心に（森本幾子）「ヒストリア ： journal of Osaka Historical Association」 大阪歴史学会 （188）2004.1

江戸時代阿波国絵図の歴史地理学的研究（羽山久男）「史窓」 徳島地方史研究会 （34）2004.3

近世阿波国学の潮流―榀邨前史（丸山幸彦）「史窓」 徳島地方史研究会 （35）2005.3

三好氏の権力基盤と阿波国人（天野忠幸）「年報中世史研究」 中世史研究会 （31）2006.5

御高札場考（阿波国絵図を参照して）（研究の足跡）（吉本保夫）「三好郷土史研究会誌」 三好郷土史研究会 （19）2010.12

Culture Club 大塩平八郎と徳島―大塩のルーツは阿波国!?（松永友和）「徳島県立博物館博物館ニュース」 徳島県立博物館 （84）2011.9

古代阿波国と国郡遺構―観音寺遺跡出土木簡を手がかりに（森公章）「海南史学」 高知海南史学会 （50）2012.8

日本の近世女性のあり方に関する一考察―阿波国における「桜戸日記」を中心に（論文）（湯麗，劉潔，大橋眞）「徳島大学地域科学研究」 徳島大学総合科学部，徳島大学大学院総合科学教育部，徳島大学大学院ソシオ・アーツ・アンド・サイエンス研究部 3 2013.12

阿波藩

民政資料展覧会と『阿波藩民政資料』（金原祐樹）「文書館だより」 徳島県立文書館 20 2003.2

阿波藩における年貢徴収の仕組みと検地帳―「春請制」を中心に（宇山孝人）「徳島県文書館研究紀要」 徳島県立文書館 （4）2003.3

阿波半田

"阿波半田桐の花"の閑谷吟行（阿波半田桐の花）「閑谷学校研究」 特別史跡閑谷学校顕彰保存会 （8）2004.5

井内

古道を歩く（井内から中津川へ）（研究の足跡）（近藤定雄）「三好郷土史研究会誌」 三好郷土史研究会 （17）2008.12

井川町

三好都市紀行 第五回ふるさと探訪「井川町」（岡本福治）「三好郷土史研究会誌」 三好郷土史研究会 （16）2007.12

井川村

井川村での初期種痘事情―井川町古郷家文書の内（研究の足跡）（八巻憲一郎）「三好郷土史研究会誌」 三好郷土史研究会 （17）2008.12

池田陣屋

「池田陣屋」間取図を見て（橋本美保）「三好郷土史研究会誌」 三好郷土史研究会 （20）2012.1

池田町

三好都市紀行 第四回ふるさと探訪「池田町」（細田義秋）「三好郷土史研究会誌」 三好郷土史研究会 （15）2006.12

報告・紹介 史料紹介 昭和48年（1973）「池田町棟付帳」を出版 NHK徳島放送局がテレビで紹介（大岩義雄）「三好郷土史研究会誌」 三好郷土史研究会 （16）2007.12

池田渡場

池田渡場と御通船所の位置について（研究の足跡）（湯藤章皓）「三好郷土史研究会誌」 三好郷土史研究会 （18）2009.12

伊島

潜水漁をめぐる漁場空間・序説―伊島における水平的共同空間と垂直的個別空間（磯本宏紀）「徳島県立博物館研究報告」 徳島県立博物館 （14）2004.3

海に潜る技術を持つ人びとの出稼ぎ―徳島県伊島の貝捕りさん（高橋健一）「徳島県立博物館研究報告」 徳島県立博物館 （15）2005.3

伊島を訪れたヘンドと呼ばれた人々（磯本宏紀）「徳島地域文化研究」 徳島地域文化研究会 （3）2005.3

伊島漁民の潜水器漁業出漁をめぐる「内」と「外」（《大会特集I 四国―その内と外と》―〈問題提起〉）（磯本宏紀）「地方史研究」 地方史研究協議会 57（4）通号328 2007.8

潜水器漁業の導入と朝鮮海出漁―伊島漁民の植民地漁業経営と技術伝播をめぐって（磯本宏紀）「徳島県立博物館研究報告」 徳島県立博物館 （18）2008.3

阿波国那賀郡椿泊浦の内伊島―名湯島之図（明治12〈1879〉年）「文書館だより」 徳島県立文書館 （31）2010.3

市ノ川鉱山

世界的に有名な鉱物 市ノ川鉱山産の輝安鉱（中尾賢一）「徳島県立博物館博物館ニュース」 徳島県立博物館 （83）2011.6

市場村

近藤有地蔵書写 尾開・興崎・市場村誌/文化尾開村棟付帳（松村宏道，名倉佳之，近藤南枝，長谷川賢二）「徳島県立博物館研究報告」 徳島県立博物館 （19）2009.3

井隈荘

住吉大社神領井隈荘私考覚書（片山清）「すみのえ」 住吉大社社務所 37（1）通号235 2000.1

祖谷新道

川崎新道（祖谷新道）について（研究の足跡）（大岩義雄）「三好郷土史研究会誌」 三好郷土史研究会 （18）2009.12

祖谷

祖谷の襖絵と襖からくり五十年目の復活公演（研究の足跡）（岩崎是昭）「三好郷土史研究会誌」 三好郷土史研究会 （15）2006.12

祖谷の旅吟（泉一矢）「郷土」 郷土の文化を考える会 （7）2007.12

絶滅寸前!? 祖谷の美味しい珍作物ヤツマタ（茨木靖）「徳島県立博物館博物館ニュース」 徳島県立博物館 （70）2008.3

情報ボックス 祖谷のジャガイモ（庄武憲子）「徳島県立博物館博物館ニュース」 徳島県立博物館 （96）2014.9

祖谷山

渡辺広輝筆「祖谷山絵巻」について（須藤茂樹）「凌霄」 四国大学 （14）2007.3

岩倉城

戦国期岩倉城・脇城とその城下町の復元について（福永素久）「愛城研報告」 愛知中世城郭研究会 （8）2004.8

岩屋

研究ノート 「阿波勝浦郡芝生村岩屋ノ話」解題（鳥居龍蔵の足跡を辿る）（栗林誠治）「鳥居龍蔵研究」 鳥居龍蔵を語る会 （2）2013.8

小海

鳴門市小海の接待聞書（水野一典）「徳島地域文化研究」 徳島地域文化研究会 （6）2008.3

大川原高原

短信 大川原高原に発生した雨氷の被害と現状（東衛史）「徳島大学地域科学研究」 徳島大学総合科学部，徳島大学大学院総合科学教育部，徳島大学大学院ソシオ・アーツ・アンド・サイエンス研究部 1 2012.2

大里

明治五年九月改 名東県寺院本末帳（2）海南町大里の御鉄砲屋敷と迷路（岡田一郎）「徳島近世史研究」 徳島近世史研究会 2 2003.7

大代

館蔵品紹介 板野郡大代村岡家文書（松永友和）「徳島県立博物館博物館ニュース」 徳島県立博物館 （92）2013.9

沖洲

思い出しての散策 覚えていたい村の地理地景「沖洲」（塚本林三）「玉造史叢」 玉造郷土文化研究会 44 2003.4

落合峠

徳島県東祖谷村落合峠における利用・管理形態の変化とそれに伴う植生の変化（小串重治，鎌田磨人，長谷川賢二）「徳島県立博物館研究報告」 徳島県立博物館 （15）2005.3

尾開村

近藤有地蔵書写 尾開・興崎・市場村誌/文化尾開村棟付帳（松村宏道，名倉佳之，近藤南枝，長谷川賢二）「徳島県立博物館研究報告」 徳島県立博物館 （19）2009.3

海南町

死体に見立てられた蓑笠人形に対する恐怖感―死者の名を一声呼び、振り向く事なく一目散に逃げ帰る習俗（徳島県海部郡旧海南町）（近藤直也）「徳島地域文化研究」 徳島地域文化研究会 （6）2008.3

海陽町

徳島県海部郡海陽町での被災史料巡回調査（特集 2014年8月豪雨災害での史料保全活動）（川内淳史）「史料ネットnews letter」 歴史資料ネットワーク （77）2014.12

樫原

研究ノート 勝浦郡上勝町樫原の棚田景観と実測分間村絵図・地租改正地面明細図について（特集 徳島地方史研究の現在）（羽山久男）「史窓」 徳島地方史研究会 （40）2010.3

かずら橋

祖谷のかずら橋と錦帯橋（明間キミ）「おくやまのしょう ： 奥山荘郷土研究会誌」 奥山荘郷土研究会 （30）2005.3

神田

上勝町神田地区における阿波番茶の生産構造―上勝神田茶生産組合に対するアンケート調査より（佐藤友香）「徳島地域文化研究」 徳島地域

文化研究会　（2）2004.3

葛又
平家村―勝浦郡上勝町葛又・菅蔵の伝説（森平敏嗣，磯本宏紀）「徳島地域文化研究」徳島地域文化研究会　（10）2012.3

上勝町
一人の情熱が地域を再生―徳島県上勝町の彩り産業（青井春義）「讃岐のやまなみ」香川県歴史研究会　（3）2010.4

上分
近世徳島藩山村社会の女性―名西郡上山村上分の場合（門田万寿美）「鳴門史学」鳴門史学会　20　2006.10

鴨島町
表紙　筒井製糸所全景（鴨島町）鴨島町役場発行　昭和6年4月1日　『阿北の名邑　蚕都鴨島』より　製糸場の高い煙突は、蚕都といわれた鴨島のシンボルであった。／展示案内「文書館だより」徳島県立文書館　（35）2014.3

川口・一宇線
一宇から川口への道「川口・一宇線」（研究の足跡）（堀谷都一）「三好郷土史研究会誌」三好郷土史研究会　（18）2009.12

川崎新道
川崎新道（祖谷新道）について（研究の足跡）（大岩義雄）「三好郷土史研究会誌」三好郷土史研究会　（18）2009.12

観音寺村
阿波国名東郡観音寺村「検地・知行絵図」の復原的研究（波山久男）「史窓」徳島地方史研究会　（37）2007.3

木岐
伝統的磯漁としてのイサリとアマ（1）美波町木岐・牟岐町牟岐浦の事例（磯本宏紀）「徳島地域文化研究」徳島地域文化研究会　（6）2008.3

岸上
借耕牛をめぐる調査報告―徳島県三好郡東みよし町岸上・滝久保の事例（調査報告）（宮田克成）「香川近代史研究」香川近代史研究会　（2）2014.3

木頭村
婚姻儀礼における擬死再生のモチーフ―徳島県那賀郡木頭村の事例より（小野寺綾）「徳島地域文化研究」徳島地域文化研究会　（2）2004.3

郷名村
表紙　旧名方郡郷名村絵図（上田家文書）72cm×52cm「文書館だより」徳島県立文書館　（33）2012.3

桑野町
阿南市桑野町の屋根葺き技術聞き書き―古鍛治照氏の体験談（調査報告）（西崎憲志，森本嘉訓）「徳島地域文化研究」徳島地域文化研究会　（8）2010.3

桑野盆地
那賀郡の条里と南海道阿波支路に関する試論―桑野盆地の条里の検討から（竹谷勝也）「鳴門史学」鳴門史学会　17　2003.10

興崎村
近藤有織蔵書写　尾開・興崎・市場村誌／文化尾開村棟付帳（松村宏道，名倉佳之，近藤南枝，長谷川賢二）「徳島県立博物館研究報告」徳島県立博物館　（19）2009.3

高越山
高越山周辺地域における豆腐製造技法とその変遷（北原國雄）「徳島地域文化研究」徳島地域文化研究会　（4）2006.3

郡里村
検地帳と知行絵図の比較による村落の空間構造と土地支配―阿波国美馬郡郡里村嘉永四年検地帳と知行村絵図を中心として（論文）（羽山久男）「史窓」徳島地方史研究会　（44）2014.3

古川
古川の河川改良工事に見る「びわの橋」（研究の足跡）（三好末吉）「三好郷土史研究会誌」三好郷土史研究会　（17）2008.12

小松島市
史跡めぐりの旅　徳島県阿南市・小松島市方面史跡めぐり（間崎福義）「香美史談」香美史談会　（1）2008.3

木屋平村
史料調査報告　美馬市旧木屋平村―阿波学会総合学術調査との連携（立石恵嗣）「文書館だより」徳島県立文書館　（29）2008.3

金毘羅街道
三野の古道「金毘羅街道」（樫の休場越え）を歩く（研究の足跡）（千葉勲）「三好郷土史研究会誌」三好郷土史研究会　（18）2009.12

笹木野
松茂町笹木野　藤井政二家文書目録　文書群整理の経緯／文書群に関する藤井家3代の略史／藤井家3代の墓所／凡例／目録（第II部　平成23～24年度研究活動の記録）「歴史の里：松茂町歴史民俗資料館・人形浄瑠璃芝居資料館館報」松茂町歴史民俗資料館・人形浄瑠璃芝居資料館　（17）2013.3

薩摩郷
中世阿波の薩摩郷をめぐる史料と考証―昭和前半期における郷土史家浪花勇次郎の周辺を中心に（長谷川賢二）「徳島県立博物館研究報告」徳島県立博物館　（13）2003.3

三名
山城町三名地区の古い道概要（研究の足跡）（森本又三郎）「三好郷土史研究会誌」三好郷土史研究会　（18）2009.12

勝瑞城
勝瑞城と小少将（今川徳子）「扣之帳」扣之帳刊行会　（12）2006.6

勝瑞城館
河内と阿波　阿波とおおさかを結ぶ―勝瑞城館跡の活用を目指して（特集　飯森山城と戦国おおさか）（重見髙博）「大阪春秋」新風書房　40（4）通号149　2013.1

常三島
常三島の年中行事―木内家での聞き書き（特集　徳島市域の民俗）（庄武憲子，関眞由子）「徳島地域文化研究」徳島地域文化研究会　（9）2011.3

志和岐
Q&A　美波町志和岐には「長崎市」の人の名前ばかりが書かれた「寄附者芳名」碑がありますが、これはどんなものなのでしょうか？（磯本宏紀）「徳島県立博物館博物館ニュース」徳島県立博物館　（93）2013.12

菅蔵
平家村―勝浦郡上勝町葛又・菅蔵の伝説（森平敏嗣，磯本宏紀）「徳島地域文化研究」徳島地域文化研究会　（10）2012.3

住吉新田
天明・寛政年間の住吉新田の開発―伊沢亀三郎を中心とした開発史の検証をかねて（論文）（井上伸一）「史窓」徳島地方史研究会　（44）2014.3

滝久保
借耕牛をめぐる調査報告―徳島県三好郡東みよし町岸上・滝久保の事例（調査報告）（宮田克成）「香川近代史研究」香川近代史研究会　（2）2014.3

工地
阿南市那賀川町工地の花崗岩製丁石について（史料紹介）（西本沙織）「史窓」徳島地方史研究会　（44）2014.3

太刀野用水
三村用水側と太刀野用水側との取水騒動に迫る（研究の足跡）（千葉勲）「三好郡郷土史研究会誌」三好郡郷土史研究会　（14）2005.12

田尾
遅い　田尾の侍（研究の足跡）（梅本利廣）「三好郡郷土史研究会誌」三好郡郷土史研究会　（14）2005.12

辻町
町屋の構と装飾―辻町の例から（橘本美保）「三好郷土史研究会誌」三好郷土史研究会　（21）2013.1

津名郡
史料紹介　下張文書活用の可能性をさぐる―徳島藩津名郡代所文書について（特集　徳島地方史研究の現在）（藤田恒春）「史窓」徳島地方史研究会　（40）2010.3

出羽島
海の向こうから　海の向こうへ―徳島県出羽島聞き書き（髙橋健一）「徳島県立博物館研究報告」徳島県立博物館　（14）2004.3

出羽島の拾い親慣行（磯本宏紀）「徳島地域文化研究」徳島地域文化研究会　（2）2004.3

出羽島のカツオ・マグロ漁と機付帆船第壱号蛭子丸の公開日誌（調査報告）（磯本宏紀）「徳島県立博物館研究報告」徳島県立博物館　（23）2013.3

出羽島での災害の記録と記憶（髙橋晋一）「徳島地域文化研究」徳島地域文化研究会　（12）2014.3

東端山
阿波山間部の名と名連合―東端山における住人集団・肝煎・給人（研究ノート）（丸山幸彦）「史窓」徳島地方史研究会　（44）2014.3

徳島
《特集　徳島地方史研究会30年の歩みと徳島地域史研究》「史窓」徳島地

方史研究会　30　2000.1

「鳴門そうし」と安芸第一部─徳島明治初期新聞の一形態（金原祐樹）「凌霄」　四国大学　（10）2003.2

徳島地域文化関係文献目録（2001年1月～2002年12月）（高橋晋一，磯本宏紀）「徳島地域文化研究」　徳島地域文化研究会　（1）2003.3

徳島方面探訪（藤谷忠義）「伊予市の歴史文化」　伊予市歴史文化の会（50）2004.3

徳島地域文化関係文献目録（2003年1月～2004年12月）（高橋晋一）「徳島地域文化研究」　徳島地域文化研究会　（3）2005.3

旅の手帖 徳島・淡路・姫路歴史紀行を終えて（紺谷憲夫）「とどまつ：北海道開拓記念館・開拓の村友の会会報」　北海道開拓記念館・開拓の村友の会　（28）2005.11

道外文化財散歩 北に夢を描いた人々 淡路・徳島・高知の旅（佐土根倖）「文化情報」　北海道文化財保護協会　284　2005.12

Q&A 徳島にはどのような妖怪の話が伝わっていますか（庄武憲子）「徳島県立博物館博物館ニュース」　徳島県立博物館　（64）2006.9

徳島地域文化関係文献目録（2005年1月～2006年12月）（高橋晋一［編］）「徳島地域文化研究」　徳島地域文化研究会　（5）2007.3

五・七・五につづる徳島方面探訪（藤谷忠義）「伊予市の歴史文化」　伊予市歴史文化の会　（58）2008.3

平成20年度特別陳列 空からみた徳島「徳島県立博物館博物館ニュース」　徳島県立博物館　（73）2008.12

史店のひろば（1）よみがえれ阿波の歴史家，その後 鳥居龍蔵と徳島（石尾和仁）「史窓」　徳島地方史研究会　（39）2009.3

徳島地域文化関係文献目録（2007年1月～2008年12月）（高橋晋一）「徳島地域文化研究」　徳島地域文化研究会　（7）2009.3

徳島地域文化関係新聞記事一覧（2008年1月～12月）（高橋晋一）「徳島地域文化研究」　徳島地域文化研究会　（7）2009.3

歴史系文化施設の現在（特集 徳島地方史研究の現在）（長谷川賢二）「史窓」　徳島地方史研究会　（40）2010.3

グローバル化に伴う地域史研究，その意義と課題─徳島における地域史研究に加わって（特集 徳島地方史研究の現在）（町田哲）「史窓」　徳島地方史研究会　（40）2010.3

文献目録 徳島地域文化関係新聞記事一覧（2009年1月～12月）（高橋晋一）「徳島地域文化研究」　徳島地域文化研究会　（8）2010.3

城下町徳島の成立と阿波九城制の克服（特集 城下町徳島研究の現在）（根津寿夫）「史窓」　徳島地方史研究会　（41）2011.3

徳島地域文化関係文献目録（2009年1月～2010年12月）（文献目録）（高橋晋一）「徳島地域文化研究」　徳島地域文化研究会　（9）2011.3

徳島地域文化関係新聞記事一覧（2010年1月～12月）（文献目録）（高橋晋一）「徳島地域文化研究」　徳島地域文化研究会　（9）2011.3

憲法制定期における徳島地方紙の憲法論─「社説・論説」の憲法意識に係わって（後藤正人）「大阪民衆史研究」　大阪民衆史研究会　（66）2011.12

石造物からみた徳島の地震・津波─南海地震の石碑を中心に（第34回公開研究大会特集 災害史に学ぶ阿波の歴史）（大川沙織）「史窓」　徳島地方史研究会　（42）2012.3

答礼人形「ミス徳島」に関する米国ノースウェスト芸術文化博物館所蔵資料（大原賢二，長谷川賢二）「徳島県立博物館研究報告」　徳島県立博物館　（22）2012.3

徳島地域文化関係新聞記事一覧（2011年1月～12月）（高橋晋一）「徳島地域文化研究」　徳島地域文化研究会　（10）2012.3

二十歳を迎えた徳島の古文書を読む会「文書館だより」　徳島県立文書館　（33）2012.3

明治25年7月23日に徳島を襲った海嘯洪水─「明治二十五年八月廿三日徳島縣下近年未曾有ノ海嘯洪水見聞録」の紹介（須藤茂樹）「凌霄」　四国大学　（18）2012.4

Culture Club 答礼人形「ミス徳島」と米国ノースウェスト芸術文化博物館─徳島平和ミュージアムプロジェクト余録（長谷川賢二）「徳島県立博物館博物館ニュース」　徳島県立博物館　（88）2012.9

文献目録 徳島地域文化関係文献目録（2011年1月～2012年12月）（高橋晋一）「徳島地域文化研究」　徳島地域文化研究会　（11）2013.3

文献目録 徳島地域文化関係新聞記事一覧（2012年1月～12月）（高橋晋一）「徳島地域文化研究」　徳島地域文化研究会　（11）2013.3

史料紹介 『南海新聞』昭和南海地震関連記事（1946年12月28日～1947年3月6日）（松茂町歴史民俗資料館・人形浄瑠璃芝居資料館南海地震関係資料調査班）「歴史の里：松茂町歴史民俗資料館・人形浄瑠璃芝居資料館館報」　松茂町歴史民俗資料館・人形浄瑠璃芝居資料館（17）2013.3

企画展「天下の台所大坂と徳島─江戸時代の交流史─」覚書（松永友和）「大塩研究」　大塩事件研究会　（69）2013.9

徳島地域文化関係新聞記事一覧（2013年1月～12月）（高橋晋一）「徳島地域文化研究」　徳島地域文化研究会　（12）2014.3

徳島県

徳島県における選挙大干渉と新聞「民黨」（松本博）「史窓」　徳島地方史研究会　（33）2003.2

資料紹介 徳島県北部・西部の「力石」（高島慎助）「史窓」　徳島地方史研究会　（33）2003.2

徳島県地方史研究文献目録（2001年7月～2002年6月）「史窓」　徳島地方史研究会　（33）2003.2

徳島県地方史研究文献目録（2002年7月～2003年6月）「史窓」　徳島地方史研究会　（34）2004.3

徳島県の中華そば史（大正時代～終戦直後）─2003年12月現在の調査報告（多喜田昌裕）「徳島地域文化研究」　徳島地域文化研究会　（2）2004.3

徳島県地方史研究文献目録（2003年10月～2004年9月）「史窓」　徳島地方史研究会　（35）2005.3

明治期の公文書から「徳工百年史」をかいまみる（森正和，澤田優子）「文書館だより」　徳島県立文書館　25　2005.9

徳島県地方史研究文献目録（2004年10月～2005年9月）「史窓」　徳島地方史研究会　（36）2006.3

徳島県地方史研究文献目録（2005年10月～2006年9月）「史窓」　徳島地方史研究会　（37）2007.3

徳島県地方史研究文献目録（2006年10月～2007年9月）「史窓」　徳島地方史研究会　（38）2008.3

昭和9年徳島県通常県会「会議録」に見る「室戸台風」（森正和）「文書館だより」　徳島県立文書館　（29）2008.3

徳島県地方史研究文献目録（2007年10月～2008年9月）「史窓」　徳島地方史研究会　（39）2009.3

徳島県地方史研究文献目録（2008年10月～2009年9月）「史窓」　徳島地方史研究会　（40）2010.3

「鬼」の末裔たち─県南山間地域の事例より（調査報告）（高橋晋一）「徳島地域文化研究」　徳島地域文化研究会　（8）2010.3

徳島県地方史研究文献目録（2009年10月～2010年9月）「史窓」　徳島地方史研究会　（41）2011.3

筆塚の研究 徳島県内にある筆塚を訪ねて（井上智世，富久和代）「水脈：徳島県立文学書道館研究紀要」　徳島県立文学書道館　（10）2011.3

徳島県のヤマチャ製造工程─阿波晩茶（上勝神田茶）・宍喰寒茶（農業特集）（黒橋由加里）「土佐地域文化」　土佐地域文化研究会　（12）2011.12

公文書に見る津波資料「文書館だより」　徳島県立文書館　（33）2012.3

公開史料の紹介─藤倉家文書・栗本家文書「文書館だより」　徳島県立文書館　（33）2012.3

徳島県における翼賛選挙（論文）（竹内桂）「史窓」　徳島地方史研究会　（43）2013.3

徳島県地方史研究文献目録（2011年10月～2012年9月）「史窓」　徳島地方史研究会　（43）2013.3

岩村家資料の整理「文書館だより」　徳島県立文書館　（34）2013.3

情報ボックス 森崎家資料─御用絵師の粉本（大橋俊雄）「徳島県立博物館博物館ニュース」　徳島県立博物館　（93）2013.12

徳島県地方史研究文献目録（2012年10月～2013年9月）「史窓」　徳島地方史研究会　（44）2014.3

翻訳 藩から県へ：徳島県における政治的発達，1871年～1880年 『極東の歴史に関する論攷』12号（1975年9月）所収（アンドリュー・フレイザー［著］，逢坂晴男［訳］）「徳島県立文書館研究紀要」　徳島県立文書館　（6）2014.10

目録 徳島県立文書館 公開古文書一覧（金原祐樹）「徳島県立文書館研究紀要」　徳島県立文書館　（6）2014.10

論文 徳島県の若年層の結婚行動（水ノ上智邦，趙彤）「徳島大学地域科学研究」　徳島大学総合科学部，徳島大学大学院総合科学教育部，徳島大学大学院ソシオ・アーツ・アンド・サイエンス研究部　4　2014.12

徳島市

徳島市内と阿波探訪（志賀孝弘）「小松史談」　小松史談会　（139）2013.1

「徳島市内と阿波探訪」（志賀孝弘）「小松史談」　小松史談会　（140）2014.1

徳島市役所

絵葉書「徳島市役所全景」を読む─徳島市役所庁舎の変遷をめぐって（史料紹介）（小川裕久）「史窓」　徳島地方史研究会　（44）2014.3

徳島城

公開研究大会 徳島地方史研究会第29回公開研究大会 近代のなかの徳島城跡─殿様の城から市民の城へ（〈史窓のひろば〉）「史窓」　徳島地方史研究会　（37）2007.3

「いにしえ夢街道」推進事業協賛事業 特別陳列「徳島城下町の世界」「徳島県立博物館博物館ニュース」　徳島県立博物館　（69）2007.12

Culture Club 城の記憶─須木一胤と「旧徳島城図」（大橋俊雄）「徳島県立博物館博物館ニュース」　徳島県立博物館　（71）2008.6

Web版「幻の城下町徳島─失われた城下町へタイムスリップ」「文書館

だより」 徳島県立文書館 （30） 2009.3

Culture Club 明治維新と徳島城―守住貫魚の『二行日誌』から（大橋俊雄）「徳島県立博物館博物館ニュース」 徳島県立博物館 （80） 2010.9

蜂須賀家政の徳島城築城をめぐって（羅針盤）（天野忠幸）「戦国史研究」 戦国史研究会, 吉川弘文館（発売）（61） 2011.2

近世考古学からみた徳島城下町（特集 城下町徳島研究の現在）（石尾和仁）「史窓」 徳島地方史研究会 （41） 2011.3

Q&A 徳島城の御殿について部屋とふすま絵の資料があると聞きましたが…（大橋俊雄）「徳島県立博物館博物館ニュース」 徳島県立博物館 （91） 2013.6

徳島城築城と天守・御三階櫓成立過程について（福永素久）「愛城研報告」 愛知中世城郭研究会 （17） 2013.8

徳島城表御殿庭園

大名庭園散歩 広島藩家老上田宗箇の作った庭「徳島城表御殿庭園」（請川洋一）「郷土史紀行」 ヒューマン・レクチャー・クラブ （58） 2009.7

徳島藩

徳島藩主の花押・印章について（根津寿夫）「凌霄」 四国大学 （8） 2001.2

徳島藩参勤交代に関する一考察―「首途」について（根津寿夫）「凌霄」 四国大学 （10） 2003.2

大坂の陣と徳島藩―幕藩制的秩序とその成立過程（根津寿夫）「岡山藩研究」 岡山藩研究会 43 2003.6

根津寿夫氏報告「大坂の陣と徳島藩―幕藩制的秩序とその成立過程」参加記（参加記）（倉持隆）「岡山藩研究」 岡山藩研究会 43 2003.6

幕末期徳島藩領における地方知行制の地域構造（羽山久男）「史窓」 徳島地方史研究会 （35） 2005.3

藩主巡見と隣領（研究の足跡）（八巻憲一郎）「三好郡郷土史研究会誌」 三好郡郷土史研究会 （14） 2005.12

情報ボックス 江戸時代に徳島藩はなかったという話（長谷川賢二）「徳島県立博物館博物館ニュース」 徳島県立博物館 （73） 2008.12

近世武家集団における文化―徳島藩蜂須賀家の大坂の陣（シンポジウム「四国大名の文化と交流」報告要旨）（根津寿夫）「研究紀要」 土佐山内家宝物資料館 （9） 2011.3

近世後期における徳島藩の御林と請負―那賀川中流域を事例に（町田哲）「鳴門史学」 鳴門史学会 26 2012.2

徳島藩の蒸気船―「徳島藩蒸気船乾元丸購入一件（一）」の紹介と翻刻（松永友和）「徳島県立博物館研究報告」 徳島県立博物館 （22） 2012.3

庚午事変 その後―稲田家家臣団の北海道開拓（五島清弘）「あわじ ： 淡路地方史研究会会誌」 淡路地方史研究会 （30） 2013.1

初代徳島藩主書状から見える慶長～元和期の池田家の構造（内池英樹）「倉敷の歴史」 倉敷市総務局総務部 （23） 2013.3

近世前期徳島藩の御林と御林番人―那賀川中流域を事例に（論文）（町田哲）「史窓」 徳島地方史研究会 （43） 2013.3

富岡城

近世阿波富岡城の破却と蜂須賀家（福永素久）「愛城研報告」 愛知中世城郭研究会 （13） 2009.8

富岡町

館蔵品紹介 那賀郡富岡町吹田家文書（松永友和）「徳島県立博物館博物館ニュース」 徳島県立博物館 （97） 2014.12

那賀川

近世後期における徳島藩の御林と請負―那賀川中流域を事例に（町田哲）「鳴門史学」 鳴門史学会 26 2012.2

近世前期徳島藩の御林と御林番人―那賀川中流域を事例に（論文）（町田哲）「史窓」 徳島地方史研究会 （43） 2013.3

近世阿波・那賀川流域における産物と流通―仁宇谷産物趣法を中心に（2013年度シンポジウム・巡見報告―シンポジウム報告要旨）（町田哲）「交通史研究」 交通史学会, 吉川弘文館（発売）（82） 2014.2

那賀川町

那賀川町の猿犠（庄武憲子）「徳島地域文化研究」 徳島地域文化研究会 （2） 2004.3

那賀郡

那賀郡の条里と南海道阿波支路に関する試論―桑野盆地の条里の検討から（竹谷勝也）「鳴門史学」 鳴門史学会 17 2003.10

名方郡

古代国家による寺院荘園の認定と土地把握―阿波国名方郡東大寺荘園の検討から（三河雅弘）「歴史地理学」 歴史地理学会, 古今書院（発売）50（5）通号242 2008.12

中津川

古道を歩く（井内から中津川へ）（研究の足跡）（近藤定雄）「三好郷土史研究会誌」 三好郷土史研究会 （17） 2008.12

長原

松茂町長原の漁労民俗・帆船聞書（森本嘉訓）「徳島地域文化研究」 徳島地域文化研究会 （4） 2006.3

鳴門塩田

塩田研究史からみた鳴門塩田（歳森茂）「徳島地域文化研究」 徳島地域文化研究会 （3） 2005.3

鳴門市ドイツ館

ふる里の史跡 鳴門市ドイツ館「郷土史紀行」 ヒューマン・レクチャー・クラブ （59） 2009.9

二軒屋町

郷町二軒屋町の成立と展開―近世都市徳島研究序説（《大会特集I 四国―その内と外と》―〈問題提起〉）（根津寿夫）「地方史研究」 地方史研究協議会 57（4）通号328 2007.8

西祖谷

三好郡紀行 第二回ふるさと探訪「西祖谷」（堀谷都一）「三好郡郷土史研究会誌」 三好郡郷土史研究会 （13） 2004.12

西祖谷の古道 一宇・重末そして善徳、下名（山域）線について（研究の足跡）（堀谷都一）「三好郷土史研究会誌」 三好郷土史研究会 （19） 2010.12

拝宮

拝宮手漉き和紙問答録（森本嘉訓）「徳島地域文化研究」 徳島地域文化研究会 （4） 2006.3

八万町

情報ボックス 祀られる武将の伝説から―ガイドブック『八万町の昔を探ろう』の活用法（磯本宏紀）「徳島県立博物館博物館ニュース」 徳島県立博物館 （75） 2009.6

早淵村

名東郡早淵村組頭庄屋後藤家文書中の地方絵図について（羽山久男）「史窓」 徳島地方史研究会 （39） 2009.3

半田村

残された旅の栞 おかげ参り心得美馬郡半田村酒井家文書（当館所蔵）より（松本博）「文書館だより」 徳島県立文書館 20 2003.2

東祖谷

三好郡紀行 東祖谷を歩く（湯藤章皓）「三好郡郷土史研究会誌」 三好郡郷土史研究会 （12） 2003.12

東祖谷落合

三好市東祖谷落合の伝承聞書（森本嘉訓）「徳島地域文化研究」 徳島地域文化研究会 （6） 2008.3

東山城

東山城（《本田昇さん追悼号》）（本田昇）「中世城郭研究」 中世城郭研究会 （18） 2004.7

東山増川

足代地区の道・東山増川地区の道（研究の足跡）（伊藤良徳）「三好郷土史研究会誌」 三好郷土史研究会 （18） 2009.12

眉山

『阿波名所図会』における眉山の自然と景観 佐藤征弥/池幡佳織/浮田健太郎/王艶/大粟美奈/駕田啓一郎/加藤潤/木下悠亮/杉本多余/高橋将央/用嶋孝裕/原田克哉/福本孝博/藤永真大/藤本彩/光永雅子/渡邊ゆいか/境泉洋/宮崎隆義（査読論文）「徳島大学地域科学研究」 徳島大学総合科学部, 徳島大学大学院総合科学教育部, 徳島大学大学院ソシオ・アーツ・アンド・サイエンス研究部 1 2012.2

樋殿谷

館蔵品紹介 樋殿谷の蔵骨器（高島芳弘）「徳島県立博物館博物館ニュース」 徳島県立博物館 （70） 2008.3

昼間

昼間地区の道（研究の足跡）（秋田唯夫）「三好郷土史研究会誌」 三好郷土史研究会 （18） 2009.12

日和佐

日和佐の言い伝え（大杉洋子）「徳島地域文化研究」 徳島地域文化研究会 （4） 2006.3

日和佐町

旧日和佐町農村・漁村のお正月（《特集 海部地方の民俗》）（大杉洋子）「徳島地域文化研究」 徳島地域文化研究会 （5） 2007.3

びわの橋

古川の河川改良工事に見る「びわの橋」（研究の足跡）（三好末吉）「三好郷土史研究会誌」 三好郷土史研究会 （17） 2008.12

舞中島

舞中島（酒井孝）「重信史談」 重信史談会 22 2003.11

美馬市穴吹町舞中島の石造文化財（調査報告）（高橋晋一）「徳島地域文化

研究」 徳島地域文化研究会 （8） 2010.3

松茂町
概説 松茂町域を対象とした南海地震研究「歴史の里 ： 松茂町歴史民俗資料館・人形浄瑠璃芝居資料館館報」 松茂町歴史民俗資料館・人形浄瑠璃芝居資料館 （17） 2013.3

まほろばの六ツ辻
古道「まほろばの六ツ辻（条里）」（研究の足跡）（川西正，黒島安行）「三好郷土史研究会誌」 三好郷土史研究会 （18） 2009.12

三加茂町
三好都市紀行 第七回ふるさと探訪「みかも」―三加茂町史を歩く（三好末吉）「三好郷土史研究会誌」 三好郷土史研究会 （18） 2009.12

美波町
以西底曳き網漁業における漁業移住と漁業経営の戦後の変遷―長崎市・福岡市へ移住した徳島県美波町出身の漁民（磯本宏紀）「徳島地域文化研究」 徳島地域文化研究会 （12） 2014.3

美濃田橋
夢幻橋は語る（美濃田橋）（研究の足跡）（森勝）「三好郷土史研究会誌」 三好郷土史研究会 （15） 2006.12

三野町
第八回ふるさと探訪「三野町」（歴史の窓）（吉本保夫）「三好郷土史研究会誌」 三好郷土史研究会 （19） 2010.12

三野町三ヶ村の棟付帳を解読し製本化（吉本保夫）「三好郷土史研究会誌」 三好郷土史研究会 （20） 2012.1

三村用水
三村用水側と太刀野用水側との取水騒動に迫る（研究の足跡）（千葉勲）「三好郡郷土史研究会誌」 三好郷土史研究会 （14） 2005.12

三村用水の碑文研究に関する総括（研究の足跡）（千葉勲）「三好郷土史研究会誌」 三好郷土史研究会 （19） 2010.12

三好
村方における商業の禁止と村人の願い（湯藤章皓）「三好郷土史研究会誌」 三好郷土史研究会 （20） 2012.1

三好郡
縄文人の生活圏にあるアイヌ語地名考（1）（研究の足跡）（瀬戸成子）「三好郡郷土史研究会誌」 三好郡郷土史研究会 （10） 2001.12

「三好郡志」と郷土史家田所眉東（研究の足跡）（大岩義雄）「三好郡郷土史研究会誌」 三好郡郷土史研究会 （10） 2001.12

デ・レーケと三好郡（研究の足跡）（大岩義雄）「三好郡郷土史研究会誌」 三好郡郷土史研究会 （12） 2003.12

困窮者激増の村々の姿―古文書に読む（研究の足跡）（岡本福治）「三好郡郷土史研究会誌」 三好郡郷土史研究会 （12） 2003.12

縄文人の生活圏にあるアイヌ語地名考（2）（研究の足跡）（瀬戸成子）「三好郡郷土史研究会誌」 三好郡郷土史研究会 （12） 2003.12

三好郡に関する文献目録（1）「三好郡郷土史研究会誌」 三好郡郷土史研究会 （12） 2003.12

戦後六十年に想う 三好郡に偉い軍人が居た（研究の足跡）（川西栄）「三好郡郷土史研究会誌」 三好郡郷土史研究会 （14） 2005.12

史料紹介 三好郡に於ける給地と地方知行（報告・紹介）（大岩義雄）「三好郡郷土史研究会誌」 三好郡郷土史研究会 （14） 2005.12

三好市
当家の竹矢来―三好市の事例二例（調査報告）（高橋晋一）「徳島地域文化研究」 徳島地域文化研究会 （9） 2011.3

牟岐浦
伝統的磯漁としてのイサリとアマ（1） 美波町木岐・牟岐町牟岐浦の事例（磯本宏紀）「徳島地域文化研究」 徳島地域文化研究会 （6） 2008.3

撫養
幕末期の中央市場と廻船経営―阿波国撫養山西家廻船の動向から（森本幾子）「ヒストリア ： journal of Osaka Historical Association」 大阪歴史学会 （177） 2001.11

山下塁
山下塁（城ノ丸）について（研究の足跡）（内田正美）「三好郡郷土史研究会誌」 三好郡郷土史研究会 （13） 2004.12

山城谷
人に歴史あり―古里を離れし山城谷の鳥尾家の人々（鳥尾明良）「三好郷土史研究会誌」 三好郷土史研究会 （22） 2014.3

山城町
三好郡紀行 第三回ふるさと探訪「山城町」（湯藤章皓）「三好郡郷土史研究会誌」 三好郡郷土史研究会 （14） 2005.12

由岐町
以西底曳網漁業による戦後の出稼ぎ―旧由岐町での聞き書き（調査報告）（磯本宏紀）「徳島地域文化研究」 徳島地域文化研究会 （9） 2011.3

吉野川
中世的郡郷制の成立と展開―阿波国吉野川下流域の場合（丸山幸彦）「奈良史学」 奈良大学史学会 （21） 2003.12

三好地方の吉野川に架かる最後の潜水橋が消えた（研究の足跡）（三好末吉）「三好郷土史研究会誌」 三好郷土史研究会 （15） 2006.12

野外博物館 吉野川の砂金（中尾賢一）「徳島県立博物館博物館ニュース」 徳島県立博物館 （82） 2011.3

聞き書き―常三島から見た昭和初期の吉野川（特集 吉野川流域の民俗）（庄武憲子，関眞由子）「徳島地域文化研究」 徳島地域文化研究会 （10） 2012.3

吉野川と川（特集 吉野川流域の民俗）（鰯滝よし子）「徳島地域文化研究」 徳島地域文化研究会 （10） 2012.3

せめぎ合う主張―用水に架ける橋をめぐって（特集 吉野川流域の民俗）（松下師一）「徳島地域文化研究」 徳島地域文化研究会 （10） 2012.3

古代阿波国吉野川中下流域の交通路と阿波国府（木原克司）「鳴門史学」 鳴門史学会 27 2013.10

徳島県吉野川流域における「声の言語地図」作成の試み（研究ノート）（峪口有香子，Adbunabi Ubul，大泉誠治，陳英）「徳島大学地域科学研究」 徳島大学総合科学部，徳島大学大学院総合科学教育部，徳島大学大学院ソシオ・アーツ・アンド・サイエンス研究部 4 2014.12

領家村
那賀郡領家村分間絵図（文化12年）「文書館だより」 徳島県立文書館 （30） 2009.3

脇城
戦国期岩倉城・脇城とその城下町の復元について（福永素水）「愛城研報告」 愛知中世城郭研究会 （8） 2004.8

脇町
表紙きりえ 川田屋（徳島脇町）（田宮勝美）「大阪民衆史研究」 大阪民衆史研究会 （68） 2013.12

和田島村
古文書の世界「那賀郡和田島村沖の鱚漁」「文書館だより」 徳島県立文書館 （33） 2012.3

香川県

安戸池
観光地安戸池―ハマチ養殖以前とその直後（萩野憲司）「郷土東かがわ」東かがわ市文化財保護協会　(76) 2009.3

天霧城
天霧城跡「郭群」の現状を見つめて（石村守）「文化財協会報」善通寺市文化財保護協会　(23) 2004.3

綾歌町
綾歌町内の「こんぴら道」を歩いてみませんか（長尾アツ子）「文化財保護協会報まるがめ」丸亀市文化財保護協会　(7) 2012.3

粟島
粟島の史跡を訪ねて（井元滝雄）「郷土の文化」観音寺市郷土文化大学　1　2007.3

フォトルポ（14）こくしんのまちを歩けば… 粟島（西内国進）「文化たかまつ」高松市文化協会　(61) 2013.7

調査研究ノート（20）粟島に残る「近代化」のシンボル「The Kagawa Museum news」香川県立ミュージアム　26　2014.9

安戸村
江戸時代中・後期の史料からみる讃岐国大内郡引田村安戸地区の「安戸村設立」の思い―分村運動の一事例（昔を知ろう会．古文書勉強会）「東かがわ市歴史民俗資料館年報・紀要」東かがわ市歴史民俗資料館　(5) 2008.7

飯田町
わが町再発見 飯田町（山田富士子）「文化たかまつ」高松市文化協会　(63) 2014.7

生野
生野について（2）（細川泰幸）「文化財協会報」善通寺市文化財保護協会　(26) 2007.3

池田
香川の名宝（18）重要有形民俗文化財 池田の桟敷 一件（石井信雄）「文化財協会報」香川県文化財保護協会　176　2010.3

石井峠道
弥生・古墳時代から続く、津田と神前を結ぶ石井峠道（会員寄稿）（佐藤初男）「さぬき市の文化財」さぬき市文化財保護協会　(9) 2012.3

一ノ谷池
一ノ谷池の築立と決壊・復旧（篠原貢）「郷土の文化」観音寺市郷土文化大学　31　2006.3

一ノ谷池の築造（藤田耕三）「文化財協会報」観音寺市文化財保護協会　(2) 2008.3

一里塚
一里塚について（1）（山西仁）「郷土東かがわ」東かがわ市文化財保護協会　(74) 2007.3

犬島
犬島（特集 行こう "瀬戸芸" の舞台へ）（山田富士子）「文化たかまつ」高松市文化協会　(61) 2013.7

伊吹島
ふるさとめぐり in 伊吹島（事業部会）「文化財協会報」観音寺市文化財保護協会　(7) 2013.3

今橋駅
ことでん今橋・出晴駅（特集 ゆるりと途中下車・たかまつ）（市川純子）「文化たかまつ」高松市文化協会　(56) 2011.1

宇多津
江戸時代から明治時代における海岸線の変遷―丸亀・宇多津・坂出「瀬戸内海歴史民俗資料館紀要」瀬戸内海歴史民俗資料館　(20) 2008.3

近世の宇多津を描いた景観図―「宇多津街道図」と「網浦眺望青山真景図絵馬」（〈特集I 海の開かれた都市〉）（松岡明子）「調査研究報告」香川県歴史博物館　(4) 2008.3

内間
資料紹介 内間瓦窯支群採集の瓦（田村久雄，渡部明夫，渡邊誠）「香川史学」香川歴史学会　(34) 2007.7

馬宿村
讃岐国大内郡馬宿村八木家文書について―塩廻船山氷丸・山宝丸の運航の軌跡（藤本正武）「東かがわ市歴史民俗資料館年報・紀要」東かがわ

市歴史民俗資料館　(4) 2007.7

雨滝山城
讃岐雨瀧山城と前衛空間（池田誠）「戦乱の空間」戦乱の空間編集会　(2) 2003.7

奥塩江
高松市奥塩江の聞き書き（谷原博信）「讃岐のやまなみ」香川県歴史研究会　(4) 2012.5

大内郡
大内郡の生駒氏給人たち（正木英生）「郷土東かがわ」東かがわ市文化財保護協会　(77) 2010.4

高松藩の牢人について―主として大内郡（占部日出明）「東かがわ市歴史民俗資料館年報・紀要」東かがわ市歴史民俗資料館　(8) 2011.10

大内郡断家譜（1）～（2）（木村脩秀）「東かがわ市歴史民俗資料館年報・紀要」東かがわ市歴史民俗資料館　(9)／(10) 2012.8/2013.9

寛政八年「行封日記」にみえる讃岐国大内郡の様子（萩野憲司）「郷土東かがわ」東かがわ市文化財保護協会　(80) 2013.3

大川町
《香川県さぬき市大川町の文化財》「郷土研究資料集」大川町文化財保護協会　(27) 2003.4

有形文化財/無形文化財/古文書/記念物/天然記念物/登録「郷土研究資料集」大川町文化財保護協会　(27) 2003.4

大滝山
阿讃山脈 大滝山（多田豊美）「讃岐のやまなみ」香川県歴史研究会　(4) 2012.5

フォトルポ（16）こくしんのまちを歩けば… 大滝山県民いこいの森（西内国進）「文化たかまつ」高松市文化協会　(63) 2014.7

大野原
江戸時代の大野原「村法」と村の秩序（久保道生）「文化財協会報」観音寺市文化財保護協会　(8) 2014.3

大間
大間と細川頼有（斉藤茂）「文化財協会報」香川県文化財保護協会　160　2004.12

大町
二つの町史『丹生村今昔物語』と『ふるさと大町小史』から（島田治）「香川史学」香川歴史学会　(28) 2001.7

岡
香南町岡の柿（青井春義）「讃岐のやまなみ」香川県歴史研究会　(7) 2014.4

男木島
男木島（特集 行こう "瀬戸芸" の舞台へ）（山本優子）「文化たかまつ」高松市文化協会　(61) 2013.7

男木島灯台
たかまつ点描『男木島灯台』（阿部邦雄）「文化たかまつ」高松市文化協会　(61) 2013.7

沖之島
嗚呼・沖之島（松浦郁郎）「西南四国歴史文化論叢よど」西南四国歴史文化研究会　(6) 2005.3

御薬師山
高松市菅沢町の御薬師山（土居美智子）「讃岐のやまなみ」香川県歴史研究会　(4) 2012.5

小田
香川県東部、小田・北山の朝鮮半島沿海通漁について―明治時代後半期に於ける地元鮮魚運搬業の盛衰から「瀬戸内海歴史民俗資料館紀要」瀬戸内海歴史民俗資料館　(16) 2003.12

志度地域のあまり知られていない文化財めぐり「小田地区」（会員寄稿）（髙橋昭）「さぬき市の文化財」さぬき市文化財保護協会　(7) 2010.3

香川
香川の名宝（2）国宝藤原佐理筆詩懐紙「文化財協会報」香川県文化財保護協会　160　2004.12

両陛下 香川の文化財に感激/支部だより/文化財情報「文化財協会報」香川県文化財保護協会　160　2004.12

特集3 香川漆芸―漆の美を極める「The Kagawa Museum news」香川

県立ミュージアム　9　2010.6

香川（讃岐）の民権結社（2010年度特別展記念講演記録）（和田仁）「高知市立自由民権記念館紀要」　高知市立自由民権記念館　(20)　2012.12

香川近代史研究会十年史―私的記録資料に基づいて（嶋田典人）「香川近代史研究」　香川近代史研究会　(1)　2013.3

特集　香川の伝統工芸と人間国宝「The Kagawa Museum news」　香川県立ミュージアム　23　2013.12

香川の名宝（29）重要文化財　太刀　銘長光（明治44年4月17日指定）（福家幸治）「文化財協会報」　香川県文化財保護協会　(187)　2013.12

「香川」の歴史―市民まなび講座の一例として（平山孝通）「文化資料館調査研究報告」　茅ヶ崎市教育委員会　(23)　2014.3

香川県

高松結婚差別裁判と香川県水平社（山下隆章）「水平社博物館研究紀要」　水平社博物館　(6)　2004.3

平成15年度県内の文化財情報「文化財協会報」　香川県文化財保護協会　158　2004.3

槍屋の軟棒香川県周辺の職人製作の棒「瀬戸内海歴史民俗資料館紀要」　瀬戸内海歴史民俗資料館　(17)　2005.3

香川県からのサバ縛網漁について「瀬戸内海歴史民俗資料館紀要」　瀬戸内海歴史民俗資料館　(17)　2005.3

香川県近代化遺産総合調査を終えて（佐藤竜馬）「文化財協会報」　香川県文化財保護協会　161　2005.3

県下の郡名は合成地名（森塚茂樹）「文化財協会報」　善通寺市文化財保護協会　(24)　2005.3

香川県の島四国の展開と特徴《大会特集II　四国―その内と外と》―〈問題提起〉（田井静明）「地方史研究」　地方史研究協議会　57（5）通号329　2007.10

道範「南海流浪記」（井元逸雄）「郷土の文化」　観音寺市郷土文化大学　3　2009.3

近代労働力移動の地域的展開―明治中期における香川県の出稼ぎと移住（嶋田典人）「地方史研究」　地方史研究協議会　59（3）通号339　2009.6

見学学習　香川県方面探訪（藤谷忠義）「伊予市の歴史文化」　伊予市歴史文化の会　(62)　2010.3

古文書解読講座　明治33年の香川県内文化財調査―小杉榲邨の記録より（上）（千葉幸伸）「香川県立文書館紀要」　香川県立文書館　(14)　2010.3

香川県の鑑賞石（園藤隆雄）「文化たかまつ」　高松市文化協会　(56)　2011.1

古文書解読講座　明治33年の香川県内文化財調査―小杉榲邨の記録より（中）（千葉宰伸）「香川県立文書館紀要」　香川県立文書館　(15)　2011.3

明治期における香川県下の市町村財政（7）完（西山一郎）「尾道大学経済情報論集」　尾道大学経済情報学部　11（1）2011.6

トピックス「かがわ漆芸の伝承」香川県漆芸研究所「The Kagawa Museum news」　香川県立ミュージアム　15　2011.12

史料紹介　「別所家文書」「文化九申御用留」（岡村啓子）「香川県立文書館紀要」　香川県立文書館　(16)　2012.3

香川県有形文化財の指定について「文化財協会報」　香川県文化財保護協会　(182)　2012.3

わが町の文化財「文化財協会報」　香川県文化財保護協会　(183)　2012.8

わが町の文化財「文化財協会報」　香川県文化財保護協会　(184)　2012.12

明治33年の香川県内文化財調査―小杉榲邨の記録より（下）（古文書解読講座）（千葉宰伸）「香川県立文書館紀要」　香川県立文書館　(17)　2013.3

別所家文書「文化十西御用留」（史料紹介）（小林可奈）「香川県立文書館紀要」　香川県立文書館　(17)　2013.3

香川県情報「文化財協会報」　香川県文化財保護協会　(185)　2013.3

わが町の文化財「文化財協会報」　香川県文化財保護協会　(185)　2013.3

わが町の文化財「文化財協会報」　香川県文化財保護協会　(186)　2013.8

わが町の文化財「文化財協会報」　香川県文化財保護協会　(187)　2013.12

特集　香川漆芸を育てた60年　香川県漆芸研究所/第61回日本伝統工芸展「The Kagawa Museum news」　香川県立ミュージアム　27　2014.12

香川県文化財情報「文化財協会報」　香川県文化財保護協会　(190)　2014.12

香川県庁舎

香川県庁舎 1954～2013 設計から現在に至る「物語」（丹下健三生誕100周年プロジェクトに伴う調査・研究）（佐藤竜馬）「ミュージアム調査研究報告」　香川県立ミュージアム　(5)　2014.3

香川町

わが町再発見　香川町（多田達代，三島慶子）「文化たかまつ」　高松市文

化協会　(54)　2010.1

梶川

梶川の由来（会員寄稿）（小西忠彦）「さぬき市の文化財」　さぬき市文化財保護協会　(10)　2013.3

賀富羅津

賀富羅津の港と盛土山古墳（塩野てるみ）「多度津文化財　：　多度津町文化財保護協会会報」　多度津町文化財保護協会　(38)　2010.3

観音寺市

浜辺の歌碑（須佐美幸子）「郷土の文化」　観音寺市郷土文化大学　30　2005.3

三ツガ石（石井利邦）「郷土の文化」　観音寺市郷土文化大学　31　2006.3

観音寺は原点の街《特集　郷土の思い出》（細川順代）「郷土の文化」　観音寺市郷土文化大学　31　2006.3

終戦のころ《特集　郷土の思い出》（中田章）「郷土の文化」　観音寺市郷土文化大学　31　2006.3

新制中学校の誕生に燃えたあの頃《特集　郷土の思い出》（西村秀俊）「郷土の文化」　観音寺市郷土文化大学　31　2006.3

わが永遠の町《特集　郷土の思い出》（芦原すなお）「郷土の文化」　観音寺市郷土文化大学　31　2006.3

無縁墓地に眠るふるさと《特集　郷土の思い出》（白川文造）「郷土の文化」　観音寺市郷土文化大学　31　2006.3

思い出三題《特集　郷土の思い出》（浜田恵造）「郷土の文化」　観音寺市郷土文化大学　31　2006.3

時空を超えて拡大する観音寺市《特集　郷土の思い出》（牧潤二）「郷土の文化」　観音寺市郷土文化大学　31　2006.3

ふるさと観音寺《特集　郷土の思い出》（西岡たか子）「郷土の文化」　観音寺市郷土文化大学　31　2006.3

観音寺と私の青春《特集　郷土の思い出》（尾池隆子）「郷土の文化」　観音寺市郷土文化大学　31　2006.3

郷里観音寺に思う《特集　郷土の思い出》（近藤照久）「郷土の文化」　観音寺市郷土文化大学　31　2006.3

柳川のうどん《特集　郷土の思い出》（林悦子）「郷土の文化」　観音寺市郷土文化大学　31　2006.3

旧観音寺市の思い出《特集　郷土の思い出》（片木邦彦）「郷土の文化」　観音寺市郷土文化大学　31　2006.3

観音寺の思い出《特集　郷土の思い出》（玉井徹）「郷土の文化」　観音寺市郷土文化大学　31　2006.3

少年時代の原風景《特集　郷土の思い出》（中川叡）「郷土の文化」　観音寺市郷土文化大学　31　2006.3

ご近所との余話あれこれ《特集　郷土の思い出》（藤田忠信）「郷土の文化」　観音寺市郷土文化大学　31　2006.3

郷土の思い出《特集　郷土の思い出》（細川寿之）「郷土の文化」　観音寺市郷土文化大学　31　2006.3

記念碑（須巻勇）「郷土の文化」　観音寺市郷土文化大学　3　2009.3

地名研究会　古代史のからまる地名（田中覚）「文化財協会報」　観音寺市文化財保護協会　(7)　2013.3

祇園山

表紙の写真　香川県東谷祇園山より見るやまなみの風景/裏表紙の写真　香川県東谷祇園山の桜　写真提供：多田幸子「讃岐のやまなみ」　香川県歴史研究会　(6)　2013.4

北山

香川県東部、小田・北山の朝鮮半島沿海通漁について―明治時代後半期に於ける地元鮮魚廻漕搬業の盛衰から「瀬戸内海歴史民俗資料館紀要」　瀬戸内海歴史民俗資料館　(16)　2003.12

北山越え

明治期北山越えを襲った豪雨と仁尾の立川さん（研究報告）（大西紘一）「三豊史談」　三豊史談会　(4)　2013.9

木戸の馬蹄石

野外博物館　香川県自然記念物の「木戸の馬蹄石」（辻野泰之）「徳島県立博物館博物館ニュース」　徳島県立博物館　(80)　2010.9

鬼無駅

JR予讃線鬼無駅（特集　ゆるりと途中下車・たかまつ）（菊内昭宏）「文化たかまつ」　高松市文化協会　(56)　2011.1

城山城

讃岐城山城の車道と万葉五番歌（鶴岡泰生）「文化財協会報. 特別号」　香川県文化財保護協会　2007年度　2008.3

亀阜荘

亀阜荘（特集　ぶらり再見「城下町・高松」）（市川純子）「文化たかまつ」　高松市文化協会　(54)　2010.1

貴峰山城

貴峰山城（研究報告）（山本祐三）「三豊史談」　三豊史談会　(3)　2012.9

栗林公園

調査研究 明治時代の栗林公園について「香川県歴史博物館news」 香川県歴史博物館　33　2007.12

栗林公園（特集 ぶらり再見「城下町・高松」）（山田富士子）「文化たかまつ」 高松市文化協会　（54）2010.1

高松歴史21景 「栗林公園」（阿部邦雄）「文化たかまつ」 高松市文化協会　（54）2010.1

たかまつ点描 『栗林公園北庭の桜』（阿部邦雄）「文化たかまつ」 高松市文化協会　（58）2012.1

天下の名園 栗林公園（津森明）「歴史民俗協会紀要 : 高松市歴史民俗協会論文集」 高松市歴史民俗協会　2011年度　2012.3

特別名勝栗林公園（佐藤幸子）「讃岐のやまなみ」 香川県歴史研究会　（7）2014.4

栗林荘

栗林荘関係絵図について（御厨義道）「ミュージアム調査研究報告」 香川県立ミュージアム　（5）2014.3

香西

フォトルポ（12）こくしんのまちを歩けば… 香西「向き向き」むかし町（西内国進）「文化たかまつ」 高松市文化協会　（60）2013.1

「香西記」を読む（藤井郁朗）「歴史民俗協会紀要 : 高松市歴史民俗協会論文集」 高松市歴史民俗協会　2012年度　2013.3

香西町

わが町再発見 香西町（浅田澄子）「文化たかまつ」 高松市文化協会　（62）2014.1

高仙山

阿讃の峰 木田郡三木町高仙山（多田幸子）「讃岐のやまなみ」 香川県歴史研究会　（6）2013.4

国分寺駅

JR予讃線国分寺駅（特集 ゆるりと途中下車・たかまつ）（奥村文浩）「文化たかまつ」 高松市文化協会　（56）2011.1

国分寺町

国分寺町の隕石（特集 「ふるさと自慢」高松 "あれこれ"）（菊内昭宏）「文化たかまつ」 高松市文化協会　（60）2013.1

わが町再発見 国分寺町（奥村文造）「文化たかまつ」 高松市文化協会　（60）2013.1

小倉城

小倉城（特集 ぶらり再見「城下町・高松」）（山本優子）「文化たかまつ」 高松市文化協会　（54）2010.1

五色台

五色台周辺を訪ねて（井元滝雄）「郷土の文化」 観音寺市郷土文化大学　2　2008.3

香東川

香東川筋の小字地名（廣瀬和孝）「歴史民俗協会紀要 : 高松市歴史民俗協会論文集」 高松市歴史民俗協会　2009年度　2010.3

高松藩領の香東川「芦脇水論」について（飯島梨沙）「香川史学」 香川歴史学会　（37）2010.7

琴平急行電鉄

廃線跡を訪ねて―丸亀から坂出～琴平へ 琴平急行電鉄・琴平参宮電鉄（石井誠一）「文化財保護協会報まるがめ」 丸亀市文化財保護協会　（7）2012.3

琴平参宮電鉄

廃線跡を訪ねて―丸亀から坂出～琴平へ 琴平急行電鉄・琴平参宮電鉄（石井誠一）「文化財保護協会報まるがめ」 丸亀市文化財保護協会　（7）2012.3

琴平電鉄長尾線

昭和20年代の琴平電鉄長尾線あれこれ（鶴居健）「ふるさと長尾」 大川郡長尾町教育委員会，長尾町文化財保護協会　（23）2000.4

五名

特集 五名の聞き取り調査「郷土東かがわ」 東かがわ市文化財保護協会　（78）2011.3

コモの浦

東讃岐コモの浦海賊被害の一件（島田治）「香川史学」 香川歴史学会　（35）2008.7

西京

「西京」というコミュニティ（織野智子）「歴史民俗協会紀要 : 高松市歴史民俗協会論文集」 高松市歴史民俗協会　2011年度　2012.3

財田川

最初の財田川地図（石井利邦）「郷土の文化」 観音寺市郷土文化大学　1　2007.3

坂出

江戸時代から明治時代における海岸線の変遷―丸亀・宇多津・坂出「瀬戸内海歴史民俗資料館紀要」 瀬戸内海歴史民俗資料館　（20）2008.3

悲劇の帝、―ゆかりの坂出 平家、屋島に行宮（特集「崇徳上皇」& "ポスト清盛" /讃岐）「文化たかまつ」 高松市文化協会　（59）2012.7

「阪出譚話会」に関する一考察（和田仁）「坂出市史研究」 坂出市史編さん所　（1）2014.6

坂出塩田

高松藩坂出塩田と久米栄左衛門（木原溥幸）「香川県立文書館紀要」 香川県立文書館　（15）2011.3

坂出市

讃岐路 坂出市の巻「郷土史紀行」 ヒューマン・レクチャー・クラブ　（54）2008.9

新たな坂出市史刊行に想う（顧問・編さん委員）「坂出市史研究」 坂出市史編さん所　（1）2014.6

『坂出市史』の編纂に望む（木原溥幸）「坂出市史研究」 坂出市史編さん所　（1）2014.6

『坂出市史』の編さんに関わって（山本秀夫）「坂出市史研究」 坂出市史編さん所　（1）2014.6

『坂出市史』への私の取り組み方について（丸尾寛）「坂出市史研究」 坂出市史編さん所　（1）2014.6

『坂出市史』教育と文化篇の構想案（津山昭）「坂出市史研究」 坂出市史編さん所　（1）2014.6

坂出市史編さん事業の開始と計画（井上勝之）「坂出市史研究」 坂出市史編さん所　（1）2014.6

坂出市史編纂事業の開始に寄せて（濱近仁史）「坂出市史研究」 坂出市史編さん所　（1）2014.6

坂出地方の町村史を統合した『坂出市史』へ（澤井静芳）「坂出市史研究」 坂出市史編さん所　（1）2014.6

『坂出市史』と『民賊物語』（坂出市史アラカルト）（中山博道）「坂出市史研究」 坂出市史編さん所　（1）2014.6

坂本

讃岐の一里塚（2）大内郡坂本（山西仁）「郷土東かがわ」 東かがわ市文化財保護協会　（75）2008.3

柞田駅

地名研究会 四至膀示跡と地名等で尋ねる柞田駅（田中覚）「文化財協会報」 観音寺市文化財保護協会　（8）2014.3

讃岐

讃岐における織豊期初頭の国境封頭と軍事遺構（池田誠）「戦乱の空間」 戦乱の空間編集会　（1）2002.7

うどん好き 備中人と讃岐人（三宅将晴）「高梁川」 高梁川流域連盟　（62）2004.12

近世讃岐海運について（島田治）「さぬき市の文化財」 さぬき市文化財保護協会　（2）2005.3

食文化体験講座「讃岐の伝統食をつくる―伝統食を現代にどう生かす」内容一覧「調査研究報告」 香川県歴史博物館　（1）2005.3

讃岐の伝統食を現代にどう生かす―食文化体験講座を担当して（丸山恵子）「調査研究報告」 香川県歴史博物館　（1）2005.3

近世讃岐廻船の積荷について（島田治）「東かがわ市歴史民俗資料館年報・紀要」 東かがわ市歴史民俗資料館　（2）2005.3

古代讃岐の石造文化（渡部明夫）「さぬき市の文化財」 さぬき市文化財保護協会　（3）2006.3

江戸文化と讃岐文化の交わり（木村照一）「さぬき市の文化財」 さぬき市文化財保護協会　（3）2006.3

佐州真更田「土屋三十郎家文書」における一考察―讃岐廻船を中心に（島田浩）「香川史学」 香川歴史学会　（33）2006.7

報告 中世讃岐の石の世界―第6回研究会報告を兼ねて（海邊博史）「日引 : 石造物研究会会誌」 （8）2006.9

讃岐の白色凝灰岩の石切場と石造物を求めて（遠藤亮）「史迹と美術」 史迹美術同攷会　77（1）通号771　2007.1

讃岐侵攻の開始（齋藤茂）「郷土の文化」 観音寺市郷土文化大学　1　2007.3

讃岐上下道行程考（高嶋清）「郷土東かがわ」 東かがわ市文化財保護協会　（74）2007.3

讃岐を旅した備中の貧窮歌人（《大会特集I 四国―その内と外と》―〈問題提起〉）（定兼学）「地方史研究」 地方史研究協議会　57（4）通号328　2007.8

歴史用語としての「讃岐三白」に関する基礎的研究―「讃岐三白」の使用時期とその時代背景（溝渕利博）「香川史学」 香川歴史学会　（37）2010.7

讃岐での火縄銃について（占部日明）「東かがわ市歴史民俗資料館年報・紀要」 東かがわ市歴史民俗資料館　（7）2010.9

古文書解読講座 鎌倉時代の流人の日記「南海流浪記」に見る讃岐の姿

（田中健二）「香川県立文書館紀要」　香川県立文書館　（15）　2011.3

百歳の讃岐弁（島田治）「郷土東かがわ」　東かがわ市文化財保護協会（78）　2011.3

播磨と讃岐─『播磨国風土記』からみた両国の交流（荊木美行）「史料：皇學館大學研究開発推進センター史料編纂所報」　皇學館大學研究開発推進センター史料編纂所　（232）　2011.12

讃岐と龍馬　顕彰碑の建立（野藤等）「高知県立坂本龍馬記念館・現代龍馬学会紀要」　高知県立坂本龍馬記念館・現代龍馬学会　（3）　2012.1

古文書解読講座　生駒時代の国絵図に見る讃岐の姿─海岸線と国境の峠道を中心に（田中健二）「香川県立文書館紀要」　香川県立文書館　（16）　2012.3

讃岐の明治は激動期（大河内義雅）「文化財協会報」　善通寺市文化財保護協会　（31）　2012.3

讃岐の山並みへの思索（谷原博信）「讃岐のやまなみ」　香川県歴史研究会（4）　2012.5

さぬきに流罪となった少女　邪馬台国卑弥呼女王に輝く（青井瑞穂）「讃岐のやまなみ」　香川県歴史研究会　（4）　2012.5

義経ルート・静御前（特集　「崇徳上皇」＆“ポスト清盛”/讃岐）（多田富美子）「文化たかまつ」　高松市文化協会　（59）　2012.7

白峯寺・御陵・西行（特集　「崇徳上皇」＆“ポスト清盛”/讃岐）（山本優子）「文化たかまつ」　高松市文化協会　（59）　2012.7

香川（讃岐）の民権結社（2010年度特別展記念講演記録）（和田仁）「高知市立自由民権記念館紀要」　高知市立自由民権記念館　（20）　2012.12

続・生駒時代の国絵図に見る讃岐の姿─道と川の変遷を中心に（古文書解読講座）（田中健二）「香川県立文書館紀要」　香川県立文書館（17）　2013.3

讃岐街道

「こんぴら道」の内　讃岐街道・伊予街道を行く（小松─西條─新居浜─四国中央─香川県観音寺・豊浜─三豊・琴平（吉本勝）「西條史談」　西條史談会　（90）　2014.1

さぬき市

さぬき市北部の文化財　臨地研修（平田弘泰）「さぬき市の文化財」　さぬき市文化財保護協会　（1）　2004.3

中世のさぬき市（小山泰弘）「さぬき市の文化財」　さぬき市文化財保護協会　（4）　2007.3

石碑「修路碑」について（佐藤初男）「さぬき市の文化財」　さぬき市文化財保護協会　（6）　2009.3

さぬき市の石造物（1）～（2）（松田朝由）「さぬき市の文化財」　さぬき市文化財保護協会　（8）/（9）　2011.3/2012.3

「讃岐国絵図」に見るさぬき市域の「庄」と「郷」（特別寄稿）（田中健二）「さぬき市の文化財」　さぬき市文化財保護協会　（11）　2014.3

さぬき市の遍路道（会員寄稿）（藤井洋一）「さぬき市の文化財」　さぬき市文化財保護協会　（11）　2014.3

讃岐国

讃岐国絵図（特集　ぶらり再見「城下町・高松」）（木村昭南）「文化たかまつ」　高松市文化協会　（54）　2010.1

近世初期讃岐国においての庄・郷・村について（研究）（田中健二）「香川県立文書館紀要」　香川県立文書館　（18）　2014.3

讃岐国における崇徳上皇の足跡を示す一次史料について（田中健二）「坂出市史研究」　坂出市史編さん所　（1）　2014.6

讃岐国府

古代の県庁・讃岐国府を探る（特別寄稿）（宮﨑哲治）「さぬき市の文化財」　さぬき市文化財保護協会　（9）　2012.3

讃岐国府跡探索事業の最新成果「文化財協会報」　香川県文化財保護協会　（184）　2012.12

讃岐富士

表紙絵　横井南邨（寿男＝1901～1987）お城と讃岐富士（1978）、咸臨丸（1982）「文化財保護協会報まるがめ」　丸亀市文化財保護協会　（8）　2013.3

寒川郡

讃岐国寒川郡の製鉄について（特別寄稿）（森田武雄）「さぬき市の文化財」　さぬき市文化財保護協会　（11）　2014.3

三本松

引田廻船と三本松廻船を巡る問題点（島田治）「東かがわ市歴史民俗資料館年報・紀要」　東かがわ市歴史民俗資料館　（1）　2004.3

近世三本松海運の終焉─於多福丸海難事件（難破船検査御届）（島田治）「東かがわ市歴史民俗資料館年報・紀要」　東かがわ市歴史民俗資料館（4）　2007.7

汐木

対立する記憶と場所─小港町・香川県汐木をめぐる歴史意識（大平晃久）「歴史地理学」　歴史地理学会，古今書院（発売）46（5）通号221　2004.12

寺家村

文政期・寺家村の年貢と徳米（森田俊彦）「文化財協会報」　香川県文化財保護協会　159　2004.8

四箇池

四箇池について（久保征四郎）「讃岐のやまなみ」　香川県歴史研究会（7）　2014.4

四至牓示

地名研究会　四至牓示跡と地名等で尋ねる柞田駅（田中覚）「文化財協会報」　観音寺市文化財保護協会　（8）　2014.3

七宝山

七宝山は志保山の方がよい（石井利邦）「きずな」　観音寺市教育委員会生涯学習課中央公民館　（2）　2011.3

七宝山地における雨乞い修行の場について（研究記録）（石井利邦）「きずな」　観音寺市教育委員会生涯学習課中央公民館　（4）　2013.3

志度

志度地域のあまり知られていない文化財めぐり（会員投稿）（山内馨）「さぬき市の文化財」　さぬき市文化財保護協会　（8）　2011.3

志保山

七宝山は志保山の方がよい（石井利邦）「きずな」　観音寺市教育委員会生涯学習課中央公民館　（2）　2011.3

清水橋

「柳の清水（泉）」「旧清水橋」の移転完了（多田敏雄，木村満）「ふるさと長尾」　大川郡長尾町教育委員会．長尾町文化財保護協会　（23）　2000.4

小豆島

小豆島の猪鹿垣について「文化財協会報」　香川県文化財保護協会（188）　2014.3

歴史講談　小豆島と津山藩松平家（多田豊美）「讃岐のやまなみ」　香川県歴史研究会　（7）　2014.4

小豆島西部六郷

津山藩領の小豆島西部六郷（徳山久夫）「香川史学」　香川歴史学会（34）　2007.7

小豆島庄

備後国小豆島庄に関する一考察─八条院領久我家への流出（遠城悦子）「ソーシアル・リサーチ」　ソーシアル・リサーチ研究会　25　2000.3

昭和町駅

JR高徳線昭和町駅（特集　ゆるりと途中下車・たかまつ）（山田富士子）「文化たかまつ」　高松市文化協会　（56）　2011.1

白方大水門

白方大水門と松林の変遷（多田伸吾）「郷土誌志度」　大川郡志度町文化財保護協会　（16）　2000.3

白鳥神社

白鳥神社とその門前町の賑わい─特別展「阿波街道」の展示資料から（萩野憲司）「郷土東かがわ」　東かがわ市文化財保護協会　（74）　2007.3

白鳥本町

白鳥本町尋常高等小学校編纂『郷土史』（島田治）「東かがわ市歴史民俗資料館年報・紀要」　東かがわ市歴史民俗資料館　（6）　2009.8

白鳥湊

讃岐の一里塚（4）　大内郡白鳥湊　湊一里塚とその周辺（山西仁）「郷土東かがわ」　東かがわ市文化財保護協会　（78）　2011.3

塩飽

幕末・明治初期における塩飽人名領の財政構造（古田直吉）「地方史研究」　地方史研究協議会　54（3）通号309　2004.6

元禄期における羽村山城米　塩飽船による江戸廻米について（小山義雄）「北村山の歴史」　北村山地域史研究会　（6）　2004.6

瀬戸内の雄　塩飽の島と武将（武内誠）「郷土史紀行」　ヒューマン・レクチャー・クラブ　35　2005.9

塩飽島

公儀御普請を支えた塩飽島の築城石（山地茂）「文化財保護協会報まるがめ」　丸亀市文化財保護協会　（4）　2009.3

寛政3年「異国船取扱法」後の変化をとおして見る海の地域社会─芸予・防予諸島と塩飽島の対比を中心に（2012年度大会報告要旨─近世・個人報告）（鴨頭俊宏）「ヒストリア：journal of Osaka Historical Association」　大阪歴史学会　（232）　2012.6

塩飽本島

瀬戸内紀行　大名ならぬ人名が領有　塩飽本島「郷土史紀行」　ヒューマン・レクチャー・クラブ　32　2005.3

塩飽本島歴史探訪［1］～（6）（入江幸一）「文化財保護協会報まるがめ」　丸亀市文化財保護協会　（3）/（8）　2008.3/2013.03

「北前船の上り（戻り）荷で祝う」塩飽本島のお正月（丸山恵子）「讃岐の

新塩屋町小学校

旧「新塩屋町小学校」(特集「わが母校」旧6小・高松)(木村昭南)「文化たかまつ」 高松市文化協会 (57) 2011.7

菅沢

「菅沢まちおこし」と昨今思うこと(宮武利弘)「讃岐のやまなみ」 香川県歴史研究会 (4) 2012.5

菅沢町

「菅沢町の歴史民俗より」 武功第一の荒武者賎ヶ岳七本槍絵馬について(多田豊美)「讃岐のやまなみ」 香川県歴史研究会 (7) 2014.4

西讃

西讃文化財を訪ねて(高嶋清)「郷土東かがわ」 東かがわ市文化財保護協会 (79) 2012.3

瀬戸内海国立公園

調査研究ノート(17) 香川の観光開発—瀬戸内海国立公園指定80周年に寄せて「The Kagawa Museum news」 香川県立ミュージアム 23 2013.12

善光寺

善光寺(香川)へ集団疎開、死角を利し「兵隊ごっこ」《大阪市池島国民学校から》(特集 国民学校と学童疎開70年—体験者の投稿)(池田正夫)「大阪春秋」 新鷹書房 42(1)通号154 2014.4

善通寺

善通寺の方言の特徴について(石村萩枝)「文化財協会報」 善通寺市文化財保護協会 (22) 2003.3

第11師団善通寺偕行社の経緯について(吉岡傳三郎)「文化財協会報」 善通寺市文化財保護協会 (23) 2004.3

水利から見た「善通寺絵図」周辺(大河内義雄)「文化財協会報」 善通寺市文化財保護協会 (26) 2007.3

十河城

旧木田郡内の十河城主配下の城砦跡(小松原久一)「讃岐のやまなみ」 香川県歴史研究会 (6) 2013.4

十河城について(十河延貞)「讃岐のやまなみ」 香川県歴史研究会 (6) 2013.4

高田駅

ことでん高田駅(特集 ゆるりと途中下車・たかまつ)(木村昭南)「文化たかまつ」 高松市文化協会 (56) 2011.1

高松

「高松結婚差別裁判から70年、結婚差別はいまも……」を開催して(仲林弘次)「ルシファー」 水平社博物館 6 2003.10

「高松結婚差別裁判から70年、結婚差別はいまも……」展のメッセージ(吉村智博)「ルシファー」 水平社博物館 6 2003.10

高松結婚差別裁判と香川県水平社(山下隆章)「水平社博物館研究紀要」 水平社博物館 (6) 2004.3

高松闘争の今日的意義(喜岡淳)「水平社博物館研究紀要」 水平社博物館 (6) 2004.3

高松地方裁判所・検事局差別裁判事件と糾弾闘争より70年—その史実をめぐる学習と考察ノート(阿蘇龍生)「部落解放史・ふくおか」 福岡県人権研究所 113 2004.3

公開講座報告 高松結婚差別裁判糾弾闘争から70年、その成果と課題(喜岡淳)「ルシファー」 水平社博物館 7 2004.10

調査研究 高松水平家の奥道具—井伊直弼の次女・千代姫悲話「香川県歴史博物館news」 香川県歴史博物館 25 2005.12

高松方面・史跡めぐり報告(武曽琴子)「小松史談」 小松史談会 57(1)通号136 2010.1

たかまつ点描「街角のショー・ウィンドー」(阿部邦雄)「文化たかまつ」 高松市文化協会 (56) 2011.1

高松夜景(写真 稲田明)「文化屋島」 屋島文化協会 (53) 2012.7

まえがき(特集「ふるさと自慢」高松"あれこれ")「文化たかまつ」 高松市文化協会 (60) 2013.4

私が体験した高松空襲(江口一彦)「東かがわ市歴史民俗資料館年報・紀要」 東かがわ市歴史民俗資料館 (10) 2013.9

高松駅

JR高松駅(特集「高松市制120周年」を点描)(山本優子)「文化たかまつ」 高松市文化協会 (55) 2010.5

高松港

たかまつ点描『高松港』(阿部邦雄)「文化たかまつ」 高松市文化協会 (62) 2014.1

高松市

高松市むの聞き書き(谷原博信)「歴史民俗協会紀要 : 高松市歴史民俗協会論文集」 高松市歴史民俗協会 2009年度 2010.3

旧公会堂・旧高松空港ほか(特集「高松市制120周年」を点描)(山田富

士子)「文化たかまつ」 高松市文化協会 (55) 2010.5

商店街(特集「高松市制120周年」を点描)(木村昭南)「文化たかまつ」 高松市文化協会 (55) 2010.5

本州と四国の玄関口(特集「高松市制120周年」を点描)(園藤隆雄)「文化たかまつ」 高松市文化協会 (55) 2010.5

寄稿 塩田風景に思うこと(特集「高松市制120周年」を点描)(木村斉)「文化たかまつ」 高松市文化協会 (55) 2010.5

高松旧市域の小字地名(廣瀬和孝)「歴史民俗協会紀要 : 高松市歴史民俗協会論文集」 高松市歴史民俗協会 2011年度 2012.3

高松市旧市域の小字地名(廣瀬和孝)「歴史民俗協会紀要 : 高松市歴史民俗協会論文集」 高松市歴史民俗協会 2012年度 2013.3

香川県高松市にお世話になって(梶島英也)「讃岐のやまなみ」 香川県歴史研究会 (8) 2013.4

高松城

調査研究 シリーズ歴史講座「屏風に描かれた高松城下」「香川県歴史博物館news」 香川県歴史博物館 28 2006.8

特集にあたって(〈特集 高松城下図屏風の総合研究〉)「調査研究報告」 香川県歴史博物館 (3) 2007.3

「高松城下図屏風」の基礎的考察(〈特集 高松城下図屏風の総合研究〉)(野村美紀)「調査研究報告」 香川県歴史博物館 (3) 2007.3

「高松城下図屏風」の歴史的前提(〈特集 高松城下図屏風の総合研究〉)(胡光)「調査研究報告」 香川県歴史博物館 (3) 2007.3

考古学の視点から見た「高松城下図屏風」(〈特集 高松城下図屏風の総合研究〉)(佐藤竜馬)「調査研究報告」 香川県歴史博物館 (3) 2007.3

美術史の視点から見た「高松城下図屏風」(〈特集 高松城下図屏風の総合研究〉)(松岡明子)「調査研究報告」 香川県歴史博物館 (3) 2007.3

「高松城下図屏風」に描かれた製塩(〈特集 高松城下図屏風の総合研究〉)(大山真充)「調査研究報告」 香川県歴史博物館 (3) 2007.3

城の櫓 福山城月見櫓・鐘楼櫓 高松城月見櫓 松江城南櫓・中櫓「郷土史紀行」 ヒューマン・レクチャー・クラブ (47) 2007.11

高松城における海辺利用の変遷について(〈特集1 海の開かれた都市〉)(御厨義道)「調査研究報告」 香川県歴史博物館 (4) 2008.3

新発見の高松城天守のイラスト(八巻孝夫)「中世城郭研究」 中世城郭研究会 (22) 2008.7

口絵写真説明 高松城艮櫓(中西亨)「史迹と美術」 史迹美術同攷会 79(8)通号798 2009.9

高松城(特集 ぶらり再見「城下町・高松」)(玉岡嘉尚)「文化たかまつ」 高松市文化協会 (54) 2010.1

古文書解読講座 続 生駒時代・高松城下周辺の地形について(田中健二)「香川県立文書館紀要」 香川県立文書館 (14) 2010.3

『高松城下図屏風』の「負薪追駄馬図」(織野英江)「歴史民俗協会紀要 : 高松市歴史民俗協会論文集」 高松市歴史民俗協会 2009年度 2010.3

香川の名宝(22) 重要文化財 高松城北之丸月見櫓 一棟(大嶋和則)「文化財協会報」 香川県文化財保護協会 (180) 2011.8

たかまつ点描『史跡高松城跡〔玉藻公園〕』(阿部邦雄)「文化たかまつ」 高松市文化協会 (60) 2013.4

高松城と樟並木(特集 たかまつ「新緑プロムナード」)(多田達代)「文化たかまつ」 高松市文化協会 (63) 2014.7

高松藩

高松藩製糖業に尽くした人たち(木原溥幸)「さぬき市の文化財」 さぬき市文化財保護協会 (1) 2004.3

高松藩主の「舟遊」について(御厨義道)「調査研究報告」 香川県歴史博物館 (1) 2005.3

高松藩の牢人について—主として大内郡(占部日出明)「東かがわ市歴史民俗資料館年報・紀要」 東かがわ市歴史民俗資料館 (2) 2011.10

高松藩の林野政策における御林と野山—阿野郡南川東村稲毛家文書を通して(研究)(堀純子)「香川県立文書館紀要」 香川県立文書館 (16) 2012.3

高松藩家中統制法の確立(研究)(野中寛文)「香川県立文書館紀要」 香川県立文書館 (17) 2013.3

高松藩の諸木植付政策と国産奨励—楮・櫨を中心として(研究)(堀純子)「香川県立文書館紀要」 香川県立文書館 (17) 2013.3

高松藩の鵜飼と鮎の文化(溝渕利博)「歴史民俗協会紀要 : 高松市歴史民俗協会論文集」 高松市歴史民俗協会 2012年度 2013.3

讃岐高松藩における特産品流通について—讃岐国大内郡引田浦を事例に(2013年度シンポジウム・巡見報告—シンポジウム報告要旨)(萩野憲司)「交通史研究」 交通史学会 吉川弘文館(発売) (82) 2014.2

宝永地震における高松藩の被害状況(研究)(堀純子)「香川県立文書館紀要」 香川県立文書館 (18) 2014.3

高見島

高見島の文化財について(3)(西山市朗)「多度津文化財 : 多度津町文化財保護協会会報」 多度津町文化財保護協会 (38) 2010.3

高見島の文化—石と木の文化をテーマにして(西山市朗)「多度津文化財

： 多度津町文化財保護協会会報」 多度津町文化財保護協会 （40）
2012.4

高見島（特集 行こう "瀬戸芸" の舞台へ）（西内国進）「文化たかまつ」
高松市文化協会 （61） 2013.7

詫間城

詫間城・海崎城（山本祐三）「三豊史談」 三豊史談会 （2） 2011.9

詫間町

瀬戸内海紀行 浦島太郎伝説の半島（香川県三豊市詫間町）「郷土史紀行」
ヒューマン・レクチャー・クラブ （47） 2007.11

太助灯籠

調査研究ノート（16）太助灯籠と歌川広重「The Kagawa Museum
news」 香川県立ミュージアム 22 2013.9

多度津

小藩陣屋町「讃岐多度津」について（米田藤博）「パイオニア」 関西地理
学研究会 （83） 2008.3

てくてく京都─京都で多度津に出会ったぁ（中西史和）「多度津文化財
： 多度津町文化財保護協会会報」 多度津町文化財保護協会 （39）
2011.6

堀江津（塩野てるみ）「多度津文化財 ： 多度津町文化財保護協会会報」
多度津町文化財保護協会 （39） 2011.6

多度津の近代住宅建築─七福神たちの住まい（佐藤竜馬）「多度津文化財
： 多度津町文化財保護協会会報」 多度津町文化財保護協会 （39）
2011.6

多度津の引札について（岡部富雄）「多度津文化財 ： 多度津町文化財保
護協会会報」 多度津町文化財保護協会 （41） 2013.4

多度津港

多度津港史話─大正時代（氏家睦夫）「多度津文化財 ： 多度津町文化財
保護協会会報」 多度津町文化財保護協会 （38） 2010.3

表紙写真 昭和42年4月の多度津港（武田寿氏所蔵）「多度津文化財 ： 多度
津町文化財保護協会会報」 多度津町文化財保護協会 （40） 2012.4

「多度津港史話」補遺─明治中期の港のにぎわい（氏家睦夫）「多度津文化
財 ： 多度津町文化財保護協会会報」 多度津町文化財保護協会
（40） 2012.4

多度津町

我が懐かしの堀町界隈（岡部富雄）「多度津文化財 ： 多度津町文化財
保護協会会報」 多度津町文化財保護協会 （39） 2011.6

多度津藩

特別寄稿 旧多度津藩 冨井家相伝の規矩元法町見術について（近江太郎）
「多度津文化財 ： 多度津町文化財保護協会会報」 多度津町文化財保
護協会 （40） 2012.4

多肥町

戦後の「結婚の簡素化」と民主化─香川県高松市多肥町の事例から（村
尾美江）「常民文化」 成城大学常民文化研究会 27 2004.3

茶臼山

茶臼山に想う（井上勝之）「歴史民俗協会紀要 ： 高松市歴史民俗協会論
文集」 高松市歴史民俗協会 2009年度 2010.3

築地小学校

旧「築地小学校」（特集 「わが母校」旧6小・高松）（山本優子）「文化た
かまつ」 高松市文化協会 （57） 2011.7

津田

中世の津田について（内海清慈）「ソーシアル・リサーチ」 ソーシアル・
リサーチ研究会 （32） 2007.3

鶴羽

古代鶴羽の謎（会員寄稿）（小西忠彦）「さぬき市の文化財」 さぬき市文
化財保護協会 （9） 2012.3

鶴羽城

鶴羽城説の根拠（会員寄稿）（小西忠彦）「さぬき市の文化財」 さぬき市
文化財保護協会 （7） 2010.3

豊島

豊島（特集 行こう "瀬戸芸" の舞台へ）（多田富美子）「文化たかまつ」
高松市文化協会 （61） 2013.7

出晴駅

ことでん今橋・出晴駅（特集 ゆるりと途中下車・たかまつ）（市川純子）
「文化たかまつ」 高松市文化協会 （56） 2011.1

東讃

近代東讃地方における手袋会社の経営─大阪手袋株式会社重役会決議録
を中心に（萩野憲司）「東かがわ市歴史民俗資料館年報・紀要」 東かが
わ市歴史民俗資料館 （6） 2009.8

近代東讃地方における手袋会社の経営─大阪手袋株式会社重役会決議録か
らみる（萩野憲司）「郷土東かがわ」 東かがわ市文化財保護協会

（77） 2010.4

堂山

堂山に魅せられて（藤田弘子）「讃岐のやまなみ」 香川県歴史研究会
（3） 2010.4

堂山城

大横堀がある讃岐堂山城の研究（池田誠）「戦乱の空間」 戦乱の空間編集
会 （5） 2006.7

遠見

遠見番所とのろし台について（藤本正武）「東かがわ市歴史民俗資料館年
報・紀要」 東かがわ市歴史民俗資料館 （9） 2012.8

富田中村

「富田中村弥勒池掛井手石穴繪圖扣」を読む（会員寄稿）（熊田正美）「さ
ぬき市の文化財」 さぬき市文化財保護協会 （9） 2012.3

豊中町

豊中町の史跡を訪ねて（井元滝雄）「郷土の文化」 観音寺市郷土文化大学
30 2005.3

直島

直島における崇徳院伝承（山田雄司）「三重大史学」 三重大学人文学部考
古学・日本史研究室 （10） 2010.3

直島（特集 「崇徳上皇」＆"ポスト清盛"／讃岐）（市川純子）「文化たかま
つ」 高松市文化協会 （59） 2012.7

直島（特集 行こう "瀬戸芸" の舞台へ）（菊内昭宏）「文化たかまつ」 高
松市文化協会 （61） 2013.7

直島諸島

直島諸島海難文書調査 近世直島諸島における海難について─三宅家分
文書から（直島諸島調査）（森本宗平）「ミュージアム調査研究報告」
香川県立ミュージアム （3） 2011.3

長尾

長尾俳壇の歩み（鶴居健、十河博）「ふるさと長尾」 大川郡長尾町教育委
員会，長尾町文化財保護協会 （25） 2002.3

長尾町

庵原家文書（3）～（5）（長尾町史研究会）「ふるさと長尾」 大川郡長尾町
教育委員会，長尾町文化財保護協会 （23）／（25） 2000.4/2002.3

中野

宮脇・栗林・中野の界わい（特集 「高松市制120周年」を点描）（市川純
子）「文化たかまつ」 高松市文化協会 （55） 2010.5

中山

讃岐の一里塚（3）大内郡引田中山 中山一里塚とその周辺（山西仁）「郷
土東かがわ」 東かがわ市文化財保護協会 （77） 2010.4

丹生

丹生地域の中世石造物分布調査（東かがわ歴史研究会）「東かがわ市歴史
民俗資料館年報・紀要」 東かがわ市歴史民俗資料館 （9） 2012.8

仁尾

明治期北山越えを襲った豪雨と仁尾の立川さん（研究報告）（大西紘一）
「三豊史談」 三豊史談会 （4） 2013.9

稲積山

車で登頂し稲積山の錦秋を賞で新設の文学碑群を巡覧 その神髄に触れ
た文学紀行（諸川昇）「文化財協会報」 観音寺市文化財保護協会 （5）
2011.3

西尾長城

西尾長城の史話（1）（長尾アツ子）「文化財保護協会報まるがめ」 丸亀市
文化財保護協会 （8） 2013.3

西谷

本島 高無坊山西谷の刻印石─細川氏普請石場と塩飽島（遠藤亮）「香川史
学」 香川歴史学会 （37） 2010.7

日新小学校

旧「日新小学校」（特集 「わが母校」旧6小・高松）（菊内昭宏）「文化た
かまつ」 高松市文化協会 （57） 2011.7

二番丁小学校

旧「二番丁小学校」（特集 「わが母校」旧6小・高松）（山田富士子）「文
化たかまつ」 高松市文化協会 （57） 2011.7

丹生小学校

誉水・丹生両小学校の閉校にかかわって（高嶋清）「郷土東かがわ」 東か
がわ市文化財保護協会 （80） 2013.3

丹生村

二つの町史『丹生村今昔物語』と『ふるさと大町小史』から（島田治）
「香川史学」 香川歴史学会 （28） 2001.7

香川県　　　地名でたどる郷土の歴史　　　四国

野原

讃岐の港町を歩く　展示に伴う調査・研究（3）中世の野原を考える（上野進）「香川県歴史博物館news」　香川県歴史博物館　32　2007.9

羽床城

羽床城の縄張りと城跡周辺を考察する―縄張り復元と地名・地割りから探る居館（松田英治）「戦乱の空間」　戦乱の空間編集会　（8）2009.7

浜の御殿

浜の御殿（特集 ぶらり再見「城下町・高松」）（多田富美子）「文化たかまつ」　高松市文化協会　（54）2010.1

林田

林田周辺（特集 「崇徳上皇」＆“ポスト清盛”/讃岐）（菊内昭宏）「文化たかまつ」　高松市文化協会　（59）2012.7

林道駅

ことでん林道駅（特集 ゆるりと途中下車・たかまつ）（山本優子）「文化たかまつ」　高松市文化協会　（56）2011.1

東かがわ市

郷土史こぼれ話［1］〜（4）（西原忠一）「郷土東かがわ」　東かがわ市文化財保護協会　（71）/（74）2004.3/2007.3

企画展「今昔東かがわの子どもたち」「東かがわ市歴史民俗資料館だより」　東かがわ市歴史民俗資料館　（7）2006.7

弘化年間 長束伴貞の詩稿に見える東かがわ市内の名所（正木英生）「郷土東かがわ」　東かがわ市文化財保護協会　（78）2011.3

市内の俳句・狂歌額調査（木村篤秀）「郷土東かがわ」　東かがわ市文化財保護協会　（79）2012.3

失われゆく「絆」の中で―東かがわ市を主に、香川県内も視野に（島田治）「東かがわ市歴史民俗資料館年報・紀要」　東かがわ市歴史民俗資料館　（10）2013.9

東讃岐

東讃俳壇史概観（昔を知ろう会，木村篤秀）「東かがわ市歴史民俗資料館年報・紀要」　東かがわ市歴史民俗資料館　（8）2011.10

東祖谷

東祖谷を訪ねて（富山紀子）「郷土東かがわ」　東かがわ市文化財保護協会　（80）2013.3

東浜

特別寄稿 東浜界隈の憶いで（前）〜（後）（武田寿）「多度津文化財 ： 多度津町文化財保護協会会報」　多度津町文化財保護協会　（39）/（40）2011.6/2012.4

引田浦

天保14年引田浦湊普請から見る引田浦（萩野憲司）「郷土東かがわ」　東かがわ市文化財保護協会　（71）2004.3

讃岐国大内郡引田浦における湊・波戸築出并掘浚関係文書について（昔を知ろう会，古文書勉強会）「東かがわ市歴史民俗資料館年報・紀要」　東かがわ市歴史民俗資料館　（4）2007.7

近世讃岐国大内郡引田浦における漁業の展開（萩野憲司）「東かがわ市歴史民俗資料館年報・紀要」　東かがわ市歴史民俗資料館　（7）2010.9

讃岐高松藩における特産品流通について―讃岐国大内郡引田浦を事例に（2013年度シンポジウム・巡見報告―シンポジウム報告要旨）（萩野憲司）「交通史研究」　交通史学会，吉川弘文館（発売）（82）2014.2

引田城

近世山城における「給水」装置について―讃岐引田城を事例として（池田誠）「戦乱の空間」　戦乱の空間編集会　（4）2005.7

平成18年度引田城址内容確認調査の概要について（阿河鋭二）「東かがわ市歴史民俗資料館年報・紀要」　東かがわ市歴史民俗資料館　（4）2007.7

引田の古城と城下町に関する一考察（松田英治）「戦乱の空間」　戦乱の空間編集会　（7）2008.7

文化財保護協調週間特別企画「文化財ってなんだろう―引田城を歩く―」/図書室のご案内/行物販売のご案内/利用案内「東かがわ市歴史民俗資料館だより」　東かがわ市歴史民俗資料館　（16）2011.2

引田村

近世瀬戸内の浦と地域運営―讃岐高松藩領引田村を事例に（山本秀夫）「地方史研究」　地方史研究協議会　53（2）通号302　2003.4

幕末における京都警備について―讃岐国大内郡引田村かめびし屋岡田家文書から（藤本正武）「東かがわ市歴史民俗資料館年報・紀要」　東かがわ市歴史民俗資料館　（6）2009.8

明治時代の香川県大内郡引田村における中高網紛議（研究）（萩野憲司）「香川県立文書館紀要」　香川県立文書館　（16）2012.3

明治時代の香川県大内郡引田村中高網紛議史料（萩野憲司）「東かがわ市歴史民俗資料館年報・紀要」　東かがわ市歴史民俗資料館　（9）2012.8

神崎市郎太夫一族―讃岐引田村の豪商（占部日出明）「東かがわ市歴史民俗資料館年報・紀要」　東かがわ市歴史民俗資料館　（11）2014.8

引田

引田廻船と三本松廻船を巡る問題点（島田治）「東かがわ市歴史民俗資料館年報・紀要」　東かがわ市歴史民俗資料館　（1）2004.3

「風の港のひみつをさぐれ！ 引田の町並みクイズめぐり」「東かがわ市歴史民俗資料館だより」　東かがわ市歴史民俗資料館　（7）2006.7

東かがわ市引田における中高網―明治時代から昭和初期まで（萩野憲司）「東かがわ市歴史民俗資料館年報・紀要」　東かがわ市歴史民俗資料館　（5）2008.7

引田の屋号調査概報（昔を知ろう会）「東かがわ市歴史民俗資料館年報・紀要」　東かがわ市歴史民俗資料館　（6）2009.8

近代における引田港整備事業と引田城山公園開設について（萩野憲司）「東かがわ市歴史民俗資料館年報・紀要」　東かがわ市歴史民俗資料館　（8）2011.10

引田捕鰻延縄漁民の「拝借銀」とその周辺（藤本正武）「東かがわ市歴史民俗資料館年報・紀要」　東かがわ市歴史民俗資料館　（8）2011.10

平賀源内記念館

平賀源内記念館と文化財（4）（会員寄稿）（砂山長三郎）「さぬき市の文化財」　さぬき市文化財保護協会　（11）2014.3

仏生山おなり街道

フォトルポ（11）こくしんのまちを歩けば…「仏生山おなり街道今昔物語」（西内国進）「文化たかまつ」　高松市文化協会　（58）2012.1

古高松

わが町再発見 古高松（小西正義）「文化たかまつ」　高松市文化協会　（57）2011.7

豊稔池堰堤

重要文化財「豊稔池堰堤」について（久保田昇三）「文化財協会報」　観音寺市文化財保護協会　（1）2007.3

中世ヨーロッパの古城の風情「豊稔池堰堤」（石の文化財・讃岐観音寺市）（米田仁）「郷土史紀行」　ヒューマン・レクチャー・クラブ　（52）2008.5

本山寺

ありし日の本山寺市（田井弘）「文化財協会報」　香川県文化財保護協会（平成16年度特別号）2005.3

本島

本島（特集 行こう “瀬戸芸”の舞台へ）（市川純子）「文化たかまつ」　高松市文化協会　（61）2013.7

松島小学校

旧「松島小学校」（特集 「わが母校」旧6小・高松）（多田富美子）「文化たかまつ」　高松市文化協会　（57）2011.7

丸亀

トピックス 四国・丸亀の太助灯籠に、江戸後期の中福岡の船頭「富田代次郎」名見つかる（高木文夫）「四十雀 ： 市史編さんだより」　上福岡市教育委員会市史編纂室　9　2003.1

江戸時代から明治時代における海岸線の変遷―丸亀・宇多津・坂出「瀬戸内海歴史民俗資料館紀要」　瀬戸内海歴史民俗資料館　（20）2008.3

紀行文 丸亀探訪記（坂井邦典）「備陽史探訪」　備陽史探訪の会　（162）2011.10

丸亀市

丸亀市内の文化財一覧（丸亀市教育委員会）「文化財保護協会報まるがめ」　丸亀市文化財保護協会　（1）2006.3

市内ため池などの石碑（1）〜（7）（増田幸正）「文化財保護協会報まるがめ」　丸亀市文化財保護協会　（2）/（8）2007.3/2013.03

丸亀市の巨樹・巨木林（1），（2）（新居正敏）「文化財保護協会報まるがめ」　丸亀市文化財保護協会　（3）/（4）2008.3/2009.03

丸亀市の巨樹・巨木林（4）〜（5）社叢（新居正敏）「文化財保護協会報まるがめ」　丸亀市文化財保護協会　（6）/（8）2011.3/2013.3

丸亀収容所

講演載録 丸亀収容所のドイツ兵俘虜群像―ヨハネス＝バールトとフランツ＝クラウスニッツァー（田村慶三）「香川近代史研究」　香川近代史研究会　（2）2014.3

丸亀城

天守の聳えたつ近世の名城 広島城/福山城/岡山城/備中松山城/岩国城/伊予松山城/今治城/丸亀城「郷土史紀行」　ヒューマン・レクチャー・クラブ　36　2005.11

丸亀市の巨樹・巨木林（3）丸亀城跡（新居正敏）「文化財保護協会報まるがめ」　丸亀市文化財保護協会　（5）2010.3

桜の丸亀城 石垣と天守の美に驚き（木原昌克）「ひがしひろしま郷土史研究会ニュース」　東広島郷土史研究会　（453）2012.5

丸亀城石垣の魅力 石垣の美を支える江戸の技（金清道保）「文化財協会報」　善通寺市文化財保護協会　（32）2013.3

丸亀俘虜収容所

米国大使館員による丸亀俘虜収容所調査報告（高橋輝和）「岡山大学文学部紀要」 岡山大学文学部 （39）2003.7

丸亀俘虜収容所におけるドイツ人俘虜の生活点描（研究ノート）（田村慶三）「香川県立文書館紀要」 香川県立文書館 （16）2012.3

丸亀町

丸亀町商店街（特集 「ふるさと自慢」高松 "あれこれ"）（木村昭南）「文化たかまつ」 高松市文化協会 （60）2013.1

満濃池

ご挨拶 満濃池御料御預代官控（大河内義雄）「文化財協会報」 善通寺市文化財保護協会 （23）2004.3

館蔵品紹介（5）「満濃池御普請所絵図」「針差鑿」「The Kagawa Museum news」 香川県立ミュージアム 11 2010.12

三木町

昭和初期の香川 三木町周辺 『島木健作』が住んだ町（中井久子）「讃岐のやまなみ」 香川県歴史研究会 （4）2012.5

海崎城

詫間城・海崎城（山本祐三）「三豊史談」 三豊史談会 （2）2011.9

三豊

近現代 三豊の人物（関弘）「三豊史談」 三豊史談会 （2）2011.9

三豊市

講演要旨 三豊市の近代和風建築（野村美紀）「三豊史談」 三豊史談会 （2）2011.9

三豊市域の文化財、特に歴史資料の現状と問題点（研究報告）（橋詰茂）「三豊史談」 三豊史談会 （3）2012.9

研究発表報告1 山田栄克氏「香川県三豊市の浦島伝説」、川島理想氏「現代伝説・伝承考—インターネットにおける現代伝説の考察—」、田畑博子氏「棄老説話（難題型）の源流」（第37回日本口承文芸学会大会）（飯倉義之）「伝え ： 日本口承文芸学会会報」 日本口承文芸学会 （53）2013.10

南川東村

高松藩の林野政策における御林と野山—阿野郡南川東村稲毛家文書を通して（研究）（堀純子）「香川県立文書館紀要」 香川県立文書館 （16）2012.3

宮脇

宮脇・栗林・中野の界わい（特集 「高松市制120周年」を点描）（市川純子）「文化たかまつ」 高松市文化協会 （55）2010.5

牟礼町

わが町再発見 牟礼町（多田富美子）「文化たかまつ」 高松市文化協会 （55）2010.5

室本町

ふるさとめぐり（2）室本町編（事業部）「文化財協会報」 観音寺市文化財保護協会 （2）2008.3

女木島

女木島（特集 行こう "瀬戸芸" の舞台へ）（木村昭南）「文化たかまつ」 高松市文化協会 （61）2013.7

本山川

本山川への小西家の思い（石井利邦）「郷土の文化」 観音寺市郷土文化大学 3 2009.3

八栗駅

ことでん八栗駅（特集 ゆるりと途中下車・たかまつ）（伏見始郎）「文化たかまつ」 高松市文化協会 （56）2011.1

屋島

屋島の花崗岩採石と石場の地名（吉松定昭）「文化屋島」 屋島文化協会 （51）2011.6

屋島を訪ねた人々（佐々木成忠）「文化屋島」 屋島文化協会 （51）2011.6

屋島たてもの考—文化財（斧上紗木）「文化屋島」 屋島文化協会 （52）2012.3

屋島を訪れた人々 第2回—与謝野晶子・鉄幹（田山泰三）「文化屋島」 屋島文化協会 （52）2012.3

「屋島」という記憶（佐藤竜馬）「文化屋島」 屋島文化協会 （52）2012.3

悲劇の帝、一ゆかりの坂出 平家、屋島に行宮（特集 「崇徳上皇」＆ "ポスト清盛"/讃岐）「文化たかまつ」 高松市文化協会

フォトルポ（12）こくしんのまちを歩けば…『平家物語に見る源平屋島合戦史跡めぐり』（西内国進）「文化たかまつ」 高松市文化協会 （59）2012.7

たかまつ点描 『屋島（高松港から）』（阿部邦雄）「文化たかまつ」 高松市文化協会 （59）2012.7

屋島合戦に至る平氏と源義経の動き—合戦前後の検証（1）～（4）（千葉

幸伸）「文化屋島」 屋島文化協会 （53）/（56）2012.7/2014.02

屋島の自然と史跡（特集 「ふるさと自慢」高松 "あれこれ"）（市川純子）「文化たかまつ」 高松市文化協会 （60）2013.1

表紙 現代源平屋島合戦絵巻 写真：種田明「文化屋島」 屋島文化協会 （54）2013.2

屋島たてもの考（2）（斧上紗木）「文化屋島」 屋島文化協会 （54）2013.2

屋島を訪れた人々（3）—近代洋画の巨匠 藤島武二（佐々木成忠）「文化屋島」 屋島文化協会 （54）2013.2

大地から見た屋島の魅力（1）—島はなぜ美しいのか？（長谷川修一）「文化屋島」 屋島文化協会 （57）2014.7

屋島ケーブル

屋島ケーブルの今昔（佐々木成忠）「文化屋島」 屋島文化協会 （55）2013.7

屋島ケーブル登山口駅舎と軌道敷地のその後（佐々木成忠）「文化屋島」 屋島文化協会 （57）2014.7

屋島城

「屋島城」ニュース「文化屋島」 屋島文化協会 （51）2011.6

ひと紀行 屋嶋城・浦生の石塁に思う（平岡岩夫）「文化たかまつ」 高松市文化協会 （57）2013.7

屋島城ニュース（佐々木成忠）「文化屋島」 屋島文化協会 （55）2013.7

屋島東町

わが町再発見 屋島東町（小西正義）「文化たかまつ」 高松市文化協会 （59）2012.7

八十場

八十場（特集 「崇徳上皇」＆ "ポスト清盛"/讃岐）（山田富士子）「文化たかまつ」 高松市文化協会 （59）2012.7

柳町

豆力士の育った柳町少年相撲（《特集 郷土の思い出》）（阿野勲）「郷土の文化」 観音寺市郷土文化大学 31 2006.3

山階

昔から今へ心広げるとき、新しい立場での評価 山階育ちの一人として（亀山啓司）「多度津文化 : 多度津町文化財保護協会会報」 多度津町文化財保護協会 （41）2013.4

吉原村

吉原村の松岡家について（池田富三郎）「文化財協会報」 善通寺市文化財保護協会 （24）2005.3

四番丁小学校

旧「四番丁小学校」（特集 「わが母校」旧6小・高松）（市川純子）「文化たかまつ」 高松市文化協会 （57）2011.7

たかまつ点描 「旧四番丁小学校」（阿部邦雄）「文化たかまつ」 高松市文化協会 （57）2011.7

誉水

讃岐一里塚（5）大内郡誉水 "町田一里塚" と周辺（山西仁）「郷土東かがわ」 東かがわ市文化財保護協会 （79）2012.3

誉水小学校

誉水・丹生両小学校の閉校にかかわって（高嶋清）「郷土東かがわ」 東かがわ市文化財保護協会 （80）2013.3

栗林

宮脇・栗林・中野の界わい（特集 「高松市制120周年」を点描）（市川純子）「文化たかまつ」 高松市文化協会 （55）2010.5

竜川村

竜川村の地名［1］,（3）（宮脇文雄）「文化財協会報」 善通寺市文化財保護協会 （30）/（31）2011.3/2012.3

六万寺駅

ことでん六万寺駅（特集 ゆるりと途中下車・たかまつ）（多田富美子）「文化たかまつ」 高松市文化協会 （56）2011.1

椀貸塚

香川県指定史跡「椀貸塚」調査報告（久保田昇三）「文化財協会報」 観音寺市文化財保護協会 （2）2008.3

香川県指定史跡「椀貸塚」三次元地上レーザー計測の成果報告ほか（久保田昇三）「文化財協会報」 観音寺市文化財保護協会 （5）2011.3

愛媛県

安居島
安居島へ立ち寄る（編集部）「怒麻」 大西町史談会事務局 24 2002.4
安居島の秋（前川武史）「風早」 風早歴史文化研究会 (59) 2008.5

青島
『龍馬を呼び寄せた青島』（濱田毅）「温古」 大洲史談会 (35) 2013.3

蒼島
蒼島の今昔（米岡幸市）「温古」 大洲史談会 (32) 2010.3

赤石山
赤石山系から銅山峰（〈特集 古里のとっておき〉）（川原進）「文化愛媛」 愛媛県文化振興財団 (61) 2008.10

赤橋
赤橋と肱川おろし（〈特集 ふるさとへの恋文〉）（高野公彦）「文化愛媛」 愛媛県文化振興財団 (56) 2006.3
『赤橋の絆』（濱田毅）「長浜史談」 長浜史談会 (36) 2012.3

赤松
宇和島市赤松（大森さま）（中世 南予地方中世石造物の研究）（宇都宮建治）「西四国」 西四国郷土研究会 (8) 2008.11

明浜
ふるさと歴史散歩—西予市 宇和・三瓶・明浜を訪ねる（大政孝子）「松前史談」 松前町郷土を語る会 (30) 2014.3

浅倉
浅倉の文化財について（渡辺保寅）「今治史談」 今治史談会 11 2005.6

朝倉
朝倉の里めぐり（越智仁）「風早」 風早歴史文化研究会 (59) 2008.5
美術館活動から見た、わがふるさと朝倉（窪田利子）「今治史談」 今治史談会 (15) 2009.6
講師（合田洋一氏）招聘による郷土史講演会 伊予の古代史を彩る文化の中心地は西条・朝倉であった—「温湯碑」建立の地と「にぎたつ」—に参加して（編集部）「西條史談」 西條史談会 (79) 2010.5
朝倉史跡巡り（有田昭男）「怒麻」 大西町史談会事務局 (34) 2012.6

浅海
北条市の記念碑 (1) 浅海・難波地区（池内功）「風早」 風早歴史文化研究会 49 2003.5
遺稿 戦後の浅海吟社の足跡 (1),(2)（高橋是夫）「風早」 風早歴史文化研究会 (53)／(54) 2005.5/2005.12
浅海地区学習会（忽那祐三）「風早」 風早歴史文化研究会 (69) 2013.5

旭館
旭館の歴史と天井広告（畑野亮一）「郷土うちこ」 内子町郷土研究会 (32) 2014.3

芦谷川
足（芦）谷川と国領川の呼称について（上）,（下）（芥川三平）「新居浜史談」 新居浜郷土史談会 (363)／(364) 2006.4/2006.7

足谷川
足（芦）谷川と国領川の呼称について（上）,（下）（芥川三平）「新居浜史談」 新居浜郷土史談会 (363)／(364) 2006.4/2006.7

芦谷橋
芦谷橋（芥川三平）「新居浜史談」 新居浜郷土史談会 (370) 2008.1

天山
天山と久米寺伝承考—『伊予國風土記』逸文より（吉本拡）「新居浜史談」 新居浜郷土史談会 (387) 2012.4

新谷
陣屋町新谷における旧武家屋敷の変遷に関する一考察（白石尚寛）「温古」 大洲史談会 (25) 2003.3
小藩陣屋町「伊予新谷」について（米田藤博）「パイオニア」 関西地理学研究会 (79) 2006.11

粟井
北条市の記念碑 (4) 河野・粟井地区、追加（池内功）「風早」 風早歴史文化研究会 (53) 2005.5
北条歴史探訪（粟井・柳原地区）（編集部）「怒麻」 大西町史談会事務局 (33) 2011.6

伊方町女子岬精錬所
近代 伊方町女子岬精錬所跡（十亀幸雄）「西四国」 西四国郷土研究会 (7) 2007.11

いさにはの岡
「いさにはの岡」と「伊予の高嶺」（白方勝）「伊予史談」 伊予史談会 (350) 2008.7

石岡
夢を育んだ石岡の森（〈特集 ふるさとへの恋文〉）（図子英雄）「文化愛媛」 愛媛県文化振興財団 (56) 2006.3

石ヶ山丈停車場
石ヶ山丈停車場の煉瓦（高橋幹）「山村文化」 山村研究会 (27) 2002.6

石鎚
夕映えの水と石鎚と（図子英雄）「文化愛媛」 愛媛県文化振興財団 (54) 2005.3
日本の名峰四位だ石鎚（〈特集 古里のとっておき〉）（高橋毅）「文化愛媛」 愛媛県文化振興財団 (61) 2008.10
表紙「石鎚・天狗岳」（山台雄三，安永省一）「西條史談」 西條史談会 (81) 2011.1

石鉄県
石鐡県名呼称の研究 石鐡はイシテツかイシヅチかセキテツか（山崎善啓）「今治史談」 今治史談会 (15) 2009.6

石鎚山
石鎚山と女人禁制（特集 愛媛の山に遊び、生きる）（小暮照）「文化愛媛」 愛媛県文化振興財団 (72) 2014.3

出石鉱山
出石鉱山の生活（寺田照夫）「長浜史談」 長浜史談会 (33) 2009.3

出海村
出海村庄屋兵藤家文書 「安政の大地震の記録」（「永代記録」より）について（安永純子）「長浜史談」 長浜史談会 (36) 2012.3

伊曽乃台地
西条古代文化の里・伊曾乃台地（えひめ文化財散歩 (1)）（三木秋男）「ゆづき.特別号 ： えひめ文化財散歩」 文化財フォーラム愛媛 1 2004.6

磯河内
ふるさと散歩 (11) 磯河内（竹田覚）「風早」 風早歴史文化研究会 50 2003.12

市之川鉱山
漢詩 市之川鑛山ノ歌（新川一男）「西條史談」 西條史談会 59 2003.9
市之川鉱山 (33)～[36]（藤田二郎）「新居浜史談」 新居浜郷土史談会 (365)／(366) 2006.10/2007.1
市之川鉱山 続 (1)～(5)（藤田二郎）「新居浜史談」 新居浜郷土史談会 (369)／(373) 2007.10/2008.10

稲荷山
鞍掛山・稲荷（高森）山探訪記—見張り場と狼煙窯跡か「八幡浜史談」 八幡浜史談会 (39) 2011.3

今治
今治空襲あの日あの時（学徒動員の記録）（加藤芳徳）「西條史談」 西條史談会 57 2003.1
今治タオル—やさしい心を織りこんで（阿部克行）「文化愛媛」 愛媛県文化振興財団 51 2003.10
明治中期における今治の女子教育事情—今治教会との関係を中心に（永井紀之）「今治史談」 今治史談会 11 2005.6
未発表写真による今治地方の歴史（越智公行）「今治史談」 今治史談会 (12) 2006.6
明治10年代における今治の男子中等教育事情（永井紀之）「今治史談」 今治史談会 (13) 2007.6
鉄と古代国家—今治に刻まれた鉄の歴史（下條信行）「今治史談」 今治史談会 (13) 2007.6
第二次今治自然環境調査について（小沢潤）「今治史談」 今治史談会 (14) 2008.6
藤堂高虎と今治（城と街）（越智齊）「怒麻」 大西町史談会事務局 (30) 2008.7
海事都市・今治のルーツを探して（〈特集 古里のとっておき〉）（大成経

凡)「文化愛媛」 愛媛県文化振興財団 （61）2008.10

今治地方病院の変遷とエピソード(渡辺俊雄)「今治史談」 今治史談会 （15）2009.6

米軍資料から読み解く今治空襲(藤本文昭)「今治史談」 今治史談会 （16）2010.6

記念講演 晩年の秋山好古と今治地域(片上雅仁)「怒麻」 大西町史談会事務局 （32）2010.6

世界へ挑む今治タオルの軌跡(特集 えひめの衣文化)(馬越健児)「文化愛媛」 愛媛県文化振興財団 （66）2011.3

今治綿業の盛衰(上),(中)(越智齊)「怒麻」 大西町史談会事務局 （35）/（36）2013.6/2014.06

今治界隈 近代化遺産みてある記(岡崎直司)「今治史談」 今治史談会 （19）2013.7

統計 今治地域農政の基礎資料―支所・視点から要求を探る(特集 自治体農政の展開 流れつくる10年 食と農のまちづくりと地産地消の推進)「愛媛近代史研究」 近代史文庫 （68）2013.9

〈特集 港町・今治の風―歴史と文化を感じて〉「文化愛媛」 愛媛県文化振興財団 （71）2013.10

今治・街角の歴史散歩(越智公行)「文化愛媛」 愛媛県文化振興財団 （71）2013.10

猿飛佐助を生んだ今治人(阿部克行)「文化愛媛」 愛媛県文化振興財団 （71）2013.10

今治なう―バリィさんとご当地グルメの街・今治(土井中照)「文化愛媛」 愛媛県文化振興財団 （71）2013.10

エッセイ 今治タオルと織田ヶ浜(長野ヒデ子)「文化愛媛」 愛媛県文化振興財団 （71）2013.10

記念講演 今治戦災を調査・記録し、伝えて9年(新居田大作)「怒麻」 大西町史談会事務局 （36）2014.6

幕末今治の三医人(渡辺俊雄)「今治史談」 今治史談会 （20）2014.7

今治地方の風土フード―やきとり文化を中心に(土井中照)「今治史談」 今治史談会 （20）2014.7

今治街道

今治街道を行く(松山―今治―西条―新居浜)(吉本勝)「西條史談」 西條史談会 （88）2013.5

今治街道を行く(論文)(吉本勝)「東予史談」 （17）2014.5

今治港

今治港と渡海船物語(吉村信男)「文化愛媛」 愛媛県文化振興財団 （71）2013.10

今治市

明治時代前期の今治市域(柚山俊夫)「今治史談」 今治史談会 9 2003.6

「五十嵐」地名探訪記―八木ヶ鼻(三条市)とイカナシ神社(今治市)(〈講演―15周年記念講演集〉)(村崎恭子)「越佐の地名」 越後・佐渡の地名を語る会 （8）2008.3

今治における食と農のまちづくり―食料主権と地域力 今治市農業農政対策協議会10年のあゆみ(特集 自治体農政の展開 流れつくる10年 食と農のまちづくりと地産地消の推進―地域住民史学運動)(岡田厚美)「愛媛近代史研究」 近代史文庫 （68）2013.9

資料 写真で見る今治市農業農政対策協議会の活動(特集 自治体農政の展開 流れつくる10年 食と農のまちづくりと地産地消の推進)「愛媛近代史研究」 近代史文庫 （68）2013.9

今治城

築城・開町400周年を前に(秋山孝夫)「今治史談」 今治史談会 9 2003.6

今治城下町の特質について(内田九州男)「今治史談」 今治史談会 10 2004.6

国分山城から今治城へ―伊予府中地域における近世以降期城郭の変遷(宮尾信彦)「今治史談」 今治史談会 10 2004.6

今治城探索(秋山，大館，越智，村上)「今治史談」 今治史談会 11 2005.6

天守の聳えたつ近世の名城 広島城/福山城/岡山城/備中松山城/岩国城/伊予松山城/今治城/丸亀城「郷土史紀行」 ヒューマン・レクチャー・クラブ 36 2005.11

今治城の自然環境調査(小沢潤)「今治史談」 今治史談会 （12）2006.6

今治城石材について(榊原正幸)「今治史談」 今治史談会 （13）2007.6

明治前期における今治城の払下地について(平井誠)「研究紀要」 愛媛県歴史文化博物館 （19）2014.3

今治中学校

愛媛県立今治中学校の設置事情(永井紀之)「今治史談」 今治史談会 （16）2010.6

今治藩

補筆今治藩の幕末(青井三郎)「怒麻」 大西町史談会事務局 （25）2003.4

今治藩と松山藩(清水正史)「今治史談」 今治史談会 10 2004.6

今治藩の甲冑(友澤明)「今治史談」 今治史談会 （12）2006.6

小松藩と今治藩(友澤明)「今治史談」 今治史談会 （18）2012.6

江嶋家文書に見る今治藩の家老(胡光)「今治史談」 今治史談会 （19）2013.7

伊予

記念講演 伊予と愛媛の由来について(上),(下)(坪内ццего)「伊予市歴史文化」 伊予市歴史文化の会 45/46 2001.8/2002.3

伊予と狸の物語(日下部正盛)「伊予市の歴史文化」 伊予市歴史文化の会 48 2003.1

江戸・東京の伊予(19) 西条藩邸へつづく坂の町(玉井建三)「文化愛媛」 愛媛県文化振興財団 50 2003.3

小早川隆景の伊予支配と河野氏―「したし」書状の年代比定をめぐって(西尾和美)「四国中世史研究」 四国中世史研究会 （7）2003.8

伊予における天正の陣についての考察―河野氏家臣団の動きを中心に(桑名洋一)「四国中世史研究」 四国中世史研究会 （7）2003.8

伊予水引は結いの心(妻鳥和教)「文化愛媛」 愛媛県文化振興財団 51 2003.10

講演 小早川の伊予支配と河野氏(西尾和美)「風早」 風早歴史文化研究会 50 2003.12

伊予の大名道具と雛飾り「歴博だより」 愛媛県歴史文化博物館 36 2004.1

伊予における伊能測量について―『伊能測量隊員旅中日記』を中心として(安永純子)「研究紀要」 愛媛県歴史文化博物館 （9）2004.3

宇都宮氏と伊予・豊前両国(市村高男)「西南四国歴史文化論叢よど」 西南四国歴史文化研究会 （5）2004.3

新選組と伊豫人(播田邦生)「伊予市の歴史文化」 伊予市歴史文化の会 （51）2004.8

「天正の陣」後の伊予国家(上)～(下)―新居浜市教育委員会所蔵「野田家文書」を素材として(藤田達生)「伊予史談」 伊予史談会 （335）/（336）2004.10/2005.1

伊予の『源氏物語』研究(福田安典)「文化愛媛」 愛媛県文化振興財団 53 2004.10

「義経」と「坂の上の雲」と伊予水軍の末裔達(えひめ文化財散歩(2))(渡部一義)「ゆづき.特別号 : えひめ文化財散歩」 文化財フォーラム愛媛 2 2005.1

伊予地域における藤原純友伝承の系譜と特質―藤原純友伝承覚書(1)(岡田利文)「ソーシャル・リサーチ」 ソーシャル・リサーチ研究会 （30）2005.2

戦国末期における伊予河野氏の肖像画について(土居聡朋)「研究紀要」 愛媛県歴史文化博物館 （10）2005.3

先人の文化遺産―考古学探訪(4)源平争乱のころの伊予(上)～(下)(柴田圭子)「文化愛媛」 愛媛県文化振興財団 （54）/（55）2005.3/2005.10

郷土誌その日その日(柚山俊夫)「伊予史談」 伊予史談会 （337）2005.4

元亀年間における大友氏の政治的・軍事的動向―元亀三年伊予出兵の検討を中心として(松原勝也)「大分県地方史」 大分県地方史研究会 （194）2005.7

伊予の中世備前焼(柴田圭子)「備前市歴史民俗資料館紀要」 備前市歴史民俗資料館 （7）2005.9

天草と伊予(東昇)「文化愛媛」 愛媛県文化振興財団 （56）2006.3

歴史学の本道と伊予の温湯碑―白方勝氏の批判論文に寄せて(合田洋一)「伊予史談」 伊予史談会 （341）2006.4

土佐・伊予の史跡を訪ねて(作間重彦)「温故知新」 美rest々町文化研究会 （34）2007.4

久留島武彦と伊予人の交流について(大成経凡)「玖珠郡史談」 玖珠郡史談会 （59）2007.4

伊予水軍の光と影(村上和馬)「今治史談」 今治史談会 （13）2007.6

伊予総領と古代山城(《大会特集I 四国―その内と外と》―〈問題提起〉(白石成二)「地方史研究」 地方史研究協議会 57(4)通号328 2007.8

天文伊予の乱再考―「高野山上蔵院文書」を手がかりとして(西尾和美)「四国中世史研究」 四国中世史研究会 （9）2007.8

歴史フォーラム 沼田氏と伊予の関係(塩谷佳花)「郷土史紀行」 ヒューマン・レクチャー・クラブ （45）2007.9

小牧・長久手の合戦と伊予の争乱(川島佳弘)「織豊期研究」 織豊期研究会 （9）2007.10

歴史紀行(28) 伊能忠敬の伊予の旅(安永純子)「文化愛媛」 愛媛県文化振興財団 （60）2008.3

瀬戸内の海城―伊予の「海城」を中心に(《シンポジウム 海城について》)(日和佐宣正)「中世城郭研究」 中世城郭研究会 （22）2008.7

伊予の「曽我伝説」を追う(森正史)「東温史談」 東温史談会 （4）2008.11

近世後期における書籍の流通―大坂本屋と伊予(井上淳)「松前史談」 松前町松前史談会 （25）2009.3

えひめの文学館 (23) 滋賀清太夫覚書 伊予と赤穂浪士たち (菊池佐紀)「文化愛媛」 愛媛県文化振興財団 (62) 2009.3

飛騨に伊予水軍の子孫が (中野義夫)「斐太紀 : 研究紀要」 飛騨学の会 2008年度 2009.3

元亀年間の伊予—来島村上氏の離反と芸予交渉 (中平景介)「四国中世史研究」 四国中世史研究会 (10) 2009.8

〈小特集 伊予戦国史研究の現在〉「伊予史談」 伊予史談会 (355) 2009.10

戦国期伊予の国成敗権と領主権—高野山上蔵院文書を手がかりに (川岡勉)「伊予史談」 伊予史談会 (355) 2009.10

伊予における文化の地域性—斎灘と燧灘 (下條信行)「今治史談」 今治史談会 (16) 2010.6

菊実ダイダイ伊予柚香について (近藤日出男)「宇摩史談」 宇摩史談会 (98) 2010.8

特別展 伊予の城めぐり—近世城郭の誕生「歴博だより」 愛媛県歴史文化博物館 通号63 2010.9

目で見る古代の伊予 法隆寺勢力の瀬戸内海進出と古代の伊予 (1) 〜 (4) (吉本拡)「新居浜史談」 新居浜郷土史談会 (381) / (384) 2010.10/2011.7

日本・伊予の古代史の謎と考古学 (越智敏雄)「小松史談」 小松史談会 58 (1) 通号137 2011.1

伊予絣の歴史—職人としての織子たちの姿 (特集 えひめの衣文化) (井口梓)「文化愛媛」 愛媛県文化振興財団 (66) 2011.3

「天正の陣」考察 (近藤基樹)「新居浜史談」 新居浜郷土史談会 (383) 2011.4

目で見る古代の伊予 馬 (千葉富雄)「新居浜史談」 新居浜郷土史談会 (383) 2011.4

伊予と少彦名 (寄稿) (曽根弘輝)「伊予市の歴史文化」 伊予市歴史文化の会 (65) 2011.8

伊予の銀行の合同について—東予地区を中心に (高橋重美[編])「西條史談」 西條史談会 (84) 2012.1

伊予の少彦名命 (2) (寄稿) (曽根弘輝)「伊予市の歴史文化」 伊予市歴史文化の会 (66) 2012.3

伊予の豪族河野氏の源流—河野氏の系図を読み解く (八束武夫)「松前史談」 松前町松前史談会 (28) 2012.3

永享・嘉吉期の伊予西園寺氏の確執と幕府権力 (山内治朋)「地方史研究」 地方史研究協議会 62 (2) 通号356 2012.4

講演「鹿島城主・来島氏・伊予(海)から豊後(山)へ」—河野氏庶流一族としての久留島氏 (特集 第21回河野氏関係交流会) (大成経凡)「風早」 風早歴史文化研究会 (67) 2012.5

中世後期における伊予守護河野氏と島嶼部領主—忽那氏および二神氏の趨勢 (佐藤正隆)「国史談話会雑誌」 東北大学国史談話会 (53) 2012.12

伊予守護河野氏の内紛と忽那氏—戦国期における一海上領主の変遷 (同窓通信 2012年度国史談話会大会記事—研究発表要旨) (佐藤正隆)「国史談話会雑誌」 東北大学国史談話会 (53) 2012.12

講演会 H24.7.1 伊予市郷土文化講演会 清盛と伊予 (山内譲)「伊予市の歴史文化」 伊予市歴史文化の会 (67) 2013.3

伊予の少彦名命 (3) (論考) (曽根弘輝)「伊予市の歴史文化」 伊予市歴史文化の会 (67) 2013.3

「伊予」と「愛媛」の語源考 (上) (五藤孝人)「温古」 大洲史談会 (35) 2013.3

資料紹介「海瀬舟行図」「海瀬牒」(伊予分) (藤田雅子, 尾本師子)「研究紀要」 土佐山内家宝物資料館 (1) 2013.3

近世後期伊予のやきもの 砥部焼・西岡焼・末廣山焼 (石岡ひとみ)「今治史談」 今治史談会 (19) 2013.7

『古事記』の言う「伊予の湯」(大芝英雄)「九州倭国通信」 九州古代史の会 (169) 2014.1

第405例会 天文期伊予河野氏の対京都外交—桐紋拝受と在地・公家・武家を繋ぐ「取次」の態様 (例会報告要旨) (磯田いずみ)「戦国史研究」 戦国史研究会, 吉川弘文館 (発売) (67) 2014.2

古代史の中の伊予 (講演会) (前園実知雄)「伊予市の歴史文化」 伊予市歴史文化の会 (68) 2014.3

「伊予」と「愛媛」の語源考 (下) (五味孝人)「温古」 大洲史談会 (36) 2014.3

「伊予」と「愛媛」の語源 (合田洋一)「伊予史談」 伊予史談会 (373) 2014.4

伊予の城郭・城主を語る—中世から近世へ「伊予史談」 伊予史談会 (375) 2014.10

伊予岡八幡池

伊予岡八幡池の池干し (論考) (正岡千博)「伊予市の歴史文化」 伊予市歴史文化の会 (67) 2013.3

伊予街道

伊予街道 (関往還) (久々宮喬, 市原義弘)「白水郎」 坂ノ市地区郷土史

愛好会 (27) 2010.3

「こんぴら道」の内 讃岐街道・伊予街道を行く (小松—西條—新居浜—四国中央—香川県観音寺・豊浜—三豊・琴平 (吉本勝)「西條史談」 西條史談会 (90) 2014.1

五百木

五百木の河内家を掘る (小野植元幸)「郷土うちこ」 内子町郷土研究会 (32) 2014.3

伊予郡

巻頭言 『古事記』に現れた伊予国・伊予郡の姿 (坪井寛)「伊予市の歴史文化」 伊予市歴史文化の会 (67) 2013.3

伊予市・伊予郡の伊予絣について (講演会) (今村賢司)「伊予市の歴史文化」 伊予市歴史文化の会 (68) 2014.3

伊予西条

四国の道 伊予西条の陣屋跡「郷土史紀行」 ヒューマン・レクチャー・クラブ (48) 2007.12

伊予西条駅

JR伊予西条駅と周辺の鉄道近代化産業遺産 (越智登志正)「西條史談」 西條史談会 (78) 2010.1

伊予西條駅開通当日の祝賀模様を南海新聞に見て交通発達の歴史を知る (1) 〜 (2) (越智登志正)「西條史談」 西條史談会 (85) / (86) 2012.5/2012.9

伊予西条藩

地域再編と村入用の史的展開—幕末維新期伊予西条藩領の中間層 (胡光)「九州史学」 九州史学研究会 (137・138) 2003.10

伊予市

伊予の名称について—伊予市・郡名に因んで (日下部正盛)「伊予の歴史文化」 伊予市歴史文化の会 43 2000.8

歴史的にみた伊予市と松前町 (玉井桂)「伊予市の歴史文化」 伊予市歴史文化の会 45 2001.8

伊予市という地名について (平岡新太郎)「伊予市の歴史文化」 伊予市歴史文化の会 47 2002.8

合併に伴う新市名制定への提言 (日下部正盛)「伊予市の歴史文化」 伊予市歴史文化の会 49 2003.8

伊予市八景めぐり (門田冬子, 徳永弘美, 井上美智子)「伊予市の歴史文化」 伊予市歴史文化の会 (50) 2004.3

伊予市八景めぐり (中山梅子, 伊賀上紀美子, 川中富香)「伊予市の歴史文化」 伊予市歴史文化の会 (51) 2004.8

伊予市歴史文化への思い (木下雛)「伊予市の歴史文化」 伊予市歴史文化の会 (52) 2005.3

映像を通した伊予市 (曽根吉嗣)「伊予市の歴史文化」 伊予市歴史文化の会 (52) 2005.3

記念講演伊予市の中世城館について (片上雅仁)「伊予市の歴史文化」 伊予市歴史文化の会 (53) 2005.7

古代豪族たちの活躍した時代の伊予市 (長井數秋)「伊予市の歴史文化」 伊予市歴史文化の会 (54) 2006.3

記念講演 明治時代の伊予市について (柚山俊夫)「伊予市の歴史文化」 伊予市歴史文化の会 (55) 2006.8

嘉永七年の「大地震記録」について (文化講演) (柚山俊夫)「伊予市の歴史文化」 伊予市歴史文化の会 (57) 2007.8

発見相次ぐ伊予市の古文書資料 (柚山俊夫)「伊予市の歴史文化」 伊予市歴史文化の会 (58) 2008.3

「伊予市観光ガイドブック」作成に当たって (中嶋都貞)「伊予市の歴史文化」 伊予市歴史文化の会 (58) 2008.3

伊予市歴史文化の会30年の歩み (総会概要・創立30周年記念式典関連) (松田建雄)「伊予市の歴史文化」 伊予市歴史文化の会 (61) 2009.8

巻頭言 伊予市の歴史と文化の面白さ (作道茂)「伊予市の歴史文化」 伊予市歴史文化の会 (65) 2011.8

地名に潜む歴史秘話 (寄稿) (松田米博)「伊予市の歴史文化」 伊予市歴史文化の会 (66) 2012.3

表紙写真説明 伊予市遠望「伊予市の歴史文化」 伊予市歴史文化の会 (67) 2013.3

伊予市における源平ゆかりの地を訪ねて (論考) (向井幹雄)「伊予市の歴史文化」 伊予市歴史文化の会 (67) 2013.3

長尾喜重郎日誌 (T13・S20) からみえてくるもの—戦争の影響と漁業の推移 (論考) (作道茂)「伊予市の歴史文化」 伊予市歴史文化の会 (67) 2013.3

巻頭言 古代の景観 伊予市の山並み (作道茂)「伊予市の歴史文化」 伊予市歴史文化の会 (68) 2014.3

伊予市・伊予郡の伊予絣について (講演会) (今村賢司)「伊予市の歴史文化」 伊予市歴史文化の会 (68) 2014.3

伊予市 (伊予市の古城跡) (論考) (長曽誠)「伊予市の歴史文化」 伊予市歴史文化の会 (68) 2014.3

伊予鉄道

伊豫鐵道に学べ─佐野鐡道誕生の秘話 (大高八三郎)「史談」 安蘇史談会 (21) 2005.6

伊予灘

論究 伊予灘の鯨話 (松田米博)「伊予市の歴史文化」 伊予市歴史文化の会 (62) 2010.3

伊予灘沿岸航路の沿革 (山崎善啓)「長浜史談」 長浜史談会 (35) 2011.3

伊予灘漁業史 (イワシ網編) (論考) (松田米博)「伊予市の歴史文化」 伊予市歴史文化の会 (68) 2014.3

伊予国

古代伊豫国の鉱業史 (五藤孝人)「温古」 大洲史談会 23 2001.3

摂関・院政期の伊予国について (寺内浩)「伊予史談」 伊予史談会 (330) 2003.7

古代伊予国における永納山城 (白石成二)「ソーシアル・リサーチ」 ソーシアル・リサーチ研究会 (30) 2005.2

兵庫氏の伊予国移住・土着をめぐって (石野弥栄)「長浜史談」 長浜史談会 (29) 2005.3

伊予国における多重堀切に関する一考察 (日和佐宣正)「戦乱の空間」 戦乱の空間編集会 (7) 2008.7

「伊予国風土記」湯郡条逸文をめぐって─古代伊予国における「聖徳太子」の問題 (岡田利文)「ソーシアル・リサーチ」 ソーシアル・リサーチ研究会 (34) 2009.3

古代伊予国における久米氏の実像 (上),(下) (五藤孝人)「温古」 大洲史談会 (33) / (34) 2011.3/2012.03

『伊予国風土記』逸文「天山」伝承の背景─伊予部連氏を中心に (白石成二)「ソーシアル・リサーチ」 ソーシアル・リサーチ研究会 (36) 2011.3

伊予国の俵物 (煎海鼠・干鮑・鱶鰭) 生産過程について (上),(下) (門田恭一郎)「伊予史談」 伊予史談会 (365) / (366) 2012.4/2012.07

巻頭言『古事記』に現れた伊予国・伊予郡の姿 (坪内寛)「伊予市の歴史文化」 伊予市歴史文化の会 (67) 2013.3

『清良記』の世界に関する試論─伊予国西南部の城郭の特徴を抽出する試み (日和佐宣正)「戦乱の空間」 戦乱の空間編集会 (13) 2014.7

伊予国府

伊予国府の比定地─国分・古国分の地名考察 (合田洋一)「伊予史談」 伊予史談会 (349) 2008.4

南海道駅路と前期伊予国府─周敷駅から越智駅への道 (白石成二)「ソーシアル・リサーチ」 ソーシアル・リサーチ研究会 (37) 2012.3

伊予国衙

近年の諸説からみた伊予国衙の所在 (白石成二)「ソーシアル・リサーチ」 ソーシアル・リサーチ研究会 (34) 2009.3

伊予国衙と越智郡衙の所在 (白石成二)「今治史談」 今治史談会 (16) 2010.6

記念講演 伊予国衙と越智郡衙の所在 (白石成二)「怒麻」 大西町史談会事務局 (34) 2012.6

伊予の高嶺

「いさにはの岡」と「伊予の高嶺」(白方勝)「伊予史談」 伊予史談会 (350) 2008.7

伊予三島

古代史における伊予三島と物部氏について (大久保一吉)「宇摩史談」 宇摩史談会 77 2000.3

伊予三島焼の歴史と製品に関する一考察 (寄稿) (石岡ひとみ)「伊予市の歴史文化」 伊予市歴史文化の会 (66) 2012.3

伊予路

伊予路に春を呼ぶ椿の赤い花 (兵頭道子)「文化愛媛」 愛媛県文化振興財団 (54) 2005.3

歴史紀行 (26) 伊予路鏝絵紀行 (岡崎直司)「文化愛媛」 愛媛県文化振興財団 (58) 2007.3

歴史紀行 (34) 伊能忠敬と伊予─伊予路を通過した伊能忠敬 (清水正史)「文化愛媛」 愛媛県文化振興財団 (66) 2011.3

伊予港

伊予港の変遷とその発展に尽くした人々 (日下部正盛)「伊予市の歴史文化」 伊予市歴史文化の会 (56) 2007.3

伊予吉田

小藩陣屋町「伊予吉田」について (米田藤博)「パイオニア」 関西地理学研究会 (78) 2006.7

入会山

入会山の差縺れについて (大月正光)「小松史談」 小松史談会 51 (1) 通号130 2004.1

岩陰

長浜町今坊の岩陰鍾乳石の調査報告 (池田恩四郎)「長浜史談」 長浜史談会 (34) 2010.3

石根

石根地区史跡巡り (渡邊省三)「小松史談」 小松史談会 50 (1) 通号129 2003.1

岩城

研究動向 越智嶋古文書の再検討はじまる─岩城・関前の史料調査から (堀井俊宏)「史学研究」 広島史学研究会 (273) 2011.10

岩城村

上島町教育委員会所蔵「岩城村教育委員会文書」─芸備～伊予間の垣根を越えた海事情報の一つとして (鴨頭俊宏)「芸備地方史研究」 芸備地方史研究会 (253) 2006.10

岩松

むら・まちを歩く (26) 「てんやわんや」の里 岩松を訪れる (赤松宜子)「文化愛媛」 愛媛県文化振興財団 (65) 2010.10

岩松村

岩松村の発生と集落発達についての一考察 (梶原和秋)「西南四国歴史文化論叢よど」 西南四国歴史文化研究会 (7) 2006.3

院内

ふるさと散歩 (16) 院内 (竹田覚)「風早」 風早歴史文化研究会 (55) 2006.5

大瀬

大瀬の電気とテレビ (小野植元幸)「郷土うちこ」 内子町郷土研究会 (31) 2013.3

魚島

魚島探訪 (編集部)「怒麻」 大西町史談会事務局 (27) 2005.5

魚成村

明治後期村役場文書の引き継ぎ─東京府北多摩郡砂川村と愛媛県宇和郡魚成村との比較から (小特集 日本アーカイブズ学会・砂川村役場文書研究会共催研究集会「砂川村のアーカイブズ─近代町村役場文書群の構造と内容─」(冨善一敏)「アーカイブズ学研究」 日本アーカイブズ学会 (20) 2014.5

浮亀橋

研究ノート 桝形における浮亀橋の設立動向について (白石尚寛)「温古」 大洲史談会 (32) 2010.3

浮亀橋創設期の動向について (白石尚寛)「長浜史談」 長浜史談会 (34) 2010.3

浮亀橋橋銭増加の動向について (白石尚寛)「長浜史談」 長浜史談会 (35) 2011.3

浮穴郡

鎌倉時代末期の久米郡東南部及び浮穴郡 北条氏及び土岐氏の地頭職の領地を巡る (竹内眞人)「東温史談」 東温史談会 (9) 2014.3

宇高

宇高地区小字探訪 (真木孝)「新居浜史談」 新居浜郷土史談会 (386) 2012.1

内海村

明治20年代の旧内海村の村勢 (1) (宮本春樹)「伊予史談」 伊予史談会 (350) 2008.7

旧内海村明治21、6年の物産調査表について (宮本春樹)「西南四国歴史文化論叢よど」 西南四国歴史文化研究会 (10) 2009.4

内子

内子の医療・治療史 (大村博)「郷土うちこ」 内子町郷土研究会 (26) 2003.5

内子夜話 (1) 内子幼稚園はこうしてつくられた (福岡好男)「郷土うちこ」 内子町郷土研究会 (29) 2011.3

内子の庄屋について (大村博)「郷土うちこ」 内子町郷土研究会 (29) 2011.3

内子夜話 (2) 館報「うちこ」縮刷版にみる─公民館活動による「八日市・護国」を対象とした町並み保存運動の足跡 (福岡好男)「郷土うちこ」 内子町郷土研究会 (30) 2012.3

内子夜話 (3) 「内子町誌」編集の苦労が郷土研究会を生む経緯について (福岡好男)「郷土うちこ」 内子町郷土研究会 (31) 2013.3

内子の和蠟燭生産に関する一考察 (畑野亮一)「郷土うちこ」 内子町郷土研究会 (31) 2013.3

内子高校

内子高校炎上聞き書き (山本功)「郷土うちこ」 内子町郷土研究会 (28) 2010.3

内子町

木蠟と白壁の町内子町 (愛媛県) を訪ねて (松井卓子)「かんべ」 可部郷

愛媛県　　　　　　　　　　　　地名でたどる郷土の歴史　　　　　　　　　　　四国

土史研究会　97　2002.7

内子町の和蝋燭（中岡紀子）「自然と文化」　日本ナショナルトラスト　通号72　2003.3

資料　昭和13年7月調整　内子町役場処務規程（抄）「郷土うちこ」　内子町郷土研究会　（26）　2003.5

住民意識を反映した小地域単位のまちづくり―愛媛県内子町を例に（埴原朋哉）「えりあぐんま」　群馬地理学会　（11）　2005.5

内子町の屋根付き橋（大野千代美）「郷土うちこ」　内子町郷土研究会　（28）　2010.3

道標建立記（山本功）「郷土うちこ」　内子町郷土研究会　（29）　2011.3

秀芳我家建物の改造と町並保存（芳我明彦）「郷土うちこ」　内子町郷土研究会　（29）　2011.3

国勢調査でみる内子町人口の動き（源田恒雄）「郷土うちこ」　内子町郷土研究会　（31）　2013.3

ウォッチング ナウ（39）　世界とつながっていた一大ワックス産地　内子町「木蝋資料館 上芳我邸」（中村英利子）「文化愛媛」　愛媛県文化振興財団　（70）　2013.3

内子町郷土研究会近年のあゆみ（源田恒雄）「郷土うちこ」　内子町郷土研究会　（32）　2014.3

内山線

旧国鉄「内山線」の開通と開業について（内山芳徳）「郷土うちこ」　内子町郷土研究会　（31）　2013.3

旧国鉄「内山線」のあゆみ（内山芳徳）「郷土うちこ」　内子町郷土研究会　（31）　2013.3

鵜の子

昭和18年乙成（鵜の子）の山崩れ（山本功）「郷土うちこ」　内子町郷土研究会　（30）　2012.3

卯之町

卯之町の保存の歩み―在郷町・宇和町卯之町（特集 えひめの住文化）（竹田哲志）「文化愛媛」　愛媛県文化振興財団　（68）　2012.3

宇摩

方言随想［16］～（29）（石津栄一）「宇摩史談」　宇摩史談会　77/（90）2000.3/2005.3

河端家文書（1）　林野の部（井上英文）「宇摩史談」　宇摩史談会　77　2000.3

近世宇摩・新居地方の食文化（近藤日出男）「宇摩史談」　宇摩史談会　78　2000.6

河端家文書（2）（井上英文）「宇摩史談」　宇摩史談会　78　2000.6

「宇摩し国」は消えたのか（加地伸行）「宇摩史談」　宇摩史談会　（93）　2006.10

宇摩の苗字の由来（信藤英敏）「宇摩史談」　宇摩史談会　（97）　2008

宇摩に生きる（真木宏光）「宇摩史談」　宇摩史談会　（100）　2012.3

いわゆる『日野豊田系図』について（信藤英敏）「宇摩史談」　宇摩史談会　（101）　2013.3

『大西軍記』についての考察（加藤弘）「宇摩史談」　宇摩史談会　（101）　2013.3

宇摩郡の古代について（岡田利文）「ソーシアル・リサーチ」　ソーシアル・リサーチ研究会　（29）　2004.2

明治以後の宇摩郡内の酒蔵と篠永酒蔵の建物について（《酒特集》）（鎌倉次朗）「土佐地域文化」　［土佐地域文化研究会］　（10）　2006.6

浦山村

浦山村百姓直訴事件関係文書（続木源太郎）「宇摩史談」　宇摩史談会　79　2000.11

雨滝山城

さぬき雨瀧山城の研究（池田誠）「さぬき市の文化財」　さぬき市文化財保護協会　（1）　2004.3

宇和

「宇和旧記」の基礎的研究―伝本と所収文書・記録等の検討を中心に（石野弥栄）「研究紀要」　愛媛県歴史文化博物館　（9）　2004.3

南予宇和地方を訪ねて（井元滝雄）「郷土の文化」　観音寺市郷土文化大学　29　2004.3

宇和の古代文化と交流（下條信行）「西南四国歴史文化論叢よど」　西南四国歴史文化研究会　（5）　2004.3

ふるさと歴史散歩―西予市 宇和・三瓶・明浜を訪ねる（大政孝子）「松前史談」　松前町郷土を語る会　（30）　2014.3

宇和海

『宇和海浦方史料三浦田中家文書第3巻』の刊行によせて（柚山俊夫）「三浦通信」　田中家文書調査会　（1）　2004.8

吉田藩下波浦庄屋三善家文書に見る17世紀末の宇和海漁業慣行（宮本春樹）「伊予史談」　伊予史談会　（338）　2005.7

明治初期における宇和海の好漁場（宮本春樹）「西南四国歴史文化論叢よ

ど」　西南四国歴史文化研究会　（8）　2007.3

愛媛県宇和海沿岸における段々畑の麦作と芋作り（昭和20～30年代）（原田政章）「土佐地域文化」　［土佐地域文化研究会］　（11）　2007.6

平成19年度テーマ展「宇和海と段畑のくらし」―海と「そら」の恵み「歴博だより」　愛媛県歴史文化博物館　通号52　2007.12

宇和海沿いの防風石垣（特集 えひめの住文化）（漆原和子）「文化愛媛」　愛媛県文化振興財団　（68）　2012.3

宇和海　海人の歴史（勇和生）「西南四国歴史文化論叢よど」　西南四国歴史文化研究会　（14）　2013.4

宇和郡

宇和郡境目における戦国期領主の動向と性格（石野弥栄）「西南四国歴史文化論叢よど」　西南四国歴史文化研究会　（5）　2003.3

一条氏位牌群と宇和郡戦国史（勇和生）「西南四国歴史文化論叢よど」　西南四国歴史文化研究会　（8）　2007.3

中世宇和郡における魚成氏の支配領域について（勇和生）「伊予史談」　伊予史談会　（357）　2010.4

室町期宇和郡の支配秩序に関する再検討―伊予西園寺氏と御荘氏との関係を中心に（石野弥栄）「西南四国歴史文化論叢よど」　西南四国歴史文化研究会　（13）　2012.4

宇和島

最近宇和島でみつかった蘭学資料「薬師神家資料 眼球略図」について（萩山正治）「西南四国歴史文化論叢よど」　西南四国歴史文化研究会　（5）　2004.3

18世紀中葉における琉球芋の伝来と戦後の終末（宇和島地方）（宮本春樹）「伊予路 ： 民俗と歴史」　愛媛民俗学会　9（復刊1）　2005.3

市外探訪　愛媛県宇和郡・南予地区（平成17年度文化財現地探訪報告）（山本満寿美）「ふるさと山口」　山口の文化財を守る会　（27）　2006.6

第1回 宇和島方面史跡巡り（編集部）「小松史談」　小松史談会　56（1）通号135　2009.1

宇和島シンポジウムと四国点描（佐藤晃）「松浦竹四郎研究会会誌」　［松浦竹四郎研究会］事務局　2010.12

宇和島を訪ねて（高嶋清）「郷土東かがわ」　東かがわ市文化財保護協会　（78）　2011.3

昭和初期、宇和島の郷土教育（木下博民）「西南四国歴史文化論叢よど」　西南四国歴史文化研究会　（13）　2012.4

安政南海地震の記録―宇和島地方のさまざまな資料から（特集 愛媛の天災と先人の知恵）（安永純子）「文化愛媛」　愛媛県文化振興財団　（69）　2012.10

坂本龍馬と愛媛の関わり―仮説、脱藩を決意した宇和島訪問（大城戸圭一）「高知県立坂本龍馬記念館・現代龍馬学会紀要」　高知県立坂本龍馬記念館・現代龍馬学会　（4）　2013.1

近世における宇和島の大地震発生後の様子について―宇和島伊達家の宝永と安政の記録から（志755野迫希世）「西南四国歴史文化論叢よど」　西南四国歴史文化研究会　（15）　2014.4

宇和島街道

むら・まちを歩く（18）　法華津峠へ―宇和島街道（赤松宜子）「文化愛媛」　愛媛県文化振興財団　（57）　2006.10

宇和島市

伊達家十万石の城下町 宇和島市へ（藤本眞事）「南国史談」　南国史談会　（26）　2003.4

地域興しと郷土の歴史文化―宇和島市の町づくりのなかで（宮田基継）「西南四国歴史文化論叢よど」　西南四国歴史文化研究会　（5）　2004.3

明治維新期における酒造場の動態 宇和島市を中心とした北宇和郡域の事例から（桝田佳明）「西南四国歴史文化論叢よど」　西南四国歴史文化研究会　（9）　2008.4

宇和島城

宇和島城と伊達家（塩谷佳花）「ゆづる.特別号 ： えひめ文化財散歩」　文化財フォーラム愛媛　5　2010.1

学芸員調査ノート 蒲生忠知知行所宛行状/宇和島御城下地図「歴博だより」　愛媛県歴史文化博物館　通号63　2010.9

宇和島鉄道

「宇和島鉄道」の変遷（第一部 開拓者たち［一］～二）（矢野和泉）「西南四国歴史文化論叢よど」　西南四国歴史文化研究会　（9）/（10）　2008.4/2009.4

南予の鉄道史―宇和島鉄道を中心に（《特集 えひめの鉄道紀行》）（平井誠）「文化愛媛」　愛媛県文化振興財団　（62）　2009.3

「宇和島鉄道」の変遷（第三部 未来への展開）（矢野和泉）「西南四国歴史文化論叢よど」　西南四国歴史文化研究会　（11）　2010.4

宇和島藩

宇和島藩の塩田事業―伊達家と小西家の関り（峰一男）「西南四国歴史文化論叢よど」　西南四国歴史文化研究会　（4）　2003.3

歴史紀行（18）　幕末の宇和島藩家老・松根図書（三好昌文）「文化愛媛」

愛媛県文化振興財団　50　2003.3

宇和島藩における盲人養米制度の成立と展開（河合南海子）「伊予史談」伊予史談会　（329）2003.4

宇和島藩酒造小史（1）―酒造場規模地域格差の成因（桝田佳明）「西南四国歴史文化論叢よど」　西南四国歴史文化研究会　（6）2005.3

宇和島藩酒造小史（2）酒造株をめぐるあれこれ（桝田佳明）「西南四国歴史文化論叢よど」　西南四国歴史文化研究会　（7）2006.3

宇和島藩との本末争い（渡辺圭祐）「藩報きずな」　仙台藩志会　（36）2006.10

宇和島藩酒造小史（3）神山県文書から幕末期酒造場分布を考える（桝田佳明）「西南四国歴史文化論叢よど」　西南四国歴史文化研究会　（8）2007.3

宇和島藩における種痘の普及（シンポジウム「四国大名の文化と交流」報告要旨）（藤田正）「研究紀要」　土佐山内家宝物資料館　（9）2011.3

宇和島藩伊達家の婚礼記録について―食の記録を中心に（江後迪子）「研究紀要」　港区立港郷土資料館　（14）2012.3

近世後期における「老人」の社会的位置―宇和島藩御城下組庄屋田中家を素材に（第54回日本史関係卒業論文発表会要旨）（野口陽子）「地方史研究」　地方史研究協議会　63（3）通号363　2013.6

宇和島藩と朝鮮通信使（首藤修史）「西南四国歴史文化論叢よど」　西南四国歴史文化研究会　（15）2014.4

宇和町

宇和町の文化と歴史探訪（中村豊）「佐川史談霧生関」　佐川史談会　36　2000

松野町・宇和町方面探訪（藤谷忠義）「伊予市の歴史文化」　伊予市歴史文化の会　49　2003.8

宇和国

『魏志倭人伝』における『不呼国』は『宇和国』ではないか（中嶋孝志）「西南四国歴史文化論叢よど」　西南四国歴史文化研究会　（5）2004.3

永納山

愛媛の古代・朝鮮式山城「永納山」（えひめ文化財散歩（2））（井上妙子）「ゆづき.特別号 : えひめ文化財散歩」　文化財フォーラム愛媛　2　2005.1

古代山城永納山の築城時期について（白石成二）「今治史談」　今治史談会　（13）2007.6

資料室 永納山の部屋（永納山古代山城の会）「西條史談」　西條史談会　（75）2009.3

永納山城

永納山城に関する一考察（向井一雄）「戦乱の空間」　戦乱の空間編集会　（1）2002.7

古代伊予国における永納山城（白石成二）「東予史談」　（10）2005.1

古代伊予国における永納山城（白石成二）「ソーシアル・リサーチ」　ソーシアル・リサーチ研究会　（30）2005.2

歴史紀行（24）永納山城からみた古代の風景（白石成二）「文化愛媛」　愛媛県文化振興財団　（56）2006.3

国指定史跡 永納山城跡（西条市教育委員会）「西條史談」　西條史談会　（75）2009.1

愛媛

愛媛の明治初期海上交通（続）（山崎善啓）「伊予史談」　伊予史談会　（317）2000.4

記念講演 伊予と愛媛の由来について（上）、（下）（坪内寛）「伊予市の歴史文化」　伊予市歴史文化の会　45/46　2001.8/2002.3

次回の企画展のお知らせ/えひめの記録写真/他「歴博だより」　愛媛県歴史文化博物館　33　2003.3

〈特集 えひめの物産―愛媛産には愛がある〉「文化愛媛」　愛媛県文化振興財団　51　2003.10

日本一の愛媛の真珠養殖（佐野隆三）「文化愛媛」　愛媛県文化振興財団　51　2003.10

えひめ・学・事典（26）新聞・雑誌のスピード化（横山昭市）「文化愛媛」　愛媛県文化振興財団　52　2004.3

明治期の阪神・愛媛間の旅程―西村遼樹・大和田建樹の旅日記から（山崎善啓）「伊予史談」　伊予史談会　（334）2004.7

〈特集 近代愛媛の「種まく人」―郷土にいきづく一粒の志〉「文化愛媛」　愛媛県文化振興財団　53　2004.10

「坊っちゃん」誕生100周年を前に（頼本冨夫）「ゆづき.特別号 : えひめ文化財散歩」　文化財フォーラム愛媛　2　2005.1

若者・青年組織の民俗―近代愛媛の事例（大本敬久）「研究紀要」　愛媛県歴史文化博物館　（10）2005.3

愛媛における高等女学校の洋装制服について（松井寿）「研究紀要」　愛媛県歴史文化博物館　（10）2005.3

企画展解説 愛媛の名付け親 半井梧庵―地誌『愛媛面影』の世界（今村賢司）「愛媛人物博物館人物探訪」　愛媛県生涯学習センター　7　2005.3

〈特集 えひめ四季彩―色・音・香でつづる風物詩〉「文化愛媛」　愛媛県文化振興財団　（54）2005.3

えひめ・学・事典（28）機帆船ものがたり（横山昭市）「文化愛媛」　愛媛県文化振興財団　（54）2005.3

えひめ・学・事典（29）日本「最長」の学校（横山昭市）「文化愛媛」　愛媛県文化振興財団　（55）2005.10

企画展解説 愛媛なつかし物語―地誌・絵図類でたどる愛媛の名所遊覧（今村賢司）「愛媛人物博物館人物探訪」　愛媛県生涯学習センター　8　2006.3

不易流行―愛媛俳句の国から（木下正隆）「伊予市の歴史文化」　伊予市歴史文化の会　（54）2006.3

えひめ・学・事典（30）「甘藷地蔵」秘話（横山昭市）「文化愛媛」　愛媛県文化振興財団　（56）2006.3

平成18年度テーマ展「近代えひめのやきもの 印判のわん・さら・はち」「歴博だより」　愛媛県歴史文化博物館　通号45　2006.3

総会記念講演 半井梧庵と愛媛面影（今村賢司）「怒麻」　大西町史談会事務局　（28）2006.5

えひめ・学・事典（30）「相撲王国」の今昔（横山昭市）「文化愛媛」　愛媛県文化振興財団　（57）2006.10

太平洋戦争中、愛媛における軍施設の建設と処分について（池田宏信）「東温史談」　東温史談会　（2）2007.1

えひめ・学・事典（32）猪垣の話（横山昭市）「文化愛媛」　愛媛県文化振興財団　（58）2007.3

半井梧庵と『愛媛面影』について（今村賢司）「今治史談」　今治史談会　（13）2007.6

えひめ・学・事典（33）「耕して天に至る」の段畑景観（横山昭市）「文化愛媛」　愛媛県文化振興財団　（59）2007.10

研究ノート 統計にみる高度経済成長期の愛媛（平井誠）「研究紀要」　愛媛県歴史文化博物館　（13）2008.3

「建築物に見る愛媛の近代」―キーワードは海（犬伏武彦）「今治史談」　今治史談会　（14）2008.6

特別展 愛媛と戦争―伝えたい戦争の記憶・平和な未来へ―「歴博だより」　愛媛県歴史文化博物館　通号54　2008.6

特別展 掘り出されたえひめの江戸時代―くらし百花繚乱―「歴博だより」　愛媛県歴史文化博物館　通号55　2008.9

えひめ・学・事典（36）鉄道前史―人力車・自転車・省営バス（横山昭市）「文化愛媛」　愛媛県文化振興財団　（62）2009.3

愛媛の鉄道網の発達〈特集 えひめの鉄道紀行〉（青木栄一）「文化愛媛」　愛媛県文化振興財団　（62）2009.3

歴史紀行（30）愛媛の雛飾りを辿って（宇都宮美紀）「文化愛媛」　愛媛県文化振興財団　（62）2009.3

えひめ・学・事典（37）愛媛県民の名字（横山昭市）「文化愛媛」　愛媛県文化振興財団　（63）2009.10

われわれは何を食べてきたのか（特集 えひめの食文化）（近藤日出男）「文化愛媛」　愛媛県文化振興財団　（64）2010.3

えひめのご飯物（特集 えひめの食文化）（渡辺笙子）「文化愛媛」　愛媛県文化振興財団　（64）2010.3

愛媛、食の原風景（特集 えひめの食文化）（栗田正己）「文化愛媛」　愛媛県文化振興財団　（64）2010.3

愛媛の日本酒文化（特集 えひめの食文化）（寺谷亮司）「文化愛媛」　愛媛県文化振興財団　（64）2010.3

郷土料理マップ（特集 えひめの食文化）（渡邊笙子）「文化愛媛」　愛媛県文化振興財団　（64）2010.3

えひめ・学・事典（38）愛媛の魚には「愛」がある（横山昭市）「文化愛媛」　愛媛県文化振興財団　（64）2010.3

講演『愛媛の算額』に見る和算の歩み（浅山秀博）「風早」　風早歴史文化研究会　（64）2010.12

装い いま・むかし（特集 えひめの衣文化）（亀岡佳章）「文化愛媛」　愛媛県文化振興財団　（66）2011.3

愛媛の型染め（特集 えひめの衣文化）（高山朋子）「文化愛媛」　愛媛県文化振興財団　（66）2011.3

えひめ・学・事典（41）貴重な文化財『市町村誌』（横山昭市）「文化愛媛」　愛媛県文化振興財団　（67）2011.10

特集 えひめのスポーツ文化「文化愛媛」　愛媛県文化振興財団　（67）2011.10

愛媛のアスリート達ここに（金村毅）「文化愛媛」　愛媛県文化振興財団　（67）2011.10

愛媛に生きる（1）着物文化を守り続けて 藤堂勢治さん（栗田正己）「文化愛媛」　愛媛県文化振興財団　（68）2012.3

えひめの風土から生まれた住まい（特集 えひめの住文化）（岡崎直司）「文化愛媛」　愛媛県文化振興財団　（68）2012.3

木造住宅の魅力（特集 えひめの住文化）（織田博）「文化愛媛」　愛媛県文化振興財団　（68）2012.3

古民家再生（特集 えひめの住文化）（武知美穂）「文化愛媛」　愛媛県文化

振興財団　(68) 2012.3

特別読み切り 愛媛の大正イマジュリィ画家たち(高畠麻子)「文化愛媛」 愛媛県文化振興財団　(68) 2012.3

愛媛に生きる(2) マグロ養殖にかける夢(栗田正己)「文化愛媛」 愛媛県文化振興財団　(69) 2012.10

歴史紀行(37) 愛媛の歴史を書いた 吉村昭(図子英雄)「文化愛媛」 愛媛県文化振興財団　(69) 2012.10

えひめ・学・事典(43) 地震雷火事親父(横山昭市)「文化愛媛」 愛媛県文化振興財団　(69) 2012.10

災害の記憶と伝承―民俗学の視点から(特集 愛媛の天災と先人の知恵)(大本敬久)「文化愛媛」 愛媛県文化振興財団　(69) 2012.10

えひめの文学館(30) 子規が詠んだ災害(池内恵吾)「文化愛媛」 愛媛県文化振興財団　(69) 2012.10

国会開設前後愛媛の政社活動―末広鉄腸の遊説を中心に(2010年度特別展記念講演記録)(高須賀康生)「高知市立自由民権記念館紀要」 高知市立自由民権記念館　(20) 2012.12

愛媛の梨栽培地域の展開プロセスとその変遷および衰退要因について(窪田重治)「東温史談」 東温史談会　(8) 2013.1

「伊予」と「愛媛」の語源考(上)(五藤孝人)「温古」 大洲史談会　(35) 2013.3

歴史紀行(38) 愛媛の画人と大正デカダンス―河崎蘭香について(高畠麻子)「文化愛媛」 愛媛県文化振興財団　(70) 2013.3

えひめ・学・事典(44) ありし日の「銅山王国」えひめ(横山昭市)「文化愛媛」 愛媛県文化振興財団　(70) 2013.3

〈特集 愛媛・近代化遺産の記憶〉「文化愛媛」 愛媛県文化振興財団　(70) 2013.3

愛媛に生きる(3) 歴史ある温泉に新しい風を(栗田正己)「文化愛媛」 愛媛県文化振興財団　(70) 2013.3

「東北アジア平和フォーラム」のとりくみ―日清戦争期の東学農民戦争に出兵した愛媛の農民兵を訪ねて(地域住民史学運動)(柳瀬一秀)「愛媛近代史研究」 近代史文庫　(67) 2013.8

四国遍路の道標について―愛媛の標石を中心に(2013年度シンポジウム・巡見報告―シンポジウム報告要旨)(今村賢司)「交通史研究」 交通史学会，吉川弘文館(発売)　(82) 2014.2

「伊予」と「愛媛」の語源考(下)(五味孝人)「温古」 大洲史談会　(36) 2014.3

愛媛・山小屋物語(特集 愛媛の山に遊び、生きる)(安森滋)「文化愛媛」 愛媛県文化振興財団　(72) 2014.3

里山・低山の楽しみ方(特集 愛媛の山に遊び、生きる)(いせきこたろう)「文化愛媛」 愛媛県文化振興財団　(72) 2014.3

愛媛に生きる(5) 百選の棚田を守る(栗田正己)「文化愛媛」 愛媛県文化振興財団　(72) 2014.3

「伊予」と「愛媛」の語源(合田洋一)「伊予史談」 伊予史談会　(373) 2014.4

えひめ・学・事典(47) 観光地の網引き(横山昭市)「文化愛媛」 愛媛県文化振興財団　(73) 2014.10

愛媛に生きる(6) 夢と心で醸す酒(栗田正己)「文化愛媛」 愛媛県文化振興財団　(73) 2014.10

愛媛教育協会図書館

史料紹介 愛媛教育協会図書館創立関係史料(柚山俊夫)「伊予史談」 伊予史談会　(333) 2004.4

愛媛県

愛媛県における柿の主産地形成とその変貌(窪田重治)「重信史談」 重信史談会 22 2003.11

昭和後期の愛媛県政概説(上)～(下)―久松県政から白石県政へ(高須賀康生)「伊予史談」 伊予史談会　(334)/(335) 2004.7/2004.10

愛媛県の創成期を支えた能吏伊佐庭如矢翁伝(1)(二神將)「伊予史談」 伊予史談会　(336) 2005.1

学芸員調査ノート/Topic 幻の「清良記」に出会う「歴博だより」 愛媛県歴史文化博物館 41 2005.3

愛媛・高知両県下における郵便為替普及の沿革(山崎善啓)「西南四国歴史文化論叢 よど」 西南四国歴史文化研究会　6 2005.3

愛媛県の創成期を支えた能吏伊佐庭如矢翁伝(下)(二神將)「伊予史談」 伊予史談会　(337) 2005.4

愛媛県編「地理図誌稿」と「地理図誌」について(上)～(下)(柚山俊夫)「伊予史談」 伊予史談会　(342)/(343) 2006.7/2006.10

愛媛県最古の漆塗り製品「歴博だより」 愛媛県歴史文化博物館　通号48 2006.12

明治初期の愛媛県における私塾開業認可をめぐって(平岡瑛二)「伊予史談」 伊予史談会　(350) 2008.7

会員による講演会「天正の陣」(編集部)「西條史談」 西條史談会　(78) 2010.1

愛媛県における甘蔗栽培と製糖業の盛衰について(窪田重治)「東温史談」 東温史談会　(6) 2010.11

愛媛県県民館跡地の魚類遺存体と江戸期の食習慣・漁撈(石丸恵利子，下坂憲子，多田仁)「東温史談」 東温史談会　(6) 2010.11

特別読み切り 愛媛県はアクセントの宝庫(清水史)「文化愛媛」 愛媛県文化振興財団　(67) 2011.10

学芸員調査ノート 明治十三年愛媛県統計概表/安政の大地震の記録(宇和島藩士薬師神家資料)「歴博だより」 愛媛県歴史文化博物館　(69) 2012.3

大正～昭和初期の愛媛県会(高須賀康生)「伊予史談」 伊予史談会　(365) 2012.4

愛媛県沿岸域に来襲した津波の記録と高さおよびその特徴(特集 愛媛の天災と先人の知恵)(山本尚明)「文化愛媛」 愛媛県文化振興財団　(69) 2012.10

東日本大震災と愛媛「食」から防災を考える(特集 愛媛の天災と先人の知恵)(林知美)「文化愛媛」 愛媛県文化振興財団　(69) 2012.10

明治中期の愛媛県行―「愛媛高知両県巡回紀行」を中心に(井上淳)「研究紀要」 愛媛県歴史文化博物館　(18) 2013.3

編集にあたって(創立100周年記念特集号(4)―愛媛県における地域史研究のあゆみ)(編集部)「伊予史談」 伊予史談会　(371) 2013.11

古代(創立100周年記念特集号(4)―愛媛県における地域史研究のあゆみ)(岡田利文)「伊予史談」 伊予史談会　(371) 2013.11

中世(創立100周年記念特集号(4)―愛媛県における地域史研究のあゆみ)(土居聡朋)「伊予史談」 伊予史談会　(371) 2013.11

近世(創立100周年記念特集号(4)―愛媛県における地域史研究のあゆみ)(井上淳)「伊予史談」 伊予史談会　(371) 2013.11

近代(創立100周年記念特集号(4)―愛媛県における地域史研究のあゆみ)(柚山俊夫)「伊予史談」 伊予史談会　(371) 2013.11

愛媛県庁本館

ウォッチング ナウ(37) 県庁は「近代遺産」 松山市「愛媛県庁本館」(中村英利子)「文化愛媛」 愛媛県文化振興財団　(68) 2012.3

愛媛県立大洲中学校

愛媛県立大洲中学校の創立事情(澄田恭一)「温古」 大洲史談会 23 2001.3

桜三里街道

桜三里街道を行く(松山―東温―西条・丹原―小松)(千場廣義)「西條史談」 西條史談会　(89) 2013.9

大浦

ふるさと散歩追録 大浦(長野邦計)「風早」 風早歴史文化研究会　(64) 2010.12

大陰城

大陰城ゆかりの地 まとめ(井内功)「長浜史談」 長浜史談会　(30) 2006.3

大佐田

むら・まちを歩く(25) 空と海と石垣と―伊方町名取から大佐田まで(みもとけいこ)「文化愛媛」 愛媛県文化振興財団　(64) 2010.3

大島浦

西条藩「大島浦」小庄屋 万感賦(十亀忠義)「新居浜史談」 新居浜郷土史談会 337 2003.9

大洲

大洲地方の古代史研究(五藤孝人)「温古」 大洲史談会 22 2000.3

大洲の中世点描(三好正文)「温古」 大洲史談会 24 2002.3

大洲の鍔絵について(福岡真一)「温古」 大洲史談会　(25) 2003.3

新しい大洲史の枠組(三好正文)「温古」 大洲史談会　(25) 2003.3

大洲探訪―肱川の流域に探る女人哀史(菊池佐紀)「文化愛媛」 愛媛県文化振興財団 52 2004.3

松山捕虜収容所と大洲のかかわり(松尾忠博)「温古」 大洲史談会　(27) 2005.3

「大洲の医学史」抄(村上光)「温古」 大洲史談会　(27) 2005.3

伊能測量と大洲(安永純子)「温古」 大洲史談会　(28) 2006.3

古代大洲と出雲国 新たな視点からのアプローチ(五藤孝人)「温古」 大洲史談会　(28) 2006.3

大洲河畔にて(〈特集 ふるさとへの恋文〉)(村上護)「文化愛媛」 愛媛県文化振興財団　(56) 2006.3

桑名藩にまつわる大洲方面の史跡を訪ねて(有岡イミ子)「刈羽村文化」 刈羽村郷土研究会　(85) 2006.12

大洲神伝流(神伝主馬流)の変遷(井出隣之)「温古」 大洲史談会　(29) 2007.3

大洲・喜多地域の「大正デモクラシー」(澄田恭一)「温古」 大洲史談会　(30) 2008.3

大洲神伝流(神伝主馬流)の変遷 続篇(井出隣之)「温古」 大洲史談会　(30) 2008.3

むら・まちを歩く(24) 大洲・ひとめぐり(赤松宜子)「文化愛媛」 愛媛県文化振興財団　(63) 2009.10

四国　　　　　　　　　　　　　地名でたどる郷土の歴史　　　　　　　　　　　　　　愛媛県

鳥居龍蔵大洲調査について（その他）（岡山真知子）「西四国」　西四国郷
　土研究会　（10）2010.4
大洲地域の郵便局開設・業務開始等の沿革について（山崎善啓）「長浜史
　談」　長浜史談会　（36）2012.3
茶の湯玉手箱（40）四国・大洲の臥龍山荘（谷晃）「和風」　上田流和風堂
　（118）2012.9
坂本龍馬と大洲（今井要）「温古」　大洲史談会　（35）2013.3
「伊豫史談会」創立と大洲の人々（創立100周年記念特集号（3）―記念随
　想）（澄田恭一）「伊予史談」　伊予史談会　（370）2013.7
寄稿 大洲地方の河野族（今井一行）「風早」　風早歴史文化研究会　（70）
　2013.12
大洲・下井家―四〇〇年の思い出（下井洋一）「温古」　大洲史談会
　（36）2014.3
伊予史談会創立百年と「大洲研究」（澄田恭一）「温古」　大洲史談会
　（36）2014.3

大洲街道

大洲街道を歩く 伊予・松前築の史跡を訪ねて（えひめ文化財散歩（1））
　（日下部正盛）「ゆづき.特別号 ： えひめ文化財散歩」　文化財フォーラ
　ム愛媛　1　2004.6
明治13年の大洲街道について（柚山俊夫）「松前史談」　松前町松前史談
　会　（22）2006.3

大洲市

明治時代前期の大洲市域（柚山俊夫）「温古」　大洲史談会　（25）2003.3
西予市、大洲市方面見学記（黒川雅子）「小松史談」　小松史談会 53（1）
　通号132　2006.1
学芸員調査ノート 滝山藩主・久保家の旗／納め札を入れた俵／須恵器 脚
　付三連鉢／道後温泉鳥瞰図「歴博だより」　愛媛県歴史文化博物館　通
　号44　2006.1
愛媛県大洲市・西条市史跡めぐり（大塚善子）「土佐山田史談」　土佐山田
　史談会　（31）2007.3
『大地震荒増記』嘉永七年（上杉潤）「温古」　大洲史談会　（34）2012.3

大洲城

明治初期大洲城下町における旧武家屋敷地の変遷（上）、（下）（白石尚
　寛）「伊予史談」　伊予史談会　（322）/（323）2001.7/2001.10
「大洲城の天守閣復元」工事を見学して（濱本貞雄）「伊予市の歴史文化」
　伊予市歴史文化の会　48　2003.1
大洲城天守閣復元成る―甦った複合連結式天守／甲府城整備事業から―
　稲荷櫓・稲荷門・土塀などが復元/実在したことを物語る天守の出土
　した金箔瓦「城郭だより ： 日本城郭史学会会報」［日本城郭史学
　会］　48　2005.1
大洲城（上）（えひめ文化財散歩（2））（村上恒夫）「ゆづき.特別号 ： え
　ひめ文化財散歩」　文化財フォーラム愛媛　2　2005.1
大洲城復元によせて（矢野之一）「温古」　大洲史談会　（27）2005.3
大洲城（下）（村上恒夫）「ゆづき.特別号 ： えひめ文化財散歩」　文化財
　フォーラム愛媛　3　2006.1
日本の名城 古絵図通りに復元された大洲城天守「郷土史紀行」　ヒュー
　マン・レクチャー・クラブ　（40）2006.9
大洲市立博物館保管「大洲城下町割図」（由井家絵図）の作成年代の考察
　について（白石尚寛）「伊予史談」　伊予史談会　（362）2011.7

大洲藩

大洲藩の農耕法（門田恭一郎）「伊予史談」　伊予史談会　（332）2004.1
大洲藩・新谷藩参勤交代の概要（中野覺夫）「温古」　大洲史談会　（26）
　2004.3
大洲藩「いろは丸」異聞―『大洲藩史料』からの考察（澄田恭一）「温古」
　大洲史談会　（26）2004.3
旧大洲藩領と竹林（川崎清規）「ふるさと久万」　久万郷土会　（49）
　2010.2
日本近世における産物記録と土産・名物・時献上―伊予大洲藩の伊予簾
　と鮎（東昇）「洛北史学」　洛北史学会　（12）2010.6
伊予大洲藩と鷹狩（神ское興重）「温古」　大洲史談会　（36）2012.3
大洲藩研究と「大洲藩記録」（創立100周年記念特集号（3）―記念随想）
　（東昇）「伊予史談」　伊予史談会　（370）2013.7
勤王藩、大洲・新谷両藩の事績（山崎善啓）「長濱史談」　長浜史談会
　（38）2014.3

大瀬鉱山

大瀬鉱山（熊之滝）と公害（小野植元幸）「郷土うちこ」　内子町郷土研究
　会　（30）2012.3

大谷池

巻頭言 武智惣五郎と大谷池（坪内寛）「伊予市の歴史文化」　伊予市歴史
　文化の会　（64）2011.3

大頭

大頭の屋号調べ（高橋孝一，野村東生）「小松史談」　小松史談会 54（1）

通号133　2007.1

大西

記念講演会・総会 まちづくりに活かそう大西の歴史文化遺産（大成経
　凡）「怒麻」　大西町史談会事務局　（30）2008.7
大西小学校みのり学習 史跡巡りとグループと歩く（編集部）「怒麻」　大
　西町史談会事務局　（31）2009.7
大西古文書会の解読を読む（村上勝正）「怒麻」　大西町史談会事務局
　（32）2010.6
近代化遺産調査報告（大西編）（伊予史談会と合同例会）（大成経凡）「怒
　麻」　大西町史談会事務局　（33）2011.6
大西古文書の解読状況（2）（村上勝正）「怒麻」　大西町史談会事務局
　（33）2011.6

大西町

大西町の小字名について（安野八千美）「怒麻」　大西町史談会事務局
　（26）2004.4
大西町に残っている屋号（安野八千美）「怒麻」　大西町史談会事務局
　（27）2005.5
「大王のひつぎ実験航海」大西町へ寄港（編集部）「怒麻」　大西町史談会
　事務局　（28）2006.5
国勢調査でみる大西町のすがた（山崎静香）「怒麻」　大西町史談会事務局
　（28）2006.5
大西町の溜め池について（御手洗稔）「怒麻」　大西町史談会事務局
　（31）2009.7
大西町の最後の庄屋など（子孫の話をからめて）（新屋田利忠）「怒麻」
　大西町史談会事務局　（32）2010.6
日清・日露戦争と大西町（1），（2）（御手洗稔）「怒麻」　大西町史談会事務
　局　（33）/（34）2011.6/2012.06
大西町探訪（新町・紺原）（編集部）「怒麻」　大西町史談会事務局　（35）
　2013.6
大西町史談会の今後の抱負（新会長）「怒麻」　大西町史談会事務局
　（35）2013.6

大平

唐川・大平方面歴史探訪（岡本武久）「伊予市の歴史文化」　伊予市歴史文
　化の会　48　2003.1

大保木

ふる里こみち「銀納事件の大保木を訪ねて」（近藤清雄）「西條史談」　西
　條史談会　（92）2014.9

大保木村

旧愛媛県新居郡大保木村（現在西条市）の寺子屋と学校教育について（石
　鎚山の麓の寒村）（白石史朗）「西條史談」　西條史談会 59　2003.9
旧新居郡大保木村の歴史と年表（竹島忠臣）「西條史談」　西條史談会
　65　2005.9
現地調査に基づく旧大保木村の歴史（1）～（3）（白石史朗）「西條史談」
　西條史談会　（68）/（70）2006.9/2007.5

大町

郷土の地名由来（7）～（8）―大町校区編（安永省一）「西條史談」　西條史
　談会　（89）/（91）2013.9/2014.5

大三島

大三島見聞録（加地和夫）「新居浜史談」　新居浜郷土史談会 355
　2005.3

大溝

ふるさと歴史散歩 大溝（田中義一）「松前史談」　松前町松前史談会 19
　2003.3

大宮橋

表紙 西条市西之川「大宮橋」（永島義勝［写真］，安永省一［文］）「西條史
　談」　西條史談会　（91）2014.5

大除城

登り石垣のある大除城（日和佐宣正）「戦乱の空間」　戦乱の空間編集会
　（12）2013.7

お囲い池

幻の水練場「お囲い池（御園池）」と松山神伝流盛衰記（二神將）「ゆづ
　き.特別号 ： えひめ文化財散歩」　文化財フォーラム愛媛　5　2010.1

岡崎公園

岡崎公園の記念碑（小野清恒）「新居浜史談」　新居浜郷土史談会　（372）
　2008.7

岡崎城

岡崎城周辺部における塚の調査について（真木孝）「新居浜史談」　新居浜
　郷土史談会 359　2005.7

岡田村

岡田村の区長会問題（「昌農内の20世紀」編集委員会）「松前史談」　松前

町松前史談会　20　2004.3

岡駄場

開かれた郷土 愛南町広見（岡駄場地区）（大峰敏男）「西南四国歴史文化論叢よど」 西南四国歴史文化研究会　(7)　2006.3

岡本城

「千人塚」清良記 岡本城の戦い（松浦郁郎）「西南四国歴史文化論叢よど」 西南四国歴史文化研究会　(5)　2004.3

小川

小川地区学習会（竹田覚）「風早」 風早歴史文化研究会　49　2003.5

大森寂裸の下張り（竹田覚）「風早」 風早歴史文化研究会　(56)　2006.11

「小川ふるさとカルタ」作成の経過（有田晋作）「風早」 風早歴史文化研究会　(62)　2009.12

奥久谷

むら・まちを歩く(27) 歴史と石の集落、奥久谷・窪野町（みもとけいこ）「文化愛媛」 愛媛県文化振興財団　(66)　2011.3

尾首城

長尾城（尾首城）とカツセ部落（花岡珍夫）「ふるさと久万」 久万郷土会　41　2001.7

大島

新居『大島の昔あれこれ』に出てくる婚姻について（近藤日出男）「宇摩史談」 宇摩史談会　87　2004.1

大島の水軍史跡等と伝承（抄）（矢野庄志）「今治史談」 今治史談会　(12)　2006.6

大島の歴史と信仰 "太陽神信仰"と「大島の伝説」（山本巌）「八幡浜史談」 八幡浜史談会　(37)　2009.1

織田ヶ浜

エッセイ 今治タオルと織田ヶ浜（長野ヒデ子）「文化愛媛」 愛媛県文化振興財団　(71)　2013.10

越智

越智・河野の遺跡めぐり（木村賢司）「風早」 風早歴史文化研究会　52　2004.12

越智駅

南海道駅路と前期伊予国府―周敷駅から越智駅への道（白石成二）「ソーシアル・リサーチ」 ソーシアル・リサーチ研究会　(37)　2012.3

越智郡衙

伊予国衙と越智郡衙の所在（白石成二）「今治史談」 今治史談会　(16)　2010.6

記念講演 伊予国衙と越智郡衙の所在（白石成二）「怒麻」 大西町史談会事務局　(34)　2012.6

越智国

講演風早国・越智国考察の新展開（合田洋一）「風早」 風早歴史文化研究会　(54)　2005.12

『越智国の実像』(2)―伊予の古代を彩る文化の中心地は西条・朝倉であった（合田洋一）「東予史談」　(15)　2012.6

越智嶋

越智嶋古文書再検討の取り組みとその意義―近世地域社会論の視点から（鴨頭俊宏）「伊予史談」 伊予史談会　(351)　2008.10

研究動向 越智嶋古文書の再検討はじまる―岩城・関前の史料調査から（堀井俊宏）「史学研究」 広島史学研究会　(273)　2011.10

乙成

昭和18年乙成（鵜の子）の山崩れ（山本功）「郷土うちこ」 内子町郷土研究会　(30)　2012.3

鬼が城山

鬼が城山系とその魅力（特集 愛媛の山に遊び、生きる）（西田六助）「文化愛媛」 愛媛県文化振興財団　(72)　2014.3

小野

むら・まちを歩く(20) 小野の里・探訪（赤松宜子）「文化愛媛」 愛媛県文化振興財団　(59)　2007.10

小部

波方村小部・宮崎・馬刀渇探訪（編集部）「怒麻」 大西町史談会事務局　(26)　2004.4

面河渓

学芸員調査ノート 編帳/「天下絶景 面河渓案内図」「歴博だより」 愛媛県歴史文化博物館　通号56　2008.12

開明学校

口絵写真説明 伊予 開明学校校舎（中西亨）「史迹と美術」 史迹美術同攷会　74(10)通号750　2004.12

文化財 開明学校と申義堂（愛媛県西予市）「郷土史紀行」 ヒューマン・レクチャー・クラブ　(44)　2007.8

開明学校と旧開智学校（高橋重美［編］）「西條史談」 西條史談会　(91)　2014.5

角野

新居浜の書誌―角野地区（難波江昇）「新居浜史談」 新居浜郷土史談会　356　2005.4

河後森城

河後森城の築城についての考察（佐竹明）「西南四国歴史文化論叢よど」 西南四国歴史文化研究会　(9)　2008.4

先人の文化遺産―考古学探訪(21) 国史跡・河後森城跡（松野町）（梅木謙一）「文化愛媛」 愛媛県文化振興財団　(71)　2013.10

風早

風早歴史文化研究会25年の歩み（編集委員会）「風早」 風早歴史文化研究会　50　2003.12

風早の歴史風土を大切に（竹田覚）「風早」 風早歴史文化研究会　(54)　2005.12

江山焼と為山の風早吟社（高橋俊夫）「風早」 風早歴史文化研究会　(55)　2006.5

風早の俳人たち(1)～(6)（山本孟）「風早」 風早歴史文化研究会　(57)/(63)　2007.5/2010.5

風早ものがたり（〈特集 古里のとっておき〉）（菊池佐紀）「文化愛媛」 愛媛県文化振興財団　(61)　2008.10

会員の講話 風早の松ものがたり（竹田覚）「風早」 風早歴史文化研究会　(64)　2010.12

講演「5・6世紀の風早」（名本二六雄）「風早」 風早歴史文化研究会　(66)　2011.12

風早郡

歴史紀行(39) 風早郡から湯築城へ―遺跡に観る河野氏の松山平野進出（眞鍋昭文）「文化愛媛」 愛媛県文化振興財団　(71)　2013.10

風早国

講演風早国・越智国考察の新展開（合田洋一）「風早」 風早歴史文化研究会　(54)　2005.12

鹿島

鹿島の鹿（竹田覚）「風早」 風早歴史文化研究会　49　2003.5

木と人間(30) 鹿島の照葉樹林とシカ（松井宏光）「文化愛媛」 愛媛県文化振興財団　(69)　2012.10

カツセ

長尾城（尾首城）とカツセ部落（花岡珍夫）「ふるさと久万」 久万郷土会　41　2001.7

鹿峰

鹿峰（ふるさと散歩(15) 小川谷・平林）（竹田覚）「風早」 風早歴史文化研究会　(54)　2005.12

鎌田館

鎌田館の由来について（岡野勝敏）「長浜史談」 長浜史談会　(29)　2005.3

釜之口

新居郡大町村用水加茂川釜之口の石ふみについて（小野錦也）「西條史談」 西條史談会　(85)　2012.5

新居郡大町村用水加茂川釜之口の石ふみ（愛媛県）（報告―報告 禹王遺跡レポート）（木谷幹一）「治水神・禹王研究会誌」 治水神・禹王研究会　(1)　2014.4

釜ノ倉城

釜ノ倉城（仮称）跡について「八幡浜史談」 八幡浜史談会　(38)　2010.1

上浮穴郡

上浮穴郡一集落の匡救農業土木事業―昭和初期の大不況（和田正）「ふるさと久万」 久万郷土会　(44)　2004.7

上久保

ふるさと散歩(10) 常竹/上久保（山崎三郎）「風早」 風早歴史文化研究会　49　2003.5

上灘

上灘地区に残る歌とその歴史（寄稿）（松田米博）「伊予市の歴史文化」 伊予市歴史文化の会　(65)　2011.8

上芳我

上芳我の生活（前）～（後）（芳我明彦）「郷土うちこ」 内子町郷土研究会　(30)/(31)　2012.3/2013.3

神山県

神山県の駅逓文書を繙く（山崎善啓）「郵便史研究 : 郵便史研究会紀要」 郵便史研究会　(16)　2003.9

亀岡

亀岡地区探訪（編集部）「怒麻」 大西町史談会事務局　(29)　2007.7

四国　　　　　　　　　　　　　　　　地名でたどる郷土の歴史　　　　　　　　　　　　　　　　愛媛県

加茂川橋
研究ノート 愛媛県西条市「加茂川橋」の変遷について（村上昭彦）「利根川文化研究」　利根川文化研究会　通号34　2011.1

加茂川鉄橋
表紙 加茂川鉄橋を渡るC58型蒸気機関車（西条市観光振興課，篠原文雄，越智登志正）「西條史談」　西條史談会　（78）　2010.1

加屋
白滝（滝川村）加屋の引札—白滝児玉俊二氏収蔵品から（岡野勝敏）「長浜史談」　長浜史談会　（28）　2004.3

唐川
唐川・大平方面歴史探訪（岡本武久）「伊予市の歴史文化」　伊予市歴史文化の会　48　2003.1

唐子（国分）山城
唐子（国分）山城跡（眞鍋達夫）「東予史談」　（15）　2012.6

狩浜
愛媛県西予市明浜町狩浜の中世石造物（宇都宮建治）「西南四国歴史文化論叢よど」　西南四国歴史文化研究会　（6）　2005.3

刈屋
刈屋畑の戦（塩谷佳花）「ゆづき.特別号 ： えひめ文化財散歩」　文化財フォーラム愛媛　3　2006.1

花林城
花林城（米岡幸市）「長浜史談」　長浜史談会　（30）　2006.3

川内町
伊予国道後平野東部の中世城館—旧川内町の城館を中心に（日和佐宣正）「東温史談」　東温史談会　（2）　2007.1

川西
新居浜市における中世石造物について（川西編）（真木孝）「新居浜史談」　新居浜郷土史談会　356　2005.4

川之石
むら・まちを歩く（12）「川之石」そぞろ歩き（赤松宜子）「文化愛媛」　愛媛県文化振興財団　51　2003.10
四国・産業革命の胎動—川之石の産業遺産群（岡崎直司）「文化愛媛」　愛媛県文化振興財団　（70）　2013.3

川之内
八幡浜市川之内・上申庄屋家について（清水真一）「西南四国歴史文化論叢よど」　西南四国歴史文化研究会　（13）　2012.4

川之江
川之江地方の今昔物語（石川壽満）「宇摩史談」　宇摩史談会　88　2004.8
東予地方の数学（川之江編）（渡辺雅道）「宇摩史談」　宇摩史談会　（101）　2013.3
四国中央市—川之江・新宮方面を訪ねて（ふるさと歴史散歩（町外編））（三好祐子）「松前史談」　松前町松前史談会　（29）　2013.3

川之江藩
川之江藩札史（1）（井上英文）「宇摩史談」　宇摩史談会　（102）　2014.2

川之江本陣
土佐藩主の参勤交代、北山道と川之江本陣（井上英文）「宇摩史談」　宇摩史談会　（89）　2005.1

川東
新居浜市における中世石造物について（川東編）（真木孝）「新居浜史談」　新居浜郷土史談会　357　2005.5

河原庄
伊予河原庄と永嘉門院（松木達雄）「伊予史談」　伊予史談会　（332）　2004.1

河原津
河原津の「オトウ文化」（松木傳樹）「東予史談」　（16）　2013.5

神拝
郷土の地名由来（1）神拝校区編「喜多川」は「北川」と云う川名にあり（安永省一）「西條史談」　西條史談会　（82）　2011.5
郷土の地名由来（2）〜（3）続・神拝校区編（安永省一）「西條史談」　西條史談会　（83）/（84）　2011.9/2012.1

神戸
郷土の地名の由来（9）神戸校区編（安永省一）「西條史談」　西條史談会　（92）　2014.9

神戸小学校
明治の神戸小学校（髙橋重美）「西條史談」　西條史談会　（92）　2014.9

喜木津
吉田藩喜木津・広庭騒動と星名家（清水真一）「西南四国歴史文化論叢よど」　西南四国歴史文化研究会　（11）　2010.4

菊間
胸うついぶし銀—菊間瓦（原正憲）「文化愛媛」　愛媛県文化振興財団　51　2003.10
菊間地区探訪（編集部）「怒麻」　大西町史談会事務局　（30）　2008.7
菊間瓦のルーツを訪ねて（特集 えひめの住文化）（大成経凡）「文化愛媛」　愛媛県文化振興財団　（68）　2012.3

喜多
大洲・喜多地域の「大正デモクラシー」（澄田恭一）「温古」　大洲史談会　（30）　2008.3

北伊予
第21回「松前っ子道中」伝承が残っている北伊予を行く（編集部）「松前史談」　松前町松前史談会　（25）　2009.3

北宇和郡
明治維新期における酒造場の動態 宇和島市を中心とした北宇和郡域の事例から（桝田佳明）「西南四国歴史文化論叢よど」　西南四国歴史文化研究会　（9）　2008.4

喜多郡
喜多郡の成立と矢野郷の所在について（源田恒雄）「郷土うちこ」　内子町郷土研究会　24　2001.5
天正前期の喜多郡騒乱の地域的展開—天正7年前後の騒乱と予土和睦をめぐって（山内治則）「四国中世史研究」　四国中世史研究会　（10）　2009.8
天正期伊予国喜多郡における戦乱について—曽根宣高の動きを中心に（桑名洋一）「伊予史談」　伊予史談会　（355）　2009.10

吉向城
論究 吉向城（松田米博）「伊予市の歴史文化」　伊予市歴史文化の会　（64）　2011.3

鬼北
あわい光と闇が紡ぐ世界—鬼北（堀内統義）「文化愛媛」　愛媛県文化振興財団　52　2004.3

行道山
雨乞いの山であった行道山（坪内寛）「伊予市の歴史文化」　伊予市歴史文化の会　（52）　2005.3

金子村
旧金子村の水利と、それに纏る話（千葉富雅）「新居浜史談」　新居浜郷土史談会　（392）　2014.10

近井駅
近井駅について（鎌倉次朗）「宇摩史談」　宇摩史談会　（99）　2011.4

篦原郷
古代伊予国の俘囚と温泉郡篦原郷（寺内浩）「伊予史談」　伊予史談会　（362）　2011.7

久谷
松山市久谷における近世の石工七郎兵衛の石造物（中〜近世）（十亀幸雄）「西四国」　西四国郷土研究会　（9）　2009.12

窪野町
むら・まちを歩く（27）歴史と石の集落、奥久谷・窪野町（みもとけいこ）「文化愛媛」　愛媛県文化振興財団　（66）　2011.3

久万
久万・美川方面の史跡探訪記（長野邦計）「風早」　風早歴史文化研究会　51　2004.5
第二のふるさと久万（西山一一）「ふるさと久万」　久万郷土会　（47）　2007.12
老翁愚考—ふるさとが消える（高岡猛）「ふるさと久万」　久万郷土会　（49）　2010.2
この町のお宝発見（鷲野陽子）「ふるさと久万」　久万郷土会　（50）　2011.3
久万の山林に生かされる（岡信一）「ふるさと久万」　久万郷土会　（50）　2011.3
古里と今里（古園隆）「ふるさと久万」　久万郷土会　（50）　2011.3
この町を伝えるということ（鐘ヶ江洋子）「ふるさと久万」　久万郷土会　（50）　2011.3
ふるさとに思う（日野和也）「ふるさと久万」　久万郷土会　（50）　2011.3
六十年後の古里へ（大森定謨）「ふるさと久万」　久万郷土会　（50）　2011.3
山峡の里（西口武志）「ふるさと久万」　久万郷土会　（50）　2011.3
ふるさと久万を生き抜く（窪田一生）「ふるさと久万」　久万郷土会　（50）　2012.3

久万郷
久万郷・久万山は仁淀川上流地帯の総称（和田正）「ふるさと久万」　久万郷土会　（43）　2003.9

愛媛県　　　　　　　　　　地名でたどる郷土の歴史　　　　　　　　　　四国

随想 久万郷の茶に思う―小説「おんな道」を読む(亀井英男)「ふるさと久万」 久万郷土会 (47) 2007.12

ふるさと久万を映像で遺すために(平岡新太郎)「ふるさと久万」 久万郷土会 (49) 2010.2

久万高原

久万高原モダニズム―小椋寛一郎の営為から(神内有理)「ふるさと久万」 久万郷土会 (49) 2010.2

久万高原町

新しい久万高原町誌についての一試案(森岡敏)「ふるさと久万」 久万郷土会 (49) 2010.2

久万高原町の音風景(石丸史昭)「ふるさと久万」 久万郷土会 (50) 2011.3

私と久万高原町のまちづくり(渡辺浩二)「ふるさと久万」 久万郷土会 (50) 2011.3

久万高原町役場 企画観光課施策(企画観光課)「ふるさと久万」 久万郷土会 (50) 2011.3

久万山

久万山風土記―昭和初期(永嶋清繁)「ふるさと久万」 久万郷土会 (43) 2003.9

久万郷・久万山は仁淀川上流地帯の総称(和田正)「ふるさと久万」 久万郷土会 (43) 2003.9

伊予国浮穴郡久万山の佐伯氏・鶴原氏(さとうたくみ)「豊後佐伯一族」 豊後佐伯氏中世研究会 (7) 2004.3

久万物語(古代編)―悠久なる高原文化の夢再び(久保国和)「ふるさと久万」 久万郷土会 (44) 2004.7

浮穴郡久万山及び久米郡一揆(西口武志)「ふるさと久万」 久万郷土会 (45) 2006.1

久万山のお茶の話(西口武志)「ふるさと久万」 久万郷土会 (46) 2006.12

郷久万山の活性化(石丸常)「ふるさと久万」 久万郷土会 (49) 2010.2

久万山の古道(久万高原町文化財保護委員会)「ふるさと久万」久万郷土会 (49) 2010.2

久万山の手漉き和紙(西口武志)「ふるさと久万」 久万郷土会 (49) 2010.2

久万山の駄賃持ち(西口武志)「ふるさと久万」 久万郷土会 (52) 2013.3

久万中学校

統合の久万中学校を起工(佐川ミサヲ)「ふるさと久万」 久万郷土会 (48) 2008.11

久万町

久万町の絵葉書今昔物語(大野義明)「ふるさと久万」 久万郷土会 42 2002.9

21世紀に向かって 久万町40周年記念論文(大森定謨)「ふるさと久万」 久万郷土会 (46) 2006.12

昔の久万町内の大売り出し宣伝(引札写真)(佐川ミサヲ)「ふるさと久万」 久万郷土会 (47) 2007.12

久万盆地

大除城址より久万盆地を望む(写真)(大森定謨)「ふるさと久万」 久万郷土会 (47) 2007.12

久米郡

松山藩久米郡の村落構造(門田恭一郎)「伊予史談」 伊予史談会 (325) 2002.4

浮穴郡久万山及び久米郡一揆(西口武志)「ふるさと久万」 久万郷土会 (45) 2006.1

鎌倉時代末期の久米郡東南部及び浮穴郡 北条氏及び土岐氏の地頭職の領地を巡る(竹内眞人)「東温史談」 東温史談会 (9) 2014.3

久米寺

天山と久米寺伝承考―『伊予國風土記』逸文より(吉本拡)「新居浜史談」 新居浜郷土史談会 (387) 2012.4

鞍掛山

鞍掛山・稲荷(高森)山探訪記―見張り場と狼煙窯跡か「八幡浜史談」 八幡浜史談会 (39) 2011.3

来島

来島・小島歴史探訪(編集部)「怒麻」 大西町史談会事務局 (25) 2003.4

来島と来島村上氏について(近藤福太郎)「怒麻」 大西町史談会事務局 (27) 2005.5

総会・記念講演 来嶋氏と海の道 清水正史先生「怒麻」 大西町史談会事務局 (29) 2007.7

講演 来島から珍島へ(〈特集 第18回河野氏関係交流会〉)(村瀬牧男)「風早」 風早歴史文化研究会 (61) 2009.5

来島から珍島へ(村瀬牧男)「怒麻」 大西町史談会事務局 (31) 2009.7

黒河松之碑

「黒河松之碑」を巡って(黒川氏、大野氏、戒能氏についての一考察)(竹内眞人)「東温史談」 東温史談会 (8) 2013.1

黒田

黒田の製糖所遺構(射水勝義)「松前史談」 松前町松前史談会 (29) 2013.3

黒森峠

黒森峠(高須賀和恵)「東温史談」 東温史談会 (6) 2010.11

郡中

伊予市 郡中八景(日下部正盛)「ゆづき.特別号 ： えひめ文化財散歩」 文化財フォーラム愛媛 3 2006.1

郡中創建250年の碑(日下部正盛)「伊予市の歴史文化」 伊予市歴史文化の会 (57) 2007.8

「郡中まちぐるみ博物館」を巡って(曽根弘輝)「伊予市の歴史文化」 伊予市歴史文化の会 (57) 2007.8

郡中港

郡中港を開いた上灘の人々(2) 須之内四郎左衛門(松田米博)「伊予市の歴史文化」 伊予市歴史文化の会 (59) 2008.8

郡中港の定期航海船の沿革(山崎善啓)「伊予市の歴史文化」 伊予市歴史文化の会 (63) 2010.8

郡中町

郡中町を開いた上灘の人々(1)(松田米博)「伊予市の歴史文化」 伊予市歴史文化の会 (58) 2008.3

郡中郵便局

郡中郵便局の明治期史料(山崎善啓)「郵便史研究 ： 郵便史研究会紀要」 郵便史研究会 (27) 2009.3

郡中郵便局の明治期業務開始の沿革について(寄稿)(山崎善啓)「伊予市の歴史文化」 伊予市歴史文化の会 (65) 2011.8

肱岡

大洲女性史を歩こう(肱岡地域を中心に)(澄田恭一)「温古」 大洲史談会 (32) 2010.3

河野

越智・河野の遺跡めぐり(木村賢司)「風早」 風早歴史文化研究会 52 2004.12

北条市の記念碑(4)河野・粟井地区、追加(池内功)「風早」 風早歴史文化研究会 (53) 2005.5

高野川

高野川の長尾喜重郎日誌について(寄稿)(作道茂)「伊予市の歴史文化」 伊予市歴史文化の会 (65) 2011.8

郷町

文化五年の郷町引き離し資料(文化講演)(柚山俊夫)「伊予市の歴史文化」 伊予市歴史文化の会 (56) 2007.3

興隆寺展望台

むら・まちを歩く(13) 原始の森を歩く 丹原町古田地区から興隆寺展望台まで(みもとけいこ)「文化愛媛」 愛媛県文化振興団 52 2004.3

国道56号

国道56号の歩み(内山芳徳)「郷土うちこ」 内子町郷土研究会 (30) 2012.3

国分

むら・まちを歩く(30) 古事記編纂の時代の伊予国を訪ねて―今治市国分を歩く(みもとけいこ)「文化愛媛」 愛媛県文化振興財団 (69) 2012.10

国府城

国府城時代の福島正則について(近藤福太郎)「怒麻」 大西町史談会事務局 (25) 2003.4

国分山城

国分山城から今治城へ―伊予府中地域における近世以降期城郭の変遷(宮尾克彦)「今治史談」 今治史談会 10 2004.6

石応

宇和島市石応(こくぼう)の中世石造物(中世 南予地方中世石造物の研究)(宇都宮建治)「西四国」 西四国郷土研究会 (8) 2008.11

国領川

足(芦)谷川と国領川の呼称について(上),(下)(芥川三平)「新居浜史談」 新居浜郷土史談会 (363) / (364) 2006.4/2006.7

興居島

むら・まちを歩く(21) 初冬の興居島紀行(みもとけいこ)「文化愛媛」 愛媛県文化振興財団 (60) 2008.3

興居島における伝承調査―和気姫伝説と船踊りを中心に(研究論文)(肥

田伊織，松本茜，三上みちる）「尾道市立大学日本文学論叢」 尾道市立大学日本文学会 （9）2013.12

小島

来島・小島歴史探訪（編集部）「怒麻」 大西町史談会事務局 （25） 2003.4

芸予砲台の島 小島（近藤勲）「東予史談」 （8）2003.6

小島砲台

芸予要塞・小島砲台の今昔（御手洗稔）「怒麻」 大西町史談会事務局 （35）2013.6

古田

むら・まちを歩く（13）原始の森を歩く 丹原町古田地区から興隆寺展望台まで（みもとけいこ）「文化愛媛」 愛媛県文化振興財団 52 2004.3

小松

瓦の歴史と小松（玉井公一）「小松史談」 小松史談会 54（1）通号133 2007.1

小藩陣屋町「伊予小松」について（米田藤博）「パイオニア」 関西地理学研究会 （81）2007.7

ふるさと探訪（第2回史跡めぐり）（事務局）「小松史談」 小松史談会 55（1）通号134 2008.1

小松の文化財紹介（友澤明）「小松史談」 小松史談会 55（1）通号134 2008.1

ロマンの花・小松の椿（黒川雅子）「小松史談」 小松史談会 56（1）通号135 2009.1

第2回 ふる里探訪・石碑めぐり（編集部）「小松史談」 小松史談会 56（1）通号135 2009.1

小松史談会60年の歩み（小松史談会創立60周年記念号）（編集部）「小松史談」 小松史談会 57（1）通号136 2010.1

小松史談会60周年記念事業報告「街並みマップ作り」等（小松史談会創立60周年記念号）（編集部）「小松史談」 小松史談会 57（1）通号136 2010.1

小松道物語「第一話」（伊藤敏昭）「小松史談」 小松史談会 57（1）通号136 2010.1

史談会 第1回史跡巡り報告（志賀孝弘）「小松史談」 小松史談会 58（1）通号137 2011.1

小松道物語「第2話」地蔵祭と蔵出道（伊藤敏昭）「小松史談」 小松史談会 58（1）通号137 2011.1

小松周辺の源平合戦（竹内眞人）「小松史談」 小松史談会 58（1）通号137 2011.1

小松道物語「第3話」（伊藤敏昭）「小松史談」 小松史談会 59（1）通号138 2012.1

わが町の古文書紹介（5）「頼紹様の初入国を祝す篤山翁の手紙」（石丸敏信）「小松史談」 小松史談会 59（1）通号138 2012.1

小松の年中行事（黒河一誠）「小松史談」 小松史談会 （139）2013.1

桜三里街道を行く（松山―東温―西条・丹原―小松）（千場廣義）「西條史談」 西條史談会 （89）2013.9

小松の年中行事（黒河一誠）「小松史談」 小松史談会 （140）2014.1

小松駅

小松駅誘致に思う（田野岡康之）「小松史談」 小松史談会 50（1）通号129 2003.1

小松実用女学校

小松実用女学校の一生徒の思い出の記（高木民子）「小松史談」 小松史談会 59（1）通号138 2012.1

小松町

小松町方面探訪について（藤谷忠義）「伊予市の歴史文化」 伊予市歴史文化の会 （51）2004.8

小松町の史跡を訪ねて（大本国光）「伊予市の歴史文化」 伊予市歴史文化の会 （51）2004.8

小松町の大火と消防活動（田野岡康之）「小松史談」 小松史談会 52（1）通号131 2005.1

小松町の文化財 新規指定のご案内（友澤明）「小松史談」 小松史談会 54（1）通号133 2007.1

むら・まちを歩く（34）小松町 学問と椿を愛した小藩の名残（中奥英子）「文化愛媛」 愛媛県文化振興財団 （73）2014.10

小松藩

小松藩の文化―五節句並びに年中行事（武田象子）「小松史談」 小松史談会 50（1）通号129 2003.1

小松藩八代頼紹公の勤王（武田象子）「小松史談」 小松史談会 52（1）通号131 2005.1

小松藩と今治藩（友澤明）「今治史談」 今治史談会 （18）2012.6

「小松藩・会所日記」より「時の太鼓・誤打一件」（石丸敏信）「東予史談」 （16）2013.5

小松郵便局

愛媛県小松郵便局の明治期史料（山崎善啓）「小松史談」 小松史談会 57（1）通号136 2010.1

米之野

ふるさと散歩（12）米之野（竹田覚）「風早」 風早歴史文化研究会 51 2004.5

蒋淵

愛媛県宇和島市蒋淵・高助地区の中世石造物（宇都宮建治）「西南四国歴史文化論叢よど」 西南四国歴史文化研究会 （4）2003.3

西城

伊方町大久の西城跡を確認「八幡浜史談」 八幡浜史談会 （37）2009.1

西条

伊予国 西条弁（1），（2）（吉本勝）「西條史談」 西條史談会 57/60 2003.1/2004.1

西条古代文化の里・伊曾乃台地（えひめ文化財散歩（1））（三木秋男）「ゆづき.特別号 ： えひめ文化財散歩」 文化財フォーラム愛媛 1 2004.6

西条の手漉き和紙の歴史と文化（加藤正典）「西條史談」 西條史談会 64 2005.5

「うた」でつづる史談（1）戦国編（益田寛）「西條史談」 西條史談会 （68）2006.9

西条の手漉き和紙の歴史と文化（第64号補録）（加藤正典）「西條史談」 西條史談会 （69）2007.1

「うた」でつづる史談（2）江戸編（益田寛）「西條史談」 西條史談会 （69）2007.1

「うた」でつづる史談（3）幕末・維新編（益田寛）「西條史談」 西條史談会 （70）2007.5

紀州路に西條松平家ゆかりの地を訪ねる（北川義則）「西條史談」 西條史談会 （72）2008.1

「うた」でつづる史談（3）幕末・維新編（2）（益田寛）「西條史談」 西條史談会 （72）2008.1

「うた」でつづる史談（3）江戸編（2）（益田寛）「西條史談」 西條史談会 （73）2008.5

講師（合田洋一氏）招聘による郷土史講演会 伊予の古代史を彩る文化の中心地は西条・朝倉であった―「温湯碑」建立の地と「にぎたつ」―に参加して（編集部）「西條史談」 西條史談会 （79）2010.5

「うた」でつづる史談―幕末・維新編（2）（益田寛）「西條史談」 西條史談会 （80）2010.9

「うた」でつづる史談―明治・大正・昭和編（益田寛）「西條史談」 西條史談会 （81）2011.1

地名の由来調査を振り返って（尾崎繁美）「西條史談」 西條史談会 （82）2011.5

郷土の地名由来（4）～（6）西条校区編（安永省一）「西條史談」 西條史談会 （86）/（88）2012.9/2013.5

桜三里街道を行く（松山―東温―西条・丹原―小松）（千場廣義）「西條史談」 西條史談会 （89）2013.9

西条市

愛媛県大洲市・西条市史跡めぐり（大塚善子）「土佐山田史談」 土佐山田史談会 （31）2007.3

ふるさと探訪（西条市内方面）（編集者）「小松史談」 小松史談会 （139）2013.1

ふるさと探訪（西条市内方面）（編集者）「小松史談」 小松史談会 （140）2014.1

西条陣屋

西条陣屋大手門についての考察（三木秋男）「西條史談」 西條史談会 62 2004.9

西条大手門周辺の思い出（塩出計馬）「西條史談」 西條史談会 62 2004.9

表紙 旧西條藩陣屋「北御門」（永島義勝［写真］，安永省一［文］）「西條史談」 西條史談会 （88）2013.5

旧西條藩陣屋「北御門の修復と移転」（編集部）「西條史談」 西條史談会 （88）2013.5

表紙 大手門前を移動する「北御門」（吉本勝［写真］，安永省一［文］）「西條史談」 西條史談会 （89）2013.9

放浪の旅に終止符を打った旧西条藩陣屋「北御門」（吉本勝）「西條史談」 西條史談会 （89）2013.9

旧西條藩陣屋北御門 修復及び移設工事完成記念式典挙行さる（上野陽一）「西條史談」 西條史談会 （90）2014.1

西条藩

西条藩武術について（塩出峰生）「西條史談」 西條史談会 62 2004.9

幕末の江戸西条藩―ある武士の「自分史」を通して（三木秋男）「西條史談」 西條史談会 （66）2006.1

西条三万石騒動記(宇佐美功)「西條史談」 西條史談会 (79) 2010.5

西条藩と別子銅山との関わり(1)(加藤正典)「西條史談」 西條史談会 (84) 2012.1

第二次長州征伐と西条藩(1)(三木秋男[編])「西條史談」 西條史談会 (85) 2012.5

西条三万石騒動 詩・宵の原(今西博之)「西條史談」 西條史談会 (85) 2012.5

第二次長州征伐と西条藩(2) 紀州・西条藩の参戦(三木秋男[編])「西條史談」 西條史談会 (86) 2012.9

第二次長州征伐と西條藩(芸州口・大野村周辺の戦い)―「荒木満福寺文書」を基にして(3) 西條勢の手柄(三木秋男[編])「西條史談」 西條史談会 (87) 2013.1

伊予西條藩松平家の家格 第一部(濱本雄大)「西條史談」 西條史談会 (87) 2013.1

伊予国西条藩における林業・製紙業の展開―水に関わる2つの産業についての歴史的考察(近藤美紗子)「尾道市立大学経済情報学部卒業論文集」 尾道市立大学経済情報学部 2012年度 2013.3

西条藩と別子銅山との関わり(2)―西条藩と川之江代官所との軋轢について(加藤正典)「西條史談」 西條史談会 (88) 2013.5

『慊堂日暦』と西条藩(竹島忠臣[編])「西條史談」 西條史談会 (88) 2013.5

『慊堂日暦』と西条藩(1)～(4)(竹島忠臣[編])「西條史談」 西條史談会 (89)/(92) 2013.9/2014.09

西条藩と別子銅山との関わり(3)―別子銅山附属林から石鎚国定公園への軌跡(加藤正典)「西條史談」 西條史談会 (91) 2014.5

伊予西條松平藩の絆(抄)(高橋重美)「西條史談」 西條史談会 (92) 2014.9

坂石

むら・まちを歩く(11) トマソンとしての風景―野坂町坂石を歩く(みもとけいこ)「文化愛媛」 愛媛県文化振興財団 50 2003.3

佐川町

紅葉狩り「佐川町」(渡邊富子)「西條史談」 西條史談会 (76) 2009.5

鷺之森城

伊予国桑村郡鷺之森城について―地籍図・都市計画図から窺う立地と構造(日和佐宣正)「戦乱の空間」 戦乱の空間編纂会 (2) 2003.7

桜井

桜井地区歴史めぐり(有田昭男)「今治史談」 今治史談会 (20) 2014.7

笹倉湿原

笹倉湿原の現状と未来(矢野真志)「ふるさと久万」 久万郷土会 (50) 2011.3

佐島精錬所

八幡浜市佐島精錬所跡―佐田岬半島最後の銅精錬所を訪ねて(近代)(十亀幸雄)「西四国」 西四国郷土研究会 (10) 2010.4

佐田岬

明治期佐田岬半島の鉱業を興した人たち(近代)(十亀幸雄)「西四国」 西四国郷土研究会 (10) 2010.4

公開シンポジウム「石造物が語る中世の佐田岬」を聞いて(その他)(若狭洋一)「西四国」 西四国郷土研究会 (10) 2010.4

江戸時代佐田岬半島に展開された酒造家の販売戦略(桝田佳明)「西南四国歴史文化論叢よど」 西南四国歴史文化研究会 (14) 2013.4

佐多岬半島

佐多岬半島の「地方史活動」模索(大会特集I 地方史、その先へ―再構築への模索―問題提起)(高嶋賢二)「地方史研究」 地方史研究協議会 62(4)通号358 2012.8

特別展 佐多岬半島と西日本の裂織「歴博だより」 愛媛県歴史文化博物館 (71) 2012.9

学芸員調査ノート 佐多岬半島の裂織の仕事着/直柄広鍬未製品「歴博だより」 愛媛県歴史文化博物館 (71) 2012.9

佐田岬半島

佐田岬半島の裂織いまむかし(特集 えひめの衣文化)(今村賢司)「文化愛媛」 愛媛県文化振興財団 (66) 2011.3

鹿森

鹿森・大永山探訪について(1)～(4)(芥川三平)「新居浜史談」 新居浜郷土史談会 356/359 2005.4/2005.7

重信

重信史談会―20年の歩み(和田章)「重信史談」 重信史談会 20 2001.11

重信川

心に残る風景(〈特集 重信川ものがたり〉)(芥川善行)「文化愛媛」 愛媛県文化振興財団 (59) 2007.10

人名のついた川・重信川―伊予荒れ川の水探訪(〈特集 重信川ものがた

り〉)(渡部文也)「文化愛媛」 愛媛県文化振興財団 (59) 2007.10

重信川の泉とオキチモズク(〈特集 重信川ものがたり〉)(小林真吾)「文化愛媛」 愛媛県文化振興財団 (59) 2007.10

重信川・自然の景観と暮らし(〈特集 重信川ものがたり〉)(深石一夫)「文化愛媛」 愛媛県文化振興財団 (59) 2007.10

重信川マップ「文化愛媛」 愛媛県文化振興財団 (59) 2007.10

明治前期における重信川の渡し場について(柚山俊夫)「松前史談」 松前町松前史談会 (25) 2009.3

ふる里点描 重信川に渡し舟?(事務局)「東温史談」 東温史談会 (5) 2009.11

重信町

重信町の中世城館(日和佐宣正)「重信史談」 重信史談会 23 2004.9

四国中央市

四国中央市の生い立ち(信藤英敏)「宇摩史談」 宇摩史談会 (100) 2012.3

四国中央市の風景印とエコーはがき(相馬光夫)「宇摩史談」 宇摩史談会 (100) 2012.3

四国中央市―川之江・新宮方面を訪ねて(ふるさと歴史散歩(町外編))(三好祐子)「松前史談」 松前町松前史談会 (29) 2013.3

四阪島

別子銅山産業遺産の残存状況について―四阪島[1]～(5)(吉村久美子)「山村文化」 山村研究会 (28)/(32) 2002.11/2003.10

四阪島(〈特集 ふるさとへの恋文〉)(有元容子)「文化愛媛」 愛媛県文化振興財団 (56) 2006.3

四阪島(1)(藤田二郎)「新居浜史談」 新居浜郷土史談会 (374) 2009.1

四阪島(2) 操業時の煙害問題(藤田二郎)「新居浜史談」 新居浜郷土史談会 (375) 2009.4

四阪島(3) 煙害の発生から終結(藤田二郎)「新居浜史談」 新居浜郷土史談会 (377) 2009.10

四阪島煙害問題の再検討―健康被害に関する今治町の動きを中心に(永井紀之)「今治史談」 今治史談会 (19) 2013.7

四阪島煙害問題の再検討II―高橋秀臣の活動を中心に(永井紀之)「ソーシアル・リサーチ : studies in rhe social sciences」 ソーシアル・リサーチ研究会 (39) 2014.3

四阪島煙害問題の再検討―農村社会の動揺をめぐって(永井紀之)「伊予史談」 伊予史談会 (375) 2014.10

志津川村

殿様のハンコが押された免状―『久米郡志津川村古文書目録』の刊行によせて(柚山俊夫)「重信史談」 重信史談会 22 2003.11

下波

明治初期の段々畑の成立状況とその後の石垣化について 下波結出と水ヶ浦の場合(宮本春樹)「西南四国歴史文化論叢よど」 西南四国歴史文化研究会 (6) 2005.3

宇和島市下波(したば)の中世石造物(中世 南予地方中世石造物の研究)(宇都宮建治)「西四国」 西四国郷土研究会 (8) 2008.11

柴小学校

昔の学校と教育―柴小学校沿革史より(上田敏)「長浜史談」 長浜史談会 (37) 2013.3

砥部

砥部風磁器の誕生(矢野徹志)「文化愛媛」 愛媛県文化振興財団 51 2003.10

近世砥部焼磁器碗に関する基礎的研究―上原窯跡採集資料を中心として(石岡ひとみ)「研究紀要」 愛媛県歴史文化博物館 (12) 2007.3

近世砥部焼磁器皿に関する基礎的研究―上原窯跡採集資料を中心として(石岡ひとみ)「研究紀要」 愛媛県歴史文化博物館 (13) 2008.3

下鍵山

学芸員調査ノート 石鎚画賛/「下鍵山村落付近井谷馬場」―井谷正命の写真帳から「歴博だより」 愛媛県歴史文化博物館 通号59 2009.8

下難波

地区学習会 下難波(池内功)「風早」 風早歴史文化研究会 (55) 2006.5

周布

周布を訪ねて(伊藤公俊)「東予史談」 (9) 2004.6

周敷駅

南海道駅路と前期伊予国府―周敷駅から越智駅への道(白石成二)「ソーシアル・リサーチ」 ソーシアル・リサーチ研究会 (37) 2012.3

南海道と周敷駅考(近藤勲)「東予史談」 (16) 2013.5

重茂山城

記念講演 重茂山城と重門山城の謎(八木健)「怒麻」 大西町史談会事務局 (33) 2011.6

重門山城
記念講演 重茂山城と重門山城の謎（八木健）「怒麻」 大西町史談会事務局 （33） 2011.6

昌農内
重川家俊先生の遺稿（7）文献でたどる昌農内のあゆみ（「昌農内の20世紀」編集委員会）「松前史談」 松前町松前史談会 19 2003.3

庄府
ふるさと散歩（17） 松山市庄府（竹田覚）「風早」 風早歴史文化研究会 （56） 2006.11

上部
新居浜市における中世石造物について（上部編）（真木孝）「新居浜史談」 新居浜郷土史談会 358 2005.6

女子柘植訓練所
女子柘植訓練所のこと（大森昭生）「郷土うちこ」 内子町郷土研究会 （26） 2003.5

白井
白井碑（喜代吉榮徳）「東予史談」 （9） 2004.6

城川町
野村町土居家と城川町探訪（編集部）「怒麻」 大西町史談会事務局 （26） 2004.4

申義堂
文化財 開明学校と申義堂（愛媛県西予市）「郷土史紀行」 ヒューマン・レクチャー・クラブ （44） 2007.8

新宮
むら・まちを歩く（19） 川の道・新宮 古代祈りの中心地を歩く（みもとけいこ）「文化愛媛」 愛媛県文化振興財団 （58） 2007.3
新宮あれこれ（玉井公一）「小松史談」 小松史談会 56（1）通号135 2009.1
第3回ふるさと探訪（新宮地区）報告（編集部）「小松史談」 小松史談会 57（1）通号136 2010.1
四国中央市―川之江・新宮方面を訪ねて（ふるさと歴史散歩（町外編））（三好祐子）「松前史談」 松前町松前史談会 （29） 2013.3

新宮村
新宮村の茶とアジサイの里（近藤日出男）「宇摩史談」 宇摩史談会 86 2003.8
旧別子山村、新宮村のヌルデ（フシノキ）（近藤日出男）「宇摩史談」 宇摩史談会 88 2004.8
在りし日の新宮村の面影（玉井公一）「小松史談」 小松史談会 58（1）通号137 2011.1
縄文の姿をとどめる山村新宮村（四国中央市新宮）と秋篠宮殿下（近藤日出男）「宇摩史談」 宇摩史談会 （99） 2011.4

神南山
神南山と竹さしのふるさと（〈特集 古里のとっておき〉）（亀岡佳章）「文化愛媛」 愛媛県文化振興財団 （61） 2008.10
毎日眺めている神南山の話題（山中誠）「温古」 大洲史談会 （31） 2009.3

須賀之町
須賀之町 菊池家について「八幡浜史談」 八幡浜史談会 （41） 2013.3

須沢
明治19年大水害記録 櫛生村須澤の災害と追悼碑/豊茂曲り渕工事碑等（岡野勝敏）「長浜史談」 長浜史談会 （33） 2009.3

須成
戦国期の肱川下流域について―須成・横松地域を中心にして（山内治朋）「研究紀要」 愛媛県歴史文化博物館 （14） 2009.3

苞木
苞木の歴史と伝承について（重松武彦）「風早」 風早歴史文化研究会 （61） 2009.5

清正川
昭和三十年代中・後期ころ護国区を流れる清正川の聞き書き（山本功）「郷土うちこ」 内子町郷土研究会 （32） 2014.3

西予
探訪記 西予方面探訪（藤谷忠義）「伊予市の歴史文化」 伊予市歴史文化の会 （60） 2009.3

関前
研究動向 越智嶋古文書の再検討はじまる―岩城・関前の史料調査から（堀井俊宏）「史学研究」 広島史学研究会 （273） 2011.10

石鉄寮
財団法人上浮穴郡教育議会「石鉄寮を偲んで」（大野義明）「ふるさと久万」 久万郷土会 （43） 2003.9

関ノ峠
関ノ峠の物語（1），（2）（井上英文）「宇摩史談」 宇摩史談会 （91）/（92） 2005.9/2006.4

世田山
世田山とその周辺（武田斉）「西條史談」 西條史談会 （76） 2009.5

千町ヶ原
私説「千町ヶ原」（1），（2）（竹島忠臣）「西條史談」 西條史談会 （76）/（78） 2009.5/2010.01
太平記と東予地方 私説「千町ヶ原」（3），（4）（竹島忠臣）「西條史談」 西條史談会 （82）/（83） 2011.5/2011.09

千足山村
千足山村騒動（石丸敏信）「小松史談」 小松史談会 55（1）通号134 2008.1
「千足山村物語（歳時記）」曽我部正喜氏に聞く（渡辺裕二）「小松史談」 小松史談会 59（1）通号138 2012.1

大安楽寺
西予市宇和町伊延の大安楽寺に伝わる工芸品について「八幡浜史談」 八幡浜史談会 （35） 2007.5

大永山
鹿森・大永山探訪について（1）～（4）（芥川三平）「新居浜史談」 新居浜郷土史談会 356/359 2005.4/2005.7

鯛寄岩
鯛寄岩（平石隆虎）「宇摩史談」 宇摩史談会 （100） 2012.3

高助
愛媛県宇和島市蒋淵・高助地区の中世石造物（宇都宮建治）「西南四国歴史文化論叢よど」 西南四国歴史文化研究会 （4） 2003.3

高浜線
伊予鉄道高浜線の車窓から（〈特集 えひめの鉄道紀行〉）（池内恵吾）「文化愛媛」 愛媛県文化振興財団 （62） 2009.3

高森城
平地高森城・花瀬城・瀧ノ城・鴇ヶ森城（宮尾克彦）「温古」 大洲史談会 （29） 2007.3

鷹森城
鷹森城から（段王繁嘉）「ふるさと久万」 久万郷土会 （51） 2012.3

高森山
鞍掛山・稲荷（高森）山探訪記―見張り場と狼煙窯跡か「八幡浜史談」 八幡浜史談会 （39） 2011.3

滝ノ城
平地高森城・花瀬城・瀧ノ城・鴇ヶ森城（宮尾克彦）「温古」 大洲史談会 （29） 2007.3

多喜浜塩田
瀬戸内に生れた村―多喜浜塩田[1]～（5）（多田羅要）「新居浜史談」 新居浜郷土史談会 351/359 2004.11/2005.7

只海村
只海村の一祝部家（季羽哲二）「温古」 大洲史談会 （27） 2005.3

多田村
学芸員調査ノート 重山文書（鴫山菊池家文書）/多田村誌「歴博だより」 愛媛県歴史文化博物館 通号61 2010.3

立間郷
第8回よど交流会報告―吉田・立間郷の中世末から現代へ（近藤俊文）「西南四国歴史文化論叢よど」 西南四国歴史文化研究会 （8） 2007.3

立間村
温州みかん発祥の地 立間村の明治13年の村勢（宮本春樹）「西南四国歴史文化論叢よど」 西南四国歴史文化研究会 （11） 2010.4

立川
立川考（中），（下）（芥川三平）「新居浜史談」 新居浜郷土史談会 329/330 2003.1/2003.2

立川銅山
立川銅山悪水濁りのこと（喜代吉栄徳）「新居浜史談」 新居浜郷土史談会 352 2004.12

立岩
北条市の記念碑（2）立岩・正岡地区（池内功）「風早」 風早歴史文化研究会 51 2004.5

田口
たのくち部落誌から「ふる里を歩く」（二宮伉）「温古」 大洲史談会 （31） 2009.3

玉川ダム

　玉川ダム建設に従事して（山崎静香）「怒麻」　大西町史談会事務局
　　（30）2008.7

玉川町

　歴史と水と緑のふるさと玉川町巡り（有田昭男）「今治史談」　今治史談会
　　（16）2010.6

　玉川町の歴史巡り（有田昭男）「怒麻」　大西町史談会事務局　（33）
　　2011.6

　歴史探訪（玉川町）（編集部）「怒麻」　大西町史談会事務局　（35）2013.6

丹原

　桜三里街道を行く（松山―東温―西条・丹原―小松）（千場廣義）「西條史
　　談」　西條史談会　（89）2013.9

津島

　征西将軍懐良親王は津島へ立ち寄られたか（梶原和秋）「西南四国歴史文
　　化論叢よど」　西南四国歴史文化研究会　（4）2003.3

　津島三ヵ郷に対する考察（1）（岡村玲子）「西南四国歴史文化論叢よど」
　　西南四国歴史文化研究会　（15）2014.4

津島町

　溢れる人情のふるさと津島町（図子英雄）「文化愛媛」　愛媛県文化振興財
　　団　52　2004.3

　愛媛県宇和島市津島町の中世石造物（宇都宮建治）「西南四国歴史文化論
　　叢よど」　西南四国歴史文化研究会　（7）2006.3

常竹

　ふるさと散歩（10）常竹/上久保（山崎三郎）「風早」　風早歴史文化研究
　　会　49　2003.5

壺神山

　壺神山とその周辺（宮田猛義）「長浜史談」　長浜史談会　（33）2009.3

鶴亀山

　鶴亀山と契約の箱（森川敏子）「宇摩史談」　宇摩史談会　（98）2010.8

釣島灯台

　瀬戸内海運近代化の幕開け―釣島灯台（畑矢健治）「文化愛媛」　愛媛県文
　　化振興財団　（70）2013.3

津和地

　瀬戸内海の公儀浦触ルートと津和地御茶屋（鴨頭俊宏）「伊予史談」　伊予
　　史談会　（333）2004.4

　近世前期における瀬戸内海交通と津和地―御茶屋設立年への検討を通じ
　　て（鴨頭俊宏）「伊予史談」　伊予史談会　（344）2007.1

津和地島

　朝鮮通信使・琉球使節通航と情報・接待・応対―伊予国津和地島を事例
　　として（玉井建也）「風俗史学 ： 日本風俗史学会誌」　日本風俗史学会
　　（36）2007.2

　朝鮮通信使への接待と情報収集―伊予国津和地島を中心として（玉井建
　　也）「地方史研究」　地方史研究協議会　59（5）通号341　2009.10

禎瑞新田

　三木秋男「禎瑞新田自作農への道」への反論（久米雄蔵）「伊予史談」　伊
　　予史談会　（330）2003.7

寺井内川

　湯築城下町、湯之町と寺井内川水系（田中弘道）「伊予史談」　伊予史談会
　　（348）2008.1

天狗岳

　表紙「石鎚・天狗岳」（山台雄三，安永省一）「西條史談」　西條史談会
　　（81）2011.1

土居

　古代土居の稲作（鈴木金次郎）「宇摩史談」　宇摩史談会　88　2004.8

東伊予

　戦国・織豊期における国郡知行権と地域権力―河野氏への東伊予返還
　　（川岡勉）「四国中世史研究」　四国中世史研究会　（8）2005.8

東温

　俳書『ちなみぐさ』等と東温の俳人（神野昭）「重信史談」　重信史談会
　　23　2004.9

　桜三里街道を行く（松山―東温―西条・丹原―小松）（千場廣義）「西條史
　　談」　西條史談会　（89）2013.9

東温市

　「東温市」誕生とサークル活動―“重信史談会”存続のために（森正史）
　　「重信史談」　重信史談会　23　2004.9

　ふるさと歴史散歩―東温市 郷土が生んだ芸術家『越智綱雄』の足跡（藤
　　岡縁）「松前史談」　松前町郷土を語る会　（30）2014.3

道後

　平成17年度総会記念講演　「道前」「道後」地名の成立と変遷（川岡勉）

「今治史談」　今治史談会　（12）2006.6

道後温泉

　学芸員調査ノート 滝山藩主・久保家の旗/納め札を入れた俵/須恵器 脚
　　付三連鉢/道後温泉鳥瞰図「歴博だより」　愛媛県歴史文化博物館　通
　　号44　2006.1

　道後温泉郷の歴史遺産活用（矢野元昭）「ゆづき.特別号 ： えひめ文化財
　　散歩」　文化財フォーラム愛媛　3　2006.1

　道後温泉のプレゼント（〈特集 ふるさとへの恋文〉）（小池邦夫）「文化愛
　　媛」　愛媛県文化振興財団　（56）2006.3

　語り伝えて 最も古い “道後温泉”（小野清担）「新居浜史談」　新居浜郷土
　　史談会　（377）2009.10

　学芸員調査ノート 斧技/道後温泉絵図「歴博だより」　愛媛県歴史文化博
　　物館　（64）2011.1

　ウォッチング ナウ（38）道後温泉本館は、どこから来たのか？　松山市
　　「道後温泉本館」（中村英利子）「文化愛媛」　愛媛県文化振興財団
　　（69）2012.10

　道後温泉の沿革について（創立100周年記念特集号（1）―先学論文集（復
　　刻）（景浦稚桃）「伊予史談」　伊予史談会　（368）2013.1

　道後温泉に関する地理學的調査（創立100周年記念特集号（1）―先学論文
　　集（復刻）（村上節太郎）「伊予史談」　伊予史談会　（368）2013.1

道後平野

　伊予国道後平野東部の中世城館―旧川内町の城館を中心に（日和佐宣
　　正）「東温史談」　東温史談会　（2）2007.1

　文化講演 邪馬台国時代の道後平野の社会（名本二六雄）「伊予市の歴史文
　　化」　伊予市歴史文化の会　（61）2009.8

銅山越

　むら・まちを歩く（17）日浦登山口から銅山越まで―銅山越は稜線だっ
　　た（みもとけいこ）「文化愛媛」　愛媛県文化振興財団　（56）2006.3

銅山峰

　赤石山系から銅山峰（〈特集 古里のとっておき〉）（川原進）「文化愛媛」
　　愛媛県文化振興財団　（61）2008.10

道前

　平成17年度総会記念講演　「道前」「道後」地名の成立と変遷（川岡勉）
　　「今治史談」　今治史談会　（12）2006.6

道前平野

　道前平野北部の中世城郭について―伊予入封後の小早川隆景の城郭政策
　　の一端について（日和佐宣正）「戦乱の空間」　戦乱の空間編集会　（1）
　　2002.7

　紹介 道前（周桑）平野を走る・見る・知る（1）（佐伯弘晃）「ソーシアル・
　　リサーチ」　ソーシアル・リサーチ研究会　（35）2010.3

東平

　ウォッチング ナウ（33）森に還る鉱山のまち 東洋のマチュピチュ 新居
　　浜市「東平地区」（中村英利子）「文化愛媛」　愛媛県文化振興財団
　　（64）2010.3

東平集落

　別子銅山、東平集落の生活誌（楠禎裕）「ソーシアル・リサーチ」　ソーシ
　　アル・リサーチ研究会　（36）2011.3

東予

　太平記と東予地方・承久の乱（竹島忠臣）「西條史談」　西條史談会　57
　　2003.1

　東予山間地域の過疎問題と山村振興の課題（篠原重則）「伊予史談」　伊予
　　史談会　（329）2003.4

　平家物語と東予地方（後）（竹島忠臣）「西條史談」　西條史談会　59
　　2003.9

　太平記と東予地方・石合戦（竹島忠臣）「西條史談」　西條史談会　63
　　2005.1

　太平記と東予地方 正中の変と日野氏（1）（竹島忠臣［編］）「西條史談」
　　西條史談会　（86）2012.9

　太平記と東予地方―正中の変と日野氏（2）（竹島忠臣［編］）「西條史談」
　　西條史談会　（87）2013.1

　城物語（山之内満幸）「東予史談」　（16）2013.5

　東予とのつながり（田野岡康之）「東予史談」　（16）2013.5

　東予地方の数学（三島・土居編）（渡部雅道）「宇摩史談」　宇摩史談会
　　（102）2014.2

　挨拶 『東予史談二十五周年記念号』発刊に際して（今井肇）「東予史談」
　　（17）2014.5

　祝辞 『東予史談二十五周年』を祝う（白石成二）「東予史談」　（17）
　　2014.5

東予市

　旧東予市内石碑の調査をして（青野陽一）「東予史談」　（10）2005.1

東予湾
消え去った東予湾（眞鍋治）「伊予史談」 伊予史談会 （334） 2004.7
鴇ヶ森城
平地高森城・花瀬城・瀧ノ城・鴇ヶ森城（宮尾克彦）「温古」 大洲史談会 （29） 2007.3
戸島
あこがれの地・戸島を旅して「八幡浜史談」 八幡浜史談会 （39） 2011.3
砥部川
砥部川周辺の古代窯業と「出部郷・砥部郷」（長井数秋）「伊予史談」 伊予史談会 （347） 2007.10
外山
砥部外山における近世伊予砥の石切場（十亀幸雄）「伊予史談」 伊予史談会 （351） 2008.10
豊茂
豊茂の石造物（米岡幸市）「長浜史談」 長浜史談会 （35） 2011.3
豊茂の石造物（米岡幸市）「長浜史談」 長浜史談会 （36） 2012.3
内郷村
宇和荘内郷村の形成と展開（石野弥栄）「西南四国歴史文化論叢よど」 西南四国歴史文化研究会 （7） 2006.3
長尾城
長尾城（尾首城）とカツセ部落（花岡珍夫）「ふるさと久万」 久万郷土会 41 2001.7
中七番
座談会 中七番を語る―山口福松さんを囲んで「山村文化」 山村研究会 （34） 2004.6
中津
よみがえれ「ふるさと中津の里山」（竹内英一郎）「ふるさと久万」 久万郷土会 （50） 2011.3
中之川
源氏の里 中之川（鎌倉茂清）「宇摩史談」 宇摩史談会 （100） 2012.3
中島
「元和絵図と中島」幻想（村上光）「温古」 大洲史談会 （32） 2010.3
瀬戸内海歴史民俗調査と中島ミカン（研究エッセイ）（森武麿）「非文字資料研究」 神奈川大学21世紀COEプログラム拠点推進会議 （25） 2011.1
瀬戸内海西部における島嶼部航路の再編と公営航路の対応―主に松山市中島地域と江田島市を事例として（田中健作）「内海文化研究紀要」 広島大学大学院文学研究科附属内海文化研究施設 （40） 2012.3
長浜
維新の港・長浜（久保七郎）「長浜史談」 長浜史談会 （28） 2004.3
伊能測量と長浜（安永純子）「長浜史談」 長浜史談会 （29） 2005.3
幻の城（米岡幸市）「長浜史談」 長浜史談会 （29） 2005.3
伊予長浜八景（豊嶋睦）「長浜史談」 長浜史談会 （30） 2006.3
長浜の甲冑 久保家伝来『紋柄威具足』について（友澤明）「長浜史談」 長浜史談会 （32） 2008.3
長浜沖に外国船碇泊と外国汽船及び風帆船の買入れ（米子毅）「長浜史談」 長浜史談会 （34） 2010.3
長浜大橋
七十七歳の可動橋は今も―長浜大橋（丸山壽一）「文化愛媛」 愛媛県文化振興財団 （70） 2013.3
長浜市
長浜市の引札―愛媛県歴史文化博物館収蔵品から（土居聡明）「長浜史談」 長浜史談会 （27） 2003.3
長浜線
鉄道の開通と近代化の変遷について―長浜線を中心に（白石尚寛）「長浜史談」 長浜史談会 （33） 2009.3
長浜町
長浜町会所文書から学ぶ―大洲藩の玄関港長浜について（安永純子）「温古」 大洲史談会 （32） 2010.3
『大洲藩長浜町会所文書』より「安永二年万覚帳」（個人蔵）について（安永純子）「長浜史談」 長浜史談会 （34） 2010.3
近世大洲藩古奉行支配長浜町組織と小姓役人（曽根幸安と西村治右衛門）について（神徳興甫，神徳樹人）「長浜史談」 長浜史談会 （35） 2011.3
長浜番所
嘉永六年六月の長浜番所の船手形について［1］～（2）（坂本均）「伊予史談」 伊予史談会 （361）/（373） 2011.4/2014.4
長安村
史料紹介 「長安村本帳」―伊予国新居郡長安村の検地帳（加藤正典）「伊予史談」 伊予史談会 （335） 2004.10
「長安村本帳」―伊予国新居郡長安村の天正検地 原文と翻刻（加藤正典）「西條史談」 西條史談会 （66） 2006.1
中山
「俳句の里」「栗の里」中山巡行（門田眞一）「伊予市の歴史文化」 伊予市歴史文化の会 （54） 2006.3
中山川ダム
中山川ダム建設反対運動の記録（現代の動向）（越智順一）「愛媛近代史研究」 近代史文庫 （67） 2013.8
中山町
巻頭言 中山町、双海町を訪ねて（木下縫）「伊予市の歴史文化」 伊予市歴史文化の会 （54） 2006.3
名取
むら・まちを歩く（25） 空と海と石垣と―伊方町名取から大佐田まで（みもとけいこ）「文化愛媛」 愛媛県文化振興財団 （64） 2010.3
鍋屋
鍋屋・山越家について（清水真一）「八幡浜史談」 八幡浜史談会 （42） 2014.3
鍋割坂
鍋割坂の思い出（佐川ミサヲ）「ふるさと久万」 久万郷土会 （43） 2003.9
波方
むら・まちを歩く（31） 元祖・海洋国家の息吹を感じる旅 波方・波止浜を歩く（みもとけいこ）「文化愛媛」 愛媛県文化振興財団 （70） 2013.3
波方町
波方町探訪（編集部）「怒麻」 大西町史談会事務局 （27） 2005.5
成能村
旧成能村の散策（増田郷志）「温古」 大洲史談会 （26） 2004.3
難波
北条市の記念碑（1） 浅海・難波地区（池内功）「風早」 風早歴史文化研究会 49 2003.5
会員の講話 伊予の難波（姓氏・地名）について（長野邦計）「風早」 風早歴史文化研究会 （70） 2013.12
南予
牛が作る人間関係―愛媛県南予地方における闘牛を事例に（石川菜央）「西南四国歴史文化論叢よど」 西南四国歴史文化研究会 （4） 2003.3
「歯長寺縁起」の世界―南予中世社会の一断面（石野弥栄）「伊予史談」 伊予史談会 （330） 2003.7
近世後期南予における貨幣流通―銀目空位化の一例証（岩橋勝）「伊予史談」 伊予史談会 （331） 2003.10
市外探訪 愛媛県宇和島・南予地区（平成17年度文化財現地探訪報告）（山本満寿美）「ふるさと山口」 山口の文化財を守る会 （27） 2006.6
南予方面探訪（藤谷忠義）「伊予市の歴史文化」 伊予市歴史文化の会 （56） 2007.3
平成19年度企画展「戦国南予風雲録」―乱世を語る南予の名品「歴博だより」 愛媛県歴史文化博物館 通号51 2007.9
南予地方の中世石造物（1）～（7）（中世）（宇都宮建治）「西四国」 西四国郷土研究会 （7） 2007.11
愛媛県南予地方の中世石造物（14）～（16）（中～近世）（若狭洋一）「西四国」 西四国郷土研究会 （9）/（9） 2009.12/2009.12
探訪記 南予方面探訪（藤谷忠義）「伊予市の歴史文化」 伊予市歴史文化の会 （62） 2010.3
南予周辺の玉取り説話について（内海清慈）「ソーシアル・リサーチ」 ソーシアル・リサーチ研究会 （36） 2011.3
宇藩出産考を読む―幕末に鹿児島藩士が見た南予の柑橘栽培（桝田佳明）「西南四国歴史文化論叢よど」 西南四国歴史文化研究会 （12） 2011.4
南予の闘牛―アニマルスポーツの視点から（石井浩一）「文化愛媛」 愛媛県文化振興財団 （67） 2011.10
南予地方における伊能測量と測量家について―小川五郎兵衛・東寛治を中心として（安永純子）「西南四国歴史文化論叢よど」 西南四国歴史文化研究会 （13） 2012.4
新居
近世宇摩・新居地方の食文化（近藤日出男）「宇摩史談」 宇摩史談会 78 2000.6
新居郡
伊予国新居郡からみた本能寺の変（藤田達生）「西條史談」 西條史談会 60 2004.1
天正期伊予における「境目」領主についての一考察―新居郡国人領主金

子氏の動態について(桑名洋一)「四国中世史研究」 四国中世史研究
会 (8) 2005.8

寛政4年会所日記「新居郡御廻領記」(古文書研究会)「小松史談」 小松史
談会 59(1)通号138 2012.1

「院外青年」と地域係争問題―橋本徹馬と愛媛県新居郡における産米検
査問題を事例として(伊東久智)「地方史研究」 地方史研究協議会
63(1)通号361 2013.2

新居庄

目で見る古代の伊予(1) 峠の東大寺領新居庄―澤路・驛(繹)路・陶器
と工人・文字の歴史(吉本拡)「新居浜史談」 新居浜郷土史談会
(379) 2010.4

目で見る古代の伊予 峠の東大寺領新居庄(2)(吉本拡)「新居浜史談」
新居浜郷土史談会 (380) 2010.7

新居浜

伊予の漁村史(1)―在りし日の新居浜(内海清慈)「ソーシアル・リサー
チ」 ソーシアル・リサーチ研究会 (28) 2003.2

新居浜の書誌(1)～(16)(難波江昇)「新居浜史談」 新居浜郷土史談会
331/353 2003.3/2005.1

風景の新居浜(2)(難波江昇)「新居浜史談」 新居浜郷土史談会 332
2003.4

若森健吉の大震災日記(芥川三平)「新居浜史談」 新居浜郷土史談会
339 2003.11

銅山から発展した新居浜(井元滝雄)「郷土の文化」 観音寺市郷土文化大
学 29 2004.3

新居浜の食文化について(1)～(3)(原綾子)「新居浜史談」 新居浜郷土
史談会 343/345 2004.3/2004.5

新居浜の食文化について(4)―21世紀は「ハイクオリティー」で(原綾
子)「新居浜史談」 新居浜郷土史談会 346 2004.6

語り伝えて一地名を探る(小野清恒)「新居浜史談」 新居浜郷土史談会
348 2004.8

郷土古文書史料集(244)飯尾家文書(喜代吉栄徳)「新居浜史談」 新居浜
郷土史談会 353 2005.1

駅継「儀平」のこと―白石家文書(喜代吉榮徳)「新居浜史談」 新居浜郷
土史談会 354 2005.2

新居浜方面史跡めぐり(事務局)「小松史談」 小松史談会 54(1)通号
133 2007.1

「とっておきの新居浜物語」展―郷土新居浜の誇り(記録)(曽我幸弘)
「新居浜史談」 新居浜郷土史談会 (366) 2007.1

梅雨の合間に「新居浜上部」を訪れる(牧野玲子)「西條史談」 西條史談
会 (78) 2010.1

特別寄稿 新居浜の郵便・電信開業変遷秘話(山崎善啓)「新居浜史談」
新居浜郷土史談会 (382) 2010.11

新居浜に「羊蹄丸」がやってきた!(千葉富雅)「新居浜史談」 新居浜郷
土史談会 (388) 2012.10

再考 在りし日の新居浜(1)(内海清慈)「ソーシアル・リサーチ」 ソー
シアル・リサーチ研究会 (38) 2013.3

新居浜歴史物語(1)―条里制と登り道などの古代道路(吉本拡)「新居浜
史談」 新居浜郷土史談会 (389) 2013.4

小特集 鉱山の歴史散歩 新居浜歴史物語(2)―古代伊予国の別子と鉱山
資源(吉本拡)「新居浜史談」 新居浜郷土史談会 (390) 2013.10

新居浜歴史物語(3)―ヤマト政権と金子山古墳(吉本拡)「新居浜史談」
新居浜郷土史談会 (391) 2014.4

新居浜歴史物語(4)―古代・中世の在地領主 新居氏・金子氏の盛衰譚
(1)(吉本拡)「新居浜史談」 新居浜郷土史談会 (392) 2014.10

新居浜市

新居浜市と別子銅山の沿革(国勢調査)(曽我幸弘)「新居浜史談」 新居
浜郷土史談会 335 2003.7

新居浜市の近代化産業遺産を歩こう(西原寛,安藤寛和)「日本鉱業史研
究」 日本鉱業史研究会 46 2003.8

新居浜市とその周辺地域における中世石造物の現状について(1)(真木孝)
「新居浜史談」 新居浜郷土史談会 (362) 2006.1

新居浜市内における中世石造物について(補足編)(真木孝)「新居浜史
談」 新居浜郷土史談会 (364) 2006.7

新居浜市とその周辺地域における中世城郭の現状について(真木孝)「新
居浜史談」 新居浜郷土史談会 (365) 2006.10

新居浜市とその周辺地域における中世城郭の現状について(真木孝)「新
居浜史談」 新居浜郷土史談会 (368) 2007.7

新居浜市とその周辺地域における中世城郭の現状について(真木孝)「新
居浜史談」 新居浜郷土史談会 (370) 2008.1

新居浜市における豊島石製石造物について[1]～II(眞木孝)「新居浜史
談」 新居浜郷土史談会 (389)/(391) 2013.4/2014.4

新居浜東港線

県道 新居浜東港線工事について(真木孝)「新居浜史談」 新居浜郷土史

談会 (367) 2007.4

新谷藩

大洲藩・新谷藩参勤交代の概要(中野覺夫)「温古」 大洲史談会 (26)
2004.3

新谷教師会「紅葉会」選定新谷藩一万石いろは歌留多(八島龍晴)「温古」
大洲史談会 (27) 2005.3

新谷藩余談(八島龍晴)「温古」 大洲史談会 (36) 2014.3

勤王藩、大洲・新谷両藩の事績(山崎善啓)「長濱史談」 長浜史談会
(38) 2014.3

熟田津

熟田津は松前港(第二談)の課題(大政就平)「松前史談」 松前町松前史
談会 20 2004.3

ふるさと歴史ロマン講座 「にぎたづ」はいずこに―斉明天皇の伊予行幸
と崩御地及び天皇陵の真実(合田洋一)「松前史談」 松前町松前史談
会 (28) 2012.3

熟田津村

熟田津村と石湯の実態とその真実(論文)(今井久)「東予史談」 (17)
2014.5

仁久

仁久の造船業(含むわが家の資料)(米子毅)「長浜史談」 長浜史談会
(33) 2009.3

西予市

西予市、大洲市方面見学記(黒川雅子)「小松史談」 小松史談会 53(1)
通号132 2006.1

学芸員調査ノート 滝山藩主・久保家の旗/納め札を入れた俵/須恵器 脚
付三連鉢/道後温泉鳥瞰図「歴博だより」 愛媛県歴史文化博物館 通
号44 2006.1

西予市方面探訪(藤谷忠義)「伊予市の歴史文化」 伊予市歴史文化の会
(58) 2008.3

西宇和

宇都宮房綱サミット講演2「西宇和地域の古城について」「八幡浜史談」
八幡浜史談会 (35) 2007.5

西宇和郡

明治初期に見る酒造家の組織化 第十七大区(後の西宇和郡)の事例(桝
田佳明)「西南四国歴史文化論叢よど」 西南四国歴史文化研究会
(10) 2009.4

西岡

所謂「西岡焼」についての序論―陶工永井瀬戸助と俳人栗田樗堂は出
会ったか(井上隆文)「東温史談」 東温史談会 (1) 2005.11

試論 栗田樗堂と西岡焼―「所謂「西岡焼」についての序論」に寄せて
(下坂憲子)「東温史談」 東温史談会 (1) 2005.11

西古泉

西古泉 耕地の変遷(河野德義)「松前史談」 松前町松前史談会 19
2003.3

新田運動場

新田運動場(芥川三平)「新居浜史談」 新居浜郷土史談会 (374) 2009.1

壬生川

壬生川地方の社会主義思想の衰退と興りについて(稲井初作)「東予史
談」 (9) 2004.6

丹生谷

丹生谷(屋)の発生について(高須賀義政)「東温史談」 東温史談会
(4) 2008.11

仁淀川

久万郷・久万山は仁淀川上流地帯の総称(和田正)「ふるさと久万」 久万
郷土会 (43) 2003.9

野井川

愛媛県西予市城川町野井川地区の民家調査とその活用(宮本春樹,酒井
純孝,松井純)「研究紀要」 愛媛県歴史文化博物館 (19) 2014.3

能島

能島水軍の里づくり(えひめ文化財散歩(1))(村上利雄)「ゆづき.特別
号 : えひめ文化財散歩」 文化財フォーラム愛媛 1 2004.6

能島城

村上水軍関連遺跡の調査・保存の現状と諸問題―史跡能島城跡の事例を
中心に(田中謙)「今治史談」 今治史談会 (15) 2009.6

延野々

松野町延野々大井手について(佐竹明)「西南四国歴史文化論叢よど」 西
南四国歴史文化研究会 (10) 2009.4

松野町延野々の大森城主は誰か(佐竹明)「西南四国歴史文化論叢よど」
西南四国歴史文化研究会 (11) 2010.4

四国　　　　　　　　　　　地名でたどる郷土の歴史　　　　　　　　　　　愛媛県

乃万
　乃万の石造物と歴史めぐり（有田昭男）「今治史談」　今治史談会　（18）
　　2012.6
　乃万の石造と歴史巡り（有田昭男）「怒麻」　大西町史談会事務局　（35）
　　2013.6

野間
　ウォッチング ナウ（19）愛される"生きた文化財" 今治市野間馬ハイランド（中村英利子）「文化愛媛」　愛媛県文化振興財団　50　2003.3

野間郡
　総会記念講演 明治時代前期の野間郡（柚山俊夫）「怒麻」　大西町史談会事務局　（25）　2003.4
　松山藩治下の野間郡について（近藤福太郎）「怒麻」　大西町史談会事務局　（26）2004.4
　野間郡の歴史略年表（関係分）（村上和馬）「今治史談」　今治史談会　（12）2006.6
　野間郡の紀氏を語る（村上和馬）「怒麻」　大西町史談会事務局　（31）2009.7

野村
　伝統継承施設野村シルク博物館（特集 えひめの衣文化）（亀崎壽治）「文化愛媛」　愛媛県文化振興財団　（66）2011.3

野村町
　野村町土居家と城川町探訪（編集部）「怒麻」　大西町史談会事務局　（26）2004.4
　愛媛県西予市野村町（旧東宇和郡）伊予地に渡った佐伯一族 緒方氏（さとうたくみ）「豊後佐伯一族」　豊後佐伯氏中世研究会　（10）2007

拝志城
　近世初頭の支城伊予加藤嘉明領拝志城─地籍図の検討及び国分山城との関連より（日和佐宣正）「戦乱の空間」　戦乱の空間編集会　（10）2010.10

伯方島
　伯方島の歴史と文化（馬越健児）「今治史談」　今治史談会　（18）2012.6

萩森城
　宇都宮房綱の萩森城と83人の侍達（清水真一）「八幡浜史談」　八幡浜史談会　（38）2010.1
　萩森城と宇都宮房綱「八幡浜史談」　八幡浜史談会　（41）2013.3

迫目村
　明治維新の通貨改革 迫目村の旧貨交換について（松浦郁郎）「西南四国歴史文化論叢よど」　西南四国歴史文化研究会　（4）2003.3

波止浜
　波止浜探訪（編集部）「怒麻」　大西町史談会事務局　（28）2006.5
　波止浜地方の発展と大西町（御手洗稔）「怒麻」　大西町史談会事務局（32）2010.6
　むら・まちを歩く（31）元祖・海洋国家の息吹を感じる旅 波方・波止浜を歩く（みもとけいこ）「文化愛媛」　愛媛県文化振興財団　（70）2013.3
　波止浜が生んだ実業界の巨星─旧八木亀三郎家住宅（大成経凡）「文化愛媛」　愛媛県文化振興財団　（70）2013.3

波止浜塩田
　波止浜塩田の開発と発展（瀬野光春）「今治史談」　今治史談会　10　2004.6

八堂山
　歴史のふるさと八堂山（和田健一）「西條史談」　西條史談会　（78）2010.1
　平成の八堂山復元住居修復事業（和田健一）「西條史談」　西條史談会（81）2011.1
　西条の民話・八堂山のお染さん（竹島忠臣）「西條史談」　西條史談会（85）2012.5

八反地
　八反地地区学習会（西原明）「風早」　風早歴史文化研究会　（57）2007.5

潑々園
　まぼろしの料亭「潑々園」（特集 えひめの食文化）（二神將）「文化愛媛」　愛媛県文化振興財団　（64）2010.3

花瀬城
　平地高森城・花瀬城・瀧ノ城・鵈ヶ森城（宮尾克彦）「温古」　大洲史談会（29）2007.3

日浦
　日浦地区の川施餓鬼（俳句）（首藤翠波，武市公子）「松前史談」　松前町松前史談会　（24）2008.3

東古泉
　ふるさと歴史散歩 写真でつづる東古泉（三好国子）「松前史談」　松前町松前史談会　19　2003.3

久松小学校
　つながった緑色の糸─久松（松平）家と久松小学校のえにし（渡辺俊夫）「文化愛媛」　愛媛県文化振興財団　52　2004.3

肱川
　きらめく肱川（村上恒夫）「温古」　大洲史談会　（25）2003.3
　肱川河口での黒鯛網の操業／肱川河口の中州に弁天さん─わが家の資料より（米子毅）「長浜史談」　長浜史談会　（27）2003.3
　肱川の文化財について（林光雄）「温古」　大洲史談会　（28）2006.3
　赤橋と肱川おろし（〈特集 ふるさとへの恋文〉）（高野公彦）「文化愛媛」　愛媛県文化振興財団　（56）2006.3
　戦国期の肱川下流域について─須成・横松地域を中心にして（山内治朋）「研究紀要」　愛媛県歴史文化博物館　（14）2009.3
　肱川で記録された安政大地震（冨永勲）「温古」　大洲史談会　（34）2012.3

比志川
　比志川あらし（辻井徹）「ふるさと久万」　久万郷土会　（51）2012.3

日高
　日高地区の見聞記（有田昭男）「今治史談」　今治史談会　10　2004.6
　日高の歴史めぐり（有田昭男）「怒麻」　大西町史談会事務局　（29）2007.7

日土小学校
　ウォッチング ナウ（34）よみがえった"子どもにやさしい学校" 八幡浜市「日土小学校」（中村英利子）「文化愛媛」　愛媛県文化振興財団　（65）2010.10

日土村
　日土村・治部井出築造の時期と、闘った人々（清水真一）「西南四国歴史文化論叢よど」　西南四国歴史文化研究会　（12）2011.4
　日土村に来られたお姫様─幕末の宇和島藩の御用金（清水真一）「西南四国歴史文化論叢よど」　西南四国歴史文化研究会　（15）2014.4

日振島
　デラ台風と日振島（特集 愛媛の天災と先人の知恵）（田中皓正）「文化愛媛」　愛媛県文化振興財団　（69）2012.10

氷見
　ふるさとの史跡─写真から（氷見編）（高橋政裕）「西條史談」　西條史談会　（92）2014.9

広田
　むら・まちを歩く（29）山の頂きに時が溜まった池がある─広田（みもとけいこ）「文化愛媛」　愛媛県文化振興財団　（68）2012.3

広見
　開かれた郷土 愛南町広見（岡駄場地区）（大峰敏男）「西南四国歴史文化論叢よど」　西南四国歴史文化研究会　（7）2006.3

父二峰
　父二峰ふるさと通信（遠藤敏朗）「ふるさと久万」　久万郷土会　（50）2011.3

扶桑木の里
　風─扶桑木の里（宮内庸恵）「伊予市の歴史文化」　伊予市歴史文化の会（51）2004.8
　扶桑木の里（中），（下）（宮内庸恵）「伊予市の歴史文化」　伊予市歴史文化の会　（54）/（55）2006.3/2006.8

二神島
　二神島新説─島をめぐる歴史（〈特集 ふるさとへの恋文〉）（中田和邦）「文化愛媛」　愛媛県文化振興財団　（56）2006.3

二名
　二名周辺の峠とその峠路ほか（川崎清規）「ふるさと久万」　久万郷土会（43）2003.9

双海
　伊予市双海地区を訪ねて（郷土学習）（平岡新太郎）「伊予市の歴史文化」　伊予市歴史文化の会　（62）2010.3
　双海の歴史珍百景をめぐって（郷土学習）（曽根弘輝）「伊予市の歴史文化」　伊予市歴史文化の会　（62）2010.3

双海町
　巻頭言 中山町、双海町を訪ねて（木下縫）「伊予市の歴史文化」　伊予市歴史文化の会　（54）2006.3
　双海町文化財めぐり「伊予市の歴史文化」　伊予市歴史文化の会　（54）2006.3

船木
　船木風土記（合田実）「新居浜史談」　新居浜郷土史談会　341　2004.1
　船木の風土記（2），（4）～（6）（合田実）「新居浜史談」　新居浜郷土史談会　342/345　2004.2/2004.5

愛媛県　　　　　　　　　　地名でたどる郷土の歴史　　　　　　　　　　四国

船木の風土記（7）―船木地方の方言（合田実）「新居浜史談」　新居浜郷土史談会　346　2004.6

麓城
麓城の地名を考える（真木孝）「新居浜史談」　新居浜郷土史談会　（360）2005.8

古三津村
史料紹介 らい病の行き倒れ資料の紹介―古三津村文書（村上和恵）「伊予史談」　伊予史談会　（366）2012.7

別子
別子大水害から110年―慰霊式と被害の概要（曽我幸弘）「新居浜史談」　新居浜郷土史談会　（378）2010.1

小特集 鉱山の歴史散歩 新居浜歴史物語（2）―古代伊予国の別子と鉱山資源（吉本拡）「新居浜史談」　新居浜郷土史談会　（390）2013.10

別子学園
別子学園沿革史―明治期（佐々木由貴子）「山村文化」　山村研究会　（24）2001.10

別子銅山
別子銅山の歴史と自然（1）～（6）（伊藤玉男）「山村文化」　山村研究会　（24）/（33）2001.10/2004.2

やさしい別子銅山のあゆみ（高橋利光）「山村文化」　山村研究会　（26）2002.3

別子銅山の鉱毒水について（1）～（4）（曽我幸弘）「新居浜郷土史談会　322/326　2002.6/2002.10

別子銅山産業遺産の残存状況について―四阪島［1］～（5）（吉村久美子）「山村文化」　山村研究会　（28）/（32）2002.11/2003.10

別子銅山の煉瓦―その形状からみた分類（高橋彪）「山村文化」　山村研究会　（31）2003.6

新居浜市と別子銅山の沿革（国勢調査）（曽我幸弘）「新居浜史談」　新居浜郷土史談会　335　2003.7

木村佐吉さんの別子銅山七不思議（上），（中），（下）（芥川三平）「新居浜史談」　新居浜郷土史談会　336/338　2003.8/2003.10

〈小特集 別子銅山〉「日本鉱業史研究」　日本鉱業史研究会　46　2003.8

予州・別子銅山のあゆみ（高橋利光）「日本鉱業史研究」　日本鉱業史研究会　46　2003.8

明治11年夏の別子銅山（植田晃一）「日本鉱業史研究」　日本鉱業史研究会　46　2003.8

別子銅山開抗と江戸期の稼行（井上英文）「宇摩史談」　宇摩史談会　87　2004.1

仏人鉱山技師ルイ・ラロックの見た別子銅山（1），（2）（曽我幸弘）「新居浜史談」　新居浜郷土史談会　351/354　2004.11/2005.2

2004・台風被害に遭った別子銅山史跡（曽我幸弘）「新居浜史談」　新居浜郷土史談会　355　2005.3

歴史紀行（23）別子銅山の近代化（井上省二）「文化愛媛」　愛媛県文化振興財団　（55）2005.10

郷土古文書史料集 別子銅山断片下張りの類を読む（喜代吉榮徳）「新居浜史談」　新居浜郷土史談会　（363）2006.4

別子銅山「産業遺産説明板」 新居浜市が設置（曽我幸弘）「新居浜史談」　新居浜郷土史談会　（364）2006.7

別子銅山・山根湿式精練所について（曽我幸弘）「新居浜史談」　新居浜郷土史談会　（365）2006.10

巻頭随想 「予州別子銅山未来記」を読む「住友史料館報」　住友史料館　（38）2007.7

別子銅山の中国人強制連行 亡き友の冥福を祈る（曽我幸弘）「新居浜史談」　新居浜郷土史談会　（373）2008.10

わたしの写真紀行 別子銅山跡 愛媛県新居浜市「北のむらから」　能代文化出版社　（259）2009.2

別子銅山の「間符」（坑道）について（入江義博）「新居浜史談」　新居浜郷土史談会　（379）2010.4

高校生の活動報告 別子銅山の歴史への取組み（愛媛県立新居浜南高等学校）「新居浜史談」　新居浜郷土史談会　（381）2010.10

別子銅山、東平集落の生活誌（楠禎裕）「ソーシアル・リサーチ」　ソーシアル・リサーチ研究会　（36）2011.3

西条藩と別子銅山との関わり（1）（加藤正典）「西條史談」　西條史談会　（84）2012.1

久米栄左衛門通賢（別子銅山水抜指導に来山）―ゆかりの地を訪ねて（入江義博）「新居浜史談」　新居浜郷土史談会　（387）2012.4

高校生が紡ぐ銅山人の記憶―別子銅山の産業遺産群（河野義知）「文化愛媛」　愛媛県文化振興財団　（70）2013.3

西条藩と別子銅山との関わり（2）―西条藩と川之江代官所との軋轢について（加藤正典）「西條史談」　西條史談会　（88）2013.5

産業遺産への想い 別子銅山（歴史散歩）（漆原恒夫）「中庄の歴史」　中庄の歴史を語り継ぐ会　（8）2013.9

別子銅山の発見についての考察（1）（加藤弘）「宇摩史談」　宇摩史談会

（102）2014.2

大阪に見る《別子銅山・住友》ゆかりの地（入江義博）「新居浜史談」　新居浜郷土史談会　（391）2014.4

西条藩と別子銅山との関わり（3）―別子銅山附属林から石鎚国定公園への軌跡（加藤正典）「西條史談」　西條史談会　（91）2014.5

別子山
新指定の文化財―別子山地区（高橋聡）「山村文化」　山村研究会　（33）2004.2

別子山村
旧別子山村、新宮村のヌルデ（フシノキ）（近藤日出男）「宇摩史談」　宇摩史談会　88　2004.8

別子ライン
別子ライン・ノート（高橋利光）「山村文化」　山村研究会　（35）2005.3

別府
別府地区探訪（編集部）「怒麻」　大西町史談会事務局　（30）2008.7

北条
北条市の記念碑（2）北条地区（池内功）「風早」　風早歴史文化研究会　52　2004.12

北条地区歴史探訪（編集部）「怒麻」　大西町史談会事務局　（31）2009.7

特別読み切り 風早猫ものがたり―北条の山里に住む人と狸のコミュニケーション（菊池佐紀）「文化愛媛」　愛媛県文化振興財団　（64）2010.3

北条歴史探訪（2）（編集部）「怒麻」　大西町史談会事務局　（32）2010.6

北条立岩
歴史探訪（北条立岩地区）（編集部）「怒麻」　大西町史談会事務局　（34）2012.6

法華津峠
むら・まちを歩く（18）法華津峠へ―宇和島街道（赤松宜子）「文化愛媛」　愛媛県文化振興財団　（57）2006.10

星浦
星浦地区探訪（編集部）「怒麻」　大西町史談会事務局　（31）2009.7

正岡
北条市の記念碑（2）立岩・正岡地区（池内功）「風早」　風早歴史文化研究会　51　2004.5

正岡地区文化財特別講演 講演「歌仙発見」（門田圭三）「風早」　風早歴史文化研究会　（63）2010.5

松前城
親子道中（17）松前城下町の大移動「松前史談」　松前町松前史談会　20　2004.3

創立20周年記念講演 歴史地理学的研究による松前城下町復原（富田泰弘）「松前史談」　松前町松前史談会　（22）2006.3

松前城と楠木正成（池田遑）「松前史談」　松前町松前史談会　（24）2008.3

松前町
歴史的にみた伊予市と松前町（玉井桂）「伊予市の歴史文化」　伊予市歴史文化の会　45　2001.3

松前町商工会のルーツを探る（調査研究部）「松前史談」　松前町松前史談会　20　2004.3

河口の町・松前町散策（池内恵吾）「文化愛媛」　愛媛県文化振興財団　（59）2007.10

おたたさんの大仕事―伊予郡松前町 6―夏休みの学習（愛媛県教育委員会編）掲載（内海健一）「松前史談」　松前町松前史談会　（28）2012.3

桝形
研究ノート 桝形における浮亀橋の設立動向について（白石尚寛）「温古」　大洲史談会　（32）2010.3

町見村
伊方町旧町見村に伝わる正月の雑煮祝いについて「八幡浜史談」　八幡浜史談会　（36）2008.1

松尾砦
松尾砦（仮称）の発見「八幡浜史談」　八幡浜史談会　（41）2013.3

松野町
松野町探訪記（曽根弘輝）「伊予市の歴史文化」　伊予市歴史文化の会　49　2003.8

松野町・宇和町方面探訪（藤谷忠義）「伊予市の歴史文化」　伊予市歴史文化の会　49　2003.8

松野町の戦時遺備調査と研究（第三次兵備と松野町）（矢野和泉）「南海四国歴史文化論叢よど」　南海四国歴史文化研究会　（14）2013.4

松丸街道
むら・まちを歩く（33）地形が生む、土地の物語―松丸街道を歩く（みもとけいこ）「文化愛媛」　愛媛県文化振興財団　（72）2014.3

四国　　　　　　　　　　　　　地名でたどる郷土の歴史　　　　　　　　　　　　　愛媛県

松山

慶応4年土佐藩の松山占領（山崎善啓）「伊予史談」 伊予史談会 （325） 2002.4

えひめの文学館（11） 鳴雪少年の見た幕末の江戸と松山 『鳴雪自叙伝』（池内恵吾）「文化愛媛」 愛媛県文化振興財団 50 2003.3

松山の電話開通史（山崎善啓）「伊予史談」 伊予史談会 （329） 2003.4

甦った伝統工芸 松山の竹細工（客野澄博）「文化愛媛」 愛媛県文化振興財団 51 2003.10

「伊予国松山在勤中往道中往辺日記」（井上淳）「研究紀要」 愛媛県歴史文化博物館 （9） 2004.3

松前引ケと内藤鳴雪 松山移城400年に因んで（郷田知成）「松前史談」 松前町松前史談会 20 2004.3

登山気分の松山総合公園（菊池寿美子）「文化愛媛」 愛媛県文化振興財団 （54） 2005.3

松山（柳澤桂子）「文化愛媛」 愛媛県文化振興財団 （54） 2005.3

文学紀行 山頭火終焉の地・松山（塩谷佳花）「郷土史紀行」 ヒューマン・レクチャー・クラブ （48） 2007.12

松山方面見学記（第1回史跡めぐり）（黒川雅子）「小松史談」 小松史談会 55（1）通号134 2008.1

えひめの文学館（21） 正岡子規『散策集』―子規が最後に歩いた松山（池内恵吾）「文化愛媛」 愛媛県文化振興財団 （60） 2008.3

松山領里正鑑・考（森達男）「今治史談」 今治史談会 （15） 2009.6

幕政末期の佐川（20） 残照の松山征討（竹村脩）「佐川史談霧生関」 佐川史談会 （45）通号78 2009.11

えひめの文学館（27） 中村草田男とふるさと松山（池内恵吾）「文化愛媛」 愛媛県文化振興財団 （66） 2011.3

えひめ・学・事典（42） 『ひっくりかえった』松山（横山昭市）「文化愛媛」 愛媛県文化振興財団 （68） 2012.3

松山地方気象台と観測の変遷（特集 愛媛の天災と先人の知恵）（長澤芳美）「文化愛媛」 愛媛県文化振興財団 （69） 2012.10

城下町としての松山の成立と発展（創立100周年記念特集号（1）―先学論文集（復刻）（景浦稚桃）「伊予史談」 伊予史談会 （368） 2013.1

桜三里街道を行く（松山―東温―西条・丹原―小松）（千場廣義）「西條史談」 西條史談会 （89） 2013.9

えひめ・学・事典（45） 「ことば」が走る松山（横山昭市）「文化愛媛」 愛媛県文化振興財団 （71） 2013.10

松山市

愛媛県松山市で確認されたサンカ文字（《サンカの最新学2》）（田中勝也）「歴史民俗学」 批評社 （22） 2003.2

ふるさと回顧（17）―坊ちゃん列車の復活を語れる光栄の人と坊ちゃん列車の思い出（井上龍雄）「重信史談」 重信史談会 22 2003.11

「労研饅頭」の成立とその背景（猪原千恵）「岡山びと：岡山シティミュージアム紀要」 岡山シティミュージアム （2） 2007.3

明治時代前期における松山市街内部の街道について（柚山俊夫）「伊予史談」 伊予史談会 （352） 2009.1

松山市内電車線のうつりかわり（〈特集 えひめの鉄道紀行〉）（大野鐵）「文化愛媛」 愛媛県文化振興財団 （62） 2009.3

明治15年の松山市街第三組の住民（特集 明治時代の松山）（柚山俊夫）「伊予史談」 伊予史談会 （356） 2010.1

労研饅頭から見えてくるもの（特集 えひめの食文化）（浜田紀男）「文化愛媛」 愛媛県文化振興財団 （64） 2010.3

市外探訪 道後・松山（平成23年度文化財現地探訪報告）（熊野汎美）「ふるさと山口」 山口の文化財を守る会 （33） 2012.6

もののふの里を巡る（松山市観光案内Gコース参考）（得能久幸）「風早」 風早歴史文化研究会 （69） 2013.5

松山城

伊予松山城の縄張り構造と大名権力（宮尾克彦）「戦乱の空間」 戦乱の空間編集会 （1） 2002.7

松山城築城四百年に因んで（南勉）「伊予市の歴史文化」 伊予市歴史文化の会 48 2003.1

天守闕又は櫓、門が現存する城 伊予松山城/筑前福岡城「郷土史紀行」 ヒューマン・レクチャー・クラブ 25 2004.1

松山城下町探訪（藤谷忠義）「伊予市の歴史文化」 伊予市歴史文化の会 （50） 2004.1

松山城濠埋立反対に思うこと（えひめ文化財散歩（1））（矢野元昭）「ゆづき.特別号：えひめ文化財散歩」 文化財フォーラム愛媛 1 2004.6

天守の聳えたつ近世の名城 広島城/福山城/岡山城/備中松山城/岩国城/伊予松山城/今治城/丸亀城「郷土史紀行」 ヒューマン・レクチャー・クラブ 36 2005.11

松山城主上田氏の系譜と比企郡進出について（梅沢太久夫）「埼玉県立史跡の博物館紀要」 埼玉県立さきたま史跡の博物館, 埼玉県立嵐山史跡の博物館 （1） 2007.3

松山城のお濠を守った人びと―硬骨の弁護士 岡井藤志郎と松山市民たち（土居俊夫）「伊予史談」 伊予史談会 （348） 2008.1

松山城濠埋立て反対運動について（長坂整史）「伊予史談」 伊予史談会 （354） 2009.7

松山城 情緒豊かな江戸の町並み、秋山氏ゆかりの城下町「月刊大和路ならら」 地域情報ネットワーク 13（11）通号146 2010.11

松山城跡内・県民館跡地出土の鳥類遺体からみた松山藩における鳥類の利用（江田真毅）「東温史談」 東温史談会 （6） 2010.11

松山城の堀之内南堀・西堀の通路築造について（柚山俊夫）「伊予史談」 伊予史談会 （361） 2011.4

松山城の「登り石垣」（小特集 近世～近代の松山）（重村英雄）「伊予史談」 伊予史談会 （364） 2012.1

松山城に手口・大手門―柚山俊夫氏の説に触発されて（内田九州男）「研究紀要」 愛媛県歴史文化博物館 （17） 2012.3

松山城・子規に想いをよせて（吉田禮子）「讃岐のやまなみ」 香川県歴史研究会 （4） 2012.5

初期松山城縄張考（藤田達生）「伊予史談」 伊予史談会 （366） 2012.7

松山城の沿革（創立100周年記念特集号（1）―先学論文集（復刻）（西園寺源透）「伊予史談」 伊予史談会 （368） 2013.1

松山城建築に就いて（創立100周年記念特集号（1）―先学論文集（復刻）（柳原多美雄）「伊予史談」 伊予史談会 （368） 2013.1

豊前松山城をめぐる戦国武将たち（小野剛史）「郷土誌かんだ」 かんだ郷土史会 （12） 2014.3

松山中学校

中学校事始―英学所から松山中学校へ（高須賀康生）「伊予史談」 伊予史談会 （340） 2006.1

松山藩

藩政時代の境界碑（大西昭男）「松前史談」 松前町松前史談会 19 2003.3

遺稿 享保の大飢饉と松山藩の救済策（景浦勉）「伊予史談」 伊予史談会 （333） 2004.4

今治藩と松山藩（清水正史）「今治史談」 今治史談会 10 2004.6

公儀浦触山陽ルートと松山藩の情報ルート（上）～（下）―岩城～津和野ルートの明確化過程を手掛かりに（鴨頭俊宏）「伊予史談」 伊予史談会 （339）/（340） 2005.10/2006.1

近世末期松山藩領における郷名・村名一覧（柚山俊夫）「伊予史談」 伊予史談会 （354） 2009.7

松山藩は鳥羽・伏見戦に参加していた（山崎善啓）「伊予史談」 伊予史談会 （365） 2012.4

明治維新と松山藩の動静（創立100周年記念特集号（1）―先学論文集（復刻））（景浦勉）「伊予史談」 伊予史談会 （368） 2013.1

松山平野

記念講演 古代の松山平野を考える（白石成二）「伊予市の歴史文化」 伊予市歴史文化の会 （20） 2009.8

歴史紀行（39） 風早郡から湯築城へ―遺跡に観る河野氏の松山平野進出（眞鍋昭文）「文化愛媛」 愛媛県文化振興財団 （71） 2013.10

松山捕虜収容所

松山捕虜収容所と大洲のかかわり（松尾忠博）「温古」 大洲史談会 （27） 2005.3

馬刀潟

波方村小部・宮崎・馬刀潟探訪（編集部）「怒麻」 大西町史談会事務局 （26） 2004.4

万翠荘

ステンドグラスは伯爵を旅情へと誘う―萬翠荘（金田美世）「文化愛媛」 愛媛県文化振興財団 （70） 2013.3

御井郷

伊予国桑村郡御井郷の所在について（白石成二）「ソーシアル・リサーチ」 ソーシアル・リサーチ研究会 27 2002.2

三浦

田中家文書とは何か（川井又一郎）「三浦通信」 田中家文書調査会 （10） 2003.8

新出の田中家文書について（菅原憲二）「三浦通信」 田中家文書調査会 （10） 2003.8

2001年度三浦田中家文書合宿調査報告（菅原憲二）「三浦通信」 田中家文書調査会 （10） 2003.8

田中氏大漁大手船新規記録（史料集）（山下堅太郎）「三浦通信」 田中家文書調査会 （10） 2003.8

『宇和海浦方史料三浦田中家文書第3巻』の刊行によせて（柚山俊夫）「三浦通信」 田中家文書調査会 （11） 2004.8

田中家文書と指定文化財申請について（菅原憲二）「三浦通信」 田中家文書調査会 （11） 2004.8

2003年度三浦田中家文書合宿調査報告（菅原憲二）「三浦通信」 田中家文書調査会 （11） 2004.8

宇和島市三浦の中世石造物（中世 南予地方中世石造物の研究）（宇都宮

建治)「西四国」 西四国郷土研究会 (8) 2008.11

三瓶

ふるさと歴史散歩—西予市 宇和・三瓶・明浜を訪ねる (大政孝子)「松前郷土史談」 松前町郷土を語る会 (30) 2014.3

美川

久万・美川方面の史跡探訪記 (長野邦計)「風早」 風早歴史文化研究会 51 2004.5

三喜浜塩田

三喜浜塩田と私 (多田羅要)「新居浜史談」 新居浜郷土史談会 (386) 2012.1

味栗

地区学習会・浅海味栗 (長尾齊)「風早」 風早歴史文化研究会 51 2004.5

三坂トンネル

三坂越えすりゃ雪降りかかる—三坂トンネルに思う (亀井英男)「ふるさと久万」 久万郷土会 (43) 2003.9

三崎浦

三崎浦 兵頭庄屋家について「八幡浜史談」 八幡浜史談会 (42) 2014.3

岬十三里

岬十三里物語 (和田良響)「文化愛媛」 愛媛県文化振興財団 52 2004.3

見近島城

遺跡としての「海城」—伊予「見近島城跡」を中心に (日和佐宣正)「戦乱の空間」 戦乱の空間編集会 (6) 2007.7

水ヶ浦

明治初期の段々畑の成立状況とその後の石垣化について 下波結出と水ヶ浦の場合 (宮本春樹)「西南四国歴史文化論叢よど」 西南四国歴史文化研究会 (6) 2005.3

三滝渓谷

むら・まちを歩く(14)三滝渓谷・三滝城跡を回る (赤松宜子)「文化愛媛」 愛媛県文化振興財団 53 2004.10

三滝城

むら・まちを歩く(14)三滝渓谷・三滝城跡を回る (赤松宜子)「文化愛媛」 愛媛県文化振興財団 53 2004.10

三谷

表紙 伊予市の山辺 (三谷方面)「伊予市の歴史文化」 伊予市歴史文化の会 (68) 2014.3

見近島

見近島城遺跡を挟む二本の橋脚 (えひめ文化財散歩 (2)) (草地牲自, 編集部)「ゆづき.特別号 : えひめ文化財散歩」 文化財フォーラム愛媛 2 2005.1

三津

伊予国三津と湊山城 (山内譲)「四国中世史研究」 四国中世史研究会 (7) 2003.8

御船手 (水軍) の里・三津歴史散策 (えひめ文化財散歩 (2)) (塩谷佳花)「ゆづき.特別号 : えひめ文化財散歩」 文化財フォーラム愛媛 2 2005.1

三津の古民家 (山谷美鈴)「ゆづき.特別号 : えひめ文化財散歩」 文化財フォーラム愛媛 3 2006.1

伊予「三津」考—その周辺、書院と久万に注目して (西尾和美)「伊予史談」 伊予史談会 (363) 2011.10

三津ヶ浜

四国の三津ヶ濱探索記—国木田独歩 (神野幸人)「佐伯史談」 佐伯史談会 192 2003.2

三津浜港

近世伊豫三津濱港に於ける問屋について (創立100周年記念特集号 (1)—先学論文集 (復刻)) (田中歳雄)「伊予史談」 伊予史談会 (368) 2013.1

湊町

湊町旧吾川屋ふすま文書について (寄稿) (作道茂, 芳我明彦)「伊予市の歴史文化」 伊予市歴史文化の会 (66) 2012.3

港山城

河野通春と湊山 (港山) 城 (えひめ文化財散歩 (1)) (塩谷佳花)「ゆづき.特別号 : えひめ文化財散歩」 文化財フォーラム愛媛 1 2004.6

湊山城

伊予国三津と湊山城 (山内譲)「四国中世史研究」 四国中世史研究会 (7) 2003.8

河野通春と湊山 (港山) 城 (えひめ文化財散歩 (1)) (塩谷佳花)「ゆづき.特別号 : えひめ文化財散歩」 文化財フォーラム愛媛 1 2004.6

南宇和

南宇和に於ける初期駒形碑 (安岡道雄)「西南四国歴史文化論叢よど」 西南四国歴史文化研究会 (5) 2004.3

南久米

南久米ものがたり石の古代史と民俗誌 (五藤孝人)「温古」 大洲史談会 (27) 2005.3

南黒田

松前町南黒田周辺の砂礫丘の形成と開拓に関する考察 (磯道和昭)「松前史談」 松前町松前史談会 (25) 2009.3

見奈良村

見奈良村の成立と神社 (森正史)「重信史談」 重信史談会 23 2004.9

三輪田

歴史紀行 (27) 心を刻む 三輪田来山石文紀行 (高市俊次)「文化愛媛」 愛媛県文化振興財団 (59) 2007.10

宮内

ふるさと散歩 (14) 宮内 (竹田覚)「風早」 風早歴史文化研究会 (53) 2005.5

宮内村

神武天皇伝説 宮内村の伝説を考える (今中慶一)「郷土史紀行」 ヒューマン・レクチャー・クラブ (54) 2008.9

宮窪

中世の宮窪 (村上和馬)「今治史談」 今治史談会 9 2003.6

宮崎

波方村小部・宮崎・馬刀潟探訪 (編集部)「怒麻」 大西町史談会事務局 (26) 2004.4

宮脇

大西町内探訪 (宮脇地区) (編集部)「怒麻」 大西町史談会事務局 (34) 2012.6

明星ヶ丘

むら・まちを歩く (28) 日吉の里「明星ヶ丘」を回る (赤松宜子)「文化愛媛」 愛媛県文化振興財団 (67) 2011.10

妙の谷

妙の谷今昔 (織田子青)「小松史談」 小松史談会 51 (1) 通号130 2004.1

御代島

新居浜市とその周辺地域における中世城郭の現状について (2) 御代島 (真木孝)「新居浜史談」 新居浜郷土史談会 (363) 2006.4

明玄農士道場

明玄農士道場について (久保慈教)「温古」 大洲史談会 (30) 2008.3

元井谷

元井谷 (松下末安)「ふるさと久万」 久万郷土会 (52) 2013.3

森山城

大平森山城をめぐる争乱と武将たち (下) (日下部正盛)「伊予市の歴史文化」 伊予市歴史文化の会 (54) 2006.3

柳谷

柳谷サクラの里づくりに思う (鶴井國夫)「ふるさと久万」 久万郷土会 (50) 2011.3

柳原

ふるさと散歩 (13) 柳原 (竹田覚)「風早」 風早歴史文化研究会 52 2004.12

北条歴史探訪 (粟井・柳原地区) (編集部)「怒麻」 大西町史談会事務局 (33) 2011.6

矢野郷

喜多郡の成立と矢野郷の所在について (源田恒雄)「郷土うちこ」 内子町郷土研究会 24 2001.5

山崎荘

山崎の荘と秦氏 (坪内寛)「伊予市の歴史文化」 伊予市歴史文化の会 49 2003.8

山之内

大西町内探訪 (山之内地区) (編集部)「怒麻」 大西町史談会事務局 (33) 2011.6

八幡

講演 河野氏末期の八幡の藪事件 (宮崎昭信)「風早」 風早歴史文化研究会 52 2004.12

伊予八幡成立以前の領主と城郭 (藤田達生)「西南四国歴史文化論叢よど」 西南四国歴史文化研究会 (7) 2006.3

八幡浜

八幡浜における、二大姓のルーツを探る (上) ～ (下)「八幡浜史談」 八

幡浜史談会　(40)／(41)　2012.3／2013.3

八幡浜・野本家(油屋・大黒屋・薬屋)の歴史「八幡浜史談」　八幡浜史談会　(42)　2014.3

八幡浜市

八幡浜市民図書館資料室所蔵の郷土資料について「八幡浜史談」　八幡浜史談会　(36)　2008.1

八幡浜市・拡大地図(掲載地点記入)「西四国」　西四国郷土研究会　(14)　2014.3

弓削

小冊子「弓削の旅」より(資料)(本田義幾)「道鏡を守る会：道鏡禅師を知ろう」　道鏡を守る会　(30)　2008.8

弓削島

弓削島を訪ねて(最近のことから)(新山智雄)「道鏡を守る会：道鏡禅師を知ろう」　道鏡を守る会　26　2004.9

弓削島を訪ねて思うこと(田中弘善)「道鏡を守る会：道鏡禅師を知ろう」　道鏡を守る会　(33)　2011.11

弓削島荘

鎌倉期公文の文書管理について—弓削島荘を中心に(《特集 中世における文書の管理・保管と地域社会》)(髙橋傑)「民衆史研究」　民衆史研究会　(74)　2007.12

弓削荘

荘園社会における生業の展開と宗教支配—伊予国弓削荘の網庭を素材として(苅米一志)「史境」　歴史人類学会，日本図書センター(発売)　(51)　2005.9

豊島明神遺跡—"弓削荘"塩の起源を求めて(《特集 えひめ・考古学最前線》)(村上恭通)「文化愛媛」　愛媛県文化振興財団　(63)　2009.10

湯築城

戦国期湯築城の歴史と女性たち(西尾和美)「文化愛媛」　愛媛県文化振興財団　50　2003.3

三原城から湯築城(伊予)へ「郷土史紀行」　ヒューマン・レクチャー・クラブ　26　2004.3

地籍図等からみた伊予国守護所湯築城周辺の都市構造(日和佐宣正)「戦乱の空間」　戦乱の空間編集会　(3)　2004.7

史跡を守る 蘇った湯築城(松山市道後)(塩谷佳花)「郷土史紀行」　ヒューマン・レクチャー・クラブ　(42)　2007.1

湯築城下町、湯之町と寺井内川水系(田中弘道)「伊予史談」　伊予史談会　(348)　2008.1

道後公園(旧湯築城跡)小史—湯築城廃城から国史跡に指定されるまで(二神將)「ゆづき.特別号：えひめ文化財散歩」　文化財フォーラム愛媛　4　2008.10

湯築廃城期考(藤田達生)「伊予史談」　伊予史談会　(358)　2010.7

歴史紀行(39) 風早郡から湯築城へ—遺跡に観る河野氏の松山平野進出(眞鍋昭文)「文化愛媛」　愛媛県文化振興財団　(71)　2013.10

歴史紀行(41) 湯築城跡出土瓦の謎—岡豊城と同じ瓦がなぜ湯築城にあるのか(中野良一)「文化愛媛」　愛媛県文化振興財団　(73)　2014.10

湯の岡

伊予の湯の岡の碑文と聖徳太子(白方勝)「伊予史談」　伊予史談会　(339)　2005.10

湯之町

湯築城下町、湯之町と寺井内川水系(田中弘道)「伊予史談」　伊予史談会　(348)　2008.1

養正ヶ丘

特別寄稿 有難し 養正ヶ丘の学び舎(小松史談会創立60周年記念号)(志賀亮一)「小松史談」　小松史談会　57(1)通号136　2010.1

横尾地

八幡浜市日土町横尾地区の三好氷室について(近代)(若狭洋一)「西四国」　西四国郷土研究会　(13)　2013.3

横河原線

伊予鉄道横河原線の駅前集落の形成と沿線の変貌(窪田重治)「重信史談」　重信史談会　23　2004.9

横谷

ふるさと「横谷」再発見(有田晋作)「風早」　風早歴史文化研究会　(59)　2008.5

横松

戦国期の肱川下流域について—須成・横松地域を中心にして(山内治明)「研究紀要」　愛媛県歴史文化博物館　(14)　2009.3

予讃線

予讃線海岸回りの裏話と表話(《特集 えひめの鉄道紀行》)(若松進一)「文化愛媛」　愛媛県文化振興財団　(62)　2009.3

吉田

第8回よど交流会報告—吉田・立間郷の中世末から現代へ(近藤俊文)「西南四国歴史文化論叢よど」　西南四国歴史文化研究会　(8)　2007.3

吉田町

吉田町(旧伊達3万石の城下町花とみかんと文化の町)を訪ねる(編集部)「怒麻」　大西町史談会事務局　(25)　2003.4

吉野川

阿波北方における南海地震の歴史的検討—江戸時代の南海地震と旧吉野川河口域の地盤沈下をめぐって(第34回公開研究大会特集 災害史に学ぶ阿波の歴史)(松下師一)「史窓」　徳島地方史研究会　(42)　2012.3

予州

憲章芸と予州(岡村憲治)「西南四国歴史文化論叢よど」　西南四国歴史文化研究会　(4)　2003.3

予州神保氏のルーツ(神保元威)「西條史談」　西條史談会　(88)　2013.5

竜王谷

竜王谷の歴史(鎌倉次朗)「宇摩史談」　宇摩史談会　(98)　2010.8

若宮

若宮のくらし(井上包)「温古」　大洲史談会　(30)　2008.3

脇

脇探訪(脇有志一同)「怒麻」　大西町史談会事務局　(32)　2010.6

湧ヶ淵

湧ヶ淵蛇骨伝承と伊予史談会(創立100周年記念特集号(3)—記念随想)(三好恭治)「伊予史談」　伊予史談会　(370)　2013.7

和気郡

伊予国和気郡からの瓜(岡田利文)「ソーシアル・リサーチ」　ソーシアル・リサーチ研究会　(36)　2011.3

和田

和田地区学習会(近藤誠)「風早」　風早歴史文化研究会　(53)　2005.5

高知県

赤岡
塩の道―いきなぎの里・物部から絵金の街・赤岡へ(公文寛伸)「土佐地
域文化」「土佐地域文化研究会」(9) 2005.8

赤崎
扉写真 浜田より赤崎方面を望む(西古市町 小野時春氏提供)「須崎史談」
須崎史談会 (158) 2010.9

安芸
橘系安芸氏と安芸地域について(朝倉慶景)「土佐史談」 土佐史談会
(231) 2006.3
歴史探訪 安芸・高知方面探訪(曽根弘輝)「伊予市の歴史文化」 伊予市
歴史文化の会 (63) 2010.8
その1 安芸とその周辺の史跡(南国史談会平成22年度史跡巡り)(油利
崇)「南国史談」 南国史談会 (34) 2011.4

安芸郡
土佐国安芸郡家についての歴史地理学的考察(朝倉慶景)「土佐史談」 土
佐史談会 (234) 2007.3

安芸城
土佐国安芸郡安芸城について(福永素久)「北部九州中近世城郭」 北部九
州中近世城郭研究会 (20) 2011.3

朝倉
朝倉合戦はあったのか?(岡林裕彦)「本山史談」 本山史談会 5
2003.10
斉明天皇と朝倉について(広谷喜十郎)「秦史談」 秦史談会 (161)
2011.1

朝倉村
歩兵朝倉第44聯隊誘致と兵営敷地献納運動(公文豪)「高知市立自由民権
記念館紀要」 高知市立自由民権記念館 (12) 2004.3

吾桑の里
「吾桑の里」伝承記(1)~(8)(堅田修身)「須崎史談」 須崎史談会
(156)/(163) 2010.3/2012.08

愛宕山
愛宕山(森田定)「秦史談」 秦史談会 (142) 2007.11

吾橋庄
長徳寺・吾橋庄について(岡林裕彦)「土佐史談」 土佐史談会 (240)
2009.3

新居郷
高岡荘新居郷について(福岡彰徳)「土佐史談」 土佐史談会 (249)
2012.3

アリラン峠
笹口番所とアリラン峠(岩崎義郎)「秦史談」 秦史談会 121 2004.5

安和
扉写真 錦浦港外安和の濱(高知市 島崎誠氏提供)「須崎史談」 須崎史談
会 (157) 2010.6

安和村
安和村文書「須崎史談」 須崎史談会 (148) 2007.3

家俊
土佐市家俊の神々(橋本達広)「土佐史談」 土佐史談会 (254) 2013.12

伊尾木
伊尾木への旅(寺門寿明)「耕人」 耕人社 11 2005.5

池川ジョウガモリ城
池川ジョウガモリ城跡(大原純一)「佐川史談霧生関」 佐川史談会
(41)通号74 2005.11

池ノ内村
池ノ内村庄屋古文書(3),(4)(大岩稔幸)「いの史談」 いの史談会
(51)/(52) 2000.12/2001.5

鯨野郷
鯨野郷~平安時代/以南村~鎌倉時代/シ水~南北朝時代/加久見氏と清
水~室町・戦国時代/南海之津~異国への窓(幡多郡 清水村―自然と
歴史 高知県土佐清水市清水地区)「地域記録集土佐の村々」「土佐山
内家宝物資料館」(2) 2014.3

一の谷
土佐地名往来 一の谷(『高知新聞』より)「秦史談」 秦史談会 (159)
2010.9

一宮
図説・比島から一宮への往還(小松勝記)「土佐史談」 土佐史談会
(231) 2006.3

稲生
稲生地区の石灰製品の近代運搬史(《土佐の産業史 特集号》)(田中宏
明)「土佐史談」 土佐史談会 (236) 2007.12

以南
明治・大正時代 以南の中心地へ/捕鯨の町/清松村と清水町/上田亀之助
の市街地造成(幡多郡 清水村―自然と歴史 高知県土佐清水市清水地
区)「地域記録集土佐の村々」「土佐山内家宝物資料館」(2) 2014.3

以南村
鯨野郷~平安時代/以南村~鎌倉時代/シ水~南北朝時代/加久見氏と清
水~室町・戦国時代/南海之津~異国への窓(幡多郡 清水村―自然と
歴史 高知県土佐清水市清水地区)「地域記録集土佐の村々」「土佐山
内家宝物資料館」(2) 2014.3

伊野尋常高等小学校
伊野尋常高等小学校の沿革(明治42年発行の「伊墅」より)(杉本瑞井)
「いの史談」 いの史談会 (54) 2003.11

いの町
森下家文書(8)(E188)新田開発(竹原清昭)「いの史談」 いの史談会
(50) 2000.3
森下家文書(9)~(10) 紙に関する事項(竹原清昭)「いの史談」 いの史
談会 (51)/(52) 2000.12/2001.5
ねじれ桧 いの町古木名木巡り(1)(友草良雄)「いの史談」 いの史談会
(59) 2009.1
いの町における新谷氏の系図復元について(新谷浩之)「いの史談」 いの
史談会 (60) 2009.11
イチイガシ(いの町古木名木巡り)(3)(友草良雄)「いの史談」 いの史
談会 (61) 2011.1
生まれ変ったいの町(勝賀瀬賢次)「いの史談」 いの史談会 (64)
2014.3

伊野町
折口信夫と伊野町と(長山昌広)「いの史談」 いの史談会 (59) 2009.1
伊野町を襲った未曽有の大災害(町田純一)「いの史談」 いの史談会
(62) 2012.1

岩村
岩村の歴史あれこれ(藤本眞事)「南国史談」 南国史談会 (30) 2007.3

植木枝盛邸
資料紹介 植木枝盛旧邸のふすま下張り文書(2)「自由のともしび : 自
由民権記念館だより」 高知市立自由民権記念館 72 2012.3
植木枝盛旧邸襖の下張りについて(2010年度特別展記念講演記録)(今井
章博)「高知市立自由民権記念館紀要」 高知市立自由民権記念館
(20) 2012.12

宇佐
真覚寺日記にみる安政大地震津波による宇佐の被害状況(岡林正十郎)
「土佐地域文化」「土佐地域文化研究会」(7) 2003.7
『真覚寺日記』にみる藩政末期宇佐の物価と賃金(岡林正十郎)「土佐史
談」 土佐史談会 223 2003.8

宇津野
秦の昔話「宇津野の大蛇」(永野美智子)「秦史談」 秦史談会 (147)
2008.9
地名往来 宇津野 山あいの袋状の地(『高知新聞』より)「秦史談」 秦史
談会 (180) 2014.11
秦・史跡めぐり余滴(11)―宇津野の陸軍の壕跡「秦史談」 秦史談会
(180) 2014.11

馬路村
馬路村の史跡―地域の歴史を学ぶための教材について(畠中美穂)「高知
史学 : 歴史研究会紀要」 高知県高等学校教育研究会社会科歴史部会
(37) 2006.3

浦戸
内容豊かな浦戸の歴史展（新聞）（瀬戸鉄男）「秦史談」 秦史談会 （145） 2008.5
浦戸湾
随想 浦戸湾の漁業―郷愁の浦戸湾（瀬戸鉄男）「土佐地域文化」 ［土佐地域文化研究会］ （6） 2003.1
浦戸湾と港口の変遷（瀬戸鉄男）「土佐地域文化」 ［土佐地域文化研究会］ （7） 2003.7
浦戸湾風景（山下堅太郎）「海南千里 ： 土佐山内家宝物資料館だより」 土佐山内家宝物資料館 11 2003.9
中山操前会長追悼特集 高知港改修と浦戸湾（〈中山操前会長追悼〉）（中山操）「大平山」 三里史談会 （30） 2004.3
浦戸湾の巡航船（瀬戸鉄男）「大平山」 三里史談会 （32） 2006.3
浦戸湾から始まった私の漁師人生（1），（2）（橋田謙一）「大平山」 三里史談会 （33）/（34） 2007.3/2008.3
高知新港に想う（下） 浦戸湾口の閉塞、自費堀切工事の景況（瀬戸鉄男）「大平山」 三里史談会 （33） 2007.3
浦戸湾史について（広谷喜十郎）「秦史談」 秦史談会 （150） 2009.3
浦戸湾十景、久方の海岸について（瀬戸鉄男）「大平山」 三里史談会 （35） 2009.3
表紙 浦戸湾口（楠永直枝の油彩画 1937（昭和12）年） 高知県立文学館提供「大平山」 三里史談会 （40） 2014.3
絵巻物「浦戸湾風景」（和田豊子）「秦史談」 秦史談会 （180） 2014.11
浦戸湾東岸
三里・昔日の風景から（2） 浦戸湾東岸（島総一郎）「大平山」 三里史談会 （33） 2007.3
上成
上成・松谷の史跡（〈梼原史談〉―町内史跡巡り報告）（森山定幸）「檮原文芸・史談」 檮原町文化協会 （32） 2007.11
枝川
路傍の歴史 高床式の建物 吾川郡いの町枝川「海南千里 ： 土佐山内家宝物資料館だより」 土佐山内家宝物資料館 （41） 2013.10
江ノ口川
江ノ口川の形成について（広谷喜十郎）「秦史談」 秦史談会 （165） 2011.9
恵比須町
土佐清水市恵比須町の船大工―宮本国松翁聞書（坂本正夫）「土佐地域文化」 ［土佐地域文化研究会］ （6） 2003.1
江良沼
江良沼古戦場跡碑建立について（植田益實）「須崎史談」 須崎史談会 （159） 2011.1
大方町
その1 地震碑（旧大方町）と窪川界隈を訪ねる（南国史談会平成25年度史跡巡り）（田中靖）「南国史談」 南国史談会 （37） 2014.3
大岐の浜
大岐の浜（談話室）（松本紀郎）「秦史談」 秦史談会 126 2005.3
大砂子小学校
大砂子小学校移転の歴史（北村守重）「大豊史談」 大豊史談会 （33） 2003.8
大高坂城
佐伯文書考・その疑惑の系譜 大高坂城をめぐる戦いは実際にあったのか？（前田祐司）「土佐史談」 土佐史談会 （252） 2013.3
織豊期における土佐国大高坂城下町の市場について（朝倉慶景）「土佐史談」 土佐史談会 （252） 2013.3
大月
水主の変遷（大月）とその考察（福吉要吉）「土佐地域文化」 ［土佐地域文化研究会］ （6） 2003.1
大豊
大豊のはなし（小松俊雄）「土佐地域文化」 ［土佐地域文化研究会］ （9） 2005.8
多ノ郷村
難産だった須崎市制・旧多ノ郷村の巻（村会会議録より）（小野茂）「須崎史談」 須崎史談会 （158） 2010.9
大向
大向（〈梼原史談〉―集落の屋地・屋号）（久岡忠士）「檮原 文芸・史談」 檮原町文化協会 （31） 2006.11
尾川
尾川桃源郷（藤本文生）「佐川史談霧生関」 佐川史談会 （41）通号74 2005.11
尾川城
尾川城跡・陣ヶ森城跡（大原純一）「佐川史談霧生関」 佐川史談会 （48）通号81 2012.11
岡豊城
栄光の長宗我部氏の史跡をめぐる―岡豊城跡から岡豊山へ（宅間一之）「南国史談」 南国史談会 （30） 2007.3
テーマ展示 出土品が語る岡豊城跡（曽我）「岡豊風日 ： 高知県立歴史民俗資料館だより」 高知県立歴史民俗資料館 （64） 2008.7
れきみんトピックス 岡豊城跡国史跡指定となる（宅間一之）「岡豊風日 ： 高知県立歴史民俗資料館だより」 高知県立歴史民俗資料館 （66） 2008.12
中世城跡と岡豊城（宅間一之）「いの史談」 いの史談会 （61） 2011.1
岡豊城に模擬望楼櫓補があがる「城郭だより ： 日本城郭史学会会報」 ［日本城郭史学会］ （74） 2011.7
岡豊城址の歌（毛利俊男）「秦史談」 秦史談会 （168） 2012.3
畝状竪堀群にある岡豊城―赤色立体地図から見えてきた岡豊城の縄張（池田誠）「戦乱の空間」 戦乱の空間編集会 （11） 2012.7
考古 国史跡・岡豊城跡の鉛製品（学芸員の机から）「岡豊風日 ： 高知県立歴史民俗資料館だより」 高知県立歴史民俗資料館 （87） 2014.10
岡豊山
岡豊山への想い（宅間一之）「岡豊風日 ： 高知県立歴史民俗資料館だより」 高知県立歴史民俗資料館 （57） 2006.7
栄光の長宗我部氏の史跡をめぐる―岡豊城跡から岡豊山へ（宅間一之）「南国史談」 南国史談会 （30） 2007.3
越知面
越知面まとめ（中越孝一）「檮原史談」 檮原史談会 （25） 2003.10
鳴無
浦ノ内鳴無地区の古老咄の聞き書き（香﨑和平）「須崎史談」 須崎史談会 （163） 2012.8
小野梓記念公園
小野梓記念公園の誕生に寄せて（奥島孝康）「西南四国歴史文化論叢よど」 西南四国歴史文化研究会 （6） 2005.3
帯屋町
路傍の歴史 城下町の風景 高知市帯屋町（渡部淳）「海南千里 ： 土佐山内家宝物資料館だより」 土佐山内家宝物資料館 12 2004.1
思川
小野英「八拾余年の思川」（木戸秀雄）「土佐史談」 土佐史談会 227 2004.12
開成館
後藤象二郎と開成館―新出資料をめぐって（今井章博）「高知市立自由民権記念館紀要」 高知市立自由民権記念館 （20） 2012.12
開成門
路傍の歴史 開成門（鈴木康将）「海南千里 ： 土佐山内家宝物資料館だより」 土佐山内家宝物資料館 9 2003.1
史談サロン 開成門の前の大砲の身元（内川清輔）「土佐史談」 土佐史談会 （236） 2007.12
鏡
平成18年度企画展「鏡川源流の里、鏡・土佐山の自然と文化財展」「自由のともしび ： 自由民権記念館だより」 高知市立自由民権記念館 56 2006.3
鏡川
鏡川に架かる橋の歴史（1）～（5）（小松勝記）「秦史談」 秦史談会 112/117 2002.12/2003.9
エッセー 鏡川（片岡千歳）「高知市史研究」 高知市 （4） 2006.12
香我美橋
香我美橋界隈（『土佐の民話』 土佐民話の会から）（藤本知子）「秦史談」 秦史談会 （158） 2010.7
春日川
戦国末期における給人の生業形態と河川水運―土佐国山間部柳瀬川・春日川とその流域（片岡健）「土佐史談」 土佐史談会 （237） 2008.3
桂浜
史跡めぐり（1） 南国市南部と桂浜周辺（田中靖）「南国史談」 南国史談会 （33） 2010.4
桂浜の歴史もっと知って（『高知新聞』 より）「秦史談」 秦史談会 （158） 2010.7
桂浜龍馬像のもとになった写真はどれか（岩﨑義郎）「秦史談」 秦史談会 （171） 2012.9
桂浜学園
川田鉄弥と桂浜学園（広谷喜十郎）「秦史談」 秦史談会 （160） 2010.12

高知県　　　　　　　　　　　　地名でたどる郷土の歴史　　　　　　　　　　　　四国

香北町
　香北町の歴史について（岡村博公）「土佐山田史談」　土佐山田史談会
　　（31）2007.3
鎌研
　土佐地名往来「鎌研」山仕事に行く前に（『高知新聞』より）「秦史談」
　　秦史談会　（164）2011.8
神池
　談話室　上韮生・神池を訪ねて（広谷喜十郎）「秦史談」　秦史談会
　　（133）2006.5
香美郡
　長岡郡・香美郡の郡境碑について（神田二三夫）「南国史談」　南国史談会
　　（32）2009.3
上咥内
　宮地美彦著『上咥内誌撮要』摘要（秦泉寺敏正）「秦史談」　秦史談会
　　124　2004.11
上灘
　藩政時代後期土佐国上灘地方における漁業の発展情況（岡林正十郎）「土
　　佐地域文化」［土佐地域文化研究会］（6）2003.1
　上灘の網代と漁業について（山本武雄）「土佐地域文化」［土佐地域文化
　　研究会］（6）2003.1
上韮生
　談話室　上韮生・神池を訪ねて（広谷喜十郎）「秦史談」　秦史談会
　　（133）2006.5
上東
　役場の変遷　上東から黒石へ（北村守重）「大豊史談」　大豊史談会　（33）
　　2003.8
上分
　上分に残る「ほきみち」の伝承（考）（下村茂喜）「須崎史談」　須崎史談
　　会　（153）2008.11
上分村
　上分村の習俗について（柳本鶴松）「須崎史談」　須崎史談会　（151）
　　2008.3
上町
　高知市上町（街）の土地（上），（下）（広田博）「土佐史談」　土佐史談会
　　223/（229）2003.8/2005.8
　路傍の歴史　水丁場の標柱　高知市上町2丁目（森本亜希）「海南千里：土
　　佐山内家宝物資料館だより」　土佐山内家宝物資料館　11　2003.9
　高知市上町（街）の土地（中）4　明治20年頃〜昭和10年頃の上町（広田
　　博）「土佐史談」　土佐史談会　（228）2005.3
亀が岳
　本山町・時事　里山（亀が岳山麓）整備活動（藤木幸春）「もとやま」　本山
　　町郷土史会　（38）2014.12
加茂山
　「加茂山に親しむ会」10年の歩み（吉良定喜）「いの史談」　いの史談会
　　（54）2003.11
甲浦
　甲浦の海運史（原田英祐）「土佐地域文化」［土佐地域文化研究会］
　　（7）2003.7
甲浦港
　甲浦港の漁業史（原田英祐）「土佐地域文化」［土佐地域文化研究会］
　　（6）2003.1
岸本
　香我美町岸本河村家資料について「高知市立自由民権記念館紀要」　高
　　知市立自由民権記念館　（13）2005.3
帰全山
　碑文シリーズ（5）帰全山記碑「本山史談」　本山史談会　5　2003.10
北山
　〈「北山を探る」特集〉「秦史談」　秦史談会　（130）2005.11
　「北山を探る」の記（松本瑛子）「秦史談」　秦史談会　（130）2005.11
　「北山行」（広谷雅子）「秦史談」　秦史談会　（130）2005.11
　「北山を探る」こぼれ話（松本紀郎）「秦史談」　秦史談会　（130）2005.11
　北山巡り（藤本知子）「秦史談」　秦史談会　（144）2008.3
　北山の原生林を考える会から（1）（岡林長富）「秦史談」　秦史談会
　　（163）2011.6
北山道
　土佐藩主の参勤交代、北山道と川之江本陣（井上英文）「宇摩史談」　宇摩
　　史談会　（89）2005.1

木之瀬城
　木之瀬城跡（大原純一）「佐川史談霧生関」　佐川史談会　（44）通号77
　　2008.11
京柱峠
　京柱峠行（宇賀充，山原宇顕）「本山史談」　本山史談会　5　2003.10
清松村
　明治・大正時代　以南の中心地へ/捕鯨の町/清松村と清水町/上田亀之助
　　の市街地造成（幡多郡　清水村―自然と歴史　高知県土佐清水市清水地
　　区）「地域記録集土佐の村々」［土佐山内家宝物資料館］（2）2014.3
九樹城
　九樹城の軍事的指向性について（大久保健司）「中世城郭研究」　中世城郭
　　研究会　（18）2004.7
九反田
　九反田界隈（藤本知子）「秦史談」　秦史談会　（151）2009.5
久通
　須崎市久通の集落再生（農業特集）（坂本世津夫）「土佐地域文化」［土佐
　　地域文化研究会］（12）2011.12
窪川
　窪川町の「名」の集計と分類について　仁井田郷・津野大野見（一部）・久
　　礼分（一部）地検帳の中で（甫喜本一）「西南四国歴史文化論叢よど」
　　西南四国歴史文化研究会　（4）2003.3
　室町・戦国期土佐国窪川―仁井田五人衆時代の考察（1）〜（3）（林一将）
　　「西南四国歴史文化論叢よど」　西南四国歴史文化研究会　（4）/（6）
　　2003.3/2005.3
　中土佐・窪川方面史跡めぐり「須崎史談」　須崎史談会　141　2004.10
　窪川地域での酒造りについて（《酒特集》）（林一将）「土佐地域文化」
　　［土佐地域文化研究会］（10）2006.6
　その1　地震碑（旧大方町）と窪川界隈を訪ねる（南国史談会平成25年度史
　　跡巡り）（田中靖）「南国史談」　南国史談会　（37）2014.3
窪川町
　地検帳目次と当時の村々等―旧窪川町分（甫喜本一）「西南四国歴史文化
　　論叢よど」　西南四国歴史文化研究会　（14）2013.4
久万川
　久万川の改修『秦村誌』（昭和41年3月発行）から「秦史談」　秦史談会
　　（131）2006.1
　表紙説明　久万川夕景（久万川橋）（松下政司）「秦史談」　秦史談会
　　（180）2014.11
車谷
　車谷の水車（郵便局だより）（松本紀郎）「秦史談」　秦史談会　118
　　2003.11
　地名往来「車谷」「松尾」「塩屋」（高知新聞から）「秦史談」　秦史談会
　　（156）2010.3
久礼
　近海カツオ漁船乗組員の生活史ノート　高知県中土佐町久礼の事例より
　　（増崎勝敏）「土佐地域文化」［土佐地域文化研究会］（10）2006.6
久礼川
　汽水域における鮎のエサ釣り―高知県中土佐町久礼川（第二期共同研究
　　活動報告―第4班　水辺の生活環境史）（常光徹）「年報非文字資料研究」
　　神奈川大学日本常民文化研究所非文字資料研究センター　（10）
　　2014.3
久礼田
　その2　久礼田地域の史跡を訪ねる（南国史談会平成23年度史跡巡り）（田
　　中靖）「南国史談」　南国史談会　（35）2012.4
黒石
　役場の変遷　上東から黒石へ（北村守重）「大豊史談」　大豊史談会　（33）
　　2003.8
黒岩
　土佐国黒岩の国人級戦国期城下町の歴史地理学的復原―長宗我部地検帳
　　と明治期の土地台帳に基づいて（片岡健）「歴史地理学」　歴史地理学
　　会，古今書院（発売）51（2）通号244　2009.3
鯨山荘
　鯨山荘の時代（内海春子）「南国史談」　南国史談会　（31）2008.3
介良荘
　鎌倉時代の介良荘（《「土佐の古代・中世史」特集号》）（香崎和平）「土佐
　　史談」　土佐史談会　（242）2009.12
小池
　小池から十津へ（幼時の追憶）（栗田健雄）「大平山」　三里史談会　（34）
　　2008.3

四国　　　　　　　　　　　　　　　　　　　　　　地名でたどる郷土の歴史　　　　　　　　　　　　　　　　　　　　　　高知県

高研峠

喜怒哀楽の峠―高研峠「さかいのとう」(〈梼原史談〉)(中越武誌)「梼原文芸・史談」　梼原町文化協会　(34)　2009.10

紅水川

表紙説明 新秋薄暮紅水川(南久万)(松下政司)「秦史談」　秦史談会　(165)　2011.9

香宗城

系図にみる虚構性と史実との乖離に関する研究―香宗城襲撃事件を中心に(上),(下)(窪内茂)「土佐史談」　土佐史談会　(255)/(256)　2014.3/2014.07

神田

高知市神田の土地(上),(下)(広田博)「土佐史談」　土佐史談会　216/217　2001.3/2001.8

高知

魚の棚・高知と明石(西村和子)「土佐地域文化」 [土佐地域文化研究会] (6)　2003.1

対談 高知の街遊び談義(山崎茂, 小川真喜子)「岡豊風日 : 高知県立歴史民俗資料館だより」　高知県立歴史民俗資料館　47　2003.3

高知を訪ねて(史料紹介)(田中豊)「中山道加納宿 : 中山道加納宿文化保存会会誌」　中山道加納宿文化保存会　42　2003.10

高知殖民協会の設立と活動―1893〜94年における(間宮國夫)「土佐史談」　土佐史談会　225　2004.3

高知方言「バア」の用法に関する考察(笹岡祐己)「凌霄」　四国大学　(11)　2004.3

戦後高知の前衛美術集団興亡史(松本教仁)「高知市史研究」　高知市　2　2004.12

高知からの仙人料理(川村昇陽)「土佐地域文化」 [土佐地域文化研究会] (8)　2004.12

想い出の高知行き(門脇鎌久)「秦史談」　秦史談会　126　2005.3

高知方言の副助詞「ラア」―その働きに関する内省と考察(笹岡祐己)「凌霄」　四国大学　(12)　2005.3

京都市のびわ湖疏水と高知人脈(橋田稔)「土佐史談」　土佐史談会　(229)　2005.8

よう来たねえ！ 待ちよったぜよ！(高知への旅紀行)(井上洋)「落穂」　大分市大南地区文化財同好会　71　2005.8

長宗我部信親のふるさとを訪ねて(高知への旅紀行)(後藤吉彦)「落穂」　大分市大南地区文化財同好会　71　2005.8

高知1930年代の反戦運動(猪野睦)「土佐史談」　土佐史談会　(230)　2005.12

高知の戦争遺跡(事務局)「土佐史談」　土佐史談会　(230)　2005.12

道外文化財散歩 北に夢を描いた人々 淡路・徳島・高知の旅(佐土根South)「文化情報」　北海道文化財保護協会　284　2005.12

明治11年高知の電信騒動ノート―文明をめぐる官と民の葛藤(松田裕之)「土佐史談会」　土佐史談会　(231)　2006.3

高知空襲(金井明)「高知市史研究」　高知市　(4)　2006.12

高知の写真史―幕末から大正《土佐の芸能・娯楽・大衆風俗史 特集号》)(影山千夏)「土佐史談」　土佐史談会　(233)　2006.12

安芸・高知方面見学記(竹内眞人)「小松史談」　小松史談会　54(1) 通号133　2007.1

高知のお茶屋のつぶやき《茶特集》(森本弘道)「土佐地域文化」 [土佐地域文化研究会] (11)　2007.6

高知の興隆期電気事業《土佐の産業史 特集号》(内川清輔, 広田博)「土佐史談」　土佐史談会　(236)　2007.12

高知式田植法(松本紀郎)「秦史談」　秦史談会　(143)　2008.1

歴民のパティオ(5) 高知の食文化を味わう・食のこころ(宅間一之)「岡豊風日 : 高知県立歴史民俗資料館だより」　高知県立歴史民俗資料館　(63)　2008.3

大正デモクラシーから満州事変までの高知(上)― 大正 (内川清輔)「土佐史談」　土佐史談会　(237)　2008.3

歴史 吉田初三郎が描いた高知の鳥瞰図(学芸員の机から)(寺川)「岡豊風日 : 高知県立歴史民俗資料館だより」　高知県立歴史民俗資料館　(64)　2008.7

高知大空襲の日(新聞)「秦史談」　秦史談会　(146)　2008.7

高知大空襲・墜落したB29を追って(前田祐司)「土佐史談」　土佐史談会　(238)　2008.7

伝言板/郷土史記録し四半世紀(『高知新聞』より))「秦史談」　秦史談会　(151)　2009.5

大正デモクラシーから満州事変までの高知(中) 昭和初期 (内川清輔)「土佐史談」　土佐史談会　(241)　2009.7

大正デモクラシーから満州事変までの高知(下)―満州事変へ(内川清輔)「土佐史談」　土佐史談会　(243)　2010.3

歴史探訪 安芸・高知方面探訪(曽根弘輝)「伊予市の歴史文化」　伊予市歴史文化の会　(63)　2010.8

明治14年「高知新聞」に載せられた新潟のすがたと人々(石橋正夫)「郷土新潟」　新潟郷土史研究会　(52)　2012.3

受付だより 高知の歴史旅(大平悦子)「海南千里 : 土佐山内家宝物資料館だより」　土佐山内家宝物資料館　(37)　2012.6

鈴木安蔵の高知調査と植木枝盛憲法草案の確認―静岡大学「鈴木安蔵関係資料」の紹介(田村貞雄)「高知市立自由民権記念館紀要」　高知市立自由民権記念館　(20)　2012.12

資料紹介 明治14年「高知新聞」に載せられた新潟のすがたと人々(2)(石橋正夫)「郷土新潟」　新潟郷土史研究会　(53)　2013.3

西本利喜と高知の部落解放運動(論文)(吉田文茂)「高知市立自由民権記念館紀要」　高知市立自由民権記念館　(21)　2013.9

歴史 「高知の歴史」を学ぶ楽しさ(学芸員の机から)「岡豊風日 : 高知県立歴史民俗資料館だより」　高知県立歴史民俗資料館　(83)　2013.10

高知新聞と戦争責任(「昭和史」特集号)(大西正祐)「土佐史談」　土佐史談会　(254)　2013.12

昭和期の馬政と高知競馬(「昭和史」特集号)(長山昌広)「土佐史談」　土佐史談会　(254)　2013.12

高知の戦後電源開発(「昭和史」特集号)(内川清輔, 広田博)「土佐史談」　土佐史談会　(254)　2013.12

明治14年「高知新聞」に載せられた新潟のすがたと人々(3)(資料紹介)(石橋正夫)「郷土新潟」　新潟郷土史研究会　(54)　2014.3

近江屋事件百五十年に向かって(2) (三)ええじゃないか(京都市民の維新)/ (四)近江屋事件の夜 高知(山路洋)「秦史談」　秦史談会　(180)　2014.11

高知共立学校

高知共立学校(郵便局だより)(松本紀郎)「秦史談」　秦史談会　117　2003.9

高知銀行

運命の分かれ道―高知銀行と土佐銀行(小野寺幹夫)「土佐史談」　土佐史談会　(255)　2014.3

高知空港

路傍の歴史 海軍航空隊の掩体 高知空港西部(渡部淳)「海南千里 : 土佐山内家宝物資料館だより」　土佐山内家宝物資料館　4　2001.4

高知県

高知県における現代漁業の特質―統計・行政資料による漁業の動向と現況をもとに(若林良和)「土佐地域文化」 [土佐地域文化研究会] (6)　2003.1

高知県西部の力石(高島慎助)「土佐地域文化」 [土佐地域文化研究会] (6)　2003.1

高知県士族の構造と性格(上)〜(下)(瀬川智子)「土佐史談」　土佐史談会　222/226　2003.3/2004.8

南海地震と山内家宝物資料館(山田一郎)「海南千里 : 土佐山内家宝物資料館だより」　土佐山内家宝物資料館　5　2003.11

高知県帝政派の研究 議会運動と名望家支配(続)(松岡司)「青山文庫紀要」　佐川町立青山文庫　11　2003.11

昭和45年(1970)台風10号(広田博)「土佐史談」　土佐史談会　224　2003.12

大正9年の災害復旧記念碑について(山本弘光)「土佐史談」　土佐史談会　224　2003.12

高知県における陪審法の運用(小幡尚)「高知市立自由民権記念館紀要」　高知市立自由民権記念館　(12)　2004.3

高知県の「大正デモクラシー的状況」における社会労働運動の胎動(氏原有彦)「高知市立自由民権記念館紀要」　高知市立自由民権記念館　(12)　2004.3

高知県独立「秦史談」　秦史談会　123　2004.9

高知県帝政派の研究 議会運動と名望家支配(続)(松岡司)「青山文庫紀要」　佐川町立青山文庫　12　2004.12

高知県婦人融和連盟をめぐって(吉田文茂)「土佐史談」　土佐史談会　227　2004.12

高知県の保育(幼児教育)の発祥と保育者像(森岡和子)「土佐史談」　土佐史談会　227　2004.12

高知県における興亜少年隊・少女隊の結成と展開―「満蒙開拓青少年義勇軍」送出運動との関わりを中心に(小幡久美子)「土佐史談」　土佐史談会　227　2004.12

愛媛・高知両県下における郵便為替普及の沿革(山崎善啓)「西南四国歴史文化論叢よど」　西南四国歴史文化研究会　(6)　2005.3

明治17年の高知県酒造家大弾圧(公文豪)「土佐史談」　土佐史談会　(228)　2005.3

高知県帝政派の研究 資本主義の発展と政治構造の変質(松岡司)「青山文庫紀要」　佐川町立青山文庫　13　2005.10

高知県の歴史と現在―北高校の総合学習(第108回研究会資料)(味元真紀)「高知史学 : 歴史研究会紀要」　高知県高等学校教育研究会社会科歴史部会　(37)　2006.3

明治期高知県酒造業の状況―展開とその抱える問題《酒特集》(小野

祐平)「土佐地域文化」［土佐地域文化研究会］ （10）2006.6

中小企業近代化促進、構造改善事業と高知県酒造業界（《酒特集》）(松尾昭仁郎)「土佐地域文化」［土佐地域文化研究会］ （10）2006.6

自由民権運動期における高知県の公娼制度について（《土佐の芸能・娯楽・大衆風俗史 特集号》）(氏原和彦)「土佐史談」 土佐史談会 （233）2006.12

高知県とその周辺における内陸型活断層—その分布・特徴と高知県（研川英征)「土佐山田史談」 土佐山田史談会 （31）2007.3

2006年度特別展記念論文 近年日本の社会運動と高知県の状況(梅田俊英)「高知市立自由民権記念館紀要」 高知市立自由民権記念館 （15）2007.8

和歌山県・高知県のアイヌ語系地名—クシ・クシル・ルクシ（ルークシ）(清水清次郎)「アイヌ語地名研究」 アイヌ語地名研究会, 北海道出版企画センター（発売）通号10 2007.12

高知県の化学工業の歴史と現況について（《土佐の産業史 特集号》）(清連幸男)「土佐史談」 土佐史談会 （236）2007.12

高知県手すき和紙（《土佐の産業史 特集号》）(上田剛司)「土佐史談」 土佐史談会 （236）2007.12

1900年代アメリカにおける高知県移民の態様—岡直樹編『北米の高知県人』を素材として (間宮國夫)「土佐史談」 土佐史談会 （238）2008.7

高知県東部の文化財巡り（第929回例会）(嘉津山清, 岡村庄造)「史迹と美術」 史迹美術同攷会 79（1）通号791 2009.1

長宗我部氏の名字と居住地について (朝倉慶景)「土佐史談」 土佐史談会 （244）2010.8

資料 史跡めぐり (松本紀郎, 廣松晃吉)「秦史談」 秦史談会 （160）2010.12

地域の記憶 (渡部淳)「海南千里 ： 土佐山内家宝物資料館だより」 土佐山内家宝物資料館 （34）2011.6

高知県における中間派無産政党の成立 (吉田文茂)「高知市立自由民権記念館紀要」 高知市立自由民権記念館 （19）2011.7

高知県水平社の政治運動への進出 (吉田文茂)「水平社博物館研究紀要」 水平社博物館 （14）2012.3

高知県域の民俗・言語調査を目指して (橋尾直和)「岡豊風日 ： 高知県立歴史民俗資料館だより」 高知県立歴史民俗資料館 （78）2012.3

高知県における産業組合の誕生 (高木伸一)「土佐史談」 土佐史談会 （249）2012.3

歴史 高知県とブラジル移民—「伯国移民原簿」から（学芸員の机から）「岡豊風日 ： 高知県立歴史民俗資料館だより」 高知県立歴史民俗資料館 （80）2012.9

統計上からみる大正期の高知県経済 (田村安興)「土佐史談」 土佐史談会 （251）2012.12

スペイン・インフルエンザと高知県 (公文豪)「土佐史談」 土佐史談会 （251）2012.12

高知県における産業組合の発展 (高木伸一)「土佐史談」 土佐史談会 （251）2012.12

続・高知県水平社の政治運動への進出 (吉田文茂)「水平社博物館研究紀要」 水平社博物館 （15）2013.3

明治中期の愛媛紀行—「愛媛高知両県巡回紀行」を中心に (井上淳)「研究紀要」 愛媛県歴史文化博物館 （18）2013.3

高知県における産業組合運動の変質 (高木伸一)「土佐史談」 土佐史談会 （253）2013.7

戦前、高知県漁民の台湾・南方澳への移住（序説）(「昭和史」特集号)(吉尾寛)「土佐史談」 土佐史談会 （254）2013.12

日本における民主主義の原郷—高知県の自由民権運動（論文）(田村貞雄)「高知市立自由民権記念館紀要」 高知市立自由民権記念館 （22）2014.11

高知県海軍航空隊第二飛行場

『高知県海軍航空隊第二飛行場』(福井康人)「大平山」 三里史談会 （36）2010.3

高知県地方第二滑空訓練所

高知県地方第二滑空訓練所 (大原純一)「佐川史談霧生関」 佐川史談会 （42）通号75 2006.11

高知港

中山操前会長追悼特集 高知港改修と浦戸湾（《中山操前会長追悼》）(中山操)「大平山」 三里史談会 （30）2004.3

高知公園

梅の花の咲く頃—高知公園梅ノ段など (毛利俊男)「秦史談」 秦史談会 （144）2008.3

高知市

大正期の高知市における近代スポーツの普及 (清原泰治)「高知市史研究」 高知市 1 2003.12

史料紹介 「庄屋差出」—加賀野井家文書 (松本瑛子)「高知市史研究」 高知市 1 2003.12

土讃線開通と高知市東部水害 (橋田稔)「土佐史談」 土佐史談会 224 2003.12

高知市旧町名由来「秦談」 秦史談会 123 2004.9

市町村合併と公文書保存 (小林和香)「高知市史研究」 高知市 2 2004.12

スギの年輪幅の変動より推定した高知市の7月の最低気温の経年変化(武市伸幸)「高知市史研究」 高知市 2 2004.12

高知市旧町名由来(2)「秦談」 秦史談会 125 2005.1

日清、日露の戦争と江廻りの人びと (瀬戸鉄男)「大平山」 三里史談会 （31）2005.3

人口の推移からみた高知市の位置 (福田善乙)「高知市史研究」 高知市 3 2005.12

戦災復興土地区画整理事業がもたらした歴史的市街地の基底デザインの変化—高知市の旧城下町地区を事例として (田村智志)「高知市史研究」 高知市 3 2005.12

高知市空襲と県下の戦災—高知・空襲と戦災を記録する会(梅原憲作)「土佐史談」 土佐史談会 （230）2005.12

高知市域の古城と地検帳（1）～（4）(松本紀郎)「秦史談」 秦史談会 （131）/（135）2006.1/2006.9

高知市探訪（編集部）「怒麻」 大西町史談会事務局 （28）2006.5

高知市の今昔地図 (鍋島静一)「秦史談」 秦史談会 （162）2011.3

高知市宿毛市と四万十市を訪ねて（県外学習）(田島正明)「伊予市の歴史文化」 伊予市歴史文化の会 （65）2011.8

思い出の高知市（1）高知女子大のピラカンサの垣根 (松本紀郎)「秦談」 秦史談会 （164）2011.8

思い出の高知市（2）高知城公園の石段 (松本紀郎)「秦談」 秦史談会 （165）2011.9

民俗 写真の記録・町の記憶—高知市の過去と現在をめぐる（学芸員の机から）「岡豊風日 ： 高知県立歴史民俗資料館だより」 高知県立歴史民俗資料館 （80）2012.9

大正政変期の県政界と高知市政—大正デモクラシーと自由民権運動の潮流の一考察 (岸本繁一)「土佐史談」 土佐史談会 （251）2012.12

高知市のあけぼの—近年の遺跡調査から (出原恵三)「大平山」 三里史談会 （39）2013.3

表紙 南国土佐大博覧会会場図 (吉田初三郎画伯筆) 高知開市三百年記念絵端書・土佐葉書會発行 (葉書提供 谷是氏)（昭和12年)「土佐史談」 土佐史談会 （254）2013.12

高知市のあけぼの(2) (出原恵三)「大平山」 三里史談会 （40）2014.3

高知市計量検査所

路傍の歴史 高知市計量検査所 高知市本町五丁目 (渡部淳)「海南千里 ： 土佐山内家宝物資料館だより」 土佐山内家宝物資料館 （26）2008.10

高知市中央卸売市場

高知の中央市場制度成立前史—全国第二の中央市場（《土佐の産業史 特集号》）(田村安興)「土佐史談」 土佐史談会 （236）2007.12

高知城

高知城下町における辻番所 (高松恵紅珠)「高知市史研究」 高知市 1 2003.12

高知城下町の水防 (間城龍男)「高知市史研究」 高知市 1 2003.12

高知城下町の水防と洪水 (間城龍男)「土佐史談」 土佐史談会 224 2003.12

江戸時代にみられる女性の姿—高知城下町 (高松恵紅珠)「土佐史談」 土佐史談会 227 2004.12

高知城下町の謎 (間城龍男)「土佐史談」 土佐史談会 （228）2005.3

日本の名城 婦唱夫随で築いた高知城「郷土史紀行」 ヒューマン・レクチャー・クラブ （38）2006.4

土佐山内家宝物資料館と高知城を訪ねる旅「かんべ」 可部郷土史研究会 （111）2006.10

数々の歴史とロマンを秘めた高知城 (和田章)「東温史談」 東温史談会 （2）2007.1

資料紹介 高知城築城記録「築城記」(片岡剛, 岡本健一郎, 藤田雅子)「研究紀要」 土佐山内家宝物資料館 （5）2007.3

土佐の近世絵図、その歴史地理資料面の解題事始め—高知城下町絵図を中心事例に（近世の土佐 特集号）(大脇保彦)「土佐史談」 土佐史談会 （248）2011.12

高知城下町屋に住む名字を持つ者について（近世の土佐 特集号）(高松恵紅珠)「土佐史談」 土佐史談会 （248）2011.12

巡検 高知城下を歩く—郭中から下町へ（第128回研究会報告 「日本史」理解を深めるための講演並びに巡検（高知市)）「高知史学 ： 歴史研究会紀要」 高知県高等学校教育研究会社会科歴史部会 （43）2013.3

路傍の歴史 「国宝高知城」の石碑 高知市丸ノ内 (片岡剛)「海南千里 ： 土佐山内家宝物資料館だより」 土佐山内家宝物資料館 （40）2013.6

路傍の歴史 高知城の眺め 高知市 (古賀康士)「海南千里 ： 土佐山内家宝物資料館だより」 土佐山内家宝物資料館 （42）2014.1

四国　　　　　　　　　　　　　　　地名でたどる郷土の歴史　　　　　　　　　　　　高知県

森家本高知城下絵図の史料論的検討（資料紹介）（古賀康士）「研究紀要」
　土佐山内家宝物資料館　（12）2014.3

カラー図版 高知城下絵図（森家本）「研究紀要」　土佐山内家宝物資料館
　（12）2014.3

民権史跡めぐりMAP その（3）高知城周辺編「自由のともしび ： 自由
民権記念館だより」　高知市立自由民権記念館　76　2014.3

高知城・城下町情報データ作成事業（事業報告）（横山和弘）「海南千里 ：
土佐山内家宝物資料館だより」　土佐山内家宝物資料館　（43）2014.6

高知新港

高知新港に想う（下）浦戸湾口の閉塞、自費堀切工事の景況（瀬戸鉄男）
「大平山」　三里史談会　（33）2007.3

高知新田藩

土佐藩山内家における高知新田藩の創設意義について（藤尾隆志）「研究
紀要」　土佐山内家宝物資料館　（4）2006.3

高知線

高知線の歌（小野茂）「須崎史談」　須崎史談会　（162）2012.2

高知平野

高知平野及び周辺部に見える「小粋な」小規模「城郭」群（池田誠）「戦
乱の空間」　戦乱の空間編集会　（10）2010.10

高知竜馬空港

高知龍馬空港誕生（橋本邦健）「飛騰 ： 高知県立坂本龍馬記念館だより」
　高知県立坂本竜馬記念館　47　2003.11

小蔭山城

小蔭山城跡（大原純一）「佐川史談霧生関」　佐川史談会　（47）通号80
　2011.11

国分川

国分川を遡る周辺の史跡について（藤本眞事）「南国史談」　南国史談会
　（34）2011.4

五台山

五台山山中の参詣道（小松勝記）「秦史談」　秦史談会　（133）2006.5

路傍の歴史 五台山からの展望 高知市五台山（藤田雅子）「海南千里 ： 土
佐山内家宝物資料館だより」　土佐山内家宝物資料館　（38）2012.9

重要文化財 長宗我部地検帳（368冊）の内 長岡郡五台山嶋地検帳 桃山時
代 天正16（1588）年 縦31.8cm、横22.7cm（横山和弘）「海南千里 ：
土佐山内家宝物資料館だより」　土佐山内家宝物資料館　（42）2014.1

東向

東向の史跡（〈樺原史談〉―町内史跡巡り報告）（中越努）「樺原 文芸・史
談」　樺原町文化協会　（32）2007.11

吾南平野

八田堰と吾南平野―野中兼山の水利事業（恩地茂）「大平山」　三里史談会
　（40）2014.3

小蓮

高知県南国市岡豊町・小蓮について（小松勝記）「土佐史談」　土佐史談会
　（238）2008.7

吾北

地域の題材を活用した日本史の授業 吾北地区の教材を活用した授業（授
業研究）（畠中宏一）「高知史学 ： 歴史研究会紀要」　高知県高等学校
教育研究会社会科歴史部会　（42）2012.3

吾北村

吾北村の椿の大木（新谷延子）「いの史談」　いの史談会　（54）2003.11

後免町

ごめん町今昔（藤本眞事）「南国史談」　南国史談会　（27）2004.4

後免町の二人の絵師（窪川成生）「南国史談」　南国史談会　（28）2005.4

さい淵

さい渕の由来（友草良雄）「いの史談」　いの史談会　（54）2003.11

西法寺

宝永地震「谷陵記」の種崎被害と御畳瀬西法寺住職の安政地震「過去帳
記」（瀬戸鉄男）「大平山」　三里史談会　（31）2005.3

境目番所

境目番所跡について（〈樺原史談〉）（川田清雄）「樺原 文芸・史談」　樺原
町文化協会　（34）2009.10

坂折山

勿忘草―坂折山の玉んびょう狸（上村しづ）「南国史談」　南国史談会
　（27）2004.4

佐川

藩政末期の佐川（12）―深尾家の領民撫育（竹村脩）「佐川史談霧生関」
　佐川史談会　36　2000

佐川百物語（1）～（4）（佐川古文書研究会）「佐川史談霧生関」　佐川史談

会　36/（40）通号73　2000/2004.12

藩政末期の佐川（13）大福帳を読む（竹村脩）「佐川史談霧生関」　佐川史
談会　38　2002.10

佐川と河田小龍（竹村脩）「佐川史談霧生関」　佐川史談会　39　2003.10

佐川の桜（久万哲男）「佐川史談霧生関」　佐川史談会　39　2003.10

幕政末期の佐川（14）―大福帳を読む（2）（竹村脩）「佐川史談霧生関」
　佐川史談会　39　2003.10

佐川における英学と牧野富太郎（村端五郎）「青山文庫紀要」　佐川町立青
山文庫　11　2003.11

幕政末期の佐川（15）―御巡見使佐川に来る（竹村脩）「佐川史談霧生関」
　佐川史談会　（40）通号73　2003.10

幕政末期の佐川（16）―町人町の変遷と番所について（竹村脩）「佐川史談
霧生関」　佐川史談会　（41）通号74　2005.11

幕政末期の佐川（17）第十徳左衛門妻出奔（竹村脩）「佐川史談霧生関」
　佐川史談会　（42）通号75　2006.11

幕政末期の佐川（18）佐川勤王党の弾圧と入牢記（竹村脩）「佐川史談霧生
関」　佐川史談会　（43）通号76　2007.11

幕政末期の佐川（19）天保9年巡見使宿提供による家屋改作について（竹
村脩）「佐川史談霧生関」　佐川史談会　（44）通号77　2008.11

幕政末期の佐川（21）―佐川旭曜隊の謎（竹村脩）「佐川史談霧生関」　佐
川史談会　（46）通号79　2010.11

幕政末期の佐川（22）―佐川と堺事件（上）（竹村脩）「佐川史談霧生関」
　佐川史談会　（47）通号80　2011.11

享保期佐川農村における地主手作経営の展開―堀見恭作編纂『堀見姓系
圖緒言』（近世の土佐 特集号）（間宮尚子）「土佐史談」　土佐史談会
　（248）2011.12

幕政末期の佐川（23）―堺事件の犠牲者たち（下）（竹村脩）「佐川史談霧
生関」　佐川史談会　（48）通号81　2012.11

藩政末期の佐川（24）―堺事件の犠牲者たち（竹村脩）「佐川史談霧生関」
　佐川史談会　（49）通号82　2013.10

高知から佐川に「お姫様」がお嫁入り（大山征彦）「佐川史談霧生関」　佐
川史談会　（50）2014.10

佐川城

佐川城跡（大原純一）「佐川史談霧生関」　佐川史談会　（45）通号78
　2009.11

佐川町

「佐川町の文化財」以後（前田和男）「佐川史談霧生関」　佐川史談会
　（44）通号77　2008.11

「佐川町史原稿」牧野富太郎（1）（竹村脩）「佐川史談霧生関」　佐川史談
会　（49）通号82　2013.10

佐川町史原稿（牧野富太郎）（2）（竹村脩［転記]）「佐川史談霧生関」　佐
川史談会　（50）2014.10

笹口番所

笹口番所とアリラン峠（岩崎義郎）「秦史談」　秦史談会　121　2004.5

三岳古道

三嶽古道とみささぎの道（堀見矩浩）「佐川史談霧生関」　佐川史談会
　（43）通号76　2007.11

潮江

民権史跡めぐりMAP その（1）自由民権記念館周辺 "潮江地区" 編「自
由のともしび ： 自由民権記念館だより」　高知市立自由民権記念館
74　2013.3

中世の土佐郡潮江地域について（朝倉慶景）「土佐史談」　土佐史談会
　（256）2014.7

潮江荘

賀茂社領潮江荘についての歴史地理学的考察（朝倉慶景）「土佐史談」　土
佐史談会　（255）2014.3

潮江村

路傍の歴史 潮江村会建立合併記念碑 高知市天神町（林田崇）「海南千里 ：
土佐山内家宝物資料館だより」　土佐山内家宝物資料館　（30）2010.1

塩の道

塩の道―いぎなぎの里・物部から絵金の街・赤岡へ（公文寛伸）「土佐地
域文化」［土佐地域文化研究会］　（9）2005.8

南国塩の道を歩く（藤本眞事）「南国史談」　南国史談会　（35）2012.4

塩屋

地名往来「車谷」「松尾」「塩屋」（高知新聞から）「秦史談」　秦史談会
　（156）2010.3

宍崎村

『秦史談』第122号 長浜菖蒲谷の哀史十 宍崎村の検証と慰霊（訂正分）
（瀬戸鉄男）「秦史談」　秦史談会　（160）2010.12

四万川

梼原町四万川本流名（〈梼原史談〉）（鎌倉安弘）「樺原 文芸・史談」　樺原

高知県　　　　　　　　　　地名でたどる郷土の歴史　　　　　　　　　　四国

町文化協会　（33）2008.10

四万川東小学校

四万川東小学校（〈梼原史談〉—町内史跡巡り報告）（吉岡英雄）「梼原 文芸・史談」 梼原町文化協会　（32）2007.11

四万十

高知宿毛・四万十方面探訪について（県外学習）（好水誠）「伊予市の歴史文化」 伊予市歴史文化の会　（65）2011.8

四万十川

四万十川下流・上流域の漁猟の一端をみる（近藤日出男）「土佐地域文化」 ［土佐地域文化研究会］ （6）2003.1

四万十川の生活文化と鮎漁法（林一将）「土佐地域文化」 ［土佐地域文化研究会］ （7）2003.7

四万十川の流域（島正之, 渡辺稔）「すみだ川 : 隅田川市民交流実行委員会会報」 隅田川市民交流実行委員会　33　2003.10

四万十川の洪水と治水（宮内英樹）「土佐史談」 土佐史談会　224　2003.12

四万十川今昔（小松勝記）「秦史談」 秦史談会　124　2004.11

四万十川と水害（林一将）「土佐地域文化」 ［土佐地域文化研究会］ （8）2004.12

キリシタン史料から見た四万十川（わたりがわ）合戦と一条兼定（東近伸）「土佐史談」 土佐史談会　（244）2010.8

四万十川俳徊物語（岡部恒雄）「すみだ川 : 隅田川市民交流実行委員会会報」 隅田川市民交流実行委員会　（52）2012.10

水辺の生活環境史 消えたヨコハマ—四万十川漁師がとらえた環境問題（研究調査報告）（安室知）「非文字資料研究」 神奈川大学21世紀COEプログラム拠点推進会議　（29）2013.1

平成25年度岡山・高知文化交流事業「土佐の水とくらし—四万十川の漁を中心に—」 平成26年1月1日（水・祝）～2月16日（日）（交流展を終えて）（信江啓子）「岡山県立博物館だより」 岡山県立博物館　（78）2014.3

四万十くぼかわ

写真展「四万十くぼかわ展」を観て（四万十くぼかわ）（竹田一明）「すみだ川 : 隅田川市民交流実行委員会会報」 隅田川市民交流実行委員会　34　2004.4

四万十市

史跡巡り 四万十市・宿毛市方面（葛目圭治）「南国史談」 南国史談会　（31）2008.3

高知宿毛市と四万十市を訪ねて（県外学習）（田島正明）「伊予市の歴史文化」 伊予市歴史文化の会　（65）2011.8

研究会報告 第131回 地域巡検 四万十市・土佐清水市「高知史学 : 歴史研究会紀要」 高知県高等学校教育研究会社会科歴史部会　（44）2014.3

四万十町

四万十町展と交流会（片田宏一）「すみだ川 : 隅田川市民交流実行委員会会報」 隅田川市民交流実行委員会　（43）2008.4

第8回四万十町展開催 in 隅田川公園リバーサイドギャラリー 美しい森や水と生きるまち（交流コーナー）（渋谷法人）「すみだ川 : 隅田川市民交流実行委員会会報」 隅田川市民交流実行委員会　（51）2012.4

交流コーナー 第9回四万十町展 場所:隅田川公園リバーサイドギャラリー（戸田彩）「すみだ川 : 隅田川市民交流実行委員会会報」 隅田川市民交流実行委員会　（53）2013.4

第10回四万十町展 場所:隅田川公園リバーサイドギャラリー 平成25年11月23～24日（交流コーナー）（片田宏一）「すみだ川 : 隅田川市民交流実行委員会会報」 隅田川市民交流実行委員会　（55）2014.4

清水

鯨野郷～平安時代／以南村～鎌倉時代／シ水～南北朝時代／加久見氏と清水～室町・戦国時代／南海之津～異国への窓（幡多郡 清水村—自然と歴史 高知県土佐清水市清水地区）「地域記録集土佐の村々」 ［土佐山内家宝物資料館］ （2）2014.3

長宗我部検地にみる清水の風景（幡多郡 清水村—自然と歴史 高知県土佐清水市清水地区）「地域記録集土佐の村々」 ［土佐山内家宝物資料館］ （2）2014.3

地図と写真でみる清水（幡多郡 清水村—自然と歴史 高知県土佐清水市清水地区）「地域記録集土佐の村々」 ［土佐山内家宝物資料館］ （2）2014.3

清水井出

清水井出（越知町横畠）開削の先覚者たち（山地亮孝）「佐川史談霧生関」 佐川史談会　（44）通号77　2008.11

清水町

明治・大正時代 以南の中心地へ／捕鯨の町／清松村と清水町／上田亀之助の市街地造成（幡多郡 清水村—自然と歴史 高知県土佐清水市清水地区）「地域記録集土佐の村々」 ［土佐山内家宝物資料館］ （2）2014.3

清水湊

描かれた江戸時代の清水湊（幡多郡 清水村—自然と歴史 高知県土佐清水市清水地区）「地域記録集土佐の村々」 ［土佐山内家宝物資料館］ （2）2014.3

清水村

はじめに（幡多郡 清水村—自然と歴史 高知県土佐清水市清水地区）「地域記録集土佐の村々」 ［土佐山内家宝物資料館］ （2）2014.3

鯨野郷～平安時代／以南村～鎌倉時代／シ水～南北朝時代／加久見氏と清水～室町・戦国時代／南海之津～異国への窓（幡多郡 清水村—自然と歴史 高知県土佐清水市清水地区）「地域記録集土佐の村々」 ［土佐山内家宝物資料館］ （2）2014.3

明治・大正時代 以南の中心地へ／捕鯨の町／清松村と清水町／上田亀之助の市街地造成（幡多郡 清水村—自然と歴史 高知県土佐清水市清水地区）「地域記録集土佐の村々」 ［土佐山内家宝物資料館］ （2）2014.3

春分峠

春分峠と梼原の山並み（文芸梼原—特集 梼原再発見）（森下嘉晴）「梼原文芸・史談」 梼原町文化協会　（35）2010.11

常通寺橋

路傍の歴史 常通寺橋 高知市大膳町「海南千里 : 土佐山内家宝物資料館だより」 土佐山内家宝物資料館　（37）2012.6

城東中学校

50年前の城東中新聞（『高知新聞』より）「秦史談」 秦史談会　（167）2012.2

菖蒲谷

長浜 菖蒲谷の哀史（瀬戸鉄男）「秦史談」 秦史談会　122　2004.7

白川村

韮生郷白川村の村落景観（楠瀬慶太）「香美史談」 香美史談会　（1）2008.3

白浜

資料見聞土佐国浦々之図より 白浜図（野本亮）「岡豊風日 : 高知県立歴史民俗資料館だより」 高知県立歴史民俗資料館　55　2005.11

陣ヶ森城

尾川城跡・陣ヶ森城跡（大原純一）「佐川史談霧生関」 佐川史談会　（48）通号81　2012.11

新宮村

道に迷い村に出会う—新宮村探訪記（津野幸右）「岡豊風日 : 高知県立歴史民俗資料館だより」 高知県立歴史民俗資料館　44　2002.7

秦山

失われゆく秦山エレジー（25年前の記録）（談話室）（森実豊子）「秦史談」 秦史談会　（136）2006.11

秦山の「楠瀬氏碑」について（松本紀郎）「秦史談」 秦史談会　（164）2011.8

新庄川

藩政期土佐国高岡郡新庄川の空間的コンフリクト（片岡健）「佐川史談霧生関」 佐川史談会　（43）通号76　2007.11

新荘川

新荘川の渡し船（市川正之助）「須崎史談」 須崎史談会　139　2004.4

新荘川の名称について（小松勝記）「秦史談」 秦史談会　（135）2006.9

秦泉寺

秦泉寺方面探究会「土佐傳説」より「秦史談」 秦史談会　115　2003.5

土佐地名往来「秦泉寺」について（松本紀郎）「秦史談」 秦史談会　126　2005.3

前秦泉寺氏と後秦泉寺氏（松本紀郎）「秦史談」 秦史談会　126　2005.3

秦泉寺に住んだ歴史上の人びと（1）～（4）（松本紀郎）「秦史談」 秦史談会　（144）／（151）2008.3/2009.5

秦泉寺ホノギ図（南半）（松本紀郎）「秦史談」 秦史談会　（149）2009.1

「秦泉寺郷地検帳」に見る秦泉寺村の不思議（松本紀郎）「秦史談」 秦史談会　（180）2014.11

秦泉寺城

秦泉寺城址史跡めぐり資料（松本紀郎）「秦史談」 秦史談会　（130）2005.11

グラヴィア 秦泉寺城址（大谷城）「秦史談」 秦史談会　（162）2011.3

表紙説明 秦泉寺城址、城山（東秦泉山）（松下政司）「秦史談」 秦史談会　（176）2013.11

秦泉寺村

明治時代の秦泉寺村（濱田稔）「秦史談」 秦史談会　（142）2007.11

宿毛

戊辰戦争と宿毛機勢隊の出兵（1）（松岡正）「西南四国歴史文化論叢よど」 西南四国歴史文化研究会　（11）2010.4

中村・宿毛の民権史跡を訪ねて「民権の炎 : 自由民権記念館友の会だ

より」 自由民権記念館友の会 （42）2011.7

高知宿毛・四万十方面探訪について（県外学習）（好水誠）「伊予市の歴史文化」 伊予市歴史文化の会 （65）2011.8

終戦時宿毛で焼かれた軍旗（連隊旗）（山崎善啓）「西南四国歴史文化論叢よど」 西南四国歴史文化研究会 （13）2012.4

宿毛市

史跡巡り 四万十市・宿毛市方面（葛目圭治）「南国史談」 南国史談会 （31）2008.3

高知市宿毛市と四万十市を訪ねて（県外学習）（田島正明）「伊予市の歴史文化」 伊予市歴史文化の会 （65）2011.8

宿毛湾

宿毛湾岸の開発 「宿毛市片島、池島 大月町龍ヶ迫を開発した伊予人」（松岡正）「西南四国歴史文化論叢よど」 西南四国歴史文化研究会 （7）2006.3

宿毛湾のダルマタ日（表紙）（岡村景明）「西南四国歴史文化論叢よど」 西南四国歴史文化研究会 （12）2011.4

須崎

変りゆく郷土の情景（21），（25）～（40）（大家順助）「須崎史談」 須崎史談会 125／（146）2000.9/2006.5

須崎における地震と津波（香崎和平）「土佐史談」 土佐史談会 224 2003.12

敗戦の日の郷土（谷三男）「須崎史談」 須崎史談会 142 2005.2

続・郷土―須崎の情景（1）～（8）（大家順助）「須崎史談」 須崎史談会（148）／（155）2007.3/2009.10

須崎座回顧 [1]～（2）（千頭泰）「須崎史談」 須崎史談会 （149）／（150）2007.7/2007.11

続・郷土―須崎の情景（9）大善寺の山麓から糺町（3）（大家順助）「須崎史談」 須崎史談会 （156）2010.3

続・郷土―須崎の情景（10）～（11）お馬さんの遺跡を訪ねて（1）～（2）（大家順助）「須崎史談」 須崎史談会 （158）／（159）2010.9/2011.01

土佐勤王党と須崎の志士たち（香崎和平）「土佐史談」 土佐史談会 （245）2010.12

須崎高等小学校

須崎高等小学校の記念碑について（戸田七三一）「須崎史談」 須崎史談会 135 2003.5

「須崎高等小学校の記念碑」続き（小野茂）「須崎史談」 須崎史談会 137 2003.9

須崎高等小学校々歌についていろいろと（錦浦太郎）「須崎史談」 須崎史談会 （145）2005.11

須崎市

高知・海辺の風景を歩く―須崎市編（宮川敏彦）「土佐地域文化」 ［土佐地域文化研究会］ （9）2005.8

須崎市の石造遺物について（香崎和平）「須崎史談」 須崎史談会 （146）2006.5

難産だった須崎市制・旧多ノ郷村の巻（村会会議録より）（小野茂）「須崎史談」 須崎史談会 （158）2010.9

雀磻

路傍の歴史 雀磻 高知市浦戸「海南千里 ： 土佐山内家宝物資料館だより」 土佐山内家宝物資料館 （36）2012.1

砂ケ森

「スナガモリ」夜話（1）（松本紀郎）「秦史談」 秦史談会 （158）2010.7

「スナガモリ」夜話（続）（松本紀郎）「秦史談」 秦史談会 （163）2011.6

桑田山

扉写真 桑田山全景（吾桑村役場刊絵葉書）提供 ： 梅原康一氏「須崎史談」 須崎史談会 （156）2010.3

左右山

長宗我部地検帳にみる「左右山」と村落形成（濱田眞尚）「南国史談」 南国史談会 （36）2013.3

大正

お世話になった人々―四万十町大正地区の皆さん（筒井聡史）「海南千里 ： 土佐山内家宝物資料館だより」 土佐山内家宝物資料館 （41）2013.10

大善寺

続・郷土―須崎の情景（9）大善寺の山麓から糺町（3）（大家順助）「須崎史談」 須崎史談会 （156）2010.3

大膳町

路傍の歴史 常通寺橋 高知市大膳町「海南千里 ： 土佐山内家宝物資料館だより」 土佐山内家宝物資料館 （37）2012.6

高岡郡

『長宗我部地検帳』にみる幡多・高岡郡の漁村―村君、刀祢、漁夫、舟番匠、舟頭、水主、使について（甫喜本一）「西南四国歴史文化論叢よど」 西南四国歴史文化研究会 （15）2014.4

鷹匠町

路傍の歴史 天保7年の手水鉢 高知市鷹匠町（渡部淳）「海南千里 ： 土佐山内家宝物資料館だより」 土佐山内家宝物資料館 10 2003.5

高須

路傍の歴史 速度標識と江戸時代の村 高知市高須（渡部淳）「海南千里 ： 土佐山内家宝物資料館だより」 土佐山内家宝物資料館 （39）2013.1

竹田の滝

本山八景「竹田の滝」（研究・レポート）（武田勝也）「もとやま」 本山町郷土史会 （38）2014.12

立川上名村

地域記録集 土佐の村々1 高知県長岡郡大豊町立川地区 長岡郡立川上名村・立川下名村（その1）沿革―自然と歴史「研究紀要」 土佐山内家宝物資料館 （別冊）2013.3

長岡郡 立川上名村・立川下名村 その1「地域記録集土佐の村々」［土佐山内家宝物資料館］ （1）2013.3

立川下名村

地域記録集 土佐の村々1 高知県長岡郡大豊町立川地区 長岡郡立川上名村・立川下名村（その1）沿革―自然と歴史「研究紀要」 土佐山内家宝物資料館 （別冊）2013.3

長岡郡 立川上名村・立川下名村 その1「地域記録集土佐の村々」［土佐山内家宝物資料館］ （1）2013.3

糺町

続・郷土―須崎の情景（9）大善寺の山麓から糺町（3）（大家順助）「須崎史談」 須崎史談会 （156）2010.3

続・郷土―須崎の情景（12）～（14）糺町筋（1）～（3）（大家順助）「須崎史談」 須崎史談会 （160）／（163）2011.5/2012.8

扉写真 糺町・池付近の通り「須崎史談」 須崎史談会 （161）2011.10

立田

南国市立田の秦泉寺氏の由来（秦泉寺泰正）「秦史談」 秦史談会 125 2005.1

谷干城別荘

谷干城別荘（郵便局だより）（松本紀郎）「秦史談」 秦史談会 120 2004.3

種崎

宝永地震「谷陵記」の種崎被害と御畳瀬西法寺住職の安政地震「過去帳記」（瀬戸鉄男）「大平山」 三里史談会 （31）2005.3

火事と種崎（山南信行）「大平山」 三里史談会 （36）2010.3

南海地震に備えた種崎地区の津波防災活動（特集〈大地震・津波〉）（黒田則男）「大平山」 三里史談会 （39）2013.3

種崎小学校

明治12年の種崎小學校の金銭帳について（林重道）「大平山」 三里史談会 （30）2004.3

田野町

田野町の史跡―地域の歴史を学ぶための教材について（3）（畠中美穂）「高知史学 ： 歴史研究会紀要」 高知県高等学校教育研究会社会科歴史部会 （38）2007.3

田村

考古 南国市田村の江戸文化―江戸の墓標（学芸員の机から）「岡豊風日 ： 高知県立歴史民俗資料館だより」 高知県立歴史民俗資料館 （82）2013.7

力石

力石（手紙）（高島慎助）「秦史談」 秦史談会 124 2004.11

致道館

路傍の歴史 致道館並陶冶学校跡高知市丸の内（山下寿弥）「海南千里 ： 土佐山内家宝物資料館だより」 土佐山内家宝物資料館 15 2005.1

茶屋谷

茶屋谷の史跡（〈梼原史談〉―町内史跡巡り報告）（鎌倉安弘）「梼原 文芸・史談」 梼原町文化協会 （32）2007.11

長徳寺

長徳寺・吾橋庄について（岡林裕彦）「土佐史談」 土佐史談会 （240）2009.3

津野

津野興亡史を読んで（谷三男）「須崎史談」 須崎史談会 140 2004.7

津野九ケ村庄屋会合申定（〈梼原史談〉）（上田茂敏）「梼原 文芸・史談」 梼原町文化協会 （34）2009.10

「津野九ケ村庄屋会合申定」読み下しならびに感想（〈梼原史談〉）（上田茂敏）「梼原 文芸・史談」 梼原町文化協会 （34）2009.10

津野出身の勤王の志士 付記―土佐勤王の志士（梼原史談）（川田清雄）

「梼原 文芸・史談」梼原町文化協会 （35）2010.11

その2 津野・梼原エリアを行く（南国史談会平成22年度史跡巡り）（田中靖）「南国史談」南国史談会 （34）2011.4

土佐り名族津野氏の興亡録（竹村紘一）「佐川史談霧生関」佐川史談会 （49）通号82 2013.10

津野山

詩歌で綴る津野山の歴史（上田茂敏）「梼原史談」梼原史談会 （25）2003.10

津野山の茶（上田茂敏）「土佐地域文化」［土佐地域文化研究会］（8）2004.12

「津野山物語」考察と地名（鎌倉安弘）「梼原史談」梼原史談会 （27）2005.11

輝く津野山の里の子どもたち（《文芸梼原》―特集 新しい旅立ち）（横川剛史）「梼原 文芸・史談」梼原町文化協会 （32）2007.11

津野山文化（《梼原史談》）（鎌倉安弘）「梼原 文芸・史談」梼原町文化協会 （33）2008.10

津野山女工史（《梼原史談》）（川田清雄）「梼原 文芸・史談」梼原町文化協会 （33）2008.10

津野山の文化と歴史について（中越順市）「西南四国歴史文化論叢よど」西南四国歴史文化研究会 （13）2012.4

津野山とお茶文化（川田清雄）「西南四国歴史文化論叢よど」西南四国歴史文化研究会 （13）2012.4

津野山郷

津野山郷（梼原地域）の番所跡について（二宮清）「梼原史談」梼原史談会 （26）2004.11

天神橋通

民権史跡めぐりMAP その（2）天神橋通商店街界隈編「自由のともしび：自由民権記念館だより」高知市立自由民権記念館 75 2013.9

土居屋敷

佐川深尾氏土居屋敷想像復元図の作成（大山征彦）「佐川史談霧生関」佐川史談会 （48）通号81 2012.11

陶冶学校

路傍の歴史 致道館並陶冶学校跡高知市丸の内（山下寿弥）「海南千里：土佐山内家宝物資料館だより」土佐山内家宝物資料館 15 2005.1

東洋町

東洋町周辺の食文化（原田英祐）「土佐地域文化」［土佐地域文化研究会］（8）2004.12

土佐の皿鉢についての一考察―東洋町の組皿鉢のルーツを探る（原田英祐）「土佐史談」土佐史談会 （231）2006.3

東洋町の大正史（原田英祐）「土佐史談」土佐史談会 （251）2012.12

十津

十津の七不思議（1），（2）（栗田健雄）「大平山」三里史談会 （30）/（31）2004.3/2005.3

古十津の七つの音（栗田健雄）「大平山」三里史談会 （32）2006.3

小池から十津へ（幼時の追憶）（栗田健雄）「大平山」三里史談会 （34）2008.3

遠見ケ森城

遠見ケ森城跡（大原純一）「佐川史談霧生関」佐川史談会 （50）2014.10

斗賀野

火付け役は斗賀野合戦（坂東眞砂子）「自由のともしび：自由民権記念館だより」高知市立自由民権記念館 55 2005.12

野老山

越知町野老山の鰐口（大原純一）「須崎史談」須崎史談会 135 2003.5

土佐

伊能忠敬測量日記と土佐の測量行程について（上），（下）（山本武雄）「土佐史談」土佐史談会 219/221 2002.3/2002.12

関西方面と土佐のつながりを求めて（広谷喜十郎）「岡豊風日：高知県立歴史民俗資料館だより」高知県立歴史民俗資料館 45 2002.9

「土佐名鑑」にみる明治期の酒造業界について（香崎和平）「須崎史談」須崎史談会 134 2003.2

土佐と西洋―小野梓の時代（天羽康夫）「高知市立自由民権記念館紀要」高知市立自由民権記念館 （11）2003.3

伊達氏と土佐（藤本眞事）「南国史談」南国史談会 （26）2003.4

南国土佐を後にして（上垣内せいま）「流れ谷」流れ谷同志会 （23）2003.5

中土佐町史料及び『土佐のカツオ漁業史』編纂記（林勇作）「須崎史談」須崎史談会 136 2003.7

土佐の魚料理（宮川逸雄）「土佐地域文化」［土佐地域文化研究会］（7）2003.7

古代土佐の海の世界を考える（広谷喜十郎）「土佐地域文化」［土佐地域文化研究会］（7）2003.7

『土佐のカツオ漁業史』編纂記（2）（林勇作）「土佐地域文化」［土佐地域文化研究会］（7）2003.7

土佐のウミンチュ―橋本伊勢美さん（仲原英哉）「土佐地域文化」［土佐地域文化研究会］（7）2003.7

思い出す土佐方言（常石芳英）「秦史談」秦史談会 117 2003.9

自由は土佐の山間から（常石芳英）「秦史談」秦史談会 117 2003.9

エッセー 土佐の政治文化（英保怜一郎）「高知市史研究」高知市 1 2003.12

エッセー 土佐というクニ（坂東眞砂子）「高知市史研究」高知市 1 2003.12

宝永・安政・昭和の南海大地震と土佐（鈴木堯士）「土佐史談」土佐史談会 224 2003.12

宝永大地震・大津波（間城龍男）「土佐史談」土佐史談会 224 2003.12

安政大地震（南海地震）における余震の発生状況について（岡林正十郎）「土佐史談」土佐史談会 224 2003.12

島村右馬丞日記『春秋自記帖』に見る安政南海地震（渡邊哲哉）「土佐史談」土佐史談会 224 2003.12

歴史地震から（岡野健之助）「土佐史談」土佐史談会 224 2003.12

土佐の地震津浪碑（上），（下）（岡村庄造）「土佐史談」土佐史談会 224/225 2003.12/2004.3

台風・豪雨と土佐（澤本弘志）「土佐史談」土佐史談会 224 2003.12

寛文の甚雨強風の記録―御入国以来之損亡御座候（あべこうきち）「土佐史談」土佐史談会 224 2003.12

古層語可能助動詞「サル」に関する考察―琉球方言と土佐方言に基づいて（橋尾直和）「沖縄学：沖縄学研究所紀要」沖縄学研究所 7（1）通号7 2004.3

土佐の長太刀について（小笠原信夫）「高知県立歴史民俗資料館研究紀要」高知県立歴史民俗資料館 （13）2004.3

もっと知ってほしい 土佐の自由民権（石本則男）「自由のともしび：自由民権記念館だより」高知市立自由民権記念館 50 2004.3

佐賀の乱と土佐挙兵計画林有造の行動（松岡正）「西南四国歴史文化論叢よど」西南四国歴史文化研究会 （5）2004.3

織豊期の土佐吉良氏についての一考察（朝倉慶景）「土佐史談」土佐史談会 225 2004.3

戦国期長宗我部氏研究の現状と課題―90年以降の成果を中心として（中脇聖）「土佐史談」土佐史談会 225 2004.3

南路志の宝永地震記録の概要（堅田貞志）「須崎史談」須崎史談会 140 2004.7

高知海南史学会創立40周年記念事業公開シンポジウム「歴史に見る土佐の文化と教育」報告「海南史学」高知海南史学会 （42）2004.8

土佐大平氏についての一考察（上），（下）（朝倉慶景）「土佐史談」土佐史談会 226/（228）2004.8/2005.3

土佐一条氏成立の背景と権力構造について（上）（中脇聖）「土佐史談」土佐史談会 226 2004.8

「自由民権と土佐 高知新聞の100年」展に寄せて（石本則男）「自由のともしび：自由民権記念館だより」高知市立自由民権記念館 51 2004.10

平成16年度特別展「自由民権と土佐 高知新聞の100年」展「自由のともしび：自由民権記念館だより」高知市立自由民権記念館 51 2004.10

俳句と土佐和紙考（上）（友草良雄）「いの史談」いの史談会 （55）2004.11

物語 地中に埋もれていた土佐の女性（宅間一之）「土佐史談」土佐史談会 227 2004.12

機祝いと嫁着物に関する伝承―土佐の婚姻習俗の一断面（坂本正夫）「土佐史談」土佐史談会 227 2004.12

土佐の茶業史（広谷喜十郎）「土佐地域文化」［土佐地域文化研究会］（8）2004.12

土佐酒 水・米・料理（松尾昭仁郎）「土佐地域文化」［土佐地域文化研究会］（8）2004.12

土佐の食物史の一断面（宮川逸雄）「土佐地域文化」［土佐地域文化研究会］（8）2004.12

私の方言しらべ50年（原田英祐）「土佐地域文化」［土佐地域文化研究会］（8）2004.12

NHK大河ドラマと土佐（談話室）（広谷喜十郎）「秦史談」秦史談会 125 2005.1

2004年度特別展記念論文政治型土佐人とその政治観（英保怜一郎）「高知市立自由民権記念館紀要」高知市立自由民権記念館 （13）2005.3

土佐金物「秦史談」秦史談会 126 2005.3

土佐の海防（松岡正）「西南四国歴史文化論叢よど」西南四国歴史文化研究会 （6）2005.3

土佐の船匠『岡家』の航跡（岡義秀）「大平山」三里史談会 （31）2005.3

寛永15年「国絵図徴収」に関する史料をめぐって（渡部淳）「研究紀要」土佐山内家宝物資料館 （3）2005.3

| 四国 | 地名でたどる郷土の歴史 | 高知県 |

延喜式にみる土佐（安部幸吉）「土佐史談」　土佐史談会　（228）2005.3

土佐における楠木氏の末裔について（藤本眞事）「南国史談」　南国史談会　（28）2005.4

土佐は鬼国（1），（2）（松本紀郎）「秦史談」　秦史談会　127/128　2005.5/2005.7

『土佐源氏』再考―「悪党」強盗亀・池田亀五郎の語るもの（井出幸男）「東北学．［第2期］」　東北芸術工科大学東北文化研究センター，柏書房（発売）（4）2005.8

延喜式にみる土佐（2）（安部幸吉）「土佐史談」　土佐史談会　（229）2005.8

新土佐弁・へんしも（原田英祐）「土佐地域文化」　土佐地域文化研究会　（9）2005.8

近世土佐の焙烙―高知平野と周辺の遺跡にみる製品流通とその背景（浜田恵子）「高知市史研究」　高知市　3　2005.12

土佐の地名について―脱線談義あれこれ（大脇保彦）「高知市史研究」　高知市　3　2005.12

エッセー　言葉に見る土佐人気質（下岡正文）「高知市史研究」　高知市　3　2005.12

日露戦争と土佐平民倶楽部（山泉進）「土佐史談」　土佐史談会　（230）2005.12

土佐海軍の系譜（石川泰志）「土佐史談」　土佐史談会　（230）2005.12

江戸期の番所跡発見（小松勝記）「秦史談」　秦史談会　（131）2006.1

例会座談会「土佐弁」「秦史談」　秦史談会　（132）2006.3

「土佐名鑑」にみる明治期の酒造業界について（《酒特集》）（香崎和平）「土佐地域文化」　土佐地域文化研究会　（10）2006.6

高くかほらめ―司牡丹の歴史・日本酒の歴史から見る、土佐と日本の痛快歴史物語（《酒特集》）（竹村昭彦）「土佐地域文化」　土佐地域文化研究会　（10）2006.6

土佐酒雑記―酒樽と酒樽の話（《酒特集》）（坂本正夫）「土佐地域文化」　土佐地域文化研究会　（10）2006.6

連続竪堀群からみた戦国土佐の城（《第22回全国城郭研究者セミナーの報告》）（大久保健司）「中世城郭研究」　中世城郭研究会　（20）2006.7

幕末土佐の運命のライバル（竹村紘一）「歴研よこはま」　横浜歴史研究会　（59）2006.11

幻の土佐の山茶を求めて（談話室）（広谷喜十郎）「秦史談」　秦史談会　（136）2006.11

土佐に渡った堅田氏は誰か（《土佐の佐伯・堅田氏》）「豊後佐伯一族」　豊後佐伯氏中世研究会　（9）2006.11

土佐はニワトリ王国―土佐で作られたニワトリ達（《土佐の芸能・娯楽・大衆風俗史　特集号》）（都築政起）「土佐史談」　土佐史談会　（233）2006.12

土佐のゴルフ史（《土佐の芸能・娯楽・大衆風俗史　特集号》）（山崎信行）「土佐史談」　土佐史談会　（233）2006.12

遊漁の歴史と醍醐味（《土佐の芸能・娯楽・大衆風俗史　特集号》）（岡林正十郎）「土佐史談」　土佐史談会　（233）2006.12

土佐のお座敷遊び（《土佐の芸能・娯楽・大衆風俗史　特集号》）（北村文和）「土佐史談」　土佐史談会　（233）2006.12

紀行にみる近世土佐の人々「岬逕草」および「夷男道行」から（第110回研究会関係資料）（渡邊哲司）「高知史学：歴史研究会紀要」　高知県高等学校教育研究会社会科歴史部会　（38）2007.3

土佐・伊予の史跡を訪ねて（作間重彦）「温故知新」　美東町文化研究会　（34）2007.4

土佐の焼畑とその復興運動（《特集　焼畑と火の思想》）（橋尾直和）「東北学．［第2期］」　東北芸術工科大学東北文化研究センター，柏書房（発売）（11）2007.5

ヨンコン茶（《茶特集》）（井口正直）「土佐地域文化」　土佐地域文化研究会　（11）2007.6

りぐり山茶（《茶特集》）（国友昭香）「土佐地域文化」　土佐地域文化研究会　（11）2007.6

「土佐のお茶」を元気にしよう！―放棄茶園の現状と課題（《茶特集》）（坂本世津夫）「土佐地域文化」　土佐地域文化研究会　（11）2007.6

「自由は土佐の山間より」考（松岡僖一）「高知市立自由民権記念館紀要」　高知市立自由民権記念館　（15）2007.6

戦前における土佐の国有林材流通史（《土佐の産業史　特集号》）（川田勲）「土佐史談」　土佐史談会　（236）2007.12

度量衡史と土佐の事業者の関わりについて（《土佐の産業史　特集号》）（濱口公明）「土佐史談」　土佐史談会　（236）2007.12

土佐の肥料業史（《土佐の産業史　特集号》）（神原章）「土佐史談」　土佐史談会　（236）2007.12

土佐打刃物と産地形成（《土佐の産業史　特集号》）（山崎道信）「土佐史談」　土佐史談会　（236）2007.12

土佐の自動車（《土佐の産業史　特集号》）（西山俊彦）「土佐史談」　土佐史談会　（236）2007.12

米の流通史―付　土佐（《土佐の産業史　特集号》）（松本紀郎）「土佐史談」　土佐史談会　（236）2007.12

土佐の薬業史（《土佐の産業史　特集号》）（岡本友男）「土佐史談」　土佐史談会　（236）2007.12

土佐の珊瑚・先人の歩み　天平「胡渡り」から1255年（《土佐の産業史　特集号》）（庄境邦雄）「土佐史談」　土佐史談会　（236）2007.12

土佐カツオ漁業史の問題点（《土佐の産業史　特集号》）（広谷喜十郎）「土佐史談」　土佐史談会　（236）2007.12

土佐における漁具・船具の変遷史（《土佐の産業史　特集号》）（岡林正十郎）「土佐史談」　土佐史談会　（236）2007.12

土佐のビニール園芸史（《土佐の産業史　特集号》）（前川穎司，前川卓也）「土佐史談」　土佐史談会　（236）2007.12

戦中・戦後の土佐の酒造業史（《土佐の産業史　特集号》）（松尾昭仁郎）「土佐史談」　土佐史談会　（236）2007.12

土佐の洋館史（《土佐の産業史　特集号》）（小谷匡宏）「土佐史談」　土佐史談会　（236）2007.12

土佐の民有林業史（《土佐の産業史　特集号》）（橋田稔）「土佐史談」　土佐史談会　（236）2007.12

大河ドラマ「篤姫」と土佐［1］～（5）（岩崎義郎）「秦史談」　秦史談会　（143）/（147）2008.1/2008.9

企画展「鰹―カツオと土佐人―」のご案内（中村淳子，野本亮，梅野光興）「岡豊風日：高知県立歴史民俗資料館だより」　高知県立歴史民俗資料館　（63）2008.3

土佐弁　一日先生（『高知新聞』より）「秦史談」　秦史談会　（144）2008.3

土佐漂着の「琉球人」―志多伯親雲上・潮平親雲上・伊良皆親雲上を中心に（島村幸一）「沖縄文化研究：法政大学沖縄文化研究所紀要」　法政大学沖縄文化研究所　（34）2008.3

近世土佐西部の医術について若干の史料を見る（小野義廣）「西南四国歴史文化論叢よど」　西南四国歴史文化研究会　（9）2008.4

展示批評　高知県立歴史民俗資料館企画展「鰹―カツオと土佐人―」（林勇作）「地方史研究」　地方史研究協議会　58（5）通号335　2008.10

愛好家の協力で成る　幕末土佐の刀剣と鍔展（三浦夏樹）「飛騰：高知県立坂本龍馬記念館だより」　高知県立坂本竜馬記念館　（67）2008.10

歴民のパティオ（7）土佐のまほろば三部作（宅間一之）「岡豊風日：高知県立歴史民俗資料館だより」　高知県立歴史民俗資料館　（66）2008.12

漂着船と土佐（《「欧米文化と土佐人の交流」特集号》）（渡邊哲哉）「土佐史談」　土佐史談会　（239）2008.12

新研究の手引　土佐の地名を調べるには（藤田雅子）「海南千里：土佐山内家宝物資料館だより」　土佐山内家宝物資料館　（27）2009.1

土佐弁タイム（『高知新聞』から）「秦史談」　秦史談会　（151）2009.5

蛙の放送　僕の土佐日記（澤田正二郎）「秦史談」　秦史談会　（152）2009.7

近世和文体と土佐の和文（上），（下）（竹本義明）「土佐史談」　土佐史談会　（241）/（243）2009.7/2010.03

澤田正二郎の『僕の土佐日記』を読んで（松本紀郎）「秦史談」　秦史談会　（153）2009.10

ここは館長の部屋　難しい"土佐弁"（森健志郎）「飛騰：高知県立坂本龍馬記念館だより」　高知県立坂本竜馬記念館　（71）2009.10

土佐七色紙異聞（大原富枝賞・優秀賞）（濱田重三郎）「いの史談」　いの史談会　（60）2009.10

戦前・戦中における一漁村の青年団活動（岡林正十郎）「土佐史談」　土佐史談会　（243）2010.3

「鍔は知っている！」（1）～（7）土佐の幕末維新（小島一男）「飛騰：高知県立坂本龍馬記念館だより」　高知県立坂本竜馬記念館　（73）/（79）2010.4/2011.10

土佐の偉人と海とのかかわり（松田米博）「伊予市の歴史文化」　伊予市歴史文化の会　（63）2010.8

企画展「幕末維新新土佐庶民生活誌」によせて　平成22年10月8日（金）～11月23日（火）（梅野光興，中村淳子）「岡豊風日：高知県立歴史民俗資料館だより」　高知県立歴史民俗資料館　（72）2010.10

土佐鐔について（公文久雄）「高知県立坂本龍馬記念館・現代龍馬学会紀要」　高知県立坂本龍馬記念館・現代龍馬学会　（2）2011.1

幕末土佐に於ける銃砲の変遷（小島一男）「高知県立坂本龍馬記念館・現代龍馬学会紀要」　高知県立坂本龍馬記念館・現代龍馬学会　（2）2011.1

古文書への招待　震災関係文書（藤田雅子）「海南千里：土佐山内家宝物資料館だより」　土佐山内家宝物資料館　（34）2011.6

開館20周年企画展「土佐を撮る　田辺寿男の民俗写真3」によせて（中村淳子）「岡豊風日：高知県立歴史民俗資料館だより」　高知県立歴史民俗資料館　（76）2011.9

龍馬と土佐西南部の勤王志士展総括　さらなる解明と調査（三浦夏樹）「飛騰：高知県立坂本龍馬記念館だより」　高知県立坂本竜馬記念館　（79）2011.10

長宗我部元親と土佐の戦国史跡巡り―一條家と土佐七守護ゆかりの地を訪ねて（れきみんニュース）「岡豊風日：高知県立歴史民俗資料館だより」　高知県立歴史民俗資料館　（77）2011.12

941

土佐の近世絵図、その歴史地理資料面の解題事始め―高知城下町絵図を中心事例に（近世の土佐 特集号）（大脇保彦）「土佐史談」 土佐史談会 （248）2011.12

近世土佐の国境とヘンロ（近世の土佐 特集号）（小松勝記）「土佐史談」 土佐史談会 （248）2011.12

上岡薇峰と安政地震（近世の土佐 特集号）（岩﨑義郎）「土佐史談」 土佐史談会 （248）2011.12

康和南海地震・正平南海地震（近世の土佐 特集号）（間城龍男）「土佐史談」 土佐史談会 （248）2011.12

土佐の水稲二期作（続）（農業特集）（原田英祐）「土佐地域文化」「土佐地域文化研究会」 （12）2011.12

「坂の上の雲」と土佐（広谷喜十郎）「秦史談」 秦史談会 （166）2011.12

慶長期の禁裏普請をめぐる幕府と大名―特に土佐山内家を事例として（種村威史）「研究紀要」 土佐山内家宝物資料館 （10）2012.3

琉球船、土佐漂着資料にみる伝承的記事をめぐって―二つの天女伝承を中心に（島村幸一）「奄美沖縄民間文芸学」 奄美沖縄民間文芸学会 （11）2012.3

巻頭言 琉球船、土佐漂着資料の世界（島村幸一）「法政大学沖縄文化研究所所報」 法政大学沖縄文化研究所 （70）2012.3

土佐の訛り（藤本知子）「秦史談」 秦史談会 （169）2012.5

土佐の○ 地域とともに（筒井聡史）「海南千里 : 土佐山内家宝物資料館だより」 土佐山内家宝物資料館 （37）2012.6

土佐人の心（谷三男）「須崎史談」 須崎史談会 （163）2012.8

絵図「露天丸入港」「サンフェリーペ座礁」（永田淳哉）「秦史談」 秦史談会 （170）2012.8

高知県立歴史民俗資料館歴史講座「土佐・源平の動きと平家の落人」（れきみんニュース）「岡豊風日 : 高知県立歴史民俗資料館だより」 高知県立歴史民俗資料館 （80）2012.9

土佐佐竹氏の興亡と柴田外記（竹村紘一）「佐川史談霧生関」 佐川史談会 （48）通号81 2012.11

土佐の乗馬術（長山昌広）「高知市立自由民権記念館紀要」 高知市立自由民権記念館 （20）2012.12

土佐 カジとコウゾ 私の迷走（北村唯治）「いの史談」 いの史談会 （63）2013.2

交流展を終えて「坂本龍馬と幕末の土佐」「岡山県立博物館だより」 岡山県立博物館 （77）2013.3

高知市史近世部会連携展参加―知らなかったこんな土佐 in 江戸時代―平成24年度企画展報告「近世土佐の災害」「自由のともしび : 自由民権記念館だより」 高知市立自由民権記念館 74 2013.3

土佐一条家の成立と国人加久見氏（中近併）「西南四国歴史文化論叢よど」 西南四国歴史文化研究会 （14）2013.4

『鐔は知っている―土佐の明治維新』（小島博明著）（前田由紀枝）「飛騰 : 高知県立坂本龍馬記念館だより」 高知県立坂本竜馬記念館 （85）2013.4

土佐の○ 地域とともに 「地域記録集 土佐の村々」の発刊（筒井聡史）「海南千里 : 土佐山内家宝物資料館だより」 土佐山内家宝物資料館 （40）2013.6

出征兵の望郷歌 後世に 『南国土佐を後にして』1959年 提供：秦泉寺静興「『讀賣新聞』より」「秦史談」 秦史談会 （175）2013.8

「土佐異界談義」盛会に終わる（れきみんニュース）「岡豊風日 : 高知県立歴史民俗資料館だより」 高知県立歴史民俗資料館 （83）2013.10

あと一ヵ月「土佐の武術」展（亀尾美香）「飛騰 : 高知県立坂本龍馬記念館だより」 高知県立坂本竜馬記念館 （87）2013.10

百姓たちと馬の売買（土佐にはこんな馬がいた）（大黒恵理）「岡豊風日 : 高知県立歴史民俗資料館だより」 高知県立歴史民俗資料館 （84）2013.12

土佐の馬の民俗（土佐にはこんな馬がいた）（梅野光興）「岡豊風日 : 高知県立歴史民俗資料館だより」 高知県立歴史民俗資料館 （84）2013.12

歴史 土佐駒のイメージ（学芸員の机から）「岡豊風日 : 高知県立歴史民俗資料館だより」 高知県立歴史民俗資料館 （84）2013.12

表紙 南国土佐大博覧会会場図（吉田初三郎画伯筆）高知開市三百年記念繪端書・土佐葉書會発行（葉書提供 谷是氏）（昭和12年）「土佐史談」 土佐史談会 （254）2013.12

昭和12年、享楽の終焉―南国土佐大博覧会～盧溝橋事件（「昭和史」特集号）（今井章博）「土佐史談」 土佐史談会 （254）2013.12

土佐無産者学校素描（「昭和史」特集号）（吉田文茂）「土佐史談」 土佐史談会 （254）2013.12

忘れられた土佐駒（渡部淳）「海南千里 : 土佐山内家宝物資料館だより」 土佐山内家宝物資料館 （42）2014.1

古文書への招待 幕藩関係を支えた土佐駒（渡部淳）「海南千里 : 土佐山内家宝物資料館だより」 土佐山内家宝物資料館 （42）2014.1

土佐の○ 地域とともに 地域資料調査の生み出す広がり―竹林寺所蔵資料の調査から展示へ（横山和弘）「海南千里 : 土佐山内家宝物資料館だより」 土佐山内家宝物資料館 （42）2014.1

「海瀬舟行図」「海瀬牒」（土佐分）（資料紹介）（藤田雅子，尾本師子）「研究紀要」 土佐山内家宝物資料館 （12）2014.3

近世日本の「堀湊（掘り込み港湾）と土佐（研究論文）（荻慎一郎）「海南史学」 高知海南史学会 （52）2014.8

土佐、長宗我部の陣を訪ねて（清松直人）「落穂」 大分市大南地区文化財同好会 （80）2014.8

土佐銀行

運命の分かれ道―高知銀行と土佐銀行（小野寺幹夫）「土佐史談」 土佐史談会 （255）2014.3

土佐市

土佐市のブンタン生産―生産の現状と展望（農業特集）（松田葉寿記）「土佐地域文化」「土佐地域文化研究会」 （12）2011.12

土佐路

土佐路を訪ねて（高嶋清）「郷土東かがわ」 東かがわ市文化財保護協会 （75）2008.3

土佐清水市

戦後における土佐鰹節職人の地域移動と生活交流―高知県土佐清水市の女性鰹節職人の生活史をもとに（若林良和）「土佐地域文化」「土佐地域文化研究会」 （11）2007.6

研究会報告 第131回 地域巡検 四万十市・土佐清水市「高知史学 : 歴史研究会紀要」 高知県高等学校教育研究会社会科歴史部会 （44）2014.3

土佐電気鉄道

土佐電気鉄道（《土佐の産業史 特集号》）（山本淳一）「土佐史談」 土佐史談会 （236）2007.12

歴史 土佐電氣鐵道の路面電車（学芸員の机から）（寺川）「岡豊風日 : 高知県立歴史民俗資料館だより」 高知県立歴史民俗資料館 （67）2009.3

土佐国

九州における土佐国関係史料（1）～（3）（森猛）「古文書に親しむ会通信」 古文書に親しむ会事務局 7/11 2000.1/2000.8

研究の手引き 『土佐国群書類従』（山下堅太郎）「海南千里 : 土佐山内家宝物資料館だより」 土佐山内家宝物資料館 11 2003.9

土佐国郡家と沼山村馬牧の歴史地理学的考察―土佐郡・長岡郡家と沼山村馬牧（朝倉慶景）「土佐史談」 土佐史談会 （229）2005.8

観心の擾乱と土佐国―長徳寺観応二年文書小考（福岡彰徳）「土佐史談」 土佐史談会 （229）2005.8

ヘンロに関係する土佐国の番所（小松勝記）「秦史談」 秦史談会 （136）2006.11

戦国末期における給人の生業形態と河川水運―土佐国山間部柳瀬川・春日川とその流域（片岡健）「土佐史談」 土佐史談会 （237）2008.3

中世前期土佐国の地域構造と権力配置―源希義とその周辺の考察から（《「土佐の古代・中世史」特集号》）（市村高男）「土佐史談」 土佐史談会 （242）2009.12

整理と保存（32）修理報告「土佐国絵図」（田井東浩平）「海南千里 : 土佐山内家宝物資料館だより」 土佐山内家宝物資料館 （32）2010.10

古文書への招待 寛文七年浦々巡見使と土佐国絵図（渡部淳）「海南千里 : 土佐山内家宝物資料館だより」 土佐山内家宝物資料館 （32）2010.10

活動報告 描かれた土佐藩―国絵図の世界― 関連企画（1）特別講座「国絵図の読み方―高知市民図書館所蔵「土佐国旧縁絵図」を中心に―」、関連企画（2）講演会「国絵図をつくる―東京芸術大学国絵図復元プロジェクトチームの報告―」／体験！ 発見！ 日本の伝統文化（5）雅楽／お月見の会（中屋真理）「海南千里 : 土佐山内家宝物資料館だより」 土佐山内家宝物資料館 （36）2012.1

土佐国における庄屋制の成立（平井上総）「戦国史研究」 戦国史研究会，吉川弘文館（発売） （64）2012.8

近世土佐国西南部の鼻前廻船商人の実像―紀州海民の動向と山城屋の足跡を通じて（田村公利）「西南四国歴史文化論叢よど」 西南四国歴史文化研究会 （14）2013.4

近世土佐国西南部における鼻前廻船商人の足跡―袋屋関連の石造物及び過去帳等から見た一考察（田村公利）「西南四国歴史文化論叢よど」 西南四国歴史文化研究会 （15）2014.4

土佐の○ 地域とともに 「地域連携の試み―「お城下で見る土佐國」の開催―」（筒井聡史）「海南千里 : 土佐山内家宝物資料館だより」 土佐山内家宝物資料館 （43）2014.6

土佐橋

土佐橋（藤本知子）「秦史談」 秦史談会 （149）2009.1

土佐藩

土佐藩の諸相（森口幸司）「海南千里 : 土佐山内家宝物資料館だより」 土佐山内家宝物資料館 3 2001.1

土佐藩の諸相（森口幸司）「海南千里 : 土佐山内家宝物資料館だより」 土佐山内家宝物資料館 4 2001.4

土佐藩の諸相（渡部淳）「海南千里 ： 土佐山内家宝物資料館だより」 土佐山内家宝物資料館 　5　2001.8

慶応4年土佐藩の松山占領（山崎善啓）「伊予史談」 伊予史談会 （325） 2002.4

土佐藩の諸相 高知城下事件簿（5）雨と城下町（渡部淳）「海南千里 ： 土佐山内家宝物資料館だより」 土佐山内家宝物資料館 　9　2003.1

土佐藩の諸相 高知城下事件簿（6）遊行上人の病死（渡部淳）「海南千里 ： 土佐山内家宝物資料館だより」 土佐山内家宝物資料館 　10　2003.5

土佐藩の大政奉還決定過程について（豊田満広）「土佐史談」 土佐史談会 　223　2003.8

特設展紹介 土佐藩歴代藩主展/高知城と城下町展「海南千里 ： 土佐山内家宝物資料館だより」 土佐山内家宝物資料館 　11　2003.9

土佐藩の諸相 高知城下事件簿（7）維新と城下町（渡部淳）「海南千里 ： 土佐山内家宝物資料館だより」 土佐山内家宝物資料館 　11　2003.9

江戸前中期における土佐藩の陣立一主に鉄砲隊・長柄鑓隊について（長尾隆幸）「織豊期研究」 織豊期研究会 （5）2003.11

三宮家資料に見る武士の生活の一側面一藩庁への差出を中心に（渡邊哲也）「いの史談」 いの史談会 （54）2003.11

江戸初中期における土佐藩の騎馬層形成政策について（長屋隆幸）「海南史学」 高知海南史学会 （42）2004.8

藩政期の食文化と現代（福吉要吉）「土佐地域文化」［土佐地域文化研究会］（8）2004.12

土佐藩主の参勤交代、北山道と川之江本陣（井上英文）「宇摩史談」 宇摩史談会 （89）2005.1

十人両替助利と土佐・薩摩両藩（境淳伍）「大阪春秋」 新風書房 34（1）通号118　2005.4

土佐藩における幕末維新期の海防（山下寿弥）「研究紀要」 土佐山内家宝物資料館 （4）2006.3

土佐藩ゆかりの地名（野ց宏之）「編纂所だより」 大阪市史編纂所 （26）2006.6

「郡山宿本陣」の土佐藩の記録（島野穣）「秦史談」 秦史談会 （137）2007.1

土佐藩の茶道一石州流の歴史（永吉渓滋）「土佐山田史談」 土佐山田史談会 （31）2007.3

土佐藩における廻船・市艇（上）,（下）（関陸造）「海南史学」 高知海南史学会 　通号45/通号46　2007.8/2008.8

特設展紹介 山内文書の世界一朝廷・豊臣家・徳川将軍家/山内家のひな道具「海南千里 ： 土佐山内家宝物資料館だより」 土佐山内家宝物資料館 （24）2008.1

幕末の秋田県と土佐藩史的条件の共有について（歴史情報）（伊藤正）「秋田歴研協会誌」 秋田県歴史研究者・研究団体協議会 （45）2010.12

古文書への招待 土佐藩役人の文書整理（山崎竜洋）「海南千里 ： 土佐山内家宝物資料館だより」 土佐山内家宝物資料館 （33）2011.1

土佐藩を動かした人々（渡部淳）「海南千里 ： 土佐山内家宝物資料館だより」 土佐山内家宝物資料館 （38）2012.9

古文書への招待 公家の流罪事件と土佐藩（千葉拓真）「海南千里 ： 土佐山内家宝物資料館だより」 土佐山内家宝物資料館 （38）2012.9

常設展 志士の遺墨一土佐藩士の遺墨/特別展 連光寺の「聖蹟」化と多摩聖蹟記念館「雑木林 ： 旧多摩聖蹟記念館広報」 多摩市教育委員会 150　2012.10

「"土佐藩探索御用役"がみた幕末」展一京都藩邸史料から一 古文書に歴史のスリルを感じて 生きた幕末を知る手がかり（亀尾美香）「飛騰： 高知県立坂本龍馬記念館だより」 高知県立坂本竜馬記念館 （83）2012.10

特設展関連行事報告 特別講座 藩主の一生一儀礼と生活（土佐藩歴代藩主展）、土佐藩の人々（土佐藩の人々展）、江戸時代検定 第7回（初級）（横山和弘）/シンポジウム「武士の世界」「民衆の世界」（高知市史近世部会連携展）（片岡剛）「海南千里 ： 土佐山内家宝物資料館だより」 土佐山内家宝物資料館 （39）2013.1

土佐藩の馬廻組について（大野充彦）「土佐史談」 土佐史談会 （252）2013.3

江戸時代における公家の流罪と土佐藩一滋野井実光の配流をめぐって（千葉拓真）「研究紀要」 土佐山内家宝物資料館 （11）2013.3

古文書への招待 江戸詰藩士の住宅事情（藤田雅子）「海南千里 ： 土佐山内家宝物資料館だより」 土佐山内家宝物資料館 （40）2013.6

「土佐藩歴代藩主展」関連行事 特別講座「江戸時代における長宗我部元親の法要について一霊蹊寺蔵 元親二百年忌・二百五十年忌文書の紹介一」 7月14日（日）（特設展関連行事報告）「海南千里 ： 土佐山内家宝物資料館だより」 土佐山内家宝物資料館 （41）2013.10

「土佐藩歴代藩主展」関連行事 小中学生向けワークシート 会期中（特設展関連行事報告）（中屋真理）「海南千里 ： 土佐山内家宝物資料館だより」 土佐山内家宝物資料館 （41）2013.10

「土佐藩・土居関係資料所蔵博物館連携協定」の締結と展望（事業報告）（筒井聡史）「海南千里 ： 土佐山内家宝物資料館だより」 土佐山内家宝物資料館 （42）2014.1

土佐藩領の「浦」と「堀湊」（2013年度シンポジウム・巡見報告一シンポジウム報告要旨）（荻慎一郎）「交通史研究」 交通史学会, 吉川弘文館（発売）（82）2014.2

幕末維新期土佐藩における藩営捕鯨業一開成館捕鯨局の経営と労働組織（古賀康士）「研究紀要」 土佐山内家宝物資料館 （12）2014.3

古文書への招待 近代山内家の「武士の商法」（古賀康士）「海南千里 ： 土佐山内家宝物資料館だより」 土佐山内家宝物資料館 （43）2014.6

古文書への招待 長宗我部氏の材木献上と土佐藩（横山和弘）「海南千里 ： 土佐山内家宝物資料館だより」 土佐山内家宝物資料館 （44）2014.10

土佐村

会員だより 「土佐村の今昔ものがたり」編集にあたってのあれこれ（長田通昭）「きび野」 岡山県郷土文化財団 （132）2014.1

土佐山田町

高知県を取り巻く火山灰一その噴出過程と土佐山田町における産状（とくにアカホヤ火山について）（研川英征）「土佐山田史談」 土佐山田史談会 　29　2005.3

土佐山田町の小字「ホノギ」の由来を考える（上村敬介）「土佐山田史談」 土佐山田史談会 　29　2005.3

土佐山田町の造り酒屋（松尾昭仁郎）「土佐山田史談」 土佐山田史談会 （31）2007.3

藩政時代の土佐山田町内の農村（上村敬介）「香美史談」 香美史談会 （1）2008.3

轟橋

地名往来 轟橋（『高知新聞』より）「秦史談」 秦史談会 （158）2010.7

戸波

座談会 戸波のまちづくりと内田雄造さん・若竹グループとの出会い（特集 内田雄造・前理事長を追悼する）（武森徳嗣、西村宏子、西村幸恵、西村憲一、吉田勉［司会］、井桁碧［司会］、藤沢靖介［司会］）「明日を拓く」 東日本部落解放研究所, 解放書店（発売）38（1・2）通号91・92　2011.11

報告 戸波地区（土佐市）のまちづくりを歩く（特集 内田雄造・前理事長を追悼する）（西村憲一）「明日を拓く」 東日本部落解放研究所, 解放書店（発売）38（1・2）通号91・92　2011.11

戸波城

高岡郡のいわゆる戸波城について（朝倉慶景）「土佐史談」 土佐史談会 （247）2011.7

豊永郷

豊永郷の生活（釣井龍秀）「土佐地域文化」［土佐地域文化研究会］（8）2004.12

十和

「四万十の茶の湯炭」の夢一十和でクヌギの炭は不可能か？（《茶特集》）（宮川敏彦）「土佐地域文化」［土佐地域文化研究会］（11）2007.6

長岡郡

長岡郡・香美郡の郡境碑について（神田二三夫）「南国史談」 南国史談会 （32）2009.3

長岡郡家

土佐国郡家と沼山村馬牧の歴史地理学的考察一土佐郡・長岡郡家と沼山村馬牧（朝倉慶景）「土佐史談」 土佐史談会 （229）2005.8

長島愛生園

長島愛生園と土井八枝（織田篤子）「土佐史談」 土佐史談会 　227　2004.12

中島町

路傍の歴史 中島町の池の跡 高知市鷹匠町一丁目（藤田雅子）「海南千里 ： 土佐山内家宝物資料館だより」 土佐山内家宝物資料館 （33）2011.1

高知城下・中島町の保塁（出城）についての仮説一軍事学上から見た防衛策を試案する（前田祐司）「土佐史談」 土佐史談会 （253）2013.7

中谷

秦の昔話 その25 中谷の巻 夢から建ったお墓（永野美智子）「秦史談」 秦史談会 （162）2011.3

中土佐

中土佐・窪川方面史跡めぐり「須崎史談」 須崎史談会 141　2004.10

中土佐町

中土佐町史料及び『土佐のカツオ漁業史』編纂記（1）（林勇作）「土佐地域文化」［土佐地域文化研究会］（6）2003.1

カツオのタタキ実演販売と地域交流一高知県中土佐町のキャラバン隊同行記（若林良和）「土佐地域文化」［土佐地域文化研究会］（7）2003.7

高知・海辺の風景を歩く 須崎市・中土佐町（2）（宮川敏彦）「土佐地域文化」［土佐地域文化研究会］（10）2006.6

長浜

長浜と御畳瀬を結ぶ歴史の道（瀬戸鉄男）「秦史談」　秦史談会　（136）
2006.11

中村

木戸家古文書に見る土佐中村俳壇の展望（1）～（4）（浜田数義）「土佐史
談」　土佐史談会　220/226　2002.8/2004.8

中村の藤地溝（岡村憲治）「西南四国歴史文化論叢よど」　西南四国歴史文
化研究会　（9）2008.4

戦国都市中村の実像と土佐一条氏（市村高男）「西南四国歴史文化論叢よ
ど」　西南四国歴史文化研究会　（10）2009.4

中村・宿毛の民権史跡を訪ねて「民権の炎 : 自由民権記念館友の会だ
より」　自由民権記念館友の会　（42）2011.7

第15回予土交流会―四万十川中村―報告（岡村征勝）「西南四国歴史文化
論叢よど」　西南四国歴史文化研究会　（15）2014.4

名切川

地名往来「名切川」（高知新聞より）「秦史談」　秦史談会　（154）2009.12

那須

那須出火の節諸所より見舞いに預かる覚え明治五年申九月廿四日（《樟
原史談》）（上田茂敏）「樟原 文芸・史談」　樟原町文化協会　（34）
2009.10

名野川

名野川郷逃散につき近郷庄屋等大騒動―天保十三年日記帖より（北川通
雄）「佐川史談霧生関」　佐川史談会　（42）通号75　2006.11

南海之津

鯨野郷～平安時代/以南村～鎌倉時代/シ氷～南北朝時代/加久見氏と清
水～室町・戦国時代/南海之津～異国への窓（幡多郡 清水村―自然と
歴史 高知県土佐清水市清水地区）「地域記録集土佐の村々」［土佐山
内家宝物資料館］　（2）2014.3

南国

南国の維新の群像（藤本眞事）「南国史談」　南国史談会　（33）2010.4

江戸時代の南国―地域資料にみる人々のくらし（大黒恵理、野本亮）「岡
豊風日 : 高知県立歴史民俗資料館だより」　高知県立歴史民俗資料館
（82）2013.7

南国市

南国市発足前後の思い出（田岡信雄）「南国史談」　南国史談会　（26）
2003.4

南国市に残る旧日本軍陣地遺構とその戦術（前田祐司）「土佐史談」　土佐
史談会　（230）2005.12

南国市と歴史と史跡（宅間一之）「南国史談」　南国史談会　（29）2006.3

史跡めぐり 南国市北部（田中靖）「南国史談」　南国史談会　（32）2009.3

史跡めぐり（1）南国市南部と桂浜周辺（田中靖）「南国史談」　南国史談
会　（33）2010.4

地震教訓記した命の碑 南国市の歴民館 県内24基の拓本展示（『高知新
聞』より）「秦史談」　秦史談会　（174）2013.5

南国市内の戦争遺跡（藤本眞事）「南国史談」　南国史談会　（37）2014.3

仁井田

仁井田郷地検帳に散見する公文職・専当職について（甫喜本一）「西南四
国歴史文化論叢よど」　西南四国歴史文化研究会　（11）2010.4

仁井田荘

一条氏の仁井田荘土居政所の現在地について（甫喜本一）「西南四国歴史
文化論叢よど」　西南四国歴史文化研究会　（12）2011.4

西郡

山内豊煕公の西郡巡見（岩崎義郎）「秦史談」　秦史談会　114　2003.3

西谷

秦の昔話（22）「教正寺」二題（西谷の巻）（永野美智子）「秦史談」　秦史
談会　（154）2009.12

仁淀川

仁淀川流域の方言調査（仙石理世）「高知史学 : 歴史研究会紀要」　高知
県高等学校教育研究会社会科歴史部会　（38）2007.3

談話室 仁淀川流域史を考える（広谷喜十郎）「秦史談」　秦史談会
（142）2007.11

鮎雑話と仁淀川の今（田村耕助）「いの史談」　いの史談会　（61）2011.1

仁淀川町

仁淀川町の歴史について 巡検資料（第108回研究会資料）（岡林照壽）「高
知史学 : 歴史研究会紀要」　高知県高等学校教育研究会社会科歴史部
会　（37）2006.3

仁淀川町の歴史探訪（坂本靖）「高知史学 : 歴史研究会紀要」　高知県高
等学校教育研究会社会科歴史部会　（38）2007.3

韮生山

韮生山崩れにまつわる伝説について（野中佐知子）「土佐史談」　土佐史談

沼山村

土佐国郡家と沼山村馬牧の歴史地理学的考察―土佐郡・長岡郡家と沼山
村馬牧（朝倉慶景）「土佐史談」　土佐史談会　（229）2005.8

野田

野田地区の歴史（岩原信守）「南国史談」　南国史談会　（31）2008.3

野根

野根の名物・野根まんじゅう（原田英祐）「土佐地域文化」［土佐地域文
化研究会］　（8）2004.12

野根川

野根川流域の寒茶（《茶特集》）（原田英祐）「土佐地域文化」［土佐地域
文化研究会］　（11）2007.6

萩谷

資料見聞 災害と石造物―土佐市宇佐萩谷の地震碑（岡本桂典）「岡豊風日
: 高知県立歴史民俗資料館だより」　高知県立歴史民俗資料館　（81）
2013.3

蓮池城

地検帳の名請分析による在地構造の一様相―高岡郡蓮池城周辺地の事例
（《「土佐の古代・中世史」特集号》）（大脇保彦）「土佐史談」　土佐史
談会　（242）2009.12

蓮池城について（《「土佐の古代・中世史」特集号》）（板原博文）「土佐史
談」　土佐史談会　（242）2009.12

秦

ふるさと再発見 秦展 中間報告（事務局）「秦史談」　秦史談会　116
2003.7

秦の昔話 「幽霊橋」（永野美智子）「秦史談」　秦史談会　117　2003.9

ふるさと再発見 秦展 報告（事務局）「秦史談」　秦史談会　117　2003.9

2004年度企画展「ふるさと再発見 秦展―北山の里」「自由のともしび :
自由民権記念館だより」　高知市立自由民権記念館　50　2004.3

「ふるさと再発見秦展」こぼれ話（松本紀郎）「秦史談」　秦史談会　120
2004.3

「ふるさと再発見秦展」現状「秦史談」　秦史談会　120　2004.3

グラフ 秦展（小松勝記）「秦史談」　秦史談会　121　2004.5

秦地区の史跡（1）（広谷喜十郎）「秦史談」　秦史談会　121　2004.5

「ふるさと大発見―秦」のごくごく私的な記憶（宮崎篤子）「秦史談」　秦
史談会　122　2004.7

「秦展」主催者のあいさつ（実行委員会）「秦史談」　秦史談会　122
2004.7

秦地区の史跡（2）市広報から（広谷喜十郎）「秦史談」　秦史談会　122
2004.7

平成16年度企画展「ふるさと再発見 秦展―北山の里」をふり返って「自
由のともしび : 自由民権記念館だより」　高知市立自由民権記念館
51　2004.10

「秦展」をふり返って（館だより）（松本紀郎）「秦史談」　秦史談会　124
2004.11

11月例会座談会から 「秦の水」「秦史談」　秦史談会　125　2005.1

昭和30年～40年台の秦から［1］～（3）（中島佐）「秦史談」　秦史談会
127/（129）2005.5/2005.9

昭和30年後半～40年台の秦から（4）（中島佐）「秦史談」　秦史談会
（130）2005.11

秦の川の名（松本紀郎）「秦史談」　秦史談会　（141）2007.9

「秦地区史跡名勝案内図」初設置懇親会より「秦史談」　秦史談会
（142）2007.11

「秦の史蹟めぐり」（資料）（松本紀郎）「秦史談」　秦史談会　（142）
2007.11

秦地区の手水鉢（1），（2）（松本紀郎）「秦史談」　秦史談会　（156）/
（157）2010.3/2010.05

秦地区の戦争遺跡（松本紀郎）「秦史談」　秦史談会　（164）2011.8

「ローカルジャーナル 秦史談」（『高知新聞』より）「秦史談」　秦史談会
（167）2012.2

「ローカルジャーナル 秦史談」（『高知新聞』より）「秦史談」　秦史談会
（168）2012.3

「ローカルジャーナル 秦史談」（『高知新聞』より）「秦史談」　秦史談会
（169）2012.5

「ローカルジャーナル 秦史談」（『高知新聞』より）「秦史談」　秦史談会
（170）2012.8

「ローカルジャーナル 秦史談」（『高知新聞』より）「秦史談」　秦史談会
（171）2012.9

「ローカルジャーナル 秦史談」（『高知新聞』より）「秦史談」　秦史談会
（172）2012.12

「ローカルジャーナル 秦史談」（『高知新聞』より）「秦史談」　秦史談会

四国　　　　　　　　　　　　　　　　　地名でたどる郷土の歴史　　　　　　　　　　　　　　　高知県

（173）2013.2
「ローカルジャーナル 秦史談」（『高知新聞』より）「秦史談」秦史談会
（174）2013.5
「ローカルジャーナル 秦史談」（『高知新聞』より）「秦史談」秦史談会
（175）2013.8
方丈の記 編集委員回し書き（31）秦史談会（高知市）発足30年（『高知新
聞』より）「秦史談」秦史談会（175）2013.8

秦小学校
戦後の秦小学校の思い出（談話室）（窪内幸三郎）「秦史談」秦史談会
（137）2007.1
秦小学校ノ移転及改築（森田定）「秦史談」秦史談会（137）2007.1

八田堰
八田堰と吾南平野—野中兼山の水利事業（恩地茂）「大平山」三里史談会
（40）2014.3

幡多荘
土佐国幡多荘の船所について（東近伸）「土佐史談」土佐史談会（235）
2007.7
戦国期一条氏の家領維持政策に見る福原荘と幡多荘（中脇聖）「年報赤松
氏研究」赤松氏研究会（4）2011.3
土佐国幡多荘の世界と中世の下田（東近伸）「西南四国歴史文化論叢よ
ど」西南四国歴史文化研究会（12）2011.4

八畳岩
高知県坂本龍馬記念館・現代龍馬学会 私のテーマ 龍馬縁の地「八畳岩
への思い」（川村貞夫）「飛騰 ： 高知県立坂本龍馬記念館だより」高
知県立坂本竜馬記念館（77）2011.4

鉢木城
鉢木城跡（前田和男，大原純一）「須崎史談」須崎史談会 140 2004.7

八幡城
八幡城跡（大原純一）「佐川史談霧生関」佐川史談会（49）通号82
2013.10

八幡荘
夜明けの群像—八幡荘伝承記の謎を探る（吉良武）「佐川史談霧生関」佐
川史談会 39 2003.10

春野町
春野町に踏鞴場があった（小松勝記）「秦史談」秦史談会 120 2004.3

晩成舎
土佐藩最古の寺子屋・晩成舎（神田二三夫）「南国史談」南国史談会
（29）2006.3

幡多
防意軒半開の『幡多紀行』から（小松勝記）「秦史談」秦史談会（132）
2006.3
遺稿 百姓（庶民）に就いて 近世幡多地方の場合（小野義廣）「西南四国歴
史文化論叢よど」西南四国歴史文化研究会（12）2011.4
第125回研究会報告 幡多地域史巡検（宿毛市）講師：中津吉弘・南友博
「高知史学 ： 歴史研究会研究紀要」高知県高等学校教育研究会社会科歴
史部会（42）2012.3
『長宗我部検地帳』にみる幡多・高岡郡の漁村—村君、刀祢、漁夫、舟番
匠、舟頭、水主、使について（甫喜本一）「西南四国歴史文化論叢よど」
西南四国歴史文化研究会（15）2014.4

幡多倉公園
路傍の歴史 幡多倉公園（山崎竜洋）「海南千里 ： 土佐山内家宝物資料館
だより」土佐山内家宝物資料館（32）2010.10

東川
東川（〈梼原史談〉—集落の屋地・屋号）（吉岡英雄）「梼原 文芸・史談」
梼原町文化協会（31）2006.11

彦八堰
彦八堰はどこに（岩崎義郎）「秦史談」秦史談会（139）2007.5

久枝
土陽新聞にみる吉川家と久枝の水論（神田二三夫）「南国史談」南国史談
会（35）2012.4

久方
浦戸湾十景、久方の海岸について（瀬戸鉄男）「大平山」三里史談会
（35）2009.3

土方久元屋敷
江戸切絵図に「土方久元屋敷」を探る（松本紀郎）「秦史談」秦史談会
（172）2012.12

比島
図説・比島から一宮への往還（小松勝記）「土佐史談」土佐史談会
（231）2006.3

美人小路
美人小路で龍馬と出会う（150号記念「ひとこと」集）（瀬戸鉄男）「秦史
談」秦史談会（150）2009.3

日高村
がんばれ！ 山の茶—山間地茶業振興策 高知県日高村—霧山茶業組合の
取り組み《茶特集》（矢野政彦）「土佐地域文化」［土佐地域文化研
究会］（11）2007.6
日高村の郷士出身・松岡毅軒（時敏）と当時の日高村下分のこと（武山高
之）「土佐史談」土佐史談会（246）2011.3
千本杉の蚕室とそれを建てた祖父・只次郎のこと—只次郎の生涯から見
た二十世紀前半の日高村の社会史（武山高之）「土佐史談」土佐史談
会（252）2013.3

日和山
土佐藩の天気予報と種崎日和山（間城龍男）「土佐史談」土佐史談会
（232）2006.7

広野
広野（〈梼原史談〉—集落の屋地・屋号）（竹田彰一）「梼原 文芸・史談」
梼原町文化協会（31）2006.11
広野部落の屋地・屋号（〈梼原史談〉）（竹田彰一）「梼原 文芸・史談」梼
原町文化協会（32）2007.11
広野・宮野々の史跡（〈梼原史談〉—町内史跡巡り報告）（片岡昭夫）「梼
原 文芸・史談」梼原町文化協会（32）2007.11

ひろめ市場
路傍の歴史 家老屋敷跡 ひろめ市場 高知市追手筋二丁目付近（片岡剛）
「海南千里 ： 土佐山内家宝物資料館だより」土佐山内家宝物資料館
（35）2011.10

舟入川
舟入川を下る（藤本眞事）「南国史談」南国史談会（36）2013.3

望六峠
望六峠（高知新聞）「秦史談」秦史談会（139）2007.5
地名往来 望六峠について（松本紀郎）「秦史談」秦史談会（139）
2007.5

細谷川
細谷川の老漁師（三宮凱温）「土佐地域文化」［土佐地域文化研究会］
（6）2003.1

前浜
南国市内の前浜にも屋号と商号があるぞね（浜田信男）「南国史談」南国
史談会（29）2006.3

政処
地名往来 政処 中世豪族の役所跡（『高知新聞』より）「秦史談」秦史談
会（161）2011.1

松尾
地名往来「車谷」「松尾」「塩屋」（高知新聞から）「秦史談」秦史談会
（156）2010.3

松谷
上成・松谷の史跡（〈梼原史談〉—町内史跡巡り報告）（森山定幸）「梼原
文芸・史談」梼原町文化協会（32）2007.11

松原
町内史跡めぐり（松原区）（〈梼原史談〉）（松山栄喜，下元廣幸）「梼原 文
芸・史談」梼原町文化協会（33）2008.10

松山
松山方面の史跡めぐり（広谷喜十郎）「秦史談」秦史談会（165）2011.9

丸ノ内
路傍の歴史 道路元標 高知市丸ノ内（岡本健一郎）「海南千里 ： 土佐山内
家宝物資料館だより」土佐山内家宝物資料館（24）2008.1

丸山台
路傍の歴史 災害対策の証拠 高知市鏡川河口「丸山台」（渡部淳）「海南千
里 ： 土佐山内家宝物資料館だより」土佐山内家宝物資料館（31）
2010.4

三里
三里の歴史とその掘り起こし（栗田健雄）「高知市史研究」高知市 1
2003.12
三里の発展への願い—坂本一定先生と中山操君のこと（〈中山操前会長
追悼〉）（山田一郎）「大平山」三里史談会（30）2004.3
江戸時代の絵図（三里地区を見る）（林重道）「大平山」三里史談会
（30）2004.3
三里の地震と津波（内川清輔）「大平山」三里史談会（31）2005.3
日露戦争と三里の戦士者（内川清輔）「大平山」三里史談会（31）
2005.3
三里の砂糖栽培について（林重道）「大平山」三里史談会（31）2005.3

わが村三里（川田明子）「大平山」　三里史談会　（31）2005.3

三里・昔日の風景から（2）浦戸湾東岸（島総一郎）「大平山」三里史談会　（33）2007.3

三里・昔日の風景から（3）松原・松並木（島総一郎）「大平山」三里史談会　（34）2008.3

三里・昔日の風景から（4）生け垣の道（島総一郎）「大平山」三里史談会　（35）2009.3

ミクロネシア連邦モリ大統領　三里来訪（内川清輔）「大平山」三里史談会　（35）2009.3

三里・昔日の風景から（5）仁井田の路地・坂の小道（島総一郎）「大平山」三里史談会　（36）2010.3

三里・昔日の風景から（6）浦戸湾口への架橋（島総一郎）「大平山」三里史談会　（37）2011.3

三里・昔日の風景から（7）潮干狩り（島総一郎）「大平山」三里史談会　（38）2012.3

連載　三里・昔日の風景から（8）空き地と空間（島総一郎）「大平山」三里史談会　（39）2013.3

巻頭言　三里の景観（島総一郎）「大平山」三里史談会　（40）2014.3

思い出の三里（上）（佐井憲治）「大平山」三里史談会　（40）2014.3

三里中学校

新制「三里中学校」の二年間（鍋島博直）「大平山」三里史談会　（35）2009.3

新制「三里中学校」の二年間（鍋島博直）「大平山」三里史談会　（36）2010.3

三里中学校の防災教育（特集（大地震・津波））（堀内昭裕）「大平山」三里史談会　（39）2013.3

三島村

掩体と消えた三島村雑感（中村雄輔）「南国史談」　南国史談会　（31）2008.3

三谷

三谷の将軍別邸一話（常石芳英）「秦史談」　秦史談会　（145）2008.5

秦の昔話　その24　三谷の巻（永野美智子）「秦史談」　秦史談会　（161）2011.1

グラヴィア　「皐月物語り」「三谷原生林」「秦史談」　秦史談会　（163）2011.6

秦の昔話　その28　三谷の巻　寺あとの怪しい火（「こうち童話」から）（永野美智子）「秦史談」　秦史談会　（165）2011.9

秦の昔話　その29　三谷の巻　古床の怪（「こうち童話」から）（永野美智子）「秦史談」　秦史談会　（166）2011.12

秦の昔話　その28　三谷の巻　谷干城（1）麦飯の話（永野美智子）「秦史談」　秦史談会　（168）2012.3

秦の昔話　その28　三谷の巻　谷干城（2）松の木を植える（永野美智子）「秦史談」　秦史談会　（169）2012.5

三谷原生林

グラヴィア　三谷原生林、ピラカンサ、愛宕デー、例会「秦史談」　秦史談会　（164）2011.8

御手洗川

「南路志」の御手洗川の記録概説（堅田貞志）「須崎史談」　須崎史談会　（144）2005.8

三津

漁村に生きる知恵―室戸岬・三津集落の場合（島村泰吉）「土佐地域文化」〔土佐地域文化研究会〕　（6）2003.1

御畳瀬

長浜と御畳瀬を結ぶ歴史の道（瀬戸鉄男）「秦史談」　秦史談会　（136）2006.11

永禄三年の長宗我部氏による吾川郡御畳瀬侵攻について（朝倉慶景）「土佐史談」　土佐史談会　（246）2011.3

宮野々

広野・宮野々の史跡（〈梼原史談〉―町内史跡巡り報告）（片岡昭夫）「梼原 文芸・史談」　梼原町文化協会　（32）2007.11

宮野々番所

宮野々番所旧跡について（〈梼原史談〉）（片岡昭夫）「梼原 文芸・史談」　梼原町文化協会　（33）2008.10

向山

向山（むこうやま）（大谷美壽）「南国史談」　南国史談会　（32）2009.3

室戸

高知県室戸海洋深層水豆腐（田中幸彦）「土佐地域文化」〔土佐地域文化研究会〕　（7）2003.7

記憶の中の室戸台風（島村泰吉）「土佐史談」　土佐史談会　224　2003.12

史上最大「室戸颱風」惨状記録（小松勝記）「土佐史談」　土佐史談会　224　2003.12

その2　私の室戸再発見（南国史談会平成25年度史跡巡り）（唐岩淳子）「南国史談」　南国史談会　（37）2014.3

室戸市

海洋深層水の多面的利用と地域の効果―高知県室戸市の事例をもとに（若林良和）「土佐地域文化」〔土佐地域文化研究会〕　（10）2006.6

室戸台風

室戸台風と復興記念碑（神田二三夫）「南国史談」　南国史談会　（28）2005.4

室戸岬

室戸岬測候所と羽根を襲った台風（山本武雄）「土佐史談」　土佐史談会　224　2003.12

本山

本山の古地名（4）「本山史談」　本山史談会　5　2003.10

戦国末期の長宗我部氏による本山攻めと国人・領主本山氏の最期―本山氏の城と主戦場（窪内茂）「土佐史談」　土佐史談会　（252）2013.3

本山の稲作と用水路（研究・レポート）（有永幸則）「もとやま」　本山町郷土史会　（38）2014.12

本山の棚田（研究・レポート）（武田信寛）「もとやま」　本山町郷土史会　（38）2014.12

物部

塩の道―いぎなぎの里・物部から絵金の街・赤岡へ（公文寛伸）「土佐地域文化」〔土佐地域文化研究会〕　（9）2005.8

物部川

史跡めぐり（2）物部川流域の史跡を訪ねて（田中靖）「南国史談」　南国史談会　（33）2010.4

物部川流域の歴史散歩（広谷喜十郎）「秦史談」　秦史談会　（176）2013.11

物部村

高知県における鏡絵調査（1）―香美郡香北町・物部村　資料調査員調査報告（後藤孝一）「高知県立歴史民俗資料館研究紀要」　高知県立歴史民俗資料館　（12）2003.3

路傍の歴史　一株の三椏 香美郡物部村（渡部淳）「海南千里：土佐山内家宝物資料館だより」　土佐山内家宝物資料館　16　2005.4

高知県旧物部村の地名に見る山の生活誌（研究ノート）（楠瀬慶太）「四国中世史研究」　四国中世史研究会　（12）2013.8

歴史随想「彼方の篝火」パートII　秘境物部村（ものべそん）潜入記（厚東哲郎）「厚東」　厚東史研究会　（55）2013.11

樋山

「樋山の青茶」など（談話室）（広谷喜十郎）「秦史談」　秦史談会　（131）2006.1

森村

土佐郡森村のうち 和田名についての一考察（朝倉慶景）「大豊史談」　大豊史談会　（33）2003.8

戦国末期における土佐郡森村名主の研究―瀬戸・黒丸名主西之内氏について（窪内茂）「土佐史談」　土佐史談会　（246）2011.3

弥右衛門ノ丸

路傍の歴史　弥右衛門ノ丸 高知市弥右衛門地区（藤田雅子）「海南千里：土佐山内家宝物資料館だより」　土佐山内家宝物資料館　（44）2014.10

安田町

"龍馬・心のふるさと"安田町との連携交流始まる 第一弾は"高松家の人々"を紹介（前田由紀枝）「飛騰：高知県立坂本龍馬記念館だより」高知県立坂本竜馬記念館　（77）2011.4

安田村

お馬の足跡安田村（岩崎義郎）「秦史談」　秦史談会　124　2004.11

柳瀬川

戦国末期における給人の生業形態と河川水運―土佐国山間部柳瀬川・春日川とその流域（片岡健）「土佐史談」　土佐史談会　（237）2008.3

山川城

山川城跡（前田和男，大原純一）「土佐史談」　土佐史談会　（228）2005.3

山田

山田の製糸場（利根洋一）「土佐山田史談」　土佐山田史談会　29　2005.3

梼原

梼原散歩―予土交流の輪と郷土の歩み（二宮清）「西南四国歴史文化論叢 よど」　西南四国歴史文化研究会　（4）2003.3

梼原の宿（〈文芸ゆすはら〉―随想）（中村種稔）「梼原 文芸・史談」　梼原町文化協会　（31）2006.11

懐かしい故郷梼原（〈文芸梼原〉―随筆）（和田春利）「梼原 文芸・史談」　梼原町文化協会　（32）2007.11

カラー特集 写真で綴る「梼原の誇りそして未来へ」（〈文芸梼原〉）（土屋

善昭）「梼原 文芸・史談」 梼原町文化協会 （34） 2009.10

春分峠と梼原の山並み（文芸梼原―特集 梼原再発見）（森下嘉晴）「梼原 文芸・史談」 梼原町文化協会 （35） 2010.11

市が立つ（文芸梼原―特集 梼原再発見）（中越穂太郎）「梼原 文芸・史談」 梼原町文化協会 （35） 2010.11

思い出すままに（文芸梼原―特集 梼原再発見）（久光義恵）「梼原 文芸・史談」 梼原町文化協会 （35） 2010.11

そこに住む人、そして人情（文芸梼原―特集 梼原再発見）（中越孝一）「梼原 文芸・史談」 梼原町文化協会 （35） 2010.11

梼原を誇りに思って（文芸梼原―随想）（西村亜里沙）「梼原 文芸・史談」 梼原町文化協会 （35） 2010.11

カラー特集 梼原百景（梼原史談）「梼原 文芸・史談」 梼原町文化協会 （35） 2010.11

その2 津野・梼原エリアを行く（南国史談会平成22年度史跡巡り）（田中靖）「南国史談」 南国史談会 （34） 2011.4

檮原町

梼原町の名木さくら（〈梼原史談〉）（西村弘）「梼原 文芸・史談」 梼原町文化協会 （31） 2006.11

梼原町名木調査 茶ヤ谷・本モ谷・井高・東川（〈梼原史談〉）（鎌倉安弘）「梼原 文芸・史談」 梼原町文化協会 （33） 2008.10

養老

表紙 万次郎少年像（部分）土佐清水市養老（写真提供：岩﨑義郎氏）「土佐史談」 土佐史談会 （257） 2014.12

横倉山

雨の横倉山（松井卓子）「かんべ」 可部郷土史研究会 94 2001.10

吉野

吉野の手漉き和紙（松本紀郎）「秦史談」 秦史談会 （139） 2007.5

吉野山

吉野山散策途次（上田茂敏）「梼原史談」 梼原史談会 （27） 2005.11

呼坂峠

呼坂峠物語（窪川町の話）（戸田七五三一）「須崎史談」 須崎史談会 141 2004.10

立志学舎

立志学舎と英学（山下重一）「土佐史談」 土佐史談会 （235） 2007.7

資料紹介 立志学舎の勤惰表「自由のともしび ： 自由民権記念館だより」 高知市立自由民権記念館 75 2013.9

領石

日の輝きもまた―領石とナウマンの物語（唐岩淳子）「南国史談」 南国史談会 （36） 2013.3

六丁

六丁の史跡（〈梼原史談〉―町内史跡巡り報告）（下元治男，村田弘栄，中越敬司）「梼原 文芸・史談」 梼原町文化協会 （32） 2007.11

蕨岡

長宗我部地検帳のない蕨岡（岡村憲治）「西南四国歴史文化論叢よど」 西南四国歴史文化研究会 （7） 2006.3

九州・沖縄

アカギ

九州山地の地名「アカギ」(江口司)「全国地名研究交流誌 地名談話室」 日本地名研究所 20 2005.12

有明海

有明海と筑紫平野の歴史的景観(歴史評論)(杉谷昭)「諫早史談」 諫早 史談会 36 2004.3

スケッチ紀行「有明海遠望」(岡本猛)「葉隠研究」 葉隠研究会 (60) 2006.11

有明海の干潟へ行こう(矢川慎一郎)「西日本文化」 西日本文化協会 通号438 2009.4

有明海と琉球弧(江頭俊介)「ふるさとの自然と歴史」 歴史と自然をまも る会 (349) 2012.11

奥三ケ国

〈問題提起〉九州の「奥三ケ国」と「山東」(《大会特集/南九州の地域形 成と境界性―都城からの歴史像》)(若山浩章)「地方史研究」 地方史 研究協議会 59(4)通号340 2009.8

唐津街道

唐津街道と耳塚・鼻切り―朝鮮侵略への道(丸山雍成)「交通史研究」 交 通史学会, 吉川弘文館(発売) (46) 2000.10

前原宿の復元 唐津街道の宿駅(有田和樹)「福岡地方史研究 : 福岡地方 史研究会会報」 福岡地方史研究会, 海鳥社(発売) (44) 2006.7

糸島における唐津街道(地域特集 糸島半島)(丸山雍成)「西日本文化」 西日本文化協会 (471) 2014.10

北九州

文化財散歩北九州の旅(橋本幸子)「文化情報」 北海道文化財保護協会 249 2003.1

明治期の関門北九州地域における岡山孤児院による慈善活動(2)～(3) (論説)(安東邦昭)「石井十次資料館研究紀要」 石井記念友愛社 (14)/(15) 2013.8/2014.8

九州

九州における土佐国関係史料(1)～(3)(森猛)「古文書に親しむ会通信」 古文書に親しむ会事務局 7/11 2000.1/2000.8

九州の伝来菓子(村岡安廣)「Museum Kyushu : 文明のクロスロード」 博物館学芸員九州会議 19(1)通号71 2002.1

九州における織豊系城郭研究10年の現状と課題(宮武正登)「織豊城郭」 織豊期城郭研究会 (10) 2003.9

九州の街道(丸山雍成)「歴史玉名」 玉名歴史研究会 51 2003.10

戦国期城郭にみる戦国期国衆の領国構造―縄張り研究に基づく戦国期北 部九州の基礎的考察(中西義昌)「中世城郭研究」 中世城郭研究会 (18) 2004.7

中条唯七郎『九州道中日記』を読む(柄木田文明)「市誌研究ながの」 長 野市 (12) 2005.2

石棚雑感―九州における系譜と評価をめぐって(吉村靖徳)「九州歴史資 料館研究論集」 九州歴史資料館 通号30 2005.3

《九州のもてなし文化》「海路」 「海路」編集委員会, 海鳥社(発売) 通 号2 2005.9

特集 九州の唐人町(服部英雄, 半田隆夫, 小宮睦之, 田島隆太, 八百啓 介, 内山幹雄, 針谷武志, 大賀郁夫, 安藤保, 德永和喜)「海路」 「海 路」編集委員会, 海鳥社(発売) 通号2 2005.9

文学散歩の旅 紀行文『五足の靴』をたずねて九州へ(石田郁代)「わかく す : 河内ふるさと文化誌」 わかくす文芸研究会 (48) 2005.11

北諸弁は古代韓国語か(ハングルゴ)(耕真介)「季刊南九州文化」 南九 州文化研究会 (105) 2006.1

座談会 九州の菓子文化《特集 九州と菓子》「海路」 「海路」編集委員 会, 海鳥社(発売) 通号3 2006.6

御菓子司―鶴屋の場合《特集 九州と菓子》(筒井ガンコ堂)「海路」 「海路」編集委員会, 海鳥社(発売) 通号3 2006.6

「茶会記」にみえるお菓子さまざま《特集 九州と菓子》(平久美子) 「海路」 「海路」編集委員会, 海鳥社(発売) 通号3 2006.6

菓子文化を育む砂糖王国・九州《特集 九州と菓子》(平田蘭子)「海 路」 「海路」編集委員会, 海鳥社(発売) 通号3 2006.6

砂糖の輸入とその需要《特集 九州と菓子》(編集部)「海路」 「海路」 編集委員会, 海鳥社(発売) 通号3 2006.6

九州からみた「臨時築城」の視点《シンポジウム 陣城・臨時築城をめ ぐって》(中西義昌)「中世城郭研究」 中世城郭研究会 (20) 2006.7

序論 城について《〈第1特集 九州の城郭と城下町 古代編〉》(武野要子) 「海路」 「海路」編集委員会, 海鳥社(発売) 通号4 2007.2

座談会「九州の文化力」を語る(鎌田迪貞, 四島司, 高樹のぶ子, 三輪 嘉六, 大島淳司)「西日本文化」 西日本文化協会 通号426 2007.4

九州人と北海道 食の春夏秋冬(熊澤端申)「西日本文化」 西日本文化協 会 通号428 2007.8

中世城郭の終焉《〈特集 九州の城郭と城下町 中世編〉》(宮武正登)「海 路」 「海路」編集委員会, 海鳥社(発売) 通号5 2007.11

連載 九州の名園を歩く(原田榮進)「海路」 「海路」編集委員会, 海鳥 社(発売) 通号5 2007.11

序論 やきもの雑感《〈特集 九州やきもの史〉》(武野要子)「海路」 「海 路」編集委員会, 海鳥社(発売) 通号6 2008.6

「九州学」の可能性(九州とはなにか)(池田和正)「海路」 「海路」編集 委員会, 海鳥社(発売) 通号6 2008.6

地球史からみた九州(九州とはなにか)(井澤英二)「海路」 「海路」編 集委員会, 海鳥社(発売) 通号6 2008.6

九州における森林・林業の現状とこれから《〈特集 九州の森と暮らし〉》 (佐藤宣子)「西日本文化」 西日本文化協会 通号433 2008.6

秀吉と三原(1)～(4),(完結編)九州往復で通った道の推定(大谷和弘) 「わが町三原」 みはら歴史と観光の会 209/213 2008.8/2008.12

戦闘録―九州地方出張中日記(坂井政治)「西南戦争之記録」 西南戦争を 記録する会 (4) 2008.10

九州略図(坂井政治)「西南戦争之記録」 西南戦争を記録する会 (4) 2008.10

特別寄稿 九州の笑い(高橋睦郎)「郷土直方 : 直方郷土研究会・会報」 直方郷土研究会 (34) 2009.2

九州地方の風土記逸文に関する史料性(犬丸慎一郎)「史学研究集録」 國 學院大學大学院史学専攻大学院会 (34) 2009.3

倭王権の九州支配と筑紫大宰の派遣(酒井芳司)「九州歴史資料館研究論 集」 九州歴史資料館 通号34 2009.3

九州地方の炭鉱跡見学記(巻頭エッセイ)(鈴木勝重)「常磐炭田史研究」 常磐炭田史研究会 (6) 2009.6

近代史から見た九州(九州とはなにか)(猪飼隆明)「海路」 「海路」編 集委員会, 海鳥社(発売) 通号8 2009.6

展示批評 歴史資料としての可能性をひらく―「美しき九州の旅―「大正 広重」初三郎が描くモダン紀行」(有馬学)「地方史研究」 地方史研究 協議会 59(4)通号340 2009.8

九州の農業のいま―イノシシを食べる―食害対策から食用活用へ(農と 食―作ること, 食べること)(尾崎正利)「西日本文化」 西日本文化協 会 通号443 2010.2

九州方言 アクセントの古層(特集 九州とキリシタン―日本布教の背景 とキリシタンの動向―九州とはなにか)(高山倫明)「海路」 「海路」 編集委員会, 海鳥社(発売) 通号9 2010.3

九州の儒学群像(特集 九州とキリシタン―日本布教の背景とキリシタン の動向―九州とはなにか)(町田三郎)「海路」 「海路」編集委員会, 海鳥社(発売) 通号9 2010.3

茶と琉球人―近世九州の山村と琉球のあいだ(武井弘一)「沖縄研究ノー ト : 《共同研究》南島における民族と宗教」 宮城学院女子大学キリ スト教文化研究所 (19) 2010.3

江戸初期の九州・四国両畜絵図と日本総図(川村博忠)「歴史地理学」 歴 史地理学会, 古今書院 52(2)通号249 2010.3

集落からみた渡来人(渡来系文化と北部九州―4・5世紀を中心に 第150 回九州古文化研究会大会の記録)(武末純一)「古文化談叢」 九州古文 化研究会 63 2010.5

総合討議(渡来系文化と北部九州―4・5世紀を中心に 第150回九州古文 化研究会大会の記録)(亀田修一[司会], 佐藤浩司[司会], 柴尾俊介 [司会])「古文化談叢」 九州古文化研究会 63 2010.5

九州に於ける網捕鯨の始まり[1]～(2)(荒木文朗)「浜木綿 : 五島文化 協会同人誌」 五島文化協会 (89)/(90) 2010.5/2010.11

九州の昔の汽車旅(特集 鉄道の旅とノスタルジー 九州路をたどる歌と 風景)(弓削信夫)「西日本文化」 西日本文化協会 (449) 2011.2

明治時代の汽車の旅「鉄道唱歌」と九州の沿線風景(特集 鉄道の旅とノ スタルジー 九州路をたどる歌と風景)(深野治)「西日本文化」 西日 本文化協会 (449) 2011.2

特別寄稿 中世九州の村と人々―生活・流通・戦乱(前原茂雄)「故郷の 花」 小郡市郷土史研究会 (36) 2011.3

九州のお茶を飲む(特集 九州の茶と茶道)(志村宗恭)「西日本文化」 西

九州・沖縄　　　　　　　　　　　　地名でたどる郷土の歴史

日本文化協会　（450）2011.4

茶の湯の流行と九州の近世陶磁（大橋康二）「西日本文化」　西日本文化協会　（450）2011.4

藤香会について/黒田如水・長政親子の九州戦跡を訪ねる「福岡城だより」　鴻臚館・福岡城跡歴史・観光・市民の会　（29）2011.4

史話 九州に於ける網捕鯨の始まり（3），（最終章）（荒木文明）「浜木綿」　五島文化協会同人誌」　五島文化協会　（91）/（93）2011.5/2012.5

親子の歴史座談（89）瀬戸・美濃焼と唐津焼「ひらかた文化財だより」　枚方市文化財研究調査会　（89）2011.10

山口県立文書館所蔵『譜録』にみえる九州関係新出文書の紹介（資料紹介）（有川宜博）「北九州市立自然史・歴史博物館研究報告.B類，歴史」　北九州市立自然史・歴史博物館　（9）2012.3

九州・山口の近代化産業遺産群 世界遺産登録に向けた福岡県の取り組み（森井啓次）「ふるさとの自然と歴史」　歴史と自然をまもる会　（345）2012.6

九州における地面を叩く年中行事―期日と用具について（三輪京子）「信濃［第3次］」　信濃史学会　65（1）通号756　2013.1

近世城郭への二つの途（特集 戦国・織豊期の九州の城郭）（丸山雍成）「海路」　「海路」編集委員会，海鳥社（発売）（11）2013.3

九州の城郭から観た在地系城郭と織豊系城郭の違い 縄張り研究に基づく城郭研究の近年の成果から（特集 戦国・織豊期の九州の城郭）（中西義昌）「海路」　「海路」編集委員会，海鳥社（発売）（11）2013.3

九州にとって「織豊」とは 織豊系城郭の様相と近世大名権力（特集 戦国・織豊期の九州の城郭）（木島孝之）「海路」　「海路」編集委員会，海鳥社（発売）（11）2013.3

九州における羊羹の歴史と現状（特集 羊羹）（村岡安廣）「和菓子」　虎屋虎屋文庫　（20）2013.3

遠隔地交革流通の構造―九州諸藩と大坂渡辺村（のびしょうじ）「リベラシオン : 人権研究ふくおか」　福岡県人権研究所　（150）2013.6

「日本の近代化産業遺産群―九州・山口及び関連地域」萩の世界遺産候補（文化財トピックス）（植山幸三）「山口県文化財」　山口県文化財愛護協会　44　2013.8

鎌倉幕府の九州統治（前号の続き）（笠原保博）「泰史談」　泰史談会　（175）2013.8

建武の新政の時代―二年余の王政復古と九州（古川久仁生）「談林」　佐世保史談会　（54）2013.11

戦国期九州における情報伝達と外交交渉―大友氏の使僧真光寺を中心に（特集 戦国期九州における大名領国の拡大）（八木直樹）「九州史学」　九州史学研究会　（166）2014.2

近世九州における永代下人に関する一考察（秀村選三）「九州文化史研究所紀要」　九州大学附属図書館付設記録資料館九州文化史資料部門　（57）2014.3

奥州島津家の三州覇権と釣り野伏（研究論説）（桐原洋）「千台 : 薩摩川内郷土史研究会機関誌」　薩摩川内郷土史研究会　（42）2014.3

発掘資料 九州の鉄道事始め（3）開業当時の社会経済情勢との関係（入江寿紀）「西日本文化」　西日本文化協会　（468）2014.4

特別寄稿「明治日本の産業革命遺産 九州・山口と関連地域」平成二十七年夏の世界遺産登録をめざして（植山幸三）「山口県文化財」　山口県文化財愛護協会　45　2014.8

中条唯七郎の紀行文―九州旅日記 第一巻解読について（古文書研究グループ）「ちょうま」　更埴郷土を知る会　（35）2014.12

古代九州の成立について（後藤正史）「古代朝鮮文化を考える」　古代朝鮮文化を考える会　（29）2014.12

九州鉄道

九州鉄道のはじまりから（会員の広場）（廣瀬廣幸）「故郷の花」　小郡市郷土史研究会　（39）2014.3

九州道

翻刻・広島県立文書館蔵『九州道の記 下書』（菅原範夫，西本寮子）「県立広島大学人間文化学部紀要」　県立広島大学　（4）2009.2

九州南部

律令国家の九州南部支配（菊池達也）「九州史学」　九州史学研究会　（168）2014.3

九州北部

北部九州の戦国期城館の分布と構成―筑前秋月氏の城館を事例に（〈シンポジウム 城館の分布から何がわかるか〉）（岡寺良）「中世城郭研究」　中世城郭研究会　（21）2007.7

島は生きている（特集 海が創った暮らしの歴史―九州北部の島々から）（立平進）「西日本文化」　西日本文化協会　（459）2012.10

征西将軍北上挫折前後、北九州の状況（阿部秀昭）「郷土八幡」　八幡郷土史会　2014.2

特別寄稿 中世の北部九州の歴史―とくに前期の歴史を中心に（惠良宏）「郷土誌かんだ」　かんだ郷土史会　（12）2014.3

久大本線

久大本線の「客車列車」（特集 鉄道の旅とノスタルジー 九州路をたどる歌と風景）（藤吉不三夫）「西日本文化」　西日本文化協会　（449）2011.2

玄界灘

いしぶみ訪問（94）玄界灘を駆けるウサギ（那須博）「ふるさとの自然と歴史」　歴史と自然をまもる会　302　2005.1

邪馬台国時代の国ぐにと県・県主（62）玄界灘沿岸を主として（長洋一）「ふるさとの自然と歴史」　歴史と自然をまもる会　（324）2008.9

玄界灘を往還する百済王権（室伏志畔）「九州古代史の会NEWS」　九州古代史の会　（149）2010.1

玄界灘の戦国豪商点描―その栄光と没落（丸山雍成）「交通史研究」　交通史学会，吉川弘文館（発売）（75）2011.9

企画展「海にいきる―江戸時代の唐津のくらしと玄海灘―」 平成23年10月7日（金）～11月27日（日）「名護屋城博物館だより」　佐賀県立名護屋城博物館　（41）2012.3

記念シンポジウム「唐津と玄海灘の江戸時代」 平成23年10月16日（日）13：30～16：00「名護屋城博物館だより」　佐賀県立名護屋城博物館　（41）2012.3

海外交流西の玄関 北九州玄海灘沿岸と筑紫の旅（史蹟を尋ねて緑の旗は行く）（今牧久）「伊那」　伊那史学会　61（12）通号1027　2013.12

国道10号

国道十号の昔と今（1）―霧島市国分から宮崎市まで（歴史編）（橋本孝則）「もろかた : 諸県」　都城史談会　（48）2014.12

西海道

筑紫平野からの古代史検証（30）西海道からみた藤原純友の乱（田中正日子）「ふるさとの自然と歴史」　歴史と自然をまもる会　283　2000.11

西海道の俘囚（熊谷公男）「市史研究ふくおか」　福岡市博物館市史編さん室　（5）2010.2

西海道の集落遺跡における移配俘囚の足跡について―豊前・筑前・筑後・肥前の4国の事例を中心にして（松村一良）「内海文化研究紀要」　広島大学大学院文学研究科附属内海文化研究施設　（41）2013.3

西海道俘囚の再検討（永田一）「弘前大学国史研究」　弘前大学国史研究会　（136）2014.3

西海道国府

大宰府と西海道国府成立の諸問題（杉原敏之）「古文化談叢」　九州古文化研究会　65（分冊4）2011.7

薩軍退路

「薩軍退路歩き」報告（平成19年3月3日～9月1日）（内山憲一）「敬天愛人」　西郷南洲顕彰会　（26）2008.9

猿ヶ谷峠

猿ヶ谷峠周辺踏査記（山本哲也）「西南戦争之記録」　西南戦争を記録する会　2　2003.11

斯馬国

ニュースフラッシュ 『東日流外三郡誌』偽書論争の決着/捏造した旧石器からなぜナウマン象の脂肪酸が「発見」されたのか/「斯馬国」の拠点集落を発掘か「季刊邪馬台国」　「季刊邪馬台国」編纂委員会，梓書院（発売）79　2003.4

シラス台地

シラス台地の広大な城（〈特集 九州の城郭と城下町 中世編〉）（三木靖）「海路」　「海路」編集委員会，海鳥社（発売）通号5　2007.11

西南雄藩

幕末動乱期・西南雄藩と北陸の指導者層に見る新時代への認識の違い―危機意識と統一国民国家への自覚（吉澤俊夫）「長岡郷土史」　長岡郷土史研究会　（41）2004.5

筑後川

明治中期における地方財政と地方官―安場県政期の福岡県会筑後川改修工費予算案審議を事例として（東條正）「福岡県地域史研究」　西日本文化協会福岡県地域史研究所　21　2004.3

鎮西

元寇と北條得宗家の鎮西支配への一考察（渡辺文吉）「ふるさとの自然と歴史」　歴史と自然をまもる会　287　2001.7

対馬海峡

対馬海峡から見る台湾と八重山の「交流」（特集 台湾をめぐる境域）（上水流久彦）「白山人類学」　白山人類学研究会，岩田書院（発売）（14）2011.3

豊国

会員のページ 古代豊国のキングメーカー（橋本昭雄）「西日本文化」　西日本文化協会　402　2004.6

南西諸島

研究ノート 南西諸島における魚垣（石干見）の分布について（第5部 紀

要）（新垣夢乃）「うるま市立資料館年報・紀要 ： 石川歴史民俗資料館・海の文化資料館」 うるま市立資料館 （3） 2010.3

南島

南島関係文献目録（小川博）「南島史学」 南島史学会 （61） 2003.4
南島地名研究センター第19回定期総会・研究発表大会開く「珊瑚の島だより」 南島地名研究センター 44 2003.10
南島関係文献目録（小川博）「南島史学」 南島史学会 （62） 2003.10
南島関係文献目録（小川博）「南島史学」 南島史学会 （63） 2004.4
南島関係文献目録（小川博）「南島史学」 南島史学会 （64） 2004.11
台湾と沖縄と「南島」と（大会参加記）（笠原政治）「南島史学」 南島史学会 （65・66） 2005.8
南島関係文献目録（小川博）「南島史学」 南島史学会 （67） 2006.5
南島関係文献目録（小川博）「南島史学」 南島史学会 （69） 2007.4
古代における南島（喜舎場一隆）「南島史学」 南島史学会 （71） 2008.6
南島関係文献目録（小川博）「南島史学」 南島史学会 （71） 2008.6
3月定例会のあらまし 『南島旅行見聞記』の紹介（仲宗根將二）「宮古郷土史研究会会報」 宮古郷土史研究会 （178） 2010.5
薩摩・大隅・南島における古代中世の社会像構築にむけて―考古資料を用いて（中島恒次郎）「鹿児島地域史研究」 『鹿児島地域史研究』刊行会，鹿児島地域史研究会 （6） 2010.8
文献目録（酒井卯作）「南島研究」 南島研究会 通号51 2010.12
巻頭言 『南島旅行見聞記』の刊行に寄せて（赤嶺政信）「奄美沖縄民間文芸学」 奄美沖縄民間文芸学会 （10） 2011.2
文献目録（酒井卯作）「南島研究」 南島研究会 （52） 2011.12
海と墓―瀬戸内と南島を例に（万葉古代学研究所第5回委託共同研究報告―魂の行方）（角南聡一郎）「万葉古代学研究年報」 奈良県立万葉文化館 （10） 2012.3
南島紀行（齋藤秀治）「郷土の栞」 伊東郷土研究会 （160） 2012.11
南島紀行（齋藤秀治）「郷土の栞」 伊東郷土研究会 （161） 2013.1
古代～中世の南島（特集 黒潮の道の島々 トカラ列島から奄美大島へ）（永山修一）「西日本文化」 西日本文化協会 （462） 2013.4
解題 沖縄本島取調書解題―『南島探験』の比較から（高江洲昌哉）「沖縄研究資料」 法政大学沖縄文化研究所 （29） 2014.3

東九州

東九州史跡めぐり（勝賀瀬賢次）「いの史談」 いの史談会 （53） 2002.11
東九州の古戦場に島津氏の足跡を訪ねる（新原誠也）「千台 ： 薩摩川内郷土史研究会機関誌」 薩摩川内郷土史研究会 （31） 2003.3

肥薩おれんじ鉄道

肥薩おれんじ鉄道の旅（地域特集 不知火湾岸の歴史と自然―八代から水俣を旅する）（松浦里絵）「西日本文化」 西日本文化協会 通号447 2010.10

肥前

肥前千葉氏の源流の史跡探訪（金丸盛登）「小城の歴史」 小城郷土史研究会 48 2003.9
『筑前・筑後・肥前・肥後探索書』について―公儀隠密による北部九州の城郭調査（寛永4年）（白峰旬）「愛城研報告」 愛知中世城郭研究会 （8） 2004.8
肥前筑前国境争論、脊振弁財嶽（枝吉順佑）「葉隠研究」 葉隠研究会 57 2005.7
序論 肥前のもてなし お菓子は地域の文化財（《特集 九州と菓子》）（武野要子）「海路」 「海路」編集委員会，海鳥社（発売） 通号3 2006.6
肥前のお菓子雑感（《特集 九州と菓子》）（武野要子）「海路」 「海路」編集委員会，海鳥社（発売） 通号3 2006.6
肥前の亀趺碑をめぐって（尾形善郎）「葉隠研究」 葉隠研究会 （61） 2007.3
慶長19年12月に埋まった肥前と茶陶（《備前歴史フォーラム 備前と茶陶―16・17世紀の変革》）（江浦洋）「備前市歴史民俗資料館紀要」 備前市歴史民俗資料館 （9） 2007.10
肥前の古武道について（串間聖剛）「葉隠研究」 葉隠研究会 （66） 2008.11
幕末・明治の肥前 こぼれ話（1） 海外に影響を与えた日本の美術工芸品と佐賀（末岡暁美）「葉隠研究」 葉隠研究会 （68） 2009.7
肥前石工の発祥と盛衰 新興地の軍港佐世保で有終の美（筒井隆義）「談林」 佐世保史談会 （50） 2009.10
17世紀後半～18世紀前半における肥前磁器のアメリカ大陸への流通（野上建紀）「交通史研究」 交通史学会，吉川弘文館（発売） （72） 2010.10
九州北部地方の鋳物師―太宰府・芦屋・肥前の組織と製品（清水雅代）「西日本文化」 西日本文化協会 （455） 2012.2
肥前の歴史探訪「三訪会会報」 三成学区の歴史と自然を訪ねる会 （58） 2012.9
院政期の肥前社会と荘園制（小川弘和）「熊本史学」 熊本史学会 （95・96） 2012.10
九州島における四・五世紀の一様相（1）～（3）―肥前（1）～（3）（宇野愼敏）「つどい」 豊中歴史同好会 （301） 2013.2
西海道の集落遺跡における移配俘囚の足跡について―豊前・筑前・筑後・肥前の4国の事例を中心にして（松村一良）「内海文化研究紀要」 広島大学大学院文学研究科附属内海文化研究施設 （41） 2013.3
肥前七城のこと（東統禅）「葉隠研究」 葉隠研究会 （75） 2013.7

肥前国

史料紹介 佐々木文書―中世肥前国関係史料拾遺（山口隼正）「九州史学」 九州史学研究会 通号125 2000.5
肥前国年表（3）～（9）（中倉光慶）「松浦党研究」 松浦党研究連合会，芸文堂（発売） 23/（29） 2000.6/2006.6
近世女人文人風土記―肥前国の巻（長崎県・佐賀県）（山口智子）「江戸期おんな考」 桂文庫 （15） 2004.10
『常陸・豊後・肥前国風土記』に描かれた神・人・集団一覧（田井恭一）「東播磨 地域史論集」 東播磨地域史懇話会 （11） 2005.3
肥前国年表 続明治年表（上），（中），（下）（松浦党研連資料（29）～（31））（中倉光慶）「松浦党研究」 松浦党研究連合会，芸文堂（発売） （30）/（32） 2007.6/2009.6
肥前国東部の駅路について（日野尚志）「古文化談叢」 九州古文化研究会 65（分冊3） 2011.2
戦国期肥前国における大名・国人の偏諱授与（第9回研究助成報告）（大塚俊司）「鍋島報效会研究助成研究報告書」 鍋島報效会 （5） 2011.10
資料紹介 木崎盛標著『肥前国産物図考』の原本と構成について（山﨑和文）「調査研究書」 佐賀県立博物館，佐賀県立美術館 38 2014.3

北部九州

中近世移行期の北部九州と福岡城（《特集 福岡城400年》）（中西義昌）「福岡地方史研究 ： 福岡地方史研究会会報」 福岡地方史研究会，海鳥社（発売） （42） 2004.7
北部九州の方形城館について―筑前の事例を中心に（〈第25回全国城郭研究者セミナーの報告〉）（岡寺良）「中世城郭研究」 中世城郭研究会 （23） 2009.7
北部九州を襲った台風7.12の体験「日本地名研究所通信」 日本地名研究所 （75） 2012.10
東日本大震災その後及び平成24年7月北部九州災害より学ぶ（澤田憲孝）「嘉飯山郷土研究会会誌」 嘉飯山郷土研究会 （26） 2012.11
北部九州を旅して（史蹟を尋ねて緑の旗は行く）（丸山俊一）「伊那」 伊那史学会 61（12）通号1027 2013.12
北部九州の船と交流―伊都国を中心に（平成25年度環日本海文化交流史調査研究集会の記録）（江野道和）「石川県埋蔵文化財情報」 石川県埋蔵文化財センター （31） 2014.3

南九州

太平洋戦争末期の南九州防衛陣地遺構を訪ねて（川原勝）「ふるさとみまた」 三股郷土史研究会 19 2001.11
平安時代前半の南九州について（永山修一）「宮崎県地域史研究」 宮崎県地域史研究会 （17） 2004.3
康暦・永徳期の南九州情勢―無年号文書の年代比定を中心に（新名一仁）「都城地域史研究 ： 市史編さんだより」 都城市 （10） 2004.3
南九州・沖縄の海士の現況と類型―聞き取りを中心に（小田耕三）「史泉 ： historical & geographical studies in Kansai University」 関西大学史学・地理学会 （102） 2005.7
南九州の歴史と文化を訪ねる（佐々木昭二）「栃木県立博物館友の会だより」 栃木県立博物館友の会 （39） 2006.2
南九州の歴史と文化を訪ねる（小池健）「栃木県立博物館友の会だより」 栃木県立博物館友の会 （39） 2006.2
平安時代の南九州と南島（永山修一）「くしきの」 いちき串木野郷土史研究会 （20） 2006.6
中世南九州と四国の交流について（《大会特集I 四国―その内と外と》―〈問題提起〉）（小山博）「地方史研究」 地方史研究協議会 57（4）通号328 2007.8
屯田兵戦いの地を訪れる 南九州西南戦争ゆかりの地巡り（倉嶋義象）「屯田」 北海道屯田倶楽部 （42） 2007.10
南九州文化と地域研究について（宗像準次郎）「季刊南九州文化」 南九州文化研究会 （106） 2007.11
「日向神話」と南九州、隼人―出典論との関わりから（原口耕一郎）「鹿児島地域史研究」 『鹿児島地域史研究』刊行会，鹿児島地域史研究会 （5） 2009.2
大会関連論文 中世後期南九州の村と町―『庄内地理志』を中心に（《大会特集II 南九州の地域形成と境界性―都城からの歴史像》）（福島金治）「地方史研究」 地方史研究協議会 59（5）通号341 2009.10
室町・戦国移行期における南九州の政治情勢（特集 戦国期九州の政治過程論）（新名一仁）「九州史学」 九州史学研究会 （162） 2012.8
「鉄道省文書」南九州関係史料目録（2）（籾木郁郎）「宮崎県総合博物館研究紀要」 宮崎県総合博物館 33 2013.3
大隅国分立前後に現れた人物群―古代南九州人の系譜を探る（松下高明）「大隅」 大隅史談会 （56） 2013.3

福岡県

藍島
「漂流貿易」の拠点・藍島―小倉藩の遠見番所が置かれた藩境の島(特集 海が創った暮らしの歴史―九州北部の島々から)(守友隆)「西日本文化」 西日本文化協会 (459) 2012.10

相島
相島での朝鮮通信使と「もてなし」(嶋村初吉)「海路」 「海路」編集委員会, 海鳥社(発売) 通号2 2005.9

相島・飯盛山と朝鮮通信使(会員研究報告)「古賀の歴史と文化」 古賀郷土研究会 2005 2006.3

相島と朝鮮通信使―日朝外交を支えた福岡藩の人々(特集 海が創った暮らしの歴史―九州北部の島々から)(鈴木文)「西日本文化」 西日本文化協会 (459) 2012.10

ロマンと歴史の謎・相島(研究余滴・歴史案内・歴史散歩)(今村公亮)「福岡地方史研究 : 福岡地方史研究会会報」 福岡地方史研究会, 海鳥社(発売) (52) 2014.9

相島訪問記(研究余滴・歴史案内・歴史散歩)(松本正子)「福岡地方史研究 : 福岡地方史研究会会報」 福岡地方史研究会, 海鳥社(発売) (52) 2014.9

青柳
青柳地区の記念碑調査(グループ研究)「古賀の歴史と文化」 古賀郷土研究会 2005 2006.3

上野
上野焼の復興と渡久兵衛の歩み(渡久兵衛, 迎田理男)「県史だより : 福岡県地域史研究所県史だより」 西日本文化協会 (124) 2006.11

豊前国焼窯上野焼の発祥とその背景(小林省吾)「県史だより : 福岡県地域史研究所県史だより」 西日本文化協会 (124) 2006.11

豊前国焼・上野焼の研究―釜ノ口窯跡出土陶片の胎土分析を中心に(敦賀啓一郎, 永尾正剛, 森康)「北九州市立自然史・歴史博物館研究報告.B類, 歴史」 北九州市立自然史・歴史博物館 (5) 2008.3

細川小倉藩時代の上野焼(〈特集 九州やきもの史〉)(永尾正剛)「海路」 「海路」編集委員会, 海鳥社(発売) 通号6 2008.6

豊前国焼窯上野焼の発祥とその背景(小林省吾)「郷土田川」 田川郷土研究会 (44) 2009.3

豊前国上野焼陶工の生業(永尾正剛)「北九州市立自然史・歴史博物館研究報告.B類, 歴史」 北九州市立自然史・歴史博物館 (8) 2011.3

秋月
太閤道伝説を歩く(3)秋月・北野の太閤道(牛嶋英俊)「西日本文化」 西日本文化協会 362 2000.6

「秋月の乱」130年記念行事「豊津町歴史民俗資料館資料館だより」 豊津町歴史民俗資料館 13 2005.9

秋月の乱における他地域士族との連携(田村貞雄)「福岡県地域史研究」 西日本文化協会福岡県地域史研究所 (24) 2007.3

秋月の乱口供書について(田村貞雄)「福岡県地域史研究」 西日本文化協会福岡県地域史研究所 (25) 2009.3

秋月街道
秋月街道と小郡―彦山道を中心に(黒岩弘)「故郷の花」 小郡市郷土史研究会 28 2003.5

「秋月街道」という名称について(福島日出海)「福岡地方史研究 : 福岡地方史研究会会報」 福岡地方史研究会, 海鳥社(発売) (42) 2004.7

秋月城
北部九州の戦国期城館の分布と構成―筑前秋月氏の城館を事例に(〈シンポジウム 城館の分布から何がわかるか〉)(岡寺良)「中世城郭研究」 中世城郭研究会 (21) 2007.7

平成24年度 史跡巡り(1)、(2)、(3)「秋月城下に遊ぶ」、講演会(事務局, 菊田徹)「臼杵史談」 臼杵史談会 (104) 2014.2

秋月藩
甘木歴史資料館第44回企画展「秋月の藩窯をたずねて 筑前秋月藩窯展」「温故 : 甘木歴史資料館だより」 甘木歴史資料館 (44) 2006.10

とある藩医の『歳時録』―秋月藩医の日記から「温故 : 甘木歴史資料館だより」 甘木歴史資料館 (53) 2014.10

秋月眼鏡橋
秋月の眼鏡橋(坂本正行)「ふるさとの自然と歴史」 歴史と自然をまもる会 (308) 2006.1

朝倉
探訪記 朝倉・糸島を訪ねて(岡英明, 中浦美喜人)「郷土研究」 佐世保市立図書館 (39) 2012.3

朝倉市
福岡県の歌詞碑 朝倉市編(大石実)「西日本文化」 西日本文化協会 通号436 2008.12

卑弥呼の郷？ 斉明天皇朝倉宮伝承地 朝倉市を訪ねて(河野宏文)「古代史の海」 「古代史の海」の会 (70) 2012.12

朝倉橘広庭宮
朝倉橘廣庭宮推定地の伝承について(赤司善彦)「東風西声 : 九州国立博物館紀要 : the bulletin of Kyushu National Museum」 九州国立博物館 (5) 2010.3

10月特別例会 報告 斉明天皇と太宰府の成立 朝倉橘広庭宮はどこにあったのか「九州倭国通信」 九州古代史の会 (158) 2011.11

ヤマト王権 九州平定の道 朝倉橘広庭宮をめぐって(清原倫子)「ふるさとの自然と歴史」 歴史と自然をまもる会 (344) 2012.1

旭城
千束藩旭城哀史(〈第2特集 九州の城を探る〉)(三浦尚司)「海路」 「海路」編集委員会, 海鳥社(発売) 通号4 2007.2

阿志岐
「高尾・阿志岐」領域圏は存在するか(工藤常泰)「九州倭国通信」 九州古代史の会 (166) 2013.5

阿志岐山城
新春例会「阿志岐山城跡について」(木村寧海)「九州倭国通信」 九州古代史の会 (165) 2013.3

蘆城駅家
太宰府周辺・地名で遊ぶ(9)「蘆城」駅家跡はどこにある？(観世広)「季刊邪馬台国」 「季刊邪馬台国」編纂委員会, 梓書院(発売) (105) 2010.4

芦屋
芦屋歳時記(日高律子)「崗」 芦屋町郷土史研究会 29 2003.1

筑前芦屋の碑史(1)～(3)(藤本春秋子)「崗」 芦屋町郷土史研究会 29/(32) 2003.1/2006.1

古今和歌集にもあった芦屋の和歌(小澤文子)「崗」 芦屋町郷土史研究会 30 2004.1

芦屋歳時記(日高律子)「崗」 芦屋町郷土史研究会 30 2004.1

芦屋昔話(1)、(2)(瀬戸正廣)「崗」 芦屋町郷土史研究会 30/31 2004.1/2005.1

芦屋・明治20年の地図を読む(向井秀雄)「崗」 芦屋町郷土史研究会 30 2004.1

紀行 直方芦屋方面史蹟巡り―平成15年11月23日 日曜日(前田フサ子)「郷土誌さいがわ」 犀川町郷土史研究会 (22) 2004.4

芦屋の松原(吉永ヨシ)「崗」 芦屋町郷土史研究会 (32) 2006.1

中世期の「芦屋」を訪ねて(佐野遼平)「崗」 芦屋町郷土史研究会 (33) 2007.1

九州北部地方の鋳物師―太宰府・芦屋・肥前の組織と製品(清水雅代)「西日本文化」 西日本文化協会 (455) 2012.2

芦屋町
寺中町寄進の碑文(1)(野間栄)「崗」 芦屋町郷土史研究会 29 2003.1

郷土歴史ミニ講座「崗」 芦屋町郷土史研究会 29 2003.1

芦屋町周辺の太閤道(牛嶋英俊)「崗」 芦屋町郷土史研究会 (35) 2009.1

芦屋町の教職員寮について(十時栄一)「崗」 芦屋町郷土史研究会 (39) 2013.2

芦屋町の大地と化石について(太田泰弘)「崗」 芦屋町郷土史研究会 (40) 2014.1

麻生庄
筑前国御牧郡麻生庄について(中村修身)「北九州市の文化財を守る会会報」 北九州市の文化財を守る会 (145) 2014.10

足立山
小倉・足立山を尋ねる(おたより)(本田義幾)「道鏡を守る会 : 道鏡禅師を知ろう」 道鏡を守る会 (33) 2011.11

福岡県　地名でたどる郷土の歴史　九州・沖縄

荒戸

福岡空襲 鎮魂の地蔵たち―糸島市雷山・福岡市荒戸の被災（首藤卓茂）「西日本文化」　西日本文化協会　（469）2014.6

安楽平城

筑前国早良郡安楽平城と大内氏（2009年度九州史学研究会大会公開講演・研究発表要旨―研究発表）（三村講介）「九州史学」　九州史学研究会　（157）2010.10

飯塚

飯塚雑感（酒井博）「古代朝鮮文化を考える」　古代朝鮮文化を考える会　（17）2002.12

飯塚歴史散歩（竹川克幸）「福岡地方史研究 ： 福岡地方史研究会会報」　福岡地方史研究会，海鳥社（発売）（46）2008.8

昔のスイーツ探し旅―長崎街道・筑前六宿編（4）～（5）飯塚［1］～（2）（牛嶋英俊）「西日本文化」　西日本文化協会　通号439/通号440　2009.6/2009.8

明治の末から大正の始めにかけて飯塚付近の遠賀川改修工事とその後―嘉麻川と遠賀川の流路変更（篠崎達男）「嘉飯山郷土研究会会誌」　嘉飯山郷土研究会　（23）2009.11

飯塚が支えた文明 飯塚今昔物語（林田俊一）「季刊邪馬台国」　「季刊邪馬台国」編纂委員会，梓書院（発売）（110）2011.7

江戸時代、長崎街道の中の「六宿街道」の開発・整備と宿場・飯塚を北上して幸袋村まで（篠崎達男）「嘉飯山郷土研究会会誌」　嘉飯山郷土研究会　（26）2012.11

田川・飯塚地区（史跡探訪感想文）（石川学）「別府史談」　別府史談会　（26）2013.3

飯塚市

飯塚市鳥瞰図「資料館だより」　飯塚市歴史資料館　26　2004.3

筑豊の近代遺産を訪ねて―嘉飯山地域（飯塚市・嘉麻市・桂川町）（長弘雄次）「嘉飯山郷土研究会会誌」　嘉飯山郷土研究会　（21）2007.11

飯塚藩

飯塚藩の制札小考（則行すなお）「嘉飯山郷土研究会会誌」　嘉飯山郷土研究会　19　2005.11

飯盛山

相島・飯盛山と朝鮮通信使（会員研究報告）「古賀の歴史と文化」　古賀郷土研究会　2005　2006.3

生葉郡

明治5年筑後国生葉郡における名子の解放をめぐって（秀村選三）「九州文化史研究所紀要」　九州大学附属図書館付設記録資料館九州文化史資料部門　（48）2005.3

石坂

みやこの歴史発見伝（48）古文書が語る村の生活と文化（3）今川の水運（1）文政期「石坂」の舟路整備（川本英紀）「みやこ町歴史民俗博物館だより」　みやこ町歴史民俗博物館　（63）2011.7

みやこの歴史発見伝（49）古文書が語る村の生活と文化（4）今川の水運（2）文政期「石坂」の修理工事（川本英紀）「みやこ町歴史民俗博物館だより」　みやこ町歴史民俗博物館　（64）2011.8

石坂トンネル

福岡県内の指定・登録文化財 石坂トンネル（第2隧道）［国登録有形文化財］田川郡赤村大字赤～京都郡みやこ町大字崎山字石坂「九歴だより」　九州歴史資料館　（37）2013.4

板持村

近世前期筑前における触口・庄屋の同族と家従属者―志摩郡板持村朱室家について（秀村選三）「福岡県地域史研究」　西日本文化協会福岡県地域史研究所　（25）2009.3

伊知郷

アーカイブコーナー（3）失われた地名「伊知郷」（灰塚照明）「九州倭国通信」　九州古代史の会　（165）2013.3

一岳城

筑前一嶽城と亀尾城―国人領主・宗紫氏の城郭としての視点から（岡寺良）「九州歴史資料館研究論集」　九州歴史資料館　通号34　2009.3

五木

西鉄沿線 謎解き散歩 五木（塩川純夫）「瓦版 ： 柳川郷土研究会会誌「水郷」付録」　柳川郷土研究会　（45）2014.6

怡土郡

享保期、筑前国怡土・志摩両郡の過去帳調査記（前田時一郎）「福岡県地域史研究」　西日本文化協会福岡県地域史研究所　21　2004.3

糸島

探訪記 朝倉・糸島を訪ねて（岡英明，中浦美喜人）「郷土研究」　佐世保市立図書館　（39）2012.3

中世末期の糸島―16世紀の政治情勢を中心に（地域特集 糸島半島）（中

牟田寛也）「西日本文化」　西日本文化協会　（471）2014.10

糸島ピックアップ（地域特集 糸島半島）「西日本文化」　西日本文化協会　（471）2014.10

糸島における唐津街道（地域特集 糸島半島）（丸山雍成）「西日本文化」　西日本文化協会　（471）2014.10

糸島郡

太閤道伝説を歩く（10）糸島郡の太閤道（牛嶋英俊）「西日本文化」　西日本文化協会　379　2002.3

糸島市

福岡県の歌詞碑 糸島市編（大石実）「西日本文化」　西日本文化協会　通号445　2010.6

糸島半島

糸島半島の歴史と自然（地域特集 糸島半島）（中村萬里）「西日本文化」　西日本文化協会　（471）2014.10

『庚寅』銘大刀と七世紀の北部九州（地域特集 糸島半島）（大塚紀宜）「西日本文化」　西日本文化協会　（471）2014.10

怡土城

怡土城築城の経緯について（〈第1特集 九州の城郭と城下町 古代編〉）（瓜生秀文）「海路」　「海路」編集委員会，海鳥社（発売）通号4　2007.2

怡土城と吉備真備・佐伯今毛人（地域特集 糸島半島）（瓜生秀文）「西日本文化」　西日本文化協会　（471）2014.10

伊都国歴史博物館

伊都国歴史博物館 わが国の起源に迫る（地域特集 糸島半島）（榊原英夫）「西日本文化」　西日本文化協会　（471）2014.10

稲居塚城

福岡市博多区所在の二つの山城 席田青木城・稲居塚城について（山崎龍男）「北部九州中近世城郭」　北部九州中近世城郭研究会　（19）2010.9

犬鳴川

犬鳴川流路変遷史考（澤田憲孝）「嘉飯山郷土研究会会誌」　嘉飯山郷土研究会　（21）2007.11

犬鳴川流域における防火（澤田憲孝）「嘉飯山郷土研究会会誌」　嘉飯山郷土研究会　（24）2010.11

猪膝街道

小倉街道と猪膝街道（村上利男）「かわら ： 郷土史誌」　香春町教育委員会　54　2001.10

井原村

筑前国怡土郡井原触村方書上帳（秀村選三）「福岡県地域史研究」　西日本文化協会福岡県地域史研究所　22　2005.3

今泉

福岡県西方沖地震における今泉地区の被害（〈小特集 2005年福岡県西方沖地震を記録する〉）（田中美帆）「福岡地方史研究 ： 福岡地方史研究会会報」　福岡地方史研究会，海鳥社（発売）（44）2006.7

今川

みやこの歴史発見伝（48）古文書が語る村の生活と文化（3）今川の水運（1）文政期「石坂」の舟路整備（川本英紀）「みやこ町歴史民俗博物館だより」　みやこ町歴史民俗博物館　（63）2011.7

みやこの歴史発見伝（49）古文書が語る村の生活と文化（4）今川の水運（2）文政期「石坂」の修理工事（川本英紀）「みやこ町歴史民俗博物館だより」　みやこ町歴史民俗博物館　（64）2011.8

妹川村

筑後国生葉郡妹川村 鑓水家文書仮目録（続）（福岡県地域史研究所）「福岡県地域史研究」　西日本文化協会福岡県地域史研究所　20　2003.3

明治五年壬申五月 生葉郡妹川村国武利八郎・同嘉一郎・堀清八田名子一件（秀村選三）「福岡県地域史研究」　西日本文化協会福岡県地域史研究所　21　2004.3

筑後国生葉郡妹川村名方規定（秀村選三，福岡古文書研究会）「福岡県地域史研究」　西日本文化協会福岡県地域史研究所　22　2005.3

入部

古代の子代・名代と「入部」の地名（原田論）「ふるさとの自然と歴史」　歴史と自然をまもる会　（333）2010.3

岩屋城

歴史紀行―島津軍団の太宰府進撃熾烈「岩屋城の戦い」（永田典男）「鹿児島史談」　鹿児島史談会編集委員会　（4）2000.10

太宰府岩屋城の研究（上）―城郭構造（縄張り）からの検討（岡寺良）「九州歴史資料館研究論集」　九州歴史資料館　通号31　2006.3

太宰府岩屋城の研究（下）―城絵図からの検討（岡寺良）「九州歴史資料館研究論集」　九州歴史資料館　通号32　2007.3

岩屋城と戦国時代の山城（特集 四王寺山の歴史と自然）（岡寺良）「西日本文化」　西日本文化協会　（453）2011.10

岩屋城（特集 太宰府の絵図）（岡寺良）「都府楼」　古都大宰府保存協会

九州・沖縄　　　　　　　　　　　　　地名でたどる郷土の歴史　　　　　　　　　　　　　福岡県

（43）2011.11

大内氏の筑前国御笠郡代・岩屋城督―千手興国を中心に（三村講介）「年報太宰府学」太宰府市　（6）2012.3

井原藩
幻の怡土郡 "井原藩"（特集 黒田家と福岡・博多2）（有田和樹）「福岡地方史研究：福岡地方史研究会会報」福岡地方史研究会，海鳥社（発売）（52）2014.9

植木
植木は毛利軍の兵站基地（阿部秀昭）「郷土直方：直方郷土研究会・会報」直方郷土研究会　（33）2007.6
植木に墜落したB29と捕虜搭乗員（例会発表）（牛嶋英俊）「郷土直方：直方郷土研究会・会報」直方郷土研究会　（37）2012.4

植木別館
福岡藩植木別館と鷹取城―黒田長政の戦略を考える（牛嶋英俊）「西日本文化」西日本文化協会　（467）2014.2

浮羽
川上信也の旅アングル（6）杉皮茅葺き屋根が残る山村・浮羽「西日本文化」西日本文化協会　通号440　2009.8

臼井
史料紹介 黒田長政をもてなしたご馳走「臼井家文書」慶長十五年戌極月十五日献立目録（特集 黒田家と福岡・博多）（竹川克幸）「福岡地方史研究：福岡地方史研究会会報」福岡地方史研究会，海鳥社（発売）（51）2013.9

碓氷町
嘉穂町碓氷町 石竹の皿屋敷跡伝承をめぐって（貝嶋亮三）「西日本文化」西日本文化協会　406　2004.11

碓井町
碓井町にあった試験炭鉱（施設編）（鹿田則光）「嘉飯山郷土研究会会誌」嘉飯山郷土研究会　14　2000.11
碓井町にあった試験炭鉱（業務編）（鹿田則光）「嘉飯山郷土研究会会誌」嘉飯山郷土研究会　15　2001.11

烏岳城
筑前朝倉地域の戦国期城館―東峰村烏嶽城について（岡寺良）「九州歴史資料館研究論集」九州歴史資料館　通号36　2011.3

内ヶ磯
むかしの「内ヶ磯」地域―古跡を中心に（篠原義一）「郷土直方：直方郷土研究会・会報」直方郷土研究会　（29・30）2000.5

内ヶ磯古窯
桃山茶陶と内ヶ磯古窯「織部好み」を焼いた筑前焼窯（一般公開に実った個人コレクションの魅力）（小山亘）「西日本文化」西日本文化協会　通号444　2010.4

内野
昔のスイーツ探し旅―長崎街道・筑前六宿編（6）内野（牛嶋英俊）「西日本文化」西日本文化協会　通号441　2009.10

有智山城
太宰府有智山城跡について（下高大輔）「都府楼」古都大宰府保存協会　（38）2006.12

雲竜の館
いしぶみ訪問（93）百八人塚、雲龍の館（那須博）「ふるさとの自然と歴史」歴史と自然をまもる会　301　2004.11

大川市
福岡県の歌詞碑 大川市編（大石実）「西日本文化」西日本文化協会　通号434　2008.8

大坂城
みやこ町大坂城の紹介（中村修身）「かわら：郷土史誌」香春町教育委員会　70　2010.3

大坂峠
古代豊前の「大坂」峠―古代の坂と境界（鈴木景二）「郷土誌さいがわ」犀川町郷土研究会　（22）2004.4
大坂山の呼び名と大坂峠（廣瀬英男）「かわら：郷土史誌」香春町教育委員会　（65）2007.7

大坂山
大坂山の呼び名と大坂峠（廣瀬英男）「かわら：郷土史誌」香春町教育委員会　（65）2007.7

大沢公園
九州の名園を歩く パーク式庭園―大澤公園（原田榮進）「海路」「海路」編集委員会，海鳥社（発売）通号9　2010.3

大手門
いしぶみ訪問（130）大手門1丁目から舞鶴3丁目へ（那須博）「ふるさとの自然と歴史」歴史と自然をまもる会　（338）2011.1

大野城
7.19.災害の爪痕―大野城跡（吉村靖徳）「九歴だより」九州歴史資料館　18　2003.10
大野城跡・無残―7.19豪雨被害の報告（都府楼）古都大宰府保存協会　（35）2003.12
特別史跡大野城跡の平成15年豪雨災害とその災害復旧事業（重篠輝行）「都府楼」古都大宰府保存協会　（37）2006.3
大野城の柱に刻まれた文字（杉原敏之）「都府楼」古都大宰府保存協会　（38）2006.12
大宰府だより 大宰府防衛のために築かれた大野城跡をご案内して（杢尾幹雄）「いしぶみ」「いしぶみ」発行所　（21）2007.2
大野城と基肄城（〈第1特集 九州の城郭と城下町 古代〉）（赤司善彦）「海路」「海路」編集委員会，海鳥社（発売）通号4　2007.2
朝鮮式山城・大野城（宮城敏男）「光地方史研究」光地方史研究会　（37）2011.3
大野城―大宰府を護る巨大城郭（特集 四王寺山の歴史と自然）（杉原敏之）「西日本文化」西日本文化協会　（453）2011.10

大野城市
太宰府周辺・地名で遊ぶ（8）大野城市の微小な小字（観世広）「季刊邪馬台国」「季刊邪馬台国」編纂委員会，梓書院（発売）（104）2010.2

大原
大原合戦跡に思いを馳せて（帆足徳男）「故郷の花」小郡市郷土史研究会　（31）2006.5
大原合戦前26年と字十三塚の関連を説く（大原合戦650年特集）（森幸治郎）「故郷の花」小郡市郷土史研究会　（35）2010.5
大保の小字名と大原合戦遺跡（大原合戦650年特集）（森幸治郎）「故郷の花」小郡市郷土史研究会　（35）2010.5

大保
筑後征西府と大保原合戦（大城美知信）「故郷の花」小郡市郷土史研究会　26　2001.5
大保の小字名と大原合戦遺跡（大原合戦650年特集）（森幸治郎）「故郷の花」小郡市郷土史研究会　（35）2010.5

大保原
古文書にみる大保原合戦（高原芳之）「故郷の花」小郡市郷土史研究会　（34）2009.5
大保原合戦私考（特別寄稿）（大城美知信）「故郷の花」小郡市郷土史研究会　（35）2010.5

大濠公園
大濠公園を見晴らしたい（遠藤正雄）「福岡城だより」鴻臚館・福岡城跡歴史・観光・市民の会　（28）2011.1
大濠公園「西湖モデル説」の追跡（1）―その発生と展開についての考察（安部健一）「西日本文化」西日本文化協会　（467）2014.2
大濠公園「西湖モデル説」の追跡（3）―シリーズ「歴史散歩」から登場（安部健一）「西日本文化」西日本文化協会　（469）2014.6

大牟田
大牟田の地名再発見（大城美知信）「三池史談」（29）2005.3
川上信也の旅アングル（12）有明海の港町・大牟田「西日本文化」西日本文化協会　通号446　2010.8
ルポ 大牟田に埋蔵金伝説があった（藤吉齊）「三池史談」（30）2013.7
付録 『懐かしい大牟田弁辞典』（名詞を除く）（大城美知信［編］）「三池史談」（30）2013.7

大牟田市
筑後地方（大牟田市）における西南戦争関連資料（坂井政治）「西南戦争之記録」西南戦争を記録する会　2　2003.11
福岡県の歌詞碑 大牟田市編（大石実）「西日本文化」西日本文化協会　通号429　2007.10

大牟田線
小郡市と西鉄大牟田線 一市民の見聞（会員の広場）（木村晃郎）「故郷の花」小郡市郷土史研究会　（37）2012.3

大牟田郵便取扱所
大牟田郵便取扱所の開設と郵便印の考察（坂井政治）「三池史談」（27）2003.3

大村郷
嘉麻郡草壁郷、大村郷小論（熊谷利夫）「嘉飯山郷土研究会会誌」嘉飯山郷土研究会　18　2004.11

大休山
歴史万華鏡 大休山と南公園「市史だよりFukuoka」福岡市博物館市史編さん室　（8）2008.12

岡垣

「続」やさしく読める岡垣の小略史（刀根博愛）「木綿間 : 岡垣歴史文化研究会年報」 岡垣歴史文化研究会 22 2003.3

麻生文書より足利尊氏袖判文書について（有川宜博）「木綿間 : 岡垣歴史文化研究会年報」 岡垣歴史文化研究会 （23） 2004.3

「続・続」やさしく読める岡垣小略史（刀根博愛）「木綿間 : 岡垣歴史文化研究会年報」 岡垣歴史文化研究会 （23） 2004.3

写真でつづる歴文の30年「木綿間 : 岡垣歴史文化研究会年報」 岡垣歴史文化研究会 （24） 2005.9

「続・続・続」やさしく読める岡垣小略史（刀根博愛）「木綿間 : 岡垣歴史文化研究会年報」 岡垣歴史文化研究会 （24） 2005.9

「炭鉱」子供のころの思い出より（西村光代）「木綿間 : 岡垣歴史文化研究会年報」 岡垣歴史文化研究会 （24） 2005.9

『麻生文書』の学習から（吉野勲）「木綿間 : 岡垣歴史文化研究会年報」 岡垣歴史文化研究会 （24） 2005.9

岡垣村

岡垣村時代のくらし 農作業と運搬、交易を中心に（入江東樹）「木綿間 : 岡垣歴史文化研究会年報」 岡垣歴史文化研究会 （24） 2005.9

岡垣町

岡垣町のあゆみ 2001年の岡垣（田和昭壽）「木綿間 : 岡垣歴史文化研究会年報」 岡垣歴史文化研究会 22 2003.3

岡垣町のあゆみ（田和昭壽）「木綿間 : 岡垣歴史文化研究会年報」 岡垣歴史文化研究会 （23） 2004.3

岡垣町報連載 「岡垣の風土記」に関する目録作成について（戸次拓治）「木綿間 : 岡垣歴史文化研究会年報」 岡垣歴史文化研究会 （24） 2005.9

岡垣町のあゆみ 世界・日本の歴史の中で（田和昭壽）「木綿間 : 岡垣歴史文化研究会年報」 岡垣歴史文化研究会 （24） 2005.9

岡城

「岡城悲話」に思う（吉野勲）「木綿間 : 岡垣歴史文化研究会年報」 岡垣歴史文化研究会 （23） 2004.3

福岡県岡垣町岡城について（中村修身）「北部九州中近世城郭」 北部九州中近世城郭研究会 （26） 2014.3

沖ノ島

僕の沖ノ島調査報告書（野口恭彦）「故郷の花」 小郡市郷土史研究会 （31） 2006.5

沖ノ島と北部九州における首長層の動向（渡来系文化と北部九州―4・5世紀を中心に 第150回九州古文化研究大会の記録）（宇野愼敏）「古文化談叢」 九州古文化研究会 63 2010.5

沖ノ島国境紛争と土居六之進（神津陽）「西南四国歴史文化論叢よど」 西南四国歴史文化研究会 （14） 2013.4

小郡

元禄年間・小郡の水争い―『豆田井出水論記録』を読んで（酒見辰三郎）「故郷の花」 小郡市郷土史研究会 27 2002.5

特集 小郡の地名（2）（山田蕃）「故郷の花」 小郡市郷土史研究会 27 2002.5

秋月街道と小郡―彦山道を中心に（黒岩弘）「故郷の花」 小郡市郷土史研究会 28 2003.5

小郡は私の青山（浦田茂）「故郷の花」 小郡市郷土史研究会 28 2003.5

小郡新発見―新たに分かった小郡の歴史（杉本岳史）「故郷の花」 小郡市郷土史研究会 （29） 2004.5

戦時下小郡の青春時代の回想（〈特集 終戦60年 戦時下の思い出〉）（丸山富也）「故郷の花」 小郡市郷土史研究会 （31） 2006.5

鳥栖市誌第3巻「中世・近世編」に見る鳥栖と小郡の交流（藤瀬禎博）「故郷の花」 小郡市郷土史研究会 （34） 2009.5

小郡周辺の渡来人の動向（会員の研究）（宮田浩之）「故郷の花」 小郡市郷土史研究会 （35） 2010.5

「小郡の小字」について（会員の研究）（田辺義典）「故郷の花」 小郡市郷土史研究会 （35） 2010.5

ふるさと小郡（会員の研究）（佐藤徳子）「故郷の花」 小郡市郷土史研究会 （36） 2011.3

体当たり! 小郡にB29が落ちた―女性航空兵（無線通信士）が乗っていた（会員の広場）（黒岩貞治）「故郷の花」 小郡市郷土史研究会 （39） 2014.3

子ども達に伝えたい郷土の歴史―ふるさと小郡のあゆみを活用した実践を通して（会員の広場）（林田一徳）「故郷の花」 小郡市郷土史研究会 （39） 2014.3

小郡市

小郡市の地名について（成富安子）「故郷の花」 小郡市郷土史研究会 （30） 2005.5

小郡市の地名 主として街道筋の地名（藤木美喜子）「故郷の花」 小郡市郷土史研究会 （30） 2005.5

小郡市郷土史研究会40年の歩み 「故郷の花」 小郡市郷土史研究会

（30） 2005.5

小郡市の史跡を歩く（田邊義典）「故郷の花」 小郡市郷土史研究会 （31） 2006.5

故郷の古城を訪ねて（帆足徳男）「故郷の花」 小郡市郷土史研究会 （32） 2007.5

小郡市史跡案内「故郷の花」 小郡市郷土史研究会 （32） 2007.5

小郡市史跡分布図（田辺義典）「故郷の花」 小郡市郷土史研究会 （33） 2008.5

研究発表 小郡市内の地名について（酒見辰三郎）「故郷の花」 小郡市郷土史研究会 （34） 2009.5

小郡市史跡分布図（改訂版）（田邊義典）「故郷の花」 小郡市郷土史研究会 （34） 2009.5

身近な地名研究と今後の課題（会員の研究発表）（地名研究グループ）「故郷の花」 小郡市郷土史研究会 （35） 2010.5

小郡市史跡分布図（改訂版）（史跡探訪）（田邊義典）「故郷の花」 小郡市郷土史研究会 （35） 2010.5

延享三年の巡見使（会員の研究）（黒岩貞治）「故郷の花」 小郡市郷土史研究会 （36） 2011.3

小郡市史跡分布図（改訂版）（史跡探訪）（田邊義典）「故郷の花」 小郡市郷土史研究会 （36） 2011.3

小郡市の歴史と文化財を訪ねて（特集 クロスロードの自然・歴史旅―新幹線新鳥栖駅から訪ねる観光情報集成）「栖 : 鳥栖と周辺の自然と歴史をさぐる郷土誌」 鳥栖郷土研究会 （50） 2011.3

小郡市内の城館跡巡り（会員の広場）（田中賢二）「故郷の花」 小郡市郷土史研究会 （37） 2012.3

小郡市と西鉄大牟田線 一市民の見聞（会員の広場）（木村晃郎）「故郷の花」 小郡市郷土史研究会 （37） 2012.3

小郡市史跡分布図（史跡探訪）（田辺義典、講座グループ）「故郷の花」 小郡市郷土史研究会 （37） 2012.3

小郡市内の城館跡巡り（2）（「各講座」の発表）（田中賢二）「故郷の花」 小郡市郷土史研究会 （38） 2013.3

郷土で活躍した人々（郷土の偉人）（会員の研究）（帆足徳男）「故郷の花」 小郡市郷土史研究会 （38） 2013.3

小郡市の万葉歌碑（会員の広場）（田口知子）「故郷の花」 小郡市郷土史研究会 （38） 2013.3

小郡市史跡分布図（史跡探訪）（田邊義典）「故郷の花」 小郡市郷土史研究会 （38） 2013.3

近世以前における現小郡市及び市近郊の治安維持組織・体制等について（会員の研究）（森正義）「故郷の花」 小郡市郷土史研究会 （39） 2014.3

小郡市史跡分布図（会員の探訪）（田邊義典）「故郷の花」 小郡市郷土史研究会 （39） 2014.3

乙隈城

乙隈城跡について―北条光時鎮西探題館説の検証（酒見辰三郎）「故郷の花」 小郡市郷土史研究会 （29） 2004.5

小原村

小原村の変遷（西田文明）「郷土誌しいだ」 椎田町文化財研究協議会 （14） 2006.5

折尾駅

コラム 折尾駅短絡線「郷土八幡」 八幡郷土史会 （4） 2014.2

小呂

福岡市域の島名考 妙見・志賀・能古・玄海・小呂（池田善朗）「海路」 「海路」編集委員会，海鳥社（発売） 通号8 2009.6

小呂島

元寇防塁と小呂島探訪「ふるさとの自然と歴史」 歴史と自然をまもる会 287 2001.7

小呂島は香椎宮の四至？（淼能碁呂太郎）「九州倭国通信」 九州古代史の会 （169） 2014.1

遠賀川

遠賀川の水運交通に関する研究（長弘雄次）「嘉飯山郷土研究会会誌」 嘉飯山郷土研究会 17 2003.11

遠賀川地域を守る活動（〈地域特集 遠賀川・西岸（旧筑後領）―芦屋・木屋瀬・直方・飯塚・嘉麻〉）（窪山邦彦）「西日本文化」 西日本文化協会 通号441 2009.10

鳥瞰図から見る昭和初期の炭鉱都市（〈地域特集 遠賀川・西岸（旧筑後領）―芦屋・木屋瀬・直方・飯塚・嘉麻〉）（長谷川清之）「西日本文化」 西日本文化協会 通号441 2009.10

水の道から鉄道へ（〈地域特集 遠賀川・西岸（旧筑後領）―芦屋・木屋瀬・直方・飯塚・嘉麻〉）（讃井智子）「西日本文化」 西日本文化協会 通号441 2009.10

江戸のハイテク・遠賀川堀（〈地域特集 遠賀川・西岸（旧筑後領）―芦屋・木屋瀬・直方・飯塚・嘉麻〉）（長弘雄次）「西日本文化」 西日本文化協会 通号441 2009.10

九州・沖縄　　　　　　　　　　地名でたどる郷土の歴史　　　　　　　　　　福岡県

遠賀川の改修と変遷（〈地域特集 遠賀川・西岸（旧筑後領）―芦屋・木屋瀬・直方・飯塚・嘉麻〉）（嶋田光一）「西日本文化」 西日本文化協会 通号441 2009.10

遠賀川流域の街道・宿場町（〈地域特集 遠賀川・西岸（旧筑後領）―芦屋・木屋瀬・直方・飯塚・嘉麻〉）（竹川克幸）「西日本文化」 西日本文化協会 通号441 2009.10

遠賀川上流域の食とくらし（青山英子）「西日本文化」 西日本文化協会 通号441 2009.10

明治の末から大正の始めにかけて飯塚付近の遠賀川改修工事とその後―嘉麻川と遠賀川の流路変更（篠﨑達男）「嘉飯山郷土研究会会誌」 嘉飯山郷土研究会 （23）2009.11

シリーズ 黒田筑前藩（福岡藩）の誇れる実績 第5回 筑前国第一の大河「遠賀川の河川付け替え分水・直線化事業」（野田弘信）「福岡城だより」 鴻臚館・福岡城跡歴史・観光・市民の会 （42）2014.7

遠賀郡
太閤道伝説を歩く（5）遠賀郡の太閤道（牛嶋英俊）「西日本文化」 西日本文化協会 369 2001.3

明治30年頃の遠賀郡・企救郡内炭礦史（史料紹介）（笹尾了祐）「嘉飯山郷土研究会会誌」 嘉飯山郷土研究会 19 2005.11

遠賀堀川
筑豊の石炭水運輸送に貢献した遠賀堀川について（長弘雄次）「嘉飯山郷土研究会会誌」 嘉飯山郷土研究会 15 2001.11

シリーズ 黒田筑前藩（福岡藩）の誇れる実績 第6回 遠賀川の利水・治水第2弾！「遠賀堀川の開鑿」（野田弘信）「福岡城だより」 鴻臚館・福岡城跡歴史・観光・市民の会 （43）2014.10

遠賀堀川運河
遠賀堀川運河の保存活動（松田寛）「県史だより : 福岡県地域史研究所県史だより」 西日本文化協会 121 2005.9

鏡山
豊国の鏡山について（南野秀敏）「かわら : 郷土史誌」 香春町教育委員会 52 2000.8

鏡山村
鏡山村のまぐさ場と高野豆田井手（木村晴彦）「かわら : 郷土史誌」 香春町教育委員会 52 2000.8

鹿毛馬神籠石
福岡県内の指定文化財 鹿毛馬神籠石［国指定史跡］飯塚市鹿毛馬「九歴だより」 九州歴史資料館 （40）2014.10

笠木山城
筑前笠木山城の縄張りが示すもの―国人領主・秋月氏の城郭としての視点から（岡寺良）「古文化談叢」 九州古文化研究会 65（分冊2）2010.12

香椎線
香椎線に残存する博多湾鉄道時代の橋梁（徳永博文）「福岡地方史研究 : 福岡地方史研究会会報」 福岡地方史研究会, 海鳥社（発売）（47）2009.8

柏原
歴史の郷 柏原を行く。「市史だよりFukuoka」 福岡市博物館市史編さん室 （14）2011.12

表紙の写真 柏原を臨む（写真 新田岳）「市史だよりFukuoka」 福岡市博物館市史編さん室 （14）2011.12

春日市
「倭人伝」古代九州紀行（5）奴国は「10万都市」だったのか 福岡県春日市を訪ねて（玉木朋史）「歴史九州」 九州歴史大学講座事務局 10（6）通号113 2000.2

糟屋
春米連の歴史と糟屋の関係を探る（会員研究報告）「古賀の歴史と文化」 古賀郷土研究会 2005 2006.3

糟屋郡
太閤道伝説を歩く（8）糟屋郡の太閤道（牛嶋英俊）「西日本文化」 西日本文化協会 375 2001.10

糟屋郡の戦跡フィールドワーク（友定明憲, 池間龍三）「リベラシオン : 人権研究ふくおか」 福岡県人権研究所 （142）2011.6

糟屋炭田
シリーズ日本の炭鉱（1）糟屋炭田と志免鉱業所（徳永博文）「田川市石炭・歴史博物館だより」 田川市石炭・歴史博物館 （29）2006.3

勝浦
塩田の舟運 18世紀の勝浦・津屋崎（南時夫）「西日本文化」 西日本文化協会 通号440 2009.8

勝盛公園
いしぶみ訪問（98）勝盛公園（飯塚市）（那須博）「ふるさとの自然と歴史」

歴史と自然をまもる会 （306）2005.9

金屑川
随想 金屑川（井上ヒロミ）「海路」 「海路」編集委員会, 海鳥社（発売）通号6 2008.6

金田町
いしぶみ訪問（79）田川郡金田町（那須博）「ふるさとの自然と歴史」 歴史と自然をまもる会 287 2001.7

可也
地名「可也」の周辺（地域特集 糸島半島）（吉丸克彦）「西日本文化」 西日本文化協会 （471）2014.10

鐘崎
鐘崎の海女（森崎和江）「海路」 「海路」編集委員会, 海鳥社（発売）通号6 2008.6

鐘崎の玄海トラフク（坂本正行）「ふるさとの自然と歴史」 歴史と自然をまもる会 （349）2012.11

金隈
偶感「筑前金隈」（水久保菊男）「もろかた : 諸県」 都城史談会 （38）2004.11

金平村
近世筑前国の皮革流通における「抜荷」の構造―辻村・堀口村・金平村を中心に（高垣亜矢）「論集きんせい」 近世史研究会 （28）2006.5

叶岳登山口
いしぶみ訪問（76）野方遺跡から叶嶽登山口へ（那須博）「ふるさとの自然と歴史」 歴史と自然をまもる会 284 2001.1

香春城
福岡県香春町・鬼ヶ城（香春城）（中村修身）「北部九州中近世城郭」 北部九州中近世城郭研究会 （19）2010.9

下深野村
民衆史こぼれ話 片隅の生きた人たち（3）郷筒良平を襲った悲劇―築城郡下深野村（石瀧豊美）「リベラシオン : 人権研究ふくおか」 福岡県人権研究所 （136）2009.12

嘉穂
戦国期嘉穂地方における大友氏と秋月氏の攻防―八木山・大日寺合戦を中心に（竹川智美）「嘉飯山郷土研究会会誌」 嘉飯山郷土研究会 （26）2012.11

嘉穂郡
明治30年頃の嘉穂郡内炭礦史（史料紹介）―『嘉豊炭礦誌』著者高野江基太郎から（笹尾了祐）「嘉飯山郷土研究会会誌」 嘉飯山郷土研究会 17 2003.11

嘉穂郡歴史散歩（前田フサ子）「郷土誌さいがわ」 犀川町郷土史研究会 （22）2004.4

嘉穂盆地
嘉穂盆地からの主な峠（篠﨑達男）「嘉飯山郷土研究会会誌」 嘉飯山郷土研究会 （27）2014.11

嘉穂町
太閤道伝説を歩く（2）嘉穂町の太閤道（牛嶋英俊）「西日本文化」 西日本文化協会 361 2000.5

嘉麻川
明治の末から大正の始めにかけて飯塚付近の遠賀川改修工事とその後―嘉麻川と遠賀川の流路変更（篠﨑達男）「嘉飯山郷土研究会会誌」 嘉飯山郷土研究会 （23）2009.11

嘉麻市
筑豊の近代遺産を訪ねて―嘉飯山地域（飯塚市・嘉麻市・桂川町）（長弘雄次）「嘉飯山郷土研究会会誌」 嘉飯山郷土研究会 （21）2007.11

上内村
柳河藩上内村の百姓一揆から明治維新への事情（新藤東洋男）「近代熊本」 熊本近代史研究会 （32）2008.12

上日奈古
上日奈古の臨時出来（遠藤ミユキ）「郷土誌しいだ」 椎田町文化財研究協議会 （15）2007.5

上本庄村
民衆史こぼれ話 片隅に生きた人たち（6）傘轆轤木と轆轤師―築城郡上本庄村（石瀧豊美）「リベラシオン : 人権研究ふくおか」 福岡県人権研究所 （139）2010.9

亀尾城
筑前一嶽城と亀尾城―国人領主・筑紫氏の城郭としての視点から（岡寺良）「九州歴史資料館研究論集」 九州歴史資料館 通号34 2009.3

可也山
倭国の原風景（4）可也山（福岡県糸島市）松尾祐一郎氏撮影「九州倭国

通信」 九州古代史の会　(156) 2011.5

駕与丁公園

いしぶみ訪問(101) 駕与丁公園(那須博)「ふるさとの自然と歴史」 歴史と自然をまもる会　(309) 2006.3

苅田往還

苅田往還たちばなし(倉本士誓)「郷土誌かんだ」 かんだ郷土史会　(12) 2014.3

苅田町

苅田町所在の郡界石(高垣治海)「郷土誌かんだ」 かんだ郷土史会　(12) 2014.3

香春

香春の地名表記及び音訓の変遷について(宮永駿逸)「かわら ： 郷土史誌」 香春町教育委員会　57 2003.10

特別寄稿 香春地方の戦国期城郭と高橋元種(中西義昌)「かわら ： 郷土史誌」 香春町教育委員会　60 2005.3

豊田田川市・香春の歴史(詳報)(史跡探蔵レポート)(矢島嗣久)「別府史談」 別府史談会　(26) 2013.3

悠久の文学展—文学に見る香春(悠久の文学展実行委員会)「かわら ： 郷土史誌」 香春町教育委員会　77 2013.10

香春岳

豊前国香春岳周辺の銅生産に関する調査と若干の考察(中村修身)「かわら ： 郷土史誌」 香春町教育委員会　53 2001.3

香春岳に関する文学碑(香春文学散歩)(辻幸春)「かわら ： 郷土史誌」 香春町教育委員会　(66) 2008.2

香春岳から見た古代史—キーワードは「渡来の文化」(牛嶋英俊)「西日本文化」　　　　　　　　　　　　　　　　　　　　　　　　

香春岳三ノ岳(511m)、二ノ岳(468.2m) 懸望すれば、山の美しさ醜さの象徴的な両顔を持つ山(榎隆成，榎數代)「かわら ： 郷土史誌」 香春町教育委員会　75 2012.9

香春岳のコケ—古生代につながるなぞの苔路(木村素子)「かわら ： 郷土史誌」 香春町教育委員会　77 2013.10

香春町

「香春町史」の概要について(香春町史編集委員会)「かわら ： 郷土史誌」 香春町教育委員会　53 2001.3

峠物語(衛藤杉堂)「かわら ： 郷土史誌」 香春町教育委員会　54 2001.10

《香春町歴史探訪—知的な散歩のために》「かわら ： 郷土史誌」 香春町教育委員会　56 2003.3

採銅所金山聞き書き(香春町史編纂委員会)「かわら ： 郷土史誌」 香春町教育委員会　60 2005.3

古代官衙・寺院めぐり(嶋井恒博)「かわら ： 郷土史誌」 香春町教育委員会　68 2009.3

紀行「古代官衙・寺院めぐり」(大平幸子)「かわら ： 郷土史誌」 香春町教育委員会　68 2009.3

観世音寺

太宰府観世音寺から九州博物館へ(中西敏男)「史叢」 熊本歴史学研究会　(11) 2006.8

いしぶみ訪問(106) 太宰府市観世音寺宝蔵周辺 島原市島原城彫刻の森(那須博)「ふるさとの自然と歴史」 歴史と自然をまもる会　(314) 2007.1

コラム 太宰府周辺・地名で遊ぶ(4)～(5) 観世音寺地区の小字[1]～(2)(観世広)「季刊邪馬台国」 「季刊邪馬台国」編纂委員会，梓書院(発売)　(98)/(99) 2008.4/2008.7

関門

関門地域の国際(インバウンド)観光振興—中国「関門地域研究」 関門地域共同研究会　14 2005.3

関門鯨産業文化史(岸本允弘)「西日本文化」 西日本文化協会　通号438 2009.4

幕末期通行規制としての関門(井上佑)「郷土」 下関郷土会　(57) 2014.3

関門海峡

関門海峡を取り巻く古代豪族(史論)(山中和恵)「からいどすこーぶ」 歴史学同好会　(10) 2008.1

北九州今と昔 関門海峡 巌流島「北九州市の文化財を守る会報」 北九州市の文化財を守る会　(137) 2012.8

関門地域

〈関門地域・韓国間の経済・産業協力に関する研究〉「関門地域研究」 関門地域共同研究会　12 2003.3

〈関門地域の中小企業金融に関する研究〉「関門地域研究」 関門地域共同研究会　12 2003.3

関門地域のベンチャー企業創出・育成に向けた調査研究「関門地域研究」 関門地域共同研究会　14 2005.3

関門電子債権・電子手形ネットワークの構築(《関門地域連携のあり方に関する調査研究—中間報告「ソーシャル・キャピタル」の視点から》—〈関門地域連携の現状と課題〉)(溝渕彰)「関門地域研究」 関門地域共同研究会　15 2006.3

関門地域における廃棄物処理システムと地域間連携の課題(《関門地域連携のあり方に関する調査研究—中間報告「ソーシャル・キャピタル」の視点から》—〈関門地域連携の現状と課題〉)(松永裕司)「関門地域研究」 関門地域共同研究会　15 2006.3

地域連携に関する一考察(1) 主として山口県および関門地域を事例として(《関門地域連携のあり方に関する調査研究—中間報告「ソーシャル・キャピタル」の視点から》—〈関門地域連携の現状と課題〉)(吉津直樹)「関門地域研究」 関門地域共同研究会　15 2006.3

まちづくりと関門地域連携—住民アンケート結果報告(《関門地域連携のあり方に関する調査研究—中間報告「ソーシャル・キャピタル」の視点から》—〈まちづくりと関門地域連携〉)(加来和典，須藤廣，児玉弥生，石塚優)「関門地域研究」 関門地域共同研究会　15 2006.3

関門地域における「ソーシャル・キャピタル」—今期テーマの意義と残された課題(《資源としてのソーシャル・キャピタル研究》)(道盛誠一)「関門地域研究」 関門地域共同研究会　16 2007.3

地域というソーシャル・キャピタルの現状と課題(《資源としてのソーシャル・キャピタル研究》—〈第1部 関門地域の住民が保有するソーシャル・キャピタルに光をあてる〉)(石塚優)「関門地域研究」 関門地域共同研究会　16 2007.3

社会関係と相互扶助(《資源としてのソーシャル・キャピタル研究》—〈第1部 関門地域の住民が保有するソーシャル・キャピタルに光をあてる〉)(加来和典)「関門地域研究」 関門地域共同研究会　16 2007.3

東アジア経済交流推進機構と関門地域—国際物流拠点とネットワーク形成のための連携(《資源としてのソーシャル・キャピタル研究》—〈第2部 関門地域におけるソーシャル・キャピタル涵養の構造に光をあてる〉)(高嶋正晴)「関門地域研究」 関門地域共同研究会　16 2007.3

コミュニティにおける資源回収の新たなシステムづくりについて(《資源としてのソーシャル・キャピタル研究》—〈第2部 関門地域におけるソーシャル・キャピタル涵養の構造に光をあてる〉)(松永裕司)「関門地域研究」 関門地域共同研究会　16 2007.3

電子登録債券と関門地域における中小企業金融(《資源としてのソーシャル・キャピタル研究》—〈第2部 関門地域におけるソーシャル・キャピタル涵養の構造に光をあてる〉)(溝渕彰)「関門地域研究」 関門地域共同研究会　16 2007.3

関門地域における連携に関する一考察(《資源としてのソーシャル・キャピタル研究》—〈第2部 関門地域におけるソーシャル・キャピタル涵養の構造に光をあてる〉)(吉津直樹)「関門地域研究」 関門地域共同研究会　16 2007.3

地域の観光化に対する住民の意識(《資源としてのソーシャル・キャピタル研究》—〈第2部 関門地域におけるソーシャル・キャピタル涵養の構造に光をあてる〉)(須藤廣)「関門地域研究」 関門地域共同研究会　16 2007.3

附録 本年度社会調査「関門地域まちづくりアンケート」の概要(《資源としてのソーシャル・キャピタル研究》—〈第2部 関門地域におけるソーシャル・キャピタル涵養の構造に光をあてる〉)「関門地域研究」 関門地域共同研究会　16 2007.3

基肄

肥前基肄・養父地域の太閤検地(中野等)「九州文化史研究所紀要」 九州大学附属図書館付設記録資料館九州文化史資料部門　(49) 2006.3

基肄城

大野城と基肄城(〈第1特集 九州の城郭と城下町 古代編〉)(赤司善彦)「海路」 「海路」編集委員会，海鳥社(発売) 通号4 2007.2

レーザー計画による古代山城の研究—基肄城をめぐる土塁の詳細(赤司善彦)「西日本文化」 西日本文化協会　(451) 2011.6

企救郡

小規模山城 豊前国企救郡の例から(中村修身)「中世城郭研究」 中世城郭研究会　(17) 2003.7

明治30年頃の遠賀郡・企救郡内炭礦史(史料紹介)(笹尾丁祐)「嘉飯山郷土研究会会誌」 嘉飯山郷土研究会　19 2005.11

北九州

北九州地区の産銅関係資料集成(中山光夫)「かわら ： 郷土史誌」 香春町教育委員会　53 2001.3

北九州はかつて鯨の町だった？(1)鯨の流通・加工拠点地であった北九州(岸本充弘)「西日本文化」 西日本文化協会　411 2005.5

ああ強烈北九州の山城探訪(藤井好玄)「備陽史探訪」 備陽史探訪の会　(124) 2005.6

北九州はかつて鯨の町だった？(2)鯨の大消費地であった北九州(岸本充弘)「西日本文化」 西日本文化協会　412 2005.7

北九州はかつて鯨の町だった？(3)鯨で町おこし？ その将来展望は？(岸本充弘)「西日本文化」 西日本文化協会　413 2005.8

九州・沖縄　　　　　　　　　　　　　地名でたどる郷土の歴史　　　　　　　　　　　　　福岡県

訪ねてみませんか？　大陸侵略の窓口 関門・北九州（竹中輝雄）「リベラシオン ： 人権研究ふくおか」 福岡県人権研究所 （124） 2006.12

北九州「卑弥呼の地」をたずねる（きまま旅）（今井公昭）「松前史談」 松前町松前史談会 （24） 2008.3

会員の活動 朝鮮人強制連行の跡をたどる北九州・筑豊のフィールドワークから学ぶこと（内岡貞雄）「リベラシオン ： 人権研究ふくおか」 福岡県人権研究所 （133） 2009.3

北九州の産業・歴史遺産・文化財を訪ねて（森本和幸）「油谷のささやき」 油谷町郷土文化会 （27） 2009.4

下関と北九州の史跡を訪ねて（大森省三）「風早」 風早歴史文化研究会 （61） 2009.5

北九州石炭産業遺産調査視察団巡検報告（特集 石炭産業遺産地域との交流）（大谷明）「常磐炭田史研究」 常磐炭田史研究会 （6） 2009.6

北九州における企業の同和問題解決への取り組み（特集「企同推」とは何か）（薗田堯司）「リベラシオン ： 人権研究ふくおか」 福岡県人権研究所 （143） 2011.9

日本の城石垣の歴史と北九州の戦国・織豊期の城石垣（特集 戦国・織豊期の九州の城郭）（三ケ谷恭弘）「海路」 「海路」編集委員会，海鳥社（発売）（11） 2013.3

城郭の縄張り構造と天正中・後期の北九州（中西義昌）「北九州市立自然史・歴史博物館研究報告.B類，歴史」 北九州市立自然史・歴史博物館 （10） 2013.3

「真名井」伝承の地をめぐり 能登と北九州を結ぶ交流の足跡を辿る―能登穴水の「真名井」伝承を解くために（高井勝己）「石川郷土史学会々誌」 石川郷土史学会 （47） 2014.12

北九州貨物ターミナル駅

研究報文 北九州貨物ターミナル駅（佐藤宏文）「地理の集い」 福岡県高等学校地理研究会 （40） 2010.0

北九州港

関門港の連携形態としての「スーパー中枢港湾」―スーパー中枢港湾指定申請をめぐる一動向（《資源としてのソーシャル・キャピタル研究》―〈第2部 関門地域におけるソーシャル・キャピタル涵養の構造に光をあてる〉）（尹明憲）「関門地域研究」 関門地域共同研究会 16 2007.3

北九州市

北九州市の近代化遺産―保存・活用の概要（清水憲一，市原猛志）「県史だより ： 福岡県地域史研究所県史だより」 西日本文化協会 121 2005.9

近代産業景観をめぐる価値―北九州市の高炉施設のナショナル/ローカルな文脈（《景観の保存と利用の歴史地理 特集号》）（山本理佳）「歴史地理学」 歴史地理学会，古今書院（発売）48（1）通号227 2006.1

北九州市の地域開発とソーシャル・キャピタル―地域開発政策から地域公共政策へ（《関門地域連携のあり方に関する調査研究―中間報告「ソーシャル・キャピタル」の視点から》）（池田清）「関門地域研究」 関門地域共同研究会 15 2006.3

北九州市と下関市の県境を越えた合併の可能性の検討（《関門地域連携のあり方に関する調査研究―中間報告「ソーシャル・キャピタル」の視点から》）（古賀哲矢）「関門地域研究」 関門地域共同研究会 15 2006.3

北九州市の近世女性史研究序説（1）（永尾正剛）「北九州市立自然史・歴史博物館研究報告.B類，歴史」 北九州市立自然史・歴史博物館 （3） 2006.3

北九州市におけるアイヌ工芸品展の開催（日比野利信）「北九州市立自然史・歴史博物館研究報告.B類，歴史」 北九州市立自然史・歴史博物館 （4） 2007.3

方言とその変遷（本田幸信）「北九州市の文化財を守る会会報」 北九州市の文化財を守る会 （130） 2010.6

特集 魅力あふれる元気な街へ―北九州市制50周年を前に（北橋健治，利島康司，小嶋寿見子，鎮西正直）「西日本文化」 西日本文化協会 （460） 2012.12

北九州五市合併余話（石﨑憲司）「西日本文化」 西日本文化協会 （462） 2013.4

「北九州市の文化財随想」で紹介された我が家の宝刀（山崎祐子）「北九州市の文化財を守る会会報」 北九州市の文化財を守る会 （142） 2014.2

おんなの軌跡 北九州 新聞に見る北九州市女性の一〇〇年史より「北九州市の文化財を守る会会報」 北九州市の文化財を守る会 （142） 2014.2

北野

太閤道伝説を歩く（3）秋月・北野の太閤道（牛嶋英俊）「西日本文化」 西日本文化協会 362 2000.6

木の丸殿

斉明天皇朝倉宮 木の丸殿（坂本正行）「ふるさとの自然と歴史」 歴史と自然をまもる会 （354） 2013.9

九州工業大学

建学精神を未来へつなぐ 創立百周年を迎えた九州工業大学（下村輝夫）「西日本文化」 西日本文化協会 通号439 2009.6

九州大学

「杏林之栞」からみた九大創立前後「九州大学大学史料室ニュース」 九州大学大学史料室 23 2004.3

九州大学附属図書館医学分館の古医書コレクション及び古医書画像データベースについて（W.ミヒェル）「洋学史通信」 洋学史学会 （20） 2004.7

九州大学・六本松校舎跡地に寄せる思い（秀村選三）「西日本文化」 西日本文化協会 通号434 2008.8

九州大学所蔵の慶長五年石原合戦関係軍記史料について―寛文三年成立「黒田如水記」を中心に（史料紹介）（守友隆）「九州大学史料研究所紀要」 九州大学附属図書館付設記録資料館九州文化史資料部門 （53） 2010.3

九州大学七十五年史の編集・執筆を顧みて「九州大学大学文書館ニュース」 九州大学大学文書館 （36） 2011.12

『九州大学百年史写真集』の刊行について/九州大学六本松地区模型について「九州大学大学文書館ニュース」 九州大学大学文書館 （36） 2011.12

表紙 箱崎キャンパスのレンガ塀に隠れた門「九州大学大学文書館ニュース」 九州大学大学文書館 （38） 2014.11

箱崎キャンパス初期の門の発見「九州大学大学文書館ニュース」 九州大学大学文書館 （38） 2014.11

九州日報社

絵葉書でたどる福岡の歴史（6） 九州日報社（福岡市天神町28番地）（石瀧豊美）「福岡地方史研究 ： 福岡地方史研究会会報」 福岡地方史研究会，海鳥社（発売）（45） 2007.8

九州博物館

太宰府観世音寺から九州博物館へ（中西敏男）「史叢」 熊本歴史学研究会 （11） 2006.8

京築

京築地域の古代道路（研究ノート）（坂本真一）「九州歴史資料館研究論集」 九州歴史資料館 （38） 2013.3

古代豊前国の道路―京築地域の道路を中心に（「7世紀研究」特集（3）古代道路）（坂本真一）「古文化談叢」 九州古文化研究会 69 2013.8

草壁郷

嘉麻郡草壁郷、大村郷論攷（熊谷利夫）「嘉飯山郷土研究会会誌」 嘉飯山郷土研究会 18 2004.11

草野

川上信也の旅アングル（11） 耳納連山麓の宿場町・草野（久留米）「西日本文化」 西日本文化協会 通号445 2010.6

草野風流賑わう「草野歴史資料館だより」 久留米市立草野歴史資料館 33 2012.12

求菩提山

彦山・求菩提山配札一件及び民生局について（吉武忠雄）「郷土史杵築」 杵築郷土史研究会 （128） 2008.3

熊野宮

近世における俳諧と吉本の俳人たち―熊野宮の芭蕉碑にこと寄せて（石井邦一）「木綿間 ： 岡垣歴史文化研究会年報」 岡垣歴史文化研究会 （28） 2010.4

蔵司礎石群

太宰府周辺の史跡「蔵司礎石群」「九歴だより」 九州歴史資料館 （30） 2009.10

鞍手軌道

鞍手軌道とその周辺（1）～（4）（篠原義一）「郷土直方 ： 直方郷土研究会・会報」 直方郷土研究会 （35）/（38） 2010.5/2013.04

鞍手郡

太閤道伝説を歩く（6）～（7） 鞍手郡の太閤道（牛嶋英俊）「西日本文化」 西日本文化協会 370/372 2001.4/2001.6

明治30年頃の鞍手郡内炭礦史（史料紹介）―「筑豊炭礦誌」 著者 高野江基太郎から（2）（笹尾了祐）「嘉飯山郷土研究会会誌」 嘉飯山郷土研究会 18 2004.11

倉永

倉永の干拓について（安部靖）「三池史談」 （28） 2004.5

車返切貫

遠賀堀川「車返しの切貫」の文化財としての保存の問題について（吉田文吉）「北九州市の文化財を守る会会報」 北九州市の文化財を守る会 108 2003.3

久留米

久留米の和洋諸紙商「三島屋」の建築（水野由美，水野信太郎，野口英

一朗）「産業遺産研究」 中部産業遺産研究会事務局 （12） 2005.5

学徒動員と久留米大空襲の思い出（〈特集 終戦60年 戦時下の思い出〉）（丸山晃代）「故郷の花」 小郡市郷土史研究会 （31） 2006.5

私の学徒動員、久留米空襲そして終戦（〈特集 終戦60年 戦時下の思い出II〉）（丸山富也）「故郷の花」 小郡市郷土史研究会 （32） 2007.5

久留米耕特集号「収蔵館news」 久留米市 （7） 2011.2

世界に聞く「久留米つばき」 耳納北麓に栄える歴史と魅力（藤枝國光）「西日本文化」 西日本文化協会 （449） 2011.2

久留米かすりのうた（会員の広場）（佐藤徳子）「故郷の花」 小郡市郷土史研究会 （37） 2012.3

日露戦争と久留米の出征部隊―後備歩兵第四十八連隊一等卒宮崎榮太郎の従軍（樋口一成）「久留米郷土研究会誌」 久留米郷土研究会 （28） 2012.11

第29回企画展「久留米おきあげ みやびの世界」"伝統の技と美を堪能"「草野歴史資料館だより」 久留米市立草野歴史資料館 33 2012.12

久留米大空襲―被災した女学生からの聞書（阿陪光正）「西日本文化」 西日本文化協会 （464） 2013.8

第32回企画展「昭和の記憶久留米・福岡 まんが日記が語る戦時下の暮らし」開催「草野歴史資料館だより」 久留米市立草野歴史資料館 35 2014.10

第32回企画展「昭和の記憶久留米・福岡 まんが日記が語る戦時下の暮らし」を終えて「草野歴史資料館だより」 久留米市立草野歴史資料館 35 2014.10

久留米駅

九州新幹線久留米駅開業一周年記念 久留米の交通と鉄路展特集号「収蔵館news」 久留米市 （8） 2012.2

久留米市

福岡県の歌詞碑 久留米市編（大石実）「西日本文化」 西日本文化協会 通号444 2010.4

新資料紹介 井上家文書、上野家資料「収蔵館news」 久留米市市民文化部，久留米文化財収蔵館 （10） 2014.3

久留米藩

久留米藩の福祉政策と財政の逼迫（岡眞美）「故郷の花」 小郡市郷土史研究会 （29） 2004.5

幕末期久留米藩の宿駅制度（吉田昌彦）「九州文化史研究所紀要」 九州大学附属図書館付設記録資料館九州文化史資料部門 （48） 2005.3

「久留米藩雜」異聞（松本茂）「久留米郷土研究会誌」 久留米郷土研究会 （28） 2012.11

呉中平雪穴

呉「中平」雪穴（香春町教育委員会）「かわら ： 郷土史誌」 香春町教育委員会 74 2012.3

くろがね線

製鐵くろがね線「北九州市の文化財を守る会会報」 北九州市の文化財を守る会 （137） 2012.8

黒田藩

『葉隠』にみる鍋島藩と黒田藩の友好と対立（福永弘之）「葉隠研究」 葉隠研究会 （76） 2014.2

軍艦防波堤

戦争記憶を守る冒険―朽ちゆく軍艦防波堤と涼月会を守る会（特集 戦いの記憶を刻む―終戦から65年）（松尾敏史）「リベラシオン ： 人権研究ふくおか」 福岡県人権研究所 （139） 2010.9

桂川町

筑豊の近代遺産を訪ねて―嘉飯山地域（飯塚市・嘉麻市・桂川町）（長弘雄次）「嘉飯山郷土研究会会誌」 嘉飯山郷土研究会 （21） 2007.11

袈裟丸村

民衆史こぼれ話 片隅に生きた人たち（4）「捨て往来」―築城郡袈裟丸村（石瀧豊美）「リベラシオン ： 人権研究ふくおか」 福岡県人権研究所 （137） 2010.3

警弥郷

特集 警弥郷をつくる 福岡市南区〔警弥郷〕 奴国の衛星集落／警固の由来／三つの産土神／大火をのりこえて／都市化の「波」にのる「市史だよりFukuoka」 福岡市博物館市史編さん室 （19） 2014.8

表紙の写真 空から見る警弥郷「市史だよりFukuoka」 福岡市博物館市史編さん室 （19） 2014.8

玄海

福岡市域の島名考 妙見・志賀・能古・玄海・小呂（池田善朗）「海路」「海路」編集委員会，海鳥社（発売） 通号8 2009.6

玄界島

よみがえった震災地―玄海島（池田碩）「奈良大学紀要」 奈良大学 （37） 2009.3

玄界灘

アズミ族とムナカタ族―古代玄界灘沿岸の海人たち（大高広和）「西日本文化」 西日本文化協会 （470） 2014.8

玄海町

筑前国の玄海町および博多の史跡を訪ねて（佐竹節子）「大内文化探訪 ： 会誌」 大内文化探訪会 （21） 2003.4

元寇紀念碑

「元寇紀念碑」の建立―亀山上皇像に見る明治時代の銅像制作（『新修 福岡市史』刊行開始記念）（國生知子）「市史研究ふくおか」 福岡市博物館市史編さん室 （6） 2011.3

元寇防塁

元寇防塁と小呂島探訪「ふるさとの自然と歴史」 歴史と自然をまもる会 287 2001.7

講演録 元寇防塁が語るもの―福岡市史編さんに備えて（川添昭二）「市史研究ふくおか」 福岡市博物館市史編さん室 （1） 2006.3

歴史万華鏡 元寇防塁「市史だよりFukuoka」 福岡市博物館市史編さん室 （11） 2010.9

筑前国西部の伊都国王墓と元寇防塁を訪ねる（探訪部現地探訪資料）「大内文化探訪 ： 会誌」 大内文化探訪会 （30） 2012.5

香岳館

香春町の弓道連盟「香嶽館」のあゆみ（小俣近宏）「かわら ： 郷土史誌」 香春町教育委員会 77 2013.10

柑子岳

表紙 倭国の原風景（9）柑子岳から 撮影 松尾紘一郎氏「九州倭国通信」 九州古代史の会 （161） 2012.5

幸袋村

江戸時代、長崎街道の中の「六宿街道」の開発・整備と宿場・飯塚を北上して幸袋村まで（篠崎達男）「嘉飯山郷土研究会会誌」 嘉飯山郷土研究会 （26） 2012.11

高良山

高良山の麓に「大裏」があった（中村忠勝）「九州古代史の会NEWS」 九州古代史の会 （147） 2009.9

高良山神籠石

福岡県内の指定文化財 高良山神籠石［国指定史跡］久留米市柳井町「九歴だより」 九州歴史資料館 （39） 2014.4

鴻臚館

鴻臚館と遣唐使（平川定美）「郷土研究」 佐世保市立図書館 28 2001.3

9〜10世紀における日本の金と対外関係―大宰府鴻臚館を中心として（皆川雅樹）「古代交通研究」 古代交通研究会，八木書店（発売）（11） 2002.3

大宰府鴻臚館前史への試論（長洋一）「海路」「海路」編集委員会，海鳥社（発売） 通号2 2005.9

鴻臚館・福岡城跡 この一年をばねに…（岡部定一郎）「お城だより」 鴻臚館・福岡城跡歴史・観光・市民の会 （8） 2006.1

鴻臚館、福岡城の拠点に（西憲一郎）「お城だより」 鴻臚館・福岡城跡歴史・観光・市民の会 （9） 2006.4

大宰府鴻臚館物語［1]〜（4），（6），（9），（12），（12），（19）（塩屋勝利）「ふるさとの自然と歴史」 歴史と自然をまもる会 （312）/（332） 2006.9/2010.1

福岡市・歴史セントラルパーク 鴻臚館・福岡城跡周辺散策マップ「お城だより」 鴻臚館・福岡城跡歴史・観光・市民の会 （13） 2007.4

筑紫那津官家鴻臚館―対外交流の要はこの地にあった「市史だよりFukuoka」 福岡市博物館市史編さん室 （5） 2007.6

鴻臚館関係文献目録（川添昭二，重松敏美）「年報太宰府学」 太宰府市 （2） 2008.3

鴻臚館とその時代（菅波正人）「福岡市博物館研究紀要」 福岡市博物館 （18） 2008.3

長岡京時代の鴻臚館（こうろかん）（宇都宮平）「乙訓文化遺産」 乙訓の文化遺産を守る会 （14） 2008.6

鴻臚館から大宰府への道―水城西門ルート福岡市内探索の中間報告（吉留秀敏）「市史研究ふくおか」 福岡市博物館市史編さん室 （4） 2009.2

歴史随想 鴻臚館址発見の謎（川本一守）「福岡地方史研究 ： 福岡地方史研究会会報」 福岡地方史研究会，海鳥社（発売） （47） 2009.8

観光資源としての福岡城跡・鴻臚館（高島宗一郎）「鴻臚館・福岡城跡歴史・観光・市民の会 （29） 2011.4

「鴻臚館・福岡城跡」は福岡の宝（吉田恵子）「福岡城だより」 鴻臚館・福岡城跡歴史・観光・市民の会 （31） 2011.10

大宰府鴻臚館（筑紫館）／客館関連年表（稿）（特集 太宰府）（重松敏彦）「海路」「海路」編集委員会，海鳥社（発売）（10） 2012.3

鴻臚館の絆（加地善一）「文化財協会報」 観音寺市文化財保護協会 （7） 2013.3

8 舞鶴公園―鴻臚館跡（福岡市中央区）市民が憩うセントラルパークへ

九州・沖縄　　　　地名でたどる郷土の歴史　　　　福岡県

（歴史を体感する史跡公園 福岡県10選 地域づくりと連動へ）（菅波正人）「西日本文化」 西日本文化協会 （465） 2013.10

大宰府鴻臚館について―文献史料からみた時期的変遷に関する覚書（重松敏彦）「市史研究ふくおか」 福岡市博物館市史編さん室 （9） 2014.3

古遠賀湾

古遠賀湾（潟）とその変遷（古後憲浩）「西日本文化」 西日本文化協会 通号441 2009.10

古賀

作品にみる古賀の原風景（会員研究報告）「古賀の歴史と文化」 古賀郷土研究会 2005 2006.3

郷土の地名ナビゲート（会員研究報告）「古賀の歴史と文化」 古賀郷土研究会 2005 2006.3

近代化に翔けた人間模様 古賀の里の起業人と受け継がれる文化（渋田喬）「福岡地方研究 ： 福岡地方史研究会会報」 福岡地方史研究会，海鳥社（発売）（47） 2009.8

五か村用水

五か村用水路を知る（渡邉勝巳）「嘉飯山郷土研究会会誌」 嘉飯山郷土研究会 （21） 2007.11

小倉

「長崎街道（小倉―嬉野間）史跡探訪講座」報告（森本武）「大村史談」 大村史談会 54 2003.3

長崎街道の玄関―門司・小倉と木屋瀬街道へ（山田簪）「故郷の花」 小郡市郷土史研究会 28 2003.5

江戸期皮流通と大坂商人―長崎・府内・小倉・筑前・大坂（阿南重幸）「部落解放史・ふくおか」 福岡県人権研究所 110 2003.6

小倉の床漬け（坂本正行）「ふるさとの自然と歴史」 歴史と自然をまもる会 （307） 2005.11

戦後61年の今「軍都小倉の歴史」を伝えていく"試み"（《終戦特集 つたえる、ということ》）（工藤滸也）「西日本文化」 西日本文化協会 通号422 2006.8

慶応2年（1866）小倉戦争の海岸砲台（井上佑）「郷土」 下関郷土会 （51） 2008.3

長討却軍記 慶応2（1866）年の小倉戦争を題材とした軍記史料（史料紹介）（守友隆）「福岡地方史研究 ： 福岡地方史研究会会報」 福岡地方史研究会，海鳥社（発売）（46） 2008.8

百済王角島漂着の史的考証と小倉・瑞王山西顕寺（熊井清雄）「和海藻」 下関市豊北町郷土文化研究会 （24） 2009.4

文献史料にみる豊前「小倉織」の歴史的変遷（永尾正剛）「北九州市立自然史・歴史博物館研究報告.B類，歴史」 北九州市立自然史・歴史博物館 （7） 2010.3

史料紹介 「小倉合戦風説書」巻一～四―慶応2年（1866）の長州戦争（小倉戦争・小倉口の戦い）を題材とした軍記史料（守友隆）「九州文化史研究所紀要」 九州大学附属図書館付設記録資料館九州文化史資料部門 （54） 2011.3

幕末の戦争罹民―「小倉落人」と玉名地域（大浪和弥）「歴史玉名」 玉名歴史研究会 56 2011.4

江戸期製作小倉織の技術的検証（大和恵子，上野晶子）「北九州市立自然史・歴史博物館研究報告.B類，歴史」 北九州市立自然史・歴史博物館 （9） 2012.3

小倉街道

小倉街道と猪膝街道（村上利男）「かわら ： 郷土史誌」 香春町教育委員会 54 2001.10

小倉口

小倉口の戦いとその後（研究・論説・紀行等）（田邉礼子）「大内文化探訪 ： 会誌」 大内文化探訪会 （31） 2013.5

小倉城

小倉城築造409年 小倉城築城と小倉城下町（廣崎篤夫）「北九州市の文化財を守る会会報」 北九州市の文化財を守る会 （129） 2010.3

随想 史跡小倉城跡随想（北九州市「史跡ガイドブック」より）「北九州市の文化財を守る会会報」 北九州市の文化財を守る会 （131） 2010.10

みやこの歴史発見伝（43） 古文書が語る村の生活と文化（2） 小倉城が燃えた日（川本英紀）「みやこ町歴史民俗博物館だより」 みやこ町歴史民俗博物館 （55） 2010.11

小倉藩

小倉藩と福岡藩の明治維新観（1）（日比野利信）「北九州市立自然史・歴史博物館研究報告.B類，歴史」 北九州市立自然史・歴史博物館 （1） 2004.3

《特集 豊前小倉藩の被差別民》「部落解放史・ふくおか」 福岡県人権研究所 116 2004.12

近世初頭、豊前小倉藩の被差別民―小倉藩細川「日帳」を読む（永尾正剛，竹森健二郎）「部落解放史・ふくおか」 福岡県人権研究所 116 2004.12

捨子の置き手紙と「氏・筋・由緒」―近世後期小倉藩領を事例として（川本英紀）「部落解放史・ふくおか」 福岡県人権研究所 116 2004.12

福岡県文化財指定記念小笠原文庫展 「豊津町歴史民俗資料館資料館だより」 豊津町歴史民俗資料館 128 2005.4

小倉藩の衣服統制について（報告6）（安蘇龍生）「もやい ： 長崎人権・学」 長崎人権研究所 50 2005.10

政令二途を巡る長州藩と小倉藩の確執について（町田明広）「山口県地方史研究」 山口県地方史研究会 （94） 2005.11

細川小倉藩時代の上野焼（《特集 九州やきもの史》）（永尾正剛）「海路」 「海路」編集委員会，海鳥社（発売） 通号6 2008.6

幕末、小倉藩における皮革専売崩壊過程の一端（竹森健二郎）「研究会報」 地域史料研究会・福岡 （6）通号136 2013.11

国立筑紫病院

敗戦・博多港に139万人の引揚者―傷病患者を受け入れた国立筑紫病院の記憶（〈戦争特集〉）（安陪光正）「西日本文化」 西日本文化協会 通号440 2009.8

古八丁越

秋月街道「古八丁越」をめぐる諸問題（上） 江戸期における利用と規制を中心として（特集 峠・街道・宿場町）（福島日出海）「福岡地方史研究 ： 福岡地方史研究会会報」 福岡地方史研究会，海鳥社（発売）（48） 2010.8

秋月街道「古八丁越」をめぐる諸問題（下） 江戸期における利用と規制を中心として（福島日出海）「福岡地方史研究 ： 福岡地方史研究会会報」 福岡地方史研究会，海鳥社（発売）（49） 2011.9

木屋瀬

筑前木屋瀬のピータラ飴とその周辺（牛嶋英俊）「西日本文化」 西日本文化協会 410 2005.6

続・筑前木屋瀬のピータラ飴とその周辺（牛嶋英俊）「西日本文化」 西日本文化協会 通号419 2006.3

昔のスイーツ探し旅―長崎街道・筑前六宿編（3） 木屋瀬（牛嶋英俊）「西日本文化」 西日本文化協会 通号438 2009.4

木屋瀬から見たB29の墜落（数住守一）「郷土直方 ： 直方郷土研究会・会報」 直方郷土研究会 （37） 2012.4

木屋瀬宿

長崎街道の玄関―門司・小倉と木屋瀬街道へ（山田簪）「故郷の花」 小郡市郷土史研究会 28 2003.5

長崎街道「筑前六宿」の一つ「木屋瀬宿」（北九州市小倉区）（街道を行く）「郷土史紀行」 ヒューマン・レクチャー・クラブ （55） 2008.11

金胎寺

鍛冶番匠業景―金胎寺と中世職人町の景観（近藤司）「平戸史談」 平戸史談会 （17） 2010.9

犀川

犀川の里山より（橋本高幸）「郷土誌さいがわ」 犀川町郷土史研究会 （22） 2004.4

犀川町

歴史に想う 「さいがわエレジー」（中尾昌広）「郷土誌さいがわ」 犀川町郷土史研究会 （22） 2004.4

故郷の想い出（辻廣子）「郷土誌さいがわ」 犀川町郷土史研究会 （22） 2004.4

峠の道（森田幸子）「郷土誌さいがわ」 犀川町郷土史研究会 （22） 2004.4

峠の思い出（大森千代子）「郷土誌さいがわ」 犀川町郷土史研究会 （22） 2004.4

採銅所駅舎

「採銅所駅舎改修記念」―町指定文化財碑除幕式について（柳井秀清）「かわら ： 郷土史誌」 香春町教育委員会 74 2012.3

西戸崎

昭和の記憶 軍の町・西戸崎 博多航空隊・キャンプハカタ跡を歩く（首藤卓茂）「西日本文化」 西日本文化協会 （472） 2014.12

宰府宿

江戸の太宰府―宰府宿の構造（山村信榮）「博多研究会誌」 博多研究会 （11） 2003.9

堺利彦農民学校

堺利彦農民学校（1）―農村社会運動の諸相（小正路淑泰）「部落解放史・ふくおか」 福岡県人権研究所 105 2002.3

堺利彦農民学校（2）―第1期を中心に（小正路淑泰）「部落解放史・ふくおか」 福岡県人権研究所 109 2003.3

堺利彦農民労働学校（3）―第二教育期と「満州事変」前後における堺利彦の動向を中心に（小正路淑泰）「部落解放史・ふくおか」 福岡県人権研究所 115 2004.9

堺利彦農民労働学校（4） 第三期講義内容の検討（小正路淑泰）「部落解放

福岡県　　　　　地名でたどる郷土の歴史　　　　　九州・沖縄

史・ふくおか」 福岡県人権研究所 （121） 2006.3

堺利彦農民労働学校(5) 第四期・第五期と学校の再編（《特集 地球市民
としての想像力》）(小正路淑泰)「リベラシオン ： 人権研究ふくお
か」 福岡県人権研究所 （128） 2007.12

裂田溝

筑紫平野からの古代史検証(55) 筑紫の裂田溝と鉄の生産(田中正日子)
「ふるさとの自然と歴史」 歴史と自然をまもる会 （313） 2006.11

薩摩街道

松崎街道(薩摩街道)と宿駅(半田隆夫)「故郷の花」 小郡市郷土史研究
会 （32） 2007.5

薩摩街道周辺の歴史の足跡をたどる(辻道也)「宇土市史研究」 宇土市教
育委員会 （29） 2008.3

太閤道と薩摩街道(地域特集 不知火湾岸の歴史と自然―八代から水俣を
旅する)(牛嶋英俊)「西日本文化」 西日本文化協会 通号447 2010.
10

皿垣

皿垣の地名の起こりについて(武末十治男)「瓦版 ： 柳川郷土研究会会
誌「水郷」付録」 柳川郷土研究会 （45） 2014.6

猿喰新田

周防灘干拓の猿喰新田 石原宗祐(坂本正行)「ふるさとの自然と歴史」
歴史と自然をまもる会 （336） 2010.9

早良郡

筑前国早良郡の山守(1),(2)(原田諭)「ふるさとの自然と歴史」 歴史
と自然をまもる会 （345）/（349） 2012.3/2012.11

三国境石

三国境石とその周辺の境石(松本正子)「故郷の花」 小郡市郷土史研究会
（31） 2006.5

三里松原

静かな発酵再び三里松原について(川原方一)「木綿間 ： 岡垣歴史文化
研究会年報」 岡垣歴史文化研究会 （24） 2005.9

三里村

旧三里村の低湿地(執行重吉)「三池史談」 （29） 2005.3

三連水車

田畑を潤す先人の知恵 筑後川の山田堰・堀川用水路・三連水車(徳永哲
也)「西日本文化」 西日本文化協会 （456） 2012.4

椎田

ふる里、椎田の昔は？(古賀正助)「郷土誌しいだ」 椎田町文化財研究協
議会 （14） 2006.5

中世時代 ふる里椎田(古賀正助)「郷土誌しいだ」 椎田町文化財研究協
議会 （15） 2007.5

近世時代 ふる里椎田(古賀正助)「郷土誌しいだ」 椎田町文化財研究協
議会 （16） 2008.5

椎田町

椎田町の文化財と史跡(椎田町文化財研究協議会)「郷土誌しいだ」 椎田
町文化財研究協議会 （14） 2006.5

思永館

小倉藩に於ける藩学「思永館および香春思永館」の概要(村上利男)「か
わら ： 郷土史誌」 香春町教育委員会 53 2001.3

四王寺山

太宰府周辺の史跡「四王寺山」「九歴だより」 九州歴史資料館 （31）
2010.4

山城から祈りの森へ(特集 四王寺山の歴史と自然)(重松敏彦)「西日本
文化」 西日本文化協会 （453） 2011.10

四王寺山 今に生きる聖地として(特集 四王寺山の歴史と自然)(松川博
一)「西日本文化」 西日本文化協会 （453） 2011.10

森の四季を感じる"四王寺山"(特集 四王寺山の歴史と自然)「西日本文
化」 西日本文化協会 （453） 2011.10

四王寺山麓の暮らしと食 坂本集落のいま・むかし(特集 四王寺山の歴史
と自然)(井上理香)「西日本文化」 西日本文化協会 （453） 2011.10

塩塚城

天正9年(1581)落城の塩塚城 その所在地は!?(武末十治男)「瓦版 ： 柳
川郷土研究会会誌「水郷」付録」 柳川郷土研究会 （41） 2013.3

志賀

福岡市域の地名考 妙見・志賀・能古・玄海・小呂(池田善朗)「海路」
「海路」編集委員会, 海鳥社(発売) 通号8 2009.6

志賀島

中世の志賀島(折居正勝)「福岡地方史研究 ： 福岡地方史研究会会報」
福岡地方史研究会, 海鳥社(発売) （43） 2005.7

志賀島歴史研究余話―公民館の歴史講座と古文書探索(研究余話)(折居
正勝)「福岡地方史研究 ： 福岡地方史研究会会報」 福岡地方史研究

会, 海鳥社(発売) （43） 2005.7

近世初頭(安土桃山時代)の志賀島(折居正勝)「福岡地方史研究 ： 福岡
地方史研究会会報」 福岡地方史研究会, 海鳥社(発売) （44） 2006.7

近世(江戸時代)の志賀島の様相(折井正勝)「福岡地方史研究 ： 福岡地
方史研究会会報」 福岡地方史研究会, 海鳥社(発売) （45） 2007.8

第1回志賀島歴史シンポジウム報告(折居正勝)「福岡地方史研究 ： 福岡
地方史研究会会報」 福岡地方史研究会, 海鳥社(発売) （46） 2008.8

邪馬台国論争と志賀島(《100号記念古代史エッセイ》)(折居正勝)「季刊
邪馬台国」 「季刊邪馬台国」編纂委員会, 梓書院(発売) （100）
2008.12

特集 「海の玄関」、志賀島を知る まるで鳥が羽を伸ばしたような形の、
東区・志賀島エリア。意外と知られていないエピソードとは一。「市
史だよりFukuoka」 福岡市博物館市史編さん室 （9） 2009.6

江戸時代の志賀島・歴史余滴(研究ノート)(折居正勝)「福岡地方史研究
： 福岡地方史研究会会報」 福岡地方史研究会, 海鳥社(発売) （47）
2009.8

第2回志賀島歴史シンポジウム報告(古賀偉郎)「福岡地方史研究 ： 福岡
地方史研究会会報」 福岡地方史研究会, 海鳥社(発売) （47） 2009.8

九州古代紀行(8) 安曇一族の志賀島を行く(加藤哲也)「季刊邪馬台国」
「季刊邪馬台国」編纂委員会, 梓書院(発売) （105） 2010.4

第3回志賀島歴史シンポジウム報告(古賀偉郎)「福岡地方史研究 ： 福岡
地方史研究会会報」 福岡地方史研究会, 海鳥社(発売) （48） 2010.8

第5回金印シンポジウム in 志賀島報告(古賀偉郎)「福岡地方史研究 ：
福岡地方史研究会会報」 福岡地方史研究会, 海鳥社(発売) （50）
2012.9

第6回金印シンポジウム in 志賀島報告(古賀偉郎)「福岡地方史研究 ：
福岡地方史研究会会報」 福岡地方史研究会, 海鳥社(発売) （51）
2013.9

シーサイドももち

いしぶみ訪問(116) シーサイドももち(那須博)「ふるさとの自然と歴
史」 歴史と自然をまもる会 （324） 2008.9

四大井堰

江戸時代に築造した筑後川四大井堰(佐々木敏夫)「故郷の花」 小郡市郷
土史研究会 （34） 2009.5

地島

民衆史こぼれ話 片隅の生きた人たち(1) 「こや」という女性の生涯―
宗像郡地島(石瀧豊美)「リベラシオン ： 人権研究ふくおか」 福岡県
人権研究所 （134） 2009.6

芝原

「芝原騒動」とその顛末(資料紹介)(渡辺大)「郷土直方 ： 直方郷土研究
会・会報」 直方郷土研究会 （37） 2012.4

志摩郡

享保期、筑前国怡土・志摩両郡の過去帳調査記(前田時一郎)「福岡県地
域史研究」 西日本文化協会福岡県地域史研究所 21 2004.3

嶋門の駅

嶋門の駅家考(木村俊隆)「崗」 芦屋町郷土史研究会 （33） 2007.1

志免鉱業所

シリーズ日本の炭鉱(1) 糟屋炭田と志免鉱業所(徳永博文)「田川市石
炭・歴史博物館だより」 田川市石炭・歴史博物館 （29） 2006.3

志免炭鉱

志免炭鉱の歴史と立坑櫓(長弘雄次)「嘉飯山郷土研究会会誌」 嘉飯山郷
土研究会 14 2000.11

下境

直方市下境地区の旧炭坑住宅街(連載1)(篠原義一)「郷土直方 ： 直方
郷土研究会・会報」 直方郷土研究会 （39） 2014.4

下里村

余談 下里村の不思議「三池史談」 （28） 2004.5

下本庄村

民衆史こぼれ話 片隅の生きた人たち(2) 喧嘩の原因は「組はづし」―
筑城郡下本庄村(石瀧豊美)「リベラシオン ： 人権研究ふくおか」 福
岡県人権研究所 （135） 2009.9

十三塚

大原合戦前26年と字十三塚の関連を説く(大原合戦650年特集)(森幸治
郎)「故郷の花」 小郡市郷土史研究会 （35） 2010.5

城井

城井闘諍記(前)(史料紹介)(古文書研究会)「日本史攷究」 日本史攷究
会 （34） 2010.11

城井闘[諍]記(後)(史料紹介)(古文書研究会)「日本史攷究」 日本史
攷究会 （35） 2011.11

城内

表紙 『春映』 福岡市 城内 渡邊壽雄氏(本会理事)撮影「ふるさとの自

九州・沖縄　　　　　　　　　　　　地名でたどる郷土の歴史　　　　　　　　　　　　福岡県

　　然と歴史」　歴史と自然をまもる会　（357）2014.3

上人橋通り

いしぶみ訪問（90）上人橋通り、綾部燈籠（那須博）「ふるさとの自然と
歴史」　歴史と自然をまもる会　298　2004.5

城之越

城之越・サムガリの戦跡（高橋信武）「西南戦争之記録」　西南戦争を記録
する会　3　2005.8

白洲灯台

関門海峡白洲灯台（坂本正行）「ふるさとの自然と歴史」　歴史と自然をま
もる会　（312）2006.9

白石平野

白石平野の福富レンコン（坂本正行）「ふるさとの自然と歴史」　歴史と自
然をまもる会　（350）2013.1

新川村

筑後国生葉郡新川村野上家文書仮目録（1）～（4）（福岡県地域史研究所）
「福岡県地域史研究」　西日本文化協会福岡県地域史研究所　21/（24）
2014.3/2007.3

新町村

みやこの歴史発見伝（71）再編集版 宿駅のすがた―新町村（川本英紀）
「みやこ町歴史民俗博物館だより」　みやこ町歴史民俗博物館　（94）
2014.2

新柳町

町並み・路地の今昔 博多・新柳町の跡（渡邉弘子）「西日本文化」　西日
本文化協会　通号427　2007.6

昭和の記憶（5）通学路だった遊郭「新柳町」界隈（渡邉弘子）「西日本文
化」　西日本文化協会　（469）2014.6

昭和の記憶（6）遊郭「新柳町」界隈・余話 清川町時代の句誌「あまの
がわ」（裏文子）「西日本文化」　西日本文化協会　（469）2014.6

須恵

「スエ」地名と須恵器生産（角脇由香梨）「きりん」　荒木集成館友の会
通号12　2008.5

須崎裏町

境界としての須崎裏町―須崎公園と福岡県立美術館（竹口浩司）「西日本
文化」　西日本文化協会　（471）2014.10

周船寺駅

いしぶみ訪問（73）JR筑肥線周船寺駅下車（那須博）「ふるさとの自然と
歴史」　歴史と自然をまもる会　281　2000.7

住吉

住吉・美野島―路地裏漂流風景史（田中美帆）「福岡地方史研究 ： 福岡
地方史研究会会報」　福岡地方史研究会，海鳥社（発売）（41）2003.7

住吉橋

那珂川（福岡市）住吉橋 私財で橋を架けた男・稲光弥平（稲光勇雄）「西
日本文化」　西日本文化協会　通号445　2010.6

諏訪

諏訪の飛脚船について（坂井政治）「瓦版 ： 柳川郷土研究会会誌「水郷」
付録」　柳川郷土研究会　（41）2013.3

聖福寮

引揚孤児と暮らした福岡・聖福寮の思い出（《終戦特集 つたえる、という
こと》）（高杉志緒）「西日本文化」　西日本文化協会　通号422　2006.8

「引き揚げ港・博多」授業化の試み―聖福寮の子ども（戦災孤児）と二日
市保養所（堕胎病院）の命（そのだひさこ）「リベラシオン ： 人権研究
ふくおか」　福岡県人権研究所　（133）2009.3

脊振山

脊振弁財嶽国境争論にみる国絵図と地域信仰（特集 峠・街道・宿場町）
（田中由利子）「福岡地方史研究 ： 福岡地方史研究会会報」　福岡地方
史研究会，海鳥社（発売）（48）2010.8

背振

特集「水と緑の里」脇山～背振 清流と緑豊かな土地の、今昔物語。「市
史だよりFukuoka」　福岡市博物館市史編さん室　（10）2009.12

専用鉄道敷

史跡 三井三池炭鉱跡、宮原坑跡、万田坑跡、専用鉄道敷跡（大牟田市教育
委員会，荒尾市教育委員会）「歴史玉名」　玉名歴史研究会　63　2013.2

大善寺村

三潴郡大善寺村 恒屋一徳文書（小川喬義）「久留米郷土研究会誌」　久留
米郷土研究会　（28）2012.11

大日寺

戦国期嘉穂地方における大友氏と秋月氏の攻防―八木山・大日寺合戦を
中心に（竹川智美）「嘉飯山郷土研究会会誌」　嘉飯山郷土研究会
（26）2012.11

第六三四海軍航空隊玄海基地

第六三四海軍航空隊玄海基地の遺品（古川秀幸）「糸島市立伊都国歴史博
物館紀要」　糸島市立伊都国歴史博物館　（6）2011.3

高尾

「高尾・阿志岐」領域圏は存在するか（工藤常泰）「九州倭国通信」　九州
古代史の会　（166）2013.5

高倉金山

埋もれゆく高倉金山探訪（戸次拓治）「木綿間 ： 岡垣歴史文化研究会年
報」　岡垣歴史文化研究会　22　2003.3

高田村

浪人たちが、穂浪郡高田村を動かした（貝嶋亮三）「嘉飯山郷土研究会会
誌」　嘉飯山郷土研究会　（22）2008.11

続 浪人たちが、穂浪郡高田村を動かした（貝嶋亮三）「嘉飯山郷土研究会
会誌」　嘉飯山郷土研究会　（23）2009.11

高取

筑前国焼高取焼の洋式変化について（副島邦弘）「九州歴史資料館研究論
集」　九州歴史資料館　通号31　2006.3

古高取・内ヶ磯窯出土品と彫文斑釉の伝世品（小山亘）「郷土直方 ： 直
方郷土研究会・会報」　直方郷土研究会　（33）2007.6

高取焼操業の謎（副島邦弘）「福岡地方史研究 ： 福岡地方史研究会会報」
福岡地方史研究会，海鳥社（発売）（52）2014.9

高鳥居城

筑前高鳥居城（石橋逸郎）「大内文化探訪 ： 会誌」　大内文化探訪会
（22）2004.3

鷹取城

福岡藩植木別館と鷹取城―黒田長政の戦略を考える（牛嶋英俊）「西日本
文化」　西日本文化協会　（467）2014.2

田川

田川地方の古代官道（中野直毅）「かわら ： 郷土史誌」　香春町教育委員
会　55　2002.3

川船運送と田川の石炭（安藤龍生）「田川市石炭資料館だより」　田川市石
炭資料館　25　2004.3

幕末の政局と田川（木村晴彦）「かわら ： 郷土史誌」　香春町教育委員会
69　2009.10

田川・飯塚地区（史跡探訪感想文）（石川学）「別府史談」　別府史談会
（26）2013.3

田川郡

田川郡百姓一揆（宮永駿逸）「かわら ： 郷土史誌」　香春町教育委員会
51　2000.3

豊前国田川郡における幕末・明治期の被差別民の動向（白石文紀）「部落
解放史・ふくおか」　福岡県人権研究所　116　2004.12

明治30年頃の田川郡内炭礦史（史料紹介）―「筑豊炭礦史」　著者 高野江
基太郎から（4）（笹尾了祐）「嘉飯山郷土研究会会誌」　嘉飯山郷土研究
会　（20）2006.10

福岡県の歌詞碑 田川郡編（大石実）「西日本文化」　西日本文化協会　通
号428　2007.8

田川郡百姓一揆とその時代（香月靖晴）「かわら ： 郷土史誌」　香春町教
育委員会　70　2010.3

田川市

石炭鉱業合理化・産炭地域振興政策とともに（滝井義高）「田川市石炭資
料館だより」　田川市石炭資料館　24　2003.10

国民文化祭と「炭坑の文化」（佐々木哲哉）「田川市石炭資料館だより」
田川市石炭資料館　24　2004.10

平成19年度夏季企画展「ふくおか近代遺産物語」「田川市石炭・歴史博
物館だより」　田川市石炭・歴史博物館　（32）2007.7

福岡県の歌詞碑 田川市編（大石実）「西日本文化」　西日本文化協会　通
号432　2008.4

第45回現場調査会 花岡鉱山の朝鮮人募集の写真―福岡県田川市で見つ
かる（野添憲治）「秋田県朝鮮人強制連行真相調査団会報」　秋田県朝
鮮人強制連行真相調査団　（56）2008.11

福岡県の歌詞碑 田川市編（大石実）「西日本文化」　西日本文化協会　通
号440　2009.8

世界文化遺産登録の取り組みから学んだこと、考えたこと（安藤龍生）
「田川市石炭・歴史博物館だより」　田川市石炭・歴史博物館　（34）
2010.2

南北石炭交流―田川市石炭・歴史博物館と釧路市立博物館の交流事業
「田川市石炭・歴史博物館だより」　田川市石炭・歴史博物館　（34）
2010.2

田川市石炭・歴史博物館30年のあゆみ「田川市石炭・歴史博物館だよ
り」　田川市石炭・歴史博物館　（38）2014.2

太宰府

歴史紀行―島津軍団の太宰府進撃熾烈「岩屋城の戦い」（永田典男）「鹿児

島史談」 鹿児島史談会編集委員会 （4） 2000.10

蒙古襲来と太宰府「季報」 太宰府天満宮宝物殿 （67） 2001.2

九州歴史資料館 平成16年度特別展「大宰府へ、くにが動き、ものが動く―律令国家の成立と展開」(馬田弘稔)「九歴だより」 九州歴史資料館 （19） 2004.3

太宰府を歩くきさらぎやよい風の櫓(安永蕗子)「Museum Kyushu ： 文明のクロスロード」 博物館等建設推進九州会議 21(1) 通号79 2005.3

「菅家世録」に見る都志地名と菅公の大宰府左遷経路について(北山学)「あわじ ： 淡路地方史研究会会誌」 淡路地方史研究会 （23） 2006.1

太宰府探訪あれこれ(中村秀昭)「徳山地方郷土史研究」 徳山地方郷土史研究会 （27） 2006.3

太宰府学の確立をめざして(《特集 太宰府―新たなる道のり》)(川添昭二)「都府楼」 古都大宰府保存協会 （37） 2006.3

太宰府の現在、そして未来―市史完結・九博開館と太宰府学(《特集 太宰府―新たなる道のり》)(重松敏彦)「都府楼」 古都大宰府保存協会 （37） 2006.3

太宰府周辺・地名で遊ぶ(1) トフロー跡(観世広)「季刊邪馬台国」 「季刊邪馬台国」編纂委員会, 梓書院(発売) （95） 2007.6

太宰府周辺・地名で遊ぶ(2) 偽？ 地名にご用心(観世広)「季刊邪馬台国」 「季刊邪馬台国」編纂委員会, 梓書院(発売) （96） 2007.10

太宰府と漢詩(松崎治之)「都府楼」 古都大宰府保存協会 （39） 2007.12

コラム 太宰府周辺・地名で遊ぶ(3) 小字名が消えていく(観世広)「季刊邪馬台国」 「季刊邪馬台国」編纂委員会, 梓書院(発売) （97） 2008.1

『太宰府備考』と太宰府址碑(重松敏彦)「年報太宰府学」 太宰府市 （2） 2008.3

翻刻 竹田定簡著『太宰府備考』「年報太宰府学」 太宰府市 （2） 2008.3

鴻臚館から大宰府への道―水城西門ルート福岡市内探索の中間報告(吉留秀敏)「市史研究ふくおか」 福岡市博物館市史編さん室 （4） 2009.2

「太宰府」 日本最古の条坊制都城(松中祐二)「九州古代史の会NEWS」 九州古代史の会 （144） 2009.3

太宰府―筑紫野歴史散歩(竹川克幸)「福岡地方史研究 ： 福岡地方史研究会会報」 福岡地方史研究会, 海鳥社(発売) （47） 2009.8

いまの太宰府が映る万葉二首(《特集 万葉集》)(完戸鶴)「都府楼」 古都大宰府保存協会 （41） 2009.10

みんなが伝え育てたい「太宰府」(《特集 万葉集》)(中島恒次郎)「都府楼」 古都大宰府保存協会 （41） 2009.10

太宰府の大型建物(編集部)「九州古代史の会NEWS」 九州古代史の会 （148） 2009.11

日本歴史の淵源 九州「太宰府」について(服部晃)「神戸史談」 神戸史談会 通号305 2010.1

太宰府周辺・地名で遊ぶ(10) いくつもある「水城」(観世広)「季刊邪馬台国」 「季刊邪馬台国」編纂委員会, 梓書院(発売) （106） 2010.7

太宰府周辺・地名で遊ぶ(11) 地名の変更は慎重に(観世広)「季刊邪馬台国」 「季刊邪馬台国」編纂委員会, 梓書院(発売) （107） 2010.10

太宰府都府楼について(工藤常泰)「九州倭国通信」 九州古代史の会 （155） 2011.3

大宰府と西海道国府成立の諸問題(杉原敏之)「古文化談叢」 九州古文化研究会 65(分冊4) 2011.7

10月特別例会 報告 斉明天皇と太宰府の成立 朝倉橘広庭宮はどこにあったのか「九州倭国通信」 九州古代史の会 （158） 2011.11

近世の絵図(特集 太宰府の絵図)(磯永和貴)「都府楼」 古都大宰府保存協会 （43） 2011.11

太宰府関連絵図集成(稿)(特集 太宰府の絵図)(重松敏彦)「都府楼」 古都大宰府保存協会 （43） 2011.11

描かれた太宰府と今日とこれからの太宰府(特集 太宰府の絵図)(城戸康利)「都府楼」 古都大宰府保存協会 （43） 2011.11

絵図に描かれた水城・国分(特集 太宰府の絵図)(久保田久美子)「都府楼」 古都大宰府保存協会 （43） 2011.11

九州北部地方の鋳物師―太宰府・芦屋・肥前の組織と製品(清水雅代)「西日本文化」 西日本文化協会 （455） 2012.2

総論 いま、太宰府がおもしろい(特集 太宰府)(重松敏彦)「海路」 「海路」編集委員会, 海鳥社(発売) （10） 2012.3

太宰府の文化財の活用とまちづくり(特集 太宰府)(城戸康利)「海路」 「海路」編集委員会, 海鳥社(発売) （10） 2012.3

伊与国と大宰府政庁 その歴史的関係(特集 太宰府)(丸山雍成)「海路」 「海路」編集委員会, 海鳥社(発売) （10） 2012.3

大宰府軍制の特質と展開―大宰府常備軍を中心に(松川博一)「九州歴史資料館研究論集」 九州歴史資料館 （37） 2012.3

「太宰府客館」発表について思うこと(工藤常泰)「九州倭国通信」 九州古代史の会 （161） 2012.5

通史展「まるごと太宰府歴史展」について(井上信正)「都府楼」 古都大宰府保存協会 （44） 2012.12

中世太宰府の道―太宰府東北部の様子(研究ノート)(山村信榮)「年報太宰府学」 太宰府市 （7） 2013.3

甘木屋下張り文書調査報告―幕末・近代太宰府の門前町関係史料(報告)(古賀康士)「年報太宰府学」 太宰府市 （7） 2013.3

大宰府都城制研究の現在(小田富士雄)「古文化談叢」 九州古文化研究会 70 2013.10

史跡のまちに暮らす 太宰府(歴史を体感する史跡公園 福岡県10選 地域づくりと連動へ)(城戸康利)「西日本文化」 西日本文化協会 （465） 2013.10

再びの記者が見た太宰府(南里義則)「都府楼」 古都大宰府保存協会 （46） 2014.12

大宰府

大宰府と万葉集(24)～(31) 天平筑紫群像(6)～(13)(前田淑)「都府楼」 古都大宰府保存協会 29/36 2000.3/2005.3

蒙古襲来と大宰府(佐伯弘次)「都府楼」 古都大宰府保存協会 33 2002.3

韓国・百済と太宰府の古代瓦について(李タウン)「太宰府を語る会會誌」 太宰府を語る会 16 2002.4

百済熊津・泗沘時代の都城制と倭―特に倭京～大宰府との関係について(小田富士夫)「古文化談叢」 九州古文化研究会 49 2003.2

西の都 都府楼 大宰府政庁防衛の山城と水城「郷土史紀行」 ヒューマン・レクチャー・クラブ 22 2003.4

平安期の貿易決裁をめぐる陸奥と大宰府(渡邊誠)「九州史学」 九州史学研究会 （140） 2005.2

筑紫大宰府の成立(狩野久)「九州史学」 九州史学研究会 （140） 2005.2

大宰府史跡の保存と活用(城戸康利)「都府楼」 古都大宰府保存協会 （36） 2005.3

倭国における対外交渉の変遷について―中華意識の形成と大宰府の成立との関連から見た(川本芳昭)「史淵」 九州大学大学院人文科学研究院 143 2006.3

大宰府史跡調査の回顧と将来(《特集 太宰府―新たなる道のり》)(小田富士雄)「都府楼」 古都大宰府保存協会 （37） 2006.3

大宰府と万葉集(32) 防人佑大伴四綱(《特集 太宰府―新たなる道のり》)(前田淑)「都府楼」 古都大宰府保存協会 （37） 2006.3

ミュージアム九州と大宰府史跡(横田賢次郎)「Museum Kyushu ： 文明のクロスロード」 博物館等建設推進九州会議 21(3) 通号81 2006.6

大宰府と万葉集(終) 筑紫歌壇の二人の女性(前田淑)「都府楼」 古都大宰府保存協会 （38） 2006.12

大宰府と漢詩(松崎治之)「都府楼」 古都大宰府保存協会 （38） 2006.12

古代における「ダザイフ」の表記について―「大宰府」と「太宰府」をめぐって(重松敏彦)「年報太宰府学」 太宰府市 （1） 2007.3

文永七年二月付大宰府守護所纏の復元―日本・高麗外交文書論の一齣(荒木和憲)「年報太宰府学」 太宰府市 （2） 2008.3

福岡県における大宰府跡の保護・顕彰について(一瀬智)「九州歴史資料館研究論集」 九州歴史資料館 通号34 2009.3

九州古代紀行(9) 古代大宰府防衛ラインを往く(加藤哲也)「季刊邪馬台国」 「季刊邪馬台国」編纂委員会, 梓書院(発売) （106） 2010.7

大宰府外交機能論―大宰府西海道管内支配との関係からの考察(吉岡直人)「立命館史学」 立命館史学会 （31） 2010.11

平城京と大宰府(佐藤信)「都府楼」 古都大宰府保存協会 （42） 2010.12

大宰府―その栄華と軌跡(松川博一)「都府楼」 古都大宰府保存協会 （42） 2010.12

大宰府条坊の基礎的考察(井上信正)「年報太宰府学」 太宰府市 （5） 2011.3

大宰府政庁周辺官衙の調査成果(特集 太宰府の絵図)(下原幸裕)「都府楼」 古都大宰府保存協会 （43） 2011.11

大宰府の内なる道と外なる道古代における交通網とその変遷について(小野鹿亮)「交通史研究」 交通史学会, 吉川弘文館(発売) （79） 2012.12

所領相論の裁定から見える大宰府機能の変遷(論文)(上吹越務)「鹿児島史学」 鹿児島県高校歴史部会 （54） 2013.3

古都保存「古都大宰府の風景」(重松敏彦)「季刊明日香風」 古都飛鳥保存財団 33(3) 通号131 2014.7

太宰府市

昭和戦後期の太宰府と政治―元太宰府市長有吉林之助氏談話速記録(有馬学)「年報太宰府学」 太宰府市 （1） 2007.3

衛星画像による太宰府市周辺土地被覆変化の特性(磯望，西本真織，後藤健介，黒木貴一，宗建郎)「年報太宰府学」 太宰府市 （2） 2008.3

福岡県の歌詞碑 太宰府市編(大石実)「西日本文化」 西日本文化協会 通号437 2009.2

太宰府だより 太宰府市における史跡保護への系譜(矢野文夫)「いしぶみ」 「いしぶみ」発行所 （34） 2010.4

太宰府市市制施行30周年を記念して(祝 太宰府市市制施行30周年)(井上保廣)「都府楼」 古都大宰府保存協会 （44） 2012.12

扶余と太宰府の歴史（祝 太宰府市市制施行30周年）（李タウン）「都府楼」
　古都大宰府保存協会　（44）2012.12
太宰府のまちの移り変わり（祝 太宰府市市制施行30周年）（宮崎亮一）
　「都府楼」　古都大宰府保存協会　（44）2012.12
太宰府の都市整備とまちづくり（祝 太宰府市市制施行30周年）（原口信
　行）「都府楼」　古都大宰府保存協会　（44）2012.12
太宰府市行政文書の保存について（報告）（藤田理子）「年報太宰府学」
　太宰府市　（7）2013.3

多々良
特集 多々良を耕す「市史だよりFukuoka」　福岡市博物館市史編さん室
　（17）2013.8

多々良浜
多々良浜の合戦（竹村紘一）「歴研よこはま」　横浜歴史研究会　（54）
　2004.5
多々良浜の戦い（横内重之）「歴研よこはま」　横浜歴史研究会　（54）
　2004.5

大刀洗
大刀洗大空襲から終戦までの強烈な思い出（〈特集 終戦60年 戦時下の思
　い出〉）（河合章）「故郷の花」　小郡市郷土史研究会　（31）2006.5
大刀洗の大空襲（会員の広場）（小倉厳雄）「もろかた ： 諸県」　都城史談
　会　（45）2011.11

大刀洗飛行場
大刀洗飛行場と平和記念館（特集 戦争の記憶）（北原勲）「西日本文化」
　西日本文化協会　（452）2011.8

立花城
筑前立花城の開城（羅針盤）（山田邦明）「戦国史研究」　戦国史研究会，
　吉川弘文館（発売）（57）2009.2

立花町
立花町連続差別ハガキ事件（特集 部落差別と市民啓発）（部落解放同盟
　筑後地区協議会）「リベラシオン ： 人権研究ふくおか」　福岡県人権研
　究所　（134）2009.6
「立花町連続差別ハガキ事件」掲載のおわび（西尾紀臣）「リベラシオン
　： 人権研究ふくおか」　福岡県人権研究所　（135）2009.9

立花山城
筑前立花山城跡が語る朝鮮出兵への道程—小早川隆景による立花山城の
　大改修の実態とその史的意味（木島孝之）「城館史料学」　城館史料学
　会　（1）2003.7

立石
立石平和の碑（〈特集 終戦60年 戦時下の思い出〉）（黒岩龍男）「故郷の
　花」　小郡市郷土史研究会　（31）2006.5
戦争（空襲）と立石校区（会員の研究）（帆足徳男）「故郷の花」　小郡市
　土史研究会　（35）2010.5

立石校区
立石校区と吹上の地名（『各講座』の発表）（成富安子）「故郷の花」　小郡
　市郷土史研究会　（38）2013.3

田主丸町
いしぶみ訪問（78）田主丸町の産業碑（那須博）「ふるさとの自然と歴史」
　歴史と自然をまもる会　286　2001.5

垂間野橋
疏稿・垂間野橋（野間栄）「崗」　芦屋町郷土史研究会　（40）2014.1

筑後
太閤道伝説を歩く（4）筑後の太閤道（牛嶋英俊）「西日本文化」　西日本文
　化協会　366　2000.11
筑紫平野からの古代史検証（31）奈良時代にみえる筑後の国技（田中正日
　子）「ふるさとの自然と歴史」　歴史と自然をまもる会　284　2001.1
筑後の国境石について（松本正子）「故郷の花」　小郡市郷土史研究会
　（29）2004.5
『筑前・筑後・肥前・肥後探索書』について—公儀隠密による北部九州の
　城郭調査（寛永4年）（白峰旬）「愛城郭報告」　愛知中世城郭研究会
　（8）2004.8
筑前・筑後「古代の旅」（鐘清道保）「文化財協会報」　善通寺市文化財保
　護協会　（26）2007.3
戦国末期筑後の衰退と滅亡（香月玉夫）「故郷の花」　小郡市郷土史研究会
　（33）2008.5
「筑後将士軍談」草稿「収蔵館news」　久留米市　（5）2009.3
福岡県・筑後/豊前地域の中近世城郭遺跡—調査・研究の現状と課題（2）
　（岡寺良，下高大輔）「古文化談叢」　九州古文化研究会　64　2010.6
筑後の近世の焼物を考える（研究ノート）（副島邦弘）「福岡地方史研究 ：
　福岡地方史研究会会報」　福岡地方史研究会，海鳥社（発売）（49）
　2011.9
肥後と筑後地方の境界に化粧田（1）（小林富代子）「新女性史研究」　熊本

女性学研究会　（8）2011.12
福岡県の生い立ち・筑後地方（武末十治男）「瓦版 ： 柳川郷土研究会会
　誌「水郷」付録」　柳川郷土研究会　（38）2012.5
西海道の集落遺跡における移配俘囚の足跡について—豊前・筑前・筑
　後・肥前の4国の事例を中心にして（松村一良）「内海文化研究紀要」
　広島大学大学院文学研究科附属内海文化研究施設　（41）2013.3
筑後の中の長崎街道とケンペルの参府ルート地図（会員の研究）（松本正
　子）「故郷の花」　小郡市郷土史研究会　（39）2014.3
中世後期の陸の道・川の道—筑後地方（論文）（石橋新次）「交通史研究」
　交通史学会，吉川弘文館（発売）（83）2014.8

筑後川
筑紫平野からの古代史検証（28）筑後川上流の荘園と「軍兵」（田中正日
　子）「ふるさとの自然と歴史」　歴史と自然をまもる会　281　2000.7
元禄年間、宝満川・筑後川での川論争い—「境川両條記録」を読む（酒
　見辰三郎）「故郷の花」　小郡市郷土史研究会　28　2003.5
会員便り 日本の川「ちくごがわ」（村松昭）「すみだ川 ： 隅田川市民交流
　実行委員会会報」　隅田川市民交流実行委員会　（45）2009.4
研究発表 筑後川における現状と未来（水）（大渕修子）「故郷の花」　小郡
　市郷土史研究会　（34）2009.5
筑後川水運と昇開式可動橋（石橋泰助）「西日本文化」　西日本文化協会
　通号442　2009.12
筑後川河口域の繁栄今昔物語（会員の研究）（大渕修子）「故郷の花」　小
　郡市郷土史研究会　（35）2010.5
田畑を潤す先人の知恵 筑後川の山田堰・堀川用水路・三連水車（徳永哲
　也）「西日本文化」　西日本文化協会　（456）2012.4
筑後川を文明史的に比較する（平川敬治）「西日本文化」　西日本文化協会
　（457）2012.6
歴史見せる筑後川下流（塩塚純夫）「瓦版 ： 柳川郷土研究会会誌「水郷」
　付録」　柳川郷土研究会　（44）2014.3
筑後川と有馬水軍—時代の狭間を行くフィールドワーク（会員の研究発
　表）（大渕修子）「故郷の花」　小郡市郷土史研究会　（39）2014.3
碑文が語る筑後川水害の伝承（特集 流域の災害）（古賀邦雄）「利根川文
　化研究」　利根川文化研究会　（38）2014.12

筑後国
福岡県の明治世相史 筑後国蝗虫駆除暴動顚末（松下志朗）「西日本文化」
　西日本文化協会　通号434　2008.8
史跡筑前・筑後国境石をみなおす（会員の広場）（森幸治郎）「故郷の花」
　小郡市郷土史研究会　（37）2012.3

筑後平野
佐賀・筑後平野の諸荘園と荘鎮守社（貴田潔）「ヒストリア ： journal of
　Osaka Historical Association」　大阪歴史学会　（215）2009.6

筑紫
筑紫国鎌の屯倉考（熊谷利夫）「嘉飯山郷土研究会会誌」　嘉飯山郷土研究
　会　15　2001.11
訪ねて歩く筑紫万葉の里［1］～（3），（6）～（13）（青木晃）「ふるさとの
　自然と歴史」　歴史と自然をまもる会　300/（315）2004.9/2007.3
筑紫の君（久世郁子）「碧」　碧の会　（11）2004.10
神武東遷とその環境橋—日向・筑紫から大和へ（山内美義）「江渟の久爾」
　江沼地方史研究会　（51）2006.3
訪ねて歩く筑紫万葉の里（14）遣新羅使の歌（4）（青木晃）「ふるさとの
　自然と歴史」　歴史と自然をまもる会　（316）2007.5
訪ねて歩こう筑紫万葉の里（16）防人の歌（青木晃）「ふるさとの自然と
　歴史」　歴史と自然をまもる会　（318）2007.9
五・六世紀の日韓交流と筑紫（〈特集 対外交流と福岡〉—講演録）（熊谷
　公男）「市史研究ふくおか」　福岡市博物館市史編さん室　（3）2008.2
『播磨国風土記』と古代遺跡—出雲と筑紫（石野博信）「ひょうご歴史文化
　フォーラム会報」　ひょうご歴史文化フォーラム　（5）2008.7
『筑紫道記』にみる宗祇の旅（有川宣博）「西日本文化」　西日本文化協会
　通号441　2009.10
筑紫万葉にみえる渡来系の人々（《特集 万葉集》）（前田淑）「都府楼」
　古都大宰府保存協会　（41）2009.10
秋・月・時雨・煙のこと—『筑紫道記』と秋月氏（有川宣博）「北九州市
　立自然史・歴史博物館研究報告.B類, 歴史」　北九州市立自然史・歴史
　博物館　（7）2010.3
筑紫繁栄の基を築いた業績と「はしきよし」の奥深さについて（千葉富
　三）「ホツマ」　ホツマ研究会　通号64　2010.4
宗祇が歩んだ筑紫道記のありさま（研究・論説・紀行等）（菊谷進）「大内
　文化探訪 ： 会誌」　大内文化探訪会　（30）2012.5
海外交流西の玄関 北九州玄界灘沿岸と筑紫の旅（史蹟を尋ねて緑の旗は
　行く）（今牧久）「伊那」　伊那史学会　61（12）通号1027　2013.12
古代筑紫の食文化「温故 ： 甘木歴史資料館だより」　甘木歴史資料館
　（53）2014.10

福岡県　　　　　　　地名でたどる郷土の歴史　　　　　　　九州・沖縄

筑紫大津

photo &essay 筑紫大津の日ノ出（橋本文夫）「西日本文化」　西日本文化協会　通号442　2009.12

筑紫学園

筑紫学園創立の端緒—水月哲英師の足跡から（地域特集 糸島半島）（水月昭道）「西日本文化」　西日本文化協会　（471）　2014.10

筑紫郡

太宰府周辺・地名で遊ぶ（12）「筑紫郡」は風前の灯（観世広）「季刊邪馬台国」「季刊邪馬台国」編集委員会，梓書院（発売）（108）　2011.1

筑紫野

太宰府—筑紫野歴史散歩（竹川克幸）「福岡地方史研究 ： 福岡地方史研究会会報」　福岡地方史研究会，海鳥社（発売）（47）　2009.8

筑紫野市

福岡県の歌詞碑 筑紫野市編（大石実）「西日本文化」　西日本文化協会　通号443　2010.2

築上

探訪部現地探訪資料 周防大島町西部の史跡を訪ねる/豊前国京都・築上地方の史跡を訪ねる/山口市大内地区の史跡を訪ねる/阿東・石西の史跡を訪ねる（児玉輝巳）「大内文化探訪 ： 会誌」　大内文化探訪会（27）　2009.6
豊前国京都・築上地方の史跡を訪ねて（末冨延幸）「大内文化探訪 ： 会誌」　大内文化探訪会　（27）　2009.6

筑前

筑前維新史こぼれ話 林元武（力武豊隆）「筑前維新史」　筑前維新史研究会　（18）　2003.5
江戸期皮流通と大坂商人—長崎・府内・小倉・筑前・大坂（阿南重幸）「部落解放史・ふくおか」　福岡県人権研究所　110　2003.6
筑前・肥後の史跡を訪ねて（桐原洋）「千台 ： 薩摩川内郷土史研究会機関誌」　薩摩川内郷土史研究会　（32）　2004.3
『筑前・筑後・肥前・肥後探索書』について—公儀隠密による北部九州の城郭調査（寛永4年）（白峰旬）「愛城研報告」　愛知中世城郭研究会（8）　2004.8
筑前維新史こぼれ話（力武豊隆）「筑前維新史」　筑前維新史研究会（19）　2004.11
万延元年筑前尊攘派の薩摩密行（力武豊隆）「筑前維新史」　筑前維新史研究会　（19）　2004.11
筑前における尊王思想の形成（川本一守）「福岡地方史研究 ： 福岡地方史研究会会報」　福岡地方史研究会，海鳥社（発売）（43）　2005.7
肥前筑前国境争論、脊振弁財嶽（枝吉順佑）「葉隠研究」　葉隠研究会　57　2005.7
筑前・筑後「古代の旅」（鐘清道保）「文化財協会報」　善通寺市文化財保護協会　（26）　2007.3
筑前国秋月氏の城郭（〈特集 九州の城郭と城下町 中世編〉）（中村修身）「海路」　「海路」編集委員会，海鳥社（発売）通号5　2007.11
隆景公筑前遺跡めぐりと宇佐（福岡幸司）「わが町三原」　みはら歴史と観光の会　202　2008.1
シンポジウム「今、筑前竹槍一揆に学ぶ」（〈特集 隣保館活動への期待〉）（上杉聰，石瀧豊美，西原建徳）「リベラシオン ： 人権研究ふくおか」　福岡県人権研究所　（129）　2008.3
東久世通禧『西航日記』にみる五卿筑前動座の経緯（杉谷昭）「諫早史談」　諫早史談会　（40）　2008.3
北部九州の方形城館について—筑前の事例を中心に（〈第25回全国城郭研究者セミナーの報告〉）（岡寺良）「中世城郭研究」　中世城郭研究会（23）　2009.7
『三条実美公記』にみる五卿筑前動座について（下）（杉谷昭）「佐賀県立佐賀城本丸歴史館研究紀要」　佐賀県立佐賀城本丸歴史館　（5）　2010.3
筑前の構え口小考（牛嶋英俊）「郷土直方 ： 直方郷土研究会・会報」　直方郷土研究会　（35）　2010.5
筑前竹槍一揆とその時代（香月靖晴）「嘉飯山郷土研究会会誌」　嘉飯山郷土研究会　（24）　2010.11
報告 九州における近世城郭石垣について—筑前黒田家の石垣普請（特集 シンポジウム「天下普請にみる石垣技術」）（市川浩文）「金沢城研究 ： 研究紀要」　石川県金沢城調査研究所　（9）　2011.3
西海道の集落遺跡における移配俘囚の足跡について—豊前・筑前・筑後・肥前の4国の事例を中心にして（松村一良）「内海文化研究紀要」　広島大学大学院文学研究科附属内海文化研究施設　（41）　2013.3
紫村一重・竹槍一揆の軌跡（1）（直方地域を中心）（直方直方 ： 直方郷土研究会・会報）　直方郷土研究会　（38）　2013.4
筑前の菓子文化「温故 ： 甘木歴史資料館だより」　甘木歴史資料館（53）　2014.10
近世部会 筑前の海人（部会トピックス）「山口県史だより」　山口県県史編さん室　（31）　2014.11

筑前大島

川上信也の旅アングル（13）玄界灘に浮かぶ海上交通の要・筑前大島（宗像市）「西日本文化」　西日本文化協会　通号448　2010.12

筑前街道

文化庁選定「歴史の道」肥前・筑前街道を歩いて（川崎幹二）「西日本文化」　西日本文化協会　391　2003.5

筑前国

福岡市の文化財（3）「紙本著色筑前・豊前国絵図屏風」について（三木隆行）「ふるさとの自然と歴史」　歴史と自然をまもる会　（315）　2007.3
幕末期の国内政治情報と北部九州—筑前国黒桜屋・豊前国小倉村屋の「注進」行為について（守友隆）「交通史研究」　交通史学会，吉川弘文館（発売）（72）　2010.10
筑前国東部の史跡を訪ねる（探訪部現地探訪資料）（児玉輝巳）「大内文化探訪 ： 会誌」　大内文化探訪会　（29）　2011.5
伊東尾四郎文庫本『筑前国続風土記附録』について（一瀬智）「九州歴史資料館研究論集」　九州歴史資料館　（37）　2012.3
史跡筑前・筑後国境石をみなおす（会員の広場）（森幸治郎）「故郷の花」小郡市郷土史研究会　（37）　2012.3

筑前藩

野史台叢書の中の筑前藩（1）～（4）（成松正隆）「筑前維新史」　筑前維新史研究会　（16）/（19）　2000.7/2004.11
豊前・筑前藩の国境石を訪ねて（太田和則）「北九州市の文化財を守る会会報」　北九州市の文化財を守る会　（117）　2006.3

筑前六宿

長崎街道筑前六宿 歴史散歩—川筋のみちとまち 嘉穂・飯塚の街道・宿場遺産めぐり（竹川克幸）「嘉飯山郷土研究会会誌」　嘉飯山郷土研究会　（26）　2012.11

筑前六宿街道

筑前六宿街道の移り変わり—人馬継賃銭を中心に（行徳良昭）「嘉飯山郷土研究会会誌」　嘉飯山郷土研究会　（25）　2011.11

筑豊

筑豊の石炭水運輸送に貢献した遠賀堀川について（長弘雄次）「嘉飯山郷土研究会会誌」　嘉飯山郷土研究会　15　2001.11
平成15年度企画展 古代筑豊の渡来文化—中国・朝鮮半島から渡って来た人と文化 紹介号「資料館だより」　飯塚市歴史資料館　25　2003.10
平成14年度「掘ったバイ筑豊」情報（編集子）「嘉飯山郷土研究会会誌」　嘉飯山郷土研究会　17　2003.11
筑豊文化遺産の一断面 石炭王たちの住宅（深町純亮）「西日本文化」　西日本文化協会　400　2004.4
筑豊の劇場と炭鉱の会館（桑原三郎）「西日本文化」　西日本文化協会　400　2004.4
平成16年度「掘ったバイ筑豊」2004情報（編集子）「嘉飯山郷土研究会会誌」　嘉飯山郷土研究会　18　2004.11
筑豊石炭産業の近代化遺産について（長弘雄次）「嘉飯山郷土研究会会誌」　嘉飯山郷土研究会　18　2004.11
映画「炭鉱に生きる」—筑豊への想いを寄せて（田中直樹）「田川市石炭資料館だより」　田川市石炭資料館　27　2005.3
明治後期から大正初期における筑豊石炭鉱業と鉱害災害—大正3年三菱方城炭鉱炭塵ガス爆発事故の分析を中心として（草野真樹）「福岡県地域史研究」　西日本文化協会福岡県地域史研究所　22　2005.3
平成17年度「掘ったバイ筑豊」2005情報（長谷川清之）「嘉飯山郷土研究会会誌」　嘉飯山郷土研究会　19　2005.11
とびうめ国文祭「炭坑の文化」シンポジウム（《創立50周年記念特集号 炭坑の文化》）—炭坑が育んだ筑豊の歴史と文化）「郷土田川」　田川郷土研究会　（記念号）2006.3
文化の交流と継承発展（《創立50周年記念特集号 炭坑の文化》—炭坑が育んだ筑豊の歴史と文化）「郷土田川」　田川郷土研究会　（記念号）2006.3
炭坑設立の諸学校（《創立50周年記念特集号 炭坑の文化》—炭坑が育んだ筑豊の歴史と文化）「郷土田川」　田川郷土研究会　（記念号）2006.3
石炭産業黎明期の人びと（《創立50周年記念特集号 炭坑の文化》—炭坑が育んだ筑豊の歴史と文化）「郷土田川」　田川郷土研究会　（記念号）2006.3
消えゆく女坑夫たち（《創立50周年記念特集号 炭坑の文化》—炭坑が育んだ筑豊の歴史と文化）「郷土田川」　田川郷土研究会　（記念号）2006.3
「炭坑のある風景」展（《創立50周年記念特集号 炭坑の文化》—とびうめ国文祭特別企画）「郷土田川」　田川郷土研究会　（記念号）2006.3
付図 筑豊地域主要炭鉱遺産地図（《創立50周年記念特集号 炭坑の文化》）「郷土田川」　田川郷土研究会　（記念号）2006.3
筑豊の近代遺産（長原雄次）「田川市石炭・歴史博物館だより」　田川市石炭・歴史博物館　32　2007.7
「筑豊の近代化遺産」出版にいたる経緯とその概要（長弘雄次）「嘉飯山郷土研究会会誌」　嘉飯山郷土研究会　（22）　2008.11

会員の活動 朝鮮人強制連行の跡をたどる北九州・筑豊のフィールドワークから学ぶこと（内岡貞雄）「リベラシオン ： 人権研究ふくおか」 福岡県人権研究所 （133）2009.3

筑豊石炭鉱業組合と直方会議所（長嶺雄次）「嘉飯山郷土研究会会誌」 嘉飯山郷土研究会 （25）2011.11

「掘ったバイ筑豊」2012の概要について（尾園晃）「嘉飯山郷土研究会会誌」 嘉飯山郷土研究会 （26）2012.11

1930年代の筑豊における炭鉱経営と朝鮮人の労働—麻生商店を事例に（佐川享平）「民衆史研究」 民衆史研究会 （84）2013.1

筑豊の旅（中野喜久子）「みねぶんか」 美祢市郷土文化研究会 （43）2013.3

市外—福岡県筑豊地区（田川市石炭・歴史博物館）（史跡探訪レポート）（研修部）「別府史談」 別府史談会 （26）2013.3

昭和の記憶（4）筑豊・エネルギー革命とボランティア（竹村正章）「西日本文化」 西日本文化協会 （468）2014.4

記憶遺産・記念碑などからみた筑豊の石炭産業（長嶺雄次）「嘉飯山郷土研究会会誌」 嘉飯山郷土研究会 （27）2014.11

筑豊工業学校

旧筑豊工業（鉱山）学校所蔵の文化財（資料紹介）（玉井昭次）「郷土直方 ： 直方郷土研究会・会報」 直方郷土研究会 （37）2012.4

筑豊路

筑豊路を行く（山田着）「故郷の花」 小郡市郷土史研究会 26 2001.5

筑豊炭鉱

筑豊炭鉱企業家の寄付行為（新鞍拓生）「県史だより ： 福岡県地域史研究所県史だより」 西日本文化協会 120 2005.3

明治18年 筑豊炭坑の規約（笹尾了祐）「嘉飯山郷土研究会会誌」 嘉飯山郷土研究会 （20）2006.10

筑豊炭坑の戦後の復興から閉山に至る四半世紀の軌跡（長嶺雄次）「嘉飯山郷土研究会会誌」 嘉飯山郷土研究会 （20）2006.10

筑豊炭田

《400号記念特集 筑豊炭田—大地に刻んだ歴史と文化》「西日本文化」 西日本文化協会 400 2004.4

筑豊炭田における「筑豊炭坑の採掘・採炭の歴史」について（長嶺雄次）「嘉飯山郷土研究会会誌」 嘉飯山郷土研究会 19 2005.11

筑豊と北九州を繋ぐ筑豊炭田の近代化遺産について（長嶺雄次）「嘉飯山郷土研究会会誌」 嘉飯山郷土研究会 （24）2010.11

日清戦争前後の筑豊炭田 夢野久作著『犬神博士』の虚像と実像（榊正澄）「郷土直方 ： 直方郷土研究会・会報」 直方郷土研究会 （36）2011.5

筑豊炭田の近代化を推進した人々達（長嶺雄次）「嘉飯山郷土研究会会誌」 嘉飯山郷土研究会 （26）2012.11

仲哀隧道

みやこの歴史発見伝（76）国登録文化財 仲哀隧道 再録版（川本英紀）「みやこ町歴史民俗博物館だより」 みやこ町歴史民俗博物館 （99）2014.7

中央区

いしぶみ訪問（81）須崎公園（福岡市中央区）（那須博）「ふるさとの自然と歴史」 歴史と自然をまもる会 289 2002.1

月隈

席田・月隈の社会運動と生活（1）〜（5）（金山登郎）「リベラシオン ： 人権研究ふくおか」 福岡県人権研究所 （131）/（142）2008.9/2011.6

筑紫次郎

川上信也の旅アングル（4）「筑紫次郎」と河川に生きる人々「西日本文化」 西日本文化協会 通号438 2009.4

筑紫平野

筑紫平野からの古代史検証（27）観世音寺の把岐荘を脅かす人々（田中正日子）「ふるさとの自然と歴史」 歴史と自然をまもる会 280 2000.5

筑紫平野からの古代史検証（28）筑後川上流の荘園と「軍兵」（田中正日子）「ふるさとの自然と歴史」 歴史と自然をまもる会 281 2000.7

筑紫平野からの古代史検証（29）海辺の守りと兵制改革（田中正日子）「ふるさとの自然と歴史」 歴史と自然をまもる会 282 2000.9

筑紫平野からの古代史検証（30）西海道からみた藤原純友の乱（田中正日子）「ふるさとの自然と歴史」 歴史と自然をまもる会 283 2000.11

筑紫平野からの古代史検証（31）奈良時代にみえる筑後の国技（田中正日子）「ふるさとの自然と歴史」 歴史と自然をまもる会 284 2001.1

筑紫平野からの古代史検証（33）土器・木簡・文献に「川部」を読む（田中正日子）「ふるさとの自然と歴史」 歴史と自然をまもる会 286 2001.5

筑紫平野からの古代史検証（34）亡命者たちの技術と力役（田中正日子）「ふるさとの自然と歴史」 歴史と自然をまもる会 287 2001.7

筑紫平野からの古代史検証（35）水城築造期の内外問題（田中正日子）「ふるさとの自然と歴史」 歴史と自然をまもる会 288 2001.10

有明海と筑紫平野の歴史的景観（歴史評論）（杉谷昭）「諫早史談」 諫早史談会 36 2004.3

筑紫平野の古代を考える4月例会の報告「九州古代史の会NEWS」 九州古代史の会 121 2005.5

筑紫平野からの古代史検証（52）古代の「筑紫」について（田中正日子）「ふるさとの自然と歴史」 歴史と自然をまもる会 （309）2006.3

筑紫平野からの古代史検証（58）魏呉の争いと倭王（田中正日子）「ふるさとの自然と歴史」 歴史と自然をまもる会 （316）2007.5

筑紫平野からの古代史検証（60）筑紫大宰とその支配（1）（田中正日子）「ふるさとの自然と歴史」 歴史と自然をまもる会 （321）2008.3

筑紫平野からの古代史検証（61）筑紫大宰とその支配（2）（田中正日子）「ふるさとの自然と歴史」 歴史と自然をまもる会 （322）2008.5

津古

津古の地名について（会員の研究）（成冨安子）「故郷の花」 小郡市郷土史研究会 （35）2010.5

津古空前

近代小郡の国境問題について—明治初期の津古空前（会員の研究）（時里奉明）「故郷の花」 小郡市郷土史研究会 （39）2014.3

辻村

近世筑前国の皮革流通における「抜荷」の構造—辻村・堀口村・金平村を中心に（高垣亜矢）「論集きんせい」 近世史研究会 （28）2006.5

津屋崎

塩田の舟運 18世紀の勝浦・津屋崎（南時夫）「西日本文化」 西日本文化協会 通号440 2009.8

天神

訪ねてみませんか？ 城下町天神と博多の史跡巡り（塚本博和）「リベラシオン ： 人権研究ふくおか」 福岡県人権研究所 （134）2009.6

特集 天神「住む町」から「集う街」へ・城下町・天神ノ町」から「繁華街・天神」へと変わった都市の貌「市史だよりFukuoka」 福岡市博物館市史編さん室 （12）2010.12

表紙の写真 天神交差点（新田岳）「市史だよりFukuoka」 福岡市博物館市史編さん室 （12）2010.12

天神町

絵葉書でたどる福岡の歴史（9）天神町の景観（福岡市中央区天神）（石瀧豊美）「福岡地方史研究 ： 福岡地方史研究会会報」 福岡地方史研究会、海鳥社（発売）（48）2010.8

洞海湾

水辺の生活環境史 北九州若松洞海湾における船上生活者の歴史的変容（研究調査報告）（田上繁）「非文字資料研究」 神奈川大学21世紀COEプログラム拠点推進会議 （27）2012.1

水辺の生活環境史 北九州若松洞海湾における船上生活者の歴史的変容（2）（研究調査報告）（田上繁）「非文字資料研究」 神奈川大学21世紀COEプログラム拠点推進会議 （31）2014.1

洞海湾の変遷（児玉義信）「郷土八幡」 八幡郷土史会 （4）2014.2

唐人町

国分たばこ唐人町（林俊夫）「季刊南九州文化」 南九州文化研究会 （105）2006.1

当仁校区

米空軍による福岡空襲被災状況の補充調査—当仁校区内の焼失戸数について（井上洋子）「市史研究ふくおか」 福岡市博物館市史編さん室 （2）2007.3

東蓮寺藩

コラム 東蓮寺藩の城下町・直方（牛嶋英俊）「西日本文化」 西日本文化協会 通号441 2009.10

戸切

聞き書き・戸切の運動とくらし—脇坂並木さんに聞く（1）運動編（金山登郎）「リベラシオン ： 人権研究ふくおか」 福岡県人権研究所 （126）2007.6

聞き書き・戸切の運動とくらし—脇坂並木さんに聞く（2）くらし編（金山登郎）「リベラシオン ： 人権研究ふくおか」 福岡県人権研究所 （127）2007.9

戸切 清泉の碑（吉野勲）「木綿間 ： 岡垣歴史文化研究会年報」 岡垣歴史文化研究会 （28）2010.4

常盤橋

常盤橋（木の橋）の誕生あれこれ（浅田武彦）「北九州市の文化財を守る会会報」 北九州市の文化財を守る会 （126）2009.3

床島堰

筑後川中流部の用水開発 床島堰（坂本正行）「ふるさとの自然と歴史」 歴史と自然をまもる会 （321）2008.3

豊津

19年度定期総会開催/企画展のご案内 豊津藩・豊津県の時代展/博物館

友の会会員募集！/歴史講座のご案内「みやこ町歴史民俗博物館だより」みやこ町歴史民俗博物館 （14）2007.6

ティータイムの歴史学(118)～(119) 史料にみる村の生活と文化(22)～(23)「夫子の牆は…」—天保時代の豊津台地開発(2)～(3)（川本英紀）「豊津町歴史民俗資料館資料館だより」豊津町歴史民俗資料館（137）/（138）2008.1/2008.2

豊津高等学校

企画展 刃 yaiba—きるカタチ、けずるカタチ、さすカタチ/常設展示テーマ展「豊津高等学校」校史史料展「みやこ町歴史民俗博物館だより」みやこ町歴史民俗博物館 （10）2007.2

豊津町

写真にみるちょっと昔のとよつ(5) 自然の猛威—平成3年台風19号「豊津町歴史民俗資料館資料館だより」豊津町歴史民俗資料館 （137）2008.1

頓田

頓田の森の悲劇（〈特集 終戦60年 戦時下の思い出II〉）（高山剛平）「故郷の花」小郡市郷土史研究会 （32）2007.5

那珂

那珂 往来を見続ける街「市史だよりFukuoka」福岡市博物館市史編さん室 （15）2012.8

長岩城

豊前長岩城に関する一考察（調査報告）（小高巳季彦）「城郭史研究」日本城郭史学会，東京堂出版（発売）（33）2014.2

長崎街道

「長崎街道(小倉—嬉野間)史跡探訪講座」報告（森本武）「大村史談」大村史談会 54 2003.3

鳥栖の長崎街道を歩く（藤瀬禎博）「故郷の花」小郡市郷土史研究会 28 2003.5

長崎街道の玄関—門司・小倉と木屋瀬宿へ（山田蕃）「故郷の花」小郡市郷土史研究会 28 2003.5

長崎街道・北九州を訪ねて（柳繁登）「故郷の花」小郡市郷土史研究会 28 2003.5

長崎街道を巡る旅（阿河正士）「故郷の花」小郡市郷土史研究会 28 2003.5

長崎街道宿場めぐりプラン（浦洋祐）「故郷の花」小郡市郷土史研究会 28 2003.5

長崎街道こぼれ話 阿蘭陀人参府の道（河島悦子）「西日本文化」西日本文化協会 397 2003.12

大村史談会第5回公開講座「長崎街道(俵坂～長崎間)史談探訪講座」報告（森本武）「大村史談」大村史談会 55 2004.3

長崎街道の旅—松原宿から天領長崎へ（阿河正士）「故郷の花」小郡市郷土史研究会 （29）2004.5

長崎街道宿場めぐり最終コース（浦洋祐）「故郷の花」小郡市郷土史研究会 （29）2004.5

第6回公開講座長崎街道「多良・浜道」（森本武）「大村史談」大村史談会 56 2005.3

長崎街道探訪記（大島大輔）「諫早史談」諫早史談会 （40）2008.3

長崎街道筋の境石（国、藩、郡境石）（松本正子）「故郷の花」小郡市郷土史研究会 （34）2009.5

長崎街道と奉幣使（芳賀宣門）「北九州市の文化財を守る会会報」北九州市の文化財を守る会 （131）2010.10

長崎街道を北へ訪ねて（轟木宿・田代宿・原田宿へ）（特集 クロスロードの自然・歴史旅—新幹線新鳥栖駅から訪ねる観光情報集成）「栖：鳥栖と周辺の自然と歴史をさぐる郷土誌」鳥栖郷土研究会 （50）2011.3

長崎街道を西へ訪ねて（中原宿・神埼宿・佐賀城下へ）（特集 クロスロードの自然・歴史旅—新幹線新鳥栖駅から訪ねる観光情報集成）「栖：鳥栖と周辺の自然と歴史をさぐる郷土誌」鳥栖郷土研究会 （50）2011.3

長崎街道育ての記（特集 山家宿400年記念—峠・街道・宿場町2）（河島悦子）「福岡地方史研究 ： 福岡地方史研究会会報」福岡地方史研究会，海鳥社（発売）（49）2011.9

特集にあたって（特集 長崎街道400年—峠・街道・宿場町3）「福岡地方史研究 ： 福岡地方史研究会会報」福岡地方史研究会，海鳥社（発売）（50）2012.9

長崎街道と紀行文の中の境石（特集 長崎街道400年—峠・街道・宿場町3）（松本正子）「福岡地方史研究 ： 福岡地方史研究会会報」福岡地方史研究会，海鳥社（発売）（50）2012.9

長崎街道を歩いた象（特集 長崎街道400年—峠・街道・宿場町3）（副island邦弘）「福岡地方史研究 ： 福岡地方史研究会会報」福岡地方史研究会，海鳥社（発売）（50）2012.9

長崎街道よもやま話（特集 長崎街道400年—峠・街道・宿場町3）（河島悦子）「福岡地方史研究 ： 福岡地方史研究会会報」福岡地方史研究

会，海鳥社（発売）（50）2012.9

特別展「長崎街道—世界とつながった道—」開催！ 平成24年10月30日（火）～12月27日（木）「九歴だより」九州歴史資料館 （36）2012.10

江戸時代、長崎街道の中の「六宿街道」の開発・整備と宿場・飯塚を北上して幸袋村まで（篠崎達男）「嘉飯山郷土研究会会誌」嘉飯山郷土研究会 （26）2012.11

筑後の中の長崎街道とケンペルの参府ルート地図（会員の研究）（松本正子）「故郷の花」小郡市郷土史研究会 （39）2014.3

長崎街道の風景『諫早から長崎まで』（久保岩男）「諫早史談」諫早史談会 （46）2014.3

江戸時代、長崎街道を江戸に向かった献上象と、その後（篠崎達男）「嘉飯山郷土研究会会誌」嘉飯山郷土研究会 （27）2014.11

中洲

福岡市における歓楽街の形成と変容—柳町から中洲へ（《特集 対外交流と福岡》）（有薗真代）「市史研究ふくおか」福岡市博物館市史編さん室 （3）2008.2

仲津郡

近世仲津郡における芝権をめぐって（柴田光雄）「部落解放史・ふくおか」福岡県人権研究所 116 2004.12

永沼家住宅

みやこの歴史発見伝(70) 再編集版 国指定重要文化財 永沼家住宅（川本英紀）「みやこ町歴史民俗博物館だより」みやこ町歴史民俗博物館 （93）2014.1

長畑区

長畑区の小字名（古賀英夫）「郷土誌かんだ」かんだ郷土史会 （12）2014.3

長浜

特集「港、今昔」西公園～長浜 時代によって表情を変えたウォーターフロント「市史だよりFukuoka」福岡市博物館市史編さん室 （11）2010.9

奴国の丘歴史公園

3 奴国の丘歴史公園—須玖岡本遺跡（春日市）卓越した奴国の青銅器文化（歴史を体感する史跡公園 福岡県10選 地域づくりと連動へ）（中村昇平）「西日本文化」西日本文化協会 （465）2013.10

名島城

旅日記 小早川隆景の・名島城を訪ねる（中川嘉明）「郷土史紀行」ヒューマン・レクチャー・クラブ （45）2007.9

名島城の成立過程とその歴史的意義（丸山雍成）「国史談話会雑誌」東北大学国史談話会 （50）2010.3

名島城の成立過程とその歴史的意義（丸山雍成）「海路」「海路」編集委員会，海鳥社（発売）通号9 2010.3

奈多松原

ひとくちコラム 奈多の松原を想う「市史だよりFukuoka」福岡市博物館市史編さん室 （9）2009.6

夏井ヶ浜はまゆう公園

表紙の説明 芦屋にもう一つ景観地がふえました「夏井ヶ浜はまゆう公園」「崗」芦屋町郷土史研究会 （39）2013.2

七隈

七隈 ものがたり「市史だよりFukuoka」福岡市博物館市史編さん室 （16）2013.1

西大橋

いしぶみ訪問(117) 西大橋・西中島橋（那須博）「ふるさとの自然と歴史」歴史と自然をまもる会 （325）2008.11

西区

いしぶみ訪問(74) 福岡市西区元岡小学校散歩（那須博）「ふるさとの自然と歴史」歴史と自然をまもる会 282 2000.9

特集 北崎—西の古湊を巡る 福岡市西区［北崎］行く船も来る船も、まずは北崎/大陸への窓口・禅宗寺院/漂着する異国船/西浦の漁業/港を整備する/救難所と浜の正月祭り「市史だよりFukuoka」福岡市博物館市史編さん室 （18）2014.1

西公園

特集「港、今昔」西公園～長浜 時代によって表情を変えたウォーターフロント「市史だよりFukuoka」福岡市博物館市史編さん室 （11）2010.9

西新

歴史散歩 福岡市中央区黒門—西新（石瀧豊美）「福岡地方史研究 ： 福岡地方史研究会会報」福岡地方史研究会，海鳥社（発売）（48）2010.8

西中島橋

いしぶみ訪問(117) 西大橋・西中島橋（那須博）「ふるさとの自然と歴史」歴史と自然をまもる会 （325）2008.11

九州・沖縄　　　　　　　　　　　　地名でたどる郷土の歴史　　　　　　　　　　　　福岡県

西日本鉄道

西鉄の鉄軌道は福岡近代都市建設の歴史 西日本鉄道百年史（神﨑公一郎）「西日本文化」　西日本文化協会　通号436　2008.12

発掘資料 九州の鉄道事始め（2）西日本鉄道の母体となった諸私鉄（入江寿紀）「西日本文化」　西日本文化協会　（467）2014.2

西日本ビル

焼け跡に建てたビル 昭和20年代建設の西日本ビル（《特集 戦争を貫く40年─満州事変から敗戦・復興の歩み》）（勝野高成）「西日本文化」　西日本文化協会　通号428　2007.8

二丈吉井岳城

糸島市二丈吉井岳城の縄張り調査（山崎龍雄）「北部九州中近世城郭」　北部九州中近世城郭研究会　（21）2011.9

日満学校

表紙 旧日満学校校舎「郷土直方 ： 直方郷土研究会・会報」　直方郷土研究会　（38）2013.4

日満学校の歴史（榊正澄）「郷土直方 ： 直方郷土研究会・会報」　直方郷土研究会　（39）2014.4

人参畑塾

史跡今と昔（103）人参畑塾址碑（（岸万））「維新の道 ： 霊山歴史館機関紙」　霊山顕彰会　（133）2009.4

直方

昔の直方─なつかしい風景「郷土直方 ： 直方郷土研究会・会報」　直方郷土研究会　（33）2007.6

私の故郷・私の自分史（重松佳子）「郷土直方 ： 直方郷土研究会・会報」　直方郷土研究会　（34）2009.2

コラム 東蓮寺藩の城下町・直方（牛嶋英俊）「西日本文化」　西日本文化協会　通号441　2009.10

随想 直方のレトロタウン（鴻江敏雄）「北九州市の文化財を守る会会報」　北九州市の文化財を守る会　（129）2010.3

夢野久作の小説の舞台となった直方（榊正澄）「郷土直方 ： 直方郷土研究会・会報」　直方郷土研究会　（35）2010.5

地域から見た日本の農政─開拓営団と天塩開拓団（篠原義一）「郷土直方 ： 直方郷土研究会・会報」　直方郷土研究会　（36）2011.5

直方ゆかりの文化人（特別講演）（榊正澄）「郷土直方 ： 直方郷土研究会・会報」　直方郷土研究会　（37）2012.4

直方ゆかりの文化人群像（榊正澄）「郷土直方 ： 直方郷土研究会・会報」　直方郷土研究会　（38）2013.4

明治を生きた直方の人たち（上）,（下）（日隈精二）「郷土直方 ： 直方郷土研究会・会報」　直方郷土研究会　（38）/（39）2013.4/2014.04

直方鉄工業のルーツと発展（祖父江陽一）「郷土直方 ： 直方郷土研究会・会報」　直方郷土研究会　（38）2013.4

食べ物随筆 直方焼きスパのことなど（金山輝代）「郷土直方 ： 直方郷土研究会・会報」　直方郷土研究会　（38）2013.4

直方駅

直方駅舎百年に思う（中村幸代）「郷土直方 ： 直方郷土研究会・会報」　直方郷土研究会　（35）2010.5

ここまで分かった直方駅（特別講演）（藤原恵洋）「郷土直方 ： 直方郷土研究会・会報」　直方郷土研究会　（37）2012.4

直方旧駅舎

初代博多駅の移築説に迫る 直方旧駅舎の謎（井澤洋一）「西日本文化」　西日本文化協会　（452）2011.8

直方市

墜落B29と捕虜搭乗員─直方市での目撃証言による再現（特集 戦争の記憶）（牛嶋英俊）「西日本文化」　西日本文化協会　（452）2011.8

直方藩

地域史上の直方藩（栄多一雄）「郷土直方 ： 直方郷土研究会・会報」　直方郷土研究会　（31）2001.11

野方遺跡

いしぶみ訪問（76）野方遺跡から叶嶽登山口へ（那須博）「ふるさとの自然と歴史」　歴史と自然をまもる会　284　2001.1

野口村

原口顕雄さんと「野口村居住地域拡張の闘い」（追悼 原口顕雄─論評）（石瀧豊美）「リベラシオン ： 人権研究ふくおか」　福岡県人権研究所　（147）2012.9

能古

福岡市域の島名考 妙見・志賀・能古・玄海・小呂（池田善朗）「海路」　「海路」編集委員会, 海鳥社（発売）通号8　2009.6

能古島

特集 能古島 博多湾に浮かぶ山「市史だよりFukuoka」　福岡市博物館市史編さん室　（13）2011.8

倭国の原風景（9）能古島の「盗まれた手紙」（室伏志畔）「九州倭国通信」　九州古代史の会　（161）2012.5

羽犬塚

いしぶみ訪問（100）筑後市羽犬塚（那須博）「ふるさとの自然と歴史」　歴史と自然をまもる会　（308）2006.1

博多

元寇と博多（柳田純孝）「都府楼」　古都大宰府保存協会　33　2002.3

中世の博多探訪記（佐々木ミヨカ）「故郷の花」　小郡市郷土史研究会　27　2002.5

中世の博多を訪ねて（赤坂愛子）「故郷の花」　小郡市郷土史研究会　27　2002.5

筑前国の玄海町および博多の史跡を訪ねて（佐竹節子）「大内文化探訪 ： 会誌」　大内文化探訪会　（21）2003.4

九州における南北朝動乱の発火点「博多」（瀬野精一郎）「県史だより ： 福岡県地域史研究所県史だより」　西日本文化協会　118　2004.3

《特集 博多と海の路》「海路」　「海路」編集委員会, 海鳥社（発売）通号1　2004.11

座談会 海は博多に何をもたらしたか（川添昭二, 角山榮, 武野要子）「海路」　「海路」編集委員会, 海鳥社（発売）通号1　2004.11

室町時代の博多貿易商人（佐伯弘次）「海路」　「海路」編集委員会, 海鳥社（発売）通号1　2004.11

中世博多の化粧箱（石橋葉子）「海路」　「海路」編集委員会, 海鳥社（発売）通号1　2004.11

博多ことば, 福岡ことば（荒木輝子）「海路」　「海路」編集委員会, 海鳥社（発売）通号1　2004.11

博多は日本の饅頭の発祥の地か（渡辺雄二）「海路」　「海路」編集委員会, 海鳥社（発売）通号1　2004.11

博多の天災の言い伝え（再考・福岡沖地震）（青柳としのぶ）「海路」　「海路」編集委員会, 海鳥社（発売）通号2　2005.9

博多のおしあげ（押絵）（松尾由美子）「ふるさとの自然と歴史」　歴史と自然をまもる会　（309）2006.3

慶長の引き揚げ港・博多（コラム）（中野等）「市史研究ふくおか」　福岡市博物館市史編さん室　（1）2006.3

歴史万華鏡 福岡と博多, どっちがあなたの名前？「市史だよりFukuoka」　福岡市博物館市史編さん室　（3）2006.6

年越しそばの興りは博多にあり（《特集 食と正月》）（田口俊英）「西日本文化」　西日本文化協会　通号424　2006.12

シルクロード紀行「博多のうどん」と幻の「高麗人」（後藤文利）「西日本文化」　西日本文化協会　通号430　2007.12

近世福岡・博多の歴史地理資料（《特集 対外交流と福岡》）（西田博）「市史研究ふくおか」　福岡市博物館市史編さん室　（3）2008.2

『趣味の博多』,『福岡縣人』そして『福岡』（コラム）（波ند剛）「市史研究ふくおか」　福岡市博物館市史編さん室　（3）2008.2

博多居留宋人が遺したもの（佐藤一郎）「福岡市博物館研究紀要」　福岡市博物館　（18）2008.3

福岡城下町・博多・近隣古図（《特集 黒田武士の形と暮らし》）「西日本文化」　西日本文化協会　通号432　2008.4

講演記録 埋没した中世都市博多と地名（大庭康時）「福岡地方史研究 ： 福岡地方史研究会会報」　福岡地方史研究会, 海鳥社（発売）（46）2008.8

南北朝時代の博多警固番役（佐伯弘次）「史淵」　九州大学大学院人文科学研究院　146　2009.3

「引き揚げ港・博多」授業化の試み─聖福寮の子ども（戦災孤児）と二日市保養所（堕胎病院）の命（そのだひさこ）「リベラシオン ： 人権研究ふくおか」　福岡県人権研究所　（133）2009.3

訪ねてみませんか？　城下町天神と博多の史跡巡り（塚本博和）「リベラシオン ： 人権研究ふくおか」　福岡県人権研究所　（134）2009.6

《特集 福岡・博多の近代化をめぐって》「福岡地方史研究 ： 福岡地方史研究会会報」　福岡地方史研究会, 海鳥社（発売）（47）2009.8

福岡警察署の新任巡査が見た明治十年代の福岡・博多（近藤典二）「福岡地方史研究 ： 福岡地方史研究会会報」　福岡地方史研究会, 海鳥社（発売）（47）2009.8

明治前期における博多織の生産動向について（宮地英敏）「市史研究ふくおか」　福岡市博物館市史編さん室　（5）2010.2

骨の同位体分析から中世博多の人々の生活に迫る（米田穣, 覚張隆史, 石丸恵利子, 富岡直人）「市史研究ふくおか」　福岡市博物館市史編さん室　（5）2010.2

表紙の写真 博多漁港（福岡船溜）（福岡市中央区港）（穂積香織）「市史だよりFukuoka」　福岡市博物館市史編さん室　（11）2010.9

講演 中世博多の対外交流─韓国・新安沖発見沈没船をめぐって（《新修福岡市史》刊行開始記念─市史刊行記念講演会記録）（大谷正）「市史研究ふくおか」　福岡市博物館市史編さん室　（6）2011.3

随想 感銘…安政時代の福岡・博多（小河扶希子）「ふるさとの自然と歴史」　歴史と自然をまもる会　（343）2011.11

福岡県　地名でたどる郷土の歴史　九州・沖縄

平氏ゆかりの博多―敗者たちの歴史（日高三朗）「西日本文化」　西日本文化協会　（457）2012.6

カッテンディーケ（幕末に来航したオランダ海軍士官）福岡・博多訪問記（小河扶希子）「西日本文化」　西日本文化協会　（457）2012.6

アーカイブコーナー博多なにわず考（青山富士夫）「九州倭国通信」　九州古代史の会　（163）2012.11

市史講演会「15・16世紀の博多と東アジア」の講演録掲載にあたって（特集 15・16世紀の博多とアジア）（有馬学）「市史研究ふくおか」　福岡市博物館市史編さん室　（8）2013.3

雑誌探索（7）二つの『博多春秋』（首藤卓茂）「福岡地方史研究 ： 福岡地方史研究会会報」　福岡地方史研究会，海鳥社（発売）（51）2013.9

官兵衛がつくった博多、長政が作った福岡（特集 黒田家と福岡・博多2）（石瀧豊美）「福岡地方史研究 ： 福岡地方史研究会会報」　福岡地方史研究会，海鳥社（発売）（52）2014.9

博多駅

絵葉書でたどる福岡の歴史（2）旧博多駅 駅前のにぎわいと構内（石瀧豊美）「福岡地方史研究 ： 福岡地方史研究会会報」　福岡地方史研究会，海鳥社（発売）（41）2003.7

九州の鉄道と博多駅の歴史/博多の流れを見つづけて（《特集 博多駅ものがたり 駅誕生から新駅ビルまでの軌跡》）「西日本文化」　西日本文化協会　通号427　2007.6

福岡の玄関口のはじまり 博多駅、博多港、福岡空港（八尋國臣）「福岡地方史研究 ： 福岡地方史研究会会報」　福岡地方史研究会，海鳥社（発売）（47）2009.8

初代博多駅の移築説に迫る 直方旧駅舎の謎（井澤洋一）「西日本文化」　西日本文化協会　（452）2011.8

博多港

福岡の玄関口のはじまり 博多駅、博多港、福岡空港（八尋國臣）「福岡地方史研究 ： 福岡地方史研究会会報」　福岡地方史研究会，海鳥社（発売）（47）2009.8

博多津

福岡三ヶ一・博多三ヶ二 福博の分役分担―「博多津要録」から（瀬戸美都子）「西日本文化」　西日本文化協会　（453）2011.10

博多湾

博多湾引揚について（鳥巣京一）「西日本文化」　西日本文化協会　404　2004.8

「博多湾貿易」を支えた古代海人（山中和久）「古文化談叢」　九州古文化研究会　57　2007.8

博多湾沿岸のアガタ・ミヤケ・イナギ（原田諭）「ふるさとの自然と歴史」　歴史と自然をまもる会　（332）2010.1

二日市保養所跡・博多湾引揚げフィールドワーク（ジェンダー部会）「リベラシオン ： 人権研究ふくおか」　福岡県人権研究所　（142）2011.6

我が国の歴史は博多湾から始まった（1）～（2）（高栄昭）「九州倭国通信」　九州古代史の会　（163）/（164）2012.11/2013.1

記録に残る―我が国の歴史は博多湾から始まった（3）（高栄昭）「九州倭国通信」　九州古代史の会　（165）2013.3

博多湾鉄道汽船

博多湾鉄道汽船の経営（研究ノート）（渡部邦昭）「九州歴史資料館研究論集」　九州歴史資料館　（39）2014.3

把岐荘

筑紫平野からの古代史検証（27）観世音寺の把岐荘を脅かす人々（田中正日子）「ふるさとの自然と歴史」　歴史と自然をまもる会　280　2000.5

箱崎宿

箱崎宿御茶屋絵図（有田和樹）「福岡地方史研究 ： 福岡地方史研究会会報」　福岡地方史研究会，海鳥社（発売）（44）2006.7

箱島

いしぶみ訪問（99）二丈町浜窪「箱島」（那須博）「ふるさとの自然と歴史」　歴史と自然をまもる会　（307）2005.11

糸島の名勝 箱島（地域特集 糸島半島）（有田和樹）「西日本文化」　西日本文化協会　（471）2014.10

花尾山

花尾山（城）麻生氏考（神谷英晃）「郷土八幡」　八幡郷土史会　（4）2014.2

花立

我が故郷の移り変わり 花立のあゆみ（年表）（会員の研究）（帆足徳男）「故郷の花」　小郡市郷土史研究会　（39）2014.3

早鐘眼鏡橋

わが国最古の用水路用 早鐘眼鏡橋（坂本正行）「ふるさとの自然と歴史」　歴史と自然をまもる会　（322）2008.5

早川勇旧邸

早川勇旧邸の記（栗田藤平）「筑前維新史」　筑前維新史研究会　（17）2002.4

祓川

二つの祓川とクマソ（武田悦孝）「季刊南九州文化」　南九州文化研究会　（105）2006.1

原城

原城紀行『島原の乱』（横山正司）「瓦版 ： 柳川郷土研究会会誌「水郷」付録」　柳川郷土研究会　（42）2013.6

原城跡紀行『島原の乱』後編（横山正司）「瓦版 ： 柳川郷土研究会会誌「水郷」付録」　柳川郷土研究会　（43）2013.11

原田

昔のスイーツ探し旅―長崎街道・筑前六宿編（7）冷水峠～原田（牛嶋英俊）「西日本文化」　西日本文化協会　通号443　2010.2

原田八景（特集 山家宿400年記念―峠・街道・宿場町2）（山村淳彦）「福岡地方史研究 ： 福岡地方史研究会会報」　福岡地方史研究会，海鳥社（発売）（49）2011.9

原田宿

長崎街道を北へ訪ねて（轟木宿・田代宿・原田宿へ）（特集 クロスロードの自然・歴史旅―新幹線新鳥栖駅から訪ねる観光情報集成）「栖 ： 鳥栖と周辺の自然と歴史をさぐる郷土誌」　鳥栖郷土研究会　（50）2011.3

東公園

歴史万華鏡 東公園の今昔―松林と歴史の名所から、緑の憩いの場へ「市史だよりFukuoka」　福岡市博物館市史編さん室　（10）2009.12

連載コラム 歴・史・万・華・鏡 東公園パノラマ館ジオラマ館と画家 矢田一嘯（田鍋隆男）「市史だよりFukuoka」　福岡市博物館市史編さん室　（18）2014.1

連載コラム 歴・史・万・華・鏡 東公園亀山上皇像の当初計画は騎馬武者像であった（田鍋隆男）「市史だよりFukuoka」　福岡市博物館市史編さん室　（19）2014.8

英彦山

『幕末秘史英彦山殉難録』のあとを尋ねて（溝口美千雄）「郷土誌しいだ」　椎田町文化財研究協議会　（15）2007.5

彦山

彦山・求菩提山配札一件及び民生局について（吉武忠雄）「郷土史杵築」　杵築郷土史研究会　（128）2008.3

彦山道

秋月街道と小郡―彦山道を中心に（黒岩弘）「故郷の花」　小郡市郷土史研究会　28　2003.5

肥前街道

文化庁選定「歴史の道」肥前・筑前街道を歩いて（川崎幹二）「西日本文化」　西日本文化協会　391　2003.5

肥前堀

「肥前堀」と「筑前堀」（保坂晃孝）「葉隠研究」　葉隠研究会　（72）2012.2

姫島

倭国の原風景（3）姫島（福岡県糸島市岐志）と壱岐 松尾紘一郎氏撮影「九州倭国通信」　九州古代史の会　（155）2011.3

百八人塚

いしぶみ訪問（93）百八人塚、雲龍の館（那須博）「ふるさとの自然と歴史」　歴史と自然をまもる会　301　2004.11

冷水峠

昔のスイーツ探し旅―長崎街道・筑前六宿編（7）冷水峠～原田（牛嶋英俊）「西日本文化」　西日本文化協会　通号443　2010.2

平尾台

いしぶみ訪問（127）カルスト台地・平尾台（那須博）「ふるさとの自然と歴史」　歴史と自然をまもる会　（335）2010.7

ようこそ平尾台へ 平尾台自然観察センター「北九州市の文化財を守る会会報」　北九州市の文化財を守る会　（140）2013.5

平尾台国定公園

随想 カルストの自然 平尾台国定公園（本田幸信）「北九州市の文化財を守る会会報」　北九州市の文化財を守る会　（128）2009.10

平田城

平田城の探訪調査を思いだして（会員の広場）（田中賢二）「故郷の花」　小郡市郷土史研究会　（39）2014.3

平塚

邪馬台国の首都は朝倉市平塚である（古野秀夫）「光地方研究」　光地方史研究会　（37）2011.3

平塚川添遺跡

福岡県の指定文化財 平塚川添遺跡［国指定史跡］朝倉市平塚「九歴だより」　九州歴史資料館　（35）2012.4

九州・沖縄　地名でたどる郷土の歴史　福岡県

平原歴史公園

4 平原歴史公園—平原遺跡（糸島市）伊都国女王と大鏡（歴史を体感する史跡公園 福岡県10選 地域づくりと連動へ）（河合修）「西日本文化」 西日本文化協会 （465）2013.10

吹上

立石校区と吹上の地名（「各講座」の発表）（成富安子）「故郷の花」 小郡市郷土史研究会 （38）2013.3

福岡

随想 私の考える歴史散歩—姪島・今津・今宿・西新を終えて（早船正夫）「福岡地方史研究 ： 福岡地方史研究会会報」 福岡地方史研究会，海鳥社（発売）（41）2003.7

福岡・佐賀両県の文化財を巡りて（大鳥居総夫）「史迹と美術」 史迹美術同攷会 74（3）通号743 2004.3

福岡地理学会報告（松本博子）「地理の集い」 福岡県高等学校地理研究会 34 2004.3

片山親と「福岡地典」（安部健一）「海路」 「海路」編集委員会，海鳥社（発売）通号1 2004.11

博多ことば、福岡ことば（荒木輝子）「海路」 「海路」編集委員会，海鳥社（発売）通号1 2004.11

福岡南蛮菓子事情（横田武子）「海路」 「海路」編集委員会，海鳥社（発売）通号1 2004.11

近世福岡の根付制作者たち（中村順子）「西日本文化」 西日本文化協会 408 2005.1

福岡のシロウオ料理（坂本正行）「ふるさとの自然と歴史」 歴史と自然をまもる会 （303）2005.3

天災は忘れた頃にやって来る？（再考・福岡沖地震）（田口幸洋）「海路」 「海路」編集委員会，海鳥社（発売）通号2 2005.9

歴史万華鏡 福岡と博多、どっちがあなたの名前？「市史だよりFukuoka」 福岡市博物館市史編さん室 （3）2006.6

歴史万華鏡 お城にみる近現代の福岡「市史だよりFukuoka」 福岡市博物館市史編さん室 （4）2006.12

乾田馬耕の普及と実業教師—福岡から秋田へ渡った実業教師（草野真樹）「福岡県地域史研究」 西日本文化協会福岡県地域史研究所 （24）2007.3

昭和恐慌と地方（福岡）（木村晃郎）「故郷の花」 小郡市郷土史研究会 （32）2007.5

希少雑誌探索（1）『八紘』『福岡』（首藤卓茂）「福岡地方史研究 ： 福岡地方史研究会会報」 福岡地方史研究会，海鳥社（発売）（45）2007.8

近世福岡・博多の歴史地理資料（《特集 対外交流と福岡》）（西田博）「市史研究ふくおか」 福岡市博物館市史編さん室 （3）2008.2

『趣味の博多』、『福岡縣人』そして『福岡』（コラム）（波潟剛）「市史研究ふくおか」 福岡市博物館市史編さん室 （3）2008.2

筑前福岡に始まった茶道南坊流（松岡博和）「西日本文化」 西日本文化協会 通号432 2008.4

稀少雑誌探索（2）『共栄』・『皇国の礎』（首藤卓茂）「福岡地方史研究 ： 福岡地方史研究会会報」 福岡地方史研究会，海鳥社（発売）（46）2008.8

福岡の通史（青木晃）「ふるさとの自然と歴史」 歴史と自然をまもる会 （324）2008.9

福岡の通史（青木晃）「ふるさとの自然と歴史」 歴史と自然をまもる会 （325）2008.11

《特集 福岡・博多の近代化をめぐって》「福岡地方史研究 ： 福岡地方史研究会会報」 福岡地方史研究会，海鳥社（発売）（47）2009.8

福岡警察署の新任巡査が見た明治十年代の福岡・博多（近藤典二）「福岡地方史研究 ： 福岡地方史研究会会報」 福岡地方史研究会，海鳥社（発売）（47）2009.8

福岡の街の近代化覚書（池田善朗）「福岡地方史研究 ： 福岡地方史研究会会報」 福岡地方史研究会，海鳥社（発売）（47）2009.8

史料管見 ちょっと珍しい古文書 「郡庁記録」から（石瀧豊美）「福岡地方史研究 ： 福岡地方史研究会会報」 福岡地方史研究会，海鳥社（発売）（47）2009.8

雑誌探索（3）『産業組合時代』・『福岡縣農會報』（首藤卓茂）「福岡地方史研究 ： 福岡地方史研究会会報」 福岡地方史研究会，海鳥社（発売）（47）2009.8

福岡の強みを活用した地域活性化（河部浩幸）「お城だより」 鴻臚館・福岡城跡歴史・観光・市民の会 （24）2010.1

福岡の通史（青木晃）「ふるさとの自然と歴史」 歴史と自然をまもる会 （332）2010.1

福岡の通史（青木晃）「ふるさとの自然と歴史」 歴史と自然をまもる会 （333）2010.3

福岡の通史（青木晃）「ふるさとの自然と歴史」 歴史と自然をまもる会 （335）2010.7

雑誌探索（4）『福岡縣人』（首藤卓茂）「福岡地方史研究 ： 福岡地方史研究会会報」 福岡地方史研究会，海鳥社（発売）（48）2010.8

福岡の通史（青木晃）「ふるさとの自然と歴史」 歴史と自然をまもる会 （336）2010.9

福岡の通史（青木晃）「ふるさとの自然と歴史」 歴史と自然をまもる会 （337）2010.11

福岡の通史（青木晃）「ふるさとの自然と歴史」 歴史と自然をまもる会 （338）2011.1

明治期福岡の出版（第一稿）（首藤卓茂）「市史研究ふくおか」 福岡市博物館市史編さん室 （6）2011.3

福岡の通史 第六部 平安時代前期その三、その他の事項その二/第七部 平安時代後期（青木晃）「ふるさとの自然と歴史」 歴史と自然をまもる会 （340）2011.5

福岡の歴史を楽しく学びましょう「ふるさとの自然と歴史」 歴史と自然をまもる会 （340）2011.5

福岡の通史（青木晃）「ふるさとの自然と歴史」 歴史と自然をまもる会 （341）2011.7

福岡の歴史を楽しく学びましょう「ふるさとの自然と歴史」 歴史と自然をまもる会 （341）2011.7

随想 福岡と文化財（藤尾浩）「ふるさとの自然と歴史」 歴史と自然をまもる会 （342）2011.9

福岡の通史（青木晃）「ふるさとの自然と歴史」 歴史と自然をまもる会 （342）2011.9

随想 感銘…安政時代の福岡・博多（小河扶希子）「ふるさとの自然と歴史」 歴史と自然をまもる会 （343）2011.11

福岡の通史（青木晃）「ふるさとの自然と歴史」 歴史と自然をまもる会 （343）2011.11

座談会 大正浪漫の光と影—福岡の都市形成を軸として[1]〜（下）（井上洋子，古田智信，石蔵豊美，日名子泰通）「西日本文化」 西日本文化協会 （454）/（455）2011.12/2012.2

福岡の通史（青木晃）「ふるさとの自然と歴史」 歴史と自然をまもる会 （344）2012.1

福岡の通史（青木晃）「ふるさとの自然と歴史」 歴史と自然をまもる会 （345）2012.3

福岡の通史（青木晃）「ふるさとの自然と歴史」 歴史と自然をまもる会 （346）2012.5

カッテンディーケ（幕末に来航したオランダ海軍士官）福岡・博多訪問記（小河扶希子）「西日本文化」 西日本文化協会 （457）2012.6

福岡の通史（青木晃）「ふるさとの自然と歴史」 歴史と自然をまもる会 （347）2012.7

福岡の文学碑 中世文学編（大石実）「西日本文化」 西日本文化協会 （458）2012.8

福岡の通史（青木晃）「ふるさとの自然と歴史」 歴史と自然をまもる会 （348）2012.9

福岡流おもてなし（久留百合子）「福岡城だより」 鴻臚館・福岡城跡歴史・観光・市民の会 （35）2012.10

福岡の通史（青木晃）「ふるさとの自然と歴史」 歴史と自然をまもる会 （349）2012.11

福岡の通史（青木晃）「ふるさとの自然と歴史」 歴史と自然をまもる会 （350）2013.1

近代都市福岡の形成（鳥巣京一）「西日本文化」 西日本文化協会 （461）2013.2

聞書・城下町「福岡」の町並み—話・秀村選三「西日本文化」 西日本文化協会 （461）2013.2

福岡の通史（青木晃）「ふるさとの自然と歴史」 歴史と自然をまもる会 （351）2013.3

福岡の通史（青木晃）「ふるさとの自然と歴史」 歴史と自然をまもる会 （353）2013.7

福岡から見た幕末・明治初期の佐賀（保坂晃孝）「葉隠研究」 葉隠研究会 （75）2013.7

（財）霊山顕彰会福岡県支部歴史講座報告（5）幕末福岡の見聞録（石瀧豊美）「西日本文化」 西日本文化協会 （464）2013.8

絵葉書でたどる福岡の歴史（12）育英会会長・男爵黒田長和君（石瀧豊美）「福岡地方史研究 ： 福岡地方史研究会会報」 福岡地方史研究会，海鳥社（発売）（51）2013.9

参考資料 国指定重要文化財「華文刺縫陣羽織」一領（特集 黒田家と福岡・博多）「福岡地方史研究 ： 福岡地方史研究会会報」 福岡地方史研究会，海鳥社（発売）（51）2013.9

福岡の通史（青木晃）「ふるさとの自然と歴史」 歴史と自然をまもる会 （354）2013.9

福岡の通史（青木晃）「ふるさとの自然と歴史」 歴史と自然をまもる会 （355）2013.11

福岡の通史（青木晃）「ふるさとの自然と歴史」 歴史と自然をまもる会 （356）2014.1

占領期の福岡における製紙・印刷・出版（石川巧）「市史研究ふくおか」 福岡市博物館市史編さん室 （9）2014.3

福岡県　　　　　　　　　　地名でたどる郷土の歴史　　　　　　　　　　九州・沖縄

福岡の通史(青木晃)「ふるさとの自然と歴史」歴史と自然をまもる会
(357) 2014.3
福岡の通史(青木晃)「ふるさとの自然と歴史」歴史と自然をまもる会
(358) 2014.5
福岡の通史(青木晃)「ふるさとの自然と歴史」歴史と自然をまもる会
(359) 2014.7
官兵衛がつくった博多、長政が作った福岡(特集 黒田家と福岡・博多2)
(石瀧豊美)「福岡地方史研究 : 福岡地方史研究会会報」福岡地方史
研究会, 海鳥社(発売) (52) 2014.9
福岡の通史(青木晃)「ふるさとの自然と歴史」歴史と自然をまもる会
(360) 2014.9
第32回企画展「昭和の記憶久留米・福岡 まんが日記が語る戦時下の暮
らし」開催「草野歴史資料館だより」久留米市立草野歴史資料館
35 2014.10
第33回企画展「昭和の記憶久留米・福岡 まんが日記が語る戦時下の暮
らし」を終えて「草野歴史資料館だより」久留米市立草野歴史資料
館 35 2014.10
福岡の通史(青木晃)「ふるさとの自然と歴史」歴史と自然をまもる会
(361) 2014.11

福岡銀行

福岡銀行従業員組合ストライキ時代の思い出(白水聖親)「西日本文化」
西日本文化協会 414 2005.9

福岡空港

福岡の玄関口のはじまり 博多駅、博多港、福岡空港(八尋眞臣)「福岡地
方史研究 : 福岡地方史研究会会報」福岡地方史研究会, 海鳥社(発
売) (47) 2009.8

福岡郡

「福岡都市圏近代文学文化史年表」のこと(コラム)(坂口博)「市史研究
ふくおか」福岡市博物館市史編さん室 (2) 2007.3

福岡県

1930年代の都市中小小売商―福岡県の場合(遠城明雄)「史淵」九州大
学大学院人文科学研究院 140 2003.3
福岡における融和事業の展開―福岡県親善会設立までとその活動(田原
行人)「部落解放・ふくおか」福岡県人権研究所 109 2003.3
日中戦争後の福岡県労働組合運動覚え書―戦争の進展と運動の混迷・解
体へ(1937年～40年)(渡邊悦次)「福岡県地域史研究」西日本文化協
会福岡県地域史研究所 20 2003.3
近代における木蝋業の発展過程―明治期の福岡県木蝋業を中心にして
(後藤正明)「福岡県地域史研究」西日本文化協会福岡県地域史研究所
20 2003.3
明治期福岡県における軌道について(入江寿紀)「福岡県地域史研究」西
日本文化協会福岡県地域史研究所 20 2003.3
県地域調査報告(上野博已, 山崎誠, 品川国繁, 古賀直美)「地理の集い」
福岡県高等学校地理研究会 34 2004.3
学力保障の深化を求めて―福岡県同和教育実態調査とその課題克服の取
り組みに関する考察(峰司郎)「部落解放・ふくおか」福岡県人権研
究所 113 2004.3
明治中期における地方財政と地方官―安場県政期の福岡県会筑後川改修
工費予算案審議を事例として(東條正)「福岡県地域史研究」西日本
文化協会福岡県地域史研究所 21 2004.3
蜜房を割く―蜂蜜考(福岡県の場合)(副島邦弘)「福岡地方史研究 : 福岡
地方史研究会会報」福岡地方史研究会, 海鳥社(発売) (42) 2004.7
地図から見る都市の風景 福岡県の「近代」(遠城明雄)「Museum
Kyushu : 文明のクロスロード」博物館等建設推進九州会議 20
(4) 通号78 2004.12
県地域調査報告(一ノ瀬泰宏, 松本克美, 豊原晋一, 延憲治郎)「地理の
集い」福岡県高等学校地理研究会 35 2005.3
序論・福岡「もてなし文化」の周縁(武野要子)「海路」「海路」編集委
員会, 海鳥社(発売) 通号2 2005.9
福岡県における融和事業の一1930年代、部落経済更正運動期における全水
とのかかわりを中心に(《特集 部落改善から融和へ(2)》)(田原行人)
「部落解放・ふくおか」福岡県人権研究所 (121) 2006.3
地震来たる(《小特集 2005年福岡県西方沖地震を記録する》)(石瀧豊
美)「福岡地方史研究 : 福岡地方史研究会会報」福岡地方史研究会,
海鳥社(発売) (44) 2006.7
産炭地と地震(《小特集 2005年福岡県西方沖地震を記録する》)(福島日
出海)「福岡地方史研究 : 福岡地方史研究会会報」福岡地方史研究
会, 海鳥社(発売) (44) 2006.7
2005年福岡県西方沖地震をうけて 福岡県内歴史資料保全調査会の設立
と活動―歴史資料の保全活動(《特集 福岡県西方沖地震と記録史料》)
(伊藤彰子)「県史だより : 福岡県地域史研究所県史だより」西日本
文化協会 (123) 2006.9
松村家資料の受け入れ―福岡県西方沖地震によって(《特集 福岡県西方
沖地震と記録史料》)(草野真樹)「県史だより : 福岡県地域史研究所

県史だより」西日本文化協会 (123) 2006.9
福岡県地域史研究所企画展「史料は語る・福岡県の近世～近代―福岡県
史編さん25年の歩み―」「県史だより : 福岡県地域史研究所県史だよ
り」西日本文化協会 (124) 2006.11
10月と注連縄―福岡県北部の事例から(中西裕二)「市史研究ふくおか」
福岡市博物館市史編さん室 (2) 2007.3
福岡県の歌詞碑(大石実)「西日本文化」西日本文化協会 通号427
2007.6
講演記録『福岡県史』編纂と史料の保存(秀村選三)「福岡地方史研究 :
福岡地方史研究会会報」福岡地方史研究会, 海鳥社(発売) (45)
2007.8
明治期福岡県の行政資料 廃藩置県から三新法まで「県史だより : 福岡
県地域史研究所県史だより」西日本文化協会 (125) 2007.11
近代の文化財保存修復に関する課題―福岡県内の状況から(加藤和歳)
「九州歴史資料館研究論集」九州歴史資料館 通号33 2008.3
『福岡県史』編纂史料について―新「九州歴史資料館」に望む(山田秀)
「県史だより : 福岡県地域史研究所県史だより」西日本文化協会
(126) 2008.3
聞書 山林地主家(福岡県)へ嫁いできた女性達へ―「ねんねんばばしゃま」
の明治・大正・昭和(山口信枝)「福岡県地域史研究」西日本文化協会
福岡県地域史研究所 (25) 2009.3
福岡県の名主座について(薗部寿樹)「米沢史学」米沢史学会 (山形県
立米沢女子短期大学日本史学科内) (25) 2009.10
福岡県地域史研究所と県史編纂のこと(永江眞夫)「県史だより : 福岡
県地域史研究所県史だより」西日本文化協会 (129・130) 2010.3
福岡県の石炭と鉄 平岡浩太郎のこと(二村能史)「西日本文化」西日本
文化協会 通号444 2010.4
「福岡縣全圖」について(坂井政治)「瓦版 : 柳川郷土研究会会誌「水
郷」付録」柳川郷土研究会 (33) 2011.2
福岡県の文学碑「風土記」編(大石実)「西日本文化」西日本文化協会
(449) 2011.2
福岡県の文学碑「万葉集」編(1)(大石実)「西日本文化」西日本文化
協会 (450) 2011.4
福岡県の地方史研究の現状(小特集 地方史研究の現在)(石瀧豊美)「地
方史研究」地方史研究協議会 61(2) 通号350 2011.4
福岡県の文学碑「万葉集」編(2―1)(大石実)「西日本文化」西日本文
化協会 (451) 2011.6
資料紹介 絵本『三発目の"原爆"』関係の新聞記事五点(石瀧豊美)「リベ
ラシオン : 人権研究ふくおか」福岡県人権研究所 (142) 2011.6
企画《『大正』から100年》福岡県の産業と教育 第一次大戦による光と影
(古田智信)「西日本文化」西日本文化協会 (452) 2011.8
福岡県の文学碑「万葉集」編(2―2)(大石実)「西日本文化」西日本文
化協会 (454) 2011.12
福岡県の文学碑 平安文学編(大石実)「西日本文化」西日本文化協会
(456) 2012.4
提言 日本初世界記憶遺産登録は何をもたらすのか―ああインターナショ
ナル我らがもの(特集 輝ける闇―山本作兵衛の世界)(森山沾一)「リベ
ラシオン : 人権研究ふくおか」福岡県人権研究所 (146) 2012.5
山本作兵衛コレクションと炭坑(特集 輝ける闇―山本作兵衛の世界)
(安蘇龍生)「リベラシオン : 人権研究ふくおか」福岡県人権研究所
(146) 2012.5
山本作兵衛の炭坑画の世界記憶遺産認定と人権問題(特集 輝ける闇―山
本作兵衛の世界)(堀内忠)「リベラシオン : 人権研究ふくおか」福
岡県人権研究所 (146) 2012.5
福岡県における近世被差別部落の「農業化」についての一考察(特集 教
科書から「士農工商」が消えた?―第31回九州地区部落解放研究集
会報告)(竹永茂美)「リベラシオン : 人権研究ふくおか」福岡県人
権研究所 (149) 2013.3
福岡県のとうほし田・たいとう田(菅野郁雄)「赤米ニュース」東京赤米
研究会 (192) 2013.3
福岡県の文学碑 近世俳句編(大石実)「西日本文化」西日本文化協会
(463) 2013.6
教育課題としてのセルフエスティームとその周辺概念についての考察―
福岡県人権「同和」教育におけるセルフエスティーム論を中心に(峰
司郎)「リベラシオン : 人権研究ふくおか」福岡県人権研究所
(150) 2013.6
ムラの共同風呂―福岡県の場合(佐々木哲哉)「西日本文化」西日本文化
協会 (464) 2013.8
古文書でひもとく歴史―福岡共同公文書館と所蔵資料の紹介「訴願関係
等綴」に見る明治の政争(荻野寛美)「西日本文化」西日本文化協会
(464) 2013.8
福岡県における「同和」教育実践・運動の組織化過程―林力は福岡県の
「同和」教育実践・運動をどのように組織してきたのか(特集 福岡県
における「同和」教育の歴史)(林力, 板山勝樹)「リベラシオン : 人
権研究ふくおか」福岡県人権研究所 (151) 2013.9

福岡県における「同和」教育思想とその形成(特集 福岡県における「同和」教育の歴史)(板山勝樹)「リベラシオン : 人権研究ふくおか」 福岡県人権研究所 (151) 2013.9

TOPICS 第2回企画展 公文書でひもとく福岡県の石炭産業―山本作兵衛作品とともに―開催中!「福岡共同公文書館だより」 福岡共同公文書館 (2) 2013.9

史跡公園とまちづくり―ススメはじめた地域活用(歴史を体感する史跡公園 福岡県10選 地域づくりと連動へ)(岡大輔)「西日本文化」 西日本文化協会 (465) 2013.10

発掘資料 九州の鉄道事始め(1)―福岡県下の変遷を中心に(入江寿紀)「西日本文化」 西日本文化協会 (466) 2013.12

福岡県の文学碑 近世和歌・漢詩編(大石実)「西日本文化」 西日本文化協会 (467) 2014.2

生きることが闘いだった! 水平社以前・黎明期の解放運動―解放令、筑前竹槍一揆、復権同盟、九州平民会、鎮西公明会(特集 2013年度部落史講座)(石瀧豊美)「リベラシオン : 人権研究ふくおか」 福岡県人権研究所 (153) 2014.3

福岡県の文学碑 近・現代俳句編その二(大石実)「西日本文化」 西日本文化協会 (468) 2014.4

福岡県の文学碑 近・現代俳句編その二(大石実)「西日本文化」 西日本文化協会 (469) 2014.6

福岡部落史研究会～福岡県人権研究所 四〇年の歩み(特集 福岡部落史研究会創立から40年)「リベラシオン : 人権研究ふくおか」 福岡県人権研究所 (155) 2014.9

福岡県種畜場

福岡県種畜場の足取り(中野勝美)「故郷の花」 小郡市郷土史研究会 (30) 2005.5

福岡県種畜場の足取り(2)(中野勝美)「故郷の花」 小郡市郷土史研究会 (31) 2006.5

福岡県種蓄場の成り立ち(会員の広場)(中野勝美)「故郷の花」 小郡市郷土史研究会 (39) 2014.3

福岡県庁

絵葉書でたどる福岡の歴史(8) 旧福岡県庁の新館(福岡市中央区天神)(石瀧豊美)「福岡地方史研究 : 福岡地方史研究会会報」 福岡地方史研究会, 海鳥社(発売) (47) 2009.8

福岡県立図書館

絵葉書でたどる福岡の歴史(11) 戦災で焼失した福岡県立図書館(福岡市渡辺通6丁目)(石瀧豊美)「福岡地方史研究 : 福岡地方史研究会会報」 福岡地方史研究会, 海鳥社(発売) (50) 2012.9

福岡高等学校

旧制福岡高等学校の思い出「九州大学大学史料室ニュース」 九州大学大学史料室 21 2003.3

福岡市

太閤道伝説を歩く(9) 福岡市の太閤道(牛嶋英俊)「西日本文化」 西日本文化協会 377 2001.12

福岡市の大空襲(1)(末信源蔵)「わじろ」 和白文化研究会 663 2003.9

校区事業導入の経緯とその意味―福岡市学力向上研究推進協力校区事業を主な事例として(板山勝樹)「部落解放史・ふくおか」 福岡県人権研究所 113 2004.3

福岡市の文化財(1) 力石について(三木隆行)「ふるさとの自然と歴史」 歴史と自然をまもる会 (310) 2006.5

福岡市史への歩み「市史だよりFukuoka」 福岡市博物館市史編さん室 (3) 2006.6

福岡市史への歩み「市史だよりFukuoka」 福岡市博物館市史編さん室 (4) 2006.12

福岡市都心部における近年の人口回復に関するノート(梶田真)「史淵」 九州大学大学院人文科学研究院 144 2007.3

大正期地方都市中小資産家の投資(投機)資金調達―福岡市の河内卯兵衛を事例として(永江眞夫)「福岡県地域史研究」 西日本文化協会福岡県地域史研究所 (24) 2007.3

福岡市史への歩み/歴史万華鏡「市史だよりFukuoka」 福岡市博物館市史編さん室 (5) 2007.6

新博多ビル建設と福岡市の将来像(《特集 博多駅ものがたり 駅誕生から新駅ビルまでの軌跡》)(佐藤俊郎)「西日本文化」 西日本文化協会 通号427 2007.6

第3回市史講演会レポート/福岡市史への歩み「市史だよりFukuoka」 福岡市博物館市史編さん室 (6) 2007.12

福岡県の歌詞碑 福岡市編(大石実)「西日本文化」 西日本文化協会 通号430 2007.12

福岡市史への歩み(7)～(13)(田坂大蔵)「市史だよりFukuoka」 福岡市博物館市史編さん室 (8)/(14) 2008.12/2011.12

福岡県の歌詞碑 福岡市編(大石実)「西日本文化」 西日本文化協会 通号439 2009.6

福岡市制施行120周年記念「福岡近代絵巻」/第5回福岡市史講演会「そらおおごと!―福岡藝能いろはにほへと」「市史だよりFukuoka」 福岡市博物館市史編さん室 (9) 2009.6

表紙の写真 御国分間絵図(部分)「市史だよりFukuoka」 福岡市博物館市史編さん室 (9) 2009.6

福岡市の街と公園 「官民共働」で育つ憩いの場(村田義郎)「西日本文化」 西日本文化協会 通号444 2010.4

『福岡市史』刊行開始 資料編 中世1 市内所在文書/特別編 福の民―暮らしのなかに技がある「市史だよりFukuoka」 福岡市博物館市史編さん室 (11) 2010.9

連載コラム 福岡市史への歩み「市史だよりFukuoka」 福岡市博物館市史編さん室 (15) 2012.8

SF Columun 福岡市史への歩み(14)～(18)(田坂大蔵)「市史だよりFukuoka」 福岡市博物館市史編さん室 (15)/(19) 2012.8/2014.08

軍需工場と子どもたち 大戦中の「少国民」動員(福岡市近郊)の記憶(首藤卓茂)「西日本文化」 西日本文化協会 (458) 2012.8

福岡市指定文化財「麻生文書」について(水野哲雄)「ふるさとの自然と歴史」 歴史と自然をまもる会 (349) 2012.11

明治期の地方都市における選挙と地域社会―福岡市の地方政治状況に関する覚書(遠城明雄)「史淵」 九州大学大学院人文科学研究院 150 2013.3

「資料編 近現代1」刊行記念シンポジウム 福岡発・維新へのまなざし―『維新雑誌』とその時代(小特集 福岡発・維新へのまなざし―『維新雑誌』とその時代)(日比野利信)「市史研究ふくおか」 福岡市博物館市史編さん室 (8) 2013.3

資料紹介 「慶応元乙丑十月廿三日ヨリ追々御所置之一件写」の紹介と『維新雑誌』の筆者について(小特集 福岡発・維新へのまなざし―『維新雑誌』とその時代)(仲村慎太郎)「市史研究ふくおか」 福岡市博物館市史編さん室 (8) 2013.3

第9回福岡市史講演会「遺跡からみた自然災害と福岡」を開催します「市史だよりFukuoka」 福岡市博物館市史編さん室 (17) 2013.8

福岡市フィルム・アーカイヴの保存活動 独自の視点で「映画文化」の蓄積(八尋善幸)「西日本文化」 西日本文化協会 (464) 2013.8

古い町並みの新しい街づくり 福岡市「大名」の心意気(佐々木喜美代)「西日本文化」 西日本文化協会 (464) 2013.8

以西底曳き網漁業における漁業移住と漁業経営の戦後の変遷―長崎市・福岡市へ移住した徳島県美波町出身の漁民(磯本宏紀)「徳島地域文化研究」 徳島地域文化研究会 (12) 2014.3

災害記録にみる福岡市の都市問題―福岡近代水害年表(特集 遺跡からみた自然災害と福岡)(宗建郎)「市史研究ふくおか」 福岡市博物館市史編さん室 (9) 2014.3

執筆者(講演者)紹介/資料の取り扱いについて/表紙 福岡市内の地形 広域図(磯望・黒田圭介作成)「市史研究ふくおか」 福岡市博物館市史編さん室 (9) 2014.3

福岡市指定文化財「小寺文書」について(水野哲雄)「ふるさとの自然と歴史」 歴史と自然をまもる会 (357) 2014.3

福岡城

福岡城天守閣雑考(川本一守)「福岡地方史研究 : 福岡地方史研究会会報」 福岡地方史研究会, 海鳥社(発売) (41) 2003.7

天守閣又は櫓、門が現存する城 伊予松山城/筑前福岡城「郷土史紀行」 ヒューマン・レクチャー・クラブ 25 2004.1

福岡城の喰違門をめぐって(《特集 福岡城400年》)(近藤典二)「福岡地方史研究 : 福岡地方史研究会会報」 福岡地方史研究会, 海鳥社(発売) (42) 2004.7

中近世移行期の北部九州と福岡城(《特集 福岡城400年》)(中西義昌)「福岡地方史研究 : 福岡地方史研究会会報」 福岡地方史研究会, 海鳥社(発売) (42) 2004.7

福岡連隊の福岡城(《特集 福岡城400年》)(石瀧豊美)「福岡地方史研究 : 福岡地方史研究会会報」 福岡地方史研究会, 海鳥社(発売) (42) 2004.7

鴻臚館・福岡城跡 この一年をばねに…(岡部定一郎)「お城だより」 鴻臚館・福岡城跡歴史・観光・市民の会 (8) 2006.1

福岡城こぼれ話 福岡城の天守閣をめぐって(高山英朗)「お城だより」 鴻臚館・福岡城跡歴史・観光・市民の会 (8) 2006.1

近世福岡城下町における船庄屋の一考察―とくに熨斗目青木家について(青木綜一)「福岡県地域史研究」 西日本文化協会福岡県地域史研究所 (23) 2006.3

鴻臚館、福岡城の研究の拠点に(西憲一郎)「お城だより」 鴻臚館・福岡城跡歴史・観光・市民の会 (9) 2006.4

福岡城こぼれ話 福岡城にゆかりの三つの神社について(荻野忠行)「お城だより」 鴻臚館・福岡城跡歴史・観光・市民の会 (9) 2006.4

市民の皆さんの誇りとなる福岡城を目指して(稲員大三郎)「お城だより」 鴻臚館・福岡城跡歴史・観光・市民の会 (10) 2006.7

福岡城跡保存整備に福岡市教育委員会の基本構想が出来上がりました

「お城だより」 鴻臚館・福岡城跡歴史・観光・市民の会 (10) 2006.7

福岡城こぼれ話 福岡城にあったか なぞを呼ぶ抜け穴の所在 (津田慶一) 「お城だより」 鴻臚館・福岡城跡歴史・観光・市民の会 (10) 2006.7

福岡城こぼれ話 新春早々ではありますが―お綱門 (2) (大隈和子) 「お城だより」 鴻臚館・福岡城跡歴史・観光・市民の会 (12) 2007.1

九州の近世城郭と福岡城 (《第2特集 九州の城を探る》) (丸山雍成) 「海路」 「海路」編集委員会, 海鳥社 (発売) 通号4 2007.2

福岡城築城400年記念特集 今なぜ福岡城天守閣なのか？ (石井幸孝) 「お城だより」 鴻臚館・福岡城跡歴史・観光・市民の会 (13) 2007.4

福岡市・歴史セントラルパーク 鴻臚館・福岡城跡周辺散策マップ 「お城だより」 鴻臚館・福岡城跡歴史・観光・市民の会 (13) 2007.4

城のある都市復活元年 (石井幸孝) 「お城だより」 鴻臚館・福岡城跡歴史・観光・市民の会 (16) 2008.1

福岡城・黒田五十二萬石の歴史と黒田二十四騎展の開催にあたって/史上始めての「黒田二十四騎」を博多人形で制作される 「お城だより」 鴻臚館・福岡城跡歴史・観光・市民の会 (16) 2008.1

福岡城下町・博多・近隣古図 (《特集 黒田武士の形と暮らし》) 「西日本文化」 西日本文化協会 通号432 2008.4

十時半睡の散歩道―白石一郎が描いた福岡城下 (《特集 黒田武士の形と暮らし》) (田代ゆき) 「西日本文化」 西日本文化協会 通号432 2008.4

福岡城天守閣と下之橋門 その史料的検証をめぐって (丸山雍成) 「海路」 「海路」編集委員会, 海鳥社 (発売) 通号7 2009.1

福岡城復活を本物に！ (石井幸孝) 「福岡城だより」 鴻臚館・福岡城跡歴史・観光・市民の会 (25) 2010.4

福岡城探訪 青年貴公子 七代 黒田浩之 (藤金之助) 「福岡城だより」 鴻臚館・福岡城跡歴史・観光・市民の会 (25) 2010.4

郷土の歴史講演会 「戦う城・福岡城と黒田家の人々」 「福岡城だより」 鴻臚館・福岡城跡歴史・観光・市民の会 (25) 2010.4

福岡城の謎 伝潮見櫓は やはり太鼓櫓か (後藤仁公) 「福岡城だより」 鴻臚館・福岡城跡歴史・観光・市民の会 (25) 2010.4

甦れ!!福岡城 (岡部定一朗) 「福岡城だより」 鴻臚館・福岡城跡歴史・観光・市民の会 (26) 2010.7

福岡城探訪 藩命の藩主 八代 治高 九代 斉隆 (藤金之助) 「福岡城だより」 鴻臚館・福岡城跡歴史・観光・市民の会 (26) 2010.7

郷土の歴史講演会 ふくおかの歴史を見直そう！ 甦れ！福岡城 「近世の城はどうして生まれたか」 「福岡城だより」 鴻臚館・福岡城跡歴史・観光・市民の会 (26) 2010.7

福岡城本丸模型 筑前城郭研究会 小田原早嗣氏製作 「福岡城だより」 鴻臚館・福岡城跡歴史・観光・市民の会 (27) 2010.10

関ヶ原合戦出陣時の黒田長政像 (福岡市博物館所蔵) /甦れ福岡城！ 現在の「本丸・二の丸部」航空写真に、模型「本丸・天守閣」を合成！ (模型製作 筑前城郭研究会・小田原早嗣氏) 「福岡城だより」 鴻臚館・福岡城跡歴史・観光・市民の会 (28) 2011.1

観光資源としての福岡城跡・鴻臚館 (高島宗一郎) 「福岡城だより」 鴻臚館・福岡城跡歴史・観光・市民の会 (29) 2011.4

「鴻臚館・福岡城跡」は福岡の宝 (吉田恵子) 「福岡城だより」 鴻臚館・福岡城跡歴史・観光・市民の会 (31) 2011.10

会員からのよもやま話 「福岡城」城の外 (天下御免の火消組) (二川昭一) 「福岡城だより」 鴻臚館・福岡城跡歴史・観光・市民の会 (31) 2011.10

会員からのよもやま話 福岡城跡に「不朽の命を」 (室川康男) 「福岡城だより」 鴻臚館・福岡城跡歴史・観光・市民の会 (35) 2012.10

甦れ！ 福岡城を観光資源として！ (岡部定一郎) 「福岡城だより」 鴻臚館・福岡城跡歴史・観光・市民の会 (36) 2013.1

近世城郭における防御施設の実態―福岡城の櫓を例に (伊津見孝明) 「市史研究ふくおか」 福岡市博物館市史編さん室 (8) 2013.3

シリーズ 黒田筑前藩 (福岡藩) の誇れる実績 第3回 地形大改造事業による「福岡城」と「福岡新都市」の出現！ (野田弘信) 「福岡城だより」 鴻臚館・福岡城跡歴史・観光・市民の会 (40) 2014.1

シリーズ 黒田筑前藩 (福岡藩) の誇れる実績 第4回 福岡城下町の北の海岸沿いに「寺院を配置し防御線」を形成!! (野田弘信) 「福岡城だより」 鴻臚館・福岡城跡歴史・観光・市民の会 (41) 2014.4

シリーズ 黒田藩祖 官兵衛から学ぶ 第6回 福岡城 (岡部定一郎) 「福岡城だより」 鴻臚館・福岡城跡歴史・観光・市民の会 (43) 2014.10

福岡女子大学

いしぶみ訪問(108) 福岡女子大学「太田清蔵翁」碑 (那須博) 「ふるさとの自然と歴史」 歴史と自然をまもる会 (316) 2007.5

福岡大学

福岡大学の年史編纂について 「九州大学大学文書館ニュース」 九州大学大学文書館 (36) 2011.12

福岡藩

福岡藩と戊辰戦争 (永吉治美) 「筑前維新史」 筑前維新史研究会 (16) 2000.7

福岡藩朝鮮通信記録 (編集子) 「嘉飯山郷土研究会会誌」 嘉飯山郷土研究会 15 2001.11

福岡藩と真宗僧侶の武芸稽古 (鷲山智英) 「福岡地方史研究 ： 福岡地方史研究会会報」 福岡地方史研究会, 海鳥社 (発売) (41) 2003.7

朝鮮菓子「くわすり」の製法を記した福岡藩士高畠氏 (橋爪伸子) 「県史だより ： 福岡県地域史研究所県史だより」 西日本文化協会 117 2003.9

後期福岡藩における家臣の窮乏―鎌田家の直津出をめぐって (原三枝子) 「県史だより ： 福岡県地域史研究所県史だより」 西日本文化協会 117 2003.9

文政期福岡藩の役人撰挙制度について (高山英朗) 「福岡県地域史研究」 西日本文化協会福岡県地域史研究所 21 2004.3

小倉藩と福岡藩の明治維新新観 (1) (日比野利信) 「北九州市立自然史・歴史博物館研究報告.B類, 歴史」 北九州市立自然史・歴史博物館 (1) 2004.3

福岡藩における非人の実相―『博多津要録』『福岡藩御用帳』から (竹森健二郎) 「部落解放史・ふくおか」 福岡県人権研究所 114 2004.6

福岡藩と二天一流―「吉田家本五輪書」を繙く (上) (吉田喜代) 「福岡地方史研究 ： 福岡地方史研究会会報」 福岡地方史研究会, 海鳥社 (発売) (42) 2004.7

君に忠 福岡藩を支えた播磨武士の変遷 (横田武子) 「播磨学紀要」 播磨学研究所 (10) 2004.10

北海道分領地支配と福岡藩 (1) (浦伸英) 「筑前維新史」 筑前維新史研究会 (19) 2004.11

「医術は仁術専之儀」なれど―江戸後期福岡藩の在村医 (日比野利信) 「県史だより ： 福岡県地域史研究所県史だより」 西日本文化協会 120 2005.3

中国のサイトに福岡藩分限帳？ (石瀧豊美) 「福岡地方史研究 ： 福岡地方史研究会会報」 福岡地方史研究会, 海鳥社 (発売) (43) 2005.7

福岡藩無礼討ち事情 近世武家社会の秩序維持の陰で (横田武子) 「福岡地方史研究 ： 福岡地方史研究会会報」 福岡地方史研究会, 海鳥社 (発売) (43) 2005.7

福岡藩主のもてなし (福田千鶴) 「海路」 「海路」編集委員会, 海鳥社 (発売) 通号2 2005.9

陸上交通にみる福岡藩の領内接待 (丸山雍成) 「海路」 「海路」編集委員会, 海鳥社 (発売) 通号2 2005.9

福岡福岡藩における衣服統制と身分 (報告6) (竹森健二郎) 「もやい ： 長崎人権・学」 長崎人権研究所 50 2005.10

福岡藩江戸上屋敷を描く―絵馬と泥絵に大名屋敷 (牛嶋英俊) 「西日本文化」 西日本文化協会 通号423 2006.10

栗山大膳の福岡城内自邸引籠り事件が語る寛永期社会の一実相―黒田騒動にみる伝統的武家理念「自力・私戦」の行方 (木島孝之) 「中世城郭研究」 中世城郭研究会 (21) 2007.3

福岡藩旅籠屋号帳 (史料紹介) (有田和樹) 「福岡地方史研究 ： 福岡地方史研究会会報」 福岡地方史研究会, 海鳥社 (発売) (45) 2007.8

民衆史こぼれ話 片隅に生きた人たち(8) 『解体新書』と前野良沢―福岡藩の蘭学と解剖 (1) (石瀧豊美) 「リベラシオン ： 人権研究ふくおか」 福岡県人権研究所 (142) 2011.6

民衆史こぼれ話 片隅に生きた人たち(9) 前野良沢の長崎留学―福岡藩の蘭学と解剖 (2) (石瀧豊美) 「リベラシオン ： 人権研究ふくおか」 福岡県人権研究所 (143) 2011.9

明治の始め、福岡藩の贋金事件について (篠崎達男) 「嘉飯山郷土研究会会誌」 嘉飯山郷土研究会 (25) 2011.11

民衆史こぼれ話 片隅に生きた人たち(10) 『解体新書』と前野良沢―福岡藩の蘭学と解剖 (3) (石瀧豊美) 「リベラシオン ： 人権研究ふくおか」 福岡県人権研究所 (144) 2011.12

民衆史こぼれ話 片隅に生きた人たち(11) 偶然発見された『蘭学事始』原本―福岡藩の蘭学と解剖 (4) (石瀧豊美) 「リベラシオン ： 人権研究ふくおか」 福岡県人権研究所 (145) 2012.3

明治初年福岡藩の農兵隊成立の史料―石橋文書にみる早良・志摩・怡土三郡への達書 (瀬戸美都子) 「研究会報」 地域史料研究会・福岡 (2) 通号132 2012.3

福岡藩の記録仕法と記録管理 (研究例会報告要旨) (江藤彰彦) 「地方史研究」 地方史研究協議会 62 (2) 通号356 2012.4

民衆史こぼれ話 片隅に生きた人たち(12) 腑分けはなぜ行われたのか―福岡藩の蘭学と解剖 (5) (石瀧豊美) 「リベラシオン ： 人権研究ふくおか」 福岡県人権研究所 (146) 2012.5

筑前福岡藩における街道と宿駅の整備 (特集 長崎街道400年―峠・街道・宿場町3) (近藤典二) 「福岡地方史研究 ： 福岡地方史研究会会報」 福岡地方史研究会 (50) 2012.8

民衆史こぼれ話 片隅に生きた人たち(13) 『ターヘル・アナトミア』の原本―福岡藩の蘭学と解剖 (6) (石瀧豊美) 「リベラシオン ： 人権研究ふくおか」 福岡県人権研究所 (148) 2012.12

(財) 霊山顕彰会福岡県史跡顕彰講座報告 (3) 五卿と福岡藩の勤王派 (石瀧豊美) 「西日本文化」 西日本文化協会 (461) 2013.2

民衆史こぼれ話 片隅に生きた人たち(14) 勝海舟と永井青厓 (上) ―福

岡藩の蘭学と解剖（7）（石瀧豊美）「リベラシオン : 人権研究ふくおか」 福岡県人権研究所 （149）2013.3

民衆史こぼれ話 片隅に生きた人たち（15）腑分けが行われた理由—福岡藩の蘭学と解剖（8）（石瀧豊美）「リベラシオン : 人権研究ふくおか」 福岡県人権研究所 （150）2013.6

面影の茶壺 『福岡藩 吉田家伝録』に省かれた部分（研究ノート）（寺崎幹洋）「福岡地方史研究 : 福岡地方史研究会会報」 福岡地方史研究会，海鳥社（発売）（51）2013.9

古文書入門講座（4）幕末期福岡藩での金属供出（鷲山智英）「福岡地方史研究 : 福岡地方史研究会会報」 福岡地方史研究会，海鳥社（発売）（51）2013.9

民衆史こぼれ話 片隅に生きた人たち（16）勝小吉『夢酔独言』を読む—福岡藩の蘭学と解剖（9）（石瀧豊美）「リベラシオン : 人権研究ふくおか」 福岡県人権研究所 （151）2013.9

民衆史こぼれ話 片隅に生きた人たち（17）福沢諭吉『福翁自伝』を読む—福岡藩の蘭学と解剖（10）（石瀧豊美）「リベラシオン : 人権研究ふくおか」 福岡県人権研究所 （152）2013.12

幕末福岡藩と孔中八角銃身火縄銃（研究ノート）（安田修，峯田元治）「銃砲史研究」 日本銃砲史学会 （378）2013.12

民衆史こぼれ話 片隅に生きた人たち（18）福沢諭吉『福翁自伝』を読む（続き）—福岡藩の蘭学と解剖（11）（石瀧豊美）「リベラシオン : 人権研究ふくおか」 福岡県人権研究所 （153）2014.3

福間駅

いしぶみ訪問（88）JRバス「福間駅—福丸線」に沿って（那須博）「ふるさとの自然と歴史」 歴史と自然をまもる会 296 2004.1

福丸線

いしぶみ訪問（88）JRバス「福間駅—福丸線」に沿って（那須博）「ふるさとの自然と歴史」 歴史と自然をまもる会 296 2004.1

豊前

太閤道伝説を歩く（1）豊前の太閤道（牛嶋英俊）「西日本文化」 西日本文化協会 360 2000.4

豊前の太閤道伝説を探る（牛嶋英俊）「かわら : 郷土史誌」 香春町教育委員会 53 2001.3

第270回研修例会 豊前地方史跡文化財探訪（中村ミツ子，原田よし子）「夜豆志呂」 八代史談会 142 2003.6

テーマ展「豊前の引札」開催中/ほか「豊津町歴史民俗資料館資料だより」 豊津町歴史民俗資料館 114 2004.2

宇都宮氏と伊予・豊前両国（市村高男）「西南四国歴史文化論叢よど」 西南四国歴史文化研究会 （5）2004.3

慶長期豊前における細川氏の城郭政策と端城普請—豊後国高田城普請を中心に（福永素久）「大分県地方史」 大分県地方史研究会 （197）2006.3

2003年度大会シンポジウム 豊前・豊後の洋学・医学「洋学 : 洋学史学会研究年報」 洋学史学会 通号15 2007.3

福岡県・筑後/豊前地域の中近世城郭遺跡—調査・研究の現状と課題（2）（岡寺良，下高大輔）「古文化談叢」 九州古文化研究会 64 2010.6

上古の「大和国」論（豊前史説）（大芝英雄）「古代朝鮮文化を考える」 古代朝鮮文化を考える会 （25）2010.12

みやこの歴史発見伝（52）古文書が語る村の生活と文化（7）ペリー来航と播前地方（川本英紀）「みやこ町歴史民俗博物館だより」 みやこ町歴史民俗博物館 （70）2012.2

豊前の古代集落「7世紀史研究」特集（2）各地域の一般の集落（吉田東明）「古文化談叢」 九州古文化研究会 68 2012.7

西海道の集落遺跡における移配俘囚の足跡について—豊前・筑前・筑後・肥前の4国の事例を中心にして（松村一良）「内海文化研究紀要」 広島大学大学院文学研究科附属内海文化研究施設 （41）2013.3

みやこの歴史発見伝（73）古文書が語る村の生活と文化（15）地震の記録—豊前地方の安政地震（川本英紀）「みやこ町歴史民俗博物館だより」 みやこ町歴史民俗博物館 （96）2014.4

豊前市

福岡県の歌詞碑 豊前市編（大石実）「西日本文化」 西日本文化協会 通号433 2008.6

豊前国

「豊前国戦地日記」にみる阿川興（好）義隊の活躍（窪井方弘）「和海藻」 下関市豊北町郷土文化研究会 （22）2007.3

福岡市の文化財（3）「紙本著色筑前・豊前国絵図屏風」について（三木隆行）「ふるさとの自然と歴史」 歴史と自然をまもる会 （315）2007.3

幕末期の国内政治情報と北部九州—筑前国黒崎桜屋・豊前国小倉村屋の「注進」行為について（守友隆）「交通史研究」 交通史学会，吉川弘文館（発売）（72）2010.10

二又トンネル

二又トンネル爆発体験から65年 人権絵本『三発目の"原爆"』出版に寄せて（特集 戦いの記憶を刻む—終戦から65年）（佐々木盛弘）「リベラ

シオン : 人権研究ふくおか」 福岡県人権研究所 （139）2010.9

二見ヶ浦

倭国の原風景（2）九州伊勢二見ヶ浦（福岡県糸島市志摩桜井）松尾紘一郎氏撮影「九州倭国通信」 九州古代史の会 （154）2011.1

府中宿

コーヒータイム 街道と府中宿「収蔵館news」 久留米市 （1）2005.3

二日市水道

針摺地峡（二日市水道）について（中村通敏）「九州倭国通信」 九州古代史の会 （167）2013.7

二日市保養所

「引き揚げ港・博多」授業化の試み—聖福寮の子ども（戦災孤児）と二日市保養所（堕胎病院）の命（そのだひさこ）「リベラシオン : 人権研究ふくおか」 福岡県人権研究所 （133）2009.3

二日市保養所跡・博多湾引揚げフィールドワーク（ジェンダー部会）「リベラシオン : 人権研究ふくおか」 福岡県人権研究所 （142）2011.6

宝珠山炭鉱

宝珠山炭鉱の環境と安全について（研究発表）（森幸治郎）「故郷の花」 小郡市郷土史研究会 （33）2008.5

宝珠山村

歴史秘めた山里 宝珠山村いまむかし（上），（下）（岩下新一）「ふるさとの自然と歴史」 歴史と自然をまもる会 295/296 2003.10/2004.1

方城炭鉱

明治後期から大正初期における筑豊石炭鉱業と炭鉱災害—大正3年三菱方城炭鉱炭塵ガス爆発事故の分析を中心として（草野真樹）「福岡県地域史研究」 西日本文化協会福岡県地域史研究所 22 2005.3

宝満川

元禄年間、宝満川・筑後川での川境争い—「境川両條記録」を読む（酒見辰三郎）「故郷の花」 小郡市郷土史研究会 28 2003.5

宝満山

宝満山研究の今昔《《特集 宝満山》》（小田富士雄）「都府楼」 古都大宰府保存協会 （39）2007.12

大宰府の鎮守 宝満山《特集 宝満山》（森弘子）「都府楼」 古都大宰府保存協会 （39）2007.12

宝満山（複合的遺産）の現状《特集 宝満山》（小西信二）「都府楼」 古都大宰府保存協会 （39）2007.12

堀川用水路

田畑を潤す先人の知恵 筑後川の山田堰・堀川用水路・三連水車（徳永哲也）「西日本文化」 西日本文化協会 （456）2012.4

堀口村

近世筑前国の皮革流通における「抜荷」の構造—辻村・堀口村・金平村を中心に（高垣亜矢）「論集きんせい」 近世史研究会 （28）2006.5

明治初期における賤視解消の取り組みについて—福岡県那珂郡堀口村を例に（関儀久）「リベラシオン : 人権研究ふくおか」 福岡県人権研究所 （156）2014.12

本就寺

太閤道伝説を歩く（11）本就寺の太閤膳（牛嶋英俊）「西日本文化」 西日本文化協会 381 2002.5

馬寄区

旧門司市役所・旧松ヶ江村役場・馬寄区有文書—北九州旧5市行政資料の紹介（1）（日比野利信）「北九州市立自然史・歴史博物館研究報告.B類,歴史」 北九州市立自然史・歴史博物館 （2）2005.3

舞鶴

いしぶみ訪問（130）大手門1丁目から舞鶴3丁目へ（那須博）「ふるさとの自然と歴史」 歴史と自然をまもる会 （338）2011.1

舞鶴公園

昭和初期の舞鶴公園の思い出（杉田樹子）「史友会報」 高鍋史友会 （45）2010.6

8 舞鶴公園—鴻臚館跡（福岡市中央区）市民が憩うセントラルパークへ（歴史を体感する史跡公園 福岡県10選 地域づくりと連動へ）（菅波正人）「西日本文化」 西日本文化協会 （465）2013.10

前原宿

前原宿の復元 唐津街道の宿駅（有田和樹）「福岡地方史研究 : 福岡地方史研究会会報」 福岡地方史研究会，海鳥社（発売）（44）2006.7

唐津藩主の前原宿泊 前原宿の復元（2）（研究ノート）（有田和樹）「福岡地方史研究 : 福岡地方史研究会会報」 福岡地方史研究会，海鳥社（発売）（47）2009.8

幕府役人の前原宿通行 前原宿の復元（3）文化八年朝鮮通信使応接のため寺社奉行脇坂中務大輔の対馬下向（特集 峠・街道・宿場町）（有田和樹）「福岡地方史研究 : 福岡地方史研究会会報」 福岡地方史研究会，海鳥社（発売）（48）2010.8

福岡県　　　　　　　　　　地名でたどる郷土の歴史　　　　　　　　　　九州・沖縄

福岡藩主の前原宿泊 前原宿の復元(4) (有田和樹)「福岡地方史研究 : 福岡地方史研究会会報」 福岡地方史研究会, 海鳥社(発売) (49) 2011.9

前原関番所の復元 前原宿の復元(5) (有田和樹)「福岡地方史研究 : 福岡地方史研究会会報」 福岡地方史研究会, 海鳥社(発売) (50) 2012.9

勾金
写真説明 勾金の由来 (柳井秀清)「かわら : 郷土史誌」 香春町教育委員会 79 2014.9

真崎鉄工場
真崎鉄工場と地域社会 (長野暹)「研究会報」 地域史料研究会・福岡 (5) 通号135 2013.4

升形城
筑前 升形城 (龍城) 調査報告 福岡県太宰府市および筑紫野市所在の山城 (村上勝郎, 田中賢二)「北部九州中近世城郭」 北部九州中近世城郭研究会 (22) 2012.4

益富城
戦国期城郭としての筑前益富城 (岡寺良)「九州歴史資料館研究論集」 九州歴史資料館 (37) 2012.3

松ヶ江村
旧門司市役所・旧松ヶ江村役場・馬寄区有文書—北九州旧5市行政資料の紹介(1) (日比野利信)「北九州市立自然史・歴史博物館研究報告.B類, 歴史」 北九州市立自然史・歴史博物館 (2) 2005.3

松崎
私の松崎日記 (廣重正弘)「故郷の花」 小郡市郷土史研究会 (31) 2006.5

歴史の道・松崎と文学 (黒岩弘)「故郷の花」 小郡市郷土史研究会 (32) 2007.5

松崎街道
横隈街道と松崎街道の巡見記 (河合章)「故郷の花」 小郡市郷土史研究会 28 2003.5

創作 松崎街道百年ばなし (田熊正子)「故郷の花」 小郡市郷土史研究会 (32) 2007.5

松崎宿
史料紹介 小笠原豊千代丸外 松崎宿通行の節 諸入用帳について (田中一郎)「故郷の花」 小郡市郷土史研究会 28 2003.5

松崎宿とジャパンワックスロード 江戸から近代へ! 櫨は筑後を育てた 「産業文化遺産」 (会員の研究発表) (黒岩勝正)「故郷の花」 小郡市郷土史研究会 (36) 2011.3

松山城
豊前・松山城山頂部の評価をめぐって (桐葉文軒先瓦の検討) (中村修身)「北部九州中近世城郭」 北部九州中近世城郭研究会 (23) 2012.9

真名子鉄山
真名子鉄山—福岡藩営製鉄所 (黒岩貞治)「郷土八幡」 八幡郷土史会 (4) 2014.2

三池
小藩大名の陣屋町 「筑後三池」 について (米田藤博)「パイオニア」 関西地理学研究会 (88) 2009.7

大牟田市立三池カルタ・歴史資料館のご紹介 (梶原伸介)「研究会報」 地域史料研究会・福岡 (4) 通号134 2013.2

地名とは何だろう?―平成の大合併と地名改変 (論考) (中村寛典)「三池史談」 (30) 2013.7

史料 幕末三池のコロリ騒動顛末―草葉家文書より「三池史談」 (30) 2013.7

三池カルタ・歴史資料館特別展示より (コラム)「三池史談」 (30) 2013.7

三池港
三川方面・三池港とその周辺に歴史を探る―その近現代史研究の視点での探究 (新藤東洋男)「三池史談」 (26) 2001.9

明治十年代における三池築港構想をめぐって―立花種恭宛大鳥圭介書簡の検討 (梶原伸介)「研究会報」 地域史料研究会・福岡 (3) 通号133 2012.9

三池炭鉱
明治30年頃の三池炭礦史 (史料紹介)―『筑豊炭礦志』著者 高野江基太郎から(5) (笹尾了祐)「嘉飯山郷土研究会会誌」 嘉飯山郷土研究会 (21) 2007.11

巻頭随想 三池炭鉱の近代化遺産は大牟田の宝 (大城美知信)「三池史談」 (30) 2013.7

表紙の絵 「三池炭鉱宮原坑跡」藤枝久範画「三池史談」 (30) 2013.7

三池藩
三池藩の転封処分と柳河藩 (新藤東洋男)「三池史談」 (25) 2000.5

史料紹介 三池藩草創のころ 「元和・寛永の覚書」 (中島家文書)「三池史

談」 (29) 2005.3

三井田川鉱業所
大企業による中央文化の流入 三井田川鉱業所の場合 (佐々木哲哉)「西日本文化」 西日本文化協会 400 2004.4

三川
三川地区の海岸線と三里三か村 (大城美知信)「三池史談」 (28) 2004.5

三国
三国地区の地名について (宮口文生)「故郷の花」 小郡市郷土史研究会 (34) 2009.5

三国丘陵
特別寄稿 九州歴史資料館と三国丘陵 (西谷正)「故郷の花」 小郡市郷土史研究会 (36) 2011.3

三里
三川地区の海岸線と三里三か村 (大城美知信)「三池史談」 (28) 2004.5

三沢
三沢の共同風呂について (藤木美喜子)「故郷の花」 小郡市郷土史研究会 28 2003.5

「三沢の小字」について ふるさと三国の歴史散策 (会員の研究) (宮口文生)「故郷の花」 小郡市郷土史研究会 (35) 2010.5

三沢遺跡
福岡県の指定文化財 三沢遺跡 (福岡県指定史跡) 小郡市三沢「九歴だより」 九州歴史資料館 (32) 2010.10

水城
筑紫平野からの古代史検証(35) 水城築造期の内外問題 (田中正日子)「ふるさとの自然と歴史」 歴史と自然をまもる会 288 2001.10

大野城市における特別史跡水城跡の整備について (徳本洋一)「都府楼」 古都大宰府保存協会 (39) 2007.12

一〇〇年前の水城跡調査 (岡寺良)「都府楼」 古都大宰府保存協会 (45) 2013.12

特別史跡水城跡の保存・整備・活用について (徳本洋一)「都府楼」 古都大宰府保存協会 (45) 2013.12

歴史とみどり豊かな水城跡を次世代へつなぐ (富田サナエ)「都府楼」 古都大宰府保存協会 (45) 2013.12

水城プロジェクトの活動状況 (森田正嗣)「都府楼」 古都大宰府保存協会 (45) 2013.12

特別史跡水城跡—100年ぶりの土塁断面の調査から「九歴だより」 九州歴史資料館 (39) 2014.4

水城大堤
水城大堤の築堤年代についての一私論 (小田和利)「九州歴史資料館研究論集」 九州歴史資料館 通号36 2011.3

水城大堤の調査研究成果 (小田和利)「都府楼」 古都大宰府保存協会 (45) 2013.12

御手洗
歴史・街道文化探訪 風待ち・潮待ち・遊女の町 御手洗 (間賀田晴行)「季刊南九州文化」 南九州文化研究会 (117) 2013.5

三井三池炭鉱
史跡 三井三池炭鉱跡、宮原坑跡、万田坑跡、専用鉄道敷跡 (大牟田市教育委員会, 荒尾市教育委員会)「歴史玉名」 玉名歴史研究会 63 2013.2

10 三井三池炭鉱跡・宮原坑跡地 (大牟田市) 近代化遺産を活かしたまちづくり (歴史を体感する史跡公園 福岡県10選 地域づくりと連動へ) (坂井義哉)「西日本文化」 西日本文化協会 (465) 2013.10

光行土居
吾が祖父の遺し給いしことども (光行土居の物語) (会員の研究) (大淵修子)「故郷の花」 小郡市郷土史研究会 (38) 2013.3

三奈木
筑前三奈木の鯨肉・鯨油記事 (安陪光正)「ふるさとの自然と歴史」 歴史と自然をまもる会 (333) 2010.3

南公園
歴史万華鏡 大休止山と南公園「市史だよりFukuoka」 福岡市博物館市史編さん室 (8) 2008.12

耳納
川上信也の旅アングル(11) 耳納連山麓の宿場町・草野 (久留米)「西日本文化」 西日本文化協会 通号445 2010.6

世界に聞く 『久留米つばき』 耳納北麓に栄える歴史と魅力 (藤枝國光)「西日本文化」 西日本文化協会 (449) 2011.2

耳納山
耳納山北麓を巡る (会員の研究) (永松寛)「故郷の花」 小郡市郷土史研究会 (37) 2012.3

美野島

住吉・美野島—路地裏漂流風景史（田中美帆）「福岡地方史研究 : 福岡地方史研究会会報」 福岡地方史研究会, 海鳥社（発売）（41）2003.7

蓑島

明治・大正期における沿岸漁業の展開過程—福岡県蓑島を事例に（伊藤彰子）「福岡県地域史研究」 西日本文化協会福岡県地域史研究所　22　2005.3

御原郡

筑後国御原郡内における古代道路（宮田浩之）「故郷の花」 小郡市郷土史研究会　（32）2007.5

研究発表 御原郡における7～8世紀の現状（宮田浩之）「故郷の花」 小郡市郷土史研究会　（34）2009.5

古代筑後国御原郡の文字資料（会員の研究）（柏原孝俊）「故郷の花」 小郡市郷土史研究会　（39）2014.3

よみがえる古代の御原郡衙（1）移動する官衙の謎（山崎頼人）「ふるさとの自然と歴史」 歴史と自然をまもる会　（360）2014.9

よみがえる古代の御原郡衙（2）筑紫国地震と上岩田遺跡（山崎頼人）「ふるさとの自然と歴史」 歴史と自然をまもる会　（361）2014.11

宮浦

表紙の写真 宮浦 路地から覗く海「市史だよりFukuoka」 福岡市博物館市史編さん室　（18）2014.1

京都

探訪部現地探訪資料 周防大島町西部の史跡を訪ねる/豊前国京都・築上地方の史跡を訪ねる/山口市大内地区の史跡を訪ねる/阿東・石西の史跡を訪ねる（児玉輝巳）「大内文化探訪 : 会誌」 大内文化探訪会　（27）2009.6

都町

福岡市都町・くらしと運動の記録—『くらしと差別』『続くらしと差別』を読んで《《特集 部落差別はなくなったか？》》（金山登郎）「リベラシオン : 人権研究ふくおか」 福岡県人権研究所　（124）2006.12

みやこ町

企画展 豊津藩・豊津県の時代展/みやこ町が誇る文化財 九州国立博物館に登場！「みやこ町歴史民俗博物館だより」 みやこ町歴史民俗博物館　（13）2007.5

みやこの歴史発見伝（35）手永と大庄屋（川本英紀）「みやこ町歴史民俗博物館だより」 みやこ町歴史民俗博物館　（46）2010.2

みやこの歴史発見伝（48）古文書が語る村の生活と文化（3）今川の水運（1）文政期「石坂」の舟路整備（川本英紀）「みやこ町歴史民俗博物館だより」 みやこ町歴史民俗博物館　（63）2011.7

みやこの歴史発見伝（49）古文書が語る村の生活と文化（4）今川の水運（2）文政期「石坂」の修理工事（川本英紀）「みやこ町歴史民俗博物館だより」 みやこ町歴史民俗博物館　（64）2011.8

みやこの歴史発見伝（50）古文書が語る村の生活と文化（5）「シーボルト台風」の襲来 文政11年の「超大型台風（川本英紀）「みやこ町歴史民俗博物館だより」 みやこ町歴史民俗博物館　（65）2011.9

みやこの歴史発見伝（53）古文書が語る村の生活と文化（8）育徳館の松（川本英紀）「みやこ町歴史民俗博物館だより」 みやこ町歴史民俗博物館　（71）2012.3

みやこの歴史発見伝（54）古文書が語る村の生活と文化（9）年貢米のゆくえ（川本英紀）「みやこ町歴史民俗博物館だより」 みやこ町歴史民俗博物館　（72）2012.4

宮原坑

史跡 三井三池炭鉱跡、宮原坑跡、万田坑跡、専用鉄道敷跡（大牟田市教育委員会、荒尾市教育委員会）「歴史玉名」 玉名歴史研究会　63　2013.2

10 三井三池炭鉱跡・宮原坑跡地（大牟田市）近代化遺産を活かしたまちづくり（歴史を体感する史跡公園 福岡県10選 地域づくりと連動へ）（坂井義哉）「西日本文化」 西日本文化協会　（465）2013.10

妙見

福岡市域の島名考 妙見・志賀・能古・玄海・小呂（池田善朗）「海路」「海路」編集委員会, 海鳥社（発売）通号8　2009.6

席田

席田・月隈の社会運動と生活（1）～（5）（金山登郎）「リベラシオン : 人権研究ふくおか」 福岡県人権研究所　（131）/（142）2008.9/2011.6

席田青木城

福岡市博多区所在の二つの山城 席田青木城・稲居塚城について（山崎龍雄）「北部九州中近世城郭」 北部九州中近世城郭研究会　（19）2010.9

宗像

「宗像記道考」が語る宗像戦国史の虚実（河窪奈津子）「福岡県地域史研究」 西日本文化協会福岡県地域史研究所　（24）2007.3

宗像に思う（100号記念古代史エッセイ）（西谷正）「季刊邪馬台国」「季刊邪馬台国」編纂委員会, 梓書院（発売）（100）2008.12

宗像地域の古代史と遺跡概説（花田勝広）「むなかた電子博物館紀要」 宗像市　（2）2010.4

城郭から見た宗像の戦国時代—大宮司宗像氏貞の時代を中心として（藤野正人）「むなかた電子博物館紀要」 宗像市　（3）2011.4

市民と楽しむ「いせきんぐ宗像」の歴史公園づくり（白木英敏）「むなかた電子博物館紀要」 宗像市　（5）2013.10

宗像・沖ノ島と関連遺産群

「宗像・沖ノ島と関連遺産群」世界遺産への取り組み（岡寺未幾）「ふるさとの自然と歴史」 歴史と自然をまもる会　（344）2012.1

宗像市

漂着物の四十年（玄海漂着譚）1968年～2010年（石井忠）「むなかた電子博物館紀要」 宗像市　（3）2011.4

宗像大社

古代日本と大陸を結ぶ宗像大社と宗像族（山田幸雄）「古代朝鮮文化を考える」 古代朝鮮文化を考える会　（18）2003.12

紫川

紫川（北九州市）から愛をこめて（橋本昭雄）「すみだ川 : 隅田川市民交流実行委員会会報」 隅田川市民交流実行委員会　34　2004.4

村野町

山川村野町界隈（武松豊）「瓦版 : 柳川郷土研究会会誌「水郷」付録」 柳川郷土研究会　（35）2011.8

室町

みやこの歴史発見伝（77）古文書が語る村の生活と文化（16）小倉室町「御用飴」三官屋の幕末（川本英紀）「みやこ町歴史民俗博物館だより」 みやこ町歴史民俗博物館　（100）2014.8

室見川

随想 室見川（井上ヒロミ）「海路」「海路」編集委員会, 海鳥社（発売）通号5　2007.11

室見橋

いしぶみ訪問（113）室見橋両岸（那須博）「ふるさとの自然と歴史」 歴史と自然をまもる会　（321）2008.3

門司

長崎街道の玄関—門司・小倉と木屋瀬宿へ（山田蕃）「故郷の花」 小郡市郷土史研究会　28　2003.5

門司港

近代都市と伝染病—門司港におけるコレラ流行（遠城明雄）「史淵」 九州大学大学院人文科学研究院　147　2010.3

日本の近代化を支え続けた門司港（坂本正行）「ふるさとの自然と歴史」 歴史と自然をまもる会　（338）2011.1

川上信也の旅アングル（14）「九州の玄関」の記憶を伝える町 門司港「西日本文化」 西日本文化協会　（449）2011.2

随想 門司港レトロ 北九州港開港120周年（小杉優子）「北九州市の文化財を守る会会報」 北九州市の文化財を守る会　（132）2011.3

門司市

旧門司市市役所・旧松ヶ江村役場・馬寄区有文書—北九州旧5市行政資料の紹介（1）（日比野利信）「北九州市立自然史・歴史博物館研究報告.B類, 歴史」 北九州市立自然史・歴史博物館　（2）2005.3

八木山

戦国期嘉穂地方における大友氏と秋月氏の攻防—八木山・大日寺合戦を中心に（竹川智美）「嘉飯山郷土研究会会誌」 嘉飯山郷土研究会　（26）2012.11

安武村

民衆史こぼれ話 片隅に生きた人たち（5）逃亡した者の年貢米—築城郡安武村（石瀧豊美）「リベラシオン : 人権研究ふくおか」 福岡県人権研究所　（138）2010.6

柳河

佐賀の乱と柳河（江島香）「福岡県地域史研究」 西日本文化協会福岡県地域史研究所　（23）2006.3

柳川

近世城下町の地図—筑後柳川を中心に（中野等）「Museum Kyushu : 文明のクロスロード」 博物館等建設推進九州会議　20（4）通号78　2004.12

田中吉政公の治世と水郷柳川（坂本正行）「ふるさとの自然と歴史」 歴史と自然をまもる会　（318）2007.9

水辺に抱かれた町・柳川—白秋の故郷を恩師と訪ねて（内海紀雄）「浜木綿 : 五島文化協会同人誌」 五島文化協会　（84）2007.11

昭和28年大洪水第3弾（金綱清）「瓦版 : 柳川郷土研究会会誌「水郷」付録」 柳川郷土研究会　（33）2011.2

櫨と木蝋でまちづくり（長野博幸）「瓦版 : 柳川郷土研究会会誌「水郷」付録」 柳川郷土研究会　（36）2011.11

福岡県　　　　　　　　　　　　　　　地名でたどる郷土の歴史　　　　　　　　　　　　　　　九州・沖縄

柳川紀行（歴遊余話）（森氏幹夫）「松ヶ崎 ： 松崎歴史同好会誌」 松崎歴史同好会　（19）2012.3

柳川市
福岡県の歌詞碑 柳川市編（大石実）「西日本文化」 西日本文化協会　通号438　2009.4

柳川城
柳川城炎上、火付け役（執行重吉）「瓦版 ： 柳川郷土研究会会誌「水郷」付録」 柳川郷土研究会　（36）2011.11

柳川（吉田秀樹）「瓦版 ： 柳川郷土研究会会誌「水郷」付録」 柳川郷土研究会　（44）2014.3

柳河第九十六国立銀行
明治十年代における旧藩主家と士族銀行―柳河第九十六国立銀行を事例に（2013年度明治維新史学会大会報告要旨）（内山一幸）「会報明治維新史学会だより」 明治維新史学会　（19）2013.5

中山一幸氏「明治十年代における旧藩主家と士族銀行―柳河第九十六銀行を事例に―」（2013年度第43回明治維新史学会大会討論要旨）（寺尾美保）「会報明治維新史学会だより」 明治維新史学会　（20）2013.10

柳河藩
三池藩の転封処分と柳河藩（新藤東洋男）「三池史談」　（25）2000.5

史料紹介 柳河藩の参勤交代記録―参勤交代時の小休は本陣でとの幕府の申渡書（新藤東洋男）「交通史研究」 交通史学会，吉川弘文館（発売）（51）2002.11

「文久三年 御座船御造作中諸用日記」を読む 幕末柳河藩の造船記録（1）～（6）（宮川恭子）「西日本文化」 西日本文化協会　通号448/（454）2010.12/2011.12

柳川藩
幕末福井・柳川両藩の殖産興業の類似性―横井小楠とのかかわりを中心に（三上一夫）「若越郷土研究」 福井県郷土誌懇談会　48（1）通号276　2003.7

或る歴史的懐古 奥羽最上藩と柳川藩、四百年の時を越えて（三池賢一）「西日本文化」 西日本文化協会　通号436　2008.12

柳町
福岡市における歓楽街の形成と変容―柳町から中洲へ（《特集 対外交流と福岡》）（有薗真代）「市史研究ふくおか」 福岡市博物館市史編さん室　（3）2008.2

柳町遊郭
2011年度第2回ジェンダー部会研究報告 博多柳町遊郭の人身売買の変遷 身代金と前借金（横田武子）「リベラシオン ： 人権研究ふくおか」 福岡県人権研究所　（145）2012.3

2012年12月23日定例研究会（ジェンダー部会）旧柳町遊郭周辺フィールドワーク（石堂川周辺史―旧柳町遊郭街と寛政五人衆の史跡を辿る）「リベラシオン ： 人権研究ふくおか」 福岡県人権研究所　（150）2013.6

女人史こぼれ話『おんな』の記（3）「如何ばかり！…遊女の思い・五人衆の思い」（石堂川周辺史―旧柳町遊郭街と寛政五人衆の史跡を辿る）（うりうひさこ）「リベラシオン ： 人権研究ふくおか」 福岡県人権研究所　（150）2013.6

「寛政五人衆」を出発点とした「旧稀集」の内容の再検討（石堂川周辺史―旧柳町遊郭街と寛政五人衆の史跡を辿る）（宮野弘樹）「リベラシオン ： 人権研究ふくおか」 福岡県人権研究所　（150）2013.6

八幡
昭和20年8月8日 八幡大空襲と製鉄所（折世凡樹）「西日本文化」 西日本文化協会　404　2004.8

随想 八幡の文化財について（児玉義信）「北九州市の文化財を守る会会報」 北九州市の文化財を守る会　（124）2008.7

八幡西区
北九州市八幡西区、八幡東区の金石文集成（中村修身）「郷土八幡」 八幡郷土史会　（4）2014.2

八幡東区
北九州市八幡西区、八幡東区の金石文集成（中村修身）「郷土八幡」 八幡郷土史会　（4）2014.2

矢部往還
矢部往還一里塚について（坂井政治）「瓦版 ： 柳川郷土研究会会誌「水郷」付録」 柳川郷土研究会　（42）2013.6

山家宿
「御出会達御間取絵図」を読み解く 筑前山家宿御茶屋における福岡藩主のおもてなし作法（有田和樹）「福岡地方史研究 ： 福岡地方史研究会会報」 福岡地方史研究会，海鳥社（発売）（46）2008.4

切山丹波と山家宿（特集 山家宿400年記念―峠・街道・宿場町2）（柴多一雄）「福岡地方史研究 ： 福岡地方史研究会会報」 福岡地方史研究会，海鳥社（発売）（49）2011.9

筑前山家宿の設置について（特集 山家宿400年記念―峠・街道・宿場町2）（高嶋正武）「福岡地方史研究 ： 福岡地方史研究会会報」 福岡地方史研究会，海鳥社（発売）（49）2011.9

杉山灌園・茂丸・泰道と筑紫野市山家宿（特集 長崎街道400年―峠・街道・宿場町3）（高嶋正武）「福岡地方史研究 ： 福岡地方史研究会会報」 福岡地方史研究会，海鳥社（発売）（50）2012.9

福岡県の指定文化財 山家宿西溝口並びに土塀［県指定史跡］筑紫野市山家「九歴だより」 九州歴史資料館　（36）2012.10

山鹿
みやこの歴史発見伝（59）古文書が語る村の生活と文化（10）村の家伝薬―山鹿村恵助の「神教丸」（川本英紀）「みやこ町歴史民俗博物館だより」 みやこ町歴史民俗博物館　（77）2012.9

山鹿小学校
私と山鹿小学校（重岡昭徳）「崗」 芦屋町郷土史研究会　（35）2009.1

山北村
近世中期筑後農村における村方騒動の一史料（1）筑後国生葉郡山北村（秀村選三）「福岡県地域史研究」 西日本文化協会福岡県地域史研究所　（23）2006.3

近世中期筑後農村における村方騒動の一史料（2）筑後国生葉郡山北村（秀村選三，山口信秋）「福岡県地域史研究」 西日本文化協会福岡県地域史研究所　（24）2007.3

山国川
山国川流域の自然と歴史（松岡弘文）「西日本文化」 西日本文化協会　409　2005.3

心と心を結ぶ山国川のために（木ノ下勝矢）「西日本文化」 西日本文化協会　409　2005.3

山田
宗像の山田騒動と金久曽に類する言い伝えのいろいろ（刀根博愛）「木綿間 ： 岡垣歴史文化研究会年報」 岡垣歴史文化研究会　（23）2004.3

シリーズ おかがきの村里を訪ねて（1）岡垣町の風土と村里・山田のむら里（石井邦一）「木綿間 ： 岡垣歴史文化研究会年報」 岡垣歴史文化研究会　（29）2011.4

山田堰
田畑を潤す先人の知恵 筑後川の山田堰・堀川用水路・三連水車（徳永哲也）「西日本文化」 西日本文化協会　（456）2012.4

八女
古代の八女（《地域特集 八女》）（赤塚敏男）「西日本文化」 西日本文化協会　通号421　2006.6

廻水路と眼鏡橋（《地域特集 八女》）（馬場紘一）「西日本文化」 西日本文化協会　通号421　2006.6

福岡の八女茶（《地域特集 八女》）（松延久良）「西日本文化」 西日本文化協会　通号421　2006.6

八女茶あれこれ（《地域特集 八女》）（許斐健一）「西日本文化」 西日本文化協会　通号421　2006.6

八女、匠の道―手工業の達人たち（《地域特集 八女》）（松田久彦）「西日本文化」 西日本文化協会　通号421　2006.6

八女提灯絵変転（《地域特集 八女》）（樋口万亀）「西日本文化」 西日本文化協会　通号421　2006.6

八女和ごま（《地域特集 八女》）（隈本知伸）「西日本文化」 西日本文化協会　通号421　2006.6

八女手漉き和紙（《地域特集 八女》）（松尾茂幸）「西日本文化」 西日本文化協会　通号421　2006.6

八女「ふるさと文庫」素人案内（《地域特集 八女》）（小川勲）「西日本文化」 西日本文化協会　通号421　2006.6

八女茶（坂本正行）「ふるさとの自然と歴史」 歴史と自然をまもる会　（314）2007.1

八女茶（坂本正行）「ふるさとの自然と歴史」 歴史と自然をまもる会　（335）2010.7

邪馬台国八女説（講演会講師論稿）（真野和夫）「別府史談」 別府史談会　（25）2012.3

八女郡
福岡県の歌詞碑 八女郡編（大石実）「西日本文化」 西日本文化協会　通号442　2009.12

八女福島
八女福島の町並み―特徴と歴史、保存へのステップ（《地域特集 八女》）（北島力）「西日本文化」 西日本文化協会　通号421　2006.6

友泉亭公園
歴史万華鏡 福岡・城南のオアシス、友泉亭公園「市史だよりFukuoka」 福岡市博物館市史編さん室　（9）2009.6

行橋
近代における豊前行橋の商人（迎由理男）「県史だより ： 福岡県地域史

研究所県史だより」 西日本文化協会 119 2004.9

行橋駅
いしぶみ訪問(95)行橋駅前広場のモニュメント(那須博)「ふるさとの自然と歴史」 歴史と自然をまもる会 (303) 2005.3

湯原
湯原日記(英訳)(龍半月，矢崎紘一)「郷土八幡」 八幡郷土史会 (4) 2014.2

横隈街道
横隈街道と松崎街道の巡見記(河合章)「故郷の花」 小郡市郷土史研究会 28 2003.5

横隈宿
歴史伝説 横隈宿悲話(大原合戦650年特集)(田熊正子)「故郷の花」 小郡市郷土史研究会 (35) 2010.5

吉井馬車鉄道
「なつかしの風景・筑後の軌道」"先人たちの情熱に感動" 吉井馬車鉄道 鉄道馬車(明治36〜38年)「草野歴史資料館だより」 久留米市立草野歴史資料館 32 2011.10

吉本
近世における俳諧と吉本の俳人たち―熊野宮の芭蕉碑にこと寄せて(石井邦一)「木綿間 ： 岡垣歴史文化研究会年報」 岡垣歴史文化研究会 (28) 2010.4

呼野
いしぶみ訪問(75)北九州市小倉南区呼野(那須博)「ふるさとの自然と歴史」 歴史と自然をまもる会 283 2000.11

雷山
福岡空襲 鎮魂の地蔵たち―糸島市雷山・福岡市荒戸の被災(首藤卓茂)「西日本文化」 西日本文化協会 (469) 2014.6

陸軍西部軍司令部壕
地下壕よくわかーるすぐわかーる 福岡県筑紫野市陸軍西部軍司令部壕跡の見学報告(1)(齊藤勉)「浅川地下壕の保存をすすめる会ニュース」 浅川地下壕の保存をすすめる会 (84) 2011.10

山家宿異聞・西部軍司令部壕(筑紫野市宮地岳)(歴史随想)(師岡司加幸)「福岡地方史研究 ： 福岡地方史研究会会報」 福岡地方史研究会. 海鳥社(発売) (51) 2013.9

若戸大橋
随想 東洋一の吊り橋「若戸大橋」 洞海湾に架かる夢の橋「北九州市の文化財を守る会会報」 北九州市の文化財を守る会 (134) 2011.9

若松
蘇れ、旧古河鉱業若松支店―若松バンドの象徴(吉田文吉)「北九州市の文化財を守る会会報」 北九州市の文化財を守る会 110 2003.10

登録有形文化財 旧古河鉱業若松ビル「北九州市の文化財を守る会会報」 北九州市の文化財を守る会 (125) 2008.10

若松港
若松港(北九州)における石炭輸送の一事例(研究ノート)(宮下弘美)「釧路公立大学地域研究」 釧路公立大学地域分析研究委員会 (20) 2011.12

若宮
旧若宮地区を中心とした農業水利の歴史的考察(澤田憲孝)「嘉飯山郷土研究会会誌」 嘉飯山郷土研究会 (23) 2009.11

脇山
特集 「水と緑の里」脇山〜背振 清流と緑豊かな土地の、今昔物語。「市史だよりFukuoka」 福岡市博物館市史編さん室 (10) 2009.12

和白
明治のわじろ(183)〜(208)(末信源蔵)「わじろ」 和白文化研究会 601/627 2000.1/2001.2

わじろ物語(601)〜(623)(末信源蔵)「わじろ」 和白文化研究会 601/623 2000.1/2000.12

渡辺村
領国を越えた関西の皮革業―渡辺村皮問屋の活動を中心に(勝男義行)「部落解放史・ふくおか」 福岡県人権研究所 110 2003.6

佐賀県

あぐり山監視哨跡
表紙 波多津町 あぐり山監視哨跡（福田幸吉）「烏ん枕」 伊万里市郷土研究会 （90）2013.3

朝日山
朝日山の自然と歴史を訪ねて（特集 クロスロードの自然・歴史旅—新幹線新鳥栖駅から訪ねる観光情報集成）「栖：鳥栖と周辺の自然と歴史をさぐる郷土誌」 鳥栖郷土研究会 （50）2011.3

朝日町
朝日町の歴史探訪（庭木信昌）「湯か里」 武雄歴史研究会 （66）2013.3

芦刈町
芦刈町と血盟団事件（東統禅）「小城の歴史」 小城郷土史研究会 （65）2012.5

有田
有田陶器市 その歴史と関わった人々（尾崎葉子）「Museum Kyushu：文明のクロスロード」 博物館等建設推進九州会議 18（4）通号70 2001.7

有田兵、伊万里を攻める（池田徳馬）「松浦党研究」 松浦党研究連合会，芸文堂（発売）26 2003.6

九州のやきもの 有田の"古九谷"（村上伸之）「海路」 「海路」編集委員会，海鳥社（発売）通号7 2009.1

九州のやきもの 太平洋を渡った有田焼（野上建紀）「海路」 「海路」編集委員会，海鳥社（発売）通号7 2009.1

講演会報告 有田焼雑感—外山先生の講演を聴いて（豊島直弥）「明治大学博物館友の会会報」 明治大学博物館友の会 （24）2010.4

町史の行間 有田の災害と復興—「文政の大火」を中心に（尾崎葉子）「季刊皿山：有田町歴史民俗資料館館報」 有田町歴史民俗資料館 （94）2012.6

町史の行間 短歌結社「ひのくに」誕生90周年—有田が発祥の地（尾崎葉子）「季刊皿山：有田町歴史民俗資料館館報」 有田町歴史民俗資料館 （96）2012.12

町史の行間 有田と会津との縁（えにし）—深川キヨさんを通して（尾崎葉子）「季刊皿山：有田町歴史民俗資料館館報」 有田町歴史民俗資料館 （97）2013.3

アンティグアで発見された有田焼（野上建紀）「季刊皿山：有田町歴史民俗資料館館報」 有田町歴史民俗資料館 （98）2013.6

資料館・有田と私（田中晶子）「季刊皿山：有田町歴史民俗資料館館報」 有田町歴史民俗資料館 （100）2013.12

資料館・有田と私（藤泰治）「季刊皿山：有田町歴史民俗資料館館報」 有田町歴史民俗資料館 （100）2013.12

有田初の窯焼き工房跡が発見された 中樽一丁目遺跡の調査「季刊皿山：有田町歴史民俗資料館館報」 有田町歴史民俗資料館 （100）2013.12

町史の行間 まぼろしの有田焼—トシカネジュエリー（尾崎葉子）「季刊皿山：有田町歴史民俗資料館館報」 有田町歴史民俗資料館 （101）2014.3

町史の行間 50年前の有田—有田焼創業350年祭（尾崎葉子）「季刊皿山：有田町歴史民俗資料館館報」 有田町歴史民俗資料館 （102）2014.6

有田内山
有田内山伝統的建造物群保存地区～かわら版～「季刊皿山：有田町歴史民俗資料館館報」 有田町歴史民俗資料館 （97）2013.3

有田内山伝統的建造物群保存地区 かわら版 伝統的建造物等の保存修理事業について（池田孝）「季刊皿山：有田町歴史民俗資料館館報」 有田町歴史民俗資料館 （100）2013.12

有田内山伝統的建造物群保存地区 かわら版 まちあるきで魅力を再発見/「ありうちやまあるき」で有田内山の魅力を再発見（池田孝）「季刊皿山：有田町歴史民俗資料館館報」 有田町歴史民俗資料館 （102）2014.6

有田駅
有田駅を陶磁の館に・有田と私（星野鐘雄）「季刊皿山：有田町歴史民俗資料館館報」 有田町歴史民俗資料館 （100）2013.12

有田工業高等学校
町史の行間 開校以来の甲子園初出場！—佐賀県立有田工業高等学校の歴史（尾崎葉子）「季刊皿山：有田町歴史民俗資料館館報」 有田町歴史民俗資料館 （99）2013.9

有田皿山
マップが完成!!「ぐるっと歩こう 有田皿山」"150年前の有田皿山ば 歩こう隊"/未来へ続け！ 有田焼和絵具製造の伝統「季刊皿山：有田町歴史民俗資料館館報」 有田町歴史民俗資料館 （96）2012.12

有田町
町史の行間 東京有田会の歴史—ふるさとへの思い、熱く（尾崎葉子）「季刊皿山：有田町歴史民俗資料館館報」 有田町歴史民俗資料館 （89）2011.3

写真で振り返る「陶器市」「季刊皿山：有田町歴史民俗資料館館報」 有田町歴史民俗資料館 （97）2013.3

伊岐佐
唐津の地域民が守ってきた文化財（4）—東松浦郡の旧町村・相知編（1）上松浦鶴田の里・佐里/松浦川筋の良港、伊岐佐/消えゆく「龍骨車」の刻名（中里紀元）「郷土誌末盧國」 松浦史談会，芸文堂（発売）（187）2011.9

石井樋
成富兵庫の土木技術と石井樋の復元（尾澤卓恵）「葉隠研究」 葉隠研究会 （58）2006.3

五ヶ山城
岸岳城支城「五ヶ山城」に就いて（松尾香）「烏ん枕」 伊万里市郷土研究会 （77）2006.11

伊万里
土器の発生と陶磁器の発達—日本の焼物づくりを二分する伊万里と瀬戸（近藤宗光）「きりん」 荒木集成館友の会 5 2001.5

南北朝鮮における伊万里の御家人たち（岩永融）「松浦党研究」 松浦党研究連合会，芸文堂（発売）24 2001.6

元寇と伊万里の御家人たち（岩永融）「松浦党研究」 松浦党研究連合会，芸文堂（発売）25 2002.6

ケラモス（陶磁器）の詩に歌われた伊万里（井出正範）「烏ん枕」 伊万里市郷土研究会 70 2003.3

有田兵、伊万里を攻める（池田徳馬）「松浦党研究」 松浦党研究連合会，芸文堂（発売）26 2003.6

戦国時代と伊万里武士団の研究（岩永融）「松浦党研究」 松浦党研究連合会，芸文堂（発売）26 2003.6

陸軍軍事基地輸送港域 伊万里臨時派出所について（宮地滋）「烏ん枕」 伊万里市郷土研究会 71 2003.11

視線探訪記 伊万里を訪ねて（吉田光久）「談林」 佐世保史談会 44 2003.11

「伊万里文書」を探る（1），（2）（岩永融）「烏ん枕」 伊万里市郷土研究会 72/（73）2004.3/2004.11

特別展「鍋島と伊万里の世界—その美と意匠の裏に隠された歴史を追う」「港郷土資料館だより」 港区立港郷土資料館 （54）2004.9

伊万里文書の紹介と翻刻（松浦党研連資料（27））（吉原弘道）「松浦党研究」 松浦党研究連合会，芸文堂（発売）（28）2005.6

伊能忠敬・伊万里地区測量（1）～（5）（宮地滋）「烏ん枕」 伊万里市郷土研究会 （79）/（83）2007.11/2009.11

佐賀新聞に見る一世紀前の伊万里の記事二題（井出正範）「烏ん枕」 伊万里市郷土研究会 （82）2009.3

『鄭成功』と『古伊万里』—「古伊万里」誕生のロマン（富村繁雄）「烏ん枕」 伊万里市郷土研究会 （89）2011.3

九英国貴族の城館に伝世する17世紀後半から18世紀前半の伊万里磁器（古橋千明）「東風西声：九州国立博物館紀要：the bulletin of Kyushu National Museum」 九州国立博物館 （5）2010.3

伊万里・唐津方面を訪ねて（南里正幸）「郷土研究」 佐世保市立図書館 （37）2010.3

「伊万里」の地名はロマンがある（富村繁雄）「烏ん枕」 伊万里市郷土研究会 （89）2012.11

伊万里文化私観—鍋島水軍の場合（2），（3）（小島宗光）「烏ん枕」 伊万里市郷土研究会 （90）/（91）2013.3/2013.11

十三湊の古伊万里（1）（会員論文）（半沢紀）「北奥文化：郷土誌」 北奥文化研究会 （35）2014.12

伊万里駅
表紙 新装なった伊万里駅（山口敏雄）「烏ん枕」 伊万里市郷土研究会 71 2003.11

伊万里中学校
「新制」伊万里中学校（山口敏雄）「烏ん枕」 伊万里市郷土研究会 （78）2007.3

九州・沖縄　　　　　　　　地名でたどる郷土の歴史　　　　　　　　佐賀県

伊万里津
先祖探しで分かった伊万里津の陶器商（岩永典人）「烏ん枕」　伊万里市郷土研究会　（85）　2010.11

伊万里町
伊万里町「街並み復元図」(1)，(2)（福田克己）「烏ん枕」　伊万里市郷土研究会　（78）/（79）　2007.3/2007.11

伊万里町「町並み復元図」(3)（福田克己）「烏ん枕」　伊万里市郷土研究会　（81）　2008.11

伊萬里町遊郭のあれこれ　対談：栗山秀子・力武泰子（松尾清）「烏ん枕」　伊万里市郷土研究会　（88）　2012.3

伊万里郵便局
旧・伊万里郵便局のこと（松尾清）「烏ん枕」　伊万里市郷土研究会　（77）　2006.11

伊万里湾
日本再征時、元艦船隊の遊弋―検証・平戸島から伊万里湾へのルート（太田弘毅）「松浦党研究」　松浦党研究連合会，芸文堂（発売）（29）2006.6

伊万里文化私観―伊万里湾と鍋島水軍の場合（1）（小島宗光）「烏ん枕」　伊万里市郷土研究会　（89）　2012.11

伊万里湾大橋
表紙　伊万里湾大橋開通（吉原伴彦）「烏ん枕」　伊万里市郷土研究会　70　2003.3

いろは島
スケッチ紀行　肥前町から望む「いろは島」（岡本猛）「葉隠研究」　葉隠研究会　（73）　2012.7

上原
松浦町上原の力石（諸岡均）「烏ん枕」　伊万里市郷土研究会　（77）　2006.11

牛津川
牛津川の河道と沈没船伝説（岡本澄雄）「小城の歴史」　小城郷土史研究会　（62）　2010.11

内野山窯
江戸後期における嬉野町内野山窯跡の磁器生産―予察（家田淳一）「調査研究書」　佐賀県立博物館，佐賀県立美術館　29　2005.3

宇ノ御厨
肥後の黎明と宇ノ御厨について（林清八）「烏ん枕」　伊万里市郷土研究会　（76）　2006.3

浦川内
明治時代とその後の浦川内（嶺川隆敏）「郷土史誌末盧國」　松浦史談会，芸文堂（発売）（195）　2013.9

瓜ヶ坂
肥前町瓜ヶ坂の山崩れ災害（田中好美）「郷土史誌末盧國」　松浦史談会，芸文堂（発売）（186）　2011.6

嬉野
「長崎街道（小倉―嬉野間）史跡探訪講座」報告（森本武）「大村史談」　大村史談会　54　2003.3

川上信也の旅アングル（15）シーボルトや志士が歩いた長崎街道宿場町・嬉野（佐賀県嬉野市）「西日本文化」　西日本文化協会　（450）2011.4

嬉野温泉
スケッチ紀行　嬉野温泉シーボルトの湯（岡本猛）「葉隠研究」　葉隠研究会　（71）　2011.7

江波
幻の窯「江波焼き」「郷土史紀行」　ヒューマン・レクチャー・クラブ　18　2002.8

相知
相知の歴史夜話(11)，(14)，(16)～(20)，(25)，(30)（祭城一子）「郷土史誌末盧國」　松浦史談会，芸文堂（発売）145/（174）2001.3/2008.6

相知の歴史夜話(12)―庄屋目ут「よ」より（祭城一子）「郷土史誌末盧國」　松浦史談会，芸文堂（発売）146　2001.6

相知の歴史夜話(13)―殿様のお成りとお言葉（祭城一子）「郷土史誌末盧國」　松浦史談会，芸文堂（発売）147　2001.9

相知の歴史夜話(21)切支丹宗門改帳（祭城一子）「郷土史誌末盧國」　松浦史談会，芸文堂（発売）157　2004.3

相知町の歴史夜話(22)～(24)（祭城一子）「郷土史誌末盧國」　松浦史談会，芸文堂（発売）159/161　2004.9/2005.3

相知の歴史夜話(26)村びとの暮らし（祭城一子）「郷土史誌末盧國」　松浦史談会，芸文堂（発売）（166）2006.6

相知歴史夜話(27)名字帯刀御免/拝領の御茶碗（祭城一子）「郷土史誌末盧國」　松浦史談会，芸文堂（発売）（168）2006.12

小城・多久・相知の史跡めぐり紀行（田中賢二）「故郷の花」　小郡市郷土史研究会　（32）　2007.5

相知の歴史夜話(28)鮎漁/川漁（祭城一子）「郷土史誌末盧國」　松浦史談会，芸文堂（発売）（170）2007.6

相知・唐津・鎮西の史跡探訪の旅（西水流清）「ひなもり」　小林史談会　（48）　2008.4

相知文書考察(1)～(3)（塚本三郎）「郷土史誌末盧國」　松浦史談会，芸文堂（発売）（188）/（190）2011.12/2012.6

唐津地域民衆が守ってきた文化財(4)―肥前大甕づくりの伝統を伝えてきた横枕の唐津焼登り窯の保存を　相知(2)（中里紀元）「郷土史誌末盧國」　松浦史談会，芸文堂（発売）（188）2011.12

唐津の地域民が守ってきた文化財(4)―唐津「やきもの」の里・相知　岸岳唐津の佐里三古窯―相知編(3)（中里紀元）「郷土史誌末盧國」　松浦史談会，芸文堂（発売）（189）2012.3

唐津の地域民が守ってきた文化財(5)―唐津「やきもの」の里・相知　平山の陶祖和兵衛と朝鮮陶工（上）相知編(4)（中里紀元）「郷土史誌末盧國」　松浦史談会，芸文堂（発売）（190）2012.6

相知町
学府の由緒　相知町（永松寛）「故郷の花」　小郡市郷土史研究会　（32）2007.5

大川町
寺澤志摩守 in 大川町―「大黒堰と立川大溜」（毛利東）「烏ん枕」　伊万里市郷土研究会　（90）　2013.3

大里村
明治六年癸酉十一月ヨリ　大里中里村方日記（田中正義）「烏ん枕」　伊万里市郷土研究会　（85）　2010.11

大島邸
旧大島邸の文化財への評価(3)―国最高水準の学術専門家の協力と市民運動（中里紀元）「郷土史誌末盧國」　松浦史談会，芸文堂（発売）（183）2010.9

唐津の地域民が守ってきた文化財(2)―東松浦郡の旧町村編(2)　旧大島邸保存運動の教訓/七山地区/浜玉地区（中里紀元）「郷土史誌末盧國」　松浦史談会，芸文堂（発売）（185）2011.3

唐津の地域民が守ってきた文化財(3)―東松浦郡の旧町村編(3)　大島邸保存運動の教訓/浜玉地区（続）（中里紀元）「郷土史誌末盧國」　松浦史談会，芸文堂（発売）（186）2011.6

旧大島邸に知る歴史的な絆(1)―「敬只庵」の絆、興義（おきよし）と宗寿尼（中里紀元）「郷土史誌末盧國」　松浦史談会，芸文堂（発売）（196）2013.12

旧大島邸に知る歴史的な絆(2)　西の旧鉄砲町の「棚倉組」と高橋是清の耐恒寮との絆（中里紀元）「郷土史誌末盧國」　松浦史談会，芸文堂（発売）（198）2014.6

大嶋邸
唐津に残った唯一の武家屋敷(1)―大嶋邸の数寄屋茶室の粋と文化遺産（中里紀元）「郷土史誌末盧國」　松浦史談会，芸文堂（発売）（181）2010.3

唐津に残った唯一つの武家屋敷(2)―大嶋邸の武家様式茶室と信長の陣羽織（中里紀元）「郷土史誌末盧國」　松浦史談会，芸文堂（発売）（182）2010.6

大友
唐津の郷土史で語られていない真実の史話(1)　大友（呼子）の歴史と唐人坂（名護屋）（中里紀元）「郷土史誌末盧國」　松浦史談会，芸文堂（発売）（192）2012.12

小川島
明治期の呼子・小川島捕鯨(2)　帳簿にみる小川島捕鯨会社からの鯨肉流通の一側面（安永浩）「研究紀要」　佐賀県立名護屋城博物館　12　2006.3

史料翻刻　小川島捕鯨会社帳簿史料（安永浩）「研究紀要」　佐賀県立名護屋城博物館　12　2006.3

明治期以降の小川島漁場での捕鯨業の展開（第9回研究助成報告）（安永浩）「鍋島報效会研究助成研究報告書」　鍋島報效会　（5）2011.10

「小川島鯨組一切記」とは何か（附）史料翻刻　享和元年「御手鯨組一切記」、安政四年「小川鯨組定法一切記」（安永浩）「研究紀要」　佐賀県立名護屋城博物館　（19）2013.3

小城
平成木地山紀行　小城を訪ねて（吉田ふみゑ）「Sala ： 歴史民俗誌」　常民学舎　34　2003.8

小城・多久・相知の史跡めぐり紀行（田中賢二）「故郷の花」　小郡市郷土史研究会　（32）2007.5

資料紹介　慶長小城内絵図（竹下正博，江口智徳）「佐賀県立佐賀城本丸歴史館研究紀要」　佐賀県立佐賀城本丸歴史館　（9）2014.3

小城山
小城山境について（稗田重徳）「小城の歴史」　小城郷土史研究会　（60）

佐賀県　　　　　　　　　　地名でたどる郷土の歴史　　　　　　　　　九州・沖縄

2009.9

小城城

江戸時代の商家と小城城下の町づくりと用水（山口政俊）「小城の歴史」小城郷土史研究会（61）2010.5

小城鍋島藩

小城鍋島藩射撃場、台場について（山口政俊）「小城の歴史」小城郷土史研究会 50 2004.9

小城町

小城歴史散策 小城町の文化遺産（金丸盛登）「小城の歴史」小城郷土史研究会（60）2009.9

鏡

鏡地区で手作り郷土本 今秋の発刊へ編集中（田中好美）「郷土史誌末盧國」松浦史談会，芸文堂（発売）（182）2010.6

加唐島

古代史の「現場」を歩く（4）百済の王は、この島で生まれたのか 佐賀県鎮西知間・加唐島を訪ねて（玉木朋史）「歴史九州」九州歴史大学講座事務局 11（5）通号124 2001.1

加唐島と百済武寧王（1）（原口決泰）「郷土史誌末盧國」松浦史談会，芸文堂（発売）150 2002.6

検証・百済の武寧王、加唐島生誕説（橋本昭雄）「西日本文化」西日本文化協会 393 2003.7

日韓の夢つなぐ加唐島と百済武寧王（〈地域特集・唐津 祭り・街・山 その豊かな広がり〉―歴史の曙に輝く先進地）（熊本典宏）「西日本文化」西日本文化協会 通号435 2008.10

隔林亭

スケッチ紀行「隔林亭」（岡本猛）「葉隠研究」葉隠研究会（63）2007.11

神集島

神集島と万葉（岸川龍）「郷土史誌末盧國」松浦史談会，芸文堂（発売）163 2005.9

勝尾城

戦国期北部九州の政治動向と筑紫氏・勝尾城（〈特集 九州の城郭と城下町 中世編〉）（堀本一美）「海路」「海路」編集委員会，海鳥社（発売）通号5 2007.11

勝尾城筑紫氏遺跡と中世の山城を訪ねて（特集 クロスロードの自然・歴史旅―新幹線新鳥栖駅から訪ねる観光情報集成）「栖 ： 鳥栖と周辺の自然と歴史をさぐる郷土誌」鳥栖郷土研究会（50）2011.3

烏の枕

「烏の枕」地名とその周辺 [1]～(8) 地名伝説を考える（福田克己）「烏ん枕」伊万里市郷土研究会 67/(87) 2001.11/2011.11

唐津

唐津地区に於ける郷土史の疑問点（富岡行昌）「松浦党研究」松浦党研究連合会，芸文堂（発売）24 2001.6

唐津紙（祭城一子）「郷土史誌末盧國」松浦史談会，芸文堂（発売）156 2003.12

「悪瓶坏を焼申候」―古唐津は朝鮮甕匠系陶工（中里紀元）「郷土史誌末盧國」松浦史談会，芸文堂（発売）（166）2006.6

唐津焼始原期の謎（2）15世紀、波多氏の朝鮮交流の謎（中里紀元）「郷土史誌末盧國」松浦史談会，芸文堂（発売）（172）2007.12

相知・唐津・鎮西の史跡探訪の旅（西水流清）「ひなもり」小林史談会 25 2008.4

秀吉が遊んだ唐津茶屋（塚本三郎）「郷土史誌末盧國」松浦史談会，芸文堂（発売）（174）2008.6

自然と歴史と文化が織りなす ヒヒ路の散歩道・唐津（〈地域特集・唐津 祭り・街・山 その豊かな広がり〉）（坂井俊之）「西日本文化」西日本文化協会 通号435 2008.10

松浦・唐津地名考（〈地域特集・唐津 祭り・街・山 その豊かな広がり〉―歴史の曙に輝く先進地）（黒田裕一）「西日本文化」西日本文化協会 通号435 2008.10

「源氏物語」と唐津（〈地域特集・唐津 祭り・街・山 その豊かな広がり〉―ゆかりの古典文学と仏教美術）（野田旗子）「西日本文化」西日本文化協会 通号435 2008.10

唐津焼と古唐津（〈地域特集・唐津 祭り・街・山 その豊かな広がり〉―近世を押し開いた海の文化 筑浦党・岸岳城・古唐津・名護屋）（鈴田由紀夫）「西日本文化」西日本文化協会 通号435 2008.10

唐津のくんち料理（〈地域特集・唐津 祭り・街・山 その豊かな広がり〉―江戸時代の藩政と庶民文化）（江頭紘一）「西日本文化」西日本文化協会 通号435 2008.10

東北の赤子養育政策が唐津へ流動―政策の流動がもたらしたもの（斉藤友美）「郷土史誌末盧國」松浦史談会，芸文堂（発売）（176）2008.12

「やきもの」が語る日朝（韓）交流史と唐津の歴史（1）ユーラシア大陸と打上の土器（中里紀元）「郷土史誌末盧國」松浦史談会，芸文堂（発

売）(178) 2009.6

伊万里・唐津方面を訪ねて（南里正幸）「郷土研究」佐世保市立図書館（37）2010.3

唐津の地域民が守ってきた文化財―東松浦郡の旧町村・相知編（1）上松浦党鶴田の里・佐里/松浦川筋の良港、伊岐佐/消えゆく「龍骨車」の刻名（中里紀元）「郷土史誌末盧國」松浦史談会，芸文堂（発売）(187) 2011.9

唐津地域民衆が守ってきた文化財（4）―肥前大甕づくりの伝統を伝えてきた横枕の唐津焼登り窯の保存を 相知編（2）（中里紀元）「郷土史誌末盧國」松浦史談会，芸文堂（発売）(188) 2011.12

唐津から発信しよう！ 「日本の食文化」を世界無形文化遺産に（堀川義英）「郷土史誌末盧國」松浦史談会，芸文堂（発売）(189) 2012.3

魚漁運上にみる近世唐津の漁業（安永浩）「研究紀要」佐賀県立名護屋城博物館 18 2012.3

企画展「海にいきる―江戸時代の唐津のくらしと玄海灘―」平成23年10月7日（金）～11月27日（日）「名護屋城博物館だより」佐賀県立名護屋城博物館（41）2012.3

記念シンポジウム「唐津と玄界灘の江戸時代」平成23年10月16日（日）13：30～16：00「名護屋城博物館だより」佐賀県立名護屋城博物館（41）2012.3

唐津・壱岐・対馬・釜山（本田義幾）「史迹と美術」史迹美術同攷会 82（3）通号823 2012.3

古唐津と茶の湯の心 "もてなしの心を運ぶ器・唐津焼"（中里紀元）「松浦文連報」松浦文化連盟（404）2012.5

唐津市歴史民俗資料館（旧三菱合資会社唐津支店）と唐津の石炭産業（田島龍太）「西日本文化」西日本文化協会（457）2012.6

唐津における中近世城郭の変遷（坂井清春）「松浦党研究」松浦党研究連合会，芸文堂（発売）（35）2012.6

唐津、土地の記憶（田島龍太）「郷土史誌末盧國」松浦史談会，芸文堂（発売）（191）2012.9

唐津、土地の記憶（2）港改修と漁撈民の生活（田島龍太）「郷土史誌末盧國」松浦史談会，芸文堂（発売）（192）2012.12

唐津、土地の記憶（3）砂丘の上と生活の基盤（田島龍太）「郷土史誌末盧國」松浦史談会，芸文堂（発売）（193）2013.3

伊能忠敬 唐津の城下町を測量（再録「末盧國」）（小宮睦之）「郷土史誌末盧國」松浦史談会，芸文堂（発売）（200）2014.12

唐津市

唐津市周辺の史跡を訪ねて（竹内源一）「歴史玉名」玉名歴史研究会 50 2003.3

史跡探訪記 唐津市及びその周辺の史跡を訪ねて（平川定美）「談林」佐世保史談会（45）2004.11

唐津市指定文化財 水野織部正忠光碑（山田洋）「郷土史誌末盧國」松浦史談会，芸文堂（発売）（172）2012.12

幻の巨大プロジェクト 唐津市破産と新市計画（佐々木市太郎）「郷土史誌末盧國」松浦史談会，芸文堂（発売）（198）2014.6

唐津城

藩士が画いた唐津城絵図（祭城一子）「郷土史誌末盧國」松浦史談会，芸文堂（発売）（169）2007.3

スケッチ紀行「唐津城」（岡本猛）「葉隠研究」葉隠研究会（62）2007.7

庄屋文書にみる唐津城 築造年代の一考察（山田洋）「郷土史誌末盧國」松浦史談会，芸文堂（発売）（172）2007.12

伊勢崎の唐津城図（1）～(3)（宮崎博司）「郷土史誌末盧國」松浦史談会，芸文堂（発売）（174）/（179）2008.6/2009.9

唐津城下町の形成（〈地域特集・唐津 祭り・街・山 その豊かな広がり〉―江戸時代の藩政と庶民文化）（宮崎博司）「西日本文化」西日本文化協会 通号435 2008.10

霧に浮くまぼろしの唐津城（古川工）「郷土史誌末盧國」松浦史談会，芸文堂（発売）（181）2010.3

唐津城 秀吉のころに築城か 城郭から発見された旧石垣と金箔瓦（坂井清春）「西日本文化」西日本文化協会（456）2012.4

唐津石炭山

肥後藩の「唐津石炭山」―開発の顛末について（論考）（川上偉）「歴史玉名」玉名歴史研究会 64 2013.4

「唐津石炭山」余話（断章）「歴史玉名」玉名歴史研究会 65 2013.8

唐津線

唐津線百年関連資料展示/小城郷土史研究会研究発表会「小城の歴史」小城郷土史研究会 49 2004.3

唐津藩

赤子養育仕法にみる唐津藩の人口政策（1）～(6)（山田洋）「郷土史誌末盧國」松浦史談会，芸文堂（発売）148/153 2001.12/2003.3

諸国巡見使の派遣と唐津藩（1）～(4)（田島龍太）「郷土史誌末盧國」松浦史談会，芸文堂（発売）（167）/（171）2006.9/2007.9

唐津藩の歴代藩主移り変わりとその政治（〈地域特集・唐津 祭り・街・

山 その豊かな広がり〉―江戸時代の藩政と庶民文化）（山田洋）「西日本文化」 西日本文化協会 通号435 2008.10

唐津藩の民間塾（〈地域特集・唐津 祭り・街・山 その豊かな広がり〉―江戸時代の藩政と庶民文化）（祭場一子）「西日本文化」 西日本文化協会 通号435 2008.10

捕鯨で潤った唐津藩（〈地域特集・唐津 祭り・街・山 その豊かな広がり〉―江戸時代の藩政と庶民文化）（神田歳成）「西日本文化」 西日本文化協会 通号435 2008.10

唐津藩主の前原宿泊 前原宿の復元（2）（研究ノート）（有田和樹）「福岡地方史研究 ： 福岡地方史研究会会報」 福岡地方史研究会, 海鳥社（発売） （47） 2009.8

唐津藩船手による特産品売買―天保13年の事例から（久野哲矢）「研究紀要」 佐賀県立名護屋城博物館 18 2012.3

唐津藩船手職務一覧 翻刻（上），（下）（久野哲矢）「研究紀要」 佐賀県立名護屋城博物館 （19）/20 2013.3/2014.03

唐津湾

川上信也の旅アングル 呼子と唐津湾の島々（〈地域特集・唐津 祭り・街・山 その豊かな広がり〉）「西日本文化」 西日本文化協会 通号435 2008.10

唐松

佐賀新聞に見る『佐賀県近代史年表 明治編 下巻』に見る唐松関係の登場人物（市丸利幸）「郷土史誌末盧國」 松浦史談会, 芸文堂（発売） （185） 2011.3

川内野

郷土の歴史 東山代町川内野（田口德四）「烏ん枕」 伊万里市郷土研究会 69 2002.11

神埼

スケッチ紀行「神埼水車の里」（岡本猛）「葉隠研究」 葉隠研究会 （68） 2009.7

神埼宿

長崎街道を西へ訪ねて（中原宿・神埼宿・佐賀城下へ）（特集 クロスロードの自然・歴史旅―新幹線新鳥栖駅から訪ねる観光情報集成）「栖 ： 鳥栖と周辺の自然と歴史をさぐる郷土誌」 鳥栖郷土研究会 （50） 2011.3

岸岳唐津

唐津焼始原期の謎（1） 岸岳城と岸岳唐津の不思議（中里紀元）「郷土史誌末盧國」 松浦史談会, 芸文堂（発売） （171） 2007.9

唐津焼始原期の謎（3） 岸岳城と岸岳唐津の築窯目的（中里紀元）「郷土史誌末盧國」 松浦史談会, 芸文堂（発売） （173） 2008.3

岸岳唐津八窯

唐津焼始原期の謎（4） 岸岳城の岸岳唐津八窯の関係（中里紀元）「郷土史誌末盧國」 松浦史談会, 芸文堂（発売） （174） 2008.6

岸岳古窯群

唐津焼の始原と上松浦党の朝鮮外交―岸岳城主波多の朝鮮関係の謎と岸岳古窯群（中里紀元）「松浦党研究」 松浦党研究連合会, 芸文堂（発売） 24 2001.6

岸岳城

岸岳城騒動 鶴田・日高氏謀殺の発生の時代考証（塚本三郎）「郷土史誌末盧國」 松浦史談会, 芸文堂（発売）145 2001.3

肥前東松浦郡岸嶽城の縄張りの構造 戦国期城郭遺構に対する評価の再検証（木島孝之）「郷土史誌末盧國」 松浦史談会, 芸文堂（発売） 146 2001.6

唐津焼始原期の謎（1） 岸岳城と岸岳唐津の不思議（中里紀元）「郷土史誌末盧國」 松浦史談会, 芸文堂（発売） （171） 2007.9

唐津焼始原期の謎（3） 岸岳城と岸岳唐津の築窯目的（中里紀元）「郷土史誌末盧國」 松浦史談会, 芸文堂（発売） （173） 2008.3

唐津焼始原期の謎（4） 岸岳城の岸岳唐津八窯の関係（中里紀元）「郷土史誌末盧國」 松浦史談会, 芸文堂（発売） （174） 2008.6

郷土の疑問点の検証―岸岳城内紛の頃（塚本三郎）「郷土史誌末盧國」 松浦史談会, 芸文堂（発売） （175） 2008.9

岸岳城と波多氏の興亡（〈地域特集・唐津 祭り・街・山 その豊かな広がり〉―近世を押し開いた海の文化 松浦党・岸岳城・古唐津・名護屋）（塚本三郎）「西日本文化」 西日本文化協会 通号435 2008.10

トピックス 岸岳城「伝三左衛門殿丸跡」―三左衛門とは誰か？「郷土史誌末盧國」 松浦史談会, 芸文堂（発売） （193） 2013.3

岸岳城跡（陣内康光）「松浦党研究」 松浦党研究連合会, 芸文堂（発売） （37） 2014.6

岸岳八窯

唐津焼始原期の謎（5）～（6） なぜ城周辺に岸岳八窯を置いたか 朝鮮の先進窯技術を波多独占か（1）～（2）（中里紀元）「郷土史誌末盧國」 松浦史談会, 芸文堂（発売） （175）/（176） 2008.9/2008.12

杵島山

杵島山の御狩りについて（福田春次）「葉隠研究」 葉隠研究会 （65） 2008.7

北肥前

第276回研修例会 北肥前地方史跡文化財探訪（蓑田正義, 尾上暁子, 阿部忠道）「夜豆志呂」 八代史談会 145 2004.6

基山

鳥栖・三養基の文学散歩（2）―鳥栖・基山の蕉風俳諧（篠原眞）「栖 ： 鳥栖と周辺の自然と歴史をさぐる郷土誌」 鳥栖郷土研究会 42 2003.8

基山町

基山町・鳥栖市調査参加記（〈2006年夏調査の報告〉―参加記）（斎藤悦正）「岡山藩研究」 岡山藩研究会 （53） 2006.11

基山町の歴史と文化財を訪ねて（特集 クロスロードの自然・歴史旅―新幹線新鳥栖駅から訪ねる観光情報集成）「栖 ： 鳥栖と周辺の自然と歴史をさぐる郷土誌」 鳥栖郷土研究会 （50） 2011.3

九千部山

九千部山麓の歴史と文化財を訪ねて（特集 クロスロードの自然・歴史旅―新幹線新鳥栖駅から訪ねる観光情報集成）「栖 ： 鳥栖と周辺の自然と歴史をさぐる郷土誌」 鳥栖郷土研究会 （50） 2011.3

九千部山の九州自然歩道を訪ねて（特集 クロスロードの自然・歴史旅―新幹線新鳥栖駅から訪ねる観光情報集成）「栖 ： 鳥栖と周辺の自然と歴史をさぐる郷土誌」 鳥栖郷土研究会 （50） 2011.3

久原貯水場

表紙 第4工水久原貯水場建設（久我俊郎）「烏ん枕」 伊万里市郷土研究会 （79） 2007.11

黒髪山

黒髪山と白髪山の神々と伝説（足達武敏）「史叢」 熊本歴史学会 （12） 2007.8

黒塩

黒川村大字黒塩地区の地滑り（井出正範）「烏ん枕」 伊万里市郷土研究会 （82） 2009.3

黒牟田山

町史の行間 豊後・杵築藩から献上用梅壺の注文―梶原忠蔵と黒牟田山（尾﨑葉子）「季刊皿山 ： 有田町歴史民俗資料館館報」 有田町歴史民俗資料館 （93） 2012.3

好生館

明治四年の佐賀藩医学校好生館のドイツ医学教育（研究）（小澤健志）「佐賀大学地域学歴史文化研究センター研究紀要」 佐賀大学地域学歴史文化研究センター （7） 2013.3

高麗谷

葉隠奇譚 肥前高麗谷（1）～（8）（村山伸明）「葉隠研究」 葉隠研究会 （63）/（70） 2007.11/2010.7

葉隠奇譚 書残「肥前高麗谷」[1]，(2)（村山伸明）「葉隠研究」 葉隠研究会 （72）/（73） 2012.2/2012.7

佐賀

佐賀の古代史 川上タケル他（《特集 10号記念 自分史募集作品》）（林龍一）「えすたでい」 自分史の会・えすたでい （10） 2001.10

佐賀と朝鮮半島の交流（廣瀬雄一）「葉隠研究」 葉隠研究会 48 2002.11

平成14年の佐賀探訪（牛島悦夫）「諫早史談」 諫早史談会 35 2003.3

福岡・佐賀両県の文化財を巡りて（大鳥居繁夫）「史迹と美術」 史迹美術同攷会 74（3）通号743 2004.3

佐賀の乱と土佐挙兵計画林有造の行動（松岡正）「西南四国歴史文化論叢よど」 西南四国歴史文化研究会 23 2004.3

佐賀領における非人集団の様相（中村久子）「部落解放史・ふくおか」 福岡県人権研究所 114 2004.6

苗字の由来を求め、ご先祖探訪―佐賀・鹿児島・八丈島（丹宗紀恵）「旅とルーツ」 芳文館出版社 85 2004.9

ものがたり 肥前佐賀二尾実録（1）～（10），(12)～(19)（溝口昭二）「葉隠研究」 葉隠研究会 56/（77） 2005.5/2014.7

報告1 佐賀身分と身形―佐賀の事例から（中村久子）「もやい ： 長崎人権・学」 長崎人権研究所 50 2005.10

木簡に防ハ示す文字佐賀実態解明へ貴重資料「擬宝珠」 盛岡の歴史を語る会 （158） 2005.11

佐賀の乱と柳河（江島香）「福岡県地域史研究」 西日本文化協会福岡県地域史研究所 （23） 2006.3

巻頭エッセイ 佐賀の文化と「なーんもなか」（矢ヶ部正文）「葉隠研究」 葉隠研究会 （61） 2007.3

近世期佐賀における北条流兵学（〈研究発表会要旨〉）（平岡隆二, 佐藤賢一）「洋学史通信」 洋学史学会 （23） 2007.4

巻頭エッセイ 佐賀の伝統菓子に光を‼（村岡安廣）「葉隠研究」 葉隠研究

佐賀県

地名でたどる郷土の歴史

九州・沖縄

会 (63) 2007.11

佐賀の乱の再検討―周沿の視点から《九州史学創刊50周年記念特集 士族反乱研究の可能性》（飯塚一幸）「九州史学」 九州史学研究会 (149) 2008.2

佐賀びと（秀島はつ子）「葉隠研究」 葉隠研究会 (65) 2008.7

佐賀・筑後平野の諸荘園と荘鎮守社（貴田潔）「ヒストリア：journal of Osaka Historical Association」 大阪歴史学会 (215) 2009.6

昭和の暮らし年表《特集1 暮らしの昭和史―佐賀～鳥栖》（篠原眞）「栖：鳥栖と周辺の自然と歴史をさぐる郷土誌」 鳥栖郷土研究会 (49) 2009.11

市外探訪 長崎・佐賀の文化財（平成21年度文化財現地探訪報告）（塩見興一郎）「ふるさと山口」 山口の文化財を守る会 (31) 2010.6

特別展「近代との遭遇」を振り返って 幕末・明治、世界と出会った佐賀の人々（松田和子）「西日本文化」 西日本文化協会 通号446 2010.8

幕末・明治の肥前 こぼれ話（5）屯田兵として佐賀から北海道へ渡った人々（末岡暁美）「葉隠研究」 葉隠研究会 (72) 2012.2

「品川御台場」展に寄せて―佐賀から見た江戸湾防備と品川御台場（特集 特別展「品川御台場」）（本多美穂）「品川歴史館紀要」 品川区立品川歴史館 (27) 2012.3

歌で巡る佐賀・長崎の旅（矢原聖子）「厚南」 厚南郷土研究会 (9) 2012.3

研究ノート 佐賀の新聞事情（富永さゆり、藤生京子）「佐賀県立佐賀城本丸歴史館研究紀要」 佐賀県立佐賀城本丸歴史館 (7) 2012.3

「佐賀の役」参戦陸軍将校の写真（資料紹介）（秋山博志）「佐賀大学地域学歴史文化研究センター研究紀要」 佐賀大学地域学歴史文化研究センター (6) 2012.3

幕末佐賀藩における鋳鉄砲の試射記録（前田達男）「銃砲史研究」 日本銃砲史学会 (374) 2012.12

幕末・明治の肥前 こぼれ話（7）ゴッホと佐賀の関係（末岡暁美）「葉隠研究」 葉隠研究会 (74) 2013.1

福岡から見た幕末・明治初期の佐賀（保坂晃孝）「葉隠研究」 葉隠研究会 (75) 2013.7

幕末・明治の肥前 こぼれ話（8）佐賀と上海（末岡暁美）「葉隠研究」 葉隠研究会 (75) 2013.7

種痘の史跡を訪ねて（3）佐賀の「種痘始まりの像」（米田該典）「除痘館記念資料室だより」 洪庵記念会除痘館記念資料室 (6) 2014.6

境原

境原山邊家資料調査について（調査報告）（佐藤紘一）「佐賀大学地域学歴史文化研究センター研究紀要」 佐賀大学地域学歴史文化研究センター (6) 2012.3

佐賀県

さが古文書こぼれ話（1）～（99）（佐賀県立図書館近世資料編さん室）「葉隠研究」 葉隠研究会 41/65 2000.6/2008.7

さが古文書探検（1）～（26）（佐賀県立図書館近世資料編さん室）「葉隠研究」 葉隠研究会 (66)/(71) 2008.11/2011.7

「五卿滞在（日記）記録」にみる五卿の動静（杉谷昭）「佐賀県立佐賀城本丸歴史館研究紀要」 佐賀県立佐賀城本丸歴史館 (6) 2011.3

佐賀県の女性文学を探る―近・現代（第9回研究助成報告）（佐賀女性文学研究会）「鍋島報效会研究助成研究報告書」 鍋島報效会 (11) 2011.10

佐賀県有明海側の草屋根葺き習俗（坪郷英彦）「やまぐち学の構築」 山口大学研究推進体「やまぐち学」推進プロジェクト (8) 2012.3

佐賀県のとうほし田・たいとう田（菅野郁雄）「赤米ニュース」 東京赤米研究会 (181) 2012.4

松浦党関係 佐賀県・長崎県の中世山城一覧（編集委員）「松浦党研究」 松浦党研究連合会, 芸文堂（発売） (35) 2012.6

史料翻刻 田代孫三郎「三丁分堀切日記」（串間聖剛）「佐賀県立佐賀城本丸歴史館研究紀要」 佐賀県立佐賀城本丸歴史館 (8) 2013.3

佐賀ガラス歴史年表（山崎和文）「佐賀県立佐賀城本丸歴史館研究紀要」 佐賀県立佐賀城本丸歴史館 (8) 2013.3

新発見の『岩倉具視関係史料』の解題（1）「佐賀県関係文書」（杉谷昭）「佐賀県立佐賀城本丸歴史館研究紀要」 佐賀県立佐賀城本丸歴史館 (9) 2014.3

海峡を渡る旅（田平徳栄）「調査研究書」 佐賀県立博物館, 佐賀県立美術館 38 2014.3

佐賀高等学校

旧制佐賀高等学校と学徒出陣（研究ノート）（秋山博志）「佐賀大学地域学歴史文化研究センター研究紀要」 佐賀大学地域学歴史文化研究センター (7) 2013.3

佐賀市

聞書「九州の老舗」シリーズ 百年超企業・長寿の知恵（20）ウサイエン製薬株式会社（佐賀市）（牛嶋英俊）「西日本文化」 西日本文化協会 (472) 2014.12

佐賀城

佐賀城本丸御殿の復元工事「城郭だより：日本城郭史学会会報」［日本城郭史学会］ 41 2003.4

佐賀城本丸御殿が復元―歴史資料館として活用「城郭だより：日本城郭史学会会報」［日本城郭史学会］ 47 2004.10

武士道の真髄「葉隠」の城 佐賀城（池田健二）「備陽史探訪」 備陽史探訪の会 (130) 2006.6

口絵写真説明 復元された佐賀城本丸御殿（中西亨）「史迹と美術」 史迹美術同攷会 76(10) 通号770 2006.12

城めぐり 佐賀城を訪ねて（中川嘉明）「郷土史紀行」 ヒューマン・レクチャー・クラブ (47) 2007.11

江戸時代初期の佐賀城及び佐賀城下に関する史料（本多美穂）「佐賀県立佐賀城本丸歴史館研究紀要」 佐賀県立佐賀城本丸歴史館 (3) 2008.3

佐賀城の歴史（特集 九州の城郭と城下町 近世編）（小宮睦之）「海路」「海路」編集委員会, 海鳥社（発売） 通号7 2009.1

元文佐賀城廻之絵図 元文5年（1740）「徴古館報」 鍋島報效会 (21) 2011.1

長崎街道を西へ訪ねて（中原宿・神埼宿・佐賀城下へ）（特集 クロスロードの自然・歴史旅―新幹線新鳥栖駅から訪ねる観光情報集成）「栖：鳥栖と周辺の自然と歴史をさぐる郷土誌」 鳥栖郷土研究会 (50) 2011.3

市外―吉野ヶ里遺跡・佐賀城本丸御殿資料館（史跡探訪レポート）（研修部）「別府史談」 別府史談会 (24) 2011.3

市外―吉野ヶ里遺跡・佐賀城方面（史跡探訪感想文）（高島信正）「別府史談」 別府史談会 (24) 2011.3

佐賀城築城400年 佐賀城下絵図を広げる―「なんもなか病」の克服めざし（富田紘次）「西日本文化」 西日本文化協会 (451) 2011.6

表紙 御城分間絵図（部分）寛政8年（1796）「徴古館報」 鍋島報效会 (23) 2012.1

元文城下絵図と葉隠（村山伸明）「葉隠研究」 葉隠研究会 (72) 2012.2

文化庁文化遺産を活かした観光振興・地域活性化事業（ミュージアム活性化支援事業）「佐賀城下絵図を読み解き、まちづくりに活かそう!!（第三弾）」／次回展示案内「鍋島家の雛飾りと極小のこものたち」展 2013年2月16日（土）～3月31日（日）「徴古館報」 鍋島報效会 (25) 2013.1

成富兵庫茂安による佐賀城・城下建設を慶長肥前国絵図から読み解く（森川研司）「幕末佐賀科学技術史研究」 幕末佐賀研究会 (7) 2013.10

佐賀藩

厚岸における佐賀藩からの移民について（熊崎農夫博）「北の青嵐：道史協支部交流会報」 道史協支部交流会議 124 2003.5

佐賀藩研究の最新の成果「藩国と藩輔の構図」（柴多一雄）「葉隠研究」 葉隠研究会 50 2003.8

佐賀藩と対馬藩田代領―支配制度の違い《特集II 50～100年前の鳥栖・基山の小学校》（高野信治）「栖：鳥栖と周辺の自然と歴史をさぐる郷土誌」 鳥栖郷土研究会 (54) 2004.3

『鍋島佐賀藩』シリーズ（全4冊）の執筆を終えて（田中耕作）「葉隠研究」 葉隠研究会 55 2005.3

明治初め、厳寒の道東に立ちつくした佐賀藩開拓民（佐久間仁）「西日本文化」 西日本文化協会 通号418 2006.2

種痘医・大石良英の顕彰と佐賀藩の医学（太田善郎）「葉隠研究」 葉隠研究会 (66) 2008.11

ものがたり 肥前佐賀二尾実記（11）（溝口昭二）「葉隠研究」 葉隠研究会 (67) 2009.3

幕末佐賀藩の軍港（有明海北東岸）三重津海軍所跡と凌風丸（前田達男）「西日本文化」 西日本文化協会 通号446 2010.8

佐賀藩の馬牧湯田原牧 提供：馬場政秋（池田徳馬）「烏ん枕」 伊万里市郷土研究会 (86) 2011.3

研究ノート 佐賀藩の郷村絵図と地方知行制（羽山久男）「史窓」 徳島地方史研究会 (42) 2012.3

史料紹介 幕末佐賀藩の軍制について『元治元年佐賀藩拾六組侍着到』（中野正裕）「佐賀県立佐賀城本丸歴史館研究紀要」 佐賀県立佐賀城本丸歴史館 (7) 2012.3

佐賀藩と上方銀主（研究）（伊藤昭弘）「佐賀大学地域学歴史文化研究センター研究紀要」 佐賀大学地域学歴史文化研究センター (6) 2012.3

幕末期佐賀藩の役給帳について―史料翻刻『年役々料書出帳』『役料帳』（資料紹介）（中野正裕）「佐賀大学地域学歴史文化研究センター研究紀要」 佐賀大学地域学歴史文化研究センター (6) 2012.3

佐賀藩神代鍋島家陪臣の職制に関する一考察（吉田信也）「調査研究書」 佐賀県立博物館, 佐賀県立美術館 36 2012.3

幕末・明治の肥前 こぼれ話（6）佐賀藩の科学技術と電信（末岡暁美）「葉隠研究」 葉隠研究会 (73) 2012.7

史料紹介 幕末佐賀藩の手明鑓組について『元治元年佐賀藩拾五組侍着到』（中野正裕）「佐賀県立佐賀城本丸歴史館研究紀要」 佐賀県立佐賀城本丸歴史館 (8) 2013.3

幕末佐賀藩における長崎砲台の配備記録（前田達男, 田口关季）「銃砲史

九州・沖縄　　　　　　　　　　地名でたどる郷土の歴史　　　　　　　　　　佐賀県

研究」　日本銃砲史学会　（375）2013.3
　幕末佐賀藩における長崎砲台の見聞記録(前田達男，田口关季)「銃砲史
　　研究」　日本銃砲史学会　（377）2013.9
　例会発表 第390回例会報告（平成25年6月8日）関東譜代の軍事レベル―
　　壬生藩士・テクノクラート友平栄を中心に(中野正人)/兵器生産の歴
　　史から何を学ぶか(飯島矢素夫)/岩倉使節団の見た欧米軍事事情・銃
　　砲関連(室賀脩)/米沢藩鉄砲の文久二年製・黒色火薬の分析(瀧上昭
　　治)/幕末佐賀藩における長崎砲台の見聞記録(前田達男・田口关季)
　　「銃砲史研究」　日本銃砲史学会　（377）2013.9
　佐賀藩が所有していたオランダ語の医学書(研究)(小澤健志)「佐賀大学
　　地域学歴史文化研究センター研究紀要」　佐賀大学地域学歴史文化研
　　究センター　（8）2014.3
　長崎警備における佐賀藩主・長崎奉行の視察(資料紹介)(鍋島茂清)「佐
　　賀大学地域学歴史文化研究センター研究紀要」　佐賀大学地域学歴史
　　文化研究センター　（8）2014.3
　佐賀藩財政における奥向―将軍姫君入用費と天保改革(2013年度九州史
　　学研究会大会公開講演・研究発表要旨―研究発表)(松尾大輔)「九州
　　史学」　九州史学研究会　（169）2014.5

佐賀平野
　佐賀平野に展開した「歴史」の概説(歴史評論)(杉谷昭)「諫早史談」
　　諫早史談会　36　2004.3

桜岡公園
　桜岡公園の誕生について(岩松要輔)「小城の歴史」　小城郷土史研究会
　　50　2004.9

提川村
　蓮池藩―提川村(1),(2)(草場政次)「烏ん枕」　伊万里市郷土研究会
　　70/71　2003.3/2003.11

皿山越横街道
　皿山越横街道を歩きました(永井都)「季刊皿山　：　有田町歴史民俗資料
　　館館報」　有田町歴史民俗資料館　（100）2013.12

佐里
　唐津の地域民が守ってきた文化財(4)―東松浦郡の旧町村・相知編(1)
　　上松浦党鶴田の里・佐里/松浦川筋の良港、伊岐佐/消えゆく「龍骨
　　車」の刻名(中里紀元)「郷土史誌末盧國」　松浦史談会，芸文堂(発
　　売)　（187）2011.9

獅子城
　獅子城跡(坂井清春)「松浦党研究」　松浦党研究連合会，芸文堂(発売)
　　（36）2013.6

重橋城
　岸岳支城「重橋城」に就いて(松尾香)「烏ん枕」　伊万里市郷土研究会
　　（75）2005.11

四郎島台場
　佐賀藩四郎島台場の考察(長野暹)「幕末佐賀科学技術史研究」　幕末佐賀
　　研究会　（7）2013.10

新天町
　新天町誌からみた湘南のいきざま(富村繁雄)「烏ん枕」　伊万里市郷土研
　　究会　（81）2008.11

垂綸石公園
　「垂綸石公園」(仮称)の設置(清水静男)「郷土史誌末盧國」　松浦史談会，
　　芸文堂(発売)　（173）2008.3

須古城
　須古城について(渡部俊哉)「葉隠研究」　葉隠研究会　（67）2009.3

脊振山
　肥前筑前国境争論、脊振弁財嶽(枝吉順佑)「葉隠研究」　葉隠研究会
　　57　2005.7
　脊振弁財嶽国境争論と鍋島氏(第10回研究助成報告)(田中由利子)「鍋
　　島報效会研究助成研究報告書」　鍋島報效会　（5）2011.10

太閤道
　太閤道と薩摩街道(地域特集 不知火湾岸の歴史と自然―八代から水俣を
　　旅する)(牛嶋英俊)「西日本文化」　西日本文化協会　通号447　2010.
　　10

大黒堰
　大黒堰(毛利東)「烏ん枕」　伊万里市郷土研究会　（85）2010.11
　寺澤志摩守 in 大川町―「大黒堰と立川大溜」(毛利東)「烏ん枕」　伊万
　　里市郷土研究会　（90）2013.3

高串
　高串漁民遭遇記(浜井幸雄)「郷土史誌末盧國」　松浦史談会，芸文堂(発
　　売)　149　2002.3
　高串漁業の沿革(再録「末盧國」)(浜井三郎)「郷土史誌末盧國」　松浦史
　　談会，芸文堂(発売)　（200）2014.12

高取家住宅
　高取家住宅南邸(堀川義英)「郷土史誌末盧國」　松浦史談会，芸文堂(発
　　売)　（181）2010.3

多久
　小城・多久・相知の史跡めぐり紀行(田中賢二)「故郷の花」　小郡市郷土
　　史研究会　（32）2007.5
　多久家文書にみる葉隠の武士たち(片倉日龍雄)「葉隠研究」　葉隠研究会
　　（73）2012.7

多久の滝
　よみがえれ！「多久の滝」(《多久聖廟創建三百年特集》―〈第二部〉)(市
　　丸悦子)「丹邱の里」　多久市郷土資料館　（15）2008.10

武雄
　伝・武雄の大砲考(武雄淳)「湯か里」　武雄歴史研究会　（64）2011.3

武雄温泉楼門
　スケッチ紀行「武雄温泉楼門」(岡本猛)「葉隠研究」　葉隠研究会　56
　　2005.5

田代駅
　終戦前後の鳥栖・田代駅(《特集 鳥栖駅開業100年と機関区》―駅の思い
　　出)(荒木靖生)「栖 ： 鳥栖と周辺の自然と歴史をさぐる郷土誌」　鳥
　　栖郷土研究会　42　2003.8
　田代駅追想(《特集 鳥栖駅開業100年と機関区》―駅の思い出)(多田茂
　　治)「栖 ： 鳥栖と周辺の自然と歴史をさぐる郷土誌」　鳥栖郷土研究会
　　42　2003.8
　あゝ田代駅(《特集 鳥栖駅開業100年と機関区》―駅の思い出)(中村和
　　夫)「栖 ： 鳥栖と周辺の自然と歴史をさぐる郷土誌」　鳥栖郷土研究会
　　42　2003.8
　思い出の田代駅(《特集 鳥栖駅開業100年と機関区》―駅の思い出)(松
　　田杉枝)「栖 ： 鳥栖と周辺の自然と歴史をさぐる郷土誌」　鳥栖郷土研
　　究会　42　2003.8

田代宿
　ある日のたじろ宿(村山理美)「栖 ： 鳥栖と周辺の自然と歴史をさぐる
　　郷土誌」　鳥栖郷土研究会　（45）2005.7
　長崎街道を北へ訪ねて(轟木宿・田代宿・原田宿へ)(特集 クロスロード
　　の自然・歴史旅―新幹線新鳥栖駅から訪ねる観光情報集成)「栖 ： 鳥栖
　　と周辺の自然と歴史をさぐる郷土誌」　鳥栖郷土研究会　（50）2011.3

立花台地
　立花台地開発の要素と経過(井出正範)「烏ん枕」　伊万里市郷土研究会
　　（81）2008.11

立川大溜
　寺澤志摩守 in 大川町―「大黒堰と立川大溜」(毛利東)「烏ん枕」　伊万
　　里市郷土研究会　（90）2013.3

玉島川
　玉島川と万葉(岸川龍)「郷土史誌末盧國」　松浦史談会，芸文堂(発売)
　　162　2005.6

多良
　第6回公開講座長崎街道「多良・浜道」(森本武)「大村史談」　大村史談会
　　56　2005.3

俵坂
　大村史談会第5回公開講座「長崎街道(俵坂～長崎間)史談探訪講座」報
　　告(森本武)「大村史談」　大村史談会　55　2004.3

丹ノ木
　竹木場「丹ノ木」と朝鮮陶工(川添徳治)「郷土史誌末盧國」　松浦史談
　　会，芸文堂(発売)　152　2002.12

筑後川昇開橋
　スケッチ紀行「筑後川昇開橋」(岡本猛)「葉隠研究」　葉隠研究会　（69）
　　2010.2

筑前堀
　「肥前堀」と「筑前堀」(保坂晃孝)「葉隠研究」　葉隠研究会　（72）
　　2012.2

千々賀
　千々賀集落を訪ねて(丸田利實)「郷土史誌末盧國」　松浦史談会，芸文堂
　　(発売)　（183）2010.9

鎮西
　相知・唐津・鎮西の史跡探訪の旅(西水流清)「ひなもり」　小林史談会
　　（48）2008.4

竺志米多国
　研究ノート 竺志米多国造について(渡里恒信)「古代史の研究」　関西大
　　学古代史研究会　（17）2011.9

対馬藩田代領
　佐賀藩と対馬藩田代領―支配制度の違い(《特集II 50～100年前の鳥栖・

基山の小学校》）（高野信治）「栖 ： 鳥栖と周辺の自然と歴史をさぐる
郷土誌」 鳥栖郷土研究会 43 2003.12

天狗谷古窯

国指定史跡天狗谷古窯の創業期に関する問題（伊藤和雄）「海路」 「海
路」編集委員会, 海鳥社（発売）（10）2012.3

唐人坂

唐津の郷土史で語られていない真実の史話（1） 大友（呼子）の歴史と唐
人坂（名護屋）（中里紀元）「郷土史誌末盧國」 松浦史談会, 芸文堂（発
売）（192）2012.12

唐房

唐房一本釣り東支部海出漁（堀川誠）「郷土史誌末盧國」 松浦史談会, 芸
文堂（発売）159 2004.9

唐房の名づけ親は成尋法師？（堀川義央）「郷土史誌末盧國」 松浦史談
会, 芸文堂（発売）（178）2009.6

唐房の地名の由来（2） 唐房は「中国人街」だった（堀川義英）「郷土史誌
末盧國」 松浦史談会, 芸文堂（発売）（180）2009.12

坂本平太郎さんの日記から 唐房に来た落人 江藤新平（堀川義英）「郷土
史誌末盧國」 松浦史談会, 芸文堂（発売）（183）2010.9

坂本平太郎さんの日記から（3） 捕鯨と唐房（堀川義英）「郷土史誌末盧
國」 松浦史談会, 芸文堂（発売）（185）2011.3

鳥栖

鳥栖の長崎街道を歩く（藤瀬禎博）「故郷の花」 小郡市郷土史研究会
28 2003.5

「鉄道のまち」のマイナス面とその後遺症（《特集 鳥栖駅開業100年と機
関区》）（篠原眞）「栖 ： 鳥栖と周辺の自然と歴史をさぐる郷土誌」 鳥
栖郷土研究会 42 2003.8

とすの風物スケッチ（22） 給炭機（八雲卓爾）「栖 ： 鳥栖と周辺の自然と
歴史をさぐる郷土誌」 鳥栖郷土研究会 42 2003.8

とすの鉄道考古学散歩（4）（久山高史）「栖 ： 鳥栖と周辺の自然と歴史
をさぐる郷土誌」 鳥栖郷土研究会 （44）2004.4

鳥栖市誌第3巻「中世・近世編」に見る鳥栖と小郡の交流（藤瀬禎博）「故
郷の花」 小郡市郷土史研究会 （34）2009.5

モノクログラビア 昭和時代の鳥栖本通り筋商店街 完成直後のアーケー
ド街/鳥栖駅・鳥栖駅前・中央市場通りから見た鳥栖駅・専売公社/昭
和40年代の鳥栖駅前/専売公社前の本通り/昭和30年代の本通り/昭和
30年代の本通町交差点/昭和40年代の大正町/昭和20年代の東町/昭和
30年代の鳥栖の市/国道34号改良前の秋葉町/旧市役所前の青果市場/
昭和20年代の本通り南交差点（《特集1 暮らしの昭和史―佐賀～鳥
栖》）（篠原眞）「栖 ： 鳥栖と周辺の自然と歴史をさぐる郷土誌」 鳥栖
郷土研究会 （49）2009.11

昭和の暮らし年表（《特集1 暮らしの昭和史―佐賀～鳥栖》）（篠原眞）
「栖 ： 鳥栖と周辺の自然と歴史をさぐる郷土誌」 鳥栖郷土研究会
（49）2009.11

古文書のぺえじ（牛島啓爾）「栖 ： 鳥栖と周辺の自然と歴史をさぐる郷
土誌」 鳥栖郷土研究会 （49）2009.11

クロスロードの自然・歴史旅案内地図 クロスロードと古代遺跡コース/
基山町の歴史と文化財コース/小郡市の歴史と文化財コース/勝尾城筑
紫氏遺跡と中世の山城コース/長崎街道を北のコース/九千部山の九州
自然歩道コース/長崎街道を西のコース（特集 クロスロードの自然・
歴史旅―新幹線新鳥栖駅から訪ねる観光情報集成）「栖 ： 鳥栖と周辺
の自然と歴史をさぐる郷土誌」 鳥栖郷土研究会 （50）2011.3

とすの風物スケッチ（27） ベストアメニティスタジアム（日山軍書画）
「栖 ： 鳥栖と周辺の自然と歴史をさぐる郷土誌」 鳥栖郷土研究会
（51）2012.6

鳥栖駅

旅と駅、鳥栖駅の思い出（《特集 鳥栖駅開業100年と機関区》）―駅の思い
出）（藤井楊子）「栖 ： 鳥栖と周辺の自然と歴史をさぐる郷土誌」 鳥
栖郷土研究会 42 2003.8

鳥栖駅の思い出（《特集 鳥栖駅開業100年と機関区》）―駅の思い出）（成
富武次）「栖 ： 鳥栖と周辺の自然と歴史をさぐる郷土誌」 鳥栖郷土研
究会 42 2003.8

学徒動員の思い出（《特集 鳥栖駅開業100年と機関区》）―駅の思い出）
（広重ハ代子）「栖 ： 鳥栖と周辺の自然と歴史をさぐる郷土誌」 鳥栖
郷土研究会 42 2003.8

「九州鉄道」開通前後の事情（《特集 鳥栖駅開業100年と機関区》）（梁井
卓一）「栖 ： 鳥栖と周辺の自然と歴史をさぐる郷土誌」 鳥栖郷土研究
会 42 2003.8

鳥栖駅及び機関区構内図 昭和30年「区勢要覧」より（《特集 鳥栖駅開業
100年と機関区》）「栖 ： 鳥栖と周辺の自然と歴史をさぐる郷土誌」
鳥栖郷土研究会 42 2003.8

鳥栖に配属された蒸気機関車たち「九州の蒸気機関車」より（《特集 鳥
栖駅開業100年と機関区》）「栖 ： 鳥栖と周辺の自然と歴史をさぐる郷
土誌」 鳥栖郷土研究会 42 2003.8

鉄道略年表 「国鉄の戦後がわかる本」より（《特集 鳥栖駅開業100年と

機関区》）「栖 ： 鳥栖と周辺の自然と歴史をさぐる郷土誌」 鳥栖郷土
研究会 42 2003.8

とすの鉄道考古学散歩（3）―鳥栖駅構内の古図面を読む（久山高史）「栖
： 鳥栖と周辺の自然と歴史をさぐる郷土誌」 鳥栖郷土研究会 42
2003.8

九州新幹線・新鳥栖駅付近の工事～完成（鳥栖駅開業125年・移転新築
110年記念特集―汽車ぽっぽ総集編―カラーグラビア）「栖 ： 鳥栖と
周辺の自然と歴史をさぐる郷土誌」 鳥栖郷土研究会 （52）2013.10

鳥栖駅舎と駅前風景の変遷（現在～JR発足）（鳥栖駅開業125年・移転新
築110年記念特集―汽車ぽっぽ総集編―カラーグラビア）「栖 ： 鳥栖と
周辺の自然と歴史をさぐる郷土誌」 鳥栖郷土研究会 （52）2013.10

グラビア 鳥栖駅舎と駅前風景の変遷をさかのぼる（鳥栖駅開業125年・
移転新築110年記念特集―汽車ぽっぽ総集編）「栖 ： 鳥栖と周辺の自
然と歴史をさぐる郷土誌」 鳥栖郷土研究会 （52）2013.10

グラビア 空から見た鳥栖駅構内の変遷（鳥栖駅開業125年・移転新築110
年記念特集―汽車ぽっぽ総集編）「栖 ： 鳥栖と周辺の自然と歴史をさ
ぐる郷土誌」 鳥栖郷土研究会 （52）2013.10

鳥栖駅と駅構内図（昭和29年5月1日現在）・歴代の鳥栖駅長（鳥栖駅開業
125年・移転新築110年記念特集―汽車ぽっぽ総集編）「栖 ： 鳥栖と周
辺の自然と歴史をさぐる郷土誌」 鳥栖郷土研究会 （52）2013.10

グラビア 鳥栖駅構内のシンボル・給炭機（炭積機）（鳥栖駅開業125年・
移転新築110年記念特集―汽車ぽっぽ総集編）「栖 ： 鳥栖と周辺の自
然と歴史をさぐる郷土誌」 鳥栖郷土研究会 （52）2013.10

グラビア 鳥栖駅構内の夜景（鳥栖駅開業125年・移転新築110年記念特集
―汽車ぽっぽ総集編）「栖 ： 鳥栖と周辺の自然と歴史をさぐる郷土
誌」 鳥栖郷土研究会 （52）2013.10

国鉄時代の鳥栖駅の附属施設（鳥栖駅開業125年・移転新築110年記念特
集―汽車ぽっぽ総集編）「栖 ： 鳥栖と周辺の自然と歴史をさぐる郷土
誌」 鳥栖郷土研究会 （52）2013.10

年表 鳥栖駅開業125年・移転新築110年の歩みなど（鳥栖駅開業125年・
移転新築110年記念特集―汽車ぽっぽ総集編）「栖 ： 鳥栖と周辺の自
然と歴史をさぐる郷土誌」 鳥栖郷土研究会 （52）2013.10

「九州鉄道」開業から鳥栖新築まで（鳥栖駅開業125年・移転新築
110年記念特集―汽車ぽっぽ総集編）（篠原眞［文・写真］）「栖 ： 鳥
栖と周辺の自然と歴史をさぐる郷土誌」 鳥栖郷土研究会 （52）
2013.10

鳥栖駅構内の古図面・古写真を読む（鳥栖駅開業125年・移転新築110年
記念特集―汽車ぽっぽ総集編）（久山高史［文・写真］）「栖 ： 鳥栖と
周辺の自然と歴史をさぐる郷土誌」 鳥栖郷土研究会 （52）2013.10

鳥栖駅操車場

鳥栖駅操車場跡に記念碑建立を（《特集 鳥栖駅開業100年と機関区》）
（綾部綱雄）「栖 ： 鳥栖と周辺の自然と歴史をさぐる郷土誌」 鳥栖郷
土研究会 42 2003.8

鳥栖機関区

昭和26年の鳥栖機関区 「16会報」より（《特集 鳥栖駅開業100年と機関
区》）「栖 ： 鳥栖と周辺の自然と歴史をさぐる郷土誌」 鳥栖郷土研究
会 42 2003.8

鳥栖機関区の沿革年表 「鳥栖機関区のあらまし」より（《特集 鳥栖駅開
業100年と機関区》）「栖 ： 鳥栖と周辺の自然と歴史をさぐる郷土誌」
鳥栖郷土研究会 42 2003.8

鳥栖機関区構内の施設 「鳥栖機関区のあらまし」より（《特集 鳥栖駅開
業100年と機関区》）「栖 ： 鳥栖と周辺の自然と歴史をさぐる郷土誌」
鳥栖郷土研究会 42 2003.8

表紙 鳥栖機関区を同時発車する貨物列車（篠原眞［写真］）「栖 ： 鳥栖と
周辺の自然と歴史をさぐる郷土誌」 鳥栖郷土研究会 （52）2013.10

鳥栖機関区構内の施設図・名称一覧（昭和31年11月1日）（鳥栖駅開業
125年・移転新築110年記念特集―汽車ぽっぽ総集編）「栖 ： 鳥栖と周
辺の自然と歴史をさぐる郷土誌」 鳥栖郷土研究会 （52）2013.10

コラム 鳥栖機関区（『鉄輪の轟き』より）（鳥栖駅開業125年・移転新築
110年記念特集―汽車ぽっぽ総集編）「栖 ： 鳥栖と周辺の自然と歴史
をさぐる郷土誌」 鳥栖郷土研究会 （52）2013.10

鳥栖市

海口市長在任中の主なできごと（《特集I 初代鳥栖市長 海口守三氏をし
のぶ》）「栖 ： 鳥栖と周辺の自然と歴史をさぐる郷土誌」 鳥栖郷土研
究会 43 2003.12

鳥栖小学校/田代小学校/基里小学校/麓小学校/麓村郷土歌/旭小学校/
基山小学校/校歌（《特集II 50～100年前の鳥栖・基山の小学校》）「栖
： 鳥栖と周辺の自然と歴史をさぐる郷土誌」 鳥栖郷土研究会 43
2003.12

「268号機関車」が鳥栖市重要文化財（歴史資料）に（久山高史）「栖 ： 鳥
栖と周辺の自然と歴史をさぐる郷土誌」 鳥栖郷土研究会 （45）
2005.7

基山町・鳥栖市調査参加記（〈2006年夏調査の報告〉―参加記）（斎藤悦
正）「岡山藩研究」 岡山藩研究会 （53）2006.11

グラビア 鳥栖市の近代化遺産・268号機関車（鳥栖駅開業125年・移転新

九州・沖縄　　　　　　　　　　　　地名でたどる郷土の歴史　　　　　　　　　　　　佐賀県

築110年記念特集—汽車ぽっぽ総集編）「栖 : 鳥栖と周辺の自然と歴史をさぐる郷土誌」 鳥栖郷土研究会 （52） 2013.10

コラム 鳥栖市重要文化財「268号機関車」（解説シートより）（鳥栖駅開業125年・移転新築110年記念特集—汽車ぽっぽ総集編）「栖 : 鳥栖と周辺の自然と歴史をさぐる郷土誌」 鳥栖郷土研究会 （52） 2013.10

連載 汽車通学で鳥栖市へ（藤井楊子［文・写真］）「栖 : 鳥栖と周辺の自然と歴史をさぐる郷土誌」 鳥栖郷土研究会 （52） 2013.10

鳥栖町

汽車通学で鳥栖の町へ多感な女学生の頃（15），（17）～（18），（21）～（22）（藤井楊子）「栖 : 鳥栖と周辺の自然と歴史をさぐる郷土誌」 鳥栖郷土研究会 39/51 2001.11/2012.6

友貞沖田

友貞沖田—成富兵庫の遊水地造成余聞（鍋島茂議）「葉隠研究」 葉隠研究会 （68） 2009.7

轟木宿

長崎街道を北へ訪ねて（轟木宿・田代宿・原田宿へ）（特集 クロスロードの自然・歴史旅—新幹線新鳥栖駅から訪ねる観光情報集成）「栖 : 鳥栖と周辺の自然と歴史をさぐる郷土誌」 鳥栖郷土研究会 （50） 2011.3

中里村

明治六年癸酉十一月ヨリ 大里中里村方日記（田中正義）「烏ん枕」 伊万里市郷土研究会 （85） 2010.11

中町

旧家の由緒 唐津中町（再録「末盧國」）（坂本智生）「郷土史誌末盧國」 松浦史談会, 芸文堂（発売） （200） 2014.12

長浜村

幕末佐賀藩山代郷長浜村のたたら（多久島澄子）「幕末佐賀科学技術史研究」 幕末佐賀研究会 （7） 2013.10

中原宿

父・藤井陽次郎のことや中原宿のことなど思い出すままに（松尾ふみ）「栖 : 鳥栖と周辺の自然と歴史をさぐる郷土誌」 鳥栖郷土研究会 （45） 2005.7

長崎街道を西へ訪ねて（中原宿・神埼宿・佐賀城下へ）（特集 クロスロードの自然・歴史旅—新幹線新鳥栖駅から訪ねる観光情報集成）「栖 : 鳥栖と周辺の自然と歴史をさぐる郷土誌」 鳥栖郷土研究会 （50） 2011.3

長部田城

長部田城跡について（美浦雄二）「松浦党研究」 松浦党研究連合会, 芸文堂（発売） （36） 2013.6

永吉

忘れ得ぬ永吉空襲（《特集II 50～100年前の鳥栖・基山の小学校》）（横枕貫治）「栖 : 鳥栖と周辺の自然と歴史をさぐる郷土誌」 鳥栖郷土研究会 43 2003.12

名護屋

いわゆる「旗竿石」について—文禄・慶長の役における国内拠点「名護屋」の歴史資料2［1］～（補記2）（武谷和彦）「研究紀要」 佐賀県立名護屋城博物館 16/18 2010.3/2012.3

将兵たちがみた出兵拠点・名護屋（研究ノート）（久野哲矢）「研究紀要」 佐賀県立名護屋城博物館 20 2014.3

名護屋大橋

トピックス 名護屋大橋に歩道完成（熊本典宏）「郷土史誌末盧國」 松浦史談会, 芸文堂（発売） （175） 2008.9

名護屋港

1500年の歴史を刻み継体大王の棺、名護屋港へ（熊本典宏）「郷土史誌末盧國」 松浦史談会, 芸文堂（発売） （169） 2007.3

名護屋城

天下人秀吉の夢の跡 肥前名護屋城（池田健二）「備陽史探訪」 備陽史探訪の会 （128） 2006.2

スケッチ紀行「拝啓 太閤殿—名護屋城から」（岡本猛）「葉隠研究」 葉隠研究会 （58） 2006.3

名護屋城と秀ノ前（今川徳子）「扣之帳」 扣之帳刊行会 （15） 2007.3

名護屋城本丸御殿全容解明—12棟からなる桃山期の殿舎「城郭だより : 日本城郭史学会会報」 日本城郭史学会 （61） 2008.4

肥前名護屋城と豊臣秀吉（〈地域特集・唐津 祭り・街・山 その豊かな広がり〉—近世を押し開いた海の文化 松浦党・岸岳城・古唐津・名護屋）（田中博司）「西日本文化」 西日本文化協会 通号435 2008.10

肥前名護屋城の石垣研究ノート1—「名護屋城跡石垣の現況把握の試み」（松尾法博）「研究紀要」 佐賀県立名護屋城博物館 17 2011.3

七山

唐津の地域民が守ってきた文化財（2）—東松浦郡の旧町村編（2）旧大島邸保存運動の教訓／七山地区／浜玉地区（中屋紀元）「郷土史誌末盧國」 松浦史談会, 芸文堂（発売） （185） 2011.3

鍋島

鍋島更紗・口伝の謎（鈴田滋人）「葉隠研究」 葉隠研究会 48 2002.11

特別展「鍋島と伊万里の世界—その美と意匠の裏に隠された歴史を追う」港郷土資料館だより」 港区立港郷土資料館 （54） 2004.9

高級磁器・鍋島焼—伝世品と出土品（毎田佳奈子）「港郷土資料館だより」 港区立港郷土資料館 （54） 2004.9

旧海軍の遺産を訪ねて鍋島に残る「監射所」跡（秋吉秀康）「三保の文化」三保の文化財を守る会 （88） 2005.7

くど造り民家の再検討（第9回研究助成報告）（五島昌也）「鍋島報效会研究助成研究報告書」 鍋島報效会 （5） 2011.10

伊万里文化私観—伊万里湾と鍋島水軍の場合（1）（小島宗光）「烏ん枕」 伊万里市郷土研究会 （89） 2012.11

講演 鍋島騒動と『葉隠』（高野信治）「葉隠研究」 葉隠研究会 （74） 2013.1

伊万里文化私観—伊万里湾と鍋島水軍の場合（2），（3）（小島宗光）「烏ん枕」 伊万里市郷土研究会 （90）／（91） 2013.3/2013.11

表紙 鍋島小紋裃（鍋島直正公伝来）江戸時代末期「徴古館報」 鍋島報效会 （27） 2014.7

鍋島城

鍋島城と女の殿様（今川徳子）「扣之帳」 扣之帳刊行会 （16） 2007.6

鍋島藩

『葉隠』にみる鍋島藩と黒田藩の友好と対立（福永弘之）「葉隠研究」 葉隠研究会 （76） 2014.2

染付鍋島藩窯大皿の図案作者について（福井尚寿）「佐賀県立佐賀城本丸歴史館研究紀要」 佐賀県立佐賀城本丸歴史館 （9） 2014.3

奈良田庄

奈良田庄比定地の混乱を嘆く（論考）（長忠生）「栖 : 鳥栖と周辺の自然と歴史をさぐる郷土誌」 鳥栖郷土研究会 （51） 2012.6

虹の松原

松原寄りだけでは終わらなかった総百姓一揆から代表訴願一揆へ—虹の松原一揆と大庄屋の位置（中屋紀元）「郷土史誌末盧國」 松浦史談会, 芸文堂（発売） 159 2004.9

松原寄りだけでは終わらなかった日田幕府代官所への越訴計画（2）—虹の松原一揆と多久御屋形日記（中屋紀元）「郷土史誌末盧國」 松浦史談会, 芸文堂（発売） 162 2005.6

虹の松原の七不思議（〈地域特集・唐津 祭り・街・山 その豊かな広がり〉—近世を押し開いた海の文化 松浦党・岸岳城・古唐津・名護屋）（田中明）「西日本文化」 西日本文化協会 通号435 2008.10

『虹の松原 四季』—写真と詩（古川工）「郷土史誌末盧國」 松浦史談会, 芸文堂（発売） （185） 2011.3

「虹の松原を再生するには」 佐賀大学海浜台地生物研究センター（田中明）「松浦文連報」 松浦文化連盟 （400） 2011.5

史料で読み解く虹の松原一揆の実像（1）（山田洋）「郷土史誌末盧國」 松浦史談会, 芸文堂（発売） （192） 2012.12

史料で読み解く虹の松原一揆の実像（2）『御屋形日記』・『唐津御領分中百姓虹松原寄合一件』にみる一揆の展開／明和年間の社会情勢／頻発する一揆への幕府の対応（山田洋）「郷土史誌末盧國」 松浦史談会, 芸文堂（発売） （193） 2013.3

史料で読み解く虹の松原一揆の実像（3）唐津藩の民間塾／書簡・日記等にみられる民間塾の教育活動（山田洋）「郷土史誌末盧國」 松浦史談会, 芸文堂（発売） （194） 2013.6

史料で読み解く虹の松原一揆の実像（4）才治、平尾村庄屋／才治、向復斉へ彊亭塾での講義を依頼／浅見絅斎へ傾倒／父母・兄弟らの墓碑銘を復斉へ依頼／二毛の無刻の墓／まとめ（山田洋）「郷土史誌末盧國」 松浦史談会, 芸文堂（発売） （196） 2013.12

『虹の松原 四季』写真と詩 傷痕深く（古川工）「郷土史誌末盧國」 松浦史談会, 芸文堂（発売） （198） 2014.6

二里町

郷土の地名考（1）～（2）二里町のなかの地名を主として（吉永健市）「烏ん枕」 伊万里市郷土研究会 71/76 2003.11/2006.3

昭和八年頃の二里のくらし（福田幸吉）「烏ん枕」 伊万里市郷土研究会 （93） 2014.11

蓮池藩

蓮池鍋島家文庫『萬水一露』（百武由樹）「葉隠研究」 葉隠研究会 （72） 2012.2

波多城

波多城跡（陣内康光）「松浦党研究」 松浦党研究連合会, 芸文堂（発売） （37） 2014.6

畑津城

岸岳城支城畑津城（御岳）に就いて（松尾香）「烏ん枕」 伊万里市郷土研究会 （78） 2007.3

985

八幡岳

八幡岳の地形と地質（諸岡均）「烏ん枕」 伊万里市郷土研究会 （73）2004.11

八幡岳がはぐくむ歴史を訪ねて（藤井鶴久）「郷土史誌末盧國」 松浦史談会，芸文堂（発売）（174）2008.6

八谷搦

八谷搦の干拓について（1）～（3）（西田岩男）「烏ん枕」 伊万里市郷土研究会 （80）/（82）2008.3/2009.3

浜玉

唐津の地域民が守ってきた文化財（2）―東松浦郡の旧町村編（2）旧大島邸保存運動の教訓/七山地区/浜玉地区（中里紀元）「郷土史誌末盧國」 松浦史談会，芸文堂（発売）（185）2011.3

唐津の地域民が守ってきた文化財（3）―東松浦郡の旧町村編（3）大島邸保存運動の教訓/浜玉地区（続）（中里紀元）「郷土史誌末盧國」 松浦史談会，芸文堂（発売）（186）2011.6

日在城

表紙 日和里山日在城址（毛利東）「烏ん枕」 伊万里市郷土研究会 （78）2007.3

東川登町

東川登町の歴史探訪（庭木信昌）「湯か里」 武雄歴史研究会 （65）2012.3

東松浦郡

唐津の地域民が守ってきた文化財（2）―東松浦郡の旧町村編（2）旧大島邸保存運動の教訓/七山地区/浜玉地区（中里紀元）「郷土史誌末盧國」 松浦史談会，芸文堂（発売）（185）2011.3

唐津の地域民が守ってきた文化財（3）―東松浦郡の旧町村編（3）大島邸保存運動の教訓/浜玉地区（続）（中里紀元）「郷土史誌末盧國」 松浦史談会，芸文堂（発売）（186）2011.6

唐津の地域民が守ってきた文化財（4）―東松浦郡の旧町村・相知編（1）上松浦党鶴田の里・佐里/松浦川筋の良港、伊岐佐/消えゆく「龍骨車」の刻名（中里紀元）「郷土史誌末盧國」 松浦史談会，芸文堂（発売）（187）2011.9

東松浦半島

東松浦半島（抄）山本有三・石井庄司編集「中学国語2年」日本書籍版より（玉井政雄）「松浦文連報」 松浦文化連盟 （399）2011.1

東松浦半島（抄）山本有三・石井庄司編集「中学国語2年」日本書籍版より（玉井政雄）「松浦文連報」 松浦文化連盟 （400）2011.5

東松浦半島（抄）山本有三・石井庄司編集「中学国語2年」日本書籍版より（玉井政雄）「松浦文連報」 松浦文化連盟 （401）2011.8

東松浦半島（抄）山本有三・石井庄司編集「中学国語2年」日本書籍版より（玉井政雄）「松浦文連報」 松浦文化連盟 （402）2011.11

東松浦半島（抄）山本有三・石井庄司編集「中学国語2年」日本書籍版より（玉井政雄）「松浦文連報」 松浦文化連盟 （403）2012.1

東松浦半島（抄）山本有三・石井庄司編集「中学国語2年」日本書籍版より（玉井政雄）「松浦文連報」 松浦文化連盟 （404）2012.5

東松浦半島（抄）山本有三・石井庄司編集「中学国語2年」日本書籍版より（玉井政雄）「松浦文連報」 松浦文化連盟 （406）2012.11

東松浦半島（抄）山本有三・石井庄司編集「中学国語2年」日本書籍版より（玉井政雄）「松浦文連報」 松浦文化連盟 （407）2013.1

東松浦半島（抄）山本有三・石井庄司編集「中学国語2年」日本書籍版より（玉井政雄）「松浦文連報」 松浦文化連盟 （408）2013.5

東松浦半島（抄）山本有三・石井庄司編集「中学国語2年」日本書籍版より（玉井政雄）「松浦文連報」 松浦文化連盟 （409）2013.8

東松浦半島（抄）山本有三・石井庄司編集「中学国語2年」日本書籍版より（玉井政雄）「松浦文連報」 松浦文化連盟 （410）2013.11

東松浦半島（抄）山本有三・石井庄司編集「中学国語2年」日本書籍版より（玉井政雄）「松浦文連報」 松浦文化連盟 （412）2014.5

東松浦半島（抄）山本有三・石井庄司編集「中学国語2年」日本書籍版より（玉井政雄）「松浦文連報」 松浦文化連盟 （413）2014.8

東松浦半島（抄）山本有三・石井庄司編集「中学国語2年」日本書籍版より（玉井政雄）「松浦文連報」 松浦文化連盟 （414）2014.11

肥前鹿島

小藩陣屋町「肥前鹿島」について（米田藤博）「パイオニア」 関西地理学研究会 （84）2008.6

肥前路

長崎街道肥前路周辺の石造物についての一考察（河合章）「故郷の花」 小郡市郷土史研究会 （29）2004.5

シーボルトの見た肥前路（上），（下）（古川清）「西日本文化」 西日本文化協会 通号418/通号419 2006.2/2006.3

肥前町

スケッチ紀行 肥前町から望む「いろは島」（岡本猛）「葉隠研究」 葉隠研究会 （73）2012.7

広滝水力発電所

スケッチ紀行 広滝水力発電所（岡本猛）「葉隠研究」 葉隠研究会 （75）2013.7

藤木

鳥栖・藤木空襲のこと（《特集II 50～100年前の鳥栖・基山の小学校》）（原ヒサヲ）「栖 : 鳥栖と周辺の自然と歴史をさぐる郷土誌」 鳥栖郷土研究会 43 2003.12

外津浦

外津浦にあった震洋特別攻撃隊基地（徳永一吉）「郷土史誌末盧國」 松浦史談会，芸文堂（発売）（178）2009.6

松浦

松浦・唐津地名考（《地域特集・唐津 祭り・街・山 その豊かな広がり》―歴史の曙に輝く先進地）（黒田裕一）「西日本文化」 西日本文化協会 通号435 2008.10

松浦の万葉歌（《地域特集・唐津 祭り・街・山 その豊かな広がり》―ゆかりの古典文学と仏教美術）（樋口宏）「西日本文化」 西日本文化協会 通号435 2008.10

アジアの海を疾駆した松浦党（《地域特集・唐津 祭り・街・山 その豊かな広がり》―近世を押し開いた海の文化 松浦党・岸岳城・古唐津・名護屋）（富岡行昌）「西日本文化」 西日本文化協会 通号435 2008.10

甲子夜話と御領分名物集（岡村廣法）「松浦党研究」 松浦党研究連合会，芸文堂（発売）（33）2010.6

松浦の月（2）～（4）―中世に輝いた海洋武士集団「松浦党」（峰茂）「烏ん枕」 伊万里市郷土研究会 （85）/（87）2010.11/2011.11

古文書史料 忠鼎公御側簞笥入 寛政六甲寅年 郷方申付等一件［1］～（2）（濱口尚美）「郷土史誌末盧國」 松浦史談会，芸文堂（発売）（186）/（187）2011.6/2011.9

まつら歴史かるた（堀川義英）「郷土史誌末盧國」 松浦史談会，芸文堂（発売）（197）2014.3

正保の黒船焼討事件の真相［1］～（2）（山田洋）「郷土史誌末盧國」 松浦史談会，芸文堂（発売）（197）/（198）2014.3/2014.6

松浦史談会沿革史（山田洋）「郷土史誌末盧國」 松浦史談会，芸文堂（発売）（200）2014.12

松崎

筑後松崎宿場町（《特集 鳥栖駅開業100年と機関区》―駅の思い出）（本村靖郎）「栖 : 鳥栖と周辺の自然と歴史をさぐる郷土誌」 鳥栖郷土研究会 42 2003.8

末羅

末羅の由緒と衍義（岡村廣法）「松浦党研究」 松浦党研究連合会，芸文堂（発売）（28）2005.6

松浦潟

「松浦潟」、諸相に見る風景賞翫 3.近代の風景思想―メディアとしての絵葉書（田島龍太）「松浦文連報」 松浦文化連盟 （412）2014.5

「松浦潟」、諸相に見る風景賞翫 4.観光案内による風景の定着―作られていく風景（田島龍太）「松浦文連報」 松浦文化連盟 （413）2014.8

松浦潟由来（再録「末盧國」）（進藤坦平）「郷土史誌末盧國」 松浦史談会，芸文堂（発売）（200）2014.12

三重津海軍所

幕末佐賀藩の軍港（有明海北東岸）三重津海軍軍所跡と凌風丸（前田達男）「西日本文化」 西日本文化協会 通号446 2010.8

三重屋庄

室町院領河内国石川庄・肥前国三重屋庄に関する一考察（遠城悦子）「ソーシアル・リサーチ」 ソーシアル・リサーチ研究会 （33）2008.3

満島

満島沿革史（53）幕末史の原動力満島石炭積出港岸壁の面影消滅（善達司）「郷土史誌末盧國」 松浦史談会，芸文堂（発売）160 2004.12

屋敷野炭礦

大坪町屋敷野炭礦（諸岡均）「烏ん枕」 伊万里市郷土研究会 70 2003.3

養父

肥前基肆・養父地域の太閤検地（中野等）「九州文化史研究所紀要」 九州大学附属図書館付設記録資料館九州文化史資料部門 （49）2006.3

山代

幕末小城藩山代地方における石炭採掘と積出（1），（2）（岩松要輔）「小城の歴史」 小城郷土史研究会 （57）/（58）2008.4/2008.9

山代郷

山代郷の歴史を訪ねて（徳永重利）「烏ん枕」 伊万里市郷土研究会 （88）2012.3

吉野ヶ里

吉野ヶ里の白村江軍団基地説を疑う 1月18日例会の報告「九州古代史の会NEWS」 九州古代史の会 114 2004.3

九州・沖縄　　　　　　　　　　　　地名でたどる郷土の歴史　　　　　　　　　　　　佐賀県

呼子

　川上信也の旅アングル 呼子と唐津湾の島々（〈地域特集・唐津 祭り・
　　街・山 その豊かな広がり〉）「西日本文化」 西日本文化協会　通号435
　　2008.10

里小路

　表紙 里小路の小笹生垣（新さが百景）東山代町里小路（森平一郎［解説・
　　写真］）「烏ん枕」 伊万里市郷土研究会　（93）2014.11

長崎県

相浦谷
相浦谷について（児童・生徒の郷土研究発表）(辻菜々子)「郷土研究」 佐世保市立図書館 (39) 2012.3

相浦
我が町の歴史―相浦（児童・生徒の郷土研究発表）(恒吉菜々)「郷土研究」 佐世保市立図書館 (33) 2006.3

『肥前國風土記』に見る相浦地域(1)～(2)―考古学の視点から古代の相浦を考える（中島眞澄）「談林」 佐世保史談会 (52)/(53) 2011.11/2012.11

「伊能忠敬相浦地区測量二百年記念碑」の設立「談林」 佐世保史談会 (55) 2014.11

相神浦
相神浦は少弐氏の亡命地か―「正任記」と「筑紫家文書」に触れて（平川定美）「談林」 佐世保史談会 (51) 2010.12

相神浦は少弐氏の亡命地か―「正任記」と「筑紫家文書」に触れて（平川定美）「松浦党研究」 松浦党研究連合会, 芸文堂（発売）(34) 2011.9

赤崎城
赤崎城跡と赤崎伊豫守（澤正明）「松浦党研究」 松浦党研究連合会, 芸文堂（発売）(37) 2014.6

赤島
五島歳時記「赤島・黄島」(随筆)(武羅井高)「浜木綿 : 五島文化協会同人誌」 五島文化協会 (92) 2011.10

有家町
有家町の地名をヒントにした地理研究（隈部守）「嶽南風土記・有家史談」 有家町史談会 (10) 2003.3

古文書にふる里を見る（荒木善喜）「嶽南風土記・有家史談」 有家町史談会 (11) 2004.2

山地集落と地名（隈部守）「嶽南風土記・有家史談」 有家町史談会 (12) 2005.2

飯盛
飯盛探訪（史談会九月例会）(松山ヒトエ)「諫早史談」 諫早史談会 (39) 2007.3

飯盛城
飯盛城跡（澤正明）「松浦党研究」 松浦党研究連合会, 芸文堂（発売）(36) 2013.6

壱岐
壱岐雑感(2)(丸田利実)「郷土史誌末盧國」 松浦史談会, 芸文堂（発売）145 2001.3

中世後期における壱岐松浦党の朝鮮通交（松尾弘毅）「九州史学」 九州史学研究会 (134) 2002.11

〈古代が息づく神の島 壱岐〉「季刊邪馬台国」「季刊邪馬台国」編纂委員会, 梓書院（発売）80 2003.6

シリーズ文学の舞台を訪ねて(6)壱岐・海に沈みし人のこと―「君を弔う日に」「三富朽葉詩集」「鎮魂の海峡」(田中良彦)「もやい : 長崎人権・学」 長崎人権研究所 (54) 2007.10

壱岐を訪ねて（佐藤美枝子）「備陽史探訪」 備陽史探訪の会 (156) 2010.10

倭国の原風景(3) 姫島（福岡県糸島市岐志）と壱岐 松尾紘一郎氏撮影「九州倭国通信」 九州古代史の会 (155) 2011.3

4月例会報告 月読国 壱岐論（室伏志畔）「九州倭国通信」 九州古代史の会 (156) 2011.5

唐津・壱岐・対馬・釜山（本田義幾）「史迹と美術」 史迹美術同攷会 82 通号823 2012.3

壱岐島
壱岐の娘の手紙―都会を記すために（《特集 対外交流と福岡》）(福間裕爾)「市史研究ふくおか」 福岡市博物館市史編さん室 (3) 2008.2

東アジアのクレタ島―壱岐島（西谷正）「九州歴史資料館研究論集」 九州歴史資料館 通号36 2011.3

壱岐島 一支国発―現在にいきづく海人の伝統（特集 海が創った暮らしの歴史―九州北部の島々から）(安楽勉)「西日本文化」 西日本文化協会 (459) 2012.10

生月島
生月島の捕鯨史跡（中園成生）「西日本文化」 西日本文化協会 361 2000.5

歴史とロマンの島・平戸と生月島を訪ねて（窪川実津江）「光地方史研究」 光地方史研究会 (32) 2006.3

池島炭鉱
産業遺産紀行 九州最後の炭鉱、池島炭坑跡を訪ねて（大井昭雄）「産業遺産研究」 中部産業遺産研究会事務局 (17) 2010.5

井崎村
高来郡諫早郷井崎村考（田瀬保時）「諫早史談」 諫早史談会 35 2003.3

伊佐早
肥前国伊佐早実記(1),(5)(大島大輔)「諫早史談」 諫早史談会 (40)/(44) 2008.3/2012.3

諫早
嶋原大変と諫早(3)―寛政4年雲仙普賢岳の噴火（光富博）「諫早史談」 諫早史談会 32 2000.3

郷土史の謎を追う(8) 諫早地方の山城(1)(山口八郎)「諫早史談」 諫早史談会 32 2000.3

肥前諫早一揆の真相（杉谷昭）「諫早史談」 諫早史談会 34 2002.3

「諫早文庫」―寄託から寄贈、そして保存活用（平田徳男）「諫早史談」 諫早史談会 35 2003.3

諫早私領田畑石高帳の史料性について―天保石高帳の比較研究（土肥利男）「諫早史談」 諫早史談会 35 2003.3

島原大変と諫早(4)―寛政4年雲仙普賢岳の噴火（光富博）「諫早史談」 諫早史談会 35 2003.3

諫早の銀行 諫早の銀行/聞き書き「父・鶴川文一と私」(池田成彬)「諫早史談」 諫早史談会 35 2003.3

諫早古文書研究会について（事務局）「諫早史談」 諫早史談会 35 2003.3

諫早の史跡探訪（久保タヨ子）「談林」 佐世保史談会 44 2003.11

嶋原大変と諫早（光富博）「長崎県地方史だより」 長崎県地方史研究会 62 2004.3

天保石高帳の新田について（追補）(土肥利男)「諫早史談」 諫早史談会 36 2004.3

早田家より発見されたアームストロング砲弾（吉田幸男）「諫早史談」 諫早史談会 37 2005.3

昭和8年の諫早（古賀博幸）「諫早史談」 諫早史談会 37 2005.3

諫早大水害50年―とくに四面橋周辺（中原俊治）「諫早史談」 諫早史談会 (39) 2007.3

史談あれこれ どうなる刑務所跡/見えてきた平松城/吉永開/牧野が原/平成のシロジャ坂/眼鏡橋の復活を/昭和初期 忘れられない地元の三奇人/国道34号の歴史「諫早史談」 諫早史談会 (39) 2007.3

諫早日記に見る領主の呼称と諫早日記の考察（織田武人）「諫早史談」 諫早史談会 (40) 2008.3

史談あれこれ 「島原の子守唄」のもと唄/御館山から小豆崎へ/伊東祐之助の墓石を建てた三穂五郎/まほろしの有喜の台場（砲台）/諫早競馬場/慶厳寺の名号石と薬研彫り/師古亭から好古館へ/待望の歴史文化館の充実「諫早史談」 諫早史談会 (40) 2008.3

諫早干拓地の風景（川内知子）「西日本文化」 西日本文化協会 通号438 2009.4

高潮碑について（野中素）「諫早史談」 諫早史談会 (42) 2010.3

諫早の風水害(2)―子年の大風の諫早領被害状況（大島大輔）「諫早史談」 諫早史談会 (42) 2010.3

史談あれこれ 大水害は7月24日夜から25日明け方/御手水観音の磨崖仏/野口寧斉の墓(2)/諫早領内の水軍について/阿呆陀羅経「諫早史談」 諫早史談会 (42) 2010.3

諫早の風水害(3)～(4)(大島大輔)「諫早史談」 諫早史談会 (44)/(45) 2012.3/2013.3

諫早領における海上交通 福沢諭吉の運命を変えた諫早の酒と船（吉田幸男）「諫早史談」 諫早史談会 (46) 2014.3

長崎街道の風景『諫早から長崎まで』(久保岩男)「諫早史談」 諫早史談会 (46) 2014.3

諫早干拓の混迷を招いたのは誰か「海とにんげん&SOS」 SOS運動本部海の博物館 (5) 2014.4

諫早郷
諫早郷絵図のすばらしさ（山口正喜）「諫早史談」 諫早史談会 37 2005.3

九州・沖縄　　　　　地名でたどる郷土の歴史　　　　　長崎県

諫早市
諫早市の戦後開拓60年の歩み（田中米男）「諫早史談」　諫早史談会
（38）　2006.3

諫早台場
諫早台場の円形台座―砲身と円形台座考証（織田武人）「諫早史談」　諫早史談会　（40）　2008.3

諫早町
昭和8年の諫早町（2）（古賀博幸）「諫早史談」　諫早史談会　（38）　2006.3
昭和八年の諫早町（3）（古賀博幸）「諫早史談」　諫早史談会　（40）　2008.3

石田城
武将・大名の庭園（5）肥前石田城五島氏庭園（松山茂雄）「城」　東海古城研究会　（200）　2008.8

石橋
石橋事始め　眼鏡橋の謎（井出勝摩）「長崎文化」　長崎国際文化協会　62　2004.11

巌原港
對州巌原港にて（長塚節）「長塚節の文学」　長塚節研究会　（16）　2010.4

泉
金谷・泉地区探訪覚え書（山口八郎）「諫早史談」　諫早史談会　（39）　2007.3

井手平城
井手平城の戦いの本質―戦いの年代をめぐって（平川定美）「松浦党研究」　松浦党研究連合会，芸文堂（発売）（35）　2012.6

伊福村
明治12年起稿　14件進達「南高来郡村史」の紹介　伊福村・古部村（高木繁幸）「みずほ史談」　瑞穂町史談会　（10）　2006.3

今福
飛島をめぐる福島漁民と今福漁民との確執―『今福古捜記』より（小川吉弘）「松浦党研究」　松浦党研究連合会，芸文堂（発売）（27）　2004.6

魚津ヶ崎
五島歳時記『魚津ヶ崎』（随想・エッセー）（武羅井高）「浜木綿 ： 五島文化協会同人誌」　五島文化協会　（96）　2013.11

宇久島
今昔宇久島物語（児童・生徒の郷土研究発表）（岡本萌果）「郷土研究」　佐世保市立図書館　（36）　2009.3

梅ヶ崎仮館
若宮丸漂流民異聞（2）梅ヶ崎仮館における若宮丸漂流民（松竹秀雄）「ナジェージダ（希望）」　石巻若宮丸漂流民の会　8　2004.3

浦賀
北海道産物会所と浦賀商人―北海道立文書館所蔵「開拓使公文録」から（大豆生田稔）「市史研究横須賀」　横須賀市総務部　（2）　2003.1

浦上
浦上4番崩れと尾道（高垣俊雄）「郷土史紀行」　ヒューマン・レクチャー・クラブ　32　2005.3
1945年　ウラカミ（馬場務）「もやい ： 長崎人権・学」　長崎人権研究所（52）　2006.10
浦上四番崩れの跡を訪ねて「研究所情報」　長崎人権研究所　通号50　2009.8

浦上村
史料紹介　『肥前浦上村耶蘇宗徒処置一件』目録（清水紘一）「南島史学」　南島史学会　（74）　2009.12

浦上村淵
直轄都市長崎隣接「郷方」三ヶ村の特質―浦上村淵を中心に（戸森麻衣子）「論集きんせい」　近世史研究会　（29）　2007.6
幕末期長崎奉行所の開港場運営と「ロシア村」―「郷方」三ヶ村浦上村淵庄屋の動向を中心に（吉岡誠也）「地方史研究」　地方史研究協議会　64（6）通号372　2014.12

雲仙岳
箕作阮甫が写していたシーボルトの山岳測高―雲仙岳を4287フィートと算出するまで（野村正雄）「一滴 ： 洋学研究誌」　津山洋学資料館（14）　2006.12

雲仙普賢岳
嶋原大変と諫早（3）―寛政4年雲仙普賢岳の噴火（光富博）「諫早史談」　諫早史談会　32　2000.3
島原大変と諫早（4）―寛政4年雲仙普賢岳の噴火（光富博）「諫早史談」　諫早史談会　35　2003.3

江上
江上地区史跡めぐりベスト10（川上一樹）「郷土研究」　佐世保市立図書館　（32）　2005.3

円融寺庭園
九州の名園を歩く　浄土庭園―旧円融寺庭園（原田榮進）「海路」　「海路」編集委員会，海鳥社（発売）通号6　2008.6

黄島
五島歳時記『赤島・黄島』（随筆）（武羅井高）「浜木綿 ： 五島文化協会同人誌」　五島文化協会　（92）　2011.10

大浦
大村藩内巡検　長崎市戸町・大浦地区の史跡探訪（梅田和郎）「大村史談」　大村史談会　55　2004.3

大里
史料紹介「大里詰日録」（1）（オランダ通詞研究ノート）（織田毅）「シーボルト記念館鳴滝紀要」　長崎市　（23）　2013.3
史料紹介　「大里詰日録」（2）（論文・史料紹介）（織田毅）「シーボルト記念館鳴滝紀要」　長崎市　（24）　2014.3

大手原塩田
大手原塩田（宮崎勝秀）「郷土研究」　佐世保市立図書館　30　2003.3

大三島駅
有明の駅物語り―島鉄湯江駅・大三島駅・松尾町駅（林田謙教）「みずほ史談」　瑞穂町史談会　（9）　2004.3

大村
疱瘡予防の習俗と医療―肥前大村領の場合（久田松和則）「大村史談」　大村史談会　56　2005.3
史料　「純友伝」藩主家蔵書『大村世譜』より（勝田直子）「大村史談」　大村史談会　56　2005.3
大村領域名田考（満井録郎）「大村史談」　大村史談会　56　2005.3
大村地方史講座感想（岩永正彦，山口寛子，熊野道雄，小伝々文男，川崎岑夫，中村健，北島頼子）「大村史談」　大村史談会　（57）　2006.3
大村は歴史の宝庫（阿南重幸）「もやい ： 長崎人権・学」　長崎人権研究所　（53）　2007.3
大村領内の古城跡（本川清）「大村史談」　大村史談会　（59）　2008.3

大村市
大村市内文化財の現状調査報告（2）（野本政宏）「大村史談」　大村史談会　54　2003.3
大村市の温泉（鉱泉）（阪口和則）「大村史談」　大村史談会　（58）　2007.3

大村藩
近世初期肥前大村藩における被差別民の周辺（橋口和孝）「もやい ： 長崎人権・学」　長崎人権研究所　47　2004.3
戊辰羽州戦争と大村藩―大村隊羽州久保田から庄内鶴岡へ（松井保男）「大村史談」　大村史談会　55　2004.3
レザノフ来航と大村藩の長崎警備（今村明）「長崎県地方史だより」　長崎県地方史研究会　63　2004.10
長崎警備と大村藩政（加藤健）「大村史談」　大村史談会　56　2005.3
鯨組深沢家と大村藩（柴多一雄）「研究会報」　地域史料研究会・福岡（9）通号139　2014.6

大村湾
大村湾真珠株式会社の歴史（服部誠二）「大村史談」　大村史談会　56　2005.3

小川
地名の由来　有家町を中心に（7）小川名・中須川名・久保名（中村季彦）「嶽南風土記・有家夜話」　有家町史談会　（10）　2003.3

小値賀
明治～大正期の小値賀牛（月川雅夫）「西日本文化」　西日本文化協会　401　2004.5
小値賀の海女（武野要子）「海路」　「海路」編集委員会，海鳥社（発売）通号6　2008.6

小値賀島
小値賀島の捕鯨　藤松～小田～大阪屋組の捕鯨活動（魚屋優子）「長崎県地方史だより」　長崎県地方史研究会　61　2003.10
シリーズ文学の舞台を訪ねて（8）小値賀島・天主堂の孤独「火宅の人」（檀一雄）の島を往く（田中良彦）「もやい ： 長崎人権・学」　長崎人権研究所　（56）　2008.10
小値賀島の海士（武野要子）「海路」　「海路」編集委員会，海鳥社（発売）通号7　2009.1
小値賀島からの便り―アイランドツーリズムへの取り組み（高砂樹史）「西日本文化」　西日本文化協会　（463）　2013.6

小値賀諸島
小値賀諸島―日本西海域で育まれた島嶼世界（特集　海が創った暮らしの歴史―九州北部の島々から）（平田賢明）「西日本文化」　西日本文化協会　（459）　2012.10

大島

大島捕鯨の概要 (中園成生)「生月町博物館・島の館だより」 生月町博物館・島の館 (12) 2008.3

大島館守りのあや (式城若彦)「郷土史誌末盧國」 松浦史談会, 芸文堂 (発売) (185) 2011.3

大島の中世館跡・城跡 (米村伍則)「松浦党研究」 松浦党研究連合会, 芸文堂 (発売) (36) 2013.6

尾上

地名の由来 有家町を中心に (6-2) 尾上名 (中村季彦)「嶽南風土記・有家史談」 有家町史談会 (8) 2001.2

小野島

長崎地方航空機乗員養成所—諫早市小野島の飛行場 (光冨博)「諫早史談」 諫早史談会 36 2004.3

御船蔵

長崎・御船蔵番所『日記』(福田八郎)「嶽南風土記」 有家町史談会 (18) 2011.2

オメガ無線局大鉄塔

コラム 服部長七の足跡/室戸台風による瀬田川鉄橋列車転覆事故/長崎県対馬にあったオメガ無線局大鉄塔の解体工事/名古屋の造船業/「鹿乗橋」の拡幅/坪内逍遥の描いた明治初期の名古屋「産業遺産研究」中部産業遺産研究会事務局 (19) 2012.5

鬼岳

鬼岳 (濱田和子)「六甲倶楽部報告」 六甲倶楽部 (83) 2007.11

五島歳時記 鬼岳賛歌 (武羅井高)「浜木綿 : 五島文化協会同人誌」 五島文化協会 (85) 2008.5

鬼岳自然公園 (広域) の策定を—五島の将来の発展のために (比留木忠治)「浜木綿 : 五島文化協会同人誌」 五島文化協会 (88) 2009.11

梶山邸

戦後の玖島梶山邸 (〈終戦六十年記念特集〉) (勝田直子)「大村史談」 大村史談会 (57) 2006.3

勝富町

郷土史はオモシロイ (1) 勝富町・高梨町トンネル開通 (山口日都志)「談林」 佐世保史談会 (49) 2008.11

勝本浦

壱岐勝本浦土肥組の捕鯨文書について (古賀康士)「生月町博物館・島の館だより」 生月町博物館・島の館 (18) 2014.3

金谷

金谷・泉地区探訪覚え書 (山口八郎)「諫早史談」 諫早史談会 (39) 2007.3

金田城

巡検 対馬金田城跡—古代朝鮮式山城 (斉藤宗久)「歴研よこはま」 横浜歴史研究会 (57) 2005.11

対馬・金田城の調査成果 (〈第1特集 九州の城郭と城下町 古代編〉) (坂上康俊)「海路」 「海路」編集委員会, 海鳥社 (発売) 通号4 2007.2

対馬・金田城の築城とその背景「7世紀史研究」特集 (1) 須恵器の生産と流通」(小田富士雄)「古文化談叢」 九州古文化研究会 67 2012.3

表紙 海side から見た対馬の金田城「九州倭国通信」 九州古代史の会 (166) 2013.5

椛島

五島列島・椛島における点在集落の歴史—脱カクレキリシタン史の視点 (佐藤智敬)「常民文化」 成城大学常民文化研究会 26 2003.3

五島列島・椛島のカクレキリシタン御飾箱—大小瀬戸経文書の分析を通して (佐藤智敬)「常民文化」 成城大学常民文化研究会 27 2004.3

蒲河

蒲河新田裏話 (福田茂子)「嶽南風土記・有家史談」 有家町史談会 (11) 2004.2

上川垣内

表紙 おしかえ (生月島元触、上川垣内、平成21年7月28日)「生月町博物館・島の館だより」 生月町博物館・島の館 (17) 2013.3

上五島

第957回例会翌日会 上五島へ (嘉津山清)「史迹と美術」 史迹美術同攷会 81 (5) 通号815 2011.6

上松浦

肥前上松浦地方中世史跡探訪講座報告記 (森本武)「大村史談」 大村史談会 (58) 2007.3

亀山社中

おすすめの史跡探訪 坂本龍馬と亀山社中 (山下ひとみ)「季刊南九州文化」 南九州文化研究会 (111) 2010.5

鴨居瀬

対馬 (對州) 行きの話—大社浜から鴨居瀬まで (西山光顕)「大社の史話」 大社史話会 (157) 2008.12

川棚町

大村史談会史跡探訪—川棚町 (松崎賢治)「大村史談」 大村史談会 (58) 2007.3

川床村

川床村と豪農について (土肥利男)「諫早史談」 諫早史談会 34 2002.3

釘尾山

釘尾山とニュータウン堂崎町 (古賀博幸)「諫早史談」 諫早史談会 (38) 2006.3

玖島城

玖島城 (特集 九州の城郭と城下町 近世編) (稲富裕和)「海路」 「海路」編集委員会, 海鳥社 (発売) 通号7 2009.1

口之津

口之津に渡った沖永良部島民 (前利潔)「えらぶせりよさ : 沖永良部郷土研究会会報」 沖永良部郷土研究会 (32) 2005.11

長崎県口之津へ移住した明治30年代の沖永良部島の人々 (先田光演)「えらぶせりよさ : 沖永良部郷土研究会会報」 沖永良部郷土研究会 (36) 2006.11

口之津へ移住したエラブ出身者名簿の分析 (試み) (和泊町歴史民俗資料館)「えらぶせりよさ : 沖永良部郷土研究会会報」 沖永良部郷土研究会 (36) 2006.11

口之津で発見された海員名簿の意義——一世紀を経て明らかになった沖永良部島民の姿 (前利潔)「えらぶせりよさ : 沖永良部郷土研究会会報」 沖永良部郷土研究会 (37) 2007.2

長崎県口之津で発見された海員名簿の意義——一世紀を経て明らかになった沖永良部島民の姿 (前利潔)「えらぶせりよさ : 沖永良部郷土研究会会報」 沖永良部郷土研究会 (記念号) 2007.8

口之津へ (田辺達也)「夜豆志呂」 八代史談会 (160) 2009.6

久保

地名の由来 有家町を中心に (7) 小川名・中須川名・久保名 (中村季彦)「嶽南風土記・有家史談」 有家町史談会 (10) 2003.3

黒崎

昔のスイーツ探し旅—長崎街道・筑前六宿編 (2) 黒崎 (牛嶋英俊)「西日本文化」 西日本文化協会 通号437 2009.2

黒崎宿

幕末期長崎街道における人の移動 筑前国黒崎宿の関番所「覚」と旅籠屋「宿請状」の分析 (守友隆)「福岡地方史研究 : 福岡地方史研究会会報」 福岡地方史研究会, 海鳥社 (発売) (49) 2011.9

黒島

黒島と潜伏キリシタンの移住 (寶亀道聡)「談林」 佐世保史談会 (55) 2014.11

軍艦島

長崎歴史紀行 別子銅山「棹銅」積出し港・軍艦島 (入江義博)「新居浜史談」 新居浜郷土史談会 (388) 2012.10

軍艦島と龍馬 (像) に会う (紀行) (鶴田勝)「日和城」 高城の昔を語る会 (21) 2014.2

長崎にて軍艦島と龍馬に会う (鶴田勝)「季刊南九州文化」 南九州文化研究会 (119) 2014.5

元寇記念碑

歴史に学ぶ 元寇記念碑の由来「ふるさとの自然と歴史」 歴史と自然をまもる会 (348) 2012.9

江城

郷土史の謎を追う (10) 諫早地方の山城 (2) 江城 (山口八郎)「諫早史談」 諫早史談会 36 2004.3

神代陣屋

神代陣屋と武家屋敷の町並—江戸時代の景観を維持 (笹崎明)「城郭だより : 日本城郭史学会会報」 [日本城郭史学会] 44 2004.1

神代鍋島邸

春の史跡探訪 島原半島の神代鍋島邸と、長崎の南蛮文化・切支丹史跡を訪ねる (松本和典)「郷土史誌末盧國」 松浦史談会, 芸文堂 (発売) (198) 2014.6

小佐々水軍城

小佐々水軍城とその関連遺構—戦国期に五島灘を支配した小佐々水軍の本城と居館群跡 (小佐々学)「城郭史研究」 日本城郭史学会, 東京堂出版 (発売) 23 2003.8

シンポジウムのご案内 戦国・織豊期の九州の城郭 肥前小佐々水軍城などの評価をめぐって「海路」 「海路」編集委員会, 海鳥社 (発売) (10) 2012.3

九州・沖縄　　　　　　　　地名でたどる郷土の歴史　　　　　　　　長崎県

中世小佐々氏と「小佐々水軍城」の城下機能 地名から考える（特集 戦国・織豊期の九州の城郭）（伊藤一美）「海路」　「海路」編集委員会, 海鳥社（発売）（11）2013.3

小佐々水軍城と西海の城 東アジアの城郭との関わりについて（特集 戦国・織豊期の九州の城郭）（小佐々学）「海路」　「海路」編集委員会, 海鳥社（発売）（11）2013.3

小佐々町楠泊

郷土史はオモシロイ（2）小佐々町楠泊のこと（山口日都志）「談林」　佐世保史談会　（50）2009.10

表紙解説 小佐々町楠泊に残る石炭ポケット（ホッパー）（中川内充）「郷土研究」　佐世保市立図書館　（39）2012.3

五島

中世の五島と東アジア（佐伯弘次）「Museum Kyushu ： 文明のクロスロード」　博物館等建設推進九州会議　18（1）通号67　2000.9

朝鮮漂流民と五島（池内敏）「Museum Kyushu ： 文明のクロスロード」　博物館等建設推進九州会議　18（1）通号67　2000.9

五島乙女からのエール―戦時下の青春（牟田口義郎）「浜木綿 ： 五島文化協会同人誌」　五島文化協会　（84）2007.11

五島のツバキを世界へ―玉之浦椿の現状・歴史・展望（比留木忠治）「浜木綿 ： 五島文化協会同人誌」　五島文化協会　（87）2009.5

五島の椿を世界へ―五島椿森林公園を国際優秀椿園に（比留木忠治）「浜木綿 ： 五島文化協会同人誌」　五島文化協会　（89）2010.5

古事記・肥前国風土記にみる古代の五島（櫻井隆）「浜木綿 ： 五島文化協会同人誌」　五島文化協会　（90）2010.11

五島椿の発展計画―五島のために今何をなさねばならないか（比留木忠治）「浜木綿 ： 五島文化協会同人誌」　五島文化協会　（90）2010.11

史話 富岡製糸場の伝習工女に上った五島の娘たち―明治十年代の長崎県勧業課文書から（内海紀雄）「浜木綿 ： 五島文化協会同人誌」　五島文化協会　（93）2012.5

五島椿の将来―日本一の椿の島をめざして（論説）（比留木忠治）「浜木綿 ： 五島文化協会同人誌」　五島文化協会　（94）2012.5

史話 五島の「うどん」と「焼酎」のルーツ―藩政文書に探る（内海紀雄）「浜木綿 ： 五島文化協会同人誌」　五島文化協会　（94）2012.11

史料にみる古代の五島（1）（史話）（櫻井隆）「浜木綿 ： 五島文化協会同人誌」　五島文化協会　（95）2013.5

ツバキ花腐れ病のすべて―五島椿油生産の大敵（論説）（比留木忠治）「浜木綿 ： 五島文化協会同人誌」　五島文化協会　（95）2013.5

史料にみる古代の五島（2）―五島の土蜘蛛私考（史話）（櫻井隆）「浜木綿 ： 五島文化協会同人誌」　五島文化協会　（96）2013.11

史料・遺跡にみる古代の五島（3）―五島人の祖先は南方渡来の耳族か（史話）（櫻井隆）「浜木綿 ： 五島文化協会同人誌」　五島文化協会　（97）2014.5

五島列島

原始古代の五島列島（正林護）「Museum Kyushu ： 文明のクロスロード」　博物館等建設推進九州会議　18（1）通号67　2000.9

五島列島を行く（三石学）「全国地名研究交流誌 地名談話室」　日本地名研究所　（2）2003.4

五島列島（谷勝美）「あわじ ： 淡路地方史研究会会誌」　淡路地方史研究会　（29）2012.1

小長井

史跡探訪 小長井地区（諫早史談会）「諫早史談」　諫早史談会　（38）2006.3

小長井港

小長井港沖米軍機B29引き揚げ（《終戦六十年記念特集》）（森春義）「大村史談」　大村史談会　（57）2006.3

古部村

明治12年起稿 14年進達「南高来郡村史」の紹介 伊福村・古部村（高木繁幸）「みずほ史談」　瑞穂町史談会　（10）2006.3

小森川

大村氏領周縁部における城郭の様相（2）―小森川流域（大野安生）「北部九州中近世城郭」　北部九州中近世城郭研究会　（24）2013.4

御籠立場

御籠立場と高札場の位置探し（前田晴男）「みずほ史談」　瑞穂町史談会　（11）2007.3

西海

《特集 西海の捕鯨》「西日本文化」　西日本文化協会　361　2000.5

西海捕鯨の文書を追って―益冨組文書の重要性を訴える（秀村選三）「西日本文化」　西日本文化協会　361　2000.5

古式捕鯨業時代における西海漁場の捕鯨（中園成生）「長崎県地方史だより」　長崎県地方史研究会　61　2003.10

西海捕鯨と鯨組の軌跡（指方邦彦）「長崎県地方史だより」　長崎県地方史研究会　61　2003.10

西海捕鯨のあらまし（鳥巣京一）「海路」　「海路」編集委員会, 海鳥社（発売）通号1　2004.11

西海捕鯨小史（宮本住逸）「文化財ふくやま」　福山市文化財協会　40　2005.5

江戸時代の絵巻にみる西海の捕鯨（1），（2）（森弘子）「郷土史誌末盧國」　松浦史談会, 芸文堂（発売）163/164　2005.9/2005.12

江戸時代の絵巻にみる西海の捕鯨（3）（寺沢光世）「郷土史誌末盧國」　松浦史談会, 芸文堂（発売）（166）2006.6

江戸時代の絵巻にみる西海の捕鯨（4）～（6）（森弘子）「郷土史誌末盧國」　松浦史談会, 芸文堂（発売）（167）/（169）2006.9/2007.3

西海漁場における網掛突取捕鯨法の開始（中園成生）「生月町博物館・島の館だより」　生月町博物館・島の館　（11）2007.3

西海の島々と捕鯨（特集 海が創った暮らしの歴史―九州北部の島々から）（中園成生）「西日本文化」　西日本文化協会　（459）2012.10

西肥バス

バス停名に残る小字（2）―西肥バス路線絵図より（個人研究）（廣田昌一呂）「郷土研究」　佐世保市立図書館　（41）2014.3

堺木

「堺木」考―消えゆく「郡」に鑑みて（《創立50周年記念特集》）（平川定美）「談林」　佐世保史談会　（49）2008.11

佐々

佐々御普請組の人々（1）―吉永家文書（寶亀道聰）「談林」　佐世保史談会　（45）2004.11

佐々御普請組の人々（2）（寶亀道聰）「談林」　佐世保史談会　（46）2005.11

佐世保

佐世保の空襲を体験して（周藤千代一）「郷土史ひらた」　平田郷土史研究会　14　2003.3

佐世保名物・早朝初売の起源とその変遷（秋山俊男, 津和崎高広）「談林」　佐世保史談会　（45）2004.11

『佐世保重砲兵連隊史』より「談林」　佐世保史談会　（45）2004.11

平戸藩御家老日記より―弘化年間の佐世保（寶亀道聰）「郷土研究」　佐世保市立図書館　（32）2005.3

朝鮮戦争と佐世保（1）～（6）（山口日都志）「談林」　佐世保史談会　（46）/（51）2005.11/2010.12

真珠さまざま（郷土史はオモシロイ）（山口日都志）「談林」　佐世保史談会　（46）2005.11

平戸藩御家老日記より―嘉永年間の佐世保（宝亀道聰）「郷土研究」　佐世保市立図書館　（33）2006.3

佐世保・東京間の列車所用時間の推移（山口日都志）「談林」　佐世保史談会　（47）2006.11

急行列車と佐世保（山口日都志）「談林」　佐世保史談会　（47）2006.11

郷土史はオモシロイ リキシャ佐世保を走る／輪タク騒動記／世知原出身の中倉万次郎翁「談林」　佐世保史談会　（47）2006.11

佐世保を知る社会科学習をめざして 四年生「ふるさと佐世保のあゆみ」の教材化―佐世保の発展と日本一のアーケード（宮崎勝秀）「郷土研究」　佐世保市立図書館　（34）2007.3

佐世保海軍航空隊史（1）史料「公文備考」綴り記事を中心に 戦前編（祖谷敏行）「談林」　佐世保史談会　（48）2007.11

平戸藩御家老日記より―安政年間の佐世保（寶亀道聰）「郷土研究」　佐世保市立図書館　（35）2008.3

佐世保バーガーの学習の取り組んで（宮崎勝秀）「郷土研究」　佐世保市立図書館　（35）2008.3

佐世保独楽について（児童・生徒の郷土研究発表）（川上紅音）「郷土研究」　佐世保市立図書館　（35）2008.3

佐世保移住者の歴史（《創立50周年記念特集》）（瀬野精一郎）「談林」　佐世保史談会　（49）2008.11

佐世保大空襲―佐世保海軍共済病院勤務医師の私日記にみる6月29日（祖谷敏行）「談林」　佐世保史談会　（49）2008.11

肥前石工の発祥と盛衰 新興地の軍港佐世保で有終の美（筒井隆義）「談林」　佐世保史談会　（50）2009.10

特攻艇「震洋」と佐世保（祖谷敏行）「郷土研究」　佐世保市立図書館　（37）2010.3

拓本に見る佐世保の中世（寶亀道聰）「松浦党研究」　松浦党研究連合会, 芸文堂（発売）（33）2010.6

佐世保で見た大相撲巡業（瀬野精一郎）「談林」　佐世保史談会　（51）2010.12

郷土史はオモシロイ（2）資料 小学読本読めますか？「談林」　佐世保史談会　（51）2010.12

郷土史はオモシロイ（1）お触れ（岡村廣法）「談林」　佐世保史談会　（52）2011.11

地名「佐世保」再考 北島似水も関わった地名論（澤正明）「談林」　佐世保史談会　（52）2011.11

朝鮮戦争と佐世保(7)(山口日登志)「談林」 佐世保史談会 (52) 2011.11

長崎新聞「埋もれてゆく記憶 佐世保の戦争遺産特集」(事務局)「談林」 佐世保史談会 (52) 2011.11

佐世保の歴史(児童・生徒の郷土研究発表)(岩崎春)「郷土研究」 佐世保市立図書館 (39) 2012.3

平成佐世保『田舎廻』I(寶亀道聰, 松永武保, 西川秀利)「松浦党研究」 松浦党研究連合会, 芸文堂(発売) (35) 2012.6

郷土史はオモシロイ(1)「お触れ」(2)(岡村廣法)「談林」 佐世保史談会 (53) 2012.11

郷土史はオモシロイ(3)代用教員をクビにする視学の手紙(山口日都志)「談林」 佐世保史談会 (53) 2012.11

郷土史はオモシロイ(4)潮湯「清潮館」(廣田昌一呂)「談林」 佐世保史談会 (53) 2012.11

古代の佐世保(長崎新聞 平成24年4月8日付)(史談・史論)(中島眞澄)「談林」 佐世保史談会 (53) 2012.11

平成佐世保『田舎廻』(2)(福田ムツミ, 尾島英子, 豊島幸子, 手島イツ, 宮本尚美, 寶亀道聰)「松浦党研究」 松浦党研究連合会, 芸文堂(発売) (36) 2013.6

郷土史はオモシロイ(1)湊と舟着き場・沖泊り(山口日都志)「談林」 佐世保史談会 (54) 2013.11

人口動態に見る佐世保の近代史I(明治期)―軍港都市の誕生と拡大(米里丈夫)「談林」 佐世保史談会 (54) 2013.11

佐世保の水道(2)―明治二十年代の佐世保の水事(個人研究)(山口日都志)「郷土研究」 佐世保市立図書館 (41) 2014.3

「佐世保及びその近郊における在地土豪」考(平川定美)「松浦党研究」 松浦党研究連合会, 芸文堂(発売) (37) 2014.6

佐世保海兵団考―昭和初期の「平時」期の体制について(祖谷敏行)「談林」 佐世保史談会 (55) 2014.11

郷土史はオモシロイ(5)鉄道の話は信じられない話が多い(山口日都志)「談林」 佐世保史談会 (55) 2014.11

佐世保海軍港

佐世保海軍港務部考(祖谷敏行)「談林」 佐世保史談会 (54) 2013.11

佐世保海軍工廠

佐世保と海軍工廠・SSK(1), (2)(橋口孝三郎)「談林」 佐世保史談会 (54) / (55) 2013.11/2014.11

佐世保海軍鎮守府

郷土史はオモシロイ(3)佐世保海軍鎮守府開庁式「招待状」(上)(岡村廣法)「談林」 佐世保史談会 (54) 2013.11

佐世保軍港

佐世保軍港の発展と風紀問題(山口日都志)「長崎県地方史だより」 長崎県地方史研究会 64 2005.3

佐世保港

佐世保港発の定期客船「談林」 佐世保史談会 (46) 2005.11

佐世保市

無形文化財指定の回想(長崎薫)「郷土研究」 佐世保市立図書館 30 2003.3

西小の通学路は昔、線路だった(斎藤友美子)「郷土研究」 佐世保市立図書館 30 2003.3

身近な町の歴史(平陽子, 田中愛奈)「郷土研究」 佐世保市立図書館 30 2003.3

100年目の佐世保市(千田親志)「郷土研究」 佐世保市立図書館 30 2003.3

吉田松陰も伊能忠敬も通った僕たちの通学路(百津拓人)「郷土研究」 佐世保市立図書館 (32) 2005.3

戦中・戦後の鉄道(1)戦中の決戦輸送体制(山口日都志)「郷土研究」 佐世保市立図書館 (33) 2006.3

ぼくの町の歴史(児童・生徒の郷土研究発表)(酒見菖平)「郷土研究」 佐世保市立図書館 (33) 2006.3

戦中・戦後の鉄道(2)敗戦直前の輸送体制(山口日都志)「郷土研究」 佐世保市立図書館 (34) 2007.3

市内史跡の調査―城跡の比較を中心に(児童・生徒の郷土研究発表)(淺田久幸)「郷土研究」 佐世保市立図書館 (34) 2007.3

戦中・戦後の鉄道(4)～(7)(山口日都志)「郷土研究」 佐世保市立図書館 (36) / (39) 2009.3/012.3

突然現れた特攻艇「震洋」基地(中浦美喜人)「郷土研究」 佐世保市立図書館 (37) 2010.3

小字研究の経過と課題(寺田敏郎, 中島眞澄)「郷土研究」 佐世保市立図書館 (37) 2010.3

改訂版 小字地図完成までの道程(宮崎勝秀)「郷土研究」 佐世保市立図書館 (38) 2010.3

佐世保市の歴史と洞穴(児童・生徒の郷土研究発表)(平野こなつ)「郷土研究」 佐世保市立図書館 (38) 2011.3

佐世保中等学校

郷土史はオモシロイ(1)長崎県立佐世保中等学校(山口日都志)「談林」 佐世保史談会 (48) 2007.11

佐世保鎮守府

佐世保鎮守府の役割を艦籍から読む―統計資料の作成・分析技法の活用例(越智秀也)「郷土研究」 佐世保市立図書館 30 2003.3

「佐世保鎮守府軍政会議所」考(祖谷敏行)「談林」 佐世保史談会 (52) 2011.11

海軍司法制度と「佐世保鎮守府軍法会議所」考(祖谷敏行)「談林」 佐世保史談会 (53) 2012.11

佐世保鎮守府と東郷平八郎―東郷さんの生涯をたどる(古川恵美)「談林」 佐世保史談会 (54) 2013.11

佐世保鎮守府設置に関わる当時の動きII―田代一族の資料検討(個人研究)(中島眞澄)「郷土研究」 佐世保市立図書館 (41) 2014.3

佐世保東山海軍墓地

ドイツ人水兵の眠る海軍墓地を訪ねて(宮崎勝秀)「郷土研究」 佐世保市立図書館 (37) 2010.3

佐世保村

佐世保村々の事件簿―野元家文書「御旧記集録」より(寶亀道聰)「郷土研究」 佐世保市立図書館 30 2003.3

里美

郷土史はオモシロイ(1)郷見谷→郷美→里美へ「談林」 佐世保史談会 (51) 2010.12

椎ノ木

庵浦町椎ノ木地区の史跡を訪ねて(廣田昌一呂)「郷土研究」 佐世保市立図書館 (34) 2007.3

鹿町

わが心の故郷「鹿町」のこと(山口日都志)「談林」 佐世保史談会 (51) 2010.12

志佐

『志佐物語』について(松浦党研連資料(30))(片山茂)「松浦党研究」 松浦党研究連合会, 芸文堂(発売) (31) 2008.6

志多留

家屋台帳からみた対馬市上県町志多留の民家について(津田良樹)「年報 非文字資料研究」 神奈川大学日本常民文化研究所非文字資料研究センター (6) 2010.3

島鉄湯江駅

有明の駅物語り―島鉄湯江駅・大三島駅・松尾町駅(林田謙教)「みずほ史談」 瑞穂町史談会 (9) 2004.3

島原

島原の乱における黒田忠之本陣の陣中食―とくに食材について(平嶋浩子)「福岡県地域史研究」 西日本文化協会福岡県地域史研究所 20 2003.3

小・中学生のための「島原の乱」の研究(山田泰彦)「嶽南風土記・有家史談」 有家町史談会 10 2003.3

天草・島原の乱(上), (下)(吉岡健二)「オール諏訪 : 郷土の総合文化誌」 諏訪郷土文化研究会 23(6)通号228/23(7)通号229 2003.9/2003.10

第274回研修例会・講演 肥後細川藩と島原の乱(林千寿)「夜豆志呂」 八代史談会 144 2004.2

落首にみる「天草島原の乱」(蓑田正義)「夜豆志呂」 八代史談会 144 2004.2

島原に行ってきました(中村忠文)「中村家の会会報」 中村家の会 26 2004.8

龍神温泉の御殿と島原の乱(小池洋一)「和歌山地理」 和歌山地理学会 (24) 2004.12

文学の舞台を訪ねて―島原・共感のライン(田中良彦)「もやい : 長崎 人権・学」 長崎人権研究所 50 2005.10

ふるさとの歴史を見つめ直す人間の尊厳を訴えた島原の乱(伊福芳樹)「嶽南風土記・有家史談」 有家町史談会 (13) 2005.12

歴史放談 幕末動乱と島原(前)(野村義文)「嶽南風土記・有家史談」 有家町史談会 (14) 2006.12

島原手延べそうめん(須川そうめん)の歴史を紐解く(嶋田惣二郎)「嶽南風土記」 有家町史談会 (18) 2011.2

島原手延べそうめんのルーツは、福建省か(嶋田惣二郎)「嶽南風土記」 有家町史談会 (19) 2012.2

「寛政の島原大変 肥後迷惑」から考える(歴史随想)(福田晴男)「史叢」 熊本歴史学研究会 (16) 2012.5

史料紹介 津和野藩亀井家文書 島原の乱関連史料の紹介「季刊文化財」 島根県文化財愛護協会 (131) 2013.3

熊本・島原再発見の旅(探訪記)(伊藤健)「徳山地方郷土史研究」 徳山地方郷土史研究会 (34) 2013.3

島原の乱の実像(神田千里)「栃木史学」 国学院大学栃木短期大学史学会 (27) 2013.3
島原の乱(研究記録)(井元滝雄)「きずな」 観音寺市教育委員会生涯学習課中央公民館 (5) 2014.2
島原の大蛇の話(西田岩男)「烏ん枕」 伊万里市郷土研究会 (92) 2014.3

嶋原
嶋原大変と諫早(光冨博)「長崎県地方史だより」 長崎県地方史研究会 62 2004.3
江戸期軍記読み物「天草軍記」(5) 肥前国嶋原領一揆発端の事(山田泰造)「嶽南風土記」 有家町史談会 (19) 2012.2

島原城
島原城下町の構成(木田正巳)「嶽南風土記・有家史談」 有家町史談会 (10) 2003.3
いしぶみ訪問(106) 太宰府市観世音寺宝蔵周辺 島原市島原城彫刻の森(那須博)「ふるさとの自然と歴史」 歴史と自然をまもる会 (314) 2007.1

島原鉄道
駅物語り 島原鉄道―愛野駅・阿母崎駅・吾妻駅/雲仙鉄道―温泉鉄道・小濱鉄道・雲仙鉄道(林田謙教)「みずほ史談」 瑞穂町史談会 (10) 2006.3

島原藩
島原藩日記雑感(1)(松尾司郎)「みずほ史談」 瑞穂町史談会 (6) 2000.3
島原藩に於ける五人組証文について(野村義文)「嶽南風土記・有家史談」 有家町史談会 (10) 2003.3

島原半島
島原半島と天草の格差(伊福芳樹)「嶽南風土記・有家史談」 有家町史談会 (11) 2004.2
島原半島調査参加記(〈2006年春調査の報告〉―参加記)(深瀬公一郎)「岡山藩研究」 岡山藩研究会 (52) 2006.7

四面橋
諫早大水害50年―とくに四面橋周辺(中原俊治)「諫早史談」 諫早史談会 (39) 2007.3

清潮館
郷土史はオモシロイ(4) 潮湯「清潮館」―聞き取りテープより(2)(廣田昌一呂)「談林」 佐世保史談会 (54) 2013.11

西彼町
大村藩内巡見 西彼町史跡探訪報告(服部誠二)「大村史談」 大村史談会 54 2003.3

世知原
炭坑の町・私達の町 世知原(児童・生徒の郷土研究発表)(久保川沙希)「郷土研究」 佐世保市立図書館 (38) 2011.3

瀬戸越町
瀬戸越町の「左石」について 80年ぶりに出現した相対積み安山岩石垣(筒井隆義)「談林」 佐世保史談会 44 2003.11

外海
外海のカクレキリシタン(松川隆治)「長崎県地方史だより」 長崎県地方史研究会 64 2005.3

大塔新田
大塔新田の今昔(廣田昌一郎)「郷土研究」 佐世保市立図書館 (36) 2009.3

大塔町
郷土史はオモシロイ(2) 大塔町の今昔(山口日都志)「談林」 佐世保史談会 (53) 2012.11

第21海軍航空廠日宇補給工場
第21海軍航空廠日宇補給工場前史(祖谷敏行)「談林」 佐世保史談会 (46) 2005.11

第21海軍航空隊・共済病院
第21海軍航空隊・共済病院に対する米軍の認識―病院は Trada School とされていた(田中直樹)「大村史談」 大村史談会 55 2004.3

第21海軍工廠日宇補給工場
第21海軍工廠日宇補給工場史―工廠航空機部の移転説と航空廠日宇補給工場興亡史(祖谷敏行)「談林」 佐世保史談会 (47) 2006.11

高来
史跡探訪―高来地区(田崎保時)「諫早史談」 諫早史談会 (39) 2007.3

高島
高島の昔と今(飯島健夫)「長崎談叢」 長崎史談会 94 2005.5

鷹島
鷹島の石塁跡について(柴山喜六)「松浦党研究」 松浦党研究連合会, 芸文堂(発売) (29) 2006.6

高梨町
郷土史はオモシロイ(1) 勝富町・高梨町トンネル開通(山口日都志)「談林」 佐世保史談会 (49) 2008.11

田代
参考 日田と田代領(特集 クロスロードの自然・歴史旅―新幹線新鳥栖駅から訪ねる観光情報集成)「栖 : 鳥栖と周辺の自然と歴史をさぐる郷土誌」 鳥栖郷土研究会 (50) 2011.3
対馬藩田代領の廻米について(大会報告要旨―自由論題)(重松正道)「交通史研究」 交通史学会, 吉川弘文館(発売) (75) 2011.9

館山城
館山城跡(久家孝史)「松浦党研究」 松浦党研究連合会, 芸文堂(発売) (36) 2013.6

立山防空壕
地下壕よくわかーるすぐわかーる 長崎市の立山防空壕見学記(斎藤勉)「浅川地下壕の保存をすすめる会ニュース」 浅川地下壕の保存をすすめる会 (67) 2008.12

田ノ浦湾
久賀島田ノ浦湾の漁業変遷史―鮪漁場をめぐる紛糾と妥協(史話)(内海紀雄)「浜木綿 : 五島文化協会同人誌」 五島文化協会 (95) 2013.5

田平
平戸・田平を訪ねて(濱村修市)「郷土研究」 佐世保市立図書館 (36) 2009.3

玉之浦
「九州五島行き」と漁業根拠地としての玉之浦(調査報告)(磯本宏紀)「徳島地域文化研究」 徳島地域文化研究会 (11) 2013.3

対馬
対馬宗家文書の中世史料(佐伯弘次)「九州文化史研究所紀要」 九州大学附属図書館付設記録資料館九州文化史資料部門 (44) 2000.3
江戸時代最後の巡見使対馬日記(梅野初平)「対馬風土記」 対馬郷土研究会 36 2000.3
対馬産物関係記録(9)(小松勝助)「対馬風土記」 対馬郷土研究会 36 2000.3
史料翻刻 府中大火 宗家文庫史料 毎日記(11)「対馬風土記」 対馬郷土研究会 36 2000.3
近世の日朝関係と対馬―往来船管理に注目して(岡本健一郎)「交通史研究」 交通史学会, 吉川弘文館(発売) (50) 2002.7
対馬海流 椿の海へ(1)～(10)(日野文雄)「西日本文化」 西日本文化協会 385/401 2002.10/2004.5
対馬海流 磯良の海(森弘子)「西日本文化」 西日本文化協会 385 2002.10
対馬海流 遥かなる西の果て(森弘子)「西日本文化」 西日本文化協会 386 2002.11
中世後期における対馬宗氏の特送船(荒木和憲)「九州史学」 九州史学研究会 (135) 2003.2
対馬海流 紋九郎鯨(中園成生)「西日本文化」 西日本文化協会 391 2003.5
シリーズ対馬海流 三回まわり(中園成生)「西日本文化」 西日本文化協会 394 2003.8
倭館接収後の日朝交渉と対馬(石川寛)「九州史学」 九州史学研究会 (139) 2004.6
中世対馬の物流(関周一)「史境」 歴史人類学会, 日本図書センター(発売) (49) 2004.9
郷土大学第6回(再開第14回)講義 「周防大島と対馬―もうひとつのハワイ」三原伊文さん「周防大島郷土大学ニュウズ」 周防大島文化交流センター 14 2004.11
蝦夷地から見た対馬事件―箱館奉行所の外交的機能(佐藤匠)「北海道・東北史研究」 北海道出版企画センター (1) 2004.12
『魏志倭人伝』に記された国対馬を行く(松崎哲)「郷土史紀行」 ヒューマン・レクチャー・クラブ 34 2005.7
石見と対馬―日朝交渉を支えた2つの拠点地の交流史(杉原隆)「郷土石見 : 石見郷土研究懇話会機関誌」 石見郷土研究懇話会 (69) 2005.8
日本海海戦から百年「友好と平和」(長嶋耕一)「対馬歴史民俗資料館報」 長崎県立対馬歴史民俗資料館 (29) 2006.3
平成17年度企画展 日本海(対馬沖)海戦100周年企画展/対馬に残る江戸・明治時代の絵図展「対馬歴史民俗資料館報」 長崎県立対馬歴史民俗資料館 (29) 2006.3
文学の舞台を訪ねて(4) 『歴史との出会い 対馬幻視行(橋本文三)』(田中良彦)「もやい : 長崎人権・学」 長崎人権研究所 (52) 2006.10
平成17年度企画展 陶山訥庵展/朝鮮通信使展/対馬にのこる焼物展/絵図

展―絵図から見える対馬「対馬歴史民俗資料館報」 長崎県立対馬歴史民俗資料館 （30） 2007.2

対馬調査の課題と展望（個別共同研究）（橋川俊忠）「非文字資料研究」 神奈川大学21世紀COEプログラム拠点推進会議 （20） 2008.9

ある偶然（18）対馬への道―ルーツを求めて（比留木忠治）「浜木綿 : 五島文化協会同人誌」 五島文化協会 （86） 2008.11

対馬（對州）行きの話―大社浜から鴨居瀬まで（西山光顕）「大社の史話」 大社史話会 （157） 2008.12

朝鮮通信使と博物館、済州島、釜山、対馬（とどまつノート）（高橋陽一）「とどまつ : 北海道開拓記念館・開拓の村友の会会報」 北海道開拓記念館・開拓の村友の会 （56） 2009.5

フィールド・ワークの現場から（7）国境の島、対馬寸描（岸本誠司）「まんだら : 東北文化友の会会報」 東北芸術工科大学東北文化研究センター （39） 2009.5

対馬の旅（伊波悦子）「博友 : 沖縄県立博物館友の会機関誌」 沖縄県立博物館友の会 （21） 2009.5

エッセイ 対馬―私の歴史の原点（和田敏子）「歴研よこはま」 横浜歴史研究会 （62） 2009.5

対馬の林産業に関する一次資料の調査の必要性について（〈持続と変容の実態の研究―対馬60年を事例として 対馬調査報告〉）（田中佳奈）「非文字資料研究」 神奈川大学21世紀COEプログラム拠点推進会議 （22） 2009.7

第二回対馬調査報告書（〈持続と変容の実態の研究―対馬60年を事例として 対馬調査報告〉）（磯貝奈津子）「非文字資料研究」 神奈川大学21世紀COEプログラム拠点推進会議 （22） 2009.7

対馬慕情（歴史随想）（川本一宇）「福岡地方史研究 : 福岡地方史研究会会報」 福岡地方史研究会，海鳥社（発売） （48） 2010.8

小栗上野介の対露外交 対馬占拠事件（松川秋雄）「群馬風土記」 群馬出版センター 25（1）通号104 2011.1

幕末の対馬の危機的情勢―日本海保全との関連（三上一夫）「若越郷土研究」 福井県郷土誌懇談会 55（2） 2011.2

研究紹介 日韓境域の現状 ―対馬を中心に（特集 台湾をめぐる境域）（井出弘毅）「白山人類学」 白山人類学研究会，岩田書院（発売）（14） 2011.3

近世対馬における城下町の空間構造（研究ノート）（上島智史）「歴史地理学」 歴史地理学会，古今書院（発売）53（4）通号256 2011.9

唐津・壱岐・対馬・釜山（本田義幾）「史迹と美術」 史迹美術同攷会 82（3）通号823 2012.3

紀行文 対馬紀行（1）～（5）（三好勝芳）「備陽史探訪」 備陽史探訪の会 （165）/（170） 2012.4/2013.02

巻頭言 対馬に行く（半沢英一）「古代史の海」 「古代史の海」の会 （70） 2012.12

対馬事件の史跡を訪ねる（1），（2）（小栗上野介の史跡を訪ねる会）「たつなみ : 顕彰会機関誌」 小栗上野介顕彰会 （38）/（39） 2013.8/2014.08

例会報告 12月例会報告（平成25年12月14日）寛政九年の対馬沖の光と影（松尾晋一氏）/日本における子砲式後装砲の展開―考古資料としてみた「破羅漢砲」（神田高士氏）/八重とスペンサー銃（加藤高康氏）/19世紀イラン高原への外圧（おもにイギリス帝国）からの小火器流入とそのインパクトについて（小澤一郎氏）「銃砲史研究」 日本銃砲史学会 （379） 2014.7

対馬海峡

ハケと対馬海峡（大江正康）「海路」 「海路」編集委員会，海鳥社（発売） 通号3 2006.6

対馬市

対馬市における韓国との国際交流および地域活性化について―長崎県対馬市の「対馬アリラン祭」を事例として（申英根）「史淵」 九州大学大学院人文科学研究院 151 2014.3

対馬島

泰和6年（元久3・1206）対馬島宛高麗牒状にみえる「廉察使」について（近藤剛）「中央史学」 中央史学会 （32） 2009.3

対馬藩

対馬藩の歴史を読む―「宗家文庫史料」調査の20年とその意義（泉澄一）「対馬風土記」 対馬郷土研究会 36 2000.3

対馬藩、朝鮮方の人々（朝岡譲之助の奉公録より）（梅野初平）「少弐氏と宗氏」 少弐・宗体制懇話会 35 2001.6

対馬藩の往来船管理と各浦の役割（岡本健一郎）「九州史学」 九州史学研究会 （130） 2002.2

江戸時代の対馬のくらしを探る―温もりある対馬藩の施策（小山満信，松島修二，大森公善，俵公一郎）「対馬歴史民俗資料館報」 長崎県立対馬歴史民俗資料館 （29） 2006.3

日朝の橋渡し 通信使を支える対馬藩（小山満信）「対馬歴史民俗資料館報」 長崎県立対馬歴史民俗資料館 （30） 2007.2

研究ノート 対馬藩における御城米船対応と沿岸警備（岡本健一郎）「交通史研究」 交通史学会，吉川弘文館（発売） （75） 2011.9

対馬藩における御城米船対応と沿岸警備（大会報告要旨―自由論題）（岡本健一郎）「交通史研究」 交通史学会，吉川弘文館（発売） （75） 2011.9

対馬藩における長崎屋敷移転と御用商人（岡本健一郎）「研究紀要」 長崎歴史文化博物館 （6） 2012.3

巻頭言「対馬藩特集―主体としての対馬・対馬藩―」によせて（特集 対馬藩特集―主体としての対馬・対馬藩）（岩崎義則）「九州史学」 九州史学研究会 （163） 2012.10

吉田家の神職支配をめぐる対馬藩の動向―天保期「藤内蔵助上京之儀」を事例に（特集 対馬藩特集―主体としての対馬・対馬藩）（藤井祐介）「九州史学」 九州史学研究会 （163） 2012.10

出島

出島下層労働力研究序説 大使用人マツをめぐって（横山伊徳）「洋学史通信」 洋学史学会 （19） 2003.8

出島（原嶋千鶴子）「あさじ史談」 朝地史談会 98 2003.12

鎖国時代の出島（山崎国男）「長崎文化」 長崎国際文化協会 62 2004.11

長崎市刊『出島図―その景観と変遷―』に掲載されなかった出島図とその風俗図－特に健康管理としてのスポーツ関連絵図について（上野利三）「三重中京大学地域社会研究所報」 三重中京大学地域社会研究所 （18） 2006.3

高野聖と出島―阿蘭陀屋敷制札をめぐって（清水眞澄）「洋学史研究」 洋学史研究会 （23） 2006.4

長崎の食文化 出島とターフル料理（越中哲也）「純心博物館だより」 長崎純心大学博物館 （26） 2006.5

出島と洋風輸入（3）（旗先好紀）「長崎談叢」 長崎史談会 98 2010.3

長崎出島誕生（田村洋一）「兵庫歴研」 兵庫歴史研究会 （28） 2012.4

長崎出島における復元整備の経緯と問題点（共同課題「旅・観光・歴史遺産」（特集号）「歴史地理学」 歴史地理学会，古今書院（発売）56（1）通号268 2014.1

堂崎城

堂崎城と悲話（中村季彦）「嶽南風土記・有家史談」 有家町史談会 （14） 2006.12

堂崎町

釘尾山とニュータウン堂崎町（古賀博幸）「諫早史談」 諫早史談会 28 2006.3

唐船城

幸末丸母子を救出した有田唐船城の旧臣を探る（池田徳馬）「松浦党研究」 松浦党研究連合会，芸文堂（発売） （28） 2005.6

飛島

飛島をめぐる福島漁民と今福漁民との確執―『今福古捜記』より（小川吉弘）「松浦党研究」 松浦党研究連合会，芸文堂（発売）（27） 2004.6

富江

富江騒動始末記［1］～（6）（竹山和昭）「浜木綿 : 五島文化協会同人誌」 五島文化協会 （86）/（91） 2008.11/2011.5

長崎

藩領を越えた被差別民の移動を、長崎「犯科帳」にみる（梅崎純司）「もやい : 長崎人権・学」 長崎人権研究所 41 2000.10

「犯科帳」史料紹介 文化10年～文政4年「もやい : 長崎人権・学」 長崎人権研究所 41 2000.10

「犯科帳」史料紹介―「部落」史関係記事 文政5年（1822）～文政11年（1828）（山下信哉）「もやい : 長崎人権・学」 長崎人権研究所 42 2001.3

『犯科帳』史料紹介（天保12年～弘化元年）（山下信哉）「もやい : 長崎人権・学」 長崎人権研究所 44 2002.3

幕末長崎にあった珍事件（戸田敏博）「尾上文化誌」 尾上町郷土史研究会 平成14年版 2003.3

長崎在番京糸割符宿老巨智部英三郎補遺（長田和之）「洋学史研究」 洋学史研究会 （20） 2003.4

近世中期長崎支配機構について 長崎目付と享保期の長崎奉行（鈴木康子）「長崎談叢」 長崎史談会 92 2003.5

長崎談叢75号（川嶋道利）「長崎談叢」 長崎史談会 92 2003.5

江戸期度流通と大坂商人―長崎・府内・小倉・筑前・大坂（阿南重幸）「部落解放史・ふくおか」 福岡県人権研究所 110 2003.6

貿易都市長崎と「かわた」集団［1］～（3）（阿南重幸）「もやい : 長崎人権・学」 長崎人権研究所 46/48 2003.10/2004.10

モノがたり仙台 長崎に渡った仙台市電「せんだい市史通信」 仙台市博物館市史編さん室 （11） 2003.11

郷足軽と長崎警備（尾籠進）「嘉飯山郷土研究会会誌」 嘉飯山郷土研究会 17 2003.11

長崎の美術工芸を語る（1），（2），（4），（6）（越中哲也）「純心博物館だより」 長崎純心大学博物館 21/（31） 2003.11/2009.2

近世長崎科学技術史年表 稿（上野利三）「松阪大学地域社会研究所報」松阪大学地域社会研究所 （16） 2004.3

大村史談会第5回公開講座「長崎街道（俵坂～長崎間）史談探訪講座」報告（森本武）「大村史談」 大村史談会 55 2004.3

英艦サマラン号の琉球・長崎来航（山下重一）「南島史学」 南島史学会 （63） 2004.4

長崎街道の旅—松原宿から天領長崎へ（阿河正士）「故郷の花」 小郡市郷土史研究会 （29） 2004.5

長崎に於ける司法権の確立過程—「犯科帳」にみる町年寄の司法的権限（安高啓明）「長崎談叢」 長崎史談会 93 2004.5

長崎談叢75年（2）（河崎道利）「長崎談叢」 長崎史談会 93 2004.5

資料 長崎語覚書（唐谷満）「長崎談叢」 長崎史談会 93 2004.5

『犯科帳』にみる非人集団—長崎の場合（阿南重幸）「部落解放史・ふくおか」 福岡県人権研究所 114 2004.6

部屋住藩士の長崎・天草視察旅行記（鈴木喬）「史叢」 熊本歴史学研究会 （9） 2004.7

長崎の部落史研究を読む（竹森健二郎）「もやい : 長崎人権・学」 長崎人権研究所 48 2004.10

随想 私の長崎（森永信子）「えすたでい」 自分史の会・えすたでい （13） 2004.11

《特集 長崎はじめて物語》「長崎文化」 長崎国際文化協会 62 2004.11

長崎はじめてスポーツ遊戯3Bビリヤード、ボウリングおよびバドミントン（宮川雅一）「長崎文化」 長崎国際文化協会 62 2004.11

長崎事始め コーヒーとビール（原田博二）「長崎文化」 長崎国際文化協会 62 2004.11

黄檗文化と唐通事（新名規明）「長崎文化」 長崎国際文化協会 62 2004.11

長崎はじめて物語 汽車について（冨永康）「長崎文化」 長崎国際文化協会 62 2004.11

〈ずいひつ—長崎はじめて物語〉「長崎文化」 長崎国際文化協会 62 2004.11

タバコの伝来と唐通事（伊東秀征）「長崎文化」 長崎国際文化協会 62 2004.11

火消ポンプ「龍吐水」は長崎から（松添博）「長崎文化」 長崎国際文化協会 62 2004.11

長崎から全国に広まっていった食べ物について（向井十郎）「長崎文化」 長崎国際文化協会 62 2004.11

長崎へ集結した幕末の勤王の志士（杉山儀太郎）「嶽南風土記・有家史談」 有家町史談会 （12） 2005.2

長崎の日清文人交流—「幕賓」市川寛斎と海商文人（杉仁）「在村文化研究」 在村文化研究会 （18） 2005.3

近世長崎科学技術史年表 稿II（上野利三）「松阪大学地域社会研究所報」松阪大学地域社会研究所 （17） 2005.3

「長崎喧嘩」物語（福永弘之）「葉隠研究」 葉隠研究会 55 2005.3

長崎奉行職権の一考察—「江戸伺」システムにみる司法権《小特集 民間所在史料のゆくえ》（安高啓明）「地方史研究」 地方史研究協議会 55（2）通号314 2005.4

普茶料理・精進料理そして長崎シッポク精進料理（越中哲也）「純心博物館だより」 長崎純心大学博物館 24 2005.5

海援隊・グラバー・唐通事（笠井晶二）「長崎談叢」 長崎史談会 94 2005.5

近世中後期、大坂通行の長崎役人一覧（今井典子）「住友史料館報」 住友史料館 （36） 2005.7

近世中後期長崎代官の手代—地役人と手代の間（戸森麻衣子）「九州史学」 九州史学研究会 （142） 2005.8

瀬戸内海の公用通行に関わる情報と播磨室津・名村氏—長崎上使御下向の事例を手掛かりに（鴨頭俊宏）「史学研究」 広島史学研究会 2005.8

会員のページ 路面電車小史—広島・長崎を中心として（有馬康之）「西日本文化」 西日本文化協会 414 2005.9

報告5 長崎 身分と身形—衣服と外観 長崎の場合（阿南重幸）「もやい : 長崎人権・学」 長崎人権研究所 50 2005.10

《特集 長崎の特産品—工芸》「長崎文化」 長崎国際文化協会 63 2005.11

華やかさを競う長崎刺繍 ながさきくんちの傘鉾に残す（梅田和郎）「長崎文化」 長崎国際文化協会 63 2005.11

古賀人形など長崎の玩具（宮川雅一）「長崎文化」 長崎国際文化協会 63 2005.11

長崎のべっ甲細工（原田博二）「長崎文化」 長崎国際文化協会 63 2005.11

長崎ビロード（本馬貞夫）「長崎文化」 長崎国際文化協会 63 2005.11

長崎の青貝細工（松下久子）「長崎文化」 長崎国際文化協会 63 2005.11

ずいひつ 簪（旗先好紀）「長崎文化」 長崎国際文化協会 63 2005.11

ずいひつ 桃色珊瑚（福永玲子）「長崎文化」 長崎国際文化協会 63 2005.11

姑とべっ甲細工（山里和代）「長崎文化」 長崎国際文化協会 63 2005.11

長崎の特産工芸品について（向井十郎）「長崎文化」 長崎国際文化協会 63 2005.11

近世長崎科学技術史年表 稿III（上野利三）「三重中京大学地域社会研究所報」 三重中京大学地域社会研究所 （18） 2006.3

近世中後期長崎における都市運営と地役人—町乙名の実態的・動態的分析をもとに（添田仁）「ヒストリア : journal of Osaka Historical Association」 大阪歴史学会 （199） 2006.3

清代福建・沙埕船の長崎来航について（松浦章）「南島史学」 南島史学会 （67） 2006.5

竹森道悦と地図奉納—「世界図」・「肥前長崎図」の紹介を中心に（渡辺美季）「九州史学」 九州史学研究会 （146） 2006.10

土地の恩恵《特集 長崎と文学》（青来有一）「長崎文化」 長崎国際文化協会 （64） 2006.11

『五足の靴—五人づれ』—南蛮文学の道《特集 長崎と文学》（若木太一）「長崎文化」 長崎国際文化協会 （64） 2006.11

江戸時代の文化と長崎の文学碑《特集 長崎と文学》（安高啓明）「長崎文化」 長崎国際文化協会 （64） 2006.11

エッセイ 長崎の文学と文学館《特集 長崎と文学》（田中正明）「長崎文化」 長崎国際文化協会 （64） 2006.11

江戸初期の長崎の俳諧《特集 長崎と文学》（旗先好紀）「長崎文化」 長崎国際文化協会 （64） 2006.11

長崎の文学《特集 長崎と文学》（向井十郎）「長崎文化」 長崎国際文化協会 （64） 2006.11

「随筆ながさき」について—市民レベルの表現文化の醸成《特集 長崎と文学》（有馬博志）「長崎文化」 長崎国際文化協会 （64） 2006.11

文芸「長崎と文学」《特集 長崎と文学》「長崎文化」 長崎国際文化協会 （64） 2006.11

近世長崎における身柄拘束機関の構造と機能（安高啓明）「研究紀要」 長崎歴史文化博物館 （1） 2006.11

小城郷土史研究会 史跡探訪会 長崎を訪ねる/研究発表会「小城の歴史」 小城郷土史研究会 （55） 2007.3

長崎の食文化 我が国初期の洋食を考える（越中哲也）「純心博物館だより」 長崎純心大学博物館 （28） 2007.5

長崎の食文化について《〈博物館学課程 実習ノートより〉》（鰐口友里）「純心博物館だより」 長崎純心大学博物館 （28） 2007.5

長崎貿易商館と元文通銅座（今井典子）「住友史料館報」 住友史料館 （38） 2007.7

長崎原爆被爆者の証言 第二回 生きていれば、こそ「日本の戦争」の記憶《特集 戦争を貫く40年—満州事変から敗戦・復興の歩み》（渡辺考）「西日本文化」 西日本文化協会 通号428 2007.8

模範授業「長崎の町のできかた」/第13回全国部落史研究交流会 於：神戸（報告）「研究所情報」 長崎人権研究所 通号42 2007.8

フェートン号事件と長崎警備（梶嶋政司）「九州文化史研究所紀要」 九州大学附属図書館付設記録資料館九州文化史資料部門 （50） 2007.10

長崎に残る中国の食文化《特集 長崎の中の中国》（脇山順子）「長崎文化」 長崎国際文化協会 （65） 2007.11

長崎に残る中国文化《特集 長崎の中の中国》（原田博二）「長崎文化」 長崎国際文化協会 （65） 2007.11

上海リアル・タイム《特集 長崎の中の中国》（周琰楠）「長崎文化」 長崎国際文化協会 （65） 2007.11

〈ずいひつ 長崎の中の中国〉《特集 長崎の中の中国》「長崎文化」 長崎国際文化協会 （65） 2007.11

「長崎の中の中国」の締め付けは唐寺《特集 長崎の中の中国》（宮川雅一）「長崎文化」 長崎国際文化協会 （65） 2007.11

俳句で詠む「長崎の中の中国」《特集 長崎の中の中国》（旗先好紀）「長崎文化」 長崎国際文化協会 （65） 2007.11

中国に県人を訪ねて《特集 長崎の中の中国》（池田一二三）「長崎文化」 長崎国際文化協会 （65） 2007.11

長崎の中の中国《特集 長崎の中の中国》（向井十郎）「長崎文化」 長崎国際文化協会 （65） 2007.11

長崎の中の中国《特集 長崎の中の中国》（福永玲子）「長崎文化」 長崎国際文化協会 （65） 2007.11

大好きな皿うどん—長崎の中の中国《特集 長崎の中の中国》（立石幸子）「長崎文化」 長崎国際文化協会 （65） 2007.11

長崎の中の中国《特集 長崎の中の中国》（朱敏）「長崎文化」 長崎国際文化協会 （65） 2007.11

長崎上海クラブの中国（上海）との交流活動について《特集 長崎の中の中国》（室泰詞）「長崎文化」 長崎国際文化協会 （65） 2007.11

長崎奉行（藤井悟）「郷土史誌末盧國」 松浦史談会, 芸文堂（発売） （172） 2007.12

文化期長崎における異国船取扱法（梶嶋政司）「九州文化史研究所紀要」 九州大学附属図書館付設記録資料館九州文化史資料部門 （51） 2008.3

シリーズ人権を考える(7)〈被爆と人権〉長崎原爆の今日(平野伸人)「もやい : 長崎人権・学」 長崎人権研究所 (55) 2008.3

幕末期、福井藩の他国交易について―横浜・長崎・下関における(本川幹男)「福井県地域史研究」 福井県地域史研究会 (12) 2008.6

長崎の食文化について(〈博物館学課程 実習ノートより〉)(戸村清美)「純心博物館だより」 長崎純心大学博物館 (30) 2008.9

幕末・維新期にみる長崎港市社会の実像(《特集 近世港湾都市における文化と社会》)(添田仁)「民衆史研究」 民衆史研究会 (76) 2008.12

正徳新例前後の長崎における抜荷の主体変化と町の展開―犯科人による近世長崎の編成(橋本賢一)「史学研究集録」 國學院大學大学院史学専攻大学院会 (34) 2009.3

和菓子研究 近世長崎の年中行事記録にみる菓子の実態―かすてら、桃饅頭を中心として(《特集 武家社会と菓子》)(橋爪伸子)「和菓子」 虎屋虎屋文庫 (16) 2009.3

龍馬の夢の舞台「長崎」を巡る(〈松本〉)「維新の道 : 霊山歴史館機関紙」 霊山顕彰会 (134) 2009.7

訪ねてみませんか? 長崎の時間を歩く―原爆・部落・キリシタン(長崎人権研究所)「リベラシオン : 人権研究ふくおか」 福岡県人権研究所 (135) 2009.9

《長崎の部落史研究》「もやい : 長崎人権・学」 長崎人権研究所 (59) 2009.10

江戸期の長崎の女性(《特集 長崎の女たちII》―〈ずいひつ 長崎の女たち〉)(籏先好紀)「長崎文化」 長崎国際文化協会 (67) 2009.11

狛犬に見る長崎華街女性の心情(《特集 長崎の女たちII》―〈ずいひつ 長崎の女たち〉)(上杉千郷)「長崎文化」 長崎国際文化協会 (67) 2009.11

長崎の女達(《特集 長崎の女たちII》―〈ずいひつ 長崎の女たち〉)(向井十郎)「長崎文化」 長崎国際文化協会 (67) 2009.11

遠い日の女たち(《特集 長崎の女たちII》―〈ずいひつ 長崎の女たち〉)(山本正興)「長崎文化」 長崎国際文化協会 (67) 2009.11

文芸―「長崎の女たち」(《特集 長崎の女たちII》)「長崎文化」 長崎国際文化協会 (67) 2009.11

〈開港場行政〉の形成と長崎(部会報告)(添田仁)「ヒストリア : journal of Osaka Historical Association」 大阪歴史学会 (218) 2009.12

川上信也の旅アングル(9) 幕末の写真家・上野彦馬が見た長崎「西日本文化」 西日本文化協会 通号443 2010.2

日米協約と長崎・箱館の「交易会所開港」―三段階の開港を経る日本の開国(清水憲朔)「市立函館博物館研究紀要」 市立函館博物館 (20) 2010.3

近世後期における異国船対策と瀬戸内海域のネットワーク―芸予・防予諸島をめぐる漂着異国人の長崎移送情報を中心に(鴨頭俊宏)「内海文化研究紀要」 広島大学大学院文学研究科附属内海文化研究施設 (38) 2010.3

市外探訪 長崎・佐賀の文化財(平成21年度文化財現地探訪報告)(塩見興一郎)「ふるさと山口」 山口の文化財を守る会 (31) 2010.6

長崎ペーロン及び沖縄ハーリーと台湾ペーリョンツェンの比較(黄麗雲)「平戸史談」 平戸史談会 (17) 2010.9

長崎の更紗(1)(越中哲也)「純心博物館だより」 長崎純心大学博物館 (33) 2010.10

エッセイ 遠きにありて、長崎学に志す(特集 長崎学のいま)(島内景二)「長崎文化」 長崎国際文化協会 (68) 2010.11

長崎学とその歴史(特集 長崎学のいま)(原田博二)「長崎文化」 長崎国際文化協会 (68) 2010.11

長崎学の仲の長崎ことはじめ(特集 長崎学のいま)(宮川雅一)「長崎文化」 長崎国際文化協会 (68) 2010.11

長崎八景の長崎学―牛込忠左衛門の詩宴(特集 長崎学のいま)(若木太一)「長崎文化」 長崎国際文化協会 (68) 2010.11

長崎の食文化について(特集 長崎学のいま)(脇山順子)「長崎文化」 長崎国際文化協会 (68) 2010.11

「長崎学」とは何か(特集 長崎学のいま)(越中哲也)「長崎文化」 長崎国際文化協会 (68) 2010.11

長崎とロシア(ロシア娘との出会い)(特集 長崎学のいま―ずいひつ 特集「長崎学のいま―長崎に寄せて」)(向井十郎)「長崎文化」 長崎国際文化協会 (68) 2010.11

文芸―「長崎を詠む」「長崎文化」 長崎国際文化協会 (68) 2010.11

晩秋 長崎を巡る(探訪記)(松永恵子)「徳山地方郷土史研究」 徳山地方郷土史研究会 (32) 2011.3

長崎さるくの旅(史跡探訪)(佐々木ミヨカ)「故郷の花」 小郡市郷土史研究会 (36) 2011.3

長崎の印章―蔵書印を中心に(平岡隆二)「研究紀要」 長崎歴史文化博物館 (5) 2011.3

松前・蝦夷地における長崎俵物の集荷―18世紀後半を中心に(菅原慶郎)「北海道・東北史研究」 北海道出版企画センター (7) 2011.4

研究ノート 長崎からエレキテルを見直す(松尾龍之介)「洋学史研究」 洋学史研究会 (28) 2011.4

長崎と満州での終戦―少年少女たちの終戦・満蒙開拓団(大牟田一成)「えびの」 えびの市史談会 (45) 2011.5

長崎貿易に占める南部昆布の歴史的意義―松前・津軽昆布との比較から(研究大会報告要旨)(菅原慶郎)「北海道史研究協議会会報」 北海道史研究協議会 (89) 2011.12

歌で巡る佐賀・長崎の旅(矢原聖子)「厚南」 厚南郷土史研究会 (9) 2012.3

日本近代化産業の遺産 長崎へ(史跡探訪)(浦洋祐)「故郷の花」 小郡市郷土史研究会 (37) 2012.3

長崎警護役の歴史的意義―正徳新例を転換点に(玉井建也)「風俗史学 : 日本風俗史学会誌」 日本風俗史学会 (48) 2012.9

長崎御用銅廻船と四国の金比羅宮―米代川流域との繋がりについて(木村清幸)「鷹巣地方史研究」 鷹巣地方史研究会 (68) 2012.11

長崎より佐伯横川村役人まで 先觸廻状 竹中馬之丞(資料紹介)(竹中進)「佐伯史談」 佐伯史談会 (220) 2012.11

9月例会 「外国人居留地 ガス灯考―神戸・横浜・長崎」の概要(西川和機)「神戸史談」 神戸史談会 (310) 2013.1

オランダ通詞にみる長崎地役人の「立入」について(オランダ通詞研究ノート)(織田毅)「シーボルト記念館鳴滝紀要」 長崎市 (23) 2013.3

近世長崎における「東京造御船」の絵図面(深瀬公一郎)「研究紀要」 長崎歴史文化博物館 (7) 2013.3

平戸藩主の長崎勤番役往復―松浦熈(観中)時代の御陸行(寶亀道聰)「談林」 佐世保史談会 (54) 2013.11

亀山焼と長崎周辺の陶芸(2)(越中哲也)「純心博物館だより」 長崎純心大学博物館 (36) 2014.1

長崎警備における佐賀藩主・長崎奉行の視察(資料紹介)(鍋島茂清)「佐賀大学地域学歴史文化研究センター研究紀要」 佐賀大学地域学歴史文化研究センター (8) 2014.3

長崎街道の風景『諫早から長崎まで』(久保岩男)「諫早史談」 諫早史談会 (46) 2014.3

近世長崎における家質根証文(矢田純子)「研究紀要」 長崎歴史文化博物館 (8) 2014.3

春の史跡探訪 島原半島の神代鍋島邸と、長崎の南蛮文化・切支丹史跡を訪ねる(松本和典)「郷土史誌末盧國」 松浦史談会, 芸文堂(発売) (198) 2014.6

滋賀とかかわりが深い長崎の高島家 色鍋島の出土片に勢力をしのぶ(北から南から)(赤尾和美)「湖国と文化」 びわ湖芸術文化財団 38(3) 通号148 2014.7

天明後期の長崎情勢と長崎奉行末吉摂津守利隆(論文)(鈴木康子)「花園史学」 花園大学史学会 (35) 2014.11

長崎海軍伝習所

嘉永・安政期の幕府海軍創設計画―長崎海軍伝習中止の再検討(神谷大介)「京浜歴科研年報」 京浜歴史科学研究会 (17) 2003.1

長崎「海軍」伝習再考―幕府伝習生の人選とそれをめぐる議論を中心に(2014年度明治維新史学会大会報告要旨)(金蓮玉)「会報明治維新史学会だより」 明治維新史学会 (21) 2014.5

長崎海軍伝習所、沼津兵学校と懐徳堂(小西克介)「大塩研究」 大塩事件研究会 (71) 2014.8

長崎会所

江戸長崎会所の洋書と東京運上所の業務「東京都公文書館だより」 東京都公文書館 (14) 2009.3

長崎蔵屋敷

史跡探訪 長崎台場と諫早私領の長崎蔵屋敷(織田武人)「諫早史談」 諫早史談会 (39) 2007.3

長崎県

壱岐・対馬の城―勝本城と清水山城(西尾孝昌)「倭城の研究」 城郭談話会 4 2000.7

長崎県の台場と番所の考察(山口一男)「松浦党研究」 松浦党研究連合会, 芸文堂(発売) 24 2001.6

壱岐、対馬紀行(間浩太, 友草水月)「いの史談」 いの史談会 (53) 2002.11

三和町・森家先祖墓と大瀬戸町・小佐々氏墓所―常識化された歴史の落とし穴(相川淳)「長崎県地方史だより」 長崎県地方史研究会 60 2003.3

長崎県の融和事業・融和教育について(藤澤秀雄)「部落解放史・ふくおか」 福岡県人権研究所 109 2003.3

シンポジウム「ながさきを書く」(葛西よう子)「長崎県地方史だより」 長崎県地方史研究会 61 2003.10

蔵書目録―長崎県関係(編集部)「もやい : 長崎人権・学」 長崎人権研究所 47 2004.3

文化十四年「赤司安後の都廻道之記」(田崎保時)「長崎県地方史だより」 長崎県地方史研究会 62 2004.3

幕末期における県内の石炭産業(山口日都志)「談林」 佐世保史談会

九州・沖縄　　　　　　　　　　　　　　地名でたどる郷土の歴史　　　　　　　　　　　　　　長崎県

（45）　2004.11

文学の舞台を訪ねて―崎戸・泥の文章（田中良彦）「もやい : 長崎人権・学」　長崎人権研究所　49　2005.3

平戸・長崎に伝来した癒しの珈琲文化考（エッセイ）（有馬康之）「海路」　「海路」編集委員会，海鳥社（発売）　通号2　2005.9

壱岐・対馬―史跡と考古の旅（麻殖生剛一）「つどい」　豊中歴史同好会　（215）　2006.2

野母・西彼杵半島史跡探訪講座報告記（森本武）「大村史談」　大村史談会　（57）　2006.3

生月島・平戸島探訪記（〈2006年夏調査の報告〉―参加記）（大橋幸泰）「岡山藩研究」　岡山藩研究会　（53）　2006.11

駅物語り 諫早・本諫早・幸・小野本町・干拓の里・森山・釜ノ鼻・諫早東高校前（林田謙教）「みずほ史談」　瑞穂町史談会　（11）　2007.3

シリーズ文学の舞台を訪ねて（7）「鯨神」（宇野鴻一郎）の島を往く（田中良彦）「もやい : 長崎人権・学」　長崎人権研究所　（55）　2008.3

浦上一番崩れにおける大村藩と長崎奉行（大橋幸泰）「大村史談」　大村史談会　（59）　2008.3

江戸期 長崎の諸事情（研究レポート）（熊谷良英）「からいどすこーぷ」　歴史学同好会　（11）　2009.1

郡崩れと江上村への足軽移住（寶亀道聰）「談林」　佐世保史談会　（50）　2009.10

16世紀対馬と壱岐・五島・肥前松浦地域の関係性（秋田洋一郎）「ヒストリア : journal of Osaka Historical Association」　大阪歴史学会　（219）　2010.3

長崎県下かくれキリシタンの経済的背景（中園成生）「生月町博物館・島の館だより」　生月町博物館・島の館　（15）　2011.3

「鎖国」制下の海の関所―長崎両番所から浦賀番所へ（加藤僚）「交通史研究」　交通史学会，吉川弘文館（発売）　（74）　2011.4

第957回例会 長崎県の石造物と文化財（嘉津山清）「史迹と美術」　史迹美術同攷会　81（5）通号815　2011.6

近世後期の長崎紀行―「筑紫太宰府参詣道中日記」を中心に（井上淳）「研究紀要」　愛媛県歴史文化博物館　（17）　2012.3

史談あれこれ 龍造寺隆信公と和銅寺／御館山に残る江戸時代の境塚／八天公園の鳥居／島原の乱戦没者追悼碑の銘彫なおし／若杉春俊への改名／幻のドラマ「六段の調べ」（諫早史談）　諫早史談会　（44）　2012.3

唐人屋敷の維持管理と長崎の大工職人（深瀬公一郎）「研究紀要」　長崎歴史文化博物館　（6）　2012.3

長崎唐通事の肖像画（錦織亮介）「研究紀要」　長崎歴史文化博物館　（6）　2012.3

長崎県のとうしほ田・たいとう田（菅野郁雄）「赤米ニュース」　東京赤米研究会　（182）　2012.5

松浦党関係 佐賀県・長崎県の中世山城一覧（編集委員）「松浦党研究」　松浦党研究連合会，芸文堂（発売）（35）　2012.6

知事交代記録にみる明治期長崎県の諸問題（岡本健一郎）「研究紀要」　長崎歴史文化博物館　（7）　2013.3

近世後期の長崎紀行―「筑紫太宰府参講道中日記」を中心に（井上淳）「今治史談」　今治史談会　（19）　2013.7

郷土史はオモシロイ（2）相違～平戸を結んだ連絡船（山口日都志）「談林」　佐世保史談会　（54）　2013.11

郷土史はオモシロイ（5）相浦と川内カマボコ（山口日都志）「談林」　佐世保史談会　（54）　2013.11

長崎県の地名雑考（安田義彦）「古代朝鮮文化を考える」　古代朝鮮文化を考える会　（28）　2013.12

異質石塔にみる中世の大村湾・有明海の海運（大石一久）「研究紀要」　長崎歴史文化博物館　（8）　2014.3

長崎県における明治初期の道路行政―日見新道・鹿島新道・時津新道（山口保彦）「研究紀要」　長崎歴史文化博物館　（8）　2014.3

長崎県北の旧世知原町・吉井町の山城と館跡（片山茂）「松浦党研究」　松浦党研究連合会，芸文堂（発売）（37）　2014.6

長崎港

長崎開港の歴史を海路をたどる旅 時津港→鷹島→横瀬浦→平戸 西海橋をくぐり、平戸へ（宮崎懐良）「研究所情報」　長崎人権研究所　通号41　2007.5

17世紀後半の長崎港における船旗の役割（深瀬公一郎）「研究紀要」　長崎歴史文化博物館　（5）　2011.3

表紙 長崎港鳥瞰図（部分）江戸時代後期「徴古館報」　鍋島報效会　（24）　2012.7

新収載資料から 石崎融思筆「長崎図」文政3年（1820）絹本著色 1幅 51.0cm×73.1cm「博物館だより」　神戸市立博物館　（104）　2013.9

幕末・明治期の長崎港に来航した外国船（特集 長崎港―特別寄稿）（ブライアン・バークガフニ）「長崎文化」　長崎国際文化協会　（71）　2013.12

長崎港を巣立った豪華客船たち（特集 長崎港―特別寄稿）（井出勝摩）「長崎文化」　長崎国際文化協会　（71）　2013.12

長崎港の交通船物語（特集 長崎港―特別寄稿）（村崎春樹）「長崎文化」　長崎国際文化協会　（71）　2013.12

長崎港の変遷（特集 長崎港―特別寄稿）（原田博二）「長崎文化」　長崎国際文化協会　（71）　2013.12

長崎港の浚渫（特集 長崎港―随筆）（籏先好紀）「長崎文化」　長崎国際文化協会　（71）　2013.12

長崎港（特集 長崎港―随筆）（山本米子）「長崎文化」　長崎国際文化協会　（71）　2013.12

長崎港アラカルト（特集 長崎港―随筆）（立石幸子）「長崎文化」　長崎国際文化協会　（71）　2013.12

文芸―「長崎港」（特集 長崎港）「長崎文化」　長崎国際文化協会　（71）　2013.12

明治一〇年代前半の長崎港における大坂運航汽船と船主（東條正）「研究会報」　地域史料研究会・福岡　（10）通号140　2014.8

長崎市

長崎市の町名復活について（中尾昭弘）「全国地名保存連盟会報」　全国地名保存連盟　（72）　2010.11

以西底曳き網漁業における漁業移住と漁業経営の戦後の変遷―長崎市・福岡市へ移住した徳島県美波町出身の漁民（磯本宏紀）「徳島地域文化研究」　徳島地域文化研究会　（12）　2014.3

長崎製鉄所

長崎製鉄所の洋風工場建築について―フェイエノールト社図面等からみた建築概要（村田明久）「研究紀要」　長崎歴史文化博物館　（1）　2006.11

長崎台場

史跡探訪 長崎台場と諫早私領の長崎蔵屋敷（織田武人）「諫早史談」　諫早史談会　（39）　2007.3

長崎町

元禄期における長崎町年寄の家督相続（梶嶋政治）「九州文化史研究所紀要」　九州大学附属図書館付設記録資料館九州文化史資料部門　（54）　2011.3

長崎町人の新田開発・「預ヶ銀」と天草石本家（梶嶋政治）「九州文化史研究所紀要」　九州大学附属図書館付設記録資料館九州文化史資料部門　（57）　2014.3

長崎奉行所

「長崎奉行所関係資料」の重要文化財指定にあたって（本馬貞夫，石尾和貴）「長崎県地方史だより」　長崎県地方史研究会　（65）　2006.3

長崎奉行所関係資料の抜荷記録にみる琉球貿易（深瀬公一郎）「研究紀要」　長崎歴史文化博物館　（2）　2007.12

長崎奉行所の法概念―長崎奉行所関係資料を中心に（安高啓明）「研究紀要」　長崎歴史文化博物館　（3）　2008.12

幕末における長崎奉行所の手附（与力）の実態（論文）（大井昇）「洋学史研究」　洋学史研究会　（30）　2013.4

長崎奉行所出土品にみる「異国風おもてなし」―近世日本における「チュリーン」の受容について（川口洋平）「研究紀要」　長崎歴史文化博物館　（8）　2014.3

幕末期長崎奉行所の開港場運営と「ロシア村」―「郷方」三ヶ村浦上村淵庄屋の動向を中心に（吉岡誠也）「地方史研究」　地方史研究協議会　64（6）通号372　2014.12

長崎砲台

幕末佐賀藩における長崎砲台の配備記録（前田達男，田口宏季）「銃砲史研究」　日本銃砲史学会　（375）　2013.3

幕末佐賀藩における長崎砲台の見聞記録（前田達男，田口宏季）「銃砲史研究」　日本銃砲史学会　（377）　2013.9

例会発表 第390回例会報告（平成25年6月8日）関東譜代の軍事レベル―壬生藩士・テクノクラート友平栄を中心に（中野正人）／兵器生産の歴史から何を学ぶか（飯島矢素夫）／岩倉使節団の見た欧米軍事事情・銃砲関連（室賀檮）／米沢藩鉄砲の文久二年履・黒色火薬の分析（瀧上昭治）／幕末佐賀藩における長崎砲台の見聞記録（前田達男・田口宏季）「銃砲史研究」　日本銃砲史学会　（377）　2013.9

中里

中里の歴史（児童・生徒の郷土研究発表）（吉木友美）「郷土研究」　佐世保市立図書館　（33）　2006.3

中須川

地名の由来 有家町を中心に（7）小川名・中須川名・久保名（中村季彦）「嶽南風土記・有家史談」　有家町史談会　（10）　2003.3

長田

長田地区の文化財（大嶽藤雄）「諫早史談」　諫早史談会　37　2005.3

長田地区の文化財（続き）（大嶽藤雄）「諫早史談」　諫早史談会　（38）　2006.3

茸山

西有家町茸山の楠田家文書紹介（江越直記）「嶽南風土記・有家史談」　有家町史談会　（12）　2005.2

長崎県 　　　　　　　　　　地名でたどる郷土の歴史　　　　　　　　　　九州・沖縄

鳴滝

泉屋家文書について（中西啓）「シーボルト記念館鳴滝紀要」 長崎市
（10）2000.3

シーボルト記念館所蔵泉屋家文書「オランダ船貿易品関係史料」について（石田千尋）「シーボルト記念館鳴滝紀要」 長崎市 （13）2003.3

西彼杵半島

西彼杵半島の往還古道とその周辺（月川繁雄）「大村史談」 大村史談会
（58）2007.3

石鍋活用法─西彼杵半島を中心に（山口博, 御厨陽一郎）「松浦党研究」 松浦党研究連合会, 芸文堂（発売）（34）2011.9

西長田

西長田地区探訪（史談会6月例会）（光冨博）「諫早史談」 諫早史談会
（40）2008.3

二十一空廠

二十一空廠爆撃と防空壕（〈終戦六十年記念特集〉）（神近義光）「大村史談」 大村史談会 （57）2006.3

仁田

「仁田紙」の復元とその考察 対馬市立南陽小学校の「仁田紙」づくりの活動について（樋口貫）「対馬の自然と文化」 対馬の自然と文化を守る会 （34）2007.7

日宇村

郷土史はオモシロイ（3）日宇村貸附里道改築記念碑について／パチンコ考現学（山口日登志）「談林」 佐世保史談会 （52）2011.11

野母半島

野母半島「みさき道」と抜け荷（中島勇）「長崎県地方史だより」 長崎県地方史研究会 60 2003.3

早岐

三川内・早岐地区における農地改革─農地委員会に関わった方からの聞き取り（廣田昌一呂）「郷土研究」 佐世保市立図書館 （31）2004.3

早岐地方の戦国史を糺す（吉井忠）「談林」 佐世保史談会 （45）2004.11

早岐地区における農地改革─聞き取り（2）（廣田昌一呂）「郷土研究」 佐世保市立図書館 （33）2006.3

古文書に見る早岐の歴史（個人研究）（寶亀道聰）「郷土研究」 佐世保市立図書館 （39）2012.3

早岐駅

郷土史はオモシロイ（4）歌手・藤井フミヤと早岐駅（山口日都志）「談林」 佐世保史談会 （55）2014.11

早岐機関区

早岐機関区の機関車を追え─ITによる情話収集・情報交換の活用例（越智秀也）「郷土研究」 佐世保市立図書館 （32）2005.3

早岐村

平戸藩初期知行地についての一考察─旧早岐村を中心に（寶亀道聰）「松浦党研究」 松浦党研究連合会, 芸文堂（発売）（27）2004.6

早岐茶市

ほんとはしらない早岐茶市（児童・生徒の郷土研究発表）（小坂明莉）「郷土研究」 佐世保市立図書館 （36）2009.3

波佐見町

波佐見町・清正陣（せいしょうじん）の畳岩に刻む紋様考（荒木英市）「長崎談叢」 長崎史談会 94 2005.5

浜道

第6回公開講座長崎街道「多良・浜道」（森本武）「大村史談」 大村史談会 56 2005.3

早見村

早見町に伝わる「隠れキリシタンジブ伝説」（井出口泉）「諫早史談」 諫早史談会 （39）2007.3

原城

飜刻 原城砲撃蘭船レイプ号手記（平井良朋）「長崎県地方史だより」 長崎県地方史研究会 60 2003.3

原城聞書覚（1）, （2）, （完）（福田八郎）「嶽南風土記・有家史談」 有家町史談会 （11）／（13）2004.2/2005.12

原城の戦い（〈第2特集 九州の城を探る〉）（服部英雄）「海路」 「海路」編集委員会, 海鳥社（発売）通号4 2007.2

原城の土からの声─人権, 権力, 差別（結城了悟）「もやい : 長崎人権・学」 長崎人権研究所 （54）2007.10

幻日 原城攻防絵図「夢回廊」（1）（市川森一）「嶽南風土記」 有家町史談会 （19）2012.2

原城一揆戦への試論（福田八郎）「嶽南風土記」 有家町史談会 （19）2012.2

針尾島

郷土史はオモシロイ（1）楠本碩水が語る針尾島（井出一郎）「談林」 佐世保史談会 （50）2009.10

針尾無線塔

佐世保針尾 無線塔（産業遺産紹介）（渡辺治男）「産業遺産研究」 中部産業遺産研究会事務局 （19）2012.5

原の辻

卑弥呼時代のクニグニ（2）『魏志』倭人伝に記された「一支国」のすがた 壱岐・原の辻遺跡（松見裕二）「西日本文化」 西日本文化協会 通号439 2009.6

東浜

女相撲の里、東浜を訪ねて（宮崎勝秀）「談林」 佐世保史談会 （49）2008.11

彼杵宿

江戸時代の彼杵宿の文化（満井録郎）「大村史談」 大村史談会 54 2003.3

史料 彼杵宿脇本陣献立「大村史談」 大村史談会 54 2003.3

日野町

広島に新型爆弾投下直後の至急回覧「新型爆弾に対する防空対策」─日野町町内会長宅に残された資料より（個人研究）（宮本淑子）「郷土研究」 佐世保市立図書館 （39）2012.3

日見村

旧日見村の管轄の沿革と民俗（相川淳）「長崎談叢」 長崎史談会 95 2006.4

庇羅国

民族の移動と庇羅国（2）（林清八）「烏ん枕」 伊万里市郷土研究会 （75）2005.11

平戸

室町期における平戸武士の文化探求（吉島孝夫）「松浦党研究」 松浦党研究連合会, 芸文堂（発売）（27）2004.6

日本史のなかの平戸の歴史（1）（山口康夫）「松浦党研究」 松浦党研究連合会, 芸文堂（発売）（28）2005.6

平戸大地震（郷土史はオモシロイ）（寶亀道聰）「談林」 佐世保史談会 （46）2005.11

文学の舞台を訪ねて 『ランプの絵（藤浦洸）─平戸・故郷の風景』（田中良彦）「もやい : 長崎人権・学」 長崎人権研究所 （51）2006.3

平戸・田平を訪ねて（濱村修市）「郷土研究」 佐世保市立図書館 （36）2009.3

南蛮貿易と禁教令「平戸人別生所札」から（特集 九州とキリシタン─日本布教の背景とキリシタンの動向）（武野要子）「海路」 「海路」編集委員会, 海鳥社（発売）通号9 2010.3

平戸団子屋の思い出話（松山喜久子）「平戸史談」 平戸史談会 （17）2010.9

平戸人の気質を歴史的に見る（久家幸一）「平戸史談」 平戸史談会 （17）2010.9

歴史とロマンの島平戸物語（会員の探訪）（伊藤伊都子）「故郷の花」 小郡市郷土史研究会 （39）2014.3

平戸イギリス商館

平戸イギリス商館の人々（伊東秀征）「長崎談叢」 長崎史談会 92 2003.5

平戸往還

私の町の平戸往還のなごり（馬場靖子）「郷土研究」 佐世保市立図書館 （31）2004.3

平戸オランダ商館

平戸オランダ商館と1639年築造倉庫（前田秀人）「西日本文化」 西日本文化協会 （449）2011.2

平戸街道

平戸街道について（田中美保）「郷土研究」 佐世保市立図書館 （31）2004.3

平戸街道させほ往還体験記録（池田樹）「郷土研究」 佐世保市立図書館 （32）2005.3

平戸街道を歩いて（児童・生徒の郷土研究発表）（黒石正仁）「郷土研究」 佐世保市立図書館 （37）2010.3

平戸市

歴史とロマンの島・平戸と生月島を訪ねて（窪川実津江）「光地方史研究」 光地方史研究会 （32）2006.3

平戸島

日本再征時、元艦船隊の遊弋─検証・平戸島から伊万里湾へのルート（太田弘毅）「松浦党研究」 松浦党研究連合会, 芸文堂（発売）（29）2006.6

九州・沖縄　　　　　　　　　地名でたどる郷土の歴史　　　　　　　　　長崎県

平戸藩

平戸藩領の地名について(1)～(6)(近藤純義)「松浦党研究」松浦党研究連合会，芸文堂(発売) 25/30 2002.6/2007.6

平戸藩初期知行地についての一考察—旧平岐村を中心に(寳亀道聰)「松浦党研究」松浦党研究連合会，芸文堂(発売) (27) 2004.6

慶長9年平戸藩領田畠高目録の翻刻(松浦党研資料(28))(久家孝史)「松浦党研究」松浦党研究連合会，芸文堂(発売) (29) 2006.6

平戸藩伝統野菜の木引カブ(松岡寛智)「平戸史談」平戸史談会 (17) 2010.9

平戸藩主の長崎勤番役往復—松浦熙(観中)時代の御陸行(寳亀道聰)「談林」佐世保史談会 (54) 2013.11

広田

小字地図から歴史が見える—広田(個人研究)(宮崎勝秀)「郷土研究」佐世保市立図書館 (41) 2014.3

広田城

広田城について(児童・生徒の郷土研究発表)(三宅優花，金氏優花)「郷土研究」佐世保市立図書館 (37) 2010.3

福江

福江の漁火(《故鈴木研氏追悼号》)(千代田恵汎)「近世史藁」近世村落史研究会 (4) 2009.3

福江島

五島讃花 福江島サザンカ紀行(2)～(4)(松島嘉助)「浜木綿 : 五島文化協会同人誌」五島文化協会 (84)/(86) 2007.11/2008.11

福江城

五島歳時記 福江城(石田城)(随筆)(武羅井高)「浜木綿 : 五島文化協会同人誌」五島文化協会 (94) 2012.11

巻頭言 シンポジウム福江城—基調講演より 福江城の構造と歴史的意義(中井均)「浜木綿 : 五島文化協会同人誌」五島文化協会 (98) 2014.11

福島

飛島をめぐる福島漁民と今福漁民との確執—『今福古捜記』より(小川吉弘)「松浦党研究」松浦党研究連合会，芸文堂(発売) (27) 2004.6

謎に充ちた福島の昔—揺れ動いた福島(小川吉弘)「松浦党研究」松浦党研究連合会，芸文堂(発売) (28) 2005.6

福島町

北松浦郡福島町在住 松浦家家系図(松浦党研連資料(27))(松浦詮，小川吉弘)「松浦党研究」松浦党研究連合会，芸文堂(発売) (28) 2005.6

古江

石造物について(古江地区)(金子弘良)「みずほ史談」瑞穂町史談会 (11) 2007.3

本明川

母なる本明川の思い出(新北文雄)「諫早史談」諫早史談会 (44) 2012.3

本明川と利根川・そして干拓と水害(久保岩男)「諫早史談」諫早史談会 (44) 2012.3

真崎

西諫早ニュータウン誕生前—真崎地区航空写真から(中原俊治)「諫早史談」諫早史談会 (39) 2007.3

益冨家住宅御成門

表紙 改修成った益冨家の御成門(生月島壱部浦)「生月町博物館・島の館だより」生月町博物館・島の館 (18) 2014.3

松浦元寇防塁

松浦元寇防塁について(快勝院一誠)「松浦党研究」松浦党研究連合会，芸文堂(発売) 25 2002.6

星鹿半島の元寇防塁について(2)(快勝院一誠)「松浦党研究」松浦党研究連合会，芸文堂(発売) (28) 2005.6

松浦湾

筑紫平野からの古代史検証(54) 松浦湾岸の鉄と輸入陶磁器(田中正日子)「ふるさとの自然と歴史」歴史と自然をまもる会 (311) 2006.7

松尾町駅

有明の駅物語り—島鉄湯江駅・大三島駅・松尾町駅(林田謙教)「みずほ史談」瑞穂町史談会 (9) 2004.3

松原宿

長崎街道の旅—松原宿から天領長崎へ(阿河正士)「故郷の花」小郡市郷土史研究会 (29) 2004.5

松浦

「まつうら」の変遷と流転(岡村廣法)「談林」佐世保史談会 (45) 2004.11

松浦水軍演義(岡村廣法)「談林」佐世保史談会 (46) 2005.11

マツウラの淵源(岡村廣法)「談林」佐世保史談会 (51) 2010.12

松浦郡

崎陽県松浦郡両川村絵地図・その周辺(松永典彦)「烏ん枕」伊万里市郷土研究会 66 2001.3

筑紫平野からの古代史検証(53) 松浦郡の海ノ民と旧東国防人(田中正日子)「ふるさとの自然と歴史」歴史と自然をまもる会 (310) 2006.5

肥前風土記松浦郡・三人の姫たち(《地域特集・唐津 祭り・街・山 その豊かな広がり》—伝承に息づく三美人)(福井壽一)「西日本文化」西日本文化協会 通号435 2008.10

丸出砲台

丸出砲台跡周辺の史跡を訪ねて(南里正幸)「郷土研究」佐世保市立図書館 (35) 2008.3

三井楽

万葉の西の果て三井楽へ(小松千津)「つどい」豊中歴史同好会 (223) 2006.10

三川内

三川内・早岐地区における農地改革—農地委員会に関わった方からの聞き取り(廣田昌一呂)「郷土研究」佐世保市立図書館 (31) 2004.3

大坂の遊女と三川内焼(郷土史はオモシロイ)(山口日都志)「談林」佐世保史談会 (46) 2005.11

三川内窯元

史跡めぐり—無きゅう洞・三川内かま元ウォークラリー(児童・生徒の郷土研究発表)(永田悠希，永田悠里)「郷土研究」佐世保市立図書館 (39) 2012.3

満島

満島沿革史(52) 満島渡し城下渡しの面影消滅 松浦川底より古代土器出現か(善達司)「郷土史誌末盧國」松浦史談会，芸文堂(発売) 158 2004.6

皆瀬村

平成佐世保『田舎廻』(3)—皆瀬村(島内靖彦，松永泰子，松浦徹，前田博之，福田むつみ，豊島幸子，寶亀道聰[まとめ])「松浦党研究」松浦党研究連合会，芸文堂(発売) (37) 2014.6

湊会所

湊会所(特集 長崎学のいま—ずいひつ 特集「長崎学のいま—長崎に寄せて」)(有馬博志)「長崎文化」長崎国際文化協会 (68) 2010.11

宮

宮の昔を調べて(児童・生徒の郷土研究発表)(福田陽花，森智裕，茅原渉光)「郷土研究」佐世保市立図書館 (39) 2012.3

無窮洞

無窮洞(黒崎一)「郷土研究」佐世保市立図書館 30 2003.3

小学生が通った防空ごう「無窮洞」について(児童・生徒の郷土研究発表)(福田一剛)「郷土研究」佐世保市立図書館 (35) 2008.3

史跡めぐり—無きゅう洞・三川内かま元ウォークラリー(児童・生徒の郷土研究発表)(永田悠希，永田悠里)「郷土研究」佐世保市立図書館 (39) 2012.3

眼鏡橋

石橋事始め 眼鏡橋の謎(井出勝摩)「長崎文化」長崎国際文化協会 62 2004.11

女島

女島は何処か(高橋勝明)「九州倭国通信」九州古代史の会 (155) 2011.3

女島の資料批判 高橋勝明氏に答える(古田武彦)「九州倭国通信」九州古代史の会 (158) 2011.11

矢上

「日記」で追う、幕末の矢上移住の一件(牛島悦夫)「諫早史談」諫早史談会 37 2005.3

山口小学校

郷土史はオモシロイ(2) 山口小学校小使雇い約定(寳亀道聰)「談林」佐世保史談会 (52) 2011.11

山田

キリシタン時代の山田集落域の諸施設の所在(中園成生)「生月町博物館・島の館だより」生月町博物館・島の館 (12) 2008.3

柚木

柚木の三大ダム!!—祖父達が挑んだ戦前のプロジェクトX(児童・生徒の郷土研究発表)(野中聡一郎)「郷土研究」佐世保市立図書館 (35) 2008.3

柚木誌史編纂から見えたもの—村の起源、信仰、地名、そして地の利(筒井隆義)「談林」佐世保史談会 (53) 2012.11

横瀬浦

面白すぎるフロイスの日本史(2)—キリシタンの町横瀬浦(宮崎勝秀)「談林」佐世保史談会 (52) 2011.11

長崎県　　　　　　　　　　　　地名でたどる郷土の歴史　　　　　　　　　　　　九州・沖縄

面白すぎるフロイスの日本史（3）―横瀬浦のばあでれたち（宮﨑勝秀）
「談林」 佐世保史談会 （53） 2012.11

面白すぎるフロイスの日本史（4）―横瀬浦襲撃前夜（宮﨑勝秀）「談林」
佐世保史談会 （54） 2013.11

面白すぎるフロイス日本史Ⅴ―横瀬浦襲撃（宮﨑勝秀）「談林」 佐世保史
談会 （55） 2014.11

横手町

佐世保市横手町の歴史―埋もれた歴史と風習（古川久仁生）「談林」 佐世
保史談会 （53） 2012.11

続・佐世保市横手町の歴史―再調査で判明したことと追加掲載（古川久
仁生）「談林」 佐世保史談会 （55） 2014.11

鰐浦

対馬鰐浦集落にみる集落図・地籍図（〈持続と変容の実態の研究―対馬
60年を事例として 対馬調査報告〉）（津田貞樹）「非文字資料研究」 神
奈川大学21世紀COEプログラム拠点推進会議 （22） 2009.7

破籠井

郷土史の謎を追う（9）平家伝説の黒破籠井（山口八郎）「諫早史談」 諫
早史談会 34 2002.3

熊本県

阿蘇

北条時政の阿蘇支配（中村一紀）「史叢」 熊本歴史学研究会 　（8）　2003.7

阿蘇開発と北岡農法の導入―内牧手永を中心として（岩本税）「史叢」 熊本歴史学研究会 　（8）　2003.7

アソ（阿蘇）について（柳沢賢次）「千曲」 東信史学会 　（136）　2008.2

阿蘇や信濃や甲斐と火の国伝説（特集 地域に伝わる伝説・伝承をめぐって）（安達武敏）「史叢」 熊本歴史学研究会 　（14）　2009.12

研究会紹介 第24回熊本地名シンポジウム「阿蘇の神々と風土」「都藝泥布 : 京都地名研究会会報」「京都地名研究会事務局」 　（38）　2011.9

阿蘇賛歌（随筆）（山田惠美子）「浜木綿 : 五島文化協会同人誌」 五島文化協会 　（92）　2011.10

講座 玉名と巨大な阿蘇火砕流噴火（渡邉一徳）「歴史玉名」 玉名歴史研究会 　59　2012.2

阿蘇郡

7月例会レジュメ I 明治10年一揆後の地域社会と「付ケ火」―熊本県阿蘇郡から（今村直樹）「静岡県近代史研究会会報」 静岡県近代史研究会 　（406）　2012.7

阿蘇山

『隋書倭国伝』の「阿蘇山記事」に関する考察―畿内王権に知られていた阿蘇山（河越尚司）「古代史の海」 「古代史の海」の会 　（37）　2004.9

阿蘇山爆発の思い出（内山芳徳）「郷土うちこ」 内子町郷土研究会 　（29）　2011.3

阿蘇路

市外―史談の旅阿蘇路（史跡探訪感想文）（後藤弘子）「別府史談」 別府史談会 　（21）　2008.3

阿蘇谷

西南の役紀行―阿蘇谷の攻防（青崎庚次）「敬天愛人」 西郷南洲顕彰会 　（21）　2003.9

天草

赤穂義士と天草の乱（1）～（4）（寺沢光世）「郷土史誌末盧國」 松浦史談会，芸文堂（発売）151/（193）　2002.9/2013.9

肥後国天草における人・物の移動―旅人改帳・往来請負帳の分析（東昇）「日本研究」 人間文化研究機構国際日本文化研究センター 　28　2004.1

島原半島と天草の格差（伊福芳樹）「嶽南風土記・有家史談」 有家町史談会 　（11）　2004.2

部屋住藩士の長崎・天草視察旅行記（鈴木喬）「史叢」 熊本歴史学研究会 　（9）　2004.7

鹿児島ほっつき歩記（3）天草（武藤拓也）「北海道歴史教室」 歴史教育者協議会北海道協議会 　（182）　2005.7

天草と伊予（東昇）「文化愛媛」 愛媛県文化振興財団 　（56）　2006.3

天草市

罹災文化財救済処置技術意見交換会 技術意見交流会発表記録 熊本県天草市水害における対応について（金子久美子）「年報」 天草市立天草アーカイブズ 　（8）　2011.3

荒尾

遺跡巡見 荒尾十潟と荒尾二道の戦争遺跡を訪ねる（断章）「歴史玉名」 玉名歴史研究会 　66　2013.11

伊倉

遺跡巡見 玉名市伊倉の遺跡を訪ねる（断章）「歴史玉名」 玉名歴史研究会 　67　2014.2

伊倉町

幕末期の玉名郡伊倉町と旅人宿（蓑田勝彦）「歴史玉名」 玉名歴史研究会 　51　2003.10

一勝地官行製材所

一勝地官行製材所の足跡を辿る（土屋三止）「郷土」 求麻郷土研究会 　（33）　2010.10

岩崎原

岩崎原や立願寺に西南の役戦跡を訪ねる（研究ノート）（荒木純治）「歴史玉名」 玉名歴史研究会 　60　2012.4

牛深

対州バカイ取イ―牛深漁民の記録（6）（山下義満）「史叢」 熊本歴史学研究会 　（8）　2003.7

牛深漁民の記録（7）（山下義満）「史叢」 熊本歴史学研究会 　（9）　2004.7

双手巾着―牛深漁民の記録（9）（山下義満）「史叢」 熊本歴史学研究会 　（11）　2006.8

片手巾着網―牛深漁民の記録（10）（山下義満）「史叢」 熊本歴史学研究会 　（12）　2007.8

科学機器導入以前のこと―牛深漁民の記録（1）（山下義満）「史叢」 熊本歴史学研究会 　（13）　2008.11

牛深町

牛深市牛深町における魚の分配（山下義満）「史叢」 熊本歴史学研究会 　4・5　2000.7

「潮」牛深町の事例として（山下義満）「史叢」 熊本歴史学研究会 　7　2002.7

内田手永

幕末熊本藩郡部の算学・武芸稽古の模様 内田手永「森川家文書」を手がかりに（研究ノート）（平田稔）「歴史玉名」 玉名歴史研究会 　67　2014.2

宇土

明治/大正/昭和（戦前）/昭和（戦後）/平成《《新聞に見る宇土のあゆみ》）「宇土市史研究」 宇土市教育委員会 　（27）　2006.3

宇土開城に関する新出史料―（慶長5年）10月13日付清正書状について（阿座品保夫）「熊本史学」 熊本史学会 　（85・86）　2006.7

宇土の史蹟（井上正）「宇土市史研究」 宇土市教育委員会 　（29）　2008.3

私の幼少の頃と宇土の憶い出（日本思想史学会の大禰 源了圓先生の足跡）（源了圓）「宇土市史研究」 宇土市教育委員会 　30　2009.3

小藩大名の陣屋町「肥後宇土」について（米田藤博）「パイオニア」 関西地理学研究会 　（89）　2009.11

宇土もしくは宇土人（久野啓介）「うと学研究」 宇土市教育委員会 　（31）　2010.3

「宇土文書」目録（1）～（3）（宇土市教育委員会）「うと学研究」 宇土市教育委員会 　（32）/（34）　2011.3/2013.3

「馬門石」の謎とロマンを宇土へ（史跡探訪）（寺崎俊文）「故郷の花」 小郡市郷土史研究会 　（37）　2012.3

宇土市

嘉永三年戌十月 手鑑「宇土市史研究」 宇土市教育委員会 　25　2004.3

花園地区/宇土地区/走渡地区/緑川地区/轟地区/網津地区/網田地区/宇土市美術工芸調査一覧表《《宇土市の美術工芸》）「宇土市史研究」 宇土市教育委員会 　（28）　2007.3

記録から学ぶ「寛政の大津波」（辻誠也）「うと学研究」 宇土市教育委員会 　（33）　2012.3

宇土支藩

宇土支藩手鑑「宇土市史研究」 宇土市教育委員会 　25　2004.3

宇土城

第36回見学会・第34回例会（報告）中世宇土城・近世宇土城 小西行長と肥後領国について（三木靖）/近世宇土城跡について（藤元貴仁）/小西行長築城の城郭群について（鶴崎俊彦）（南九州城郭談話会）（鮎川哲）「南九州の城郭 : 南九州城郭談話会会報」 南九州城郭談話会 　（30）　2011.3

宇土名和氏領

宇土名和氏領の中世城（鶴崎俊彦）「うと学研究」 宇土市教育委員会 　（34）　2013.3

宇土藩

「天保九年宇土藩下向道中日記」（三島宵）「宇土市史研究」 宇土市教育委員会 　24　2003.3

金谷宿に残る宇土藩の足跡―本陣佐塚屋休泊控帳より（三島宵）「宇土市史研究」 宇土市教育委員会 　（30）　2009.3

天保三年宇土藩下向道中日記（三島宵）「うと学研究」 宇土市教育委員会 　（34）　2013.3

「近世肥後八代領=宇土藩における上方抱え下し者」の表 解題（秀村選三）「研究会誌」 地域史料研究会・福岡 　（7）通号137　2013.11

宇土牧山

肥後宇土牧山と惣囲塘（舟田義輔）「宇土市史研究」 宇土市教育委員会 　22　2001.3

江田

和水町江田地区の中世城群を考える（研究ノート）（益永浩仁）「歴史玉

熊本県 地名でたどる郷土の歴史 九州・沖縄

名」 玉名歴史研究会 60 2012.4

大口
平成22年5月例会「伊佐市大口方面の文化財探訪報告」(求麻郷土研の例会調査報告) (土屋三止)「郷土」 求麻郷土研究会 (33) 2010.10

大津山関城
大津山関城と鷹ノ原城をめぐる若干の問題 (〈特集 九州の城郭と城下町 中世編〉) (丸山雍成)「海路」「海路」編集委員会, 海鳥社 (発売) 通号5 2007.11

大田黒
大田黒の改造火縄銃はどこでつくられたか (研究ノート) (平田稔)「歴史玉名」 玉名歴史研究会 59 2012.2

大築島
不知火海を死に追い込む "大築島" 埋立 (古川清久)「夜豆志呂」 八代史談会 (158) 2008.10

大矢野原演習場
大矢野原演習場と旧県道2号線 (奥田盛人)「史叢」 熊本歴史学研究会 (9) 2004.7

小川町
小川町の貿易商人 (簑田正義)「夜豆志呂」 八代史談会 (153) 2007.2

小田手永
小田手永会所 (松本重美)「歴史玉名」 玉名歴史研究会 51 2003.10

海東郷
肥後国海東郷における名主座 (ジンガ) について (論文) (薗部寿樹)「米沢史学」 米沢史学会 (山形県立米沢女子短期大学日本史学科内) (29) 2013.10

金谷宿
金谷宿に残る宇土藩の足跡—本陣佐塚屋休泊控帳より (三島穹)「宇土市史研究」 宇土市教育委員会 (30) 2009.3

竈門橋
研究ノート 和水町所在の竈門橋建設に関する聞き取り調査報告 (中村幸史郎)「歴史玉名」 玉名歴史研究会 54 2010.11

川尻
第22回熊本地名シンポジウム in 川尻「港町川尻の歴史遺産と地名」「日本地名研究所通信」 日本地名研究所 (70) 2009.10
熊本地名シンポジウム in 川尻での谷川先生の講演「川尻と宋との交流」「日本地名研究所通信」 日本地名研究所 (71) 2010.1
巻頭言 川尻を訪れて—高瀬 (玉名) といくつかの共通点 (森高清)「歴史玉名」 玉名歴史研究会 58 2011.11

祇園橋
会誌220号の修正/表紙解説 天草 本渡市町山口に架かる祇園橋 (模型)「佐伯史談」 佐伯史談会 (221) 2013.3

菊池川
研究ノート 『菊池川河口図』絵馬から昔の加工を考える (辻春美)「歴史玉名」 玉名歴史研究会 52 2010.6
資料紹介 白石堰下流・菊池川河川敷内の礎石 (大倉隆二)「歴史玉名」 玉名歴史研究会 56 2011.4
梅林牟田の菊池川流路に関する一考察 (研究ノート) (末永崇)「歴史玉名」 玉名歴史研究会 65 2013.8
補講「梅林牟田の菊池川流路に関する一考察」についての補足 (断章)「歴史玉名」 玉名歴史研究会 67 2014.2

菊池郡
藤本事件 (金貞淑)「ひょうご部落解放」 ひょうご部落解放・人権研究所 103 2002.1
菊池郡西部巡見記 (吉村欣也)「史叢」 熊本歴史学研究会 (9) 2004.7

鞠智城
椿説「鞠智城」(小崎龍也)「史叢」 熊本歴史学研究会 (10) 2005.7
鞠智城について (〈第1特集 九州の城郭と城下 古代編〉) (大田幸博)「海路」「海路」編集委員会, 海鳥社 (発売) 通号4 2007.2

吉次峠
吉次峠のナゾ解き (特集 地域に伝わる伝説・伝承をめぐって) (上村重次)「史叢」 熊本歴史学研究会 (14) 2009.12

亀甲村
亀甲村鉄砲細工場はこの一帯にあった (研究ノート) (平田稔)「歴史玉名」 玉名歴史研究会 58 2011.11

木山
伝聞に見る木山中心の西南戦争と人々 (松野國策)「史叢」 熊本歴史学研究会 (10) 2005.7

木山町
明治十年春の木山町 (松野國策)「史叢」 熊本歴史学研究会 (13) 2008.11

金峰山隠れ
金峰山隠れ—肥後国誌から (「文化」部門) (平川寛)「史叢」 熊本歴史学研究会 (15) 2011.6

草千里浜
表紙 『朝光』 阿蘇 草千里浜 渡邊壽雄氏 (本会理事) 撮影「ふるさとの自然と歴史」 歴史と自然をまもる会 (356) 2014.1

球磨
球磨焼酎 製造方法の変遷 (下田文仁)「ひとよし歴史研究」 人吉市教育委員会教育部 (13) 2010.3
球磨焼酎と私 (那須保穂)「郷土」 求麻郷土研究会 (33) 2010.10
球磨・人吉歴史紀行 (紀行) (森永満郎)「千台：薩摩川内郷土史研究会機関誌」 薩摩川内郷土史研究会 (39) 2011.3
実践 明治の球磨焼酎 (下田文仁)「ひとよし歴史研究」 人吉市教育委員会教育部 (16) 2013.3
球磨地方の地名雑考 (下) (原田正史)「ひとよし歴史研究」 人吉市教育委員会教育部 (17) 2014.3

球磨川
球磨川の渡し守「求麻川八郎さん」への聞き取り (岡本真也)「史叢」 熊本歴史学研究会 (14) 2009.12

球磨郡
肥後国球磨郡の近世城 (鶴嶋俊彦)「ひとよし歴史研究」 人吉市教育委員会教育部 (17) 2014.3

球磨陣
クマ陣と相良軍団 (鶴崎俊彦)「ひとよし歴史研究」 人吉市教育委員会教育部 (7) 2004.3

球磨盆地
球磨盆地と文化財 (住吉献太郎)「日本地名研究所通信」 日本地名研究所 59 2005.3
シンポジウム 球磨盆地への移住者とその地名—古代から現代まで (住吉献太郎)「日本地名研究所通信」 日本地名研究所 (66) 2007.12

熊本
熊本の石橋検記 (水野公寿)「史叢」 熊本歴史学研究会 4・5 2000.7
仮説 熊本地方の古代史 (上) 〜 (下) 東北アジアとの関連・一考察 (木村哲行)「ふるさとの自然と歴史」 歴史と自然をまもる会 286/288 2001.5/2001.10
学童疎開の足跡を追って一熊本・大分 (森山靖)「玉城村史だより」 玉城村役場企画財政室 (4) 2003.3
熊本っ子・大分っ子にタイムスリップ「玉城村史だより」 玉城村役場企画財政室 (4) 2003.3
方言と地名 (上村重次)「史叢」 熊本歴史学研究会 (8) 2003.7
城下町都市における「鉄道忌避伝説」をめぐって—盛岡と熊本の事例 (〈大会特集 南部の風土と地域形成〉—〈問題提起〉) (岡田直)「地方史研究」 地方史研究協議会 53(4) 通号304 2003.8
熊本国権党研究の課題 (水野公寿)「近代熊本」 熊本近代史研究会 28 2003.9
定例会報告「日本の地名」を読む(7)「熊本の地名」 熊本地名研究会 (37) 2004.1
熊本に伝存する蒙古襲来絵詞模本についての考察 (中村一紀)「史叢」 熊本歴史学研究会 (9) 2004.7
境界地名考 ぬすと・がんど (上村重次)「史叢」 熊本歴史学研究会 (9) 2004.7
城下町調査報告 城下町消え行く地名の復元へ (城下町地名復元調査班)「熊本の地名」 熊本地名研究会 (44) 2004.8
城下町調査報告 稔り多い現地調査の情況 (城下町地名復元調査班)「熊本の地名」 熊本地名研究会 (45) 2004.9
熊本の城攻めに見る薩人気質 (橋口俊二)「敬天愛人」 西郷南洲顕彰会 (22) 2004.9
熊本の「のさり」・沖永良部の「ヌサリ」(竹ію千晶)「えらぶせりよさ：沖永良部郷土研究会会報」 沖永良部郷土研究会 (28) 2004.10
西南戦争期のコレラ (水野公寿)「近代熊本」 熊本近代史研究会 29 2005.9
熊本大地震に思うこと (小田省二)「史叢」 熊本歴史学研究会 (11) 2006.8
熊本の農地改革 (1) (内田敬介)「近代熊本」 熊本近代史研究会 (30) 2006.12
熊本と俘囚鍛冶 (太宰幸子)「地名」 宮城県地名研究会 通号26 2007.11
西南戦争下の民衆意識 (水野公寿)「近代熊本」 熊本近代史研究会 (32) 2008.12

江戸時代における熊本の唐芋（甘藷）（西村和正）「年報熊本近世史」 熊本近世史の会　2007・08年度　2009.4

大分・熊本の古代史を探る旅（1）（古高邦子）「つどい」 豊中歴史同好会　（273）2010.10

「帝国主義」時代のなかの『熊本評論』（韓国併合100年・大逆事件100年特集）（浦田大奨）「近代熊本」 熊本近代史研究会　（34）2010.12

大逆事件100年と『熊本評論』（韓国併合100年・大逆事件100年特集—研究ノート）（廣島正）「近代熊本」 熊本近代史研究会　（34）2010.12

大逆事件『証拠物件』熊本関係—付 大逆事件熊本関係資料（韓国併合100年・大逆事件100年特集—史料紹介）「近代熊本」 熊本近代史研究会　（34）2010.12

坂口先生と行く大分・熊本の古代史を探る旅（2）（古高邦子）「つどい」 豊中歴史同好会　（276）2011.1

史跡探訪記 熊本（山名厚徳）「くすのき文化」 楠町文化協会　（62・63）2011.3

現地を確かめる 熊本地名研究会（久野啓介）「日本地名研究所通信」 日本地名研究所　（74）2012.5

西南戦争直後の演説会（論文）（水野公寿）「近代熊本」 熊本近代史研究会　（35）2012.12

『戦争概畧晴雨日誌』—熊本隊の神官が残す（史料紹介）（中村茉奈美）「近代熊本」 熊本近代史研究会　（35）2012.12

熊本・島原再発見の旅（探訪記）（伊藤健）「徳山地方郷土史研究」 徳山地方郷土史研究会　（34）2013.3

110震洋 納谷部隊—熊本に唯一実践配備された海軍水上特攻基地（研究ノート）（山下義満）「史叢」 熊本歴史学研究会　（17）2013.7

熊本を観る旅の回想記（西水流清）「ひなもり」 小林史談会　（54）2014.5

明治の旅日記を読む—肥後熊本から東京・日光へ（寺井正文）「歴史懇談」 大阪歴史懇談会　（28）2014.8

熊本駅

過ぎ去りし熊本駅周辺の思い出（「社会」部門）（小田省二）「史叢」 熊本歴史学研究会　（15）2011.6

熊本県

西南戦争実録（8）熊本県北の戦い—両軍攻守一変（竹内宏郎）「あさじ史談」 朝地史談会　96　2003.3

「清國ニ於ケル熊本縣人の畧歴」について（廣島正）「史叢」 熊本歴史学研究会　（8）2003.7

市町村合併熊本県の動き（小崎龍也）「全国地名研究交流誌 地名談話室」 日本地名研究所　18　2003.9

第16回熊本地名シンポジウム「為朝伝説と平家南走」（小崎龍也）「日本地名研究所通信」 日本地名研究所　56　2004.2

第275回研修例会 鹿本・菊池地方史跡文化財探訪（松崎一男，宮本末喜）「夜豆志呂」 八代史談会　144　2004.2

玄海原子力発電所見学と名護屋城跡・武蔵ゆかりの地熊本の旅（杉村冨志子）「徳山地方郷土史研究」 徳山地方郷土史研究会　25　2004.3

肥後熊本の旅より「鹿央町装飾古墳・山鹿市・柳川市」（細川泰幸）「文化財協会報」 善通寺市文化財保護協会　（23）2004.3

玉名・山鹿・菊水・阿蘇の古代を訪ねて（松本邦子）「郷土研究」 佐世保市立図書館　（32）2005.3

熊本協同隊の軍律について（廣島正）「近代熊本」 熊本近代史研究会　29　2005.9

西南戦争の田原坂・吉次峠探訪（椋木依強）「油谷のささやき」 油谷町郷土文化会　（24）2006.3

炭鉱よもやま話（43）熊本移民坑夫（青木隆夫）「文化情報」 北海道文化財保護協会　（288）2006.5

炭鉱よもやま話（46）その後の熊本移民坑夫（青木隆夫）「文化情報」 北海道文化財保護協会　（292）2006.8

小川の天野屋と熊本の天野屋—柏原太郎左衛門の子孫について（蓑田勝彦）「年報熊本近世史」 熊本近世史の会　2007.6

八代・葦北の古代史（1）古代の地理環境（島津亮二）「夜豆志呂」 八代史談会　（155）2007.10

八代・葦北の古代史（2）水島伝承と長田王（島津亮二）「夜豆志呂」 八代史談会　（156）2008.2

夢すさび 球磨川河口と不知火海の遠い記憶（田辺達也）「夜豆志呂」 八代史談会　（156）2008.2

八代・葦北の古代史（3）「火国」伝承を読む（鳥津亮二）「夜豆志呂」 八代史談会　（157）2008.6

戦国期における石清水八幡宮勢力の展開と寺内町—肥後藩士小篠家と河内国招提寺内の関係を手がかりに（馬部隆弘）「熊本史学」 熊本史学会　（89・90・91）2008.10

八代・葦北の古代史（4）「火の国」伝承を読む（鳥津亮二）「夜豆志呂」 八代史談会　（158）2008.10

人吉・大口方面巡見記（18）「史叢」 熊本歴史学研究会　（13）2008.11

八代・葦北の古代史（5）「火君」「火国造」について（鳥津亮二）「夜豆志呂」 八代史談会　（159）2009.2

熊本県立図書館蔵「県政資料」について（水野公寿）「年報熊本近世史」 熊本近世史の会　2007・08年度　2009.4

史料紹介 芦北牧と揚酒本手（城後尚年）「年報熊本近世史」 熊本近世史の会　2007・08年度　2009.4

市外探訪 熊本県（平成20年度文化財現地探訪報告）（江戸康尹）「ふるさと山口」 山口の文化財を守る会　（30）2009.6

高瀬氏の進出—「中村」から「高瀬」へ（村上晶子）「歴史玉名」 玉名歴史研究会　52　2010.4

拙稿「熊本県立図書館『県政資料』について」の訂正（水野公寿）「年報熊本近世史」 熊本近世史の会　2009年度　2010.6

熊本県県立の「昭和二年潮音碑」について（資料紹介）（前川清一）「歴史玉名」 玉名歴史研究会　53　2010.8

明治時代に行なわれた熊本県による朝鮮語学生事業（韓国併合100年・大逆事件100年特集）（堀満）「近代熊本」 熊本近代史研究会　（34）2010.12

韓国と熊本県人（韓国併合100年・大逆事件100年特集—史料紹介）（佐々正之）「近代熊本」 熊本近代史研究会　（34）2010.12

明治期における熊本県の文書管理制度（水野公寿）「熊本史学」 熊本史学会　（93・94）2011.3

熊本県における「皇国地誌」「府県史料」の編輯（「歴史」部門）（水野公寿）「史叢」 熊本歴史学研究会　（15）2011.6

資料編 熊本歴学研15年の歩み「史叢」 熊本歴史学研究会　（15）2011.6

島原大津波の熊本死者数を検証する（研究ノート）（谷口正道，平田稔）「歴史玉名」 玉名歴史研究会　60　2012.4

熊本における郡役所文書の管理（丑木幸男）「地方史研究」 地方史研究協議会　62（2）通号356　2012.4

熊本県におけるコレラの流行（研究ノート）（水野公寿）「史叢」 熊本歴史学研究会　（16）2012.5

熊本県のとうほし田・たいとう田（菅野郁雄）「赤米ニュース」 東京赤米研究会　（183）2012.6

民話（皿竹山）（断章）「歴史玉名」 玉名歴史研究会　61　2012.8

散歩道 古荘健次郎の産湯の井戸（断章）「歴史玉名」 玉名歴史研究会　62　2012.11

西南戦争遺跡—田原坂・横平山・吉次峠をめぐる戦いの痕跡（西南戦争遺跡国指定記念号）（宮本千恵子）「歴史玉名」 玉名歴史研究会　63　2013.2

熊本の地形地名（第32回全国地名研究者大会開催 地名は警告する）（住吉献太郎）「日本地名研究所通信」 日本地名研究所　（76）2013.2

熊本県における近世部落史研究の到達点と課題（特集 教科書から「士農工商」が消えた？—第31回九州地区部落解放史研究集会報告）（花田昌宣）「リベラシオン ： 人権研究ふくおか」 福岡県人権研究所　（149）2013.3

伊能忠敬の荒尾・玉名測量と熊本の技術普及（研究ノート）（平田稔）「歴史玉名」 玉名歴史研究会　64　2013.4

梅北一揆—佐敷城乗っ取りと八代城攻め（上）—附・佐敷城番頭坂井善左衛門宗寛の系譜について（松山寸三）「夜豆志呂」 八代史談会　（172）2013.6

伊能忠敬の天草・八代測量（蓑田正義）「夜豆志呂」 八代史談会　（172）2013.6

熊本県の産業政策—起業の誘致と育成（太田耕史郎）「経済科学研究」 広島修道大学ひろしま未来協創センター　17（1）通号32　2013.9

梅北一揆—佐敷城乗っ取りと八代城攻め（中）—附・佐敷城番頭坂井善左衛門宗寛の系譜について（松山寸三）「夜豆志呂」 八代史談会　（173）2013.10

熊本県下における干拓樋門の残存状況と地域性（論考）（末永崇）「歴史玉名」 玉名歴史研究会　66　2013.11

熊本県水平社創立期群像（特集 全九州水平社創立90周年に学ぶ）（花田昌宣）「リベラシオン ： 人権研究ふくおか」 福岡県人権研究所　（152）2013.12

写真集『昭和の貌』からみる 昭和20〜30年代のある頃（熊本市・八代市）（麦島勝「写真」）「西日本文化」 西日本文化協会　（467）2014.2

第26回熊本地名シンポジウム 「谷川学」の世界（久野啓介）「日本地名研究所通信」 日本地名研究所　（78）2014.4

棚田の歴史を検証する—熊本県山都町・通潤橋と白糸台地の棚田（特集 棚田のアジア ： 農の継承と持続性）（吉村豊雄）「東北学．［第3期］」 東北芸術工科大学東北文化研究センター，はる書房（発売）4　2014.7

巡検 益城・本山巡検記（貴島武之）「史叢」 熊本歴史学研究会　（18）2014.8

熊本市

《新熊本市史編纂事業完了記念特集》「市史研究くまもと」 熊本市　14　2003.3

熊本市域の近世地主史料（松本寿三郎）「市史研究くまもと」 熊本市　14　2003.3

市史編纂事業の主なあゆみ/新聞記事に見る編纂事業/新熊本市史編纂事

業計画/新熊本市史編纂事業関係者/「市史研究くまもと」総目録「市史研究くまもと」 熊本市 14 2003.3

熊本市の音とにおい(水野公寿)「史叢」 熊本歴史学研究会 (8) 2003.7

熊本市の原風景(水野公寿)「史叢」 熊本歴史学研究会 (9) 2004.7

熊本城

熊本城下町の町家と別当―出京町を中心に(本田秀人)「熊本史学」 熊本史学会 (80・81) 2002.12

熊本城西出丸の復元進む―東大手門に続き櫓二基が竣工間近「城郭だより」：日本城郭史学会会報「日本城郭史学会」 42 2003.7

熊本城飯田丸五階櫓完成/「水軒堤防」石垣の出土/平成17年度大会報告「城郭だより：日本城郭史学会会報」「日本城郭史学会」 50 2005.7

明治維新期の熊本城(水野公寿)「史叢」 熊本歴史学研究会 (12) 2007.8

熊本城の本丸御殿 復元竣工成る/日出城鬼門櫓が保存決定「城郭だより：日本城郭史学会会報」「日本城郭史学会」 (62) 2008.7

熊本城 加藤氏代を中心として(特集 九州の城郭と城下町 近世編)(北野隆)「海路」 「海路」編集委員会，海鳥社 (発売) 通号7 2009.1

明治10年，熊本城の攻防(内山幹生)「海路」 「海路」編集委員会，海鳥社 (発売) 通号7 2009.1

築城400年・西南戦争後130年目の熊本城見学会―第30回南九州城郭談話会見学会報告(鮎川哲)「南九州の城郭：南九州城郭談話会会報」南九州城郭談話会 (27) 2009.6

鹿児嶋新聞 熊本城戦之図(藤田雅子)「海南千里：土佐山内家宝物資料館だより」 土佐山内家宝物資料館 (32) 2010.10

熊本城下町における窮民の救済と社会保障(松崎範子)「熊本史学」 熊本史学会 (93・94) 2011.3

熊本城焼失の謎を追う(吉武和臣)「敬天愛人」 西郷南洲顕彰会 (29) 2011.9

日本三大名城の一つ熊本城(「たより」124〜159号寄稿文)「ひがし」 東区郷土史研究会 (12) 2012.1

石の証言 第六師団司令部 60×45cm 熊本城/噴水「石の証言」 「平和の塔」の史実を考える会 (55) 2013.5

熊本藩

江戸後期 熊本藩における通貨制度―藩札の流通(蓑田勝彦)「史叢」 熊本歴史学研究会 (8) 2003.7

熊本藩における孝子傳編纂―『肥後孝子傳』を中心に(山内由紀)「熊本史学」 熊本史学会 (82) 2003.8

肥後熊本藩政史 細川藩政史は垂水家の歴史でもある(垂水嘉平太)「家系研究」 家系研究協議会 39 2005.4

報告4 事件・身分と身形―熊本藩の衣服制度(樋口輝幸)「もやい：長崎人権・学」 長崎人権研究所 50 2005.10

維新期民政改革の再検討―熊本藩から(池田勇太)「明治維新史研究」 明治維新史学会 (2) 2005.12

天保期熊本藩農村の経済力―生産力は二百万石以上、貢租はその1/4(蓑田勝彦)「熊本史学」 熊本史学会 (89・90・91) 2008.10

明治20年代旧熊本藩領における「民属金下戻運動」の歴史的意義(今村直樹)「明治維新史研究」 明治維新史学会 (5) 2009.2

第一次長州征討にみる熊本藩の兵站―民間人が担った兵站活動の事例(内山幹生)「熊本史学」 熊本史学会 (92) 2010.5

熊本藩領 豊後国三手永の「総産物調帳」について(蓑田勝彦)「年報熊本近世史」 熊本近世史の会 2009年度 2010.6

史料紹介 熊本藩の揚酒本手料米(城後尚年)「年報熊本近世史」 熊本近世史の会 2009年度 2010.6

幕末期熊本藩領における広域的経済開発事業の展開(吉村豊雄)「熊本史学」 熊本史学会 (93・94) 2011.3

熊本藩主の参勤交代年表(安部光太郎)「研究小報」 大分市鶴崎公民館ふるさとの歴史教室 (29) 2012.3

幕末熊本藩郡部の算学・武芸稽古の模様 内田手永「森川家文書」を手がかりに(研究ノート)(平田稔)「歴史玉名」 玉名歴史研究会 67 2014.2

コーナー展 港区指定文化財 館蔵資料 宇田川家文書―肥後熊本藩細川家御用達商人の記録(平田秀勝)「港郷土資料館だより」 港区立港郷土資料館 (74) 2014.9

熊本町

近世後期熊本町における窮民救済―「西古町懸窮民御救恤根帳」の分析を中心に(山内由紀)「熊本史学」 熊本史学会 (80・81) 2002.12

熊本洋学校

熊本洋学校におけるキリスト教受容とその展開―小崎弘道の政教関係論・序説(坂井悠佳)「史境」 歴史人類学会，日本図書センター (発売) (55) 2007.9

史料紹介 熊本洋学校について(水野公寿)「近代熊本」 熊本近代史研究会 (33) 2009.12

「熊本洋学校」と「同志社英学校」(研究ノート)(堤克彦)「近代熊本」 熊本近代史研究会 (36) 2014.4

熊本洋学校の授業の考察(論文)(本田憲之助)「史叢」 熊本歴史学研究会 (18) 2014.8

熊本陸軍病院小林分院

第二十五師団(国部隊)衛生隊と熊本陸軍病院小林分院について(花田武義)「ひなもり」 小林史談会 (44) 2004.5

車

車地名は畔間の転訛(上村重次)「史叢」 熊本歴史学研究会 (10) 2005.7

郡築新地

郷土の歴史アラカルト(28)郡築新地と近代化遺産―樋門(松山丈三)「夜豆志呂」 八代史談会 146 2004.10

高津原温泉

天保年間の富尾村「高津原温泉」繁盛記(宮本治人)「歴史玉名」 玉名歴史研究会 51 2003.10

興善寺

第277回研修例会 興善寺地区史跡文化財探訪(佐藤綾美)「夜豆志呂」 八代史談会 146 2004.10

轟泉水道

轟泉水道はどのようにして造られ、使われてきたのか―最古の現役上水道(髙木恭二)「うと学研究」 宇土市教育委員会 (34) 2013.3

幸野溝

平成22年7月〜8月例会「旧幸野溝・新幸野溝調査報告」(求麻郷土研の例会調査報告)(尾方保之)「郷土」 求麻郷土研究会 (33) 2010.10

郡浦手永

〈松山手永・郡浦手永 手鑑集〉「宇土市史研究」 宇土市教育委員会 25 2004.3

元禄十五年閏八月 郡浦手永御手鑑「宇土市史研究」 宇土市教育委員会 25 2004.3

天保八年酉七月 郡浦手永略御手鑑「宇土市史研究」 宇土市教育委員会 25 2004.3

五家荘

歴史探訪平家の里五家荘を訪ねて(池田香沙達)「三池史談」 (29) 2005.3

古城峠

「古城峠攻略戦記」について(藤島純高)「西南戦争之記録」 西南戦争を記録する会 2 2003.11

古城峠攻略戦記(高橋守一)「西南戦争之記録」 西南戦争を記録する会 2 2003.11

相良

相良史を歩いた医師たち(井上道代)「ひとよし歴史研究」 人吉市教育委員会教育部 (17) 2014.3

相良路

錦秋相良路の"文化財探訪"巡見報告(歴史随想)(辻春美)「史叢」 熊本歴史学研究会 (17) 2013.7

相良藩

『西茂一日記』を読む―旧相良藩士の日記に見る明治20年のひとよし(益田啓三)「ひとよし歴史研究」 人吉市教育委員会教育部 (11) 2008.3

相良村

平成21年4月例会〜10月例会「錦町及び相良村の文化財調査報告」(求麻郷土研の例会調査報告)(片野坂勲)「郷土」 求麻郷土研究会 (33) 2010.10

相良頼景館跡

中世相良氏の拠点形成―「蓮花寺跡・相良頼景館跡」の再検討(永井孝宏)「ひとよし歴史研究」 人吉市教育委員会教育部 (15) 2012.3

笹堀公園

笹堀公園に石の標柱寄附「夜豆志呂」 八代史談会 (158) 2008.10

三の岳

三の岳の戦跡(古財誠也)「西南戦争之記録」 西南戦争を記録する会 3 2005.8

時習館

日記に見る時習館学生の日常生活(鈴木喬)「市史研究くまもと」 熊本市 14 2003.3

時習館覚書き(水野公寿)「史叢」 熊本歴史学研究会 (13) 2008.11

下馬刀島

近世天草、下馬刀島の天然痘患者―隔絶の島に想いを馳せて(川上潤)「除痘館記念資料室だより」 洪庵記念会除痘館記念資料室 (6) 2014.6

九州・沖縄　　　　　　　　　地名でたどる郷土の歴史　　　　　　　　　熊本県

白髪山

黒髪山と白髪山の神々と伝説（足達武敏）「史叢」　熊本歴史学研究会
（12）2007.8

不知火

「不知火」の正体は？（地域特集 不知火湾岸の歴史と自然―八代から水
俣を旅する）（米崎寿一）「西日本文化」　西日本文化協会　通号447
2010.10

不知火伝統の味覚（地域特集 不知火湾岸の歴史と自然―八代から水俣を
旅する）（土山憲幸）「西日本文化」　西日本文化協会　通号447 2010.
10

不知火海

不知火海が生んだ文学（地域特集 不知火湾岸の歴史と自然―八代から水
俣を旅する）（井上智重）「西日本文化」　西日本文化協会　通号447
2010.10

不知火湾岸

海沿いの街々と私（地域特集 不知火湾岸の歴史と自然―八代から水俣を
旅する）（岡田哲也）「西日本文化」　西日本文化協会　通号447 2010.
10

不知火湾岸 景勝十選（地域特集 不知火湾岸の歴史と自然―八代から水
俣を旅する）（岡田哲也, 川上信也）「西日本文化」　西日本文化協会
通号447　2010.10

越えてゆこうよ幾山河（地域特集 不知火湾岸の歴史と自然―八代から水
俣を旅する）（前山光則）「西日本文化」　西日本文化協会　通号447
2010.10

不知火湾岸の工業化と鉄道（地域特集 不知火湾岸の歴史と自然―八代か
ら水俣を旅する）（幸田亮一）「西日本文化」　西日本文化協会　通号
447　2010.10

白石堰

資料紹介 白石堰下流・菊池川河川敷内の礎石（大倉隆二）「歴史玉名」
玉名歴史研究会　56　2011.4

昔むかし 白石の堰（断章）「歴史玉名」　玉名歴史研究会　57　2011.8

新川

郷土の歴史アラカルト（14）萩原敷石と新川（松山丈三）「夜豆志呂」　八
代史談会　132　2000.2

新町

新町界隈の失われた地名（福田晴男）「史叢」　熊本歴史学研究会　（12）
2007.8

新町のかたち 川・堀・鉄道（福田晴男）「史叢」　熊本歴史学研究会
（13）2008.11

水前寺成趣園

九州の名園を歩く 大名庭園―水前寺成趣園（原田榮進）「海路」「海路」
編集委員会, 海鳥社（発売）通号7　2009.1

代陽小学校

表紙絵の解説 代陽小学校 大正12年校舎（熊本県八代市北の丸町）（原田
聰明）「夜豆志呂」　八代史談会　（172）2013.6

鷹峯城

郷土の歴史アラカルト（31）相良氏の八代支配における鷹峯城（松山丈
三）「夜豆志呂」　八代史談会　（155）2007.10

高瀬

"玉杵名"そして高瀬の津（第269回研修例会）（市村義成）「夜豆志呂」
八代史談会　141　2003.2

高瀬御茶屋・御蔵の位置と敷地利用の変遷（研究ノート）（末永崇）「歴史
玉名」　玉名歴史研究会　58　2011.11

高瀬・繁根木の西南の役戦跡を訪ねる（資料紹介）（荒木純治）「歴史玉
名」　玉名歴史研究会　59　2012.2

高瀬飛行場

陸軍高瀬飛行場用地買収等に関する諸問題と戦後処理（内山幹生）「歴史
玉名」　玉名歴史研究会　57　2011.8

高田手永

史料紹介 肥後国八代郡 高田手永略手鑑（天保15年）について（蓑田勝
彦）「史叢」　熊本歴史学研究会　（18）2014.8

鷹ノ原城

大津山関城と鷹ノ原城をめぐる若干の問題（〈特集 九州の城郭と城下町
中世編〉）（丸山雍成）「海路」「海路」編集委員会, 海鳥社（発売）通
号5　2007.11

竹迫城

竹迫城・城下とその外縁（〈中世―近世移行期城郭研究特集〉）（来村大）
「熊本史学」　熊本史学会　（89・90・91）2008.10

高森城

考察「天正の高森城合戦」―島津勢の攻撃は一度だけであった（論文）
（松永政秋）「史叢」　熊本歴史学研究会　（17）2013.7

田子山

熊本県のアイヌ語地名「田子山」について（清水清次郎）「アイヌ語地名
研究」　アイヌ語地名研究会, 北海道出版企画センター（発売）通号
11　2008.12

田中城

田中城国指定史跡昇格記念式典とその歴史的意義（国武慶旭）「歴史玉
名」　玉名歴史研究会　50　2003.3

田中城攻撃の芸州衆について―玉名歴史断片（2）（高木繁司）「歴史玉名」
玉名歴史研究会　50　2003.3

史跡田中城（黒田裕司）「北部九州中近世城郭」　北部九州中近世城郭研究
会　（18）2010.3

企画 遺跡めぐり「田中城とその周辺」（足達一彦）「歴史玉名」　玉名歴史
研究会　69　2014.8

田原坂

西南戦争実録 田原坂の戦い（竹内宏郎）「あさじ史談」　朝地史談会　99
2004.3

二人だけの"新田原坂"（蓑田美昭）「夜豆志呂」　八代史談会　（153）
2007.2

玉杵名

"玉杵名"そして高瀬の津（第269回研修例会）（市村義成）「夜豆志呂」
八代史談会　141　2003.2

玉名

玉名の教育史抄 戦中・戦後の女教師奮斗の記録（中山博之）「歴史玉名」
玉名歴史研究会　51　2003.10

玉名の大東亜戦争見聞録―玉名歴史断片（3）（高木繁司）「歴史玉名」　玉
名歴史研究会　51　2003.10

玉名の歴史と自然をひもとく（《地域特集・玉名 玉名の歴史と自然をひ
もとく》）（蓮澤大智, 米村忠, 中村青史, 荒木純治, 植木いつ子, 平
松, 丸山雍成, 兵谷有利, 岩永清吉, 前川清一, 高木久美子, 松本
重美, 岡田正二, 中田整一, 和久田寿美子, 松本勉, 渡邉宣二, 森高
清, 徳永孝文, 中村勝, 笠哲郎, 秋元一秀, 片山敬子, 猿渡洋惜, 清
水千尋, 下川冨士子, 米澤和彦, 福岡勲）「西日本文化」　西日本文化
協会　通号429　2007.10

歴史と文化は玉名人の誇り―玉名の特集によせて（《地域特集・玉名 玉
名の歴史と自然をひもとく》）（島津勇典）「西日本文化」　西日本文化
協会　通号429　2007.10

岱明出身の高僧「豪潮律師」／海から生まれた町、横島／天水の自然と文
化／木下家の湿板写真／心の故郷絵巻 玉名／新「玉名」駅は装飾古墳の
玄関口／邪馬台国と菊池川／行政拠点・玉名郡衙／「補陀落渡海碑」の出
港地／朝鮮文書にみる中世の玉名／胡弓の調べと「伊倉旅情」（《地域特
集・玉名 玉名の歴史と自然をひもとく》）「西日本文化」　西日本文化
協会　通号429　2007.10

キリシタン墓地のロマン―紅毛言遺髪はシルバー修道士か／私の描く夢／
高瀬の繁栄と肥後藩士・木村鉄太／わがふるさと玉名／浴衣湯めぐり、
おもてなし／西南の役の"関ヶ原"高瀬大会戦／十九人の集団自刃、他／
高瀬細川家奉納の鏡／儒者・西依成斎とその書／中村惣斎の地方行政／
笠智衆さんとの思い出「再生」高瀬の町並み／甦る町のシンボル・米蔵
／がんばる商店街と仲間たち（《地域特集・玉名 玉名の歴史と自然をひ
もとく》）「西日本文化」　西日本文化協会　通号429　2007.10

旧玉名干拓施設について（末永崇）「歴史玉名」　玉名歴史研究会　53
2010.8

動向 旧玉名干拓施設保存活動と今後の展望（大谷壽）「歴史玉名」　玉名
歴史研究会　53　2010.8

巻頭言 東北・関東大震災に、郷土の災害を重ねる（森高清）「歴史玉名」
玉名歴史研究会　56　2011.4

幕末の戦争難民―「小倉落人」と玉名地域（大浪和弥）「歴史玉名」　玉名
歴史研究会　56　2011.4

巻頭言 川尻を訪れて―高瀬（玉名）といくつかの共通点（森高清）「歴史玉
名」　玉名歴史研究会　58　2011.11

講座 玉名と巨大な阿蘇火砕流噴火（渡邉一徳）「歴史玉名」　玉名歴史研究
会　59　2012.2

報告 旧玉名干拓施設の平成23年保存活動について（断章）「歴史玉名」
玉名歴史研究会　59　2012.2

『東宮殿下渡欧記念帖―金田之栄―』に写る玉名の子供たち（河原典史）
「歴史玉名」　玉名歴史研究会　60　2012.4

資料紹介 安政大地震と大津波の惨状（荒木登志夫）「歴史玉名」　玉名歴
史研究会　60　2012.4

話題／戦争中の生活（8）／掲示板／民話・モグラ／余滴／歴史なんでも
Q&A／玉名の伝説（2）「歴史玉名」　玉名歴史研究会　60　2012.4

巻頭言 一つ一つの史実の積み重ねで玉名史の充実を（森高清）「歴史玉
名」　玉名歴史研究会　61　2012.8

歴史なんでもQ&A（玉名の初市）（断章）「歴史玉名」　玉名歴史研究会
61　2012.8

熊本県　　　　　　　　　　　地名でたどる郷土の歴史　　　　　　　　　　九州・沖縄

玉名市

研究ノート 玉名市内に残る農業用ため池について（大倉千寿）「歴史玉名」 玉名歴史研究会　55　2011.2

玉名飛行場

米軍撮影の陸軍玉名飛行場空撮写真の検討（論考）（高谷和生）「歴史玉名」 玉名歴史研究会　65　2013.8

玉名平野

foto & essay 命育んできた玉名平野（《地域特集・玉名 玉名の歴史と自然をひもとく》）（永石英男）「西日本文化」 西日本文化協会　通号429　2007.10

玉名平野条里跡

船島堰と玉名平野条里跡（末永崇）「歴史玉名」 玉名歴史研究会　55　2011.2

俵山

俵山が示す熊本県大津地域のかすかな歴史（安達武敏）「史叢」 熊本歴史学研究会　（13）2008.11

中央町

熊本県中央町の3333石段を登るの記（出口修身）「日和城」 高城の昔を語る会　（12）2005.1

出京町

熊本城下町の町家と別当―出京町を中心に（本田秀人）「熊本史学」 熊本史学会　（80・81）2002.12

唐干田

地名「唐干田・大唐田」の拾集（1）,（2）（菅野郁雄）「法政人類学」 法政大学人類学研究会　（95）/（97）2003.6/2003.12

中北

「中北付近の史跡」（資料紹介）（古川信吉）「歴史玉名」 玉名歴史研究会　67　2014.2

和水町

和水町で73年分の伊勢暦見つかる（資料紹介）（平田稔）「歴史玉名」 玉名歴史研究会　68　2014.4

南関町

南関町の関名と古代官道と御茶屋（国武慶旭）「歴史玉名」 玉名歴史研究会　51　2003.10

明治32年の「南関町鉄砲合資会社近況」（資料紹介）（坂田幸之助）「歴史玉名」 玉名歴史研究会　53　2010.8

資料紹介 「南関町鉄砲合資会社近況」（復刊第2号）を読んで（平田稔）「歴史玉名」 玉名歴史研究会　56　2011.4

南関町所在の官軍基地にまつわるはなし 二題（西南戦争遺跡国指定記念号）（坂本重義）「歴史玉名」 玉名歴史研究会　63　2013.2

錦町

平成21年4月例会〜10月例会「錦町及び相良村の文化財調査報告」（求麻郷土研の例会調査報告）（片野坂勲）「郷土」 求麻郷土研究会　（33）2010.10

萩原敷石

郷土の歴史アラカルト（14） 萩原敷石と新川（松山丈三）「夜豆志呂」 八代史談会　132　2000.2

萩原堤

郷土の歴史アラカルト（15）〜（17） 萩原堤（松塘）［1］〜（3）（松山丈三）「夜豆志呂」 八代史談会　133/135　2000.6/2001.2

郷土の歴史アラカルト（29） 萩原堤防（はぜ塘）発見の石垣は城壁か―保存の攻防（松山丈三）「夜豆志呂」 八代史談会　147　2005.2

鼻ぐり井手

「浄池公廟碑に見る鼻ぐり井手」について（「歴史」部門）（松永正秋）「史叢」 熊本歴史学研究会　（15）2011.6

繁根木

高瀬・繁根木の西南の役戦跡を訪ねる（資料紹介）（荒木純治）「歴史玉名」 玉名歴史研究会　59　2012.2

肥後

第266回研修例会 肥後中世の終焉と近世の嵐（高野茂）「夜豆志呂」 八代史談会　140　2002.9

筑前・肥後の史跡を訪ねて（桐原洋）「千台 ： 薩摩川内郷土史研究会機関誌」 薩摩川内郷土史研究会　（32）2004.3

古代史発掘 「肥後モッコス」の由来はやはり「モンゴル語」であった（木村哲行）「ふるさとの自然と歴史」 歴史と自然をまもる会　298　2004.5

肥後の民情と景観を探る（蓑田政義）「夜豆志呂」 八代史談会　145　2004.6

『筑前・筑後・肥前・肥後探索書』について―公儀隠密による北部九州の城郭調査（寛永4年）（白峰旬）「愛城研報告」 愛知中世城郭研究会

（8）2004.8

肥後の黎明と宇ノ御厨について（林清八）「烏ん枕」 伊万里市郷土史研究会　（76）2006.3

会津をたずねて肥後豊後をゆく（萩野貞樹）「会津会々報」 会津会　（112）2006.6

川興勝編纂『肥後豊後検地諸帳目録』について（上田満子）「年報熊本近世史」 熊本近世史の会　2006年度　2007.6

肥後の武田氏と若狭の武田氏（木庭実治,福田晴男）「史叢」 熊本歴史学研究会　（14）2009.12

肥後の殿様とやきもの（地域特集 不知火湾岸の歴史と自然―八代から水俣を旅する）（福原透）「西日本文化」 西日本文化協会　通号447　2010.10

肥後と薩摩の国境意識（地域特集 不知火湾岸の歴史と自然―八代から水俣を旅する）（岡田哲也）「西日本文化」 西日本文化協会　通号447　2010.10

「鉄」が示す狗奴国は肥後（地域特集 不知火湾岸の歴史と自然―八代から水俣を旅する）（奥野正男）「西日本文化」 西日本文化協会　通号447　2010.10

肥後菊地一族の宇曽利郷進出説（澁谷聰志）「うそり」 下北の歴史と文化を語る会　（47）2011.3

肥後と筑後地方の境界に化粧田（1）（小林富代子）「新女性史研究」 熊本女性学研究会　（8）2011.12

「寛政の島原大変 肥後迷惑」から考える（歴史随想）（福田晴男）「史叢」 熊本歴史学研究会　（16）2012.5

肥後における上使衆検地の一側面（西田道世）「歴史玉名」 玉名歴史研究会　62　2012.11

肥後国

肥後国の巻（熊本県）（近世女人文人風土記）（山口晢子）「江戸期おんな考」 桂文庫　（14）2003.10

「古城考」（「肥後国誌」を含む）に記載された城跡規模を検証する（大田幸博）「歴史玉名」 玉名歴史研究会　62　2012.11

中近世移行期の国衆一揆と領主検地―肥後国衆一揆を素材として（大山智美）「九州史学」 九州史学研究会　（164）2012.12

肥後藩

幕末肥後藩の足軽（川上隆弘）「年報熊本近世史」 熊本近世史の会　2004年度　2004.6

肥後藩の影踏と影踏帳（城後恵年）「年報熊本近世史」 熊本近世史の会　2004年度　2004.6

活動報告 肥後藩測量師範・池部家三代の拓本をとる（断章）「歴史玉名」 玉名歴史研究会　64　2013.4

肥後路

春の肥後路を旅して（重松佳子）「郷土直方 ： 直方郷土研究会・会報」 直方郷土研究会　（33）2007.6

「鯰」を求めて肥後路を行く（石賀弘一）「故郷の花」 小郡市郷土史研究会　（34）2009.5

人吉紀行

人吉紀行（豊後茸師を尋ねて）（田中治郎）「津久見史談」 津久見史談会　（10）2006.3

『三茂一日記』を読む―旧相良藩士の日記に見る明治20年のひとよし（益田啓三）「ひとよし歴史研究」 人吉市教育委員会教育部　（11）2008.3

球磨・人吉歴史紀行（紀行）（森永満郎）「千台 ： 薩摩川内郷土史研究会機関誌」 薩摩川内郷土史研究会　（39）2011.3

古地図の散歩道 明治10年作成「八代ヨリ人吉ニ至道程細図」「屯田」 北海道屯田倶楽部　（53）2013.4

人吉市

人吉市の蕨手刀について（垣見奈緒子）「ひとよし歴史研究」 人吉市教育委員会教育部　（12）2009.3

郷土の文化財と岩石（原田正史）「ひとよし歴史研究」 人吉市教育委員会教育部　（14）2011.3

史料紹介 塩見家文書（三村溝介）「ひとよし歴史研究」 人吉市教育委員会教育部　（16）2013.3

人吉城

人吉城相良清兵衛一族の地下室（鶴嶋俊彦）「ひとよし歴史研究」 人吉市教育委員会教育部　（10）2007.3

中世相良氏の興亡 人吉城乗っ取り事件（1）（堀伎美子）「ひとよし歴史研究」 人吉市教育委員会教育部　（12）2009.3

中世相良氏の興亡 人吉城乗っ取り事件（2） 人吉城主 第十代「相良堯頼」の時代（堀伎美子）「ひとよし歴史研究」 人吉市教育委員会教育部　（13）2010.3

中世相良氏の興亡 人吉城乗っ取り事件（3） 第十代相良堯頼と上相良の滅亡（3）（堀伎美子）「ひとよし歴史研究」 人吉市教育委員会教育部　（15）2012.3

中世相良氏の滅亡 人吉城乗っ取り事件（4） 人吉城主第十四代相良長祗

九州・沖縄　　　　　　　　　　地名でたどる郷土の歴史　　　　　　　　　　熊本県

の時代 (1)（堀伎美子）「ひとよし歴史研究」 人吉市教育委員会教育部
（16） 2013.3

中世相良氏の滅亡 人吉城乗っ取り事件 (5) 人吉城主第十五代相良長定
の時代（堀伎美子）「ひとよし歴史研究」 人吉市教育委員会教育部
（17） 2014.3

石垣から読む人吉城の歴史 御館西側石垣の石垣カルテ（岸田裕一）「ひと
よし歴史研究」 人吉市教育委員会教育部　（17） 2014.3

人吉藩

人吉藩家中による部分林（武井弘一）「熊本史学」 熊本史学会　（80・
81） 2002.12

人吉藩校 (3) 習教館初代教授 東白髪 (1) 寛政三年 釜奥戸讃歌『遊仙寵
記』（井上道代）「ひとよし歴史研究」 人吉市教育委員会教育部　（7）
2004.3

人吉藩校 (4) 細井平洲と人吉門弟たち (1) 資料に見る子弟関係及び人
吉藩内実践記（井上道代）「ひとよし歴史研究」 人吉市教育委員会教
育部　（8） 2005.3

人吉藩校 (4) 細井平洲と人吉門弟たち (2)（井上道代）「ひとよし歴史研
究」 人吉市教育委員会教育部　（9） 2006.3

人吉藩校 (3) 習教館初代教授 東白髪 (2) 車道の東白髪住居「白雪楼」
について（井上道代）「ひとよし歴史研究」 人吉市教育委員会教育部
（11） 2008.3

慶應年 人吉藩分限帳（上）,（下）（山本研央）「ひとよし歴史研究」 人吉
市教育委員会教育部　（13）/（14） 2010.3/2011.3

肥後人吉藩の検地と年貢一「中世の遺訓」の克服（友尻花織）「ひとよし
歴史研究」 人吉市教育委員会教育部　（14） 2011.3

人吉盆地

シンポジウム「人吉盆地とその周辺の狩り地名」（前田一洋）「日本地名研
究所通信」 日本地名研究所　（63） 2006.12

日向街道

大南の「日向街道」を歩いて（野尻信行）「落穂」 大分市大南地区文化財
同好会　（76） 2010.8

平沢津

熊本県平沢津の猟師（貴島武之）「史叢」 熊本歴史学研究会　4・5
2000.7

深川

西南戦争・水俣深川地区周辺の戦いについて一西川登氏からの聞き取り
調査を基に（研究ノート）（岡本真也）「史叢」 熊本歴史学研究会
（17） 2013.7

袋町

第265回研修例会 八代城下町袋町地区 寺社・周辺史跡文化財探訪（中村
ミツ子）「夜豆志呂」 八代史談会　140 2002.9

豊前街道

市内一豊前街道・境川から海門寺へ（史跡探訪レポ）（研修部）「別府史
談」 別府史談会　（21） 2008.3

別府市域の旧豊前街道を歩む『豊国紀行』貝原益軒より（史料紹介）（研
修部）「別府史談」 別府史談会　（21） 2008.3

豊前街道と宿駅 (1) 古代の豊前道（廣瀬英男）「かわら ： 郷土史誌」 香
春町教育委員会　70 2010.3

豊前道

勅使街道 (6) 豊前道「三保の文化」 三保の文化財を守る会　（87）
2005.1

船島堰

船島堰と玉名平野条里跡（末永崇）「歴史玉名」 玉名歴史研究会　55
2011.2

細川藩

宝暦〜天保期における肥後細川藩の農政と請免制（西村春彦）「熊本史
学」 熊本史学会　（82） 2003.8

第274回研修例会・講演 肥後細川藩と島原の乱（林千寿）「夜豆志呂」 八
代史談会　144 2004.2

肥後熊本藩政史 細川藩政史は垂水家の歴史でもある（垂水嘉平太）「家系
研究」 家系研究協議会　39 2005.4

寄稿 細川藩船手組・鏡家の先祖史（上）,（続き）,（完結）（若杉正信）「研
究小報」 大分市鶴崎公民館ふるさとの歴史教室　（27）/（29） 2010/
2012.03

保田木城

巻頭言 保田木城のこと（大倉隆二）「歴史玉名」 玉名歴史研究会　69
2014.8

益城町

史料 益城町の明治史料 (1)（松野國策）「史叢」 熊本歴史学研究会
（16） 2012.5

資料 益城町の明治史料 (2),(3)（松野國策）「史叢」 熊本歴史学研究会

（17）/（18） 2013.7/2014.08

松山手永

〈松山手永・郡浦手永 手鑑集〉「宇土市史研究」 宇土市教育委員会　25
2004.3

元禄十五年閏八月 松山手永御手鑑「宇土市史研究」 宇土市教育委員会
25 2004.3

明治二年巳四月 松山手永手鑑「宇土市史研究」 宇土市教育委員会　25
2004.3

万田坑

史跡 三井三池炭鉱跡、宮原坑跡、万田坑跡、専用鉄道敷跡（大牟田市教育
委員会、荒尾市教育委員会）「歴史玉名」 玉名歴史研究会　63 2013.2

三加和町

資料紹介 版木を使った旧三加和町の買地証文・上地証文（平田稔）「歴史
玉名」 玉名歴史研究会　55 2011.2

水島

「水島」国の名勝指定（松山丈三）「夜豆志呂」 八代史談会　（160）
2009.6

緑川

緑川改修（内務省堰）工事新聞記事「宇土市史研究」 宇土市教育委員会
（29） 2008.3

緑川の一考察一近世期以降の緑川水系河川の土木工事を考える（長井
勲）「うと学研究」 宇土市教育委員会　（31） 2010.3

水俣

資料紹介 安政六年四月「胃助様水俣方御境目御巡覧」の「控帳」につい
て（蓑田美昭）「夜豆志呂」 八代史談会　142 2003.6

水俣の海から（広谷雅子）「土佐地域文化」 土佐地域文化研究会
（7） 2003.7

正造の「毒殺セシ加害ヲ私ス」戦いが「水俣」にあった（牧野喜好）「田
中正造と足尾鉱毒事件研究」 随想舎　13 2003.11

薩摩境目、水俣の城（鶴崎俊彦）「ひとよし歴史研究」 人吉市教育委員会
教育部　（11） 2008.3

「公害の原点」の地から水俣支援を問う（牧野喜好）「田中正造と足尾鉱毒
事件研究」 随想舎　15 2009.2

足尾・水俣・原発一過去から学ぶもの（今足尾は……）（しまくらまさ
し）「足尾を語る会会報,第2次」 足尾を語る会　（16） 2013.7

水俣病は終わっていない（講演録）（鈴村多賀志）「救現 ： 田中正造大学
ブックレット」 田中正造大学出版部, 随想舎（発売）（12） 2013.7

水俣市

歴史を活かす確かなまちづくり一熊本県水俣市の取り組みからみえるも
の「ほない歴史通信」 遊史の会　（67） 2013.6

御船町

御船町巡見記録（松野國策）「史叢」 熊本歴史学研究会　（15） 2011.6

麦島城

"麦島城"よ、汝がロマンを語れ（蓑田美昭）「夜豆志呂」 八代史談会
139 2002.6

肥後における織豊系城郭研究の課題一近年の城郭調査を麦島城跡の調査
から（山内淳司）「熊本史学」 熊本史学会　（83・84） 2004.6

講演 文禄・慶長の役と八代一麦島城と小西作右衛門（第286回研修例
会）（鳥津亮二）「夜豆志呂」 八代史談会　（150） 2006.2

牟田

梅林牟田の菊池川流路に関する一考察（研究ノート）（末永崇）「歴史玉
名」 玉名歴史研究会　65 2013.8

補講「梅林牟田の菊池川流路に関する一考察」についての補足（断章）
「歴史玉名」 玉名歴史研究会　67 2014.2

目鑑橋

肥後の石工・目鑑橋（補）（蓑田勝彦）「年報熊本近世史」 熊本近世史の
会 2004年度 2004.6

肥後の石工と目鑑橋（地域特集 不知火湾岸の歴史と自然一八代から水俣
を旅する）（上塚尚孝）「西日本文化」 西日本文化協会　通号447
2010.10

八代

郷土の歴史アラカルト (24)〜(25),(27)（松山丈三）「夜豆志呂」 八代
史談会　142/145 2003.6/2004.6

史跡文化財探訪（中村ミツ子）「夜豆志呂」 八代史談会　142 2003.6

第278回研修例会 明和元年「八代紀行」を読み解く（原田聡明）「夜豆志
呂」 八代史談会　146 2004.10

茘以仁糖と孤雲餅が再現（松山丈三）「夜豆志呂」 八代史談会　147
2005.2

第280回研修例会 八代地方の近代化遺産について（吉永明）「夜豆志呂」
八代史談会　147 2005.2

幕末の『八代遊記』（鈴木喬）「夜豆志呂」 八代史談会　（148） 2005.6

1007

熊本県 　地名でたどる郷土の歴史 　九州・沖縄

"旧停車場" 雑感 (蓑田美昭)「夜豆志呂」 八代史談会 　(148) 2005.6

八代史談会50年の歩み (抄)(50周年記念)「夜豆志呂」 八代史談会 　(152) 2006.10

報告 古写真に見る "今はむかし 八代の原風景" 展 (蓑田美昭)「夜豆志呂」 八代史談会 　(154) 2007.6

報告 "やつしろなつかし写真展"「夜豆志呂」 八代史談会 　(157) 2008.6

八代の史跡 (1)〜(3),(5)(橋口栄治)「夜豆志呂」 八代史談会 　(158)/(168) 2008.10/2012.2

郷土の歴史アラカルト (32),(33),(35) 細川三斎 (忠興) が八代に遺した文化と遺跡 (1),(2),(補記)(松山丈三)「夜豆志呂」 八代史談会 　(160)/(163) 2009.6/2010.6

八代の歴史 (橋口栄治)「夜豆志呂」 八代史談会 　(163) 2010.6

八代のアコウ (蓑田正義)「夜豆志呂」 八代史談会 　(165) 2011.2

続・八代のアコウ (蓑田正義)「夜豆志呂」 八代史談会 　(167) 2011.10

八代の遺跡 (橋口栄治)「夜豆志呂」 八代史談会 　(170) 2012.10

古地図の散歩道 明治10年作成「八代ヨリ人吉ニ至道程細図」「屯田」 北海道屯田倶楽部 　(53) 2013.4

道中風景絵巻 八代から江戸までの今を写す (柏田忠)「夜豆志呂」 八代史談会 　(172) 2013.6

八代と浦安—共有する投網文化 (田辺達也)「夜豆志呂」 八代史談会 　(172) 2013.6

後補 肥後国八代百景 (蓑田美昭)「夜豆志呂」 八代史談会 　(172) 2013.6

「近世肥後八代領=宇土藩における上方抱え下し者」の表 解題 (秀村選三)「研究会報」 地域史料研究会・福岡 　(7)通号137 2013.11

八代の苗字 (橋口栄治)「夜豆志呂 ： 郷土史」 八代史談会 　(174) 2014.2

道中風景絵巻IV 八代の殿さま江戸に行く 絵巻に残る平家物語の世界 (柏田忠)「夜豆志呂 ： 郷土史」 八代史談会 　(175) 2014.6

八代の方言 (1)(橋口栄治)「夜豆志呂 ： 郷土史」 八代史談会 　(176) 2014.10

八代海

ポルトガル宣教師が見た400年前の八代海 (古川清久)「夜豆志呂」 八代史談会 　(155) 2007.10

八代県庁

明治維新後の八代県庁 (蓑田正義)「夜豆志呂」 八代史談会 　(168) 2012.2

八代市

八代市内巡見記 (吉村欣也)「史叢」 熊本歴史学研究会 　(8) 2003.7

第332回研修例会・総会特別講演 八代市内建造物の建築的特性について 「まちあるき八代たてものマップ」の調査結果から (守山学)「夜豆志呂」 八代史談会 　(173) 2013.10

八代城

八代城廃城一件 (内山幹生)「年報熊本近世史」 熊本近世史の会 2004年度 　2004.6

表紙写真の解説 八代城 (松江城) 跡 (松山丈三)「夜豆志呂 ： 郷土史」 八代史談会 　(174) 2014.2

八代町

江戸紀八代町西方干拓地の考察 (蓑田正義)「夜豆志呂」 八代史談会 　(159) 2009.2

江戸紀八代町西方干拓地の考察—丸淵はどこにあったか (後)(蓑田正義)「夜豆志呂」 八代史談会 　(160) 2009.6

山鹿

山鹿の薩摩兵児 (へこ)—西南戦争余話 (論考)(大継弘之)「三池史談」 　(30) 2013.7

山鹿市

山鹿市街の史跡をゆく (栗原智久)「敬天愛人」 西郷南洲顕彰会 　(24) 2006.9

横島

研究ノート 横島の干拓と石塘について (友田邦男)「歴史玉名」 玉名歴史研究会 53 2010.8

動向 横島 旧干拓堤防の保護と顕彰の歩み (米村忠)「歴史玉名」 玉名歴史研究会 53 2010.8

横島村

大正三年の横島村潮害の惨状を伝える八枚の絵葉書 (資料紹介)(前川清一)「歴史玉名」 玉名歴史研究会 52 2010.4

横島町

「横島町」町名の由来と海賊物語 (西崎利秋)「歴史玉名」 玉名歴史研究会 50 2003.3

立願寺

岩崎原や立願寺に西南の役戦跡を訪ねる (研究ノート)(荒木純治)「歴史玉名」 玉名歴史研究会 　60 2012.4

霊台橋

江戸期 日本最大の石造アーチ橋 霊台橋 (坂本正行)「ふるさとの自然と歴史」 歴史と自然をまもる会 　(356) 2014.1

蓮花寺

中世相良氏の拠点形成—「蓮花寺跡・相良頼景館跡」の再検討 (永井孝宏)「ひとよし歴史研究」 人吉市教育委員会教育部 　(15) 2012.3

大分県

青江
つくみ点描 青江区内の史跡分類（酒井博）「津久見史談」 津久見史談会 （15）2011.3

つくみ点描 青江地区教育の始まり（編集部）「津久見史談」 津久見史談会 （16）2012.3

津久見市青江区の石造物を調べて（酒井容子）「津久見史談」 津久見史談会 （18）2014.3

青崎公園
まぼろしの三尺松と青崎公園（想い出）（薬師寺直）「大佐井」 大分市大在地区文化財同好会 21 2004.3

青の洞門
青の洞門と一恩讐の彼方に（毛利俊男）「秦史談」 秦史談会 （156）2010.3

赤坂
昔の赤坂（光田喜美子）「真玉町郷土研究会会誌」 真玉郷土研究会 （12）2004.3

赤崎
赤崎のアコウの木（つくみ点描）（編集部）「津久見史談」 津久見史談会 （11）2007.3

赤根
赤根地区の歴史と文化財を探訪する（末綱巌）「国見物語」 国見町郷土史研究会 31 2012.4

朝地
朝地の呼称について（佐藤豊治）「あさじ史談」 朝地史談会 97 2003.6

先祖出自の地、朝地を訪ねて（一万田連）「あさじ史談」 朝地史談会 （100）2004.10

朝地町
カクレキリシタンの弾圧とあさじまちの石造物発見について（橋爪定直）「あさじ史談」 朝地史談会 （102）2005.11

朝地町の文化財「石橋」（東藤静子）「あさじ史談」 朝地史談会 （109）2010.3

朝地町内の舘・山城など（1）～（4）（竹内宏郎）「あさじ史談」 朝地史談会 （110）/（113）2011.6/2014.03

古文書を読む 志賀家文書（古文書を読む会）「あさじ史談」 朝地史談会 （111）2012.3

校歌「上井田の歌」から 朝地町の歴史を探る（北尾勝義）「あさじ史談」 朝地史談会 （112）2013.1

旭日
旭日地区 治郎丸、綱井、重勝《特集 国東町の溜池調査》）「くにさき史談」 くにさき史談会 （8）2007.10

旭越え隧道
まぼろしの国道 旭越え隧道（大字金丸）「宇佐の文化」 宇佐の文化財を守る会 （92）2011.9

朝日村
大分県速見郡朝日村の部落有財産統一方法（史料紹介）（岡部光瑞）「別府史談」 別府史談会 （23）2010.3

史料紹介 大分県速見郡朝日村の部落有財産統一方法（2）（岡部光瑞）「別府史談」 別府史談会 （24）2011.3

朝見
市内―朝見地区（史跡探訪感想文）（石川学）「別府史談」 別府史談会 （26）2013.3

朝見浄水場
朝見浄水場（詳報）（史跡探訪レポート）（外山健一）「別府史談」 別府史談会 （26）2013.3

梓峠
梓峠付近の踏査（山本哲也）「西南戦争之記録」 西南戦争を記録する会 3 2005.8

麻生
麻生の歴史と自然を訪ねて/世界遺産ミニガイド（1）「宇佐の文化」 宇佐の文化財を守る会 70 2004.5

麻生凱旋門
麻生凱旋門（大字麻生）「宇佐の文化」 宇佐の文化財を守る会 （81）

2008.1

天瀬町
天瀬町・山田家文書「御用談記」について（上），（下）（日隈亨）「大分県地方史」 大分県地方史研究会 （189）/（190）2003.10/2004.5

海部郡衙
「古代律令国家と海部郡衙」―律令体制下の中央と地方（講話）「白水郎」 坂ノ市地区郷土史愛好会 （25）2008.3

海部
海部における古代の役所（講和）（池澄千太郎）「白水郎」 坂ノ市地区郷土史愛好会 20 2003.3

海部・坂ノ市地区の歴史年表「白水郎」 坂ノ市地区郷土史愛好会 20 2003.3

「古代海部の家と家族」―残された戸籍から（講話）「白水郎」 坂ノ市地区郷土史愛好会 （25）2008.3

海部今昔（栗野良一）「白水郎」 坂ノ市地区郷土史愛好会 （26）2009.3

豊後風土記の海部（重久弘幸）「白水郎」 坂ノ市地区郷土史愛好会 （26）2009.3

海部今昔（栗野良一）「白水郎」 坂ノ市地区郷土史愛好会 （27）2010.3

海部郡
豊後、海部郡の古代史（大芝英雄）「古代朝鮮文化を考える」 古代朝鮮文化を考える会 （18）2003.12

城原・里遺跡を解析する―豊後国海部郡の官衙遺跡（池澄千太郎）「大分県地方史」 大分県地方史研究会 （203）2008.3

豊後国 海部郡の古代史（大芝英雄）「九州倭国通信」 九州古代史の会 （156）2011.5

豊後国、海部郡の古代史（大芝英雄）「九州倭国通信」 九州古代史の会 （158）2011.11

荒木村
「速水郡荒木村荒木家文書」について（平井義人）「史料館研究紀要」 大分県立先哲史料館 （10）2005.6

荒網代浦
明治11年大区小区制から民選に移行した時の大入島 荒網代浦・石間浦・守後浦「三浦連合役所」の戸長選挙（研究）（高盛西郷）「佐伯史談」 佐伯史談会 （219）2012.7

安心院
安心院紀行（田中伸幸）「紀南・地名と風土研究会会報」 紀南・地名と風土研究会 （34）2003.12

家島
臼杵藩家島考［1］～（2）（三浦正夫）「臼杵史談」 臼杵史談会 93/94 2002.12/2003.12

池田村
古資料から見た明治20年頃の池田村（1），（2）（高藤達喜）「佐伯史談」 佐伯史談会 190/191 2002.6/2002.10

石井村
村と川の歴史（石井村と三隈川）（長順一郎）「日田文化」 日田市教育委員会 （45）2003.3

石垣原
「石垣原合戦」の実像を探る（三重野勝人）「別府史談」 別府史談会 （17）2003.12

石垣原合戦と豊後永富家（永富忠）「別府史談」 別府史談会 （17）2003.12

石垣原合戦余話（坂石要）「別府史談」 別府史談会 （17）2003.12

石垣原合戦と史跡（講演会講師論稿）（矢島嗣久）「別府史談」 別府史談会 （20）2007.3

市内―石垣原合戦と史跡（史跡探訪レポート）「別府史談」 別府史談会 （20）2007.3

古戦場公園の由来と温研所長のことども（郷土史探訪）（矢野春海）「別府史談」 別府史談会 （20）2007.3

貝原益軒『豊国紀行』（史料紹介（石垣原合戦関係））（研修部）「別府史談」 別府史談会 （20）2007.3

古川古松軒『西遊雑記』（史料紹介（石垣原合戦関係））（研修部）「別府史談」 別府史談会 （20）2007.3

「石垣原合戦記」（寛文十年記・外山健一氏蔵）（史料紹介（石垣原合戦関

大分県　　　　　　　　　　　　　　　地名でたどる郷土の歴史　　　　　　　　　　　　　　　九州・沖縄

係))(研修部)「別府史談」 別府史談会 (20) 2007.3

史料紹介 「石垣原」三浦梅園(研修部)「別府史談」 別府史談会 (22) 2009.3

石垣原合戦に出陣した野津原郷士と永富家三兄弟(矢島嗣久)「挾間史談」 挾間史談会 (3) 2013.3

講演会「石垣原合戦への道」―黒田官兵衛と松井康之(三谷紘平)「郷土史杵築」 杵築郷土史研究会 (140) 2014.3

石垣原合戦の実像を探る(論説)(三重野勝人)「別府史談」 別府史談会 (27) 2014.3

石間浦

大正天皇・石間浦駐蹕記念碑建設実記(林寅喜)「佐伯史談」 佐伯史談会 198 2005.2

明治11年大小区制から民選に移行した時の大入島 荒網代浦・石間浦・守後浦「三浦連合役所」の戸長選挙(研究)(高盛西郷)「佐伯史談」 佐伯史談会 (219) 2012.7

板井迫

志賀満井路と板井迫地名考(佐藤豊治)「あさじ史談」 朝地史談会 (104) 2006.10

舘地区並びに板井迫地区の調査について(橋爪定直)「あさじ史談」 朝地史談会 (108) 2009.3

板戸山

板戸山と周辺の戦跡(高橋信武)「西南戦争之記録」 西南戦争を記録する会 3 2005.8

一木

丹生地区 一木地区の字の地名(長田宰)「白水郎」 坂ノ市地区郷土史愛好会 (28) 2011.3

市尾

土地区画整理事業と市尾・宮下・川南の地名(小佐井地区)(重久弘幸)「白水郎」 坂ノ市地区郷土史愛好会 (28) 2011.3

市尾地区の歴史と字名(調査研究)(重久弘幸)「白水郎」 坂ノ市地区郷土史愛好会 (31) 2014.3

一畑

表紙解説 豊後高田市一畑地区の景観「おおいた歴博」 大分県立歴史博物館 10 2001.6

一万田館

一万田館跡の標注(森忠之)「あさじ史談」 朝地史談会 (105) 2007.3

市万田町

「市万田町字市」について(衛藤艶子)「あさじ史談」 朝地史談会 (106) 2007.10

一尺八寸山

「一尺八寸山」を考える(岩尾寛)「全国地名研究交流誌 地名談話室」 日本地名研究所 (23) 2007.11

伊藤田

勅使街道(3)～(4) 伊藤田(竹折勉)「三保の文化」 三保の文化財を守る会 84/85 2003.7/2004.1

犬飼港

参勤交代・犬飼港の足跡探訪(工藤和信)「落穂」 大分市大南地区文化財同好会 (78) 2012.8

犬飼町

犬飼町の文化財(藤田朝生)「五輪」 竹田地区文化財調査委員連絡協議会 (23) 2003.3

いふた

ふしぎの村 いふた(大野直)「津久見史談」 津久見史談会 (16) 2012.3

ふしぎの村 いふた(2)(大野直)「津久見史談」 津久見史談会 (17) 2013.3

今津

今津の里(近隣の歴史散歩)(竹折勉)「三保の文化」 三保の文化財を守る会 (89) 2006.1

伊美

中・伊美地区の文化財(栗本清弘)「国見物語」 国見町郷土史研究会 25 2006.4

伊美村

古文書グループ研究 研究テーマ「上伊美村議員選挙録」を読む(廣末九州男「他2名」)「国見物語」 国見町郷土史研究会 (32) 2013.4

入蔵

大分市大字入蔵の地名を歩く(小野章)「古代朝鮮文化を考える」 古代朝鮮文化を考える会 (20) 2005.12

岩和田

「サンタ・アナ号漂着・碇泊の碑」覚書(東恭生)「臼杵史談」 臼杵史談

会 (103) 2013.2

院内町

院内町の石橋 今昔物語り(安部正孝)「おおいたの石橋」 大分の石橋を研究する会 11 2003.4

宇佐市院内町の石橋探勝会に学ぶ(末網巌)「国見物語」 国見町郷土史研究会 30 2011.4

植木向坂

西南戦争実録(7) 植木向坂の緒戦(竹内宏郎)「あさじ史談」 朝地史談会 90 2001.3

上野村

畑村峠越えの道(上野村から他地域への古い道)(大平亮)「白水郎」 坂ノ市地区郷土史愛好会 (27) 2010.3

折立の古い道を通って小学校(上野村から他地域への古い道)(吉村ミヤ子)「白水郎」 坂ノ市地区郷土史愛好会 (27) 2010.3

御所峠越えの古い道(上野村から他地域への古い道)(見塩未知洋)「白水郎」 坂ノ市地区郷土史愛好会 (27) 2010.3

戸保ノ木越え(上野村から他地域への古い道)(岩田和男)「白水郎」 坂ノ市地区郷土史愛好会 (27) 2010.3

猿喰越え(上野村から他地域への古い道)(岩田和男)「白水郎」 坂ノ市地区郷土史愛好会 (27) 2010.3

旧上野村の「村限図」・「字限図」(坂ノ上地区)(大平亮)「白水郎」 坂ノ市地区郷土史愛好会 (28) 2011.3

魚町

実地見学報告 魚町・据場・錦町・杉山・寺町の史跡(浅野総一郎)「郷土史杵築」 杵築郷土史研究会 (130) 2009.3

宇佐

宇佐の地名(9),(15),(16)～(25)(佐藤稔明)「宇佐の文化」 宇佐の文化財を守る会 57/73 2000.1/2005.5

宇佐の地名(12) 国字と地名/国字を使った地名「宇佐の文化」 宇佐の文化財を守る会 60 2001.1

宇佐における漢学の系譜(中島三夫)「宇佐の文化」 宇佐の文化財を守る会 69 2004.1

《国東半島・宇佐の文化を世界文化遺産に 講演会・シンポジウム録》「国東半島・宇佐の文化」 国東半島・宇佐の文化を守る会 19 2004.3

シンポジウム 国東半島・宇佐の文化を世界文化遺産に「国東半島・宇佐神宮の文化遺産について」(金田信子，時枝正昭，永岡惠一郎，飯沼賢司，青山映信，高橋宜宏)「国東半島・宇佐の文化」 国東半島・宇佐の文化を守る会 19 2004.3

所々喧見 豊後宇佐(丸山眞)「大佐井」 大分市大在地区文化財同好会 21 2004.3

大友宗麟と宇佐(竹本弘文)「宇佐の文化」 宇佐の文化財を守る会 70 2004.5

宇佐の伝承と神話(5)(竹internal勉)「古代朝鮮文化を考える」 古代朝鮮文化を考える会 (19) 2004.12

《国東半島・宇佐の文化を世界文化遺産に講演会・シンポジウム録》「国東半島・宇佐の文化」 国東半島・宇佐の文化を守る会 20 2005.3

講演会 宇佐・国東半島の中世仏教文化(國東利行)「国東半島・宇佐の文化」 国東半島・宇佐の文化を守る会 20 2005.3

シンポジウム 国東半島・宇佐の文化を世界遺産に(永岡惠一郎，工藤弘太郎，佐藤稔明，小田律子，猿渡弘治，國東利行)「国東半島・宇佐の文化」 国東半島・宇佐の文化を守る会 20 2005.3

一藩四領に分かれた近世の宇佐(渡辺達也)「宇佐の文化」 宇佐の文化財を守る会 (75) 2006.1

隆景公筑前遺跡めぐりと宇佐(福岡幸司)「わが町三原」 みはら歴史と観光の会 202 2008.1

はじめに(《「国東半島・宇佐の文化財を世界遺産に」講演会・シンポジウム録》)(時枝正昭)「国東半島・宇佐の文化」 国東半島・宇佐の文化を守る会 (23) 2009.3

パネルディスカッション(大分県地域文化振興懇談会) テーマ「世界遺産(登録運動)を活用したまちづくり」(《「国東半島・宇佐の文化財を世界遺産に」講演会・シンポジウム録》)(豊田寛三，安部谷次郎，金田信子，平田崇英)「国東半島・宇佐の文化」 国東半島・宇佐の文化を守る会 (23) 2009.3

邪馬臺國宇佐説(渡邉正)「古代朝鮮文化を考える」 古代朝鮮文化を考える会 (25) 2010.12

宇佐海軍航空隊

宇佐海軍航空隊について(姫野由栄)「大佐井」 大分市大在地区文化財同好会 21 2004.3

宇佐郡

大内時代の宇佐郡衆と妙見岳城督(有川宜博)「北九州市立自然史・歴史博物館研究報告.B類,歴史」 北九州市立自然史・歴史博物館 (1) 2004.3

往昔の下毛・宇佐郡境紛争について(鍋島正史)「三保の文化」 三保の文

九州・沖縄　　　　　　　　　　　地名でたどる郷土の歴史　　　　　　　　　　　大分県

化財を守る会　（90）2006.7

宇佐郡中央農業倉庫
旧宇佐郡中央農業倉庫（大字尾永井）「宇佐の文化」 宇佐の文化財を守る会　（93）2012.1

宇佐航空隊
宇佐航空隊跡（竹折勉）「三保の文化」 三保の文化財を守る会　（88）2005.7

宇佐市
中津市と宇佐市の黒田官兵衛ゆかりの地を巡る（廣崎篤夫）「北九州市の文化財を守る会会報」 北九州市の文化財を守る会　（145）2014.10

宇佐神宮
宇佐神宮と国東半島を世界遺産に（永岡恵一郎）「郷土史杵築」 杵築郷土史研究会　（126）2007.3
宇佐神宮と国東半島の世界遺産リスト登録の経過（広報部）「国見物語」 国見町郷土史研究会　27　2008.4

宇佐平野
「神力」小考—明治期宇佐平野の地主と稲（櫻井成昭）「大分県地方史」 大分県地方史研究会　（199）2007.3

臼杵
豊後の刀・臼杵の刀[1]〜（5）（河野博美）「臼杵史談」 臼杵史談会　90/95　1999.12/2005.2
藩外巡検 竹田・臼杵史跡探訪記（野本政宏）「大村史談」 大村史談会　55　2004.3
靖国神社と臼杵（楠君子）「臼杵史談」 臼杵史談会　（97）2007.5
中世末の臼杵（〈報告要旨 平成19年度「大分発新しい都市の見方II」〉）（三重野誠）「大分県地方史」 大分県地方史研究会　（204）2008.11
ブランゲ文庫収蔵臼杵誌解題（白土康代）「臼杵史談」 臼杵史談会　（102）2012.2
近世臼杵の「災難」について（豊田寛三）「臼杵史談」 臼杵史談会　（103）2013.2
カナダへ雄飛した臼杵のひと—小坂家の移住史（河原典史）「臼杵史談」 臼杵史談会　（104）2014.2
うすきの山々の歴史散歩（2）—水ヶ城山からツルガ山へ（竹内義昭）「臼杵史談」 臼杵史談会　（104）2014.2
嘉永七丑年（安政元年）の地震記録 福泊浦・臼杵・府内の記録から（研究）（吉田勝重）「佐伯史談」 佐伯史談会　（225）2014.9

臼杵市
臼杵市に在る女性の石碑を訪ねて[1],2（篠田美佐子）「臼杵史談」 臼杵史談会　94/95　2003.12/2005.2
臼杵市の民家（1）〜（5）（佐藤正彦）「臼杵史談」 臼杵史談会　95/（99）2005.2/2009.3
臼杵市の近世大工（佐藤正彦）「臼杵史談」 臼杵史談会　（100）2010.3

臼杵藩
つくみ点描 臼杵藩築松崎組の浦絵図添付文書（編集部）「津久見史談」 津久見史談会　（14）2010.3

内成
内成の棚田について（佐藤末喜）「別府史談」 別府史談会　（19）2006.3
報告 水・信仰・くらし—田染と内成を事例として（三谷紘平）「大分県地方史」 大分県地方史研究会　（210）2010.9

宇土山砦
現地検証 宇土山砦は毛利高政が建てた修道院（礼拝堂）跡か？（編集部）「佐伯史談」 佐伯史談会　（222）2013.7

煙硝倉
市内実地見学1 煙硝倉・南祇園地区周辺（中野順子）「郷土史杵築」 杵築郷土史研究会　（140）2014.3

王の瀬
里中・王の瀬の地名（小佐井地区）（内田忠清）「白水郎」 坂ノ市地区郷土史愛好会　（28）2011.3

王ノ瀬
恕斎日録を読む（その一「安政の大地震」・その二「王ノ瀬殺人事件」）（鶴崎古文書の会, 牧和義）「研究小報」 大分市鶴崎公民館ふるさとの歴史教室　（29）2012.3

大井県
防空体制の成立と国民総動員—大井県を事例として（長野浩典）「大分県地方史」 大分県地方史研究会　（206）2009.3

大分
回顧座談 会発足二十余年を振り返る「おおいたの石橋」 大分の石橋を研究する会　10　2001.4
石橋残心録（2）道暮れて未だ見つからぬ橋一つ（田村卓夫）「おおいたの石橋」 大分の石橋を研究する会　10　2001.4

大分石橋探考（三浦朴）「おおいたの石橋」 大分の石橋を研究する会　10　2001.4
石橋余話（三浦朴）「おおいたの石橋」 大分の石橋を研究する会　10　2001.4
学童疎開の足跡を追って—熊本・大分（森山靖）「玉城村史だより」 玉城村役場企画財政室　（4）2003.3
熊本っ子・大分っ子にタイムスリップ「玉城村史だより」 玉城村役場企画財政室　（4）2003.3
石橋残心録（3）人と橋の縁 石橋に交う蛍の数を追う（田村卓夫）「おおいたの石橋」 大分の石橋を研究する会　11　2003.4
大分の地名考 私論（佐藤高信）「古代朝鮮文化を考える」 古代朝鮮文化を考える会　（18）2003.12
「江戸時代人づくり風土記44 大分」補遺（甲斐素純）「玖珠郡史談」 玖珠郡史談会　（54）2004.4
鉄砲伝来と大分（村井章介）「史料館研究紀要」 大分県立先哲史料館　（9）2004.6
「近代大分の風景」「大分市歴史資料館ニュース」 大分市歴史資料館　69　2004.12
大分市歴史資料館テーマ展示IV「松平氏と大分」「大分市歴史資料館ニュース」 大分市歴史資料館　（70）2005.2
大分の石橋と橋石工（岡崎文雄）「史料館研究紀要」 大分県立先哲史料館　（10）2005.6
大分でなにがおこったか（朝岡康二）「史料館研究紀要」 大分県立先哲史料館　（10）2005.6
大分の古名（萱島真）「大佐井」 大分市大在地区文化財同好会　22　2005.7
平成17年度特別展「おおいた蘭学事始—文明開化への道」「おおいた歴博」 大分県立歴史博物館　19　2005.9
報告2 大分 身分と身形—衣服統制を中心に（法師英昭）「もやい : 長崎人権・学」 長崎人権研究所　50　2005.10
大分を掘る（高橋徹）「古代朝鮮文化を考える」 古代朝鮮文化を考える会　（20）2005.12
古代史に拘わった大分の君（後藤匡史）「古代朝鮮文化を考える」 古代朝鮮文化を考える会　（20）2005.12
大分の文化財を訪ねて（平田弘泰）「さぬき市の文化財」 さぬき市文化財保護協会　（3）2006.3
日本書紀と大分（大村績）「大佐井」 大分市大在地区文化財同好会　（23）2006.8
古事記と大分（大村績）「大佐井」 大分市大在地区文化財同好会　（23）2006.8
別冊 活チョン大分方言（萱島真）「大佐井」 大分市大在地区文化財同好会　（23）2006.8
大分の中世城館について（〈第24回全国城郭研究者セミナーの報告〉）（小柳和宏）「中世城郭研究」 中世城郭研究会　（22）2008.7
都市防空体制の構築と市民総動員（〈報告要旨 平成18年度「大分発新しい都市の見方」〉）（長野浩典）「大分県地方史」 大分県地方史研究会　（204）2008.11
近世の城と都市（〈報告要旨 平成19年度「大分発新しい都市の見方II」〉）（白峰旬）「大分県地方史」 大分県地方史研究会　（204）2008.11
新産都大分の前提（〈報告要旨 平成19年度「大分発新しい都市の見方II」〉）（末廣利人）「大分県地方史」 大分県地方史研究会　（204）2008.11
研究ノート 大分の生活改善運動（古瀬美鈴）「大分県地方史」 大分県地方史研究会　（209）2010.3
大分・熊本の古代史を探る旅（1）（古高邦子）「つどい」 豊中歴史同好会　（273）2010.10
坂口先生と行く大分・熊本の古代史を探る旅（2）（古高邦子）「つどい」 豊中歴史同好会　（276）2011.1
時をかける道路—豊後大分型道路の成立と継続性の背景（坪根伸也）「古文化談叢」 九州古文化研究会　65（分冊3）2011.2
大分便り 蒟蒻の木由来（後藤匡史）「備陽史探訪」 備陽史探訪の会　（163）2011.12
史料が語る「大分の地震・津波」 県立先哲資料館館長 平井義人（本多泰久）「郷土史杵築」 杵築郷土史研究会　（127）2012.8
古文書に見る大分の地震・津波（平井義人）「史料館研究紀要」 大分県立先哲史料館　（17）2013.1
大分便り 故郷の遊び「大分の喧嘩ごま」（後藤匡史）「備陽史探訪」 備陽史探訪の会　（170）2013.2
大分の門人墓と寺子屋（佐志原圭子）「月曜ゼミナール」 月曜ゼミナール　（5）2013.3
古文書に見る大分の地震・津波（平井義人）「国見物語」 国見町郷土史研究会　33　2014.4

大分駅
大分便り JR大分駅は招く（後藤匡史）「備陽史探訪」 備陽史探訪の会　（172）2013.6

大分県　　　　　　　地名でたどる郷土の歴史　　　　　　　九州・沖縄

大分郡

豊後国風土記・大分郡にみる地名紀元の方法—古風土記にみる詠嘆の助字「哉」・「乎」の検討から (大館真晴)「万葉古代学研究年報」 奈良県立万葉文化館 (7) 2009.3

大分県

資料紹介 土屋家文書「おおいた歴博」 大分県立歴史博物館 6 2000.8

資料紹介 今永家文書「おおいた歴博」 大分県立歴史博物館 12 2002.3

沖縄疎開と大分県庁—昭和19年7月～10月 (武田信也)「大分県地方史」 大分県地方史研究会 (188) 2003.8

大分県の中の「朝鮮」(溝部仁)「別府史談」 別府史談会 (17) 2003.12

西南戦争と大分県 (三重野勝人)「大分県地方史」 大分県地方史研究会 (190) 2004.5

文化一揆に見られた一大庄屋の動行について (橋本和雄)「佐伯史談」 佐伯史談会 196 2004.6

大分県記録史料調査第II期事業の葛藤 (村上博秋)「史料館研究紀要」 大分県立先哲史料館 (9) 2004.6

大分県の中世城館—その保存と活用について (渋谷忠章)「大分県地方史」 大分県地方史研究会 (191) 2005.6

大分県のすがた (薬師寺直)「大佐井」 大分市大在地区文化財同好会 22 2005.7

大分県の民俗学の歩みと『大分県地方史』(小玉洋美)「大分県地方史」 大分県地方史研究会 (193) 2005.7

『大分県地方史』と考古学—大分県地方史研究会50年を振り返って (後藤宗俊, 真野和夫, 渋谷忠章)「大分県地方史」 大分県地方史研究会 (193) 2005.7

民衆と大分県の西南戦争 (三重野勝人)「大分県地方史」 大分県地方史研究会 (195) 2005.11

日・韓文化の比較—大分県の「真名野長者物語」と韓国の「薯童物語」(金賛曾)「古代朝鮮文化を考える」 古代朝鮮文化を考える会 (20) 2005.12

大分県出身の屯田兵たち (小泊立矢)「大分県地方史」 大分県地方史研究会 (196) 2005.12

草創期の大分県/収蔵新史料紹介「大分県公文書館だより」 大分県公文書館 (13) 2006.3

大分県の歴史と文化財について (講演会講師論稿) (渋谷忠章)「別府史談」 別府史談会 (19) 2006.3

大分県町村合併のあゆみと別府 (講演会講師論稿) (加藤泰信)「別府史談」 別府史談会 (19) 2006.3

各地の情報 大分県の石造物情報 (原田昭一)「日引 : 石造物研究会会誌」 (8) 2006.9

大分県の荘園村落遺跡について (《特集 見学検討会 中世荘園の景観—日根荘大木》) (櫻井成昭)「ヒストリア : journal of Osaka Historical Association」 大阪歴史学会 (202) 2006.11

大分県の中の朝鮮半島 (1) ～ (3) (溝部仁)「古代朝鮮文化を考える」 古代朝鮮文化を考える会 (22) / (24) 2007.12/2009.12

コレラの大流行と県立病院の開設「大分県公文書館だより」 大分県公文書館 (15) 2008.3

大分県の名主座について (薗部寿樹)「史境」 歴史人類学会, 日本図書センター (発売) (58) 2009.3

公文書館企画展 大分県の成立/県西四郡一揆/大分県の地租改正/大分県と西南戦争「大分県公文書館だより」 大分県公文書館 (16) 2009.3

大分県下の古道の調査について (講演会講師論稿) (末廣利人)「別府史談」 別府史談会 (22) 2009.3

大分県における「スペインかぜ」の流行とその社会的影響 (長野浩典)「大分県地方史」 大分県地方史研究会 (207) 2009.9

暮らしの中の漢語 (1) 大分県南部海岸僻村の場合 (第182回例会研究発表資料 (2009.4.5)) (小野米一)「北海道方言研究会会報」 北海道方言研究会 (86) 2009.9

大分県の歴史地震に関する覚書 (櫻井成昭)「大分県立歴史博物館研究紀要」 大分県立歴史博物館 (13) 2012.3

『昭和初期大分県の主要物産』「私の地位」(昭和3年 大分県知事官房発行)「大分県公文書館だより」 大分県公文書館 (19) 2012.3

恕斎日録を読む (その一「安政の大地震」・その二「王ノ瀬殺人事件」) (鶴崎古文書の会, 牧相義)「研究小報」 大分市鶴崎公民館ふるさとの歴史教室 (29) 2012.3

大分県のとうほし田・たいとう田 (菅野郁雄)「赤米ニュース」 東京赤米研究会 (185) 2012.8

第二代大分県知事 香川真一の旧邸から基調な歴史史料を発見!「大分県公文書館だより」 大分県公文書館 (20) 2013.3

大分県立先哲史料館平井義人館長の講演「古文書にみる大分県の地震津波と史料保存対策」/大分のアーカイブズ三館合同展—おおいたの観光/お知らせ「大分県公文書館だより」 大分県公文書館 (20) 2013.3

第二代大分県知事 香川真一新史料の発見—地域史料の保存促進に向けて (髙木翔太)「大分県公文書館だより」 大分県公文書館 (21) 2014.3

大分県庁

大分便り 大分県庁設置140年 (後藤匡史)「備陽史探訪」 備陽史探訪の会 (164) 2012.2

大分県庁舎

「旧大分県庁舎」「大分県公文書館だより」 大分県公文書館 (17) 2010.3

大分市

大分市への合併 (白水郎) 坂ノ市地区郷土史愛好会 20 2003.3

大分市内地区別世帯数・人口男女別調 (姫野由栄)「大佐井」 大分市大在地区文化財同好会 22 2005.7

各地区の石造物一覧表並びに代表的な石造物 (写真)「落穂」 大分市大南地区文化財同好会 71 2005.8

大分市・佐賀関・野津原町のあゆみ (姫野由栄)「大佐井」 大分市大在地区文化財同好会 (23) 2006.8

大分市歴史資料館テーマ展示III「絵図を読む—描かれた大分」「大分市歴史資料館ニュース」 大分市歴史資料館 (77) 2006.12

大分市の肥後路を辿る (19)「史叢」 熊本歴史学研究会 (13) 2008.11

大分市西部・中部史跡巡りに参加して—七〇年前の私の思い出 (江藤信子)「津久見史談」 津久見史談会 (18) 2014.3

大分府内城

大分府内城界隈 (後藤匡史)「備陽史探訪」 備陽史探訪の会 (145) 2008.12

大片平

大片平略史 (佐藤孝義)「郷土史杵築」 杵築郷土史研究会 (141) 2014.9

大佐井

佐井から大佐井 (大在) へ (大在淳空)「古代朝鮮文化を考える」 古代朝鮮文化を考える会 (20) 2005.12

大在

大在郷土要覧「大佐井」 大分市大在地区文化財同好会 20 2003.3

大在地区の世帯数人口・男女別及び小中学校の生徒数 (姫野由栄)「大佐井」 大分市大在地区文化財同好会 22 2005.7

佐井から大佐井 (大在) へ (大在淳空)「古代朝鮮文化を考える」 古代朝鮮文化を考える会 (20) 2005.12

大在公共埠頭

躍進せる東部大在公共埠頭 (姫野由栄)「大佐井」 大分市大在地区文化財同好会 21 2004.3

大在ふるさと裏街道

大在ふるさと裏街道を惜しむ (山岡俊邦)「大佐井」 大分市大在地区文化財同好会 (23) 2006.8

太田

大分郡野津原町の地名を歩く (大字福宗・太田・下原) (小野章)「古代朝鮮文化を考える」 古代朝鮮文化を考える会 (19) 2004.12

大田

大田の文化財を見学して (西英子)「郷土史杵築」 杵築郷土史研究会 (124) 2006.3

市内実施見学 大田地区の文化財を見学 (編集部)「郷土史杵築」 杵築郷土史研究会 (135) 2011.8

実地見学「大田地区の文化財巡り」(研修部)「郷土史杵築」 杵築郷土史研究会 (136) 2012.3

大友軍道

伝大友軍道—山中に取り残された道 (郷土史探訪) (義沖光)「別府史談」 別府史談会 (20) 2007.3

大入島

明治11年大小区制から民選に移行した時の大入島 荒網代浦・石間浦・守後浦「三浦連合役所」の戸長選挙 (研究) (高盛西郷)「佐伯史談」 佐伯史談会 (219) 2012.7

大野

史跡探訪—大野 (1), (2) (綿貫俊一)「おおいた歴博」 大分県立歴史博物館 (30) / (31) 2010.9/2011.03

大野川

大野川と里山を活かした町づくり (須股博信)「研究小報」 大分市鶴崎公民館ふるさとの歴史教室 22 2005.3

大野川の合戦史によせて (熊谷剛至)「研究小報」 大分市鶴崎公民館ふるさとの歴史教室 (24) 2007

論説 大野川近代通舟工事略志 (芦刈政治)「史料館研究紀要」 大分県立先哲史料館 (18) 2014.1

大野町

大野町の文化財 (佐伯和光)「五輪」 竹田地区文化財調査委員連絡協議会 (24) 2004.3

九州・沖縄　　　　　　　地名でたどる郷土の歴史　　　　　　　大分県

大原
大原越え探訪―西南戦争台場跡地へ（吉田勝重）「佐伯史談」 佐伯史談会
　（206） 2007.10

大溝
古代の大溝「三保の文化」 三保の文化財を守る会 （87） 2005.1

大南
大南地区文化財同好会の歩み（首藤敦）「落穂」 大分市大南地区文化財同好会 70 2004.8
大南地区の石造文化財石造物調査の経緯について（野尻信行）「落穂」 大分市大南地区文化財同好会 71 2005.8
大南の「日向街道」を歩いて（野尻信行）「落穂」 大分市大南地区文化財同好会 （76） 2010.8
『大南地区小学校校歌と余話』（三浦幸三）「落穂」 大分市大南地区文化財同好会 （79） 2013.8

おか
「おか」という地名について（廣末九州男）「国見物語」 国見町郷土史研究会 25 2006.4

岡
丹生地区岡・誓願寺の地名と伝説（調査研究）（太田範男，栗野良一）「白水郎」 坂ノ市地区郷土史愛好会 （30） 2013.3

岡越え志村渡し
岡越え志村渡し（丹生村から他地域への古い道）（内田忠清）「白水郎」 坂ノ市地区郷土史愛好会 （27） 2010.3

岡城
岡城（姫島輝）「あさじ史談」 朝地史談会 91 2001.6
豊後竹田岡城に偲ぶ（池田健二）「備陽史探訪」 備陽史探訪の会 （124） 2005.6
史跡岡城跡の保存修理について（佐伯治）「大分県地方史」 大分県地方史研究会 （203） 2008.3
岡城跡シンポジュームに参加して（東藤静子）「あさじ史談」 朝地史談会 （107） 2008.7
岡城と竹田・十川城下町（特集 九州の城郭と城下町 近世編）（豊田寛三）「海路」 「海路」編集委員会，海鳥社（発売） 通号7 2009.1
豊後岡城跡を訪ねて（特集 城）（大岩泰）「歴研よこはま」 横浜歴史研究会 （71） 2014.11

緒方
中世前期の坂ノ市地域の歴史について―緒方を訪ねて（個人研究）（大平亮）「白水郎」 坂ノ市地区郷土史愛好会 （31） 2014.3

岡藩
参勤交代道の残る殿様休けい所（工藤ヒサヲ）「あさじ史談」 朝地史談会 92 2001.12
岡城主の参勤交代道について（森忠之）「あさじ史談」 朝地史談会 93 2002.3
岡藩参勤交代路を探る（阿南清文）「あさじ史談」 朝地史談会 93 2002.3
岡藩史を読んで学ぶこと（1）～（4）（古藤田太）「佐伯史談」 佐伯史談会 200/（203） 2005.10/2006.10
岡藩の「鷹匠」について（豊田寛三）「大分県地方史」 大分県地方史研究会 （199） 2007.3
岡藩の百姓一揆の記録「党民流説」に寄せて（衛藤艶子）「あさじ史談」 朝地史談会 （110） 2011.6
岡藩による百姓一揆はなぜ起きたか その歴史の裏側を読む（衛藤艶子）「あさじ史談」 朝地史談会 （111） 2012.3
近世甲斐国における川除普請―鳥取藩・岡藩による御手伝普請をめぐって（西川広平）「山梨県立博物館研究紀要」 山梨県立博物館 7 2013.3
研究発表報告 岡藩と木浦山（1）（柴川英敏）「佐伯史談」 佐伯史談会 （224） 2014.3

沖の浜
大分市歴史資料館テーマ展示I「国際貿易港―府内沖の浜」「大分市歴史資料館ニュース」 大分市歴史資料館 （71） 2005.4

奥豊後
奥豊後における石橋について（橋本典忠）「五輪」 竹田地区文化財調査委員連絡協議会 （24） 2004.3

奥豊後路
奥豊後路における山城について（渋谷忠章）「五輪」 竹田地区文化財調査委員連絡協議会 （25） 2004.12

落ノ浦
落ノ浦の現状について（寄稿）（加嶋勇）「津久見史談」 津久見史談会 （15） 2011.3
落ノ浦のマグロ漁（寄稿）（加嶋勇）「津久見史談」 津久見史談会 （15） 2011.3

乙津
桃園・乙津・千歳・三川（薬師寺岩雄）「研究小報」 大分市鶴崎公民館ふるさとの歴史教室 （28） 2011.3

小野
小野金山歴史考（野田高巳）「日田文化」 日田市教育委員会 （48） 2006.3
享保弐拾年 日田郡小野筋村々産物書 上 卯八月（野田高巳）「日田文化」 日田市教育委員会 （51） 2009.3

小野川
天然記念物「小野川の阿蘇4火砕流堆積物及び埋没樹木群」「日田文化」 日田市教育委員会 （54） 2012.3

小野村
流血の惨事に至らんとした明治33年の下小竹組（小野村）と財津組・用松組（三和村）との秣場の境争い（野田高巳）「日田文化」 日田市教育委員会 （52） 2010.3

小平井路
小平井路開削記録（佐藤末喜）「挾間史談」 挾間史談会 （3） 2013.3

尾平鉱山
『尾平鉱山誌』の刊行について（板井孝文）「史料館研究紀要」 大分県立先哲史料館 （10） 2005.6

折立
折立の古い道を通って小学校（上野村から他地域への古い道）（吉村ミヤ子）「白水郎」 坂ノ市地区郷土史愛好会 （27） 2010.3

小原
小原地区 上小原、小原、黒津（《特集 国東町の溜池調査》）「くにさき史談」 くにさき史談会 （8） 2007.10

小鹿田
重要文化的景観「小鹿田焼の里」の概要「日田文化」 日田市教育委員会 （51） 2009.3
日田市立小鹿田焼陶芸館について「日田文化」 日田市教育委員会 （55） 2013.3

垣籠村
天保9年における臼杵藩道尾組垣籠村の様子（酒井容子）「津久見史談」 津久見史談会 （12） 2008.3

海門寺
市内―豊前街道・境川から海門寺へ（史跡探訪レポ）（研修部）「別府史談」 別府史談会 （21） 2008.3

加来城
加来城「三保の文化」 三保の文化財を守る会 （87） 2005.1

加来村
加来村の御本陣（近隣の歴史散歩）（秋吉秀康）「三保の文化」 三保の文化財を守る会 （89） 2006.1
竹田屋 加来村（秋吉秀康）「三保の文化」 三保の文化財を守る会 （90） 2006.7

鹿熊岳
耶馬渓鹿熊岳山頂の祠（豊後茸師を尋ねて）（酒井容子）「津久見史談」 津久見史談会 （10） 2006.3

影戸村
府内藩領大分郡竹ノ中村と影戸村の草場騒動について（佐藤満洋）「挾間史談」 挾間史談会 （2） 2011.7

笠和郡
得宗領・笠和郡内向梨畑について（佐藤末喜）「別府史談」 別府史談会 （22） 2009.3

梶川
忠成日史（1）～（3）明治10年 梶川（並河正明）「佐伯史談」 佐伯史談会 196/199 2004.6/2005.6

鍛冶屋
つくみ点描 中田 鍛冶屋地区のこと（編集部）「津久見史談」 津久見史談会 （8） 2004.3

頭成
豊後豊岡「小浦・頭成」の風物（講演会講師論稿及びレジュメ）（大野雅章）「別府史談」 別府史談会 （26） 2013.3

葛港
『追録』―葛港（樹町）のこと（林寅喜）「佐伯史談」 佐伯史談会 195 2004.2

堅田
堅田合戦における島津勢敗走の原因を探る（林寅喜）「佐伯史談」 佐伯史談会 199 2005.6

桂川

桂川流域の井出(1)～(3)「郷土研究」 豊後高田市郷土研究会 （11） 2004.12

金谷渡し

百堂渡し/金谷渡し/毛井渡し(丹生村から他地域への古い道)(栗野良一，中島照美，工藤俊子)「白水郎」 坂ノ市地区郷土史愛好会 （27） 2010.3

釜淵

釜淵について(森山敬一郎)「日田文化」 日田市教育委員会 （48） 2006.3

上青江

上青江地区の史跡めぐり(池田利仁)「津久見史談」 津久見史談会 （13） 2009.3

上伊美村

収蔵新史料の紹介 帆足家関連資料/上伊美村文書「大分県公文書館だより」 大分県公文書館 （21） 2014.3

亀川

市内―亀川地区(史跡探訪レポート)(研修部)「別府史談」 別府史談会 （23） 2010.3

市内―亀川風土記稿より(史跡探訪関連資料)(研修部)「別府史談」 別府史談会 （23） 2010.3

亀ケ岳

古文書を読む 若殿様亀ケ嶽登山一件萬日記について(原嶋千鶴子)「あさじ史談」 朝地史談会 （113） 2014.3

狩生

狩生の民家に伝わる扁額(高泰)と襖絵(南崖)(野々下静)「佐伯史談」 佐伯史談会 （204） 2007.2

狩生・車に伝わる書画(野々下静)「佐伯史談」 佐伯史談会 （205） 2007.6

川北

国東地区 川北(新栄、川原、吉本、田深、北江)、川南(山吹、原、安国寺、興導寺)《特集 国東町の溜池調査》「くにさき史談」 くにさき史談会 （8） 2007.10

川添

首藤一族のルーツ(川添地区・迫地区)(首藤安男)「研究小報」 大分市鶴崎公民館ふるさとの歴史教室 （31） 2014.3

河内

本神崎河内の久々宮家(久々宮喬)「白水郎」 坂ノ市地区郷土史愛好会 （24） 2007.3

川西

表紙説明 川西区・小亀池記念碑「国見物語」 国見町郷土史研究会 （32） 2013.4

川登

川登和紙について(長田大輔)「臼杵史談」 臼杵史談会 （100） 2010.3

川南

川南の衛藤家(内田昭義)「白水郎」 坂ノ市地区郷土史愛好会 （24） 2007.3

国東地区 川北(新栄、川原、吉本、田深、北江)、川南(山吹、原、安国寺、興導寺)《特集 国東町の溜池調査》「くにさき史談」 くにさき史談会 （8） 2007.10

川南を通る古い道(小佐井村から他地域への古い道)(内田昭義)「白水郎」 坂ノ市地区郷土史愛好会 （27） 2010.3

土地区画整理事業と市尾・宮下・川南の地名(小佐井地区)(重久弘幸)「白水郎」 坂ノ市地区郷土史愛好会 （28） 2011.3

河原内

『河原内出身、延岡市長あり。』(三浦幸三)「落穂」 大分市大南地区文化財同好会 （76） 2010.8

走馬灯の如く、河原内の谷を往来した人々(三浦幸三)「落穂」 大分市大南地区文化財同好会 （78） 2012.8

観海寺

市内―観海寺・堀田地区(史跡探訪レポート)(研修部)「別府史談」 別府史談会 （25） 2012.3

市内―観海寺地区について(史跡探訪感想文)(石川学)「別府史談」 別府史談会 （25） 2012.3

鉄輪

市内―鉄輪湯けむり散歩(史跡探訪レポ)(研修部)「別府史談」 別府史談会 （22） 2009.3

市内史跡探訪「鉄輪湯けむり散歩」(史跡探訪感想文)(島節子)「別府史談」 別府史談会 （22） 2009.3

木浦鉱山

木浦鉱山の歴史(酒井博)「佐伯史談」 佐伯史談会 191 2002.10

木浦鉱山の歴史考(中林幸夫)「佐伯史談」 佐伯史談会 199 2005.6

木浦山

研究発表報告 岡藩と木浦山(1)(柴川英敏)「佐伯史談」 佐伯史談会 （224） 2014.3

木佐上

本神崎地区 木佐上の地名(市原和男)「白水郎」 坂ノ市地区郷土史愛好会 （28） 2011.3

北海部郡

資料 北海部郡長文書(志村戸長控)(事務局)「大佐井」 大分市大在地区文化財同好会 21 2004.3

木立

木立の村高と圃場整備の実体(研究)(林寅喜)「佐伯史談」 佐伯史談会 （219） 2012.7

北浜

北浜新田改修記念碑の銅版について(伊藤公範)「郷土史杵築」 杵築郷土史研究会 （129） 2008.8

木田村

明治新年における木田村文書(1)(岩田和男)「白水郎」 坂ノ市地区郷土史愛好会 （26） 2009.3

杵築

市内歴史遺産「石像物等」を調査して(鵜澤正三)「郷土史杵築」 杵築郷土史研究会 120 2004.3

杵築の城館について講演会資料から(編集部)「郷土史杵築」 杵築郷土史研究会 122 2005.3

杵築地区 指定文化財見学(1)(本多泰久)「郷土史杵築」 杵築郷土史研究会 （132） 2010.3

総会記念講演「ふるさとの歴史をたどる」―ムラとくらし(桜井成昭)「郷土史杵築」 杵築郷土史研究会 （133） 2010.8

平成21年度 杵築地区指定文化財見学会(2)(本多泰久)「郷土史杵築」 杵築郷土史研究会 （133） 2010.8

40年間の歩みの底にあったもの(郷土史料集)(田所成彦)「郷土史杵築」 杵築郷土史研究会 （134） 2011.3

特別寄稿 杵築採薬記―加来睦行季和草(矢野東鉄雄)「郷土史杵築」 杵築郷土史研究会 （134） 2011.3

杵築史跡めぐりに同行しての私(江藤信子)「津久見史談」 津久見史談会 （15） 2011.3

講演「杵築と近世大名細川氏」 九州文化財研究所調査部長 花岡興史(本多泰久)「郷土史杵築」 杵築郷土史研究会 （136） 2012.3

「杵築」改名の謎があかされる―インド人教授によるユニークな新考察(V.M.ナイア，二階堂智査子[編集])「郷土史杵築」 杵築郷土史研究会 （138） 2013.3

城下町を歩く―六つの口番所を巡る(杉安嘉正)「郷土史杵築」 杵築郷土史研究会 （138） 2013.3

加藤家文書より 「杵築御城御家老席御張紙之写」(二階堂智査子)「郷土史杵築」 杵築郷土史研究会 （139） 2013.8

城下町を歩く―六つの口番所を巡る(下)(杉安嘉正)「郷土史杵築」 杵築郷土史研究会 （139） 2013.8

杵築城

豊後国杵築城下の段尻芸に関する史料について(神田由築)「論集きんせい」 近世史研究会 （31） 2009.5

総会記念講演 石垣に見る杵築城と城下町 高瀬哲郎先生(本多泰久)「郷土史杵築」 杵築郷土史研究会 （135） 2011.8

木付城

木村城について―その変遷と御殿跡(杉安嘉正)「郷土史杵築」 杵築郷土史研究会 （140） 2014.3

杵築藩

杵築藩の参勤資料について―杵築藩参勤の経路と様子(佐藤孝義)「郷土史杵築」 杵築郷土史研究会 118 2003.3

杵築藩の参勤交代(2)―杵築藩参勤の経路と様子(佐藤孝義)「郷土史杵築」 杵築郷土史研究会 119 2003.8

杵築藩の参勤交代(3)―参勤交代雑録(佐藤孝義)「郷土史杵築」 杵築郷土史研究会 120 2004.3

杵築藩への御朱印状(久米忠臣)「郷土史杵築」 杵築郷土史研究会 123 2005.8

18世紀前半における杵築藩城下町の火災と町人の生活(平川毅)「大分県立歴史博物館研究紀要」 大分県立歴史博物館 通号9 2008.3

『舊藩事蹟調』「大分県公文書館だより」 大分県公文書館 （16） 2009.3

舊藩事蹟調―杵築縣九冊子之内 三(吉武忠雄)「郷土史杵築」 杵築郷土史研究会 （134） 2011.3

九州・沖縄　　　　　　　　　　　　　　地名でたどる郷土の歴史　　　　　　　　　　　　　　大分県

杵築藩米値段の変動 中野家文書より（コラム）「郷土史杵築」 杵築郷土
史研究会 　（134）2011.3

町史の行間 豊後・杵築藩から献上用梅壺の注文―梶原忠蔵と黒牟田山
（尾﨑葉子）「季刊皿山 : 有田町歴史民俗資料館館報」 有田町歴史民
俗資料館 　（93）2012.3

中野家文書関連「百姓と侍」―土下座を強要する藩法（杉安嘉正）「郷土
史杵築」 杵築郷土史研究会 　（136）2012.3

土居文書より 口上之覚「嘉永三年の凶作」（飛田厚子）「郷土史杵築」 杵
築郷土史研究会 　（140）2014.3

木内

木内の三連石橋記念碑（大字木内）/平成22年総会・第17回文化財公開講
座「宇佐の文化」 宇佐の文化財を守る会 　（87）2010.1

岐部

岐部観光マップ 各地点の解説（1）（岐部ふるさと興す会）「国見物語」
国見町郷土史研究会 　24　2005.4

岐部探訪と「有栖川宮御内」銘ある灯籠（前田義隆）「国見物語」 国見町
郷土史研究会 　26　2007.6

草野家住宅

重要文化財「草野家住宅」について「日田文化」 日田市教育委員会
（52）2010.3

草場

草場史私考（松岡重美）「郷土史杵築」 杵築郷土史研究会 　（124）2006.3

櫛来

櫛来地区の探訪（末綱巌）「国見物語」 国見町郷土史研究会 　25　2006.4

久住町

久住町の文化財（本郷幹雄）「五輪」 竹田地区文化財調査委員連絡協議会
（25）2004.12

玖珠

日田・玖珠に残された謎の位牌について（内恵克彦）「玖珠郡史談」 玖珠
郡史談会 　53　2003.12

玖珠緒方家文書の史料整理の現状と課題（研究ノート）（今井貴弘）「史料
館研究紀要」 大分県立先哲史料館 　（18）2014.1

玖珠温泉群

玖珠郡温泉湯路 玖珠温泉群（1）（桑野英司）「玖珠郡史談」 玖珠郡史談
会 　（62）2008.11

玖珠温泉群湯路（2）玖珠の里山にある美肌の秘湯―鶴川温泉（桑野英
司）「玖珠郡史談」 玖珠郡史談会 　（65）2010.5

玖珠川

玖珠川通船が結んだ奇縁（森山泰民）「玖珠郡史談」 玖珠郡史談会
（63）2009.5

玖珠郡

『玖珠郡史談』総目次/玖珠郡史談会20年の歩み「玖珠郡史談」 玖珠郡
史談会 　51　2002.11

「玖珠郡安藤氏」の謎をたずねて（安藤久義）「玖珠郡史談」 玖珠郡史談
会 　52　2003.7

明治21年の市制・町村制と玖珠郡・日田郡―新町村名選定事由を中心と
して（1）,（2）（甲斐素純）「大分県地方史」 大分県地方史研究会
（193）/（195）2005.7/2005.11

玖珠郡金石年表（内恵克彦）「玖珠郡史談」 玖珠郡史談会 　（56）2005.11

近世玖珠郡に於ける在地仏師の活動（内恵克彦）「玖珠郡史談」 玖珠郡史
談会 　（66）2010.11

玖珠郡における木地師の活動（竹野孝一郎）「玖珠郡史談」 玖珠郡史談会
（66）2010.11

玖珠町

『玖珠郡史』刊行に思う（芥川龍男）「玖珠郡史談」 玖珠郡史談会 　49
2001.11

楠本

大分県楠本方言における可能表現（第177回例会研究発表資料（2008.4.
6））（小野米一）「北海道方言研究会会報」 北海道方言研究会 　（85）
2008.9

連母音同化の不思議―大分県南部僻村楠本方言の場合（第187回例会研
究発表資料（2010.4.18））（小野米一）「北海道方言研究会会報」 北海
道方言研究会 　（87）2010.12

くにさき

巻頭言 くにさき文化の再発見（末綱巌）「国見物語」 国見町郷土史研究
会 　（32）2013.4

国東

平成14年度企画展「文化財 みる・まもる・つたえる」―展示の概要/歴
史講座ダイジェスト「国東の古文書―近世の村とくらし」 平成13年
度企画展「古文書と歴史」関連講座「おおいた歴博」 大分県立歴史博

物館 　12　2002.3

国東文化の魅力（真野和夫）「国東半島・宇佐の文化」 国東半島・宇佐の
文化を守る会 　18　2003.3

国東地区 川北（新栄、川原、吉本、田深、北江）、川南（山吹、原、安国
寺、興導寺）《《特集 国東町の溜池調査》》「くにさき史談」 くにさき
史談会 　（8）2007.10

国東を想う（特別寄稿）（小松茂生）「国見物語」 国見町郷土史研究会
28　2009.4

国東市

国東市の文化財を見学して（後藤直）「郷土史杵築」 杵築郷土史研究会
（125）2006.8

国東半島

三浦梅園先生と国東半島（1）（小串信正）「くにさき史談」 くにさき史談
会 　7　2001.8

国東町の古代史を『古事記・神代編』に読む（邦前文吾）「くにさき史談」
くにさき史談会 　7　2001.8

《国東半島・宇佐の文化を世界文化遺産に 講演会・シンポジウム録》「国
東半島・宇佐の文化」 国東半島・宇佐の文化を守る会 　19　2004.3

シンポジウム 国東半島・宇佐の文化を世界文化遺産に「国東半島・宇佐
神宮の文化遺産について」（金田信子，時枝正昭，永岡惠一郎，飯沼賢
司，青山映信，髙橋宜宏）「国東半島・宇佐の文化」 国東半島・宇佐
の文化を守る会 　19　2004.3

国東半島史跡めぐり（松野助成，江藤ツギ子）「津久見史談」 津久見史談
会 　（8）2004.3

《国東半島・宇佐の文化を世界文化遺産に 講演会・シンポジウム録》「国
東半島・宇佐の文化」 国東半島・宇佐の文化を守る会 　20　2005.3

講演会 宇佐・国東半島の中世仏教文化（國興利行）「国東半島・宇佐の文
化」 国東半島・宇佐の文化を守る会 　20　2005.3

シンポジウム 国東半島・宇佐の文化を世界遺産に（永岡惠一郎，工藤弘
太郎，佐藤稔明，小田律子，猿渡弘治，國興利行）「国東半島・宇佐の
文化」 国東半島・宇佐の文化を守る会 　20　2005.3

宇佐神宮と国東半島を世界遺産に（永岡惠一郎）「郷土史杵築」 杵築郷土
史研究会 　（126）2007.3

特別寄稿 三浦梅園先生と国東半島（2）（小串信正）「くにさき史談」 く
にさき史談会 　（8）2007.10

宇佐神宮と国東半島の世界遺産リスト登録の経過（広報部）「国見物語」
国見町郷土史研究会 　27　2008.4

はじめに（《「国東半島・宇佐の文化財を世界遺産に」講演会・シンポジ
ウム録》）（時枝正昭）「国東半島・宇佐の文化」 国東半島・宇佐の文
化を守る会 　（23）2009.3

パネルディスカッション（大分県地域文化振興懇談会）テーマ「世界遺
産（登録運動）を活用したまちづくり」（《「国東半島・宇佐の文化財を
世界遺産に」講演会・シンポジウム録》）（豊田寛三，安部谷次郎，金
田信子，平田崇英）「国東半島・宇佐の文化」 国東半島・宇佐の文化
を守る会 　（23）2009.3

国東半島における首長墓の変遷（清水宗昭）「古文化談叢」 九州古文化研
究会 　65（分冊3）2011.2

国東半島と古代製鉄―タタラ製鉄（矢野厚雄）「郷土史杵築」 杵築郷土史
研究会 　（139）2013.8

国東町

国東町の地名調査 来浦地区/富来地区/上国東地区/豊崎地区/国東地区/
旭日地区《《特集 国東町の地名調査》》「くにさき史談」 くにさき史談
会 　7　2001.8

溜池築造の先人達の執念と労苦を偲んで（《《特集 国東町の溜池調査》》
（堤昭生）「くにさき史談」 くにさき史談会 　（8）2007.10

溜池関係緒表図（《《特集 国東町の溜池調査》》「くにさき史談」 くにさき
史談会 　（8）2007.10

天保3年の国東洪水と溜池（《《特集 国東町の溜池調査》》（森猛）「くに
さき史談」 くにさき史談会 　（8）2007.10

国見町

石造物から見た国見町の歴史（講演）（櫻井成昭）「国見物語」 国見町郷
土史研究会 　21　2002.4

国見町の住居配置の今昔（植野達男）「国見物語」 国見町郷土史研究会
22　2003.4

これが国見町の御諸山（三輪山）だ（広末九州男）「国見物語」 国見町郷
土史研究会 　22　2003.4

20年新春講演会要旨 国見町における能見松平藩のあれこれ（久米忠臣）
「国見物語」 国見町郷土史研究会 　28　2009.4

国見町郷土史研究会・『国見物語』はどこへいく（末綱巌）「国見物語」
国見町郷土史研究会 　28　2009.4

国見町 先覚者の標柱の建て替えを行なう（廣末九州男）「国見物語」 国
見町郷土史研究会 　30　2011.4

国見町郷土史研究会・国見物語はどこへいく（2）（末綱巌）「国見物語」
国見町郷土史研究会 　31　2012.4

大分県　　　　　　　　　　　　　地名でたどる郷土の歴史　　　　　　　　　　　　　九州・沖縄

久原
土地区画整理前後の久原の地名（坂ノ上地区）（栗野良一）「白水郎」　坂ノ市地区郷土史愛好会　（28）2011.3

隈町
近世日田における瓦の導入と生産地について―豆田町と隈町を中心として（養父信義）「大分県地方史」　大分県地方史研究会　（203）2008.3

熊本藩豊後領
「秋季企画展記念講演会」講演　熊本藩豊後領の歴史的展開―熊本からの視点（吉村豊雄）「史料館研究紀要」　大分県立先哲史料館　（11）2006.6

車
狩生・車に伝わる書画（野々下静）「佐伯史談」　佐伯史談会　（205）2007.6

呉崎
呉崎の開拓史（1）～（11）「郷土研究」　豊後高田市郷土研究会　（11）2004.12
呉崎の新墾碑（解説）（1）～（4）「郷土研究」　豊後高田市郷土研究会　（11）2004.12

黒島
臼杵の黒島を訪ねて（友松かすみ）「古代朝鮮文化を考える」　古代朝鮮文化を考える会　（25）2010.12

黒土峠
黒土峠中央尾根の調査（五十川雄也）「西南戦争之記録」　西南戦争を記録する会　3　2005.8
黒土峠西部の戦跡（高橋信武）「西南戦争之記録」　西南戦争を記録する会　3　2005.8
黒土峠東部の戦跡（高橋信武）「西南戦争之記録」　西南戦争を記録する会　3　2005.8

毛井渡し
百堂渡し/金谷渡し/毛井渡し（丹生村から他地域への古い道）（栗野良一，中島照美，工藤俊子）「白水郎」　坂ノ市地区郷土史愛好会　（27）2010.3

虹潤橋
虹潤橋について（佐藤初子）「おおいたの石橋」　大分の石橋を研究する会　10　2001.4

神崎村
本神崎地区　神崎村絵図（久々宮喬）「白水郎」　坂ノ市地区郷土史愛好会　（28）2011.3

こうもり滝
こうもり滝の舟路跡（工藤ヒサヨ）「あさじ史談」　朝地史談会　91　2001.6

小浦
豊後豊岡「小浦・頭成」の風物（講演会講師論稿及びレジュメ）（大野雅章）「別府史談」　別府史談会　（26）2013.3

古賀原村
村を創る―古賀原村開拓史（義沖光）「別府史談」　別府史談会　（24）2011.3

小佐井
小佐井のあゆみ「白水郎」　坂ノ市地区郷土史愛好会　20　2003.3
小佐井の歴史（概要）「白水郎」　坂ノ市地区郷土史愛好会　20　2003.3
郷土の寺子屋　坂ノ一・小佐井・丹生地区（学制前の郷土の教育）（岩田和男，太田義弘，大平亮，若林光幸，内田忠清，内田昭義，岡村治海）「白水郎」　坂ノ市地区郷土史愛好会　（21）2004.3
坂ノ一・小佐井・丹生地区（明治新学制の郷土の学校）（岩田和男，大平亮，重久弘幸，中島照美）「白水郎」　坂ノ市地区郷土史愛好会　（21）2004.3
里中・王の瀬の地名（小佐井地区）（内田忠清）「白水郎」　坂ノ市地区郷土史愛好会　（28）2011.3
土地区画整理事業と市尾・宮下・川南の地名（小佐井地区）（重久弘幸）「白水郎」　坂ノ市地区郷土史愛好会　（28）2011.3

小佐井村
川南を通る古い道（小佐井村から他地域への古い道）（内田昭義）「白水郎」　坂ノ市地区郷土史愛好会　（27）2010.3
白山越え（小佐井村から他地域への古い道）（重久弘幸）「白水郎」　坂ノ市地区郷土史愛好会　（27）2010.3

御所峠
御所峠越えの古い道（上野村から他地域への古い道）（見塩未知洋）「白水郎」　坂ノ市地区郷土史愛好会　（27）2010.3

昆布刈
昆布刈小史（稗田怜）「落穂」　大分市大南地区文化財同好会　71　2005.8

小牟礼城
宣教師が伝えていた小牟礼城のこと（竹内宏郎）「あさじ史談」　朝地史談会　（108）2009.3

佐井
豊後の佐井（佐尉）（大在淳空）「古代朝鮮文化を考える」　古代朝鮮文化を考える会　（17）2002.12
佐井から大佐井（大在）へ（大在淳空）「古代朝鮮文化を考える」　古代朝鮮文化を考える会　（20）2005.12

佐伯航空隊
佐伯航空隊点描　思い出すままに（桧垣七郎）「佐伯史談」　佐伯史談会　199　2005.6

佐伯市
佐伯市戦後50年史（4）～（5）敗戦後の諸改革（矢野弥生）「佐伯史談」　佐伯史談会　183/185　2000.2/2000.10
佐伯市戦後50年史（6）矢野市政と産業の復興（矢野弥生）「佐伯史談」　佐伯史談会　186　2001.2
佐伯市戦後50年史（7）矢野市政と町村合併（矢野弥生）「佐伯史談」　佐伯史談会　187　2001.6
佐伯市戦後50年史（8）昭和20年代の社会・文化（矢野弥生）「佐伯史談」　佐伯史談会　188　2001.10
佐伯市戦後50年史（9）出納市政と教育（矢野彌生）「佐伯史談」　佐伯史談会　189　2002.2
佐伯市戦後50年史（10）～（11）―出納市政と産業都市基盤の整備（矢野彌生）「佐伯史談」　佐伯史談会　191/192　2002.10/2003.2
佐伯市と真珠湾攻撃（中林幸夫）「佐伯史談」　佐伯史談会　192　2003.2
佐伯市戦後50年史（12）～（13）―昭和30年代の社会・文化・スポーツ（矢野彌生）「佐伯史談」　佐伯史談会　193/194　2003.6/2003.10
佐伯市戦後50年史（14）―池田市政3期12年の歩み（矢野彌生）「佐伯史談」　佐伯史談会　195　2004.2
佐伯市戦後50年史（15）～（17），（20），（21）（矢野彌生）「佐伯史談」　佐伯史談会　196/（203）2004.6/2006.10
佐伯市戦後50年史（18）～（19），（22）～（23）池田市政と産業・都市基盤の整備（矢野彌生）「佐伯史談」　佐伯史談会　199/205　2005.6/2007.6
佐伯市戦後50年史（24）～（27）昭和40年代の社会・文化・スポーツ（矢野彌生）「佐伯史談」　佐伯史談会　（206）/（209）2007.10/2009.3
佐伯市戦後50年史（28）昭和50年代の低成長下の佐伯（矢野彌生）「佐伯史談」　佐伯史談会　（210）2009.7
佐伯市戦後50年史（29）昭和50年代の文化・スポーツ（矢野彌生）「佐伯史談」　佐伯史談会　（211）2009.11
佐伯市戦後50年史（30）大鶴市政の歩み（矢野彌生）「佐伯史談」　佐伯史談会　（212）2010.3
佐伯市戦後50年史（31）佐々木市政2期8年のあゆみ（矢野彌生）「佐伯史談」　佐伯史談会　（213）2010.7
佐伯市戦後50年史（32）昭和60年代～平成7年代の文化・スポーツ（矢野彌生）「佐伯史談」　佐伯史談会　（214）2010.11
紀行文　佐伯市の歴史・文学と県南石造物を訪ねて（後藤匡史）「備陽史探訪」　備陽史探訪の会　（157）2010.12

佐伯城
佐伯城三の丸櫓門の修理と維持管理（小野英治）「佐伯史談」　佐伯史談会　（201）2006.2
日田隈館と佐伯城（小野英治）「佐伯史談」　佐伯史談会　（204）2007.2
佐伯城絵図解説（伝幕府隠密作成）天理図書館蔵「日本絵図」（小野英治）「佐伯史談」　佐伯史談会　（215）2011.3
佐伯城の修理について（小野英治）「佐伯史談」　佐伯史談会　（216）2011.7

佐伯荘
大神姓佐伯氏の研究（3）佐伯荘成立までの歴史（さとうたくみ）「佐伯史談」　佐伯史談会　183　2000.2
大神姓佐伯氏の研究（4）～（6）鎌倉時代佐伯荘相伝の過程（さとうたくみ）「佐伯史談」　佐伯史談会　184/192　2000.6/2003.2
大神姓佐伯氏の研究（7）―佐伯荘預所と地頭の相論（さとうたくみ）「佐伯史談」　佐伯史談会　193　2003.6
中世佐伯荘の境界と地名の考察（宮下良明）「佐伯史談」　佐伯史談会　193　2003.6
中世佐伯荘の文化財（宮下良明）「佐伯史談」　佐伯史談会　（207）2008.3

佐伯中学校
佐伯中学校校歌について（野々下晃）「佐伯史談」　佐伯史談会　（203）2006.10

佐伯藩
佐伯藩主御巡行の記録（角崎謙介）「津久見史談」　津久見史談会　（7）2003.3

九州・沖縄　　　　　　　　　　地名でたどる郷土の歴史　　　　　　　　　　　　　　大分県

伊能忠敬測量日記より―旧佐伯藩内における行程及び地名の研究（橋迫照）「佐伯史談」　佐伯史談会　193　2003.6

伊能忠敬測量日記より―旧佐伯藩内における行程及び地名の研究（橋迫照）「佐伯史談」　佐伯史談会　194　2003.10

佐伯藩の中の幕府領とのトラブル（橋本和雄）「佐伯史談」　佐伯史談会　197　2004.10

佐伯藩の中の幕府領床木村とのトラブル（2）（橋本和雄）「佐伯史談」　佐伯史談会　198　2005.2

佐伯藩主毛利氏と森藩主久留島氏（上），（下）（甲斐素純）「玖珠郡史談」　玖珠郡史談会　（69）/（71）　2012.5/2013.06

佐伯藩毛利家の本家と分家関係（研究）（甲斐素純）「佐伯史談」　佐伯史談会　（219）　2012.7

宝永4年の大津波に対処して藩が築いた潮止め堤の考察（研究）（林寅喜）「佐伯史談」　佐伯史談会　（220）　2012.11

豊後佐伯藩関係資料　河野松男氏収集文書類（1）（資料紹介）（河野松男［資料収集］，佐藤巧［編集・解説］）「佐伯史談」　佐伯史談会　（221）　2013.3

河野松男氏収集文書類（2）豊後佐伯藩関係資料（資料紹介）（河野松男［資料収集］，佐藤巧［編集・解説］）「佐伯史談」　佐伯史談会　（222）　2013.7

豊後佐伯藩関係資料　河野松男氏収集文書類（3）（資料紹介）（河野松男［資料収集］，佐藤巧［編集・解説］）「佐伯史談」　佐伯史談会　（223）　2013.11

資料紹介　豊後佐伯藩関係資料　河野松男氏収集文書類（4）（河野松男［資料収集］，矢野徳彌［解読・編集］）「佐伯史談」　佐伯史談会　（225）　2014.9

県史アラカルト（10）豊後佐伯藩と近世の防長「山口県史だより」　山口県県史編さん室　（31）　2014.11

佐伯湾

佐伯湾潜水艦衝突事故から学ぶ（宮下良明）「佐伯史談」　佐伯史談会　200　2005.10

佐伯

古地形図に見る佐伯の変遷（出納和基夫）「佐伯史談」　佐伯史談会　193　2003.6

古地形図に見る佐伯の変遷（出納和基夫）「佐伯史談」　佐伯史談会　194　2003.10

佐伯の文化財を訪ねて（広瀬明美）「宇佐の文化」　宇佐の文化財を守る会　69　2004.1

発見された二百年前の佐伯の地図（出納和基夫）「佐伯史談」　佐伯史談会　199　2005.6

市外―佐伯・鶴見半島の史跡探訪（史跡探訪レポート）（研修部）「別府史談」　別府史談会　（23）　2010.3

会員発表「村の古文書」と「宝永四年と安政元年の大地震・大津波」（浜田平士）「佐伯史談」　佐伯史談会　（217）　2011.11

史料紹介　戸高家文書（戸高厚司）「佐伯史談」　佐伯史談会　（220）　2012.11

鎌倉時代の佐伯氏関東下知状四通（1）（研究）（佐藤巧）「佐伯史談」　佐伯史談会　（225）　2014.9

佐伯村

満州佐伯村慰霊の旅（今山水男）「佐伯史談」　佐伯史談会　188　2001.10

満州佐伯村遭難記［1］～（3）（北山直之）「佐伯史談」　佐伯史談会　196/198　2004.6/2005.2

境川

市内―豊前街道・境川から海門寺へ（史跡探訪レポ）（研修部）「別府史談」　別府史談会　（21）　2008.3

坂ノ一

郷土の寺子屋　坂ノ一・小佐井・丹生地区（学制前の郷土の教育）（岩田和男，太田義弘，大平亮，若林光幸，内田忠清，内田昭義，岡村治海）「白水郎」　坂ノ市地区郷土史愛好会　（21）　2004.3

坂ノ一・小佐井・丹生地区（明治新学制の郷土の学校）（岩田和男，大平亮，重久弘幸，中島照美）「白水郎」　坂ノ市地区郷土史愛好会　（21）　2004.3

坂ノ市

合併を繰返し進展した郷土坂ノ市地区―近世の村について「白水郎」　坂ノ市地区郷土史愛好会　20　2003.3

郷土坂ノ市地区の沿革（図）「白水郎」　坂ノ市地区郷土史愛好会　20　2003.3

坂ノ市のあゆみ―明治の世になるまでの村「白水郎」　坂ノ市地区郷土史愛好会　20　2003.3

坂ノ市中心街の変遷「白水郎」　坂ノ市地区郷土史愛好会　20　2003.3

海部・坂ノ市地区の歴史年表「白水郎」　坂ノ市地区郷土史愛好会　20　2003.3

〈調査研究 坂ノ市地区の近代教育のめざめ〉「白水郎」　坂ノ市地区郷土史愛好会　（21）　2004.3

郷土教育関係略年表・地図（明治新学制の郷土の学校）（栗野良一）「白水郎」　坂ノ市地区郷土史愛好会　（21）　2004.3

坂ノ市地区の地名について（長田弘通）「白水郎」　坂ノ市地区郷土史愛好会　（23）　2006.3

坂ノ市に残る条里（大平亮）「白水郎」　坂ノ市地区郷土史愛好会　（27）　2010.3

土地区画整理前後の坂ノ市の地名（坂ノ上地区）（河野三郎）「白水郎」　坂ノ市地区郷土史愛好会　（28）　2011.3

中世前期の坂ノ市地域の歴史について（個人研究）（大平亮）「白水郎」　坂ノ市地区郷土史愛好会　（30）　2013.3

「坂ノ市歴史散歩」案内記（牧野伸浩）「白水郎」　坂ノ市地区郷土史愛好会　（30）　2013.3

中世前期の坂ノ市地域の歴史について―緒方を訪ねて（個人研究）（大平亮）「白水郎」　坂ノ市地区郷土史愛好会　（31）　2014.3

「坂ノ市歴史散歩」案内記（牧野伸浩）「白水郎」　坂ノ市地区郷土史愛好会　（31）　2014.3

坂ノ上

旧上野村の「村限図」・「字限図」（坂ノ上地区）（大平亮）「白水郎」　坂ノ市地区郷土史愛好会　（28）　2011.3

土地区画整理前後の久原の地名（坂ノ上地区）（栗野良一）「白水郎」　坂ノ市地区郷土史愛好会　（28）　2011.3

佐賀の関

市外―鶴崎・佐賀の関探訪記（史跡探訪感想文）（斉藤哲）「別府史談」　別府史談会　（27）　2014.3

佐賀関

大分市・佐賀関・野津原町のあゆみ（姫野由栄）「大佐井」　大分市大在地区文化財同好会　（23）　2006.8

佐賀関の大煙突（宮武明吉）「研究小報」　大分市鶴崎公民館ふるさとの歴史教室　（30）　2013.3

歴史散歩 ふる里佐賀関の「関の大煙突」（日高潔）「中庄の歴史」　中庄の歴史を語り継ぐ会　（9）　2014.9

迫

首藤一族のルーツ（川添地区・迫地区）（首藤安男）「研究小報」　大分市鶴崎公民館ふるさとの歴史教室　（31）　2014.3

栄螺ヶ瀬橋

栄螺ヶ瀬橋来由碑（岡崎文雄）「おおいたの石橋」　大分の石橋を研究する会　11　2003.4

栄螺ヶ瀬橋由来碑文を読む（東藤静子）「あさじ史談」　朝地史談会　（113）　2014.3

佐田村

豊前宇佐郡佐田村における賀来家の大砲鋳造に関する一考察（平川毅）「大分県立歴史博物館研究紀要」　大分県立歴史博物館　通号11　2010.3

佐田荘

豊前佐田荘と豊後山香郷の境相論史料について―東京大学史料編纂所寄託「佐田家文書」から（井上聡）「大分県立歴史博物館研究紀要」　大分県立歴史博物館　（15）　2014.3

里中

私の愛する故郷 里中（1）（安部貢）「白水郎」　坂ノ市地区郷土史愛好会　（26）　2009.3

里（里中）の地名（小佐井地区）（内田昭義）「白水郎」　坂ノ市地区郷土史愛好会　（28）　2011.3

里中・王の瀬の地名（小佐井地区）（内田忠清）「白水郎」　坂ノ市地区郷土史愛好会　（28）　2011.3

里中地区の今昔（調査研究）（内田忠清，内田昭義）「白水郎」　坂ノ市地区郷土史愛好会　（31）　2014.3

猿喰越え

猿喰越え（上野村から他地域への古い道）（岩田和男）「白水郎」　坂ノ市地区郷土史愛好会　（27）　2010.3

三川

桃園・乙津・千歳・三川（薬師寺岩雄）「研究小報」　大分市鶴崎公民館ふるさとの歴史教室　（29）　2012.3

志賀

志賀の水軍跡（姫嶋輝）「あさじ史談」　朝地史談会　（112）　2013.1

志賀城

志賀城址のかくれキリシタンについて（橋爪定直）「あさじ史談」　朝地史談会　（101）　2005.4

四教堂

魅せられて綴る藩文学（1）～（11），（14）～（16）―藩学「四教堂」と先哲（勝間田三千夫）「佐伯史談」　佐伯史談会　184/213　2000.6/2010.7

魅せられて綴る藩文学 藩学「四教堂」と先哲「高麦芳洲」（勝間田三千

大分県　　地名でたどる郷土の歴史　　九州・沖縄

夫）「佐伯史談」　佐伯史談会　（215）2011.3

地獄谷
地獄谷探訪記（藤島純高）「西南戦争之記録」　西南戦争を記録する会　2
2003.11

下青江
下青江地区めぐりに参加して（下戸洋一）「津久見史談」　津久見史談会
（14）2010.3

下市
下市のお獅子の源はターキーに在った（二宮哲雄）「挾間史談」　挾間史談
会　（2）2011.7

下国崎
下国崎・豊崎地区 下成仏、見地、中田、横手、岩屋、赤松《特集 国東
町の溜池調査）》「くにさき史談」　くにさき史談会　（8）2007.10

下毛郡
往昔の下毛・宇佐郡境紛争について（鍋島正史）「三保の文化」　三保の文
化財を守る会　（90）2006.7

下竹
鈴連町下竹水車小屋水害によせて（養父信義）「日田文化」　日田市教育委
員会　（55）2013.3

下野村
古文書紹介 佐伯藩の古文書 下野村騒動記（1）（矢野徳彌）「佐伯史談」
佐伯史談会　（219）2012.7
佐伯藩の古文書 下野村騒動記（2）—明和2年、御番頭御用日記（古文書
紹介）（矢野徳彌）「佐伯史談」　佐伯史談会　（220）2012.11

下原
大分郡野津原町の地名を歩く（大字福宗・太田・下原）（小野章）「古代朝
鮮文化を考える」　古代朝鮮文化を考える会　（19）2004.12

下矢部
下矢部の境界石（宇佐市大字下矢部）「宇佐の文化」　宇佐の文化財を守る
会　（79）2007.5
万歳松の碑（大字下矢部）「宇佐の文化」　宇佐の文化財を守る会　（84）
2009.1

城後村
城後村の年貢割付状について（岡島基信）「史料館研究紀要」　大分県立先
哲史料館　（12）2007.6
豊後国直入郡城後村の年貢割付状について（2）（岡島基信）「史料館研究
紀要」　大分県立先哲史料館　（14）2009.6

城山
郷土話方資料（4）—城山から（山本保）「佐伯史談」　佐伯史談会　193
2003.6
郷土話方資料（4）—城山から（山本保）「佐伯史談」　佐伯史談会　194
2003.10

神角寺
神角寺とその周辺の歴史（吉野公紀）「あさじ史談」　朝地史談会　86
2000.3

水ヶ谷
水ヶ谷周辺の戦跡調査について（高橋信武）「西南戦争之記録」　西南戦争
を記録する会　3　2005.8
水ヶ谷東尾根山の戦跡（山本哲也）「西南戦争之記録」　西南戦争を記録する
会　3　2005.8
水ヶ谷周辺地域における西南戦争の記録（高橋信武）「西南戦争之記録」
西南戦争を記録する会　3　2005.8
宇目 水ヶ谷探訪記（研究）（戸髙厚司）「佐伯史談」　佐伯史談会　（225）
2014.9

据場
実地見学報告 魚町・据場・錦町・杉山・寺町の史跡（浅野総一郎）「郷土
史杵築」　杵築郷土史研究会　（130）2009.3

杉山
実地見学報告 魚町・据場・錦町・杉山・寺町の史跡（浅野総一郎）「郷土
史杵築」　杵築郷土史研究会　（130）2009.3

誓願寺
丹生地区岡・誓願寺の地名と伝説（調査研究）（太田範男，栗野良一）「白
水郎」　坂ノ市地区郷土史愛好会　（30）2013.3

石城川
石城川の地名（佐藤末喜）「挾間史談」　挾間史談会　（4）2014.3

瀬社橋
瀬社橋の殉難者記念碑（大字別府）「宇佐の文化」　宇佐の文化財を守る会
（78）2007.1

千歳
特集「薬師寺岩雄氏の文章」 千歳昔話（研究小報第16集より）、西南戦
争と大分県（第16集より）、吉岡氏千歳城跡について（第9集より）、延
岡藩千歳役所について（第9集より）（既刊の研究小報より抜粋）「研究
小報」　大分市鶴崎公民館ふるさとの歴史教室　（27）2010.0
桃園・乙津・千歳・三川（薬師寺岩雄）「研究小報」　大分市鶴崎公民館ふ
るさとの歴史教室　（28）2011.3

千町無田
千町無田物語（上）、（下）（小野喜美夫）「玖珠郡史談」　玖珠郡史談会
（71）/（72）2013.6/2013.12

千灯寺
旧千燈寺周辺の古蹟を探訪する（2）（廣末九州男）「国見物語」　国見町郷
土史研究会　27　2008.4

船頭町
「船頭町」子どもの頃の思い出（高司良恵）「佐伯史談」　佐伯史談会
192　2003.2
「船頭町」子どもの頃の思い出（高司良恵）「佐伯史談」　佐伯史談会
193　2003.6
「船頭町」子どもの頃の思い出（高司良恵）「佐伯史談」　佐伯史談会
193　2003.6
「船頭町」子どもの頃の思い出（高司良恵）「佐伯史談」　佐伯史談会
194　2003.10
「船頭町」子どもの頃の思い出（高司良恵）「佐伯史談」　佐伯史談会
195　2004.2
「船頭町」子どもの頃の思い出（高司良恵）「佐伯史談」　佐伯史談会
196　2004.6
「船頭町」子どもの頃の思い出（高司良恵）「佐伯史談」　佐伯史談会
197　2004.10
「船頭町」子どもの頃の思い出（高司良恵）「佐伯史談」　佐伯史談会
199　2005.6
船頭町「子供の頃の思い出」（高司良恵）「佐伯史談」　佐伯史談会
（201）2006.2
思い出 船頭町「子どもの頃の思い出」（高司良恵）「佐伯史談」　佐伯史談
会　（214）2010.11
思い出 「船頭町」子どもの頃の思い出（高司良恵）「佐伯史談」　佐伯史
談会　（215）2011.3

千人塚
郷土話方資料（3）—千人塚（山本保）「佐伯史談」　佐伯史談会　193
2003.6

十川城
岡城と竹田・十川城下町（特集 九州の城郭と城下町 近世編）（豊田寛
三）「海路」　「海路」編集委員会，海鳥社（発売）通号7　2009.1

鯛生金山
鯛生金山、福沢邸を訪ねて（本田唯佐）「くすのき文化」　楠町文化協会
（51）2000.3

大塔橋
大塔橋の移設について（浜光春）「おおいたの石橋」　大分の石橋を研究す
る会　11　2003.4

大湯線
大湯線（久大線の前身）ものがたり（牧達夫）「挾間史談」　挾間史談会
（2）2011.7

台山城
市内実地見学2 杵築・台山城を歩く（編集部）「郷土史杵築」　杵築郷土史
研究会　（140）2014.3

高江
大分大学の誘致と高江地区について（野尻信行）「落穂」　大分市大南地区
文化財同好会　70　2004.8

高坂駅
三重駅・高坂駅と両駅を結ぶ日向道（波津久文芳）「大分県地方史」　大分
県地方史研究会　（201）2007.11

高崎山
大分市歴史資料館 テーマ展示I おおいたに遊ぶ 物見遊山の旅 4月19日
（土）〜6月29日（日）/表紙 高崎山（四極山）の様子（「杵築府内間山水
図」より）「大分市歴史資料館ニュース」　大分市歴史資料館　（106）
2014.4

高城
高城訪問記（酒井博）「津久見史談」　津久見史談会　（7）2003.3

高田
高田の刀鍛冶について（高田浩己）「研究小報」　大分市鶴崎公民館ふるさ
との歴史教室　（25）2008
戦時中の大分（高田）刀工について（講話レジメ）（河村信雄）「研究小報」

大分市鶴崎公民館ふるさとの歴史教室　(26)　2009

高田の地名の由来とその歴史（高田信一）「研究小報」　大分市鶴崎公民館ふるさとの歴史教室　(28)　2011.3

高田実業銀行

高田實業銀行と首藤家（首藤雅信）「研究小報」　大分市鶴崎公民館ふるさとの歴史教室　(30)　2013.3

高田城

慶長期豊後高田城普請とその意義について（福永素久）「愛城研報告」　愛知中世城郭研究会　(9)　2005.8

慶長期豊前における細川氏の城郭政策と端城普請—豊後国高田城普請を中心に（福永素久）《「大分県地方史」　大分県地方史研究会　(197)　2006.3

高浜

高浜の褶曲（つくみ点描）（酒井博）「津久見史談」　津久見史談会　(10)　2006.3

高原

野津原町大字高原の地名を歩く（小野章）「古代朝鮮文化を考える」　古代朝鮮文化を考える会　(17)　2002.12

滝の原

埋もれていた滝の原井路（河野康彦）「玖珠郡史談」　玖珠郡史談会　(62)　2008.11

蛇葛山

蛇葛山に行く（高橋信武）「西南戦争之記録」　西南戦争を記録する会　2　2003.11

内匠城

百姓等取上がりの城（内匠城）と平井氏（甲斐素純）「玖珠郡史談」　玖珠郡史談会　(67)　2011.6

竹田

「今竹田」「今山陽」の集い（渡辺繁子）「あさじ史談」　朝地史談会　91　2001.6

藩外巡検　竹田・臼杵史跡探訪記（野本政宏）「大村史談」　大村史談会　55　2004.3

竹田史跡めぐり（江口八重子）「津久見史談」　津久見史談会　(11)　2007.3

豊後・竹田の歴史をたずねて（中城順一）「延岡史談会報」　延岡史談会　(25)　2014.3

竹田市

竹田市における西南戦争戦跡（佐伯治）「大分県地方史」　大分県地方史研究会　(195)　2005.11

竹田城

「城下町の構造と整備—竹田城下町の歴史を見る」大分大学　豊田寛三教授（講話）（重久弘幸）「白水郎」　坂ノ市地区郷土史愛好会　(24)　2007.3

近世初期の竹田城下町（〈報告要旨　平成18年度「大分発新しい都市の見方II」〉）（豊田寛三）「大分県地方史」　大分県地方史研究会　(204)　2008.11

岡城と竹田・十川城下町（特集　九州の城郭と城下町　近世編）（豊田寛三）「海路」　「海路」編集委員会，海鳥社（発売）通号7　2009.1

竹田津

竹田津という地名の由来を再考する（廣末九州男）「国見物語」　国見町郷土史研究会　30　2011.4

竹田津川

竹田津川に架かる橋の名称を尋ねて（広末九州男）「国見物語」　国見町郷土史研究会　24　2005.4

表紙写真説明　竹田津川に架かるアーチ橋の石場橋「国見物語」　国見町郷土史研究会　29　2010.4

竹田津港

竹田津港町繁盛記—大正10年〜昭和10年頃（津崎富雄）「国見物語」　国見町郷土史研究会　21　2002.4

竹田津港町繁盛記(2)（津崎富雄）「国見物語」　国見町郷土史研究会　22　2003.4

竹中村

旧竹中村の大中出身者（三浦幸三）「落穂」　大分市大南地区文化財同好会　71　2005.8

竹ノ中村

府内藩領大分郡竹ノ中村と影戸村の草場騒動について（佐藤満洋）「挟間史談」　挟間史談会　(2)　2011.7

竹矢

野津原町大字竹矢の地名を歩く「古代朝鮮文化を考える」　古代朝鮮文化を考える会　(18)　2003.12

田染

報告　水・信仰・くらし—田染と内成を事例として（三谷紘平）「大分県地方史」　大分県地方史研究会　(210)　2010.9

田染小崎

ムラの調査と景観保全—大分県豊後高田市田染小崎地区について（特集"地域の再生"と歴史文化）（櫻井成昭）「Link ： 地域・大学・文化」　神戸大学大学院人文学研究科地域連携センター　2　2010.8

田染荘

座談会　日本の村の〈原風景〉をさぐる—西の田染荘と東の骨寺村（《特集　骨寺村に日本の原風景をさぐる》）（飯沼賢治，入間田宣夫，赤坂憲雄）「東北学.〔第2期〕」　東北芸術工科大学東北文化研究センター，柏書房（発売）(21)　2009.11

舘

地名「舘」について（久々宮重色）「あさじ史談」　朝地史談会　(100)　2004.10

舘地区並びに板井迫地区の調査について（橋爪定直）「あさじ史談」　朝地史談会　(108)　2009.3

立石村

名望家の地方自治要求と民権運動—大分県速見郡立石村一件と自由党（特集　豪農にとっての幕末維新）（丑木幸男）「自由民権 ： 町田市立自由民権資料館紀要」　町田市教育委員会　通号23　2010.3

田野村

元和五年・田野村名寄帳（小野喜美夫）「玖珠郡史談」　玖珠郡史談会　(57)　2006.5

丹賀砲台

市外—追想記　丹賀砲台の爆発（史跡探訪関連資料）（研修部）「別府史談」　別府史談会　(23)　2010.3

千怒

千怒・彦ノ内・中央町・福地区巡り（小手川芳孝）「津久見史談」　津久見史談会　(17)　2013.3

中央町

千怒・彦ノ内・中央町・福地区巡り（小手川芳孝）「津久見史談」　津久見史談会　(17)　2013.3

勅使街道

勅使街道(2)　野依（竹折勉）「三保の文化」　三保の文化財を守る会　83　2003.1

勅使街道(3)〜(4)　伊藤田（竹折勉）「三保の文化」　三保の文化財を守る会　84/85　2003.7/2004.1

勅使街道(5)　福島「三保の文化」　三保の文化財を守る会　(86)　2004.7

勅使街道(6)　豊前道「三保の文化」　三保の文化財を守る会　(87)　2005.1

築島

築島の今昔（廣末九州男）「国見物語」　国見町郷土史研究会　(32)　2013.4

津久見

津久見の浦をめぐって（後藤重巳）「津久見史談」　津久見史談会　(7)　2003.3

写真で綴る津久見の野球　隆盛期（石田征治）「津久見史談」　津久見史談会　(7)　2003.3

史跡を巡って（江藤ツギ子）「津久見史談」　津久見史談会　(7)　2003.3

黄金の山津久見（樋口義久）「津久見史談」　津久見史談会　(8)　2004.3

大分県の中世遺跡—門前遺跡と津久見の山城（小柳和宏）「津久見史談」　津久見史談会　(8)　2004.3

写真で綴る津久見の野球（編集部）「津久見史談」　津久見史談会　(8)　2004.3

津久見の古代史（森猛）「津久見史談」　津久見史談会　(9)　2005.3

津久見の伝統とくらし（講演）（段上達雄）「津久見史談」　津久見史談会　(14)　2010.3

津久見相撲史跡巡り（寄稿）（杉浦弘）「津久見史談」　津久見史談会　(14)　2010.3

大友氏と臼杵荘津久見（講演）（飯沼賢司）「津久見史談」　津久見史談会　(15)　2011.3

津久見の自動車道路建設物語（樋口義久）「津久見史談」　津久見史談会　(15)　2011.3

津久見の地学に学ぶ生命と地球の歴史（講演）（尾上哲治）「津久見史談」　津久見史談会　(17)　2013.3

つくみ点描　郷土訪問飛行（丹羽新吉）「津久見史談」　津久見史談会　(17)　2013.3

つくみ点描　たいやん（立川哲三郎）「津久見史談」　津久見史談会　(17)　2013.3

歴史の伝承と弘化四年海岸絵図（鳥越謙造）「津久見史談」　津久見史談会

（18）2014.3

宗麟時代の中国・朝鮮貿易《講演》（神戸輝夫）「津久見史談」 津久見史談会（18）2014.3

津久見工業学校

津久見工業学校の設立とあゆみ（織田清綱）「津久見史談」 津久見史談会（9）2005.3

津久見市

津久見市の鉱山の栄枯盛衰（酒井博）「津久見史談」 津久見史談会（12）2008.3

津久見湾

津久見湾の移り変わり（樋口義久）「津久見史談」 津久見史談会（12）2008.3

津久見湾の移り変わり（2）（樋口義久）「津久見史談」 津久見史談会（13）2009.3

辻原

大分市大字辻原の地名を歩く（小野章）「古代朝鮮文化を考える」 古代朝鮮文化を考える会（23）2008.12

筒井川

筒井川（桑原清）「真玉町郷土研究会会誌」 真玉郷土研究会（12）2004.3

角牟礼城

《豊後森藩・角牟礼城特集》「玖珠郡史談」 玖珠郡史談会 50 2002.5

来島氏と角牟礼城（上），（中），（下）—甲斐素純氏論文に答えて（佐藤満洋）「玖珠郡史談」 玖珠郡史談会 51/53 2002.11/2003.12

再び角牟礼城を考える（上），（中），（下）（甲斐素純）「玖珠郡史談」 玖珠郡史談会（57）/（60）2006.5/2007.11

角牟礼城に染まる（大谷浩士）「玖珠郡史談」 玖珠郡史談会（58）2006.11

鶴賀城

鶴賀城跡を訪ねて（会員だより）（佐藤文雄）「別府史談」 別府史談会（26）2013.3

ツルガ山

うすきの山々の歴史散歩（2）—水ヶ城山からツルガ山へ（竹内義昭）「臼杵史談」 臼杵史談会（104）2014.2

鶴川温泉

玖珠温泉群漫路（2）玖珠の里山にある美肌の秘湯—鶴川温泉（桑野英司）「玖珠郡史談」 玖珠郡史談会（65）2010.5

鶴崎

鶴崎に関する古文書（1），（3）～（6）（古文書の会）「研究小報」 大分市鶴崎公民館ふるさとの歴史教室 20/26 2003.3/2009

鶴崎の引き札「研究小報」 大分市鶴崎公民館ふるさとの歴史教室 22 2005.3

大分市歴史資料館テーマ展示IV「鶴崎今昔」「大分市歴史資料館ニュース」 大分市歴史資料館（74）2006.2

熊本藩参勤交代と鶴崎の船手（《特集 参勤交代》）（阿部勝弘）「会報むろのつ」 「嶋屋」友の会（12）2007.6

近世都市鶴崎の成り立ちと中世の「つるさき」（講話レジメ）（田中裕介）「研究小報」 大分市鶴崎公民館ふるさとの歴史教室（26）2009

寄稿 鶴崎商店街の現況について（中西正生）「研究小報」 大分市鶴崎公民館ふるさとの歴史教室（26）2009

熊本藩参勤交代と鶴崎の船手（阿部勝弘）「研究小報」 大分市鶴崎公民館ふるさとの歴史教室（27）2010.0

グループ研究（研究小報既刊分より再録）旧家「綿六」について（第1集より、別保研究グループ）/別保地区の醸造業について（第5集より、別保グループ）/鶴崎地区・農村の戦前の生活（第7集より、郷土グループ）「研究小報」 大分市鶴崎公民館ふるさとの歴史教室（29）2012.3

龍馬と同時代の「鶴崎の偉人・賢人に学ぶ」（阿部勝弘）「研究小報」 大分市鶴崎公民館ふるさとの歴史教室（29）2012

史料 維新前後の鶴崎（姫野馳男の手記）「研究小報」 大分市鶴崎公民館ふるさとの歴史教室（30）2013.3

古文書「役替名替控（工藤家文書）」（鶴崎古文書の会）「研究小報」 大分市鶴崎公民館ふるさとの歴史教室（31）2014.3

西南戦争と鶴崎での状況（阿部勝弘）「研究小報」 大分市鶴崎公民館ふるさとの歴史教室（31）2014.3

市外—鶴崎・佐賀の関探訪記（史跡探訪感想文）（斉藤哲）「別府史談」 別府史談会（27）2014.3

鶴崎城

鶴崎城秘話（萱島真）「大佐井」 大分市大在地区文化財同好会（23）2006.8

鶴崎城の合戦（「古城考」より）（安部光太郎）「研究小報」 大分市鶴崎公民館ふるさとの歴史教室（28）2011.3

鶴崎製糸工場

鶴崎製糸工場とその周辺の地図（吉岡逸生）「研究小報」 大分市鶴崎公民館ふるさとの歴史教室 22 2005.3

鶴崎橋

史料 鶴崎橋架橋に関する文書（上），（下）「研究小報」 大分市鶴崎公民館ふるさとの歴史教室（29）/（30）2012.3/2013.03

鶴見半島

市外—佐伯・鶴見半島の史跡探訪（史跡探訪レポート）（研修部）「別府史談」 別府史談会（23）2010.3

寺町

実地見学報告 魚町・据場・錦町・杉山・寺町の史跡（浅野総一郎）「郷土史杵築」 杵築郷土史研究会（130）2009.3

光岡

光岡地区の地名について（高瀬眞實）「日田文化」 日田市教育委員会（48）2006.3

照湯温泉

豊後森藩、久留島公ゆかりの照湯温泉を訪ねて（宮内裕和）「玖珠郡史談」 玖珠郡史談会（72）2013.12

天面山城

写真が語る天面山城（三浦幸三）「落穂」 大分市大南地区文化財同好会 69 2003.8

道尻

道尻地区農家の家屋—「建物・間取り」と農作業の変遷（大平亮）「白水郎」 坂ノ市地区郷土史愛好会（24）2007.3

栂牟礼海軍防備隊

調査 栂牟礼海軍防備隊と海軍壕（原田和哉）「佐伯史談」 佐伯史談会（218）2012.3

利光村

長曽我部御境争論—臼杵藩利光村「高橋家文書」より（大平直子）「大分県地方史」 大分県地方史研究会（215）2012.3

栃原村

僻村・栃原村の組頭が遺した近世・近代文書—中津江村・鷹野家文書の紹介（日隈亨）「日田文化」 日田市教育委員会（56）2014.3

戸次

戸次古戦場跡を訪ねて（文芸椿原一随想）（久岡智子）「椿原 文芸・史談」 椿原町文化協会（35）2010.11

聚楽観に見る戸次の盛衰（新庄道臣）「落穂」 大分市大南地区文化財同好会（78）2012.8

戸次を襲った大洪水（渡辺敏）「落穂」 大分市大南地区文化財同好会（79）2013.8

戸次川

すべては戸次川から始まった（野本亮）「岡豊風日：高知県立歴史民俗資料館だより」 高知県立歴史民俗資料館 41 2001.9

服部植物研究所と戸次川合戦跡を訪ねて（北川通雄）「佐川史談霧生関」 佐川史談会（40）通号73 2004.12

戸無瀬

戸無瀬の文化財（1）～（その2）判田郷のありかと戸無瀬の文化財（小向眞一）「落穂」 大分市大南地区文化財同好会（79）/（80）2013.8/2014.8

戸畑

戸畑庄屋屋敷跡と墓地（佐藤力）「玖珠郡史談」 玖珠郡史談会（55）2004.10

泊ヶ内

神仏・絵図等の記録から見た泊ヶ内の年代（阿南宏重，神田高士，小松喜久夫）「臼杵史談」 臼杵史談会（99）2009.3

富来

富来地区 深江、東堅来、柳、大恩寺、富来、寺山、浜崎（《特集 国東町の溜池調査》）「くにさき史談」 くにさき史談会（8）2007.10

友安

「中須賀・友安・浜中」を中心とする地域の歴史と文化をたずねて（末綱巌）「国見物語」 国見町郷土史研究会（32）2013.4

鳥屋城

南北朝と鳥屋城攻防戦（佐藤豊治）「あさじ史談」 朝地史談会 99 2004.3

鳥屋城攻防戦附記（佐藤豊治）「あさじ史談」 朝地史談会（100）2004.10

豊岡

市外—日出町（豊岡・日出・深江地区）（史跡探訪レポート）（研修部）「別府史談」 別府史談会（25）2012.3

豊崎

下国崎・豊崎地区 下成仏、見地、中田、横手、岩屋、赤松《《特集 国東町の溜池調査》》「くにさき史談」 くにさき史談会 （8）2007.10

豊の国

山つながり、米つながり、海つながりで見る豊の国（鈴木一義）「史料館研究紀要」 大分県立先哲史料館 （10）2005.6

蔵書紹介「縣治概略」全25冊／平成19年度三館合同企画展「豊の国お宝史料」「大分県公文書館だより」 大分県公文書館 （15）2008.3

直入郡

豊後国直入郡幕領の庄屋（佐藤晃洋）「九州史学」 九州史学研究会 （133）2002.9

直入町

直入町の文化財（伊藤隆弘）「五輪」 竹田地区文化財調査委員連絡協議会 （25）2004.12

中熊

朝地町中熊の目撃伝承（高橋信武）「西南戦争之記録」 西南戦争を記録する会 （4）2008.10

中熊村

旧中熊村旧庄屋佐藤家考（佐藤豊治）「あさじ史談」 朝地史談会 （100）2004.3

長洲

長洲の石ひび（川合浩）「宇佐の文化」 宇佐の文化財を守る会 （77）2006.10

中須賀

「中須賀・友安・浜中」を中心とする地域の歴史と文化をたずねて（末綱巌）「国見物語」 国見町郷土史研究会 （32）2013.4

中田

中田・西ノ内と八戸地区めぐり（大宅満）「津久見史談」 津久見史談会 （16）2012.3

中津

《地域特集 中津》「西日本文化」 西日本文化協会 409 2005.3

「中津」特集に寄せて（錦織亮介）「西日本文化」 西日本文化協会 409 2005.3

中津十三景・京泊（宮内澄夫）「西日本文化」 西日本文化協会 409 2005.3

中津を詠む、万葉の歌（久恒啓子）「西日本文化」 西日本文化協会 409 2005.3

「昭和初期の中津の生活 絵に 小平地区出身 84歳植田さん」平成23年11月25日（金曜日）読売新聞大分版に掲載「三保の文化」 三保の文化財を守る会 （101）2012.1

北陸医学史と大分・中津について（第35回例会研究発表及び会員投稿）（古林秀則）「北陸医史」 北陸医史学会 （36）2014.2

中津江村

僻村・栃原村の組頭が遺した近世・近代文書―中津江村・鷹野家文書の紹介（日隈亨）「日田文化」 日田市教育委員会 （56）2014.3

中津市

中津市校の高田「分校」について（野田秋生）「大分県地方史」 大分県地方史研究会 （193）2005.7

中津市と宇佐市の黒田官兵衛ゆかりの地を巡る（廣崎篤夫）「北九州市の文化財を守る会会報」 北九州市の文化財を守る会 （145）2014.10

中津城

歴史雑感（2）中津城のこと（秋満吉四郎）「三保の文化」 三保の文化財を守る会 84 2003.7

中津城の石垣（高崎章子）「西日本文化」 西日本文化協会 409 2005.3

史跡・中津城と城下めぐり（山本博史）「西日本文化」 西日本文化協会 409 2005.3

中津城天守閣（宮内澄夫）「西日本文化」 西日本文化協会 409 2005.3

瀬戸内紀行 壱万円の里・中津 福澤諭吉と中津城「郷土史紀行」 ヒューマン・レクチャー・クラブ （38）2006.3

奥平講演会 中津城奥平家文書について―「家譜」に見る長篠の戦いの意味（谷口央）「研究紀要」 設楽原歴史資料館，長篠城址史跡保存館 （17）2013.3

中津町

明治の大合併に先立つ新中津町の成立「大分県公文書館だより」 大分県公文書館 （12）2005.3

中津藩

中津藩海防論の中の福沢兄弟―附嘉永六年奥平大膳太夫の「開国」上書（野田秋生）「大分県地方史」 大分県地方史研究会 （194）2005.7

豊前中津藩（1），（2）（白木幸一）「中山道加納宿 ： 中山道加納宿文化保存会会誌」 中山道加納宿文化保存会 （46）／（47）2005.10／2006.4

中津藩士築家資料

中津藩士築家資料について（史料紹介）（佐藤香代）「史料館研究紀要」 大分県立先哲史料館 （18）2014.1

中平

市内実地見学 本庄・中平の見学（河野洋司）「郷土史杵築」 杵築郷土史研究会 （138）2013.3

中冬田

「徳山道助」の故郷・中冬田の丘を歩く―小説の虚と実 伊東政喜と柏原兵三（稗田怜）「落穂」 大分市大南地区文化財同好会 （74）2008.8

流川

流川及び「名残橋」探索（郷土史探訪）（衛藤秀子）「別府史談」 別府史談会 （19）2006.3

流川通り

講演会講師論稿 ビリケンは誰がたてたか―昔の流川通りをめぐる物語（小野弘）「別府史談」 別府史談会 （24）2011.3

名残橋

流川及び「名残橋」探索（郷土史探訪）（衛藤秀子）「別府史談」 別府史談会 （19）2006.3

荷尾杵

大分市大字荷尾杵の地名を歩く（小野章）「古代朝鮮文化を考える」 古代朝鮮文化を考える会 （21）2006.12

錦町

実地見学報告 魚町・据場・錦町・杉山・寺町の史跡（浅野総一郎）「郷土史杵築」 杵築郷土史研究会 （130）2009.3

西中

嘉永四年西中農民騒動日記（森猛，石本堅一郎）「国見物語」 国見町郷土史研究会 25 2006.4

西ノ内

西ノ内区と西南戦争（伝説）（樋口義久）「津久見史談」 津久見史談会 （16）2012.3

中田・西ノ内と八戸地区めぐり（大宅満）「津久見史談」 津久見史談会 （16）2012.3

西畑

西畑の差出帳（藤田洋一）「真玉町郷土研究会会誌」 真玉郷土研究会 （12）2004.3

西屋敷

国界標（宇佐市大字西屋敷）「宇佐の文化」 宇佐の文化財を守る会 （82）2008.5

日進舎

郷土の私塾日進舎・上野敬斎（学制前の郷土の教育）（大平亮）「白水郎」 坂ノ市地区郷土史愛好会 （21）2004.3

日豊線

日豊線の軌跡（織田清綱）「津久見史談」 津久見史談会 （8）2004.3

丹生

丹生のあゆみ「白水郎」 坂ノ市地区郷土史愛好会 20 2003.3

郷土の寺子屋 坂ノ一・小佐井・丹生地区（学制前の郷土の教育）（岩田和男，太田義弘，大平亮，若林光幸，内田忠清，内田昭義，岡村治海）「白水郎」 坂ノ市地区郷土史愛好会 （21）2004.3

坂ノ一・小佐井・丹生地区（明治新学制の郷土の学校）（岩田和男，大平亮，重久弘幸，中島照美）「白水郎」 坂ノ市地区郷土史愛好会 （21）2004.3

丹生地区 一木地区の字の地名（長田宰）「白水郎」 坂ノ市地区郷土史愛好会 （28）2011.3

丹生村

丹生村の市 字地名に残る市・場所（中島照美）「白水郎」 坂ノ市地区郷土史愛好会 （23）2006.3

丹生村における農家経済の変遷―丹生村史により（中島照美）「白水郎」 坂ノ市地区郷土史愛好会 （26）2009.3

百堂渡し／金谷渡し／毛井渡し（丹生村から他地域への古い道）（栗野良一，中島照美，工藤俊子）「白水郎」 坂ノ市地区郷土史愛好会 （27）2010.3

岡越え志村渡し（丹生村から他地域への古い道）（内田忠清）「白水郎」 坂ノ市地区郷土史愛好会 （27）2010.3

温見街道

温見街道物語（1）〜（4）（竹内宏郎）「あさじ史談」 朝地史談会 （106）／（109）2007.10／2010.3

野津

野津本「北条系図・大友系図」の書写場所と鎌倉亀谷郷雪下屋形（伊藤一美）「鎌倉」 鎌倉文化研究会 （111）2011.7

大分県　　　　　地名でたどる郷土の歴史　　　　　九州・沖縄

野津原町

野津原町大字野津原の地名を歩く（小野章）「古代朝鮮文化を考える」 古代朝鮮文化を考える会 （18） 2003.12

大分郡野津原町の地名を歩く（大字福宗・太田・下原）（小野章）「古代朝鮮文化を考える」 古代朝鮮文化を考える会 （19） 2004.12

大分市・佐賀関・野津原町のあゆみ（姫野由栄）「大佐井」 大分市大在地区文化財同好会 （23） 2006.8

能見松平藩

20年新春講演会要旨 国見町における能見松平藩のあれこれ（久米忠臣）「国見物語」 国見町郷土史研究会 28 2009.4

野依

勅使街道（2） 野依（竹折勉）「三保の文化」 三保の文化財を守る会 83 2003.1

培根舎

培根舎・阿部一行／太田 義弘（学制前の郷土の教育）「白水郎」 坂ノ市地区郷土史愛好会 （21） 2004.3

白山越え

白山越え（小佐井村から他地域への古い道）（重久弘幸）「白水郎」 坂ノ市地区郷土史愛好会 （27） 2010.3

白水ダム

すばらしい白水ダム（羽田野五三）「二豊の石造美術」 大分県石造美術研究会 24 2005.3

挟間

「荒城の月」と二つの「はさま町」（久保田昌兌）「挟間史談」 挟間史談会 （1） 2010.4

わたしの挟間史談（坂本勝信）「挟間史談」 挟間史談会 （1） 2010.4

挟間氏の名字の地「挟間」について（山田尚志）「挟間史談」 挟間史談会 （2） 2011.7

狭間から挟間へ（佐藤末喜）「挟間史談」 挟間史談会 （3） 2013.3

挟間町

挟間町の沿革と農業水路の偉人・工藤三助のこと（牧達夫）「挟間史談」 挟間史談会 （1） 2010.4

挟間町の街道を思う（坂本勝信）「挟間史談」 挟間史談会 （2） 2011.7

挟間町における禅宗文化の学習事始め―挟間一族と禅宗文化（1）（梅野敏明）「挟間史談」 挟間史談会 （4） 2014.3

畑村峠

畑村峠越えの道（上野村から他地域への古い道）（大平亮）「白水郎」 坂ノ市地区郷土史愛好会 （27） 2010.3

八面山

八面山（宇都宮信子）「西日本文化」 西日本文化協会 409 2005.3

浜田温泉

浜田温泉誕生秘話（郷土史探訪）（外山健一）「別府史談」 別府史談会 （19） 2004.3

浜中

「中須賀・友安・浜中」を中心とする地域の歴史と文化をたずねて（末綱巌）「国見物語」 国見町郷土史研究会 （32） 2013.4

浜脇温泉

市長が明かす「浜脇温泉」の歴史（浜田博）「別府史談」 別府史談会 （18） 2004.12

炉辺史話 第四話 湯治場別府・浜脇温泉（入江秀利）「別府史談」 別府史談会 （24） 2011.3

飯田

飯田の美人伝（小野喜美夫）「玖珠郡史談」 玖珠郡史談会 （56） 2005.11

判田郷

戸無瀬の文化財（1）～（その2）判田郷のありかと戸無瀬の文化財（小向眞一）「落穂」 大分市大南地区文化財同好会 （79）／（80） 2013.8／2014.8

飯田高原

九重・飯田高原百話集（続）（小野喜美夫）「玖珠郡史談」 玖珠郡史談会 （62） 2008.11

九重・飯田高原百話集（続）（小野喜美夫）「玖珠郡史談」 玖珠郡史談会 （63） 2009.5

東国東

新春講演会要旨 江戸時代の干拓と溜池―東国東を中心に（平川毅）「国見物語」 国見町郷土史研究会 27 2008.4

東村

東村郷土誌［1］～（2）（編集部）「郷土史杵築」 杵築郷土史研究会 122／123 2005.3／2005.8

英彦山

英彦山を訪ねて（11月例会）（事務局）「諫早史談」 諫早史談会 （40） 2008.3

肥後路

大分市の肥後路を辿る（19）「史叢」 熊本歴史学研究会 （13） 2008.11

彦ノ内

千怒・彦ノ内・中央町・福地区巡り（小手川芳孝）「津久見史談」 津久見史談会 （17） 2013.3

日出

市外―日出町（豊岡・日出・深江地区）（史跡探訪レポート）（研修部）「別府史談」 別府史談会 （25） 2012.3

日出城

日出城崩壊寸前遺構の報告（奥田好範）「城郭だより ： 日本城郭史学会会報」 ［日本城郭史学会］ 41 2003.4

日出城鬼門櫓と県内城郭建築遺構（三ツ股正明）「大分県地方史」 大分県地方史研究会 （192） 2005.6

日出城鬼門櫓が保存移築中―裏門櫓は二の丸書院跡に移築保存「城郭だより ： 日本城郭史学会会報」 ［日本城郭史学会］ （75） 2011.10

日出城鬼門櫓の移築復元と鬼門除け（研究ノート）（三ツ股正明）「城郭史研究」 日本城郭史学会，東京堂出版（発売） （33） 2014.2

日出町

大分県日出町の郷土食と暮らし《《大分県速水郡日出町深江地区合同調査特集》》（丸山久子）「昔風と当世風」 古々路の会 （92） 2008.4

市外―日出町（豊岡・日出・深江地区）（史跡探訪レポート）（研修部）「別府史談」 別府史談会 （25） 2012.3

日出駅家

「日出駅家」の特定について―上竹田条里と上ノ段遺跡から（荻野正太郎）「丹波史」 丹波史懇話会 25 2005.6

日田

「造領記」記事年表（岩沢光夫）「日田文化」 日田市教育委員会 （45） 2003.3

日田・玖珠に残された謎の位牌について（内恵克彦）「玖珠郡史談」 玖珠郡史談会 53 2003.12

「邪馬台国のロマンを求め日田の古代を探る」―今津媛と龍文鉄鏡の里を訪ねて（原田実）「季刊邪馬台国」 「季刊邪馬台国」編纂委員会，梓書院（発売） 82 2004.1

地名試考（岩尾寛）「日田文化」 日田市教育委員会 （46） 2004.3

近世日田における瓦の導入と生産地について―豆田町と隈町を中心として（養父信義）「大分県地方史」 大分県地方史研究会 （203） 2008.3

参考 日田と日代領（特集 クロスロードの自然・歴史旅―新幹線新鳥栖駅から訪ねる観光情報集成）「栖 ： 鳥栖と周辺の自然と歴史をさぐる郷土誌」 鳥栖郷土研究会 （50） 2011.3

天領日田の一風景―三絶僧・平野五岳と明治維新（矢野宣行）「水戸史学」 水戸史学会 （74） 2011.6

日田史跡めぐり（江藤ツギ子）「津久見史談」 津久見史談会 （16） 2012.3

天領日田の村々と人々の暮らし―江戸中期以降の村明細帳を通して（日隈亨）「日田文化」 日田市教育委員会 （54） 2012.3

続・天領日田の村と農民―江戸時代後期を中心として（日隈亨）「日田文化」 日田市教育委員会 （55） 2013.3

日田隈城

日田隈城と佐伯城（小野英治）「佐伯史談」 佐伯史談会 （204） 2007.2

日田郡

明治21年の市制・町村制と玖珠郡・日田郡―新町村名選定事由を中心として（1），（2）（甲斐素純）「大分県地方史」 大分県地方史研究会 （193）／（195） 2005.7／2005.11

幕末期における日田郡内楮皮川下げ史料から（穴井幸雄）「日田文化」 日田市教育委員会 （48） 2006.3

日田市

文化財の創造的活用と日田市のまちづくり・観光の方針（江面嗣人）「日田文化」 日田市教育委員会 （50） 2008.3

平成20年度日田市文化財行政の主な出来事 新規登録有形文化財の紹介／国選定保存技術者（粗苧製造）秋の叙勲で受賞／小野地区の埋没林調査「日田文化」 日田市教育委員会 （51） 2009.3

日田市史跡めぐり感想（酒井博）「津久見史談」 津久見史談会 （16） 2012.3

樋ノ口堤

大分市、樋ノ口堤跡（後藤匡史）「備陽史探訪」 備陽史探訪の会 （142） 2008.6

檜原山

耶馬渓檜原山の石造物（檜原順亨）「二豊の石造美術」 大分県石造美術研

九州・沖縄　　　　　　　　　　　地名でたどる郷土の歴史　　　　　　　　　　　　大分県

究会　(25)　2006.3

姫島

姫島紀行と姫島灯台・水の子灯台(西木直)「佐伯史談」佐伯史談会
(202)　2006.6

幕末維新と姫島(特別寄稿)(木野村孝一)「国見物語」国見町郷土史研
究会　28　2009.4

土居寛申先生の『姫島紀行』を読んで[1]～(2)(二階堂智査子)「郷土
史杵築」杵築郷土史研究会　(131)/(132)　2009.8/2010.3

太平洋戦争開戦時の姫島での生活(溝井和子)「国見物語」国見町郷土史
研究会　29　2010.4

新姫島考(1)(江原不可止)「古代朝鮮文化を考える」古代朝鮮文化を考
える会　(25)　2010.12

「天一根」大分県姫島説への疑い(灰塚照明)「九州倭国通信」九州古代
史の会　(155)　2011.3

姫島と野村望東尼と捕鯨(特集 海が創った暮らしの歴史—九州北部の
島々から)(鳥巣京一)「西日本文化」西日本文化協会　(459)　2012.
10

姫島ジオパークの魅力をどう伝えるか(木野村孝一)「国見物語」国見町
郷土史研究会　33　2014.4

冷川

冷川とホタル(講演会講師論稿)(中根剛誠)「別府史談」別府史談会
(27)　2014.3

百堂渡し

百堂渡し/金谷渡し/毛井渡し(丹生村から他地域への古い道)(栗野良
一, 中島照美, 工藤俊子)「白水郎」坂ノ市地区郷土史愛好会　(27)
2010.3

日向泊

日向泊「神の井」伝説と「浮城物語」(さとうたくみ)「佐伯史談」佐伯
史談会　(203)　2006.10

日向道

三重駅・高坂駅と両駅を結ぶ日向道(波津久文方)「大分県地方史」大分
県地方史研究会　(201)　2007.11

日吉原

食卓にのぼった日吉原の網漁「白水郎」坂ノ市地区郷土史愛好会
(25)　2008.3

広瀬淡窓宅

表紙写真 廣瀬淡窓旧宅(主屋)「廣瀬淡窓旧宅及び墓」は平成25年3月
27日に国史跡追加指定「日田文化」日田市教育委員会　(56)　2014.3

深江

風待ち茶屋の残る町を訪ねて(《大分県速水郡日出町深江地区合同調査
特集》)(佐志原圭子)「昔風と当世風」古々路の会　(92)　2008.4

大分県速水郡日出町深江地区の住まい二棟(《大分県速水郡日出町深江
地区合同調査特集》)(宮崎勝弘)「昔風と当世風」古々路の会　(92)
2008.4

日出町深江の居住習俗—大分県速水郡日出町にみる住まいの暮らし
(《大分県速水郡日出町深江地区合同調査特集》)(津山正幹)「昔風と
当世風」古々路の会　(92)　2008.4

深江地区の生業見聞抄(《大分県速水郡日出町深江地区合同調査特集》)
(五十嵐稔)「昔風と当世風」古々路の会　(92)　2008.4

長寿の生活史—松本観次さんの聞き書き(《大分県速水郡日出町深江地
区合同調査特集》)(折橋慶子)「昔風と当世風」古々路の会　(92)
2008.4

市外—日出町(豊岡・日出・深江地区)(史跡探訪レポート)(研修部)
「別府史談」別府史談会　(25)　2012.3

深江港

日出町深江港地区と鏝絵(《大分県速水郡日出町深江地区合同調査特
集》)(早瀬哲恒)「昔風と当世風」古々路の会　(92)　2008.4

深島

深島食彩(ゼンゴ)こぼれ話(高司良恵)「佐伯史談」佐伯史談会　197
2004.10

福

千怒・彦ノ内・中央町・福地区巡り(小手川芳孝)「津久見史談」津久見
史談会　(17)　2013.3

福沢邸

鯛生金山、福沢邸を訪ねて(本田唯佐)「くすのき文化」楠町文化協会
(51)　2000.3

福沢諭吉旧居

福沢諭吉旧居訪問記(中西史和)「多度津文化財 ： 多度津町文化財保護
協会会報」多度津町文化財保護協会　(40)　2012.4

福島

勅使街道(5) 福島「三保の文化」三保の文化財を守る会　(86)　2004.7

福泊浦

嘉永七丑年(安政元年)の地震記録 福泊浦・臼杵・府内の記録から(研
究)(吉田勝重)「佐伯史談」佐伯史談会　(225)　2014.9

福宗

大分郡野津原町の地名を歩く(大字福宗・太田・下原)(小野章)「古代朝
鮮文化を考える」古代朝鮮文化を考える会　(19)　2004.12

二重峠

市外—阿蘇路・二重峠探訪(史跡探訪レポ)(研修部)「別府史談」別府
史談会　(21)　2008.3

府内

江戸期皮流通と大坂商人—長崎・府内・小倉・筑前・大坂(阿南重幸)
「部落解放史・ふくおか」福岡県人権研究所　110　2003.6

大分市歴史資料館特集展示「府内と宗麟の時代」「大分市歴史資料館
ニュース」大分市歴史資料館　68　2004.9

トピックス 南蛮憧憬、ザビエル・宗麟、そして府内「大分市歴史資料館
ニュース」大分市歴史資料館　68　2004.9

府内のまち 宗麟の栄華(講話より)(坪根伸也)「研究小報」大分市鶴崎
公民館ふるさとの歴史教室　(27)　2010.0

豊後府内の城下町—中世から近世へ(木村幾多郎)「古文化談叢」九州古
文化研究会　65(分冊3)　2011.2

戦国都市豊後府内 空間構造と府内再移転を中心にして(玉永光洋)「臼杵
史談」臼杵史談会　(103)　2013.2

嘉永七丑年(安政元年)の地震記録 福泊浦・臼杵・府内の記録から(研
究)(吉田勝重)「佐伯史談」佐伯史談会　(225)　2014.9

府内町

大友館の整備と府内町の形成(《報告要旨 平成18年度「大分発新しい都
市の見方I」》)(長田弘道)「大分県地方史」大分県地方史研究会
(204)　2008.11

府内藩

大分府内藩と渡辺村(木本邦治)「部落解放史・ふくおか」福岡県人権研
究所　110　2003.6

古国府遺跡

大分国造勢力の具体相—古国府遺跡群の語るもの(長直信)「古代朝鮮文
化を考える」古代朝鮮文化を考える会　(27)　2012.12

豊後

豊後の刀・臼杵の刀[1]～(5)(河野博美)「臼杵史談」臼杵史談会
90/95　1999.12/2005.2

豊後清原一族の末裔達(甲斐素純)「玖珠郡史談」玖珠郡史談会　52
2003.7

豊後の特攻機大分出撃に思ふ(山岡俊邦)「大佐井」大分市大在地区文化
財同好会　21　2004.3

豊後清原一族の末裔達—平井氏を中心として(中) 史料紹介「先祖附」
(甲斐素純)「玖珠郡史談」玖珠郡史談会　(55)　2004.10

西南戦争実録—豊後国第一号警視隊(竹内宏郎)「あさじ史談」朝地史談
会　(101)　2005.4

会津をたずねて肥後豊後をゆく(萩野貞樹)「会津会々報」会津会
(112)　2006.6

2003年度大会シンポジウム 豊前・豊後の洋学・医学「洋学 ： 洋学史学
会研究年報」洋学史学会　通号15　2007.3

川興勝編纂『肥後豊後検地諸帳目録』について(上田満子)「年報熊本近
世史」熊本近世史の会　2006年度　2007.3

16世紀の Bungo と大友宗麟の館(《特集 九州の城郭と城下町 中世編》)
(鹿毛敏夫)「海路」「海路」編集委員会, 海鳥社(発売)　通号5
2007.11

ほうちょう物語(豊後「ほうちょう」伝承の真相)(岡部富久市)「大分県
地方史」大分県地方史研究会　(202)　2008.2

大分市歴史資料館 特集展示「豊後大友氏と南蛮文化」豊後と南蛮との
出会い、府内教会の創建、大友氏の南蛮交易/関連行事「MUNDO 南
蛮—この夏、Nanbanが熱い！」「大分市歴史資料館ニュース」大分
市歴史資料館　(84)　2008.7

中国地方の鋳物師と豊後府内(後藤匡史)「備陽史探訪」備陽史探訪の会
(143)　2008.8

豊後なば山衆の軌跡(伊東六郎)「津久見史談」津久見史談会　(13)
2009.3

史料紹介 豊後清原一族の末裔達—平井氏を中心として(甲斐素純)「大分
県地方史」大分県地方史研究会　(207)　2009.9

甦った豊後風土記(後藤匡史)「古代朝鮮文化を考える」古代朝鮮文化を
考える会　(24)　2009.12

豊後の人々が薩摩明蕃を作る(1)～(2)(恒松栖)「別府史談」別府史談
会　(23)/(24)　2010.3/2011.3

寄稿 日本数学史(1) 江戸時代の数学(和算)について そして豊後では
(徳田建司)「別府史談」別府史談会　(24)　2011.3

大分県 地名でたどる郷土の歴史 九州・沖縄

隠岐島び豊後茸山師(田中治郎)「津久見史談」 津久見史談会 (16) 2012.3

講演「鹿島城主・来島氏・伊予(海)から豊後(山)へ」―河野氏庶流一族としての久留島氏(特集 第21回河野氏関係交流会)(大成経凡)「風早」 風早歴史文化研究会 (67) 2012.5

豊後大友氏の官途授与体系(風間幸)「地方史研究」 地方史研究協議会 62(6) 通号360 2012.12

炉辺史話 第六譚 豊後の無二斎 宮本武蔵親子おはなし(論説)(矢島嗣久)「別府史談」 別府史談会 (26) 2013.3

史料で見る豊後における地震災害(講演会講師論稿及びレジュメ)(平井義人)「別府史談」 別府史談会 (26) 2013.3

豊後高田市

〈ふるさとの歴史〉「郷土研究」 豊後高田市郷土研究会 (11) 2004.12

豊後国

大名小川左馬助と「豊後国慶長国絵図」(甲斐素純)「大分県地方史」 大分県地方史研究会 (188) 2003.8

講義 肥後藩の豊後国領の成立(姫野由栄)「大佐井」 大分市大在地区文化財同好会 21 2004.3

『常陸・豊後・肥前国風土記』に描かれた神・人・集団一覧(田井恭一)「東播磨 地域史論集」 東播磨地域史懇話会 (11) 2005.3

熊本藩領 豊後国三手永の「総産物調帳」について(蓑田勝彦)「年報熊本近世史」 熊本近世史の会 2009年度 2010.6

豊後森

小藩大名の陣屋町「豊後森」について(米田藤博)「パイオニア」 関西地理学研究会 (87) 2009.3

別府

別府と政府密偵暗殺事件(佐藤節)「別府史談」 別府史談会 (17) 2003.12

「別府遊記」と鉄帯宗時(平井義人)「大分県立歴史博物館研究紀要」 大分県立歴史博物館 通号5 2004.3

別府今昔あれこれ話(大野保治)「別府史談」 別府史談会 (18) 2004.12

「別府」の古代小史(大芝英雄)「古代朝鮮文化を考える」 古代朝鮮文化を考える会 (20) 2005.12

温泉地の輪廻からみた別府八湯と今後の課題(浦達雄)「別府史談」 別府史談会 (19) 2006.3

別府における伝統産業(1),(2)(恒松栖)「別府史談」 別府史談会 (19)／(20) 2006.3／2007.3

別府八湯ものがたり(講演会講師論稿)(平野芳弘)「別府史談」 別府史談会 (19) 2006.3

別府近現代新聞史をひもとく(外山健一)「別府史談」 別府史談会 (20) 2007.3

詳説・大正7年別府の町の米騒動(三重野勝人)「別府史談」 別府史談会 (20) 2007.3

華北交通別府温泉療養所と別府大学キャンパス(三重野勝人)「別府史談」 別府史談会 (21) 2008.3

別府も戦場となった西南戦争と大分県(講演会講師論稿)(三重野勝人)「別府史談」 別府史談会 (21) 2008.3

別府史談会企画研究レポ「別府を通る古い道」(恒松栖)「別府史談」 別府史談会 (21) 2008.3

「別府史談会二十年の歩み」(「別府史談」目録ほか)(史料紹介)(永井清廣)「別府史談」 別府史談会 (21) 2008.3

大正期における別府の観光振興をめぐって(織田直文)「別府史談」 別府史談会 (22) 2009.3

別府を西南戦争の戦火より守った五人(第4号より再掲)(安部和也)「別府史談」 別府史談会 (22) 2009.3

『別府の古い道 歴史散歩』の出版に携わって(別府史談会企画研究レポート)(恒松栖)「別府史談」 別府史談会 (22) 2009.3

北から別府へ(別府史談会企画研究レポート)(手嶋宏治)「別府史談」 別府史談会 (22) 2009.3

竹の未来は無限である―別府竹細工(講演会講師論稿)(岩尾一郎)「別府史談」 別府史談会 (23) 2010.3

別府における「上総掘り」について(講演会講師論稿)(外山健一)「別府史談」 別府史談会 (25) 2012.3

大分の宝「別府」(会員だより)(齋藤哲)「別府史談」 別府史談会 (26) 2013.3

別府キャンプ跡地 幻の転用計画!「大分県公文書館だより」 大分県公文書館 (21) 2014.3

別府温泉

「別府温泉」突き湯第一号解明(外山健一)「別府史談」 別府史談会 (18) 2004.12

別府温泉郷における地域資源活用の軌跡と課題(講演会講師論稿)(中山昭則)「別府史談」 別府史談会 (23) 2010.3

別府市

市内・市外史跡探訪会「別府史談」 別府史談会 (17) 2003.12

別府市域の旧豊前街道を歩む「豊国紀行」貝原益軒より(史料紹介)(研修部)「別府史談」 別府史談会 (21) 2008.3

別府市の森林(史料紹介)(研修部)「別府史談」 別府史談会 (23) 2010.3

講演会講師論稿 別府市史にとってのプランゲ文庫(白土康代)「別府史談」 別府史談会 (24) 2011.3

史料紹介 別府市域通過の小史料二点(後藤重巳)「別府史談」 別府史談会 (24) 2011.3

郷土史探訪(研修部)「別府史談」 別府史談会 (25) 2012.3

別府港

別府築港記念碑文について(郷土史探訪)(手嶋宏治)「別府史談」 別府史談会 (21) 2008.3

松方正義と別府港(矢島嗣久)「別府史談」 別府史談会 (23) 2010.3

別府湾

別府湾の謎に迫る!「瓜生島と沖の島」について(加藤知弘)「別府史談」 別府史談会 (23) 2010.3

別府湾の不思議 別府大好き人間が視る(会員だより)(仲矢一幸)「別府史談」 別府史談会 (26) 2013.3

別保

別保(皆春)地区に生まれ育って(〈既刊の研究小報より抜粋〉)(安部学)「研究小報」 大分市鶴崎公民館ふるさとの歴史教室 (26) 2009

グループ研究(研究小報既刊分より再録)旧家「綿六」について(第1集より、別保研究グループ)/別保地区の醸造業について(第5集より、別保グループ)/鶴崎地区・農村の戦前の生活(第7集より、郷土グループ)「研究小報」 大分市鶴崎公民館ふるさとの歴史教室 (29) 2012.3

戸保ノ木越え

戸保ノ木越え(上野村から他地域への古い道)(岩田和男)「白水郎」 坂ノ市地区郷土史愛好会 (27) 2010.3

豊予要塞

戦跡「豊予要塞」の実像を探る(三重野勝人)「別府史談」 別府史談会 (23) 2010.3

細

細における地番と大字・小字・地名(坂ノ上地区)(久枝和夫)「白水郎」 坂ノ市地区郷土史愛好会 (28) 2011.3

細地区の歴史と地名(調査研究)(岩田和男)「白水郎」 坂ノ市地区郷土史愛好会 (30) 2013.3

細地区の地名(調査研究)(岩田和男)「白水郎」 坂ノ市地区郷土史愛好会 (31) 2014.3

堀田

「北白川宮覧古碑」碑文(在堀田)(史料紹介)(石垣原合戦関係)(研修部)「別府史談」 別府史談会 (20) 2007.3

市内―観海寺・堀田地区(史跡探訪レポート)(研修部)「別府史談」 別府史談会 (25) 2012.3

保戸島

幼き日の保戸島(高木一信)「津久見史談」 津久見史談会 (7) 2003.3

マグロ漁船の基地保戸島(樋口義久)「津久見史談」 津久見史談会 (9) 2005.3

最後の漁村を見た(樋口義久)「津久見史談」 津久見史談会 (10) 2006.3

子供の頃の豊かな海(保戸島二題)(三浦鎚春)「津久見史談」 津久見史談会 (10) 2006.3

ふるさと保戸島(保戸島二題)(高木一信)「津久見史談」 津久見史談会 (10) 2006.3

保戸島の歩み 戦前・戦中・戦後のマグロ漁業から(三浦鎚春)「津久見史談」 津久見史談会 (12) 2008.3

保戸島の歩み 一本釣り漁業から(三浦鎚春)「津久見史談」 津久見史談会 (13) 2009.3

保戸島の歩み イサリ漁業(採介業)から(三浦鎚春)「津久見史談」 津久見史談会 (14) 2010.3

保戸島のマグロ漁(特集 海が創った暮らしの歴史―九州北部の島々から)(木村武司)「西日本文化」 西日本文化協会 (459) 2012.10

保戸島と三崎漁港(三浦鎚春)「津久見史談」 津久見史談会 (17) 2013.3

本神崎

本神崎地区 神崎村絵図(久々宮喬)「白水郎」 坂ノ市地区郷土史愛好会 (28) 2011.3

本神崎地区 木佐上の地名(市原和男)「白水郎」 坂ノ市地区郷土史愛好会 (28) 2011.3

九州・沖縄　　　　　　　　地名でたどる郷土の歴史　　　　　　　　　　　　　大分県

本庄

市内実地見学 本庄・中平の見学（河野洋司）「郷土史杵築」 杵築郷土史研究会 （138）2013.3

真玉町

文化財探訪「真玉町郷土研究会会誌」 真玉郷土史談会 （12）2004.3

松岡

松岡の地名の由来とその歴史（加藤俊介）「研究小報」 大分市鶴崎公民館ふるさとの歴史教室 （28）2011.3

的ヶ浜

歴史の中の別府的ヶ浜焼打ち事件（白石正明）「部落解放史・ふくおか」 福岡県人権研究所 112 2003.12

真名野

真名野の長者伝説の虚実と富の源泉（菊田徹）「臼杵史談」 臼杵史談会 （101）2011.2

豆田

豆田地区町並み保存対策調査中間報告（養父信義）「日田文化」 日田市教育委員会 （45）2003.3

豆田町

日田市豆田町伝統的建造物群保存地区の概要と保存の取り組みについて（今村華子，吉田博嗣）「大分県地方史」 大分県地方史研究会 （191）2005.6

近世日田における瓦の導入と生産地について―豆田町と隈町を中心として（養父信義）「大分県地方史」 大分県地方史研究会 （203）2008.3

歴史・街道文化探訪 天領のまち・日田 豪商たちが育んだ小京都・豆田町（間賀田晴行）「季刊南九州文化」 南九州文化研究会 （116）2012.11

万弘寺

万弘寺の市の今昔（塩地政之）「白水郎」 坂ノ市地区郷土史愛好会 （23）2006.3

三重駅

三重駅・高坂駅と両駅を結ぶ日向道（波津久文芳）「大分県地方史」 大分県地方史研究会 （201）2007.11

三重町

遺稿 旧三重町由来再考（児玉三郎）「もろかた ： 諸県」 都城史談会 （43）2009.11

三ヶ町村

三ヶ町村戦時下の合併「白水郎」 坂ノ市地区郷土史愛好会 20 2003.3

三隈川

村と川の歴史（石井村と三隈川）（長順一郎）「日田文化」 日田市教育委員会 （45）2003.3

三崎漁港

保戸島と三崎漁港（三浦鎚春）「津久見史談」 津久見史談会 （17）2013.3

三佐町

豊後岡藩三佐町・港絵図について（後藤重巳，上原翔平，串間聖剛，中野正裕，野間聡）「大分県地方史」 大分県地方史研究会 （197）2006.3

水ヶ城山

うすきの山々の歴史山歩 第一回 水ヶ城山を歩く（竹内義昭）「臼杵史談」 臼杵史談会 （103）2013.2

うすきの山々の歴史散歩（2）―水ヶ城山からツルガ山へ（竹内義昭）「臼杵史談」 臼杵史談会 （104）2014.2

水の子島

水の子島と灯台（真柴茂彦）「佐伯史談」 佐伯史談会 197 2004.10

溝部学園

溝部学園立ち上げの記（三重野勝人）「別府史談」 別府史談会 （21）2008.3

南海部郡

南海部郡役所の文書廃棄と移管（武田信也）「大分県地方史」 大分県地方史研究会 （192）2005.6

南石垣村

「速見郡南石垣村庄屋覚書」読む（講演会講師論稿及びレジュメ）（吉良直子）「別府史談」 別府史談会 （26）2013.3

南祇園

市内実地見学1 煙硝倉・南祇園地区周辺（中野順子）「郷土史杵築」 杵築郷土史研究会 （140）2014.3

三保

ふるさとコーナー ふるさと三保の思い出（内納敏博）「三保の文化」 三保の文化財を守る会 83 2003.1

三保郵便局

風景印と三保郵便局（武吉健）「三保の文化」 三保の文化財を守る会 （89）2006.1

御諸山

これが国見町の御諸山（三輪山）だ（広末九州男）「国見物語」 国見町郷土史研究会 22 2003.4

宮河内

宮河内郵便局御用取扱所について（川添グループ）「研究小報」 大分市鶴崎公民館ふるさとの歴史教室 21 2004.3

旧立野村宮河内へのご案内（隅田芳直）「光地方史研究」 光地方史研究会 （39）2013.3

宮下

土地区画整理事業と市尾・宮下・川南の地名（小佐井地区）（重久弘幸）「白水郎」 坂ノ市地区郷土史愛好会 （28）2011.3

妙見岳城

大内時代の宇佐郡衆と妙見岳城督（有川宜博）「北九州市立自然史・歴史博物館研究報告.B類,歴史」 北九州市立自然史・歴史博物館 （1）2004.3

明礬

市内―明礬地区（史跡探訪レポート）（研修部）「別府史談」 別府史談会 （24）2011.3

明礬温泉

別府八湯ウォーク紹介 明礬温泉（研修部）「別府史談」 別府史談会 （23）2010.3

三和村

流血の惨事に至らんとした明治33年の下小竹組（小野村）と財津組・用松組（三和村）との秣場の境争い（野田高巳）「日田文化」 日田市教育委員会 （52）2010.3

無垢島

無垢島史跡巡り（編集部）「津久見史談」 津久見史談会 （18）2014.3

向津留

向津留井手物語（宗岡守）「あさじ史談」 朝地史談会 （100）2004.10

明光

つくみ点描 明光隣保館―戦時下の一コマ（丹羽新吉）「津久見史談」 津久見史談会 （16）2012.3

目鑑橋

堀川目鑑橋追悼記 類例なき目違い継石造アーチ橋（浦田勝美）「おおいたの石橋」 大分の石橋を研究する会 11 2003.4

廻栖野

大分市大字廻栖野（めぐすの）の地名を歩く（小野章）「古代朝鮮文化を考える」 古代朝鮮文化を考える会 （22）2007.12

元越山

元越山登山道と狼煙台（富松俊夫）「佐伯史談」 佐伯史談会 （205）2007.6

樅木山

樅の木山系の文化史（講和）（野田雅之）「白水郎」 坂ノ市地区郷土史愛好会 20 2003.3

桃園

桃園・乙津・千歳・三川（薬師寺岩雄）「研究小報」 大分市鶴崎公民館ふるさとの歴史教室 （28）2011.3

守後浦

明治11年大小区制から民選に移行した時の大入島 荒網代浦・石間浦・守後浦「三浦連合役所」の戸長選挙（研究）（高盛西郷）「佐伯史談」 佐伯史談会 （219）2012.7

森藩

史料紹介 久留島家文書（12）～（15）（福川一徳，甲斐素純）「玖珠郡史談」 玖珠郡史談会 46/（63）2000.5/2009.5

《豊後森藩・角牟礼城城特集》「玖珠郡史談」 玖珠郡史談会 50 2002.5

佐々木流棒火矢の豊後森藩伝来（安田晃子）「史料館研究紀要」 大分県立先哲史料館 （9）2004.6

クルシマ通史を訪ねる旅（大成経凡）「玖珠郡史談」 玖珠郡史談会 （56）2005.11

史料紹介 森藩重臣帆足家文書（上），（下）（甲斐素純）「玖珠郡史談」 玖珠郡史談会 （64）/（65）2009.12/2010.5

森藩領民の生活の記録[1]～（2）（森山泰民）「玖珠郡史談」 玖珠郡史談会 （66）/（69）2010.11/2012.5

佐伯藩主毛利氏と森藩主久留島氏（上），（下）（甲斐素純）「玖珠郡史談」 玖珠郡史談会 （69）/（71）2012.5/2013.06

大分県　　　　　　　　　　　　　　　地名でたどる郷土の歴史　　　　　　　　　　　九州・沖縄

門前遺跡

大分県の中世遺跡―門前遺跡と津久見の山城（小柳和宏）「津久見史談」
津久見史談会　（8）　2004.3

八坂

八坂かっぱクラブ（杵築市）（八坂小学校）「国東半島・宇佐の文化」　国
東半島・宇佐の文化を守る会　18　2003.3

八坂川

八坂川の沈み橋（杉安嘉正）「郷土史杵築」　杵築郷土史研究会　（127）
2007.8

八坂手永

八坂手永の構成や租税のこと（杉安嘉正）「郷土史杵築」　杵築郷土史研究
会　（128）　2008.3

中野家文書より杵築藩八坂手永―構成や租税（杉安嘉正）「郷土史杵築」
杵築郷土史研究会　（134）　2011.3

中野家文書―杵築藩八坂手永　庄屋衆の出役から（杉安嘉正）「郷土史杵
築」　杵築郷土史研究会　（135）　2011.8

八戸

中田・西ノ内と八戸地区めぐり（大宅満）「津久見史談」　津久見史談会
（16）　2012.3

柳ケ浦駅

柳ケ浦駅の蘇鉄（宇佐市住吉）/第19回文化財公開講座のご案内「宇佐の
文化」　宇佐の文化財を守る会　（89）　2010.9

耶馬渓

耶馬渓を訪れた文人・画人達（中川原有紀）「西日本文化」　西日本文化協
会　409　2005.3

山香

市内実地見学　山香地区の文化財を巡る（藤原徳幸）「郷土史杵築」　杵築
郷土史研究会　（132）　2010.3

山香郷

豊前佐田荘と豊後山香郷の境相論史料について―東京大学史料編纂所寄
託「佐田家文書」から（井上聡）「大分県立歴史博物館研究紀要」　大分
県立歴史博物館　（15）　2014.3

山香町

山香町の文化財等（鵜飼正三）「郷土史杵築」　杵築郷土史研究会　123
2005.8

山津村

大分郡高田庄山津村の佐伯氏（さとうたくみ）「佐伯史談」　佐伯史談会
（202）　2006.6

山本

山本の開拓碑（大字山本）「宇佐の文化」　宇佐の文化財を守る会　（90）
2011.1

床木トンネル

旧床木トンネル開削記念碑「新開碑」秋月新太郎撰文併書（木許博
［訳］）「佐伯史談」　佐伯史談会　（203）　2006.10

湯の花小屋

湯の花小屋のひみつ（講演会講師論稿）（恒松栖）「別府史談」　別府史談
会　（20）　2007.3

湯布院

大津と車内と湯布院で（藤本恵子）「湖国と文化」　滋賀県文化振興事業団
103　2003.4

由布院

歴史随想　それからの厚東パートⅢ　由布院へ、そして秋吉氏について
（厚東哲郎）「厚東」　厚東史研究会　（53）　2011.11

四浦

津久見湾南岸の地域調査（1）～（4）―主として四浦地区（矢野彌生）「佐
伯史談」　佐伯史談会　（216）/（220）　2011.7/2012.11

四浦半島

私説　四浦半島と源義経（松尾重朗）「津久見史談」　津久見史談会　（8）
2004.3

横川村

長崎より佐伯横川村役人まで　先触廻状　竹中馬之丞（資料紹介）（竹中
進）「佐伯史談」　佐伯史談会　（220）　2012.11

吉野村

行政区割りからみた吉野村の成立と変遷（伊東栄）「落穂」　大分市大南地
区文化財同好会　70　2004.8

吉松

吉松の大灯籠（宇佐市大字吉松）/第18回文化財公開講座のご案内「宇佐
の文化」　宇佐の文化財を守る会　（88）　2010.5

米水津

「米水津」考（高宮昭夫）「佐伯史談」　佐伯史談会　195　2004.2

竜宮島

幻の竜宮島（渡辺達也）「宇佐の文化」　宇佐の文化財を守る会　66
2003.1

芦松

狭間町大字来鉢字芦松について（1）大正元年芦松橋の工事（坂本勝信）
「挾間史談」　挾間史談会　（3）　2013.3

若彦屋

炉辺史話　第五話　千辛万苦の湯―若彦屋に潜伏した井上聞多（入江秀利）
「別府史談」　別府史談会　（25）　2012.3

和間海岸

和間海岸の旗竿立て（宇佐市大字伊岩保新田）「宇佐の文化」　宇佐の文化
財を守る会　（86）　2009.9

宮崎県

青井岳
青井岳 思い出すままに（大田六男）「ふるさとみまた」 三股郷土史研究会 （30）2012.11

青木
高鍋町青木地区の行事等について（飛田博温）「史友会報」 高鍋史友会 （44）2009.6

青島
日本近代と青島塩について—その資産形成とワシントン会議後の返還について（山腰敏寛）「鳴門史学」 鳴門史学会 17 2003.10

赤水
赤水の里ぶらり探訪（日高久）「延岡史談会報」 延岡史談会 （25）2014.3

アジサイロード
アジサイロードが出来るまで（黒原正宏）「くしま史談会報」 串間史談会 （25）2013.2

梓峠
小梓峠〜長尾山〜長尾山北方の戦跡（横澤慈）「西南戦争之記録」 西南戦争を記録する会 （4）2008.10

綾町
国富町・綾町の史跡を訪ねて（花田武義）「ひなもり」 小林史談会 （44）2004.5

有明小学校
有明小学校々区各地区の今と昔（吉田美代治）「くしま史談会報」 串間史談会 （26）2014.2

飯野
飯野山林の風穴物語（黒川盛利）「えびの」 えびの市史談会 34 2000.5
飯野「町区」のあゆみ—野町の成立と明治までの変遷（安藤正継）「えびの」 えびの市史談会 （38）2004.5
「飯野小作争議」の考察（安藤正継）「えびの」 えびの市史談会 （42）2008.5
真研と飯野の地名考（安藤正継）「えびの」 えびの市史談会 （43）2009.5

飯野鉄工所
飯野鉄工所（黒川盛利）「えびの」 えびの市史談会 35 2001.4

伊形村
旧伊形村「亀井 ： 内藤家顕彰会会誌」 内藤家顕彰会 2006年度 2006.3

石山
石山花相撲の保存伝承について（永田照明）「日和城」 高城の昔を語る会 （15）2008.1
石山に商店があったころ（回想）（前田洋一）「日和城」 高城の昔を語る会 （20）2013.2
石（山）の上にも十年……の秋（随想）（松下勝冠）「日和城」 高城の昔を語る会 （20）2013.2

五十市
五十市地区の近世史と近代史（佐々木綱洋）「季刊南九州文化」 南九州文化研究会 （101）2004.10

市木川北郷
農民の夫役 文久二年市木川北郷庄屋日記より（津野洋吉）「くしま史談会報」 串間史談会 （21）2009.3

一之瀬
駒帰と一之瀬—幕府巡見使九度の通道（桑畑初也）「ふるさとみまた」 三股郷土史研究会 19 2001.11

五日市
五日市の今昔（江藤則男）「えびの」 えびの市史談会 （48）2014.5

稲津
稲津騒動—雑感（野村稔子）「まいづる」 佐土原地区郷土史同好会 （25）2009.2

井野城
井野城土地改良事業（開田）について（別府利治）「日和城」 高城の昔を語る会 （14）2007.1

射場地野
射場地野に自家発電所があった（吉田美代治）「くしま史談会報」 串間史談会 （22）2010.3

今町一里塚
都城の一里塚（平長谷一里塚と今町一里塚）（歴史編）（佐々木綱洋）「もろかた ： 諸県」 都城史談会 （48）2014.12

芋畑飛行場
芋畑（坂元）飛行場建設秘話 談話者：飯島正三（江藤則男）「えびの」 えびの市史談会 （47）2013.5

上田島
上田島地区史料一覧（赤塚一雄）「まいづる」 佐土原地区郷土史同好会 21 2004.9

牛の峠
牛之峠物語（2）〜（4），（6），（7），（10）〜（16）（比江島哲二）「ふるさとみまた」 三股郷土史研究会 18/（32）2000.11/2014.11
牛の峠物語（8）飛松番所役人河野氏（比江島哲二）「ふるさとみまた」 三股郷土史研究会 （24）2006.11
牛の峠物語（9）大岩田山内家文書と教育（比江島哲二）「ふるさとみまた」 三股郷土史研究会 （25）2007.11

内之木場
内之木場地区の点灯と都城盆地の電気由来（最上川明）「ふるさとみまた」 三股郷土史研究会 （20）2002.11

上江区
上江区会の軌跡—二俣共有地九十年誌より抄録（馬場冨芳）「えびの」 えびの市史談会 （47）2013.5

可愛岳
可愛岳の摩擦管発見レポート（吉田俊行）「西南戦争之記録」 西南戦争を記録する会 2 2003.11
可愛岳発見の摩擦管（竹内力雄）「西南戦争之記録」 西南戦争を記録する会 2 2003.11
和田越・可愛岳周辺の踏査の目的（高橋信武）「西南戦争之記録」 西南戦争を記録する会 （4）2008.10
可愛岳の踏査（横澤慈）「西南戦争之記録」 西南戦争を記録する会 （4）2008.10
可愛岳西北尾根の戦跡（高橋信武）「西南戦争之記録」 西南戦争を記録する会 （4）2008.10
可愛岳北側尾根の戦跡（高橋信武）「西南戦争之記録」 西南戦争を記録する会 （4）2008.10
和田越の戦闘から可愛岳の戦闘までの経過（高橋信武）「西南戦争之記録」 西南戦争を記録する会 （4）2008.10

えびの
吉松・えびの地震（米満重満）「つつはの」 つつはの郷土研究会 （32）2005.3

えびの高原
想い出のえびの高原（天辰利郎）「ひなもり」 小林史談会 （50）2010.4

えびの市
江戸時代の郷士と農民（原田利盛）「えびの」 えびの市史談会 34 2000.5
知られざる西南戦争（山本真申）「えびの」 えびの市史談会 （37）2003.4
えびの市の土地基盤整備状況について（江藤則男）「えびの」 えびの市史談会 （38）2004.5
えびの市史跡めぐり（栗原良行）「史友会報」 高鍋史友会 （43）2008.6
郷土拾塵録 著者：浅稲義英（江藤則男）「えびの」 えびの市史談会 （43）2009.5
えびの市内の門名について（市田寛幸）「えびの」 えびの市史談会 （44）2010.5
郷土拾塵録（2） 著者 ： 朝稲義英（江藤則男）「えびの」 えびの市史談会 （44）2010.5
えびの市史談会40周年の歩み（市田寛幸）「えびの」 えびの市史談会 （45）2011.5
えびの市における口蹄疫の発生と経過（畜産農林課）「えびの」 えびの市史談会 （45）2011.5
我が家の口蹄疫（松葉一弘）「えびの」 えびの市史談会 （45）2011.5

宮崎県　　　　　　　　　　　　　　　　　　　　　　地名でたどる郷土の歴史　　　　　　　　　　　　　　　　　　　九州・沖縄

歴史的な口蹄疫の発生(稲泉元司)「えびの」　えびの市史談会　(45)
　2011.5
えびの市の野口雨情文学碑(亀澤轟幸)「えびの」　えびの市史談会
　(45)　2011.5
三町合併から市制施行まで(新原攝丈)「えびの」　えびの市史談会
　(45)　2011.5
えびの市政四〇年の裏面史(新原不可止)「えびの」　えびの市史談会
　(46)　2012.5
平成18年えびの豪雨災害とボランティア支援活動(津曲弘志)「えびの」
　えびの市史談会　(47)　2013.5

大河平

大河平つつじの由来と地区における保存活動(木下幸夫)「えびの」　えび
　の市史談会　(47)　2013.5

大平

「とこしえの森 巣之浦・大平」(甲斐嗣朗)「宮崎県地方史研究会会報」
　宮崎県地方史研究会　(4)　2013.2

大淀川

ペダルと大淀川(随想)(青屋勝)「日和城」　高城の昔を語る会　(21)
　2014.2

沖水川

沖水川砂防事業余話(桑畑次生)「ふるさとみまた」　三股郷土史研究会
　(20)　2002.11
沖水川筋耕地整理記念碑文(桑畑初也)「ふるさとみまた」　三股郷土史研
　究会　(23)　2005.11

小田村

加久藤郷小田村の旧名(安藤正継)「えびの」　えびの市史談会　(37)
　2003.4

飫肥

近世飫肥地方の街道観(平原英樹)「宮崎考古」　宮崎考古学会　(17)
　2001.3
飫肥・都城史跡探訪点描(濱田宏)「千台 : 薩摩川内郷土史研究会機関
　誌」　薩摩川内郷土史研究会　(37)　2009.3
飫肥の散策五・七・五(右田幸雄)「千台 : 薩摩川内郷土史研究会機関
　誌」　薩摩川内郷土史研究会　(37)　2009.3

飫肥城

飫肥城と城下町の形成(特集 九州の城郭と城下町 近世編)(岡本武憲)
　「海路」　「海路」編集委員会, 海鳥社(発売)　通号7　2009.1

飫肥城下町遺跡

日向国と「飫肥城下町遺跡」・『日本書紀』(講演録収録)(永山修一)「宮
　崎県文化講座研究紀要」　宮崎県立図書館　39　2013.3

飫肥藩

飫肥藩の財政事情―江戸時代の財政負担・漁師集団の発展(耕真介)「も
　ろかた : 諸県」　都城史談会　(38)　2004.11
飫肥藩を新しい時代に導いた最後の藩主(徳永孝一)「宮崎県地方史研究
　会会報」　宮崎県地方史研究会　(4)　2013.2

尾前

椎葉村尾前地区における赤紙染色方法の記録「宮崎県総合博物館研究紀
　要」　宮崎県総合博物館　27　2006.3

海戸用水路

海戸用水路の取り入れ口(茨木次夫)「ふるさとみまた」　三股郷土史研究
　会　18　2000.11

加久藤

加久藤「二十里」(はたり)地名についてと「真幸郷」のことについて
　(安藤正継)「えびの」　えびの市史談会　(44)　2010.5

加久藤盆地

加久藤盆地の成り立ち(安藤正継)「えびの」　えびの市史談会　(46)
　2012.5

梶山

梶山・長田の特産品―「庄内地理志」と「日向地誌」(桑畑初也)「ふるさ
　とみまた」　三股郷土史研究会　(20)　2002.11
御仕置考―梶山・宮村番所内での仕置、宗門手札改め御仕置(小牧俊一)
　「ふるさとみまた」　三股郷土史研究会　(24)　2006.11

梶山城

梶山城―貴重な中世山城の遺構(園田幸吉)「ふるさとみまた」　三股郷土
　史研究会　18　2000.11
講演記録 南九州の名城・梶山城(八巻孝夫)「ふるさとみまた」　三股郷
　土史研究会　(20)　2002.11
梶山城と庄内合戦(八巻孝夫)「中世城郭研究」　中世城郭研究会　(19)
　2005.7
都城合戦伝「梶山城合戦」(田代義博)「季刊南九州文化」　南九州文化研

月山日和城

伊東氏高城(日和城)在城45年の時歴(野口順平)「日和城」　高城の昔を
　語る会　(11)　2004.1
月山日和城址にある西南戦争関係資料について(歴史)(田ノ上哲)「日和
　城」　高城の昔を語る会　(21)　2014.2

樺山村

樺山村の門に関する史料について(第15号より再録)(川原勝)「ふるさと
　みまた」　三股郷土史研究会　(28)　2010.11
樺山村の石高と門数について(第7号より再録)(川原勝)「ふるさとみま
　た」　三股郷土史研究会　(28)　2010.11

亀井橋

亀井橋をめぐる思い出(坂本弘)「亀井 : 内藤家顕彰会会誌」　内藤家顕
　彰会　平成17年度　2005.5

川崎航空都城工場

川崎航空都城工場時代の思い出―看護婦として勤めた8月6日のようす
　((昭和・平成の時代を語る1 子どもに伝えたい都城盆地の歴史))(丸
　中光子)「もろかた : 諸県」　都城史談会　(41)　2007.11

観音瀬

寛政・明治の観音瀬開鑿とその意義について(塩水流忠夫)「もろかた :
　諸県」　都城史談会　(37)　2003.11

観音瀬水路

観音瀬水路の宮崎県文化財の指定について(江内谷満義)「日和城」　高城
　の昔を語る会　(18)　2011.1

観音池公園

観光地として誇る観音池公園の今昔(記念作文・論文入選作品)(久保定
　雄)「日和城」　高城の昔を語る会　(12)　2005.1

紀元2600年記念碑

「紀元二千六百年」記念碑に思う(川原勝)「ふるさとみまた」　三股郷土
　史研究会　(22)　2004.11
もうひとつの紀元2600年記念碑「石の証言」「平和の塔」の史実を考
　える会　(47)　2012.1

木崎原

木崎原合点せん(市来隼人)「つつはの」　つつはの郷土研究会　(35)
　2010.2

北岡松

自力自闘の解放運動―宮崎県えびの・北岡松支部の藍の手染め(西尾紀
　臣)「リベラシオン : 人権研究ふくおか」　福岡県人権研究所　(123)
　2006.9

北方町

宮崎県北方町役場浸水/米国発「DJIレポート」　国際資料研究所　64
　2005.10

北川村

村人の暮らしと知恵 北川村節約組合の教訓(大崎清)「亀井 : 内藤家顕
　彰会会誌」　内藤家顕彰会　2009年度　2010.5

北諸

都城・北諸地方の郷土史年表(小・中学生用)(立元久夫)「もろかた :
　諸県」　都城史談会　34　2000.11

北諸県

都城・北諸県の方言(吉田尚史)「日和城」　高城の昔を語る会　(14)
　2007.1

吉都線

吉都線全線開業一〇〇周年(吉村秀昭)「ひなもり」　小林史談会　(54)
　2014.5

京町

大正時代の京町について(河野博志)「えびの」　えびの市史談会　(41)
　2007.5
島内の商店の京町への移転と盛衰(黒木克正)「えびの」　えびの市史談会
　(46)　2012.5

霧島

霧島東物語(村上恩)「ひなもり」　小林史談会　(43)　2003.4
霧島北麓の湧水を訪ねて(山下常昌)「えびの」　えびの市史談会　(39)
　2005.5
霧島・加治木方面視察記(板垣重雄)「日和城」　高城の昔を語る会
　(14)　2007.1

霧島山

霧島山麓に生きる[1]～(4)、(6)～(7)(齊藤勉)「ひなもり」　小林史談
　会　(47)/(54)　2007.5/2014.5
わがふるさとの山霧島山のガイドをして(末平文彦)「日和城」　高城の昔

九州・沖縄　　　　　　　　　　　　　地名でたどる郷土の歴史　　　　　　　　　　　　宮崎県

を語る会　(15)　2008.1

霧島山中に爆弾が投下された事実について(渡辺定三)「ひなもり」　小林史談会　(49)　2009.4

太平洋戦争と霧島山麓(齊藤勉)「ひなもり」　小林史談会　(49)　2009.4

切寄

続・切寄今昔—井戸と人の移動(茨木次夫)「ふるさとみまた」　三股郷土史研究会　19　2001.11

串

地名考「串」(来秀哉)「くしま史談会報」　串間史談会　(16)　2004.3

串間

串間弁を探る(2),(3)(津野洋吉)「くしま史談会報」　串間史談会　12/13　2000.3/2001.3

藩政初期における泥谷氏と串間[正],(続)(深江洋一)「くしま史談会報」　串間史談会　14/15　2002.3/2003.3

備忘録(1)(山内学)「くしま史談会報」　串間史談会　(19)　2007.3

備忘録(2)　串間のロビンソンたち(山内学)「くしま史談会報」　串間史談会　(20)　2008.3

江戸時代 流刑地としての串間(1)(山内学)「くしま史談会報」　串間史談会　(23)　2011.2

中世の串間に関する一考察(田中靖基)「くしま史談会報」　串間史談会　(23)　2011.2

「行幸記念碑」について(吉田美代治)「くしま史談会報」　串間史談会　(25)　2013.2

アジサイロードが出来るまで(黒原正宏)「くしま史談会報」　串間史談会　(25)　2013.2

串間市

地方財政再建団体(準用)の指定を受け串間市は財政を立て直した(島田節次)「くしま史談会報」　串間史談会　(23)　2011.2

国富町

国富町・綾町の史跡を訪ねて(花田武義)「ひなもり」　小林史談会　(44)　2004.5

倉岡城

慶長期の倉岡城の普請について—「伊地知重順覚書」をもとに(若山浩章)「宮崎県地域史研究」　宮崎県地域史研究会　(16)　2003.3

栗野町

栗野町の文化財ほか(平喜志男)「えびの」　えびの市史談会　36　2002.6

黒木家住宅

県内の民家調査について—「旧黒木家住宅」と「米良の民家」関連調査(小山博)「宮崎県総合博物館研究紀要」　宮崎県総合博物館　31　2011.3

高鍋湿原

高鍋湿原は地域の宝物(南谷忠志)「季刊南九州文化」　南九州文化研究会　(109)　2009.5

御在所岳

天智天皇伝説 御在所岳(福崎親)「季刊南九州文化」　南九州文化研究会　(111)　2010.5

巨田

巨田の鴨取り略記、外/うずら網猟(中武喜一)「まいづる」　佐土原地区郷土史同好会　20　2003.9

小林

外城小林(郷)成立をめぐる二、三の問題(永井哲雄)「ひなもり」　小林史談会　42　2002.4

伊東・島津氏の小林攻防記(井上改造)「ひなもり」　小林史談会　42　2002.4

私説・郷土史散歩(1)～(4),(6)(杉本充)「ひなもり」　小林史談会　42/(53)　2002.4/2013.04

小林の水道とおいしい水(坂元実)「ひなもり」　小林史談会　(43)　2003.4

小林の地名考(補遺その1)(吉本正義)「ひなもり」　小林史談会　(47)　2007.5

郷土の空襲を語る会「ひなもり」　小林史談会　(49)　2009.4

小林の地名考(吉本正義)「ひなもり」　小林史談会　(50)　2010.4

小林の地名研究(西水流珏)「ひなもり」　小林史談会　(50)　2010.4

郷土の田畑開発の歴史と記念碑(花田武義)「ひなもり」　小林史談会　(51)　2011.4

小林の地名考(吉本正義)「ひなもり」　小林史談会　(51)　2011.4

小林の地名考(5),(7)(吉本正義)「ひなもり」　小林史談会　(53)/(54)　2013.4/2014.05

「小林誌」写本序(川添貴文)「ひなもり」　小林史談会　(53)　2013.4

小林工業高等学校

小林工業高等学校の歴史(大澤由一)「ひなもり」　小林史談会　(43)　2003.4

小林市

宮崎県小林市史跡めぐり(田中政俊)「えびの」　えびの市史談会　35　2001.4

小林市文化財に関する四つの事項(板坂行雄)「ひなもり」　小林史談会　(43)　2003.4

小林市のある被差別地区の過去と現在(園田義治)「ひなもり」　小林史談会　(47)　2007.5

駒帰

駒帰と一之瀬—幕府巡見使九度の通道(桑畑初也)「ふるさとみまた」　三股郷土史研究会　19　2001.11

小丸大橋

小丸大橋について(飛田博温)「史友会報」　高鍋史友会　(39)　2004.6

西都

西都・新富方面視察記(板垣重雄)「日和城」　高城の昔を語る会　(13)　2006.1

西都市

西都市 史跡の旅(畑山健雄)「くしま史談会報」　串間史談会　(16)　2004.3

西都原

西都原を顕彰しようとした人々(1),(2)(鶴田裕一)「宮崎県総合博物館研究紀要」　宮崎県総合博物館　23/24　2002.3/2003.3

酒谷川

酒谷川のノボリコ漁(崎田一郎)「宮崎県総合博物館研究紀要」　宮崎県総合博物館　25　2004.3

佐土原城

佐土原城の変遷「まいづる」　佐土原地区郷土史同好会　18　2001.7

佐土原城跡(鬼塚節子)「まいづる」　佐土原地区郷土史同好会　22　2005.12

佐土原城跡について—日本最南端の天守台が現存する山城(〈第22回全国城郭研究者セミナーの報告〉)(木村明史)「中世城郭研究」　中世城郭研究会　(20)　2006.7

佐土原城下町跡を歩く(高橋健一郎)「まいづる」　佐土原地区郷土史同好会　(25)　2009.2

佐土原

佐土原(さどわら)の話(有村政則)「まいづる」　佐土原地区郷土史同好会　20　2003.9

大正の頃の佐土原商店街(鈴木松三外)「まいづる」　佐土原地区郷土史同好会　20　2003.9

佐土原人形について(上田勇雄)「まいづる」　佐土原地区郷土史同好会　20　2003.9

わが町の指定文化財の現状(高橋健一郎)「まいづる」　佐土原地区郷土史同好会　22　2005.12

佐土原の歴史オリエンテイション(高橋健一郎)「まいづる」　佐土原地区郷土史同好会　(23)　2007.2

佐土原十六烈士物語(野口安恵)「まいづる」　佐土原地区郷土史同好会　(24)　2008.1

前島津の時代雑感(高橋健一郎)「まいづる」　佐土原地区郷土史同好会　(26)　2010.2

佐土原人形の型について—佐土原人形製作所「ますや」所有の型を中心に(小山博)「宮崎県総合博物館研究紀要」　宮崎県総合博物館　33　2013.3

佐土原町

佐土原町と協和町(有村政則)「まいづる」　佐土原地区郷土史同好会　20　2003.9

佐土原町史一口問答集/島津日記「ひさみね」　広瀬地区郷土史同好会　(20)　2003.10

佐土原の治政に力を注いだ藩主、偉人たち 旧佐土原町広報紙「まいづる」　佐土原地区郷土史同好会　(24)　2008.1

佐土原藩

佐土原藩と刀(村内安夫)「ひさみね」　広瀬地区郷土史同好会　(17)　2000.4

佐土原藩天明騒動覚書(吉永昭)「まいづる」　佐土原地区郷土史同好会　17　2000.4

佐土原藩の遠島人(先田光演)「えらぶせりよさ ： 沖永良部郷土研究会会報」　沖永良部郷土研究会　(11)　2000.7

享保初期の佐土原藩—享保3・4・6・7年の「佐土原藩嶋津家江戸日記」をもとに(甲斐亮典)「宮崎県地方史研究紀要」　宮崎県立図書館　29　2003.3

佐土原藩鴨の口騒動(三好利庵)「まいづる」　佐土原地区郷土史同好会

1029

宮崎県　　　　　　　　　　地名でたどる郷土の歴史　　　　　　　　　　九州・沖縄

20　2003.9

付録 佐土原藩(文政・天保・安政)分限帳 三好利庵氏調査分「まいづる」 佐土原地区郷土史同好会　20　2003.9

佐土原藩鳴之口騒動と後日譚(三好利奄)「宮崎県地方史研究紀要」 宮崎県立図書館　30　2004.3

佐土原藩物語(甲斐亮典)「まいづる」 佐土原地区郷土史同好会　21　2004.9

佐土原藩嶋津日記と鶴松屋(井上晟)「まいづる」 佐土原地区郷土史同好会　21　2004.9

戊辰戦役と佐土原藩兵(青山幹雄)「まいづる」 佐土原地区郷土史同好会　21　2004.9

佐土原藩島津日記と鶴松館(井上晨)「まいづる」 佐土原地区郷土史同好会　(28)　2012.3

藩政精算期の佐土原藩(広瀬転城騒動 論文集 平成23年度文化祭出品作品)(日高德太郎)「まいづる」 佐土原地区郷土史同好会　(28)　2012.3

戊辰の役の褒賞金と家禄について(広瀬転城騒動 論文集 平成23年度文化祭出品作品)(秋葉国夫)「まいづる」 佐土原地区郷土史同好会　(28)　2012.3

薩摩藩・佐土原藩の藩政文書管理(林匡)「鹿児島史学」 鹿児島県高校歴史部会　(57)　2012.3

薩摩藩宝暦治水と佐土原藩の心遣い—佐土原藩江戸日記の背景(多田武利)「宮崎県地方史研究会会報」 宮崎県地方史研究会　(4)　2013.2

佐土原藩宗家薩摩藩天保改革での徳之島島民支配(今村巌)「まいづる」 佐土原地区郷土史同好会　(29)　2013.3

2013年度宮崎公立大学卒業論文要旨 新知拝領分家をめぐる本分家関係に関する一考察—薩摩藩と佐土原藩の事例を通して(東圭一郎)「宮崎県地域史研究」 宮崎県地域史研究会　(29)　2014.3

佐野原

稲作の初期から神代を経て佐野原の歴史(三好利庵)「まいづる」 佐土原地区郷土史同好会　19　2002.9

山王原

山王原第七部(現在十一部)のむかしと今(大田六男)「ふるさとみまた」 三股郷土史研究会　(29)　2011.11

山王原第五部(現在九支部)のむかしと今(大田六男)「ふるさとみまた」 三股郷土史研究会　(30)　2012.11

椎葉

日本の古里・椎葉(2)(黒木正敏)「ふるさとみまた」 三股郷土史研究会　19　2001.11

2006年度夏 椎葉・高千穂を訪ねて(濱村修市)「郷土研究」 佐世保市立図書館　(34)　2007.3

松浦史談会 史跡探訪「神話・伝説の里、椎葉・高千穂を歩く」(池田恭子)「郷土史誌末盧園」 松浦史談会, 芸文堂(発売)　(190)　2012.6

椎葉の民家

「椎葉の民家」関連調査について(小山博)「宮崎県総合博物館研究紀要」 宮崎県総合博物館　30　2010.4

四家

四家の思い出(2)(二見宗雄)「日和城」 高城の昔を語る会　(11)　2004.1

大好きな高じょう町四家(記念作文・論文入選作品)(井ノ上千早希)「日和城」 高城の昔を語る会　(12)　2005.1

四家の思い出(野村勝由)「日和城」 高城の昔を語る会　(13)　2006.1

「四家の伝説と少年時代を懐かしむ」(二見宗雄)「日和城」 高城の昔を語る会　(16)　2009.1

四家の思い出(終戦後から)(回想)(二見宗雄)「日和城」 高城の昔を語る会　(20)　2013.2

梓峠山

研究発表2 梓峠山論とその歴史的意義(佐藤省吾)「地方史みやざき ： 宮崎県地方史研究連絡協議会会報」 宮崎県地方史研究連絡協議会　(59)　2014.6

志布志

回想 志布志線65型からC11型まで(《郷土の恩人 山中貞則氏追悼号》)(中薗勇作)「もろかた ： 諸県」 都城史談会　(38)　2004.11

志布志郷

藩政時代の日向諸縣郡志布志郷(篠原涼)「大隅」 大隅史談会　45　2002.3

日向国諸県郡志布志郷(関野志郎)「大隅」 大隅史談会　(51)　2008.3

志布志町

志布志町史跡めぐり「報告」(本田通)「くしま史談会会報」 串間史談会　13　2001.3

志布志湾

昭和20年11月1日に米軍の串間、志布志湾進攻・上陸ありせば(丸山隆

照)「くしま史談会報」 串間史談会　(22)　2010.3

島内

島内の商店の京町への移転と盛衰(黒木克正)「えびの」 えびの市史談会　(46)　2012.5

島津荘

〈問題提起〉島津荘の成立をめぐる諸問題(《大会特集II 南九州の地域形成と境界性—都城からの歴史像》)(桑畑光博)「地方史研究」 地方史研究協議会　59(5)通号341　2009.10

下田島

昔・下田島には藩の船着場がありました(野口安恵)「まいづる」 佐土原地区郷土史同好会　20　2003.9

十三塚

十三塚にちなんで(花田武義)「ひなもり」 小林史談会　(47)　2007.5

郷土の田畑開発の歴史と記念碑(3) 十三塚開田物語—平成の世に(花田武義)「ひなもり」 小林史談会　(53)　2013.4

庄内

梶山城と庄内合戦(八巻孝夫)「中世城郭研究」 中世城郭研究会　(19)　2005.7

『庄内地理志』巻一四(本町・唐人町)・巻二七(新町・大橋)・巻九(宮丸村・岩興・興金寺・隆[龍]斑寺)に見る近世・都城四町の様子(佐々木綱洋)「季刊南九州文化」 南九州文化研究会　(105)　2006.1

大会関連論文 中世後期南九州の村と町—『庄内地理志』を中心に(《大会特集II 南九州の地域形成と境界性—都城からの歴史像》)(福島金治)「地方史研究」 地方史研究協議会　59(5)通号341　2009.10

『庄内地理志』編纂における調査と郷村(山下真一)「もろかた ： 諸県」 都城史談会　(43)　2009.11

伊集院忠真受発給文書に見る庄内事変の一齣(重永卓爾)「季刊南九州文化」 南九州文化研究会　(110)　2009.11

庄内の石垣群の建造について—生涯を石積みに注いだ德永長太郎(花房憲政)「もろかた ： 諸県」 都城史談会　(45)　2011.11

庄内移りの人達(桑畑三則)「ふるさとみまた」 三股郷土史研究会　(30)　2012.11

被差別民を指す呼称について—鹿児島藩私領都城の地誌『庄内地理志』を中心として(特集 教科書から「士農工商」が消えた？—第31回九州地区部落解放史研究集会報告)(黒木広志)「リベラシオン ： 人権研究ふくおか」 福岡県人権研究所　(149)　2013.3

「庄内の乱」の真実(1)〜(2)(庄内の乱(壱))(本村秀雄)「季刊南九州文化」 南九州文化研究会　(119)/(119)　2014.5/2014.5

庄内の乱を中心とした史跡(庄内の乱(弐))(神谷正雄)「季刊南九州文化」 南九州文化研究会　(120)　2014.11

庄内の乱・一二城(庄内の乱(弐))(事務局)「季刊南九州文化」 南九州文化研究会　(120)　2014.11

定満溜池

明治33年の石山定満溜池の改修工事について(別府利治)「日和城」 高城の昔を語る会　(15)　2008.1

白鳥

白鳥開田の記念碑を読む(西幸一, 馬場冨芳)「えびの」 えびの市史談会　(48)　2014.5

新富

西都・新富方面視察記(板垣重雄)「日和城」 高城の昔を語る会　(13)　2006.1

新燃岳

新燃岳噴火と東日本大震災(齊藤勉)「ひなもり」 小林史談会　(51)　2011.4

古文書・記録に見る霧島連山新燃岳爆発(山下博明)「季刊南九州文化」 南九州文化研究会　(105)　2006.1

郷土の大豪雨と新燃岳噴火(田畑時良)「ふるさとみまた」 三股郷土史研究会　(29)　2011.11

須木

西南の役と須木(緒方貞雄)「ひなもり」 小林史談会　42　2002.4

須木村

須木村 歴史群像(田添雅将)「ひなもり」 小林史談会　42　2002.4

巣之浦

日本一の巣之浦官材開発史(村上恩)「ひなもり」 小林史談会　(44)　2004.5

「とこしえの森 巣之浦・大平」(甲斐嗣朗)「宮崎県地方史研究会会報」 宮崎県地方史研究会　(4)　2013.2

川内川

川内川(上野寛昌)「えびの」 えびの市史談会　34　2000.5

九州・沖縄　　　　　地名でたどる郷土の歴史　　　　　宮崎県

宗麟原

「宗麟原・高城・根白坂」の史跡を評価しよう（栗原良行）「史友会報」　高鍋史友会　（42）2007.6

第七高等学校造士館

旧制七高時代の自主動員（久保輝巳）「三州文化」　三州文化社　（6）2013.3

大明司村

旧大明司村の歴史探訪（大明司村歴史探訪会）「えびの」　えびの市史談会　（46）2012.5

高崎町

盆地シリーズ 私たちの町 高崎町（大重浩一郎）「南方圏のひろば」　21世紀研究会　117　2003.6

高城

子どもが「人間」として育った町・高城（清川輝基）「日和城」　高城の昔を語る会　（11）2004.1

「私の高城の昔」の思いで（後藤祐準）「日和城」　高城の昔を語る会　（13）2006.1

高城合戦歴史講演会（木城町）（井料禮子）「ひなもり」　小林史談会　（46）2006.5

高城の地名考（塩本流忠夫）「日和城」　高城の昔を語る会　（14）2007.1

「宗麟原・高城・根白坂」の史跡を評価しよう（栗原良行）「史友会報」　高鍋史友会　（42）2007.6

商工会から見た高城の商工業の移り変わり（鶴田勝）「日和城」　高城の昔を語る会　（15）2008.1

"危機" 古代とロマンの里「高城の文化財」（江内谷満義）「日和城」　高城の昔を語る会　（16）2009.1

集落の過疎と少子高齢化（回想）（上東正治）「日和城」　高城の昔を語る会　（17）2010.1

町内から消えた学校（回想）（別府宏）「日和城」　高城の昔を語る会　（17）2010.1

土地改良の歴史について 「高城耕地整理事業」と「県営東水流かんがい排水事業」（別府利治）「日和城」　高城の昔を語る会　（18）2011.1

復活させたい高城の商店街（鶴田勝）「日和城」　高城の昔を語る会　（18）2011.1

奉安殿が残っていた（歴史）（大久保泰男）「日和城」　高城の昔を語る会　（21）2014.2

高城街道

昭和初めの高城街道を偲ぶ（桑山次男）「日和城」　高城の昔を語る会　（12）2005.1

高城川原

高城川原盤上之図について（桑畑武彦）「まいづる」　佐土原地区郷土史同好会　20　2003.9

高城町

高城町南北縦断サイクリングの旅の思い出（末平文彦）「日和城」　高城の昔を語る会　（11）2004.1

《特集 高城町制施行70周年》「日和城」　高城の昔を語る会　（12）2005.1

高城町制施行70周年を祝う式典高城町70年のあゆみ（野口順平）「日和城」　高城の昔を語る会　（12）2005.1

高城町制施行70周年を祝う式典あいさつ（町長・議会議長）「日和城」　高城の昔を語る会　（12）2005.1

高城町内が10年間でどのように変容充実したか（記念作文・論文入選作品）（久保定雄）「日和城」　高城の昔を語る会　（12）2005.1

高城町制施行70周年を迎えて（記念作文・論文入選作品）（内山榮）「日和城」　高城の昔を語る会　（12）2005.1

高城町制施行70周年と今後（記念作文・論文入選作品）（出口修身）「日和城」　高城の昔を語る会　（12）2005.1

21世紀の高城町を目指して（記念作文・論文入選作品）（出口修身）「日和城」　高城の昔を語る会　（12）2005.1

X年後の高城町は（板垣重雄）「日和城」　高城の昔を語る会　（12）2005.1

高千穂

高千穂戦友会―朝鮮出身の戦友を思う（岩崎小弥太）「高井」　高井地方史研究会　138　2004.2

高原町高千穂開田について（西篤彦）「ひなもり」　小林史談会　42　2002.4

近世期山間地域における中間層の様相―日向国臼杵郡高千穂と郷土（大賀郁夫）「九州史学」　九州史学研究会　（137・138）2003.10

神話と伝説の里高千穂（渡辺繁子）「あさじ史談」　朝地史談会　（104）2006.10

2006年度夏 椎葉・高千穂を訪ねて（濱村修市）「郷土研究」　佐世保市立図書館　（34）2007.3

松浦史談会 史跡探訪「神話・伝説の里、椎葉・高千穂を歩く」（池田恭

子）「郷土史誌末盧國」　松浦史談会，芸文堂（発売）（190）2012.6

高鍋

高鍋のハヤブサとNTTへの感謝（土持昌子）「史友会報」　高鍋史友会　（39）2004.6

復刻 高鍋史友会報告書第拾六号（明治37年12月）「史友会報」　高鍋史友会　（40）2005.6

高鍋藩

高鍋藩の大阪蔵屋敷跡について（飛田博温）「史友会報」　高鍋史友会　（38）2003.6

高鍋藩の農民多子家庭救助の施策について（飛田博温）「史友会報」　高鍋史友会　（42）2007.6

日向国高鍋藩の誕生と秋月氏（飛田博温）「史友会報」　高鍋史友会　（49）2014.5

高鍋藩の数学教育（石川正樹）「史友会報」　高鍋史友会　（49）2014.5

高鍋藩の参勤交代（1）（岩切昭一）「史友会報」　高鍋史友会　（49）2014.5

高原町

神武天皇生誕神話と地名の由来（星山信夫）「ひなもり」　小林史談会　（48）2008.4

宮崎県高原町の中世石造物（縣敏夫）「歴史考古学」　歴史考古学研究会　（63）2010.12

立岩川

「立岩川」のこと（大田六男）「ふるさとみまた」　三股郷土史研究会　（22）2004.11

田原

なつかしの田原（大田六男）「ふるさとみまた」　三股郷土史研究会　（31）2013.11

楣門

楣門（たれもん）について―地名「たれんくっ」由来考（川原勝）「ふるさとみまた」　三股郷土史研究会　（25）2007.11

茶臼原

茶臼原農村づくりと農場学校の概要（報告）（菊池義昭）「石井十次資料館研究紀要」　石井記念友愛社　（11）2010.8

茶臼原への思い（会員の広場）（上徳辰美）「もろかた：諸県」　都城史談会　（48）2014.12

水流迫吊橋

水流迫吊橋（他）（天辰利郎）「ひなもり」　小林史談会　（51）2011.4

鶴松館

島津藩主の居館「鶴松館」（後藤典夫）「まいづる」　佐土原地区郷土史同好会　19　2002.9

鶴松館と二条城（後藤邦子）「ひさみね」　広瀬地区郷土史同好会　（21）2005.1

佐土原藩島津日記と鶴松館（井上晨）「まいづる」　佐土原地区郷土史同好会　（28）2012.3

天包山

宮崎県西米良村天包山の戦跡（堀田孝博）「西南戦争之記録」　西南戦争を記録する会　（4）2008.10

都井岬

岬馬の生態―都井岬の野生馬たち（秋田優）「宮崎県文化講座研究紀要」　宮崎県立図書館　40　2014.3

東海港

東海港の繁栄と衰退（志田英文）「亀井：内藤家顕彰会会誌」　内藤家顕彰会　2012年度　2012.5

唐人町

都城唐人町の研究（1）～（3）（佐々木綱洋）「季刊南九州文化」　南九州文化研究会　（102）/（104）2005.1/2005.11

同文学寮

東京学生寮「同文学寮」の歩み（昭和・平成の時代を語るIII「子どもに伝えたい都城盆地の歴史」（橋本孝則）「もろかた：諸県」　都城史談会　（43）2009.11

通浜

漁村通浜の歴史（飛田博温）「史友会報」　高鍋史友会　（46）2011.6

漁村通浜の歴史〈追記〉（飛田博温）「史友会報」　高鍋史友会　（48）2013.5

轟発電所

轟発電所・轟堰堤の水害問題と撤去について―大正7年～昭和36年（〈昭和・平成の時代を語る1 子どもに伝えたい都城盆地の歴史〉）（山元辰彦）「もろかた：諸県」　都城史談会　（41）2007.11

1031

都於郡

都於郡の史跡(杉尾寿澄)「まいづる」 佐土原地区郷土史同好会 (25) 2009.2

富高

江戸時代の富高地方(1)(河野聚)「季刊南九州文化」 南九州文化研究会 (115) 2012.5

江戸時代の富高地方(2) 富高周辺の村(河野聚)「季刊南九州文化」 南九州文化研究会 (116) 2012.11

江戸時代の富高地方・日向天領 富高周辺の村(3)～(6)(河野聚)「季刊南九州文化」 南九州文化研究会 (117)/(120) 2013.5/2014.11

鳥島

梗概 鳥島物語(津野洋吉)「くしま史談会報」 串間史談会 13 2001.3

那賀郷

日向国富庄那賀郷検田目録と高樋宇都宮氏(尾口義男)「宮崎県地域史研究」 宮崎県地域史研究会 (25) 2011.5

長田

梶山・長田の特産品―「庄内地理志」と「日向地誌」(桑畑初也)「ふるさとみまた」 三股郷土史研究会 (20) 2002.11

長田の「鬼の足跡」―シラスの陥没地形(桑畑次也)「ふるさとみまた」 三股郷土史研究会 (24) 2006.11

仲町

佐土原町仲町と謂う町(大久保了一)「ひさみね」 広瀬地区郷土史同好会 (19) 2002.8

縄瀬村

西南戦争のこぼれ話 私のふるさと―縄瀬村(児島静夫)「もろかた : 諸県」 都城史談会 34 2000.11

新名爪

新名爪とその周辺 残された城郭遺構から見えてくるもの(福田泰典)「宮崎県文化講座研究紀要」 宮崎県立図書館 38 2012.3

西内堅小学校

真幸院と西内堅小学校へ思いを寄せて(末永順三)「えびの」 えびの市史談会 (46) 2012.5

西川北区

戦時下の郷土(西川北区長記録による)(山下常昌)「えびの」 えびの市史談会 34 2000.5

西小林

戦後60年・学童疎開地宮崎・西小林を想う(髙良博)「博友 : 沖縄県立博物館友の会機関誌」 沖縄県立博物館友の会 (20) 2006.8

西長江浦

長江川をさかのぼる(西長江浦篇)(市田寛幸)「えびの」 えびの市史談会 (41) 2007.5

西諸

西諸はひとつ(江藤則男)「えびの」 えびの市史談会 (37) 2003.4

西諸はひとつ(江藤則男)「えびの」 えびの市史談会 (38) 2004.5

郷土西諸の農地開拓(農業開発・農地開発)の足跡をたどって(磯部拓二)「ひなもり」 小林史談会 (48) 2008.4

西諸県郡

西諸県郡医会の暴挙(池田卓郎)「ひなもり」 小林史談会 42 2002.4

日南市

日南市史跡の旅(畑山健雄)「くしま史談会報」 串間史談会 (17) 2005.3

日南市の歴史的資源を活かしたまちづくりと文化財の総合的把握(岡本武憲)「宮崎県文化講座研究紀要」 宮崎県立図書館 34 2008.3

二原

二原開田史について(吉本正義)「ひなもり」 小林史談会 (51) 2011.4

根白坂

「宗麟原・高城・根白坂」の史跡を評価しよう(栗原良行)「史友会報」 高鍋史友会 (42) 2007.6

野尻

野尻の城址(古藤公彦)「ひなもり」 小林史談会 (44) 2004.5

野尻の夜明け(園田隆)「ひなもり」 小林史談会 (51) 2011.4

延岡

延岡あれこれ(甲斐勇)「亀井 : 内藤家顕彰会会誌」 内藤家顕彰会 平成17年度 2005.5

美しい湖畔の町「松江」から見た「延岡」の精神性(藤本栄之助)「亀井 : 内藤家顕彰会会誌」 内藤家顕彰会 平成17年度 2005.5

都城から延岡を想う(鎌倉嵩)「亀井 : 内藤家顕彰会会誌」 内藤家顕彰会 平成17年度 2005.5

昔の延岡と城と時鐘(内藤政恒公没後40年記念)(内藤政恒)「亀井 : 内

藤家顕彰会会誌」 内藤家顕彰会 2009年度 2010.5

赤穂から来た延岡の塩(片伯部旭)「亀井 : 内藤家顕彰会会誌」 内藤家顕彰会 2009年度 2010.5

延岡における過去の津波被害と復興(増田豪)「亀井 : 内藤家顕彰会会誌」 内藤家顕彰会 2012年度 2012.5

延岡駅

延岡駅開通の前後(甲斐季義)「亀井 : 内藤家顕彰会会誌」 内藤家顕彰会 平成12年度 2000.5

延岡市

『河原内出身、延岡市長あり。』(三浦幸三)「落穂」 大分市大南地区文化財同好会 (76) 2010.8

写真 たいむ・かぶせる 大島文彦市長時代の延岡市幹部と市議会議員「亀井 : 内藤家顕彰会会誌」 内藤家顕彰会 2013年度 2013.5

学芸研究室から 内藤家文書研究の促進及び旧領延岡市との交流事業―「譜代大名内藤家文書の素顔」展から(日比佳代子)「Museum eyes」 明治大学博物館 (61) 2013.10

延岡城

奈須家歴代延岡城下での生活(奈須紀幸)「亀井 : 内藤家顕彰会会誌」 内藤家顕彰会 平成17年度 2005.5

「延岡城下図屏風」について―発注者・享受者・制作目的をめぐる一考察(増田豪)「宮崎県地域史研究」 宮崎県地域史研究会 (28) 2013.6

延岡藩

明治大学博物館特別展「江戸時代の大名・日向国延岡藩内藤家文書の世界」を拝観して(岡田良一)「亀井 : 内藤家顕彰会会誌」 内藤家顕彰会 2006年度 2006.5

内藤家文書の整理の歴史と近代史料(日比佳代子)「亀井 : 内藤家顕彰会会誌」 内藤家顕彰会 2008年度 2008.5

幕末延岡藩内藤家文書から(児玉雅治)「ふるさとみまた」 三股郷土史研究会 (29) 2011.11

天保日向国絵図の作成過程について―内藤延岡藩の対応を中心として(中竹俊博)「宮崎県総合博物館研究紀要」 宮崎県総合博物館 33 2013.3

三浦延岡藩政の再評価(佐藤省吾)「宮崎県地域史研究」 宮崎県地域史研究会 (28) 2013.6

明治維新前後の延岡藩(九鬼勉)「延岡史談会報」 延岡史談会 (25) 2014.3

幕末の延岡藩における海防策―漂着船と異国船への対応(特別寄稿)(那賀教史)「宮崎市歴史資料館研究紀要」 宮崎文化振興協会 (5) 2014.3

学界屈指の譜代藩政文書「内藤家文書」移管五十年に思う(伊能秀明)「亀井 : 内藤家顕彰会会誌」 内藤家顕彰会 2014年度 2014.5

幕長戦争における延岡藩の動向(大浪和弥)「亀井 : 内藤家顕彰会会誌」 内藤家顕彰会 2014年度 2014.5

二十里

加久藤「二十里」(はたり)地名についてと「真幸郷」のことについて(安藤正継)「えびの」 えびの市史談会 (44) 2010.5

八紘一宇の塔

資料が語る『「八紘一宇」の塔』あれこれ?!―「神道指令」と県当局の対応(野崎眞公)「石の証言」 「平和の塔」の史実を考える会 (39) 2010.11

資料が語る『「八紘一宇」の塔』あれこれ?!(2)―「常議員会」と「八紘一宇の塔」(野崎眞公)「石の証言」 「平和の塔」の史実を考える会 (40) 2011.1

「八紘一宇」の塔 建設に至る一証言 皇居大御跡検証(上)(下)(蔵六迂人)「石の証言」 「平和の塔」の史実を考える会 (45) 2011.9

平和の塔(「八紘一宇」の塔)のお話(土岐宗春)「石の証言」 「平和の塔」の史実を考える会 (46) 2011.11

新名称決まる! 「八紘一宇」の塔を考える会「石の証言」 「平和の塔」の史実を考える会 (50) 2012.7

公開学習会のご案内 テーマ:「八紘一宇」の塔の歴史 発表者:税田啓一郎 2014年11月23日(日)13：30～15：30「石の証言」 「平和の塔」の史実を考える会 (64) 2014.11

「八紘一宇」の塔の歴史(1)(税田啓一郎)「石の証言」 「平和の塔」の史実を考える会 (64) 2014.11

早水

早水地域の移り変わりと飛行場(〈昭和・平成の時代を語る1 子どもに伝えたい都城盆地の歴史〉)(迫田正敏)「もろかた : 諸県」 都城史談会 (41) 2007.11

東長江浦

長江川をさかのぼる(東長江浦篇)(市田寛幸)「えびの」 えびの市史談会 (38) 2004.5

九州・沖縄　　地名でたどる郷土の歴史　　宮崎県

日平鉱山
日平鉱山 その栄光のあと（小野信彦）「亀井 : 内藤家顕彰会会誌」 内藤家顕彰会　2009年度　2010.5

姫路町
「姫城町」の歴史を思う（榎崎究）「もろかた : 諸県」 都城史談会　（38）2004.11

日向
天領日向の支配者たち（甲斐勝）「宮崎県地方史研究紀要」 宮崎県立図書館　30　2004.3

神武東遷とその環境橋—日向・筑紫から大和へ（山内美義）「江沼の久爾」 江沼地方史研究会　（51）2006.3

日向大地震—宮崎にもあった陥没の村々「史友会報」 高鍋史友会　（41）2006.6

日向の言葉（馬場辰雄）「ひさみね」 広瀬地区郷土史同好会　（23）2007.1

日向紀行（重中昭徳）「和海藻」 下関市豊北町郷土文化研究会　（22）2007.3

五世紀のヤマト政権と日向（塚口義信）「つどい」 豊中歴史同好会　（261）2009.10

日向灘地震と日向諸藩—江戸時代の地震について（石川正樹）「史友会報」 高鍋史友会　（45）2010.6

古日向について（江口主計）「大隅」 大隅史談会　（55）2012.3

講演記録 古代の日向—『古事記』の日向関係記事を中心に（永山修一）「宮崎県地域史研究」 宮崎県地域史研究会　（27）2012.8

中世日向伊東氏関係文書の基礎的研究（宮地輝和）「九州史学」 九州史学研究会　（164）2012.12

明治維新と日向諸藩（6）,（7）（有田国男）「三州文化」 三州文化社　（6）/（7）2013.3/2014.03

日向方北郷
北郷氏の由緒に関する基礎的考察—島津庄日向方北郷の拝領・都城築城の時期をめぐって（新名一仁）「宮崎県地域史研究」 宮崎県地域史研究会　（17）2004.3

日向市
日向市史跡の旅（本田通）「くしま史談会報」 串間史談会　14　2002.3

わが村と西南戦争（黒木和政）「まほろば」 日向市史談会事務局　（15）2008.6

日向市の古代地勢への妄想（上）（河野弘善）「まほろば」 日向市史談会事務局　（15）2008.6

日向国
宝暦～天明期日向国における農民闘争とその背景—宝暦五年山裏騒動を中心として（中竹俊博）「宮崎県総合博物館研究紀要」 宮崎県総合博物館　29　2009.4

〈問題提起〉豊臣政権と日向国—日向の大名配置をめぐって（《大会特集/南九州の地域形成と境界性—都城からの歴史像I》）（増田豪）「地方史研究」 地方史研究協議会　59（4）通号340　2009.8

喜田貞吉「日向国史」抄録と評論（秋葉国夫）「まいづる」 佐土原地区郷土史同好会　（28）2012.3

天保日向国絵図の作成過程について—内藤延岡藩の対応を中心として（中竹俊博）「宮崎県総合博物館研究紀要」 宮崎県総合博物館　33　2013.3

日向国と『妖肥城下町遺跡』・『日本書紀』（講演録収録）（永山修一）「宮崎県文化講座研究紀要」 宮崎県立図書館　39　2013.3

戦国期南九州における造船と島津氏—日向国を中心に（論文）（中村知裕）「交通史研究」 交通史学会．吉川弘文館（発売）（80）2013.4

日向路
日向路紀行 大友・島津の古戦場を訪ねて（神田定美）「臼杵史談」 臼杵史談会　（96）2006.2

平長谷一里塚
都城の一里塚（平長谷一里塚と今町一里塚）（歴史編）（佐々木綱洋）「もろかた : 諸県」 都城史談会　（48）2014.12

平松
平松地区の塩作りについて（長友和子）「ひさみね」 広瀬地区郷土史同好会　（21）2005.1

広瀬
郷土史と私（三国屋節子）「ひさみね」 広瀬地区郷土史同好会　（21）2005.1

広瀬城
広瀬転城（青山幹雄）「まいづる」 佐土原地区郷土史同好会　18　2001.7

佐土原藩広瀬転城の謎（村内安夫）「ひさみね」 広瀬地区郷土史同好会　（19）2002.8

広瀬転城の謎（久家悟）「ひさみね」 広瀬地区郷土史同好会　（20）2003.10

転城後の広瀬下士、生活見聞録（広瀬転城騒動 論文集 平成23年度文化祭出品作品）（松尾勇美子）「まいづる」 佐土原地区郷土史同好会　（28）2012.3

佐土原藩広瀬転城の謎（広瀬転城騒動 論文集 平成23年度文化祭出品作品）（村内安夫）「まいづる」 佐土原地区郷土史同好会　（28）2012.3

広瀬転城（広瀬転城騒動 論文集 平成23年度文化祭出品作品）（青山幹雄）「まいづる」 佐土原地区郷土史同好会　（28）2012.3

若し転城なかりせば（広瀬転城騒動 論文集 平成23年度文化祭出品作品）（伊崎玲子）「まいづる」 佐土原地区郷土史同好会　（28）2012.3

福島村
村名を「福島村」とする（黒木文夫）「くしま史談会報」 串間史談会　13　2001.3

福島町
昭和初期頃の串間市旧福島町地方の風習（深江洋一）「大隅」 大隅史談会　（49）2006.3

平和台公園
「平和台公園」のあり方を考える（3）,（4）「石の証言」 「平和の塔」の史実を考える会　（35）/（36）2009.12/2010.3

「平和台公園」のあり方を考える 宮崎県議会における質疑応答「石の証言」 「平和の塔」の史実を考える会　（38）2010.7

「平和台公園」のあり方を考える（6）石塔「あるべき故郷に」 韓国・利川市、日本に返還訴え「石の証言」 「平和の塔」の史実を考える会　（39）2010.11

「平和台公園」のあり方を考える（5）続・宮崎交通観光バスガイドテキスト「石の証言」 「平和の塔」の史実を考える会　（44）2011.6

平和の塔
「平和の塔」の史実を考える会 20年の歩み（1）～（5）「石の証言」 「平和の塔」の史実を考える会　（40）/（45）2011.1/2011.09

「諸国民戦争記念碑」と「八紘一宇」の塔（税田啓一郎）「石の証言」 「平和の塔」の史実を考える会　（47）2012.1

なぜ「平和の塔」という呼称を使ってきたか（税田啓一郎）「石の証言」 「平和の塔」の史実を考える会　（49）2012.5

モノが語る歴史4 宮崎「平和の塔」は歴史偽造の塔 東海林次男（『歴史地理教育』2013年10月号）「石の証言」 「平和の塔」の史実を考える会　（59）2014.1

北方村
北方村の成立（黒木文夫）「くしま史談会報」 串間史談会　12　2000.3

細島
鎮魂の譜（9）細島沖の悲劇（水永民雄）「亀井 : 内藤家顕彰会会誌」 内藤家顕彰会　2008年度　2008.5

穂満坊
穂満坊あげ馬由来紹介文（桑山次雄）「日和城」 高城の昔を語る会　（18）2011.1

穂満坊の浜宮物語（馬場時吉）「日和城」 高城の昔を語る会　（18）2011.1

本城湊
古地図の本城湊に関する考察（田中靖基）「くしま史談会報」 串間史談会　（25）2013.2

本八重
半世紀前の四家本八重を追憶する（回想）（二見宗保）「日和城」 高城の昔を語る会　（17）2010.1

牧場の桜
牧場の桜100年のはじまり（深見順一）「ひなもり」 小林史談会　（48）2008.4

真幸
故郷真幸を偲び（末永順三）「えびの」 えびの市史談会　（44）2010.5

真幸駅
甦るか真幸駅！—観光列車の賑わいで（亀澤轟幸）「えびの」 えびの市史談会　（39）2005.5

真幸駅と西内竪小学校へ思いを寄せて（末永順三）「えびの」 えびの市史談会　（46）2012.5

真幸郷
加久藤「二十里」（はたり）地名についてと「真幸郷」のことについて（安藤正継）「えびの」 えびの市史談会　（44）2010.5

真幸小学校
明治35年頃の真幸小学校（山下常昌）「えびの」 えびの市史談会　35　2001.4

真幸中学校
真幸中学校第十九期生の想い出とその後（末永順三）「えびの」 えびの市史談会　（48）2014.5

真研

真研と飯野の地名考(安藤正継)「えびの」 えびの市史談会 (43) 2009.5

松山塁

松山塁―高城攻略の拠点(石川正樹)「史友会報」 高鍋史友会 (48) 2013.5

馬関田

我が故郷「馬関田」の歴史(田代順一郎)「ひさみね」 広瀬地区郷土史同好会 (19) 2002.8

万歳亭

萬歳亭(杉田樹子)「史友会報」 高鍋史友会 (43) 2008.6

水落

水落の里から(斉藤憲子)「まいづる」 佐土原地区郷土史同好会 20 2003.9

緑ヶ丘小学校

緑ヶ丘小学校の思い出(井上改造)「ひなもり」 小林史談会 (44) 2004.5

三原

三股三原集落の歴史(片之坂秀俊)「ふるさとみまた」 三股郷土史研究会 (24) 2006.11

三股

明治後期の写真と当時の三股(最上川明)「ふるさとみまた」 三股郷土史研究会 (22) 2004.11

三股をふるさとにして(菊谷喜代子)「ふるさとみまた」 三股郷土史研究会 (22) 2004.11

「椛の木は残った」―三股開拓の碑(最上川明)「ふるさとみまた」 三股郷土史研究会 (23) 2005.11

「花と緑と水の町」の川を訪ねて(大田六男)「ふるさとみまた」 三股郷土史研究会 (23) 2005.11

私の町であった悲しい戦後処理(桑畑和男)「ふるさとみまた」 三股郷土史研究会 (27) 2009.11

集落上空を特攻機が旋回(北畑昌實)「ふるさとみまた」 三股郷土史研究会 (27) 2009.11

三股郷麓開拓秘話(第8号より再録)(久保田秀雄)「ふるさとみまた」 三股郷土史研究会 (28) 2010.11

方言余話(大田六男)「ふるさとみまた」 三股郷土史研究会 (28) 2010.11

新田開発異聞(指宿義正)「ふるさとみまた」 三股郷土史研究会 (29) 2011.11

「花と緑と水の町 三股」と私(福重晴天)「ふるさとみまた」 三股郷土史研究会 (30) 2012.11

三俣院

島津荘開発当時の三俣院の領域とその後の変遷について(塩水流忠夫)「日和城」 高城の昔を語る会 (18) 2011.1

三俣院高城

旧三俣院高城のあげ馬考―知っていてほしいこと(塩水流忠夫)「日和城」 高城の昔を語る会 (15) 2008.1

三股駅

日豊本線の開通と三股駅の設置(西井裕一郎)「ふるさとみまた」 三股郷土史研究会 (23) 2005.11

日豊本線の開通と三股駅の設置 資料1(西井裕一郎)「ふるさとみまた」 三股郷土史研究会 (24) 2006.11

三股小学校

三股小学校の位置の変遷(桑畑初也)「ふるさとみまた」 三股郷土史研究会 (26) 2008.11

三股小学校の沿革誌(1)～(2)(桑畑初也)「ふるさとみまた」 三股郷土史研究会 (26)/(27) 2008.11/2009.11

三股女児小学

三股女児小学(桑畑初也)「ふるさとみまた」 三股郷土史研究会 (27) 2009.11

三股中学校

三股中学校第一回卒業生の想い出(木佐貫文雄)「ふるさとみまた」 三股郷土史研究会 (31) 2013.11

三股町

三股町の文化財(1)(三股町教育委員会)「ふるさとみまた」 三股郷土史研究会 (22) 2004.11

三股町における悲壮な戦後処理について(桑畑和男)「ふるさとみまた」 三股郷土史研究会 (30) 2012.11

耳川

耳川の合戦(上村哲二)「鹿児島史談」 鹿児島史談会編集委員会 (4)

通説「耳川合戦」の誤り(樋口義久)「津久見史談」 津久見史談会 (7) 2003.3

収集資料紹介 耳川合戦図「草野歴史資料館だより」 久留米市立草野歴史資料館 32 2011.10

耳川の合戦を訪ねて(臼杵勝則)「落穂」 大分市大南地区文化財同好会 (80) 2014.8

美々津

高鍋藩時代の美々津を思う(渡邊綱男)「史友会報」 高鍋史友会 (38) 2003.6

高鍋藩における美々津(岩切昭一)「史友会報」 高鍋史友会 (42) 2007.6

都城

都城方言抄(西薗重徳)「季刊南九州文化」 南九州文化研究会 84 2000.7

方言雑談(3)～(8)(平野巌)「もろかた ： 諸県」 都城史談会 34/(39) 2000.11/2005.12

回顧都城(3),(4)(西薗重徳)「もろかた ： 諸県」 都城史談会 35/36 2001.11/2002.11

明治26年都城上町大火災記(迫田正敏)「もろかた ： 諸県」 都城史談会 36 2002.11

都城の手すき和紙の集落について(麦口政俊)「もろかた ： 諸県」 都城史談会 36 2002.11

都城地域史関係主要論文目録(竹山克幸)「都城地域史研究 ： 市史編さんだより」 都城市 (9) 2003.3

宮崎日日新聞「地域発信」掲載原稿再掲載(都城近世史)(佐々木綱洋)「季刊南九州文化」 南九州文化研究会 96 2003.7

宮崎日日新聞「地域発信」掲載原稿再掲載(都城近世史)(2)(佐々木綱洋)「季刊南九州文化」 南九州文化研究会 97 2003.11

増補 都城薩摩焼の系統と諸窯[1]～(3)(佐々木綱洋)「季刊南九州文化」 南九州文化研究会 98/100 2004.1/2004.7

北郷氏の由緒に関する基礎的考察―島津庄日向方北郷の拝領・都城築城の時期をめぐって(新名一仁)「宮崎県地域史研究」 宮崎県地域史研究会 (17) 2004.3

講演録 都城島津家史料寄贈記念講演会「都城と都城島津家」(原口泉)「都城地域史研究 ： 市史編さんだより」 都城市 (11) 2005.3

史料紹介都城図書館日誌―その史料的価値(武田信也)「都城地域史研究 ： 市史編さんだより」 都城市 (11) 2005.3

都城から延岡を想う(鎌倉嵩)「亀井 ： 内藤家顕彰会会誌」 内藤家顕彰会 平成17年度 2005.5

都城の頃(岩下芳子)「ひさみね」 広瀬地区郷土史同好会 (22) 2006.1

都城島津家史料の朝鮮国王国書と野辺・向井氏(新名一仁)「都城地域史研究 ： 市史編さんだより」 都城市 (12) 2006.3

都城陥落―市木回想録に見る西南戦争(桑畑浩三)「ふるさとみまた」 三股郷土史研究会 (24) 2006.11

都城・北諸県の方言(吉田尚史)「日和城」 高城の昔を語る会 (14) 2007.1

都城の畜産・酪農(〈昭和・平成の時代を語る1 子どもに伝えたい都城盆地の歴史〉)(鎌倉嵩)「もろかた ： 諸県」 都城史談会 (41) 2007.11

都城茶業の発達史(佐々木綱洋)「季刊南九州文化」 南九州文化研究会 (106) 2007.11

都城島津家史料と都城の歴史(山下真一)「宮崎県文化講座研究紀要」 宮崎県立図書館 34 2008.3

「みやこんじょ学」のススメ(《都城島津家》)(都城市秘書広報課)「季刊南九州文化」 南九州文化研究会 (107) 2008.5

都城島津氏の館(《都城島津家》)(佐々木綱洋)「季刊南九州文化」 南九州文化研究会 (107) 2008.5

都城郷土史小事典 都城の史跡の紹介と解説(1)～(3),(5)(佐々木綱洋)「季刊南九州文化」 南九州文化研究会 (108)/(113) 2008.10/2011.5

都城の史話シリーズ(佐々木綱洋)「もろかた ： 諸県」 都城史談会 (42) 2008.11

妖肥・都城史跡探訪点描(濱田宏)「千台 ： 薩摩川内郷土史研究会機関誌」 薩摩川内郷土史研究会 (37) 2009.3

第60回大会を迎えるにあたって 南九州の地域形成と境界性―都城からの歴史像(常任委員会,第60回大会実行委員会)「地方史研究」 地方史研究協議会 59(2)通号338 2009.4

方言は吏読だった(吉川サキエ)「季刊南九州文化」 南九州文化研究会 (109) 2009.5

〈問題提起〉対外貿易と都城(《大会特集/南九州の地域形成と境界性―都城からの歴史像I》)(小山博)「地方史研究」 地方史研究協議会 59(4)通号340 2009.8

〈問題提起〉「都城ヲ鹿児島県ニ復セン事ヲ」―明治一八年の管轄替運動(《大会特集/南九州の地域形成と境界性―都城からの歴史像I》)(武田信也)「地方史研究」 地方史研究協議会 59(4)通号340 2009.8

九州・沖縄　　　　　　　地名でたどる郷土の歴史　　　　　　　宮崎県

近世薩摩藩 都城領の村高(山下真一)「季刊南九州文化」 南九州文化研究会 (110) 2009.11

都城 遙かなり四〇九年(林碩信)「千台 ： 薩摩川内郷土史研究会機関誌」 薩摩川内郷土史研究会 (38) 2010.3

都城島津家と盆地の歩み(1)(山下博則)「季刊南九州文化」 南九州文化研究会 (111) 2010.5

都城島津のこころ(南九州文化研究会事務局)「季刊南九州文化」 南九州文化研究会 (111) 2010.5

都城も歴史発信 歴史観光ガイドに備えて(森文武)「季刊南九州文化」 南九州文化研究会 (111) 2010.5

文化財調査の記録(歴史編)(橋本孝則)「もろかた ： 諸県」 都城史談会 (44) 2010.11

文教の町(会員の広場)(得能哲夫)「もろかた ： 諸県」 都城史談会 (44) 2010.11

テレビドラマ「坂の上の雲」と都城(会員の広場)(橋本孝則)「もろかた ： 諸県」 都城史談会 (44) 2010.11

遺稿 都城の文学について─文学碑を中心に(中山正道)「もろかた ： 諸県」 都城史談会 (44) 2010.11

鹿児島藩における郷村運営と噯─山之口郷と私領都城の噯を事例に(山下真一)「宮崎県地域史研究」 宮崎県地域史研究会 (25) 2011.5

都城の遺産 上原文庫の保存と活用について(田代義博)「季刊南九州文化」 南九州文化研究会 (114) 2011.11

空襲(会員の広場)(土方俊彦)「もろかた ： 諸県」 都城史談会 (45) 2011.11

資料 都城空襲のあらまし(会員の広場)(都城空襲犠牲者遺族会)「もろかた ： 諸県」 都城史談会 (45) 2011.11

都城領主の日常(米澤英昭)「宮崎県文化講座研究紀要」 宮崎県立図書館 38 2012.3

都城領四町形成の一齣(佐々木綱洋)「季刊南九州文化」 南九州文化研究会 (115) 2012.5

特別企画展 都城と琉球王国(都城島津邸・伝承館)「季刊南九州文化」 南九州文化研究会 (116) 2012.11

「許されない歴史の逆行！─憲法を生かし北東アジアの平和を─」4団体パンフレットができました/「都城空襲誌」─遺族会15年の歩み/第14回・牧峰鉱山中国人強制連行殉難者追悼集会を開きます/第36回「2.11平和教育研究集会」「石の証言」「平和の塔」の史実を考える会 (58) 2013.11

都城島津家を温ねる会「季刊南九州文化」 南九州文化研究会 (118) 2013.11

都城人として送り出す(歴史編)(立元久夫)「もろかた ： 諸県」 都城史談会 (47) 2013.11

都城歴史観光ガイド(会員の広場)(野口直矩)「もろかた ： 諸県」 都城史談会 (47) 2013.11

都城島津家を温ねる会「季刊南九州文化」 南九州文化研究会 (119) 2014.5

研究発表1 幕末の都城と島津久静(山下真一)「地方史みやざき ： 宮崎県地方史研究連絡協議会会報」 宮崎県地方史研究連絡協議会 (59) 2014.6

都城島津家を温ねる会「季刊南九州文化」 南九州文化研究会 (120) 2014.11

都城市

都城市の水道(《昭和・平成の時代を語る1 子どもに伝えたい都城盆地の歴史》)(岩橋辰也)「もろかた ： 諸県」 都城史談会 (41) 2007.11

待望の都城市民会館建設(《昭和・平成の時代を語る1 子どもに伝えたい都城盆地の歴史》)(竹之下和生)「もろかた ： 諸県」 都城史談会 (41) 2007.11

知ってほしい都城市の史跡(福崎親)「もろかた ： 諸県」 都城史談会 (42) 2008.11

都城市における環境衛生の歩み(歴史編)(橋本孝則)「もろかた ： 諸県」 都城史談会 (47) 2013.11

都城商業学校

旧制都城(都城商業学校)の想い出(川添純安)「ふるさとみまた」 三股郷土史研究会 (25) 2007.11

都城中学校

私の都城中学校時代(《昭和・平成の時代を語る1 子どもに伝えたい都城盆地の歴史》)(塩水流忠夫)「もろかた ： 諸県」 都城史談会 (41) 2007.11

宮崎県 都城中学校創設(迫田正敏)「もろかた ： 諸県」 都城史談会 (45) 2011.11

都城北飛行場

幻・謎・特攻最後の砦─都城北(森田原)飛行場を検証する(満留次男)「もろかた ： 諸県」 都城史談会 (41) 2007.11

幻でなかった特攻基地・都城北飛行場(藤山益夫)「もろかた ： 諸県」 都城史談会 (42) 2008.11

都城盆地

内之木場地区の点灯と都城盆地の電気由来(最上川明)「ふるさとみまた」 三股郷土史研究会 (20) 2002.11

暗い夜(《昭和・平成の時代を語る1 子どもに伝えたい都城盆地の歴史》)(福崎親)「もろかた ： 諸県」 都城史談会 (41) 2007.11

都城盆地から夢の甲子園球場へ─高校球児の汗の記録(《昭和・平成の時代を語る1 子どもに伝えたい都城盆地の歴史》)(橋本孝則)「もろかた ： 諸県」 都城史談会 (41) 2007.11

特別寄稿 中世の都城盆地 島津氏支配以前の都城盆地と島津氏の進出(島田宏三)「季刊南九州文化」 南九州文化研究会 (109) 2009.5

〈問題提起〉古代都城盆地の地域性と境界性(《大会特集/南九州の地域形成と境界性─都城からの歴史像!》)(栗山葉子)「地方史研究」 地方史研究協議会 59(4)通号340 2009.8

邪馬台国は宮崎県都城盆地だった(特別寄稿)(池田富喜夫)「もろかた ： 諸県」 都城史談会 (47) 2013.11

宮崎

近世以降宮崎の大火(平喜志男)「えびの」 えびの市史談会 35 2001.4

近世宮崎の部落の人たち(2)(比江島哲二)「ふるさとみまた」 三股郷土史研究会 (22) 2004.11

報告3 宮崎 身分と身形─衣服統制を中心に(黒木広志)「もやい ： 長崎人権・学」 長崎人権研究所 50 2005.10

明治期の新聞から宮崎を読む─『日州獨立新聞』の廃藩報道を中心に(武田信也)「宮崎県文化講座研究紀要」 宮崎県立図書館 36 2010.3

福田鉄文さんの講演の概要 宮崎の戦争遺跡を調べて思うこと「石の証言」「平和の塔」の史実を考える会 (41) 2011.4

トピックス 「宮崎の戦争遺跡」福田鉄文、「赤江あの日あのころ」「石の証言」「平和の塔」の史実を考える会 (41) 2011.4

福田鉄文さんの講演の概要 宮崎の戦争遺跡を調べて思うこと「石の証言」「平和の塔」の史実を考える会 (42) 2011.4

宮崎をゆく(衛藤艶子)「あさじ史談」 朝地史談会 (112) 2013.1

戦国末期宮崎城主上井覚兼と宮崎衆の軍事行動(新名一仁)「宮崎市歴史資料館研究紀要」 宮崎文化振興協会 (4) 2013.3

宮崎郡

江戸時代の宮崎地方─宮崎郡村々を中心に(河野聚)「宮崎県地方史研究会会報」 宮崎県地方史研究会 (4) 2013.2

宮崎県

宮崎県再置常時の県勢と行政(原田利盛)「えびの」 えびの市史談会 35 2001.4

宮崎県鉄道の歩み(小東義広)「えびの」 えびの市史談会 35 2001.4

県内の伝統的工芸及び諸職の現状(崎田一郎)「宮崎県総合博物館研究紀要」 宮崎県総合博物館 24 2003.3

山の民の生活史(永松敦)「宮崎県地方史研究紀要」 宮崎県立図書館 29 2003.3

宮崎県の誕生(馬場辰雄)「ひさみね」 広瀬地区郷土史同好会 (21) 2005.1

「鉄道省文書」宮崎県関係史料件名目録(籾木郁朗)「宮崎県総合博物館研究紀要」 宮崎県総合博物館 26 2005.3

宮崎県の学校の歴史(馬場辰夫)「ひさみね」 広瀬地区郷土史同好会 (22) 2006.1

宮崎県に関する江戸時代の歴史地震「宮崎県総合博物館研究紀要」 宮崎県総合博物館 27 2006.3

萬覚書 明治時代の宮崎県内中学校「亀井 ： 内藤家顕彰会会誌」 内藤家顕彰会 2006年度 2006.5

宮崎県の美術史について(石井秀陳)「宮崎県文化講座研究紀要」 宮崎県立図書館 34 2008.3

第1回宮崎県文化(地方史)講座配布資料「宮崎県南部における古代末から中世の集落」(岡本武憲)「宮崎県文化講座研究紀要」 宮崎県立図書館 34 2008.3

「宮崎県南部における古代末から中世の集落」 文化(地方史)講座資料(岡本武憲)「宮崎県文化講座研究紀要」 宮崎県立図書館 35 2009.3

明治十年代地方制度改革における名望家層の動向─宮崎県の分県運動を事例とした地域意識の検討(籾木郁朗)「宮崎県地域史研究」 宮崎県地域史研究会 (24) 2009.10

宮崎県の長～い日々と社会秩序(吉武祐三)「日和城」 高城の昔を語る会 (18) 2011.1

宮崎県における青年訓練所について(竹村茂紀)「地方史研究」 地方史研究協議会 61(6)通号354 2011.12

宮崎県のとうほし田・たいとう田(菅野郁雄)「赤米ニュース」 東京赤米研究会 (186) 2012.9

史料紹介 三浦家文書「目録」(2・3)(佐藤省吾)「宮崎県総合博物館研究紀要」 宮崎県総合博物館 33 2013.3

みやざきの俳句─その系譜と俳人たち(長友巌)「宮崎県文化講座研究紀要」 宮崎県立図書館 39 2013.3

史料紹介 三浦家文書「目録」(4)(佐藤省吾)「宮崎県総合博物館研究紀要」 宮崎県総合博物館 34 2014.3

宮崎県再置後の教員養成(竹村茂紀)「宮崎県文化講座研究紀要」 宮崎県立図書館 40 2014.3

宮崎県のメディア前史序説(上) 活版印刷技術の伝播と布達 明治七年一月 活版第一号(大武進)「季刊南九州文化」 南九州文化研究会(119)2014.5

宮崎県水産試験場小林分場
宮崎県水産試験場小林分場のおいたちと研究歴(栗田壽男)「ひなもり」 小林史談会(44)2004.5

宮崎産業経営大学
宮崎産業経営大学都城キャンパス雑感(会員の広場)(竹之下和生)「もろかた : 諸県」 都城史談会(44)2010.11

宮崎市
新宮崎市内の文化財に関する新たな視点(永松敦)「宮崎県地方史研究紀要」 宮崎県立図書館 33 2007.3

宮崎市街図の歴史(田代学)「宮崎県文化講座研究紀要」 宮崎県立図書館 34 2008.3

宮崎市の動物園の歩み(出口智久)「宮崎県文化講座研究紀要」 宮崎県立図書館 35 2009.3

三つの断面から見た明治期宮崎市の発展(杉尾良也)「宮崎県地方史研究会会報」 宮崎県地方史研究会(4)2013.2

国道十号の昔と今(1)―霧島市国分から宮崎市まで(歴史編)(橋本孝則)「もろかた : 諸県」 都城史談会(48)2014.12

宮崎自動車道
宮崎自動車道物語り(川野八郎)「えびの」 えびの市史談会(48)2014.5

宮崎特攻基地
取材 宮崎特攻基地資料展(山下博明)「季刊南九州文化」 南九州文化研究会(117)2013.5

宮崎役所
延岡藩宮崎役所について(補足)(富永武義)「亀井 : 内藤家顕彰会会誌」 内藤家顕彰会 平成12年度 2000.5

宮之原
小林郷細野村宮之原「衆力山」の下戻し運動―宮崎県文書センター所蔵資料の紹介をかねて(永井哲雄)「ひなもり」 小林史談会(46)2006.5

宮村
御仕置考―梶山・宮村番所内での仕置、宗門手札改め御仕置(小牧俊一)「ふるさとみまた」 三股郷土史研究会(24)2006.11

宮村の特産品―「庄内地理志」と「日向地誌」(桑畑初也)「ふるさとみまた」 三股郷土史研究会(24)2006.11

穆佐郷
穆佐郷に残る島津久豊公の遺跡など(花田武義)「ひなもり」 小林史談会(49)2009.4

無鹿山
和田越〜無鹿山の戦跡(横澤慈)「西南戦争之記録」 西南戦争を記録する会(4)2008.10

明道小学校
明道小学校在学中の思い出を探る(榎崎究)「もろかた : 諸県」 都城史談会(39)2005.12

明倫堂
藩校と明倫堂文庫(河野昭英)「宮崎県地方史研究紀要」 宮崎県立図書館 29 2003.3

高鍋明倫堂の教育とその沿革(岩切昭一)「史友会報」 高鍋史友会(38)2003.6

江戸時代の藩校と明倫堂(飛田博温)「史友会報」 高鍋史友会(39)2004.6

米良の民家
県内の民家調査について―「旧黒木家住宅」と「米良の民家」関連調査(小山博)「宮崎県総合博物館研究紀要」 宮崎県総合博物館 31 2011.3

木浦木
電気導入物語―小林市大字東方三区木浦木の記録(橋本孝則)「もろかた : 諸県」 都城史談会(38)2004.11

諸県
諸県方言の行方(桑畑三則)「ふるさとみまた」 三股郷土史研究会(27)2009.11

諸県方言の行方余話(桑畑三則)「ふるさとみまた」 三股郷土史研究会(28)2010.11

諸県郡
〈問題提起〉出土文字資料からみた古代の諸県郡(《大会特集/南九州の地域形成と境界性―都城からの歴史像I》)(柴田博子)「地方史研究」 地方史研究協議会 59(4)通号340 2009.8

矢岳山
宮崎県えびの市矢岳山採集のツンナール銃弾丸(藤木聡)「西南戦争之記録」 西南戦争を記録する会 2 2003.11

山田城
山田城跡の縄張りについて(下鶴弘)「南九州の城郭 : 南九州城郭談話会会報」 南九州城郭談話会(29)2010.2

山之口郷
鹿児島藩における郷村運営と曖―山之口郷と私領都城の曖を事例に(山下真一)「宮崎県地域史研究」 宮崎県地域史研究会(25)2011.5

山之口町
古今山之口記録から見た麓(漆木忍)「季刊南九州文化」 南九州文化研究会(108)2008.10

「麓」の地名由来(都城市山之口町)(山川あけみ)「季刊南九州文化」 南九州文化研究会(111)2010.5

横市
横市その昔(5)〜(16)(有田国男)「季刊南九州文化」 南九州文化研究会 94/(105)2003.1/2006.1

横馬場
小さな地域の歴史―横馬場の話(野口順平)「日和城」 高城の昔を語る会(18)2011.1

吉尾城
芦北郡吉尾城の縄張り(鶴175俊彦)「ひとよし歴史研究」 人吉市教育委員会教育部(15)2012.3

臨江亭
臨江亭における展示品について(鎌田妙子)「ひさみね」 広瀬地区郷土史同好会(22)2006.1

脇本焼窯跡
脇本焼窯跡をたずねて(金氏陽典)「談林」 佐世保史談会 44 2003.11

和田越
和田越・可愛岳周辺の踏査の目的(高橋信武)「西南戦争之記録」 西南戦争を記録する会(4)2008.10

和田越〜無鹿山の戦跡(横澤慈)「西南戦争之記録」 西南戦争を記録する会(4)2008.10

和田越の戦闘から可愛岳の戦闘までの経過(高橋信武)「西南戦争之記録」 西南戦争を記録する会(4)2008.10

和田馬場
小さな地域の歴史(3)―和田馬場の話(歴史)(野口順平)「日和城」 高城の昔を語る会(20)2013.2

鹿児島県

姶良

姶良・加治木方面史跡探訪記 島津義弘ゆかりの地を歩く（長瀬寛）「千台 ： 薩摩川内郷土史研究会機関誌」 薩摩川内郷土史研究会 （32） 2004.3

青戸飛行場

幻の旧陸軍 まのひ（青戸飛行場）回想記―平成7年8月 戦後50年に寄せて（西俊寛）「南九州市薩南文化 ： 地域の歴史と文化を記録する」 南九州市立図書館 （3） 2011.3

赤嶺

エラブの地名伝承（知名町赤嶺・方名アーニ）「えらぶせりよさ ： 沖永良部郷土研究会会報」 沖永良部郷土研究会 （38） 2007.4

悪石島

悪石島に滞在して（フィールドレポート）（砂山冴貴）「まんだら ： 東北文化友の会会報」 東北芸術工科大学東北文化研究センター （37） 2008.11

阿久根市

里村・阿久根市琉球史料調査（小野まさ子）「沖縄県史だより」 沖縄県教育庁 （14） 2005.3

浅間

徳之島浅間方言の複合動詞のアクセント（上野善道）「琉球の方言」 法政大学沖縄文化研究所 通号28 2004.3

徳之島浅間方言の俚言名詞アクセント資料（ウエイン・ローレンス，岡村隆博）「琉球の方言」 法政大学沖縄文化研究所 通号33 2009.3

芦清良

エラブの地名伝承（知名町芦清良・方名アシクラ）「えらぶせりよさ ： 沖永良部郷土研究会会報」 沖永良部郷土研究会 （41） 2008.2

余多

余多アーヒャのマジムン（出村卓三）「えらぶせりよさ ： 沖永良部郷土研究会会報」 沖永良部郷土研究会 （23） 2003.7

余多のこと（大屋稔）「えらぶせりよさ ： 沖永良部郷土研究会会報」 沖永良部郷土研究会 （26） 2004.4

エラブの地名伝承（和泊町余多）「えらぶせりよさ ： 沖永良部郷土研究会会報」 沖永良部郷土研究会 （26） 2004.4

余多川

余多川沿いの歴史探訪の道しるべ（元栄勇）「えらぶせりよさ ： 沖永良部郷土研究会会報」 沖永良部郷土研究会 （26） 2004.4

奄美

沖縄で奄美を考える会 琉球語のなかの危機言語（かりまたしげひさ）「沖縄・八重山文化研究会会報」 沖縄・八重山文化研究会 （119） 2002.1

〈奄美特集〉「法政大学沖縄文化研究所所報」 法政大学沖縄文化研究所 53 2003.3

奄美における市町村誌編纂事業の概況（山下文武）「法政大学沖縄文化研究所所報」 法政大学沖縄文化研究所 53 2003.3

奄美日本復帰50周年 復帰運動の体験回想記（松田清）「法政大学沖縄文化研究所所報」 法政大学沖縄文化研究所 53 2003.3

第26回研究例会発表要旨 奄美方言音声データベース（かりまたしげひさ）「沖縄で奄美を考える会会報」 沖縄で奄美を考える会 （16） 2003.5

ロバート・D・エルドリッチ著『奄美返還と日米関係』を読む（前利潔）「えらぶせりよさ ： 沖永良部郷土研究会会報」 沖永良部郷土研究会 （24） 2003.10

終戦直後における上福岡など埼玉県内各地の沖縄・奄美海外引揚寮について（青木文夫）「市史研究きんもくせい」 上福岡市教育委員会 （9） 2003.10

植物景観画としての《奄美の杜》―田中一村絵画の地理学的考察（渡久地健）「沖縄文化」 沖縄文化協会 38（2）通号96 2003.11

熱心な研究報告とシンポ 奄美沖縄民間文芸学会宮古大会（仲宗根將二）「宮古郷土史研究会会報」 宮古郷土史研究会 146 2005.1

薩摩藩・奄美・琉球における近世初頭の新田開発―石高制圏の形成（〈追悼論文〉）（梅木哲人）「沖縄文化研究 ： 法政大学沖縄文化研究所紀要」 法政大学沖縄文化研究所 （31） 2005.3

奄美における伝承的「名ヅケ」「コトワザ」「ナゾナゾ」とその「地域・人間・科学」 鹿児島純心女子短期大学江角学びの交流センター地域人間科学研究会 （8・9） 2005.3

貝の道（シェル・ロード）と奄美（倉井則雄）「南島研究」 南島研究会

46 2005.9

第39回研究例会発表要旨 慶長期の奄美における島政改革（伊地知裕仁）「沖縄で奄美を考える会会報」 沖縄で奄美を考える会 （19） 2005.12

第38回研究例会発表要旨 明治期水路誌にみる奄美の地名と海岸描写（渡久地健）「沖縄で奄美を考える会会報」 沖縄で奄美を考える会 （19） 2005.12

奄美の八月（江口司）「全国地名研究交流誌 地名談話室」 日本地名研究所 （22） 2006.10

奄美「勝手世騒動」ノート（杉山弘）「隣人 ： 草志会年報」 草志会 （20） 2007.1

戦後米国統治下の奄美―商業圏の形成過程（《第36回南島史学会静宜大学連合学術検討会論集》）（三上絢子）「南島史学」 南島史学会 （70） 2007.11

2007年度彙報 奄美沖縄民間文芸学会第5回公開講座「島言葉を考える」「奄美沖縄民間文芸学会」 奄美沖縄民間文芸学会 （8） 2008.9

奄美エッセー三題（林蘇喜男）「南島研究」 南島研究会 通号49 2008.11

戦後米軍統治下の奄美における交易の展開―北緯30度線を中心として（私の研究）（三上絢子）「法政大学沖縄文化研究所所報」 法政大学沖縄文化研究所 （65） 2009.9

奄美の明暗（文小之吉）「南島研究」 南島研究会 通号50 2009.11

奄美・瀬戸内教育の基礎を築いた遠島人たち（徳永茂二）「南島研究」 南島研究会 通号50 2009.11

「戦後米軍統治下の奄美経済」の研究過程について（三上絢子）「徳之島郷土研究会報」 徳之島郷土研究会 （30） 2010.3

奄美研究余滴（登山修）「南島研究」 南島研究会 通号51 2010.12

巻頭言 情報メディアの発達と災害対応―奄美豪雨対応をめぐって（中野賢治）「史料ネットnews letter」 歴史資料ネットワーク （64） 2010.12

奄美豪雨災害の状況と史料ネットの対応（中野賢治）「史料ネットnews letter」 歴史資料ネットワーク （64） 2010.12

奄美研究余滴（登山修）「南島研究」 南島研究会 （52） 2011.12

奄美豪雨で被災した歴史資料保全の取り組み（報告）（魚津知克）「ヒストリア ： journal of Osaka Historical Association」 大阪歴史学会 （230） 2012.2

米軍統治下の奄美における正規交易に対する非正規交易の補完関係（三上絢子）「南島文化」 沖縄国際大学南島文化研究所 （34） 2012.3

奄美の郷土教育の充実について（義岡明雄）「徳之島郷土研究会報」 徳之島郷土研究会 （32） 2012.4

島津藩の奄美・琉球侵略四百年関連の主な集い（仙田隆宜）「徳之島郷土研究会報」 徳之島郷土研究会 （32） 2012.4

奄美の言葉（特集 黒潮の道の島々 トカラ列島から奄美大島へ）（田畑千秋）「西日本文化」 西日本文化協会 （462） 2013.4

グスクから見た琉球の土木技術（10）赤木名城と奄美遺産の整備（中山清美）「しまたてぃ ： 建設情報誌」 沖縄しまたて協会 （66） 2013.10

奄美・沖縄の台風と災害（特集 災害の民俗知）（上江洲均）「東北学.［第3期］」 東北芸術工科大学東北文化研究センター，はる書房（発売）3 2014.1

史料紹介 日本史研究室で見つかった島尾敏雄の手紙―奄美史研究の一齣（柳原敏昭）「国史談話会雑誌」 東北大学国史談話会 （54） 2014.1

奄美豪雨災害による被害をうけて（大島幸子）「史料ネットnews letter」 歴史資料ネットワーク （75） 2014.2

米国統治期の在沖奄美住民の法的処遇について―琉球政府出入管理庁文書を中心として（土井智義）「沖縄県公文書館研究紀要」 沖縄県公文書館 （16） 2014.3

第1班B『日本近世生活絵引』奄美・沖縄編 纂共同研究（第二期共同研究活動報告）「年報非文字資料研究」 神奈川大学日本常民文化研究所非文字資料研究センター （10） 2014.3

琉球弧の島―奄美と沖縄を比較して（研究ノート）（牧洋一郎）「地域研究」 沖縄大学地域研究所 （14） 2014.9

国立台湾大学図書館・田代安定文庫の奄美史料―『南島雑話』関連資料を中心に（研究ノート）（安渓遊地，安渓貴子，弓削政己，今村規子）「南島史学」 南島史学会 （82） 2014.12

奄美大島

『南島雑話』の構成と成立背景に関する一考察（河津梨絵）「史料編集室紀要」 沖縄県教育委員会 （29） 2004.3

第31回研究例会発表要旨 琉球方言研究クラブの奄美大島方言調査（琉球

方言研究クラブ)「沖縄で奄美を考える会会報」 沖縄で奄美を考える会 (17) 2004.5

奄美大島というシマにたつ(町ゆかり)「博友 : 沖縄県立博物館友の会機関誌」 沖縄県立博物館友の会 19 2005.5

県地域調査報告 奄美大島(村橋武裕, 原田貴史, 一ノ瀬泰宏)「地理の集い」 福岡県高等学校地理研究会 (37) 2007

鹿児島の伝統工芸品「大島紬」に関する研究(2) 礼装用女物はかまの製作(西之薗君子)「地域・人間・科学」 鹿児島純心女子短期大学江角学びの交流センター地域人間科学研究所 (10・11) 2007.3

コバルトブルーの海と緑の島—奄美大島を訪ねて(前田勲)「油谷のささやき」 油谷町郷土文化会 (27) 2009.4

南島雑話(16)(史料紹介と研究)(石上英一)「東京大学史料編纂所附属画像史料解析センター通信」 東京大学史料編纂所 (46) 2009.7

「喜界島・奄美大島巡見」(平良啓)「首里城公園友の会会報」 首里城公園友の会 (83) 2013.3

黒潮の道の島々(特集 黒潮の道の島々 トカラ列島から奄美大島へ)(東和幸)「西日本文化」 西日本文化協会 (462) 2013.4

九州南部の島々の特色ある衣と食(特集 黒潮の道の島々 トカラ列島から奄美大島へ)(牧島知子)「西日本文化」 西日本文化協会 (462) 2013.4

「海上の道」再考—竹の焼畑とイモと黒米(赤米)(特集 黒潮の道の島々 トカラ列島から奄美大島へ)(川野和昭)「西日本文化」 西日本文化協会 (462) 2013.4

奄美群島

沖永良部島に於ける日本復帰運動(1) 奄美群島の祖国復帰運動(川上忠志)「えらぶせりよさ : 沖永良部郷土研究会会報」 沖永良部郷土研究会 (9) 2000.1

ひびき 平成23年度離島学校公演報告 奄美群島の伝統と文化を誇りに(河村貴志)「西日本文化」 西日本文化協会 (455) 2012.2

奄美群島編年史料集編纂の試み(石上英一)「沖縄研究ノート :《共同研究》南島における民族と宗教」 宮城学院女子大学キリスト教文化研究所 (22) 2013.3

奄美諸島

近世奄美諸島における米の流通について(弓削政己)「えらぶせりよさ : 沖永良部郷土研究会会報」 沖永良部郷土研究会 (23) 2003.7

近世薩摩藩政下における奄美諸島の統治と砂糖政策について(平成21年度修士論文要旨)(前堀綾)「花園史学」 花園大学史学会 (31) 2010.11

近世奄美諸島の砂糖専売制の仕組みと島民の諸相(特集 甘味料をめぐって)(弓削政己)「和菓子」 虎屋虎屋文庫 (18) 2011.3

奄美諸島の系図焼棄論と「奄美史談」の背景—奄美諸島史把握の基礎的作業(弓削政己)「沖縄文化研究 : 法政大学沖縄文化研究所紀要」 法政大学沖縄文化研究所 (38) 2012.3

奄美諸島、近代初期の県商社による砂糖独占販売の諸問題—主体形成と時代性を反映した歴史叙述と史観(弓削政己)「沖縄文化研究 : 法政大学沖縄文化研究所紀要」 法政大学沖縄文化研究所 (39) 2013.3

奄美諸島への視点 薩摩藩支配と琉球の朝貢体制にからめて(特集 黒潮の道の島々 トカラ列島から奄美大島へ)(弓削政己)「西日本文化」 西日本文化協会 (462) 2013.4

講演 奄美諸島史を学ぶ(第15回歴史学入門講座)(石上英一)「宮城歴史科学研究」 宮城歴史科学研究会 (74) 2014.6

阿波井堰

阿波井堰の撤去改修運動の歴史と経過、そして今後の展望(森山ますみ)「つつはの」 つつはの郷土研究会 (36) 2011.10

安納

種子島・西之表市安納・沖ヶ浜田の人と自然の関係—持田三男さんのお話から(調査報告)(盛口満)「地域研究」 沖縄大学地域研究所 (11) 2013.3

安養寺陣城

関白秀吉軍の薩摩の陣城跡 安養寺陣城跡の調査(特別寄稿)(新東晃一)「千台 : 薩摩川内郷土史研究会機関誌」 薩摩川内郷土史研究会 (40) 2012.3

薩摩侵攻の安養寺陣城跡調査と関白道について(特別寄稿)(新東晃一)「千台 : 薩摩川内郷土史研究会機関誌」 薩摩川内郷土史研究会 (41) 2013.3

碇山城

中世碇山城について—史料と現地調査から(吉本明弘)「千台 : 薩摩川内郷土史研究会機関誌」 薩摩川内郷土史研究会 (37) 2009.3

薩摩国碇山城について—史料と現地調査から(吉本明弘)「南九州の城郭 : 南九州城郭談話会会報」 南九州城郭談話会 (28) 2009.10

石の中

小字「石の中」について(江口主計)「大隅」 大隅史談会 (49) 2006.3

伊集院

吹上・伊集院の史跡探訪(濱田宏)「千台 : 薩摩川内郷土史研究会機関誌」 薩摩川内郷土史研究会 (33) 2005.3

出水

出水筋の案内板・標柱立ての経過(橋之口篤実, 吉村五郎)「くしきの」 いちき串木野郷土史研究会 (23) 2009.6

薩摩万葉「出水の鶴と薩摩の瀬戸へ」(活動編・よろこび)(大木昇)「下妻の文化」 下妻市文化団体連絡協議会 (36) 2011.5

泉ケ丘高校

都城泉ケ丘高校百年史抜粋(迫田正敏)「もろかた : 諸県」 都城史談会 36 2002.11

出水市

出水市内史跡探訪記(長嶺寛)「千台 : 薩摩川内郷土史研究会機関誌」 薩摩川内郷土史研究会 (31) 2003.3

鹿児島県出水市の「辺路」(桑原康宏)「紀南・地名と風土研究会会報」 紀南・地名と風土研究会 (34) 2003.12

伊瀬知

頴娃町 伊瀬知の史跡と伊瀬知滝発電所の送電先等(里中勝)「南九州市薩南文化 : 地域の歴史と文化を記録する」 南九州市立図書館 (5) 2013.3

市来街道

市来街道(旧出水筋)を歩く(所崎平)「くしきの」 いちき串木野郷土史研究会 (22) 2008.6

いちき串木野

いちき串木野地域のニセ入りについて(石堂次美)「くしきの」 いちき串木野郷土史研究会 (27) 2013.6

いちき串木野市

講演記録 中世のいちき串木野市域(日隈正守)「くしきの」 いちき串木野郷土史研究会 (23) 2009.6

市来町

街道を歩く 市来町思案橋〜八房橋「くしきの」 いちき串木野郷土史研究会 (23) 2009.6

中世の市来—市来町郷土誌から(徳重涼子)「くしきの」 いちき串木野郷土史研究会 (27) 2013.6

伊延

エラブの地名伝承(和泊町伊延・方名ユヌビ)「えらぶせりよさ : 沖永良部郷土研究会会報」 沖永良部郷土研究会 (33) 2006.2

指宿

指宿・鹿児島の歴史と文化に関する一考察—絵地図と島津斉興(梶原武)「鹿児島史学」 鹿児島県高校歴史部会 (56) 2011.3

今寺

夜学校から青年団へ 城上「今寺」の青年団団則から(福元忠良)「千台 : 薩摩川内郷土史研究会機関誌」 薩摩川内郷土史研究会 (38) 2011.3

今寺の歴史あれこれ 年表と写真で見る(研究・論説)(福元忠良)「千台 : 薩摩川内郷土史研究会機関誌」 薩摩川内郷土史研究会 (41) 2013.3

藺牟田池

特別寄稿 藺牟田池(永野萌子)「文化薩摩川内」 薩摩川内市立中央図書館 (5) 2010.3

入来

入来の歴史いろは歌(研究・論説)(右田幸雄)「千台 : 薩摩川内郷土史研究会機関誌」 薩摩川内郷土史研究会 (40) 2012.3

千葉介常胤はわが故郷「薩摩国入来院」の地頭だった(鹿子田賢三郎)「東庄の郷土史」 東庄郷土史研究会 (30) 2014.7

入来町

入来町の史跡めぐり(小野義文)「くしきの」 いちき串木野郷土史研究会 (17) 2003.6

岩川航空基地

岩川航空基地について(池田秀一)「大隅」 大隅史談会 48 2005.3

岩剣城

岩剣城跡の縄張について(下鶴弘)「南九州の城郭 : 南九州城郭談話会会報」 南九州城郭談話会 (29) 2010.2

植木村

植木村の領地と校区内の山城—暦応二年碇山合戦の淵上々原余談(研究・論説)(江之口廣男)「千台 : 薩摩川内郷土史研究会機関誌」 薩摩川内郷土史研究会 (41) 2013.3

上手々知名

エラブの地名伝承(和泊町上手々知名 方名ティーチャ)「えらぶせりよさ : 沖永良部郷土研究会会報」 沖永良部郷土研究会 (20) 2002.11

九州・沖縄　　　　　　　　　地名でたどる郷土の歴史　　　　　　　　　鹿児島県

植村新田用水路

植村新田用水路物語（市来利則）「つつはの」 つつはの郷土研究会　28　2000.6

牛根

牛根地区の戦争終末状況（有村純久）「大隅」 大隅史談会　48　2005.3

内城

内城の屋敷（昭和20年代）（中田信義）「えらぶせりよさ ： 沖永良部郷土研究会会報」 沖永良部郷土研究会　（27）2004.7

内之浦

中世からの内之浦（江口主計）「大隅」 大隅史談会　（53）2010.3

講演記録 内之浦に来た明国の工作員史世用について（増田勝機）「くしきの」 いちき串木野郷土史研究会　（27）2013.6

天正〜慶長期の内之浦湊と島津氏（米澤英昭）「鹿児島地域史研究」 「鹿児島地域史研究」刊行会，鹿児島地域史研究会　（8）2014.1

内之浦郷

「内之浦郷絵図」について（久永良鹿）「大隅」 大隅史談会　48　2005.3

内之浦郷の街道—桜島筋一の故事来歴（江口主計）「大隅」 大隅史談会　（54）2011.5

伊能忠敬測量日記—大隅国 内之浦郷 岸良（佐々木實然）「大隅」 大隅史談会　（55）2012.3

内之浦村

「明治四十三年十一月十六日 内之浦村美風俗竝二弊風調査書 附保存法及矯正策 岸良尋常小學校」（佐々木實然）「大隅」 大隅史談会　（51）2008.3

上床どーむ

「上床どーむ」完成「文化みぞべ」 溝辺町文化協会　（14）2004.3

穎娃

わが町・わが村—豊かな自然のまち穎娃（上村和俊）「南九州市薩南文化 ： 地域の歴史と文化を記録する」 南九州市立図書館　（1）2009.3

「薩摩沿海漁場図」にみる知覧と穎娃（橘村修）「ミュージアム知覧紀要・館報」 知覧町教育委員会　（12）2010.3

知覧・穎娃の浦々を考える（坂元恒太）「南九州市薩南文化 ： 地域の歴史と文化を記録する」 南九州市立図書館　（2）2010.3

伊能測量二百周年記念イベント—穎娃測量についての一考察（松田衆治）「南九州市薩南文化 ： 地域の歴史と文化を記録する」 南九州市立図書館　（3）2011.3

穎娃地名散策（調査研究）（松田衆治）「南九州市薩南文化 ： 地域の歴史と文化を記録する」 南九州市立図書館　（6）2014.3

穎娃郡

鎌倉・南北朝時代の河辺郡・知覧院・穎娃郡（江平望）「南九州市薩南文化 ： 地域の歴史と文化を記録する」 南九州市立図書館　（1）2009.3

河辺郡・穎娃郡そして知覧院について—その領域と由来（江平望）「南九州市薩南文化 ： 地域の歴史と文化を記録する」 南九州市立図書館　（2）2010.3

穎娃城

「穎娃城」について（青木光一）「南九州市薩南文化 ： 地域の歴史と文化を記録する」 南九州市立図書館　（2）2010.3

穎娃町

穎娃町浜田家住宅について—薩摩半島南部の海運主の屋敷の研究（水田丞）「ミュージアム知覧紀要・館報」 知覧町教育委員会　（11）2007.3

穎娃町の歴史（1） 先史〜江戸初期（青木光一）「南九州市薩南文化 ： 地域の歴史と文化を記録する」 南九州市立図書館　（1）2009.3

永良部

「えらぶ＝永良部」の語源・そしてシャン崎など（平山里島）「えらぶせりよさ ： 沖永良部郷土研究会会報」 沖永良部郷土研究会　（16）2001.10

大川内岡愛郷平和記念塔

「大川内岡愛郷平和記念塔」建立に寄せて（延時力蔵）「文化みぞべ」 溝辺町文化協会　（14）2004.3

大島郡

国立公文書館・つくば分館所蔵の明治12年・大島郡竿次帳について（松山哲則）「徳之島郷土研究会報」 徳之島郷土研究会　（32）2012.4

大島県

史料解説 明治7年 大蔵省の「大島県」設置についての意見書（先田光演）「えらぶせりよさ ： 沖永良部郷土研究会会報」 沖永良部郷土研究会　（29）2005.1

大島高等女学校

フランシスコ会総長（ローマ）に宛てたモーリス・ベルタン神父（日本宣教地区長）の大島高等女学校の建築窮状の解決を求める「報告書」（1925年11月）試訳（1）（平山久美子）「地域・人間・科学」 鹿児島純心女子短期大学江角学びの交流センター地域人間科学研究所　（5）2001.3

大島高等女学校の建築窮状の解決を求める「報告書」（1925年11月）試訳（2）（平山久美子）「地域・人間・科学」 鹿児島純心女子短期大学江角学びの交流センター地域人間科学研究所　（6・7）2003.3

「大島高等女学校に関するエジド・ロア師の質問事項に対するカリキスト・ジュリナ師の回答」（1925年11月）試訳（平山久美子）「地域・人間・科学」 鹿児島純心女子短期大学江角学びの交流センター地域人間科学研究所　（8・9）2005.3

大島高等女学校の創立・運営に携わった宣教師たちの横顔（1） カリキスト・ジュリナ（帰化名：米川基）師（平山久美子）「地域・人間・科学」 鹿児島純心女子短期大学江角学びの交流センター地域人間科学研究所　（12・13）2009.3

大城

エラブの地名伝承（和泊町大城方名フーグスク）「えらぶせりよさ ： 沖永良部郷土研究会会報」 沖永良部郷土研究会　（24）2003.10

大隅

地名散歩［1］〜（12）（中島勇三）「大隅」 大隅史談会　43/（57）2000.3/2014.4

新聞に見る大隅（大正編）（木下秀磨）「大隅」 大隅史談会　44　2001.3

大隅の山と川（1），［3］，（4）（木下秀磨）「大隅」 大隅史談会　46/（49）2003.3/2006.3

大隅における武田姓の人々（武田悦孝）「大隅」 大隅史談会　46　2003.3

大隅古代前史への断章（松下高明）「大隅」 大隅史談会　48　2005.3

幕末・明治初期の大隅における郷学・小学（1）〜（2）（井原政純）「大隅」 大隅史談会　48/（49）2005.3/2006.3

玉音放送から歴史的 "五日間" のわが大隅（窪田照夫）「大隅」 大隅史談会　48　2005.3

空襲の思い出（中野サチ）「大隅」 大隅史談会　48　2005.3

大隅古代前史への断章（2）（松下高明）「大隅」 大隅史談会　（49）2006.3

歴史から学ぶ事—大隅と金沢（北条）氏（武田悦孝）「大隅」 大隅史談会　（49）2006.3

風水害の思い出（松永章）「大隅」 大隅史談会　（49）2006.3

大隅古代前史への断章（3） 南九州からの「東征」をめぐって（松下高明）「大隅」 大隅史談会　（50）2007.3

幕末・明治初期の大隅における郷学・小学（3） 大隅地方を中心に（1）（井原政純）「大隅」 大隅史談会　（50）2007.3

特集 大隅の文化財と主要遺跡（編集部）「大隅」 大隅史談会　（51）2008.3

郷土資料及其利用方案（1）（佐々木實然）「大隅」 大隅史談会　（52）2009.3

薩摩・大隅・南島における古代中世の社会像構築にむけて一考古資料を用いて（中島恒次郎）「鹿児島地域史研究」 「鹿児島地域史研究」刊行会，鹿児島地域史研究会　（6）2010.8

薩摩・大隅両国誕生記（江平望）「南九州市薩南文化 ： 地域の歴史と文化を記録する」 南九州市立図書館　（4）2012.3

隠された大隅邪馬台国（妹尾和代）「大隅」 大隅史談会　（56）2013.3

大隅と朝鮮半島（新留俊幸）「大隅」 大隅史談会　（56）2013.3

大隅の国（江口主計）「大隅」 大隅史談会　（56）2013.3

幻の古道を求めて—薩摩〜大隅（研究・論説）（森永満郎）「千台 ： 薩摩川内郷土史研究会機関誌」 薩摩川内郷土史研究会　（41）2013.3

古代大隅の大首長・肝衝難波の最期（松下高明）「大隅」 大隅史談会　（57）2014.4

隼人の大乱（新留俊幸）「大隅」 大隅史談会　（57）2014.4

空襲による校舎爆破時の回顧録（穂山睦男）「大隅」 大隅史談会　（57）2014.4

大隅郡

幕末・明治初期の大隅における郷校・小学（4） 大隅半島，旧大隅郡・旧肝属郡の各学校を中心に（井原政純）「大隅」 大隅史談会　（51）2008.3

大隅国

大隅国の古代と近代（紀行）（森永満郎）「千台 ： 薩摩川内郷土史研究会機関誌」 薩摩川内郷土史研究会　（39）2011.3

大隅国分立前後に現れた人物群—古代南九州人の系譜を探る（松下高明）「大隅」 大隅史談会　（56）2013.3

大隅国一宮

大隅国における国一宮の形成過程に関する一考察（日隈正守）「年報中世史研究」 中世史研究会　（31）2006.5

大隅半島

大隅半島を襲った水害（園田トヨ）「大隅」 大隅史談会　（49）2006.3

大薗

河内・大小薗付近（市内史跡探訪会）（小野義文）「くしきの」 いちき串木野郷土史研究会　（18）2004.6

大束
串間市「大束」に住み着いた人々（関野志郎）「大隅」 大隅史談会 （50） 2007.3
串間市「大束」の小字名（関野志郎）「大隅」 大隅史談会 （50） 2007.3

大津勘
エラブの地名伝承（知名町大津勘・方名フチカヌ）「えらぶせりよさ ： 沖永良部郷土研究会会報」 沖永良部郷土研究会 （32） 2005.11

大平橋
初代大平橋と神亀山（福元忠良）「文化川内」 川内市立図書館 19 2005.3

大山
大山駐留米軍基地兵士による写真 発掘の経緯（斉藤美穂）「えらぶせりよさ ： 沖永良部郷土研究会会報」 沖永良部郷土研究会 （30） 2005.4

沖ヶ浜田
種子島・西之表市安納・沖ヶ浜田の人と自然の関係―持田三男さんのお話から（調査報告）（盛口満）「地域研究」 沖縄大学地域研究所 （11） 2013.3

沖永良部
資料 明治31年8月27日の台風災害の新聞記事「えらぶせりよさ ： 沖永良部郷土研究会会報」 沖永良部郷土研究会 （9） 2000.1
エラブの地名伝承「えらぶせりよさ ： 沖永良部郷土研究会会報」 沖永良部郷土研究会 （9） 2000.1
エラブの地名伝承「えらぶせりよさ ： 沖永良部郷土研究会会報」 沖永良部郷土研究会 （10） 2000.4
エラブの地名伝承「えらぶせりよさ ： 沖永良部郷土研究会会報」 沖永良部郷土研究会 （11） 2000.7
エラブの地名伝承「えらぶせりよさ ： 沖永良部郷土研究会会報」 沖永良部郷土研究会 （12） 2000.11
110年祭ビデオ トゥルーブ号の悲劇をこえて―沖永良部・歴史が語る心の交流「えらぶせりよさ ： 沖永良部郷土研究会会報」 沖永良部郷土研究会 （15） 2001.7
沖永良部ライブ―沖永良部再発見（川畑宏一, 千頭一郎）「えらぶせりよさ ： 沖永良部郷土研究会会報」 沖永良部郷土研究会 （16） 2001.10
沖永良部の事件史「えらぶせりよさ ： 沖永良部郷土研究会会報」 沖永良部郷土研究会 （16） 2001.10
新生丸遭難事故（中瀬清亮）「えらぶせりよさ ： 沖永良部郷土研究会会報」 沖永良部郷土研究会 （21） 2003.2
沖縄研究の中の沖永良部（高橋孝代）「えらぶせりよさ ： 沖永良部郷土研究会会報」 沖永良部郷土研究会 （22） 2003.5
復権運動の思い出（中村一秋）「えらぶせりよさ ： 沖永良部郷土研究会会報」 沖永良部郷土研究会 （24） 2003.10
復権運動と婦人たち“日本人”の表現（斎藤美穂）「えらぶせりよさ ： 沖永良部郷土研究会会報」 沖永良部郷土研究会 （24） 2003.10
日本復権運動と報道（川上忠志）「えらぶせりよさ ： 沖永良部郷土研究会会報」 沖永良部郷土研究会 （24） 2003.10
日本復権運動の検証（先田光演）「えらぶせりよさ ： 沖永良部郷土研究会会報」 沖永良部郷土研究会 （24） 2003.10
熊本の「のさり」・沖永良部の「ヌサリ」（竹熊千晶）「えらぶせりよさ ： 沖永良部郷土研究会会報」 沖永良部郷土研究会 （28） 2004.10
口之津へ移住したエラブ出身者名簿の分析（試み）（和泊町歴史民俗資料館）「えらぶせりよさ ： 沖永良部郷土研究会会報」 沖永良部郷土研究会 （36） 2006.11
エラブ島の名称について―冊封体制と地図・文献情報（弓削政己）「えらぶせりよさ ： 沖永良部郷土研究会会報」 沖永良部郷土研究会 （記念号） 2007.8

沖永良部島
沖永良部島に於ける日本復帰運動 （1） 奄美群島の祖国復帰運動（川上忠志）「えらぶせりよさ ： 沖永良部郷土研究会会報」 沖永良部郷土研究会 （9） 2000.1
藩政時代の沖永良部島における漂着の歴史（先田光演）「えらぶせりよさ ： 沖永良部郷土研究会会報」 沖永良部郷土研究会 （11） 2000.7
アイスバーグ作戦と沖永良部島―「新沖縄県史21」から（久岡学）「えらぶせりよさ ： 沖永良部郷土研究会会報」 沖永良部郷土研究会 （14） 2001.4
青春の群像（2） 沖永良部島にもあった集団自決壕（川上忠志）「えらぶせりよさ ： 沖永良部郷土研究会会報」 沖永良部郷土研究会 （15） 2001.7
作物によって明暗を分けた二つの島 徳之島と沖永良部島（伊勢達一）「えらぶせりよさ ： 沖永良部郷土研究会会報」 沖永良部郷土研究会 （16） 2001.10
沖永良部島民のアイデンティティと政治の歴史（高橋孝代）「沖縄文化研究 ： 法政大学沖縄文化研究所紀要」 法政大学沖縄文化研究所 （29） 2003.3
沖永良部島の駐留米軍（川上忠志）「えらぶせりよさ ： 沖永良部郷土研究会会報」 沖永良部郷土研究会 （22） 2003.5
沖永良部島・復権運動のリーダーたち（川上忠志）「えらぶせりよさ ： 沖永良部郷土研究会会報」 沖永良部郷土研究会 （23） 2003.7
復権運動当時の島の経済（出村卓三）「えらぶせりよさ ： 沖永良部郷土研究会会報」 沖永良部郷土研究会 （24） 2003.10
ユリ栽培の歴史的背景―大山麟五郎説を考える（前利潔）「えらぶせりよさ ： 沖永良部郷土研究会会報」 沖永良部郷土研究会 （27） 2004.7
島の農業（清村杜夫）「えらぶせりよさ ： 沖永良部郷土研究会会報」 沖永良部郷土研究会 （29） 2005.1
沖永良部島方言語彙のアクセント資料（1）,（3）,（6）,（7）,（9）（上野善道）「琉球の方言」 法政大学沖縄文化研究所 通号29/通号33 2005.3/2009.3
沖永良部島の米軍基地（前利潔）「えらぶせりよさ ： 沖永良部郷土研究会会報」 沖永良部郷土研究会 （30） 2005.4
沖永良部島の文学散歩「名作の舞台裏」（川上忠志）「えらぶせりよさ ： 沖永良部郷土研究会会報」 沖永良部郷土研究会 （30） 2005.4
えらぶの文字商標登録 出願中一覧表（大福謙蔵）「えらぶせりよさ ： 沖永良部郷土研究会会報」 沖永良部郷土研究会 （30） 2005.4
口之津に渡った沖永良部島民（前利潔）「えらぶせりよさ ： 沖永良部郷土研究会会報」 沖永良部郷土研究会 （32） 2005.11
映画「エラブの海」についての調査報告（川上忠志）「えらぶせりよさ ： 沖永良部郷土研究会会報」 沖永良部郷土研究会 （33） 2006.2
沖永良部島の蚕糸業について（藩政時代から明治期を中心に）（伊地知裕仁）「えらぶせりよさ ： 沖永良部郷土研究会会報」 沖永良部郷土研究会 （35） 2006.7
徳田酒造の歴史（徳田英輔）「えらぶせりよさ ： 沖永良部郷土研究会会報」 沖永良部郷土研究会 （35） 2006.7
沖永良部島におけるハンセン病について（一色次郎の小説、短編から）（前利潔）「えらぶせりよさ ： 沖永良部郷土研究会会報」 沖永良部郷土研究会 （35） 2006.7
フヂチヤマ（フジキヤマ）とハンセン病（先田光演）「えらぶせりよさ ： 沖永良部郷土研究会会報」 沖永良部郷土研究会 （35） 2006.7
長崎県口之津へ移住した明治30年代の沖永良部島の人々（先田光演）「えらぶせりよさ ： 沖永良部郷土研究会会報」 沖永良部郷土研究会 （36） 2006.11
口之津で発見された海員名簿の意義―一世紀を経て明らかになった沖永良部島民の姿（前利潔）「えらぶせりよさ ： 沖永良部郷土研究会会報」 沖永良部郷土研究会 （37） 2007.2
沖永良部島の戦争の歴史（川上忠志）「えらぶせりよさ ： 沖永良部郷土研究会会報」 沖永良部郷土研究会 （記念号） 2007.8
長崎県口之津で発見された海員名簿の意義―一世紀を経て明らかになった沖永良部島民の姿（前利潔）「えらぶせりよさ ： 沖永良部郷土研究会会報」 沖永良部郷土研究会 （記念号） 2007.8
朝鮮に漂着した沖永良部島民（伊地知裕仁）「えらぶせりよさ ： 沖永良部郷土研究会会報」 沖永良部郷土研究会 （41） 2008.2
沖永良部島の米軍基地（前利潔）「えらぶせりよさ ： 沖永良部郷土研究会会報」 沖永良部郷土研究会 （42） 2008.4
沖永良部島の地租改正と地券（先田光演）「えらぶせりよさ ： 沖永良部郷土研究会会報」 沖永良部郷土研究会 （42） 2008.4

沖永良部地下ダム
沖永良部地下ダム計画 西村富明氏発表のレジュメの一部「えらぶせりよさ ： 沖永良部郷土研究会会報」 沖永良部郷土研究会 （37） 2007.2

開陽高校
開陽高校（単位制高校）の歴史について（難波経健）「鹿児島史学」 鹿児島県高校歴史部会 （56） 2011.3

加計呂麻島
徳之島・加計呂麻島での蛇「ハブ」の話覚書（本田碩孝）「南島研究」 南島研究会 通号51 2010.12

鹿児島
鹿児島の幼稚園創立事情（山下玄洋）「鹿児島史談」 鹿児島史談会編集委員会 （4） 2000.10
鹿児島における融和事業の展開（竹森健二郎）「部落解放史・ふくおか」 福岡県人権研究所 109 2003.3
渋谷の忠犬ハチ公像―その誕生秘話・鹿児島との縁（山西健夫）「西日本文化」 西日本文化協会 395 2003.10
鹿児島における宝暦治水誌（坂口達夫）「鹿児島史談」 鹿児島史談会編集委員会 （5） 2003.12
明治10年西南戦争おこる（加治木純雄）「鹿児島史談」 鹿児島史談会編集委員会 （5） 2003.12
まちづくりへの決断―ある老舗250年のひとこま（津曲兼利）「鹿児島史談」 鹿児島史談会編集委員会 （5） 2003.12
表紙写真解説 鹿児島外二県下各郡ノ内管轄替伺付図（武田浩明）「都城地

域史研究 ：市史編さんだより」 都城市 （10） 2004.3

苗字の由来を求め、ご先祖探訪―佐賀・鹿児島・八丈島（丹宗紀恵）「旅とルーツ」 芳文館出版 85 2004.9

世界自然遺産屋久島と鹿児島探勝（横田廣）「すぎのめ」 福島市杉妻地区史跡保存会 27 2004.11

鹿児島大空襲の悲劇（池田盛秋）「大隅」 大隅史談会 48 2005.3

なつかしの故郷鹿児島（富田具子）「東葛流山研究」 流山市立博物館友の会事務局 崙書房出版（発売）（23） 2005.3

史料が読み解く鹿児島の新聞創業史（上），（中），（下）（大武進）「季刊南九州文化」 南九州文化研究会 （103）/（105） 2005.6/2006.1

サツマイモ伝来300年記念 サツマイモの伝来と鹿児島のサツマイモ（上妻道紀）「知覧文化」 知覧町立図書館 （44） 2007.3

「明治十年鹿児島征討日保」について（小柳横子）「夜豆志呂」 八代史談会 （155） 2007.10

館長日記 抜荷で結ばれた鹿児島と新潟「帆船成林 ： 新潟市歴史博物館博物館ニュース」 新潟市歴史博物館 （12） 2008.2

江戸上り～鹿児島巡見3日（松田一美）「首里城公園友の会会報」 首里城公園友の会 （63） 2008.3

松方正義の銅像 鹿児島の誕生地に建立（植木不二夫）「那須野ケ原開拓史研究」 那須野ケ原開拓史研究会 （65） 2008.12

鹿児島の地名・町名の由来（船迫望）「吉野史談」 吉野史談会 （33） 2009.3

昭和20年6月17日のこと（鹿児島）（地頭所康治）「杉並郷土史会史報」 杉並郷土史会 （216） 2009.7

鹿児島の明治出版文化試論 文卉堂吉田書店の引札（1）～（2）（大武進）「季刊南九州文化」 南九州文化研究会 （110）/（111） 2009.11/2010.5

講演記録 鹿児島の仮面（出村卓三）「くしきの」 いちき串木野郷土史研究会 （24） 2010.6

鹿児嶋新聞 熊本城戦之図（藤田雅子）「海南千里 ： 土佐山内家宝物資料館だより」 土佐山内家宝物資料館 （32） 2010.10

指宿・鹿児島の歴史と文化に関する一考察―絵地図と島津斉興（梶原武）「鹿児島県高校歴史部会」 鹿児島県高校歴史部会 （56） 2011.3

鹿児島における城郭研究の歩み（1）～（2）―南九州城郭談話会の歩みと展望のために（三木靖）「南九州の城郭 ： 南九州城郭談話会会報」 南九州城郭談話会 （30）/（31） 2011.3/2011.11

講演記録 鹿児島今昔（今村隆雄）「くしきの」 いちき串木野郷土史研究会 （25） 2011.6

鹿児島における江戸期前後の土地区割りについて（東和幸）「南九州市薩南文化 ： 地域の歴史と文化を記録する」 南九州市立図書館 （4） 2012.3

表紙から 軍記に描かれた屯田兵「通俗絵本鹿児島軍記」明治20（1887）年「屯田」 北海道屯田倶楽部 （51） 2012.4

近世中期における琉球・鹿児島間の海上交通（仲地哲夫）「交通史研究」 交通史学会，吉川弘文館（発売）（79） 2012.12

郷土史関係論文目録（高等学校「研究紀要」収載分）（論文）（吉満庄司）「鹿児島県史学」 鹿児島県高校歴史部会 （58） 2013.3

シンポジウム 鹿児島の未来遺産―自然・歴史・文化（特集 鹿児島の未来遺産）（河野一典［コーディネーター］）「想林」 江角学びの交流センター地域人間科学研究所 （4） 2013.3

黒潮、火山、人によって多様化した南北600kmのみどり（特集 鹿児島の未来遺産）（寺田仁志）「想林」 江角学びの交流センター地域人間科学研究所 （4） 2013.3

海洋国家薩摩―焼酎が語る鹿児島の歴史と文化の伝承（特集 鹿児島の未来遺産）（松尾千歳）「想林」 江角学びの交流センター地域人間科学研究所 （4） 2013.3

地域再生の原動力―交流人口の増大は観光から（特集 鹿児島の未来遺産）（古木圭介）「想林」 江角学びの交流センター地域人間科学研究所 （4） 2013.3

彩色された南九州の龍について（特集 鹿児島の未来遺産）（橋口尚武）「想林」 江角学びの交流センター地域人間科学研究所 （4） 2013.3

本片内の郷校及び小学校について（紙屋和信）「鹿児島史談」 鹿児島史談会編集委員会 （7） 2013.10

南北朝期の島津氏―南北朝期守護の所領対処の一事例（論文）（飯島智一）「鹿児島県史学」 鹿児島県高校歴史部会 （59） 2014.3

探訪 鹿児島・古代の道（研究論説）（森永福郎）「千台 ： 薩摩川内郷土史研究会機関誌」 薩摩川内郷土史研究会 （42） 2014.3

特別講演 鹿児島から世界へ―郷土の誇るべき自然（特集 鹿児島から世界へ）（大木公彦）「想林」 江角学びの交流センター地域人間科学研究所 （5） 2014.3

鹿児島県

褝寝文書（12），（14），（15），（18）～（35）（村山知一）「季刊南九州文化」 南九州文化研究会 82/（105） 2000.1/2006.1

1970・80年代の鹿児島県下の島嶼をめぐる行財政史的考察（高江洲昌哉）「沖縄文化研究 ： 法政大学沖縄文化研究所紀要」 法政大学沖縄文化研究所 （29） 2003.3

資料 鹿児島県融和事業年表（稿）「部落解放史・ふくおか」 福岡県人権研究所 109 2003.3

鹿児島の近代社会運動史 鹿児島県自由民権の系譜 自治社について（1）（久米雅章）「鹿児島県史学」 鹿児島県高校歴史部会 49 2004.3

鹿児島の近代社会運動史 鹿児島県自由民権運動と熊本実学党について（2）（久米雅章）「鹿児島県史学」 鹿児島県高校歴史部会 50 2005.3

「鹿児島県布達」にみる西南戦争（1）～（3）（宮下満郎）「敬天愛人」 西郷南洲顕彰会 （23）/（25） 2005.9/2007.9

朝鮮半島南部に分布するセブリタイプの製鉄炉と鹿児島県下の近世製鉄炉（李南珪，松井和幸）「北九州市立自然史・歴史博物館研究報告.B類，歴史」 北九州市立自然史・歴史博物館 （4） 2007.3

鹿児島県の母子保健の歴史と助産師活動（1）（宇都弘美，下敷領須美子）「南九州地域科学研究所報」 鹿児島女子短期大学附属南九州地域科学研究所 （24） 2008.3

鹿児島県の母子保健の歴史と助産師活動（2）昭和期に焦点をあてて（宇都弘美，下敷領須美子）「南九州地域科学研究所報」 鹿児島女子短期大学附属南九州地域科学研究所 （25） 2009.3

〈問題提起〉「都城ヲ鹿児島県ニ復セシ事ヲ」―明治一八年の管轄替運動（《大会特集/南九州の地域形成と境界性―都城からの歴史像I》）（武田信也）「地方史研究」 地方史研究協議会 59（4）通号340 2009.8

鹿児島県の母子保健の歴史と助産師活動（3）―平成期に焦点をあてて（宇都弘美，下敷領須美子）「南九州地域科学研究所報」 鹿児島女子短期大学附属南九州地域科学研究所 （26） 2010.3

『鹿児島縣地誌』にみる明治初期の船舶数（坂元恒太）「南九州市薩南文化 ： 地域の歴史と文化を記録する」 南九州市立図書館 （4） 2012.3

鹿児島県のとうほし田・たいとう田（菅野郁雄）「赤米ニュース」 東京赤米研究会 （187） 2012.10

「郷中教育の精神」―鹿児島県「美濃の会」の設立から鹿児島県・岐阜県青少年ふれあい事業の受託まで（池下真也）「薩摩義士に学ぶ」 霧島市薩摩義士顕彰会 （6） 2013.3

鹿児島岐阜姉妹県ふれあい事業を担当して（神野剛志）「薩摩義士に学ぶ」 霧島市薩摩義士顕彰会 （6） 2013.3

講演記録 鹿児島と岐阜との絆を結ぶ「美濃の会」の活動から（住吉義輝）「薩摩義士に学ぶ」 霧島市薩摩義士顕彰会 （6） 2013.3

鹿児島県人の進取の気性（特集 鹿児島の未来遺産）（小島摩文）「想林」 江角学びの交流センター地域人間科学研究所 （4） 2013.3

移民者の新天地：日本統治時期の台北における鹿児島県出生者の現状（論説）（卞鳳奎）「南島史学」 南島史学会 （79・80） 2013.3

史料 鹿児島縣地誌略巻三（日向國）「もろかた ： 諸県」 都城史談会 （48） 2014.12

鹿児島県立川辺高等学校

鹿児島県立川辺高等学校「一一〇の歩み」（鹿児島県立川辺高等学校）「南九州市薩南文化 ： 地域の歴史と文化を記録する」 南九州市立図書館 （3） 2011.3

鹿児島県立保健看護学校

鹿児島県立保健看護学校のあゆみ「南九州市薩南文化 ： 地域の歴史と文化を記録する」 南九州市立図書館 （4） 2012.3

鹿児島県立薩南高等学校

鹿児島県立薩南高等学校「一〇〇年の歩み」（鹿児島県立薩南工業高等学校）「南九州市薩南文化 ： 地域の歴史と文化を記録する」 南九州市立図書館 （2） 2010.3

鹿児島五大橋

口絵写真説明 鹿児島五大橋の現状について（中西亨）「史迹と美術」 史迹美術同攷会 76（9）通号769 2006.11

鹿児島市

吉田初三郎の「鹿児島市鳥瞰図」（吉満庄司）「鹿児島県史学」 鹿児島県高校歴史部会 （51） 2006.3

鹿児島藩

江戸後期鹿児島藩における農村史の一コマ―「守屋舎人日帳」にみる知行門領主と門農民（梶原武）「鹿児島県史学」 鹿児島県高校歴史部会 46 2001.3

鹿児島藩における江戸幕府の御前帳・国絵図（慶永期）調進をめぐって（重永卓爾）「季刊南九州文化」 南九州文化研究会 88 2001.7

鹿児島藩における倒幕の軍用金造りと華倉御仮屋（島津家別邸）について（神園紘）「鹿児島史談」 鹿児島史談会編集委員会 （7） 2013.10

笠木原

史実の検証笠木原開田を調査して（中島勇三）「大隅」 大隅史談会 48 2005.3

笠木原開墾起工式余興写真詳報（橋口満）「大隅」 大隅史談会 （56） 2013.3

加治木

始良・加治木方面史跡探訪記 島津義弘ゆかりの地を歩く (長瀬寛) 「千台 ： 薩摩川内郷土史研究会機関誌」 薩摩川内郷土史研究会 (32) 2004.3

霧島・加治木方面視察記 (板垣重雄) 「日和城」 高城の昔を語る会 (14) 2007.1

加治木の歴史 (加治木純雄) 「鹿児島史談」 鹿児島史談会編集委員会 (6) 2008.12

加治木島津家

鹿児島城下 加治木島津家の石垣について (福山隆仁) 「鹿児島史談」 鹿児島史談会編集委員会 (7) 2013.10

臥蛇島

無人化する島―オキシマ・臥蛇島の場合 (《特集 廃村―少子高齢化時代を迎えて》) (稲垣尚友) 「東北学. [第2期]」 東北芸術工科大学東北文化研究センター, 柏書房 (発売) (7) 2006.4

加治屋町

鹿児島城下「加治屋町」地名の由来―島津氏の鹿児島進出と城下町形成の背景として (特集 鹿児島の未来遺産) (中野翠) 「想林」 江角学びの交流センター地域人間科学研究所 (4) 2013.3

門之浦

門之浦に伝来した絵巻物について (坂元恒太) 「ミュージアム知覧紀要・館報」 知覧町教育委員会 (12) 2010.3

知覧門之浦に伝来した絵巻物「門之浦伝来絵巻」の14C年代測定 (小田寛貴, 上田耕, 坂元恒太) 「ミュージアム知覧紀要・館報」 知覧町教育委員会 (13) 2013.3

金山街道

街道を巡る 金山街道を歩く (所崎平) 「くしきの」 いちき串木野郷土史研究会 (25) 2011.6

鹿屋

鹿屋郷の村落 (唐鎌祐作) 「大隅」 大隅史談会 (49) 2006.3

カヤ (鹿屋) 考 (松下高明) 「大隅」 大隅史談会 (52) 2009.3

中世鹿屋の山城跡 (萩原氏と鹿屋氏) (隈元信一) 「大隅」 大隅史談会 (53) 2010.3

上祓川町

鹿屋市文化遺跡地図 (1) 上祓川町 (唐鎌祐祥) 「大隅」 大隅史談会 47 2004.3

上平川

知名町上平川のヒョーグスク (小字名花城) 粗調査 (先田光演) 「えらぶせりよさ ： 沖永良部郷土研究会会報」 沖永良部郷土研究会 (30) 2005.4

エラブの地名伝承 (知名町上平川・方名ヒョー) 「えらぶせりよさ ： 沖永良部郷土研究会会報」 沖永良部郷土研究会 (40) 2007.11

亀徳

徳之島町亀徳における農業―変遷を中心に― (熊谷樹) 「沖縄で奄美を考える会会報」 沖縄で奄美を考える会 (11) 2001.6

亀焼

「カムィヤキ」ってなんだ？ (島袋かおり) 「こがね南風」 南風原町立南風原文化センター (10) 2003.3

蒲生城

蒲生城 (竜ヶ崎) の歴史 (下鶴弘) 「南九州の城郭 ： 南九州城郭談話会会報」 南九州城郭談話会 (27) 2009.6

川上

川上での思い出 (竹之井百子) 「大隅」 大隅史談会 48 2005.3

川上郷

古代河辺郡川上郷から近世給黎郡知覧郷へ―知覧院の沿革 (江平望) 「南九州市薩南文化 ： 地域の歴史と文化を記録する」 南九州市立図書館 (3) 2011.3

河内

河内・大小薗付近 (市内史跡探訪会) (小野義文) 「くしきの」 いちき串木野郷土史研究会 (18) 2004.6

川辺町

日本名水紀行 (31) 小さな町の「大きな挑戦」を支えた人々 川辺町の清水の湧水を守る (井出孫六) 「ATT」 ATT流域研究所 (35) 2004.11

先人たちが取り組んだ歴史的農業施設の構築 川辺町内の溜池・井堰・用水路等 (中原章策) 「南九州市薩南文化 ： 地域の歴史と文化を記録する」 南九州市立図書館 (3) 2011.3

川辺町内の「巨岩」「怪石」 巨岩・奇岩・岩壁・天然の石橋・滝・怪石、語り継がれた岩と石など (中原章策) 「南九州市薩南文化 ： 地域の歴史と文化を記録する」 南九州市立図書館 (4) 2012.3

川辺

『川邊名勝誌』(大正写本) 一 (新地浩一郎) 「南九州市薩南文化 ： 地域の歴史と文化を記録する」 南九州市立図書館 (3) 2011.3

川辺地区の本土防衛体制 護南部隊 (第146師団) に関する調査のまとめ 調査年度 平成22年度～平成23年度 (中原章策) 「南九州市薩南文化 ： 地域の歴史と文化を記録する」 南九州市立図書館 (5) 2013.3

『川邊名勝誌』(大正写本) 二 (新地浩一郎) 「南九州市薩南文化 ： 地域の歴史と文化を記録する」 南九州市立図書館 (5) 2013.3

川辺郷

川邊郷の主要道「江戸時代の街道」―元禄12年の縄引帳による川邊郷の六街道を行く (中原章策) 「南九州市薩南文化 ： 地域の歴史と文化を記録する」 南九州市立図書館 (1) 2009.3

近世川邊郷の歴代新地頭について (新地浩一郎) 「南九州市薩南文化 ： 地域の歴史と文化を記録する」 南九州市立図書館 (2) 2010.3

河辺郡

鎌倉・南北朝時代の河辺郡・知覧院・頴娃郡 (江平望) 「南九州市薩南文化 ： 地域の歴史と文化を記録する」 南九州市立図書館 (1) 2009.3

河辺郡・頴娃郡そして知覧院について―その領域と由来 (江平望) 「南九州市薩南文化 ： 地域の歴史と文化を記録する」 南九州市立図書館 (2) 2010.3

川辺郡

川辺郡士族移住小史 (橋口満) 「大隅」 大隅史談会 46 2003.3

川辺村

史料紹介 「川邊村教授資料」(明治41年) (新地浩一郎) 「南九州市薩南文化 ： 地域の歴史と文化を記録する」 南九州市立図書館 (4) 2012.3

がんがら橋

「桜島」命名の由来 (補説) 付・「がんがら橋」について (江平望) 「知覧文化」 知覧町立図書館 (44) 2007.3

関白道

秀吉軍の通った道を訪ねる (1) (2) (濱田宏) 「千台 ： 薩摩川内郷土史研究会機関誌」 薩摩川内郷土史研究会 (35) 2007.3

薩摩侵攻の安養寺陣城跡調査と関白道について (特別寄稿) (新東晃一) 「千台 ： 薩摩川内郷土史研究会機関誌」 薩摩川内郷土史研究会 (41) 2013.3

関白秀吉軍の薩摩侵攻の陣城跡と関白道の調査 (3) (講演) (新東晃一) 「千台 ： 薩摩川内郷土史研究会機関誌」 薩摩川内郷土史研究会 (42) 2014.3

冠岳

冠岳地区の史跡めぐり (小野義文) 「くしきの」 いちき串木野郷土史研究会 (21) 2007.6

喜入

古代給黎郷は知覧・喜入二町域から成っていたか (江平望) 「ミュージアム知覧紀要」 ミュージアム知覧 8 2002.3

給黎郷

古代給黎郷は知覧・喜入二町域から成っていたか (江平望) 「ミュージアム知覧紀要」 ミュージアム知覧 8 2002.3

喜入中学校

鹿児島ほっつき歩記 (5) 喜入中学校の侍従差遣記念碑をめぐって (武藤拓也) 「北海道歴史教室」 歴史教育者協議会北海道協議会 (184) 2006.7

喜界島

喜界島方言の活用形のアクセント増補資料 (上野善道) 「琉球の方言」 法政大学沖縄文化研究所 通号27 2003.3

喜界島紀行 (中瀬喜陽) 「紀南・地名と風土研究会会報」 紀南・地名と風土研究会 (41) 2007.7

奄美一島嶼における人と海との関係性―喜界島民と糸満漁師の近代 (及川高) 「史境」 歴史人類学会, 日本図書センター (発売) (55) 2007.9

古代・中世のキカイガシマと喜界島 (永山修一) 「沖縄研究ノート ： 《共同研究》南島における民族と宗教」 宮城学院女子大学キリスト教文化研究所 (17) 2008.3

喜界島方言助詞の研究 (野原三義) 「南島文化」 沖縄国際大学南島文化研究所 (30) 2008.3

喜界島調査 (調査・研究報告) (福寛美) 「法政大学沖縄文化研究所所報」 法政大学沖縄文化研究所 (63) 2008.8

調査・研究 喜界島・沖縄調査メモ (吉成直樹) 「法政大学沖縄文化研究所所報」 法政大学沖縄文化研究所 (64) 2009.3

「喜界島・奄美大島巡見」(平良啓) 「首里城公園友の会会報」 首里城公園友の会 (83) 2013.3

岸良

岸良の空襲岸良最初の空襲で私は母を (吐合スミ) 「大隅」 大隅史談会 48 2005.3

九州・沖縄　　　　　　　　　地名でたどる郷土の歴史　　　　　　　　　鹿児島県

岸良の空襲 紙一重の差で生と死を分けた母と娘（大久保チサ）「大隅」
　大隅史談会　48　2005.3
昭和13年岸良風水害誌（佐々木実然）「大隅」　大隅史談会　（49）2006.3
岸良の林業について（江口主計）「大隅」　大隅史談会　（50）2007.3
伊能忠敬測量日記―大隅国 内之浦郷 岸良（佐々木實然）「大隅」　大隅史
　談会　（55）2012.3
岸良の空襲（佐々木實然）「大隅」　大隅史談会　（56）2013.3

岸良尋常小学校
「明治四十三年十一月十六日 内之浦村美風俗竝ニ弊風調査書 附保存法及
　矯正策 岸良尋常小學校」（佐々木實然）「大隅」　大隅史談会　（51）
　2008.3

吉都線
表紙の写真「吉都線100周年」「つつはの」 つつはの郷土研究会　（37）
　2012.12
表紙の説明（吉岡勇二）「つつはの」 つつはの郷土研究会　（37）2012.12

喜美留
喜美留字物語あれこれ（川上忠志）「えらぶせりよさ ： 沖永良部郷土研
　究会会報」 沖永良部郷土研究会　（41）2008.2
喜美留の大正時代の統計資料（先田光演）「えらぶせりよさ ： 沖永良部
　郷土研究会会報」 沖永良部郷土研究会　（41）2008.2

肝属郡
女性たちにとっての出産の近代化―鹿児島県肝属郡K市とN町における
　インタビュー調査から（橋本美幸）「白山人類学」 白山人類学研究会.
　岩田書院（発売）（9）2006.3
幕末・明治初期の大隅における郷校・小学（4）大隅半島、旧大隅郡・旧肝
　属郡の各学校を中心に（井原政純）「大隅」　大隅史談会　（51）2008.3

肝付町
肝付町歴史民俗資料館。塚崎古墳群・高山城址等視察記（歴史）（板垣重
　雄）「日和城」　高城の昔を語る会　（20）2013.2

霧島
霧島と高千穂峰（江之口汎生）「千台 ： 薩摩川内郷土史研究会機関誌」
　薩摩川内郷土史研究会　（33）2005.3
霧島北麓の湧水を訪ねて（山下常昌）「えびの」　えびの市史談会　（39）
　2005.5
霧島・加治木方面視察記（板垣重雄）「日和城」　高城の昔を語る会
　（14）2007.1
薩摩藩の廃仏毀釈と霧島山麓住民の民権的憲法草案―地域主権国家の展
　望と日本文化の再検討（神田嘉延）「青峰 ： 歴史と文化」 土書房
　（2）2013.6

霧島市
霧島市における薩摩義士顕彰（久保昭男）「薩摩義士」 鹿児島県薩摩義士
　顕彰会　（20）2013.2

錦江湾
「錦江湾」の由来について（抄）（栗林文夫）「鹿児島史学」 鹿児島県高校
　歴史部会　（55）2010.3

串木野
その頃の串木野［1］～（3）（有馬俊雄）「くしきの」 いちき串木野郷土史
　研究会　13/15　1999.6/2001.5
後援会記録 串木野郷の浦と薩摩藩の門割制度（尾口義男）「くしきの」
　いちき串木野郷土史研究会　14　2000.5
串木野の浅瀬と灯台の移り変り（小野義文）「くしきの」 いちき串木野郷
　土史研究会　15　2001.5
ゴンザと串木野（梅北不可止）「くしきの」 いちき串木野郷土史研究会
　16　2002.6
串木野戦災復興事業を顧みて（田中武熊）「くしきの」 いちき串木野郷土
　史研究会　16　2002.6
薩摩焼の誕生と展開―謎の壺屋ヶ平と串木野窯（関一之）「くしきの」 い
　ちき串木野郷土史研究会　（18）2004.6
「串木野の地名の由来」の揺れ動き（所崎平）「くしきの」 いちき串木野
　郷土史研究会　（22）2008.6
講演記録 中世の串木野（日隈正守）「くしきの」 いちき串木野郷土史研
　究会　（22）2008.6
ルース台風（昭和26年10月14日）の被災状況（串木野編）（安藤義明）「く
　しきの」 いちき串木野郷土史研究会　（26）2012.7
講演記録 串木野手織り木綿（牧島知子）「くしきの」 いちき串木野郷土
　史研究会　（26）2012.7
串木野大水害―46水害を聞く（石堂次美，橋之口篤実，所崎平）「くしき
　の」 いちき串木野郷土史研究会　（28）2014.6

串木野駅
資料紹介 串木野駅史「くしきの」 いちき串木野郷土史研究会　（21）
　2007.6

久志検
久志検のこと（大山澄夫）「えらぶせりよさ ： 沖永良部郷土研究会会報」
　沖永良部郷土研究会　（25）2004.2
エラブの地名伝承（和泊町久志検 方名グシキヌ）「えらぶせりよさ ： 沖
　永良部郷土研究会会報」 沖永良部郷土研究会　（25）2004.2

国頭
エラブの地名伝承（和泊町国頭1・方名クンゼー）「えらぶせりよさ ： 沖
　永良部郷土研究会会報」 沖永良部郷土研究会　（16）2001.10
エラブの地名伝承（和泊町国頭2）「えらぶせりよさ ： 沖永良部郷土研究
　会会報」 沖永良部郷土研究会　（17）2002.2
沖永良部島海岸線よもやま話（国頭集落）（川上忠志）「えらぶせりよさ ：
　沖永良部郷土研究会会報」 沖永良部郷土研究会　（36）2006.11
国頭集落における食糧難時代と農業や文化の発展（川上忠志）「えらぶせ
　りよさ ： 沖永良部郷土研究会会報」 沖永良部郷土研究会　（40）
　2007.11
言語資料 継母の話―沖永良部島国頭集落の昔話（特集 伝承の諸相）（徳
　永晶子）「奄美沖縄民間文芸学」 奄美沖縄民間文芸学会　（13）2014.9

久見崎
高江郷 襖の下張り文書から 久見崎船手の動向を読む（福元忠良）「千台 ：
　薩摩川内郷土史研究会機関誌」 薩摩川内郷土史研究会　（35）2007.3
高江郷 襖の下張り文書から久見崎村の門割と楮見掛取納差引について
　（福元忠良）「千台 ： 薩摩川内郷土史研究会機関誌」 薩摩川内郷土史
　研究会　（36）2008.3

栗野
南北朝時代と吉松、栗野（黒木正彦）「つつはの」 つつはの郷土研究会
　（34）2008.10

黒貫
エラブの地名伝承（和泊町黒貫・クヌギ）「えらぶせりよさ ： 沖永良部
　郷土研究会会報」 沖永良部郷土研究会　（30）2005.4

華倉御仮屋
鹿児島藩における倒幕の軍用金造りと華倉御仮屋（島津家別邸）につい
　て（神園紘）「鹿児島史談」 鹿児島史談会編集委員会　（7）2013.10

祁答院
祁答院方面の史跡探訪（濱田宏）「千台 ： 薩摩川内郷土史研究会機関誌」
　薩摩川内郷土史研究会　（34）2006.3
祁答院で新たに発見したこと―（1）法蓮寺（2）大隅守護横川氏と早﨑城
　（研究・論説）（藤崎琢郎）「千台 ： 薩摩川内郷土史研究会機関誌」 薩
　摩川内郷土史研究会　（40）2012.3

高山
随筆 高山地区の史跡を訪ねて（有島悟）「大隅」　大隅史談会　（52）
　2009.3
高山と文化（日高幹子）「大隅」　大隅史談会　（53）2010.3
高山こぼれ話（日高幹子）「大隅」　大隅史談会　（54）2011.5
下飯野手打に「富ヶ尾・高山移住記念碑」が完成（橋口満）「大隅」　大隅
　史談会　（55）2012.3
高山こぼれ話（日高幹子）「大隅」　大隅史談会　（57）2014.4

高山郷
天保期の大隅国高山郷における災害の記録（秀村選三）「大隅」　大隅史談
　会　（50）2007.3
嘉永年代、大隅国高山郷における災害の記録（秀村選三）「大隅」　大隅史
　談会　（51）2008.3
高山郷の井堰について（竹之井敏）「大隅」　大隅史談会　（52）2009.3

高山城
肝付町歴史民俗資料館。塚崎古墳群・高山城址等視察記（歴史）（板垣重
　雄）「日和城」　高城の昔を語る会　（20）2013.2

高山本城
高山本城に思いをはせて（渡口行雄）「大隅」　大隅史談会　（57）2014.4

国分
国分たばこと唐人町（林俊夫）「季刊南九州文化」 南九州文化研究会
　（105）2006.1
国道十号の昔と今（1）―霧島市国分から宮崎市まで（歴史編）（橋本孝
　則）「もろかた ： 諸県」 都城史談会　（48）2014.12

古志
瀬戸内町古志の中田家文書の研究（山田尚二）「鹿児島史談」 鹿児島史談
　会編集委員会　（5）2003.12

甑島
自然豊かな甑島（橋野香津子）「文化薩摩川内」 薩摩川内市立中央図書館
　（2）2007.3
甑島探訪（紀行）（濱田宏）「千台 ： 薩摩川内郷土史研究会機関誌」 薩摩
　川内郷土史研究会　（40）2012.3

鹿児島県　　　　　　　　　　　　　　　地名でたどる郷土の歴史　　　　　　　　　　　　　　　九州・沖縄

小薗

河内・大小薗付近（市内史跡探訪会）（小野義文）「くしきの」　いちき串木野郷土史研究会　（18）2004.6

小牧

小牧は肝付氏の牧場（まきば）の跡か（福谷平）「大隅」　大隅史談会（57）2014.4

五郎ヶ元

五郎ヶ元（佐々木實然）「大隅」　大隅史談会　（54）2011.5

金剛橋

金剛橋（民俗その他　秋の歴史探訪での楽しみ）（岩井英一）「文化薩摩川内」　薩摩川内市立中央図書館　（8）2013.3

竿津

エラブの地名伝承（知名町竿津・方名ソージ）「えらぶせりよさ：沖永良部郷土研究会会報」　沖永良部郷土研究会　（37）2007.2

桜島

桜島と私（荒井和子）「大隅」　大隅史談会　（49）2006.3

「桜島」命名の由来（補説）付・「がんがら橋」について（江平望）「知覧文化」　知覧町立図書館　（44）2007.3

内之浦郷の街道—桜島筋—の故事来歴（江口主計）「大隅」　大隅史談会（54）2011.5

桜島安永大噴火による集落の変転（エッセイ・評論等）（橋村健一）「想林」　江角学びの交流センター地域人間科学研究所　（3）2012.3

『桜島大爆裂記』について（論文）（難波経健）「鹿児島史学」　鹿児島県高校歴史部会　（59）2014.3

大正噴火一〇〇周年によせて（南友啓）「吉野史談」　吉野史談会　（38）2014.3

佐多町

佐多町における近世農民のくらし（東膳清水）「大隅」　大隅史談会（54）2011.5

薩南諸島

薩南諸島（鹿児島県）—平氏政権の要衝から琉球国成立へ（特集　黒潮の道の島々トカラ列島から奄美大島へ）（高梨修）「西日本文化」　西日本文化協会　（462）2013.4

薩南諸島の仮面文化（特集　黒潮の道の島々トカラ列島から奄美大島へ）（出村卓三）「西日本文化」　西日本文化協会　（462）2013.4

薩南台地

薩南台地におけるコラおこし専用の山鍬（坂元恒太）「南九州市薩南文化：地域の歴史と文化を記録する」　南九州市立図書館　（1）2009.3

薩摩

宝暦治水工事（6），（7）（山田尚二）「薩摩義士」　鹿児島県薩摩義士顕彰会　7/8　2000.3/2001.8

木曽三川と薩摩義士　宝暦治水の意義（藤崎定昭）「薩摩義士」　鹿児島県薩摩義士顕彰会　7　2000.3

宝暦治水と高木家文書（諏訪兼位）「薩摩義士」　鹿児島県薩摩義士顕彰会　7　2000.3

義殺者は果たして何名か　義殺者の多い理由（片野知二）「薩摩義士」　鹿児島県薩摩義士顕彰会　7　2000.3

犬山城の薩摩義士顕彰碑由来記（湯田信義）「薩摩義士」　鹿児島県薩摩義士顕彰会　7　2000.3

伝えてこなかった「宝暦の木曽川治水工事」（坂口達夫）「薩摩義士」　鹿児島県薩摩義士顕彰会　8　2001.8

岐阜県治水史　宝暦の御手伝普請（薩摩工事）（1）～（3）（山田尚二）「薩摩義士」　鹿児島県薩摩義士顕彰会　9/11　2002.3/2004.3

宝暦治水と人柱丼屋伊兵衛（平坂貫）「薩摩義士」　鹿児島県薩摩義士顕彰会　9　2002.3

技と心と忍耐で焼かれる薩摩焼き四百年（梯正二）「ひなもり」　小林史談会　42　2002.4

幕臣の薩摩義士（木下秀康）「薩摩義士」　鹿児島県薩摩義士顕彰会　10　2003.3

宝暦治水工事の背景（藤崎定昭）「薩摩義士」　鹿児島県薩摩義士顕彰会　10　2003.3

遺稿　宝暦治水工事と蒲生郷士（湯田信義）「薩摩義士」　鹿児島県薩摩義士顕彰会　10　2003.3

交流の絆千本松原を守れ薩摩義士さんありがとう（中島康博）「薩摩義士」　鹿児島県薩摩義士顕彰会　10　2003.3

薩摩と戦った農民兵（山田尚二）「敬天愛人」　西郷南洲顕彰会　（21）2003.9

増補　都城薩摩焼の系統と諸窯[1]～（3）（佐々木綱洋）「季刊南九州文化」　南九州文化研究会　98/100　2004.1/2004.7

薩摩義士雑感（藤崎定昭）「薩摩義士」　鹿児島県薩摩義士顕彰会　11　2004.3

宝暦治水工事二百五十年忌に思う事（加藤勝巳）「薩摩義士」　鹿児島県薩

摩義士顕彰会　11　2004.3

薩摩義士に寄せて（今井俊子）「薩摩義士」　鹿児島県薩摩義士顕彰会　11　2004.3

第32回研究例会発表要旨　薩琉関係におけるトカラ—海上交通の形態とその変遷（高良由加利）「沖縄で奄美を考える会会報」　沖縄で奄美を考える会　（17）2004.5

薩摩焼の誕生と展開—謎の壺屋ヶ平と串木野窯（関一之）「くしきの」　いちき串木野郷土史研究会　（18）2004.6

薩摩維新街道（耕真介）「季刊南九州文化」　南九州文化研究会　（101）2004.10

歴史紀行（21）瀬戸内を旅する人びと—薩摩の武将たちの場合（山内譲）「文化愛媛」　愛媛県文化振興財団　53　2004.10

万延元年筑前尊攘派の薩摩密行（力武豊隆）「筑前維新史」　筑前維新史研究会　（19）2004.11

「宝暦治水二百五十年記念薩摩義士」展について（内倉昭文）「薩摩義士」　鹿児島県薩摩義士顕彰会　12　2005.3

宝暦治水二百五十年記念行事（薩摩義士顕彰会）「薩摩義士」　鹿児島県薩摩義士顕彰会　12　2005.3

関ヶ原と薩摩（藤崎定昭）「薩摩義士」　鹿児島県薩摩義士顕彰会　12　2005.3

薩摩征伐に参軍した会津農民（目黒章三郎）「会津学」　会津学研究会　1　2005.8

薩摩の郷中教育今の社会教育（町内教育）（古川純一）「郷土目黒」　目黒区郷土研究会　49　2005.10

薩摩のものづくり（上田耕）「知覧文化」　知覧町立図書館　（43）2006.3

生麦事件・薩英戦争・横浜開港（所崎平）「くしきの」　いちき串木野郷土史研究会　（20）2006.6

郷中教育と薩摩義士（山脇大）「薩摩義士」　鹿児島県薩摩義士顕彰会　（14）2007.3

秀吉軍の通った道を訪ねる（1）（2）（濱田宏）「千台：薩摩川内郷土史研究会機関誌」　薩摩川内郷土史研究会　（35）2007.3

薩摩の歴史散歩—郷中教育について（井原政純）「大隅」　大隅史談会　（50）2007.3

薩摩と大阪の縁（横山高治）「歴史懇談」　大阪歴史懇談会　（22）2008.8

日仏交流150周年記念特別展「薩摩焼—パリと篤姫を魅了した伝統の美—」「江戸東京博物館news：Edo-Tokyo Museum news」　東京都歴史文化財団東京都江戸東京博物館　64　2008.12

中世前期の遠州灘で漂流した薩摩人（橋口尚武）「鹿児島地域史研究」　『鹿児島地域史研究』刊行会，鹿児島地域史研究会　（5）2009.2

薩摩義士に学ぶ（霧島市薩摩義士顕彰会）「薩摩義士」　鹿児島県薩摩義士顕彰会　（17）2010.1

薩摩義士の偉業を次の世代へ（中島康博）「薩摩義士」　鹿児島県薩摩義士顕彰会　（17）2010.1

薩摩・柳川を訪れて（繁田良三）「会誌」　日本海地誌調査研究会　（8）2010.3

藤原惺窩の『南航日記残簡』にみえる薩摩入りについて（岩切悦子）「くしま史談会報」　串間史談会　（22）2010.3

薩摩侵攻400年—先島（宮古）から考える（仲宗根将二）「宮古島市総合博物館紀要」　宮古島市総合博物館　（14）2010.3

薩摩義士調査報告（藤浪三千尋）「薩摩義士に学ぶ」　霧島市薩摩義士顕彰会　（3）2010.3

薩摩義士（伊藤守一）「薩摩義士に学ぶ」　霧島市薩摩義士顕彰会　（3）2010.3

講演記録「薩摩義士に感謝の誠を捧げて」（山内久和）「薩摩義士に学ぶ」　霧島市薩摩義士顕彰会　（3）2010.3

薩摩・大隅・南島における古代中世の社会像構築にむけて—考古資料を用いて（中島恒次郎）「鹿児島地域史研究」　『鹿児島地域史研究』刊行会，鹿児島地域史研究会　（6）2010.8

「白薩摩」に魅せられて（熊埜毅）「阡陵：関西大学博物館彙報」　関西大学博物館　（61）2010.9

肥後と薩摩の国境意識（地域特集　不知火湾岸の歴史と自然—八代から水俣を旅する）（岡田哲也）「西日本文化」　西日本文化協会　通号447　2010.10

薩摩、二つのジゲン流　自顕流と示現流（会員の広場）（中尾勝海）「もろかた：諸県」　都城史談会　（44）2010.11

木曽三川　宝暦の大改修—薩摩義士の苦難（橘一昭）「薩摩義士」　鹿児島県薩摩義士顕彰会　（18）2011.1

薩摩義士の偉業紹介—岐阜県との姉妹県交流「薩摩義士」　鹿児島県薩摩義士顕彰会　（18）2011.1

漫画　薩摩義士伝—木曽三川治水工事と薩摩義士「薩摩義士」　鹿児島県薩摩義士顕彰会　（18）2011.1

薩摩義士の紙芝居（鹿児島市立山下小学校）「薩摩義士」　鹿児島県薩摩義士顕彰会　（18）2011.1

宝暦治水の紙芝居について（平田馭久）「薩摩義士」　鹿児島県薩摩義士顕彰会　（18）2011.1

九州・沖縄　　　　　地名でたどる郷土の歴史　　　　　鹿児島県

重ね焼き技法から見た初期薩摩焼の技術変容—堂平窯跡出土資料を中心に（渡辺芳郎）「鹿大史学」　鹿大史学会　（58）2011.2

宝暦治水工事の遺したもの「四海同胞」の心と「報恩感謝」の心（中村文夫）「薩摩義士に学ぶ」　霧島市薩摩義士顕彰会　（4）2011.3

特別寄稿 南点より 関白秀吉の薩摩の陣城（新東晃一）「千台 ： 薩摩川内郷土史研究会機関誌」　薩摩川内郷土史研究会　（39）2011.3

薩摩塔研究概観—新資料の紹介と共に（井形進）「古文化談叢」　九州古文化研究会　65（分冊4）2011.7

ドキュメンタリー番組「千本松原のメッセージ—木曽三川と薩摩義士たち—」について（堀哲雄）「薩摩義士に学ぶ」　霧島市薩摩義士顕彰会　（5）2012.3

歴史の道の薩摩（紀行）（森永満郎）「千台 ： 薩摩川内郷土史研究会機関誌」　薩摩川内郷土史研究会　（40）2012.3

薩摩・大隅両国誕生記（江平望）「南九州市薩南文化 ： 地域の歴史と文化を記録する」　南九州市立図書館　（4）2012.3

薩摩製糖組関連史料（久米家文書）の紹介（史料紹介）（久米雅章）「近代熊本」　熊本近代史研究会　（35）2012.12

近代日本における欧米向け薩摩焼の輸出（今給黎佳葉）「交通史学」　交通史学会，吉川弘文館（発売）（79）2012.12

特別資料コーナー 幻の薩英戦争を伝えた記録（西川武臣）「開港のひろば ： 横浜開港資料館館報」　横浜開港資料館　（119）2013.1

紙芝居「薩摩義士ものがたり」（鶴垣鹿維，脇本小学校）「薩摩義士」　鹿児島県薩摩義士顕彰会　（20）2013.2

幻の古道を求めて—薩摩～大隅（研究・論説）（森永満郎）「千台 ： 薩摩川内郷土史研究会機関誌」　薩摩川内郷土史研究会　（41）2013.3

薩摩侵攻の安養寺陣城跡調査と関白道について（特別寄稿）（新東晃一）「千台 ： 薩摩川内郷土史研究会機関誌」　薩摩川内郷土史研究会　（41）2013.3

「頼山陽が見た薩摩」解説 関連年表付解説（高柳毅）「敬天愛人」　西郷南洲顕彰会　（31）2013.9

文武朝における「薩摩隼人」の征討と唱更国の成立（論説）（熊谷明希）「歴史」　東北史学会　121　2013.10

鹿児島県薩摩の旅より（観光地理を学ぶ）（久保田昌兌）「挟間史談」　挟間史談会　（4）2014.3

特別寄稿 薩摩義士に思いを寄せて（矢野年孝）「薩摩義士に学ぶ」　霧島市薩摩義士顕彰会　（7）2014.3

関白秀吉軍の薩摩侵攻の陣城跡と関白道の調査（3）（講演）（新東晃一）「千台 ： 薩摩川内郷土史研究会機関誌」　薩摩川内郷土史研究会　（42）2014.3

例会報告 3月例会報告（平成26年3月8日）薩摩筒の定義と機構（須川勲雄氏）/日本海海戦における敵前大回頭と丁字戦法（堤明夫氏）/西南戦争の珍しい兵器—ロケット・火筒・火矢（高橋信武氏）/Sttar Carbine its Ammunition（磯村照男氏）「銃砲史研究」　日本銃砲史学会　（379）2014.7

薩摩芋栽培と猪捕獲雑感（会員の広場）（平山良照）「もろかた ： 諸県」　都城史談会　（48）2014.12

薩摩義士碑

薩摩義士碑のミステリー（坂口達夫）「薩摩義士」　鹿児島県薩摩義士顕彰会　10　2003.3

薩摩義士碑に参拝（岐阜県大垣市大垣日大高等学校）「薩摩義士」　鹿児島県薩摩義士顕彰会　（19）2012.1

薩摩義士碑の整備事業について（小牧建設（株）による薩摩義士碑 補修事業）（小牧隆）「薩摩義士」　鹿児島県薩摩義士顕彰会　（21）2014.7

写真/記事/感謝状授与（小牧建設（株）による薩摩義士碑 補修事業）「薩摩義士」　鹿児島県薩摩義士顕彰会　（21）2014.7

薩摩古道

自然散策 薩摩古道（前ı宏）「季刊南九州文化」　南九州文化研究会　（118）2013.11

薩摩志布志麓庭園

武将・大名庭園（8）薩摩志布志麓庭園（松山茂雄）「城」　東海古城研究会　（207）2011.12

薩摩川内

講演 近世薩摩藩外交は薩摩川内から始まった（徳永和喜）「千台 ： 薩摩川内郷土史研究会機関誌」　薩摩川内郷土史研究会　（37）2009.3

くまんじょん歌留多（研究・論説）（濱ı宏）「千台 ： 薩摩川内郷土史研究会機関誌」　薩摩川内郷土史研究会　（40）2012.3

薩摩川内市

雑感 薩摩川内市誕生（桐原洋）「千台 ： 薩摩川内郷土史研究会機関誌」　薩摩川内郷土史研究会　（33）2005.3

新市に期待するもの（入来院貞子）「千台 ： 薩摩川内郷土史研究会機関誌」　薩摩川内郷土史研究会　（33）2005.3

"薩摩川内市"雑感（家村比呂志）「千台 ： 薩摩川内郷土史研究会機関誌」　薩摩川内郷土史研究会　（33）2005.3

新市と研究会（濱田宏）「千台 ： 薩摩川内郷土史研究会機関誌」　薩摩川内郷土史研究会　（33）2005.3

川薩方言小辞典（大久保寛）「文化薩摩川内」　薩摩川内市立中央図書館　（4）2009.3

川薩方言小辞典（大久保寛）「文化薩摩川内」　薩摩川内市立中央図書館　（5）2010.3

川薩方言小辞典（大久保寛）「文化薩摩川内」　薩摩川内市立中央図書館　（6）2011.3

川薩方言小辞典（大久保寛）「文化薩摩川内」　薩摩川内市立中央図書館　（7）2012.3

川薩方言小辞典（大久保寛）「文化薩摩川内」　薩摩川内市立中央図書館　（8）2013.3

薩摩国

薩摩国建久図田帳と同国目代について 付、開聞神が鹿児島神より上位であったとき（江平望）「知覧文化」　知覧町立図書館　（45）2007.11

一千年を紡いだ薩摩国の刀鍛冶史 鍛って候（1）～（4）（浪平博司）「家系研究」　家系研究協議会　（45）/（48）2008.4/2009.10

薩摩国成立前史小考（江平望）「ミュージアム知覧紀要・館報」　知覧町教育委員会　（12）2010.3

隼人関係史料を読み解く—薩摩国成立前史として（江平望）「鹿児島地域史研究」　『鹿児島地域史研究』刊行会，鹿児島地域史研究会　（6）2010.8

再説・薩摩国成立前史小考（江平望）「ミュージアム知覧紀要・館報」　知覧町教育委員会　（13）2013.3

薩摩の瀬戸

薩摩万葉「出水の鶴と薩摩の瀬戸へ」（活動編・よろこび）（大木昇）「下妻の文化」　下妻市文化団体連絡協議会　（36）2011.5

薩摩藩

薩摩藩の職制（萩原勝夫）「えびの」　えびの市史談会　34　2000.5

後援会記録 串木野郷の浦と薩摩藩の門割制度（尾口義男）「くしきの」　いちき串木野郷土史研究会　14　2000.5

薩摩藩の土地制度の中の百姓と郷士（山田勇）「大隅」　大隅史談会　44　2001.3

薩摩藩における宝暦のお手伝普請と上石津（辻下榮一）「薩摩義士」　鹿児島県薩摩義士顕彰会　8　2001.8

薩摩藩の宝暦治水費用の調達（湯田信義）「薩摩義士」　鹿児島県薩摩義士顕彰会　8　2001.8

薩摩藩に於ける外城制度（山田勇）「季刊南九州文化」　南九州文化研究会　89　2001.11

薩摩藩の移住政策に憶うこと（村上恩）「ひなもり」　小林史談会　42　2002.4

薩摩藩英国留学生と近代日本（犬塚孝明）「くしきの」　いちき串木野郷土史研究会　16　2002.6

文政・天保初期の薩摩藩と石本家（1）（安藤保）「史淵」　九州大学大学院人文科学研究院　140　2003.3

薩摩藩鋳銭事業と市来四郎の安田轍蔵擁護運動（芳即正）「地域・人間・科学」　鹿児島純心女子短期大学江角学びの交流センター地域人間科学研究所　（6・7）2003.3

第一次長州出兵前後の薩摩藩—挙国武備充実構想と関連から（久住真也）「中央史学」　中央史学会　（26）2003.3

鹿児島藩の庄屋と在地支配（山下真一）「九州史学」　九州史学研究会　（137・138）2003.10

川路大警視家の身分に見る薩摩藩の家格制度（池田純）「鹿児島史談」　鹿児島史談会編集委員会　（5）2003.12

薩摩藩洋学と蘭通詞—島津重豪及び斉彬の蘭通詞とのかかわり（徳永和喜）「鹿児島史学」　鹿児島県高校歴史部会　49　2004.3

薩摩・奄美・琉球における近世初頭の新田開発—石高制論の形成（《追悼論文》）（梅木哲人）「沖縄文化研究 ： 法政大学沖縄文化研究所紀要」　法政大学沖縄文化研究所　（31）2005.3

十人両替助利と土佐・薩摩両藩（境淳伍）「大阪春秋」　新風書房　34（1）通号118　2005.4

第54回文化講演会報告 薩摩藩と日本の近代化—洋学と海の視点から 田村省三先生「津山洋学資料館友の会だより」　[津山洋学資料館]友の会事務局　（49）2006.7

明清時代中国に朝貢する琉球国に対する薩摩藩の姿勢と態度（曾煥棋）「南島史学」　南島史学会　（69）2007.4

薩摩藩における郷と城下町（森田浩司）「史泉 ： historical & geographical studies in Kansai University」　関西大学史学・地理学会　（108）2008.7

第278回例会講話 薩摩藩士のみた米沢（木村喜雄）「温故」　米沢温故会　（35）2008.8

薩摩藩の江戸屋敷について（《特集 天璋院がいた時代と港区》）（吉崎雅規）「港郷土資料館だより」　港区立郷土資料館　（62）2008.9

鹿児島藩歴訪 培われた薩摩人（井原政純）「大隅」　大隅史談会　（52）

2009.3

薩摩藩の麓集落について─特に南九州市の事例から（上田耕）「南九州の城郭 ： 南九州城郭談話会会報」 南九州城郭談話会 （27） 2009.6

近世薩摩藩 都城領の村高（山下真一）「季刊南九州文化」 南九州文化研究会 （110） 2009.11

薩摩藩における藩邸火災後の諸動向─文久元年12月の芝新馬場屋敷を事例に（野村晋作）「研究紀要」 港区立港郷土資料館 （14） 2012.3

薩摩藩天保改革の研究（今村巌）「まいづる」 佐土原地区郷土史同好会 （28） 2012.3

薩摩藩・佐土原藩の藩政文書管理（林匡）「鹿児島史学」 鹿児島県高校歴史部会 （57） 2012.3

薩摩藩宝暦治水と佐土原藩の心違い─佐土原藩江戸日記の背景（多田武利）「宮崎県地方史研究会会報」 宮崎県地方史研究会 （4） 2013.2

佐土原藩宗家薩摩藩天保改革での徳之島農民支配（今村巌）「まいづる」 佐土原地区郷土史同好会 （29） 2013.3

薩摩藩にふりかかった お手伝い普請という大災難（伊崎玲子）「まいづる」 佐土原地区郷土史同好会 （29） 2013.3

奄美諸島への視点 薩摩藩支配と琉球の朝貢体制にからめて（特集 黒潮の道の島々 トカラ列島から奄美大島へ）（弓削政己）「西日本文化」 西日本文化協会 （462） 2013.4

薩摩藩の廃仏毀釈と霧島山麓住民の民権的憲法草案─地域主権国家の展望と日本文化の再検討（神田嘉延）「青峰 ： 歴史と文化」 土書房 （2） 2013.6

2013年度宮崎公立大学卒業論文要旨 新知拝領分家をめぐる本分家関係に関する一考察─薩摩藩と佐土原藩の事例を通して（東圭一郎）「宮崎県地域史研究」 宮崎県地域史研究会 （29） 2014.3

幕末期薩摩藩の写真技術導入（川崎華菜）「中央史学」 中央史学会 （37） 2014.3

「異国口」と「異国方御用」─幕末期における薩摩藩の「異国船御手当」をめぐって（大会発表要旨）（岡部敏和）「中央史学」 中央史学会 （37） 2014.3

薩摩半島

新幹線時代の薩摩半島─「ミュージアム知覧」と文化による地域起こし（上野敏見）「知覧文化」 知覧町立図書館 41 2004.3

里村

里村・阿久根市琉球史料調査（小野まさ子）「沖縄県史だより」 沖縄県教育庁 （14） 2005.3

佐仁

奄美大島笠利町佐仁方言─基礎語彙と民俗語彙について（琉球大学琉球方言研究クラブ）「沖縄・八重山文化研究会会報」 沖縄・八重山文化研究会 （141） 2004.1

猿山陣

猿山陣跡の縄張構成について（上田耕）「南九州市薩南文化 ： 地域の歴史と文化を記録する」 南九州市立図書館 （3） 2011.3

三方限

鹿児島城下絵図にみる三方限の名士（友野春久）「敬天愛人」 西郷南洲顕彰会 （21） 2003.9

思案橋

街道を歩く 市来町思案橋～八房橋「くしきの」 いちき串木野郷土史研究会 （23） 2009.6

敷根火薬製造所

敷根火薬製造所始末記─防衛庁公文類纂を中心にして（秋吉龍敏）「敬天愛人」 西郷南洲顕彰会 （30） 2012.9

志布志街道

志布志街道の並木松記念碑（深江洋一）「大隅」 大隅史談会 47 2004.3

島津応吉邸

島津応吉邸門前─南洲翁戦死の特定は可能（平田信芳）「敬天愛人」 西郷南洲顕彰会 （21） 2003.9

島津庄

島津庄と肝付氏庶流（隈元信一）「大隅」 大隅史談会 （56） 2013.3

島津藩

島津藩の奄美・琉球侵略四百年関連の主な集い（仙田隆宜）「徳之島郷土研究会報」 徳之島郷土研究会 （32） 2012.4

清水

清水のむかし話（郷土の歴史）（藤田房成）「南九州市薩南文化 ： 地域の歴史と文化を記録する」 南九州市立図書館 （2） 2010.3

下伊倉城

下伊倉城に憶う（下伊倉肇）「大隅」 大隅史談会 46 2003.3

下平川

エラブの地名伝承（知名町下平川・方名ユシキャ）「えらぶせりよさ ：

沖永良部郷土研究会会報」 沖永良部郷土研究会 （42） 2008.4

集古館

鹿児島ほっつき歩記（4） 鹿児島集古館（後藤昭児）「北海道歴史教室」 歴史教育者協議会北海道協議会 （183） 2005.12

十三塚原台地

十三塚原台地の通水の由来（有村久行）「薩摩義士に学ぶ」 霧島市薩摩義士顕彰会 （3） 2010.3

集成館

近代化事業と在来技術─集成館事業を支えた薩摩の在来技術（松尾千歳）「鹿児島地域史研究」 『鹿児島地域史研究』刊行会, 鹿児島地域史研究会 （4） 2007.10

集成館事業を支えた吉野台地の関連遺産（創立20周年記念 学習発表会）（水之浦敦）「吉野史談」 吉野史談会 （37） 2013.3

城上

城上史跡めぐり（林碩信）「千台 ： 薩摩川内郷土史研究会機関誌」 薩摩川内郷土史研究会 （37） 2009.3

城上の歴史を再考する（福元忠良）「千台 ： 薩摩川内郷土史研究会機関誌」 薩摩川内郷土史研究会 （39） 2011.3

白川

金峰町白川を散策して（大岳吉之助）「鹿児島史談」 鹿児島史談会編集委員会 （6） 2008.12

白沢

枕崎市白沢の石灰生産「ヒトへ焼き」について─最後の伝承者 中俣末春さんからの聞き書き（坂元恒太）「知覧文化」 知覧町立図書館 （43） 2006.3

城山

城山陥落と西郷軍へ哀惜の風潮（伊牟田比呂多）「敬天愛人」 西郷南洲顕彰会 （27） 2009.9

神亀山

初代大平橋と神亀山（福元忠良）「文化川内」 川内市立図書館 19 2005.3

新城

震洋隊基地（新城）（中島信夫）「大隅」 大隅史談会 48 2005.3

新田川

阿多新田川掘削工事（岩川由里香）「薩摩義士」 鹿児島県薩摩義士顕彰会 （14） 2007.3

住吉

知名町住吉のシイキャンドウ（地名）のウブス（出村卓三）「えらぶせりよさ ： 沖永良部郷土研究会会報」 沖永良部郷土研究会 （13） 2001.1

知名町住吉におけるアムトゥの伝承（蛸島直）「えらぶせりよさ ： 沖永良部郷土研究会会報」 沖永良部郷土研究会 （36） 2006.11

西薩鉄道

西薩鉄道ができる頃のできごと（橋之口篤實）「くしきの」 いちき串木野郷土史研究会 （17） 2003.6

生福

五反田川以南の生福の史跡めぐり（小野義文）「くしきの」 いちき串木野郷土史研究会 （20） 2006.6

瀬名

エラブの地名伝承（和泊町瀬名方名シニャ）「えらぶせりよさ ： 沖永良部郷土研究会会報」 沖永良部郷土研究会 （23） 2003.7

瀬利覚

エラブの地名伝承（和泊町瀬利覚方名ジッキョ）「えらぶせりよさ ： 沖永良部郷土研究会会報」 沖永良部郷土研究会 （22） 2003.5

仙巌園

仙巌園十六景について（迫田行男）「鹿児島史談」 鹿児島史談会編集委員会 （4） 2000.10

続 仙巌園十六景（迫田行男）「鹿児島史談」 鹿児島史談会編集委員会 （5） 2003.12

川内

古代南九州文化発信地・川内（講演）（中村明蔵）「千台 ： 薩摩川内郷土史研究会機関誌」 薩摩川内郷土史研究会 （31） 2003.3

椛木家造船資料返還の経緯（小倉一夫）「千台 ： 薩摩川内郷土史研究会機関誌」 薩摩川内郷土史研究会 （33） 2005.3

レールの下の物語─新幹線建設により明らかになった川内の歴史（講演）（宮田栄二）「千台 ： 薩摩川内郷土史研究会機関誌」 薩摩川内郷土史研究会 （34） 2006.3

川内川

川内川の今昔と我が哀歓（前田利武）「つつはの」 つつはの郷土研究会

九州・沖縄　　　　　　　　地名でたどる郷土の歴史　　　　　　　　鹿児島県

　　（30）　2002.4
　川内川流域水害の歴史―川内市を中心に（山下博）「千台 ： 薩摩川内郷
　　土史研究会機関誌」 薩摩川内郷土史研究会 （31）2003.3
　薩摩川内市 川内川流域の史跡めぐり［1］～（3）（小野義文）「くしきの」
　　いちき串木野郷土史研究会 （22）2008.6
　わが心の川内川（濱里忠宜）「文化薩摩川内」 薩摩川内市立中央図書館
　　（4）2009.3

川内郷
　歴史の道を歩く（森永満郎）「千台 ： 薩摩川内郷土史研究会機関誌」 薩
　　摩川内郷土史研究会 （38）2010.3

川内市
　地名考察（尾之上光久）「文化川内」 川内市立図書館　17　2003.3
　川内市の地名（小字）について（4）―小字より水の流れを探して（永井俊
　　治）「千台 ： 薩摩川内郷土史研究会機関誌」 薩摩川内郷土史研究会
　　（32）2004.3

川内橋
　裏表紙写真 川内橋（林碩信）「千台 ： 薩摩川内郷土史研究会機関誌」 薩
　　摩川内郷土史研究会 （41）2013.3

曽於
　大隅の山と川（5）曽於編（木下秀磨）「大隅」 大隅史談会 （50）2007.3

平島
　東シナ海の古層（1）放送考古学―〈平島放送記録〉を読む（1）（稲垣尚
　　友）「東北学.［第2期］」 東北芸術工科大学東北文化研究センター，柏
　　書房（発売） （21）2009.11
　東シナ海の古層（2）ヤギの耳切り―〈平島放送記録〉を読む（2）（稲垣尚
　　友）「東北学.［第2期］」 東北芸術工科大学東北文化研究センター，柏
　　書房（発売） （22）2010.2
　東シナ海の古層（3）わたしは毎晩泣いている―〈平島放送記録〉を読む
　　（3）（稲垣尚友）「東北学.［第2期］」 東北芸術工科大学東北文化研究
　　センター，柏書房（発売） （23）2010.5
　東シナ海の古層（4）電球ということができないのです―〈平島放送記
　　録〉を読む（4）（稲垣尚友）「東北学.［第2期］」 東北芸術工科大学東
　　北文化研究センター，柏書房（発売） （24）2010.8
　東シナ海の古層（5）遠島人の狂気―〈平島放送記録〉を読む（5）（稲垣尚
　　友）「東北学.［第2期］」 東北芸術工科大学東北文化研究センター，柏
　　書房（発売） （25）2010.11
　東シナ海の古層（6）寄木―〈平島語字典〉から（稲垣尚友）「東北学.［第
　　2期］」 東北芸術工科大学東北文化研究センター，柏書房（発売）
　　（26）2011.2
　東シナ海の古層（7）「呑みこむ」行為―〈平島語字典〉から（稲垣尚友）
　　「東北学.［第2期］」 東北芸術工科大学東北文化研究センター，柏書
　　房（発売） （27）2011.5
　東シナ海の古層（8）入りこみ人たち―〈平島語字典〉から（稲垣尚友）
　　「東北学.［第2期］」 東北芸術工科大学東北文化研究センター，柏書
　　房（発売） （28）2011.8
　東シナ海の古層（9）オヤコとヤド―客人接客制度―〈平島語字典〉から
　　（稲垣尚友）「東北学.［第2期］」 東北芸術工科大学東北文化研究セン
　　ター，柏書房（発売） （29）2011.11
　東シナ海の古層（10）最終回 2011年秋 平島再訪―〈平島語字典〉から
　　（稲垣尚友）「東北学.［第2期］」 東北芸術工科大学東北文化研究セン
　　ター，柏書房（発売） （30）2012.2

高江
　高江開拓の歴史―小・中学生と探る（家村比呂志）「千台 ： 薩摩川内郷
　　土史研究会機関誌」 薩摩川内郷土史研究会 （31）2003.3

高隈
　高隈の生い立ち―地名辞典参考（郷土史編輯部）「大隅」 大隅史談会
　　（51）2008.3

高熊山
　高熊山へ（遠部慎，高橋信武）「西南戦争之記録」 西南戦争を記録する会
　　3　2005.8

高倉
　平成16年度 沖永良部島の高倉現状報告（川上忠志）「えらぶせりよさ ：
　　沖永良部郷土研究会会報」 沖永良部郷土研究会 （26）2004.4

高須
　高須は戦場だった（立元良三）「大隅」 大隅史談会　48　2005.3
　小学校創立頃の高須の様子をたどる―「西南の役」前後の証言をもとに
　　（上原義史）「大隅」 大隅史談会 （53）2012.3
　高須への進駐軍上陸（上原義史）「大隅」 大隅史談会 （56）2013.3

高千穂峰
　霧島と高千穂峰（江之口汛生）「千台 ： 薩摩川内郷土史研究会機関誌」
　　薩摩川内郷土史研究会 （33）2005.3

高原
　水物語―高原の水道（中島勇三）「大隅」 大隅史談会 （55）2012.3

宝島
　新収蔵資料紹介 琉球人道中記／福州人筆話／薩摩属領宝島に韻危利西船
　　漂着乱妨一件写及附圖／琉球来府文書「びぶりお ： 琉球大学附属図書
　　館報」 琉球大学附属図書館 （159）2013.10

高城村
　久保田盛諫「日記」から高城村分村事件の背景を探る（福元忠良）「千台 ：
　　薩摩川内郷土史研究会機関誌」 薩摩川内郷土史研究会 （37）2009.3

多禰
　『唐大和上東征伝』の「第二舟發向多禰去七日至益救嶋」をいかに読むか
　　（小玉正任）「沖縄学 ： 沖縄学研究所紀要」 沖縄学研究所　8（1）通
　　号8　2005.3

種子島
　種子島の小型怪獣葡萄鏡（下野敏見，橋口尚武）「南島史学」 南島史学会
　　（61）2003.4
　鹿児島ほっつき歩記（1）種子島（武藤拓也）「北海道歴史教室」 歴史教
　　育者協議会北海道協議会 （178）2003.7
　ポルトガル人の種子島初来年代をめぐって―日欧交渉の起源・補遺（清
　　水紘一）「南島史学」 南島史学会 （64）2004.11
　種子島・屋久島の旅（佐藤宏文）「地理の集い」 福岡県高等学校地理研究
　　会 （37）2007
　鹿児島県種子島の鏡について（1）小型海獣葡萄鏡とその他の鏡について
　　（橋口尚武）「鹿児島地域史研究」 『鹿児島地域史研究』刊行会，鹿児
　　島地域史研究会 （1）2007.10
　種子島に移住した国頭の人々（先田光演）「えらぶせりよさ ： 沖永良部
　　郷土研究会会報」 沖永良部郷土研究会 （40）2007.11
　新職員のご案内／シリーズ・種子島からめっかりもーさん（1）／5月度人
　　物部会「竹生島観音御開帳見学」のご案内「長浜城歴史博物館友の会
　　友の会だより」 長浜城歴史博物館友の会 （115）2009.5
　シリーズ・種子島からめっかりもーさん（2）「長浜城歴史博物館友の会
　　友の会だより」 長浜城歴史博物館友の会 （116）2009.6
　シリーズ・種子島からめっかりもーさん（3）「皆既日食―月に一番近い
　　島・種子島」「長浜城歴史博物館友の会友の会だより」 長浜城歴史博
　　物館友の会 （117）2009.7
　シリーズ・種子島からめっかりもーさん（4）「8月の種子島」「長浜城歴
　　史博物館友の会友の会だより」 長浜城歴史博物館友の会 （118）
　　2009.8
　シリーズ・種子島からめっかりもーさん（6）「さつまいも（甘藷）にまつ
　　わるお話」「長浜城歴史博物館友の会友の会だより」 長浜城歴史博物
　　館友の会 （120）2009.10
　種子島からめっかりもーさん（10）「黒糖今昔物語」「長浜城歴史博物館
　　友の会友の会だより」 長浜城歴史博物館友の会 （124）2010.2
　種子島からめっかりもーさん（最終回）「鉄砲伝来をめぐる人々」「長浜
　　城歴史博物館友の会友の会だより」 長浜城歴史博物館友の会
　　（125）2010.3
　『日本書紀』の里程と、難波津―種子（多禰）島間の距離五千余里につい
　　ての考察（草川英昭）「つどい」 豊中歴史同好会 （271）2010.8
　種子島・西之表市安納・沖ヶ浜田の人と自然の関係―持田三男さんのお
　　話から（調査報告）（盛口満）「地域研究」 沖縄大学地域研究所 （11）
　　2013.3

田原坂
　田原坂歴史紀行（嶋賢）「吉野史談」 吉野史談会 （32）2008.3

田皆
　田皆大空襲（奥間ヨシ）「えらぶせりよさ ： 沖永良部郷土研究会会報」
　　沖永良部郷土研究会 （38）2007.4

垂水
　本土決戦をめざす垂水航空隊（弓指重豊）「大隅」 大隅史談会　48
　　2005.3
　垂水海軍航空隊（中島信夫）「大隅」 大隅史談会　48　2005.3
　垂水の戦災復興と製塩（中島信夫）「大隅」 大隅史談会 （50）2007.3

チダカ
　チダカの地名（福谷平）「大隅」 大隅史談会 （56）2013.3

知名町
　エラブの地名伝承（知名町ニシミ 上城・下城・新城）「えらぶせりよさ ：
　　沖永良部郷土研究会会報」 沖永良部郷土研究会 （18）2002.4

知覧
　古代給黎郷は知覧・喜入二町域から成っていたか（江平望）「ミュージア
　　ム知覧紀要」 ミュージアム知覧　8　2002.3
　伊能忠敬の足跡をたずねて―知覧南部海岸周辺での測量（難波亀壽）「知
　　覧文化」 知覧町立図書館　41　2004.3
　知覧の棟札（上田耕）「南九州市薩南文化 ： 地域の歴史と文化を記録す

る」 南九州市立図書館 （1） 2009.3

「薩摩沿海漁場図」にみる知覧と頴娃（橋村修）「ミュージアム知覧紀要・
館報」 知覧町教育委員会 2010.3

知覧・頴娃の浦々を考える（坂元恒太）「南九州市薩南文化 ： 地域の歴
史と文化を記録する」 南九州市立図書館 （2） 2010.3

知覧茶の礎を築いた「知覧銘茶研究会」（瀬川芳幸）「南九州市薩南文化
： 地域の歴史と文化を記録する」 南九州市立図書館 （3） 2011.3

知覧院

鎌倉・南北朝時代の河辺郡・知覧院・頴娃郡（江平望）「南九州市薩南文
化 ： 地域の歴史と文化を記録する」 南九州市立図書館 （1） 2009.3

河辺郡・頴娃郡そして知覧院について―その領域と由来（江平望）「南九
州市薩南文化 ： 地域の歴史と文化を記録する」 南九州市立図書館
（2） 2010.3

知覧郷

知覧郷八小学校設立当時の教育事情（難波亀壽）「知覧文化」 知覧町立図
書館 40 2003.3

明治20年給黎郡知覧郡郡村の官公署（江平望）「知覧文化」 知覧町立図
書館 41 2004.3

古代河辺郡川上郷から近世給黎郡知覧郷へ―知覧院の沿革（江平望）「南
九州市薩南文化 ： 地域の歴史と文化を記録する」 南九州市立図書館
（3） 2011.3

知覧城

知覧城は当時も木々が鬱そうとしていたか―築城に関する秘伝書『築城
記』の紹介をかねて（吉永正史）「知覧文化」 知覧町立図書館 42
2005.3

南九州の城郭と近世麓集落―知覧城跡の調査と知名などの麓集落から
（上田耕）「中世城郭研究」 中世城郭研究会 （19） 2005.7

知覧町

的場家文書（江平望）「ミュージアム知覧紀要」 ミュージアム知覧 6
2000.3

的場家文書（追補）,（追補2）（江平望）「ミュージアム知覧紀要」 ミュー
ジアム知覧 7/8 2001.3/2002.3

知覧の先史文化（上田耕）「知覧文化」 知覧町立図書館 40 2003.3

知覧町の学校外教育 改革への道―これまでの歩みと今後の方向（斎藤
博）「知覧文化」 知覧町立図書館 40 2003.3

大漁祝書の「万祝」について―ミュージアム知覧展示品より（上田耕）
「ミュージアム知覧紀要・館報」 知覧町教育委員会 （10） 2005.3

史料 治安裁判所設置歎願関係文書―樋渡清廉氏所蔵文書より（江平望）
「ミュージアム知覧紀要・館報」 知覧町教育委員会 （10） 2005.3

「知覧仲家文書」より（坂元恒太）「ミュージアム知覧紀要・館報」 知覧
町教育委員会 （10） 2005.3

知覧町・知覧重要伝統的建造物保存地区の選定とこれまでの動き（若松
重弘）「知覧文化」 知覧町立図書館 42 2005.3

知覧町指定文化財「ヘヤッガマ（石炭焼窯）」について（知覧町教育委員
会）「ミュージアム知覧紀要・館報」 知覧町教育委員会 （11） 2007.3

知覧、赤崎家文書の紹介―鉄山関係資料（上田耕）「ミュージアム知覧紀
要・館報」 知覧町教育委員会 （11） 2007.3

知覧フィールドノート余禄抄―天神山・山下堰・柴神山・中須の水
道・コッゾメイ・ヒビと蛇行剣・牧神どん・他（下野敏見）「知覧文化」
知覧町立図書館 （45） 2007.11

知覧町の方言について―松ヶ浦校区を中心として（難波亀壽）「知覧文
化」 知覧町立図書館 （45） 2007.11

僕の知覧よかとこ七選―知覧の地域資源を展望する（東川隆太郎）「知覧
文化」 知覧町立図書館 （45） 2007.11

昭和十五年五月四日 都市計畫ニ関スル綴 知覧町（市坪政昭）「知覧文化」
知覧町立図書館 （45） 2007.11

知覧茶に魅せられて 知覧茶ブランド化への道（瀬川芳行）「知覧文化」
知覧町立図書館 （45） 2007.11

上原尚賢南游録に記された近世知覧紀行（ミュージアム知覧）「ミュージ
アム知覧紀要・館報」 知覧町教育委員会 （12） 2010.3

知覧町史談会について（林川挑）「南九州市薩南文化 ： 地域の歴史と文
化を記録する」 南九州市立図書館 （4） 2012.3

知覧特攻出撃地

知覧特攻出撃地を訪れて想う（中嶋三郎）「温故知新」 美東町文化研究会
（34） 2007.4

知覧特攻平和会館

知覧特攻平和会館をめぐる人々の戦後史（《特集 国際シンポジウム「ア
ジアにおける平和博物館の交流と協力」》）（岡野紘子）「立命館平和研
究 ： 立命館大学国際平和ミュージアム紀要」 立命館大学国際平和
ミュージアム （6） 2005.3

知覧特攻平和会館・武家屋敷視察記（板垣重雄）「日和城」 高城の昔を語
る会 （18） 2011.1

月野城

月野城の歴史と月野榛谷氏について（加塩英樹）「大隅」 大隅史談会
（49） 2006.3

津代

昭和4年津代方面の山崩れ（吐合親二）「大隅」 大隅史談会 （49） 2006.
3

筒羽野

ふるさとの方言（二反田武雄）「つつはの」 つつはの郷土研究会 29
2001.3

つつはの郷土研究会30周年の歩み（つつはの郷土研究会）「つつはの」
つつはの郷土研究会 （30） 2002.4

つつはの郷土研究会30周年の歩み・続き（つつはの郷土研究会）「つつは
の」 つつはの郷土研究会 （30） 2002.4

筒羽野村

表紙「県境元標」説明文（西田富善）「つつはの」 つつはの郷土研究会
（35） 2010.2

県境の謎（田上舜一）「つつはの」 つつはの郷土研究会 （35） 2010.2

愛甲家文書転載（つつはの郷土研究会）「つつはの」 つつはの郷土研究会
（35） 2010.2

表紙説明「雲海の旧筒羽野村」「つつはの」 つつはの郷土研究会 （36）
2011.10

創立40周年の軌跡と将来への展望（田上舜一）「つつはの」 つつはの郷
土研究会 （36） 2011.10

愛甲家文書転載（つつはの郷土研究会）「つつはの」 つつはの郷土研究会
（37） 2012.12

愛甲家古文書（つつはの郷土研究会）「つつはの」 つつはの郷土研究会
（38） 2013.12

愛甲家古文書（つつはの郷土研究会）「つつはの」 つつはの郷土研究会
（39） 2014.12

壺屋ヶ平

薩摩焼の誕生と展開―謎の壺屋ヶ平と串木野窯（関一之）「くしきの」 い
ちき串木野郷土史研究会 （18） 2004.6

手打

下甑島手打に「富ヶ尾・高山移住記念碑」が完成（橋口満）「大隅」 大隅
史談会 （55） 2012.3

出花

エラブの地名伝承（和泊町出花・方名デギ・ディギ）「えらぶせりよさ ：
沖永良部郷土研究会会報」 沖永良部郷土研究会 （13） 2001.1

手々知名

エラブの地名伝承（和泊町手々知名・方名ティーチャ・アカタジ）「えら
ぶせりよさ ： 沖永良部郷土研究会会報」 沖永良部郷土研究会
（14） 2001.4

寺師殿城

寺師殿城跡の歴史と構造について（上田耕,上之真太郎）「ミュージアム
知覧紀要・館報」 知覧町教育委員会 （10） 2005.3

照島

大正から昭和初期の照島の風物（有村巽）「くしきの」 いちき串木野郷土
史研究会 （20） 2006.6

天竜橋

余多川天竜橋の「高倉」修正の経緯（先田光演）「えらぶせりよさ ： 沖
永良部郷土研究会会報」 沖永良部郷土研究会 （12） 2000.11

トカラ列島

トカラ海域史の視点 海上交通と異国船来航をめぐって（真栄平房昭）「東
北学.［第1期］」 東北芸術工科大学東北文化研究センター, 作品社
（発売）5 2001.10

第32回研究例会発表要旨 薩琉関係におけるトカラ―海上交通の形態と
その変遷（高良由加利）「沖縄で奄美を考える会会報」 沖縄で奄美を
考える会 （17） 2004.5

黒潮の道の島々（特集 黒潮の道の島々トカラ列島から奄美大島へ）（東
和幸）「西日本文化」 西日本文化協会 （462） 2013.4

九州南部の島々の特色ある衣と食（特集 黒潮の道の島々トカラ列島か
ら奄美大島へ）（牧島知子）「西日本文化」 西日本文化協会 （462）
2013.4

「海上の道」再考―竹の焼畑とイモと黒米（赤米）（特集 黒潮の道の島々
トカラ列島から奄美大島へ）（川野和昭）「西日本文化」 西日本文化協
会 （462） 2013.4

徳時

エラブの地名伝承（知名町徳時・方名トゥドゥチ）「えらぶせりよさ ：
沖永良部郷土研究会会報」 沖永良部郷土研究会 （36） 2006.11

徳之島

徳之島の闘牛―その変遷と現状―（金城涼子）「沖縄で奄美を考える会会

九州・沖縄　　地名でたどる郷土の歴史　　鹿児島県

報」 沖縄で奄美を考える会 （11） 2001.6

作物によって明暗を分けた二つの島 徳之島と沖永良部島（伊勢達一）「えらぶせりよさ ： 沖永良部郷土研究会会報」 沖永良部郷土研究会（16） 2001.10

徳之島のハブ話覚書（本田碩孝）「南島研究」 南島研究会 通号50 2009.11

那覇世前夜の徳之島（3）琉球王国による徳之島支配はいつから始まったか？（日高正太）「徳之島郷土研究会報」 徳之島郷土研究会 （30） 2010.3

北緯29度線の人為的境界線—地理的・経済的・文化的面から（得岡誠二郎）「徳之島郷土研究会報」 徳之島郷土研究会 （30） 2010.3

徳之島の闘牛文化（遠藤智）「徳之島郷土研究会報」 徳之島郷土研究会（30） 2010.3

「松山光秀氏の郷土研究から学ぶ」覚書（本田碩孝）「徳之島郷土研究会報」 徳之島郷土研究会 （30） 2010.3

徳之島の自然—ヘビ（蛇）を通して（本田碩孝）「徳之島郷土研究会報」 徳之島郷土研究会 （30） 2010.3

徳富重成氏の生活史覚書（本田碩孝）「徳之島郷土研究会報」 徳之島郷土研究会 （30） 2010.3

徳「三家録」について—徳之島側の記録を通して薩摩侵攻「秋徳湊の戦い」を理解するために（義岡明雄）「徳之島郷土研究会報」 徳之島郷土研究会 （30） 2010.3

徳之島の成り立ちと自然、そして農業（松岡由紀）「徳之島郷土研究会報」 徳之島郷土研究会 （30） 2010.3

徳之島・加計呂麻島での蛇「ハブ」の話覚書（本田碩孝）「南島研究」 南島研究会 通号51 2010.3

徳之島での蛇（ハブ）の話覚書（1）（本田碩孝）「徳之島郷土研究会報」 徳之島郷土研究会 （31） 2011.5

徳之島の山—その地名考（岡村隆博）「徳之島郷土研究会報」 徳之島郷土研究会 （31） 2011.5

徳之島関係文献目録（本田碩孝）「徳之島郷土研究会報」 徳之島郷土研究会 （31） 2011.5

徳之島の闘牛における観客の動向と今後の可能性（石川菜央）「広島大学総合博物館研究報告」 広島大学総合博物館 （3） 2011.12

徳之島での蛇（ハブ）の話覚書（本田碩孝）「奄美沖縄民間文芸学」 奄美沖縄民間文芸学会 （11） 2012.3

「徳之島事情」に見る兼入関係記述について（寺師孝則）「徳之島郷土研究会報」 徳之島郷土研究会 （32） 2012.4

内から見る徳之島比較文化論—幸せの物差し（松岡由紀）「徳之島郷土研究会報」 徳之島郷土研究会 （32） 2012.4

武村丸からのメッセージ（紙芝居）—子ども地域と共同の実践から平和の文化構築（幸多勝弘）「徳之島郷土研究会報」 徳之島郷土研究会（32） 2012.4

初代大親徳之島首里之衆（主）来島四五〇周年を迎えるにあたって（義岡明雄）「徳之島郷土研究会報」 徳之島郷土研究会 （32） 2012.4

佐土原藩宗家薩摩藩天保改革での徳之島島民支配（今村巖）「まいづる」 佐土原地区郷土史同好会 （29） 2013.3

「徳之島巡見」開催される（平良啓）「首里城公園友の会会報」 首里城公園友の会 （87） 2014.3

徳之島高校

徳之島高校における「郷土教育」の取り組み—徳之島をどう教えるか、どう位置づけるか（吉満庄司）「鹿児島史学」 鹿児島県高校歴史部会（55） 2010.3

徳之島高校における「郷土研究」の取り組み—徳之島をどう教えるか、どう位置づけるか（吉満庄司）「徳之島郷土研究会報」 徳之島郷土研究会 （30） 2010.3

徳之島高校県民大学「楽しく学ぶ徳之島学」の記録（吉満庄司）「徳之島郷土研究会報」 徳之島郷土研究会 （30） 2010.3

富ヶ尾

下瓶島手打に「富ヶ尾・高山移住記念碑」が完成（橋口満）「大隅」 大隅史談会 （55） 2012.3

友竿ぐすく

幻となった「友竿ぐすく（城）」（仮称）「えらぶせりよさ ： 沖永良部郷土研究会会報」 沖永良部郷土研究会 （14） 2001.4

戸森

徳之島・戸森の線刻画（特集 黒潮の道の島々 トカラ列島から奄美大島へ）（具志堅亮）「西日本文化」 西日本文化協会 （462） 2013.4

樋脇

樋脇地区の史跡めぐり（濱田宏）「千台 ： 薩摩川内郷土史研究会機関誌」 薩摩川内郷土史研究会 （35） 2007.3

鳥島

志布志廻船の鳥島漂流（閏野史郎）「大隅」 大隅史談会 （49） 2006.3

長尾山

小梓峠～長尾山～長尾山北方の戦跡（横澤慈）「西南戦争之記録」 西南戦争を記録する会 （4） 2008.10

長崎堤防

長崎堤防の修復工事について（江之口汎生）「文化川内」 川内市立図書館 18 2004.3

高江町長崎堤防 磨崖「心」考（研究・論説）（家村比呂志）「千台 ： 薩摩川内郷土史研究会機関誌」 薩摩川内郷土史研究会 （40） 2012.3

長島

長島歴史紀行（紀行）（森永満郎）「千台 ： 薩摩川内郷土史研究会機関誌」 薩摩川内郷土史研究会 （40） 2012.3

中嶋宮

中嶋宮＝塔之原説の波紋（江之口汎生）「千台 ： 薩摩川内郷土史研究会機関誌」 薩摩川内郷土史研究会 （35） 2007.3

中福良

上山田中福良の力石（坂元恒太）「南九州市薩南文化 ： 地域の歴史と文化を記録する」 南九州市立図書館 （5） 2013.3

永嶺

エラブの地名伝承（和泊町永嶺・方名ナガニー）「えらぶせりよさ ： 沖永良部郷土研究会会報」 沖永良部郷土研究会 （27） 2004.7

エラブの地名伝承（和泊町永嶺・ネーチナ海岸）「えらぶせりよさ ： 沖永良部郷土研究会会報」 沖永良部郷土研究会 （34） 2006.4

苗代川

苗代川「不倫の恋」の物語 封建「身分」に生きた「朴権貞妻」（大武進）「季刊南九州文化」 南九州文化研究会 （114） 2011.11

南隈

南隈に生きた女性たち（竹之井敏）「大隅」 大隅史談会 （54） 2011.5

南薩

南薩地区の歴史散歩—南さつま市を中心に（難波経健）「鹿児島史学」 鹿児島県高校歴史部会 （51） 2006.3

谷山・南薩方面史跡探訪（紀行）（濱田宏）「千台 ： 薩摩川内郷土史研究会機関誌」 薩摩川内郷土史研究会 （39） 2011.3

南薩路

南薩路史跡探訪記（濱田宏）「千台 ： 薩摩川内郷土史研究会機関誌」 薩摩川内郷土史研究会 （38） 2010.3

男体山

随筆 男体山（外園洋一）「文化薩摩川内」 薩摩川内市立中央図書館 （5） 2010.3

仁志

エラブの地名伝承（和泊町仁志・ニシ）「えらぶせりよさ ： 沖永良部郷土研究会会報」 沖永良部郷土研究会 （29） 2005.1

西方町

西方町歴史探訪 現状その1（肱岡修一郎）「千台 ： 薩摩川内郷土史研究会機関誌」 薩摩川内郷土史研究会 （37） 2009.3

西方町歴史探訪 現状その2 防火壁のある家（肱岡修一郎）「千台 ： 薩摩川内郷土史研究会機関誌」 薩摩川内郷土史研究会 （38） 2010.3

西原

西原字の土地台帳（明治30年代から）（伊地知裕仁）「えらぶせりよさ ： 沖永良部郷土研究会会報」 沖永良部郷土研究会 （記念号） 2007.8

二本松

二本松今昔物語（竹之井敏）「大隅」 大隅史談会 47 2004.3

野町

高山の野町今昔（竹之井敏）「大隅」 大隅史談会 （56） 2013.3

野屋敷

知覧島津氏の郷外所領「野屋敷」（佐多敏弘）「ミュージアム知覧紀要・館報」 知覧町教育委員会 （10） 2005.3

袴田

袴田地区史跡めぐり（小野義文）「くしきの」 いちき串木野郷土史研究会 （17） 2003.6

鉢巻城

鉢巻城（薩摩川内市）の調査（新東晃一）「南九州の城郭 ： 南九州城郭談話会会報」 南九州城郭談話会 （27） 2009.6

花岡屋敷

花岡屋敷（園田トヨ）「大隅」 大隅史談会 （51） 2008.3

浜浦

浜浦の火災——一枚の書類から（所崎平）「くしきの」 いちき串木野郷土史研究会 （18） 2004.6

鹿児島県　　　　　　　　　　　地名でたどる郷土の歴史　　　　　　　　　　　九州・沖縄

早崎城

祁答院で新たに発見したこと―(1)法蓮寺(2)大隅守護横川氏と早崎城(研究・論説)(藤崎琢郎)「千台 ： 薩摩川内郷土史研究会機関誌」 薩摩川内郷土史研究会 （40） 2012.3

唱更国

文武朝における「薩摩隼人」の征討と唱更国の成立(論説)(熊谷明希)「歴史」 東北史学会 121 2013.10

祓川町

鹿屋文化遺跡地図(2)祓川町(唐鎌祐祥)「大隅」 大隅史談会 48 2005.3

原良

知覧島津家の原良別業について―「郡方吟味之朱印」絵図と『旧薩藩御城下絵図』とに見る(江平望)「知覧文化」 知覧町立図書館 （43） 2006.3

盤山

チンガラッからの芽生え(17歳の生娘 盤山での開拓の歩み)(窪田照夫)「大隅」 大隅史談会 （49） 2006.3

日置北郷

日置北郷下地中分絵図と関連史跡について(常田和彦)「南九州の城郭 ： 南九州城郭談話会会報」 南九州城郭談話会 （27） 2009.6

肥薩線

肥薩線の歴史(古川勇)「つつはの」 つつはの郷土研究会 （32） 2005.3

日向

「日向神話」と南九州、隼人―出典論との関わりから(原口耕一郎)「鹿児島地域史研究」 「鹿児島地域史研究」刊行会, 鹿児島地域史研究会 （5） 2009.2

平江

平江の古きをたづねて(橋之口篤実)「くしきの」 いちき串木野郷土史研究会 14 2000.5

平江婦人部記録から(石堂次美)「くしきの」 いちき串木野郷土史研究会 （26） 2012.7

平佐

平佐と薩摩おごじょ(餅原正浩)「千台 ： 薩摩川内郷土史研究会機関誌」 薩摩川内郷土史研究会 （39） 2011.3

広瀬川

広瀬川流域紀行(調査研究)(立園充)「南九州市薩南文化 ： 地域の歴史と文化を記録する」 南九州市立図書館 （6） 2014.3

吹上

吹上・伊集院の史跡探訪(濱田宏)「千台 ： 薩摩川内郷土史研究会機関誌」 薩摩川内郷土史研究会 （33） 2005.3

吹上浜

史跡探訪 吹上浜北端のなぎさを歩く(第1回)(小野義文)「くしきの」 いちき串木野郷土史研究会 14 2000.5

福山

日本一の花文字「フクヤマ」(深迫重位)「薩摩義士に学ぶ」 霧島市薩摩義士顕彰会 （6） 2013.3

二股川

二股川の記憶(下田節子)「大隅」 大隅史談会 （56） 2013.3

舟木

舟木の記念碑建立について(佐々木實然)「大隅」 大隅史談会 （55） 2012.3

麓

街道を巡る 八房橋～麓(所崎平)「くしきの」 いちき串木野郷土史研究会 （24） 2010.6

古里

エラブの地名伝承(和泊町古里・方名サトゥ)「えらぶせりよさ ： 沖永良部郷土研究会会報」 沖永良部郷土研究会 （28） 2004.10

古里郵便局

古里郵便局の歴史(先田光演)「えらぶせりよさ ： 沖永良部郷土研究会会報」 沖永良部郷土研究会 （35） 2006.7

前川

前川筋の歴史(関野志郎)「大隅」 大隅史談会 （56） 2013.3

前之浜国民学校

鹿児島ほっつき歩記(6)鹿児島県前之浜国民学校で撮影された映画『戦ふ少国民』(武藤拓也)「北海道歴史教室」 歴史教育者協議会北海道協議会 （185） 2006.12

正名

正名地区の概要(森田孝夫)「えらぶせりよさ ： 沖永良部郷土研究会

報」 沖永良部郷土研究会 （12） 2000.11

正名地区の音韻について(林あんり)「えらぶせりよさ ： 沖永良部郷土研究会会報」 沖永良部郷土研究会 （12） 2000.11

正名の地名改正の歴史(先田光演)「えらぶせりよさ ： 沖永良部郷土研究会会報」 沖永良部郷土研究会 （12） 2000.11

松ヶ浦

知覧町松ヶ浦の松崎家伝説と課題(本田碩孝)「ミュージアム知覧紀要・館報」 知覧町教育委員会 （9） 2003.3

松ヶ浦校区

知覧町の方言について―松ヶ浦校区を中心として(難波亀壽)「知覧文化」 知覧町立図書館 （45） 2007.11

松ヶ浦国民学校

昭和20年松ヶ浦国民学校卒業生徒の思い出(〈特集 戦後60年記念回顧〉)(森喬)「知覧文化」 知覧町立図書館 （43） 2006.3

松ヶ崎

大東亜戦争終末期の松ヶ崎地区(牛根)(篠原有幸)「大隅」 大隅史談会 48 2005.3

松の前池

松の前池の整備について(高木城二)「えらぶせりよさ ： 沖永良部郷土研究会会報」 沖永良部郷土研究会 （27） 2004.7

松山

松山郷士諸家の系図帳に見る郷替(橋口満)「大隅」 大隅史談会 48 2005.3

間根ヶ平

伊佐市青木の間根ヶ平 大口のお茶の話(研究・論説)(江之口廣男)「千台 ： 薩摩川内郷土史研究会機関誌」 薩摩川内郷土史研究会 （41） 2013.3

三島村

鹿児島県三島村踏査報告(調査報告)(渡辺芳郎)「鹿大史学」 鹿大史学会 （61） 2014.2

溝辺

溝辺の誇り(壹岐修)「文化みぞべ」 溝辺町文化協会 （15） 2005.3

皆川

皆川について(皆吉龍馬)「えらぶせりよさ ： 沖永良部郷土研究会会報」 沖永良部郷土研究会 （19） 2002.7

皆川集落の屋号 皆村英治「えらぶせりよさ ： 沖永良部郷土研究会会報」 沖永良部郷土研究会 （19） 2002.7

エラブの地名伝承(和泊町皆川)「えらぶせりよさ ： 沖永良部郷土研究会会報」 沖永良部郷土研究会 （19） 2002.7

南九州市

南九州市の誕生に至るまで(南九州市行政改革推進室)「南九州市薩南文化 ： 地域の歴史と文化を記録する」 南九州市立図書館 （1） 2009.3

薩摩藩の麓集落について―特に南九州市の事例から(上田耕)「南九州の城郭 ： 南九州城郭談話会会報」 南九州城郭談話会 （27） 2009.6

南九州市における天然記念物の現状と指定候補(鮫島正道)「南九州市薩南文化 ： 地域の歴史と文化を記録する」 南九州市立図書館 （2） 2010.3

南九州上代史に関する17の論点(松下高明)「大隅」 大隅史談会 （55） 2012.3

南九州市不思議ものがたり(下野敏見)「南九州市薩南文化 ： 地域の歴史と文化を記録する」 南九州市立図書館 （4） 2012.3

第百四十六師団(護衛兵団)について(八巻聡)「南九州市薩南文化 ： 地域の歴史と文化を記録する」 南九州市立図書館 （4） 2012.3

南九州市不思議ものがたり(2)(下野敏見)「南九州市薩南文化 ： 地域の歴史と文化を記録する」 南九州市立図書館 （5） 2013.3

南九州市民歌が紡ぐ心―制定から未来へ(上田耕)「南九州市薩南文化 ： 地域の歴史と文化を記録する」 南九州市立図書館 （5） 2013.3

南九州市をめぐる古代の地名と歴史(調査研究)(江平望)「南九州市薩南文化 ： 地域の歴史と文化を記録する」 南九州市立図書館 （6） 2014.3

モノから見る南九州市の生活文化(前)(調査研究)(下野敏見)「南九州市薩南文化 ： 地域の歴史と文化を記録する」 南九州市立図書館 （6） 2014.3

南町

南町・今昔(園田トヨ)「大隅」 大隅史談会 46 2003.3

峰山

「田田太古が響く」峯山校区(高江町)史跡巡りウォークラリーでまち起こし(村竹比呂志)「千台 ： 薩摩川内郷土史研究会機関誌」 薩摩川内郷土史研究会 （32） 2014.3

ふるさと 峰山地区(高江町)に響く歌(特別寄稿)(徳田勝章)「文化薩摩川内」 薩摩川内市立中央図書館 （8） 2013.3

九州・沖縄　　　　　　　　　地名でたどる郷土の歴史　　　　　　　　　鹿児島県

宮崎町

宮崎町周辺の史跡探訪（研究論説）（濱田豊之）「千台 ： 薩摩川内郷土史研究会機関誌」 薩摩川内郷土史研究会 （42） 2014.3

宮之城

宮之城島津家の領地（山本真申）「えびの」 えびの市史談会 35 2001.4

さつま町宮之城方面視察記（板垣重雄）「日和城」 高城の昔を語る会 （15） 2008.1

宮之城町

宮之城町史跡めぐり（市外研修）（小野義文）「くしきの」 いちき串木野郷土史研究会 （18） 2004.6

紫原城

紫原城の縄張り報告（中村正）「北部九州中近世城郭」 北部九州中近世城郭研究会 （26） 2014.3

益救嶋

『唐大和上東征伝』の「第二舟發向多褹去七日至益救嶋」をいかに読むか（小玉正任）「沖縄学 ： 沖縄学研究所紀要」 沖縄学研究所 8（1）通号8 2005.3

屋久島

屋久島における先史文化の様相（上村俊雄）「古文化談叢」 九州古文化研究会 50（分冊下） 2004.1

世界自然遺産屋久島と鹿児島探勝（横田廣）「すぎのめ」 福島市杉妻地区史跡保存会 27 2004.11

屋久島（松田紘作）「博友 ： 沖縄県立博物館友の会機関誌」 沖縄県立博物館友の会 19 2005.5

種子島・屋久島の旅（佐藤宏文）「地理の集い」 福岡県高等学校地理研究会 （37） 2007

巨木が育った屋久島の秘密（小玉健一）「ひさみね」 広瀬地区郷土史同好会 （23） 2007.1

屋久島（鹿児島県）登山の記（〈特集 終戦60年 戦時下の思い出II〉）（中野勝美）「故郷の花」 小都市郷土史研究会 （32） 2007.5

巻頭随筆 屋久島を愛し、守り、伝える（宮本裕美）「桃山歴史・地理」 京都教育大学史学会 （47） 2012.12

屋久町

特異な屋久町郷土誌（関野志郎）「大隅」 大隅史談会 48 2005.3

屋子母

エラブの地名伝承（知名町屋子母・方名ヨーム）「えらぶせりよさ ： 沖永良部郷土研究会会報」 沖永良部郷土研究会 （35） 2006.7

屋者

エラブの地名伝承（知名町屋者・方名ヤジャ）「えらぶせりよさ ： 沖永良部郷土研究会会報」 沖永良部郷土研究会 （39） 2007.7

八房橋

街道を歩く 市来町思案橋～八房橋「くしきの」 いちき串木野郷土史研究会 （23） 2009.6

街道を巡る 八房橋～麓（所崎平）「くしきの」 いちき串木野郷土史研究会 （24） 2010.6

柳井谷之陣

柳井谷之陣跡（竹之井敏）「大隅」 大隅史談会 （49） 2006.3

山川港

山川港に関わる三つの出来事（岡村利行）「吉野史談」 吉野史談会 （33） 2009.3

大和村

市町村誌字誌 大和村誌編纂委員会編『大和村誌』/天久誌編集委員会編『天久誌』「珊瑚の島だより」 南島地名研究センター （59） 2010.8

谷山

エラブの地名伝承（和泊町谷山方名イニャーヒャ）「えらぶせりよさ ： 沖永良部郷土研究会会報」 沖永良部郷土研究会 （21） 2003.2

谷山・南薩方面史跡探訪（紀行）（濱田宏）「千台 ： 薩摩川内郷土史研究会機関誌」 薩摩川内郷土史研究会 （39） 2011.3

湧水町

湧水町郷土資料館（古川重郎）「つつはの」 つつはの郷土研究会 （38） 2013.12

吉田

吉田騒擾事件の概要（川崎正孝）「吉野史談」 吉野史談会 （32） 2008.3

吉田郷

吉田郷と西南戦争 吉田町郷土誌より「吉野史談」 吉野史談会 （32） 2008.3

吉田町

吾職農也 吉田町郷土誌より「吉野史談」 吉野史談会 （32） 2008.3

吉野

吉野「歴史検定」（松岡肇三）「吉野史談」 吉野史談会 （32） 2008.3

町民大運動会（松岡肇三）「吉野史談」 吉野史談会 （33） 2009.3

吉野地域郷土誌を（中野町利和）「吉野史談」 吉野史談会 （33） 2009.3

我が町紹介20選（松岡肇三）「吉野史談」 吉野史談会 （33） 2009.3

吉野今昔について（創立20周年記念 学習発表会）（中野町利和）「吉野史談」 吉野史談会 （37） 2013.3

吉松

吉松の史跡と物語（5）（平野良雄）「つつはの」 つつはの郷土研究会 28 2000.6

吉松の古老達の言葉（境田昌治）「つつはの」 つつはの郷土研究会 （31） 2003.4

吉松・えびの地震（米満重満）「つつはの」 つつはの郷土研究会 （32） 2005.3

吉松に伝わる鹿児島語の考察（前田利武）「つつはの」 つつはの郷土研究会 （32） 2005.3

南北朝時代と吉松、栗野（黒木正彦）「つつはの」 つつはの郷土研究会 （34） 2008.10

吉松駅

戦後吉松駅前模様（境田昌治）「つつはの」 つつはの郷土研究会 （30） 2002.4

吉松小学校

吉松小学校創立130周年に思う（有川楠雄）「つつはの」 つつはの郷土研究会 （30） 2002.4

世之主城

エラブ世の主・城の戦略と防衛（川上忠志）「えらぶせりよさ ： 沖永良部郷土研究会会報」 沖永良部郷土研究会 （27） 2004.7

与路島

奄美与路島の数詞・人体用語（尾崎一）「南島研究」 南島研究会 42 2001.11

与路島に残る唐国の文化（屋崎一）「南島研究」 南島研究会 通号49 2008.11

与論島

与論島の資料断片（《与論特集号》）（先田光演）「えらぶせりよさ ： 沖永良部郷土研究会会報」 沖永良部郷土研究会 （31） 2005.8

薩摩藩統治期の与論島における砂糖政策（《与論特集号》）（伊地知裕仁）「えらぶせりよさ ： 沖永良部郷土研究会会報」 沖永良部郷土研究会 （31） 2005.8

マチャンの地名とその漁法（田畑吉一さんの伝承）（《与論特集号》）「えらぶせりよさ ： 沖永良部郷土研究会会報」 沖永良部郷土研究会 （31） 2005.8

与論島奇譚（町健次郎）「南島研究」 南島研究会 通号47 2006.11

与論島方言助詞の研究（野原三義）「南島文化」 沖縄国際大学南島文化研究所 （29） 2007.3

与論島巡見 琉球との関わりの深さを感じて（松田一美）「首里城公園友の会会報」 首里城公園友の会 （75） 2011.3

資料 与論島方言アクセント資料（1）（上野善道）「南島文化」 沖縄国際大学南島文化研究所 （36） 2014.3

立長

地名の言語学散歩―瀬利覚・勢理客・立長（かりまたしげひさ）「えらぶせりよさ ： 沖永良部郷土研究会会報」 沖永良部郷土研究会 （22） 2003.5

琉球館

近世日琉関係における外交・貿易システム―鹿児島琉球館における開役・用聞の役割（深瀬公一郎）「南島史学」 南島史学会 （64） 2004.11

和

和泊町和の小字名（大福謙蔵）「えらぶせりよさ ： 沖永良部郷土研究会会報」 沖永良部郷土研究会 （23） 2003.7

和字の紀家屋敷跡と紀村賢の墓（大福謙蔵）「えらぶせりよさ ： 沖永良部郷土研究会会報」 沖永良部郷土研究会 （39） 2007.7

和泊

エラブの地名伝承（和泊町和泊・方名ワドマイ）「えらぶせりよさ ： 沖永良部郷土研究会会報」 沖永良部郷土研究会 （15） 2001.7

和泊町

沖永良部島の湧水・ため池調査（1）和泊町（川上忠志）「えらぶせりよさ ： 沖永良部郷土研究会会報」 沖永良部郷土研究会 （25） 2004.2

和の川

「和の川の調査記録」の紹介（市喜志孝）「えらぶせりよさ ： 沖永良部郷土研究会会報」 沖永良部郷土研究会 （23） 2003.7

沖縄県

赤木名城
グスクから見た琉球の土木技術(10) 赤木名城と奄美遺産の整備(中山清美)「しまたてぃ : 建設情報誌」 沖縄しまたて協会 (66) 2013.10

阿嘉集落
友の会 勉強会─阿嘉集落や伝説について/集落散策(旧阿嘉集落跡)「久米島自然文化センターだより」 久米島自然文化センター (11) 2006.3

赤野
川と人の関わりの復元─天願川下流・赤野の地名から(南島地名研究センター2010年度大会報告)(金城良三)「珊瑚の島だより」 南島地名研究センター (61) 2011.9

東江村
第3回山原のムラ・シマ講座─名護市名護三ヶ村(東江・城・大兼久)「なきじん研究」 今帰仁村歴史文化センター (18) 2011.3

安慶名
うるま市安慶名のまちづくり─心も体も元気になるまちを目指して(特集 沖縄の都市計画事業を俯瞰する─昭和から平成へ、街はどう変わったか)(仲宗根政勝)「しまたてぃ : 建設情報誌」 沖縄しまたて協会 (47) 2008.10
琉球語安慶名方言の動詞の形づくり(かりまたしげひさ)「琉球の方言」 法政大学沖縄文化研究所 通号34 2010.3

阿児奈波
研究発表大会(要旨) 阿児奈波は沖縄島でなかった 奥田 良寛春「珊瑚の島だより」 南島地名研究センター 38 2001.11

阿児奈波島
鑑真が来た阿児奈波島─沖縄島に寄港した遣唐使船(小島瓔禮)「季刊沖縄」 沖縄協会 14(1・2)通号36 2009.4

安里大通り
沖縄の戦後を歩く(11) 那覇市～安里大通り界隈(三嶋啓二)「しまたてぃ : 建設情報誌」 沖縄しまたて協会 (68) 2014.4

安謝トンネル通り
沖縄の戦後を歩く(9)「那覇市安謝トンネル通り」(三嶋啓二)「しまたてぃ : 建設情報誌」 沖縄しまたて協会 (66) 2013.10

アブチラガマ洞穴
沖縄南部戦跡「アブチラガマ洞穴」追体験(《戦後60周年記念特集》)(小室道夫)「おがわの文化」 常陸大宮市緒川郷土文化研究会 (27) 2006.1

網取集落
写真にみるわが町 自然廃村の網取集落「竹富町史だより」 竹富町教育委員会 17 2000.3

網取村
記念碑を訪ねて(4) 網取村跡の碑「竹富町史だより」 竹富町教育委員会 22 2002.9

天久
市町村誌字誌 大和村誌編纂委員会編/『大和村誌』/天久誌編集委員会編『天久誌』「珊瑚の島だより」 南島地名研究センター (59) 2010.8

天久村
南島地名研究センター地名巡検 「天久村の古層を歩く」巡検報告(仲田邦彦)「珊瑚の島だより」 南島地名研究センター (54) 2008.8

新垣村小
具志頭村後原「新垣村小」に関する一考察(幸喜淳)「史料編集室紀要」 沖縄県教育委員会 (28) 2003.3

新城島
写真にみるわが町(26) 新城島民の南風見移住「竹富町史だより」 竹富町教育委員会 (28) 2006.9

泡瀬
泡瀬の海─古琉球～現代までの海岸線の移り変わり(宮城利旭)「あやみや : 沖縄市立郷土博物館紀要」 沖縄市立郷土博物館 (18) 2010.2

泡盛ロード
泡盛ロードに想いをはせる(萩尾俊章)「宿道」 沖縄しまたて協会 25 2005.10

安国山樹花木之記碑
琉球の土木石碑─石に刻まれた離土木史(13)─安国山樹花木之記碑(編集部)「しまたてぃ : 建設情報誌」 沖縄しまたて協会 (70) 2014.10

伊江
沖縄離島での国営かんがい排水事業─伊江地区および宮古伊良部地区の概要(特集 沖縄離島振興のいま、むかし、みらい)(内閣府沖縄総合事務局農林水産部)「しまたてぃ : 建設情報誌」 沖縄しまたて協会 (56) 2011.1

伊江島
伊江島の番所と掟「なきじん研究」 今帰仁村歴史文化センター (16) 2009.3
島からのことづて(2) 沖縄・伊江島─いくさ世をひきずってきた(安渓遊地, 安渓貴子)「東北学. [第2期]」 東北芸術工科大学東北文化研究センター, 柏書房(発売) (26) 2011.2
北部史跡巡見「伊江島の遺跡めぐりとタッチュー登城」(いろいろレポート)(平良啓)「首里城公園友の会会報」 首里城公園友の会 (79) 2012.3

硫黄鳥島
硫黄鳥島─大地(ウフジ)と離(ハナレ)の琉球史(6)最終回(高良倉吉)「季刊沖縄」 沖縄協会 19(1・2)通号46 2014.4

池田矼
歴史に学ぶシリーズ(13) 池田矼(橋)(仲宗根将二)「しまたてぃ : 建設情報誌」 沖縄しまたて協会 25 2003.4
7月定例会レジュメ 加那浜矼と池田矼─現存する石矼はいつごろか(下地和宏)「宮古郷土史研究会会報」 宮古郷土史研究会 138 2003.7
7月定例会のあらまし 文化財「池田矼」の建造はいつか?(下地和宏)「宮古郷土史研究会会報」 宮古郷土史研究会 138 2003.9

池間
生まれジマは如何に語られるか─再び〈池間民族〉をめぐって(笠原政治)「沖縄文化」 沖縄文化協会 40(2)通号100 2006.6

池間島
宮古郷土史研究会の活動評価される/池間島(系)の歴史的展開示す 伊良波盛男氏『池間民族屋号集』刊/8・15「高沢義人歌碑」除幕 平和の願いが光り輝くように…「宮古郷土史研究会会報」 宮古郷土史研究会 150 2005.9

石垣
古incense船と石垣船・鳥と船(《サバニ特集》)(飯田泰彦)「あかがーら」 石垣市立図書館八重山地域情報センター (22) 2002.4
『石垣方言辞典』の編集を終えて(宮城信勇)「沖縄・八重山文化研究会報」 沖縄・八重山文化研究会 (141) 2004.1
巻頭言 石垣のある風景(島袋綾乃)「石垣市史のひろば」 石垣市総務部 (30) 2008.12
派生関係からみた有対自動詞と有対他動詞─石垣方言ヴォイス研究のためのおぼえがき(かりまたしげひさ, 島袋幸子)「琉球の方言」 法政大学沖縄文化研究所 通号35 2011.3

石垣市
報告『石垣市史叢書』および『村むら探訪』の編修経過について(《西表・石垣特集》─〈1999年度総会・第1回研修会 於糸満市〉)(久原道代)「あしびなぁ」 沖縄県地域史協議会 11 2002.5
第14回市民講座 「字誌をつくる─村の歴史をたいせつに」(中村誠司)「石垣市史のひろば」 石垣市総務部 26 2003.3
市史の話題 市民講座・村むら探訪・市史編集事業「石垣市史のひろば」 石垣市総務部 26 2003.3
石垣市農業の現状と課題(来間泰男)「地域研究シリーズ」 沖縄国際大学南島文化研究所 31 2003.3
特集 平久保村・安良村を支えた人々「あかがーら」 石垣市立図書館八重山地域情報センター (36) 2004.1
市史の話題/その他の話題/石垣市史の刊行物案内「石垣市史のひろば」 石垣市総務部 28 2005.3
万書付集(上巻)「石垣市史叢書」 石垣市 (17) 2010.3
万書付集(上巻) 解題(新城敏男)「石垣市史叢書」 石垣市 (17) 2010.3
万書付集(上巻) 原文と翻刻「石垣市史叢書」 石垣市 (17) 2010.3
万書付集(下巻)「石垣市史叢書」 石垣市 (18) 2011.3
万書付集(下巻) 解題(新城敏男)「石垣市史叢書」 石垣市 (18) 2011.3

九州・沖縄　　　　　　　　　　地名でたどる郷土の歴史　　　　　　　　　　沖縄県

万書付集(下巻)原文と翻刻「石垣市史叢書」 石垣市 (18) 2011.3
万書付集(下巻)語注「石垣市史叢書」 石垣市 (18) 2011.3
図1 間切と村/図2 蔵元の機構と村「石垣市史叢書」 石垣市 (19) 2013.3
解題(得能壽美)「石垣市史叢書」 石垣市 (19) 2013.3

石垣島

第109回研究会報告 八重山における糸満漁民の出漁と移住─石垣島の漁民集落形成と漁業活動を中心として(加藤久子)「沖縄・八重山文化研究会会報」 沖縄・八重山文化研究会 (109) 2001.2
地域文化としての伝統工芸の現在─石垣島ミンサー織を事例に(小田原澪)「沖縄文化研究 : 法政大学沖縄文化研究所紀要」 法政大学沖縄文化研究所 (28) 2002.3
石垣島─その地理的概観(崎浜靖)「地域研究シリーズ」 沖縄国際大学南島文化研究所 31 2003.3
石垣島の地形(河名俊男)「地域研究シリーズ」 沖縄国際大学南島文化研究所 31 2003.3
石垣島・敗戦直後の政治状況について(西原森茂)「地域研究シリーズ」 沖縄国際大学南島文化研究所 32 2004.3
石垣島における伝統工芸従事者への聞き取り調査(1)(片本恵利)「地域研究シリーズ」 沖縄国際大学南島文化研究所 32 2004.3
石垣島における稲作の起源を追って(宇田津徹朗)「石垣市史のひろば」 石垣市総務部 28 2005.3
朝鮮人漂民が石垣島に送られなかった理由(1)(2)(平良恵貴)「宮古研究」 宮古郷土史研究会 (10) 2006.8
沖縄の教育施策展開における学校図書館の位置付けに関する考察─石垣島の市街地と山間部との比較から(沖縄の図書館見学ツアー報告)(枝元益祐)「沖縄県図書館協会誌」 沖縄県図書館協会 (11) 2007.12
沖縄本島と石垣島 琉球近世瓦の展開─琉球近世瓦の研究(石井龍太)「沖縄文化研究 : 法政大学沖縄文化研究所紀要」 法政大学沖縄文化研究所 (34) 2008.3
石垣島─残された明和大津波の痕跡から学ぶ(資料紹介)(島袋綾野)「石垣市立八重山博物館紀要」 石垣市立八重山博物館 (21) 2012.3
石垣島における明和の大津波の研究動向(研究ノート)(中生勝美)「南島文化」 沖縄国際大学南島文化研究所 (35) 2013.3

石垣町

空中写真 旧首里城周辺の空中写真/旧石垣町の空中写真(新収蔵資料紹介)「Archives : 沖縄県公文書館だより」 沖縄県文化振興会 14 2001.3

石垣村

石垣村の『頭数帳』について(〈2004年度第2回研修会(in 石垣市)〉)(金城善)「あしびなぁ」 沖縄県地域史協議会 16 2005.7

石川

講演 戦後最初に開かれた集結地「石川」について(〈2005年度第3回研修会 うるま市石川〉)(久手堅憲俊)「あしびなぁ」 沖縄県地域史協議会 (18) 2007.6
沖縄の記憶を語り継ぐ─石川ジェット機墜落事故(南島における民族と宗教20周年シンポジウム 見る、聞く、語る─沖縄の過去・現在・未来─)(今林直樹)「沖縄研究ノート : 《共同研究》南島における民族と宗教」 宮城学院女子大学キリスト教文化研究所 (20) 2011.3

石川銀座通り

沖縄の戦後を歩く(8)「石川銀座・栄・南栄通り」(三嶋啓二)「しまたてぃ : 建設情報誌」 沖縄しまたて協会 (65) 2013.7

石田城碑

琉球の土木石碑─石に刻まれた離土木史(10)─石田城碑文(川島淳)「しまたてぃ : 建設情報誌」 沖縄しまたて協会 (67) 2014.1

石畳道

探訪・昔道・新道 普天間宮から野嵩の石畳道・中村家を経て中城城跡まで/名護番所跡から羽地番所への宿道を経て親川グスク(羽地グスク)まで「宿道」 沖縄しまたて協会 20 2003.3

伊是名

知識ファイル箱 伊是名に残る王国時代の品々(大城涼子)「首里城公園友の会会報」 首里城公園友の会 (59) 2007.3

伊是名島

第33回南島文化地域学習 伊是名島と伊平屋島の自然と文化(2011年度事業報告)「南島文化研究所所報」 沖縄国際大学南島文化研究所 (57) 2012.3

伊是名玉御殿

知識ファイル箱(18) 「伊是名玉御殿」の調査について(福島清)「首里城公園友の会会報」 首里城公園友の会 (53) 2005.10
はじめに─(伊是名玉御殿調査の経過)(特集 伊是名玉御殿調査報告))(高良倉吉)「首里城研究」 首里城公園友の会 (9) 2006.12

糸州壕

小池軍医のことば・沖縄戦下の積徳高女看護隊(1)─糸州壕の解散 アメリカ軍による救出まで(臼田明)「千曲」 東信史学会 (150) 2012.6

糸満

第109回研究会報告 八重山における糸満漁民の出漁と移住─石垣島の漁民集落形成と漁業活動を中心として(加藤久子)「沖縄・八重山文化研究会会報」 沖縄・八重山文化研究会 (109) 2001.2
奄美─西諸島における人と海との関係性─喜界島民と糸満漁師の近代(及川高)「史境」 歴史人類学会, 日本図書センター(発売) (55) 2007.9

糸満街道

地域の道を訪ねる(3) 糸満街道を走る─馬車軌道も通った、人とモノが行き交った道「宿道」 沖縄しまたて協会 29 2008.3

糸満市

報告 糸満市史「資料編7 戦時資料下巻─戦災記録・体験談」の紹介(《西表・石垣特集》─〈1999年度総会・第1回研修会 於糸満市〉)(加島由美子)「あしびなぁ」 沖縄県地域史協議会 11 2002.5
糸満市巡見資料(《西表・石垣特集》─〈1999年度総会・第1回研修会 於糸満市〉)「あしびなぁ」 沖縄県地域史協議会 11 2002.5
糸満市域の変遷(《糸満市海外渡航者名簿─戦前期》)「糸満市史研究資料」 糸満市教育委員会総務部文化課 2006.3
糸満市の西海岸に浮かぶア・イ・ウ・エ・オの島々(2009年度大会(研究発表)報告)(金城善)「珊瑚の島だより」 南島地名研究センター (58) 2010.3
糸満市の地形と水(例会ならびに地名巡検「糸満市喜屋武の地名を歩く」報告)(上原冨二男)「珊瑚の島だより」 南島地名研究センター (61) 2011.9

糸満ロータリー

沖縄の戦後を歩く(6)「糸満ロータリー周辺」(三嶋啓二)「しまたてぃ : 建設情報誌」 沖縄しまたて協会 (63) 2013.1

伊原第一外科壕

伊原第一外科壕の学術調査始まる(資料館トピックス)「ひめゆり平和祈念資料館資料館だより」 沖縄県女師・一高女ひめゆり平和祈念財団立ひめゆり平和記念資料館 (43) 2009.5

伊原第三外科壕

伊原第三外科壕の実測調査を実施(資料館トピックス)「ひめゆり平和祈念資料館資料館だより」 沖縄県女師・一高女ひめゆり平和祈念財団立ひめゆり平和記念資料館 (47) 2011.6

伊平屋島

伊平屋島の新垣家文書(新収蔵資料紹介)「Archives : 沖縄県公文書館だより」 沖縄県文化振興会 13 2001.1
第33回南島文化地域学習 伊是名島と伊平屋島の自然と文化(2011年度事業報告)「南島文化研究所所報」 沖縄国際大学南島文化研究所 (57) 2012.3
「伊平屋島」巡見 名所、史跡を訪ねる(いろいろレポート)(福島清)「首里城公園友の会会報」 首里城公園友の会 (82) 2013.1
南島文化地域学習 伊平屋島(2013年度事業報告)「南島文化研究所所報」 沖縄国際大学南島文化研究所 (59) 2014.3

今泊

今泊集落と今帰仁城跡めぐり(事務局)「首里城公園友の会会報」 首里城公園友の会 (71) 2010.4
今泊の風土記(玉城英信)「なきじん研究」 今帰仁村歴史文化センター (19) 2014.3

伊良波

南島地名研究センター・豊見城市教育委員会文化課共催地名巡見(報告)豊見城市伊良波と我那覇の地名を歩く(編集子)「珊瑚の島だより」 南島地名研究センター (59) 2010.8

伊良部

沖縄離島での国営かんがい排水事業─伊江地区および宮古伊良部地区の概要(特集 沖縄離島振興のいま、むかし、みらい)(内閣府沖縄総合事務局農林水産部)「しまたてぃ : 建設情報誌」 沖縄しまたて協会 (56) 2011.1
ニコライ・ネフスキーの伊良部調査(上原孝三)「宮古島市総合博物館紀要」 宮古島市総合博物館 (18) 2014.3

伊良部島

伊良部島方言の動詞屈折形態論(下地理則)「琉球の方言」 法政大学沖縄文化研究所 通号32 2008.3
9月定例会レジュメ 「旧記」にみる伊良部島─郷土史を更に深めるために(下地和宏)「宮古郷土史研究会会報」 宮古郷土史研究会 (168) 2008.9
「旧記」にみる伊良部島─9月定例会のあらまし(下地和宏)「宮古郷土史研究会会報」 宮古郷土史研究会 (169) 2008.11

沖縄県　　　　　　　　　　地名でたどる郷土の歴史　　　　　　　　　　九州・沖縄

南琉球宮古伊良部島方言の係り結び―共時的な記述（下地理則）「琉球の方言」　法政大学沖縄文化研究所　通号33　2009.3

南琉球宮古伊良部島方言のm語尾終止形の機能（下地理則）「琉球の方言」　法政大学沖縄文化研究所　通号34　2010.3

南琉球・宮古伊良部島にみる無アクセント方言のイントネーション（永野マドセン泰子）「琉球の方言」法政大学沖縄文化研究所　（37）2013.3

沖縄・伊良部島の政治人類学―「範型」概念を中心として（論説）（安部宰）「南島史学」　南島史学会　（81）2013.11

伊良部村
ネフスキーの「伊良部村語集」/第11回「平良好児賞」決まる「宮古郷土史研究会会報」　宮古郷土史研究会　（160）2007.5

伊良部村落
伊良部村落生誕700年を考える―1310年説の根拠はあるのか（下地和宏）「宮古郷土史研究会会報」　宮古郷土史研究会　（181）2010.11

西表島
西表島史跡巡見資料（《西表・石垣特集》―〈1999年度第2回研修会・宿泊 於竹富町〉）「あしびなぁ」　沖縄県地域史協議会　11　2002.5

参加記 西表島巡見雑感（《西表・石垣特集》―〈1999年度第2回研修会・宿泊 於竹富町〉）（具志堅満昭）「あしびなぁ」　沖縄県地域史協議会　11　2002.5

明治末期の西表島における生業活動―役人日記『必要書』を手がかりとして（蛯原一平，安渓遊地）「南島史学」　南島史学会　（73）2009.3

戦後復興期の沖縄西表島における子どもたちの小動物捕獲（蛯原一平）「東北芸術工科大学東北文化研究センター研究紀要」　東北芸術工科大学東北文化研究センター　通号10　2011.3

文化財探訪（24）西表島東部の魚垣「竹富町史だより」　竹富町教育委員会　（32）2011.3

宇江城城
宇江城城跡と富祖古グスク（盛本勲）「久米島自然文化センター紀要」　久米島自然文化センター　（4）2004.3

宇江城城跡国指定記念シンポジウム「久米島自然文化センターだより」　久米島自然文化センター　（19）2010.6

上江洲
旧久米島其志川村上江洲方言の助詞（野原三義）「南島文化」　沖縄国際大学南島文化研究所　（31）2009.3

上江洲家
久米島上江洲家に遺る胴衣資料（資料紹介）（宮良みゆき）「久米島自然文化センター紀要」　久米島自然文化センター　（5）2005.3

上原
研究発表大会（要旨）平安山上原の地名（名嘉順一）「珊瑚の島だより」　南島地名研究センター　38　2001.11

西表島上原の探鉱所有者「あかがーら」　石垣市立図書館八重山地域情報センター　（23）2002.5

上間
南島地名研究センター地名巡検 那覇市上間地名巡検報告―『上間誌』の発刊を祝して（仲田邦彦）「珊瑚の島だより」　南島地名研究センター　（56）2009.6

魚釣島
尖閣諸島魚釣島の山羊の親子塚（宇江城正晴）「南島研究」　南島研究会　（54）2013.10

宇嘉
「宇嘉」の地名について 久手堅憲夫氏の論考を読んで浮かんだこと（親川栄）「珊瑚の島だより」　南島地名研究センター　（58）2010.3

ウズミグムイ
登川村落の風水池「ウズミグムイ」―沖縄市字登川の調査事例（宮城利旭）「あやみや : 沖縄市立郷土博物館紀要」　沖縄市立郷土博物館　9　2001.3

宇多良炭鉱
「万骨」の歴史顕彰を 西表・宇多良炭鉱跡の「近代化産業遺産群」認定に思う（三木健）「竹富町史だより」　竹富町教育委員会　（30）2009.3

「万骨」の歴史顕彰を―西表・宇多良炭鉱跡の「近代化産業遺産群」認定に思う（三木健）「竹富町史だより」　竹富町教育委員会　（30）2009.3

御庭
ふしぎがいっぱい公園点描 首里城公園 御庭「南ぬ風 : 財団法人海洋博覧会記念公園管理財団広報誌 : 季刊誌」　海洋博覧会記念公園管理財団　（25）2012.9

宇平橋
宇平橋の碑（山城みどり）「こがね南風」　南風原町立南風原文化センター　（10）2003.3

大美御殿
大美御殿の役割―家譜史料を中心に（大城涼子）「首里城研究」　首里城公園友の会　（8）2006.3

浦内川
西表島浦内川「あかがーら」　石垣市立図書館八重山地域情報センター　（22）2002.4

浦添
「浦添の屋取集落」について（仲間孝蔵）「博友 : 沖縄県立博物館友の会機関誌」　沖縄県立博物館友の会　（21）2009.5

連載 街路樹が彩る沖縄の道(2) 中部 浦添・宜野湾・北中城・沖縄「宿道」　沖縄しまたて協会　33　2012.9

浦添グスク
歴史 琉球遠景・近景（2）浦添グスクと浦添ようどれの発掘調査から解ること（下地安広）「しまたてぃ : 建設情報誌」　沖縄しまたて協会　32　2005.1

浦添市
鎌倉芳太郎先生の思い出―「浦添市史」関連調査についての聞き取り調査報告（宮城篤正）「浦添市立図書館紀要」　浦添市教育委員会　（14）2003.3

昔ウラシー・今うらそえ・そして未来へ―浦添市の都市計画と区画整理事業（下地節於）「しまたてぃ : 建設情報誌」　沖縄しまたて協会　（48）2009.1

浦添の今昔と移住者の軌跡（津波清）「よのつぢ : 浦添市文化部紀要 : bulletin of Culture Department, Urasoe City」　浦添市教育委員会文化部　（5）2009.3

文化財認定報告 館の漆器が新たな浦添市の文化財に「きよらさ : 浦添市美術館ニュース」　浦添市美術館　通号60　2009.12

街路樹が彩る沖縄の道(5)浦添市（編集部）「宿道」　沖縄しまたて協会　36　2014.3

浦添線
那覇港（浦添ふ頭地区）臨港道路（浦添線）整備事業について（特集 復帰後、沖縄の道路はいかに整備されたか。）（名嘉康行）「しまたてぃ : 建設情報誌」　沖縄しまたて協会　（55）2010.10

浦添大墓地公園
探訪昔道・新道 浦添ようどれから当山の石畳道を歩き、浦添大墓地公園を経て大山貝塚まで/仲原馬場から今帰仁城跡への旧道を通って、城跡へ、国道505号と宿道を走り比べる「宿道」　沖縄しまたて協会　25　2005.10

浦添番所
探訪 昔道・新道 具志川の川田十字路から勝連城址を経て平敷屋番所跡、屋慶る番所跡まで/西海道の起点だった首里城久慶門から儀保・経塚を経て浦添番所跡まで「宿道」　沖縄しまたて協会　23　2004.10

浦添ようどれ
歴史 琉球遠景・近景（2）浦添グスクと浦添ようどれの発掘調査から解ること（下地安広）「しまたてぃ : 建設情報誌」　沖縄しまたて協会　32　2005.1

探訪昔道・新道 浦添ようどれから当山の石畳道を歩き、浦添大墓地公園を経て大山貝塚まで/仲原馬場から今帰仁城跡への旧道を通って、城跡へ、国道505号と宿道を走り比べる「宿道」　沖縄しまたて協会　25　2005.10

宇良村
「冨崎村」と幻の「宇良村」を求めて―「岩山」と史料からのアプローチ（松村順一）「沖縄文化」　沖縄文化協会　40（1）通号99　2005.6

うるま市
連載 街路樹が彩る沖縄の道(4)うるま市「宿道」　沖縄しまたて協会　35　2013.9

運天港
琉球の歴史と関わった運天港「なきじん研究」　今帰仁村歴史文化センター　（16）2009.3

運天番所
探訪 昔道を歩く 運天番所跡周辺に残る琉球松並木のスクミチ「宿道」　沖縄しまたて協会　35　2013.9

奥武
沖縄奥武方言の助詞〔ガ〕〔ヌ〕と〔ガー〕〔ノー〕（中本謙）「琉球の方言」　法政大学沖縄文化研究所　通号31　2007.3

奥武島
史跡巡見北部コース 古宇利・屋我地・奥武島めぐり（いろいろレポート）（平良啓）「首里城公園友の会会報」　首里城公園友の会　（75）2011.3

奥武山野球場
那覇市営奥武山野球場整備について（特集 復帰後、沖縄の都市公園はどのように整備されたか―運動公園を中心に）（上原淳）「しまたてぃ :

九州・沖縄　　　　　　　　地名でたどる郷土の歴史　　　　　　　　沖縄県

建設情報誌」 沖縄しまたて協会　(57) 2011.4

王陵
史跡巡見「王陵めぐり」(いろいろレポート)(福島清)「首里城公園友の会会報」 首里城公園友の会　(59) 2007.3

大浦
第3回郷土史講座・史跡めぐり—大浦・島尻・狩俣を歩く(下地和宏)「宮古郷土史研究会会報」 宮古郷土史研究会　(199) 2013.11

大枝橋碑
記念碑を訪ねて 三離橋碑/大枝橋碑「竹富町史だより」 竹富町教育委員会　19 2001.3

大兼久村
第3回山原のムラ・シマ講座—名護市名護三ヶ村(東江・城・大兼久)「なきじん研究」 今帰仁村歴史文化センター　(18) 2011.3

大宜味村
大宜味村方言の音韻について—附 大宜味村四地点音調査資料(ウエイン・ローレンス)「琉球の方言」 法政大学沖縄文化研究所　通号34 2010.3

大宜味村津波方言のアクセント体系(小川晋史)「琉球の方言」 法政大学沖縄文化研究所　通号34 2010.3

ぶながやの森の育む水—大保ダム水源地域における大宜味村の活性化への取り組み(特集 県民のくらしを変えた沖縄の水源開発)(福地亮)「しまたて : 建設情報誌」 沖縄しまたて協会　(53) 2010.4

大宜味番所
探訪 昔道・新道 大宜味番所跡から山容の迫る国道58号を北上して国頭番所まで/知念城跡から垣花樋川を経てグスクロード沿いの玉城城趾まで「宿道」 沖縄しまたて協会　22 2004.3

大里
糸満市与座・大里地名巡検報告(仲田邦彦)「珊瑚の島だより」 南島地名研究センター　(47) 2005.1

南島地名研究センター地名巡検報告 南山・高嶺、大里の地名を歩く(仲田邦彦)「珊瑚の島だより」 南島地名研究センター　(55) 2009.3

沖縄市南里の文化財(島袋幸司)「あやみや : 沖縄市立郷土博物館紀要」 沖縄市立郷土博物館　(20) 2012.3

大田池
琉球の土木石碑—石に刻まれた琉球土木史(7) 大田池の碑(中島徹也)「しまたて : 建設情報誌」 沖縄しまたて協会　(64) 2013.4

大竹祖納堂儀佐屋敷
文化財探訪25 大竹祖納堂儀佐屋敷跡(通事孝作)「竹富町史だより」 竹富町教育委員会　(34) 2013.3

大富
写真にみるわが町 大富の農村風景「竹富町史だより」 竹富町教育委員会　19 2001.3

大平井戸
文化財探訪(22) 大平井戸「竹富町史だより」 竹富町教育委員会　(29) 2007.9

大山貝塚
探訪昔道・新道 浦添ようどれから当山の石畳道を歩き、浦添大墓地公園を経て大山貝塚まで/仲原馬場から今帰仁城跡への旧道を通って、城跡へ、国道505号と宿道を走り比べる「宿道」 沖縄しまたて協会　25 2005.10

大山ターンム畑
探訪昔道を歩く 大山ターンム畑のクンジャンアブシと湧水めぐり(編集部)「宿道」 沖縄しまたて協会　36 2014.3

大湾東
読谷村の返還軍用地を活用した計画的市街整備—大湾東地区土地区画整理事業について(特集 沖縄の都市計画事業を俯瞰する—昭和から平成へ、街はどう変わったか)(新垣学)「しまたて : 建設情報誌」 沖縄しまたて協会　(47) 2008.10

沖縄
沖縄の書誌三昧(第98回研究会報告)(新城安善)「沖縄・八重山文化研究会会報」 沖縄・八重山文化研究会　(98) 2000.1

原佐順文庫貴重資料展—琉球処分(置県)直後の沖縄の状況「びぶりお : 琉球大学附属図書館報」 琉球大学附属図書館　125 2000.1

第2編 沖縄各地の調査記録 1955年〜1970年の記録調査「なきじん研究」 今帰仁村歴史文化センター　10 2000.3

沖縄創県から初期県政へ(川畑忠)「沖縄文化研究 : 法政大学沖縄文化研究所紀要」 法政大学沖縄文化研究所　(26) 2000.3

シリーズ沖縄の学徒隊(5) 二中鉄血勤皇隊・通信隊、三中鉄 血勤皇隊・通信隊「ひめゆり平和祈念資料館資料館だより」 沖縄県女師・一高女ひめゆり平和祈念財団立ひめゆり平和記念資料館　25 2000.5

第102回研究会報告 沖縄の染織文化の歴史的背景・古代鎌倉ノートを基に(久貝典子)「沖縄・八重山文化研究会会報」 沖縄・八重山文化研究会　(102) 2000.6

沖縄語五十音図と動詞カナ活用表(西岡敏)「沖縄学 : 沖縄学研究所紀要」 沖縄学研究所　4(1)通号4 2000.6

浦添市美術館文化講演会「沖縄の染めと織り」(きよらさ : 浦添市美術館ニュース」 浦添市美術館　28 2000.10

シリーズ沖縄の学徒隊(6) 農林鉄血勤皇隊、水産鉄血勤皇隊・通信隊「ひめゆり平和祈念資料館資料館だより」 沖縄県女師・一高女ひめゆり平和祈念財団立ひめゆり平和記念資料館　26 2000.11

特集 文化講演会「沖縄の染織の歩み」(上江洲敏夫)「きよらさ : 浦添市美術館ニュース」 浦添市美術館　29 2001.1

軍用地と軍作業から見る戦後初期の沖縄社会—1940年代後半の「基地問題」(鳥山淳)「浦添市立図書館紀要」 浦添市教育委員会　(12) 2001.3

沖縄社会大衆党の党名について(今林直樹)「沖縄研究ノート :《共同研究》南島における民族と宗教」 宮城学院女子大学キリスト教文化研究所　(10) 2001.3

米国による沖縄統治に関する米国政府公文書の紹介—沖縄返還交渉関連文書を中心に—(仲本和彦)「沖縄県公文書館研究紀要」 沖縄県公文書館　(3) 2001.3

占領下の沖縄における社会科教育実践史(屋比久守)「史料編集室紀要」 沖縄県教育委員会　(26) 2001.3

在本土沖縄県人紙について—「大阪球陽新聞」「球陽新聞」「内報」「自由沖縄」目録—(納富香織)「史料編集室紀要」 沖縄県教育委員会　(26) 2001.3

沖縄の古い空中写真に関する調査作業ノート(当山昌直)「史料編集室紀要」 沖縄県教育委員会　(26) 2001.3

シリーズ沖縄の学徒隊 第7回 工業鉄血勤皇隊・通信隊、商工鉄血勤皇隊・通信隊、開南鉄血勤皇隊・通信隊「ひめゆり平和祈念資料館資料館だより」 沖縄県女師・一高女ひめゆり平和祈念財団立ひめゆり平和記念資料館　27 2001.5

美術館文化講演会 沖縄と台湾の文化交流を中心に「きよらさ : 浦添市美術館ニュース」 浦添市美術館　31 2001.7

「沖縄新聞」をめぐって(上田穣一)「史叢」 熊本歴史学研究会　6 2001.8

フォーラム 沖縄文化とは何か—日琉同祖論批判(1)、(2)(一泉知永)「法政大学沖縄文化研究所所報」 法政大学沖縄文化研究所　50/51 2001.8/2002.3

世界のウチナーンチュ大会記念企画展「写真に見る近代の沖縄」「Archives : 沖縄県公文書館だより」 沖縄県文化振興会　16 2001.10

新収蔵資料紹介 米軍が沖縄戦に際して撮影した空中写真「Archives : 沖縄県公文書館だより」 沖縄県文化振興会　16 2001.10

シリーズ沖縄の学徒隊 第8回 離島の学徒隊「ひめゆり平和祈念資料館資料館だより」 沖縄県女師・一高女ひめゆり平和祈念財団立ひめゆり平和記念資料館　28 2001.11

台湾と沖縄(文卯之助)「南島研究」 南島研究会　42 2001.11

「統治下」でなかった沖縄「統治下」だった朝鮮「ひょうご部落解放」 ひょうご部落解放・人権研究所　103 2002.1

沖縄で奄美を考える 琉球語のなかの危機言語(かりまたしげひさ)「沖縄・八重山文化研究会会報」 沖縄・八重山文化研究会　(119) 2002.1

沖縄振興開発30年—時間と空間と建設施設環境の変遷(上間清)「しまたて : 建設情報誌」 沖縄しまたて協会　20 2002.1

沖縄の食のよもやま話(西表宏)「Museum Kyushu : 文明のクロスロード」 博物館等建設推進九州会議　19(1)通号71 2002.1

文献で見る沖縄の歴史と風土—琉球大学附属図書館貴重書展「びぶりお : 琉球大学附属図書館報」 琉球大学附属図書館　133 2002.1

豆知識コーナー 米国国立公文書館と沖縄関係資料「Archives : 沖縄県公文書館だより」 沖縄県文化振興会　17 2002.2

沖縄近海鯨類の人との関わりと変遷(山本英康)「あじまぁ : 名護博物館紀要」 名護博物館　10 2002.3

アーカイブズフラッシュ 新着資料 !/第6回東京移動展「写真に見る近代の沖縄」「Archives : 沖縄県公文書館だより」 沖縄県文化振興会　18 2002.3

特別展プレビュー 日本復帰30周年記念特別展「資料に見る沖縄の歴史」「Archives : 沖縄県公文書館だより」 沖縄県文化振興会　18 2002.3

米国の沖縄統治に関する米国政府公文書の紹介(2)—「沖縄戦」関連文書を中心に—(仲本和彦)「沖縄県公文書館研究紀要」 沖縄県公文書館　(4) 2002.3

第二次世界大戦後の沖縄における政治組織の形成、1945年〜1951年—沖縄人民党を中心にして(若林千代)「沖縄文化研究 : 法政大学沖縄文化研究所紀要」 法政大学沖縄文化研究所　(28) 2002.3

占領下の沖縄における社会科教育実践史(下)(屋比久守)「史料編集室紀要」 沖縄県教育委員会　(27) 2002.3

史料紹介 『沖縄実業時報』について(納富香織)「史料編集室紀要」 沖

沖縄県　　　　　　　　　　　　地名でたどる郷土の歴史　　　　　　　　　　　　九州・沖縄

縄県教育委員会　（27）2002.3

明治期の沖縄における海軍志願兵（吉浜忍）「南島文化」沖縄国際大学南島文化研究所　（24）2002.3

第2回沖縄民俗懇話会報告 沖縄の婚姻制について（酒井卯作）「法政大学沖縄文化研究所所報」法政大学沖縄文化研究所　51　2002.3

東北と沖縄研究 東北と沖縄研究 眼前から歴史的諸相（田場由美雄）「東北学.［第1期］」東北芸術工科大学東北文化研究センター，作品社（発売）6　2002.4

シリーズ沖縄の学徒隊（9）男子学徒隊のまとめ「ひめゆり平和祈念資料館資料館だより」沖縄県女師・一高女ひめゆり平和祈念財団立ひめゆり平和記念資料館　20　2002.5

新着資料 銘苅正太郎関連資料／レイモンド阿嘉氏からGHQ関連資料／「ニクソン文書」／米海軍作戦部長室沖縄戦作戦報告書「Archives：沖縄県公文書館だより」沖縄県文化振興会　19　2002.8

半世紀前の沖縄（1）「Archives：沖縄県公文書館だより」沖縄県文化振興会　19　2002.8

「文献で見る沖縄の歴史と風土─琉球大学附属図書館貴重書展」を終えて（池宮正治）「びぶりお：琉球大学附属図書館報」琉球大学附属図書館　135　2002.8

日本の公文書に見る沖縄（1）「潜在主権」（宮里政玄）「季刊沖縄」沖縄協会　7（3・4）通号23　2002.10

八重山諸島から見た日本／沖縄「境界の島々」の歴史（2），（4），（5）（原知章）「人権21：調査と研究」おかやま人権研究センター　（160）／（165）2002.10／2003.8

シリーズ沖縄の学徒隊（10）女子学徒隊のまとめ「ひめゆり平和祈念資料館資料館だより」沖縄県女師・一高女ひめゆり平和記念財団立ひめゆり平和記念資料館　30　2002.11

日本復帰30周年記念特別展「資料にみる沖縄の歴史」を終えて（公文書館をめぐる地方の動き）（久部良和子）「アーカイブズ」国立公文書館　（10）2002.11

アメリカ通信（9）沖縄戦後史（仲本和彦）「Archives：沖縄県公文書館だより」沖縄県文化振興会　20　2002.11

一般雑誌にみる沖縄関係雑誌記事索引2001年（沖縄県立図書館）「沖縄県図書館協会誌」沖縄県図書館協会　6　2002.11

沖縄（1），（2）（西薗重endatuyo重徳）「季刊南九州文化」南九州文化研究会　93／95　2002.11／2003.4

アーカイブズフラッシュ 企画展「1940年代の沖縄の空中写真」／資料保存講演会の開催／公文書講読会／中学生職場体験／普及展／歴史講座「Archives：沖縄県公文書館だより」沖縄県文化振興会　21　2003.3

沖縄の紋章（稲福政斉）「浦添市美術館紀要」浦添市美術館　（12）2003.3

旅と観光の民俗学─沖縄の例（渡邊欣雄）「沖縄学：沖縄学研究所紀要」沖縄学研究所　6（1）通号6　2003.3

《特集 女性史・女性学・ジェンダーから考える沖縄》「沖縄関係学研究会論集」沖縄関係学研究会　7　2003.3

堀場清子著 東北と沖縄研究『イナグヤナバァナ─沖縄女性史を探る』（ドメス出版，1990年）再読（水谷明子）「沖縄関係学研究会論集」沖縄関係学研究会　7　2003.3

女性史・女性学・ジェンダーから考える沖縄─参考文献（未完）「沖縄関係学研究会論集」沖縄関係学研究会　7　2003.3

「為朝伝説と沖縄」「本土復帰の意味─復帰三十年目の沖縄」（比嘉実）「沖縄研究ノート：《共同研究》南島における民族と宗教」宮城学院女子大学キリスト教文化研究所　（12）2003.3

沖縄戦に際して米軍が撮影した空中写真II 垂直写真と斜め写真の別による利用についての一考察（源河葉子）「沖縄県公文書館研究紀要」沖縄県公文書館　（5）2003.3

企画展 沖縄ナースものがたり─看護学校の青春群像／日本博物館協会顕彰表彰伝達式／博物館学習で子どもたちがやってきた！／企画展 旅する種子展─運ばれるための巧妙なしかけ／特別企画展 沖縄織物へのメッセージ─田中俊雄の研究「沖縄県立博物館だより」沖縄県立博物館　49　2003.3

ジープと砂塵─占領初期沖縄社会の変容（トランスフォーメーション）と変位（ディスプレイスメント）（若林千代）「法政大学沖縄文化研究所紀要」法政大学沖縄文化研究所　（29）2003.3

沖縄近代史─「旧慣温存」「初期県政」研究についての一考察（大里知子）「沖縄文化研究：法政大学沖縄文化研究所紀要」法政大学沖縄文化研究所　（29）2003.3

沖縄の反基地運動と非暴力思想─国境を越えた新たな「公共圏」の可能性を求めて（秦花秀）「沖縄文化研究：法政大学沖縄文化研究所紀要」法政大学沖縄文化研究所　（29）2003.3

合併記念特別展「沖縄の工芸」─関連事業 特別講演会「沖縄の工芸について」／親子で参加、繭から糸取り体験講座／第14回企画展 写真展「米国民政府時代の久米島」／第15回企画展「上江洲家の書と絵画」展／沖縄県立現代美術館（仮称）移動収蔵品展「久米島自然文化センターだより」久米島自然文化センター　5　2003.3

住民の体験記より 軍属として沖縄戦を体験（当山仙徳）「玉城村史だより」玉城村役場企画財政室　（4）2003.3

暗号史料に見る沖縄戦の諸相（林博史）「史料編集室紀要」沖縄県教育委員会　（28）2003.3

「公文備考」にみる沖縄の海軍施設─中城湾需品支庫と喜屋武望楼について（吉浜忍）「史料編集室紀要」沖縄県教育委員会　（28）2003.3

「台湾における沖縄関係近代史料」調査について─中央研究院・台湾大学図書館・中央図書館台湾分館（津波古あおい，漢那敬子）「史料編集室紀要」沖縄県教育委員会　（28）2003.3

パラオ諸島における沖縄移民関係資料の初期調査─パラオ諸島調査紀行（髙嶺朝誠）「史料編集室紀要」沖縄県教育委員会　（28）2003.3

鶴見沖縄県人会の活動と沖縄出身者の生活─元会長安村正信氏と現会長大城康彦氏に聞く「市史研究よこはま」横浜市　15　2003.3

1920年代の在阪沖縄青年の運動（仲間恵子）「水平社博物館研究紀要」水平社博物館　（5）2003.3

元アメリカ兵からの返還品─沖縄戦による流出文化財の返還（玉城裕美子）「読谷村立歴史民俗資料館紀要」読谷村教育委員会　27　2003.3

ホントに大丈夫？ 長寿県沖縄─食生活の聞き取りから考える（大城雅代）「南風の杜：南風原文化センター紀要」南風原文化センター　9　2003.3

沖縄と私「沖縄の心」を見つめて（大塚勝久）「季刊沖縄」沖縄協会　8（1・2）通号24　2003.4

日米の公文書に見る沖縄（2）「自治尚早論争」（宮里政玄）「季刊沖縄」沖縄協会　8（1・2）通号24　2003.4

沖縄社会と平和憲法（高良鉄美）「季刊沖縄」沖縄協会　8（1・2）通号24　2003.4

東北と沖縄研究（2）なぜ、沖縄の（人）が東北に目を向けるのか 金城治雄の所説に即しながら（田場由美雄）「東北学．［第1期］」東北芸術工科大学東北文化研究センター，作品社（発売）8　2003.4

沖縄 綱引きの旗頭（下地好孝）「きりん」荒木集成館友の会　7　2003.5

第30回沖縄染織研究会 芭蕉布の研究について（カトリーヌ・ヘンドリックス）「沖縄染織研究会通信」沖縄染織研究会　29　2003.5

「大阪のコリアン文化に触れる：沖縄─済州島─大阪猪飼野」を企画して（前田真之）「博友」沖縄県立博物館友の会機関誌　沖縄県立博物館友の会　17　2003.5

新着資料 広報課引渡写真資料／米海兵隊撮影沖縄戦写真資料／隈﨑勝也氏寄贈資料／島津家文書／立法院会議録「Archives：沖縄県公文書館だより」沖縄県文化振興会　22　2003.6

特集 この夏の展覧会 ヒロ・ヤマガタ原画展／岡本太郎と縄文展「甦る沖縄の遺宝」鎌倉芳太郎の撮った80年前の沖縄「きよらさ：浦添市美術館ニュース」浦添市美術館　39　2003.7

沖縄疎開と大分県庁─昭和19年7月～10月（武田信也）「大分県地方史」大分県地方史研究会　（188）2003.8

2002年度沖縄関係新収蔵資料／新たに4点収集しました「びぶりお：琉球大学附属図書館報」琉球大学附属図書館　138　2003.8

沖縄特攻作戦に関する考察─病院船コンフォート攻撃について（森健一）「近代熊本」熊本近代史研究会　（28）2003.8

島嶼沖縄における内発的発展の可能性（松島泰勝）「季刊沖縄」沖縄協会　8（3・4）通号25　2003.10

イギリス海軍と柳猶悦の明治期沖縄の海図（目崎茂和）「珊瑚の島だより」南島地名研究センター　44　2003.10

終戦直後における上福岡など埼玉県内各地の沖縄・奄美海外引揚援について（青木文夫）「市史研究きんもくせい」上福岡市教育委員会　（9）2003.10

アーカイブズフラッシュ 企画展「公文書館収蔵資料に見る沖縄の乗りもの今昔」／移動展「沖縄県公文書館収蔵資料に見る多良間」／歴史講演会「ペリー提督と琉球王国」／歴史講演会・映写会「公文書館収蔵資料に見る沖縄の乗りもの今昔」／歴史講座「戦前の県政 沖縄の県令・県知事たち」／資料保存講座「保存箱とエンキャプスレーション」「Archives：沖縄県公文書館だより」沖縄県文化振興会　23　2003.11

現代沖縄人の起源に関する一仮説（高宮広土）「沖縄文化」沖縄文化協会　38（2）通号96　2003.11

沖縄女性学の可能性─「未生の生」の言語化のために（勝方恵子）「沖縄文化」沖縄文化協会　38（2）通号96　2003.11

県産本と沖縄本、そして県産補ネットワーク（宮城一春）「沖縄県図書館協会誌」沖縄県図書館協会　7　2003.12

沖縄の書誌・研究アラカルト（2）（新城安善）「沖縄県図書館協会誌」沖縄県図書館協会　7　2003.12

「近代沖縄の雑誌」総目次（2）（新城栄徳）「沖縄県図書館協会誌」沖縄県図書館協会　7　2003.12

第34回沖縄染織研究会発表要旨「鎌倉芳太郎資料集」の紹介（平田美奈子）「沖縄染織研究会通信」沖縄染織研究会　33　2004.1

歴史に学ぶシリーズ（16）沖縄の石積工法とアーチ─主に中城城・首里城を事例として（久保孝一，安和守央）「しまたてぃ：建設情報誌」沖縄しまたて協会　28　2004.1

大むかしの沖縄（知名定順）「ガラマン ： 宜野座村立博物館紀要」 宜野座村教育委員会 （10） 2004.3

近代沖縄における戸籍制度の一端—宮古・八重山の戸籍事務管掌者の認印と職印について（金城善）「浦添市立図書館紀要」 浦添市教育委員会 （15） 2004.3

戦後沖縄と日米関係のもう一つの側面—アメリカ政策決定者の個人文書等の紹介（1）（ロバート・エルドリッチ）「沖縄県公文書館研究紀要」 沖縄県公文書館 （6） 2004.3

公文書資料に見る琉球・沖縄の政策決定過程（大城眞幸）「沖縄県公文書館研究紀要」 沖縄県公文書館 （6） 2004.3

京大に残っていた沖縄の戦前の新聞（当山昌直）「沖縄県史だより」 沖縄県教育庁 （13） 2004.3

台湾所在沖縄近代史料調査報告（松永あおい）「沖縄県史だより」 沖縄県教育庁 （13） 2004.3

摩文仁の丘と沖縄戦（平田守）「沖縄県平和祈念資料館だより」 沖縄県平和祈念資料館 6 2004.3

加藤三吾の沖縄研究—「琉球乃研究」をめぐって（齊藤郁子）「沖縄文化」 沖縄文化協会 39（1）通号97 2004.3

「沖縄軍用地問題」の政策決定過程—1950年代後半を中心に（平良好利）「沖縄文化研究 ： 法政大学沖縄文化研究所紀要」 法政大学沖縄文化研究所 （30） 2004.3

沖縄の位階継承と女性問題—父系血緣イデオロギーの歴史的形成過程を通して（国仲銘子）「沖縄文化研究 ： 法政大学沖縄文化研究所紀要」 法政大学沖縄文化研究所 （30） 2004.3

台湾における沖縄関係近代史料について—台湾大学図書館・国史館・国史館台湾文献館（松永あおい，漢那敬子）「史料編集室紀要」 沖縄県教育委員会 （29） 2004.3

2002～2003年発行沖縄関係文献（普天間千江美，河津梨絵，照屋美樹）「史料編集室紀要」 沖縄県教育委員会 （29） 2004.3

第3回首里城文化講演会 戸籍から近代沖縄の歴史を考える—地方制度の移り変わり—金城善氏を迎えて（福島清）「首里城公園友の会会報」 首里城公園友の会 47 2004.3

戦前期における沖縄関係映像の系譜—短編と呼ばれる記録フィルムが捉えた沖縄（玉城朋彦）「南島文化」 沖縄国際大学南島文化研究所 （26） 2004.3

沖縄の塩せんべい—南風原の塩せんべい（博物館実習生のレポート）（与那嶺桂）「南風の杜 ： 南風原文化センター紀要」 南風原文化センター 10 2004.3

沖縄のオバァたちその健康と長寿（片多順）「Museum Kyushu ： 文明のクロスロード」 博物館等建設推進九州会議 20（3）通号77 2004.3

調査ノートから—沖縄研究を想う（東嘉望）「法政大学沖縄文化研究所報」 法政大学沖縄文化研究所 55 2004.3

沖縄文化研究に関する新聞掲載記事「法政大学沖縄文化研究所所報」 法政大学沖縄文化研究所 55 2004.3

沖縄の発酵嗜好食品の現状と今後（小泉武夫）「季刊沖縄」 沖縄協会 9（1・2）通号26 2004.4

沖縄と私 沖縄戦を伝え続けて20年（中村文子）「季刊沖縄」 沖縄協会 9（1・2）通号26 2004.4

日米の公文書に見る沖縄（4）中間のまとめ（宮里政玄）「季刊沖縄」 沖縄協会 9（1・2）通号26 2004.4

古の美しい沖縄—鎌倉芳太郎の写真より（歴史に学ぶシリーズ（17））（宮城篤直）「しまたてぃ ： 建設情報誌」 沖縄しまたて協会 29 2004.4

学校記念誌にみる近代沖縄における方言札（近藤健一郎）「南島史学」 南島史学会 （63） 2004.4

沖縄と那覇の語源（眞喜志實達）「博友 ： 沖縄県立博物館友の会機関誌」 沖縄県立博物館友の会 18 2004.5

特集 沖縄戦関連映像資料—在米沖縄関係収集資料より「Archives ： 沖縄県公文書館だより」 沖縄県文化振興会 25 2004.7

アーカイブズフラッシュ 映写会の開催 平成16年度沖縄県公文書館収集映像資料映写会—米軍撮影映像資料に見る沖縄戦/新着資料 名嘉正八郎砂糖関係資料/常設展「Archives ： 沖縄県公文書館だより」 沖縄県文化振興会 25 2004.7

沖縄戦と平和教育（城間良昭）「沖縄県平和祈念資料館だより」 沖縄県平和祈念資料館 7 2004.7

第35回沖縄染織研究会発表要旨 尚家伝来染織品の衣装構成と染色について—尚家関係資料総合調査報告書より（宮里正子）「沖縄染織研究会通信」 沖縄染織研究会 34 2004.7

沖縄の「門中」について［1］～（4）（比嘉政夫）「季刊沖縄」 沖縄協会

9（3・4）通号27/11（1・2）通号30 2004.10/2006.4

史料が語る沖縄の羽衣伝説（小玉正任）「季刊沖縄」 沖縄協会 9（3・4）通号27 2004.10

「方言札」と沖縄の村落共同体（井谷泰彦）「南島史学」 南島史学会 （64） 2004.11

戦後初期沖縄の政党活動（シマ研究会発表要旨（2004年度前期））（鳥山淳）「南島文化研究所所報」 沖縄国際大学南島文化研究所 51 2004.11

沖縄の書誌・研究史アラカルト（3），（5）（新城安善）「沖縄県図書館協会誌」 沖縄県図書館協会 8/（11） 2004.12/2007.12

浦添市美術館開館15周年記念展 紅房—昭和を駆け抜けた沖縄の漆器とそのデザイン「きよらさ ： 浦添市美術館ニュース」 浦添市美術館 45 2005.1

熱心な研究報告とシンポ 奄美沖縄民間文芸学会宮古大会（仲宗根將二）「宮古郷土史研究会会報」 宮古郷土史研究会 146 2005.1

沖縄文化の原像（フォーラム）（一泉知永）「法政大学沖縄文化研究所所報」 法政大学沖縄文化研究所 56 2005.1

特集 戦後沖縄の観光のあゆみ「Archives ： 沖縄県公文書館だより」 沖縄県文化振興会 （27） 2005.2

アーカイブズフラッシュ 新着資料 米海兵隊沖縄戦写真、大城光代氏寄贈資料/開催行事報告 映写会「万国津梁の国」、講演会「琉球・沖縄の対外関係の歴史」、講座「島津家文書にみる琉球王国の実像」、公文書館移動展「アーカイブズへの誘い 記録で辿る那覇の今・昔」「Archives ： 沖縄県公文書館だより」 沖縄県文化振興会 （27） 2005.2

〈2004年1月沖縄学講座 地域史フォーラム「市町村合併と地域文化」〉「よのつぢ ： 浦添市文化部紀要 ： bulletin of Culture Department, Urasoe City」 浦添市教育委員会文化部 （1） 2005.3

アジアの中の沖縄・琉球そして久米島（外間守善）「沖縄学 ： 沖縄学研究所紀要」 沖縄学研究所 8（1）通号8 2005.3

アイデンティティーの形成と維持—沖縄とオーストラリアを中心に（ヒュー・クラーク）「沖縄学 ： 沖縄学研究所紀要」 沖縄学研究所 8（1）通号8 2005.3

「アーカイブズ」をめぐる営み—沖縄における「歴史資料」と「歴史意識」の考察（豊見山和美）「沖縄県公文書館研究紀要」 沖縄県公文書館 （7） 2005.3

台湾所在沖縄近代資料調査報告（漢那敬子）「沖縄県史だより」 沖縄県教育庁 （14） 2005.3

座談会 沖縄研究の課題（ヨーゼフ・クライナー，住谷一彦，中村哲，外間守善）「沖縄文化研究 ： 法政大学沖縄文化研究所紀要」 法政大学沖縄文化研究所 （31） 2005.3

「柳田国男の遺志」と沖縄文化研究所（〈追悼文—中村哲先生を偲んで〉）（吉成直樹）「沖縄文化研究 ： 法政大学沖縄文化研究所紀要」 法政大学沖縄文化研究所 （31） 2005.3

沖縄の記憶と意識（〈追悼論文〉）（我部政男）「沖縄文化研究 ： 法政大学沖縄文化研究所紀要」 法政大学沖縄文化研究所 （31） 2005.3

アジア耕文化圏の形成と琉球・沖縄耕の文化の境位—「耕の起源・伝播・受容・熟成」論的検討のための序章（〈追悼論文〉）（安江孝司）「沖縄文化研究 ： 法政大学沖縄文化研究所紀要」 法政大学沖縄文化研究所 （31） 2005.3

沖縄戦における住民と日本軍の関係についての一考察—住民のスパイ視における兵士の対応を中心に（地主園亮）「史料編集室紀要」 沖縄県教育委員会 （30） 2005.3

2003～2004年発行沖縄関係文献（普天間千江美，新里彩，勝連晶子）「史料編集室紀要」 沖縄県教育委員会 （30） 2005.3

平元諫氏の資料紹介I「沖縄戦記」（平良次子）「南風の杜 ： 南風原文化センター紀要」 南風原文化センター 11 2005.3

特集 沖縄戦関連資料—在米国沖縄関係収集資料より「Archives ： 沖縄県公文書館だより」 沖縄県文化振興会 （28） 2005.6

歴史 琉球遠景・近景（4）沖縄の泡盛について（萩尾俊章）「しまたてぃ ： 建設情報誌」 沖縄しまたて協会 （34） 2005.7

南九州・沖縄の海士の現況と類型—聞き取りを中心に（小田耕三）「史泉 ： historical & geographical studies in Kansai University」 関西大学史学・地理学会 （102） 2005.7

沖縄の海底遺跡（木村政昭）「南島史学」 南島史学会 （65・66） 2005.8

台湾と沖縄と「南島」と（大会参加記）（笠原政治）「南島史学」 南島史学会 （65・66） 2005.8

巻頭言 35年間の沖縄近世史研究（梅木哲人）「法政大学沖縄文化研究所所報」 法政大学沖縄文化研究所 57 2005.9

沖縄郵便史からみえてくること（フォーラム）（赤嶺了勇）「法政大学沖縄文化研究所所報」 法政大学沖縄文化研究所 57 2005.9

特別企画展 公文書等の記録資料に見る沖縄戦 アイスバーグ作戦「Archives ： 沖縄県公文書館だより」 沖縄県文化振興会 （29） 2005.10

伝統的な沖縄の食文化について（岸朝子）「季刊沖縄」 沖縄協会 10（3・4）通号29 2005.10

沖縄県　　　　　　　　　　地名でたどる郷土の歴史　　　　　　　　　　九州・沖縄

生まれ変わった商店街―沖縄タウンの誕生とこれから（野口秀利）「季刊沖縄」 沖縄協会 10（3・4）通号29 2005.10

沖縄の景観シンポジウム 基調講演 沖縄の風土と景観づくり（篠原修）「しまたてぃ ： 建設情報誌」 沖縄しまたて協会 （35） 2005.10

資料 沖縄の書誌・研究史アラカルト（4）（新城安善）「沖縄県図書館協会誌」 沖縄県図書館協会 9 2005.12

沖縄における鉄器研究について（當眞嗣一）「沖縄県立博物館紀要」 沖縄県立博物館 （31） 2005.12

沖縄学の歴史と現在―伊波普猷以後の素描（《特集 地域のいま》）（田場由美雄）「東北学．［第2期］」 東北芸術工科大学東北文化研究センター，柏書房（発売） （6） 2006.1

日本語とその沖縄方言（〈小特集 日本語の起源論〉）（安本美典）「季刊邪馬台国」 「季刊邪馬台国」編纂委員会，梓書院（発売） （90） 2006.1

戦時・戦後の沖縄に生れた島うたに表現されるウチナーンチュの精神性「時代―金城実 戦時戦後をうたう」からの一考察（當間健作）「あやや ： 沖縄市立郷土博物館紀要」 沖縄市立郷土博物館 （14） 2006.1

『公文書が証す戦後の沖縄の埋立地における新たな地名の歴史』（金城善）「珊瑚の島だより」 南島地名研究センター （48） 2006.2

『新沖縄学体系心論』―来沖33年、在沖10年の総括とこれから（吉川博也）「沖縄関係学研究会論集」 沖縄関係学研究会 通号9 2006.3

『今日の琉球』及び『守礼の光』にみるハワイの「沖縄系移民」と沖縄返還問題（山下靖子）「沖縄関係学研究会論集」 沖縄関係学研究会 通号9 2006.3

在米沖縄関係資料調査収集活動報告（1） 米国国立公文書館新館所蔵沖縄関係文書リスト（仲本和彦）「沖縄県公文書館研究紀要」 沖縄県公文書館 （8） 2006.3

八重山平和祈念館 平成18年度事業実施報告 移動展「沖縄の米軍基地のすがた」/「世界人権宣言ミニパネル展」―世界人権宣言をとおして平和について考えよう/第4回平和コンサート―音楽は平和のメッセージ「沖縄県平和祈念資料館だより」 沖縄県平和祈念資料館 （11） 2006.3

2005年発行沖縄関係文献（普天間千江美，新里彩，勝連昌子）「史料編集室紀要」 沖縄県教育委員会 （31） 2006.3

戦後の軍用地問題のはじまり（2）沖縄へのナイキ・ホーク・メースBの配備（豊田純志）「読谷村立歴史民俗資料館紀要」 読谷村教育委員会 （30） 2006.3

ポストモダンの宴のあとで―沖縄研究との「脱構築」（フォーラム）（輿那覇潤）「法政大学沖縄文化研究所所報」 法政大学沖縄文化研究所 （59） 2006.3

沖縄の自治の崩壊と再生―市民社会の再編と自律をめざして（記念講演）（島袋純）「季刊沖縄」 沖縄協会 11（1・2）通号30 2006.4

沖縄特攻隊員の戦記（下）（吉田竹治）「わかくす ： 河内ふるさと文化誌」 わかくす文芸研究会 （49） 2006.5

占領期沖縄における児童文学―『守礼の光』を手がかりとして（齋木喜美子）「沖縄文化」 沖縄文化協会 40（2）通号100 2006.6

沖縄方言群の下位区分について（ウェイン・ローレンス）「沖縄文化」 沖縄文化協会 40（2）通号100 2006.6

第6回企画展「琉球・沖縄―ウチナンチュの歩み―」を開催して（駒井忠之）「ルシファー」 水平社博物館 通号9 2006.10

第6回企画展「琉球・沖縄―ウチナンチュの歩み―」に寄せて（喜納静子）「ルシファー」 水平社博物館 通号9 2006.10

第6回企画展「琉球・沖縄―ウチナンチュの歩み―」を見て（土岸喬慶）「ルシファー」 水平社博物館 通号9 2006.10

沖縄と日本各地の石造物についての一考察（ヒンプンを中心として）（赤嶺逸男）「南島史学」 南島史学会 （68） 2006.10

8月～11月事業報告 『沖縄の紙の世界500年展』/「現代沖縄漆芸作家展」/夏休み子ども体験教室/うるしの日特別企画「美術館フェスタ」「きよらさ ： 浦添市美術館ニュース」 浦添市美術館 通号51 2006.12

近代沖縄における泡盛・焼酎の伝統的蒸留器と酒の類別化（萩尾俊章）「泡盛研究」 泡盛学会 12 2006.12

公文書館講演会 PartII 下地恒明「地図・空中写真から読む沖縄の今昔」「Archives ： 沖縄県公文書館だより」 沖縄県文化振興会 （32） 2007.2

あの日の沖縄 1945年12月15日「Archives ： 沖縄県公文書館だより」 沖縄県文化振興会 （32） 2007.2

沖縄から宝塚へ―さらにもうひとつの歴史（山口覚）「たからづか ： 市史研究紀要たからづか」 宝塚市教育委員会 （23） 2007.3

本文（翻刻）「沖縄研究資料」 法政大学沖縄文化研究所 （24） 2007.3

本文（原本写真）「沖縄研究資料」 法政大学沖縄文化研究所 （24） 2007.3

戦後沖縄と日米関係のもう一つの側面―アメリカ政策決定者の個人文書等の紹介（2）（ロバート・D.エルドリッヂ）「沖縄県公文書館研究紀要」 沖縄県公文書館 （9） 2007.3

在米沖縄関係資料調査収集活動報告II 米国国立公文書館新館所蔵の映像・音声資料編（仲本和彦）「沖縄県公文書館研究紀要」 沖縄県公文書館 （9） 2007.3

沖縄戦の教訓を語り継ぐ―ボランティア養成講座の取り組み（川満茂雄）「沖縄県平和祈念資料館だより」 沖縄県平和祈念資料館 （12） 2007.3

八重山平和祈念館 平成18年度事業実施報告 終戦記念日特別企画「戦争体験談と戦時中の食事再現」/第7回特別企画展 沖縄戦における住民動員―戦時下の根こそぎ動員と失われた明日―「沖縄県平和祈念資料館だより」 沖縄県平和祈念資料館 （12） 2007.3

トラジャにおけるトンコナ集落の構成と機能―沖縄古層村落と門中との比較研究（細田亜津子）「沖縄文化研究 ： 法政大学沖縄文化研究所紀要」 法政大学沖縄文化研究所 （33） 2007.3

沖縄地名のおもしろさ（《南島地名研究センター大会報告》）（島袋伸三）「珊瑚の島だより」 南島地名研究センター （51） 2007.3

カシミール3Dで見る沖縄の地形と地名（〈南島地名研究センター大会報告〉）（仲田邦彦）「珊瑚の島だより」 南島地名研究センター （51） 2007.3

1950年代の沖縄の風景―米国公文書館資料による（《南島地名研究センター大会報告》）（町田宗博）「珊瑚の島だより」 南島地名研究センター （51） 2007.3

2006年発行沖縄関係文献（砂川恵長）「史料編集室紀要」 沖縄県教育委員会 （32） 2007.3

沖縄の国語教育史―昭和30年代の国語教育実践を中心に（渡辺春美）「南島文化」 沖縄国際大学南島文化研究所 （29） 2007.3

第177回研究会報告 空手の秘書『琉武備志』について（盧義成）「沖縄・八重山文化研究会会報」 沖縄・八重山文化研究会 （177） 2007.4

沖縄研究の国際的状況（ヨーゼフ・クライナー）「季刊沖縄」 沖縄協会 12（1・2）通号32 2007.4

沖縄とシルクロード（岩政輝男）「季刊沖縄」 沖縄協会 12（1・2）通号32 2007.4

狩猟採集民のいた島、沖縄（受賞記念講演）（高宮広土）「季刊沖縄」 沖縄協会 12（1・2）通号32 2007.4

オーラル・ヒストリー総合研究会参加報告 「水商売」の女性たちの研究とオーラル・ヒストリーの模索―沖縄を中心に（平井和子）「静岡県近代史研究会会報」 静岡県近代史研究会 （344） 2007.5

第178回研究会報告 沖縄の林業の歩み（篠原武夫）「沖縄・八重山文化研究会会報」 沖縄・八重山文化研究会 （178） 2007.5

総会記念講演会 500年前の沖縄移住ブーム―那覇にあった「日本人町」―上里隆史氏を迎えて（大城涼子）「首里城公園友の会会報」 首里城公園友の会 （60） 2007.6

総論：沖縄の自然災害（河名俊男）「しまたてぃ ： 建設情報誌」 沖縄しまたて協会 （42） 2007.7

第8回特別企画展「沖縄戦と戦争遺跡―戦世（イクサユー）の真実を伝えるために―」「沖縄県平和祈念資料館だより」 沖縄県平和祈念資料館 （13） 2007.8

沖縄戦の体験から（比嘉辰雄）「季刊沖縄」 沖縄協会 12（3・4）通号33 2007.10

フォーラム 沖縄文化研究所連続講座『沖縄を知る』受講後の感想―第4回「沖縄経済研究の現在」を中心として（小池康仁）「法政大学沖縄文化研究所所報」 法政大学沖縄文化研究所 （61） 2007.10

日本の統治体制改革の初期及び沖縄の地位に関する新考察（1），（2）（私の研究）（コンペル・ラドミール）「法政大学沖縄文化研究所所報」 法政大学沖縄文化研究所 （61）/（62） 2007.10/2008.3

『沖縄文化論』を読み直す―〈何もないこと〉とは何か（《特集 明日の岡本太郎》）（高良勉）「東北学．［第2期］」 東北芸術工科大学東北文化研究センター，柏書房（発売） （13） 2007.11

沖縄の教育施策展開における学校図書館の位置付けに関する考察―石垣島の市街地と山間部との比較から（沖縄の図書館見学ツアー報告）（枝元益祐）「沖縄県図書館協会誌」 沖縄県図書館協会 （11） 2007.12

あの日の沖縄 東恩納博物館・首里市立郷土博物館「Archives ： 沖縄県公文書館だより」 沖縄県文化振興会 （34） 2008.2

戦後ハワイにおける「沖縄問題」の展開―米国の沖縄統治政策と沖縄移民の関係について（岡野宣勝）「移民研究」 琉球大学移民研究センター （4） 2008.2

沖縄の歴史と食文化（外間守善）「沖縄学 ： 沖縄学研究所紀要」 沖縄学研究所 11（1）通号11 2008.3

沖縄近代俳句集成（1）『琉球新報』（明治31年～大正6年）篇 『琉球新報』掲載俳句集成について（仲程昌徳）「沖縄研究資料」 法政大学沖縄文化研究所 （25） 2008.3

沖縄近代俳句集成（2）『沖縄毎日新聞』（明治42年～大正3年）篇 『沖縄毎日新聞』掲載俳句集成について（仲程昌徳）「沖縄研究資料」 法政大学沖縄文化研究所 （26） 2008.3

在米国沖縄関係資料調査収集活動報告III 大統領図書館編（仲本和彦）「沖縄県公文書館研究紀要」 沖縄県公文書館 （10） 2008.3

近代沖縄の新聞資料調査・収集（納富香織）「沖縄県史だより」 沖縄県教育庁 （17） 2008.3

沖縄戦関係史料調査（砂川恵長）「沖縄県史だより」 沖縄県教育庁

1058

九州・沖縄　　　　　　　　　　地名でたどる郷土の歴史　　　　　　　　　　沖縄県

（17）　2008.3

沖縄戦講座の報告「沖縄県平和祈念資料館だより」　沖縄県平和祈念資料館　（14）　2008.3

平成20年度第9回特別企画展「沖縄戦後の混乱から復興へ―艦砲ぬ喰え残（ヌク）さー」「沖縄県平和祈念資料館だより」　沖縄県平和祈念資料館　（14）　2008.3

「八重山平和記念館」平成19年度事業実施報告　夏休み平和学習会「ムシロ作り体験」／第8回特別企画展「沖縄戦と戦争遺跡―戦世（イクサユー）の真実を伝えるために―」八重山会場「沖縄県平和祈念資料館だより」　沖縄県平和祈念資料館　（14）　2008.3

中世沖縄の王府儀礼〈キミテズリ百果報事〉の意義―「おもろさうし」と「公事帳」にみる「御捧」献上の場〈君誇〉に関連して（真喜志瑤子）「沖縄文化研究 ： 法政大学沖縄文化研究所紀要」　法政大学沖縄文化研究所　（34）　2008.3

方言論争を究明する（船津好明）「沖縄文化研究 ： 法政大学沖縄文化研究所紀要」　法政大学沖縄文化研究所　（34）　2008.3

文芸関係記事余聞―『植物標本より得られた近代沖縄の新聞』を読む（特集・近代沖縄の新聞をよむ）（仲程昌徳）「史料編集室紀要」　沖縄県教育委員会　（33）　2008.3

近代沖縄の新聞収集に関する調査メモ（特集・近代沖縄の新聞をよむ）（当山昌直）「史料編集室紀要」　沖縄県教育委員会　（33）　2008.3

新たな沖縄近代史像を描き出す資料集―『植物標本より得られた近代沖縄の新聞』（特集・近代沖縄の新聞をよむ）（納富香織）「史料編集室紀要」　沖縄県教育委員会　（33）　2008.3

羽島知之・山名隆三氏より提供された近代沖縄の新聞（特集・近代沖縄の新聞をよむ）（下地智子）「史料編集室紀要」　沖縄県教育委員会　（33）　2008.3

沖縄戦・収容所にて「うたをたしなむ人々のうたへる詩」（小橋川清弘，豊田純志）「読谷村立歴史民俗資料館紀要」　読谷村教育委員会　（32）　2008.3

ヤポネシア論、反復帰論、「オキナワ」（フォーラム）（浜川仁）「法政大学沖縄文化研究所所報」　法政大学沖縄文化研究所　（62）　2008.3

調査報告 フィリピンの Okinawa Woman 調査報告（細田亜津子）「法政大学沖縄文化研究所所報」　法政大学沖縄文化研究所　（62）　2008.3

いま注目を集める沖縄式協同売店（真喜志教）「しまたてぃ ： 建設情報誌」　沖縄しまたて協会　（45）　2008.4

第152回沖縄問題研究会 沖縄観光の現状と課題（梅村哲夫）「季刊沖縄」　沖縄協会　13（1・2）通号34　2008.4

標準語励行（比嘉辰雄）「季刊沖縄」　沖縄協会　13（1・2）通号34　2008.4

中国と沖縄の交流―医薬について（1），（2）（岩政輝男）「季刊沖縄」　沖縄協会　13（1・2）通号34／13（3・4）通号35　2008.4／2008.10

報告2 オリンピック東京大会沖縄聖火リレー（2006年度第3回研修会 那覇市）（豊見山和美）「あしびなぁ」　沖縄県地域史協議会　（19）　2008.8

新収蔵資料紹介 沖縄関係映像フィルム「Archives ： 沖縄県公文書館だより」　沖縄県文化振興会　（35）　2008.8

あの日の沖縄―琉球政府関係写真資料より「Archives ： 沖縄県公文書館だより」　沖縄県文化振興会　（35）　2008.8

公文書館行事 映写会 記録された映像にみる「沖縄戦」を考える／講座 沖縄アイデンティティとは何か I・現状と構造 II過去と未来／大学生のためのアーカイブズ講座in名桜大学「Archives ： 沖縄県公文書館だより」　沖縄県文化振興会　（35）　2008.8

表紙写真 沖縄関係映像フィルム／沖縄戦関係映像フィルム「Archives ： 沖縄県公文書館だより」　沖縄県文化振興会　（35）　2008.8

平成20年度第9回特別企画展「カンポーヌクェーヌクサー 沖縄 戦後の混乱から復興へ」「沖縄県平和祈念資料館だより」　沖縄県平和祈念資料館　（15）　2008.8

2007年度彙報 奄美沖縄民間文芸学会第5回公開講座「島言葉を考える」「奄美沖縄民間文芸学」　奄美沖縄民間文芸学会　（8）　2008.9

第12回戦争遺跡保存全国シンポジウム愛知大会 はじめに／大江・岩波訴訟と教科書検定意見撤回運動／沖縄平和ネットの取り組み／分科会／「集団自決」で手榴弾が不発だったわけ／フィールドワーク／半田赤レンガ建物弾薬壁／戦没軍人群像／浅川地下壕の保存をすすめる会ニュース」　浅川地下壕の保存をすすめる会　（66）　2008.10

沖縄の都市計画事業をたどる―土地区画整理事業を中心に（特集 沖縄の都市計画事業を俯瞰する―昭和から平成へ、街はどう変わったか）（儀間真明）「しまたてぃ ： 建設情報誌」　沖縄しまたて協会　（47）　2008.10

第153回沖縄問題研究会 道州制論議と沖縄（仲地博）「季刊沖縄」　沖縄協会　13（3・4）通号35　2008.10

外国人訪問客が行き交う沖縄を夢見て―沖縄における通訳案内士の活動（上田尚史）「季刊沖縄」　沖縄協会　13（3・4）通号35　2008.10

沖縄の時代を求めて（牧野浩隆）「赤い瓦 ： 沖縄県立博物館友の会だより」　沖縄県立博物館友の会　（28）　2008.11

沖縄の瓦（石井龍太）「南島研究」　南島研究会　通号49　2008.11

「歴史の真実を次代へ―沖縄から」―21世紀の子どもたちに何を教え、伝えるか（《特集 15年戦争と現在》）（山口剛史）「歴史科学」　大阪歴史科学協議会　（195）　2008.12

沖縄闘牛考―その様式の変遷（比嘉良憲）「あやみや ： 沖縄市立郷土博物館紀要」　沖縄市立郷土博物館　（17）　2009.2

あの日の沖縄―琉球政府関係写真資料より「Archives ： 沖縄県公文書館だより」　沖縄県文化振興会　（36）　2009.3

講演会 「どう変わる？ 国・地方公共団体の公文書館管理―公文書制度の充実に向けて」／グスクから語る沖縄経済社会／沖縄の誇り美ら海／八重山移動展「Archives ： 沖縄県公文書館だより」　沖縄県文化振興会　（36）　2009.3

米軍統治下沖縄におけるフィリピン人へのまなざし―戦後12年間の新聞記事をもとに（杉井信）「沖縄研究ノート ： 《共同研究》南島における民族と宗教」　宮城学院女子大学キリスト教文化研究所　（18）　2009.3

在米関係資料調査収集活動報告IV 軍資料館・大学図書館等（仲本和彦）「沖縄県公文書館研究紀要」　沖縄県公文書館　（11）　2009.3

沖縄統治に関わった米国政府組織および関係者一覧（福原優子，島袋直美，安里早矢佳）「沖縄県公文書館研究紀要」　沖縄県公文書館　（11）　2009.3

沖縄戦講座の報告「沖縄県平和祈念資料館だより」　沖縄県平和祈念資料館　（16）　2009.3

沖縄移民にみる地名とアイデンティティー（2008年度南島地名研究センター大会の報告）（町田宗博）「珊瑚の島だより」　南島地名研究センター　（55）　2009.3

3月例会レジュメ 沖縄戦の記憶（足立美有紀）「静岡県近代史研究会会報」　静岡県近代史研究会　（366）　2009.3

戦後沖縄における高校文芸誌について（納富香織）「南島文化」　沖縄国際大学南島文化研究所　（31）　2009.3

沖縄出身南洋移民女性の渡航形態について―1930年代から1940年代前半期の未婚女性に焦点をあてて（川島淳）「南島文化」　沖縄国際大学南島文化研究所　（31）　2009.3

調査・研究 喜界島・沖縄調査メモ（吉成直樹）「法政大学沖縄文化研究所所報」　法政大学沖縄文化研究所　（64）　2009.3

近代沖縄における旧慣調査とその背景（平良勝保）「地域研究」　沖縄大学地域研究所　（5）　2009.3

第154回沖縄問題研究会 沖縄の世界遺産の保存と活用（我那覇念）「季刊沖縄」　沖縄協会　14（1・2）通号36　2009.4

米軍基地と地位協定（第30回沖縄研究奨励賞―受賞記念講演）（明田川融）「季刊沖縄」　沖縄協会　14（1・2）通号36　2009.4

島人を魅了するウシオーラセー―沖縄闘牛の歴史と人々を魅了した大会（宮城邦治）「しまたてぃ ： 建設情報誌」　沖縄しまたて協会　（50）　2009.7

沖縄チャンプルー文化―日本列島の古層をたどる（西表宏）「西日本文化」　西日本文化協会　通号440　2009.8

第155回沖縄問題研究会 オバマ政権の外交政策と沖縄について（久保文明）「季刊沖縄」　沖縄協会　14（3・4）通号37　2009.10

明治後期における琉球・沖縄認識―「琉球九州三人スケッチ」を中心として（安藤奈々，玉井建也）「コンテンツ文化史研究」　コンテンツ文化史学会　（2）　2009.10

マンガの中の沖縄戦―沖縄戦はどのように扱われてきたか（話題アラカルト・新館紹介）（高良浩）「沖縄県図書館協会誌」　沖縄県図書館協会　（13）　2009.12

近代沖縄の解明に重要な『沖縄教育』の復刻刊行始まる（仲宗根將二）「宮古郷土史研究会会報」　宮古郷土史研究会　（176）　2010.1

青い海の再生を目指して（特集 沖縄の風土に根ざした土木技術）（西浜完治）「しまたてぃ ： 建設情報誌」　沖縄しまたて協会　（52）　2010.1

島嶼県沖縄での地盤工学物語（特集 沖縄の風土に根ざした土木技術）（上原方成）「しまたてぃ ： 建設情報誌」　沖縄しまたて協会　（52）　2010.1

サンゴ礁と共生する港湾整備を目指して（特集 沖縄の風土に根ざした土木技術）（前幸地紀和）「しまたてぃ ： 建設情報誌」　沖縄しまたて協会　（52）　2010.1

沖縄の社会資本整備と風景づくり―第14回沖縄の土木技術を世界に発信する会シンポジウム―前編「しまたてぃ ： 建設情報誌」　沖縄しまたて協会　（52）　2010.1

沖縄産施釉陶器に関する基礎研究(1)―灰釉碗を中心に（木村謙介）「壺屋焼物博物館紀要」　那覇市立壺屋焼物博物館　（11）　2010.3

沖縄戦講座の報告「沖縄県平和祈念資料館だより」　沖縄県平和祈念資料館　（18）　2010.3

「沖縄軍用地問題」に対する本土側の反響の考察―日本社会と「沖縄問題」の出会い／出会い損ない（小野百合子）「沖縄文化研究 ： 法政大学沖縄文化研究所紀要」　法政大学沖縄文化研究所　（36）　2010.3

沖縄における御真影と奉安殿に関する文書資料（吉浜忍）「地域研究シリーズ」　沖縄国際大学南島文化研究所　（37）　2010.3

沖縄出身南洋移民未婚女性の渡航要因と移民男性の結婚形態について―

帝国日本史・近代沖縄史・女性史という複合的領域のなかで（川島淳）「南島文化」沖縄国際大学南島文化研究所 （32）2010.3

沖縄の色彩名を探る—南風原の織物の染織名を中心にして（博物館実習生レポート）（村上めぐみ）「南風の杜 : 南風原文化センター紀要」南風原文化センター （16）2010.3

戦後沖縄社会と南洋群島引揚者—引揚者団体活動に注目して（大原朋子）「移民研究」琉球大学移民研究センター （6）2010.3

旧記書類抜粋「沖縄研究資料」法政大学沖縄文化研究所 （27）2010.3

沖縄旧記書類字句註解書「沖縄研究資料」法政大学沖縄文化研究所 （27）2010.3

解説（梅木哲人）「沖縄研究資料」法政大学沖縄文化研究所 （27）2010.3

「沖縄戦」の戦後史—「軍手の論理」と「住民の論理」のはざま（櫻澤誠）「立命館平和研究 : 立命館大学国際平和ミュージアム紀要」立命館大学国際平和ミュージアム （11）2010.3

「戦後」へのまなざし（4）沖縄と本土との意識の断絶（渡辺考）「西日本文化」西日本文化協会 通号444 2010.4

沖縄における公共交通機関の可能性—沖縄の生活・観光・産業の発展を目指すインフラストラクチャー（堤純一郎）「季刊沖縄」沖縄協会 15（1・2）通号38 2010.4

沖縄の水源開発がもたらしたもの—県民のくらしと水道（特集 県民のくらしを変えた沖縄の水源開発）（中村正秀）「しまたてぃ : 建設情報誌」沖縄しまたて協会 （53）2010.4

ウチナーンチュと水のかかわり（特集 県民のくらしを変えた沖縄の水源開発）（大学生取材チーム，相馬直子，稲垣暁）「しまたてぃ : 建設情報誌」沖縄しまたて協会 （53）2010.4

文献史に見る琉球・沖縄 in 名護「びぶりお : 琉球大学附属図書館報」琉球大学附属図書館 （152）2010.4

1960年代京都における沖縄返還運動—仲次田勉氏に聞く（櫻澤誠）「Notre critique : history and criticism」ノートル・クリティーク編集委員会 （3）2010.5

報告2 戦後沖縄出身者の引き揚げについて（2009年度総会・第1回研修会 沖縄県公文書館）（栄野川敦）「あしびなぁ」沖縄県地域史協議会 （21）2010.5

宮古から見る琉球・沖縄（2009年度第2回研修会 宮古島市）（下地和宏）「あしびなぁ」沖縄県地域史協議会 （21）2010.5

「戦後」へのまなざし（5）基地の島沖縄から本土への問いかけ（渡辺考）「西日本文化」西日本文化協会 通号445 2010.6

沖縄の戦争遺跡と歴史的環境（清水肇）「しまたてぃ : 建設情報誌」沖縄しまたて協会 （54）2010.7

特集 写真が語る沖縄「Archives : 沖縄県公文書館だより」沖縄県文化振興会 （39）2010.8

沖縄研究関連の新聞掲載記事「法政大学沖縄文化研究所所報」法政大学沖縄文化研究所 （67）2010.8

長崎ペーロン及び沖縄ハーリーと台湾ペーリョンツェンの比較（黄麗雲）「平戸史談」平戸史談会 （21）2010.9

復帰後の道路整備と沖縄経済（特集 復帰後、沖縄の道路はいかに整備されたか。）（大城郁寛）「しまたてぃ : 建設情報誌」沖縄しまたて協会 （55）2010.10

振興計画と共に整備された沖縄の道路（特集 復帰後、沖縄の道路はいかに整備されたか。）（石渡一義）「しまたてぃ : 建設情報誌」沖縄しまたて協会 （55）2010.10

沖縄の街づくりの変遷—風土を生かした街づくりを求めて（梅村俊治）「しまたてぃ : 建設情報誌」沖縄しまたて協会 （55）2010.10

2010年度新収蔵沖縄関係資料の紹介（1）（2）（3）「びぶりお : 琉球大学附属図書館報」琉球大学附属図書館 （153）2010.10

松代大本営と沖縄戦（土屋光男）「ちょうま」更埴郷土を知る会 （31）2010.11

南海北緯二七度線 沖縄の母国復帰海上大会聞き書き（安陪光正）「西日本文化」西日本文化協会 通号448 2010.12

沖縄戦の実相（田中貢）「北海道れきけん」北海道歴史研究会 （75）2011.1

沖縄の離島振興（特集 沖縄離島振興のいま、むかし、みらい）（大城郁寛）「しまたてぃ : 建設情報誌」沖縄しまたて協会 （56）2011.1

離島の社会資本整備の変遷と今後の展開（特集 沖縄離島振興のいま、むかし、みらい）（当間清勝）「しまたてぃ : 建設情報誌」沖縄しまたて協会 （56）2011.1

離島の水道事業の特徴と変遷—沖縄県内離島の簡易水道事業を中心に（特集 沖縄離島振興のいま、むかし、みらい）（金城義信）「しまたてぃ : 建設情報誌」沖縄しまたて協会 （56）2011.1

沖縄離島での国営かんがい排水事業—伊江地区および宮古伊良部地区の概要（特集 沖縄離島振興のいま、むかし、みらい）（内閣府沖縄総合事務局農林水産部）「しまたてぃ : 建設情報誌」沖縄しまたて協会 （56）2011.1

離島の漁港・漁場整備について（特集 沖縄離島振興のいま、むかし、み

らい）（島袋均）「しまたてぃ : 建設情報誌」沖縄しまたて協会 （56）2011.1

沖縄における公共交通の将来像（堤純一郎）「しまたてぃ : 建設情報誌」沖縄しまたて協会 （56）2011.1

京都大学総合博物館所蔵沖縄関係新聞資料調査（最終）（嘉数修）「沖縄県史だより」沖縄県教育庁 （20）2011.2

2007〜2009年発行沖縄関係文献（漢那敬子，林佳代子）「史料編集室紀要」沖縄県教育委員会 （34）2011.2

特集 沖縄の地籍調査「Archives : 沖縄県公文書館だより」沖縄県文化振興会 （40）2011.3

沖縄における鉄並びに鍛冶に関する文献リスト（井口学）「あやみや : 沖縄市立郷土博物館紀要」沖縄市立郷土博物館 （19）2011.3

戦後沖縄における台湾人労働者（呉俐君）「移民研究」琉球大学移民研究センター （7）2011.3

沖縄の記憶を語り継ぐ—石川ジェット機墜落事故（南島における民族と宗教20周年シンポジウム 見る、聞く、語る—沖縄の過去・現在・未来—）（今林直樹）「沖縄研究ノート : 《共同研究》南島における民族と宗教」宮城学院女子大学キリスト教文化研究所 （20）2011.3

沖縄戦証言記録の公開について—オーラル・ヒストリー活用の試み（久部良和子）「沖縄県公文書館研究紀要」沖縄県公文書館 （13）2011.3

沖縄戦講座の報告「沖縄県平和祈念資料館だより」沖縄県平和祈念資料館 （20）2011.3

琉球切手に見る沖縄文化表象（粟国恭子）「首里城研究」首里城公園友の会 （13）2011.3

植民地台湾における沖縄系移民のエスニシティー「沖縄人」をめぐる葛藤と実践（特集 台湾をめぐる境域）（松田ヒロ子）「白山人類学」白山人類学研究会，岩田書院（発売）（14）2011.3

台湾沖縄同郷会連合会の実態と今後の研究課題—「台湾疎開」に焦点を当てて（特集 台湾をめぐる境域）（松田良孝）「白山人類学」白山人類学研究会，岩田書院（発売）（14）2011.3

海洋博公園が巨大な誘客効果を生んだ沖縄観光と公園整備（特集 復帰後、沖縄の都市公園はどのように整備されたか—運動公園を中心に）（渡久地明）「しまたてぃ : 建設情報誌」沖縄しまたて協会 （57）2011.4

プロ野球沖縄キャンプの経済効果と地域振興（特集 復帰後、沖縄の都市公園はどのように整備されたか—運動公園を中心に）（伊佐昭彦）「しまたてぃ : 建設情報誌」沖縄しまたて協会 （57）2011.4

沖縄地方における海岸の防災を考えること（仲座栄三）「しまたてぃ : 建設情報誌」沖縄しまたて協会 （57）2011.4

インタビュー 戦後沖縄における一教員の経験と実践 青年会活動・教育運動・石川宮森小ジェット機墜落事件—豊濱光輝氏に聞く（櫻澤誠，真栄平房昭）「Notre critique : history and criticism」ノートル・クリティーク編集委員会 （4）2011.5

「オリエント」の「オリエント」へ：情報革命とグローバル化の時代における沖縄史を歩む（ローザ・カーロリ）「沖縄文化」沖縄文化協会 45（1）通号109 2011.6

沖縄狼煙考（上・下）「沖縄タイムス」2010年8月10日・11日より）（狼煙特集）（島袋和幸）「全国地名研究交流誌 地名談話室」日本地名研究所 （26・27）2011.6

明治34年、初の沖縄修学旅行—5月定例会を終えて（下地和宏）「宮古郷土史研究会会報」宮古郷土史研究会 （185）2011.7

東日本大震災を受けて沖縄の防災を考える（加藤祐三）「しまたてぃ : 建設情報誌」沖縄しまたて協会 （58）2011.7

証言（1）「生きて伝えよ」玉砕から学徒隊の命を守った小池軍医中佐（佐久の人）（特集 孫たちに伝えたい「私の戦争体験」（前）—沖縄戦を語る）（柳澤全三）「佐久」佐久史学会 （63）2011.8

証言（2）野戦病院での看護隊の体験（特集 孫たちに伝えたい「私の戦争体験」（前）—沖縄戦を語る）（仲里ハル）「佐久」佐久史学会 （63）2011.8

証言（3）ウッカーのがま（壕）に感謝（特集 孫たちに伝えたい「私の戦争体験」（前）—沖縄戦を語る）（名城文子）「佐久」佐久史学会 （63）2011.8

証言（4）25年目、隊長の遺骨を収拾（特集 孫たちに伝えたい「私の戦争体験」（前）—沖縄戦を語る）（大仲紀久子）「佐久」佐久史学会 （63）2011.8

証言（5）余りに重い責任が彼女らに課せられていた（特集 孫たちに伝えたい「私の戦争体験」（前）—沖縄戦を語る）（小木曽郁男）「佐久」佐久史学会 （63）2011.8

沖縄県民「丹那トンネル」を掘る（加藤好一）「静岡県近代史研究会会報」静岡県近代史研究会 （395）2011.8

井上孝治が見た沖縄の人びと—返還前の沖縄取材旅行から（特集 戦争の記憶）「西日本文化」西日本文化協会 （452）2011.8

南米の「オキナワ」地名（南島地名研究センター2010年度大会報告）（町田宗博）「珊瑚の島だより」南島地名研究センター （61）2011.9

復帰後の港湾整備と県民の暮らし（特集 復帰後、沖縄の港湾・空港整備はどのように進められたか）（大城郁寛）「しまたてぃ : 建設情報誌」

沖縄しまたて協会　(59)　2011.10

復帰後の港湾・空港整備について（特集 復帰後、沖縄の港湾・空港整備はどのように進められたか）(小野正博)「しまたてぃ ： 建設情報誌」沖縄しまたて協会　(59)　2011.10

復帰後の県内空港の整備について（特集 復帰後、沖縄の港湾・空港整備はどのように進められたか）(平良義尚)「しまたてぃ ： 建設情報誌」沖縄しまたて協会　(59)　2011.10

復帰後県管理の港湾はどのように整備されたか─復帰から現在に至る県管理港湾の整備概要と今後の展開（特集 復帰後、沖縄の港湾・空港整備はどのように進められたか）(田原武之)「しまたてぃ ： 建設情報誌」沖縄しまたて協会　(59)　2011.10

『沖縄伝武備志』の研究─諸本の系統関係について(盧姜威)「沖縄文化」沖縄文化協会　45(2)通号110　2011.11

日本植民時期における台湾米の沖縄への移出(林敏容)「南島史学」南島史学会　(77・78)　2011.12

沖縄の空に散った戦友を想う（講演記録）(大之木英雄)「広郷土史研究会会報」広郷土史研究会　(107)　2012.1

沖縄の『字誌』づくりに関連して「我孫子市史研究センター会報」我孫子市史研究センター　(121)　2012.3

公文書活用講座「沖縄の土地調査について」（アーカイブズフラッシュ）「Archives ： 沖縄県公文書館だより」沖縄県文化振興会　(42)　2012.3

服部四郎の来沖─『服部四郎 沖縄調査日記』を読む(今林直樹)「沖縄研究ノート ：《共同研究》南島における民族と宗教」宮城学院女子大学キリスト教文化研究所　(21)　2012.3

服部四郎の来沖─『服部四郎 沖縄調査日記』を読む(今林直樹)「沖縄研究ノート ：《共同研究》南島における民族と宗教」宮城学院女子大学キリスト教文化研究所　(21)　2012.3

戦後アメリカ統治下の沖縄における出入域管理について─渡航制限を中心に(歴史)(岸本弘人)「沖縄県立博物館・美術館博物館紀要」沖縄県立博物館・美術館　(5)　2012.3

京都大学の植物標本から新たに得られた近代沖縄の新聞─附 これまでの調査で収集された近代沖縄の新聞リスト(当山昌直)「沖縄史料編集紀要」沖縄県教育委員会　(35)　2012.3

2000年以降の沖縄戦関係刊行物について(城間良昭)「沖縄史料編集紀要」沖縄県教育委員会　(35)　2012.3

2010年発行沖縄関係文献(漢那敬子，林佳世子)「沖縄史料編集紀要」沖縄県教育委員会　(35)　2012.3

系図をつなぐ─屋其集落の士族系門中による系図作成の実例(武井基晃)「沖縄文化研究 ： 法政大学沖縄文化研究所紀要」法政大学沖縄文化研究所　(38)　2012.3

越境者たちの復帰運動─1950年代前半における在日本沖縄人学生の組織と意識(戸邉秀明)「沖縄文化研究 ： 法政大学沖縄文化研究所紀要」法政大学沖縄文化研究所　(38)　2012.3

沖縄における軍政初期(1945～1946年)米側資料について(仲本和彦)「沖縄県公文書館研究紀要」沖縄県公文書館　(14)　2012.3

島嶼沖縄の水産業の産業連関分析（研究ノート）(友利廣)「地域研究」沖縄大学地域研究所　(9)　2012.3

沖縄の世界遺産を活用した地域振興（調査報告）(緒方修)「地域研究」沖縄大学地域研究所　(9)　2012.3

沖縄の地理色彩景観─1965(正井泰夫)「南島文化」沖縄国際大学南島文化研究所　(34)　2012.3

南洋群島における沖縄出身女性の経済的活動について(川島淳)「南島文化」沖縄国際大学南島文化研究所　(34)　2012.3

崎浜靖「近代沖縄の疾病地理─八重山諸島のマラリアを事例として─」（2010年度後期事業報告─福建師範大学中琉歴史研究所との協定校間学術講演会）「南島文化研究所所報」沖縄国際大学南島文化研究所　(57)　2012.3

第175回シマ研究会 澤田佳世「米軍統治の生殖のポリティクス─戦後沖縄の生政治と家族計画への道のり─」（2011年度事業報告）「南島文化研究所所報」沖縄国際大学南島文化研究所　(57)　2012.3

沖縄出身南洋移民の「言説」について─漁業従事者に関する新聞記事に焦点をあてて(川島淳)「よのつぢ ： 浦添市文化部紀要 ： bulletin of Culture Department, Urasoe City」浦添市教育委員会文化部　(8)　2012.3

1950年代沖縄における政治勢力の再検討(櫻澤誠)「年報近現代史研究」近現代史研究会　(4)　2012.3

沖縄「平和の礎（いしじ）」(税田啓一郎)「石の証言」「平和の塔」の史実を考える会　(48)　2012.3

「語りつぎ部」─孫が伝える沖縄戦「季刊沖縄」沖縄協会　17(1・2)通号42　2012.4

復帰40年の沖縄(1)～(3)(二宮健)「西宮文化協会会報」西宮文化協会　(532)/(534)　2012.7/2012.9

第74回沖縄染織研究会 明治30年代の沖縄の麻織物─第5回内国勧業博覧会と全国・宮古・八重山(粟国恭子)「沖縄染織研究会通信」沖縄染織研

究会　(69)　2012.7

史料紹介 「佐藤栄作日記」にみる沖縄返還(曽我欣行)「田布施町郷土館研究紀要」田布施町郷土館　(13)　2012.8

日本復帰40周年記念特別展「日本復帰への道」（アーカイブズフラッシュ）「Archives ： 沖縄県公文書館だより」沖縄県文化振興会　(43)　2012.8

日本復帰40周年記念映写会「復帰～あの日までの沖縄・あの日からの沖縄～」（アーカイブズフラッシュ）「Archives ： 沖縄県公文書館だより」沖縄県文化振興会　(43)　2012.8

連載 街路樹が彩る沖縄の道(2) 中部 浦添・宜野湾・北中城・沖縄「宿道」沖縄しまたて協会　33　2012.9

明治政府の沖縄への海底電信線敷設に関する考察─沖縄丸の軌跡（研究ノート）(島田勝也)「地域研究」沖縄大学地域研究所　(10)　2012.9

私の研究 沖縄の織物「桐板」の原材料繊維解明について(米村創)「法政大学沖縄文化研究所所報」法政大学沖縄文化研究所　(71)　2012.9

沖縄研究関連の新聞掲載記事・論文（抄録）「法政大学沖縄文化研究所所報」法政大学沖縄文化研究所　(71)　2012.9

沖縄返還に背を向けた昭和天皇(酒井卯作)「南島研究」南島研究会　(53)　2012.10

沖縄関連資料新収蔵品紹介「四十二国人物絵巻」他「びぶりお ： 琉球大学附属図書館報」琉球大学附属図書館　(157)　2012.10

博物館特別展 復帰40年記念Okinawaから沖縄へ モノが語る激動の時代 1945～2012(岸本弘人)「はくぶ通信 ： 沖縄県立博物館・美術館広報誌」沖縄県立博物館　(3)　2012.10

雑誌とその時代─「改造」に登場した沖縄の表現者たち(仲程昌徳)「沖縄文化」沖縄文化協会　46(2)通号112　2012.11

写真で振り返る沖縄の図書館と復帰40年（特集 復帰）「沖縄県図書館協会誌」沖縄県図書館協会　(16)　2012.12

復帰40年関係のイベント紹介（特集 復帰）「沖縄県図書館協会誌」沖縄県図書館協会　(16)　2012.12

復帰40年を迎えて 沖縄の図書館事情にまつわる個人的な回想（特集 復帰）(漢那憲治)「沖縄県図書館協会誌」沖縄県図書館協会　(16)　2012.12

沖縄県図書館協会講演会報告 新城俊昭「復帰40年の沖縄から見える歴史風景」(平賀和代)「沖縄県図書館協会誌」沖縄県図書館協会　(16)　2012.12

沖縄における引揚体験の記憶と意味の構築(野入直美)「移民研究」琉球大学移民研究センター　(8)　2013

近代沖縄の医療と台湾(松田ヒロ子)「移民研究」琉球大学移民研究センター　(8)　2013

沖縄引揚者の「外地」経験(野入直美)「移民研究」琉球大学移民研究センター　(8)　2013

沖縄への引揚者による戦後沖縄社会への接続(坪田=中西美貴)「移民研究」琉球大学移民研究センター　(8)　2013

報告4 沖縄の反基地・反沖縄差別運動の現状と展望（東日本部落解放研究所機関誌『明日を拓く』100号記念フォーラム これからの部落解放運動を拓くために─フォーラム2「社会運動のこれからを探る」）(安次富浩)「明日を拓く」東日本部落解放研究所. 解放書店（発売）39(5)通号100　2013.3

沖縄中部戦跡ガマ巡り、沖縄戦から平和教育を考える─第35回日教組九州ブロック「2.11平和教育研究集会」(迫立敏弘)「石の証言」「平和の塔」の史実を考える会　(54)　2013.3

平成24年度 沖縄戦講座の報告/平成24年度 第5回子ども・プロセス企画展「子どもたちが学び・伝える沖縄本土復帰40周年」(沖縄県平和祈念資料館だより」沖縄県平和祈念資料館　(24)　2013.3

沖縄の日本復帰に対するハワイ在住ウチナーンチュの意識調査(歴史)(岸本弘人)「沖縄県立博物館・美術館博物館紀要」沖縄県立博物館・美術館　(6)　2013.3

明治大正期の沖縄における木材利用の状況について─『沖縄県森林視察復命書』の記述を中心に(歴史)(久場政彦)「沖縄県立博物館・美術館博物館紀要」沖縄県立博物館・美術館　(6)　2013.3

『鄭良弼本 歴代宝案』再考(池谷望子，内田晶子)「沖縄文化研究 ： 法政大学沖縄文化研究所紀要」法政大学沖縄文化研究所　(39)　2013.3

2010年発行沖縄関係文献(漢那敬子，林佳世子)「沖縄史料編集紀要」沖縄県教育委員会　(36)　2013.3

ヴァーン・スナイダーの小説「八月十五夜の茶屋」─米国占領軍政府に見捨てられた警句・教訓(論文)(渡久山幸功)「地域研究」沖縄大学地域研究所　(11)　2013.3

沖縄の貧困に関する一試論─戦後沖縄における生活保護と「オルタナティブな近代」（研究ノート）(渡久山和史)「地域研究」沖縄大学地域研究所　(11)　2013.3

沖縄中南部方言の仮名表記の問題点─「沖縄語仮名遣い」に向けて(論文)(仲原穣)「南島文化」沖縄国際大学南島文化研究所　(35)　2013.3

一九三〇年代における沖縄出身南洋漁業移民の渡航について(川島淳)

「よのつち ： 浦添市文化部紀要 ： bulletin of Culture Department, Urasoe City」 浦添市教育委員会文化部 （9） 2013.3

『戦後沖縄と米軍基地—「受容」と「拒絶」のはざまで 1945〜1972年』（法政大学出版局、5700円）（2011年度出版助成図書「自著紹介」）（平良好利）「アメリカ研究振興会会報 ： 会報」 アメリカ研究振興会 （73） 2013.3

思い出の新聞記事 毎日 みやぎ群像（6）遠田郡（下） 昭和37年1月10日（水）／朝日 沖縄返還交渉 昭和44年5月29日（木）／毎日 「ある教師の生物ものがたり」昭和46年8月1日（日）／朝日 これが縄文人の手形 昭和61年1月12日／河北 斉藤竹堂の「藩史」国訳出版 平成6年8月10日（火）「郷土たどり」 田尻郷土研究会 （35） 2013.4

沖縄戦を生き抜いて（吉嶺全一）「季刊沖縄」 沖縄協会 18（1・2）通号44 2013.4

沖縄語の未来（伝統文化の復元）（宮里朝光）「博友 ： 沖縄県立博物館友の会機関誌」 沖縄県立博物館友の会 （25） 2013.5

インタビュー 戦後沖縄における一教員の軌跡—新垣仁英氏に聞く（櫻澤誠）「Notre critique ： history and criticism」 ノートル・クリティーク編集委員会 （6） 2013.5

特集「琉球・中縄からみる風俗史」にあたって（特集 琉球・沖縄からみる風俗史）（玉井建也）「風俗史学 ： 日本風俗史学会誌」 日本風俗史学会 （52） 2013.5

近代沖縄の金属文化—失われつつある技術と向き合う思考（粟国恭子）「沖縄文化」 沖縄文化協会 47（1）通号113 2013.9

現代史への教訓—戦艦大和沖縄特攻作戦の真実（林重太）「わだつみのこえ ： 日本戦没学生記念会機関誌」 日本戦没学生記念会 （138） 2013.7

南への風—沖縄・台湾—近代沖縄の美術・工芸展開催「きよらさ ： 浦添市美術館ニュース」 浦添市美術館 （71） 2013.8

沖縄県平和祈念資料館 第14回特別企画展「日系ハワイ移民が見た戦争と沖縄」—ウチナーンチュ（沖縄出身）ハワイ移民の沖縄へのウムイ（想い）「沖縄県平和祈念資料館だより」 沖縄県平和祈念資料館 （25） 2013.8

尚家文書『球陽』について（前村佳幸）「沖縄文化」 沖縄文化協会 47（2）通号114 2013.9

沖縄における入会権と軍用地料（論文）（小川竹一）「地域研究」 沖縄大学地域研究所 （12） 2013.9

翻訳 半世紀間沖縄思想史における問題意識の転換—新崎盛暉との対話（新崎盛暉、山城智史［訳者］）「地域研究」 沖縄大学地域研究所 （12） 2013.9

北米における沖縄県出身移民に関する地理的研究（研究ノート）（石川友紀）「移民研究」 琉球大学移民研究センター （9） 2013.9

Okinawan Contract Migration to Mexico（研究ノート）（Emma Mendoza Martinez）「移民研究」 琉球大学移民研究センター （9） 2013.9

沖縄における引揚体験の記憶と意味の構築（研究ノート）（野入直美）「移民研究」 琉球大学移民研究センター （9） 2013.9

近代沖縄の医療と台湾（論文）（松田ヒロ子）「移民研究」 琉球大学移民研究センター （9） 2013.9

沖縄引揚者の「外地」経験（論文）（野入直美）「移民研究」 琉球大学移民研究センター （9） 2013.9

沖縄への引揚者による戦後沖縄社会への接続（研究ノート）（坪田=中西美貴）「移民研究」 琉球大学移民研究センター （9） 2013.9

グラビア 近代沖縄の公共交通（編集部）「しまたてぃ ： 建設情報誌」 沖縄しまたて協会 （66） 2013.10

奄美・沖縄の台風と災害（特集 災害の民俗知）（上江洲均）「東北学. ［第3期］」 東北芸術工科大学東北文化研究センター、はる書房（発売） 3 2014.1

沖縄の道路と公共交通—参画経験と運転歴50余年の目線で考える（上間清）「しまたてぃ ： 建設情報誌」 沖縄しまたて協会 （67） 2014.1

藤井が語るこの資料 基地公害と沖縄の現在（いま）—「沖縄米軍基地公害・環境破壊調査報告書」（患者会資料No.8999）「Ecomuse資料館だより」 あおぞら財団付属西淀川・公害と環境資料館 （47） 2014.2

沖縄の終戦から日本復帰まで切手を中心に考える（林俊夫）「三州文化」 三州文化社 （7） 2014.3

アーカイブズフラッシュ 常設展示 ミニ企画展「写真にみる近代の沖縄」／ホームページは一部リニューアルしました。「Archives ： 沖縄県公文書館だより」 沖縄県文化振興会 （46） 2014.3

資料解題 特別報告書—沖縄の基地外歓楽街における人種緊張（山崎孝史）「KOZA BUNKA BOX」 沖縄市総務部総務課市史編集担当 （10） 2014.3

解題「沖縄に関する司法統計資料について」（宮平真弥）「沖縄研究資料」 法政大学沖縄文化研究所 （29） 2014.3

米軍統治下沖縄からフィリピンに渡った女性たち—そのフィリピン定着についての一考察（杉井信）「沖縄研究ノート ： 《共同研究》南島における民族と宗教」 宮城学院女子大学キリスト教文化研究所 （23） 2014.3

前衛活動に見る沖縄戦後美術—70年代まで（翁長直樹）「沖縄県立博物館・美術館美術館研究紀要」 沖縄県立博物館・美術館 （4） 2014.3

近代沖縄の新聞広告等にみる新たな酒類の登場と泡盛（予備的考察）（萩尾俊章）「沖縄史料編集紀要」 沖縄県教育委員会 （37） 2014.3

近代沖縄の新聞にみられるジュゴンの情報（当山昌直、仲地明、城間恒宏）「沖縄史料編集紀要」 沖縄県教育委員会 （37） 2014.3

2012年発行沖縄関係文献（林佳代子）「沖縄史料編集紀要」 沖縄県教育委員会 （37） 2014.3

第14回特別企画展の開催報告 第14回特別企画展「ハワイ日系移民が見た戦争と沖縄」平成25年10月10日（木）〜12月23日（月）沖縄県平和祈念資料館／平成26年1月16日（木）〜2月26日（日）八重山平和祈念資料館「沖縄県平和祈念資料館だより」 沖縄県平和祈念資料館 （26） 2014.3

沖縄戦講座 シンポジウム「ハワイ日系二世兵士の見た戦争と沖縄」報告「沖縄県平和祈念資料館だより」 沖縄県平和祈念資料館 （26） 2014.3

平成25年度第5回子供プロセス企画展「沖縄へ命（運命・命令）を承けて」沖縄戦の中の二人の知事—「沖縄県平和祈念資料館だより」 沖縄県平和祈念資料館 （26） 2014.3

「ハワイ日系移民が見た戦争と沖縄」ハワイ移動展開催／八重山平和祈念館 平成25年度 事業実施報告 夏休み企画展「八重山の小さな生きものたち」平成25年8月1日（木）〜9月1日（日）、夏休み平和学習会（自由研究相談室、アニメ上映会＆体験コーナー）平成25年8月1日（木）〜9月1日（日）、「絵と絵本で語り継ぐ沖縄戦」展＆各学校の平和学習の取組紹介 平成25年10月25日（金）〜11月24日（日）「沖縄県平和祈念資料館だより」 沖縄県平和祈念資料館 （26） 2014.3

5）一般財団法人沖縄美ら島財団所蔵書跡資料にみられる中国古典について（1事業報告）（石垣賢一）「首里城公園管理センター調査研究・普及啓発事業年報」 沖縄美ら島財団首里城公園管理部 （4） 2014.3

沖縄の俚諺について（仲田栄松）「南島研究」 南島研究会 （55） 2014.3

地理からみた沖縄戦の戦場（2012年度事業報告—シマ研究会）（上原冨二男）「南島文化研究所報」 沖縄国際大学南島文化研究所 （59） 2014.3

古代日本文化の鏡を越えて—1930年の沖縄に関する仏国のシャルル・アグノエルのフィールドワーク調査（2012年度事業報告—南島研セミナー）（パトリック・ベイヴェール）「南島文化研究所報」 沖縄国際大学南島文化研究所 （59） 2014.3

20世紀初頭の訪韓記事を通してみた、沖縄人の韓国への眼差し（2012年度事業報告—全南大学校湖南研究院協定研究所国際学術大会）（儀間淳一）「南島文化研究所報」 沖縄国際大学南島文化研究所 （59） 2014.3

ハワイ・オキナワンの意識とかたち（私の研究）（磯ステファニー侑子）「法政大学沖縄文化研究所所報」 法政大学沖縄文化研究所 （74） 2014.3

米国統治下の沖縄における文化財保護行政の展開—琉球政府文化財保護委員会を中心にして（大城一成）「よのつち ： 浦添市文化部紀要 ： bulletin of Culture Department, Urasoe City」 浦添市教育委員会文化部 （10） 2014.3

総力戦体制下南洋群島と沖縄出身女性—隣組での活動に焦点をあてて（川島淳）「よのつち ： 浦添市文化部紀要 ： bulletin of Culture Department, Urasoe City」 浦添市教育委員会文化部 （10） 2014.3

第1班B 『日本近世生活絵引』奄美・沖縄編 編纂共同研究（第二期共同研究活動報告）「年報非文字資料研究」 神奈川大学日本常民文化研究所非文字資料研究センター （10） 2014.3

第164回沖縄問題研究会 米軍基地をめぐる戦後史—沖縄と日本との関係を中心として（平良好利）「季刊沖縄」 沖縄協会 19（1・2）通号46 2014.4

戦後沖縄と米軍基地（第35回沖縄研究奨励賞 受賞記念講演）（平良好利）「季刊沖縄」 沖縄協会 19（1・2）通号46 2014.4

戦後おきなわ写真集（1）（嘉納辰彦）「季刊沖縄」 沖縄協会 19（1・2）通号46 2014.4

家譜より読み説く沖縄の歴史—高嶺徳明（魏士哲）と麻酔術（辻田忠弘）「博友 ： 沖縄県立博物館友の会機関誌」 沖縄県立博物館友の会 （26） 2014.5

インタビュー 昭和一桁世代の南洋移民経験と沖縄戦後闘争—有銘政夫氏に聞く（成田千尋）「Notre critique ： history and criticism」 ノートル・クリティーク編集委員会 （7） 2014.5

戦後沖縄の基地周辺における都市開発—コザ・ビジネスセンター構想と《八重島》をめぐって（論説）（加藤政洋）「洛北史学」 洛北史学会 （16） 2014.6

特集 1964年 東京オリンピック 沖縄をかけぬけた聖火リレー／「1964年沖縄をかけぬけた聖火リレー」展関連年表「Archives ： 沖縄県公文書館だより」 沖縄県文化振興会 （47） 2014.8

平成26年度 第1回子ども・プロセス企画展「沖縄戦への道—70年前、その時、何が……」／第24回「児童・生徒の平和メッセージ展」報告「沖縄県平和祈念資料館だより」 沖縄県平和祈念資料館 （27） 2014.8

沖縄県平和祈念資料館 第15回特別企画展「南洋の群星が見た理想郷と戦」～70年の時を超えて、旧南洋群島ウチナーンチュの汗・血そして涙～ 沖縄県平和祈念資料館：平成26年10月10日（金）～12月11日（木）/八重山平和祈念館：平成27年1月16日（金）～2月26日（木）「沖縄平和祈念資料館だより」 沖縄県平和祈念資料館 （27） 2014.8

琉球弧の島―奄美と沖縄を比較して（研究ノート）（牧洋一郎）「地域研究」 沖縄大学地域研究所 （14） 2014.9

沖縄文化の基層は沖縄語（船津好明）「季刊沖縄」 沖縄協会 19（3・4）通号47 2014.10

美術館学芸員コラム 美術館コレクションギャラリー3「沖縄美術の流れ」スペシウム光線（玉那覇英人）「はくび通信 ： 沖縄県立博物館・美術館広報誌」 沖縄県立博物館 （11） 2014.10

開館25周年記念特別展「ひめゆりの証言員たち―沖縄戦を伝えてきた25年―」開催中（資料館トピックス）「ひめゆり平和祈念資料館資料館だより」 沖縄県女師・一高女ひめゆり平和祈念財団立ひめゆり平和記念資料館 （54） 2014.11

沖縄県

催しもの案内 歴史講座「島々の歴史と文化を訪ねて」/第3回資料保存講演会「洋紙資料の保存と修復―酸性紙をどうするか」「Archives ： 沖縄県公文書館だより」 沖縄県文化振興会 10 2000.1

第3編 主なグスクの歴史と伝説「なきじん研究」 今帰仁村歴史文化センター 10 2000.3

今帰仁城跡/城内の旧跡/今帰仁城の伝説/座喜味城跡/伊波城跡/安慶名城跡/勝連城跡/中城城跡/南山城跡/知念城跡/玉城城跡/多田名城跡/三つの具志川城跡/久米島具志川城跡/喜屋武具志川城跡/中頭具志川城跡/久米島の城/伊敷索城跡/宇江城城跡/登武那覇城跡/塩原城跡/与那嶺城跡/琉球の古城跡/浦添城跡/伊祖城跡/垣の花城跡/糸数城跡/幸地城跡「なきじん研究」 今帰仁村歴史文化センター 10 2000.3

USCAR資料公開「Archives ： 沖縄県公文書館だより」 沖縄県文化振興会 10 2000.3

資料紹介 G・H・カー資料「Archives ： 沖縄県公文書館だより」 沖縄県文化振興会 11 2000.3

トピックス「夏姓家譜」寄贈「Archives ： 沖縄県公文書館だより」 沖縄県文化振興会 11 2000.3

沖縄県の文化財保護史―昭和初期から琉球政府時代の活動を中心に（園原謙）「沖縄県立博物館紀要」 沖縄県立博物館 （26） 2000.3

シリーズ証言「学徒の戦後」（10） 収容所から帰郷へ（照屋信子）「ひめゆり平和祈念資料館資料館だより」 沖縄県女師・一高女ひめゆり平和祈念財団立ひめゆり平和記念資料館 25 2000.5

沖縄県公文書館所蔵の米国占領関係資料群の構造について「Archives ： 沖縄県公文書館だより」 沖縄県文化振興会 12 2000.7

寄贈・寄託資料の概要 松岡実・敬氏寄託松岡政保関係資料/アルビン比嘉氏寄贈比嘉太郎関係資料/平良梅子氏寄贈資料/G.H.Kerr（カー）資料/富name座慶義珍関係資料/森田芳雄氏寄贈ラサ島関係資料/（財）沖縄国際海洋博覧会協会文書/岸秋正文庫/沖縄県祖国復帰協議会資料/稲嶺一郎資料/湧川勢津子氏寄贈湧川清栄氏関係資料「Archives ： 沖縄県公文書館だより」 沖縄県文化振興会 12 2000.7

シリーズ証言「学徒の戦後」（11） 収容所から帰郷へ（城間和子）「ひめゆり平和祈念資料館資料館だより」 沖縄県女師・一高女ひめゆり平和祈念財団立ひめゆり平和記念資料館 26 2000.11

USCAR映像・写真資料（新収蔵資料紹介）「Archives ： 沖縄県公文書館だより」 沖縄県文化振興会 13 2001.1

土地整理事業の「紀念帖」（新収蔵資料紹介）「Archives ： 沖縄県公文書館だより」 沖縄県文化振興会 13 2001.1

伝承及び古文書などに見るチャシと河川の関係について（後藤秀彦）「浦幌町立博物館紀要」 浦幌町立博物館 1 2001.2

麻姓家譜など古文書（新収蔵資料紹介）「Archives ： 沖縄県公文書館だより」 沖縄県文化振興会 14 2001.3

USCAR総務室・計画局文書（新収蔵資料紹介）「Archives ： 沖縄県公文書館だより」 沖縄県文化振興会 14 2001.3

沖縄県民の戦場動員と第三十二軍の防諜対策（地主園亮）「史料編集室紀要」 沖縄県教育委員会 （26） 2001.3

シリーズ証言「学徒の戦後」（12） 収容所から帰郷へ（比嘉文子）「ひめゆり平和祈念資料館資料館だより」 沖縄県女師・一高女ひめゆり平和祈念財団立ひめゆり平和記念資料館 27 2001.5

平成12年度に公文書館が受け入れた沖縄県文書「Archives ： 沖縄県公文書館だより」 沖縄県文化振興会 15 2001.7

新収蔵資料紹介 USCAR文書（マイクロフィルム）/USCAR広報局映像資料/米海兵隊写真資料/ジェラルド・ワーナー文書/ジョージ・H・カー文書/トーマス・マーフィン文書「Archives ： 沖縄県公文書館だより」 沖縄県文化振興会 15 2001.7

シリーズ証言「学徒の戦後」（13） 収容所から帰郷へ（宮城喜久子）「ひめゆり平和祈念資料館資料館だより」 沖縄県女師・一高女ひめゆり平和祈念財団立ひめゆり平和記念資料館 28 2001.11

資料展旧南洋群島と沖縄県人―テニアン―（岸本義彦）「沖縄県史だよ

り」 沖縄県教育庁 11 2001.12

注目の資料 尚巴志を任命する勅/新収蔵資料紹介 佐久真長英氏辞令書特集「Archives ： 沖縄県公文書館だより」 沖縄県文化振興会 17 2002.2

注目の資料 まもなく公開！ 空中写真/新収蔵資料紹介 ゴードン・ワーナー文書「Archives ： 沖縄県公文書館だより」 沖縄県文化振興会 18 2002.3

シリーズ証言「学徒の戦後」（14） 収容所から帰郷へ（島袋淑子）「ひめゆり平和祈念資料館資料館だより」 沖縄県女師・一高女ひめゆり平和祈念財団立ひめゆり平和記念資料館 29 2002.5

アーカイブズフラッシュ 日本復帰30周年記念特別展/日本復帰30周年記念講演会/第9回公文書館運営懇話会/第4回沖縄県公文書館普及展「Archives ： 沖縄県公文書館だより」 沖縄県文化振興会 19 2002.8

仙台に設立された移民会社の顛末―沖縄県における営業活動を中心に（岩本由輝）「東北学院大学東北文化研究所紀要」 東北学院大学東北文化研究所 （34） 2002.9

シリーズ証言「学徒の戦後」（15） 収容所から帰郷へ（前野喜代）「ひめゆり平和祈念資料館資料館だより」 沖縄県女師・一高女ひめゆり平和祈念財団立ひめゆり平和記念資料館 30 2002.11

興行場営業許可台帳「Archives ： 沖縄県公文書館だより」 沖縄県文化振興会 20 2002.11

新着資料 井野次郎文書/八重山支庁文書（戦前文書）/平成11年度沖縄県知事部局引渡文書（第1種文書）/ニクソン大統領時代の沖縄関係文章「Archives ： 沖縄県公文書館だより」 沖縄県文化振興会 20 2002.11

特集 沖縄県文書の収集と整理「Archives ： 沖縄県公文書館だより」 沖縄県文化振興会 20 2002.11

沖縄の書誌・研究アラカルト（1）（新城安善）「沖縄県図書館協会誌」 沖縄県図書館協会 6 2002.11

南米における沖縄県出身移民に関する地理学的研究――一世の地域的分布と職業構成を中心に（石川友紀）「歴史地理学」 歴史地理学会, 古今書院（発売） 45（1）通号212 2003.1

新着資料 平野薫関係資料/フライマス・コレクション/米軍撮影空中写真「Archives ： 沖縄県公文書館だより」 沖縄県文化振興会 21 2003.3

聖地伊勢と沖縄のアフ・オー（福寛美）「沖縄学 ： 沖縄学研究所紀要」 沖縄学研究所 6（1）通号6 2003.3

大正時代における沖縄県の文化財指定関連の行政文書について（園原謙）「沖縄県立博物館紀要」 沖縄県立博物館 （29） 2003.3

沖縄県の地名と歴史 11氏が各分野・地域から報告（仲宗根將二）「宮古郷土史研究会会報」 宮古郷土史研究会 135 2003.3

地名から歴史を考える（仲宗根將二）「宮古郷土史研究会会報」 宮古郷土史研究会 135 2003.3

嘉慶21年および23年の進貢船の派遣について―接貢船派遣の目的に対する問題提起として（田中千夏）「史料編集室紀要」 沖縄県教育委員会 （28） 2003.3

百名・平安名・考（高嶺朝誠）「史料編集室紀要」 沖縄県教育委員会 （28） 2003.3

戦前の沖縄県公報の残存状況について（玉木園子）「史料編集室紀要」 沖縄県教育委員会 （28） 2003.3

2001～2002年発行沖縄関係文献（幸喜淳）「史料編集室紀要」 沖縄県教育委員会 （28） 2003.3

県指定有形文化財「伊江家資料」の概要について（萩尾俊章）「文化課紀要」 沖縄県教育委員会 19 2003.3

資料館トピックス 8月に2003（平成15）年度企画展「ひめゆり学徒の戦後」展を開催「ひめゆり平和祈念資料館資料館だより」 沖縄県女師・一高女ひめゆり平和祈念財団立ひめゆり平和記念資料館 31 2003.5

シリーズ証言「学徒の戦後」（16） 収容所から帰郷へ（上原当美子）「ひめゆり平和祈念資料館資料館だより」 沖縄県女師・一高女ひめゆり平和祈念財団立ひめゆり平和記念資料館 31 2003.5

5月定例会レジュメ 人頭税制下の徴兵制（仲宗根將二）「宮古郷土史研究会会報」 宮古郷土史研究会 136 2003.5

特集フライマス・コレクション「Archives ： 沖縄県公文書館だより」 沖縄県文化振興会 22 2003.6

日米の公文書に見る沖縄（3）「キャラウェイと外間完和」（宮里政玄）「季刊沖縄」 沖縄協会 8（3・4）通号25 2003.10

〈研究発表大会（要旨）〉「珊瑚の島だより」 南島地名研究センター 44 2003.10

明治期水路誌にみる沿岸地名（渡久地健）「珊瑚の島だより」 南島地名研究センター 44 2003.10

室町幕府の対明断交と日流貿易―統添鴻宝秘要抄を通して（宮本義己）「南島史学」 南島史学会 （62） 2003.10

米軍の占領下沖縄における図書館についての研究余滴（漢那憲治）「沖縄県図書館協会誌」 沖縄県図書館協会 7 2003.12

第142回研究会報告 人頭税はなかった（来間泰男）「沖縄・八重山文化研究会会報」 沖縄・八重山文化研究会 （142） 2004.2

旧沖縄県の統治組織・職制について（濱川恵枝）「沖縄県公文書館研究紀要」　沖縄県公文書館　（6）2004.3

江戸上り使節関係史料調査（小野まさ子）「沖縄県史だより」　沖縄県教育庁　（13）2004.3

破綻する〈現実主義〉―「島ぐるみ闘争」へと転化する一つの潮流（鳥山淳）「沖縄文化研究 : 法政大学沖縄文化研究所紀要」　法政大学沖縄文化研究所　（30）2004.3

島嶼県における地域文化の振興地域フォーラム「市町村合併と地域文化」（仲宗根将二）「宮古郷土史研究会会報」　宮古郷土史研究会　141　2004.3

史料紹介 初代沖縄県令 鍋島直彬関係文書（金城正篤）「史料編集室紀要」　沖縄県教育委員会　（29）2004.3

やはり人頭税はなかった―得能氏の批判に答える（来間泰男）「地域研究シリーズ」　沖縄国際大学南島文化研究所　32　2004.3

地割制度（来間泰男）「南島文化」　沖縄国際大学南島文化研究所　（26）2004.3

済州国際自由都市の構想と地域発展（呉錫畢）「南島文化」　沖縄国際大学南島文化研究所　（26）2004.3

「地割制度」起源試論（黒島為一）「南島文化」　沖縄国際大学南島文化研究所　（26）2004.3

フンシー（風水）の力と生きられる景観（歴史に学ぶシリーズ（17））（中本清）「しまたてぃ : 建設情報誌」　沖縄しまたて協会　29　2004.4

ひめゆり学徒の戦争体験（安里淑子）「博友 : 沖縄県立博物館友の会機関誌」　沖縄県立博物館友の会　18　2004.5

離れ島の地名（仲田邦彦）「珊瑚の島だより」　南島地名研究センター　（45）2004.6

7月定例会のあらまし「人頭税はなかった（問題提起）」について（下地和宏）「宮古郷土史研究会会報」　宮古郷土史研究会　144　2004.9

戦前発行地形図における地名の考察―北部を中心に（第20回研究発表大会の要旨）（仲田邦彦）「珊瑚の島だより」　南島地名研究センター　（46）2004.12

2 島嶼県における地域文化の振興（フォーラム発言）（仲宗根将二）「よのつぢ : 浦添市文化部紀要 : bulletin of Culture Department, Urasoe City」　浦添市教育委員会文化部　（1）2005.3

東京在資料調査収集報告（高嶺朝誠，当山昌直，普天間千江美）「沖縄県史だより」　沖縄県教育庁　（14）2005.3

金城裕氏所蔵史料及び聞き取り調査（嘉手納徹）「沖縄県史だより」　沖縄県教育庁　（14）2005.3

平成17年度第6回特別企画展「疎開展」について「沖縄県平和祈念資料館だより」　沖縄県平和祈念資料館　8　2005.3

岸秋正文庫「稽古案文集」―解説および翻訳（小野まさ子，漢那敬子，田口恵）「史料編集室紀要」　沖縄県教育委員会　（30）2005.3

「原」を「ばる」と読む地名（宇和川みな子）「南風の杜 : 南風原文化センター紀要」　南風原文化センター　11　2005.3

第32回平良市民総合文化祭（一般の部）「郷土史部門」 戦後60年「講話と戦跡めぐり」「宮古郷土史研究会会報」　宮古郷土史研究会　148　2005.5

みせたくもあり みせたくもなし―尚家文化財が還った秘話（嶋袋浩）「博友 : 沖縄県立博物館友の会機関誌」　沖縄県立博物館友の会　19　2005.5

資料紹介「銘苅正太郎関連資料集」/閲覧室Q&A「Archives : 沖縄県公文書館だより」　沖縄県文化振興会　（28）2005.6

明治・大正・昭和戦前期における沖縄出身女性の紡績工場就労体験の歴史的意味（比嘉道子）「沖縄文化」　沖縄文化協会　40（1）通号99　2005.6

史跡巡見資料/配属先の様子/南部撤退後の各壕・関連の地（〈2004年度第1回研修会〉）「あしびなぁ」　沖縄県地域史協議会　16　2005.7

沖縄戦関係資料閲覧室の収集資料（〈2004年度第1回研修会〉）（中鉢良護）「あしびなぁ」　沖縄県地域史協議会　16　2005.7

第159回研究会報告 終戦前後（宮城信勇）「沖縄・八重山文化研究会会報」　沖縄・八重山文化研究会　（159）2005.9

東京在資料調査収集報告（普天間千江美）「沖縄県史だより」　沖縄県教育庁　（15）2005.11

台湾における沖縄関係近代史料調査（地主園亮）「沖縄県史だより」　沖縄県教育庁　（15）2005.11

今帰仁の港/本部の港/名護の港/恩納の港/大宜味の港/国頭の港/東の港/久志の港/宜野座の港/金武の港/与那原の港/久高島と山原船/ナチヂナーと山原船「なきじん研究」　今帰仁村歴史文化センター　14　2005.12

特集 軍用地の接収に関する文書「Archives : 沖縄県公文書館だより」　沖縄県文化振興会　（30）2006.3

平成17年度移動展 沖縄戦と戦後復興/開館十周年記念シンポジウム開催される！「Archives : 沖縄県公文書館だより」　沖縄県文化振興会　（30）2006.3

沖縄〈自立〉の思想的系譜―大田昌秀、西銘順治、高良倉吉を中心として（渡久山和史）「沖縄関係学研究会論集」　沖縄関係学研究会　通号9 2006.3

フライマスコレクションに含まれる軍政期資料について（福地洋子）「沖縄県公文書館研究紀要」　沖縄県公文書館　（8）2006.3

沖縄県における市町村合併と公文書の保存について―市町村アンケート結果を中心に（久部良和子）「沖縄県公文書館研究紀要」　沖縄県公文書館　（8）2006.3

沖縄戦―バックナー中将の死から（識名昇）「沖縄県平和祈念資料館だより」　沖縄県平和祈念資料館　（10）2006.3

後（ポスト）近代における「解放の空手」の基本理念の考察―沖縄空手の発展の歴史と未来像（名嘉憲夫，嘉手苅衛）「史料編集室紀要」　沖縄県教育委員会　（31）2006.3

パネルディスカッション「県民のくらしとインフラ―社会基盤施設の整備・保全と土木技術」（第10回シンポジウム「沖縄の土木技術のあゆみと提言」―持続可能な社会を支える土木技術）（矢吹哲哉，田村圭司，首里勇治，大城武，比嘉榮三郎，小野尋子）「津梁 : 沖縄の土木技術を世界に発信する会」　（10）2006.3

明和の大津波を通して見えてきた海洋底の素顔（記念講演）（松本剛）「季刊沖縄」　沖縄協会　11（1・2）通号30　2006.4

あの日の沖縄 1945年8月15日/閲覧室Q&A「Archives : 沖縄県公文書館だより」　沖縄県文化振興会　（31）2006.8

御冠船芸能の躍奉行と演目の全貌―戌の御冠船を中心に（崎原綾乃）「沖縄文化」　沖縄文化協会　41（1）通号101　2006.11

沖縄県における屠畜場の変遷と山羊の屠殺頭数（平川宗隆，新城明久，山門健一，緒方修，王志英）「地域研究」　沖縄大学地域研究所　（3）2007.3

沖縄県文書の新規公開「Archives : 沖縄県公文書館だより」　沖縄県文化振興会　（33）2007.8

探訪昔道・新道 王朝時代の交通・物流ルート、中頭方東海道/中城湾を見はるかす絶景の「ハンタ道」を歩く「宿道」　沖縄しまたて協会　28　2007.9

報告2「南洋に渡った沖縄県出身男性世帯主の移動形態」（報告・記録）（宮内久光）「移民研究」　琉球大学移民研究センター　（4）2008.2

USCAR文書からみたAサイン制度と売春・性病規制―1970年前後の米軍風紀取締委員会議事録の検討から（山崎孝史）「沖縄県公文書館研究紀要」　沖縄県公文書館　（10）2008.3

江戸上り～鹿児島巡見3日（松田一美）「首里城公園友の会会報」　首里城公園友の会　（63）2008.3

史跡巡見中部コース 現世とニライカナイのグスクめぐり（いろいろレポート）（平良啓）「首里城公園友の会会報」　首里城公園友の会　（63）2008.3

史跡巡見南部コース 沖縄の人々の信仰する心（いろいろレポート）（新屋美香）「首里城公園友の会会報」　首里城公園友の会　（63）2008.3

証言員の戦跡めぐり（資料館トピックス）「ひめゆり平和祈念資料館資料館だより」　沖縄県女師・一高女ひめゆり平和祈念財団立ひめゆり平和記念資料館　（41）2008.5

明治30年代の沖縄県と謝花昇の活動―謝花昇が構想した産業・経済の振興論の検討を中心に（安崎文人）「沖縄文化」　沖縄文化協会　42（1）通号103　2008.5

中南部都市圏の市街地形成と都市整備の動向、新しい取り組み（池田孝之）「しまたてぃ : 建設情報誌」　沖縄しまたて協会　（48）2009.1

沖縄県平和祈念資料館講習会の報告「沖縄県平和祈念資料館だより」　沖縄県平和祈念資料館　（16）2009.3

明治十七年の沖縄県旧慣調査とその背景（平良勝保）「沖縄文化研究 : 法政大学沖縄文化研究所紀要」　法政大学沖縄文化研究所　（35）2009.3

音声のみでは地名は解けない（2008年度南島地名研究センター大会の報告）（久手堅憲夫）「珊瑚の島だより」　南島地名研究センター　（55）2009.3

中部巡見（いろいろレポート）（大城舞子）「首里城公園友の会会報」　首里城公園友の会　（67）2009.3

北部巡見（いろいろレポート）（仲真杏奈）「首里城公園友の会会報」　首里城公園友の会　（67）2009.3

特集 USCAR公安局文書「Archives : 沖縄県公文書館だより」　沖縄県文化振興会　（37）2009.8

沖縄県文書の受入・公開について 平成20年度に公文書館に引き渡された文書/沖縄県文書の新規公開「Archives : 沖縄県公文書館だより」　沖縄県文化振興会　（37）2009.8

平成21年度第10回特別企画展「イクサユーヌワラビ―戦時下の教育と子どもたち」「沖縄県平和祈念資料館だより」　沖縄県平和祈念資料館　（17）2009.8

自治による沖縄県経済自立のための建白書（松島泰勝）「季刊沖縄」　沖縄協会　14（3・4）通号37　2009.10

地点地名なき面的地名発生の背景（久手堅憲夫）「珊瑚の島だより」　南島地名研究センター　（57）2009.11

沖縄県内の石切について―沖縄本島中南部での聞き取り調査成果を中心に（嵩原康平，安斎英介，島澤由香）「よのつぢ : 浦添市文化部紀要

九州・沖縄　　　　　地名でたどる郷土の歴史　　　　　沖縄県

：bulletin of Culture Department, Urasoe City」 浦添市教育委員会文化部 （6） 2010.3

沖縄県公文書館収蔵資料に見る日米安保50年─「密約」をめぐる米側解禁文書を中心に（仲本和彦）「沖縄県公文書館研究紀要」 沖縄県公文書館 （12） 2010.3

サンゴ礁の漁撈活動と民俗分類・地名（2009年度大会（研究発表）報告）（渡久地健）「珊瑚の島だより」 南島地名研究センター （58） 2010.3

ソウジ・ソウズ地名考（2009年度大会（研究発表）報告）（仲田邦彦）「珊瑚の島だより」 南島地名研究センター （58） 2010.3

都市化に伴う区画整理事業と住居表示における地名の調整について（2009年度大会（研究発表）報告）（島袋伸三）「珊瑚の島だより」 南島地名研究センター （58） 2010.3

1000字で書く地名エッセー001 「地名の屍」─サンゴ礁調査から（渡久地健）「珊瑚の島だより」 南島地名研究センター （58） 2010.3

戦後沖縄県における海外移民の歴史と実態（石川友紀）「移民研究」 琉球大学移民研究センター （6） 2010.3

沖縄県長期水需給計画の概要（特集 県民のくらしを変えた沖縄の水源開発）（當銘健一）「しまたてぃ ： 建設情報誌」 沖縄しまたて協会 （53） 2010.4

チャシ・グスク・防御性集落─弥生系高地性集落を考えるアナロジーとして（向井一雄）「戦乱の空間」 戦乱の空間論集会 （9） 2010.7

研究ノートとして書き残しておきたいこと01 米軍による地形図作製と地質調査（島袋伸三）「珊瑚の島だより」 南島地名研究センター （60） 2010.10

旧南洋群島日本人移民の生活と活動─沖縄県出身移民の事例を中心に（研究ノート）（石川友紀）「移民研究」 琉球大学移民研究センター （7） 2011.3

基礎報告II 沖縄県内の土木構造物の現状（下里哲弘）「津梁」 沖縄の土木技術を世界に発信する会 （15） 2011.3

沖縄県における都市公園整備事業（特集 復帰後、沖縄の都市公園はどのように整備されたか─運動公園を中心に）（嶺井秋夫）「しまたてぃ ： 建設情報誌」 沖縄しまたて協会 （57） 2011.4

沖縄県における地方史研究の現在（小特集 地方史研究の現在）（恩河尚）「地方史研究」 地方史研究協議会 61（2）通号350 2011.4

移民史を学ぶ（新ni宗秀）「博友 ： 沖縄県立博物館友の会機関誌」 沖縄県立博物館友の会 （23） 2011.5

沖縄県の火番盛について（狼煙特集）（盛本勲）「全国地名研究交流誌 地名談話室」 日本地名研究所 （26・27） 2011.6

美ら海の「やちむん」（熊博毅）「阡陵 ： 関西大学博物館彙報」 関西大学博物館 （63） 2011.9

米軍作成（1/4800）地形図の地名や表記を中心とした特色について（南島地名研究センター2010年度大会報告）（仲田邦彦）「珊瑚の島だより」 南島地名研究センター （61） 2011.9

GHQ4800分の1地形図記載の水地名について（南島地名研究センター2010年度大会報告）（上原冨二男）「珊瑚の島だより」 南島地名研究センター （61） 2011.9

サンゴ礁漁場の民俗語彙ならびに地名（南島地名研究センター2010年度大会報告）（渡久地健）「珊瑚の島だより」 南島地名研究センター （61） 2011.9

字で書く地名エッセー 「漁場の知識」としてのサンゴ礁地名（渡久地健）「珊瑚の島だより」 南島地名研究センター （61） 2011.9

平成23年度公開文書資料紹介 ② 沖縄県文書・屋良朝苗日誌・米海軍写真「Archives ： 沖縄県公文書館だより」 沖縄県文化振興会 （42） 2012.3

「遺老説伝」に描かれた御嶽─その「市」的な機能（堂野前彰子）「奄美沖縄民間文芸学」 奄美沖縄民間文芸学会 （11） 2012.3

明治官僚の見た沖縄─尾崎三良「沖縄県視察復命書」の叙述から（割田聖史）「沖縄研究ノート ：《共同研究》南島における民族と宗教」 宮城学院女子大学キリスト教文化研究所 （21） 2012.3

明治官僚の見た沖縄─尾崎三良「沖縄県視察復命書」の叙述から（割田聖史）「沖縄研究ノート ：《共同研究》南島における民族と宗教」 宮城学院女子大学キリスト教文化研究所 （21） 2012.3

「沖縄県史 資料編23 沖縄戦日本軍史料」照合調査報告（福永隆次）「沖縄県史だより」 沖縄県教育庁 （21） 2012.3

資料紹介 染織資料VI─縞子地浮織物（縐珍）・綾地浮織物（蜀江文錦）（美術工芸）（小林彩子, 輿那嶺一子）「沖縄県立博物館・美術館博物館紀要」 沖縄県立博物館・美術館 （5） 2012.3

米軍占領期における「国民」/「外国人」という主体編成と植民地統治（土井智義）「沖縄文化研究 ： 法政大学沖縄文化研究所紀要」 法政大学沖縄文化研究所 （38） 2012.3

新聞記事に見る明治期沖縄県における移民事象（研究ノート）（石川友紀）「南島文化」 沖縄国際大学南島文化研究所 （34） 2012.3

テーマ「しまくとぅばの未来─少数派の言語とその再活性化─」（2010年度後期事業報告─第32回南島文化市民講座）「南島文化研究所所報」 沖縄国際大学南島文化研究所 （57） 2012.3

第174回シマ研究会 仲田栄二「沖縄県における土地本来の森づくりの現状と方法」（2011年度事業報告）「南島文化研究所所報」 沖縄国際大学南島文化研究所 （57） 2012.3

戦時期の沖縄県会における宮古・八重山の諸問題─昭和12年11月の第55回議事録から（来間泰男）「宮古島市総合博物館紀要」 宮古島市総合博物館 （16） 2012.3

戦時期の沖縄県会における宮古・八重山の諸問題─昭和12年11月の第55回議事録から（来間泰男）「宮古島市総合博物館紀要」 宮古島市総合博物館 （16） 2012.3

平成23年度沖縄戦講座の報告/平成23年度「沖縄県平和祈念資料館講習会」/平成23年度講話・ガイド活動実績件数「沖縄県平和祈念資料館だより」 沖縄県平和祈念資料館 （22） 2012.3

八重山平和祈念館 平成23年度事業実施報告 特別企画展「後世へ語り継ぐ平和への証言」展 平成23年6月1日（水）～7月3日（日）/夏休み平和学習会 平成23年7月26日（火）～8月31日（水）/特別企画展「アメリカ世（ユー）の沖縄」逞しくたたかに生きてきたウチナンチュ（本館移動展）平成24年1月19日（木）～2月26日（日）「沖縄県平和祈念資料館だより」 沖縄県平和祈念資料館 （22） 2012.3

近代の沖縄を描いた地図類 琉球藩から沖縄県へ、近代の地図を概観する（金城善）「しまたてぃ ： 建設情報誌」 沖縄しまたて協会 （61） 2012.5

新規公開資料紹介 沖縄県文書・屋良朝苗日誌・海難審判庁関係資料・玉城建三文書・沖縄県祖国復帰協議会資料・米国収集沖縄関連資料「Archives ： 沖縄県公文書館だより」 沖縄県文化振興会 （43） 2012.8

沖縄レポート 『沖縄県民意識調査報告書』を読む（1），（2）（板山勝樹）「リベラシオン ： 人権研究ふくおか」 福岡県人権研究所 （147）/（150） 2012.9/2013.06

研究ノート 新聞記事にみる大正期沖縄県における移民事象（石川友紀）「移民研究」 琉球大学移民研究センター （8） 2012.9

復帰四十年シンポジウム 五人のパネラー報告・討論（下地和宏）「宮古郷土史研究会会報」 宮古郷土史研究会 （193） 2012.11

日本復帰40周年展実施報告─H24首里高校図書委員会5月企画行事（特集 復帰）（宮城由衣）「沖縄県図書館協会誌」 沖縄県図書館協会 （16） 2012.12

平成24年度常設展示展示目録 重要な意思決定に関する資料/社会情勢を反映する資料/個人の権利・利益に関係する資料/ミニ企画：琉球政府厚生局のお仕事「Archives ： 沖縄県公文書館だより」 沖縄県文化振興会 （44） 2013.3

「復帰」とは（特集「復帰四〇年」）「KOZA BUNKA BOX」 沖縄市総務部総務課市史編集担当 （9） 2013.3

『星条旗新聞/STARS AND STRIPES』が伝える「復帰」（特集「復帰四〇年」）「KOZA BUNKA BOX」 沖縄市総務部総務課市史編集担当 （9） 2013.3

県外・県内新聞が伝える「復帰」（特集「復帰四〇年」）「KOZA BUNKA BOX」 沖縄市総務部総務課市史編集担当 （9） 2013.3

証言（2）「戦後それから復帰後のサインそして今」（大城貞夫）「KOZA BUNKA BOX」 沖縄市総務部総務課市史編集担当 （9） 2013.3

証言（2）「保育の現場から見える異民族支配下の状況と復帰後の変化」（中石俊江）「KOZA BUNKA BOX」 沖縄市総務部総務課市史編集担当 （9） 2013.3

証言（2）「命をはぐくむ現場から」（奥松文子）「KOZA BUNKA BOX」 沖縄市総務部総務課市史編集担当 （9） 2013.3

復帰特別企画展「復帰の顔」より「KOZA BUNKA BOX」 沖縄市総務部総務課市史編集担当 （9） 2013.3

戦前の新聞資料にみる泡盛ならびに泡盛産業を取り巻く様相（萩尾俊章）「沖縄史料編集紀要」 沖縄県教育委員会 （36） 2013.3

県外資料調査報告とホノルル総領事館資料の可能性（辻央）「読谷村立歴史民俗資料館紀要」 読谷村教育委員会 （37） 2013.3

大正後期新聞記事にみる沖縄県の移民事象──「植物標本より得られた近代沖縄の新聞」から得られた新知見（石川友紀）「沖縄文化」 沖縄文化協会 47（1）通号113 2013.7

特集2 常設展「沖縄県のあゆみ」開催中！ 「琉球王国の終えん─沖縄県の誕生─」、沖縄戦と〈アメリカ世〉のはじまり、アメリカによる統治体制の強化、復帰運動の高まり、復帰への道、新生沖縄県「Archives ： 沖縄県公文書館だより」 沖縄県文化振興会 （45） 2013.9

「沖縄の軌跡」第102号 関東大震災虐殺事件 大正12年9月1日（11時58分）秋田県人・三重県人・沖縄三県人殺害の〈検見川事件〉の真相/検見川事件関係記事「秋田県朝鮮人強制連行真相調査団会報」 秋田県朝鮮人強制連行真相調査団 （77） 2014.2

旧慣期の沖縄県における初等教育制度の特徴─第二次小学校令期（1890～1900）を中心に（近藤健一郎）「沖縄文化」 沖縄文化協会 48（1）通号115 2014.2

特集 陸軍兵籍簿の保存─沖縄県公文書館所蔵「陸軍兵籍簿」の保存 陸軍兵籍簿とは/陸軍兵籍簿の内容/文書を劣化から守るために/公文書を後世へ引き継ぐ「Archives ： 沖縄県公文書館だより」 沖縄県文化

振興会 （46）2014.3

戦前期の沖縄における墓面積統計について―『沖縄県統計書』を中心に（井口伸）「あやみや ： 沖縄市立郷土博物館紀要」 沖縄市立郷土博物館 （22）2014.3

歴代宝案関係史料調査（台湾・東北大）（野村直美）「沖縄県史だより」 沖縄県教育庁 （23）2014.3

復員処理業務についての覚書と沖縄県福祉保健部 福祉・援護課文書の概要（斉藤郁子）「沖縄県公文書館研究紀要」 沖縄県公文書館 （16）2014.3

明治26年、奈良原沖縄県知事上京陳情の一件（酒井卯作）「南島研究」 南島研究会 （55）2014.3

戦前昭和期沖縄県出身移民の出発港の実態（研究ノート）（石川友紀）「南島文化」 沖縄国際大学南島文化研究所 （36）2014.3

「沖縄県史」の戦争体験記録を編集する意義（研究ノート）（仲地哲夫）「南島文化」 沖縄国際大学南島文化研究所 （36）2014.3

私とアーカイブスI 「屋良朝苗日誌」と猪口明子さん「Archives ： 沖縄県公文書館だより」 沖縄県文化振興会 （47）2014.8

博物館学芸員コラム 博物館常設展歴史部門展示室「戦後の移民―再び海を渡ったウチナーンチュ―」（石垣忍）「はくび通信 ： 沖縄県立博物館・美術館広報誌」 沖縄県立博物館 （11）2014.10

沖縄県立農林学校

1月定例会レジュメ沖縄県立農林学校の概要（上地洋子）「宮古郷土史研究会会報」 宮古郷土史研究会 146 2005.1

沖縄県立農林学校の概要1月定例会のあらまし（上地洋子）「宮古郷土史研究会会報」 宮古郷土史研究会 147 2005.3

沖縄国際大学図書館

米軍ヘリコプター墜落事故と図書館 沖縄国際大学図書館（新川宣安）「沖縄県図書館協会誌」 沖縄県図書館協会 8 2004.12

郷土を学ぶ機会の醸成に向けて―沖縄国際大学図書館の米軍ヘリ墜落事故関係資料室に向けて（特集 復帰）（新垣圭子）「沖縄県図書館協会誌」 沖縄県図書館協会 （16）2012.12

沖縄市

沖縄市における都市計画の変遷とまちづくり―自由闊達な市民の力でまちの活性化を（特集 沖縄の都市計画事業を俯瞰する―昭和から平成へ、街はどう変わったか）（花城博文）「しまたてぃ ： 建設情報誌」 沖縄しまたて協会 （47）2008.10

都市の記憶「KOZA BUNKA BOX」 沖縄市総務部総務課市史編集担当 （6）2010.3

沖縄市の戦後移民―ブラジル・カッペン移民（伊敷勝美）「KOZA BUNKA BOX」 沖縄市総務部総務課市史編集担当 （6）2010.3

都市の記憶「KOZA BUNKA BOX」 沖縄市総務部総務課市史編集担当 （7）2011.3

ローカルレポート 戦後復興を支えた産業（坂井生子）「KOZA BUNKA BOX」 沖縄市総務部総務課市史編集担当 （7）2011.3

都市の記憶「KOZA BUNKA BOX」 沖縄市総務部総務課市史編集担当 （8）2012.3

「毒ガス」とは（特集「毒ガス移送」）「KOZA BUNKA BOX」 沖縄市総務部総務課市史編集担当 （8）2012.3

毒ガス漏れ事故が発覚した新聞記事（特集「毒ガス移送」）「KOZA BUNKA BOX」 沖縄市総務部総務課市史編集担当 （8）2012.3

在沖米軍基地に貯蔵されていた毒ガスの種類と特徴（特集「毒ガス移送」）「KOZA BUNKA BOX」 沖縄市総務部総務課市史編集担当 （8）2012.3

証言（1） オフラハーティ文書（1） レッドハット作戦 地元の反対（特集「毒ガス移送」）「KOZA BUNKA BOX」 沖縄市総務部総務課市史編集担当 （8）2012.3

証言（2） ジョンストン島でのこと（特集「毒ガス移送」）（當山征男）「KOZA BUNKA BOX」 沖縄市総務部総務課市史編集担当 （8）2012.3

証言（2） オフラハーティ文書（2） ジョンストン島人員の訓練（特集「毒ガス移送」）「KOZA BUNKA BOX」 沖縄市総務部総務課市史編集担当 （8）2012.3

連載 街路樹が彩る沖縄の道（3）沖縄市「宿道」 沖縄しまたて協会 34 2013.2

都市の記憶「KOZA BUNKA BOX」 沖縄市総務部総務課市史編集担当 （9）2013.3

ローカルレポート ビジネスセンターの都市計画と地形景観（河角龍典）「KOZA BUNKA BOX」 沖縄市総務部総務課市史編集担当 （9）2013.3

都市の記憶「KOZA BUNKA BOX」 沖縄市総務部総務課市史編集担当 （10）2014.3

米軍撮影空中写真に写る沖縄市域についての調査報告（八田夕香）「あやみや ： 沖縄市立郷土博物館紀要」 沖縄市立郷土博物館 （22）2014.3

沖縄自動車道

沖縄自動車道に架かる「袴（こ）道（どう）橋（きょう）」について（2007年度南島地名研究センター大会報告）（宜志政信）「珊瑚の島だより」 南島地名研究センター （54）2008.8

沖縄島

研究発表大会（要旨）阿児奈波は沖縄島でなかった 奥田 良寛春「珊瑚の島だより」 南島地名研究センター 38 2001.11

沖縄島と周辺離島の立体地図および周辺海域図「Archives ： 沖縄県公文書館だより」 沖縄県文化振興会 18 2002.3

沖縄島南部域を中心とした動植物方言調査項目について（当山昌直）「史料編集室紀要」 沖縄県教育委員会 （27）2002.3

沖縄島で発刊された戦前の新聞に関する収集ノート[1]～III（当山昌直, 下地智子）「史料編集室紀要」 沖縄県教育委員会 （28）/（30）2003.3/2005.3

明治期水路誌にみる沖縄島の沿岸地名と珊瑚礁描写（〈南島地名研究センター大会報告〉）（渡久地健）「珊瑚の島だより」 南島地名研究センター （51）2007.3

沖縄島南部1万年史の授業化の試み（研究ノート）（盛口満）「地域研究」 沖縄大学地域研究所 （5）2009.3

鑑真が来た阿児奈波島―沖縄島に寄港した遣唐使船（小島瓔禮）「季刊沖縄」 沖縄協会 14（1・2）通号36 2009.4

古琉球社会の特徴と沖縄島の港湾機能（上里隆史）「沖縄文化」 沖縄文化協会 45（2）通号110 2011.11

沖縄諸島

沖縄諸島における近現代の瓦製品とセメント瓦（上原静）「読谷村立歴史民俗資料館紀要」 読谷村教育委員会 29 2005.3

沖縄本島

寄稿論文 土地所有申請書の記載情報に関する紹介―特に沖縄本島南部を中心に（武智方寛）「沖縄県公文書館研究紀要」 沖縄県公文書館 （7）2005.3

沖縄本島南部戦跡を羽衣の舞台に（〈特集 清ら蝶園〉）（高良鉄夫）「季刊沖縄」 沖縄協会 11（1・2）通号30 2006.4

沖縄本島と石垣島 琉球近世瓦の展開―琉球近世瓦の研究（石井龍太）「沖縄文化研究 ： 法政大学沖縄文化研究所紀要」 法政大学沖縄文化研究所 （34）2008.3

沖縄本島の水資源開発（特集 県民のくらしを変えた沖縄の水源開発）（伊藤誠記）「しまたてぃ ： 建設情報誌」 沖縄しまたて協会 （53）2010.4

沖縄本島北部における流通システム維持に関する研究（南島における民族と宗教20周年シンポジウム 見る、聞く、語る―沖縄の過去・現在・未来―）（土屋純）「《共同研究》南島における民族と宗教」 宮城学院女子大学キリスト教文化研究所 （20）2011.3

琉球沖縄本島取調書 例言/細目次/本文（翻刻）/本文（原本写真）「沖縄研究資料」 法政大学沖縄文化研究所 （29）2014.3

解題 沖縄本島取調書解題―『南島探験』の比較から（高江洲昌哉）「沖縄研究資料」 法政大学沖縄文化研究所 （29）2014.3

沖縄陸軍病院壕

沖縄陸軍病院壕について―体験談から考察する（林ži夏）「南風の杜 ： 南風原文化センター紀要」 南風原文化センター 10 2004.3

奥

『奥の地名図（説明書）』受領「珊瑚の島だより」 南島地名研究センター （59）2010.8

「奥の地名図」について（宮城邦昌）「珊瑚の島だより」 南島地名研究センター （60）2010.10

土地のイメージを読む/生活の記憶を語り継ぐ01 故郷奥の風景と地名、思い出を彷彿させた一枚の写真（宮城邦昌）「珊瑚の島だより」 南島地名研究センター （61）2011.9

国頭村奥の植物方言（新里孝和, 木下義宣）「あじまぁ ： 名護博物館紀要」 名護博物館 （16）2012.3

御茶屋御殿

御茶屋御殿（宮里朝光）「博友 ： 沖縄県立博物館友の会機関誌」 沖縄県立博物館友の会 （21）2009.5

親川グスク

探訪・昔道・新道 普天間宮から野嵩の石畳道・中村家を経て中城城跡まで/名護番所跡から羽地番所への宿道を経て親川グスク（羽地グスク）まで「宿道」 沖縄しまたて協会 20 2003.3

小禄城

探訪 昔道を歩く 小禄・豊見城間切境から兼城番所跡ヘマチンチュミチ、シマジラーミチをたどる「宿道」 沖縄しまたて協会 34 2013.2

小禄番所

探訪 昔道を歩く 小禄番所周辺の拝所まーい「宿道」 沖縄しまたて協会 33 2012.9

九州・沖縄　　地名でたどる郷土の歴史　　沖縄県

小禄間切
小禄間切の近世海方切と近代専用漁業権の方角測定 (安里進)「よのつぢ ： 浦添市文化部紀要 ： bulletin of Culture Department, Urasoe City」 浦添市教育委員会文化部 (4) 2008.3

恩納
間切時代の恩納「恩納間切・村地籍図等」(幸喜邦恵, 町田真理子)「恩納村博物館紀要」 恩納村博物館 (6) 2010.3

恩納村
恩納村の印部石―村内の印部石紹介 (崎原恒寿)「恩納村博物館紀要」 恩納村博物館 (4) 2007.3

恩納村の炭焼窯 (崎原恒寿)「恩納村博物館紀要」 恩納村博物館 (5) 2008.3

恩納村沿岸地域の遺跡について―中世～近世を中心に紹介 (崎原恒寿)「恩納村博物館紀要」 恩納村博物館 (5)

「引揚者給付請求書処理表」にみる恩納村の南洋移民 (調査・報告) (幸喜邦恵)「恩納村博物館紀要」 恩納村博物館 (7) 2012.3

恩納博物館
探訪 昔道・新道 垣花樋川から具志堅の樋川を通り、知念城跡を経て斎場御嶽へ至る/恩納博物館から仲泊遺跡、山田谷川の石矼、山田グスクを経て護佐丸父祖の墓まで「宿道」 沖縄しまたて協会 26 2006.3

恩納間切
第1章 金武間切域の村/第2章 久志間切域の村/第3章 恩納間切域の村/第4章 読谷山間切からの村 (第6篇 金武間切域の村) (仲原弘哲)「なきじん研究」 今帰仁村歴史文化センター (15) 2007.3

改決羽地川碑
琉球の土木石碑―石に刻まれた琉球土木史 (3)―改決羽地川碑記 (平貢)「しまたてぃ ： 建設情報誌」 沖縄しまたて協会 (60) 2012.1

海中道路
うるま市海中道路の歴史 (第5部 紀要―調査報告) (原口愛子)「うるま市立資料館年報・紀要 ： 石川歴史民俗資料館・海の文化資料館」 うるま市立資料館 (3) 2010.3

貝の道
貝の道 (シェル・ロード) と奄美 (倉井則雄)「南島研究」 南島研究会 46 2005.9

海邦
海邦について (高里盛国)「博友 ： 沖縄県立博物館友の会機関誌」 沖縄県立博物館友の会 (23) 2011.5

垣花樋川
探訪 昔道・新道 大宜味番所跡から山容の迫る国道58号を北上して国頭番所まで/知念城跡から垣花樋川を経てグスクロード沿いの玉城城趾まで「宿道」 沖縄しまたて協会 22 2004.3

探訪 昔道・新道 垣花樋川から具志堅の樋川を通り、知念城跡を経て斎場御嶽へ至る/恩納博物館から仲泊遺跡、山田谷川の石矼、山田グスクを経て護佐丸父祖の墓まで「宿道」 沖縄しまたて協会 26 2006.3

華茶苑
寄稿 琉球庭園を活かした公園づくり―「華茶苑」の高度な造園技術から (仲程路芳)「しまたてぃ ： 建設情報誌」 沖縄しまたて協会 (37) 2006.4

勝連城
歴史に学ぶシリーズ (12) 勝連城跡―勝連城の普請と作事 (上原静)「しまたてぃ ： 建設情報誌」 沖縄しまたて協会 24 2003.1

探訪 昔道・新道 具志川の川田十字路から勝連城址を経て平敷屋番所跡、屋慶名番所跡まで/西海道の起点だった首里城久慶門から儀保・経塚を経て浦添番所跡まで「宿道」 沖縄しまたて協会 23 2004.10

グスクから見た琉球の土木技術 (3) 勝連城跡で発掘された防御施設とその特徴 (宮城伸一)「しまたてぃ ： 建設情報誌」 沖縄しまたて協会 (58) 2011.7

史跡巡見 その3 勝連城跡見学・「肝高の阿麻和利」観賞会 (いろいろレポート) (平良啓)「首里城公園友の会会報」 首里城公園友の会 (78) 2012.12

勝連南風原
勝連南風原地区の景観まちづくり―うるま市の景観づくりの先駆けとして (久高唯樹)「しまたてぃ ： 建設情報誌」 沖縄しまたて協会 (67) 2014.1

嘉手志川
知識ファイル箱 (31) 嘉手志川と金屏風 (金城善)「首里城公園友の会会報」 首里城公園友の会 (66) 2009.1

嘉手納大通り
沖縄の戦後を歩く (3)「嘉手納大通り」(三嶋啓二)「しまたてぃ ： 建設情報誌」 沖縄しまたて協会 (60) 2012.1

嘉手納町
嘉手納町の再開発事業―新町・ロータリー地区第二種市街地再開発 (特集 沖縄の都市計画事業を俯瞰する―昭和から平成へ、街はどう変わったか) (古謝德淳)「しまたてぃ ： 建設情報誌」 沖縄しまたて協会 (47) 2008.10

嘉手納飛行場
嘉手納飛行場周辺移転補償地域「北谷町砂辺」の移転と居住 (石川朋子)「南島文化」 沖縄国際大学南島文化研究所 (31) 2009.3

我那覇
南島地名研究センター・豊見城市教育委員会文化課共催地名巡見 (報告) 豊見城市伊良波と我那覇の地名を歩く (編集子)「珊瑚の島だより」 南島地名研究センター (59) 2010.8

加那浜矼
7月定例会レジュメ 加那浜矼と池田矼―現存する石矼はいつごろか (下地和宏)「宮古郷土史研究会会報」 宮古郷土史研究会 137 2003.7

兼久
「兼久」と「我如古」は同義地名か (〈南島地名研究センター大会報告〉) (久高將清)「珊瑚の島だより」 南島地名研究センター (51) 2007.3

兼城番所
探訪 昔道を歩く 小禄・豊見城間切境から兼城番所跡ヘマチンチュミチ、シマジラーミチをたどる「宿道」 沖縄しまたて協会 34 2013.2

我如古
「兼久」と「我如古」は同義地名か (〈南島地名研究センター大会報告〉) (久高將清)「珊瑚の島だより」 南島地名研究センター (51) 2007.3

川平村
『八重山年来記』に記された「川平村」(地域資料にみるシリーズ (8) 字川平) (内原節子)「あかがーら」 石垣市立図書館八重山地域情報センター (27) 2002.11

第170回研究会報告 古老の語った川平村断章 (崎原恒新)「沖縄・八重山文化研究会会報」 沖縄・八重山文化研究会 (170) 2006.9

ガーブ川
「神里原」から「ガーブ川」へ (久高將清)「珊瑚の島だより」 南島地名研究センター (48) 2006.2

我部祖河
名護市我部祖河由来の石臼―宮城利旭氏所有資料 (比嘉清和)「あやみや ： 沖縄市立郷土博物館紀要」 沖縄市立郷土博物館 (22) 2014.3

神里
南風原町字神里のクムイ (博物館実習生のレポート) (中村友美)「南風の杜 ： 南風原文化センター紀要」 南風原文化センター 10 2004.3

上地島
写真にみるわが町 (20) 上地島―集落と民家「竹富町史だより」 竹富町教育委員会 20 2001.9

狩俣
狩俣地域の井戸掘り―水の確保に苦労した人々 (佐渡山正吉)「平良市総合博物館紀要」 平良市総合博物館 (9) 2004.3

3月定例会レジュメ 伝説のなかの史実を探る試み―狩俣集落の平家落人伝説をめぐって (佐渡山正吉)「宮古郷土史研究会会報」 宮古郷土史研究会 (153) 2006.3

伝説のなかの史実を探る試み―狩俣集落の平家落人伝説をめぐって (研究余滴) (佐渡山正吉)「宮古研究」 宮古郷土史研究会 (10) 2006.8

「狩俣の伝承世界」テーマに討論「宮古郷土史研究会会報」 宮古郷土史研究会 (170) 2009.1

狩俣の暮らし―集落生みの女神・その由来譚 (奥濱幸子)「宮古研究」 宮古郷土史研究会 (11) 2010.12

第3回郷土史講座・史跡めぐり―大浦・島尻・狩俣を歩く (下地和宏)「宮古郷土史研究会会報」 宮古郷土史研究会 (199) 2013.11

琉球語宮古狩俣方言の音韻と文法 (衣畑智秀, 林由華)「琉球の方言」 法政大学沖縄文化研究所 (38) 2014.3

神里原
「神里原」から「ガーブ川」へ (久高將清)「珊瑚の島だより」 南島地名研究センター (48) 2006.2

神里原通り
沖縄の戦後を歩く (1)「神里原通り」(三嶋啓二)「しまたてぃ ： 建設情報誌」 沖縄しまたて協会 (58) 2011.7

漢那
漢那ウェーヌアタイの歴史的変遷について (田里一寿)「ガラマン ： 宜野座村立博物館紀要」 宜野座村教育委員会 (18) 2012.3

北大東島
大東諸島の沖縄戦―北大東島を中心に― (2013年度事業報告―大東島調査報告講演会) (吉浜忍)「南島文化研究所所報」 沖縄国際大学南島文

1067

化研究所　(59)　2014.3

北中城
連載 街路樹が彩る沖縄の道(2) 中部 浦添・宜野湾・北中城・沖縄「宿道」 沖縄しまたて協会　33　2012.9

木泊村
5月定例会レジュメ 下地島・木泊村跡調査について―明和津波以前における津波検証を目的として(山本正昭，平良勝秀，山田浩世)「宮古郷土史研究会会報」 宮古郷土史研究会　(196)　2013.5

5月定例会のまとめ 下地島・キドマリ村跡調査について(山本正昭)「宮古郷土史研究会会報」 宮古郷土史研究会　(197)　2013.7

喜名古窯
喜名古窯跡(瓦編)(仲宗根求，小原裕也，上門大悟，伊波勝美)「読谷村立歴史民俗資料館紀要」 読谷村教育委員会　(35)　2011.3

喜名古窯跡(碗・皿・煙管編)(仲宗根求，小原裕也，伊波勝美)「読谷村立歴史民俗資料館紀要」 読谷村教育委員会　(36)　2012.3

喜名古窯跡(瓶編)(仲宗根求，伊波勝美)「読谷村立歴史民俗資料館紀要」 読谷村教育委員会　(37)　2013.3

喜名番所
読谷村喜名番所跡の屋瓦と建物(上原静)「読谷村立歴史民俗資料館紀要」 読谷村教育委員会　28　2004.3

読谷村喜名番所の形状・規模の分析と整備の概要(鎌田誠史)「読谷村立歴史民俗資料館紀要」 読谷村教育委員会　29　2005.3

知識ファイル箱 喜名番所(平良啓)「首里城公園友の会会報」 首里城公園友の会　(55)　2006.3

宜野座村
沖縄県と宜野座村(知名定順)「ガラマン ： 宜野座村立博物館紀要」 宜野座村教育委員会　(7)　2001.3

1950年代における宜野座村の軍用地受け入れの諸要因と米軍との交渉過程の特徴に関する考察(1)(新里民夫)「ガラマン ： 宜野座村立博物館紀要」 宜野座村教育委員会　(9)　2003.3

戦争難民であふれた村(紙芝居)(山川須真子，知名久夫)「ガラマン ： 宜野座村立博物館紀要」 宜野座村教育委員会　(9)　2003.3

わがまち 宜野座村/多良間村「宿道」 沖縄しまたて協会　22　2004.3

あの日の沖縄 終戦直後、宜野座村の子どもたち「Archives ： 沖縄県公文書館だより」 沖縄県文化振興会　(33)　2007.8

宜野座村文化財マップガイド案内(知名定順)「ガラマン ： 宜野座村立博物館紀要」 宜野座村教育委員会　(15)　2009.3

再録『宜野座村乃文化財(8)宜野座の京太郎』「ガラマン ： 宜野座村立博物館紀要」 宜野座村教育委員会　(17)　2011.3

宜野座村の山と人々の歴史―平成24年度宜野座村立博物館企画展(田里一寿)「ガラマン ： 宜野座村立博物館紀要」 宜野座村教育委員会　(19)　2013.3

宜野座村立博物館 紙芝居「宜野座村の山と人々の歴史」(田里一寿，知名美佐子)「ガラマン ： 宜野座村立博物館紀要」 宜野座村教育委員会　(19)　2013.3

史跡巡見北部コース―宜野座村めぐり(いろいろレポート)(平良啓)「首里城公園友の会会報」 首里城公園友の会　(83)　2013.3

宜野湾
連載 街路樹が彩る沖縄の道(2) 中部 浦添・宜野湾・北中城・沖縄「宿道」 沖縄しまたて協会　33　2012.9

沖縄国際大学周辺の自然と文化―宜野湾の地名を歩く―(2012年度事業報告―南島文化地域学習)「南島文化研究所所報」 沖縄国際大学南島文化研究所　(59)　2014.3

宜野湾市
宜野湾市委託調査(2005年度事業報告)「南島文化研究所所報」 沖縄国際大学南島文化研究所　(53)　2006.3

宜野湾市の都市計画事業のあゆみと展望―広大な基地を市の中央部に抱えて(石原昌次)「しまたてぃ ： 建設情報誌」 沖縄しまたて協会　(48)　2009.1

お知らせ 平成25年度の県文書受入について/「行政記録データベース」のご紹介/平成25年度移動展「資料にみる宜野湾市の戦後」/進化型！充実したサービス「Archives ： 沖縄県公文書館だより」 沖縄県文化振興会　(46)　2014.3

儀保
探訪 昔道・新道 具志川の川田十字路から勝連番所跡を経て平敷屋番所跡、屋慶名番所跡まで/西海道の起点だった首里城久慶門から儀保・経塚を経て浦添番所跡まで「宿道」 沖縄しまたて協会　23　2004.10

喜屋武
喜屋武とは何を指した地名か(糸満市喜屋武の地名を歩く)(久手堅憲夫)「珊瑚の島だより」 南島地名研究センター　(60)　2010.10

戦前の地形図記載の泉(糸満市喜屋武の地名を歩く)(上原冨二男)「珊瑚の島だより」 南島地名研究センター　(60)　2010.10

集落形態―糸満市喜屋武集落巡検のために(例会ならびに地名巡検「糸満市喜屋武の地名を歩く」報告)(町田宗博)「珊瑚の島だより」 南島地名研究センター　(61)　2011.9

糸満市喜屋武の地名を歩く―『字喜屋武誌』を編集するにあたり(例会ならびに地名巡検「糸満市喜屋武の地名を歩く」報告)(金城善)「珊瑚の島だより」 南島地名研究センター　(61)　2011.9

喜屋武半島
探訪 昔道を歩く 喜屋武半島の宿道を歩く「宿道」 沖縄しまたて協会　31　2010.3

喜屋武望楼
「公文備考」にみる沖縄の海軍施設―中城湾需品支庫と喜屋武望楼について(吉浜忍)「史料編集室紀要」 沖縄県教育委員会　(28)　2003.3

経塚
探訪 昔道・新道 具志川の川田十字路から勝連番所跡を経て平敷屋番所跡、屋慶名番所跡まで/西海道の起点だった首里城久慶門から儀保・経塚を経て浦添番所跡まで「宿道」 沖縄しまたて協会　23　2004.10

慶良間諸島
表紙 慶良間諸島「沖縄県史だより」 沖縄県教育庁　(23)　2014.3

金武
第4回山原のムラ・シマ講座―金武町(金武・並里)「なきじん研究」 今帰仁村歴史文化センター　(18)　2011.3

金武大川
証言(3) ウッカーのがま(壕)に感謝(特集 孫たちに伝えたい「私の戦争体験」(前)―沖縄戦を語る)(名城文子)「佐久」 佐久史学会　(63)　2011.8

金武間切
第1章 金武間切域の村/第2章 久志間切域の村/第3章 恩納間切域の村/第4章 読谷山間切からの村(第6篇 金武間切域の村)(仲原弘哲)「なきじん研究」 今帰仁村歴史文化センター　(15)　2007.3

金武湾
民衆の「生存」思想から「権利」を問う―施政権返還後の金武湾・反CTS裁判をめぐって(上原こずえ)「沖縄文化研究 ： 法政大学沖縄文化研究所紀要」 法政大学沖縄文化研究所　(39)　2013.3

久貝村
松原村と久貝村(下地和宏)「宮古郷土史研究会会報」 宮古郷土史研究会　(195)　2013.3

野崎二か村 松原・久貝村(研究余滴)(下地和宏)「宮古研究」 宮古郷土史研究会　(12)　2013.12

具志川
久米島(字具志川)における動物方言名について(山城勇人)「久米島自然文化センター紀要」 久米島自然文化センター　(3)　2003.3

座談会 戦後具志川の幼稚園の歩み「具志川市史だより」 具志川市史編さん室　18　2003.3

むかし具志川の写真 具志川村赤ちゃんコンクール記念(堀川秀信)「具志川市史だより」 具志川市史編さん室　18　2003.3

探訪 昔道・新道 具志川の川田十字路から勝連番所跡を経て平敷屋番所跡、屋慶名番所跡まで/西海道の起点だった首里城久慶門から儀保・経塚を経て浦添番所跡まで「宿道」 沖縄しまたて協会　23　2004.10

具志川村
第59回沖縄染織研究会 取収集落に定着した染織技術―戦前の中頭郡具志川村の場合(嘉陽妙子)「沖縄染織研究会通信」 沖縄染織研究会　(57)　2010.3

具志川間切
『久米具志川間切旧記』について(上江洲均)「久米島自然文化センター紀要」 久米島自然文化センター　(5)　2005.3

「久米具志川間切旧記写」について(続)(上江洲均)「久米島自然文化センター紀要」 久米島自然文化センター　(6)　2006.3

具志堅
「本部町具志堅方言辞典」付録の地名資料を読む(名嘉順一)「珊瑚の島だより」 南島地名研究センター　44　2003.10

今帰仁グスクが抱えた村―具志堅を中心に「なきじん研究」 今帰仁村歴史文化センター　13　2004.3

探訪 昔道・新道 垣花樋川から具志堅の樋川を通り、知念城跡を経て斎場御嶽へ至る/恩納博物館から仲泊遺跡、山田谷川の石碑、山田グスクを経て護佐丸父祖の墓まで「宿道」 沖縄しまたて協会　26　2006.3

久志間切
第1章 金武間切域の村/第2章 久志間切域の村/第3章 恩納間切域の村/第4章 読谷山間切からの村(第6篇 金武間切域の村)(仲原弘哲)「なきじん研究」 今帰仁村歴史文化センター　(15)　2007.3

九州・沖縄　地名でたどる郷土の歴史　沖縄県

城久遺跡

喜界町城久遺跡調査（野村直美）「沖縄県史だより」 沖縄県教育庁
（16） 2007.3

城村

第3回山原のムラ・シマ講座—名護市名護三ヶ村（東江・城・大兼久）「なきじん研究」 今帰仁村歴史文化センター（18） 2011.3

城辺

『ぐすくべの方言語彙』（上・下）9か大字別に890語を収録（下地和幸）「宮古郷土史研究会会報」 宮古郷土史研究会 142 2004.5

城辺町

「陸軍歩兵伍長上原次良らの墓標」から《宮古城辺町特集》—（III 2003年度第2回研修会（in 城辺町））（金城善）「あしびなぁ」 沖縄県地域史協議会 15 2004.6

城山

北部史跡巡見「伊江島の遺跡めぐりとタッチュー登城」（いろいろレポート）（平良啓）「首里城公園友の会会報」 首里城公園友の会（79） 2012.3

グスクロード

探訪 昔道・新道 大宜味番所跡から山容の迫る国道58号を北上して国頭番所まで／知念城跡から垣花樋川を経てグスクロード沿いの玉城城趾まで「宿道」 沖縄しまたて協会 22 2004.3

久高

アグノエルの記した久高方言（石崎博志，ウエイン・ローレンス）「琉球の方言」 法政大学沖縄文化研究所（37） 2013.3

久高島

研究発表大会（要旨）久高島の珊瑚礁地名（渡久地健）「珊瑚の島だより」 南島地名研究センター 38 2001.11

『『久高島方言辞典』福治友邦・加治工真市共著』出版のために（加治工真市）「琉球の方言」 法政大学沖縄文化研究所 通号29 2005.3

『『久高島方言辞典』福治友邦・加治工真市共著』出版のために（加治工真市，福治友邦）「琉球の方言」 法政大学沖縄文化研究所 通号30 2006.3

久高島踏査紀行—久高第二貝塚の発見（仲宗根求）「廣友会誌」 廣友会（2） 2006.12

久高島方言の民俗語彙（福治友邦，加治工真市）「南島文化」 沖縄国際大学南島文化研究所（29） 2007.3

『『久高島方言辞典』福治友邦・加治工真市共著』出版のために（加治工真市，福治友邦）「琉球の方言」 法政大学沖縄文化研究所 通号31 2007.3

『『久高島方言辞典』福治友邦・加治工真市共著』出版のために（加治工真市，福治友邦）「琉球の方言」 法政大学沖縄文化研究所 通号32 2008.3

『『久高島方言辞典』福治友邦・加治工真市共著』出版のために（加治工真市，福治友邦）「琉球の方言」 法政大学沖縄文化研究所 通号33 2009.3

『『久高島方言辞典』福治友邦・加治工真市共著』出版のために（加治工真市）「琉球の方言」 法政大学沖縄文化研究所 通号34 2010.3

京の内庭史考—首里城の起源と久高島（末次智）「南島文化」 沖縄国際大学南島文化研究所（32） 2010.3

南部史跡巡見 島尻の樋川と久高島を訪ねる（いろいろレポート）（福島清）「首里城公園友の会会報」 首里城公園友の会（74） 2011.1

『『久高島方言辞典』福治友邦・加治工真市共著』出版のために（加治工真市，福治友邦）「琉球の方言」 法政大学沖縄文化研究所 通号35 2011.3

久高島—大地（ウフジ）と離（ハナレ）の琉球史（1）（高良倉吉）「季刊沖縄」 沖縄協会 16（3・4）通号41 2011.10

沖縄「久高島」考—神の島をめぐって（小林保男）「板橋史談」 板橋史談会（274） 2014.3

久高島の土地総有制の意義（研究ノート）（小川竹一）「地域研究」 沖縄大学地域研究所（13） 2014.3

久高村

知識ファイル箱No.38 男たちの久高村島（高良倉吉）「首里城公園友の会会報」 首里城公園友の会（74） 2011.1

国頭畦道

探訪昔道を歩く 大山ターンム畑のクンジャンアブシと湧水めぐり（編集部）「宿道」 沖縄しまたて協会 36 2014.3

国頭方東宿

第1章 国頭方東宿の間切番所と同（主）村／第2章 国頭方西宿の間切番所と同（主）村（第1編 国頭方の間切番所と同（主）村）（仲原弘哲）「なきじん研究」 今帰仁村歴史文化センター（15） 2007.3

国頭方西宿

第1章 国頭方東宿の間切番所と同（主）村／第2章 国頭方西宿の間切番所

と同（主）村（第1編 国頭方の間切番所と同（主）村）（仲原弘哲）「なきじん研究」 今帰仁村歴史文化センター（15） 2007.3

久米

探訪・昔道・新道 崇元寺石門前から長虹堤のルートだった十貫瀬・美栄橋を経て久米まで「宿道」 沖縄しまたて協会 21 2003.10

久米島

史料紹介 吉濱家文書「紬関係書類」より紬関係資料九題（與那嶺一子，山田葉子）「沖縄県立博物館紀要」 沖縄県立博物館（26） 2000.3

催し物 企画展「空中写真で見る戦前・戦後—基地にかわったふるさと」沖縄県公文書館収蔵資料にみる久米島「Archives ： 沖縄県公文書館だより」 沖縄県文化振興会 13 2001.1

上江洲・與世永家文書に見る美済氏一流の職務変遷—勤書の検討を中心に（下郡剛，上江洲均）「久米島自然文化センター紀要」 久米島自然文化センター 2 2002.3

住民虐殺について（富里玲雄）「沖縄県平和祈念資料館だより」 沖縄県平和祈念資料館 4 2003.3

特別展「鳥島移住100周年記念展」／第17回企画展夏休みこども作品展／アイヌ伝統工芸展／アイヌ民族芸能交流会／第18回企画展久米島の墓「久米島自然文化センターだより」 久米島自然文化センター 7 2004.3

久米島の養蚕について—流球新報新聞資料と仲里村勢要覧を中心に（宮良みゆき）「久米島自然文化センター紀要」 久米島自然文化センター（4） 2004.3

アジアの中の沖縄・琉球そして久米島（外間守善）「沖縄学 ： 沖縄学研究所紀要」 沖縄学研究所 8（1）通号8 2005.3

久米島の政治起源—征服国家論の一検討として（《中村哲先生執筆論考》）（中村哲）「沖縄文化研究 ： 法政大学沖縄文化研究所紀要」 法政大学沖縄文化研究所（31） 2005.3

「寄贈記念特別展 中村康石陶芸展」／夏休み子ども作品展／久米島趣味七人展／久米島のグスク展「久米島自然文化センターだより」 久米島自然文化センター（9） 2005.3

久米島学校調査（嘉手苅徹，小野真美，伊波香織）「沖縄県史だより」 沖縄県教育庁（15） 2005.11

三線展／第7回夏休み子ども作品展／企画展「久米島紬—手わざの今昔—」／第3回久米島美術工芸展／ミニ企画展「當原昌松寄託記念展」「久米島自然文化センターだより」 久米島自然文化センター（13） 2007.3

久米島における華南三彩陶の新資料（亀井明徳）「久米島自然文化センター紀要」 久米島自然文化センター（8） 2008.3

久米島に伝わる唐尺について（又吉光邦）「久米島自然文化センター紀要」 久米島自然文化センター（8） 2008.3

久米島紬の糸作り製作工程と一連の織機具類（宮良みゆき）「久米島自然文化センター紀要」 久米島自然文化センター（8） 2008.3

久米島紬展—島糸の輝き「久米島自然文化センターだより」 久米島自然文化センター（15） 2008.4

企画展「久米島紬展—島糸の輝き—」関連事業「久米島自然文化センターだより」 久米島自然文化センター（15） 2008.4

第56回沖縄染織研究会発表要旨 久米島紬について（宮良みゆき）「沖縄染織研究会通信」 沖縄染織研究会（54） 2008.7

久米島紬わらび探険隊 平成20年度活動報告「久米島自然文化センターだより」 久米島自然文化センター（17） 2009.3

第5回久米島美術工芸展「久米島自然文化センターだより」 久米島自然文化センター（17） 2009.3

久米島調査報告講演会 沖縄国際大学南島文化研究所「久米島の自然環境—地形・地質・土壌を中心に—」名城敏／「久米島の御真影と奉安殿」吉浜忍「久米島自然文化センターだより」 久米島自然文化センター（17） 2009.3

離島巡見が実施される—久米島への旅（福島清）「首里城公園友の会会報」 首里城公園友の会（67） 2009.3

久米島の言語地図に見る地域性—中間報告（西岡敏，仲原穣）「地域研究シリーズ」 沖縄国際大学南島文化研究所（37） 2010.3

文化財めぐり「久米島自然文化センターだより」 久米島自然文化センター（19） 2010.6

久米島の按司伝説にみる歴史性（上江洲均）「奄美沖縄民間文芸学」 奄美沖縄民間文芸学会（10） 2011.2

「おもろさうし」にみる久米島の按司と地域とのかかわり（仲原穣）「奄美沖縄民間文芸学」 奄美沖縄民間文芸学会（10） 2011.2

グスクの構築における城塞化構造の検討—久米島所在グスク（森下真企）「久米島自然文化センター紀要」 久米島自然文化センター（11） 2011.3

近藤健一郎『『久米島めぐり』の歌をめぐる教育史—久米島自然文化センター所蔵・久米島小学校旧蔵史料を中心に—』（2010年度後期事業報告—第3回久米島調査報告講演会の開催について）「南島文化研究所報」 沖縄国際大学南島文化研究所（57） 2012.3

「宮古上布・琉球絣・久米島紬」三館合同企画展報告（平良次子）「南風の杜 ： 南風原文化センター紀要」 南風原文化センター（18） 2012.3

沖縄県　　　地名でたどる郷土の歴史　　　九州・沖縄

南の島のゲゲゲの鬼太郎—妖怪伝説と久米島史跡（伊賀明美）「讃岐のやまなみ」　香川県歴史研究会　（4）2012.5

「久米島紬・宮古上布・琉球絣」展「久米島博物館だより」　久米島博物館　（21）2012.5

表紙 久米島の「太陽石」「沖縄県史だより」　沖縄県教育庁　（22）2013.3

久米島の歴史余話（1），（2）（上江洲均）「久米島博物館紀要」　久米島博物館　（13）/（14）2013.3/2014.03

久米島研究の現状と課題—歴史・民俗研究から（設立総会記念講演概要）（上江洲均）「久米島研究」　久米島研究会　（1）2014.3

久米島における琉球王府時代の遠見番所と烽火台（平田光一）「久米島博物館紀要」　久米島博物館　（14）2014.3

秋山真和染織工芸展—染織で学ぶ，久米島紬の魅力づくり—「久米島博物館だより」　久米島博物館　（23）2014.5

企画展「久米島紬展」「久米島博物館だより」　久米島博物館　（23）2014.5

久米島の家系資料群研究報告会—久米島の家譜と系図が教えること 沖縄久米島の家系資料群の研究—「久米島博物館だより」　久米島博物館　（23）2014.5

「久米島・島ことば調査のつどい」「久米島博物館だより」　久米島博物館　（23）2014.5

久米島町

久米島町制1周年記念写真展「ハブヒルストーリー—駐留米軍人が見た久米島」「久米島自然文化センターだより」　久米島自然文化センター6　2003.11

久米島町の文化財について（1）（中島徹也）「久米島自然文化センター紀要」　久米島自然文化センター　（11）2011.3

久米島町の文化財について（2）—文化財保護活用に向けた取組について（中島徹也）「久米島博物館紀要」　久米島博物館　（13）2013.3

久米村

那覇みぐい—琉球王国末の異国人と久米村（いろいろレポート）（松田一美）「首里城公園友の会会報」　首里城公園友の会　（59）2007.3

史料紹介 久米村人士亀島有功の事蹟—書簡と著作（外間みどり）「沖縄史料編集紀要」　沖縄県教育委員会　（37）2014.3

那覇めぐり—首里王府を支えたクニンダ周辺を歩く（いろいろレポート）（事務局）「首里城公園友の会会報」　首里城公園友の会　（89）2014.10

粂村

琉球八景 北斎が描いた琉球（4）粂村竹籬「しまたてぃ ： 建設情報誌」　沖縄しまたて協会　（53）2010.4

久米村孔子廟

久米村孔子廟創建の歴史的意義—17世紀後半の政治史的視点から（伊藤陽寿）「沖縄文化研究 ： 法政大学沖縄文化研究所紀要」　法政大学沖縄文化研究所　（36）2010.3

黒島

地域づくり 黒島物語—苦難の歴史を人の絆で乗り越えた島（當山忠）「しまたてぃ ： 建設情報誌」　沖縄しまたて協会　（37）2006.4

幸喜

沖縄県名護市幸喜方言の擬声擬態語語彙（かりまたしげひさ，仲間恵子，宮城萬勇）「琉球の方言」　法政大学沖縄文化研究所　（37）2013.3

沖縄県名護市幸喜方言の擬声擬態語語彙—和琉辞典のこころみ（かりまたしげひさ，仲間恵子，宮城萬勇）「琉球の方言」　法政大学沖縄文化研究所　（38）2014.3

古宇利

史跡巡見北部コース 古宇利・屋我地・奥武島めぐり（いろいろレポート）（平良啓）「首里城公園友の会会報」　首里城公園友の会　（75）2011.3

越来グスク

越来グスクに関する聞き取りと若干の考察（川副裕一郎）「あやみや ： 沖縄市立郷土博物館紀要」　沖縄市立郷土博物館　（17）2009.2

越来村

旧南洋群島テニアン島移民の聞き取り紀録—沖縄本島越来村出身安里ウトの場合（安里嗣淳）「史料編集室紀要」　沖縄県教育委員会　（27）2002.3

古我知

沖縄の色・形 蘇った伝説の焼物 古我知焼「南ぬ風 ： 財団法人海洋博覧会記念公園管理財団広報誌 ： 季刊誌」　海洋博覧会記念公園管理財団　（22）2012.1

呉我山

辺境開拓地の部落形成過程（1）—今帰仁村字呉我山（山型敏康）「南島文化」　沖縄国際大学南島文化研究所　（30）2008.3

辺境開拓地の部落形成過程（2）—今帰仁村字呉我山（山型敏康）「南島文化」　沖縄国際大学南島文化研究所　（31）2009.3

国際通り

戦後史の中の「国際通り」（2013年度事業報告—シマ研究会）（大濱聡）「南島文化研究所所報」　沖縄国際大学南島文化研究所　（59）2014.3

小城

東風平町当銘・小城・志多伯巡検報告（仲田邦彦）「珊瑚の島だより」　南島地名研究センター　（45）2004.6

コザ

報告 『米国から見たコザ暴動』の紹介《西表・石垣特集》—〈1999年度総会・第1回研修会 於糸満市〉〉（渡真利なおみ）「あしびなぁ」　沖縄県地域史協議会 11　2002.5

地名「コザ」誕生と表象（2007年度南島地名研究センター大会報告）（町田宗博）「珊瑚の島だより」　南島地名研究センター　（54）2008.8

資料からみた終戦後のコザ（恩河尚）「KOZA BUNKA BOX」　沖縄市総務部総務課市史編集担当　（6）2010.3

「コザ暴動」とは（特集「コザ暴動」）「KOZA BUNKA BOX」　沖縄市総務部総務課市史編集担当　（7）2011.3

COLUMN（1）「セレクト！」（特集「コザ暴動」）（津波信一）「KOZA BUNKA BOX」　沖縄市総務部総務課市史編集担当　（7）2011.3

「KOZA」にはパワーがある（特集「コザ暴動」）（高когда朝一）「KOZA BUNKA BOX」　沖縄市総務部総務課市史編集担当　（7）2011.3

米公文書から見た「コザ暴動」の周縁（特集「コザ暴動」）（仲本和彦）「KOZA BUNKA BOX」　沖縄市総務部総務課市史編集担当　（7）2011.3

COLUMN（2）「解放区」の夢（特集「コザ暴動」）（田仲康博）「KOZA BUNKA BOX」　沖縄市総務部総務課市史編集担当　（7）2011.3

COLUMN（3）ガリバーはいつ振り向いてくれるか（特集「コザ暴動」）（恩河尚）「KOZA BUNKA BOX」　沖縄市総務部総務課市史編集担当　（7）2011.3

コザにおけるスーベニア業の概観—復帰前を中心に（上）（ローカルレポート）（松川聖子）「KOZA BUNKA BOX」　沖縄市総務部総務課市史編集担当　（8）2012.3

ローカルレポート コザにおけるスーベニア業の概観—本土復帰前を中心に（下）（松川聖子）「KOZA BUNKA BOX」　沖縄市総務部総務課市史編集担当　（9）2013.3

戦後沖縄の基地周辺における都市開発—コザ・ビジネスセンター構想と《八重島》をめぐって（論説）（加藤政洋）「洛北史学」　洛北史学会　（16）2014.6

コザ孤児院

ローカルレポート コザ孤児院の四年間とその歴史的意義（浅井春夫）「KOZA BUNKA BOX」　沖縄市総務部総務課市史編集担当　（10）2014.3

コザ市

「軍作業」の原郷—旧コザ市を中心に（波平勇夫）「KOZA BUNKA BOX」　沖縄市総務部総務課市史編集担当　（6）2010.3

証言（2）「コザ市の福祉行政」（新川秀清）「KOZA BUNKA BOX」　沖縄市総務部総務課市史編集担当　（9）2013.3

東風平

東風平町字東風平巡検報告（仲田邦彦）「珊瑚の島だより」　南島地名研究センター 39　2001.12

東風平の古代地名（知念良雄）「珊瑚の島だより」　南島地名研究センター 44　2003.10

袴道橋

沖縄自動車道に架かる「袴（こ）道（どう）橋（きょう）」について（2007年度南島地名研究センター大会報告）（宜志政信）「珊瑚の島だより」　南島地名研究センター　（54）2008.8

古見

古見方言の基礎語彙（加治工真市）「沖縄芸術の科学 ： 沖縄県立芸術大学附属研究所紀要」　沖縄県立芸術大学附属研究所　（13）2001.3

古見船と石垣船・鳥と船《サバニ特集》（飯田泰彦）「あかがーら」　石垣市立図書館八重山地域情報センター　（22）2002.4

続古見方言の基礎語彙（1）〜（3）（加治工真市）「琉球の方言」　法政大学沖縄文化研究所　（36）/（38）2012.3/2014.03

古見塩浜原開拓記念碑

記念碑を訪ねて（8）古見塩浜原開拓記念碑「竹富町史だより」　竹富町教育委員会　（33）2012.3

小湾

歴史に学ぶシリーズ（15）ちゅら小湾—沖縄戦で失われた旧小湾集落の復元（武者英二）「しまたてぃ ： 建設情報誌」　沖縄しまたて協会 27　2003.10

沖縄『小湾字誌』（戦中・戦後編）の刊行を終えて（調査・研究報告）（加藤久子）「法政大学沖縄文化研究所所報」　法政大学沖縄文化研究所　（63）2008.8

九州・沖縄 　　　地名でたどる郷土の歴史 　　　沖縄県

佐阿天橋
　琉球の土木石碑―石に刻まれた琉球土木史(4)―新造佐阿天橋碑記(平敷兼哉)「しまたてぃ ： 建設情報誌」 沖縄しまたて協会 　(61) 2012.5

栄通り
　沖縄の戦後を歩く(8)「石川銀座・栄・南栄通り」(三嶋啓二)「しまたてぃ ： 建設情報誌」 沖縄しまたて協会 　(65) 2013.7

栄町市場
　歴史 琉球遠景・近景(3) 笑うまちぐゎー「栄町市場」の挑戦(阪井暖子)「しまたてぃ ： 建設情報誌」 沖縄しまたて協会 　33 2005.4

坂田
　研究発表大会(要旨) 「坂田」の定着と拡大(久高将清)「珊瑚の島だより」 南島地名研究センター 　38 2001.11

先島
　田代安定「沖縄県下先島回覧意見書」(来間泰男)「地域研究シリーズ」 沖縄国際大学南島文化研究所 　31 2003.3
　近世先島の土地制度と人頭税(平良勝保)「沖縄・八重山文化研究会会報」 沖縄・八重山文化研究会 　(141) 2004.1
　先島(宮古・八重山)に於けるセメント瓦の一考察(比嘉武則)「あじまぁ ： 名護博物館紀要」 名護博物館 　通号13 2006.3
　近世中期先島における夫賃米制度の成立(平良勝保)「沖縄文化」 沖縄文化協会 　40(2) 通号100 2006.6
　5月定例会レジュメ 先島のグスク時代―掘り出された遺物から考える(下地和宏)「宮古郷土史研究会会報」 宮古郷土史研究会 　(160) 2007.5
　15世紀末の先島に触れる―12月定例会の報告より(事務局)「宮古郷土史研究会会報」 宮古郷土史研究会 　(176) 2010.1
　薩摩侵攻400年―先島(宮古)から考える(仲宗根將二)「宮古島市総合博物館紀要」 宮古島市総合博物館 　(14) 2010.3

先島諸島
　調理法からみた先島諸島の先史時代(砂川史香)「宮古研究」 宮古郷土史研究会 　(11) 2010.12

座喜味グスク
　グスクから見た琉球の土木技術(4) 座喜味グスクの土木建築的技術の系譜―立面アーチと平面アーチ(仲宗根求)「しまたてぃ ： 建設情報誌」 沖縄しまたて協会 　(59) 2011.10

冊封七碑
　ふしぎがいっぱい公園点描 首里城公園 冊封七碑「南ぬ風 ： 財団法人海洋博覧会記念公園管理財団広報誌 ： 季刊誌」 海洋博覧会記念公園管理財団 　(19) 2011.4

五月橋
　沖縄の戦後を歩く(12) 那覇市小禄(五月橋・津真田)(三嶋啓二)「しまたてぃ ： 建設情報誌」 沖縄しまたて協会 　(69) 2014.7

座間味村
　わがまち 座間味村・西原町「宿道」 沖縄しまたて協会 　26 2006.3

座間味間切
　近世末期における座間味間切の民俗事象―「仲尾次政隆翁日誌」から─《小川徹先生追悼号》─《第2部 追悼論集》)(玉木順彦)「沖縄文化」 沖縄文化協会 　38(1) 通号95 2003.3

佐良浜
　宮古・伊良部島佐良浜の伝承(岡本恵昭)「南島研究」 南島研究会 　通号49 2008.11

三府竜脈碑
　琉球の土木石碑―石に刻まれた琉球土木史(9)三府龍脈碑(松原彰子)「しまたてぃ ： 建設情報誌」 沖縄しまたて協会 　(66) 2013.10

三離橋碑
　記念碑を訪ねて 三離橋碑/大枝橋碑「竹富町史だより」 竹富町教育委員会 　19 2001.3

四箇
　近代期、石垣島四箇の商業空間に関する若干の考察(堂前亮平)「地域研究シリーズ」 沖縄国際大学南島文化研究所 　31 2003.3

識名園
　歴史に学ぶシリーズ(10)―琉球の時代 世界遺産・特別名勝「識名園」(古塚達朗)「しまたてぃ ： 建設情報誌」 沖縄しまたて協会 　22 2002.7

志多伯
　東風平町当銘・小城・志多伯巡検報告(仲田邦彦)「珊瑚の島だより」 南島地名研究センター 　(45) 2004.6

十貫瀬
　探訪・昔道・新道 崇元寺石門前から長虹堤のルートだった十貫瀬・美栄橋を経て久米まで「宿道」 沖縄しまたて協会 　21 2003.10

勢理客橋碑
　琉球の土木石碑―石に刻まれた離球土木史(11)―勢理客橋碑(編集部)「しまたてぃ ： 建設情報誌」 沖縄しまたて協会 　(68) 2014.4

島尻
　島尻(平良恵貴)「宮古研究」 宮古郷土史研究会 　(9) 2004.2
　資料紹介 横内家文書「島尻地方学事視察報告書」(《2004年度第3回研修会》)(外間政明)「あしびなぁ」 沖縄県地域史協議会 　(17) 2006.8
　南部史跡巡見「島尻の金石文を訪ねる」(いろいろレポート)(平良啓)「首里城公園友の会会報」 首里城公園友の会 　(79) 2012.3
　第3回郷土史講座・史跡めぐり―大浦・島尻・狩俣を歩く(下地和宏)「宮古郷土史研究会会報」 宮古郷土史研究会 　(199) 2013.11

島尻道
　探訪 昔道を歩く 小禄・豊見城間切境から兼城番所跡ヘマチンチュミチ、シマジラーミチをたどる「宿道」 沖縄しまたて協会 　34 2013.2

島添アザナ鐘楼
　口絵 友寄喜恒『首里城図』の島添アザナ鐘楼と万国津梁の鐘「首里城研究」 首里城公園友の会 　(16) 2014.3
　万国津梁の鐘はどこに掛けられていたか―首里城の時報システムと島添アザナ鐘楼の時鐘(安里進)「首里城研究」 首里城公園友の会 　(16) 2014.3

下地島
　第169回シマ研究会 河名俊男「宮古・八重山諸島における過去1000年間の歴史津波と伝説の津波―1771年明和津波、1667年の地震と津波、下地島のヨナタマ伝説、多良間島のブナヤー伝説を中心に―」(2010年度後期事業報告)「南島文化研究所所報」 沖縄国際大学南島文化研究所 　(57) 2012.3
　下地島における古津波関係遺跡についての調査(平良勝保，山本正昭，山口浩世)「宮古郷土史研究会会報」 宮古郷土史研究会 　(191) 2012.7

謝名堂
　久米島(字謝名堂)における動物方言名について(山城勇人)「久米島自然文化センター紀要」 久米島自然文化センター 　(5) 2005.3

重修天女橋碑
　琉球の土木石碑―石に刻まれた琉球土木史(5)―重修天女橋碑記(崎原恭子)「しまたてぃ ： 建設情報誌」 沖縄しまたて協会 　(62) 2012.9

淑順門
　知識ファイル箱No.35 淑順門の復元(平良啓)「首里城公園友の会会報」 首里城公園友の会 　(71) 2010.4
　国営沖縄記念公園(首里城地区)淑順門の復元について(國場善秀)「しまたてぃ ： 建設情報誌」 沖縄しまたて協会 　(54) 2010.7
　公園点描 首里城公園 淑順門「南ぬ風 ： 財団法人海洋博覧会記念公園管理財団広報誌 ： 季刊誌」 海洋博覧会記念公園管理財団 　(17) 2010.10

宿道
　中城の山上を走る宿道の復元(歴史に学ぶシリーズ(17))(安里盛昭)「しまたてぃ ： 建設情報誌」 沖縄しまたて協会 　29 2004.4
　探訪昔道を歩く 喜屋武半島の宿道を歩く「宿道」 沖縄しまたて協会 　31 2010.3
　探訪 昔道を歩く 運天番所跡周辺に残る琉球松並木のスクミチ「宿道」 沖縄しまたて協会 　35 2013.9

首里
　沖縄語首里方言の敬語付き動詞(西岡敏)「琉球の方言」 法政大学沖縄文化研究所 　通号27 2003.3
　沖縄語首里方言による民話テキスト「眠い虫次良」(西岡敏)「琉球の方言」 法政大学沖縄文化研究所 　通号29 2005.3
　首里巡見報告(仲田邦彦)「珊瑚の島だより」 南島地名研究センター 　(52) 2007.9
　首里方言アクセントの音声学的実態(永野マドセン素子，狩俣繁久)「琉球の方言」 法政大学沖縄文化研究所 　通号33 2009.3
　「首里古地図」再読(2008年度南島地名研究センター大会の報告)(喜納大作)「珊瑚の島だより」 南島地名研究センター 　(55) 2009.3
　首里方言のイントネーション(永野マドセン泰子，狩俣繁久)「琉球の方言」 法政大学沖縄文化研究所 　通号34 2010.3
　講演 印部石から地図製作そして首里那覇鳥瞰図まで(シンポジウム琉球王国の測量技術と遺産―「印部石(シルビイシ)」)(安里進)「あしびなぁ」 沖縄県地域史協議会 　(21) 2010.5
　首里方言にみる法接尾辞と疑問法イントネーション(永野マドセン泰子)「琉球の方言」 法政大学沖縄文化研究所 　通号35 2011.3
　近世琉球資料からの方言再話―首里方言による羽衣伝説を例として(西岡敏)「奄美沖縄民間文芸学」 奄美沖縄民間文芸学会 　(11) 2012.3
　初代大親徳之島首里之衆(主)来島四五〇周年を迎えるにあたって(義岡明雄)「徳之島郷土研究会会報」 徳之島郷土研究会 　(32) 2012.4
　伊江家生子証文から見る首里の五人輿(金城善)「首里城研究」 首里城公

沖縄県　　　　　　　　　　　　　　　地名でたどる郷土の歴史　　　　　　　　　　　　　九州・沖縄

園友の会　(16)　2014.3

王都首里の教育―国学・平等学校所・村学校へ展開 (高里盛国)「博友：沖縄県立博物館友の会機関誌」 沖縄県立博物館友の会　(26)　2014.5

首里御グシク

首里御グシク (松島李風)「博友 : 沖縄県立博物館友の会機関誌」 沖縄県立博物館友の会　(26)　2014.5

首里王府

友の会文化講演会 蔡温と首里王府―関係資料を読みながら考える―高良倉吉先生を迎えて (大城涼子)「首里城公園友の会会報」 首里城公園友の会　51　2005.3

第4篇 首里城 (首里王府) (仲原弘哲)「なきじん研究」 今帰仁村歴史文化センター　(15)　2007.3

首里王府の農政と原勝負 (儀間淳一)「南島文化」 沖縄国際大学南島文化研究所　(30)　2008.3

18世紀の琉球における首里王府と地方役人との関係―『球陽』の「褒賞」記事の検討を中心に (仲地哲夫)「南島文化」 沖縄国際大学南島文化研究所　(30)　2008.3

王統交代期の首里王府について (矢野美沙子)「南島史学」 南島史学会　(73)　2009.3

近世琉球における首里王府の歴史像 (矢野美沙子)「南島史学」 南島史学会　(77・78)　2011.12

首里王府の重要施設絵図調整事業 (安里進)「首里城研究」 首里城公園友の会　(15)　2013.3

那覇めぐり―首里王府を支えたクニンダ周辺を歩く (いろいろレポート) (事務局)「首里城公園友の会会報」 首里城公園友の会　(89)　2014.10

首里城書院・鎖之間

国営沖縄記念公園 (首里城公園) 書院・鎖之間の案内解説 (事業紹介 公園等の管理運営)「南ぬ風 : 財団法人海洋博覧会記念公園管理財団広報誌 : 季刊誌」 海洋博覧会記念公園管理財団　(19)　2011.4

ふしぎがいっぱい公園点描 首里城公園 書院・鎖之間 庭園「南ぬ風 : 財団法人海洋博覧会記念公園管理財団広報誌 : 季刊誌」 海洋博覧会記念公園管理財団　(23)　2012.4

首里城

空中写真 旧首里城周辺の空中写真/旧石垣町の空中写真 (新収蔵資料紹介)「Archives : 沖縄県公文書館だより」 沖縄県文化振興会　14　2001.3

首里城周辺空中写真が大好評 (アーカイブズフラッシュ)「Archives : 沖縄県公文書館だより」 沖縄県文化振興会　15　2001.7

首里城正殿はなぜ西向きであるのか―太陽進行と琉球王国の成立 (首里城と「おもろさうし」)「沖縄学 : 沖縄学研究所紀要」 沖縄学研究所　5 (1) 通号5　2001.12

歴史に学ぶシリーズ (16) 沖縄の石積工法とアーチ―主に中城城・首里城を事例として (久保孝一, 安和守史)「しまたてぃ : 建設情報誌」 沖縄しまたて協会　28　2004.1

史跡巡見 (平良啓)「首里城公園友の会会報」 首里城公園友の会　46　2004.1

南部コース (史跡巡見) (知名貞子)「首里城公園友の会会報」 首里城公園友の会　47　2004.3

北部コース (史跡巡見) (下地彦市)「首里城公園友の会会報」 首里城公園友の会　47　2004.3

第3回首里城文化講演会 戸籍から近代沖縄の歴史を考える―地方制度の移り変わり―金城善氏を迎えて (福島清)「首里城公園友の会会報」 首里城公園友の会　47　2004.3

総会記念講演会 おもろさうしに見る首里城―池宮正治氏を迎えて (大城涼子)「首里城公園友の会会報」 首里城公園友の会　48　2004.6

首里城周辺巡り 難儀して自分の足で (事務局)「首里城公園友の会会報」 首里城公園友の会　49　2004.3

王陵めぐり 誇るべき郷土の文化と歴史 (巡見レポート) (石嶺傳庸)「首里城公園友の会会報」 首里城公園友の会　51　2005.3

知識ファイル箱 (16) 尚家伝来の宝刀 (池宮正治)「首里城公園友の会会報」 首里城公園友の会　51　2005.3

『羽地仕置』に見る首里城の覚書 (高良倉吉)「首里城研究」 首里城公園友の会　(8)　2006.3

首里城の女たち―大台所で働く「あねべ」たち (真栄平房昭)「首里城研究」 首里城公園友の会　(8)　2006.3

第4篇 首里城 (首里王府) (仲原弘哲)「なきじん研究」 今帰仁村歴史文化センター　(15)　2007.3

史跡巡見「首里城から那覇港へ」(いろいろレポート) (福島清)「首里城公園友の会会報」 首里城公園友の会　(59)　2007.3

首里城周辺―石碑めぐり (いろいろレポート) (大城涼子)「首里城公園友の会会報」 首里城公園友の会　(59)　2007.3

首里城周辺巡り 身近のすばらしい史跡 (いろいろレポート) (佐久田千沙紀)「首里城公園友の会会報」 首里城公園友の会　(63)　2008.3

第2回首里城文化講演会 瓦と漆喰シーサー (平良啓)「首里城公園友の会会報」 首里城公園友の会　(63)　2008.3

総会記念講演 首里城公園の今と今後 後藤和夫氏を迎えて (大城涼子)「首里城公園友の会会報」 首里城公園友の会　(64)　2008.7

首里城周辺めぐり (いろいろレポート) (上江洲安亨)「首里城公園友の会会報」 首里城公園友の会　(67)　2009.3

百浦添探訪 (1) 家譜に見る1709年の首里城再建 (池宮正治)「首里城公園友の会会報」 首里城公園友の会　(67)　2009.3

知識のファイル箱 (33) 首里城のメインルート (平良啓)「首里城公園友の会会報」 首里城公園友の会　(68)　2009.7

首里城周辺めぐり 往時の面影を辿り、町のなかへ足を進める (事務局)「首里城公園友の会会報」 首里城公園友の会　(70)　2010.1

事業紹介 首里城に関する調査研究 漆塗装に関する調査 (久場さゆみ)「南ぬ風 : 財団法人海洋博覧会記念公園管理財団広報誌 : 季刊誌」 海洋博覧会記念公園管理財団　(17)　2010.10

首里城文化講演会 琉球の漢詩―首里城及びその周辺―上里賢一氏を迎えて (事務局)「首里城公園友の会会報」 首里城公園友の会　(75)　2011.3

南ぬ風インタビュー (12) 王朝時代の技術の復活と継承で、首里城を守り続けてもらいたい (安里進)「南ぬ風 : 財団法人海洋博覧会記念公園管理財団広報誌 : 季刊誌」 海洋博覧会記念公園管理財団　(19)　2011.4

知識のファイル箱No.40 首里城公園企画展首里城のデザイン「牡丹 百花王と首里城」(上江洲安亨)「首里城公園友の会会報」 首里城公園友の会　(76)　2011.7

知識ファイル箱 首里城公園企画展 首里城のデザイン (上江洲安亨)「首里城公園友の会会報」 首里城公園友の会　(77)　2011.9

首里城文化講演会が開催される (松田一美)「首里城公園友の会会報」 首里城公園友の会　(78)　2012.1

首里城尚家関係者ヒアリング調査業務―知名茂子さんの聞き取り調査より (平成22年度事業概要及び報告) (久場さゆみ)「首里城公園管理センター調査研究・普及啓発事業年報」 沖縄美ら島財団首里城公園管理部　(2)　2012.3

首里城周辺めぐり (いろいろレポート) (福島清)「首里城公園友の会会報」 首里城公園友の会　(79)　2012.3

知識ファイル箱 (43) 宮古・八重山の役人と首里城 (高良倉吉)「首里城公園友の会会報」 首里城公園友の会　(79)　2012.3

首里城公園展示品解説会 (いろいろレポート) (事務局)「首里城公園友の会会報」 首里城公園友の会　(81)　2012.9

首里城尚家関係者ヒアリング補足調査 (事業紹介―調査研究事業) (久場まゆみ)「南ぬ風 : 財団法人海洋博覧会記念公園管理財団広報誌 : 季刊誌」 海洋博覧会記念公園管理財団　(25)　2012.9

首里城公園企画展「首里城のデザイン」(事業紹介―普及啓発事業) (大城樹)「南ぬ風 : 財団法人海洋博覧会記念公園管理財団広報誌 : 季刊誌」 海洋博覧会記念公園管理財団　(25)　2012.9

首里城公園企画展「首里城のデザイン」実施結果報告 (大城樹)「首里城公園管理センター調査研究・普及啓発事業年報」 沖縄美ら島財団首里城公園管理部　(3)　2013.3

首里城周辺めぐり―真和志之平等から真嘉比道 (いろいろレポート) (事務局)「首里城公園友の会会報」 首里城公園友の会　(83)　2013.3

知識ファイル箱No.49 観光地としての首里城 (喜納大作)「首里城公園友の会会報」 首里城公園友の会　(85)　2013.9

口絵 友寄喜恒『首里城図』の島添アザナ鐘楼と万国津梁の鐘「首里城研究」 首里城公園友の会　(16)　2014.3

万国津梁の鐘はどこに掛けられていたか―首里城の時報システムと島添アザナ鐘楼の時鐘 (安里進)「首里城研究」 首里城公園友の会　(16)　2014.3

2)首里城公園開園20周年記念特別展「首里城に魂を！ ～国内唯一の赤い城二十年のストーリー～」実施結果報告 (事業報告) (大城樹)「首里城公園管理センター調査研究・普及啓発事業年報」 沖縄美ら島財団首里城公園管理部　(4)　2014.3

首里城文化講演会―与那原恵氏を迎えて (いろいろレポート) (平良啓)「首里城公園友の会会報」 首里城公園友の会　(87)　2014.3

御城物語4 万国津梁の鐘と首里城 (幸喜淳)「南ぬ風 : 財団法人海洋博覧会記念公園管理財団広報誌 : 季刊誌」 海洋博覧会記念公園管理財団　(31)　2014.4

首里城公園「黄金御殿・寄満・近習詰所、奥書院」に「百人御物参」初開催 (財団いんふぉ)「南ぬ風 : 財団法人海洋博覧会記念公園管理財団広報誌 : 季刊誌」 海洋博覧会記念公園管理財団　(31)　2014.4

隆起サンゴ礁石灰岩と首里城周辺 (吉田朝啓)「しまたてぃ : 建設情報誌」 沖縄しまたて協会　(70)　2014.10

展示品解説会―首里城公園企画展「描かれた首里城・那覇港」(いろいろレポート) (事務局)「首里城公園友の会会報」 首里城公園友の会　(89)　2014.10

御城物語6 首里城の赤瓦 (久場まゆみ)「南ぬ風 : 財団法人海洋博覧会

九州・沖縄　　地名でたどる郷土の歴史　　沖縄県

記念公園管理財団広報誌 ： 季刊誌」 海洋博覧会記念公園管理財団 （33） 2014.10

首里城上之御庭之鐘
上之御庭之鐘の顕彰（俗称万国津梁の鐘）（宮里朝光）「博友 ： 沖縄県立博物館友の会機関誌」 沖縄県立博物館友の会 18 2004.5

首里城久慶門
探訪 昔道・新道 具志川の川田十字路から勝連城址を経て平敷屋番所跡、屋慶名番所跡まで／西海道の起点だった首里城久慶門から儀保・経塚を経て浦添番所跡まで「宿道」 沖縄しまたて協会 23 2004.10

首里城京の内
「京の内」がオープン（平良啓）「首里城公園友の会会報」 首里城公園友の会 46 2004.1
京の内産院史考―首里城の起源と久高島（末次智）「南島文化」 沖縄国際大学南島文化研究所 （32） 2010.3

首里城古曳門
御城物語5 首里城古曳門（こびきもん）（久場まゆみ）「南ぬ風 ： 財団法人海洋博覧会記念公園管理財団広報誌 ： 季刊誌」 海洋博覧会記念公園管理財団 （32） 2014.7

首里城書院・鎖の間
首里城書院・鎖の間が復元―一般公開された国王・王子の居所「城郭だより ： 日本城郭史学会会報」 「日本城郭史学会」 （60） 2008.1

首里城書院・鎖之間庭園
首里城書院・鎖之間庭園の復元について―国営沖縄記念公園（首里城地区）（國場善秀）「しまたてぃ ： 建設情報誌」 沖縄しまたて協会 （50） 2009.7
知識のファイル箱（34） 祝「首里城書院・鎖之間庭園」の名勝指定（福島清）「首里城公園友の会会報」 首里城公園友の会 （69） 2009.10

首里城正殿
知識ファイル箱 首里城正殿の彩色（福島清）「首里城公園友の会会報」 首里城公園友の会 46 2004.1

首里城正殿 唐玻豊
御城物語3 首里城正殿 唐玻豊（からはふう）の秘密（上江洲安亨）「南ぬ風 ： 財団法人海洋博覧会記念公園管理財団広報誌 ： 季刊誌」 海洋博覧会記念公園管理財団 （30） 2014.1

首里城南殿
戦前（昭和16年4月～19年3月）の首里城南殿の様子―久場まゆみさんの聞き取り調査より（久場まゆみ）「首里城公園管理センター調査研究・普及啓発事業年報」 沖縄美ら島財団首里城管理部 （1） 2011.3
戦前の南殿の様子 久場シズさん聞き取り調査より（事業紹介 首里城に関する調査研究）（久場まゆみ）「南ぬ風 ： 財団法人海洋博覧会記念公園管理財団広報誌 ： 季刊誌」 海洋博覧会記念公園管理財団 （21） 2011.10

首里城奉神門
知識のファイル箱No.48 首里城奉神門塗り直しについて（幸喜淳）「首里城友の会会報」 首里城公園友の会 （84） 2013.7

首里城北殿
北殿塗り直し終了（幸喜淳）「首里城公園友の会会報」 首里城公園友の会 （79） 2012.3
知識ファイル箱No.50 北殿の中の文書保管室（高良倉吉）「首里城公園友の会会報」 首里城公園友の会 （86） 2014.1

首里玉御殿
首里玉御殿の存在意義に関する一考察（福地有希）「首里城研究」 首里城公園友の会 （10） 2008.3

守礼門
コラム「守礼門と鳥居」（知名美佐子）「ガラマン ： 宜野座村立博物館紀要」 宜野座村教育委員会 （16） 2010.3

城岳霊泉
琉球八景 北斎が描いた琉球（7） 城嶽霊泉「しまたてぃ ： 建設情報誌」 沖縄しまたて協会 （56） 2011.1

諸志
第12篇 資料：字諸志の議事録（1955年）（石野裕子）「なきじん研究」 今帰仁村歴史文化センター （15） 2007.3

白保
八重山白保方言のリズム＝アクセントの構造（琉球方言研究クラブ）「沖縄文化」 沖縄文化協会 42（2）通号104 2009.3
平成23年度博物館文化講座講演記録 白保以北の旧村々（石垣繁）「石垣市立八重山博物館紀要」 石垣市立八重山博物館 （21） 2012.3

新修美栄橋碑
琉球の土木石碑―石に刻まれた琉球土木史（1）―新修美栄橋碑記（川島淳）「しまたてぃ ： 建設情報誌」 沖縄しまたて協会 （58） 2011.7

新濬那覇江碑
琉球の土木石碑―石に刻まれた離土木史（12）―新濬那覇江碑文（編集部）「しまたてぃ ： 建設情報誌」 沖縄しまたて協会 （69） 2014.7

瑞泉門
知識のファイル箱 瑞泉門と石獅子（福島清）「首里城公園友の会会報」 首里城公園友の会 （60） 2007.6

崇元寺石門前
探訪・昔道・新道 崇元寺石門前から長虹堤のルートだった十貫瀬・美栄橋を経て久米まで「宿道」 沖縄しまたて協会 21 2003.10

末吉
末吉まーい（史跡巡見）（金城景子）「首里城公園友の会会報」 首里城公園友の会 47 2004.3

末吉宮
探訪昔道・新道 玉陵から首里城・龍潭を通り宝口樋川を経て、末吉宮へ「宿道」 沖縄しまたて協会 27 2007.3

砂辺
嘉手納飛行場周辺移転補償地域「北谷町砂辺」の移転と居住（石川朋子）「南島文化」 沖縄国際大学南島文化研究所 （31） 2009.3

済井出
屋我地島・済井出の漁業―戦前の海人をたずねて（坂下宙子）「しまたてぃ ： 建設情報誌」 沖縄しまたて協会 29 2004.4

斎場御嶽
探訪 昔道・新道 垣花樋川から具志堅の樋川を通り、知念城跡を経て斎場御嶽へ至る／恩納博物館から仲泊遺跡、山田谷川の石矼、山田グスクを経て護佐丸父祖の墓まで「宿道」 沖縄しまたて協会 26 2006.3

石西礁湖
新聞で知る町の今昔（19） 石西礁湖にある小島に新地名「竹富町史だより」 竹富町教育委員会 （33） 2012.3

尖閣
日中の尖閣問題について日本史をみる（常石芳英）「秦史談」 秦史談会 （174） 2013.5

尖閣諸島
1885年田代安定の八重山調査と沖縄県の尖閣諸島調査（國吉まこも）「地域研究」 沖縄大学地域研究所 （10） 2012.9
7月例会レジュメ1 尖閣諸島問題―論点整理を中心に（橋本誠一）「静岡県近代史研究会会報」 静岡県近代史研究会 （418） 2013.7

センター通り
証言（1） 座談会「センター通りから中央パークアベニューへ」「KOZA BUNKA BOX」 沖縄市総務部総務課市史編集担当 （9） 2013.3

祖納
写真にみるわが町（27） 祖納集落の脱穀光景「竹富町史だより」 竹富町教育委員会 （29） 2007.9
沖縄西表島（祖納）方言の格ととりたての意味用法（金田章宏）「琉球の方言」 法政大学沖縄文化研究所 通号33 2009.3
八重山西表島（祖納）方言動詞の活用タイプ（金田章宏）「琉球の方言」 法政大学沖縄文化研究所 通号35 2011.3

園比屋武御岳石門
ふしぎがいっぱい公園点描 首里城公園 園比屋武御嶽石門「南ぬ風 ： 財団法人海洋博覧会記念公園管理財団広報誌 ： 季刊誌」 海洋博覧会記念公園管理財団 （22） 2012.1

楚辺
戦後の軍用地問題のはじまり（1）―楚辺・渡具知の立退とその背景（豊田純志）「読谷村立歴史民俗資料館紀要」 読谷村教育委員会 29 2005.3

大東亜戦転進記念碑
記念碑を訪ねて（6）大東亜戦転進記念碑「竹富町史だより」 竹富町教育委員会 （25） 2004.3

大東島
沖縄県大東島へ歴史的な第一歩を（広域特集）（池上眞澄）「伊那路」 上伊那郷土研究会 53（12）通号635 2009.12

大東諸島
大東諸島の沖縄戦―北大東島を中心に―（2013年度事業報告―大東島調査報告講演会）（吉浜忍）「南島文化研究所所報」 沖縄国際大学南島文化研究所 （59） 2014.3

第32軍司令部津嘉山壕群
第32軍司令部津嘉山壕群の一部を一般公開（古賀徳子）「こがね南風」 南風原町立南風原文化センター （13） 2006.12

高江洲小学校
沖縄本島における米軍占領下初の学校「高江洲小学校」―米軍占領下初の学校設立の再考とその教員と子どもたち（川満彰）「地域研究」 沖

沖縄県　地名でたどる郷土の歴史　九州・沖縄

縄大学地域研究所　（7）2010.3

田嘉里
大宜味村田嘉里方言の音調体系（ウェインローレンス）「琉球の方言」法政大学沖縄文化研究所　通号29　2005.3

高那城遺跡
文化財探訪 高那城遺跡「竹富町史だより」　竹富町教育委員会　19　2001.3

高原
沖縄市高原の文化財（島袋幸司）「あやみや：沖縄市立郷土博物館紀要」沖縄市立郷土博物館　（21）2013.3

高嶺
南島地名研究センター地名巡検報告 南山・高嶺、大里の地名を歩く（仲田邦彦）「珊瑚の島だより」　南島地名研究センター　（55）2009.3

宝口樋川
探訪昔道・新道 玉陵から首里城・龍潭を通り宝口樋川を経て、末吉宮へ「宿道」　沖縄しまたて協会　27　2007.3

嵩田
植民地統治期台湾から石垣島名蔵・嵩田地区への移動について（松田良孝）「移民研究」　琉球大学移民研究センター　（8）2013

植民地統治期台湾から石垣島名蔵・嵩田地区への移動について（論文）（松田良孝）「移民研究」　琉球大学移民研究センター　（9）2013.9

竹富
竹富方言の基礎語彙―分野8（民俗）、分野9（遊戯）（加治工真市）「琉球の方言」　法政大学沖縄文化研究所　通号27　2003.3

竹富島
東京人類学会報告第13号（明治20年2月刊）所収 沖縄県竹富島歴見奇事S・S（史料紹介）（阿佐伊孫良）「竹富町史だより」　竹富町教育委員会　（29）2007.9

竹富島の昔（宮本栄）「南島研究」 南島研究会　通号51　2010.12

竹富島方言アクセントと「系列別語彙」―附 竹富島方言版「北風と太陽」（ウエイン・ローレンス）「琉球の方言」　法政大学沖縄文化研究所　（37）2013.3

竹富島方言のいくつかの表現の使い分け―指小辞・あなた・誰・どこ・ことがある・せずに（ウエイン・ローレンス）「琉球の方言」　法政大学沖縄文化研究所　（38）2014.3

竹富町
史料紹介 学務書類綴（1）「竹富町史だより」　竹富町教育委員会　19　2001.3

新聞で知る町の今昔（15）戦後の分村問題「竹富町史だより」 竹富町教育委員会　20　2001.9

史料紹介 「鉄田義司日記」補遺「竹富町史だより」　竹富町教育委員会　20　2001.9

解説（史料紹介 学務書類綴（2））（通事孝作）「竹富町史だより」 竹富町教育委員会　21　2002.3

翻刻（史料紹介 学務書類綴（2））（登野原武）「竹富町史だより」 竹富町教育委員会　21　2002.3

記念碑を訪ねて（5）大舛久雄頌徳碑「竹富町史だより」 竹富町教育委員会　（23）2003.3

写真にみるわが町（22）爬龍船競漕「竹富町史だより」 竹富町教育委員会　（23）2003.3

竹富町・島々の織物文化（通事孝作）「竹富町史だより」 竹富町教育委員会　（23）2003.3

写真にみるわが町（22）高等弁務官の贈り物「竹富町史だより」 竹富町教育委員会　（24）2003.9

第19回町史編集委員会開催―「島じま編」総項目などを審議「竹富町史だより」　竹富町教育委員会　（25）2004.3

写真に見るわが町（23）野辺送り「竹富町史だより」 竹富町教育委員会　（25）2004.3

新聞で知る町の今昔（17）水飢饉に悩む島の人たち「竹富町史だより」　竹富町教育委員会　（27）2005.9

新聞で知る町の今昔（18）水不足に愛プレゼント「竹富町史だより」 竹富町教育委員会　（32）2011.3

文化財探訪（25）北村隊の砲座跡（通事孝作）「竹富町史だより」 竹富町教育委員会　（33）2012.3

写真に見るわが町（28）ウミンチュの村「竹富町史だより」 竹富町教育委員会　（33）2012.3

写真で見るわが町31 終戦直後のマラリア撲滅（通事孝作）「竹富町史だより」　竹富町教育委員会　（35）2014.3

玉陵
探訪昔道・新道 玉陵から首里城・龍潭を通り宝口樋川を経て、末吉宮へ「宿道」　沖縄しまたて協会　27　2007.3

玉城
日程表/巡見資料 玉城からたどる琉球の開闢（〈2004年度第3回研修会〉）「あしびなぁ」　沖縄県地域史協議会　（17）2006.8

講演 玉城の歴史と文化（〈2004年度第3回研修会〉）（湧上元雄）「あしびなぁ」 沖縄県地域史協議会　（17）2006.8

玉城城
探訪 昔道・新道 大宜味番所跡から山容の迫る国道58号を北上して国頭番所まで/知念城跡から垣花樋川を経てグスクロード沿いの玉城城趾まで「宿道」　沖縄しまたて協会　22　2004.3

玉城村
本村の移民送出百周年に当たって（湧上元雄）「玉城村史だより」 玉城村役場企画財政室　（4）2003.3

ご存じでしたか？ 戦争遺跡「玉城村史だより」 玉城村役場企画財政室　（4）2003.3

沖縄戦〜戦後復興期における玉城村「玉城村史だより」 玉城村役場企画財政室　（5）2003.6

玉城間切
報告1 新発見の『玉城間切公事帳（断簡）』（〈2004年度第3回研修会〉）（金城善）「あしびなぁ」 沖縄県地域史協議会　（17）2006.8

報告2 玉城村（間切）の地域紹介（〈2004年度第3回研修会〉）（石嶺眞吉）「あしびなぁ」 沖縄県地域史協議会　（17）2006.8

多良間
8月定例会レジュメ トゥブリ考（多良間方言）（照屋盛）「宮古郷土史研究会会報」 宮古郷土史研究会　137　2003.7

8月定例会のまとめ トゥブリ考（照屋盛）「宮古郷土史研究会会報」 宮古郷土史研究会　138　2003.9

アーカイブズフラッシュ 企画展「公文書館収蔵資料に見る沖縄の乗りもの今昔」/移動展「沖縄県公文書館収蔵資料に見る多良間」/歴史講演会「ペリー提督と琉球王国」/歴史講演会・映写会「公文書館収蔵資料に見る沖縄の乗りもの今昔」/歴史講座「戦前の県政 沖縄の県令・県知事たち」/資料保存講習会「保存箱とエンキャプスレーション」「Archives：沖縄県公文書館だより」 沖縄県文化振興会　23　2003.11

トゥブリについての一考察（照屋盛）「宮古研究」 宮古郷土史研究会　（9）2004.2

宮古多良間方言の音韻及びその変化の現象（下地賀代子）「琉球の方言」 法政大学沖縄文化研究所　通号28　2004.3

多良間方言の動詞連体形のテンス・アスペクト（下地賀代子）「琉球の方言」 法政大学沖縄文化研究所　通号30　2005.3

多良間遊行（座安英明）「博友：沖縄県立博物館友の会機関誌」 沖縄県立博物館友の会　（25）2013.5

多良間島
多良間島方言の語彙資料（1）―「多良間島方言辞典」作成のための（下地賀代子，下地正純）「琉球の方言」 法政大学沖縄文化研究所　通号34　2010.3

第169回シマ研究会 河名俊男「宮古・八重山諸島における過去1000年間の歴史津波と伝説の津波―1771年明和津波、1667年の地震と津波、下地島のヨナタマ伝説、多良間島のブナヒー伝説を中心に―」（2010年度後期事業報告）「南島文化研究所所報」 沖縄国際大学南島文化研究所　（57）2012.3

多良間島―大地（ウフジ）と離（ハナレ）の琉球史（3）（高良倉吉）「季刊沖縄」 沖縄協会　17（3・4）通号43　2012.10

多良間村
わがまち 宜野座村/多良間村「宿道」 沖縄しまたて協会　22　2004.3

知念高等学校
コラム 知念市/知念高等学校（ハイスクール）「玉城村史だより」 玉城村役場企画財政室　（5）2003.6

知念城
探訪 昔道・新道 大宜味番所跡から山容の迫る国道58号を北上して国頭番所まで/知念城跡から垣花樋川を経てグスクロード沿いの玉城城趾まで「宿道」 沖縄しまたて協会　22　2004.3

探訪 昔道・新道 垣花樋川から具志堅の樋川を通り、知念城跡を経て斎場御嶽へ至る/恩納博物館から仲泊遺跡、山田谷川の石矼、山田グスクを経て護佐丸父祖の墓まで「宿道」 沖縄しまたて協会　26　2006.3

チビチリガマ
わたしの写真紀行 チビチリガマ 沖縄県中頭郡読谷村波平「北のむらから」 能代文化出版社　（254）2008.9

北谷
米軍撮影空中写真を利用した戦前北谷の景観復元―3Dフライトシュミレーターソフト利用（渡邊康志）「南島文化」 沖縄国際大学南島文化研究所　（26）2004.3

九州・沖縄　　　　地名でたどる郷土の歴史　　　　沖縄県

北谷町

北谷町の都市計画とその整備効果（特集 沖縄の都市計画事業を俯瞰する―昭和から平成へ、街はどう変わったか）（北谷町役場総務部企画財政課）「しまたてぃ ： 建設情報誌」 沖縄しまたて協会　（47）2008.10

中央パークアベニュー

証言（1）座談会「センター通りから中央パークアベニューへ」「KOZA BUNKA BOX」 沖縄市総務部総務課市史編集担当　（9）2013.3

沖縄の戦後を歩く（10）沖縄市「中央パークアベニュー」（三嶋啓二）「しまたてぃ ： 建設情報誌」 沖縄しまたて協会　（67）2014.1

長虹

琉球八景 北斎が描いた琉球（6）長虹秋霽「しまたてぃ ： 建設情報誌」 沖縄しまたて協会　（55）2010.10

長虹堤

歴史に学ぶシリーズ（11）―琉球の時代 長虹堤の跡を追って（福島駿介）「しまたてぃ ： 建設情報誌」 沖縄しまたて協会　23　2002.10

探訪・昔道・新道 崇元寺石門前から長虹堤のルートだった十貫瀬・美栄橋を経て久米まで「宿道」 沖縄しまたて協会　21　2003.10

津嘉山

ひめゆり学徒隊の戦跡（1）津嘉山の第32軍司令部壕「ひめゆり平和祈念資料館資料展示」 沖縄県女師・一高女ひめゆり平和祈念財団立ひめゆり平和記念資料館　（41）2006.3

津嘉山言葉の観察から―「ちかじゃんむにー」に感じること、そして（金城清）「南風の杜 ： 南風原文化センター紀要」 南風原文化センター　17　2011.3

変わりゆく津嘉山―人口・町並みからみる（博物館実習生レポート）（金城友花，金城早百合）「南風の杜 ： 南風原文化センター紀要」 南風原文化センター　（17）2011.3

津堅島

資料 津堅島（〈2006年度第2回研修会 津堅島〉）「あしびなぁ」 沖縄県地域史協議会　（18）2007.6

史跡巡見 津堅島の歴史や史跡を勉強（いろいろレポート）（平良啓）「首里城公園友の会会報」 首里城公園友の会　（70）2010.1

壺屋

歴史 琉球遠景・近景（5）戦前の壺屋陶工のこと（津波古聰）「しまたてぃ ： 建設情報誌」 沖縄しまたて協会　（35）2005.10

県外輸出商品について―戦前期の壺屋焼（1）（倉成多郎）「壺屋焼物博物館紀要」 那覇市立壺屋焼物博物館　（7）2006.3

戦前の壺屋地域における井戸・池・道・坂道・松林の名称について（高志保美奈）「壺屋焼物博物館紀要」 那覇市立壺屋焼物博物館　（8）2007.3

壺屋焼の荒焼（アラヤチ）壺―当館所蔵のいわゆる「一斗壺」について（内間清）「壺屋焼物博物館紀要」 那覇市立壺屋焼物博物館　（8）2007.3

那覇市壺屋集落における空間構造の特性（松井幸一）「歴史地理学」 歴史地理学会，古今書院（発売）52（3）通号250　2010.6

津真田

沖縄の戦後を歩く（12）那覇市小禄（五月橋・津真田）（三嶋啓二）「しまたてぃ ： 建設情報誌」 沖縄しまたて協会　（69）2014.7

照屋

ふるさと歳時記 「照屋八枚」の復元（平良次子）「こがね南風」 南風原町立南風原文化センター　（10）2003.3

天願川

川と人の関わりの復元―天願川下流・赤野の地名から（南島地名研究センター2010年度大会報告）（金城良三）「珊瑚の島だより」 南島地名研究センター　（61）2011.9

ドイツ皇帝博愛記念碑

県指定史跡「ドイツ皇帝博愛記念碑」整備報告書（砂辺和正，上地博）「文化課紀要」 沖縄県教育委員会　19　2003.3

独逸皇帝博愛記念碑建立の顛末（砂川玄正）「宮古島市総合博物館紀要」 宮古島市総合博物館　（16）2012.3

桃原村

口絵 本琉球首里内桃原村譜代向氏浦添里之子親雲上女子真嘉戸の宗門手札「首里城研究」 首里城公園友の会　（16）2014.3

当銘

東風平町当銘・小城・志多伯巡検報告（仲田邦彦）「珊瑚の島だより」 南島地名研究センター　（45）2004.6

人舛田

姨捨伝説と人舛田―その伝説の考証と現代的意味（横山十四男）「信濃［第3次］」 信濃史学会　57（5）通号664　2005.5

渡嘉敷島

調査報告 沖縄県渡嘉敷島の戦争遺跡（矢野慎一）「戦争と民衆」 戦時下

の小田原地方を記録する会　（64）2010.3

渡具知

戦後の軍用地問題のはじまり（1）―楚辺・渡具知の立退とその背景（豊田純志）「読谷村立歴史民俗資料館紀要」 読谷村教育委員会　29　2005.3

渡名喜島

史料紹介「渡名喜島冠船日記（道光十八年）」―解題および翻刻（漢那敬子，田口恵）「史料編集室紀要」 沖縄県教育委員会　（33）2008.3

渡名喜島資料調査（漢那敬子）「沖縄県史だより」 沖縄県教育庁　（18）2009.3

史跡巡見・渡名喜島めぐり（平良啓）「首里城公園友の会会報」 首里城公園友の会　（73）2010.10

渡名喜島―大地（フウジ）と離（ハナレ）の琉球史（2）（高良倉吉）「季刊沖縄」 沖縄協会　17（1・2）通号42　2012.4

登野城村

登野城村の古地図を歩く 登野城村概史、登野城村に関する古地図概説、現場を歩く「石垣市史巡見 村むら探訪」 石垣市総務部市史編集課　（9）2005.3

登野城村の古地図関係略年表/巡見コース「石垣市史巡見 村むら探訪」 石垣市総務部市史編集課　（9）2005.3

登野城村の古地図を歩く（〈2004年度第2回研修会（in 石垣市）〉）（松村順一）「あしびなぁ」 沖縄県地域史協議会　16　2005.7

巡見資料「登野城村の古地図を歩く」（〈2004年度第2回研修会（in 石垣市）〉）（石垣市史編集課）「あしびなぁ」 沖縄県地域史協議会　16　2005.7

豊見城

探訪 昔道を歩く 小禄・豊見城間切境から兼城番所跡へマチンチュミチ、シマジラーミチをたどる「宿道」 沖縄しまたて協会　34　2013.2

豊見城村

豊見城における初期の海外移民―「豊見城村史」の再検証を中心に（稲福政斉）「豊見城市史だより」 豊見城市教育委員会文化課　（8）2005.3

友利元島遺跡

宮古史解明に重要な友利元島遺跡―8月定例会のまとめ（久貝弥嗣）「宮古郷土史研究会会報」 宮古郷土史研究会　（198）2013.9

とよみ大橋

掛け橋 とよみ大橋「宿道」 沖縄しまたて協会　26　2006.3

鳥島

104回目を迎えた宇鳥島移住記念式（中尾久司）「葉隠研究」 葉隠研究会　（64）2008.3

中頭方東宿

第1章 中頭方東宿の間切番所と同（主）村/第2章 中頭方西宿の間切番所と同（主）村（第2編 中頭方の間切番所と同（主）村）（仲原弘哲）「なきじん研究」 今帰仁村歴史文化センター　（15）2007.3

中頭方西宿

第1章 中頭方東宿の間切番所と同（主）村/第2章 中頭方西宿の間切番所と同（主）村（第2編 中頭方の間切番所と同（主）村）（仲原弘哲）「なきじん研究」 今帰仁村歴史文化センター　（15）2007.3

中頭方東海道

探訪 昔道を歩く 中頭方東海道・「美里番所」から「東恩納番所」へ―文化財や史跡を辿る宿道（編集部）「宿道」 沖縄しまたて協会　37　2014.9

中城

中城の山上を走る宿道の復元（歴史に学ぶシリーズ（17））（安里盛昭）「しまたてぃ ： 建設情報誌」 沖縄しまたて協会　29　2004.4

中城御殿

中城御殿御普請板図の翻刻（新垣裕之，伊良部一史，上江洲安亨，新里涼子）「首里城公園管理センター調査研究・普及啓発事業年報」 沖縄美ら島財団首里城公園管理部　（2）2012.3

森亮三コレクション中城御殿御普請板図の発見と翻刻（事業紹介―調査研究事業）（上江洲安亨）「南ぬ風 ： 財団法人海洋博覧会記念公園管理財団広報誌 ： 季刊誌」 海洋博覧会記念公園管理財団　（24）2012.7

中城城

探訪・昔道・新道 普天間宮から野嵩の石畳道・中村家を経て中城城跡まで/名護番所跡から羽地番所への宿道を経て親川グスク（羽地グスク）まで「宿道」 沖縄しまたて協会　20　2003.3

連載 グスクから見た琉球の土木技術（5）中城城跡の近年における発掘調査成果（渡久地真）「しまたてぃ ： 建設情報誌」 沖縄しまたて協会　（60）2012.1

探訪 昔道を歩く 野嵩クシヌカラから野嵩石畳道を経て、中城城跡へ、番所道の面影をたどる「宿道」 沖縄しまたて協会　32　2012.3

中城湾

「公文備考」にみる沖縄の海軍施設―中城湾需品支庫と喜屋武望楼につ

沖縄県　　　　　　　　　　　　地名でたどる郷土の歴史　　　　　　　　　　　　九州・沖縄

いて（吉浜忍）「史料編集室紀要」 沖縄県教育委員会 （28） 2003.3

仲里村

久米島の養蚕について―琉球新報新聞資料と仲里村勢要覧を中心に（宮良みゆき）「久米島自然文化センター紀要」 久米島自然文化センター （4） 2004.3

中島蕉園

琉球八景 北斎が描いた琉球（8）中島蕉園「しまてぃ ： 建設情報誌」 沖縄しまてて協会 （57） 2011.4

長堂川

長堂川について（中島拡子）「南風の杜 ： 南風原文化センター紀要」 南風原文化センター 9 2003.3

仲泊遺跡

探訪 昔道・新道 垣花樋川から具志堅の樋川を通り、知念城跡を経て斎場御嶽へ至る/恩納博物館から仲泊遺跡、山田谷川の石矼、山田グスクを経て護佐丸父祖の墓まで「宿道」 沖縄しまてて協会 26 2006.3

仲原馬場

探訪昔道・新道 浦添ようどれから当山の石畳道を歩き、浦添大墓地公園を経て大山貝塚まで/仲原馬場から今帰仁城跡への旧道を通って、城跡へ、国道505号と宿道を走り比べる「宿道」 沖縄しまてて協会 25 2005.10

仲間グスク

仲間グスク（クニンド一遺跡）の縄張り―沖縄本島各地の土のグスクと比較して（宮里竹敷）「南風の杜 ： 南風原文化センター紀要」 南風原文化センター 9 2003.3

仲間港

写真にみるわが町 仲間港での送別「竹富町史だより」 竹富町教育委員会 18 2000.9

今帰仁

第1編 今帰仁に関わる調査記録 1955年〜1970年の記録調査「なきじん研究」 今帰仁村歴史文化センター 10 2000.3
第1編 写真に見る今帰仁「なきじん研究」 今帰仁村歴史文化センター 11 2002.3
第2編 今帰仁の歴史散歩「なきじん研究」 今帰仁村歴史文化センター 11 2002.3
第3編 ムラ・シマを歩く「なきじん研究」 今帰仁村歴史文化センター 11 2002.3
第4編 今帰仁の歴史年表「なきじん研究」 今帰仁村歴史文化センター 11 2002.3
南島地名研究センター地名巡検 「今帰仁の地名を歩く」巡検報告（仲田邦彦）「珊瑚の島だより」 南島地名研究センター （53） 2008.3
北山監守（今帰仁按司）と今帰仁阿応理屋恵「なきじん研究」 今帰仁村歴史文化センター （16） 2009.3
今帰仁方言アクセントの音声分析（永野マドセン泰子）「琉球の方言」 法政大学沖縄文化研究所 （38） 2014.3

今帰仁グスク

今帰仁グスクが抱えた村―具志堅を中心に「なきじん研究」 今帰仁村歴史文化センター 13 2004.3
今帰仁グスクが抱えた村―学芸員実習調査ノート「なきじん研究」 今帰仁村歴史文化センター 13 2004.3
グスクから見た琉球の土木技術（6）〜（7）発掘調査から分かる今帰仁グスクの土木技術（上）〜（下）（宮城弘樹）「しまてぃ ： 建設情報誌」 沖縄しまてて協会 （61）/（62） 2012.5/2012.9

今帰仁城

探訪昔道・新道 浦添ようどれから当山の石畳道を歩き、浦添大墓地公園を経て大山貝塚まで/仲原馬場から今帰仁城跡への旧道を通って、城跡へ、国道505号と宿道を走り比べる「宿道」 沖縄しまてて協会 25 2005.10
今帰仁城跡と周辺の遺跡めぐり ハプニングもいい思い出（いろいろレポート）（友重恵）「首里城公園友の会会報」 首里城公園友の会 （62） 2008.1
今泊集落と今帰仁城跡めぐり（事務局）「首里城公園友の会会報」 首里城公園友の会 （71） 2010.4

名蔵

名蔵に関する資料（《特集 地域資料にみるシリーズ 名蔵》）（飯田泰彦）「あかがーら」 石垣市立図書館八重山地域情報センター （33） 2003.7
植民地統治期台湾から石垣島名蔵・嵩田地区への移動について（松田良孝）「移民研究」 琉球大学移民研究センター （8） 2013
植民地統治期台湾から石垣島名蔵・嵩田地区への移動について（論文）（松田良孝）「移民研究」 琉球大学移民研究センター （9） 2013.9

名護

移動展「名護・宮古」「Archives ： 沖縄県公文書館だより」 沖縄県文

化振興会 10 2000.1
沖縄県名護のビトゥ漁―その歴史、現況および課題について（浜口尚）「和歌山地理」 和歌山地理学会 （25） 2005.12
名護のまちづくりの変遷―先人たちの偉業について（特集 沖縄の都市計画事業を俯瞰する―昭和から平成へ、街はどう変わったか）（仲間進一郎）「しまてぃ ： 建設情報誌」 沖縄しまてて協会 （47） 2008.10
北部巡見コース―羽地地域&名護地域（いろいろレポート）（事務局）「首里城公園友の会会報」 首里城公園友の会 （86） 2014.1

名護市

名護市のハル石―資料紹介（平良）「あじまぁ ： 名護博物館紀要」 名護博物館 通号14 2008.3
講演2 名護市の印部土手石の保存・活用について（2007年度第3回研修会）（中村誠司）「あしびなぁ」 沖縄県地域史協議会 （20） 2009.7

名護十字路

沖縄の戦後を歩く（5）「名護十字路」（三嶋啓二）「しまてぃ ： 建設情報誌」 沖縄しまてて協会 （62） 2012.9

名護番所

探訪・昔道・新道 普天間宮から野嵩の石畳道・中村家を経て中城城跡まで/名護番所跡から羽地番所への宿道を経て親川グスク（羽地グスク）まで「宿道」 沖縄しまてて協会 20 2003.3

那覇

那覇交易港図（4）,（5）（謝敷真起子）「きよらさ ： 浦添市美術館ニュース」 浦添市美術館 25/26 2000.1/2000.4
歴史を楽しむための地名雑考―6 浮き島に那覇地名の生誕地を探す（曽根信一）「珊瑚の島だより」 南島地名研究センター 38 2001.11
那覇（ナーファ）という地名の由来―伊波普猷の魚場説は定説になりうるか（久手堅憲夫）「珊瑚の島だより」 南島地名研究センター 43 2003.5
地名に見る旧那覇の地形（久手堅憲夫）「珊瑚の島だより」 南島地名研究センター 44 2003.10
沖縄と那覇の語源（眞喜志實達）「博友 ： 沖縄県立博物館友の会機関誌」 沖縄県立博物館友の会 18 2004.5
地名にみる旧那覇の地形（2）（久手堅憲夫）「珊瑚の島だより」 南島地名研究センター （45） 2004.6
近代那覇における都市構造（岡本訓明）「南島史学」 南島史学会 （68） 2006.10
那覇士族の仕事と漆器―福地家文書 御物城と御仮屋守の日記より（岡本亜紀）「よのつぢ ： 浦添市文化部紀要 ： bulletin of Culture Department, Urasoe City」 浦添市教育委員会文化部 （3） 2007.3
総会記念講演会 500年前の沖縄移住ブーム―那覇にあった「日本人町」―上里隆史氏を迎えて（大城涼子）「首里城公園友の会会報」 首里城公園友の会 （60） 2007.6
那覇みぐい 独自の琉球王国を実感（いろいろレポート）（宮城真奈美）「首里城公園友の会会報」 首里城公園友の会 （62） 2008.1
那覇みぐい1（いろいろレポート）（宮城真奈美）「首里城公園友の会会報」 首里城公園友の会 （67） 2009.3
那覇みぐい2（いろいろレポート）（左敏）「首里城公園友の会会報」 首里城公園友の会 （67） 2009.3
史跡巡見 那覇みぐい―泊まーい（いろいろレポート）（大城樹）「首里城公園友の会会報」 首里城公園友の会 （70） 2010.1
那覇みぐい 王国時代の那覇を歩く（いろいろレポート）（新里涼子）「首里城公園友の会会報」 首里城公園友の会 （74） 2011.1
清代福州から那覇にもたらされた紙（松浦章）「南島史学」 南島史学会 （77・78） 2011.12
連載 街路樹が彩る沖縄の道（1）那覇「宿道」 沖縄しまてて協会 32 2012.9
那覇めぐり―オフィス街で見つける那覇の歴史（いろいろレポート）（事務局）「首里城公園友の会会報」 首里城公園友の会 （83） 2013.3
R.C.アンドリュースが1910年に撮影した那覇の写真（宇仁義和, 当山昌直, 岸本弘人）「沖縄史料編集紀要」 沖縄県教育委員会 （37） 2014.3
知識ファイル箱No.52 戦前の那覇を復元（喜納大作）「首里城公園友の会会報」 首里城公園友の会 （88） 2014.6
那覇めぐり―首里王府を支えたクニンダ周辺を歩く（いろいろレポート）（事務局）「首里城公園友の会会報」 首里城公園友の会 （89） 2014.10

那覇港

史跡巡見「首里城から那覇港へ」（いろいろレポート）（福島清）「首里城公園友の会会報」 首里城公園友の会 （59） 2007.3
展示品解説会―首里城公園企画展「描かれた首里城・那覇港」（いろいろレポート）（事務局）「首里城公園友の会会報」 首里城公園友の会 （89） 2014.10

那覇市

那覇市の都市計画事業のあゆみと展望―那覇新都心地区のまちづくりを

九州・沖縄 地名でたどる郷土の歴史 沖縄県

中心に（渡慶次一司）「しまたてぃ : 建設情報誌」 沖縄しまたて協会 （48） 2009.1

沖縄の戦後を歩く（11）那覇市〜安里大通り界隈（三嶋啓二）「しまたてぃ : 建設情報誌」 沖縄しまたて協会 （68） 2014.4

並里

第4回山原のムラ・シマ講座—金武町（金武・並里）「なきじん研究」 今帰仁村歴史文化センター （18） 2011.3

波上洞穴

琉球八景 北斎が描いた琉球（5）筒崖夕照「しまたてぃ : 建設情報誌」 沖縄しまたて協会 （54） 2010.7

南山

南島地名研究センター地名巡検報告 南山・高嶺、大里の地名を歩く（仲田邦彦）「珊瑚の島だより」 南島地名研究センター （55） 2009.3

南城市

南城市周辺巡りを満喫（新里涼子）「首里城公園友の会会報」 首里城公園友の会 （71） 2010.4

南部巡見コース—南城市めぐりハーブフェスティバル（いろいろレポート）（平良啓）「首里城公園友の会会報」 首里城公園友の会 （86） 2014.1

西里

西里は「文化の玄関」—大きく変貌した平良港周辺（仲宗根将二）「宮古郷土史研究会会報」 宮古郷土史研究会 144 2004.9

西里通り

安全な「西里通り」への回想（仲宗根將二）「宮古郷土史研究会会報」 宮古郷土史研究会 （201） 2014.3

旧西中共同製糖場煙突

宮古島市二件目の登録有形文化財 建造物・旧西中共同製糖場煙突（新城宗史）「宮古郷土史研究会会報」 宮古郷土史研究会 （194） 2013.1

西原

西原字 東家文書の紹介（伊地知裕仁）「えらぶせりよさ : 沖永良部郷土研究会会報」 沖永良部郷土研究会 （38） 2007.4

西原町

西原町における土地利用の変化（小川護）「南島文化」 沖縄国際大学南島文化研究所 （25） 2003.3

わがまち 座間味村・西原町「宿運」 沖縄しまたて協会 26 2006.3

地名研究入門—西原町の文化講演会より（上）（久手堅憲夫）「珊瑚の島だより」 南島地名研究センター （61） 2011.9

史跡巡見中部コース—西原町の文化財めぐり（いろいろレポート）（平良啓）「首里城公園友の会会報」 首里城公園友の会 （87） 2014.3

根謝銘

第1回山原のムラ・シマ講座—大宜味村根謝銘「なきじん研究」 今帰仁村歴史文化センター （18） 2011.3

根路銘

大宜味村根路銘の地名調査報告（深沢恵子）「珊瑚の島だより」 南島地名研究センター 44 2003.10

野嵩石畳道

探討 昔道を歩く 野嵩クシヌカーから野嵩石畳道を経て、中城城跡へ、番所道の面影をたどる「宿道」 沖縄しまたて協会 32 2012.3

野嵩クシヌカー

探討 昔道を歩く 野嵩クシヌカーから野嵩石畳道を経て、中城城跡へ、番所道の面影をたどる「宿道」 沖縄しまたて協会 32 2012.3

野原岳

「野原岳の変」を考える—「宮古島頭」創設とのからみで（下地和宏）「宮古郷土史研究会会報」 宮古郷土史研究会 （179） 2010.7

「野原岳の変」について考える—1532年説を見直すために（下地和宏）「宮古研究」 宮古郷土史研究会 （11） 2010.12

野原峰

野原峰（久貝愛子）「宮古研究」 宮古郷土史研究会 （9） 2004.2

登川

沖縄市登川の赤瓦屋解体について（川副裕一郎）「あやみや : 沖縄市立郷土博物館紀要」 沖縄市立郷土博物館 （15） 2007.2

登川区

証言（1）登川区民としてとりくんだ毒ガス移送（特集「毒ガス移送」）（仲宗根正雄）「KOZA BUNKA BOX」 沖縄市総務部総務課市史編集担当 （8） 2012.3

登川村落

登川村落の風水池「ウズミグムイ」—沖縄市字登川の調査事例（宮城利旭）「あやみや : 沖縄市立郷土博物館紀要」 沖縄市立郷土博物館 9 2001.3

南風見

写真にみるわが町（26）新城島民の南風見移住「竹富町史だより」 竹富町教育委員会 （28） 2006.9

南風原

54年ぶりに開拓団跡地を訪ねて—「満州」に南風原の分村があった—（吉浜忍）「南風の杜 : 南風原文化センター紀要」 南風原文化センター 7 2001.3

「南風原のかすり」これから（大城由香利）「南風の杜 : 南風原文化センター紀要」 南風原文化センター 9 2003.3

絣の新しい道（中村愛）「南風の杜 : 南風原文化センター紀要」 南風原文化センター 9 2003.3

勇敢な南風原の農民たち（平良次子）「こがね南風」 南風原町立南風原文化センター （11） 2003.9

沖縄の塩せんべい—南風原の塩せんべい（博物館実習生のレポート）（与那嶺桂）「南風の杜 : 南風原文化センター紀要」 南風原文化センター 10 2004.3

南風原の特産品 "かぼちゃ" について（栗林みどり）「南風の杜 : 南風原文化センター紀要」 南風原文化センター 11 2005.3

南風原の各字自慢（小波津早夏）「南風の杜 : 南風原文化センター紀要」 南風原文化センター 11 2005.3

『琉球国旧記』に見える南風原の河川（深澤秋人）「南風の杜 : 南風原文化センター紀要」 南風原文化センター （13） 2007.3

戦争を伝える町、南風原（博物館実習生のレポート）（下地博子）「南風の杜 : 南風原文化センター紀要」 南風原文化センター （13） 2007.3

古琉球期—近世初期における南風原の行政区画の変遷（博物館実習生のレポート）（並里友矢）「南風の杜 : 南風原文化センター紀要」 南風原文化センター （13） 2007.3

南風原の石碑（大城和喜）「南風の杜 : 南風原文化センター紀要」 南風原文化センター （14） 2008.3

南風原の伝承話（博物館実習生のレポート）（仲宗根彩乃）「南風の杜 : 南風原文化センター紀要」 南風原文化センター （15） 2009.3

南風原の琉球絣・花織の事業展開の提案（博物館実習生のレポート）（安里和音）「南風の杜 : 南風原文化センター紀要」 南風原文化センター （15） 2009.3

沖縄の色彩名を探る—南風原の織物の染織名を中心にして（博物館実習生レポート）（村上めぐみ）「南風の杜 : 南風原文化センター紀要」 南風原文化センター （16） 2010.3

南風原の軽便鉄道（博物館実習生のレポート）（小野さやこ）「南風の杜 : 南風原文化センター紀要」 南風原文化センター （16） 2010.3

ハイホ南風原花織（博物館実習生レポート）（野本由布貴, 辻本沙織, 渡辺智子）「南風の杜 : 南風原文化センター紀要」 南風原文化センター （17） 2011.3

南風原の「字」の由来と形成（博物館実習生レポート）（森山由加里）「南風の杜 : 南風原文化センター紀要」 南風原文化センター （17） 2011.3

沖縄の色・形 南風原花織「南ぬ風 : 財団法人海洋博覧会記念公園管理財団広報誌 : 季刊誌」 海洋博覧会記念公園管理財団 （20） 2011.7

南風原の織物・かすり（博物館実習生レポート）（谷内友紀）「南風の杜 : 南風原文化センター紀要」 南風原文化センター （18） 2012.3

南風原壕群

ひめゆり学徒隊の戦跡（3）南風原壕群7・8・9号「ひめゆり平和祈念資料館資料館だより」 沖縄県女師・一高女ひめゆり平和祈念財団立ひめゆり平和記念資料館 （43） 2009.5

南風原町

南風原町（村）議会議員選挙を通して見た女性の政治意識の問題（高江洲昌哉）「沖縄関係学研究会論集」 沖縄関係学研究会 7 2003.3

南風原町の力石（博物館実習生のレポート）（上間一平）「南風の杜 : 南風原文化センター紀要」 南風原文化センター 10 2004.3

南風原町における交通（博物館実習生のレポート）（比嘉陽子）「南風の杜 : 南風原文化センター紀要」 南風原文化センター 10 2004.3

字から探る南風原町の動き（照屋愛）「南風の杜 : 南風原文化センター紀要」 南風原文化センター 11 2005.3

南風原町字宮城の拝前井戸について（博物館実習生のレポート）（林辰弥）「南風の杜 : 南風原文化センター紀要」 南風原文化センター （13） 2007.3

「道の町」としての南風原町の歴史（博物館実習生のレポート）（呉屋麻南美）「南風の杜 : 南風原文化センター紀要」 南風原文化センター （14） 2008.3

南風原町における農作物の変遷について（博物館実習生レポート）（真保栄梓）「南風の杜 : 南風原文化センター紀要」 南風原文化センター （17） 2011.3

南風原之宿

第1章 島尻方（南風原之宿）の間切番所と同（主）村/第2章 島尻方（真和志之宿）の間切番所と同（主）村（第3編 島尻方の間切番所と同（主）

沖縄県　　　　　　　　　　地名でたどる郷土の歴史　　　　　　　　　　九州・沖縄

村）（仲原弘哲）「なきじん研究」　今帰仁村歴史文化センター　（15）
2007.3

南風原間切

「南風原間切総耕作当日記」から一石製の砂糖車（深澤秋人）「こがね南
風」　南風原町立南風原文化センター　（8）2002.9

南風原陸軍病院壕

南風原陸軍病院壕の公開（上地克哉）「こがね南風」　南風原町立南風原文
化センター　（9）2002.12

「重傷患者二千余名自決之地」は真実か―「南風原陸軍病院壕趾」「南風
の杜：南風原文化センター紀要」　南風原文化センター　11　2005.3

南風原陸軍病院壕群

南風原陸軍病院壕群の考古学的調査と保存（博物館実習生レポート）（無
津呂健太郎）「南風の杜：南風原文化センター紀要」　南風原文化セン
ター　（16）2010.3

波照間

資料紹介　波照間の歴史・伝説考（3）―仲本信幸遺稿集「竹富町史だよ
り」　竹富町教育委員会　（25）2004.3

波照間方言と与那国方言の形容詞語尾を言語接触からみる（かりまたし
げひさ）「南島文化」　沖縄国際大学南島文化研究所　（31）2009.3

波照間島

資料紹介　波照間島の歴史・伝説考（1）―仲本信幸遺稿「竹富町史だよ
り」　竹富町教育委員会　（23）2003.3

資料紹介　波照間島の歴史・伝説考（2）「竹富町史だより」　竹富町教育委
員会　（24）2003.9

第180回研究会報告　波照間島の歴史・伝説考（本田昭正）「沖縄・八重山
文化研究会会報」　沖縄・八重山文化研究会　（180）2007.7

講演　波照間島の村落形成（2007年度第2回研修会　波照間島）（中鉢良護）
「あしびなぁ」　沖縄県地域史協議会　（19）2008.8

講演　波照間島の歴史と文化（2007年度第2回研修会　波照間島）（玉城功
一）「あしびなぁ」　沖縄県地域史協議会　（19）2008.8

講演　波照間島の歴史と文化　資料　家族16名全滅し、私一人生き残って
（2007年度第2回研修会　波照間島）「あしびなぁ」　沖縄県地域史協議
会　（19）2008.8

波照間島紀行（仲宗根將二）「宮古郷土史研究会会報」　宮古郷土史研究会
（171）2009.3

異人は「マニラ」の人々か？　八重山蔵元絵師画稿と波照間島漂着人をつ
なぐ（里井洋一）「竹富町史だより」　竹富町教育委員会　（33）2012.3

馬天さんばし通り

沖縄の戦後を歩く（2）「馬天さんばし通り」（三嶋啓二）「しまたてぃ：
建設情報誌」　沖縄しまたて協会　（59）2011.10

鳩間

戦後おきなわ写真館（2）鳩間の子供達（沖縄県竹富町鳩間）「季刊沖縄」
沖縄協会　19（3・4）通号47　2014.10

鳩間島

竹富町史編集委員会第8回史跡巡見―鳩間島の史跡を訪ねて「竹富町史
だより」　竹富町教育委員会　（25）2004.3

羽地グスク

探訪・昔道・新道　普天間宮から野嵩の石畳道・中村家を経て中城城跡ま
で／名護番所跡から羽地番所への宿道を経て親川グスク（羽地グスク）
まで「宿道」　沖縄しまたて協会　20　2003.3

羽地

小川徹先生と羽地・山原地方史料《小川徹先生追悼号》―〈第3部　追悼
文〉（中村誠司）「沖縄文化」　沖縄文化協会　38（1）通号95　2003.3

第2回山原のムラ・シマ講座―旧羽地間切の三村「なきじん研究」　今帰
仁村歴史文化センター　（18）2011.3

北部巡見コース―羽地地域&名護地域（いろいろレポート）（事務局）「首
里城公園友の会会報」　首里城公園友の会　（86）2014.1

浜比嘉島

史跡巡見　その2　うるま市浜比嘉島（いろいろレポート）（福島清）「首
里城公園友の会会報」　首里城公園友の会　（78）2012.1

万国津梁の鐘

口絵　友寄喜恒『首里城図』の島添アザナ鐘楼と万国津梁の鐘「首里城研
究」　首里城公園友の会　（16）2014.3

万国津梁の鐘はどこに掛けられていたか―首里城の時報システムと島添
アザナ鐘楼の時鐘（安里進）「首里城研究」　首里城公園友の会　（16）
2014.3

御題物語4　万国津梁の鐘と首里城（幸喜淳）「南ぬ風：財団法人海洋博
覧会記念公園管理財団広報誌：季刊誌」　海洋博覧会記念公園管理財
団　（31）2014.4

東恩納番所

探訪昔道を歩く　中頭方東海道・「美里番所」から「東恩納番所」へ―文化

財や史跡を辿る宿道（編集部）「宿道」　沖縄しまたて協会　37　2014.9

東区

第20回研究例会研究発表要旨　与論町東区方言の特徴について（高橋俊三）
「沖縄で奄美を考える会会報」　沖縄で奄美を考える会　（13）2002.2

東平安名崎

第17回企画展「東平安名崎の自然と歴史」の紹介（久貝弥嗣）「宮古郷土
史研究会会報」　宮古郷土史研究会　（184）2011.5

比嘉村

比嘉村落の女性の漁撈活動からみた生計維持についての考察―1980年代
以前の漁撈活動を中心に（2011年度奨励研究成果論文）（新垣夢乃）
「年報非文字資料研究」　神奈川大学日本常民文化研究所非文字資料研
究センター　（9）2013.3

樋川

探訪　昔道・新道　垣花樋川から具志堅の樋川を通り、知念城跡を経て斎場
御嶽へ至る／恩納博物館から仲泊遺跡、山田谷川の石釘、山田グスク
を経て護佐丸父祖の墓まで「宿道」　沖縄しまたて協会　26　2006.3

南部史跡巡見　島尻の樋川と久高島を訪ねる（いろいろレポート）（福島
清）「首里城公園友の会会報」　首里城公園友の会　（74）2011.1

ピサダ道

文化財探訪（19）ピサダ道「竹富町史だより」　竹富町教育委員会
（25）2004.3

比謝橋碑

琉球の土木石碑―石に刻まれた琉球土木史（2）―比謝橋碑文（宮平友介）
「しまたてぃ：建設情報誌」　沖縄しまたて協会　（59）2011.10

ひめゆり学園

開館20周年記念特別企画展「ひめゆり学園（女師・一高女）の歩み」（資
料館トピックス）「ひめゆり平和祈念資料館資料館だより」　沖縄県女
師・一高女ひめゆり平和祈念財団立ひめゆり平和記念資料館　（43）
2009.5

比屋根坂石畳

歴史に学ぶシリーズ（8）―琉球の時代　比屋根坂石畳（福島清）「しまた
てぃ：建設情報誌」　沖縄しまたて協会　20　2002.1

平得村

〈平得村・真栄里村の移り変わり〉「石垣市史巡見　村むら探訪」　石垣市
総務部市史編集課　（8）2004.2

伝承にみる平得村の始まり（松village順一）「石垣市史巡見　村むら探訪」　石
垣市総務部市史編集課　（8）2004.2

検証・明和大津波による平得村・真栄里村の被災状況（島袋永夫）「石垣
市史巡見　村むら探訪」　石垣市総務部市史編集課　（8）2004.2

平良綾道

"歴史・文化ロード"歩き初め（仲宗根將二）「宮古郷土史研究会会報」
宮古郷土史研究会　137　2003.7

7月定例会レジュメ　平良綾道・歴史文化ロード―歴史と文化を楽しみつ
つ活性化を図ろう（比嘉米三）「宮古郷土史研究会会報」　宮古郷土史
研究会　（155）2006.7

7月定例会のあらまし　歴史・文化ロード（平良綾道）について（比嘉米
三）「宮古郷土史研究会会報」　宮古郷土史研究会　（156）2006.9

平良港

西里は「文化の玄関」―大きく変貌した平良港周辺（仲宗根將二）「宮古
郷土史研究会会報」　宮古郷土史研究会　144　2004.9

平良市

2月定例会のあらまし　平良市史にみる自治体史の展望と課題（辻井英子）
「宮古郷土史研究会会報」　宮古郷土史研究会　141　2004.3

美良村

第136回研究会報告　美良村出身の那礼当の一族たち（大濱永亘）「沖縄・
八重山文化研究会会報」　沖縄・八重山文化研究会　（136）2003.7

冨崎村

「冨崎村」と幻の「宇目村」を求めて―「岩山」と史料からのアプローチ
（松村順一）「沖縄文化」　沖縄文化協会　40（1）通号99　2005.6

ブシンヤー

文化財探訪（21）ブシンヤー「竹富町史だより」　竹富町教育委員会
（27）2005.9

富祖古グスク

宇江城城跡と富祖古グスク（盛本勲）「久米島自然文化センター紀要」　久
米島自然文化センター　（4）2004.3

普天間

「戦後」へのまなざし（3）安全保障と沖縄「普天間問題」の原点（渡辺
考）「西日本文化」　西日本文化協会　通号443　2010.2

九州・沖縄　　　地名でたどる郷土の歴史　　　沖縄県

普天間基地

基地周辺の子どもたちのおかれた現状—普天間第二小学校の児童たちから垣間見える普天間基地返還（池尾靖志）「立命館平和研究 ： 立命館大学国際平和ミュージアム紀要」 立命館大学国際平和ミュージアム（10）2009.3

「普天間基地移設」問題の経緯と本質（鐘ヶ江晴彦）「明日を拓く」 東日本部落解放研究所，解放書店（発売）36（2・3）通号82・83 2009.12

米国新聞における在沖海兵隊普天間基地移設問題報道のメディア・フレーム（2009〜2010）（前泊清美）「地域研究」 沖縄大学地域研究所（9）2012.3

普天間宮

探訪・昔道・新道 普天間宮から野嵩の石畳道・中村家を経て中城城跡まで/名護番所跡から羽地番所への宿道を経て親川グスク（羽地グスク）まで「宿道」 沖縄しまたて協会 20 2003.3

普天間三差路

沖縄の戦後を歩く（7）「普天間三差路」（三嶋啓二）「しまたてぃ ： 建設情報誌」 沖縄しまたて協会（64）2013.4

普天間第二小学校

基地周辺の子どもたちのおかれた現状—普天間第二小学校の児童たちから垣間見える普天間基地返還（池尾靖志）「立命館平和研究 ： 立命館大学国際平和ミュージアム紀要」 立命館大学国際平和ミュージアム（10）2009.3

船浮要塞

第165回研究会報告 西表島船浮要塞について（山本正昭，伊波直樹）「沖縄・八重山文化研究会会報」 沖縄・八重山文化研究会（165）2006.3

文教学校

ひめゆり研究ノート（7）宮良ルリ「文教学校ノート」について（古賀徳子）「ひめゆり平和祈念資料館資料館だより」 沖縄県女師・一高女ひめゆり平和祈念財団立ひめゆり平和記念資料館（53）2014.5

兵器廠壕

ひめゆり学徒隊の戦跡（2）兵器廠壕「ひめゆり平和祈念資料館資料館だより」 沖縄県女師・一高女ひめゆり平和祈念財団立ひめゆり平和記念資料館（42）2008.12

米軍503空挺部隊工兵隊道路改修記念碑

記念碑を訪ねて（7）米軍503空挺部隊工兵隊道路改修記念碑「竹富町史だより」 竹富町教育委員会（32）2011.3

平和の礎

沖縄の「摩文仁の丘」にみる戦死者表象のポリティクス—刻銘碑「平和の礎」を巡る言説と実践の分析（北村毅）「地域研究」 沖縄大学地域研究所（3）2007.3

平敷村

第8篇 今帰仁間切「平敷村略図」に見る原城（仲原弘哲）「なきじん研究」 今帰仁村歴史文化センター（15）2007.3

今帰仁間切「平敷村略図」にみる原城（〈南島地名研究センター大会報告〉）（仲原弘哲）「珊瑚の島だより」 南島地名研究センター（51）2007.3

平敷屋番所

探訪 昔道・新道 具志川の川田十字路から勝連城址を経て平敷屋番所跡、屋慶名番所跡まで/西海道の起点だった首里城久慶門から儀保・経塚を経て浦添番所跡まで「宿道」 沖縄しまたて協会 23 2004.10

辺戸

第6回山原のムラ・シマ講座—国頭村辺戸「なきじん研究」 今帰仁村歴史文化センター（18）2011.3

辺野古

解放の視点 沖縄・辺野古からの緊急報告を受けて（森本和美）「ひょうご部落解放」 ひょうご部落解放・人権研究所 126 2007.9

北山

『明実録』に見る北山「なきじん研究」 今帰仁村歴史文化センター（16）2009.3

北山監守（今帰仁按司）と今帰仁阿応理屋恵「なきじん研究」 今帰仁村歴史文化センター（16）2009.3

干立

写真にみるわが町（21）干立の農村風景「竹富町史だより」 竹富町教育委員会 22 2002.9

保良

宮古保良方言の条件形（狩俣繁久）「南島文化」 沖縄国際大学南島文化研究所（29）2007.3

前川民間防空壕群

各地の戦跡保存活動の紹介 前川民間防空壕群について（大城和也）「浅川地下壕の保存をすすめる会ニュース」 浅川地下壕の保存をすすめる会（53）2006.8

真栄里

糸満市真栄里地名巡検報告（仲田邦彦）「珊瑚の島だより」 南島地名研究センター（48）2006.2

真栄里村

〈平得村・真栄里村の移り変わり〉「石垣市史巡見 村むら探訪」 石垣市総務部市史編集課（8）2004.2

検証・明和大津波による平得村・真栄里村の被災状況（島袋永大）「石垣市史巡見 村むら探訪」 石垣市総務部市史編集課（8）2004.2

真嘉比道

首里城周辺めぐり—真和志之平等から真嘉比道（いろいろレポート）（事務局）「首里城公園友の会会報」 首里城公園友の会（83）2013.3

馬毛島

入会裁判と軍事基地問題—馬毛島入会権確認訴訟を素材として（研究ノート）（牧洋一郎）「地域研究」 沖縄大学地域研究所（10）2012.9

軍事基地問題に翻弄される馬毛島—第二次入会権確認訴訟事件を中心に（研究ノート）（牧洋一郎）「地域研究」 沖縄大学地域研究所（12）2013.9

真謝

久米島真謝方言動詞の活用（仲原穣）「琉球の方言」 法政大学沖縄文化研究所　通号28 2004.3

久米島真謝方言の名詞のアクセント—「類別語彙」1・2音節名詞を中心に（仲原穣）「琉球の方言」 法政大学沖縄文化研究所　通号30 2006.3

真珠湊碑

琉球の土木石碑—石に刻まれた琉球土木史（6）真珠湊碑文（崎原恭子）「しまたてぃ ： 建設情報誌」 沖縄しまたて協会（63）2013.1

真玉橋

歴史に学ぶシリーズ（9）—琉球の時代 真玉橋（久保孝一）「しまたてぃ ： 建設情報誌」 沖縄しまたて協会 21 2002.4

松原村

松原村と久貝村（下地和宏）「宮古郷土史研究会会報」 宮古郷土史研究会（195）2013.3

野崎二か村 松原・久貝村（研究余滴）（下地和宏）「宮古研究」 宮古郷土史研究会（12）2013.12

摩文仁の丘

摩文仁の丘と沖縄戦（平田守）「沖縄県平和祈念資料館だより」 沖縄県平和祈念資料館 6 2004.3

沖縄の「摩文仁の丘」にみる戦死者表象のポリティクス—刻銘碑「平和の礎」を巡る言説と実践の分析（北村毅）「地域研究」 沖縄大学地域研究所（3）2007.3

丸一洋行

旧琉球国王家の貿易商社・丸一洋行と福州—近代における沖縄と福州の関係の一断面（後田多敦）「南島文化」 沖縄国際大学南島文化研究所（34）2012.3

真和志之宿

第1章 島尻方（南風原之宿）の間切番所と同（主）村/第2章 真和志之宿）の間切番所と同（主）村（第3編 島尻方の間切番所と同（主）村）（仲原弘哲）「なきじん研究」 今帰仁村歴史文化センター（15）2007.3

真和志之平等

首里城周辺めぐり—真和志之平等から真嘉比道（いろいろレポート）（事務局）「首里城公園友の会会報」 首里城公園友の会（83）2013.3

真和志間切

琉球王国の測量技術と技師たち（1）真和志間切絵図の発見（安里進）「しまたてぃ ： 建設情報誌」 沖縄しまたて協会（46）2008.7

『真和志間切針図』にみる近世の原名（2008年度南島地名研究センター大会の報告）（金城善）「珊瑚の島だより」 南島地名研究センター（55）2009.3

森政三資料の真和志間切針図部分写真（安里進）「首里城研究」 首里城公園友の会（11）2009.3

美栄橋

探訪・昔道・新道 崇元寺石門前から長虹堤のルートだった十貫瀬・美栄橋を経て久米まで「宿道」 沖縄しまたて協会 21 2003.10

美里村

証言（1）毒ガス関係綴 美里村（特集「毒ガス移送」）「KOZA BUNKA BOX」 沖縄市総務部総務課市史編集担当（8）2012.3

「美里村屋」の実測調査から（木下義宣）「あやみや ： 沖縄市立郷土博物館紀要」 沖縄市立郷土博物館（22）2014.3

美里番所

探訪昔道を歩く 中頭方東海道・「美里番所」から「東恩納番所」へ—文化

沖縄県　　　地名でたどる郷土の歴史　　　九州・沖縄

財や史跡を辿る宿道（編集部）「宿道」 沖縄しまたて協会　37　2014.9

港川

ナートゥガーの思い出（第10篇 戦中・戦後の記憶）（仲尾次清勇）「なきじん研究」 今帰仁村歴史文化センター　（15）2007.3

南栄通り

沖縄の戦後を歩く（8）「石川銀座・栄・南栄通り」（三嶋啓二）「しまたてぃ：建設情報誌」 沖縄しまたて協会　（65）2013.7

南大東島

南大東島―大地（ウフジ）と離（ハナレ）の琉球史（5）（高良倉吉）「季刊沖縄」 沖縄協会　18（3・4）通号45　2013.10

三原

沖縄社会におけるコミュニティの変貌とは―那覇市三原地域のオーラル・ヒストリーを通して（論文）（小笠原快）「地域研究」 沖縄大学地域研究所　（13）2014.3

美原集落

写真にみるわが町（25）美原集落の誕生「竹富町史だより」 竹富町教育委員会　（27）2005.9

三平等

首里城周辺めぐり―三平等の大あむしられとその関連史跡（いろいろレポート）（事務局）「首里城公園友の会会報」 首里城公園友の会　（87）2014.3

宮古

移動展「名護・宮古」「Archives：沖縄県公文書館だより」 沖縄県文化振興会　10　2000.1

言語 八重山と宮古は同じ南琉球言語圏（狩俣繁久）「沖縄・八重山文化研究会会報」 沖縄・八重山文化研究会　（116）2001.10

宮古諸方言における格助詞「が」「ぬ」について（富浜定吉）「沖縄・八重山文化研究会会報」 沖縄・八重山文化研究会　（130）2003.1

1月定例会レジュメ 戦後宮古の労働運動と大衆闘争（友利定雄）「宮古郷土史研究会会報」 宮古郷土史研究会　134　2003.1

塙忠雄の「宮古巡回日誌」（草稿）（仲宗根将二）「宮古郷土史研究会会報」 宮古郷土史研究会　134　2003.1

史料紹介 塙忠雄「宮古巡回日誌」明治23年7月・各村見聞録「宮古郷土史研究会会報」 宮古郷土史研究会　134　2003.1

魚垣の形状と規模―宮古・八重山における実測調査報告（比嘉清利）「あやみや：沖縄市立郷土博物館紀要」 沖縄市立郷土博物館　（11）2003.3

戦後宮古の労働運動と大衆闘争―1月定例会の補足（友利定雄）「宮古郷土史研究会会報」 宮古郷土史研究会　135　2003.3

人頭税制下宮古の徴兵状況―5月定例会のあらまし（仲宗根将二）「宮古郷土史研究会会報」 宮古郷土史研究会　137　2003.7

「平和教育」等への活用 県・埋文センター 戦争遺跡の調査（仲宗根将二）「宮古郷土史研究会会報」 宮古郷土史研究会　137　2003.7

臨地研究会レジュメ 宮古地域における防御性集落について（山本正昭）「宮古郷土史研究会会報」 宮古郷土史研究会　138　2003.9

9月定例会レジュメ 続ここが変だよ「宮古上布」（砂川猛）「宮古郷土史研究会会報」 宮古郷土史研究会　139　2003.11

宮古上布発展への模索―9月定例会のあらまし（砂川猛）「宮古郷土史研究会会報」 宮古郷土史研究会　139　2003.11

宮古地域における防御性集落について（補遺）（山本正昭）「宮古郷土史研究会会報」 宮古郷土史研究会　139　2003.11

ンナグズヌイサミガ―地名・人名を考える（佐渡山正吉）「宮古研究」 宮古郷土史研究会　（9）2004.2

近代沖縄における戸籍制度の一端―宮古・八重山の戸籍事務管掌者の認印と職印について（金城善）「浦添市立図書館紀要」 浦添市教育委員会　（15）2004.3

近世宮古の税制に関わる覚書（砂川玄正）「平良市総合博物館紀要」 平良市総合博物館　（9）2004.3

資料紹介「立津春方に関わる新聞・辞令等―近代宮古の解明の一助として」（仲宗根将二）「平良市総合博物館紀要」 平良市総合博物館　（9）2004.3

宮古の歴史と文化《宮古城辺町特集》―〈III 2003年度第2回研修会（in 城辺町）〉（仲宗根将二）「あしびなぁ」 沖縄県地域史協議会　15　2004.6

戦後宮古の文化活動 砂川幸夫氏が講演（仲宗根将二）「宮古郷土史研究会会報」 宮古郷土史研究会　143　2004.7

第31回平良市民総合文化祭一般の部（郷土史部門）「宮古の歴史と文化」―講話と史跡めぐり（下地和宏）「宮古郷土史研究会会報」 宮古郷土史研究会　145　2004.11

近代前期の宮古の世相―人頭税廃止運動・もう一つの視点（砂川玄正）「平良市総合博物館紀要」 平良市総合博物館　（10）2005.3

立津春方に関わる新聞・辞令等―近代宮古の解明の一助として（中）（仲宗根将二）「平良市総合博物館紀要」 平良市総合博物館　（10）2005.3

第32回平良市民総合文化祭・春の部（郷土史部門）戦後60年「宮古の戦争と平和」―講話と戦跡めぐり（下地利幸）「宮古郷土史研究会会報」 宮古郷土史研究会　149　2005.7

最後の（？）宮古方言大会9人の弁士に爆笑と拍手の渦（仲宗根将二）「宮古郷土史研究会会報」 宮古郷土史研究会　149　2005.7

宮古アングゥの話―民間文芸の可能性（沼崎麻矢）「奄美沖縄民間文芸学」 奄美沖縄民間文芸学会　（5）2005.9

1月定例会レジュメ 宮古における女子中等教育（上地洋子）「宮古郷土史研究会会報」 宮古郷土史研究会　（152）2006.1

2月定例会レジュメ みたびここが変だよ「宮古上布」―現代の宮古上布を検証する（砂川猛）「宮古郷土史研究会会報」 宮古郷土史研究会　（152）2006.1

宮古郷土史研究会30年記念シンポジウム 宮古の「旧記」編さんから300年（下地和宏）「宮古郷土史研究会会報」 宮古郷土史研究会　（152）2006.1

「栄養失調症」と「疥癬」蔓延 菊池医師 戦中宮古の惨状示す資料（仲宗根将二）「宮古郷土史研究会会報」 宮古郷土史研究会　（152）2006.1

1月定例会のあらまし 宮古における女子中等教育（上地洋子）「宮古郷土史研究会会報」 宮古郷土史研究会　（153）2006.3

2月定例会のあらまし 現代の宮古上布を検証する（砂川猛）「宮古郷土史研究会会報」 宮古郷土史研究会　（153）2006.3

N・ネフスキーの宮古研究の道程―論文「宮古における病封じ」を中心に（田中水絵）「沖縄文化」 沖縄文化協会　40（2）通号100　2006.6

「宮古の地名」を歩く（1）宮古の小字―里と原（畑）の呼称（仲宗根将二）「宮古研究」 宮古郷土史研究会　（10）2006.8

近世宮古の民衆の暮らし（《宮古郷土史研究会設立30周年記念シンポジウム―宮古の「旧記」編さんから三百年―》）（仲宗根将二）「宮古研究」 宮古郷土史研究会　（10）2006.8

宮古における女子中等教育（研究余滴）（上地洋子）「宮古研究」 宮古郷土史研究会　（10）2006.8

現代の宮古上布を検証する（研究余滴）（砂川猛）「宮古研究」 宮古郷土史研究会　（10）2006.8

第3回宮古島市総合博物館企画展「石碑が語る宮古の歴史」（写真展）を開催（下地利幸）「宮古郷土史研究会会報」 宮古郷土史研究会　（157）2006.11

論文「音楽p考」に探るネフスキーの宮古研究の道程（田中水絵）「沖縄学：沖縄学研究所紀要」 沖縄学研究所　10（1）通号10　2007.3

3月定例会レジュメ 宮古上布 手績みの苧麻糸の事（仲間伸恵）「宮古郷土史研究会会報」 宮古郷土史研究会　（159）2007.3

「甘蔗苗保存ニ関スル件」戦時下宮古の砂糖関連資料2点（仲宗根将二）「宮古郷土史研究会会報」 宮古郷土史研究会　（159）2007.3

3月定例会のあらまし 宮古上布 手績の苧麻糸の事（仲間伸恵）「宮古郷土史研究会会報」 宮古郷土史研究会　（160）2007.5

「宮古の渾名由来考」―言語や気質を風刺して命名（《2006年度第2回研修会 津堅島》―小論・こぼれ話など）（久貝克博）「あしびなぁ」 沖縄県地域史協議会　（18）2007.6

8月定例会のあらまし 近代宮古の解明に不可欠…―「立津春方と近代宮古」（仲宗根将二）「宮古郷土史研究会会報」 宮古郷土史研究会　（162）2007.9

明治初期「宮古の戸籍制度」金城善氏が永年の研究成果発表「宮古郷土史研究会会報」 宮古郷土史研究会　（162）2007.9

12月定例会レジュメ 宮古の糖業と農民運動（友利定雄）「宮古郷土史研究会会報」 宮古郷土史研究会　（163）2007.11

戦後宮古の教育の軌跡 与那覇寛良先生生誕百年（仲宗根将二）「宮古郷土史研究会会報」 宮古郷土史研究会　（163）2007.11

宮古の糖業と農民運動―12月定例会あらまし（友利定雄）「宮古郷土史研究会会報」 宮古郷土史研究会　（164）2008.1

戦後初期新聞の復刻（不二出版）『みやこ新報』・『宮古民友新聞』（仲宗根将二）「宮古郷土史研究会会報」 宮古郷土史研究会　（164）2008.1

好評を博した宮古移動展/カーツ博士講演会「Archives：沖縄県公文書館だより」 沖縄県文化振興会　22　2008.2

3月定例会レジュメ「宮古上布」について（當真まり子）「宮古郷土史研究会会報」 宮古郷土史研究会　（165）2008.3

3月定例会のあらまし つれづれなるままに―宮古上布（當真まり子）「宮古郷土史研究会会報」 宮古郷土史研究会　（166）2008.5

多くの宮古関係資料も収録―県芸大・鎌倉芳太郎「ノート篇」刊行（仲宗根将二）「宮古郷土史研究会会報」 宮古郷土史研究会　（166）2008.5

つれづれなるままに―宮古上布―追記（當真まり子）「宮古郷土史研究会会報」 宮古郷土史研究会　（167）2008.7

特別企画展―永き時をかけた宮古上布、今、命を吹き込む―を終えて（砂川猛）「宮古郷土史研究会会報」 宮古郷土史研究会　（167）2008.7

宮古における「添」地名と人口移動（1）（2007年度南島地名研究センター大会報告）（我那覇念）「珊瑚の島だより」 南島地名研究センター　（54）2008.8

戦後宮古の「自治」の原点 黒柳保則沖国大講師が講演/「狩俣の伝承世

界」シンポジウム「宮古郷土史研究会会報」 宮古郷土史研究会　（169）2008.11

新版『宮古史伝』として―30余年振り四度めの復刻（仲宗根將二）「宮古郷土史研究会会報」 宮古郷土史研究会　（170）2009.1

米軍の報告書等にみる軍政初期宮古の政治状況（豊見山和美）「沖縄県公文書館研究紀要」 沖縄県公文書館　（11）2009.3

3月定例会レジュメ 戦後宮古の文化活動―社会教育・文化施設を中心に（砂川幸夫）「宮古郷土史研究会会報」 宮古郷土史研究会　（171）2009.3

宮古の役人の冠・衣服・人生儀礼の規定（砂川玄正）「宮古島市総合博物館紀要」 宮古島市総合博物館　（13）2009.3

宮古の植物方言名について（川上勲）「宮古島市総合博物館紀要」 宮古島市総合博物館　（13）2009.3

戦後初期宮古の文芸活動II 文芸誌（紙）等の盛衰（仲宗根將二）「宮古島市総合博物館紀要」 宮古島市総合博物館　（13）2009.3

3月定例会のあらまし 戦後宮古の文化活動―社会教育・文化施設を中心に（砂川幸夫）「宮古郷土史研究会会報」 宮古郷土史研究会　（172）2009.5

大いなる遺産シリーズ「あららがまの島 宮古の歴史」（仲宗根將二）「宮古郷土史研究会会報」 宮古郷土史研究会　（172）2009.5

雑録 若者達のために宮古口（寄稿）（久貝克博）「あしびなぁ」 沖縄県地域史協議会　（20）2009.7

7月定例会レジュメ 近代宮古の医療について（仲宗根將二）「宮古郷土史研究会会報」 宮古郷土史研究会　（173）2009.7

宮古島市総合博物館企画展「よみがえる島のわざ―往にし方の宮古上布」展によせて（仲間伸忠）「宮古郷土史研究会会報」 宮古郷土史研究会　（173）2009.7

10月定例会レジュメ 衣料素材である繊維群中の麻類から宮古上布プー（苧麻）綛糸を探る（砂川猛）「宮古郷土史研究会会報」 宮古郷土史研究会　（174）2009.9

3月定例会レジュメ 柳田國男著『海南小記』の宮古（仲宗根將二）「宮古郷土史研究会会報」 宮古郷土史研究会　（177）2010.3

宮古の植物方言名について（2）（川上勲）「宮古島市総合博物館紀要」 宮古島市総合博物館　（14）2010.3

宮古から見る琉球・沖縄（2009年度第2回研修会 宮古島市）（下地和宏）「あしびなぁ」 沖縄県地域史協議会　（21）2010.5

第65回沖縄染織研究会報告 宮古上布の生産量と苧麻生産地の変遷について―琉球処分から第2次世界大戦以前までの「琉球新報記事」と『沖縄県統計書』を中心に（本多摂子）「沖縄染織研究会通信」 沖縄染織研究会　（60）2010.7

7月定例会レジュメ 宮古の文学碑をたずねて（砂川幸夫，佐伯山政子）「宮古郷土史研究会会報」 宮古郷土史研究会　（179）2010.7

宮古の文学碑をたずねて―7月定例会のあらまし（砂川幸夫）「宮古郷土史研究会会報」 宮古郷土史研究会　（180）2010.9

12月定例会 近代殖産興業政策と宮古上布（粟国恭子）「宮古郷土史研究会会報」 宮古郷土史研究会　（181）2010.11

「宮古の地名」を歩く（2）史料と伝承にみる地名（仲宗根將二）「宮古研究」 宮古郷土史研究会　（11）2010.12

近代殖産興業政策と宮古上布（粟国恭子）「宮古研究」 宮古郷土史研究会　（11）2010.12

戦後宮古の文化活動―社会教育・文化施設を中心に（砂川幸夫）「宮古研究」 宮古郷土史研究会　（11）2010.12

宮古の唐芋持渡年を裏付ける人口の急増現象（研究余滴）（仲宗根將二）「宮古研究」 宮古郷土史研究会　（11）2010.12

1611年の宮古の人口（推定）（研究余滴）（下地和宏）「宮古研究」 宮古郷土史研究会　（11）2010.12

宮古の糖業と農民運動（研究余滴）（友利定雄）「宮古研究」 宮古郷土史研究会　（11）2010.12

「往にし方の宮古上布」に学ぶ（研究余滴）（仲間伸忠）「宮古研究」 宮古郷土史研究会　（11）2010.12

2月定例会レジュメ 砧打ちからみえる宮古上布＝提言（砂川猛）「宮古郷土史研究会会報」 宮古郷土史研究会　（182）2011.1

「消えた記憶」に向き合う作業 近代殖産興業政策と宮古上布―12月定例会のまとめ（粟国恭子）「宮古郷土史研究会会報」 宮古郷土史研究会　（182）2011.1

戦後宮古研究のあけぼの（仲宗根將二）「宮古郷土史研究会会報」 宮古郷土史研究会　（182）2011.1

「砧打ちからみえる宮古上布」＝提言―2月定例会のあらまし（砂川猛）「宮古郷土史研究会会報」 宮古郷土史研究会　（183）2011.3

第16回企画展「宮古人のルーツを探る Part1 十二〜十三世紀の宮古」（久貝弥嗣）「宮古郷土史研究会会報」 宮古郷土史研究会　（183）2011.3

「自立した」（14〜16世紀）宮古（仲宗根將二）「宮古島市総合博物館紀要」 宮古島市総合博物館　（15）2011.3

第69回沖縄染織研究会 近代殖産興業政策と宮古上布（粟国恭子）「沖縄染織研究会通信」 沖縄染織研究会　（64）2011.6

10月定例会レジュメ 伝説の大津波の時代について（下地和宏）「宮古郷土史研究会会報」 宮古郷土史研究会　（186）2011.9

12月定例会レジュメ ハンセン病と宮古（仲宗根將二）「宮古郷土史研究会会報」 宮古郷土史研究会　（187）2011.11

75年前の映像について語る―10月定例会より（下地和宏）「宮古郷土史研究会会報」 宮古郷土史研究会　（187）2011.11

「ハンセン病と宮古」続報―12月定例会のあらまし（仲宗根將二）「宮古郷土史研究会会報」 宮古郷土史研究会　（188）2012.1

東京歴教協「沖縄戦と宮古」 年末休みで「戦跡めぐり」等の学習（仲宗根將二）「宮古郷土史研究会会報」 宮古郷土史研究会　（188）2012.1

知識ファイル箱（43）宮古・八重山の役人と首里城（高良倉吉）「首里城公園友の会」 首里城公園友の会　（79）2012.3

「宮古上布・琉球絣・久米島紬」三館合同企画展報告（平良次子）「南風の杜 ： 南風原文化センター紀要」 南風原文化センター　（18）2012.3

「番字」「和字」の解釈で議論―2月定例会を終えて（下地和宏）「宮古郷土史研究会会報」 宮古郷土史研究会　（189）2012.3

宮古馬のルーツを探る（長濱幸男）「宮古島市総合博物館紀要」 宮古島市総合博物館　（16）2012.3

戦時期の沖縄県会における宮古・八重山の諸問題―昭和12年11月の第55回議事録から（来間泰男）「宮古島市総合博物館紀要」 宮古島市総合博物館　（16）2012.3

「宮古の地名」を歩く（3）地名の語る「宮古の歴史と文化」（仲宗根將二）「宮古島市総合博物館紀要」 宮古島市総合博物館　（16）2012.3

宮古馬のルーツを探る（長濱幸男）「宮古島市総合博物館紀要」 宮古島市総合博物館　（16）2012.3

戦時期の沖縄県会における宮古・八重山の諸問題―昭和12年11月の第55回議事録から（来間泰男）「宮古島市総合博物館紀要」 宮古島市総合博物館　（16）2012.3

宮古方言における鼻濁音について（ウエイン・ローレンス）「琉球の方言」 法政大学沖縄文化研究所　（36）2012.3

「久米島紬・宮古上布・琉球絣」展「久米島博物館だより」 久米島博物館　（21）2012.5

5・6月定例会レジュメ 復帰四十年―復帰とは……宮古から考える（下地和宏）「宮古郷土史研究会会報」 宮古郷土史研究会　（190）2012.5

第74沖縄染織研究会 明治30年代の沖縄の麻織物―第5回内国勧業博覧会と全国・宮古・八重山（粟国恭子）「沖縄染織研究会通信」 沖縄染織研究会　（69）2012.7

宮古から考える復帰40年―5・6月定例会より（下地和宏）「宮古郷土史研究会会報」 宮古郷土史研究会　（191）2012.7

「慰霊の日」関連特別展示「宮古のあゆみ―戦争から復帰まで―」の紹介（砂川史香）「宮古郷土史研究会会報」 宮古郷土史研究会　（191）2012.7

謄写版刷り印影「宮古史一班」「宮古島市史資料」 宮古島市教育委員会　（47）2012.9

翻刻文「宮古史一班」「宮古島市史資料」 宮古島市教育委員会　（47）2012.9

(1)慶世村恒任『宮古史伝』（附録1 富盛寛卓と郷土誌について）「宮古島市史資料」 宮古島市教育委員会　（47）2012.9

(2)仲宗根將二「富盛寛卓」（附録1 富盛寛卓と郷土誌について）「宮古島市史資料」 宮古島市教育委員会　（47）2012.9

(3)下地和宏「富盛寛卓の『郷土誌』について」（附録1 富盛寛卓と郷土誌について）「宮古島市史資料」 宮古島市教育委員会　（47）2012.9

附録2 行政区画の変遷「宮古島市史資料」 宮古島市教育委員会　（47）2012.9

11月定例会レジュメ 宮古上布の現状（砂川猛）「宮古郷土史研究会会報」 宮古郷土史研究会　（193）2012.11

「ネフスキーの宮古」を歩く（砂川史香）「宮古郷土史研究会会報」 宮古郷土史研究会　（193）2012.11

2月定例会レジュメ 宮古の氏姓―苗字（平良・砂川・下地）がなぜ多い（砂川幸夫）「宮古郷土史研究会会報」 宮古郷土史研究会　（194）2013.1

11月定例会 宮古上布の現状（砂川猛）「宮古郷土史研究会会報」 宮古郷土史研究会　（194）2013.1

シンポジウム復帰40年「みゃーく文化を見つめ直す―次代へ」開かれる（下地和宏）「宮古郷土史研究会会報」 宮古郷土史研究会　（194）2013.1

3月定例会レジュメ 字（童名）の由来（その起り）を考える（下地利幸）「宮古郷土史研究会会報」 宮古郷土史研究会　（195）2013.3

宮古の氏と姓の由来 苗字（平良・砂川・下地）がなぜ多い―2月定例会のあらまし（砂川幸夫）「宮古郷土史研究会会報」 宮古郷土史研究会　（195）2013.3

首里城公園友の会「宮古巡検」（仲宗根將二）「宮古郷土史研究会会報」 宮古郷土史研究会　（195）2013.3

宮古馬のルーツを探る（続）―南馬の飾り馬・江戸献上馬・冊封使の乗馬と毛色（長濱幸男）「宮古島市総合博物館紀要」 宮古島市総合博物館　（17）2013.3

宮古における鍛冶伝承 (下地和宏)「宮古島市総合博物館紀要」 宮古島市総合博物館 (17) 2013.3

宮古の地機について (仲間伸恵)「宮古島市総合博物館紀要」 宮古島市総合博物館 (17) 2013.3

3月定例会のまとめ 「字 (童名)」の由来 (起り) を考える (下地利幸)「宮古郷土史研究会会報」 宮古郷土史研究会 (196) 2013.5

ニコライ・ネフスキーの宮古フォークロア研究 (上原孝三)「沖縄文化」 沖縄文化協会 47(1) 通号113 2013.7

ネフスキーの見た宮古―講演と映像の集いに150人余 (下地和宏)「宮古郷土史研究会会報」 宮古郷土史研究会 (197) 2013.7

11月定例会レジュメ 近代宮古の「育英制度」について (仲宗根將二)「宮古郷土史研究会会報」 宮古郷土史研究会 (199) 2013.11

宮古のグスク時代の食 (論文) (久貝弥嗣)「宮古研究」 宮古郷土史研究会 (12) 2013.12

「旧記類」と民間伝承に見る宮古の歴史伝承世界 (論文) (下地利幸)「宮古研究」 宮古郷土史研究会 (12) 2013.12

宮古の氏姓の由来―苗字 (平良・砂川・下地) はなぜ多い (論文) (砂川幸夫)「宮古研究」 宮古郷土史研究会 (12) 2013.12

戦後宮古の文芸活動 (6) 宮古の文芸著作 (論文) (仲宗根二)「宮古研究」 宮古郷土史研究会 (12) 2013.12

砧打ちから見える宮古上布=提案 (研究余滴) (砂川猛)「宮古研究」 宮古郷土史研究会 (12) 2013.12

2月定例会レジュメ ネフスキーが残した宮古語原文から見える「宮古人らしさ」を考える (仲宗根將二)「宮古郷土史研究会会報」 宮古郷土史研究会 (200) 2014.1

「近代宮古の育英制度」補足―11月定例会あらまし (仲宗根將二)「宮古郷土史研究会会報」 宮古郷土史研究会 (200) 2014.1

宮古のグスク時代における建物跡の様相 (久貝弥嗣)「宮古島市総合博物館紀要」 宮古島市総合博物館 (18) 2014.3

戦後宮古の文芸活動 (5) (仲宗根二)「宮古島市総合博物館紀要」 宮古島市総合博物館 (18) 2014.3

宮古における鍛冶伝承 (下地和宏)「奄美沖縄民間文芸学」 奄美沖縄民間文芸学会 (12) 2014.4

6月定例会レジュメ 宮古のグスク時代に関する一考察 (久貝弥嗣)「宮古郷土史研究会会報」 宮古郷土史研究会 (202) 2014.5

宮古の近現代と台湾 (私の研究) (本村郁恵)「法政大学沖縄文化研究所報」 法政大学沖縄文化研究所 (75) 2014.9

10月定例会レジュメ 宮古における1950年代から60年代にかけての農業と生活の変化 (新城日出郎)「宮古郷土史研究会会報」 宮古郷土史研究会 (204) 2014.9

資料で辿るネフスキーの宮古研究―第一回採訪まで (田中水絵)「沖縄文化」 沖縄文化協会 49(1) 通号117 2014.11

10月定例会のまとめ 宮古における1950年代から60年代にかけての農業と生活の変化 (新城日出郎)「宮古郷土史研究会会報」 宮古郷土史研究会 (205) 2014.11

宮古郡

宮古郡教育部会編「貢反布沿革調」―平民に過重な貢反布 (下地和宏)「宮古郷土史研究会会報」 宮古郷土史研究会 (185) 2011.7

宮古群島

トピックス 幻の印影見つかる「宮古群島政府印」「Archives：沖縄県公文書館だより」 沖縄県文化振興会 10 2000.1

宮古市

市町村合併と新市の命名 (仲宗根將二)「宮古郷土史研究会会報」 宮古郷土史研究会 147 2005.3

宮古島

宮古島に於ける海岸の地名と海底の観念に関する研究―海浜と"砂"について若干の考察 (岡本恵昭)「宮古郷土史研究会会報」 宮古郷土史研究会 121 2000.11

宮古島の人頭税石をめぐって (酒井卯作)「南島研究」 南島研究会 44 2003.11

資料公開・宮古島に於ける戦争資料「霧生藤吉郎関係資料」/「中尾藤雄関係資料」(岡本恵昭)「宮古研究」 宮古郷土史研究会 (9) 2004.2

宮古島方言音素カタカナ文字の作成についての提案 (仲宗根浩二)「宮古研究」 宮古郷土史研究会 (9) 2004.2

解読「魏姓家譜」より抜粋「宮古島島民の上納船帰帆の途中台湾に漂着、福州へ護送せられ、送還・帰島に至るまでの折衝・経過の記録」(奥平繁夫)「平良市総合博物館紀要」 平良市総合博物館 (9) 2004.3

史料紹介 那覇市歴史資料室蔵横内家資料「宮古島将来に願テノ見込書」について (《宮古島周辺特集》〈III 2003年度第2回研修会 (in 城辺町)〉)(田中千夏)「あしびなぁ」 沖縄県地域史協議会 15 2004.6

10月定例会レジュメ 宮古島方言は「何時頃・何処から来たか」を考える (仲宗根浩二)「宮古郷土史研究会会報」 宮古郷土史研究会 150 2005.9

10月定例会あらまし 宮古島方言は「何時頃何処から来たか」を考える (仲宗根浩二)「宮古郷土史研究会会報」 宮古郷土史研究会 151 2005.11

宮古島方言は「何時頃・何処から来たか」を考える (仲宗根浩二)「宮古研究」 宮古郷土史研究会 (10) 2006.8

6月定例会レジュメ 宮古島における1300年代の人口を推理する (仲宗根浩二)「宮古郷土史研究会会報」 宮古郷土史研究会 (160) 2007.5

6月定例会・発表要旨 宮古島における1300年代の人口を推理する (仲宗根浩二)「宮古郷土史研究会会報」 宮古郷土史研究会 (161) 2007.7

「宮古島家内人数面立証文」金城善氏が「郷土史研究会」で発表 (仲宗根將二)「宮古郷土史研究会会報」 宮古郷土史研究会 (163) 2007.11

紙の話―沖縄の紙風 in 宮古島 (仲間伸恵)「宮古郷土史研究会会報」 宮古郷土史研究会 (165) 2008.3

11月定例会レジュメ 宮古島民ら虐殺事件について―何故殺されねばならなかったのか？ (下地和宏)「宮古郷土史研究会会報」 宮古郷土史研究会 (175) 2009.11

『戦場の宮古島と「慰安所」』―筆舌に尽く難い実態… (報告) (仲宗根將二)「宮古郷土史研究会会報」 宮古郷土史研究会 (175) 2009.11

「琉球処分」130年目の節目に宮古島民から惨殺事件を考える―11月定例会の報告より (下地和宏)「宮古郷土史研究会会報」 宮古郷土史研究会 (176) 2010.1

与世山親方宮古島規模帳「宮古島市史資料」 宮古島市教育委員会 (3) 2010.3

与世山親方宮古島規模帳 (解題) (島尻勝太郎)「宮古島市史資料」 宮古島市教育委員会 (3) 2010.3

与世山親方宮古島規模帳 翻刻・解釈 (下地和宏)「宮古島市史資料」 宮古島市教育委員会 (3) 2010.3

「野原岳の変」を考える―「宮古島頭」創設とのからみで (下地和宏)「宮古郷土史研究会会報」 宮古郷土史研究会 (179) 2010.7

第1部 沖縄を語る 宮古島―思い出を語る (南島における民族と宗教20周年シンポジウム 見る、聞く、語る―沖縄の過去・現在・未来―) (杉浦喜代子)「沖縄研究ノート：《共同研究》南島における民族と宗教」 宮城学院女子大学キリスト教文化研究所 (20) 2011.3

宮古島のノロシ (狼煙特集) (谷川健一)「全国地名研究交流誌 地名談話室」 日本地名研究所 (26・27) 2011.6

8月定例会レジュメ 宮古島地名雑考―地名と地形と伝承と (下地利幸)「宮古郷土史研究会会報」 宮古郷土史研究会 (185) 2011.7

聞き取り 沖縄・宮古島への出征 (奥津宏)「戦争と民衆」 戦時下の小田原地方を記録する会 (67) 2011.8

解説 沖縄・宮古島の戦争 (井上弘)「戦争と民衆」 戦時下の小田原地方を記録する会 (67) 2011.8

8月定例会のまとめ 宮古島地名雑考 (下地利幸)「宮古郷土史研究会会報」 宮古郷土史研究会 (186) 2011.9

2月定例会レジュメ「宮古島記事仕次」を考える―『球陽』編さん資料の関連において (下地和宏)「宮古郷土史研究会会報」 宮古郷土史研究会 (188) 2012.1

宮古島史跡巡見 仲宗根先生を迎えて (いろいろレポート) (福島清)「首里城公園友の会会報」 首里城公園友の会 (83) 2013.3

沖縄防災環境学会 in 宮古島 「古文書・発掘調査が証す歴史津波の実態とは」(久貝弥嗣)「宮古郷土史研究会会報」 宮古郷土史研究会 (197) 2013.7

伝承から読み解く宮古島のマラリア (2013年度事業報告―全南大学校湖南学研究院との協定校間学術交流講演会) (崎浜靖)「南島文化研究所所報」 沖縄国際大学南島文化研究所 (59) 2013.8

国指定名勝「東平安名崎」並びに国指定名勝及び天然記念物「八重干瀬」の追加指定について (新城宗史)「宮古郷土史研究会会報」 宮古郷土史研究会 (203) 2014.7

島を訊ねて (2) 我たが美ぎ島・宮古島エコアイランドへの取組 (編集部)「宿道」 沖縄しまたて協会 37 2014.9

宮古島高等小学校

5月定例会レジュメ 明治34年、初の修学旅行―宮古島高等小学校四学年生43名 (下地和宏)「宮古郷土史研究会会報」 宮古郷土史研究会 (184) 2011.5

宮古島市

2月定例会レジュメ 平良市と下地町の合併騒動記 (洲鎌良平)「宮古郷土史研究会会報」 宮古郷土史研究会 134 2003.1

失敗した平良市と下地町の合併2月定例会 (洲鎌良平氏) のあらまし (仲宗根將二)「宮古郷土史研究会会報」 宮古郷土史研究会 135 2003.3

宮古島市総合博物館第2回企画展「宮古のチョウと食卓」(砂川博秋)「宮古郷土史研究会会報」 宮古郷土史研究会 (156) 2006.9

『宮古島市史』編さん事業始まる (仲宗根將二)「宮古島市史だより」 宮古島市史編さん事務局 (1) 2008.3

宮古島市史編さん大綱/編集方針/宮古島市史編さん構想/宮古島市史編

さん委員会「宮古島市史だより」 宮古島市史編さん事務局 （1） 2008.3

宮古の系図家譜「宮古島市史だより」 宮古島市史編さん事務局 （2） 2009.3

近世初期2、3の疑問（下地和宏）「宮古島市史だより」 宮古島市史編さん事務局 （2） 2009.3

平成20（2008）年度宮古島市史編さん事務局日誌「宮古島市史だより」 宮古島市史編さん事務局 （2） 2009.3

開館20周年記念宮古島市総合博物館 第10回企画展よみがえる島のわざ—往にし方の宮古上布—展によせて（砂川猛）「宮古郷土史研究会会報」 宮古郷土史研究会 （172） 2009.5

宮古島史跡巡見（2009年度第2回研修会 宮古島市）「あしびなぁ」 沖縄県地域史協議会 （21） 2010.5

南太平洋の島国を支援する宮古島市の水資源管理技術（梶原健次）「しまたてぃ ： 建設情報誌」 沖縄しまたて協会 （57） 2011.4

謄写版刷り印影「郷土誌」「宮古島市史資料」 宮古島市教育委員会 （47） 2012.9

翻刻文「郷土誌」「宮古島市史資料」 宮古島市教育委員会 （47） 2012.9

『宮古島市史』編さん事業第二次構想について（市史編さん事務局）「宮古郷土史研究会会報」 宮古郷土史研究会 （193） 2012.11

魚垣（カツ）と抱護林について（研究余滴）（三輪大介）「宮古研究」 宮古郷土史研究会 （12） 2013.12

街路樹が彩る沖縄の道(5)宮古島市（編集部）「宿道」 沖縄しまたて協会 37 2014.9

沖縄の戦後を歩く(13) 宮古島市（マムラム通り）（三嶋啓二）「しまたてぃ ： 建設情報誌」 沖縄しまたて協会 （70） 2014.10

宮古諸島

宮古諸島の遠見台と烽火の制（砂川玄正）「平良市総合博物館紀要」 平良市総合博物館 （10） 2005.3

第169回シマ研究会 河名俊男「宮古・八重山諸島における過去1000年間の歴史津波と伝説の津波—1771年明和津波、1667年の地震と津波、下地島のヨナタマ伝説、多良間島のブナセー伝説を中心に—」（2010年度後期事業報告）「南島文化研究所所報」 沖縄国際大学南島文化研究所 （57） 2012.3

琉球弧宮古諸島に視る古層の環世界—女性は集落の生い立ちを抱いた（奥濱幸子）「宮古島市総合博物館紀要」 宮古島市総合博物館 （16） 2012.3

11月定例会 第47回琉球大学史学会大会「宮古諸島をめぐる歴史・民俗・社会」（事務局）「宮古郷土史研究会会報」 宮古郷土史研究会 （205） 2014.11

宮古南静園

国立療養所宮古南静園『学び舎の碑』建立（仲宗根將二）「宮古郷土史研究会会報」 宮古郷土史研究会 （186） 2011.9

宮里

沖縄市宮里の伝承をたずねて（宮城昭美）「あやみや ： 沖縄市立郷土博物館紀要」 沖縄市立郷土博物館 （22） 2014.3

宮原

「人物で見る宮原の歴史」 小禄恵良氏『みやはら』三巻で特集「宮古郷土史研究会会報」 宮古郷土史研究会 （155） 2006.7

宮平

南風原町宮平に伝わる路次楽と『哨吶』の歴史（博物館実習生のレポート）（宮城樹）「南風の杜 ： 南風原文化センター紀要」 南風原文化センター （5） 2009.3

宮良

石垣島宮良方言の音韻研究序説（仲原穣）「琉球の方言」 法政大学沖縄文化研究所 通号27 2003.3

宮良のはじまりを訪ねて（翁長聖子）「あかがーら」 石垣市立図書館八重山地域情報センター （32） 2003.5

小浜方言と宮良方言の音韻の比較研究（仲原穣）「琉球の方言」 法政大学沖縄文化研究所 通号29 2005.3

宮良村

宮良村雨乞いの風景（内原節子）「あかがーら」 石垣市立図書館八重山地域情報センター （32） 2003.5

明王窯

沖縄県に明王窯を築く 足立区・梅田明王院生まれ渡名喜明氏（矢沢幸一朗）「足立史談」 足立区教育委員会 （452） 2005.10

むいか越

7月定例会レジュメ 「与那覇勢頭豊見親のニーリ」について—ニーリの「むいか越」は果して地名なのか（下地利幸）「宮古郷土史研究会会報」 宮古郷土史研究会 （197） 2013.7

7月定例会のまとめ 「むいか越」（与那覇勢頭豊見親のニーリ）について報告（下地利幸）「宮古郷土史研究会会報」 宮古郷土史研究会 （198）

2013.9

報得川

報得川よ息を吹き返せ（崎山正美）「しまたてぃ ： 建設情報誌」 沖縄しまたて協会 （46） 2008.7

銘川

『佐銘川大主由来記』論第一尚氏を始祖に戴く氏の物語（論文）（島村幸一）「南島文化」 沖縄国際大学南島文化研究所 （36） 2014.3

明治橋

明治橋「宿道」 沖縄しまたて協会 31 2010.3

明和の大津波

生まれ島を襲った「明和の大津波」を今こそ振り返る（大久勝）「しまたてぃ ： 建設情報誌」 沖縄しまたて協会 （59） 2011.10

メーヌカーガー橋

確認されたメースカーガー橋の一部について（比嘉清和）「あやみや ： 沖縄市立郷土博物館紀要」 沖縄市立郷土博物館 （15） 2007.2

本部

地域の道を訪ねる(2) 「本部ミャークニー」の道を走る—旧字を訪ね、歌詞をたどる旅「宿道」 沖縄しまたて協会 28 2007.9

本部村

本部徴兵署暴動事件の再検証（福岡且洋）「浦添市立図書館紀要」 浦添市教育委員会 （11） 2000.3

本部町

わが村に伝わる猫の話—沖縄本部町（仲田栄松）「南島研究」 南島研究会 通号50 2009.11

八重島

ビジネスセンター構想と「八重島」（ローカルレポート）（加藤政洋）「KOZA BUNKA BOX」 沖縄市総務部総務課市史編集担当 （8） 2012.3

戦後沖縄の基地周辺における都市開発—コザ・ビジネスセンター構想と《八重島》をめぐって（論説）（加藤政洋）「洛北史学」 洛北史学会 （16） 2014.6

八重瀬町

旧町村のまちづくりから八重瀬町のまちづくりへ—「大地の活力とうまんちゅの魂が創り出す自然共生の清らまち」を将来像として（宇地原毅、謝花哲康）「しまたてぃ ： 建設情報誌」 沖縄しまたて協会 （48） 2009.1

八重山

第100回研究会報告 戦後の八重山開拓移住—初期八重山開拓を中心に（崎山恒新）「沖縄・八重山文化研究会会報」 沖縄・八重山文化研究会 （100） 2000.4

第101回研究会報告 日本の台湾統治と八重山又吉盛清「沖縄・八重山文化研究会会報」 沖縄・八重山文化研究会 （101） 2000.5

第108回研究会報告 近代八重山の出版文化に関する一考察（三木健）「沖縄・八重山文化研究会会報」 沖縄・八重山文化研究会 （108） 2001.1

第109回研究会報告 八重山における糸満漁民の出漁と移住—石垣島の漁民集落形成と漁業活動を中心として（加藤久子）「沖縄・八重山文化研究会会報」 沖縄・八重山文化研究会 （109） 2001.2

近代八重山の出版文化に関する一考察（三木健）「沖縄で奄美を考える会会報」 沖縄で奄美を考える会 （10） 2001.2

琉球政府の八重山開拓移住政策（崎原恒新）「具志川市史だより」 具志川市史編さん室 16 2001.3

戦後八重山開拓関係年表（崎原恒新）「具志川市史だより」 具志川市史編さん室 16 2001.3

第113回研究会報告 名蔵窯を中心とした八重山の窯業史について（池田榮史）「沖縄・八重山文化研究会会報」 沖縄・八重山文化研究会 （113） 2001.6

言語 八重山と宮古は同じ南琉球言語圏（狩俣繁久）「沖縄・八重山文化研究会会報」 沖縄・八重山文化研究会 （116） 2001.10

八重山の伝統料理（内原節子）「あかがーら」 石垣市立図書館八重山地域情報センター （21） 2002.3

八重山歌謡にみる地名（波照間永吉）「沖縄芸術の科学 ： 沖縄県立芸術大学附属研究所紀要」 沖縄県立芸術大学附属研究所 （14） 2002.3

古文書の中の「くり舟・はぎ舟」《サバニ特集》（内原節子）「あかがーら」 石垣市立図書館八重山地域情報センター （22） 2002.4

第123回研究会報告 戦前期八重山における畑作農耕技術の展開構造（坂井教郎）「沖縄・八重山文化研究会会報」 沖縄・八重山文化研究会 （123） 2002.11

新着資料 井野次郎文書/八重山支庁文書（戦前文書）/平成11年度沖縄県知事部局引渡文書（第1種文書）/ニクソン大統領時代の沖縄関係文章「Archives ： 沖縄県公文書館だより」 沖縄県文化振興会 20 2002.11

《特集「球陽」に記載された八重山関係資料の項目一覧》「あかがーら」

石垣市立図書館八重山地域情報センター　(30)　2003.3

魚垣の形状と規模―宮古・八重山における実測調査報告 (比嘉清和)「あやみや : 沖縄市立郷土博物館紀要」　沖縄市立郷土博物館　(11)　2003.3

八重山在番・在番筆者の経歴 (得能壽美)「沖縄学 : 沖縄学研究所紀要」　沖縄学研究所　6(1) 通号6　2003.3

近世八重山における通耕と「村」―鳩間島をモデルタイプに (《小川徹先生追悼号》―〈第2部 追悼論集〉) (得能壽美)「沖縄文化」　沖縄文化協会　38(1) 通号95　2003.3

档案に見る乾隆二年における定海への八重山漂着民 (孫薇)「石垣市史のひろば」　石垣市総務部　26　2003.3

第134回研究会報告 八重山のこころを見つめて―その自然と人と (大塚勝久)「沖縄・八重山文化研究会会報」　沖縄・八重山文化研究会　(134)　2003.5

《特集「八重山島年来記」ダイジェスト (年表)》「あかがーら」　石垣市立図書館八重山地域情報センター　(34)　2003.9

「耳学問の聞きかじり」のまとめ (《特集「耳学問の会・八重山島規模帳を読む」》) (内原節子)「あかがーら」　石垣市立図書館八重山地域情報センター　(35)　2003.10

八重山の家譜仕次証文 (得能壽美)「沖縄文化」　沖縄文化協会　38(2) 通号96　2003.11

第140回研究会報告 戸籍制度の変遷―八重山史料を中心に (金城善)「沖縄・八重山文化研究会会報」　沖縄・八重山文化研究会　(140)　2003.12

第15回市民講座「八重山における近代史初期の諸問題―琉球処分・旧慣温存・人頭税問題を中心に」(崎山直)「石垣市史のひろば」　石垣市総務部　27　2004.1

市制55周年記念講座 (第16回市民講座)「ヤコウガイ交易と先島―螺鈿が導く八重山の7～9世紀と11～13世紀―」(木下尚子)「石垣市史のひろば」　石垣市総務部　27　2004.1

考古学から見た八重山の歴史 (金武正紀)「石垣市史のひろば」　石垣市総務部　27　2004.1

特集 第3回耳学問の会・慶来慶田城由来記を読む「あかがーら」　石垣市立図書館八重山地域情報センター　(37)　2004.2

近代沖縄における戸籍制度の一端―宮古・八重山の戸籍事務管掌者の認印と職印について (金城善)「浦添市立図書館紀要」　浦添市教育委員会　(15)　2004.3

鳥居龍蔵博士と八重山 (島袋綾野)「史窓」　徳島地方史研究会　(34)　2004.3

上布算・村算・藁算「八重山島風俗一斑」のうち―「東京国立博物館図版目録 琉球資料篇」(来間泰男)「地域研究シリーズ」　沖縄国際大学南島文化研究所　32　2004.3

新本家文書「八重山島人頭税賦課台帳」(仮題)―得能尋美翻刻、「石垣市立八重山博物館紀要」第19号、2002年3月 (来間泰男)「地域研究シリーズ」　沖縄国際大学南島文化研究所　32　2004.3

19世紀八重山の人口の年齢別構成 (来間泰男)「地域研究シリーズ」　沖縄国際大学南島文化研究所　32　2004.3

第147回研究会報告 八重山の活動写真興業史 (三木健)「沖縄・八重山文化研究会会報」　沖縄・八重山文化研究会　(147)　2004.7

第148回研究会報告 八重山地域における戦争遺跡について―石垣島・西表島を中心として (山本正昭)「沖縄・八重山文化研究会会報」　沖縄・八重山文化研究会　(148)　2004.9

第150回研究会報告 八重山の明和大津波の一考察―特に遡上高と岩塊の移動を中心に (河名俊男)「沖縄・八重山文化研究会会報」　沖縄・八重山文化研究会　(150)　2004.11

沖縄の八重山の島石垣島より佐渡が島を想う (石原尚)「佐渡郷土文化」　佐渡郷土文化の会　(107)　2005.2

「八重山方言とその仮名表記」(第17回市民講座) (石垣繁岩)「石垣市史のひろば」　石垣市総務部　28　2005.3

八重山の動植物―その来歴・方言名など 八重山の鳥類、八重山の魚類、八重山の陸棲動物、八重山の植物 (牧野清)「石垣市史研究資料」　石垣市総務部史編集課　(4)　2005.3

八重山における五穀の語り (増田昭子)「地域研究シリーズ」　沖縄国際大学南島文化研究所　33　2005.3

八重山の苗字の成立について (〈2004年度第2回研修会 (in 石垣市)〉) (新城敏男)「あしびなぁ」　沖縄県地域史協議会　16　2005.7

近世八重山の耕地・耕作者・村―大川村の自分田帳と上納田帳の分析を通して (〈2004年度第2回研修会 (in 石垣市)〉) (得能壽美)「あしびなぁ」　沖縄県地域史協議会　16　2005.7

史料紹介「官報」掲載八重山関係資料 (1)「竹富町史だより」　竹富町教育委員会　(27)　2005.9

〈八重山特集〉「法政大学沖縄文化研究所所報」　法政大学沖縄文化研究所　57　2005.9

「琉球八重山嶋取調書 全III」本文 (翻刻)/本分 (原本写真)「沖縄研究資料」　法政大学沖縄文化研究所　(23)　2006.3

解題『琉球八重山嶋取調書 全』について (3) (輝広志)「沖縄研究資料」　法政大学沖縄文化研究所　(23)　2006.3

第1回八重山平和記念館収蔵品展―戦中・戦後の八重山の暮らし (報告)「沖縄県平和祈念資料館だより」　沖縄県平和祈念資料館　(10)　2006.3

史料紹介『官報』掲載八重山関係資料 (2)「竹富町史だより」　竹富町教育委員会　(28)　2006.9

第173回研究会報告 伊波普猷と八重山 (新城安善)「沖縄・八重山文化研究会会報」　沖縄・八重山文化研究会　(173)　2006.12

第175回研究会報告 八重山のジュゴン (当山昌直)「沖縄・八重山文化研究会会報」　沖縄・八重山文化研究会　(175)　2007.3

1930年前後の八重山女性の植民地台湾への移動を促したプル要因―台湾における植民地的近代と女性の職業の拡大をめぐって (金戸幸子)「移民研究」　琉球大学移民研究センター　(3)　2007.3

『琉球八重山嶋取調書 附録』「沖縄研究資料」　法政大学沖縄文化研究所　(24)　2007.3

解題『琉球八重山嶋取調書 附録』について (輝広志)「沖縄研究資料」　法政大学沖縄文化研究所　(24)　2007.3

資料紹介 梅光学院大学博物館所蔵の八重山関係資料 (島袋綾乃)「石垣市史のひろば」　石垣市総務部　(29)　2007.9

『竹富町史』第十巻資料編「近代4・官報にみる八重山」発刊「竹富町史だより」　竹富町教育委員会　(29)　2007.9

『官報』掲載八重山関係資料 (3) (史料紹介)「竹富町史だより」　竹富町教育委員会　(29)　2007.9

やえま・ふたとせ (吉田久一)「南島研究」　南島研究会　通号48　2007.11

砂川哲雄著『八重山から。八重山へ。』を読む (下地和宏)「宮古郷土史研究会会報」　宮古郷土史研究会　(164)　2008.1

八重山幻想 (江之口汎生)「千台 : 薩摩川内郷土史研究会機関誌」　薩摩川内郷土史研究会　(36)　2008.3

石垣市制施行60周年記念 第19回市民講座 八重山考古学の研究史 (金武正紀)「石垣市史のひろば」　石垣市総務部　(30)　2008.3

「八重山古陶」展関連文化講座報告 (倉成多郎)「壺屋焼物博物館紀要」　那覇市立壺屋焼物博物館　(9)　2008.3

「八重山古陶」展関連文化講座 なぞの多い湧田焼 もの作りの視点から考える (大嶺實清)「壺屋焼物博物館紀要」　那覇市立壺屋焼物博物館　(9)　2008.3

「八重山古陶」展関連文化講座 八重山焼の器形と胎土 (阿利直治)「壺屋焼物博物館紀要」　那覇市立壺屋焼物博物館　(9)　2008.3

寄稿 八重山古陶を考える (田野多栄一)「壺屋焼物博物館紀要」　那覇市立壺屋焼物博物館　(9)　2008.3

第55回沖縄染織研究会発表要旨 人頭税時代の「赤嶋布」は現在の八重山上布と同一か? (新垣幸子)「沖縄染織研究会通信」　沖縄染織研究会　(53)　2008.5

8月定例会レジュメ 仲宗根豊見親の八重山入について―八重山鬼虎 (ヤーマントゥラ) の記録・伝承を中心に (下地利幸)「宮古郷土史研究会会報」　宮古郷土史研究会　(167)　2008.7

八重山地方の「稲作儀礼」―その一播種儀礼について (石垣繁)「奄美沖縄民間文芸学」　奄美沖縄民間文芸学会　(8)　2008.9

八重山の節儀礼 (石垣博孝)「奄美沖縄民間文芸学」　奄美沖縄民間文芸学会　(8)　2008.9

8月定例会のまとめ 仲宗根豊見親の八重山入について (下地利幸)「宮古郷土史研究会会報」　宮古郷土史研究会　(168)　2008.9

近世八重山における耕地の水損と水利 (得能壽美)「沖縄文化研究 : 法政大学沖縄文化研究所紀要」　法政大学沖縄文化研究所　(35)　2009.3

八重山の謎々遊び―ウーバナシャーアサビィ (宇江城正晴)「南島研究」　南島研究会　通号50　2009.3

近世八重山における諸品の島産化―塩・唐竹・紙・茶・煙草 (得能壽美)「沖縄文化」　沖縄文化協会　43(2) 通号106　2009.12

八重山のカママーリに関する一考察―波照間島の事例から (古谷野洋子)「沖縄文化研究 : 法政大学沖縄文化研究所紀要」　法政大学沖縄文化研究所　(36)　2010.3

8月定例会レジュメ 仲宗根豊見親の八重山について (3)―忠導氏家譜の記録「嘉靖年間鬼虎討伐」をどうみるか (下地利幸)「宮古郷土史研究会会報」　宮古郷土史研究会　(179)　2010.7

八重山の稲作儀礼「種子取」を字義から考える (石垣繁)「南島研究」　南島研究会　通号51　2010.12

平成22年度博物館文化講座講演録 八重山の美術 (石垣博孝)「石垣市立八重山博物館紀要」　石垣市立八重山博物館　(20)　2011.3

八重山への漂着及び来航事例集 (宮良多和)「石垣市立八重山博物館紀要」　石垣市立八重山博物館　(20)　2011.3

凧の仕掛け・シャクシメー (寄川和彦)「石垣市立八重山博物館紀要」　石垣市立八重山博物館　(20)　2011.3

パナリ焼―イメージの形成・製作・流通の謎 (島袋綾野)「石垣市立八重山博物館紀要」　石垣市立八重山博物館　(20)　2011.3

近世八重山における莚・畳の製造と利用（得能壽美）「沖縄文化研究 : 法政大学沖縄文化研究所紀要」 法政大学沖縄文化研究所 （37） 2011.3

八重山のカツオ漁を巡る生業ネットワーク―波照間島のカツオ漁と黒島のザコ捕りを中心に（古谷野洋子）「沖縄文化研究 : 法政大学沖縄文化研究所紀要」 法政大学沖縄文化研究所 （37） 2011.3

3月定例会レジュメ 仲宗根豊見親の八重山入について（3）―「同人八重山入の時あやこ」を中心に（下地利幸）「宮古郷土史研究会会報」 宮古郷土史研究会 （183） 2011.3

対馬海峡から見る台湾と八重山の「交流」（特集 台湾をめぐる境域）（上水流久彦）「白山人類学」 白山人類学研究会，岩田書院（発売） （14） 2011.3

3月定例会のまとめ 仲宗根豊見親の「八重山入の時あやこ」を中心に報告（下地利幸）「宮古郷土史研究会会報」 宮古郷土史研究会 （184） 2011.5

沖縄の色・形 普段着として織られてきた素朴な伝統織物 八重山交布「南ぬ風 : 財団法人海洋博覧会記念公園管理財団広報誌 : 季刊誌」 海洋博覧会記念公園管理財団 （21） 2011.10

八重山往来船舶漂流事例集（資料紹介）（宮良芳和）「石垣市立八重山博物館紀要」 石垣市立八重山博物館 （22） 2012.3

知識ファイル箱（43）宮古・八重山の役人と首里城（高良倉吉）「首里城公園友の会会報」 首里城公園友の会 （79） 2012.3

戦時期の沖縄県会における宮古・八重山の諸問題―昭和12年11月の第55回議事録から（来間泰男）「宮古島市総合博物館紀要」 宮古島市総合博物館 （16） 2012.3

第74沖縄染織研究会 明治30年代の沖縄の麻織物―第5回内国勧業博覧会と全国・宮古・八重山（粟国恭子）「沖縄染織研究会通信」 沖縄染織研究会 （69） 2012.7

八重山平和祈念館 平成24年度事業実施報告 沖縄復帰40周年記念企画展「資料でみる八重山のあゆみ」 平成24年5月10日（木）〜5月20日（日）／企画展「八重山 戦後の開拓移民」展 平成24年6月12日（火）〜7月1日（日）／「児童・生徒の平和メッセージ」展 八重山会場 平成24年7月12日（木）〜7月22日（日）「沖縄県平和祈念資料館だより」 沖縄県平和祈念資料館 （23） 2012.8

1885年田代安定の八重山調査と沖縄県の尖閣諸島調査（國吉まこも）「地域研究」 沖縄大学地域研究所 （10） 2012.9

球陽 八重山関係記事集（上巻）「石垣市史叢書」 石垣市 （19） 2013.3

八重山における水中文化遺産の現状と将来―石垣島・屋良部沖海底遺跡を中心に（寄稿）（小野林太郎，片桐千温紀，坂上憲光，菅浩伸，宮城弘樹，山本祐司）「石垣市立八重山博物館紀要」 石垣市立八重山博物館 （22） 2013.3

近世八重山士族の異国語習得（新城敏男）「月曜ゼミナール」 月曜ゼミナール （5） 2013.3

大田静男「夕凪の島」（波照間永吉）「沖縄文化」 沖縄文化協会 47（2）通号114 2013.9

琉球・八重山における猪対策―近世における文書の公的世界と絵画の私的世界（個人研究論文）（得能壽美）「年報非文字資料研究」 神奈川大学日本常民文化研究所非文字資料研究センター （10） 2014.3

民話の系譜 宮古の英雄・金志川金盛は、八重山に生きる（石垣繁，中山瑠衣，本田碩孝，本永清）「奄美沖縄民間文芸学」 奄美沖縄民間文芸学会 （12） 2014.4

八重山群島

第132回研究会報告 八重山群島の岸辺を洗う黒潮（正木譲）「沖縄・八重山文化研究会会報」 沖縄・八重山文化研究会 （132） 2003.3

八重山諸島

八重山諸島の綱引（石垣博孝）「南島史学」 南島史学会 （57・58） 2001.11

八重山諸島の平家伝説と倭寇の行跡（宮良安彦）「沖縄文化研究 : 法政大学沖縄文化研究所紀要」 法政大学沖縄文化研究所 （28） 2002.3

近世中期における八重山諸島の村落と寄百姓―西表島東部の各村落と周辺離島との関係を中心に（仲地哲夫）「南島文化」 沖縄国際大学南島文化研究所 （24） 2002.3

八重山諸島から見た日本／沖縄「境界の島々」の歴史（2），（4），（5）（原知章）「人権21 : 調査と研究」 おかやま人権研究センター （160）／（165） 2002.10/2003.8

第145回研究会報告 八重山諸島の歴史―八重山人のルーツ・宗教・村落共同体（宮良安彦）「沖縄・八重山文化研究会会報」 沖縄・八重山文化研究会 （145） 2004.5

八重山諸島のことわざ（宮良安彦）「南島研究」 南島研究 45 2004.10

八重山諸島のアカマタ・クロマタ再考―男鹿のナマハゲとの比較考察から（稲緒次）「北方風土 : 北国の歴史民俗考古研究誌」 イズミヤ出版 通号49 2005.1

八重山諸島の窯業史における屋瓦の特質（上原静）「南島文化」 沖縄国際大学南島文化研究所 （27） 2005.3

第160回研究会報告 石垣島の雨乞い行事―八重山諸島の非年中行事（宮

良安彦）「沖縄・八重山文化研究会会報」 沖縄・八重山文化研究会 （160） 2005.10

八重山諸島における琉球近世瓦関係文献資料の集成と諸問題の検証―琉球近世瓦の研究（石井龍太）「よのつち : 浦添市文化部紀要 : bulletin of Culture Department, Urasoe City」 浦添市教育委員会文化部 （3） 2007.3

日本台湾統治時代における台湾人の八重山諸島への移民活動（卞鳳奎）「南島史学」 南島史学会 （74） 2009.12

第169回シマ研究会 河名俊男「宮古・八重山諸島における過去1000年間の歴史津波と伝説の津波―1771年明和津波、1667年の地震と津波、下地島のヨナタマ伝説、多良間島のブナマー伝説を中心に―」（2010年度後期事業報告）「南島文化研究所所報」 沖縄国際大学南島文化研究所 （57） 2012.3

崎浜靖「近代沖縄の疾病地理―八重山諸島のマラリアを事例として―」（2010年度後期事業報告―福建師範大学中琉歴史研究所との協定校間学術講演会）「南島文化研究所所報」 沖縄国際大学南島文化研究所 （57） 2012.3

女性がおくる布―古代の領巾と沖縄・八重山諸島の手巾（万葉古代学研究所第5回委託共同研究報告―万葉世界の植物）（東村純子）「万葉古代学研究年報」 奈良県立万葉文化館 （10） 2012.3

八重山諸島のアンガマにみる家と庭の役割について（特集 琉球・沖縄からみる風俗史）（岡本夕布子，鈴木章生）「風俗史学 : 日本風俗史学会誌」 日本風俗史学会 （52） 2013.5

屋我地

史跡巡見北部コース 古宇利・屋我地・奥武島めぐり（いろいろレポート）（平良啓）「首里城公園友の会会報」 首里城公園友の会 （75） 2011.3

屋慶名番所

探訪 昔道・新道 具志川の川田十字路から勝連城址を経て平敷屋番所跡、屋慶名番所跡まで／西海道の起点だった首里城久慶門から儀保・経塚を経て浦添番所跡まで「宿道」 沖縄しまたて協会 23 2004.10

安良村

遺構、遺物にみる安良村跡終末期の屋敷跡（寄稿）（石井龍太）「石垣市立八重山博物館紀要」 石垣市立八重山博物館 （22） 2013.3

八重干瀬

「八重干瀬」地名考（宮川耕次）「宮古郷土史研究会会報」 宮古郷土史研究会 123 2001.3

八重干瀬は緑豊かな陸だった（第174回研究会報告）（大城逸朗）「沖縄・八重山文化研究会会報」 沖縄・八重山文化研究会 （174） 2007.1

宮古島市・八重干瀬の天然記念物を目指して―地形と地質（安谷屋昭）「宮古島市総合博物館紀要」 宮古島市総合博物館 （16） 2012.3

宮古島市・八重干瀬の天然記念物を目指して―地形と地質（安谷屋昭）「宮古島市総合博物館紀要」 宮古島市総合博物館 （16） 2012.3

屋富祖大通り

沖縄の戦後を歩く（4）「屋富祖大通り」（三嶋啓二）「しまたてぃ : 建設情報誌」 沖縄しまたて協会 （61） 2012.5

屋部村

報告2「サイパン移民名簿 屋部村」（宮内久光）「移民研究」 琉球大学移民研究センター （6） 2010.3

藪地島

史跡巡見中部コース―うるま市藪地島＆「船と造船技術からみた沖縄文化の旅」（いろいろレポート）（事務局）「首里城公園友の会会報」 首里城公園友の会 （87） 2014.3

山田

第5回山原のムラ・シマ講座―恩納村山田「なきじん研究」 今帰仁村歴史文化センター （18） 2011.3

山田グスク

探訪 昔道・新道 垣花樋川から具志堅の樋川を通り、知念城跡を経て斎場御嶽へ至る／恩納博物館から仲泊遺跡、山田谷川の石舩、山田グスクを経て護佐丸父祖の墓まで「宿道」 沖縄しまたて協会 26 2006.3

山田谷川

探訪 昔道・新道 垣花樋川から具志堅の樋川を通り、知念城跡を経て斎場御嶽へ至る／恩納博物館から仲泊遺跡、山田谷川の石舩、山田グスクを経て護佐丸父祖の墓まで「宿道」 沖縄しまたて協会 26 2006.3

山原

小川徹先生と羽地・山原地方史料（《小川徹先生追悼文》）（中村誠司）「沖縄文化」 沖縄文化協会 38（1）通号95 2003.3

山原の歴史と文化―調査記録「なきじん研究」 今帰仁村歴史文化センター 13 2004.3

沖縄戦時下における食糧事情―ヤンバルでの飢え（玉城裕美子）「読谷村立歴史民俗資料館紀要」 読谷村教育委員会 29 2005.3

山原の津（港）と山原船―解説（仲原弘哲，石野裕子，松村真利）「なきじん研究」 今帰仁村歴史文化センター 14 2005.12

沖縄県　　　　　　　　　　　地名でたどる郷土の歴史　　　　　　　　　　九州・沖縄

沖縄やんばるを世界遺産へ―破壊から保全・再生への道のり（受賞記念講演）（関根孝道）「季刊沖縄」沖縄協会　12（1・2）通号32　2007.4

やんばる風景づくりフォーラム―みんなで考えよう北部の今日の風景、明日の風景づくり（しまたてぃ編集部）「しまたてぃ : 建設情報誌」沖縄しまたて協会　（47）2008.10

山原の歴史・文化へのアプローチ「なきじん研究」今帰仁村歴史文化センター　（16）2009.3

山原とは「なきじん研究」今帰仁村歴史文化センター　（16）2009.3

山原の歴史の道「なきじん研究」今帰仁村歴史文化センター　（16）2009.3

山原の五つのグスクと集落「なきじん研究」今帰仁村歴史文化センター　（16）2009.3

山原の間切と両惣地頭など「なきじん研究」今帰仁村歴史文化センター　（16）2009.3

山原各地の津口（港）「なきじん研究」今帰仁村歴史文化センター　（16）2009.3

山原の津（港）と山原船「なきじん研究」今帰仁村歴史文化センター　（16）2009.3

山原のムラ・シマ講座及び調査記録「なきじん研究」今帰仁村歴史文化センター　（18）2011.3

ゆいゆい国頭

連載 「道の駅」でちょっとひと休み（3）道の駅 ゆいゆい国頭「宿道」沖縄しまたて協会　34　2013.2

ゆいレール

特集・ゆいレール 県内唯一の鉄軌道ゆいレール快調に進行中「宿道」沖縄しまたて協会　21　2003.10

県民のライフスタイルを変えたゆいレール（特集 モノレールの新たな可能性を探る）「しまたてぃ : 建設情報誌」沖縄しまたて協会　（46）2008.7

沖縄都市モノレール5年間のあゆみ（特集 モノレールの新たな可能性を探る）（儀間真明）「しまたてぃ : 建設情報誌」沖縄しまたて協会　（46）2008.7

モノレールを活用したまちづくり（特集 モノレールの新たな可能性を探る）（宇根弘）「しまたてぃ : 建設情報誌」沖縄しまたて協会　（46）2008.7

ゆいレール開業5周年のあゆみと課題（特集 モノレールの新たな可能性を探る）（比嘉良雄）「しまたてぃ : 建設情報誌」沖縄しまたて協会　（46）2008.7

沖縄都市モノレール "ゆいレール" とまちづくり（特集 モノレールの新たな可能性を探る）（玉那覇有栄）「しまたてぃ : 建設情報誌」沖縄しまたて協会　（46）2008.7

与儀市場通り

ロードエッセイ 与儀市場通り（仲原りつ子）「宿道」沖縄しまたて協会　20　2003.3

与座

糸満市与座・大里地名巡検報告（仲田邦彦）「珊瑚の島だより」南島地名研究センター　（47）2005.1

吉田

（仮称）吉田の陣地壕群について（久貝弥嗣）「宮古郷土史研究会会報」宮古郷土史研究会　（191）2012.7

与那国

第161回研究会報告 密貿易とよべない、戦後与那国中継交易（宮良作）「沖縄・八重山文化研究会会報」沖縄・八重山文化研究会　（161）2005.11

与那国調査（2005年度事業報告）「南島文化研究所報」沖縄国際大学南島文化研究所　（53）2006.3

沖縄県与那国沖海底 "遺跡" 書誌（（特集 書誌新人集））（長島可代子）「文献探索」金沢文圃閣　2006　2006.11

波照間方言と与那国方言の形容詞語尾を言語接触からみる（かりまたしげひさ）「南島文化」沖縄国際大学南島文化研究所　（31）2009.3

琉球与那国方言のアクセント資料（1）,（3）（上野善道）「琉球の方言」法政大学沖縄文化研究所　通号34/（38）2013.03/2014.03

仲宗根豊見親と鬼虎―与那国入りの年代について（下地和宏）「宮古島市総合博物館紀要」宮古島市総合博物館　（14）2010.3

6月定例会レジュメ 与那国攻入りについて―1532年説を考える（下地和宏）「宮古郷土史研究会会報」宮古郷土史研究会　（178）2010.5

「与那国攻め入り」の年代考―6月例会より（下地和宏）「宮古郷土史研究会会報」宮古郷土史研究会　（179）2010.7

8月定例会のまとめ 忠導氏家譜の記録「嘉靖年間鬼虎征伐」をどうみるか（下地利幸）「宮古郷土史研究会会報」宮古郷土史研究会　（180）2010.9

与那国方言動詞活用形のアクセント資料（上野善道）「琉球の方言」法政大学沖縄文化研究所　通号35　2011.3

与那国方言動詞活用形のアクセント資料（3）（上野善道）「琉球の方言」法政大学沖縄文化研究所　（36）2012.3

「与那国の鬼虎征罰」年代考―鬼虎征罰「嘉靖元年（1522年）」説の来由を考える（下地利幸）「宮古島市総合博物館紀要」宮古島市総合博物館　（17）2013.3

琉球与那国方言体言のアクセント資料（2）（上野善道）「琉球の方言」法政大学沖縄文化研究所　（37）2013.3

与那国島

アジアの中の与那国島（外間守善）「沖縄学 : 沖縄学研究所紀要」沖縄学研究所　6（1）通号6　2003.3

第138回研究会報告 与那国島・その山がもつ意味（川平成雄）「沖縄・八重山文化研究会会報」沖縄・八重山文化研究会　（138）2003.10

与那国島調査報告講演会（2005年度事業報告）「南島文化研究所報」沖縄国際大学南島文化研究所　（53）2006.3

与那国島方言の系統的位置（ウエイン・ローレンス）「琉球の方言」法政大学沖縄文化研究所　通号32　2008.3

本山桂川と『與那国島図誌』（花部英雄）「昔話伝説研究」昔話伝説研究会　（28）2008.12

与那「国」島小考（新垣誠正）「南島文化研究所報」沖縄国際大学南島文化研究所　（55）2008.12

第3回与那国島調査報告講演会（2007年度事業報告）「南島文化研究所報」沖縄国際大学南島文化研究所　（55）2008.12

島からのことづて（1）五百三十年前の記憶を生きる―済州島民と与那国島民の交流（安渓貴子，安渓遊地）「東北学．［第2期］」東北芸術工科大学東北文化研究センター，柏書房（発売）（25）2010.11

与那国島―大地（ウフジ）と離（ハナレ）の琉球史（4）（高良倉吉）「季刊沖縄」沖縄協会　18（1・2）通号44　2010.11

与那国島の「息づく景観」を守る（松田啓太）「しまたてぃ : 建設情報誌」沖縄しまたて協会　（69）2014.7

与那田橋碑

記念碑を訪ねて（3）与那田橋碑「竹富町史だより」竹富町教育委員会　21　2002.3

与那覇原

「与那覇原軍」はいつか…―6月定例会のあらまし（下地和宏）「宮古郷土史研究会会報」宮古郷土史研究会　149　2005.7

1月定例会レジュメ 宮古島記事次『与那原はら軍』を読む（下地利幸）「宮古郷土史研究会会報」宮古郷土史研究会　（176）2010.1

クギナクズ按司と与那覇原軍（下地利幸）「宮古郷土史研究会会報」宮古郷土史研究会　（176）2010.1

1月定例会のまとめ 宮古島記事次『与那原はら軍』について（下地利幸）「宮古郷土史研究会会報」宮古郷土史研究会　（177）2010.3

「与那ばら軍（いうさ）」終結の時期をめぐって―砂川明芳氏の提起をうけて（論文）（下地和宏）「宮古研究」宮古郷土史研究会　（12）2013.12

3月定例会レジュメ 再々「与那原はら軍」終結の時期をめぐって―砂川明芳氏の提起を受けて（下地和宏）「宮古郷土史研究会会報」宮古郷土史研究会　（201）2014.3

与那ばら軍（いうさ）―終結の時期をめぐって 3月定例会を終えて（下地和宏）「宮古郷土史研究会会報」宮古郷土史研究会　（202）2014.5

与那覇湾

与那覇湾―ラムサール条約登録湿地（仲地邦博）「宮古島市総合博物館紀要」宮古島市総合博物館　（17）2013.3

与根

豊見城市字与根の人生儀礼―産育と婚姻（儀間淳一）「豊見城市史だより」豊見城市教育委員会文化課　（8）2005.3

読谷山

沖縄の色・形 多彩な模様に繊細さが漂う 読谷山花織「南ぬ風 : 財団法人海洋博覧会記念公園管理財団広報誌 : 季刊誌」海洋博覧会記念公園管理財団　（19）2011.4

読谷山芭蕉衣について―収蔵品にみるバサーヂン（芭蕉衣）（玉城和美，玉城琳子）「読谷村立歴史民俗資料館紀要」読谷村教育委員会　（36）2012.3

読谷山間切

第1章 金武間切域の村/第2章 久志間切域の村/第3章 恩納間切域の村/第4章 読谷山間切からの村（第6篇 金武間切域の村）（仲原弘哲）「なきじん研究」今帰仁村歴史文化センター　（15）2007.3

読谷村

読谷村―地域自治の原点（高橋明善）「多摩学会」多摩学会　14　2003.3

読谷に関する詩歌、読谷に関する琉歌（長浜真勇）「読谷村立歴史民俗資料館紀要」読谷村教育委員会　27　2003.3

読谷村の民俗（2）（名嘉真宜勝）「読谷村立歴史民俗資料館紀要」読谷村教育委員会　27　2003.3

旧読谷山国民学校「忠魂碑」建立年月日を特定/「戦災実態調査」のデー

タベース完成/『読谷村史第5巻 資料編4 戦時記録・上巻』完成/大好評『戦時記録・上巻』インターネット公開「ゑけ大にし ： 読谷村史だより」 読谷村立歴史民俗資料館 （3） 2003.6
『読谷村の戦跡めぐり』発刊/『三人の元日本兵と沖縄 渡辺憲央氏寄贈パネル写真集』発刊「ゑけ大にし ： 読谷村史だより」 読谷村立歴史民俗資料館 （3） 2003.6
読谷村におけるボーシクマー調査概要（玉城琳子, 玉城和美, 安田こずえ, 島袋美乃）「読谷村立歴史民俗資料館紀要」 読谷村教育委員会 28 2004.3
『読谷村史』第五巻資料編4「戦時記録」上巻のCD―ROM化について（《宮古城辺町特集》―〈I 2002年度第3回研修会〉）（小橋川清弘）「あしびなぁ」 沖縄県地域史協議会 15 2004.6
『読谷村史 戦時記録関係資料集2 読谷村の戦跡めぐり』について（《宮古城辺町特集》―〈II 2003年度第1回総会および研修会〉）（玉城裕美子）「あしびなぁ」 沖縄県地域史協議会 15 2004.6
読谷村の史跡巡見（事務局）「首里城公園友の会会報」 首里城公園友の会 （55） 2006.3
日程表/巡見資料 読谷村巡見資料（〈2005年度第1回研修会〉）「あしびなぁ」 沖縄県地域史協議会 （17） 2006.8
グスク時代の建物跡集成（宮城弘樹, 玉城靖, 仲宗根求）「読谷村立歴史民俗資料館紀要」 読谷村教育委員会 （31） 2007.3
読谷村における終戦直後のジュラルミン製民具―資料館収蔵品の中から（玉城和美, 玉城琳子）「読谷村立歴史民俗資料館紀要」 読谷村教育委員会 （32） 2008.3
読谷からアマゾンへ―戦後のブラジル・カッペン移民（玉城裕美子）「読谷村立歴史民俗資料館紀要」 読谷村教育委員会 （32） 2008.3
読谷に関する詩歌（補遺）（長浜眞勇）「読谷村立歴史民俗資料館紀要」 読谷村教育委員会 （32） 2008.3
読谷村の景観むらづくり（池原一葉）「しまたてぃ ： 建設情報誌」 沖縄しまたて協会 （47） 2008.10
序（《読谷村制100周年記念特別号》）（小橋川清弘）「読谷村立歴史民俗資料館紀要」 読谷村教育委員会 （33） 2008.11
読谷村建設隊入村60周年企画展―廃墟からの復興 1 読谷村の復興期の概要/2 社会基盤と物資の確保/3 写真に見る読谷の復興/4 戦没者の慰霊（《読谷村制100周年記念特別号》）「読谷村立歴史民俗資料館紀要」 読谷村教育委員会 （33） 2008.11
読谷村建設隊の頃―関係者の証言集（《読谷村制100周年記念特別号》）「読谷村立歴史民俗資料館紀要」 読谷村教育委員会 （33） 2008.11
読谷村建設隊入村60周年記念シンポジウム―廃墟からの復興― 基調講演「沖縄戦後のあゆみ・ゼロからの出発」（《読谷村制100周年記念特別号》）（大城将保）「読谷村立歴史民俗資料館紀要」 読谷村教育委員会 （33） 2008.11
パネルディスカッション「廃墟からのそれぞれの復興」（《読谷村制100周年記念特別号》）「読谷村立歴史民俗資料館紀要」 読谷村教育委員会 （33） 2008.11
沖縄県読谷村における都市計画と風水（浅井秀子）「北東アジア文化通信」 鳥取短期大学北東アジア文化総合研究所 （33） 2009.5
沖縄県読谷村の都市計画における風水思想（浅井秀子）「北東アジア文化研究」 鳥取短期大学 （30） 2009.10
『読谷村史』移民・出稼ぎ編に向けた展望（辻央）「読谷村立歴史民俗資料館紀要」 読谷村教育委員会 （35） 2011.3
戦後移民名簿の課題と整理（辻央）「読谷村立歴史民俗資料館紀要」 読谷村教育委員会 （36） 2012.3

読谷補助飛行場

米軍基地返還と「耕作権」保障問題―読谷補助飛行場の事例（小川竹一）「地域研究」 沖縄大学地域研究所 （2） 2006.3

落去（絶）村

10月定例会レジュメ 旧記にみる『落去（絶）村』跡への村立の記録（下地利幸）「宮古郷土史研究会会報」 宮古郷土史研究会 （156） 2006.9
12月定例会のあらまし 「落去（絶）村」跡への村立の記録をさぐる（下地利幸）「宮古郷土史研究会会報」 宮古郷土史研究会 （157） 2006.11

琉球

資料紹介.USCAR文書/復帰協資料/琉球政府刊行物/公文書館収集地図シリーズ1―岸秋正文庫所収地図より「Archives ： 沖縄県公文書館だより」 沖縄県文化振興会 10 2000.1
フランスにおける琉球関係資料の調査（森田孟進）「びぶりお ： 琉球大学附属図書館報」 琉球大学附属図書館 125 2000.1
原忠順文庫貴重資料展―琉球処分（置県）直後の沖縄の状況「びぶりお ： 琉球大学附属図書館報」 琉球大学附属図書館 125 2000.1
催しもの案内 講演会「島津家久と琉球支配」「Archives ： 沖縄県公文書館だより」 沖縄県文化振興会 11 2000.3
評定所文書覚書（10）琉球「情報」の検討―もう一つの「台湾遭難」記事から（栗野慎一郎）「浦添市立図書館紀要」 浦添市教育委員会 （11） 2000.3
近世琉球における渡唐使節の編成―19世紀の事例を中心に（深沢秋人）「沖縄文化研究 ： 法政大学沖縄文化研究所紀要」 法政大学沖縄文化研究所 （26） 2000.3
琉球史における民衆の役割（2）,（3）（仲地哲夫）「南島文化」 沖縄国際大学南島文化研究所 （22）/（23） 2000.3/2001.3
琉球遠征（原田利盛）「えびの」 えびの市史談会 34 2000.5
常設展「琉球王朝文化の華・漆芸」「きよらさ ： 浦添市美術館ニュース」 浦添市美術館 27 2000.7
ねっとOPA/沖縄県公文書館におけるデジタル化事業/空中写真/琉球政府公報「Archives ： 沖縄県公文書館だより」 沖縄県文化振興会 13 2001.1
琉球国王の表文と奏本（新収蔵資料紹介）「Archives ： 沖縄県公文書館だより」 沖縄県文化振興会 13 2001.1
常設ミニ企画「堆錦」「きよらさ ： 浦添市美術館ニュース」 浦添市美術館 29 2001.1
大韓民国における前近代朝鮮・琉球関係史研究の動向―孫承喆・楊秀芝良氏の研究を中心として（六反田豊）「九州史学」 九州史学研究会 （127） 2001.2
評定所文書覚書（11） 芸能史研究からの評定所文書へのアプローチ（徳元剛）「浦添市立図書館紀要」 浦添市教育委員会 （12） 2001.3
近世琉球の暦 試論六 先島蔵元の時賦（高田紀代志）「沖縄研究ノート ： 《共同研究》南島における民族と宗教」 宮城学院女子大学キリスト教文化研究所 （10） 2001.3
米国統治下の米国の琉球経済援助―高等弁務官資金を中心に―（仲地洋）「沖縄研究ノート ： 《共同研究》南島における民族と宗教」 宮城学院女子大学キリスト教文化研究所 （10） 2001.3
琉球政府の八重山開拓移住政策（崎原恒新）「具志川市史だより」 具志川市史編さん室 16 2001.3
「琉球貿易図屛風」の成立について―下貼文書の検討から（岩崎奈緒子）「滋賀大学経済学部附属史料館研究紀要」 滋賀大学経済学部附属史料館 （34） 2001.3
「琉球貿易図屛風」6曲1隻 保存修理報告書（有限会社文化財保存）「滋賀大学経済学部附属史料館研究紀要」 滋賀大学経済学部附属史料館 （34） 2001.3
フォーラム 「琉球国中山王條疏」について（梅木哲人）「法政大学沖縄文化研究所所報」 法政大学沖縄文化研究所 50 2001.8
特集 輪島塗と漆芸作家について―琉球漆器の若い友へ（柳橋真）「きよらさ ： 浦添市美術館ニュース」 浦添市美術館 32 2001.10
平成13年度後期常設展 琉球漆器をかざる（岡本亜紀）「きよらさ ： 浦添市美術館ニュース」 浦添市美術館 32 2001.10
翻訳 崔信浩「韓国と安南・琉球との文学交流試考」（薛末子）「北東アジア文化研究」 鳥取短期大学 （14） 2001.10
琉球国の三山統一についての一考察（喜舎場一隆, 屋比久たきこ）「南島史学」 南島史学会 （57・58） 2001.11
文献紹介 幕末の異国船来琉記と当時の琉球の状況（3）―琉球大学附属図書館貴重書展から（豊平朝美）「びぶりお ： 琉球大学附属図書館報」 琉球大学附属図書館 133 2002.1
評定所文書覚書（12） 近世琉球の下層役人について―公事拝・包丁人を中心に（栗野慎一郎）「浦添市立図書館紀要」 浦添市教育委員会 （13） 2002.3
「琉球教育」と台湾における植民地教育―日清戦争前後の学務官僚児玉喜八の動向を中心に（大浜郁子）「沖縄文化研究 ： 法政大学沖縄文化研究所紀要」 法政大学沖縄文化研究所 （28） 2002.3
「琉球産業制度資料」の情報化による琉球語彙の研究（2）～（4）（仲地哲夫）「南島文化」 沖縄国際大学南島文化研究所 （24）/（27） 2002.3/2005.3
文献紹介 幕末の異国船来琉記と当時の琉球の状況（4）―琉球大附属図書館貴重書展から（豊平朝美）「びぶりお ： 琉球大学附属図書館報」 琉球大学附属図書館 134 2002.4
「琉球政府創立式典関係書類」「Archives ： 沖縄県公文書館だより」 沖縄県文化振興会 19 2002.8
特集 琉球政府公報インターネット閲覧サービス「Archives ： 沖縄県公文書館だより」 沖縄県文化振興会 19 2002.8
琉球廃藩沖縄県の歴史的意義―内務省における琉球関係写本作成の視点から（木崎弘美）「南島史学」 南島史学会 （60） 2002.11
2002年度貴重書展「史料が語る琉球」（展示委員会）「びぶりお ： 琉球大学附属図書館報」 琉球大学附属図書館 136 2003.1
評定所文書覚書（13） 「維新」「変革」情報について（1）―近世末史料の伝失状況から（栗野慎一郎）「浦添市立図書館紀要」 浦添市教育委員会 （14） 2003.3
琉球狂歌における語彙の特徴について―民俗語彙を中心に（西岡敏）「奄美沖縄民間文芸学」 奄美沖縄民間文芸学会 （3） 2003.3
琉球王権儀礼とイザイホー（小山和行）「沖縄学 ： 沖縄学研究所紀要」 沖縄学研究所 6（1）通号6 2003.3
近世琉球の暦 試論（7） 選日通書の最後―再考（高田紀代志）「沖縄研究

ノート ：《共同研究》南島における民族と宗教」 宮城学院女子大学キリスト教文化研究所研究紀要」 (12) 2003.3

「琉球二字官話集」における動詞の形態《《小川徹先生追悼号》—〈第2部追悼論集〉》(高橋俊三)「沖縄文化」 沖縄文化協会 38(1)通号95 2003.3

琉球国王の常服(原田禹雄)「沖縄文化研究 ： 法政大学沖縄文化研究所紀要」 法政大学沖縄文化研究所 (29) 2003.3

「貢品」と「下賜品」に見る中琉関係(孫薇)「沖縄文化研究 ： 法政大学沖縄文化研究所紀要」 法政大学沖縄文化研究所 (29) 2003.3

南琉球方言音韻体系の変化傾向(中本謙)「沖縄文化研究 ： 法政大学沖縄文化研究所紀要」 法政大学沖縄文化研究所 (29) 2003.3

中琉歴史関係档案の整理と提供及び研究の回顧と展望について(邢永福、伊礼さえ子)「史料編集室紀要」 沖縄県教育委員会 (28) 2003.3

琉球国貢使、官生の北京における生活品支給から見た中琉歴史関係—中国第一歴史档案館所蔵の「黄冊」「呈稿」等の中琉関係档案の紹介(潘俊英、島袋直樹)「史料編集室紀要」 沖縄県教育委員会 (28) 2003.3

琉球・マラッカ交流史についての予備的調査—マレーシア調査紀行(真栄平房昭、漢那敬子)「史料編集室紀要」 沖縄県教育委員会 (28) 2003.3

同時代史料にみる古琉球の王たち(高瀬恭子)「史料編集室紀要」 沖縄県教育委員会 (28) 2003.3

琉球の進貢した扇・蕉布・夏布を賞賜する文書と清単—軍機処上諭档の道光二年琉球関係史料から(史料紹介)(外間みどり)「史料編集室紀要」 沖縄県教育委員会 (28) 2003.3

琉球絣の文様について(大城彩美)「南風の杜 ： 南風原文化センター紀要」 南風原文化センター 9 2003.3

琉球絣(照屋由紀子)「南風の杜 ： 南風原文化センター紀要」 南風原文化センター 9 2003.3

韓国考古紀行—慶州・光州・釜山に琉球列島産貝製品を求めて(岸本義彦)「文化課紀要」 沖縄県教育委員会 19 2003.3

フォーラム 続『日琉同祖論』批判(2)(一泉知永)「法政大学沖縄文化研究所所報」 法政大学沖縄文化研究所 53 2003.3

「中山伝信録物産考」の一考察(瀧川義一)「南島史学」 南島史学会 (61) 2003.4

沖縄国際大学南島文化研究所編『近世琉球の租税制度と人頭税』(下地和宏)「宮古郷土史研究会会報」 宮古郷土史研究会 138 2003.9

東京国立博物館所蔵琉球資料展 「琉球・沖縄へのまなざし」(きよらさ ： 浦添市美術館ニュース」 浦添市美術館 40 2003.10

徐葆光「奉使琉球詩」を「発見」して(高橋康夫)「季刊沖縄」 沖縄協会 8(3・4)通号25 2003.10

琉球由来記 園比屋武、金比屋武及びイベについて(奥田良寛春)「珊瑚の島だより」 南島地名研究センター 44 2003.10

幕末琉球の外圧に対する祈祷政策(熱美保子)「南島史学」 南島史学会 (62) 2003.10

特集 島津家文書(琉球関係資料)「Archives ： 沖縄県公文書館だより」 沖縄県文化振興会 23 2003.11

第139回研究会報告 鎌倉芳太郎の琉球芸術調査(久貝典子)「沖縄・八重山文化研究会会報」 沖縄・八重山文化研究会 (139) 2003.11

鎌倉芳太郎の琉球芸術調査(上)(久貝典子)「沖縄文化」 沖縄文化協会 38(2)通号96 2003.11

歴史散歩 琉球王国と沖縄の歴史(山崎正)「群馬歴史散歩」 群馬歴史散歩の会 182 2004.1

首里城文化講演会 琉球の王族はどこから来たか—安里進氏を迎えて(平良啓)「首里城公園友の会会報」 首里城公園友の会 46 2004.1

特集 琉球政府関係写真資料「Archives ： 沖縄県公文書館だより」 沖縄県文化振興会 24 2004.3

特集 日本復帰前の時代の子供たち—琉球政府関係写真資料より 「Archives ： 沖縄県公文書館だより」 沖縄県文化振興会 24 2004.3

今、公文書館では/琉球政府文書総合整理・保存計画事業「Archives ： 沖縄県公文書館だより」 沖縄県文化振興会 24 2004.3

評定文書覚書(14)「維新」「変革」情報について(2)—近世末史料の記事データから(栗野慎一郎)「浦添市立図書館紀要」 浦添市教育委員会 (15) 2004.3

太宰府神社旧蔵「琉球国図」にみる15世紀の琉球王国(安里進)「浦添市立図書館紀要」 浦添市教育委員会 (15) 2004.3

小琉球嶼論—琉球は何方(外間守善)「沖縄学 ： 沖縄学研究所紀要」 沖縄学研究所 7(1)通号7 2004.3

古層語可能助動詞「サル」に関する考察—琉球方言と土佐方言に基づいて(橋尾直和)「沖縄学 ： 沖縄学研究所紀要」 沖縄学研究所 7(1)通号7 2004.3

琉球慶賀使節—維新後間もない東京での足跡(伊江朝雄)「沖縄学 ： 沖縄学研究所紀要」 沖縄学研究所 7(1)通号7 2004.3

風の宇宙—琉球文学の地平(犬飼公之)「沖縄研究ノート ：《共同研究》南島における民族と宗教」 宮城学院女子大学キリスト教文化研究所 (13) 2004.3

公文書資料に見る琉球・沖縄の政策決定過程(大城眞幸)「沖縄県公文書館研究紀要」 沖縄県公文書館 (6) 2004.3

研究ノート 尾崎清次と『琉球玩具図譜』について(久場政彦)「沖縄県立博物館紀要」 沖縄県立博物館 (30) 2004.3

沖縄の風水史—琉球国の国策管見(渡邊欣雄)「沖縄文化」 沖縄文化協会 39(1)通号97 2004.3

加藤三吾の沖縄研究—『琉球乃研究』をめぐって(齊藤郁子)「沖縄文化」 沖縄文化協会 39(1)通号97 2004.3

琉球王権の性格と『おもろさうし』(吉成直樹、福寛美)「沖縄文化研究 ： 法政大学沖縄文化研究所紀要」 法政大学沖縄文化研究所 (30) 2004.3

琉球分割条約にあたえるイリ条約の影響(山城智史)「沖縄文化研究 ： 法政大学沖縄文化研究所紀要」 法政大学沖縄文化研究所 (30) 2004.3

中国第一歴史档案館蔵琉球関係档案史料(内閣黄冊・内務府呈稿)目録—『清代中琉関係档案五編』収録の内閣黄冊との比較から(外間みどり、大城本子)「史料編集室紀要」 沖縄県教育委員会 (29) 2004.3

知識ファイル箱 江戸上りの旅と交流(大城涼子)「首里城公園友の会会報」 首里城公園友の会 47 2004.3

ディスクールの変遷—「〈護佐丸・阿麻和利〉物語」に関する一考察(フォーラム)(香取久三子)「法政大学沖縄文化研究所所報」 法政大学沖縄文化研究所 55 2004.3

琉球祖語 *kaja 考(ウェインローレンス)「琉球の方言」 法政大学沖縄文化研究所 通号28 2004.3

朝鮮通信使・琉球使節通航時の綱引助郷—摂河両国を中心に(飯沼雅行)「交通史研究」 交通史学会、吉川弘文館(発売)(54) 2004.4

朝鮮使節の琉球通事より得た台湾鄭経・琉球情報(松浦章)「南島史学」 南島史学会 (63) 2004.4

英艦サマラン号の琉球・長崎来航(山下重一)「南島史学」 南島史学会 (63) 2004.4

第32回研究例会発表要旨 薩琉関係におけるトカラ—海上交通の形態とその変遷(高良由加利)「沖縄で奄美を考える会会報」 沖縄で奄美を考える会 (17) 2004.5

陶磁器が語る琉球のタイ・ベトナム交流史(金武正紀)「博友 ： 沖縄県立博物館友の会機関誌」 沖縄県立博物館友の会 18 2004.5

知識ファイル箱 北京故宮博物院の琉球関係資料(上江洲安亨)「首里城公園友の会会報」 首里城公園友の会 48 2004.6

秘宝展 帰ってきた琉球王朝の秘宝展/沖縄特別展覧会/展示解説会が催される(事務局)「首里城公園友の会会報」 首里城公園友の会 49 2004.9

鑑賞者の声 琉球王朝の秘宝展を覧て(平田由実)「首里城公園友の会会報」 首里城公園友の会 49 2004.9

アルクメーヌ号の琉球来航に関する一考察(岡部敏和)「南島史学」 南島史学会 (64) 2004.9

『球陽』の褒賞記事に見る琉球の儒教思想(崎原麗華)「沖縄・八重山文化研究会会報」 沖縄・八重山文化研究会 (152) 2005.1

知識ファイル箱(15)ベトナム独立運動家と琉球(高良倉吉)「首里城公園友の会会報」 首里城公園友の会 49 2005.1

琉球史像構築の思念から(高良倉吉)「歴史地名通信」 平凡社地方資料センター 49 2005.1

アーカイブズフラッシュ 新着資料 米海兵隊沖縄戦写真、大城光代氏寄贈資料/開催行事報告 映写会「万国津梁の国」、講演会「琉球・沖縄の対外関係の歴史」、講座「島津家文書にみる琉球王国の実像」、公文書館移動展「アーカイブズへの誘い 記録で辿る那覇の今・昔」「Archives ： 沖縄県公文書館だより」 沖縄県文化振興会 (27) 2005.2

基調講演 近世琉球の間切再編と村落の変容(田名真之)「よのつぢ ： bulletin of Culture Department, Urasoe City」 浦添市教育委員会文化部 (1) 2005.3

琉球と東南アジアの捲胎漆器—ミャンマーの籃胎素地と捲胎構造の観点より(宮里正子、岡本亜紀)「よのつぢ ： 浦添市文化部紀要 ： bulletin of Culture Department, Urasoe City」 浦添市教育委員会文化部 (1) 2005.3

アジアの中の沖縄・琉球そして久米島(外間守善)「沖縄学 ： 沖縄学研究所紀要」 沖縄学研究所 8(1)通号8 2005.3

琉球王朝文化と朝鮮半島(2)—『おもろさうし』にみる地域的ネットワークの意味するもの(福寛美)「沖縄研究ノート ：《共同研究》南島における民族と宗教」 宮城学院女子大学キリスト教文化研究所 (14) 2005.3

里村・阿久根市琉球史料調査(小野まさ子)「沖縄県史だより」 沖縄県教育庁 (14) 2005.3

琉球王国形成の思想—政治思想史の一齣として(《中村哲先生執筆論考》)(中村哲)「沖縄文化研究 ： 法政大学沖縄文化研究所紀要」 法政大学沖縄文化研究所 (31) 2005.3

「アジアの中の日本学」構想の戦略的拠点としての琉球学—そのために必要ないくつかの視角(《追悼論文》)(飯田泰三)「沖縄文化研究 ： 法政大学沖縄文化研究所紀要」 法政大学沖縄文化研究所 (31) 2005.3

薩摩藩・奄美・琉球における近世初頭の新田開発―石高制圏の形成（〈追悼論文〉）（梅木哲人）「沖縄文化研究 ： 法政大学沖縄文化研究所紀要」 法政大学沖縄文化研究所　（31）2005.3

アジア絣文化圏の形成と琉球・沖縄絣の文化的境位―「絣の起源・伝播・受容・熟成」論的検討のための序章（〈追悼論文〉）（安江孝司）「沖縄文化研究 ： 法政大学沖縄文化研究所紀要」 法政大学沖縄文化研究所　（31）2005.3

琉球―古日本を映す鏡（エドムント・ジーモン, 池原ひとみ［翻訳］）「史料編集室紀要」 沖縄県教育委員会　（30）2005.3

内務府奏案における中琉関係档案の概況と『清代中琉関係档案彙編』の編集出版について（邢永福, 行實紀子［翻訳］）「史料編集室紀要」 沖縄県教育委員会　（30）2005.3

道光二十三年の内務府档案から見た中琉関係について（王海青, 根川智美［翻訳］）「史料編集室紀要」 沖縄県教育委員会　（30）2005.3

清代中琉関係档案史料 軍機處上論档目録―中国第一歴史档案館・台湾故宮博物院所蔵（外間みどり, 久田千春）「史料編集室紀要」 沖縄県教育委員会　（30）2005.3

琉球と東アジア海域世界―海賊問題を中心として（記念講演）（真栄平房昭）「季刊沖縄」 沖縄協会　10（1・2）通号28　2005.4

嘉永6年、木鉢の琉球芋（松竹秀雄）「長崎談叢」 長崎史談会　94　2005.5

事業報告 琉球政府文書の現状と保存対策のこれから［1］～［3］（大湾ゆかり）「Archives ： 沖縄県公文書館だより」 沖縄県文化振興会　（28）／（30）2005.6／2006.3

琉球方言における漢語語彙―直接借用を中心に（石崎博志）「沖縄文化」 沖縄文化協会　40（1）通号99　2005.6

総合記念講演会「琉球王国文書と尚家文書」―田名真之氏を迎えて（事務局）「首里城公園友の会会報」 首里城公園友の会　2005.6

基調講演 近世琉球の間切再編と村落の変容（〈2003年度第3回研修会〉）（田名真之）「あしびなぁ」 沖縄県地域史協議会　16　2005.7

浦添市美術館特別展／描かれた琉球／葛飾北斎「琉球八景」・「ペリー提督遠征記」・「琉球交易港図屏風」・比嘉華山「琉球婦人の図」「きよらさ ： 浦添市美術館ニュース」 浦添市美術館　2005.8

琉球の織り（岩井信子）「土佐地域文化」 「土佐地域文化研究会」　（9）2005.8

明末・中国人の琉球渡航記（真栄平房昭）「海路」 「海路」編集委員会, 海鳥社（発売）通号2　2005.9

琉球を見た人たち「南島研究」 南島研究会　46　2005.9

琉球国の平和外交と八重山士族（得能壽美）「法政大学沖縄文化研究所所報」 法政大学沖縄文化研究所　57　2005.9

2001年度 野田愛六氏資料・黒田一二氏資料贈呈される／特別展「尚王家と琉球の美」展／那覇市史資料篇第3巻2「戦後の社会・文化1」刊行「歴史資料室だより」 那覇市文化局　49-56　2005.10

2004年度中国・北京故宮博物院所蔵「帰ってきた琉球王朝の秘宝」展／小松家資料寄贈をうける「歴史資料室だより」 那覇市文化局　49-56　2005.10

対馬丸の琉球関係史料調査（小野まさ子）「沖縄県史だより」 沖縄県教育庁　（15）2005.11

平成17年度後期常設展「しあわせ文様」／「親子で遊ぶ 木とのふれあいワールドパート2」展／自主企画展案内／「描かれた琉球」展報告／子ども体験教室事業報告「きよらさ ： 浦添市美術館ニュース」 浦添市美術館　48　2005.12

資料紹介琉球王国における染織注文書（平川信幸）「沖縄県立博物館紀要」 沖縄県立博物館　（31）2005.12

近代までの琉球史（山崎保雄）「歴史懇談」 大阪歴史懇談会　（19）2005.12

朝鮮通信使と琉球使節の史料紹介（池田一彦）「潮待ちの館資料館だより」 福山市鞆の浦歴史民俗資料館　（36）2006.2

第164回研究会報告 琉球に受容された和文学―「琉球雅文集」を中心に（崎原綾乃）「沖縄・八重山文化研究会会報」 沖縄・八重山文化研究会　（164）2006.2

中世琉の琉球貿易（吉田豊）「堺市博物館館報」 堺市博物館　（25）2006.3

琉球近世瓦関係文献資料の集成と諸問題の検討―琉球近世瓦の研究（石井龍太）「よのつぢ ： 浦添市文化部紀要 ： bulletin of Culture Department, Urasoe City」 浦添市教育委員会文化部　（2）2006.3

中国に献上された琉球の東道盆（岡本亜紀）「よのつぢ ： 浦添市文化部紀要 ： bulletin of Culture Department, Urasoe City」 浦添市教育委員会文化部　（2）2006.3

仙台藩白老元陣屋資料館蔵の琉球漆器（安里進）「よのつぢ ： 浦添市文化部紀要 ： bulletin of Culture Department, Urasoe City」 浦添市教育委員会文化部　（2）2006.3

講演会「墓制からみる琉球王国―王墓・家族墓から琉球王国の実像に迫る」の開催について（大平聡）「沖縄研究ノート ： 《共同研究》南島における民族と宗教」 宮城学院女子大学キリスト教文化研究所　（15）2006.3

Le Royaume de Ryûkyû et la relation internationale en Asie―l'epoque de grand commerce du Royaume de Ryûkyû（IMABAYASHI Naoki）「沖縄研究ノート ：《共同研究》南島における民族と宗教」 宮城学院女子大学キリスト教文化研究所　（15）2006.3

戦前期琉球弧における「民族」概念の展開―その「起源」を語る学知を中心に（輿那覇潤）「沖縄文化研究 ： 法政大学沖縄文化研究所紀要」 法政大学沖縄文化研究所　（32）2006.3

台湾における琉球関係史料調査報告―台湾総督府文書・台湾省行政長官公署資料を中心に（漢那敬子, 地主園亮, 根川智美）「史料編集室紀要」 沖縄県教育委員会　（31）2006.3

清宮に所蔵される明清代「琉球国図」三幅の紹介（盧経, 行實紀子［翻訳］）「史料編集室紀要」 沖縄県教育委員会　（31）2006.3

琉球文学における「千鳥」の諸相（新里彩）「史料編集室紀要」 沖縄県教育委員会　（31）2006.3

琉球における「中国語官話集」の比較（兼本敏）「南島文化」 沖縄国際大学南島文化研究所　（28）2006.3

琉球方言の動物語彙（南琉球）（野原三義）「南島文化」 沖縄国際大学南島文化研究所　（28）2006.3

琉球史における民衆の役割（4）（仲地哲夫）「南島文化」 沖縄国際大学南島文化研究所　（28）2006.3

巻頭言 中村哲先生の沖縄文化研究―論文「琉球王国形成の思想」の意義（飯田泰三）「法政大学沖縄文化研究所所報」 法政大学沖縄文化研究所　（59）2006.3

琉球祖語に遡る周辺の音調型の一つ―副詞の特殊音調（ウェイン・ローレンス）「琉球の方言」 法政大学沖縄文化研究所　通号30　2006.3

琉球史研究をめぐる四〇年（高良倉吉）「沖縄文化」 沖縄文化協会　40（2）通号100　2006.6

琉球王国に伝来した中国絵画―唐物の輸入と王権をめぐる視点（真栄平房昭）「沖縄文化」 沖縄文化協会　40（2）通号100　2006.6

琉球語のせま母音化の要因をかんがえる―空気力学的な条件と筋弾性的な条件（かりまたしげひさ）「沖縄文化」 沖縄文化協会　40（2）通号100　2006.6

琉球方言研究の展望―これまでとこれから（内間直仁）「沖縄文化」 沖縄文化協会　40（2）通号100　2006.6

リウキュウの銀河系―深瀬氏の報告を聞いて（〈第24回全体会の記録〉―参加記）（玉井建也）「岡山藩研究」 岡山藩研究会　（52）2006.7

日程表／巡見資料 玉城からたどる琉球の開闢（〈2004年度第3回研修会〉）「あしびなぁ」 沖縄県地域史協議会　（17）2006.8

第6回企画展「琉球・沖縄―ウチナンチュの歩み―」を開催して（駒井忠之）「ルシファー」 水平社博物館　通号9　2006.10

第6回企画展「琉球・沖縄―ウチナンチュの歩み―」に寄せて（喜納静子）「ルシファー」 水平社博物館　通号9　2006.10

第6回企画展「琉球・沖縄―ウチナンチュの歩み―」を見て（土岸喬慶）「ルシファー」 水平社博物館　通号9　2006.10

琉球における集落景観と伝統的地理観（高橋誠一）「南島史学」 南島史学会　（68）2006.10

1739年朝鮮漂着民が見た琉球―天理大学付属天理図書館所蔵『増補耽羅志』の漂流関係記録をめぐって（長森美信）「南島史学」 南島史学会　（68）2006.10

朝鮮通信使・琉球使節通航と情報・接待・応対―伊予国津和地島を事例として（玉井建也）「風俗史学 ： 日本風俗史学会誌」 日本風俗史学会　（36）2007.2

第49回沖縄染織研究会発表要旨 琉球王朝時代の染織の調査研究（祝嶺恭子）「沖縄染織研究会通信」 沖縄染織研究会　（48）2007.2

東北と琉球弧―島尾敏雄「ヤポネシア論」の視界（〈東北文化公開シンポジウム〉）（柳原敏彰）「東北文化研究室紀要」 東北大学大学院文学研究科東北文化研究室　48　2007.3

19世紀琉球王朝の冊封使饗応における菓子について（《特集 鎖国時代の異国人への饗応菓子》）（安次富順子）「和菓子」 虎屋虎屋文庫　（14）2007.3

古琉球における海船の変遷とその状況―進貢・東南アジア派遣船を中心に（山田浩世）「よのつぢ ： 浦添市文化部紀要 ： bulletin of Culture Department, Urasoe City」 浦添市教育委員会文化部　（3）2007.3

『新唐書』の「流鬼」は琉球にあらず、サハリンなり（小玉正任）「沖縄学 ： 沖縄学研究所紀要」 沖縄学研究所　10（1）通号10　2007.3

近世琉球における暦 試論（8）暦学選日と地理択地（高田紀代志）「沖縄研究ノート ：《共同研究》南島における民族と宗教」 宮城学院女子大学キリスト教文化研究所　（16）2007.3

仲井根政善と琉球大学琉球方言研究クラブ―戦後琉球方言研究の黎明（今林直樹）「沖縄研究ノート ：《共同研究》南島における民族と宗教」 宮城学院女子大学キリスト教文化研究所　（16）2007.3

「琉球国絵図」資料紹介（野村направ美）「沖縄県史だより」 沖縄県教育庁　（17）2007.3

『琉球国由来記』にみられる説話の多層構造（越野真理子）「沖縄文化研究

：法政大学沖縄文化研究所紀要」 法政大学沖縄文化研究所 （33）
2007.3

歴史的建造物に感じた中琉交流の息吹（大城徹也）「首里城公園友の会会
報」 首里城公園友の会 （59）2007.3

琉球王国における瓦窯生産の画期と展開―灰色系瓦から赤色系瓦への変
化（上原静）「南島文化」 沖縄国際大学南島文化研究所 （29）2007.3

近世琉球のウェーキ（資産家）と身売り百姓（仲地哲夫）「南島文化」 沖
縄国際大学南島文化研究所 （29）2007.3

「琉球絣」を伝える（博物館実習生のレポート）（土田碧）「南風の杜 : 南
風原文化センター紀要」 南風原文化センター （13）2007.3

明朝初期の琉球について（稲田裕之）「海南史学」 高知海南史学会 通
号45 2007.8

巻頭言 琉球語による民話の継承（西岡敏）「奄美沖縄民間文芸学」 奄美
沖縄民間文芸学会 （7）2007.8

第182回研究会報告 琉球文学研究に見る柳田国男と折口信夫（波照間永
吉）「沖縄・八重山文化研究会会報」 沖縄・八重山文化研究会
（182）2007.10

琉球と王統（中西あき子）「歴研よこはま」 横浜歴史研究会 （別冊）
2007.12

長崎奉行所関係資料の抜荷記録にみる琉球貿易（深瀬公一郎）「研究紀
要」 長崎歴史文化博物館 （2）2007.12

明代の琉球官吏と南京国子監―北監と南監の並立をめぐって（前田舟
子）「よのつち : 浦添市文化部紀要 : bulletin of Culture
Department, Urasoe City」 浦添市教育委員会文化部 （4）2008.3

史料ノート 幕末維新期の「琉球情報」に関する史料学的研究―「大日本
維新史料」「維新史料綱要」に見る琉球関係記事（栗野慎一郎）「よのつ
ち : 浦添市文化部紀要 : bulletin of Culture Department, Urasoe
City」 浦添市教育委員会文化部 （4）2008.3

近世琉球王国の防火（石井龍太）「よのつち : 浦添市文化部紀要 :
bulletin of Culture Department, Urasoe City」 浦添市教育委員会
文化部 （4）2008.3

「琉球処分」史における「民族」―「琉球処分」史研究に関する基礎的考
察（割町聖史）「沖縄研究ノート : 《共同研究》南島における民族と宗
教」 宮城学院女子大学キリスト教文化研究所 （17）2008.3

資料紹介 近代琉球の肖像画（美術工芸）（平川信幸）「沖縄県立博物館・
美術館博物館紀要」 沖縄県立博物館・美術館 （1）2008.3

土佐漂着の「琉球人」―志多伯親雲上・潮平親雲上・伊良皆親雲上を中
心に（島村幸一）「沖縄文化研究 : 法政大学沖縄文化研究所紀要」 法
政大学沖縄文化研究所 （34）2008.3

沖縄本島と石垣島 琉球近世瓦の展開―琉球近世瓦の研究（石井龍太）「沖
縄文化研究 : 法政大学沖縄文化研究所紀要」 法政大学沖縄文化研究
所 （34）2008.3

冊封使が琉球へ赴く日付及び役職名の差異について（高嶋燁，喜納ひと
み）「史料編集室紀要」 沖縄県教育委員会 （33）2008.3

伝世する染織資料からみた中琉交易史（上江洲安亨）「首里城研究」 首里
城公園友の会 （10）2008.3

研究ノート：サメに救われたと言う琉球の伝説をめぐって（長崎祐）「首
里城研究」 首里城公園友の会 （10）2008.3

トン普通語・ウチナーヤマトゥグチはクレオールか―琉球・クレオール
日本語の研究のために（かりまたしげひさ）「南島文化」 沖縄国際大
学南島文化研究所 （30）2008.3

ベッテルハイムの『英和辞書』とモリソンの『華英字典』との比較（高
橋俊三）「南島文化」 沖縄国際大学南島文化研究所 （30）2008.3

18世紀の琉球における首里王府と地方役人との関係―「球陽」の「褒
賞」記事の検討を中心に（仲地哲夫）「南島文化」 沖縄国際大学南島文
化研究所 （30）2008.3

大君外交における琉球使節の江戸上りと朝鮮通信使（私の研究）（ティネ
ロ・マルコ）「法政大学沖縄文化研究所所報」 法政大学沖縄文化研究
所 （62）2008.3

比嘉春潮賞（歴史学研究）赤嶺守「琉中関係を中心とした琉球史研究」
（第29回「沖縄文化協会賞」発表）「沖縄文化」 沖縄文化協会 42（1）
通号103 2008.5

金城朝永賞 下地賀代子「琉球方言の研究」（第29回「沖縄文化協会賞」
発表）「沖縄文化」 沖縄文化協会 42（1）通号103 2008.5

琉球方言のハ行子音p音―Φ>pの可能性をさぐる（中本謙）「沖縄文化」
沖縄文化協会 42（1）通号103 2008.5

クラプロートの琉球紹介（山下重一）「南島史学」 南島史学会 （71）
2008.6

清の冊封琉球船を襲った海賊（松浦章）「南島史学」 南島史学会 （71）
2008.6

琉球政府発行縮尺5万分の1地形図における地名のアルファベット併記に
ついて（2007年度南島地名研究センター大会報告）（上原冨二男）「珊
瑚の島だより」 南島地名研究センター （54）2008.8

琉球王国の測量技術と技師たち（2）元文（乾隆）検地以前の測量法と絵
図―近年の地図と絵図の発見から見えてきたもの（伊從勉）「しまた

てい ： 建設情報誌」 沖縄しまたて協会 （47）2008.10

連載第1回 琉球王家秘伝武術「本部御殿手」（宮城隼夫）「季刊沖縄」 沖
縄協会 13（3・4）通号35 2008.10

琉球漆器（沈金）のコースターを作ろう（事務局）「首里城公園友の会会
報」 首里城公園友の会 （65）2008.10

バジルホール・チェンバレン著『琉球語の文法と辞典』（改訂版）を読ん
で（宮良安彦）「南島研究」 南島研究会 通号49 2008.11

嘉靖十三年（1534）朝鮮使節が北京で邂逅した琉球使節（松浦章）「南島
史学」 南島史学会 （72）2008.11

琉球使節派遣準備と解体過程―「最後」の琉球使節を通じて（《第34回
大会共通論題「海外との交流と交通」特集号》―共通論題論文）（玉井
建也）「交通史研究」 交通史学会，吉川弘文館（発売） （67）2008.12

明朝の海禁政策と琉球―海禁・倭寇論を中心に（《第34回大会共通論題
「海外との交流と交通」特集号》―共通論題論文）（真栄平房昭）「交通
史研究」 交通史学会，吉川弘文館（発売） （67）2008.12

第57回沖縄染織研究会発表要旨 琉装の形態と着装方法（植木ちか子）
「沖縄染織研究会通信」 沖縄染織研究会 （55）2009.1

琉球の赤絵の歴史について（寄稿）（垣花隆夫）「壺屋焼物博物館紀要」
那覇市立壺屋焼物博物館 （10）2009.3

琉球の歴史と関わった運天港「なきじん研究」 今帰仁村歴史文化セン
ター （16）2009.3

琉球方言におけるワ行子音の変遷―「保栄茂」の事例から（新垣公弥子）
「沖縄学 : 沖縄学研究所紀要」 沖縄学研究所 12（1）通号12 2009.3

琉球処分研究を振り返る―1950年代〜70年代を中心に（川畑恵）「沖縄研
究ノート : 《共同研究》南島における民族と宗教」 宮城学院女子大
学キリスト教文化研究所 （18）2009.3

琉球処分研究史のナラティヴ（割町聖史）「沖縄研究ノート : 《共同研
究》南島における民族と宗教」 宮城学院女子大学キリスト教文化研究
所 （18）2009.3

琉球処分研究を振り返る 1950年代〜70年代を中心に（川畑恵）「沖縄研
究ノート : 《共同研究》南島における民族と宗教」 宮城学院女子大
学キリスト教文化研究所 （18）2009.3

表紙「乾坤一統海防全図―琉球国図（部分）」「沖縄県史だより」 沖縄県
教育庁 （18）2009.3

明治初期琉球台湾事件と左院（安岡昭男）「沖縄文化研究 : 法政大学沖
縄文化研究所紀要」 法政大学沖縄文化研究所 （35）2009.3

琉球国図（1824年作製）にみる地図表現と地名表記（2008年度南島地名
研究センター大会の報告）（崎浜靖）「珊瑚の島だより」 南島地名研究
センター （55）2009.3

近世琉球の医者に関する一考察―医業の継承と医官の任職の問題を中心
として（勝連晶子）「首里城研究」 首里城公園友の会 （11）2009.3

知識ファイル箱（32）古琉球のナゾの言葉（高良倉吉）「首里城公園友の
会会報」 首里城公園友の会 （67）2009.3

琉球絣について（博物館実習生のレポート）（新垣愛乃）「南風の杜 : 南
風原文化センター紀要」 南風原文化センター （15）2009.3

南風原の琉球絣・花織の事業展開の提案（博物館実習生のレポート）（安
里和音）「南風の杜 : 南風原文化センター紀要」 南風原文化センター
（15）2009.3

連載第2回 舞に秘められた琉球古手の奥義技（宮城隼夫）「季刊沖縄」 沖
縄協会 14（1・2）通号36 2009.4

琉球王国の測量技術と技師たち（4）どのようにして間切を測量したか（金
城善）「しまたてい : 建設情報誌」 沖縄しまたて協会 （49）2009.4

6月定例会レジュメ 伊波普猷著「琉球人種論」を読んで（仲宗根將二）
「宮古郷土史研究会会報」 宮古郷土史研究会 （172）2009.5

琉球方言のΦ>pの可能性をかんがえる―中本謙「琉球方言のハ行子音p
音」への問い（かりまたしげひさ）「沖縄文化」 沖縄文化協会 43（1）
通号105 2009.6

伊波普猷著「琉球人種論」を読んで 6月定例会の発表要旨（仲宗根將二）
「宮古郷土史研究会会報」 宮古郷土史研究会 （173）2009.7

琉球王国の測量技術と技師たち（5）近世琉球を描いた絵地図―琉球国絵
図から琉球国之図まで（金城善）「しまたてい : 建設情報誌」 沖縄し
またて協会 （50）2009.7

ペリーが見た琉球（（渡辺）「維新の道 : 霊山歴史館機関紙」 霊山顕彰
会 （134）2009.7

「琉球と幕末・明治維新講演・フォーラム」（（佐々）「維新の道 : 霊山
歴史館機関紙」 霊山顕彰会 （134）2009.7

琉球処分における明治政府の支配の論理について（私の研究）（西敦子）
「法政大学沖縄文化研究所所報」 法政大学沖縄文化研究所 （65）
2009.9

連載第3回 意識と呼吸が生み出す琉球古手の秘技（宮城隼夫）「季刊沖縄」
沖縄協会 14（3・4）通号37 2009.10

琉球王国の測量技術と技師たち（6）蔡温と乾隆（元文）検地（1）（田里
修）「しまたてい : 建設情報誌」 沖縄しまたて協会 （51）2009.10

明治後期における琉球・沖縄認識―「琉球九州三人スケッチ」を中心と
して（安藤奈々，玉井建也）「コンテンツ文化史研究」 コンテンツ文化

史学会 （2）2009.10

辞令書から見る古琉球社会（矢野美沙子）「日本史攷究」日本史攷究会（33）2009.11

琉球の喫煙文化（石井龍太）「南島研究」南島研究会 通号50 2009.11

講演会「琉球の漆文化と科学」開催/うるしの日—美術館フェスタ「きよらさ ： 浦添市美術館ニュース」浦添市美術館 通号60 2009.12

北琉球祖語の名詞音調—試論「沖縄文化」沖縄文化協会 43（2）通号106 2009.12

清末の福州琉球館（松浦章）「南島史学」南島史学会 （74）2009.12

琉球王国の測量技術と技師たち（7）蔡温と乾隆（元文）検地（2）（田里修）「しまたてぃ ： 建設情報誌」沖縄しまたて協会（52）2010.1

第9回琉球・中国交渉史に関するシンポジウム（外間みどり）「沖縄県史だより」沖縄県教育庁 （19）2010.2

琉球方言における形容詞の比較研究—津堅島方言の多良間島方言（又吉里美，下地賀代子）「南九州地域科学研究所所報」鹿児島女子短期大学附属南九州地域科学研究所 （26）2010.3

比嘉朝健「琉球歴代画家譜」の校異について（1）（喜納大作，輝広志，倉成多郎）「壺屋焼物博物館紀要」那覇市立壺屋焼物博物館 （11）2010.3

琉球王国における扁額の工芸史的位相—その類型と現地調査報告（磯部直希，望月規史）「よのつち ： 浦添市文化部紀要 ： bulletin of Culture Department, Urasoe City」浦添市教育委員会文化部 （6）2010.3

公開研究会「琉球処分」について（我部政男）「沖縄研究ノート ：《共同研究》南島における民族と宗教」宮城学院女子大学キリスト教文化研究所 （19）2010.3

茶と琉球人—近世九州の山村と琉球のあいだ（武井弘一）「沖縄研究ノート ：《共同研究》南島における民族と宗教」宮城学院女子大学キリスト教文化研究所 （19）2010.3

島津氏支配下の琉球史像の転回—国家・社会・民衆（豊見山和行）「沖縄研究ノート ：《共同研究》南島における民族と宗教」宮城学院女子大学キリスト教文化研究所 （19）2010.3

理化学調査された琉球絵画（平川信幸，上江洲安亨）「首里城研究」首里城公園友の会 （12）2010.3

琉球絵画および関連作品の彩色材料調査（早川泰弘，吉田直人，佐野千絵，三浦定俊）「首里城研究」首里城公園友の会 （12）2010.3

講演録 琉球絵画の顔料分析について（三浦定俊，吉田直人，佐野千絵）「首里城研究」首里城公園友の会 （12）2010.3

『中山伝信録』におけるエ段音の表記と音価について（趙志剛）「南島文化」沖縄国際大学南島文化研究所 （32）2010.3

薩摩藩支配下における琉球の中国貿易—十七世紀後半の管理強化の経緯を中心に（仲地哲夫）「南島文化」沖縄国際大学南島文化研究所 （32）2010.3

第156回沖縄問題研究会 琉球弧の内発的発展（松島泰勝）「季刊沖縄」沖縄協会 15（1・2）通号38 2010.4

琉球王国の測量技術と技師たち（8）検地と測量技術の歴史公園構想（安里進）「しまたてぃ ： 建設情報誌」沖縄しまたて協会（53）2010.4

文献資料に見る琉球・沖縄 in 名護「ぴぶりお ： 琉球大学附属図書館報」琉球大学附属図書館 （152）2010.4

講演 元文検地・乾隆の大御支配について（シンポジウム琉球王国の測量技術と遺産—「印部石（シルビイシ）」）（田里修）「あしびなぁ」沖縄県地域史協議会 （21）2010.5

パネルディスカッション（シンポジウム琉球王国の測量技術と遺産—「印部石（シルビイシ）」）（田名真之，田里修，安里進）「あしびなぁ」沖縄県地域史協議会 （21）2010.5

宮古から見る琉球・沖縄（2009年度第2回研修会 宮古島市）（下地和宏）「あしびなぁ」沖縄県地域史協議会 （21）2010.5

琉球文化と博物館友の会（宮里朝光）「博友 ： 沖縄県立博物館友の会機関誌」沖縄県立博物館友の会 （22）2010.5

幕府広域役の負担原則と地域社会—琉球使節淀川通航時の綱引役を事例として（飯沼雅行）「地方史研究」地方史研究協議会 60（3）通号345 2010.6

第65回沖縄染織研究会報告 宮古上布の生産量と苧麻生産地の変遷について—琉球処分から第2次世界大戦以前までの「琉球新報記事」と「沖縄県統計書」を中心に（本多摂子）「沖縄染織研究会通信」沖縄染織研究会 （60）2010.7

琉球王国の測量技術と技師たち（9）公開座談会第1部 琉球の測量技術と技師たち（豊見山和行，安里進，金城善，田里修，鳴海邦匡）「しまたてぃ ： 建設情報誌」沖縄しまたて協会 （54）2010.7

エッセイ 琉球の心を守って（宇沢弘文）「法政大学沖縄文化研究所所報」法政大学沖縄文化研究所 （67）2010.8

琉球王国の測量技術と技師たち（10）公開座談会第2部 琉球の測量技術と技師たち（豊見山和行，安里進，金城善，田里修，鳴海邦匡）「しまたてぃ ： 建設情報誌」沖縄しまたて協会 （55）2010.8

グラビア 琉球政府時代の道路（特集 復帰後、沖縄の道路はいかに整備されたか。）（編集部）「しまたてぃ ： 建設情報誌」沖縄しまたて協

（55）2010.10

琉球政府護岸の老朽化対策及び老朽化対策計画策定について（特集 復帰後、沖縄の道路はいかに整備されたか。）（又吉康之）「しまたてぃ ： 建設情報誌」沖縄しまたて協会 （55）2010.10

座談会 玉城政美さんの琉球文学研究（仲程昌徳，朝比奈時子，上原考三，前城淳子，波照間永吉）「沖縄文化」沖縄文化協会 44（2）通号108 2010.11

中国・福州の琉球関係史跡（松浦章）「南島史学」南島史学会 （75・76）2010.11

一六世紀末明朝の対日本情報システムの一環となった琉球国（鄭潔西）「南島史学」南島史学会 （75・76）2010.11

清代檔案に見る琉球漂流船の積荷（岑玲）「南島史学」南島史学会 （75・76）2010.11

極東の「フロンティア」—米国人歴史家が語る冷戦下の琉球と台湾（泉水英計）「南島研究」南島研究会 通号51 2010.12

（続）琉球方言における形容詞の比較研究—津堅島方言と多良間島方言（又吉里美，下地賀代子）「南九州地域科学研究所所報」鹿児島女子短期大学附属南九州地域科学研究所 （27）2011.2

清朝皇帝が琉球に与えた賞賜品の変化よりみた清帝国の衰退と中琉宗藩封貢関係の消滅（趙立良，外間みどり）「史料編集室紀要」沖縄県教育委員会 （34）2011.2

中琉歴史関係档案利用に関するいくつかの問題（葛会英，喜納ひとみ）「史料編集室紀要」沖縄県教育委員会 （34）2011.2

琉球の赤い王宮と白い王陵—琉球・沖縄史のパラダイムを見直す（南島における民族と宗教20周年シンポジウム 見る、聞く、語る—沖縄の過去・現在・未来——第2部 公開講演）（安里進）「沖縄研究ノート ：《共同研究》南島における民族と宗教」宮城学院女子大学キリスト教文化研究所 （20）2011.3

琉球処分と韓国併合（南島における民族と宗教20周年シンポジウム 見る、聞く、語る—沖縄の過去・現在・未来——第2部 公開講演）（波平恒男）「沖縄研究ノート ：《共同研究》南島における民族と宗教」宮城学院女子大学キリスト教文化研究所 （20）2011.3

日清琉球帰属問題と清露イリ境界問題—井上馨・李鴻章の対外政策を中心に（山城智史）「沖縄文化研究 ： 法政大学沖縄文化研究所紀要」法政大学沖縄文化研究所 （37）2011.3

資料紹介 琉球政府立法院の発足（豊見山和美）「沖縄県公文書館研究紀要」沖縄県公文書館 （13）2011.3

琉球切手に見る沖縄文化表象（粟国恭子）「首里城研究」首里城公園友の会 （13）2011.3

近世琉球における医療活動の諸相〈序説〉—医官・医役の活動を中心として（勝連晶子）「首里城研究」首里城公園友の会 （13）2011.3

首里城公園企画展「江戸時代の琉球」実施結果報告（上江洲安亨，大城樹）「首里城公園管理センター調査研究・普及啓発事業年報」沖縄美ら島財団首里城公園管理部 （1）2011.3

与論島巡見 琉球との関わりの深さを感じて（松田一美）「首里城公園友の会会報」首里城公園友の会 （75）2011.3

首里城文化講演会 琉球の漢詩—首里城及びその周辺—上里賢一氏を迎えて（事務局）「首里城公園友の会会報」首里城公園友の会 （75）2011.3

知識ファイル箱No.39 琉球王国時代の地震・津波（高良倉吉）「首里城公園友の会会報」首里城公園友の会 （75）2011.3

「明・・・瓦」という呼称について——『琉球陶器の来た道』を踏まえて（石井龍太）「壺屋焼物博物館紀要」那覇市立壺屋焼物博物館 （12）2011.3

近世琉球と中日関係（第32回沖縄研究奨励賞 受賞記念講演）（渡辺美季）「季刊沖縄」沖縄協会 16（1・2）通号40 2011.4

琉球八景と新収蔵品展（企画展案内及び報告）「きよらさ ： 浦添市美術館ニュース」浦添市美術館 （64）2011.4

グスクから見た琉球の土木技術（2）北と南の海城（ウミグスク）、その縄張構造を見る—土木的側面から見た琉球列島のグスク（當眞嗣一）「しまたてぃ ： 建設情報誌」沖縄しまたて協会 （57）2011.4

第68回沖縄染織研究会報告「江戸上り」絵図にみる琉球人の服装（1）—1832年の事例について（植木ちか子）「沖縄染織研究会通信」沖縄染織研究会 （63）2011.5

琉球の数（宮里朝光）「博友 ： 沖縄県立博物館友の会機関誌」沖縄県立博物館友の会 （23）2011.5

「琉球陶器の来た道」関連企画 ウチナー産のヤチムン（平田由実）「博友 ： 沖縄県立博物館友の会機関誌」沖縄県立博物館友の会 （23）2011.5

第70沖縄染織研究会 「江戸登り」絵図にみる琉球人の服装（2）—1832（天保3）年の事例について（植木ちか子）「沖縄染織研究会通信」沖縄染織研究会 （65）2011.7

総会記念講演会 琉球の林野資源をめぐる歴史—仲間勇栄氏を迎えて（事務局）「首里城公園友の会会報」首里城公園友の会 （76）2011.7

連載 琉球旅日記［1］～（7）（酒井田叶作）「法政大学沖縄文化研究所所報」法政大学沖縄文化研究所 （69）/（75）2011.9/2014.9

古琉球社会の特徴と沖縄島の港湾機能（上里隆史）「沖縄文化」 沖縄文化協会 45（2）通号110 2011.11

琉球の国際貿易の開始（池谷望子）「南島史学」 南島史学会 （77・78） 2011.12

近世琉球における首里王府の歴史像（矢野美沙子）「南島史学」 南島史学会 （77・78） 2011.12

清代檔案に見る琉球漂着船の積荷―芭蕉布を中心に（岑玲）「南島史学」 南島史学会 （77・78） 2011.12

首里城公園企画展「うるしの王国 琉球」（事業紹介―普及啓発事業）（久場まふみ）「南ぬ風」 財団法人海洋博覧会記念公園管理財団広報誌 ： 季刊誌」 海洋博覧会記念公園管理財団 （22） 2012.1

特集 写真万華 in Archives 公文書館所蔵写真資料の概要―Part1 米国政府撮影写真・琉球政府関係写真・ハワイ移民関係写真「Archives ： 沖縄県公文書館だより」 沖縄県文化振興会 （42） 2012.3

琉球船、土佐漂着資料にみる伝承的記事をめぐって―二つの天女伝承を中心に（島川幸一）「奄美沖縄民間文芸学」 奄美沖縄民間文芸学会 （11） 2012.3

近世琉球資料からの方言再話―首里方言による羽衣伝説を例として（西岡敏）「奄美沖縄民間文芸学」 奄美沖縄民間文芸学会 （11） 2012.3

近世琉球の肖像画とその背景についての試論（歴史）（早瀬千明）「沖縄県立博物館・美術館博物館紀要」 沖縄県立博物館・美術館 （5） 2012.3

近世琉球における書跡の用印―館蔵書跡資料の調査をもとにして（美術工芸）（稲福政斉）「沖縄県立博物館・美術館博物館紀要」 沖縄県立博物館・美術館 （5） 2012.3

プレゼンスとしての琉球産漆芸品について（美術工芸）（園原謙）「沖縄県立博物館・美術館博物館紀要」 沖縄県立博物館・美術館 （5） 2012.3

近世琉球の傾城と統制令―傾城証文を中心に（石原清香）「沖縄史料編集紀要」 沖縄県教育委員会 （35） 2012.3

琉球国八品巡見官毛朝玉等二十三人の漂流と「琉球鑰」（外間みどり）「沖縄史料編集紀要」 沖縄県教育委員会 （35） 2012.3

琉球王国一五世紀中期以降の畿内制的な特徴と王城儀礼（真喜志瑶子）「沖縄文化研究 ： 法政大学沖縄文化研究所紀要」 法政大学沖縄文化研究所 （38） 2012.3

「琉球処分」論と歴史意識（大里知子）「沖縄文化研究 ： 法政大学沖縄文化研究所紀要」 法政大学沖縄文化研究所 （38） 2012.3

琉球大学における表現と検閲―1950年代『琉球大学学生新聞』を中心に（我那覇型）「沖縄文化研究 ： 法政大学沖縄文化研究所紀要」 法政大学沖縄文化研究所 （38） 2012.3

首里城公園企画展「幕末の琉球」実施結果報告（平成22年度事業概要及び報告）（上江洲安亨，大城屯）「首里城公園管理センター調査研究・普及啓発事業年報」 沖縄美ら島財団首里城公園管理部 （2） 2012.3

首里城公園企画展「うるしの王国 琉球」実施結果報告（平成22年度事業概要及び報告）（大城樹）「首里城公園管理センター調査研究・普及啓発事業年報」 沖縄美ら島財団首里城公園管理部 （2） 2012.3

那覇市歴史博物館所蔵「歴代宝案」に関する史料学的考察―生成・来歴・目録記述に焦点をあてて（川島淳）「壺屋焼物博物館紀要」 那覇市立壺屋焼物博物館 （13） 2012.3

比嘉朝健「琉球歴代画家譜」の校異について（2）（川島淳，喜納大作，倉成多郎，輝広志）「壺屋焼物博物館紀要」 那覇市立壺屋焼物博物館 （13） 2012.3

旧琉球国王家の貿易商社・丸一洋行と福州―近代における沖縄と福州の関係の一断面（後田多敦）「南島文化」 沖縄国際大学南島文化研究所 （34） 2012.3

薩摩藩支配下における琉球の中国貿易―『琉球国』の構造的特質（仲地哲夫）「南島文化」 沖縄国際大学南島文化研究所 （34） 2012.3

第22回南島研セミナー 謝必震「福州港の発展と中流航海交通」（2010年度後期事業報告）「南島文化研究所所報」 沖縄国際大学南島文化研究所 （57） 2012.3

かりまたしげひさ「琉球方言の継承、再活性化にもっとも必要なこと」（2010年度後期事業報告―第32回南島文化市民講座）「南島文化研究所所報」 沖縄国際大学南島文化研究所 （57） 2012.3

田名真之「元文検地にみる測量技術の伝播」（2010年度後期事業報告―福建師範大学中琉歴史学研究所との協定校間学術講演会）「南島文化研究所所報」 沖縄国際大学南島文化研究所 （57） 2012.3

第172回シマ研究会 後田多敦「「丸一店」と琉球救国運動」（2011年度事業報告）「南島文化研究所所報」 沖縄国際大学南島文化研究所 （57） 2012.3

田名真之「源為朝の琉球渡来伝説―その形成と展開―」（2011年度事業報告―第33回南島文化市民講座 テーマ「東アジアの説話と東アジア人の感性」）「南島文化研究所所報」 沖縄国際大学南島文化研究所 （57） 2012.3

「宮古上布・琉球絣・久米島紬」三館合同企画展報告（平良次子）「南風の杜 ： 南風原文化センター紀要」 南風原文化センター （18） 2012.3

巻頭言 琉球船、土佐漂着資料の世界（島村幸一）「法政大学沖縄文化研究所所報」 法政大学沖縄文化研究所 （70） 2012.3

3月定例会レジュメ 「一八七一年八瑶湾琉球人事件 一四〇年歴史輿還原国際学術検討會」に参加して（久貝弥嗣）「宮古郷土史研究会会報」 宮古郷土史研究会 （189） 2012.3

歴史的な琉球漆器の科学分析と漆工技術（本多貴之，宮腰哲雄，宮里正子，岡本亜紀）「よのつち」 浦添市文化部紀要 ： bulletin of Culture Department, Urasoe City」 浦添市教育委員会文化部 （24） 2012.3

古琉球初期における進貢・東南アジア貿易についての一考察―同時代派遣の可能性をめぐって（山田浩世）「よのつち ： 浦添市文化部紀要 ： bulletin of Culture Department, Urasoe City」 浦添市教育委員会文化部 （8） 2012.3

近世末期の琉球の「伝間船」の役割について（長間安彦）「よのつち ： 浦添市文化部紀要 ： bulletin of Culture Department, Urasoe City」 浦添市教育委員会文化部 （8） 2012.3

琉球漆器における葡萄栗鼠の図様について―浦添市美術館所蔵作品を中心に（森根涼子）「よのつち ： 浦添市文化部紀要 ： bulletin of Culture Department, Urasoe City」 浦添市教育委員会文化部 （8） 2012.3

島津藩の奄美・琉球侵略四百年関連の主な集い（仙田隆宜）「徳之島郷土研究会報」 徳之島郷土研究会 （32） 2012.4

平成23年度貴重書展「文献資料に見る八重山・琉球」を開催「びぶりお」 琉球大学附属図書館 （156） 2012.4

博物館企画展 沖縄復帰40周年記念 紅型 琉球王朝のいろとかたち（與那嶺一子）「はくび通信 ： 沖縄県立博物館・美術館広報誌」 沖縄県立博物館 （1） 2012.4

「久米島紬・宮古上布・琉球絣」展「久米島博物館だより」 久米島博物館 （21） 2012.5

近世琉球の村・耕地・生業（特集 近世琉球における民衆と社会）（得能壽美）「民衆史研究」 民衆史研究会 （83） 2012.5

近世琉球における民衆と社会 コメント（特集 近世琉球における民衆と社会）（深谷克己）「民衆史研究」 民衆史研究会 （83） 2012.5

シンポジウム討論要旨（特集 近世琉球における民衆と社会）「民衆史研究」 民衆史研究会 （83） 2012.5

朝鮮人漂着民の見た「琉球」―1662年～63年の大島（渡辺美季）「沖縄文化」 沖縄文化協会 46（1）通号111 2012.7

修好条約に対する琉球国の対応（ティネッロ・マルコ）「沖縄文化」 沖縄文化協会 46（1）通号111 2012.7

首里城公園新収蔵品展「守れ！ 琉球の宝」実施報告（事業紹介―普及啓発事業）（久場まゆみ）「南ぬ風 ： 財団法人海洋博覧会記念公園管理財団広報誌 ： 季刊誌」 海洋博覧会記念公園管理財団 （24） 2012.9

知識ファイル箱（45）復元された朱漆花鳥七宝繋沈金密陀絵御供飯 琉球漆器の名器をここに復元！（上江洲安亨）「首里城公園友の会会報」 首里城公園友の会 （81） 2012.9

私の研究 レプリカ法の可能性―琉球近世窯業製品の研究（石井龍太）「法政大学沖縄文化研究所所報」 法政大学沖縄文化研究所 （71） 2012.9

琉球漆器の歴史・技術技法について（糸数政次）「季刊沖縄」 沖縄協会 17（3・4）通号43 2012.10

特別企画展 都城と琉球王国（都城島津邸・伝承館）「季刊南九州文化」 南九州文化研究会 （116） 2012.11

明清代東アジア海域における渡航証明書の役割について―琉球国発行の符文・執照の変遷を中心に（山田浩世）「沖縄文化」 沖縄文化協会 46（2）通号112 2012.11

近世中期における琉球・鹿児島間の海上交通（仲地哲夫）「交通史研究」 交通史学会，吉川弘文館（発売） （79） 2012.12

特集 近世琉球における民衆と社会（2）羽地仕置に見る近世琉球の民衆と社会（矢野美沙子）「民衆史研究」 民衆史研究会 （84） 2013.1

私の好きな道 琉球国王も通った歴史の道（上原梨花）「宿道」 沖縄しまたて協会 34 2013.2

平成24年度常設展示目録 重要な意思決定に関する資料/社会情勢を反映する資料/個人の権利・利益に関係する資料/ミニ企画：琉球政府厚生局のお仕事「Archives ： 沖縄県公文書館だより」 沖縄県文化振興会 （44） 2013.3

「琉球政府関係写真資料」に残された写真家・平良孝七の足跡（豊見山和美）「沖縄県公文書館研究紀要」 沖縄県公文書館 （15） 2013.3

第十回琉球・中国交渉史に関するシンポジウム（野村直美）「沖縄県史だより」 沖縄県教育庁 （22） 2013.3

琉球国尚家関係資料より『散形付拜似例』（資料紹介）（與那嶺一子，小野まさ子，山田葉）「沖縄県立博物館・美術館博物館紀要」 沖縄県立博物館・美術館 （6） 2013.3

三つの「琉球国知行目録」（金城善）「首里城研究」 首里城公園友の会 （15） 2013.3

首里城公園新収蔵品展「守れ!!琉球の宝」実施結果報告（大城樹）「首里城公園管理センター調査研究・普及啓発事業年報」 沖縄美ら島財団首里城公園管理部 （3） 2013.3

東アジア医療史より見たベッテルハイム史料（1）（帆刈浩之）「沖縄史料編集紀要」 沖縄県教育委員会 （36） 2013.3

表紙の写真 琉球電々公社新里総裁御一行歓迎「竹富町史だより」 竹富

町教育委員会　(34)　2013.3

明朝系瓦と琉球近世瓦の名称(上原静)「壺屋焼物博物館紀要」　那覇市立壺屋焼物博物館　(14)　2013.3

再読—ベイジル・ホール「朝鮮・琉球航海記」(論説)(春名徹)「南島史学」　南島史学会　(79・80)　2013.3

中琉関係史における尚泰の冊封問題(再論)—琉球側の対応を中心に(論説)(西里喜行)「南島史学」　南島史学会　(79・80)　2013.3

1809年に呂宋から帰国した琉球人(論説)(松浦章)「南島史学」　南島史学会　(79・80)　2013.3

清代中国に漂着した琉球民間船(論説)(岑玲)「南島史学」　南島史学会　(79・80)　2013.3

琉球近世における夫役銭の意義(論文)(来間泰男)「南島文化」　沖縄国際大学南島文化研究所　(35)　2013.3

戦後沖縄の美術工芸復興に民芸運動が与えた影響について—琉球・沖縄の移動した文物という視点から(私の研究l)(久貝典子)「法政大学沖縄文化研究所所報」　法政大学沖縄文化研究所　(72)　2013.3

「琉球処分」再検討の必要性とその意義(私の研究l)(後田多敦)「法政大学沖縄文化研究所所報」　法政大学沖縄文化研究所　(72)　2013.3

幕末維新期の「琉球情報」に関する史料学的研究II—『島津斉彬文書』に見る「評定所文書」関連記事(栗野慎一郎)「よのつぢ : bulletin of Culture Department, Urasoe City」　浦添市教育委員会文化部　(9)　2013.3

米国ペリー艦隊の琉球来航と琉球「開国」問題—「琉米約定」をめぐる琉球王府・薩摩藩間交渉を中心に(岡部敏和)「明治維新史研究」　明治維新史学会　(9)　2013.4

奄美諸島への視点 薩摩藩支配と琉球の朝貢体制にからめて(特集 黒潮の道の島々 トカラ列島から奄美大島へ)(弓削政己)「西日本文化」　西日本文化協会　(462)　2013.4

薩南諸島(鹿児島県)—平氏政権の要衝から琉球国成立へ(特集 黒潮の道の島々 トカラ列島から奄美大島へ)(高梨修)「西日本文化」　西日本文化協会　(462)　2013.4

「琉球八景と校合摺り」「平成24年度 新収蔵品展」(企画展案内)「きよらさ : 浦添市美術館ニュース」　浦添市美術館　(70)　2013.4

連載 グスクから見た琉球の土木技術(8) グスクの成り立ちとその背景(福島駿介)「しまたてぃ : 建設情報誌」　沖縄しまたて協会　(64)　2013.4

新収蔵資料紹介 琉球処分関連文書/「台湾大学出版コレクション」データベースの利用開始について「びぶりお : 琉球大学附属図書館報」　琉球大学附属図書館　(158)　2013.4

特集「琉球・中縄からみる風俗史」にあたって(特集 琉球・沖縄からみる風俗史)(玉井建也)「風俗史学 : 日本風俗史学会誌」　日本風俗史学会　(52)　2013.5

近世琉球における大和旅体験(特集 琉球・沖縄からみる風俗史)(深瀬公一郎)「風俗史学 : 日本風俗史学会誌」　日本風俗史学会　(52)　2013.5

琉球に伝わった中国戯曲「和番」(劉富琳)「沖縄文化」　沖縄文化協会　47(1)通号113　2013.7

連載 グスクから見た琉球の土木技術(9) 琉球のグスク石垣に見る石垣構造の技術的特徴(北垣聰一郎)「しまたてぃ : 建設情報誌」　沖縄しまたて協会　(65)　2013.7

総会記念講演会 最先端を行く琉球針路—地図から考える琉球史—安里進氏を迎えて(平良啓)「首里城公園友の会会報」　首里城公園友の会　(84)　2013.7

『日本近世生活絵引』奄美・沖縄編編纂共同研究 琉球を五感で調べる(研究調査報告)(富澤達三)「非文字資料研究」　神奈川大学21世紀COEプログラム拠点推進会議　(30)　2013.7

平成25年度第II期常設展示 琉球を彩る・アジアを彩る「きよらさ : 浦添市美術館ニュース」　浦添市美術館　(71)　2013.8

琉球の漆文化と科学2013(企画展案内)「きよらさ : 浦添市美術館ニュース」　浦添市美術館　(71)　2013.8

誌上インタビュー 琉球国からの使節団(横山學)「会報むろのつ」　「嶋屋」友の会　(20)　2013.9

江戸幕府と琉球使節(特集 琉球使節)(荒野泰典)「会報むろのつ」　「嶋屋」友の会　(20)　2013.9

御手洗は琉球を忘れない(特集 琉球使節)(片岡智)「会報むろのつ」　「嶋屋」友の会　(20)　2013.9

琉球使節と室津(特集 琉球使節)(柏山泰訓)「会報むろのつ」　「嶋屋」友の会　(20)　2013.9

琉球使節文献案内(特集 琉球使節)(編集部)「会報むろのつ」　「嶋屋」友の会　(20)　2013.9

琉球使節一覧(特集 琉球使節)「会報むろのつ」　「嶋屋」友の会　(20)　2013.9

特集1 インタビュー 大城立裕先生「琉球政府時代の公文書を語る」「Archives : 沖縄県公文書館だより」　沖縄県文化振興会　(45)　2013.9

特集2 常設展「沖縄県のあゆみ」開催中！「琉球王国の終えん—沖縄県の誕生—」、沖縄戦と(アメリカ世)のはじまり、アメリカによる統治体制の強化、復帰運動の高まり、復帰への道、新生沖縄県「Archives : 沖縄県公文書館だより」　沖縄県文化振興会　(45)　2013.9

琉球語から琉球方言へ、そして琉球語へ(かりまたしげひさ)「沖縄文化」　沖縄文化協会　47(2)通号114　2013.9

琉球方言の敬語研究の展望(西岡敏)「沖縄文化」　沖縄文化協会　47(2)通号114　2013.9

近世琉球と朝鮮の士族社会における家族像—祖先崇拝思想と祭祀儀礼を中心として(私の研究l)(金正華)「法政大学沖縄文化研究所所報」　法政大学沖縄文化研究所　(73)　2013.9

コラム 空手にも「琉球処分」があったのか?!(野原耕栄)「法政大学沖縄文化研究所所報」　法政大学沖縄文化研究所　(73)　2013.9

琉球の女(酒井卯作)「南島研究」　南島研究会　(54)　2013.10

新収蔵資料紹介 琉球人道中記/福州人筆話/薩摩属国宝島に韻危利西船漂着乱妨一件写及附圖/琉球来府文書「びぶりお : 琉球大学附属図書館報」　琉球大学附属図書館　(159)　2013.10

尚清の冊封と陳侃の琉球出使をめぐって(論説)(池谷望子)「南島史学」　南島史学会　(81)　2013.11

島津家文書のなかの「プロートン探検隊」絵図とその背景—〈親切な琉球人〉言説再考(論説)(春名徹)「南島史学」　南島史学会　(81)　2013.11

清代檔案に見る琉球漂流船の積荷—塩を中心に(論説)(岑玲)「南島史学」　南島史学会　(81)　2013.11

第80回沖縄染織研究会(報告) 木綿紡績糸と手紡糸の判別方法について—琉球絣への木綿紡績糸の移入(新田摂子)「沖縄染織研究会通信」　沖縄染織研究会　(75)　2014.1

連載 グスクから見た琉球の土木技術(11) 公海座談会第一部 グスクから見た琉球の土木技術(編集部)「しまたてぃ : 建設情報誌」　沖縄しまたて協会　(67)　2014.1

琉球における国王出自記述にみる「天」の観念—首里王府編纂歴史文献を中心に(呉海寧)「沖縄文化」　沖縄文化協会　48(1)通号115　2014.2

帰僑意識覚書—琉球の華人・華僑移民を例として(関口知趣)「武尊通信」　群馬歴史民俗研究会　(137)　2014.3

琉球沖縄本島取調書 例言/細目次/本文(翻刻)/本文(原本写真)「沖縄研究資料」　法政大学沖縄文化研究所　(29)　2014.3

資料紹介：尾崎清次(『琉球玩具図譜』著者)宛て書簡について(民俗)(久場政彦)「沖縄県立博物館・美術館博物館紀要」　沖縄県立博物館・美術館　(7)　2014.3

東アジア医療史より見たベッテルハイム史料(2)—琉球における牛痘法の導入について(帆刈浩之)「沖縄史料編集紀要」　沖縄県教育委員会　(37)　2014.3

中国第一歴史檔案館所蔵檔案の整理業務及び琉球関係史料の紹介と報告(王少芳, 外間みどり)「沖縄史料編集紀要」　沖縄県教育委員会　(37)　2014.3

ジョージ・H・カーの琉球史学(山口栄鉄)「沖縄文化研究 : 法政大学沖縄文化研究所紀要」　法政大学沖縄文化研究所　(40)　2014.3

琉球処分をめぐるヤマト・メディアの琉球論(草野泰宏)「沖縄文化研究 : 法政大学沖縄文化研究所紀要」　法政大学沖縄文化研究所　(40)　2014.3

米国統治期の在沖奄美住民の法的処遇について—琉球政府出入管理庁文書を中心として(土井智義)「沖縄県公文書館研究紀要」　沖縄県公文書館　(16)　2014.3

官生派遣に見る琉球の「近世」(前田舟子)「首里城研究」　首里城公園友の会　(16)　2014.3

3)首里城公園企画展「椿展～琉球漆器に描かれた椿模様～」実施結果報告(1事業報告)(大城樹)「首里城公園管理センター調査研究・普及啓発事業年報」　沖縄美ら島財団首里城公園管理部　(4)　2014.3

知識ファイル箱No.51 台湾大学所蔵の琉球史料—その公開と出版に向けて(前田舟子)「首里城公園友の会会報」　首里城公園友の会　(87)　2014.3

アモイの小嶝島と清代中琉歴史関係の考察(福建調査報告書)(徐斌)「地域研究シリーズ」　沖縄国際大学南島文化研究所　(41)　2014.3

琉球貢船臨時停泊地の林浦について(福建調査報告書)(陳碩炫)「地域研究シリーズ」　沖縄国際大学南島文化研究所　(41)　2014.3

琉球近世における貨幣流通(研究ノート)(来間泰男)「南島文化」　沖縄国際大学南島文化研究所　(36)　2014.3

アモイの小嶝島と清代中琉歴史関係の考察(2012年度事業報告—福建師範大学中琉関係研究所との学術交流)(徐斌)「南島文化研究所所報」　沖縄国際大学南島文化研究所　(59)　2014.3

琉球貢船臨時停泊地の林浦について(2012年度事業報告—福建師範大学中琉関係研究所との学術交流)(陳碩炫)「南島文化研究所所報」　沖縄国際大学南島文化研究所　(59)　2014.3

琉球王国と中国福建との生産技術交流—瓦窯技術と石榴彫刻技術—(2012年度事業報告—福建師範大学中琉関係研究所との学術交流)(上原静)

「南島文化研究所所報」 沖縄国際大学南島文化研究所 （59）2014.3

近世琉球における書跡の用印について（2013年度事業報告―シマ研究会）（稲福政斉）「南島文化研究所所報」 沖縄国際大学南島文化研究所 （59）2014.3

琉球語をとりまく諸問題―多様性の観点から―（2013年度事業報告―シマ研究会）「南島文化研究所所報」 沖縄国際大学南島文化研究所 （59）2014.3

「琉球処分」の再検討―明治政府による琉球の併合と王権―（2013年度事業報告―シマ研究会）（後田多敦）「南島文化研究所所報」 沖縄国際大学南島文化研究所 （59）2014.3

米国統治下の沖縄における文化財保護行政の展開―琉球政府文化財保護委員会を中心にして（大城一成）「よのつぢ」 浦添市文化部紀要： bulletin of Culture Department, Urasoe City」 浦添市教育委員会文化部 （10）2014.3

幕末維新期の「琉球情報」に関する史料学的研究III―「尚家文書」に見る「評定所文書」関係記事「異国船関係資料」を中心に）（栗野慎一郎）「よのつぢ： 浦添市文化部紀要： bulletin of Culture Department, Urasoe City」 浦添市教育委員会文化部 （10）2014.3

近世琉球における百姓身分の銘書の変遷について（試論）―浦添市内出土資料の検討を中心に（鈴木悠）「よのつぢ： 浦添市文化部紀要： bulletin of Culture Department, Urasoe City」 浦添市教育委員会文化部 （10）2014.3

琉球漆器のあゆみ（平成26年度第I期常設展 すてきなお宝ありがとう！―漆器がつなぐ縁―）「きよらさ： 浦添市美術館ニュース」 浦添市美術館 （73）2014.4

特別公開 琉球八景展（企画展案内I）「きよらさ： 浦添市美術館ニュース」 浦添市美術館 （73）2014.4

美術館学芸員コラム 「麗しき琉球の記憶―鎌倉芳太郎が発見した美―」（謝花佐和子）「はくび通信： 沖縄県立博物館・美術館広報誌」 沖縄県立博物館 （9）2014.4

琉球の年中行事とそれに伴う伝説及風俗（外間守善先生追悼特集号―第一部 外間守善先生遺稿）（外間守善）「沖縄文化」 沖縄文化協会 48（2）通号116 2014.5

『古事集』―『琉球国由来記』と『琉球国旧記』の間にあるもの（外間守善先生追悼特集号―第四部 追悼論集）（波照間永吉）「沖縄文化」 沖縄文化協会 48（2）通号116 2014.5

「けふり・くちゃ船・脱体・みけい」考―言葉からみた琉球史（外間守善先生追悼特集号―第四部 追悼論集）（豊見山和行）「沖縄文化」 沖縄文化協会 48（2）通号116 2014.5

琉球喫茶の話（宮里朝光）「博友： 沖縄県立博物館友の会機関誌」 沖縄県立博物館友の会 （26）2014.5

琉球在来豚アグー（宮城吉通）「博友： 沖縄県立博物館友の会機関誌」 沖縄県立博物館友の会 （26）2014.5

幻の繍衣装をつくる―伊平屋阿母加那志衣裳―与那嶺一子先生を迎えて（新里涼子）「首里城公園友の会会報」 首里城公園友の会 （88）2014.6

連載 グスクから見た琉球の土木技術（12）公海座談会第一部 グスクから見た琉球の土木技術（編集部）「しまたてぃ： 建設情報誌」 沖縄しまたて協会 （69）2014.7

琉球人来朝行列図に想う―嘉永六年米使ペリー一行首里王府に強硬訪問（安居賢行）「歴史懇談」 大阪歴史懇談会 （28）2014.8

琉球の漆文化と科学2014―謎の16世紀漆器と琉欧交流「きよらさ： 浦添市美術館ニュース」 浦添市美術館 （74）2014.8

琉球漆器の修復（学芸員よりちょっとヒトコト）「きよらさ： 浦添市美術館ニュース」 浦添市美術館 （74）2014.8

第83回沖縄染織研究会のおしらせ 博物館実物資料から見た琉球王国時代及び比較的古い時代に製作された織物「沖縄染織研究会通信」 沖縄染織研究会 （71）2014.9

東京沖縄県人会第2回文化講演・講演録 琉球文学について―その固有性を考える（波照間永吉）「季刊沖縄」 沖縄協会 19（3・4）通号47 2014.10

第83回染織研究会（報告）博物館実物資料から見た琉球王国時代及び比較的古い時代に製作された織物―織物組成調査と再現製作研究を通して（大城あや，仲間伸恵，松茂良恵美，平良美由紀，宮城奈々，宮良みゆき，町田恵美）「沖縄染織研究会通信」 沖縄染織研究会 （83）2014.11

一八五八年の琉球使節派遣延期の理由―新納久仰の日記の検討を中心に（ティネッロ・マルコ）「沖縄文化」 沖縄文化協会 49（1）通号117 2014.11

琉球の漆文化と科学2014―神女・ノロの祭祀具から見る漆の世界 久米島・伊是名・奄美の漆器より 宮腰哲雄先生インタビュー「きよらさ： 浦添市美術館ニュース」 浦添市美術館 （75）2014.12

琉球馬の中国への朝貢とその形質について（横書きの部）（池谷望子）「南島史学」 南島史学会 （82）2014.12

琉球王国

琉球王国の皮弁冠服（原田禹雄）「沖縄文化研究： 法政大学沖縄文化研究所紀要」 法政大学沖縄文化研究所 （27）2001.3

アーカイブズフラッシュ 企画展「公文書館収蔵資料に見る沖縄の乗りもの今昔」/移動展「沖縄県公文書館収蔵資料に見る多良間」/歴史講演会「ペリー提督と琉球王国」/歴史講演会・映写会「公文書館収蔵資料に見る沖縄の乗りもの今昔」/歴史講座「戦前の県政 沖縄の県令・県知事たち」/資料保存講習会「保存箱とエンキャプスレーション」「Archives ： 沖縄県公文書館だより」 沖縄県文化振興会 23 2003.11

琉球王国と海域アジア（九州とはなにか「九州学」研究会講演収録 九州と東アジア 琉球弧の視点から）（真栄平房昭）「海路」 「海路」編集委員会，海鳥社（発売） 通号7 2009.1

琉球弧

有明海と琉球弧（江頭俊介）「ふるさとの自然と歴史」 歴史と自然をまもる会 （349）2012.11

琉球弧の島―奄美と沖縄を比較して（研究ノート）（牧洋一郎）「地域研究」 沖縄大学地域研究所 （14）2014.9

琉球諸島

朝鮮半島と琉球諸島における銭貨流通と出土銭（門田誠一）「同志社大学歴史資料館館報」 同志社大学歴史資料館 （4）2001.7

琉球諸島の先史文化―旧石器時代（高宮廣衞）「季刊沖縄」 沖縄協会 7（1・2）通号22 2002.4

琉球諸島（ジョージ・スミス，山下重一）「南島史学」 南島史学会 （62）2003.10

シンポジウム「戦後初期の琉球諸島」―琉球弧の可能性に想いを馳せる「宮古郷土史研究会会報」 宮古郷土史研究会 （165）2008.3

琉球諸島の鉢植えと花卉園芸文化―考古資料，文献史料，絵図資料からの分析（石井龍太）「沖縄文化研究： 法政大学沖縄文化研究所紀要」 法政大学沖縄文化研究所 （36）2010.3

土木建築技術者の参画で文化的公共事業を―琉球諸島各地に眠るグスク群の調査・復元の地域再生事業（真栄里泰山）「しまたてぃ： 建設情報誌」 沖縄しまたて協会 （53）2010.4

琉球諸島におけるグスク・琉球王国時代の礎石建物（1）―礎石（上原静）「読谷村立歴史民俗資料館紀要」 読谷村教育委員会 （36）2012.3

琉球諸島の豚飼育施設―豚便所、豚小屋にみる琉球諸島の近世、近代、現代史（石井龍太，盛田拳生）「南島研究」 南島研究会 （55）2014.3

琉球大学

琉球大学開学60周年と今後の展望（岩政輝男）「季刊沖縄」 沖縄協会 15（3・4）通号39 2010.10

パネル展「琉球大学のあゆみ―1950～1972年―」を開催しました「びぶりお： 琉球大学附属図書館報」 琉球大学附属図書館 （157）2012.10

琉球庭園

武将・大名庭園（9）琉球庭園を訪ねて（1）（松山茂雄）「城」 東海古城研究会 （209）2012.6

武将・大名庭園（10）琉球庭園を訪ねて（2）（松山茂雄）「城」 東海古城研究会 （210）2012.10

琉球国

档案から見た乾隆27年（午1762）の琉球国の進貢（孫薇）「沖縄県公文書館研究紀要」 沖縄県公文書館 （4）2002.3

『琉球国旧記』の編纂特性について―『琉球国由来記』との比較を通して（呉海燕）「沖縄文化」 沖縄文化協会 41（1）通号101 2006.11

琉球国使節の往来（横山学）「潮待ちの館資料館だより」 福山市鞆の浦歴史民俗資料館 （37）2006.12

明清時代中国に朝貢する琉球国に対する薩摩藩の姿勢と態度（曾煥棋）「南島史学」 南島史学会 （69）2007.4

那覇世前夜の徳之島（3）琉球王国による徳之島支配はいつから始まったか？（日高正太）「徳之島郷土研究会会報」 徳之島郷土研究会 （30）2010.3

琉球藩

1875年の琉球問題―内務卿大久保利通「琉球藩処分」建議の再検討（原口邦紘）「南島史学」 南島史学会 （65・66）2005.8

河原田盛美の琉球研究―内務省琉球藩出張所と万博（齊藤郁子）「沖縄文化研究： 法政大学沖縄文化研究所紀要」 法政大学沖縄文化研究所 （35）2009.3

近代の沖縄を描いた地図類 琉球藩から沖縄県へ、近代の地図を概観する（金城善）「しまたてぃ： 建設情報誌」 沖縄しまたて協会 （61）2012.5

琉球列島

「琉球列島のことば」に関する研究の概観―過去45年間の「国語年鑑」の分析から（齋藤達哉）「沖縄学： 沖縄学研究所紀要」 沖縄学研究所 4（1）通号4 2000.6

特集 琉球列島米国民政府USCAR経済局文書「Archives ： 沖縄県公文

書館だより」 沖縄県文化振興会 21 2003.3

琉球列島における芭蕉布と糸芭蕉について(カトリーヌ・ヘンドリック
ス)「沖縄文化」 沖縄文化協会 39(1)通号97 2004.3

「琉球列島における米国陸軍軍政活動概要第1〜12号」に見る女性史関連
内容(普天間千江美,外間正四郎)「史料編集室紀要」 沖縄県教育委員
会 (30) 2005.3

琉球列島における環境教育にかかわる人材育成に関する研究(研究ノー
ト)(盛口満,後藤亜樹,桜井国俊)「地域研究」 沖縄大学地域研究所
(8) 2011.8

琉球列島における言語接触研究のためのおぼえがき(かりまたしげひ
さ)「琉球の方言」 法政大学沖縄文化研究所 (36) 2012.3

琉球列島米国民政府メディア調査資料の紹介(大城由希江)「沖縄県公文
書館研究紀要」 沖縄県公文書館 (15) 2013.3

米国統治期の「琉球列島」における「外国人」(「非琉球人」)管理体制の
一側面―1952年7月実施の永住許可措置を中心に(土井智義)「沖縄県
公文書館研究紀要」 沖縄県公文書館 (15) 2013.3

食器生産と流通からみた琉球列島―11世紀〜14世紀(第34回沖縄研究奨
励賞 受賞記念講演)(新里亮人)「季刊沖縄」 沖縄協会 18(1・2)通
号44 2013.4

琉球列島の名称に関するメモ(当山昌直)「沖縄史料編集紀要」 沖縄県教
育委員会 (37) 2014.3

琉大図書館

琉大図書館の思い出(特集 復帰)(豊平朝美)「沖縄県図書館協会誌」 沖
縄県図書館協会 (16) 2012.12

竜潭

探訪昔道・新道 玉陵から首里城・龍潭を通り宝口樋川を経て、末吉宮へ
「宿道」 沖縄しまたて協会 27 2007.3

琉球の土木石碑―石に刻まれた琉球土木史(8)龍潭浚渫碑(崎原恭子)
「しまたてぃ : 建設情報誌」 沖縄しまたて協会 (65) 2013.7

竜洞

琉球八景 北斎が描いた琉球(3) 龍洞松濤「しまたてぃ : 建設情報誌」
沖縄しまたて協会 (52) 2010.1

その他

一支国

卑弥呼時代のクニグニ（2）『魏志』倭人伝に記された「一支国」のすがた 壱岐・原の辻遺跡（松見裕二）「西日本文化」 西日本文化協会 通号439 2009.6

一支国の歴史をたずねて（史跡探訪）（寺崎幹夫）「故郷の花」 小郡市郷土史研究会 （36） 2011.3

伊都

伊都の王が女王国を統轄する（小合彬生）「兵庫歴研」 兵庫歴史研究会 （19） 2003.4

伊都国

生産と流通からみた伊都国と奴国（平尾和久）「糸島市立伊都国歴史博物館紀要」 糸島市立伊都国歴史博物館 （1） 2006.3

『魏志倭人伝』伊都国の条の読み（長洋一）「ふるさとの自然と歴史」 歴史と自然をまもる会 （318） 2007.9

伊都国と大宰府政庁 その歴史的関係（特集 太宰府）（丸山雍成）「海路」「海路」編集委員会，海鳥社（発売）（10） 2012.3

4 平原歴史公園—平原遺跡（糸島市）伊都国女王と大鏡（歴史を体感する史跡公園 福岡県10選 地域づくりと連動へ）（河合修）「西日本文化」 西日本文化協会 （465） 2013.10

北部九州の船と交流—伊都国を中心に（平成25年度環日本海文化交流史調査研究集会の記録）（江野道和）「石川県埋蔵文化財情報」 石川県埋蔵文化財センター （31） 2014.3

探訪記 伊都国への旅（岩本勝子）「徳山地方郷土史研究」 徳山地方郷土史研究会 （35） 2014.3

国際交流都市・伊都国の実相（地域特集 糸島半島）（岡部裕俊）「西日本文化」 西日本文化協会 （471） 2014.10

伊都国歴史博物館 わが国の起源に迫る（地域特集 糸島半島）（榊原英夫）「西日本文化」 西日本文化協会 （471） 2014.10

伊都の国

帯方郡使は伊都の国をめざす（小谷彬生）「兵庫歴研」 兵庫歴史研究会 （21） 2005.4

狗奴国

女王国を征服したのは狗奴国だった（田代順一郎）「ひさみね」 広瀬地区郷土史同好会 （20） 2003.10

狗奴国について（森田悌）「史聚」 史聚会，岩田書院（発売） 通号39・40 2007.3

邪馬台国と狗奴（クナまたはクヌ）国（武田悦孝）「大隅」 大隅史談会 （51） 2008.3

「鉄」が示す狗奴国は肥後（地域特集 不知火湾岸の歴史と自然—八代から水俣を旅する）（奥野正男）「西日本文化」 西日本文化協会 通号447 2010.10

投稿原稿 「狗奴国」東国説を疑う（荒竹清光）「季刊邪馬台国」 「季刊邪馬台国」編纂委員会，梓書院（発売）（117） 2013.4

狗奴国と戦争中、邪馬台国は遷都した（九州長崎から近畿大和へ）（道家康之助）「歴史懇談」 大阪歴史懇談会 （27） 2013.8

投馬国

『魏志倭人伝』記載の「投馬国」について（大塚正信）「季刊邪馬台国」 「季刊邪馬台国」編纂委員会，梓書院（発売）（94） 2007.2

邪馬台国と投馬国（小谷彬生）「兵庫歴研」 兵庫歴史研究会 （23） 2007.4

天孫降臨は投馬国から（小合彬生）「兵庫歴研」 兵庫歴史研究会 （24） 2008.4

奴国

「倭人伝」古代九州紀行（5）奴国は「10万都市」だったのか 福岡県春日市を訪ねて（玉木朋史）「歴史九州」 九州歴史大学講座事務局 10（6）通号113 2000.2

弥生王権のシナリオ（1）—1世紀金印の奴国王と2世紀帥升の関係（山中光一）「古代史の海」 「古代史の海」の会 （42） 2005.12

生産と流通からみた伊都国と奴国（平尾和久）「糸島市立伊都国歴史博物館紀要」 糸島市立伊都国歴史博物館 （1） 2006.3

3 奴国の丘歴史公園—須玖岡本遺跡（春日市）卓越した奴国の青銅器文化（歴史を体感する史跡公園 福岡県10選 地域づくりと連動へ）（中村昇平）「西日本文化」 西日本文化協会 （465） 2013.10

漢の印刷からみた「漢委奴国王」蛇鈕金印（特集 古代史真贋の森「金印」「銀印」）（高倉洋彰）「季刊邪馬台国」 「季刊邪馬台国」編纂委員

会，梓書院（発売）（120） 2014.1

奇怪な印譜『宣和集古印史』 「親魏倭王」「漢委奴国王」印をめぐる真贋論争（特集 古代史真贋の森「金印」「銀印」）（安本美典）「季刊邪馬台国」 「季刊邪馬台国」編纂委員会，梓書院（発売）（120） 2014.1

漢の印刷からみた「漢委奴国王」蛇鈕金印（高倉洋彰）「季刊邪馬台国」 「季刊邪馬台国」編纂委員会，梓書院（発売）（121） 2014.4

不呼国

『魏志倭人伝』における『不呼国』は『宇和国』ではないか（中嶋孝志）「西南四国歴史文化論叢よど」 西南四国歴史文化研究会 （5） 2004.3

末盧国

末盧国をめぐって（倭人伝を歩く（6））（西谷正）「歴史九州」 九州歴史大学講座事務局 10（6）通号113 2000.2

末盧国（倭人伝を歩く（6））（田島龍太）「歴史九州」 九州歴史大学講座事務局 10（6）通号113 2000.2

「鉄生産」で古代国家建設へ—鉄の道から遠ざかった末盧（堀川義英）「郷土史誌末盧國」 松浦史談会，芸文堂（発売）（194） 2013.6

満州

アムール川

北方の丸木舟の民俗 東シベリア・アムール川・サハリン・北海道を辿る 丸木舟の流れ（赤羽正春）「東北学.［第1期］」 東北芸術工科大学東北文化研究センター, 作品社（発売）5 2001.10

安東市

昭和の記憶―旧満州国 安東市の情景を描く（永山純夫）「のうみ ： 能美郷土史の会会誌」 能美郷土史の会 （6） 2011.3

威遠堡門

小型図紹介（2） 威遠堡門（山下和正）「Collegio」 之潮 （38） 2009.9

大日向開拓地

証言（1） 分村大日向開拓団（特集 孫たちに伝えたい「私の戦争体験」（前）―王道楽土も一瞬の夢 開拓団の手記）（堀川源雄）「佐久」 佐久史学会 （63） 2011.8

甘珠爾廟

地図の中の記憶（18）,（19） 甘珠爾廟（1）,（2）（大堀利和）「Collegio」 之潮 （33）/（34） 2008.8/2008.9

乾岔子島

地図の中の記憶（9） 乾岔子島（大堀利和）「Collegio」 之潮 （24） 2007.7

駐満海軍部「乾岔子島方面蘇軍不法越境事件報告」（石本正belt）「呉市海事歴史科学館研究紀要」 呉市海事歴史科学館 （2） 2008.3

関東

関東軍 鎮東 営外酒保（工藤矩雄）「研究小報」 大分市鶴崎公民館ふるさとの歴史教室 22 2005.3

関東軍

解説資料（3） 知られざる関東軍の崩壊と置き去りにされた開拓団・民間人の悲劇「佐久」 佐久史学会 （63） 2011.8

関東軍の敗走（ひろば）（本多廣光）「史談足柄」 足柄史談会 51 2013.4

関東州

小包送票異聞（8） 関東州、満鉄付属地の小包送票（史料紹介）（加藤秀夫）「郵便史研究 ： 郵便史研究会紀要」 郵便史研究会 （34） 2013.3

吉林鉄道練修所

吉林鉄道練修所回想記（明神嘉照）「須崎史談」 須崎史談会 137 2003.9

建国大学

精神歌をうたう 旧満州国、建国大学・学生を追う（及川昭）「花巻史談」 花巻史談会 （32） 2007.3

広開土王碑

広開土王碑研究の新展開（白崎昭一郎）「古代史の海」 古代史の海の会 （27） 2002.3

広開土王碑文にみえる守墓役とその対象墓について（狩野行雄）「歴史民俗」 早稲田大学第二文学部歴史・民俗系専修 （4） 2006.12

足達瞋邨臨摸「句麗古碑」―広開土王碑研究の一齣（1）（荊木美行）「史料 ： 皇學館大學研究開発推進センター史料編纂所報」 皇學館大學研究開発推進センター史料編纂所 （233） 2012.2

水谷悌二郎精拓本の再発見―広開土王碑研究の一齣（2）（荊木美行）「史料 ： 皇學館大學研究開発推進センター史料編纂所報」 皇學館大學研究開発推進センター史料編纂所 （234） 2012.6

『通溝』巻上の池内宏自筆原稿―広開土王碑研究の一齣（3）（荊木美行）「史料 ： 皇學館大學研究開発推進センター史料編纂所報」 皇學館大學研究開発推進センター史料編纂所 （235） 2012.9

神宮文庫所蔵拓本について―広開土王碑研究の一齣（4）（荊木美行）「史料 ： 皇學館大學研究開発推進センター史料編纂所報」 皇學館大學研究開発推進センター史料編纂所 （238） 2013.6

荊木所蔵の未公開拓本について―広開土王碑研究の一齣（5）（荊木美行）「史料 ： 皇學館大學研究開発推進センター史料編纂所報」 皇學館大學研究開発推進センター史料編纂所 （239） 2013.9

広開土王碑研究の現状と課題（生田敦司）「つどい」 豊中歴史同好会 （314） 2014.3

研究 広開土王碑「宮崎県総合博物館本」の研究（武田幸男）「宮崎県地域史研究」 宮崎県地域史研究会 （29） 2014.3

蛟河鉄道自警村

満州吉林省蛟河鉄道自警村の終戦（郷右田忠男）「仙台郷土研究」 仙台郷

土研究会 30（2） 通号271 2005.12

虎頭要塞

地図の中の記憶［3］～（5） 虎頭要塞［1］～（3）（大堀利和）「Collegio」 之潮 （18）/（20） 2007.1/2007.3

ソ連侵攻と虎頭要塞の最期（井元滝雄）「きずな」 観音寺市教育委員会生涯学習課中央公民館 （2） 2011.3

虎林

日露戦争から東満州虎林駐屯までの歩兵第44連隊（内川清輔）「土佐史談」 土佐史談会 （230） 2005.12

佐伯村

満州佐伯村慰霊の旅（今山水男）「佐伯史談」 佐伯史談会 188 2001.10

満州佐伯村遭難記［1］～（3）（北山直之）「佐伯史談」 佐伯史談会 196/198 2004.6/2005.2

埼出村

埼玉県送出満州移民試論―「埼出村」の送出をめぐって（分須正弘）「埼玉地方史」 埼玉県地方史研究会 48 2002.11

双竜

聞き書き 旧満州国双竜・祐徳開拓団（湊章治）「三重の古文化」 三重郷土会庶務部 通号91 2006.3

大栗子

地図の中の記憶（10） 大栗子（大堀利和）「Collegio」 之潮 （25） 2007.8

大連

海外日本人学校から見た日本・信州・伊那 美しき都市 大連（有賀弘）「伊那路」 上伊那郷土研究会 45（11） 通号538 2001.11

失われた故郷・大連（1）,（2）（中西亨）「史叢」 熊本歴史学研究会 7/（8） 2002.7/2003.7

大連と終戦（天辰利郎）「ひなもり」 小林史談会 （45） 2005.5

青春の大連 瀧本文江さんに聞く（勝俣淳一郎, 平倉正）「小田原史談 ： 小田原史談会々報」 小田原史談会 （218） 2009.7

張家口

地図の中の記憶（16） 張家口（大堀利和）「Collegio」 之潮 （31） 2008.2

張鼓峰

地図の中の記憶（12） 張鼓峰（1）（大堀利和）「Collegio」 之潮 （27） 2007.10

地図の中の記憶（14） 張鼓峰（2）（関根敏子）「Collegio」 之潮 （28） 2007.11

「牡丹江省尾高部隊」からの献石について―「上京龍泉府・東京城」・尾高亀蔵・長鼓峰事件［1］～（2）（野﨑眞公）「石の証言」 「平和の塔」の史実を考える会 （52）/（53） 2012.11/2013.1

東鶏冠山

祖父より聞いた東鶏冠山 北砲台総攻撃（《文芸梼原》―旅行記）（中越武誌）「梼原 文芸・史談」 梼原町文化協会 （33） 2008.10

東京城

「牡丹江省尾高部隊」からの献石について―「上京龍泉府・東京城」・尾高亀蔵・長鼓峰事件［1］～（2）（野﨑眞公）「石の証言」 「平和の塔」の史実を考える会 （52）/（53） 2012.11/2013.1

ハイラル

陸軍航空部隊の毒ガス戦研究演習―下志津・三方原・ハイラル・白城子（竹内康人）「静岡県近代史研究」 静岡県近代史研究会 （35） 2010.10

12月例会によせて 竹内康人「陸軍航空部隊の毒ガス戦研究演習―下志津・三方原・ハイラル・白城子―」（村瀬隆彦）「静岡県近代史研究会会報」 静岡県近代史研究会 （387） 2010.12

漢河

地図の中の記憶（7） 漢河（大堀和和）「Collegio」 之潮 （22） 2007.5

白城子

陸軍航空部隊の毒ガス戦研究演習―下志津・三方原・ハイラル・白城子（竹内康人）「静岡県近代史研究」 静岡県近代史研究会 （35） 2010.10

12月例会によせて 竹内康人「陸軍航空部隊の毒ガス戦研究演習―下志津・三方原・ハイラル・白城子―」（「静岡県近代史研究」第35号2010年）を読んで（村瀬隆彦）「静岡県近代史研究会会報」 静岡県近代史研

究会 （387） 2010.12

ハルビン

満州国ハルビンにおける臨時海軍防備隊の活動について—中根一郎氏撮影の古写真から（鳥居直）「安城市歴史博物館研究紀要」 安城市歴史博物館 （20） 2014.3

ハルビン市

伊藤博文暗殺から101年目の旅 ハルビン駅の1番ホームは遠い（広林真理子）「光地方史研究」 光地方史研究会 （37） 2011.3

ハロンアルシャン

地図の中の記憶（11） ハロンアルシャン（大堀和利）「Collegio」 之潮 （26） 2007.9

奉天

戦中戦後生活体験記 奉天（中国大陸）から広（呉市）（藤岡洋）「広郷土史研究会ニュース」 広郷土史研究会 （44） 2001.12

牡丹江

牡丹江に咲く花（西林始）「高梁川」 高梁川流域連盟 （72） 2014.12

牡丹江省

「牡丹江省尾高部隊」からの献石について—「上京龍泉府・東京城」・尾高亀蔵・長鼓峰事件［1］～（2）（野崎眞公）「石の証言」 「平和の塔」の史実を考える会 （52）/（53） 2012.11/2013.1

満州

満州調査概要（調査ノート）（外間愛子）「具志川市史だより」 具志川市史編さん室 15 2000.3

千葉県甲種食糧増産隊満州派遣隊顛末記—通称農兵隊々員の手記から（谷萩康嗣）「袖ケ浦市史研究」 袖ケ浦市郷土博物館 8 2000.3

鉄道問題にみる満州に関する日清条約（馬場明）「栃木史学」 国学院大学栃木短期大学史学会 通号14 2000.3

昭和11年の「満州出動」（牛嶋英俊）「郷土直方」 直方郷土研究会・会報」 直方郷土研究会 （29・30） 2000.5

満州開拓団調査報告（吉浜忍）「沖縄県史だより」 沖縄県教育庁 10 2000.6

満州開拓少年義勇軍 逃亡記［1］～（8），（最終回）（星野吉朗）「群馬風土記」 群馬出版センター 15（1）通号64/17（1）通号72 2001.1/2003.1

満州移民と現地中国農民—初期満州移民農業用地の獲得過程（劉含発）「山形近代史研究」 山形近代史研究会 15 2001.2

戦中・戦後の体験を語る 著書「扉を開けて」の中から—満州からの避難（中嶋喜代）「鷹巣地方研究」 鷹巣地方研究会 48 2001.3

54年ぶりに開拓団跡地を訪ねて—「満州」に南風原の分村があった—（吉浜忍）「南風の杜 ： 南風原文化センター紀要」 南風原文化センター 7 2001.3

満州の思い出（外山辰一，上畠巌）「えびの」 えびの市史談会 35 2001.4

思い出の身辺報告—満州のこと（佐藤直之助）「北方風土 ： 北国の歴史民俗考古研究誌」 イズミヤ出版 通号42 2001.6

農業学校生徒の満州動員について（高嶋弘志）「釧路公立大学地域研究」 釧路公立大学地域分析研究委員会 （10） 2001.12

満州開拓の経過と長野県からの開拓民（徳永英夫）「長野県立歴史館研究紀要」 長野県立歴史館 22 2002.3

満州事変越境出動部隊 中隊長手記の紹介 昭和6・7年満州事変行動概要（歩兵第78連隊第9中隊）（立田英雄）「兵庫県研」 兵庫県史研究会 18 2002.4

敗戦・戦後処理としての中国大陸旧満州資産返却請求（藤岡洋）「広郷土史研究会会報」 広郷土史研究会 50 2002.6

満州そして第二次大戦（古田紀子）「史叢」 熊本歴史学研究会 7 2002.7

「満州讀本」と「寺尾尋常高等小学校卒業生名簿」（大塚尚三）「市誌研究ながの」 長野市 （10） 2002.12

満州事変・柳条溝事件 栄光か悲劇かその歴史（1）（菅原等）「郷土たじり」 田尻郷土研究会 （25） 2003.3

「行け！ 満州大陸へ」の頃のこと（伊能信雄）「ひたち小川の文化」 小美玉市小川郷土文化研究会 23 2003.4

満州移民と北海道（高嶋弘志）「釧路公立大学地域研究」 釧路公立大学地域分析研究委員会 （12） 2003.12

満州林業移民と営林実務実習生制度（玉真之介）「青森県史研究」 青森県（8） 2003.12

下伊那地域における満州移民の送出過程（斎藤俊江）「飯田市歴史研究所年報」 飯田市教育委員会 （1） 2003.12

満州移民と日本の農村「調査報告書」 仙台市教育委員会 22 2004.3

藤枝地域の満州開拓移民（土居和江）「藤枝市史研究」 藤枝市市民文化部5 2004.3

学芸員の研究ノートから（5） 戦争展示とマレー・「満州」・朝鮮人（寺林伸明）「北海道開拓記念館だより」 北海道開拓記念館 34（1）通号183

2004.6

下伊那から満州へ（斉藤俊江）「飯田市歴史研究所年報」 飯田市教育委員会 （2） 2004.8

日露開戦100周年—旧満州の戦跡を行く（渡辺俊平）「佐川史談霧生関」 佐川史談会 （40）通号73 2004.12

歴史研究の陥穽と自戒—満州移民史研究を例にして（小池善之）「静岡県近代史研究会会報」 静岡県近代史研究会 315 2004.12

ニューギニア戦線から満州、そしてソ聯へ（郷右田忠男）「仙台郷土研究」 仙台郷土研究会 29（2）通号269 2004.12

旧多摩聖蹟記念館収蔵資料紹介めもりあむ（104） 満州国使節写真「雑木林： 旧多摩聖蹟記念館広報」 多摩市教育委員会 104 2005.2

日露戦後の「満州利源調査」と浦賀（吉良芳恵）「市史研究横須賀」 横須賀市総務部 （4） 2005.3

満州で終戦を迎えた（後藤藤子）「懐風」 米沢御堀端史跡保存会 （30） 2005.4

赤彦ノート（26） 満州への旅（神戸利樹）「オール諏訪 ： 郷土の総合文化誌」 諏訪郷土文化研究会 25（2）通号248 2005.5

5月例会レジュメ 静岡県における満州開拓移民送り出しの過程を追う（桜井規順）「静岡県近代史研究会会報」 静岡県近代史研究会 320 2005.5

満蒙開拓青少年義勇軍に参加して（1），（終）（蓬莱由雄）「小野史談」 小野の歴史を知る会 （45）/（46） 2005.7/2006.1

満州事変から日米激闘—15年戦争と群馬県民（前澤哲也）「上州路 ： 郷土文化誌」 あさを社 338 2005.8

満州幻想の成立過程—日露戦前の日本人と満州（姜克實）「岡山大学文学部紀要」 岡山大学文学部 （44） 2005.12

満州問題の「発見」と日本の知識人—IPR京都会議と蠟山政道の議論を中心に（藤岡健太郎）「九州史学」 九州史学研究会 （143） 2005.12

第二次世界大戦の思い出（1） 満州での終戦の頃（二村茂雄）「三郷文化」 三郷郷土研究会 通号95 2006.2

リレーエッセイ 中国東北地方・冬の旅（2）（小山富見男）「鳥取地域史通信」 鳥取地域史研究会 2006（2） 2006.2

奇跡の満州脱出（《特集 戦後60周年記念》）（清田三吉）「阿賀路 ： 東蒲原郡郷土誌」 阿賀路の会 44 2006.5

満州幻想の成立過程—日露戦前の日本人の満州認識（姜克實）「岡山大学文学部紀要」 岡山大学文学部 （45） 2006.7

近現代史の中の諏訪（10），（11） 大陸・満州に夢を［1］，（2）（今井清水）「オール諏訪 ： 郷土の総合文化誌」 諏訪郷土文化研究会 26（5）通号263/26（6）通号264 2006.8/2006.9

満州・立川そして伊那（小田切昌子）「伊那路」 上伊那郷土研究会 50（8）通号595 2006.8

愛児の遺骨を抱いて 満州引き揚げの記（1），（6）～（9）（高山美佐保）「群馬風土記」 群馬出版センター 20（4）通号87/22（4）通号95 2006.10/2008.10

満州事変より終戦までの懐旧（大家順助）「須崎史談」 須崎史談会 （147） 2006.10

「歴史」・「外交」・「主体」—「満州」帰属問題をめぐる日中歴史学論争（河西晃祐）「東北学院大学東北文化研究所紀要」 東北学院大学東北文化研究所 （38） 2006.11

満州分村開拓と東仙道村（寺井柳介）「郷土石見 ： 石見郷土研究懇話会機関誌」 石見郷土研究懇話会 （73） 2006.12

満州事変下の女性団体資料（上灘順子）「新修米子市史だより」 米子市史編さん事務局 （24） 2007.3

満州からの逃避行（菅野祥孝）「郷土をさぐる」 上富良野町郷土をさぐる会 （24） 2007.4

満州に渡った少年農兵隊（高橋清行）「香取民衆史」 香取歴史教育者協議会 （10） 2007.4

第13次刈谷田郷開拓団物語（1）～（3）（高橋健男）「見附郷土誌」 見附の歴史研究会 （16）/（18） 2007.5/2010.2

旧満州刈谷田郷開拓団跡地を訪ねて（宗村彰夫）「見附郷土誌」 見附の歴史研究会 （16） 2007.5

静岡県の「満州移民」に関する文献（1），（2）（小池善之）「静岡県近代史研究会会報」 静岡県近代史研究会 （344）/（346） 2007.5/2007.7

「満州」農業移民の社会的基盤と家族—長野県下伊那郡川路村を事例に（細谷亨）「飯田市歴史研究所年報」 飯田市教育委員会 （5） 2007.8

史料探索あれこれ（20） 満州事変の勃発をめぐって（松尾陽吉）「新修米子市史だより」 米子市史編さん事務局 （25） 2007.9

各種講座の御案内 飯田アカデミア2007/地域史講座 満州移民/シンポジウム 満蒙開拓を語りつぐ意義と可能性「飯田市歴研ニュース」 飯田市歴史研究所 （30） 2007.10

あとがき—満州開拓義勇隊（佐川ミサヲ）「ふるさと久万」 久万郷土会 （47） 2007.12

日露戦後における満洲統治構想—有賀長雄『満洲委任統治論』の受容をめぐって（《2007年度大会特集号》）—〈部会報告〉（松下佐知子）「ヒストリア ： journal of Osaka Historical Association」 大阪歴史学会

その他　　　　　　　　　地名でたどる郷土の歴史　　　　　　　　　満州

（208）2008.1

飯田アカデミア2007/地域史講座 満州移民/研究発表会/歴研ゼミだより「飯田市歴研ニュース」 飯田市歴史研究所 （32）2008.2

懐かしい大津の風景や家族、そして満州―根岸鈴子さんに聞く（市民が語る横須賀ストーリー）「市史研究横須賀」 横須賀市総務部 （7）2008.3

史談会サロン "ああ満州"（内川清輔）「土佐史談」 土佐史談会 （237）2008.3

赤い夕日の満州で汗と涙の百日間―興亜学生勤労報国隊参加記録（唐木勉）「伊那路」 上伊那郷土研究会 52（7）通号618 2008.7

興亜学生勤労報国隊・満州建設勤労奉仕隊の農業学校隊に参加して―上伊那農業学校（現上農高校）（矢澤喬治）「伊那路」 上伊那郷土研究会 52（8）通号619 2008.8

二つの満州移民体験（〈特集 15年戦争と現在〉）（森武麿）「歴史科学」 大阪歴史科学協議会 （195）2008.12

満州から来た相模湾防衛軍（千葉弘）「県央史談」 県央史談会 （48）2009.1

関東軍・満州開拓団と宮城の農村（講演会記録）「調査報告書」 仙台市教育委員会 27 2009.3

語られた満州分村移民、描かれた大日向村、満州（伊藤純郎）「信濃［第3次］」 信濃史学会 62（2）通号721 2010.2

満州事変勃発後の「宣統帝ヲ頭首トスル志那政権」案について（樋口秀実）「史学研究集録」 國學院大學大学院史学専攻大学院会 （35）2010.3

満州開拓に捧げた 若き義勇軍の軌跡（1）（炉辺閑話）（田中嘉典）「三郷文化」 三郷郷土研究会 （112）2010.5

中国東北地方（旧満州）を旅して 日本の侵略戦争の爪痕を現地に見る―ハルビン、長春（新京）、瀋陽（奉天）（山岡彰）「秋田近代史研究」 秋田近代史研究会 48 2010.7

満州・開拓お国のため―生還の記録（談話室）（松村博愛）「蒲生野」 八日市郷土文化会議 通号42 2010.12

有り明けの月（満州引揚日記）（三沢郷土史研究会研究発表会）（中岫正雄）「郷土史三沢」 郷土史三沢 （7）2011.3

資料紹介 「満州事変」の『陣中日誌』について―野砲兵第2連隊第1大隊本部『陣中日誌』より（中間報告1）「調査報告書」 仙台市教育委員会 29 2011.3

新聞記事にみる満州移民の断片（8）～（10）、（14）―第九次冷家店大子町開拓団の軌跡「ほない歴史通信」 遊史の会 （59）/（72）2011.6/2014.9

第1回満州移民研究ゼミの模様/新刊紹介 満州開拓移民オーラルヒストリー「下伊那のなかの満州」聞き書き報告集9/歴研ゼミ/地域史講座 飯田・下伊那の歴史/飯田市歴史研究所年報9/研究定例会「飯田市歴研ニュース」 飯田市歴史研究所 （53）2011.8

少年の思い出 満州で戦争が終わった日 証言 妹、淑子の死とその後（特集 孫たちに伝えたい「私の戦争体験」（前））（高見澤彌）「佐久」 佐久史学会 （63）2011.8

解説資料（2）引揚・遠い故国への道だった「佐久」 佐久史学会 （63）2011.8

満蒙開拓青少年義勇軍富士小隊の誕生（戦中から戦後へ）（加藤善夫）「静岡県近代史研究」 静岡県近代史研究会 （36）2011.10

「満州」侵略戦争と陸軍飛行第六連隊（戦中から戦後へ）（竹内康人）「静岡県近代史研究」 静岡県近代史研究会 （36）2011.10

講演会 熊本史雄先生 外交文書から見る満州事変と日中戦争（三井利忠）「いしぶみ」 まちだ史考会 2011.12

平成24年度 春季企画展「長野県の満州移民―三つの大日向をたどる―」のご紹介「長野県立歴史館たより」 長野県立歴史館 （70）2012.2

満州事変の『陣中日誌』について―野砲兵第2連隊第1大隊本部『陣中日誌』より（中間報告2）はじめに/関東軍の「北満」侵攻と反吉林軍・反満抗日勢力―本資料の背景/野砲兵第2連隊第1大隊本部『陣中日誌』の概要と用語解説/野砲兵第2連隊第1大隊本部『陣中日誌』の釈文（原文紹介）（足元から見る民俗20―失われた伝承・変容する伝承・新たなる伝承―資料紹介）「調査報告書」 仙台市教育委員会 30 2012.3

富士フィルム○マ渡満隊の思い出（瀬戸長治）「扣之帳」 扣之帳刊行会 （35）2012.3

証言（1）国策に翻弄された満州開拓団の悲劇―終戦66周年を迎えて（王道楽土も一瞬の夢 開拓団の手記（2））（上原信夫）「佐久」 佐久史学会 （64）2012.3

証言（2）当たって砕けろ（遺稿）（王道楽土も一瞬の夢 開拓団の手記（2））（小池穣）「佐久」 佐久史学会 （64）2012.3

証言（3）小学生の記憶に焼き付いた開拓団を見送った日（王道楽土も一瞬の夢 開拓団の手記（2））（市川光雄）「佐久」 佐久史学会 （64）2012.3

資料紹介 語り継ぐ満州の悲しみ「山峡に響く平和の鐘」「佐久」 佐久史学会 （64）2012.3

再び「満州」に思う（東海林郁子）「秋田県朝鮮人強制連行真相調査団会報」 秋田県朝鮮人強制連行真相調査団 （70）2012.4

満州移民研究の十年（特集 続昭和の時代）（高橋健男）「見附郷土誌」 見附の歴史研究会 （20）2012.4

飯田市の満州移民（研究ノート）（齊藤俊江）「飯田市歴史研究所年報」 飯田市教育委員会 （10）2012.8

史料紹介 部奈須賀雄書簡―昭和八年満州派遣軍便り（本島和人）「飯田市歴史研究所年報」 飯田市教育委員会 （10）2012.8

講演 満州育ちの見た体験的「満州帝国」像（例会報告）（安孫子麟）「宮城歴史科学研究」 宮城歴史科学研究会 （71）2012.9

満蒙開拓青少年義勇軍静岡（植松）中隊の編成（加藤善夫）「静岡県近代史研究」 静岡県近代史研究会 （37）2012.10

1937年の朝鮮・満州視察旅行（百瀬敏夫）「市史通信」 横浜市史資料室 （15）2012.11

ある元兵士の回顧―満州野戦航空隊からチルチック収容所にて（山口誠一）「大阪民衆史研究」 大阪民衆史研究会 （67）2012.12

「満州事変」の『陣中日誌』について―野砲兵第2連隊第1大隊本部『陣中日誌』より（中間報告3）（資料紹介）「調査報告書」 仙台市教育委員会 31 2013.3

満州移民の戦後史―長野県飯田下伊那地域を事例に（満州小特集）（島崎友美）「信濃［第3次］」 信濃史学会 65（3）通号758 2013.3

史料紹介 大林作三『終戦の記』―満州大日向開拓団の崩壊（満州小特集）（青木隆幸）「信濃［第3次］」 信濃史学会 65（3）通号758 2013.3

新聞記事でみる春季企画展「長野県の満州移民」（業務報告）（塚田博之）「長野県立歴史館研究紀要」 長野県立歴史館 （19）2013.3

満州移民の戦後史―長野県飯田市下伊那地域を事例に（研究活動助成成果報告）（島崎友美）「飯田市歴史研究所年報」 飯田市教育委員会 （11）2013.8

満州開拓か? 満州移民ではないのか?（和田昌三）「郡上史談」 郡上史談会 （141）2013.10

研究ノート 大林作三『終戦の記』原本発見の意義（満州小特集II）（青木隆幸）「信濃史学会 65（11）通号766 2013.11

満州移民をめぐる資料の現状と研究の可能性（加藤聖文）「信濃［第3次］」 信濃史学会 66（2）通号769 2014.2

サハリンから満州、そして三沢補へ（市民の証言）（奥山明子）「郷土史三沢」 三沢郷土史研究会 （10）2014.3

「満州事変」の『陣中日誌』について―野砲兵第2連隊第1大隊本部『陣中日誌』より（中間報告4）（資料紹介）「調査報告書」 仙台市教育委員会 32 2014.3

シリーズ『語り継ぐ私の戦争体験』満州、そしてシベリア抑留―山下淳様の場合（入江紀文）「香川近代史研究」 香川近代史研究会 （2）2014.3

引揚者―少国民の見聞した満州（阿部哲夫）「忘らえぬかも ： 故里の歴史をさぐる」 （8）2014.4

表紙 満州風景（旧山源学校蔵）「郷土直方 ： 直方郷土研究会・会報」 直方郷土研究会 （39）2014.4

満州移民の引揚げ後の経済と生活―長野県千代村の人々をめぐって（研究ノート）（湯本麻矢，大栗行昭）「飯田市歴史研究所年報」 飯田市教育委員会 （12）2014.8

史料紹介『清内路村報』―村報と満州移民の時代（本島和人）「飯田市歴史研究所年報」 飯田市教育委員会 （12）2014.8

研究の窓 満州移民は避けられなかったのか（青木隆幸）「長野県立歴史館たより」 長野県立歴史館 （80）2014.9

満州移民にみる他者像（満州特集）（新谷千布美）「信濃［第3次］」 信濃史学会 66（10）通号777 2014.10

研究の窓 満州移民などをとりあげた平和教育のこころみ―中学校における教育実践から（満州特集）（両角太）「信濃［第3次］」 信濃史学会 66（10）通号777 2014.10

満州事変と地域社会―軍部の国民動員・国民統合と町村・住民組織（論文）（松田隆行）「花園史学」 花園大学史学会 （35）2014.11

満州国

消し去られた文字―「満州国」における検閲の実相（《特集 手塚治虫―世紀をつなぐ作品とメッセージ》）（岡田英翔）「立命館平和研究 ： 立命館大学国際平和ミュージアム紀要」 立命館大学国際平和ミュージアム （3）2002.3

旧満州国における郷土人の苦難と犠牲（〈特集 戦後60周年記念〉）（徳永次一）「阿賀路 ： 東蒲原郡郷土誌」 阿賀路の会 44 2006.5

思い出を辿りて旧満州国からの引き揚げ（〈特集 戦後60周年記念〉）（清水美枝）「阿賀路」 阿賀路の会 44 2006.5

「満州国」と北京における台湾籍民の動向（卞鳳奎）「南島史学」 南島史学会 （67）2006.5

近代日本植民地における「憲兵警察制度」に見る「統治様式の推移」―朝鮮から関東州・「満州国」へ（松田利彦）「日本研究」 人間文化研究機構国際日本文化研究センター 35 2007.5

「満州国」の博物館建設―国立博物館の成立過程と収蔵品（大出尚子）「史境」 歴史人類学会, 日本図書センター（発売）（55）2007.9

1099

スポット「満州国の旗」「立命館大学国際平和ミュージアムだより」 立命館大学国際平和ミュージアム　15(1) 通号41　2007.10

日本ソーダ企業の企業戦略と「満州国」(児玉州平)「神戸大学史学年報」 神戸大学史学研究会　(23) 2008.6

関東軍憲兵隊資料から見た「満州国」の実態―「五族協和」・「王道楽土」の現実(講演会記録)「調査報告書」 仙台市教育委員会　27　2009.3

「八紘一宇」と「満州国」(税田啓一郎)「石の証言」「平和の塔」の史実を考える会　(35) 2009.12

旧満州国雑感(会員の広場)(佐々木綱洋)「もろかた ： 諸県」 都城史談会　(45) 2011.11

「満州国とは何だったのか」(中元暢一)「宮崎県地方史研究会会報」 宮崎県地方史研究会　(4) 2012.3

石の証言 満州国阿部部隊 45×70cm/噴水「石の証言」「平和の塔」の史実を考える会　(56) 2013.7

満洲国

幻の「満洲国」建国神廟を復原する(《特集 公開研究会「人びとの暮らしと生業―『日本近世生活絵引』作成への問題点をさぐる―」を振り返って》)(津田良樹)「非文字資料研究」 神奈川大学21世紀COEプログラム拠点推進会議　(16) 2007.6

満州国務院経理学校

巻頭言にかえて―海を渡った満州国務院経理学校の少年(田村達也)「鳥取地域史研究」 鳥取地域史研究会　(7) 2005.2

満鉄

聞き取り 満鉄、軍隊、そしてシベリア抑留へ 話し手・金子信男「戦争と民衆」 戦時下の小田原地方を記録する会　(58) 2007.3

小包送票見聞(8) 関東州、満鉄付属地の小包送票(史料紹介)(加藤秀夫)「郵便史研究 ： 郵便史研究会紀要」 郵便史研究会　(34) 2013.3

満鉄農業修練所

満鉄農業修練所「負の存在で終わりたくない」(上),(中),(下)(佐々木榮造)「群馬風土記」 群馬出版センター　17(2) 通号73/17(4) 通号75　2003.4/2003.10

満蒙

満蒙開拓青少年義勇軍 佐藤中隊の記録紹介(米沢袈裟雄)「とぐら ： 戸倉史談会誌」 戸倉史談会　(26) 2001.2

満蒙開拓青少年義勇軍(神里良)「秦史談」 秦史談会　103　2001.5

満蒙開拓青少年義勇軍―書簡からみる足跡(西口以佐子)「研究紀要」 戸田市立郷土博物館　(16) 2003.3

「王道楽土」の少年たち 満蒙開拓青少年義勇軍の生と死(小岩増一)「別冊東北学」 東北芸術工科大学東北文化研究センター, 作品社(発売)　4　2002.7

満蒙開拓青少年義勇軍と学校教育―長野県波田小学校を事例として(《特集 長野県近代史》)(鈴木幸広)「信濃 [第3次]」 信濃史学会　54(11) 通号634　2002.11

満蒙開拓・若き日の思い出心に残る指導者(米沢袈裟雄)「とぐら ： 戸倉史談会誌」 戸倉史談会　(28) 2003.2

満蒙開拓青少年義勇軍(脇山義裕)「ひなもり」 小林史談会　(43) 2003.4

満蒙開拓青少年義勇軍とは―過ぎし日の思いから(田中正大)「トカプチ ： 郷土史研究」 NPO十勝文化会議郷土史研究部会　(15) 2003.8

満蒙開拓青少年義勇軍(山下俊彦)「いしがみ ： 郷土文化誌」「いしがみ」刊行会　(14) 2003.12

国拓村南郷屯・満蒙開拓団の終戦(郷右近忠男)「仙台郷土研究」 仙台郷土研究会　28(2) 通号267　2003.12

満蒙開拓義勇軍の体験(増田貞美)「みよし地方史」 三次市地方史研究会　65　2004.12

藤枝をフィールドとして「満蒙開拓団」を追跡する(土居和江)「静岡県近代史研究会会報」 静岡県近代史研究会　322　2005.3

「満蒙開拓青少年義勇軍体験」を通して想うこと(杉田幸子)「房総の郷土史」 千葉県郷土史研究連絡協議会　(35) 2007.5

満蒙開拓青少年義勇隊内特別訓練所(池上昭)「伊那路」 上伊那郷土研究会　51(8) 通号607　2007.8

旧宍粟郡における満蒙開拓移民と同青少年義勇隊[1]～(2)(鳥羽弘毅)「Sala ： 歴史民俗誌」 常民学舎　(45)／(46) 2009.2/2009.8

満蒙開拓植科郷建設の一齣(宮本ちはる)「とぐら ： 戸倉史談会誌」 戸倉史談会　(34) 2009.2

信濃教育会による満蒙開拓青少年義勇軍送出背景の検証(上),(下)(小林信介)「信濃 [第3次]」 信濃史学会　61(7) 通号714/61(8) 通号715　2009.7/2009.08

満蒙開拓青少年義勇軍―池田から送り出された少年たち(《戦前・戦後回顧特集》)(室田卓雄)「歴史懇談」 大阪歴史懇談会　(23) 2009.8

金明地区の歴史 満蒙開拓について(徳田作太郎)「江沼の久爾」 江沼地方史研究会　(55) 2010.4

満蒙開拓に捧げた若き義勇軍の軌跡(2)～(6)(炉辺閑話)(田中嘉典)

「三郷文化」 三郷郷土研究会　(113)／(117) 2010.8/2011.8

西に向かう牛群―満蒙開拓の記憶と画家仲村進(研究報告要旨)(槇村洋介)「飯田市歴史研究所年報」 飯田市教育委員会　(8) 2010.8

二つの満蒙開拓青少年義勇隊員手記を読む(金井英一)「郷土はとがや ： 鳩ケ谷郷土史会会報」 鳩ケ谷郷土史会　(66) 2010.11

記憶を言葉にそして文字に 語り継ぐ満蒙開拓(北山ひろみ)「飯田市歴研ニュース」 飯田市歴史研究所　(50) 2011.2

3月例会報告要旨 満蒙開拓と鳥取県(小山富見男)「鳥取地域史通信」 鳥取地域史研究会　(171) 2011.4

長崎と満州での終戦―少年少女たちの終戦・満蒙開拓団(大牟田一成)「えびの」 えびの市史談会　(45) 2011.5

少年もかり出された―満蒙開拓青少年義勇軍 証言 義勇軍の思い出(特集 孫たちに伝えたい「私の戦争体験」(前))(高見沢利重)「佐久」 佐久史学会　(63) 2011.8

解説資料(4) 満蒙開拓団青少年義勇軍(隊)募集要項について「佐久」 佐久史学会　(63) 2011.8

満蒙開拓青少年義勇軍を知っていますか?(特集 若者たちの東北―東日本大震災3)(後藤和雄)「東北学. [第2期]」 東北芸術工科大学東北文化研究センター, 柏書房(発売)　(30) 2012.2

証言(1) 戦争と私の青春(満蒙開拓青少年義勇軍―忘れられた少年兵・70年目の証言)(臼田健)「佐久」 佐久史学会　(64) 2012.3

証言(2) わが中隊の夢と悲劇―戦争の渦に呑み込まれて明暗を残す(満蒙開拓青少年義勇軍―忘れられた少年兵・70年目の証言)(桜井玄)「佐久」 佐久史学会　(64) 2012.3

解説資料(4) 「満蒙開拓青少年義勇軍と信濃教育会」を読む 戦争に巻き込まれた少年たち―この時学校・教師はなにをしてきたのか「佐久」 佐久史学会　(64) 2012.3

満蒙開拓青少年義勇軍富士小隊に関する資料[1]～3(加藤善夫)「駿河」 駿河郷土研究会　(66)／(68) 2012.4/2014.04

満蒙開拓青少年義勇軍とシベリア捕虜生活(末広一郎)「瀬野川流域郷土史懇話会会報」 瀬野川流域郷土史懇話会　(17) 2013.8

語り継ぐ「満蒙開拓」の史実―「満蒙開拓平和記念館」の建設実現まで(満州小特集)(寺沢秀文)「信濃 [第3次]」 信濃史学会　65(3) 通号758　2013.3

論文 満蒙開拓青少年義勇軍と信濃教育会覚書き(満州小特集II)(伊藤純郎)「信濃 [第3次]」 信濃史学会　65(11) 通号766　2013.11

「満蒙開拓青少年義勇軍」と「上伊那教育会」「少年の塔」(第38回上伊那歴史研究会県外実地踏査報告「茨城県と上伊那とのつながりを探る」)(矢澤静二)「伊那路」 上伊那郷土研究会　57(12) 通号683　2013.12

満蒙開拓、青少年義勇軍を題材にする二つの記念館、資料集(終戦特集号)(池上昭)「伊那路」 上伊那郷土研究会　58(8) 通号691　2014.8

満蒙開拓計画と勤労奉仕隊結成について(終戦特集号)(城倉肇)「伊那路」 上伊那郷土研究会　58(8) 通号691　2014.8

東京の満蒙開拓団(上),(竹内秀夫)「足立史談会だより」 足立史談会　(318)／(319) 2014.9/2014.10

東京の満蒙開拓青少年義勇軍(竹内秀夫)「足立史談会だより」 足立史談会　(320) 2014.11

聞き書き 満蒙開拓青少年義勇軍のこと、甲種食料増産隊のこと(新井毅)「宇須比」 松井田町文化会　(71) 2014.12

「満蒙開拓平和記念館」を訪ねて(唐沢邦子)「足立史談会だより」 足立史談会　(321) 2014.12

関連して 新聞の切り抜きから 11.17 満蒙開拓平和記念館を訪ねて「足立史談会だより」 足立史談会　(321) 2014.12

弥栄村

地図のなかの記憶 武装移民弥栄村(大堀和利)「Collegio」 之潮　(16) 2006.11

祐徳

聞き書き 旧満州国双龍・祐徳開拓団(湊章治)「三重の古文化」 三重郷土会庶務部　通号91　2006.3

豊村

「赤い大地」―満州豊村と私(淡路一朗)「峡南の郷土」 峡南郷土研究会　46　2006.3

洛古河

地図の中の記憶(6) 洛古河(大堀和利)「Collegio」 之潮　(21) 2007.4

遼東半島

鳥居龍蔵の東北アジア踏査―朝鮮半島・遼東半島・大興安嶺・蒙古(東潮)「史窓」 徳島地方史研究会　(34) 2004.3

遼寧省

特別展「遼寧省・京畿道・神奈川県の文物展―名宝にみる文化交流の軌跡」「神奈川県立歴史博物館だより」 神奈川県立歴史博物館　7(2) 通号158　2001.10

特別展「遼寧省・京畿道・神奈川の文物」(水島章)「かながわ文化財」 神奈川県文化財協会　98　2002.5

| その他 | 地名でたどる郷土の歴史 | 満州 |

抗米援朝運動の宣伝・教育及び民衆記憶—遼寧省を中心に（論文）（隋藝）「史境」　歴史人類学会，日本図書センター（発売）（67）2014.3

旅順

旅順口と占領地商況視察—山本条太郎「占領地及朝鮮平安道商況視察復命書」（加藤幸三郎）「秋田近代史研究」　秋田近代史研究会　43　2001.12

「明治三十七、八年戦役ニ於ケル野戦砲兵第十一連隊ノ戦歴旅順要塞攻囲戦ノ巻」（上）（平井誠）「研究紀要」　愛媛県歴史文化博物館　（9）2004.3

資料紹介「明治三十七、八年戦役ニ於ケル野戦砲兵第十一連隊ノ戦歴旅順要塞攻囲戦ノ巻」（中）（平井誠）「研究紀要」　愛媛県歴史文化博物館　（10）2005.3

日露戦争の激闘—旅順攻略のその時（福吉要吉）「土佐史談」　土佐史談会　（230）2005.12

「明治三十七、八年戦役ニ於ケル野戦砲兵第十一連隊ノ戦歴　旅順要塞攻囲戦ノ巻」（下）（資料紹介）（平井誠）「研究紀要」　愛媛県歴史文化博物館　（11）2006.3

日露戦争　旅順の攻防戦（小玉健一）「ひさみね」　広瀬地区郷土史同好会　（23）2007.1

明治山と旅順—乃木希典を求める人々（松室孝樹）「紀要」　滋賀県文化財保護協会　（25）2012.3

日露戦争の遺物と旅順の旅（木村邦夫）「美濃の文化 ： 美濃文化総合研究会機関誌」　美濃文化総合研究会　（123）2012.10

盧溝橋

静岡連隊は開戦三か月で九割が戦死。戦傷の大損 1937（昭和12）年7月7日　盧溝橋にて日中両軍、不幸な開戦「豆州歴史通信」　豆州研究社歴史通信部　318　2004.6

ロマノフカ

大陸彷徨（1）〜（8）　ロマノフカ行（1）〜（8）（島田英常）「Collegio」　之潮　（35）/（44）2008.12/2011.4

朝鮮

阿羅加耶

文献からみた阿羅加耶（渡来系文化と北部九州―4・5世紀を中心に 第150回九州古文化研究会大会の記録）（南在祐，武末純一［訳］）「古文化談叢」 九州古文化研究会 63 2010.5

有明王国

貝輪と冠も有明王国より（佐々木洋）「古代朝鮮文化を考える」 古代朝鮮文化を考える会 （22）2007.12

「有明王国」説への疑問（高坂孟承）「古代朝鮮文化を考える」 古代朝鮮文化を考える会 （26）2011.12

有明王国の日本海進出 玉石、水銀朱、鉄を求めて（佐々木洋）「古代朝鮮文化を考える」 古代朝鮮文化を考える会 （26）2011.12

有明王国の東北進出（太平洋岸）―石棺、石室、装飾画、冠より（佐々木洋）「古代朝鮮文化を考える」 古代朝鮮文化を考える会 （27）2012.12

有明王国は加耶連盟の一員だった（佐々木洋）「古代朝鮮文化を考える」 古代朝鮮文化を考える会 （28）2013.12

益山市

韓国益山市を訪問して（話のひろば）（小林光雄）「大内文化探訪 ： 会誌」 大内文化探訪会 （29）2011.5

鬱陵島

山陰地方民の鬱陵島侵入の始まり（朴炳渉）「北東アジア文化研究」 鳥取短期大学 （30）2009.10

明治時代の鬱陵島漁業と竹島＝独島問題（1），（2）（朴炳渉）「北東アジア文化研究」 鳥取短期大学 （31）/（32）2010.3/2010.10

特報 韓国鬱陵島にある石見焼と石州瓦について―2010年8月の現地調査の報告を中心に（阿部志朗）「郷土石見 ： 石見郷土研究懇話会機関誌」 石見郷土研究懇話会 （91）2012.12

海印寺

韓国城郭紀行（10）清州と大邱の城と海印寺（佐浦信男）「城」 東海古城研究会 183 2002.6

海神堂公園

韓国三陟市における男根観光―海神堂公園を事例に（アジア特集）（安藤有希）「縁 ： 集いの広場」 縁フォーラム事務局 （3）2013.5

加耶

高句麗広開土王の時代の倭と加耶（1）～（2）（廣瀬雄一）「季刊邪馬台国」「季刊邪馬台国」編纂委員会，梓書院（発売）（97）/98 2008.1/2008.4

いんたびゅー 加耶の影響は日本文化の古層 日韓交流史を考える上でも重要（李永植，鈴木靖民）「横浜市歴史博物館news ： Yokohama History Museum news」 横浜市歴史博物館 （32）2012.3

有明王国は加耶連盟の一員だった（佐々木洋）「古代朝鮮文化を考える」 古代朝鮮文化を考える会 （28）2013.12

伽羅の国

日韓観光交流記念 「邪馬台国と伽羅の国セミナー」開催によせて 邪馬台国と伽羅の国々（奥野正男）「季刊邪馬台国」 「季刊邪馬台国」編纂委員会，梓書院（発売）（101）2009.4

漢江

朝鮮後期における漢江舟運の運航実例から―「朝鮮半島の水環境とヒトの暮らし」に関する予備的考察（森平雅彦）「史淵」 九州大学大学院人文科学研究院 150 2013.3

朝鮮後期における漢江舟運の運航実例から―「朝鮮半島の水環境とヒトの暮らし」に関する予備的考察（2）（森平雅彦）「史淵」 九州大学大学院人文科学研究院 151 2014.3

韓国

在日韓国・朝鮮人による民族性継承の課題（斎木恭子）「北東アジア文化研究」 鳥取短期大学 通号11 2000.3

このごろ思うこと 韓日の歴史を学んで（金尚司）「ひょうご部落解放・人権研究所 94 2000.7

韓国における倭城研究の現状と課題（太田秀春）「倭城の研究」 城郭談話会 4 2000.7

韓国に残る伊達政宗の倭城について（太田秀春）「仙台郷土研究」 仙台郷土研究会 25（2）通号261 2000.12

韓国の伝統市場（須川英徳）「Museum Kyushu ： 文明のクロスロード」 博物館等建設推進九州会議 18（4）通号70 2001.7

［史料紹介］ 東田経吉『韓国視察概要』（明治38年）（梅渓昇）「童子山 ： 西脇市郷土資料館紀要」 西脇市教育委員会 8 2001.9

講演記録 池明観先生『歴史』について考える―日韓関係を中心に」の記録稿「米沢史学」 米沢史学会（山形県立米沢女子短期大学日本史学科内）（17）2001.10

翻訳 崔信浩「韓国と安南・琉球との文学交流試考」（薛末子）「北東アジア文化研究」 鳥取短期大学 （14）2001.10

韓国郵便創業史（陳鎭洪）「郵便史研究 ： 郵便史研究会紀要」 郵便史研究会 （13）2002.3

韓国歴史街道走り書き（天竹薫信）「わかくす ： 河内ふるさと文化誌」 わかくす文芸研究会 （41）2002.5

韓紙への一考察（昱亨均）「神奈川県紙漉研究会会報」 神奈川県神漉研究会 （64）2003.1

韓国韓紙の紙漉き実演会・講演会のようす「神奈川県紙漉研究会会報」 神奈川県神漉研究会 （64）2003.1

韓国の族譜（三浦俊明）「れきはく」 石川県立歴史博物館 66 2003.2

〈関門地域・韓国間の経済・産業協力に関する研究〉「関門地域研究」 関門地域共同研究会 12 2003.3

韓国の教育課程と歴史教育（藤田昭造）「耕人」 耕人社 9 2003.6

日本と韓国とのささやかな文化交流（吉岡幸一）「福井の文化」 福井県文化振興事業団 41 2003.9

アイデンティティ・ポリティクスを超えて―在日韓国・朝鮮人の現状と今後（金泰泳）「もやい ： 長崎人権・学」 長崎人権研究所 46 2003.10

韓国城郭紀行（最終回）（佐浦信男）「城」 東海古城研究会 （188）2004.2

幻の朝鮮語読本を追う―丹波の病む元韓国人の証言（荻野正太郎）「丹波史」 丹波史談会 24 2004.6

韓国と東北を繋ぐ橋 日韓交流の仕掛け人たち（《特集 旅学の時代》）（千葉由香）「別冊東北学」 東北芸術工科大学東北文化研究センター，作品社（発売）8 2004.8

韓国見聞録（本谷文雄）「れきはく」 石川県立歴史博物館 73 2004.9

《特集 群馬の「韓国」を探す》「上州風」 上毛新聞社 20 2004.11

韓国の現代伝説（島村恭則）「民話」 東北文教大学短期大学部民話研究センター 11 2004.12

「パリ原則」による韓国人権委員会（川向秀武）「信州農村開発研究所報」 信州農村開発史研究所 （91）2005.3

《特集 日韓条約締結40周年を考える》「ひょうご部落解放」 ひょうご部落解放・人権研究所 117 2005.6

《特集 現代韓国と人権》「部落解放史・ふくおか」 福岡県人権研究所 118 2005.6

若柳の歴史/若柳の文化財等/くりはら田園鉄道/日韓近代史に秘められた「心の絆」「宮城県文化財友の会だより」 宮城県文化財友の会 163 2005.8

韓国の里海利用の慣行―ワカメ漁場を中心に（李善愛）「東北学．［第2期］」 東北芸術工科大学東北文化研究センター，柏書房（発売）（5）2005.10

日・韓文化の比較―大分県の「真名野長者物語」と韓国の「薯童物語」（金賛會）「古代朝鮮文化を考える」 古代朝鮮文化を考える会 （20）2005.12

北諸弁は古代韓国語か（ハングルゴ）（耕真介）「季刊南九州文化」 南九州文化研究会 （105）2006.1

第二次日韓協約締結交渉の経過と法的考察（大房信幸）「中央史学」 中央史学会 （29）2006.3

韓国・朝鮮と日本の交流史（韓国調査報告）（来間泰男，源河葉子，新垣誠正，平季織）「南島文化」 沖縄国際大学南島文化研究所 （28）2006.3

韓国における漢字使用に関する調査報告（韓国調査報告）（平季織）「南島文化」 沖縄国際大学南島文化研究所 （28）2006.3

韓国併合の道程（《特集 私の「韓国併合是非論」》）（横山忠弘）「歴研よこはま」 横浜歴史研究会 （59）2006.11

私の韓国併合是非論（《特集 私の「韓国併合是非論」》）（斉藤伊三郎）「歴研よこはま」 横浜歴史研究会 （59）2006.11

3班「景観の時系列的研究」公開研究会報告 韓国の多島海を写した「澁澤写真」について（田鳳煕）「非文字資料研究」 神奈川大学21世紀COEプログラム拠点推進会議 （14）2006.12

韓国併合直前の韓国内部警務局保安課編纂の人名録について（浦川和也）「研究紀要」 佐賀県立名護屋城博物館 13 2007.3

五・六世紀の日韓交流と筑紫（《特集 対外交流と福岡》—講演録）（熊谷公男）「市史研究ふくおか」 福岡市博物館市史編さん室 （3） 2008.2

韓国軍兵士になった残留邦人—日本の敗戦と南北分断のはざまで（《特集 朝鮮戦争 「隣の国の戦争」だったのか》）（後藤文利）「西日本文化」 西日本文化協会 通号434 2008.8

絵はがきに見る東北日本・アジア（2）,（3）（韓国文化の風景［1］,［2］（東北文化センター）「東北学．［第2期］」 東北芸術工科大学東北文化研究センター，柏書房（発売） （17）/（18） 2008.11/2009.2

1940（昭和15）年 韓国人労働者へ強制労働の時間外に日本化教育 内鮮融和は口実のみ実質は日本化「豆州歴史通信」 豆州研究社歴史通信部 （459） 2010.4

1941（昭和16）年 韓国人鉱山労働者の抵抗「豆州歴史通信」 豆州研究社歴史通信部 （459） 2010.4

聞き書き 日本統治下の韓国生活を聞く—成田武正氏を訪問（編集委員会）「いしがみ ： 郷土文化誌」 「いしがみ」刊行会 （21） 2010.12

「韓国併合百年」と韓国・朝鮮近代史研究の現在（特集 韓国併合100年を機に考える）（永島広紀）「リベラシオン ： 人権研究ふくおか」 福岡県人権研究所 （140） 2010.12

「韓国の桜」—在韓日本人妻たちの65年（特集 韓国併合100年を機に考える）（後藤文利）「リベラシオン ： 人権研究ふくおか」 福岡県人権研究所 （140） 2010.12

「韓国併合」100年と熊本（韓国併合100年・大逆事件100年特集）（小松裕）「近代熊本」 熊本近代史研究会 （34） 2010.12

「韓国併合」と新聞人たち（韓国併合100年・大逆事件100年特集）（冨田啓一郎）「近代熊本」 熊本近代史研究会 （34） 2010.12

韓国と熊本県人（韓国併合100年・大逆事件100年特集—史料紹介）（佐々正之）「近代熊本」 熊本近代史研究会 （34） 2010.12

総合記念講演 「韓国併合」への道—伊藤博文と安重根（趙景達）「房総史学」 国書刊行会 （51） 2011.3

琉球処分と韓国併合（南島における民族と宗教20周年シンポジウム 見る、聞く、語る—沖縄の過去・現在・未来——第2部 公開講演）（波平恒男）「沖縄研究ノート ： 《共同研究》南島における民族と宗教」 宮城学院女子大学キリスト教文化研究所 （20） 2011.3

研究紹介 日韓境域の現状 —対馬を中心に（特集 台湾をめぐる境域）（井出弘毅）「白山人類学」 白山人類学研究会，岩田書院（発売） （14） 2011.3

韓国に帰った連行者たち（11）—呉秀鐸さん（不老倉鉱山）は語る「秋田県朝鮮人強制連行真相調査団会報」 秋田県朝鮮人強制連行真相調査団 （69） 2012.2

韓国に帰った連行者たち（12）—姜道杏さん（不老倉鉱山）は語る「秋田県朝鮮人強制連行真相調査団会報」 秋田県朝鮮人強制連行真相調査団 （69） 2012.2

第23回南島研セミナー ユン・ボンモ、キム・ジュンギル、シン・ジャンシク、ホン・ソンダム「韓国民衆美術のアクティビズム」（2011年度事業報告）「南島文化研究所所報」 沖縄国際大学南島文化研究所 （57） 2012.3

韓国の移民現象に見る跨境的生活—国境を跨ぐ家族の実態（特集 跨境コミュニティにおけるアイデンティティの持続と再編—東アジアと東南アジアの事例から）（井出弘毅）「白山人類学」 白山人類学研究会，岩田書院（発売） （15） 2012.3

韓国で考える『萬葉集』（10周年記念—10周年記念国際シンポジウム）（李妍淑）「万葉古代学研究年報」 奈良県立万葉文化館 （10） 2012.3

トピックス 韓国で「八紘一宇」石碑の発見/例会と学習会/編集後記/さよなら原発！ 宮崎いのちの広場「石の証言」「平和の塔」の史実を考える会 （48） 2012.3

韓国に帰った連行者たち（13）—金基洙さん（花岡鉱山）は語る「秋田県朝鮮人強制連行真相調査団会報」 秋田県朝鮮人強制連行真相調査団 （70） 2012.4

韓国に帰った連行者たち（14）—張成基さん（花岡鉱山）は語る「秋田県朝鮮人強制連行真相調査団会報」 秋田県朝鮮人強制連行真相調査団 （70） 2012.4

韓国訪問雑記（創立30周年記念）（大内公夫）「大内文化探訪 ： 会誌」 大内文化探訪会 （30） 2012.5

韓国に帰った連行者たち（15）—金商榮さん（大沢鉱山）は語る「秋田県朝鮮人強制連行真相調査団会報」 秋田県朝鮮人強制連行真相調査団 （71） 2012.8

韓国のトイレ空間（倉石美都）「縁 ： 集いの広場」 縁フォーラム事務局 （1） 2012.10

韓国のコンビニ（板倉一枝）「北東アジア文化通信」 鳥取短期大学北東アジア文化総合研究所 （36） 2012.10

韓国に帰った連行者たち（16）—趙元株さん（田沢湖導水管工事）は語る「秋田県朝鮮人強制連行真相調査団会報」 秋田県朝鮮人強制連行真相調査団 （72） 2012.11

トピックス 韓国で見た「八紘一宇」の碑（河野富士夫）「石の証言」「平和の塔」の史実を考える会 （52） 2012.11

韓国に帰った連行者たち（17）—金容在さん（西松組・東北振興発電工事）は語る「秋田県朝鮮人強制連行真相調査団会報」 秋田県朝鮮人強制連行真相調査団 （73） 2013.2

ハラボジの韓国一人旅（後藤文利）「西日本文化」 西日本文化協会 （461） 2013.2

韓国の石築型製鉄炉（特集 韓国における鉄生産）（金権一，角田徳幸［訳］）「たたら研究」 たたら研究会 （52） 2013.2

軒丸瓦からみた古代日韓交流（学位論文・審査結果報告）（梁淙鉉）「帝塚山大学大学院人文科学研究科紀要」 帝塚山大学大学院人文科学研究科 （15） 2013.3

研究展望 李王家歳費と財政状況に関する一考察—「新城道彦『天皇の韓国併合 王公族の創設と帝国の葛藤』の批評を通じて」（李王先）「年報近現代史研究」 近現代史研究会 （5） 2013.3

韓国交通史研究の現状と展望—三国〜朝鮮時代の陸上道路交通を中心に（1）（記念講演論文）（趙炳魯）「交通史研究」 交通史学会，吉川弘文館（発売） （80） 2013.4

現代韓国の酒事情と酒の飲みようの変遷（アジア特集）（中里亮平）「縁 ： 集いの広場」 縁フォーラム事務局 （3） 2013.5

秩序にこだわる韓国の結婚観—ドラマで読む韓国の家族・親族観（アジア特集）（鳥竹軒蓮花）「縁 ： 集いの広場」 縁フォーラム事務局 （3） 2013.5

私の目からみた日韓交流史（近藤紀宏）「怒麻」 大西町史談会事務局 （35） 2013.6

韓国の古代苑池（特集 飛鳥と苑池）（猪熊兼勝）「季刊明日香風」 古都飛鳥保存財団 32（3）通号127 2013.7

韓国交通史研究の現状と展望—三国〜朝鮮時代の陸上道路交通を中心に（2）（記念講演論文）（趙炳魯）「交通史研究」 交通史学会，吉川弘文館（発売） （81） 2013.9

近代国際条約としての韓国併合と前近代の礼儀念—王冊立における席次（論文）（新城道彦）「新潟史学」 新潟史学会 （70） 2013.10

記念講演論文 韓国交通史研究の現状と展望—三国〜朝鮮時代の陸上道路交通を中心に（3）（趙炳魯）「交通史研究」 交通史学会，吉川弘文館（発売） （82） 2014.3

韓国の漆文化（1）—輪島市海外漆文化調査補遺（4）（関次俊雄）「石川県輪島漆芸美術館紀要」 石川県輪島漆芸美術館 （9） 2014.3

対馬市における韓国との国際交流および地域活性化について—長崎県対馬市の「対馬アリラン祭」を事例として（申美根）「史淵」 九州大学大学院人文学研究院 151 2014.3

20世紀初頭の訪韓記事を通してみた、沖縄人の韓国への眼差し（2012年度事業報告—全南大学校湖南研究院協定研究所国際学術大会）（儀間淳一）「南島文化研究所所報」 沖縄国際大学南島文化研究所 （59） 2014.3

韓国の南道文化について（2013年度事業報告—シマ研究会）（李允先）「南島文化研究所所報」 沖縄国際大学南島文化研究所 （59） 2014.3

韓国の「平和の碑」「秋田県朝鮮人強制連行真相調査団会報」 秋田県朝鮮人強制連行真相調査団 （78） 2014.3

バンクーバーにおける雑人（ハニン）（韓国移民者）達の食文化研究（派遣研究員レポート）（李徳雨）「非文字資料研究」 神奈川大学21世紀COEプログラム拠点推進会議 （32） 2014.7

日中韓の歴史（荒明成忠）「会北史談」 会北史談会 （56） 2014.8

北朝鮮

北朝鮮清津府羅南砲兵25聯隊哀れ虎8510部隊の最後（吉井善三郎）「邑知」 大内文化財保護協会 26 2000.10

近世の日朝国交交渉… 拉致問題を想う（尹達世）「浅川地下壕の保存をすすめる会ニュース」 浅川地下壕の保存をすすめる会 33 2003.4

拉致問題の解決にむけて（森高康行）「宇摩史談」 宇摩史談会 86 2003.8

少年の日の北朝鮮—終戦から引き揚げまで（坂元克吉）「もろかた ： 諸県」 都城史談会 （37） 2003.11

北朝鮮で会えなかった会津人（滝沢洋之）「月刊会津人」 月刊会津人社 （4） 2004.1

その後の拉致問題について（森高康行）「宇摩史談」 宇摩史談会 88 2004.8

北朝鮮からの脱出（《特集 終戦六十年の回顧》）（福澤淳志）「千台 ： 薩摩川内郷土史研究会機関誌」 薩摩川内郷土史研究会 （34） 2006.3

遠かった38度線（北朝鮮から引き揚げ）（《昭和・平成の時代を語る1 子どもに伝えたい都城盆地の歴史》）（坂元克吉）「もろかた ： 諸県」 都城史談会 （41） 2007.11

北鮮火田民と敗戦難民の記録（上）（滝川恵三）「大阪民衆史研究」 大阪民衆史研究会 通号62 2008.9

北朝鮮拿捕事件（川合正子）「永 福島町史研究会会報」 福島町史研究会 （9） 2010.5

聞き取り 北朝鮮から脱出して（林明子）「戦争と民衆」 戦時下の小田原地方を記録する会 （65） 2010.8

京元線

京元線 "幻想紀行"（松本誠一郎）「古代朝鮮文化を考える」 古代朝鮮文化を考える会 （20）2005.12

金海竹嶋倭城

金海竹嶋倭城の普請衆に関する一史料（木島孝之）「中世城郭研究」 中世城郭研究会 （22）2008.7

百済

百済・新羅への旅（小中和一）「玖珠郡史談」 玖珠郡史談会 47 2000.12

古代史の「現場」を歩く（4）百済の王は、この島で生まれたのか 佐賀県鎮西呼子間・加唐島を訪ねて（玉木朋史）「歴史九州」 九州歴史大学講座事務局 11（5）通号124 2001.1

韓国城郭紀行（7）百済滅亡時の三つの城（佐浦信男）「城」 東海古城研究会 178 2001.2

韓国・百済と太宰府の古代瓦について（李タウン）「太宰府を語る会會誌」 太宰府を語る会 16 2002.4

加唐島と百済武寧王（1）（原口浹泰）「郷土史誌末盧國」 松浦史談会，芸文堂（発売）150 2002.6

天平の余韻―石廟が語る百済王敬福（阪本孝之）「温古」 大洲史談会 （25）2003.3

「斉明天皇紀」百済派兵の童謡について（志村裕子）「季刊邪馬台国」 「季刊邪馬台国」編纂委員会，梓書院（発売）80 2003.6

検証・百済の武寧王、加唐島生誕説（橋本昭雄）「西日本文化」 西日本文化協会 393 2003.7

百済を想う（林英里子）「いしぶみ」 まちだ史考会 （16）2003.11

鬼ノ城のルーツを探る―韓国の百済興亡史を訪ねる旅から（高見茂）「高梁川」 高梁川流域連盟 （61）2003.12

百済人の知恵と地名（勝又秀夫）「地名」 宮城県地名研究会 （20）2004.11

百済の今を歩く 韓国人は知らない白村江の戦い（二日市社）「古代朝鮮文化を考える」 古代朝鮮文化を考える会 （19）2004.12

百済紀年考（濱田耕策）「史淵」 九州大学大学院人文科学研究院 142 2005.3

百済金銅大香炉の道教文化の背景（張寅成，土田純子）「古文化談叢」 九州古文化研究会 53 2005.5

古代都城と道教思想―張寅成教授「百済金銅大香炉の道教文化の背景」と藤原・平城京（金子裕之）「古文化談叢」 九州古文化研究会 53 2005.5

日韓友好のシンボル 百済二十五代「武寧王」記念碑除幕（熊本典宏）「郷土史誌末盧國」 松浦史談会 （167）2006.9

日韓の夢つなぐ加唐島と百済武寧王（〈地域特集・唐津 祭り・街・山その豊かな広がり〉―歴史の曙に輝く先進地（熊本典宏）「西日本文化」 西日本文化協会 通号435 2008.10

古代東国王朝の輪郭 解説 兼川晋「百済の王統と日本の古代」（大芝英雄）「九州古代史の会NEWS」 九州古代史の会 （149）2010.1

玄界灘を往還する百済王権（室伏志畔）「九州古代史の会NEWS」 九州古代史の会 （149）2010.1

グラビア 猪飼野・百済の面影（二宮一郎，林耕二）「大阪民衆史研究」 大阪民衆史研究会 （66）2011.12

百済大壁建物の現況と意味（特集 飛鳥・扶餘―姉妹都市提携40周年記念）(李南奭)「季刊明日香風」 古都飛鳥保存財団 31（4）通号124 2012.10

百済王陵の飛鳥への影響（特集 飛鳥・扶餘―姉妹都市提携40周年記念）（猪熊兼勝）「季刊明日香風」 古都飛鳥保存財団 31（4）通号124 2012.10

飛鳥と古代百済の関係について（森公章）「季刊明日香風」 古都飛鳥保存財団 31（4）通号124 2012.10

百済の漢字文化と日本への伝播（森博達）「季刊明日香風」 古都飛鳥保存財団 31（4）通号124 2012.10

高句麗・百済律令における中国王朝の影響についての試論―所謂「泰始律令受継説」をめぐって（鄭東俊）「国史学」 国史学会 （210）2013.6

幻の有明百済国（釋円此，高坂孟承）「古代朝鮮文化を考える」 古代朝鮮文化を考える会 （28）2013.12

アーカイブコーナ 百済救援戦争と倭兵の故国（荒金卓也）「九州倭国通信」 九州古代史の会 （171）2014.5

古代日本と百済の交流―九州国博・特別展を開催（岸本圭）「西日本文化」 西日本文化協会 （472）2014.12

京畿道

特別展「遼寧省・京畿道・神奈川県の文物展―名宝にみる文化交流の軌跡」「神奈川県立歴史博物館だより」 神奈川県立歴史博物館 7（2）通号158 2001.10

特別展「遼寧省・京畿道・神奈川の文物」（水島章）「かながわ文化財」 神奈川県文化財協会 98 2002.5

慶州

韓国城郭紀行（9）慶州の城跡（佐浦信男）「城」 東海古城研究会 182 2002.2

韓国考古紀行―慶州・光州・釜山に琉球列島産貝製品を求めて（岸本義彦）「文化課紀要」 沖縄県教育委員会 19 2003.3

京城

「モダン都市京城の巡礼 鐘路・本町」巡回展（冨井正憲）「年報非文字資料研究」 神奈川大学日本常民文化研究所非文字資料研究センター （8）2012.3

近代京城の「都市韓屋」、その過去と現在（金容範）「年報非文字資料研究」 神奈川大学日本常民文化研究所非文字資料研究センター （8）2012.3

江華島

歴史の舞台 韓国江華島（二日市社）「古代朝鮮文化を考える」 古代朝鮮文化を考える会 （27）2012.12

高句麗

幕末に活躍した間部氏と朝鮮古代王国高句麗の王洎奴部（間部・真鍋）氏について（真鍋松子）「宇摩史談」 宇摩史談会 88 2004.8

日露戦争後の日本の大陸政策と「朝鮮史」―高句麗史研究のための基礎的考察（《特集 近代東アジア史像をめぐって》）（井上直樹）「洛北史学」 洛北史学会 （8）2006.6

高句麗広開土王の時代の倭と加耶（1）～（2）（廣瀬雄一）「季刊邪馬台国」 「季刊邪馬台国」編纂委員会，梓書院（発売）（97）/98 2008.1/2008.4

李康来「高句麗滅亡論の説話的派生」(2011年度事業報告―第33回南島文化市民講座 テーマ「東アジアの説話と東アジア人の感性」)「南島文化研究所所報」 沖縄国際大学南島文化研究所 （57）2012.3

高句麗・百済律令における中国王朝の影響についての試論―所謂「泰始律令受継説」をめぐって（鄭東俊）「国史学」 国史学会 （210）2013.6

江原道

角輪組の朝鮮江原道漁業進出［1］～（3）（内藤正中）「北東アジア文化研究」 鳥取短期大学 （12）/（21）2000.10/2005.3

高興

韓国・高興と大社（手銭歳子）「大社の史話」 大社史話会 127 2001.6

光州

韓国考古紀行―慶州・光州・釜山に琉球列島産貝製品を求めて（岸本義彦）「文化課紀要」 沖縄県教育委員会 19 2003.3

公州

「百済」の故地、公州・扶余を訪ねる（竹田直廣）「風早」 風早歴史文化研究会 （66）2011.12

公州市

百済文化の故郷公州市を訪ねて―日韓で学術調査を提言（熊本典宏）「郷土史誌末盧國」 松浦史談会，芸文堂（発売）（168）2006.12

高麗

蒙古襲来と日本人の高麗人観―憎悪感情・敵愾心それぞれの増幅（太田弘毅）「松浦党研究」 松浦党研究連合会，芸文堂（発売）25 2002.6

解読『高麗陣記』について（片山茂）「松浦党研究」 松浦党研究連合会，芸文堂（発売）25 2002.6

「中原高句麗碑」の「高麗太王」と麗・羅関係（糸永佳正）「歴史研究」 大阪教育大学歴史学研究室 （42）2005.3

牒と杏のあいだ―高麗王と元中書省の往復文書（森平雅彦）「史淵」 九州大学大学院人文科学研究院 144 2007.3

シルクロード紀行「博多のうどん」と幻の「高麗人」（後藤文利）「西日本文化」 西日本文化協会 通号430 2007.12

泰和6年（元久3・1206）対馬島宛高麗牒状にみえる「廉察使」について（近藤剛）「中央史学」 中央史学会 （32）2009.3

茶の湯玉手箱(38) 高麗茶碗（谷晃）「和風」 上田流和風堂 （116）2012.3

17世紀中国における朝鮮族の移住と定住について―八旗高麗43氏族を中心に（承雄俤）「海南史学」 高知海南史学会 （50）2012.8

伝燈の高麗狗―「三州奇談」を読み解く（3）（岩本卓夫）「石川郷土史学会々誌」 石川郷土史学会 （47）2014.12

高麗国

「吾妻鏡」に見る高麗国と越後国―高麗船漂着に見る国家間関係と中世越後国の沿岸部（40周年記念号）（小林健彦）「柏崎・刈羽」 柏崎刈羽郷土史研究会 （40）2013.4

済州

済州国際自由都市の構想と地域発展（呉錫畢）「南島文化」 沖縄国際大学南島文化研究所 （26）2004.3

済州島

韓国城郭紀行（8）済州島の城跡と元寇について（佐浦信男）「城」 東海古城研究会 179 2001.5

ムグンファの国へ―チェジェド（済州島）を訪ねて―（石嶺傅庸）「博友 ： 沖縄県立博物館友の会機関誌」 沖縄県立博物館友の会 15 2001.5

「大阪のコリアン文化に触れる：沖縄―済州島―大阪猪飼野」を企画して（前田真之）「博友 ： 沖縄県立博物館友の会機関誌」 沖縄県立博物館友の会 17 2003.5

《特集 もう一つの韓国文化・済州島》「Museum Kyushu ： 文明のクロスロード」 博物館等建設推進九州会議 20（1）通号75 2003.5

文明のクロスロード（75） もう一つの韓国文化・済州島（石山勲）「Museum Kyushu ： 文明のクロスロード」 博物館等建設推進九州会議 20（1）通号75 2003.5

韓国・済州島調査日誌（崎山靖）「南島文化研究所所報」 沖縄国際大学南島文化研究所 50 2004.3

済州島の木山畑の地方回復論―草・農と牧・農の循環（高光敏）「東北学. ［第2期］」 東北芸術工科大学東北文化研究センター，柏書房（発売） （2） 2005.2

文部科学省オープン・リサーチ・センター 整備事業に関する研究調査（中間報告） ラオス調査/済州島調査/飛鳥調査「東北芸術工科大学東北文化研究センター研究紀要」 東北芸術工科大学東北文化研究センター 通号4 2005.3

東北学講座 東北のなかの東アジア3/東アジア民族文化フォーラム 境界に生きる女たち―韓国・済州島の海女をめぐって（李善愛）「まんだら ： 東北文化友の会会報」 東北芸術工科大学東北文化研究センター （25） 2005.11

済州島食紀行（嶋野卓）「碧」 碧の会 （16） 2006.6

在阪済州島出身者の生活誌―大阪市生野の事例から（二宮一郎）「大阪民衆史研究」 大阪民衆史研究会 通号59 2006.10

済州島きれぎれ 何処何様如何草紙（7）（ぱくきょんみ）「東北学. ［第2期］」 東北芸術工科大学東北文化研究センター，柏書房（発売） （17） 2008.11

済州島食紀行（嶋野卓）「碧」 碧の会 （24） 2009.2

序論《特集 日韓境域のトランスナショナリティ―済州人を中心に》）（松本誠一）「白山人類学」 白山人類学研究会，岩田書院（発売） （12） 2009.3

近代日朝航路の中の大阪―済州島航路《特集 日韓境域のトランスナショナリティ―済州人を中心に》）（高成鳳）「白山人類学」 白山人類学研究会，岩田書院（発売） （12） 2009.3

ポッタリチャンセー日韓境域を生きる越境行商人《特集 日韓境域のトランスナショナリティ―済州人を中心に》）（井出弘毅）「白山人類学」 白山人類学研究会，岩田書院（発売） （12） 2009.3

在日済州人の渡日と暮し―東京における済・朝天里民会の事例を中心に《特集 日韓境域のトランスナショナリティ―済州人を中心に》）（梁聖宗）「白山人類学」 白山人類学研究会，岩田書院（発売） （12） 2009.3

朝鮮通信使と博物館、済州島、釜山、対馬（とどまつノート）（高橋陽一）「とどまつ ： 北海道開拓記念館・開拓の村友の会会報」 北海道開拓記念館・開拓の村友の会 （56） 2009.3

済州島の旅（大崎岸子）「群馬歴史散歩」 群馬歴史散歩の会 （209） 2009.5

済州島潜嫂の法的闘争と組合「海と人間 ： 海の博物館・年報」 海の博物館 通号30 2009.10

12月定例会レジュメ「朝鮮済州島人漂流史料」について（事務局）「宮古郷土史研究会会報」 宮古郷土史研究会 （175） 2009.11

朝鮮済州島人見聞記の学習―2月定例会より（下地和宏）「宮古郷土史研究会会報」 宮古郷土史研究会 （177） 2010.3

韓国済州地域に見られる日本語教育の現状と特徴―韓国全般における日本語教育と比較して（李炫妊，尚真貴子）「南島文化」 沖縄国際大学南島文化研究所 （32） 2010.3

済州島の旧日本軍基地（高村竜平）「秋田県朝鮮人強制連行真相調査団会報」 秋田県朝鮮人強制連行真相調査団 （62） 2010.5

5月定例会レジュメ 「朝鮮済州島人漂流史料」について（3）（事務局）「宮古郷土史研究会会報」 宮古郷土史研究会 （178） 2010.5

朝鮮済州島人「見聞記」に学ぶ（3）―5月定例会より（下地和宏）「宮古郷土史研究会会報」 宮古郷土史研究会 （179） 2010.7

リゾート・アイランドの真実（小特集 韓国（済州島）人権スタディツアー）（松村良子）「リベラシオン ： 人権研究ふくおか」 福岡県人権研究所 （143） 2011.9

高桑珍「韓国・済州島方言とその保存運動について」（2010年度後期事業報告―第32回南島文化市民講座）（南島文化研究所所報」 沖縄国際大学南島文化研究所 （57） 2012.3

反復し、増幅される記録、そして物語へ―済州島の漂着琉球船襲撃事件（2012年度事業報告―全南大学校湖南院究協定研究所国際学術大会）（田名真之）「南島文化研究所所報」 沖縄国際大学南島文化研究所 （59） 2014.3

済州特別自治道

済州特別自治道・珍島郡における観光特性と観光関連施設の分布（上江

洲薫）「南島文化」 沖縄国際大学南島文化研究所 （31） 2009.3

三韓

「神功皇后の三韓征伐」と朝鮮（金慶海）「歴史と神戸」 神戸史学会 39（3）通号220 2000.6

神功皇后の三韓出兵について（中尾七平）「古代朝鮮文化を考える」 古代朝鮮文化を考える会 （21） 2006.12

韓半島における三韓の成立（神尾正武）「九州倭国通信」 九州古代史の会 （153） 2010.11

三陟市

韓国三陟市における男根観光―海神堂公園を事例に（アジア特集）（安藤有希）「縁 ： 集いの広場」 縁フォーラム事務局 （3） 2013.5

泗水

泗水の攻防 秀吉朝鮮出兵の中で（水久保菊男）「もろかた ： 諸県」 都城史談会 36 2002.11

泗川倭城

倭城城門の復元的考察―泗川倭城を中心に（特集 毛利輝元の釜山子城台倭城）（李亨在）「倭城の研究」 城郭談話会 （6） 2010.9

順天倭城

城郭絵画の縄張り図化の試み―豊臣期大坂城・順天倭城・聚楽第（高田徹）「戦乱の空間」 戦乱の空間編集会 （9） 2010.7

順天倭城海岸部の防御施設について―日本国内の岩礁ピットの事例を視野に入れて（特集 毛利輝元の釜山子城台倭城）（日和佐宣正）「倭城の研究」 城郭談話会 （6） 2010.9

新羅

新羅使迎接の歴史的展開（河内春人）「ヒストリア ： journal of Osaka Historical Association」 大阪歴史学会 通号170 2000.6

新羅海賊の背景―近年の研究の紹介を中心に（錦織勤）「鳥取地域史通信」 鳥取地域史研究会 4（8） 2000.8

百済・新羅への旅（小中和一）「玖珠郡史談」 玖珠郡史談会 47 2000.12

新羅人の渡日動向―7世紀の事例（濱田耕策）「史淵」 九州大学大学院人文科学研究院 138 2001.3

新羅の骨品と日本のカバネについて（孫大俊）「法政史学」 法政大学史学会 （61） 2004.3

新羅の装身具（鄭聖喜）「鹿園雑集 ： 奈良国立博物館研究紀要」 奈良国立博物館 （7） 2005.3

「塵輪」「牛鬼」伝説考―「新羅」来襲伝説と瀬戸内の妖怪伝承（水上勳）「帝塚山大学人文科学部紀要」 帝塚山大学人文科学部 （18） 2005.11

歴史探訪「新羅の王都」（福島勇）「備陽史探訪」 備陽史探訪の会 （128） 2006.2

対新羅外交をめぐって（研究協議会の記録）（楳澤和夫）「房総史学」 国書刊行会 （47） 2007.3

万葉集と新羅―遣新羅使人等はなぜ新羅をうたわなかったのか（梶川信行）「史聚」 史聚会，岩田書院（発売） 通号39・40 2007.3

9世紀後半の新羅と唐・日間の文化交流の諸相（《国際シンポジウム 世界のなかの京都》）（金文経）「京都産業大学日本文化研究所紀要」 京都産業大学日本文化研究所 （12・13） 2008.3

新羅の遣唐使―上代末期と中代の派遣回数（濱田耕策）「史淵」 九州大学大学院人文科学研究院 145 2008.3

『新羅之記録』における松前藩の意図について（研究大会報告要旨）（川端裕介）「北海道史研究協議会会報」 北海道史研究協議会 （83） 2008.12

七世紀後半の「唐・吐蕃戦争」と東部ユーラシア諸国の自立への動き―新羅の朝鮮半島統一・突厥の復興・契丹の反乱・渤海の建国との関連性（菅沼愛語，菅沼秀夫）「史窓」 京都女子大学史学会 （66） 2009.2

新羅金京の形成と変遷過程（山田隆文）「研究紀要」 由良大和古代文化研究協会 14 2009.7

新藤透『松前景広『新羅之記録』の資料的研究（資料・文献の紹介）（川端裕介）「北海道史研究協議会会報」 北海道史研究協議会 （85） 2009.12

新羅と倭の交流（山藤研三）「つどい」 豊中歴史同好会 （269） 2010.6

新羅国家形成期の優由国と秦氏（市民公開国際シンポジウム 古代の京都と渡来人―秦氏を中心として）（延敏洙，近藤浩一［訳］）「京都産業大学日本文化研究所紀要」 京都産業大学日本文化研究所 （16） 2011.3

新羅の国家形成と朝鮮半島東北地域―秦氏の故郷を探る（市民公開国際シンポジウム 古代の京都と渡来人―秦氏を中心として）（近藤浩一）「京都産業大学日本文化研究所紀要」 京都産業大学日本文化研究所 （16） 2011.3

『経国集』対策の新羅観―天平宝字元年紀真象対策より（遠藤慶太）「史料 ： 皇學館大學研究開発推進センター史料編纂所報」 皇學館大學研究開発推進センター史料編纂所 （236） 2012.12

統一期新羅における学制の再検討（2013年度九州史学会大会公開講演・研究発表要旨―研究発表）（立花大輔）「九州史学」 九州史学研究

会　(169) 2014.5

新安沖

講演 中世博多の対外交流―韓国・新安沖発見沈没船をめぐって(『新修福岡市史』刊行開始記念―市史刊行記念講演会記録)(西谷正)「市史研究ふくおか」 福岡市博物館市史編さん室　(6) 2011.3

水原

砺波散村地域研究所所蔵浅香幸雄文書についての課題―京畿道水原市街地における現地調査資料を中心に(渋谷鎮明)「砺波散村地域研究所研究紀要」 砺波市立砺波散村地域研究所　(23) 2006.3

18世紀朝鮮の理想都市水原の歴史地理的考察(〈第1セッション〉)(楊普景, 渋谷鎮明)「歴史地理学」 歴史地理学会, 古今書院(発売) 50(1)通号237 2008.1

清州

韓国城郭紀行(10) 清州と大邱の城と海印寺(佐浦信男)「城」 東海古城研究会 183 2002.6

西津

新羅の東・西津と交易体制(濱田耕策)「史淵」 九州大学大学院人文科学研究院 149 2012.3

全州城

韓国城郭紀行(5) 全州城と南原城(佐浦信男)「城」 東海古城研究会 174 2000.2

禅昌寺

歴史イリチョリ 日朝交流史(2) 禅昌寺と朝鮮通信使節団の雪峰(金慶海)「歴史と神戸」 神戸史学会 40(1)通号224 2001.2

全羅北道

石川県立歴史博物館開館20周年・大韓民国国立全州博物館姉妹館提携15周年記念 秋季特別展「韓国文化への誘い―全羅北道の歴史と文化―」「れきはく」 石川県立歴史博物館　(81) 2006.10

平成18年度秋季特別展「韓国文化への誘い」に寄せて 開館20周年・韓国国立全州博物館姉妹館提携15周年記念 秋季特別展「韓国文化への誘い―全羅北道の歴史と文化―」(高橋裕)「れきはく」 石川県立歴史博物館　(81) 2006.10

ソウル

都市景観「いにしえのソウル」の復元(冨井正憲)「非文字資料研究」 神奈川大学21世紀COEプログラム拠点推進会議　(17) 2007.9

韓国ソウルにおける都市景観の変遷(〈第1セッション〉)(李惠恩, 古田悦造)「歴史地理学」 歴史地理学会, 古今書院(発売) 50(1)通号237 2008.1

ソウルへの旅(徳方和子)「人権21 : 調査と研究」 おかやま人権研究センター　(201) 2009.8

朝鮮半島における近代都市図作成の展開―朝鮮全図に掲載されたソウル都市図を中心に(シンポジウム「歴史地理学における絵図・地図」特集号)(渋谷鎮明)「歴史地理学」 歴史地理学会, 古今書院(発売) 52(1)通号248 2010.1

ソウル市

韓国城郭紀行(6) ソウル市周辺の「狼煙台」について(佐浦信男)「城」 東海古城研究会 175 2000.5

泰安半島

韓国の泰安半島とその周辺離島におけるワカメ採り漁業について(高光敏, 李惠燕)「東北芸術工科大学東北文化研究センター研究紀要」 東北芸術工科大学東北文化研究センター　通号7 2008.3

大邱

大邱の小学校で植民地時代の石碑発見(トピックス)(河野富士夫)「石の証言」 「平和の塔」の史実を考える会　(54) 2013.3

大邱の城

韓国城郭紀行(10) 清州と大邱の城と海印寺(佐浦信男)「城」 東海古城研究会 183 2002.6

帯方郡

帯方郡使は伊都の国をめざす(小谷彬生)「兵庫歴研」 兵庫歴史研究会　(21) 2005.4

茶戸里

茶戸里の筆(工藤常泰)「九州倭国通信」 九州古代史の会　(163) 2012.11

高天ヶ原

高天ヶ原は韓国にあった?(姫島忠生)「古代朝鮮文化を考える」 古代朝鮮文化を考える会　(17) 2002.12

鷹峰

紀行文 : 秀吉軍の見た風景(1)―多大浦・鷹峰(黒田慶一)「倭城の研究」 城郭談話会　(6) 2010.9

高良岬

高良岬の麓から(33)(34)(古川清久)「古代朝鮮文化を考える」 古代朝鮮文化を考える会　(23) 2008.12

多大浦

紀行文 : 秀吉軍の見た風景(1)―多大浦・鷹峰(黒田慶一)「倭城の研究」 城郭談話会　(6) 2010.9

朝鮮

朝鮮の被差別民と衡平社運動―水平社との交流ノート(金井英樹)「水平社博物館研究紀要」 水平社博物館　通号2 2000.3

長野県における賠償指定機械と朝鮮特需(新津新生)「長野県立歴史館研究紀要」 長野県立歴史館　通号6 2000.3

朝鮮王朝官人の日本観察―「復命書」の検討(〈報告要旨〉)(関周一)「東北中世史研究会会報」 東北中世史研究会　(12) 2000.3

在日韓国・朝鮮人による民族性継承の課題(斎木恭子)「北東アジア文化研究」 鳥取短期大学　通号11 2000.3

植民地朝鮮での日本人の営稲と郷土からの移住者の流転(加端忠和)「江渟の久爾」 江沼地方史研究会　(45) 2000.4

近江の食文化 朝鮮通信使と近江(高正晴子)「湖国と文化」 滋賀県文化振興事業団 91 2000.4

資料紹介 朝鮮通信使行列図巻「広報誌リバティ」 大阪人権博物館 9 2000.4

ソウル大学校所蔵の倭城図について―『朝鮮城址実測図』の意義と同図に見る倭城(太田秀春)「倭城の研究」 城郭談話会 4 2000.7

朝鮮通信使と淀川 大船団の枚方宿休息(中島三佳)「宿場町ひらかた」 宿場町枚方を考える会　(52) 2000.9

日本側から見た文禄・慶長の役時の朝鮮側城郭(高田徹)「織豊城郭」 織豊期城郭研究会　(7) 2000.9

文献資料をよむ 朝鮮戦争とGHQ文書「長野県立歴史館たより」 長野県立歴史館 24 2000.9

朱印船の中国・朝鮮漂者をめぐって(松浦章)「南島史学」 南島史学会　(55) 2000.9

朝鮮漂流民と五島(池内敏)「Museum Kyushu : 文明のクロスロード」博物館等建設推進九州会議 18(1)通号67 2000.9

唐津街道と耳塚・鼻切り―朝鮮侵略への道(丸山雍成)「交通史研究」 交通史学会, 吉川弘文館(発売)　(46) 2000.10

「朝鮮・台湾出身特攻戦死者」小考(山口宗之)「史料 : 皇學館大學研究開発推進センター史料編纂所報」 皇學館大學研究開発推進センター史料編纂所　(169) 2000.10

日朝交流史(1) 歴史イリチョリ(金慶海)「歴史と神戸」 神戸史学会 39(6)通号223 2000.12

大韓民国における前近代朝鮮・琉球関係史研究の動向―孫承喆・楊秀芝良氏の研究を中心として(六反田豊)「九州史学」 九州史学研究会　(127) 2001.2

歴史イリチョリ 日朝交流史(2) 禅昌寺と朝鮮通信使節団の雪峰(金慶海)「歴史と神戸」 神戸史学会 40(1)通号224 2001.2

三島宿における朝鮮使節通行の負担(土屋寿山)「伊豆史談」 伊豆史談会 130 2001.3

駿河を旅した朝鮮通信使(和田嘉夫)「駿河」 駿河郷土史研究会 55 2001.3

秀吉の朝鮮出兵時における「倭城」の実態について―第1次踏査報告(高岡徹)「富山市日本海文化研究所報」 富山市日本海文化研究所　(26) 2001.3

朝鮮火田民についての覚え書き(1)(野津和功)「北東アジア文化研究」 鳥取短期大学　(13) 2001.3

戦前の「朝鮮向輸出織物」主産地小松(加端忠和)「江渟の久爾」 江沼地方史研究会　(46) 2001.4

15・16世紀朝鮮の文献に登場する石見衆の周辺(杉原隆)「郷土石見 : 石見郷土研究懇話会機関誌」 石見郷土研究懇話会 56 2001.4

古代朝鮮の残影(市村哲雄)「耕人」 耕人社 7 2001.4

歴史イリチョリ―ひょうご日朝交渉史(3) 出稼ぎ労働者たちと女性(金慶海)「歴史と神戸」 神戸史学会 40(2)通号225 2001.4

対馬藩、朝鮮方の人々(朝岡議之助の奉公録より)(梅野初平)「少弐氏と宗氏」 少弐・宗体制懇話会 35 2001.6

唐津焼の始原と上松浦党の朝鮮外交―岸岳城主波多の朝鮮関係の謎と岸岳古窯群(中里紀元)「松浦党研究」 松浦党研究連合会, 芸文堂(発売) 24 2001.6

歴史イリチョリ―日朝交流史(4)～(5) 李朝末期に神戸に来た人たち[上],(下)(金慶海)「歴史と神戸」 神戸史学会 40(3)通号226/40(4)通号227 2001.6/2001.8

朝鮮牛の日本への輸入(芳賀登)「風俗史学 : 日本風俗史学会誌」 日本風俗史学会　(16) 2001.7

公開講座報告 朝鮮の被差別民衆と衡平社運動―水平社との交流(金井英樹)「ルシファー」 水平社博物館 4 2001.7

歴史イリチョリ―ひょうご日朝交渉史(6),(7) 但馬地方での戦前の朝

鮮人の足跡（上）,（下）（金慶海）「歴史と神戸」 神戸史学会 40（5）通号228/40（6）通号229 2001.10/2001.12

福岡藩朝鮮通信記録（編集子）「嘉飯山郷土研究会会誌」 嘉飯山郷土研究会 15 2001.11

「統治下」でなかった沖縄「統治下」だった朝鮮「ひょうご部落解放」 ひょうご部落解放・人権研究所 103 2001.12

高千穂戦友会—朝鮮出身の戦友を思う（岩崎小弥太）「高井」 高井地方史研究会 138 2002.2

満願寺朝鮮扁額とその由来（岡部良一）「歴史と神戸」 神戸史学会 41（1）通号230 2002.2

朝鮮通信使史跡（西日本最大）広島県下蒲刈島へ（天田満）「光地方史研究」 光地方史研究会 28 2002.3

常設展示室から 朝鮮通信使—江戸時代の親善交流（原史彦）「江戸東京博物館news : Edo-Tokyo Museum news」 東京都歴史文化財団東京都江戸東京博物館 37 2002.3

一地方から見た朝鮮通信使—沼津市を中心にして（北村欽哉）「沼津市史研究」 沼津市教育委員会 11 2002.3

朝鮮通信使が宿泊した町「下浦刈島」を訪ねて（小倉敬二）「徳山地方郷土史研究」 徳山地方郷土史研究会 23 2002.3

「描かれた朝鮮人虐殺」論—一枚のスケッチからみえるもの（新井勝紘）「隣人 : 草志会年報」 草志会 16 2002.3

朝鮮通信使が往復11回も立ち寄った歴史の町下蒲刈町を訪ねる（編集部）「怒麻」 大西町史談会事務局 24 2002.4

歴史イリチョリ—ひょうご日関交流史（8）〜（10）,（完）神戸周辺での朝鮮人の足跡（1）〜［4］（金慶海）「歴史と神戸」 神戸史学会 41（2）通号231/42（2）通号237 2002.4/2003.4

県歴史資料館 朝鮮通信使と在地社会「文化福島」 福島県文化振興事業団 32（3）通号366 2002.6

近世の日朝関係と対馬—往来船管理に注目して（岡本健一郎）「交通史研究」 交通史学会 吉川弘文館（発売）（50） 2002.7

「冷麺」の町、盛岡 朝鮮料理が盛岡市の名物になるまで（滝沢真喜子）「別冊東北学」 東北芸術工科大学東北文化研究センター，作品社（発売）4 2002.7

倭城の築城と朝鮮水軍の関連—文禄・慶長の役における半島南岸の倭城群をめぐって（田崎茂）「城郭史研究」 日本城郭史学会，東京堂出版（発売）22 2002.8

企画展「海からの善隣友好使節」—朝鮮通信使（記録）/企画展「雛祭」（記録）/友の会研修旅行記「潮待ちの館資料館だより」 福山市鞆の浦歴史民俗資料館 29 2002.8

朝鮮牛—朝鮮植民地化と日本人の肉食経験の契機（真嶋亜有）「風俗史学 : 日本風俗史学会誌」 日本風俗史学会 （20） 2002.8

中世後期における壱岐松浦党の朝鮮通交（松尾弘毅）「九州史学」 九州史学研究会 （134） 2002.11

江戸時代の朝鮮通信使を考える（《特集 国際交流・姉妹都市》）（西田光男）「大阪春秋」 新風書房 30（4）通号109 2002.12

竹木場「丹ノ木」と朝鮮陶工（川添徳治）「郷土史誌末盧國」 松浦史談会，芸文堂（発売）152 2002.12

沼津の歴史二題 噫々愛鷹丸/朝鮮通信使と沼津（佐野利夫）「沼津史談」 沼津史談会 54 2003.1

兵庫県の南浜と朝鮮通信使—近世の日韓交流とその断面（中敏昭）「神戸史談」 神戸史談会 291 2003.1

語られなかった朝鮮人差別 秋田県の朝鮮人強制連行（野添憲治）「別冊東北学」 東北芸術工科大学東北文化研究センター，作品社（発売）5 2003.2

『享保二十年布施村船頭朝鮮漂流記』について（加藤健）「隠岐の文化財」 隠岐の島町教育委員会 20 2003.3

新聞記事を通じてみた京都の在日朝鮮・韓国人像の変容—1945〜2000年の京都新聞の記事から（江口信清）「京都地域研究」 京都地域研究会 17 2003.3

征韓論争の歴史的前提（田村安興）「高知市立自由民権記念館紀要」 高知市立自由民権記念館 （11） 2003.3

朝鮮通信使と静岡県（渡辺誠）「駿河」 駿河郷土史研究会 （57） 2003.3

史料紹介 『同和通信』に見る植民地関係記事—衡平社・在日・議会その他（金井英樹）「水平社博物館研究紀要」 水平社博物館 （5） 2003.3

秀吉の朝鮮渡海と国制（跡部信）「大阪城天守閣紀要」 大阪城天守閣 （31） 2003.3

「朝鮮人御用」と雇（仮）手代—浜坂村森輿右衛門の守山について（岡部良一）「但馬史研究」 但馬史研究会 26 2003.3

朝鮮人帰還事業と朝鮮人対策（内藤正中）「北東アジア文化研究」 鳥取短期大学 17 2003.3

戦後50年、今になって知る郷土の朝鮮人戦争犠牲者（3）（加端忠和）「江渟の久爾」 江沼地方史研究会 （48） 2003.4

企画展「交流する東アジア—吉野作造と中国・朝鮮」（田沢晴子）「吉野作造記念館だより」 古川学人 8 2003.4

村松藩の朝鮮通信使馳走役（渡辺好明）「郷土村松」 村松郷土史研究会 （60） 2003.4

「描かれた朝鮮人虐殺」論（2）—関東大震災80年を迎えて（新井勝紘）「隣人 : 草志会年報」 草志会 17 2003.5

岡山県における朝鮮漁業について（北脇義友）「岡山地方研究」 岡山地方研究会 100 2003.6

《特集 朝鮮通信使の文化と兵庫》「歴史と神戸」 神戸史学会 42（3）通号238 2003.6

寛永20年度朝鮮通信使 兵庫津の饗応（高木賢一）「歴史と神戸」 神戸史学会 42（3）通号238 2003.6

慶長の朝鮮通信使紀行を読む—室津・兵庫津を中心に（尹達世）「歴史と神戸」 神戸史学会 42（3）通号238 2003.6

戦時下北海道における朝鮮人「労務慰安婦」の成立と実態—強制連行との関連性において（西田秀子）「女性史研究ほっかいどう」 札幌女性史研究会 （1） 2003.8

科学史における近世—日本と朝鮮の比較（任正赫）「洋学史通信」 洋学史学会 （19） 2003.8

『記・紀』などに見る古朝鮮語（1）〜（3）（内山汎）「古代史の海」 「古代史の海」の会 （33）/（35） 2003.9/2004.3

朝鮮菓子「くわすり」の製法を記した福岡藩士高畠氏（橋爪伸子）「県史だより : 福岡県地域史研究所県史だより」 西日本文化協会 117 2003.9

日本に所蔵される19世紀朝鮮全図に関する書誌学的研究—『大東輿地図』および関連地図を中心に（楊普景，渋谷鎮明）「歴史地理学」 歴史地理学会，古今書院（発売）45（4）通号215 2003.9

アイデンティティ・ポリティクスを超えて—在日韓国・朝鮮人の現状と今後（金泰泳）「もやい : 長崎人権・学」 長崎人権研究所 46 2003.10

倭乱記録と顕彰・祭祀—壬辰丁酉倭乱と朝鮮郷村社会（山内民博）「新潟史学」 新潟史学会 （50） 2003.10

明治35年朝鮮開化派政治家朴泳孝「来社」の顛末—日朝民間交流の軌跡（西山勝仁）「北播磨探史研究」 北播磨探史研究会 1（1） 2003.11

関宿藩家老の日記—亀井家・「仕宦録」及び「書契」朝鮮通信使の新資料（松本松志）「千葉史学」 千葉歴史学会 （43） 2003.12

大分県の中の「朝鮮」（溝部仁）「別府史談」 別府史談会 （17） 2003.12

朝鮮通信使特集 朝鮮通信使文献案内 追加（編集部）「会報むろのつ」 「嶋屋」友の会 （10） 2004.1

関東大震災時の朝鮮人虐殺—その国家責任と民衆責任（講演）（山田昭次）「明日を拓く」 東日本部落解放研究所，解放書店（発売）30（5）通号55 2004.3

戸籍簿が証す朝鮮民族屈辱の植民地、皇民化政策の顛末と在日の人達（加端忠和）「江渟の久爾」 江沼地方史研究会 （49） 2004.4

朝鮮通信使・琉球使節通航時の綱引助郷—摂河両国を中心に（飯沼雅行）「交通史研究」 交通史学会，吉川弘文館（発売）54 2004.4

再び朝鮮通信使について（黒田康子）「手帳 : 逗子の郷土誌」 手帳の会 172 2004.4

朝鮮使節の琉球通事より得た台湾鄭経・琉球情報（松浦章）「南島史学」 南島史学会 （63） 2004.4

静岡県へと連行された朝鮮人兵士・李仁浩さんの証言から（竹内康人）「静岡県近代史研究会会報」 静岡県近代史研究会 308 2004.5

文禄・慶長の役（横山忠弘）「歴研よこはま」 横浜歴史研究会 （54） 2004.5

倭館接収後の日朝交渉と対馬（石川寛）「九州史学」 九州史学研究会 （139） 2004.6

朝鮮通信使に関する聘礼改革と長州藩—新井白石との関連性から（邢永鳳）「山口県地方史研究」 山口県地方史学会 （91） 2004.6

学芸員の研究ノートから（5）戦争展示とマレー・「満州」・朝鮮人（寺林伸明）「北海道開拓記念館だより」 北海道開拓記念館 34（1）通号183 2004.6

朝鮮名産硯（宮本佐知子）「葦火 : 大阪市文化財情報」 大阪市博物館協会大阪文化財研究所 19（3）通号111 2004.8

9月例会レジュメ 市町村史は朝鮮通信使をどのように記述してきたか（北村欽哉）「静岡県近代史研究会会報」 静岡県近代史研究会 312 2004.10

第4回企画展「衡平社の創立と現在の『白丁』差別」を開催して（駒井忠之）「ルシファー」 水平社博物館 7 2004.10

朝鮮と日本における差別の社会的・国家的構造の歴史的差異について（金靜美）「ルシファー」 水平社博物館 7 2004.10

こころの交流 朝鮮通信使—江戸時代から21世紀へのメッセージ（北山良）「わかくす : 河内ふるさと文化誌」 わかくす文芸研究会 （46） 2004.10

朝鮮漂流記録を読む（1）（倉地克直）「岡山大学文学部紀要」 岡山大学文学部 （42） 2004.12

豊臣秀吉「文禄慶長の役」郷土出身将兵、朝鮮で奮闘す（山路哲良）「熊野誌」 熊野地方史研究会 （50） 2004.12

占領初期・大阪府と在日朝鮮人—占領期の強制送還事業と朝鮮人登録を中心に（文公輝）「大阪人権博物館紀要」　大阪人権博物館　（8）2004.12

昭和初期朝鮮土地経営ならびに学校教育費寄付関係史料—渋谷総司の贈位に関連した寄付行為について（史料紹介）（吉田和彦）「鎌ケ谷市史研究」　鎌ケ谷市教育委員会　（18）2005.3

研究余録三重紡績の朝鮮人労働者（村上義幸）「三重県史研究」　環境生活部　（20）2005.3

朝鮮通信使の通行と地域の負担についての覚え書き—小田原における饗応接待の食材（鶏と玉子）の調達について（古宮雅明）「神奈川県立博物館研究報告．人文科学」　神奈川県立歴史博物館　（31）2005.3

庄屋文書にみる朝鮮通信使余聞（1），（2）（山田洋）「郷土史末盧國」　松浦史談会，芸文堂（発売）161/162　2005.3/2005.6

上関での朝鮮通信使（安田和幸）「柳井市郷談会誌」　柳井市郷談会　29　2005.3

植民地朝鮮での日本人の営農と郷土からの移民者の流転　追録（1）（加端忠和）「江沼の久爾」　江沼地方研究会　（50）2005.4

こころの交流　朝鮮通信使—江戸時代から21世紀へのメッセージ（北山良）「わかくす：河内ふるさと文化誌」　わかくす文芸研究会　（47）2005.5

朝鮮通信使と郷土（北村欽哉）「清見潟：清水郷土史研究会会誌」　清水郷土史研究会　（14）2005.5

朝鮮人強制連行・強制労働の豊羽鉱山FW報告　元リンチ現場で目撃者が証言／他「掘る」　札幌郷土を掘る会　（223）2005.6

発見！宝暦度の朝鮮通信使の史料（中村家文書）（池田一彦）「潮待ちの館資料館だより」　福山市鞆の浦歴史民俗資料館　（35）2005.8

相島での朝鮮通信使と「もてなし」（嶋村初吉）「海路」　「海路」編集委員会，海鳥社（発売）通号2　2005.9

館長歴史随想「チャングムの誓い」で知る李朝（黒田日出男）「博物館だより」　群馬県立歴史博物館　（100）2005.9

神功皇后「三韓征伐」神話と朝鮮の植民地化（半沢英一）「古代史の海」　「古代史の海」の会　（41）2005.9

静岡の戦争と朝鮮人—朴洋采さんと趙貴連さんの証言から（竹内康人）「静岡県近代史研究会会報」　静岡県近代史研究会　324　2005.9

特別寄稿　近世における日朝交流の展開　通信使を視点として（三宅英利）「木綿問：岡垣歴史文化研究会年報」　岡垣歴史文化研究会　（24）2005.9

朝鮮観の錯綜—明治20年代（石川道子）「日本史の方法」　奈良女子大学「日本史の方法」研究会　（2）2005.10

「夢中朝鮮通信使」のなぞ解き（北村欽哉）「扣之帳」　扣之帳刊行会　（10）2005.10

こころの交流　朝鮮通信使—江戸時代から21世紀へのメッセージ最終回（北山良）「わかくす：河内ふるさと文化誌」　わかくす文芸研究会　（48）2005.11

静岡の戦争と朝鮮人—朴洋采さんと趙貴連さんの証言から（竹内康人）「静岡県近代史研究会会報」　静岡県近代史研究会　（326）2005.11

朝鮮戦争と佐世保（1）～（6）（山口日都志）「談林」　佐世保史談会　（46）/（51）2005.11/2010.12

朝鮮使節と御用馬調達と行列について（徳田寿秋）「石川郷土史学会々誌」　石川郷土史学会　（38）2005.12

高校生が調べた地域の朝鮮の人びとの歴史（柿内芳治）「土佐史談」　土佐史談会　（230）2005.12

正徳—享保初期における「朝鮮渡銅」についての考察（鈴木孝幸）「歴史民俗」　早稲田大学第二文学部歴史・民俗系専修　3　2005.12

わが街に来た朝鮮通信使の淀川水行—南浜と大坂河川を中心として（中敏郎）「神戸史談」　神戸史談会　297　2006.1

朝鮮史を読む（秦泉寺敏正）「秦文談」　秦文談会　（131）2006.1

埋もれた朝鮮菓子—「くわすり」を事例として—（橋爪伸子）「風俗史学：日本風俗史学会誌」　日本風俗史学会　（33）2006.2

朝鮮通信使と琉球使節の史料紹介（池田一彦）「潮待ちの館資料館だより」　福山市鞆の浦歴史民俗資料館　2006.2

占領と朝鮮戦争に翻弄された地方都市—北海道千歳町（大谷敏三）「志古津：『新千歳市史』編さんだより：過去からのメッセージ：massage from the past」　千歳市　（3）2006.3

戦時期日本学生の修学旅行と「朝鮮」認識（伊藤健策）「国史談話会雑誌」　東北大学国史談話会　（46）2006.3

朝鮮通信使と関宿藩について（発表要旨）（松本松志）「房総の郷土史」　千葉県郷土史研究連絡協議会　（34）2006.3

1930年代・愛知県における在日朝鮮人の教育運動資料—朝鮮普成学院認可中書類（西秀成）「愛知県史研究」　愛知県　（10）2006.3

相島・飯盛山と朝鮮通信使（会員研究報告）「古賀の歴史と文化」　古賀郷土研究会　2005　2006.3

朝鮮よりの引揚げ体験（〈終戦六十年記念特集〉）（藤原正彦）「大村史談」　大村史談会　（57）2006.3

都城島津家史料の朝鮮国王国書と野辺・向井氏（新名一仁）「都城地域史研究：市史編さんだより」　都城市　（12）2006.3

韓国・朝鮮と日本の交流史（韓国調査報告）（来間泰男，源河葉子，新垣武正，平香織）「南島文化」　沖縄国際大学南島文化研究所　（28）2006.3

17・18世紀朝鮮の「西学」認識とその受容（安淑珠）「洋学：洋学史学会研究年報」　洋学史学会　通号14　2006.3

兵庫津・御馳走場の空間構造—宝暦度の朝鮮通信使来朝史料を中心として（〈特集2「地域史卒論報告会」の記録〉）（安藤美保）「史料ネットnews letter」　歴史資料ネットワーク　（44）2006.4

東蒲原郡における朝鮮人労働者について（〈特集戦後60周年記念〉）（木村昭雄）「阿賀路：東蒲原郡郷土誌」　阿賀路の会　44　2006.5

「朝鮮中立化構想」の一考察—日清戦争以前の清韓関係に着眼して（《特集近代東アジア史像をめぐって》）（岡本隆司）「洛北史学」　洛北史学会　（8）2006.6

宝暦十三年浜田津浦朝鮮人漂着一件（杉原隆）「郷土石見：石見郷土研究懇話会機関誌」　石見郷土研究懇話会　（72）2006.8

朝鮮人漂民が石垣島に送られなかった理由（1）（2）（平良恵貴）「宮古研究」　宮古郷土史研究会　（23）2006.8

朝鮮「白丁」身分の起源とその変遷（徐知延）「リベラシオン：人権研究ふくおか」　福岡県人権研究所　（123）2006.9

史料紹介　延享の朝鮮通信使に関する新出史料（藤原秀之）「日本史攷究」　日本史攷究会　（30）2006.11

静岡県での強制連行期の朝鮮人死者について（竹内康人）「静岡県近代史研究会会報」　静岡県近代史研究会　（339）2006.12

正徳度・朝鮮通信使下松の宮の洲・深浦へ寄港（三井寛静）「下松地方研究」　下松地方研究会　（43）2006.12

朝鮮通信使・琉球使節通航と情報・接待・応対—伊予国津和地島を事例として（玉井建也）「風俗史学：日本風俗史学会誌」　日本風俗史学会　（36）2007.2

朝鮮通信使を通した日韓「誠信の交わり」（嶋村初吉）「海路」　「海路」編集委員会，海鳥社（発売）通号5　2007.2

平成17年度企画展　陶山訥庵展／朝鮮通信使展／対馬にのこる焼物展／絵図展—絵図から見える対馬「対馬歴史民俗資料館報」　長崎県立対馬歴史民俗資料館　（30）2007.2

サハリン朝鮮民族の食生活—その歴史と現在（朝倉敏夫）「北海道開拓記念館調査報告」　北海道開拓記念館　（46）2007.3

『樺太日日新聞』掲載在サハリン朝鮮民族関係記事　目録と紹介（山田伸一）「北海道開拓記念館調査報告」　北海道開拓記念館　（46）2007.3

水平社・衡平社との交流を進めた在阪朝鮮人—アナ系の人々の活動を中心に（塚崎昌之）「水平社博物館研究紀要」　水平社博物館　（9）2007.3

古文書の中の上関朝鮮通信使（井上美登里）「柳井市郷談会誌」　柳井市郷談会　（31）2007.3

朝鮮前期における同化倭人（松尾弘毅）「史淵」　九州大学大学院人文科学研究院　144　2007.3

兵庫津・御馳走場の空間構造—宝暦度の朝鮮通信使来朝史料を中心として（《特集近世都市・兵庫津》）（安藤美保）「歴史と神戸」　神戸史学会　46（2）通号261　2007.4

植民地朝鮮における畑地の調査と表象（《特集焼畑と火の思想》）（米家泰作）「東北学．［第2期］」　東北芸術工科大学東北文化研究センター，柏書房（発売）（11）2007.5

近代日本植民地における「憲兵警察制度」に見る「統治様式の推移」—朝鮮から関東州・「満州国」へ（松田利彦）「日本研究」　人間文化研究機構国際日本文化研究センター　35　2007.5

寄稿　朝鮮通信使と唐人人形（高島邦夫）「会報むろのつ」　「嶋屋」友の会　（14）2007.6

朝鮮農会の組織と事業—系統農会体制成立から戦時体制期を中心に（土井浩嗣）「神戸大学史学年報」　神戸大学史学研究会　（22）2007.6

朝鮮後期地域社会の構造—比較史的視点から（小特集・地域論の現在2）（金炫榮）「飯田市歴史研究所年報」　飯田市教育委員会　（5）2007.8

敗戦後の在日朝鮮人の動向—静岡県の場合（小池善之）「静岡県近代史研究」　静岡県近代史研究会　（32）2007.10

基調報告　近代移行期（17～20世紀初）における東北アジア（中国・日本・朝鮮）経済の特徴—国家・財政を中心とする西ヨーロッパとの比較（《特集東アジア資本主義の歴史構造》）（中村哲）「新しい歴史学のために」　京都民科歴史部会　2006年度（4）通号267　2008.1

秋田県内での朝鮮人死亡者51人「秋田県朝鮮人強制連行真相調査団会報」　秋田県朝鮮人強制連行真相調査団　（53）2008.2

発盛精錬所と朝鮮人墓地のこと（野添憲治）「秋田県朝鮮人強制連行真相調査団会報」　秋田県朝鮮人強制連行真相調査団　（53）2008.2

石造物散策覚書（14）石造物から見た古代朝鮮（三浦孝一）「Sala：歴史民俗論」　常民学会　（43）2008.2

朝鮮通信使と漢詩（池田一彦）「潮待ちの館資料館だより」　福山市鞆の浦歴史民俗資料館　（40）2008.2

朝鮮に漂着した沖永良部島民（伊地知裕仁）「えらぶせりよさ：沖永良部郷土研究会会報」　沖永良部郷土研究会　（41）2008.2

「樺太日日新聞」掲載在サハリン朝鮮民族関係記事の紹介（2）～（3）主要記事の紹介（山田伸一）「北海道開拓記念館調査報告」　北海道開拓記念館

その他 　　　　　　　　　　　　地名でたどる郷土の歴史 　　　　　　　　　　　　　　　　朝鮮

(47)／(48) 2008.3／2009.3
戦時下の朝鮮における「醇正ナル国語」の再編成―近代日本の「国語・国字問題」異聞（永島広紀）「史境」 歴史人類学会，日本図書センター（発売）（56) 2008.3
報告 藤枝市郷土博物館 第75回企画展「藤枝宿と朝鮮通信使」（海野一徳）「静岡県博物館協会研究紀要」 静岡県博物館協会 (31) 2008.3
見付宿と朝鮮通信使―五月講演を追って（鈴木小英)「磐南文化」 磐南文化協会 (34) 2008.3
上月家に保存されている「朝鮮通信使」に関する古文書について（上月香澄，上月昭信)「東播磨 地域史論集」 東播磨地域史懇話会 (14) 2008.3
元禄九丙子年朝鮮舟着岸一巻之覚書（西ノ島町古文書教室)「隠岐の文化財」 隠岐の島町教育委員会 (25) 2008.3
記憶への旅(2)～(4) 朝鮮・台湾（山口守)「リベラシオン ： 人権研究ふくおか」 福岡県人権研究所 (130)／(133) 2008.6／2009.3
日韓 食の交流史（中）焼き肉ロード―在日と朝鮮通信使の影響力（嶋村初吉)「季刊邪馬台国」 季刊邪馬台国編纂委員会，梓書院（発売）(99) 2008.7
第45回現場調査会（能代市）能代工場に朝鮮人を見る―細田陽子（野添憲治)「秋田県朝鮮人強制連行真相調査団会報」 秋田県朝鮮人強制連行真相調査団 (55) 2008.8
今もつづく「朝鮮戦争」(〈特集 朝鮮戦争「隣の国の戦争」だったのか〉)「西日本文化」 西日本文化協会 通号434 2008.8
「日本の戦争」の記憶(7) 戦後世代と「朝鮮戦争」 韓国現地と日本国内で距てる温度差(〈特集 朝鮮戦争「隣の国の戦争」だったのか〉)（渡辺考)「西日本文化」 西日本文化協会 通号434 2008.8
朝鮮戦争と「黒地の絵」―松本清張が発掘した占領下の悲劇(〈特集 朝鮮戦争「隣の国の戦争」だったのか〉)（中野吉明)「西日本文化」 西日本文化協会 通号434 2008.8
萩藩における朝鮮語通訳と朝鮮情報（木部和昭)「史境」 歴史人類学会，日本図書センター（発売）(57) 2008.9
ミニ展示「朝鮮通信使と神奈川」「神奈川県立公文書館だより」 神奈川県立公文書館 (20) 2008.9
第45回現場調査会 花岡鉱山の朝鮮人募集の写真―福岡県田川市で見つかる（野添憲治)「秋田県朝鮮人強制連行真相調査団会報」 秋田県朝鮮人強制連行真相調査団 (56) 2008.11
朝鮮人労働者122人生存 花岡鉱山は最多の35人「秋田県朝鮮人強制連行真相調査団会報」 秋田県朝鮮人強制連行真相調査団 (56) 2008.11
朝鮮人や戦犯容疑将校らの送還 敗戦直後の貴重な米軍関係資料（仲宗根將二)「宮古郷土史研究会会報」 宮古郷土史研究会 (169) 2008.11
嘉靖十三年(1534)朝鮮使節が北京で遭遇した琉球使節（松浦章)「南島学」 南島史学会 (72) 2008.11
朝鮮通信使と近江―饗応記録に見る鳥獣類(《特集 地元に残したい食材(5)》)（高正晴子)「滋賀の食事文化（年報）」 滋賀の食事文化研究会 (17) 2008.12
朝鮮戦争（研究レポート）（福吉郁)「からいどすこーぷ」 歴史学同好会 (1) 2009.1
特集 多摩火工廠 米軍基地の中で―多摩火工廠／どうして多摩へ建設されたか／多摩火工廠での作業とは／労働力の不足に悩まされる／動員された朝鮮人労働者／3ヶ月で第三工場が完成／敗戦により火薬を爆破処理／おわりに（中田均)「浅川地下壕の保存をすすめる会ニュース」 浅川地下壕の保存をすすめる会 (68) 2009.2
寒い雪の現場を歩く―第6回朝鮮人強制連行者のいた現場を歩く会（田中淳)「秋田県朝鮮人強制連行真相調査団会報」 秋田県朝鮮人強制連行真相調査団 (57) 2009.2
朝鮮國禮曹參判金演奉書と老中久世重之―関宿藩旧家老亀井家史料（中村正己)「研究報告」 千葉県立関宿城博物館 (13) 2009.3
所蔵文書にみる朝鮮通信使―不破家・山口家文書を中心に（高木敏彦)「岐阜県歴史資料館報」 岐阜県教育文化財団歴史資料館 (32) 2009.3
清見寺にて朝鮮通信使を思う（新川寛)「とどまつ ： 北海道開拓記念館・開拓の村友の会会報」 北海道開拓記念館・開拓の村友の会 (56) 2009.3
朝鮮通信使と博物館、済州島、釜山、対馬（とどまつ）（高橋陽一)「とどまつ ： 北海道開拓記念館・開拓の村友の会会報」 北海道開拓記念館・開拓の村友の会 (56) 2009.3
会員の活動 朝鮮人強制連行の跡をたどる北九州・筑豊のフィールドワークから学ぶこと（内岡貞雄)「リベラシオン ： 人権研究ふくおか」 福岡県人権研究所 (133) 2009.3
朝鮮通信使再行列参観の旅「かんべ」 可部郷土史研究会 (115) 2009.4
朝鮮通信使のはなし「かんべ」 可部郷土史研究会 (115) 2009.4
紀見峠隧道の崩落と朝鮮人問題（井上元良)「河内長野市郷土研究会誌」［河内長野市郷土研究会］ (51) 2009.4
秋田県の朝鮮人強制連行の記録（藤田正義)「秋田県朝鮮人強制連行真相調査団会報」 秋田県朝鮮人強制連行真相調査団 (58) 2009.5
講演要旨 朝鮮通信使、藤沢宿を往く（馬場弘臣)「藤沢地名の会会報」

藤沢地名の会 (71) 2009.9
朝鮮通信使への接待と情報収集―伊予国津和地島を中心として（玉井建也)「地方史研究」 地方史研究協議会 59(5)通号341 2009.10
資料紹介 朝鮮通信使と八王子の猪（藤田覚)「稲荷山通信 ： 八王子市市史編さん室だより」 八王子市市史編さん室 (3) 2009.11
フィールドワーク 但馬・在日朝鮮人の足跡(《部落解放研究第30回兵庫県集会報告書》―ワークショップ・フィールドワーク報告)「ひょうご部落解放」 ひょうご部落解放・人権研究所 135 2009.12
日本統治時代における台湾塩の対日本、朝鮮への輸出（林敏容)「南島史学」 南島史学会 (74) 2009.12
秋田の戦争遺跡(19) 吉乃鉱山の朝鮮人墓地（横手市増田町上吉野）（野添憲治)「秋田県朝鮮人強制連行真相調査団会報」 秋田県朝鮮人強制連行真相調査団 (61) 2010.2
秋田の戦争遺跡(22) 発盛精錬所の朝鮮人墓地（山本郡八峰町八森泊台）（野添憲治)「秋田県朝鮮人強制連行真相調査団会報」 秋田県朝鮮人強制連行真相調査団 (61) 2010.2
朝鮮通信使到来の地（藤井静子)「光地方史研究」 光地方史研究会 (36) 2010.3
幕末朝鮮通信使の動向とその終焉（斎藤弘征)「対馬の自然と文化」 対馬の自然と文化を守る会 (36) 2010.3
朝鮮戦争―内在的アプローチ（李景珉)「比較文化論叢 ： 札幌大学文化学部紀要」 札幌大学文化学部 通号24 2010.3
1932(昭和7)年 熱海騒擾事件 狩野川改修工事に朝鮮労働者二百余人が失業して同盟を結成「豆州歴史通信」 豆州研究社歴史通信部 (458) 2010.4
1940(昭和15)年 伊豆の朝鮮労働者の就労地域「豆州歴史通信」 豆州研究社歴史通信部 (458) 2010.4
朝鮮通信使・三田藩が担った役目（高田義久)「三田史談」 三田市郷土文化研究会 (30) 2010.4
第46回現場調査会（能代市）朝鮮人と働く―大谷正吉（野添憲治)「秋田県朝鮮人強制連行真相調査団会報」 秋田県朝鮮人強制連行真相調査団 (62) 2010.5
秋田県朝鮮人強制連行真相調査団活動報告「秋田県朝鮮人強制連行真相調査団会報」 秋田県朝鮮人強制連行真相調査団 (62) 2010.5
松下造船所能代工場で朝鮮人が働く（野添憲治)「秋田県朝鮮人強制連行真相調査団会報」 秋田県朝鮮人強制連行真相調査団 (62) 2010.5
足尾に強制連行された朝鮮人の物語（今足尾は……）（しまくらまさ）「足尾を語る会会報.第2次」 足尾を語る会 (2) 2010.5
板倉中の裁判資料と朝鮮問題（歴史随想）（加藤時男)「千葉史学」 千葉歴史学会 (56) 2010.5
朝鮮通信使が楽しんだクルージング船―「清見潟遊覧」というおみやげ（北村鉄哉)「清見潟 ： 清水郷土史研究会会誌」 清水郷土史研究会 (19) 2010.5
朝鮮通信使と高安淀藩の村々（棚橋利光)「河内どんこう」 やお文化協会 (91) 2010.6
歴史地理学における朝鮮時代陸上交通の研究（轟博志)「交通史研究」 交通史学会，吉川弘文館（発売）(72) 2010.10
第47回現場調査会（大館市岩瀬）朝鮮人が働いた田村鉄工（野添憲治)「秋田県朝鮮人強制連行真相調査団会報」 秋田県朝鮮人強制連行真相調査団 (64) 2010.11
「花岡鉱山朝鮮人事件に関し資料提供の件」の覚え書き（野添憲治)「秋田県朝鮮人強制連行真相調査団会報」 秋田県朝鮮人強制連行真相調査団 (64) 2010.11
朝鮮通信使と福島諸藩―三春張子人形をてがかりに（研究ノート）（福田和久)「福大史学」 福島大学史学会 (81) 2010.12
「韓国併合百年」と韓国・朝鮮近代史研究の現在（特集 韓国併合100年を機に考える）（永島広紀)「リベラシオン ： 人権研究ふくおか」 福岡県人権研究所 (140) 2010.12
2010年度第1回ジェンダー部会 研究報告 植民地朝鮮における徴兵制の展開と朝鮮女性の「皇国臣民」化（映画上映、植民地期の朝鮮映画「兵隊さん」)（特集 韓国併合100年を機に考える）（有松しづよ)「リベラシオン ： 人権研究ふくおか」 福岡県人権研究所 (140) 2010.12
"朝鮮人強制連行の跡をたどる"「下関」および「宇部の炭田（長生炭鉱）」のフィールドワーク（特集 韓国併合100年を機に考える）（内岡貞雄)「リベラシオン ： 人権研究ふくおか」 福岡県人権研究所 (140) 2010.12
中国・朝鮮における租界研究のいま（2010年度非文字資料研究センター第2回公開研究会報告）「非文字資料研究」 神奈川大学21世紀COEプログラム拠点推進会議 (25) 2011.1
文明化と「他者」―自由民権運動の「朝鮮」認識を中心に（今西一)「自由民権」 町田市立自由民権資料館紀要」 町田市教育委員会 (24) 2011.3
研究ノート 愛知県綿業界における「とば長」の位置―津島における朝鮮向け輸出綿糸布商（伴野泰弘)「愛知県史研究」 愛知県 (15) 2011.3
秋田県朝鮮人強制連行真相調査団活動報告 2010年4月10日から2011年3

月10日まで/秋田県朝鮮人強制連行事業場/新聞記事「秋田県朝鮮人強制連行真相調査団会報」 秋田県朝鮮人強制連行真相調査団 （66） 2011.4

特別寄稿 近世朝鮮王朝官民の日本天皇観（三宅英利）「木綿間 ： 岡垣歴史文化研究会年報」 岡垣歴史文化研究会 （29） 2011.4

高校生による地下壕調査の記録第5回 在日朝鮮人からの聞き取り調査 プロフィール/強制連行＝人狩り/生き地獄/飯場生活/消耗品/逃亡/待遇改善要求/二重構造/日本坂とは？/在日女子高校生からの手紙（中西均）「浅川地下壕の保存をすすめる会ニュース」 浅川地下壕の保存をすすめる会 （82） 2011.6

第49回現場調査会（由利本荘市岩谷山麓）トンネルを掘った朝鮮人（野添憲治）「秋田県朝鮮人強制連行真相調査団会報」 秋田県朝鮮人強制連行真相調査団 （67） 2011.8

朝鮮通信使乗馬役と加賀藩前田家―正徳・享保期の鞍馬派遣を中心に（大会報告要旨―自由論題）（横山恭子）「交通史研究」 交通史学会，吉川弘文館（発売） （75） 2011.9

平岡ダム建設における強制連行された朝鮮人の逃亡についての一考察（研究報告要旨）（原英章）「飯田市歴史研究所年報」 飯田市教育委員会 （9） 2011.10

朝鮮戦争と佐世保（7）（山口日登志）「談林」 佐世保史談会 （52） 2011.11

古文書史料「朝鮮陣留書」（濱口尚美）「郷土史誌末盧國」 松浦史談会，芸文堂（発売） （188） 2011.12

ソウル大学校奎章閣所蔵の朝鮮製「海東三国図」について（川村博忠）「歴史地理学」 歴史地理学会，古今書院（発売） 53（5）通号257 2011.12

湖國藝術紀行（9）紀行文と近江（下）琵琶湖、琵琶湖、琵琶湖 朝鮮通信使の見た近江（植田耕司）「湖国と文化」 滋賀県文化振興事業団 36（1）通号138 2012.1

新聞記事 無告の歴史（1）花岡鉱山の朝鮮人強制連行 日弁連の調査資料入手（ジャーナリスト 野添憲治）「秋田県朝鮮人強制連行真相調査団会報」 秋田県朝鮮人強制連行真相調査団 （69） 2012.2

新聞記事 無告の歴史（2）花岡鉱山の朝鮮人強制連行 36年前、県北5カ所で（ジャーナリスト 野添憲治）「秋田県朝鮮人強制連行真相調査団会報」 秋田県朝鮮人強制連行真相調査団 （69） 2012.2

新聞記事 無告の歴史（3）花岡鉱山の朝鮮人強制連行 戦後の隠蔽工作を指摘（ジャーナリスト 野添憲治）「秋田県朝鮮人強制連行真相調査団会報」 秋田県朝鮮人強制連行真相調査団 （69） 2012.2

新聞記事 無告の歴史（4）花岡鉱山の朝鮮人強制連行 戦況悪化が色濃く影響（ジャーナリスト 野添憲治）「秋田県朝鮮人強制連行真相調査団会報」 秋田県朝鮮人強制連行真相調査団 （69） 2012.2

コーナー展「龍馬と船」（記録）/企画展「八朔の馬」（記録）/第10回 鞆の津八朔の馬出し（記録）/特別展「朝鮮通信使の文化的影響と日本人の文雅」（記録）「潮待ちの館資料館だより」 福山市鞆の浦歴史民俗資料館 （48） 2012.3

山崎尚長の『両国壬申実記』と刊本『正実 朝鮮征討始末記』（中野等）「九州文化史研究所紀要」 九州大学附属図書館付設記録資料館九州文化史資料部門 （55） 2012.3

古文書史料「朝鮮陣留書」（2）（濱口尚美）「郷土史誌末盧國」 松浦史談会，芸文堂（発売） （189） 2012.3

植民地朝鮮における日本人の無住地への移住（特集 跨境コミュニティにおけるアイデンティティの持続と再編―東アジアと東南アジアの事例から）（崔吉城）「白山人類学」 白山人類学研究会，岩田書院（発売） （15） 2012.3

吉乃鉱山の朝鮮人強制連行（秋田県朝鮮人強制連行真相調査団）「秋田県朝鮮人強制連行真相調査団会報」 秋田県朝鮮人強制連行真相調査団 （70） 2012.4

秋田県朝鮮人強制連行真相調査団活動報告 2011年4月10日から2012年3月25日まで「秋田県朝鮮人強制連行真相調査団会報」 秋田県朝鮮人強制連行真相調査団 （70） 2012.4

秋田県朝鮮人強制連行事業場/秋田県の朝鮮人強制連行事業場「秋田県朝鮮人強制連行真相調査団会報」 秋田県朝鮮人強制連行真相調査団 （70） 2012.4

新聞記事 無告の歴史（5）花岡鉱山の朝鮮人強制連行 「第1～5橘寮」に収容（ジャーナリスト 野添憲治）「北羽新報」2011年11月3日から10回「秋田県朝鮮人強制連行真相調査団会報」 秋田県朝鮮人強制連行真相調査団 （70） 2012.4

新聞記事 無告の歴史（6）花岡鉱山の朝鮮人強制連行 北海道の一団、環境激変（ジャーナリスト 野添憲治）「秋田県朝鮮人強制連行真相調査団会報」 秋田県朝鮮人強制連行真相調査団 （70） 2012.4

新聞記事 無告の歴史（7）花岡鉱山の朝鮮人強制連行 空腹に耐え、寒さに震え（ジャーナリスト 野添憲治）「秋田県朝鮮人強制連行真相調査団会報」 秋田県朝鮮人強制連行真相調査団 （70） 2012.4

報告「朝鮮・台湾・中華民国出身学生と「内地」という文脈―1924（大正13）年同志社女学校 皇后行啓にみるその役割と表象―」宇都宮めぐみ氏（大会例会報告要旨―第13回洛北史学会大会（2011年6月4日））「洛北史学」 洛北史学会 （14） 2012.6

朝鮮国王の死における近世日朝関係の諸相―享保五年の事例を中心に（2011年度九州史学研究大会発表要旨―研究発表）（有田ゆきな）「九州史学」 九州史学研究会 （161） 2012.7

朝鮮人漂着民の見た「琉球」―1662年～63年の大島（渡辺美季）「沖縄文化」 沖縄文化協会 46（1）通号111 2012.7

講演録 古代朝鮮の都城―東アジアの都城制のなかで（山田隆文）「竜谷史壇」 竜谷大学史学会 （135・136） 2012.7

新聞記事 無告の歴史（9）花岡鉱山の朝鮮人強制連行 人災だった七ッ館坑落盤（ジャーナリスト 野添憲治）「秋田県朝鮮人強制連行真相調査団会報」 秋田県朝鮮人強制連行真相調査団 （71） 2012.8

表紙 仲の橋と千歳栄光教会会堂・幼稚園園舎（昭和35年撮影）、『千歳町市街案内図』一部/朝鮮動乱時の東雲町と清水町の空橋（昭和28年春撮影）「志古津 ： 『新千歳市史』編さんだより ： 過去からのメッセージ ： massage from the past」 千歳市 （16） 2012.9

深刻な基地問題に直面した千歳の対応（1），（2）―朝鮮戦争当時の米兵と特殊女性（星野一博）「志古津 ： 『新千歳市史』編さんだより ： 過去からのメッセージ ： massage from the past」 千歳市 （16）/（17） 2012.9/2013.3

飛驒と美濃のDNA比較から日本人成立過程が判る―弥生人の先祖は朝鮮半島から渡来（住斉）「斐太紀 ： 研究紀要」 飛驒学の会 （9） 2012.9

相島と朝鮮通信使―日朝外交を支えた福岡藩の人々（特集 海が創った暮らしの歴史―九州北部の島々から）（鈴木文）「西日本文化」 西日本文化協会 （459） 2012.10

戦後67年、今なお放置されている朝鮮人の遺骨―日本人戦没者の遺骨未帰還報道の陰で（岩亀弘）「秋田県朝鮮人強制連行真相調査団会報」 秋田県朝鮮人強制連行真相調査団 （72） 2012.11

新聞記事 無告の歴史（8）花岡鉱山の朝鮮人強制連行 過酷な労働、乏しい食事（ジャーナリスト 野添憲治）「秋田県朝鮮人強制連行真相調査団会報」 秋田県朝鮮人強制連行真相調査団 （72） 2012.11

新聞記事 無告の歴史（10）花岡鉱山の朝鮮人強制連行 知らなかった中国人蜂起（ジャーナリスト 野添憲治）「秋田県朝鮮人強制連行真相調査団会報」 秋田県朝鮮人強制連行真相調査団 （72） 2012.11

1937年の朝鮮・満州視察旅行（百瀬敏夫）「市史通信」 横浜市史資料室 （15） 2012.11

朝鮮脱出考（吉川義一）「ふるさとみまた」 三股郷土史研究会 （30） 2012.11

1930年代の筑豊における炭鉱経営と朝鮮人の労働―麻生商店を事例に（佐川享平）「民衆史研究」 民衆史研究会 （84） 2013.1

ハンマーを土産にした朝鮮人―田村一さんに聞いた話（野添憲治）「秋田県朝鮮人強制連行真相調査団会報」 秋田県朝鮮人強制連行真相調査団 （73） 2013.2

過去から現在への67年―過酷な時代を顧みて（磐城葦亭）「秋田県朝鮮人強制連行真相調査団会報」 秋田県朝鮮人強制連行真相調査団 （73） 2013.2

吉乃鉱山の朝鮮人たち（吉乃鉱山の朝鮮人たち）（田中淳，野添憲治）「秋田県朝鮮人強制連行真相調査団会報」 秋田県朝鮮人強制連行真相調査団 （73） 2013.2

死人は戸板で運んできた（吉乃鉱山の朝鮮人たち）（佐々木重蔵）「秋田県朝鮮人強制連行真相調査団会報」 秋田県朝鮮人強制連行真相調査団 （73） 2013.2

多くの朝鮮人が逃げた（吉乃鉱山の朝鮮人たち）（佐藤巽）「秋田県朝鮮人強制連行真相調査団会報」 秋田県朝鮮人強制連行真相調査団 （73） 2013.2

論文紹介 北村欣哉氏「消えた朝鮮（通信使）伝承―朝鮮ケ谷（日本坂）・朝鮮巌・起木梅伝説―」『清見潟』第21号・2012年5月）（村瀬隆彦）「静岡県近代研究会会報」 静岡県近代研究会 （414） 2013.3

朝鮮通信使が寄港した上の関（安田和幸）「柳井市郷談会誌」 柳井市郷談会 （37） 2013.3

再読―ベイジル・ホール「朝鮮・琉球航海記」（論説）（春名徹）「南島史学」 南島史学会 （79・80） 2013.3

運営委員リレー連載 学生の15年戦争認識の変化とどう向き合うか―南京虐殺、日本軍慰安婦、朝鮮併合など（藤岡惇）「立命館大学国際平和ミュージアムだより」 立命館大学国際平和ミュージアム 20（3）通号58 2013.3

秋田県朝鮮人強制連行真相調査団活動報告 2012年4月から2013年3月まで 現場調査会/会報の発行/朝鮮人連行者に関する調査/2013年度の事業計画/2013年度の役員「秋田県朝鮮人強制連行真相調査団会報」 秋田県朝鮮人強制連行真相調査団 （74） 2013.4

秋田県朝鮮人強制連行事業場/秋田県の朝鮮人強制連行事業場「秋田県朝鮮人強制連行真相調査団会報」 秋田県朝鮮人強制連行真相調査団 （74） 2013.4

すぐわかーる・よくわかーる『新八王子市史』資料編3の近現代1の朝鮮人労働者の資料について（齊藤勉）「浅川地下壕の保存をすすめる会ニュース」 浅川地下壕の保存をすすめる会 （93） 2013.4

戦時下の南郷村の寄留朝鮮人（加端忠和）「江沼の久爾」 江沼地方史研究

会 (58) 2013.4
朝鮮使節の駿河湾遊覧と南蛮船(小川雄)「静岡県地域史研究会報」 静岡県地域史研究会 (189) 2013.7
特高が残した記録―中島の朝鮮人労働者(梁裕河)「戦争のきずあと・むさしの」 武蔵野の空襲と戦争遺跡を記録する会 (48) 2013.8
「東北アジア平和フォーラム」のとりくみ―日清戦争期の東学農民戦争に出兵した愛媛の農民兵を訪ねて(地域住民史学運動)(柳瀬一秀)「愛媛近代史研究」 近代史文庫 (67) 2013.8
近世琉球と朝鮮の士族社会における家族像―祖先崇拝思想と祭祀儀礼を中心として(私の研究l)(金正華)「法政大学沖縄文化研究所所報」 法政大学沖縄文化研究所 (73) 2013.9
朝鮮通信使人馬役と商人請負制の展開―享保4年(1719)通信使行列の通行実態から(論文)(横山恭子)「交通史研究」 交通史学会, 吉川弘文館(発売) (81) 2013.9
平成24年度市立枚方宿鍵屋資料館購入の朝鮮通信使関係史料2点(金子真由美, 片山正彦)「枚方市史年報」 枚方市教育委員会 (16) 2013.10
朝鮮の役の結果(市川俊介)「宇喜多家史談会会報」 宇喜多家史談会 (48) 2013.10
新聞記事 能代山本 戦争の痕跡を巡る(4) 道路工事の朝鮮人従事 集会所(野添憲治 ルポライター)「秋田県朝鮮人強制連行真相調査団会報」 秋田県朝鮮人強制連行真相調査団 (76) 2013.11
新聞記事 能代山本 戦争の痕跡を巡る(10) 堤の埋め立てに朝鮮人 第二貯木場(野添憲治 ルポライター)「秋田県朝鮮人強制連行真相調査団会報」 秋田県朝鮮人強制連行真相調査団 (76) 2013.11
新聞記事 能代山本 戦争の痕跡を巡る(12) 戦時中に農地を開墾 朝鮮人自活隊(野添憲治 ルポライター)「秋田県朝鮮人強制連行真相調査団会報」 秋田県朝鮮人強制連行真相調査団 (76) 2013.11
新聞記事 能代山本 戦争の痕跡を巡る(13) 労働力不足を補う朝鮮人 石切り場(野添憲治 ルポライター)「秋田県朝鮮人強制連行真相調査団会報」 秋田県朝鮮人強制連行真相調査団 (76) 2013.11
新聞記事 能代山本 戦争の痕跡を巡る(21) 護岸工事などに使役 朝鮮人労働者(野添憲治 ルポライター)「秋田県朝鮮人強制連行真相調査団会報」 秋田県朝鮮人強制連行真相調査団 (76) 2013.11
学芸員のこぼれ話 北千島の旧陸海軍工事と朝鮮人労務者について(寺林伸明)「北海道開拓記念館だより」 北海道開拓記念館 43(4)通号222 2014.1
吉乃鉱山の同朋たち(金孝敏)「秋田県朝鮮人強制連行真相調査団会報」 秋田県朝鮮人強制連行真相調査団 (77) 2014.2
戦後処理における未解決の問題 南サハリン朝鮮人の送還問題(1945～1950年)(論文)(ユリア・ディン[著], 天野尚樹[訳])「北海道・東北史研究」 北海道出版企画センター (9) 2014.3
戦前・戦中の朝鮮II 小松アイ(聴き取り版)(森沢勇)「大山の歴史と民俗」 大山町歴史民俗研究会 (17) 2014.3
第3回「神戸電鉄 朝鮮人労働者モニュメント」(人権歴史マップセミナー報告)「ひょうご部落解放」 ひょうご部落解放・人権研究所 152 2014.3
朝鮮通信使 江戸時代の日韓交流(藤岡侑子)「東温史談」 東温史談会 (9) 2014.3
昭和戦前期にいたる「朝鮮出兵」関係文献目録(稿)(中野等)「九州文化史研究所紀要」 九州大学附属図書館付設記録資料館九州文化史資料部門 (57) 2014.3
宗麟時代の中国・朝鮮貿易《講演》(神戸輝夫)「津久見史談」 津久見史談会 (18) 2014.3
豊臣秀吉の朝鮮侵略戦争を描く二種の新出図像資料―「東征図」と『朝鮮日本図説』(個人研究論文)(鄭潔西)「年報非文字資料研究」 神奈川大学日本常民文化研究所非文字資料研究センター (10) 2014.3
美濃路を行く朝鮮通信使―大垣と朝鮮通信使(相馬みさ子)「濃飛史艸」 岐阜県歴史資料保存協会 (106) 2014.4
秋田県朝鮮人強制連行事業場/秋田県の朝鮮人強制連行事業場(地図)「秋田県朝鮮人強制連行真相調査団会報」 秋田県朝鮮人強制連行真相調査団 (78) 2014.5
中国・朝鮮の旧日本租界(研究班紹介)(大里浩秋)「非文字資料研究」 神奈川大学21世紀COEプログラム拠点推進会議 (32) 2014.7
植民地期の朝鮮の工業化と地域社会(招聘研究員レポート)(梁知恵)「非文字資料研究」 神奈川大学21世紀COEプログラム拠点推進会議 (32) 2014.7
第55回 現地調査会(由利本荘市東由利老方) 橋荘鉄道と朝鮮人(上), (下)(野添憲治)「秋田県朝鮮人強制連行真相調査団会報」 秋田県朝鮮人強制連行真相調査団 (79)/(80) 2014.8/2014.11
倭国と朝鮮との交流史(後藤裕造)「うすね」 臼井文化懇話会 (30) 2014.11

朝鮮国

中国の歴史の概要と朝鮮国の歴史の概要(藤井直)「歴史懇談」 大阪歴史懇談会 (16) 2002.8
朝鮮国喪期における近世倭館運営―享保五年第十九代朝鮮国王粛宗の死を事例に(特集 対馬藩特集―主体としての対馬・対馬藩)(有田ゆきな)「九州史学」 九州史学研究会 (163) 2012.10

朝鮮総督府

税田谷五郎(1923)『佛領アルゼリア概況』 朝鮮総督府の地理学的研究(1)(藤井宏志)「安田女子大学大学院文学研究科紀要 教育学専攻」 安田女子大学大学院文学研究科 16 2011.3
帝国と植民地における不均衡残存記録の構造と植民地支配の特徴―朝鮮総督府の山林資源記録を中心に(金慶南)「アーカイブズ学研究」 日本アーカイブズ学会 (15) 2011.11
調査記録 朝鮮総督府統治下の医師養成と中国大陸における従軍医療の実態 戦後の離島医療を担ったある医師の聞き書き(1)(関耕平, 橋本貴彦)「山陰研究」 島根大学法文学部山陰研究センター (5) 2012.12

朝鮮鉄道

朝鮮鉄道の思い出(勘場義夫)「えびの」 えびの市史談会 35 2001.4

朝鮮半島

佐賀県立名護屋城博物館所蔵の「朝鮮半島写真絵葉書」について(浦川和也)「研究紀要」 佐賀県立名護屋城博物館 7 2001.3
朝鮮半島と琉球諸島における銭貨流通と出土銭(門田誠一)「同志社大学歴史資料館館報」 同志社大学歴史資料館 (4) 2001.7
〈特集 近世初期、朝鮮半島よりもたらされた文化と、それを伝えた人々〉「葉隠研究」 葉隠研究会 48 2002.11
佐賀と朝鮮半島の交流(廣瀬雄一)「葉隠研究」 葉隠研究会 48 2002.11
日本統治時代の朝鮮半島における日本本土出身者の展開―土地所有との関わりを中心に(山元貴継)「歴史地理学」 歴史地理学会, 古今書院(発売) 45(1)通号212 2003.1
朝鮮半島の海上銃撃事件と当地方の漁業騒動(遠藤章二)「清見潟 : 清水郷土史研究会会誌」 清水郷土史研究会 (12) 2003.6
平成15年度企画展 古代筑豊の渡来文化―中国・朝鮮半島から渡って来た人と文化 紹介号「資料館だより」 飯塚市歴史資料館 25 2003.10
香川県東部、小田・北山の朝鮮半島沿海通漁について―明治時代後半期に於ける地元鮮魚運搬業の盛衰から「瀬戸内海歴史民俗資料館紀要」 瀬戸内海歴史民俗資料館 (16) 2003.12
鳥居龍蔵の東北アジア踏査―朝鮮半島・遼東半島・大興安嶺・蒙古(東潮)「史窓」 徳島地方史研究会 (34) 2004.3
女子大生が語る「私たちの日韓交流」/多胡碑「羊」は朝鮮半島の“渡来人”の名「上州風」 上毛新聞社 20 2004.11
琉球王朝文化と朝鮮半島(2)―『おもろさうし』にみる地域的ネットワークの意味するもの(福寛美)「沖縄研究ノート : 《共同研究》南島における民族と宗教」 宮城学院女子大学キリスト教文化研究所 (14) 2005.3
浅香幸雄先生の「朝鮮半島に関する原資料」一覧(砺波散村地域研究所所蔵)(神谷浩夫, 轟博志)「砺波散村地域研究所研究紀要」 砺波市立砺波散村地域研究所 (22) 2005.3
朝鮮半島南部三国時代における轡製作技術の展開(諫早直人)「古文化談叢」 九州古文化研究会 54 2005.10
中国・朝鮮半島から見た「魏志倭人伝」の世界と筆法(中国の文章術)に見る邪馬台国へのロマン(神田久雄)「あわじ : 淡路地方史研究会会誌」 淡路地方史研究会 (23) 2006.1
朝鮮半島と東北文化の歴史的交流(岩鼻通明)「山形県地域史研究」 山形県地域史研究協議会 (32) 2007.2
朝鮮半島南部に分布するセブリタイプの製鉄炉と鹿児島県下の近世製鉄炉(李南珪, 松井和幸)「北九州市立自然史・歴史博物館研究報告.B類, 歴史」 北九州市立自然史・歴史博物館 (4) 2007.3
朝鮮半島に残る日本の城、倭城―佐多氏も在陣(上田耕)「知覧文化」 知覧町立図書館 (44) 2007.3
大分県の中の朝鮮半島(1)～(3)(溝部仁)「古代朝鮮文化を考える」 古代朝鮮文化を考える会 (22)/(24) 2007.12/2009.12
七世紀後半の「唐・吐蕃戦争」と東部ユーラシア諸国の自立への動き―新羅の朝鮮半島統一・突厥の復興・契丹の反乱・渤海の建国との関連性(菅沼愛語, 菅沼秀夫)「史窓」 京都女子大学史学会 (66) 2009.2
朝鮮半島における近代都市図作成の展開―朝鮮全図に掲載されたソウル都市図を中心に(シンポジウム「歴史地理学における絵図・地図」特集号)(渋谷鎮明)「歴史地理学」 歴史地理学会, 古今書院(発売) 52(1)通号248 2010.1
朝鮮半島の倭人―中国史料に見える倭人系種族(松下高明)「大隅」 大隅史談会 (53) 2010.3
朝鮮半島の歴代王朝と韓国時代劇(会員の広場)(山元辰彦)「もろかた : 諸県」 都城史談会 (44) 2010.11
中国・韓国の旧日本租界研究会「日露戦争前後の朝鮮半島における灯台建設と日本」(研究報告)(谷川竜一)「非文字資料研究」 神奈川大学21世紀COEプログラム拠点推進会議 (25) 2011.1
新羅の国家形成と朝鮮半島東北地域―秦氏の故郷を探る(市民公開国際シンポジウム 古代の京都と渡来人―秦氏を中心として)(近藤浩一)

「京都産業大学日本文化研究所紀要」　京都産業大学日本文化研究所　(16)　2011.3

朝鮮半島への日本人の漁業進出史に関する文献リスト(1893〜2010)(原田環)「県立広島大学人間文化学部紀要」　県立広島大学　(7)　2012.2

古墳時代中期における渡来系鍛冶技術の導入過程について—特に朝鮮半島西北部と畿内地域との関連を視野に受け入れて(真鍋成史)「たたら研究」　たたら研究会　(52)　2013.2

大隅と朝鮮半島(新留俊幸)「大隅」　大隅史談会　(56)　2013.3

渡来人と半島の鉄(上),(下)(西川寿勝)「古代史の海」　「古代史の海」の会　(77)/(78)　2014.9/2014.12

珍島郡

済州特別自治道・珍島郡における観光特性と観光関連施設の分布(上江洲薫)「南島文化」　沖縄国際大学南島文化研究所　(31)　2009.3

東津

新羅の東・西津と交易体制(濱田耕策)「史淵」　九州大学大学院人文科学研究院　149　2012.3

独島

明治時代の欝陵島漁業と竹島=独島問題(1),(2)(朴炳渉)「北東アジア文化研究」　鳥取短期大学　(31)/(32)　2010.3/2010.10

南漢山城

李氏朝鮮王朝の最大規模の山城に再現 南漢山城行宮が復元成る「城郭だより : 日本城郭史学会会報」「日本城郭史学会」　(84)　2014.1

南原城

韓国城郭紀行(5) 全州城と南原城(佐浦信男)「城」　東海古城研究会　174　2000.2

南北朝鮮

南北朝鮮における伊万里の御家人たち(岩永融)「松浦党研究」　松浦党研究連合会, 芸文堂(発売)　24　2001.6

白村江

古代学はじめっからの会III 倭国の権力構造と白村江の戦い(1)〜(3)(中小路駿逸)「古事記通信」　多元的古代研究会・古事記の会　63/66　2000.7/2000.10

白村江の敗戦前後と国際関係 第二次大戦前後との相似性(瀬口広美)「古文書研究会会報」　福生古文書研究会　(2)　2003.3

吉野ヶ里の白村江軍団基地説を疑う 1月18日例会の報告「九州古代史の会NEWS」　九州古代史の会　114　2004.3

百済の今を歩く 韓国人は知らない白村江の戦い(二日市社)「古代朝鮮文化を考える」　古代朝鮮文化を考える会　(19)　2004.12

注釈、白村江戦記 唐将、郭務・の芝断「古事記」豊前王朝説(大芝英雄)「古代朝鮮文化を考える」　古代朝鮮文化を考える会　(19)　2004.12

「大和」王権の布石(4) 白村江の戦い(川村一彦)「歴史懇談」　大阪歴史懇談会　(20)　2006.8

白頭山

記憶の中の地図(17) 白頭山(大堀利和)「Collegio」　之潮　(32)　2008.4

板門店

北朝鮮と韓国の国境板門店(松田静児)「流れ谷」　流れ谷同志会　(23)　2003.5

ピョンヤン

真壁仁の見たピョンヤン・アメリカ(細川純子)「真壁仁研究」　東北芸術工科大学東北文化研究センター　(4)　2003.12

風納土城

韓国ソウル風納土城の3つの問題に関する試論(王志高, 村元健一, 柳本照男[訳・解説])「古文化談叢」　九州古文化研究会　(72)　2014.8

釜山

韓国城郭紀行(11) 釜山の城と倭館(佐浦信男)「城」　東海古城研究会　184　2002.9

韓国考古紀行—慶州・光州・釜山に琉球列島海産貝製品を求めて(岸本義彦)「文化課紀要」　沖縄県教育委員会　(3)　2003.3

関釜連絡船(山本真申)「えびの」　えびの市史談会　(38)　2004.5

朝鮮通信使と博物館、済州島、釜山、対馬(とどまつノート)(高橋陽一)「とどまつ : 北海道開拓記念館・開拓の村友の会会報」　北海道開拓記念館・開拓の村友の会　(56)　2009.3

釜山史三講(資料紹介(翻刻)(大曲美太郎)「倭城の研究」　城郭談話会　(6)　2010.9

唐津・壱岐・対馬・釜山(本田義幾)「史迹と美術」　史迹美術同攷会　82(3)通号823　2012.3

釜山子城台倭城

釜山子城台倭城の特集にあたって(特集 毛利輝元の釜山子城台倭城)(黒田慶一)「倭城の研究」　城郭談話会　(6)　2010.9

釜山子城の外郭再考—地籍図・絵葉書の検討を中心に(特集 毛利輝元の

釜山子城台倭城)(高田徹)「倭城の研究」　城郭談話会　(6)　2010.9

釜山鎮城

壬辰・丁酉再乱前後の朝鮮城と日本城の相互利用に関して—釜山鎮城を中心に(特集 毛利輝元の釜山子城台倭城)(羅東旭)「倭城の研究」　城郭談話会　(6)　2010.9

扶余

百済の古都扶餘を訪ねて(寺島千鶴子)「長野」　長野郷土史研究会　223　2002.5

扶余(百済王朝最後の都)を訪ねて(宮下周子)「地名」　宮城県地名研究会　通号26　2007.11

「百済」の故地、公州・扶余を訪ねる(竹田直廣)「風早」　風早歴史文化研究会　(66)　2011.12

扶余郡

姉妹都市「明日香村」・「扶餘郡」(小野智貴)「季刊明日香風」　古都飛鳥保存財団　31(4)通号124　2012.10

平安道

旅順口と占領地商況視察—山本条太郎「占領地及朝鮮平安道商況視察復命書」(加藤幸三郎)「秋田近代史研究」　秋田近代史研究会　43　2001.12

渤海

史料紹介 渤海からの使者/多賀谷重経官途状/『東国戦記』/関口惣重郎宛初見八郎書簡/贈間宮倫宗序「町史研究伊奈の歴史」　伊奈町　7　2003.3

渤海船航路と便処、女楽(深田新一郎)「秋田地名研究年報」　秋田地名研究会　(20)　2004.9

漢詩文にみる弘仁六年の渤海使(浜田久美子)「法政史学」　法政大学史学会　(66)　2006.9

「たけふ」地名と渤海使(木村清幸)「秋田地名研究年報」　秋田地名研究会　(22)　2006.12

九世紀の日本と渤海—年期制の成立とその影響(浜田久美子)「ヒストリア : journal of Osaka Historical Association」　大阪歴史学会　(210)　2008.6

七世紀後半の「唐・吐蕃戦争」と東部ユーラシア諸国の自立への動き—新羅の朝鮮半島統一・突厥の復興・契丹の反乱・渤海の建国との関連性(菅沼愛語, 菅沼秀夫)「京都女子大学史学会」　京都女子大学史学会　(23)　2009.2

渤海滅亡後の女真社会と地域間関係—「ニコラエフカ文化」の格子目状叩き土器をめぐって(中澤寛将)「中央史学」　中央史学会　(32)　2009.3

渤海と日本の交流について—迎接体制の展開を中心として(小林美保子)「広郷土史研究会会報」　広郷土史研究会　(117)　2014.1

第110回例会のお知らせ「渤海と日本の交流について—迎接体制の展開を中心として」小林美保子/新年互例会のご案内/古文書部会のご案内「広郷土史研究会会報」　広郷土史研究会　(117)　2014.1

来日渤海使の予記記事について—光孝天皇の即位と渤海認識(大会発表要旨)(梁智榮)「中央史学」　中央史学会　(37)　2014.3

北関大捷碑

岡田章雄氏旧蔵の「北関大捷碑」拓本について(中山清隆)「利根川」　利根川同人　31　2009.5

馬山

在日韓国人渡日前史、馬山での3・1独立運動(加端忠和)「江渟の久爾」　江沼地方研究会　(57)　2012.4

任那

「任那四県割譲」と「任那復権」問題(東潮)「つどい」　豊中歴史同好会　(238)　2007.12

「任那四県」割譲と韓国の前方後円墳(鮫島彰)「古代史の海」　「古代史の海」の会　(69)　2012.9

溟州治所

論説 古代朝鮮における地方都市の立地と都市プランに関する再検討—新羅溟州治所を事例に(轟博志)「歴史地理学」　歴史地理学会, 古今書院(発売)　56(3)通号270　2014.6

熊津

百済熊津・泗沘時代の都城制と倭—特に倭京〜大宰府との関係について(小田富士夫)「古文化談叢」　九州古文化研究会　49　2003.2

優由国

新羅国家形成期の優由国と秦氏(市民公開国際シンポジウム 古代の京都と渡来人—秦氏を中心として)(延敏洙, 近藤浩一[訳])「京都産業大学日本文化研究所紀要」　京都産業大学日本文化研究所　(16)　2011.3

羅州

特集 韓国羅州の旅「北東アジア文化通信」　鳥取短期大学北東アジア文化総合研究所　(26)　2005.1

歴史と未来が共存する都市・羅州(齊木恭子)「北東アジア文化通信」　鳥取短期大学北東アジア文化総合研究所　(35)　2012.4

羅州市

報告 韓国羅州市都市再生事業について（齊木恭子，野津和功）「北東アジア文化研究」 鳥取短期大学 （36・37） 2013.3

李氏朝鮮

李氏朝鮮王朝の陶工たちの恩恵（吉永陽三）「葉隠研究」 葉隠研究会 48 2002.11

利川市

「平和台公園」のあり方を考える（6）石塔「あるべき故郷に」 韓国・利川市、日本に返還訴え「石の証言」「平和の塔」の史実を考える会 （39） 2010.11

嶺南

金權一「韓国嶺南地域における朝鮮時代製鉄文化の基礎的研究」（角田徳幸［訳］）「たたら研究」 たたら研究会 （50） 2010.12

倭城

韓国における倭城研究の現状と課題（太田秀春）「倭城の研究」 城郭談話会 4 2000.7

韓国に残る伊達政宗の倭城について（太田秀春）「仙台郷土研究」 仙台郷土研究会 25（2）通号261 2000.12

倭城の築城と朝鮮水軍の関連—文禄・慶長の役における半島南岸の倭城群をめぐって（田崎茂）「城郭史研究」 日本城郭史学会，東京堂出版（発売）22 2002.8

朝鮮半島に残る日本の城、倭城—佐多氏も在陣（上田耕）「知覧文化」 知覧町立図書館 （44） 2007.3

韓国倭城の旅（1），（2）（寺沢光世）「郷土史誌末盧國」 松浦史談会，芸文堂（発売）（172）/（173） 2007.12/2008.3

朝鮮から見た倭城（講演）（村井章介）「学習院史学」 学習院大学史学会 （46） 2008.3

台湾

基隆

日本統治時代の基隆フランス軍人墓園引渡問題の探究（《第36回南島史学会静宜大学連合学術検討会論集》）（卞鳳奎）「南島史学」 南島史学会 （70）2007.11

金瓜石鉱山

世界遺産登録5周年記念「台湾・金瓜石・瑞芳鉱山と黄金博物館展」について（特集1 世界遺産登録5周年を迎えた石見銀山）「季刊文化財」 島根県文化財愛護協会 （129）2013.1

金門島

金門島を守った日本人（広場）（太田善弥）「いしぶみ」 まちだ史考会 （35）2013.7

礁渓郷

台湾宜蘭県礁渓郷の「温泉空心菜（エンサイ）」調査報告（渡邊ゆきこ）「地域研究」 沖縄大学地域研究所 （3）2007.3

瑞芳鉱山

世界遺産登録5周年記念「台湾・金瓜石・瑞芳鉱山と黄金博物館展」について（特集1 世界遺産登録5周年を迎えた石見銀山）「季刊文化財」 島根県文化財愛護協会 （129）2013.1

ゼーランジャ城

台湾紀行―ゼーランジャ城跡を訪ねて（松田喬一）「大村史談」 大村史談会 （57）2006.3

台南

台湾の台南地域に保存されている産業遺産（海外情報）（大橋公雄）「産業遺産研究」 中部産業遺産研究会事務局 （20）2013.5

台南市

台南と日本 知られざるもうひとつの絆（羽鳥忠男）「富士見郷土研究」 富士見村郷土研究会 （56）2003.3

台南における鄭成功関係小史跡（岡山芳治）「平戸史談」 平戸史談会 （17）2010.9

台北市

移民者の新天地：日本統治時期の台北市における鹿児島県出生者の現状（論説）（卞鳳奎）「南島史学」 南島史学会 （79・80）2013.3

台北二二八紀念館

台湾の「228紀念館」に思う（東海林郁子）「秋田県朝鮮人強制連行真相調査団会報」 秋田県朝鮮人強制連行真相調査団 （79）2014.8

台湾

第101回研究会会報 日本の台湾統治と八重山又吉盛清「沖縄・八重山文化研究会会報」 沖縄・八重山文化研究会 （101）2000.5

「朝鮮・台湾出身特攻戦死者」小考（山口宗之）「史料 ： 皇學館大學研究開発推進センター史料編纂所報」 皇學館大學研究開発推進センター史料編纂所 （169）2000.10

台湾抗日思想の一考察―台湾独立派の抗日思想（伊藤幹彦）「南島史学」 南島史学会 （56）2000.12

美術館文化講演会 沖縄と台湾の文化交流を中心に「きよらさ ： 浦添市美術館ニュース」 浦添市美術館 31 2001.7

台湾と沖縄（文卯之助）「南島研究」 南島研究会 42 2001.11

台湾地方派閥史の研究―台湾戦後初期史を中心に―（伊藤幹彦）「南島史学」 南島史学会 （57・58）2001.11

「琉球教育」と台湾における植民地教育―日清戦争前後の学務官僚児玉喜八の動向を中心に（大浜郁子）「沖縄文化研究」 法政大学沖縄文化研究所紀要」 法政大学沖縄文化研究所 （28）2002.3

台湾に巨大ダムを造った日本人（夏井勇）「史談」 士崎史談会 （42）2002.5

最初の中国侵略―台湾侵攻（広島正）「史叢」 熊本歴史学研究会 7 2002.7

日本が植民地統治をした台湾の旅（高野兼盛）「もろかた ： 諸県」 都城史談会 36 2002.11

『台湾文化志』発行の前夜―伊能嘉矩新資料（1）（石井正己）「遠野物語通信」 遠野物語研究所 18 2003.3

内藤耻叟における日本の台湾領有論（大浜郁子）「沖縄文化研究 ： 法政大学沖縄文化研究所紀要」 法政大学沖縄文化研究所 （29）2003.3

「台湾における沖縄関係近代史料」調査について―中央研究院・台湾大学図書館・中央図書館台湾分館（津波古あおい，漢那敬子）「史料編集室紀要」 沖縄県教育委員会 （28）2003.3

近世日本船の台湾漂着「ちょぷらん島漂流」を中心に（春名徹）「南島史学」 南島史学会 （61）2003.4

台湾所在沖縄近代史料調査報告（松永あおい）「沖縄県史だより」 沖縄県教育庁 （13）2004.3

台湾と山口県（有沢二夫）「光地方研究」 光地方研究会 （30）2004.3

鳥居龍蔵の台湾・西南中国調査（野林厚志）「史窓」 徳島地方史研究会 （34）2004.3

台湾における沖縄関係近代史料について―台湾大学図書館・国史館・国史館台湾文献館（松永あおい，漢那敬子）「史料編集室紀要」 沖縄県教育委員会 （29）2004.3

朝鮮使節の琉球通事より得た台湾鄭経・琉球情報（松浦章）「南島史学」 南島史学会 （63）2004.4

台湾と谷中 安平会―舘山恒枝さんに聞く「谷中・根津・千駄木」 谷根千工房 77 2004.8

日本植民地下の台湾政治思想―泉哲の政治思想を中心に（伊藤幹彦）「南島史学」 南島史学会 （64）2004.11

日本の臺灣統治初期の臺灣帆船について（松浦章）「史泉 ： historical & geographical studies in Kansai University」 関西大学史学・地理学会 （101）2005.1

台湾・南洋群島・比律賓―「大東亜戦争」期の著作物をめぐって（〈追悼論文〉）（仲程昌徳）「沖縄文化研究 ： 法政大学沖縄文化研究所紀要」 法政大学沖縄文化研究所 （31）2005.3

台湾樟脳貿易を通して見る「近代」東アジア（藤波潔）「地域研究シリーズ」 沖縄国際大学南島文化研究所 33 2005.3

日本台湾美術関係年表の作成（矢島太郎）「伊那路」 上伊那郷土研究会 49（4）通号579 2005.4

日本統治下における上海の台湾人の動向（卞鳳奎）「南島史学」 南島史学会 （65・66）2005.8

シンポジウム 「〈台湾原住民〉研究の回顧と現状」に寄せて（シンポジウム）（山路勝彦）「南島史学」 南島史学会 （65・66）2005.8

台湾アミ族チカソワンの分裂と帰属意識（シンポジウム）（原英子）「南島史学」 南島史学会 （65・66）2005.8

霧社事件以後従対事件的認識輿認同提起（シンポジウム）（宋秀環）「南島史学」 南島史学会 （65・66）2005.8

ツォウ民族誌を読む（シンポジウム）（宮岡真央子）「南島史学」 南島史学会 （65・66）2005.8

台湾と沖縄と「南島」と（大会参加記）（笠原政治）「南島史学」 南島史学会 （65・66）2005.8

一兵卒の日清・日露戦役従軍記―台湾出兵及び常陸丸遭難（杉浦光雄）「三河地域史研究」 三河地域史研究会 （23）2005.12

清朝外務部の「台湾事件」交渉の档案について（馮伯群，根川智美［翻訳］）「史料編集室紀要」 沖縄県教育委員会 （31）2006.3

基調講演 「台湾の持続可能な発展―挑戦、計画、実行そして実例」（第10回シンポジウム「沖縄の土木技術のあゆみと提言」―持続可能な社会を支える土木技術）（陳振川）「津梁」 沖縄の土木技術を世界に発信する会 （10）2006.3

「満州国」と北京における台湾籍民の動向（卞鳳奎）「南島史学」 南島史学会 （67）2006.5

市指定文化財旧黒須銀行公開/野田双子織研究会作品展/狭山火入れ実演/台湾茶セミナー/茶席体験/日本・世界各地のお茶体験「News-Alit ： 入間市博物館情報紙」 入間市博物館 （37）2006.10

19世紀後半における台湾樟脳の海外販路―日本領事報告の調査を中心に（王力）「南島史学」 南島史学会 （68）2006.10

日本植民地下の台湾における青年団の終焉―青年学校、勤行報国青年隊、青年特別錬成所との関連で（1941～45年）（宮崎聖子）「南島史学」 南島史学会 （68）2006.10

1930年前後の八重山女性の植民地台湾への移動を促したブル要因―台湾における植民地的近代と女性の職業の拡大をめぐって（金戸幸子）「移民研究」 琉球大学移民研究センター （3）2007.3

植民地期の統治確立過程における台湾郵便制度―軍事郵便、飛信制度及び非常通信制度を中心に（李婉容）「郵便史研究 ： 郵便史研究会紀要」 郵便史研究会 （23）2007.4

日本台湾統治時代の西洋型帆船（松浦章）「南島史学」 南島史学会 （69）2007.4

記憶への旅（1）台湾（山口守）「リベラシオン ： 人権研究ふくおか」 福岡県人権研究所 （127）2007.9

1930年代の日本画と台湾の画家陳進—植民地支配のイデオロギーと美術《第36回南島史学会静宜大学連合学術検討会論集》（中谷伸生）「南島史学」　南島史学会　（70）　2007.11

日本統治時代の「台湾船籍規則」について《第36回南島史学会静宜大学連合学術検討会論集》（松浦章）「南島史学」　南島史学会　（70）　2007.11

「内台共婚」と植民地における台湾人女子青年団の位置づけ《第36回南島史学会静宜大学連合学術検討会論集》（宮崎聖子）「南島史学」　南島史学会　（70）　2007.11

1945年米軍空襲下の台湾《第36回南島史学会静宜大学連合学術検討会論集》（大分渡）「南島史学」　南島史学会　（70）　2007.11

台湾を知れば日本が見える（南へ北へ）（上田真弓）「うすゐ」　臼井文化懇話会　（23）　2007.12

近衛師団台湾出兵 戦地の便り（上）,（中）,（3）〜（5）（築比地正司）「群馬風土記」　群馬出版センター　22（1）通号92/23（1）通号96　2008.1/2009.1

コメント 東アジア資本主義の歴史構造と台湾の工業化《特集 東アジア資本主義の歴史構造》（北波道子）「新しい歴史学のために」　京都民科歴史部会　2006年度（4）通号267　2008.1

玉島塩回船の遭難と台湾出兵事件（太田健一）「倉敷の歴史」　倉敷市総務局総務部　（18）　2008.3

日本時代台湾美術教育の研究—初期図画教育の各学制（楊孟哲）「地域研究」　沖縄大学地域研究所　（4）　2008.3

台湾における植民地主義に関する歴史人類学的研究—「日本」認識をめぐって（植野弘子）「白山人類学」　白山人類学研究会，岩田書院（発売）　（11）　2008.3

記憶への旅（2）〜（4） 朝鮮・台湾（山口守）「リベラシオン ： 人権研究ふくおか」　福岡県人権研究所　（130）/（133）　2008.6/2009.3

明治初期琉球台湾事件と左院（安岡昭男）「沖縄文化研究 ： 法政大学沖縄文化研究所紀要」　法政大学沖縄文化研究所　（35）　2009.3

日本時代台湾美術教育の研究—日本人美術教育の始まり（楊孟哲）「地域研究」　沖縄大学地域研究所　（5）　2009.3

台湾に渡った日本の史料（島野穣）「家系研究協議会会報」　家系研究協議会　（2）　2009.4

第27回談話会 植民地台湾における「男らしさ」の変容—青年期教育の帝国史・地域史・個人史（宮崎聖子）「西村山地域史の研究」　西村山地域史研究会　（27）　2009.8

『公学校用 国民讀本』の昔話資料—日本統治下台湾の国語教科書と昔話（4）（伊藤龍平）「昔話伝説研究」　昔話伝説研究会　（29）　2009.12

日本台湾統治時代における台湾人の八重山諸島への移民活動（卞鳳奎）「南島史学」　南島史学会　（74）　2009.12

日本統治時代における台湾塩の対日本、朝鮮への輸出（林敏容）「南島史学」　南島史学会　（74）　2009.12

日本時代台湾美術教育の研究 後藤新平の実業政策—手工教育への影響（楊孟哲）「地域研究」　沖縄大学地域研究所　（7）　2010.3

長崎ペーロン及び沖縄ハーリーと台湾ペーリョンツェンの比較（黄麗雲）「平戸史談」　平戸史談会　（17）　2010.9

台湾少数民族卑南（ピューマ）族を訪問して（磯部恵津子）「久摺」　釧路アイヌ文化懇話会　13　2010.10

伊藤龍平「台湾の美談の行方—日本統治期/国民党政権期/民主化期—」（研究報告）（編集担当）「伝え ： 日本口承文芸学会会報」　日本口承文芸学会　（47）　2010.11

極東の「フロンティア」—米国人歴史家が語る冷戦下の琉球と台湾（泉水英計）「南島研究」　南島研究会　通号51　2010.12

資料 『コクゴ』『初等科國語』の昔話資料—日本統治下台湾の国語教科書と昔話（5）（伊藤龍平）「昔話伝説研究」　昔話伝説研究会　（30）　2010.12

戦後沖縄における台湾人労働者（呉俐君）「移民研究」　琉球大学移民研究センター　（7）　2011.3

植民地台湾における沖縄系移民のエスニシティ—「沖縄人」をめぐる葛藤と実践（特集 台湾をめぐる境域）（松田ヒロ子）「白山人類学」　白山人類学研究会，岩田書院（発売）　（14）　2011.3

対馬海峡から見る台湾と八重山の「交流」（特集 台湾をめぐる境域）（上水流久彦）「白山人類学」　白山人類学研究会，岩田書院（発売）　（14）　2011.3

台湾沖縄同郷会連合会の実態と今後の研究課題—「台湾疎開」に焦点を当てて（特集 台湾をめぐる境域）（松田良孝）「白山人類学」　白山人類学研究会，岩田書院（発売）　（14）　2011.3

日本統治期台湾における国立公園の風景地選定と心象地理（神田孝治）「歴史地理学」　歴史地理学会，古今書院（発売）53（3）通号255　2011.6

牡丹社事件を契機とする日本人の台湾認識の変化（田中梓都美）「史泉 ： historical & geographical studies in Kansai University」　関西大学史学・地理学会　（114）　2011.7

明治期工手学校卒業生の海外活動—台湾を中心として（1895〜1905）（蔡家保）「日本研究」　人間文化研究機構国際日本文化研究センター

44　2011.10

日本植民地時期における台湾米の沖縄への移出（林敏容）「南島史学」　南島史学会　（77・78）　2011.12

福建省の対外開放における台湾の位置づけ—地方幹部の視点から（下野寿子）「南島史学」　南島史学会　（77・78）　2011.12

展示「台湾に渡った北大卒業生たち」第I期・第II期・第III期（資料）「北海道大学大学文書館年報」　北海道大学大学文書館　（7）　2012.3

「台湾植民地戦争」下の兵士と郷里・家族—小平村字小川・神山家所蔵史料を手がかりに（研究報告）（細谷亨）「小平の歴史を拓く ： 市史研究」　小平市企画政策部　（4）　2012.3

台湾における客家語復興への試み（台湾調査報告書）（李イニッド）「地域研究シリーズ」　沖縄国際大学南島文化研究所　（39）　2012.3

「耕者有其田」の変貌過程と現在—台湾の農業構造変動と農地制度改革（加藤光一）「南島文化」　沖縄国際大学南島文化研究所　（34）　2012.3

石垣直「現代台湾における現住民族母語政策」（2010年度後期事業報告）—第32回南島文化市民講座「南島文化研究所所報」　沖縄国際大学南島文化研究所　（57）　2012.3

日本統治期台湾における小運送業の成立について（斎藤尚文）「交通史研究」　交通史学会，吉川弘文館（発売）　（77）　2012.4

台湾の産業遺産を紹介（海外情報）（大橋公雄）「産業遺産研究」　中部産業遺産研究会事務局　（19）　2012.5

報告「朝鮮・台湾・中華民国出身学生と「内地」という文脈—1924（大正13）年同志社女学校 皇后行啓にみるその役割と表象—」宇都宮めぐみ氏（大会例会報告要旨—第13回洛北史学会大会（2011年6月4日））「洛北史学」　洛北史学会　（14）　2012.6

美談集のなかの『君が代少年』—植民地下台湾の公共心と愛国心（第36回日本口承文芸学会大会—研究発表報告）（伊藤龍平）「伝え ： 日本口承文芸学会会報」　日本口承文芸学会　（51）　2012.6

戦時下台湾における「郷土意識」と柳宗悦の「民芸思想」—雑誌「民俗台湾」と『月刊民芸・民芸』との比較（張修慎）「桃山歴史・地理」　京都教育大学史学会　（47）　2012.12

植民地統治期台湾から石垣島名蔵・崙田地区への移動について（松田良孝）「移民研究」　琉球大学移民研究センター　（8）　2013

「東アジアの租界とメディア空間」研究会「台湾における居留地」（研究会報告）（栗原純）「非文字資料研究」　神奈川大学21世紀COEプログラム拠点推進会議　（29）　2013.1

鳥居龍蔵の第5回台湾調査をめぐって（論説）（石尾和久）「徳島県立鳥居龍蔵記念博物館研究報告」　徳島県立鳥居龍蔵記念博物館　（1）　2013.3

台湾と日本の友好の歴史とは？（桂治）「宇摩史談」　宇摩史談会　（101）　2013.3

植民地期台湾における国語保育園（論説）（宮崎聖子）「南島史学」　南島史学会　（79・80）　2013.3

日本植民地時代における台湾塩のフィリピン、英領ボルネオへの輸出（論説）（林敏容）「南島史学」　南島史学会　（79・80）　2013.3

日本の台湾統治政策とその影響—後藤新平を中心に（卒業論文抄録）（山田奈々恵）「大谷大学史学論究」　大谷大学文学部歴史学科　（18）　2013.3

中国大陸と台湾の空間認知に関する意識調査—「這・那」の選択から観た距離感の違いについて（2011年度奨励研究成果論文）（鈴木進一）「年報非文字資料研究」　神奈川大学日本常民文化研究所非文字資料研究センター　（9）　2013.3

15th TICCIH CONGRESS 2012 in Taiwan 参加報告と台湾の産業遺産（海外情報）（石田正治）「産業遺産研究」　中部産業遺産研究会事務局　（20）　2013.5

選挙を動かすキモチ—台湾選挙における感状的な要素について（アジア特集）（蔡亦竹）「緑 ： 集いの広場」　緑フォーラム事務局　（3）　2013.5

学術探検の開拓と展開—鳥居龍蔵と森丑之助の台湾調査をめぐって（鳥居龍蔵の視点・論点）（宮岡真央子）「鳥居龍蔵研究」　鳥居龍蔵を語る会　（2）　2013.8

特別展「人類学家的足跡—台湾人類学百年特展」 主催：国立台湾博物館（余白録）（宮岡真央子）「鳥居龍蔵研究」　鳥居龍蔵を語る会　（2）　2013.8

南への風—沖縄・台湾—近代沖縄の美術・工芸展開催「きよらさ ： 浦添市美術館ニュース」　浦添市美術館　（71）　2013.8

植民地統治期台湾から石垣島名蔵・崙田地区への移動について（論文）（松田良孝）「移民研究」　琉球大学移民研究センター　（9）　2013.9

近代沖縄の医療と台湾（論文）（松田ヒロ子）「移民研究」　琉球大学移民研究センター　（9）　2013.9

エリート出現の時代—『台湾人士鑑』中の日本人と台湾人官民を中心として（論説）（卞鳳奎）「南島史学」　南島史学会　（81）　2013.11

日本統治時代における台湾米の改良（論説）（林敏容）「南島史学」　南島史学会　（81）　2013.11

近海郵便会社の台湾航路について（論説）（松浦章）「南島史学」　南島史学会　（81）　2013.11

戦後日台関係における「中国問題」の検討—国旗掲揚問題をめぐる日本

政府と国民政府の交渉過を中心に（2013年度駒沢史学会大会発表要旨）（長谷川貴志）「駒沢史学」 駒沢史学会 （81）2013.12

台湾と日本の友好の歴史とは？(2)（桂治）「宇摩史談」 宇摩史談会 （102）2014.2

台湾の歴史遺産を訪ねる旅（野村崇）「北方博物館交流 ：（財）北海道北方博物館交流協会会誌」 北海道北方博物館交流協会 （26）2014.3

台湾沖航空戦報道からみる国民の戦争協力意識（大会発表要旨）（高井一志）「中央史学」 中央史学会 （37）2014.3

台湾でも日本人学童が疎開生活、忍耐力養う《「ブルブル」の思い出》（特集 国民学校と学童疎開70年―体験者の投稿）（田中洋子）「大阪春秋」 新風書房 42(1)通号154 2014.4

台湾の小規模乳業メーカーの経営戦略に関する考察（論文）（王良原，劉昱成）「地域研究」 沖縄大学地域研究所 （14）2014.9

宮古の近現代と台湾（私の研究）（本村郁恵）「法政大学沖縄文化研究所所報」 法政大学沖縄文化研究所 （75）2014.9

特集「台湾基隆大会」（特集 台湾基隆大会）（松浦章）「南島史学」 南島史学会 （82）2014.12

日本統治時代における台湾農業の近代化（特集 台湾基隆大会）（林敏容）「南島史学」 南島史学会 （82）2014.12

東亜同文書院と台湾の知識青年（論説）（張修慎）「桃山歴史・地理」 京都教育大学史学会 （50）2014.12

台湾総督府

動向 台湾総督府文書の史料論（檜山幸夫）「地方史研究」 地方史研究協議会 51(1)通号289 2001.2

台湾総督府職員録から見た職員出身地と台湾人登用分析―明治36年から大正2年（論説）（池田辰彰）「南島史学」 南島史学会 （79・80）2013.3

台湾総督府が登用した台湾人（横書きの部）（池田辰彰）「南島史学」 南島史学会 （82）2014.12

台湾府

清代台湾府の官廟（松本隆晴）「栃木史学」 国学院大学栃木短期大学史学会 （22）2008.3

淡水河

台湾淡水河川流域の地名について（台湾調査報告書）（兼本敏）「地域研究シリーズ」 沖縄国際大学南島文化研究所 （39）2012.3

天母

天母散策（200年度地域調査の概要（前期））（兼本敏）「南島文化研究所所報」 沖縄国際大学南島文化研究所 51 2004.11

南方澳

戦前、高知県漁民の台湾・南方澳への移住（序説）（「昭和史」特集号）（吉尾寛）「土佐史談」 土佐史談会 （254）2013.12

八瑤湾

3月定例会レジュメ 「一八七一年八瑤湾琉球人事件 一四〇年歴史與還原国際学術検討會」に参加して（久貝弥嗣）「宮古郷土史研究会会報」 宮古郷土史研究会 （189）2012.3

鳳山県

清代台湾鳳山県に於ける漢人と原住民の関係―柯志明氏「三層族群論」からの展開（森島雅治）「奈良史学」 奈良大学史学会 （28）2011.1

牡丹社事件記念公園

3月定例会のまとめ 牡丹社事件記念公園解説版（久貝弥嗣）「宮古郷土史研究会会報」 宮古郷土史研究会 （190）2012.5

美濃

台湾「美濃」と大垣(3),(4)（中川満）「美濃の文化 ： 美濃文化総合研究会機関誌」 美濃文化総合研究会 （121）/（123）2012.2/2012.10

霧社

1930年台湾・霧社事件―静岡県との関わりから（小池善之）「静岡県近代史研究会会報」 静岡県近代史研究会 269 2001.2

霧社事件聞き書き（山田太郎）「ふるさとみまた」 三股郷土史研究会 （30）2012.11

吉野村

日本統治時代台湾の日本人移民状況―花連県の吉野村を中心にして（下）（鳳奎）「南島史学」 南島史学会 （68）2006.10

南洋群島

サイパン

報告2「サイパン移民名簿 屋部村」(宮内久光)「移民研究」 琉球大学移民研究センター (6) 2010.3

テニアン

資料展旧南洋群島と沖縄県人—テニアン—(岸本義彦)「沖縄県史だより」 沖縄県教育庁 11 2001.12

旧南洋群島テニアン島移民の聞き取り紀録—沖縄本島越来村出身安里ウトの場合(安里嗣淳)「史料編集室紀要」 沖縄県教育委員会 (27) 2002.3

南洋

報告2「南洋に渡った沖縄県出身男性世帯主の移動形態」(報告・記録)(宮内久光)「移民研究」 琉球大学移民研究センター (4) 2008.2

沖縄出身南洋移民女性の渡航形態について—1930年代から1940年代前半期の未婚女性に焦点をあてて(川島淳)「南島文化」 沖縄国際大学南島文化研究所 (31) 2009.3

沖縄出身南洋移民未婚女性の渡航要因と移民男性の結婚形態について—帝国日本史・近代沖縄史・女性史という複合的領域のなかで(川島淳)「南島文化」 沖縄国際大学南島文化研究所 (32) 2010.3

「引揚者給付請求書処理表」にみる恩納村の南洋移民(調査・報告)(幸喜邦忠)「恩納村博物館紀要」 恩納村博物館 (7) 2012.3

沖縄出身南洋移民の「言説」について—漁業従事者に関する新聞記事に焦点をあてて(川島淳)「よのつぢ ： 浦添市文化部紀要 ： bulletin of Culture Department, Urasoe City」 浦添市教育委員会文化部 (8) 2012.3

一九三〇年代における沖縄出身南洋漁業移民の渡航について(川島淳)「よのつぢ ： 浦添市文化部紀要 ： bulletin of Culture Department, Urasoe City」 浦添市教育委員会文化部 (9) 2013.3

インタビュー 昭和一桁世代の南洋移民経験と沖縄戦後闘争—有銘政夫氏に聞く(成田千尋)「Notre critique ： history and criticism」 ノートル・クリティーク編集委員会 (7) 2014.5

南洋群島

フォーラム 丸木俊がみた「南洋群島」(今泉裕美子)「法政大学沖縄文化研究所所報」 法政大学沖縄文化研究所 51 2002.3

旧南洋群島関係資料所在について(屋比久守, 福薗宜子)「史料編集室紀要」 沖縄県教育委員会 (28) 2003.3

台湾・南洋群島・比律賓—「大東亜戦争」期の著作物をめぐって(〈追悼論文〉)(仲程昌徳)「沖縄文化研究 ： 法政大学沖縄文化研究所紀要」 法政大学沖縄文化研究所 (31) 2005.3

南洋群島引揚げ者の団体形成とその活動—日本の敗戦直後を中心として(今泉裕美子)「史料編集室紀要」 沖縄県教育委員会 (30) 2005.3

『南洋群島』目録補遺(研究ノート)(仲程昌徳)「移民研究」 琉球大学移民研究センター (4) 2008.2

可視化される南洋群島(高木茂樹)「東海近代史研究」 東海近代史研究会 (29) 2008.6

戦後沖縄社会と南洋群島引揚者—引揚者団体活動に注目して(大原朋子)「移民研究」 琉球大学移民研究センター (6) 2010.3

旧南洋群島日本人移民の生活と活動—沖縄県出身移民の事例を中心に(研究ノート)(石川友紀)「移民研究」 琉球大学移民研究センター (7) 2011.3

史料紹介 小包送票異聞(6) 樺太と南洋群島の小包送票(加藤秀夫)「郵便史研究 ： 郵便史研究会紀要」 郵便史研究会 (32) 2011.9

田中丸善蔵(玉屋創業二代)と南洋群島進出—田中丸善蔵と金津熊夫の日邦丸ヤルート来航を中心に(研究ノート)(山崎功)「佐賀大学地域学歴史文化研究センター研究紀要」 佐賀大学地域学歴史文化研究センター (6) 2012.3

南洋群島における沖縄出身女性の経済的活動について(川島淳)「南島文化」 沖縄国際大学南島文化研究所 (34) 2012.3

史料紹介 南洋群島開発調査委員会の設置と廃止について—制度的位置と性格に焦点をあてて(川島淳)「駒沢史学」 駒沢史学会 (81) 2013.12

戦時下南洋群島からの戦時引揚について(論文)(川島淳)「南島文化」 沖縄国際大学南島文化研究所 (36) 2014.3

総力戦体制下南洋群島と沖縄出身女性—隣組での活動に焦点をあてて(川島淳)「よのつぢ ： 浦添市文化部紀要 ： bulletin of Culture Department, Urasoe City」 浦添市教育委員会文化部 (10) 2014.3

沖縄県平和祈念資料館 第15回特別企画展「南洋の群星が見た理想郷と戦」〜70年の時を超えて、旧南洋群島ウチナーンチュの汗・血そして涙〜 沖縄県平和祈念資料館：平成26年10月10日(金)〜12月11日(木)/八重山平和祈念館：平成27年1月16日(金)〜2月26日(木)「沖縄県平和祈念資料館だより」 沖縄県平和祈念資料館 (27) 2014.8

南洋庁

石の証言 南洋庁 60×45cm/噴水「石の証言」 「平和の塔」の史実を考える会 (54) 2013.3

ニューギニア

ニューギニア戦線から満州、そしてソ聯へ(郷右田忠男)「仙台郷土研究」 仙台郷土研究会 29(2)通号269 2004.12

パラオ

パラオ諸島における沖縄移民関係資料の初期調査—パラオ諸島調査紀行(高嶺朝誠)「史料編集室紀要」 沖縄県教育委員会 (28) 2003.3

パラオ調査報告(特別調査事業)(高嶺朝誠)「沖縄県史だより」 沖縄県教育庁 (13) 2004.3

旧南洋群島における混血児のアソシエーション—パラオ・サクラ会(飯高伸五)「移民研究」 琉球大学移民研究センター (5) 2009.3

ロタ島

サイパン・ロタ島調査報告(特別調査事業)(嘉手苅徹)「沖縄県史だより」 沖縄県教育庁 (13) 2004.3

邪馬台国

会稽東治の東
会稽東治の東をめぐって（会員ひろば）（堀口清視）「古代史の海」 「古代史の海」の会 （68）2012.6

女王国
女王国を征服したのは狗奴国だった（田代順一郎）「ひさみね」 広瀬地区郷土史同好会 （20）2003.10

邪馬壱国
回顧と展望 「邪馬壱国」のことなど（中小路駿逸）「古事記通信」 多元的古代研究会・古事記の会 79 2001.11

ヤマタイ国
ヤマタイ国との出会い（小林攻一）「久摺」 釧路アイヌ文化懇話会 11 2005.8

邪馬台国
精選・邪馬台国論争（1）～（6）動物から推理する邪馬台国（実吉達郎）「季刊邪馬台国」 「季刊邪馬台国」編纂委員会，梓書院（発売）78/83 2003.2/2004.4

私の邪馬台国論（福本英城，田中隆之，能登信太郎，松川励一，石井好）「季刊邪馬台国」 「季刊邪馬台国」編纂委員会，梓書院（発売）78 2003.2

邪馬台国の道をゆく 卑弥呼と人麻呂の浪漫と万葉歌碑を求めて（富岡秀雄）「長浜城歴史博物館友の会友の会だより」 長浜城歴史博物館友の会 41 2003.2

平成・邪馬台国訪問記（木村恬文）「おくやまのしょう ： 奥山荘郷土研究会誌」 奥山荘郷土研究会 （28）2003.3

小説邪馬台国の秘密（井口雄哉）「季刊邪馬台国」 「季刊邪馬台国」編纂委員会，梓書院（発売）79 2003.4

私の邪馬台国論（中村孝義，石井好，高橋則行，鈴木彰）「季刊邪馬台国」 「季刊邪馬台国」編纂委員会，梓書院（発売）79 2003.4

私の邪馬台国論（松川励一，橘高章，中尾博一）「季刊邪馬台国」編纂委員会，梓書院（発売）80 2003.6

私の邪馬台国論（松川励一，橘高章，中尾博一）「季刊邪馬台国」 「季刊邪馬台国」編纂委員会，梓書院（発売）81 2003.9

「邪馬台国のロマンを求め日田の古代を探る」―久津媛と龍文鉄鏡の里を訪ねて（原田実）「季刊邪馬台国」 「季刊邪馬台国」編纂委員会，梓書院（発売）82 2004.1

私の邪馬台国論（石井好，植田正弘，高橋則行）「季刊邪馬台国」 「季刊邪馬台国」編纂委員会，梓書院（発売）82 2004.1

邪馬台国はここだ！（隈部健二郎）「嶽南風土記・有家史談」 有家町史談会 （11）2004.2

私の邪馬台国論（大槻瓊士，金田弘之，山本広一）「季刊邪馬台国」 「季刊邪馬台国」編纂委員会，梓書院（発売）83 2004.4

邪馬台国と卑弥呼東還（清水良治）「オール諏訪 ： 郷土の総合文化誌」 諏訪郷土文化研究会 24（3）通号237 2004.6

〈邪馬台国論シリーズ〉「わが町三原」 みはら歴史と観光の会 160 2004.7

特集 邪馬台国の植物「季刊邪馬台国」 「季刊邪馬台国」編纂委員会，梓書院（発売）84 2004.7

「みかん」と「橘」/『魏志倭人伝』の植物と日本古典記載の植物/『魏志倭人伝』の植物と『文選』「季刊邪馬台国」 「季刊邪馬台国」編纂委員会，梓書院（発売）84 2004.7

邪馬台国の博物学（今村寿明）「季刊邪馬台国」 「季刊邪馬台国」編纂委員会，梓書院（発売）84 2004.7

邪馬台国大研究（1）～（22）（井上修一）「季刊邪馬台国」 「季刊邪馬台国」編纂委員会，梓書院（発売）84/（114）2004.7/2012.7

邪馬台国 中国人はこう読む（1）～（3）（謝銘仁）「季刊邪馬台国」 「季刊邪馬台国」編纂委員会，梓書院（発売）84/（86）2004.7/2005.1

私の邪馬台国論（前沢宮内，中尾七平，丹生軍三）「季刊邪馬台国」編纂委員会，梓書院（発売）84 2004.7

〈邪馬台国論シリーズ〉「わが町三原」 みはら歴史と観光の会 161 2004.8

若宮丸漂流民異聞（3）若宮丸版「邪馬台国論争」 ナカアツを探せ（高橋寿之）「ナジェージダ（希望）」 石巻若宮丸漂流民の会 10 2004.10

続・邪馬台国の植物「季刊邪馬台国」 「季刊邪馬台国」編纂委員会，梓書院（発売）85 2004.10

私の邪馬台国論（荻野雅彦，蛭田喬樹）「季刊邪馬台国」 「季刊邪馬台国」編纂委員会，梓書院（発売）85 2004.10

マンガ 虚説？ 邪馬台国（長谷川法世）「海路」 「海路」編集委員会，海鳥社（発売）通号1 2004.11

私の邪馬台国論（西谷寿，蛭田喬樹，後藤幸彦）「季刊邪馬台国」 「季刊邪馬台国」編纂委員会，梓書院（発売）（86）2005.1

「探訪！『邪馬臺国』への道のりと九州弥生文化発展の跡」同行記（忽那敬三）「明治大学博物館友の会会報」 明治大学博物館友の会 3 2005.1

私の邪馬台国論（高橋永寿，西谷寿，小谷彬生）「季刊邪馬台国」 「季刊邪馬台国」編纂委員会，梓書院（発売）（87）2005.4

邪馬台国河内説（米田敏幸）「河内どんこう」 やお文化協会 76 2005.6

私の邪馬台国論（西谷寿，植田正弘，後藤幸彦）「季刊邪馬台国」 「季刊邪馬台国」編纂委員会，梓書院（発売）（88）2005.7

私の邪馬台国論（高橋永寿，伊藤義孝，植田正弘，小合彬生）「季刊邪馬台国」 「季刊邪馬台国」編纂委員会，梓書院（発売）（89）2005.10

私の邪馬台国論―神武天皇・邪馬台国男王王子論など（竹村幾雄）「歴史懇談」 大阪歴史懇談会 （19）2005.12

中国・朝鮮半島から見た「魏志倭人伝」の世界と筆法（中国の文章術）に見る邪馬台国へのロマン（神田久雄）「あわじ ： 淡路地方史研究会会誌」 淡路地方史研究会 （23）2006.1

邪馬台国に馬はいたか（《小特集『魏志倭人伝』の検討》）（岡博）「季刊邪馬台国」 「季刊邪馬台国」編纂委員会，梓書院（発売）（90）2006.1

精選・邪馬台国論争III（1）～（5）入墨とポンチョと卑弥呼（大林太良）「季刊邪馬台国」 「季刊邪馬台国」編纂委員会，梓書院（発売）（90）/（96）2006.1/2007.10

私の邪馬台国論（荻野雅彦，植田正弘，高橋永寿）「季刊邪馬台国」 「季刊邪馬台国」編纂委員会，梓書院（発売）（90）2006.1

邪馬台国はやっぱり九州だ（小合彬生）「兵庫歴研」 兵庫歴史研究会 （22）2006.4

巻頭レポート 「邪馬台国＝九州説」の復権「季刊邪馬台国」 「季刊邪馬台国」編纂委員会，梓書院（発売）（91）2006.4

私の邪馬台国論（高橋永寿，後藤幸彦，石井好）「季刊邪馬台国」 「季刊邪馬台国」編纂委員会，梓書院（発売）（91）2006.4

邪馬台国論争の向こうへ（小路田泰直）「日本史の方法」 奈良女子大学「日本史の方法」研究会 （4）2006.6

私が最近書いた本「理系が覗いた邪馬台国」（下可和男）「季刊邪馬台国」 「季刊邪馬台国」編纂委員会，梓書院（発売）（92）2006.7

私の邪馬台国論（富山至，久保宏，中村武彦）「季刊邪馬台国」 「季刊邪馬台国」編纂委員会，梓書院（発売）（92）2006.7

私の邪馬台国論（後藤幸彦，石井好，永井康寛）「季刊邪馬台国」 「季刊邪馬台国」編纂委員会，梓書院（発売）（93）2006.10

『魏志』倭人伝を読む（5）邪馬台国の所在地について（塚口義信）「つどい」 豊中歴史同好会 （226）2007.1

邪馬台国の鏡 空理空論の畿内説を排す（《第1特集 「邪馬台国の鏡」を追って》）（安本美典）「季刊邪馬台国」 「季刊邪馬台国」編纂委員会，梓書院（発売）（94）2007.2

私の邪馬台国論（森野修範，後藤幸彦，高橋永寿，小谷彬生）「季刊邪馬台国」 「季刊邪馬台国」編纂委員会，梓書院（発売）（94）2007.2

邪馬台国と投馬国（小谷彬生）「兵庫歴研」 兵庫歴史研究会 （23）2007.4

「天皇」号成立推古朝説の系譜―もう一つの邪馬台国論争的状況（千田稔）「日本研究」 人間文化研究機構国際日本文化研究センター 35 2007.5

倭国の物語（3）邪馬臺国1 地理編（寿松木毅）「北方風土 ： 北国の歴史民俗考古研究誌」 イズミヤ出版 通号54 2007.6

討論・邪馬台国に馬はいたか？―「天の斑駒」伝承を考える（古代史雑記帳）「季刊邪馬台国」 「季刊邪馬台国」編纂委員会，梓書院（発売）（95）2007.6

私の邪馬台国論（高橋永寿，中村武彦，森野修範）「季刊邪馬台国」 「季刊邪馬台国」編纂委員会，梓書院（発売）（95）2007.6

物部氏遠祖ニギハヤヒ・不弥国 王子説および邪馬台国のなぞ―（別題）4世紀3度の海北軍事行動と九州倭国（竹村幾雄）「歴史懇談」 大阪歴史懇談会 （21）2007.9

「邪馬台国への道を探る旅」同行記（1），（2）（古島邦子）「つどい」 豊中歴史同好会 （236）/（237）2007.10/2007.11

邪馬台国河内説の史的背景―伊勢物語「高安の女」の原型を考える（《特集 「なりひらの恋―高安の女」新春二月プリズムホールで公演》）（米田敏幸）「河内どんこう」 やお文化協会 （83）2007.10

邪馬台国の会特別講演会 邪馬台国畿内説と九州説との直接対決！「季刊

邪馬台国」「季刊邪馬台国」編纂委員会, 梓書院（発売）（96）
2007.10

私の邪馬台国論（前澤宮内, 後藤幸彦, 久保宏）「季刊邪馬台国」「季刊
邪馬台国」編纂委員会, 梓書院（発売）（96）2007.10

私の邪馬台国論（高橋永寿）「季刊邪馬台国」「季刊邪馬台国」編纂委員
会, 梓書院（発売）（97）2008.1

邪馬台国と狗奴（クナまたはクヌ）国（武田悦孝）「大隅」 大隅史談会
（51）2008.3

倭国の物語（5）邪馬台国から始源期まで（寿松木毅）「北方風土 ： 北国
の歴史民俗考古研究誌」 イズミヤ出版 通号56 2008.6

私の邪馬台国論 すべては北部九州から始まった（高橋永寿）「季刊邪馬
台国」「季刊邪馬台国」編纂委員会, 梓書院（発売）（99）2008.7

邪馬台国時代の国ぐにと県・県主（62）玄界灘沿岸を主として（長洋一）
「ふるさとの自然と歴史」 歴史と自然をまもる会（324）2008.9

邪馬台国論争と志賀島（〈100号記念古代史エッセイ〉）（折居正勝）「季刊
邪馬台国」「季刊邪馬台国」編纂委員会, 梓書院（発売）（100）
2008.12

私の「邪馬台国」行（〈100号記念古代史エッセイ〉）（小田富士雄）「季刊
邪馬台国」「季刊邪馬台国」編纂委員会, 梓書院（発売）（100）2008.12

日韓観光交流記念 「邪馬台国と伽羅の国セミナー」開催によせて 邪馬
台国と伽羅の国々（奥野正男）「季刊邪馬台国」「季刊邪馬台国」編纂
委員会, 梓書院（発売）（101）2009.4

文化講演 邪馬台国時代の道後平野の社会（名本二六雄）「伊予市の歴史文
化」 伊予市歴史文化の会（61）2009.8

邪馬台国はどこ？（松下高明）「大隅」 大隅史談会（53）2010.3

邪馬嘉国・卑彌呼・臺奥の読み方と奥平野村の起源について（服部晃）
「神戸史談」 神戸史談会 通号306 2010.7

コラム 邪馬台国＝纏向説「可能性高い」「神戸史談」 神戸史談会 通号
306 2010.7

邪馬台国と大和・纏向遺跡（石野博信）「つどい」 豊中歴史同好会
（271）2010.8

邪馬嘉國宇佐説（渡邉正）「古代朝鮮文化を考える」 古代朝鮮文化を考え
る会（25）2010.12

信太の古代史探訪と弥生文化博物館 秋季特別展「邪馬台国—九州と近畿
—」（弥田勇）「つどい」 豊中歴史同好会（276）2011.1

邪馬台国の首都は朝倉市平塚である（古野秀夫）「光地方史研究」 光地方
史研究会（37）2011.3

邪馬台国八女説（講演会講師論稿）（真野和夫）「別府史談」 別府史談会
（25）2012.3

邪馬台国九州説の諸相（1）〜（3）（松下高明）「大隅」 大隅史談会
（55）/（57）2012.3/2014.04

邪馬台国のきめて（小谷彬生）「兵庫歴研」 兵庫歴史研究会（28）
2012.4

さぬきに流罪となった少女 邪馬台国卑弥呼女王に輝く（青井瑞穂）「讃岐
のやまなみ」 香川県歴史研究会（4）2012.5

榎一雄『邪馬台国』を読む（中村修）「古代史の海」「古代史の海」の会
（68）2012.6

私の邪馬台国論「五行思想」と金印「漢委奴国王」（橋本義博）「季刊邪馬
台国」「季刊邪馬台国」編纂委員会, 梓書院（発売）（114）2012.7

片岡宏二『邪馬台国論争の新視点』を読む（中村修）「古代史の海」「古
代史の海」の会（69）2012.9

邪馬台国から倭国・大和朝廷への道程（創立30周年記念レポート）（横山
忠弘）「歴研よこはま」 横浜歴史研究会（記念誌）2012.11

倭人が来た道（邪馬台国3系論）（竹本雅昭）「古代朝鮮文化を考える」 古
代朝鮮文化を考える会（27）2012.12

「邪馬台国論争」の新視点と新視野（山中光一）「古代史の海」「古代史
の海」の会（70）2012.12

私の邪馬台国論 短里説は成り立つか？（住谷善愼）「季刊邪馬台国」
「季刊邪馬台国」編纂委員会, 梓書院（発売）（116）2013.1

特別展を終えて 「邪馬台国の時代」「昭和モノ語り」「岡山県立博物館だ
より」 岡山県立博物館（77）2013.3

邪馬台国北部九州説三つの根拠（田口裕之）「九州倭国通信」 九州古代史
の会（165）2013.3

邪馬台国は「国」か「クニ」か（特別寄稿）（片岡宏二）「故郷の花」 小
郡市郷土史研究会（38）2013.3

隠された大隅邪馬台国（妹尾和代）「大隅」 大隅史談会（56）2013.3

「邪馬台国論争」の新視点と新視野（続）（山中光一）「古代史の海」「古
代史の海」の会（71）2013.3

邪馬台国のきめて（2）（小谷彬生）「兵庫歴研」 兵庫歴史研究会（29）
2013.4

ベイズ統計学により邪馬台国が九州にあった確率、近畿にあった確率を
計算する（特集 激震！ 邪馬台国論争—数理歴史学による挑戦）（安本
美典）「季刊邪馬台国」「季刊邪馬台国」編纂委員会, 梓書院（発売）
（118）2013.7

特別対談 ベイズ統計学への道—その基礎を考える 原因は何かを考える
とき、「確率」が使える（特集 激震！ 邪馬台国論争—数理歴史学によ
る挑戦）（松原望, 安本美典）「季刊邪馬台国」「季刊邪馬台国」編纂
委員会, 梓書院（発売）（118）2013.7

私の邪馬台国 現代地図に遺された郡名の方位表示をめぐって（堀口清
視）「季刊邪馬台国」「季刊邪馬台国」編纂委員会, 梓書院（発売）
（118）2013.7

狗奴国と戦争中、邪馬台国は遷都した（九州長崎から近畿大和へ）（道家
康之助）「歴史懇談」 大阪歴史懇談会（27）2013.8

邪馬台国は宮崎県都城盆地だった（特別寄稿）（池田富喜夫）「もろかた ：
諸県」 都城史談会（47）2013.11

field から見た邪馬台国［1］〜（3）,（最終回）（永井正範）「九州倭国通信」
九州古代史の会 （170）/（173）2014.3/2014.11

古代中国と日本の文化交流について—邪馬台国・倭の五王に焦点を当て
て（講演会講師論稿）（友永植）「別府史談」 別府史談会 （27）2014.3

邪馬台国と倭国（小谷彬生）「兵庫歴研」 兵庫歴史研究会 （30）2014.4

邪馬台国は、銅鐸王国へ東遷した 饒速日の命、北九州から畿内へ（安本
美典）「季刊邪馬台国」「季刊邪馬台国」編纂委員会, 梓書院（発売）
（121）2014.4

邪馬台国はヤマトか北九琼州か？—魏志倭人伝の海路と延喜式から検証
する（高木巌）「いにしえの風」 古代遊学会 （10）2014.5

緊急特集 邪馬台国論争に決着か？「月刊歴史ジャーナル」 NPO法人尾
道文化財研究所 （126）2014.6

グラビア 纏向＝虚構の邪馬台国「季刊邪馬台国」「季刊邪馬台国」編
纂委員会, 梓書院（発売）（122）2014.7

巻頭言 纏向＝虚構の邪馬台国「季刊邪馬台国」「季刊邪馬台国」編纂
委員会, 梓書院（発売）（122）2014.7

邪馬台国の経済学—東シナ海の視点から（投稿原稿）（太田隆）「季刊邪馬
台国」「季刊邪馬台国」編纂委員会, 梓書院（発売）（122）2014.7

地 名 索 引

地名索引　　　　　　　　　　　　あかし

【あ】

相内（青森県） …… 55
相浦谷（長崎県） …… 988
秋穂（山口県） …… 873
相生町（群馬県） …… 212
相生の松（群馬県） …… 212
相生橋（東京都） …… 310
秋穂二島（山口県） …… 873
合海（山形県） …… 122
安平直田城（兵庫県） …… 724
相賀荘（和歌山県） …… 782
合川（秋田県） …… 104
相川（新潟県） …… 447
相川橋（徳島県） …… 896
相川金銀山（新潟県） …… 447
相川新村（石川県） …… 490
合川西小学校（秋田県） …… 104
合川東小学校（秋田県） …… 104
愛川町（神奈川県） …… 405
合川町（秋田県） …… 104
相川町（東京都） …… 310
合川南小学校（秋田県） …… 104
相給村（兵庫県） …… 724
相高（福島県） …… 137
愛甲郡（神奈川県） …… 405
愛国駅（北海道） …… 11
安居島（愛媛県） …… 910
藍島（福岡県） …… 951
愛荘町（滋賀県） …… 649
会津（福島県） …… 137
会津街道（群馬県） …… 212
会津街道（新潟県） …… 447
会津加藤領（福島県） …… 140
会津郡（福島県） …… 140
会津工業高校（福島県） …… 140
会津五街道（福島県） …… 140
会津三方道路（東北） …… 49
会津城（福島県） …… 140
会津新宮城（福島県） …… 140
会津中学校（福島県） …… 140
会津鉄道（福島県） …… 140
会津中街道（福島県） …… 140
会津中街道往還（福島県） …… 140
相津国（福島県） …… 140
会津藩（福島県） …… 140
会津坂下町（福島県） …… 142
会津藩房総分領（千葉県） …… 272
会津本郷（福島県） …… 142
会津盆地（福島県） …… 142
逢妻町（和歌山県） …… 782
会津美里町（福島県） …… 142
会津若松（福島県） …… 142
会津若松機関区（福島県） …… 142
会津若松市（福島県） …… 142
会津若松城（福島県） …… 142
会津若松郵便局（福島県） …… 142
愛知（愛知県） …… 602
愛知県第一師範学校男子部付属国民学
　校（愛知県） …… 602
愛知県（愛知県） …… 602
相中（福島県） …… 142
愛知用水（愛知県） …… 603
藍那（兵庫県） …… 724

アイヌ古道（北海道） …… 11
相浦（長崎県） …… 988
相神浦（長崎県） …… 988
合の川（群馬県） …… 212
あいの坂（東京都） …… 310
相島（福岡県） …… 951
相内兵村（北海道） …… 11
相浜（千葉県） …… 272
相原（東京都） …… 310
鮎原上村（兵庫県） …… 724
愛本橋（富山県） …… 481
鮎屋（群馬県） …… 212
始良（鹿児島県） …… 1037
あいりん（大阪府） …… 690
アヴァチャ湾（北方地域） …… 2
芦浦観音寺（滋賀県） …… 649
阿閇（兵庫県） …… 724
阿閇城（兵庫県） …… 724
阿閇ノ里（兵庫県） …… 724
粟生（千葉県） …… 272
粟生（石川県） …… 490
葵（愛知県） …… 603
青井（東京都） …… 310
葵国民学校（愛知県） …… 603
青井岳（宮崎県） …… 1027
粟生津村（新潟県） …… 447
青江（大分県） …… 1009
青河（広島県） …… 839
青垣（兵庫県） …… 724
青ヶ島（静岡県） …… 573
青ヶ城（広島県） …… 839
青河町（広島県） …… 839
青河村（広島県） …… 839
青木（宮崎県） …… 1027
青木峠（長野県） …… 513
青木峠（静岡県） …… 573
青木村（長野県） …… 513
青木山（福島県） …… 142
青倉（群馬県） …… 212
青倉小学校（群馬県） …… 212
青崎公園（大分県） …… 1009
青島（静岡県） …… 573
青島（愛媛県） …… 910
青島（宮崎県） …… 1027
蒼島（愛媛県） …… 910
青谷（京都府） …… 668
青戸飛行場（鹿児島県） …… 1037
青根村（神奈川県） …… 405
青野ヶ原俘虜収容所（兵庫県） …… 724
青野原俘虜収容所（兵庫県） …… 724
青の洞門（大分県） …… 1009
青葉区（宮城県） …… 80
青橋（神奈川県） …… 405
青葉城（北海道） …… 11
青葉台（東京都） …… 310
青葉町森林地区（東京都） …… 310
青葉通り（宮城県） …… 80
青葉山（大阪府） …… 690
青堀（千葉県） …… 272
青森（青森県） …… 55
青森学園（青森県） …… 55
青森県（青森県） …… 55
青森市（青森県） …… 55
旧青森飛行場（青森県） …… 56
青柳（長野県） …… 513
青柳（福岡県） …… 951

青柳宿（長野県） …… 513
青柳文庫（宮城県） …… 80
青屋口（大阪府） …… 690
青山（東京都） …… 310
青山城（埼玉県） …… 246
青山城（山口県） …… 873
青山台（千葉県） …… 272
青山町（三重県） …… 627
青山別邸（北海道） …… 11
阿賀（新潟県） …… 447
赤石沢目（青森県） …… 56
赤石山地（静岡県） …… 573
赤石岳（長野県） …… 513
赤石山（愛媛県） …… 910
赤岩（群馬県） …… 212
赤岩（長野県） …… 513
赤磐郡（岡山県） …… 821
赤岩堰（長野県） …… 513
赤岩村（長野県） …… 513
赤岩用水（群馬県） …… 212
赤江庄（福井県） …… 501
赤岡（高知県） …… 932
赤尾村（埼玉県） …… 246
銅山街道（群馬県） …… 212
赤神（秋田県） …… 104
阿賀川（福島県） …… 142
赤川（山形県） …… 122
赤川鉄橋（大阪府） …… 690
赤川村（北海道） …… 11
アカギ（九州・沖縄） …… 948
赤城（群馬県） …… 212
赤城（広島県） …… 839
赤城演習場（群馬県） …… 212
赤城山（群馬県） …… 212
赤木城（三重県） …… 627
赤来町（島根県） …… 806
赤木名城（沖縄県） …… 1052
赤城村（群馬県） …… 212
赤崩越（福島県） …… 142
赤倉温泉（新潟県） …… 447
赤蔵山（石川県） …… 490
赤坂（東京都） …… 310
赤坂（岐阜県） …… 558
赤坂（愛知県） …… 603
赤坂（大分県） …… 1009
赤坂公園（新潟県） …… 447
赤坂御庭園（東京都） …… 310
赤坂溜池（東京都） …… 310
赤坂庭園（東京都） …… 310
赤坂道（東京都） …… 310
赤坂離宮（東京都） …… 310
赤崎（福島県） …… 142
赤崎（山口県） …… 873
赤崎（高知県） …… 932
赤崎（大分県） …… 1009
赤崎城（長崎県） …… 988
阿賀市（新潟県） …… 447
阿賀路（新潟県） …… 447
明石（兵庫県） …… 724
あかしあ通り（東京都） …… 310
明石海峡（兵庫県） …… 724
明石川（兵庫県） …… 724
明石市（兵庫県） …… 724
明石城（兵庫県） …… 724
明石町（東京都） …… 310
明科（長野県） …… 513

1123

あかし　　　　　　　　　　　　地名索引

明石駅家（兵庫県）	724
赤芝（群馬県）	212
明石藩（兵庫県）	724
赤島（長崎県）	988
阿嘉集落（沖縄県）	1052
英田（大阪府）	690
赤滝の水（奈良県）	756
赤田城（新潟県）	447
赤谷（福島県）	142
赤谷（新潟県）	447
赤田村（秋田県）	104
赤児村（宮城県）	80
赤塚（東京都）	310
赤塚（新潟県）	447
赤塚（島根県）	806
赤塚郷（東京都）	310
赤塚村（和歌山県）	782
吾妻川（群馬県）	212
吾妻郡（群馬県）	212
吾妻渓谷（群馬県）	212
吾妻谷（群馬県）	212
吾妻町（群馬県）	212
赤泊（新潟県）	447
赤沼村（長野県）	513
赤沼藩（埼玉県）	246
赤根（大分県）	1009
あかね町（千葉県）	272
阿賀野（新潟県）	447
吾野（埼玉県）	246
上野（福岡県）	951
赤野（沖縄県）	1052
阿賀野川（新潟県）	447
阿賀野川谷口扇状地（新潟県）	447
阿賀野市（新潟県）	447
阿賀野町（新潟県）	447
赤這（宮城県）	80
赤橋（愛媛県）	910
赤膚山元古窯瀬堯三（奈良県）	756
赤羽（東京都）	310
赤羽根（愛知県）	603
赤羽駅（東京都）	310
赤羽駅西口（東京都）	310
赤羽公園（東京都）	310
赤羽台団地（東京都）	310
赤羽家長屋門（東京都）	310
赤羽発電所（東京都）	310
赤羽根村（愛知県）	603
赤平（北海道）	11
赤平市（北海道）	11
赤穂小学校（長野県）	513
赤穂村（長野県）	513
赤穂町（長野県）	513
赤堀花菖蒲園（群馬県）	212
赤堀花菖蒲園（群馬県）	212
赤間（山口県）	873
赤間関（山口県）	873
赤間関街道（山口県）	873
赤間神宮（山口県）	873
阿賀町（新潟県）	447
赤松（徳島県）	896
赤松（愛媛県）	910
赤麻沼（栃木県）	193
赤水（宮崎県）	1027
赤見町（栃木県）	193
阿賀南（新潟県）	448
赤嶺（鹿児島県）	1037

赤見村（栃木県）	193
赤村（山口県）	873
赤目四十八滝（奈良県）	756
赤山陣屋（埼玉県）	246
赤山地下壕（千葉県）	272
赤山道（埼玉県）	246
赤湯（山形県）	122
赤湯温泉（山形県）	122
赤湯学校（山形県）	122
赤湯宿（山形県）	122
東江村（沖縄県）	1052
赤利又城（秋田県）	104
明利又城（秋田県）	104
明利又村（秋田県）	104
東山（京都府）	668
赤煉瓦工場（東京都）	310
赤レンガ庁舎（北海道）	11
赤煉瓦塀（愛知県）	603
阿川（山口県）	873
阿川金山（山口県）	873
阿川岳山（山口県）	873
安芸（広島県）	839
安芸（高知県）	932
秋保温泉（宮城県）	80
秋保電車（宮城県）	80
秋保町長袋（宮城県）	80
安芸太田町（広島県）	839
秋川（東京都）	310
安芸郡（高知県）	932
阿岸（石川県）	490
秋篠（奈良県）	756
秋篠川（奈良県）	756
昭島（東京都）	311
昭島市H邸（東京都）	311
安芸市民病院（広島県）	839
阿木城（愛知県）	603
安芸城（高知県）	932
秋月（山口県）	873
秋月（福岡県）	951
秋月街道（福岡県）	951
秋月城（福岡県）	951
秋月藩（福岡県）	951
秋月眼鏡橋（福岡県）	951
秋田（秋田県）	104
安芸高田市（広島県）	839
秋田口（秋田県）	106
秋田県（秋田県）	106
秋田県第二中学校（秋田県）	107
秋田県抑留所（秋田県）	107
秋田鉱山学校（秋田県）	107
秋田市（秋田県）	107
秋田城（秋田県）	107
秋田藩（秋田県）	107
秋田藩元陣屋第二台場（北海道）	11
秋田町（秋田県）	108
安芸津（広島県）	839
秋津（東京都）	311
秋津商店街（東京都）	311
安芸津町（広島県）	839
秋津町（東京都）	311
秋津ちろりん村（東京都）	311
秋津橋（東京都）	311
阿騎野（奈良県）	756
安芸国（広島県）	839
秋葉小川路（長野県）	513
秋葉街道（静岡県）	573

秋葉山（静岡県）	573
秋葉（群馬県）	212
秋畑小学校（群馬県）	212
秋葉道（長野県）	513
秋葉みち小川路（長野県）	513
秋葉山（新潟県）	448
秋穂浦（山口県）	873
秋町城（岡山県）	821
秋元城（千葉県）	272
秋山川（栃木県）	193
秋山湖（群馬県）	212
秋山郷（新潟県）	448
秋山郷（長野県）	513
秋山村（茨城県）	174
秋吉台（山口県）	873
秋吉台サファリランド（山口県）	873
秋吉台鍾乳洞（山口県）	873
秋芳洞（山口県）	873
明木（山口県）	873
秋留台地（東京都）	311
あきる野（東京都）	311
あきる野市（東京都）	311
悪石島（鹿児島県）	1037
芥川山城（大阪府）	690
挙田村（兵庫県）	724
芥見村（岐阜県）	558
明津川（千葉県）	272
阿久根市（鹿児島県）	1037
安倉（兵庫県）	724
阿倉川（三重県）	627
あぐり山監視哨跡（佐賀県）	978
安久路（静岡県）	573
阿久和（神奈川県）	405
明智城（岐阜県）	558
明智藪（京都府）	668
明戸村（埼玉県）	246
安慶名（沖縄県）	1052
明野飛行場（静岡県）	573
明延（兵庫県）	724
明野陸軍飛行場北伊勢分教所（三重県）	
	627
明浜（愛媛県）	910
曙川（大阪府）	690
曙酒造（福島県）	142
曙町（新潟県）	448
曙町（三重県）	627
上松宿（長野県）	513
上路（新潟県）	448
上路村（新潟県）	448
赤穂（兵庫県）	724
赤穂国民学校（兵庫県）	725
赤穂市（兵庫県）	725
赤穂城（兵庫県）	725
赤生津（岩手県）	67
赤生津村（岩手県）	67
赤穂線（兵庫県）	725
赤穂森藩藩校（兵庫県）	725
安子島（福島県）	142
安子島城（福島県）	142
阿児奈波（沖縄県）	1052
阿児奈波島（沖縄県）	1052
阿古屋（山形県）	122
厚狭（山口県）	873
浅井（滋賀県）	649
朝夷（千葉県）	272
朝夷小学校（千葉県）	272

地名索引　　　　　　　　　　　　　　　　　　　　　　　　　　　あすか

浅井邑(石川県) 490	旭(島根県) 806	足柄平野(神奈川県) 405
浅尾(岡山県) 821	旭日(大分県) 1009	芦刈町(千葉県) 272
安積(福島県) 142	旭硝子浴波寮(神奈川県) 405	芦刈町(佐賀県) 978
朝霞(埼玉県) 246	旭川(北海道) 11	芦川村(山梨県) 507
安積郡(福島県) 143	旭川(鳥取県) 799	阿志岐(福岡県) 951
安積原野(福島県) 143	旭川(岡山県) 821	阿志岐山城(福岡県) 951
朝霞市(埼玉県) 246	旭川市(北海道) 11	蘆城駅家(福岡県) 951
安積疏水(福島県) 143	旭川村(北海道) 11	安食荘(愛知県) 603
阿佐谷(東京都) 311	旭区(大阪府) 690	安食村(千葉県) 272
阿佐ヶ谷村(東京都) 311	朝日軍道(山形県) 122	芦清良(鹿児島県) 1037
安積歴史博物館(福島県) 143	朝日鉱泉(山形県) 122	芦崎寺(富山県) 481
浅川(東京都) 311	旭越え隧道(大分県) 1009	葦毛塚(東京都) 314
浅川(徳島県) 896	朝日山(富山県) 481	芦毛塚(東京都) 314
浅川工場(東京都) 311	朝日山(佐賀県) 978	アジサイロード(宮崎県) 1027
浅川陣屋(福島県) 143	旭市(千葉県) 272	芦沢(山形県) 122
浅川地下壕(東京都) 311	旭城(福岡県) 951	芦沢村(山形県) 122
浅川地下壕イ地区(東京都) 313	旭館(愛媛県) 910	網地島(宮城県) 80
浅川地下工場(東京都) 313	旭町(東京都) 313	阿知須町(山口県) 873
浅川地下壕ハ地区(東京都) 313	朝日町(北海道) 11	芦田(静岡県) 573
浅川地下壕ロ地区(東京都) 313	朝日町(埼玉県) 246	芦田(兵庫県) 725
浅川非常倉庫(東京都) 313	朝日町(三重県) 627	芦田(広島県) 839
浅川町(東京都) 313	朝日町(佐賀県) 978	愛鷹(静岡県) 573
朝酌促戸(島根県) 806	朝比奈切通(神奈川県) 405	愛鷹山(静岡県) 573
浅草(東京都) 313	旭野小学校(北海道) 11	芦田川(広島県) 839
浅草区(東京都) 313	旭橋(栃木県) 193	芦田郡(広島県) 839
浅草公園水族館(東京都) 313	アサヒビール吹田工場(大阪府) 690	芦谷川(愛媛県) 910
浅草公園の大池(東京都) 313	朝日村(新潟県) 448	足谷川(愛媛県) 910
浅草諏訪町(東京都) 313	朝日村(大分県) 1009	芦谷橋(愛媛県) 910
浅草橋(東京都) 313	朝平南郷(千葉県) 272	芦名(神奈川県) 405
浅草橋門(東京都) 313	麻(東京都) 313	芦名城館(神奈川県) 405
浅草花屋敷(東京都) 313	浅布渓谷(宮城県) 80	芦名村(神奈川県) 405
浅口市(岡山県) 821	麻布谷町(東京都) 313	芦野(青森県) 56
安相里(兵庫県) 725	麻布竜土植物場(東京都) 313	芦野(福島県) 143
朝酌郷(島根県) 806	浅間(群馬県) 212	芦野(栃木県) 194
浅倉(愛媛県) 910	浅間(長野県) 513	芦野宿(栃木県) 194
朝倉(愛媛県) 910	浅間(鹿児島県) 1037	芦野の渡し(青森県) 56
朝倉(高知県) 932	浅間三宿(長野県) 513	芦ノ牧(福島県) 143
朝倉(福岡県) 951	浅間根腰(長野県) 513	網地浜(宮城県) 80
朝倉市(福岡県) 951	浅間山(群馬県) 213	芦原国民学校(大阪府) 690
旧朝倉邸(東京都) 313	浅間山(長野県) 513	芦原峠道(奈良県) 756
朝倉橘広庭宮(福岡県) 951	朝見(大分県) 1009	葦穂山(茨城県) 174
朝倉村(高知県) 932	朝見浄水場(大分県) 1009	味鋺(愛知県) 603
朝明(三重県) 627	安佐南区(広島県) 839	足見田神社(三重県) 627
朝明駅(三重県) 627	朝宮(滋賀県) 649	足守(岡山県) 821
朝明川(三重県) 627	浅虫村(青森県) 56	足守御屋敷(岡山県) 821
朝明郡(三重県) 627	足洗池(三重県) 627	足守除痘館(岡山県) 821
浅小井(滋賀県) 649	足尾(栃木県) 193	足守藩(岡山県) 821
朝来郡衙(兵庫県) 725	足尾銅山(栃木県) 193	芦屋(兵庫県) 725
朝来郡郡衙(兵庫県) 725	足尾町(栃木県) 193	芦屋(福岡県) 951
朝地(大分県) 1009	阿字ヶ池(神奈川県) 405	安謝トンネル通り(沖縄県) 1052
浅科(長野県) 513	足利(栃木県) 193	アシヤの里(兵庫県) 725
朝地町(大分県) 1009	足利学校(栃木県) 194	芦屋庄(兵庫県) 725
朝妻(滋賀県) 649	足利市(栃木県) 194	芦屋町(福岡県) 951
麻田陣屋(大阪府) 690	足利庄(栃木県) 194	芦屋村(兵庫県) 725
朝津駅(福井県) 501	足利藩(栃木県) 194	アシリコタン(北海道) 11
朝津橋(福井県) 501	芦ケ久保(埼玉県) 246	厚別(北海道) 11
安里大通り(沖縄県) 1052	鰺ケ沢(青森県) 56	厚別弾薬庫(北海道) 11
浅内(秋田県) 108	鰺ケ沢町(青森県) 56	厚別山水車器械場(北海道) 11
麻真田工業(神奈川県) 405	味方村(新潟県) 448	足代(徳島県) 896
浅海(愛媛県) 910	足柄(神奈川県) 405	網代弁天山(東京都) 314
浅沼村(栃木県) 193	足柄県(神奈川県) 405	網代村(静岡県) 573
浅野川(石川県) 490	足柄古道(神奈川県) 405	アスカ(全国) 1
浅野城(愛知県) 603	足柄坂(神奈川県) 405	飛鳥(奈良県) 756
浅野村(石川県) 490	足柄下県(神奈川県) 405	明日香(奈良県) 757
浅羽(静岡県) 573	足柄城(静岡県) 573	飛鳥川(奈良県) 757
浅羽町(静岡県) 573	足柄峠(神奈川県) 405	明日香川(奈良県) 757

1125

あすか　　　　　　　　　　　　地名索引

飛鳥宮（奈良県）	757
飛鳥京（奈良県）	757
飛鳥京跡苑池（奈良県）	757
飛鳥路（奈良県）	757
飛鳥寺西槻下（奈良県）	757
飛鳥の苑池（奈良県）	757
飛鳥藤原（奈良県）	757
明日香村（奈良県）	758
飛鳥山（東京都）	314
飛鳥山公園（東京都）	314
小豆峠（新潟県）	448
足助（愛知県）	603
足助街道（愛知県）	603
足助城（愛知県）	603
梓川（長野県）	514
梓峠（大分県）	1009
梓峠（宮崎県）	1027
小豆沢（東京都）	314
小豆沢村（東京都）	314
安土（滋賀県）	649
安土城（滋賀県）	649
安土山（滋賀県）	649
阿須那公民館阿須那分館（島根県）	806
あずま街道（宮城県）	80
厚真川（北海道）	11
吾妻子の滝（広島県）	839
東氏館（岐阜県）	558
東町（東京都）	314
吾妻橋（東京都）	314
吾妻橋（神奈川県）	405
東村（群馬県）	213
東村（京都府）	668
阿妻屋（群馬県）	213
東屋敷館（山形県）	122
東屋旅館（千葉県）	272
安曇（長野県）	514
安曇郡（長野県）	514
安住城（富山県）	481
安曇野（長野県）	514
安曇野市（長野県）	514
阿諏訪（埼玉県）	246
阿諏訪川（埼玉県）	246
足羽川（福井県）	501
阿世潟峠（栃木県）	194
畔田台（千葉県）	272
阿瀬知川（三重県）	627
阿字万字町（奈良県）	758
阿蘇（千葉県）	272
阿蘇（熊本県）	1001
安蘇（栃木県）	194
麻生（茨城県）	174
麻生（大分県）	1009
麻生凱旋門（大分県）	1009
麻生庄（福岡県）	951
吾桑の里（高知県）	932
麻生藩（茨城県）	174
麻生町（茨城県）	174
阿蘇郡（熊本県）	1001
安蘇郡（栃木県）	195
阿蘇山（熊本県）	1001
阿蘇路（熊本県）	1001
阿蘇谷（熊本県）	1001
阿曽津千軒（滋賀県）	649
安蘇野（栃木県）	195
安蘇馬車鉄道（栃木県）	195
阿田（奈良県）	758

阿太郷（鳥取県）	799
アタゴ（奈良県）	758
愛宕（宮城県）	80
愛宕（茨城県）	174
愛宕（東京都）	314
愛宕（和歌山県）	782
愛宕上杉通（宮城県）	80
阿多古山一里塚（静岡県）	573
愛宕下（東京都）	314
愛宕山（山形県）	122
愛宕山（栃木県）	195
愛宕山（東京都）	314
愛宕山（神奈川県）	405
愛宕山（高知県）	932
愛宕山公園（東京都）	314
愛宕山城（東京都）	314
価谷たたら（島根県）	806
足立（東京都）	314
安達ヶ原ふるさと村（宮城県）	80
足立区（東京都）	315
足立郡（東京都）	315
足立山（福岡県）	951
足立堤（東京都）	315
熱海（静岡県）	573
熱海温泉（静岡県）	573
熱海噏汽館（静岡県）	573
熱海市（静岡県）	573
熱海路（神奈川県）	405
熱海線（神奈川県）	405
阿智（長野県）	514
阿智（岡山県）	821
阿千葉城（岐阜県）	558
厚保（山口県）	873
アツウシベツ会所（北海道）	11
阿津賀志山（福島県）	143
阿津賀志山防塁（福島県）	143
篤ヶ森館（福島県）	143
阿月（山口県）	873
厚木（神奈川県）	405
厚木基地（神奈川県）	406
厚木航空基地（神奈川県）	406
厚木市（神奈川県）	406
厚木第一歩道橋（神奈川県）	406
厚木中学（神奈川県）	406
厚木町（神奈川県）	406
厚木停車場（神奈川県）	406
厚木飛行場（神奈川県）	406
厚岸（北海道）	11
厚岸出張陣屋（北海道）	11
アッケシ場所（北海道）	12
熱塩加納（福島県）	143
熱塩加納村（福島県）	143
厚田（北海道）	12
熱田（愛知県）	603
厚田郡（北海道）	12
厚田浜（北海道）	12
熱田奉行所（愛知県）	604
熱田港（愛知県）	604
熱田湊（愛知県）	604
厚田村（北海道）	12
厚真（北海道）	12
渥美（愛知県）	604
渥美郡（愛知県）	604
渥美線（愛知県）	604
渥美町（愛知県）	604
渥美半島（愛知県）	604

阿出川家煉瓦造蔵（東京都）	316
左沢（山形県）	122
左沢楯山城（山形県）	122
左沢橋（山形県）	122
安戸池（香川県）	902
阿東（山口県）	873
安曇川（滋賀県）	649
アトサヌプリ（北海道）	12
アトサヌプリ硫黄山（北海道）	12
跡部区（長野県）	514
跡部郷（長野県）	514
アド山城（栃木県）	195
穴倉（長野県）	514
穴倉山（長野県）	514
穴の海（広島県）	839
穴部（神奈川県）	406
穴馬（福井県）	501
穴水（石川県）	490
穴山町（徳島県）	896
阿南市（徳島県）	896
阿仁（秋田県）	108
阿仁街道（秋田県）	108
兄国（京都府）	668
阿仁鉱山（秋田県）	108
阿仁銅山（秋田県）	109
阿仁町（秋田県）	109
阿努荘（富山県）	481
姉川（滋賀県）	649
姉歯（宮城県）	80
姉歯村（宮城県）	80
安濃（三重県）	627
賀名生（奈良県）	758
穴太（滋賀県）	649
安濃川（三重県）	627
阿野荘原（静岡県）	573
安濃津（三重県）	627
安野庄（静岡県）	573
安乗村（三重県）	627
阿波（徳島県）	896
吾橋庄（高知県）	932
網走（北海道）	12
網走線（北海道）	12
安八磨郡（愛知県）	604
網引村（兵庫県）	725
我孫子（千葉県）	272
我孫子市（千葉県）	272
我孫子宿（千葉県）	272
我孫子新田（千葉県）	272
我孫子道（大阪府）	690
逢鹿郷（茨城県）	174
虻が島（富山県）	481
阿武隈（福島県）	143
阿武隈川（宮城県）	80
阿武隈川（福島県）	143
阿武隈急行線（福島県）	143
阿武隈高地（福島県）	143
アブチラガマ洞穴（沖縄県）	1052
虻峠（奈良県）	758
鐙摺（神奈川県）	406
鐙摺切通し（神奈川県）	406
鐙摺城（神奈川県）	406
油ヶ淵（愛知県）	604
油川（青森県）	56
油小路通（京都府）	668
油こぼし（奈良県）	758
油平村（東京都）	316

安布里（千葉県）	272
破間川（新潟県）	448
阿部（奈良県）	758
安倍（奈良県）	758
安部（奈良県）	758
安倍川町（静岡県）	574
安倍金山（静岡県）	574
安倍郡（静岡県）	574
阿部家住宅（秋田県）	109
安倍城（静岡県）	574
阿部地（広島県）	839
安倍島（富山県）	481
阿倍野（大阪府）	690
阿倍野区（大阪府）	690
阿倍野橋（大阪府）	690
安保（埼玉県）	246
網干（兵庫県）	725
網干本町橋（兵庫県）	725
阿万（兵庫県）	725
海士（新潟県）	448
海士（島根県）	806
海部（愛知県）	604
天井田（千葉県）	272
尼崎（兵庫県）	725
尼崎駅（兵庫県）	726
尼崎警察署（兵庫県）	726
尼崎市（兵庫県）	726
尼崎市庁舎（兵庫県）	727
尼崎市民館（兵庫県）	727
尼崎市役所開明庁舎（兵庫県）	727
尼崎城（兵庫県）	727
尼崎町（兵庫県）	727
尼崎藩（兵庫県）	727
甘樫の丘（奈良県）	758
甘樫丘（奈良県）	758
甘檮丘（奈良県）	758
天瀬町（大分県）	1009
天方城（静岡県）	574
尼ヶ辻（奈良県）	758
天ヶ森（青森県）	56
天城（静岡県）	574
天城越え（静岡県）	574
天城中学校（岡山県）	821
天城湯ヶ島（静岡県）	574
天霧城（香川県）	902
天草（熊本県）	1001
天草市（熊本県）	1001
海部郡衙（大分県）	1009
雨乞峠（群馬県）	213
尼子谷（兵庫県）	727
雨境峠（長野県）	514
余多（鹿児島県）	1037
余多川（鹿児島県）	1037
天田郡（京都府）	668
天田村（京都府）	668
海士町（島根県）	806
甘沼（神奈川県）	406
天沼（千葉県）	272
乗瀦駅（東京都）	316
雨沼久保（東京都）	316
天沼千軒（千葉県）	272
天香久山（奈良県）	758
天香久山砦（静岡県）	574
天野郷（和歌山県）	782
天の中川橋（長野県）	514
天橋立（京都府）	668

海部（大分県）	1009
海部郡（大分県）	1009
奄美（鹿児島県）	1037
天見（大阪府）	690
奄美大島（鹿児島県）	1037
奄美群島（鹿児島県）	1038
奄美諸島（鹿児島県）	1038
天山（愛媛県）	910
余戸郷（茨城県）	174
余部（京都府）	668
余目（山形県）	122
余目郷（山形県）	122
阿見（茨城県）	174
阿弥陀池（大阪府）	690
阿弥陀寺町（山口県）	873
阿弥陀ヶ森（奈良県）	758
阿弥陀山（滋賀県）	649
網取集落（沖縄県）	1052
網取村（沖縄県）	1052
網野町（京都府）	668
網張温泉（岩手県）	67
アムール川（満洲）	1097
天久（沖縄県）	1052
天久村（沖縄県）	1052
雨宮（長野県）	514
雨山城（大阪府）	690
アメリカ橋（東京都）	316
綾歌町（香川県）	902
綾織池（栃木県）	195
綾木（山口県）	873
綾瀬（東京都）	316
綾瀬（神奈川県）	406
綾瀬駅（東京都）	316
綾瀬川（埼玉県）	246
綾瀬川（東京都）	316
綾瀬市（神奈川県）	406
綾瀬町（神奈川県）	406
綾瀬村（神奈川県）	406
綾町（宮崎県）	1027
綾戸穴道（群馬県）	213
綾部（京都府）	668
綾部市（京都府）	668
綾部陣屋（京都府）	668
綾部藩（京都府）	668
あやめ池（奈良県）	758
アヤメ平（群馬県）	213
鮎川（茨城県）	174
鮎川用水（群馬県）	213
鮎原村（徳島県）	896
荒井（宮城県）	80
新居（静岡県）	574
新居村（愛知県）	604
荒井川（栃木県）	195
新井漁場（静岡県）	574
旧新井家住宅（埼玉県）	246
荒井家住宅（栃木県）	195
新居郷（高知県）	932
新井宿（新潟県）	448
新居宿（静岡県）	574
新井孝男家（群馬県）	213
新居町（静岡県）	574
新居関所（静岡県）	574
荒井浜（新潟県）	448
荒井村（福島県）	143
荒海村（千葉県）	273
荒尾（熊本県）	1001

荒海（福島県）	143
新垣村小（沖縄県）	1052
阿羅加耶（朝鮮）	1102
荒川（埼玉県）	246
荒川（千葉県）	273
荒川（東京都）	316
荒川（新潟県）	448
荒川（兵庫県）	727
荒川大麻生公園（埼玉県）	246
荒川区（東京都）	317
荒川五色桜（東京都）	317
荒川堤（東京都）	317
荒川線（東京都）	317
荒川低地（埼玉県）	246
荒川荘（和歌山県）	782
荒川番所（神奈川県）	406
荒川放水路（東京都）	317
荒川湊（新潟県）	448
安楽川村（和歌山県）	782
荒川村（埼玉県）	246
荒木（島根県）	806
荒木川方役所（島根県）	806
荒木坂（東京都）	317
あらぎ島（和歌山県）	782
荒木村（大分県）	1009
新木野（千葉県）	273
新城島（沖縄県）	1052
荒工山団地（千葉県）	273
荒郷屋（秋田県）	109
荒子城（愛知県）	604
荒島風穴（福井県）	501
嵐山（京都府）	668
荒城（山形県）	122
荒網代浦（大分県）	1009
荒前井路（大阪府）	690
新玉小学校（神奈川県）	406
荒玉水道（東京都）	317
愛発関（福井県）	501
新津（新潟県）	448
荒戸（福岡県）	952
荒砥川（群馬県）	213
荒戸城（新潟県）	448
荒浜（宮城県）	80
荒浜（福島県）	144
荒浜湊（宮城県）	80
荒原郷（茨城県）	174
現原小学校（茨城県）	174
現原の丘（茨城県）	174
安楽平城（福岡県）	952
荒船風穴（群馬県）	213
荒巻（宮城県）	80
荒巻村（新潟県）	448
荒牧村（兵庫県）	727
新益京（奈良県）	758
あら町（秋田県）	109
荒町（新潟県）	448
荒町陣屋（長野県）	515
荒谷（宮城県）	80
荒谷（山形県）	122
新屋（秋田県）	109
新谷（愛媛県）	910
新屋山鉄山（鳥取県）	799
荒谷館（福島県）	144
新屋町（秋田県）	109
荒山峠（富山県）	481
荒谷村（山形県）	122

あらや　　　　　　　　　　　　　　地名索引

新屋村 (秋田県) ･･････････････ 109
有明王国 (朝鮮) ･････････････ 1102
有明海 (九州・沖縄) ･････････ 948
有明小学校 (宮崎県) ･････････ 1027
有明山 (長野県) ･･･････････････ 515
有家町 (長崎県) ･･･････････････ 988
有岡城 (兵庫県) ･･･････････････ 727
有壁駅 (宮城県) ･･･････････････ 80
有壁本陣 (宮城県) ･････････････ 80
有栖川宮舞子別邸 (兵庫県) ････ 727
有田 (和歌山県) ･･･････････････ 782
有田 (佐賀県) ･････････････････ 978
有田内山 (佐賀県) ･････････････ 978
有田浦 (和歌山県) ･････････････ 782
有田駅 (佐賀県) ･･･････････････ 978
有田川町 (和歌山県) ･･･････････ 782
有田工業高等学校 (佐賀県) ････ 978
有田皿山 (佐賀県) ･････････････ 978
有田町 (和歌山県) ･････････････ 782
有田城 (広島県) ･･･････････････ 839
有田町 (佐賀県) ･･･････････････ 978
有近家住宅 (山口県) ･･･････････ 873
有福城 (島根県) ･･･････････････ 806
有馬 (群馬県) ･････････････････ 213
有馬 (大阪府) ･････････････････ 690
有馬 (兵庫県) ･････････････････ 727
有馬温泉 (兵庫県) ･････････････ 727
有馬郡 (兵庫県) ･･･････････････ 727
有馬高等学校清陵会館 (兵庫県) ････ 727
有馬島牧 (群馬県) ･････････････ 213
有松 (愛知県) ･････････････････ 604
有馬村 (群馬県) ･･･････････････ 213
有峰 (富山県) ･････････････････ 481
有屋峠街道 (秋田県) ･･･････････ 109
アリラン峠 (高知県) ･･･････････ 932
有賀家住宅 (長野県) ･･･････････ 515
有賀峠 (長野県) ･･･････････････ 515
安房 (千葉県) ･････････････････ 273
安和 (高知県) ･････････････････ 932
粟井 (愛媛県) ･････････････････ 910
阿波池田駅 (徳島県) ･･･････････ 896
阿波井堰 (鹿児島県) ･･･････････ 1038
阿波街道 (四国) ･･･････････････ 894
阿波九城 (徳島県) ･････････････ 896
阿波支路 (徳島県) ･････････････ 896
安房高等女学校 (千葉県) ･･･････ 273
安房小湊 (千葉県) ･････････････ 273
淡路 (兵庫県) ･････････････････ 727
淡路往還 (兵庫県) ･････････････ 728
淡路島 (兵庫県) ･･･････････････ 728
淡路国 (兵庫県) ･･･････････････ 728
淡路紡績 (兵庫県) ･････････････ 728
粟島 (新潟県) ･････････････････ 448
粟島 (香川県) ･････････････････ 902
粟巣野 (富山県) ･･･････････････ 481
泡瀬 (沖縄県) ･････････････････ 1052
阿波膳坂 (徳島県) ･････････････ 897
粟田 (京都府) ･････････････････ 668
粟野 (千葉県) ･････････････････ 273
粟野 (山口県) ･････････････････ 873
粟野橋 (山口県) ･･･････････････ 874
阿波国 (徳島県) ･･･････････････ 897
安房国 (千葉県) ･･･････････････ 273
粟野城 (栃木県) ･･･････････････ 195
粟ノ須古戦場跡 (宮城県) ･･･････ 80
粟野八景 (栃木県) ･････････････ 195

阿波藩 (徳島県) ･･･････････････ 897
阿波半田 (徳島県) ･････････････ 897
安和村 (高知県) ･･･････････････ 932
泡盛ロード (沖縄県) ･･･････････ 1052
阿波屋 (山口県) ･･･････････････ 874
芦原温泉 (福井県) ･････････････ 501
あわら市 (福井県) ･････････････ 501
安位寺 (奈良県) ･･･････････････ 758
安嘉門院領 (全国) ･････････････ 1
安行 (埼玉県) ･････････････････ 246
安行出羽 (埼玉県) ･････････････ 246
安源寺 (長野県) ･･･････････････ 515
安侯 (茨城県) ･････････････････ 174
安高 (山口県) ･････････････････ 874
安国山樹花木之記碑 (沖縄県) ･･ 1052
安国寺市 (広島県) ･････････････ 840
安志陣屋 (兵庫県) ･････････････ 728
安下庄小学校 (山口県) ･･･････････ 874
安祥 (愛知県) ･････････････････ 604
安城 (愛知県) ･････････････････ 604
安城駅 (愛知県) ･･･････････････ 604
安城が原 (愛知県) ･････････････ 604
安城市 (愛知県) ･･･････････････ 604
安祥城 (愛知県) ･･･････････････ 605
安城城 (愛知県) ･･･････････････ 605
安城町 (愛知県) ･･･････････････ 605
安城町 (愛知県) ･･･････････････ 605
安心院 (大分県) ･･･････････････ 1009
庵地 (新潟県) ･････････････････ 448
安堵 (奈良県) ･････････････････ 758
安堂遺跡 (大阪府) ･････････････ 690
安藤家住宅 (宮城県) ･･･････････ 80
安藤家長屋門 (神奈川県) ･･･････ 406
安東市 (満州) ･････････････････ 1097
安渡浦 (青森県) ･･･････････････ 56
安戸村 (香川県) ･･･････････････ 902
安渡村 (青森県) ･･･････････････ 56
安中 (群馬県) ･････････････････ 213
安中市 (群馬県) ･･･････････････ 213
安中城 (群馬県) ･･･････････････ 213
安中藩 (群馬県) ･･･････････････ 213
安中坊遺跡 (山形県) ･･･････････ 122
安那郡 (広島県) ･･･････････････ 840
安納 (鹿児島県) ･･･････････････ 1038
安濃郡 (島根県) ･･･････････････ 806
暗門の滝 (青森県) ･････････････ 56
安養寺口 (福島県) ･････････････ 144
安養寺陣城 (鹿児島県) ･････････ 1038
安楽越 (滋賀県) ･･･････････････ 649

【い】

飯岡 (京都府) ･････････････････ 668
飯坂 (福島県) ･････････････････ 144
飯坂温泉 (福島県) ･････････････ 144
飯坂町 (福島県) ･･･････････････ 144
飯坂村 (福島県) ･･･････････････ 144
飯石郡 (島根県) ･･･････････････ 806
飯島城 (長野県) ･･･････････････ 515
飯島陣屋 (長野県) ･････････････ 515
飯島村 (新潟県) ･･･････････････ 448
飯島発電所 (長野県) ･･･････････ 515
飯島町 (長野県) ･･･････････････ 515
飯塚 (埼玉県) ･････････････････ 246
飯塚 (千葉県) ･････････････････ 273

飯塚 (福岡県) ･････････････････ 952
飯塚馨家 (群馬県) ･････････････ 213
飯塚市 (福岡県) ･･･････････････ 952
飯塚藩 (福岡県) ･･･････････････ 952
飯綱 (長野県) ･････････････････ 515
飯綱町 (長野県) ･･･････････････ 515
飯詰高楯城 (青森県) ･･･････････ 56
飯田 (石川県) ･････････････････ 490
飯田 (長野県) ･････････････････ 515
飯田 (長野県) ･････････････････ 516
飯田街道 (長野県) ･････････････ 516
飯高駅 (三重県) ･･･････････････ 627
飯高町 (三重県) ･･･････････････ 627
飯田学校 (長野県) ･････････････ 516
飯田高校 (長野県) ･････････････ 516
飯田市 (長野県) ･･･････････････ 516
飯田城 (長野県) ･･･････････････ 516
飯田市立図書館 (長野県) ･･･････ 516
飯田尋常高等小学校 (長野県) ･･ 516
飯田線 (長野県) ･･･････････････ 516
飯田代官所 (長野県) ･･･････････ 516
飯田中学校 (長野県) ･･･････････ 516
飯田町 (香川県) ･･･････････････ 902
飯舘 (福島県) ･････････････････ 144
飯田停留所 (長野県) ･･･････････ 516
飯舘村 (福島県) ･･･････････････ 144
飯田藩 (長野県) ･･･････････････ 516
飯田東中学校 (長野県) ･････････ 516
飯田盆地 (長野県) ･････････････ 516
飯田町 (長野県) ･･･････････････ 516
飯田町遺跡 (東京都) ･･･････････ 317
飯田村 (神奈川県) ･････････････ 406
飯田村 (静岡県) ･･･････････････ 574
飯田村 (広島県) ･･･････････････ 840
飯田遊郭窪田楼 (長野県) ･･･････ 517
飯豊 (山形県) ･････････････････ 122
飯豊温泉 (新潟県) ･････････････ 448
飯豊山 (福島県) ･･･････････････ 144
飯豊山 (新潟県) ･･･････････････ 448
飯豊山穴堰 (山形県) ･･･････････ 122
飯豊町 (山形県) ･･･････････････ 122
飯豊町 (山形県) ･･･････････････ 122
飯豊町 (新潟県) ･･･････････････ 448
飯土井 (宮城県) ･･･････････････ 80
飯富村 (千葉県) ･･･････････････ 273
飯沼 (茨城県) ･････････････････ 174
飯沼 (長野県) ･････････････････ 517
飯沼新田 (茨城県) ･････････････ 174
飯沼村 (長野県) ･･･････････････ 517
飯沼村 (茨城県) ･･･････････････ 174
飯野 (栃木県) ･････････････････ 195
飯野 (宮崎県) ･････････････････ 1027
飯野鉄工所 (宮崎県) ･･･････････ 1027
飯野藩 (千葉県) ･･･････････････ 273
飯野町 (福島県) ･･･････････････ 144
粒丘 (兵庫県) ･････････････････ 729
飯盛 (長崎県) ･････････････････ 988
飯盛城 (大阪府) ･･･････････････ 690
飯盛城 (長崎県) ･･･････････････ 988
飯盛山 (福島県) ･･･････････････ 144
飯盛山 (大阪府) ･･･････････････ 690
飯盛山 (福岡県) ･･･････････････ 952
飯盛山城 (大阪府) ･････････････ 690
飯山 (長野県) ･････････････････ 517
飯山市 (長野県) ･･･････････････ 517
飯山城 (長野県) ･･･････････････ 517
飯山線 (北陸甲信越) ･･･････････ 446

1128

地名索引　　　　　いさわ

飯山道（新潟県）	448	
井内（徳島県）	897	
井内荘（大阪府）	690	
意宇平野（島根県）	806	
伊江（沖縄県）	1052	
伊江島（沖縄県）	1052	
家島（兵庫県）	729	
家島（大分県）	1009	
家俊（高知県）	932	
家の串峠（群馬県）	213	
威遠堡門（満州）	1097	
為桜学園（茨城県）	174	
医王山城（岡山県）	821	
硫黄島（東京都）	317	
硫黄島（沖縄県）	1052	
伊王野（栃木県）	195	
伊尾木（高知県）	932	
井荻（東京都）	317	
井荻駅（東京都）	317	
井荻町（東京都）	317	
伊屋城（広島県）	840	
伊賀（三重県）	627	
井貝（茨城県）	174	
猪飼野（大阪府）	690	
伊賀上野（三重県）	628	
伊賀上野城（三重県）	628	
伊賀街道（三重県）	628	
伊賀川（三重県）	628	
居掛（新潟県）	448	
いかごの里（滋賀県）	649	
井笠（岡山県）	821	
井笠鉄道（岡山県）	821	
五十沢（新潟県）	448	
五十沢小学校（新潟県）	448	
五十嶋村（新潟県）	448	
伊賀城（三重県）	628	
伊形村（宮崎県）	1027	
伊方町女子岬精錬所（愛媛県）	910	
筏道（東京都）	317	
伊賀谷（三重県）	628	
五十子陣（埼玉県）	246	
伊賀国（三重県）	628	
伊賀八幡宮（愛知県）	605	
伊香保（群馬県）	213	
伊香保温泉（群馬県）	214	
伊香保街道（群馬県）	214	
伊香保路（群馬県）	214	
伊神郷（新潟県）	448	
伊上小学校（山口県）	874	
伊賀良（長野県）	517	
五十嵐（北海道）	12	
五十嵐（宮城県）	80	
五十嵐（新潟県）	448	
五十嵐川（新潟県）	449	
五十嵐浜（新潟県）	449	
五十辺村（福島県）	144	
碇ヶ関（青森県）	56	
五十里湖（栃木県）	195	
五十里村（栃木県）	195	
錨山（兵庫県）	729	
碇山城（鹿児島県）	1038	
斑鳩（奈良県）	758	
斑鳩寺（兵庫県）	729	
斑鳩の里（奈良県）	758	
五十海（静岡県）	574	
井川（滋賀県）	649	
井川線（静岡県）	574	
井川町（徳島県）	897	
井川村（静岡県）	574	
井川村（徳島県）	897	
咾別（北海道）	12	
壱岐（長崎県）	988	
生萱（長野県）	517	
一支国（その他）	1096	
伊岐佐（佐賀県）	978	
壱岐島（長崎県）	988	
生島（兵庫県）	729	
生月島（長崎県）	988	
五十君酒店（長野県）	517	
伊具（宮城県）	80	
井草村（東京都）	318	
益山市（朝鮮）	1102	
生田（兵庫県）	729	
生田川（兵庫県）	729	
生田神社（兵庫県）	729	
生田原（北海道）	12	
生口島（広島県）	840	
生野（大阪府）	691	
生野（兵庫県）	729	
生野（香川県）	902	
生野銀山（兵庫県）	729	
生野区（大阪府）	691	
生野警察署庁舎（兵庫県）	729	
生野工場（兵庫県）	729	
生野陣屋（兵庫県）	729	
生野町（兵庫県）	729	
育波（兵庫県）	729	
生葉郡（福岡県）	952	
飯久保城（富山県）	481	
伊久間村（長野県）	517	
伊久身（静岡県）	574	
伊倉（熊本県）	1001	
井倉峡（岡山県）	821	
伊倉町（熊本県）	1001	
井栗（新潟県）	449	
池内村（大阪府）	691	
池売橋（北海道）	12	
池ヶ原（新潟県）	449	
池上（東京都）	318	
池上（福井県）	501	
池上歯科医院（長野県）	517	
池川ジョウガモリ城（高知県）	932	
池黒学校（山形県）	122	
池黒村（山形県）	122	
池子（神奈川県）	406	
池子村（神奈川県）	406	
池子の森（神奈川県）	406	
池里村（山形県）	122	
池島炭鉱（長崎県）	988	
池庄漆器店（和歌山県）	782	
池田（新潟県）	449	
池田（福井県）	501	
池田（岐阜県）	558	
池田（大阪府）	691	
池田（香川県）	902	
池田市（大阪府）	691	
池田氏庭園（秋田県）	109	
池田師範学校（大阪府）	691	
池田城（大阪府）	691	
池田陣屋（徳島県）	897	
池田石材店（東京都）	318	
池田村（和歌山県）	782	
池田村（大分県）	1009	
池田近道（静岡県）	574	
池田町（大阪府）	691	
池田町（徳島県）	897	
池田動物園（岡山県）	821	
池田缸（沖縄県）	1052	
池田牧遺跡（千葉県）	273	
池田光政公御涼所（岡山県）	821	
池田村（静岡県）	574	
池田屋（京都府）	668	
池田渡場（徳島県）	897	
池戸城（岐阜県）	558	
池之内町（奈良県）	758	
池ノ内村（高知県）	932	
池ノ浦（山口県）	874	
池の川（茨城県）	174	
池ノ平峠（静岡県）	574	
池ノ塔（群馬県）	214	
池ノ峠（群馬県）	214	
池の端（東京都）	318	
池辺村（埼玉県）	246	
池袋（東京都）	318	
池袋駅（東京都）	318	
池袋大橋（東京都）	318	
池袋大踏切（東京都）	318	
池袋停車場（東京都）	318	
池袋東口（東京都）	318	
池袋モンパルナス（東京都）	318	
池辺（岐阜県）	558	
池間（沖縄県）	1052	
池間島（沖縄県）	1052	
伊興（東京都）	318	
伊興村（東京都）	318	
生駒（神奈川県）	406	
生駒（奈良県）	758	
生駒鋼索線（奈良県）	758	
生駒山地（奈良県）	758	
生駒直越え（奈良県）	758	
生駒屋敷（愛知県）	605	
生駒山（奈良県）	759	
生駒山上ホテル（奈良県）	759	
伊佐（山口県）	874	
井崎村（長崎県）	988	
伊讃郷（茨城県）	174	
砂子堰（福島県）	144	
五十沢村（山形県）	122	
五十沢村（新潟県）	449	
伊佐田池（和歌山県）	782	
いさにはの岡（愛媛県）	910	
鯨野郷（高知県）	932	
伊佐早（長崎県）	988	
諫早（長崎県）	988	
諫早郷（長崎県）	988	
諫早市（長崎県）	989	
諫早台場（長崎県）	989	
諫早町（長崎県）	989	
依佐美（愛知県）	605	
依佐美送信所（愛知県）	605	
伊佐布（静岡県）	574	
伊参小学校（群馬県）	214	
伊皿子坂（東京都）	318	
イサリ（北海道）	12	
石和（山梨県）	507	
胆沢（岩手県）	67	
胆沢川（岩手県）	67	
伊沢郡（岩手県）	67	

1129

いさわ　　　　　　　　　　　　　　　　　　　地名索引

伊沢修二生家（長野県）	517
胆沢町（岩手県）	67
伊雑宮（三重県）	628
伊治（宮城県）	81
旧石井家住宅（東京都）	318
旧石井家住宅主屋（東京都）	318
旧石井県令私邸（岩手県）	67
石井閘門（宮城県）	81
石井村（大分県）	1009
石井町（広島県）	840
石井峠道（香川県）	902
石井樋（佐賀県）	978
石井本陣（神奈川県）	406
石臼峠（広島県）	840
石内（広島県）	840
石岡（茨城県）	174
石岡（愛媛県）	910
石岡城（茨城県）	174
石垣（沖縄県）	1052
石垣市（沖縄県）	1052
石垣島（沖縄県）	1053
石垣町（沖縄県）	1053
石垣原（大分県）	1009
石垣村（富山県）	481
石垣村（沖縄県）	1053
石垣山（神奈川県）	406
石垣山一夜城（神奈川県）	406
石ヶ山丈停車場（愛媛県）	910
石ヶ谷峡（広島県）	840
石神（青森県）	56
石神峠（群馬県）	214
石上村（新潟県）	449
石狩（北海道）	12
石狩川（北海道）	12
石狩郡（北海道）	12
石狩市（北海道）	12
石狩小学校（北海道）	12
石狩町（北海道）	13
石狩場所（北海道）	13
石狩浜（北海道）	13
石狩勇払（北海道）	13
石狩油田（北海道）	13
石狩湾（北海道）	13
石川（福島県）	144
石川（石川県）	490
石川（静岡県）	574
石川（沖縄県）	1053
石川銀座通り（沖縄県）	1053
石川郡（福島県）	144
石川郡（石川県）	490
石川県（石川県）	490
石川郷（秋田県）	109
石河荘（新潟県）	449
旧石川組製糸西洋館建物（埼玉県）	246
石川庄（大阪府）	691
石川荘（福島県）	144
石川村（神奈川県）	407
石切（大阪府）	691
石倉（北海道）	13
石倉（群馬県）	214
石倉城（群馬県）	214
石越（宮城県）	81
石越町（宮城県）	81
石越村（宮城県）	81
石在（兵庫県）	729
石坂（福岡県）	952

石坂邸（埼玉県）	246
石坂トンネル（福島県）	952
石坂養平邸（埼玉県）	246
石崎館（和歌山県）	782
石沢郷（秋田県）	109
伊治城（宮城県）	81
石鎚（愛媛県）	910
石鉄県（愛媛県）	910
石鎚山（愛媛県）	910
石瀬（新潟県）	449
石田（福島県）	144
石田川（群馬県）	214
石田城（長崎県）	989
石田城碑（沖縄県）	1053
石田荘（福井県）	501
石畳道（沖縄県）	1053
石田町（滋賀県）	649
石田の猿尾（岐阜県）	558
石田村（福島県）	144
石田邑（福島県）	144
石田村隼人屋敷（東京都）	318
伊師町（茨城県）	174
石塚城（茨城県）	174
石出（千葉県）	273
石出港（千葉県）	273
石寺（滋賀県）	649
石東（島根県）	806
石鳥谷（岩手県）	67
石那坂（福島県）	144
石名坂（神奈川県）	407
石名原宿（三重県）	628
石成庄（広島県）	840
石の中（鹿児島県）	1038
石巻（宮城県）	81
石巻市（宮城県）	81
石巻湊（宮城県）	81
石野村（静岡県）	574
石橋（宮城県）	81
石橋（栃木県）	195
石橋（東京都）	318
石橋（滋賀県）	649
石橋（長崎県）	989
石刎（兵庫県）	729
石浜城（東京都）	318
石原（広島県）	840
石文（宮城県）	81
石風呂（兵庫県）	729
石部宿（滋賀県）	649
伊島（徳島県）	897
石間浦（大分県）	1010
石間城（埼玉県）	246
石見川村（大阪府）	691
五十公（新潟県）	449
五十公野御茶屋庭園（新潟県）	449
五十公郷（新潟県）	449
石母田城（福島県）	144
石山（山形県）	122
石山（滋賀県）	650
石山（宮崎県）	1027
石山寺内町（大阪府）	691
石山村（新潟県）	449
石山尼譲進領（全国）	1
伊集院（鹿児島県）	1038
伊脇（秋田県）	109
石脇港（秋田県）	109
石脇村（静岡県）	574

石渡前田堰（長野県）	517
一身田（三重県）	628
一身田寺内町（三重県）	628
維新の道（京都府）	668
伊豆（静岡県）	574
井随（新潟県）	449
伊豆尾（奈良県）	759
伊豆大島（東京都）	318
伊豆海軍特別攻撃隊基地（静岡県）	576
伊豆ヶ岳（静岡県）	576
伊豆ヶ市（静岡県）	576
出石（兵庫県）	729
出石川（兵庫県）	729
出石郡（兵庫県）	729
出石鉱山（愛媛県）	910
伊豆七島（東京都）	318
伊豆城（静岡県）	576
伊豆諸島（東京都）	318
伊豆国（静岡県）	576
伊豆野堰（宮城県）	81
泉野村（石川県）	491
出羽（島根県）	806
伊豆箱根鉄道（静岡県）	576
厳原港（長崎県）	989
伊豆半島（静岡県）	576
イズミ（群馬県）	214
出水（鹿児島県）	1038
泉（栃木県）	195
泉（愛知県）	605
泉（長崎県）	989
和泉（東京都）	318
和泉（愛知県）	605
和泉（大阪府）	691
泉ケ丘高校（鹿児島県）	1038
泉ケ岳（宮城県）	81
和泉川（大阪府）	691
泉区（宮城県）	81
泉区（神奈川県）	407
泉区（大阪府）	691
泉区役所（宮城県）	81
夷灊郡（千葉県）	273
夷隅郡（千葉県）	273
泉佐野（大阪府）	691
泉佐野市（大阪府）	691
いすみ市（千葉県）	273
出水市（鹿児島県）	1038
和泉市（大阪府）	692
和泉式部町（大阪府）	692
泉城（福島県）	144
出海村（愛媛県）	910
泉田（愛知県）	605
泉中央駅（宮城県）	81
泉町（東京都）	318
和泉（神奈川県）	407
泉津（京都府）	668
泉の森（奈良県）	759
泉廃寺跡（福島県）	144
泉水村（千葉県）	273
和泉村（東京都）	318
泉山城（広島県）	840
出雲（奈良県）	759
出雲（島根県）	806
出雲井（島根県）	808
出雲大川（島根県）	808
出雲大社（島根県）	808
出雲崎（新潟県）	449

地名索引　　いつし

出雲崎宿（新潟県） …… 449	板倉町（群馬県） …… 214	一之瀬（宮崎県） …… 1027
出雲崎町（新潟県） …… 449	潮来（茨城県） …… 175	市ノ瀬（和歌山県） …… 782
出雲路（島根県） …… 808	井田郷（茨城県） …… 175	一関（岩手県） …… 67
出雲町（島根県） …… 808	井田城（愛知県） …… 605	一関市（岩手県） …… 67
出雲の国（島根県） …… 808	鼬川（富山県） …… 481	一関城（岩手県） …… 67
出雲国（島根県） …… 808	板戸山（大分県） …… 1010	一関藩（岩手県） …… 67
出雲府中（島根県） …… 808	板橋（福島県） …… 144	一岳城（福岡県） …… 952
出雲平野（島根県） …… 808	板橋（東京都） …… 318	一の谷（兵庫県） …… 730
出雲屋敷（広島県） …… 840	板橋火薬製造所（東京都） …… 319	一の谷（高知県） …… 932
出流原（栃木県） …… 195	板橋区（東京都） …… 319	一ノ谷（兵庫県） …… 730
伊勢（三重県） …… 628	板橋宿（東京都） …… 319	一の谷城（兵庫県） …… 730
伊世賀美隧道（愛知県） …… 605	板橋城（東京都） …… 319	一ノ谷池（香川県） …… 902
伊勢宇橋（茨城県） …… 174	板橋見附（神奈川県） …… 407	一ノ戸橋梁（福島県） …… 144
伊勢宇橋（神奈川県） …… 407	板鼻（群馬県） …… 214	市辺（京都府） …… 668
伊勢街道（三重県） …… 629	伊丹（兵庫県） …… 729	一戸町（岩手県） …… 67
伊勢街道（奈良県） …… 759	伊丹街道（兵庫県） …… 730	市の堀用水（栃木県） …… 195
伊勢国分寺跡（三重県） …… 629	伊丹郷（兵庫県） …… 730	一の宮（山梨県） …… 507
伊勢佐木（神奈川県） …… 407	伊丹郷町（兵庫県） …… 730	一宮（全国） …… 1
伊勢崎（群馬県） …… 214	伊丹産業株式会社（兵庫県） …… 730	一宮（山梨県） …… 507
伊勢崎市（群馬県） …… 214	伊丹市（兵庫県） …… 730	一宮（愛知県） …… 605
伊勢佐木町（神奈川県） …… 407	伊丹市水道局（兵庫県） …… 730	一宮実業学校（千葉県） …… 274
伊勢崎町（群馬県） …… 214	伊丹道（兵庫県） …… 730	一宮病院（千葉県） …… 274
伊勢崎町（東京都） …… 318	伊丹飛行場（兵庫県） …… 730	一ノ宮本郷村（千葉県） …… 274
伊勢崎藩（群馬県） …… 214	井田村（石川県） …… 491	一宮本郷村（千葉県） …… 274
伊勢参宮本街道（三重県） …… 629	板持（福岡県） …… 952	一之宮村（神奈川県） …… 407
伊勢市（三重県） …… 629	板谷宿（山形県） …… 122	一の渡橋（広島県） …… 840
伊勢路（三重県） …… 629	板宿村（兵庫県） …… 730	一迫川（宮城県） …… 81
伊勢大湊町造船所（三重県） …… 629	板山（新潟県） …… 449	市城（愛知県） …… 605
伊勢西国道（三重県） …… 629	旧イタリア大使館夏季別荘（栃木県）	市場村（徳島県） …… 897
伊勢津城（三重県） …… 629	…… 195	一畑（大分県） …… 1010
伊勢神宮（三重県） …… 629	一円屋敷（滋賀県） …… 650	一畑軽便鉄道（島根県） …… 808
伊瀬知（鹿児島県） …… 1038	市尾（奈良県） …… 759	市場村（神奈川県） …… 407
伊勢町（栃木県） …… 195	市ヶ尾（神奈川県） …… 407	一原（北海道） …… 13
伊勢電（三重県） …… 629	市ヶ原廃寺（静岡県） …… 576	市原（千葉県） …… 274
伊勢堂（秋田県） …… 109	市ヶ谷（東京都） …… 319	市原郡（千葉県） …… 274
伊是名（沖縄県） …… 1053	市川（宮城県） …… 81	市原市（千葉県） …… 274
伊是名島（沖縄県） …… 1053	市川（千葉県） …… 273	一番町（宮城県） …… 81
伊是名玉御殿（沖縄県） …… 1053	市川（山梨県） …… 507	一番通り（北海道） …… 13
伊勢国（三重県） …… 629	市川（長野県） …… 517	市日通り（秋田県） …… 109
伊勢原（神奈川県） …… 407	市川（兵庫県） …… 730	市部（静岡県） …… 576
伊勢別街道（三重県） …… 630	市川局（千葉県） …… 274	市堀川（和歌山県） …… 782
伊勢本街道（三重県） …… 630	市川市（千葉県） …… 274	一万田館（大分県） …… 1010
伊勢本街道（奈良県） …… 759	市川大門（山梨県） …… 507	市万田町（大分県） …… 1010
伊勢道（三重県） …… 630	市川三郷町（山梨県） …… 507	一里塚（香川県） …… 902
伊勢南街道（和歌山県） …… 782	一木（大分県） …… 1010	一蓮寺（山梨県） …… 507
伊勢湾（三重県） …… 630	市来街道（鹿児島県） …… 1038	五日市（宮城県） …… 81
五十市（宮崎県） …… 1027	市木川北郷（宮崎県） …… 1027	五日市（東京都） …… 319
伊曽乃台地（愛媛県） …… 910	いちき串木野（鹿児島県） …… 1038	五日市（広島県） …… 840
磯河内（愛媛県） …… 910	いちき串木野市（鹿児島県） …… 1038	五日市（宮崎県） …… 1027
磯子村（神奈川県） …… 407	市来町（鹿児島県） …… 1038	五日市場宿（東京都） …… 319
磯崎城（岡山県） …… 821	伊知郷（福岡県） …… 952	五日市鉄道（東京都） …… 319
伊孑志村（兵庫県） …… 729	市倉家住宅（東京都） …… 319	五日市鉄道大久野線（東京都） …… 319
磯浜海防陣屋（茨城県） …… 174	市子林（青森県） …… 56	五日市場（愛知県） …… 605
磯部（長野県） …… 517	市島（兵庫県） …… 730	五日市町（東京都） …… 319
磯辺（神奈川県） …… 407	市島町（兵庫県） …… 730	五日町（新潟県） …… 449
板井（埼玉県） …… 247	一乗谷（福井県） …… 501	五ヶ山城（佐賀県） …… 978
板井（新潟県） …… 449	一乗谷朝倉氏遺跡（福井県） …… 501	五木（福岡県） …… 952
板井迫（大分県） …… 1010	一条戻橋（京都府） …… 668	一宮（高知県） …… 932
以平（北海道） …… 13	市助町（兵庫県） …… 730	厳島（広島県） …… 840
板荷（栃木県） …… 195	市田（長野県） …… 517	一区町（栃木県） …… 195
板木城（新潟県） …… 449	市田陣屋（長野県） …… 517	一色（神奈川県） …… 407
板来郷（茨城県） …… 174	市尾（大分県） …… 1010	一色（三重県） …… 630
板倉（千葉県） …… 273	市ノ川鉱山（徳島県） …… 897	一色海岸（神奈川県） …… 407
板倉（新潟県） …… 449	市之川鉱山（愛媛県） …… 910	一色川（富山県） …… 481
板倉（岡山県） …… 821	一ノ木戸陣屋（群馬県） …… 214	一色七塚（神奈川県） …… 407
板倉町（新潟県） …… 449	一ノ瀬（山口県） …… 874	一色城（愛知県） …… 605

1131

一色町 (愛知県)	605	稲垣 (青森県)	56	稲荷山町 (長野県)	519
一色町 (三重県)	630	稲垣村 (青森県)	56	稲荷山元町 (長野県)	519
一色村 (神奈川県)	407	猪名川 (大阪府)	692	伊奈良の沼 (群馬県)	214
一色村 (愛知県)	605	猪名川 (兵庫県)	730	猪苗代 (福島県)	144
一尺八寸山 (大分県)	1010	猪名川町 (兵庫県)	730	猪苗代湖 (福島県)	144
一勝地官行製材所 (熊本県)	1001	稲城 (東京都)	319	猪苗代城 (福島県)	144
一石山 (東京都)	319	稲置公園 (愛知県)	605	猪苗代第四発電所切立橋 (福島県)	144
五辻通 (京都府)	668	伊那北高校 (長野県)	518	猪苗代町 (福島県)	144
一本木農場 (栃木県)	195	伊那郡 (長野県)	518	以南 (高知県)	932
一本松 (静岡県)	576	伊那郡衙 (長野県)	518	以南村 (高知県)	932
井出栖 (山形県)	123	稲毛冲 (千葉県)	274	伊仁 (広島県)	841
井出町 (京都府)	668	伊那県 (長野県)	518	旧乾邸庭園 (兵庫県)	730
井の沢 (東京都)	319	伊那高等女学校 (長野県)	518	犬飼港 (大分県)	1010
井手平城 (長崎県)	989	伊那小沢駅 (長野県)	518	犬飼町 (大分県)	1010
伊都 (和歌山県)	782	稲子城 (静岡県)	577	犬島 (岡山県)	821
伊都 (その他)	1096	伊那小屋 (長野県)	518	犬島 (香川県)	902
糸魚川 (新潟県)	449	稲佐海水浴場 (島根県)	808	犬塚 (群馬県)	214
糸魚川街道 (新潟県)	449	伊那里小学校 (長野県)	518	犬地城 (岐阜県)	558
糸魚川市 (新潟県)	449	引佐細江 (静岡県)	577	犬塚家住宅 (長野県)	519
糸魚川ジオパーク (新潟県)	449	稲沢市 (愛知県)	605	犬鳴川 (福岡県)	952
糸魚川 (新潟県)	449	伊那山脈 (長野県)	518	犬鳴山 (大阪府)	692
伊東 (静岡県)	576	伊那市 (長野県)	518	犬目山 (東京都)	319
伊藤糸店 (滋賀県)	650	伊那路 (長野県)	518	犬目町 (東京都)	319
伊東駅 (静岡県)	576	伊奈城 (愛知県)	605	犬山城 (千葉県)	274
伊東温泉 (静岡県)	576	伊那小学校 (長野県)	518	犬山城 (愛知県)	605
伊東港 (静岡県)	576	稲津 (宮崎県)	1027	伊根 (京都府)	669
伊東市 (静岡県)	577	稲間荘 (京都府)	669	井野 (島根県)	808
伊東線 (静岡県)	577	稲積が原 (島根県)	808	伊能 (千葉県)	274
伊藤田 (大分県)	1010	稲積島 (和歌山県)	782	井上家住宅 (長野県)	519
伊藤谷村 (東京都)	319	伊那谷 (長野県)	518	井上家住宅 (岡山県)	821
伊藤博文邸 (山口県)	874	伊那中学校 (長野県)	519	井上郷 (茨城県)	175
伊東町 (静岡県)	577	伊那町駅 (長野県)	519	井上城 (長野県)	519
伊東村 (静岡県)	577	稲包山 (群馬県)	214	井上醤油醸造 (東京都)	319
井通尋常高等小学校 (静岡県)	577	伊那手 (長野県)	519	伊能橋 (北海道)	13
井土ヶ谷 (神奈川県)	407	猪名寺 (兵庫県)	730	井の頭恩賜公園 (東京都)	320
糸繰川排水機場 (茨城県)	175	伊那電 (長野県)	519	井の頭公園 (東京都)	320
怡土郡 (福岡県)	952	伊那電気鉄道 (長野県)	519	井之頭線 (東京都)	320
伊都国 (その他)	1096	稲取 (静岡県)	577	井口 (広島県)	841
糸崎 (広島県)	841	稲取村 (静岡県)	577	井ノ口池 (広島県)	841
糸沢宿 (福島県)	144	稲庭 (秋田県)	109	井の口橋 (岡山県)	821
糸島 (岡山県)	821	猪名野 (兵庫県)	730	井隈荘 (徳島県)	897
糸島 (福岡県)	952	猪名荘 (兵庫県)	730	猪野沢新道 (山形県)	123
糸島郡 (福岡県)	952	稲葉 (静岡県)	577	井野城 (宮崎県)	1027
糸島市 (福岡県)	952	因幡 (鳥取県)	799	伊野尋常高等小学校 (高知県)	932
糸島半島 (福岡県)	952	旧稲葉家住宅 (東京都)	319	猪谷 (富山県)	481
怡土城 (福岡県)	952	稲葉根 (和歌山県)	782	いの町 (高知県)	932
井戸尻 (長野県)	517	因幡国 (鳥取県)	799	伊野町 (高知県)	932
石徹白 (福井県)	501	因幡藩 (鳥取県)	799	亥鼻 (千葉県)	274
糸州壕 (沖縄県)	1053	伊那飛行場 (長野県)	519	猪膝街道 (福岡県)	952
伊都の国 (その他)	1096	稲生 (高知県)	932	伊延 (鹿児島県)	1038
伊都国歴史博物館 (福岡県)	952	いなべ市 (三重県)	630	猪俣城 (埼玉県)	247
糸原家住宅 (島根県)	808	伊那部宿 (長野県)	519	井野村 (島根県)	808
糸満 (沖縄県)	1053	伊奈町 (埼玉県)	247	射場地野 (宮崎県)	1027
糸満街道 (沖縄県)	1053	伊那町南停留所 (長野県)	519	井原 (岡山県)	821
糸満市 (沖縄県)	1053	印南 (和歌山県)	782	茨城 (茨城県)	175
糸満ロータリー (沖縄県)	1053	印南町 (和歌山県)	782	茨木 (大阪府)	692
伊奈 (埼玉県)	247	印波の鳥見の丘 (茨城県)	175	茨城県 (茨城県)	175
伊奈 (長野県)	517	伊那村 (長野県)	519	茨城県北 (茨城県)	175
伊那 (長野県)	517	稲村ヶ岳 (奈良県)	759	茨木市 (大阪府)	692
伊南 (福島県)	144	伊那弥生ヶ丘高校 (長野県)	519	茨城貯蓄銀行 (茨城県)	175
猪名 (兵庫県)	730	稲荷堀 (東京都)	319	庵原郡 (静岡県)	577
稲居塚城 (福岡県)	952	稲荷町 (新潟県)	449	井原市 (岡山県)	821
稲生川用水 (青森県)	56	稲荷村 (神奈川県)	407	庵原城 (静岡県)	577
伊那大橋 (長野県)	518	稲荷山 (長野県)	519	茨城 (広島県)	841
稲岡庄 (岡山県)	821	稲荷山 (愛媛県)	910	井原荘 (岡山県)	821
伊那街道 (愛知県)	605	稲荷山支線 (岡山県)	821	井原村 (福岡県)	952

地名索引　いわき

伊原第一外科壕（沖縄県） ········ 1053	
伊原第三外科壕（沖縄県） ········ 1053	
井原町（岡山県） ················· 821	
井原鉄道（中国） ················· 796	
威張山（神奈川県） ··············· 408	

伊原第一外科壕（沖縄県）········ 1053
伊原第三外科壕（沖縄県）········ 1053
井原町（岡山県）················· 821
井原鉄道（中国）················· 796
威張山（神奈川県）··············· 408
揖斐川（岐阜県）················· 558
揖斐川橋梁（岐阜県）············· 558
揖斐川鉄橋（岐阜県）············· 558
揖斐城（岐阜県）················· 558
飯櫃村（千葉県）················· 274
伊吹（愛知県）··················· 605
伊吹（滋賀県）··················· 650
伊吹島（香川県）················· 902
伊吹町（滋賀県）················· 650
伊吹山（岐阜県）················· 558
伊吹山（滋賀県）················· 650
伊福寺（広島県）················· 841
伊福村（長崎県）················· 989
指宿（鹿児島県）················ 1038
いふた（大分県）················ 1010
胆振（北海道）··················· 13
胆振線（北海道）················· 13
伊平屋島（沖縄県）··············· 1053
揖保川（兵庫県）················· 730
揖保郡（兵庫県）················· 730
庵原（静岡県）··················· 577
庵原町（静岡県）················· 577
今井（千葉県）··················· 274
今井（静岡県）··················· 577
今井（大阪府）··················· 692
今池（愛知県）··················· 605
今池遺跡（大阪府）··············· 692
今井城（東京都）················· 320
今井小学校（長野県）············· 520
今泉（福島県）··················· 144
今泉（神奈川県）················· 408
今泉渡船場（宮城県）············· 81
今泉（福岡県）··················· 952
今泉鉄山（青森県）··············· 56
今市（栃木県）··················· 195
今市上砦（滋賀県）··············· 650
今市宿（栃木県）················· 196
今市中学校（栃木県）············· 196
今井町（奈良県）················· 759
今井町（広島県）················· 841
今井樋（滋賀県）················· 650
今井村（長野県）················· 520
今井村（奈良県）················· 759
今江村（石川県）················· 491
今上村（千葉県）················· 274
今川（大阪府）··················· 692
今川（福岡県）··················· 952
今高野山（広島県）··············· 841
今里村（長野県）················· 520
今宿（埼玉県）··················· 247
今宿（兵庫県）··················· 731
今津（大分県）·················· 1010
今津屋橋（岡山県）··············· 821
今津村（広島県）················· 841
今出川（滋賀県）················· 650
今寺（鹿児島県）················ 1038
今戸（東京都）··················· 320
今泊（沖縄県）·················· 1053
今橋駅（香川県）················· 902
今治（愛媛県）··················· 910
今治街道（愛媛県）··············· 911

今治港（愛媛県）················· 911
今治市（愛媛県）················· 911
今治城（愛媛県）················· 911
今治中学校（愛媛県）············· 911
今治藩（愛媛県）················· 911
今福（長崎県）··················· 989
今福村（大阪府）················· 692
今福町（和歌山県）··············· 782
今町一里塚（宮崎県）············· 1027
今宮館（埼玉県）················· 247
今村（長野県）··················· 520
今村区（長野県）················· 520
伊万里（佐賀県）················· 978
伊万里駅（佐賀県）··············· 978
伊万里中学校（佐賀県）··········· 978
伊万里津（佐賀県）··············· 979
伊万里町（佐賀県）··············· 979
伊万里郵便局（佐賀県）··········· 979
伊万里湾（佐賀県）··············· 979
伊万里湾大橋（佐賀県）··········· 979
伊美（大分県）·················· 1010
射水（富山県）··················· 481
射水郡（富山県）················· 481
射水平野（富山県）··············· 481
伊美村（大分県）················ 1010
蘭牟田池（鹿児島県）············· 1038
芋峠（奈良県）··················· 759
芋ヶ峠道（奈良県）··············· 759
芋峠道（奈良県）················· 759
妹川村（福島県）················· 952
鋳物師（兵庫県）················· 731
妹背の滝（広島県）··············· 841
妹背山（奈良県）················· 759
芋田城（富山県）················· 481
井元城（滋賀県）················· 650
芋畑飛行場（宮崎県）············· 1027
妹山（奈良県）··················· 759
妹山（岡山県）··················· 821
祖谷新道（徳島県）··············· 897
祖谷（徳島県）··················· 897
祖谷山（徳島県）················· 897
伊由荘（兵庫県）················· 731
伊予（愛媛県）··················· 911
葦陽用水（広島県）··············· 841
伊予岡八幡池（愛媛県）··········· 912
伊予街道（愛媛県）··············· 912
五百木（愛媛県）················· 912
伊予郡（愛媛県）················· 912
伊予西条（愛媛県）··············· 912
伊予西条駅（愛媛県）············· 912
伊予西条藩（愛媛県）············· 912
伊予市（愛媛県）················· 912
伊予鉄道（愛媛県）··············· 913
伊予灘（愛媛県）················· 913
伊予国（愛媛県）················· 913
伊予国府（愛媛県）··············· 913
伊予国衙（愛媛県）··············· 913
伊予の高嶺（愛媛県）············· 913
伊予三島（愛媛県）··············· 913
伊予路（愛媛県）················· 913
伊予港（愛媛県）················· 913
伊予吉田（愛媛県）··············· 913
伊良湖（愛知県）················· 605
伊良湖岬（愛知県）··············· 606
伊良湖町（愛知県）··············· 606
伊良波（沖縄県）················ 1053

伊良部（沖縄県）················ 1053
伊良部島（沖縄県）·············· 1053
伊良部村（沖縄県）·············· 1054
伊良部村落（沖縄県）············· 1054
入会山（愛媛県）················· 913
入生田（神奈川県）··············· 408
入江内湖（滋賀県）··············· 650
入江荘（静岡県）················· 577
西表（山口県）··················· 874
西表島（沖縄県）················ 1054
入来（鹿児島県）················ 1038
入来町（鹿児島県）·············· 1038
入蔵（大分県）·················· 1010
旧入沢住宅（群馬県）············· 214
入沢城（群馬県）················· 214
入沢村三条（長野県）············· 520
入須川小学校（群馬県）··········· 214
入野橋（和歌山県）··············· 782
入野小学校多比良分校（群馬県）··· 214
入野碑（群馬県）················· 214
入東谷村（新潟県）··············· 449
入部（福岡県）··················· 952
入船陸橋（北海道）··············· 13
深見入村（神奈川県）············· 408
不入斗（静岡県）················· 577
入山瀬村（静岡県）··············· 577
入山田村（大阪府）··············· 692
入山峠（群馬県）················· 215
入鹿収容所（三重県）············· 630
入間（埼玉県）··················· 247
入間川（埼玉県）················· 247
入間県（埼玉県）················· 247
入間市（埼玉県）················· 247
入間野（埼玉県）················· 247
色川（和歌山県）················· 782
いろは島（佐賀県）··············· 979
いろは樋（埼玉県）··············· 247
いろは橋（埼玉県）··············· 247
岩井（茨城県）··················· 176
岩井（岐阜県）··················· 558
岩井川（奈良県）················· 759
岩井郡（鳥取県）················· 799
祝島（山口県）··················· 874
磐井清水（岩手県）··············· 67
岩泉（岩手県）··················· 67
岩井滝（岡山県）················· 821
祝戸荘（奈良県）················· 759
祝村（山梨県）··················· 507
岩井山城（栃木県）··············· 196
岩陰（愛媛県）··················· 913
岩ヶ崎（宮城県）················· 82
岩ヶ下（山口県）················· 874
岩方国民学校（広島県）··········· 841
石根（愛媛県）··················· 913
岩神王子（和歌山県）············· 782
岩川航空基地（鹿児島県）········· 1038
いわき（福島県）················· 145
岩城（福島県）··················· 145
岩城（愛媛県）··················· 913
石城（福島県）··················· 145
磐城（福島県）··················· 145
いわき駅（福島県）··············· 145
岩木川（青森県）················· 56
岩城郡（福島県）················· 145
磐城郡大領（福島県）············· 145
岩木山（青森県）················· 56

1133

いわき　　　　　　　　　　　地名索引

石城山（山口県）	874
石城山神籠石（山口県）	874
いわき市（福島県）	145
磐城線（福島県）	145
岩城相馬街道（茨城県）	176
磐城平城（福島県）	145
岩城炭鉱（福島県）	145
磐城常葉駅（福島県）	145
岩城国（福島県）	145
磐城国（福島県）	145
岩城村（愛媛県）	913
岩切（宮城県）	82
岩切郵便局（宮城県）	82
岩国（山口県）	874
岩国市（山口県）	874
岩国城（山口県）	874
岩国中学校（山口県）	874
岩国電車（山口県）	874
岩国藩（山口県）	874
岩国山（山口県）	874
岩倉（京都府）	669
岩倉川（京都府）	669
岩倉組（長野県）	520
岩倉城（愛知県）	606
岩倉城（徳島県）	897
岩倉村（岡山県）	821
岩崎（山梨県）	507
磐前県（福島県）	145
岩崎城（岩手県）	67
岩崎城（愛知県）	606
岩崎邸（東京都）	320
旧岩崎邸（東京都）	320
旧岩崎邸庭園（東京都）	320
岩崎原（熊本県）	1001
磐前村（福島県）	145
岩崎山金窟址（宮城県）	82
岩沢（新潟県）	450
岩島（群馬県）	215
岩清水（山形県）	123
石清水八幡宮（京都府）	669
岩尻村（宮城県）	82
岩代国（福島県）	145
岩代郵便局（福島県）	145
岩津城（愛知県）	606
岩津新城（愛知県）	606
岩津町（愛知県）	606
岩津発電所（東京都）	320
岩瀬（秋田県）	109
岩瀬郡衙（福島県）	145
石瀬野（富山県）	481
岩瀬町（茨城県）	176
岩田（静岡県）	577
磐田（静岡県）	577
磐田郡（静岡県）	577
磐田市（静岡県）	577
岩田造船所（千葉県）	274
岩知志小学校（北海道）	13
岩槻（埼玉県）	247
岩付（埼玉県）	247
岩槻区（埼玉県）	247
岩槻市（埼玉県）	247
岩槻城（埼玉県）	247
岩槻藩（埼玉県）	247
岩付山隧道（秋田県）	109
岩剣城（鹿児島県）	1038
岩手（岩手県）	67

岩手県（岩手県）	68
岩手山（岩手県）	69
岩出市（和歌山県）	782
岩出山（宮城県）	82
岩出山支藩（宮城県）	82
岩出山町（宮城県）	82
岩戸山（三重県）	630
岩殿（埼玉県）	248
岩殿城（山梨県）	507
岩富町（千葉県）	274
岩名（千葉県）	274
岩内（北海道）	13
岩内銅山（群馬県）	215
磐梨郡（岡山県）	822
岩沼市（宮城県）	82
岩沼本郷（宮城県）	82
岩根（千葉県）	274
岩鼻火薬製造所（東京都）	320
岩鼻陣屋（群馬県）	215
岩原（神奈川県）	408
岩櫃（群馬県）	215
岩櫃城（群馬県）	215
岩櫃城古谷館（群馬県）	215
石生（岡山県）	822
岩淵（東京都）	320
岩淵赤羽（東京都）	320
岩淵宿（静岡県）	577
岩船（新潟県）	450
岩船柵（新潟県）	450
磐舟柵（新潟県）	450
岩部山館（山形県）	123
岩松（群馬県）	215
岩松（愛媛県）	913
岩松村（愛媛県）	913
石見（島根県）	809
石見銀街道（島根県）	809
石見銀山（島根県）	809
石見銀山遺跡（島根県）	810
岩美郡（鳥取県）	799
岩見沢（北海道）	13
岩見沢市（北海道）	13
石見路（島根県）	810
石見国（島根県）	810
岩村（高知県）	932
岩村（岐阜県）	558
岩村（愛知県）	606
岩村田（長野県）	520
岩村田藩（長野県）	520
岩村電車（岐阜県）	558
岩室温泉（新潟県）	450
岩室城（千葉県）	274
岩室村（新潟県）	450
岩本学校（群馬県）	215
岩本家住宅（奈良県）	759
岩屋（兵庫県）	731
岩屋（徳島県）	897
岩屋口用水（富山県）	481
岩谷山（秋田県）	109
岩屋城（岡山県）	822
岩屋城（福岡県）	952
岩谷町村（秋田県）	109
井原藩（福岡県）	953
磐余（奈良県）	759
磐余池（奈良県）	759
岩湧山（大阪府）	692
岩鷲山（岩手県）	69

岩和田（大分県）	1010
印西（千葉県）	274
印西市（千葉県）	274
印西内外十六郷（千葉県）	274
印西牧（千葉県）	274
印東庄（千葉県）	274
院内（愛媛県）	913
院内銀山（秋田県）	109
院内町（大分県）	1010
院内村（秋田県）	109
因島（広島県）	841
院庄（岡山県）	822
陰野の滝（広島県）	841
因波（千葉県）	274
因伯（中国）	796
因伯（鳥取県）	799
印旛郡（千葉県）	274
印旛沼（千葉県）	275
因原村（島根県）	810
伊部南大窯（岡山県）	822
陰陽連絡鉄道線路（中国）	796

【う】

大瀬（愛媛県）	913
植木（神奈川県）	408
植木（福岡県）	953
植木枝盛邸（高知県）	932
植木向坂（大分県）	1010
植木別館（福岡県）	953
植木村（鹿児島県）	1038
宇江城城（沖縄県）	1054
上庄悪水井路（大阪府）	692
上新町（三重県）	630
上江洲（沖縄県）	1054
上江洲家（沖縄県）	1054
上田（東京都）	320
上田（長野県）	520
上田（大阪府）	692
植田（静岡県）	577
上田市（長野県）	520
上田島（宮崎県）	1027
上田城（長野県）	520
上田庄（新潟県）	450
上田原（長野県）	520
上田藩（長野県）	520
上田藩抱屋敷（東京都）	320
上田村（兵庫県）	731
羽越（東日本）	6
上手々知名（鹿児島県）	1038
上野（北海道）	13
上野（岩手県）	69
上野（東京都）	320
上野（三重県）	630
上野駅（東京都）	320
上の川用水路（大阪府）	692
上野公園（東京都）	320
上野公園（三重県）	630
上野桜木（東京都）	320
上野市（三重県）	630
上野宿（三重県）	630
上野城（群馬県）	215
上野城（三重県）	630
上野村（兵庫県）	731
上野原（長野県）	520

1134

地名索引　　　　　　　　　　　　　　　　　うちか

上野原市（山梨県）	507
上野牧（千葉県）	275
上野村（岩手県）	69
上野村（群馬県）	215
上野村（大分県）	1010
上野山（東京都）	320
殖蓮（群馬県）	215
上原（東京都）	320
上原（佐賀県）	979
上原（沖縄県）	1054
上原山（長野県）	520
上間（沖縄県）	1054
上町（大阪府）	692
上町線（大阪府）	692
上町台地（大阪府）	692
植松荘（京都府）	669
植村新田用水路（鹿児島県）	1039
上六ホテル（大阪府）	692
魚街道（岡山県）	822
魚河岸（東京都）	320
魚ヶ辺（山口県）	874
魚崎郷（兵庫県）	731
魚崎村（兵庫県）	731
魚島（愛媛県）	913
魚津（富山県）	481
魚津浦（富山県）	481
魚津ヶ崎（長崎県）	989
魚津城（富山県）	481
魚津町（富山県）	481
魚釣島（沖縄県）	1054
魚成村（愛媛県）	913
魚沼（新潟県）	450
魚沼丘陵（新潟県）	450
魚沼郡（新潟県）	450
魚沼路（新潟県）	450
魚沼線（新潟県）	450
魚沼鉄道（新潟県）	450
魚沼村（新潟県）	450
魚野川（新潟県）	450
魚町（大分県）	1010
ヴォーリズ今津郵便局（滋賀県）	650
宇嘉（沖縄県）	1054
鵜飼（岐阜県）	558
宇賀村（広島県）	841
鵜川（新潟県）	450
うかん常山公園（岡山県）	822
浮亀橋（愛媛県）	913
浮島（茨城県）	176
浮島（静岡県）	577
浮島（和歌山県）	782
浮島沼（静岡県）	578
浮島の森（和歌山県）	782
浮田町（京都府）	669
宇喜多堤（岡山県）	822
浮羽（福岡県）	953
浮橋（静岡県）	578
浮間（東京都）	320
浮間ヶ原（東京都）	320
鷺沢（宮城県）	82
うぐいの里（山口県）	874
うくい橋（石川県）	491
宇久島（長崎県）	989
鶯村（長野県）	520
受（新潟県）	450
請戸（福島県）	145
浮穴郡（愛媛県）	913

ウコエキウシ（北海道）	13
羽後上大野駅（秋田県）	109
宇佐（高知県）	932
宇佐（大分県）	1010
宇佐海軍航空隊（大分県）	1010
うさぎ田（福島県）	145
兎谷戸（東京都）	320
兎峠（広島県）	841
鵜鷺村（島根県）	810
宇佐郡（大分県）	1010
宇佐郡中央農業倉庫（大分県）	1011
宇佐航空隊（大分県）	1011
宇佐市（大分県）	1011
宇佐神宮（大分県）	1011
宇佐村（山口県）	874
宇佐平野（大分県）	1011
宇佐美（静岡県）	578
宇佐美中学校（静岡県）	578
宇佐美村（静岡県）	578
宇治（京都府）	669
氏家（栃木県）	196
氏家駅（栃木県）	196
氏家宿（栃木県）	196
氏家町（栃木県）	196
氏家町役場（栃木県）	196
牛池（新潟県）	450
潮津駅（石川県）	491
潮田（神奈川県）	408
牛街道（関東）	165
宇治川（京都府）	669
丑川（東京都）	320
牛久（千葉県）	275
牛久宿（茨城県）	176
牛久保（愛知県）	606
牛越城（福島県）	145
宇治市（京都府）	669
牛津川（佐賀県）	979
牛田（東京都）	320
宇治田原（京都府）	669
宇治田原町（京都府）	669
宇品（広島県）	841
宇品尋常高等小学校（広島県）	841
宇品線（広島県）	841
宇品郵便局（広島県）	841
宇品陸軍糧秣支廠（広島県）	841
宇品陸軍糧秣支廠缶詰工場（広島県）	
	841
牛根（鹿児島県）	1039
牛の皮城（広島県）	841
丑ノ沢砦（新潟県）	450
牛の峠（宮崎県）	1027
宇治橋（三重県）	630
牛浜（東京都）	320
牛深（熊本県）	1001
牛深町（熊本県）	1001
牛伏川（長野県）	520
牛伏山（群馬県）	215
牛堀（茨城県）	176
牛堀村（茨城県）	176
牛島（山口県）	874
牛窓（岡山県）	822
牛窓町（岡山県）	822
宇治屋（京都府）	669
宇治山田（三重県）	630
宇治山田市（三重県）	631
羽州（東北）	49

羽州街道（福島県）	145
羽州中村（秋田県）	109
羽州幕領（山形県）	123
ウショロ御用所（北海道）	13
ウショロ場所（北海道）	13
後谷銅山（鳥取県）	799
後谷地（秋田県）	109
後山都茂屋（島根県）	810
有珠（北海道）	13
臼井（千葉県）	275
臼井（福岡県）	953
碓氷坂（群馬県）	215
碓氷社（群馬県）	215
碓氷町（福岡県）	953
臼井道（千葉県）	275
碓氷峠（群馬県）	215
碓氷峠（長野県）	520
臼井庄（千葉県）	275
碓氷関所（群馬県）	215
臼井八景（千葉県）	275
碓井町（福岡県）	953
臼井無線送信所（千葉県）	275
臼が峰（富山県）	481
臼杵（大分県）	1011
臼杵市（大分県）	1011
薄衣（岩手県）	69
薄衣町（岩手県）	69
臼杵藩（大分県）	1011
有珠山（北海道）	13
有珠新道（北海道）	13
巴波川（栃木県）	196
太秦（三重県）	631
太秦（京都府）	669
ウズミグムイ（沖縄県）	1054
うづら野（兵庫県）	731
鶉野飛行場（兵庫県）	731
宇曽利湖（青森県）	56
宇曽利郷（青森県）	56
宇陀（奈良県）	759
宇田（青森県）	56
宇高（愛媛県）	913
歌が丘（長野県）	520
宇多川（福島県）	145
宇陀郡（奈良県）	759
烏岳城（福岡県）	953
歌越（北海道）	13
歌坂（東京都）	320
歌島橋（大阪府）	692
宇多津（香川県）	902
卯辰山（石川県）	491
ウダ峠（群馬県）	215
菟田野（奈良県）	759
宇多庄（大阪府）	692
宇陀松山（奈良県）	759
宇陀松山藩（奈良県）	759
宇多良炭鉱（沖縄県）	1054
打上村（大阪府）	692
内海村（愛媛県）	913
内浦（石川県）	491
内浦（静岡県）	578
内浦重寺（静岡県）	578
内浦長浜（静岡県）	578
内ヶ磯（福岡県）	953
内ヶ磯古窯（福岡県）	953
撃ち返し山（福島県）	145
内ヶ巻城（新潟県）	450

内川 (山形県) ……… 123	内海東端 (愛知県) ……… 606	馬町 (岩手県) ……… 69
内川 (栃木県) ……… 196	宇津山城 (静岡県) ……… 578	馬見丘陵公園 (大阪府) ……… 692
内川 (長野県) ……… 520	鵜津山城 (静岡県) ……… 578	馬宿村 (香川県) ……… 902
内川石積み堰堤群 (新潟県) ……… 450	鬱陵島 (朝鮮) ……… 1102	厩橋 (群馬県) ……… 215
内川村 (長野県) ……… 520	内越 (秋田県) ……… 109	海尻村 (長野県) ……… 521
宇智郡 (奈良県) ……… 759	宇土 (熊本県) ……… 1001	海ノ口 (長野県) ……… 521
内子 (愛媛県) ……… 913	鵜峠 (島根県) ……… 811	海辺新田 (東京都) ……… 320
内郷 (千葉県) ……… 275	宇土山砦 (大分県) ……… 1011	海辺荘 (山形県) ……… 123
内郷宮 (福島県) ……… 145	宇土市 (熊本県) ……… 1001	海辺大工町 (東京都) ……… 320
内郷村 (神奈川県) ……… 408	宇土支藩 (熊本県) ……… 1001	梅ヶ丘団地 (東京都) ……… 321
内子高校 (愛媛県) ……… 913	宇土城 (熊本県) ……… 1001	梅ヶ丘地下壕 (東京都) ……… 321
打越 (新潟県) ……… 450	鵜峠銅山 (島根県) ……… 811	梅ヶ崎仮館 (長崎県) ……… 989
内子町 (愛媛県) ……… 913	宇土名和氏領 (熊本県) ……… 1001	梅ヶ島 (静岡県) ……… 578
内幸町 (東京都) ……… 320	鵜殿 (三重県) ……… 631	梅が茶屋 (東京都) ……… 321
内宿 (千葉県) ……… 275	宇土藩 (熊本県) ……… 1001	梅川 (奈良県) ……… 760
内城 (鹿児島県) ……… 1039	宇土牧山 (熊本県) ……… 1001	梅島小学校 (東京都) ……… 321
旧内田邸 (天理教兵神大教会) 庭園 (兵庫県) ……… 731	有度村 (静岡県) ……… 578	梅島陸橋 (東京都) ……… 321
内田手永 (熊本県) ……… 1001	鵜取島 (茨城県) ……… 176	梅田 (東京都) ……… 321
打出 (兵庫県) ……… 731	海上 (千葉県) ……… 275	梅田 (大阪府) ……… 692
内成 (大分県) ……… 1011	海上町 (千葉県) ……… 275	梅田川 (愛知県) ……… 606
宇智野 (奈良県) ……… 759	宇波 (富山県) ……… 481	梅田湖 (群馬県) ……… 215
内野 (新潟県) ……… 450	宇波川 (富山県) ……… 481	旧梅田診療所 (東京都) ……… 321
内野 (福岡県) ……… 953	御庭 (沖縄県) ……… 1054	梅田邸 (東京都) ……… 321
内之浦 (鹿児島県) ……… 1039	鵜沼宿 (岐阜県) ……… 558	梅原村 (静岡県) ……… 578
内之浦郷 (鹿児島県) ……… 1039	鵜沼府城 (岐阜県) ……… 558	梅鉢鉄鋼 (大阪府) ……… 692
内之浦村 (鹿児島県) ……… 1039	有年 (千葉県) ……… 275	梅鉢鉄工所 (大阪府) ……… 692
宇智の大野 (奈良県) ……… 759	有年宿 (兵庫県) ……… 731	浦内川 (沖縄県) ……… 1054
内ノ萱 (長野県) ……… 521	畝田村 (石川県) ……… 491	浦賀 (神奈川県) ……… 408
内之木場 (宮崎県) ……… 1027	畝町 (長野県) ……… 521	浦賀 (長崎県) ……… 989
内野醤油店 (神奈川県) ……… 408	畝傍 (奈良県) ……… 759	浦賀船渠株式会社 (神奈川県) ……… 408
内海町 (広島県) ……… 841	畝傍山 (奈良県) ……… 759	浦賀町 (神奈川県) ……… 408
内海山窯 (佐賀県) ……… 979	采女城 (三重県) ……… 631	浦賀ドック (神奈川県) ……… 408
内原訓練所 (茨城県) ……… 176	鵜の子 (愛媛県) ……… 914	浦賀奉行所 (神奈川県) ……… 408
内原町 (茨城県) ……… 176	宇野線 (岡山県) ……… 822	浦上 (石川県) ……… 491
内房 (千葉県) ……… 275	宇野峠 (奈良県) ……… 760	浦上 (長崎県) ……… 989
内堀 (長野県) ……… 521	卯之町 (愛媛県) ……… 914	浦神 (和歌山県) ……… 782
内間 (香川県) ……… 902	宇ノ御厨 (佐賀県) ……… 979	浦賀道 (神奈川県) ……… 409
内横村 (福島県) ……… 146	鵜の岬 (茨城県) ……… 176	浦賀湊 (神奈川県) ……… 409
内町 (山形県) ……… 123	姥子峠 (群馬県) ……… 215	浦上村 (長崎県) ……… 989
内町 (千葉県) ……… 275	姥島 (神奈川県) ……… 408	浦上村淵 (長崎県) ……… 989
内町陣城 (山形県) ……… 123	姥捨 (長野県) ……… 521	浦柄口 (新潟県) ……… 450
内山 (神奈川県) ……… 408	姥懐 (秋田県) ……… 109	浦川内 (佐賀県) ……… 979
内山 (長野県) ……… 521	姥懐 (群馬県) ……… 215	裏城戸 (宮城県) ……… 82
有智山城 (福岡県) ……… 953	姥湯 (山形県) ……… 123	浦郷村 (島根県) ……… 811
内山線 (愛媛県) ……… 914	宇平橋 (沖縄県) ……… 1054	裏甲州街道 (東京都) ……… 321
内山武家 (群馬県) ……… 215	宇布見 (静岡県) ……… 578	浦佐 (新潟県) ……… 450
空木岳 (長野県) ……… 521	大美御殿 (沖縄県) ……… 1054	浦佐分校 (新潟県) ……… 450
打鯖 (神奈川県) ……… 408	宇部 (山口県) ……… 874	浦佐村 (新潟県) ……… 451
宇津志 (福島県) ……… 146	宇部駅 (山口県) ……… 875	浦島 (広島県) ……… 841
打田 (京都府) ……… 669	宇部競馬場 (山口県) ……… 875	浦城 (秋田県) ……… 109
内津川 (愛知県) ……… 606	宇部軽便鉄道 (山口県) ……… 875	浦添 (沖縄県) ……… 1054
宇津峠 (山形県) ……… 123	宇部興産大橋 (山口県) ……… 875	浦添グスク (沖縄県) ……… 1054
宇津野 (福島県) ……… 146	宇部興産道路 (山口県) ……… 875	浦添市 (沖縄県) ……… 1054
宇津野 (高知県) ……… 932	宇部市 (山口県) ……… 875	浦添線 (沖縄県) ……… 1054
宇都宮 (栃木県) ……… 196	宇部石炭鉱業 (山口県) ……… 875	浦添大墓地公園 (沖縄県) ……… 1054
宇都宮市 (栃木県) ……… 196	宇部炭鉱 (山口県) ……… 875	浦添番所 (沖縄県) ……… 1054
宇都宮城 (栃木県) ……… 196	宇部炭田 (山口県) ……… 875	浦添ようどれ (沖縄県) ……… 1054
宇都宮辻子 (神奈川県) ……… 408	宇部の炭田 (山口県) ……… 875	宇良村 (沖縄県) ……… 1054
宇都宮西部鉄道 (栃木県) ……… 196	宇摩 (愛媛県) ……… 914	浦寺 (埼玉県) ……… 248
宇都宮藩 (栃木県) ……… 196	馬飼村 (愛知県) ……… 606	浦戸 (高知県) ……… 933
十六島 (島根県) ……… 811	宇摩郡 (愛媛県) ……… 914	浦戸諸島 (宮城県) ……… 82
筑井 (群馬県) ……… 215	馬指 (兵庫県) ……… 731	浦富 (鳥取県) ……… 799
内海 (愛知県) ……… 606	馬路村 (島根県) ……… 811	浦戸湾 (高知県) ……… 933
内海川 (愛知県) ……… 606	馬路村 (高知県) ……… 932	浦戸湾東岸 (高知県) ……… 933
内海町 (愛知県) ……… 606	馬の鞍 (東京都) ……… 320	浦野 (長野県) ……… 521
	馬伏塚城 (静岡県) ……… 578	裏磐梯 (福島県) ……… 146

地名索引　　　　　　　　　　　　　　　　　　　　えとろ

浦幌（北海道） …………… 13	運天番所（沖縄県） ………… 1054	愛知郡（愛知県） …………… 606
浦幌川（北海道） ………… 14	海野宿（長野県） …………… 521	越後（新潟県） …………… 451
浦幌原野（北海道） ……… 14	雲竜の館（福岡県） ………… 953	愛知高等女学校（滋賀県） … 650
浦幌坑山（北海道） ……… 14		越後街道（福島県） ………… 146
浦幌炭鉱（北海道） ……… 14		越後国府（新潟県） ………… 452
浦幌炭礦（北海道） ……… 14	【 え 】	越後路（新潟県） …………… 452
浦幌町（北海道） ………… 14		越後守護所（新潟県） ……… 452
浦幌村（北海道） ………… 14	江合川（宮城県） …………… 82	越後城（新潟県） …………… 452
浦本村（新潟県） ………… 451	穎娃（鹿児島県） …………… 1039	越後線（新潟県） …………… 452
浦安（千葉県） …………… 275	永久寺（神奈川県） ………… 409	越後高田（新潟県） ………… 452
浦山城（埼玉県） ………… 248	英橋（広島県） …………… 842	越後道（新潟県） …………… 452
浦山村（愛媛県） ………… 914	穎娃郡（鹿児島県） ………… 1039	七浦海岸（新潟県） ………… 452
浦和（埼玉県） …………… 248	永源山公園（山口県） ……… 875	越後国（新潟県） …………… 452
浦和越ヶ谷古道（埼玉県） … 248	永源寺町（滋賀県） ………… 650	越後平野（新潟県） ………… 452
浦和区（埼玉県） ………… 248	穎娃町（鹿児島県） ………… 1039	越後村（新潟県） …………… 452
浦和郷（埼玉県） ………… 248	営所通り（広島県） ………… 842	越後油田（新潟県） ………… 452
浦和市（埼玉県） ………… 248	永代橋（東京都） …………… 321	越後米沢街道（山形県） …… 123
浦和宿（埼玉県） ………… 248	穎娃町（鹿児島県） ………… 1039	愛知実業学校（滋賀県） …… 650
瓜ヶ坂（佐賀県） ………… 979	永納山（愛媛県） …………… 915	越前（福井県） …………… 501
売買村（北海道） ………… 14	永納山城（愛媛県） ………… 915	越前国府（福井県） ………… 501
瓜島村（静岡県） ………… 578	永福町・和泉一帯（東京都） … 321	越前五山（福井県） ………… 501
宇竜（島根県） …………… 811	永楽寺（千葉県） …………… 275	越前市（福井県） …………… 501
瓜生（神奈川県） ………… 409	永楽台（千葉県） …………… 275	越前町（福井県） …………… 502
宇竜浦（島根県） ………… 811	江上（長崎県） …………… 989	越前国（福井県） …………… 502
瓜生坂（神奈川県） ……… 409	江川（千葉県） …………… 275	愛智荘（滋賀県） …………… 650
瓜生坂（長野県） ………… 521	江川（和歌山県） …………… 782	江月（岐阜県） …………… 558
雨滝山城（香川県） ……… 902	益習館跡庭園（兵庫県） …… 731	越佐（新潟県） …………… 452
雨滝山城（愛媛県） ……… 914	兄国（三重県） …………… 631	越集落（奈良県） …………… 760
雨竜屯田（北海道） ……… 14	恵下山遺跡（広島県） ……… 842	越中（富山県） …………… 481
雨竜農場（北海道） ……… 14	恵下谷（広島県） …………… 842	越中大野路（富山県） ……… 482
雨竜発電所（北海道） …… 14	江古田（東京都） …………… 321	越中島（東京都） …………… 321
閏賀（兵庫県） …………… 731	江坂（大阪府） …………… 692	越中島町（東京都） ………… 321
売木（長野県） …………… 521	江坂町（兵庫県） …………… 731	越中島砲台（東京都） ……… 321
売木村（長野県） ………… 521	江差（北海道） …………… 14	越中渡船場（富山県） ……… 482
漆戸（山梨県） …………… 507	江刺（岩手県） …………… 69	越中国（富山県） …………… 482
漆原城（岐阜県） ………… 558	枝幸（北海道） …………… 14	越美線（北陸甲信越） ……… 446
漆山（山形県） …………… 123	江刺郡（岩手県） …………… 69	江戸（東京都） …………… 321
漆山陣屋（栃木県） ……… 196	江差町（北海道） …………… 14	絵堂（山口県） …………… 875
ウルップ島（北海道） …… 14	えさし藤原の郷（岩手県） … 69	江戸往還（東京都） ………… 325
うるま市（沖縄県） ……… 1054	餌指町（富山県） …………… 481	江戸海道（東京都） ………… 325
嬉野（三重県） …………… 631	江差湊（北海道） …………… 14	江戸川（埼玉県） …………… 248
嬉野（佐賀県） …………… 979	エシヨマヘツ（北海道） …… 14	江戸川（千葉県） …………… 275
嬉野温泉（佐賀県） ……… 979	江尻（静岡県） …………… 578	江戸川（東京都） …………… 325
宇和（愛媛県） …………… 914	江尻宿（静岡県） …………… 578	江戸川区（東京都） ………… 325
上江区（宮崎県） ………… 1027	江尻城（静岡県） …………… 578	江戸河越通路（東京都） …… 325
宇和海（愛媛県） ………… 914	江尻津（静岡県） …………… 578	江戸川筋御猟場（埼玉県） … 248
宇和郡（愛媛県） ………… 914	絵図書森（秋田県） ………… 109	江戸川台（千葉県） ………… 275
宇和島（愛媛県） ………… 914	江須崎（和歌山県） ………… 782	江戸川台東（千葉県） ……… 276
宇和島街道（愛媛県） …… 914	江釣子城（岩手県） ………… 69	江戸口一里塚（神奈川県） … 409
宇和島市（愛媛県） ……… 914	蝦夷（北海道） …………… 14	江戸薩摩藩邸（東京都） …… 325
宇和島城（愛媛県） ……… 914	江曽（岩手県） …………… 69	江戸地廻り圏（関東） ……… 165
宇和島鉄道（愛媛県） …… 914	恵蘇郡（広島県） …………… 842	江戸城（東京都） …………… 325
宇和島藩（愛媛県） ……… 914	蝦夷島（北海道） …………… 15	江戸城大奥（東京都） ……… 326
上関（山口県） …………… 875	蝦夷館山（北海道） ………… 15	江戸城大手門（東京都） …… 326
宇和町（愛媛県） ………… 915	蝦夷地（北海道） …………… 15	江戸城外郭諸門（東京都） … 326
上床ぱーむ（鹿児島県） … 1039	蝦夷地仙台藩領（北海道） … 16	江戸城外堀（東京都） ……… 326
上成（高知県） …………… 933	江田（熊本県） …………… 1001	江戸城天守（東京都） ……… 326
宇和国（愛媛県） ………… 915	枝川（高知県） …………… 933	江戸城天守台（東京都） …… 326
上野城（新潟県） ………… 451	江田川之内町（広島県） …… 842	江戸周辺鷹場（東京都） …… 326
雲谷庵（山口県） ………… 875	枝下用水路（愛知県） ……… 606	江戸東郊（東京都） ………… 326
雲州（島根県） …………… 811	江田島（茨城県） …………… 176	江戸前島（東京都） ………… 327
雲正坂下（兵庫県） ……… 731	江田島（広島県） …………… 842	江戸町（千葉県） …………… 276
雲仙岳（長崎県） ………… 989	江田島市（広島県） ………… 842	絵鞆半島（北海道） ………… 16
雲仙普賢岳（長崎県） …… 989	枝村（滋賀県） …………… 650	江戸屋敷（東京都） ………… 327
芸亭院（奈良県） ………… 760	愛知県（滋賀県） …………… 650	択捉（北海道） …………… 16
運天港（沖縄県） ………… 1054	愛知川町（滋賀県） ………… 650	択捉島（北海道） …………… 16

1137

えとわ　　　　　　　　　　　地名索引

江戸湾(千葉県)	276
江戸湾(東京都)	327
江戸湾(神奈川県)	409
衣奈(和歌山県)	782
江名(福島県)	146
江梨村(静岡県)	578
榎撫駅(三重県)	631
江波(佐賀県)	979
恵庭(北海道)	16
恵庭岳(北海道)	16
NHK旧桶狭間ラジオ放送所(愛知県)	606
江沼(石川県)	491
江沼郡(石川県)	491
江浦(静岡県)	578
榎垣外官衙遺跡(長野県)	521
榎木(宮城県)	82
榎戸(千葉県)	276
榎峠(新潟県)	453
榎木峠(広島県)	842
榎戸区(千葉県)	276
榎戸宿(千葉県)	276
榎前村(愛知県)	606
江ノ口川(高知県)	933
江之子島(大阪府)	692
江の島(神奈川県)	409
江之島道(神奈川県)	409
可愛岳(宮崎県)	1027
江ノ電(神奈川県)	409
榎本城(愛知県)	606
荏原(東京都)	327
江原(山口県)	875
荏原郡病院(東京都)	327
江原新田(千葉県)	276
荏原伝染病院(東京都)	327
海老江(新潟県)	453
海老江(大阪府)	692
江美城(鳥取県)	799
夷(新潟県)	453
恵比寿(東京都)	327
恵美須ヶ鼻造船所(山口県)	875
恵美須町(大阪府)	692
戎橋筋(大阪府)	692
恵比須町(高知県)	933
海老瀬城(富山県)	482
海老塚(静岡県)	578
海老名(神奈川県)	409
海老名市(神奈川県)	409
海老名小学校(神奈川県)	409
えびの(宮崎県)	1027
えびの高原(宮崎県)	1027
えびの市(宮崎県)	1027
江比間(愛知県)	606
愛媛(愛媛県)	915
愛媛教育協会図書館(愛媛県)	916
愛媛県(愛媛県)	916
愛媛県庁本館(愛媛県)	916
愛媛県立大洲中学校(愛媛県)	916
江部乙屯田(北海道)	16
江部乙兵村(北海道)	16
江別(北海道)	16
江別市(北海道)	16
江別第三中学校八幡分校(北海道)	17
江別町(北海道)	17
江別町営軌道(北海道)	17
江別町立第二国民学校(北海道)	17

江別二中(北海道)	17
江別兵村(北海道)	17
江別村(北海道)	17
烏帽子岩(茨城県)	176
烏帽子形城(大阪府)	693
烏帽子岳(富山県)	482
江見小学校(岡山県)	822
江良沼(高知県)	933
永良部(鹿児島県)	1039
えりも町	17
煙雲館(宮城県)	82
遠軽(北海道)	17
円行寺郷(秋田県)	109
縁切榎(東京都)	327
円山(京都府)	669
塩山(兵庫県)	731
遠州(静岡県)	578
遠州三山(静岡県)	579
遠州路(静岡県)	579
遠州鉄道奥山線(静岡県)	579
遠州灘(静岡県)	579
遠州横須賀藩(静岡県)	579
煙硝倉(大分県)	1011
園城寺(富山県)	482
煙硝田(新潟県)	453
旧エンジン試運転工場(東京都)	327
円通寺(神奈川県)	410
遠藤堰(新潟県)	453
延徳沖(長野県)	521
延徳村(長野県)	521
円明寺(三重県)	631
円融寺庭園(長崎県)	989

【お】

御足軽町屋敷(山形県)	123
笈ヶ島(新潟県)	453
老方(秋田県)	109
老神(群馬県)	215
笈川(福島県)	146
生田口(京都府)	669
生石橋(岡山県)	822
笈ヶ岳(富山県)	482
置賜(山形県)	123
生出尋常高等小学校(宮城県)	82
追抜踏切(宮城県)	82
老ノ屋布城(長野県)	521
生浜町役場(千葉県)	276
老原(大阪府)	693
追分(静岡県)	579
追分(滋賀県)	650
追分(奈良県)	760
追分宿(長野県)	521
御岩山(茨城県)	176
奥武(沖縄県)	1054
奥羽(東北)	49
奥羽越列藩(東日本)	6
奥羽南線(福島県)	146
奥羽北部(東北)	49
奥羽列藩(東北)	49
桜雲閣(埼玉県)	248
奥塩江(香川県)	902
鷗外旧居(東京都)	327
王冠抗山(石川県)	491
往還東(山形県)	123

扇谷(神奈川県)	410
扇島(千葉県)	276
生城山城(広島県)	842
奥熊野(和歌山県)	783
横子(群馬県)	215
淡河(兵庫県)	731
横黒線(東北)	49
往古城(大阪府)	693
黄金台(千葉県)	276
逢坂村(山口県)	875
逢坂山トンネル(滋賀県)	650
桜三里街道(愛媛県)	916
王子(東京都)	327
王子稲荷(東京都)	327
王子駅(東京都)	327
王子大堰(東京都)	327
王子三業地(東京都)	327
王子七滝(東京都)	327
王子町(兵庫県)	731
王子電気軌道(東京都)	327
王子道路(山口県)	875
奥武島(沖縄県)	1054
黄島(長崎県)	989
奥州(東北)	49
奥州海道(東京都)	328
奥州街道(東京都)	328
奥州路(宮城県)	82
奥州道(東京都)	328
横荘鉄道(秋田県)	109
会瀬海岸(茨城県)	176
会瀬浜(茨城県)	176
鷗村学舎(栃木県)	196
相知(佐賀県)	979
相知町(佐賀県)	979
追手町小学校校舎(長野県)	521
追手町本校(長野県)	521
王の瀬(大分県)	1011
王ノ瀬(大分県)	1011
奥武山野球場(沖縄県)	1054
王番田(新潟県)	453
近江(滋賀県)	650
小海(徳島県)	897
青海(石川県)	491
淡海(滋賀県)	652
邑美県(鳥取県)	799
近江路(滋賀県)	652
近江塩津(滋賀県)	652
青海島(山口県)	875
青海島鯨墓(山口県)	875
近江小学(東京都)	328
近江水力電気株式会社(滋賀県)	652
近江鉄道(滋賀県)	652
近江の海(滋賀県)	653
近江の海(滋賀県)	653
近江国(滋賀県)	653
近江国庁(滋賀県)	653
青海庄(新潟県)	453
青海荘(新潟県)	453
近江八幡(滋賀県)	653
近江八幡市(滋賀県)	653
近江八景(滋賀県)	653
近江屋(京都府)	669
近江楼(神奈川県)	410
青梅(東京都)	328
青梅駅(東京都)	328
青梅街道(東京都)	328
青梅市(東京都)	328

地名索引　　　　　　おおさ

青梅市立第二小学校（東京都）...... 328
青梅市立第三小学校（東京都）...... 328
青梅新町（東京都）...... 328
青梅線（東京都）...... 328
青梅鉄道（東京都）...... 328
青梅電気鉄道（東京都）...... 328
青梅橋（東京都）...... 328
青梅町（東京都）...... 328
大浦（愛媛県）...... 916
邑楽（群馬県）...... 215
邑楽館林（群馬県）...... 215
王陵（沖縄県）...... 1055
王陵の谷（奈良県）...... 760
大秋山村（新潟県）...... 453
大歩（岩手県）...... 69
大朝（広島県）...... 842
大朝町（広島県）...... 842
大芦川（栃木県）...... 196
大麻生（埼玉県）...... 248
大麻生堰用水（埼玉県）...... 248
大網（千葉県）...... 276
大網白里市（千葉県）...... 276
大網白里町（千葉県）...... 276
大洗町（茨城県）...... 176
大井（埼玉県）...... 248
大井（東京都）...... 328
大井（神奈川県）...... 410
大井（岡山県）...... 822
大井駅（東京都）...... 328
大井ヶ森（山梨県）...... 507
大井川（静岡県）...... 579
大堰川（京都府）...... 669
大井川川越遺跡（静岡県）...... 579
大井川鉄道（静岡県）...... 579
大池村（静岡県）...... 579
大井県（大分県）...... 1011
大石（福島県）...... 146
大石川（石川県）...... 491
旧大石家（東京都）...... 328
旧大石家住宅（東京都）...... 329
大石田（山形県）...... 123
大石田河岸（山形県）...... 123
大石田町（山形県）...... 123
大石富川町（滋賀県）...... 653
大泉（群馬県）...... 215
大泉（東京都）...... 329
大泉第一小学校（東京都）...... 329
大泉荘（山形県）...... 123
大泉町（群馬県）...... 216
大磯（神奈川県）...... 410
大磯宿（神奈川県）...... 410
大磯濤竜館（神奈川県）...... 410
大磯町（神奈川県）...... 410
大磯幼稚園（神奈川県）...... 410
大分（大分県）...... 1011
大分駅（大分県）...... 1011
大分郡（大分県）...... 1012
大分県（大分県）...... 1012
大分県庁（大分県）...... 1012
大分県庁舎（大分県）...... 1012
大分里（三重県）...... 631
大分市（大分県）...... 1012
大分府内城（大分県）...... 1012
大井町（神奈川県）...... 410
太井村（神奈川県）...... 410
大井用水（長野県）...... 521

大いろ堰（長野県）...... 521
大岩山（富山県）...... 482
大岩山砦（滋賀県）...... 653
大生（茨城県）...... 176
大生郷（茨城県）...... 176
大生小学校（千葉県）...... 276
大臼山（北海道）...... 17
大宇陀（奈良県）...... 760
大内（秋田県）...... 109
大内（栃木県）...... 196
大内（山口県）...... 875
大内郡（香川県）...... 902
大内沢（秋田県）...... 110
大内氏舘庭園（山口県）...... 876
大内宿（福島県）...... 146
大内神社（島根県）...... 811
大内町（秋田県）...... 110
大内道（長野県）...... 521
大内山城（広島県）...... 842
大浦（長崎県）...... 989
大浦（沖縄県）...... 1055
大浦崎（広島県）...... 842
大浦丁場（静岡県）...... 579
大江村（北海道）...... 17
大枝小学校（福島県）...... 146
大枝橋碑（沖縄県）...... 1055
大枝村（福島県）...... 146
大榎踏切（宮城県）...... 82
大江橋（大阪府）...... 693
大江町（山形県）...... 123
大江山（京都府）...... 669
大岡（静岡県）...... 579
大岡村（長野県）...... 521
大神駅（茨城県）...... 176
大垣（岐阜県）...... 558
大垣市（岐阜県）...... 558
大垣城（岐阜県）...... 558
大垣藩（岐阜県）...... 558
大垣船町（岐阜県）...... 559
大垣湊（岐阜県）...... 559
大崖砂防堰堤（長野県）...... 521
大陰城（愛媛県）...... 916
大籠村（岩手県）...... 69
大方町（高知県）...... 933
大片平（大分県）...... 1012
大潟村（秋田県）...... 110
大形村（茨城県）...... 176
大兼久村（沖縄県）...... 1055
大上（神奈川県）...... 410
大賀村（茨城県）...... 176
大川渓谷（宮城県）...... 82
大川国民学校（宮城県）...... 82
大川市（福岡県）...... 953
大川内岡愛郷平和記念塔（鹿児島県）
　　　　　　　　　　　　　　...... 1039
大川町（石川県）...... 491
大川町（香川県）...... 902
大川町（佐賀県）...... 979
大川通り（北海道）...... 17
大河土御厨（埼玉県）...... 248
大河原（京都府）...... 669
大河原村（長野県）...... 521
大川原（青森県）...... 56
大川原高原（徳島県）...... 897
大河原堰（長野県）...... 521
大河村（埼玉県）...... 248

仰木（滋賀県）...... 653
青木（兵庫県）...... 731
大木（大阪府）...... 693
大木戸（千葉県）...... 276
大木戸小学校（福島県）...... 146
仰木の里（滋賀県）...... 653
大岐の浜（高知県）...... 933
大君（広島県）...... 842
大宜味村（沖縄県）...... 1055
大宜味番所（沖縄県）...... 1055
大草郷（愛知県）...... 606
大口（神奈川県）...... 410
大口（熊本県）...... 1002
大口堰（岩手県）...... 69
大口堰（神奈川県）...... 410
弟国（三重県）...... 631
大国荘（三重県）...... 631
大久野島（広島県）...... 842
旧大久野郵便局（東京都）...... 329
大久保（東京都）...... 329
大久保（長野県）...... 521
大久保（静岡県）...... 579
大窪郷（茨城県）...... 176
大久保小学校（長野県）...... 521
大久保用水（富山県）...... 482
逢隈（宮城県）...... 82
大熊（富山県）...... 482
逢隈村（宮城県）...... 82
逢隈蕨（宮城県）...... 82
大雲取越え（京都府）...... 669
大蔵（埼玉県）...... 248
大倉組山陽製鉄所（広島県）...... 842
大倉峠（新潟県）...... 453
大蔵村（山形県）...... 123
大蔵村（東京都）...... 329
大蔵館（埼玉県）...... 248
大樽川洗堰（岐阜県）...... 559
大黒ヶ芝（奈良県）...... 760
大桑村（栃木県）...... 196
大河津分水（新潟県）...... 453
大河津分水路（栃木県）...... 196
大河平（宮崎県）...... 1028
大越（福島県）...... 146
大国村（島根県）...... 811
大胡郷（群馬県）...... 216
大胡城（群馬県）...... 216
大佐井（大分県）...... 1012
大在（大分県）...... 1012
大在公共埠頭（大分県）...... 1012
大在ふるさと裏街道（大分県）...... 1012
大坂（大阪府）...... 693
大阪（大阪府）...... 694
大阪駅（大阪府）...... 697
大阪汽車製造（大阪府）...... 697
大阪北浜電車（大阪府）...... 697
大坂港（大阪府）...... 697
大阪港（大阪府）...... 697
大阪控訴院（大阪府）...... 697
大坂御陣（大阪府）...... 697
大坂御番所（大阪府）...... 697
大坂御用場（大阪府）...... 697
大坂三郷（大阪府）...... 697
大阪三郷（大阪府）...... 697
大阪市（大阪府）...... 697
大阪市池島国民学校（大阪府）...... 697
大阪市中央卸売市場（大阪府）...... 698

1139

おおさ　　　　　　　　　　地名索引

大阪市中央公会堂（大阪府）	698
大阪市電（大阪府）	698
大坂城（大阪府）	698
大坂城（福岡県）	953
大阪城（大阪府）	698
大阪市淀川国民学校（大阪府）	698
大阪築港（大阪府）	698
大坂中央市場（大阪府）	698
大阪中央郵便局庁舎（大阪府）	698
大坂町（京都府）	669
大阪帝国大学（大阪府）	698
大阪鉄道（大阪府）	698
大阪電気軌道（近畿）	645
大阪電気軌道変電所（奈良県）	760
大坂峠（福岡県）	953
大阪南部（大阪府）	698
大阪飛行場（大阪府）	699
大阪府（大阪府）	699
大阪府（大阪府）	699
大坂平野（近畿）	645
大阪ホテル（大阪府）	699
大坂町奉行所（大阪府）	699
大相模（埼玉県）	248
大坂村（静岡県）	579
大坂山（福岡県）	953
大坂湾（大阪府）	699
大阪湾（大阪府）	699
大崎（宮城県）	82
大崎（東京都）	329
大崎上島（広島県）	842
大崎市（宮城県）	82
大佐倉（千葉県）	276
大笹街道（長野県）	521
大笹御関所（群馬県）	216
大笹関所（群馬県）	216
大笹生（福島県）	146
大佐田（愛媛県）	916
大里（徳島県）	897
大里（長崎県）	989
大里（沖縄県）	1055
大里郡（埼玉県）	248
大郷町（宮城県）	83
大郷村（滋賀県）	653
大里村（佐賀県）	979
大里用水（埼玉県）	248
大沢（宮城県）	83
大沢（秋田県）	110
大沢（埼玉県）	248
大沢（東京都）	329
大沢（新潟県）	453
大沢（富山県）	482
大沢（奈良県）	760
大沢1号・2号掩体壕（東京都）	329
大沢公園（福岡県）	953
大沢鉱山（秋田県）	110
大沢城（静岡県）	579
大沢小学校（埼玉県）	248
大沢町（滋賀県）	653
大沢橋（埼玉県）	248
大沢町（埼玉県）	248
大沢野（富山県）	482
大沢山（長野県）	521
大椎城（千葉県）	276
大塩（福島県）	146
大鹿谷（長野県）	521
大鹿村（長野県）	521

大鹿村（兵庫県）	731
大篠原（滋賀県）	653
大篠山城（静岡県）	579
大芝原新田（京都府）	669
大島（東京都）	329
大島浦（愛媛県）	916
大島口（山口県）	876
大島郡（山口県）	876
大島郡（鹿児島県）	1039
大島県（鹿児島県）	1039
大島高等女学校（鹿児島県）	1039
大島城（長野県）	521
大島陣屋（愛知県）	606
大島大支庁（東京都）	329
大島邸（佐賀県）	979
大嶋邸（佐賀県）	979
大島荘（岡山県）	822
大島埠地（千葉県）	276
大島村（東京都）	329
大島村（新潟県）	453
大庄村（兵庫県）	731
大庄村役場（兵庫県）	731
大白河（和歌山県）	783
大尻沼（群馬県）	216
大城（鹿児島県）	1039
大代（徳島県）	897
大洲（愛媛県）	916
大須（愛知県）	606
大津（山口県）	876
大洲街道（愛媛県）	917
大月（山梨県）	507
大杉（宮城県）	83
大ずく山城（滋賀県）	653
大菅（茨城県）	176
大洲市（愛媛県）	917
大津島（山口県）	876
大洲城（愛媛県）	917
大洲新田（千葉県）	276
大堤（茨城県）	176
大砂子小学校（高知県）	933
大須浜（宮城県）	83
大洲藩（滋賀県）	653
大洲藩（愛媛県）	917
大隅（鹿児島県）	1039
大住（千葉県）	276
大住（京都府）	669
大住岡村（京都府）	669
大隅郡（鹿児島県）	1039
大角家（滋賀県）	653
大隅国（鹿児島県）	1039
大隅国一宮（鹿児島県）	1039
大隅半島（鹿児島県）	1039
大津山関城（熊本県）	1002
大瀬川（岩手県）	69
大関（千葉県）	276
大関区（千葉県）	276
大関新田（千葉県）	276
大瀬木村（長野県）	521
大瀬鉱山（愛媛県）	917
大瀬古町（三重県）	631
大瀬瀬洞（静岡県）	579
尾曽（奈良県）	760
大曽根（山形県）	123
大曽根（愛知県）	606
大曽根駅（愛知県）	606
大曽根下屋敷（愛知県）	606

大曽禰荘（山形県）	123
大曽根町（愛知県）	606
大蘭（鹿児島県）	1039
大空山（岡山県）	822
大嵐駅（静岡県）	579
太田（北海道）	17
太田（秋田県）	110
太田（群馬県）	216
太田（新潟県）	453
太田（大分県）	1012
大田（長野県）	521
大田（山口県）	876
大田（大分県）	1012
大台（奈良県）	760
大台ヶ原（奈良県）	760
大田池（沖縄県）	1055
大平（長野県）	522
大高坂城（高知県）	933
大高城（愛知県）	606
大高村（愛知県）	606
太田川（和歌山県）	783
太田川（広島県）	842
太田川（山口県）	876
大滝（広島県）	842
大滝山（香川県）	902
大多喜城（千葉県）	276
大滝ダム（奈良県）	760
大田切川（長野県）	522
大田切郷（長野県）	522
大田区（東京都）	329
大田黒（熊本県）	1002
大竹（広島県）	842
大竹市（広島県）	842
大竹祖納堂儀佐屋敷（沖縄県）	1055
大竹油見の一里塚（広島県）	842
太田市（群馬県）	216
大田市（島根県）	811
太田宿（群馬県）	216
太田城（和歌山県）	783
太田新田（茨城県）	176
太田新田村（秋田県）	110
太田堰（秋田県）	110
太田保（富山県）	482
大刀洗川（秋田県）	110
大館（秋田県）	110
大館城（秋田県）	110
大館村（青森県）	56
大谷（静岡県）	579
大谷池（愛媛県）	917
大谷川（岐阜県）	559
大谷城（和歌山県）	783
大谷城（広島県）	842
大谷村（岡山県）	822
大谷山（岡山県）	822
大田庄（広島県）	842
大丹波（東京都）	329
太田橋（岩手県）	69
太田部（長野県）	522
太田町（秋田県）	110
太田村（北海道）	17
太田村（茨城県）	176
太田村（千葉県）	276
太田村（新潟県）	453
太田村（和歌山県）	783
大田村（山口県）	876
太田屋旅館（茨城県）	176

1140

大田原(栃木県) ………………… 196
大田原市(栃木県) ……………… 196
大田原藩(栃木県) ……………… 196
邑知潟(石川県) ………………… 491
邑智郡(島根県) ………………… 811
邑智町(島根県) ………………… 811
大津中学校(山口県) …………… 876
大津(北海道) …………………… 17
大津(神奈川県) ………………… 410
大津(滋賀県) …………………… 653
王塚(滋賀県) …………………… 654
大束(鹿児島県) ……………… 1040
大塚駅(東京都) ………………… 329
大津ヶ丘(千葉県) ……………… 276
大塚村(福島県) ………………… 146
大都河(和歌山県) ……………… 783
大津勘(鹿児島県) …………… 1040
大月(高知県) …………………… 933
大月市(山梨県) ………………… 507
大築城(埼玉県) ………………… 248
大槻舘(福島県) ………………… 146
大月村(栃木県) ………………… 197
大津京(滋賀県) ………………… 654
大津京駅(滋賀県) ……………… 654
大築島(熊本県) ……………… 1002
大津港(滋賀県) ………………… 654
大津市(滋賀県) ………………… 654
大津城(静岡県) ………………… 579
大津城(滋賀県) ………………… 654
大槌町(岩手県) ………………… 69
大筒台場(富山県) ……………… 482
大津峠(静岡県) ………………… 579
大津の宮(滋賀県) ……………… 654
大津宮(滋賀県) ………………… 654
大津宮錦織遺跡(滋賀県) ……… 654
大坪の浦(千葉県) ……………… 276
大坪村(京都府) ………………… 669
大津村(北海道) ………………… 17
大津村(奈良県) ………………… 760
大手町(広島県) ………………… 842
大手原塩田(長崎県) …………… 989
大手門(福岡県) ………………… 953
大寺宿(福島県) ………………… 146
大伝馬町(愛知県) ……………… 606
大音(滋賀県) …………………… 654
大頭(愛媛県) …………………… 917
大峠(静岡県) …………………… 579
大峠(広島県) …………………… 842
大坏(山口県) …………………… 876
大塔村(奈良県) ………………… 760
大通(北海道) …………………… 17
大通川(新潟県) ………………… 453
大戸川発電所(滋賀県) ………… 654
大歳山(広島県) ………………… 842
大戸城(京都府) ………………… 669
大戸通(群馬県) ………………… 216
大利根(千葉県) ………………… 276
大富(沖縄県) ………………… 1055
大富山城(広島県) ……………… 842
大友(佐賀県) …………………… 979
大友軍道(大分県) …………… 1012
大豊(高知県) …………………… 933
大戸窯(福島県) ………………… 146
大鳥城(福島県) ………………… 146
鷲大明神(東京都) ……………… 329
大鳥鈩(島根県) ………………… 811

大鳥山(群馬県) ………………… 216
大中里(静岡県) ………………… 579
大長谷村(富山県) ……………… 482
大西(長野県) …………………… 522
大西(愛媛県) …………………… 917
大西町(愛媛県) ………………… 917
大西山(長野県) ………………… 522
大丹生(京都府) ………………… 669
大入島(大分県) ……………… 1012
大貫(宮城県) …………………… 83
大貫郷(茨城県) ………………… 176
大貫山(宮城県) ………………… 83
大沼(宮城県) …………………… 83
大沼(山形県) …………………… 123
大沼宿(埼玉県) ………………… 248
大沼新田(東京都) ……………… 329
大沼田新田(東京都) …………… 329
大沼村(茨城県) ………………… 176
大根島(島根県) ………………… 811
大野(秋田県) …………………… 110
大野(栃木県) …………………… 197
大野(福井県) …………………… 502
大野(愛知県) …………………… 606
大野(京都府) …………………… 669
大野(広島県) …………………… 842
大野(大分県) ………………… 1012
大野命山(静岡県) ……………… 579
大野駅(岐阜県) ………………… 559
大野川(大分県) ……………… 1012
大野丘(奈良県) ………………… 760
大野郡(岐阜県) ………………… 559
大野郡衙(岐阜県) ……………… 559
多ノ郷村(高知県) ……………… 933
大野城(福井県) ………………… 502
大野城(三重県) ………………… 631
大野城(和歌山県) ……………… 783
大野城(福岡県) ………………… 953
大野城市(福岡県) ……………… 953
大野尻(秋田県) ………………… 110
大野田(宮城県) ………………… 83
大野第一小学校(福島県) ……… 146
大野田城(愛知県) ……………… 606
大野田小学校(宮城県) ………… 83
大野町(北海道) ………………… 17
大野町(石川県) ………………… 491
大野町(岐阜県) ………………… 559
大野町(大分県) ……………… 1012
大野駅家(岐阜県) ……………… 559
大野原(香川県) ………………… 902
大野藩(福井県) ………………… 502
大野村(岩手県) ………………… 69
大野村(埼玉県) ………………… 248
大野村(広島県) ………………… 842
大野毛利家上屋敷(山口県) …… 876
大野養蚕場(北海道) …………… 17
大庭(神奈川県) ………………… 410
大場川(埼玉県) ………………… 248
大庭坂(神奈川県) ……………… 410
大迫(岩手県) …………………… 69
大迫葡萄試験地(岩手県) ……… 69
大橋(宮城県) …………………… 83
大橋(東京都) …………………… 329
大橋(富山県) …………………… 483
大橋(大阪府) …………………… 699
大橋川(島根県) ………………… 811
大橋ジャンクション(東京都) …… 329

大橋村(滋賀県) ………………… 654
大橋村(青森県) ………………… 56
大幡(埼玉県) …………………… 249
大畑(宮城県) …………………… 83
大畑(秋田県) …………………… 110
大幡郷(茨城県) ………………… 176
大八田(山梨県) ………………… 507
大八田河原(山梨県) …………… 507
大浜(大阪府) …………………… 699
大浜茶屋(愛知県) ……………… 607
大浜湊(愛知県) ………………… 607
大庭(神奈川県) ………………… 410
大林銀山(島根県) ……………… 811
大林村(広島県) ………………… 842
大場山(福島県) ………………… 146
大原(岩手県) …………………… 69
大原(岐阜県) …………………… 559
大原(京都府) …………………… 670
大原(岡山県) …………………… 822
大原(広島県) …………………… 842
大原(福岡県) …………………… 953
大原(大分県) ………………… 1013
大原野(京都府) ………………… 670
大原の里(京都府) ……………… 670
大原保(岡山県) ………………… 822
大原美術館(岡山県) …………… 822
大引浦(和歌山県) ……………… 783
大久(福島県) …………………… 146
大久村(福島県) ………………… 146
大飛島(岡山県) ………………… 822
大仁(静岡県) …………………… 579
大仁町(静岡県) ………………… 579
大日向開拓地(満州) ………… 1097
大平(静岡県) …………………… 579
大平(広島県) …………………… 842
大平(愛媛県) …………………… 917
大平(宮崎県) ………………… 1028
大平井戸(沖縄県) …………… 1055
大平橋(鹿児島県) …………… 1040
大平口(福島県) ………………… 146
大平古城(静岡県) ……………… 579
大平城(愛知県) ………………… 607
大平藩(愛知県) ………………… 607
大平町(栃木県) ………………… 197
大衡村(宮城県) ………………… 83
大保木(愛媛県) ………………… 917
大保木村(愛媛県) ……………… 917
大袋(埼玉県) …………………… 249
大更(岩手県) …………………… 69
大府市(愛知県) ………………… 607
大藤棚(栃木県) ………………… 197
大淵(岩手県) …………………… 69
大淵(静岡県) …………………… 579
大淵村(静岡県) ………………… 579
大船駅(神奈川県) ……………… 410
大船の海軍燃料廠(神奈川県) … 410
大船町(愛知県) ………………… 607
大古町遺跡(宮城県) …………… 83
大辺路(和歌山県) ……………… 783
大辺路街道(和歌山県) ………… 783
大部荘(兵庫県) ………………… 731
大保(福岡県) …………………… 953
大保村(福岡県) ………………… 953
大洞山(三重県) ………………… 631
大堀(福島県) …………………… 146
大堀(茨城県) …………………… 176

おおほ　　　　　　　　　　　　　　　　　　　　　　　　　　地名索引

大濠公園（福岡県）	953
大堀山館（東京都）	329
大堀城（大阪府）	699
大堀村（大阪府）	699
大間（香川県）	902
大曲（北海道）	17
大曲（秋田県）	110
大曲（新潟県）	453
大巻（新潟県）	453
大牧村（埼玉県）	249
大俣（長野県）	522
大俣村（長野県）	522
大町（秋田県）	110
大町（茨城県）	176
大町（長野県）	522
大町（香川県）	902
大町（愛媛県）	917
大町市（長野県）	522
大間々高校（群馬県）	216
大間々市（群馬県）	216
大間々扇状地（群馬県）	216
大甕小学校（福島県）	146
大三島（愛媛県）	917
大三島駅（長崎県）	989
大溝（愛媛県）	917
大溝（大分県）	1013
大道（長野県）	522
大道（滋賀県）	654
大湊（青森県）	56
大湊（三重県）	631
大湊上町（青森県）	57
大湊町（三重県）	631
大南（大分県）	1013
大峰（奈良県）	760
大峯（奈良県）	760
大嶺（山口県）	876
大峯奥駈道（奈良県）	760
大峯山（奈良県）	760
大峯山寺（奈良県）	760
大峯山寺本道（奈良県）	760
大峰峠（新潟県）	453
大峯道（奈良県）	760
大宮（茨城県）	176
大宮（埼玉県）	249
大宮（東京都）	329
大宮駅（埼玉県）	249
大宮区（埼玉県）	249
大宮県（埼玉県）	249
大宮公園（埼玉県）	249
大宮宿（埼玉県）	249
大宮城（静岡県）	579
大宮橋（愛媛県）	917
大宮八幡宮（東京都）	329
大宮町（茨城県）	176
大宮町（静岡県）	579
大向（高知県）	933
大牟田（福岡県）	953
大牟田市（福岡県）	953
大牟田線（福岡県）	953
大牟田郵便取扱所（福岡県）	953
大村（長崎県）	989
大村郷（福岡県）	953
大村市（長崎県）	989
大村藩（長崎県）	989
大村湾（長崎県）	989
大室村（栃木県）	197

大面（新潟県）	453
大面小学校（新潟県）	453
大森（東京都）	329
大森（島根県）	811
大森鉱山（島根県）	811
大森城（滋賀県）	654
大森陣屋（千葉県）	276
大森陣屋（島根県）	811
大森第三国民学校（東京都）	329
大森町（島根県）	811
大森村（愛知県）	607
大森山（山形県）	123
大屋（秋田県）	110
大屋（島根県）	811
大谷（栃木県）	197
大谷（東京都）	329
大谷川（茨城県）	176
大谷木村（埼玉県）	249
大柳館（千葉県）	276
大家の里（兵庫県）	731
大休山（福岡県）	953
大屋村の滝（広島県）	842
大谷田（東京都）	329
大谷田新田（東京都）	329
大矢智（三重県）	631
大谷地城（新潟県）	453
大屋町（兵庫県）	731
大柳（秋田県）	110
大矢野原演習場（熊本県）	1002
大矢部（神奈川県）	410
大矢部城（神奈川県）	410
大矢部村（神奈川県）	410
大山（茨城県）	176
大山（栃木県）	197
大山（神奈川県）	410
大山（富山県）	483
大山（鹿児島県）	1040
大山貝塚（沖縄県）	1055
大山街道柏尾道（神奈川県）	410
大山崎（京都府）	670
大山崎瓦窯（京都府）	670
大山崎山荘（京都府）	670
大山崎町（京都府）	670
大山崎町（京都府）	670
大山田（三重県）	631
大山田煙草栽培講習所（栃木県）	197
大山ターンム畑（沖縄県）	1055
大山町（富山県）	483
大山峠（広島県）	842
大倭国（奈良県）	760
大山荘（兵庫県）	731
大山道（神奈川県）	410
大山守大場家郷士屋敷（茨城県）	176
大谷村（静岡県）	579
南大谷村（東京都）	329
大除城（愛媛県）	917
大横町（東京都）	329
大吉村（埼玉県）	249
大淀川（宮崎県）	1028
大淀町（奈良県）	760
大寄村役場（埼玉県）	249
大脇城（愛知県）	607
大脇村（愛知県）	607
大和田（大阪府）	699
大和田川（大阪府）	699
大和田宿（埼玉県）	249

大和田城（大阪府）	699
大和田小学校（大阪府）	699
大和田新田（千葉県）	276
大和田陣屋（埼玉県）	249
大輪田泊（兵庫県）	731
大輪田橋（兵庫県）	731
大和田村（埼玉県）	249
大和田村（大阪府）	699
大蕨村（福島県）	146
大湾東（沖縄県）	1055
おか（大分県）	1013
岡（香川県）	902
岡（大分県）	1013
男鹿（秋田県）	110
岡垣（福岡県）	954
岡垣村（福岡県）	954
岡垣町（福岡県）	954
岡上（東京都）	329
岡上（神奈川県）	411
小垣江（愛知県）	607
小垣江村（愛知県）	607
お囲い池（愛媛県）	917
岡公園（和歌山県）	783
岡郷村（茨城県）	176
岡越え志村渡し（大分県）	1013
岡崎（愛知県）	607
岡崎海軍航空基地（愛知県）	607
岡崎公園（愛知県）	607
岡崎公園（愛媛県）	917
岡崎航空基地（愛知県）	607
岡崎市（愛知県）	607
岡崎市電（愛知県）	607
岡崎城（愛知県）	607
岡崎城（愛媛県）	917
岡崎町（愛知県）	607
岡崎邸（鳥取県）	799
岡崎藩（愛知県）	607
小笠沢川（静岡県）	579
岡沢（新潟県）	453
小笠原（東京都）	329
小笠原書院（長野県）	522
小笠原諸島（東京都）	330
小笠原伯爵邸（東京都）	330
おかしき滝（青森県）	57
岡城（長野県）	522
岡城（福岡県）	954
岡城（大分県）	1013
岡田（和歌山県）	783
緒方（大分県）	1013
小勝（秋田県）	110
尾形（広島県）	842
岡田城（静岡県）	579
岡多線（愛知県）	607
岡田村（愛媛県）	917
岡駄場（愛媛県）	918
岡田藩（岡山県）	822
丘珠（北海道）	17
丘珠飛行場（北海道）	17
岡田村（神奈川県）	411
雄勝（秋田県）	110
雄勝郡（秋田県）	110
雄勝城（秋田県）	110
雄勝村（秋田県）	110
岡津（神奈川県）	411
雄勝（宮城県）	83
雄勝町（宮城県）	83

岡野新田（神奈川県）……………… 411	男木島灯台（香川県）……………… 902	奥三ヶ国（九州・沖縄）…………… 948
岡藩（大分県）……………………… 1013	荻島飛行場（埼玉県）……………… 249	奥信濃（長野県）…………………… 523
男鹿半島（秋田県）………………… 110	小城城（佐賀県）…………………… 980	奥嶋荘（滋賀県）…………………… 654
岡部（埼玉県）……………………… 249	隠岐諸島（島根県）………………… 811	奥尻（北海道）……………………… 17
岡部宿（静岡県）…………………… 579	沖新田（岡山県）…………………… 826	奥尻島（北海道）…………………… 17
岡部藩（埼玉県）…………………… 249	沖洲（徳島県）……………………… 897	奥新田（岐阜県）…………………… 559
岡町（大阪府）……………………… 699	沖田面（秋田県）…………………… 110	御薬園（福島県）…………………… 147
岡村（大阪府）……………………… 699	興津（静岡県）……………………… 580	御薬師山（香川県）………………… 902
お亀石（奈良県）…………………… 760	奥津借島（山口県）………………… 876	奥只見湖（新潟県）………………… 454
岡本（神奈川県）…………………… 411	奥津宿（三重県）…………………… 631	奥多野（群馬県）…………………… 216
岡本城（千葉県）…………………… 277	奥津城（大阪府）…………………… 699	奥玉（岩手県）……………………… 69
岡本城（愛媛県）…………………… 918	息長川（大阪府）…………………… 699	奥多摩（東京都）…………………… 330
岡本小学校（神奈川県）…………… 411	沖中野（青森県）…………………… 57	奥多摩駅舎（東京都）……………… 330
岡谷（長野県）……………………… 522	沖中野村（青森県）………………… 57	奥多摩町（東京都）………………… 330
岡谷工業学校（長野県）…………… 522	翁島演習場（福島県）……………… 146	小口城（愛知県）…………………… 608
岡谷市（長野県）…………………… 522	小城鍋島藩（佐賀県）……………… 980	奥津軽（青森県）…………………… 57
岡山（岡山県）……………………… 822	翁山城（広島県）…………………… 843	奥津村（千葉県）…………………… 277
岡山禁酒会館（岡山県）…………… 823	沖縄（沖縄県）……………………… 1055	奥出雲（島根県）…………………… 812
岡山県（岡山県）…………………… 823	沖縄県（沖縄県）…………………… 1063	小郡（山口県）……………………… 876
岡山県津山中学校（岡山県）……… 824	沖縄県立農林学校（沖縄県）……… 1066	小国（山形県）……………………… 124
岡山孤児院（岡山県）……………… 824	沖縄国際大学図書館（沖縄県）…… 1066	小国城（山形県）…………………… 124
岡山市（岡山県）…………………… 825	沖縄市（沖縄県）…………………… 1066	雄国沼堤防（福島県）……………… 147
岡山城（岡山県）…………………… 825	沖縄自動車道（沖縄県）…………… 1066	小国村（岩手県）…………………… 69
岡山市立内山下尋常高等小学校校舎（岡	沖縄島（沖縄県）…………………… 1066	奥郡（石川県）……………………… 491
山県）…………………………… 825	沖縄諸島（沖縄県）………………… 1066	奥千本（奈良県）…………………… 760
岡山藩（岡山県）…………………… 825	沖縄本島（沖縄県）………………… 1066	奥の谷（奈良県）…………………… 760
岡山平野（岡山県）………………… 826	沖縄陸軍病院壕（沖縄県）………… 1066	奥能登（石川県）…………………… 491
オカリヤ公園（石川県）…………… 491	沖永良部（鹿児島県）……………… 1040	尾久橋通り（東京都）……………… 330
緒川（茨城県）……………………… 176	沖永良部島（鹿児島県）…………… 1040	奥畑（山口県）……………………… 876
小川（茨城県）……………………… 177	沖永良部地下ダム（鹿児島県）…… 1040	奥畑銅山（山口県）………………… 876
小川（埼玉県）……………………… 249	隠岐国（島根県）…………………… 811	尾首城（愛媛県）…………………… 918
小川（東京都）……………………… 330	隠岐之国（島根県）………………… 811	奥飛騨（岐阜県）…………………… 559
小川（愛媛県）……………………… 918	隠岐の島（島根県）………………… 811	奥平村（兵庫県）…………………… 731
小川（長崎県）……………………… 989	隠岐島（島根県）…………………… 812	奥琵琶湖（滋賀県）………………… 654
尾川（高知県）……………………… 933	沖ノ島（三重県）…………………… 631	奥豊後（大分県）…………………… 1013
小川館（茨城県）…………………… 177	沖ノ島（福岡県）…………………… 954	奥豊後路（大分県）………………… 1013
小川三城（滋賀県）………………… 654	沖之島（香川県）…………………… 902	小熊（岐阜県）……………………… 559
小川島（佐賀県）…………………… 979	隠岐の島町（島根県）……………… 812	奥松島（宮城県）…………………… 83
小川住宅（東京都）………………… 330	荻小学校（神奈川県）……………… 411	奥三面（新潟県）…………………… 454
緒川十景（茨城県）………………… 177	沖ノ旦（山口県）…………………… 876	奥三河（愛知県）…………………… 608
小川庄（新潟県）…………………… 453	沖の浜（大分県）…………………… 1013	奥美濃（岐阜県）…………………… 559
小川城（静岡県）…………………… 580	荻浜（宮城県）……………………… 83	奥武蔵（埼玉県）…………………… 249
尾川城（高知県）…………………… 933	荻野村（神奈川県）………………… 411	奥武蔵アルプス（埼玉県）………… 249
雄川堰（群馬県）…………………… 216	沖水川（宮崎県）…………………… 1028	大雲川（京都府）…………………… 670
小川通（京都府）…………………… 670	沖見峠（新潟県）…………………… 454	奥山（新潟県）……………………… 454
小川西の城（滋賀県）……………… 654	沖村（新潟県）……………………… 454	奥山城（静岡県）…………………… 580
小川庄（福島県）…………………… 146	大給城（愛知県）…………………… 608	奥山荘（新潟県）…………………… 454
小川荘（新潟県）…………………… 453	荻生田村（宮城県）………………… 83	奥山発電所（富山県）……………… 483
小河の原（茨城県）………………… 177	大給山中城（愛知県）……………… 608	奥要害（新潟県）…………………… 454
小川町（茨城県）…………………… 177	奥（沖縄県）………………………… 1066	奥吉野（奈良県）…………………… 761
小川町（熊本県）…………………… 1002	尾久（東京都）……………………… 330	小倉（新潟県）……………………… 454
小川村（東京都）…………………… 330	奥会津（福島県）…………………… 146	小倉（長野県）……………………… 523
小川村（長野県）…………………… 523	奥飛鳥（奈良県）…………………… 760	巨椋池（京都府）…………………… 670
小川村（和歌山県）………………… 783	奥明日香（奈良県）………………… 760	御蔵入（福島県）…………………… 147
小川原湖（青森県）………………… 57	奥出雲町（島根県）………………… 812	御蔵街道（青森県）………………… 57
隠岐（島根県）……………………… 811	奥宇陀（奈良県）…………………… 760	小倉城（栃木県）…………………… 197
奥（兵庫県）………………………… 731	奥銀谷小学校（兵庫県）…………… 731	小倉城（埼玉県）…………………… 249
小城（佐賀県）……………………… 979	奥河内（大阪府）…………………… 699	小椋谷（滋賀県）…………………… 654
小木（新潟県）……………………… 453	奥川村（福島県）…………………… 146	小倉山（京都府）…………………… 670
沖ヶ浜田（鹿児島県）……………… 1040	奥北浦（秋田県）…………………… 110	小倉村（長野県）…………………… 523
荻窪（東京都）……………………… 330	奥久慈（福島県）…………………… 147	小倉山城（広島県）………………… 843
荻窪線（東京都）…………………… 330	奥久谷（愛媛県）…………………… 918	小栗街道（和歌山県）……………… 783
小城山（佐賀県）…………………… 979	奥郡（東北）………………………… 49	小栗原（千葉県）…………………… 277
沖島（滋賀県）……………………… 654	奥（愛知県）………………………… 608	小栗山（新潟県）…………………… 454
荻島（埼玉県）……………………… 249	奥古道（関東）……………………… 165	小車（北海道）……………………… 18
男木島（香川県）…………………… 902	奥沢（東京都）……………………… 330	奥六郡（岩手県）…………………… 69

桶狭間（愛知県）．．．．．．．．608
旧小河氏庭園（兵庫県）．．．．．．．．732
岡豊城（高知県）．．．．．．．．933
小河内（東京都）．．．．．．．．330
岡豊山（高知県）．．．．．．．．933
小郡（長野県）．．．．．．．．523
小郡（福岡県）．．．．．．．．954
小郡市（福岡県）．．．．．．．．954
小郡宿（山口県）．．．．．．．．876
起（愛知県）．．．．．．．．608
起宿（岐阜県）．．．．．．．．559
越生郷（埼玉県）．．．．．．．．250
越生三山（埼玉県）．．．．．．．．250
越生町（埼玉県）．．．．．．．．250
興部（北海道）．．．．．．．．18
興部町（北海道）．．．．．．．．18
尾小屋鉄道（石川県）．．．．．．．．491
小来川（栃木県）．．．．．．．．197
忍坂（奈良県）．．．．．．．．761
尾坂小山手向（群馬県）．．．．．．．．216
小坂田村（兵庫県）．．．．．．．．732
尾崎家住宅（和歌山県）．．．．．．．．783
尾崎村（愛知県）．．．．．．．．608
尾崎町（愛知県）．．．．．．．．608
小作（東京都）．．．．．．．．330
小作台（東京都）．．．．．．．．330
長地（長野県）．．．．．．．．523
長田（三重県）．．．．．．．．631
長田（島根県）．．．．．．．．812
長田郷（島根県）．．．．．．．．812
長田氏城（三重県）．．．．．．．．631
長都駅（北海道）．．．．．．．．18
長都街道（北海道）．．．．．．．．18
尾札部村（北海道）．．．．．．．．18
小里城（岐阜県）．．．．．．．．559
オサナイ（北海道）．．．．．．．．18
納内（北海道）．．．．．．．．18
納内屯田兵村（北海道）．．．．．．．．18
尾去沢鉱山（秋田県）．．．．．．．．110
尾去沢銅山（秋田県）．．．．．．．．111
長流川（北海道）．．．．．．．．18
お猿坂（東京都）．．．．．．．．330
長流枝（北海道）．．．．．．．．18
小猿部（秋田県）．．．．．．．．111
小猿部川（秋田県）．．．．．．．．111
小沢区（長野県）．．．．．．．．523
小沢城（神奈川県）．．．．．．．．411
忍（埼玉県）．．．．．．．．250
押上（栃木県）．．．．．．．．197
押上（新潟県）．．．．．．．．454
小塩村陣屋（岐阜県）．．．．．．．．559
旧小塩邸（福島県）．．．．．．．．147
小値賀（長崎県）．．．．．．．．989
小値賀島（長崎県）．．．．．．．．989
小値賀諸島（長崎県）．．．．．．．．989
大君ケ畑（滋賀県）．．．．．．．．654
牡鹿半島（宮城県）．．．．．．．．83
牡鹿半島（秋田県）．．．．．．．．111
折敷畑山（広島県）．．．．．．．．843
御使者屋跡地（長野県）．．．．．．．．523
忍城（埼玉県）．．．．．．．．250
押立山谷（東京都）．．．．．．．．330
押立町（東京都）．．．．．．．．330
於下村（茨城県）．．．．．．．．177
押付（新潟県）．．．．．．．．454
忍藩（埼玉県）．．．．．．．．250

忍藩角場（埼玉県）．．．．．．．．250
大島（福島県）．．．．．．．．147
大島（新潟県）．．．．．．．．454
大島（山口県）．．．．．．．．876
大島（愛媛県）．．．．．．．．918
大島（長崎県）．．．．．．．．990
尾島（群馬県）．．．．．．．．216
渡島大島（北海道）．．．．．．．．18
大島禁地（千葉県）．．．．．．．．277
雄島五ヶ浦（福井県）．．．．．．．．502
忍町（埼玉県）．．．．．．．．250
小島藩（静岡県）．．．．．．．．580
渡島半島（北海道）．．．．．．．．18
尾島町（群馬県）．．．．．．．．216
押廻（新潟県）．．．．．．．．454
忍海（奈良県）．．．．．．．．761
小千谷（新潟県）．．．．．．．．454
小千谷市（新潟県）．．．．．．．．455
小千谷小学校（新潟県）．．．．．．．．455
忍（群馬県）．．．．．．．．216
長万部町（北海道）．．．．．．．．18
ヲショロ場所（北海道）．．．．．．．．18
小代（兵庫県）．．．．．．．．732
オジロが池（茨城県）．．．．．．．．177
小城町（佐賀県）．．．．．．．．980
お城山（新潟県）．．．．．．．．455
小鈴谷村（愛知県）．．．．．．．．608
御巣鷹の尾根（群馬県）．．．．．．．．216
御巣鷹山（群馬県）．．．．．．．．216
御巣鷹山（長野県）．．．．．．．．523
小瀬（茨城県）．．．．．．．．177
尾瀬（群馬県）．．．．．．．．216
小瀬城（茨城県）．．．．．．．．177
遅野井（東京都）．．．．．．．．330
遅野井村（東京都）．．．．．．．．330
オソツベツ（北海道）．．．．．．．．18
御卒別（北海道）．．．．．．．．18
オソツベツ（北海道）．．．．．．．．18
恐山（青森県）．．．．．．．．57
小田（茨城県）．．．．．．．．177
小田（兵庫県）．．．．．．．．732
小田（香川県）．．．．．．．．902
お台場（東京都）．．．．．．．．330
ヲタエト（北海道）．．．．．．．．18
尾高城（鳥取県）．．．．．．．．799
小高小学校（茨城県）．．．．．．．．177
織田ヶ浜（愛媛県）．．．．．．．．918
小田川（青森県）．．．．．．．．57
小田川（岡山県）．．．．．．．．826
おたきさん道（千葉県）．．．．．．．．277
小田急（関東）．．．．．．．．165
小田急相模原駅（神奈川県）．．．．．．．．411
小田急線（関東）．．．．．．．．165
小田切村（長野県）．．．．．．．．523
小竹公徳社（千葉県）．．．．．．．．277
小田県（広島県）．．．．．．．．843
小田島城（山形県）．．．．．．．．124
小田嶋庄小国（山形県）．．．．．．．．124
小田手永（熊本県）．．．．．．．．1002
小田城（茨城県）．．．．．．．．177
オタス（北方地域）．．．．．．．．2
小田多井堰（長野県）．．．．．．．．523
男抱山（栃木県）．．．．．．．．197
織田町（福井県）．．．．．．．．502
御館（新潟県）．．．．．．．．455
尾竪の城（長野県）．．．．．．．．523

小田中（長野県）．．．．．．．．523
小谷城（滋賀県）．．．．．．．．654
お玉が池（東京都）．．．．．．．．330
お玉ケ池種痘所（東京都）．．．．．．．．331
小田村（福島県）．．．．．．．．147
小田村（宮崎県）．．．．．．．．1028
御田屋町（岩手県）．．．．．．．．69
小田山城（福島県）．．．．．．．．147
小谷村（長野県）．．．．．．．．523
小樽（北海道）．．．．．．．．18
小樽運河（北海道）．．．．．．．．18
小樽駅（北海道）．．．．．．．．18
小樽拘置支所（北海道）．．．．．．．．18
小樽市（北海道）．．．．．．．．18
小樽内（北海道）．．．．．．．．18
小樽内川（北海道）．．．．．．．．18
小樽内川集落（北海道）．．．．．．．．19
穂足内村（北海道）．．．．．．．．19
小樽村（東京都）．．．．．．．．331
小田原（神奈川県）．．．．．．．．411
小田原駅（神奈川県）．．．．．．．．413
小田原駅舎（神奈川県）．．．．．．．．413
小田原監獄（神奈川県）．．．．．．．．413
小田原県（神奈川県）．．．．．．．．413
小田原高女（神奈川県）．．．．．．．．413
小田原市（神奈川県）．．．．．．．．413
小田原宿（神奈川県）．．．．．．．．413
小田原城（神奈川県）．．．．．．．．413
小田原停車場（神奈川県）．．．．．．．．413
小田原藩（神奈川県）．．．．．．．．413
小田原遊郭（宮城県）．．．．．．．．83
小田原用水（神奈川県）．．．．．．．．413
越智（愛媛県）．．．．．．．．918
落合（宮城県）．．．．．．．．83
落合（東京都）．．．．．．．．331
落合城（愛知県）．．．．．．．．608
落合水力発電所（神奈川県）．．．．．．．．413
落合峠（徳島県）．．．．．．．．897
落合水再生センター（東京都）．．．．．．．．331
越智駅（愛媛県）．．．．．．．．918
穏地郡（島根県）．．．．．．．．812
越智郡衙（愛媛県）．．．．．．．．918
越智国（愛媛県）．．．．．．．．918
越智嶋（愛媛県）．．．．．．．．918
越知谷（兵庫県）．．．．．．．．732
落ノ浦（大分県）．．．．．．．．1013
落目弁天台場（岡山県）．．．．．．．．826
お茶の水（東京都）．．．．．．．．331
御茶の水（東京都）．．．．．．．．331
御茶ノ水（東京都）．．．．．．．．331
落矢橋（広島県）．．．．．．．．843
御茶屋御殿（三重県）．．．．．．．．631
御茶屋御殿（沖縄県）．．．．．．．．1066
越知面（高知県）．．．．．．．．933
追貝郵便局（群馬県）．．．．．．．．216
乙方（愛知県）．．．．．．．．608
押立堤（埼玉県）．．．．．．．．250
夫内（宮城県）．．．．．．．．83
乙成（愛媛県）．．．．．．．．918
越畑（岡山県）．．．．．．．．826
越畑城（埼玉県）．．．．．．．．250
越辺川（埼玉県）．．．．．．．．250
小手（福島県）．．．．．．．．147
小手保（福島県）．．．．．．．．147
御土居（京都府）．．．．．．．．670
御土居堀（京都府）．．．．．．．．670

音江法華 (北海道) … 19
乙訓 (京都府) … 670
弟国 (京都府) … 670
乙訓郡 (京都府) … 670
弟国宮 (京都府) … 670
乙隈城 (福岡県) … 954
おと越え (大阪府) … 699
乙子城 (岡山県) … 826
男山 (長野県) … 523
乙津 (大分県) … 1013
音信川河川公園 (山口県) … 876
音無 (宮城県) … 83
鳴無 (高知県) … 933
音無川 (東京都) … 331
音無川 (和歌山県) … 783
音無瀬橋 (京都府) … 670
音無橋 (東京都) … 331
処女塚 (兵庫県) … 732
乙女峠 (島根県) … 812
オトモ (東北) … 49
小友 (秋田県) … 111
小土呂坂 (千葉県) … 277
音羽 (三重県) … 631
音羽町 (東京都) … 331
尾長村 (石川県) … 491
女川 (宮城県) … 84
女川町 (宮城県) … 84
小名木川 (東京都) … 331
女化 (茨城県) … 177
小名浜港 (福島県) … 147
女部田城 (埼玉県) … 250
御成街道 (千葉県) … 277
御成街道 (静岡県) … 580
御成橋 (栃木県) … 197
御成橋 (東京都) … 331
御成橋 (静岡県) … 580
お成り道 (群馬県) … 216
御成道 (群馬県) … 216
鬼江町 (富山県) … 483
鬼ヶ城山 (愛媛県) … 918
鬼ヶ崎 (愛知県) … 608
鬼ヶ城山鉱山 (長野県) … 523
小仁熊ダム (長野県) … 523
鬼倉山 (新潟県) … 455
鬼首 (宮城県) … 84
鬼越 (福島県) … 147
鬼越村 (千葉県) … 277
鬼石 (群馬県) … 216
鬼住 (奈良県) … 761
鬼住村 (大阪府) … 699
鬼足袋通り (東京都) … 331
鬼取 (奈良県) … 761
鬼屋 (石川県) … 491
鬼山城 (岡山県) … 826
小入峠 (滋賀県) … 654
男沼 (埼玉県) … 250
小沼村 (長野県) … 523
尾根緑道 (東京都) … 331
小野 (秋田県) … 111
小野 (茨城県) … 177
小野 (長野県) … 523
小野 (京都府) … 670
小野 (兵庫県) … 732
小野 (山口県) … 876
小野 (愛媛県) … 918
小野 (大分県) … 1013

小野梓記念公園 (高知県) … 933
尾の井村 (大阪府) … 699
尾上 (長野県) … 990
尾上区 (滋賀県) … 654
尾上町 (青森県) … 57
尾上村 (青森県) … 57
小野川 (千葉県) … 277
小野川 (大分県) … 1013
小野崎 (茨城県) … 177
小野里武一家 (群馬県) … 216
小野市 (兵庫県) … 732
小野路 (東京都) … 331
小野路城 (東京都) … 331
小野市中学校 (兵庫県) … 732
小野島 (長崎県) … 990
小野路村 (東京都) … 331
小野宿問屋 (長野県) … 523
小野田 (宮城県) … 84
小野田 (山口県) … 876
小野田セメント徳利窯 (山口県) … 876
小野田町 (宮城県) … 84
小野原 (京都府) … 670
小野藩 (兵庫県) … 732
小野牧 (東京都) … 331
小野町 (福島県) … 147
尾道 (広島県) … 843
尾道市 (広島県) … 843
尾道自動車道 (広島県) … 843
尾道城 (広島県) … 844
尾道造船株式会社 (広島県) … 844
尾道鉄道 (広島県) … 844
尾道町 (広島県) … 844
小野村 (岩手県) … 69
小野村 (長野県) … 523
小野村 (大分県) … 1013
小場 (茨城県) … 177
オハグロ池 (広島県) … 844
姨捨駅 (長野県) … 523
姨捨山 (長野県) … 523
小幡 (群馬県) … 216
小幡 (愛知県) … 608
小幡ヶ原名古屋飛行学校 (愛知県) … 608
小幡城 (茨城県) … 177
小幡小学校 (群馬県) … 216
小幡村 (愛知県) … 608
小畑村 (和歌山県) … 783
小俣町 (三重県) … 631
小幡藩 (山形県) … 124
小幡村 (福島県) … 147
尾花沢 (山形県) … 124
尾花沢市 (山形県) … 124
尾花沢出張所 (山形県) … 124
尾花沢代官所 (山形県) … 124
小浜 (福井県) … 502
小浜市 (福井県) … 502
小浜城 (福島県) … 147
小浜藩 (福井県) … 502
小林荘 (兵庫県) … 732
御林山 (東京都) … 331
小原 (富山県) … 483
小原城 (岐阜県) … 559
小原村 (福岡県) … 954
小張 (茨城県) … 177
小張城 (茨城県) … 177
尾開村 (徳島県) … 897
オバンド峠 (群馬県) … 216

飫肥 (宮崎県) … 1028
飫肥城 (宮崎県) … 1028
飫肥城下町遺跡 (宮崎県) … 1028
小櫃川 (千葉県) … 277
大日向 (長野県) … 523
大日向村 (長野県) … 523
飫肥藩 (宮崎県) … 1028
帯広 (北海道) … 19
帯広刑務所 (北海道) … 19
帯広航空廠 (北海道) … 19
帯広市 (北海道) … 19
帯屋町 (高知県) … 933
小平井路 (大分県) … 1013
尾平鉱山 (大分県) … 1013
小平蘂川 (北海道) … 19
飫富 (奈良県) … 761
御深井 (岐阜県) … 559
小向村 (三重県) … 631
小布施 (長野県) … 523
小布施町 (長野県) … 523
小布施町 (大阪府) … 699
小生田村 (千葉県) … 277
尾駿の牧 (青森県) … 57
御船蔵 (長崎県) … 990
御舟引堀 (宮城県) … 84
雄冬岬 (北海道) … 19
雄冬岬灯台 (北海道) … 19
小部 (愛媛県) … 918
オホーツク (北海道) … 19
オホーツク海 (北海道) … 19
尾前 (宮崎県) … 1028
御前ヶ遊 (新潟県) … 455
小牧 (愛知県) … 608
尾間木村 (埼玉県) … 250
小間子 (千葉県) … 277
小間子牧 (千葉県) … 277
尾俣 (石川県) … 491
麻績 (長野県) … 523
小見 (千葉県) … 277
小見川高校 (千葉県) … 277
小見川藩 (千葉県) … 277
麻積郷 (長野県) … 523
オメガ無線局大鉄塔 (長崎県) … 990
思川 (栃木県) … 197
思川 (長野県) … 523
思川 (高知県) … 933
面河渓 (愛媛県) … 918
重須村 (静岡県) … 580
表浜 (愛知県) … 608
表町 (秋田県) … 111
御許神社 (広島県) … 844
雄物川 (秋田県) … 111
親川グスク (沖縄県) … 1066
親不知子不知 (新潟県) … 455
親田 (長野県) … 523
大矢田市 (岐阜県) … 559
小矢部川 (富山県) … 483
小山 (栃木県) … 197
大山街道 (神奈川県) … 413
小山市 (栃木県) … 197
小山田 (東京都) … 331
小山田川 (宮城県) … 84
小山田氏館 (山梨県) … 507
小山田城 (東京都) … 331
小山田新道 (山形県) … 124
小山田南小学校 (東京都) … 331

小山（東京都） 331
小山村（岩手県） 69
生実（千葉県） 277
生実藩（千葉県） 277
生実藩陣屋（千葉県） 277
オユンペ（北海道） 19
オランダ堰堤（滋賀県） 654
折尾駅（福岡県） 954
遠里小野（大阪府） 699
織笠川（岩手県） 69
折壁（岩手県） 69
折りヅルの塔（広島県） 844
折立山（滋賀県） 654
折立（大分県） 1013
居辺（北海道） 19
織部（岐阜県） 559
小呂（福岡県） 954
蛇ヶ㐂湿原（岡山県） 826
小禄城（沖縄県） 1066
小禄番所（沖縄県） 1066
小禄間切（沖縄県） 1067
小呂島（福岡県） 954
尾鷲（三重県） 631
小原（大分県） 1013
尾張（愛知県） 608
尾張鷹場（東京都） 331
尾張国（愛知県） 609
尾張藩（愛知県） 609
尾張藩邸（東京都） 331
尾張村（北海道） 19
遠賀川（福岡県） 954
遠賀郡（福岡県） 955
恩方（東京都） 331
恩方村（東京都） 331
遠賀堀川（福岡県） 955
遠賀堀川運河（福岡県） 955
遠下村（京都府） 670
音戸の瀬戸（広島県） 844
恩智（大阪府） 699
恩賜林（山梨県） 507
御宿浦（千葉県） 277
恩多（東京都） 331
温田（山口県） 876
小鹿田（大分県） 1013
大岱（東京都） 331
恩多川（東京都） 331
鬼岳（長崎県） 990
御岳古道（東京都） 331
御岳山（東京都） 331
御岳山（長野県） 523
御岳山小高邸（東京都） 332
御岳防空監視哨（東京都） 332
恩多辻（東京都） 332
音戸瀬戸（広島県） 844
音戸町（広島県） 844
恩納（沖縄県） 1067
恩名（神奈川県） 413
恩納村（沖縄県） 1067
恩納博物館（沖縄県） 1067
女堀（群馬県） 217
恩納間切（沖縄県） 1067
女山（長野県） 523
恩根（北海道） 19
オンネキキン川（北海道） 19
恩根内（北海道） 19
恩幣幸雄家（群馬県） 217

御前通（京都府） 670
温明小学校（長野県） 523
温野（山口県） 876

【か】

加（千葉県） 277
甲斐（山梨県） 507
海晏寺（東京都） 332
海印寺（朝鮮） 1102
開運橋（岩手県） 69
開運橋（奈良県） 761
海岸町（北海道） 19
海岸鉄道（神奈川県） 413
海岸通り（神奈川県） 413
海気館（千葉県） 277
海軍工廠（山口県） 876
海軍相模工廠（神奈川県） 413
海軍水雷学校（神奈川県） 413
海軍沼津工廠（静岡県） 580
海軍山（広島県） 844
会稽東治の東（邪馬台国） 1118
皆生温泉（鳥取県） 799
改決羽地川碑（沖縄県） 1067
会見郡（鳥取県） 799
垣籠村（大分県） 1013
開墾局仮役所（千葉県） 277
海西郡（愛知県） 610
貝沢（群馬県） 217
甲斐市（山梨県） 508
甲斐路（山梨県） 508
海上郡衙（千葉県） 277
海神堂公園（朝鮮） 1102
改心楼（千葉県） 277
海津（千葉県） 277
海津（滋賀県） 654
海津大崎（滋賀県） 654
貝塚（大阪府） 699
貝塚工場（大阪府） 700
貝塚市（大阪府） 700
貝塚寺内町（大阪府） 700
貝塚町（大阪府） 700
海津郡（岐阜県） 559
皆瀬（広島県） 844
開成館（高知県） 933
開成山農学校（福島県） 147
開成門（高知県） 933
貝石山（三重県） 631
海船川（静岡県） 580
堺泉州（大阪府） 700
海蔵川（三重県） 631
海草郡（和歌山県） 783
開田（福島県） 147
開拓記念公園（北海道） 19
海田町（広島県） 844
開達校（栃木県） 197
貝田村（福島県） 147
垣内（大阪府） 701
垣内（兵庫県） 732
垣内格納庫（大阪府） 701
開智学校（長野県） 523
海中道路（沖縄県） 1067
魁塚（長野県） 524
開田城（京都府） 670
回天訓練基地（山口県） 876

海東郷（熊本県） 1002
海東郡（愛知県） 610
懐徳館（石川県） 491
懐徳堂（大阪府） 701
垣内宿（三重県） 631
海戸用水路（宮崎県） 1028
海南市（和歌山県） 783
海南町（徳島県） 897
貝沼村（長野県） 524
甲斐国（山梨県） 508
貝の道（沖縄県） 1067
貝喰川（新潟県） 455
柏原（兵庫県） 732
海邦（沖縄県） 1067
開明学校（愛媛県） 918
開明社（長野県） 524
開明小学校（兵庫県） 732
海門橋（茨城県） 177
海門寺（大分県） 1013
貝山地下壕（神奈川県） 414
開陽高校（鹿児島県） 1040
海陽町（徳島県） 897
偕楽館（北海道） 19
偕楽園（茨城県） 177
偕楽園（和歌山県） 783
偕楽園公園（茨城県） 177
鰄淵（秋田県） 111
下越（新潟県） 455
加越台地（北陸甲信越） 446
楓川（東京都） 332
蛙岩（広島県） 844
加賀（石川県） 491
加賀国府（石川県） 492
加賀郡（石川県） 492
加賀市（石川県） 492
加賀路（石川県） 492
香登庄（岡山県） 826
加賀野井（岐阜県） 559
鏡宮（三重県） 631
加賀藩（石川県） 492
加賀藩相州鷹場（神奈川県） 414
加賀藩邸（石川県） 492
鏡（滋賀県） 654
鏡（高知県） 933
鏡（佐賀県） 980
各務原（岐阜県） 559
鏡川（高知県） 933
鏡宿（滋賀県） 654
香我美橋（高知県） 933
鏡山（滋賀県） 654
鏡山（福岡県） 955
鏡山城（鳥取県） 800
鏡山城（広島県） 844
鏡山村（福岡県） 955
加賀山内（石川県） 492
加唐島（佐賀県） 980
香川（神奈川県） 414
香川（香川県） 902
香川県（香川県） 903
香川県庁舎（香川県） 903
香川町（香川県） 903
香川分教場（神奈川県） 414
柿生（神奈川県） 414
かぎ掛け峠（山形県） 124
柿川（新潟県） 455
柿崎（新潟県） 455

地名索引　　　　　　　　　　　　　　　　　　かしわ

柿崎村（愛知県）	610
柿碕村（愛知県）	610
柿島（静岡県）	580
柿田川（静岡県）	580
柿沼（埼玉県）	250
柿の木坂（東京都）	332
柿木沢（栃木県）	197
垣花樋川（沖縄県）	1067
学園前（奈良県）	761
覚王山（愛知県）	610
学芸大学（東京都）	332
角島（山口県）	876
学習院（東京都）	332
学習館（和歌山県）	783
加来城（大分県）	1013
加来村（大分県）	1013
角田県（福島県）	147
角田市（宮城県）	84
角田支藩（宮城県）	84
角田炭礦（北海道）	19
角田浜村（新潟県）	455
加久藤（宮崎県）	1028
加久藤盆地（宮崎県）	1028
角野（愛媛県）	918
角館（秋田県）	111
角盤通り（鳥取県）	800
覚鼈城（岩手県）	70
岳北（長野県）	524
鶴歩町（東京都）	332
角間（宮城県）	84
鹿曲川（長野県）	524
角間新田（長野県）	524
鹿熊岳（大分県）	1013
角海浜（新潟県）	455
角山（北海道）	19
香久山（奈良県）	761
神楽尾城（岡山県）	826
隔林亭（佐賀県）	980
岳麓湖盆（長野県）	524
垳（埼玉県）	250
掛川（静岡県）	580
掛川市（静岡県）	580
掛川城（静岡県）	580
掛川清明家（群馬県）	217
景清洞（山口県）	876
景清道（滋賀県）	654
懸城（広島県）	844
掛田（福島県）	147
懸田城（福島県）	147
掛田防空監視哨（福島県）	147
掛田村（福島県）	147
加計町（広島県）	844
掛塚（静岡県）	580
掛塚橋（静岡県）	580
掛塚湊（静岡県）	580
影戸村（大分県）	1013
欠之上小学校（新潟県）	455
鹿毛馬神籠石（福岡県）	955
掛水（栃木県）	197
影森（埼玉県）	250
掛合町（島根県）	812
加計呂麻島（鹿児島県）	1040
加古川（兵庫県）	732
加古川宿（兵庫県）	733
価谷鑪（島根県）	812
鹿児島（鹿児島県）	1040

鹿児島県（鹿児島県）	1041
鹿児島県立川辺高等学校（鹿児島県）	
	1041
鹿児島県立保健看護学校（鹿児島県）	
	1041
鹿児島県立薩南高等学校（鹿児島県）	
	1041
鹿児島五大橋（鹿児島県）	1041
鹿児島市（鹿児島県）	1041
鹿児島藩（鹿児島県）	1041
河後森城（愛媛県）	918
加西（兵庫県）	733
河西（兵庫県）	733
葛西井堀（埼玉県）	250
加西郡（兵庫県）	733
河西郡（北海道）	19
加西市（兵庫県）	733
葛西城（東京都）	332
葛西橋（東京都）	332
葛西用水（関東）	165
葛西用水取入口跡（埼玉県）	250
葛西領（東京都）	332
笠岡（岡山県）	826
笠岡市（岡山県）	826
笠岡諸島（岡山県）	826
笠懸（群馬県）	217
笠懸野（群馬県）	217
笠懸町（群馬県）	217
笠置（京都府）	670
笠木（鳥取県）	800
笠木山城（福岡県）	955
笠木原（鹿児島県）	1041
笠置山（京都府）	670
笠置山（奈良県）	761
加佐郡（京都府）	671
笠郷（岐阜県）	559
風越（長野県）	524
笠戸島（山口県）	877
風戸峠（群馬県）	217
風早（愛媛県）	918
風早郡（愛媛県）	918
風早郷（広島県）	844
風早国（愛媛県）	918
笠原（長野県）	524
笠原（静岡県）	580
笠原（滋賀県）	654
笠原小学校（静岡県）	580
笠原村（長野県）	524
笠原沼（埼玉県）	250
笠間（茨城県）	177
笠間市（茨城県）	178
笠間町（茨城県）	178
笠松（岐阜県）	559
笠松陣屋（岐阜県）	559
風祭（神奈川県）	414
笠間盆地（茨城県）	178
笠山（大阪府）	701
風嵐村（石川県）	492
笠和郡（大分県）	1013
梶（兵庫県）	733
枻井（大阪府）	701
香椎線（福岡県）	955
柏尾（神奈川県）	414
柏尾川（神奈川県）	414
梶尾神社（広島県）	844
鹿塩村（長野県）	524

樫ヶ谷トンネル（兵庫県）	733
加治川（新潟県）	455
梶川（香川県）	903
梶川（大分県）	1013
加治木（鹿児島県）	1042
加治木島津家（鹿児島県）	1042
甲子高原（福島県）	147
樫井（大阪府）	701
鍛冶町（三重県）	631
梶無川（茨城県）	178
樫野埼灯台旧官舎（和歌山県）	783
河岸端通り（石川県）	492
樫原（徳島県）	897
橿原（奈良県）	761
柏原（福岡県）	955
橿原市（奈良県）	761
鹿島（茨城県）	178
鹿島（富山県）	483
鹿島（和歌山県）	783
鹿島（愛媛県）	918
鹿島街道（福島県）	147
鹿島館（福島県）	147
鹿島軌道（茨城県）	178
鹿島郡（茨城県）	178
鹿島鉱山（福島県）	147
鹿島参宮鉄道（茨城県）	178
賀嶋城（兵庫県）	733
神島城（広島県）	844
鹿島小学校（宮城県）	84
鹿島台（宮城県）	84
鍛冶町（山形県）	124
神島（広島県）	844
鹿島鉄道（茨城県）	178
鹿島灘（茨城県）	178
鹿島行方（茨城県）	178
鹿島堀（茨城県）	178
加治屋（栃木県）	197
梶屋（岡山県）	826
鍛冶屋（大分県）	1013
加治屋開墾場（栃木県）	197
鍛冶屋垣内（広島県）	844
鍛冶屋山城（岡山県）	826
臥蛇島（鹿児島県）	1042
加治屋町（鹿児島県）	1042
梶山（滋賀県）	655
梶山（宮崎県）	1028
梶山村（茨城県）	178
梶山城（宮崎県）	1028
鍛冶屋町（岐阜県）	560
樫山町（兵庫県）	733
梶山邸（長崎県）	990
梶山病院（茨城県）	178
鍛冶屋村（滋賀県）	655
柏谷横穴群（静岡県）	580
頭崎城（広島県）	844
頭成（大分県）	1013
神代村（千葉県）	277
柏（青森県）	57
柏（千葉県）	277
柏木宿（群馬県）	217
柏木峠（群馬県）	217
柏清盛町（京都府）	671
柏倉（山形県）	124
柏倉陣屋（山形県）	124
柏崎（埼玉県）	250
柏崎（新潟県）	455

1147

柏崎刈羽(新潟県) 455	糟屋郡(福岡県) 955	交野市(大阪府) 701
柏崎宿(新潟県) 455	旧粕谷家住宅(東京都) 332	交野城(大阪府) 701
柏崎陣屋(新潟県) 455	糟屋炭田(福岡県) 955	鹿田荘(岡山県) 826
柏市(千葉県) 278	葛城山(大阪府) 701	片野城(茨城県) 178
神集島(佐賀県) 980	かずら橋(徳島県) 897	片浜(静岡県) 580
柏城(広島県) 844	葛港(大分県) 1013	潟東(新潟県) 456
廝御井(兵庫県) 733	嘉瀬(青森県) 57	片平町(宮城県) 84
柏の城(埼玉県) 250	禾生(山梨県) 508	方穂郷(茨城県) 178
柏原(滋賀県) 655	化成回田分校(東京都) 332	片町(新潟県) 456
柏原(大阪府) 701	嘉瀬観音山(青森県) 57	片山(兵庫県) 733
柏原宿(滋賀県) 655	笠田(和歌山県) 783	片山城(滋賀県) 655
柏原藩陣屋(兵庫県) 733	梼田荘(和歌山県) 783	片山城(広島県) 844
柏原村(埼玉県) 250	加瀬沼(宮城県) 84	片山邸(岡山県) 826
柏原村(長野県) 524	風ノ森(奈良県) 761	片山村(秋田県) 111
柏村(広島県) 844	風屋(奈良県) 761	かたらいの路(東京都) 332
柏村新田(大阪府) 701	鹿背山(京都府) 671	勝浦(和歌山県) 784
梶原(神奈川県) 414	鹿背山城(京都府) 671	勝地(三重県) 632
梶原市(大阪府) 701	加須(茨城県) 178	勝鬨橋(東京都) 332
梶原台場(大阪府) 701	加須(埼玉県) 250	華茶苑(沖縄県) 1067
可睡斎(静岡県) 580	加須市(埼玉県) 251	勝山(岡山県) 826
粕尾城(栃木県) 197	加須陣屋(埼玉県) 251	勝浦(千葉県) 278
春日(兵庫県) 733	加園城(栃木県) 197	勝浦(福岡県) 955
春日(奈良県) 761	加蘇村(栃木県) 197	勝浦尋常高等小学校(千葉県) 278
春日(広島県) 844	哥村(新潟県) 456	勝浦保健所(千葉県) 278
春日井(愛知県) 610	神田(岡山県) 826	餓(広島県) 844
春日井市(愛知県) 610	神田(徳島県) 897	勝雄不動滝(兵庫県) 733
春日出新田(大阪府) 701	片岡(奈良県) 761	勝川宿(愛知県) 610
春日井電報電話局(愛知県) 610	片岡郡(群馬県) 217	数坂峠(群馬県) 217
春日駅(東京都) 332	片岡之村(茨城県) 178	月山道(山形県) 124
春日窯跡群(宮城県) 84	片岡村(神奈川県) 414	月山富田城(島根県) 812
春日川(高知県) 933	片岡山(奈良県) 761	月山日和城(宮崎県) 1028
春日崎(新潟県) 455	片貝(千葉県) 278	葛飾(東京都) 332
春日市(福岡県) 955	片貝(新潟県) 456	葛飾区(東京都) 333
春日井郡(愛知県) 610	片貝海水浴場(千葉県) 278	葛飾柴又帝釈天参道(東京都) 333
春日町(新潟県) 455	片貝高射砲射撃演習場(千葉県) 278	葛飾低地(千葉県) 278
春日野(奈良県) 761	片貝城(群馬県) 217	合水堂(大阪府) 701
春日部(埼玉県) 250	片貝町(新潟県) 456	カツセ(愛媛県) 918
春日部市(埼玉県) 250	片上(福井県) 502	勝田(千葉県) 278
粕壁宿(埼玉県) 250	方上荘(福井県) 502	かつた村(大阪府) 701
春日山(新潟県) 455	鹿集城(兵庫県) 733	甲冑堂(宮城県) 84
春日山(奈良県) 761	樫木茶屋(広島県) 844	勝富町(長崎県) 990
春日山原始林(奈良県) 761	加田喜沼(秋田県) 111	勝沼(山梨県) 508
春日山城(新潟県) 456	片桐(長野県) 524	勝沼館(群馬県) 217
春日若宮(奈良県) 761	片桐村(長野県) 524	勝沼城(東京都) 333
粕川村(群馬県) 217	片桐町(新潟県) 456	勝尾城(佐賀県) 980
上総(千葉県) 278	片倉城(東京都) 332	勝原(岐阜県) 560
上総国府(千葉県) 278	片倉製糸(埼玉県) 251	勝平城(新潟県) 456
上総鉄道(千葉県) 278	片倉村(東京都) 332	勝間田池(千葉県) 278
上総国(千葉県) 278	片品(群馬県) 217	勝本浦(長崎県) 990
がす資料館(東京都) 332	片品川(群馬県) 217	勝盛公園(福岡県) 955
鹿角(秋田県) 111	片品北小学校(群馬県) 217	勝山(青森県) 57
鹿角街道(秋田県) 111	片品小学校(群馬県) 217	勝山(栃木県) 197
葛野川水力発電所(山梨県) 508	片品村(群馬県) 217	勝山(千葉県) 278
鹿角市(秋田県) 111	片島(岡山県) 826	勝山(岐阜県) 560
数馬(東京都) 332	片瀬(神奈川県) 414	勝山(栃木県) 197
霞ヶ浦(茨城県) 178	片瀬城(静岡県) 580	勝山城(山口県) 877
霞ヶ浦駅(三重県) 632	堅田(滋賀県) 655	葛尾村(福島県) 147
霞ヶ浦湖岸(茨城県) 178	堅田(京都府) 671	葛川(滋賀県) 655
霞ヶ浦東岸(茨城県) 178	堅田(大分県) 1013	桂川(京都府) 671
霞川(東京都) 332	堅田小学校(滋賀県) 655	桂川(大阪府) 701
香澄郷(茨城県) 178	堅田町(滋賀県) 655	桂川(大分県) 1014
霞堤(愛知県) 610	加太町(和歌山県) 784	葛城(奈良県) 761
霞の城山(静岡県) 580	交野(大阪府) 701	葛又(徳島県) 898
霞ノ関(東京都) 332	交野街道(大阪府) 701	旧葛城館(和歌山県) 784
加住村(東京都) 332	片野鴨池(石川県) 492	葛城古道(奈良県) 761
糟屋(福岡県) 955	交野郡(大阪府) 701	桂木山(山口県) 877

かつらぎ町（和歌山県） 784
葛城の国（奈良県） 761
葛城山（奈良県） 761
桂子沢村（岩手県） 70
桂谷（石川県） 492
桂浜（広島県） 844
桂宮家領村（京都府） 671
桂浜（高知県） 933
桂浜学園（高知県） 933
桂村（茨城県） 178
桂離宮（京都府） 671
勝連城（沖縄県） 1067
勝連南風原（沖縄県） 1067
嘉手志川（沖縄県） 1067
嘉手納大通り（沖縄県） 1067
嘉手納町（沖縄県） 1067
嘉手納飛行場（沖縄県） 1067
加藤（埼玉県） 251
河東（長野県） 524
河東（静岡県） 580
我堂（大阪府） 701
加東郡（兵庫県） 733
角川鉄山（山形県） 124
門沢橋（神奈川県） 414
門沢橋村（神奈川県） 414
門谷（静岡県） 580
門之浦（鹿児島県） 1042
門脇（宮城県） 84
門真市（大阪府） 701
門屋（静岡県） 580
香取（千葉県） 278
香取海軍航空基地（千葉県） 278
香取郡（千葉県） 278
香取市（千葉県） 279
香取神郡（千葉県） 279
香取の海（関東） 165
香取海（茨城県） 178
門脇家住宅（岩手県） 70
金井（東京都） 333
金井入口（東京都） 333
金井学校（広島県） 844
金池（山形県） 124
金井村（長野県） 524
金井谷戸（東京都） 333
金井旅館（群馬県） 217
金石（石川県） 492
鼎下山（長野県） 524
金岡（静岡県） 580
神奈川（神奈川県） 414
神奈川魚市場（神奈川県） 414
神奈川県（神奈川県） 414
神奈川県庁本庁舎（神奈川県） 415
神奈川県立繭検定所（神奈川県） 415
神奈川御殿（神奈川県） 415
金川集落（福島県） 147
神奈川宿（神奈川県） 415
神奈川宿仲木戸（神奈川県） 416
神奈川大学（神奈川県） 416
神奈川台場（神奈川県） 416
神奈川湊（神奈川県） 416
金木（青森県） 57
金木駅（青森県） 57
金木新田（青森県） 57
金木町（青森県） 57
金屑川（福岡県） 955
金窪城（埼玉県） 251

金倉（岡山県） 826
金沢（神奈川県） 416
金沢（石川県） 492
金沢医学館（石川県） 493
金沢街道（神奈川県） 416
金沢窯（埼玉県） 251
金沢金山（茨城県） 178
金沢区（神奈川県） 416
金沢市（石川県） 493
金沢寺（石川県） 493
金沢宿（石川県） 493
金沢十景（石川県） 493
金沢庄（石川県） 493
金沢城（石川県） 493
金沢小学校（長野県） 524
金沢町（石川県） 493
旧金沢友次郎邸（北海道） 19
金沢八景（神奈川県） 416
金沢藩（神奈川県） 416
金沢藩（石川県） 493
金沢飛行場（石川県） 493
金沢文庫（神奈川県） 416
金沢村（茨城県） 178
金塚（新潟県） 456
金杉浜塩田（千葉県） 279
金津荘（石川県） 493
金田町（福岡県） 955
我那覇（沖縄県） 1067
金橋桜花（東京都） 333
加那浜紅（沖縄県） 1067
金堀（宮城県） 84
金堀川（東京都） 333
金町松戸関所（東京都） 333
金丸村（石川県） 493
金目郷（神奈川県） 416
かなめ製菓（東京都） 333
要台村（福島県） 147
要町（東京都） 333
要町通り（東京都） 333
金森左京領（福井県） 502
金森村（東京都） 333
金屋（埼玉県） 251
金屋（岡山県） 826
金谷（福島県） 147
金谷（静岡県） 580
金谷（長崎県） 990
金谷山（新潟県） 456
金谷宿（静岡県） 580
金谷宿（熊本県） 1002
金屋町（富山県） 483
金山（青森県） 57
金山（群馬県） 217
金山落（千葉県） 279
金山街道（鹿児島県） 1042
金山城（群馬県） 217
金山城（千葉県） 279
金山城（新潟県） 456
金山疎水（千葉県） 279
金山谷（新潟県） 456
金山揚水（愛知県） 610
金屋村（兵庫県） 733
金谷渡し（大分県） 1014
可也（福岡県） 955
加南（石川県） 493
河南（和歌山県） 784
河南町（宮城県） 84

河南鉄道（大阪府） 701
可児（岐阜県） 560
蟹江新田（愛知県） 610
蟹川（岐阜県） 333
可児郡（岐阜県） 560
蟹沢川（長野県） 524
可児市（岐阜県） 560
蟹場温泉（秋田県） 111
和爾良（愛知県） 610
鹿庭山（兵庫県） 733
鹿沼（栃木県） 197
鹿沼市（栃木県） 198
鹿沼市西部（栃木県） 198
鹿沼宿（栃木県） 198
鹿沼城（栃木県） 198
鹿沼町（栃木県） 198
鹿沼八景（栃木県） 198
金上（茨城県） 178
金懸城（岐阜県） 560
鐘掛けの行場（奈良県） 761
金ヶ崎（兵庫県） 733
金ヶ崎町（岩手県） 70
鐘か淵（東京都） 333
兼久（沖縄県） 1067
兼城番所（沖縄県） 1067
金蔵（石川県） 494
金蔵村（石川県） 494
我如古（沖縄県） 1067
金子村（神奈川県） 416
鐘崎（福岡県） 955
金沢（岩手県） 70
金沢（埼玉県） 251
金沢城（埼玉県） 251
金田（千葉県） 279
金田（茨城県） 178
金田城（長崎県） 990
カネツキ田（奈良県） 761
鐘撞堂（福島県） 147
鐘撞堂（岡山県） 826
金隈（福岡県） 955
金平村（福岡県） 955
兼平塚（三重県） 632
鐘紡住道工場（大阪府） 701
金掘り坂（岡山県） 826
金丸氏要害（栃木県） 198
金丸原演習場（栃木県） 198
金山（山形県） 124
金山ヶ谷（福島県） 147
金山椿村（宮城県） 84
金山町（山形県） 124
金山町（福島県） 147
金山湊（岐阜県） 560
鹿野（山口県） 877
鹿足郡（島根県） 812
加納（福島県） 147
加納（岐阜県） 560
加能（石川県） 494
鹿野（千葉県） 279
加納鉱山（福島県） 147
加納宿（岐阜県） 560
加納城（岐阜県） 560
加納新町（岐阜県） 560
叶岳登山口（福岡県） 955
加納町役場（岐阜県） 560
叶津村（福島県） 147
加納停車場（岐阜県） 560

狩野徳市家 (群馬県) …… 217	鎌ヶ谷町 (千葉県) …… 279	上今井 (長野県) …… 525
加納藩 (岐阜県) …… 560	鎌ヶ谷村 (千葉県) …… 279	上伊美村 (大分県) …… 1014
狩野川 (静岡県) …… 580	嘉麻川 (福岡県) …… 955	上植木村 (群馬県) …… 217
鹿瀬 (新潟県) …… 456	鎌倉 (神奈川県) …… 416	上浮穴郡 (愛媛県) …… 918
鹿瀬山 (新潟県) …… 456	鎌倉府 (神奈川県) …… 417	上内村 (福岡県) …… 955
鹿瀬発電所 (新潟県) …… 456	鎌倉街道 (神奈川県) …… 417	上馬 (東京都) …… 333
鹿瀬町 (新潟県) …… 456	鎌倉街道上道 (神奈川県) …… 417	上大岡村 (神奈川県) …… 418
鹿野戸 (千葉県) …… 279	鎌倉街道上の道 (神奈川県) …… 417	上大久保村 (京都府) …… 671
辛ノ埼 (島根県) …… 812	鎌倉街道中道 (神奈川県) …… 417	上太田 (山口県) …… 877
上町 (神奈川県) …… 416	鎌倉河岸 (東京都) …… 333	神岡 (岐阜県) …… 561
鹿峰 (愛媛県) …… 918	鎌倉上の道 (神奈川県) …… 417	神岡町 (秋田県) …… 111
鹿野村 (石川県) …… 494	鎌倉郡 (神奈川県) …… 417	上小川村 (愛知県) …… 610
鹿屋 (鹿児島県) …… 1042	鎌倉御所 (神奈川県) …… 417	上尾久 (東京都) …… 333
鹿乗川 (愛知県) …… 610	鎌倉古道 (神奈川県) …… 417	上奥玉村 (岩手県) …… 70
鹿乗橋 (愛知県) …… 610	鎌倉市 (神奈川県) …… 418	上尾久村 (東京都) …… 333
加波山 (茨城県) …… 179	鎌倉城 (神奈川県) …… 418	上奥山 (富山県) …… 483
椛島 (長崎県) …… 990	鎌倉新田 (新潟県) …… 456	上帯広村 (北海道) …… 19
カバト山 (北海道) …… 19	鎌倉大仏 (神奈川県) …… 418	上恩方町 (東京都) …… 333
樺戸集治監 (北海道) …… 19	鎌倉橋 (神奈川県) …… 418	神風ヶ浜 (愛知県) …… 610
樺沢城 (新潟県) …… 456	鎌倉八景 (神奈川県) …… 418	上方 (近畿) …… 645
樺山 (埼玉県) …… 251	鎌倉道 (神奈川県) …… 418	上勝町 (徳島県) …… 898
樺山村 (宮崎県) …… 1028	鎌研 (高知県) …… 934	上桂川 (京都府) …… 671
香春城 (福岡県) …… 955	蒲郡市 (愛知県) …… 610	上加納村 (岐阜県) …… 561
川原町 (三重県) …… 632	釜沢村 (秋田県) …… 111	上神谷郷 (大阪府) …… 701
川平村 (沖縄県) …… 1067	嘉麻市 (福岡県) …… 955	上賀茂 (京都府) …… 671
下深野村 (福岡県) …… 955	加増村 (長野県) …… 524	上川 (北海道) …… 19
ガーブ川 (沖縄県) …… 1067	蒲田 (東京都) …… 333	上川 (兵庫県) …… 733
蕪栗沼 (宮城県) …… 84	烟田 (茨城県) …… 179	上川垣内 (長崎県) …… 990
株井峠 (和歌山県) …… 784	鎌田遺跡 (茨城県) …… 179	神川橋 (神奈川県) …… 418
我部祖河 (沖縄県) …… 1067	蒲田駅 (東京都) …… 333	上川場村 (群馬県) …… 217
甲山 (兵庫県) …… 733	鎌田館 (愛媛県) …… 918	上川町 (東京都) …… 333
甲山城 (広島県) …… 844	鎌田小学校 (福島県) …… 148	上川村 (新潟県) …… 456
甲山町 (広島県) …… 844	竈門橋 (熊本県) …… 1002	上河原新田村 (新潟県) …… 456
鏑川 (群馬県) …… 217	釜之口 (愛媛県) …… 918	上瓦屋村 (大阪府) …… 701
鏑木町 (千葉県) …… 279	鎌沢村 (秋田県) …… 111	上北鉱山 (青森県) …… 57
賀富羅津 (香川県) …… 903	釜ノ倉城 (愛媛県) …… 918	上北沢左内屋敷 (東京都) …… 333
可部 (広島県) …… 845	鎌刃城 (滋賀県) …… 655	上北沢村 (東京都) …… 333
可部街道 (広島県) …… 845	釜淵 (大分県) …… 1014	上北山 (奈良県) …… 761
可部峠 (広島県) …… 845	釜屋 (山口県) …… 877	上北山村 (奈良県) …… 762
嘉穂 (福岡県) …… 955	釜屋村 (新潟県) …… 456	上京 (京都府) …… 671
河北 (宮城県) …… 84	加美 (山梨県) …… 508	上京区 (京都府) …… 671
河北 (山形県) …… 124	上青江 (大分県) …… 1014	上清実村 (福井県) …… 502
珂北 (茨城県) …… 179	上赤坂城 (大阪府) …… 701	上久保 (愛媛県) …… 918
河北潟 (石川県) …… 494	上赤谷 (新潟県) …… 456	上黒駒 (山梨県) …… 508
河北砂丘 (石川県) …… 494	上天野 (和歌山県) …… 784	香美郡 (高知県) …… 934
河北町 (山形県) …… 124	上新山村 (長野県) …… 524	上郷 (神奈川県) …… 418
香北町 (高知県) …… 934	上飯田 (神奈川県) …… 418	上郷 (長野県) …… 525
嘉穂郡 (福岡県) …… 955	上飯田 (長野県) …… 524	上郷小学校 (長野県) …… 525
賀保荘 (山口県) …… 877	上飯田村 (神奈川県) …… 418	上郷村 (長野県) …… 525
嘉穂盆地 (福岡県) …… 955	上飯田村 (長野県) …… 524	上哇内 (高知県) …… 934
嘉穂町 (福岡県) …… 955	上飯村 (福島県) …… 148	上江橋 (埼玉県) …… 251
可保夜が沼 (群馬県) …… 217	上井草球場 (東京都) …… 333	上郷村 (岩手県) …… 70
釜石 (岩手県) …… 70	上井草村 (東京都) …… 333	上河和 (岐阜県) …… 561
釜石市 (岩手県) …… 70	神池 (高知県) …… 934	上後閑小学校 (群馬県) …… 217
釜石製鉄所 (岩手県) …… 70	上砂井村 (茨城県) …… 179	上五島 (長崎県) …… 990
釜石線 (岩手県) …… 70	上石津 (愛知県) …… 610	上狛 (京都府) …… 671
蒲河 (長崎県) …… 990	上石津 (岐阜県) …… 561	上狛小学校 (京都府) …… 671
釜ヶ崎 (大阪府) …… 701	上石原 (東京都) …… 333	上御霊前通 (京都府) …… 671
鎌形村 (埼玉県) …… 251	上石原村 (東京都) …… 333	上材木町 (栃木県) …… 198
釜ヶ淵用水 (栃木県) …… 198	上市 (富山県) …… 483	上嵯峨 (京都府) …… 671
鎌ヶ谷 (千葉県) …… 279	上市 (奈良県) …… 761	神里 (沖縄県) …… 1067
鎌ヶ谷市 (千葉県) …… 279	上井出川 (広島県) …… 845	上郷堂垣外遺跡 (長野県) …… 525
鎌ヶ谷宿 (千葉県) …… 279	上伊那 (長野県) …… 524	上郷別府 (長野県) …… 525
鎌ヶ谷小学校 (千葉県) …… 279	上伊那郡 (長野県) …… 525	上里町 (埼玉県) …… 251
鎌ヶ谷尋常小学校 (千葉県) …… 279	上伊那図書館 (長野県) …… 525	上三宮焼窯 (山形県) …… 124
鎌ヶ谷中学校 (千葉県) …… 279	上伊那農業学校 (長野県) …… 525	上塩尻村 (長野県) …… 525

上地島（沖縄県） …………………… 1067
上志段味（愛知県） ………………… 610
上士幌町（北海道） ………………… 19
上島（長野県） ……………………… 525
上島区（長野県） …………………… 525
上島田（山口県） …………………… 877
神嶋村（広島県） …………………… 845
上石神井（東京都） ………………… 333
上石神井村（東京都） ……………… 333
上夙村（奈良県） …………………… 762
上城（長野県） ……………………… 525
上条（新潟県） ……………………… 456
上条（愛知県） ……………………… 610
上条城（愛知県） …………………… 610
上条村（愛知県） …………………… 610
上条村（石川県） …………………… 494
上白岩村（静岡県） ………………… 580
上白井小学校（群馬県） …………… 217
上新田（新潟県） …………………… 456
上新田村（群馬県） ………………… 217
上末吉小学校（神奈川県） ………… 418
上津具村（愛知県） ………………… 611
神栖市（茨城県） …………………… 179
上清内路（長野県） ………………… 525
上関村（富山県） …………………… 483
上瀬野信号所（広島県） …………… 845
上祖師谷村（東京都） ……………… 334
上高井（長野県） …………………… 525
上高井郡（長野県） ………………… 525
上高井戸宿（東京都） ……………… 334
上高井保育園（長野県） …………… 525
上高田（東京都） …………………… 334
上高原郷（岐阜県） ………………… 561
上宝村（岐阜県） …………………… 561
上滝街道（富山県） ………………… 483
上立売通（京都府） ………………… 671
紙辰呉服店（埼玉県） ……………… 251
上中条村（埼玉県） ………………… 251
香美町（兵庫県） …………………… 733
上毛野（群馬県） …………………… 217
上ツ道（奈良県） …………………… 762
上手稲村（北海道） ………………… 19
上筒方（新潟県） …………………… 456
上東条村（兵庫県） ………………… 733
上遠牡丹園（神奈川県） …………… 418
上当間川（静岡県） ………………… 580
上遠陸次邸（神奈川県） …………… 418
上徳間（長野県） …………………… 525
上戸倉温泉（長野県） ……………… 525
上利根川（東京都） ………………… 334
上殿嶋村（長野県） ………………… 525
上殿村（広島県） …………………… 845
上途別（北海道） …………………… 19
上鳥渡村（福島県） ………………… 148
上富田（和歌山県） ………………… 784
上中居町（群馬県） ………………… 218
上長貫（静岡県） …………………… 580
上名栗区（埼玉県） ………………… 251
上名栗村（埼玉県） ………………… 251
上灘（愛媛県） ……………………… 918
上灘（高知県） ……………………… 934
神なび山（奈良県） ………………… 762
上新川郡（富山県） ………………… 483
上二井田（福島県） ………………… 148
上韮生（高知県） …………………… 934
上貫津（山形県） …………………… 124

上怒田（神奈川県） ………………… 418
上猫巣（新潟県） …………………… 456
神峯山（茨城県） …………………… 179
上ノ郷（愛知県） …………………… 611
上ノ郷城（愛知県） ………………… 611
上の島（兵庫県） …………………… 733
上野尻村（福島県） ………………… 148
上の関（山口県） …………………… 877
上山口村（神奈川県） ……………… 418
上野宮（茨城県） …………………… 179
上山郷（群馬県） …………………… 218
上芳我（愛媛県） …………………… 918
上畑村（長野県） …………………… 525
上花輪歴史館（千葉県） …………… 279
上埴生郡（千葉県） ………………… 279
神原（長野県） ……………………… 525
神原（山口県） ……………………… 877
上祓川町（鹿児島県） ……………… 1042
神原村（群馬県） …………………… 218
神原美弘家（群馬県） ……………… 218
上馬場村（埼玉県） ………………… 251
上東（高知県） ……………………… 934
上久堅（長野県） …………………… 525
上日奈古（福岡県） ………………… 955
上平井村（東京都） ………………… 334
上平川（鹿児島県） ………………… 1042
上福岡（埼玉県） …………………… 251
上富良野（北海道） ………………… 20
上富良野駐屯地（北海道） ………… 20
上富良野町（北海道） ……………… 20
上分（徳島県） ……………………… 898
上分（高知県） ……………………… 934
上分村（高知県） …………………… 934
上保谷（東京都） …………………… 334
上宝来村（埼玉県） ………………… 251
上細井（群馬県） …………………… 218
上保原（福島県） …………………… 148
上本庄村（福岡県） ………………… 955
上牧（長野県） ……………………… 525
上町（福島県） ……………………… 148
上町（高知県） ……………………… 934
上松浦（長崎県） …………………… 990
上真山（宮城県） …………………… 84
上三永（広島県） …………………… 845
上妙覚寺町（京都府） ……………… 671
上村中学校（長野県） ……………… 525
上目黒（東京都） …………………… 334
上目黒一丁目（東京都） …………… 334
上相（岡山県） ……………………… 826
神谷（東京都） ……………………… 334
神谷沢（宮城県） …………………… 84
上谷地郷（山形県） ………………… 124
紙屋別所（宮城県） ………………… 84
上矢部土塁（神奈川県） …………… 418
上山（宮城県） ……………………… 84
上山（東京都） ……………………… 334
上山川村（茨城県） ………………… 179
上山口（神奈川県） ………………… 418
上山口分教場（神奈川県） ………… 418
神山県（愛媛県） …………………… 918
神山宿（群馬県） …………………… 218
上山田（長野県） …………………… 525
上山田温泉（長野県） ……………… 525
上柚木（東京都） …………………… 334
上吉田宿（山梨県） ………………… 508
上吉田村（山梨県） ………………… 508

神代の水（奈良県） ………………… 762
上竜頭の滝（広島県） ……………… 845
上和田（神奈川県） ………………… 418
上和田村（神奈川県） ……………… 418
神割崎（宮城県） …………………… 84
神居（北海道） ……………………… 20
神岳（奈良県） ……………………… 762
カムチャッカ（北方地域） ………… 2
鹿附駅（広島県） …………………… 845
神名備山（島根県） ………………… 812
神村庄（広島県） …………………… 845
加村台御屋敷（千葉県） …………… 279
加村道（千葉県） …………………… 279
冠着トンネル（長野県） …………… 525
冠着越（長野県） …………………… 526
冠着山（長野県） …………………… 526
神室山（秋田県） …………………… 111
亀井橋（宮城県） …………………… 1028
亀居城（広島県） …………………… 845
亀井戸（東京都） …………………… 334
亀戸（東京都） ……………………… 334
亀戸・大島・小松川防災拠点（東京都）
 …………………………………… 334
亀戸村（東京都） …………………… 334
亀岡（宮城県） ……………………… 84
亀岡（京都府） ……………………… 671
亀岡（愛媛県） ……………………… 918
亀岡街道（大阪府） ………………… 702
亀岡市（京都府） …………………… 671
亀岡城（京都府） …………………… 671
亀尾城（福岡県） …………………… 955
亀谷（島根県） ……………………… 812
亀形石（奈良県） …………………… 762
亀が岳（高知県） …………………… 934
亀川（大分県） ……………………… 1014
亀倉（長野県） ……………………… 526
亀ケ岳（大分県） …………………… 1014
亀島（和歌山県） …………………… 784
亀島山（岡山県） …………………… 826
亀田（北海道） ……………………… 20
亀田（秋田県） ……………………… 111
亀高村（東京都） …………………… 334
亀谷郷（神奈川県） ………………… 418
亀谷鉱山（富山県） ………………… 483
亀田藩（秋田県） …………………… 111
亀田町（新潟県） …………………… 456
亀徳（鹿児島県） …………………… 1042
亀ノ瀬トンネル（大阪府） ………… 702
亀村（島根県） ……………………… 812
亀焼（鹿児島県） …………………… 1042
亀山（三重県） ……………………… 632
亀山（京都府） ……………………… 671
亀山（岡山県） ……………………… 826
亀山社中（長崎県） ………………… 990
亀山宿（三重県） …………………… 632
亀山城（愛知県） …………………… 611
亀山城（三重県） …………………… 632
亀山城（京都府） …………………… 671
亀山城（岡山県） …………………… 826
亀山藩（三重県） …………………… 632
加茂（新潟県） ……………………… 456
加茂（愛知県） ……………………… 611
可茂（岐阜県） ……………………… 561
鴨居瀬（長崎県） …………………… 990
蒲生（滋賀県） ……………………… 655
蒲生上郡（滋賀県） ………………… 655

蒲生川 (鳥取県) …………… 800
蒲生下郡 (滋賀県) ………… 655
蒲生城 (鹿児島県) ………… 1042
蒲生村 (宮城県) …………… 84
加茂駅 (新潟県) …………… 457
鴨ヶ岳城 (長野県) ………… 526
かもがた町家公園 (岡山県) … 826
加茂川 (千葉県) …………… 279
加茂川 (鳥取県) …………… 800
加茂川 (広島県) …………… 845
賀茂川 (京都府) …………… 671
鴨川 (埼玉県) ……………… 251
鴨川 (千葉県) ……………… 279
鴨川 (京都府) ……………… 671
加茂川橋 (愛媛県) ………… 919
鴨川市 (千葉県) …………… 279
鴨川西岸 (京都府) ………… 671
加茂川鉄橋 (愛媛県) ……… 919
加茂暁星高校 (新潟県) …… 457
加茂郡 (岐阜県) …………… 561
賀茂郡 (静岡県) …………… 581
賀茂郡 (愛知県) …………… 611
加茂湖 (新潟県) …………… 457
加茂高校 (新潟県) ………… 457
鴨島町 (徳島県) …………… 898
加茂宿 (新潟県) …………… 457
賀茂台地 (広島県) ………… 845
加茂農林学校 (新潟県) …… 457
鴨の宮 (奈良県) …………… 762
鴨方往来 (岡山県) ………… 827
加茂町 (新潟県) …………… 457
加茂町 (石川県) …………… 494
加茂町 (島根県) …………… 812
加茂村 (山形県) …………… 124
加茂山 (高知県) …………… 934
鴨山 (島根県) ……………… 812
賀茂別雷神社 (京都府) …… 671
掃部ヶ岳 (群馬県) ………… 218
掃部宿 (東京都) …………… 334
加悦 (京都府) ……………… 671
加屋 (愛媛県) ……………… 919
加耶 (朝鮮) ………………… 1102
伽耶院庭園 (兵庫県) ……… 733
火薬庫 (東京都) …………… 334
火薬製造所 (東京都) ……… 334
萱島流作新田 (大阪府) …… 702
萱振寺内町 (大阪府) ……… 702
萱田 (千葉県) ……………… 279
萱田町 (千葉県) …………… 279
萱田村 (千葉県) …………… 279
茅沼 (茨城県) ……………… 179
萱村 (大阪府) ……………… 702
賀陽宮須磨別邸 (兵庫県) … 733
茅原村 (島根県) …………… 812
萱振村 (大阪府) …………… 702
鹿山文庫 (千葉県) ………… 280
栢間村 (埼玉県) …………… 251
茅本村 (福島県) …………… 148
可也山 (福岡県) …………… 955
通浦 (山口県) ……………… 877
駕与丁公園 (福岡県) ……… 956
から尾峠 (岐阜県) ………… 561
辛川 (岡山県) ……………… 827
唐川 (滋賀県) ……………… 655
唐川 (愛媛県) ……………… 919
加羅倉館 (群馬県) ………… 218

唐桑半島 (宮城県) ………… 84
辛香峠 (岡山県) …………… 827
唐子(国分)山城 (愛媛県) … 919
唐崎 (大阪府) ……………… 702
唐崎山 (長野県) …………… 526
カラ沢 (埼玉県) …………… 251
唐沢川 (埼玉県) …………… 251
唐沢放水路 (埼玉県) ……… 251
唐沢山 (栃木県) …………… 198
唐沢山城 (栃木県) ………… 198
香良洲 (三重県) …………… 632
烏川 (宮城県) ……………… 84
烏川 (群馬県) ……………… 218
烏川 (埼玉県) ……………… 251
烏川扇状地 (長野県) ……… 526
烏小島 (広島県) …………… 845
香良洲町 (三重県) ………… 632
烏森小学校 (東京都) ……… 334
烏山 (栃木県) ……………… 198
烏山藩 (栃木県) …………… 198
烏山城 (栃木県) …………… 198
烏山中学校 (栃木県) ……… 198
烏山町 (栃木県) …………… 198
烏山村 (東京都) …………… 334
烏の枕 (佐賀県) …………… 980
唐津 (佐賀県) ……………… 980
唐津街道(九州・沖縄) …… 948
唐津市 (佐賀県) …………… 980
唐津城 (佐賀県) …………… 980
唐津石炭山 (佐賀県) ……… 980
唐津線 (佐賀県) …………… 980
唐津藩 (佐賀県) …………… 980
唐津湾 (佐賀県) …………… 981
唐戸屋鉱山 (山形県) ……… 124
唐荷島 (兵庫県) …………… 733
伽羅の国 (朝鮮) …………… 1102
唐樋札場 (山口県) ………… 877
樺太 (北方地域) …………… 2
空堀 (大阪府) ……………… 702
空堀川 (東京都) …………… 334
空堀商店街 (大阪府) ……… 702
唐松 (佐賀県) ……………… 981
搦田 (秋田県) ……………… 111
ガラメキ温泉 (群馬県) …… 218
からめきの瀬 (千葉県) …… 280
狩生 (大分県) ……………… 1014
雁堤 (静岡県) ……………… 581
狩川 (神奈川県) …………… 418
狩川通 (山形県) …………… 124
雁木 (広島県) ……………… 845
刈敷 (宮城県) ……………… 85
狩宿 (和歌山県) …………… 784
刈田 (宮城県) ……………… 85
苅田往還 (福岡県) ………… 956
苅田町 (福岡県) …………… 956
苅野 (神奈川県) …………… 418
狩浜 (愛媛県) ……………… 919
狩俣 (沖縄県) ……………… 1067
刈屋 (愛媛県) ……………… 919
刈谷 (愛知県) ……………… 611
刈谷市 (愛知県) …………… 611
刈谷城 (愛知県) …………… 611
仮谷田川 (新潟県) ………… 457
刈谷田郷 (新潟県) ………… 457
刈谷町 (愛知県) …………… 611
借宿村 (栃木県) …………… 198

苅屋原 (長野県) …………… 526
刈谷藩 (愛知県) …………… 611
臥竜山 (長野県) …………… 526
花流泉 (岩手県) …………… 70
刈羽 (新潟県) ……………… 457
刈羽郡 (新潟県) …………… 457
刈和野 (秋田県) …………… 111
刈羽村 (新潟県) …………… 457
花林城 (愛媛県) …………… 919
軽井川 (新潟県) …………… 457
軽井沢 (長野県) …………… 526
軽井沢御番所 (宮城県) …… 85
軽井沢町 (長野県) ………… 526
軽井沢峠 (群馬県) ………… 218
軽井沢峠 (静岡県) ………… 581
軽野 (茨城県) ……………… 179
軽浜 (群馬県) ……………… 218
軽部 (茨城県) ……………… 179
蝶川隧道 (和歌山県) ……… 784
香恋の里 (愛知県) ………… 611
峨瓏大滝 (秋田県) ………… 111
何陋館 (茨城県) …………… 179
賀廊の大滝 (東京都) ……… 334
賀露港 (鳥取県) …………… 800
川合 (奈良県) ……………… 762
河合町 (奈良県) …………… 762
河合村 (大阪府) …………… 702
川上 (三重県) ……………… 632
川上村 (島根県) …………… 812
川内 (青森県) ……………… 57
川内 (宮城県) ……………… 85
川内北小学校 (群馬県) …… 218
河内町 (大阪府) …………… 702
川内町 (愛媛県) …………… 919
川内南小学校 (群馬県) …… 218
川内村 (福島県) …………… 148
川浦小 (群馬県) …………… 218
川浦村 (群馬県) …………… 218
川音川 (神奈川県) ………… 418
川角村 (埼玉県) …………… 251
川上 (鹿児島県) …………… 1042
川上駅 (北海道) …………… 20
川上郷 (鹿児島県) ………… 1042
河上庄 (岐阜県) …………… 561
河上荘 (滋賀県) …………… 655
川上村 (千葉県) …………… 280
川上村 (奈良県) …………… 762
川岸村 (長野県) …………… 526
川岸町 (新潟県) …………… 457
河北 (和歌山県) …………… 784
川北 (大分県) ……………… 1014
河北村 (大阪府) …………… 702
川下り郷 (長野県) ………… 526
川口 (秋田県) ……………… 111
川口 (埼玉県) ……………… 251
川口 (東京都) ……………… 334
川口 (大阪府) ……………… 702
川口・一宇線 (徳島県) …… 898
川口華商 (大阪府) ………… 702
川口川 (東京都) …………… 334
川口川堰用水 (千葉県) …… 280
河口湖 (山梨県) …………… 508
川口市 (埼玉県) …………… 252
川口城 (愛知県) …………… 611
川口村 (三重県) …………… 632
川口町 (新潟県) …………… 457

川口町(岩手県) 70
川口村(東京都) 334
川久保(奈良県) 762
川桁駅(福島県) 148
河芸町(三重県) 632
河越(埼玉県) 252
川越(埼玉県) 252
川越五河岸(埼玉県) 252
川越市(埼玉県) 252
河越氏館(埼玉県) 252
川越城(埼玉県) 252
河越城(埼玉県) 252
川越小学校(埼玉県) 252
川越商工会議所(埼玉県) 253
川越町(埼玉県) 253
川越鉄道(関東) 165
川越藩(埼玉県) 253
河越館(埼玉県) 253
川越山(埼玉県) 253
河崎(三重県) 632
川崎(千葉県) 280
川崎(神奈川県) 418
河崎魚市場(三重県) 632
川崎・木更津フェリー航路(関東) ... 165
川崎区(神奈川県) 419
川崎航空都城工場(宮崎県) 1028
川崎市(神奈川県) 419
川崎宿(神奈川県) 419
川崎城(栃木県) 198
川崎城(岡山県) 827
川崎商店(東京都) 335
川崎新道(徳島県) 898
川崎大師(神奈川県) 419
川崎町(神奈川県) 419
河崎の柵(岩手県) 70
河崎庄(岐阜県) 561
川崎庄(岐阜県) 561
川崎町(宮城県) 85
川崎村(岩手県) 70
川路(長野県) 526
川路村(長野県) 526
川路八区諏訪社(長野県) 526
川島(三重県) 632
川嶋(石川県) 494
川島村(愛知県) 611
川島町(埼玉県) 253
川島領大囲堤(埼玉県) 253
河尻(大阪府) 702
河尻(兵庫県) 733
川尻(茨城県) 179
川尻(熊本県) 1002
川尻城(愛知県) 611
川尻町(広島県) 845
川尻岬(山口県) 877
川尻村(広島県) 845
川添(大分県) 1014
河和田(福井県) 502
川田(群馬県) 218
川田(東京都) 335
川平(福島県) 148
川棚温泉(山口県) 877
川棚町(長崎県) 990
河内(大阪府) 702
河内(大分県) 1014
河内(鹿児島県) 1042
河内天美駅(大阪府) 703

河内鋳物師工房跡(大阪府) 703
河内街道(大阪府) 703
河内郡(栃木県) 198
河内郷(島根県) 812
河内越(奈良県) 762
河内東部(茨城県) 179
河内長野(大阪府) 703
河内長野市(大阪府) 703
河内野(佐賀県) 981
河内駅家(茨城県) 179
河内国(大阪府) 703
河内国木屋堂(大阪府) 703
河内国淀藩稲葉領(大阪府) 703
河内平野(大阪府) 703
河内町(茨城県) 179
河内村(三重県) 632
革手城(岐阜県) 561
川戸(栃木県) 198
川床村(長野県) 990
川戸村(島根県) 812
川奈(静岡県) 581
川名(群馬県) 218
川名岡(千葉県) 280
川中島(長野県) 526
川辺(大阪府) 703
川辺町(鹿児島県) 1042
川西(北海道) 20
川西(山形県) 124
川西(新潟県) 457
川西(長野県) 526
川西(広島県) 845
川西(愛媛県) 919
川西(大分県) 1014
川西市(兵庫県) 733
川西小学校(栃木県) 198
川西町(兵庫県) 733
川西町(山形県) 124
川沼新田(栃木県) 198
川沼落雁(福島県) 148
川根(静岡県) 581
川根東街道(静岡県) 581
川野(東京都) 335
川之石(愛媛県) 919
川之内(愛媛県) 919
川之江(愛媛県) 919
川之江藩(愛媛県) 919
川之江本陣(愛媛県) 919
川登(大分県) 1014
川場(群馬県) 218
川端街道(和歌山県) 784
川場村(群馬県) 218
川原(長野県) 526
河原(兵庫県) 733
川東(愛媛県) 919
川東古道(兵庫県) 733
川辺(鹿児島県) 1042
川辺橋(岡山県) 827
川辺郷(鹿児島県) 1042
河辺郡(秋田県) 112
川辺郡(鹿児島県) 1042
川辺郡(兵庫県) 733
川辺郡(鹿児島県) 1042
川辺宿(岡山県) 827
川辺村(鹿児島県) 1042
川辺町(和歌山県) 784
川間(千葉県) 280

川前楯(山形県) 124
川曲(群馬県) 218
川俣(福島県) 148
川俣(群馬県) 218
川俣宿(群馬県) 218
川俣関所(群馬県) 218
川俣町(福島県) 148
川南(大分県) 1014
川向小学校(北海道) 20
川向中学校(北海道) 20
川向(愛知県) 611
河村郡(鳥取県) 800
河村城(神奈川県) 419
川村番所(新潟県) 457
川面村(岡山県) 827
川本(島根県) 812
川本村(島根県) 812
川本町(島根県) 812
川湯温泉(和歌山県) 784
河原(京都府) 671
香春(福岡県) 956
川原(滋賀県) 655
川原明戸(埼玉県) 253
河原内(大分県) 1014
河原口(神奈川県) 419
河原子(茨城県) 179
河原子海岸(茨城県) 179
河原国民学校(山口県) 877
河原子八景(茨城県) 179
河原子浜(茨城県) 179
河原子町北浜海岸(茨城県) 179
河原子町役場(茨城県) 179
河原沢の湯(新潟県) 457
河原庄(愛媛県) 919
河原小学校(山口県) 877
河原新田(栃木県) 198
河原津(愛媛県) 919
瓦曽根溜井(埼玉県) 253
瓦曽根橋(埼玉県) 253
香春岳(福岡県) 956
河原田村(新潟県) 457
河原町(東京都) 335
柏原町(京都府) 671
川原寺西南隅(奈良県) 762
瓦葺駅家(兵庫県) 734
香春町(福岡県) 956
河原町通(京都府) 671
瓦谷戸窯(東京都) 335
川原湯(群馬県) 218
川原湯温泉(群馬県) 218
川曲郷(茨城県) 179
河曲里(千葉県) 280
閑院宮別邸(神奈川県) 419
寛永寺(東京都) 335
寛永寺(大阪府) 703
岩越線(東日本) 6
岩越鉄道(福島県) 148
観音寺市(香川県) 903
関外(神奈川県) 419
観海寺(大分県) 1014
がんがら橋(鹿児島県) 1042
神吉城(兵庫県) 734
観蛍橋(長野県) 526
雁木町(神奈川県) 419
漢江(朝鮮) 1102
元興寺町(奈良県) 762

かんこ 地名索引

韓国（朝鮮）	1102	
函谷鉾町（京都府）	672	
関西（近畿）	645	
関西鉄道（近畿）	645	
神埼（佐賀県）	981	
神崎駅（兵庫県）	734	
神崎川（大阪府）	703	
神崎川（兵庫県）	734	
神崎川変電所（大阪府）	704	
神崎郡（兵庫県）	734	
神崎工場（兵庫県）	734	
神埼宿（佐賀県）	981	
神崎橋（大阪府）	704	
観察院五輪塔（山口県）	877	
神里原（沖縄県）	1067	
神里原通り（沖縄県）	1067	
環山楼（大阪府）	704	
甘珠爾廟（満州）	1097	
勘場屋敷（山口県）	877	
感状山城（兵庫県）	734	
願正寺（新潟県）	457	
官省符荘（和歌山県）	784	
勘定村（石川県）	494	
完人村（京都府）	672	
旧関西学院ブランチ・メモリアル・チャペル（兵庫県）	734	
観世音寺（福岡県）	956	
甘泉園（東京都）	335	
願泉寺（大阪府）	704	
神田（東京都）	335	
神田（長野県）	526	
神田亀住町（東京都）	335	
神田川（東京都）	335	
神田川右岸堤防（東京都）	335	
神田川上水（東京都）	335	
神田区（東京都）	335	
神田下水（東京都）	335	
上秋庄（岐阜県）	561	
神田市場（東京都）	335	
神田上水（東京都）	335	
神田新地（富山県）	483	
神田造船所（広島県）	845	
神田溜（山梨県）	508	
神田花岡町（東京都）	335	
神田平河町（東京都）	335	
乾岔子島（満州）	1097	
カンチン峠（新潟県）	457	
関東（関東）	165	
関東（満州）	1097	
関東軍（満州）	1097	
関東甲信越（東日本）	6	
関東州（満州）	1097	
甘棠碑（岡山県）	827	
関東盆地（関東）	167	
漢那（沖縄県）	1067	
関内（神奈川県）	419	
神流川（群馬県）	218	
神流川（埼玉県）	253	
神辺（広島県）	845	
神辺宿（広島県）	845	
神辺町（広島県）	845	
神流町（群馬県）	218	
金成（宮城県）	85	
金成町（宮城県）	85	
鉄輪（大分県）	1014	
願念寺（石川県）	494	

神納村（千葉県）	280	
甲浦（高知県）	934	
甲浦港（高知県）	934	
観音川（広島県）	845	
観音崎（神奈川県）	419	
観音崎砲台（神奈川県）	419	
観音寺（滋賀県）	655	
観音寺城（滋賀県）	655	
観音寺村（徳島県）	898	
観音正寺（滋賀県）	655	
観音瀬（宮崎県）	1028	
観音瀬水路（宮崎県）	1028	
観音池公園（宮崎県）	1028	
観音の水（奈良県）	762	
観音平（奈良県）	762	
観音俣城（新潟県）	457	
観音山（山口県）	877	
神庭（岡山県）	827	
神拝（愛媛県）	919	
関白道（鹿児島県）	1042	
鹿場村（兵庫県）	734	
蒲原（新潟県）	457	
蒲原（静岡県）	581	
鎌原（群馬県）	218	
蒲原郡（新潟県）	457	
蒲原宿（静岡県）	581	
蒲原城（静岡県）	581	
鎌原小（群馬県）	219	
蒲原津（新潟県）	457	
蒲原平野（新潟県）	457	
鎌原村（群馬県）	219	
神戸（千葉県）	280	
神戸（三重県）	632	
神戸（愛媛県）	919	
神戸金貴家（群馬県）	219	
神戸国吉家（群馬県）	219	
神戸城（三重県）	632	
神辺城（広島県）	845	
神戸小学校（愛媛県）	919	
神辺平野（広島県）	845	
上牧村（奈良県）	762	
冠岳（鹿児島県）	1042	
関門（山口県）	877	
関門（福岡県）	956	
関門海峡（山口県）	877	
関門海峡（福岡県）	956	
関門地域（山口県）	877	
関門地域（福岡県）	956	
甘楽（群馬県）	219	
甘楽郡（群馬県）	219	
甘楽町立第二中学校（群馬県）	219	
甘楽町（群馬県）	219	
甘楽町立第三中学校（群馬県）	219	
元林院（奈良県）	762	
官立綿糸紡績工場（広島県）	845	
岩略寺城（愛知県）	611	
巌流島（山口県）	877	

【き】

木（千葉県）	280	
基肄（福岡県）	956	
紀伊（和歌山県）	784	
紀伊大島（和歌山県）	784	
紀伊路街道（和歌山県）	784	

基肄城（福岡県）	956	
紀伊徳川家鷹場（埼玉県）	253	
紀伊長島（三重県）	632	
紀伊国（和歌山県）	784	
紀伊半島（和歌山県）	784	
紀伊風土記の丘（和歌山県）	784	
喜入（鹿児島県）	1042	
給黎郷（鹿児島県）	1042	
喜入中学校（鹿児島県）	1042	
木浦鉱山（大分県）	1014	
木浦山（大分県）	1014	
帰雲城（岐阜県）	561	
木下（千葉県）	280	
木下街道（千葉県）	280	
祇園（京都府）	672	
祇園甲部（京都府）	672	
祇園山（香川県）	903	
祇園城（栃木県）	198	
祇園橋（熊本県）	1002	
喜界島（鹿児島県）	1042	
木ヶ崎公園（愛知県）	611	
気賀陣屋（静岡県）	581	
箕蚊屋（鳥取県）	800	
木岐（徳島県）	898	
木々岩峠（群馬県）	219	
喜木津（愛媛県）	919	
桔梗原（新潟県）	457	
木禽原野（北海道）	20	
菊川（静岡県）	581	
菊川町（山口県）	878	
企救郡（福岡県）	956	
喜久水愛宕蔵（長野県）	526	
喜久水酒造業（長野県）	526	
菊水台監視哨（大阪府）	704	
菊水幼稚園（広島県）	845	
菊水楼（奈良県）	762	
菊多浦（福島県）	148	
菊田庄（福島県）	148	
菊多剗（福島県）	148	
菊多関（福島県）	148	
菊池川（熊本県）	1002	
菊池郡（熊本県）	1002	
鞠智城（熊本県）	1002	
きくな越（岡山県）	827	
菊間（愛媛県）	919	
菊間藩（静岡県）	581	
紀元2600年記念碑（宮崎県）	1028	
木越（新潟県）	457	
亀寿山城（広島県）	845	
木古庭（神奈川県）	419	
木頃城（広島県）	845	
吉舎（広島県）	845	
騎西（埼玉県）	253	
騎西城（埼玉県）	253	
象潟（秋田県）	112	
蚶形（秋田県）	112	
木佐上（大分県）	1014	
木崎宿（群馬県）	219	
木崎野（青森県）	57	
木崎原（宮崎県）	1028	
私部城（大阪府）	704	
木更津（千葉県）	280	
木更津海軍飛行場（千葉県）	280	
木更津市（千葉県）	280	
木更津県庁（千葉県）	280	
木更津市（千葉県）	280	

地名索引　　きたは

木更津築港（千葉県）	280	キソヂ（長野県）	527	北九州港（福岡県）	957
木更津東高等学校（千葉県）	280	吉蘇路（長野県）	527	北九州市（福岡県）	957
紀路（奈良県）	762	木曽路（長野県）	527	北近畿（近畿）	645
貴志（兵庫県）	734	木曽十一宿（長野県）	527	北区（埼玉県）	253
雉岡城（埼玉県）	253	木曽町（長野県）	527	北区（東京都）	335
岸上（徳島県）	898	木曽殿陣場（長野県）	527	北国上街道（北陸甲信越）	446
貴志川町（和歌山県）	784	木曽福島関所（長野県）	527	喜多郡（愛媛県）	919
木地谷（島根県）	812	木曽福島町（長野県）	527	北郷東町（北海道）	20
旧岸三二邸（東京都）	335	木曽村（東京都）	335	北小金駅（千葉県）	280
岸岳唐津（佐賀県）	981	喜多（愛媛県）	919	北巨摩（山梨県）	508
岸岳唐津八窯（佐賀県）	981	北（千葉県）	280	北巨摩郡（山梨県）	508
岸岳古窯群（佐賀県）	981	北相木村（長野県）	527	北小松（三重県）	632
岸岳城（佐賀県）	981	北青山（東京都）	335	北駒場（長野県）	527
岸岳八窯（佐賀県）	981	北赤塚町（栃木県）	198	北佐久（長野県）	527
岸飛行場（東京都）	335	北赤堰（岩手県）	70	北サハリン（北方地域）	3
岸部（大阪府）	704	北秋川渓谷（東京都）	335	北沢（新潟県）	458
鬼子母神遊園地（東京都）	335	北秋田（秋田県）	112	北沢二丁目（東京都）	336
木島谷（大阪府）	704	北秋田市（秋田県）	112	北沢牡丹園（東京都）	336
木島村（長野県）	526	北秋津城（東京都）	335	北三条駅（新潟県）	458
木島平村（長野県）	526	北浅井村（石川県）	494	北三条西（北海道）	20
岸町（東京都）	335	北浅井邑（石川県）	494	北三谷村（東京都）	336
杵島山（佐賀県）	981	北安曇郡（長野県）	527	北鹿浜（東京都）	336
岸本（高知県）	934	北海部郡（大分県）	1014	北鹿浜町（東京都）	336
岸下荘（滋賀県）	655	北アルプス（岐阜県）	562	北十間川（東京都）	336
紀州（和歌山県）	784	北伊豆（静岡県）	581	北信濃（長野県）	527
紀州御殿（和歌山県）	785	北伊勢（三重県）	632	北島国造館（島根県）	812
紀州路（大阪府）	704	北茨城市（茨城県）	179	北島国造邸（島根県）	812
紀州鷹場本陣（埼玉県）	253	北伊予（愛媛県）	919	北下（群馬県）	219
紀州藩（和歌山県）	785	北宇智（奈良県）	762	北庄（岡山県）	827
紀州藩勢州領（三重県）	632	北宇智駅（奈良県）	762	北白川（京都府）	672
紀州藩台場（和歌山県）	785	北浦（秋田県）	112	北桝津（大阪府）	704
岸良（鹿児島県）	1042	北浦（茨城県）	179	北船場（大阪府）	704
岸良尋常小学校（鹿児島県）	1043	北浦（山口県）	878	北大東島（沖縄県）	1067
岸和田（大阪府）	704	北浦停留所（東京都）	335	北但馬（兵庫県）	734
岸和田古城（大阪府）	704	北浦和（埼玉県）	253	北多摩（東京都）	336
岸和田城（大阪府）	704	北宇和島（愛媛県）	919	北多摩郡（東京都）	336
岸和田藩（大阪府）	704	北蝦夷地（北海道）	20	北多摩東部（東京都）	336
鬼身城（岡山県）	827	北王子支線（東京都）	335	木立（大分県）	1014
木津川（三重県）	632	北近江（滋賀県）	655	北千島（北海道）	20
木津川（京都府）	672	北大路（京都府）	672	北千葉導水（千葉県）	280
杵築（島根県）	812	北岡松（宮崎県）	1028	北町（三重県）	632
木次町（島根県）	812	北小野（長野県）	527	北朝鮮（朝鮮）	1103
木造（青森県）	57	北加賀（石川県）	494	北綱島村（神奈川県）	419
木造（三重県）	632	北柏井村（千葉県）	280	北東北（東北）	49
木造（和歌山県）	785	喜多方（福島県）	148	北中城（沖縄県）	1068
木造新田（青森県）	57	喜多方駅（福島県）	148	北中山（福井県）	502
木津峠（奈良県）	762	北方桜場用水場（滋賀県）	655	北奈良（奈良県）	762
衣摺（大阪府）	704	北方町（宮崎県）	1028	木谷（山口県）	878
紀勢線（和歌山県）	785	北鎌倉（神奈川県）	419	北根（宮城県）	85
紀勢町（三重県）	632	北上（岩手県）	70	北野（兵庫県）	734
木瀬川橋（静岡県）	581	北上（群馬県）	219	北野（福岡県）	957
木瀬川村（静岡県）	581	北上川（岩手県）	70	北の沢めがね橋（長野県）	528
奇絶峡（和歌山県）	785	北上川（宮城県）	85	北荘（大阪府）	704
帰全山（高知県）	934	北上市（岩手県）	70	北野城（愛知県）	611
木曽（東京都）	335	北上町（宮城県）	85	北の庄城（福井県）	502
木曽（長野県）	527	北谷（和歌山県）	785	北野田（大阪府）	704
木曽（岐阜県）	561	北軽井沢（長野県）	527	北野町異人館（兵庫県）	734
木曽上四宿（長野県）	527	北川（東京都）	335	北野天満宮（京都府）	672
木曽川（長野県）	527	北川（長野県）	527	北の又（秋田県）	112
木曽川（岐阜県）	561	北河内（大阪府）	704	北野村（兵庫県）	734
木曽川（愛知県）	611	北川村（宮崎県）	1028	北秦野村（神奈川県）	419
木曽川駅（愛知県）	611	北関東（関東）	167	北浜（北海道）	20
木曽川堤（愛知県）	611	北蒲原尋常中学校（新潟県）	458	北浜（大分県）	1014
木曽川橋（愛知県）	611	北九州（九州・沖縄）	948	北原川（静岡県）	581
木曽山（長野県）	527	北九州（福岡県）	956	北原村（長野県）	528
木曽三川（岐阜県）	561	北九州貨物ターミナル駅（福岡県）	957	北原村（埼玉県）	253

1155

きたは　　　　　　　　　　　　　　　地名索引

北播磨（兵庫県）	734
北肥前（佐賀県）	981
北広島（北海道）	20
北広島町（広島県）	845
北船木（滋賀県）	655
北防波堤ドーム（北海道）	20
喜多町（埼玉県）	253
北町（東京都）	336
北馬橋（千葉県）	280
喜多見（東京都）	336
北見（北海道）	20
北見道路（北海道）	20
北武蔵（埼玉県）	253
北村（北海道）	20
北村（福島県）	148
北村（兵庫県）	734
木田村（大分県）	1014
北村山（宮城県）	85
北村山（山形県）	124
北目城（宮城県）	85
北目町（宮城県）	85
北本（埼玉県）	253
北本城（長野県）	528
北諸（宮崎県）	1028
北諸県（宮崎県）	1028
北矢（北海道）	20
北八下（大阪府）	704
北矢部村（静岡県）	581
喜多山（愛知県）	611
北山（宮城県）	85
北山（茨城県）	179
北山（群馬県）	219
北山（東京都）	336
北山（京都府）	672
北山（和歌山県）	785
北山（島根県）	812
北山（香川県）	903
北山（高知県）	934
北山川（奈良県）	762
北山川ダム（奈良県）	762
北山郷（奈良県）	762
北山越え（香川県）	903
北山十八間戸（奈良県）	763
北山部（長野県）	528
喜多川変電所（愛知県）	611
北山道（高知県）	934
北山村（新潟県）	458
北山村（和歌山県）	785
北湧別兵村（北海道）	20
北脇（愛知県）	611
紀淡海峡（和歌山県）	785
吉次峠（熊本県）	1002
吉祥寺（東京都）	336
吉祥寺（広島県）	845
紀中（和歌山県）	785
紀長伸銅所（東京都）	336
狐井（奈良県）	763
キツガ沢（秋田県）	112
吉川（静岡県）	581
旧吉川家岩国事務所（山口県）	878
吉川元春館（広島県）	845
杵築（大分県）	1014
杵築城（大分県）	1014
木付城（大分県）	1014
杵築藩（大分県）	1014
吉根（愛知県）	611

吉向城（愛媛県）	919
亀甲村（熊本県）	1002
木根村（愛知県）	612
木辻遊郭（奈良県）	763
吉都線（宮崎県）	1028
吉都線（鹿児島県）	1043
吉林鉄道練修所（満州）	1097
喜連川（宮城県）	85
喜連川（栃木県）	198
喜連川興行銀行（栃木県）	199
喜連川宿（栃木県）	199
喜連川郵便局（栃木県）	199
木戸（秋田県）	112
木戸石村（秋田県）	112
喜登牛（北海道）	20
木頭村（徳島県）	898
城戸城（岩手県）	70
木戸新田（新潟県）	458
木戸新田村（新潟県）	458
木戸の馬蹄石（香川県）	903
木泊村（沖縄県）	1068
衣関（岩手県）	70
喜虎（奈良県）	763
畿内（近畿）	645
喜名古窯（沖縄県）	1068
鬼無里（長野県）	528
キナザコ製鉄遺跡（岡山県）	827
鬼無駅（香川県）	903
木梨村（兵庫県）	734
喜名番所（沖縄県）	1068
紀南（和歌山県）	785
紀南線（三重県）	632
衣笠城（神奈川県）	419
衣笠山（京都府）	672
撤山（滋賀県）	655
鬼怒川（茨城県）	179
鬼怒川（栃木県）	199
砧村（東京都）	336
絹の家（群馬県）	219
絹の道資料館（東京都）	336
木下川（東京都）	336
木下川小学校（東京都）	337
木根宿峠（群馬県）	219
木内（大分県）	1015
紀の川（和歌山県）	785
紀ノ川（和歌山県）	785
紀の川市（和歌山県）	786
木野川の渡し（広島県）	845
きのくに（和歌山県）	786
きのくに線（和歌山県）	786
城崎温泉（兵庫県）	734
木野崎河岸（千葉県）	280
宜野座村（沖縄県）	1068
木ノ沢楯（山形県）	124
木の下（神奈川県）	419
木下川やくしみち（東京都）	337
鬼ノ城（岡山県）	827
木之瀬城（高知県）	934
木野部峠街道（青森県）	57
木の丸殿（福岡県）	957
木の本（大阪府）	704
木之本町（滋賀県）	655
城山城（香川県）	903
宜野湾（沖縄県）	1068
宜野湾市（沖縄県）	1068
木場（東京都）	337

木場（新潟県）	458
岐波浦（山口県）	878
木場潟（石川県）	494
黄和田村（滋賀県）	655
木原家住宅（広島県）	845
吉備（岡山県）	827
吉備王国（岡山県）	827
吉備池（奈良県）	763
吉備線（岡山県）	827
吉備高島（岡山県）	827
吉備津（岡山県）	827
吉備津宮（岡山県）	827
吉備国（岡山県）	828
吉備の中山（岡山県）	828
吉備路（岡山県）	828
喜美留（鹿児島県）	1043
岐阜（岐阜県）	562
岐阜駅（岐阜県）	562
岐阜郷土館（岐阜県）	562
岐阜県（岐阜県）	562
岐阜市（岐阜県）	563
岐阜城（岐阜県）	563
亀阜荘（香川県）	903
木舟城（富山県）	483
木舟城（長野県）	528
岐阜町（岐阜県）	563
岐部（大分県）	1015
木部村（兵庫県）	734
儀保（沖縄県）	1068
義方小学校（鳥取県）	800
紀北（和歌山県）	786
鬼北（愛媛県）	919
木間ヶ瀬（千葉県）	280
木間塚橋（宮城県）	85
木俣飛行場（福井県）	502
木間塚（宮城県）	85
君ヶ畑（滋賀県）	655
君ヶ畑村（滋賀県）	655
君ヶ伏床砦（愛知県）	612
君田町（広島県）	846
君津（千葉県）	280
君津製鉄所（千葉県）	281
紀見峠（大阪府）	704
貴峰山城（香川県）	903
紀美野町（和歌山県）	786
きみまち阪（秋田県）	112
きみまちロマンチック街道（秋田県）	
	112
木村（兵庫県）	734
木村城（広島県）	846
旧木村邸（栃木県）	199
鬼無里（新潟県）	458
肝属郡（鹿児島県）	1043
肝付町（鹿児島県）	1043
木門田（広島県）	846
木屋村（愛知県）	612
基山（佐賀県）	981
木山（熊本県）	1002
木屋町通（京都府）	672
基山町（佐賀県）	981
木山（熊本県）	1002
喜屋武（沖縄県）	1068
喜屋武半島（沖縄県）	1068
喜屋武望楼（沖縄県）	1068
休可町（宮城県）	85
九才坂峠（新潟県）	458

地名索引　　　　　　　　　　　　　　　きんわ

九州（九州・沖縄）	948
九州工業大学（福岡県）	957
九州大学（福岡県）	957
九州鉄道（九州・沖縄）	949
九州道（九州・沖縄）	949
九州南部（九州・沖縄）	949
九州日報社（福岡県）	957
九州博物館（福岡県）	957
九州北部（九州・沖縄）	949
久松山（鳥取県）	800
久捨古窯（愛知県）	612
久大本線（九州・沖縄）	949
久田（宮城県）	85
久徳飛行場（滋賀県）	655
牛馬市（島根県）	812
久宝寺（大阪府）	704
久宝寺寺内町（大阪府）	704
久宝寺村（大阪府）	705
久宝寺寺内町（大阪府）	705
久宝寺緑地（大阪府）	705
九竜橋川（石川県）	494
鳩林荘（東京都）	337
京（京都府）	672
共愛学園（群馬県）	219
杏雲堂（神奈川県）	419
京王御陵線（東京都）	337
京王電気軌道（東京都）	337
京街道（大阪府）	705
経ヶ岳（神奈川県）	419
経ヶ岳林道（長野県）	528
経ヶ峰（三重県）	632
京元線（朝鮮）	1104
凝香園（東京都）	337
教興寺村（大阪府）	705
京極氏館跡庭園（滋賀県）	655
共墾社（栃木県）	199
橋上市場（岩手県）	70
経塚（沖縄県）	1068
峡西南（山梨県）	508
行田（埼玉県）	253
行田（静岡県）	581
行田市（埼玉県）	253
京田辺（京都府）	672
京田辺市（京都府）	672
峡田領（東京都）	337
京丹後市（京都府）	672
京丹波（京都府）	672
京築（福岡県）	957
峡中（山梨県）	508
経田（富山県）	483
経田村（富山県）	483
京都（京都府）	672
行道山（愛媛県）	919
京都駅（京都府）	672
京都御苑（京都府）	675
行徳（千葉県）	281
京都御所（京都府）	675
京都市（京都府）	675
京都大学（京都府）	676
京都大学博物館（京都府）	676
京都東町奉行所（京都府）	676
京都府（京都府）	676
京都盆地（京都府）	676
京都町奉行所（京都府）	676
郷名村（徳島県）	898
峡南（山梨県）	508

行人坂（東京都）	337
経の嶋（兵庫県）	734
京橋（岡山県）	828
京橋口（大阪府）	705
京柱峠（高知県）	934
峡北（山梨県）	508
橋北（三重県）	632
橋北城（長野県）	528
京町（宮崎県）	1028
経文橋（東京都）	337
京羅木山本陣（島根県）	812
京楽（広島県）	846
共立女子職業学校（兵庫県）	734
教倫館（千葉県）	281
協和（秋田県）	112
共和のカシの森（山口県）	878
協和町（秋田県）	112
清川村（神奈川県）	419
清里村（新潟県）	458
清沢小学校（福島県）	148
清沢村（神奈川県）	419
巨神郷（茨城県）	179
清須（愛知県）	612
清末（山口県）	878
清末藩（山口県）	878
清洲川（愛知県）	612
清須公園（愛知県）	612
清須市（愛知県）	612
清洲橋（東京都）	337
清澄庭園（東京都）	337
清洲郵便局（愛知県）	612
清瀬（東京都）	337
清瀬市（東京都）	337
清津川（新潟県）	458
清戸（東京都）	337
清戸道（東京都）	337
鋸南エリア（千葉県）	281
幾世橋村（福島県）	148
清春小学校（山梨県）	508
清松村（高知県）	934
清見潟（愛知県）	612
清水寺（京都府）	676
清盛塚（兵庫県）	734
吉良（愛知県）	612
吉良温泉（愛知県）	612
喜楽亭（愛知県）	612
吉良町（山形県）	125
吉良の里（東京都）	337
吉良荘（愛知県）	612
慶良間諸島（沖縄県）	1068
桐ヶ丘団地（東京都）	337
桐ヶ作（千葉県）	281
桐ヶ作村（千葉県）	281
桐沢（新潟県）	458
桐沢村（新潟県）	458
桐島（新潟県）	458
霧島（宮崎県）	1028
霧島（鹿児島県）	1043
霧島市（鹿児島県）	1043
霧島山（宮崎県）	1028
霧積温泉（群馬県）	219
桐原（新潟県）	458
桐原（長野県）	528
桐原村（和歌山県）	786
桐原村（三重県）	632
きりふきの滝（栃木県）	199

切寄（宮崎県）	1029
桐生（群馬県）	219
桐生学校（群馬県）	219
桐生川（群馬県）	219
桐生高等工業学校附属商工専修学校（群馬県）	219
桐生市（群馬県）	219
桐生市立中学校（群馬県）	220
桐生新町（群馬県）	220
桐生陣屋（群馬県）	220
麒麟堂（宮城県）	85
基隆（台湾）	1114
喜連村（大阪府）	705
木和田館（山形県）	125
紀和町（三重県）	632
紀和鉄道（近畿）	645
際波（山口県）	878
金武（沖縄県）	1068
錦桜橋（群馬県）	220
金武大川（沖縄県）	1068
金華（岐阜県）	563
金海竹嶋倭城（朝鮮）	1104
金華山（宮城県）	85
金華山（岐阜県）	563
金瓜石鉱山（台湾）	1114
銀河線（北海道）	20
金冠堂（東京都）	337
近畿（近畿）	645
金銀山（新潟県）	458
金鶏金山（長野県）	528
金鶏山（岩手県）	70
金剣宮（石川県）	494
金光学園記念講堂（岡山県）	828
錦江湾（鹿児島県）	1043
琴湖橋（石川県）	494
銀座（東京都）	337
錦西尋常小（大阪府）	705
銀座通り商店街（東京都）	337
金山（新潟県）	458
銀山街道（島根県）	813
銀山城（広島県）	846
銀山平（新潟県）	458
金城（愛知県）	612
金照寺山（秋田県）	112
金子村（愛媛県）	919
近井駅（愛媛県）	919
錦帯橋（山口県）	878
錦帯橋備蓄林（山口県）	878
琴弾橋（岡山県）	828
近鉄旧八尾駅前（大阪府）	705
近鉄奈良線（近畿）	645
近鉄花園ラグビー場（大阪府）	705
近鉄四日市駅（三重県）	632
篦原郷（愛媛県）	919
金峰山（秋田県）	112
金峰山隠れ（熊本県）	1002
金北山（新潟県）	458
金武間切（沖縄県）	1068
金明（石川県）	494
金明山城（広島県）	846
金門島（台湾）	1114
禁野火薬庫（大阪府）	705
禁野本町（大阪府）	705
錦林（京都府）	676
金武湾（沖縄県）	1068

1157

くいせ　　　　　　　　　　　　　　地名索引

【く】

杭瀬（兵庫県）	734
杭瀬川（岐阜県）	564
杭瀬下（長野県）	528
空海の道（奈良県）	763
久賀（山口県）	878
久貝村（沖縄県）	1068
国上（新潟県）	458
国上村（新潟県）	458
国上山（新潟県）	458
国上山城（新潟県）	458
釘尾山（長崎県）	990
久喜銀山（島根県）	813
九鬼家住宅資料館（兵庫県）	734
久喜高女（埼玉県）	253
釘無（埼玉県）	253
釘ぬき門（兵庫県）	734
くぐいもり（千葉県）	281
久下（兵庫県）	734
久下田（栃木県）	199
鵠沼（神奈川県）	420
草井（広島県）	846
草内（京都府）	676
日下（大阪府）	705
日下村（大阪府）	705
草壁郷（福岡県）	957
草ヶ谷（静岡県）	581
草軽電鉄（群馬県）	220
草川用水（栃木県）	199
草木大溝堤（広島県）	846
草摺の滝（広島県）	846
草千里浜（熊本県）	1002
草津（群馬県）	220
草津（滋賀県）	655
草津温泉（群馬県）	220
草津高原（群馬県）	220
草津宿（滋賀県）	655
草津宿本陣（滋賀県）	655
草津線（滋賀県）	655
草津道（群馬県）	220
草津峠（群馬県）	220
草津村（群馬県）	220
草戸千軒（広島県）	846
草戸千軒町（広島県）	846
草戸山城（広島県）	846
草野（福岡県）	957
草野家住宅（大分県）	1015
草場（大分県）	1015
草場村（奈良県）	763
草間（長野県）	528
草間区（長野県）	528
草間村（長野県）	528
鏡塚（北海道）	20
串（宮崎県）	1029
久慈河口（茨城県）	179
櫛形山脈（新潟県）	458
櫛形村（茨城県）	179
久慈川（茨城県）	179
具志川（沖縄県）	1068
具志川村（沖縄県）	1068
具志川間切（沖縄県）	1068
串木野（鹿児島県）	1043
串木野駅（鹿児島県）	1043

櫛来（大分県）	1015
久寺家（千葉県）	281
久志検（鹿児島県）	1043
具志堅（沖縄県）	1068
串崎城（山口県）	878
公事塚（茨城県）	179
久慈浜（茨城県）	179
串間（宮崎県）	1029
久志間切（沖縄県）	1068
串間市（宮崎県）	1029
玖島城（長崎県）	990
玖島村（広島県）	846
棟峰城（茨城県）	179
串村（石川県）	494
串本（和歌山県）	786
串山（広島県）	846
櫛山楯（山形県）	125
九十九里（千葉県）	281
九十九里浜（千葉県）	281
九十九里米軍基地（千葉県）	281
九十九里平野（千葉県）	281
九樹城（高知県）	934
久住町（大分県）	1015
郡上（茨城県）	179
郡上（岐阜県）	564
郡上（滋賀県）	655
郡上街道（岐阜県）	564
郡上郡（岐阜県）	564
郡上市（岐阜県）	564
九条二番道路（大阪府）	705
郡上八幡（岐阜県）	564
郡上藩（岐阜県）	564
九条南国民学校（大阪府）	705
くじら資料館（山口県）	878
鯨橋（三重県）	632
釧路（北海道）	20
釧路川（北海道）	21
釧路コールマイン（北海道）	21
釧路市（北海道）	21
釧路集治監（北海道）	21
釧路町（北海道）	21
釧路臨港鉄道（北海道）	21
玖珠（大分県）	1015
楠（山口県）	878
葛生（栃木県）	199
葛尾城（長野県）	528
玖珠温泉群（大分県）	1015
玖珠川（大分県）	1015
城久遺跡（沖縄県）	1069
城村（沖縄県）	1069
城辺（沖縄県）	1069
城辺町（沖縄県）	1069
城山（沖縄県）	1069
グスクロード（沖縄県）	1069
玖珠郡（大分県）	1015
楠町（三重県）	632
葛塚町（新潟県）	458
楠ノ久保（和歌山県）	786
葛野村（山梨県）	508
葛の名水（奈良県）	763
くすの森（山口県）	878
楠葉（大阪府）	705
くずはき橋（埼玉県）	254
楠葉台場（大阪府）	705
楠原宿（三重県）	632
楠部大五輪（三重県）	633

葛巻町（岩手県）	70
玖珠町（大分県）	1015
楠本（大分県）	1015
葛谷峠（静岡県）	581
葛山城（静岡県）	581
久摺（北海道）	21
薬利（栃木県）	199
九頭竜川（福井県）	502
葛和田（埼玉県）	254
九千部山（佐賀県）	981
草生津村（新潟県）	458
久高（沖縄県）	1069
久高島（沖縄県）	1069
久高村（沖縄県）	1069
百済部（福島県）	148
久谷（愛媛県）	919
九谷（石川県）	494
九谷町（石川県）	494
下松（山口県）	878
下松海岸（山口県）	878
下松市（山口県）	878
下松藩（山口県）	878
下松御船倉（山口県）	878
百済（大阪府）	705
百済（朝鮮）	1104
百済川（大阪府）	705
百済郡（大阪府）	705
九段坂（東京都）	337
九反田（高知県）	934
九段南（東京都）	337
件井（大阪府）	705
口丹波（京都府）	676
口内（岩手県）	70
口内町（岩手県）	70
口梨（宮城県）	85
口之津（長崎県）	990
口矢根村（兵庫県）	734
口和町（広島県）	846
久通（高知県）	934
杳掛（茨城県）	180
杳掛（奈良県）	763
杳掛城（愛知県）	612
杳掛村（滋賀県）	656
朽木（滋賀県）	656
朽木池の沢（滋賀県）	656
朽木越え（滋賀県）	656
九道の辻（東京都）	337
九度山（北海道）	21
九度山町（和歌山県）	786
狗奴国（その他）	1096
くな集落（東京都）	338
国後（北海道）	21
国後島（北海道）	21
六合（群馬県）	220
国頭（鹿児島県）	1043
国頭畦道（沖縄県）	1069
国頭方東宿（沖縄県）	1069
国頭方西宿（沖縄県）	1069
恭仁京（京都府）	676
くにさき（大分県）	1015
国東（大分県）	1015
国東市（大分県）	1015
国東半島（大分県）	1015
国東町（大分県）	1015
国立（東京都）	338
国立駅（東京都）	338

地名索引　　　　　　　　　　　　　　　　　くらは

国立市（東京都）	338
国立市公民館（東京都）	338
国富町（宮崎県）	1029
国友（滋賀県）	656
国信村（鳥取県）	800
恭仁宮（京都府）	676
国松村（大阪府）	705
国見（福島県）	148
国見（富山県）	483
国見町（大分県）	1015
国峯（群馬県）	220
国嶺（群馬県）	220
国峯城（群馬県）	220
国見町（福島県）	148
六合村（群馬県）	220
国森家住宅（山口県）	878
椚田村（東京都）	338
椚山城（富山県）	483
久野（静岡県）	581
久能山（静岡県）	581
九戸（岩手県）	70
九戸城（岩手県）	71
久野村（神奈川県）	420
玖波（広島県）	846
久原貯水場（佐賀県）	981
久原（大分県）	1016
首洗い井戸（兵庫県）	734
頸城（新潟県）	458
頸城郡（新潟県）	458
久保（千葉県）	281
久保（長崎県）	990
久保皆戸（群馬県）	220
窪垣内（奈良県）	763
窪川（高知県）	934
窪川町（高知県）	934
久保市（山口県）	878
久保島（埼玉県）	254
久保島学校（埼玉県）	254
久保城（千葉県）	281
久保城（愛知県）	612
久保田（秋田県）	112
窪田宿（三重県）	633
久保田城（秋田県）	112
久保田外町（秋田県）	112
久保田藩（秋田県）	112
久保田村（埼玉県）	254
久保田領（秋田県）	112
久保町（広島県）	846
求菩提山（福岡県）	957
窪の新川（富山県）	483
窪野町（愛媛県）	919
久万（愛媛県）	919
球磨（熊本県）	1002
熊井町（東京都）	338
熊谷（埼玉県）	254
熊谷街道（東京都）	338
熊谷家住宅（島根県）	813
熊谷県（埼玉県）	254
熊谷郷（埼玉県）	254
熊谷市（埼玉県）	254
熊谷宿（埼玉県）	255
熊谷宿本陣（埼玉県）	255
熊谷堤（埼玉県）	255
熊谷陸軍飛行学校（埼玉県）	255
熊谷陸軍飛行学校桶川分教場（埼玉県）	
	255

久万川（高知県）	934
球磨川（熊本県）	1002
熊川宿（福井県）	502
熊川番所（福井県）	502
熊倉宿（福島県）	149
熊倉城（埼玉県）	255
球磨郡（熊本県）	1002
久万郷（愛媛県）	919
久万高原（愛媛県）	920
久万高原町（愛媛県）	920
久万山（愛媛県）	920
神稲（島根県）	813
球磨陣（熊本県）	1002
熊田村（石川県）	494
久万中学校（愛媛県）	920
久万町（愛媛県）	920
熊取荘（大阪府）	705
熊野（近畿）	646
熊野（和歌山県）	786
熊野（島根県）	813
熊野（広島県）	846
熊野街道（三重県）	633
熊野街道（京都府）	676
熊野街道（大阪府）	705
熊野川（富山県）	483
熊野川（三重県）	633
熊野川（和歌山県）	786
熊野川町（和歌山県）	786
熊木橋（東京都）	338
熊野宮（福岡県）	957
熊野古道（三重県）	633
熊野古道（京都府）	676
熊野古道（大阪府）	705
熊野古道（和歌山県）	786
熊野古道伊勢路（三重県）	633
熊野古道紀伊路（大阪府）	706
熊野参詣道（近畿）	647
熊野三山（近畿）	647
熊野路（大阪府）	706
熊野路（和歌山県）	786
熊野地村（和歌山県）	786
熊野町（広島県）	846
熊野灘（近畿）	647
熊野部村（兵庫県）	734
熊森（新潟県）	458
久万盆地（愛媛県）	920
球磨盆地（熊本県）	1002
隈田（大分県）	1016
熊本（熊本県）	1002
熊本駅（熊本県）	1003
熊本県（熊本県）	1003
熊本市（熊本県）	1003
熊本城（熊本県）	1004
熊本藩（熊本県）	1004
熊本藩豊後領（大分県）	1016
熊本町（熊本県）	1004
熊本洋学校（熊本県）	1004
熊本陸軍病院小林分院（熊本県）	1004
熊森村（新潟県）	458
九美上（千葉県）	281
グミ木峠（群馬県）	221
久見崎（鹿児島県）	1043
茱萸木村（大阪府）	706
久美庄（京都府）	676
久美浜湾（京都府）	676
クムシ（北海道）	21

久米（新潟県）	458
久米（岡山県）	828
久米（沖縄県）	1069
九名井（大阪府）	706
久米川（東京都）	338
久米川古戦場（東京都）	338
久米川宿（東京都）	338
久米川町（東京都）	338
久米川辻（東京都）	338
久米郡（愛媛県）	920
久米島（沖縄県）	1069
久米島町（沖縄県）	1070
久米村（沖縄県）	1070
粂村（沖縄県）	1070
久米村孔子廟（沖縄県）	1070
久米寺（愛媛県）	920
久茂（兵庫県）	734
雲井坂（奈良県）	763
雲出村（新潟県）	459
旧雲越仙太郎家（群馬県）	221
雲出川（三重県）	633
雲出川の渡し（三重県）	633
国本村（静岡県）	581
雲原（京都府）	677
雲和田（新潟県）	459
九門（京都府）	677
久良（神奈川県）	420
倉内（群馬県）	221
倉岡城（宮崎県）	1029
クラカケ（群馬県）	221
倉掛（栃木県）	199
鞍掛山（群馬県）	221
鞍掛山（愛媛県）	920
倉掛湧水池（栃木県）	199
倉賀野（群馬県）	221
倉賀野河岸（群馬県）	221
倉賀野宿（群馬県）	221
倉賀野町（群馬県）	221
暗越奈良街道（大阪府）	706
久良岐郡（神奈川県）	420
倉敷（岡山県）	828
倉敷海軍航空隊（岡山県）	828
倉敷川（岡山県）	828
倉敷銀行（岡山県）	828
倉敷市（岡山県）	828
倉敷支援学校（岡山県）	828
倉敷市立小学校（岡山県）	828
倉敷代官役所（岡山県）	828
倉敷町（岡山県）	828
倉敷天文台（岡山県）	828
倉敷中庄郵便局（岡山県）	828
倉敷紡績（岡山県）	828
倉敷村（岡山県）	828
倉敷幼稚園舎（岡山県）	829
倉科（長野県）	528
倉科御林（長野県）	528
倉科村（長野県）	528
蔵司礎石群（福岡県）	957
倉月荘（石川県）	494
鞍月用水（石川県）	494
鞍手軌道（福岡県）	957
鞍手郡（福岡県）	957
倉永（福岡県）	957
蔵波砦（千葉県）	281
倉橋（広島県）	846
倉橋島（広島県）	846

1159

くらは　　　　　　　　　　　　　　　　　　　　　　地名索引

倉橋町(広島県) ……… 846	久料村(静岡県) ……… 581	黒川(群馬県) ……… 221
倉淵(群馬県) ……… 221	クリル諸島(北海道) ……… 22	黒川(神奈川県) ……… 420
倉淵中央小(群馬県) ……… 221	グリーンハウス(神奈川県) ……… 420	黒川(山梨県) ……… 508
倉淵東小(群馬県) ……… 221	グリーンライン(神奈川県) ……… 420	黒川(愛知県) ……… 612
クラボネ(群馬県) ……… 221	黒島(和歌山県) ……… 786	黒川谷(長野県) ……… 528
鞍骨(富山県) ……… 483	来島(愛媛県) ……… 920	黒川蔵王山(新潟県) ……… 459
鞍骨川(富山県) ……… 483	車(熊本県) ……… 1004	黒川小学校(茨城県) ……… 180
クラボネ峠(群馬県) ……… 221	車(大分県) ……… 1016	黒川氏城(滋賀県) ……… 656
鞍馬山(京都府) ……… 677	車返切貫(福岡県) ……… 957	黒川藩陣屋(新潟県) ……… 459
倉見(神奈川県) ……… 420	来巻村(山口県) ……… 878	黒河松之碑(愛媛県) ……… 920
倉見陣屋(兵庫県) ……… 734	車坂峠道(奈良県) ……… 763	黒川村(新潟県) ……… 459
倉持(茨城県) ……… 180	車谷(高知県) ……… 934	黒川油田(新潟県) ……… 459
倉吉(鳥取県) ……… 800	車町(東京都) ……… 338	黒木家住宅(宮崎県) ……… 1029
蔵人(兵庫県) ……… 734	胡桃池(富山県) ……… 483	黒木宿(福島県) ……… 149
グランド・ホテル(神奈川県) ……… 420	胡桃館(秋田県) ……… 112	黒木御所の丘(島根県) ……… 813
栗丘(北海道) ……… 22	久留米(福岡県) ……… 957	黒崎(長崎県) ……… 990
栗笠湊(岐阜県) ……… 564	久留米駅(福岡県) ……… 958	黒崎宿(長崎県) ……… 990
倶利伽羅峠(石川県) ……… 494	くるめがすりの家(福島県) ……… 149	黒崎北部(新潟県) ……… 459
栗木橋(東京都) ……… 338	久留米市(福岡県) ……… 958	黒鞘峠(広島県) ……… 847
栗隈(京都府) ……… 677	久留米藩(福岡県) ……… 958	黒沢川(長野県) ……… 528
栗駒(宮城県) ……… 85	久留里(千葉県) ……… 281	旧黒沢家住宅(群馬県) ……… 221
栗駒(宮城県) ……… 85	久留里古城(千葉県) ……… 281	黒沢小学校(茨城県) ……… 180
栗駒山(岩手県) ……… 71	久留里道(千葉県) ……… 281	黒沢尻(岩手県) ……… 71
栗駒山(宮城県) ……… 85	久礼(高知県) ……… 934	黒沢尻製糸場(岩手県) ……… 71
栗坂(岡山県) ……… 829	呉(広島県) ……… 846	黒沢尻町(岩手県) ……… 71
栗崎(栃木県) ……… 199	呉浦(広島県) ……… 847	黒沢峠(山形県) ……… 125
栗沢(北海道) ……… 22	呉海軍工廠(広島県) ……… 847	黒塩(佐賀県) ……… 981
栗代村(愛知県) ……… 612	呉海軍造兵廠(広島県) ……… 847	黒島(石川県) ……… 495
栗田口(京都府) ……… 677	呉ヶ垰宿場(広島県) ……… 847	黒島(長崎県) ……… 990
栗太郡(滋賀県) ……… 656	久礼川(高知県) ……… 934	黒島(大分県) ……… 1016
栗出(福島県) ……… 149	椡木成(長野県) ……… 528	黒島(沖縄県) ……… 1070
栗寺村(愛知県) ……… 612	呉軍港(広島県) ……… 847	旧黒須銀行(埼玉県) ……… 255
栗野(鹿児島県) ……… 1043	呉拘置支所(広島県) ……… 847	旧黒須銀行本店(埼玉県) ……… 255
栗ノ木川(新潟県) ……… 459	暮坂峠(兵庫県) ……… 734	黒田(長野県) ……… 528
栗野町(宮崎県) ……… 1029	呉崎(大分県) ……… 1016	黒田(滋賀県) ……… 656
栗橋宿(埼玉県) ……… 255	呉市(広島県) ……… 847	黒田(愛媛県) ……… 920
栗橋城(茨城県) ……… 180	呉線(広島県) ……… 847	黒滝(千葉県) ……… 281
栗橋関所(埼玉県) ……… 255	久礼田(高知県) ……… 934	黒滝城(新潟県) ……… 459
栗橋町(埼玉県) ……… 255	呉鎮守府(広島県) ……… 847	黒滝町(奈良県) ……… 763
久里浜(神奈川県) ……… 420	呉鎮守府司令長官官舎(広島県) ……… 847	黒田玄仙(山形県) ……… 125
久里浜海岸(神奈川県) ……… 420	呉鎮守府造船部(広島県) ……… 847	黒田庄(兵庫県) ……… 735
久里浜村(神奈川県) ……… 420	呉鎮守府長官山(広島県) ……… 847	黒田庄町大門(兵庫県) ……… 735
栗林公園(香川県) ……… 904	呉中平雪穴(福岡県) ……… 958	黒谷(京都府) ……… 677
栗林荘(香川県) ……… 904	呉羽山(富山県) ……… 483	黒谷(広島県) ……… 847
栗原(宮城県) ……… 85	輔時臥之山(茨城県) ……… 180	黒谷村(大阪府) ……… 706
栗原(山梨県) ……… 508	晡時臥之山(茨城県) ……… 180	黒田荘(三重県) ……… 633
栗原郡(宮城県) ……… 85	黒石(山口県) ……… 878	黒田原駅(栃木県) ……… 199
栗原県(栃木県) ……… 199	黒石(高知県) ……… 934	黒田藩(福岡県) ……… 958
栗原郷(茨城県) ……… 180	黒石市(青森県) ……… 57	黒田館(島根県) ……… 813
栗原市(宮城県) ……… 86	黒石陣屋(青森県) ……… 57	黒土峠(大分県) ……… 1016
栗原宿(埼玉県) ……… 255	黒石藩江戸藩邸(東京都) ……… 338	黒鳥(新潟県) ……… 459
栗原鉄道(宮城県) ……… 86	黒井城(兵庫県) ……… 735	黒鳥陣屋(岡山県) ……… 829
くりはら田園鉄道(宮城県) ……… 86	黒磯(栃木県) ……… 199	黒貫(鹿児島県) ……… 1043
栗原電鉄(宮城県) ……… 86	黒磯駅(栃木県) ……… 199	黒羽(栃木県) ……… 199
栗原藩(千葉県) ……… 281	黒磯市(栃木県) ……… 199	黒羽駅(栃木県) ……… 199
九里半街道(福井県) ……… 502	黒井村(新潟県) ……… 459	黒羽城(栃木県) ……… 199
栗村堰(福島県) ……… 149	黒岩(福島県) ……… 149	黒羽藩(栃木県) ……… 199
厨川柵(岩手県) ……… 71	黒岩(高知県) ……… 934	黒羽町(栃木県) ……… 199
栗山(北海道) ……… 22	旧黒岩家住宅(北海道) ……… 22	黒原村(大阪府) ……… 706
栗山(東京都) ……… 338	黒江(和歌山県) ……… 786	黒部(富山県) ……… 483
栗山城(東京都) ……… 338	黒鹿毛城(福島県) ……… 149	黒部(京都府) ……… 677
栗山町(北海道) ……… 22	くろがね線(福岡県) ……… 958	黒部川(富山県) ……… 483
栗山村(栃木県) ……… 199	鉄の井(神奈川県) ……… 420	黒保根村(群馬県) ……… 221
栗生(宮城県) ……… 86	鉄村(神奈川県) ……… 420	久呂保村(群馬県) ……… 221
栗生沢(福島県) ……… 149	黒髪山(佐賀県) ……… 981	黒牟田山(佐賀県) ……… 981
栗生沢橋(福島県) ……… 149	黒川(福島県) ……… 149	黒目川(埼玉県) ……… 255
		黒目川(東京都) ……… 338

地名索引　　　　　　　　　　　　こうさ

黒森峠 (愛媛県)	920
黒森山 (岩手県)	71
鍬柄岳 (群馬県)	221
桑下城 (愛知県)	612
桑津 (兵庫県)	735
桑田 (京都府)	677
桑名 (三重県)	633
桑名郡 (三重県)	633
桑名市 (三重県)	633
桑名藩 (三重県)	633
桑野町 (徳島県)	898
桑原 (長野県)	528
桑野盆地 (徳島県)	898
桑原 (福島県)	149
桑原 (兵庫県)	735
桑原村 (愛知県)	612
鍬柄山 (群馬県)	221
軍艦島 (長崎県)	990
軍艦防波堤 (福岡県)	958
郡築新地 (熊本県)	1004
郡中 (愛媛県)	920
郡中港 (愛媛県)	920
郡中町 (愛媛県)	920
郡中郵便局 (愛媛県)	920
訓子府 (北海道)	22
軍馬補充部川上支部 (北海道)	22
群馬 (群馬県)	221
群馬会館 (群馬県)	223
群馬県 (群馬県)	223
群馬県師範学校 (群馬県)	225
群馬県尋常師範学校 (群馬県)	225
群馬県中学校 (群馬県)	225
群馬県南西部 (群馬県)	225
群馬県北西部 (群馬県)	225
群馬県本庁舎 (群馬県)	225
群馬町 (群馬県)	225
群馬用水 (群馬県)	225

【け】

蹴上 (京都府)	677
慶雲館 (滋賀県)	656
京王線 (関東)	168
京王電気軌道御陵線 (東京都)	338
京王電鉄 (関東)	168
KOバス (岡山県)	829
京畿道 (朝鮮)	1104
敬業館 (岡山県)	829
恵口鑪 (島根県)	813
鯨山荘 (高知県)	934
慶州 (朝鮮)	1104
芸州 (広島県)	847
芸州口 (広島県)	847
芸州藩 (広島県)	847
京城 (朝鮮)	1104
計須見城 (宮城県)	86
京成電鉄 (関東)	168
桂川町 (福岡県)	958
けいちんの池 (福井県)	502
京奈和自動車道 (京都府)	677
芸濃町 (三重県)	633
萩野 (三重県)	633
芸浜街道 (島根県)	813
芸藩 (広島県)	847
京阪運河 (京都府)	677

京阪大津線 (近畿)	647
芸備塩田 (中国)	796
芸備線 (中国)	796
迎賓館赤坂離宮 (東京都)	338
京浜工業地帯 (神奈川県)	420
京北 (京都府)	677
芸北 (広島県)	847
京北町 (京都府)	677
鶏鳴山 (栃木県)	200
芸予 (中国)	796
京葉工業地帯 (千葉県)	281
芸予諸島 (西日本)	642
毛井渡し (大分県)	1016
毛賀 (長野県)	528
外宮 (三重県)	633
華倉御仮屋 (鹿児島県)	1043
けこぼ坂上 (東京都)	338
警固屋 (広島県)	847
袈裟丸村 (福岡県)	958
下条 (新潟県)	459
下条村 (新潟県)	459
化女沼 (宮城県)	86
気仙 (宮城県)	86
気仙海岸 (宮城県)	86
気仙郡 (岩手県)	71
気仙沼 (宮城県)	86
気仙沼港 (宮城県)	86
気仙沼市 (宮城県)	86
気仙沼湾 (宮城県)	86
気高町 (鳥取県)	800
気多郡 (兵庫県)	735
気多宮村 (福島県)	149
月光原 (東京都)	338
結東村 (新潟県)	459
祁答院 (鹿児島県)	1043
毛無峯 (群馬県)	225
ケネタイ (北海道)	22
毛野 (群馬県)	225
毛野川 (千葉県)	281
検非違使庁 (京都府)	677
毛馬内 (秋田県)	113
検見川 (千葉県)	281
検見川区 (千葉県)	281
検見川無線送信所 (千葉県)	281
警弥郷 (福岡県)	958
介良荘 (高知県)	934
ケルネル田圃 (東京都)	338
下呂 (岐阜県)	564
下呂町 (岐阜県)	564
毛祝坂 (長野県)	528
玄海 (福岡県)	958
玄界島 (福岡県)	958
玄界灘 (九州・沖縄)	949
玄界灘 (福岡県)	958
玄海町 (福岡県)	958
玄宮園 (滋賀県)	656
元寇紀念碑 (福岡県)	958
元寇記念碑 (長崎県)	990
県合同庁舎 (福島県)	149
元寇防塁 (福岡県)	958
建国大学 (満州)	1097
顕乗山 (京都府)	677
懸泉堂 (和歌山県)	786
源太夫山 (鳥取県)	800
県庁通り (福島県)	149
県道泉塩竈線 (宮城県)	86

建福寺前 (三重県)	633
剣淵 (北海道)	22
剣淵盆地 (北海道)	22
源兵衛川 (静岡県)	581
源兵衛新田 (愛知県)	612
計見村 (長野県)	528
源森川 (東京都)	338
兼六園 (石川県)	495

【こ】

小合溜井 (東京都)	338
小網町 (東京都)	338
小荒間 (山梨県)	508
己斐 (広島県)	847
小池 (高知県)	934
小石川 (東京都)	338
小石川区 (東京都)	339
小泉川 (京都府)	677
小泉庄 (新潟県)	459
小泉城 (群馬県)	225
小泉城 (長野県)	528
小泉村 (宮城県)	86
小井田 (長野県)	528
五位ダム (富山県)	483
小市 (長野県)	528
小出 (神奈川県)	420
小出古郷 (千葉県)	281
小出屋峠 (群馬県)	225
恋問 (北海道)	22
小糸川 (千葉県)	281
小石見郷 (島根県)	813
府中 (静岡県)	581
興亜農林学校 (千葉県)	281
光運寺 (三重県)	633
港栄館 (神奈川県)	420
光悦村 (京都府)	677
小右衛門町 (東京都)	339
高円寺 (東京都)	339
高円寺原小学校 (東京都)	339
高円寺村 (東京都)	339
幸岡 (栃木県)	200
肱岡 (愛媛県)	920
郡家の庄 (石川県)	495
広園寺 (東京都)	339
甲賀 (滋賀県)	656
広開土王碑 (満州)	1097
筓橋 (東京都)	339
香岳館 (福岡県)	958
甲賀郡 (滋賀県)	656
甲賀市 (滋賀県)	656
蛟河鉄道自警村 (満州)	1097
江華島 (朝鮮)	1104
江川 (島根県)	813
虹澗橋 (大分県)	1016
香貫用水 (静岡県)	581
幸喜 (沖縄県)	1070
皇居 (東京都)	339
高句麗 (朝鮮)	1104
高下谷 (広島県)	847
高家村 (長野県)	528
江原道 (朝鮮)	1104
高研峠 (高知県)	935
高興 (朝鮮)	1104
高座 (神奈川県)	420

1161

こうさ　　　　　　　　　　　　地名索引

香西（香川県）	904
香西町（香川県）	904
高座海軍工廠（神奈川県）	420
香坂峠（群馬県）	225
興崎村（徳島県）	898
神崎村（大分県）	1016
耕作場出合い上流の滝（東京都）	339
高座郡（神奈川県）	420
神指城（福島県）	149
功山寺（山口県）	878
高算堂（奈良県）	763
小路（神奈川県）	420
甲子園球場（兵庫県）	735
小塩川（福島県）	149
柑子岳（福岡県）	958
麹町（東京都）	339
麹町区（東京都）	339
香積院（愛知県）	612
江若鉄道（滋賀県）	656
光州（朝鮮）	1104
公州（朝鮮）	1104
甲州（山梨県）	508
甲州街道（東京都）	339
甲州郡（山梨県）	508
公州市（朝鮮）	1104
甲州東部（山梨県）	508
甲州道（東京都）	339
江城（長崎県）	990
興譲館（山形県）	125
興譲館（岡山県）	829
弘正寺（三重県）	633
強情島（東京都）	339
更埴（長野県）	528
更埴市（長野県）	528
神代陣屋（長崎県）	990
神代鍋島邸（長崎県）	990
荒人（山口県）	878
荒神山城（岡山県）	829
荒神谷（島根県）	813
荒神橋（京都府）	677
荒神山（滋賀県）	656
公津（千葉県）	281
江津（島根県）	813
国府津（神奈川県）	420
紅水川（高知県）	935
江水社（島根県）	813
広水力発電所（広島県）	847
黌崇徳館（新潟県）	459
国府津館（神奈川県）	420
上月城（兵庫県）	735
高津宮（大阪府）	706
高津気（和歌山県）	786
上野（群馬県）	225
上野国衙（群馬県）	226
上野国府（群馬県）	226
上野国分寺（群馬県）	226
上野国（群馬県）	226
上野国西部（群馬県）	226
高津原温泉（熊本県）	1004
高津国民学校（大阪府）	706
神津島（東京都）	339
上有知（岐阜県）	564
神津牧場（群馬県）	226
国府津村（神奈川県）	420
甲成（広島県）	847
好生館（佐賀県）	981

興成義塾（山口県）	878
香雪園（東京都）	339
高仙山（香川県）	904
興善寺（熊本県）	1004
轟泉水道（熊本県）	1004
興蔵寺城（大阪府）	706
香宗城（高知県）	935
河田（三重県）	633
高田（新潟県）	459
神田（大阪府）	706
神田（高知県）	935
小歌島（広島県）	847
甲田町（広島県）	847
郷田村（広島県）	847
河内（山梨県）	508
河内（静岡県）	582
高知（高知県）	935
高知共立学校（高知県）	935
高知銀行（高知県）	935
高知空港（高知県）	935
高知県（高知県）	935
高知県海軍航空隊第二飛行場（高知県）	
	936
高知県地方第二滑空訓練所（高知県）	
	936
高知港（高知県）	936
高知公園（高知県）	936
高知市（高知県）	936
高知市計量検査所（高知県）	936
高知市中央卸売市場（高知県）	936
高知城（高知県）	936
幸知小学校（群馬県）	226
高知新港（高知県）	937
高知新田藩（高知県）	937
高知線（高知県）	937
高知平野（高知県）	937
高茶屋小学校（三重県）	633
高知竜馬空港（高知県）	937
交通博物館（東京都）	339
高越山（徳島県）	898
江津市（島根県）	813
広貞公園（新潟県）	459
国府停車場（神奈川県）	420
香寺町（兵庫県）	735
興戸（京都府）	677
江東（東京都）	339
弘道館（茨城県）	180
弘道館公園（茨城県）	180
江東区（東京都）	340
郡戸王子（大阪府）	706
豪徳寺（東京都）	340
神戸町（岐阜県）	564
阜内（北海道）	22
高鍋湿原（宮崎県）	1029
厚南（山口県）	878
高南（静岡県）	582
甲南高等学校（兵庫県）	735
厚南小学校（山口県）	879
甲南女子大学（兵庫県）	735
甲南中学校（兵庫県）	735
甲南町（滋賀県）	656
厚南平野（山口県）	879
甲奴郡（広島県）	848
河野（愛媛県）	920
高野（山口県）	879
鴻池（大阪府）	706

鴻池新田（大阪府）	706
鴻池新田会所跡（大阪府）	706
河野浦（福井県）	502
江の川	796
高野川（愛媛県）	920
江の川発電（広島県）	848
合の宿（東京都）	340
鴻巣（新潟県）	459
鴻巣宿（埼玉県）	255
鴻巣村（新潟県）	459
鴻の台（千葉県）	281
神嵩（神奈川県）	420
鴻之舞鉱山（北海道）	22
幸野溝（熊本県）	1004
河野村（長野県）	528
甲の山（茨城県）	180
神野山（奈良県）	763
郷原（岡山県）	829
郷原村（広島県）	848
郷原山（埼玉県）	255
甲府（山梨県）	508
甲斐（関東）	168
光風荘（神奈川県）	420
幸福駅（北海道）	22
幸袋村（福岡県）	958
九々布郷（福島県）	149
甲府城（山梨県）	509
甲武鉄道（関東）	168
国府野（栃木県）	200
興文小講堂（岐阜県）	564
神戸（兵庫県）	735
工兵橋（広島県）	848
幸兵衛滝（秋田県）	113
神戸阿利襪園（兵庫県）	737
神戸海軍操練所（兵庫県）	737
神戸外国人居留地（兵庫県）	737
神戸市外国人居留地（兵庫県）	737
神戸居留地（兵庫県）	737
神戸港（兵庫県）	737
神戸御用邸（兵庫県）	737
神戸市（兵庫県）	737
神戸市水上児童ホーム（兵庫県）	737
神戸市庁舎（兵庫県）	737
神戸第十一警備大隊洞窟（兵庫県）	737
神戸電鉄（兵庫県）	737
神戸ポートタワー（兵庫県）	737
神戸村（兵庫県）	737
神戸市立外国人墓地（兵庫県）	737
広弁天橋（広島県）	848
弘法谷（広島県）	848
弘法町（愛知県）	612
弘法松公園（茨城県）	180
江北（東京都）	340
江北（滋賀県）	656
江北村（東京都）	340
郷町（愛媛県）	920
香実（千葉県）	281
小海（長野県）	528
小海村（静岡県）	582
光明寺（神奈川県）	420
光明城（静岡県）	582
こうもり滝（大分県）	1016
興野（千葉県）	282
興野（新潟県）	459
高野（山形県）	125
高野街道（大阪府）	706

1162

高野街道 (和歌山県)	786	郡山村 (福島県)	150	国道56号 (愛媛県)	920
高野北郷 (福島県)	149	古遠賀湾 (福岡県)	959	国府 (茨城県)	180
高野山 (和歌山県)	786	古河 (茨城県)	180	国府 (東京都)	340
高野山城 (和歌山県)	787	古賀 (福岡県)	959	国府 (新潟県)	459
高野山町石道 (和歌山県)	787	五箇 (福井県)	502	国府 (岐阜県)	564
高野山町石道 (和歌山県)	787	古海 (群馬県)	227	国分 (愛媛県)	920
高野登山鉄道 (和歌山県)	787	小貝川 (茨城県)	180	国分 (鹿児島県)	1043
高谷砦 (埼玉県)	255	五ヶ浦 (静岡県)	582	国分市 (東京都)	340
高山 (鹿児島県)	1043	古学館 (東京都)	340	国分川 (高知県)	937
高野牧 (千葉県)	282	小蕨山城 (高知県)	937	国分城 (広島県)	848
高山郷 (鹿児島県)	1043	五加国民学校 (長野県)	528	国分城 (愛媛県)	920
高山城 (鹿児島県)	1043	高ヶ坂村 (東京都)	340	国府町 (鳥取県)	800
神山発電所 (滋賀県)	656	五箇篠山城 (三重県)	633	国分山城 (愛媛県)	920
高山本城 (鹿児島県)	1043	古河市 (茨城県)	180	国分寺 (東京都)	340
黄葉夕陽村舎 (広島県)	848	古河城 (茨城県)	180	国分寺駅 (香川県)	904
耕余塾 (神奈川県)	420	虎臥城 (和歌山県)	787	国分寺崖線 (東京都)	340
強羅 (神奈川県)	420	五加小学校 (長野県)	528	国分寺伽藍旧跡 (東京都)	341
小浦 (大分県)	1016	古我知 (沖縄県)	1070	国分寺館 (兵庫県)	737
高麗 (朝鮮)	1104	小金 (千葉県)	282	国分寺町 (香川県)	904
高麗国 (朝鮮)	1104	小金井公園 (東京都)	340	国分寺陸橋 (東京都)	341
高麗谷 (佐賀県)	981	小金井桜 (東京都)	340	石応 (愛媛県)	920
後楽園 (岡山県)	829	小金井市 (東京都)	340	小雲取越え (京都府)	677
後楽園駅 (東京都)	340	小金井小学校 (東京都)	340	小倉 (福岡県)	959
康楽館 (秋田県)	113	小金井はけの道 (東京都)	340	小倉街道 (福岡県)	959
高良山 (福岡県)	958	小金城 (千葉県)	282	極楽 (広島県)	848
高良山神籠石 (福岡県)	958	小金城 (愛知県)	612	小倉口 (山口県)	879
古宇利 (沖縄県)	1070	小金中野牧 (千葉県)	282	小倉口 (福岡県)	959
郡部駅家 (兵庫県)	737	小金原 (千葉県)	282	小倉城 (香川県)	904
荒滝山城 (山口県)	879	小金牧 (千葉県)	282	小倉城 (福岡県)	959
広隆寺 (京都府)	677	黄金街道 (福島県)	150	小倉藩 (福岡県)	959
興隆寺展望台 (愛媛県)	920	小金町 (千葉県)	282	国立筑紫病院 (福岡県)	959
口林 (岡山県)	829	久我国 (京都府)	677	小栗山村 (新潟県)	459
鴻臚館 (福岡県)	958	五家荘 (熊本県)	1004	国領 (東京都)	341
河和上村 (愛知県)	612	五ヶ浜村 (新潟県)	459	国領川 (愛媛県)	920
河和町 (愛知県)	612	古賀原村 (大分県)	1016	小樽 (東京都)	341
孤雲屋敷 (宮城県)	86	古河藩 (茨城県)	180	御樽木山 (長野県)	529
越来グスク (沖縄県)	1070	五箇村 (島根県)	813	小樽村 (東京都)	341
越来村 (沖縄県)	1070	五箇村 (広島県)	848	五軒沢 (北海道)	22
越沢峠 (群馬県)	226	五か村用水 (福岡県)	959	五軒町 (栃木県)	200
声間 (北海道)	22	小ヶ谷戸橋 (東京都)	340	五合庵 (新潟県)	459
声間川 (北海道)	22	五嶽山 (富山県)	483	五香六実 (千葉県)	282
午王頭川 (群馬県)	227	呉我山 (沖縄県)	1070	湖国 (滋賀県)	656
小岡庄 (岡山県)	829	古川 (徳島県)	898	護国寺 (東京都)	341
郡里村 (徳島県)	898	粉河 (和歌山県)	787	興居島 (愛媛県)	920
小乙川 (新潟県)	459	御願寺領荘園 (群馬県)	227	五個荘 (滋賀県)	656
郡浦手永 (熊本県)	1004	近木川 (大阪府)	706	小牛田 (宮城県)	86
小泊瀬山 (茨城県)	180	小木城 (愛知県)	612	九日市塩田 (千葉県)	282
桑折 (宮城県)	86	近木荘 (大阪府)	706	コザ (沖縄県)	1070
幸利 (広島県)	848	濃昼山道 (北海道)	22	湖西 (静岡県)	582
郡家駅 (兵庫県)	737	国衙 (群馬県)	227	小佐井 (大分県)	1016
桑折町 (福島県)	149	国技館 (東京都)	340	御在所岳 (宮崎県)	1029
郡山 (宮城県)	86	国際子ども図書館 (東京都)	340	小佐井村 (大分県)	1016
郡山 (福島県)	149	国際通り (沖縄県)	1070	小坂 (広島県)	848
郡山 (奈良県)	763	小城 (沖縄県)	1070	小阪 (大阪府)	706
郡山 (広島県)	848	五具堰 (群馬県)	227	旧小坂家住宅 (東京都)	341
郡山市 (福島県)	149	虚空蔵山 (長野県)	529	小坂鉱山 (秋田県)	113
旧郡山市役所 (福島県)	149	国拓村南郷屯 (宮城県)	86	小坂庄 (岡山県)	829
郡山宿 (福島県)	149	国端崎 (北海道)	22	小坂小学校 (福島県)	150
郡山宿本陣 (大阪府)	706	小口温泉 (栃木県)	200	小坂鉄道 (秋田県)	113
郡山城 (奈良県)	763	穀町 (宮城県)	86	小坂峠 (山形県)	125
郡山城 (広島県)	848	国道一号 (三重県)	633	小坂峠 (群馬県)	227
郡山城下町遺跡 (広島県)	848	国道9号 (鳥取県)	800	小坂荘 (石川県)	495
郡山藩 (奈良県)	763	国道10号 (九州・沖縄)	949	小阪部 (岡山県)	829
郡山藩領近江国飛地 (滋賀県)	656	国道16号 (埼玉県)	255	小坂郵便局 (福島県)	150
郡山紡績 (奈良県)	763	国道42号 (三重県)	633	古座川 (和歌山県)	787
郡山町 (福島県)	149	国道43号線 (大阪府)	706	小佐木島 (広島県)	848

コザ孤児院(沖縄県)	1070	小代村(栃木県)	200	小繁沢(岩手県)	71
小佐々水軍城(長崎県)	990	五新鉄道(近畿)	647	小局村(新潟県)	460
小佐々町楠泊(長崎県)	991	古新田(新潟県)	459	木積(大阪府)	706
コザ市(沖縄県)	1070	古新田(岡山県)	829	古堤街道(大阪府)	706
古座小学校(和歌山県)	787	五頭(新潟県)	459	御table(東京都)	342
古座町(和歌山県)	787	小塚原(東京都)	341	碁点(山形県)	125
五佐奈炭鉱(三重県)	633	小杉(神奈川県)	421	御殿場(静岡県)	582
小鯖(山口県)	879	小杉御殿(神奈川県)	421	御殿場公園(福島県)	150
コシ(新潟県)	459	小机家住宅(東京都)	341	御殿場市(静岡県)	582
古志(新潟県)	459	小机宅(東京都)	341	御殿場線(神奈川県)	421
古志(島根県)	813	小菅(山形県)	125	御殿山外国公使館(東京都)	342
古志(鹿児島県)	1043	小菅銭座(東京都)	341	特牛港(山口県)	879
越ヶ谷(埼玉県)	255	五頭山(新潟県)	459	湖東(滋賀県)	657
越谷(埼玉県)	255	小堤城山城(滋賀県)	656	五島(長崎県)	991
越谷駅東口(埼玉県)	255	越戸峠(新潟県)	459	厚東(山口県)	879
越ヶ谷御殿(埼玉県)	255	古隅田宿(埼玉県)	256	五島池(京都府)	677
越谷市(埼玉県)	255	御所(奈良県)	763	厚東駅(山口県)	879
越ヶ谷宿(埼玉県)	256	湖西(滋賀県)	657	厚東川(山口県)	879
越ヶ谷小学校(埼玉県)	256	小瀬ヶ沢洞窟(新潟県)	459	香東川(香川県)	904
越ヶ谷町(埼玉県)	256	小瀬川(岩手県)	71	袴島橋(和歌山県)	1070
越谷町(埼玉県)	256	巨勢川原(奈良県)	763	湖東三山(滋賀県)	657
越ヶ谷郵便局(埼玉県)	256	小関(東京都)	341	厚東小学校(山口県)	879
甑島(鹿児島県)	1043	小関越(滋賀県)	657	厚東村(山口県)	879
五色台(香川県)	904	御所町(奈良県)	763	湖東町(滋賀県)	657
五色沼(宮城県)	86	五泉市(新潟県)	459	虎頭要塞(満州)	1097
古志郡(新潟県)	459	五泉駅(新潟県)	459	琴浦町立東伯中学校(鳥取県)	800
腰越(千葉県)	282	狐禅寺村(岩手県)	71	五島列島(長崎県)	991
腰越(神奈川県)	421	御所峠(大分県)	1016	古徳城(茨城県)	180
腰越城(埼玉県)	256	御前山(茨城県)	180	コトコイ(北海道)	22
越々山(群馬県)	227	小園(埼玉県)	256	小留浦(東京都)	342
古志町(島根県)	813	小薗(鹿児島県)	1044	琴似(北海道)	22
越戸ダム(愛知県)	612	古村(千葉県)	282	琴似屯田兵村(北海道)	22
御指南町(秋田県)	113	互尊文庫(新潟県)	460	琴ノ浦温山荘庭園(和歌山県)	787
越の国(東日本)	6	居多(新潟県)	460	琴の滝(和歌山県)	787
高志国(東日本)	6	巨田(宮崎県)	1029	琴平急行電鉄(香川県)	904
越の八口(石川県)	495	古田(愛媛県)	921	琴平参宮電鉄(香川県)	904
小柴崎(神奈川県)	421	五台山(高知県)	937	琴平電鉄長尾線(香川県)	904
児島(岡山県)	829	御代参街道(滋賀県)	657	寿町(愛知県)	612
小島(富山県)	483	御代参街道旧道(滋賀県)	657	寿村(長野県)	529
小島(長野県)	529	後台村(茨城県)	180	小泊(青森県)	57
小島(愛媛県)	921	小平(東京都)	341	小泊村(青森県)	58
越巻(埼玉県)	256	小平市(東京都)	341	小長井(長崎県)	991
腰巻(福島県)	150	小平市公民館(東京都)	342	小中池(千葉県)	282
児島郡(岡山県)	829	小平青年学校(東京都)	342	小長井港(長崎県)	991
小嶋郷(茨城県)	180	小平町(東京都)	342	小中農教倶楽部(栃木県)	200
小島城(岐阜県)	564	小平村(東京都)	342	小中野村(青森県)	58
小島陣屋(静岡県)	582	御鷹野(山口県)	879	小梨(岩手県)	71
古寺町(石川県)	495	御鷹場村(和歌山県)	787	子撫川(富山県)	484
小島砲台(愛媛県)	921	小滝街道(山形県)	125	湖南(長野県)	529
児島湾(岡山県)	829	小谷(広島県)	848	湖南(滋賀県)	657
小清水(新潟県)	459	神谷(兵庫県)	737	湖南市(滋賀県)	657
古清水旅館(神奈川県)	421	小丹波(東京都)	342	吾南平野(高知県)	937
五条(奈良県)	763	児玉(埼玉県)	256	旧小西家住宅(大阪府)	706
五条県(奈良県)	763	児玉飛行場(群馬県)	227	小西酒造株式会社(兵庫県)	737
五条坂(京都府)	677	五反田(新潟県)	460	御新田郷(新潟県)	460
五条市(奈良県)	763	五反田川(山口県)	879	金浦(秋田県)	113
古城峠(熊本県)	1004	五反田村(新潟県)	460	五之橋(東京都)	342
小条の宿(奈良県)	763	小丹波原嶋家(東京都)	342	五ノ町(新潟県)	460
御城番長屋(三重県)	633	五智国分村(新潟県)	460	小能登呂城(北方地域)	3
五所川原(青森県)	57	東向(高知県)	937	此花(福島県)	150
五所川原高等女学校(青森県)	57	後町小学校(長野県)	529	五之町(新潟県)	460
五所川原市(青森県)	57	東風平(沖縄県)	1070	五ノ宮岳(秋田県)	113
御所の前(兵庫県)	737	国会議事堂(東京都)	342	木場坂(福井県)	502
小白河(和歌山県)	787	国漢学校(新潟県)	460	小蓮(高知県)	937
小白川砦(岐阜県)	564	国境七城(岡山県)	829	古浜(広島県)	848
		木造荘(三重県)	633	小浜(兵庫県)	737

粉浜（大阪府）　…………………………　706
小早川城（広島県）　………………………　848
小林（宮崎県）　……………………………　1029
小林家住宅（東京都）　……………………　342
小林家住宅（和歌山県）　…………………　787
小林工業高等学校（宮崎県）　……………　1029
小林市（宮崎県）　…………………………　1029
小林司村（山口県）　………………………　879
小林尋常小学校（栃木県）　………………　200
小林新田（三重県）　………………………　633
小林村（兵庫県）　…………………………　737
五番町（京都府）　…………………………　677
小東荘（奈良県）　…………………………　763
小比企村（東京都）　………………………　342
小日向（東京都）　…………………………　342
五百川（福島県）　…………………………　150
御廟（奈良県）　……………………………　763
古武井川（北海道）　………………………　22
御封印野新田（新潟県）　…………………　460
古布内（千葉県）　…………………………　282
古峰ヶ原（栃木県）　………………………　200
昆布刈（大分県）　…………………………　1016
小舟城（茨城県）　…………………………　180
小舟村（茨城県）　…………………………　180
古分屋敷（茨城県）　………………………　180
五兵衛新田（東京都）　……………………　342
五兵衛新田屯所（東京都）　………………　342
小辺路（和歌山県）　………………………　787
小辺路街道（和歌山県）　…………………　787
古部村（長崎県）　…………………………　991
古坊（新潟県）　……………………………　460
御坊市（和歌山県）　………………………　787
牛房野（山形県）　…………………………　125
御坊砲台（和歌山県）　……………………　787
湖北（滋賀県）　……………………………　657
吾北（高知県）　……………………………　937
湖北路（滋賀県）　…………………………　657
吾北村（高知県）　…………………………　937
湖北台（千葉県）　…………………………　282
小仏宿（東京都）　…………………………　342
小仏関所（東京都）　………………………　342
小堀（千葉県）　……………………………　282
小幌（北海道）　……………………………　22
五本榎（埼玉県）　…………………………　256
五本木（東京都）　…………………………　342
五本木商店街（東京都）　…………………　342
高麗（埼玉県）　……………………………　256
高麗（広島県）　……………………………　848
狛江市（東京都）　…………………………　342
駒帰村（奈良県）　…………………………　764
駒形駅（群馬県）　…………………………　227
駒ヶ滝（広島県）　…………………………　848
駒ヶ岳（北海道）　…………………………　22
駒ヶ岳（長野県）　…………………………　529
駒形橋（東京都）　…………………………　342
駒形村（埼玉県）　…………………………　256
駒門（山梨県）　……………………………　509
駒ヶ根市高原（長野県）　…………………　529
駒ヶ根村（長野県）　………………………　529
駒ケ林（兵庫県）　…………………………　737
駒ケ林村（兵庫県）　………………………　738
駒ケ原（広島県）　…………………………　848
駒が原鉱山（広島県）　……………………　848
駒ヶ原町（広島県）　………………………　848
高麗川（埼玉県）　…………………………　256
駒帰（宮崎県）　……………………………　1029

古牧（長野県）　……………………………　529
小牧（鹿児島県）　…………………………　1044
古牧橋（長野県）　…………………………　529
小牧城（愛知県）　…………………………　612
古牧小学校（長野県）　……………………　529
小牧村（長野県）　…………………………　529
駒木野宿（東京都）　………………………　342
小牧山城（愛知県）　………………………　612
胡麻高原（京都府）　………………………　677
小間小牧（千葉県）　………………………　282
駒込（東京都）　……………………………　343
駒籠（山形県）　……………………………　125
駒込坂下町（東京都）　……………………　343
駒籠楯（山形県）　…………………………　125
駒込名主屋敷（東京都）　…………………　343
駒込日光御成道（東京都）　………………　343
駒沢（東京都）　……………………………　343
駒沢川（長野県）　…………………………　529
駒沢給水塔（東京都）　……………………　343
駒沢小学校（東京都）　……………………　343
駒沢大学（東京都）　………………………　343
駒沢中学校（東京都）　……………………　343
駒沢電気館（東京都）　……………………　343
駒沢梁（長野県）　…………………………　529
駒沢練兵場（東京都）　……………………　343
駒塚（岐阜県）　……………………………　564
狛田駅（京都府）　…………………………　677
小又川（秋田県）　…………………………　113
護摩壇山（奈良県）　………………………　764
小松（石川県）　……………………………　495
小松（兵庫県）　……………………………　738
小松（愛媛県）　……………………………　921
小松駅（石川県）　…………………………　495
小松駅（愛媛県）　…………………………　921
小松川（東京都）　…………………………　343
小松倉城（新潟県）　………………………　460
小松高等学校（石川県）　…………………　495
小松市（石川県）　…………………………　495
小松実用女学校（愛媛県）　………………　921
小松島市（徳島県）　………………………　898
小松城（神奈川県）　………………………　421
小松城（石川県）　…………………………　495
小松町（石川県）　…………………………　495
小松町（愛媛県）　…………………………　921
小松原（新潟県）　…………………………　460
小松藩（愛媛県）　…………………………　921
小松屋横町（東京都）　……………………　343
小松郵便局（愛媛県）　……………………　921
護摩堂城（新潟県）　………………………　460
駒止湿原（福島県）　………………………　150
駒止峠（福島県）　…………………………　150
駒場（東京都）　……………………………　343
駒場公園（東京都）　………………………　343
許麻橋（大阪府）　…………………………　706
駒場調練所（東京都）　……………………　343
駒場野（東京都）　…………………………　343
駒場農学校（東京都）　……………………　343
駒場野公園（東京都）　……………………　343
駒場発電所（長野県）　……………………　529
駒場原（東京都）　…………………………　343
高麗村（京都府）　…………………………　677
狛野南庄（京都府）　………………………　677
小丸大橋（宮崎県）　………………………　1029
小丸城（福井県）　…………………………　502
小丸山城（石川県）　………………………　495
古見（沖縄県）　……………………………　1070

小御門小学校（千葉県）　…………………　282
小御門村（千葉県）　………………………　282
古見塩浜原拓記念碑（沖縄県）　…　1070
古御岳城（埼玉県）　………………………　256
小湊鉄道（千葉県）　………………………　282
小峰城（福島県）　…………………………　150
小宮町（東京都）　…………………………　343
五名（香川県）　……………………………　904
小麦峠（群馬県）　…………………………　227
小麦山（京都府）　…………………………　677
古村医院（長野県）　………………………　529
小牟礼城（大分県）　………………………　1016
小室村軍需工場（静岡県）　………………　582
小室藩（静岡県）　…………………………　582
小室村（静岡県）　…………………………　582
米神（神奈川県）　…………………………　421
米宿（群馬県）　……………………………　227
米之野（愛媛県）　…………………………　921
後免町（高知県）　…………………………　937
蒲生野（滋賀県）　…………………………　657
子持村（群馬県）　…………………………　227
コモの浦（香川県）　………………………　904
菰野町（三重県）　…………………………　633
蒋淵（愛媛県）　……………………………　921
小森川（長野県）　…………………………　991
隠国の郷（奈良県）　………………………　764
小諸（長野県）　……………………………　529
小諸義塾（長野県）　………………………　529
小諸純水館（長野県）　……………………　529
小諸藩（長野県）　…………………………　529
昆陽（兵庫県）　……………………………　738
木屋平村（徳島県）　………………………　898
古八丁越（福岡県）　………………………　959
高野坂（和歌山県）　………………………　787
木屋瀬（福岡県）　…………………………　959
木屋瀬宿（福岡県）　………………………　959
小山（福島県）　……………………………　150
湖山池（鳥取県）　…………………………　800
湖山潟（鳥取県）　…………………………　800
小山酒造（東京都）　………………………　343
小山酒造建造物（東京都）　………………　343
児山城（栃木県）　…………………………　200
小山荘（福井県）　…………………………　502
小山村（東京都）　…………………………　343
小屋館（福島県）　…………………………　150
小八幡（神奈川県）　………………………　421
御油（愛知県）　……………………………　612
五葉山（岩手県）　…………………………　71
小横川区（長野県）　………………………　529
子吉（秋田県）　……………………………　113
子吉川（秋田県）　…………………………　113
御米津出しの道（新潟県）　………………　460
互楽荘（神奈川県）　………………………　421
古里駅前（東京都）　………………………　343
古里村（東京都）　…………………………　343
五竜城（広島県）　…………………………　848
御霊（奈良県）　……………………………　764
五稜郭（北海道）　…………………………　22
五稜郭（長野県）　…………………………　529
御料地牧羊種蓄場（千葉県）　……………　282
五料村往還（群馬県）　……………………　227
虎林（満州）　………………………………　1097
コルサコフ港（北方地域）　………………　3
五郎ヶ元（鹿児島県）　……………………　1044
五郎左衛門新田（岐阜県）　………………　564
御籠立場（長崎県）　………………………　991

五郎兵衛新田村（長野県）	529	佐伯中学校（大分県）	1016	佐伯（大分県）	1017
五郎兵衛用水（長野県）	529	佐伯藩（大分県）	1016	佐伯郡（広島県）	849
挙母（愛知県）	612	西京（香川県）	904	佐伯村（大分県）	1017
衣ヶ浦（愛知県）	612	佐伯湾（大分県）	1017	佐伯村（満州）	1097
衣川（岩手県）	71	斎宮（三重県）	633	蔵王温泉（山形県）	125
挙母城（愛知県）	613	斎宮跡（三重県）	633	蔵王山（山形県）	125
衣手の森（京都府）	677	三枝（岐阜県）	564	蔵王山（新潟県）	460
挙母藩（愛知県）	613	三枝城（岐阜県）	564	蔵王城（新潟県）	460
強首（秋田県）	113	佐位郡（群馬県）	227	蔵王隧道（山形県）	125
小粟田原（新潟県）	460	西郷（栃木県）	200	蔵王堂（新潟県）	460
小和田駅（静岡県）	582	西郷頼母邸（福島県）	150	蔵王町（宮城県）	86
小湾（沖縄県）	1070	西郷町（島根県）	813	竿津（鹿児島県）	1044
今大山城（広島県）	848	菜香亭（山口県）	879	佐織町（愛知県）	613
金戒光明寺（京都府）	677	西郷山（東京都）	344	佐賀（佐賀県）	981
権現堂（千葉県）	282	佐為評（群馬県）	227	坂井（長野県）	530
権現堂堤（千葉県）	282	西国（西日本）	642	堺（大阪府）	706
権現堂村（埼玉県）	256	西国街道（京都府）	677	境河岸（茨城県）	181
権現通り（愛知県）	613	幸崎町（兵庫県）	738	境川（東京都）	344
権現山（茨城県）	180	済州（朝鮮）	1104	境川（神奈川県）	421
権現山（愛知県）	613	済州島（朝鮮）	1104	境川（静岡県）	582
権現山城（茨城県）	180	済州特別自治道（朝鮮）	1105	境川（大分県）	1017
権現山城（群馬県）	227	西城（愛媛県）	921	堺木（長崎県）	991
権現山城（神奈川県）	421	西条（長野県）	530	坂井郡幕府領（福井県）	502
金光（岡山県）	829	西条（広島県）	848	堺港（大阪府）	707
金剛山（新潟県）	460	西条（愛媛県）	921	境沢（長野県）	530
金剛山（大阪府）	706	最上稲荷（岡山県）	829	坂井市（福井県）	502
金剛山（奈良県）	764	西城川（広島県）	849	坂石（愛媛県）	922
金剛山地（大阪府）	706	最乗寺（神奈川県）	421	堺市（大阪府）	707
金光町（岡山県）	829	西条市（愛媛県）	921	境島村（群馬県）	227
金剛橋（鹿児島県）	1044	西条陣屋（愛媛県）	921	境浄水場（東京都）	344
権田（群馬県）	227	西城町（広島県）	849	堺水族館（大阪府）	707
金胎寺（福岡県）	959	西条農業高等学校（広島県）	849	境塚（新潟県）	460
根田小学校（秋田県）	113	西条藩（愛媛県）	921	堺筋（大阪府）	707
権堂（長野県）	529	西条藩邸（東京都）	344	境町（三重県）	633
権之助坂（東京都）	343	西条邑（長野県）	530	堺町（三重県）	634
今野邸（北海道）	22	西条四日市（広島県）	849	坂出（香川県）	904
今野邸（福島県）	150	妻女山（長野県）	530	坂出塩田（香川県）	904
金比羅街道（四国）	894	才槌小路（宮城県）	86	坂出市（香川県）	904
金毘羅街道（徳島県）	898	西大寺食堂院跡（奈良県）	764	堺灯台（大阪府）	707
金比羅山（東京都）	343	財田川（香川県）	904	堺利彦農民学校（福岡県）	959
権兵衛街道（長野県）	529	斉田中耕地遺跡（群馬県）	227	堺幕府（大阪府）	708
権兵衛峠（長野県）	529	埼玉（埼玉県）	256	境原（佐賀県）	982
紺屋（島根県）	813	埼玉県（埼玉県）	256	堺奉行所（大阪府）	708
紺屋町（岩手県）	71	埼玉県商品陳列所（埼玉県）	258	境町（茨城県）	181
紺屋町番屋（岩手県）	71	埼玉県庁（埼玉県）	258	境町（群馬県）	227
		埼玉県立医学校（埼玉県）	258	境港（鳥取県）	800
		埼玉県立博物館（埼玉県）	258	境村（茨城県）	181
【さ】		さいたま市（埼玉県）	258	境村（長野県）	530
		最知（宮城県）	86	坂井村（愛知県）	613
		西都（宮崎県）	1029	備中（岡山県）	829
佐阿天橋（沖縄県）	1071	斎藤実盛館（埼玉県）	258	境目番所（高知県）	937
佐井（青森県）	58	採銅所駅舎（福岡県）	959	栄（三重県）	634
佐井（大分県）	1016	西戸崎（福岡県）	959	栄（和歌山県）	787
雑賀（和歌山県）	787	西都市（宮崎県）	1029	寒河江（山形県）	125
西海（長崎県）	991	才井戸流（愛知県）	613	寒河江川（山形県）	125
西海道（九州・沖縄）	949	西都原（宮崎県）	1029	寒河江市（山形県）	125
西海道国府（九州・沖縄）	949	才浜（新潟県）	460	寒河江城（山形県）	125
雑賀崎（和歌山県）	787	才原（広島県）	849	栄小学校（大阪府）	708
雑賀惣国（和歌山県）	787	西原（山梨県）	509	栄線（大阪府）	708
犀川（石川県）	495	サイパン（南洋群島）	1117	栄田（青森県）	58
犀川（長野県）	529	西肥バス（長崎県）	991	栄田村（青森県）	58
犀川（福岡県）	959	宰府宿（福岡県）	959	栄町（東京都）	344
犀川町（福岡県）	959	さい淵（高知県）	937	栄通り（沖縄県）	1071
佐伯航空隊（大分県）	1016	西法寺（高知県）	937	寒河江荘（山形県）	125
佐伯市（大分県）	1016	佐井村（青森県）	58	栄町（新潟県）	460
佐伯城（大分県）	1016	幸町（神奈川県）	421	栄町市場（沖縄県）	1071
佐伯荘（大分県）	1016				

地名索引　　　　　　さけや

栄村（秋田県）……………… 113
栄村（千葉県）……………… 282
栄村（東京都）……………… 344
栄村（長野県）……………… 530
栄山（新潟県）……………… 460
坂折山（高知県）…………… 937
坂川（千葉県）……………… 283
榊原温泉（三重県）………… 634
榊原城（三重県）…………… 634
坂城町（長野県）…………… 530
坂木村（長野県）…………… 530
坂口王子（大阪府）………… 708
酒蔵通り（広島県）………… 849
佐賀県（佐賀県）…………… 982
佐賀高等学校（佐賀県）…… 982
嵯峨御所（京都府）………… 678
逆井城（茨城県）…………… 181
逆井渡船場（東京都）……… 344
逆川（山形県）……………… 125
逆川（埼玉県）……………… 258
佐賀市（佐賀県）…………… 982
坂下（福島県）……………… 150
坂嶋村（秋田県）…………… 113
佐賀城（佐賀県）…………… 982
坂城（長野県）……………… 530
坂城宿（長野県）…………… 530
酒津（岡山県）……………… 830
逆面（栃木県）……………… 200
逆瀬川（兵庫県）…………… 738
佐潟（新潟県）……………… 460
坂田（沖縄県）…………… 1071
酒田（山形県）……………… 125
酒田県（山形県）…………… 125
酒田港（山形県）…………… 125
酒田市（山形県）…………… 125
相方城（広島県）…………… 849
酒谷川（宮崎県）………… 1029
酒田湊（山形県）…………… 125
坂田山（神奈川県）………… 421
佐賀町（東京都）…………… 344
坂門郷（茨城県）…………… 181
坂戸山（新潟県）…………… 460
坂戸城（新潟県）…………… 460
坂戸町（埼玉県）…………… 258
相楽（京都府）……………… 678
酒梨村（兵庫県）…………… 738
坂根峠（広島県）…………… 849
坂ノ一（大分県）………… 1017
坂ノ市（大分県）………… 1017
坂ノ上（大分県）………… 1017
坂之下村（埼玉県）………… 258
佐賀庄（京都府）…………… 678
佐賀の関（大分県）……… 1017
佐賀関（大分県）………… 1017
佐賀藩（佐賀県）…………… 982
酒船石（奈良県）…………… 764
佐賀平野（佐賀県）………… 983
酒巻街道（埼玉県）………… 258
相模（神奈川県）…………… 421
相模大野駅（神奈川県）…… 421
相模海軍工廠（神奈川県）… 421
相模川（神奈川県）………… 421
相模川橋脚（神奈川県）…… 421
相模座（神奈川県）………… 421
相模線（神奈川県）………… 421
相模台（神奈川県）………… 421

相模野（神奈川県）………… 421
相模国（神奈川県）………… 422
相模原（神奈川県）………… 422
相模原市（神奈川県）……… 422
相模平野（神奈川県）……… 422
相模陸軍造兵廠（神奈川県）… 422
相模湾（神奈川県）………… 422
坂本（滋賀県）……………… 657
坂本（島根県）……………… 813
坂本（香川県）……………… 904
坂本駅（岐阜県）…………… 564
坂本郷（大阪府）…………… 708
坂下宿（愛知県）…………… 613
坂下宿（三重県）…………… 634
坂本宿（群馬県）…………… 227
坂本小学校（群馬県）……… 227
坂本東岳邸（秋田県）……… 113
酒依荘（茨城県）…………… 181
相良（静岡県）……………… 582
相良（熊本県）…………… 1004
相良路（熊本県）………… 1004
相良城（静岡県）…………… 582
相良町（静岡県）…………… 582
相良藩（熊本県）………… 1004
相良村（熊本県）………… 1004
相良頼景館跡（熊本県）… 1004
下里（和歌山県）…………… 787
十八ヶ城（岩手県）………… 71
佐川（高知県）……………… 937
酒匂（神奈川県）…………… 423
酒匂川（神奈川県）………… 423
佐川城（高知県）…………… 937
酒匂小学校（神奈川県）…… 423
酒匂堰（神奈川県）………… 423
佐川町（愛媛県）…………… 922
佐川町（高知県）…………… 937
酒匂橋（神奈川県）………… 423
佐紀（奈良県）……………… 764
鷺家（奈良県）……………… 764
鷺浦（島根県）……………… 813
先大津（山口県）…………… 879
鷺鉱山（島根県）…………… 813
鷺坂（京都府）……………… 678
匂坂中之郷（静岡県）……… 582
佐紀路（奈良県）…………… 764
佐木島（広島県）…………… 849
先島（沖縄県）…………… 1071
先島諸島（沖縄県）……… 1071
さきたま（埼玉県）………… 258
埼玉（栃木県）……………… 200
さきたまの津（埼玉県）…… 258
埼出村（満州）…………… 1097
鷺峠（島根県）……………… 813
佐紀野（奈良県）…………… 764
鷺之森城（愛媛県）………… 922
座喜味グスク（沖縄県）… 1071
防人見返りの峠（東京都）… 344
鷺山城（岐阜県）…………… 564
佐久（長野県）……………… 530
佐久郡（長野県）…………… 530
佐久市（長野県）…………… 530
作州（岡山県）……………… 830
サクシュコトニ川（北海道）…… 23
佐久平（長野県）…………… 530
裂田溝（福岡県）…………… 960
柞田駅（香川県）…………… 904

佐久橋（長野県）…………… 530
冊封七碑（沖縄県）……… 1071
作見村（石川県）…………… 495
サクラ（奈良県）…………… 764
佐倉（千葉県）……………… 283
桜井（奈良県）……………… 764
桜井（愛媛県）……………… 922
桜井家住宅（島根県）……… 813
桜井谷（大阪府）…………… 708
桜井市（奈良県）…………… 764
桜井宿（大阪府）…………… 708
桜井城（愛媛県）…………… 613
桜井新田村（長野県）……… 530
桜井村（愛知県）…………… 613
桜井駅（新潟県）…………… 460
桜井駅（大阪府）…………… 708
桜岡公園（佐賀県）………… 983
桜ヶ池（静岡県）…………… 582
桜岳（福島県）……………… 150
桜株（東京都）……………… 344
桜川市（茨城県）…………… 181
桜木（宮城県）……………… 86
桜区（埼玉県）……………… 258
佐倉高校（千葉県）………… 283
桜坂（東京都）……………… 344
桜沢（長野県）……………… 530
桜沢砦（埼玉県）…………… 258
さくら市（栃木県）………… 200
佐倉市（千葉県）…………… 283
桜島（鹿児島県）………… 1044
佐倉順天堂（千葉県）……… 283
佐倉城（千葉県）…………… 283
佐倉新町（千葉県）………… 283
桜塚（大阪府）……………… 708
桜田（千葉県）……………… 283
桜田（東京都）……………… 344
桜田（静岡県）……………… 582
桜田公園（東京都）………… 344
桜谷鑪（島根県）…………… 813
桜田門（東京都）…………… 344
桜田門外（東京都）………… 344
佐倉中学校（千葉県）……… 283
佐倉道（千葉県）…………… 283
佐倉峠（奈良県）…………… 764
桜峠（奈良県）……………… 764
桜橋（大阪府）……………… 708
佐倉藩（千葉県）…………… 283
佐倉藩城付領（山形県）…… 125
佐倉牧（千葉県）…………… 284
桜町（栃木県）……………… 200
桜町（神奈川県）…………… 423
桜町陣屋（栃木県）………… 200
桜町中学校（岩手県）……… 71
桜町トンネル（新潟県）…… 460
桜山（神奈川県）…………… 423
桜山（三重県）……………… 634
桜山（広島県）……………… 849
桜山丘陵（神奈川県）……… 423
桜山城（広島県）…………… 849
桜山村（神奈川県）………… 423
佐倉歴史民俗博物館（千葉県）… 284
佐倉六牧（千葉県）………… 284
鮭川村（山形県）…………… 125
提川村（佐賀県）…………… 983
鮭延城（山形県）…………… 125
酒屋町（広島県）…………… 849

さこ　　地名索引

迫（大分県）……… 1017
座光寺（長野県）……… 531
座光寺村（長野県）……… 531
雑魚川（長野県）……… 531
坂越庄（兵庫県）……… 738
坂越小学校（兵庫県）……… 738
雑喉場魚市場（大阪府）……… 708
佐々（長崎県）……… 991
栄螺堂（福島県）……… 150
笹沖村（岡山県）……… 830
笹ヶ迫（岡山県）……… 830
笹神村（新潟県）……… 460
佐々河（福島県）……… 150
笹川（千葉県）……… 284
笹川砂金山（新潟県）……… 460
佐々木家鑢（広島県）……… 849
佐々木邸（山口県）……… 879
笹木野（徳島県）……… 898
笹木村（青森県）……… 58
笹口番所（高知県）……… 937
笹久保（埼玉県）……… 258
笹倉湿原（愛媛県）……… 922
笹塚（千葉県）……… 284
佐々並村（山口県）……… 879
笹の滝（奈良県）……… 764
篠の丸（兵庫県）……… 738
篠の丸城（兵庫県）……… 738
笹引（千葉県）……… 284
笹堀公園（熊本県）……… 1004
篠目城（愛知県）……… 613
篠目町（愛知県）……… 613
笹谷（福島県）……… 150
笹谷街道（山形県）……… 125
ささやきの小径（奈良県）……… 764
笹屋町通（京都府）……… 678
篠山（三重県）……… 634
篠山市（兵庫県）……… 738
篠山城（兵庫県）……… 738
篠山藩（兵庫県）……… 738
指扇（埼玉県）……… 258
猿島（茨城県）……… 181
猿島小学校（茨城県）……… 181
佐島精錬所（愛媛県）……… 922
猿島町（茨城県）……… 181
佐州新町（新潟県）……… 460
佐須（東京都）……… 344
佐是（千葉県）……… 284
栄螺ヶ瀬橋（大分県）……… 1017
佐世保（長崎県）……… 991
佐世保海軍港（長崎県）……… 992
佐世保海軍工廠（長崎県）……… 992
佐世保海軍鎮守府（長崎県）……… 992
佐世保軍港（長崎県）……… 992
佐世保港（長崎県）……… 992
佐世保市（長崎県）……… 992
佐世保中等学校（長崎県）……… 992
佐世保鎮守府（長崎県）……… 992
佐世保東山海軍墓地（長崎県）……… 992
佐世保村（長崎県）……… 992
佐竹坑（茨城県）……… 181
佐竹藩（秋田県）……… 113
佐竹藩（栃木県）……… 200
狭田村（三重県）……… 634
佐田村（大分県）……… 1017
佐多町（鹿児島県）……… 1044
佐田荘（大分県）……… 1017

佐田岬（愛媛県）……… 922
佐多岬半島（愛媛県）……… 922
佐田岬半島（愛媛県）……… 922
幸生銅山（山形県）……… 125
猿壁城（茨城県）……… 181
五月橋（沖縄県）……… 1071
薩軍退路（九州・沖縄）……… 949
薩埵山陣場（愛知県）……… 613
薩埵峠（静岡県）……… 582
幸手（埼玉県）……… 258
幸手宿（埼玉県）……… 258
札内川（北海道）……… 23
薩南諸島（鹿児島県）……… 1044
薩南台地（鹿児島県）……… 1044
猿飛来（宮城県）……… 86
札幌（北海道）……… 23
札幌遠友夜学校（北海道）……… 23
札幌官園（北海道）……… 23
札幌器械場（北海道）……… 23
札幌区立女子職業学校（北海道）……… 23
札幌県（北海道）……… 23
札幌市（北海道）……… 23
札幌農学校（北海道）……… 24
札幌本道（北海道）……… 24
佐津間（千葉県）……… 284
薩摩（鹿児島県）……… 1044
薩摩街道（福岡県）……… 960
薩摩義士碑（鹿児島県）……… 1045
薩摩郷（徳島県）……… 898
薩摩古道（鹿児島県）……… 1045
薩摩志布志麓庭園（鹿児島県）……… 1045
薩摩川内（鹿児島県）……… 1045
薩摩川内市（鹿児島県）……… 1045
薩摩土手（静岡県）……… 582
薩摩国（鹿児島県）……… 1045
薩摩の瀬戸（鹿児島県）……… 1045
薩摩藩（鹿児島県）……… 1045
薩摩半島（鹿児島県）……… 1046
砂鉄川（岩手県）……… 71
佐波（新潟県）……… 460
旧佐藤家住宅（宮城県）……… 86
佐藤善一郎家（群馬県）……… 227
佐渡島（新潟県）……… 462
里川（茨城県）……… 181
佐渡金銀山（新潟県）……… 462
佐渡銀行（新潟県）……… 462
佐渡金山（新潟県）……… 462
佐渡鉱山（新潟県）……… 462
佐渡市（新潟県）……… 462
佐渡路（新潟県）……… 462
佐渡中等教育学校（新潟県）……… 462
里中（大分県）……… 1017
里仁（北海道）……… 24
里野（和歌山県）……… 787
佐渡国（新潟県）……… 462
里ノ尾（山口県）……… 879
佐土原城（宮崎県）……… 1029
佐渡奉行街道（新潟県）……… 462
佐渡奉行所（新潟県）……… 462
里見（群馬県）……… 227
里美（茨城県）……… 181
里美（長崎県）……… 992
里見街道（群馬県）……… 227
里見郷（群馬県）……… 227
里見城（群馬県）……… 227
里村（鹿児島県）……… 1046

佐土原（宮崎県）……… 1029
佐土原町（宮崎県）……… 1029
佐土原藩（宮崎県）……… 1029
早苗（愛知県）……… 613
早苗別橋（北海道）……… 24
真田（山梨県）……… 509
佐奈田飴本舗（神奈川県）……… 423
真田町（長野県）……… 531
佐波浄水場（広島県）……… 849
佐鳴湖（静岡県）……… 582
佐仁（鹿児島県）……… 1046
佐貫（群馬県）……… 227
讃岐（香川県）……… 904
讃岐街道（香川県）……… 905
さぬき市（香川県）……… 905
佐貫城（千葉県）……… 284
讃岐高松藩上屋敷（東京都）……… 344
讃岐国（香川県）……… 905
讃岐国府（香川県）……… 905
讃岐富士（香川県）……… 905
佐沼（宮城県）……… 86
佐沼城（宮城県）……… 86
佐沼小学校（茨城県）……… 181
実盛（大阪府）……… 708
狭野（兵庫県）……… 738
佐野（栃木県）……… 200
佐野（千葉県）……… 284
佐野（静岡県）……… 582
佐野（大阪府）……… 708
佐野浦（大阪府）……… 708
佐野街道（群馬県）……… 227
佐野区（千葉県）……… 284
佐野郷（茨城県）……… 181
佐野氏邸（東京都）……… 344
佐野城（大阪府）……… 708
佐野小学校（大阪府）……… 708
佐野城墟（栃木県）……… 200
佐野尻峠（群馬県）……… 227
佐野鉄道（栃木県）……… 200
佐野荘（栃木県）……… 200
佐野荘（大阪府）……… 708
佐野場（栃木県）……… 200
佐野原（宮崎県）……… 1030
佐野藩（栃木県）……… 200
佐野飛行場（大阪府）……… 708
佐野嶺（山口県）……… 879
佐野村（大阪府）……… 708
鯖江（福井県）……… 502
鯖江市（福井県）……… 503
鯖江台地（福井県）……… 503
鯖江藩（福井県）……… 503
鯖江村（福井県）……… 503
鯖街道（福井県）……… 503
佐波川（山口県）……… 879
猿羽根楯館（山形県）……… 125
サハリン（北方地域）……… 3
サハリン島（北方地域）……… 4
サハリン博物館（北方地域）……… 4
蛇尾川（栃木県）……… 200
淋代牧場（青森県）……… 58
寒風沢（宮城県）……… 86
三郎塚（三重県）……… 634
佐保（岐阜県）……… 564
佐保（奈良県）……… 764
佐保川（奈良県）……… 764
佐保路（奈良県）……… 764

地名索引　　　　　　　　　　　　　　　　さんふ

佐保社村（兵庫県）	738
座間（神奈川県）	423
座間宿村（神奈川県）	423
座間峠（群馬県）	227
様似郡（北海道）	24
座間味村（沖縄県）	1071
座間味間切（沖縄県）	1071
佐見川水力発電所（岐阜県）	564
三水村（長野県）	531
寒川（北海道）	24
寒川（秋田県）	113
寒川（神奈川県）	423
寒川駅（神奈川県）	423
寒川蔵屋敷（千葉県）	284
寒川郡（香川県）	905
寒川町民センター（神奈川県）	423
寒川町（神奈川県）	423
寒川村（千葉県）	284
寒川村（神奈川県）	424
佐鳴荘（静岡県）	582
醒井（滋賀県）	658
鮫川（福島県）	150
鮫川橋（福島県）	150
鮫川村（東京都）	344
鮫洲商店街（東京都）	344
鮫ノ口（宮城県）	87
佐本（和歌山県）	787
狭山（埼玉県）	258
佐山（千葉県）	284
狭山池（大阪府）	708
狭山丘陵（関東）	168
狭山湖（埼玉県）	259
狭山湖堰堤（埼玉県）	259
狭山市（埼玉県）	259
狭山飛行場（埼玉県）	259
狭山堀橋（東京都）	344
佐用（兵庫県）	738
佐用郡（兵庫県）	738
佐用町（兵庫県）	738
皿垣（福岡県）	960
更級（長野県）	531
更級郡（長野県）	531
更級小学校（長野県）	531
更科村（長野県）	531
佐良土駅（栃木県）	200
佐良浜（沖縄県）	1071
更別村（北海道）	24
皿村（岡山県）	830
皿山越横街道（佐賀県）	983
佐里（佐賀県）	983
猿江（東京都）	344
猿ヶ京（群馬県）	227
猿ヶ京関所（群馬県）	227
猿楽町（東京都）	344
猿懸城（岡山県）	830
猿掛橋（岡山県）	830
猿ヶ馬場峠（長野県）	531
猿ヶ谷峠（九州・沖縄）	949
沙流川（北海道）	24
笊川（宮城県）	87
猿庫の泉（長野県）	531
猿子橋（東京都）	344
猿沢（岩手県）	71
猿沢池（奈良県）	764
猿沢村（岩手県）	71
猿島要塞（神奈川県）	424

猿田河岸（栃木県）	200
猿橋（山梨県）	509
猿橋（長野県）	531
猿喰越え（大分県）	1017
猿喰新田（福岡県）	960
猿払村（北海道）	24
佐瑠太学校平取分校（北海道）	24
猿辺川（青森県）	58
猿山陣（鹿児島県）	1046
猿留山道（北海道）	24
沢井（東京都）	344
沢井万年橋（東京都）	344
沢内（岩手県）	71
沢内通（岩手県）	71
沢内通り（岩手県）	71
沢口村（秋田県）	113
沢底（長野県）	531
沢田川（京都府）	678
沢田村（宮城県）	87
沢田郵便局（福島県）	150
佐渡（さわたり）（新潟県）	462
沢根港（新潟県）	462
沢原（奈良県）	764
沢淵文化住宅（東京都）	344
沢辺（宮城県）	87
佐和山城（滋賀県）	658
佐原（千葉県）	284
砂原（北海道）	24
佐田河岸（千葉県）	285
早良郡（福岡県）	960
佐原市（千葉県）	285
砂原線（北海道）	24
佐原町（千葉県）	285
佐原村（茨城県）	181
佐原村（千葉県）	285
山陰（中国）	796
山陰鉄道（中国）	796
山陰道（京都府）	678
餐霞館（山形県）	125
三岳古道（高知県）	937
三月堂（奈良県）	764
三ヶ浦（神奈川県）	424
三川（大分県）	1017
三貫（秋田県）	113
三韓（朝鮮）	1105
三鳩楼（群馬県）	227
三居沢発電所（宮城県）	87
三区（栃木県）	200
参宮急行電鉄（近畿）	647
三景園（広島県）	849
三渓園（神奈川県）	424
散華乙女の碑（東京都）	344
残月亭（宮城県）	87
三軒茶屋（東京都）	344
三軒茶屋（群馬県）	227
三軒家（千葉県）	285
三郷（愛知県）	613
三礦温泉（北海道）	24
讃衡蔵（岩手県）	71
三郷町（大阪府）	708
三国境石（福岡県）	960
三綱田町（奈良県）	764
さんさの館（岩手県）	71
三枝庵砦（埼玉県）	259
旧蚕糸試験場新庄支場建物群（山形県）	
	125

三下閉伊（岩手県）	71
三州（愛知県）	613
三州街道（愛知県）	613
三十間長屋（石川県）	495
讃州寺町（京都府）	678
サンショウ（奈良県）	764
三条（新潟県）	462
三条古道（新潟県）	462
三条島（新潟県）	462
三条嶋之城（新潟県）	462
三条城（新潟県）	462
三条村（兵庫県）	738
三条山（宮城県）	87
山水園本館（山口県）	879
三省（青森県）	58
三田（兵庫県）	738
三田市（兵庫県）	738
三田陣屋（兵庫県）	738
三田谷（兵庫県）	738
三田町（兵庫県）	738
三田藩（兵庫県）	739
三多摩（東京都）	344
山丹（北方地域）	4
三反田峠（長野県）	531
三茶（東京都）	345
三陟市（朝鮮）	1105
山頭火の小路（山口県）	879
三島（新潟県）	463
三嶋郡（新潟県）	463
山東町（滋賀県）	658
三斗小屋温泉（栃木県）	200
三斗小屋宿（栃木県）	201
三富新田（埼玉県）	259
三富新田（東京都）	345
山内（秋田県）	113
珊内（北海道）	24
山内丸山（青森県）	58
三名川貯水池（群馬県）	227
山南（兵庫県）	739
三年坂（京都府）	678
山王（栃木県）	201
山王（滋賀県）	658
山王窟（岩手県）	72
山王町（群馬県）	227
山王原（宮崎県）	1030
三王淵村（新潟県）	463
三王山（栃木県）	201
三ノ倉（群馬県）	228
三の岳（熊本県）	1004
三ノ坪橋（大阪府）	708
三戸（青森県）	58
三戸町（青森県）	58
三の丸小学校（茨城県）	181
三宮（兵庫県）	739
三宮駅（兵庫県）	739
三波川（群馬県）	228
三波川西小学校（群馬県）	228
三波川村（群馬県）	228
三迫（宮城県）	87
三波石峡（群馬県）	228
三番瀬（千葉県）	285
山武（千葉県）	285
三分一湧水（山梨県）	509
三福村（静岡県）	582
山武郡（千葉県）	285
山武郡私立衛生会（千葉県）	285

1169

さんふ　　　　　　　　　　地名索引

三府竜脈碑（沖縄県）	1071
三瓶小豆原埋没林（島根県）	813
三閉伊（岩手県）	72
三瓶山（島根県）	813
三方限（鹿児島県）	1046
三宝寺（東京都）	345
三宝寺池（東京都）	345
三宝寺池沼沢植物群落（東京都）	345
三穂下瀬（長野県）	531
残堀川（東京都）	345
三本入（千葉県）	285
三本榎（東京都）	345
三本木（北海道）	24
三本木（青森県）	58
三本木（宮城県）	87
三本木町（宮城県）	87
三本木原（青森県）	58
三本木原用水（青森県）	58
三本橋（山形県）	126
三本松（静岡県）	582
三本松（香川県）	905
三枚（秋田県）	113
三枚橋城（静岡県）	582
三枚橋（静岡県）	582
三枚橋（広島県）	849
三名（徳島県）	898
山谷（東京都）	345
三谷新田（東京都）	345
山陽新幹線（中国）	796
山陽鉄道（中国）	796
山陽道（京都府）	678
山腰峠（群馬県）	228
山陽本線（中国）	797
三余堂（新潟県）	463
三楽荘（東京都）	345
三離橋碑（沖縄県）	1071
三陸（東北）	49
三陸海岸（東北）	50
三陸町（岩手県）	72
三里塚御料牧場（千葉県）	285
三里浜（北海道）	24
三里松原（福岡県）	960
三里村（福岡県）	960
三連水車（福岡県）	960
三和町（茨城県）	181

【し】

思案橋（東京都）	345
思案橋（三重県）	634
思案橋（鹿児島県）	1046
椎田（福岡県）	960
椎田町（福岡県）	960
椎名町（東京都）	345
椎ノ木（長崎県）	992
椎葉（宮崎県）	1030
椎葉の民家（宮崎県）	1030
椎葉村（東京都）	345
椎谷藩（新潟県）	463
市浦（青森県）	58
紫雲寺潟（新潟県）	463
JR岡崎駅（愛知県）	613
JR川崎駅（神奈川県）	424
JR瀬戸大橋線（岡山県）	830
JR武豊線（愛知県）	613

JR敦賀駅（福井県）	503
JR鶴見駅（神奈川県）	424
JR鶴見線（神奈川県）	424
JR奈良駅（奈良県）	764
思永館（福岡県）	960
試衛館（東京都）	345
汐入（東京都）	345
四王寺山（福岡県）	960
潮江（高知県）	937
潮江荘（高知県）	937
潮江村（高知県）	937
塩貝（広島県）	849
塩買坂陣場（静岡県）	582
塩釜（栃木県）	201
塩竈（宮城県）	87
塩竈街道（宮城県）	87
塩竈市（宮城県）	87
塩川（福島県）	150
塩川宿（福島県）	150
塩川代官所（福島県）	150
塩川町（福島県）	150
塩川村（福島県）	150
汐木（香川県）	905
塩崎（長野県）	531
塩沢家住宅（長野県）	531
塩沢城（埼玉県）	259
塩沢町（新潟県）	463
塩沢峠（群馬県）	228
潮路（北海道）	24
塩尻市（長野県）	531
塩尻宿（長野県）	531
塩尻小学校（長野県）	531
塩尻峠（長野県）	531
塩津（和歌山県）	787
塩田（福島県）	150
塩田（長野県）	531
塩田（山口県）	880
塩田城（兵庫県）	739
塩田平（長野県）	531
塩谷（島根県）	813
汐田の渡し（神奈川県）	424
塩津（滋賀県）	658
塩塚城（福岡県）	960
塩津潟（新潟県）	463
塩付道（神奈川県）	424
塩津港（滋賀県）	658
塩殿（新潟県）	463
汐留（埼玉県）	259
汐留遺跡火力発電所（東京都）	345
塩名田宿（長野県）	531
塩根川（山形県）	126
垣野垣内（兵庫県）	739
塩ノ入池（長野県）	531
塩の道（新潟県）	463
塩の道（福井県）	503
塩の道（長野県）	532
塩の道（高知県）	937
汐の宮（大阪府）	708
塩野室村（栃木県）	201
塩原（栃木県）	201
塩原温泉（栃木県）	201
塩町（広島県）	849
汐見台（神奈川県）	424
潮見橋（神奈川県）	424
塩屋（高知県）	937
塩谷（栃木県）	201

塩谷（新潟県）	463
塩谷郡（栃木県）	201
塩屋郡衙（栃木県）	201
塩屋台（山口県）	880
塩谷町（栃木県）	201
塩売峠（山口県）	880
四恩学園（大阪府）	708
慈恩寺（山形県）	126
慈恩寺城館群（山形県）	126
四家（宮崎県）	1030
四箇（沖縄県）	1071
四賀（長野県）	532
志賀（石川県）	495
志賀（長野県）	532
志賀（福岡県）	960
志賀（大分県）	1017
滋賀（滋賀県）	658
滋賀院門跡宸殿庭園（滋賀県）	658
鹿追・木野線（北海道）	24
鹿飼沼（宮城県）	87
志学（島根県）	813
志学温泉（島根県）	813
志楽谷（京都府）	678
滋賀県（滋賀県）	658
志賀越（群馬県）	228
志賀坂峠（群馬県）	228
志賀島（福岡県）	960
志賀城（長野県）	532
志賀城（大分県）	1017
寺家村（香川県）	905
四箇池（香川県）	905
志賀直哉邸（奈良県）	764
鹿野堂（奈良県）	764
飾磨（兵庫県）	739
志賀町（滋賀県）	659
鹿町（長崎県）	992
色麻町（宮城県）	87
鹿嶋村（石川県）	495
鹿森（愛媛県）	922
志賀山越え（京都府）	678
志賀郵便局（長野県）	532
信楽（滋賀県）	659
紫香楽宮（滋賀県）	659
志川滝山（広島県）	849
磯焼（奈良県）	764
信貴（奈良県）	764
志紀郡築留（大阪府）	708
信貴山（大阪府）	708
信貴山（奈良県）	764
信貴山急行電鉄（近畿）	647
信貴山城（奈良県）	764
志木市（埼玉県）	259
敷地（静岡県）	582
敷島（群馬県）	228
敷島女子高等学校（東京都）	345
志木小学校（埼玉県）	259
鴫立庵（神奈川県）	424
敷智郡（静岡県）	582
識名園（沖縄県）	1071
敷根火薬製造所（鹿児島県）	1046
色太（三重県）	634
信喜村（島根県）	813
敷山城（山口県）	880
自彊舎（茨城県）	181
四教堂（大分県）	1017
地切（福島県）	150

時雨殿（京都府）	678	指月（京都府）	678	七軒町（東京都）	345
寺家（三重県）	634	指月城（京都府）	679	七軒町ズシ（東京都）	345
しげくら山（新潟県）	463	志筑（茨城県）	181	七瀬川（京都府）	679
重信（愛媛県）	922	雫石（岩手県）	72	七段の滝河川公園（山口県）	880
重信川（愛媛県）	922	雫石町（岩手県）	72	七塚村（石川県）	496
重信町（愛媛県）	922	志筑郷（茨城県）	181	七戸（青森県）	58
重原（愛知県）	613	志筑城（茨城県）	181	七戸藩（青森県）	58
持光寺村（富山県）	484	閑谷学校（岡山県）	830	七谷越（群馬県）	228
四郷村（愛知県）	613	旧閑谷学校（岡山県）	831	寺中城（和歌山県）	787
四国（四国）	894	閑谷中学校（岡山県）	831	師長国（神奈川県）	424
四国山地（四国）	895	静内（北海道）	24	七里ヶ浜（神奈川県）	424
地獄谷（大分県）	1018	静内川（北海道）	24	七里長浜（青森県）	58
四国中央市（愛媛県）	922	静町（兵庫県）	739	七里の渡し（愛知県）	613
四国路（四国）	895	清水浜（宮城県）	87	七里御浜（和歌山県）	788
四国八十八ヶ所（四国）	895	静間（長野県）	532	拾ヶ堰（長野県）	532
四国竜馬街道（四国）	895	静間郷（島根県）	813	十貫瀬（沖縄県）	1071
志古津（北海道）	24	自然園（東京都）	345	後月郡（岡山県）	831
支笏湖（北海道）	24	詩仙堂（京都府）	679	十石峠（群馬県）	228
シコツ十六館場所（北海道）	24	慈善橋（三重県）	634	十石峠（長野県）	532
志佐（長崎県）	992	泗泚倭城（朝鮮）	1105	実相院町（京都府）	679
シーサイドももち（福岡県）	960	宍粟（兵庫県）	739	勢理客橋碑（沖縄県）	1071
四阪島（愛媛県）	922	宍粟郡（兵庫県）	739	七宝山（香川県）	905
糸崎鉄道学校（広島県）	849	宍粟市（兵庫県）	739	四天王寺（大阪府）	709
獅子岩（和歌山県）	787	宍粟タタラ（兵庫県）	739	志度（香川県）	905
鹿ヶ谷（京都府）	678	地蔵堂（神奈川県）	424	梓峠山（宮崎県）	1030
獅子ヶ鼻（静岡県）	582	地蔵峠（群馬県）	228	四徳（長野県）	532
宍崎村（高知県）	937	地蔵峠（長野県）	532	至徳堂（千葉県）	285
餌飼山（三重県）	634	地蔵堂町（新潟県）	463	志登茂川（三重県）	634
獅子城（佐賀県）	983	地蔵通り（東京都）	345	志鳥村（栃木県）	201
宍塚（茨城県）	181	地蔵の水（奈良県）	764	志戸呂（静岡県）	585
四拾貫町（広島県）	849	志太（静岡県）	584	品（広島県）	849
猪土手（群馬県）	228	志田（山口県）	880	寺内町（広島県）	849
四至牓示（香川県）	905	四大井堰（福岡県）	960	品井沼（宮城県）	87
志島（三重県）	634	余田井郷（兵庫県）	739	品川（東京都）	345
鹿見塚（千葉県）	285	下方村（千葉県）	285	品川大森羽田海苔場（東京都）	346
支寒内（北海道）	24	下組ズシ（東京都）	345	品川御台場（東京都）	346
時習館（熊本県）	1004	志太郡（静岡県）	584	品川区（東京都）	346
四十八坂（広島県）	849	志田郡（宮城県）	87	品川県（東京都）	346
シシヨイビラ（北海道）	24	下宿東台館（東京都）	345	品川御殿山下台場（東京都）	346
泗商（三重県）	634	信田小学校（長野県）	532	品川宿（東京都）	346
四条大橋（京都府）	678	下田（新潟県）	463	品川関所（東京都）	346
四条河原（京都府）	678	支多々川（兵庫県）	739	品川台場（東京都）	346
市章山（兵庫県）	739	下田村（新潟県）	463	品川鉄道（東京都）	346
四条畷（大阪府）	709	下田村（大阪府）	709	品川馬車鉄道（東京都）	346
四条畷市（大阪府）	709	下道郡（秋田県）	113	品川八ッ山陸橋（東京都）	346
鹿除土手（宮城県）	87	下波（愛媛県）	922	品川用水（東京都）	346
紫宸殿（京都府）	678	志多伯（沖縄県）	1071	品川領（東京都）	346
志津（千葉県）	285	下淵（茨城県）	181	シナノ（長野県）	532
泗水（朝鮮）	1105	下淵西町（奈良県）	764	科野（長野県）	532
泗翠庵（三重県）	634	志太平野（静岡県）	584	支那濃（長野県）	532
酒々井町（千葉県）	285	下町（福島県）	150	信濃（長野県）	532
静浦（静岡県）	582	下町（東京都）	345	階上郡（宮城県）	87
静浦村（静岡県）	583	下町低地（東京都）	345	信濃川（新潟県）	463
志津駅（千葉県）	285	志段味村（愛知県）	613	信濃川河川敷（新潟県）	463
静岡（静岡県）	583	下谷（千葉県）	285	信濃国府（長野県）	533
静岡学問所（静岡県）	583	下谷御徒町（東京都）	345	信濃国府跡（長野県）	533
静岡県（静岡県）	583	設楽原（愛知県）	613	信濃路（長野県）	533
静岡市（静岡県）	584	設楽ダム（愛知県）	613	品濃城（愛知県）	613
静岡藩（静岡県）	584	志多留（長崎県）	992	信濃商業銀行（長野県）	533
敷香（北方地域）	4	志段味（愛知県）	613	科野村（長野県）	533
静ヶ橋（静岡県）	584	七桶（神奈川県）	424	信濃竹原駅（長野県）	533
賤ヶ岳（滋賀県）	659	七ヶ宿町（宮城県）	87	信濃町（長野県）	533
志津川（宮城県）	87	七ケ浜町（宮城県）	87	しなの鉄道（長野県）	533
志津川高校（宮城県）	87	七釜（茨城県）	181	信濃国（長野県）	533
志津川村（愛媛県）	922	七унта田（静岡県）	585	信濃府中（長野県）	533
志津川町（宮城県）	87	七軒町（青森県）	58	次年子（山形県）	126

しの　　　　　　　　　　　　　　　　　　　　　　地名索引

志野（岐阜県） 564	芝村（埼玉県） 259	島田（栃木県） 201
事能要害（山口県） 880	芝村（奈良県） 764	島田医院（東京都） 347
凌木（広島県） 849	芝村藩（奈良県） 764	島田家住宅（栃木県） 201
篠島（愛知県） 613	芝山（千葉県） 285	島田宿（静岡県） 585
地島（福岡県） 960	芝山鉄道（千葉県） 285	島田城（福井県） 503
篠島の矢穴（愛知県） 613	柴山藩（千葉県） 285	島田台（千葉県） 285
篠塚（千葉県） 285	芝山町（千葉県） 285	島鉄湯江駅（長崎県） 992
篠津（北海道） 24	地原（栃木県） 201	島戸川（埼玉県） 259
篠津屯田兵村（北海道） 24	砥部（愛媛県） 922	嶋門の駅（福岡県） 960
篠ノ井（長野県） 533	渋江城（宮城県） 87	しまなみ（広島県） 849
篠ノ井駅（長野県） 533	渋川（群馬県） 228	しまなみ海道（広島県） 849
篠ノ井線（長野県） 533	渋川（静岡県） 585	嶋抜御厨（三重県） 634
東雲町（北海道） 25	渋川市場（群馬県） 228	島根（島根県） 813
東雲の山（奈良県） 764	渋川郷（群馬県） 228	島根県（島根県） 814
東雲原（秋田県） 113	渋川郷学（群馬県） 228	島根半島（島根県） 814
四羽出（秋田県） 113	渋川市（群馬県） 228	嶋根村（東京都） 347
不忍池（東京都） 346	渋川宿（群馬県） 228	志摩国（三重県） 634
篠原城（神奈川県） 424	渋川問屋（福島県） 150	斯馬国（九州・沖縄） 949
篠原城山城（神奈川県） 424	渋沢（山梨県） 509	島庄（奈良県） 765
篠原村（兵庫県） 739	渋沢学校（山梨県） 509	島庄遺跡（奈良県） 765
忍ヶ岡（東京都） 346	渋沢金井公園（神奈川県） 424	邇摩の道（島根県） 814
忍岡小学校（東京都） 346	旧渋沢家飛鳥山邸（東京都） 347	嶋宮（奈良県） 765
信夫郡（福島県） 150	志布志（宮崎県） 1030	嶋家（奈良県） 765
信夫橋（福島県） 150	志布志街道（鹿児島県） 1046	島原（京都府） 679
忍山城（岡山県） 831	志布志郷（宮崎県） 1030	島原（長崎県） 992
新野辺村（兵庫県） 739	志布志町（宮崎県） 1030	嶋原（長崎県） 993
志苔館（北海道） 25	志布志湾（宮崎県） 1030	島原傾城町（京都府） 679
篠路（北海道） 25	渋谷（新潟県） 464	島原城（長崎県） 993
篠路屯田兵村（北海道） 25	渋民（岩手県） 72	島原鉄道（長崎県） 993
芝（東京都） 346	渋峠（群馬県） 228	島原藩（長崎県） 993
芝（大阪府） 709	渋海川（新潟県） 464	島原半島（長崎県） 993
芝居町（東京都） 346	渋谷（東京都） 347	志摩姫島（三重県） 634
芝川（埼玉県） 259	渋谷駅（東京都） 347	旧島松駅逓所（北海道） 25
芝川（静岡県） 585	渋谷川（東京都） 347	島松官林（北海道） 25
芝川町（静岡県） 585	渋谷区（東京都） 347	島見（新潟県） 464
芝切通（東京都） 346	渋谷村（神奈川県） 424	嶋道村（新潟県） 464
芝口御門（東京都） 346	標茶町（北海道） 25	島村（群馬県） 228
芝口橋（東京都） 346	士別（北海道） 25	島本町（大阪府） 709
芝久保町（東京都） 346	標津（北海道） 25	四万十（高知県） 938
芝車町（東京都） 346	士別軌道（北海道） 25	四万十川（高知県） 938
芝公園（東京都） 346	標茶線（北海道） 25	四万十くぼかわ（高知県） 938
芝好園（東京都） 346	士別屯田（北海道） 25	四万十市（高知県） 938
柴崎（千葉県） 285	士別兵村（北海道） 25	四万十町（高知県） 938
芝崎（神奈川県） 424	士別村（北海道） 25	清水（秋田県） 113
芝崎（和歌山県） 788	四方寺（埼玉県） 259	清水（山形県） 126
柴崎台（千葉県） 285	志保山（香川県） 905	清水（東京都） 347
柴崎村（東京都） 347	志摩（三重県） 634	清水（静岡県） 585
芝崎村（千葉県） 285	島内（宮崎県） 1030	清水（高知県） 938
柴小学校（愛媛県） 922	四万温泉（群馬県） 228	清水（鹿児島県） 1046
芝神明町（東京都） 347	島上村（新潟県） 464	清水井出（高知県） 938
柴田（宮城県） 87	四万川（高知県） 937	清水海軍学校（静岡県） 585
新発田（新潟県） 463	島川（長野県） 533	清水街道（群馬県） 229
新発田市（新潟県） 463	四万川東小学校（高知県） 938	清水河岸（山形県） 126
新発田城（新潟県） 463	志摩郡（三重県） 634	清水区（静岡県） 585
柴田町（宮城県） 87	志摩郡（福岡県） 960	清水家住宅（東京都） 347
新発田藩（新潟県） 463	志摩市（三重県） 634	旧清水家住宅書院（東京都） 347
新発田藩下屋敷庭園（新潟県） 463	島小学校（東京都） 347	清水郷（茨城県） 181
芝冨（静岡県） 585	島尻（沖縄県） 1071	清水港（静岡県） 585
柴橋代官所（山形県） 126	島尻道（沖縄県） 1071	清水公園（千葉県） 285
芝原（東京都） 347	島末城（山口県） 880	清水越え古道（群馬県） 229
芝原（福井県） 503	島津応吉邸（鹿児島県） 1046	清水坂（東京都） 347
芝原（福岡県） 960	島津庄（鹿児島県） 1046	清水市（静岡県） 585
芝生村（神奈川県） 424	島津荘（宮崎県） 1030	清水城（山形県） 126
芝間（東京都） 347	島津藩（鹿児島県） 1046	清水立場（東京都） 347
柴又（東京都） 347	志摩スペイン村（三重県） 634	清水谷精錬所（島根県） 814
柴又街道（東京都） 347	島添アザナ鐘楼（沖縄県） 1071	清水町（北海道） 25

地名索引　　　　　　　　　　　　しもに

清水町(福井県) ………… 503	下街道(愛知県) ………… 614	下曽我(神奈川県) ……… 424
清水町(静岡県) ………… 585	下鍵山(愛媛県) ………… 922	下曽我駅(神奈川県) …… 424
清水町(高知県) ………… 938	下笠間(奈良県) ………… 765	下田(静岡県) …………… 585
清水町旧本陣(山形県) … 126	下河岸(千葉県) ………… 286	下田(滋賀県) …………… 659
清水峠(群馬県) ………… 229	下糟屋(東京都) ………… 347	下田平(秋田県) ………… 113
清水橋(香川県) ………… 905	下方村(静岡県) ………… 585	下多賀(静岡県) ………… 585
清水袋城(静岡県) ……… 585	下加納(新潟県) ………… 464	下高井(長野県) ………… 535
清水本陣(三重県) ……… 634	下蒲刈島(広島県) ……… 849	下高井城(茨城県) ……… 181
清水湊(静岡県) ………… 585	下蒲刈町(広島県) ……… 850	下田街道(静岡県) ……… 585
清水湊(高知県) ………… 938	下鴨(京都府) …………… 679	下高井戸宿(東京都) …… 347
清水村(山形県) ………… 126	下唐川(石川県) ………… 496	下田川(富山県) ………… 484
清水村(千葉県) ………… 285	下烏田村(千葉県) ……… 286	下竹(大分県) …………… 1018
清水村(高知県) ………… 938	下河戸鑪(島根県) ……… 814	下田港(静岡県) ………… 585
清水山城(滋賀県) ……… 659	下川淵(群馬県) ………… 229	下田島(宮崎県) ………… 1030
志村(東京都) …………… 347	下川町(群馬県) ………… 229	下田竹司家旧主家(群馬県) … 229
新村(奈良県) …………… 765	下河原(兵庫県) ………… 739	下辰野(長野県) ………… 535
紫明峰山(福島県) ……… 150	下河原線(東京都) ……… 347	下館城(宮城県) ………… 87
志免鉱業所(福岡県) …… 960	下北(青森県) …………… 58	下館藩(茨城県) ………… 181
志免炭鉱(福岡県) ……… 960	下北郡(青森県) ………… 58	下田奉行所(静岡県) …… 586
四面橋(長崎県) ………… 993	下北半島(青森県) ……… 58	下田湾(静岡県) ………… 586
志茂(東京都) …………… 347	下木戸(宮城県) ………… 87	下町(神奈川県) ………… 424
下青江(大分県) ………… 1018	下国崎(大分県) ………… 1018	下津井(岡山県) ………… 831
下赤坂城(大阪府) ……… 709	下倉城(新潟県) ………… 464	下津井城(岡山県) ……… 831
下足守(岡山県) ………… 831	下栗(長野県) …………… 534	下津井電鉄(岡山県) …… 831
下麻生城(岐阜県) ……… 564	下黒沢(岩手県) ………… 72	下津井港(岡山県) ……… 831
下足立郡(埼玉県) ……… 259	下黒水(新潟県) ………… 464	下海上(千葉県) ………… 286
下粟生村(石川県) ……… 496	下毛郡(大分県) ………… 1018	霜月楼(茨城県) ………… 181
下飯田村(神奈川県) …… 424	下河辺(奈良県) ………… 765	下柏植(三重県) ………… 634
下井草(東京都) ………… 347	下河辺庄(関東) ………… 169	下毛(栃木県) …………… 201
下井草村(東京都) ……… 347	下高間木村(栃木県) …… 201	下野(栃木県) …………… 201
下伊倉城(鹿児島県) …… 1046	下小田中(神奈川県) …… 424	下野(群馬県) …………… 229
下砂井(茨城県) ………… 181	下斎田村(群馬県) ……… 229	下野軌道(栃木県) ……… 202
下伊佐村村(栃木県) …… 201	下境(福岡県) …………… 960	下野国府(栃木県) ……… 202
下伊沢(岩手県) ………… 72	下坂氏館(滋賀県) ……… 659	下野市(栃木県) ………… 202
下胆沢郡(岩手県) ……… 72	下坂部(兵庫県) ………… 739	下毛野(栃木県) ………… 202
下井沢村(兵庫県) ……… 739	下坂本村(滋賀県) ……… 659	下野国(栃木県) ………… 202
下石塚(栃木県) ………… 201	下早川田(群馬県) ……… 229	下野牧(千葉県) ………… 286
下泉村(千葉県) ………… 285	下佐曽利村(兵庫県) …… 739	下土棚(神奈川県) ……… 424
下市(大分県) …………… 1018	下里川(兵庫県) ………… 739	下妻(茨城県) …………… 181
下一栗村(宮城県) ……… 87	下里村(福岡県) ………… 960	下妻街道(東京都) ……… 347
下市町(奈良県) ………… 765	下佐波村(岐阜県) ……… 564	下妻市(茨城県) ………… 182
下市場村(千葉県) ……… 285	下三之町(岐阜県) ……… 564	下妻藩(茨城県) ………… 182
下井出川(広島県) ……… 849	下地島(沖縄県) ………… 1071	下妻養護学校(茨城県) … 182
下伊那(長野県) ………… 533	下志津(千葉県) ………… 286	下ツ道(奈良県) ………… 765
下伊那郡(長野県) ……… 534	下志津軍用地(千葉県) … 286	下鶴間村(神奈川県) …… 424
下伊那中央病院(長野県) … 534	下志津原(千葉県) ……… 286	下手渡藩(福島県) ……… 151
下総(関東) ……………… 168	下志津原演習場(千葉県) … 286	下出部村(岡山県) ……… 831
下総(千葉県) …………… 286	下志津陸軍飛行学校(千葉県) … 286	下寺住宅(大阪府) ……… 709
下総小金中野牧(千葉県) … 286	下志段味(愛知県) ……… 614	下寺町(大阪府) ………… 709
下総台地(関東) ………… 169	下志段味村(愛知県) …… 614	下戸倉宿(長野県) ……… 535
下総国(関東) …………… 169	下島村(新潟県) ………… 464	下利根川(千葉県) ……… 286
下総国牧地開墾場(関東) … 169	下石神井村(東京都) …… 347	下殿岡村(長野県) ……… 535
下総牧(千葉県) ………… 286	下十条村(東京都) ……… 347	下斗米村(岩手県) ……… 72
下内間木村(埼玉県) …… 259	下十二町(富山県) ……… 484	下長井荘(宮城県) ……… 88
下有知村(岐阜県) ……… 564	下条溜池(山梨県) ……… 509	下長根幼駒運動場(宮城県) … 88
下浦(神奈川県) ………… 424	下志和地村(広島県) …… 850	下長淵三田氏館(東京都) … 348
下浦刈島(広島県) ……… 849	下新河岸(埼玉県) ……… 259	下名栗区(埼玉県) ……… 259
下江湊(愛知県) ………… 613	下新田(新潟県) ………… 464	下名寄村(北海道) ……… 25
下大野(茨城県) ………… 181	下新田村(群馬県) ……… 229	下奈良(埼玉県) ………… 259
下大部(兵庫県) ………… 739	下図師村(東京都) ……… 347	下奈良村(埼玉県) ……… 259
下大類(群馬県) ………… 229	下諏訪(長野県) ………… 534	下奈良郵便局(埼玉県) … 259
下尾久(東京都) ………… 347	下諏訪宿(長野県) ……… 534	下難波(愛媛県) ………… 922
下小国村(福島県) ……… 150	下清内路(長野県) ……… 535	下仁田(群馬県) ………… 229
下小田井郵便局(愛知県) … 614	下関(山口県) …………… 880	下仁田自然学校(群馬県) … 229
下小野(千葉県) ………… 286	下瀬野村(広島県) ……… 850	下仁田道(群馬県) ……… 229
下折壁(宮城県) ………… 87	下千本(奈良県) ………… 765	下仁田町(群馬県) ……… 229

1173

しもね　　　　　　　　　　　　　　地名索引

下猫巣（新潟県）...... 464
下練馬（東京都）...... 348
下野（静岡県）...... 586
下之庄小学（奈良県）...... 765
下関英国領事館（山口県）...... 880
下関市（山口県）...... 880
下関港（山口県）...... 880
下野村（大分県）...... 1018
下之保（岐阜県）...... 564
下之宮（群馬県）...... 229
下野目村（宮城県）...... 88
下花輪（千葉県）...... 286
下羽鮒（静岡県）...... 586
下林町（岐阜県）...... 564
下原（大分県）...... 1018
下原湊（岐阜県）...... 564
下半田村（愛知県）...... 614
下久堅（長野県）...... 535
下日野沢村（埼玉県）...... 259
下平川（鹿児島県）...... 1046
下広沢村（群馬県）...... 229
下総御料牧場（千葉県）...... 286
下総西部（茨城県）...... 182
下総町（千葉県）...... 286
下淵（奈良県）...... 765
下淵頭首工（奈良県）...... 765
下部町（山梨県）...... 509
下保谷（東京都）...... 348
下保谷村（東京都）...... 348
下本庄村（福岡県）...... 960
下真郷（茨城県）...... 182
下孫宿（茨城県）...... 182
下孫停車場（茨城県）...... 182
下町（新潟県）...... 464
下馬刀島（熊本県）...... 1004
下水内郡（長野県）...... 535
下妙覚寺町（京都府）...... 679
下村（東京都）...... 348
下村藩（石川県）...... 496
下村湊（岡山県）...... 831
下室田村（群馬県）...... 229
下目黒（東京都）...... 348
下宅部遺跡（東京都）...... 348
下屋敷（東京都）...... 348
下矢部（大分県）...... 1018
下山（愛知県）...... 614
下山川（神奈川県）...... 424
下山口（神奈川県）...... 424
下山口村（神奈川県）...... 425
下山田村（東京都）...... 348
下山村（愛知県）...... 614
下竜頭の滝（広島県）...... 850
下和田（神奈川県）...... 425
下和田村（山梨県）...... 509
下蕨（埼玉県）...... 259
志やうごん（広島県）...... 850
釈迦ヶ池（大阪府）...... 709
釈迦内（秋田県）...... 113
蛇端藪（京都府）...... 679
石神井（東京都）...... 348
石神井川（東京都）...... 348
石神井公園（東京都）...... 348
石神井城（東京都）...... 348
石神井台（東京都）...... 348
蛇崩（山形県）...... 126
蛇崩川（東京都）...... 348

尺別礦業所（北海道）...... 25
蛇穴山（群馬県）...... 229
色丹島（北海道）...... 25
積丹半島（北海道）...... 25
社村（長野県）...... 535
謝名堂（沖縄県）...... 1071
社名淵（北海道）...... 25
蛇の崎橋（秋田県）...... 113
蛇喰（秋田県）...... 113
蛇喰（新潟県）...... 464
斜里（北海道）...... 25
斜里駅（北海道）...... 25
車力（青森県）...... 59
車力村（青森県）...... 59
斜里岳（北海道）...... 25
シヤンヌエ（北海道）...... 25
寿庵堰（岩手県）...... 72
周布（愛媛県）...... 922
十王（山形県）...... 126
十王（茨城県）...... 182
十王堂（広島県）...... 850
十王堂川（新潟県）...... 464
十王町（茨城県）...... 182
自由が丘（東京都）...... 348
修学院離宮（京都府）...... 679
自由学園（東京都）...... 348
自由学園明日館（東京都）...... 348
周興華洋琴専製所（神奈川県）...... 425
集古館（鹿児島県）...... 1046
蒐古舎（埼玉県）...... 259
十三崖壕（長野県）...... 535
十三カ村（静岡県）...... 586
十三湖（青森県）...... 59
十三号渡船場（北海道）...... 25
十三塚（宮城県）...... 88
十三塚（奈良県）...... 765
十三塚（福岡県）...... 960
十三塚（宮崎県）...... 1030
十三塚原台地（鹿児島県）...... 1046
十三町（長野県）...... 535
十三峠（奈良県）...... 765
十三日町（青森県）...... 59
住持池（和歌山県）...... 788
周敷駅（愛媛県）...... 922
十七が坂（東京都）...... 348
渋手（新潟県）...... 464
重修天女橋碑（沖縄県）...... 1071
十条（東京都）...... 349
十条跨線橋（東京都）...... 349
十条村（東京都）...... 349
集成館（鹿児島県）...... 1046
十三街道（大阪府）...... 709
修徳学区（京都府）...... 679
周南（山口県）...... 880
周南市（山口県）...... 880
周南市長公舎（山口県）...... 880
周南村（千葉県）...... 286
十二戸通り（北海道）...... 25
十二所（秋田県）...... 113
十二所（神奈川県）...... 425
十二平村（新潟県）...... 464
十二滝（奈良県）...... 765
十二町潟（富山県）...... 484
重橋城（佐賀県）...... 983
銃初稔（宮城県）...... 88
秋芳（山口県）...... 880

秋芳鉱山（山口県）...... 880
周芳佐麼の津（山口県）...... 880
十宝山（新潟県）...... 464
秋芳町（山口県）...... 880
十朋亭（山口県）...... 881
重茂山城（愛媛県）...... 922
重門山城（愛媛県）...... 923
十文字橋（神奈川県）...... 425
十文字峠（長野県）...... 535
十文字町（秋田県）...... 113
十文字村（秋田県）...... 113
衆楽園（岡山県）...... 831
十里平（宮城県）...... 88
修理免（島根県）...... 814
修理免村（島根県）...... 814
秀隣寺（滋賀県）...... 659
旧秀隣寺庭園（滋賀県）...... 660
十六曲峠（群馬県）...... 229
十六島（関東）...... 169
十六島新田（関東）...... 169
朱円（北海道）...... 25
宿浦（福井県）...... 503
夙川（兵庫県）...... 739
宿後（群馬県）...... 229
淑順門（沖縄県）...... 1071
夙村（奈良県）...... 765
宿地千軒（福島県）...... 151
宿道（沖縄県）...... 1071
宿山（東京都）...... 349
宿山橋（東京都）...... 349
手取城（和歌山県）...... 788
修善寺町（静岡県）...... 586
朱智社（京都府）...... 679
朱智庄（京都府）...... 679
縮景園（広島県）...... 850
寿能城（埼玉県）...... 259
シュムシュ島（北海道）...... 25
占守島（北海道）...... 25
聚楽第（京都府）...... 679
首里（沖縄県）...... 1071
首里御グシク（沖縄県）...... 1072
首里王府（沖縄県）...... 1072
首里城書院・鎖之間（沖縄県）...... 1072
首里城（沖縄県）...... 1072
首里城上之御庭之鐘（沖縄県）...... 1073
首里城久慶門（沖縄県）...... 1073
首里城京の内（沖縄県）...... 1073
首里城古曳門（沖縄県）...... 1073
首里城書院・鎖の間（沖縄県）...... 1073
首里城書院・鎖之間庭園（沖縄県）...... 1073
首里城正殿（沖縄県）...... 1073
首里城正殿 唐玻豊（沖縄県）...... 1073
首里城南殿（沖縄県）...... 1073
首里城奉神門（沖縄県）...... 1073
首里城北殿（沖縄県）...... 1073
首里玉御殿（沖縄県）...... 1073
守礼門（沖縄県）...... 1073
春国岱（北海道）...... 25
純水館・茅ヶ崎製糸場（神奈川県）...... 425
順天堂（千葉県）...... 286
順天倭城（朝鮮）...... 1105
春帆楼（山口県）...... 881
淳美小学校（山口県）...... 881
春分峠（高知県）...... 938
シユンベツ（北海道）...... 25
城井（福岡県）...... 960

地名索引 しらか

庄右衛門町（新潟県）	464
上越（新潟県）	464
上越市（新潟県）	464
上越線（群馬県）	229
上越妙高駅（新潟県）	464
常円寺（長野県）	535
城岳霊泉（沖縄県）	1073
城ヶ沢（青森県）	59
上片桐村（長野県）	535
城上（鹿児島県）	1046
勝画楼（宮城県）	88
庄川（富山県）	484
庄川（岐阜県）	564
庄川扇状地（富山県）	484
荘川村（岐阜県）	564
上川原村（東京都）	349
時雍館（茨城県）	182
常願寺川（富山県）	484
成願寺川（富山県）	484
浄行寺（広島県）	850
将軍塚（東京都）	349
将軍野遊園地（秋田県）	113
将軍場橋（東京都）	349
礁渓郷（台湾）	1114
勝慶寺（岐阜県）	564
上下宿（広島県）	850
上居（奈良県）	765
勝興寺寺内町（富山県）	484
常香郡（広島県）	850
上戸川（和歌山県）	788
城後村（大分県）	1018
定山渓鉄道（北海道）	25
庄氏居館（東京都）	349
上州（群馬県）	229
上州路（群馬県）	230
常照寺漢学塾（千葉県）	286
上信（長野県）	535
尚仁沢（栃木県）	202
上信電鉄（群馬県）	230
勝瑞城（徳島県）	898
勝瑞城館（徳島県）	898
上水新町（東京都）	349
常総（関東）	169
常総（茨城県）	182
常総市（茨城県）	182
常総線（関東）	169
招提寺内町（大阪府）	709
しょうちゃん池（東京都）	349
鐘鋳堰（長野県）	535
松潮園（神奈川県）	425
常通寺橋（高知県）	938
城東（愛知県）	614
松濤園（兵庫県）	739
城東区（東京都）	349
城東区（大阪府）	709
上道郡（岡山県）	831
城東郡（静岡県）	586
小童城（広島県）	850
城東小学校（長野県）	535
城東中学校（高知県）	938
城東南部（東京都）	349
城東北部（東京都）	349
城東町（兵庫県）	739
尚徳村（鳥取県）	800
浄土寺（兵庫県）	739
小豆島（香川県）	905

小豆島西部六郷（香川県）	905
小豆島堤（和歌山県）	788
小豆島庄（香川県）	905
浄土橋（兵庫県）	739
庄内（山形県）	126
庄内（千葉県）	286
庄内（静岡県）	586
庄内（鳥取県）	800
庄内（宮崎県）	1030
城内（新潟県）	464
城内（福岡県）	960
庄内映画村（山形県）	126
庄内沖（山形県）	126
庄内川（愛知県）	614
城内小学校山口分校（新潟県）	464
庄内新道（山形県）	126
庄内浜（山形県）	126
庄内藩（山形県）	126
荘内藩（山形県）	127
庄内古川（埼玉県）	259
庄内町（山形県）	127
湘南（神奈川県）	425
常南（茨城県）	182
湘南大橋（神奈川県）	425
湘南国際村（神奈川県）	425
湘南市（神奈川県）	425
城南寺町（大阪府）	709
北条（新潟県）	464
北条城（新潟県）	464
城南洛水（京都府）	679
上人橋通り（福岡県）	961
城沼（群馬県）	230
常念岳（長野県）	535
城ノ上（奈良県）	765
昌農内（愛媛県）	923
城之川（新潟県）	464
城之越（福岡県）	961
城生柵（宮城県）	88
庄野堰（長野県）	535
笙の橋（福井県）	503
庄原市（広島県）	850
常磐線（関東）	169
常磐炭鉱（福島県）	151
常磐炭田（福島県）	151
庄府（愛媛県）	923
上武（関東）	169
上灘（愛媛県）	923
菖蒲沢（長野県）	535
菖蒲谷（高知県）	938
昌平橋（東京都）	349
昌平坂学問所（東京都）	349
上平寺城（滋賀県）	660
正法寺山荘跡（三重県）	634
浄法寺町（岩手県）	72
醸芳小学校（福島県）	151
城北（東京都）	349
常北（茨城県）	182
勝北町（岡山県）	831
定満溜池（宮崎県）	1030
常三島（徳島県）	898
城峰（埼玉県）	259
称名（新潟県）	464
正明市駅（山口県）	881
称名寺（神奈川県）	425
称名寺（新潟県）	464

上毛（群馬県）	230
上毛三山（群馬県）	231
上毛電気鉄道（群馬県）	231
上毛電鉄（群馬県）	231
旧上毛モスリン事務所（群馬県）	231
城門川（千葉県）	286
常野（関東）	169
城山（東京都）	349
城山（長野県）	535
城山小学校（長野県）	535
城山防空監視哨（広島県）	850
城陽（京都府）	679
城陽市（京都府）	679
樟葉台（京都府）	679
松籟荘（神奈川県）	425
松蘿園（埼玉県）	259
勝楽寺（和歌山県）	788
正楽寺（滋賀県）	660
諸浦の親郷（滋賀県）	660
条里（秋田県）	113
正暦寺（奈良県）	765
勝竜寺城（京都府）	679
少林寺町（大阪府）	709
松連寺（東京都）	349
城連寺村（大阪府）	709
丈六（宮城県）	88
丈六（奈良県）	765
昭和学園（東京都）	349
昭和小学校（群馬県）	231
昭和新山鉄橋（北海道）	25
昭和町駅（香川県）	905
昭和電工鹿瀬工場（新潟県）	464
昭和橋（長野県）	535
昭和飛行機工業本部（東京都）	349
昭和放水路（千葉県）	286
昭和村（福島県）	151
昭和村（群馬県）	231
女王国（邪馬台国）	1118
諸志（沖縄県）	1073
女子柘植訓練所（愛媛県）	923
如斯亭（秋田県）	113
除痘館（大阪府）	709
女良（富山県）	484
女郎島（新潟県）	464
白井（愛媛県）	923
白石島（岡山県）	831
白石畑（奈良県）	765
白石原（宮城県）	88
白市（広島県）	850
白糸台掩体壕（東京都）	349
白糸の滝（東京都）	349
白糸の滝（広島県）	850
白井庄（千葉県）	286
白井の滝（広島県）	850
白猪屯倉（岡山県）	831
白岩（新潟県）	464
白岩街道（秋田県）	113
白岩宿（山形県）	127
白岩新楯（山形県）	127
白老（北海道）	25
白老川（北海道）	26
白老元陣屋（北海道）	26
白王（滋賀県）	660
白岡市（埼玉県）	259
白方大水門（香川県）	905
白神山地（東北）	50

1175

白神市（秋田県）･･････････114
白髪山（熊本県）･･････････1005
白河（福島県）･･････････151
白河（栃木県）･･････････202
白河（岐阜県）･･････････564
白川（富山県）･･････････484
白川（滋賀県）･･････････660
白川（鹿児島県）･･････････1046
白河街道（福島県）･･････････151
白川街道（岐阜県）･･････････564
白川街道（京都府）･･････････679
白河県（福島県）･･････････151
白川郷（岐阜県）･･････････565
白河市（福島県）･･････････151
白河城（新潟県）･･････････464
白川道（福島県）･･････････151
白河二丁目遺跡（東京都）･･････････349
白河ノ庄（新潟県）･･････････465
白河の関（福島県）･･････････151
白河関（栃木県）･･････････202
白川橋（岐阜県）･･････････565
白河藩（福島県）･･････････151
白川村（岐阜県）･･････････565
白川村（兵庫県）･･････････739
白川村（高知県）･･････････938
新羅（朝鮮）･･････････1105
白木陣屋（大阪府）･･････････709
白木町（広島県）･･････････850
志楽庄（京都府）･･････････679
白子川（東京都）･･････････349
白子郷（東京都）･･････････349
白子田（宮城県）･･････････88
白子町（静岡県）･･････････586
白坂（福島県）･･････････151
白沢（群馬県）･･････････231
白沢（鹿児島県）･･････････1046
白沢高原温泉（群馬県）･･････････231
白沢国民学校中沢分教場（群馬県）･･231
白沢村（福島県）･･････････151
白沢村（群馬県）･･････････231
白沢用水（群馬県）･･････････231
シラス台地（九州・沖縄）･･････････949
白洲邸（兵庫県）･･････････739
白洲灯台（福岡県）･･････････961
白鷹丘陵（山形県）･･････････127
白鷹山地（山形県）･･････････127
白鷹町（山形県）･･････････127
白谷村（京都府）･･････････679
白塚（三重県）･･････････634
白土山（京都府）･･････････679
白津の峠（秋田県）･･････････114
白鳥（茨城県）･･････････182
白鳥（宮崎県）･･････････1030
白鳥城（山形県）･･････････127
白鳥神社（香川県）･･････････905
白鳥館（山形県）･･････････127
白鳥柵（岩手県）･･････････72
白鳥山（静岡県）･･････････586
白神駅（静岡県）･･････････586
不知火（熊本県）･･････････1005
不知火海（熊本県）･･････････1005
不知火湾岸（熊本県）･･････････1005
白糠（北海道）･･････････26
白糠町（北海道）･･････････26
白主御用所（北方地域）･･････････4
白主村（北方地域）･･････････4

白旗山（岡山県）･･････････831
白旗城（栃木県）･･････････202
白浜（北海道）･･････････26
白浜（和歌山県）･･････････788
白浜（高知県）･･････････938
白浜町（和歌山県）･･････････788
白浜町（千葉県）･･････････286
白髭橋（東京都）･･････････349
白鬚東（東京都）･･････････349
白符村（北海道）･･････････26
白保（沖縄県）･･････････1073
白峯銀山（福島県）･･････････152
白山町（三重県）･･････････634
白良浜（和歌山県）･･････････788
尻池（兵庫県）･･････････739
尻屋（青森県）･･････････59
尻矢海軍望楼（青森県）･･････････59
知床（北海道）･･････････26
知床半島（北海道）･･････････26
白井（群馬県）･･････････231
白井（千葉県）･･････････286
白井街道（群馬県）･･････････231
白井市（千葉県）･･････････287
白石（北海道）･･････････26
白石（宮城県）･･････････88
白石堰（熊本県）･･････････1005
白石市（宮城県）･･････････88
白石支藩（宮城県）･･････････88
白石城（宮城県）･･････････88
白石平野（福岡県）･･････････961
白石村（北海道）･･････････26
白井宿（群馬県）･･････････231
白井城（群馬県）･･････････231
白井分場（千葉県）･･････････287
白井村（群馬県）･･････････231
白井郵便局（千葉県）･･････････287
四郎ヶ宿（山口県）･･････････881
四郎ヶ原（山口県）･･････････881
四郎島台場（佐賀県）･･････････983
白江（広島県）･･････････850
白銀岳（奈良県）･･････････765
城川村（新潟県）･･････････465
城川町（愛媛県）･･････････923
白鬼女橋（福井県）･･････････503
白木峠（岩手県）･･････････72
白木屋大塚分店（東京都）･･････････349
白子（三重県）･･････････634
次郎左衛門新田（東京都）･･････････349
代田家住宅（長野県）･･････････535
白田郷（福島県）･･････････152
白鳥（岐阜県）･･････････565
白鳥本町（香川県）･･････････905
白鳥湊（香川県）･･････････905
白鳥郵便局（岐阜県）･･････････565
城之森城（和歌山県）･･････････788
城堀（群馬県）･･････････231
城町（広島県）･･････････850
城山（静岡県）･･････････586
城山（大分県）･･････････1018
城山（鹿児島県）･･････････1046
城山城（愛知県）･･････････614
城山城（三重県）･･････････634
志和（広島県）･･････････850
志和岐（徳島県）･･････････898
塩飽（香川県）･･････････905
塩飽島（香川県）･･････････905

塩飽本島（香川県）･･････････905
志波城（岩手県）･･････････72
志和地（広島県）･･････････850
志和地村（広島県）･･････････850
志和地町（広島県）･･････････850
志和町（広島県）･･････････850
紫波町（岩手県）･･････････72
志波姫町（宮城県）･･････････88
志和分校（広島県）･･････････850
志和堀（広島県）･･････････850
志和村（広島県）･･････････850
新青森駅（青森県）･･････････59
新荒川大橋（東京都）･･････････349
新安沖（朝鮮）･･････････1106
新市町（広島県）･･････････850
新今市駅（栃木県）･･････････202
新岩名古墳（千葉県）･･････････287
信越線（北陸甲信越）･･････････446
神苑の森（東京都）･･････････349
新青梅街道（東京都）･･････････350
新大阪駅（大阪府）･･････････709
新大塚駅（東京都）･･････････350
新大橋（東京都）･･････････350
新開（福島県）･･････････152
新開（広島県）･･････････850
新貝村（静岡県）･･････････586
新開町（福島県）･･････････152
神角寺（大分県）･･････････1018
新河岸川（埼玉県）･･････････259
新河岸川（東京都）･･････････350
新加納（岐阜県）･･････････565
陣が峯城跡（福島県）･･････････152
陣ヶ森城（高知県）･･････････938
新空堀橋（東京都）･･････････350
新川（埼玉県）･･････････260
新川（千葉県）･･････････287
新川（新潟県）･･････････465
新川（熊本県）･･････････1005
新川村（福岡県）･･････････961
信貴生駒電気鉄道（近畿）･･････････647
神亀山（鹿児島県）･･････････1046
申義堂（愛媛県）･･････････923
賑窮舎（滋賀県）･･････････660
新京極（京都府）･･････････679
新宮（和歌山県）･･････････788
新宮（愛媛県）･･････････923
新宮川原町（和歌山県）･･････････788
新宮市（和歌山県）･･････････788
神宮寺油田（秋田県）･･････････114
新宮城（福島県）･･････････152
新宮城（和歌山県）･･････････788
神宮寺渡し（秋田県）･･････････114
新宮町（兵庫県）･･････････739
新宮鉄道（和歌山県）･･････････788
新宮村（岐阜県）･･････････565
新宮村（愛媛県）･･････････923
新宮村（高知県）･･････････938
真光寺川（東京都）･･････････350
神鋼電機（三重県）･･････････634
信更町（長野県）･･････････535
新御殿（長野県）･･････････535
新琴似（北海道）･･････････26
新琴似屯田（北海道）･･････････26
新琴似屯田兵中隊本部（北海道）･･････････26
新琴似屯田兵村（北海道）･･････････26
新琴似兵村（北海道）･･････････26

新子安海水浴場(神奈川県) ……… 425
心斎橋(大阪府) ………… 709
心斎橋筋(大阪府) ……… 709
新坂(東京都) ……… 350
新桜台(東京都) ……… 350
秦山(高知県) ……… 938
新三和商店街(兵庫県) ……… 739
新塩屋町小学校(香川県) ……… 906
宍道町(島根県) ……… 814
新島(千葉県) ……… 287
信州(長野県) ……… 535
信州街道(長野県) ……… 536
信州大学教育学部煉瓦書庫(長野県) ……… 536
信州大学繊維学部(長野県) ……… 536
信州大学農学部(長野県) ……… 536
新修美栄橋碑(沖縄県) ……… 1073
新宿(千葉県) ……… 287
新宿(東京都) ……… 350
新宿御苑停車場(東京都) ……… 350
新宿区(東京都) ……… 350
新瀬那覇江碑(沖縄県) ……… 1073
新庄(山形県) ……… 127
新城(鹿児島県) ……… 1046
新庄駅(山形県) ……… 127
新庄川(高知県) ……… 938
新荘川(高知県) ……… 938
森将軍塚(長野県) ……… 536
尋常高等第一葉山小学校(神奈川県) ……… 425
新庄山(福井県) ……… 503
新庄市(山形県) ……… 127
真成寺町(富山県) ……… 484
新庄宿(岡山県) ……… 831
新庄城(山形県) ……… 127
新城城(神奈川県) ……… 425
新庄村(和歌山県) ……… 788
新庄村(広島県) ……… 850
新庄藩(山形県) ……… 127
新庄町(山形県) ……… 127
新城(愛知県) ……… 614
新城市(愛知県) ……… 614
神通川(富山県) ……… 484
新堤(宮城県) ……… 88
新住吉町(富山県) ……… 484
新諏訪町(長野県) ……… 536
慎済館(岩手県) ……… 72
人世坐(東京都) ……… 350
神石町(広島県) ……… 850
秦泉寺(高知県) ……… 938
秦泉寺城(高知県) ……… 938
秦泉寺村(高知県) ……… 938
神泉谷(東京都) ……… 350
神泉亭(東京都) ……… 350
深大寺(東京都) ……… 350
深大寺城(東京都) ……… 350
深大寺用水東堀(東京都) ……… 350
神代村(東京都) ……… 350
新高山(広島県) ……… 850
信達(福島県) ……… 152
新立川航空機(東京都) ……… 350
新立川航空機株式会社(東京都) ……… 350
新椿大橋(奈良県) ……… 765
信達盆地(福島県) ……… 152
新地(広島県) ……… 850
新地町(福島県) ……… 152

新丁(三重県) ……… 634
新田(埼玉県) ……… 260
新田(東京都) ……… 350
新田(新潟県) ……… 465
新田(長野県) ……… 536
新田川(鹿児島県) ……… 1046
新天町(佐賀県) ……… 983
新田中野(兵庫県) ……… 740
新田中野村(兵庫県) ……… 740
新田庄(兵庫県) ……… 740
新田派出所(東京都) ……… 350
新田辺市(和歌山県) ……… 788
新田町(新潟県) ……… 465
新田村(秋田県) ……… 114
新田村(福島県) ……… 152
新田村(新潟県) ……… 465
真土(神奈川県) ……… 425
新道(三重県) ……… 634
新道(兵庫県) ……… 740
神童子村(京都府) ……… 679
新堂村(大阪府) ……… 709
榛東村(群馬県) ……… 231
進徳館(長野県) ……… 536
新十津川(北海道) ……… 26
新十津川町(北海道) ……… 26
新利根川(埼玉県) ……… 260
新富(宮崎県) ……… 1030
真名瀬(神奈川県) ……… 425
神南山(愛媛県) ……… 923
真如堂町(京都府) ……… 679
信念橋(大阪府) ……… 709
親王台(栃木県) ……… 202
津之郷町(広島県) ……… 850
真ノ沢林道(埼玉県) ……… 260
新野幌(北海道) ……… 26
陣馬(群馬県) ……… 231
新馬喰町(長野県) ……… 536
新橋(東京都) ……… 350
新橋(大阪府) ……… 709
新橋町(島根県) ……… 814
新橋停車場(東京都) ……… 350
新橋本町(千葉県) ……… 287
陣馬岱(秋田県) ……… 114
陣馬峠(長野県) ……… 537
陣馬張山(岩手県) ……… 72
新浜(広島県) ……… 850
陣場山(福島県) ……… 152
仁風閣(鳥取県) ……… 800
新富士(静岡県) ……… 586
新府城(山梨県) ……… 509
新保(富山県) ……… 484
新保港(岡山県) ……… 831
神保郷(千葉県) ……… 287
神保友重家(群馬県) ……… 231
新堀町(愛知県) ……… 614
仁風尋常高等小学校(岡山県) ……… 831
新堀用水(東京都) ……… 350
新幌内(北海道) ……… 26
新町(群馬県) ……… 231
新町(千葉県) ……… 287
新町(東京都) ……… 350
新町(新潟県) ……… 465
新町(三重県) ……… 635
新町(大阪府) ……… 709
新町(熊本県) ……… 1005
神町(山形県) ……… 127

新町屑糸紡績所(群馬県) ……… 231
新町宿(群馬県) ……… 231
新町通(京都府) ……… 679
新町通り(奈良県) ……… 765
新町村(福岡県) ……… 961
新松戸駅(千葉県) ……… 287
新丸村(石川県) ……… 496
新三菱重工業名古屋製作所(愛知県) ……… 614
新名女学校(神奈川県) ……… 425
神明ヶ谷戸(東京都) ……… 350
神明下(神奈川県) ……… 425
新名神土山サービスエリア(滋賀県) ……… 660
神明町(山形県) ……… 128
神明町(東京都) ……… 350
新燃岳(宮崎県) ……… 1030
神門通り(島根県) ……… 814
新柳町(福岡県) ……… 961
新百合ヶ丘(神奈川県) ……… 425
信陽館貯蔵庫(長野県) ……… 537
信房鉱山(長野県) ……… 537
新横江村(福井県) ……… 503
新吉原宿(静岡県) ……… 586
神力(宮城県) ……… 88
神竜寺(愛知県) ……… 614
神領堀(東京都) ……… 351
森林鉄道(群馬県) ……… 231
森林鉄道(和歌山県) ……… 788
森林鉄道橋梁群(北海道) ……… 26

【す】

水ヶ谷(大分県) ……… 1018
水郡線(茨城県) ……… 182
水原(朝鮮) ……… 1106
水軒堤防(和歌山県) ……… 788
翠紅園(東京都) ……… 351
水車町(三重県) ……… 635
瑞祥庵(新潟県) ……… 465
水神ヶ森(神奈川県) ……… 425
水前寺成趣園(熊本県) ……… 1005
瑞泉門(沖縄県) ……… 1073
吹田(大阪府) ……… 709
吹田砂堆(大阪府) ……… 710
吹田市(大阪府) ……… 710
水原(新潟県) ……… 465
水府村(茨城県) ……… 182
瑞芳鉱山(台湾) ……… 1114
水門橋(茨城県) ……… 182
瑞竜の道(富山県) ……… 484
垂綸石公園(佐賀県) ……… 983
水漏舎小学校(茨城県) ……… 182
翠楼福住旅館(神奈川県) ……… 425
崇教館(長野県) ……… 537
崇元寺石門前(沖縄県) ……… 1073
崇広堂(三重県) ……… 635
崇徳館(新潟県) ……… 465
須恵(福岡県) ……… 961
末武村(山口県) ……… 881
須越(滋賀県) ……… 660
末続(福島県) ……… 152
末続トンネル(福島県) ……… 152
末恒(鳥取県) ……… 800
末の松山(宮城県) ……… 88

すえの　　　　　　　　　　　　　　地名索引

陶の道（茨城県）	182
末野村（宮城県）	88
据場（大分県）	1018
末広橋梁（三重県）	635
末森城（石川県）	496
末森城（愛知県）	614
末吉（沖縄県）	1073
末吉宮（沖縄県）	1073
周防（山口県）	881
周防大島（山口県）	881
周防大島町（山口県）	881
周防国府（山口県）	881
周防国分寺（山口県）	881
周防町（山口県）	881
周防徳山（山口県）	881
周防灘（山口県）	881
周防国（山口県）	881
周防鋳銭司（山口県）	881
須賀（茨城県）	182
菅浦（滋賀県）	660
須賀尾峠（群馬県）	231
須賀川（福島県）	152
須賀川（栃木県）	202
須賀川（長野県）	537
須賀川産馬会社（福島県）	152
須賀川市（福島県）	152
須賀川村（栃木県）	202
菅沢（香川県）	906
菅沢町（神奈川県）	425
菅塩峠（群馬県）	232
須賀集落（福島県）	152
菅田（兵庫県）	740
菅平（長野県）	537
菅平高原（長野県）	537
菅沼（福島県）	152
菅沼家住宅（長野県）	537
須賀之町（愛媛県）	923
須賀広陣屋（埼玉県）	260
渚蒲郷（茨城県）	182
菅又村（茨城県）	182
須賀村（神奈川県）	425
巣鴨（東京都）	351
巣鴨プリズン（東京都）	351
巣鴨町（東京都）	351
須賀山（千葉県）	287
須賀山城（千葉県）	287
須賀山村（千葉県）	287
菅谷館（埼玉県）	260
須賀利（三重県）	635
菅原新田（栃木県）	202
須木（宮崎県）	1030
周吉郡（島根県）	814
須木村（宮崎県）	1030
杉谷（滋賀県）	660
杉田梅林（神奈川県）	425
杉妻（福島県）	152
杉妻小学校（福島県）	152
杉妻村（福島県）	152
杉戸（埼玉県）	260
杉並（東京都）	351
杉並区（東京都）	351
杉並高等学校家政女学院（東京都）	351
杉並蚕糸試験場（東京都）	351
杉野沢村（長野県）	537
杉原川（兵庫県）	740
杉原谷（兵庫県）	740
すぎ丸さくら路線（東京都）	351
杉山（静岡県）	586
杉山（大分県）	1018
杉山城（埼玉県）	260
杉山砦（富山県）	484
杉原（新潟県）	465
救い（広島県）	851
直江町排水路（新潟県）	465
宿禰島（広島県）	851
宿毛（高知県）	938
宿毛市（高知県）	939
宿毛湾（高知県）	939
助川海防城（茨城県）	182
助崎村（千葉県）	287
菅沢町（香川県）	906
菅蔵（徳島県）	898
菅田（広島県）	851
菅沼（群馬県）	232
助松村（大阪府）	710
助宗古窯（静岡県）	586
巣子（岩手県）	72
須高（長野県）	537
菅生道（宮城県）	88
数河峠（岐阜県）	565
須古城（佐賀県）	983
須頃（新潟県）	465
須佐（愛知県）	614
須佐（島根県）	814
須佐（山口県）	881
須坂（長野県）	537
須坂市職業紹介所（長野県）	537
須坂小学校（長野県）	537
須坂町（長野県）	537
須坂藩（長野県）	537
洲崎（東京都）	351
須崎（高知県）	939
須崎裏町（福岡県）	961
須崎高等小学校（高知県）	939
須崎市（高知県）	939
朱雀（京都府）	679
朱雀門（奈良県）	765
すさみ（和歌山県）	788
周参見浦（和歌山県）	788
周参見港（和歌山県）	788
周参見村（和歌山県）	789
すさみ町（和歌山県）	789
須沢（愛媛県）	923
逗子（神奈川県）	425
筋違橋（神奈川県）	426
筋違橋門（東京都）	351
筋違道（奈良県）	765
辻子越え（大阪府）	710
逗子市（神奈川県）	426
豆州（静岡県）	586
豆州藩（静岡県）	586
珠洲（石川県）	496
筋違橋（山形県）	128
鈴鹿海軍航空隊格納庫（三重県）	635
鈴鹿郡（三重県）	635
鈴鹿工廠（三重県）	635
鈴鹿越（三重県）	635
鈴鹿市（三重県）	635
鈴ヶ岳山（群馬県）	232
鈴ヶ森（東京都）	351
鈴川（山形県）	128
鈴川（静岡県）	586
鈴川駅（静岡県）	586
鈴木銀行（埼玉県）	260
須々貴城（長野県）	537
薄野（北海道）	26
鈴木の滝（岡山県）	831
薄村（埼玉県）	260
珠洲郡（石川県）	496
雀ヶ森（長野県）	537
雀川（埼玉県）	260
雀䆟（高知県）	939
鋳銭司（山口県）	881
周船寺駅（福岡県）	961
裾野市（静岡県）	586
須田川（東京都）	352
須田町（東京都）	352
隅田荘（和歌山県）	789
簾の名水（奈良県）	765
須智城（京都府）	679
須内（岡山県）	831
砂押（宮城県）	88
砂押川（宮城県）	88
砂ヶ森（高知県）	939
砂ヶ森（青森県）	59
砂川（北海道）	26
砂川（東京都）	352
砂川亜麻工場跡（北海道）	26
砂川希望学院（北海道）	26
砂川市（北海道）	26
砂川川柳社（北海道）	27
砂川町（北海道）	27
砂川町（東京都）	352
砂川発電所（北海道）	27
砂川村（東京都）	352
砂川村役場（東京都）	352
砂子炭鉱（北海道）	27
砂茶屋（奈良県）	765
砂原通り（広島県）	851
砂辺（沖縄県）	1073
砂町（東京都）	352
砂町二丁目（東京都）	352
須波西町（広島県）	851
砂森（青森県）	59
砂山（東京都）	352
須成（愛媛県）	923
巣之浦（宮崎県）	1030
簀の子鉱毒ダム（群馬県）	232
墨俣一夜城（岐阜県）	565
墨俣城（岐阜県）	565
苔川（岐阜県）	565
スハヂ（長野県）	537
州鼻（神奈川県）	426
昂の水（奈良県）	765
周布村（島根県）	814
苞木（愛媛県）	923
須磨（兵庫県）	740
須磨海岸（兵庫県）	740
須磨区（兵庫県）	740
寸又峡（静岡県）	586
須磨寺（兵庫県）	740
須磨の白川（兵庫県）	740
角家住宅（島根県）	814
隅田川（東京都）	352
隅田川（東京都）	353
隅田川橋梁（東京都）	353
墨田区（東京都）	353
隅田公園（東京都）	353

隅田宿（東京都）・・・・・・・・・・353
住田村（新潟県）・・・・・・・・・・465
隅田党城館（和歌山県）・・・・・789
隅田村御前栽場（東京都）・・・353
住友銅吹所（大阪府）・・・・・・710
住野（千葉県）・・・・・・・・・・287
住吉浦（静岡県）・・・・・・・・・586
住道（大阪府）・・・・・・・・・・710
住吉（福井県）・・・・・・・・・・503
住吉（大阪府）・・・・・・・・・・710
住吉（兵庫県）・・・・・・・・・・740
住吉（福岡県）・・・・・・・・・・961
住吉（鹿児島）・・・・・・・・・1046
住吉御旅所（大阪府）・・・・・・710
住吉街道（和歌山県）・・・・・・789
住吉川（兵庫県）・・・・・・・・・740
住吉公園（大阪府）・・・・・・・710
住吉神社（愛知県）・・・・・・・614
住吉新田（徳島県）・・・・・・・898
住吉大社（大阪府）・・・・・・・710
住吉大社参詣鉄道（大阪府）・・710
住吉町（東京都）・・・・・・・・353
住吉町（富山県）・・・・・・・・484
住吉荘（長野県）・・・・・・・・537
住吉橋（福岡県）・・・・・・・・961
菫橋（大阪府）・・・・・・・・・710
済井出（沖縄県）・・・・・・・・1073
洲本城（兵庫県）・・・・・・・・740
李平村（福島県）・・・・・・・・152
巣山宿（愛知県）・・・・・・・・614
栖吉川（新潟県）・・・・・・・・465
栖吉城（新潟県）・・・・・・・・465
磨上原（福島県）・・・・・・・・152
摺上川（福島県）・・・・・・・・152
すりばち分校（群馬県）・・・・232
駿河（静岡県）・・・・・・・・・586
駿河往還（静岡県）・・・・・・・587
駿河街道（愛知県）・・・・・・・614
駿河郡（静岡県）・・・・・・・・587
駿河小島（静岡県）・・・・・・・587
駿河台（静岡県）・・・・・・・・587
駿河東部（静岡県）・・・・・・・587
駿河国（静岡県）・・・・・・・・587
駿河府中（静岡県）・・・・・・・587
駿河路（静岡県）・・・・・・・・587
駿河湾（静岡県）・・・・・・・・587
諏訪（新潟県）・・・・・・・・・465
諏訪（長野県）・・・・・・・・・537
諏訪（福岡県）・・・・・・・・・961
諏訪駅（三重県）・・・・・・・・635
諏訪川（茨城県）・・・・・・・・182
諏訪蚕糸学校（長野県）・・・・538
諏訪郡（長野県）・・・・・・・・538
諏訪郡衙（長野県）・・・・・・・538
諏訪湖（長野県）・・・・・・・・538
諏訪公園（三重県）・・・・・・・635
諏訪鉱山（長野県）・・・・・・・538
諏方国（長野県）・・・・・・・・538
諏訪台（群馬県）・・・・・・・・232
諏訪町（東京都）・・・・・・・・353
諏訪鉄山（長野県）・・・・・・・538
諏訪峠（新潟県）・・・・・・・・465
諏訪前聚落（岩手県）・・・・・・72
諏訪道（千葉県）・・・・・・・・287
諏訪館（茨城県）・・・・・・・・182
諏訪山（兵庫県）・・・・・・・・740

諏訪山城（栃木県）・・・・・・・203
駿遠（静岡県）・・・・・・・・・587
駿遠七藩（静岡県）・・・・・・・587
駿州（静岡県）・・・・・・・・・587
駿豆国境（静岡県）・・・・・・・587
駿豆電気鉄道（静岡県）・・・・587
駿東看護婦学校（静岡県）・・・587
寸庭平（東京都）・・・・・・・・353
駿府（静岡県）・・・・・・・・・587
駿府城（静岡県）・・・・・・・・587
駿府町（静岡県）・・・・・・・・588

【せ】

誓願寺（大分県）・・・・・・・・1018
青丘庵（埼玉県）・・・・・・・・260
清見寺（静岡県）・・・・・・・・588
生剛（北海道）・・・・・・・・・・27
西薩鉄道（鹿児島県）・・・・・1046
西讃（香川県）・・・・・・・・・906
静思館（兵庫県）・・・・・・・・740
清州（朝鮮）・・・・・・・・・・1106
静修（宮城県）・・・・・・・・・・88
清正川（愛媛県）・・・・・・・・923
生仁館（長野県）・・・・・・・・538
聖蹟桜ヶ丘（東京都）・・・・・・353
西摂（兵庫県）・・・・・・・・・740
成宗鉄道軌道（千葉県）・・・・287
成宗電気軌道（千葉県）・・・・287
成巽閣（石川県）・・・・・・・・496
西淡町（兵庫県）・・・・・・・・740
清潮館（長崎県）・・・・・・・・993
西津（朝鮮）・・・・・・・・・・1106
井田（岡山県）・・・・・・・・・831
生湯の浜（島根県）・・・・・・・814
精道村（兵庫県）・・・・・・・・740
成徳北庠（山形県）・・・・・・・128
清内路（秋田県）・・・・・・・・114
清内路村（長野県）・・・・・・・538
旧制長野中学校（長野県）・・・538
青南国民学校（東京都）・・・・353
西南地域（西日本）・・・・・・・642
西南日本（西日本）・・・・・・・642
西南雄藩（九州・沖縄）・・・・949
西濃（岐阜県）・・・・・・・・・565
西播磨路（兵庫県）・・・・・・・740
西彼町（長崎県）・・・・・・・・993
西部（秋田県）・・・・・・・・・114
斎場御嶽（沖縄県）・・・・・・・1073
西部池袋線（関東）・・・・・・・169
清風荘（京都府）・・・・・・・・679
西部幹線洲水路（奈良県）・・・765
生福（鹿児島県）・・・・・・・・1046
聖福寮（福岡県）・・・・・・・・961
西武圏（関東）・・・・・・・・・169
西武線（関東）・・・・・・・・・170
西武鉄道（関東）・・・・・・・・170
西武電車（関東）・・・・・・・・170
生母（岩手県）・・・・・・・・・・72
西北（青森県）・・・・・・・・・・59
西北五（青森県）・・・・・・・・・59
斉盟橋（栃木県）・・・・・・・・203
清明小学校（長野県）・・・・・・538
晴明神社（京都府）・・・・・・・679
西毛（群馬県）・・・・・・・・・232

西予（愛媛県）・・・・・・・・・923
清流荘（群馬県）・・・・・・・・232
精練場の滝（東京都）・・・・・・353
瀬川（愛知県）・・・・・・・・・614
瀬川家住宅（京都府）・・・・・・679
関合（宮城県）・・・・・・・・・・88
関ヶ原（岐阜県）・・・・・・・・565
関ヶ原宿（岐阜県）・・・・・・・565
関川（新潟県）・・・・・・・・・465
関川関所（新潟県）・・・・・・・465
関川村（新潟県）・・・・・・・・465
赤郷飛行場（山口県）・・・・・・881
関口知行代官所（岩手県）・・・・72
関郷（長野県）・・・・・・・・・538
関柴村（福島県）・・・・・・・・152
石州（島根県）・・・・・・・・・814
石州街道（島根県）・・・・・・・814
石州口（島根県）・・・・・・・・814
石州路（島根県）・・・・・・・・815
瀬木城（愛知県）・・・・・・・・614
石城川（大分県）・・・・・・・・1018
石勝線（北海道）・・・・・・・・・27
石西（島根県）・・・・・・・・・815
石西礁湖（沖縄県）・・・・・・・1073
関前（愛媛県）・・・・・・・・・923
汐前（山口県）・・・・・・・・・881
積善館（群馬県）・・・・・・・・232
積善寺城（大阪府）・・・・・・・710
関田山脈（長野県）・・・・・・・538
石鉄寮（愛媛県）・・・・・・・・923
石動山（石川県）・・・・・・・・496
関戸小学校（千葉県）・・・・・・287
関戸峠（奈良県）・・・・・・・・765
関ノ峠（愛媛県）・・・・・・・・923
関原（新潟県）・・・・・・・・・465
関藩（岐阜県）・・・・・・・・・565
関前（東京都）・・・・・・・・・353
関前高射砲陣地（東京都）・・・353
関谷（栃木県）・・・・・・・・・203
関谷宿（栃木県）・・・・・・・・203
関宿（千葉県）・・・・・・・・・287
関宿落とし堀（千葉県）・・・・288
関宿城（千葉県）・・・・・・・・288
世喜宿城（千葉県）・・・・・・・288
関宿台町（千葉県）・・・・・・・288
関宿藩（茨城県）・・・・・・・・182
関宿藩（千葉県）・・・・・・・・288
関宿本陣（千葉県）・・・・・・・288
関宿町（千葉県）・・・・・・・・288
関屋のさと（東京都）・・・・・・353
関山（宮城県）・・・・・・・・・・88
関山街道（宮城県）・・・・・・・・88
関山峠（宮城県）・・・・・・・・・88
瀬古村（愛知県）・・・・・・・・614
瀬崎（山口県）・・・・・・・・・881
瀬社橋（大分県）・・・・・・・・1018
膳所城（滋賀県）・・・・・・・・660
膳所城址公園（滋賀県）・・・・660
膳所梅仙窟（滋賀県）・・・・・・660
せせらぎの郷（東京都）・・・・353
瀬田（滋賀県）・・・・・・・・・660
世田谷（東京都）・・・・・・・・353
世田谷砧下浄水所（東京都）・・354
世田谷区（東京都）・・・・・・・354
世田谷城（東京都）・・・・・・・354
世田谷消防署（東京都）・・・・354

世田谷新宿（東京都）	354	洗馬宿（長野県）	538	千秋公園（秋田県）	114
世田谷線（東京都）	354	脊振山（福岡県）	961	泉州佐野（大阪府）	711
世田谷代官屋敷（東京都）	354	脊振山（佐賀県）	983	全州城（朝鮮）	1106
瀬田川（滋賀県）	660	背振（福岡県）	961	千住町（東京都）	355
瀬田川唐橋（滋賀県）	660	瀬見温泉（山形県）	128	泉州伯太（大阪府）	711
瀬田丘陵（滋賀県）	660	蝉ヶ平銅山（新潟県）	465	千住駅（東京都）	355
勢多評（群馬県）	232	背嶺峠（群馬県）	232	千住榎木新田（東京都）	355
勢多農林高校（群馬県）	232	瀬谷（神奈川県）	426	千住大橋（東京都）	355
瀬田唐橋（滋賀県）	660	瀬谷学校（神奈川県）	426	千住火力発電所（東京都）	355
勢多唐橋（滋賀県）	660	瀬谷村（神奈川県）	426	千住河原町（東京都）	355
瀬田の長橋（滋賀県）	660	世羅（広島県）	851	千住河原町青物市場（東京都）	355
瀬田橋（滋賀県）	660	世羅郡（広島県）	851	千住市場（東京都）	355
世田山（愛媛県）	923	世良郡（広島県）	851	千住宿（東京都）	355
世知原（長崎県）	993	世良田（群馬県）	232	千住製絨所（東京都）	355
摂河（大阪府）	710	世羅町（広島県）	852	千住中居町公園（東京都）	356
摂海御場（大阪府）	710	ゼーランジャ城（台湾）	1114	千住橋戸町（東京都）	356
摂河泉（大阪府）	710	瀬利覚（鹿児島県）	1046	千住馬車鉄道（東京都）	356
摂待（岩手県）	72	芹ヶ谷公園（東京都）	354	全生園（東京都）	356
摂津（大阪府）	710	芹香院（神奈川県）	426	全生園旧図書館（東京都）	356
摂津（兵庫県）	740	芹沢城（茨城県）	182	千畳閣（広島県）	852
摂津富田（大阪府）	710	芹沢村（茨城県）	182	千町ヶ原（愛媛県）	923
摂津国（大阪府）	711	尖閣（沖縄県）	1073	船城銀行（山口県）	882
摂津国（兵庫県）	740	仙岳院（宮城県）	88	千丈渓（島根県）	815
摂津国一橋領（兵庫県）	740	泉岳寺（東京都）	354	船上山（鳥取県）	800
摂播五泊（兵庫県）	740	尖閣諸島（沖縄県）	1073	禅昌寺（朝鮮）	1106
瀬戸（静岡県）	588	千川（東京都）	354	千畳敷カール（長野県）	539
瀬戸（愛知県）	614	千川上水（東京都）	354	仙仁（長野県）	539
瀬戸（広島県）	851	千川用水（東京都）	354	仙酔島（広島県）	852
瀬戸井堰（山口県）	881	仙巌園（鹿児島県）	1046	千頭山（静岡県）	588
瀬戸内（西日本）	642	前鬼口（奈良県）	765	千津島（神奈川県）	426
瀬戸内市（岡山県）	831	善喜島（新潟県）	465	千津島村（神奈川県）	426
瀬戸内島嶼部（西日本）	642	遷喬館（埼玉県）	260	千頭峯城（静岡県）	588
瀬戸大橋（長野県）	538	遷喬尋常小学校校舎（岡山県）	831	浅草寺（東京都）	356
瀬戸大橋（西日本）	642	千軒（北海道）	27	浅草寺寺内町（東京都）	356
瀬戸街道（愛知県）	614	浅間下（神奈川県）	426	洗足池（東京都）	356
瀬戸川（静岡県）	588	浅間大神（神奈川県）	426	千足山村（愛媛県）	923
瀬戸川村（長野県）	538	浅間堅川小学校（東京都）	354	千僧村（兵庫県）	740
瀬戸越町（長崎県）	993	浅間山（東京都）	354	千田（広島県）	852
瀬戸崎（山口県）	881	善光寺（新潟県）	465	仙台（宮城県）	88
背戸山（宮城県）	88	善光寺（長野県）	538	千代（石川県）	496
瀬戸市（愛知県）	614	善光寺（香川県）	906	川内（鹿児島県）	1046
瀬戸城（広島県）	851	善光寺表参道（長野県）	539	仙台駅（宮城県）	91
瀬戸線（愛知県）	614	善光寺道（長野県）	539	仙台往還（宮城県）	91
瀬戸田（広島県）	851	善光寺西町（長野県）	539	仙台河岸（静岡県）	588
瀬戸田町（広島県）	851	善光寺白馬電鉄（長野県）	539	千代川（鳥取県）	800
瀬戸電気鉄道（愛知県）	614	善光寺平（長野県）	539	川内川（宮崎県）	1030
瀬戸内海（西日本）	642	善光寺（福井県）	503	川内川（鹿児島県）	1046
瀬戸内海国立公園（香川県）	906	善光寺（長野県）	539	遷都区（宮城県）	91
瀬戸ノ谷（静岡県）	588	善光寺町防火水路（長野県）	539	川内郷（鹿児島県）	1047
瀬名（鹿児島県）	1046	善光寺役所（長野県）	539	仙台市（宮城県）	91
瀬波温泉（新潟県）	465	善行橋（東京都）	354	川内市（鹿児島県）	1047
銭（長野県）	538	千石堀城（大阪府）	711	仙台市電（宮城県）	91
銭神（群馬県）	232	千歳（大分県）	1018	仙台城（宮城県）	91
銭神塚（群馬県）	232	戦災資料センター（東京都）	355	仙台市立学校（宮城県）	92
銭亀沢（北海道）	27	仙崎（島根県）	815	仙台停車場（宮城県）	92
銭函（北海道）	27	仙崎（山口県）	881	仙台鉄道（宮城県）	92
銭函・花畔間運河（北海道）	27	仙崎小学校（山口県）	882	川内鉄道（鹿児島県）	1047
瀬野（広島県）	851	仙崎湾（山口県）	882	仙台藩（宮城県）	92
瀬上小学校（福島県）	152	帯削（新潟県）	465	仙台藩近江飛び地（滋賀県）	660
瀬野駅（広島県）	851	前山寺（長野県）	539	仙台藩陣屋（北海道）	27
瀬野川（広島県）	851	千手（大阪府）	711	仙台藩灯台（宮城県）	93
瀬野川町（広島県）	851	千住（東京都）	355	仙台平野（宮城県）	93
瀬野機関区（広島県）	851	千住青物市場（東京都）	355	仙台ホテル（宮城県）	93
瀬野小学校（広島県）	851	泉州（大阪府）	711	仙台水沢支藩（宮城県）	93
瀬野村（広島県）	851	泉州沖（大阪府）	711	仙台陸軍幼年学校（宮城県）	93
狭岩（群馬県）	232	千秋久保田町（秋田県）	114	千駄木（東京都）	356

千駄木峠（群馬県）………… 232
千田区（茨城県）………… 182
センター通り（沖縄県）………… 1073
千町（滋賀県）………… 660
禅頂行者道（栃木県）………… 203
千町無田（大分県）………… 1018
善通寺（香川県）………… 906
仙洞御所（京都府）………… 679
千灯寺（大分県）………… 1018
船頭町（大分県）………… 1018
善得寺（静岡県）………… 588
泉南（大阪府）………… 711
千日前（大阪府）………… 711
千人塚（岡山県）………… 831
千人塚（大分県）………… 1018
千人塚城ヶ池（長野県）………… 539
千人町（東京都）………… 356
専念寺（新潟県）………… 465
仙波（埼玉県）………… 260
船場（大阪府）………… 711
全福寺（愛知県）………… 614
善福寺池（東京都）………… 356
善福寺川（東京都）………… 356
泉福寺館（埼玉県）………… 260
千本（京都府）………… 679
善防山（兵庫県）………… 740
善坊（防）山城（兵庫県）………… 740
仙法志（北海道）………… 27
仙北（宮城県）………… 93
仙北（秋田県）………… 114
仙北郡（秋田県）………… 114
仙北市（秋田県）………… 114
仙北路（秋田県）………… 114
仙北町（岩手県）………… 72
仙北町駅（岩手県）………… 72
戦没学徒記念若人の広場（兵庫県）………… 740
千本宿（兵庫県）………… 741
千本浜（静岡県）………… 588
千本松原（岐阜県）………… 565
千厩（岩手県）………… 72
千厩旧跡（岩手県）………… 72
釧路線（北海道）………… 27
釧網本線（北海道）………… 27
専用鉄道敷（福岡県）………… 961
泉陽紡織（大阪府）………… 711
全羅北道（朝鮮）………… 1106
千里丘陵（大阪府）………… 711
千里ニュータウン（大阪府）………… 711

【そ】

桑園（北海道）………… 27
草加（埼玉県）………… 260
草加市（埼玉県）………… 260
荘川（岐阜県）………… 565
十川城（大分県）………… 1018
匝瑳（千葉県）………… 288
惣座峠（新潟県）………… 465
雑司が谷（東京都）………… 356
雑司が谷御鷹部屋（東京都）………… 356
雑司が谷鬼子母神（東京都）………… 356
雑司谷村（東京都）………… 356
雑司が谷霊園（東京都）………… 356
雑色村（東京都）………… 356
総持寺（神奈川県）………… 426

総社（岡山県）………… 831
総社市（岡山県）………… 831
総社宿（群馬県）………… 232
総社城（群馬県）………… 232
総社藩（群馬県）………… 232
相州（神奈川県）………… 426
相州路（神奈川県）………… 426
増上寺（東京都）………… 356
創成川（北海道）………… 27
創生小学校（北海道）………… 27
双川峡（島根県）………… 815
相双（福島県）………… 152
霜台城（長野県）………… 539
桑田山（高知県）………… 939
桑都（東京都）………… 356
宗道村（茨城県）………… 182
総南（千葉県）………… 288
増福寺（大阪府）………… 711
惣深新田村（千葉県）………… 288
相武国（関東）………… 170
相武台前駅（神奈川県）………… 426
総武本線（東京都）………… 356
蔵宝（奈良県）………… 765
相馬（福島県）………… 152
相馬（千葉県）………… 288
相馬港（福島県）………… 153
相馬市（福島県）………… 153
旧相馬子爵邸（東京都）………… 356
相馬中学校（福島県）………… 153
相馬中村（福島県）………… 153
相馬中村藩（福島県）………… 153
相馬御厨（関東）………… 170
相馬藩（福島県）………… 153
相馬藩（茨城県）………… 182
沢海（新潟県）………… 465
ソウヤ（北海道）………… 27
宗谷（北海道）………… 27
宗谷村（北海道）………… 27
相楽郡（京都府）………… 679
相里村（千葉県）………… 288
双竜（満州）………… 1097
総領町（広島県）………… 852
総力（宮城県）………… 93
宗麟原（宮崎県）………… 1031
ソウル（朝鮮）………… 1106
ソウル市（朝鮮）………… 1106
滄浪閣土塁（神奈川県）………… 426
総和（茨城県）………… 182
総和町（茨城県）………… 182
曽於（鹿児島県）………… 1047
曽我野村（千葉県）………… 288
曽慶（岩手県）………… 72
底稲峠（長野県）………… 539
十河城（香川県）………… 906
ソタ峰越（大阪府）………… 711
袖ケ浦（千葉県）………… 288
袖浦（静岡県）………… 588
袖ケ浦市（千葉県）………… 288
袖川村（岐阜県）………… 566
袖志（京都府）………… 679
蘇鉄山（大阪府）………… 711
外秩父（埼玉県）………… 260
外浜（青森県）………… 59
外槇村（福島県）………… 153
外海（長崎県）………… 993
祖納（沖縄県）………… 1073

曽爾（奈良県）………… 765
曽尼（茨城県）………… 183
曽爾高原温泉（奈良県）………… 765
曽爾村（奈良県）………… 765
曽根（新潟県）………… 465
曽祢郷（茨城県）………… 183
曽根崎（大阪府）………… 711
曽根崎村（大阪府）………… 711
曽根城（岐阜県）………… 566
曽根村（兵庫県）………… 741
薗田御厨（群馬県）………… 232
園原（群馬県）………… 232
園原（長野県）………… 539
園比屋武御岳石門（沖縄県）………… 1073
園部川（京都府）………… 679
園部公園（京都府）………… 680
園部藩（京都府）………… 680
園和住宅（兵庫県）………… 741
曽場ヶ城（広島県）………… 852
蕎原村（大阪府）………… 711
蘇原北山（岐阜県）………… 566
楚辺（沖縄県）………… 1073
杣山（京都府）………… 680
杣山（山口県）………… 882
染井桜宮自然公園（千葉県）………… 288
曽屋（神奈川県）………… 426
曽谷城（千葉県）………… 288
左右山（高知県）………… 939
曽谷村（千葉県）………… 288
空川（東京都）………… 356
空知（北海道）………… 27
空知郡（北海道）………… 27
空知農学校（北海道）………… 27
存済館（島根県）………… 815

【た】

多麻川（東京都）………… 356
田家（新潟県）………… 465
旧第十中学校（東京都）………… 357
第32軍司令部津嘉山壕群（沖縄県）
　　　　………… 1073
大安寺（奈良県）………… 765
泰安半島（朝鮮）………… 1106
大安楽寺（愛媛県）………… 923
第一合同銀行倉敷支店（岡山県）……… 831
第一瑞光尋常高等小学校（東京都）……… 356
第一区全生病院（東京都）………… 356
大威徳寺（岐阜県）………… 566
大栄（千葉県）………… 288
大栄町（千葉県）………… 288
大永山（愛媛県）………… 923
対鴎荘（東京都）………… 356
鯛生金山（大分県）………… 1018
大開町（兵庫県）………… 741
大覚寺村（静岡県）………… 588
大可島城（広島県）………… 852
大観記念館（東京都）………… 356
大還橋（岡山県）………… 831
大函電鉄（北海道）………… 27
大軌（近畿）………… 647
大樹（北海道）………… 27
大軌ビルヂング（大阪府）………… 711
大邱（朝鮮）………… 1106
大邱の城（朝鮮）………… 1106

題経寺（東京都） 356	大正飛行場（大阪府） 712	台北市（台湾） 1114
大鋸（神奈川県） 426	大正村（神奈川県） 426	太平黒沢（秋田県） 114
大鋸町（神奈川県） 426	田井城村（大阪府） 712	太平山（秋田県） 114
大工町（新潟県） 465	大新島村（静岡県） 588	大平村（山形県） 128
大子（茨城県） 183	大新旅館（千葉県） 288	太平洋市（千葉県） 288
醍醐（京都府） 680	大成館（秋田県） 114	太平洋炭礦（北海道） 27
大淵（石川県） 496	大聖勝軍寺（大阪府） 712	大坊浦（宮城県） 93
大皇后ヶ芝（奈良県） 766	大山（島根県） 815	帯方郡（朝鮮） 1106
太閤堤（大阪府） 711	大山往来（岡山県） 831	大望月邸（広島県） 852
太閤道（西日本） 643	大千軒岳（北海道） 27	大宝寺城（山形県） 128
太閤道（大阪府） 711	大善寺（東京都） 357	大宝寺町（山形県） 128
太閤道（佐賀県） 983	大善寺（高知県） 939	大宝排水機場（愛知県） 614
大黒堰（佐賀県） 983	大川寺園（富山県） 484	台北二二八紀念館（台湾） 1114
大極殿（奈良県） 766	大善寺村（福岡県） 961	当麻（奈良県） 766
太鼓田（奈良県） 766	大善町（東京都） 357	台町（千葉県） 288
醍醐町（京都府） 680	大膳町（高知県） 939	台町（神奈川県） 426
太鼓橋（福島県） 153	大戦防（栃木県） 203	当麻の里（奈良県） 766
太鼓橋（東京都） 356	大山村（鳥取県） 800	当麻郷（茨城県） 183
大子町（茨城県） 183	大仙屋敷（岡山県） 831	大丸心斎橋店（大阪府） 712
太鼓櫓址（神奈川県） 426	対田（兵庫県） 741	大明司村（宮崎県） 1031
間人（京都府） 680	代田（東京都） 357	大門（富山県） 484
台山（山口県） 882	代田橋（東京都） 357	大門（京都府） 680
第三海堡（神奈川県） 426	大鉄ビルヂング（大阪府） 712	大門池（和歌山県） 789
泰山製陶所（京都府） 680	大東亜戦転進記念碑（沖縄県） 1073	大門駅（広島県） 852
太地浦（和歌山県） 789	大東ヶ丘（青森県） 59	大門峠（長野県） 539
第四高等学校（石川県） 496	大塔橋（大分県） 1018	大門村（岐阜県） 566
大慈清水（岩手県） 72	台東区（東京都） 357	代山城（埼玉県） 260
第七大区六小区（東京都） 356	大東島（沖縄県） 1073	台山城（大分県） 1018
太子町（大阪府） 711	大東諸島（沖縄県） 1073	代陽小学校（熊本県） 1005
太子町（兵庫県） 741	大塔新田（長崎県） 993	鯛寄岩（愛媛県） 923
太地町（和歌山県） 789	帯刀堰（山形県） 128	平川（岡山県） 831
太子堂（東京都） 356	大湯線（大分県） 1018	平川（山口県） 882
太子堂村（大阪府） 711	大道村（山口県） 882	大楽院（鳥取県） 800
大師の水（奈良県） 766	たいとう田（愛知県） 614	平島（鹿児島県） 1047
大師橋（神奈川県） 426	大唐田（愛知県） 614	平舘台場（青森県） 59
太子道（奈良県） 766	大塔町（長崎県） 993	多比良分校（群馬県） 232
大社（島根県） 815	大東（岩手県） 72	平村（茨城県） 183
大社駅（島根県） 815	胎内川（新潟県） 466	大栗子（満州） 1097
大社駅本屋（島根県） 815	胎内市（新潟県） 466	大連（満州） 1097
大社海岸（島根県） 815	第七高等学校造士館（宮崎県） 1031	第六三四海軍航空隊玄海基地（福岡県）
大社蒲鉾組合（島根県） 815	台南（台湾） 1114	961
大社基地（島根県） 815	台南市（台湾） 1114	大和町（宮城県） 93
帝釈人車鉄道（東京都） 356	第二海軍航空廠（千葉県） 288	大和町（広島県） 852
大社警察署（島根県） 815	第二産業道路（関東） 170	台湾（台湾） 1114
大社小学校（島根県） 815	第21海軍航空廠日宇補給工場（長崎県）	台湾総督府（台湾） 1116
大社線（島根県） 815	993	台湾府（台湾） 1116
大社中学校（島根県） 815	第21海軍航空隊・共済病院（長崎県）	田浦町（神奈川県） 426
大社町（島根県） 815	993	茶戸里（朝鮮） 1106
大社浜（島根県） 815	第21海軍工廠日宇補給工場（長崎県）	多可（兵庫県） 741
大社湾（島根県） 815	993	多賀（滋賀県） 660
第十一海軍航空廠（広島県） 852	第二小学校（三重県） 635	高穴穂宮（滋賀県） 660
第十一海軍航空廠発動機部（広島県）	大日寺（福岡県） 961	高井（長野県） 539
852	大日電線尼崎工場（兵庫県） 741	高井郡（群馬県） 232
第11航空廠（広島県） 852	大日原演習所（新潟県） 466	高井郡（長野県） 539
第十一飛行師団司令部（大阪府） 711	大日比浦（山口県） 882	高井田（大阪府） 712
大正（高知県） 939	大寧寺峠（山口県） 882	高井戸（東京都） 357
大乗院坂（静岡県） 588	太白区（宮城県） 93	高井野村（長野県） 540
大乗院庭園（奈良県） 766	太白山（宮城県） 93	高江（大分県） 1018
帯笑園（静岡県） 588	第百壱国立銀行（福島県） 153	高江（鹿児島県） 1047
大正記念道碑（東京都） 356	第百十七銀行（長野県） 539	高江洲小学校（沖縄県） 1073
大正区（大阪府） 711	大福山（千葉県） 288	高尾（栃木県） 203
大聖寺（石川県） 496	大普賢岳（奈良県） 766	高尾（東京都） 357
大聖寺川（石川県） 496	台淵（岩手県） 72	高雄（和歌山県） 789
大聖寺藩（石川県） 496	大仏線（奈良県） 766	高尾（福岡県） 961
大聖寺町（石川県） 496	大仏谷（群馬県） 232	高尾駅（東京都） 357
大正橋（大阪府） 712	大仏鉄道（近畿） 647	高尾駅北口（東京都） 357

高岡(富山県) 484
高岡郡(高知県) 939
高岡公園(富山県) 484
高岡古城公園(富山県) 484
高岡市(富山県) 484
高岡城(新潟県) 466
高岡城(富山県) 484
高岡小学校(千葉県) 288
高丘村(長野県) 540
高岡町(富山県) 484
高尾山城(広島県) 852
高尾自然科学館(東京都) 357
高尾城(長野県) 540
高尾城(広島県) 852
高雄山(長野県) 540
高雄山(和歌山県) 789
鷹峰(京都府) 680
鷹峯城(熊本県) 1005
高木(福島県) 153
高木(兵庫県) 741
高来(長崎県) 993
喬木館(長野県) 540
高木陣屋(千葉県) 289
高木陣屋(兵庫県) 741
高木村(滋賀県) 660
高木村(兵庫県) 741
高草木重鎧家(群馬県) 232
高草郡(鳥取県) 800
高草山(静岡県) 588
高串(佐賀県) 983
高隈(鹿児島県) 1047
高熊山(鹿児島県) 1047
高倉(鹿児島県) 1047
高倉金山(福岡県) 961
高座郡衙(神奈川県) 426
多可郡(兵庫県) 741
多賀郡(宮城県) 93
高子二十境(福島県) 153
高坂駅(大分県) 1018
高坂台地(埼玉県) 260
高坂村(福島県) 153
高崎(群馬県) 232
高崎(千葉県) 289
高崎駅(群馬県) 232
高崎県(群馬県) 232
高崎工業学校(群馬県) 232
高崎市(群馬県) 233
高崎宿(群馬県) 233
高崎城(群馬県) 233
高崎市立図書館(群馬県) 233
高崎線(群馬県) 233
高崎台場(兵庫県) 741
高崎町(宮崎県) 1031
高崎藩(群馬県) 233
高崎山(大分県) 1018
高砂沖(兵庫県) 741
高砂城(兵庫県) 741
高砂町(兵庫県) 741
高砂町(栃木県) 203
高砂湊(兵庫県) 741
高砂緑地(神奈川県) 426
田嘉里(沖縄県) 1074
高郷村(福島県) 153
多賀山地(茨城県) 183
高階郷(埼玉県) 260
高篠(埼玉県) 260

高篠峠(埼玉県) 260
高篠山(埼玉県) 260
高島(京都府) 680
高島(岡山県) 831
高島(長崎県) 993
鷹島(長崎県) 993
高島郡(北海道) 28
高島市(滋賀県) 660
高島城(長野県) 540
高島小学校(群馬県) 233
高島台(神奈川県) 426
高島平(東京都) 357
高島藩(長野県) 540
高島病院(長野県) 540
高清水(宮城県) 93
高清水公園(秋田県) 114
高清水(富山県) 484
高清水村(宮城県) 93
高清水町(宮城県) 93
高城(秋田県) 114
高城(新潟県) 466
高城(大分県) 1018
高城(宮崎県) 1031
多賀城(宮城県) 93
高城街道(宮崎県) 1031
高城川原(宮崎県) 1031
多賀城市(宮城県) 94
高城町(宮崎県) 1031
高城堤(秋田県) 114
鷹匠橋(埼玉県) 260
多賀城碑(宮城県) 94
鷹匠町(高知県) 939
鷹匠町武家屋敷(群馬県) 233
高須(岐阜県) 566
高須(高知県) 939
高須(鹿児島県) 1047
高鷲(岐阜県) 566
高塚新道(静岡県) 588
高塚太郎平新道(静岡県) 588
高津川(千葉県) 289
高津川(島根県) 815
高助(愛媛県) 923
鷹栖村(富山県) 485
高鷲町(岐阜県) 566
高須堤(茨城県) 183
高須新田(愛知県) 615
高須藩(岐阜県) 566
高津邑(千葉県) 289
高瀬(熊本県) 1005
高瀬川(京都府) 680
高瀬川二条苑(京都府) 680
高瀬川避溢橋(兵庫県) 741
高瀬川(兵庫県) 741
高瀬通し(岡山県) 831
高瀬飛行場(熊本県) 1005
多賀村(静岡県) 588
高田(岩手県) 72
高田(福島県) 153
高田(群馬県) 233
高田(大分県) 1018
田方(東京都) 357
田方(静岡県) 588
高田一枚岩(東京都) 357
高田駅(香川県) 906
高田街道(福島県) 153

高田実業銀行(大分県) 1019
高田宿(東京都) 357
高田城(新潟県) 466
高田城(岡山県) 831
高田城(大分県) 1019
高田台牧(千葉県) 289
高舘(岩手県) 72
高館(岩手県) 72
高田町(奈良県) 766
高舘(宮城県) 94
高楯城(山形県) 128
高田手永(熊本県) 1005
高棚学校(愛知県) 615
高田農商銀行(東京都) 357
高田馬場(東京都) 357
高田橋(福島県) 153
高田藩(新潟県) 466
高擶(山形県) 128
高擶駅(山形県) 128
高田町(東京都) 357
田方(富山県) 485
高田町役場(東京都) 357
高田松原(岩手県) 72
高擶村(山形県) 128
高田村(東京都) 357
高田村(愛知県) 615
高田村(福島県) 961
高田山城(千葉県) 289
高千鉱山(新潟県) 466
高千穂(宮崎県) 1031
高千穂峰(鹿児島県) 1047
高千村(新潟県) 466
多賀町(滋賀県) 660
高長橋(秋田県) 114
高津(千葉県) 289
高津(大阪府) 712
高月(滋賀県) 660
高槻(大阪府) 712
高槻藩(大阪府) 712
高辻(富山県) 485
高津新田(千葉県) 289
高津団地(千葉県) 289
高津原橋(大阪府) 712
高坪山(新潟県) 466
高津村(千葉県) 289
高津谷城(新潟県) 466
高天神城(静岡県) 588
高遠町(長野県) 540
高遠(長野県) 540
高遠城(埼玉県) 260
高遠城(長野県) 540
高遠藩(長野県) 540
旧高戸楚一郎家(岡山県) 832
高土手(長野県) 540
高殿(島根県) 815
鷹留城(群馬県) 233
高取(奈良県) 766
高取(福岡県) 961
高鳥居城(福岡県) 961
高取家住宅(佐賀県) 983
高取城(奈良県) 766
鷹取城(福岡県) 961
高取町(奈良県) 766
鷹取町(神奈川県) 426
高取山城(埼玉県) 260
高取山城(滋賀県) 660

たかと　　　　　　　　地名索引

高取山城（岡山県）	832
高梨城（長野県）	540
高梨村（新潟県）	466
高梨町（長崎県）	993
高那城遺跡（沖縄県）	1074
高鍋（宮崎県）	1031
高鍋藩（宮崎県）	1031
高輪（東京都）	357
高輪接遇所（東京都）	357
竹貫城（福島県）	153
高根沢（栃木県）	203
高根沢町（栃木県）	203
高根城（千葉県）	289
高根町（山梨県）	509
高野（滋賀県）	660
高野郷（岡山県）	832
旧高野家住宅（埼玉県）	260
多賀柵（宮城県）	94
鷹ノ巣（秋田県）	114
鷹巣（秋田県）	114
鷹の巣滝（広島県）	852
鷹巣盆地（秋田県）	114
鷹巣町（秋田県）	114
鷹巣村（秋田県）	114
高野台（東京都）	357
鷹羽山城（山口県）	882
高の原（奈良県）	766
高野原（奈良県）	766
鷹ノ原城（熊本県）	1005
鷹場（東京都）	357
高萩市（茨城県）	183
高橋（北海道）	28
高橋（静岡県）	588
高梁（岡山県）	832
高橋川（兵庫県）	741
高橋川（岡山県）	832
高梁川（岡山県）	832
高橋郡（愛知県）	615
高橋家（岩手県）	73
高橋敬一家（東京都）	357
高橋家屋敷林（東京都）	357
高橋城（静岡県）	588
高梁市立吹屋小学校（岡山県）	832
高橋新田（静岡県）	588
高橋楽工場（東京都）	357
竹迫城（熊本県）	1005
高幡（東京都）	357
高畑（奈良県）	766
高畠（山形県）	128
高旗山（滋賀県）	660
高畠町（山形県）	128
高花（秋田県）	114
高浜（茨城県）	183
高浜（大分県）	1019
高浜街道（京都府）	680
高浜線（愛媛県）	923
高浜町（石川県）	496
高原（和歌山県）	789
高原（大分県）	1019
高原（沖縄県）	1074
竹原井頓宮（大阪府）	712
高原諏訪城（岐阜県）	566
高原山（栃木県）	203
高原（鹿児島県）	1047
高原町（宮崎県）	1031
鷹番（東京都）	357
鷹番町（東京都）	357
高平宿（群馬県）	233
高平村（群馬県）	233
高部（静岡県）	588
高部宿（茨城県）	183
高部城（茨城県）	183
高船（京都府）	680
鷹部屋橋（栃木県）	203
高天ヶ原（朝鮮）	1106
高天原城（静岡県）	588
高松（岩手県）	73
高松（和歌山県）	789
高松（香川県）	906
高松駅（香川県）	906
高松港（香川県）	906
高松山（広島県）	852
高松市（香川県）	906
高松（埼玉県）	260
高松城（岡山県）	832
高松城（広島県）	852
高松城（香川県）	906
高松塚（奈良県）	766
高松塚古墳（奈良県）	766
高松藩（香川県）	906
高松干潟（三重県）	635
高松山（福島県）	153
高円山（奈良県）	766
高見（大阪府）	712
田上（新潟県）	466
田上駅（新潟県）	466
高見島（香川県）	906
田上町（新潟県）	466
高見峠（奈良県）	766
高嶺（沖縄県）	1074
鷹峰（朝鮮）	1106
高宮郡衙（広島県）	852
高宮村（滋賀県）	660
高本（千葉県）	289
高森鉱山（青森県）	59
高森城（愛媛県）	923
高森城（熊本県）	1005
鷹森城（愛媛県）	923
高森町（長野県）	540
高森山（福島県）	153
高森村（愛媛県）	923
高屋（秋田県）	114
高屋（岡山県）	832
高屋（広島県）	852
高屋城（岡山県）	832
鷹谷城（埼玉県）	261
高安（大阪府）	712
高安郡（大阪府）	712
高安山（大阪府）	712
高安城（大阪府）	712
高安山城（大阪府）	712
高屋町（岡山県）	832
高梁川東西用水（岡山県）	832
高柳（宮城県）	94
高柳（千葉県）	289
高柳銚子塚古墳（千葉県）	289
高柳村（千葉県）	289
高柳村（静岡県）	588
高山（岐阜県）	566
高山（山口県）	882
高山県（岐阜県）	566
高山郷（奈良県）	766
高山市（岐阜県）	566
高山社（群馬県）	233
高山城（岐阜県）	566
高山城（奈良県）	766
高山陣屋（岐阜県）	566
高山線（岐阜県）	566
高山茶筌の里（奈良県）	766
高山藩（岐阜県）	566
高山本線（岐阜県）	566
高山村（長野県）	540
高山村（島根県）	815
高屋村（岡山県）	832
宝（山梨県）	509
宝口樋川（沖縄県）	1074
宝島（鹿児島県）	1047
宝塚（兵庫県）	741
宝塚音楽学校（兵庫県）	741
宝塚温泉（兵庫県）	741
宝塚新温泉（兵庫県）	741
宝塚公会堂（兵庫県）	741
宝塚鉱泉株式会社（兵庫県）	741
宝塚ゴルフ倶楽部（兵庫県）	741
宝塚市（兵庫県）	741
高良岬（朝鮮）	1106
宝山（広島県）	852
田柄用水（東京都）	357
田川（福岡県）	961
田川郡（福岡県）	961
田川市（福岡県）	961
多気（三重県）	635
滝（奈良県）	766
滝穴（山口県）	882
滝ヶ原町（石川県）	496
滝川（北海道）	28
滝川（福島県）	153
滝川（千葉県）	289
滝川市（北海道）	28
薪（京都府）	680
多紀北庄（兵庫県）	741
滝久保（徳島県）	898
多紀郡（兵庫県）	742
滝尻王子（和歌山県）	789
滝坂川（群馬県）	233
田儀桜井家たたら製鉄遺跡（島根県）	
	815
滝沢（長野県）	540
滝沢（静岡県）	588
滝沢てる家（群馬県）	233
旧滝沢本陣（福島県）	153
滝山寺（愛知県）	615
多気宿（三重県）	635
滝城（埼玉県）	261
滝谷寺（福井県）	503
多気町（三重県）	635
滝野（兵庫県）	742
滝野（奈良県）	766
滝野川（東京都）	358
滝野川（兵庫県）	742
滝野川銀座（東京都）	358
滝野川村大砲製造所（東京都）	358
滝野川村反射炉（東京都）	358
滝野川村（東京都）	358
滝の城（埼玉県）	261
滝ノ城（愛媛県）	923
滝之城（埼玉県）	261
滝の拝（和歌山県）	789

地名索引　　　　　　　　　　　　　　　たちは

滝の原（大分県）	1019
滝畑（大阪府）	712
多喜浜塩田（愛媛県）	923
滝原村（島根県）	815
滝部（山口県）	882
滝部小学校（山口県）	882
滝部小学校本館（山口県）	882
高城村（鹿児島県）	1047
滝本（東京都）	358
滝山街道（東京都）	358
滝山城（東京都）	358
滝山城（愛知県）	615
滝山城（兵庫県）	742
田切村（新潟県）	466
田切橋（東京都）	358
多久（佐賀県）	983
蛇葛山（大分県）	1019
田口（群馬県）	233
田口尋常高等小学校（長野県）	540
田口村（新潟県）	466
田口町村（愛知県）	615
田口峠（長野県）	540
田口村（広島県）	852
多久の滝（佐賀県）	983
詫間城（香川県）	907
詫間町（香川県）	907
内匠城（大分県）	1019
工地（徳島県）	898
高家郷（茨城県）	183
竹内遺跡（奈良県）	766
竹内街道（大阪府）	712
武雄（佐賀県）	983
武雄温泉楼門（佐賀県）	983
岳温泉（福島県）	153
竹ヶ岡台場（神奈川県）	426
竹樫城（新潟県）	466
武川郷（埼玉県）	261
長比城（滋賀県）	661
多気山（栃木県）	203
竹下新田（東京都）	358
竹島（島根県）	815
竹嶋（島根県）	816
嵩田（沖縄県）	1074
竹田（兵庫県）	742
竹田（大分県）	1019
竹田川（広島県）	852
竹田市（大分県）	1019
竹田城（兵庫県）	742
竹田城（大分県）	1019
竹田津（大分県）	1019
竹田津川（大分県）	1019
竹田津港（大分県）	1019
竹田の滝（高知県）	939
竹田藩（兵庫県）	742
竹富（沖縄県）	1074
竹富島（沖縄県）	1074
竹富町（沖縄県）	1074
竹中村（大分県）	1019
竹野（京都府）	680
竹ノ内住宅（長野県）	540
竹ノ中村（大分県）	1019
竹橋（岡山県）	832
竹ノ花（秋田県）	114
竹の山（奈良県）	766
竹橋（東京都）	358
竹花町（神奈川県）	426

竹原（長野県）	540
竹原（岐阜県）	566
竹原（三重県）	635
竹原（広島県）	852
竹原塩田（広島県）	852
竹原市（広島県）	852
竹原村（長野県）	540
竹原町（広島県）	852
たけふ（秋田県）	114
武生（福井県）	503
武生市（福井県）	503
竹淵（大阪府）	712
竹淵馬洗池（大阪府）	712
竹淵村（長野県）	540
竹松（神奈川県）	426
高見の郷（奈良県）	766
旧竹村家住宅（長野県）	540
竹本村（埼玉県）	261
竹矢（大分県）	1019
岳山（福島県）	154
岳山（大阪府）	712
嵩山（群馬県）	233
嵩山（福井県）	503
多祁理の滝（広島県）	852
建部庄（岡山県）	832
田越川（神奈川県）	426
多胡郡（群馬県）	233
田子山（熊本県）	1005
田越坂（神奈川県）	426
田子浦村（静岡県）	588
田子の古道（静岡県）	588
多胡荘（群馬県）	233
多胡碑（群馬県）	233
多古町（千葉県）	289
田子水除土手（茨城県）	183
多胡館（群馬県）	233
蛸薬師町（京都府）	680
太宰府（福岡県）	961
大宰府（福岡県）	962
太宰府市（福岡県）	962
太歳町（広島県）	852
田沢（秋田県）	114
田沢（山形県）	128
田沢（福島県）	154
田沢温泉（長野県）	540
田沢川（長野県）	540
田沢湖（秋田県）	115
立川上名村（高知県）	939
立川下名村（高知県）	939
田染（大分県）	1019
田染小崎（大分県）	1019
田染荘（大分県）	1019
但馬（兵庫県）	742
田島（千葉県）	289
田島（神奈川県）	426
田島（静岡県）	588
田島（広島県）	852
田島町（新潟県）	466
但馬江（兵庫県）	742
田島健一家（群馬県）	233
但馬城（兵庫県）	742
但馬国（兵庫県）	742
但馬国府（兵庫県）	742
但馬村岡陣屋（兵庫県）	742
田島弥平旧宅（群馬県）	233
田島弥平家（群馬県）	234

太助灯籠（香川県）	907
田尻（宮城県）	94
田尻さくら高校（宮城県）	94
田尻宿（茨城県）	183
田尻城（和歌山県）	789
田尻町（宮城県）	94
田尻町（大阪府）	712
田尻町（広島県）	852
田代（長崎県）	993
田代駅（佐賀県）	983
田代島（宮城県）	95
田代宿（佐賀県）	983
田代牧（静岡県）	588
田耕（山口県）	882
田耕村（山口県）	882
多田（兵庫県）	742
多大浦（朝鮮）	1106
忠生（東京都）	358
忠生公園（東京都）	358
忠生村（東京都）	358
多田川（宮城県）	95
多田城（石川県）	496
糺ノ森（京都府）	680
糺町（高知県）	939
多田野（福島県）	154
忠海（広島県）	853
只海村（愛媛県）	923
忠信（山口県）	882
只見（福島県）	154
畳ヶ浦（島根県）	816
只見町（新潟県）	466
多田村（愛媛県）	923
多々羅（京都府）	680
多々良（山口県）	882
多々良（福岡県）	963
タタラの坂（秋田県）	115
多々良浜（神奈川県）	426
多々良浜（福岡県）	963
タタラ峰（新潟県）	466
舘（大分県）	1019
立会川（東京都）	358
立会川商店街（東京都）	358
大刀洗（福岡県）	963
大刀洗飛行場（福岡県）	963
立岩（山口県）	882
立川（東京都）	358
立川基地（東京都）	358
立川航空工廠（東京都）	358
立川市（東京都）	358
立川段丘上（東京都）	358
立川飛行場（東京都）	358
立川米軍基地（東京都）	358
立川町（山形県）	128
立川養豚場（東京都）	358
立川陸軍飛行場（東京都）	358
立峠（長野県）	540
立野（神奈川県）	427
立野（山口県）	882
太刀野用水（徳島県）	898
立場沢（長野県）	540
橘（神奈川県）	427
橘（山口県）	882
立花（和歌山県）	789
立花（広島県）	853
橘樹郡（神奈川県）	427
橘郷（茨城県）	183

たちは 地名索引

立花郷 (茨城県)	183	伊達市 (福島県)	154	田辺市 (和歌山県)	789
立花城 (福岡県)	963	伊達重村 (静岡県)	588	田辺町 (京都府)	680
立花台地 (佐賀県)	983	伊達城 (兵庫県)	742	田辺町 (和歌山県)	789
立花中学校 (茨城県)	183	立田 (高知県)	939	田辺藩 (和歌山県)	789
橘町 (愛知県)	615	盾津飛行場 (大阪府)	713	田辺本町 (和歌山県)	789
立花町 (福岡県)	963	館野 (千葉県)	289	谷街道 (長野県)	541
橘寺西 (奈良県)	766	館腰村 (新潟県)	466	谷川岳 (群馬県)	234
橘通り (神奈川県)	427	立野原演習場 (富山県)	485	谷川村 (群馬県)	234
立花山城 (福岡県)	963	立場 (神奈川県)	427	谷木沢楯 (山形県)	128
立部 (奈良県)	766	館林 (群馬県)	234	谷口村 (埼玉県)	261
立間郷 (愛媛県)	923	館林板倉 (群馬県)	234	谷干城別荘 (高知県)	939
立侍 (福井県)	503	館林市 (群馬県)	234	谷村 (山梨県)	509
立町 (秋田県)	115	館林城 (群馬県)	234	谷村城 (山梨県)	509
立間村 (愛媛県)	923	館林陣屋 (群馬県)	234	谷村線 (東京都)	359
立谷川 (山形県)	128	館林台宿町 (群馬県)	234	谷山池 (大阪府)	713
立足 (栃木県)	203	館林道 (群馬県)	234	田主丸町 (福岡県)	963
立足村 (栃木県)	203	館林藩 (群馬県)	234	多禰 (鹿児島県)	1047
竜江 (長野県)	540	館林藩分領 (栃木県)	203	種子島 (鹿児島県)	1047
竜丘 (長野県)	540	館林藩山形分領 (山形県)	128	種崎 (高知県)	939
竜岡陣屋 (長野県)	541	伊達藩 (宮城県)	95	種崎小学校 (高知県)	939
竜岡城五稜郭 (長野県)	541	伊達町 (福島県)	154	種差海岸 (青森県)	59
立川 (愛媛県)	923	館町 (東京都)	359	種里城 (青森県)	59
立川大溜 (佐賀県)	983	堅町 (三重県)	635	種田村 (富山県)	485
立川銅山 (愛媛県)	923	館山 (千葉県)	289	田能 (兵庫県)	743
立木村 (茨城県)	183	楯山 (山形県)	128	田ノ浦湾 (長崎県)	993
辰口 (石川県)	496	立山 (富山県)	485	田口 (愛媛県)	923
田子町 (青森県)	59	立山、大岩道しるべ (富山県)	485	田野 (長野県)	541
達者 (新潟県)	466	立山温泉 (富山県)	485	田野口陣屋 (長野県)	541
竜田 (奈良県)	766	舘山北館 (山形県)	128	田野口たたら (広島県)	853
竜台村 (千葉県)	289	館山市 (千葉県)	289	多野郡 (群馬県)	234
竜田越え (大阪府)	713	舘山城 (長崎県)	993	田野町 (高知県)	939
竜野 (兵庫県)	742	舘山城 (山形県)	128	多野藤岡 (群馬県)	234
辰野駅 (長野県)	541	立山新道 (富山県)	485	田野村 (京都府)	680
竜ノ口岩 (広島県)	853	立山防空壕 (長崎県)	993	田野村 (大分県)	1019
竜ノ口山 (岡山県)	832	舘山湾 (千葉県)	289	田面沢駅 (埼玉県)	261
辰野高校 (長野県)	541	多度 (三重県)	635	田輪ノ樋 (大阪府)	713
竜野古城 (兵庫県)	742	多度町 (三重県)	635	田輪樋 (大阪府)	713
竜野城 (兵庫県)	742	多度津 (香川県)	907	束稲山 (岩手県)	73
辰野東小学校 (長野県)	541	多度津港 (香川県)	907	田端 (東京都)	359
辰野町 (長野県)	541	多度津陣屋 (滋賀県)	661	田端村 (東京都)	359
竜野山 (岡山県)	832	多度津町 (香川県)	907	田畑村 (岐阜県)	566
巽 (大阪府)	713	多度津藩 (香川県)	907	束松峠 (福島県)	154
辰巳用水 (石川県)	496	棚井 (山口県)	882	丹波山村 (山梨県)	509
伊達 (北海道)	28	田中 (静岡県)	588	田原 (静岡県)	588
伊達 (福島県)	154	田中家煉瓦工場 (東京都)	359	田原 (奈良県)	767
舘合村集団生活所 (秋田県)	115	田中城 (静岡県)	588	田原 (宮崎県)	1031
蓼池村 (宮城県)	95	田中城 (熊本県)	1005	田原市 (愛知県)	615
立石 (神奈川県)	427	田中正造大学 (栃木県)	203	田原荘 (兵庫県)	743
立石 (福岡県)	963	田中藩 (静岡県)	588	田原藩 (愛知県)	615
立石校区 (福岡県)	963	田上 (滋賀県)	661	田原坂 (熊本県)	1005
立石村 (大分県)	1019	田上町 (滋賀県)	661	田原坂 (鹿児島県)	1047
館岩 (山形県)	128	田中遊水地 (千葉県)	290	田尾 (徳島県)	898
舘岩 (福島県)	154	棚倉 (福島県)	154	田光川 (三重県)	635
立岩 (愛媛県)	923	棚倉 (京都府)	680	田光公園 (愛知県)	615
立岩川 (宮崎県)	1031	棚倉街道 (茨城県)	183	旅来 (北海道)	28
舘岩村 (福島県)	154	棚倉城 (福島県)	154	多肥町 (香川県)	907
館岡 (青森県)	59	棚倉小学校 (京都府)	680	田平 (長崎県)	993
楯岡会所 (山形県)	128	田無 (東京都)	359	田総 (広島県)	853
楯岡城 (山形県)	128	田無駅 (東京都)	359	田布施 (山口県)	882
館岡尋常小学校 (青森県)	59	田奈弾薬庫 (神奈川県)	427	田伏 (茨城県)	183
堅川 (東京都)	358	七夕城 (新潟県)	466	田布施町 (山口県)	882
館岸城 (茨城県)	183	田名部 (青森県)	59	田淵1号製鉄 (岡山県)	832
伊達郡 (福島県)	154	田名部村 (青森県)	59	多摩 (東京都)	359
伊達郡役所 (福島県)	154	田辺 (京都府)	680	玉井窪川越場 (埼玉県)	261
伊達鉱山 (北海道)	28	田辺 (和歌山県)	789	玉井堰用水 (埼玉県)	261
伊達市 (北海道)	28	田辺港 (和歌山県)	789	玉陵 (沖縄県)	1074

1186

玉川（茨城県）	183	
玉川（東京都）	360	
玉川（長野県）	541	
玉川（静岡県）	588	
玉川（京都府）	680	
多摩川（埼玉県）	261	
多摩川（東京都）	360	
多摩川（神奈川県）	427	
玉川浦（福井県）	503	
多摩川園（東京都）	361	
玉川学園（東京都）	361	
玉川学園聖山（東京都）	361	
玉川郷（埼玉県）	261	
玉川小学校（茨城県）	183	
玉川上水（東京都）	361	
玉川上水助水堀（東京都）	361	
玉川上水堤（東京都）	361	
玉川上水野方堀（東京都）	361	
玉川ダム（愛媛県）	924	
玉川町（愛媛県）	924	
玉川電気鉄道（東京都）	361	
玉川電車（東京都）	361	
玉川屋（東京都）	361	
玉川遊園地（東京都）	361	
玉城町（三重県）	635	
玉杵名（熊本県）	1005	
多摩丘陵（東京都）	361	
玉城（沖縄県）	1074	
玉城城（沖縄県）	1074	
玉城村（沖縄県）	1074	
玉城間切（沖縄県）	1074	
多摩郡（東京都）	361	
多摩湖（東京都）	362	
多磨郡（東京都）	362	
多摩湖上堰堤（埼玉県）	261	
多摩湖町（東京都）	362	
多摩市（東京都）	362	
多摩火工廠（東京都）	362	
多摩勤労中学（東京都）	362	
多摩青年学校（東京都）	362	
玉島（岡山県）	832	
玉島川（佐賀県）	983	
玉島信用金庫（岡山県）	832	
玉島港（岡山県）	832	
多摩自由大学（東京都）	362	
田間城（千葉県）	290	
多磨全生園（東京都）	362	
多磨全生園（東京都）	362	
玉園中学校（滋賀県）	661	
田町（茨城県）	183	
田町（千葉県）	290	
多磨町（東京都）	362	
玉造（茨城県）	183	
玉造郡（宮城県）	95	
玉作郷（千葉県）	290	
玉造郷（茨城県）	183	
玉造小学校（茨城県）	183	
玉造中学校（茨城県）	183	
玉造西小学校（茨城県）	184	
玉造柵（宮城県）	95	
玉造町（茨城県）	184	
玉手（奈良県）	767	
玉電（東京都）	362	
多摩東部（東京都）	362	
多摩動物公園（東京都）	362	
玉名（熊本県）	1005	
玉名市（熊本県）	1006	
玉名飛行場（熊本県）	1006	
玉名平野（熊本県）	1006	
玉名平野条里跡（熊本県）	1006	
玉縄（神奈川県）	427	
玉縄城（神奈川県）	427	
玉生村（栃木県）	203	
多摩ニュータウン（東京都）	362	
玉庭（山形県）	128	
玉野（福島県）	154	
玉野（岡山県）	832	
玉井村（埼玉県）	261	
玉之浦（長崎県）	993	
玉原越（群馬県）	234	
玉松堂（埼玉県）	261	
玉村（茨城県）	184	
玉村（群馬県）	234	
多摩村（東京都）	362	
玉村宿（群馬県）	234	
玉村小学校（群馬県）	234	
玉村町（群馬県）	235	
玉山金山（岩手県）	73	
玉山村（岩手県）	73	
玉湯町（島根県）	816	
田丸（三重県）	635	
蛇円山（広島県）	853	
多磨霊園（東京都）	362	
田皆（鹿児島県）	1047	
田宮宿（茨城県）	184	
田麦野（山形県）	128	
田身嶺山城（奈良県）	767	
田村（福島県）	154	
田村（茨城県）	184	
田村（石川県）	496	
田村（高知県）	939	
田村郡（福島県）	154	
田村市（福島県）	154	
田村利良家（群馬県）	235	
タモカ（北海道）	28	
田母沢（栃木県）	203	
田茂沢（栃木県）	203	
多聞城（奈良県）	767	
多門通（宮城県）	95	
田谷（神奈川県）	427	
田山（岩手県）	73	
田山（京都府）	680	
多良（佐賀県）	983	
タライカ（北方地域）	4	
たらたらの滝（広島県）	853	
太良荘（福井県）	503	
多良間（沖縄県）	1074	
多良間島（沖縄県）	1074	
多良間村（沖縄県）	1074	
足山（広島県）	853	
垂井（岐阜県）	566	
垂井宿（岐阜県）	566	
垂井尋常高等小学校（岐阜県）	566	
樽川（長野県）	541	
樽田（新潟県）	466	
樽滝（長野県）	541	
樽前（北海道）	28	
樽前山（北海道）	28	
達磨坂橋（東京都）	362	
垂間野橋（福岡県）	963	
垂水（鹿児島県）	1047	
垂水なぎさ街道（兵庫県）	743	
楯門（宮崎県）	1031	
太郎丸城（広島県）	853	
太郎坊宮（滋賀県）	661	
太郎山（長野県）	541	
田渡城（茨城県）	184	
俵坂（佐賀県）	983	
田原城（愛知県）	615	
田原小学校（京都府）	680	
田原尋常高等小学校（京都府）	680	
田原の里（奈良県）	767	
田原本陣屋（奈良県）	767	
田原道（京都府）	680	
田原村（長野県）	541	
田原村（京都府）	680	
田原本（奈良県）	767	
俵本新田（青森県）	59	
俵屋新田（大阪府）	713	
俵山（山口県）	882	
俵山（熊本県）	1006	
俵山御茶屋（山口県）	882	
俵山温泉（山口県）	882	
俵山鉱山（山口県）	882	
俵山小学校（山口県）	882	
湛井堰十二ケ郷用水（岡山県）	833	
探奥羽街（東京都）	362	
段葛（神奈川県）	427	
丹賀砲台（大分県）	1019	
丹後（京都府）	680	
団子坂（東京都）	363	
丹波堰用水（京都府）	681	
丹後国（京都府）	681	
丹後半島（京都府）	681	
団子山（福島県）	154	
丹沢山（神奈川県）	427	
淡志川城（栃木県）	203	
丹治氏（東京都）	363	
男子・女子敬業学舎（神奈川県）	427	
淡州（兵庫県）	743	
弾正山陣城（愛知県）	615	
誕生寺川運河（岡山県）	833	
弾正橋（東京都）	363	
淡水河（台湾）	1116	
丹波（京都府）	681	
檀特山（新潟県）	466	
丹那トンネル（静岡県）	589	
丹那盆地（静岡県）	589	
丹南藩（大阪府）	713	
丹南村（大阪府）	713	
谷根村（新潟県）	466	
壇の浦（山口県）	882	
壇ノ浦（山口県）	882	
檀ノ浦（山口県）	883	
丹ノ木（佐賀県）	983	
丹野城（愛知県）	615	
端野兵村（北海道）	28	
丹波（近畿）	647	
丹波（京都府）	681	
丹波綾部道路（京都府）	681	
丹波越（滋賀県）	661	
丹波篠山（兵庫県）	743	
丹波篠山藩（兵庫県）	743	
丹波市（兵庫県）	743	
丹波路（京都府）	681	
丹波島宿（長野県）	541	
丹波国（近畿）	647	
丹波山（山梨県）	509	

たんは　　　　　　　　　　　　　　　　　　　　地名索引

丹原（愛媛県）･･････････････････ 924
丹波笑路城（京都府）･･････････ 681
断夫山（愛知県）･･････････････ 615

【ち】

血洗町（京都府）･･････････････ 681
小県郡（長野県）･･････････････ 541
智恵光院通（京都府）･･････････ 681
茅ヶ崎（神奈川県）････････････ 427
茅ヶ崎海岸（神奈川県）････････ 428
茅ヶ崎市（神奈川県）･･････････ 428
茅ヶ崎城（神奈川県）･･････････ 428
茅ヶ崎八景（神奈川県）････････ 428
近松道路公園（山口県）････････ 883
力石（長野県）････････････････ 541
力石（高知県）････････････････ 939
筑後（福岡県）････････････････ 963
筑後川（九州・沖縄）･･････････ 949
筑後川（福岡県）･･････････････ 963
筑後川昇開橋（佐賀県）････････ 983
筑後国（福岡県）･･････････････ 963
筑後平野（福岡県）････････････ 963
筑紫（福岡県）････････････････ 963
筑紫大津（福岡県）････････････ 964
筑紫学園（福岡県）････････････ 964
筑紫郡（福岡県）･･････････････ 964
筑紫野（福岡県）･･････････････ 964
筑紫野市（福岡県）････････････ 964
築上（福岡県）････････････････ 964
筑西市（茨城県）･･････････････ 184
筑前（福岡県）････････････････ 964
筑前大島（福岡県）････････････ 964
筑前街道（福岡県）････････････ 964
筑前国（福岡県）･･････････････ 964
筑前藩（福岡県）･･････････････ 964
筑前堀（佐賀県）･･････････････ 983
筑前六宿（福岡県）････････････ 964
筑前六宿街道（福岡県）････････ 964
千国街道（新潟県）････････････ 466
竹生島（滋賀県）･･････････････ 661
筑豊（福岡県）････････････････ 964
筑豊工業学校（福岡県）････････ 965
筑豊国（福岡県）･･････････････ 965
筑豊炭鉱（福岡県）････････････ 965
筑豊炭田（福岡県）････････････ 965
筑北（長野県）････････････････ 541
千曲（長野県）････････････････ 541
筑摩（滋賀県）････････････････ 661
千曲駅（長野県）･･････････････ 541
千曲川（長野県）･･････････････ 541
千曲川往還（長野県）･･････････ 542
筑摩県（長野県）･･････････････ 542
千曲湖（長野県）･･････････････ 542
千曲市（長野県）･･････････････ 542
千倉町（千葉県）･･････････････ 290
千久里城（富山県）････････････ 485
旧竹林院（滋賀県）････････････ 661
児泉城（埼玉県）･･････････････ 261
茅山荘（神奈川県）････････････ 428
智山中学校（東京都）･･････････ 363
千島（北海道）････････････････ 28
千島列島（北海道）････････････ 28
智積養水（三重県）････････････ 635
智頭（鳥取県）････････････････ 800

千束要害（広島県）････････････ 853
智頭町（鳥取県）･･････････････ 800
池泉庭園（山口県）････････････ 883
知多（愛知県）････････････････ 615
チダカ（鹿児島県）････････････ 1047
知多郡（愛知県）･･････････････ 615
知多半島（愛知県）････････････ 615
千々賀（佐賀県）･･････････････ 983
父木野村（広島県）････････････ 853
父島（東京都）････････････････ 363
乳の潟（新潟県）･･････････････ 466
秩父（埼玉県）････････････････ 261
秩父大野原（埼玉県）･･････････ 262
秩父市（埼玉県）･･････････････ 262
秩父路（埼玉県）･･････････････ 262
秩父道（群馬県）･･････････････ 235
秩父山（埼玉県）･･････････････ 262
秩父別町（北海道）････････････ 29
致道館（高知県）･･････････････ 939
智頭宿（鳥取県）･･････････････ 800
千歳（北海道）････････････････ 29
千歳川（北海道）･･････････････ 29
千歳川放水路（北海道）････････ 29
千歳空港（北海道）････････････ 29
千歳鉱山（北海道）････････････ 29
千歳市（北海道）･･････････････ 29
千歳線（北海道）･･････････････ 29
千歳町（北海道）･･････････････ 29
千登世橋（東京都）････････････ 363
千歳村（北海道）･･････････････ 29
千歳山（三重県）･･････････････ 635
知内（滋賀県）････････････････ 661
知名町（鹿児島県）････････････ 1047
千怒（大分県）････････････････ 1019
知念高等学校（沖縄県）････････ 1074
知念城（沖縄県）･･････････････ 1074
血ノ池（長野県）･･････････････ 542
池之内村（奈良県）････････････ 767
地ノ御前道（広島県）･･････････ 853
千葉（千葉県）････････････････ 290
千葉館（千葉県）･･････････････ 290
千葉県（千葉県）･･････････････ 290
千葉県議会議事堂（千葉県）････ 291
千葉県庁舎（千葉県）･･････････ 291
千葉高（千葉県）･･････････････ 291
千葉市（千葉県）･･････････････ 291
千葉戦車学校（千葉県）････････ 291
千葉大学（千葉県）････････････ 291
千葉大学工学部跡碑（千葉県）･･ 291
千葉鉄道（千葉県）････････････ 291
千葉町（千葉県）･･････････････ 291
千早（大阪府）････････････････ 713
千早城（大阪府）･･････････････ 713
千早城（奈良県）･･････････････ 767
千葉黎明高校（千葉県）････････ 291
チビチリガマ（沖縄県）････････ 1074
血深城（和歌山県）････････････ 789
チホイ（北海道）･･････････････ 29
池北線（北海道）･･････････････ 29
千股口（奈良県）･･････････････ 767
茶臼山城（島根県）････････････ 816
茶臼原（宮崎県）･･････････････ 1031
茶臼山（香川県）･･････････････ 907
茶が原（広島県）･･････････････ 853
茶郷川（新潟県）･･････････････ 467
チャシ跡群（北海道）･･････････ 29

茶志内（北海道）･･････････････ 29
北谷（沖縄県）････････････････ 1074
北谷町（沖縄県）･･････････････ 1075
茶壺道中街道（京都府）････････ 681
茶屋坂（東京都）･･････････････ 363
茶屋谷（高知県）･･････････････ 939
仲哀隆道（福岡県）････････････ 965
中院山荘（京都府）････････････ 681
中越（新潟県）････････････････ 467
中遠（静岡県）････････････････ 589
中奥（東北）･･････････････････ 50
中央区（埼玉県）･･････････････ 262
中央区（東京都）･･････････････ 363
中央区（新潟県）･･････････････ 468
中央区（福岡県）･･････････････ 965
中央線（東京都）･･････････････ 363
中央町（熊本県）･･････････････ 1006
中央東線（東京都）････････････ 363
中央パークアベニュー（沖縄県）･･･ 1075
中央町（大分県）･･････････････ 1019
忠犬ハチ公像（東京都）････････ 363
中国（中国）･･････････････････ 797
中国山地（中国）･･････････････ 797
中四国（四国）････････････････ 895
中条（新潟県）････････････････ 468
中条（愛知県）････････････････ 615
中条堤（埼玉県）･･････････････ 262
中条町（新潟県）･･････････････ 468
中尊寺（岩手県）･･････････････ 73
中道子山城（兵庫県）･･････････ 743
中濃軽便鉄道（岐阜県）････････ 566
中部（東海）･･････････････････ 557
中武馬車鉄道（関東）･･････････ 170
中馬街道（愛知県）････････････ 615
中馬の道（愛知県）････････････ 615
中毛（群馬県）････････････････ 235
中立舎（京都府）･･････････････ 681
千代（長野県）････････････････ 542
町石（和歌山県）･･････････････ 789
町絵（山口県）････････････････ 883
鳥海山（秋田県）･･････････････ 115
鳥海山（山形県）･･････････････ 128
張家口（満州）････････････････ 1097
長喜城（宮城県）･･････････････ 95
長久寺（福井県）･･････････････ 503
長虹（沖縄県）････････････････ 1075
長興寺（長野県）･･････････････ 542
長虹堤（沖縄県）･･････････････ 1075
張鼓峰（満州）････････････････ 1097
長左衛門新田（茨城県）････････ 184
銚子（千葉県）････････････････ 291
銚子汽船会社木下支店（千葉県）･･･ 291
銚子漁港（千葉県）････････････ 291
銚子市（千葉県）･･････････････ 292
銚子の口（福島県）････････････ 154
長者園（神奈川県）････････････ 428
長者ヶ崎（神奈川県）･･････････ 428
長者ヶ崎砲台（神奈川県）･･････ 428
長者山遺跡（茨城県）･･････････ 184
長者ぶっこみ（千葉県）････････ 292
長者堀込（千葉県）････････････ 292
長者町（京都府）･･････････････ 681
長者門（広島県）･･････････････ 853
長者屋敷（広島県）････････････ 853
長州（山口県）････････････････ 883
長州五傑碑（山口県）･･････････ 883

1188

地名索引　　　　　　　　　　　　　　　　　　　　　　　　　　　つすみ

長州台場（山口県）	883
長州藩（山口県）	883
長州藩麻布下屋敷（東京都）	363
長寿道（奈良県）	767
長助茶屋（広島県）	853
長水城（兵庫県）	743
長生郡（千葉県）	292
長生橋（新潟県）	468
朝鮮（朝鮮）	1106
朝鮮国（朝鮮）	1111
朝鮮総督府（朝鮮）	1111
朝鮮鉄道（朝鮮）	1111
朝鮮半島（朝鮮）	1111
長徳寺（高知県）	939
長白洲通り（福島県）	154
調布（東京都）	363
長府（山口県）	883
調布市（東京都）	363
長府藩（山口県）	883
調布飛行場（東京都）	364
朝穂堰（山梨県）	509
長命寺（東京都）	364
蝶葉遺跡（長野県）	542
朝陽簡易小学校（千葉県）	292
長滝寺荘園上庄（岐阜県）	566
長滝寺荘園焼野（岐阜県）	566
千代開（群馬県）	235
千代ヶ池（東京都）	364
千代ケ岡（栃木県）	203
千代ヶ崎（東京都）	364
勅使（京都府）	681
勅使街道（大分県）	1019
勅使川（兵庫県）	743
勅使塚（静岡県）	589
箸折峠（和歌山県）	789
千代村（長野県）	542
千代田（千葉県）	292
千代田（東京都）	364
千代田（広島県）	853
千代台地（神奈川県）	428
千代田区（東京都）	364
千代田町（群馬県）	235
千代田町（広島県）	853
千代田町（茨城県）	184
猪目浦（島根県）	816
知覧（鹿児島県）	1047
知覧院（鹿児島県）	1048
知覧郷（鹿児島県）	1048
知覧城（鹿児島県）	1048
知覧町（鹿児島県）	1048
知覧特攻出撃地（鹿児島県）	1048
知覧特攻平和会館（鹿児島県）	1048
知利別（北海道）	30
知利別川（北海道）	30
枕城（広島県）	853
鎮西（九州・沖縄）	949
鎮西（佐賀県）	983
珍島郡（朝鮮）	1112

【つ】

津（三重県）	635
槌山（広島県）	853
築地（新潟県）	468

津井村（兵庫県）	743
辻村（東京都）	364
通天閣（大阪府）	713
津乎の崎（滋賀県）	661
都賀（栃木県）	203
都賀（島根県）	816
塚口寺内町（兵庫県）	743
塚越（青森県）	59
津嘉山（沖縄県）	1075
塚田村（千葉県）	292
津金学校（山梨県）	509
塚野山村（新潟県）	468
塚原（神奈川県）	428
塚原（三重県）	635
塚原舘（茨城県）	184
塚堀（秋田県）	115
筑摩（長野県）	542
筑摩郡（長野県）	542
筑摩東山道（長野県）	542
筑摩湯（長野県）	542
東荷村（山口県）	883
津軽（青森県）	59
津軽石中学校（岩手県）	73
津軽海峡（青森県）	61
津軽郡（青森県）	61
津軽五所川原窯跡群（青森県）	61
つがる市（青森県）	61
津軽森林鉄道（青森県）	62
津軽西洋館（青森県）	62
津軽鉄道（青森県）	62
津軽藩（青森県）	62
津軽半島（青森県）	62
津軽平野（青森県）	62
津軽要塞（青森県）	62
津川（新潟県）	468
津川町（新潟県）	468
桃花鳥（奈良県）	767
槻大橋（岡山県）	833
月岡（新潟県）	468
月岡温泉（新潟県）	468
月ヶ瀬（奈良県）	767
月ヶ瀬温泉（奈良県）	767
月ヶ瀬村（奈良県）	767
月潟（新潟県）	468
月隈（福岡県）	965
月寒（北海道）	30
月寒官林（北海道）	30
月寒北部軍防空指揮所（北海道）	30
月寒村（北海道）	30
都岐沙羅柵（新潟県）	468
月地（兵庫県）	743
築地（東京都）	364
築地遺跡（埼玉県）	262
築地川（東京都）	364
築地郷（埼玉県）	262
築地小学校（香川県）	907
築島（大分県）	1019
月田（群馬県）	235
月舘（福島県）	154
月立（宮城県）	95
築館（宮城県）	95
月田農園（福島県）	154
月波（茨城県）	184
月野城（鹿児島県）	1048
月の岬（東京都）	364
月夜野（群馬県）	235

月夜峰（東京都）	364
津久井（神奈川県）	428
津久井郡（神奈川県）	428
津久井城（神奈川県）	428
津久井防空監視哨（神奈川県）	428
津久井町（神奈川県）	428
津久井村（神奈川県）	428
筑紫次郎（福岡県）	965
つくし野（千葉県）	292
竺志米多国（佐賀県）	983
筑紫平野（福岡県）	965
佃（東京都）	364
佃島（東京都）	364
佃村（大阪府）	713
筑波（茨城県）	184
つくばエクスプレス（関東）	170
筑波郷（茨城県）	184
筑波郡（茨城県）	184
筑波山（茨城県）	184
つくば道（茨城県）	184
筑波路（茨城県）	184
都窪丘陵（岡山県）	833
津久見（大分県）	1019
津久見工業学校（大分県）	1020
津久見市（大分県）	1020
津久見湾（大分県）	1020
九十九庵（群馬県）	235
九十九橋（福井県）	503
津久毛橋（宮城県）	95
九十九山城（奈良県）	767
造谷（茨城県）	184
柘植（三重県）	635
都祁（奈良県）	767
柘植郷（三重県）	635
都祁白石（奈良県）	767
津堅島（沖縄県）	1075
津古（福岡県）	965
津古空前（福岡県）	965
津沢（富山県）	485
津市（三重県）	636
辻町（徳島県）	898
辻堂（神奈川県）	428
辻堂演習場（神奈川県）	428
辻原（大分県）	1020
対馬（長崎県）	993
津島（愛知県）	616
津島（愛媛県）	924
対馬海峡（九州・沖縄）	949
対馬海峡（長崎県）	994
対馬市（長崎県）	994
対馬島（長崎県）	994
津島社（愛知県）	616
津島町（愛媛県）	924
対馬藩（長崎県）	994
対馬藩田代領（佐賀県）	983
辻村（福岡県）	965
辻村農園（神奈川県）	428
津城（三重県）	636
津代（鹿児島県）	1048
綴喜（京都府）	681
都筑（神奈川県）	428
筒城（京都府）	681
筒城郷（京都府）	681
綴喜郡（京都府）	681
都住（東京都）	364
鼓岡（新潟県）	468

1189

つすみ   地名索引

津積駅家（大阪府）	713	津野山（高知県）	940	鶴ヶ橋（広島県）	853
綴子（秋田県）	115	都野津村（島根県）	816	敦賀半島（福井県）	504
津田（香川県）	907	角筈村（東京都）	364	鶴が淵要害（栃木県）	203
蔦都（新潟県）	469	角牟礼城（大分県）	1020	鶴亀山（愛媛県）	924
津高郡（岡山県）	833	津野山郷（高知県）	940	敦賀屋敷（福井県）	504
津田川（大阪府）	713	椿井城（奈良県）	767	ツルガ山（大分県）	1020
津田沼（千葉県）	292	椿城（山梨県）	509	鶴川（東京都）	364
津田荘（滋賀県）	661	椿新田（千葉県）	292	鶴川温泉（大分県）	1020
津田村（大阪府）	713	椿海（千葉県）	292	剣崎村（石川県）	496
土浮（千葉県）	292	椿の本陣（大阪府）	713	剣地（石川県）	496
土浦（茨城県）	184	椿焼裏山窯（山形県）	129	剣岳（富山県）	485
土浦海軍航空隊秋田基地（秋田県）	115	燕峠（群馬県）	235	剣岳（長野県）	542
土浦市（茨城県）	184	津波敷（山口県）	883	都留郡（山梨県）	509
土浦城（茨城県）	184	燕（新潟県）	469	鶴光路町（群馬県）	235
土浦藩（茨城県）	184	燕駅（新潟県）	469	鶴子海岸（茨城県）	184
土浦藩江戸屋敷（東京都）	364	燕沢（宮城県）	95	鶴崎（大分県）	1020
土浦藩老中役屋敷（東京都）	364	燕市（新潟県）	469	鶴崎城（大分県）	1020
土浦町（茨城県）	184	燕町（新潟県）	469	鶴崎製糸工場（大分県）	1020
土崎（秋田県）	115	津藩（三重県）	636	鶴崎橋（大分県）	1020
土崎小学校（秋田県）	115	粒江村（岡山県）	833	水流迫吊橋（宮崎県）	1031
土崎港（秋田県）	115	坪（兵庫県）	743	都留市（山梨県）	509
土田荘（石川県）	496	坪井下村（岡山県）	833	鶴芝（静岡県）	589
土樋（宮城県）	95	壺神山（愛媛県）	924	釣島灯台（愛媛県）	924
土丸城（大阪府）	713	壺阪寺（奈良県）	767	鶴首岬（茨城県）	184
土丸線（大阪府）	713	壺坂峠道（奈良県）	767	鶴城（宮城県）	95
土室（千葉県）	292	坪生（広島県）	853	鶴橋（大阪府）	713
土屋（埼玉県）	262	坪生荘（広島県）	853	鶴間（関東）	170
土屋医院（長野県）	542	坪背山（島根県）	816	鶴間（東京都）	364
土谷津（千葉県）	292	壺田山城（愛知県）	616	鶴間（神奈川県）	428
土山（滋賀県）	661	坪沼（宮城県）	95	鶴舞公園（愛知県）	616
土山宿（滋賀県）	661	坪沼村（宮城県）	95	鶴牧（千葉県）	292
槌山城（広島県）	853	坪野（長野県）	542	弦巻川（東京都）	364
筒井川（大分県）	1020	つぼのいしぶみ（宮城県）	95	鶴松館（宮崎県）	1031
筒賀村（広島県）	853	壺の碑（青森県）	62	鶴見（神奈川県）	428
筒木（京都府）	681	壺の碑（宮城県）	95	鶴見川（神奈川県）	429
都筑郡（神奈川県）	428	壺屋（沖縄県）	1075	鶴見区（神奈川県）	429
筒城宮（京都府）	681	壺屋ヶ平（鹿児島県）	1048	鶴見操車場（神奈川県）	429
つつじヶ丘（東京都）	364	妻有（新潟県）	469	鶴見貯水塔（神奈川県）	429
躑躅ヶ岡（群馬県）	235	嬬恋村立東小（群馬県）	235	鶴見半島（大分県）	1020
躑躅ヶ崎館（山梨県）	509	嬬恋村（群馬県）	235	鶴屋治兵衛屋敷（奈良県）	767
筒羽野（鹿児島県）	1048	津真田（沖縄県）	1075	鶴山（秋田県）	115
筒羽野村（鹿児島県）	1048	津摩浦（島根県）	816	鶴山（広島県）	853
津積郷（大阪府）	713	ツムノ（岩手県）	73	鶴羽（香川県）	907
堤石鹸製造所（神奈川県）	428	都茂鉱山（島根県）	816	鶴羽城（香川県）	907
堤台城（千葉県）	292	都茂丸山鉱山（島根県）	816	津和地（愛媛県）	924
堤村（群馬県）	235	津守王子（大阪府）	713	津和地島（愛媛県）	924
津長の湊（兵庫県）	743	津屋崎（福岡県）	965	津和野（島根県）	816
綱木（新潟県）	469	津山（岡山県）	833	津和野（山口県）	884
繋大橋（岩手県）	73	津山機関庫（岡山県）	833	津和野路（広島県）	853
津名郡（兵庫県）	743	津山市（岡山県）	833	津和野城（島根県）	816
津名郡（徳島県）	898	津山城（岡山県）	833	津和野町（島根県）	816
津名郡衙（兵庫県）	743	津山女子専門学校（岡山県）	833	津和野藩（島根県）	816
つなし川（広島県）	853	津山町（宮城県）	95	頭振川みどりの砂防公園（山口県）	884
綱敷天満宮（兵庫県）	743	津山藩（岡山県）	833	
津名町（兵庫県）	743	津山藩邸（東京都）	364	
綱取城（福島県）	154	鶴居城（兵庫県）	743	【て】
津南町（新潟県）	469	鶴岡（山形県）	129	
常（広島県）	853	敦賀（福井県）	503	出会沢（北海道）	30
常石（広島県）	853	鶴ヶ岡城（山形県）	129	出井（東京都）	364
常竹（愛媛県）	924	敦賀郡（福井県）	504	貞山運河（宮城県）	95
常本（兵庫県）	743	敦賀港駅（福井県）	504	貞山堀（宮城県）	95
津野（高知県）	939	鶴ヶ崎順法寺城（青森県）	62	禎瑞新田（愛媛県）	924
都濃郡（山口県）	883	敦賀市（福井県）	504	帝都（東京都）	364
角沢口（山形県）	128	鶴ヶ城（福島県）	154	帝都天然公園（東京都）	365
角沢楯（山形県）	128	鶴賀城（大分県）	1020	堤北（東京都）	365
角沢村（山形県）	128	鶴が橋（長野県）	542	手打（鹿児島県）	1048

地名索引　　　　　　　てんり

手賀 (茨城県)	184
手賀 (千葉県)	292
提賀郷 (茨城県)	184
手賀小学校 (茨城県)	184
手賀新田 (茨城県)	184
手賀新田 (千葉県)	292
手形村 (秋田県)	115
手賀中学校 (茨城県)	185
手賀沼 (千葉県)	292
提賀の里 (茨城県)	185
手柄山 (兵庫県)	743
手川 (群馬県)	235
デカンショ街道 (千葉県)	292
出花 (鹿児島県)	1048
荻外荘 (東京都)	365
適塾 (大阪府)	713
出来野 (神奈川県)	429
出京町 (熊本県)	1006
出口寺内町 (大阪府)	713
出口通り (広島県)	853
天塩川 (北海道)	30
弟子屈 (北海道)	30
出島 (広島県)	853
出島 (長崎県)	994
豊島 (香川県)	907
手師学 (北海道)	30
手城川 (広島県)	853
哲学堂 (東京都)	365
哲学堂公園 (東京都)	365
哲多町 (岡山県)	833
鉄砲洲川 (東京都)	365
鉄砲町 (東京都)	365
鉄砲町 (静岡県)	589
手々知名 (鹿児島県)	1048
出戸 (埼玉県)	262
手取川 (石川県)	496
手長山 (宮城県)	95
テニアン (南洋群島)	1117
手ノ子館 (山形県)	129
出晴駅 (香川県)	907
出水川 (東京都)	365
出水通 (京都府)	681
手宮 (北海道)	30
手宮洞窟 (北海道)	30
出村 (東京都)	365
出村 (福井県)	504
出屋敷 (兵庫県)	743
出山 (新潟県)	469
手良 (長野県)	542
寺井内川 (愛媛県)	924
寺井瀟境石 (大阪府)	713
寺内 (秋田県)	115
寺尾 (神奈川県)	429
寺尾城 (神奈川県)	429
寺尾尋常高等小学校 (長野県)	542
寺川 (大阪府)	713
寺崎 (千葉県)	292
手良沢山 (長野県)	542
寺沢村 (岩手県)	73
寺師殿城 (鹿児島県)	1048
寺台 (千葉県)	292
寺台城 (千葉県)	292
寺田家住宅 (大阪府)	713
寺町 (京都府)	681
寺泊 (新潟県)	469
寺橋 (埼玉県)	262

寺部城 (愛知県)	616
寺町 (新潟県)	469
寺町 (富山県)	485
寺町 (石川県)	496
寺町 (大阪府)	713
寺町 (広島県)	853
寺町 (大分県)	1020
手良村 (長野県)	542
寺屋敷 (広島県)	853
寺屋敷川 (広島県)	854
寺屋敷峠 (広島県)	854
寺山城 (岡山県)	833
寺山砦 (埼玉県)	262
照井堰 (岩手県)	73
光岡 (大分県)	1020
照島 (鹿児島県)	1048
照屋 (沖縄県)	1075
照湯温泉 (大分県)	1020
出羽 (東北)	50
出羽街道 (宮城県)	95
出羽亀田 (秋田県)	115
出羽三山 (東北)	50
出羽三山宿坊集落 (東北)	50
出羽路 (秋田県)	115
出羽七郡 (東北)	50
出羽島 (徳島県)	898
出羽天童 (山形県)	129
出羽国 (東北)	50
出羽柵 (東北)	50
出羽矢島陣屋 (秋田県)	115
田園調布台 (東京都)	365
田恩寺 (愛知県)	616
田楽橋 (東京都)	365
天ヶ須賀村 (三重県)	636
天下溝 (兵庫県)	743
天川 (奈良県)	767
天川村三湯 (奈良県)	767
天川大弁財天社 (奈良県)	767
天川村 (奈良県)	767
天願川 (沖縄県)	1075
電機 (工業) 大学・中学校 (広島県)	854
電気試験所田無分室 (東京都)	365
電気館 (新潟県)	469
天狗 (長野県)	542
天狗岩 (青森県)	62
天狗岩堰用水 (群馬県)	235
天狗坂 (東京都)	365
天狗沢 (山梨県)	509
天狗岳 (愛媛県)	924
天狗谷古窯 (佐賀県)	984
天竺堂村 (新潟県)	469
天井川 (滋賀県)	661
天神 (群馬県)	235
天神 (福岡県)	965
天神川 (鳥取県)	800
天神川 (広島県)	854
天神山城 (岡山県)	833
天真寺新田 (神奈川県)	429
天神町 (栃木県)	203
天神町 (福岡県)	965
天神堂村 (新潟県)	469
天神通 (京都府)	681
天神橋 (栃木県)	203
天神橋通 (高知県)	940
天神原 (群馬県)	235

天神前土橋 (埼玉県)	262
天神山 (鳥取県)	800
天神山城 (埼玉県)	262
天神山城 (富山県)	485
天神山砦 (滋賀県)	661
天誅窟 (奈良県)	767
天童 (山形県)	129
田道 (東京都)	365
天童温泉 (山形県)	129
天童古城 (山形県)	129
天童市 (山形県)	129
天堂城 (石川県)	496
田道橋 (東京都)	365
田道児童遊園地 (東京都)	365
天徳寺 (滋賀県)	661
天然図画亭 (滋賀県)	661
天王 (京都府)	681
天王山 (京都府)	681
天王山電気鉄道 (京都府)	682
天王寺駅前 (大阪府)	713
天王寺公園 (大阪府)	713
天王寺村 (大阪府)	713
天王橋 (東京都)	365
伝兵衛坂 (東京都)	365
伝兵衛井筋 (長野県)	542
天母 (台湾)	1116
伝法 (大阪府)	713
伝法院 (東京都)	365
天保山 (大阪府)	713
天保山 (岡山県)	833
天包山 (宮崎県)	1031
天保山灯台 (大阪府)	714
伝法寺館 (岩手県)	73
伝法寺通 (岩手県)	73
天保の締め切り (茨城県)	185
伝法村 (静岡県)	589
天満 (新潟県)	469
天満 (大阪府)	714
天満 (和歌山県)	789
伝前田利家邸跡 (滋賀県)	661
天満天神裏 (大阪府)	714
天満橋 (岐阜県)	567
天満橋 (大阪府)	714
天満堀川 (大阪府)	714
天満屋ビル (大阪府)	714
天満山 (広島県)	854
天満宮 (大阪府)	714
天満天神 (大阪府)	714
天面山城 (大分県)	1020
天良 (群馬県)	235
天理軽便鉄道 (奈良県)	767
天理市 (奈良県)	767
天竜 (静岡県)	589
天竜川 (長野県)	542
天竜川 (静岡県)	589
天竜川 (愛知県)	616
天竜峡 (長野県)	543
天竜社 (長野県)	543
天竜橋 (鹿児島県)	1048
天竜美術館 (長野県)	543
天竜村 (長野県)	543
天領陣屋跡 (中国)	797

1191

【と】

土合村（新潟県） ･････････ 469
トア・ホテル（兵庫県） ･････ 743
戸井（埼玉県） ･････････ 262
土居（岡山県） ･････････ 833
土居（愛媛県） ･････････ 924
土肥（静岡県） ･････････ 589
土肥温泉（静岡県） ･････ 589
土井ヶ浜（山口県） ･････ 884
土肥金山（静岡県） ･････ 589
土肥港（静岡県） ･････････ 589
土肥国民学校（静岡県） ･･ 589
間御所（長野県） ･････････ 543
遠石（山口県） ･････････ 884
戸石城（岡山県） ･････････ 833
土肥実科高等女学校（広島県） 854
土居宿（岡山県） ･････････ 833
土居城（広島県） ･････････ 854
戸井線（北海道） ･････････ 30
戸井町（北海道） ･････････ 30
ドイツ皇帝博愛記念碑（沖縄県） ･･･ 1075
戸出野（富山県） ･････････ 485
土井荘（群馬県） ･････････ 235
土居原（石川県） ･････････ 496
都井岬（宮崎県） ･････････ 1031
土居屋敷（高知県） ･････ 940
東亜建設青年訓練所（千葉県） 292
東伊予（愛媛県） ･････････ 924
東延（兵庫県） ･････････ 743
東奥（東北） ･････････ 51
東温（愛媛県） ･････････ 924
東温市（愛媛県） ･････････ 924
東海（東海） ･････････ 557
桃介橋（長野県） ･････････ 543
東海軍管区（愛知県） ･････ 616
東海港（宮崎県） ･････････ 1031
東海国民学校（東京都） ･･ 365
東海市（愛知県） ･････････ 616
旧東海紙料地名発電所建物（静岡県）
　　　　　　　　　　　　 589
東海大学（東京都） ･････ 365
東海中学校（愛知県） ･････ 616
東海道（東京都） ･････････ 365
東街道（宮城県） ･････････ 95
東海道線（東海） ･････････ 557
東海道本線（東海） ･････ 557
東海村（茨城県） ･････････ 185
東海村役場（茨城県） ･････ 185
洞海湾（福岡県） ･････････ 965
東華学校（宮城県） ･････ 95
塔ヶ崎河岸（茨城県） ･････ 185
塔ヶ崎遺跡（茨城県） ･････ 185
東葛（千葉県） ･････････ 292
東金（千葉県） ･････････ 292
東金御成街道（千葉県） ･･ 293
東金市（千葉県） ･････････ 293
東金町（千葉県） ･････････ 293
十日町（広島県） ･････････ 854
銅ヶ丸鉱山（島根県） ･････ 816
道灌丘碑（東京都） ･････ 367
道灌山（東京都） ･････････ 367
東京（東京都） ･････････ 367
東京（東京都） ･････････ 371

東京運上所（東京都） ･････ 371
東京駅（東京都） ･････････ 371
東京駅丸の内本屋（東京都） 371
東京海洋大学越中島キャンパス（東京都） ･････ 371
東京9区（東京都） ･････ 371
東京郊外（東京都） ･････ 371
東京高等養蚕学校（東京都） 371
東京木挽町中央電話局（東京都） 371
東京市（東京都） ･････････ 371
東京種子同業組合（東京都） 371
東京商大予科（東京都） ･･ 371
東京女子高等師範学校（東京都） 371
東京女子大学（東京都） ･･ 371
東京真宗中学校（東京都） 371
東京新田（千葉県） ･････ 293
東京スカイツリー（東京都） 371
東京第一陸軍造兵廠（東京都） 371
東京第一陸造兵廠（東京都） 371
東京タワー（東京都） ･････ 371
東京築港（東京都） ･････ 371
東京低地（東京都） ･････ 371
東京電機大学（東京都） ･･ 372
東京都（東京都） ･････････ 372
東京都神代植物公園（東京都） 372
東京8区（東京都） ･････ 372
東京府（東京都） ･････････ 372
東京府立第六中学校（東京都） 372
東京砲兵工廠（東京都） ･･ 372
東京砲兵工廠鉄砲製造所（東京都） 372
東京山手急行電鉄（東京都） 372
東京陸軍少年通信兵学校（東京都） 372
東京陸軍少年飛行兵学校（東京都） 372
東京陸軍被服支廠（東京都） 372
東京陸軍幼年学校（東京都） 372
東京湾（千葉県） ･････････ 293
東京湾（東京都） ･････････ 372
東京湾（神奈川県） ･････ 429
東京湾運河（千葉県） ･････ 293
東京湾海堡（東京都） ･････ 373
東京湾口海堡（千葉県） ･･ 293
東京湾内定期航路（関東） 170
東京湾要塞（関東） ･････ 170
東喜連環濠（大阪府） ･････ 714
旧東宮御所（東京都） ･････ 373
東家（和歌山県） ･････････ 789
東鶏冠山（満州） ･････････ 1097
東京城（満州） ･････････ 1097
桃源寺（神奈川県） ･････ 429
島後（島根県） ･････････ 816
道後（島根県） ･････････ 816
道後（愛媛県） ･････････ 924
東行庵（山口県） ･････････ 884
東郷坂（東京都） ･････････ 373
東郷町（愛知県） ･････････ 616
東郷町（鳥取県） ･････････ 800
東郷荘（鳥取県） ･････････ 800
道後温泉（愛媛県） ･････ 924
東国（東日本） ･････････ 6
道後平野（愛媛県） ･････ 924
堂崎城（長崎県） ･････････ 994
堂崎町（長崎県） ･････････ 994
東讃（香川県） ･････････ 907
銅山越（愛媛県） ･････････ 924
東山道（京都府） ･････････ 682
東山道武蔵路（群馬県） ･･ 235

東三本木（京都府） ･････ 682
銅山峰（愛媛県） ･････････ 924
東寺（京都府） ･････････ 682
同志社今出川キャンパス（京都府） ･･ 682
同志社英学校（京都府） ･･ 682
同志社山手住宅（京都府） 682
堂島（大阪府） ･････････ 714
稲島村（新潟県） ･････････ 469
東城（広島県） ･････････ 854
東条（兵庫県） ･････････ 743
道上（広島県） ･････････ 854
道城（群馬県） ･････････ 235
東上線（関東） ･････････ 170
東城町（広島県） ･････････ 854
東上鉄道（関東） ･････････ 170
東書文庫（東京都） ･････ 373
道尻（大分県） ･････････ 1020
東信（長野県） ･････････ 543
唐人坂（佐賀県） ･････････ 984
筒針城（愛知県） ･････････ 616
東新田（静岡県） ･････････ 589
東尋坊（福井県） ･････････ 504
唐人町（福岡県） ･････････ 965
唐人町（宮崎県） ･････････ 1031
東青（青森県） ･････････ 62
島前（島根県） ･････････ 816
道前（愛媛県） ･････････ 924
東禅寺（東京都） ･････････ 373
唐船城（長崎県） ･････････ 994
東仙道（島根県） ･････････ 816
道前平野（愛媛県） ･････ 924
東総（千葉県） ･････････ 293
道祖渓（岡山県） ･････････ 834
東大寺（奈良県） ･････････ 767
東大社（千葉県） ･････････ 293
東大農場（東京都） ･････ 373
東端山（徳島県） ･････････ 898
東津（朝鮮） ･････････ 1112
東東（北海道） ･････････ 30
陶峠下一里塚（山口県） ･･ 884
堂所（宮城県） ･････････ 95
道頓堀（大阪府） ･････････ 714
道頓堀川（大阪府） ･････ 714
東平（愛媛県） ･････････ 924
東平集落（愛媛県） ･････ 924
東南（北海道） ･････････ 30
東南海（西日本） ･････････ 643
道南十二館（北海道） ･････ 30
唐丹（岩手県） ･････････ 73
当仁校区（福岡県） ･････ 965
東濃（岐阜県） ･････････ 567
塔之沢温泉（神奈川県） ･･ 429
堂の下（東京都） ･････････ 373
東庄（千葉県） ･････････ 293
東野城（茨城県） ･････････ 185
東庄町（千葉県） ･････････ 293
多武峰（奈良県） ･････････ 768
東播（兵庫県） ･････････ 743
桃原村（沖縄県） ･････････ 1075
東備（岡山県） ･････････ 834
東備塩元売捌所（広島県） 854
東備地方塩元売捌所（広島県） 854
東福寺（京都府） ･････････ 682
東武熊谷線（埼玉県） ･････ 262
東武佐野線停車場（栃木県） 203
東部小学校（群馬県） ･････ 235

地名索引　　　　　　　　　　　　　とさの

東部中学校（茨城県）	185	
東沸（北海道）	30	
道仏城（青森県）	62	
東武鉄道（関東）	170	
トウフト（北海道）	30	
同文学寮（宮崎県）	1031	
当別村（北海道）	30	
唐房（佐賀県）	984	
東北（東北）	51	
東北自動車道（埼玉県）	262	
東北縦貫自動車道（東北）	53	
東北新幹線（東日本）	6	
東北振興発電（秋田県）	115	
東北大（東北）	53	
東北大学（宮城県）	95	
東北大学史料館（宮城県）	95	
東北大学付属図書館（宮城県）	95	
東北帝国大学（宮城県）	96	
東北本線（東日本）	6	
東北町（青森県）	62	
とうほし田（愛知県）	616	
投馬国（その他）	1096	
当麻鍾乳洞（北海道）	30	
当麻町（北海道）	30	
倒松たたら址（岡山県）	834	
当麻屯田兵村（北海道）	30	
当銘（沖縄県）	1075	
同盟通信社川越分室（埼玉県）	262	
東毛（群馬県）	235	
東毛三郡（栃木県）	203	
東毛三郡（群馬県）	235	
陶冶学校（高知県）	940	
洞爺湖（北海道）	30	
堂山（香川県）	907	
堂山城（香川県）	907	
灯油村（大阪府）	714	
東予（愛媛県）	924	
陶鎔小学校（東京都）	373	
東洋町（高知県）	940	
東洋紡嶺神崎工場（兵庫県）	743	
東予市（愛媛県）	924	
東予湾（愛媛県）	925	
東リ株式会社（兵庫県）	743	
刀利村（富山県）	485	
東蓮寺藩（福岡県）	965	
塘路元村（北海道）	30	
東和田（千葉県）	293	
東和田村（千葉県）	293	
東和町（岩手県）	73	
東和町（宮城県）	96	
人牟田（沖縄県）	1075	
都営武蔵野アパート（東京都）	373	
トエヒラ（北海道）	30	
遠刈田（宮城県）	96	
遠刈田製鉄所（宮城県）	96	
十日町（新潟県）	469	
十日町市（新潟県）	469	
十津（高知県）	940	
遠田郡（宮城県）	96	
遠田郷（宮城県）	96	
十足村（静岡県）	589	
遠江（静岡県）	589	
遠江国府（静岡県）	589	
遠江国（静岡県）	589	
遠野（岩手県）	73	
当尾（京都府）	682	

多保市（京都府）	682	
遠野市（岩手県）	73	
玉米郷（秋田県）	116	
遠見（香川県）	907	
遠見ケ森山（高知県）	940	
遠山（長野県）	543	
遠山川（長野県）	543	
遠山郷（長野県）	543	
遠山邸（埼玉県）	262	
遠山村（岩手県）	73	
遠山村（宮城県）	96	
遠山村（千葉県）	293	
通（栃木県）	203	
通浜（宮城県）	1031	
戸隠（長野県）	543	
戸隠村（長野県）	543	
渡嘉敷島（沖縄県）	1075	
十勝（北海道）	30	
十勝海岸（北海道）	31	
十勝川（北海道）	31	
十勝監獄（北海道）	31	
十勝路（北海道）	31	
十勝岳（北海道）	31	
十勝岳産業開発道路記念歌碑（北海道）		
	31	
十勝岳爆発碑（北海道）	31	
十勝鉄道（北海道）	32	
十勝国郡（北海道）	32	
十勝太（北海道）	32	
斗賀野（高知県）	940	
利鎌山城（広島県）	854	
栂牟礼海軍防備隊（大分県）	1020	
トカラ列島（鹿児島県）	1048	
外川山（山形県）	129	
時打（広島県）	854	
鴇ヶ森城（愛媛県）	925	
都幾川（埼玉県）	262	
鴇崎（千葉県）	293	
時沢集落（山形県）	129	
土岐城（広島県）	854	
土器田（愛知県）	616	
鴇波（宮城県）	96	
時の鐘（埼玉県）	262	
富来町（石川県）	496	
時水城（新潟県）	469	
戸切（福岡県）	965	
常盤（山口県）	884	
常盤湖（山口県）	884	
常盤公園（山口県）	884	
常磐高等女学校（茨城県）	185	
常盤平団地（千葉県）	293	
常盤町（宮城県）	96	
常磐南部炭田（茨城県）	185	
常盤橋（山形県）	129	
常磐橋（福岡県）	965	
常磐橋（東京都）	373	
徳岡（岩手県）	73	
得川（群馬県）	235	
徳川園（愛知県）	616	
徳願寺山城（静岡県）	590	
徳定村（福島県）	154	
徳山（山口県）	884	
徳地（兵庫県）	743	
徳地（山口県）	884	
徳地町（山口県）	884	
徳島（徳島県）	898	

徳島県（徳島県）	899	
徳島市（徳島県）	899	
徳島市役所（徳島県）	899	
徳島城（徳島県）	899	
徳島城表御殿庭園（徳島県）	900	
徳島藩（徳島県）	900	
徳宿（茨城県）	185	
徳丹城（岩手県）	73	
渡具知（沖縄県）	1075	
土口村（長野県）	543	
土口八景（長野県）	543	
独島（朝鮮）	1112	
徳時（鹿児島県）	1048	
徳之島（鹿児島県）	1048	
徳之島高校（鹿児島県）	1049	
得橋郷（石川県）	496	
徳兵衛滝（東京都）	373	
徳丸（東京都）	373	
徳丸原（東京都）	373	
徳山（石川県）	496	
徳山海軍燃料廠（山口県）	884	
徳山共栄社（山口県）	884	
徳山市（山口県）	884	
徳山乗降場（山口県）	884	
徳山市立第三中学校（山口県）	884	
徳山線（岐阜県）	567	
徳山電気軌道（山口県）	884	
徳山藩（山口県）	884	
徳山村（岐阜県）	567	
徳山要港（山口県）	884	
徳山湾（山口県）	884	
戸倉（群馬県）	235	
戸倉（長野県）	543	
十倉（千葉県）	293	
戸倉温泉（長野県）	543	
戸倉城（東京都）	373	
戸倉城（静岡県）	590	
戸越公園（東京都）	373	
床島堰（福岡県）	965	
戸越村（東京都）	373	
トコドの沼（東北）	53	
常浪川（新潟県）	469	
常滑（愛知県）	616	
常滑藩（愛知県）	616	
ドコービル鉄道（千葉県）	293	
床舞（青森県）	62	
常呂（北海道）	32	
所口村（石川県）	496	
所子（鳥取県）	801	
所沢（埼玉県）	262	
所沢駅（埼玉県）	262	
所沢街道（埼玉県）	262	
所沢市（埼玉県）	262	
所沢道（東京都）	373	
常呂町（北海道）	32	
野老山（高知県）	940	
土佐（高知県）	940	
土佐街道（西日本）	643	
鳥坂寺（大阪府）	714	
戸崎（千葉県）	293	
土佐銀行（高知県）	942	
土佐市（高知県）	942	
土佐路（高知県）	942	
土佐清水市（高知県）	942	
土佐電気鉄道（高知県）	942	
土佐国（高知県）	942	

1193

とさは   地名索引

土佐橋 (高知県) ……………… 942	戸塚宿 (神奈川県) …………… 429	舎人町 (愛知県) …………… 616
土佐藩 (高知県) ……………… 942	十津川 (奈良県) …………… 768	殿居郵便局舎 (山口県) …… 884
土佐藩品川下屋敷 (東京都) … 373	十津川温泉郷 (奈良県) …… 768	殿ヶ谷戸庭園 (東京都) …… 375
十三湊 (青森県) ……………… 62	十津川郷 (奈良県) ………… 768	戸ノ口原 (福島県) ………… 155
土佐村 (高知県) ……………… 943	十津川村 (奈良県) ………… 768	都於郡 (宮崎県) …………… 1032
土佐山田町 (高知県) ………… 943	戸次 (大分県) …………… 1020	殿様街道 (北海道) ………… 32
戸沢 (山形県) ………………… 129	戸次川 (大分県) …………… 1020	殿様街道 (愛知県) ………… 616
砥沢 (長野県) ………………… 543	とっくり村 (岐阜県) ……… 567	殿様の腰掛石 (広島県) …… 854
砥沢村 (群馬県) ……………… 236	頓化原 (茨城県) …………… 185	殿島区 (長野県) …………… 543
トーサンケヲマヱ (北海道) … 32	取香種苗場 (千葉県) ……… 293	殿島城 (長野県) …………… 543
戸島 (愛媛県) ………………… 925	取香牧 (千葉県) …………… 293	登野城村 (沖縄県) ………… 1075
飛島 (岡山県) ………………… 834	捕込 (千葉県) ……………… 293	外之原町 (愛知県) ………… 616
豊島 (東京都) ………………… 373	友貞沖田 (佐賀県) ………… 985	鳥海柵 (岩手県) …………… 73
豊島区 (東京都) ……………… 374	戸蔦村 (北海道) …………… 32	殿山 (東京都) ……………… 375
豊島郡 (東京都) ……………… 374	突渡岬 (神奈川県) ………… 430	鳥羽 (三重県) ……………… 636
豊島郡衙 (東京都) …………… 374	鳥取 (福島県) ……………… 154	鳥羽金剛心院領 (全国) …… 1
豊島氏居館 (東京都) ………… 374	鳥取 (鳥取県) ……………… 801	土橋 (東京都) ……………… 375
豊島市場 (東京都) …………… 374	鳥取県 (鳥取県) …………… 801	鳥羽城 (三重県) …………… 636
豊島線 (東京都) ……………… 374	鳥取市 (鳥取県) …………… 802	鳥羽小学校 (三重県) ……… 636
豊島屋 (東京都) ……………… 374	鳥取城 (鳥取県) …………… 802	鳥羽造船所 (三重県) ……… 636
豊島屋酒造の大ケヤキ (東京都) … 374	鳥取藩 (鳥取県) …………… 802	戸畑 (大分県) …………… 1020
利光村 (大分県) …………… 1020	鳥取藩台場 (鳥取県) ……… 803	鳥羽電機製作所 (三重県) … 636
トシユンベツ (北海道) ……… 32	鳥取平野 (鳥取県) ………… 803	騰波ノ江 (茨城県) ………… 185
戸定が丘 (千葉県) …………… 293	鳥取邑 (福島県) …………… 154	鳥羽伏見 (京都府) ………… 682
道修町 (大阪府) ……………… 714	十綱橋 (福島県) …………… 155	鳥羽村 (福井県) …………… 504
鳥栖 (佐賀県) ………………… 984	土手 (宮城県) ……………… 96	鳶ヶ巣砦 (愛知県) ………… 616
鳥栖駅 (佐賀県) ……………… 984	都電 (東京都) ……………… 374	飛島 (山形県) ……………… 129
鳥栖駅操車場 (佐賀県) ……… 984	都電杉並線 (東京都) ……… 374	飛島 (長崎県) ……………… 994
鳥栖機関区 (佐賀県) ………… 984	菟道 (京都府) ……………… 682	とびしま海道 (広島県) …… 854
鳥栖市 (佐賀県) ……………… 984	土塔原 (群馬県) …………… 236	飛田給 (東京都) …………… 375
鳥栖城 (愛知県) ……………… 616	百々川 (長野県) …………… 543	飛地山 (千葉県) …………… 294
鳥栖町 (佐賀県) ……………… 985	富海 (山口県) ……………… 884	飛火野 (奈良県) …………… 768
答志島 (三重県) ……………… 636	トドメキ (秋田県) ………… 116	戸部 (愛知県) ……………… 616
戸田 (埼玉県) ………………… 262	等々力 (東京都) …………… 374	砥部川 (愛媛県) …………… 925
戸田 (神奈川県) ……………… 429	轟木宿 (佐賀県) …………… 985	戸部橋 (神奈川県) ………… 430
戸田 (静岡県) ………………… 590	轟橋 (高知県) ……………… 943	戸部村 (長野県) …………… 543
戸田 (大阪府) ………………… 714	轟発電所 (宮崎県) ………… 1031	戸部役所 (神奈川県) ……… 430
戸田河岸 (埼玉県) …………… 262	鳥名木 (茨城県) …………… 185	トヘンチヒラ (北海道) …… 32
戸田市 (埼玉県) ……………… 262	渡名喜島 (沖縄県) ………… 1075	唐干田 (熊本県) ………… 1006
富田城 (島根県) ……………… 816	戸無瀬 (大分県) …………… 1020	トホロ (北海道) …………… 32
戸田の渡し (埼玉県) ………… 262	戸波 (高知県) ……………… 943	戸蔀郷 (山形県) …………… 129
戸田の渡し (東京都) ………… 374	斗南 (青森県) ……………… 62	苫小牧 (北海道) …………… 32
戸田村 (静岡県) ……………… 590	礪波 (北海道) ……………… 32	苫小牧市 (北海道) ………… 32
土生田楯 (山形県) …………… 129	礪波 (富山県) ……………… 485	富松 (兵庫県) ……………… 743
土生田村 (山形県) …………… 129	礪波郡 (富山県) …………… 485	富松城 (兵庫県) …………… 743
栃尾 (新潟県) ………………… 469	戸波城 (高知県) …………… 943	苫米地橋 (青森県) ………… 62
栃尾郷 (新潟県) ……………… 469	礪波詰所 (富山県) ………… 485	泊ヶ内 (大分県) ………… 1020
栃尾鉄道 (新潟県) …………… 469	礪波鉄道 (富山県) ………… 486	泊村 (鳥取県) ……………… 803
栃尾又温泉 (新潟県) ………… 469	斗南藩 (青森県) …………… 62	泊村 (北海道) ……………… 32
栃木 (栃木県) ………………… 203	礪波平野 (富山県) ………… 486	富内線 (北海道) …………… 32
栃木県 (栃木県) ……………… 204	利根 (群馬県) ……………… 236	富浦 (千葉県) ……………… 294
栃木県庁 (栃木県) …………… 204	利根 (千葉県) ……………… 293	富浦町 (千葉県) …………… 294
栃木県庁舎 (栃木県) ………… 204	利根運河 (千葉県) ………… 293	富江 (長崎県) ……………… 994
栃木県道266号中塩原板室那須線 (栃木県) ……………… 205	利根川 (茨城県) …………… 185	富雄 (奈良県) ……………… 768
栃木県南 (栃木県) …………… 205	利根川 (群馬県) …………… 236	富岡 (群馬県) ……………… 236
栃木市 (栃木県) ……………… 205	利根川 (埼玉県) …………… 262	富岡 (神奈川県) …………… 430
栃木路 (栃木県) ……………… 205	利根川 (千葉県) …………… 293	富岡銀行 (群馬県) ………… 236
栃原 (兵庫県) ………………… 743	利根川 (東京都) …………… 374	富岡市 (群馬県) …………… 236
栃原村 (大分県) …………… 1020	利根川筋赤岩航路 (埼玉県) … 263	富岡城 (茨城県) …………… 185
栃山神 (福島県) ……………… 154	利根川遊水地 (千葉県) …… 294	富岡城 (徳島県) …………… 900
戸塚 (神奈川県) ……………… 429	利根郡 (群馬県) …………… 236	富岡製糸場 (群馬県) ……… 236
十束 (静岡県) ………………… 590	利根沼田 (群馬県) ………… 236	富岡町 (徳島県) …………… 900
戸塚駅 (神奈川県) …………… 429	利根沼田北部 (群馬県) …… 236	富岡町 (群馬県) …………… 237
戸塚区 (神奈川県) …………… 429	利根村 (群馬県) …………… 236	富岡村 (静岡県) …………… 590
戸塚競馬場 (神奈川県) ……… 429	舎人 (東京都) ……………… 375	富ヶ尾 (鹿児島県) ……… 1049
	舎人線 (東京都) …………… 375	登美ヶ丘 (奈良県) ………… 768

地名索引　　　　　　　　　　　　　　　　　　　　　　　　ないえ

富来（大分県）	1020
豊見城（沖縄県）	1075
豊見城村（沖縄県）	1075
富蔵ダム（長野県）	543
富沢（宮城県）	96
旧富沢家住宅（群馬県）	237
富沢村（静岡県）	590
富沢村（福島県）	155
富水（神奈川県）	430
富洲原（三重県）	636
富田（三重県）	636
富高（宮崎県）	1032
富田川（和歌山県）	789
富田川（山口県）	884
富田川伝染病院（和歌山県）	789
富田御殿（山口県）	884
富田庄（愛知県）	616
富田中村（香川県）	907
富塚町（神奈川県）	430
富永（新潟県）	469
富並八景（山形県）	129
富之保（岐阜県）	567
富村（宮城県）	96
富野村（福島県）	155
富張城（栃木県）	205
富安川（和歌山県）	790
富山（千葉県）	294
富吉飛行場（栃木県）	205
登米（宮城県）	96
どめき（和歌山県）	790
登米市（宮城県）	96
登米町（宮城県）	96
鞆（広島県）	854
巴川（茨城県）	185
巴川（静岡県）	590
巴川（愛知県）	616
鞆ヶ浦（広島県）	854
友ヶ島（和歌山県）	790
友ヶ嶋（和歌山県）	790
鞆軽便鉄道（広島県）	854
鞆港（広島県）	854
鞆城（広島県）	854
友竿ぐすく（鹿児島県）	1049
鞆町（広島県）	854
鞆の浦（広島県）	854
鞆の津塔（広島県）	855
鞆の津（広島県）	855
鞆淵荘（和歌山県）	790
友部（茨城県）	185
友安（大分県）	1020
戸森（鹿児島県）	1049
戸守郷（埼玉県）	263
友利元島遺跡（沖縄県）	1075
鳥屋（宮城県）	96
鳥屋城（和歌山県）	790
鳥屋城（大分県）	1020
鳥谷野（福島県）	155
外山（愛媛県）	925
戸山（東京都）	375
富山（富山県）	486
富山大橋（富山県）	486
富山県（富山県）	486
富山市（富山県）	487
戸山城（福島県）	155
富山城（富山県）	487
戸山荘（愛知県）	616

富山藩（富山県）	487
富山飛行場（富山県）	487
富山平野（富山県）	487
富山湾（富山県）	487
豊井村（長野県）	543
豊浦町（北海道）	32
豊岡（静岡県）	590
豊岡（兵庫県）	744
豊岡（大分県）	1020
豊岡京極領（兵庫県）	744
豊岡県（京都府）	682
豊岡市（兵庫県）	744
豊岡市民会館（兵庫県）	744
豊岡城（兵庫県）	744
豊岡陣屋（兵庫県）	744
豊岡藩（兵庫県）	744
豊川（愛知県）	616
豊川稲荷（愛知県）	616
豊川海軍工廠（愛知県）	616
豊川工廠（愛知県）	617
豊川市（愛知県）	617
豊川鉄道（愛知県）	617
旧豊川電話中継所（愛知県）	617
豊川油田（秋田県）	116
豊国（九州・沖縄）	949
豊国酒造（福島県）	155
豊頃（北海道）	32
豊頃町（北海道）	32
豊栄（広島県）	855
豊崎（大分県）	1021
豊碕（大阪府）	714
豊里（北海道）	32
豊沢（静岡県）	590
豊四季（千葉県）	294
豊四季台団地（千葉県）	294
豊四季団地（千葉県）	294
豊茂（愛媛県）	925
豊科（長野県）	543
豊洲（東京都）	375
豊住村（千葉県）	294
豊田（静岡県）	590
豊田（愛知県）	617
豊田（奈良県）	768
豊田郡（静岡県）	590
豊田郡（広島県）	855
豊田市（愛知県）	617
豊田城跡碑（岩手県）	73
豊田小学校（新潟県）	469
豊田町（山口県）	884
豊田本村（埼玉県）	263
豊多摩（東京都）	375
豊田村（茨城県）	185
豊田村（長野県）	543
豊田屋（群馬県）	237
豊津（広島県）	965
豊津高等学校（福岡県）	966
豊津町（福岡県）	966
豊富（山梨県）	509
豊中（大阪府）	714
豊永（高知県）	943
豊中市（大阪府）	714
豊中町（香川県）	907
豊根村（愛知県）	617
豊の国（大分県）	1021
豊野町（長野県）	543
豊羽鉱山（北海道）	32

豊橋（愛知県）	617
豊橋松操高等女学校（愛知県）	617
豊橋第一陸軍予備士官学校（愛知県）	617
豊橋陸軍予備士官学校（愛知県）	617
豊浜（愛知県）	617
豊浜漁港（愛知県）	617
豊浜町（愛知県）	617
豊浜郵便局（愛知県）	617
豊原城（福井県）	504
豊平（北海道）	32
豊平（広島県）	855
豊平川（北海道）	32
十余三（千葉県）	294
とよみ大橋（沖縄県）	1075
豊実発電所（新潟県）	469
樋脇（鹿児島県）	1049
虎ヶ岡城（埼玉県）	263
虎御前山（滋賀県）	661
虎ノ門（東京都）	375
東浪見砂鉄鉱山（千葉県）	294
東浪見村（千葉県）	294
鳥居松村（愛知県）	617
鳥居本宿（滋賀県）	661
鳥居領（兵庫県）	744
鳥越（東京都）	375
鳥越（鳥取県）	803
鳥越坂（秋田県）	116
鳥越城（新潟県）	469
鳥越楯（山形県）	129
鳥越村（石川県）	496
鳥坂城（新潟県）	469
鳥島（東京都）	375
鳥島（宮崎県）	1032
鳥島（鹿児島県）	1049
鳥島（沖縄県）	1075
都立大学（東京都）	375
取手宿（茨城県）	185
取手宿本陣（茨城県）	185
鷲子（茨城県）	185
鳥見役所（東京都）	375
鳥屋（神奈川県）	430
杜陵（岩手県）	73
登呂（静岡県）	590
洞川温泉郷（奈良県）	768
泥田城（広島県）	855
泥田廃寺（岩手県）	73
十和（高知県）	943
戸渡（福島県）	155
十和田湖（青森県）	62
十和田湖（秋田県）	116
戸渡牧場（福島県）	155
曇華院前町（京都府）	682
屯鶴峯地下壕（奈良県）	768
頓田（福岡県）	966
富田林（大阪府）	714
ドンデン山（新潟県）	469
どんどん橋（東京都）	375
とんぼ橋（埼玉県）	263

【な】

奈井江（北海道）	32
奈井江小学校（北海道）	32
奈井江町（北海道）	32

1195

ないか 地名索引

内海御台場（東京都）	375	
内郷村（愛媛県）	925	
内湖（滋賀県）	661	
内藤新宿（東京都）	375	
内幌（北方地域）	4	
音内村（秋田県）	116	
苗場山塔（新潟県）	470	
奈江村（北海道）	33	
直入郡（大分県）	1021	
直入町（大分県）	1021	
直江兼続橋（山形県）	129	
直江石堤（山形県）	129	
直江津（新潟県）	470	
直島（香川県）	907	
直島諸島（香川県）	907	
中（千葉県）	294	
那珂（茨城県）	185	
那珂（福岡県）	966	
中悪水芝川堤（埼玉県）	263	
中新井村（東京都）	375	
永井（群馬県）	237	
長井（山形県）	129	
長井（栃木県）	205	
長井（神奈川県）	430	
長井坂（和歌山県）	790	
永井宿（群馬県）	237	
中井城（茨城県）	185	
中居城（茨城県）	185	
中泉（静岡県）	590	
中泉高等女学校（静岡県）	590	
中泉荘（栃木県）	205	
長井村（和歌山県）	790	
中井町（神奈川県）	430	
長井村（神奈川県）	430	
長岩城（福岡県）	966	
中魚沼（新潟県）	470	
中魚沼郡（新潟県）	470	
長浦干拓地（千葉県）	294	
長柄（神奈川県）	430	
長柄村（神奈川県）	430	
中尾（山梨県）	509	
長尾（神奈川県）	430	
長尾（香川県）	907	
長岡（新潟県）	470	
長岡駅（新潟県）	470	
長岡京（京都府）	682	
長岡京市（京都府）	682	
長岡郡（高知県）	943	
長岡郡家（高知県）	943	
長岡市公会堂（新潟県）	470	
長岡市（新潟県）	470	
長岡城（新潟県）	471	
中岡村（福井県）	504	
仲御徒町（東京都）	375	
長岡町（静岡県）	590	
長岡藩（新潟県）	471	
長尾川堰用水（千葉県）	294	
長尾金山（長野県）	544	
中小坂鉄山（群馬県）	237	
中尾城（兵庫県）	744	
長尾城（愛媛県）	925	
長尾堰（長野県）	544	
中尾村（山梨県）	509	
長尾町（香川県）	907	
長尾藩（千葉県）	294	
長尾村（愛知県）	617	

長尾山（鹿児島県）	1049	
中垣内越え（大阪府）	714	
中柏木（青森県）	62	
中頭方東宿（沖縄県）	1075	
中頭方西宿（沖縄県）	1075	
中頭方東海道（沖縄県）	1075	
中河（福井県）	504	
中川（山形県）	129	
中川（埼玉県）	263	
中川（東京都）	375	
中川（神奈川県）	430	
中川（長野県）	544	
中川（山口県）	884	
那珂川（茨城県）	185	
那珂川（栃木県）	205	
那賀川（徳島県）	900	
中川運河（愛知県）	617	
那珂川水府橋（茨城県）	185	
中河村（福井県）	504	
中河内（大阪府）	714	
中川町（北海道）	33	
那賀川町（徳島県）	900	
中川低地（埼玉県）	263	
中川根町（静岡県）	590	
中川原（大阪府）	715	
中川番所（東京都）	375	
中川東小学校（長野県）	544	
那珂川町（栃木県）	205	
中川村（山形県）	129	
中川村（千葉県）	294	
中川村（長野県）	544	
中川村東小学校（長野県）	544	
中北（熊本県）	1006	
中区（神奈川県）	430	
中区（愛知県）	617	
中城（沖縄県）	1075	
中城御殿（沖縄県）	1075	
中城城（沖縄県）	1075	
中城湾（沖縄県）	1075	
長久手（愛知県）	618	
長久手村（愛知県）	618	
長久保（茨城県）	185	
長久保（東京都）	375	
長久保の滝（東京都）	375	
中熊（大分県）	1021	
中熊村（大分県）	1021	
中区役所（神奈川県）	430	
長倉駅（長野県）	544	
長倉城（茨城県）	185	
那珂郡（茨城県）	185	
那賀郡（和歌山県）	790	
那賀郡（島根県）	816	
那賀郡（徳島県）	900	
那賀郡衙（茨城県）	186	
中郡古道（広島県）	855	
中郡盲人学校（神奈川県）	430	
名加家住宅（大阪府）	715	
中高（長野県）	544	
那賀郷（宮崎県）	1032	
中高野街道（大阪府）	715	
中駒込（東京都）	375	
長狭（千葉県）	294	
中斉田村（群馬県）	237	
長坂（神奈川県）	430	
長坂（山梨県）	509	
長坂駅（山梨県）	510	

長崎（東京都）	375	
長崎（長崎県）	994	
長崎海軍伝習所（長崎県）	996	
長崎会所（長崎県）	996	
長崎街道（福岡県）	966	
長崎蔵屋敷（長崎県）	996	
長崎県（長崎県）	996	
長崎港（北海道）	33	
長崎港（長崎県）	997	
長崎市（長崎県）	997	
長崎城（山形県）	129	
長崎製鉄所（長崎県）	997	
長崎台場（長崎県）	997	
長崎町（長崎県）	997	
長崎堤防（鹿児島県）	1049	
長崎奉行所（長崎県）	997	
長崎砲台（長崎県）	997	
長崎村（東京都）	376	
長作（千葉県）	294	
中礼内村（北海道）	33	
中郷（静岡県）	590	
中里（青森県）	62	
中里（千葉県）	294	
中里（東京都）	376	
中里（長崎県）	997	
中里館（山形県）	130	
中里国民学校（東京都）	376	
中里小学校（東京都）	376	
仲里村（沖縄県）	1076	
中里発電所（茨城県）	186	
中里村（群馬県）	237	
中里村（佐賀県）	985	
長沢（神奈川県）	430	
長沢（愛知県）	618	
中沢城（新潟県）	471	
中沢小学校（長野県）	544	
中沢田（静岡県）	590	
中沢堤（山梨県）	510	
長沢砦（新潟県）	471	
永沢二ツ谷（福井県）	504	
長沢村（静岡県）	590	
長沢原城（新潟県）	471	
那珂市（茨城県）	186	
永志田（宮城県）	96	
中志段味（愛知県）	618	
中志段味村（愛知県）	618	
中七番（愛媛県）	925	
長篠（愛知県）	618	
長篠設楽原（愛知県）	618	
長篠城（愛知県）	618	
中標津町（北海道）	33	
中島（東京都）	376	
中島（新潟県）	471	
中島（大阪府）	715	
長島（栃木県）	205	
長島（滋賀県）	661	
長島（鹿児島県）	1049	
長島愛生園（高知県）	943	
中島池（宮城県）	96	
中島軽金属（東京都）	376	
中島蕉園（沖縄県）	1076	
中島田（山口県）	884	
長島ダム（静岡県）	590	
中島知久平邸（群馬県）	237	
中島町（石川県）	496	
中島町（高知県）	943	

中嶋宮（鹿児島県） 1049
中島飛行機（群馬県） 237
中島飛行機浅川工場（東京都） 376
中島飛行機大谷地下工場（東京都） 376
中島飛行機荻窪工場（東京都） 376
中島飛行機小泉製作所（群馬県） 237
中島飛行機製作所（東京都） 376
中島飛行機製作所阿見出張所（茨城県） 186
中島飛行機多摩製作所（東京都） 376
中島飛行機東京工場（東京都） 376
中島飛行機三鷹研究所（東京都） 376
中島飛行機武蔵製作所（東京都） 376
中島飛行機武蔵野工場（東京都） 377
中島飛行機武蔵野製作所（東京都） 377
中嶋村（静岡県） 590
中宿村（滋賀県） 661
中庄（岡山県） 834
中城（埼玉県） 263
中条（埼玉県） 263
中庄駅（岡山県） 834
中庄小学校（岡山県） 834
中庄村（岡山県） 834
中庄中学校（岡山県） 834
中条村（長野県） 544
中新田（神奈川県） 430
中新田命山（静岡県） 590
中陣砦（富山県） 487
中洲（福岡県） 966
長洲（大分県） 1021
中須賀（大分県） 1021
中須川（長崎県） 997
中筋陣屋（兵庫県） 744
中筋村（兵庫県） 744
長洲荘（兵庫県） 744
長瀬川（福島県） 155
長瀬川（大阪府） 715
中関村（長野県） 544
中瀬村（福島県） 155
中瀬村（埼玉県） 263
中山道（東京都） 377
中仙道（東京都） 378
中田（石川県） 496
中田（大分県） 1021
長田（兵庫県） 744
長田（長崎県） 997
長田（宮崎県） 1032
中台（東京都） 378
中田駅（青森県） 62
中高（鳥取県） 803
長滝（和歌山県） 790
名方郡（徳島県） 900
中竹田村（兵庫県） 744
長武山（栃木県） 205
中立売通（京都府） 682
永田町（東京都） 378
長田町（岩手県） 73
中谷（高知県） 943
中谷金山（山形県） 130
長田分教場（山口県） 885
永田村（長野県） 544
中田村（神奈川県） 430
中千島（北海道） 33
中町（東京都） 378
中町（三重県） 636
中町（佐賀県） 985

仲町（埼玉県） 263
長善館（新潟県） 471
中津（愛媛県） 925
中津（大分県） 1021
中津江村（大分県） 1021
中津川（山形県） 130
中津川（岐阜県） 567
中津川（徳島県） 900
仲津郡（福岡県） 966
中津市（大分県） 1021
中津城（大分県） 1021
中津井（岡山県） 834
中津井庄（岡山県） 834
中津町（大分県） 1021
中津藩（大分県） 1021
中妻村（福島県） 155
中ツ道（奈良県） 768
中津村（和歌山県） 790
長面浦（宮城県） 96
中寺町（大阪府） 715
長門（山口県） 885
長堂川（沖縄県） 1076
中塔城（長野県） 544
中藤村（東京都） 378
中通（新潟県） 471
長床（宮城県） 96
中土佐（高知県） 943
中土佐町（高知県） 943
長門市（山口県） 885
長門城（山口県） 885
長門国（山口県） 885
中泊（青森県） 62
仲泊遺跡（沖縄県） 1076
長瀞（宮城県） 96
長瀞（埼玉県） 263
長瀞城（山形県） 130
長瀞本楯（山形県） 130
中納屋町（三重県） 636
中新川（富山県） 487
中新田（宮城県） 96
中新田町（宮城県） 96
長沼（福島県） 155
長沼（千葉県） 294
長沼（東京都） 378
長沼（長野県） 544
永沼家住宅（福岡県） 966
長沼城（長野県） 544
長沼町（北海道） 33
長沼村（栃木県） 205
中根（愛知県） 618
長根（宮城県） 96
中野（福島県） 155
中野（東京都） 378
中野（神奈川県） 430
中野（長野県） 544
中野（広島県） 855
中野（山口県） 885
中野（香川県） 907
長野（長野県） 544
中農人町（大阪府） 715
長野運動公園（長野県） 545
長野駅（長野県） 545
長野大通り（長野県） 545
中之川（愛媛県） 925
中ノ川山（山口県） 885
長野岩海（長野県） 545

中野区（東京都） 378
中ノ口川（新潟県） 471
中ノ口村（新潟県） 471
長野（長野県） 545
長野県染織講習所（長野県） 546
長野県中教院（長野県） 546
中野高等家政女学校（東京都） 378
中野公民館（長野県） 546
中之郷村（愛知県） 618
中野市（長野県） 546
長野市（長野県） 546
中島（愛媛県） 925
中之島（新潟県） 471
中之島（大阪府） 715
中之島公園（大阪府） 715
中之島図書館（大阪府） 715
中之島町（新潟県） 471
長野宿（三重県） 636
中ノ城（和歌山県） 790
中野城（和歌山県） 790
仲荘（兵庫県） 744
長野城（長野県） 546
中野小学校（長野県） 546
長野商工会館（長野県） 546
中之条小学校（群馬県） 237
中之条中学校（群馬県） 237
中之条盆地（群馬県） 237
中之条町（群馬県） 237
中之条町立第三小学校（群馬県） 238
中之条町立西中学校（群馬県） 238
中関（山口県） 885
長野堰（群馬県） 238
長野線（大阪府） 715
中野台（千葉県） 294
長野中学校（長野県） 546
中之町（広島県） 855
中野町（静岡県） 590
中野町（長野県） 546
中之町北（広島県） 855
中之町鉱山（広島県） 855
長野出町（滋賀県） 661
長野電鉄（長野県） 546
長野峠（三重県） 636
長野農工銀行（長野県） 546
中の橋（東京都） 378
中の原（栃木県） 205
長野原（長野県） 546
長野原町（群馬県） 238
中之保（岐阜県） 567
長登銅山（山口県） 885
中野牧野馬水呑場（千葉県） 294
中の宮（東京都） 379
中野村（宮城県） 96
中野村（東京都） 379
中野村（石川県） 496
中野村（静岡県） 590
中野村（広島県） 855
長野村（長野県） 547
中野村・高円寺村・馬橋村用水記念碑（東京都） 379
中野陸軍憲兵学校（東京都） 379
那珂橋（栃木県） 205
長橋溜池（青森県） 62
長畑区（福岡県） 966
西浦長浜（静岡県） 590
長浜（新潟県） 471

長浜(滋賀県)	661
長浜(島根県)	816
長浜(広島県)	855
長浜(愛媛県)	925
長浜(高知県)	944
長浜(福岡県)	966
長浜駅(滋賀県)	661
長浜大橋(愛媛県)	925
長浜市(滋賀県)	662
長浜市(愛媛県)	925
長浜城(滋賀県)	662
長浜小学校(秋田県)	116
長浜線(愛媛県)	925
長浜村(佐賀県)	985
長浜町(滋賀県)	662
長浜町(愛媛県)	925
長浜番所(愛媛県)	925
長浜湊(滋賀県)	662
中原(山口県)	885
長原(大阪府)	715
長原(徳島県)	900
中原遺跡(茨城県)	186
中原街道(神奈川県)	430
中原御殿(神奈川県)	430
永原村(奈良県)	768
長原村(大阪府)	715
永原村(滋賀県)	662
中原宿(佐賀県)	985
仲原馬場(沖縄県)	1076
中峠(千葉県)	294
中平(大分県)	1021
中福良(鹿児島県)	1049
中冬田(大分県)	1021
長部(千葉県)	294
中家(茨城県)	186
中辺路(和歌山県)	790
長部城(千葉県)	294
長部田城(佐賀県)	985
中辺路街道(和歌山県)	790
中辺路町(和歌山県)	790
中別保(三重県)	636
長洞(岩手県)	73
仲間グスク(沖縄県)	1076
仲間港(沖縄県)	1076
中俣城(長野県)	547
仲町(新潟県)	471
仲町(宮崎県)	1032
長町(宮城県)	96
中町奉行所(東京都)	379
中丸(神奈川県)	430
仲見世(東京都)	379
仲見世百貨店(東京都)	379
那珂湊(茨城県)	186
永峯(東京都)	379
永嶺(鹿児島県)	1049
長峰城(広島県)	855
長見山城(広島県)	855
中三依(栃木県)	205
中村(福島県)	155
中村(神奈川県)	430
中村(石川県)	497
中村(長野県)	547
中村(静岡県)	590
中村(兵庫県)	744
中村(和歌山県)	790
中村(島根県)	816

中村(高知県)	944
中村郷(神奈川県)	430
中村公園(愛知県)	618
中村城(福島県)	155
中村の城山(東京都)	379
中村原郷(神奈川県)	430
中村藩(福島県)	155
中村町(福島県)	155
中村山城(富山県)	487
なかむらや旅館(福島県)	155
中村輪中(岐阜県)	567
中目黒(東京都)	379
なかめ公園橋(東京都)	379
仲萌改良区(宮城県)	96
長森(岐阜県)	567
長谷(群馬県)	238
長屋王邸(奈良県)	768
中屋敷(神奈川県)	430
長安村(愛媛県)	925
中藪田(静岡県)	590
中山(長野県)	547
中山(兵庫県)	744
中山(香川県)	907
中山(愛媛県)	925
中山学校(岡山県)	834
中山川ダム(愛媛県)	925
中山郷(愛知県)	618
中山社(長野県)	547
仲山城(埼玉県)	263
中山陣屋(滋賀県)	662
中山町(愛媛県)	925
中山峠(北海道)	33
中山峠(群馬県)	238
中山砦(山梨県)	510
中山町(山形県)	130
中山村(長野県)	547
中屋旅館(神奈川県)	430
永吉(佐賀県)	985
中吉原宿(静岡県)	590
ナガラ(群馬県)	238
長柄(大阪府)	715
長良(岐阜県)	567
長良川(岐阜県)	567
長柄郡(千葉県)	294
長良小学校(岐阜県)	567
中竜鉱山(福井県)	504
流川(大分県)	1021
流川通り(大分県)	1021
流れ谷(三重県)	636
流山(千葉県)	295
流山市(千葉県)	295
流山下道(千葉県)	295
仲六郷(東京都)	379
奈川(長野県)	547
名川(青森県)	62
中和田小学校(神奈川県)	431
中和田村(神奈川県)	431
鳴沢(山梨県)	510
那岐山(岡山県)	834
鳴島(兵庫県)	744
名木小学校(千葉県)	295
今帰仁(沖縄県)	1076
今帰仁グスク(沖縄県)	1076
今帰仁城(沖縄県)	1076
菜切(兵庫県)	744
名切川(高知県)	944

菜切谷(宮城県)	96
名久井通(青森県)	62
南雲(群馬県)	238
名蔵(沖縄県)	1076
名倉村(和歌山県)	790
名倉堂(東京都)	379
名倉村(神奈川県)	431
名倉山(福島県)	155
名倉山酒造(福島県)	155
名栗(埼玉県)	263
名栗(静岡県)	590
名栗川(埼玉県)	263
旧名栗郵便局(埼玉県)	263
名胡桃城(群馬県)	238
那古(千葉県)	295
名護(沖縄県)	1076
奴国(その他)	1096
奴国の丘歴史公園(福岡県)	966
名護市(沖縄県)	1076
名護十字路(沖縄県)	1076
名古曽関(福島県)	155
勿来の関(福島県)	155
勿来関(宮城県)	97
勿来関(福島県)	155
名護番所(沖縄県)	1076
和水町(熊本県)	1006
名古屋(千葉県)	295
名古屋(愛知県)	618
名護屋(佐賀県)	985
名古屋駅(愛知県)	619
名護屋大橋(佐賀県)	985
なごや街道(愛知県)	619
名古屋県(愛知県)	619
名古屋港(愛知県)	619
名護港(佐賀県)	985
名古屋工専(愛知県)	619
名古屋市(愛知県)	619
名古屋市電(愛知県)	619
那古野車庫(愛知県)	619
名古屋城(愛知県)	619
名護屋城(佐賀県)	985
名古屋新田(愛知県)	620
名古屋テレビ塔(愛知県)	620
名古屋藩(愛知県)	620
名小屋村(千葉県)	295
名残橋(大分県)	1021
名塩(兵庫県)	744
名塩村(兵庫県)	744
南敷村(千葉県)	295
梨平峠(新潟県)	471
梨木町(岩手県)	73
梨野峠(長野県)	547
梨羽城(広島県)	855
名島城(福岡県)	966
南志見(石川県)	497
苗代沢(秋田県)	116
那須(栃木県)	205
那須(高知県)	944
那須開墾社(栃木県)	205
那須烏山(栃木県)	205
名都借(千葉県)	295
那須甲子(栃木県)	205
那須塩原市(栃木県)	205
那須疏水(栃木県)	205
那須疎水(栃木県)	206
那須電気鉄道(栃木県)	206

地名索引　　　　　　　　　　　　　　　　　なるこ

那須天領 (栃木県)	206
那須野 (栃木県)	206
那須野 (栃木県)	206
那須野が原 (栃木県)	206
那須野ヶ原 (栃木県)	206
那須国造碑 (栃木県)	206
那須町 (栃木県)	206
灘 (兵庫県)	744
名高村 (山形県)	130
灘区 (兵庫県)	744
名田島 (山口県)	885
名立 (新潟県)	471
奈多松原 (福岡県)	966
那智 (和歌山県)	790
那智勝浦町 (和歌山県)	790
那智川 (和歌山県)	790
那智三瀑 (和歌山県)	790
夏井ヶ浜はまゆう公園 (福岡県)	966
夏井川沖積低地 (福島県)	155
撫川城 (岡山県)	834
夏島 (神奈川県)	431
夏見 (千葉県)	295
夏見潟 (千葉県)	295
夏見低地 (千葉県)	295
夏焼峠 (静岡県)	591
夏山城 (愛知県)	620
名手市場 (和歌山県)	790
名取 (愛媛県)	925
名取郡 (宮城県)	97
名取市 (宮城県)	97
七浦 (石川県)	497
七浦郷 (茨城県)	186
七栄 (千葉県)	295
七尾 (石川県)	497
七尾城 (石川県)	497
七尾城山 (石川県)	497
七北田 (宮城県)	97
七北田川 (宮城県)	97
七北田宿 (宮城県)	97
七口 (神奈川県)	431
七国山 (東京都)	379
七久保小学校 (長野県)	547
七隈 (福岡県)	966
七郷一色 (愛知県)	620
七沢 (神奈川県)	431
七沢村 (千葉県)	295
七瀬新地 (大阪府)	715
七滝八壺 (奈良県)	768
七谷 (新潟県)	471
七谷村 (新潟県)	471
七塚町 (石川県)	497
七ツ館坑 (秋田県)	116
七ツ池 (広島県)	855
七曲坂 (神奈川県)	431
七曲り道 (宮城県)	97
七山 (佐賀県)	985
難波 (兵庫県)	744
難波京条坊 (大阪府)	715
難波津 (大阪府)	715
難波大道 (大阪府)	715
難波宮 (大阪府)	715
難波京 (大阪府)	715
難波八十嶋 (大阪府)	716
七日市藩 (群馬県)	238
七日町 (福島県)	155
七日町 (新潟県)	471
七日町市 (新潟県)	471

名野川 (高知県)	944
那覇 (沖縄県)	1076
南白亀川 (千葉県)	295
那波郡 (群馬県)	238
那覇港 (沖縄県)	1076
那覇市 (沖縄県)	1076
茸山 (長崎県)	997
南原 (広島県)	855
名張市 (三重県)	637
名張本町 (三重県)	637
那比 (岐阜県)	567
名舟村 (石川県)	497
鍋倉山城 (和歌山県)	790
鍋島 (佐賀県)	985
鍋島城 (佐賀県)	985
鍋島藩 (佐賀県)	985
鍋島山 (北海道)	33
鍋田 (愛知県)	620
なべつる線 (東北)	53
鍋屋 (愛媛県)	925
鍋山 (栃木県)	207
鍋割坂 (愛媛県)	925
奈保山 (奈良県)	768
生井 (栃木県)	207
生枝村 (群馬県)	238
なま街道 (千葉県)	295
鮮魚街道 (千葉県)	295
生瀬 (茨城県)	186
生瀬 (兵庫県)	744
生仁城 (長野県)	547
生麦 (神奈川県)	431
浪合関所 (長野県)	547
浪合村 (長野県)	547
浪江町 (福島県)	155
浪岡城 (青森県)	62
波岡村 (千葉県)	295
波方 (愛媛県)	925
波方町 (愛媛県)	925
並木街道 (栃木県)	207
並里 (沖縄県)	1077
波上洞穴 (沖縄県)	1077
行方 (福島県)	155
行方 (茨城県)	186
行方郡 (茨城県)	186
行方郷 (茨城県)	186
行方市 (茨城県)	186
滑河小学校 (千葉県)	295
滑川村 (千葉県)	295
滑沢 (福島県)	156
滑津 (長野県)	547
なめとこ山 (岩手県)	73
名目所 (新潟県)	471
納谷 (千葉県)	295
名寄 (北海道)	33
奈良 (奈良県)	768
寧楽 (奈良県)	770
奈良井 (神奈川県)	431
奈良井宿 (長野県)	547
奈良英和学校 (奈良県)	770
奈良駅舎 (奈良県)	770
奈良王 (山梨県)	510
奈良街道 (三重県)	637
奈良監獄署 (奈良県)	770
奈良基督教会 (奈良県)	770
旧奈良家住宅 (秋田県)	116
楢下宿 (山形県)	130

奈良県 (奈良県)	770
奈良県公会堂 (奈良県)	771
奈良県知事公舎 (奈良県)	771
奈良県庁舎 (奈良県)	771
奈良県物産陳列所 (奈良県)	771
奈良県立図書館 (奈良県)	771
奈良公園 (奈良県)	771
奈良公園浮見堂 (奈良県)	772
奈良交通 (奈良県)	772
奈良古道 (奈良県)	772
奈良市 (奈良県)	772
習志野 (千葉県)	296
習志野演習場 (千葉県)	296
習志野御猟場 (千葉県)	296
習志野原 (千葉県)	296
習志野俘虜収容所 (千葉県)	296
奈良女子高等師範学校本館 (奈良県)	
	772
奈良女子高等師範学校 (奈良県)	772
奈良女子大学本館 (奈良県)	772
奈良堰用水 (埼玉県)	263
奈良田 (山梨県)	510
奈良田庄 (佐賀県)	985
奈良帝室博物館 (奈良県)	772
奈良電気鉄道 (奈良県)	772
奈良梨館 (埼玉県)	263
楢木峠 (福島県)	156
楢木峠 (新潟県)	471
寧楽宮 (奈良県)	772
楢原村 (群馬県)	238
奈良奉行所 (奈良県)	772
奈良部城 (岡山県)	834
奈良ホテル (奈良県)	772
奈良盆地 (奈良県)	772
奈良町 (奈良県)	772
奈良山 (奈良県)	772
奈良輪 (千葉県)	296
成岩町 (愛知県)	620
奈良輪村 (千葉県)	296
成相郷 (長野県)	547
成相氏館 (長野県)	547
成川 (和歌山県)	790
成木 (東京都)	379
成木川 (東京都)	379
成木村 (東京都)	379
成田 (千葉県)	296
成田 (東京都)	379
成田英漢義塾 (千葉県)	296
成田空港 (千葉県)	296
成田空港歴史館 (千葉県)	296
成田山 (千葉県)	296
成田市 (千葉県)	296
成田鉄道 (千葉県)	296
成田ペニシリン工場 (千葉県)	296
成田町 (千葉県)	296
成田道 (千葉県)	296
成田村 (福島県)	156
成増 (東京都)	379
成増駅 (東京都)	379
成増陸軍飛行場 (東京都)	379
成山館 (福島県)	156
成羽町 (岡山県)	834
鳴尾 (兵庫県)	744
鳴尾村 (兵庫県)	744
鳴鹿大堰 (福井県)	504
鳴子温泉 (宮城県)	97

なるこ　　　　　　　　　　　　　　地名索引

南礪市（富山県）……487
南濃（岐阜県）……567
新井田（青森県）……63

鳴子温泉郷（宮城県）……97
成沢小学校（茨城県）……186
鳴沢中学校（青森県）……63
成島（山形県）……130
成瀬（東京都）……379
成瀬が丘（東京都）……379
鳴瀬川（宮城県）……97
鳴滝（広島県）……855
鳴滝（長崎県）……998
鳴門塩田（徳島県）……900
鳴門市ドイツ館（徳島県）……900
成能村（愛媛県）……925
鳴見沢（秋田県）……116
鳴海村（愛知県）……620
縄沢村（福島県）……156
苗代川（鹿児島県）……1049
縄瀬村（宮崎県）……1032
縄手（大阪府）……716
名和前新田（愛知県）……620
南越鉱山（新潟県）……471
南海（西日本）……643
南海高野線（大阪府）……716
南海路（京都府）……682
南海電鉄（大阪府）……716
南海道（京都府）……682
南海トラフ（西日本）……643
南海之津（高知県）……944
南海平野線（大阪府）……716
南葛（東京都）……379
南漢山城（朝鮮）……1112
南関町（熊本県）……1006
南紀（和歌山県）……790
南紀新しき村（和歌山県）……790
南紀男山（和歌山県）……790
南玉（群馬県）……238
南隈（鹿児島県）……1049
南原城（朝鮮）……1112
南湖（神奈川県）……431
南湖（広島県）……855
南湖院（神奈川県）……431
南郷街道（茨城県）……186
南功国民学校（東京都）……379
南郷小（群馬県）……238
南郷小学校（群馬県）……238
南郷村（石川県）……497
南郷村（宮城県）……97
南郷の曲屋（群馬県）……238
南国（高知県）……944
南国市（高知県）……944
南薩（鹿児島県）……1049
南薩路（鹿児島県）……1049
南山（新潟県）……471
南山（沖縄県）……1077
南山義塾（京都府）……683
南城市（沖縄県）……1077
南昌荘（岩手県）……73
南駿（静岡県）……591
南西諸島（九州・沖縄）……949
南総（千葉県）……297
南総鉄道（千葉県）……297
男体山（茨城県）……186
男体山（栃木県）……207
男体山（鹿児島県）……1049
南丹市（京都府）……683
南都（奈良県）……772
南島（九州・沖縄）……950

南礪市（富山県）……487
南濃（岐阜県）……567
南野村（兵庫県）……744
難波（大阪府）……716
難波（愛媛県）……925
難波新地（大阪府）……716
難波村（大阪府）……716
南原橋（長野県）……547
南部（東北）……53
南部（青森県）……63
南部（岩手県）……73
南部赤門（青森県）……63
楠風荘（大阪府）……716
南部九牧（青森県）……63
南部陣屋（北海道）……33
南部町（青森県）……63
南部町（山梨県）……510
南部町（鳥取県）……803
南部藩（岩手県）……73
南部山（青森県）……63
南部領（埼玉県）……263
南方澳（台湾）……1116
南北朝鮮（朝鮮）……1112
南摩村（栃木県）……207
南牧（群馬県）……238
南牧関所（群馬県）……238
南予（愛媛県）……925
南洋（南洋群島）……1117
南陽（山形県）……130
南陽（山口県）……885
南洋群島（南洋群島）……1117
南陽市（山形県）……130
南洋庁（南洋群島）……1117
何鹿郡（京都府）……683
南和鉄道（奈良県）……772

【 に 】

新居（愛媛県）……925
新潟（新潟県）……471
新潟駅（新潟県）……472
新潟県（新潟県）……472
新潟港（新潟県）……472
新潟市（新潟県）……473
新潟島（新潟県）……473
新潟津（新潟県）……473
新潟西高校（新潟県）……473
新方庄（埼玉県）……263
新潟浜（新潟県）……473
新潟奉行所（新潟県）……473
新潟町（新潟県）……473
新潟湊（新潟県）……473
新潟村（新潟県）……473
新潟臨港（新潟県）……473
新冠（北海道）……33
新川（富山県）……487
新川県（富山県）……487
新川郡（富山県）……487
新木戸（千葉県）……297
新倉学校（長野県）……547
新居郡（愛媛県）……925
新島（岐阜県）……567
新島村（埼玉県）……263
新居庄（愛媛県）……926
庭妹城（岡山県）……834

新井田（青森県）……63
新井田（新潟県）……473
仁井田（高知県）……944
新高山城（広島県）……855
二井田川（福島県）……156
熟田小学校（栃木県）……207
仁井田荘（高知県）……944
新舘（福島県）……156
二井田村（福島県）……156
熟田村役場（栃木県）……207
新鶴山（群馬県）……238
新鶴村（福島県）……156
新名爪（宮崎県）……1032
新野（長野県）……547
新野原陣場（静岡県）……591
新野村（静岡県）……591
新居浜（愛媛県）……926
新居浜市（愛媛県）……926
新居浜東港線（愛媛県）……926
新治郡（茨城県）……186
新治郷（茨城県）……186
新治小学校（群馬県）……238
新治村（群馬県）……238
新堀（岩手県）……74
新堀（茨城県）……186
新堀村（群馬県）……238
新井町（宮城県）……97
新見（岡山県）……834
新見市（岡山県）……834
新見庄（岡山県）……834
新見町（岡山県）……834
新見荘（岡山県）……834
新谷藩（愛媛県）……926
新山（宮城県）……97
丹生（兵庫県）……744
丹生（香川県）……907
贄川城（埼玉県）……263
贄柵（秋田県）……116
贄野の池（京都府）……683
仁尾（香川県）……907
ニオイチャシ（北海道）……33
荷尾杵（大分県）……1021
匂住庵（滋賀県）……662
稲積山（香川県）……907
二階堂村（新潟県）……473
逧室用水（栃木県）……207
二个村（石川県）……497
二河の滝（広島県）……855
苦林宿（埼玉県）……263
苦林野（埼玉県）……263
にかほ市（秋田県）……116
仁ヶ村（新潟県）……473
二ヶ領用水（神奈川県）……431
仁川（兵庫県）……744
熟田津（愛媛県）……926
熟田津（愛媛県）……926
仁久（愛媛県）……926
二郡橋（長野県）……547
仁間（山形県）……130
二軒茶屋（群馬県）……238
二軒屋町（徳島県）……900
二五穴（千葉県）……297
二郷半領（埼玉県）……263
濁川（福島県）……156
濁川（長野県）……547
濁川温泉（千葉県）……297

1200

地名索引　　　　　　　　　　　　　　　　　　　　　　　　　　　　にしは

濁川街道(秋田県)	116
濁川村(新潟県)	473
仁志(鹿児島県)	1049
西会津(福島県)	156
西会津中学校(福島県)	156
西会津町(福島県)	156
西吾妻(群馬県)	238
西阿田(奈良県)	773
西新井(東京都)	379
西新井国民学校(東京都)	379
西在田村(兵庫県)	744
西淡路高射砲陣地(兵庫県)	744
西伊豆(静岡県)	591
西胆振(北海道)	33
西予市(愛媛県)	926
西石見(島根県)	816
西内竪小学校(宮崎県)	1032
西海谷(新潟県)	473
西浦(静岡県)	591
西浦(三重県)	637
西浦賀(神奈川県)	431
西浦区(新潟県)	473
西浦村(静岡県)	591
西宇和(愛媛県)	926
西宇和郡(愛媛県)	926
西蝦夷地(北海道)	33
西江邸(岡山県)	834
西尾(愛知県)	620
西近江(滋賀県)	662
西近江路(京都府)	683
西大枝中屋敷舘堀(福島県)	156
西大阪(大阪府)	716
西大谷めがね橋(京都府)	683
西大塚村(大阪府)	716
西大橋(福岡県)	966
西岡(京都府)	683
西岡(愛媛県)	926
西尾久(東京都)	379
旧西尾家住宅(大阪府)	716
西尾家住宅(大阪府)	716
西尾市(愛知県)	620
西尾城(愛知県)	620
西尾邸庭園(兵庫県)	744
西尾鉄道(愛知県)	620
西尾長城(香川県)	907
西尾村(兵庫県)	744
西が沢(岩手県)	74
西上総(千葉県)	297
西片(東京都)	379
西方城(栃木県)	207
西方町(鹿児島県)	1049
西片町(東京都)	379
西方町(栃木県)	207
西方村(埼玉県)	263
西葛城(大阪府)	716
西ヶ原(東京都)	379
西ヶ原一里塚(東京都)	379
西構(鳥取県)	803
西河(奈良県)	773
西川(新潟県)	473
西川北区(宮崎県)	1032
西蒲原(新潟県)	473
西蒲原郡(新潟県)	473
西岸(石川県)	497
錦尋常小学校(大阪府)	716
錦田(静岡県)	591

西北窪遺跡(奈良県)	773
西北谷戸(群馬県)	238
錦の浦(鳥取県)	803
二色の浜(大阪府)	716
錦服駅(長野県)	547
錦部郡(大阪府)	716
錦町(熊本県)	1006
錦町(大分県)	1021
西木村(秋田県)	116
西岐波(山口県)	885
西岐波小学校請川分校(山口県)	885
西区(埼玉県)	263
西区(神奈川県)	431
西区(愛知県)	620
西区(大阪府)	716
西区(福岡県)	966
西国見(福島県)	156
西頸城郡(新潟県)	473
西久保新田(静岡県)	591
西桑津(兵庫県)	744
西古景(愛媛県)	926
西郷(兵庫県)	745
西公園(宮城県)	97
西公園(福岡県)	966
西上野(群馬県)	238
西高野街道(大阪府)	716
西興屋村(新潟県)	473
西郡(高知県)	944
西郡村(大阪府)	716
西国分(群馬県)	238
西御所(奈良県)	773
西御着(兵庫県)	745
西小林(宮崎県)	1032
西駒(長野県)	547
西駒ヶ岳(長野県)	547
西埼玉(埼玉県)	264
西相模(神奈川県)	431
西里(沖縄県)	1077
西里通り(沖縄県)	1077
西沢(栃木県)	207
西上州(群馬県)	238
西新(福岡県)	966
西陣(京都府)	683
西新宿(東京都)	379
西新地(三重県)	637
西新町(静岡県)	591
西須磨村(兵庫県)	745
西摂津(大阪府)	716
西摂(兵庫県)	745
西瀬戸(西日本)	644
西仙北(秋田県)	116
西祖谷(徳島県)	900
西園(京都府)	379
西彼杵半島(長崎県)	998
西田(滋賀県)	662
西太子堂(東京都)	379
西代村(兵庫県)	745
西平谷(山口県)	885
西高瀬川(京都府)	683
西高玉本館(山形県)	130
西田家(岐阜県)	567
西谷(新潟県)	473
西谷(広島県)	856
西谷(香川県)	907
西谷(高知県)	944
西谷村(福井県)	504

西谷藩(石川県)	497
西谷村(兵庫県)	745
西多摩(東京都)	379
西多摩郡(東京都)	380
西多摩郡村(東京都)	380
西多摩小学校(東京都)	380
旧西中共同製糖場煙突(沖縄県)	1077
西津軽(青森県)	63
西天竜(長野県)	547
西東京市(東京都)	380
西富(神奈川県)	431
西中(大分県)	1021
西長江浦(宮崎県)	1032
西中江用水(新潟県)	473
西中尾(石川県)	497
西中金駅(愛知県)	620
西中国山地(中国)	797
西中島橋(福岡県)	966
西長田(長崎県)	998
西中町(三重県)	637
仁科鉱山(静岡県)	591
西那須野(栃木県)	207
西那須野駅(栃木県)	207
西那須野町(栃木県)	207
西難波(兵庫県)	745
西成区(大阪府)	716
西成郡(大阪府)	716
西日暮里(東京都)	380
西日本(西日本)	644
西日本鉄道(福岡県)	967
西日本ビル(福岡県)	967
西根(福島県)	156
西根上堰(福島県)	156
西根堰(福島県)	156
西野(千葉県)	297
西野(愛知県)	620
西野(滋賀県)	662
西野(兵庫県)	745
西ノ内(大分県)	1021
西ノ沖山(山口県)	885
西ノ京円町(京都府)	683
之ノ之山(静岡県)	591
西ノ島町(島根県)	816
西の覗き(奈良県)	773
西野の梅林(広島県)	856
虹の松原(佐賀県)	985
西宮(兵庫県)	745
西宮市(兵庫県)	745
西宮台場(兵庫県)	745
ニシハヲマツヘツ(北海道)	33
西畑(奈良県)	773
西畑(大分県)	1021
西八幡町(三重県)	637
西浜(青森県)	63
西浜(富山県)	487
西浜(滋賀県)	662
西浜(兵庫県)	745
西浜(島根県)	816
西浜村(和歌山県)	790
西浜村水軒堤防(和歌山県)	790
西林(千葉県)	297
西原(栃木県)	207
西原(沖縄県)	1077
西原町(沖縄県)	1077
西原廃寺(福島県)	156
西原防空監視哨(山梨県)	510

1201

にしは 地名索引

西播磨（兵庫県） ……………… 745
西原（鹿児島県） ……………… 1049
西平松（静岡県） ……………… 591
西枇杷町（愛知県） …………… 620
西富士（静岡県） ……………… 591
西船山村（長野県） …………… 547
西別（北海道） …………………… 33
西別府（埼玉県） ……………… 264
西伯耆（鳥取県） ……………… 803
西堀（埼玉県） ………………… 264
西堀（新潟県） ………………… 473
西堀（長野県） ………………… 547
西本願寺（京都府） …………… 683
西牧（群馬県） ………………… 239
西牧（長野県） ………………… 547
西牧関所（群馬県） …………… 239
西町（三重県） ………………… 637
西三河（愛知県） ……………… 620
西美濃（岐阜県） ……………… 567
西箕輪小学校（長野県） ……… 547
西向山（福島県） ……………… 156
西向日（京都府） ……………… 683
西村（東京都） ………………… 380
西村（島根県） ………………… 816
西村山（山形県） ……………… 130
西村旅館（兵庫県） …………… 745
西牟婁郡（和歌山県） ………… 790
西諸（宮崎県） ………………… 1032
西諸県郡（宮崎県） …………… 1032
爾志役所（北海道） …………… 33
西屋敷（大分県） ……………… 1021
西屋町（青森県） ……………… 63
西山（山形県） ………………… 130
西山（長野県） ………………… 547
西山（静岡県） ………………… 591
西山（愛知県） ………………… 620
西山（和歌山県） ……………… 790
西山記念会館（兵庫県） ……… 745
西山村（京都府） ……………… 683
西谷村（埼玉県） ……………… 264
廿一（宮城県） ………………… 97
二十一空廠（長崎県） ………… 998
23区（東京都） ………………… 380
二十三区（東京都） …………… 380
二上山（大阪府） ……………… 716
二上山（奈良県） ……………… 773
仁正寺陣屋（滋賀県） ………… 662
二条城（京都府） ……………… 683
二条山城（茨城県） …………… 186
二丈吉井岳城（福岡県） ……… 967
西横町（新潟県） ……………… 473
西吉野村（奈良県） …………… 773
西淀川（大阪府） ……………… 716
西淀川区（大阪府） …………… 717
西和賀（岩手県） ……………… 74
西和賀郡（岩手県） …………… 74
西和賀町（岩手県） …………… 74
西脇（兵庫県） ………………… 745
西脇市（兵庫県） ……………… 745
西代村（島根県） ……………… 816
仁田（長崎県） ………………… 998
仁田山（群馬県） ……………… 239
日亜製鋼（兵庫県） …………… 745
日宇村（長崎県） ……………… 998
日遣古道（兵庫県） …………… 745
日性寺（東京都） ……………… 380

日南市（宮崎県） ……………… 1032
日原（島根県） ………………… 817
日満学校（福島県） …………… 967
日光（栃木県） ………………… 207
日光裏街道（埼玉県） ………… 264
日光御成道（群馬県） ………… 239
日光街道（東京都） …………… 380
日光北街道（栃木県） ………… 207
日光御神領（栃木県） ………… 207
日光山（栃木県） ……………… 207
日光植物園（栃木県） ………… 207
日光神領（栃木県） …………… 208
日光道（東京都） ……………… 380
日光道中壬生通り（栃木県） … 208
日光東往還（千葉県） ………… 297
日光例幣使街道（群馬県） …… 239
日光例幣使道（群馬県） ……… 239
日光脇往還（群馬県） ………… 239
日光脇往還（埼玉県） ………… 264
日進（埼玉県） ………………… 264
日新館（福島県） ……………… 156
日清講和記念館（山口県） …… 885
日進舎（大分県） ……………… 1021
日新小学校（香川県） ………… 907
新田（群馬県） ………………… 239
新田運動場（愛媛県） ………… 926
新田郡庁（群馬県） …………… 239
新田城（群馬県） ……………… 239
新田戸（千葉県） ……………… 297
新田庄（関東） ………………… 170
新田荘（群馬県） ……………… 239
新田町（三重県） ……………… 637
新田村（千葉県） ……………… 297
新田村（長野県） ……………… 547
日丹線（埼玉県） ……………… 264
日中線（福島県） ……………… 156
日橋川（福島県） ……………… 156
日原（東京都） ………………… 380
日豊線（大分県） ……………… 1021
日暮里（東京都） ……………… 380
日暮里駄菓子問屋街（東京都）… 380
日暮里・舎人ライナー（東京都）… 380
日暮里町（東京都） …………… 380
日本橋（東京都） ……………… 380
二藤次楯（秋田県） …………… 116
荷菜大橋（北海道） …………… 33
似島俘虜収容所（広島県） …… 856
二ノ台（岩手県） ……………… 74
二の部（福井県） ……………… 504
二戸市（岩手県） ……………… 74
二の宮（山梨県） ……………… 510
二ノ宮（神奈川県） …………… 431
二宮町（神奈川県） …………… 431
二宮堀（栃木県） ……………… 208
二宮町（栃木県） ……………… 208
二之宮（群馬県） ……………… 239
二番丁小学校（香川県） ……… 907
丹生小学校（香川県） ………… 907
丹生村（香川県） ……………… 907
仁別（秋田県） ………………… 116
仁保（山口県） ………………… 885
二峯城（福井県） ……………… 504
仁保島村（広島県） …………… 856
日本医大（東京都） …………… 381
日本大通り（神奈川県） ……… 431
日本海（全国） ………………… 1

二本木（愛知県） ……………… 620
二本木宿（三重県） …………… 637
日本銀行本店（東京都） ……… 381
日本国有鉄道（全国） ………… 1
日本三碑（全国） ……………… 1
日本真珠会館（兵庫県） ……… 745
日本染色赤羽工場（東京都） … 381
二本堂館（山形県） …………… 130
日本ニッケル鉄道（埼玉県） … 264
日本橋台地（東京都） ………… 381
二本松（宮城県） ……………… 97
二本松（福島県） ……………… 156
二本松（鹿児島県） …………… 1049
二本松街道（福島県） ………… 156
二本松城（宮城県） …………… 97
二本松城（福島県） …………… 156
二本松藩（福島県） …………… 156
日本無線三鷹製作所（東京都）… 381
日本煉瓦製造株式会社（埼玉県）… 264
仁摩町（島根県） ……………… 817
仁万製鉄所（島根県） ………… 817
若王子（静岡県） ……………… 591
丹生（群馬県） ………………… 239
丹生（福井県） ………………… 504
丹生（三重県） ………………… 637
丹生（滋賀県） ………………… 662
丹生（大分県） ………………… 1021
壬生川（愛媛県） ……………… 926
丹生川（岐阜県） ……………… 567
入川（新潟県） ………………… 474
丹生郡（福井県） ……………… 504
入船山（広島県） ……………… 856
入道崎（秋田県） ……………… 116
入南（島根県） ………………… 817
丹生谷（愛媛県） ……………… 926
丹生東城（群馬県） …………… 239
丹生村（大分県） ……………… 1021
入山城（和歌山県） …………… 790
ニューギニア（南洋群島） …… 1117
女布（京都府） ………………… 683
仁淀川（愛媛県） ……………… 926
仁淀川（高知県） ……………… 944
仁淀川町（高知県） …………… 944
如来堂村（群馬県） …………… 239
韮久保（東京都） ……………… 381
韮崎（山梨県） ………………… 510
韮崎七里岩地下壕（山梨県）… 510
韮山（静岡県） ………………… 591
韮山城（静岡県） ……………… 591
二里町（佐賀県） ……………… 985
仁連町（茨城県） ……………… 186
楡木宿（栃木県） ……………… 208
韮生山（高知県） ……………… 944
庭（兵庫県） …………………… 745
二原（宮崎県） ………………… 1032
人参畑塾（福岡県） …………… 967
ニンベ山（三重県） …………… 637

【ぬ】

糠塚（岩手県） ………………… 74
糠塚城（宮城県） ……………… 97
額田（茨城県） ………………… 186
額田（岐阜県） ………………… 567
額田（愛知県） ………………… 620

地名索引　　　　　のしま

額田郡（愛知県）	620
額田県（愛知県）	621
額田城（茨城県）	186
糠南（北海道）	33
糠部（青森県）	63
糠部（岩手県）	74
貫気別川（北海道）	33
貫気別小学校（北海道）	33
貫井池（東京都）	381
貫井川（東京都）	381
温見街道（大分県）	1021
沼島（兵庫県）	745
怒田（神奈川県）	431
淳足柵（新潟県）	474
淳足柵（新潟県）	474
沼垂（新潟県）	474
沼垂城（新潟県）	474
沼垂浜（新潟県）	474
沼垂町（新潟県）	474
沼名川（新潟県）	474
奴奈川（新潟県）	474
布橋（静岡県）	591
布引丘陵掩体群（滋賀県）	662
布引山（福島県）	156
布引山地（三重県）	637
布曳滝（兵庫県）	745
沼尾（茨城県）	186
沼隈（広島県）	856
沼隈町（広島県）	856
沼隈半島（広島県）	856
沼越峠（新潟県）	474
沼城（山口県）	885
沼尻（栃木県）	208
沼尻軽鉄道（福島県）	156
沼尻軽便鉄道（福島県）	156
沼津（静岡県）	591
沼津海軍工廠（静岡県）	591
沼津港橋（静岡県）	591
沼津市（静岡県）	592
沼津市旧海軍工廠用地（静岡県）	592
沼津宿（静岡県）	592
沼津城（静岡県）	592
沼津中学校（静岡県）	592
沼津藩（静岡県）	592
沼津藩水野氏領（静岡県）	592
沼津兵学校（静岡県）	592
沼田（群馬県）	239
沼田（東京都）	381
沼田（神奈川県）	431
沼田（広島県）	856
沼田街道（福島県）	156
沼田川（東京都）	381
旧沼田家住宅（岩手県）	74
沼田郷（茨城県）	186
沼田市（群馬県）	239
沼田城（群馬県）	239
沼田新庄（広島県）	856
沼館（秋田県）	116
沼田藩（群馬県）	239
沼柵（秋田県）	116
沼ノ城（新潟県）	474
沼浜御旧宅（神奈川県）	431
沼辺（東京都）	381
沼目用水（長野県）	547
沼山村（高知県）	944
漆部の里（奈良県）	773

温堰（長野県）	547

【ね】

婦負郡（富山県）	487
根雨宿（鳥取県）	803
如意村（埼玉県）	264
根皆田川（和歌山県）	790
根上（石川県）	497
根木内古城（千葉県）	297
根岸（東京都）	381
根岸競馬場（神奈川県）	431
根岸城（埼玉県）	264
根岸山砦（埼玉県）	264
根岸湾（神奈川県）	432
根際山（山形県）	130
猫塚（宮城県）	97
猫間が淵（岩手県）	74
猫間川（大阪府）	717
根子町（福島県）	157
猫森（宮城県）	97
根古屋（埼玉県）	264
根古屋（千葉県）	297
根古屋城（埼玉県）	264
根古谷城（千葉県）	297
根来（和歌山県）	790
根来街道（和歌山県）	791
根来寺（和歌山県）	791
根崎（愛知県）	621
根来村（大阪府）	717
根謝銘（沖縄県）	1077
根白坂（宮崎県）	1032
根津（東京都）	381
根津茨城県会館（東京都）	381
根津銀座（東京都）	381
ねず橋（東京都）	381
鼠替戸（群馬県）	239
鼠ヶ谷戸（群馬県）	239
鼠島（群馬県）	240
鼠宿（長野県）	547
鼠宿御番所（長野県）	548
鼠塚（群馬県）	240
鼠原村（島根県）	817
鼠屋敷（群馬県）	240
根津山（東京都）	381
根知谷（新潟県）	474
根々井（長野県）	548
根白石（宮城県）	97
根白石村（宮城県）	97
子ノ山（埼玉県）	264
根羽火山群（長野県）	548
根府川（神奈川県）	432
根府川関所（神奈川県）	432
根福寺城（大阪府）	717
根室（北海道）	33
根室（新潟県）	474
根室市（北海道）	34
根室場所（北海道）	34
根室半島（北海道）	34
根本内城（千葉県）	297
子モロ場所（北海道）	34
寝屋川（大阪府）	717
寝屋川市（大阪府）	717
寝屋川市駅（大阪府）	717
寝屋村（大阪府）	717

根利小学校（群馬県）	240
根利中学校（群馬県）	240
根利道（群馬県）	240
練馬（東京都）	381
練馬区（東京都）	381
練馬城（東京都）	382
根利山（群馬県）	240
根路銘（沖縄県）	1077
燃料研究所（埼玉県）	264

【の】

野井川（愛媛県）	926
能生（新潟県）	474
直川（和歌山県）	791
濃飛（岐阜県）	567
濃尾平野（東海）	557
能生町（新潟県）	474
能見（愛知県）	621
農林省養蚕試験場圃場（福島県）	157
農林水産省蚕糸試験場（長野県）	548
直方（福岡県）	967
直方駅（福岡県）	967
直方旧駅舎（福岡県）	967
直方市（福岡県）	967
直方藩（福岡県）	967
野方遺跡（福岡県）	967
野方配水塔（東京都）	382
野川（東京都）	382
能義郡（島根県）	817
野木宮（栃木県）	208
野口（東京都）	382
野口村（長野県）	548
野口村（福岡県）	967
野口町（東京都）	382
野口橋（東京都）	382
野口正雄家（群馬県）	240
野久保（神奈川県）	432
野栗峠（群馬県）	240
野毛坂（神奈川県）	432
野毛商店街（神奈川県）	432
野毛山（神奈川県）	432
能古（福岡県）	967
鋸屋根工場（愛知県）	621
ノコギリ屋根の工場（東京都）	382
能古島（福岡県）	967
野崎（大阪府）	717
野崎駅（栃木県）	208
野崎家住宅（岡山県）	834
野崎城（大阪府）	717
納沙布岬灯台（北海道）	34
野里（大阪府）	717
野沢（福島県）	157
野沢（長野県）	548
野沢温泉（長野県）	548
野沢温泉スキー場（長野県）	548
野沢温泉村（長野県）	548
野沢高女（長野県）	548
野沢紡績所（栃木県）	208
野沢民政局（福島県）	157
野沢村（長野県）	548
野沢良助商店（東京都）	382
野路山（広島県）	856
野路の玉川（滋賀県）	662
能島（愛媛県）	926

1203

のしま   地名索引

野嶋(神奈川県)	432	能登半島(石川県)	498	野村(新潟県)	474
能島城(愛媛県)	926	能取(北海道)	34	野村(石川県)	498
野尻(奈良県)	773	能登呂村(北方地域)	4	野村(兵庫県)	745
野尻(宮崎県)	1032	野土路山たたら(岡山県)	835	野村(愛媛県)	927
野後駅(山形県)	130	野内村(青森県)	63	野村嶋村(石川県)	498
野尻宿(長野県)	548	野中(山形県)	130	野村城(岐阜県)	567
野尻村(富山県)	487	野中(三重県)	637	野村町(愛媛県)	927
野尻野(富山県)	487	野中城(岐阜県)	567	野母半島(長崎県)	998
能代(秋田県)	116	野中天王山(三重県)	637	野屋敷(鹿児島県)	1049
能代市(秋田県)	116	野波村(島根県)	817	野与庄(埼玉県)	264
能代飛行場(秋田県)	116	野根(高知県)	944	野依(大分県)	1022
能代山本(秋田県)	116	野根川(高知県)	944	乗本(愛知県)	621
野津田(東京都)	382	野々熊村(奈良県)	773	野呂往還(広島県)	856
能勢(大阪府)	717	野々見峠(新潟県)	474	野呂山(広島県)	856
野瀬(富山県)	488	野々宮村(兵庫県)	745	狼煙山(山口県)	886
野迫川村(奈良県)	773	野原(香川県)	908		
能勢郷(大阪府)	717	野原岳(沖縄県)	1077	**【 は 】**	
野底(長野県)	548	野原峰(沖縄県)	1077		
野底橋(長野県)	548	延助(岡山県)	835	梅花都(北海道)	34
野反(群馬県)	240	野火止(東京都)	382	早岐(長崎県)	998
野反池(群馬県)	240	野火止水車苑(東京都)	382	早岐駅(長崎県)	998
野反峠(群馬県)	240	野火止分水(埼玉県)	264	早岐機関区(長崎県)	998
野田(秋田県)	116	野火止分水(東京都)	382	早岐村(長崎県)	998
野田(千葉県)	297	野火止用水(埼玉県)	264	早岐茶市(長崎県)	998
野田(愛知県)	621	野火止用水(東京都)	382	拝宮(徳島県)	900
野田(大阪府)	717	延野々(愛媛県)	926	早藤(和歌山県)	791
野田(高知県)	944	野蒜(宮城県)	97	梅郷(東京都)	382
野田追川(北海道)	34	野蒜築港(宮城県)	97	培根舎(大分県)	1022
野田街道(岩手県)	74	延島新田(栃木県)	208	拝志城(愛媛県)	927
野高場(長野県)	548	登戸村(千葉県)	298	拝島(東京都)	382
野嵩石畳道(沖縄県)	1077	信長塀(愛知県)	621	拝島駅(東京都)	382
野嵩クシヌカー(沖縄県)	1077	野部(静岡県)	592	拝島宿(東京都)	382
野田市(千葉県)	298	延岡(宮崎県)	1032	灰塚(宮城県)	97
野田宿(群馬県)	240	延岡駅(宮崎県)	1032	羽犬塚(福岡県)	967
野田城(石川県)	497	延岡市(宮崎県)	1032	埴原(長野県)	548
野田城(愛知県)	621	延岡城(宮崎県)	1032	南風見(沖縄県)	1077
野田小学校(新潟県)	474	延岡藩(宮崎県)	1032	ハイラル(満州)	1097
野田人車鉄道(千葉県)	298	野辺地(青森県)	63	ハイランド5丁目(神奈川県)	432
野田尋常高等小学校(千葉県)	298	野辺地町(青森県)	63	南風原(沖縄県)	1077
野田道路(宮城県)	97	野仏庵(京都府)	683	南風原壕群(沖縄県)	1077
野谷小学校(岡山県)	834	登川(沖縄県)	1077	南風原町(沖縄県)	1077
野田橋(宮城県)	97	登川区(沖縄県)	1077	南風原之宿(沖縄県)	1077
野田橋(埼玉県)	264	登川村落(沖縄県)	1077	南風原間切(沖縄県)	1078
野田原村(和歌山県)	791	登戸(神奈川県)	432	南風原陸軍病院壕(沖縄県)	1078
野田町(千葉県)	298	登戸研究所(神奈川県)	432	南風原陸軍病院壕群(沖縄県)	1078
野田町(愛知県)	621	登別温泉(北海道)	34	蠅帽子峠(茨城県)	186
野田町商店街(千葉県)	298	登別市(北海道)	34	芳賀(栃木県)	208
野田村(千葉県)	298	乃万(愛媛県)	927	芳賀郡(栃木県)	208
野田村(愛知県)	621	野間(愛知県)	621	坪和庄(岡山県)	835
野田村(兵庫県)	745	野間(兵庫県)	745	博多(福岡県)	967
野津(大分県)	1021	野間(愛媛県)	927	博多駅(福岡県)	968
野付牛兵村(北海道)	34	野間郡(愛媛県)	927	博多港(福岡県)	968
野付(北海道)	34	野町(鹿児島県)	1049	伯方島(愛媛県)	927
ノツケトウ(北海道)	34	野間町(愛知県)	621	伯太町(島根県)	817
野付半島(北海道)	34	野間道場(東京都)	382	博多津(福岡県)	968
野津原町(大分県)	1022	野間村(兵庫県)	745	博多湾(福岡県)	968
野幌(北海道)	34	野馬除け土手(千葉県)	298	博多湾鉄道汽船(福岡県)	968
野津幌官林(北海道)	34	能美(石川県)	498	芳賀東部(栃木県)	208
野幌兵村(北海道)	34	野見(愛知県)	621	羽賀の砂堰(広島県)	856
野爪村(茨城県)	186	呑川(東京都)	382	袴腰山(秋田県)	116
能登(石川県)	497	野見観音のお香水(奈良県)	773	袴田(鹿児島県)	1049
能登街道(石川県)	497	能美市(石川県)	498	芳賀村(群馬県)	240
能登島町(石川県)	498	能美庄(広島県)	856	馬関(山口県)	886
能登瀬川(石川県)	498	能見松平藩(大分県)	1022	馬関商業銀行(山口県)	886
能登線(石川県)	498	野麦街道(長野県)	548	萩(山口県)	886
能登国(石川県)	498	野麦峠(長野県)	548		

地名索引　　　　　　　　　はちか

萩往還（山口県）…………… 886
萩高等学校（山口県）……… 886
萩市（山口県）……………… 886
萩城（山口県）……………… 886
萩荘（岩手県）………………… 74
はきだし沼（千葉県）……… 298
萩谷（高知県）……………… 944
萩野（山形県）……………… 130
萩の坂峠（愛知県）………… 621
把岐荘（福岡県）…………… 968
萩野村（山形県）…………… 130
萩浜（宮城県）………………… 97
萩藩（山口県）……………… 886
萩藩庁（山口県）…………… 886
萩森城（愛媛県）…………… 927
萩焼深川古窯（山口県）…… 886
萩山町（東京都）…………… 382
萩原家住宅（東京都）……… 382
萩原敷石（熊本県）………… 1006
萩原堤（熊本県）…………… 1006
羽咋（石川県）……………… 498
羽咋郡（石川県）…………… 498
羽咋三場七塚（石川県）…… 498
羽咋市（石川県）…………… 498
羽咋町（石川県）…………… 498
漠河（満州）………………… 1097
白潟町（島根県）…………… 817
白銀の木立（奈良県）……… 773
白山（石川県）……………… 498
白山越え（大分県）………… 1022
白山市（石川県）…………… 498
白山城（山梨県）…………… 510
白山溜池（青森県）…………… 63
伯州（鳥取県）……………… 803
白城子（満州）……………… 1097
白水千坊（大阪府）………… 717
白水ダム（大分県）………… 1022
白村江（朝鮮）……………… 1112
白鳥園（長野県）…………… 548
白頭山（朝鮮）……………… 1112
伯備線（中国）……………… 798
幕府東根代官所領（山形県）… 130
迫母（群馬県）……………… 240
白林荘（長野県）…………… 548
波久礼（埼玉県）…………… 264
羽黒（新潟県）……………… 474
羽黒（愛知県）……………… 621
馬喰ヶ谷戸（東京都）……… 383
羽黒川（山形県）…………… 130
羽黒山（山形県）…………… 130
羽黒ノ宮（東京都）………… 383
羽黒山城（茨城県）………… 186
羽黒油田（新潟県）………… 474
端気川（群馬県）…………… 240
箱崎宿（福岡県）…………… 968
箱島（福岡県）……………… 968
箱田（群馬県）……………… 240
箱田城（群馬県）…………… 240
函館（北海道）……………… 34
箱館（北海道）……………… 35
函館街道（岩手県）………… 74
箱館産物会所（大阪府）…… 717
函館市（北海道）…………… 35
箱館府（北海道）…………… 35
箱館奉行所（北海道）……… 35
函館俘虜収容所（北海道）… 35

函館山（北海道）…………… 35
函館要塞（北海道）………… 35
箱館六ケ場所（北海道）…… 35
函館湾（北海道）…………… 35
箱根（神奈川県）…………… 432
箱根温泉（神奈川県）……… 432
箱根ヶ崎（東京都）………… 383
箱根古城（静岡県）………… 592
箱根路（神奈川県）………… 432
箱根宿（神奈川県）………… 432
箱根関所（神奈川県）……… 432
箱根登山電車（神奈川県）… 432
箱根土地株式会社（東京都）… 383
箱根関跡（神奈川県）……… 432
箱根山（神奈川県）………… 432
箱根湯本（神奈川県）……… 432
箱根療養所（神奈川県）…… 432
波佐街道（島根県）………… 817
羽坂村（石川県）…………… 498
波崎（茨城県）……………… 187
波崎町（茨城県）…………… 187
ハサクリ（兵庫県）………… 745
挟間（大分県）……………… 1022
迫町（宮城県）………………… 97
挟間町（大分県）…………… 1022
波佐見町（長崎県）………… 998
迫目村（愛媛県）…………… 927
馬皿（山口県）……………… 886
波志江（群馬県）…………… 240
波路上（宮城県）……………… 97
蠆（奈良県）………………… 773
椅鹿山（兵庫県）…………… 746
土師河原（京都府）………… 683
橋倉分校（群馬県）………… 240
梯木坂（東京都）…………… 383
茆崎庄（兵庫県）…………… 746
土師村（京都府）…………… 683
土師村（大阪府）…………… 717
橋立（石川県）……………… 498
橋立金山（新潟県）………… 474
端谷城（兵庫県）…………… 746
土師ダム（広島県）………… 856
波志太山（静岡県）………… 592
橋戸（東京都）……………… 383
橋戸（東京都）……………… 621
橋本（京都府）……………… 683
橋本（和歌山県）…………… 791
橋場（東京都）……………… 383
橋場（静岡県）……………… 592
箸墓（奈良県）……………… 773
箸墓古墳（奈良県）………… 773
橋場の渡し（東京都）……… 383
波止浜（愛媛県）…………… 927
波止浜塩田（愛媛県）……… 927
初瀬（兵庫県）……………… 746
端村（福島県）……………… 157
橋本（神奈川県）…………… 433
橋本市（和歌山県）………… 791
馬車道（神奈川県）………… 433
ハシヨツヘ（北海道）……… 35
波豆（兵庫県）……………… 746
蓮池城（高知県）…………… 944
蓮池藩（佐賀県）…………… 985
羽津城（三重県）…………… 637
幡豆町（愛知県）…………… 621
波積（島根県）……………… 817

羽須美村（島根県）………… 817
長谷（長野県）……………… 548
長谷園大正館（三重県）…… 637
初瀬街道（三重県）………… 637
波瀬城（三重県）…………… 637
櫨谷（兵庫県）……………… 746
櫨塚（兵庫県）……………… 746
長谷村（長野県）…………… 548
馬洗川（広島県）…………… 856
八草の滝（和歌山県）……… 791
秦（高知県）………………… 944
波田（長野県）……………… 548
半田（愛知県）……………… 621
機織（新潟県）……………… 474
畑下（栃木県）……………… 208
秦川城（愛知県）…………… 621
畑毛（静岡県）……………… 593
畑方（東京都）……………… 383
畑要害城（茨城県）………… 187
波多城（佐賀県）…………… 985
八多庄（兵庫県）…………… 746
秦小学校（高知県）………… 945
波田小学校（長野県）……… 548
旗塚（埼玉県）……………… 264
八田堰（高知県）…………… 945
畑津城（佐賀県）…………… 985
畑中（東京都）……………… 383
秦野（神奈川県）…………… 433
秦野市（神奈川県）………… 433
幡多荘（高知県）…………… 945
秦野盆地湧水群（神奈川県）… 433
秦益人刻書石（山口県）…… 886
畑野町（新潟県）…………… 474
波多の横山（三重県）……… 637
葉煙草再乾燥場跡（広島県）… 856
旗振り山（兵庫県）………… 746
八田部村（岡山県）………… 835
旗巻峠（宮城県）……………… 97
畠村（秋田県）……………… 116
畑村峠（大分県）…………… 1022
旛山家住宅（広島県）……… 856
幡羅郡（埼玉県）…………… 264
二十里（宮崎県）…………… 1032
八王子（東京都）…………… 383
八王子（兵庫県）…………… 746
八王子駅（東京都）………… 384
八王子学校（東京都）……… 384
八王子上恩方郵便局（東京都）… 384
八王子機関区（東京都）…… 384
八王子競馬場（東京都）…… 384
八王子市（東京都）………… 384
八王子宿（東京都）………… 384
八王子宿駅（東京都）……… 384
八王子城（東京都）………… 385
八王子女学校（東京都）…… 385
八王子市立第十小学校（東京都）… 385
八王子水泳場（東京都）…… 385
八王子停車場（東京都）…… 385
八王子防空監視哨（東京都）… 385
八王子元本郷浄水所（東京都）… 385
八ヶ崎（千葉県）…………… 298
鉢形（埼玉県）……………… 264
鉢形城（群馬県）…………… 240
鉢形城（埼玉県）…………… 264
鉢形城（神奈川県）………… 433
蜂ヶ谷（静岡県）…………… 593

1205

八軒家（大阪府）	717	
八高線（関東）	170	
八高線多摩川鉄橋（東京都）	385	
八国山（東京都）	385	
八十里越（福島県）	157	
八十里越（新潟県）	474	
八十里峠（福島県）	157	
八条（埼玉県）	264	
八条院領（全国）	1	
八畳岩（高知県）	945	
八条原城（広島県）	856	
八丈島（東京都）	385	
八瀬（京都府）	683	
鉢田辺（静岡県）	593	
八堂山（愛媛県）	927	
鉢木城（高知県）	945	
八戸（青森県）	63	
八戸市（青森県）	63	
八戸城（青森県）	63	
八戸中学校（青森県）	63	
八戸藩（青森県）	63	
八戸湊（青森県）	64	
八浜（岡山県）	835	
八浜町（岡山県）	835	
八木（京都府）	683	
鉢巻城（鹿児島県）	1049	
八幡（長野県）	548	
八幡（滋賀県）	662	
八幡（広島県）	856	
八幡宿村（東京都）	385	
八幡城（高知県）	945	
八幡小学校（長野県）	548	
八幡荘（高知県）	945	
八幡平（秋田県）	116	
八幡岳（佐賀県）	986	
八幡溜（千葉県）	298	
八幡町（東京都）	385	
八幡町（静岡県）	593	
八幡町（三重県）	637	
八万町（徳島県）	900	
八幡町番屋（岩手県）	74	
八幡橋（東京都）	385	
八幡町（岐阜県）	567	
八幡山（埼玉県）	264	
八面山（大分県）	1022	
八森（秋田県）	116	
八谷搦（佐賀県）	986	
八谷ッ池（東京都）	385	
八瑤湾（台湾）	1116	
八楽溜（滋賀県）	662	
八里小学校（茨城県）	187	
八郎沼公園（北海道）	35	
抜海（北海道）	35	
八海山（新潟県）	474	
廿日市（広島県）	856	
廿日市市（広島県）	856	
廿日市宿（広島県）	856	
廿日市町（広島県）	856	
羽束川（兵庫県）	746	
八角園舎（岡山県）	835	
羽束郷（兵庫県）	746	
八ケ町（静岡県）	593	
羽束山（兵庫県）	746	
八箇用水（大阪府）	717	
初狩村（山梨県）	510	
八経ヶ岳（奈良県）	773	

初倉庄（静岡県）	593	
八紘一宇の塔（宮崎県）	1032	
八甲田山（青森県）	64	
初声海岸（神奈川県）	433	
鉢崎宿（新潟県）	474	
初瀬（奈良県）	773	
発盛精錬所（秋田県）	117	
初瀬軽便鉄道（奈良県）	773	
八田新七信敏翁之碑（広島県）	856	
波立海岸（福島県）	157	
八垂別（北海道）	35	
八反地（愛媛県）	927	
八丁川（石川県）	498	
八町銀山（長野県）	548	
八丁坂（千葉県）	298	
八丁地川（長野県）	548	
八丁道路（宮城県）	98	
八丁暖（神奈川県）	433	
八丁目（福島県）	157	
発度（埼玉県）	264	
八徳村（兵庫県）	746	
発度郷（埼玉県）	264	
初富（千葉県）	298	
初富農舎（千葉県）	298	
服部（福井県）	504	
服部（広島県）	856	
潑々園（愛媛県）	927	
八風街道（三重県）	637	
八方舘（栃木県）	208	
八峰町（秋田県）	117	
波照間（沖縄県）	1078	
波照間島（沖縄県）	1078	
馬天さんばし通り（沖縄県）	1078	
鳩井郷（埼玉県）	264	
馬頭（栃木県）	208	
馬頭橋（東京都）	385	
鳩ヶ谷（埼玉県）	264	
鳩ヶ谷街道（埼玉県）	265	
鳩ヶ谷郷（埼玉県）	265	
鳩谷郷（埼玉県）	265	
鳩ヶ谷市（埼玉県）	265	
鳩ヶ谷宿（埼玉県）	266	
鳩ヶ谷小学校（埼玉県）	266	
鳩ヶ谷商店街（埼玉県）	266	
鳩ヶ谷中学校（埼玉県）	266	
鳩ヶ谷町（埼玉県）	266	
羽床城（香川県）	908	
鳩原（宮城県）	98	
鳩間（沖縄県）	1078	
鳩間島（沖縄県）	1078	
鳩胸坂（東京都）	385	
服部池（広島県）	856	
服部大池（広島県）	856	
花井（新潟県）	474	
花内（奈良県）	773	
花岡（秋田県）	117	
花岡（山口県）	886	
花岡・久保往還道（山口県）	886	
花岡鉱山（秋田県）	117	
華岡塾（大阪府）	717	
花岡町（秋田県）	117	
花岡屋敷（鹿児島県）	1049	
花尾山（福岡県）	968	
花筐尋常高等小学校（福井県）	504	
花上（広島県）	856	
花川小学校（北海道）	35	

花川南（北海道）	35	
花川用水（神奈川県）	433	
花熊（兵庫県）	746	
鼻ぐり井手（熊本県）	1006	
花沢（静岡県）	593	
花沢村（静岡県）	593	
花沢橋（東京都）	385	
葉梨城（静岡県）	593	
花しょうぶ通り（滋賀県）	662	
花小分校（兵庫県）	746	
花瀬城（愛媛県）	927	
花園往還（山口県）	886	
花立（福岡県）	968	
花野井村（千葉県）	298	
花ノ木町（神奈川県）	433	
花火田（新潟県）	474	
花房藩（千葉県）	298	
花巻（岩手県）	74	
花巻城（岩手県）	74	
花見川（千葉県）	298	
花水坂（山梨県）	510	
花見堂（埼玉県）	266	
花山（宮城県）	98	
花山峠（宮城県）	98	
花山湖（宮城県）	98	
花山ダム（宮城県）	98	
花山村（宮城県）	98	
花山村寒湯御番所（宮城県）	98	
花山村寒湯番所（宮城県）	98	
花輪（秋田県）	117	
塙（福島県）	157	
塙陣屋（福島県）	157	
花和田（埼玉県）	266	
花輪館（秋田県）	117	
埴科（長野県）	548	
埴科郡（長野県）	548	
埴科郷（長野県）	548	
羽生（埼玉県）	266	
埴生（長野県）	548	
羽生市（埼玉県）	266	
羽生小学校（茨城県）	187	
羽生田（新潟県）	474	
羽生田駅（新潟県）	474	
馬入峠（福島県）	157	
羽生館（茨城県）	187	
波根（島根県）	817	
羽尾（群馬県）	240	
羽尾（長野県）	548	
羽尾城（群馬県）	240	
羽尾城（埼玉県）	266	
繁根木（熊本県）	1006	
波根湖（島根県）	817	
羽子沢番所（長野県）	548	
羽地グスク（沖縄県）	1078	
羽地（沖縄県）	1078	
羽田空港（東京都）	385	
羽田陣屋（滋賀県）	662	
羽田奉行所（東京都）	385	
羽付（山形県）	130	
波禰郷（島根県）	817	
馬場（石川県）	498	
馬場家住宅（長野県）	549	
母（東京都）	385	
馬場町（石川県）	499	
母妻富士（北海道）	36	
馬場土手（長野県）	549	

地名索引　　　　　　　　　　　　　　　　　　　　　　　　　　はんこ

幅村（山形県）	130	浜道（長崎県）	998	原海岸（静岡県）	594
羽曳野（大阪府）	717	浜離宮（東京都）	385	原ヶ崎（新潟県）	475
土生（和歌山県）	791	浜脇温泉（大分県）	1022	原方街道（栃木県）	208
土生（広島県）	856	浜脇小学校（兵庫県）	746	原方村（山形県）	130
八生（千葉県）	298	羽村（東京都）	386	原釜（福島県）	157
埴生浦（山口県）	887	羽村市（東京都）	386	原木（千葉県）	299
埴生村（千葉県）	298	羽村取水堰（東京都）	386	ハラサン（北海道）	36
浜井場小学校（長野県）	549	羽村町（東京都）	386	原宿（静岡県）	594
浜浦（鹿児島県）	1049	羽茂（新潟県）	474	原宿（東京都）	386
浜岡原子力発電所（静岡県）	593	芳養（和歌山県）	791	原宿村（東京都）	386
浜岡原発（静岡県）	593	早鐘眼鏡橋（福岡県）	968	原城（福岡県）	968
浜岡町（静岡県）	593	早川（神奈川県）	433	原城（長崎県）	998
浜方（宮城県）	98	早川（山梨県）	510	原田（静岡県）	594
浜川砲台（東京都）	385	早川渓谷（山梨県）	510	原田（福岡県）	968
浜坂（福井県）	504	早川港（神奈川県）	433	原田遺跡（三重県）	637
浜坂（鳥取県）	803	早川歯科医院（東京都）	386	原田城（大阪府）	717
浜崎（山口県）	887	早川城（神奈川県）	433	原町（奈良県）	773
浜島（愛知県）	621	早川上水（神奈川県）	433	原ノ溜井（福島県）	157
浜田（三重県）	637	早川谷（新潟県）	474	原ノ町（福島県）	157
浜田（島根県）	817	早川町（山梨県）	510	原野村（長野県）	549
浜田温泉（大分県）	1022	早川東塚村（新潟県）	474	原町田（東京都）	386
浜田川（島根県）	817	早川勇邸（福岡県）	968	原町田駅（東京都）	386
浜田県（島根県）	817	早坂新道（山形県）	130	原町田村（東京都）	386
浜田高校（島根県）	817	早崎城（鹿児島県）	1050	原町陸軍飛行場（福島県）	157
浜田市（島根県）	817	林崎第二尋常高等小学校（兵庫県）	746	原村（広島県）	856
浜田城（三重県）	637	林城（長野県）	549	原良（鹿児島県）	1050
浜田城（島根県）	817	林田（香川県）	908	張碓（北海道）	36
浜田小学校（三重県）	637	林外城（茨城県）	187	張碓隧道（北海道）	36
浜田城址公園（島根県）	817	早島（岡山県）	835	針江集落（滋賀県）	662
浜田市立第二中学校（島根県）	817	早島町（岡山県）	835	針尾島（長崎県）	998
浜田藩（島根県）	817	林道駅（香川県）	908	針尾無線塔（長崎県）	998
浜玉（佐賀県）	986	林村（茨城県）	187	針貝村（栃木県）	208
浜田湊（島根県）	817	早瀬（埼玉県）	266	針子塚（愛知県）	621
浜道（神奈川県）	433	早瀬（福井県）	504	播磨（兵庫県）	746
浜寺（大阪府）	717	早瀬大橋（広島県）	856	播磨灘（兵庫県）	747
浜寺駅前（大阪府）	717	早瀬渡船場（埼玉県）	266	播磨国（兵庫県）	747
浜寺収容所天下茶屋分所（大阪府）	717	早池峰（岩手県）	74	播磨国一橋領（兵庫県）	747
浜寺水練学校（大阪府）	717	早池峯（岩手県）	74	播磨みち（兵庫県）	747
浜寺俘虜収容所（大阪府）	717	早池峰山（岩手県）	74	播磨路（兵庫県）	747
浜通り（福島県）	157	早月川（富山県）	488	播磨屋（広島県）	856
浜中（北海道）	36	早槻川（富山県）	488	原田宿（福岡県）	968
浜中（大分県）	1022	早鞆瀬戸（山口県）	887	治田村（滋賀県）	662
浜名湖（静岡県）	593	唱更国（鹿児島県）	1050	春採湖（北海道）	36
浜名神戸（静岡県）	593	早淵村（徳島県）	900	榛名湖（群馬県）	240
浜名寛家（群馬県）	240	吐山（奈良県）	773	榛名山（群馬県）	240
浜行川（千葉県）	298	葉山（神奈川県）	433	榛名峠城（群馬県）	240
浜野（千葉県）	298	葉山港（神奈川県）	433	榛名町（群馬県）	240
浜野海気療養所（千葉県）	298	葉山公園（神奈川県）	433	春野町（高知県）	945
浜の御殿（香川県）	908	葉山御用邸（神奈川県）	433	原の辻（長崎県）	998
浜原村（島根県）	817	葉山城（宮城県）	98	はるひ野（神奈川県）	434
浜比嘉島（沖縄県）	1078	葉山町（神奈川県）	434	ハルビン（満州）	1098
浜益（北海道）	36	葉山ハートセンター（神奈川県）	434	ハルビン街（岐阜県）	567
浜益郡（北海道）	36	葉山町観光館（神奈川県）	434	ハルビン市（満州）	1098
浜益陣屋（北海道）	36	葉山町南御用邸（神奈川県）	434	ハロンアルシャン（満州）	1098
浜益村（北海道）	36	葉山村（神奈川県）	434	磐越西線（新潟県）	475
浜松（静岡県）	593	早水（新潟県）	475	阪堺（大阪府）	717
浜松駅（静岡県）	593	早水（宮崎県）	1032	阪堺線（大阪府）	717
浜松市（静岡県）	593	早見町（長崎県）	998	阪堺電車（大阪府）	717
浜松市上水道（静岡県）	593	原（静岡県）	594	阪堺電車上町線（大阪府）	718
浜松宿（静岡県）	593	祓川（福島県）	157	阪鶴鉄道（近畿）	647
浜松城（静岡県）	593	祓川（福岡県）	968	姥ヶ茶屋（兵庫県）	747
浜松伝馬町（静岡県）	594	祓川町（鹿児島県）	1050	阪急（近畿）	647
浜松藩（静岡県）	594	原井国民学校（島根県）	817	阪急電車（近畿）	648
浜松藩下総領（千葉県）	298	払沢（長野県）	549	阪急電鉄（近畿）	648
浜松村（兵庫県）	746	原一本松（静岡県）	594	班渓（北海道）	36
浜三沢（青森県）	64	パラオ（南洋群島）	1117	万国津梁の鐘（沖縄県）	1078

1207

はんさ 地名索引

榛沢郡（埼玉県）	266
盤山（鹿児島県）	1050
播州（兵庫県）	747
磐舟（新潟県）	475
播州鉄道（兵庫県）	748
播州路（兵庫県）	748
番匠（神奈川県）	434
万松園（岐阜県）	567
万象園（広島県）	857
番匠免（埼玉県）	266
万代楼（埼玉県）	266
阪神（近畿）	648
阪神間（兵庫県）	748
阪神国道（大阪府）	718
阪神電鉄（兵庫県）	748
阪神飛行学校（大阪府）	718
飯水（長野県）	549
盤洲干潟（千葉県）	299
晩成舎（高知県）	945
万世大路（福島県）	157
磐仙軽便鉄道（東北）	53
磐仙鉄道（東北）	53
幡多（高知県）	945
飯田（大分県）	1022
磐梯山（福島県）	157
万代橋（新潟県）	475
万代橋駅（東京都）	386
磐梯町（福島県）	157
半田亀崎（岐阜県）	567
半田銀山（福島県）	157
判田郷（大分県）	1022
飯田高原（大分県）	1022
半田市（愛知県）	621
幡多倉公園（高知県）	945
半田村（徳島県）	900
半田町（愛知県）	621
幡立山城（広島県）	857
範多農園（東京都）	386
播丹鉄道（兵庫県）	748
番長塚（青森県）	64
坂東（関東）	170
坂東市（茨城県）	187
坂東鉄道（関東）	170
花畔団地（北海道）	36
磐南（静岡県）	594
阪南市（大阪府）	718
般若台（愛知県）	621
飯能（埼玉県）	266
飯能市（埼玉県）	266
飯能―秩父大宮道（埼玉県）	266
飯能町（埼玉県）	266
番の木鑪（島根県）	818
番場（東京都）	386
番場（滋賀県）	662
万博公園（大阪府）	718
番場南裏通り（東京都）	386
半原（神奈川県）	434
半原古道（神奈川県）	434
半原小学校（神奈川県）	434
半兵衛・相沢堀（東京都）	386
板門店（朝鮮）	1112

【ひ】

日在城（佐賀県）	986

比井崎（和歌山県）	791
ひいらぎ横丁（東京都）	386
火打坂（広島県）	857
日宇府の潮湯（広島県）	857
日浦（愛媛県）	927
比叡山（京都府）	683
美瑛町（北海道）	36
比延庄村（兵庫県）	748
日吉津村（鳥取県）	803
稗田村（奈良県）	773
比延中学校（兵庫県）	748
稗貫（岩手県）	74
稗原村（岡山県）	835
日丘橋（東京都）	386
日置川（和歌山県）	791
日置荘（富山県）	488
日置北郷（鹿児島県）	1050
日尾城（埼玉県）	266
檜垣本（奈良県）	773
日影（愛媛県）	621
日影沢床固工群（新潟県）	475
日影茶屋（神奈川県）	434
東（静岡県）	594
東吾妻町（群馬県）	240
東我孫子（千葉県）	299
東磐井（岩手県）	75
東磐井郡（岩手県）	75
東岩蔵寺（京都府）	683
東上原村（広島県）	857
東牛谷（茨城県）	187
東浦（愛知県）	621
東浦村（静岡県）	594
東浦町（愛知県）	621
東蝦夷（北海道）	36
東蝦夷地（北海道）	36
東近江（滋賀県）	662
東近江市（滋賀県）	662
東青梅（東京都）	386
東大阪（大阪府）	718
東大阪市（大阪府）	718
東大通（新潟県）	475
東大橋（福島県）	158
東大橋（広島県）	857
東荻町（東京都）	386
東尾久（東京都）	386
東小千谷（新潟県）	475
東親野井（千葉県）	299
東恩納番所（沖縄県）	1078
東かがわ市（香川県）	908
東春日井郡（愛知県）	621
東上総（千葉県）	299
東葛飾（千葉県）	299
東葛飾郡（千葉県）	299
東桂（山梨県）	510
東金野井（千葉県）	299
東川（高知県）	945
東川登町（佐賀県）	986
東蒲（新潟県）	475
東蒲原（新潟県）	475
東蒲原郡（新潟県）	475
東紀州（三重県）	637
東吉部村（山口県）	887
東九州（九州・沖縄）	950
東岐波（山口県）	887
東区（北海道）	36
東区（愛知県）	622

東区（大阪府）	718
東区（沖縄県）	1078
東九条（京都府）	683
東百済橋（大阪府）	718
東国東（大分県）	1022
東国見（福島県）	158
東頸城（新潟県）	475
東組村（長野県）	549
東久留米（東京都）	386
東久留米駅（東京都）	386
東久留米市（東京都）	386
東黒川（長野県）	549
東桑津（兵庫県）	748
東古泉（愛媛県）	927
東公園（福岡県）	968
東小路（富山県）	488
東高野（東京都）	386
東高野街道（京都府）	683
東国分（群馬県）	240
東駒ヶ岳（長野県）	549
東西条（広島県）	857
東札幌町（北海道）	36
東讃岐（香川県）	908
東沢金山（福島県）	158
東志村（新潟県）	475
東七条（京都府）	684
東下総（千葉県）	299
東小学校（千葉県）	299
東尻池（兵庫県）	748
東尻池交差点（兵庫県）	748
東知床市（北海道）	36
東信州（長野県）	549
東新町（愛知県）	622
東須磨村（兵庫県）	748
東仙道村（島根県）	818
東善町（群馬県）	240
東祖谷（徳島県）	900
東祖谷（香川県）	908
東祖谷落合（徳島県）	900
東大雪山（北海道）	36
東高室（兵庫県）	748
東岳（青森県）	64
東岳石灰岩鉱山（青森県）	64
東谷山（愛知県）	622
東茶屋街（石川県）	499
東出戸村（大阪府）	718
東長江浦（宮崎県）	1032
東中神駅（東京都）	386
東中倉山（広島県）	857
東長町小学校（宮城県）	98
東生（大阪府）	718
東新潟（新潟県）	475
東日本（東日本）	6
東根（山形県）	130
東根市（山形県）	130
東根城（山形県）	130
東根堰（福島県）	158
東野（千葉県）	299
東之阪（奈良県）	773
東沼波村（滋賀県）	662
東端（愛知県）	622
東浜（香川県）	908
東浜（長崎県）	998
東播磨（兵庫県）	748
東広島（広島県）	857
東広島市（広島県）	857

地名索引　　　　　　　　　　　　　　　　　　　　　ひたし

東伏見（東京都）	386
東伏見大防空壕（東京都）	386
東船山村（長野県）	549
東平安名崎（沖縄県）	1078
東伯耆（鳥取県）	803
東宝珠花（千葉県）	299
東本願寺（京都府）	684
東俣野（神奈川県）	434
東松浦郡（佐賀県）	986
東松島（宮城県）	98
東松島市（宮城県）	98
東松山市（埼玉県）	266
東松浦半島（佐賀県）	986
東三河（愛知県）	622
東美濃（岐阜県）	567
東迎山城（滋賀県）	662
東村（大阪府）	718
東村（大分県）	1022
東村山（東京都）	386
東村山駅（東京都）	387
東村山軽便軌条（東京都）	387
東村山市（東京都）	387
東村山市役所北庁舎（東京都）	388
東村山浄水場（東京都）	388
東村山村（東京都）	388
東谷（群馬県）	240
東谷風穴（群馬県）	240
東山（岩手県）	75
東山（長野県）	549
東山丘陵（山形県）	131
東山郷（岩手県）	75
東山七条（京都府）	684
東山城（徳島県）	900
東山町（岩手県）	75
東山町（石川県）	499
東大和（東京都）	388
東山増川（徳島県）	900
東山村（新潟県）	475
東山村（奈良県）	773
東由利（秋田県）	117
東由利町（秋田県）	117
東除川（大阪府）	718
東吉田（千葉県）	299
東吉野（奈良県）	773
東吉野村（愛知県）	622
東吉野村（奈良県）	773
東淀川区（大阪府）	718
東六甲採石場（兵庫県）	748
東六甲山採石場（兵庫県）	748
東若狭（福井県）	504
比嘉村（沖縄県）	1078
干潟（千葉県）	299
干潟町（千葉県）	299
氷上（兵庫県）	748
氷上（兵庫県）	748
光（山口県）	887
光ヶ丘団地（千葉県）	299
光市（山口県）	887
光谷（広島県）	857
斐川（島根県）	818
樋川（沖縄県）	1078
氷川（東京都）	388
氷川鍛冶屋集落（東京都）	388
氷川郷（東京都）	388
氷川登計集落（東京都）	388
氷川長畑集落（東京都）	388
氷川村（東京都）	388
比企（埼玉県）	266
比企谷（岡山県）	835
比企郡（埼玉県）	266
比企城館（埼玉県）	266
比企城館跡群（埼玉県）	266
引田浦（香川県）	908
引田城（香川県）	908
引田村（香川県）	908
蟇池（東京都）	388
蟇沼堰分水（栃木県）	208
蟇沼疏水（栃木県）	208
蟇沼用水（栃木県）	208
彼杵宿（長崎県）	998
引野（広島県）	857
引又（埼玉県）	266
匹見町（島根県）	818
飛鳥舎（奈良県）	773
引の田線（静岡県）	594
碑衾町（東京都）	388
碑衾村（東京都）	388
樋口村（埼玉県）	266
比丘尼城（埼玉県）	266
比熊山城（広島県）	857
日雲宮（滋賀県）	662
引田（香川県）	908
肥後（熊本県）	1006
彦倉村（埼玉県）	266
彦左川（三重県）	637
英彦山（福岡県）	968
英彦山（大分県）	1022
彦山（福岡県）	968
彦山道（福岡県）	968
日越（新潟県）	475
肥後路（大分県）	1022
彦根（滋賀県）	662
彦根高等商業学校（滋賀県）	663
彦根市（滋賀県）	663
彦根城（滋賀県）	663
彦根製糸場（滋賀県）	663
彦根芹橋（滋賀県）	663
彦根藩（滋賀県）	663
彦ノ内（大分県）	1022
肥後国（熊本県）	1006
彦野村（埼玉県）	267
肥後橋（大阪府）	718
彦八堰（高知県）	945
肥後藩（熊本県）	1006
彦部（群馬県）	240
彦部家舘（群馬県）	240
飛駒（栃木県）	208
飛駒村（栃木県）	208
肥後路（熊本県）	1006
久居（三重県）	637
尾西（愛知県）	622
久居市（三重県）	637
久井町（広島県）	857
久居農林高等学校（三重県）	637
久枝（高知県）	945
藤折村（埼玉県）	267
久方（高知県）	945
久木（神奈川県）	434
備作（岡山県）	835
ピサダ道（沖縄県）	1078
肥薩おれんじ鉄道（九州・沖縄）	950
久次（京都府）	684
肥薩線（鹿児島県）	1050
樋里（東京都）	388
久之浜（福島県）	158
久松小学校（愛媛県）	927
久松用水（広島県）	857
樋沢川（長野県）	549
眉山（徳島県）	900
備讃瀬戸（岡山県）	835
日出（大分県）	1022
菱（群馬県）	240
土方久元屋敷（高知県）	945
肱川（愛媛県）	927
比志川（愛媛県）	927
日出城（大分県）	1022
菱沼牡丹餅立場（神奈川県）	434
比島（高知県）	945
日出町（大分県）	1022
比謝橋碑（沖縄県）	1078
毘沙門国分村（新潟県）	475
備中（中国）	798
尾州（愛知県）	622
飛州新道（長野県）	549
尾州之新道（愛知県）	622
聖湖（長野県）	549
聖岬（愛知県）	622
聖山城（兵庫県）	748
美人小路（高知県）	945
ヒスイ谷（三重県）	637
日出駅家（大分県）	1022
日積（山口県）	887
肥前（九州・沖縄）	950
備前（岡山県）	835
肥前街道（福岡県）	968
肥前鹿島（佐賀県）	986
肥前路（佐賀県）	986
備前市（岡山県）	836
肥前町（佐賀県）	986
肥前国（九州・沖縄）	950
備前国（岡山県）	836
備前国衙（岡山県）	836
備前藩（岡山県）	836
備前福岡（岡山県）	836
肥前堀（福岡県）	968
日田（大分県）	1022
肥田（滋賀県）	663
飛騨（岐阜県）	567
旧日立航空機変電所（東京都）	388
日高（北海道）	36
日高（群馬県）	240
日高（和歌山県）	791
日高（愛媛県）	927
飯高（奈良県）	773
飛騨街道（富山県）	488
日高川（和歌山県）	791
日高郡（和歌山県）	791
日高町（北海道）	36
日高別院（和歌山県）	791
日高村（茨城県）	187
日高村（高知県）	945
日滝村（長野県）	549
日田隈城（大分県）	1022
日田郡（大分県）	1022
飛騨山（岐阜県）	569
飛騨山脈（岐阜県）	569
日田市（大分県）	1022
飛騨市（岐阜県）	569

ひたし　　　　　　　　　　　　　　　　　　　　地名索引

飛騨城（岐阜県） 570
常陸（茨城県） 187
日立（茨城県） 187
常陸太田（茨城県） 187
常陸太田市（茨城県） 187
常陸大宮市（茨城県） 187
日立海岸（茨城県） 188
日立港（茨城県） 188
日立航空機千葉工場（千葉県） 299
日立航空隊株式会社変電所（東京都） 388
日立鉱山（茨城県） 188
常陸国衙（茨城県） 188
常陸国府（茨城県） 188
日立製作所中央研究所（東京都） 388
日立製作所日立工場（茨城県） 188
常陸南部（茨城県） 188
常陸国（茨城県） 188
常陸国北部（茨城県） 188
常陸府中（茨城県） 188
常陸北部（茨城県） 188
日立村（茨城県） 188
飛騨国（岐阜県） 570
飛騨古川（岐阜県） 570
飛騨屋（岐阜県） 570
飛騨屋村（岐阜県） 570
小童（広島県） 857
肥中街道（山口県） 887
肥中港（山口県） 887
日土小学校（愛媛県） 927
日土村（愛媛県） 927
備中国分寺（岡山県） 836
備中高梁（岡山県） 836
備中成羽（岡山県） 836
備中成羽陣屋（岡山県） 836
備中一国（岡山県） 836
備中一橋領（岡山県） 836
備中松山藩御茶屋（岡山県） 836
備中路（岡山県） 836
秀衡街道（岩手県） 75
日出谷（新潟県） 475
美田小学校（島根県） 818
鼻田峠（長野県） 549
一日市（群馬県） 240
一庫温泉（大阪府） 718
一つ木（東京都） 388
一橋大学（東京都） 388
一橋大学兼松講堂（東京都） 388
一ツ森村（青森県） 64
樋殿谷（徳島県） 900
人骨山城（千葉県） 299
人丸（山口県） 887
人見浦（千葉県） 299
人見街道（東京都） 388
人吉（熊本県） 1006
人吉市（熊本県） 1006
人吉城（熊本県） 1006
人吉藩（熊本県） 1007
人吉盆地（熊本県） 1007
比内郡（秋田県） 117
比内町（秋田県） 117
日永町（三重県） 637
比奈古郡（静岡県） 594
日脚（島根県） 818
日生（岡山県） 836
日向（埼玉県） 267

日向（神奈川県） 434
日向（愛知県） 622
日向洞窟（山形県） 131
日向山公園（東京都） 388
火撫（兵庫県） 748
涸沼（茨城県） 188
日根野（大阪府） 718
日根荘（大阪府） 718
日根野村（大阪府） 719
日野（東京都） 388
日野（滋賀県） 663
日野（鳥取県） 803
日野駅（東京都） 388
檜枝岐（福島県） 158
檜枝岐村（福島県） 158
日尾（富山県） 488
日野川（福井県） 504
日野川（鳥取県） 803
檜ケ城（広島県） 857
檜木城（広島県） 857
日野北山（滋賀県） 663
日野銀山（鳥取県） 803
樋ノ口堤（大分県） 1022
日前（奈良県） 774
檜隈（奈良県） 774
檜前（奈良県） 774
日野郡（鳥取県） 803
日野市（東京都） 388
日野宿（東京都） 388
日野城（埼玉県） 267
日野桑園（東京都） 388
日野町（滋賀県） 663
日野町（長崎県） 998
日野津（東京都） 388
日の出山荘（東京都） 388
日の出（茨城県） 188
日之出町（新潟県） 475
日の出町公民館（東京都） 389
日野橋（鳥取県） 803
檜原（東京都） 389
檜原村（東京都） 389
旧檜原郵便局（東京都） 389
日の丸（宮城県） 98
日御碕（島根県） 818
日御碕灯台（島根県） 818
日野村（長崎県） 549
日野遊水池（東京都） 389
美唄（北海道） 36
美唄町（北海道） 36
比売嶋（大阪府） 719
比婆山（島根県） 818
檜原山（大分県） 1022
檜原宿（福島県） 158
檜原城（福島県） 158
ひばりヶ丘（千葉県） 299
ひばりが丘北（東京都） 389
雲雀沢村（長野県） 549
戸破村（富山県） 488
雲雀山（和歌山県） 791
響橋（神奈川県） 434
日比谷（東京都） 389
日比谷入江（東京都） 389
日平鉱山（宮崎県） 1033
日秀（千葉県） 299
美深（北海道） 36
美深駅（北海道） 36

美深町（北海道） 36
日振島（愛媛県） 927
備北（広島県） 857
尾北（愛知県） 622
日間賀島（愛知県） 622
氷見（富山県） 488
氷見（愛媛県） 927
氷見郡（富山県） 488
氷見市（富山県） 488
日見村（長崎県） 998
氷見町（富山県） 488
氷見農学校（富山県） 488
氷見湊（富山県） 488
姫下坂（東京都） 389
姫街道（静岡県） 594
姫川谷（長野県） 549
姫谷（広島県） 857
姫路（兵庫県） 749
姫路（鳥取県） 803
姫路機関車庫（兵庫県） 749
姫路市（兵庫県） 749
姫路城（兵庫県） 749
姫路藩（兵庫県） 749
姫路風羅堂（兵庫県） 749
姫島（福岡県） 968
姫島（大分県） 1023
姫路町（宮崎県） 1033
姫ノ城（新潟県） 475
姫松館（宮城県） 98
姫山（兵庫県） 749
ひめゆり学園（沖縄県） 1078
碑文谷（東京都） 389
碑文谷公園（東京都） 389
碑文谷日大プール（東京都） 389
碑文谷踏切（東京都） 389
碑文谷村（東京都） 389
冷川（大分県） 1023
百堂渡し（大分県） 1023
128高地（千葉県） 299
百人町（東京都） 389
百八人塚（福岡県） 968
百尋の滝（東京都） 389
比屋根坂石畳（沖縄県） 1078
百間川（岡山県） 836
百石堰（長野県） 549
百本杭（東京都） 389
檜山（秋田県） 117
火山峠（長野県） 549
冷水峠（福岡県） 968
日向（宮崎県） 1033
日向（鹿児島県） 1050
日向街道（熊本県） 1007
日向方北郷（宮崎県） 1033
日向市（宮崎県） 1033
日向国（宮崎県） 1033
日向泊（大分県） 1023
日向道（大分県） 1023
日向路（宮崎県） 1033
日向屋敷（神奈川県） 434
尾余（千葉県） 299
峠（千葉県） 299
備陽（広島県） 857
兵庫（兵庫県） 749
兵庫ガス会社（兵庫県） 750
兵庫北関（兵庫県） 750
兵庫区（兵庫県） 750

地名索引　　　　　　　　　　　　　　　　　　　　　　　ひろし

兵庫県（兵庫県）	750
兵庫県庁舎（兵庫県）	750
兵庫港（兵庫県）	750
兵庫下庄（兵庫県）	751
兵庫城（兵庫県）	751
兵庫大開小学校（兵庫県）	751
兵庫津（兵庫県）	751
兵庫関（兵庫県）	751
兵主（兵庫県）	751
兵主山（兵庫県）	751
兵主大社庭園（滋賀県）	664
兵生（和歌山県）	791
氷ノ山（兵庫県）	751
屏風山（青森県）	64
日吉（神奈川県）	434
日吉台地下壕（神奈川県）	434
日吉地下壕（神奈川県）	434
日吉町（群馬県）	241
日吉町（京都府）	684
日吉原（大分県）	1023
日義村（長野県）	549
鵯越（兵庫県）	751
日和村（島根県）	818
日和山（新潟県）	475
日和山（高知県）	945
日和山公園（宮城県）	98
ピョンヤン（朝鮮）	1112
平井家住宅・長屋門（神奈川県）	434
平池村（大阪府）	719
平井城（群馬県）	241
平泉（岩手県）	75
平泉町（岩手県）	76
平出（長野県）	549
平井村（長野県）	549
平岩城（和歌山県）	791
ヒラウトル（北海道）	37
平江（鹿児島県）	1050
平得村（沖縄県）	1078
平尾（奈良県）	774
平尾一里塚（東京都）	389
枚岡（大阪府）	719
平岡小学校（千葉県）	299
平岡村（長野県）	549
平岡ダム（長野県）	549
平尾台（福岡県）	968
平尾台国定公園（福岡県）	968
ヒラヲロ（北海道）	37
平鹿郡（秋田県）	117
平賀源内記念館（香川県）	908
平賀村（長野県）	549
枚方（大阪府）	719
枚方市（大阪府）	719
枚方寺内町（大阪府）	719
枚方宿（大阪府）	719
平方新田（千葉県）	299
枚方製造所（大阪府）	719
枚方台地（大阪府）	719
平方村（東京都）	389
平潟湾（神奈川県）	434
平金鉱山（岐阜県）	570
比楽川（石川県）	499
平河町（東京都）	389
平川町（千葉県）	299
平木の沢（滋賀県）	664
ヒラクシナイ（北海道）	37
庇羅国（長崎県）	998

平佐（鹿児島県）	1050
平沢（富山県）	488
平沢口（富山県）	488
平沢津（熊本県）	1007
平塩集落（山形県）	131
平田（島根県）	818
平田城（福岡県）	968
平谷（奈良県）	774
平田町（山形県）	131
平田村（福島県）	158
平塚（神奈川県）	434
平塚（福岡県）	968
平塚川添遺跡（福岡県）	968
平塚市（神奈川県）	434
平塚宿（神奈川県）	434
平塚城（東京都）	389
平戸（千葉県）	299
平戸（長崎県）	998
平戸イギリス商館（長崎県）	998
平戸往還（長崎県）	998
平戸オランダ商館（長崎県）	998
平戸街道（長崎県）	998
平戸河岸（千葉県）	299
平戸市（長崎県）	998
平戸島（長崎県）	998
平戸藩（長崎県）	999
平戸村（千葉県）	299
平取（北海道）	37
平取大橋（北海道）	37
平取高等学校貫気別分教室（北海道）	
	37
平取小学校特別分教場（北海道）	37
平取町（北海道）	37
旧平取町農業協同組合事務所（北海道）	
	37
旧平取町郵便局（北海道）	37
平内（青森県）	64
平沼（埼玉県）	267
平沼新田（神奈川県）	434
平野（大阪府）	719
平野（兵庫県）	751
平野区（大阪府）	719
平野郷（大阪府）	719
平野郷町（大阪府）	719
平の里（神奈川県）	434
比良庄（滋賀県）	664
平野殿庄（奈良県）	774
平野村（兵庫県）	751
平野屋新田会所（大阪府）	719
平長谷一里塚（宮崎県）	1033
平林城（新潟県）	475
平林城（岐阜県）	570
平林村（長野県）	549
平原歴史公園（福岡県）	969
平福（兵庫県）	751
比羅保許山（秋田県）	117
平堀（新潟県）	475
平間（和歌山県）	791
平松（宮崎県）	1033
平山煙火製造所（神奈川県）	434
平山城（東京都）	389
平山城址公園（東京都）	389
平山ホテル（神奈川県）	434
平谷村（長野県）	549
平良綾道（沖縄県）	1078
平良港（沖縄県）	1078

平良市（沖縄県）	1078
飛竜の滝（神奈川県）	435
美良村（沖縄県）	1078
蛭ヶ島（静岡県）	594
蛭ヶ野（岐阜県）	570
蛭川（石川県）	499
蛭口（滋賀県）	664
蒜山盆地（岡山県）	836
蛭沼（栃木県）	208
昼間（徳島県）	900
鰭ヶ崎村（千葉県）	300
広（広島県）	857
広浦（広島県）	858
広江（岐阜県）	570
広江（岡山県）	836
広尾（北海道）	37
広大新開（山口県）	887
広岡（岩手県）	76
広尾原（東京都）	389
広川町（和歌山県）	791
広木酒造（福島県）	158
広小路（愛知県）	622
広工廠（広島県）	858
弘前（青森県）	64
弘前駅（青森県）	64
弘前公園（青森県）	64
弘前高等学校（青森県）	64
弘前市（青森県）	64
弘前城（青森県）	64
弘前藩（青森県）	64
弘前藩江戸屋敷（東京都）	389
弘前幼稚園（青森県）	65
広沢原（埼玉県）	267
広島（広島県）	858
広島開墾地（北海道）	37
広島カープ（広島県）	859
広島市郷土資料館（広島県）	859
広島軍用水道（広島県）	859
広島県（広島県）	859
広島県裁判所（広島県）	860
広島県醸造試験場（広島県）	861
広島県庁（広島県）	861
広島高等学校（広島県）	861
広島高等工業学校（広島県）	861
広島高等師範学校（広島県）	861
広島裁判所（広島県）	861
広島市（広島県）	861
広島市民球場（広島県）	861
広島城（広島県）	861
広島女子高等師範学校（広島県）	861
広島水力電気（広島県）	861
広島水力電気会社（広島県）	861
広島水力電気株式会社（広島県）	861
広島水力発電所（広島県）	861
広島青年師範学校（広島県）	861
広島大学（広島県）	862
広島大学旧理学部1号館（広島県）	862
広島大学旧理学部一号館（広島県）	862
広島大学水畜産学部（広島県）	862
広島中学校（広島県）	862
広島電鉄（広島県）	862
広島藩（広島県）	862
広島平和記念公園（広島県）	862
広島弁護士会（広島県）	862
広島法律学校（広島県）	862
広島港（広島県）	862

ひろし　　　　　　　　　　　　　地名索引

広島村（北海道）	37
広島立志舎（広島県）	862
広島湾（広島県）	862
広塩焼（広島県）	862
広11空廠（広島県）	862
広須新田（青森県）	65
広瀬（千葉県）	300
広瀬（島根県）	818
広瀬（山口県）	887
広瀬（宮崎県）	1033
広瀬川（宮城県）	98
広瀬川（群馬県）	241
広瀬川（鹿児島県）	1050
広瀬城（岐阜県）	570
広瀬城（宮崎県）	1033
広瀬淡窓宅（大分県）	1023
広瀬橋交差点（宮城県）	98
広瀬藩（島根県）	818
広田（愛媛県）	927
広田（長崎県）	999
広滝水力発電所（佐賀県）	986
広田城（長崎県）	999
広谷（兵庫県）	751
広谷銅山（新潟県）	475
広谷村（広島県）	862
広戸仙（岡山県）	836
広長浜（広島県）	862
広野（福島県）	158
広野（高知県）	945
広野河（岐阜県）	570
洋野町（岩手県）	77
広野村（福島県）	158
広幡（静岡県）	594
広部橋（神奈川県）	435
広町（広島県）	862
広見（愛媛県）	927
広海家主屋（大阪府）	719
広村（広島県）	862
ひろめ市場（高知県）	945
広両谷（広島県）	863
琵琶湖（滋賀県）	664
琵琶湖大橋（滋賀県）	664
びわ湖疏水（京都府）	684
琵琶湖疏水（滋賀県）	664
琵琶湖八景（滋賀県）	664
琵琶湖ホテル（滋賀県）	664
日和佐（徳島県）	900
日和佐町（徳島県）	900
日和田町（福島県）	158
日和田村（山形県）	131
比和町（広島県）	863
びわの橋（徳島県）	900
琵琶橋妙義道（群馬県）	241
備後（広島県）	863
備後赤坂（広島県）	863
備後城山（広島県）	863
備後西城（広島県）	863
備後国（広島県）	863
備後国府（広島県）	863
備後国府城（広島県）	863
備後三川（広島県）	863
備後村（埼玉県）	267
品䕃（埼玉県）	267

【 ふ 】

風納土城（朝鮮）	1112
フウレントウ（北海道）	37
笛吹峠（埼玉県）	267
深穴村（茨城県）	188
深井（千葉県）	300
深井新田（千葉県）	300
深浦（青森県）	65
深浦（山口県）	887
深浦砲台山（山口県）	887
深浦町（青森県）	65
深江（兵庫県）	751
深江（大分県）	1023
深江港（大分県）	1023
深江文化村（兵庫県）	751
深川（北海道）	37
深川（東京都）	389
深川（熊本県）	1007
深川永代寺（東京都）	390
深川木場（東京都）	390
深川区（東京都）	390
深川食堂（東京都）	390
深川町（山口県）	887
深川猟師町（東京都）	390
深草（京都府）	684
深草丘陵（京都府）	684
深沢城（栃木県）	208
深沢城（群馬県）	241
深沢城（静岡県）	594
深島（大分県）	1023
布賀知行所（岡山県）	836
深津王子山城（広島県）	863
深津市（広島県）	864
深津惣新田（大阪府）	719
深淵（宮城県）	98
布鎌（千葉県）	300
深町（広島県）	864
深溝（愛知県）	622
深見村（静岡県）	594
深見の池（長野県）	549
深宮（青森県）	65
深見山（静岡県）	594
深谷（青森県）	65
深谷（埼玉県）	267
深谷市（埼玉県）	267
深谷宿（埼玉県）	267
府川村（神奈川県）	435
葺合（兵庫県）	751
吹上（東京都）	390
吹上（和歌山県）	791
吹上（福岡県）	969
吹上（鹿児島県）	1050
吹上温泉（北海道）	37
吹上橋（埼玉県）	267
吹上浜（鹿児島県）	1050
福来口（新潟県）	475
吹屋（群馬県）	241
吹屋（岡山県）	836
吹屋小学校校舎（岡山県）	836
吹き割れの滝（群馬県）	241
吹割の滝（群馬県）	241
福（大分県）	1023
福井（福井県）	504

福井県（福井県）	505
福井市（福井県）	505
福井城（福井県）	505
福居町（栃木県）	208
福井藩（福井県）	505
福浦（島根県）	818
福浦八景（新潟県）	475
福江（長崎県）	999
福江島（長崎県）	999
福江城（長崎県）	999
福岡（岡山県）	836
福岡（福岡県）	969
福岡銀行（福岡県）	970
福岡空港（福岡県）	970
福岡郡（福岡県）	970
福岡県（福岡県）	970
福岡県種畜場（福岡県）	971
福岡県庁（福岡県）	971
福岡県立図書館（福岡県）	971
福岡高等学校（福岡県）	971
福岡国民学校（埼玉県）	267
福岡市（福岡県）	971
福岡城（福岡県）	971
福岡小学校（埼玉県）	267
福岡女子大学（福岡県）	972
福岡尋常高等小学校（埼玉県）	267
福岡尋常小学校（埼玉県）	267
福岡堰（茨城県）	188
福岡大学（福岡県）	972
福岡町（岡山県）	836
福岡藩（福岡県）	972
福岡村（埼玉県）	267
福尾村（鳥取県）	803
福川（埼玉県）	267
福川西本陣（山口県）	887
福川本陣（山口県）	887
福崎町（兵庫県）	751
福沢邸（大分県）	1023
福沢諭吉旧居（大分県）	1023
福島（北海道）	37
福島（福島県）	158
福島（長崎県）	999
福島（大分県）	1023
福島江（新潟県）	475
福島雁木（広島県）	864
福島空港（福島県）	159
福島家住宅（長野県）	549
福島県（福島県）	159
福島県監獄署（福島県）	160
福島県庁（福島県）	160
福島県歴史資料館（福島県）	160
福島港（福島県）	160
福島高女（福島県）	160
福島交通電車軌道（福島県）	160
福島市（福島県）	160
福島城（福島県）	160
福島城（新潟県）	475
福嶋城（新潟県）	476
福島関所（福島県）	160
福島村（宮崎県）	1033
福島第一原発（福島県）	160
福島第一尋常高等小学校（福島県）	160
福島町（北海道）	37
福島町（長崎県）	999
福島藩（福島県）	160
福島藩重原領（愛知県）	622

1212

地名索引　　　　　　　　　　　ふせむ

福島盆地（福島県） …………… 160
福島町（宮崎県） ……………… 1033
福地村（兵庫県） ……………… 752
福寿会館（広島県） …………… 864
福束輪中（岐阜県） …………… 570
福住旅館（神奈川県） ………… 435
福田（秋田県） ………………… 117
福田（静岡県） ………………… 594
福田（広島県） ………………… 864
福大明神社（京都府） ………… 684
福田新田（岡山県） …………… 837
福田町（静岡県） ……………… 594
福田村（宮城県） ……………… 98
福田村（埼玉県） ……………… 267
福田村（千葉県） ……………… 300
福知山（京都府） ……………… 684
福知山駅（京都府） …………… 684
福知山市（京都府） …………… 684
福知山城（京都府） …………… 684
福知山線（近畿） ……………… 648
福田庄（広島県） ……………… 864
福徳（愛知県） ………………… 622
副都心線（東京都） …………… 390
福泊浦（大分県） ……………… 1023
福取（新潟県） ………………… 476
福長飛行機製作所（静岡県） … 594
福原京（兵庫県） ……………… 752
福原荘（兵庫県） ……………… 752
福原宮（兵庫県） ……………… 752
福原村（埼玉県） ……………… 267
福間駅（福岡県） ……………… 973
福丸線（福岡県） ……………… 973
福万寺町（大阪府） …………… 719
福宗（大分県） ………………… 1023
福本陣屋（兵庫県） …………… 752
福本藩（兵庫県） ……………… 752
旧福本藩陣屋跡庭園（兵庫県） … 752
福山（広島県） ………………… 864
福山（鹿児島県） ……………… 1050
福山駅（広島県） ……………… 864
福山市（広島県） ……………… 864
福山城（岡山県） ……………… 837
福山城（広島県） ……………… 864
福山上水道（広島県） ………… 865
福山市立東小学校（広島県） … 865
福山中学校（広島県） ………… 865
福山藩（広島県） ……………… 865
福山湾（広島県） ……………… 865
福蓮寺城（新潟県） …………… 476
袋（宮城県） …………………… 98
袋井（静岡県） ………………… 594
袋井駅（静岡県） ……………… 594
袋井市（静岡県） ……………… 594
袋田（茨城県） ………………… 188
袋田小学校（茨城県） ………… 188
袋田の滝（茨城県） …………… 188
袋田瀑布（茨城県） …………… 188
袋町（三重県） ………………… 637
袋町（熊本県） ………………… 1007
福渡（栃木県） ………………… 208
富桑村（鳥取県） ……………… 803
福原（兵庫県） ………………… 752
鳳至郡（石川県） ……………… 499
普賢寺（京都府） ……………… 684
普賢寺郷（京都府） …………… 684
普賢寺新田（東京都） ………… 390

普賢寺谷（京都府） …………… 684
浮見堂（奈良県） ……………… 774
富国（宮城県） ………………… 98
深野池（大阪府） ……………… 719
不呼国（その他） ……………… 1096
布佐（千葉県） ………………… 300
普済寺（東京都） ……………… 390
汗（栃木県） …………………… 208
冨崎村（沖縄県） ……………… 1078
ふさの国（千葉県） …………… 300
房殖邦（千葉県） ……………… 300
布佐平和台（千葉県） ………… 300
釜山（朝鮮） …………………… 1112
釜山子城台倭城（朝鮮） ……… 1112
釜山鎮城（朝鮮） ……………… 1112
富士（千葉県） ………………… 300
富士（静岡県） ………………… 595
冨士（静岡県） ………………… 595
藤井（茨城県） ………………… 188
藤井寺球場（大阪府） ………… 719
藤江（静岡県） ………………… 595
藤江（広島県） ………………… 865
藤枝（静岡県） ………………… 595
藤枝駅（静岡県） ……………… 595
藤枝市（静岡県） ……………… 595
藤枝宿（静岡県） ……………… 595
藤枝町（静岡県） ……………… 595
藤枝本町駅（静岡県） ………… 595
藤尾（滋賀県） ………………… 664
藤岡（栃木県） ………………… 208
藤岡（群馬県） ………………… 241
藤岡市（群馬県） ……………… 241
藤岡町（栃木県） ……………… 208
伏拝（福島県） ………………… 160
富士瓦斯紡績川崎工場（神奈川県） … 435
藤ヶ谷飛行場（千葉県） ……… 300
富士川（静岡県） ……………… 595
富士川新田（静岡県） ………… 595
富士帰郷堤（静岡県） ………… 595
藤倉（東京都） ………………… 390
節黒城（新潟県） ……………… 476
富士郡（静岡県） ……………… 595
富士高校（静岡県） …………… 596
不二越線（富山県） …………… 488
フシコトウブト（北海道） …… 37
藤坂（広島県） ………………… 865
藤坂村（大阪府） ……………… 719
藤沢（神奈川県） ……………… 435
藤沢川（群馬県） ……………… 241
藤沢カントリー倶楽部（神奈川県） … 435
藤沢市（神奈川県） …………… 435
藤沢宿（神奈川県） …………… 435
藤沢町（岩手県） ……………… 77
藤沢町（神奈川県） …………… 435
藤沢山（神奈川県） …………… 435
富士山（山梨県） ……………… 510
富士山（静岡県） ……………… 596
富士山本宮浅間大社（静岡県） … 596
富士山村山登山道（静岡県） … 596
富士市（静岡県） ……………… 596
藤島城（山形県） ……………… 131
藤城線（北海道） ……………… 37
富士神社（静岡県） …………… 597
藤田組青森発電所（青森県） … 65
藤田宿（福島県） ……………… 160
藤田小学校（福島県） ………… 160

旧藤田邸庭園（大阪府） ……… 720
藤田組通り（青森県） ………… 65
藤谷城（和歌山県） …………… 791
藤田宮町通り（福島県） ……… 160
富士野（静岡県） ……………… 597
藤木（佐賀県） ………………… 986
藤の台団地（東京都） ………… 390
富士宮（静岡県） ……………… 597
富士宮市（静岡県） …………… 597
藤森（京都府） ………………… 684
富士橋（三重県） ……………… 637
藤橋城（東京都） ……………… 390
富士馬車鉄道（静岡県） ……… 597
藤林長門守城（三重県） ……… 637
藤原町（栃木県） ……………… 208
富士本町（静岡県） …………… 597
藤間家住宅（神奈川県） ……… 435
富士町（東京都） ……………… 390
富士松（愛知県） ……………… 622
富士松村（愛知県） …………… 622
富士見（長野県） ……………… 549
伏見（京都府） ………………… 684
伏見港（京都府） ……………… 684
富士見坂（東京都） …………… 390
富士見市（埼玉県） …………… 267
富士見十三州（東海） ………… 557
伏見庄（京都府） ……………… 684
伏見城（京都府） ……………… 684
富士見台（千葉県） …………… 300
富士見茶屋（東京都） ………… 390
富士見町（東京都） …………… 390
富士見電信取扱所（長野県） … 549
父二峰（愛媛県） ……………… 927
ふじみ野（埼玉県） …………… 267
富士見村（群馬県） …………… 241
藤本蚕業合名株式会社（長野県） … 549
藤屋内匠（滋賀県） …………… 664
富士屋ホテル（神奈川県） …… 435
藤山宅（東京都） ……………… 390
武州（埼玉県） ………………… 267
武州（千葉県） ………………… 300
武州（東京都） ………………… 390
武州鉄道（関東） ……………… 170
武州長瀬（埼玉県） …………… 267
武州南（関東） ………………… 170
富士吉田市（山梨県） ………… 510
藤原（群馬県） ………………… 241
藤原（奈良県） ………………… 774
藤原京（奈良県） ……………… 774
藤原寺（長野県） ……………… 549
藤原城（和歌山県） …………… 791
藤原岳（三重県） ……………… 637
藤原宮（奈良県） ……………… 774
ブシンヤー（沖縄県） ………… 1078
襏城（東京都） ………………… 390
襏村（東京都） ………………… 390
布施（群馬県） ………………… 241
布施（大阪府） ………………… 720
布施（鳥取県） ………………… 803
布施河岸（千葉県） …………… 300
布施川ダム（富山県） ………… 488
布瀬高野城（千葉県） ………… 300
布施新田町（千葉県） ………… 300
布施天神山城（鳥取県） ……… 803
布勢の水海（富山県） ………… 488
布施村（千葉県） ……………… 300

ふせむ　　　　　　　　　　　　　　　　　　　　地名索引

布施村（島根県）………………… 818	府中宿（東京都）………………… 391	船坂トンネル（兵庫県）………… 752
布施山城（滋賀県）……………… 665	府中宿（福岡県）………………… 973	船沢（青森県）…………………… 65
豊前（福岡県）…………………… 973	府中城（茨城県）………………… 189	船島堰（熊本県）……………… 1007
豊前街道（熊本県）…………… 1007	府中町（福井県）………………… 505	船瀬（兵庫県）…………………… 752
豊前市（福岡県）………………… 973	府中町（広島県）………………… 865	部奈疎水（長野県）……………… 550
豊前道（熊本県）……………… 1007	府中町（東京都）………………… 391	舟津川村（栃木県）……………… 208
豊前国（福岡県）………………… 973	府中道（東京都）………………… 391	船津眼科病院（神奈川県）……… 436
武相（関東）……………………… 170	府中用水（東京都）……………… 391	舟津村（福井県）………………… 505
扶桑木の里（愛媛県）…………… 927	二日市水道（福岡県）…………… 973	ブナ峠（静岡県）………………… 597
不双城（愛知県）………………… 622	二日市保養所（福岡県）………… 973	舟渡山（東京都）………………… 392
武相荘（東京都）………………… 390	二日町（岐阜県）………………… 570	舟之亭（石川県）………………… 499
富祖古グスク（沖縄県）……… 1078	二日町城（新潟県）……………… 476	舟橋（岩手県）…………………… 77
二重作村（茨城県）……………… 189	福生（東京都）…………………… 391	船橋（千葉県）…………………… 300
二重峠（大分県）……………… 1023	仏生山おなり街道（香川県）…… 908	船橋（富山県）…………………… 488
二ヶ城山（広島県）……………… 865	仏生寺（富山県）………………… 488	船橋市（千葉県）………………… 301
二神島（愛媛県）………………… 927	富津（千葉県）…………………… 300	船橋市営製塩場（千葉県）……… 301
二上山（岡山県）………………… 837	富津海洋資料館（千葉県）……… 300	舟橋八景（岩手県）……………… 77
二神山城（広島県）……………… 865	富津市（千葉県）………………… 300	舟場平遺跡（栃木県）…………… 208
二川鈩（島根県）………………… 818	富津陣屋（千葉県）……………… 300	舟原（神奈川県）………………… 436
二川宿（愛知県）………………… 622	富津岬（千葉県）………………… 300	船町（山形県）…………………… 131
二川町（愛知県）………………… 622	富津村（千葉県）………………… 300	船町湊（岐阜県）………………… 570
布滝（岡山県）…………………… 837	普天間（沖縄県）……………… 1078	船町村（兵庫県）………………… 752
二口街道（山形県）……………… 131	普天間基地（沖縄県）………… 1079	舟山（埼玉県）…………………… 268
二子（神奈川県）………………… 435	普天間宮（沖縄県）…………… 1079	舟山城（長野県）………………… 550
布田五宿（東京都）……………… 390	普天間三差路（沖縄県）……… 1079	舟山陣所遺跡（長野県）………… 550
二子村（神奈川県）……………… 435	普天間第二小学校（沖縄県）… 1079	船生城（栃木県）………………… 209
二瀬川（東京都）………………… 390	不動池（東京都）………………… 391	船生村（栃木県）………………… 209
二瀬橋（東京都）………………… 390	不動滝（東京都）………………… 391	船所（広島県）…………………… 865
二ツ井（秋田県）………………… 117	不動谷（三重県）………………… 638	舟ノ川（奈良県）………………… 774
ふたつ池（東京都）……………… 390	不動堂屯所（京都府）…………… 685	船引（福島県）…………………… 160
二木郷（長野県）………………… 550	不動七重の滝（奈良県）………… 774	船引村（福島県）………………… 161
二ツ峠（三重県）………………… 638	不動道（埼玉県）………………… 268	布野（広島県）…………………… 865
二ツ宮（埼玉県）………………… 268	不動山城（群馬県）……………… 241	布野村（広島県）………………… 865
二名（愛媛県）…………………… 927	不動山城（新潟県）……………… 476	布野町（広島県）………………… 865
二の丸様顕彰碑（山口県）……… 887	太日川（群馬県）………………… 241	分倍河原（東京都）……………… 392
二葉の里（広島県）……………… 865	太日川（東京都）………………… 391	分梅町（東京都）………………… 392
二葉の里歴史の散歩道（広島県）… 865	フトルミン工場（奈良県）……… 774	冨波沢村（滋賀県）……………… 665
双葉町（福島県）………………… 160	太櫓川（北海道）………………… 37	父尾銀山（広島県）……………… 865
二股川（鹿児島県）…………… 1050	船（兵庫県）……………………… 752	富美庄（岡山県）………………… 837
二俣川村（神奈川県）…………… 435	船井（京都府）…………………… 685	籠（鹿児島県）………………… 1050
二股口（北海道）………………… 37	府内（新潟県）…………………… 476	籠金山（静岡県）………………… 597
二俣線（静岡県）………………… 597	府内（大分県）………………… 1023	籠城（愛媛県）…………………… 928
二俣村（新潟県）………………… 476	府内町（大分県）……………… 1023	扶余（朝鮮）…………………… 1112
二俣村（京都府）………………… 684	府内藩（大分県）……………… 1023	芙蓉園（滋賀県）………………… 665
二又トンネル（福島県）………… 973	舟入川口町（広島県）…………… 865	扶余郡（朝鮮）………………… 1112
双海（愛媛県）…………………… 927	舟入川（高知県）………………… 945	富良野（北海道）………………… 37
二見（三重県）…………………… 638	船浮要塞（沖縄県）…………… 1079	富良野原野（北海道）…………… 38
二見（島根県）…………………… 818	船尾（岡山県）…………………… 837	富良野盆地（北海道）…………… 38
二見（山口県）…………………… 887	船穂（岡山県）…………………… 837	ブリジストンタイヤ東京工場（東京都）
二見ヶ浦（福岡県）……………… 973	船岡（鳥取県）…………………… 803	……………………………………… 392
布田道（東京都）………………… 390	船岡公園（新潟県）……………… 476	俘虜収容所月寒分所（北海道）……… 38
双海町（愛媛県）………………… 927	船岡支藩（宮城県）……………… 98	古井村（愛知県）………………… 622
二見町（三重県）………………… 638	船岡山（新潟県）………………… 476	古市（三重県）…………………… 638
二和（千葉県）…………………… 300	船岡山（京都府）………………… 685	古市郷（奈良県）………………… 774
淵江（埼玉県）…………………… 268	船穂町（岡山県）………………… 837	古市新城（奈良県）……………… 774
淵江領（東京都）………………… 390	舞中島（徳島県）………………… 900	古江（広島県）…………………… 865
淵崎（広島県）…………………… 865	船川築港（秋田県）……………… 117	古江（長崎県）…………………… 999
淵の森（東京都）………………… 390	船川港（秋田県）………………… 117	古川（宮城県）…………………… 98
府中（東京都）…………………… 390	舟木（鹿児島県）……………… 1050	古川（愛知県）…………………… 622
府中（石川県）…………………… 499	船木（山口県）…………………… 887	古河鉱山（秋田県）……………… 118
府中（福井県）…………………… 505	船木（愛媛県）…………………… 927	旧古河氏庭園（東京都）………… 392
府中（山梨県）…………………… 510	船木市村（山口県）……………… 887	古河邸（東京都）………………… 392
府中（大阪府）…………………… 720	船城郷（兵庫県）………………… 752	古川新田（宮城県）……………… 98
府中御殿（東京都）……………… 391	船木田（東京都）………………… 391	古川西中学校区（宮城県）……… 98
府中市（東京都）………………… 391	船木荘（滋賀県）………………… 665	古国府遺跡（大分県）………… 1023
府中市（広島県）………………… 865	船越（秋田県）…………………… 117	古里（鹿児島県）……………… 1050

1214

古里郵便局（鹿児島県） 1050	平和台（千葉県） 301	ペリー記念館（神奈川県） 436
古沢用水（富山県） 488	平和台公園（宮崎県） 1033	弁財天町（京都府） 685
古寺内（和歌山県） 791	平和塔（広島県） 865	遍照寺山城（広島県） 866
古城山（広島県） 865	平和の礎（沖縄県） 1079	弁天池（東京都） 392
古高松（香川県） 908	平和の塔（宮崎県） 1033	弁天池（長野県） 550
古手町除痘館（大阪府） 720	平和橋（埼玉県） 268	弁天川（山口県） 887
古戸・桐生道（群馬県） 241	平和橋（愛知県） 623	弁天島（島根県） 818
古間宿（長野県） 550	閖上（宮城県） 99	弁天島（広島県） 866
古町（福島県） 161	碧海郡（愛知県） 623	弁天島（山口県） 887
古町（栃木県） 209	碧海台地（愛知県） 623	弁天通（神奈川県） 436
古町（新潟県） 476	戸木城（三重県） 638	弁天橋（東京都） 392
古三津村（愛媛県） 928	碧南（愛知県） 623	
古海村（長野県） 550	碧南市（愛知県） 623	
古宮村（兵庫県） 752	舳倉島（石川県） 499	

【ほ】

振内（北海道） 38	平群（奈良県） 775	宝飯郡（愛知県） 623
振内高等学校（北海道） 38	ヘグリ沢（宮城県） 99	豊井村（山口県） 887
風呂（宮城県） 98	平群町（奈良県） 775	方円学舎（島根県） 818
不老倉鉱山（秋田県） 118	平群谷（奈良県） 775	鳳凰山（山梨県） 510
風呂川（群馬県） 241	ヘケレシリ（北海道） 38	鳳凰堂（京都府） 685
不破（岐阜県） 570	戸坂（広島県） 865	烽火山（山口県） 887
噴火湾（北海道） 38	戸坂小学校（広島県） 865	伯耆（鳥取県） 803
文京（東京都） 392	戸坂村（広島県） 865	保木城（広島県） 866
文教学校（沖縄県） 1079	戸坂中学校（広島県） 865	伯耆大山（鳥取県） 804
文京区（東京都） 392	平敷村（沖縄県） 1079	伯耆国（鳥取県） 804
豊後（大分県） 1023	平敷屋番所（沖縄県） 1079	豊原庄（岡山県） 837
豊後高田市（大分県） 1024	綛村（滋賀県） 665	法光寺城（兵庫県） 752
豊後国（大分県） 1024	戸田石丁場（静岡県） 597	北方村（宮崎県） 1033
豊後森（大分県） 1024	戸田湊（静岡県） 597	坊沢（秋田県） 118
分水（新潟県） 476	部垂城（茨城県） 189	坊沢堰（秋田県） 118
分田宿（新潟県） 476	別海（北海道） 38	坊沢村（秋田県） 118
分部越（北海道） 38	別海町（北海道） 38	鳳山県（台湾） 1116
文命堤（神奈川県） 436	別狩（北海道） 38	宝山寺（奈良県） 775
文命西堤（神奈川県） 436	別子（愛媛県） 928	傍示（兵庫県） 752
文禄堤（大阪府） 720	別子学園（愛媛県） 928	報時塔（新潟県） 476

【へ】

	別子銅山（愛媛県） 928	法師峠（栃木県） 209
	別子山（愛媛県） 928	法師橋（東京都） 392
閉伊（岩手県） 77	別子山村（愛媛県） 928	帽子屋敷（宮城県） 99
平安宮（京都府） 685	別所（東京都） 392	房州（千葉県） 301
平安京（京都府） 685	別所（長野県） 550	宝珠花（関東） 170
平安道（朝鮮） 1112	別所（兵庫県） 752	宝珠花河岸（関東） 170
旧平安道場（京都府） 685	別所温泉（長野県） 550	宝珠山炭鉱（福岡県） 973
兵器厰壕（沖縄県） 1079	別所坂児童遊園（東京都） 392	宝珠山村（福岡県） 973
米軍503空挺部隊工兵隊道路改修記念	別所砂留（広島県） 865	坊所（神奈川県） 436
碑（沖縄県） 1079	別所谷（広島県） 865	北条（千葉県） 301
米軍立川基地（東京都） 392	別所村（千葉県） 301	北条（神奈川県） 436
平郡島（山口県） 887	別所村（新潟県） 476	北条（愛媛県） 928
平家坂（兵庫県） 752	別子ライン（愛媛県） 928	北条郷（山形県） 131
平家谷（広島県） 865	別邸御茶屋（新潟県） 476	法勝寺（鳥取県） 804
平坂湊（愛知県） 623	別府（愛媛県） 928	法成寺（京都府） 685
平坂無量寺（愛知県） 623	別府（大分県） 1024	北条立岩（愛媛県） 928
平治川（和歌山県） 791	別府温泉（大分県） 1024	方城炭鉱（福岡県） 973
平城（奈良県） 774	別府市（大分県） 1024	北条藩（千葉県） 301
平城宮（奈良県） 774	別府城（埼玉県） 268	北条町（千葉県） 301
平城宮東院庭園（奈良県） 774	別府村（山口県） 887	北条村（兵庫県） 752
平城京（奈良県） 774	別府沼（埼玉県） 268	豊稔池堰堤（香川県） 908
平城京極大路（奈良県） 775	別府港（大分県） 1024	法末（新潟県） 476
平城京左京三条一坊一坪（京都府） 685	別府湾（大分県） 1024	坊主学校（長野県） 550
平城京東院（奈良県） 775	別保（大分県） 1024	坊主山（埼玉県） 268
平伝寺村（富山県） 488	辺戸（沖縄県） 1079	防石鉄道（山口県） 887
平野村（長野県） 550	辺野古（沖縄県） 1079	法善寺横丁（大阪府） 720
平林寺（埼玉県） 268	蛇橋（東京都） 392	房総（千葉県） 301
平和街道（岩手県） 77	別符（兵庫県） 752	房総往還（千葉県） 303
平和記念公園（広島県） 865	戸保ノ木越え（大分県） 1024	房総座（千葉県） 303
平和記念資料館本館（広島県） 865	ヘボン塾（神奈川県） 436	房総新藩（千葉県） 303
	逸見（神奈川県） 436	房総半島（千葉県） 303
	部屋（栃木県） 209	

ほうそ　　　　　　　　　　　地名索引

祝園憲兵分駐所（京都府）	685	牧之島城（長野県）	550	北海道沙流病院（北海道）	43
宝達山（石川県）	499	卜半町（和歌山県）	791	北海道集治監釧路分監本館（北海道）	
宝達天井川（石川県）	499	北部九州（九州・沖縄）	950		43
羽内（奈良県）	775	北房町（岡山県）	837	北海道人造石油滝川工場（北海道）	43
防長（山口県）	888	北毛（群馬県）	241	北海道大学（北海道）	43
防長塩田（山口県）	888	北洋館（青森県）	65	北海道庁（北海道）	43
奉天（満州）	1098	北陸（北陸甲信越）	446	北海道庁旧本庁舎（北海道）	43
法典（千葉県）	303	北陸街道（京都府）	685	北海道鉄道（北海道）	43
防徳（山口県）	888	北陸路（京都府）	685	北関大捷碑（朝鮮）	1112
報徳社（鳥取県）	804	北陸自動車道（北陸甲信越）	446	保久陣屋（愛知県）	623
芳美御厨（長野県）	550	北陸新幹線（北陸甲信越）	446	法久峠（群馬県）	241
防府（山口県）	888	北陸鉄道（北陸甲信越）	446	北国街道（京都府）	685
保福寺村（長野県）	550	北陸道（京都府）	685	発坂峠（群馬県）	241
保福寺峠（長野県）	550	北鹿（秋田県）	118	払沢の滝（東京都）	393
防府市（山口県）	888	法華津峠（愛媛県）	928	堀田（大分県）	1024
防府平野（山口県）	888	鉾田（茨城県）	189	払田柵（秋田県）	118
豊北（山口県）	888	鉾田河岸（茨城県）	189	堀津郷（埼玉県）	268
豊北町（山口県）	888	鉾田川（茨城県）	189	北方地域（北方地域）	4
宝満川（福岡県）	973	鉾田市（茨城県）	189	北方領土（北海道）	43
宝満山（福岡県）	973	鉾田城（茨城県）	189	保土ケ谷（神奈川県）	436
棒道（山梨県）	510	鉾田飛行学校（茨城県）	189	保土ケ谷宿（神奈川県）	436
奉免（千葉県）	303	鉾田飛行場（茨城県）	189	保土ヶ谷町（神奈川県）	436
堀籠（千葉県）	303	鉾田町（茨城県）	189	仏坂（和歌山県）	791
保谷（東京都）	392	穂坂牧（山梨県）	510	保戸島（大分県）	1024
保谷駅（東京都）	392	星尾峠（群馬県）	241	保内（茨城県）	189
坊山通り（千葉県）	303	星川（埼玉県）	268	保内（滋賀県）	665
保谷村（東京都）	392	星角駅（兵庫県）	752	穂波村（長野県）	550
望洋館（茨城県）	189	星田村（大阪府）	720	母成峠（福島県）	161
豊洋白井牧場（千葉県）	303	干立（沖縄県）	1079	本仁田山（東京都）	393
防予諸島（西日本）	644	星田山（大阪府）	720	骨寺（岩手県）	77
豊予要塞（大分県）	1024	保科（長野県）	550	骨寺村（岩手県）	77
宝来（北海道）	38	保科謙信道（長野県）	550	骨寺村荘園遺跡（岩手県）	77
蓬莱閣ホテル（千葉県）	303	保科郷縦貫古道（長野県）	550	穂の国（愛知県）	623
鳳来寺山（愛知県）	623	星浦（愛媛県）	928	穂国（愛知県）	623
宝来屋（長野県）	550	星の谷道（神奈川県）	436	穂ノ木（山口県）	888
洞村（奈良県）	775	ほしのや道（神奈川県）	436	保原（福島県）	161
法隆寺（奈良県）	775	細（大分県）	1024	保原郷（福島県）	161
ほうりょう（宮城県）	99	細尾峠（栃木県）	209	保原小学校（福島県）	161
望六峠（高知県）	945	細川上水（東京都）	392	保原町（福島県）	161
吠榎（宮城県）	99	細川藩（熊本県）	1007	穂満坊（宮崎県）	1033
蒲刈島（広島県）	866	細久手宿（岐阜県）	570	保村（埼玉県）	268
外津浦（佐賀県）	986	細倉鉱山（宮城県）	99	保良（沖縄県）	1079
保木（兵庫県）	752	細越（青森県）	65	保良宮（滋賀県）	665
保木間村（東京都）	392	細越（広島県）	866	堀内（神奈川県）	436
北越（北陸甲信越）	446	細越町（青森県）	65	堀内村（神奈川県）	436
北越機械工業株式会社（新潟県）	476	細越川（広島県）	866	堀江（千葉県）	303
北遠（静岡県）	597	細島（宮崎県）	1033	堀江（大阪府）	720
北奥（東北）	54	細田（愛知県）	623	堀金（長野県）	550
牧牛共立社（福島県）	161	細谷川（高知県）	945	堀川（福井県）	505
北山（沖縄県）	1079	細峠（奈良県）	775	堀川（愛知県）	623
北秋（秋田県）	118	細光（愛知県）	623	堀川（大阪府）	720
北信（長野県）	550	細呂木（福井県）	505	堀川用水路（福岡県）	973
北駿（静岡県）	597	穂高（長野県）	550	堀木町（三重県）	638
北勢（三重県）	638	穂高商業高校（長野県）	550	堀切（岩手県）	77
北摂（大阪府）	720	穂高商業高等学校（長野県）	550	堀切沢（長野県）	550
北摂（兵庫県）	752	穂高町（長野県）	550	堀切菖蒲園（東京都）	393
北総（千葉県）	303	穂高村（長野県）	550	堀口村（福岡県）	973
北総荘園（千葉県）	303	保田木城（熊本県）	1007	堀越城（青森県）	65
北総台地（千葉県）	303	牡丹園（東京都）	393	堀越商会（神奈川県）	436
北丹鉄道（京都府）	685	牡丹江（満州）	1098	堀止（和歌山県）	791
北鎮小学校（北海道）	38	牡丹江省（満州）	1098	旧堀氏庭園（島根県）	818
墨堤（東京都）	392	牡丹社事件記念公園（台湾）	1116	堀ノ内（福島県）	161
北杜（山梨県）	510	牡丹山（新潟県）	476	堀ノ内（埼玉県）	268
墨東（東京都）	392	渤海（朝鮮）	1112	堀之内（静岡県）	597
北東日本（東日本）	10	北海道（北海道）	38	堀の内城（静岡県）	597
北斗スキー工業所（北海道）	38	北海道家庭学校（北海道）	43	堀之内村（東京都）	393

1216

地名索引　　　　　　　　　　　　　　まくら

堀之内村（神奈川県） …………… 436	本庄村（兵庫県） …………… 752	前木不動峡（宮城県） …………… 99
堀船（東京都） …………… 393	本荘由利（秋田県） …………… 118	前小屋城（茨城県） …………… 189
堀部第1遺跡（島根県） …………… 818	本陣屋（北海道） …………… 44	真栄里（沖縄県） …………… 1079
堀溝村（大阪府） …………… 720	本誓寺（長野県） …………… 550	真栄里村（沖縄県） …………… 1079
堀村（大阪府） …………… 720	本誓寺跡（長野県） …………… 550	前沢堰（岩手県） …………… 77
堀割川（茨城県） …………… 189	本村（神奈川県） …………… 436	前沢町（岩手県） …………… 77
幌内鉄道（北海道） …………… 43	本多健一郎家（群馬県） …………… 241	前島村（新潟県） …………… 476
ポロモイチャシ（北海道） …………… 43	本多氏下総領（関東） …………… 170	前津（愛知県） …………… 623
本浦（山口県） …………… 888	本田小学校（大阪府） …………… 720	旧前田侯爵家駒場本邸（東京都） …………… 393
本海川（千葉県） …………… 303	本谷川（広島県） …………… 866	旧前田侯爵邸（東京都） …………… 393
本堅田村（滋賀県） …………… 665	本玉野村（福島県） …………… 161	前田宿（三重県） …………… 638
本川町（富山県） …………… 488	本町（北海道） …………… 44	旧前田邸（滋賀県） …………… 665
本川根町（静岡県） …………… 597	本町（新潟県） …………… 476	前田村（秋田県） …………… 118
本願寺（大阪府） …………… 720	本寺（岩手県） …………… 77	前之浜国民学校（鹿児島県） …………… 1050
本岐（北海道） …………… 43	本寺小路（新潟県） …………… 476	前野村（岐阜県） …………… 570
本行徳村（千葉県） …………… 303	本堂山城（新潟県） …………… 476	前橋（群馬県） …………… 241
本宮（和歌山県） …………… 791	本通（三重県） …………… 638	前橋公園（群馬県） …………… 241
本宮砂防堰堤（富山県） …………… 489	先斗町（京都府） …………… 686	前橋市（群馬県） …………… 241
本宮町（和歌山県） …………… 791	ホンニシユマベツ（北海道） …………… 44	前橋城（群馬県） …………… 242
ホンケ子ニタイ（北海道） …………… 43	本納（千葉県） …………… 303	前橋市立第二中学校（群馬県） …………… 242
本郷（福島県） …………… 161	本能寺（京都府） …………… 686	前橋市立第四中学校（群馬県） …………… 242
本郷（東京都） …………… 393	本納町（千葉県） …………… 303	前橋第六中学校（群馬県） …………… 242
本郷（神奈川県） …………… 436	本八重（宮崎県） …………… 1033	前橋藩（群馬県） …………… 242
本郷（石川県） …………… 499	本町（島根県） …………… 818	前橋藩房総分領（千葉県） …………… 303
本郷（長野県） …………… 550	本町田村（東京都） …………… 393	前浜（新潟県） …………… 476
本郷（広島県） …………… 866	本町通り（神奈川県） …………… 436	前浜（高知県） …………… 945
本郷館（福島県） …………… 161	本丸会館旧館（富山県） …………… 489	前林（愛知県） …………… 623
本神崎（大分県） …………… 1024	本明川（長崎県） …………… 999	前原埼（島根県） …………… 818
本郷城（愛知県） …………… 623	本牧（神奈川県） …………… 436	前原宿（福岡県） …………… 973
本郷村（新潟県） …………… 476	本牧海岸（神奈川県） …………… 436	前谷地（宮城県） …………… 99
本郷村（長野県） …………… 550	本牧郷（神奈川県） …………… 436	馬下駅（新潟県） …………… 476
本郷町（広島県） …………… 866	本山町（広島県） …………… 866	曲谷（滋賀県） …………… 665
本郷村（岐阜県） …………… 570		真嘉比道（沖縄県） …………… 1079
本江村（石川県） …………… 499		真壁（茨城県） …………… 189
本小平駅（東京都） …………… 393	**【ま】**	真壁郡（茨城県） …………… 189
本駒込（東京都） …………… 393		真壁城（茨城県） …………… 189
本坂通（静岡県） …………… 597		真神山（長野県） …………… 550
本山（広島県） …………… 866	真地（広島県） …………… 866	勾金（福岡県） …………… 974
本山寺（香川県） …………… 908	舞岡（神奈川県） …………… 436	曲川村（山形県） …………… 131
本山村（広島県） …………… 866	舞木（群馬県） …………… 241	勾池（奈良県） …………… 775
本地宿（島根県） …………… 818	馬寄区（福岡県） …………… 973	望理の里（兵庫県） …………… 752
本島（香川県） …………… 908	舞子（兵庫県） …………… 752	鈎の陣（滋賀県） …………… 665
本州（全国） …………… 1	舞子袴線橋（兵庫県） …………… 752	巻（新潟県） …………… 476
本就寺（福岡県） …………… 973	舞子浜（兵庫県） …………… 752	真木（新潟県） …………… 476
本宿（東京都） …………… 393	前坂（長野県） …………… 550	真木（山口県） …………… 888
本宿村（愛知県） …………… 623	舞阪（静岡県） …………… 597	牧（岐阜県） …………… 570
ホンシュンベツ（北海道） …………… 43	舞鶴（京都府） …………… 686	牧ヶ野（岐阜県） …………… 570
本所（東京都） …………… 393	舞鶴（福岡県） …………… 973	牧島村（長野県） …………… 550
本所五ツ目下屋敷（東京都） …………… 393	舞鶴港（京都府） …………… 686	槇島村（京都府） …………… 686
本庄（埼玉県） …………… 268	舞鶴公園（福岡県） …………… 973	牧田川（岐阜県） …………… 570
本庄（兵庫県） …………… 752	舞鶴市（京都府） …………… 686	牧戸城（岐阜県） …………… 570
本庄（大分県） …………… 1025	舞鶴市立赤れんが博物館（京都府） ‥ 686	マキノ（滋賀県） …………… 665
本城（山形県） …………… 131	舞鶴東山防空指揮所（京都府） …………… 686	牧野（神奈川県） …………… 436
本荘（秋田県） …………… 118	舞鶴引揚記念館（京都府） …………… 686	牧野（岐阜県） …………… 570
本荘県（秋田県） …………… 118	舞田村（長野県） …………… 550	牧之原（静岡県） …………… 597
本庄市（埼玉県） …………… 268	米谷村（兵庫県） …………… 752	牧野村（神奈川県） …………… 436
本庄宿（埼玉県） …………… 268	米原（滋賀県） …………… 665	牧場の桜（宮崎県） …………… 1033
本荘城（秋田県） …………… 118	米原市（滋賀県） …………… 665	槙原村（鳥取県） …………… 804
本庄小学校（兵庫県） …………… 752	前掛山（長野県） …………… 550	巻町（新潟県） …………… 476
本庄村（滋賀県） …………… 665	前ヶ崎（千葉県） …………… 303	纏向（奈良県） …………… 775
本荘（埼玉県） …………… 268	前潟（岡山県） …………… 837	纏向遺跡（奈良県） …………… 775
本庄中学校（兵庫県） …………… 752	前川（千葉県） …………… 303	巻村（新潟県） …………… 476
本荘藩（秋田県） …………… 118	前川（東京都） …………… 393	幕洗川（秋田県） …………… 118
本荘町（秋田県） …………… 118	前川（長野県） …………… 550	幕張町（千葉県） …………… 304
本城湊（宮崎県） …………… 1033	前川（鹿児島県） …………… 1050	幕別（北海道） …………… 44
本荘湊（秋田県） …………… 118	前川民間防空壕群（沖縄県） …………… 1079	枕状溶岩（奈良県） …………… 775
	前北浦（秋田県） …………… 118	

1217

間久里(埼玉県) 268
馬群潭土城(北方地域) 4
馬毛島(沖縄県) 1079
万吉堀(宮城県) 99
孫沢(茨城県) 189
孫瀬組(長野県) 551
馬込(東京都) 393
馬込文士村(東京都) 393
正岡(愛媛県) 928
将門塚(東京都) 393
将門町(千葉県) 304
真幸(宮崎県) 1033
真崎(長崎県) 999
正木(千葉県) 304
真幸駅(宮崎県) 1033
真幸郷(宮崎県) 1033
松前城(愛媛県) 928
真幸小学校(宮崎県) 1033
真幸中学校(宮崎県) 1033
松前町(愛媛県) 928
真崎鉄工場(福岡県) 974
麻跡の里(兵庫県) 752
政処(高知県) 945
正戸山(広島県) 866
正名(鹿児島県) 1050
真更川(新潟県) 476
間沢金山(山形県) 131
益城町(熊本県) 1007
増毛(北海道) 44
増毛街道(北海道) 44
増毛事業区(北海道) 44
増毛町(北海道) 44
益子(栃木県) 209
益子町(栃木県) 209
益頭郡(静岡県) 597
増田善市家(群馬県) 242
増林河岸(埼玉県) 268
増林村(埼玉県) 268
真謝(沖縄県) 1079
摩周(北海道) 44
馬乗里村(千葉県) 304
桝形(千葉県) 304
桝形(愛媛県) 928
枡形(福島県) 161
枡形城址(神奈川県) 436
升形城(福岡県) 974
升方城(富山県) 489
真姿の池湧水群(東京都) 393
真姿の湧水(東京都) 393
桝形山城(神奈川県) 436
増沢郷(秋田県) 118
増島城(岐阜県) 570
益田(島根県) 818
益田氏城館(島根県) 818
増田水電(秋田県) 118
増田成城疎開学園(秋田県) 118
益田岩船(奈良県) 775
益田農場(神奈川県) 436
増田館(埼玉県) 268
益冨家住宅御成門(長崎県) 999
益富城(福岡県) 974
増野製所長屋門(東京都) 393
増幌川(北海道) 44
増山城(富山県) 489
馬瀬(岐阜県) 570
真研(宮崎県) 1034

馬瀬村(岐阜県) 570
俣野(神奈川県) 436
真玉町(大分県) 1025
真珠湊碑(沖縄県) 1079
馬渡島(北海道) 44
斑目(神奈川県) 436
真玉橋(沖縄県) 1079
町田(東京都) 393
町田川(東京都) 394
町田市(東京都) 394
町田市公民館(東京都) 394
町田城(茨城県) 189
町田中央公園(東京都) 394
町田リス園(東京都) 394
町見村(愛媛県) 928
待矢場両堰用水(群馬県) 242
町屋四丁目実場遺跡(東京都) 394
松井(京都府) 686
松井家住宅(奈良県) 775
松井田(群馬県) 242
松井田城(群馬県) 242
松井田町(群馬県) 242
松浦(佐賀県) 986
松浦元寇防塁(長崎県) 999
松浦郷(茨城県) 189
松浦湾(長崎県) 999
松江(島根県) 818
松江市(島根県) 818
松江城(島根県) 819
松江渡海場(島根県) 819
松江藩(島根県) 819
松江番屋(北海道) 44
松尾(長野県) 551
松尾(高知県) 945
松岡(大分県) 1025
松尾鉱山(岩手県) 77
松尾城(広島県) 866
松尾砦(愛媛県) 928
松尾町駅(長崎県) 999
松尾村(福島県) 161
松尾村(長野県) 551
松ヶ浦(鹿児島県) 1050
松ヶ浦校区(鹿児島県) 1050
松ヶ浦国民学校(鹿児島県) 1050
松ヶ江村(福岡県) 974
松ヶ丘(千葉県) 304
松ヶ岡開墾場(山形県) 131
松ヶ崎(新潟県) 476
松ヶ崎港(新潟県) 476
松ヶ崎城(千葉県) 304
松ヶ崎(鹿児島県) 1050
松笠屋敷(宮城県) 99
松ヶ瀬台場(福井県) 505
松川(福島県) 161
松川(長野県) 551
松川入(長野県) 551
松川浦(福島県) 161
松川村(岩手県) 77
松川村(長野県) 551
松喜(長野県) 551
松岬(山形県) 131
松岸(千葉県) 304
松倉金山(富山県) 489
松倉城(富山県) 489
松倉城(岐阜県) 570
松ヶ崎城(愛知県) 623

松坂(三重県) 638
松阪(三重県) 638
松坂家住宅(広島県) 866
松阪市(三重県) 638
松阪殿町(三重県) 638
松坂峠(新潟県) 476
松崎(静岡県) 597
松崎(山口県) 888
松崎(福岡県) 974
松崎(佐賀県) 986
先崎(千葉県) 304
松崎街道(福岡県) 974
松崎川(千葉県) 304
松崎宿(福岡県) 974
松崎城(愛知県) 623
松崎町(静岡県) 597
旧松沢家住宅(東京都) 394
松沢村(東京都) 394
松重閘門(愛知県) 623
松茂町(徳島県) 901
松下造船能代工場(秋田県) 118
松島(宮城県) 99
松島(島根県) 819
松島路(宮城県) 99
松島小学校(香川県) 908
松島町(宮城県) 99
松島ニューパークホテル(宮城県) 99
松島パークホテル(宮城県) 99
松島村(宮城県) 99
松島八千代座(大阪府) 720
松島湾(宮城県) 99
松代(新潟県) 476
松代(長野県) 551
松代城(長野県) 551
松代象山地下壕(長野県) 551
松代大本営(長野県) 551
松代道(長野県) 551
松代藩(長野県) 551
松代町(長野県) 552
茨田(大阪府) 720
松平郷(愛知県) 623
茨田郡(大阪府) 720
松田市(千葉県) 304
茨田堤(大阪府) 720
松谷(高知県) 945
松谷化学(兵庫県) 752
真土宿(奈良県) 775
松戸(千葉県) 304
松任(石川県) 499
松任市(石川県) 499
松戸駅(千葉県) 304
松戸駅東口(千葉県) 304
松戸市(千葉県) 304
松戸宿(千葉県) 305
真人小学校(新潟県) 476
廻戸橋(山形県) 131
松戸飛行場(千葉県) 305
松永(広島県) 866
松長(静岡県) 597
松永塩田(広島県) 866
松永記念館(神奈川県) 436
松永記念館庭園(神奈川県) 437
松長陣屋(静岡県) 597
松長村(新潟県) 477
松永町(広島県) 866
馬繰浦(石川県) 499

地名索引

松浪（神奈川県） ……………… 437
松尾山城（広島県） …………… 866
松之草（茨城県） ……………… 189
松野氏館（埼玉県） …………… 268
松野町（愛媛県） ……………… 928
末信（石川県） ………………… 499
松の前池（鹿児島県） ………… 1050
松之山（新潟県） ……………… 477
松之山街道（新潟県） ………… 477
松葉沢（神奈川県） …………… 437
松原（群馬県） ………………… 242
松原（東京都） ………………… 394
松原（大阪府） ………………… 720
松原（高知県） ………………… 945
松原湖（長野県） ……………… 552
松原宿（山形県） ……………… 131
松原宿（長野県） ……………… 552
松原宿（長崎県） ……………… 999
松原村（鳥取県） ……………… 804
松原村（沖縄県） ……………… 1079
松伏溜井（埼玉県） …………… 268
松前（北海道） ………………… 44
松前街道（北海道） …………… 44
松前城（北海道） ……………… 44
松前線（北海道） ……………… 44
松前島（北海道） ……………… 44
松前藩（北海道） ……………… 44
松丸街道（愛媛県） …………… 928
松本（長野県） ………………… 552
松本一郎治家（群馬県） ……… 242
松本街道（新潟県） …………… 477
松本訓盲院（長野県） ………… 552
松本市（長野県） ……………… 552
松本城（長野県） ……………… 552
松本商工会議所（長野県） …… 552
松本市立幼稚園（長野県） …… 552
松本平（長野県） ……………… 552
松本町（長野県） ……………… 552
松本峠（三重県） ……………… 638
松本藩（長野県） ……………… 553
松本飛行場（長野県） ………… 553
松本盆地（長野県） …………… 553
松森（宮城県） ………………… 99
松森屋敷（栃木県） …………… 209
松山（宮城県） ………………… 99
松山（福島県） ………………… 161
松山（埼玉県） ………………… 268
松山（愛媛県） ………………… 929
松山（高知県） ………………… 945
松山（鹿児島県） ……………… 1050
松山市（愛媛県） ……………… 929
松山城（山形県） ……………… 131
松山城（埼玉県） ……………… 268
松山城（岡山県） ……………… 837
松山城（愛媛県） ……………… 929
松山城（福岡県） ……………… 974
松山中学校（愛媛県） ………… 929
松山手永（熊本県） …………… 1007
松山藩（愛媛県） ……………… 929
松山平野（愛媛県） …………… 929
松山捕虜収容所（愛媛県） …… 929
松山本郷（埼玉県） …………… 268
松山道（宮城県） ……………… 99
松山塁（宮崎県） ……………… 1034
松浦（長崎県） ………………… 999
末羅（佐賀県） ………………… 986

松浦潟（佐賀県） ……………… 986
松浦郡（長崎県） ……………… 999
末盧国（その他） ……………… 1096
松輪村（神奈川県） …………… 437
馬刀潟（愛媛県） ……………… 929
摩当館（秋田県） ……………… 118
的ヶ浜（大分県） ……………… 1025
真中（東京都） ………………… 394
真名子（栃木県） ……………… 209
真名子鉄山（福岡県） ………… 974
真鶴（神奈川県） ……………… 437
真名野（大分県） ……………… 1025
馬庭念流道場（群馬県） ……… 242
間根ヶ平（鹿児島県） ………… 1050
真野家住宅（広島県） ………… 866
馬橋（千葉県） ………………… 305
馬橋（東京都） ………………… 394
馬橋村（千葉県） ……………… 305
馬橋村（東京都） ……………… 394
真備町（岡山県） ……………… 837
真昼山（秋田県） ……………… 118
馬淵ダム（兵庫県） …………… 753
摩文仁の丘（沖縄県） ………… 1079
馬淵川（青森県） ……………… 65
まほろばの六ツ辻（徳島県） … 901
壚下（神奈川県） ……………… 437
狸穴（東京都） ………………… 395
馬宮（埼玉県） ………………… 268
馬宮村（埼玉県） ……………… 268
真室川町（山形県） …………… 131
マメガタ峠（群馬県） ………… 242
豆田（大分県） ………………… 1025
豆田町（大分県） ……………… 1025
大豆戸（神奈川県） …………… 437
間物集落（群馬県） …………… 242
摩耶山天上寺庭園（兵庫県） … 753
馬山（朝鮮） …………………… 1112
摩耶道（兵庫県） ……………… 753
繭検定所（新潟県） …………… 477
丸子宿（静岡県） ……………… 597
丸子城（愛知県） ……………… 623
丸池（東京都） ………………… 395
丸一洋行（沖縄県） …………… 1079
丸尾（山梨県） ………………… 510
丸岡霞ケ城（福井県） ………… 505
丸岡城（山形県） ……………… 131
丸岡城（富山県） ……………… 489
丸岡城（福井県） ……………… 505
丸尾崎砲台（山口県） ………… 888
丸亀（香川県） ………………… 908
丸亀市（香川県） ……………… 908
丸亀収容所（香川県） ………… 908
丸亀城（香川県） ……………… 908
丸亀俘虜収容所（香川県） …… 909
丸亀町（香川県） ……………… 909
丸子（長野県） ………………… 553
丸子町（長野県） ……………… 553
丸島（兵庫県） ………………… 753
丸栖村（和歌山県） …………… 792
丸出砲台（長崎県） …………… 999
丸沼（群馬県） ………………… 242
丸沼堰堤（群馬県） …………… 242
丸根城（愛知県） ……………… 623
丸の内（東京都） ……………… 395
丸の内（三重県） ……………… 638
丸ノ内（高知県） ……………… 945

丸ノ内線（東京都） …………… 395
丸森町（宮城県） ……………… 99
円山（北海道） ………………… 45
円山（滋賀県） ………………… 665
円山（兵庫県） ………………… 753
円山川（兵庫県） ……………… 753
円山公園（北海道） …………… 45
丸山宿（群馬県） ……………… 243
丸山城（宮城県） ……………… 99
丸山城（神奈川県） …………… 437
丸山城（三重県） ……………… 638
丸山台（高知県） ……………… 945
丸山橋（北海道） ……………… 45
丸山橋（東京都） ……………… 395
丸屋城（広島県） ……………… 866
真和志之宿（沖縄県） ………… 1079
真和志之平等（沖縄県） ……… 1079
真和志間切（沖縄県） ………… 1079
馬渡（千葉県） ………………… 305
廻り田町（東京都） …………… 395
馬関田（宮崎県） ……………… 1034
満願寺（兵庫県） ……………… 753
万願寺村（大阪府） …………… 720
万喜城（千葉県） ……………… 305
万弘寺（大分県） ……………… 1025
万歳山（福島県） ……………… 161
万歳亭（宮崎県） ……………… 1034
万歳村（千葉県） ……………… 305
万治峠（新潟県） ……………… 477
満州（満州） …………………… 1098
満州国（満州） ………………… 1099
満洲国（満州） ………………… 1100
満洲国務院経理学校（満州） … 1100
満鉄（満州） …………………… 1100
満鉄農業修練所（満州） ……… 1100
万徳院庭園（山口県） ………… 888
万徳旅館（東京都） …………… 395
政所（滋賀県） ………………… 665
万納屋橋（岡山県） …………… 837
万年町（神奈川県） …………… 437
万年橋（東京都） ……………… 395
万年橋（長野県） ……………… 553
満濃池（香川県） ……………… 909
万野用水堀（静岡県） ………… 597
万福寺学寮（長野県） ………… 553
満蒙（満州） …………………… 1100
満蒙開拓平和記念館（長野県） … 553
旧マンロー邸（北海道） ……… 45

【み】

三池（福岡県） ………………… 974
三池港（福岡県） ……………… 974
三池炭鉱（福岡県） …………… 974
三池藩（福岡県） ……………… 974
三井田川鉱業所（福岡県） …… 974
御井郷（愛媛県） ……………… 929
三井庄村（兵庫県） …………… 753
三井楽（長崎県） ……………… 999
三入（広島県） ………………… 866
三浦（神奈川県） ……………… 437

みうら　　　　　　　　　　　　　　　地名索引

三浦（愛媛県）	929	
三浦郡（神奈川県）	437	
御浦郡（神奈川県）	437	
三浦半島（神奈川県）	437	
三重（三重県）	638	
三重駅（大分県）	1025	
三重県女子師範学校附属小学校（三重県）	638	
三重県（三重県）	638	
美江寺宿（岐阜県）	570	
三重津海軍軍所（佐賀県）	986	
美栄橋（沖縄県）	1079	
三重屋庄（佐賀県）	986	
三重町（大分県）	1025	
三尾（兵庫県）	753	
三尾（和歌山県）	792	
三尾（広島県）	866	
三尾川中村城（和歌山県）	792	
三面川（新潟県）	477	
御影（兵庫県）	753	
御影郷（兵庫県）	753	
御影新田村（長野県）	553	
御影陣屋（長野県）	553	
御影用水（長野県）	553	
美可崎城（広島県）	866	
三笠炭鉱（北海道）	45	
三笠山（奈良県）	775	
三ヶ尻村（埼玉県）	268	
胴島（静岡県）	597	
三日月陣屋（兵庫県）	753	
三方川断層帯（兵庫県）	753	
三方原（静岡県）	597	
三ヶ町村（大分県）	1025	
三上（滋賀県）	665	
三上家住宅（広島県）	866	
三上陣屋（滋賀県）	665	
三上村（滋賀県）	665	
三上山（滋賀県）	665	
三瓶（愛媛県）	930	
三加茂町（徳島県）	901	
みかも山（栃木県）	209	
三鼉山（栃木県）	209	
三河（愛知県）	623	
三川（新潟県）	477	
三川（静岡県）	597	
三川（福岡県）	974	
美川（石川県）	499	
美川（愛媛県）	930	
三河島（東京都）	395	
三河島汚水処分場（東京都）	395	
見川城（茨城県）	189	
三川小学校（静岡県）	598	
三川内（長崎県）	999	
三川内窯元（長崎県）	999	
三河渡城（愛知県）	624	
三河国（愛知県）	624	
参河国（愛知県）	624	
美川橋（石川県）	499	
三河広瀬駅（愛知県）	624	
三加和町（熊本県）	1007	
三河湾（愛知県）	624	
三木（石川県）	499	
三木（大阪府）	720	
三木（兵庫県）	753	
三木玄夫家（群馬県）	243	
三木郡（兵庫県）	753	

三木城（兵庫県）	753	
三木町（香川県）	909	
三喜浜塩田（愛媛県）	930	
三草陣屋（兵庫県）	753	
三国（新潟県）	477	
三国（福井県）	505	
三国（福岡県）	974	
三国街道（群馬県）	243	
三国川（大阪府）	720	
三国丘陵（福岡県）	974	
三国支線（福井県）	505	
三国町（福井県）	505	
三国峠（群馬県）	243	
三国港（福井県）	505	
三国湊（福井県）	505	
三国湊城（福井県）	506	
三隈川（大分県）	1025	
三雲（滋賀県）	665	
三雲城（滋賀県）	665	
三雲町（三重県）	639	
三蔵川（栃木県）	209	
三倉堂（奈良県）	775	
味栗（愛媛県）	930	
御厨（静岡県）	598	
御厨（滋賀県）	665	
御厨村（大阪府）	720	
三栗谷用水（栃木県）	209	
神子柴（長野県）	553	
三ヶ月（千葉県）	305	
三日月（千葉県）	305	
御坂（山梨県）	511	
神坂（長野県）	553	
三坂地小学校（広島県）	866	
御坂町国衙（山梨県）	511	
三坂峠（群馬県）	243	
神坂峠（長野県）	553	
三坂トンネル（愛媛県）	930	
三咲（千葉県）	305	
三崎（神奈川県）	438	
岬（千葉県）	305	
三崎浦（愛媛県）	930	
三崎漁港（大分県）	1025	
三崎港（神奈川県）	438	
三崎坂（東京都）	395	
御碕山（島根県）	819	
岬十三里（愛媛県）	930	
海崎城（香川県）	909	
美咲町（岡山県）	837	
岬町（大阪府）	720	
三崎道（神奈川県）	438	
岬町（千葉県）	305	
水窪駅（静岡県）	598	
三沢家住宅（長野県）	553	
三佐町（大分県）	1025	
三郷（埼玉県）	268	
三郷（長野県）	553	
三里（高知県）	945	
三里（福岡県）	974	
美里（三重県）	639	
三郷市（埼玉県）	269	
美里村（沖縄県）	1079	
三郷中央駅（埼玉県）	269	
三里中学校（高知県）	946	
美郷町（秋田県）	118	
美里町（岡山県）	837	
美里天文台（岡山県）	837	

美里番所（沖縄県）	1079	
三郷村（埼玉県）	269	
三郷村（長野県）	553	
御座入（群馬県）	243	
三佐木（和歌山県）	792	
三才山新道（長野県）	553	
三沢（青森県）	65	
三沢（福岡県）	974	
三沢遺跡（福岡県）	974	
三沢一里塚（長野県）	553	
三沢海岸（青森県）	65	
三沢市（青森県）	65	
三沢村国民学校（神奈川県）	438	
見近島城（愛媛県）	930	
見島（島根県）	819	
見島（山口県）	888	
三島（静岡県）	598	
三島ごばんの目（栃木県）	209	
三島市（静岡県）	598	
三嶋路（大阪府）	720	
三島宿（静岡県）	598	
三島谷城（新潟県）	477	
三島農場（栃木県）	209	
三島町（福島県）	161	
三島町（静岡県）	598	
三島村（埼玉県）	269	
三島村（高知県）	946	
三島村（鹿児島県）	1050	
三宿国民学校（東京都）	395	
未丈岳（新潟県）	477	
御正作（群馬県）	243	
三尻（埼玉県）	269	
三須（和歌山県）	792	
三栖（和歌山県）	792	
三津（広島県）	866	
水海村（茨城県）	189	
水落（山口県）	888	
水落（宮崎県）	1034	
水ヶ浦（愛媛県）	930	
水ヶ城山（大分県）	1025	
水城（福岡県）	974	
美杉（三重県）	639	
水城大堤（福岡県）	974	
みずき中学校（群馬県）	243	
美杉町（三重県）	639	
水茎の岡（滋賀県）	665	
水窪ダム（山形県）	131	
水越（広島県）	866	
水越家長屋門（神奈川県）	438	
水越峠（奈良県）	775	
水沢（岩手県）	77	
水沢県（岩手県）	77	
水沢市（岩手県）	77	
水沢集落（秋田県）	118	
水島（岡山県）	837	
水島（熊本県）	1007	
水島航空機製作所（岡山県）	837	
水島臨海鉄道（岡山県）	837	
美篶（長野県）	553	
美篶笠原（長野県）	553	
美篶小学校（長野県）	553	
水堂村（兵庫県）	753	
水取（京都府）	686	
水沼製糸所（群馬県）	243	
水之尾（神奈川県）	438	
水の子島（大分県）	1025	

水生古城（兵庫県） 753
水野藩（広島県） 866
水引（福島県） 161
瑞穂町（東京都） 395
瑞穂町（京都府） 686
瑞穂町（島根県） 819
瑞穂福島（長野県） 553
水間（奈良県） 775
水間鉄道（大阪府） 720
三隅（島根県） 819
三隅（山口県） 888
水見色（静岡県） 598
水見色砦（静岡県） 598
水見色村（静岡県） 598
三隅塾（山口県） 888
実住小学校（千葉県） 305
美住町（東京都） 395
水元（東京都） 395
弥山（島根県） 819
弥山（広島県） 866
溝口（長野県） 553
溝口（鳥取県） 804
溝口城（兵庫県） 753
溝口町（鳥取県） 804
味噌作（宮城県） 99
溝尻城（京都府） 686
溝の口（神奈川県） 438
溝口（神奈川県） 438
溝口宿（島根県） 819
御園工場（長野県） 553
御園小学校（兵庫県） 753
美園町（東京都） 395
御園村（滋賀県） 665
溝辺（鹿児島県） 1050
溝部学園（大分県） 1025
みそや別館（和歌山県） 792
三田（東京都） 395
三田（愛知県） 624
三田（広島県） 866
美田（千葉県） 305
三鷹（東京都） 395
三鷹航空工業比企地下工場（東京都）
 396
三鷹市（東京都） 396
三滝川（長野県） 553
三滝川（三重県） 639
三滝渓谷（愛媛県） 930
三滝城（愛媛県） 930
三岳（北海道） 45
三竹（神奈川県） 438
御嵩町（岐阜県） 571
御岳山（埼玉県） 269
三田尻（山口県） 888
三田尻塩田（山口県） 889
三田尻御茶屋（山口県） 889
三田水道（東京都） 396
見立山（広島県） 866
三谷（愛媛県） 930
三谷（高知県） 946
三谷原生林（高知県） 946
美歓水源地（鳥取県） 804
三谷家住宅（島根県） 819
三種山（兵庫県） 753
三玉川（広島県） 866
三田用水（東京都） 396
三田用水茶屋坂隧道（東京都） 396

御手洗（兵庫県） 753
御手洗（広島県） 866
御手洗（福岡県） 974
御手洗川（高知県） 946
みたらい渓谷（奈良県） 775
御手洗町（広島県） 867
御手洗港（広島県） 867
見近島（愛媛県） 930
道草川（北海道） 45
道田郷（茨城県） 189
みちのく（東北） 54
みちのく松陰道（青森県） 66
道野辺（千葉県） 305
三津（愛媛県） 930
三津（高知県） 946
光井（山口県） 889
光井川（山口県） 889
三石（北海道） 45
三石（島根県） 819
三石（岡山県） 837
三石駅（岡山県） 837
三石城（岡山県） 837
旧三石郵便局（岡山県） 837
三石練山（島根県） 819
三井八郎右衛門邸（東京都） 396
三井三池炭鉱（福岡県） 974
御杖村（奈良県） 775
御杖町（奈良県） 775
三日市宿（大阪府） 720
三日市藩（新潟県） 477
三津ヶ浜（愛媛県） 930
御調（広島県） 867
三次（広島県） 867
三ツ木城（埼玉県） 269
御調町（広島県） 867
箕作村（長野県） 554
箕作山城（滋賀県） 665
見付（静岡県） 598
見附（新潟県） 477
見付学校（神奈川県） 438
見付学校（静岡県） 598
見付高女（静岡県） 599
見付高等女学校（静岡県） 599
見付山（群馬県） 243
見付宿（静岡県） 599
見付小学校（静岡県） 599
見付端城（静岡県） 599
三ッ沢（山梨県） 511
満島（佐賀県） 986
満島（長崎県） 999
三塚城（岐阜県） 571
三ッ塚廃寺跡（京都府） 686
密蔵院（愛知県） 624
蜜蔵院（栃木県） 209
三野郷（大阪府） 720
三野郷村（大阪府） 720
三橋（福島県） 161
三津浜（滋賀県） 665
三津浜港（愛媛県） 930
三菱重工業水島航空機製作所（岡山県）
 837
三菱製紙高砂工場（兵庫県） 753
三菱石油水島精油所（岡山県） 837
三股（北海道） 45
三俣（埼玉県） 269
三ツ松（山口県） 889

三峯村（福井県） 506
三森（秋田県） 118
三門山（宮城県） 99
三津屋（群馬県） 243
三ツ谷一里塚（三重県） 639
三山木村（京都府） 686
三津谷煉瓦窯（福島県） 161
光行土居（福岡県） 974
三和町（埼玉県） 269
御手洗潟（新潟県） 477
三津（静岡県） 599
水戸（茨城県） 189
美都（島根県） 819
美東（山口県） 889
美東町（山口県） 889
水戸街道（東京都） 396
水戸家小金額（千葉県） 305
水戸市（茨城県） 190
水戸路（東京都） 396
水戸市営競馬場（茨城県） 190
水戸市森林公園（茨城県） 190
水戸島（静岡県） 599
水戸城（茨城県） 190
水戸常磐女学校（茨城県） 190
美都町（島根県） 819
水戸道（東京都） 396
緑埜精糸社（群馬県） 243
緑野精糸社（群馬県） 243
緑野屯倉（群馬県） 243
水戸八景（茨城県） 190
水戸藩（茨城県） 190
水戸藩南領（茨城県） 190
水戸藩反射炉（茨城県） 190
三豊（香川県） 909
三豊市（香川県） 909
三戸里（神奈川県） 438
みどり池（東京都） 396
緑が丘（東京都） 396
緑ヶ丘（千葉県） 305
緑ヶ丘小学校（宮崎県） 1034
緑ヶ丘中学校（長野県） 554
緑川（熊本県） 1007
緑区（埼玉県） 269
みどり市（群馬県） 243
見取村（静岡県） 599
緑町（群馬県） 243
緑町（東京都） 396
緑町（長野県） 554
みどりの塔（兵庫県） 753
緑橋（東京都） 396
緑都営アパート（東京都） 396
みとろ苑庭園（兵庫県） 753
見内（秋田県） 119
南向村（長野県） 554
みなかみ（群馬県） 243
水上（群馬県） 243
水上小学校（群馬県） 243
みなかみ町（群馬県） 243
水上村（群馬県） 243
皆川（鹿児島県） 1050
皆川城（栃木県） 209
三奈木（福岡県） 974
水口（山形県） 131
水口（福島県） 161
水口（滋賀県） 665
水口岡山城（滋賀県） 665

水口町（滋賀県）	666	南河内（大阪府）	721	南箕輪村（長野県）	554
水口町本丸（和歌山県）	792	南川東村（香川県）	909	南武蔵（関東）	170
水口藩（滋賀県）	666	南関東（関東）	170	美並町（岐阜県）	571
皆沢（群馬県）	243	南祇園（大分県）	1025	南山（長野県）	554
皆瀬川村（神奈川県）	438	南木曽（長野県）	554	南山御蔵入（福島県）	162
皆瀬村（長崎県）	999	南九州（九州・沖縄）	950	南山小学校（山形県）	131
水無瀬離宮（大阪府）	720	南九州市（鹿児島県）	1050	南山城（京都府）	686
湊（秋田県）	119	南区（埼玉県）	269	南山城村（京都府）	687
湊明堂（静岡県）	599	南区（愛知県）	624	南湧別兵村（北海道）	45
湊浦（大阪府）	721	南久米（愛媛県）	930	南六呂師（福井県）	506
湊駅（大阪府）	721	南黒田（愛媛県）	930	源村（千葉県）	305
湊会所（長崎県）	999	南小泉（宮城県）	99	見奈良村（愛媛県）	930
港川（沖縄県）	1080	南公園（福岡県）	974	三成（広島県）	867
湊川（富山県）	489	南埼玉郡（埼玉県）	269	三成尋常高等小学校（島根県）	819
湊川（大阪府）	721	南坂（東京都）	396	三成村（広島県）	867
湊川（兵庫県）	753	南栄通り（沖縄県）	1080	見沼（埼玉県）	269
湊川新開地（兵庫県）	753	南佐久（長野県）	554	見沼代用水（関東）	171
湊川砲台（兵庫県）	753	南桜公園（東京都）	396	見沼通船水（埼玉県）	269
港区（東京都）	396	南桜村（滋賀県）	666	見沼通船堀（埼玉県）	269
港区（大阪府）	721	南サハリン（北方地域）	4	敏馬（兵庫県）	754
湊御殿（和歌山県）	792	南沢（新潟県）	477	美祢（山口県）	889
湊座（三重県）	639	南三陸町（宮城県）	99	嶺岡（千葉県）	305
湊城（秋田県）	119	南設楽郡（愛知県）	624	嶺岡牧（千葉県）	305
湊町（大阪府）	721	南信濃（長野県）	554	峯岸水車（東京都）	397
港橋（愛知県）	624	南信濃村（長野県）	554	美祢郡（山口県）	889
湊町（福島県）	161	南島村（静岡県）	599	美祢市（山口県）	889
湊町（愛媛県）	930	南信州（長野県）	554	峰之沢鉱山（静岡県）	599
みなとみらい線（神奈川県）	438	南千住（東京都）	396	峰延（北海道）	45
湊屋（三重県）	639	南セントレア（愛知県）	624	峰浜（北海道）	45
港山城（愛媛県）	930	南相馬（福島県）	161	嶺村（静岡県）	599
湊山城（愛媛県）	930	南相馬市（福島県）	161	峰山（鹿児島県）	1050
みなべ町（和歌山県）	792	南空知（北海道）	45	峰山町（京都府）	687
南部荘（和歌山県）	792	南大東島（沖縄県）	1080	美濃（岐阜県）	571
水俣（熊本県）	1007	南高橋（東京都）	397	美濃赤坂（岐阜県）	572
水俣市（熊本県）	1007	南但馬（兵庫県）	753	耳納（福岡県）	974
南（千葉県）	305	南田中（東京都）	397	美濃（台湾）	1116
南会津（福島県）	161	南多摩（東京都）	397	耳納山（福岡県）	974
南会津郡（福島県）	161	南多摩郡（東京都）	397	箕浦集落（滋賀県）	666
南秋田郡（秋田県）	119	南知多（愛知県）	624	箕浦城（滋賀県）	666
南足柄市（神奈川県）	438	南知多町（愛知県）	624	箕面（大阪府）	721
南海部郡（大分県）	1025	南町（千葉県）	305	美野丘小学校（兵庫県）	754
南アルプス国立公園（長野県）	554	南町（東京都）	397	箕面電車（大阪府）	721
南アルプス市（山梨県）	511	南町（三重県）	639	美濃郡（島根県）	819
南淡路国民休暇村（兵庫県）	753	南町（島根県）	819	美濃路（岐阜県）	572
南石垣村（大分県）	1025	南町（鹿児島県）	1050	美濃島（福岡県）	975
南伊豆（静岡県）	599	美波町（徳島県）	901	蓑島（福岡県）	975
南伊勢（三重県）	639	南出羽（山形県）	131	美濃城（岐阜県）	572
南井町（奈良県）	775	南出羽北部（山形県）	131	美濃田橋（徳島県）	901
南今泉村（千葉県）	305	南野（東京都）	397	三野町（徳島県）	901
南魚沼（新潟県）	477	南野（兵庫県）	753	美濃電鉄（岐阜県）	572
南魚沼郡（新潟県）	477	南目城（宮城県）	100	美濃国（岐阜県）	572
南魚沼市（新潟県）	477	南浜（兵庫県）	753	美濃橋（岐阜県）	572
南浦（東京都）	396	南浜田（三重県）	639	身延（山梨県）	511
南浦（神奈川県）	438	南原猪苗代町（山形県）	131	身延山（山梨県）	511
南浦（兵庫県）	753	南原村（福島県）	161	身延線（山梨県）	511
南宇和（愛媛県）	930	南比企窯跡群（埼玉県）	269	身延線（静岡県）	599
南奥羽（東北）	54	南飛騨（岐阜県）	571	身延町（山梨県）	511
南王子村（大阪府）	721	南平沢（秋田県）	119	身延道（静岡県）	599
南奥州（東北）	54	南福島駅（福島県）	161	美濃部（島根県）	819
南大橋（福島県）	161	南法眼坂（東京都）	397	美濃山（岐阜県）	572
南押原村（栃木県）	209	南真志野（長野県）	554	箕山（埼玉県）	269
南貝塚駅（大阪府）	721	南町跨線橋（福島県）	162	豊町（広島県）	867
南加賀（石川県）	499	南町奉行所（東京都）	397	箕輪（群馬県）	243
南葛城郡（奈良県）	775	南御厨（静岡県）	599	蓑脇町（福井県）	506
南加茂台小学校（京都府）	686	南箕輪（長野県）	554	箕輪城（群馬県）	243
南樺太（北方地域）	4	南箕輪（長野県）	554	三輪田（愛媛県）	930

箕輪町（長野県） …………………… 554
箕輪東小学校（長野県） …………… 554
箕輪村（群馬県） …………………… 244
御旗峠古屋敷（愛知県） …………… 625
ミハト製糸株式会社（長野県） …… 554
三浜小学校（三重県） ……………… 639
美浜町（愛知県） …………………… 625
美浜町（和歌山県） ………………… 792
御浜岬（静岡県） …………………… 599
三原（秋田県） ……………………… 119
三原（群馬県） ……………………… 244
三原（兵庫県） ……………………… 754
三原（広島県） ……………………… 867
三原（宮崎県） ……………………… 1034
三原（沖縄県） ……………………… 1080
三原駅（広島県） …………………… 868
三原沖（広島県） …………………… 868
御原郡（福岡県） …………………… 975
三原郡（兵庫県） …………………… 754
三原郷（広島県） …………………… 868
三原鉱山（広島県） ………………… 868
三原市（広島県） …………………… 868
美原集落（沖縄県） ………………… 1080
三原城（広島県） …………………… 868
三原女子師範学校（広島県） ……… 868
三原田小学校（群馬県） …………… 244
美原町（大阪府） …………………… 721
三原村（秋田県） …………………… 119
三原洋学所（広島県） ……………… 868
三春（福島県） ……………………… 162
三平等（沖縄県） …………………… 1080
壬生（京都府） ……………………… 687
三峰川（長野県） …………………… 554
壬生郡（茨城県） …………………… 190
壬生城（栃木県） …………………… 209
御船島（和歌山県） ………………… 792
御船町（熊本県） …………………… 1007
御船の滝（奈良県） ………………… 775
壬生藩（栃木県） …………………… 209
三保（静岡県） ……………………… 599
三保（大分県） ……………………… 1025
美保館（島根県） …………………… 819
美保関（島根県） …………………… 819
美保関町（島根県） ………………… 819
三保の松原（静岡県） ……………… 599
三保松原（静岡県） ………………… 599
三保半島（静岡県） ………………… 599
美保飛行場（鳥取県） ……………… 804
三保郵便局（大分県） ……………… 1025
御牧ヶ原（長野県） ………………… 554
美作（岡山県） ……………………… 837
美作国府（岡山県） ………………… 837
美作国（岡山県） …………………… 837
美作国衙（岡山県） ………………… 838
美作山城（岡山県） ………………… 838
御畳瀬（高知県） …………………… 946
御増（神奈川県） …………………… 438
三股（宮崎県） ……………………… 1034
三俣院（宮崎県） …………………… 1034
三俣院高城（宮崎県） ……………… 1034
三股駅（宮崎県） …………………… 1034
三股小学校（宮崎県） ……………… 1034
三股女児小学（宮崎県） …………… 1034
三股中学校（宮崎県） ……………… 1034
三股町（宮崎県） …………………… 1034
任那（朝鮮） ………………………… 1112

御馬寄村（長野県） ………………… 554
耳川（宮崎県） ……………………… 1034
美々津（宮崎県） …………………… 1034
耳取（秋田県） ……………………… 119
三村郷（茨城県） …………………… 191
三村用水（徳島県） ………………… 901
三室（奈良県） ……………………… 776
水守郷（茨城県） …………………… 191
御諸山（大分県） …………………… 1025
宮（群馬県） ………………………… 244
宮（長崎県） ………………………… 999
宮井家住宅（長野県） ……………… 554
宮市（山口県） ……………………… 889
宮市原（鳥取県） …………………… 804
宮市本陣（山口県） ………………… 889
宮歌村（北海道） …………………… 45
宮内（山形県） ……………………… 131
宮内（千葉県） ……………………… 305
宮内（島根県） ……………………… 819
宮内（愛媛県） ……………………… 930
宮内村（愛媛県） …………………… 930
宮浦（福岡県） ……………………… 975
宮ケ谷戸（埼玉県） ………………… 269
宮川（福島県） ……………………… 162
宮川（三重県） ……………………… 639
宮河内（大分県） …………………… 1025
宮川鉱山（長野県） ………………… 554
宮川陣屋（滋賀県） ………………… 666
宮河荘（福井県） …………………… 506
宮城（宮城県） ……………………… 100
宮木（長野県） ……………………… 554
宮城郡（宮城県） …………………… 100
宮城県（宮城県） …………………… 100
宮城県知事公館（宮城県） ………… 101
宮城個人史図書館（宮城県） ……… 101
宮城集治監雄勝分監（宮城県） …… 101
宮城野（宮城県） …………………… 101
宮城野区（宮城県） ………………… 101
宮城野原（宮城県） ………………… 101
宮口城（愛知県） …………………… 625
宮久保（東京都） …………………… 397
宮窪（愛媛県） ……………………… 930
宮古（岩手県） ……………………… 77
宮古（沖縄県） ……………………… 1080
京都（福岡県） ……………………… 975
宮光園（山梨県） …………………… 511
旧宮古街道（岩手県） ……………… 77
宮古郡（沖縄県） …………………… 1082
宮古群島（沖縄県） ………………… 1082
宮古市（岩手県） …………………… 77
宮古市（沖縄県） …………………… 1082
宮越駅（長野県） …………………… 554
宮越村（長野県） …………………… 554
宮古島（沖縄県） …………………… 1082
都島区（大阪府） …………………… 721
宮古島高等小学校（沖縄県） ……… 1082
宮古島市（沖縄県） ………………… 1082
宮古諸島（沖縄県） ………………… 1083
都町（福岡県） ……………………… 975
宮古南静園（沖縄県） ……………… 1083
都城（宮崎県） ……………………… 1034
都城市（宮崎県） …………………… 1035
都城商業学校（宮崎県） …………… 1035
都城中学校（宮崎県） ……………… 1035
都城北飛行場（宮崎県） …………… 1035
都城盆地（宮崎県） ………………… 1035

宮古橋（福島県） …………………… 162
みやこ町（福岡県） ………………… 975
宮崎（宮城県） ……………………… 101
宮崎（福島県） ……………………… 162
宮崎（福井県） ……………………… 506
宮崎（愛媛県） ……………………… 930
宮崎（宮崎県） ……………………… 1035
宮崎郡（宮崎県） …………………… 1035
宮崎県（宮崎県） …………………… 1035
宮崎県水産試験場小林分場（宮崎県）
　　　　　　　　　　　　　　　 1036
宮崎郷（愛知県） …………………… 625
宮崎産業経営大学（宮崎県） ……… 1036
宮崎市（宮崎県） …………………… 1036
宮崎自動車道（宮崎県） …………… 1036
宮崎商館（山口県） ………………… 889
宮崎町（鹿児島県） ………………… 1051
宮崎特攻基地（宮崎県） …………… 1036
宮崎役所（宮崎県） ………………… 1036
宮谷県（関東） ……………………… 171
宮谷県（茨城県） …………………… 191
宮迫城（広島県） …………………… 869
宮里（沖縄県） ……………………… 1083
宮下（大分県） ……………………… 1025
宮下川（広島県） …………………… 869
宮島（広島県） ……………………… 869
宮島線（広島県） …………………… 869
宮島鉄道連絡船（広島県） ………… 869
宮宿（愛知県） ……………………… 625
宮津（京都府） ……………………… 687
宮田（茨城県） ……………………… 191
宮田川水抜きアーチ橋（茨城県） … 191
宮滝（奈良県） ……………………… 776
宮田城（長野県） …………………… 554
宮田本陣（長野県） ………………… 554
宮田村（長野県） …………………… 554
宮田村（愛知県） …………………… 625
宮峠（岐阜県） ……………………… 572
宮床（宮城県） ……………………… 101
宮所（長野県） ……………………… 555
宮所区（長野県） …………………… 555
宮戸区（宮城県） …………………… 101
宮永新村（石川県） ………………… 499
宮永村（石川県） …………………… 499
宮野（宮城県） ……………………… 101
宮野（滋賀県） ……………………… 666
宮野（山口県） ……………………… 889
宮奥ダム（奈良県） ………………… 776
宮腰町（石川県） …………………… 499
宮越宿（長野県） …………………… 555
宮野古民家自然園（東京都） ……… 397
宮ノ下富士屋ホテル（神奈川県） … 438
宮ノ洲山（山口県） ………………… 889
宮の城（広島県） …………………… 869
宮之城（鹿児島県） ………………… 1051
宮之城町（鹿児島県） ……………… 1051
宮の洲（山口県） …………………… 889
宮ノ台刑場（山口県） ……………… 889
宮野々（高知県） …………………… 946
宮野々番所（高知県） ……………… 946
宮之原（宮崎県） …………………… 1036
宮原坑（福岡県） …………………… 975
宮前（鳥取県） ……………………… 804
宮原（神奈川県） …………………… 438
宮原（沖縄県） ……………………… 1083
宮平（沖縄県） ……………………… 1083

みやま   地名索引

美山（京都府）	687
宮前（東京都）	397
美山川（京都府）	687
三山木（京都府）	687
美山町（福井県）	506
美山町（京都府）	687
深山の滝（広島県）	869
美山村（和歌山県）	792
宮道（埼玉県）	269
宮村（岐阜県）	572
宮村（宮崎県）	1036
三谷村（栃木県）	209
宮守（岩手県）	77
宮山城（三重県）	639
宮良（沖縄県）	1083
宮良村（沖縄県）	1083
宮脇（愛媛県）	930
宮脇（香川県）	909
行幸田（群馬県）	244
御幸煉瓦製造所（神奈川県）	438
明暗寺（新潟県）	477
明王窯（沖縄県）	1083
妙覚門（奈良県）	776
明覚山（長野県）	555
茗荷谷（東京都）	397
妙喜寺（愛知県）	625
妙義榛名道（群馬県）	244
妙見（福岡県）	975
妙見岳城（大分県）	1025
妙見堰（新潟県）	477
妙高山（新潟県）	477
妙高山塔（新潟県）	477
妙高市（新潟県）	477
妙光寺山（滋賀県）	666
明星ヶ丘（愛媛県）	930
明神池（東京都）	397
明神ヶ岳（神奈川県）	438
妙善寺（岡山県）	838
明大寺（愛知県）	625
明徳寺城（群馬県）	244
妙の谷（愛媛県）	930
妙野ノ牧（青森県）	66
明礬（大分県）	1025
明礬温泉（大分県）	1025
妙法寺村（兵庫県）	754
明楽寺村（兵庫県）	754
三代駅（福島県）	162
御代ヶ池（東京都）	397
港崎（神奈川県）	438
三好（徳島県）	901
三次浅野藩（広島県）	869
三次監獄（広島県）	869
三好郡（徳島県）	901
三好市（徳島県）	901
三次市（広島県）	869
三芦城（福島県）	162
三義小学校（長野県）	555
三芳野（埼玉県）	269
三次藩（広島県）	869
三次捕虜収容所（広島県）	869
御代島（愛媛県）	930
三次町（広島県）	869
御代田（長野県）	555
水依評（鳥取県）	804
三良坂（島根県）	819
三良坂（広島県）	869

三良坂町（広島県）	869
見前（岩手県）	77
みろく沢石炭の道遊歩道（福島県）	162
三輪（東京都）	397
三輪（奈良県）	776
美和（兵庫県）	754
三輪崎（和歌山県）	792
美和ダム（長野県）	555
三輪村（東京都）	397
三和村（大分県）	1025
三輪山（奈良県）	776
三輪郵便局（兵庫県）	754

【 む 】

むいか越（沖縄県）	1083
六日町（新潟県）	477
六日町高校（新潟県）	478
向宇品艇庫（広島県）	869
無縁坂（東京都）	397
向笠（静岡県）	599
向小金新田（千葉県）	305
向島（広島県）	869
向島中央小学校（広島県）	870
向島町（広島県）	870
向田（神奈川県）	438
向井村（大阪府）	721
向市場駅（静岡県）	599
向野村（大阪府）	721
向羽黒山城（福島県）	162
向原（東京都）	397
向原（神奈川県）	438
向町（山形県）	131
穆佐郷（宮崎県）	1036
牟岐浦（徳島県）	901
武儀郡（岐阜県）	572
麦島城（熊本県）	1007
麦丸（千葉県）	305
無窮洞（長崎県）	999
報得川（沖縄県）	1083
無垢島（大分県）	1025
椋野（山口県）	889
椋本宿（三重県）	639
武庫（兵庫県）	754
向の岡（東京都）	397
向日市（京都府）	687
向島（東京都）	397
向島百花園（東京都）	397
向津留（大分県）	1025
向台（東京都）	397
向台町（東京都）	397
向山（高知県）	946
向山荘（群馬県）	244
武庫川（兵庫県）	754
武庫川（兵庫県）	754
武庫離宮（兵庫県）	754
武庫離宮庭苑（兵庫県）	754
無言館（長野県）	555
ムサイリ（北海道）	45
武蔵（関東）	171
武蔵国衙（関東）	171
武蔵国府（東京都）	397
武蔵国分寺（東京都）	397
武蔵小杉（神奈川県）	438
武蔵扇状地（関東）	171

武蔵中央電気鉄道（東京都）	397
武蔵電気鉄道（関東）	171
武蔵東部（関東）	171
武蔵野（関東）	171
武蔵野（東京都）	398
武蔵国（関東）	172
武蔵国南部（関東）	172
武蔵国北部（関東）	172
武蔵国留守所（関東）	172
武蔵の里（岡山県）	838
武蔵野市（東京都）	398
武蔵野女子学院（東京都）	398
武蔵野新田（関東）	172
武蔵野新田御栗林（関東）	172
武蔵野新田村（関東）	172
武蔵野青年学校（東京都）	398
武蔵野赤十字病院高射砲陣地（東京都）	398
武蔵野扇状地（関東）	172
武蔵野台（東京都）	398
武蔵野台地（関東）	173
武蔵野炭鉱（埼玉県）	269
武蔵野中央公園（東京都）	398
武蔵野鉄道（関東）	173
武蔵野町（東京都）	398
武蔵村山（東京都）	398
武蔵村山市（東京都）	398
武蔵屋（東京都）	399
武蔵大和駅（東京都）	399
武社（射）国（千葉県）	305
虫明（岡山県）	838
無鹿山（宮崎県）	1036
六島（岡山県）	838
霧社（台湾）	1116
武者土（千葉県）	305
武者小路実篤記念館（東京都）	399
武者小路実篤公園（東京都）	399
武者小路通（京都府）	687
席田（福岡県）	975
席田青木城（福岡県）	975
六十谷（和歌山県）	792
牟田（熊本県）	1007
六田の淀（奈良県）	776
無賃橋（滋賀県）	666
陸奥（東北）	54
睦合館（山形県）	131
陸奥一関（岩手県）	77
六浦（神奈川県）	438
六浦道（神奈川県）	438
六ヶ村（神奈川県）	438
陸奥黒石（青森県）	66
睦沢学校（山梨県）	511
睦沢町（千葉県）	305
睦沢村（千葉県）	306
陸奥中村藩（福島県）	162
陸奥南部（東北）	54
陸奥国（東北）	54
陸奥国府（宮城県）	101
六御県（奈良県）	776
陸奥八戸（青森県）	66
六ツ又ロータリー（東京都）	399
睦村（千葉県）	306
陸奥湾（青森県）	66
宗像（福岡県）	975
宗像・沖ノ島と関連遺産群（福岡県）	975

1224

地名索引　　　　　　　　　　　　　　　もすめ

宗像市（福岡県）	975	
宗像大社（福岡県）	975	
宗高尾城（広島県）	870	
宗岡（埼玉県）	269	
宗清林（大阪府）	721	
無名坂（東京都）	399	
撫養（徳島県）	901	
村市（広島県）	870	
村岡（神奈川県）	438	
村岡（兵庫県）	754	
村岡川（神奈川県）	438	
村岡山名領（兵庫県）	754	
村尾郷（広島県）	870	
村上（新潟県）	478	
村上市（新潟県）	478	
村上城（新潟県）	478	
村上藩（新潟県）	478	
村上村（千葉県）	306	
旧村川別荘（千葉県）	306	
紫川（福岡県）	975	
紫原城（鹿児島県）	1051	
村田（宮城県）	101	
村田町（宮城県）	101	
村野家住宅（東京都）	399	
村野町（福岡県）	975	
村松（新潟県）	478	
村松公園（新潟県）	478	
村松宿（茨城県）	191	
村松陣屋（新潟県）	478	
村松藩（新潟県）	478	
村松藩上屋敷（東京都）	399	
村松兵営（新潟県）	478	
村松村（新潟県）	478	
村山（山形県）	131	
村山（東京都）	399	
村山郡（山形県）	132	
村山軽便鉄道（東京都）	399	
村山郷（山形県）	132	
村山古道（静岡県）	599	
村山市（山形県）	132	
村山貯水池（東京都）	399	
村山鉄橋（長野県）	555	
村山藩（山形県）	132	
村山村（東京都）	399	
牟礼（東京都）	399	
牟礼宿（長野県）	555	
牟礼町（香川県）	909	
牟礼村（長野県）	555	
牟婁（近畿）	648	
室生火山群（奈良県）	776	
室積（山口県）	889	
室積村（山口県）	889	
室田（群馬県）	244	
室田宿（群馬県）	244	
室津（兵庫県）	754	
室津港（兵庫県）	754	
室戸（高知県）	946	
室戸市（高知県）	946	
室戸台風（高知県）	946	
室戸岬（高知県）	946	
室根村（岩手県）	77	
室の津（兵庫県）	754	
室浜砲台（広島県）	870	
室伏村（山梨県）	511	
室本町（香川県）	909	

室町（福岡県）	975	
室町通（京都府）	687	
室町幕府女房所領（京都府）	687	
室見川（福岡県）	975	
室見橋（福岡県）	975	
むろやの園（山口県）	889	
室山（兵庫県）	754	
室山城（埼玉県）	269	
室蘭（北海道）	45	
室蘭郡（北海道）	46	
室蘭線（北海道）	46	
室蘭南部陣屋（北海道）	46	
室蘭南部出張陣屋（北海道）	46	
室蘭捕虜収容所（北海道）	46	
室蘭本線（北海道）	46	

【め】

銘川（沖縄県）	1083	
明訓学校（新潟県）	478	
明玄農士道場（愛媛県）	930	
明光（大分県）	1025	
明治基地（愛知県）	625	
明治航空基地（愛知県）	625	
明治橋（岩手県）	77	
明治橋（沖縄県）	1083	
明治村（神奈川県）	438	
明治村（愛知県）	625	
明治山（滋賀県）	666	
溟州治所（朝鮮）	1112	
明治用水（愛知県）	625	
明盛駅（長野県）	555	
明禅寺（岡山県）	838	
明禅寺城（岡山県）	838	
明達館（秋田県）	119	
名鉄瀬戸線（愛知県）	625	
名鉄高富線（岐阜県）	572	
名鉄三河線（愛知県）	625	
明道小学校（宮崎県）	1036	
明徳館（秋田県）	119	
明々館（茨城県）	191	
明倫学館（石川県）	499	
明倫館（山口県）	889	
明倫中学校（愛知県）	625	
明倫堂（宮崎県）	1036	
明和町（三重県）	639	
明和の大津波（沖縄県）	1083	
明和町（群馬県）	244	
目賀田城（滋賀県）	666	
めがね橋（長野県）	555	
眼鏡橋（東京都）	399	
眼鏡橋（長崎県）	999	
目鑑橋（熊本県）	1007	
目鑑橋（大分県）	1025	
女木島（香川県）	909	
目久尻川（神奈川県）	438	
廻栖野（大分県）	1025	
廻田街道（東京都）	399	
目黒（東京都）	399	
目黒（新潟県）	478	
目黒駅（東京都）	400	
目黒雅叙園（東京都）	400	
目黒川（東京都）	400	
目黒区（東京都）	400	
目黒区総合庁舎（東京都）	400	

目黒区立第六中学校（東京都）	400	
目黒区立二中（東京都）	400	
目黒下道（東京都）	400	
目黒十五庭（東京都）	400	
目黒新富士（東京都）	400	
目黒町（東京都）	400	
目黒町（岡山県）	838	
目黒邸（東京都）	400	
目黒通り（東京都）	400	
目黒病院（東京都）	400	
目黒富士（東京都）	400	
目黒元富士（東京都）	400	
女島（長崎県）	999	
飯盛（東京都）	400	
目白駅（東京都）	400	
目白台（東京都）	400	
メドツ河原（青森県）	66	
女取川（山梨県）	511	
目梨（北海道）	46	
メナシクシュキキン川（北海道）	46	
メーヌカーガー橋（沖縄県）	1083	
妻沼（埼玉県）	269	
妻沼滑空場（埼玉県）	270	
妻沼聖天山（埼玉県）	270	
妻沼低地（埼玉県）	270	
妻沼村（埼玉県）	270	
メム（北海道）	46	
芽室町（北海道）	46	
目屋（青森県）	66	
米良の民家（宮崎県）	1036	
メリケン波止場（兵庫県）	754	
女亀山（広島県）	870	

【も】

藻岩山（北海道）	46	
望陀郡（千葉県）	306	
毛越寺庭園（岩手県）	77	
馬洗滝（奈良県）	776	
毛利家文庫（山口県）	889	
旧毛利家本邸（山口県）	889	
毛利荘（神奈川県）	438	
毛利邸（山口県）	889	
真岡市（栃木県）	209	
真岡城（栃木県）	209	
真岡町（栃木県）	209	
最上（山形県）	132	
最上海道（山形県）	132	
最上街道（宮城県）	101	
最上川（山形県）	132	
最上川水駅（山形県）	133	
最上峡（山形県）	133	
最上郡（山形県）	133	
最上堰（山形県）	133	
最上藩（山形県）	133	
杢（群馬県）	244	
木浦木（宮崎県）	1036	
杢弥街道（群馬県）	244	
門司（福岡県）	975	
門司港（福岡県）	975	
門司市（福岡県）	975	
母子里（北海道）	46	
百舌鳥川（大阪府）	721	
百舌鳥野（大阪府）	721	
物集女城（京都府）	687	

もたい　　　　　　　　　　　　　　　　　　　　地名索引

茂田井（長野県） 555	物部（高知県） 946	守山（滋賀県） 666
茂田村（茨城県） 191	物部川（高知県） 946	守山区（愛知県） 625
用瀬町（鳥取県） 804	物部村（高知県） 946	守山市（愛知県） 625
持倉城（新潟県） 478	物部村（栃木県） 209	森山城（千葉県） 306
持越鉱山（静岡県） 599	物見山館（山形県） 133	森山城（愛媛県） 930
望月（長野県） 555	茂原（千葉県） 306	守山村（愛知県） 625
望月宿（長野県） 555	茂原海軍航空基地（千葉県） 306	守山藩（福島県） 162
望月城（滋賀県） 666	茂原海軍航空隊掩体壕（千葉県） 306	森山村（福島県） 162
望月町（長野県） 555	藻別川（北海道） 46	守屋山（長野県） 555
望月陸軍士官学校（長野県） 555	籾井（大阪府） 721	森吉山（秋田県） 119
餅田（岩手県） 77	紅葉川（東京都） 401	森吉炭山（秋田県） 119
持田村（埼玉県） 270	紅葉山（東京都） 401	森吉町（秋田県） 119
茂木（栃木県） 209	樅木山（大分県） 1025	茂呂（東京都） 401
旧茂木家住宅（群馬県） 244	茂宮川（茨城県） 191	毛呂（埼玉県） 270
茂木町（栃木県） 209	茂宮川河口干潟（茨城県） 191	師岡（東京都） 401
茂木藩（栃木県） 209	樅山（高知県） 946	諸岡村（石川県） 499
本合海（山形県） 133	百村（栃木県） 209	諸県（宮崎県） 1036
元荒川（埼玉県） 270	木綿街道（島根県） 819	諸県郡（宮崎県） 1036
本飯田村（山形県） 133	桃井第二小学校（東京都） 401	諸久保（静岡県） 599
元池袋公園（東京都） 400	桃香野（奈良県） 776	師崎（愛知県） 625
元池袋史跡公園（東京都） 400	桃崎浜（新潟県） 478	師崎村（愛知県） 625
元井谷（愛媛県） 930	桃里（静岡県） 599	毛呂市（埼玉県） 270
本市場（静岡県） 599	桃園（大分県） 1025	諸戸水道（三重県） 639
元宇品（広島県） 870	百谷（奈良県） 776	諸白小路（神奈川県） 439
元大島防空監視哨（長野県） 555	百地（奈良県） 776	毛呂山（埼玉県） 270
本折城（石川県） 499	百地丹波守城（三重県） 639	毛呂山町（埼玉県） 270
本木（東京都） 400	桃井郷（群馬県） 244	モロラン陣屋（北海道） 46
本木新道（東京都） 401	百市（奈良県） 776	門前（栃木県） 209
もと熊野街道（大阪府） 721	桃尾滝（奈良県） 776	門前（石川県） 499
元栗橋（埼玉県） 270	桃木川（群馬県） 244	門前遺跡（大分県） 1026
元越山（大分県） 1025	桃俣（奈良県） 776	門前仲町（東京都） 401
元佐倉城（千葉県） 306	桃山（京都府） 687	門前町（石川県） 499
元島遺跡（静岡県） 599	茂屋村（秋田県） 119	門池（静岡県） 599
元宿玖堰（東京都） 401	森（千葉県） 306	門戸（兵庫県） 754
元宿村（群馬県） 244	森江野小学校（福島県） 162	門外れ（山形県） 133
本宿村（群馬県） 244	盛岡（岩手県） 78	紋別（北海道） 46
本栖（山梨県） 511	盛岡市（岩手県） 78	モンベツ御用所（北海道） 46
元誓願寺通（京都府） 687	盛岡城（岩手県） 78	紋別市（北海道） 46
元町（宮城県） 101	盛岡馬検場（岩手県） 78	百間（埼玉県） 270
元頂妙寺町（京都府） 687	盛岡藩（岩手県） 78	紋屋図子（京都府） 687
誉大城（長野県） 555	盛岡町（東京都） 401	
元八王子（東京都） 401	森垣村（兵庫県） 754	【や】
本部（沖縄県） 1083	森回廊（富山県） 489	
本部村（沖縄県） 1083	森ヶ城（岐阜県） 572	焼津（静岡県） 599
本部町（沖縄県） 1083	森川家住宅（広島県） 870	焼津港（静岡県） 600
本太村（埼玉県） 270	守口（大阪府） 721	焼津市（静岡県） 600
元古沢（栃木県） 209	守後浦（大分県） 1025	焼津湊（静岡県） 600
本堀庄（石川県） 499	盛里（山梨県） 511	谷井田（埼玉県） 270
元本郷（東京都） 401	森下（群馬県） 244	矢板（栃木県） 210
元町（千葉県） 306	森下陣屋（東京都） 401	矢板市（栃木県） 210
元町公園（東京都） 401	森城（千葉県） 306	谷井田小学校（埼玉県） 270
元町通（兵庫県） 754	森田村（青森県） 66	矢板武旧宅（栃木県） 210
本宮（福島県） 162	森寺城（富山県） 489	矢板農場（栃木県） 210
本宮村（福島県） 162	森戸（神奈川県） 438	谷稲葉村（静岡県） 600
本宮町（福島県） 162	森戸川（神奈川県） 439	野井街道（四国） 895
元山（千葉県） 306	森庄（東京都） 401	ヤウシヘツ（北海道） 46
本山（茨城県） 191	森野村（東京都） 401	八重垣（埼玉県） 270
本山（高知県） 946	森藩（大分県） 1025	八重島（沖縄県） 1083
本山川（香川県） 909	森町（北海道） 46	八重瀬町（沖縄県） 1083
元八幡（東京都） 401	森村（長野県） 555	弥右衛門ノ丸（高知県） 946
元横山（東京都） 401	森村（兵庫県） 754	八重山（沖縄県） 1083
本吉（宮城県） 101	森村（高知県） 946	八重山群島（沖縄県） 1085
元吉原（静岡県） 599	森本村（兵庫県） 754	八重山諸島（沖縄県） 1085
茂庭（福島県） 162	守谷城（茨城県） 191	八尾（大阪府） 721
茂庭村（宮城県） 101	守山（福島県） 162	八尾駅（大阪府） 722
モネロン島（北方地域） 4	守山（愛知県） 625	

八尾表町（大阪府）	722	宅部池（東京都）	401	安武村（福岡県）	975
八尾市（大阪府）	722	宅部貯水池（東京都）	401	安田邸（東京都）	401
八尾寺内町（大阪府）	722	焼山（岩手県）	79	安田原（秋田県）	119
八尾寺内村環濠（大阪府）	722	薬研堀（東京都）	401	安田藩（新潟県）	478
八尾城（和歌山県）	792	矢古宇郷（埼玉県）	270	安田町（高知県）	946
八尾城（広島県）	870	矢越（北海道）	46	安田村（高知県）	946
矢尾村（島根県）	820	屋子母（鹿児島県）	1051	野洲町（滋賀県）	666
八尾枚方線（大阪府）	722	弥五郎新田（東京都）	401	安戸城（埼玉県）	270
八尾由義宮（大阪府）	722	八坂（大分県）	1026	安松街道（埼玉県）	270
矢颪村（埼玉県）	270	八坂川（大分県）	1026	やすみどん（広島県）	870
谷貝峰城（茨城県）	191	八坂鉱山（広島県）	870	谷津村（神奈川県）	439
谷貝村（栃木県）	210	八坂手永（大分県）	1026	野洲村（滋賀県）	666
矢掛（岡山県）	838	八坂町（静岡県）	600	安良岡町（群馬県）	244
矢掛宿（岡山県）	838	八坂道（京都府）	687	安良村（沖縄県）	1085
矢掛町（岡山県）	838	八坂峠（福島県）	162	八十島（秋田県）	119
屋我地（沖縄県）	1085	弥栄村（満州）	1100	ヤソの小池（北海道）	46
矢上（長崎県）	999	矢崎村（石川県）	499	八十場（香川県）	909
八上城（兵庫県）	754	八沢（茨城県）	191	八十八潟九十九島（秋田県）	119
矢川（東京都）	401	矢沢（岩手県）	79	矢田（愛知県）	625
野岩鉄道（東日本）	10	矢沢村（神奈川県）	439	矢太神水源（群馬県）	244
八木ヶ鼻（新潟県）	478	八塩山（秋田県）	119	矢田駅（愛知県）	625
焼米坂（埼玉県）	270	八潮市（埼玉県）	270	谷田貝町（栃木県）	210
八木郷村（埼玉県）	270	屋敷野炭礦（佐賀県）	986	矢高っ原（長野県）	555
柳沢（東京都）	401	屋敷山（東京都）	401	矢滝城（島根県）	820
谷木沢城（山形県）	133	谷下（埼玉県）	270	矢田丘陵（奈良県）	776
八木宿（栃木県）	210	屋島（香川県）	909	矢岳（埼玉県）	270
八木村（奈良県）	776	八島（山口県）	889	矢岳山（宮崎県）	1036
八木町（京都府）	687	矢島（新潟県）	478	矢田町（愛知県）	625
八木藩（兵庫県）	754	矢島（滋賀県）	666	矢立（新潟県）	478
八木村（千葉県）	306	屋島ケーブル（香川県）	909	矢立（静岡県）	600
八木山（宮城県）	101	八島高原（長野県）	555	矢立峠（青森県）	66
八木山（岡山県）	838	矢嶋村（長野県）	555	矢立峠（秋田県）	119
八木山（福岡県）	975	八島停留所（新潟県）	478	谷田部（茨城県）	191
八鬼山道（三重県）	639	屋島城（香川県）	909	八田部（兵庫県）	755
柳生（奈良県）	776	屋島東町（香川県）	909	八部郡（兵庫県）	755
柳生街道（奈良県）	776	矢島村古新田（新潟県）	478	矢田村（奈良県）	776
柳生みち（奈良県）	776	屋者（鹿児島県）	1051	矢田山丘陵（奈良県）	776
八木用水（広島県）	870	夜叉ヶ池（福井県）	506	谷地（山形県）	133
柳原（三重県）	639	野州（栃木県）	210	谷地郷（山形県）	133
薬王院（東京都）	401	野州人車鉄道（栃木県）	210	谷地小屋要害（福島県）	162
八茎鉱山（福島県）	162	屋代（長野県）	555	八千穂（長野県）	555
薬師池公園（東京都）	401	社川（福島県）	162	八千穂高原（長野県）	555
薬師寺（奈良県）	776	屋代郷（山形県）	133	八街（千葉県）	306
薬師町（青森県）	66	八代郷（茨城県）	191	八街教貫場（千葉県）	307
薬師峠（新潟県）	478	屋代島（山口県）	890	八街区（埼玉県）	270
益救嶋（鹿児島県）	1051	矢代宿（長野県）	555	八街市（千葉県）	307
屋久島（鹿児島県）	1051	屋代城（長野県）	555	八街飛行場（千葉県）	307
薬師山（宮城県）	101	屋代町（長野県）	555	八街町（千葉県）	307
躍進（宮城県）	101	社村（兵庫県）	754	八千代（千葉県）	307
矢口の渡（東京都）	401	社山（栃木県）	210	八千代工業団地（千葉県）	307
屋久町（鹿児島県）	1051	社山疎水（静岡県）	600	八千代市（千葉県）	307
八雲（東京都）	401	屋代用水堰（長野県）	555	八千代台（千葉県）	307
八雲（愛知県）	625	野洲（滋賀県）	666	八千代町（茨城県）	191
八雲（広島県）	870	安井村一里塚（愛知県）	625	八千代町（広島県）	870
八雲町（北海道）	46	安浦（広島県）	870	八千代富士幼稚園（千葉県）	307
夜久野（京都府）	687	安浦町（神奈川県）	439	谷津（千葉県）	307
矢倉（栃木県）	210	野洲川（滋賀県）	666	八尾（富山県）	489
矢倉（長野県）	555	安川舎（千葉県）	306	八ヶ岳（山梨県）	511
矢倉沢（神奈川県）	439	八頭郡（鳥取県）	804	八ヶ岳（長野県）	555
矢倉沢往還（東京都）	401	野洲郡（滋賀県）	666	八代（熊本県）	1007
八栗駅（香川県）	909	安沢館（山形県）	133	八代海（熊本県）	1008
八鍬村（山形県）	133	安塚村（栃木県）	210	八代県庁（熊本県）	1008
屋慶名番所（沖縄県）	1085	安田（秋田県）	119	八代郷（千葉県）	307
焼庭（広島県）	870	安田（新潟県）	478	八代市（熊本県）	1008
宅部（東京都）	401	保田（和歌山県）	792	八代城（熊本県）	1008
		旧安田楠雄邸（東京都）	401	八代町（熊本県）	1008

八ツ手（長野県）	555	柳町村（奈良県）	776	養父郡（兵庫県）	755
八橋城（鳥取県）	804	柳町遊郭（福岡県）	976	藪小路（東京都）	402
八原（長野県）	555	柳本（奈良県）	776	屋富祖大通り（沖縄県）	1085
谷津干潟（千葉県）	307	柳本陣屋（奈良県）	776	屋部村（沖縄県）	1085
八房橋（鹿児島県）	1051	楊原村（静岡県）	600	藪地島（沖縄県）	1085
矢壺川（広島県）	870	ヤナクネ城（新潟県）	478	藪の渡し（京都府）	687
八ツ又（岩手県）	79	やなしお坂（島根県）	820	弥兵衛町（東京都）	402
八松ヶ原（神奈川県）	439	柳瀬川（埼玉県）	270	矢部往還（福岡県）	976
八基村（埼玉県）	270	柳瀬川（東京都）	402	谷保（東京都）	402
谷戸（神奈川県）	439	柳瀬川（山口県）	890	谷保の城山（東京都）	402
八戸（大分県）	1026	柳瀬川橋梁（埼玉県）	270	谷保村（東京都）	402
谷戸頭（神奈川県）	439	柳瀬橋（東京都）	402	耶麻（福島県）	163
弥富村（千葉県）	307	梁田（栃木県）	210	邪馬壱国（邪馬台国）	1118
宿屋村（埼玉県）	270	梁田（群馬県）	244	山家宿（福岡県）	976
矢那（千葉県）	307	簗田郡（栃木県）	210	山尾（茨城県）	191
柳井（山口県）	890	柵原鉱山（岡山県）	838	山尾城（茨城県）	191
八名郡（愛知県）	625	柵原町（岡山県）	838	山香（大分県）	1026
柳井市（山口県）	890	谷根千（東京都）	402	山鹿（福岡県）	976
柳津（福島県）	162	矢野（広島県）	870	山鹿（熊本県）	1008
柳井谷之陣（鹿児島県）	1051	矢納発電所（埼玉県）	270	山角町（神奈川県）	439
柳井津（山口県）	890	矢野駅（広島県）	870	山香郷（大分県）	1026
柳井津町（山口県）	890	矢野大浜（広島県）	870	山鹿市（熊本県）	1008
谷中（東京都）	401	矢野川（広島県）	870	山鹿小学校（福岡県）	976
谷中五重塔（東京都）	401	矢野郷（愛媛県）	930	山家陣屋（京都府）	687
谷中清水町（東京都）	402	矢の川峠（三重県）	639	山形（北海道）	46
谷中城（茨城県）	191	矢野三山（広島県）	870	山形（山形県）	133
柳瀬川（高知県）	946	矢野城（広島県）	870	山形県（山形県）	134
谷中村（栃木県）	210	矢野小学校（広島県）	871	山形市（山形県）	134
柳河（福岡県）	975	矢野中学校（広島県）	871	山形城（山形県）	134
柳川（新潟県）	478	矢野町（広島県）	871	山方城（茨城県）	191
柳川（滋賀県）	666	矢野西（広島県）	871	山県水道水源池（神奈川県）	439
柳川（福岡県）	975	矢野荘（兵庫県）	755	山形鉄道（山形県）	134
梁川（福島県）	162	矢ノ原（群馬県）	244	山形藩（山形県）	134
柳川市（福岡県）	976	矢野東（広島県）	871	山形村（長野県）	556
柳川城（福岡県）	976	矢野村（広島県）	871	山形山（福島県）	163
梁川城（福島県）	162	矢場（群馬県）	244	山香町（大分県）	1026
簗川城（福島県）	162	矢場池（群馬県）	244	山上陣屋（滋賀県）	666
梁川商業組合（福島県）	162	矢場川（群馬県）	244	山上連建（福島県）	163
梁川製糸株式会社（福島県）	162	矢作（岩手県）	79	山川港（鹿児島県）	1051
柳河第九十六国立銀行（福岡県）	976	矢作（千葉県）	307	山川城（高知県）	946
柳河藩（福岡県）	976	矢作川（愛知県）	625	山北（神奈川県）	439
柳川藩（福岡県）	976	矢作製鉄（愛知県）	625	山北村（福岡県）	976
梁川町（福島県）	162	旧矢作製鉄高炉（愛知県）	625	山口（奈良県）	776
柳生（宮城県）	101	矢作町（愛知県）	625	山口（山口県）	890
柳ケ浦駅（大分県）	1026	耶馬渓（大分県）	1026	山口駅（山口県）	890
柳久保（東京都）	402	矢筈山城（岡山県）	838	山口県（山口県）	890
柳窪村（東京都）	402	八幡（北海道）	46	山口県県会議事堂（山口県）	892
柳沢（長野県）	555	八幡（福岡県）	976	山口県監獄（山口県）	892
柳沢伯爵邸（東京都）	402	谷端川（東京都）	402	山口鉱山（岩手県）	79
柳沢牧（千葉県）	307	山畑川橋（大阪府）	722	山口高等中学校（山口県）	892
柳島（東京都）	402	八幡西区（福岡県）	976	山口御殿（和歌山県）	792
柳島（神奈川県）	439	八幡東区（福岡県）	976	山口市（山口県）	892
柳島海岸（神奈川県）	439	矢畑村（茨城県）	191	山口城（埼玉県）	270
柳田（福島県）	163	矢幅（岩手県）	79	山口城（山口県）	892
柳谷（愛媛県）	930	矢巾町（岩手県）	79	山口小学校（長崎県）	999
柳田別荘（神奈川県）	439	谷原（茨城県）	191	山口線（中国）	798
柳町（愛知県）	625	谷原（東京都）	402	山口貯水池（埼玉県）	270
柳町（香川県）	909	弥彦（新潟県）	479	山口藩（山口県）	892
柳町（福岡県）	976	弥彦線（新潟県）	479	山口村（山形県）	134
柳ノ井戸（東京都）	402	弥彦村（新潟県）	479	山口村（岐阜県）	572
柳之御所（岩手県）	79	弥彦明訓学校（新潟県）	479	山国川（福岡県）	976
柳の渡し（奈良県）	776	弥彦山（新潟県）	479	山国荘（京都府）	687
柳橋（東京都）	402	八重干瀬（沖縄県）	1085	山国庄（京都府）	687
柳原（愛媛県）	930	矢櫃（広島県）	871	耶麻郡（福島県）	163
柳町（群馬県）	244	養父（佐賀県）	986	山古志（新潟県）	479
柳町（福井県）	506	藪神（新潟県）	479	山古志郷（新潟県）	479

地名索引　　　　　　　　　　　　　　　　　　　　　やんは

山古志村（新潟県）	479	
山崎（北海道）	46	
山崎（千葉県）	307	
山崎（神奈川県）	439	
山崎（京都府）	687	
山崎（兵庫県）	755	
山崎家住宅（島根県）	820	
山崎郷（和歌山県）	792	
山崎宿（千葉県）	307	
山崎城（長野県）	556	
山崎城（愛知県）	626	
山崎陣屋（兵庫県）	755	
山崎町（兵庫県）	755	
山崎庄（和歌山県）	792	
山崎荘（愛媛県）	930	
山崎藩（兵庫県）	755	
山崎藩陣屋町（兵庫県）	755	
山崎村（福島県）	163	
山崎村（千葉県）	307	
山下家別邸（神奈川県）	439	
山下公園（神奈川県）	439	
山下村（宮城県）	101	
山科（京都府）	688	
山階（香川県）	909	
山科寺内町（京都府）	688	
山下畠（徳島県）	901	
山城（京都府）	688	
山代（石川県）	499	
山代（山口県）	892	
山代（佐賀県）	986	
山代温泉（石川県）	499	
山代街道（山口県）	892	
山代郷（佐賀県）	986	
山城谷（徳島県）	901	
山城中学校（京都府）	688	
山城町（京都府）	688	
山城町（徳島県）	901	
山城町上狛（京都府）	688	
山城国（京都府）	688	
山津（大分県）	1026	
山背（京都府）	688	
山添（奈良県）	776	
山添村（奈良県）	776	
山田（秋田県）	119	
山田（富山県）	489	
山田（岐阜県）	572	
山田（静岡県）	600	
山田（三重県）	639	
山田（広島県）	871	
山田（高知県）	946	
山田（福岡県）	976	
山田（長崎県）	999	
山田（沖縄県）	1085	
ヤマタイ国（邪馬台国）	1118	
邪馬台国（邪馬台国）	1118	
山田屋本屋（山口県）	892	
山田川（滋賀県）	666	
山田グスク（沖縄県）	1085	
山田郡（群馬県）	244	
山田郡（愛知県）	626	
山田郷（群馬県）	244	
山田城（埼玉県）	271	
山田城（三重県）	640	
山田城（宮崎県）	1036	
山田堰（福岡県）	976	
山田谷川（沖縄県）	1085	

山楯楯（山形県）	134	
山田野（青森県）	66	
山田野演習場（青森県）	66	
山田庄（千葉県）	307	
山田野兵舎（青森県）	66	
山田奉行所（三重県）	640	
山田町（岩手県）	79	
山田道（奈良県）	776	
山田村（神奈川県）	439	
山田村（静岡県）	600	
山田村（広島県）	871	
山手銀山（広島県）	871	
山手町（広島県）	871	
山寺（長野県）	556	
大和（奈良県）	777	
大和（山口県）	892	
大和川（大阪府）	722	
大和川（奈良県）	778	
大和川堤防（奈良県）	778	
大和高原（奈良県）	778	
大和郡山（奈良県）	779	
大和郡山市（奈良県）	779	
大和三山（奈良県）	779	
大和市（神奈川県）	439	
大和路（京都府）	688	
大和路（奈良県）	779	
大和庄（大阪府）	722	
大和信貴城（奈良県）	779	
大和村（鹿児島県）	1051	
大和町（新潟県）	479	
大和町（岐阜県）	572	
大和鉄道（奈良県）	779	
大和国（奈良県）	779	
大和橋（神奈川県）	439	
大和村（神奈川県）	439	
大和村立西小学校内ヶ谷第二分校（岐阜県）	572	
山中（東京都）	402	
山中（福島県）	163	
山中郷（広島県）	871	
山中城（静岡県）	600	
山中村（島根県）	820	
山中谷（大阪府）	722	
山中野（広島県）	871	
山中村（広島県）	871	
山名郡（静岡県）	600	
月見里（静岡県）	600	
山梨（山梨県）	511	
山梨県（山梨県）	511	
山梨中央銀行（山梨県）	511	
山ノ上碑（群馬県）	244	
山ノ内（福島県）	163	
山ノ内（長野県）	556	
山之内（新潟県）	479	
山之内（愛媛県）	930	
山ノ内町（長野県）	556	
山之口郷（宮崎県）	1036	
山之口町（宮崎県）	1036	
山ノ越（群馬県）	244	
山ノ下城（千葉県）	307	
山の手（東京都）	402	
山手線（東京都）	402	
山の手台地（東京都）	402	
山の根（神奈川県）	439	
山辺（奈良県）	779	
山野辺（茨城県）	191	

山辺郷（千葉県）	307	
山野辺城（山形県）	134	
山の辺の道（奈良県）	779	
山ノ辺の道（奈良県）	779	
山辺の道（奈良県）	779	
山野部村（兵庫県）	755	
山宮（静岡県）	600	
山之村（岐阜県）	572	
山野村（広島県）	871	
山目村（岩手県）	79	
山原（静岡県）	600	
山びこ学校（山形県）	134	
山吹（長野県）	556	
山吹城（島根県）	820	
山吹村（長野県）	556	
山布施村（長野県）	556	
山舟生（福島県）	163	
山辺郡（千葉県）	307	
山海（愛知県）	626	
山室橋（岩手県）	79	
山本（千葉県）	307	
山本（静岡県）	600	
山本（大阪府）	722	
山本（大分県）	1026	
山本園（山口県）	892	
山本窯（栃木県）	210	
山本実科女学校（山口県）	892	
旧山本中学校校舎（長野県）	556	
山元町（宮城県）	101	
山本有三邸（東京都）	402	
山谷孤児院（北海道）	46	
八溝（栃木県）	210	
八溝山（福島県）	163	
八溝山（茨城県）	191	
八溝山（栃木県）	210	
屋村（新潟県）	479	
八女（福岡県）	976	
八女郡（福岡県）	976	
八女福島（福岡県）	976	
谷山（鹿児島県）	1051	
弥生（青森県）	66	
弥生山地（島根県）	820	
弥生台（神奈川県）	439	
弥生町（東京都）	402	
鑓水（東京都）	402	
鑓水町（東京都）	402	
八幡（千葉県）	307	
八幡（京都府）	688	
八幡（大阪府）	722	
八幡（愛媛県）	930	
八幡沖区（宮城県）	101	
八幡県有林（長野県）	556	
八幡市（京都府）	688	
八幡七頭（長野県）	556	
八幡宿（千葉県）	307	
八幡（宮城県）	101	
八幡庄（千葉県）	307	
八幡鼻（新潟県）	479	
八幡浜（愛媛県）	930	
八幡浜市（愛媛県）	931	
谷和原村（埼玉県）	271	
八ツ場（群馬県）	244	
八ッ場ダム（群馬県）	244	
山原（沖縄県）	1085	

1229

ゆあさ　　　　　　　　　　　　　　　地名索引

【ゆ】

湯浅城（和歌山県）	792
湯浅小学校講堂（和歌山県）	792
湯浅町（和歌山県）	792
由比（静岡県）	600
ゆいゆい国頭（沖縄県）	1086
ゆいレール（沖縄県）	1086
由宇（山口県）	892
夕顔瀬町（岩手県）	79
夕顔瀬橋（岩手県）	79
夕狩沢（山梨県）	511
結城（茨城県）	191
悠久山（新潟県）	479
佑賢堂（福島県）	163
幽谷分校（千葉県）	307
油山寺（静岡県）	600
有終館（岡山県）	838
熊津（朝鮮）	1112
雄神地下工場（富山県）	489
湧水町（鹿児島県）	1051
友泉亭公園（福岡県）	976
祐天寺（東京都）	402
祐徳（満州）	1100
夕凪橋線（大阪府）	722
夕張（北海道）	46
夕張川（北海道）	46
夕日岡（東京都）	402
夕陽丘（大阪府）	722
勇払（北海道）	47
勇払場所（北海道）	47
湧別（北海道）	47
雄別炭礦（北海道）	47
優由国（朝鮮）	1112
雄和平沢（秋田県）	119
ユーエト（北海道）	47
ユオイチャシ（北海道）	47
床木トンネル（大分県）	1026
湯ヶ原温泉（静岡県）	600
油上（大阪府）	722
湯ヶ峰（岐阜県）	572
湯川（静岡県）	600
湯河荘（和歌山県）	792
湯河原（神奈川県）	439
湯河原町（神奈川県）	439
柚木（東京都）	403
由木（東京都）	403
由岐町（徳島県）	901
雪野山（滋賀県）	666
雪ノ下村（神奈川県）	439
油木村（広島県）	871
由木村（東京都）	403
行橋（福岡県）	976
行橋駅（福岡県）	977
湯久保（東京都）	403
弓削（愛媛県）	931
弓削駅（岡山県）	838
弓削島（愛媛県）	931
弓削島荘（愛媛県）	931
湯桁山（福島県）	163
弓削荘（岡山県）	838
弓削荘（愛媛県）	931
湯沢（秋田県）	119
湯沢温泉（新潟県）	479

湯沢市（秋田県）	119
湯沢町（新潟県）	479
湯島（東京都）	403
湯島河原湯（群馬県）	244
湯津上（栃木県）	210
湯津上村（栃木県）	210
湯築城（愛媛県）	931
樽原（高知県）	946
樽原町（高知県）	947
譲原村（群馬県）	244
湯田温泉（新潟県）	479
湯田温泉（山口県）	892
豊（福井県）	506
豊会館（滋賀県）	666
豊村（埼玉県）	271
豊村（山梨県）	511
豊村（満州）	1100
湯田上温泉（新潟県）	479
湯館山（福島県）	163
湯館山城（福島県）	163
湯田中（長野県）	556
湯田町（岩手県）	79
湯田村（岩手県）	79
湯坪（宮城県）	101
油伝堀（群馬県）	244
湯殿山（山形県）	134
湯長谷藩丹波代官所（兵庫県）	755
由仁（北海道）	47
ユニチカ株式会社貝塚工場（大阪府）	
	722
柚野（静岡県）	600
湯の岡（愛媛県）	931
湯ノ奥金山（山梨県）	511
湯之奥金山（山梨県）	511
柚木（長崎県）	999
湯ノ口温泉（山口県）	892
湯の沢炭田（秋田県）	119
湯の山線（三重県）	640
湯ノ高館（岩手県）	79
温泉津（島根県）	820
温泉津港城砦群（島根県）	820
温泉津町（島根県）	820
温泉津湊（島根県）	820
湯の花小屋（大分県）	1026
湯の花トンネル（東京都）	403
湯之町（愛媛県）	931
湯野村（福島県）	163
湯の山温泉（広島県）	871
湯原（福岡県）	977
湯檜曽（群馬県）	245
湯布院（大分県）	1026
由布院（大分県）	1026
勇振の滝（北海道）	47
弓町（新潟県）	479
弓の清水（富山県）	489
弓浜（鳥取県）	804
夢の島（東京都）	403
夢野村（兵庫県）	755
湯本（栃木県）	210
湯本御茶屋（山口県）	892
湯本温泉（栃木県）	210
湯本鉱（福島県）	163
湯谷城（新潟県）	479
油谷町（山口県）	892
油谷湾（山口県）	892
由良（群馬県）	245

由良（和歌山県）	792
由良川（京都府）	688
由良町（和歌山県）	792
由良要塞（兵庫県）	755
由利（秋田県）	119
閖上（宮城県）	101
由利郡（秋田県）	119
由理郡（秋田県）	119
由利公園（新潟県）	479
由理の柵（秋田県）	119
由理柵（秋田県）	119
由利本荘市（秋田県）	119
由利町（秋田県）	119

【よ】

与板（新潟県）	479
宵田城（兵庫県）	755
与板城（新潟県）	479
余市（北海道）	47
ヨイチ場所（北海道）	47
要害山城（埼玉県）	271
要害山城（山梨県）	512
要害山城（和歌山県）	793
要害城（埼玉県）	271
八日市（滋賀県）	666
八日市飛行場（滋賀県）	666
要害山（福島県）	163
八岡紺屋（千葉県）	307
八日町巡査派出所（東京都）	403
用賀村（東京都）	403
遥堪（島根県）	820
養賢堂（宮城県）	101
鷹山（山形県）	134
庸司川（広島県）	871
用人鎌（兵庫県）	755
養翠園（和歌山県）	793
養正ヶ丘（愛媛県）	931
永沢寺（兵庫県）	755
羊腸の樵路（広島県）	871
用土城（埼玉県）	271
要法寺町（京都府）	688
四浦（大分県）	1026
四浦半島（大分県）	1026
養老（岐阜県）	572
養老（高知県）	947
養老川（千葉県）	308
養老町（岐阜県）	572
養老鉄道（岐阜県）	572
養老の滝（群馬県）	245
養老の滝（岐阜県）	572
横川（広島県）	871
余川谷（富山県）	489
与儀市場通り（沖縄県）	1086
与木郷（石川県）	499
与喜屋村（群馬県）	245
余計堀（埼玉県）	271
余呉（滋賀県）	666
横網町公園（東京都）	403
横井（岡山県）	838
横市（宮崎県）	1036
横内（兵庫県）	755
横尾（広島県）	871
横大路（兵庫県）	755
横大路（奈良県）	779

1230

横尾地 (愛媛県) ⋯⋯⋯⋯⋯⋯ 931
横尾町 (広島県) ⋯⋯⋯⋯⋯⋯ 871
横垣峠 (三重県) ⋯⋯⋯⋯⋯⋯ 640
横川 (長野県) ⋯⋯⋯⋯⋯⋯⋯ 556
横河電機 (東京都) ⋯⋯⋯⋯⋯ 403
横川村 (大分県) ⋯⋯⋯⋯⋯⋯ 1026
横川山 (長野県) ⋯⋯⋯⋯⋯⋯ 556
横河原線 (愛媛県) ⋯⋯⋯⋯⋯ 931
横河原駅 (長野県) ⋯⋯⋯⋯⋯ 556
横隈街道 (福岡県) ⋯⋯⋯⋯⋯ 977
横隈宿 (福岡県) ⋯⋯⋯⋯⋯⋯ 977
横蔵寺 (岐阜県) ⋯⋯⋯⋯⋯⋯ 572
横倉山 (高知県) ⋯⋯⋯⋯⋯⋯ 947
横坂喜代吉家 (群馬県) ⋯⋯⋯ 245
横沢滑空道場 (秋田県) ⋯⋯⋯ 119
横沢堰 (長野県) ⋯⋯⋯⋯⋯⋯ 556
横島 (広島県) ⋯⋯⋯⋯⋯⋯⋯ 871
横島 (熊本県) ⋯⋯⋯⋯⋯⋯⋯ 1008
横島村 (熊本県) ⋯⋯⋯⋯⋯⋯ 1008
横島町 (熊本県) ⋯⋯⋯⋯⋯⋯ 1008
横須賀 (神奈川県) ⋯⋯⋯⋯⋯ 439
横須賀海軍工廠 (神奈川県) ⋯ 440
横須賀街道 (神奈川県) ⋯⋯⋯ 440
横須賀軍港 (神奈川県) ⋯⋯⋯ 440
横須賀刑務所 (神奈川県) ⋯⋯ 440
横須賀市 (神奈川県) ⋯⋯⋯⋯ 440
横須賀水道みち (神奈川県) ⋯ 440
横須賀製鉄所 (神奈川県) ⋯⋯ 440
横須賀製鉄所副長官官舎 (神奈川県)
⋯⋯⋯⋯⋯⋯⋯⋯⋯⋯⋯⋯⋯⋯ 441
横須賀造船所 (神奈川県) ⋯⋯ 441
横須賀鎮守府 (神奈川県) ⋯⋯ 441
横須賀港町 (神奈川県) ⋯⋯⋯ 441
横須賀村 (神奈川県) ⋯⋯⋯⋯ 441
横堤村 (栃木県) ⋯⋯⋯⋯⋯⋯ 210
横瀬浦 (長崎県) ⋯⋯⋯⋯⋯⋯ 999
横田川原 (長野県) ⋯⋯⋯⋯⋯ 556
横田切れ (新潟県) ⋯⋯⋯⋯⋯ 479
横谷 (愛媛県) ⋯⋯⋯⋯⋯⋯⋯ 931
横田庄 (島根県) ⋯⋯⋯⋯⋯⋯ 820
横田遊郭 (長野県) ⋯⋯⋯⋯⋯ 556
余呉町新堂 (滋賀県) ⋯⋯⋯⋯ 666
横手 (秋田県) ⋯⋯⋯⋯⋯⋯⋯ 119
横手 (群馬県) ⋯⋯⋯⋯⋯⋯⋯ 245
横手 (埼玉県) ⋯⋯⋯⋯⋯⋯⋯ 271
横手北小学校 (秋田県) ⋯⋯⋯ 120
横手市 (秋田県) ⋯⋯⋯⋯⋯⋯ 120
横手城 (秋田県) ⋯⋯⋯⋯⋯⋯ 120
横手中学校 (秋田県) ⋯⋯⋯⋯ 120
横手町 (長崎県) ⋯⋯⋯⋯⋯⋯ 1000
横手平野 (秋田県) ⋯⋯⋯⋯⋯ 120
横手盆地 (秋田県) ⋯⋯⋯⋯⋯ 120
横手町 (秋田県) ⋯⋯⋯⋯⋯⋯ 120
横野村 (神奈川県) ⋯⋯⋯⋯⋯ 441
横走関 (静岡県) ⋯⋯⋯⋯⋯⋯ 600
横馬場 (宮崎県) ⋯⋯⋯⋯⋯⋯ 1036
ヨコハマ (神奈川県) ⋯⋯⋯⋯ 441
横浜 (神奈川県) ⋯⋯⋯⋯⋯⋯ 441
横浜植木戸塚試作場 (神奈川県) ⋯ 443
横浜駅 (神奈川県) ⋯⋯⋯⋯⋯ 443
横浜外国人居留地 (神奈川県) ⋯ 444
横浜掃部山公園 (神奈川県) ⋯ 444
横浜港 (神奈川県) ⋯⋯⋯⋯⋯ 444
横浜公園 (神奈川県) ⋯⋯⋯⋯ 444
横浜航空隊跡 (神奈川県) ⋯⋯ 444
横浜市 (神奈川県) ⋯⋯⋯⋯⋯ 444

横浜市中央卸売市場 (神奈川県) ⋯ 444
横浜市長公舎 (神奈川県) ⋯⋯ 444
横浜正金銀行 (神奈川県) ⋯⋯ 444
横浜水道 (神奈川県) ⋯⋯⋯⋯ 444
横浜水道三井出張所 (神奈川県) ⋯ 444
横浜生糸合名会社 (神奈川県) ⋯ 444
横浜線 (関東) ⋯⋯⋯⋯⋯⋯⋯ 173
横浜中央電話局 (神奈川県) ⋯ 444
横浜中華街 (神奈川県) ⋯⋯⋯ 444
横浜西区 (神奈川県) ⋯⋯⋯⋯ 445
横浜マリンタワー (神奈川県) ⋯ 445
横浜ユナイテッド・クラブ (神奈川県)
⋯⋯⋯⋯⋯⋯⋯⋯⋯⋯⋯⋯⋯⋯ 445
横浜陸軍伝習所 (神奈川県) ⋯ 445
横浜陸軍病院 (神奈川県) ⋯⋯ 445
横淵 (秋田県) ⋯⋯⋯⋯⋯⋯⋯ 120
横堀村 (埼玉県) ⋯⋯⋯⋯⋯⋯ 271
横松 (愛媛県) ⋯⋯⋯⋯⋯⋯⋯ 931
横山 (愛知県) ⋯⋯⋯⋯⋯⋯⋯ 626
横山 (大阪府) ⋯⋯⋯⋯⋯⋯⋯ 722
横山家住宅 (東京都) ⋯⋯⋯⋯ 403
よこやまの道 (東京都) ⋯⋯⋯ 403
与座 (沖縄県) ⋯⋯⋯⋯⋯⋯⋯ 1086
余崎城 (広島県) ⋯⋯⋯⋯⋯⋯ 871
与謝郡 (京都府) ⋯⋯⋯⋯⋯⋯ 688
依佐美村 (愛知県) ⋯⋯⋯⋯⋯ 626
予讃線 (愛媛県) ⋯⋯⋯⋯⋯⋯ 931
吉井 (群馬県) ⋯⋯⋯⋯⋯⋯⋯ 245
吉井学校 (千葉県) ⋯⋯⋯⋯⋯ 308
吉井川 (岡山県) ⋯⋯⋯⋯⋯⋯ 838
吉井水門 (岡山県) ⋯⋯⋯⋯⋯ 838
吉井町 (岡山県) ⋯⋯⋯⋯⋯⋯ 838
吉井馬車鉄道 (福岡県) ⋯⋯⋯ 977
吉井藩 (群馬県) ⋯⋯⋯⋯⋯⋯ 245
旧吉井藩陣屋 (群馬県) ⋯⋯⋯ 245
吉井町 (群馬県) ⋯⋯⋯⋯⋯⋯ 245
吉浦 (広島県) ⋯⋯⋯⋯⋯⋯⋯ 871
吉浦渓谷 (広島県) ⋯⋯⋯⋯⋯ 871
吉尾 (千葉県) ⋯⋯⋯⋯⋯⋯⋯ 308
吉岡村 (北海道) ⋯⋯⋯⋯⋯⋯ 47
吉尾城 (宮崎県) ⋯⋯⋯⋯⋯⋯ 1036
吉賀 (島根県) ⋯⋯⋯⋯⋯⋯⋯ 820
芳ヶ久保 (神奈川県) ⋯⋯⋯⋯ 445
吉ヶ迫 (広島県) ⋯⋯⋯⋯⋯⋯ 871
吉川 (埼玉県) ⋯⋯⋯⋯⋯⋯⋯ 271
吉川 (福井県) ⋯⋯⋯⋯⋯⋯⋯ 506
吉川市 (埼玉県) ⋯⋯⋯⋯⋯⋯ 271
良川村 (石川県) ⋯⋯⋯⋯⋯⋯ 500
吉川町 (新潟県) ⋯⋯⋯⋯⋯⋯ 479
吉川村 (山形県) ⋯⋯⋯⋯⋯⋯ 134
吉川村 (広島県) ⋯⋯⋯⋯⋯⋯ 871
吉敷 (山口県) ⋯⋯⋯⋯⋯⋯⋯ 892
吉城園 (奈良県) ⋯⋯⋯⋯⋯⋯ 780
吉城郡 (岐阜県) ⋯⋯⋯⋯⋯⋯ 572
吉敷郡 (山口県) ⋯⋯⋯⋯⋯⋯ 892
吉崎道 (石川県) ⋯⋯⋯⋯⋯⋯ 500
吉地 (広島県) ⋯⋯⋯⋯⋯⋯⋯ 871
吉志田橋 (福島県) ⋯⋯⋯⋯⋯ 163
吉田 (神奈川県) ⋯⋯⋯⋯⋯⋯ 445
吉田 (新潟県) ⋯⋯⋯⋯⋯⋯⋯ 479
吉田 (山梨県) ⋯⋯⋯⋯⋯⋯⋯ 512
吉田 (長野県) ⋯⋯⋯⋯⋯⋯⋯ 556
吉田 (島根県) ⋯⋯⋯⋯⋯⋯⋯ 820
吉田 (広島県) ⋯⋯⋯⋯⋯⋯⋯ 871
吉田 (山口県) ⋯⋯⋯⋯⋯⋯⋯ 892
吉田 (愛媛県) ⋯⋯⋯⋯⋯⋯⋯ 931

吉田 (鹿児島県) ⋯⋯⋯⋯⋯⋯ 1051
吉田 (沖縄県) ⋯⋯⋯⋯⋯⋯⋯ 1086
吉田口 (山梨県) ⋯⋯⋯⋯⋯⋯ 512
旧吉田家 (千葉県) ⋯⋯⋯⋯⋯ 308
吉田家住宅 (岩手県) ⋯⋯⋯⋯ 79
吉田郷 (鹿児島県) ⋯⋯⋯⋯⋯ 1051
吉田郡山城 (広島県) ⋯⋯⋯⋯ 871
吉田島 (神奈川県) ⋯⋯⋯⋯⋯ 445
吉田宿 (愛知県) ⋯⋯⋯⋯⋯⋯ 626
吉田城 (愛知県) ⋯⋯⋯⋯⋯⋯ 626
吉田新田 (神奈川県) ⋯⋯⋯⋯ 445
吉田町 (新潟県) ⋯⋯⋯⋯⋯⋯ 479
吉田町 (広島県) ⋯⋯⋯⋯⋯⋯ 872
吉田町 (愛媛県) ⋯⋯⋯⋯⋯⋯ 931
吉田町 (鹿児島県) ⋯⋯⋯⋯⋯ 1051
吉田野 (宮城県) ⋯⋯⋯⋯⋯⋯ 102
吉田橋 (山形県) ⋯⋯⋯⋯⋯⋯ 134
吉田浜 (宮城県) ⋯⋯⋯⋯⋯⋯ 102
吉田藩 (愛知県) ⋯⋯⋯⋯⋯⋯ 626
吉田町 (福島県) ⋯⋯⋯⋯⋯⋯ 163
吉田湊 (愛知県) ⋯⋯⋯⋯⋯⋯ 626
吉田村 (新潟県) ⋯⋯⋯⋯⋯⋯ 479
吉田村 (島根県) ⋯⋯⋯⋯⋯⋯ 820
吉田山 (京都府) ⋯⋯⋯⋯⋯⋯ 688
吉田用水 (茨城県) ⋯⋯⋯⋯⋯ 191
吉槻 (滋賀県) ⋯⋯⋯⋯⋯⋯⋯ 666
義経街道 (京都府) ⋯⋯⋯⋯⋯ 688
吉永藩 (島根県) ⋯⋯⋯⋯⋯⋯ 820
吉野 (山形県) ⋯⋯⋯⋯⋯⋯⋯ 134
吉野 (石川県) ⋯⋯⋯⋯⋯⋯⋯ 500
吉野 (京都府) ⋯⋯⋯⋯⋯⋯⋯ 688
吉野 (奈良県) ⋯⋯⋯⋯⋯⋯⋯ 780
吉野 (高知県) ⋯⋯⋯⋯⋯⋯⋯ 947
吉野 (鹿児島県) ⋯⋯⋯⋯⋯⋯ 1051
良野 (兵庫県) ⋯⋯⋯⋯⋯⋯⋯ 755
吉野街道 (東京都) ⋯⋯⋯⋯⋯ 403
吉野ヶ里 (佐賀県) ⋯⋯⋯⋯⋯ 986
吉野川 (奈良県) ⋯⋯⋯⋯⋯⋯ 780
吉野川 (徳島県) ⋯⋯⋯⋯⋯⋯ 901
吉野川 (愛媛県) ⋯⋯⋯⋯⋯⋯ 931
吉野川分水路 (奈良県) ⋯⋯⋯ 780
吉野口駅 (奈良県) ⋯⋯⋯⋯⋯ 780
吉野軽便鉄道 (奈良県) ⋯⋯⋯ 780
吉乃鉱山 (秋田県) ⋯⋯⋯⋯⋯ 120
吉野町 (奈良県) ⋯⋯⋯⋯⋯⋯ 780
吉野通り (東京都) ⋯⋯⋯⋯⋯ 403
吉野宮 (奈良県) ⋯⋯⋯⋯⋯⋯ 780
吉野村 (大分県) ⋯⋯⋯⋯⋯⋯ 1026
吉野村 (台湾) ⋯⋯⋯⋯⋯⋯⋯ 1116
吉野山 (奈良県) ⋯⋯⋯⋯⋯⋯ 780
吉野山 (高知県) ⋯⋯⋯⋯⋯⋯ 947
吉野養魚場 (東京都) ⋯⋯⋯⋯ 403
吉橋 (千葉県) ⋯⋯⋯⋯⋯⋯⋯ 308
吉橋城 (千葉県) ⋯⋯⋯⋯⋯⋯ 308
吉橋村 (千葉県) ⋯⋯⋯⋯⋯⋯ 308
吉原 (静岡県) ⋯⋯⋯⋯⋯⋯⋯ 600
葭原 (北海道) ⋯⋯⋯⋯⋯⋯⋯ 47
吉原御坊 (和歌山県) ⋯⋯⋯⋯ 793
吉原町 (静岡県) ⋯⋯⋯⋯⋯⋯ 600
好間江 (福島県) ⋯⋯⋯⋯⋯⋯ 163
好間堰 (福島県) ⋯⋯⋯⋯⋯⋯ 163
吉松 (大分県) ⋯⋯⋯⋯⋯⋯⋯ 1026
吉松 (鹿児島県) ⋯⋯⋯⋯⋯⋯ 1051
吉松駅 (鹿児島県) ⋯⋯⋯⋯⋯ 1051
吉松小学校 (鹿児島県) ⋯⋯⋯ 1051
吉見 (兵庫県) ⋯⋯⋯⋯⋯⋯⋯ 755

よしみ　　　　　　　　　　　　地名索引

吉見村（山口県） 893	米子鉱山（長野県） 556	洛西（京都府） 688
吉見百穴（埼玉県） 271	米子市（鳥取県） 804	洛西松尾（京都府） 688
吉村（長野県） 556	米子城（鳥取県） 804	洛中（京都府） 688
吉本（福岡県） 977	与那田橋碑（沖縄県） 1086	洛中洛外（京都府） 688
葭屋町通（京都府） 688	与那覇原（沖縄県） 1086	洛東（京都府） 688
予州（愛媛県） 931	与那覇湾（沖縄県） 1086	洛南（京都府） 688
吉原（東京都） 403	米本（千葉県） 308	洛北（京都府） 688
吉原家住宅（広島県） 872	米本城（千葉県） 308	羅州（朝鮮） 1112
吉原工場（静岡県） 600	与根（沖縄県） 1086	羅州市（朝鮮） 1113
吉原宿（静岡県） 600	米川井水（長野県） 556	羅城（奈良県） 780
吉原城（静岡県） 601	米沢（山形県） 135	羅生門（京都府） 688
吉原古宿（静岡県） 601	米沢街道（福島県） 163	ラッコ島（北海道） 47
吉原湊（静岡県） 601	米沢街道（新潟県） 480	欄干橋（神奈川県） 445
吉原村（香川県） 909	米沢市（山形県） 135	蘭越（北海道） 47
与津（大阪府） 722	米沢城（山形県） 135	嵐山町（埼玉県） 271
依田社病院（長野県） 556	米沢製糸場（山形県） 135	乱馬堂遺跡（山形県） 135
依田原新田（静岡県） 601	米沢町（秋田県） 120	
四日市（三重県） 640	米沢藩（山形県） 135	**【り】**
四日市あすなろう鉄道（三重県） 641	米代川（秋田県） 120	
四日市港（三重県） 641	米満村（広島県） 872	利神城（兵庫県） 755
四日市市（三重県） 641	米山（新潟県） 480	陸羽（東北） 54
四日市宿（三重県） 641	米山大橋（新潟県） 480	陸羽東線（東北） 54
四日市宿（広島県） 872	余野（三重県） 641	六義園（神奈川県） 445
四日市製紙芝川工場（静岡県） 601	米水津（大分県） 1026	陸軍伊良湖試験場（愛知県） 626
四日市大学（三重県） 641	米納津（新潟県） 480	陸軍岩鼻火薬製造所（群馬県） 245
四日市湊（三重県） 641	米納津村（新潟県） 480	陸軍大阪被服支廠（大阪府） 723
四日市幼稚園（三重県） 641	魚尾分校（群馬県） 245	陸軍技術研究所（東京都） 403
四街道（千葉県） 308	魚尾道峠（群馬県） 245	陸軍研究所（神奈川県） 445
四街道市（千葉県） 308	世之主城（鹿児島県） 1051	陸軍工兵学校（千葉県） 308
四日町（新潟県） 479	四番丁小学校（香川県） 909	陸軍国分寺技術研究所（東京都） 403
四倉町（福島県） 163	呼坂峠（高知県） 947	陸軍西部軍司令部壕（福岡県） 977
四つ橋（大阪府） 722	呼子（佐賀県） 987	陸軍立川飛行場（東京都） 403
四ツ葉村（東京都） 403	呼野（福岡県） 977	陸軍中野学校（東京都） 403
よつばり坂（石川県） 500	与兵衛沼窯（宮城県） 102	陸軍登戸研究所（神奈川県） 445
四ツ松村（愛知県） 626	よほろ村（北海道） 47	陸軍兵器補給廠小平分廠（東京都） 404
四つ屋（山形県） 135	誉水（香川県） 909	陸軍砲兵射の学校（千葉県） 308
四ツ屋（新潟県） 479	誉水小学校（香川県） 909	陸軍前橋飛行場（群馬県） 245
四ツ谷（宮城県） 102	読谷山（沖縄県） 1086	陸軍予科士官学校（埼玉県） 271
四谷（東京都） 403	読谷山間切（沖縄県） 1086	陸上自衛隊駐屯地（東京都） 404
四谷（新潟県） 480	読谷村（沖縄県） 1086	陸前高田（岩手県） 79
四谷（愛知県） 626	読谷補助飛行場（沖縄県） 1087	理研工業株式会社宮内工場（新潟県）
四谷伊賀町（東京都） 403	蓬田（宮城県） 102	480
四谷塩町（東京都） 403	蓬峠（群馬県） 245	里小路（佐賀県） 987
四津山城（埼玉県） 271	寄居館（福島県） 163	李氏朝鮮（朝鮮） 1113
四ツ見附（東京都） 403	寄磯浜（宮城県） 102	利尻（北海道） 47
四ツ屋村（新潟県） 480	依上鉱山（茨城県） 191	利尻山（北海道） 47
予土（四国） 895	頼政道（京都府） 688	利尻島（北海道） 47
淀江（鳥取県） 804	与路島（鹿児島県） 1051	利尻岳（北海道） 47
淀江町（鳥取県） 804	与論島（鹿児島県） 1051	利尻町（北海道） 47
淀川（滋賀県） 666	四之橋（東京都） 403	利川市（朝鮮） 1113
淀川（京都府） 688		理窓院（広島県） 872
淀川（大阪府） 722	**【ら】**	立教大学（東京都） 404
淀川（兵庫県） 755		立志学舎（高知県） 947
澱川橋（大阪府） 723	雷岳（奈良県） 780	立長（鹿児島県） 1051
淀川区（大阪府） 723	頼杏坪役宅（広島県） 872	栗東（滋賀県） 667
淀川橋（大阪府） 723	来源（広島県） 872	栗林（香川県） 909
予土旧街道（四国） 895	来迎寺村（新潟県） 480	リトル・コウチ（東京都） 404
淀城（大阪府） 723	雷山（福岡県） 977	理兵衛堤防（長野県） 556
淀橋（東京都） 403	ライシャワー記念館（東京都） 403	利府城（宮城県） 102
淀藩（京都府） 688	来満鉄道（青森県） 66	利府町（宮城県） 102
淀藩下総領（千葉県） 308	癩療養所（東京都） 403	リーブルテック工場（東京都） 404
澱橋（宮城県） 102	羅臼町（北海道） 47	利兵衛堰（福島県） 163
与内畑鉱山（福島県） 163	落去（絶）村（沖縄県） 1087	竜王山（滋賀県） 667
与那国（沖縄県） 1086	洛古河（満州） 1100	竜王山（大阪府） 723
与那国島（沖縄県） 1086	楽山園（群馬県） 245	竜王山（広島県） 872
米子（鳥取県） 804		

地名索引　　　　　　　　　　　　　　　　　　わかは

竜王山(山口県) ……………… 893
竜王山城(奈良県) …………… 780
竜王山十市城(奈良県) ……… 780
竜王寺(滋賀県) ……………… 667
竜王信玄堤(山梨県) ………… 512
竜王谷(愛媛県) ……………… 931
竜王町(滋賀県) ……………… 667
竜ヶ谷村(埼玉県) …………… 271
竜角寺村(千葉県) …………… 308
竜ヶ崎(茨城県) ……………… 191
竜ヶ崎村(茨城県) …………… 191
立願寺(熊本県) ……………… 1008
琉球(沖縄県) ………………… 1087
琉球王国(沖縄県) …………… 1094
琉球館(鹿児島県) …………… 1051
琉球弧(沖縄県) ……………… 1094
琉球諸島(沖縄県) …………… 1094
琉球大学(沖縄県) …………… 1094
琉球庭園(沖縄県) …………… 1094
琉球国(沖縄県) ……………… 1094
琉球藩(沖縄県) ……………… 1094
琉球列島(沖縄県) …………… 1094
竜宮島(大分県) ……………… 1026
竜宮淵(山口県) ……………… 893
竜華橋(大阪府) ……………… 723
竜口(神奈川県) ……………… 445
竜口寺門前(神奈川県) ……… 445
竜西電鉄(長野県) …………… 556
竜在峠(奈良県) ……………… 780
竜神温泉(和歌山県) ………… 793
竜泉寺(大阪府) ……………… 723
竜泉寺山(広島県) …………… 872
竜川村(香川県) ……………… 909
琉大図書館(沖縄県) ………… 1095
竜潭(沖縄県) ………………… 1095
流田(山口県) ………………… 893
竜東(長野県) ………………… 556
竜洞(沖縄県) ………………… 1095
竜東院(長野県) ……………… 556
竜東索道(長野県) …………… 556
竜門(奈良県) ………………… 780
竜洋中学校(静岡県) ………… 601
竜洋町(静岡県) ……………… 601
竜恋の丘(神奈川県) ………… 445
菱海村(山口県) ……………… 893
両神山(埼玉県) ……………… 271
両谷城(埼玉県) ……………… 271
領家村(埼玉県) ……………… 271
領家村(徳島県) ……………… 901
両国(東京都) ………………… 404
両国停留所(北海道) ………… 47
両国橋(東京都) ……………… 404
漁師町(千葉県) ……………… 308
漁師町(東京都) ……………… 404
猟師町(東京都) ……………… 404
両熟(広島県) ………………… 872
領石(高知県) ………………… 947
霊山(福島県) ………………… 163
霊山無線中継所(福島県) …… 163
両総(千葉県) ………………… 308
凌霜館(東京都) ……………… 404
両丹(京都府) ………………… 688
遼東半島(満州) ……………… 1100
遼寧省(満州) ………………… 1100
両磐(岩手県) ………………… 79
両備軽便鉄道(広島県) ……… 872

糧秣支廠(広島県) …………… 872
綾里(岩手県) ………………… 79
旅順(満州) …………………… 1101
臨雲文庫(山形県) …………… 135
梨郷(山形県) ………………… 135
梨郷小学校(山形県) ………… 135
臨江亭(宮崎県) ……………… 1036
林試の森公園(東京都) ……… 404

【る】

ルエサルサン(北海道) ……… 47
留寿都(北海道) ……………… 47
ルタモシリ(北海道) ………… 47
留萌(北海道) ………………… 47
留萌市(北海道) ……………… 47
留萌町(北海道) ……………… 47
留萌町潮静尋常小学校(北海道) … 47
留萌町潮静青年学校(北海道) … 48

【れ】

霊台橋(熊本県) ……………… 1008
嶺南(福井県) ………………… 506
嶺南(朝鮮) …………………… 1113
礼髭村(北海道) ……………… 48
例幣使街道(群馬県) ………… 245
例幣使道(群馬県) …………… 245
歴史の小径(群馬県) ………… 245
歴史民俗博物館(千葉県) …… 308
烈々布(北海道) ……………… 48
礼文(北海道) ………………… 48
礼文島(北海道) ……………… 48
蓮花寺(熊本県) ……………… 1008
蓮華寺池(静岡県) …………… 601
連光寺(東京都) ……………… 404
連光寺村(東京都) …………… 404
連雀町(群馬県) ……………… 245
廉塾(広島県) ………………… 872
蓮台寺村(新潟県) …………… 480
練武園(栃木県) ……………… 210

【ろ】

老欅荘(神奈川県) …………… 445
牢場(神奈川県) ……………… 445
六月村(東京都) ……………… 404
禄軒(北海道) ………………… 48
六軒村(山形県) ……………… 135
六軒村(北海道) ……………… 48
六郷(青森県) ………………… 66
六郷(宮城県) ………………… 102
六郷(秋田県) ………………… 120
六郷(山形県) ………………… 135
旧六郷飛行場(秋田県) ……… 120
六郷町(秋田県) ……………… 120
六郷用水(東京都) …………… 404
碌山美術館(長野県) ………… 556
六十里越(新潟県) …………… 480
六十里越街道(山形県) ……… 135
鹿水亭(三重県) ……………… 641
六堰用水(埼玉県) …………… 271

六丁(高知県) ………………… 947
六町(東京都) ………………… 404
六丁の目(宮城県) …………… 102
六丁目村(宮城県) …………… 102
六野瀬(新潟県) ……………… 480
六ノ坪橋(大阪府) …………… 723
六戸町(青森県) ……………… 66
六波羅(京都府) ……………… 689
六万寺駅(香川県) …………… 909
鹿鳴館(東京都) ……………… 404
六文坂(秋田県) ……………… 120
六林班峠(群馬県) …………… 245
盧溝橋(満州) ………………… 1101
芦城公園(石川県) …………… 500
芦太川(千葉県) ……………… 308
ロタ島(南洋群島) …………… 1117
六供(福島県) ………………… 163
六間川(岡山県) ……………… 838
鹿行(茨城県) ………………… 191
六甲(兵庫県) ………………… 755
鹿放ヶ丘(千葉県) …………… 308
六方野(千葉県) ……………… 308
六本木(東京都) ……………… 404
六本山(広島県) ……………… 872
芦松(大分県) ………………… 1026
ロマノフカ(満州) …………… 1101
ロマンチック街道(長野県) … 556

【わ】

和(鹿児島県) ………………… 1051
Y家住宅(東京都) …………… 404
和賀(岩手県) ………………… 79
若江(滋賀県) ………………… 667
若江(大阪府) ………………… 723
若江城(大阪府) ……………… 723
若江堤(大阪府) ……………… 723
若生町(北海道) ……………… 48
若尾山(神奈川県) …………… 445
和賀川(岩手県) ……………… 79
若木(東京都) ………………… 404
若木小学校(東京都) ………… 404
若木通り(東京都) …………… 404
若草(奈良県) ………………… 780
嫩草(奈良県) ………………… 780
若草山(奈良県) ……………… 780
若狭(福井県) ………………… 506
若桜宿(鳥取県) ……………… 805
若狭国(福井県) ……………… 506
若狭路(福井県) ……………… 506
若狭湾(福井県) ……………… 506
和賀仙人(岩手県) …………… 79
若旅村(栃木県) ……………… 210
若槻(長野県) ………………… 556
我妻館(山形県) ……………… 136
若戸大橋(福岡県) …………… 977
若舎人郷(茨城県) …………… 192
和歌の浦(和歌山県) ………… 793
和歌浦(和歌山県) …………… 793
若葉台(千葉県) ……………… 308
若林(東京都) ………………… 404
若林区(宮城県) ……………… 102
若林城(宮城県) ……………… 102
若林村(茨城県) ……………… 192
若林村(大阪府) ……………… 723

1233

わかひ　　　　　　　　　　　　　　　地名索引

若彦屋（大分県）	1026	
若松（千葉県）	309	
若松（三重県）	641	
若松（福岡県）	977	
若松県（福島県）	163	
若松港（福岡県）	977	
若松市（福島県）	163	
若松城（福島県）	163	
若松荘（大阪府）	723	
若松本丸御殿（福島県）	164	
若松町（福島県）	164	
若宮（愛媛県）	931	
若宮（福岡県）	977	
若宮大路（神奈川県）	445	
若宮村（長野県）	556	
若柳（宮城県）	102	
和歌山（和歌山県）	793	
和歌山県（和歌山県）	793	
和歌山市（和歌山県）	794	
和歌山師範学校（和歌山県）	794	
和歌山師範附属小学校（和歌山県）	794	
若山城（山口県）	893	
和歌山城（和歌山県）	794	
和歌山大学（和歌山県）	795	
和歌山中学校（和歌山県）	795	
和歌山藩（和歌山県）	795	
和歌山平野（和歌山県）	795	
脇（愛媛県）	931	
湧ヶ淵（愛媛県）	931	
脇神館（秋田県）	120	
脇神村（秋田県）	121	
脇坂門（長野県）	556	
脇城（徳島県）	901	
脇野沢村（青森県）	66	
脇浜（兵庫県）	755	
脇町（徳島県）	901	
和木村（山口県）	893	
脇本焼窯跡（宮崎県）	1036	
脇山（福岡県）	977	
倭京（奈良県）	780	
涌沢（宮城県）	102	
湧玉（群馬県）	245	
和久原川（広島県）	872	
涌谷（宮城県）	102	
涌谷町（宮城県）	102	
涌谷要害（宮城県）	102	
羽倉城（広島県）	872	
和気郡（愛媛県）	931	
和郷（福島県）	164	
和光市（埼玉県）	271	
和光寺（大阪府）	723	
和佐玉置氏城館群（和歌山県）	795	
和佐荘（和歌山県）	795	
鷲尾山城（広島県）	872	
鷲家（奈良県）	780	
鷲家峠（奈良県）	780	
鷲崎（新潟県）	480	
鷲宿（栃木県）	210	
鷲ノ巣金山（岩手県）	79	
輪島（石川県）	500	
和島（新潟県）	480	
輪島市（石川県）	500	
和州（奈良県）	780	
輪中堤（岐阜県）	572	
倭城（朝鮮）	1113	
和白（福岡県）	977	

早稲田大学（東京都）	404	
和田（北海道）	48	
和田（千葉県）	309	
和田（愛媛県）	931	
渡ヶ島（静岡県）	601	
和田河原（神奈川県）	445	
和田越（宮崎県）	1036	
和田島村（徳島県）	901	
和田宿（長野県）	556	
輪田庄（兵庫県）	755	
和田城（群馬県）	245	
和田小学校（北海道）	48	
和田小学校（千葉県）	309	
和田勝佐村（愛知県）	626	
和田荘（大阪府）	723	
和田峠（長野県）	556	
渡戸駅（新潟県）	480	
渡戸区（福島県）	164	
和田屯田兵村（北海道）	48	
渡辺（大阪府）	723	
渡辺開墾（栃木県）	210	
渡辺健一郎家（群馬県）	245	
渡辺津（大阪府）	723	
渡辺邸（東京都）	404	
渡辺橋（大阪府）	723	
渡辺戊申株式会社（神奈川県）	445	
渡辺村（大阪府）	723	
渡辺村（福岡県）	977	
綿貫（群馬県）	245	
綿波（宮城県）	102	
和田馬場（宮崎県）	1036	
渡部（新潟県）	480	
渡部家住宅（秋田県）	121	
渡部村（秋田県）	121	
和田堀公園（東京都）	404	
和田岬灯台（兵庫県）	755	
和田岬砲台（兵庫県）	755	
和田嶺（長野県）	556	
和田村（北海道）	48	
和田村（東京都）	404	
和田村（静岡県）	601	
和田村（大阪府）	723	
度会郡（三重県）	641	
度会町（三重県）	641	
渡良瀬川（茨城県）	192	
渡良瀬川（栃木県）	210	
渡良瀬川（群馬県）	245	
わたらせ渓谷鉄道（関東）	173	
渡良瀬水力電気会社（関東）	173	
渡良瀬農園（栃木県）	211	
渡良瀬橋（栃木県）	211	
渡良瀬遊水地（栃木県）	211	
亘理（宮城県）	102	
亘理郡（宮城県）	103	
亘理城（宮城県）	103	
亘理小学校（宮城県）	103	
亘理伊達屋敷（宮城県）	103	
亘理町（宮城県）	103	
亘理藩（宮城県）	103	
亘理要害（宮城県）	103	
和知（広島県）	872	
稚内（北海道）	48	
稚内半島（北海道）	48	
輪厚（北海道）	48	
輪津（北海道）	48	
輪厚官林（北海道）	48	

和徳城（青森県）	66	
和土小学校（埼玉県）	271	
和泊（鹿児島県）	1051	
和泊町（鹿児島県）	1051	
和名村（埼玉県）	271	
和邇今宿（滋賀県）	667	
鰐浦（長崎県）	1000	
輪西（北海道）	48	
輪西屯田（北海道）	48	
輪西屯田兵村（北海道）	48	
和納（新潟県）	480	
和納村（新潟県）	480	
輪之内（岐阜県）	572	
和の川（鹿児島県）	1051	
和間海岸（大分県）	1026	
藁江港（広島県）	872	
わらじはきかえ所（奈良県）	780	
蕨（埼玉県）	271	
蕨（京都府）	689	
蕨岡（高知県）	947	
蕨市（埼玉県）	271	
蕨宿（埼玉県）	271	
蕨城（埼玉県）	271	
蕨町（埼玉県）	271	
蕨峠（新潟県）	480	
蕨村（宮城県）	103	
破石（奈良県）	781	
破籠井（長崎県）	1000	
湾岸高速道路（関東）	173	
椀貸塚（香川県）	909	

監修者略歴

飯澤 文夫（いいざわ・ふみお）

1949年長野県辰野町生まれ。元明治大学図書館勤務。現在、明治大学史資料センター研究調査員、帝京大学総合教育センター非常勤講師（図書館課程）

編　集：「地方史雑誌文献目録」（『月刊 歴史手帖』、名著出版、1979.5-1997.2）
　　　　「地方史研究雑誌目次速報」（『地方史情報』、岩田書院、1997.6- 現在）
　　　　『地方史文献年鑑』（岩田書院、1997 年版 [1999]- 現在）

編著書：『飯澤文夫書誌選集―地方史研究雑誌文献情報の編集と書誌調査にもとづく人物研究』（金沢文圃閣、2015、文献探索人叢書 26）
　　　　『飯澤文夫書誌選集 II―明治大学校歌、本の街・神保町、地方史文献調査』（金沢文圃閣、2016、文献探索人叢書 29）

地名でたどる郷土の歴史
―地方史誌にとりあげられた地名文献目録

2017 年 12 月 25 日　　第 1 刷発行

監　　　修／飯澤文夫
発 行 者／大高利夫
発　　　行／日外アソシエーツ株式会社
　　　　　　〒140-0013 東京都品川区南大井 6-16-16 鈴中ビル大森アネックス
　　　　　　電話 (03)3763-5241（代表）FAX(03)3764-0845
　　　　　　URL http://www.nichigai.co.jp/
発 売 元／株式会社紀伊國屋書店
　　　　　　〒163-8636 東京都新宿区新宿 3-17-7
　　　　　　電話 (03)3354-0131（代表）
　　　　　　ホールセール部（営業）電話 (03)6910-0519

電算漢字処理／日外アソシエーツ株式会社
印刷・製本／株式会社平河工業社

不許複製・禁無断転載　　　　　　　《中性紙クリームドルチェ使用》
＜落丁・乱丁本はお取り替えいたします＞
ISBN978-4-8169-2690-7　　　*Printed in Japan,2017*

民俗風俗 図版レファレンス事典 古代・中世・近世篇

B5・1,110頁　定価（本体46,250円＋税）　2016.12刊

江戸時代以前の、日本の風俗全般に関する図版が、どの事典や図集などに載っているかを調べることのできる図版索引。風俗事典や生活・文化に関する事典、図集・図説などに掲載された図版3.5万点の情報を収録。図版の掲載頁、図/写真・カラー/白黒の区別、地名、年代、作画者、出典など、図版に関する基本情報を記載。「地域別索引」「名称索引」付き。

民俗風俗 図版レファレンス事典 衣食住・生活篇

B5・1,120頁　定価（本体45,000円＋税）　2015.11刊

近代以降の日本各地の衣食住や生産・生業、信仰、人の一生にまつわることなど、生活に関する写真や図3.2万点が、どの事典や写真集に掲載されているかがわかる図版総索引。70種196冊の民俗事典、民具事典、図集・図説・写真集などの掲載情報を収録。「地域別索引」「名称索引」付き。

民俗風俗 図版レファレンス事典 祭礼・年中行事篇

B5・770頁　定価（本体45,000円＋税）　2015.6刊

近代以降の日本各地に伝わる郷土の祭礼、民俗芸能、年中行事に関する写真や図2.6万点が、どの事典や写真集に掲載されているかがわかる図版総索引。93種272冊の民俗事典、祭礼・芸能・行事事典、図集・図説・写真集などの掲載情報を収録。「地域別索引」「名称索引」付き。

郷土ゆかりの人物総覧 データブック・出身県別3万人

A5・1,100頁　定価（本体14,200円＋税）　2011.1刊

郷土ゆかりの人物を調べるツール。都道府県ごとに出生・出身・ゆかりのある人物を一覧できる。日本史上の人物から現代の政治家、研究者、作家、芸術家、スポーツ選手、芸能人まで古今の人物を幅広く収録。あの有名人の出身地は？ といった検索が可能な「人名索引」付き。

日本の祭神事典 社寺に祀られた郷土ゆかりの人びと

A5・570頁　定価（本体13,800円＋税）　2014.1刊

全国各地の神社・寺院・小祠・堂などで祭神として祀られた郷土ゆかりの人物を一覧できる。歴史上の有名人をはじめ、地域に貢献した市井の人まで多彩に収録。都道府県ごとに人名のもと、その人物の概略と社寺の由緒や関連行事・史跡等も記述。神社・寺院ガイドとしても利用可能。別名や御利益・祭礼などからも引ける「人名・事項名索引」、社寺名の五十音順で引ける「社寺名索引」付き。

データベースカンパニー
日外アソシエーツ

〒140-0013　東京都品川区南大井6-16-16
TEL.（03）3763-5241　FAX.（03）3764-0845　http://www.nichigai.co.jp/